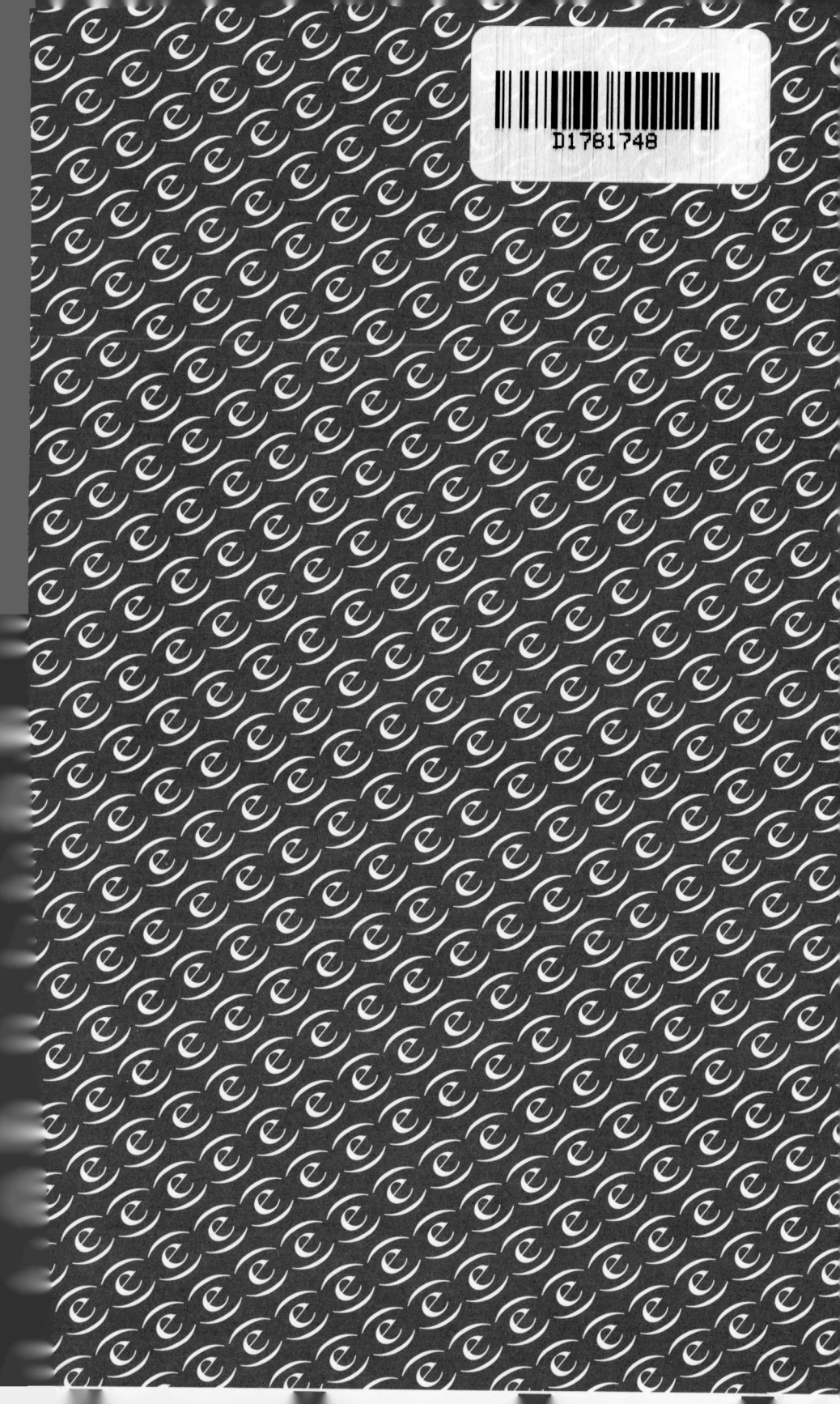

nuevo espasa ilustrado

nuevo espasa ilustrado

ESPASA

Edita
ESPASA CALPE, S. A.

Directora Editorial
Marisol Palés Castro
Director de Producción
Antonio Merodio Cogolludo

Editoras
Marisa Javierre González y Carolina Reoyo González
Equipo Editorial
Juan Ignacio Alonso Campos, Iñaki Diez de Ulzurrun Ávila, Alicia Escamilla Galindo,
Clara Morán Calvo-Sotelo, Ana Isabel Navarro Barcia, Fernando de la Orden Osuna
y Silvia Páramo García
Producción editorial
Arturo Rodríguez Paredes
Diseño interior y diagramación
Ángel Sanz Martín
Ilustración
Manuel Durán Blázquez, Ángeles García del Olmo y Juan Miguel Sánchez Vigil
Cartografía
Netmaps, S. A., Planeta Actimedia, S. A.
Diseño de cubierta
Tasmanias

Créditos de la ilustración
Archivos gráficos del Istituto Geografico DeAgostini, ESPASA CALPE, S. A.,
Agencia EFE y Prisma

© 2005, ESPASA CALPE, S. A.

ISBN: 84-670-1664-7
Depósito legal:

Fotocomposición
Safekat, S. L.
Impresión
Quebecor World Perú S.A.

Espasa, en su deseo de mejorar sus publicaciones, agradecerá cualquier sugerencia que los
lectores hagan al departamento editorial por correo electrónico: sugerencias@espasa.es

Reservados todos los derechos. No se permite reproducir, almacenar en sistemas de recuperación
de la información ni transmitir ninguna parte de esta publicación, cualquiera que sea el medio empleado
—electrónico, mecánico, fotocopia, grabación, etc.—, sin el permiso previo de los titulares de los derechos
de la propiedad intelectual.

PRESENTACIÓN

Las rápidas y profundas transformaciones experimentadas en todos los órdenes de la vida durante el siglo XX, y especialmente en su última mitad, marcan sin duda con una señal indeleble al hombre del siglo XXI, cuyos comienzos estamos presenciando. El establecimiento de un nuevo orden mundial caracterizado por la existencia de organismos supranacionales que establecen políticas conjuntas, la creación de nuevos Estados, los movimientos de autodeterminación de algunos pueblos, etc., parecen haber sido los causantes de las modificaciones en el ámbito de la geografía, la historia y la política de los tiempos más recientes. Pero junto a ello, el vertiginoso cambio en el ámbito de las comunicaciones, la tecnología, la informática y la ciencia ha sido el signo más evidente de los tiempos que nos ha tocado vivir.

Sin duda, hace veinte años casi nadie hubiera podido sospechar que tan sólo unos segundos iban a ser suficientes para transmitir millones de datos de una parte del mundo a sus antípodas, como ocurre ahora gracias a Internet. Nada hacía suponer que desde casa íbamos a poder acceder a todo tipo de información residente en cualquier parte del mundo, gestionar nuestro dinero, adquirir cualquier objeto en el sitio más alejado de la Tierra, establecer relaciones humanas e incluso trabajar para una empresa remota. Tampoco era fácil adivinar entonces que iba a ser posible el desciframiento del código genético del ser humano o la clonación de mamíferos superiores, que puede haber vida en Marte o que la solución médica para enfermedades hasta hace unos años invencibles está ya muy cercana. De hecho, muchas de las realidades que ahora forman parte de nuestras vidas y que nos sentimos obligados a conocer y comprender, hace tan sólo unas décadas eran los pilares en los que se basaba la visión de la Tierra en el siglo XXI desde la óptica de la ciencia-ficción.

No es sencillo acomodarse a estos nuevos tiempos. Los conocimientos se superponen, las distintas ciencias abren sus fronteras para imbricarse unas con otras hasta formar una telaraña del conocimiento cada vez más implicada en la vida diaria. Y ante esto, hoy más que nunca se hace necesaria la existencia de una herramienta ágil, bien estructurada y eficaz que nos ayude a comprender el mundo que nos rodea, dé respuestas a las demandas de información y facilite el acceso rápido y exacto al dato o la síntesis. Y esa herramienta es, sin duda, la enciclopedia.

ESPASA CALPE, punto de referencia obligada en el ámbito editorial de las obras de consulta del mundo hispánico, ha concebido y diseñado bajo estas premisas el diccionario enciclopédico *Nuevo Espasa Ilustrado*, con el convencimiento de presentar al lector la obra más actual y ajustada a sus demandas de información. El rigor y la exhaustividad con que han sido seleccionados y elaborados sus contenidos, el lenguaje con que éstos son explicados, preciso y a la vez divulgativo, y su capacidad de síntesis, convierten al *Nuevo Espasa Ilustrado* en la obra enciclopédica más completa y de fácil consulta en un solo volumen, capaz de ofrecer a estudiantes, familias, profesionales o cualquier otro lector interesado, la respuesta más clara, acertada y completa a sus necesidades de información.

Sus contenidos enciclopédicos abarcan todas las materias y disciplinas del conocimiento humano, tanto científicas como humanísticas, desde las más tradicionales, como la historia, la literatura o el arte, hasta las de más reciente creación, como las nuevas tecnologías, la biomedicina o las telecomunicaciones. El conjunto de sus biografías está constituido por los principales personajes de todos los tiempos, tanto aquellos que forman parte incuestionable de la historia de la humanidad, como los que han destacado en los tiempos más recientes en la literatura, el arte, la política, el cine, los deportes, la música, los negocios, etc., inéditos en otras obras de similares características. La geografía recibe un tratamiento especial y pormenorizado en esta obra: todos los países y continentes del mundo son analizados con datos geográficos, estadísticos, políticos e históricos completamente actualizados; las divisiones administrativas de los principales Estados, y los municipios y localidades españolas de mayor entidad, tanto por su magnitud urbana como por razones de carácter histórico, artístico o cultural, tienen cabida en esta obra.

Unido a esta excepcional enciclopedia, el *Nuevo Espasa Ilustrado* ofrece al lector un completo diccionario léxico basado en el corpus del *Diccionario de la Lengua Española* de la RAE, modelo indiscutible de todos los diccionarios del español. Las voces y acepciones más usuales de nuestra lengua han sido completadas con numerosos extranjerismos, tecnicismos, americanismos, voces de argot y palabras de reciente incorporación al castellano. Todo ello unido a otros elementos como comentarios gramaticales y de uso, modelos de conjugación de verbos regulares, irregulares y defectivos, numerosas locuciones, etc., convierten al *Nuevo Espasa Ilustrado* en una extraordinaria y amena obra de consulta.

La ilustración es, asimismo, uno de los principales elementos de esta obra. Seleccionada siguiendo los más altos criterios de calidad, sirve de eficaz complemento al texto del diccionario. Sus numerosos dibujos, gráficos, esquemas, mapas temáticos y cuadros facilitan la comprensión de gran cantidad de conceptos y realidades. La extensa selección de retratos, obras de arte arquitectónicas, pictóricas y escultóricas, paisajes, escenas teatrales y cinematográficas, fotografías de elementos de la naturaleza, etc., aportan gran cantidad de información gráfica de indudable valor didáctico y estético. La cartografía, diseñada con los más modernos métodos de digitalización gráfica y completamente actualizada, abarca la totalidad de los países y continentes del mundo, así como las comunidades autónomas y provincias españolas.

El *Nuevo Espasa Ilustrado* se caracteriza, al mismo tiempo, por la marcada presencia del mundo hispánico en sus páginas, en la tradición que distingue, desde hace ya casi un siglo, la producción editorial de Espasa Calpe, entre la que sobresale de manera especial la *Enciclopedia Universal Ilustrada,* considerada ya desde el comienzo de su publicación, en 1907, obra emblemática del enciclopedismo en lengua española.

En definitiva, el *Nuevo Espasa Ilustrado* es la respuesta de nuestra editorial a las necesidades del lector de este siglo que ahora comenzamos: un compendio exhaustivo y cuidado del conocimiento humano, dinámico y actual, didáctico y preciso al tiempo. Una obra a la altura del compromiso editorial y cultural al que obliga una tradición de calidad y prestigio casi centenaria en el ámbito enciclopédico como la de Espasa Calpe.

Los Editores

GUÍA DE USO

Estructura general de las voces

Las **entradas léxicas** se componen de un **lema**, que va inmediatamente seguido de la **categoría gramatical** que desempeña cada voz (sustantivo, pronombre, adjetivo, verbo, adverbio, etc.). A continuación se encuentran las distintas **acepciones** numeradas. Si una o varias acepciones tienen una categoría gramatical distinta, aparece **doble barra** vertical, seguida de la nueva abreviatura de función gramatical y después el número de acepción. También figuran, cuando corresponde, precediendo a todas o a alguna de las acepciones, las **abreviaturas de uso** (fig., fam.), las **abreviaturas de adscripción a área lingüística** (*Arg., Col.,* etc.) y las **abreviaturas de materia o disciplina** (*Hist., Quím.,* etc.). Cuando todas las acepciones o un bloque de ellas pertenecen a una misma materia o disciplina, esta abreviatura se antepone al primer número de las acepciones a las que afecte, mientras que, si afecta tan sólo a una o varias de las acepciones de una voz o de un bloque, va detrás de su número correspondiente. Los homógrafos, préstamos, el léxico derivado de nombres propios y las expresiones de otras lenguas llevan, además, etimología, inmediatamente detrás del lema y entre paréntesis. En algunas entradas de prefijos, sufijos e infijos se han incluido uno o varios ejemplos de uso que facilitan la comprensión de su sentido específico. Las acepciones cuyo contenido se amplía en un **artículo enciclopédico** al final de la entrada, llevan además la abreviatura [**Encic.**].

Después de las acepciones propias del vocablo aislado se registran los **conceptos dobles** o términos compuestos, resultado generalmente de la combinación del sustantivo con un adjetivo, con otro sustantivo precedido de preposición o con cualquier expresión calificativa. Estos conceptos dobles o términos compuestos, precedidos cada uno de ellos de **doble barra** vertical, van ordenados alfabéticamente.

Una nueva **doble barra** vertical precede a cada una de las **frases, locuciones, expresiones,** etc., cuyo lema figura en negrita, seguido de la abreviatura correspondiente.

A continuación, detrás de un símbolo convencional en forma de rombo (♦) aparecen las **acotaciones de carácter gramatical:** plurales anómalos, verbos irregulares, terciopersonales o defectivos (IRREG., TERCIOP., DEF.), cuestiones de uso o construcción, etc. La conjugación de los verbos irregulares se explica mediante un modelo o la remisión a otro que se conjuga de igual manera.

Aquellas entradas cuyo contenido enciclopédico reviste especial importancia, van acompañadas por un **artículo** que desarrolla y enriquece la información. Dicho artículo aparece en párrafo aparte, precedido de la abreviatura de materia correspondiente.

Las **biografías** de personajes responden siempre a la misma estructura. El lema consta del nombre del personaje, generalmente iniciado por los apellidos, seguidos del nombre, del que están separados por una coma, aunque en algunos casos (papas, monarcas, etc.) el nombre aparece en su forma directa. A continuación figura la definición y, después, los lugares y las fechas de nacimiento y muerte entre paréntesis. Si se desconoce alguno de estos datos se sustituye por un signo de interrogación.

Remisiones

Las **remisiones** a otra parte del texto se realizan siempre poniendo la palabra a que se remite en VERSALITAS. Pueden ser directas, es decir, de lema a lema (CID CAMPEADOR DÍAZ DE VIVAR, RODRIGO), o pueden estar situadas en el interior de un texto, para indicar que la entrada a la que se remite completa la información dada en dicho texto:

ARIA f. *Mús.* Composición musical para solo de voz con acompañamiento instrumental. Su carácter lírico y melódico contrasta con el del RECITATIVO.

TOREO m. *Taurom.* Arte de torear (véase TAUROMAQUIA).

Abreviaturas

Además de las abreviaturas de uso generalizado, como: etc. (etcétera), a. C. (antes de Cristo), puntos cardinales (N, S, NO, etc.) y unidades de medida (m, kg km^2, etc.), se utilizan abreviaturas en las partes estructurales o sistemáticas de las entradas, para:

- Categorías **gramaticales** y de **uso:** f., prnl., adj., pl., fig., fam., etc.
- Abreviaturas de **materias:** *Ling., Hist., Etnol., Fís.,* etc.
- Adscripción a **área lingüística:** *And., Arg., Filip.,* etc.
- Abreviaturas de **materia** en **artículo enciclopédico:** GEOG., BOT., FILOS.
- Abreviaturas de **acotaciones gramaticales:** IRREG., SIN., DEF., etc.
- Etimologías: lat., gót., gr., cat., neerl., etc.
- Paréntesis de datos de nacimiento y muerte de las biografías: s., h., etc.

En las páginas XIII-XV se encuentra la lista completa de las abreviaturas utilizadas en este diccionario.

Alfabetización

Las entradas aparecen ordenadas siguiendo un estricto orden alfabético. Según el sistema de alfabetización internacional, la CH y la LL no se consideran letras independientes, sino que aparecen integradas en la C y la L, siguiendo el actual criterio de la Real Academia Española.

En el caso de voces homógrafas, se alfabetizan siguiendo el orden correlativo del superíndice que las acompaña:

MANTEO[1] (De *mantear.*) m. 1 Acción y efecto de mantear.
MANTEO[2] (Del fr. *manteau.*) m. 1 Capa larga con cuello...

Cuando existen dos palabras homógrafas, una de ellas nombre común y otra nombre propio, en primer lugar aparece el nombre común:

LUNA f. 1 *Astron.* Satélite, cuerpo celeste...
LUNA *Astron.* Cuerpo celeste, único satélite de la Tierra, en torno a la cual gira.

Cuando dos palabras sólo se diferencian por la tilde de una de ellas, se alfabetiza primero la voz que no lleva tilde y luego la acentuada:

MAMA f. 1 *Zool.* Glándula mamaria de las hembras de los mamíferos.
MAMÁ f. fam. Madre.

En el caso de coincidencia gráfica entre una palabra y un elemento compositivo, ya sea prefijo, sufijo o infijo, se ha alfabetizado primero la palabra:

>MANÍA f. 1 *Psiquiat.* Desequilibrio mental...
>-MANÍA suf. MANI-.

Las biografías se alfabetizan por el primer apellido, seguido del segundo, cuando exista, y el nombre precedido de una coma. Se exceptúan las biografías de personajes brasileños y portugueses, que se alfabetizan por el segundo apellido, y las de todos aquellos que son más conocidos por cualquier otra parte de su nombre:

>   RODRÍGUEZ, CLAUDIO
> pero PESSOA, EPITÁCIO DA SILVA
>   BARJOLA, JUAN (JUAN GALEA BARJOLA, llamado)

Santos, beatos, soberanos, papas y algunos nombres antiguos se alfabetizan por el nombre de pila, por el que son conocidos. Se posponen siempre al nombre las partículas san, santo, santa, sor, fray, sir, etc., y cualquier título religioso, de nobleza u honor que pueda acompañar al nombre. Se exceptúan los casos en los que dicha partícula forma parte del nombre y aquellos personajes que son generalmente conocidos por dicho título:

>   AGUSTÍN, SAN
>   ALEJANDRO MAGNO
> pero SAN PEDRO, DIEGO DE
>   ARCIPRESTE DE HITA, JUAN RUIZ

Cuando un personaje es más conocido por un seudónimo que por su nombre real, su biografía se desarrolla generalmente bajo el seudónimo, al que se suele remitir desde el nombre verdadero:

>GARCIASOL, RAMÓN DE (MIGUEL ALONSO CALVO, llamado)

No se tienen en cuenta a efectos de alfabetización las partículas intermedias (artículos, preposiciones o conjunciones). Se excluyen aquellos casos en los que se da una igualdad absoluta de lema:

>LÓPEZ DE AYALA, ADELARDO
>LÓPEZ CONTRERAS, ELEAZAR

De igual forma, a efectos de alfabetización, el guión que separa dos palabras de un lema se considera igual a un espacio:

>VALLE GRAN REY
>VALLE-INCLÁN, RAMÓN MARÍA DEL

El apóstrofo no se tiene en cuenta en la alfabetización:

>a   D'ANNUNZIO, GABRIELE
>le sigue DANTE ALIGHIERI

>a   O'HIGGINS, BERNARDO
>le sigue OHIO

Se exceptúan los personajes franceses (ALEMBERT, JEAN LE ROND D'). Las partículas *van* y *von* pueden alfabetizar o no, según el uso:

>   VAN GOGH, VINCENT
> pero BISMARCK, OTTO VON

Las entradas históricas y geográficas que constan de más de una palabra alfabetizan por aquella de mayor entidad:

Agraviados, guerra de los
León, golfo de
Guerra Mundial, Primera
Golfo, corriente del

Las ciudades, territorios, países o entidades que a lo largo de la historia han cambiado de nombre, aparecen desarrollados bajo el actual, al que se remite desde los demás:

Birmania Myanmar.
Comunidad Europea Unión Europea.

ABREVIATURAS

I. Abreviaturas en el cuerpo de las entradas

*	forma hipotética	*Ar.*	Aragón	d. C.	después de Cristo
a. C.	antes de Cristo	arauc.	araucano	DEF.	verbo defectivo
adj.	adjetivo	*Arg.*	Argentina	desp.	despectivo
adj. distrib.	adjetivo distributivo	art. deter.	artículo determinado	desus.	desusado
adv.	adverbio	art. indeter.	artículo indeterminado	dialect.	dialectal
adv. afirm.	adverbio de afirmación	*Ast.*	Asturias	*Dom.*	República Dominicana
adv. c.	adverbio de cantidad	aux.	verbo auxiliar		
adv. c. excl.	adverbio de cantidad exclamativo	*Áv.*	Ávila	E	Este
				Ecuad.	Ecuador
adv. correlat.	adverbio correlativo	*Bad.*	Badajoz	esp.	español
adv. interrog. l.	adverbio interrogativo de lugar	berb.	berberisco	etc.	etcétera
		Bol.	Bolivia	excl.	exclamación o exclamativo
adv. l.	adverbio de lugar	*Bur.*	Burgos		
adv. lat.	adverbio latino	C.	centígrado (después de un número con indicación de grados)	expr. adv.	expresión adverbial
adv. lat. c.	adverbio latino de cantidad			expr. elípt.	expresión elíptica
				expr., exprs.	expresión, expresiones
adv. m.	adverbio de modo	*C. Rica*	Costa Rica	*Extr.*	Extremadura
adv. m. interr. y excl.	adverbio de modo interrogativo y exclamativo	*Can.*	Canarias		
		Cantab.	Cantabria	f.	sustantivo femenino o femenino
		cast.	castellano		
adv. neg.	adverbio de negación	cat.	catalán	fam.	familiar
adv. o.	adverbio de orden	*Cat.*	Cataluña	fest.	festivo
adv. relat.	adverbio relativo	célt.	céltico	fig., figs.	figurado
adv. relat. c.	adverbio relativo de cantidad	celtolat.	celtolatino	*Filip.*	Filipinas
		cf.	*confer* (compárese)	fr.	francés
adv. relat. l.	adverbio relativo de lugar	*Col.*	Colombia	fr. adj.	frase adjetiva
		com.	sustantivo común de dos	fr. adv.	frase adverbial
adv. t.	adverbio de tiempo	comp.	comparativo	fr. proverb.	frase proverbial
advers.	adversativo o adversativa	conj.	conjunción	fr., frs.	frase, frases
al.	alemán	conj. ad.	conjunción adversativa		
Ál.	Álava	conj. comp.	conjunción comparativa	gaél.	gaélico
Alb.	Albacete	conj. conces.	conjunción concesiva	*Gal.*	Galicia
amb.	sustantivo ambiguo	conj. cond.	conjunción condicional	galo-lat.	galo-latino
Amér.	América	conj. consec.	conjunción consecutiva	gall.	gallego
Amér. C.	América Central	conj. cop.	conjunción copulativa	gall. port.	gallego-portugués
Amér. m.	América meridional	conj. dist.	conjunción distributiva	germ.	germánico
Amér. sep.	América septentrional	conj. disyunt.	conjunción disyuntiva	gót.	gótico
And.	Andalucía	conj. il.	conjunción ilativa	gr.	griego
Ant.	Antillas	conj. t.	conjunción temporal	*Gran.*	Granada
ár.	árabe	*Cuen.*	Cuenca	grecolat.	grecolatino

Abreviaturas

Guat.	Guatemala	loc. conjunt. il.	locución conjuntiva ilativa	prep. sep. y neg.	preposición separativa y negativa
Guay.	Guayana	loc. prepos.	locución prepositiva	prnl.	verbo pronominal
h.	habitantes, hora o, delante de una fecha, hacia	loc. sustant.	locución sustantiva	pron.	pronombre
		loc., locs.	locución, locuciones	pron. correlat.	pronombre correlativo
				pron. correlat. c.	pronombre correlativo de cantidad
hebr.	hebreo	m	metro, minuto		
hisp.	hispánico	m.	sustantivo masculino o masculino	pron. excl.	pronombre exclamativo
hispanoár.	hispanoárabe			pron. indef.	pronombre indefinido
hol.	holandés	m. y f.	sustantivo masculino y femenino o masculino y femenino	pron. interr.	pronombre interrogativo
Hond.	Honduras			pron. interr. y excl.	pronombre interrogativo y exclamativo
i.	inglés	m/s	metros por segundo	pron. pers.	pronombre personal
ibér.	ibérico	*Mad.*	Madrid	pron. pos.	pronombre posesivo
íd.	ídem	*Marr.*	Marruecos	pron. relat.	pronombre relativo
impers.	verbo impersonal	*Méx.*	México	pron. relat. c.	pronombre relativo de cantidad
in., ins.	infijo, infijos	mexic.	mexicano		
interj., interjs.	interjección, interjecciones	mm	milímetro	pron. relat. y pos.	pronombre relativo y posesivo
		mozár.	mozárabe		
interr.	interrogativo	*Mur.*	Murcia	prov.	provenzal
intr.	verbo intransitivo				
irl.	irlandés	N	Norte	*R. Plata*	Río de la Plata
irón., iróns.	irónico	n.	neutro	rec.	verbo recíproco
irreg.	irregular	*Nav.*	Navarra		
IRREG.	verbo irregular	NE	Nordeste	s	segundo
it.	italiano	neerl.	neerlandés	s.	sustantivo, siglo (delante de un número romano)
		Nic.	Nicaragua		
kg	kilogramo	NO	Noroeste	*Sal.*	Salamanca
kg/s	kilogramo por segundo			*Salv.*	El Salvador
km	kilómetro	O	Oeste	sánscr.	sánscrito
km/h	kilómetro por hora	occit.	occitano	SE	Sudeste
km/s	kilómetro por segundo			*Seg.*	Segovia
km²	kilómetro cuadrado			sing.	singular
		p. a.	participio activo	SO	Sudoeste
		p. p.	participio pasivo	*Sor.*	Soria
lat.	latín, latino	*P. Rico*	Puerto Rico	suf., sufs.	sufijo, sufijos
loc. adj.	locución adjetiva	p. us.	poco usado		
loc. adv.	locución adverbial	*P. Vasc.*	País Vasco	TERCIOP.	verbo terciopersonal
loc. adv. comp.	locución adverbial comparativa	pág.	página	tr.	verbo transitivo
		Pal.	Palencia		
loc. adv. y conjunt.	locución adverbial y conjuntiva	*Pan.*	Panamá	*Urug.*	Uruguay
		Par.	Paraguay		
loc. conjunt.	locución conjuntiva	pl.	plural	*Val.*	Valencia
loc. conjunt. advers.	locución conjuntiva adversativa	poét.	poético	*Vall.*	Valladolid
		pop.	popular	*Venez.*	Venezuela
loc. conjunt. consec.	locución conjuntiva consecutiva	port.	portugués	*Viz.*	Vizcaya
		Port.	Portugal	vulg.	vulgar
loc. conjunt. cop.	locución conjuntiva copulativa	pref., prefs.	prefijo, prefijos		
		prep.	preposición	*Zam.*	Zamora

II. Abreviaturas de materia

A. dec.	Artes decorativas	*Farm.*	Farmacia	*Min.*	Minería
A. gráf.	Artes gráficas	*Filat.*	Filatelia	*Miner.*	Mineralogía
Adm.	Administración	*Filos.*	Filosofía	*Mit.*	Mitología
Aeron.	Aeronáutica	*Fís.*	Física	*Mús.*	Música
Agr.	Agricultura	*Fisiol.*	Fisiología		
Anat.	Anatomía	*Folk.*	Folklore	*Num.*	Numismática
Antrop.	Antropología	*Fon.*	Fonética y Fonología		
Arm.	Armería	*Fot.*	Fotografía	*Ocean.*	Oceanografía
Arqueol.	Arqueología			*Ocio.*	Ocio
Arquit.	Arquitectura	*Gan.*	Ganadería	*Ocult.*	Ocultismo
Arte.	Arte	*Gastron.*	Gastronomía	*Ópt.*	Óptica
Astrol.	Astrología	*Geneal.*	Genealogía		
Astron.	Astronomía	*Geog.*	Geografía	*Paleog.*	Paleografía
Astronáut.	Astronáutica	*Geog. física.*	Geografía física	*Paleon.*	Paleontología
Autom.	Automovilismo	*Geog. hist.*	Geografía histórica	*Pat.*	Patología
Aviac.	Aviación	*Geog. humana y económica.*	Geografía humana y económica	*Pedag.*	Pedagogía
		Geol.	Geología	*Pint.*	Pintura
B. Art.	Bellas Artes	*Geom.*	Geometría	*Poét.*	Poética
Bibl. y Doc.	Biblioteconomía y Documentación	*Gram.*	Gramática	*Polít.*	Política
				Prehist.	Prehistoria
Biol.	Biología			*Psicol.*	Psicología
Bl.	Blasón	*Hidrol.*	Hidrología	*Psiquiat.*	Psiquiatría
Bot.	Botánica	*Hist.*	Historia		
				Quím.	Química
Cineg.	Cinegética	*Indus.*	Industria		
Cin.	Cinematografía	*Inform.*	Informática	*Radio.*	Radiodifusión
Coc.	Cocina			*Rel.*	Religión
Cir.	Cirugía	*Lex.*	Lexicografía	*Ret.*	Retórica
Com.	Comercio	*Ling.*	Lingüística		
Cult.	Cultura	*Lit.*	Literatura	*Semiol.*	Semiología
		Liturg.	Liturgia	*Sociol.*	Sociología
		Lóg.	Lógica		
				Taurom.	Tauromaquia
Danza.	Danza	*Mar.*	Marina	*Teat.*	Teatro
Dep.	Deportes	*Mat.*	Matemáticas	*Tecnol.*	Tecnología
Der.	Derecho	*Mec.*	Mecánica	*Telec.*	Telecomunicaciones
		Med.	Medicina	*Telev.*	Televisión
Ecol.	Ecología	*Medios.*	Medios de comunicación	*Teol.*	Teología
Econ.	Economía			*Topog.*	Topografía
Ens.	Enseñanza	*Met.*	Metalurgia	*Transp.*	Transportes
Esc.	Escultura	*Meteor.*	Meteorología		
Espect.	Espectáculos	*Métr.*	Métrica	*Veter.*	Veterinaria
Estad.	Estadística	*Metrol.*	Metrología		
Etnol.	Etnología	*Mil.*	Milicia	*Zool.*	Zoología

A

A¹ f. **1** Primera letra del abecedario y primera de las vocales. **2** Símbolo del área. ♦ Su pl. es *aes*.

A² prep. **1** Denota el complemento de la acción del verbo. **2** Indica la dirección que lleva o el término a que se encamina alguna persona o cosa; el lugar o tiempo en que sucede algo, la situación de personas o cosas, un intervalo de lugar o de tiempo, etc. **3** Precede a la designación del precio de las cosas. **4** Expresa distribución, comparación o contraposición. **5** Empieza numerosas frases adverbiales, como *a bulto, a oscuras, a regañadientes*.

A-¹ (Del lat. *ad-*) pref. sin significación precisa: *asustar, abalanzar*.

A-², AN-; -A-, -AN- (Del gr. á, privativo.) prefs. o ins. que significan privación o negación.

A 1 *Fís.* Símbolo del amperio. **2** *Geol.* Horizonte del suelo más cercano a la superficie. **3** *Mús.* En notación abreviada anglosajona, símbolo de la nota *la*.

Å *Fís.* Símbolo del ángstrom.

A. C. Abreviatura de antes de Cristo.

A CAPELLA expr. adv. lat. Se emplea para designar la música coral sin acompañamiento instrumental.

A CORUÑA CORUÑA, A.

A DIVINIS expr. adv. lat. Se aplica a una de las formas de suspensión canónica, según la cual el sacerdote no puede ejercer ninguna de las funciones que se derivan de la potestad de su orden.

A FORTIORI expr. adv. lat. Con mayor razón.

A. M. Siglas de la expresión ANTE MERÍDIEM.

A. M. *Fís.* Abreviatura de *Amplitude Modulation* (véase MODULACIÓN).

A POSTERIORI loc. adv. lat. **1** Se aplica a la demostración que asciende del efecto a la causa; contrario de *a priori*. **2** *Filos.* Se aplica a los conocimientos o juicios que dependen de la experiencia. **3** Después de examinar el asunto de que se trata.

A PRIORI loc. adv. lat. **1** Se aplica a la demostración que desciende de la causa al efecto; contrario de *a posteriori*. **2** *Filos.* Se aplica a los conocimientos o juicios que son independientes de la experiencia. **3** Antes de examinar el asunto de que se trata.

AACHEN AQUISGRÁN.

AACHEN, JOHANN VON Pintor alemán (Colonia, 1552 - Praga, 1616). Introdujo en Alemania el manierismo italiano bajo el influjo de Tintoretto. Pintor de cámara del emperador Rodolfo II desde 1592, destacan sus *Venus y Adonis*, *El baño de Betsabé* y *El juicio de Paris*.

AAIÚN, EL (*Al-A'yun*) Ciudad del Sahara Occidental, capital de la provincia de su nombre, actualmente bajo mandato marroquí; 24.519 h. Ostentó la capitalidad de la región mientras la zona perteneció a España. También se dice *Laayoune*.

AALTO, ALVAR Arquitecto finlandés (Kuortane, 1898 - Helsinki, 1976). Representante de la escuela funcionalista orgánica en Europa. Entre sus construcciones vanguardistas se encuentran el Ayuntamiento de Säynätsalo (1952), la Ciudad Universitaria de Otaniemi (1966), el Museo de Bellas Artes de Shiraz (Irán, 1970) y el Museo Alvar Aalto en Jyväskylä (1971-73). También se ocupó de lo decorativo.

AAR o **AARE** Río de Suiza, que nace en el macizo de San Gotardo, cruza la meseta suiza, pasa por Berna y desemboca en el Rhin; 280 km de curso.

AAR o **AARE** SAN GOTARDO.

AARGAU ARGOVIA.

AARHUS o **ÅRHUS 1** Condado de Dinamarca, en la región de Jutlandia; 4.561 km² y 628.725 h. **2** Ciudad capital del mismo; 9.759 h. Es, después de Copenhague, la ciudad más importante del país.

AARÓN Personaje bíblico. Primer sumo sacerdote de los hebreos y hermano mayor de Moisés, fabricó el Becerro de Oro, por lo que fue condenado a no llegar a pisar la tierra prometida.

AB prep. lat. Se emplea en frases latinas como por ejemplo *ab aeterno*.

Alvar **Aalto**. *Butaca 41,* diseño de 1926.

AB- pref. Significa separación: *abjurar*; acción excesiva o indebida: *abusar*; u origen: *aborigen*.

AB AETERNO loc. adv. lat. Desde la eternidad, desde muy antiguo.

AB INITIO loc. adv. lat. Desde el origen, desde el principio.

AB INTESTATO loc. adv. lat. Sin testamento.

AB OVO (Literalmente *desde el huevo.*) loc. adv. fig. Narrando, desde el origen.

AB URBE CONDITA loc. lat. que los romanos empleaban para contar los años de su era, que empezaba el año 753 a. C., en que fue fundada Roma.

ABA o **ABAK** Ciudad de Nigeria; 298.900 h. Importante centro industrial y comercial.

ABABILLARSE prnl. *Chile* Enfermar de la babilla un animal.

ABABOL m. *Bot.* AMAPOLA.

ABACÁ m. **1** *Bot.* Planta de la familia musáceas, de nombre científico *Musa textilis*. Es originaria de Borneo y Filipinas. **2** Fibra textil de la planta anterior, utilizada para la fabricación de telas, cordeles y otros elementos. También denominada *cáñamo de Manila*.

ABACERÍA f. Tienda del abacero.

ABACERO, RA m. y f. Persona que vende aceite, vinagre, legumbres secas, bacalao, etc.

ABACIAL adj. Relativo al abad, abadesa o abadía.

ÁBACO m. **1** *Mat.* Antiguo instrumento de cálculo. Es un cuadro de madera con alambres paralelos en los que hay bolas movibles. **2** *Arquit.* Especie de tablero que corona el capitel y aumenta el refuerzo para sostener el arquitrabe o las molduras que se ponen encima.

ÁBACO Nombre de dos islas del océano Atlántico, en el archipiélago de las Bahamas: Gran y Pequeño Ábaco; 1.681 km² y 10.034 h.

ABAD, DESA m. y f. Superior de un monasterio y de algunas colegiatas y comunidades religiosas.

ABAD DE SANTILLÁN, DIEGO (SINESIO GARCÍA FERNÁNDEZ, llamado) Anarquista español (León, 1897 - Barcelona, 1983). Influyó en el movimiento sindical de Argentina, donde vivió muchos años. De regreso a España, se integró en la FAI. Fue ministro de Economía en el gobierno de la Generalitat de Catalunya (1936-37). Teórico del anarquismo, publicó *Por qué perdimos la guerra* y *Contribución a la historia del movimiento obrero español*.

ABADA f. *Zool.* RINOCERONTE.

ABADÁN Ciudad de Irán, provincia de Khuzestán; 294.068 h. Importante complejo petrolífero.

ABADEJO m. *Zool.* **1** Pez teleósteo marino, de la familia gádidos, de nombre científico *Pollachius pollachius*. Parecido al bacalao, aunque de menor tamaño, puede alcanzar los 120 cm de longitud y 10 kg de peso. Es un gran depredador de crustáceos y otros peces. Habita en el Atlántico norte. **2** REYEZUELO, pájaro. **3** CANTÁRIDA, insecto. **4** Pez del mar de las Antillas, de color oscuro y carne delicada.

ABADENGO, GA adj. **1** Relativo a la dignidad o jurisdicción del abad. || m. **2** ABADÍA.

ABADÍ o **ABADITA** adj. **1** Se dice de la dinastía árabe de los abadíes. También m. pl. **2** Se dice también de sus individuos. También com. **3** Relativo a esta dinastía.

ABADÍA f. **1** Iglesia, monasterio, territorio, jurisdicción o bienes de un abad o abadesa. **2** Dignidad de abad o de abadesa.

ABADÍA MÉNDEZ, MIGUEL Político colombiano (Vega de los Padres, 1867 - La Unión, 1947). Desempeñó diversas carteras ministeriales y presidió la República, representando al Partido Conservador (1926-30). Favoreció la penetración comercial de las grandes compañías estadounidenses.

ABADIADO o **ABADIATO** m. ABADÍA.

ABADÍES *Hist.* Dinastía árabe fundada por Abu-l-Qasim, que ocupó el trono de Sevilla durante la época de los reinos de taifas (siglo XI).

ABAJEÑO, ÑA adj. y s. **1** *Amér.* De costas y tierras bajas. **2** *Méx.* De El Bajío (Guanajuato, México).

ABAJO adv. l. **1** Hacia lugar o parte inferior. **2** En lugar posterior o inferior. || interj. **3** Indica desaprobación o repulsa.

ABAK ABA.

ABAKA KHAN Emperador mongol (?, 1234 - ?, 1282). Heredó de su padre Hulagu el trono de Persia (1265). Extendió su dominio hacia occidente, rechazó a los tártaros y reunió bajo su cetro casi toda el Asia Occidental, excepto Siria.

ABALANZARSE prnl. Lanzarse.

ABALAUSTRADO, DA adj. Con figura de balaustre.

ABALAUSTRAR tr. Poner balaustres o figurarlos.

ABALEAR tr. **1** Separar con una escoba apropiada los granzones y la paja gruesa, del trigo, cebada, etc. **2** *Amér.* Balear, disparar con bala sobre alguien o algo; herir o matar a balazos.

ABALEO m. **1** Acción y efecto de abalear. **2** Escoba con que se abalea.

ABALLAR tr. *Pint.* Rebajar, oscurecer el color.

ABALLESTAR tr. Tensar un cabo.

ABALORIO m. **1** Conjunto de cuentecillas de vidrio agujereadas, con las cuales, ensartándolas, se hacen adornos y labores. **2** Cada una de estas cuentecillas.

ABANADOR m. *And.* y *Can.* Soplillo para avivar la lumbre.

ABANCALAR tr. Desmontar un terreno en pendiente con objeto de establecer bancales.

ABANDERADO, DA m. y f. **1** Que lleva la bandera. **2** Portavoz, representante.

ABANDERAR tr. **1** Matricular bajo la bandera de un Estado un buque extranjero. **2** Proveerle de los documentos que acreditan su bandera. **3** fig. Guiar o dirigir una actividad o asunto.

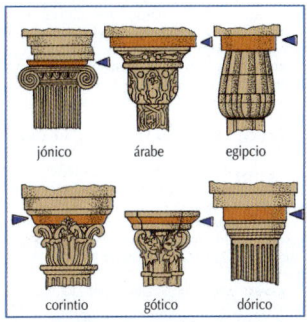

Tipos de **ábaco**.

abandonado, da adj. Descuidado, desidioso, desaseado.

abandonar tr. **1** Dejar, desamparar. **2** Desistir, renunciar. También intr. **3** Dejar un lugar. || prnl. **4** fig. Dejarse dominar. **5** Confiarse. **6** fig. Descuidar uno sus intereses u obligaciones. **7** fig. Rendirse en las adversidades y contratiempos.

abandonismo m. **1** Tendencia a abandonar sin lucha algo que poseemos o nos corresponde. **2** *Polít.* Política exterior de los Estados que se caracteriza por el abandono de territorios o posiciones políticas sin haber agotado previamente todas las posibilidades de acción política, militar o diplomática.

abandono m. Descuido, desamparo, renuncia. || **abandono familiar** *Der.* Incumplimiento de los deberes propios de la patria potestad, la tutela y el matrimonio.

abang IROKO.

abanicar tr. y prnl. Hacer aire con el abanico.

abanico m. **1** Instrumento semicircular formado por varillas y tela que se pliegan y se despliegan, utilizado para darse aire. **2** fig. Cosa de figura de abanico, como la cola del pavo real. **3** fig. Conjunto de ideas, opciones, etc. **4** *Mar.* Especie de cabria.

abaniqueo m. Acción y efecto de abanicar o abanicarse.

abano m. Aparato que, colgado del techo y accionado manualmente, sirve para dar aire y refrescar la estancia.

abanto adj. y m. **1** Se dice del hombre aturdido y torpe. **2** Precipitado, irreflexivo, ansioso. **3** Se dice del toro que al empezar la lidia parece aturdido. || m. **4** ALIMOCHE, ave.

abañar tr. *Agr.* Seleccionar la simiente con un cribado especial.

abarajar tr. *Arg., Par.* y *Urug.* Recoger o recibir en el aire una cosa, parar en el aire un golpe. También se usa en sentido figurado para referirse a palabras o intenciones.

abaratamiento m. Acción y efecto de abaratar o abaratarse.

abaratar tr. y prnl. Bajar el precio de una cosa.

abarca f. Calzado rústico de cuero o de caucho que cubre la planta del pie y se sujeta con cintas.

Abarca de Bolea, Pedro Pablo ARANDA, PEDRO PABLO ABARCA DE BOLEA, CONDE DE.

abarcar tr. **1** Ceñir, rodear. **2** Comprender, contener. **3** Alcanzar con la vista. **4** Tomar uno a su cargo muchas cosas a un tiempo. **5** *Amér.* Acaparar.

abaritonado, da adj. *Mús.* Se dice de la voz parecida a la del barítono y de los instrumentos cuyo sonido tienen un timbre semejante.

abarloar tr. y prnl. *Mar.* Situar un buque de tal modo que su costado esté casi en contacto con el de otro buque, con el muelle, etc.

abarognosia f. *Med.* Trastorno de los sentidos que debilita o hace desaparecer la percepción del peso.

abarquillado, da adj. De figura de barquillo.

abarquillar tr. y prnl. Encorvar un cuerpo delgado y ancho, sin que llegue a formar rollo.

abarrancadero m. **1** Lugar donde es fácil abarrancarse. **2** fig. Negocio o asunto del que no se puede salir fácilmente.

abarrancamiento m. *Geol.* Erosión que producen las aguas de lluvia en un terreno hasta dar lugar a un barranco.

abarrancar tr. **1** Hacer barrancos. **2** Meter en un barranco. También prnl. || intr. **3** VARAR, encallar la embarcación. También prnl.

abarrotado m. *Cuba* y *Chile* Tienda donde se venden abarrotes.

abarrotar tr. **1** Apretar o fortalecer con barrotes. **2** Llenar por completo de personas o cosas un espacio. **3** *Mar.* Asegurar la estiba con abarrotes. **4** *Mar.* Cargar un buque aprovechando todos los sitios disponibles. **5** *Cuba, Chile, Guat.* y *P. Rico* Monopolizar un artículo comercial.

abarrote m. **1** *Mar.* Fardo pequeño que sirve para la estiba. **2** *Amér.* Establecimiento donde se venden artículos como caldos, cacaos, conservas, papel, etc. || m. pl. **3** *Amér.* Estos artículos.

Abascal y Sousa, José Fernando de, marqués de la Concordia General español (Oviedo, 1743 - Madrid, 1827). Virrey del Perú (1806-16), reestructuró el ejército y la flota colonial. Apoyó desde Perú la guerra de la independencia española.

abasí o **abasida** adj. y com. **1** *Hist.* Se dice de los descendientes de Abu-l-Abbas y de la dinastía por él fundada en el 750. || adj. **2** Relativo a la dinastía de este nombre.

abasia f. *Med.* Falta de coordinación muscular en la marcha.

Abasolo, José Mariano de Caudillo de la independencia mexicana (Guanajuato, 1783 - Cádiz, 1816). Venció a las fuerzas metropolitanas en el combate de las Cruces y tomó parte en la conspiración de Querétaro. Derrotado en la batalla de Calderón (1811), fue conducido como prisionero a España.

Vasija **abasí** (siglo X). Freer Gallery of Arts (Washington).

abastecer tr. y prnl. Proveer o aprovisionar. ♦ IRREG. Se conjuga como AGRADECER.

abastecimiento m. Acción y efecto de abastecer o abastecerse.

abastionar tr. Fortificar con bastiones.

abasto m. **1** Provisión. También en pl. **2** ABUNDANCIA. || **no dar abasto** fr. No dar o ser bastante.

abatanar tr. BATANAR.

abatatamiento m. *Arg., Par.* y *Urug.* Acción y efecto de abatatar o abatatarse, turbarse.

abatatar tr. y prnl. *Arg., Par.* y *Urug.* Turbar, apocar, confundir.

abate m. *Rel.* **1** Clérigo de órdenes menores, y a veces simple tonsurado, que solía vestir traje clerical a la romana. **2** Sacerdote francés o italiano.

Abate, Niccolò dell' DELL'ABATE, NICCOLÒ.

abatí m. **1** *Arg.* y *Par.* MAÍZ. **2** *Arg.* y *Par.* Bebida alcohólica destilada del maíz.

abatido, da adj. Triste, deprimido.

abatimiento m. **1** Postración física o moral de una persona. **2** *Mar.* Ángulo que forma la línea de la quilla con la dirección que sigue la nave.

abatir tr. **1** Derribar, bajar, tumbar. También prnl. **2** fig. HUMILLAR. También prnl. **3** fig. Hacer perder el ánimo, las fuerzas. Más como prnl. **4** *Geom.* Hacer girar alrededor de su traza un plano secante a otro, hasta superponerlo a éste. También prnl. **5** *Mar.* Desarmar algo para reducir su volumen. || intr. **6** *Mar.* Desviarse un buque de su rumbo. || prnl. **7** Descender un ave, un avión, etc., a tierra sobre una presa.

abazón m. *Zool.* Cada uno de los dos abultamientos, a modo de sacos, que en la boca tienen varias especies de mamíferos roedores para almacenar los alimentos antes de masticarlos.

Abbado, Claudio Director de orquesta italiano (Milán, 1933). Ha sido director de la Scala de Milán (1968), la Orquesta Sinfónica de Londres (1979), la Orquesta Sinfónica de Chicago (1982) y la Ópera Estatal de Viena (1986). En 1990 sucedió a Karajan al frente de la Orquesta Filarmónica de Berlín.

Abbas, Ferhat Político argelino (Tahert, 1899 - Argel, 1985). En 1956 se unió al Frente de Liberación Nacional (FLN) y entre 1958 y 1961 presidió el gobierno provisional en el exilio. Al proclamarse la independencia de Argelia fue elegido presidente de la Asamblea. A causa de su oposición al presidente Ben Bella fue desposeído de sus cargos en 1963, expulsado del FLN y confinado en el Sahara (1964-65 y 1976-79). En 1979 se exilió a Francia.

Abbas I el Grande Sha de Persia (?, 1571 - Mazandaran, 1629). Combatió a uzbecos y turcos otomanos. Musulmán chiíta, persiguió a los musulmanes sunnitas y a los judíos, pero no a los cristianos. Realizó grandes construcciones y reorganizó el ejército. Se le considera el más grande soberano de la Persia moderna, cuyo reinado supuso para el país una etapa de gran expansión.

abbasí o **abbasida** ABASÍ O ABASIDA.

Abbat, Per Clérigo español que copió el *Cantar de Mio Cid* (1307). También se le conoce como *Pero Abad.*

Abbe, Ernst Físico alemán (Eisenach, 1840 - Jena, 1905). Realizó importantes descubrimientos sobre las aberraciones ópticas, que permitieron corregir la *aberración esférica,* la *aberración en coma* y la *aberración cromática,* mediante la *fórmula de Abbe.* Inventó las lentes *apocromáticas,* que reducen la aberración cromática en los microscopios. Construyó un espectrómetro y un refractómetro. En 1870 diseñó el condensador de luz de Abbe, que mejoró la iluminación de los microscopios.

Abbeokuta ABEOKUTA.

Abbeville Ciudad de Francia, departamento de Somme; 25.988 h. Centro industrial.

abbevilliense adj. ABEVILLENSE.

Abbud, Ibrahim Militar y político sudanés (Sinkat, 1900 - ?, 1983). Encabezó el golpe de Estado de 1958. Asumió la presidencia, disolvió el Parlamento y llevó a cabo una política autoritaria con la ayuda del ejército. La creciente oposición popular le obligó a dimitir en 1964.

Abd Voz árabe que significa *servidor, esclavo,* y que forma parte de muchos nombres árabes.

Abd al-Aziz Sultán otomano (Estambul, 1830 - íd., 1876). Durante su reinado (1861-76) estallaron movimientos secesionistas en los Balcanes y Egipto. Fue depuesto y se suicidó.

Abd al-Aziz ibn al-Hasan Sultán de Marruecos (Marrakech, 1882 - Tánger, 1943). Tuvo que aceptar la hegemonía francesa en su país. Fue destronado en 1908.

Abd al-Aziz ibn Musa Primer emir dependiente de al-Andalus (? - ?, 716). Hijo del conquistador Musa ibn Nusayr, luchó junto a éste en la conquista de la península Ibérica. En el 713 conquistó Granada, Jaén y Murcia. Completó la conquista del reino visigodo y se distinguió por su tolerancia hacia los cristianos.

Abd al-Aziz III ibn Saud Rey de Arabia Saudí (Riyadh, 1887 - íd., 1953). En 1926 conquistó el Heyaz y La Meca y se proclamó rey. La anexión en 1932 de los emiratos de Asir, Najran y Al-Hasa a su territorio, propició la creación de un reino basado en las leyes religiosas del Islam.

Abd al-Hadi Político palestino (?, 1889 - ?, 1970). Hacia 1924 se convirtió en uno de los líderes del movimiento nacional palestino. En 1932 fundó el Partido de la Independencia y apoyó la insurrección palestina (1936-39). Fue ministro de Asuntos Exteriores y de Justicia (1956).

Abd al-Malik ibn Marwan Quinto califa omeya de Damasco (? - ?, 705). Ocupó La Meca en el año 692. Contuvo a los iraquíes, a los persas chiítas y jariyitas, y a los bizantinos. Prosiguió la conquista de África occidental, ocupó Ifrikiya (Cartago) y fundó Qayrwan en la actual Tunicia.

Abd al-Malik ibn Qatan al-Fihri Emir de al-Andalus (? - Córdoba, 741). Ocupó el cargo entre el 732 y el 734, en que fue destituido a causa de su gobierno despótico. Recuperó el poder en 741, pero fue depuesto y ejecutado, cuando se enfrentó al ejército sirio de Balch ibn Bishr.

Abd al-Mumin o **Abdelmumen** Primer califa almohade (?, 1094 - Saleh o Rabat, 1163). Fue lugarteniente del fundador del movimiento almohade, ibn Tumart. Conquistó Marruecos a los almorávides, y ocupó parte de las actuales Argelia oriental, Tunicia y Trípoli. Instaló su capital en Marrakech. Sus tropas conquistaron Cádiz, Córdoba, Almería y Granada (1146-57).

Abd al-Rahman al-Sufi Astrónomo árabe (?, 903 - ?, 986). Describió por primera vez la nebulosa de Andrómeda y escribió *Uranografía.*

Abd Allah Padre de Mahoma (?, 545 - ?, 570). Fue miembro del clan hachemita de la poderosa tribu de los qurayasíes.

Abd Allah o **Abu Abd Allah** BOABDIL EL CHICO.

Abd Allah ibn Mohammed Emir omeya de al-Andalus (Córdoba, 844 - íd., 912). Reinó entre 888 y 912. Subió al poder tras envenenar a su hermano al-Mundir. Durante su reinado estalló una guerra civil, al rebelarse los muladíes, los árabes y los bereberes, a los que venció en Poley (891) y Guadalbullón (905). En el año 903 ocupó de nuevo Mallorca. Le sucedió su nieto Abderramán III.

Abd ar-Rahman ABDERRAMÁN.

Abd el-Kader o **Abd al-Qader ben Muhyi ad-Din** Caudillo argelino (Mascara, 1807 - Damasco, 1883). Desde 1832 sostuvo una guerra contra la colonización francesa de Argelia. Dominó Orán (1837), que le fue reconocido por el tratado de Tafna. Quiso crear un Estado

Claudio **Abbado**

musulmán, pero en 1840 Francia inició la conquista del país, lo que le obligó a huir a Marruecos (1843) y luego a entregarse a los franceses (1847). Estuvo en prisión hasta 1852.

Abd el-Krim o **Abd al-Krim Jattabi, Mohammed** Caudillo marroquí (Ashdir, 1882 - El Cairo, 1963). En 1921 inició un levantamiento de las cabilas del Rif contra España y Francia. Tras una serie de victorias riferñas, las tropas hispano-francesas desembarcaron en Alhucemas y ocuparon Axdir; Abd el-Krim se entregó (1926) y fue deportado a la isla Reunión, pero escapó en 1947 y se refugió en Egipto donde creó nuevos movimientos arabistas de liberación nacional.

Abd Rabbihi, Abu Umar Ahmad ibn Escritor hispanoárabe (Córdoba, 860 - ?, 939). Poeta cortesano conocido principalmente por su obra *El collar único*, importante documento sobre los primeros siglos de la cultura islámica.

Abdalá II Rey de Jordania (Amman, 1962). Hijo del rey Hussein y de la princesa Mona, tuvo una formación militar en Inglaterra, y estudió en las Universidades de Oxford y Georgetown. En 1994, de vuelta a su país, pasó a dirigir una unidad de fuerzas especiales antiterroristas con el grado de general de división. Fue nombrado heredero en enero de 1999 y, a la muerte de su padre, ocurrida días más tarde, ocupó el trono de Jordania.

Abdallah, Ahmed Político de Comores (An-jouan, 1919 - Moroni, 1989). Obtuvo la presidencia de la colonia francesa en 1972. Al proclamarse la independencia en 1975, fue elegido jefe de Estado. En 1979 estableció un régimen dictatorial. Murió asesinado.

Abdera *Hist.* Antigua colonia griega en Tracia. Lugar de nacimiento de Demócrito, Anaxarco y Protágoras, y sede de la escuela filosófica atomista.

Abderitano, na adj. y s. De Adra.

Abderramán o **Abd ar-Rahman** Nombre de diversos soberanos de al-Andalus.

Abderramán I Primer emir omeya de Córdoba (Damasco, 731 - Córdoba, 788). Fundador de la dinastía omeya en España, fue el único que escapó a la matanza de su familia por los abasidas. Emir de al-Andalus (756-788), su reinado se caracterizó por luchas originadas por su deseo de someter a toda la España musulmana. Durante su mandato se empezó a construir la mezquita de Córdoba. Protegió las letras y las ciencias.

Abderramán II Cuarto emir omeya de Córdoba (Toledo, 792 - Córdoba, 852). Guerreó contra los francos, el reino de Asturias y los normandos. Durante su mandato (822-52) se produjo una revolución de los mozárabes. Córdoba alcanzó un gran esplendor cultural.

Abderramán III Octavo emir omeya de Córdoba y primer califa (Córdoba, 891 - íd., 961). Durante su califato (912-961) dirigió numerosas campañas contra los reinos cristianos y puso fin a la anarquía del Estado musulmán español. Sus victorias, la reorganización del ejército y de la marina, y su afán por convertir Córdoba en un centro científico y artístico, le hicieron famoso en todo el mundo. Fundó una Academia de Medicina en Córdoba y construyó la residencia de Medina Azahara.

Abderramán IV Califa omeya de Córdoba (? - Guadix, 1018). Su reinado fue efímero. Murió, abandonado por los suyos, en combate contra el gobernante zirí de Granada.

Abderramán V Último califa omeya de Córdoba (? - ?, 1024). Su reinado fue breve (47 días) y murió asesinado durante una sublevación.

Abderramán o **Abd ar-Rahman ibn Abd Alá al-Gafiki** Emir árabe de al-Andalus (? - ?, 732). Invadió el reino franco, venció a Eudes, duque de Aquitania, pero fue derrotado y muerto en Poitiers por las tropas de Carlos Martel.

Abdessalam, Belaid Político argelino (Dehemcha, 1928). Miembro del FLN, se integró en la facción ortodoxa del partido, afecta al coronel Bumedian. Durante el gobierno de éste fue artífice del proceso industrializador argelino de los años setenta. Nombrado primer ministro y ministro de Economía en 1992, fue destituido de su cargo al año siguiente a causa de la crisis económica y el auge del integrismo islámico.

Abdías Quinto de los profetas menores. Su *Libro de Abdías*, profecía contra los edomitas, con 21 versículos, es el más breve del Antiguo Testamento.

abdicación f. 1 Acción y efecto de abdicar. 2 Documento en que consta la abdicación.

abdicar tr. 1 Renunciar al trono. 2 Ceder, abandonar.

abdomen m. 1 *Anat.* vientre, región y cavidad del cuerpo de los animales vertebrados comprendida entre el tórax y la pelvis, y conjunto de los órganos contenidos en ella. Se encuentra separado del tórax por el diafragma, y está tapizado interiormente por una membrana serosa denominada peritoneo. Exteriormente, está limitado por los músculos abdominales, que constitu-

Abdalá II, rey de Jordania.

yen la pared abdominal, los huesos ilíacos y la columna vertebral. En el abdomen están contenidas la mayor parte de las vísceras de los aparatos digestivo, genital y urinario. 2 *Zool.* En invertebrados artrópodos, porción alargada del cuerpo que sigue al tórax.

abdominal adj. Perteneciente o relativo al abdomen.

Abdón Juez de Israel (s. xii a. C.). Rigió los destinos de Israel durante ocho años.

abducción f. 1 *Filos.* En lógica aristotélica, silogismo cuya premisa mayor es verdadera, pero cuya premisa menor es sólo probable. 2 *Fisiol.* Movimiento por el cual un miembro u otro órgano se aleja del plano medio del cuerpo.

abductor adj. y m. Se dice del músculo que mueve una parte del cuerpo o una extremidad alejándola del eje del mismo.

Abdul-Hamid o **Abdulhamit** Nombre de diversos sultanes otomanos.

Abdul-Hamid I (Estambul, 1725 - íd., 1789). Sucedió a su hermano Mustafá III en 1774. La derrota en la guerra ruso-turca de 1768-74 le obligó a ceder Crimea a Rusia. También fue derrotado en la guerra contra Rusia y Austria de 1787-88.

Abdul-Hamid II (Estambul, 1842 - íd., 1918). Sucedió a su hermano Murat V en 1876. Se vio obligado a aprobar una constitución que establecía un régimen monárquico parlamentario. Vencido por Rusia en 1877 tuvo que aceptar el tratado de Berlín (1878) que dio comienzo al declive otomano. La derrota le permitió reinstaurar el absolutismo. Tras la intervención británica en Egipto (1882) se acercó a Alemania, lo que provocó la revuelta de los Jóvenes Turcos (1908), que fue duramente reprimida. Fue depuesto en 1909.

Abdul-Hasan Abu-l-Hasan Ali.

Abdul-Jabbar, Kareem (Lew Alcindor, llamado) Jugador de baloncesto estadounidense (Nueva York, 1947). Jugó con los equipos *Milwaukee Bucks* y *Los Angeles Lakers* de la NBA, y obtuvo cinco títulos de liga con este último. Se le considera uno de los mejores pivots de la historia del baloncesto.

Abdul-Mecid o **Abdulmecit I** Sultán otomano (Estambul, 1823 - íd., 1861). Reanudó la política reformista de su padre, Mahmut II, adoptando importantes medidas económicas, jurídicas, religiosas y sociales. Intervino en 1853-56 en la guerra de Crimea contra Rusia, en la que fue aliado de Francia, Gran Bretaña y el Reino de Cerdeña.

Abdulaziz Abd al-Aziz.

Abdulillah Político iraquí (Taif, 1913 - Bagdad, 1958). Fue regente de Irak (1939-53) durante la minoría

de edad de su sobrino Faisal II. Pro-británico, chocó con el primer ministro nacionalista Rashid Ali al-Gailani, quien lo expulsó del poder en 1941. Los británicos lo restauraron en el trono ese mismo año y cedió el poder a Nuri Said. Se enfrentó a la oposición democrática y nacionalista, reprimió a los comunistas y manipuló las elecciones de 1947. Fue derribado por el golpe de Estado del general Kasem (1958), durante el cual murió.

Abdullah Rey de Jordania (La Meca, 1882 - Jerusalén, 1951). Hijo de Hussein y hermano de Faisal, fue vicepresidente del Parlamento Imperial Otomano. Durante la Primera Guerra Mundial se puso del lado de la *Entente* y en contra de los turcos. Fue emir (1921-46) y luego rey (1946-49) de Transjordania, y, desde 1949, de lo que sería el reino hachemita de Jordania, una vez anexionada parte de la Palestina árabe. Fue asesinado por los palestinos.

Abdullah, Muhammad Político hindú (Srinigar, 1905 - íd., 1983). Primer ministro de Cachemira (1947-53), se enfrentó a las autoridades hindúes para defender la autonomía de su región. El gobierno hindú lo mantuvo encarcelado de 1953 a 1968, a excepción de breves intervalos. Negoció con Indira Gandhi un acuerdo para formar un nuevo gobierno autónomo en 1975.

Abe, Kobo Escritor y director de teatro japonés (Tokio, 1924 - íd., 1993). Muchos de sus escritos fueron publicados bajo el seudónimo de *Abe Kimi Susa*. El tema de la soledad humana y los conflictos de adaptación han servido de marco para gran parte de sus obras: *Inter Ice Age 4* (1959), *El rostro de otro* (1966), *Cita secreta* (1979), y su obra teatral *Amigos* (1969).

abecé m. 1 abecedario. 2 Rudimentos de una ciencia o actividad.

abecedario m. Serie de las letras de un idioma.

Abed, Mehmet ali Político sirio (Damasco, 1867 - Génova, 1939). Fue ministro en los gobiernos sirios de Damasco de 1922 a 1931. Ocupó la presidencia de la República en 1932. Elaboró una constitución y negoció con Francia la independencia de Siria. Abandonó la presidencia en 1938.

abedul m. *Bot.* Nombre común de diversos árboles caducifolios, de la familia betuláceas, género *Betula*. Su altura no supera los 25 m y tienen corteza blanca lechosa, ramas flexibles y colgantes, hojas en forma de rombo, y flores masculinas y femeninas en el mismo pie. Se distribuyen por casi toda Europa, Siberia, Cáucaso, Irán, N de Turquía y N de África. 2 Madera de este árbol.

Abegg, Richard Químico alemán (Gdansk, 1869 - Köslin, 1910). Investigó la velocidad de difusión, el punto de congelación en las soluciones y la teoría de la disociación electrolítica. Es importante su obra *Die Theorie der Electrolytischen*.

abeja f. *Zool.* Nombre común de numerosas especies de insectos himenópteros de la superfamilia apiformes o apoideos, familia ápidos. Se caracterizan por tener el cuerpo peludo y las piezas bucales succionadoras o masticadoras. || **abeja común** *Zool.* De nombre científico *Apis mellifica*, este insecto se utiliza industrialmente para la producción de miel. Es de color pardo, tiene el cuerpo velloso, aparato bucal alargado en forma de lengua y dos pares de alas membranosas. En las patas posteriores se localiza una cavidad, llamada cestillo, que sirve para transportar el polen que recolecta

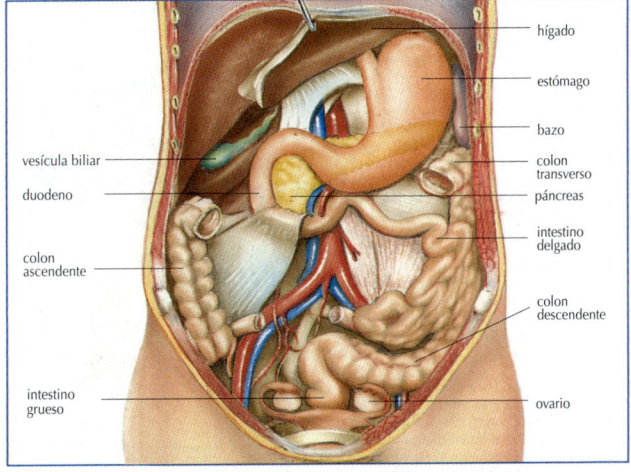

Anatomía del **abdomen** humano.

abeja. 1. Obrera. 2. Reina. 3. Zángano.

de las flores. Parte de éste le sirve de alimento y el resto lo emplea como reserva, almacenándolo en celdillas hexagonales que ella misma construye con la cera producida por sus glándulas abdominales. Vive en sociedades muy bien estructuradas, en las que cada individuo tiene una labor específica. Las colonias constan de una sola hembra fecunda (reina), muchos machos (zánganos) y numerosísimas hembras estériles (obreras).

ABEJARUCO m. *Zool.* Ave coraciforme de la familia merópidos, de nombre científico *Merops apiaster*. Mide unos 28 cm de longitud y tiene plumaje marrón en el dorso, amarillo brillante en la garganta y azul claro en el abdomen. Su pico es largo y curvado, adaptado a la captura de sus presas, especialmente abejas y avispas. Habita en el S y SE de Europa.

ABEJERO, RA m. y f. **1** Persona que cuida de las colmenas. **2** *Zool.* ABEJARUCO, ave.

ABEJÓN m. *Zool.* **1** ZÁNGANO, macho de la abeja. **2** ABEJORREO, insecto himenóptero e insecto coleóptero.

ABEJORREO m. **1** Zumbido de las abejas u otros insectos. **2** fig. Rumor confuso de voces o conversaciones.

ABEJORRO m. **1** *Zool.* Nombre común de diversas especies de insectos himenópteros de la familia ápidos, género *Bombus*. Son insectos sociales de tamaño mediano o grande y cuerpo velludo, viven en enjambres poco numerosos y zumban mucho al volar. **2** *Zool.* Insecto coleóptero de la familia escarabeidos, género *Melolontha*, que zumba mucho al volar; el individuo adulto roe las hojas de las plantas, y la larva, las raíces. **3** fig. Persona de conversación pesada y molesta.

ABEL Personaje bíblico. Segundo hijo de Adán y Eva, muerto por su hermano Caín, que lo odiaba por creerle más favorecido por Dios que él.

ABEL, NIELS HENRIK Geómetra y matemático noruego (Finnoy, 1802 - Froland, 1829). En 1824 demostró la imposibilidad de resolver la ecuación de quinto grado por métodos algebraicos. En 1826 presentó el *teorema de Abel*, que demuestra que existe un número finito de formas independientes de integrales de las funciones algebraicas. Otros de sus hallazgos fueron la teoría de las funciones elípticas, los grupos conmutativos, llamados *abelianos*, las series convergentes y las ecuaciones abelianas. También generalizó la fórmula de la potencia de un binomio obtenida por Newton.

ABELARDO, PEDRO Filósofo francés (Le Pallet, 1079 - convento de Saint-Marcel, Chalon-sur-Saône, 1142). Es considerado el iniciador de la lógica medieval. El trágico fin de sus amores con su alumna Eloísa —fue capturado y mandado castrar por el canónigo Fulberto, tío de ésta— le obligó a profesar los votos religiosos en 1118. Estos episodios le inspiraron sus *Cartas a Eloísa* y su autobiografía *Historia Calamitatum mearum*. Divulgador del método escolástico, defendió la doctrina de los UNIVERSALES. Sus conceptos teológicos, que tienen puntos de contacto con el actual conceptualismo, fueron condenados por la Iglesia en los concilios de Soissons (1121) y de Sens (1141). Entre sus obras destacan *Dialéctica* (1121), *Sic et non* (1121) y *Ética o conócete a ti mismo* (después de 1129).

ABELIANO, GRUPO *Mat.* El que posee la propiedad conmutativa.

ABELLOTADO, DA adj. De figura de bellota.

ABELMOSCO m. *Bot.* Planta de la familia de las malváceas, de nombre científico *Abelmoschus moschatus*. Tiene el tallo peludo, las hojas acorazonadas y aserradas, y un fruto en caja que encierra semillas de olor almizcleño. Se usa en medicina y perfumería.

ABÉN IBN.

ABÉN HUMEYA (de nombre cristiano FERNANDO DE CÓRDOBA Y VALOR) Caudillo morisco español (?, 1520 - Laujar, 1568). Decía ser descendiente de los omeyas. Se rebeló contra Felipe II y, proclamado rey de los moriscos, llegó a titularse rey de Granada y a establecer las bases de un reino islámico con contactos con los Estados del N de África. Inició la guerra de las Alpujarras (1568), pero le traicionaron algunos de los suyos y murió estrangulado.

ABENCERRAJE adj. y com. **1** *Hist.* Se dice del individuo de un linaje del reino musulmán granadino, famoso en el siglo XV por su rivalidad con el de los zegríes, de cuyas luchas se favorecieron los Reyes Católicos para la conquista de Granada. Yusuf ibn Sarrach, ministro de Muhammad VIII, fue su primer representante de importancia. **2** Partidario de esta familia.

ABENJALDÚN IBN JALDÚN.

ABENTOFAIL IBN TUFAIL.

ABENUX Sierra de España, provincia de Albacete.

ABEOKUTA o **ABBEOKUTA** Ciudad del SO de Nigeria, capital del Estado de Ogun; 427.400 h.

ABERDEEN Ciudad del Reino Unido, en Escocia; 213.100 h. Constituye un Distrito unitario.

ABERDEENSHIRE Distrito unitario del Reino Unido, en Escocia; 226.300 h.

ABERNATHY, RALPH Dirigente negro estadounidense (Linden, 1926 - Atlanta, 1990). Principal colaborador de Martin Luther King, a quien sucedió al frente del movimiento pro derechos civiles.

ABERRACIÓN f. **1** EXTRAVÍO. **2** *Astron.* Cambio aparente de la posición de los astros, que proviene de la velocidad de la luz combinada con la de la Tierra en su rotación. **3** *Biol.* Desviación del tipo normal que en determinados casos experimenta un carácter morfológico o fisiológico. **4** *Fís.* Imperfección de un sistema óptico que le impide establecer una exacta correspondencia entre un objeto y su imagen. || **ABERRACIÓN CROMÁTICA** *Fís.* Defecto de algunas lentes que provocan la no coincidencia de las imágenes de los colores componentes. Es debida a fenómenos de dispersión de la lente.

ABERRANTE adj. **1** Que se desvía de lo normal o usual. **2** *Biol.* Que muestra unas características no acordes con el tipo común del grupo.

ABERTURA f. **1** Hendidura, grieta, agujero. **2** *Fís.* Diámetro útil de un anteojo, telescopio u objetivo. **3** *Fís.* Discontinuidad de aire en un circuito magnético para aumentar el punto de inductancia y de saturación. **4** *Fon.* Amplitud de los órganos articulatorios dejan al paso del aire al producirse la emisión de un sonido. **5** *Fon.* Cualidad que el sonido tiene según sea la amplitud de los órganos articulatorios dejan al paso del aire cuando es emitido. **6** *Mat.* Medida de un ángulo. || **ABERTURA ANGULAR** *Fís.* Relación entre la abertura útil y la distancia focal de un objetivo.

ABERTZALE o **ABERZALE** adj. **1** *Polít.* Se dice de cada uno de los partidos o fuerzas sociales vascas que, con diferencias de matiz, propugnan la independencia de Euskadi. También com. **2** Se dice también de sus miembros o seguidores. También com. **3** Relativo a estos partidos o fuerzas sociales.

ABETAL o **ABETAR** m. *Ecol.* Sitio poblado de abetos.

ABETINOTE m. *Bot.* Resina que produce el abeto o pinabete.

ABETO m. *Bot.* **1** Nombre común de diversos árboles de la familia pináceas, correspondientes a los géneros *Abies*, *Picea* y *Pseudotsuga*. Los más representativos son los del primer género, que tienen hojas aciculares y aplanadas, piñas erguidas y ausencia de canales resiníferos en la madera. **2** Madera resinosa de este árbol, muy empleada para estructuras, construcción naval e instrumentos musicales.

ABEVILLENSE adj. **1** De Abbeville. Aplicado a personas, también com. || adj. y m. *Prehist.* **2** Se dice del primero de los periodos en que se divide el paleolítico inferior, que se remonta a unos 800.000 años. Su industria lítica se caracteriza por las hachas bifaces en forma de almendra. Precede al periodo achelense. Su nombre proviene de la ciudad de Abbeville, donde se encontró el primer yacimiento.

ABEY m. *Bot.* Árbol de la familia leguminosas, nativo de las Antillas. Sus hojas sirven para alimento del ganado y su madera, fuerte y compacta, se usa en carpintería.

ABHINAVAGUPTA Poeta y filósofo hindú (? - ?, 1014). Miembro destacado de la escuela sivaíta de Cachemira.

ABIBE Sierra de Colombia, que se desprende de los Andes en el departamento de Bolívar, entre los ríos San Jorge y Cauca.

ABICHARSE prnl. *And.*, *Arg.* y *Urug.* Agusanarse. Se dice de la fruta, herida infectada y persona o animal que la padece.

ABIDJAN o **ABIYÁN** Ciudad de Costa de Marfil, capital legislativa del país, y del departamento de su nombre; 2.500.000 h.

ABIDOS *Arqueol.* Lugar del Alto Egipto, en el valle del Nilo. Templo de Osiris y de Seti I, en cuyos muros se encuentra la *Tabla de Abidos*, relación de 76 faraones anteriores a Seti I.

ABIDOS *Geog. hist.* Ciudad de Asia Menor, en el Helesponto, famosa por la leyenda de Hero y Leandro y por el puente de barcas que sobre el estrecho mandó construir Jerjes el año 480 a. C. Es la actual *Canakkale*.

ABIERTAMENTE adv. m. **1** Sin reserva, francamente. **2** Clara, patentemente.

ABIERTO, TA adj. **1** Llano, dilatado. **2** No murado o cercado. **3** fig. Sincero, espontáneo. **4** Tolerante. **5** *Fon.* Se dice del sonido de la vocal que se pronuncia dejando la lengua en posición baja, quedando abierto el canal bucal. || m. **6** *Dep.* OPEN. ♦ Es el p. p. irreg. de *abrir*.

ABIETÁCEO, A adj. y s. *Bot.* **1** Se dice de los árboles coníferos, como el abeto, pino, cedro, etc. || f. pl. *Bot.* **2** Familia de estos árboles.

ABIGAIL Personaje bíblico. Mujer de Nabal, notable por su belleza y discreción, que al enviudar de aquél casó con el rey David.

ABIGARRADO, DA adj. **1** De varios colores mal combinados. **2** Heterogéneo, sin orden ni conexión. **3** *Biol.* Con manchas irregulares de distintos colores.

ABIGARRAR tr. **1** Poner a una cosa varios colores mal combinados. **2** Mezclar o amontonar cosas varias o heterogéneas.

ABIGEATO m. Hurto de ganado o de bestias.

ABIJAR tr. *Amér.* Azuzar, especialmente a los perros.

ABILA o **ABYLA** Montaña del N de África, frente al peñón de Gibraltar, cuyo emplazamiento actual es, según algunos, próximo a Ceuta, y según otros, el monte Hacho, en la misma Ceuta. Junto con Gibraltar, antigua Calpe, formaba las llamadas *Columnas de Hércules*.

ABILDGAARD, NIKOLAI ABRAHAM Pintor danés (Copenhague, 1743 - Frederiksdal, 1809). Estuvo muy influido por el francés Poussin. Temas principales de sus cuadros fueron la mitología nórdica y la clásica, y el retrato de Gustavo III.

ABIMELECH Personaje bíblico. Hijo de Gedeón, juez de los hebreos, asesinó a sus hermanos e instituyó una monarquía en Siquem.

ABINTESTATO m. *Der.* Procedimiento judicial sobre herencia y adjudicación de bienes del que muere sin hacer testamento.

ABIOGÉNESIS o **ABIOGENESIA** f. *Biol.* Generación espontánea. Concepto que suponía que la vida animal y vegetal podía surgir de la materia orgánica muerta. ♦ El pl. de la primera forma es *abiogénesis*.

ABIÓTICO, CA adj. *Biol.* Se dice de un medio o ambiente donde no es posible la vida de todas o de algunas especies animales o vegetales.

ABIPÓN, NA adj. **1** *Etnol.* Se dice de un pueblo amerindio que habitaba cerca del Paraná. Los hombres se rapaban la cabeza, por lo que también recibieron el nombre de *frontones*. Hoy en día quedan algunos descendientes de éstos con el nombre de *collages*. También s. **2** *Etnol.* Se aplica a sus individuos. || m. *Ling.* **3** Lengua de estos indígenas, perteneciente a la familia guaicurú.

ABISAL adj. **1** ABISMAL. **2** *Ecol.* Se dice de las zonas más profundas del mar, más allá del talud continental, a profundidades mayores de 2.000 m. Se caracterizan

abeto. Tronco, hoja, semilla y fruto.

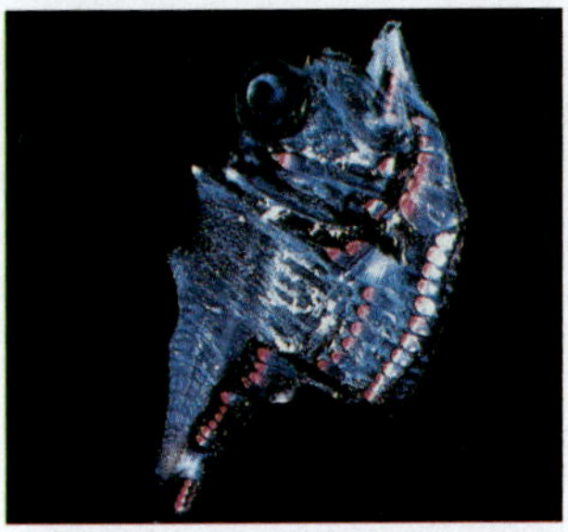

Fauna **abisal.** *Argyropelecus olfersi.*

por ausencia de luz solar, temperatura baja y constante (por debajo de 5° C), altas presiones y, en ocasiones, carencia de oxígeno. A esta profundidad falta la vida vegetal, por lo que los animales son carnívoros o micrófagos. 3 Relativo a estas zonas.

Abisinia *(al-Abash)* Nombre con el que también se conocía el Estado de Etiopía.

abisinio, nia adj. y s. De Abisinia.

Abisinio, Macizo Etiópico, Macizo.

abismal adj. **1** Relativo al abismo. **2** fig. Profundo.

abismar tr. y prnl. **1** Hundir en un abismo. **2** fig. Confundir, abatir. || prnl. **3** Entregarse del todo a la contemplación, al dolor, etc. **4** *Chile, Hond., Méx.* y *Venez.* Asombrarse.

abismo m. **1** Profundidad grande e imponente. **2** fig. Cosa inmensa, insondable o incomprensible.

Abiyán Abidjan.

Abjasia República autónoma de Georgia; 8.600 km² y 516.600 h. Su capital es Sujumi. Cereales, tabaco, agrios. Estuvo bajo el dominio turco, hasta pasar al imperio ruso (1810). Tras la revolución rusa (1917) logró la autonomía y, en 1921, se integró en la república de Georgia. Tras la desintegración de la URSS, en Abjasia comenzaron a aparecer movimientos separatistas, que se intensificaron tras el derrocamiento del presidente Zviad Gamsajurdia en septiembre de 1991. Las tropas abjasias, comandadas por Vladislav Ardzimba, consiguieron expulsar a las fuerzas georgianas de la capital, en octubre de 1993, ante la pasividad de los rusos, que de esta forma pretendían forzar a Georgia a adherirse a la CEI. El 14 de mayo de 1994, los dirigentes de Abjasia y Georgia firmaron en Moscú un acuerdo de alto el fuego. Pese a ello, los enfrentamientos continuaron en las zonas montañosas. En noviembre de 1994, el Parlamento de Abjasia votó una nueva constitución en la que se definía a esta república como independiente, decisión que fue denunciada por los gobiernos de Rusia y Georgia. En 1996, la CEI decidió el bloqueo comercial de Abjasia en tanto no aceptase integrarse en Georgia con un estatuto especial de autonomía. No obstante, el presidente Ardzimba se mantuvo firme y convocó elecciones legislativas ese mismo año. A pesar del fracaso de las conversaciones de paz celebradas en Ginebra bajo el patrocinio de la ONU en 1997, la tensión entre abjasios y georgianos parece haber disminuido en los últimos años aunque continúan las pretensiones secesionistas.

abjasio, a o **abjazo, a** adj. y s. **1** De la República de Abjasia. **2** *Etnol.* Se dice de un pueblo del Cáucaso occidental que vive a orillas del mar Negro, en la actual república de Abjasia. || m. *Ling.* **3** Lengua hablada por este pueblo.

abjurar tr. e intr. Desdecirse con juramento.

ablación f. **1** Acción y efecto de cortar, separar, quitar. **2** *Geol.* Conjunto de fenómenos físicos, como fusión, sublimación, rotura o formación de icebergs, por los que un glaciar pierde masa. También se aplica a la superficie de una roca. **3** *Med.* Extirpación de un tejido o de parte del cuerpo por cirugía. || **ablación continental** *Geol.* Arrastre de materiales de la corteza terrestre efectuado por los ríos, vientos, olas, etc.

ablandar tr. **1** Poner blanda una cosa. También prnl. **2** Suavizar, conmover a alguien o mitigar su enfado. || intr. **3** Ceder en su fuerza el viento. También prnl.

ablativo¹ m. *Ling.* **1** Caso de la declinación indoeuropea, empleado para indicar origen y procedencia. En latín absorbió las funciones del instrumental y del locativo. También adj. **2** Por extensión y analogía se aplica a las formas y construcciones que en castellano u otras lenguas desempeñan las funciones y significaciones del ablativo latino. || **ablativo absoluto** *Ling.* En algunas lenguas indoeuropeas que poseen el caso ablativo, aquel que equivale a una cláusula subordinada y sirve para enunciar una circunstancia de tiempo, causa, etc. También, por extensión y analogía, se aplica a las construcciones españolas que desempeñan las mismas funciones que el ablativo latino absoluto.

ablativo² adj. Relativo a la ablación.

-able suf. -ble.

ablución f. **1** lavatorio. **2** *Rel.* Acción de purificarse con agua. **3** *Rel.* Ceremonia de purificar el cáliz y de lavarse los dedos el sacerdote tras consagrar. || f. pl. *Rel.* **4** Vino y agua con que se hace esta purificación y lavatorio.

ablusado, da adj. Se dice de la camisa holgada a manera de blusa.

abnegación f. Sacrificio que uno hace de su voluntad o de sus intereses en servicio de Dios, del prójimo, de ideales, etc.

abnegar tr. y prnl. Renunciar uno voluntariamente a sus deseos, pasiones o intereses. ♦ irreg. Se conjuga como acertar.

Abo Turku.

abobado, da adj. Que parece bobo.

abobar tr. y prnl. **1** Volver bobo a alguno. **2** embobar.

abocado, da adj. y m. **1** vino abocado. **2** fig. Próximo, expuesto.

abocar tr. **1** Asir con la boca. **2** Acercar. También prnl. **3** Verter el contenido de un cántaro, costal, etc., en otro. || prnl. **4** Hallarse en disposición, peligro o esperanza de algo. Va seguido de la preposición *a* y se emplea con el participio de verbos como *estar, hallarse, quedar, verse.*

abocardado, da adj. De forma semejante a la de la bocina.

abocardar tr. Ensanchar la boca de un tubo o de un agujero.

abocetar tr. **1** Ejecutar el boceto de una obra artística o literaria. **2** Se utiliza, por extensión y metafóricamente, con el sentido de configurar, insinuar o apuntar vagamente.

abochornar tr. y prnl. **1** Causar bochorno el excesivo calor. **2** fig. Sonrojar, avergonzar.

abocinado, da adj. **1** De figura semejante a la de la bocina. **2** *Arquit.* arco abocinado.

abocinar tr. Dar forma de bocina.

abofetear tr. Dar de bofetadas.

abogacía f. Profesión y ejercicio del abogado.

abogaderas f. pl. *Amér. m.* Argumentos capciosos.

abogado, da m. y f. **1** *Der.* Persona legalmente autorizada para defender en juicio los derechos o intereses de los litigantes, y también para dar dictamen sobre las cuestiones legales que se le consultan. **2** fig. Persona que intercede. || **abogado del diablo** *Rel.* promotor de la fe. Por extensión, contradictor de buenas causas. || **abogado del Estado** *Der.* Abogado que tiene como principales cometidos la defensa del Estado en juicio, el asesoramiento administrativo y la liquidación del impuesto de derechos reales. || **abogado de oficio** *Der.* El que establece la ley para defender de forma gratuita a las personas sin recursos. || **abogado de secano** Mal abogado.

abogar intr. **1** Defender en juicio, por escrito o de palabra. **2** fig. Interceder, hablar en favor de alguien.

abolengo m. **1** Ascendencia de abuelos o antepasados. **2** Patrimonio o herencia que viene de los abuelos.

abolición f. Acción y efecto de abolir.

abolicionismo m. Doctrina de los abolicionistas.

abolicionista adj. y com. *Hist.* Partidario de la abolición de una ley o costumbre. Se aplicó principalmente a los partidarios de la abolición de la esclavitud y de la trata de esclavos. Aunque el término nació en EE UU hacia 1835, las primeras actitudes abolicionistas aparecen a finales del siglo xviii. La victoria de los antiesclavistas en la guerra de Secesión (1865) supuso la abolición de la esclavitud en los EE UU.

abolir tr. Derogar un precepto o costumbre. ♦ def. Véase cuadro.

ABOLIR

INDICATIVO
Pres.: abolimos, abolís.
Imperf.: abolía, abolías, etc.
Pret. indef.: abolí, aboliste, etc.
Fut. imperf.: aboliré, abolirás, etc.
Condic.: aboliría, abolirías, etc.
SUBJUNTIVO
Imperf.: aboliera o aboliese, abolieras o abolieses, etc.
Fut. imperf.: aboliere, abolieres, etc.
IMPERATIVO: abolid.
PARTICIPIO: abolido.
GERUNDIO: aboliendo.

abollar tr. Producir una depresión con un golpe.

abollón m. Hundimiento producido por un golpe.

abolsarse prnl. Adquirir algo figura de bolsa.

abomaso m. *Zool.* Último compartimento del estómago de los rumiantes. También denominado *cuajar.*

abombado, da adj. **1** Curvado, convexo. **2** *Amér.* Aturdido, atontado. **3** *Amér.* Tonto, falto o escaso de entendimiento o razón. También s.

abombamiento m. Acción y efecto de abombar o abombarse.

abombar tr. **1** Dar forma convexa. **2** Dejar sordo, aturdir. || prnl. **3** Tomar una cosa forma convexa. **4** *Amér.* Empezar a corromperse una cosa. **5** *Amér.* Emborracharse ligeramente.

abominable adj. Digno de ser condenado, odioso.

abominar tr. **1** Condenar y maldecir a personas o cosas. **2** Tener odio.

abonado, da m. y f. **1** Persona que se ha inscrito para disfrutar continuadamente de un servicio. **2** Persona que ha suscrito o adquirido un abono para un servicio o espectáculo. || m. **3** Acción y efecto de abonar tierras de labor.

abonador, ra adj. **1** Que abona. || m. y f. **2** Persona que abona al fiador, y en su defecto responde por él. || m. **3** Barrena de mango largo que usan los toneleros. || f. **4** Máquina para distribuir el abono.

abonanzar intr. Calmarse la tormenta o serenarse el tiempo.

abonar tr. **1** Incorporar a la tierra materias que aumenten su fertilidad. **2** Pagar. **3** Inscribir a una persona, mediante pago, para que pueda asistir a algún lugar o recibir algún servicio. Más en prnl. **4** Acreditar como bueno. **5** Ingresar una cantidad en el haber de una cuenta bancaria.

abonero, ra m. y f. *Méx.* Comerciante callejero y ambulante que vende por abonos o pagos a plazos.

abono m. **1** Acción y efecto de abonar o abonarse. **2** Derecho del que se abona y documento en que consta. **3** Lote de entradas o billetes que se compran conjuntamente, y que permiten el uso periódico de algún servicio o la asistencia a una serie de espectáculos. **4** Sustancia orgánica o artificial con que se abona la tierra. **5** Cada uno de los pagos parciales de un préstamo o de una compra a plazos. || **abono artificial** *Agr.* Producto químico aplicado a un terreno para mejorar sus características y aumentar su fertilidad. Sustancias típicas de este grupo son los sulfatos, fosfatos, nitratos de amonio y sodio, cal y escorias básicas. || **abono natural** *Agr.* Materia de alimento suministrada a las plantas cultivadas en forma de fosfatos, nitrógeno y potasa.

aboquillar tr. **1** Poner boquilla a alguna cosa. **2** achaflanar. **3** *Arquit.* Dar a una abertura forma abocinada.

aboral adj. *Zool.* Se dice del polo o extremo del animal biológicamente opuesto a la boca.

abordaje m. Acción de abordar. || **al abordaje** loc. adv. Pasando la gente, del buque abordador al abordado, con armas a propósito para atacar al enemigo. Se usa con los verbos *entrar, saltar, tomar,* etc.

abordar tr. **1** Rozar o chocar una embarcación con otra. También intr. **2** Asaltar una nave. **3** fig. Acercarse a alguno para tratar con él un asunto. **4** fig. Emprender o plantear un negocio, asunto o tema que ofrezca dificultades. || intr. **5** Tomar puerto una nave.

aborigen adj. **1** Originario del suelo en que vive. **2** Se dice del primitivo morador de un país. Más como s. y en pl.

aborrascarse prnl. Ponerse el tiempo borrascoso.

aborrecer tr. **1** Tener aversión a una persona o cosa. **2** Dejar o abandonar algunos animales, y especialmente las aves, el nido, los huevos o las crías. ♦ irreg. Se conjuga como agradecer.

aborrecible adj. Digno de ser aborrecido.

aborregado, da adj. **1** Se dice de aquello cuya forma recuerda a la de los vellones de lana. **2** Se aplica a la persona que reúne características atribuidas al borrego, como la mansedumbre, el gregarismo, etc. También s.

aborregarse prnl. **1** Cubrirse el cielo de nubes blanquecinas a modo de vellones de lana. **2** Volverse mediocre una persona.

abortar intr. **1** *Med.* Parir antes del tiempo en que el feto puede vivir o que haya completado su desarrollo. **2** fig. Fracasar, malograrse alguna empresa o proyecto. **3** *Bot.* Ser nulo o incompleto en las plantas el desarrollo de alguna de sus partes orgánicas. || tr. **4** fig. Producir alguna cosa sumamente imperfecta, monstruosa o abominable. **5** fig. Hacer fracasar. **6** fig. Interrumpir el funcionamiento.

abortista adj. y com. Partidario de la despenalización del aborto voluntario.

abortivo, va adj. y s. **1** Nacido antes de tiempo. **2** *Med.* Cualquier agente o causa que provoque el aborto. **3** *Med.* Método que tiene por objeto frenar el desarrollo de una enfermedad.

ABORTO m. **1** Acción de abortar. **2** Cosa abortada. **3** *Med.* Expulsión prematura del producto de la concepción y también su destrucción en el vientre de la madre. El aborto puede ser espontáneo o provocado. Aunque numerosas legislaciones lo consideran un delito, en muchos países se permite su práctica dentro de los primeros meses de la gestación, atendiendo a motivos de carácter social, terapéutico, eugenésico y jurídico. En España, desde 1985 está en vigor la ley de Despenalización del Aborto, según la cual se confiere legalidad al aborto en los tres siguientes supuestos: malformación del feto, grave peligro para la vida o salud de la madre y violación.

ABORTÓN m. *Zool.* Animal mamífero nacido antes de tiempo.

ABOTAGARSE o **ABOTARGARSE** prnl. *Med.* Hincharse, inflarse el cuerpo o parte del cuerpo de un animal o de una persona, generalmente por enfermedad.

ABOTINADO, DA adj. Hecho en forma de botín.

ABOTONAR tr. **1** Ajustar una prenda de vestir, metiendo el botón o los botones por el ojal o los ojales. También prnl. || intr. *Bot.* **2** Echar botones florales las plantas.

About, Edmond Escritor francés (Dieuze, 1828 - París, 1885). Como periodista se destacó por un marcado anticlericalismo. Entre sus novelas figuran *El rey de las montañas* (1857), *La nariz de un notario* (1862) y *El hombre de la oreja rota* (1862). También escribió obras políticas, como *La cuestión romana* (1861), una crítica al poder temporal del Papa.

ABOVEDADO, DA adj. **1** Corvo, combado. **2** *Bot.* Cualquier parte de la planta en forma de arco y parecida a una caperuza.

ABOVEDAR tr. **1** Cubrir con bóveda. **2** Dar figura de bóveda.

Abovyan, Jachatur o **Khacatur** Escritor y pedagogo armenio (Kanker, h. 1804 - íd., 1848). Influido por el romanticismo alemán, destaca su novela histórica *Las heridas de Armenia* (póstuma, 1856), en la que narra la rebelión de su país contra el dominio persa.

ABOYAR tr. **1** Poner boyas. || intr. **2** Boyar o flotar un objeto en el agua.

ABRA f. **1** Bahía no muy extensa. **2** *Geol.* Abertura ancha entre dos montañas. **3** *Geol.* Grieta producida en el terreno por movimientos sísmicos. **4** *Arg., Méx.* y *Urug.* Claro o descampado en un bosque. **5** *Dom.* y *Nic.* Camino abierto entre la maleza.

Abrabanel, Isaac Político y escritor judeoportugués (Lisboa, 1437 - Venecia, 1508). Doctor de la segunda escuela rabínica ibérica, fue ministro de Hacienda con Alfonso V de Portugal y después con los Reyes Católicos. Residió después en Sicilia, Corfú y Venecia. Comentarista de la Biblia y de la *Haggada*, y de Maimónides, escribió obras de asuntos religiosos, históricos y filosóficos.

Abrabanel, Yehuda León Hebreo.

ABRACADABRA m. *Ocult.* Palabra cabalística que se escribía en 11 renglones, con una letra menos en cada uno de ellos, de modo que formasen un triángulo, y a la cual se atribuía la propiedad de curar ciertas enfermedades.

ABRACADABRANTE adj. **1** fam. Terrorífico. **2** fig. Sorprendente.

ABRADANTE m. *Tecnol.* Sustancia, generalmente en polvo, utilizada como abrasivo para esmerilar.

Abraham o **Abrahán** Patriarca hebreo (Ur, 2164 - ?, 1990 a. C.). Descendiente de Sem, hijo mayor de Noé, según la Biblia, Dios se le apareció y le ordenó que se circuncidase él y todos sus descendientes, en señal de la alianza contraída. De Sara, su esposa, tuvo a Isaac, y de Agar, su esclava, a Ismael, que dio origen a los ismaelitas. Cuando su hijo Isaac cumplió los veinticinco años, Dios, para probar la fe del patriarca, le ordenó que se lo ofreciese en sacrificio. Obedeció Abraham, pero en el momento del sacrificio un ángel detuvo su brazo.

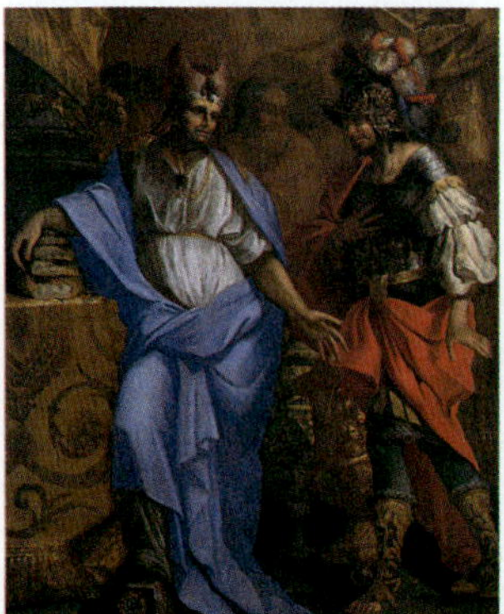

***Abraham** y Melquisedec.* Cuadro de Laurent de la Hyre. Museo de Bellas Artes (Rennes).

Abraham, Karl Psicoanalista alemán (Bremen, 1877 - Berlín, 1925). Afirmó que la libido se desarrolla en seis fases sucesivas y que la detención en alguna de estas fases provoca trastornos psíquicos en el individuo adulto. Sus trabajos más importantes fueron recopilados por J. Cremerius en *Estudios psicoanalíticos* (1971).

Abrahams, Peter Henry Escritor sudafricano en lengua inglesa (Johannesburgo, 1919). Sus novelas se centran en la problemática de la raza negra: *La senda del trueno* (1948), *No soy un hombre libre* (1954), *Jamaica* (1957) y *La vista desde Coyaba* (1985).

Abramovitz, Max Arquitecto estadounidense (Chicago, 1908). Autor de la planificación de los edificios de la ONU en Nueva York en colaboración con Wallace Harrison), construyó el Philarmonic Hall del Lincoln Center, en esta misma ciudad. Colaboró en la construcción de la Swiss Bank Tower de Nueva York, erigida en 1989.

Abrantès, Laure Saint-Martin Permont, duquesa de Escritora francesa (Montpellier, 1784 - París, 1838). Casada con el general A. Junot, fue una de las principales cronistas del París revolucionario: *Memorias históricas sobre la Revolución, el Directorio, el Consulado, el Imperio y la Restauración* (1831-35).

ABRASAR tr. **1** Reducir a brasa, quemar. También prnl. **2** Secar el excesivo calor o frío una planta. También prnl. **3** Producir una sensación de dolor ardiente, de sequedad, acritud o picor, como la producen la sed y algunas sustancias picantes o cáusticas. **4** fig. Consumir a uno una pasión, especialmente el amor. **5** fig. Producir en alguien una pasión violenta. || prnl. **6** Sentir uno demasiado calor o ardor. **7** fig. Estar muy agitado por alguna pasión.

ABRASIÓN f. **1** Acción y efecto de raer o desgastar por fricción. **2** *Geol.* Desgaste producido en los materiales de la corteza terrestre por los agentes externos, como el hielo, las olas o el viento. **3** *Med.* Acción irritante de los purgantes enérgicos. **4** *Med.* Ulceración superficial de la piel, membranas mucosas o tejidos más externos debido al raspado.

ABRASIVO, VA adj. **1** Perteneciente o relativo a la abrasión. || m. *Quím.* **2** Producto que sirve para desgastar o pulir por raspado y bruñido.

ABRAXAS m. *Ocult.* **1** Palabra simbólica entre los gnósticos que representaba el curso del Sol en los 365 días del año. **2** Piedra en que estaba grabada esta palabra.

ABRAZADERA f. **1** Pieza de metal u otra materia, que sirve para asegurar alguna cosa, ciñéndola. **2** *A. gráf.* Corchete, signo.

ABRAZAR tr. **1** Ceñir con los brazos. También prnl. **2** fig. Rodear, ceñir. **3** fig. Contener, incluir. **4** fig. Admitir, seguir.

ABRAZO m. Acción y efecto de abrazar o abrazarse.

ABREACCIÓN f. *Psicol.* Liberación de energía psíquica reprimida desde el suceso desagradable que la produjo, mediante el discurso y la acción dirigidos por el psicoanalista.

ABREBOCA m. *Ecuad.* y *Venez.* aperitivo.

ABREBOTELLAS m. Utensilio para quitar las chapas a las botellas. ♦ Su pl. es *abrebotellas.*

ABRECARTAS m. Utensilio cortante que sirve para abrir cartas. ♦ Su pl. es *abrecartas.*

ABRECOCHES com. Persona que abre la puerta de los automóviles a sus usuarios para recibir una propina. ♦ Su pl. es *abrecoches.*

ÁBREGO m. Viento del suroeste, muy cargado de humedad y de temperatura suave.

ABRELATAS m. Instrumento de metal que sirve para abrir las latas de conserva. ♦ Su pl. es *abrelatas.*

ABREPUÑO m. *Bot.* Nombre que se da a varias plantas del género *Centaurea*, como la arzolla.

Abreu, Casimiro de Poeta brasileño (Barra de São João, 1839 - Rio de Janeiro, 1860). Representante del romanticismo, se reveló como dramaturgo con la obra *Camoens y el javanés* (1856). En 1859 publicó *Las primaveras*, colección de obras líricas.

Abreu Gómez, Ermilo Escritor mexicano (Mérida, Yucatán, 1895 - Ciudad de México, 1971). Autor de teatro sobre el México colonial, escribió obras como *En la montaña* (1918) y *Viva el rey* (1921). Sus novelas *Quetzalcóatl. Sueño y vigilia* (1947) y *Tata Lobo* (1952) también están inspiradas en temas autóctonos.

Abreu y Lima, José Ignacio Militar e historiador brasileño (Pernambuco, 1796 - íd., 1870). Al estallar la revolución en su país (1817) se refugió en Venezuela, donde sirvió a las órdenes de Bolívar, y llegó a general; estuvo después en Colombia y fue jefe de Estado Mayor del general Zubia.

ABREVADERO m. Lugar donde se abreva al ganado.

ABREVAR tr. **1** Dar de beber al ganado. **2** Remojar las pieles para adobarlas.

ABREVIADO, DA adj. Parvo, escaso.

ABREVIAR tr. **1** Acortar, reducir a menos tiempo o espacio. || intr. **2** Acelerar, apresurar.

ABREVIATURA f. **1** Representación de las palabras en la escritura con sólo varias o una de sus letras. **2** Palabra representada en la escritura de este modo. **3** Compendio o resumen. || **en abreviatura** loc. adv. Sin alguna de las letras que en la escritura corresponden a cada palabra.

ABRIDERO, RA adj. **1** Se dice de lo que se abre fácilmente, especialmente de las frutas. || m. *Bot.* **2** Variedad de pérsico, árbol. **3** Fruto de este árbol.

ABRIDOR, RA adj. **1** Que abre. || m. *Bot.* **2** abridero, árbol y fruto. **3** Hueso empleado en la operación de injertar plantas. **4** Abrelatas. **5** Instrumento para quitar las chapas de las botellas.

ABRIGADERO m. **1** Abrigo, paraje defendido de los vientos. **2** Abrigo, lugar de la costa para resguardarse las naves.

ABRIGAR tr. **1** Defender, resguardar del frío. También prnl. **2** fig. Auxiliar, amparar. **3** fig. Tener ideas o afectos.

ABRIGO m. **1** Defensa contra el frío. **2** Cosa que abriga. **3** Prenda de vestir larga, provista de mangas, que se pone sobre las demás y sirve para proteger del frío. **4** Paraje defendido de los vientos. **5** fig. Auxilio. **6** Lugar en la costa para abrigarse las naves. **7** *Arqueol.* Cueva natural poco profunda.

ABRIL m. **1** Cuarto mes del año; consta de 30 días. **2** fig. Primera juventud. || m. pl. **3** fig. Años de la primera juventud. Más con calificativo.

ABRILEÑO, ÑA adj. Propio del mes de abril.

ABRILLANTADO m. Operación que tiene por objeto sacar o dar brillo a los tejidos y a las superficies metálicas.

ABRILLANTADOR adj. y m. **1** Instrumento que sirve para sacar brillo. || m. **2** Producto comercial que sirve para abrillantar.

ABRILLANTAR tr. Dar brillo.

ABRIR tr. **1** Descubrir lo que está cerrado u oculto. También prnl. **2** Separar del marco la hoja, o las hojas de la puerta, o quitar o separar cualquier otra cosa con que esté cerrada una abertura. También intr. y prnl. **3** Descorrer el cerrojo, levantar la aldaba, o desencajar cualquiera otra pieza o instrumento semejante. **4** Tratándose de los cajones de la mesa u otro mueble, tirar de ellos hacia afuera. **5** Dejar en descubierto una cosa haciendo que las que la ocultan se aparten o separen. **6** Tratándose de partes del cuerpo del animal o instrumentos compuestos de piezas, separar las unas de las otras de modo que entre ellas quede un espacio o formen ángulo o línea recta. **7** Cortar por los dobleces los pliegos de un libro para separar las hojas. **8** Extender lo que estaba encogido o plegado. **9** Hender, rasgar, dividir. También prnl. **10** Con nombres como agujero, camino, canal, etc., hacer. **11** Tratándose de cartas, paquetes o cosas semejantes, despegarlos o romperlos para ver lo que contienen. **12** fig. Vencer el obstáculo que cierra la entrada o la salida de algún lugar. **13** Tratándose de establecimientos o negocios, dar principio a las tareas propias de ellos. **14** fig. Comenzar ciertas cosas. **15** Tratándose de certámenes, empréstitos, etc., anunciar y publicar las condiciones con que deben llevarse a cabo. **16** fig. Tratándose de gente que camina formando hilera, ir delante. **17** *Fon.* Hacer que se separen los órganos articuladores al emitir un sonido, franqueando mayor paso al aire. También prnl. || intr. **18** *Bot.* Tratándose de flores, separarse los pétalos que estaban recogidos en el capullo. También prnl. **19** Empezar a clarear el tiempo. || prnl. **20** fig. Separarse, extenderse. También tr. **21** Hablando del vehículo o del conductor que toma una curva, hacerlo por el lado de menor curvatura. **22** fig. Sincerarse una persona con otra. **23** *Amér.* Volverse atrás, separarse de una compañía o negocio. **24** *Amér. C., Ant., Arg., Col., Ecuad., Méx.* y *Urug.* Irse de un lugar, salir precipitadamente. **25** *Arg.* y *Venez.* Apartarse, desviarse, hacerse a un lado. ♦ Su p. p. es irregular: *abierto.*

ABROCHAR tr. **1** Cerrar, ajustar con botones, corchetes, etc. También prnl. **2** *Chile* Asir o coger a uno para castigarlo. || prnl. **3** *Chile* Agarrarse para pelear cuerpo a cuerpo.

ABROGACIÓN f. Acción y efecto de abrogar.

ABROGAR tr. *Der.* Abolir, revocar.

ABROJAL m. Sitio poblado de abrojos.

ABROJILLO m. *Bot. Arg.* Hierba anual, con tallos ramosos, espinas trífidas amarillas en la base de las hojas e involucro fructífero elipsoide, cubierto de espinas ganchudas, que se adhieren fácilmente a la lana.

ABROJO m. **1** *Bot.* Planta herbácea de la familia zigofiláceas, de nombre científico *Tribulus terrestris*, cuyo fruto está armado de fuertes púas. Considerada como mala hierba, su origen se encuentra en las zonas templadas del Viejo Continente. **2** *Bot.* Fruto de esta planta. **3** *Bot.* CARDO ESTRELLADO. **4** Pieza de hierro con púas; se diseminaban por el terreno para dificultar el paso al enemigo. || m. pl. *Mar.* **5** Peñas agudas que suelen encontrarse en el mar y a flor de agua.

ABROMA m. *Bot.* Arbusto de la familia esterculiáceas propio de los países tropicales. De su corteza, que es fibrosa, se hacen cuerdas muy resistentes.

ABRONCAR tr. **1** Reprender ásperamente. **2** ABUCHEAR.

ABROQUELADO, DA adj. *Bot.* De forma de broquel, peltado.

ABRÓTANO m. *Bot.* **1** Planta aromática de la familia compuestas, de nombre científico *Artemisa abrotanum*, de flores en cabezuelas amarillas. También denominada *abrótano macho*. **2** Subarbusto de la familia compuestas, de nombre científico *Santolina chamaecyparissus*. Sus hojas, aromáticas, aparecen recubiertas de una borra blanca. Tiene propiedades medicinales y se cultiva como ornamental. También llamado *abrótano hembra*, *hierba lombriguera*, *manzanillera* y *hierba de San Juan*.

ABRUMADOR, RA adj. **1** Que abruma. **2** Rotundo, aplastante.

ABRUMAR tr. **1** Agobiar con algún peso o trabajo. **2** Molestar, apurar.

ABRUPCIÓN f. *Ling.* Figura retórica que consiste en interrumpir la continuidad lógica pasando de una idea a otra.

ABRUPTO, TA adj. **1** Escarpado; también, terreno de difícil acceso. **2** Áspero, violento, rudo.

ABRUZOS Región del centro de Italia, junto a la costa del mar Adriático; 10.794 km² y 1.270.591 h. Capital, L'Aquila. Comprende las zonas más elevadas de los Apeninos (Gran Sasso, 2.914 m de altura). Está dividida en las provincias de L'Aquila, Chieti, Pescara y Teramo.

Abruzos (Italia). Villas junto al lago de Barrea.

ABS prep. lat. que se emplea como prefijo con el significado de deducción, separación, etc.: *abstraer*, *abstenerse*.

ABS *Mec.* Siglas de *Anti Blokier System*, dispositivo electrónico que evita el bloqueo de las ruedas durante la frenada.

ABSALÓN Personaje bíblico. Tercer hijo de David, mató a su hermano Amnón y se rebeló contra su padre. Joab, general de David, le dio muerte.

ABSALON, AXEL Político y religioso danés (Finneslev, 1128 - convento de Sor, 1201). Fue primado de Dinamarca, Suecia y Noruega, así como ministro de Valdemar I y Knut VI. Conquistó Estonia, Pomerania y Mecklemburgo. Propugnó una política de colaboración entre la Iglesia y la Corona. Se le considera fundador de Copenhague.

ABSCESO m. *Med.* Acumulación de pus en una cavidad orgánica, rodeada de inflamación.

ABSCISA f. *Mat.* Coordenada horizontal en el plano cartesiano rectangular. Es el primer componente del par ordenado de números (x, y). Representa la distancia entre un punto y el eje vertical, medida sobre una paralela al eje horizontal, eje de las X o eje de abscisas.

ABSCISIÓN f. **1** Separación de una parte pequeña de un cuerpo con instrumento cortante. **2** *Ling.* Figura retórica consistente en la supresión de algún pensamiento fácilmente inteligible en una cláusula.

ABSENTA f. AJENJO, bebida.

ABSENTISMO m. **1** Costumbre de residir los propietarios de tierras fuera de la localidad en que éstas radican, descuidando de este modo su explotación y dejando su administración en manos de terceros. **2** Falta de asistencia practicada habitualmente. **3** Abstención deliberada y frecuente de acudir al trabajo. También se denomina *absentismo laboral*.

absolutismo. Luis XIV, rey de Francia, recibe el acto de sumisión del duque de Génova. Palacio de Versalles.

ABSIDAL adj. Que tiene ábside; en forma de ábside o que está relacionado con él.

ÁBSIDE amb. *Arquit.* Parte del templo, abovedada y comúnmente semicircular, que sobresale en la fachada posterior, y donde antiguamente estaban el altar y el presbiterio. Es un elemento característico de la arquitectura bizantina, románica y gótica.

ABSIDIOLO m. *Arquit.* Ábside pequeño, cada una de las capillas dispuestas en torno al ábside o la girola.

ABSOLUCIÓN f. Acción de absolver.

ABSOLUTAMENTE adv. m. **1** De manera absoluta. || adv. neg. **2** No, de ningún modo.

ABSOLUTISMO m. *Hist.* Régimen político en que el poder del Estado es ejercido por el soberano sin limitación jurídica alguna. El absolutismo predominó en Europa desde el siglo XVI hasta comienzos del XIX, y contribuyó decisivamente a la centralización y a la unificación territorial de los países europeos. Sus representantes más característicos fueron Luis XIV de Francia, Federico II el Grande de Prusia, Catalina II de Rusia, Carlos I de Inglaterra y José II de Austria.

ABSOLUTISTA adj. y com. **1** Partidario del absolutismo. **2** Perteneciente o relativo a esta forma de gobierno.

ABSOLUTO, TA adj. **1** Que excluye toda relación. **2** Independiente, ilimitado, sin restricción alguna. **3** fig. y fam. Autoritario, dominante. **4** *Filos.* Se dice de aquello que es incondicionado, ilimitado, en el tiempo y en el espacio, e inmutable en su esencia. En un sentido moderno, este concepto tiene sus orígenes en la filosofía de Spinoza y Kant, y fue ampliamente desarrollado por el idealismo alemán. **5** *Fís.* Se dice de las magnitudes cuando se miden a partir de su valor cero que corresponde realmente a la ausencia de la magnitud en cuestión. **6** *Quím.* Se dice de ciertas sustancias químicas líquidas en estado puro. || **VALOR ABSOLUTO** *Mat.* En los elementos pertenecientes al conjunto de números reales, número que se obtiene al prescindir de los signos. Se representa entre dos rayas verticales. || **en absoluto** loc. adv. De manera general y terminante. También, no, de ningún modo.

ABSOLUTORIO, RIA adj. *Der.* Se dice del fallo, sentencia, declaración, etc., que absuelve.

ABSOLVER tr. **1** Dar por libre de algún cargo u obligación. **2** Perdonar los pecados. **3** Declarar no culpable a un acusado. ♦ IRREG. Se conjuga como MOVER. Su p. p. es *absuelto*.

ABSORBENTE adj. y com. **1** Dominante. || m. **2** Sustancia que tiene un elevado poder de absorción. **3** *Fís.* Material que captura los neutrones sin que se generen más. Se utiliza para controlar y apantallar los reactores nucleares.

ABSORBER tr. **1** *Fís.* Tratándose de radiaciones, amortiguarlas o extinguirlas el cuerpo que atraviesan. **2** *Quím.* Ejercer atracción una sustancia sólida sobre un fluido con el que está en contacto, de modo que las moléculas de éste penetren en ella. **3** SORBER. **4** fig. Consumir enteramente. **5** fig. Asumir, incorporar. Se dice principalmente de entidades políticas, comerciales, etc.

ABSORBIBLE adj. Se dice de la sustancia que se puede absorber.

ABSORCIÓMETRO m. *Quím.* Instrumento para medir directamente la cantidad de un gas absorbida por un líquido.

ABSORCIÓN f. **1** Acción de absorber. **2** *Ling.* Desaparición de una vocal en contacto con una consonante. **3** *Bot.* Extracción que realizan las plantas de los elementos minerales del suelo. **4** *Fisiol.* Paso de sustancias químicas a través de una membrana del organismo. **5** *Fís.* Incorporación de una partícula de bombardeo en un núcleo con el cual interaccionan. **6** *Fís.* Pérdida de la intensidad de una radiación al atravesar la materia. **7** *Med.* Penetración de sustancias externas en los tejidos orgánicos, determinada por la acción de éstos. || **ABSORCIÓN ACÚSTICA** *Fís.* Disminución de la energía de una onda sonora durante su reflexión desde una superficie que no es completamente reflectora. || **ABSORCIÓN ATMOSFÉRICA** *Astron.* Absorción de la luz de las estrellas llevada a cabo por la atmósfera terrestre. || *Fís.* Disminución que sufre la intensidad de una onda sonora al propagarse por el aire.

ABSORTO, TA adj. Admirado, pasmado, ensimismado. ♦ Es el p. p. irregular de ABSORBER.

ABSTEMIO, MIA adj. y s. Que no bebe alcohol.

ABSTENCIÓN f. Acción y efecto de abstenerse.

ABSTENCIONISMO m. Doctrina o práctica de los abstencionistas.

ABSTENCIONISTA adj. y com. Partidario de la abstención en política y en particular ante las convocatorias electorales.

ABSTENERSE prnl. **1** Privarse de alguna cosa. **2** No emitir sufragio en unas elecciones. ♦ IRREG. Se conjuga como TENER.

ABSTERGENTE adj. y m. Se dice de la sustancia o remedio que sirve para absterger.

ABSTERGER tr. *Med.* Limpiar y purificar de materias viscosas o pútridas las superficies orgánicas.

ABSTINENCIA f. **1** Acción de abstenerse. **2** Privación del consumo de bebidas alcohólicas u otros excitantes. **3** Ejercicio de esta actitud. **4** Por excelencia, privación de comer carne en determinados días por precepto de la iglesia católica. || **SÍNDROME DE ABSTINENCIA** *Med.* Conjunto de síntomas que padecen los toxicómanos y los alcohólicos cuando suspenden el consumo de droga o de alcohol.

ABSTRACCIÓN f. **1** Acción o efecto de abstraer o abstraerse. **2** *Filos.* Acción y efecto de separar lo universal o general de lo individual a que pertenece, con la finalidad de aprehenderlo en sí mismo.

ABSTRACTO, TA adj. **1** Se aplica a la cualidad, concepto o idea que no tiene una realidad palpable sino que se define por sus aspectos esenciales y sin referencia a las circunstancias concretas en que se manifiesta. **2** Que no es concreto. **3** *Ling.* Se dice del nombre que se refiere a entidades que pertenecen al conjunto ideológico, como *envidia*, *odio*, etc. **4** *Arte.* Se dice del arte y de los artistas que rechazan la representación figurativa y reivindican los valores plásticos puros, como la forma, el color, la materia, etc. **[Encic.]** || **en abstracto** loc. adv. Con exclusión del sujeto en quien se halla cualquier cualidad. ♦ Es el p. p. irregular de ABSTRAER.

Arte. El arte abstracto como movimiento artístico nació a principios del siglo XX. Sus principales características, el abandono de la representación figurativa del mundo externo y la simplificación y descomposición de las formas, se derivan de la voluntad de estudiar los fundamentos del lenguaje visual. El movimiento arranca en 1910, año en el que Kandinsky dio a conocer su primera *Acuarela abstracta.* Entre sus representantes se encuentran Kandinsky, P. Mondrian, K. Malevich, F. Picabia, R. Delaunay, F. Kuptka, M. Larionov, P. Klee.

abstraer tr. **1** Considerar aisladamente las cualidades de un objeto, o el mismo objeto en su pura esencia o noción. || prnl. **2** Apartar la atención del entorno para concentrarse alguna cosa. ♦ IRREG. Se conjuga como TRAER.

abstruso, sa adj. De difícil comprensión.

absuelto, ta p. p. irregular de ABSOLVER.

absurdo, da adj. **1** Contrario y opuesto a la razón. || m. **2** Dicho o hecho contrario a la razón o al buen sentido, disparatado. || **teatro del absurdo** *Lit.* Corriente teatral surgida en Europa en torno a 1950, cuyos principales representantes son Samuel Beckett, Eugène Ionesco y Arthur Adamov. Relacionada con el existencialismo, se centra en la experiencia de lo absurdo y resalta la falta de sentido de la vida humana.

abu Voz árabe que significa *padre,* y que se usa antepuesta a muchos nombres árabes para indicar filiación.

Abu Abd Allah Muhammad el Zagal Rey nazarí de Granada (s. XV). Hermano del rey de Granada Abu-l-Hasan, a quien sucedió en el trono en 1485. Era tío de Boabdil, quien le combatió hasta que acordaron dividir entre ambos el reino. Luchó contra los Reyes Católicos y, tras perder Málaga (1487), Baza y Almería (1488), pasó a África, donde murió.

Abu Amir Muhammad ALMANZOR.

Abu Bakr o **Abu Bequer** Primer califa musulmán (?, 573 - Medina, 634). Protegió a su suegro Mahoma, a quien sucedió en el 632. Durante su califato dominó varias insurrecciones y extendió el poder del Islam por Siria, Palestina, Irak y la península arábiga. Compiló y dividió en capítulos o suras el Corán, dispuesto hasta entonces en fragmentos.

Abu Bakr ibn Abd al-Malik ibn Tufail IBN TUFAIL.

Abu Bakr Muhammad ibn al-Hassan (también conocido como ALCARJÍ) Matemático persa (? - ?, 1029). Realizó importantes estudios sobre las ecuaciones bicuadradas, las raíces aproximadas y el análisis indeterminado.

Abu Dhabi **1** Emirato de la Unión de Emiratos Árabes; 73.060 km^2 y 1.127.000 h. Produce el 80% del petróleo de la Unión y tiene una de las rentas per cápita más altas del mundo. Desde 1966 ocupa el poder Zayed Bin Sultan, quien también ostenta la jefatura del Estado de la Unión de Emiratos Árabes desde su independencia. **2** Ciudad capital de la Unión de Emiratos Árabes y del emirato de su nombre; 363.432 h. Situada en la costa SE del golfo Pérsico. Puerto exportador de petróleo.

Abu Jihad (JALIL AL-WAZIR, llamado) Político palestino (Ramla, 1935 - Túnez, 1988). Promotor de Al-Fatah con Yasser Arafat, en 1969 se convirtió en el número dos del movimiento, al ser nombrado comandante de los servicios militares. Desde 1974 asumió funciones políticas. Murió asesinado.

Abu-l-Abbas as-Saffah Primer califa abasí de Damasco (? - al-Anbar, 754). Fundador de la dinastía de este nombre. Reinó entre 750 y 754. Sostenido por el partido teocrático musulmán y el movimiento chiíta, se levantó contra el último gobernante omeya y se apoderó del trono. Reprimió los levantamientos de Mesopotamia y Siria.

Abu-l-Wafa al-Buzdyani Astrónomo y matemático persa (Buzdyán, 940 - Bagdad, 998). Perteneció a la escuela de Bagdad. Escribió varios tratados de matemáticas y geometría, así como una astronomía general, *Kitab al-Kamil.*

Abu Nidal (SABRIL JALI AL BANNA, llamado) Activista palestino (Jaffa, 1937 - Bagdad, 2002). Miembro del Al-Fatah, en 1974 rompió con la OLP, que lo condenó a muerte. Organizó Al-Fatah-Consejo Revolucionario para proseguir la lucha contra Israel y fue el responsable de una larga serie de atentados. Aparentemente renunció a seguir esas acciones en 1986.

Abu Nidal *Hist.* Grupo terrorista palestino que debe su nombre al seudónimo de su organizador y fundador. Escindido de la OLP en 1974 bajo la denominación Al-Fatah-Consejo Revolucionario, concentró su actividad en la lucha contra la organización palestina y en la ejecución de acciones de guerra sucia contra los Estados árabes con los que el régimen iraquí mantenía rivalidad. Se disolvió a mediados de los ochenta.

Abu Nuwas Poeta árabe (Al-Hawaz, 750 - Bagdad, h. 810). Fue el principal artífice del movimiento de renovación de la poesía árabe. Autor de un *Diwan* (colección de poemas) de gran renombre en la lírica arábiga.

Abu Simbel *Arqueol.* Lugar de Egipto, en la orilla izquierda del Nilo cerca de la frontera con Sudán. Allí se encuentran dos templos *(speos)* tallados durante el reinado de Ramsés II (1292-25 a. C.). Fueron trasladados a un lugar próximo para evitar que fueran anegados debido a la construcción de la presa de Asuán (1963-68).

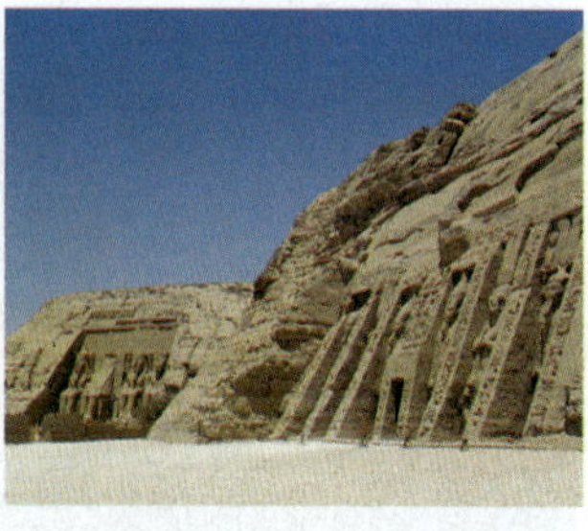

Abu Simbel (Egipto). Templos de Ramsés II y de Nefertari.

Abu Yusuf Yaqub Rey merinì de Marruecos (Algeciras, 1209 - Fez, 1286). Subió al trono de Fez en 1258. Conquistó toda Mauritania y en 1277 desembarcó en la península Ibérica. Venció a los cristianos en Sevilla y se apoderó de Málaga, Alcalá y otras ciudades; en 1281 luchó junto a Alfonso X contra su rebelde hijo Sancho.

abubilla f. *Zool.* Ave coraciforme de la familia upúpidos, de nombre científico *Upupa epops.* Mide unos 28 cm de longitud, tiene un plumaje pardo rojizo listado de blanco y negro en la cola y las alas, y un penacho de plumas eréctiles en la cabeza. El pico es muy largo y algo curvado hacia abajo para facilitar la captura de los insectos y larvas que componen su dieta. Nidifica en árboles y oquedades.

abuchear tr. Manifestar desaprobación pública y ruidosamente.

abucheo m. Acción de abuchear.

abuelastro, tra m. y f. **1** Respecto de una persona, padre o madre de su padrastro o de su madrastra. **2** Respecto de una persona, segundo marido de su abuela, o segunda mujer de su abuelo.

abuelo, la m. y f. **1** Respecto de una persona, padre o madre de su padre o de su madre. **2** ASCENDIENTE, padre, madre o abuelo de una persona. Más en pl. **3** fig. Persona anciana. || m. pl. **4** El abuelo y la abuela.

abuhardillado, da adj. Que tiene forma de buhardilla.

Abuja Ciudad capital de Nigeria que constituye un territorio federal; 7.315 km^2 y 423.391 h. Situada en el centro del país, se convirtió en capital de la nación en septiembre de 1982.

Abukir *Geog. hist.* Población de Egipto, al E de Alejandría, donde franceses e ingleses libraron tres batallas por el control de Egipto. En la primera (1798), Nelson destruyó la escuadra francesa en la bahía de Abukir; en la segunda (1799), Napoleón venció a un ejército turco desembarcado por los ingleses; en la tercera (1801), el general británico Abercromby tomó la plaza.

abulense adj. y s. De Ávila.

abulia f. *Med.* Apatía, desgana, abandono.

abúlico, ca adj. **1** Que padece abulia. **2** Propio de la abulia.

abultado, da adj. Grueso, de mucho bulto.

abultar tr. **1** Aumentar el bulto de algo. **2** Hacer de bulto o relieve. **3** Exagerar la importancia de algo. || intr. **4** Tener o hacer bulto.

abundancia f. Gran cantidad de algo.

abundante adj. Copioso, en gran cantidad.

abundar intr. **1** Tener en abundancia. **2** Existir algo en gran cantidad. **3** Hablando de una idea u opinión, persistir en ella.

abur interj. fam. Se utiliza para despedirse y equivale a *adiós.*

aburguesamiento m. Acción y efecto de aburguesarse.

aburguesarse prnl. Adquirir cualidades de burgués.

aburrido, da adj. **1** Que aburre. **2** Incapaz de divertir o divertirse. También s.

aburrimiento m. Fastidio, tedio.

aburrir tr. **1** Molestar, fastidiar. **2** ABORRECER, abandonar. || prnl. **3** Cansarse de alguna cosa.

abusar intr. **1** Usar mal o indebidamente de algo o de alguien. **2** Hacer objeto de trato deshonesto a una persona de menor experiencia, fuerza o poder. **3** Violar a una persona.

abusivo, va adj. **1** Que se introduce o practica por abuso. **2** Que abusa, abusón. También s.

abuso m. Acción y efecto de abusar. || **abuso de autoridad** *Der.* Delito que consiste en la extralimitación que las autoridades o funcionarios públicos hacen de las facultades que les son conferidas para el desempeño de su cargo u oficio.

abusón, na adj. y s. Que tiene tendencia a abusar en provecho propio.

Abwehr (Voz al.) *Hist.* Servicio de inteligencia alemán organizado en 1925. Desempeñó un papel importante en el desarrollo de las operaciones militares alemanas durante la Segunda Guerra Mundial. Se mantuvo activo hasta 1944, en que sus funciones fueron asumidas por la Gestapo.

abyección f. **1** Bajeza, envilecimiento. **2** Humillación.

abyecto, ta adj. Despreciable, vil.

Abyla ABILA.

abzapa adj. *Etnol.* Se dice de una tribu amerindia del grupo cohauilteca, familia lingüística hoka, cuyos individuos viven en Bustamante (Tamaulipas, México).

-ac- in. AZ-.

Ac *Quím.* **1** Símbolo del actinio. **2** Símbolo del radical acetato o acetoxilo (CH_3–COO–). **3** Símbolo del radical acetilo (CH_3–CO–).

acá adv. l. **1** Indica el lugar en que está quien habla, pero más imprecisamente que *aquí.* **2** En este mundo. **3** fam. Designa a la persona que habla o a un grupo de personas en el cual se incluye. **4** fam. Señala a veces a la persona cercana al que habla, con valor semejante al del demostrativo *éste.* **5** Con verbos de movimiento, indica acercamiento a la persona que habla. || adv. t. **6** Precedido de ciertas preposiciones y adverbios significativos de tiempo anterior, denota el presente. || **acá y allá** loc. adv. AQUÍ Y ALLÍ. || **de acá para allá** loc. adv. DE AQUÍ PARA ALLÍ.

Acab Séptimo rey de Israel (?, 874 - Ramoth-Galaad, 853 a. C.). Influido por su esposa Jezabel persiguió a los profetas de Yahvé. Pactó con los fenicios y declaró la guerra a Siria.

acabable adj. Que tiene fin, que se puede acabar.

acabado, da adj. **1** Perfecto, completo, consumado. **2** Viejo, destruido, fracasado. || m. **3** Perfeccionamiento o retoque de una obra o labor.

acaballar tr. Cubrir el caballo o el burro a la yegua.

acabamiento m. **1** Efecto o cumplimiento de alguna cosa. **2** Término, fin. **3** MUERTE.

acabar tr. **1** Dar fin a una cosa. También prnl. **2** Apurar, consumir. **3** Poner mucho esmero en la conclusión de una obra. **4** MATAR. || intr. **5** Rematar, terminar. **6** MORIR. **7** Extinguirse, aniquilarse. También prnl. **8** Seguido de la preposición *con* y con un nombre de persona o cosa o un pronombre, poner fin, destruir, exterminar. **9** Seguido de la preposición *de* y un verbo en infinitivo, haber ocurrido poco antes lo que este último verbo significa. **10** Seguido de *por* y un verbo en infinitivo, hacer, a consecuencia de cierta cosa, lo que se expresa.

acabose m. Se usa en la locución **ser** una cosa **el acabose,** con el significado de «ser el no va más, el colmo».

acabronado, da adj. Semejante al cabrón.

acacia f. *Bot.* **1** Árbol o arbusto de la familia leguminosas, género *Acacia,* de madera bastante dura, de color pardo rojizo y flores olorosas en racimos colgantes. **2** Madera de este árbol.

Acacio el Tuerto Arzobispo de Cesarea (? - ?, 366). Fundó la secta de los acacianos que afirmaban una mera semejanza entre el Padre y el Hijo.

acacoyol m. *Méx. Bot.* Planta de la familia gramíneas, de nombre científico *Coix lacryma,* con cuyas duras semillas se hacen rosarios.

Acad, Akad o **Akkad** *Hist.* Región y ciudad de Asia, situada junto al Éufrates, en la parte más estrecha de Mesopotamia. La ciudad fue capital de un verdadero imperio que dominó MESOPOTAMIA bajo la dinastía de Sargón (siglo XXVII a. C.).

academia f. **1** Sociedad científica, literaria o artística establecida con autoridad pública. **2** Junta o reunión de los académicos. **3** Edificio o local donde los académicos tienen sus juntas. **4** Establecimiento docente. **5** *Arte.* En escultura y pintura, estudio de una figura entera y desnuda, tomada del natural.

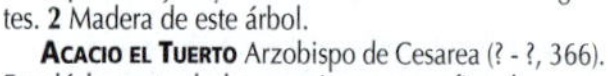

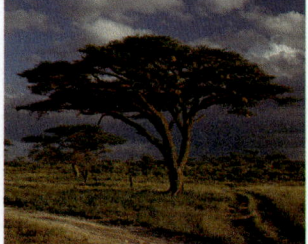

acacia de la sabana.

Academia *Filos.* Nombre de la escuela filosófica fundada por Platón en Atenas, situada en unos jardines que se decía habían pertenecido a Academo.
Academia de Artes y Ciencias Cinematográficas de Hollywood *(Academy of Motion Picture Arts and Sciences;* AMPAS) *Cin.* Asociación de profesionales del cine estadounidense, fundada en 1927. Desde 1928 otorga anualmente los premios Oscar.
Academia Española, Real Real Academia Española.
academicismo m. Calidad de académico, que observa con rigor las normas clásicas.
academicista adj. **1** Relativo al academicismo. || com. **2** Persona que lo practica. A veces se usa con sentido peyorativo.
académico, ca adj. **1** Perteneciente o relativo a la escuela filosófica de Platón. También s. **2** Relativo a las academias. **3** Se dice de algunas cosas relativas a centros oficiales de enseñanza. **4** Se dice de las obras de arte en que se observan con rigor las normas clásicas. || m. y f. **5** Individuo de una academia.
academizar tr. Dar carácter académico a una obra o actuación.
Academo *Mit.* Personaje legendario ateniense que reveló a Cástor y Pólux el lugar donde se hallaba oculta su hermana Helena, raptada por Teseo.
Acadia Nombre con que eran conocidos, bajo la dominación francesa, los territorios de Canadá, que comprendían las provincias actuales de Nueva Escocia, Nueva Brunswick y la isla Príncipe Eduardo.
acadio, dia adj. y s. **1** De Acad. || m. *Ling.* **2** Lengua acadia.
acaecer intr. suceder ♦ irreg. y tercIop. Se conjuga como agradecer.
acahual m. *Bot.* **1** En México, especie de girasol *(Helian-thus annuus).* **2** Hierbas altas y de tallo algo grueso con las que suelen cubrirse los barbechos.
acaje o **acaxe** adj. *Etnol.* **1** Se dice de una tribu amerindia nahba del grupo sonora, que vivió entre los Estados mexicanos de Durango y Sinaloa, antes de la conquista española. **2** Se aplica a sus individuos. || m. *Ling.* **3** Lengua de estos individuos, actualmente desaparecida.
acajú m. *Bot.* **1** Planta de la familia anacardiáceas de nombre científico *Anacardium occidentale,* 10 a 15 m de altura, y fruto del que se extrae un aceite comestible. **2** Marañón, árbol anacardiáceo.
acala o **akala** adj. *Etnol.* **1** Se dice de una tribu amerindia del grupo maya que habitaba entre el Chixoy y el río de la Pasión. Fue deportada a la región de Guatemala y absorbida por los quiché. También s. **2** Se dice de sus individuos. También s.
acalaxana adj. *Etnol.* Se dice de una antigua tribu amerindia del Anáhuac (México) desaparecida a raíz de la conquista española. También s.
acalefo, fa adj. y s. *Zool.* **1** Se dice del animal marino celentéreo, en forma de medusa, que tiene un ciclo de desarrollo con fases muy diversas. || m. pl. *Zool.* **2** Clase de estos animales, equivalente a los escifozoos.
acallar tr. **1** Hacer callar. **2** fig. Aplacar, sosegar.
acaloramiento o **acaloro** m. **1** Ardor, arrebato de calor. **2** fig. Arrebatamiento de una pasión violenta.
acalorar tr. **1** Dar o causar calor. **2** Promover, avivar. || prnl. **3** Fatigarse por un trabajo o ejercicio violentos. **4** fig. Enardecerse en la conversación.
acalote m. **1** *Méx.* Parte de un río que se limpia de hierbas flotantes para dar paso a las canoas. **2** *Zool.* Ave zancuda parecida al chorlito, de nombre científico *Tantalus mexicanus.*
acamado, da adj. *Bl.* Se dice de la pieza o figura colocada sobre otra.
Acamapixtli Rey azteca (s. xiv-xv). Primer rey de Tenochtitlán o México (1376-96). Embelleció Tenochtitlán con monumentos y templos, y construyó puentes, canales y acueductos. Se le atribuye la conquista de diversas localidades del Valle y de Cuahtinchan. Le sucedió su hijo Huitzilíhuitl.
acampada f. **1** Acción de acampar. **2** campamento.
acampanado, da adj. De forma de campana.
acampanar tr. y prnl. Dar a una cosa forma de campana.
acampar intr., tr. y prnl. Instalarse en el campo, al aire libre o en tiendas.
ácana f. *Bot.* **1** Árbol de la familia sapotáceas, perteneciente al género *Mimusops,* originario de las islas de Cuba y Santo Domingo. El fruto es comestible y su madera, compacta y de color rojo vino, resulta excelente para la construcción. **2** Madera de este árbol.
acanalado, da adj. **1** Que pasa por canal o paraje estrecho. **2** De figura larga y abarquillada. **3** De figura de estrías.
acanalador m. Instrumento que usan los carpinteros para abrir canales y peinazos en puertas y ventanas.

Fundación de la **Academia** de las Ciencias francesa en 1666. Cuadro de H. Testelin. Palacio de Versalles.

acanaladura f. *Arquit.* Canal o estría.
acanalar tr. **1** Hacer estrías en alguna cosa. **2** Dar forma de canal o teja.
Acanceh Pueblo de México, en el Estado de Yucatán. Restos arqueológicos de la civilización maya, entre los que destacan una pirámide escalonada y el llamado *palacio de los estucos.*
acanelado, da adj. De color o sabor de canela.
acange m. *Hist.* Soldado voluntario de la caballería ligera del antiguo imperio turco.
acant-, acanto-; -acant-; -acanto prefs., in. o suf. que significan espina: *monacántido, tragacanto.*
acantáceo, a adj. y s. *Bot.* **1** Se dice de las plantas angiospermas dicotiledóneas, con tallo y ramos herbáceos y nudosos, hojas opuestas, flores irregulares de cinco pétalos y fruto seco, en caja y dehiscente, que contiene varias semillas sin albumen, como el acanto. || f. pl. *Bot.* **2** Familia de estas plantas.
acantilado, da adj. **1** Se dice del fondo del mar cuando forma escalones o cantiles. **2** Se dice de la costa cortada verticalmente por la actividad erosiva del mar. También m. || m. **3** Escarpa casi vertical en un terreno.
acanto m. **1** *Bot.* Planta de la familia acantáceas, perenne, de carácter herbáceo y nombre científico *Acanthus mollis.* Las hojas forman una gran roseta en la base, las flores son blancas, rosas y violetas y están protegidas por brácteas espinosas. **2** *Arquit.* Ornato hecho a imitación de las hojas de esta planta. Es el motivo decorativo de los capiteles de estilo corintio.
acanto-; -acanto pref. y suf. acant-, acanto-.
acantocéfalo, la adj. y s. *Zool.* **1** Se dice de los gusanos nematelmintos, de cabeza espinosa y sin intestino. En fase larvaria son parásitos de invertebrados, y en estado adulto del tubo digestivo de los vertebrados. || m. pl. *Zool.* **2** Orden de estos gusanos.
acantonamiento m. **1** Acción y efecto de acantonar. **2** Sitio en que hay tropas acantonadas.
acantonar tr. y prnl. **1** Alojar las tropas en diversos lugares. || prnl. **2** Limitarse a una ocupación.
acantopterigio, gia adj. y s. *Zool.* **1** Se dice de los peces teleósteos, cuyas aletas, por lo menos las impares, tienen radios espinosos inarticulados. || m. pl. *Zool.* **2** Suborden de estos peces.
acantosis f. *Med.* Lesión de los tejidos de la epidermis, asociada con muchas enfermedades de la piel.
acaparador, ra adj. y s. Que acapara.

acaparamiento m. Acción y efecto de acaparar.
acaparar tr. **1** Adquirir y retener mercancías para controlar el precio en el mercado. **2** fig. Apropiarse de todo o la mayor parte de una cosa.
acápite m. *Amér.* párrafo.
Acapulco de Juárez Ciudad de México, en el Estado de Guerrero, situada en la bahía de su nombre; 515.374 h. Importante turismo, al que debe su gran desarrollo demográfico, y estación balnearia. Se comunica con la capital de la República por una magnífica carretera de 458 km. Exportación de tabaco, café, pieles y madera. Excelente puerto.
acapullarse prnl. Tomar forma de capullo.
acar-, acari- prefs. del mismo origen y significado que ácaro.
acaracolado, da adj. De figura de caracol.
acaramelado, da adj. Muy cariñoso y dulce con alguien.
acaramelar tr. **1** Bañar de azúcar en punto de caramelo. || prnl. **2** fig. y fam. Mostrarse uno extraordinariamente galante y dulce. **3** Darse los enamorados visibles muestras de cariño.
acari- pref. acar-.
acariciar tr. **1** Hacer caricias. **2** Rozar suavemente. **3** Pensar en hacer o conseguir algo.
ácarido, da adj. *Zool.* ácaro.
Acarigua Ciudad de Venezuela, en el Estado de Portuguesa; 116.551 h. Centro comercial y de comunicaciones. Industria textil y explotaciones forestales. Aeropuerto.
Acarnania y Etolia Nomo de Grecia, entre los golfos de Arta y Patras, en la región de Grecia Occidental; 5.461 km² y 230.688 h. Capital, Misolonghi.
acarnerado, da adj. Se dice del caballo o yegua que tiene arqueada la parte delantera de la cabeza.
ácaro m. *Zool.* **1** Se aplica a un numeroso grupo de artrópodos arácnidos de pequeño tamaño, desde 0,1 mm a 3 cm de longitud. Algunos son parásitos y transmiten enfermedades. Ejemplo de este grupo es la garrapata, el arador de la sarna, etc. || m. pl. *Zool.* **2** Orden de estos animales. || **ácaro de la sarna** *Zool.* arador de la sarna.
acarreador, ra adj. y s. **1** Que acarrea. || m. y f. **2** Persona que lleva las mieses a la era.
acarreamiento o **acarreo** m. Acción de acarrear.
acarrear tr. **1** Transportar en carro o de cualquier manera. **2** fig. Producir o conllevar algún daño.

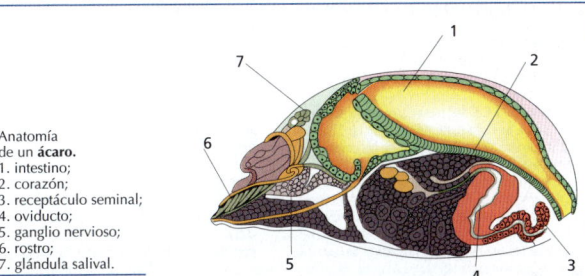

Anatomía de un **ácaro**.
1. intestino;
2. corazón;
3. receptáculo seminal;
4. oviducto;
5. ganglio nervioso;
6. rostro;
7. glándula salival.

acartonarse prnl. Ponerse como cartón. Se aplica especialmente a las personas que al envejecer se quedan enjutas.

acaso m. 1 Casualidad. || adv. m. 2 Por casualidad. || adv. de duda 3 QUIZÁ. || **por si acaso** loc. adv. Por si llega a ocurrir o ha ocurrido algo.

acastañado, da adj. Que tira a color castaño.

acataléctico o **acatalecto** adj. y m. *Métr.* VERSO ACATALÉCTICO.

acatamiento o **acato** m. Acción y efecto de acatar.

acatar tr. 1 Reconocer y respetar la autoridad de alguien o algo. 2 Obedecer.

acatarrarse prnl. Resfriarse, coger un catarro.

acatéchili m. *Zool.* Pájaro mexicano muy parecido al verderón.

Acatempam Pueblo de México (Guerrero) en el que, en 1821, Vicente Guerrero y Agustín de Iturbide acordaron luchar juntos por la independencia.

acaudalado, da adj. Que tiene mucho dinero.

acaudalar tr. Producir y acumular dinero.

acaudillamiento m. Acción de acaudillar.

acaudillar tr. 1 Mandar, como jefe, un ejército. 2 Guiar, conducir.

acaule adj. *Bot.* Se dice de la planta que carece de tallo, o lo tiene muy corto o subterráneo.

acawai o **akaway** adj. *Etnol.* Se dice de una tribu amerindia del grupo caribe, que en el siglo XIX tenía su centro en el curso bajo del río Cuyuni, en la Guayana Británica. También s.

Acay Nevado de Argentina, en la provincia de Salta; 5.950 m.

Acaya Nomo de Grecia, en el N del Peloponeso, región de Grecia Occidental; 3.271 km^2 y 297.318 h. Capital, Patras; 142.163 h. Toma su nombre de la tribu de los aqueos. Tras la conquista romana (146 a. C.), se conoció con ese nombre a toda Grecia.

Acaya o **Morea, principado de** *Hist.* Estado latino creado en 1210 en el Peloponeso por Guillermo de Champagne y Godofredo de Villehardouin tras la conquista latina de Bizancio (1204-10). La derrota en la batalla de Pelagonia (1259) frente al emperador Miguel VIII Paleólogo, abrió un periodo de dificultades políticas. En 1267 pasó a manos de Carlos de Anjou, rey de Sicilia. A finales del siglo XIV tuvo que hacer frente a los ataques de navarros y catalanes. En 1430 fue recuperado por Bizancio.

acceder intr. 1 Consentir en lo que otro quiere. 2 Ceder uno a la idea de otro. 3 Tener entrada o paso a un lugar. 4 Tener acceso a una situación, o llegar a alcanzarla.

accesibilidad f. Calidad de accesible.

accesible adj. 1 Que tiene acceso. 2 De fácil acceso y trato. 3 Inteligible, comprensible.

accesional adj. 1 Que aparece y desaparece súbitamente. 2 Se dice de las enfermedades o síntomas que evolucionan de este modo.

accésit m. Recompensa inferior al premio.

acceso m. 1 Acción de llegar o acercarse. 2 Entrada o paso. 3 fig. Posibilidad de llegar a algo o a alguien. 4 Aparición súbita o recurrente de un arrebato o de un ataque.

accesorio, ria adj. 1 Que depende de lo principal. También s. 2 SECUNDARIO. 3 *Ling.* Se dice de la palabra que no tiene autonomía fonética o sintáctica. || m. 4 Utensilio auxiliar para determinado trabajo.

Acci Antigua ciudad de la España romana, capital de la Bastetania tarraconense. Se cree que fue fundada por los fenicios.

Acciaiuoli *Geneal.* Linaje de banqueros de origen lombardo que en el siglo XII se establecieron en Florencia. Fueron los banqueros de los angevinos de Nápoles, de la Santa Sede, de Eduardo III de Inglaterra y de la Orden de Jerusalén. Sus miembros dominaron el principado de Acaya en el siglo XIV y fueron duques de Atenas en el XV.

accidentado, da adj. 1 Agitado, con muchos incidentes. 2 Se aplica al terreno escabroso, abrupto. 3 Se dice de quien ha sido víctima de un accidente. Más como s.

accidental adj. 1 No esencial. 2 Casual, contingente. 3 Se dice del cargo provisional.

accidentar tr. 1 Provocar un accidente. || prnl. 2 Sufrir un accidente.

accidente m. 1 Calidad o estado que aparece en alguna cosa sin que sea parte de su esencia. 2 Suceso eventual que altera el orden regular de las cosas. 3 Suceso eventual del que resulta algún daño. 4 Irregularidad del terreno. 5 *Mús.* Signo con que se altera la tonalidad de un sonido. 6 *Filos.* Concepto que se opone al de sustancia. Para Aristóteles el accidente es lo que pertenece a algo sin ser un elemento esencial suyo o derivar de su naturaleza esencial. || **accidente gramatical** *Ling.* En la gramática tradicional, cada una de las modificaciones que sufren en su forma las palabras variables para expresar diversas categorías gramaticales, como género, número, modo, etc. || **por accidente** loc. adv. Por casualidad.

Accra (Ghana). Mausoleo de Kwame Nkrumah.

Accio *(Actium)* Ciudad y promontorio de la antigua Grecia. Célebre por el combate naval en el que la flota de Octavio, mandada por Agripa, venció a Marco Antonio y Cleopatra (31 a. C.).

Accio, Lucio Poeta trágico romano (Pisauro, 170 - ?, 86 a. C.). Célebre por sus adaptaciones de tragedias griegas. Escribió tratados de agricultura, historia literaria, gramática, etc.

acción f. 1 Ejercicio de la facultad de actuar o hacer alguna cosa. 2 Efecto de hacer. 3 Influencia o impresión producida por la actividad de cualquier agente sobre algo. 4 Combate, batalla. 5 Gestos y movimientos del que habla. 6 *Econ.* Cada una de las partes en que está dividido el capital de una empresa. 7 *Econ.* Título de una de esas partes del capital. 8 *Fís.* Magnitud que se define como el producto de la energía por el tiempo. 9 *Der.* Derecho que se tiene a pedir alguna cosa en juicio, y modo legal de ejercitar el mismo derecho. 10 Sucesión de hechos, en las obras narrativas, dramáticas y cinematográficas. 11 En la filmación de películas, voz con que se advierte que empieza una toma. || **acción directa** Empleo de la violencia, preconizado por algunos grupos sociales. || **acción refleja** *Fisiol.* Respuesta automática o involuntaria a un estímulo.

Acción Católica *Rel.* y *Polít.* Conjunto de organizaciones seglares que dentro de la Iglesia católica ejercen el apostolado. Su origen se remonta a 1925 cuando el sacerdote belga Joseph Cardijn fundó la JOC.

Acción Francesa *Hist.* Movimiento político francés fundado por Charles Maurras y Léon Daudet en 1899, durante el caso Dreyfus, en torno al periódico *L'Action Française* (1908-44). Defendió la vuelta a una monarquía antiparlamentaria y un violento antisemitismo. Apoyó al GOBIERNO DE VICHY.

acción y reacción, principio de *Fís.* Tercera ley de la mecánica de Newton, según la cual a toda fuerza que actúa sobre un cuerpo se opone otra igual de signo contrario.

accionar tr. 1 Poner en funcionamiento un mecanismo. || intr. 2 GESTICULAR^2.

accionariado m. Conjunto de accionistas de una sociedad anónima. || **accionariado obrero** *Econ.* Teoría que propugna la sustitución del salario por la participación de los trabajadores en los beneficios de las empresas como accionistas.

accionista com. Persona que posee acciones de una empresa.

accipítrido, da adj. *Zool.* 1 Se dice de las aves del orden falconiformes, rapaces diurnas de presa. En este amplio grupo se incluyen águilas, halcones y milanos. || m. pl. *Zool.* 2 Familia de estas aves.

accitano, na adj. y s. De Acci, hoy Guadix.

Accra Ciudad de Ghana, capital del país y de la región de su nombre, situada en el golfo de Guinea; 949.100 h. Centro comercial de productos agrícolas (cacao) y mineros (oro, diamantes). Industrias químicas y textiles, central hidroeléctrica y refinería de petróleo.

-ácea suf. -ÁCEO.

acebeda o **acebedo** f. o m. *Bot.* Sitio poblado de acebos, que se suele distribuir formando manchas no continuas.

acebo m. *Bot.* 1 Arbusto de la familia aquifoliáceas, género *Ilex.* En Europa crece la especie *I. aquifolium,* con porte de pequeño árbol y follaje muy denso integrado por hojas perennes, coriáceas y espinosas. Las flores se transforman en un fruto redondo y de color rojo brillante. Su madera se emplea en ebanistería y tornería. 2 Madera de este árbol.

acebolladura f. *Bot.* Desunión de dos capas contiguas de madera en un árbol.

acebuchal adj. *Bot.* 1 Perteneciente al acebuche. || m. 2 Terreno poblado de acebuches.

acebuche m. *Bot.* 1 Olivo silvestre de nombre científico *Olea europaea.* Se diferencia del olivo cultivado en que sus frutos son poco carnosos y negruzcos. 2 Madera de este árbol.

acebuchina f. *Bot.* Fruto del acebuche.

acechanza f. Acecho, persecución sigilosa.

acechar tr. Observar, aguardar cautelosamente con algún propósito.

acecho m. 1 Acción de acechar. 2 Lugar desde el cual se acecha. || **al, de** o **en acecho** loc. adv. Observando y mirando a escondidas y con cuidado.

acecinar tr. y prnl. Salar y ahumar la carne para su conservación.

acedera f. *Bot.* Nombre común de varias plantas de la familia poligonáceas, pertenecientes a los géneros *Rumex* y *Oxalis.* Son vegetales herbáceos perennes. Sus hojas se consumen en ensalada y se emplean como condimento por su sabor ácido.

acederilla f. *Bot.* 1 Planta herbácea de nombre científico *Rumex acetosella,* muy parecida a la acedera. 2 ALELUYA, planta oxalidácea.

acederón m. *Bot.* Planta parecida a la acedera, pero con las hojas más anchas y las flores hermafroditas. Más en pl.

acedía f. 1 Calidad de acedo. 2 *Med.* Acidez de estómago. 3 fig. Aspereza de trato. 4 PLATIJA.

acedo, da adj. 1 ÁCIDO. 2 Que se ha acedado. 3 fig. Áspero, desapacible.

acéfalo, la adj. 1 Falto de cabeza. 2 *Bot.* Planta cuyo estilo se origina en la base del ovario y no en el ápice, como es lo habitual. 3 *Hist.* Se dice de ciertos herejes del siglo V, seguidores de Eutiques, que no reconocían jefe. También s. 4 fig. Se aplica a cualquier sociedad que no reconoce jefe. || m. *Zool.* 5 LAMELIBRANQUIO.

aceifa f. *Hist.* Expedición militar musulmana que los emires y califas de Córdoba utilizaron contra los reinos cristianos del N de España para obtener botín y reafirmar su autoridad. Fueron habituales hasta finales del siglo X.

aceitar tr. Untar con aceite.

aceite m. 1 Grasa líquida de color verde amarillento, que se obtiene por presión de las aceitunas, de algunos otros frutos o semillas y de algunos animales. 2 Líquido oleaginoso que se encuentra formado en la naturaleza o que se obtiene de ciertos minerales bituminosos. 3 Sustancia grasa, líquida a temperatura ordinaria, de mayor o menor viscosidad, no miscible con agua y de menor densidad que ella. || **aceite de colza** El obtenido de las semillas de la colza *(Brassica campestris).* Se utiliza en alumbrado, como lubricante y para templar acero. || **aceite de oliva** El obtenido por prensado de la aceituna. Es un líquido comestible, de color amarillo pálido o verdoso, rico en oleína y palmitina, y soluble en éter, cloroformo y disulfuro de carbono. Se utiliza en alimentación, perfumería, farmacia, como lubricante y para curtir. || **aceite de ricino** El obtenido de la semilla de *Ricinus communis.* Es un líquido incoloro o verdoso, que se utiliza como purgante, en perfumería y para lubricantes.

aceitera f. 1 ALCUZA. 2 *Zool.* CARRALEJA. 3 Recipiente que acaba en un tubo largo y estrecho que sirve para lubricar. || f. pl. 4 Angarillas, vinagreras.

aceitero, ra adj. 1 Perteneciente al aceite. || m. y f. 2 Persona que vende aceite. || m. *Bot.* 3 Árbol de las Antillas de madera muy dura y compacta, apto para ornamentación.

aceitoso, sa adj. 1 Que tiene aceite. 2 Que contiene mucho aceite. 3 Que tiene jugo semejante al aceite.

aceituna f. *Bot.* Fruto del olivo. Es una drupa poco carnosa y comestible, con la que se elabora aceite.

aceitunado, da adj. De color de aceituna verde.

aceituní m. 1 Tela rica traída de Oriente y muy usada en la Edad Media. 2 Cierta labor usada en los edificios árabes. ♦ Su pl. es *aceituníes.*

aceitunillo m. *Bot.* Árbol nativo de las Antillas, de fruto venenoso y madera muy dura.

aceituno m. *Bot.* 1 OLIVO. 2 Árbol de la familia simarubáceas, de nombre científico *Simarouba glauca.* Alcanza 15 m de altura y de sus semillas se extrae un aceite comestible. Crece en México, América Central y las Antillas, donde se le llama *jacomino* (Honduras), *palo blanco* (Cuba) y *xpasas* (México).

ACELERACIÓN f. **1** Acción de acelerar o acelerarse. **2** *Fís.* Incremento de la velocidad en la unidad de tiempo. La aceleración media de un punto se calcula mediante la siguiente fórmula: $a = v_2 - v_1 / t_2 - t_1$, en la que v_1 es la velocidad inicial, v_2 es la velocidad final, t_1 es el momento inicial, y t_2 es el momento final. **3** *Cin.* Efecto cinematográfico obtenido cuando la imagen en la proyección es más veloz que en la toma. || **ACELERACIÓN ANGULAR** *Fís.* Razón según la cual va cambiando la velocidad angular; se mide en radianes/segundo.

ACELERADO, DA adj. **1** Que experimenta aceleración. **2** *Fís.* MOVIMIENTO ACELERADO y MOVIMIENTO UNIFORMEMENTE ACELERADO.

ACELERADOR, RA adj. **1** Que acelera. || m. **2** *Mec.* Mecanismo que regula la entrada de la mezcla explosiva y permite acelerar las revoluciones del motor de explosión. **3** Cualquier mecanismo destinado a acelerar el funcionamiento de otro. **4** Pedal u otro dispositivo con que se acciona dicho mecanismo. **5** *Quím.* Sustancia que aumenta la velocidad de una reacción, como los catalizadores positivos. **6** *Zool.* Músculo que aumenta la rapidez de la acción. || **ACELERADOR DE PARTÍCULAS** *Fís.* Máquina que imprime gran velocidad a partículas elementales cargadas de electricidad, con lo que adquiere elevada energía cinética y capacidad de producir reacciones nucleares. Se utiliza para estudiar la estructura de la materia. || **ACELERADOR LINEAL** *Fís.* Dispositivo para la aceleración de electrones o de iones positivos hasta velocidades próximas a las de la luz. Se emplea en el tratamiento de los tumores malignos.

ACELERAR tr. **1** Dar celeridad. También prnl. **2** Aumentar la velocidad. **3** Accionar el mecanismo acelerador.

ACELERÓMETRO m. *Fís.* Aparato para medir la aceleración. Se usa especialmente en la aviación.

ACELERÓN m. Aceleración súbita e intensa a que se somete la actividad de un motor.

ACELGA f. *Bot.* Planta hortense de la familia quenopodiáceas, de nombre científico *Beta vulgaris,* comestible. Es una planta anual perenne, derivada de la *Beta maritima* y originaria de Europa. También es conocida como *bleda.*

ACELOMADO, DA adj. *Zool.* Se aplica a los animales que carecen de celoma.

ACÉMILA f. **1** Bestia de carga, preferentemente el mulo. **2** fig. Persona ruda.

ACEMILERO, RA m. y f. Persona que cuida o lleva acémilas.

ACEMITA f. Pan hecho con acemite.

ACEMITE m. Salvado mezclado con un poco de harina.

ACENDRADO, DA adj. **1** Se dice de los metales preciosos puros, sin mezcla. **2** fig. Puro, sin defecto, impecable, acrisolado. Se dice de las cualidades, conducta, etc.

ACENDRAR tr. **1** Purificar los metales con fuego. **2** fig. Depurar, dejar sin mancha ni defecto, acrisolar.

ACENESTESIA f. Pérdida de la sensación del propio cuerpo.

ACENTO m. **1** *Gram.* Mayor intensidad con que se pronuncia determinada sílaba de una palabra. Se llama también *acento prosódico* y *acento tónico.* **2** *Gram.* Tilde, signo ortográfico que se coloca sobre alguna letra, para dar a la pronunciación algún matiz. También se conoce con el nombre de *acento ortográfico.* Los principales son: el *agudo* (á), el *grave* (à) y el *circunflejo* (â). **3** Particulares inflexiones de voz de una región. **4** Elemento constitutivo del verso, que exige que éste lleve acentuadas determinadas sílabas. También se llama *acento métrico* y *acento rítmico.* **5** Modulación de la voz. **6** Énfasis, relieve. **7** *Mús.* Intensificación de un tiempo métrico, o parte de tiempo, que debe destacarse de los demás, con el fin de que se reconozca el compás o constante rítmica de un fragmento musical. **8** poét. Lenguaje, voz, canto.

ACENTUAR tr. **1** Poner acento prosódico u ortográfico a una palabra. **2** fig. Recalcar las palabras al pronunciarlas. **3** fig. Realzar, abultar. || prnl. **4** Destacar, cobrar importancia algo.

ACEÑA f. **1** Molino harinero de agua situado dentro del cauce de un río. **2** Máquina que sirve para sacar agua de los ríos. **3** ESPADAÑA, planta.

-ÁCEO, -ÁCEA sufs. que significan pertenencia: *crustáceo.*

ACEPCIÓN f. Cada uno de los significados que puede tener una palabra o frase.

ACEPTACIÓN f. **1** Acción y efecto de aceptar. **2** Aprobación, aplauso.

ACEPTAR tr. **1** Recibir voluntariamente algo. **2** Aprobar. **3** Admitir las condiciones en un desafío. **4** Obligarse por escrito a pagar una letra.

ACEPTOR m. *Quím.* Átomo o parte de una molécula unida por enlace covalente a un donador de electrones.

ACEQUIA f. Canal por donde se conducen las aguas.

ACERA f. **1** Orilla de la calle o de otra vía pública, con pavimento adecuado para el tránsito de los peatones. **2** Fila de casas a cada lado de la calle o plaza. **3** Cada una de las piedras de los paramentos de un muro. **4** Paramento de un muro.

ACERÁCEO, A adj. y s. *Bot.* **1** Se dice de los árboles angiospermos dicotiledóneos, propios del hemisferio boreal, con frutos en disámara y semillas sin albumen, como el arce y el plátano falso. || f. pl. *Bot.* **2** Familia de estos árboles.

ACERADO, DA adj. **1** De acero. **2** Parecido a él. **3** fig. Fuerte, de mucha resistencia. **4** fig. Incisivo, mordaz. || m. **5** Acción y efecto de acerar.

ACERAR tr. **1** Dar al hierro las propiedades del acero. **2** Dar a algunos líquidos propiedades medicinales por mediación del acero. **3** Dar un baño de acero. || tr. y prnl. **4** fig. Fortalecer, vigorizar.

ACERBO, BA adj. **1** Áspero al gusto. **2** Cruel.

ACERCA DE loc. adv. Sobre la cosa de que se trata, o de acuerdo con ella.

ACERCAR tr. y prnl. **1** Poner a menor distancia de lugar o tiempo. **2** Llevar algo o a alguien a algún lugar.

ACERERÍA o **ACERÍA** f. Fábrica de acero.

ACERICO o **ACERILLO** m. **1** Almohada pequeña. **2** Almohadilla para clavar alfileres y agujas.

ACERO m. **1** *Quím.* Aleación de hierro y carbono, en diferentes proporciones, que puede llegar hasta el 2% de carbono, menos del 1% de manganeso, y pequeñas cantidades de silicio, fósforo, azufre y oxígeno. Sometida a determinada temperatura y enfriada con cierta velocidad, adquiere, por el temple, gran resistencia y dureza. Para la obtención del acero se utilizan, principalmente, los procedimientos Bessemer, Thomas y Martin-Siemens. Se emplea en construcción, cascos de barcos, maquinaria, carrocería de automóviles, equipos químicos, etc. **2** *Quím.* Cualquiera de los aceros especiales. **3** fig. Arma blanca, y en especial la espada. || **ACERO DULCE** El que tiene un 0,04% de carbono y se lamina en caliente. || **ACERO INOXIDABLE** Aleación de acero con un porcentaje elevado de cromo (8-25%), muy resistente a la oxidación. Se emplea para material quirúrgico, piezas de horno, equipos químicos y de diversas tecnologías.

ACERO, VICENTE Arquitecto español (s. XVIII). Activo entre 1714 y 1738. Fue el último de los arquitectos barrocos andaluces, y se le debe la terminación de la catedral de Málaga, la fachada de la de Guadix y el proyecto primitivo de la catedral de Cádiz (1725).

ACEROLO m. *Bot.* Árbol de la familia rosáceas, de nombre científico *Crataegus azarolus,* de ramas espinosas, hojas pubescentes, flores blancas y fruto comestible, la acerola, parecido a una pequeña manzana.

ACÉRRIMO, MA adj. **1** fig. Superlativo de ACRE[2], áspero y picante. **2** Partidario, en grado superlativo.

ACERTAR tr. **1** Dar en el punto a que se dirige algo. **2** Encontrar, hallar. También intr. **3** Hallar el medio apropiado para lograr algo. **4** Dar con lo cierto en lo dudoso, ignorado u oculto. **5** Hacer algo con acierto. También intr. || intr. **6** Con la prep. *a,* y un infinitivo, suceder por casualidad lo que significa el infinitivo. ♦ IRREG. Véase cuadro.

ACERTAR

INDICATIVO
Pres.: acierto, aciertas, acierta, acertamos, acertáis, aciertan.
Pret. imperf.: acertaba, acertabas, etc.
Pret. indef.: acerté, acertaste, etc.
Fut. imperf.: acertaré, acertarás, etc.
Condic.: acertaría, acertarías, etc.
SUBJUNTIVO
Pres.: acierte, aciertes, acierte, acertemos, acertéis, acierten.
Pret. imperf.: acertara, acertaras, etc., o acertase, acertases, etc.
Fut. imperf.: acertare, acertares, etc.
IMPERATIVO: acierta, acertad.
PARTICIPIO: acertado.
GERUNDIO: acertando.

ACERTIJO m. **1** Especie de enigma para entretenerse en acertarlo. **2** Cosa muy problemática.

ACERVO m. **1** Montón de cosas menudas. **2** Conjunto de bienes morales, culturales o materiales que pertenece a una colectividad de personas.

ACETÁBULO m. **1** Medida antigua para líquidos. **2** *Anat.* Cavidad de un hueso donde encaja otro, en particular la que alberga la cabeza del fémur. **3** *Arqueol.* Vasito destinado entre los romanos a contener vinagre u otros condimentos que se usaban en las comidas. **4** *Zool.* Cavidad que, en ciertas especies animales, como las tenias, actúa a modo de ventosa.

ACETAL m. *Quím.* Cuerpo resultante de la reacción entre un aldehído y un alcohol.

ACETALDEHÍDO m. *Quím.* Segundo compuesto de la serie de los aldehídos, de fórmula CH_3–CHO. Es un líquido incoloro, inflamable y utilizado, sobre todo, en la producción de ácido acético. También denominado *etanal.*

ACETATO m. *Quím.* Sal formada por el ácido acético con un hidróxido (acetato metálico) o con un alcohol (acetato orgánico).

ACÉTICO, CA adj. *Quím.* **1** Perteneciente o relativo al vinagre. **2** ÁCIDO ACÉTICO. **3** Se dice de los compuestos que contienen el radical acetilo.

ACETIL-COENZIMA A amb. *Biol.* Coenzima derivada del metabolismo de la glucosa y de los ácidos grasos.

ACETILCOLINA f. *Fisiol.* Neurotransmisor del sistema nervioso. Actúa en las sinapsis entre nervios motores y músculos esqueléticos, y entre el nervio vago y el músculo cardiaco.

ACETILENO m. *Quím.* Hidrocarburo gaseoso de fórmula CH–CH, que se obtiene de la acción del agua sobre el carburo de calcio. Es un gas incoloro, venenoso y de olor desagradable, soluble en alcohol, acetona y agua. Se utiliza para soldar, en el alumbrado, para la síntesis de ácido acético y fabricación de diversos compuestos.

ACETILO m. *Quím.* Radical orgánico (CH_3–CO–) correspondiente al ácido acético.

ACETILSALICÍLICO adj. *Quím.* ÁCIDO ACETILSALICÍLICO.

ACETONA f. *Quím.* De fórmula CH_3–CO–CH_3, es un líquido incoloro de olor característico, volátil y fuertemente inflamable. Se obtiene por destilación seca de la madera o por fermentación de hidratos de carbono con diversos microorganismos y se utiliza como disolvente y como base para síntesis orgánicas.

ACETONEMIA f. *Med.* Acumulación de cuerpos cetónicos en la sangre.

ACETONURIA f. *Med.* Exceso de acetona en la orina.

ACETOSO, SA adj. **1** ÁCIDO. **2** Perteneciente o relativo al vinagre. **3** Que sabe a vinagre.

ACEVAL, EMILIO Político paraguayo (?, 1854 - ?, 1931). Miembro del Partido Colorado, en 1898 accedió a la presidencia de la República. Buscó un acercamiento con el Partido Liberal. Fue depuesto por una rebelión militar (1902).

ACEVEDO DÍAZ, EDUARDO Escritor uruguayo (Montevideo, 1851 - Buenos Aires, 1921). Es uno de los principales creadores de la novela criollista uruguaya. Sus novelas se centran en episodios históricos de su país. Entre ellas, *Ismael, Grito de gloria* y *Lanza y sable.*

ACEVEDO DÍAZ CUEVAS, EDUARDO Escritor uruguayo (Dolores, 1882 - Buenos Aires, 1959). Hijo de Eduardo Acevedo Díaz. Cultivó el ensayo, la crítica y la novela: *Ramón Hazaña* (1932), *Eternidad* (1939) y *Cancha Larga* (1941).

ACEVEDO Y GÓMEZ, JOSÉ Político colombiano (Mongui, 1775 - selva de Andaquíes, 1817). Elegido por el pueblo de Bogotá, fue el primer tribuno de la independencia de Colombia. Tuvo que huir ante la reacción de los realistas.

ACEVEDO HERNÁNDEZ, ANTONIO Escritor chileno (Angol, 1885 - Santiago de Chile, 1962). Su producción, influida por el anarquismo y el comunismo, es de carácter social. Obras: *Camino de flores* (1910), *Cantos populares chilenos* (1933) y *Leyendas chilenas* (1952).

ACHÁ, JOSÉ MARÍA DE Militar y político boliviano (Cochabamba, 1810 - íd., 1868). Presidente provisional de la República en 1861, venció en las elecciones presidenciales de 1862. En 1864 fue depuesto por el general Melgarejo.

ACHABACANAR tr. y prnl. Hacer chabacano.

ACHACABLE adj. Atribuible, imputable.

ACHACAR tr. Atribuir, imputar.

ACHACOSO, SA adj. **1** Que padece achaques. **2** Ligeramente enfermo.

ACHAFLANAR tr. Dar a una esquina forma de chaflán.

ACHAGUA adj. y com. *Etnol.* **1** Se dice de un pueblo amerindio circuncaribe de la familia arahuaco, antiguamente muy numerosa, que vive en Venezuela y Colombia. **2** Se dice de sus individuos. || m. *Ling.* **3** Lengua de este pueblo.

ACHAMPAÑADO o **ACHAMPANADO, DA** adj. Se dice de la bebida que imita al vino de Champaña.

ACHANTAR tr. **1** Intimidar, apabullar. || prnl. **2** fam. Esconderse mientras dura un peligro. **3** Callarse resignadamente o por cobardía. **4** Abstenerse de intervenir.

ACHAPARRADO, DA adj. **1** fig. Se dice de las cosas bajas y extendidas. **2** Se dice de las personas gruesas y bajas.

ACHAPARRARSE prnl. **1** Tomar un árbol la forma de chaparro. **2** Adquirir las personas, animales o plantas una configuración baja y gruesa.

achaque m. 1 Indisposición o enfermedad habitual. 2 Enfermedad leve.

achaquero m. *Hist.* Juez del Concejo de la Mesta.

Achard, Marcel Comediógrafo francés (Sainte-Foy-lès-Lyon, 1899 - París, 1974). Autor de *Mambrú se fue a la guerra* (1924), *Mistigri* (1930), *Patata* (1958) y *La débauche* (1973).

achares m. pl. Celos.

acharolado, da adj. Semejante al charol.

achatar tr. y prnl. Poner chata alguna cosa.

Achebe, Chinua Escritor nigeriano (Ogidi, región de Onitsha, 1930). En sus obras analiza las transformaciones de las sociedades africanas tras los procesos de colonización. Es autor de las novelas *Todo se derrumba* (1958) y *Hormigueros en la sabana* (1987); libros de poemas como *Navidades en Biafra* (1973) y el ensayo *En la mañana del día de la creación* (1975).

achelense o **acheulense** adj. y m. *Prehist.* Se dice de una cultura del paleolítico inferior, cuyo nombre proviene de la población francesa de Saint Acheul, donde se localizó el primer yacimiento. Se caracteriza por el uso de hachas de mano talladas por ambos lados y por el desarrollo de útiles sobre lasca. Han aparecido restos achelenses en Europa, la India y África. Su comienzo se sitúa en la fase interglacial Mindel-Riss; concluye a principios de la glaciación Würn.

Acheson, Dean Gooderham Político estadounidense (Middletown, 1893 - Sandy Spring, 1971). Miembro del Partido Demócrata, colaboró con F. D. Roosevelt y H. S. Truman. Entre 1949 y 1953 fue secretario de Estado y, en 1961, delegado de su país en la OTAN.

achicador m. *Mar.* Especie de cucharón para achicar el agua de los botes.

achicar tr. 1 Reducir el tamaño de algo. También prnl. 2 Extraer el agua de un dique, barco, etc. 3 fig. Humillar. También prnl. 4 fig. Intimidar, acobardar, achantar. También prnl.

achicharradero m. Sitio donde hace mucho calor.

achicharrar tr. 1 Freír, cocer, asar o tostar demasiado. También prnl. 2 fig. Calentar demasiado. También prnl. || prnl. 3 Experimentar un calor excesivo.

achicoria f. *Bot.* Planta de la familia compuestas, de nombre científico *Chicorium intybus.* Es un vegetal herbáceo, anual, con hojas ásperas y comestibles en ensalada. Su raíz torrefactada se emplea como sucedáneo del café.

Achillini, Claudio Poeta italiano (Bolonia, 1574 - íd., 1640). Enseñó derecho civil en Ferrara y Bolonia. Es autor de *Rimas y prosas* (1632).

achinado, da adj. Se dice de los rasgos del rostro similares a los de los chinos.

achiote m. *Bot.* Arbusto o arbolillo de la familia bixáceas, de nombre científico *Bixa orellana.* Mide hasta 6 m de altura, tiene hojas persistentes, flores blancas, rosadas o púrpuras y fruto en cápsula. De sus semillas se extrae un colorante. Crece en América tropical.

achira f. *Bot.* 1 Planta de la familia alismatáceas, que vive en los terrenos húmedos sudamericanos. 2 Planta de la familia cannáceas, de Perú, de raíz comestible. 3 *Chile* CAÑACORO.

achís Voz onomatopéyica que se emplea para imitar el sonido del estornudo.

achispado adj. 1 Casi ebrio. 2 *Taurom.* Se aplica al toro que presenta la piel con chispas o manchitas pequeñas.

achispar tr. y prnl. Poner casi ebria a una persona.

Achkhabad ASJABAD.

achocaya f. *Zool.* Nombre común de varios mamíferos marsupiales, parecidos a los ratones, que viven en Argentina.

Industria lítica **achelense.** Bifaz y raedera. Museo Boucher de Perthes. Abbeville (Francia).

achogcha f. *Bot. Ecuad.* Planta de cápsula comestible que se usa mucho para la alimentación.

acholado, da adj. *Amér.* Que tiene la tez como la del cholo.

achomawi adj. *Etnol.* Se dice de una tribu amerindia del grupo shasta, y de sus individuos. También s.

achual adj. *Etnol.* 1 Se dice del pueblo amerindio del grupo jíbaro, que habita en la provincia de Oriente, en Ecuador, y que a veces, en sus correrías penetra en Perú, y se halla en algunas vertientes de los ríos Pastza, Tigre y Morona. También s. 2 Se dice de sus individuos. También s.

achuchar tr. 1 AZUZAR. 2 fam. Aplastar, estrujar, abrazar. 3 fam. Empujar una persona a otra; agredirla violentamente, acorralándola. 4 *Taurom.* Acción del toro al intentar tropezar al diestro en la acometida, bien por retrasarse éste en la ejecución de la suerte, bien por ganar el toro su terreno al torero, pero sin llegar a tocarle o, si le tropieza, sin derribarle.

achucharrar tr. 1 *Col., Chile* y *Hond.* ACHUCHAR, aplastar. || prnl. 2 *Méx.* Encogerse, amilanarse.

achuchón m. 1 fam. Acción y efecto de achuchar o aplastar. 2 *Taurom.* Empujón o herida leve que sufre el diestro por el ímpetu del toro.

achulado, da adj. fam. Que tiene aire o modales de chulo.

achularse o **achulaparse** prnl. Adquirir modales de chulo.

achupalla f. *Bot.* Planta de la familia bromeliáceas, de América meridional. De sus tallos se hace una horchata muy agradable.

achura f. *Arg.* y *Urug.* Intestino del animal vacuno, lanar o cabrío.

achurar tr. 1 *Arg.* Quitar las achuras a la res. 2 fig. y fam. *Arg.* y *Urug.* Herir o matar a tajos a una persona o animal.

aciago, ga adj. Infausto, infeliz, de mal agüero.

aciano m. *Bot.* Planta de la familia compuestas, de nombre científico *Centaurea cyanus,* de 40 a 80 cm de altura, tallo erguido y flores generalmente azules.

acíbar m. 1 *Bot.* ÁLOE, planta y su jugo. 2 fig. Amargura, disgusto.

acibarar tr. 1 Echar acíbar. 2 fig. Amargar el ánimo con algún pesar.

aciberar tr. Moler, reducir a polvo.

acicalado, da adj. 1 Extremadamente pulcro. || m. 2 Acción de acicalar.

acicalar tr. 1 Limpiar, bruñir, principalmente las armas blancas. 2 Dar en una pared el último pulimento. 3 fig. Adornar, aderezar a una persona. Más como prnl.

acicate m. 1 Espuela con una sola punta para montar a la jineta. 2 fig. INCENTIVO.

acicatear tr. Incitar, estimular.

aciche m. Herramienta de solador, con dos bocas, en forma de azuela que sirve para perfeccionar el cuadro y la juntura de las baldosas.

acíclico, ca adj. 1 *Bot.* Se dice de las flores cuyas piezas no nacen a un mismo nivel del eje floral, sino que se suceden según una línea helicoidal. 2 *Quím.* ALIFÁTICO.

acicular adj. 1 De forma de aguja. 2 *Bot.* Se dice de la hoja linear, puntiaguda y generalmente perenne, como la del pino. 3 *Geol.* Se dice de la estructura micrográfica, en forma de agujas o angulosa, de algunos metales. 4 *Geol.* Se dice de la textura de algunos minerales en fibras delgadas en forma de agujas.

acidalio, lia adj. Perteneciente o relativo a la diosa Venus.

acidaque m. Arras que el musulmán tiene que dar a la mujer al contraer matrimonio.

acidez f. 1 Calidad de ácido. 2 Sensación de ácido en la boca o ardor de estómago. 3 *Quím.* Grado de acidez de una solución (pH). 4 *Quím.* Número de grupos hidroxilo reemplazables por una molécula de una base. 5 *Quím.* Cantidad de ácido libre en los aceites, resinas, etc.

acidimetría f. *Quím.* Procedimiento para determinar la acidez de una solución normalizada de álcali.

ácido, da adj. 1 Que tiene sabor agrio. 2 fig. Áspero, desabrido. || m. *Quím.* 3 Sustancia que tiende a perder un protón. **[Encic.]** 4 Sustancia que se disuelve en el agua con formación de iones hidrógeno. **[Encic.]** 5 Sustancia que reacciona con las bases formando sales. **[Encic.]** 6 Molécula o ión que se combina con otra molécula o ión formando un enlace covalente. **[Encic.]** 7 Variedad de LSD, compuesto de ácido lisérgico. Es una droga muy activa con propiedades alucinógenas. || **ácido acético** *Quím.* Ácido producido por la oxidación del alcohol o por destilación destructiva de la madera. De fórmula CH_3–COOH, constituye una importante materia prima en química industrial. || **ácido acetilsalicílico** *Quím.* Ácido que se obtiene por la acción del anhídrido acético sobre ácido salicílico y se usa en farmacia como analgésico. || **ácido acrílico** *Quím.* De fórmula CH_2=CH–COOH, es una sustancia muy activa, de olor semejante al ácido acético. || **ácido carbónico** *Quím.* De fórmula H_2CO_3, es un ácido de carácter débil resultante de la disociación del dióxido de carbono en agua. Da reacción ácida con el papel de tornasol. || **ácido cianhídrico** *Quím.* Solución acuosa de cianuro de hidrógeno que da lugar a un ácido monobásico, que forma cianuros. Es un líquido incoloro, muy volátil, con olor a almendras amargas y muy venenoso. || **ácido cítrico** *Quím.* Sólido de sabor agrio, muy soluble en agua, que cristaliza en grandes prismas rómbicos. Está contenido en varios frutos, sobre todo en el limón (6-7%). || **ácido clorhídrico** *Quím.* Gas incoloro, de fórmula HCl, algo más pesado que el aire y muy corrosivo. || **ácido graso** *Quím.* El orgánico con un grupo carboxilo terminal, que estructuralmente forma cadenas hidrocarbonadas largas y lineales. Es el componente básico de la mayoría de los lípidos. Se distinguen dos tipos: *saturado,* formado por cadenas hidrocarbonadas con enlaces sencillos; e *insaturado,* formado por cadenas con uno o más enlaces dobles o triples. || **ácido linoleico** *Quím.* El graso no saturado, de fórmula $C_{18}H_{33}O_2$, presente en el aceite de linaza, soja, algodón, etc. || **ácido linolénico** *Quím.* El graso insaturado de fórmula $C_{18}H_{30}O_2$, presente en las plantas y esencial en la nutrición animal. || **ácido nitroso** El inorgánico de fórmula HNO_2, cuya disolución es inestable y, a la vez, reductora y oxidante.

QUÍM. Todos los ácidos contienen hidrógeno y tienen unas características comunes: sabor picante, agrio; reaccionan con las bases formando sales y agua: ácido + base = sal + agua; se disuelven en agua cediendo iones hidrógeno; reaccionan con ciertos metales formando sales; enrojecen la tintura de tornasol y viran algunos indicadores a colores característicos. Según la concentración de iones hidrógeno el ácido será *fuerte* o *débil.* Atendiendo a su composición, los ácidos se pueden dividir en: *minerales* o *inorgánicos,* formados por combinación de los no metales con el hidrógeno (ácidos hidrácidos o binarios) y, a veces, también con el oxígeno (ácidos oxácidos o ternarios); y *orgánicos,* que incluyen carbono, oxígeno e hidrógeno y poseen el grupo carboxílico (–COOH) característico.

acidófilo, la adj. *Bot.* Se dice de las plantas que se desarrollan en suelos ácidos, como el alcornoque o el brezo.

acidorresistencia f. *Biol.* Propiedad de algunas bacterias que, después de coloreadas por la fucsina básica, no se decoloran por la acción de un ácido mineral diluido.

acidosis f. *Pat.* Estado patológico producido por exceso de ácidos en los tejidos y en la sangre, con descenso en la reserva alcalina. ♦ Su pl. es *acidosis.*

acídulo, la adj. Ligeramente ácido.

acierto m. 1 Acción y efecto de acertar. 2 fig. Habilidad en lo que se ejecuta. 3 fig. Cordura, prudencia, tino. 4 Coincidencia, casualidad.

ácigos adj. *Anat.* Se dice de los órganos impares, como el manojo central de músculos del velo del paladar o la VENA ÁCIGOS.

acilo m. *Quím.* Radical derivado de un ácido orgánico por eliminación del grupo hidroxilo.

ácimo adj. PAN ÁZIMO.

acimut o **azimut** m. *Astron.* Ángulo formado por el plano meridiano y el plano vertical que contiene un punto de la esfera celeste o del globo terráqueo. ♦ Su pl. es *acimutes* o *acimuts* (*azimutes* o *azimuts*).

acimutal adj. Relativo al acimut.

acinaces m. Espada corta que utilizaban los persas.

acinesia f. *Pat.* Pérdida del movimiento parcial o total.

acino m. 1 *Anat.* Pequeña cavidad terminal de una glándula acinosa, recubierta por células secretoras. 2 *Bot.* Pequeña drupa individual de un fruto múltiple.

ación f. Correa de la que cuelga el estribo en la silla de montar.

acipensérido, da adj. *Zool.* 1 Se aplica a los peces osteíctios del orden acipenseriformes, géneros *Acipenser* y *Scaphirhynchus,* como el esturión. Son peces con caracteres muy arcaicos, esqueleto mixto (óseo y cartilaginoso), boca ventral y protáctil, y exclusivos de la región paleártica. || m. pl. *Zool.* 2 Familia de estos peces.

acirate m. 1 Loma artificial que sirve de lindero. 2 CABALLÓN, el que se levanta con la azada. 3 Senda que separa dos hileras de árboles en un paseo.

acirón m. Árbol de la familia aceráceas, de nombre científico *Acer platanoides.* Tiene hojas opuestas y lobuladas, flores en corimbos erectos y frutos en sámara. Su madera es apreciada en ebanistería y tornería. Crece en Europa y el SO de Asia.

Acis *Mit.* Pastor amante de la ninfa Galatea. El cíclope Polifemo lo aplastó con una roca. La sangre que brotó hizo que naciera un río que desde entonces fluye en la falda del Etna.

ACITARA f. **1** Pretil de puente. **2** Cobertura de una silla de estrado o de montar.
ACITRÓN m. *Bot.* **1** Cidra confitada. **2** *Méx.* Tallo de la biznaga mexicana, descortezado y confitado.
ACLAMACIÓN f. Acción y efecto de aclamar. || **por aclamación** loc. adv. A UNA VOZ.
ACLAMAR tr. **1** Dar voces la multitud en honor y aplauso de alguna persona. **2** Conferir, por unanimidad, algún cargo u honor.
ACLAMÍDEO adj. *Bot.* Que no tiene perianto.
ACLARACIÓN f. Acción y efecto de aclarar.
ACLARADO, DA adj. **1** *Bl.* Se dice de la figura rodeada de un cierto color. || m. **2** Acción de aclarar la ropa.
ACLARADOR, RA adj. Que aclara.
ACLARAR tr. **1** Eliminar lo que oculta la claridad o transparencia de alguna cosa. También prnl. **2** Hacer menos denso o tupido. **3** Explicar. **4** Quitar los restos de jabón a la ropa tras el lavado. **5** Hacer más perceptible la voz. || intr. **6** Disiparse las nubes o la niebla. || prnl. **7** Poner alguien en claro su mente.
ACLARATORIO, RIA adj. Se dice de lo que aclara.
ACLE m. *Bot.* Árbol filipino, de la familia leguminosas, de más de 20 m de altura. Su madera es muy apreciada para la construcción. **2** Madera de este árbol.
ACLEIDO, DA adj. y s. *Zool.* Se dice de los mamíferos que no tienen clavícula o la tienen muy rudimentaria.
ACLIMATACIÓN f. **1** Acción y efecto de aclimatar o aclimatarse. **2** *Ecol.* Adaptación de una especie o población a un medio ambiente que ha sufrido modificaciones.
ACLIMATAR tr. y prnl. **1** Acostumbrar a un ser orgánico a clima diferente. **2** fig. Hacer que una cosa crezca en lugar distinto al que tuvo su origen.
ACLLA f. Doncella consagrada al culto del sol, o al servicio del soberano, en el imperio de los incas.
ACLORHIDRIA f. *Med.* Falta de ácido clorhídrico en el jugo gástrico.
ACLORHÍDRICO, CA adj. **1** Perteneciente o relativo a la aclorhidria. **2** Que padece aclorhidria.
ACMÉ f. *Med.* Periodo álgido de una enfermedad.
ACMEÍSMO m. *Lit.* Movimiento poético que surgió a principios del siglo XX en Rusia como reacción contra el simbolismo. Sus representantes más importantes son N. Gumilëv, S. Gorodecki, M. Kuzmin, A. Ajmatova y O. Mandelstam.
ACNÉ o **ACNE** f. *Pat.* Enfermedad de la piel caracterizada por una inflamación crónica de las glándulas sebáceas de la cara, espalda y tórax. Se manifiesta con la aparición de pústulas.
ACNUR (Siglas en español del *Alto Comisionado de las Naciones Unidas para los Refugiados*). *Polít.* Organismo dependiente de la ONU, con sede en Ginebra, cuyo objetivo es la prestación de ayuda a la población civil afectada por las guerras o catástrofes. Recibió el premio Nobel de la Paz en 1954.
-ACO- in. ACU-.
ACOBARDAR tr., intr. y prnl. Amedrentar, dar miedo.
ACOCARSE prnl. Agusanarse los frutos.
ACOCHINADO adj. Se dice del toro muy gordo y recortado.
ACOCOTE m. *Bot.* Calabaza larga y agujereada, que se usa en México para extraer el aguamiel del maguey.
ACODADO, DA adj. Doblado en forma de codo.
ACODAR tr. **1** Apoyar uno el codo sobre alguna parte. También prnl. **2** Doblar algo en forma de codo. **3** *Bot.* Enterrar parte de un vástago sin separarlo de la planta y dejando fuera su extremidad.
ACODERAR tr. *Mar.* Presentar en determinada dirección el costado de un buque fondeado.
ACODILLAR tr. **1** Doblar formando codo. || intr. **2** Tocar el suelo con el codillo los cuadrúpedos. **3** *Arg.* Talonear al caballo en los codillos.
ACODO m. **1** *Arquit.* Moldura que forma el cerco de un vano. **2** *Arquit.* Resalto de una dovela. **3** *Bot.* Acción de acodar. **4** *Bot.* Método de propagación artificial que consiste en enterrar total o parcialmente una rama no desprendida de la planta madre hasta que eche raíces, momento en que se separa de su extremidad.
ACOGEDOR, RA adj. y s. Que acoge.
ACOGER tr. **1** Admitir a alguien en su casa o compañía. **2** Dar refugio. **3** Admitir con sentimiento determinado un hecho o a una persona. || prnl. **4** REFUGIARSE. **5** Invocar para sí los beneficios que concede una disposición. **6** fig. Valerse de algún pretexto para disimular algo.
ACOGIDA f. **1** Hospitalidad que ofrece una persona o un lugar. **2** Afluencia de aguas, y por extensión, de otro líquido. **3** REFUGIO. **4** fig. Protección o amparo. **5** fig. ACEPTACIÓN.
ACOGIDO, DA m. y f. **1** Persona a la que se admite en un establecimiento benéfico. || m. **2** Conjunto de reses que entregan los ganaderos para que se las cuiden pagando un precio. **3** *Hist.* En la Mesta, ganado que el dueño de una dehesa admitía en ella. **4** *Hist.* Precio que se pagaba por este ganado.

El pico **Aconcagua** (Argentina).

ACOGOLLAR tr. *Bot.* **1** Cubrir las plantas para defenderlas de los hielos o lluvias. **2** Echar cogollos las plantas. También prnl.
ACOGOTAR tr. **1** Matar con herida o golpe dado en el cogote. **2** fam. Sujetar a una persona por el cogote. **3** Acoquinar, dominar.
ACOJINAMIENTO m. *Mec.* Interposición del vapor entre el émbolo y la tapa del cilindro.
ACOJONAR tr. y prnl. vulg. Asustar, acobardar.
ACOLAR tr. *Bl.* **1** Unir, juntar, combinar un escudo con otro bajo un timbre o corona para indicar la alianza de dos familias. **2** Poner detrás, formando aspa, o alrededor del escudo, señales de distinción como llaves, banderas, etc.
ACOLCHADO m. **1** Acción y efecto de acolchar. **2** Revestimiento de paja o caña trenzada con cuerdas. **3** *Arg.* Cobertor relleno de plumón o de otras cosas, que se pone sobre la cama.
ACOLCHAR tr. Poner algodón, lana, etc., entre dos telas y coserlas.
ACOLHUA adj. *Etnol.* **1** Se dice de un pueblo amerindio del grupo nahua que habitaba en México. En el siglo XV fue sometido por los aztecas. Más como s. **2** Perteneciente o relativo a este pueblo.
ACOLITADO m. *Rel.* **1** Segundo de los ministerios del sacramento del orden. **2** La superior de las antiguas órdenes menores del sacramento del orden.
ACÓLITO m. **1** MONAGUILLO. **2** fig. Persona que depende de otra. **3** *Rel.* Persona que ha recibido el acolitado. **4** *Rel.* Ministro de la Iglesia que había recibido la antigua orden menor del acolitado.
ACOLLADOR m. *Mar.* Cabo que sirve para tesar el cabo más grueso en que están engarzadas las vigotas.
ACOLLAR tr. **1** *Bot.* Cobijar con tierra el pie de las plantas. **2** *Mar.* Meter estopa en las costuras del buque. **3** *Mar.* Tirar de los acolladores. ♦ IRREG. Se conjuga como CONTAR.
ACOLLARADO, DA adj. *Zool.* Se dice de los animales que tienen el cuello de distinto color al resto del cuerpo.
ACOLLARAR tr. **1** Unir por el cuello dos animales, dos personas o dos cosas. || prnl. **2** vulg. *Arg.* AMANCEBARSE.
ACOLMIZTLI Rey de Coatlinchán, México (s. XIV). Durante su reinado esta ciudad alcanzó su máximo apogeo.
ACOMEDIRSE prnl. *Amér.* Prestarse a hacer un favor. ♦ IRREG. Se conjuga como PEDIR.
ACOMETEDOR, RA adj. y s. Que acomete.
ACOMETER tr. **1** Embestir con ímpetu. **2** Emprender, intentar. **3** Aparecer de repente determinado estado físico o moral.
ACOMETIDA f. **1** Ataque brusco. **2** Lugar por donde la línea de conducción de un fluido enlaza con la principal.
ACOMETIMIENTO m. **1** Acción y efecto de acometer. **2** Cañería que desemboca en la alcantarilla general.
ACOMODACIÓN f. **1** Acción y efecto de acomodar. **2** *Fisiol.* Propiedad del ojo de cambiar la longitud focal para ver bien a diferentes distancias. **3** *Fon.* Asimilación parcial de una característica del sonido asimilado por otro sonido asimilador.
ACOMODADIZO, ZA adj. Que se adapta fácilmente a cambios.
ACOMODADO, DA adj. **1** Conveniente, apto. **2** RICO. **3** Que está cómodo o a gusto.
ACOMODADOR, RA adj. **1** Que acomoda. || m. y f. **2** Persona que, en los espectáculos, acompaña al público a los asientos.
ACOMODAMIENTO m. **1** Transacción o convenio sobre algo. **2** Comodidad o conveniencia.
ACOMODAR tr. **1** Ajustar o adaptar una cosa a otra. **2** Disponer o arreglar de modo conveniente. **3** Colocar en un lugar cómodo. **4** fig. Amoldar o ajustar a una norma. También intr. y prnl. **5** fig. Colocar en un estado o cargo. También prnl. || prnl. **6** Avenirse, conformarse.
ACOMODATICIO, CIA adj. ACOMODADIZO.
ACOMODO m. **1** Colocación, ocupación o conveniencia. **2** Sitio donde se vive.
ACOMPAÑAMIENTO m. **1** Gente que va acompañando a alguien. **2** Conjunto de personas que en las representaciones teatrales figuran y no hablan. **3** *Mús.* Conjunto de notas armónicas vocales o instrumentales que acompañan a una melodía principal. **4** *Mús.* Arte de la armonía aplicado a la ejecución del bajo continuo.
ACOMPAÑANTE adj. y s. **1** Que acompaña. || m. *Mar.* **2** Reloj que bate segundos.
ACOMPAÑAR tr. **1** Estar o ir en compañía de otro. También prnl. **2** fig. Juntar una cosa a otra. **3** Existir una cosa junto a otra o simultáneamente con ella. También prnl. **4** *Mús.* Ejecutar el acompañamiento. También prnl.
ACOMPASADO, DA adj. **1** Rítmico. **2** fig. Que habla, anda o se mueve con mucho reposo y lentitud.
ACOMPASAR tr. **1** Adaptar, proporcionar, ajustar una cosa a otra. **2** *Mús.* Dividir las composiciones en compases.
ACOMPLEJADO, DA adj. Afectado por un complejo.
ACOMPLEJAR tr. **1** Causar a una persona un complejo. || prnl. **2** Padecer un complejo.
Aconcagua Río de Chile, que nace al S del pico de su nombre y desemboca en el Pacífico; 290 km de curso.
Aconcagua Pico de Argentina, en la cordillera de los Andes, provincia de Mendoza; 6.959 m de altura. Es la cima más elevada de América.
ACONCAGÜINO, NA adj. y s. De Aconcagua.
ACONDICIONADO, DA adj. **1** De buena o mala condición natural. **2** Se dice de las cosas de buena o mala calidad. **3** AIRE ACONDICIONADO.
ACONDICIONADOR, RA adj. **1** Que acondiciona. || m. **2** Aparato para climatizar un espacio. Se dice también *acondicionador de aire*.
ACONDICIONAMIENTO m. Acción y efecto de acondicionar.
ACONDICIONAR tr. **1** Dar cierta condición o calidad. **2** Disponer o preparar alguna cosa para algún fin. **3** CLIMATIZAR.
ACONDROPLASIA f. *Med.* Variedad de enanismo caracterizada por la cortedad de las extremidades.
ACONFESIONAL adj. Que no es confesional.
ACONGOJAR tr. y prnl. Oprimir, fatigar, afligir.
ACONITINA f. *Quím.* Alcaloide muy venenoso y activo que se extrae del acónito.
ACÓNITO m. *Bot.* Planta de la familia ranunculáceas, de nombre científico *Aconitum napellus*. Pertenece al grupo de las herbáceas perennes, y puede alcanzar hasta metro y medio de altura. Sus hojas son palmeadas y las flores azules. Es medicinal y venenosa. Crece en el O y centro de Europa.

ACONQUIJA Sierra de Argentina, estribación de los Andes, entre las provincias de Tucumán y Catamarca; 5.505 m de altura. Su pico culminante es el cerro del Bolsón.

ACONSEJADO, DA adj. Prudente, cuerdo. Más con el adverbio *mal*, en el sentido de imprudente.

ACONSEJAR tr. **1** Dar consejo. **2** Indicar, sugerir algo a alguien. || prnl. **3** Tomar o pedir consejo.

ACONSONANTAR intr. **1** Ser una palabra consonante de otra. **2** Incurrir el escritor en consonancias donde no debe usarlas. **3** Emplear en la rima una palabra como consonante de otra. **4** Utilizar la rima consonante.

ACONTECER intr. SUCEDER. ♦ IRREG. y TERCIOP. Se conjuga como AGRADECER.

ACONTECIMIENTO m. Suceso de cierta importancia.

ACOPIAR tr. Juntar, reunir en cantidad alguna cosa.

ACOPIO m. Acción y efecto de acopiar.

ACOPLADOR, RA adj. y m. Que acopla o sirve para acoplar.

ACOPLAMIENTO m. **1** Acción y efecto de acoplar o acoplarse. **2** Ajuste de una pieza. **3** *Biol.* Referido a los genes, tendencia de los caracteres dominantes a subsistir en la asociación. **4** *Tecnol.* Conexión entre dos ejes coaxiales que transmiten el impulso motor de uno a otro. **5** *Zool.* Unión o emparejamiento de dos animales para formar una yunta. **6** *Zool.* Unión sexual de los animales. **7** Entendimiento entre personas que estaban en desacuerdo.

ACOPLAR tr. **1** Ajustar entre sí dos piezas o cuerpos. **2** Adaptar algo o a alguien a un fin determinado distinto del original. **3** Emplear a alguien en algún trabajo. **4** Agrupar dos aparatos para que funcionen combinadamente. **5** *Amér.* Agregar uno o varios vehículos a otro que los remolca. **6** *Zool.* Procurar la unión sexual de los animales. También prnl. || prnl. **7** fig. y fam. Llevarse bien dos personas.

ACOQUINAR tr. y prnl. Amilanar, acobardar.

ACORAR tr. **1** Afligir, acongojar. **2** *Mur.* Rematar, descabellar. || prnl. *Bot.* **3** Estropearse las plantas por algún accidente atmosférico.

ACORAZADO, DA 1 adj. *Mil.* DIVISIÓN ACORAZADA. || m. *Mil.* **2** Buque de guerra blindado y de grandes dimensiones.

ACORAZAR tr. **1** Revestir con planchas de hierro o acero. || tr. y prnl. **2** fig. Proteger, defender.

ACORAZONADO, DA adj. De figura de corazón.

ACORCHADO, DA adj. **1** Seco y correoso como el corcho. **2** Se dice de la madera que hace botar la herramienta.

ACORCHARSE prnl. **1** Ponerse una cosa seca y correosa como el corcho. **2** fig. Insensibilizarse una parte del cuerpo.

ACORDADA f. *Der.* **1** Orden de un tribunal para que el inferior la ejecute. **2** Documento de comprobación de certificaciones.

ACORDADA, LA *Hist.* Especie de Santa Hermandad establecida en México en 1710 para detener y juzgar a los salteadores de caminos. Desapareció en 1812. También se llama así a la cárcel en que se custodiaban estos reos.

ACORDAR tr. **1** Determinar algo de común acuerdo o por mayoría de votos. || prnl. **2** RECORDAR. ♦ IRREG. Se conjuga como CONTAR.

ACORDE adj. **1** CONFORME. || m. *Mús.* **2** Conjunto de varias notas musicales que suenan simultáneamente y obedecen a pautas armónicas. Se pueden distinguir dos tipos de acordes: los *compactos*, en los que todas las notas suenan de forma simultánea, y los *fragmentados*, también llamados *en arpegio*, cuyas notas se escuchan una tras otra.

ACORDEÓN m. *Mús.* Instrumento musical de viento, inventado en Alemania hacia 1822. Se compone de lengüetas de metal que vibran al paso del aire, un pequeño teclado regulador del sonido y un fuelle unido a dos planchas rectangulares que se acciona con el brazo izquierdo.

ACORDEONISTA com. Músico que toca el acordeón.

ACORDONADO, DA adj. **1** De forma de cordón. **2** *Méx.* Enjuto, delgado.

ACORDONAR tr. **1** Ceñir o sujetar con un cordón. **2** fig. Aislar un sitio por medio de un cordón de gente.

ACORNADO, DA adj. *Bl.* Se dice del animal que lleva cuernos de distinto esmalte que el resto del cuerpo.

ÁCORO m. *Bot.* Planta de la familia aráceas y nombre científico *Acorus calamus.* Es una herbácea rizomatosa, con hojas puntiagudas y raíces olorosas.

ACORRALAR tr. **1** Meter el ganado en el corral. También prnl. **2** Perseguir a un animal o a alguien hasta algún sitio del que no pueda escapar. **3** fig. Poner a alguien en una situación de la que no pueda salir si no accede a lo que se le pide. **4** fig. Dejar a alguien confundido y sin respuesta. **5** *Dep.* Acosar a un jugador.

ACORTAMIENTO m. **1** Acción y efecto de acortar o acortarse. **2** *Astron.* Diferencia entre la distancia real de

ácoro

un planeta al Sol o a la Tierra, y la misma distancia proyectada sobre el plano de la eclíptica.

ACORTAR tr., intr. y prnl. Disminuir la longitud, duración o cantidad de alguna cosa.

ACORULLAR tr. *Mar.* Meter los remos sin desarmarlos, de modo que los guiones queden bajo crujía.

ACOSADO, DA adj. Perseguido de cerca, sin tregua ni descanso.

ACOSAR tr. **1** Perseguir, sin darle tregua ni reposo, a un animal o a una persona. **2** fig. Perseguir, fatigar a alguien. **3** Hacer correr al caballo.

ACOSIJAR tr. *Méx.* Agobiar.

ACOSO m. **1** Acción y efecto de acosar. **2** Persecución a caballo, en campo abierto, de una res vacuna.

ACOSTA, AGUSTÍN Poeta cubano (Matanzas, 1886 - Miami, 1979). Se inició en la literatura dentro de la estética modernista (*Ala;* 1915, y *Hermanita;* 1921), para después evolucionar hacia las vanguardias y el realismo: *La zafra* (1926), *Las islas desoladas* (1943), *Caminos de hierro* (1963).

ACOSTA, JOAQUÍN DE Militar y geógrafo colombiano (Guaduas, 1799 - íd., 1852). Tomó parte en la guerra de la independencia a las órdenes de Bolívar. Fue representante en el Congreso de Nueva Granada, ministro de Estado y diplomático. Escribió un *Compendio histórico sobre el descubrimiento y colonización de Nueva Granada.*

ACOSTA, JOSÉ DE Naturalista, historiador y misionero español (Medina del Campo, 1539 - Salamanca, 1600). Miembro de la Compañía de Jesús, durante su estancia en América (1571-88), estudió la fauna y la flora del país, así como la arqueología, la historia y las costumbres de los indios. Fruto de ello es la *Historia natural y moral de las Indias* (1590). Es también autor del *Catecismo en la lengua española y en la aymará del Perú* (1583).

ACOSTA, SANTOS Militar y político colombiano (Miraflores, 1828 - Bogotá, 1901). Diputado en 1852 por el Partido Liberal, participó en el levantamiento liberal de 1859-61 contra Ospina. Fue presidente de la República (1867-68), tras el derrocamiento del general Mosquera. Fundó el Tribunal de Cuentas y la Universidad de Bogotá.

ACOSTA DE SAMPER, SOLEDAD Escritora y periodista colombiana (Bogotá, 1831 - íd., 1903). Fundó varias revistas femeninas. Es, además, autora de comedias, biografías y novelas como *Los piratas en Cartagena* (1885).

ACOSTADO, DA adj. **1** *Arquit.* Se dice de un edificio cuando ha hecho asiento en una dirección saliéndose de la vertical. **2** *Bl.* Se dice de la pieza puesta al lado de otra. **3** *Bl.* Se dice de la pieza alargada colocada horizontalmente.

ACOSTAR tr. y prnl. **1** Echar o tender a alguien para que duerma o descanse. || intr. **2** Pararse la balanza en posición en que el fiel no coincida con el punto o señal de equilibrio. **3** Llegar a la costa. || prnl. **4** Mantener relación sexual una persona con otra. ♦ IRREG. Se conjuga como CONTAR.

ACOSTUMBRADO, DA adj. Habitual.

ACOSTUMBRAR tr. **1** Hacer que alguien adquiera un hábito o costumbre. || intr. **2** Tener costumbre de algo. || prnl. **3** Adquirir costumbre de una cosa.

ACOTACIÓN f. **1** Anotación que se pone al margen de algún escrito o impreso. **2** *Cine.* y *Teat.* Cada una de las notas explicativas, relacionadas con el movimiento escénico, el manejo de las luces y los sonidos, y todo lo referente al servicio de la escena, que se ponen en las obras teatrales y guiones cinematográficos. **3** *Topog.* COTA, de un plano topográfico.

ACOTADO, DA adj. Se dice del terreno en que se prohíbe la caza.

ACOTAMIENTO m. Acción y efecto de acotar.

ACOTAR tr. **1** Señalar los límites de un terreno para reservarlo a un uso determinado. **2** Delimitar cualquier otra cosa. **3** Citar textos. **4** Poner notas a un texto. **5** Poner cotas, en los planos. **6** *Inform.* Cambiar de escala las magnitudes de un problema para acomodarlas al cálculo con ordenador. **7** Cortar a un árbol todas las ramas por la cruz.

ACOTILEDÓNEO, A adj. y f. *Bot.* **1** Se dice de la planta cuyo embrión carece de cotiledones. || f. pl. **2** Antiguo grupo de plantas que comprendía todas las criptógamas. Hoy en día es un término en desuso.

ACOYUNTAR tr. Juntar los labradores sus caballerías impares para poder formar una yunta y labrar a medias.

ACQUAVIVA, CLAUDIO Religioso italiano (Atri, 1543 - Roma, 1615). Fue general de la Compañía de Jesús (1581-1615). Dirigió y revisó la obra *Ratio studiorum Societatis Jesu* (1598), que reglamentó la enseñanza en los colegios de la Orden.

ACR- pref. ACRO-.

ACRA ACCRA.

ACRACIA f. Doctrina de los ácratas.

ÁCRATA adj. y com. *Polít.* Partidario de la supresión de toda autoridad.

ACRE[1] (Del ing. *acre;* cf. lat. *ager.*) m. *Metrol.* Medida inglesa de superficie equivalente a 40 áreas y 47 centiáreas.

ACRE[2] (Del lat. *acer, acris.*) adj. **1** Áspero y picante al gusto y al olfato. **2** fig. Se aplica al genio o a los modos ásperos y desabridos. **3** *Med.* Se aplica al calor febril acompañado de una sensación como de picor.

ACRE AKKO.

ACRE Estado de Brasil; 153.150 km^2 y 483.593 h. Su capital es Rio Branco.

ACRECENTAMIENTO m. Acción y efecto de acrecentar.

ACRECENTAR tr. **1** AUMENTAR. También prnl. **2** Mejorar, enriquecer, enaltecer. ♦ IRREG. Se conjuga como ACERTAR.

ACRECER tr. **1** Hacer mayor. También intr. y prnl. || intr. *Der.* **2** Percibir un participante el aumento que le corresponde cuando otro pierde su cuota o renuncia a ella. ♦ IRREG. Se conjuga como AGRADECER.

ACRECIÓN f. *Geol.* Aumento de tamaño por adición de nuevos materiales externos, como los sedimentos que se van incorporando a una capa.

ACREDITADO, DA adj. De crédito o reputación.

ACREDITAR tr. **1** Dar credibilidad a algo, demostrar su realidad. También prnl. **2** Afamar. También prnl. **3** Asegurar que algo es lo que parece. **4** Testimoniar con documento fehaciente que una persona posee facultades para desempeñar un cometido.

ACREDITATIVO, VA adj. Que acredita.

ACREEDOR, RA adj. **1** Que merece obtener algo. **2** Que tiene derecho a pedir el cumplimiento de alguna obligación o la satisfacción de una deuda. Más como s.

ACRESCENTE adj. *Bot.* Se dice del cáliz que sigue creciendo después de fecundada la flor, mientras madura el fruto.

-ACRIA suf. ACRO-.

ACRIBILLAR tr. **1** Abrir muchos agujeros en alguna cosa. **2** Hacer muchas heridas o picaduras a una persona o a un animal.

ACRÍDIDO, DA adj. y m. *Zool.* **1** Se dice del insecto ortóptero saltador con antenas cortas y sólo tres artejos en los tarsos, como los saltamontes y las langostas. || m. pl. *Zool.* **2** Familia de estos insectos.

ACRIDINA f. *Quím.* Constituyente básico de la fracción de antraceno del alquitrán de hulla. Se utiliza como intermediaria en la preparación de materias colorantes.

ACRÍLICO, CA adj. *Quím.* Se dice del producto que se obtiene por polimerización o copolimerización del ácido acrílico o de uno de sus derivados. Los polímeros acrílicos de mayor producción y consumo son el polimetacrilato de metilo para la obtención de materiales plásticos por su transparencia, rigidez y resistencia, y el poliacrilonitrilo para la producción de fibras sintéticas.

ACRILONITRILO m. *Quím.* Cianuro de vinilo que se utiliza como materia prima para las fibras sintéticas acrílicas.

ACRIMONIA f. Aspereza en el carácter o en el trato.

ACRIOLLADO, DA adj. Propio del criollo.

ACRIOLLARSE prnl. *Amér.* Adoptar un extranjero los usos y costumbres del país.

ACRISOLADO, DA adj. **1** Se dice de ciertas cualidades humanas que se confirman a través de pruebas o sufrimientos. **2** Dicho de personas, intachable, íntegro.

ACRISOLAR tr. **1** Depurar, purificar en el crisol. **2** fig. Purificar. **3** fig. Confirmar una cosa por medio de pruebas. También prnl.

ACRISTALAR tr. Colocar cristales o vidrios en una ventana, puerta, galería, cubierta de patio, etc.

ACRÍTICO, CA adj. Carente de sentido crítico, desprovisto de intención o actitud crítica.

ACRITUD f. **1** Aspereza en el gusto y en el olfato. **2** Aspereza en el carácter. **3** *Fís.* Estado en que se encuentra un cuerpo metálico que ha perdido su ductilidad y maleabilidad.

ACRO-, ACR-; -ACRIA prefs. o suf. que significan punta, extremo: *acrofobia.*

ACROAMÁTICO, CA adj. Se dice de la enseñanza y del modo de enseñar por medio de narraciones, explicaciones o discursos. Se llamó así a las lecciones que daba Aristóteles sobre filosofía.

ACROBACIA f. **1** ACROBATISMO. **2** Cada uno de los ejercicios que realiza un acróbata. **3** Cualquiera de las evoluciones espectaculares que efectúa un aviador en el aire.

ACRÓBATA com. Persona que da saltos, hace habilidades sobre el trapecio, la cuerda floja o ejecuta cualquier otro ejercicio gimnástico.

ACROBÁTICO, CA adj. **1** Apto para facilitar que una persona suba a lo alto. **2** Concerniente al acróbata.

ACROBATISMO m. Profesión y ejercicio del acróbata.

ACROCEFALIA f. *Med.* Malformación congénita del cráneo que le confiere forma cónica. También denominada *oxicefalia.*

ACRODINIA f. *Med.* Enfermedad eruptiva, caracterizada por un aumento de la sensibilidad en las plantas de los pies y palmas de las manos, con sensación de hormigueo y dolores neuríticos.

ACROFOBIA f. *Med.* Horror a las alturas.

ACROLEÍNA f. *Quím.* Aldehído de fórmula $CH_2=CH-CHO$. Líquido volátil, sofocante, que procede de la descomposición de la glicerina en presencia de catalizadores.

ACROMÁTICO, CA adj. **1** *Fís.* Se dice del cristal o del sistema óptico que no descompone la luz blanca, pero es capaz de transmitirla. **2** *Biol.* Incoloro.

ACROMATISMO m. **1** Cualidad de acromático. **2** *Med.* Ceguera total al color.

ACROMATIZAR tr. *Fís.* Corregir el cromatismo al fabricar prismas o lentes.

ACROMATOPSIA f. *Med.* **1** Falta total o parcial de percepción de los colores. **2** DALTONISMO.

ACROMEGALIA f. *Pat.* Enfermedad que se caracteriza por un desarrollo exagerado del volumen de los huesos y partes blandas de las manos, pies y cara. Está producida por una disfunción de la hipófisis.

ACROMÍA f. *Med.* Carencia de pigmentación de la epidermis.

ACROMIAL o **ACROMIANO, NA** adj. Perteneciente o relativo al acromion.

ACROMION o **ACROMIO** m. *Anat.* Parte del omóplato, que se articula con la clavícula.

ACRON m. *Zool.* Segmento apical de la cabeza de los artrópodos.

ACRONÍA f. *Ling.* No consideración de los factores temporales en el estudio de los hechos lingüísticos.

ACRÓNICO, CA adj. *Astron.* **1** Se dice del astro que nace al ponerse el Sol, y se pone cuando éste sale. **2** Se dice del orto u ocaso del mismo astro.

ACRÓNIMO m. Palabra compuesta por las iniciales y a veces más letras de otras palabras: *láser: Light Amplification by Stimulated Emission of Radiation.*

ÁCRONO, NA adj. Intemporal.

ACRÓPOLIS f. *Arqueol.* Parte más alta y fortificada de las ciudades griegas. La acrópolis más famosa es la de Atenas, entre cuyos monumentos destacan el ERECTEÓN, el templo de Atenea Niké, el pedestal de Atenea Prómakos y el PARTENÓN. ♦ Su pl. es *acrópolis.*

ACROSOMA m. *Biol.* Porción apical del espermatozoide que rodea al núcleo y forma con él la cabeza.

ACRÓSTICO, CA adj. y m. *Lit.* Se aplica a la composición poética en que las letras iniciales, medias o finales de los versos, leídas en sentido vertical, forman una palabra, una frase o una composición poética.

ACROSTOLIO m. Espolón o tajamar y adorno en la proa de las naves antiguas.

ACROTERA, ACRÓTERA o **ACROTERIA** f. *Arquit.* Cualquiera de los pedestales que sirven de remate en los frontones.

ACROTERIO m. *Arquit.* Pretil que se hace sobre los cornisamentos para ocultar la altura del tejado.

ACTA f. **1** Relación escrita de lo sucedido, tratado o acordado en una junta. **2** Certificación en que consta la elección de una persona. **3** Relación de las conclusiones que falla un juez o de las calificaciones concedidas por un tribunal. || **ACTA DE NAVEGACIÓN** *Hist.* Cada una de las actas promulgadas en la Inglaterra del siglo XVII para proteger el comercio. || **levantar acta** fr. Extenderla.

ACTA ÚNICA *Hist.* y *Polít.* Tratado firmado el 17 de febrero de 1986 por los entonces 12 países miembros de la CE (hoy UE). Por él se aumentaron las competencias comunitarias en materia de política exterior, medio ambiente e investigación, pactadas en el tratado de Roma en 1957, y se concretaron los procedimientos para favorecer la mayor integración económica y monetaria.

ACTANTE m. **1** *Ling.* En una oración, cada persona, animal o cosa que participa en un acto, tanto si lo ejecuta como si sufre pasivamente sus consecuencias. **2** *Lit.* En el análisis narratológico, se denomina así a la amplia clase que agrupa en una sola función los diversos papeles de un mismo tipo: héroe, adversario, etc.

ACTEÓN *Mit.* Cazador legendario que sorprendió a Artemisa mientras se bañaba desnuda en un manantial. La diosa le convirtió en ciervo y fue devorado por los perros de su propia jauría.

ACTIN-, ACTINI-; -ACTIN; -ACTINA prefs., in. o suf. ACTINO-.

ACTINIA f. *Zool.* Pólipo hexacoralario de colores vivos, perteneciente al género *Actinia.* Su cuerpo es cilíndrico y la boca está rodeada de varias filas de tentáculos urticantes que, extendidos, hacen que se parezca a una flor. También llamada *anémona de mar.*

ACTÍNIDO adj. y m. *Quím.* **1** Se dice de los elementos químicos cuyo número atómico está comprendido entre 90 y 103. || m. pl. *Quím.* **2** Grupo formado por estos elementos.

ACTINIO m. *Quím.* Elemento químico de número atómico 89, masa atómica 227, vida media 21,7 años, y símbolo Ac. Es un metal que se forma en la descomposición radiactiva natural del isótopo U^{235}, o por bombardeo del Ra^{226} con neutrones.

ACTINO-, ACTIN-, ACTINI-; -ACTIN-, -ACTINA prefs., in. o suf. que significa radio, o rayo de luz: *actinometría.*

ACTINÓGRAFO m. *Fís.* Actinómetro registrador.

ACTINOLITA f. *Miner.* Anfíbol monoclínico que contiene hierro y es de color verde. Aparece con una disposición alargada o en agujas, en los esquistos y rocas ígneas básicas alteradas.

ACTINOMETRÍA f. *Fís.* y *Quím.* Rama de la ciencia que estudia la intensidad y la acción química de las radiaciones visibles.

ACTINÓMETRO m. **1** *Fís.* Instrumento para medir la intensidad de las radiaciones visibles. **2** *Quím.* Instrumento para medir la acción química de las radiaciones electromagnéticas.

ACTINOMICES *Bot.* Género de bacterias que produce la actinomicosis.

ACTINOMICETALES m. pl. *Biol.* Orden al que pertenecen las bacterias productoras de un micelio fino y muy desarrollado, con esporas formadas en esporangios.

ACTINOMICOSIS f. *Pat.* Enfermedad infecciosa del ganado vacuno y porcino, que raramente se presenta en el hombre, producida por el actinomiceto *Actinomyces bovis,* y caracterizada por la formación de tumores grumosos en la mandíbula inferior (si se trata de vacas) o en las glándulas mamarias (si se trata de cerdos). ♦ Su pl. es *actinomicosis.*

ACTINOMORFA adj. *Bot.* Se dice de la flor que queda dividida en dos partes simétricas.

ACTINOPTERIGIO, GIA adj. *Zool.* **1** Se aplica a los peces óseos que tienen radios en las aletas. || m. pl. *Zool.* **2** Subclase de estos peces que se divide en condrósteos y teleósteos.

ACTINOTA f. *Miner.* Anfíbol de color verde claro, pobre en hierro y rico en calcio y magnesio.

ACTION PAINTING (En español, *pintura en acción.*) *Arte.* Término acuñado por el crítico Harold Rosemberg para designar una tendencia pictórica no figurativa identificada con el expresionismo abstracto. Se desarrolló en EE UU después de la Segunda Guerra Mundial como un movimiento derivado del informalismo europeo. Se caracteriza por su violencia expresiva, con la que se pretende dar mayor importancia al acto mismo de pintar, siguiendo impulsos físicos y psíquicos, que a los temas. Sus representantes más destacados son Kooning, Pollock y Kline.

ACTITUD f. **1** Postura del cuerpo humano o del animal. **2** fig. Manifestada disposición del ánimo. **3** *Psicol.* Estado previo en el que se encuentra un sujeto que se dispone a dar una respuesta. También se emplea el término para referirse a la orientación o toma de postura global de un sujeto respecto a un objeto dado o una situación determinada.

ACTIUM Accio.

ACTIVACIÓN f. **1** Acción y efecto de activar. **2** *Fisiol.* Denominación que se da a todo cambio producido en el huevo durante la fecundación. **3** *Psicol.* Incremento en la actividad del sistema nervioso central, que produce una intensificación de la vigilancia. **4** *Quím.* Aumento de la energía de los átomos o moléculas, que les convierte en más activos desde el punto de vista químico. **5** *Quím.* Tratamiento de una sustancia con calor, radiación o un reactivo, para acelerar un cambio físico o químico.

ACTIVADOR adj. y m. **1** Que activa. **2** *Fís.* Impureza o átomo desplazado que aumenta la luminiscencia de un material. **3** *Farm.* Fármaco que incrementa el nivel de actividad en el tratamiento de una depresión. **4** *Quím.* Sustancia que aumenta la actividad de un catalizador.

ACTIVAR tr. **1** Avivar, excitar. **2** Poner en marcha un mecanismo. **3** *Fís.* Hacer radiactiva una sustancia.

ACTIVIDAD f. **1** Facultad de obrar. **2** Diligencia, eficacia. **3** Prontitud en el obrar. **4** Conjunto de operaciones o tareas propias de una persona o entidad. Más en pl. **5** *Fís.* Número de átomos que se desintegran por unidad de tiempo en una sustancia radiactiva. **6** *Psicol.* Disposición a la acción de un sujeto con respecto a los objetivos que pretende alcanzar. || **ACTIVIDAD ECONÓMICA** *Econ.* Parte de la actividad humana dedicada a la producción de bienes y servicios. || **ACTIVIDAD ÓPTICA** *Fís.* Propiedad de ciertos compuestos orgánicos de hacer girar un determinado ángulo el plano de vibración de la luz polarizada, ya sea a la izquierda (levógiros), ya a la derecha (dextrógiros). || **ACTIVIDAD SOLAR** *Astron.* Conjunto de fenómenos que se manifiestan en determinadas regiones del Sol siguiendo aproximadamente un ciclo de 11 años: manchas, protuberancias, erupciones, etc.

ACTIVISMO m. Actividad promovida en favor de un partido, doctrina, etc.

ACTIVISTA com. Miembro activo de un partido o grupo político.

ACTIVO, VA adj. **1** Que obra o tiene virtud de obrar. **2** Diligente y eficaz. **3** Que obra sin dilación. **4** Se dice del funcionario mientras presta servicio. **5** *Gram.* PARTICIPIO ACTIVO. **6** *Gram.* VOZ ACTIVA. **7** *Fís.* Se dice de los materiales de radiactividad media o baja, así como de los laboratorios o de los dispositivos experimentales donde dichos materiales se manipulan o guardan. || m. **8** *Econ.* Importe total del haber de una persona natural o jurídica.

ACTO m. **1** Hecho o acción. **2** Hecho público o solemne. **3** *Teat.* División importante de una obra escénica. **4** *Filos.* En la filosofía aristotélica, estado del ser que posee realmente la plenitud de perfección que por su naturaleza le corresponde. El acto es anterior a la potencia y ésta se hace realidad en él. || **acto seguido** locs. advs. Inmediatamente después. || **en el acto** loc. adv. ENSEGUIDA.

acrópolis de Atenas (Grecia).

Actopán (México). Frescos del convento de San Nicolás.

ACTOPÁN Ciudad de México, en el Estado de Hidalgo. Accidentada por los llamados *Órganos de Actopán*, relieve de curioso aspecto de la sierra Madre oriental de México.

ACTOR[1], **RA** adj. y s. *Der.* Se dice de la persona que demanda en un juicio.

ACTOR[2], **TRIZ** m. y f. **1** Persona que representa un personaje en el teatro, cine, televisión, etc. **2** Personaje de una acción o de una obra literaria. || m. *Inform.* **3** Lenguaje de programación desarrollado por Microsoft Windows, orientado básicamente hacia los ordenadores personales.

ACTOR'S STUDIO *Teat.* Escuela de arte dramático estadounidense fundada en Nueva York (1947) por Elia Kazan, Robert Lewis, que fue sustituido al poco tiempo por Lee Strasberg, y Cheryl Crawford. Basaba sus enseñanzas en el método Stanislavski e influyó decisivamente en la formación de actores como Marlon Brando, Montgomery Clift, James Dean, Paul Newman, Marilyn Monroe y Al Pacino.

ACTUACIÓN f. **1** Hecho o resultado de actuar. **2** *Filos.* Paso del estado de potencia al de la existencia. **3** *Ling.* En la gramática generativa, ejecución o utilización efectiva de la competencia, es decir, de la lengua en cuanto sistema de reglas generativo-transformacionales. || f. pl. **4** Autos o diligencias de un procedimiento judicial.

ACTUAL adj. **1** Del presente, contemporáneo. **2** De moda.

ACTUALIDAD f. **1** Tiempo presente. **2** Cosa o suceso que en un momento dado atrae la atención de la gente. **3** *Filos.* Acción del acto sobre la potencia.

ACTUALISMO m. *Geol.* Teoría enunciada por Charles Lyell, que sostiene que los procesos geológicos actuales son similares a los que actuaron en tiempos remotos. Se opone al CATASTROFISMO.

ACTUALIZACIÓN f. **1** Acción y efecto de actualizar. **2** *Ling.* Operación por medio de la cual una unidad de la lengua se convierte en habla.

ACTUALIZADOR, RA adj. y s. *Ling.* **1** Se dice de cualquier procedimiento o signo que permite actualizar un mensaje lingüístico. || *Ling.* **2** Todo proceso que permite el paso de la lengua al habla.

ACTUALIZAR tr. **1** Poner al día. **2** Hacer actual una cosa. **3** *Ling.* Hacer que los signos asociados sistemáticamente en la lengua se conviertan en habla, constituyendo mensajes concretos e inteligibles. **4** *Inform.* Modificar una instrucción en un computador.

ACTUAR intr. **1** Obrar, comportarse de una determinada manera. **2** Ponerse en acción. **3** Ejercer una persona o cosa actos propios de su naturaleza. **4** Producir una cosa efecto sobre otra. **5** Interpretar un papel en una obra teatral, cinematográfica, etc. **6** *Der.* Formar autos, proceder judicialmente.

ACTUARIO m. **1** *Der.* Auxiliar judicial que da fe en los autos procesales. **2** *Hist.* Oficial romano encargado de distribuir los víveres a los soldados. || **ACTUARIO DE SEGUROS** Persona versada en seguros y en su régimen.

ACU-, ACUST-; -ACO-; -ACUSIA, -ACÚSTICA, prefs., in. o sufs. que significan audición: *electroacústica.*

ACUA-, ACUI- prefs. que significan agua: *acuático, acuífero.*

ACUARELA f. *Pint.* **1** Pintura realizada con colores diluidos en agua e inalterables a la luz, sobre fondo blanco. **2** Técnica con la que se realizan estas pinturas. || f. pl. *Pint.* **3** Colores con los que se realiza esta pintura.

ACUARELISTA com. Pintor de acuarelas.

ACUARIO m. **1** Depósito de agua donde se conservan vivos animales o vegetales acuáticos. **2** Edificio destinado a la exhibición de animales acuáticos vivos.

ACUARIO *Astron.* **1** Undécimo signo del Zodiaco. **2** Constelación que coincidió antiguamente con el signo de igual nombre.

ACUARTELADO, DA adj. *Bl.* ESCUDO ACUARTELADO.

ACUARTELAMIENTO m. **1** Acción y efecto de acuartelar o acuartelarse. **2** Lugar donde se acuartela.

ACUARTELAR tr. **1** Poner la tropa en cuarteles. También prnl. **2** Obligar a la tropa a permanecer en los cuarteles.

ACUARTILLAR intr. Doblar con exceso las caballerías las cuartillas al andar.

ACUÁTICO, CA o **ACUÁTIL** adj. **1** *Biol.* Animal o vegetal que vive o se desarrolla en el agua o cerca de ella. **2** Perteneciente o relativo al agua.

ACUATIZAR intr. Posarse un hidroavión en el agua.

ACUCHILLADO, DA adj. **1** Se aplica al vestido o parte de él con aberturas semejantes a cuchilladas. || m. **2** Raspado y alisadura de los suelos de madera con el fin de encerarlos o barnizarlos.

ACUCHILLADOR, RA adj. y s. **1** Que acuchilla. || m. y f. **2** Persona que tiene por oficio acuchillar pisos de madera.

ACUCHILLAR tr. **1** Cortar, herir o matar con el cuchillo, y por extensión, con otras armas blancas. **2** Alisar un entarimado o muebles de madera para quitar la cera vieja y volver a encerarlos o barnizarlos.

ACUCIAR tr. **1** Estimular. **2** Ser urgente una cosa a alguien.

ACUCLILLARSE prnl. Ponerse en cuclillas.

ACUDIR intr. **1** Ir uno al sitio donde le conviene o es llamado. **2** Ir o asistir con frecuencia a alguna parte. **3** Venir, sobrevenir algo. **4** Ir en socorro de alguien. **5** Recurrir a algo o alguien.

ACUEDUCTO m. *Arquit.* Conducto artificial para conducir agua y abastecer de ella a una población. Se llama así especialmente a aquella parte de la conducción que salva un desnivel mediante una especie de puente, por cuya parte superior corre el agua. Los romanos fueron los más famosos constructores de acueductos. En Italia se conservan restos de los de Acqui, Spoleto y Nápoles, y en España, los de Mérida, Tarragona y Segovia.

ACUERDO m. **1** Resolución tomada por una o varias personas. **2** Conformidad, armonía entre varias personas. **3** Parecer, dictamen, consejo. **4** Antiguamente, reunión de los magistrados de un tribunal con su presidente y los fiscales, para deliberar y resolver asuntos de aplicación general. **5** Armonía del colorido de un cuadro. **6** *Arg.* Consejo de Ministros. **7** *Arg.* Confirmación de un nombramiento hecho por el Senado. **8** *Col.* y *Méx.* Reunión de una autoridad gubernativa con alguno de sus colaboradores para tomar alguna decisión sobre algún asunto. || **de acuerdo** loc. adv. De conformidad. Se usa más con los verbos *estar, quedar* y *ponerse*.

ACUERDO GENERAL SOBRE ARANCELES Y COMERCIO (General Agreement on Tariffs and Trade; GATT) *Econ.* Convenio multilateral firmado en Ginebra el 30 de octubre de 1947. Su objetivo era conseguir un comercio exterior más libre mediante la reducción de aranceles y otras concesiones mutuas. A partir del 1 de enero de 1995, el GATT fue reemplazado en sus funciones por la OMC (Organización Mundial del Comercio).

ACÚFENO m. *Med.* Percepción auditiva en forma de silbido, zumbido o siseo, sin relación directa con un estímulo exterior.

ACUI- pref. ACUA-.

ACUÍCOLA adj. com. *Biol.* Se dice de los animales o plantas que viven en un medio acuático.

ACUICULTURA f. *Biol.* Técnica de cultivo en agua dulce o salada, de especies vegetales y animales.

ACUÍFERO, RA adj. *Geol.* Se dice de la capa, vena o zona del terreno que contiene agua.

ACULADO, DA adj. *Bl.* Se dice del caballo levantado del cuarto delantero y sentado con las patas encogidas.

ACULAR tr. y prnl. **1** Hacer que un animal, un carro, etc., quede arrimado por detrás a alguna parte. **2** fam. ARRINCONAR. || prnl. *Mar.* **3** Acercarse la nave a un bajo o tocar en él con el codaste en un movimiento de retroceso.

ACULEADO, DA adj. *Biol.* **1** Que tiene púas o puntas afiladas. || m. pl. *Zool.* **2** Suborden formado por los insectos himenópteros que tienen aguijón, como las abejas y avispas.

ACULLÁ adv. l. A la parte opuesta del que habla.

ACULTURACIÓN f. *Sociol.* Conjunto de fenómenos que resultan del contacto directo y continuado entre grupos de personas de distinta cultura, y modificaciones culturales que se producen en uno u otro grupo, o en ambos a la vez.

ACUMETRÍA f. *Med.* Estudio de la agudeza auditiva.

ACUMINADO, DA adj. Se dice de lo que disminuye gradualmente hasta terminar en punta.

ACUMULACIÓN f. Acción y efecto de acumular.

ACUMULADOR, RA adj. y s. **1** Que acumula. || m. **2** *Fís.* Pila reversible que almacena energía durante la carga y la restituye parcialmente durante la descarga. **3** *Fís.* Aparato que almacena energía en forma química para restituirla posteriormente en forma eléctrica.

ACUMULAR tr. **1** Juntar y amontonar. **2** *Der.* Unir unos autos a otros para pronunciar una sola sentencia. **3** *Econ.* Aumentar gradualmente en cantidad o número.

ACUMULATIVO, VA adj. Perteneciente o relativo a la acumulación.

ACUNAR tr. Mecer al niño en la cuna o en los brazos.

ACUNHA, TRISTÁN DE CUNHA, TRISTÃO DA.

ACUÑA, HERNANDO DE Militar y poeta español (Valladolid, h. 1520 - Granada, 1580). Sirvió a Felipe II y Carlos V en Italia, Francia y Alemania, y participó en la batalla de San Quintín y en la toma de Túnez. Tradujo a Ovidio y parte del *Orlando enamorado*, de Boiardo. Su viuda publicó sus *Varias poesías* (1591), obra de estilo petrarquista que incluye sonetos, églogas, canciones, madrigales y poemas mitológicos.

ACUÑA, JUAN DE Político y militar español (Lima, 1658 - Ciudad de México, 1734). Fue el primer virrey criollo de México (1722-34). Expulsó de Honduras a los británicos y sometió Nayarit.

ACUÑA, MANUEL Poeta mexicano (Saltillo, 1849 - Ciudad de México, 1873). Su lírica refleja la influencia de Larra, Espronceda y Byron. Sus composiciones más conocidas son «Ante un cadáver» y «Nocturno a Rosario». Sus *Versos* aparecieron póstumamente en 1874.

ACUÑA, PEDRO BRAVO DE Militar español (? - Manila, 1606). Fue capitán general de Cartagena de Indias y gobernador de Filipinas en 1603. Conquistó las Molucas a los holandeses.

ACUÑACIÓN f. Acción y efecto de acuñar.

ACUÑADOR, RA adj. y s. Que acuña.

ACUÑAR tr. **1** Imprimir y sellar una pieza de metal por medio de cuño o troquel. **2** Hacer o fabricar moneda. **3** fig. Dar forma a expresiones o conceptos.

ACUOSIDAD f. Calidad de acuoso.

ACUOSO, SA adj. **1** Abundante en agua. **2** Parecido a ella. **3** De agua o relativo a ella. **4** De mucho jugo.

ACUPUNTURA f. *Med.* Terapéutica de origen chino, que consiste en clavar una o más agujas en el cuerpo humano, con el fin de curar ciertas enfermedades.

ACURE m. *Zool.* Roedor doméstico de varios países de América meridional. Su carne es comestible.

ACURRUCARSE prnl. Encogerse para resguardarse del frío o por otros motivos.

ACUSACIÓN f. **1** Acción de acusar o acusarse. **2** *Der.* Persona o personas encargadas de demostrar en un pleito la culpabilidad del procesado. **3** *Der.* Escrito o discurso en que se acusa.

acueducto romano de Los Milagros en Mérida (España).

ACUSADO, DA adj. 1 Que destaca de lo normal. || m. y f. 2 Persona a quien se acusa.

ACUSADOR, RA adj. y s. Que acusa.

ACUSAR tr. 1 Imputar a uno algún delito, culpa, etc. 2 Denunciar, delatar. También prnl. 3 Manifestar, revelar. 4 Avisar del recibo de cartas, oficios, etc. 5 Censurar, reprender. 6 *Ocio* En algunos juegos de naipes, manifestar que tiene tantos puntos ganados con sus cartas. 7 *Der.* Exponer en un juicio los cargos contra el acusado. || prnl. 8 Confesar uno sus culpas.

ACUSATIVO m. *Gram.* Uno de los casos de la declinación. En latín y griego expresaba el complemento directo y, acompañado de preposición, podía representar a un complemento de dirección.

ACUSATORIO, RIA adj. *Der.* Perteneciente o relativo a la acusación.

ACUSE m. 1 Acción y efecto de acusar, avisar el recibo de una carta. 2 Cada carta que, en el juego, sirve para acusar.

-ACUSIA suf. ACU-.

ACUSICA adj. y com. fam. Persona que delata a otra.

ACUSÓN, NA adj. y s. fam. Persona que delata a otra.

ACUST-; -ACÚSTICA pref. o suf. ACU-.

ACÚSTICA f. 1 Calidad sonora de un local. 2 *Fís.* Parte de la física que trata de la formación y propagación de los sonidos y, en general, de las ondas sonoras. 3 *Fon.* Parte de la fonética que estudia la naturaleza física del mensaje vocal, independientemente de sus condiciones de producción y de recepción.

ACÚSTICO, CA adj. 1 Perteneciente o relativo al órgano del oído o a la acústica. 2 Favorable para la producción o propagación del sonido.

ACUTÁNGULO adj. 1 *Mat.* Ángulo que mide menos que un recto, es decir, menos de 90°. 2 *Geom.* TRIÁNGULO ACUTÁNGULO.

ACUTÍ (Voz guaraní.) m. *Arg.* y *Par.* AGUTÍ.

AD- prep. inseparable que tiene el valor de A, como en *adjunto;* o bien denota proximidad, como en *adyacente,* o encarecimiento, como en *admirar.* Se emplea aislada en locuciones latinas: *ad hoc.*

AD CALENDAS GRAECAS expr. adv. lat. usada para designar un plazo que nunca ha de cumplirse.

AD HOC (Literalmente, *para esto.*) expr. adv. lat. que se aplica a lo que se dice o hace sólo para un fin determinado.

AD LÍBITUM expr. adv. lat. A gusto, a voluntad. Se usa más en música.

ADA m. *Inform.* Lenguaje informático de alto nivel basado en el Pascal y especialmente destinado al control de procesos.

ADACILLA f. *Bot.* Variedad de zahína.

ADACTILIA f. *Med.* Ausencia de dedos en las extremidades de origen congénito.

ADAFINA f. Olla que los hebreos colocan al anochecer del viernes en un anafre, cubriéndola con rescoldo y brasas, para comerla el sábado, día en el cual les está prohibido todo trabajo.

ADAGIO m. 1 Sentencia breve, comúnmente recibida y, la mayoría de las veces, moral, que estimula a proceder conforme a su enseñanza. || adv. m. *Mús.* 2 Indicación de tiempo musical, generalmente lento, aunque sin exceso. En la gradación, está situado entre el *andante* y el *lento.* || m. *Mús.* 3 Composición o parte de ella que se ha de ejecutar con este movimiento.

ADAJA Río de España que nace en Villatoro, provincia de Ávila; sirve de límite entre las de Segovia y Valladolid, y desemboca en el Duero; 163 km de curso.

ADALBERTO o **ADELBERTO** Rey de Italia (? - Constantinopla, 968). Su padre, Berengario II, le asoció al trono en el año 952, junto a quien tuvo que combatir contra Otón I de Alemania. Vencidos (961), hubieron de refugiarse en la corte del emperador de Constantinopla.

ADALID m. 1 Caudillo militar. 2 fig. Guía y cabeza de algún partido, corporación, etc.

ADAM Pico del archipiélago de las Malvinas, en la Malvina del Oeste; 698 m de altura.

ADAM, ROBERT Arquitecto, decorador y pintor británico (Kirkaldy, 1728 - Londres, 1792). Fue el creador, con su hermano James, de un estilo que lleva su nombre, basado en el mundo greco-romano y en Palladio. Planificó la construcción de la Universidad de Edimburgo (1789), el conjunto residencial The Adelphy, en Londres, varios castillos neogóticos de Escocia, etc. Destacó también como diseñador de interiores, de gran clasicismo y elegancia, y muebles.

ADAM DE BREMEN Cronista y geógrafo alemán (s. XI). Autor de *Historia eclesiástica de las Iglesias de Hamburgo y de Bremen* (1075), en la que narra la historia del N de Alemania.

ADAM DE LA HALLE (también llamado ADAM LE BOSSU y ADAM D'ARRAS) Trovador francés (Arras, h. 1240 - ¿Nápoles?, h. 1290). Dos de sus obras poético-musicales se consideran el inicio del teatro musical de tema profano: *Le Jeu de la Feuillée* (1262) y *Le Jeu de Robin y Marion* (1275). Se conservan además 36 canciones, siete motetes y catorce rondós escritos en polifonía, entre otras muchas composiciones.

ADAMAOUA o **ADAMAUA** Región montañosa de África centro-occidental, entre Nigeria y Camerún. Es una meseta granítica, de unos 1.000 m de altitud, de clima tropical y caracterizada por la sabana y líneas forestales en las vaguadas.

ADAMASCADO, DA adj. Parecido al damasco. Se dice de las telas y, por extensión, del acero o cualquier otro metal en los que se incrusta oro o plata. En este último caso también se dice *damasquinado.*

ADAMBULACRAL adj. *Zool.* Se dice de cada una de las placas que rodean el surco ambulacral en los brazos de la estrella de mar.

ADAMEC, LADISLAV Político checo (Fresntát-pop-Radhöstém, 1926). Miembro del comité central del Partido Comunista Checo desde 1963. Entre 1969 y 1986 fue viceprimer ministro del gobierno checo, que en 1987 pasó a presidir. En 1988 fue nombrado jefe del gobierno federal en sustitución de Lubomir Strougal. Se encargó de negociar la transición democrática (1989) en nombre del poder comunista con Vaclav Havel.

ADAMISMO m. Doctrina y secta de los adamitas.

ADAMITA (De *Adam,* nombre propio hebreo, *Adán.*) adj. *Hist.* 1 Se dice de ciertos herejes de los siglos II y III que celebraban sus reuniones desnudos y consideraban lícita la poligamia. También se les llamaba *picardos* o *begardos.* Más como com. y en pl. 2 Perteneciente o relativo a estos herejes.

ADAMOV, ARTHUR Dramaturgo francés de origen armenio (Kislovotsk, Cáucaso, 1908 - París, 1970). Surrealistas y dadaístas, así como el teatro del absurdo, influyen en sus obras, que están llenas de amargura social. Es autor de los dramas *L'Invasion* (1950), *La gran y pequeña maniobra* (1950), *Tous contre tous* (1953), *Paolo Paoli* (1957), *Off Limits* (1968), etc.

ADAMS, GERRY o **GERARD** Político irlandés (Belfast, 1948). Miembro del IRA desde 1972, obtuvo un escaño del Parlamento británico en 1983 y 1987, aunque nunca ocupó su puesto en la Cámara de los Comunes. Elegido en 1983 presidente del Sinn Fein, a partir de 1991 preconizó un cambio de estrategia destinada a finalizar el conflicto de Irlanda del Norte mediante la negociación. Ha sido uno de los principales artífices de las treguas decretadas por el IRA en agosto de 1994 y en 1997, y de los acuerdos alcanzados a partir de 1998 para conseguir la paz en el Ulster.

ADAMS, JOHN Segundo presidente de EE UU (Quincy, 1735 - íd., 1826). Fue uno de los tres miembros encargados de redactar el preámbulo de la Declaración de Independencia. En 1779 elaboró la constitución del Estado de Massachusetts. En ese mismo año fue enviado a París para negociar la paz con Gran Bretaña tras la Guerra de Independencia. Primer embajador estadounidense en Gran Bretaña, fue vicepresidente dos veces con Washington, y ocupó la presidencia de 1797 a 1801.

ADAMS, JOHN QUINCY Sexto presidente de EE UU (Braintree, 1767 - Washington, 1848). Hijo de John Adams. Como secretario de Estado (1917-25), fue inspirador de la «doctrina Monroe» y firmó con España en 1819 el tratado por el que se cedía a los Estados Unidos la Florida española. Ocupó la presidencia de 1825 a 1829. Se le considera un precursor de la abolición de la esclavitud.

ADAMS, SAMUEL Político estadounidense (Boston, 1722 - íd., 1803). Se opuso a la política colonial británica en Norteamérica y fue uno de los precursores de la independencia de EE UU.

ADAMS-STOKES, SÍNDROME DE *Med.* Enfermedad caracterizada por la pérdida repentina del conocimiento, acompañada de convulsiones y bradicardia. Se debe a una anemia cerebral, que es la causante del bloqueo cardiaco.

ADÁN m. 1 fig. y fam. Hombre desaliñado, sucio o haraposo. 2 fig. y fam. Hombre apático.

ADÁN Personaje bíblico. Primer hombre y padre común del género humano, formado por Dios a su imagen y semejanza, según el libro del Génesis.

ADÁN, MARTÍN (RAFAEL DE LA FUENTE BENAVIDES, llamado) Escritor peruano (Lima, 1908 - íd., 1985). Vanguardista en sus primeras poesías y en su novela *La casa de cartón* (1928), evolucionó hacia un estilo más tradicional en obras como *La rosa de la espinela* (1940) y *Travesía de extramares* (1950). También escribió *La mano desasida (Canto a Machu Picchu)* (1964), *Mi diario* (1966) y *Diario de poeta* (1972), además del ensayo *De lo barroco en el Perú* (1968).

ADANA Ciudad de Turquía, capital de la provincia de su nombre; 1.066.544 h. Es el centro comercial de Cilicia.

ADÁNICO, CA adj. Perteneciente o relativo a Adán.

ADANIDA com. Descendiente de Adán, hombre.

John Quincy **Adams.** Fogg Art Museum. Cambridge (Massachusetts, Estados Unidos).

ADANISMO m. 1 Hábito de comenzar una actividad cualquiera como si nadie la hubiera ejercitado anteriormente. 2 ADAMISMO.

ADAPTABILIDAD f. 1 Calidad de adaptable. 2 *Biol.* Capacidad de adaptación de los seres vivos.

ADAPTABLE adj. Capaz de ser adaptado.

ADAPTACIÓN f. 1 Acción o efecto de adaptar o adaptarse. 2 *Biol.* Proceso por el que un ser vivo o sus órganos se acomodan al medio ambiente y a los cambios de éste. 3 *Fisiol.* Posibilidad de variación en la longitud del ojo, que se produce en la mayoría de los vertebrados, para formar imágenes de objetos situados a muy diversas distancias. 4 *Lit.* y *Mús.* Modificación de una obra para acomodarla a un medio y a un público distinto de aquel para el que fue concebida. 5 *Sociol.* Modificación de la conducta de un individuo o un grupo, para reducir las disparidades con el medio.

ADAPTADOR, RA adj. 1 Que adapta. || m. 2 Dispositivo o aparato que sirve para acomodar elementos de distinto uso, diseño, finalidad, etc.

ADAPTAR tr. 1 Acomodar, ajustar una cosa a otra. También prnl. 2 Hacer que un objeto o mecanismo desempeñe una función distinta de aquella para la que fue construido. 3 Modificar una obra científica, literaria, musical, etc. || prnl. 4 Dicho de personas, acomodarse, avenirse a circunstancias, distintas a las habituales.

ADARAJA f. Diente o parte saliente que se deja en una pared sin terminar.

ADARCE m. Costra salina que las aguas del mar dejan en los objetos que mojan.

ADARGA f. Escudo de piel ovalado o de figura de corazón que se usó en España en los últimos tiempos de la Edad Media con una punta en el centro que lo transformaba en arma ofensiva.

ADARME m. 1 Peso antiguo utilizado en España y América, cuya equivalencia variaba de uno a tres gramos según las regiones. 2 fig. Porción mínima de una cosa.

ADARVE m. 1 Camino situado en lo alto de una muralla, detrás de las almenas. 2 fig. Protección, defensa.

ADAX m. *Zool.* Mamífero artiodáctilo de la familia bóvidos, de nombre científico *Addax nasomaculatus.* Gran antílope de unos 2 m de longitud y 1 m de altura, con cuernos en espiral presentes en ambos sexos. Habita en zonas desérticas africanas.

ADDA Río de Italia que nace en los Alpes Réticos, atraviesa los lagos de Como y Lecco y desemboca en el Po; 313 km de longitud.

ADDENDA (Voz lat.) f. pl. Adiciones de una obra escrita. También en singular.

ADDINSELL, RICHARD Compositor británico (Oxford, 1904 - Londres, 1977). Escribió numerosas partituras teatrales y cinematográficas, entre las que destaca el fragmento *Concierto de Varsovia,* de la película *Aquella noche en Varsovia.*

ADDIS ABEBA Ciudad de Etiopía, capital de la región de Choa; 2.112.737 h. Es el principal centro económico, político y cultural del país. Sede de la Organización de la Unidad Africana (OUA).

ADDISON, JOSEPH Escritor y político inglés (Milston, Wiltshire, 1672 - Holland House, Kensington, 1719). Fue literato, moralista, teólogo, latinista y crítico, e intervino activamente en la política de su época. Autor de*La campaña* (1704), *Catón* (1713), *Rosamunda* y *El tamborilero* (1716).

ADDISON, THOMAS Médico inglés (Long Benton, 1793 - Brighton, 1860). Descubrió la anemia perniciosa y la llamada enfermedad de Addison cuyo origen es la destrucción progresiva de la corteza suprarrenal.

ADECENAR tr. Ordenar o dividir por decenas.

ADECENTAR tr. y prnl. Poner decente.

ADECUACIÓN f. **1** Acción de adecuar o adecuarse. **2** *Filos.* En la filosofía escolástica, conformidad o correspondencia entre la idea y la naturaleza del objeto.

ADECUADO, DA adj. Apropiado, acomodado.

ADECUAR tr. y prnl. Adaptar una cosa a otra.

ADEFAGIA f. *Zool.* VORACIDAD.

ADÉFAGO, GA adj. VORAZ, para comer.

ADEFERA f. Azulejo pequeño y cuadrado que se usaba en frisos y pavimentos.

ADEFESIO m. fam. Persona, traje o adorno ridículo y extravagante.

ADEHALA f. **1** Lo que se da gratis o se fija como obligatorio sobre el precio de una cosa. **2** Cantidad que se agrega al sueldo.

ADELAIDA *(Adelaide)* Ciudad del SE de Australia, capital del Estado de Australia Meridional, situada a orillas del río Torrents y a 9 km del mar; 1.081.000 h. Importante nudo de comunicaciones y centro comercial.

ADELAIDA, SANTA Reina de Italia y emperatriz del Sacro Imperio Romano Germánico (castillo de Orb, h. 931 - monasterio de Seltz, Alsacia, 999). Tras la muerte de su marido Lotario II de Italia (950) se casó con Otón I el Grande (951). Fue regente durante la minoría de edad de su nieto Otón III.

ADELAIDA, TIERRA DE TIERRA DE ADELAIDA.

ADELANTADO, DA adj. **1** PRECOZ. **2** Aventajado, superior. **3** Atrevido, imprudente. || m. *Hist.* **4** En la Edad Media, gobernador de una provincia; presidente o justicia mayor del reino en tiempo de paz, y capitán general en tiempos de guerra. Durante la Reconquista, los adelantados tenían como misión el gobierno y defensa de las zonas fronterizas con los dominios musulmanes. || **ADELANTADO DE MAR** *Hist.* Persona a quien se confiaba una expedición marítima, concediéndole las tierras que descubriese. || **por adelantado** loc. adv. Con anticipación.

ADELANTAMIENTO m. Acción y efecto de adelantar o adelantarse.

ADELANTAR tr. **1** Mover o llevar hacia adelante. También prnl. **2** Acelerar, apresurar. **3** ANTICIPAR. **4** Aventajar a alguien o algo. Más como prnl. **5** Correr hacia adelante las agujas del reloj o colocarlas de manera que indiquen una hora que aún no ha llegado. **6** Hacer algo antes del plazo señalado para ello. **7** Maniobrar el automóvil para pasar al vehículo que le precede a marcha más lenta. || intr. **8** Andar el reloj con más velocidad de la debida. También prnl. **9** Progresar en estudios, robustez, etc.

ADELANTE adv. l. **1** Más allá o de frente. || adv. t. **2** Con preposición antepuesta o siguiendo a algunos adverbios, denota tiempo futuro. || **adelante** Voz que se usa para ordenar o permitir que alguien entre en alguna parte o siga andando, hablando, etc.

ADELANTO m. **1** ANTICIPO. **2** Progreso, mejora.

ADELARDO O ATHELHARD DE BATH Filósofo y matemático inglés (Bath on Avon, s. XII). Tradujo las tablas astronómicas de al-Khwarizmi y los *Elementos* de Euclides. Escribió sobre el astrolabio y sobre la identidad y la diversidad. Destacó en la polémica de los universales.

ADELFA f. *Bot.* **1** Arbusto de la familia apocináceas, de nombre científico *Nerium oleander.* Es un vegetal muy ramoso, con hojas parecidas a las del laurel, y flores rojas, rosas o blancas. Es venenoso, crece a la orilla de los ríos de toda Europa y el SO de Asia. **2** Flor de esta planta.

ADELFAL m. *Bot.* Sitio poblado de adelfas.

ADELFILLA f. *Bot.* Mata de la familia timeleáceas, de nombre científico *Daphne laureola.* Tiene hojas persistentes, flores en racimillos axilares y fruto aovado. Crece en Europa y el O de Asia.

ADELGAZAMIENTO m. Acción y efecto de adelgazar o adelgazarse.

ADELGAZAR tr. **1** Poner delgada a una persona o cosa. También prnl. || intr. **2** Ponerse delgado, perder volumen corporal.

ADEMÁN m. **1** Movimiento o actitud con que se manifiesta un estado de ánimo. || m. pl. **2** MODALES.

ADEMÁS adv. c. A más de esto o aquello.

ADEME m. **1** Madero que sirve para entibar. **2** Cubierta o forro de madera con que se aseguran y resguardan los tiros, pilares, etc., en los trabajos subterráneos.

ADEN-, ADENO-; -ADEN-; -ADENIA, -ADENO prefs., in. o sufs. que significan glándula o ganglio: *adenitis.*

ADÉN *(Adam)* Ciudad capital económica de Yemen y de la gobernación homónima; 562.000 h. La ciudad con su territorio formó una colonia inglesa, el Protectorado británico de Adén (1937-63), y posteriormente ingresó en la Federación de Arabia Meridional, la antigua República Popular Democrática del Yemen. Refinería de petróleo.

ADÉN Golfo noroccidental del océano Índico, entre Somalia y la península de Arabia, comunicado con el mar Rojo por el estrecho de Bab al-Mandeb. 900 km de longitud.

ADENA *Antrop.* Localidad de EE UU que dio su nombre a una cultura prehistórica formada por varias comunidades de indios, que se establecieron en el S del Estado de Ohio (siglo XI a. C. al II d. C.). Habitaron en viviendas de forma cónica o de montículo y cultivaron el maíz.

ADENA Siglas de la ASOCIACIÓN PARA LA DEFENSA DE LA NATURALEZA.

ADENAUER, KONRAD Político alemán (Colonia, 1876 - Rhoendorf, 1967). Alcalde de Colonia (1917-33), se opuso sin éxito al advenimiento del nazismo. Tras de la Segunda Guerra Mundial contribuyó a fundar el partido de la Unión Cristianodemócrata (CDU). Al constituirse la República Federal de Alemania fue instalado en el poder por EE UU y nombrado canciller federal (hasta 1963), cargo que simultaneó con el de ministro de Asuntos Exteriores (1951-55). Consiguió que su país ingresara en la OTAN (1954), y participó en la creación de la CEE (1957).

ADENDA ADDENDA.

ADENET O ADAM LE ROI Trovador de Brabante (?, 1240 - ?, 1297). Dio a la epopeya francesa forma de relato. Es autor de cuatro poemas caballerescos.

ADENIA f. *Med.* Hipertrofia simple de los ganglios linfáticos.

ADENINA f. *Quím.* Base púrica (6-aminopurina) que forma parte de los ácidos nucleicos.

ADENITIS f. *Med.* Inflamación de los ganglios linfáticos, de un grupo ganglionar, o de una glándula. ♦ Su pl. es *adenitis.*

ADENO-; -ADENO pref. o suf. ADEN-.

ADENOIDE adj. *Biol.* **1** Semejante a las glándulas. || f. pl. *Pat.* **2** Hipertrofia del tejido ganglionar que existe normalmente en la rinofaringe.

ADENOIDEO, A adj. *Biol.* Se dice de los tejidos ricos en formaciones linfáticas.

ADENOIDITIS f. *Pat.* Inflamación de las adenoides. ♦ Su pl. es *adenoiditis.*

ADENOLOGÍA f. *Anat.* Parte de la anatomía que trata de las glándulas.

ADENOMA m. *Med.* Tumor benigno de estructura semejante a la de las glándulas.

ADENOPATÍA f. *Pat.* Enfermedad de las glándulas en general, y particularmente de los ganglios linfáticos.

ADENOVIRUS m. *Biol.* Grupo de virus animales de forma poliédrica, que provocan afecciones en las vías respiratorias. ♦ Su pl. es *adenovirus.*

ADENSAR tr. **1** CONDENSAR. **2** Hacer más denso. También prnl.

ADENTELLAR tr. **1** Hincar los dientes. **2** *Arquit.* Dejar en una pared dientes o adarajas para continuar posteriormente la obra.

ADENTRARSE prnl. Penetrar en el interior de una cosa. **2** Profundizar en algo.

ADENTRO adv. l. **1** A o en lo interior. **2** Voz que se usa para ordenar o invitar a alguien a que entre en alguna parte. || m. pl. **3** Lo interior del ánimo.

adelfa

ADEPTO, TA adj. y s. **1** Partidario de alguna persona o idea. **2** Afiliado a alguna secta o asociación.

ADER, CLÉMENT Ingeniero francés (Muret, 1841 - Toulouse, 1925). En 1882 inició el estudio de los vuelos con motor. Fue el primero en volar en un aparato más pesado que el aire, impulsado por una máquina de vapor.

ADEREZAR tr. **1** Condimentar los alimentos para darles sabor. **2** Componer, adornar. También prnl. **3** Disponer o preparar. También prnl. **4** fig. Acompañar una acción con algo que le añade gracia o adorno.

ADEREZO m. **1** Acción o efecto de aderezar o aderezarse. **2** Condimento, aliño. **3** Aquello con que se adorna alguna persona o cosa.

ADERRA f. Maromilla de esparto o de junco con que se aprieta el orujo de la aceituna.

ADEUDAR tr. **1** Deber, tener deudas. **2** Satisfacer impuesto o contribución. **3** CARGAR, anotar en el debe. || prnl. **4** ENDEUDARSE.

ADEUDO m. **1** DEUDA. **2** Cantidad que se ha de pagar en las aduanas por una mercancía. **3** Acción y efecto de adeudar, cargar en cuenta.

ADHERBAL Rey de Numidia (s. II a. C.). Hijo de Micipsa, a la muerte de su padre heredó el reino junto con su hermano menor Hiempral y su primo Yugurta, por quien fue asesinado (112 a. C.).

ADHERENCIA f. **1** Unión física, contacto de una cosa con otra. **2** Calidad de adherente. **3** fig. Enlace, conexión. **4** Parte añadida. **5** *Fís.* Resistencia tangencial que se produce en la superficie de dos cuerpos cuando se intenta que uno se deslice sobre otro. **6** *Pat.* Unión anormal de algunas partes del cuerpo por formación de tejido fibroso.

ADHERENTE adj. **1** Anexo, unido o pegado a una cosa. || m. **2** ADHESIVO, sustancia que sirve para unir otras.

ADHERIR tr. **1** Pegar una cosa a otra. || intr. **2** Pegarse una cosa con otra. También prnl. **3** fig. Estar de acuerdo con una idea y seguirla. Más como prnl. || prnl. *Der.* **4** Utilizar, quien no lo había interpuesto, el recurso entablado por la parte contraria. ♦ IRREG. Se conjuga como SENTIR.

ADHESIÓN f. **1** ADHERENCIA. **2** fig. Acción y efecto de adherir o adherirse, estar de acuerdo con una idea y seguirla. **3** *Fís.* Fuerza de atracción que mantiene unidas moléculas de distinta especie.

ADHESIVO, VA adj. **1** Capaz de adherirse o pegarse. || m. **2** Sustancia que pega dos cuerpos. **3** Objeto que se pega a otro. **4** PEGATINA.

ADI GRANTH Libro sagrado y código de la secta de los SIKHS. Recoge más de 5.800 himnos recopilados en 1604.

ADIABÁTICO, CA adj. **1** *Fís.* Se dice del recinto entre cuyo interior y el exterior no es posible el intercambio térmico. **2** *Quím.* Se dice de la transformación termodinámica que un sistema experimenta sin que haya intercambio de calor con el medio ambiente.

ADIAFORESIS f. *Med.* Deficiencia o falta de sudor. ♦ Su pl. es *adiaforesis.*

ADICCIÓN f. *Pat.* Hábito y dependencia de quienes usan de alguna droga tóxica.

ADICIÓN f. **1** Acción y efecto de añadir o agregar. **2** Añadido que se hace en alguna obra o escrito. **3** Advertencia, observación o nota que se pone a las cuentas. **4** *Mat.* En aritmética clásica, operación de sumar. Se representa con el signo +. **5** *Mat.* Dado un conjunto C, la adición es toda aplicación $C \times C \rightarrow C$ tal que a cada par (a, b) perteneciente a $C \times C$, corresponde (a + b). **6** *Mat.* En teoría de conjuntos, unión de los conjuntos finitos sin elementos comunes. **7** *Met.* ADITIVO, sustancia que se agrega a un metal base. **8** *Quím.* Reacción en que dos o más moléculas se combinan para formar una sola.

ADICIONAL adj. Se dice de aquello con que se complementa alguna cosa.

ADICTIVO, VA adj. Se dice de aquello cuyo empleo repetido crea necesidad y hábito; especialmente las drogas.

ADICTO, TA adj. y s. **1** Dedicado, muy inclinado, apegado. **2** Que tiene adicción. **3** Partidario, adepto.

ADIESTRADO, DA adj. *Bl.* Se dice de la pieza a cuya diestra se pone otra.

ADIESTRADOR, RA adj. y s. Que adiestra.

ADIESTRAMIENTO m. Acción y efecto de adiestrar o adiestrarse.

ADIESTRAR tr. **1** Hacer diestro. También prnl. **2** Enseñar, instruir. También prnl. **3** Amaestrar, domar un animal. **4** Guiar, encaminar.

ADIGHEZIA ADYGEA.

ADIGIO Río de Italia; nace en los Alpes Réticos, pasa por Verona y Legnano, y desemboca en el Adriático tras 415 km de curso.

ADINAMIA f. *Med.* Debilidad de las fuerzas del organismo.

ADINERADO, DA adj. Que tiene mucho dinero.

ADINERARSE prnl. fam. Hacerse rico.
ADIÓS interj. **1** Se emplea para despedirse. **2** Indica que ya no puede evitarse un daño. **3** Se usa también para expresar decepción. || m. **4** Despedida de personas que se separan.
ADIPO-, ADIP- prefs. que significan grasa.
ADIPOSIDAD f. Calidad de adiposo.
ADIPOSIS f. OBESIDAD. ♦ Su pl. es *adiposis*.
ADIPOSO, SA adj. **1** Grasiento, lleno de grasa o gordura. **2** *Biol.* TEJIDO ADIPOSO.
ADIPSIA f. Falta de sed por un largo plazo.
ADIR tr. *Der.* Aceptar la herencia. Se usa sólo en la frase *adir la herencia*.
ADIRONDACKS Macizo montañoso de EE UU, al NO de los Apalaches, Estado de Nueva York.
ADIS ABEBA ADDIS ABEBA.
ADITAMENTO m. **1** AÑADIDURA. **2** *Ling.* Término usado por Emilio Alarcos Llorach para designar los complementos circunstanciales de la gramática tradicional.
ADITIVO, VA adj. **1** Que puede o que debe añadirse. **2** *Mat.* Se dice de los términos de un polinomio que van precedidos del signo +. **3** *Fís.* Se aplica a toda magnitud o propiedad que, en una mezcla o combinación, aparece con la suma de las cuantías con que existe en los componentes. || m. **4** Sustancia que se agrega a otras para darles cualidades que no tienen o para mejorar las que poseen.
ADIVAS f. pl. *Veter.* Cierta inflamación de garganta en los animales.
ADIVINACIÓN f. Acción y efecto de adivinar.
ADIVINADOR, RA adj. y s. Que adivina.
ADIVINANZA f. **1** ADIVINACIÓN. **2** ACERTIJO.
ADIVINAR tr. **1** Predecir lo futuro o descubrir las cosas ocultas o ignoradas. **2** Acertar lo que quiere decir un enigma. **3** Vislumbrar, distinguir. También prnl.
ADIVINATORIO, RIA adj. Que incluye adivinación o se refiere a ella.
ADIVINO, NA m. y f. Persona que adivina.
ADJARIA ADZHARIA.
ADJETIVACIÓN f. **1** Acción de adjetivar o adjetivarse. **2** Conjunto de adjetivos o modo de adjetivar peculiar de un escritor, una época, un estilo, etc. **3** Conversión en adjetivo de una palabra o de un grupo de palabras que no lo son.
ADJETIVAL adj. Perteneciente al adjetivo.
ADJETIVAR tr. **1** Aplicar adjetivos. **2** *Gram.* Dar al nombre valor de adjetivo. También prnl.
ADJETIVO, VA adj. **1** *Gram.* Perteneciente al adjetivo, o que participa de su índole o naturaleza. **2** Que no tiene existencia por sí mismo. **3** *Gram.* NOMBRE ADJETIVO. **4** *Gram.* VERBO ADJETIVO. || m. *Gram.* **5** Se dice de la palabra que acompaña al sustantivo, concordando con él en género y número, para completar o limitar su significado. || **ADJETIVO CALIFICATIVO** *Gram.* El que denota alguna cualidad del sustantivo. Según se quiera significar la intensidad de esta cualidad, el adjetivo calificativo se divide en tres grados: *positivo, comparativo y superlativo*. || **ADJETIVO COMPARATIVO** *Gram.* El que califica al sustantivo comparándolo con otro. || **ADJETIVO DETERMINATIVO** *Gram.* El que fija o señala la extensión en que se toma el sustantivo. || **ADJETIVO GENTILICIO** *Gram.* El que denota origen, patria o nación de los individuos. || **ADJETIVO NUMERAL** *Gram.* El que indica número. Se divide en *ordinal, cardinal, partitivo o fraccionario y proporcional o múltiplo*. || **ADJETIVO ORDINAL** *Gram.* El numeral que expresa la idea de orden o sucesión. || **ADJETIVO PARTITIVO** o **FRACCIONARIO** *Gram.* El numeral que indica una parte del número entero. || **ADJETIVO POSITIVO** *Gram.* El de significación absoluta o simple, respecto del que es comparativo, superlativo, aumentativo o diminutivo; como *grande* respecto de *mayor, máximo, grandazo y grandecito*. || **ADJETIVO PROPORCIONAL** o **MÚLTIPLO** *Gram.* El numeral que indica cuántas veces una cantidad contiene en sí a otra. || **ADJETIVO SUPERLATIVO** *Gram.* El que denota el sumo grado de la calidad que con él se expresa.
ADJUDICACIÓN f. Acción y efecto de adjudicar o adjudicarse.
ADJUDICADOR, RA adj. y s. Que adjudica.
ADJUDICAR tr. **1** Declarar que una cosa corresponde a una persona, o concedérsela como satisfacción de algún derecho. || prnl. **2** Apropiarse uno alguna cosa. **3** fig. En algunas competiciones, ganar.
ADJUDICATARIO, RIA m. y f. Persona a quien se adjudica alguna cosa.
ADJUNTA f. Adición, complemento, apéndice.
ADJUNTAR tr. **1** Enviar, juntamente con una carta u otro escrito, notas, facturas, etc. **2** *Gram.* Poner inmediatamente un vocablo junto a otro.
ADJUNTÍA f. Plaza que desempeña un profesor adjunto y que está normalmente adscrita a una determinada cátedra o departamento.
ADJUNTO, TA adj. **1** Que va o está unido con otra cosa. **2** Se dice de la persona que acompaña a otra para

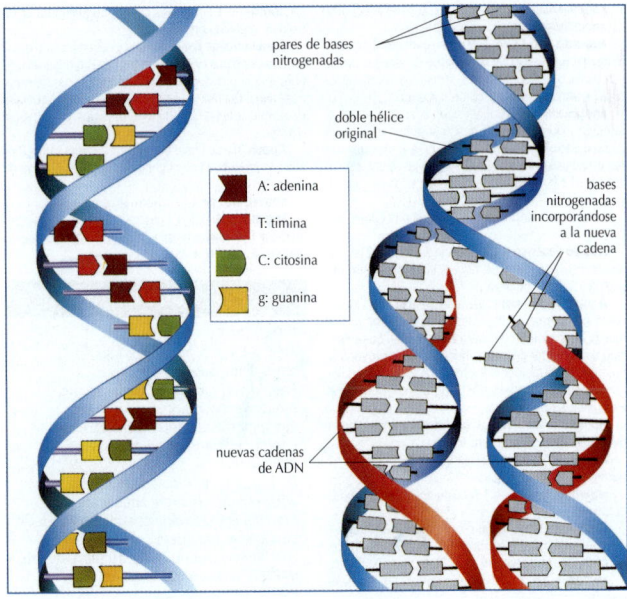

ADN (ácido desoxirribonucleico). Estructura de una molécula y proceso de duplicación (derecha).

algún asunto, o comparte con ella un cargo o función. También s. || m. **3** *Ling.* Término creado por O. Jespersen para designar a las palabras que funcionan como elementos secundarios. **4** PROFESOR ADJUNTO.
ADJUTOR, RA adj. y s. Que ayuda a otro.
ADLÁTERE com. Persona que subordinadamente acompaña a otra hasta parecer que es inseparable de ella.
ADLER, ALFRED Psicólogo y psiquiatra austriaco (Viena, 1870 - Aberdeen, 1937). Practicó el psicoanálisis e introdujo modificaciones en las doctrinas de Freud. Obras: *Estudio sobre la inferioridad de los órganos* (1907), *Conocimiento del hombre* (1927), etc.
ADLER, DANKMAR Arquitecto estadounidense de origen alemán (Langsfeld, 1844 - Chicago, 1900). Representante de la Escuela de Chicago. En esta ciudad construyó el Teatro Mac Vickers, la Bolsa y la Iglesia Metodista.
ADLER, MAX Economista y filósofo austriaco (Viena, 1873 - íd., 1937). Miembro de la escuela austromarxista. Obras: *Problemas del marxismo* (1913), *El marxismo como guía de acción para el proletariado* (1922).
ADLERCREUTZ, KARL JOHAN, CONDE DE General sueco (Kiala, 1757 - Estocolmo, 1815). Mandó el ejército sueco que se enfrentó a Rusia por la posesión de Finlandia. Fue uno de los jefes de la revolución de 1809.
ADMINÍCULO m. **1** Lo que sirve de ayuda o auxilio. **2** Cada uno de los objetos que se llevan en prevención de que puedan ser de utilidad. Más en pl.
ADMINISTRACIÓN f. **1** Acción y efecto de administrar. **2** Empleo de administrador y oficina donde se administra. **3** Equipo de gobierno de un país. **4** Conjunto de personas que forman parte de un servicio público.
ADMINISTRADOR, RA adj. y s. **1** Que administra. **2** Persona que administra bienes ajenos.
ADMINISTRAR tr. **1** Gobernar un territorio y a las personas que lo habitan. **2** Dirigir una institución. **3** Ordenar, organizar, en especial la hacienda o bienes. **4** Desempeñar un cargo o dignidad. **5** Suministrar, proporcionar o distribuir alguna cosa. **6** Dar o hacer tomar los medicamentos. También prnl. **7** Graduar o dosificar alguna cosa. También prnl.
ADMINISTRATIVO, VA adj. **1** Perteneciente o relativo a la administración. **2** Se dice de la persona que desempeña tareas de oficina, no técnicas. También s.
ADMIRABLE adj. Digno de admiración.
ADMIRACIÓN f. **1** Acción de admirar o admirarse. **2** Cosa admirable. **3** *Gram.* Signo ortográfico (¡!) usado para expresar admiración, queja, llamar la atención o para denotar énfasis.
ADMIRADOR, RA adj. y s. Que admira.
ADMIRAR tr. **1** Causar sorpresa la vista o consideración de alguna cosa. **2** Ver o considerar con estima o agrado especiales a una persona o cosa. También prnl.
ADMIRATIVO, VA adj. **1** Capaz de causar admiración. **2** Admirado o maravillado. **3** Que denota o implica admiración.

ADMISIBILIDAD f. Calidad de admisible.
ADMISIBLE adj. Que puede ser admitido.
ADMISIÓN f. **1** Acción de admitir. **2** *Der.* Trámite previo en que se decide si ha lugar o no a seguir sustancialmente ciertos recursos o reclamaciones. **3** *Mec.* En los motores de combustión interna, primera fase del proceso en la que la mezcla explosiva es aspirada por el pistón.
ADMITENCIA o **ADMITANCIA** f. *Fís.* Relación entre la corriente y la tensión que circulan por un circuito. Es la magnitud inversa de la impedancia.
ADMITIR tr. **1** Recibir o dar entrada. **2** ACEPTAR. **3** Permitir, tolerar.
ADMONICIÓN f. Amonestación, advertencia.
ADMONITOR m. **1** El que amonesta. **2** Religioso que en algunas comunidades tiene a su cargo exhortar a la observancia de la regla.
ADMONITORIO, RIA adj. Que amonesta o exhorta.
ADN *Biol.* Siglas del ácido desoxirribonucleico, compuesto portador de la información genética que permite a los seres vivos originar otros semejantes a ellos. Se localiza en los cromosomas y en el material cromosómico de ciertos corpúsculos celulares, como mitocondrias y cloroplastos, así como en determinados virus. Fue sintetizado por primera vez por Kornberg (1955). El ADN es un polinucleótido formado por bases nitrogenadas (adenina, guanina, timina, citosina), desoxirribosa (azúcar) y ácido fosfórico.
ADNATO, TA adj. Que nace y crece juntamente con otra cosa a la que está adherido.
ADNOMINAL adj. *Gram.* Se aplica a la función (de un adjetivo, de un genitivo o de un complemento), que consiste en modificar el sustantivo o el sintagma nominal en una construcción endocéntrica.
-ADO, -ADA sufs. que forman adjetivos y sustantivos derivados de nombres.
ADO-EKITI Ciudad de Nigeria, en el Estado de Ondo; 359.400 h. Centro industrial.
ADOBADO, DA adj. y m. **1** Acción de adobar. **2** Carne, especialmente de cerdo, puesta en adobo.
ADOBAR tr. **1** Poner en adobo las carnes u otras cosas para sazonarlas y conservarlas. **2** Componer, arreglar, aderezar. **3** Curtir las pieles.
ADOBE m. **1** Masa de barro, mezclado a veces con paja, moldeada en forma de ladrillo y secada al sol, que se emplea, sin cocer, en la construcción de paredes o muros. **2** Hierros que ponían en los pies a un criminal.
ADOBO m. **1** Acción y efecto de adobar. **2** Caldo o salsa con que se sazona un manjar, especialmente el que se hace con vinagre, ajo, pimentón, orégano y sal, utilizado para conservar carnes y pescados. **3** Mezcla de varios ingredientes que se hace para curtir las pieles o para dar cuerpo y lustre a las telas.
ADOCENADO, DA adj. Vulgar y de muy escaso mérito.
ADOCENAR tr. **1** Ordenar o dividir por docenas. **2** Vulgarizar, volver mediocre algo o a alguien. También prnl.
ADOCTRINADOR, RA adj. Que adoctrina.

ADOCTRINAMIENTO m. Acción y efecto de adoctrinar.

ADOCTRINAR tr. Enseñar, dar instrucción.

ADOLECER intr. **1** Caer enfermo o padecer alguna enfermedad habitual. **2** fig. Tratándose de afectos, pasiones, vicios o malas cualidades, tenerlos o estar sujeto a ellos. ♦ IRREG. Se conjuga como AGRADECER.

ADOLESCENCIA f. *Fisiol.* y *Psicol.* Edad que sucede a la niñez y que transcurre desde la pubertad hasta el pleno desarrollo. Periodo de profundas transformaciones fisiológicas y psicológicas, sus límites se encuentran entre los 12 y los 18 años en la mujer y los 14 y los 20 en el hombre.

ADOLESCENTE adj. y com. Que está en la adolescencia.

ADOLFO FEDERICO Rey de Suecia (Gottorp, 1710 - Estocolmo, 1771). Reinó de 1751 a 1771. Se mostró impotente contra la nobleza.

ADOLFO DE NASSAU Emperador alemán (?, h. 1250 - cerca de Worms, 1298). Elegido emperador tras la muerte de Rodolfo II de Habsburgo (1292). Su pretensión de gobernar de forma independiente provocó la unión de los príncipes electores y los señores feudales que, dirigidos por Alberto de Habsburgo, le derrotaron en la batalla de Göllheim.

ADONAY o **ADONAÍ** *Rel.* Uno de los nombres hebreos de la Divinidad. Significa *mi señor.*

ADONDE adv. l. **1** A qué parte, o a la parte que. **2** DONDE.

ADONDEQUIERA adv. l. **1** A cualquier parte. **2** DONDEQUIERA.

ADONÍAS Personaje bíblico. Hermano de Salomón, quien mandó matarle por haber intentado destronarle.

ADÓNICO o **ADONIO** adj. y s. *Métr.* VERSO ADÓNICO.

ADONIS m. fig. Joven de gran belleza. ♦ Su pl. es *adonis.*

ADONIS *Mit.* Divinidad de origen fenicio y sirio adoptada por los griegos. Joven de gran belleza y amante de Afrodita, fue muerto por un jabalí.

ADOPCIÓN f. Acción de adoptar.

ADOPTAR tr. **1** Recibir como hijo al que no lo es naturalmente. **2** Hacer propios pareceres, métodos, ideologías, etc., creados por otros. **3** Tomar resoluciones o acuerdos con previo examen. **4** Adquirir una configuración determinada.

ADOPTIVO, VA adj. **1** Se dice de la persona adoptada. **2** Se dice de la persona que adopta. **3** Se dice de lo que uno elige, para tenerlo por lo que realmente no es con respecto a él.

ADOQUÍN m. **1** Piedra labrada en forma rectangular para empedrados. **2** fig. y fam. Persona torpe.

ADOQUINADO, DA adj. y m. **1** Suelo empedrado con adoquines. **2** Conjunto de adoquines. **3** Acción de adoquinar.

ADOQUINAR, RA tr. Empedrar con adoquines.

ADORABLE adj. Digno de adoración.

ADORACIÓN f. Acción de adorar. || **ADORACIÓN DE LOS REYES** EPIFANÍA.

ADORAR tr. **1** Reverenciar a un ser u objeto que se considera divino. **2** *Rel.* Reverenciar y honrar a Dios. **3** *Rel.* Postrarse los cardenales delante del Papa después de haberle elegido. **4** fig. Gustar o querer algo o a alguien extremadamente.

ADORATRIZ f. *Rel.* Religiosa de la congregación de las *Esclavas del Santísimo Sacramento,* fundada en 1845.

ADORMECEDOR, RA adj. Que adormece.

ADORMECER tr. **1** Dar o causar sueño. También prnl. **2** fig. Calmar, quitar fuerza. || prnl. **3** Empezar a dormirse. **4** fig. Entorpecerse, dormirse un miembro. ♦ IRREG. Se conjuga como AGRADECER.

ADORMECIMIENTO m. Acción y efecto de adormecer o adormecerse.

ADORMIDERA f. *Bot.* **1** Planta de la familia papaveráceas, de nombre científico *Papaver somniferum.* Vegetal herbáceo y anual, es originario de Asia, aunque se extiende por toda la región mediterránea hasta Irán. De su fruto se extrae el opio. **2** Fruto de esta planta.

ADORMILARSE prnl. Quedarse medio dormido.

ADORNAR tr. **1** Engalanar con adornos. También prnl. **2** Servir de adorno una cosa a otra. **3** fig. Dotar a un ser de perfecciones. **4** fig. Enaltecer a una persona ciertas prendas o circunstancias. También prnl.

ADORNO m. **1** Lo que se añade para embellecer a personas o cosas. || m. pl. *Bot.* **2** BALSAMINA, planta.

ADORNO, THEODOR WIESENGRUND Filósofo, sociólogo y musicólogo alemán (Frankfurt del Mein, 1903 - Visp, 1969). Miembro destacado de la ESCUELA DE FRANKFURT, profundizó en la teoría crítica de la sociedad. Utilizó el pensamiento hegeliano, el marxismo y el psicoanálisis para criticar la sociedad capitalista y la cultura de masas. Autor de *Dialéctica de la Ilustración* (1947), *Filosofía de una nueva música* (1949), *Mínima moralia* (1961) y *Dialéctica negativa* (1965), entre otras obras.

ADOSAR tr. **1** Poner una cosa contigua a otra. **2** *Bl.* Colocar espalda con espalda.

ADOUM, JORGE ENRIQUE Poeta y crítico literario ecuatoriano (Ambato, 1926). Secretario de Pablo Neruda, su obra refleja preocupación por los problemas de América Latina. Es autor de *Ecuador amargo* (1949), *Los cuadernos de la tierra* (1952) y *No son todos los que están* (1980).

ADOUR Río de Francia; nace en Tourniet, Altos Pirineos, y desemboca en el golfo de Gascuña; 335 km de curso.

ADOVELADO, DA adj. Construido con dovelas.

ADQUIRIR tr. **1** Ganar, conseguir. **2** COMPRAR. **3** Coger, lograr. **4** *Der.* Hacer propio un derecho o cosa que no pertenece a nadie. ♦ IRREG. Véase cuadro.

ADQUIRIR

INDICATIVO
Pres.: adquiero, adquieres, adquiere, adquirimos, adquirís, adquieren.
Pret. imperf.: adquiría, adquirías, etc.
Pret. indef.: adquirí, adquiriste, etc.
Fut. imperf.: adquiriré, adquirirás, etc.
Condic.: adquiriría, adquirirías, etc.
SUBJUNTIVO
Pres.: adquiera, adquieras, adquiera, adquiramos, adquiráis, adquieran.
Pret. imperf.: adquiriera, adquirieras, etc., o adquiriese, adquirieses, etc.
Fut. imperf.: adquiriere, adquirieres, etc.
IMPERATIVO: adquiere, adquirid.
PARTICIPIO: adquirido.
GERUNDIO: adquiriendo.

ADQUISICIÓN f. **1** Acción de adquirir. **2** La cosa adquirida. **3** Persona cuyos servicios o ayuda se consideran valiosos.

ADQUISITIVO, VA adj. Que sirve para adquirir.

ADRAL m. Cada uno de los zarzos o tablas que se ponen en los costados del carro o vehículo para que no se caiga lo que va en él. Más en pl.

ADRAR Macizo de Mauritania, en el centro del país. Aguas subterráneas.

ADRASTEA *Astron.* Satélite de Júpiter.

ADRASTO *Mit.* Rey legendario de Argos. Organizó la expedición de los Siete contra Tebas, para restablecer a Polinices, su yerno, en el trono. La expedición fracasó y sólo Adrasto salvó la vida. Diez años después, con los descendientes de los héroes muertos, conquistó y destruyó la ciudad.

ADREDE adv. m. A propósito, con deliberada intención.

ADRENAL adj. *Fisiol.* Situado cerca del riñón.

ADRENALINA f. *Fisiol.* Hormona segregada principalmente por las glándulas suprarrenales. Ejerce una acción estimulante sobre el sistema nervioso simpático, aumenta el ritmo y la fuerza del corazón, eleva la presión arterial y produce dilatación de la pupila. También denominada *epinefrina.*

ADRIA Ciudad de Italia, provincia de Rovigo, en Véneto; 21.416 h. Antigua *Hadria,* dio su nombre al mar Adriático.

ADRIAN, EDGAR DOUGLAS Neurofisiólogo británico (Londres, 1889 - Cambridge, 1977). Investigó los órganos sensoriales y sus reacciones a los impulsos eléctricos; estudió el mecanismo de transmisión de los nervios y la fisiología del cerebro. Premio Nobel de Medicina (1932) junto con Ch. S. Sherrington.

ADRIANO Nombre de diversos papas de Roma.

ADRIANO I Papa italiano (Roma, s. VIII). Ocupó el solio pontificio del 772 al 795. Continuó la alianza entre los francos y el papado iniciada por Pipino el Breve y Paulo I. Carlomagno le ratificó la donación de Pipino (754).

ADRIANO II Papa italiano (Roma, 792 - íd., 872). Ocupó el solio pontificio desde 867 hasta 872. Excomulgó a Focio, patriarca de Constantinopla, lo que dio inicio al cisma de Oriente.

ADRIANO IV Papa inglés (Langley, Herfordshire, h. 1100 - Anagni, 1159). De nombre Nicholas Breakspear. Ocupó el solio pontificio de 1154 a 1159. Condenó a muerte a Arnaldo de Brescia y se enfrentó a Guillermo el Malo y a Federico I Barbarroja.

ADRIANO VI Papa holandés (Utrecht, 1459 - Roma, 1523). De nombre Adriaan Florensz Boeyens. Ocupó el solio pontificio de 1522 a 1523. Tutor de Carlos I (1507) fue regente de Castilla cuando aquel fue a tomar posesión de la corona imperial de Alemania (1520). Combatió el luteranismo y trató de reformar la Curia romana. Hizo una política favorable a Carlos I, y contraria a Francia.

ADRIANO, PUBLIO ELIO Emperador romano de origen hispano (Itálica, 76 - Baia, 138). En 117 sucedió a Trajano, de quien era hijo adoptivo. Consolidó la frontera del Éufrates (Mesopotamia) y la de las tierras germánicas, conservó la Dacia, y contuvo a pictos, escotos y caledonios de la actual Escocia. Fue tolerante con otras religiones. Construyó el muro que lleva su nombre en Gran Bretaña y su mausoleo (hoy castillo de Sant'Angelo), en Roma.

ADRIANÓPOLIS *Hist.* Ciudad de Tracia (Turquía), fundada por el emperador Adriano (125 d. C.). Fue escenario de la derrota de Licinio por Constantino el Grande (323) y del emperador Valente por los godos (378). Baluarte de Bizancio contra las invasiones bárbaras, la conquistaron sucesivamente los ávaros, los búlgaros y los cruzados. En 1923 se integró en Turquía con el nombre de *Edirne.*

ADRIÁTICO, CA adj. Del mar Adriático.

ADRIÁTICO Mar del Mediterráneo que se extiende en dirección SE-NO, entre las penínsulas Itálica y Balcánica. Se comunica con el Jónico mediante el canal de Otranto. Su superficie es de 232.000 km^2. Los puertos principales son Trieste, Venecia, Rávena, Ancona y Bari en Italia; Rijeka, Split y Dubrovnik, en Croacia y Durres y Vlore, en Albania.

ADRIZAR tr. *Mar.* Poner derecho o vertical lo que está inclinado, y especialmente la nave. También prnl.

ADSCRIBIR tr. **1** Inscribir, atribuir. **2** Agregar a una persona al servicio de un cuerpo o destino. También prnl. **3** Incorporar o adherir a alguien a un grupo, ideología, etc. También prnl. ♦ Su p. p. es irregular: *adscrito* o *adscripto.*

ADSCRIPCIÓN f. Acción y efecto de adscribir o adscribirse.

ADSCRITO, TA p. p. irregular de ADSCRIBIR.

ADSORBENTE adj. **1** Que adsorbe. || m. *Quím.* **2** Sustancia, sólida o líquida, con una gran capacidad de adsorción.

ADSORBER tr. *Quím.* Atraer un cuerpo y retener en su superficie moléculas o iones de otro cuerpo que se halla en estado líquido o gaseoso.

ADSORCIÓN f. *Quím.* Retención sobre la superficie de una sustancia sólida o líquida, de gases, líquidos o coloides, como resultado de la acción de fuerzas electroquímicas.

ADSTRATO m. *Ling.* **1** Lengua cuyo territorio es contiguo al de otra, sobre la cual influye. Por extensión, cualquier lengua que influye sobre otra. **2** Acción que una lengua ejerce sobre otra. **3** Cada uno de los rasgos que una lengua comunica a otra.

ADUA Ciudad de Etiopía; 13.823 h. En ella fueron derrotados los italianos por los abisinios el 1 de marzo de 1896.

ADUANA f. **1** Oficina pública donde se registran los géneros y mercaderías que se importan o exportan, y se cobran los derechos que adeudan. **2** Juego de azar.

ADUANERO, RA adj. **1** Perteneciente o relativo a la aduana. || m. y f. **2** Persona empleada en la aduana.

ADUAR m. **1** Pequeña población de beduinos. **2** Conjunto de tiendas o barracas de los gitanos. **3** Ranchería de indios americanos.

ADUCCIÓN f. *Anat.* Movimiento por el cual se acerca un miembro u otro órgano al plano medio que divide imaginariamente el cuerpo en dos partes simétricas.

ADUCIR tr. **1** Presentar pruebas, razones, etc. **2** Añadir, agregar. ♦ IRREG. Se conjuga como CONDUCIR.

ADUCTOR adj. y m. *Anat.* Músculo que aproxima una parte del cuerpo hacia el eje medio.

ADUEÑARSE prnl. **1** Hacerse uno dueño de una cosa. **2** Hacerse dominante algo en una o varias personas.

ADUJA f. *Mar.* Cada una de las vueltas o roscas circulares u oblongas de cualquier cabo, cadena o vela que se enrolla sobre un cuerpo cilíndrico, o sin éste, en forma de columna, sobre sí misma.

ADUL m. En Marruecos, asesor del cadí; persona de toda confianza; notario, escribano.

ADULA, CYRILLE Político y sindicalista congoleño (Kinshasa, 1921 - Lausana, 1978). Fundador, con Patrick Lumumba, del Movimiento Nacional Congoleño (MNC), del que en 1959 se separó para formar el MNC (Kalonji). Sucedió a Ileo en el cargo de primer ministro (1961-64). Tras el golpe de Estado de Mobutu (1965), fue ministro de Asuntos Exteriores.

ADULACIÓN f. Acción y efecto de adular.

ADULADOR, RA adj. y s. Que adula.

ADULAR tr. Alabar excesivamente a alguien, generalmente con fines interesados.

adularia

ADULARIA f. *Miner.* Variedad de feldespato potásico, cristalizada en el sistema triclínico y caracterizada por una presencia restringida en vetas de tipo alpino.

ADULATORIO, RIA adj. Perteneciente o relativo a la adulación.

ADULTERACIÓN f. **1** Acción y efecto de adulterar. **2** *Fís.* Adición de impurezas conocidas a un semiconductor para lograr las propiedades deseadas.

ADULTERAR tr. y prnl. **1** Viciar, falsificar. **2** *Biol.* Desnaturalizar un producto por la adición de sustancias extrañas a él.

ADULTERINO, NA adj. **1** Procedente de adulterio. También s. **2** Perteneciente o relativo al adulterio. **3** fig. Falso, falsificado.

ADULTERIO m. Relación sexual de una persona casada con otra que no es su cónyuge.

ADÚLTERO, RA adj. **1** Que comete adulterio. También s. **2** Perteneciente al adulterio o al que lo comete. **3** fig. Falsificado, corrompido.

ADULTO, TA adj. **1** Llegado a su mayor crecimiento o desarrollo. También s. **2** fig. Llegado a su mayor grado de perfección.

ADUMBRACIÓN f. *Pint.* Parte menos iluminada de la figura u objeto.

ADUMBRAR tr. SOMBREAR, poner sombra en un dibujo.

ADUNCO, CA adj. Curvo, combado.

ADUSTEZ f. Calidad de adusto.

ADUSTO, TA adj. **1** Quemado, tostado, ardiente. **2** fig. Austero, rígido, seco, severo.

ADVAITA o **ADVAITA VEDANTA** *Rel.* Doctrina religioso-filosófica hindú, surgida en el siglo VII, cuyos adeptos son partidarios del sistema Vedanta en su forma monista. Considera a las tres divinidades brahmánicas (Brahma, Visnú y Siva) como una sola.

ADVECCIÓN f. *Meteor.* Desplazamiento horizontal de una masa de aire hacia una zona en que las propiedades térmicas o de humedad son distintas.

ADVENEDIZO, ZA adj. **1** Extranjero o forastero, que no es originario del lugar. También s. **2** desp. Se dice de la persona que va sin empleo u oficio a establecerse en un país o pueblo. También s. **3** Se dice de la persona de origen humilde que quiere introducirse en ambientes de una clase económicamente superior. También s.

ADVENIMIENTO m. **1** Venida o llegada, especialmente si es esperada y solemne. **2** Ascenso de un sumo pontífice o un soberano al trono.

ADVENIR intr. Venir o llegar. ♦ IRREG. Se conjuga como VENIR.

ADVENTICIO, CIA adj. **1** Extraño o que sobreviene, a diferencia de lo natural y propio. **2** *Biol.* Se aplica al órgano o parte de los animales o vegetales que se desarrollan ocasionalmente o en una posición distinta de la habitual, y cuya existencia no es constante.

ADVENTISMO m. *Rel.* Doctrina protestante que espera la próxima venida de Cristo y el establecimiento de su reino en la Tierra. Fue organizada por William Miller (1831), quien predijo que el Mesías volvería a la Tierra en 1844. Su fracaso provocó la división de la secta. El grupo más importante es el de los Adventistas del Séptimo Día (1845).

ADVENTISTA adj. **1** Se dice de un grupo de iglesias protestantes que profesan el adventismo. || com. **2** Partidario del adventismo.

ADVERBIAL adj. **1** Perteneciente al adverbio, o que pertenece a su índole o naturaleza. **2** *Gram.* LOCUCIÓN ADVERBIAL.

ADVERBIALIZAR tr. y prnl. *Gram.* Emplear adverbialmente una palabra o una locución.

ADVERBIO m. *Gram.* Parte invariable de la oración cuya función consiste en modificar el significado del verbo, de un adjetivo o de otro adverbio. Algunos adverbios admiten grados de significación (*muchísimo,* superlativo de *mucho; cerquita,* diminutivo de *cerca).* Por su sentido se dividen en las diferentes clases: de lugar, de tiempo, de modo, de cantidad, de orden, de afirmación, de negación, y de duda o dubitativo. || **ADVERBIO DEMOSTRATIVO** *Gram.* El que responde a los interrogativos; por ejemplo: *¿Cuándo?, ahora.* || **ADVERBIO INTERROGATIVO** *Gram.* El que sirve para preguntar: *¿cuándo?, ¿dónde?* || **ADVERBIO PRONOMINAL** *Gram.* El que expresa una idea sustantiva: *iré allí.* || **ADVERBIO RELATIVO** *Gram.* El que hace referencia a un antecedente: *la puse donde dijiste.*

ADVERSARIO, RIA m. y f. **1** Persona contraria o enemiga. || m. **2** Conjunto de personas contrarias o enemigas.

ADVERSATIVO, VA adj. *Gram.* Que implica o denota oposición o contrariedad de concepto o sentido.

ADVERSIDAD f. **1** Calidad de adverso. **2** Suerte adversa, infortunio. **3** Situación desgraciada en que se encuentra una persona.

ADVERSO, SA adj. **1** Contrario, enemigo, desfavorable. **2** Opuesto materialmente a otra cosa.

ADVERTENCIA f. **1** Acción y efecto de advertir. **2** Escrito breve que en una obra advierte algo al lector. **3** Escrito breve en el que se advierte algo al público.

ADVERTIDO, DA adj. Capaz, experto, avisado.

ADVERTIR tr. **1** Fijar en algo la atención. También intr. **2** Llamar la atención de uno sobre algo. También intr. **3** Aconsejar, amonestar. || intr. **4** ATENDER, aplicar el entendimiento. También tr. **5** CAER EN LA CUENTA. ♦ IRREG. Se conjuga como SENTIR.

ADVIENTO m. *Rel.* En la iglesia cristiana, tiempo que comprende las cuatro semanas anteriores a la Navidad, que comienza el domingo más próximo al 30 de noviembre, llamado domingo de adviento.

ADVOCACIÓN f. *Rel.* **1** Tutela, protección o patrocinio de la divinidad o de los santos a la comunidad o institución que toma su nombre. **2** Denominación complementaria que se aplica al nombre de una persona divina o santa. **3** Denominación de las correspondientes imágenes, de los santuarios y días en que se veneran, etc.

ADY, ENDRE Poeta húngaro (Ermindszent, 1877 - Budapest, 1919). Renovador de la poesía húngara. Cultivó un lenguaje rico en imágenes místicas y apocalípticas. Autor de *Poemas nuevos* (1905), *Sangre y oro* (1906) y *La vida que huye* (1912).

ADYACENTE adj. **1** Situado en la inmediación o proximidad de otra cosa. **2** *Geom.* ÁNGULOS ADYACENTES.

ADYGEA República federada de la Federación de Rusia; 7.600 km^2 y 450.000 h. Capital, Majkop. Petróleo.

ADZHARIA o **ADJARIA** República autónoma de Georgia, junto al mar Negro; 2.900 km^2 y 386.700 h. Capital, Batumi. Cultivos subtropicales.

AECIO, FLAVIO General romano (Durostorum, h. 390 - Roma, 454). Tras la penetración huna en el imperio, venció a Atila en los Campos Cataláunicos (451), asistido por las tropas de Teodorico. Temeroso de sus aspiraciones políticas, el emperador Valentiniano III lo hizo asesinar.

AEDO m. Bardo, poeta o cantor épico de la antigua Grecia, que entonaba las canciones al son de la cítara.

AEF Abreviatura de ÁFRICA ECUATORIAL FRANCESA.

AELC Siglas de ASOCIACIÓN EUROPEA DE LIBRE COMERCIO.

AELST, WILLEM VAN VAN AELST, WILLEM.

AENOR Siglas de ASOCIACIÓN ESPAÑOLA DE NORMALIZACIÓN Y CERTIFICACIÓN.

AEPINUS (FRANZ ULRICH THEODOR HOCH, llamado) Físico y médico alemán (Rostock, 1724 - Dorpat, 1802). Dedicó su vida al estudio de la electricidad y el magnetismo. Inventó el electróforo y el condensador eléctrico.

AER-, AERI-, AERO-; -AER-, -AERO- prefs. o ins. que significan aire.

AERACIÓN f. *Med.* **1** Acción del aire atmosférico en el tratamiento de las enfermedades. **2** Introducción del aire en las aguas potables o medicinales.

AERÉNQUIMA m. *Bot.* Tejido de paredes delgadas y algo suberosas, provisto de espacios intercelulares por los que circula el aire. Se encuentra presente en el tallo de algunas especies de vegetales acuáticos.

AÉREO, A adj. **1** De aire. **2** Perteneciente o relativo al aire. **3** fig. Sutil, fantástico, sin solidez ni fundamento.

AERI- pref. AER-.

AERIFORME adj. Parecido al aire.

AERO-; -AERO- pref. o inf. AER-.

AERO CLUB o **AEROCLUB** m. Asociación formada por profesionales y aficionados a la aviación.

AERÓBIC o **AEROBIC** (Voz i.) m. *Dep.* Técnica gimnástica acompañada de música, y basada en el control del ritmo respiratorio.

AERÓBICO, CA adj. *Biol.* Perteneciente o relativo a la aerobiosis o a los organismos aerobios.

AEROBIO adj. y s. *Biol.* Se aplica al ser vivo que necesita del aire o del oxígeno libre para subsistir.

AEROBIOSIS f. *Biol.* Vida en un ambiente que contiene oxígeno molecular. ♦ Su pl. es *aerobiosis.*

AEROBÚS m. *Aeron.* Avión dedicado al transporte de pasajeros para distancias medias y cortas.

AEROCRIPTOGRAFÍA f. *Aeron.* Representación de las figuras de vuelo acrobático mediante una clave de signos gráficos.

AERODESLIZADOR m. *Aeron.* Vehículo que se mueve a muy poca altura del agua o de la tierra (unos 60 cm), sustentado sobre una capa de aire que genera el propio vehículo.

AERODINÁMICA f. *Fís.* Parte de la mecánica de fluidos que estudia el movimiento de los gases.

AERODINÁMICO, CA adj. **1** Perteneciente o relativo a la aerodinámica. **2** Se dice de los vehículos y otras cosas que tienen forma adecuada para disminuir la resistencia del aire.

AERÓDROMO m. Sitio destinado al despegue y aterrizaje de los aviones.

AEROELASTICIDAD f. *Aeron.* Parte de la aeronáutica que estudia el comportamiento de una aeronave y las deformaciones elásticas de sus componentes.

AEROELECTRÓNICA f. *Aeron.* Técnica de aplicación de la electrónica a la navegación aérea.

AEROESPACIAL adj. Perteneciente o relativo a la aviación y a la aeronáutica conjuntamente.

AEROFAGIA m. *Med.* Ingestión involuntaria de aire que se acumula en el intestino.

AEROFARO m. *Aeron.* Luz potente que se coloca en los aeródromos para orientar a los aviones en vuelo.

AEROFOBIA f. *Psiquiat.* Temor patológico al aire.

AEROFRENO m *Aeron.* Componente del fuselaje de los aviones o de la parte interior de las alas que, al proyectarse hacia afuera a modo de pantalla, contribuye al aumento de la resistencia que el aparato ofrece al aire y facilitan la operación de frenado.

AEROGENERADOR m. *Tecnol.* Máquina que aprovecha la fuerza del viento para generar electricidad.

AEROGRAFÍA f. *Tecnol.* Proyección, por medio del aerógrafo, de colores o lacas sobre un objeto, mediante aire comprimido.

AERÓGRAFO m. *Tecnol.* Aparato en forma de soplete o pistola, o de lápiz aerográfico, usado para pintar.

AEROGRAMA m. Carta en papel especial, que se pliega sin sobre, para enviarla por correo aéreo.

AEROLÍNEA f. Compañía de transporte aéreo.

AEROLITO m. *Geol.* Nombre genérico dado al meteorito de materia pétrea, compuesto esencialmente de silicatos, que cae sobre la Tierra.

AEROLOGÍA f. *Meteor.* Parte de la meteorología que estudia las capas altas de la atmósfera.

AEROMANCIA o **AEROMANCÍA** f. *Ocult.* Adivinación supersticiosa por las señales e impresiones del aire.

AEROMÁNTICO, CA adj. **1** Perteneciente o relativo a la aeromancia. || m. y f. **2** Persona que la profesa.

AEROMETRÍA f. *Fís.* Estudio de las propiedades físicas y mecánicas del aire.

AERÓMETRO m. *Fís.* Instrumento para medir la densidad del aire o de otros gases.

AEROMODELISMO m. *Dep.* Deporte o afición que consiste en la construcción y prueba de pequeños modelos de aeronaves.

AEROMODELISTA adj. **1** Relativo al aeromodelismo. **2** Se dice del que por afición se dedica al aeromodelismo. También com.

AEROMODELO m. Modelo de aeronave, a escala pequeña, para practicar aeromodelismo o para hacer investigaciones.

AEROMOTOR m. Motor accionado por aire en movimiento.

AEROMOZA f. *Amér.* Azafata.

AERONAUTA com. Piloto o tripulante de una aeronave.

AERONÁUTICA f. *Aeron.* **1** Ciencia o arte de la navegación aérea. **2** Conjunto de medios destinados al transporte aéreo.

AERONAVAL adj. Que se refiere conjuntamente a la aviación y a la marina.

AERONAVE f. Vehículo capaz de navegar por el aire.

AERONAVEGACIÓN f. Navegación aérea.

AEROPLANCTON m. *Biol.* En los ecosistemas acuáticos, conjunto de organismos que viven suspendidos en el aire.

AEROPLANO m. AVIÓN.

AEROPOSTAL adj. Relativo al correo aéreo.

AEROPUERTO m. Aeródromo para el tráfico regular de aviones.

aerotrén. Kuala Lumpur (Malasia).

AEROSOL m. *Quím.* **1** Sistema coloidal obtenido por dispersión de sustancias sólidas o líquidas, finamente divididas, en el seno de un gas. **2** Aparato empleado para lograr esta dispersión. **3** Suspensión en un medio gaseoso de cualquier tipo de sustancia finamente pulverizada.
AEROSTÁTICA f. *Fís.* Parte de la mecánica, que estudia el equilibrio de los gases y de los cuerpos en ellos inmersos, cuando sólo actúa sobre éstos la fuerza de la gravedad.
AERÓSTATO o **AEROSTATO** m. *Aeron.* Cualquier tipo de aeronave más ligera que el aire.
AEROTAXI m. Avión o helicóptero que se alquila a particulares.
AEROTECNIA f. *Tecnol.* Ciencia que trata de las aplicaciones del aire a la industria.
AEROTERRESTRE adj. *Mil.* Se dice de las operaciones militares que se realizan combinando fuerzas aéreas y terrestres.
AEROTRÉN m. *Tecnol.* Vehículo que se desplaza sobre un raíl especial, flotando sobre un colchón de aire.
AEROVÍA f. *Aviac.* Ruta establecida para el vuelo de los aviones comerciales.
AETA adj. *Etnol.* **1** Pueblo pigmeo de las montañas de Filipinas, especialmente en Luzón. También com. **2** Perteneciente o relativo a los aetas. || m. *Ling.* Lengua hablada por este pueblo.
AFABLE adj. Agradable en la conversación y el trato.
AFAMADO, DA adj. FAMOSO.
AFAMAR tr. y prnl. Hacer famoso, dar fama.
AFÁN m. **1** Actitud de entregarse alguien a algo con todo su interés. **2** Anhelo vehemente.
AFANAR tr. **1** vulg. HURTAR. || prnl. **2** Dedicarse alguien a una actividad con solicitud y empeño. **3** Perseguir algo con ansia.
AFANASIEV, ALEKSANDR NIKOLAIEVICH Escritor ruso (Voronezh, 1826 - íd., 1871). Escribió obras de sabor popular como *Brujos y brujas* (1851) y *Cuentos populares rusos* (1855-64).
AFANÍPTERO adj. y m. *Zool.* **1** Se dice de los insectos ápteros con el cuerpo comprimido y las patas posteriores robustas y adaptadas para el salto. Los adultos son generalmente parásitos temporales que se alimentan de sangre, como las pulgas. || m. pl. *Zool.* **2** Orden de estos insectos.
AFANITA f. ANFIBOLITA.
AFANO-, AFANI-, AFAN- prefs. que significan falta de luz, oscuridad.
AFANOSO, SA adj. **1** Se dice de las cosas que cuestan mucho esfuerzo. **2** Se aplica a las personas ansiosas, solícitas.
AFAROLADO, DA adj. **1** Semejante a un farol. **2** *Taurom.* Se dice del lance taurino en el que el diestro se pasa el capote por encima de la cabeza.
AFAROLARSE prnl. *Amér.* Hacer aspavientos.
AFARS Y DE LOS ISSAS, TERRITORIO DE LOS YIBUTI.
AFASIA f. *Med.* Pérdida del habla o deterioro de su uso o compresión como consecuencia de una lesión cerebral.
AFEAR tr. **1** Hacer o poner feo. También prnl. **2** fig. Censurar, vituperar.
AFECCIÓN f. **1** Impresión que hace una cosa en otra. **2** Afición o inclinación por algo o alguien. **3** Enfermedad.
AFECTACIÓN f. **1** Acción de afectar. **2** Falta de naturalidad.
AFECTADO, DA adj. **1** Que adolece de afectación. **2** Aparente, fingido. **3** Aquejado, molesto, enfermo.
AFECTAR tr. **1** Atañer, concernir. **2** Hacer impresión una cosa en una persona, causando en ella alguna sensación. También prnl. **3** FINGIR. **4** Hablar o actuar con demasiado estudio o cuidado, perdiendo la naturalidad. **5** Perjudicar, causar daño. También prnl.
AFECTIVIDAD f. Conjunto de sentimientos y emociones de una persona.
AFECTIVO, VA adj. **1** Relativo al afecto. **2** Relativo a la sensibilidad.

AFECTO, TA adj. **1** Inclinado a una persona o cosa. **2** Se dice de las posesiones o rentas sujetas a carga u obligación. **3** Que sufre alguna enfermedad. || m. **4** Cariño, simpatía hacia una persona.
AFECTUOSO, SA adj. Amoroso, cariñoso.
AFEITADO m. Acción o efecto de afeitar.
AFEITADORA f. Máquina de afeitar eléctrica.
AFEITAR tr. **1** Cortar con navaja o maquinilla la barba, el bigote o el pelo en general. También prnl. **2** Esquilar a una caballería las crines y las puntas de la cola. **3** *Taurom.* Cortar las puntas de los cuernos al toro de lidia.
AFEITE m. **1** Aderezo, compostura. **2** COSMÉTICO.
AFELIO m. *Astron.* Punto que en la órbita de un planeta dista más del Sol.
AFELPADO, DA adj. **1** Hecho o tejido en forma de felpa. **2** fig. Parecido a la felpa.
AFELPAR tr. **1** Dar a la tela el aspecto de felpa. **2** Recubrir con felpa.
AFEMINADO, DA adj. **1** Que se parece a las mujeres. También m. **2** Que parece de mujer.
AFEMINAR tr. y prnl. Inclinar a alguien a que en sus modales se parezca a las mujeres.
AFERENTE adj. *Fisiol.* **1** Se dice de la formación anatómica que transmite un líquido o un impulso desde una parte del organismo a otra. **2** Se dice de los estímulos y las sustancias así transmitidas.
AFÉRESIS f. Supresión de algún sonido al principio de un vocablo. ♦ Su pl. es *aféresis.*
AFERRAR tr. **1** Agarrar fuertemente. También intr. || prnl. **2** Asirse fuertemente una cosa con otra. **3** fig. Insistir con tenacidad en algún dictamen u opinión. También intr.
AFESTONADO, DA adj. **1** Labrado en forma de festón. **2** Adornado con festones.
AFFAIRE (Voz fr.) m. Asunto, caso o litigio.
AFFMO. o **AFMO., MA.** adj. Abreviatura de afectísimo. Se usa en la despedida de las cartas.
AFGANI o **AFGHANI** m. Unidad monetaria de Afganistán.
AFGANISTÁN (*Jomhuriyat i Islami Afghanistan*) Estado del SO de Asia que limita al N, con Turkmenistán, Uzbekistán y Tayikistán; al NE, con China; al S y E, con Pakistán, y al O, con Irán.
Geog. País muy montañoso, destaca sobre otras la cordillera del Hindu-Kush, que separa las altiplanicies situadas al N y al SO del territorio. Sus ríos principales son el Amu Daria y el Helmand. El clima es muy riguroso, continental y de marcada aridez. Afganistán es uno de los países más pobres del mundo. La agricultura, basada en la producción de trigo, arroz, maíz, cebada, uva, patata, algodón y lino, ocupa al 75% de la población activa y supone el 50% del Producto Interior Bruto. Importante cabaña ovina, con una especie autóctona, la oveja caracul, de la que se obtiene la piel de astracán. En el sector extractivo, destaca la explotación de gas natural y la de carbón. Se mantiene viva la artesanía (alfombras, sederías y orfebrerías) y la actividad industrial, muy escasa, se concentra en los sectores textil y alimentario.

Hist. El territorio afgano formó parte del imperio aqueménida durante los siglos VI-V a. C. Controlado por los persas sasánidas durante los primeros siglos de la era cristiana, Afganistán pasó por un periodo de disgregación, en el que se expandió el islamismo a través de árabes y turcos. Después de un periodo de dominio mongol, entre los siglos XIII y XVI, estallaron una serie de luchas civiles que se prolongaron hasta principios del siglo XVIII cuando Ahmad-Sah impuso una precaria unificación. Sometido a la presión de Rusia y Reino Unido, se convirtió en la primera mitad del siglo XIX en un Estado tapón que separaba las áreas de influencia de di-

Superficie: 652.225 km².
Población: 25.889.000 h. (*afganos*).
Densidad: 39,7 h./km².
Tasa de natalidad: 42,4‰.
Tasa de mortalidad: 17,4‰.
Capital: Kabul.
Ciudades principales: Kandahar, Charikar, Herat, Qala-i-Naw, Jalalabad, Laskargah, Baghlan, Mazar-i-Sharif.
Grupos étnicos: pashtu (38%), tayikos (25%), hazaras (19%), uzbecos (6%).
Religión: islamismo (sunníes 84%, chiítas 15%, otros 1%).
Idioma: afgano o pashtu o dari persa (oficiales).
Moneda: afgani.
Forma de Estado: república islámica.
Producto Nacional Bruto: 6.738 millones de dólares.
Renta per cápita: 280 dólares.
División administrativa: 29 provincias, según cuadro.

AFGANISTÁN

Provincias	Superficie (km²)	Población (h.)	Capitales
Badakhshan	47.403	521.000	Faizabad
Badghis	21.858	244.000	Qala-i-Naw
Baghlan	17.109	517.000	Baghlan
Balkh	12.593	610.000	Mazar-i-Sharif
Bamiyan	17.414	281.000	Bamiyan
Farah	47.788	245.000	Farah
Fariab	22.279	610.000	Maimana
Ghazni	23.378	676.000	Ghazni
Ghor	38.666	353.000	Chakhcharan
Helmand	61.829	541.000	Laskargah
Herat	61.315	808.000	Herat
Jozjan	25.553	616.000	Sheberghan
Kabul	4.585	1.518.000	Kabul
Kandahar	47.676	598.000	Kandahar
Kapisa	1.871	262.000	Mahammude Raqi
Konar	10.479	262.000	Asadabad
Kunduz	7.827	583.000	Kunduz
Laghman	7.210	325.000	Metarlam
Logar	4.652	226.000	Baraki Barak
Nangarhar	7.616	782.000	Jalalabad
Nimroz	41.356	108.000	Zaranj
Paktia	9.581	506.000	Gardez
Paktika	19.336	256.000	Sheran
Parwan	9.399	528.000	Charikar
Samangar	15.465	274.000	Aibak
Takhar	12.376	544.000	Taliqan
Uruzgan	29.295	465.000	Tarin Kot
Wardak	9.023	301.000	Maidan
Zabul	17.293	188.000	Kalat

En 1988 se crearon las provincias de Sar-e-Pol, Nurestan y Khowst.

chas potencias. Finalmente, el país se vio sometido a los intereses coloniales británicos por el tratado de Gandamak (1879). En 1919, el emir Amanullah asumió el título de rey y proclamó la independencia. El nuevo rey inició un programa de modernización que se vio frustrado con su abdicación en 1929. Tras un breve reinado de Muhamad Nahir, asesinado en 1933, accedió al trono Muhammad Zahir. Durante la Segunda Guerra Mundial, el país se mantuvo neutral e ingresó en la ONU en 1946. Muhammad Zahir fue destronado en 1973 por un golpe de Estado, encabezado por Muhammad Daud Khan, quien asumió la presidencia de la República. Un nuevo golpe de Estado, protagonizado por el ejército en 1978, dio el poder a Mohamed Taraki, de tendencia comunista. Asesinado un año después, su sucesor Hafizullah Amín fue incapaz de controlar la situación. En 1979 el ejército soviético invadió Afganistán y apoyó el golpe de Estado de Babrak Karmal. La intervención soviética desató una guerra civil entre el gobierno prosoviético y las guerrillas islámicas. La retirada de las tropas soviéticas (1986-89) no frenó los enfrentamientos. En abril de 1992, Mohamed Najibulá, presidente desde 1986, abandonó el país, y en septiembre del mismo año, las distintas facciones guerrilleras formaron un Gobierno de coalición, con Burhannudin Rabbani como presidente. En marzo de 1993, el opositor Gulbbudin Hekmatiar fue designado primer ministro. El conflicto bélico se polarizó en torno a cuatro fuerzas principales: el Jamiat Islami, en el poder, del presidente Rabbani, formado por tayikos e islamistas moderados; el Hizb-i Wahdat de Sheik Ali Mazarí, formado por hazaras chiítas y apoyado por Irán; los uzbekos, agrupados en torno al general R. Dastum, apoyados por Uzbekistán; y los radicales del Hizb-i Islami de G. Hekmatiar, integrado por los pashtu y apoyado por Pakistán hasta 1994. Este equilibrio de fuerzas se vio alterado por el surgimiento en 1994 del movimiento guerrillero talibán, integrado por pashtunes y estudiantes de teología, de carácter fundamentalista radical, dirigido por Mohamed Omar. Durante 1995 los talibanes conquistaron gran parte del país y en 1996 ocuparon Kabul, donde impusieron un gobierno islámico estricto y ajusticiaron al ex presidente Mohamed Najibulá. El general R. Dastum y el ex presidente Rabbani resistieron en el N del país y, a mediados de 1997, el conjunto de fuerzas antitalibanes se unieron para formar la Alianza del Norte. De esta forma, Afganistán, aislado del exterior, continuó sumido en un estado de guerra civil, aunque de menor envergadura que en años anteriores. En 2001 murió asesinado el general Massud, líder de la Alianza del Norte, y pocos días después, el 11 de septiembre, activistas islamistas perpetraron en EE UU los atentados que provocaron el derrumbe de las Torres Gemelas. El gobierno de George W. Bush acusó a los talibanes de dar cobijo a Osama Bin Laden, considerado responsable de los mismos. El régimen de Kabul se negó a entregar al líder de al Qaeda y el 7 de octubre, con el casi unánime apoyo internacional y la intervención directa de fuerzas británicas y australianas, EE UU comenzó a bombardear el territorio afgano. Al tiempo, las tropas de la Alianza del Norte recibían importantes apoyos e iniciaban una dura campaña militar destinada a desalojar a los talibanes del poder. Tras más de un mes de combates, caía Kabul y, el 6 de diciembre, Kandahar, feudo talibán. Paralelamente, y bajo el auspicio de la ONU, se celebró en Bonn una reunión a la que asistieron representantes de todas las fuerzas y etnias del país (excepto los talibanes), con el fin de diseñar el futuro. Se formó un gobierno multiétnico provisional, presidido por el pashtu Hamid Karzai, que en junio de 2002 reunió la Loya Jirga, asamblea de los jefes tribales, la cual nombró a Karzai presidente de la Autoridad Transitoria, el gobierno que debía conducir a Afganistán hacia la estabilidad. Sin embargo, los combates continuaron en el país. En enero de 2004, la Loya Jirga aprobó la nueva Constitución, que creó la República Islámica de Afganistán.

AFGANO, NA adj. y s. **1** De Afganistán. **2** *Etnol.* Se aplica al pueblo que constituye la mayoría de la población de Afganistán. Se llama también *pashtu*. ‖ m. *Ling.* **3** Lengua hablada en Afganistán.
-AFIA suf. HAF-.
AFIANZAR tr. y prnl. **1** Afirmar o asegurar algo. **2** Asir, agarrar. **3** Hacer firme, consolidar algo.
AFICHE m. Galicismo por CARTEL.
AFICIÓN f. **1** Inclinación, amor a una persona o cosa. **2** Ahínco. **3** *fam.* Conjunto de personas aficionadas a las corridas de toros u otros espectáculos.
AFICIONADO, DA adj. y s. **1** Que cultiva algún arte sin tenerlo por oficio. **2** Que practica un deporte sin remuneración.
AFICIONAR tr. **1** Inducir a alguien a que tenga afición por algo. ‖ prnl. **2** Adquirir afición por una persona o cosa.
AFIDÁVIT m. *Econ.* Declaración que a efectos de inmigración efectúan los poseedores de valores públicos, haciendo constar su residencia en el extranjero. ♦ Su pl. es *afidávit*.
AFIDO, DA adj. *Zool.* **1** Se aplica a los insectos hemípteros, del suborden homópteros, que tienen alimentación fitófaga, como los pulgones. ‖ m. pl. *Zool.* **2** Familia de estos insectos.
AFIJO, JA adj. y m. *Gram.* Se dice del pronombre personal pospuesto y unido al verbo, y también de las partículas que se emplean en la formación de palabras derivadas y compuestas, como el prefijo, infijo y sufijo.
AFILADERA adj. y f. Se dice de la piedra de afilar.
AFILADO, DA adj. **1** Hiriente, irónico, mordaz. ‖ m. **2** Acción y efecto de afilar.
AFILADOR, RA m. y f. Que afila. ‖ m. y f. **2** Persona que tiene por oficio afilar instrumentos cortantes. ‖ m. **3** Correa para afinar el filo.

AFILALÁPICES m. Sacapuntas. ♦ Su pl. es *afilalápices*.
AFILAR tr. **1** Sacar filo. **2** AGUZAR, sacar punta. **3** fig. Afinar la voz. ‖ prnl. **4** Adelgazarse la cara, nariz o dedos.
AFILIADO, DA adj. y s. Se dice del que pertenece a una asociación, partido político, etc.
AFILIAR tr. y prnl. Asociar una persona a otras que forman corporación.
AFILIGRANADO, DA adj. **1** De filigrana o parecido a ella. **2** fig. Se dice de personas y cosas pequeñas, muy finas y delicadas.
AFILIGRANAR tr. **1** Hacer filigrana. **2** fig. Pulir, hermosear primorosamente.
AFILO, LA o **ÁFILO, LA** adj. *Bot.* Que no tiene hojas.
AFILÓN m. **1** Correa impregnada de grasa, que sirve para afinar el filo. **2** CHAIRA para afilar.
AFÍN adj. **1** Próximo, contiguo. **2** Que tiene afinidad con otra cosa. ‖ com. **3** Pariente por afinidad.
AFINADOR, RA adj. **1** Que afina. ‖ m. y f. **2** Persona que tiene por oficio afinar instrumentos musicales. ‖ m. *Mús.* **3** Instrumento o dispositivo que se usa para afinar instrumentos musicales.
AFINAR tr. **1** Perfeccionar, dar el último punto a una cosa. También prnl. **2** Hacer fina o educada a una persona. Más como prnl. **3** Purificar los metales. **4** *Mús.* Poner en tono los instrumentos músicales. **5** Cantar o tocar entonando con perfección los sonidos.
AFINCAR tr. **1** Arraigar, fijar, establecer, asegurar, apoyar. También prnl. **2** *Cuba* Prestar dinero con garantías de finca.
AFINIDAD f. **1** Semejanza de una cosa con otra. **2** Adecuación de caracteres, gustos, etc., entre dos o más personas. **3** Parentesco entre un cónyuge y los familiares del otro. **4** *Quím.* Tendencia de los átomos, moléculas, o grupos moleculares, a combinarse con otros.
AFINO m. *Met.* Proceso por el que se eliminan o reducen las impurezas de los metales.
AFINOGENOV, ALEXANDER NICOLAIEVICH Escritor soviético (Riazán, 1904 - Moscú, 1941). Autor de *Robert Tim* (1924), *El extravagante* (1929), *Mashenka* (1940) y *En vísperas* (1944).
AFIRMACIÓN f. Acción y efecto de afirmar.
AFIRMAR tr. **1** Poner firme, dar firmeza. También prnl. **2** Asegurar o dar por cierta alguna cosa. **3** *Chile* Dar golpes o azotes. ‖ prnl. **4** Asegurarse en algo. **5** Ratificarse uno en su dicho.
AFIRMATIVO, VA adj. **1** Que da por cierta una cosa. **2** *Gram.* Se dice de la oración enunciativa cuyo enunciado es compatible con el adverbio. También f.
AFLAUTADO, DA adj. De sonido semejante al de la flauta.
AFLAUTAR tr. y prnl. Adelgazar la voz.
AFLECHADO, DA adj. En forma de flecha.
AFLICCIÓN f. Efecto de afligir o afligirse.
AFLICTO, TA p. p. irregular de AFLIGIR.
AFLIGIR tr. **1** Causar molestia o sufrimiento físico. **2** Causar tristeza o angustia moral. ‖ prnl. **3** Sentir sufrimiento físico o pesadumbre moral.
AFLOJAR tr. **1** Disminuir la presión o la tirantez. También prnl. **2** fig. y fam. Entregar uno dinero u otra cosa, frecuentemente contra su voluntad. **3** fig. y fam. Propinar un golpe; lanzar o disparar un proyectil. ‖ intr. **4** fig. Perder fuerza una cosa. **5** fig. Dejar uno de emplear el mismo vigor que antes en alguna cosa.
AFLORAMIENTO m. **1** Acción y efecto de aflorar. **2** *Geol.* Formación geológica integrada por minerales o rocas consolidadas en el interior de la Tierra, o por las rocas sedimentarias de los niveles inferiores de las columnas de depósitos sedimentarios, sobre todo cuando la formación se presenta aislada e inmersa en superficies extensas de materiales más recientes.
AFLORAR intr. **1** *Geol.* Asomar a la superficie del terreno un filón o capa mineral. **2** Surgir, aparecer lo que estaba oculto u olvidado, o todavía en gestación. ‖ tr. **3** Cerner la harina o cribar los cereales.
AFLUENCIA f. **1** Acción de afluir. **2** Abundancia o copia. **3** fig. Facundia.
AFLUENTE adj. **1** Facundo, abundante en palabras. ‖ m. *Geog.* **2** Río secundario que desemboca en otro principal.
AFLUIR intr. **1** Acudir en abundancia cosas o personas a un determinado lugar. **2** *Geog.* Verter un río sus aguas en las de otro, o en un lago o mar. **3** *Fís.* Fluir algo hacia un punto. ♦ IRREG. Se conjuga como HUIR.
AFLUJO m. Afluencia excesiva de líquidos a un tejido orgánico.
AFOCAL adj. **1** Que no tiene foco. **2** *Opt.* Se dice del sistema óptico de dos o más elementos cuyos focos están en el infinito.
AFOFARSE prnl. Ponerse fofo.
AFOLLAR tr. **1** Soplar con los fuelles. **2** fig. Plegar en forma de fuelles. **3** Hacer mal la obra de fábrica. ‖ prnl. **4** Ahuecarse o avejigarse las paredes. ♦ IRREG. Se conjuga como CONTAR.

África. Cataratas de Tis Isat en el Nilo Azul (Etiopía).

AFONDAR tr. **1** ECHAR AL FONDO. || intr. y prnl. **2** Irse al fondo, hundirse.
AFONÍA f. *Med.* Pérdida o disminución de voz.
AFORADO, DA adj. y s. Dícese de las personas o instituciones que gozan de algún fuero en materia de jurisdicción.
AFORAR tr. **1** Dar o tomar, mediante el pago de un canon, alguna heredad. **2** Dar, otorgar fueros. **3** Valorar los géneros o mercancías para el pago de derechos. **4** Medir la cantidad de agua que lleva una corriente. **5** Determinar la cantidad y valor de los géneros que haya en un lugar. **6** Calcular la capacidad. || intr. y tr. **7** En las decoraciones teatrales, cubrir los lados del escenario. ♦ En la segunda acepción es IRREG. Se conjuga como CONTAR.
AFORISMO m. Sentencia breve y doctrinal.
AFORÍSTICA f. **1** Ciencia que trata de los aforismos. **2** Colección de aforismos.
AFORO m. **1** Acción y efecto de aforar. **2** Capacidad total de las localidades de un recinto de espectáculos públicos. **3** Medida de volúmenes. **4** Se aplica a la evaluación y medida del agua de los ríos.
AFORRAR tr. **1** FORRAR. || prnl. **2** Ponerse mucha ropa interior. **3** fig. y fam. Comer y beber bien.
AFORTUNADAMENTE adv. m. Por buena suerte, por fortuna.
AFORTUNADAS, ISLAS Nombre que se dio antiguamente a las islas Canarias.
AFORTUNADO, DA adj. **1** Que tiene buena suerte. **2** Que es resultado de la buena suerte. **3** Feliz, que produce felicidad o resulta de ella. **4** Oportuno, acertado, inspirado.
AFÓTICO, CA adj. **1** Que no tiene luz. **2** *Biol.* Organismo capaz de crecer con poca o ninguna luz. || **ZONA AFÓTICA** *Biol.* Región más profunda de los mares o lagos donde no llega la luz, o la que penetra no es biológicamente significativa, a partir de los 200 m de profundidad.
AFRAILAR tr. *Agr.* Cortar las ramas a un árbol por el lugar donde se juntan a la cruz.
AFRANCESADO, DA adj. y s. **1** Que imita a los franceses. **2** *Hist.* Partidario de los franceses, especialmente los españoles que en la guerra de la Independencia colaboraron con José I Bonaparte.
AFRANCESAR tr. **1** Dar carácter francés a una cosa. || prnl. **2** Hacerse uno afrancesado.
AFRANIO, NEPOTE General romano (? - ?, 47 a. C.). Lugarteniente y partidario de Pompeyo, fue nombrado cónsul por éste (60 a. C.). Derrotado por César en Ilerda, en la batalla de Thapso fue hecho prisionero y condenado a muerte.
AFRENTA f. **1** Vergüenza y deshonor que resulta de algún dicho, hecho o imposición de una pena. **2** Dicho o hecho afrentoso.
AFRENTAR tr. **1** Causar afrenta. || prnl. **2** Avergonzarse.
AFRETAR tr. *Mar.* Limpiar la embarcación y quitarle la broma.
ÁFRICA Uno de los cinco continentes. Limita, al N, con el mar Mediterráneo; al E, con el canal de Suez, el mar Rojo y el océano Índico; al S, con los océanos Índico y Atlántico, y al O, con el océano Atlántico.
GEOG. África es el continente de origen más antiguo. Sus principales cadenas montañosas son el Atlas, en Marruecos, Argelia y Tunicia; el Futa Yalón, en Guinea; los

Superficie: 30.346.090 km².
Población: 736.241.000 h.
Densidad: 24,3 h./km².
Religiones: animismo, islamismo, catolicismo, protestantismo, judaísmo.
Cordilleras: al N: Atlas, Ahaggar y Tibesti; al E: macizo Etíope y montes de África Oriental (Kilimanjaro, Kenia, Ruwenzori); al S: montes Drakensberg; al O: montes de Guinea.
Ríos: vertiente mediterránea: Muluya y Nilo; vertiente índica: Yuba, Zambeze y Limpopo; vertiente atlántica: Orange, Congo o Zaire, Níger, Volta, Gambia y Senegal.
Lagos: Victoria, Tanganika, Malawi, Turkana, Kivú, Alberto, Chad.
Penínsulas: Somalia.
Cabos: costa mediterránea: Espartel, Blanco y Bon; costa índica: Guardafuí, Delgado, Corrientes y Agujas; costa atlántica: Buena Esperanza, López, Palmas, Verde, Blanco y Juby.
Golfos: en el Mediterráneo: Gabes y Sirte; en el Índico: Adén, Sofala y Maputo; en el Atlántico: Guinea y Benin.
Mares: Mediterráneo, Rojo, océano Índico y océano Atlántico.
Islas: en el Índico: Socotora, Seychelles, Comores, Mauricio, Zanzíbar, Pemba y Madagascar; en el Atlántico: Santa Elena, Ascensión, Santo Tomé, Príncipe, Bioko (Fernando Poo), Cabo Verde, Canarias y Madeira.
Estrechos: Gibraltar y Canal de Sicilia, en el Mediterráneo; Bab el Mandeb y Canal de Mozambique, en el Índico.

montes de El Cabo, con su triple conjunto de montañas; el macizo etiópico y montes del África oriental, con el Kilimanjaro (5.895 m) y montes del Camerún, en el interior del golfo de Guinea. Sus costas tienen pocos accidentes y puertos naturales. Los ríos son largos pero con caudales irregulares. Entre ellos destacan el Nilo, el Congo o Zaire y el Níger. Entre sus lagos se encuentran el Victoria, Tanganika, Malawi y Chad. Se distinguen diferentes zonas climáticas: una zona ecuatorial (Guinea, Congo); dos zonas tropicales (Sudán, al N, región del Zambeze al S), dos zonas desérticas (Sahara al N, Namib y Kalahari al S), dos zonas templadas cálidas (región del Atlas, al N, y región de El Cabo, al S). La vegetación pasa del bosque ecuatorial, en el centro, a la sabana y bosques galería de las zonas de clima tropical, al desierto, y finalmente a las praderas matorrales y bosques de encinas, palmeras y pinos del área mediterránea. Desde el punto de vista étnico y cultural, al N se sitúa el África blanca (bereberes, cusitas, árabes) y al S del Sáhara, el África negra (pigmeos, bosquimanos, hotentotes, sudaneses y bantúes). También existen núcleos de población de origen europeo, fundamentalmente en Sudáfrica, Zimbabwe y la costa mediterránea. Las lenguas habladas en África pueden dividirse en cuatro grupos: las de pueblos negros y afines; las camitas, habladas en el N; las semíticas; y las europeas de los países colonizadores. Las tres principales religiones son el Islam (en el N), el cristianismo (en el África central y meridional) y el animismo, practicado por la mayoría de la población negra. La población urbana sólo llega al 29% del total. África es un continente subdesarrollado y atrasado tecnológicamente. La zona mediterránea produce viñedos, olivos, algodón y cereales. En la zona tropical del N, se cultiva el cacahuete, arroz, cacao, café y algodón. En la zona ecuatorial los productos más representativos son el arroz, café, plátanos y aceite de palma. La zona tropical del S produce mijo, sorgo y tabaco, café y algodón y plátanos. En la zona templada del S, se dan los agrios, maíz, trigo y avena, y el tabaco. Ganadería bovina, ovina; cabras y camellos. Riqueza minera: oro, diamantes, hierro, petróleo y gas natural, cobre, bauxita, manganeso, fosfatos, etc. La industria es casi artesanal y poco representativa salvo en Sudáfrica, Marruecos, Egipto o Nigeria.
HIST. Considerada una de las cunas de la humanidad, en África se han encontrado numerosos restos de la evolución de los primates hasta el hombre actual. En el bajo valle del Nilo se desarrolló, cuatro mil años a. C., una de las más antiguas civilizaciones del mundo. Los fenicios recorrieron sus costas mediterráneas y los griegos poblaron Cirenaica, dejando sentir su presencia en Egipto. El enfrentamiento entre cartagineses y romanos dio lugar a las guerras púnicas, que concluyeron con la incorporación al imperio romano del N de África, que alcanzó un gran desarrollo cultural. Durante la Edad Media los árabes conquistaron todo el N y se adentraron hasta Sudán. Entre el siglo V y el XI se desarrolló el imperio de Ghana, con capital en Kumbi; en torno al lago Chad surgió el reino de Kanem y posteriormente el de Bornu, que perduró hasta el siglo XVII; se crearon los reinos musulmanes de Malí (siglos XIII y XV), y Songhai, en Gao (1400-1591); y en Nubia, el reino de Cush (siglo VIII a. C.), etc. Portugal inició la era de los descubrimientos con el hallazgo de la ruta marítima a la India, por Vasco de Gama (1497-98) y estableció factorías en la desembocadura de los ríos, ejemplo pronto imitado por los ingleses, franceses y holandeses, que negociaron especialmente con el comercio de esclavos. España, absorbida por las colonias de América, no mantuvo su acción africana, más que en la región del Atlas. El descubrimiento del África interior tuvo lugar durante el siglo XIX. Entre 1850 y 1880 se multiplicaron las expediciones científicas (Livingstone recorrió el África austral; Stanley atravesó el continente desde la desembocadura del río Congo a Zanzíbar y Camerún), y se despertó un fuerte interés por la exploración en las naciones europeas, con miras al reparto del continente, que se consumaría en el Congreso de Berlín (1884-85). A principios del siglo XX sólo existían dos naciones independientes: Etiopía (antes Abisinia) y Liberia (creada en 1847). Tras la Segunda Guerra Mundial se inició un fuerte sentimiento nacionalista en este continente, materializado en el movimiento panafricano que dará inicio al proceso de descolonización. En la actualidad ningún territorio (exceptuando casos como Ceuta y Melilla, y algunos enclaves británicos o franceses) pertenece a las antiguas colonias. La independencia implicó, además de cambios territoriales en algunos países, una inestabilidad política, consecuencia de la falta de tradición democrática, y un manifiesto subdesarrollo crónico, caracterizado por la dependencia económica, no ya respecto de las antiguas colonias, sino de los nuevos artífices del concierto internacional, especialmente Japón y EE UU.
ÁFRICA, GUERRA DE *Hist.* Conflicto armado entre España y Marruecos que tuvo lugar entre 1859 y 1860. La causa desencadenante fue el ataque de los rifeños a las fortificaciones de Ceuta. El general O'Donnell dirigió la operaciones. La batalla de los Castillejos, la toma de Tetuán y la batalla de Wad-Ras, abrieron paso a los españoles hacia Tánger. La paz firmada en Tetuán el 26 de abril de 1860 establecía una indemnización económica, ampliaba el perímetro de Ceuta y reconocía la soberanía española en Santa Cruz de Mar Pequeña (Ifni).
ÁFRICA CENTRAL BRITÁNICA Nombre con que se constituyó en 1953 la federación del protectorado de Nyassa (actual Malawi), la colonia de Rhodesia del Norte, Zambia, y el dominio de Rhodesia del Sur (Zimbabwe), posesiones británicas en África. Se disolvió en 1963.
ÁFRICA ECUATORIAL ESPAÑOLA Denominación no oficial con que se designaron las antiguas posesiones españolas del golfo de Guinea, constituidas por la Guinea continental y las islas de Fernando Poo, Annobón, Corisco, Elobey Grande y Elobey Chico, que constituyen hoy día Guinea Ecuatorial.
ÁFRICA ECUATORIAL FRANCESA Antigua agrupación de territorios de ultramar franceses. Comprendía los actuales Chad, Gabón, Congo, República Centroafricana y

Camerún. Constituida en 1910, en 1958 se disgregó en Repúblicas autónomas dentro de la Unión Francesa.

África Meridional Inglesa Denominación con que se designaba conjuntamente los antiguos protectorados de Basutolandia (Lesotho), Bechuanalandia (Botswana) y Swazilandia, enclavados en la República Sudafricana, pero dependientes del gobierno inglés.

África Occidental Española Antigua agrupación de territorios españoles de África occidental, dispuesta en 1946, que comprendía los de Ifni y Sahara. Pasó a llamarse provincia del África Occidental Española y, en 1958, Región Occidental Española.

África Occidental Francesa Antigua agrupación de territorios de ultramar franceses establecida en 1895. Comprendía los actuales Burkina Faso, Costa de Marfil, Benín, Guinea, Mauritania, Níger, Senegal y Sudán.

África Oriental Alemana Denominación del Estado colonial africano alemán, organizado por la sociedad alemana del África Oriental y bajo soberanía del gobierno de este país desde 1891. Abarcaba los territorios comprendidos entre los lagos Victoria y Tanganika y el océano Índico. Conquistada por británicos, belgas y portugueses en la Primera Guerra Mundial, se mantuvo posteriormente bajo mandato británico, excepto los territorios de Burundi y Ruanda, adjudicados a Bélgica.

África Oriental Inglesa Antigua denominación con que se designaba desde 1920 al territorio integrado por la colonia y protectorado de Kenia, el fideicomiso de Tanganika (hoy Tanzania) y el protectorado de Uganda, hoy independientes.

África del Sudoeste Namibia.
África del Sur Sudafricana, República.
africado, da adj. y f. *Fon.* Se dice del sonido cuya articulación consiste en una oclusión y una fricación formadas rápida y sucesivamente entre los mismos órganos.

africana f. *Bot. Cuba* Planta de la familia asclepiadáceas parecida al cacto.

africáner o **afrikáner** adj. y com. *Antrop.* Se dice de las personas de origen holandés nacidas en la República Sudafricana y de los colonizadores de este país, también llamados bóers.

África. Monte Kenia (Kenia).

Afrodita en el baño. Escultura griega. Museo de Rodi (Italia).

AFRICANO, NA adj. y s. De África.

AFRIKAANS o **AFRICANS** m. *Ling.* Lengua oficial, junto con el inglés, de la República Sudafricana. Su raíz se encuentra en el holandés del siglo XVII hablado por los primeros inmigrantes blancos establecidos allí.

AFRIFA, AKWASI AMANKWA Militar ghanés (Mampong, 1936). De etnia ashanti, participó en el golpe de Estado que derrocó a Nkrumah en 1966. Fue elegido jefe de Estado en abril de 1969.

AFRO, FRA adj. y s. De África.

AFRO- pref. que significa africano, y especialmente, negro.

AFROAMERICANO, NA adj. y s. *Antrop.* Se dice del individuo descendiente de los negros africanos llevados a América.

AFROASIÁTICO, CA adj. y s. Relativo a África y Asia.

AFROCUBANO, NA adj. y s. *Antrop.* Se aplica al cubano negro de origen africano y a su cultura.

AFRODISIACO, CA o **AFRODISÍACO, CA** adj. 1 Que excita el apetito sexual. 2 Se dice de la sustancia que tiene esta propiedad. También m.

AFRODITA adj. y f. *Bot.* Se dice de las plantas que se reproducen sin necesidad de otro sexo.

AFRODITA *Mit.* Diosa griega del amor sensual y de la belleza. Según unas versiones era hija de Zeus y Dione. De acuerdo con otras, nació de la sangre que cayó al mar cuando Crono mutiló a Urano. Fue esposa de Hefesto, aunque tuvo amores con otros dioses como Hermes o Ares, con quien engendró a Eros; y con mortales como Anquises, de quien nació el héroe Eneas.

AFRONEGRISMO m. 1 *Ling.* Cualquier voz del español tomada en préstamo de las lenguas de los negros africanos. 2 *Antrop.* Corriente o actitud cultural, artística, etc., que, originada entre los negros africanos, tiene vigencia en otras culturas.

AFRONTAR tr. 1 Poner una cosa enfrente de otra. También intr. 2 Poner cara a cara. 3 Hacer frente al enemigo o a un peligro.

AFTA f. *Med.* Úlcera pequeña y dolorosa que se forma en la membrana mucosa de la boca o en la del tubo digestivo.

AFTERSHAVE (De origen i.) adj. y m. Loción suavizante para después del afeitado.

AFTERSUN (De origen i.) adj. y m. Crema o loción hidratante para después de tomar el sol.

AFUERA adv. 1 Fuera del sitio en el que uno está. 2 En la parte exterior. || f. pl. 3 Alrededores de una población. 4 *Fort.* Terreno despejado alrededor de una plaza.

AFUEREÑO, ÑA adj. y s. *Amér.* Forastero.

AFUSTE m. *Mil.* Armazón en que se montan las piezas de artillería.

AFUTRARSE prnl. *Chile* Acicalarse.

AFZELIUS, ADAM Botánico sueco (Larf, 1750 - Uppsala, 1837). Discípulo de Linneo, estudió las especies vegetales del golfo de Guinea.

AG *Quím.* Símbolo químico de la plata.

AGÁ m. 1 Antiguamente, oficial del ejército turco. 2 Título honorífico que se otorga en Turquía. ♦ Su pl. es *agaes*.

AGA-BURYAT Distrito autónomo de la Federación de Rusia; 19.000 km² y 79.000 h. Su capital es Aginskoye.

AGA KAN, KHAN o **JAN** m. Título del jefe religioso de los ismailíes.

AGA KAN IV, KARIM Jefe espiritual de los ismailíes (Ginebra, 1936). Sucedió a su abuelo, Aga Kan III, en 1957.

AGABAMA Río de Cuba; nace en la sierra del Escambray y desemboca en el mar de las Antillas; 125 km de curso. En su tramo inferior se llama *Manatí*.

AGACE (De origen guaraní.) adj. y com. *Etnol.* 1 Se dice de una tribu amerindia del grupo de los caduveos, hoy casi extinguida, que vivió en la desembocadura del río Paraguay. También se llaman *magatsh*. 2 Individuo de esta tribu.

AGACHADIZA f. *Zool.* Nombre común de diversas aves caradriformes de la familia escolapácidas. La agachadiza común *(Gallinago gallinago)*, de unos 26 cm de longitud, tiene el dorso coloreado en negro y rojo, con listas en ocre, y el vientre blanco. El pico es muy largo y recto. Vive en zonas pantanosas de Europa, Asia y África oriental.

AGACHAR tr. 1 fam. Tratándose de una parte del cuerpo, inclinarla o bajarla. También intr. || prnl. 2 fam. Encogerse. 3 fig. Dejar pasar algún contratiempo sin defenderse.

AGADIR Provincia de Marruecos; 5.910 km² y 365.965 h. Su capital es la ciudad del mismo nombre, que en el siglo XVI fue posesión portuguesa con el nombre de Santa Cruz de Agadir.

AGAG Personaje bíblico. Rey del pueblo de Amalec, fue vencido por Saúl. Samuel le condenó a morir por la ley del Talión.

AGALLA f. 1 *Bot.* Excrecencia redonda que se forma en algunos árboles por la picadura o puesta de huevos de ciertos insectos. 2 *Bot.* Arbusto de la familia rubiáceas, nativo de Cuba. 3 *Zool.* Cada una de las branquias o excrecencias membranosas respiratorias que tienen los peces y otros animales acuáticos a ambos lados y en el arranque de la cabeza. Más en pl. || f. pl. 4 ANGINA. 5 fig. y fam. Valentía, audacia. 6 *Col.* y *Ecuad.* Codicia, ansia desmedida.

AGAMENÓN *Mit.* Rey legendario de Argos y Micenas, hermano de Menelao. Fue el caudillo de los argivos en la expedición contra Troya para vengar el rapto de Helena, esposa de su hermano.

AGAMÍ m. *Zool.* Ave gruiforme de la familia psófidos, de nombre científico *Psophia crepitans*, originaria de América meridional, del tamaño de la gallina.

AGAMIA f. *Biol.* 1 Carencia de órganos sexuales. 2 Reproducción asexual.

AGÁMIDO, DA adj. y m. *Zool.* 1 Se dice de los reptiles saurios del orden escamosos, propios de zonas cálidas de Europa, Asia y África. En este grupo se incluyen el clamidosaurio y el moloch, entre otros. || m. pl. *Zool.* 2 Familia de estos reptiles.

AGAMITAR intr. *Mont.* Imitar la voz del gamo pequeño.

AGAMO, MA adj. 1 *Biol.* Que carece de órganos sexuales. 2 *Bot.* Se dice de las plantas sin estambres ni pistilos.

ÁGAPE m. 1 Convite que tenían entre sí los primeros cristianos. Solía celebrarse a continuación de la fracción del pan o comunión, rito primitivo de la misa. 2 Por extensión, BANQUETE, comida para celebrar un acontecimiento.

AGAPITO Nombre de diversos papas.

AGAPITO I, SAN Papa italiano (Roma, ? - Constantinopla, 536). Ocupó el solio pontificio desde el año 535 hasta 536.

AGAPITO II Papa italiano (Roma, ? - íd., 955). Ocupó el solio pontificio de 946 a 955.

AGAR Personaje bíblico. Mujer de Abraham, del que había sido esclava y de quien tuvo a Ismael, padre del pueblo ismaelita.

AGAR-AGAR m. *Quím.* Sustancia mucilaginosa que se extrae de algunas algas. Se utiliza como laxante, como ingrediente de alimentos y como sustituto de las colas.

AGARBILLAR tr. *Agr.* Hacer gavillas.

AGARENO, NA adj. y s. 1 Descendiente de Agar. 2 MUSULMÁN.

AGARICÁCEO, A adj. *Biol.* 1 Se dice de los hongos basidiomicetes del tipo de seta carnosa con laminillas. Viven como saprofitos en el suelo y rara vez en los troncos de los árboles. || f. pl. *Biol.* 2 Familia de estos hongos.

AGÁRICO m. *Biol.* Hongo agaricáceo venenoso.

AGARRADA f. fam. Altercado o riña.

AGARRADERA f. 1 Agarrador, asa. || f. pl. 2 fig. y fam. Influencias para conseguir fines.

AGARRADERO m. 1 Asa o mango. 2 fig. Parte de un cuerpo que ofrece proporción para asirlo o cogerse de él. 3 fig. y fam. Amparo, protección o recurso con que se cuenta para algo.

AGARRADO, DA adj. 1 Se dice de lo que está asido fuertemente o pegado. 2 fig. y fam. Mezquino, miserable. 3 fam. Se dice del baile en que la pareja va estrechamente abrazada. También m.

AGARRADOR, RA adj. 1 Que agarra. || m. 2 Almohadilla para coger utensilios muy calientes.

AGARRAR tr. 1 Asir fuertemente con la mano de cualquier modo. 2 Coger, tomar. 3 Coger o contraer una enfermedad, conciliar el sueño, etc. 4 fig. Sorprender, coger desprevenida a una persona. 5 fig. y fam. Conseguir lo que se intentaba. || prnl. 6 Asirse fuertemente de alguna cosa. 7 PEGARSE, quemarse un guiso. 8 Utilizar lo que hace o dice otro como justificación o motivo de lo que hace o dice uno mismo. 9 fig. y fam. Reñir.

AGARROCHAR tr. Herir a los toros con garrocha.

AGARRÓN m. 1 *Amér.* Acción de agarrar y tirar con fuerza. 2 *Amér.* AGARRADA.

AGARROTADO, DA adj. 1 Se dice del miembro rígido o inmóvil por efecto del frío o por otra causa. 2 fig. Tieso, rígido.

AGARROTAR tr. 1 Apretar fuertemente los fardos con cuerdas, que se retuercen por medio de un palo. 2 Apretar una cosa fuertemente. 3 Estrangular en el garrote. 4 Oprimir. || prnl. 5 Quedarse rígido un miembro del cuerpo humano. 6 Quedar inmovilizado un mecanismo por producirse una unión rígida entre dos de sus piezas.

AGASAJAR tr. 1 Tratar con atención expresiva y cariñosa. 2 Halagar o favorecer a uno con regalos. 3 Hospedar.

AGASAJO m. 1 Acción de agasajar. 2 Regalo, muestra de afecto.

AGASSI, ANDRÉ Tenista estadounidense (Las Vegas, 1970). Su brillante palmarés incluye los cuatro torneos del Grand Slam: Wimbledon (1992), Open de EE UU (1993, 1994 y 1999), Roland Garros (1999) y Open de Australia (1995, 2000, 2001 y 2003). Se alzó con el triunfo, igualmente, en los Masters (1990) y los Juegos Olímpicos de Atlanta (1996), y formó parte del equipo de EE UU que se llevó la Copa Davis en los años 1990 y 1992.

AGASSIZ, JEAN LOUIS RODOLPHE Naturalista estadounidense, de origen suizo (Motier, 1807 - Cambridge, 1873). Estudió la fauna europea de agua dulce, los animales fósiles y los glaciares.

ÁGATA f. *Miner.* Variedad de calcedonia, dura, traslúcida y con colores que se pueden distribuir en formas de ondas, listas o jaspeados. Sus principales yacimientos se localizan en Brasil, Uruguay e India. Se emplean como objetos de adorno y, por su dureza, en determinadas aplicaciones técnicas.

AGATEADOR m. *Zool.* Nombre común de diversas especies de aves paseriformes de la familia cértidos, género *Certhia*. El agateador común (*C. brachydactyla*), es de pequeño tamaño, color pardo en el dorso y blanco en el vientre, y pico largo y curvo. Se extiende por Europa central y meridional.

AGATOCLES Tirano de Siracusa (?, 361 - ?, 289 a. C.). Incitó al pueblo a expulsar al tirano Sosistratos y a dominar a la oligarquía, tras lo cual se hizo con el poder. Sostuvo varias campañas contra Cartago, en las que fue derrotado. Obtuvo el título real hacia el 306.

AGATÓN Poeta griego (?, h. 450 - ?, h. 400 a. C.). Discípulo de Gorgias, sólo se conservan fragmentos de sus obras. En el *Banquete* de Platón es presentado como un autor ecléctico y argumentación sofista.

AGATÓN, SAN Papa italiano (Palermo, ? - ?). Ocupó el solio pontificio del 678 al 681. Combatió el MONOTELISMO en el tercer concilio general de Constantinopla.

AGAUCHAR tr. y prnl. *Amér.* Hacer que una persona tome el aspecto y las costumbres propias del gaucho.

ÁGAVE m. *Bot.* Nombre común de diversos arbustos de la familia amarilidáceas, género *Agave*. Es una planta crasa, de gran tamaño y con hojas carnosas. Originaria de América tropical, crece en las regiones cálidas y mediterráneas. Con sus hojas se fabrican fibras textiles y con su savia se elaboran diversas bebidas alcohólicas (pulque, tequila y mezcal).

ágave

AGAVILLADOR, RA m. y f. **1** Persona que agavilla. || f. **2** Máquina que siega las mieses y forma las gavillas.

AGAVILLAR tr. Hacer o formar gavillas.

AGAZAPARSE prnl. fam. Agacharse, encogiendo el cuerpo contra la tierra.

AGDER OCCIDENTAL Condado de Noruega; 7.281 km^2 y 153.998 h. Su capital es Kristiansand.

AGDER ORIENTAL Condado de Noruega; 9.212 km^2 y 101.487 h. Su capital es Arendal.

AGENCIA f. **1** Empresa destinada a gestionar asuntos ajenos o a prestar determinados servicios. **2** Oficina del agente. **3** Sucursal de una empresa.

AGENCIAR tr. **1** Hacer las diligencias necesarias para lograr algo. También intr. **2** Conseguir algo con maña. También prnl.

AGENDA f. **1** Libro o cuaderno en que se apuntan, para no olvidarlas, aquellas cosas que se han de hacer. **2** Programa de actividades o trabajos. **3** Relación de los temas que han de tratarse en una reunión; orden del día.

AGENESIA o **AGÉNESIS** f. *Med.* **1** Imposibilidad de engendrar. **2** Desarrollo defectuoso de cualquier parte del cuerpo. ♦ El pl. de la segunda forma es *agénesis*.

AGENTE adj. **1** Que obra o tiene virtud de obrar. **2** *Gram.* Persona, animal o cosa que realiza la acción del verbo. || com. **3** Persona o cosa que produce un efecto. **4** Persona que obra en poder de otro. **5** Persona que lleva determinados asuntos de otra. || **AGENTE DE CAMBIO Y BOLSA** Funcionario que interviene en las negociaciones de valores cotizables y demás operaciones de bolsa. || **AGENTE DE NEGOCIOS** Persona que tiene por oficio gestionar negocios ajenos. || **AGENTE DE POLICÍA** Funcionario subalterno de seguridad y vigilancia.

AGEO Personaje bíblico. Décimo de los profetas menores, profetizó la llegada del Mesías en 502 a. C. Lleva su nombre un libro de la Biblia.

ÁGER m. *Agr.* Espacio natural modificado por las labores agrícolas para obtener una serie de productos.

AGESILAO II Rey de Esparta (?, h. 444 - Cirene, 358 a. C.). Venció en Asia Menor a los persas y en Coronea a los atenienses, tebanos, corintios y argivos en 394 a. C. Libró a Esparta de Epaminondas, pero fue vencido en Mantinea por éste en 362 a. C. Murió en un naufragio.

AGEUSIA o **AGEUSTIA** f. *Med.* Pérdida del sentido del gusto.

AGGIORNAMENTO (Voz it.) m. Puesta al día. Se aplica especialmente a la política emprendida en la Iglesia católica por el papa Juan XXIII, plasmada en el concilio Vaticano II.

AGIBÍLIBUS m. **1** fam. Habilidad para procurar la propia conveniencia. **2** fam. Persona que tiene esta habilidad. ♦ Su pl. es *agibílibus*.

ÁGIDAS *Geneal.* Familia real de Esparta, fundada por Agis, hijo de Eurístenes. Reinaron junto a los Euripóntidas entre los siglos VI a. C. y III a. C.

AGIGANTADO, DA adj. **1** De estatura mucho mayor de lo regular. **2** fig. Se dice de las cosas muy sobresalientes.

AGIGANTAR tr. y prnl. fig. Dar a alguna cosa proporciones gigantescas.

ÁGIL adj. **1** Ligero, rápido. **2** Se dice de la persona que se mueve con soltura. Por extensión, se aplica a cosas.

AGILA Rey visigodo de Toledo (? - Mérida, 554). Accedió al trono el año 549, con la oposición de un sector de la nobleza que eligió rey a Atanagildo. Los sublevados iniciaron una guerra civil, apoyados por el ejército enviado por Justiniano. Fue derrotado en Sevilla y se retiró a Mérida, donde fue asesinado por sus partidarios.

AGILIDAD f. Calidad de ágil.

AGILIZAR tr. y prnl. Hacer ágil.

AGIO m. **1** Beneficio que se obtiene del cambio de la moneda, o de descontar letras, pagarés, etc. **2** Especulación sobre el alza y la baja de los fondos públicos.

-AGIO suf. HAGIO-.

AGIOTAJE m. AGIO.

AGIOTISTA com. Persona que se dedica al agiotaje.

AGIS I Rey de Esparta (s. XI a. C.). Era hijo de Eurístenes y fundó la dinastía de los ÁGIDAS.

AGIS III Rey de Esparta (s. IV a. C.). Miembro de la familia Eruripóntidas. Reinó desde 338 hasta 331 a. C.

AGITACIÓN f. Acción y efecto de agitar o agitarse.

AGITADOR, RA adj. **1** Que agita. También s. || m. y f. **2** Persona que incita a otros a propugnar violentamente cambios políticos o sociales. || m. **3** Instrumento que sirve para revolver líquidos.

AGITANADO, DA adj. **1** Que se parece a los gitanos. **2** Que parece de gitano.

AGITAR tr. **1** Mover violentamente. También prnl. **2** Inquietar. También prnl. **3** fig. Provocar la inquietud política o social.

AGLABÍ o **AGLABITA** adj. y com. *Hist.* Se dice de una dinastía musulmana del N de África, fundada por Ibrahim ibn Aglab en el año 800. Desapareció en el 910 ante el avance de los fatimíes.

ÁGLAE o **AGLAYA** *Mit.* Una de las tres Gracias.

AGLIFO, FA adj. *Zool.* Se dice de los ofidios que no tienen dientes acanalados para inyectar veneno.

AGLIPAY Y LABAYAN, GREGORIO Sacerdote filipino (Batao Municio, 1870 - Manila, 1940). Fundó en 1902 la Iglesia filipina independiente, basada en el catolicismo.

AGLOMERACIÓN f. **1** Acción y efecto de aglomerar o aglomerarse. **2** Cúmulo o multitud de personas o cosas. || **AGLOMERACIÓN URBANA** *Geog.* Conjunto urbano formado por una ciudad principal a la que se van uniendo municipios autónomos que, sin embargo, dependen de aquélla funcionalmente.

AGLOMERADO m. **1** Material hecho de planchas formadas por fragmentos de madera prensados y endurecidos. Se utiliza en carpintería. **2** Prisma hecho en molde con carbón de piedra menudo y alquitrán, que se usa como combustible. **3** Cualquier producto obtenido por aglomeración. **4** *Geol.* Roca formada por fragmentos de otras rocas, unidas por un cemento, por lo general poco consistente. Es el resultado de la actividad explosiva de los volcanes.

AGLOMERANTE adj. y m. **1** Que aglomera. **2** Se aplica al material capaz de unir fragmentos de una o varias sustancias.

AGLOMERAR tr. **1** Amontonar, juntar. También prnl. **2** Unir fragmentos de una o varias sustancias con un aglomerante.

AGLUTINACIÓN f. **1** Acción y efecto de aglutinar o aglutinarse. **2** *Biol.* Acúmulos de bacterias que se forman como respuesta a la invasión de un antígeno. **3** *Ling.* Adición de afijos a una raíz para expresar las diversas relaciones gramaticales. **4** *Med.* Acúmulo de glóbulos rojos que se origina cuando el plasma de un individuo es mezclado con la sangre de otro, o cuando se mezclan dos tipos distintos de sangre.

AGLUTINANTE adj. y m. **1** Que aglutina. **2** *Ling.* Se dice de las lenguas que yuxtaponen varios afijos que expresan ideas simples a una raíz para formar palabras que expresen ideas compuestas, como el vasco, el japonés o el finés. **3** *Pint.* Componente que se utiliza en barnices, pinturas, etc., para diseminar uniformemente las partículas pigmentadas y para que al secarse formen una película fina y continua.

AGLUTINAR tr. y prnl. **1** Pegar una cosa con otra. **2** Reunir, aunar. **3** *Med.* Mantener en contacto, por medio de un emplasto, las partes cuya adherencia se quiere lograr. **4** *Ling.* Formar palabras por aglutinación.

AGLUTININA f. *Fisiol.* **1** Anticuerpo del grupo de las globulinas gamma, presente en el suero de la sangre, que provoca la aglutinación de un antígeno específico, como bacterias o glóbulos rojos. **2** Componente del plasma sanguíneo que provoca la aglutinación de los glóbulos rojos de la sangre de otro individuo.

AGLUTINÓGENO m. *Fisiol.* **1** Sustancia aglutinable de las bacterias y otros organismos que, al ser introducida en otro ser vivo, estimula en éste la formación de la aglutinina. **2** Antígeno contenido en los glóbulos rojos de un individuo que, al ponerse en contacto con los hematíes de otro, reacciona con la aglutinina del plasma y provoca la aglutinación de los hematíes de este último.

-AGMA, -AGMIA sufs. que significan quiebra.

AGNACIÓN f. Parentesco de consanguinidad entre agnados.

AGNADO, DA adj. y s. Se dice del pariente por consanguinidad respecto de otro, cuando ambos descienden de un tronco común de varón en varón.

AGNATO, TA adj. *Zool.* **1** Se dice de los peces que carecen de mandíbulas y de escamas, como las lampreas. || m. pl. *Zool.* **2** Grupo taxonómico de vertebrados con categoría de superclase. Incluye animales acuáticos, carentes de extremidades pares, y con el cuerpo pisciforme. Es un grupo muy primitivo, representado en la actualidad sólo por los ciclóstomos.

AGNELLI, GIOVANNI Empresario italiano (Villar Perosa, 1866 - Turín, 1945). Fue el creador y fundador de las fábricas de coches FIAT de Turín (1899).

AGNELLI, GIOVANNI Empresario italiano (Turín, 1921 - íd., 2003). Nieto del anterior, entre 1966 y 1996 ocupó la presidencia de la compañía FIAT.

AGNI *Rel.* Dios del fuego solar, del rayo y del hogar. Es una de las divinidades más importantes de la religión de los vedas.

AGNON, SAMUEL JOSEF (SHMUEL YOSEF CZACZKES, llamado) Novelista israelí en lengua hebrea y yiddish (Buczacz, Galitzia, 1888 - Rehovot, Tel Aviv, 1970). Los temas más recurrentes de sus relatos son la diáspora judía en Europa oriental y los comienzos de la colonización de Palestina por los judíos. Es autor de *Las esposas abandonadas* (1908), *El ajuar de novia* (1931), etc. En 1966 compartió el premio Nobel de Literatura con Nelly Sachs.

AGNOSIA f. *Pat.* Pérdida de la facultad de transformar las sensaciones simples en percepciones propiamente dichas, por lo que el individuo no reconoce a las personas o a las cosas.

AGNOSTICISMO m. *Filos.* Doctrina filosófica que declara inaccesible al entendimiento humano toda noción de lo absoluto, de Dios y sus atributos, y reduce la ciencia al conocimiento fenomenológico y relativo.

AGNÓSTICO, CA adj. **1** Relativo al agnosticismo. **2** Que profesa esta doctrina. También s.

AGNUS o **AGNUSDÉI** m. **1** *Rel.* Lámina gruesa de cera con la imagen del Cordero que bendice el Papa cada siete años. **2** *Pint.* Representación pictórica del Cordero de Dios *(Agnus Dei)*. **3** *Rel.* Oración que en la misa se dice por tres veces entre el padrenuestro y la comunión. **4** *Num.* Moneda antigua de vellón con mezcla de plata, que hizo labrar Juan I de Castilla.

AGOBIADO, DA adj. **1** Angustiado. **2** Cargado de espaldas.

AGOBIANTE adj. Que agobia.

AGOBIAR tr. y prnl. **1** Causar gran molestia o cansancio. **2** Imponer a alguien una actividad o esfuerzo excesivos, preocupar, causar gran sufrimiento.

AGOBIO m. **1** Acción y efecto de agobiar o agobiarse. **2** Sofocación, angustia.

-AGOGIA, -AGOGÍA, -AGOGE, -AGOGO sufs. que significan enseñanza, guía: *pedagogo*.

AGOGÍA f. Canal por donde sale el agua de las minas.

AGOLPAMIENTO m. Acción y efecto de agolparse.

AGOLPAR tr. **1** Juntar de golpe en un lugar personas, animales o cosas. Más como prnl. || prnl. **2** fig. Venir juntas ciertas cosas; como penas, lágrimas, etc.

AGONAL adj. **1** Relativo a los certámenes, luchas y juegos públicos. **2** Se dice de las fiestas que se dedicaban al dios Agonio o al dios Jano. Más como s. y en pl.

AGONÍA f. **1** Estado previo a la muerte. **2** fig. Aflicción extremada. **3** fig. Agotamiento que indica el final de algo. || com. pl. **4** Persona apocada y pesimista. Se usa como singular fam.

AGÓNICO, CA adj. **1** Que se halla en la agonía de la muerte. **2** Propio de la agonía del moribundo.

-AGÓNICO suf. -AGONO-.

AGONIOSO, SA adj. fam. Ansioso, apremiante en el pedir.

AGONISTA com. **1** LUCHADOR. **2** *Lit.* Cada uno de los personajes que en la épica u obras literarias se opone a otro dentro del conflicto que los enfrenta. **3** *Hist.* En la Grecia antigua se daba este nombre al que participaba en algún concurso y, más particularmente, a los atletas que competían en el estadio y en la palestra, a los abogados y a los actores.

-AGONISTA suf. -AGONO-.

AGONÍSTICA f. **1** Arte de los atletas. **2** Ciencia de los combates.

AGONIZANTE adj. y s. **1** Que agoniza. **2** *Rel.* Se dice del religioso que tiene por misión auxiliar a los moribundos.

AGONIZAR intr. **1** Estar muriéndose una persona. **2** Extinguirse o terminarse una cosa. **3** Sufrir angustiosamente por algo.

-AGONO-; -AGÓNICO, -AGONISTA in. o sufs. que significan lucha, combate: *antagónico, protagonista*.

ÁGONO, NA adj. *Geom.* Que no tiene ángulos.

ÁGORA f. **1** Plaza pública en las ciudades griegas; centro de la vida sociopolítica que corresponde al foro romano. **2** Asamblea que en ellas se efectuaba.

AGORAFOBIA f. *Psiquiat.* Sensación morbosa de angustia ante los espacios despejados y extensos.

AGORAR tr. **1** Predecir supersticiosamente el futuro. **2** fig. Presentir y anunciar desdichas con poco fundamento. ♦ IRREG. Se conjuga como CONTAR.

AGORERO, RA adj. **1** Que adivina por agüeros o cree en ellos. También s. **2** Que predice sin fundamento males o desdichas. También s. **3** Se aplica al ave que se cree anuncia algún mal.

AGOSTAR tr. **1** Secar el excesivo calor las plantas. También prnl. **2** fig. Consumir o destruir las cualidades físicas o morales de una persona. **3** Arar o cavar la tierra en agosto. || intr. **4** Pastar el ganado en rastrojeras o en dehesas durante el verano.

AGOSTEÑO, ÑA adj. Propio del mes de agosto.

AGOSTERO, RA adj. **1** Se dice del ganado que pace en los rastrojos. || m. y f. **2** Persona que trabaja en las faenas de las eras durante la recolección de cereales.

AGOSTINI, GIACOMO Motociclista italiano (Brescia, 1943). Entre 1966 y 1975 consiguió el título de campeón del mundo en quince ocasiones, siete en la modalidad de 350 cc y ocho en la de 500 cc.

Agostino di Duccio. *La Luna.* Capilla de los Planetas. Templo Malatestiano de Rimini (Italia).

AGOSTINO DI DUCCIO Escultor y arquitecto italiano (Florencia, 1418 - Perugia, h. 1481). En Módena esculpió en la cúpula de la catedral cuatro bajorrelieves sobre la historia de san Giminiano. Su estilo se caracteriza por la decoración lineal y las formas esquemáticas. Decoró el Templo Malatestiano de Rimini (1447-54) y realizó la capilla de san Bernardino en Perugia (1473-75).

AGOSTIZO, ZA adj. **1** Propio del mes de agosto. **2** Propenso a agostarse. **3** Se dice del animal nacido en agosto.

AGOSTO m. **1** Octavo mes del año. **2** Temporada en que se hace la recolección de granos. **3** COSECHA. || **hacer** uno su **agosto** fr. fig. y fam. Hacer un buen negocio.

AGOTABLE adj. Que se puede agotar.

AGOTADOR, RA adj. Que agota.

AGOTAMIENTO m. **1** Acción y efecto de agotar o agotarse. **2** Pat. Debilidad gradual de una o varias funciones que se produce cuando se rebasa la situación de fatiga física o mental.

AGOTAR tr. y prnl. **1** Extraer todo el líquido que hay en una capacidad cualquiera. **2** fig. Gastar del todo, consumir. **3** fig. Cansar extremadamente.

AGOTE adj. y s. *Etnol.* Se dice del individuo de un grupo étnico, de origen desconocido, que habita en el valle del Baztán, en Navarra. Tradicionalmente fueron discriminados por los baztaneses.

AGOTE, LUIS Médico argentino (Buenos Aires, 1868 - íd., 1954). Ideó un procedimiento para evitar la coagulación de la sangre en las transfusiones, mediante el nitrato de sodio.

AGOULT, MARIE DE, CONDESA DE FLAVIGNY, MARIE DE, CONDESA DE AGOULT.

-AGRA suf. AGRO-.

AGRA Ciudad del N de la India, Estado de Uttar Pradesh; 891.790 h. Centro industrial y comercial. Monumentos mogoles del siglo XVII (Taj Mahal, mausoleo de Etmad Dowlah).

AGRACEJINA f. *Bot.* Fruto del agracejo.

AGRACEJO m. *Bot.* **1** Arbusto de la familia berberidáceas, de nombre científico *Berberis vulgaris*. Es una mata espinosa que tiene frutos comestibles y crece en las laderas y collados europeos. Posee propiedades medicinales. **2** Árbol de la familia anacardiáceas, nativo de Cuba. **3** Uva que se queda muy pequeña y no llega a madurar.

AGRACERO, RA adj. Se dice de la cepa o del viñedo cuyo fruto no pasa de agraz, no madura.

AGRACIADA Playa de Uruguay, en la costa del río de este nombre, departamento de Río Negro. En ella desembarcaron el 19 de abril de 1825 los 33 orientales dirigidos por el general Juan Antonio Lavalleja; punto de partida de la guerra que acabó con la independencia de Uruguay.

AGRACIADO, DA adj. **1** Que tiene gracia o es gracioso. **2** Bien parecido. **3** Afortunado en un sorteo.

AGRACIAR tr. **1** Dar a una persona o cosa gracia y buen parecer. **2** Hacer o conceder alguna gracia o merced.

AGRADABLE adj. **1** Que agrada. **2** Se dice de la persona simpática y amable.

AGRADAR intr. Complacer, contentar, gustar.

AGRADECER tr. **1** Sentir o mostrar gratitud por algo recibido. **2** fig. Corresponder una cosa al trabajo empleado en conservarla o mejorarla. ♦ IRREG. Véase cuadro.

AGRADECER

INDICATIVO
Pres.: agradezco, agradeces, etc.
Pret. imperf.: agradecía, agradecías, etc.
Pret. indef.: agradecí, agradeciste, etc.
Fut. imperf.: agradeceré, agradecerás, etc.
Condic.: agradecería, agradecerías, etc.
SUBJUNTIVO
Pres.: agradezca, agradezcas, agradezca, agradezcamos, agradezcáis, agradezcan.
Pret. imperf.: agradeciera, agradecieras, etc., o agradeciese, agradecieses, etc.
Fut. imperf.: agradeciere, agradecieres, etc.
IMPERATIVO: agradece, agradeced.
PARTICIPIO: agradecido.
GERUNDIO: agradeciendo.

AGRADECIDO, DA adj. y s. **1** Que agradece. **2** Se dice de la persona que muestra agradecimiento por lo que recibe. **3** Se dice de lo que responde bien a un tratamiento.

AGRADECIMIENTO m. Acción y efecto de agradecer.

AGRADO m. **1** Voluntad o gusto. **2** Afabilidad en el trato.

AGRAFIA f. *Pat.* Incapacidad total o parcial para expresar las ideas por escrito, debido a una lesión cerebral compleja.

ÁGRAFO, FA adj. Que no sabe escribir o es incapaz de hacerlo.

AGRAMADERA f. Instrumento para agramar.

AGRAMAR tr. **1** Majar el cáñamo o el lino para separar del tallo la fibra. **2** fig. Tundir, golpear.

AGRAMATICAL adj. *Ling.* Que no se ajusta a las reglas de la gramática.

AGRAMATICALIDAD f. *Ling.* Cualidad de una secuencia oracional que infringe alguna regla de la gramática.

AGRAMATISMO m. *Pat.* Afasia que consiste en la reducción del vocabulario, la simplificación de las estructuras sintácticas y la brevedad de las frases, como consecuencia de la supresión casi constante de morfemas gramaticales.

AGRAMILAR tr. **1** Cortar y raspar los ladrillos para igualarlos. **2** Figurar con pintura hiladas de ladrillos.

AGRAMIZA f. Desperdicio que queda después de agramado el cáñamo o lino.

AGRAMONTE Y LOINAZ, IGNACIO Patriota cubano (Puerto Príncipe, 1841 - batalla de Jimaguayú, 1873). Fue uno de los jefes de la primera guerra de independencia de Cuba; participó en el levantamiento de Céspedes en Yara, contra los españoles; firmó el decreto de abolición de la esclavitud (1869) y redactó la primera constitución de la República.

AGRANDAMIENTO m. Acción y efecto de agrandar.

AGRANDAR tr. y prnl. Hacer más grande alguna cosa.

AGRANULOCITOSIS f. *Pat.* Enfermedad febril aguda, originada por la falta o disminución de leucocitos. ♦ Su pl. es *agranulocitosis*.

agracejo

AGRARIO, RIA adj. **1** Relativo al campo. **2** Que en política defiende los intereses de la agricultura. También s.

AGRARISMO m. Conjunto de intereses referentes a la explotación agraria.

AGRAVAMIENTO m. Acción y efecto de agravar o agravarse.

AGRAVANTE adj. y s. Que agrava.

AGRAVAR tr. Aumentar la gravedad de una situación o de un enfermo. También prnl.

AGRAVIADOS, GUERRA DE LOS *Hist.* Contienda que estalló en Cataluña en 1827 entre los «agraviados» o *malcontents*, absolutistas partidarios del infante Carlos, frente a Fernando VII. El frente de los insurrectos lo formaban principalmente los campesinos hostigados por el clero, y algunos miembros del Consejo de Estado. Exigían un retorno total al pasado, mediante el restablecimiento de la Inquisición, la supresión de las nuevas instituciones y la represión contra los liberales. La reacción del bando real fue tardía, pero pocos días después de que las tropas de Fernando VII llegasen a Cataluña la sublevación tuvo su fin.

AGRAVIANTE adj. Que agravia.

AGRAVIAR tr. **1** Hacer agravio. || prnl. **2** Ofenderse.

AGRAVIO m. **1** Ofensa que se hace a uno en su honra o fama. **2** Hecho o dicho con que se hace esta ofensa. **3** Perjuicio que se hace a uno en sus derechos o intereses.

AGRAZ m. **1** Uva sin madurar. **2** Zumo que se saca de esta uva, empleado en la elaboración de bebidas refrescantes. **3** fig. y fam. Amargura, sinsabor, disgusto. **4** *Bot.* Arbusto de la familia saxifragáceas también denominado *calderilla*. **5** *Bot.* MAROJO.

ÁGREDA, SOR MARÍA DE JESÚS DE Escritora española (Ágreda, 1602 - íd., 1665). Abadesa del monasterio franciscano de Ágreda, adquirió fama de santa por sus supuestas revelaciones sobrenaturales; aunque la Inquisición la procesó, salió libre de las acusaciones. Escribió obras ascéticas y místicas, como *La mística ciudad de Dios* (póstuma, 1670), y una *Correspondencia privada con Felipe IV*.

AGREDIR tr. Cometer agresión. ♦ DEF. Se conjuga como ABOLIR.

AGREGACIÓN f. **1** *Biol.* Agrupación de organismos. **2** *Bot.* Movimientos del protoplasma característicos de las células con zarcillos de algunas plantas sensitivas; producen un acercamiento hacia el estímulo.

AGREGADO, DA m. y f. **1** Empleado adscrito a un servicio del cual no es titular. **2** Funcionario diplomático encargado de asuntos de su especialidad. **3** PROFESOR AGREGADO. || m. **4** Conjunto de cosas homogéneas que forman un cuerpo. **5** Añadidura. **6** *Arg.* y *Urug.* Persona que vive y trabaja en una finca rústica y a cambio recibe alojamiento y comida. **7** *Col.* Persona que ocupa una propiedad rural ajena con su casa, gratuitamente o en arriendo. **8** *Bot.* Fruto en forma de racimo, obtenido a partir de una flor única con diferentes carpelos sueltos, como la frambuesa. **9** *Bot.* Fruto en forma de racimo formado por varias flores que crecen apretadas en sí, como por ejemplo la piña. **10** *Geol.* Masa consistente integrada por fragmentos de rocas o minerales. **11** *Quím.* Grupo de partículas que interaccionan entre sí. Puede tratarse de átomos, iones o moléculas.

AGREGADURÍA f. **1** Cargo y oficina de un agregado diplomático. **2** Cargo de un profesor agregado.

AGREGAR tr. **1** Unir unas personas o cosas a otras. También prnl. **2** Añadir algo a lo ya dicho o escrito. **3** Destinar a alguna persona a un cuerpo u oficina sin plaza efectiva.

AGREMÁN m. Labor de pasamanería en forma de cinta.

AGREMIAR tr. y prnl. Reunir en gremio.

AGRESINA f. *Veter.* Sustancia venenosa producida por algunos organismos patógenos, cuya acción va encaminada a impedir las reacciones defensivas del atacado.

AGRESIÓN f. **1** Acto de agredir a alguien o a algo para hacerle daño. **2** Acto contrario al derecho de otro, y en particular, ataque armado de una nación contra otra. **3** *Biol.* Todo lo que atenta contra la integridad de los organismos o su equilibrio.

AGRESIVIDAD f. **1** Cualidad de agresivo. **2** Actitud que se caracteriza por la predisposición al empleo de la fuerza. **3** *Bot.* Capacidad de un parásito para atacar a un huésped.

AGRESIVO, VA adj. **1** Que actúa con agresividad. **2** Propenso a provocar a los demás. **3** Que implica provocación y violencia.

AGRESOR, RA adj. y s. Que comete agresión.

AGRESTE adj. **1** Perteneciente al campo. **2** Terreno sin cultivar; abrupto. **3** fig. Rudo, tosco, grosero.

AGRIADO, DA adj. ÁCIDO.

AGRIAMENTE adv. m. fig. **1** Con aspereza o rigor. **2** fig. Con amargura.

AGRIAR tr. y prnl. **1** Poner agria alguna cosa. **2** fig. Exasperar los ánimos.

Agrigento (Sicilia). Templo de Hera, siglo v a. C.

AGRÍCOLA adj. Concerniente a la agricultura o al que la ejerce.
AGRÍCOLA, CNEO JULIO General romano (Frejus, Galia, 37 - Roma, 93). Fue cuestor en Asia y mandó una legión en Britania, donde ejerció el cargo de gobernador y sofocó una rebelión.
AGRÍCOLA, GEORGIUS (GEORG BAUER, llamado) Médico y metalúrgico alemán (Glauchau, 1494 - Chemnitz, 1555). Fue el iniciador de la mineralogía científica con su obra *De natura fossilium*. Su libro *De re metallica*, publicado póstumamente, es un tratado general sobre minería.
AGRICULTOR, RA m. y f. Persona que cultiva la tierra.
AGRICULTURA f. Arte de cultivar la tierra para conseguir los vegetales necesarios para el consumo humano o del ganado.
AGRIDULCE adj. y s. Que tiene mezcla de agrio y de dulce.
AGRIETAR tr. y prnl. Abrir grietas.
AGRIGENTO Provincia de Italia, en Sicilia; 3.042 km² y 475.699 h. Su capital es la ciudad de su mismo nombre, en cuyas inmediaciones se encuentran las ruinas de la antigua *Acragas*.
AGRIMENSOR, RA m. y f. Persona experta en medir tierras.
AGRIMENSURA f. Arte de medir tierras y levantar los planos correspondientes.
AGRIMONIA f. *Bot.* Planta perenne de la familia rosáceas, de nombre científico *Agrimonia eupatoria*. Sus hojas se emplean como astringente y tónico.
AGRINGARSE prnl. *Chile* Portarse como un gringo.
AGRIO, GRIA adj. **1** Que produce sensación de acidez. **2** AGRIADO. **3** fig. Áspero, malhumorado. || m. *Fís.* **4** Depósito irregular de la capa galvánica sobre la superficie de un disco de cera, debido a una fuerte caída de potencial en un baño electrolítico. || m. pl. *Bot.* **5** Frutas agrias o agridulces, como el limón, la naranja, etc.
AGRIO Río de Argentina, que nace en el lago de su nombre, cerca de la frontera con Chile, y desemboca en el Neuquén; 156 km de curso.
AGRIPA, MARCO VIPSANIO General y político romano (Roma, 63 a. C. - íd., 12 a. C.). Principal consejero de Octavio Augusto, triunfó en Accio en el año 31 a. C., y en la guerra contra los cántabros en Hispania. Emprendió la construcción del Panteón, en Roma. Hizo trazar un mapa del imperio.
AGRIPA DE NETTESHEIM, HEINRICH CORNELIUS Médico, filósofo y cabalista alemán (Colonia, 1486 - Grenoble, 1535). Historiógrafo de Carlos I de España, defendió una teoría que concebía el mundo como un todo orgánico vivificado por un espíritu universal. Es autor de *De Occulta Philosophia* (1510) y *De Incertitudine et Vanitate de Scientiarum et Artium* (1530).
AGRIPALMA f. *Bot.* Planta de la familia labiadas, de nombre científico *Leunurus cardiaca*. Es un vegetal perenne, de hasta 1 m de altura, con el tallo cuadrangular y las flores de color púrpura claro.
AGRIPINA LA MAYOR Noble romana (s. I). Perteneciente a la gens Claudia, era hija de Cornelio Agripa, esposa de Germánico y madre de Calígula y de Agripina la Menor. Tiberio la desterró en 29 a la isla de Pandataria, donde se dejó morir en 33.
AGRIPINA LA MENOR Noble romana (Agrippinensis, actual Colonia, 16 - Roma, 59). Hija de Agripina la Mayor y de Germánico, y madre de Nerón, se casó en terceras nupcias con el emperador Claudio y logró que éste adoptase a su hijo y le casase con Octavia. Envenenó a Claudio para facilitar a su hijo el acceso al trono. Años más tarde Nerón la hizo matar.

AGRISADO, DA adj. GRISÁCEO.
AGRO m. Campo, tierra de labranza.
AGRO-; -AGRA, -AGRO pref. o sufs. que significan campo, falta de cultivo, etc.; también, ataque: *agropecuario, Meleagro*.
AGROBACTERIUM *Biol.* Género de bacilos gramnegativos, aerobios y móviles. Comprende cuatro especies, tres de ellas patógenas para las plantas.
AGROENERGÉTICA f. *Ecol.* Parte de la agricultura que se ocupa de la producción de biomasa con fines energéticos y la transformación de ésta en combustible utilizable.
AGROLOGÍA f. *Agr.* Parte de la agronomía que estudia las relaciones del suelo con la vegetación.
AGROLÓGICO, CA adj. *Agr.* Relativo al estudio de las relaciones del suelo con la vegetación.
AGRONOMÍA f. *Agr.* Conjunto de conocimientos relativos a varias ciencias (exactas, física, química, biología y economía) aplicables al cultivo de la tierra, con la finalidad de mejorar los resultados.
AGRONÓMICO, CA adj. *Agr.* Relativo al estudio del cultivo de la tierra, para mejorar los resultados.
AGRÓNOMO, MA adj. y s. Especialista en agronomía.
AGROPECUARIO, RIA adj. *Agr.* Que tiene relación con la agricultura y la ganadería.
AGROQUÍMICA f. *Quím.* Rama de la química que trata de la utilización industrial de materias orgánicas procedentes del campo.
AGRÓSTIDE f. *Bot.* Nombre común dado a distintas especies de la familia gramíneas, género *Agrostis*. Incluye plantas herbáceas anuales o perennes.
AGRUPACIÓN f. **1** Acción y efecto de agrupar o agruparse. **2** Conjunto de personas u organismos que se asocian con algún fin. **3** Unidad militar de armas diversas con una misión concreta. **4** *Ecol.* Grupo de organismos que comparten un hábitat.
AGRUPAMIENTO m. Acción y efecto de agrupar.
AGRUPAR tr. y prnl. **1** Reunir en grupo. **2** Constituir una agrupación.
AGUA f. **1** *Quím.* Sustancia formada por la combinación de un volumen de oxígeno y dos de hidrógeno (H_2O); líquida a temperatura ordinaria, inodora, insípida, en pequeña cantidad incolora, y verdosa en grandes masas. Su peso específico es de 1,00 a 4° C. Es el componente más abundante de la superficie terrestre, más o menos pura, forma la lluvia, los ríos y los mares, etc.; es parte constituyente de todos los organismos vivos; aparece en compuestos naturales y, como agua de cristalización, en muchos cristales. **[Encic.]** **2** Licor obtenido por infusión, disolución o emulsión de flores, plantas o frutos, y usado en medicina y perfumería. **3** LLUVIA. También en pl. **4** Vertiente de un tejado. || f. pl. **5** Visos u ondulaciones que tienen algunas telas, plumas, piedras, etc. **6** Destellos de las piedras preciosas. **7** Corrientes del mar. **8** Estela o camino que ha de seguir un buque. || **AGUA BENDITA** *Rel.* La que bendice el sacerdote para el uso de la Iglesia y de los fieles. || **AGUA BLANDA** *Quím.* La que está libre de sales de calcio y magnesio. || **AGUA DE BORRAJAS** Cosa sin importancia. || **AGUA DE COLONIA** Perfume compuesto de agua, alcohol y esencias aromáticas. || **AGUA DE CRISTALIZACIÓN** *Quím.* La que entra en proporción fija como componente físico de cristales o compuestos hidratados. || **AGUA DULCE** *Quím.* La potable, por contraposición a la del mar. || **AGUA DURA** *Quím.* Agua dulce que corta el jabón e impide la formación de espuma, por tener un alto contenido de carbonatos de calcio y magnesio. || **AGUA FÓSIL** *Geol.* La que ha quedado presa en el subsuelo durante miles de años. || **AGUA FREÁTICA** *Geol.* Agua subterránea situada por debajo del nivel freático. Es la que alimenta las fuentes y pozos superficiales. || **AGUA FUERTE** *Quím.* Ácido nítrico diluido en poca cantidad de agua. || **AGUA JUVENIL** *Geol.* La proveniente del interior de la Tierra y que no ha estado nunca en el exterior. || **AGUA MINERAL** *Quím.* La que lleva en disolución sustancias minerales. || **AGUA OXIGENADA** *Quím.* Peróxido de hidrógeno. Líquido incoloro, soluble en agua, con débil olor a ácido nítrico. Disuelto en agua es muy utilizado en medicina como desinfectante y en otros usos. || **AGUA PESADA** *Quím.* Aquella en cuya composición entra el deuterio en lugar del hidrógeno. || **AGUA POTABLE** *Quím.* La que se puede beber. || **AGUA REGIA** *Quím.* Mezcla de tres volúmenes de ácido clorhídrico con uno de ácido nítrico. Ataca a casi todos los metales, incluso al platino y al oro. || **AGUA SALADA** *Quím.* La del mar, cuyo contenido medio en sales y otros compuestos secundarios es de un 34%. || **AGUA SUBTERRÁNEA** *Geol.* La contenida en el suelo, subsuelo y rocas subyacentes, por encima de una capa impermeable y por debajo de la superficie freática. || **AGUA TERMAL** *Geol.* La que brota caliente del manantial. || **AGUAS INTERNACIONALES** *Der.* Las que no están bajo jurisdicción de ningún Estado. || **AGUAS JURISDICCIONALES** *Der.* Las que bañan las costas de un Estado y están sujetas a su jurisdicción hasta cierto límite determinado por el derecho internacional. || **AGUAS MAYORES** Excremento humano. || **AGUAS MENORES** Orina del hombre. || **bailar el agua** fr. fam. Adelantarse uno a hacer lo que se supone que ha de serle grato a otro. || **como agua de mayo** loc. fam. con que se designa lo muy deseada que es una persona o cosa. || **estar con el agua al cuello** fr. fig. y fam. Estar en gran aprieto o peligro. || **hacer agua** fr. Decaer algo. || **hacérsele** a uno **la boca agua** fr. fam. Deleitarse con el pensamiento de algo agradable. || **romper aguas** fr. Romperse la bolsa que envuelve al feto antes del parto.

Quím. El agua es el compuesto mineral más importante en la naturaleza para el desarrollo humano y de la vida animal y vegetal. Es la única sustancia que se puede presentar en los tres estados: sólido, líquido y gaseoso. Solidifica por el frío a la temperatura de 0° C, y hierve a 100° C. Su capacidad para absorber o liberar calor sin que varíe sensiblemente su temperatura, hace que las masas de agua actúen como acumuladores de calor. Su elevado calor latente de vaporización resulta

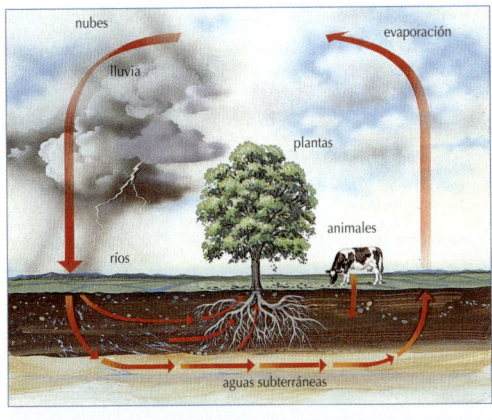

Ciclo del **agua**.

vital para los organismos terrestres que emplean la transpiración del agua como regulador de su temperatura interna. También ejerce un papel regulador de los cambios ambientales de temperatura por su elevada conductividad térmica. Tiene una gran capacidad como disolvente de todo tipo de sustancias.

AGUA, VOLCÁN DEL Volcán de Guatemala; 3.752 m de altura. En 1541 destruyó la antigua ciudad de Guatemala. Hoy está apagado.

AGUA PRIETA Ciudad de México, Estado de Sonora; 23.272 h. Puesto fronterizo con EE UU. El *Plan de Agua Prieta,* publicado en esta ciudad en 1920 por P. E. Calles, supuso el derrocamiento de V. Carranza, acusado de haber traicionado a la revolución, y reconoció como presidente a A. de la Huerta.

AGUACATAL m. Terreno poblado de aguacates.

AGUACATE m. *Bot.* **1** Árbol del orden magnoliales, familia lauráceas, de nombre científico *Persea americana.* Tiene hojas perennes y produce un fruto comestible, carnoso y en forma de pera grande. Nativo de América Central, actualmente se cultiva en las regiones tropicales y subtropicales del mundo. Sus frutos, hojas y corteza tienen propiedades medicinales. **2** Fruto de este árbol.

AGUACERO m. **1** Lluvia repentina, impetuosa y de poca duración. **2** fig. Sucesos y cosas molestas, que en gran cantidad caen sobre una persona.

AGUACHAR tr. **1** *Chile* Domesticar un animal. || prnl. **2** *Chile* Amansarse.

AGUACHENTO, TA adj. **1** *Amér.* Impregnado, empapado o lleno de agua. **2** *Amér.* y *Can.* Se aplica a lo que pierde su jugo y sales, por estar muy impregnado de agua.

AGUACHINAR tr. **1** Encharcar, llenar de agua las tierras. También prnl. **2** Dejar demasiado líquido un guiso.

AGUACHIRLE f. **1** Bebida o alimento líquido sin fuerza ni sustancia. **2** Cosa sin importancia.

AGUACIBERA f. Agua con que se riega una tierra sembrada en seco.

AGUADERA f. **1** *Zool.* Cada una de las cuatro plumas anchas que están después de las remeras del ala de las aves. || f. pl. **2** Armazón de madera, esparto o mimbre que se coloca sobre las caballerías para llevar cántaros u otras cosas.

AGUADERO m. *Tecnol.* Pequeño canal para extraer el agua de lluvia de una construcción o para encauzarla en una cuneta.

AGUADIJA f. Humor que se forma en los granos o llagas.

AGUADO, DA adj. **1** Se dice de lo que está mezclado con agua. **2** *Perú* Se dice de la persona sin gracia. También s. || f. **3** Tinta que se da a una pared enlucida de yeso. **4** Color diluido en agua sola, o en agua con ciertos ingredientes. **5** *Pint.* Diseño o pintura que se ejecuta con este color.

AGUADOR, RA m. y f. **1** Persona que se dedica a llevar o vender agua. || m. **2** Cada palo que une los aros de la rueda vertical de la noria.

AGUADULCE m. *C. Rica* AGUAMIEL.

AGUAFIESTAS com. Persona que turba una diversión. ♦ Su pl. es *aguafiestas.*

AGUAFUERTE amb. *Pint.* **1** Variedad de grabado en metal, normalmente sobre cobre. **2** Estampa o lámina así obtenida. El artista traza con una punta el dibujo sobre la plancha, cubierta de un barniz inatacable por el ácido. Al sumergir la plancha en el ácido (AGUA FUERTE), éste sólo ataca las partes en que la punta ha levantado el barniz. Su invención, data de principios del siglo XVI.

AGUAFUERTISTA com. Persona que graba al aguafuerte.

AGUAGOMA f. Disolución de goma arábiga en agua que usan los pintores.

AGUAÍ m. *Bot.* **1** Nombre de varias especies de plantas de la familia sapotáceas, del Chaco, de Paraguay y de la Mesopotamia argentina. Su madera se utiliza con fines industriales y el fruto para hacer confituras. **2** Fruto de estas plantas.

AGUAITACAIMÁN m. *Zool.* Ave acuática del orden ardeiformes, familia ardeidas, de nombre científico *Butorides virescens.* Se distingue por su cabeza adornada de largas plumas de color verde metálico, con la garganta y el pecho blancos con manchas oscuras. Procede de Cuba.

AGUAJAQUE m. *Bot.* Resina blancuzca que destila el hinojo.

AGUAJÍ m. *Zool.* Pez acantopterigio de las Antillas. Su cuerpo es cilíndrico, rojizo y con manchas oscuras. Mide cerca de 1 m de longitud.

AGUAMALA f. *Zool.* Medusa conocida vulgarmente como pulmón de mar.

AGUAMANIL m. **1** Jarro con pico para echar agua en la palangana de manos. **2** Palangana o pila para lavarse las manos.

AGUAMARINA f. *Geol.* Variedad de berilo transparente, de color azul verdoso, muy apreciada en joyería y para objetos de adorno.

AGUAMETRÍA f. *Quím.* Análisis químico basado en la cantidad de agua contenida en una muestra.

AGUAMIEL f. Agua mezclada con miel.

AGUÁN o **ROMANO** Río de Honduras, que nace en el departamento de Yoro y desemboca en el mar de las Antillas; 190 km de curso.

AGUANÉS, SA adj. *Chile* Se aplica a la res vacuna que tiene ambos costillares de un mismo color, pero distinto del que presenta el lomo y la barriga.

AGUANIEVE f. *Meteor.* Agua que cae de las nubes mezclada con nieve.

AGUANTADERAS f. pl. desp. AGUANTE.

AGUANTAR tr. **1** Reprimir o contener. **2** Resistir, soportar. También intr. **3** Tolerar a disgusto algo molesto. También prnl. **4** *Taurom.* Adelantar el diestro el pie izquierdo para citar al toro, conservando esta postura hasta dar la estocada. || intr. **5** Reprimirse. También prnl.

AGUANTE m. **1** Sufrimiento, paciencia. **2** Fortaleza o vigor.

AGUAPACLE m. *Bot.* Árbol mexicano de la familia fagáceas, de gran tamaño y con las hojas parecidas a las de la encina. Su corteza se utiliza contra la ictericia y como insecticida.

AGUAPÉ m. *Bot.* VICTORIA REGIA.

AGUAPEY Río de Argentina; nace en la provincia de Corrientes y desemboca en el Uruguay; 226 km de curso.

AGUAPIÉ m. Vino muy bajo hecho con agua y orujo.

AGUAR tr. y prnl. **1** Mezclar agua con un licor. **2** fig. Molestar, interrumpir. || prnl. **3** Llenarse de agua algún sitio.

AGUARÁ (De origen guaraní.) m. **1** *Zool.* Denominación de dos especies de cánidos de América del Sur, parecidos al zorro. **2** *Bot.* Nombre guaraní del pimiento de América.

AGUARAGUAZÚ m. *Zool.* Mamífero carnívoro de la familia cánidos, de nombre científico *Chrysocyon brachyurus,* también conocido como lobo de crin. De gran tamaño, presenta en el dorso una crin eréctil de pelo largo y amarillo rojizo. Las patas también son largas y las orejas grandes. Se extiende por América del Sur.

AGUARDAR tr. **1** Esperar a que venga o llegue alguien o algo. También intr. || intr. **2** Ir a ocurrirle algo a alguien.

AGUARDENTOSO, SA adj. **1** Que tiene aguardiente. **2** Que es o parece de aguardiente. **3** Dicho de la voz, áspera y bronca.

AGUARDIENTE m. Bebida alcohólica que, por destilación, se saca del vino y otras sustancias. || **AGUARDIENTE DE CAÑA** El obtenido de la destilación de las melazas de la caña de azúcar.

AGUARICO Río de Ecuador, que nace en la vertiente E de los Andes y sirve de frontera con Perú; 675 km.

AGUARRÁS m. *Quím.* Aceite volátil de trementina, que se utiliza como disolvente o materia prima en la industria farmacéutica y en la fabricación del corcho. Se obtiene como subproducto en el proceso de fabricación de pasta de papel. ♦ Su pl. es *aguarrases.*

AGUASARSE prnl. *Arg.* y *Chile* Tomar los modales y costumbres del guaso.

AGUASCALIENTES **1** Estado de México; 5.589 km² y 888.444 h. **2** Ciudad capital del mismo; 440.425 h. Fundada en 1575.

AGUATERO, RA m. y f. *Amér.* AGUADOR.

AGUATINTA o **ACUATINTA** f. *Pint.* **1** Dibujo o pintura que se realiza con tinta de un solo color. **2** Variedad de grabado al agua fuerte. Fue inventado en la segunda mitad del siglo XVIII. Goya y Picasso son dos de los artistas que realizaron aguatintas. **3** Estampa que se obtiene por este procedimiento.

AGUATURMA f. *Bot.* **1** Planta de la familia compuestas, herbácea, con tallos de hasta 2 m, hojas ovales, ásperas y vellosas, y raíz comestible. **2** Raíz de esta planta, llamada pataca.

AGUAVERDE f. *Zool.* Medusa verde.

AGUAY m. AGUAÍ.

AGUAZAL m. Sitio bajo donde se detiene el agua de la lluvia.

AGUAZO m. *Pint.* Pintura hecha con colores disueltos en agua que se aplica sobre papel o tela. Se distingue de la acuarela en que el blanco se aplica con el pincel.

AGUDEZA f. **1** Cualidad de agudo. **2** *Biol.* Nitidez y claridad de los sentidos, especialmente de la vista, oído y olfato.

AGUDIZAR tr. **1** Hacer aguda una cosa. || prnl. **2** Agravarse.

AGUDO, DA adj. **1** Delgado, afilado. Se dice del corte o punta de instrumentos. **2** ÁNGULO AGUDO. También m. **3** fig. Se aplica a las personas, sus sentidos, dichos, inteligencia, etc., sagaces, raudos, sutiles. **4** fig. Ingenioso, gracioso. **5** Se aplica al dolor vivo y a la enfermedad grave y de corta duración. **6** Se dice del olor o el sabor fuerte y penetrante. **7** *Bot.* Referido a las hojas de las plantas, con forma de aguja. **8** *Fís.* y *Fon.* Se dice del sonido cuya frecuencia de vibraciones es grande. También m. **9** *Gram.* Se dice de la palabra cuyo acento prosódico carga en la última sílaba, como *maná, café.*

AGUEDITA f. *Bot.* Árbol de la familia terebintáceas, nativo de América. Sus hojas son alternas, elípticas y agudas en el ápice. Tanto éstas como la corteza son muy amargas y tienen propiedades febrífugas.

AGÜERA f. Acequia para el agua de lluvia.

AGÜERO m. **1** Presagio que algunos pueblos deducían de ciertos indicios y señales como el canto o el vuelo de las aves, fenómenos meteorológicos, etc. **2** Presagio o señal de cosa futura. **3** Pronóstico formado supersticiosamente.

AGÜERO, JOAQUÍN Político cubano (Puerto Príncipe, 1816 - íd., 1851). Libertó a todos sus esclavos e inició una campaña clandestina en favor de la independencia de Cuba. Dirigió en 1851 una revolución en Cascorro, que no fue secundada por el pueblo; fue capturado y fusilado junto a sus seguidores.

AGUERRIDO, DA adj. **1** Ejercitado en la guerra. **2** Valiente.

AGUERRIR tr. y prnl. Acostumbrar a los soldados a la guerra. ♦ DEF. Se conjuga como ABOLIR.

AGUESSEAU, HENRI FRANÇOIS D' Político y jurisconsulto francés (Limoges, 1668 - París, 1751). Defendió la libertad de la iglesia galicana. Escribió *Instructions à mes enfants, Méditations métaphysiques* y dos memorias sobre economía.

AGUIJADA o **AGUIJADERA** f. **1** Vara larga con una punta de hierro con que los boyeros pican a la yunta. **2** Vara larga con un hierro de figura de paleta en uno de sus extremos, con la cual separan los labradores la tierra que se pega a la reja del arado.

AGUIJAR tr. **1** Picar con la aguijada. **2** fig. ESTIMULAR, incitar.

AGUIJÓN m. **1** Extremo puntiagudo de la aguijada. **2** fig. ESTÍMULO. **3** *Bot.* Espina de las plantas. **4** *Zool.* Órgano abdominal, perforante y agudo, generalmente relacionado con una glándula venenosa y con el cual pican algunos animales, como el escorpión, la abeja y la avispa. **5** *Zool.* Radio aserrado de la cola de los peces, que tiene una glándula venenosa.

AGUIJONAZO m. **1** Punzada de aguijón. **2** fig. Estímulo vivo; burla o reproche hiriente.

AGUIJONEAR tr. **1** AGUIJAR. **2** Picar con el aguijón. **3** fig. Incitar, atormentar.

ÁGUILA f. **1** *Zool.* Nombre común de diversas aves rapaces diurnas, falconiformes, de la familia accipítridos, de fuerte constitución, vista aguda, pico curvo y poderoso, y garras afiladas con las que matan y transportan a sus presas. **2** *Zool.* Cualquier otra ave de características semejantes. **3** fig. Persona viva y perspicaz. **4** Enseña de la legión romana y de algunos ejércitos modernos. **5** *Num.* Moneda de oro que acuñó en España el emperador Carlos V. **6** *Num.* Antigua moneda de oro de México y de EE UU. || m. *Zool.* **7** Pez, especie de raya. || **ÁGUILA IMPERIAL** *Zool.* De nombre científico *Aquila heliaca,* es una de las de mayor tamaño del grupo. Se distingue por el color oscuro de su plumaje con manchas blancas en cabeza y hombros. || **ÁGUILA REAL** *Zool.* De nombre científico *Aquila chrysaetos,* se distingue por su gran tamaño. El plumaje del cuerpo es pardo, la cabeza de un amarillo leonado y la zona basal de la cola blanca. Vive en las grietas de las paredes rocosas de Eurasia y Norteamérica.

ÁGUILA *Astron.* Constelación de la Vía Láctea, al occidente de Pegaso y al sur de Cisne. Su nombre científico es *Áquila.*

AGUILAR Monte de Argentina, provincia de Jujuy, en la cordillera de los Andes; 5.500 m de altura.

AGUILAR Municipio y ciudad de España, provincia de Córdoba; 13.366 h. También se conoce como *Aguilar de la Frontera.*

AGUILAR, EUGENIO Político salvadoreño (San Salvador, 1799 - íd., 1867). Como presidente de la República (1846-48), se distinguió por su política liberal.

AGUILAR, JERÓNIMO DE Conquistador español (Écija, ¿1489? - México, h. 1531). Intervino en las guerras del Darién con Diego de Nicuesa y Núñez de Balboa. En 1511, naufragó en el mar Caribe y fue hecho prisionero por un cacique maya en Yucatán. Hernán Cortés lo rescató en 1519 y se sirvió de él como intérprete.

AGUILAR, JOSÉ GABRIEL Patriota peruano (Huánuco, 1759 - Cuzco, 1805). Pionero de la independencia de su país, en 1805 inició una sublevación contra los españoles en Cuzco; por ello fue condenado a muerte y ejecutado el mismo año.

AGUILAR, MANUEL Político costarricense (San Juan, 1779 - íd., 1846). Ocupó la jefatura de Estado de 1837 a 1838. Fue derrocado por una insurrección que le condenó al destierro.

Aguilar de la Frontera Aguilar.

Águilas Municipio y lugar de España, provincia de Murcia; 26.007 h. Importante turismo.

Aguileña f. *Bot.* Nombre vulgar de las plantas de la familia ranunculáceas, género *Aquilegia*. Son perennes, con el tallo erecto y hasta 1 m de altura; las hojas verde oscuro por el haz y amarillentas por el envés; las flores de cinco pétalos tienen distintos colores según las especies (rojo, azul, morado o blanco). Se cultiva como adorno en los jardines.

Aguileño, ña adj. **1** Se dice del rostro largo y delgado. **2** nariz aguileña. **3** Perteneciente al águila.

Aguilera, Francisco Vicente Patriota cubano (Bayamo, 1821 - Nueva York, 1877). Participó, junto a Céspedes, en la revolución de 1868. Nombrado vicepresidente de la República (1869), viajó a EE UU en 1877 para solicitar su apoyo a los sublevados, pero murió a los pocos días de su llegada.

Aguilera Malta, Demetrio Escritor y pintor ecuatoriano (Guayaquil, 1909 - Ciudad de México, 1981). La primera parte de su producción se centró en temas de denuncia social y política: *Don Goyo* (1933), *La isla virgen* (1942). Luego cultivó la novela histórica: *El Quijote de El Dorado* (1964); y, finalmente, la literatura fantástica: *Siete lunas y siete serpientes* (1970) y *Réquien para el diablo* (1978). Como dramaturgo destacan *Lázaro* (1941) y *El tigre* (1956).

Agüilla f. Líquido como agua.

Aguilón m. **1** Brazo de una grúa. **2** Teja o pizarra cortada oblicuamente. **3** Ángulo que forma en su parte superior un edificio cubierto a dos aguas. **4** *Arquit.* Madero colocado diagonalmente en las armaduras con faldón.

Aguilote m. *Méx.* Tomate de raíz venenosa y muy amarga.

Aguilucho m. *Zool.* Nombre común de diversas aves falconiformes de la familia accipítridos, género *Circus*, de tamaño medio.

Agüimes Municipio y lugar de España, en la isla de Gran Canaria, provincia de Las Palmas; 17.513 h.

Agüín m. *Bot.* Arbusto de la clase coníferas, de 1 a 2 m de altura, con ramas que arrancan desde la base, entrelazadas, caídas y elevadas en la punta.

Aguinado, da adj. *Cuba* Se dice de los animales de color algo más claro que el cervuno.

Aguinaldo m. **1** Regalo que se da en Navidad o en la Epifanía. **2** *Bot.* Bejuco silvestre, de la familia convolvuláceas, género *Ipomea*. La flor, que brota en Navidad, exhala una gran fragancia. Es muy común en Cuba.

Aguinaldo, Emilio Político filipino (Imus, 1869 - Manila, 1964). Dirigió la insurrección de 1896 contra España y fue presidente del gobierno provisional. En 1898 proclamó la independencia de Filipinas. Tras la partida de los españoles, EE UU no reconoció la independencia, que lo unió la lucha y proclamó la República de Filipinas (1899). Fue capturado en 1901 y se retiró de la política. Durante la Segunda Guerra Mundial formó parte del gobierno impuesto por los japoneses.

Aguirre, Francisco de Militar español (Talavera de la Reina, 1500 - La Serena, 1580). Estuvo a las órdenes de Pizarro, en Perú, y de Valdivia, en Chile. Fundó la ciudad de Santiago del Estero; cayó prisionero de Hurtado de Mendoza, quien lo desterró a Lima, y fue gobernador de Tucumán.

Aguirre, Juan Bautista Poeta ecuatoriano (Daule, 1725 - Tívoli, 1786). Fue jesuita y cultivó la oratoria sagrada. Autor de *Carta a Lizardo* y *Poema heroico sobre las acciones y vida de san Ignacio*.

Aguirre, Lope de (llamado el Traidor) Aventurero español (Oñate, h. 1511 - isla Margarita, 1561). Formó parte de la expedición que, en 1559, remontó el Amazonas en busca de El Dorado al mando primero de Pedro de Ursúa y luego de Fernando de Guzmán, ambos traicionados y asesinados por Aguirre. Tras asumir el mando, conquistó isla Margarita, desde donde pretendía llegar a Perú para declararlo reino independiente de Felipe II. Implantó un régimen de terror hasta ser capturado por la autoridad real y asesinado por sus antiguos compañeros.

Aguirre Cerda, Pedro Político chileno (Pocuro, 1879 - Santiago de Chile, 1917). Presidente de la República (1938-41). Llevó a cabo reformas educativas, agrarias e industriales.

Agüista com. Persona que concurre a manantiales de aguas minerales.

Aguja f. **1** Barrita puntiaguda de metal u otra materia con un ojo por donde se pasa el hilo, cuerda, etc., con que se cose, borda o teje; o sin ojo para hacer medias u otras labores de punto. **2** Tubito metálico que se enchufa en la jeringuilla para poner inyecciones. **3** manecilla del reloj. **4** Pastel largo y estrecho, relleno de carne picada o de dulce. **5** Cada uno de los dos rieles movibles que en los ferrocarriles sirve para que el tren cambie de vía. **6** *Arquit.* Chapitel estrecho y alto de una torre o del techo de una iglesia. **7** *Bot.* Planta anual de la familia umbelíferas, con hojas muy menudas y recortadas, y fruto largo, delgado y puntiagudo. **8** *Bot.* Planta geraniácea, de nombre científico *Erodium cicutarium*. **9** *Geol.* Pico agudo de una montaña. **10** *Zool.* Pez lofobranquio de nombre científico *Belone belone*, con el maxilar alargado en forma de pinzas; la mandíbula inferior es mayor que el maxilar. Es comestible y vive en mares cálidos y templados. || f. pl. **11** Costillas del cuarto delantero del animal. || **aguja de bitácora, de marear** o **magnética** *Mar.* Brújula, instrumento para indicar el rumbo. || **buscar una aguja en un pajar** fr. fig. y fam. Empeñarse en conseguir una cosa imposible o muy difícil.

Agujas Cabo de la República Sudafricana, provincia de Cabo Occidental. Es la extremidad meridional del continente.

Agujas, corriente de las Corriente marina cálida del océano Índico, en las costas de Sudáfrica.

Agujazo m. Punzada de aguja.

Agujerear o **agujerar** tr. y prnl. Hacer agujeros.

Agujero m. **1** Abertura más o menos redonda en una cosa. **2** Pérdida injustificada de dinero. || **agujero negro** *Astron.* Cuerpo celeste de extrema densidad y gran atracción gravitatoria que ni refleja ni emite ninguna radiación. Podrían ser la fase final de la evolución de ciertas estrellas.

Agujeta f. pl. Molestias dolorosas que pueden sentirse en los músculos, especialmente en los de las extremidades, después de un esfuerzo no habitual o reiterado.

Agulhas Negras Itatiaia.

¡Agur! interj. que se usa para despedirse.

Agusanarse prnl. Criar gusanos alguna cosa.

Agustí, Ignacio Escritor español en lenguas catalana y española (Lliçà de Vall, 1913 - Barcelona, 1974). Su narrativa se enmarca dentro del realismo social, no exento de lirismo. Su obra más célebre es el ciclo novelístico *La ceniza fue árbol*, que comprende *Mariona Rebull* (1944), *El viudo Rius* (1945), *Desiderio* (1957), *Diecinueve de julio* (1965) y *Guerra civil* (1972). También es autor de *Un siglo de Cataluña* (1940), *Los surcos* (1942) y el libro de memorias *Ganas de hablar* (1974). Premio Miguel de Cervantes 1965.

Agustín I Iturbide y Aramburu, Agustín de.

Agustín, san Teólogo, filósofo y padre de la Iglesia latina (Tagaste, 354 - Hipona, 430). Hijo de santa Mónica, en Cartago se interesó por el maniqueísmo, movido por su preocupación por el problema del mal. Sin embargo, las dudas sobre la validez de esta doctrina le hicieron adentrarse en el neoplatonismo. En Milán conoció a san Ambrosio, cuyas predicaciones le hicieron convertirse al cristianismo en el 387. Llegó a ser obispo de Hipona en el 395. Su pensamiento supone la integración del cristianismo y el neoplatonismo. Relató su juventud en las *Confesiones*, autobiografía. Es autor de *La ciudad de Dios*, *De praedestinatione sanctorum*, *De Trinitate Dei*, *Soliloquia* y *De gratia et libero arbitrio*.

Agustín de Canterbury, san Monje italiano (? - ?, h. 604). Fue enviado por el papa Gregorio Magno (597) a las islas Británicas para predicar la fe cristiana entre los anglosajones. Nombrado obispo, se le encomendó la tarea de organizar la iglesia de Inglaterra. Fundó la sede de Canterbury.

Agustina de Aragón Aragón, Agustina de.

Agustini, Delmira Poetisa uruguaya (Montevideo, 1886 - íd., 1914). Su poesía, de carácter erótico y estética modernista, refleja la influencia literaria de los simbolistas franceses y de Nietzsche. Sus mejores poemas están recogidos en *Cantos de la mañana* (1910) y *Los cálices vacíos* (1913).

Agustinianismo m. *Filos.* Doctrina teológica de san Agustín y sus seguidores.

Agustiniano, na adj. **1** agustino. **2** Perteneciente a la Orden de san Agustín.

Agustino, na adj. y s. *Rel.* Se aplica al religioso o religiosa de la Orden de Hermanos de san Agustín, o, añadiéndole el calificativo *recoleto*, al de la Orden de Agustinos Recoletos.

Agutí m. *Zool.* Nombre común de diversas especies de roedores de la familia dasipróctidos, género *Dasyprocta*. Son del tamaño de una liebre, con el cuerpo alargado, orejas pequeñas, y pelaje pardo o amarillo. Viven en las selvas de América Central y del Sur.

Aguzado, da adj. **1** Que tiene forma aguda. **2** Agudo, perspicaz, penetrante, despierto, listo.

Aguzanieves f. *Zool.* lavandera.

Aguzar tr. **1** Hacer o sacar punta. **2** fig. Estimular. **3** fig. Preparar los animales los dientes o las garras para comer o despedazar. **4** fig. Avivar el entendimiento o los sentidos, para que perciban mejor.

¡Ah! interj. que denota pena, admiración o sorpresa.

Ahaggar u **Hoggar** Macizo montañoso del Sahara central, en el S de Argelia. Su cumbre más alta, el Tahat, alcanza 2.918 m de altura.

Ahechar tr. *Agr.* Cribar el trigo u otras semillas.

Aherrojar tr. **1** Encadenar a alguien con grilletes de hierro. **2** fig. Oprimir, subyugar.

San **Agustín** enseñando a los ermitaños. Cuadro de Defendente Ferrari. Museo de Bellas Artes (Dijon, Francia).

Macizo de **Ahaggar** (Argelia).

AHERRUMBRAR tr. **1** Dar a una cosa color o sabor de hierro. || prnl. **2** Tomar una cosa, especialmente el agua, color o sabor de hierro. **3** Cubrirse de herrumbre.

AHÍ adv. l. **1** En ese lugar, o a ese lugar. **2** En esto, o en eso. **3** Precedido de las prep. *de* o *por,* esto o eso. || **por ahí** loc. adv. Por parajes no lejanos o indeterminados.

AHIDJO, AHMADOU Político camerunés (Garoua, 1924 - Dakar, 1989). Miembro de la etnia fula, fue presidente del país en 1961, tras haber negociado su independencia. Reelegido en ocasiones sucesivas, dimitió en 1982. Intentó recuperar el poder, pero tuvo que exiliarse y se le condenó a muerte en rebeldía en 1984 por haber conspirado contra el gobierno.

AHIJADO, DA m. y f. Cualquier persona, respecto de sus padrinos.

AHIJAR tr. **1** Adoptar al hijo ajeno. **2** fig. Atribuir o imputar a alguno la obra o cosa que no ha dicho. || intr. **3** Procrear hijos. **4** *Agr.* Retoñar.

¡AHIJUNA! interj. *Arg.* y *Chile* Denota admiración o insulto.

AHILADO, DA adj. **1** Se dice del viento suave y continuo. **2** Se dice de la voz delgada y tenue.

AHILARSE prnl. **1** *Bot.* Criarse las plantas débiles por falta de luz, o los árboles altos, derechos y limpios por estar muy juntos. **2** Adelgazar por causa de alguna enfermedad.

AHÍNCO m. Actitud del que se ocupa de algo con empeño y eficacia.

AHITAR tr. **1** Causar ahíto. También intr. || prnl. **2** Comer hasta padecer indigestión o ahíto.

AHÍTO, TA adj. **1** Que padece indigestión. **2** fig. Cansado o fastidiado de alguna persona o cosa.

AHMAD o **AHMED** Nombre de varios sultanes marroquíes.

AHMAD I (también llamado MULAY AHMED) (Fez, 1491 - íd., 1556). Participó en el movimiento político-religioso de los sharifes. Recuperó Agadir (1541), en manos portuguesas.

AHMAD II AL-MANSUR (también llamado ABBAS AL-MANSUR MULAY) (Fez, 1549 - íd., 1603). Proclamado sultán tras la victoria de Alcazarquivir (1578), conquistó Sudán, creó monopolios comerciales y aumentó los impuestos. La conquista del imperio de Gao (1591), le hizo perder prestigio.

AHMAD-SHA DURRANI AHMED SHA DURRANI.

AHMADABAD o **AHMEDABAD** Ciudad de la India, en el Estado de Gujarat; 2.876.710 h. Hasta 1975 fue la capital del Estado.

AHMED FAJRUDDIN ALI Político indio (Delhi, 1905 - Nueva Delhi, 1977). Fue presidente de la India (1974-77), el segundo de religión musulmana.

AHMED IBN MOHAMMED Sha de Persia (Tábriz, 1898 - París, 1930). Sucedió a su padre, Mohammed Ali, bajo regencia (1909); fue coronado en 1914 y destronado por un levantamiento acaudillado por el ministro Reza Sha Pahlevi (1925).

AHMED SHA DURRANI (AHMED JAN, llamado) Primer sha de Afganistán (?, 1724 - Kabul, 1772). Miembro de la familia abdalí, era comandante del sha de Persia, Nadir. En 1747, al morir éste, se hizo proclamar rey en Qandahar. Dirigió campañas contra los mogoles de la India (1747-69), Kabul (1747), Herat y Badajshán (1749). Sus territorios se extendieron de Afganistán al Punjab y Cachemira, el Sind, Beluchistán y el Jorasán.

AHMES AMOSIS.

AHMET Nombre de diversos sultanes otomanos.

AHMET I (Manisa, 1590 - Estambul, 1617). Reinó de 1603 a 1617. Guerreó contra los persas (conquista de Tabriz), Rodolfo II de Habsburgo, con quien firmó la paz de Zsitvatörök (1606) y los húngaros. Hizo construir en Estambul la mezquita que lleva su nombre.

AHMET II (?, 1642 - Adrianópolis, actual Edirne, 1695). Sucedió a su hermano Sulayman y reinó de 1691 a 1695. En su guerra contra la Santa Liga formada por Venecia, Polonia y Austria, los otomanos fueron derrotados y perdieron Quíos.

AHMET III (?, 1673 - ?, 1736). Reinó de 1703 a 1730. Por haber dado asilo a Carlos XII de Suecia tras la batalla de Poltava, se vio involucrado en una guerra con Rusia. Derrotó al zar Pedro el Grande, pero fue vencido por Austria. Pactó con rusos y austriacos el tratado de Passarowitz (1718), que inició una época de paz entre las tres potencias. El fracaso en sus guerras contra Persia provocó un pronunciamiento en Estambul que concluyó con su abdicación.

AHO, JUHANI (JOHAN BROFELDT, llamado) Escritor finlandés (Lapinlahti, 1861 - Helsinki, 1921). Introductor del realismo en su país, es autor de *La hija del pastor* (1885), *Paru* (1897), *Juva* (1911) y *¿Recuerdas?* (1921).

AHOCINARSE prnl. Correr los ríos por angosturas o quebradas.

AHOGADERO m. **1** Cordel delgado que se echaba a los que iban a ser ahorcados para ahogarlos más deprisa. **2** Sitio donde hay mucha gente apretada. **3** Cuerda o correa de la cabezada, que ciñe el pescuezo de la caballería.

ahuehuete

AHOGADILLA f. Zambullida que se da a otro en broma.

AHOGADIZO, ZA adj. Se dice de las frutas que por su aspereza son difíciles de tragar.

AHOGADO, DA adj. **1** Se dice del sitio que no tiene ventilación. **2** Se dice del motor de explosión que falla al saturarse el carburador de combustible. || m. y f. **3** Persona que ha muerto por falta de respiración, especialmente en el agua.

AHOGAR tr. **1** Matar a alguien impidiéndole la respiración. También prnl. **2** Dañar la lozanía de las plantas o simientes por exceso de agua, apiñamiento, etc. También prnl. **3** Extinguir, apagar. También prnl. **4** fig. Oprimir, fatigar. También intr. y prnl. **5** Sumergir en agua, encharcar. **6** En el ajedrez, hacer que el rey contrario no pueda moverse sin quedar en jaque, lo que implica que la partida termine en tablas. **7** Inundar de combustible el carburador de un motor de explosión, lo que impide su correcto funcionamiento. También prnl. || prnl. **8** Sentir sofoco o ahogo.

AHOGO m. **1** Asfixia, dificultad en la respiración. **2** Aprieto, congoja o aflicción grande. **3** fig. Apremio, prisa.

AHONDAR tr. **1** Hacer más honda una cavidad o agujero. **2** Introducir una cosa muy dentro de otra. También intr. y prnl. **3** Escudriñar lo más profundo o recóndito de una cosa. También intr.

AHORA adv. t. **1** A esta hora, en este momento, en el tiempo actual o presente. **2** fig. Hace poco tiempo. **3** Dentro de poco tiempo. || conj. dist. **4** Ora, bien. || conj. ad. **5** Pero, sin embargo. || **ahora bien** loc. conjunt. Esto supuesto o sentado. || **hasta ahora** expr. que se usa para despedirse. || **por ahora** loc. adv. POR DE PRONTO. También, en el tiempo actual; con reservas con respecto a lo que pueda ocurrir.

AHORCADO, DA m. y f. Persona ajusticiada en la horca.

AHORCAPERROS m. *Mar.* Nudo corredizo. ♦ Su pl. es *ahorcaperros.*

AHORCAR tr. Quitar la vida a uno poniéndole un lazo al cuello y colgándole de él en la horca o en otro sitio. También prnl.

AHORITA adv. t. fam. Ahora mismo. Sobre todo en Canarias y en Hispanoamérica.

AHORMAR tr. **1** Ajustar una cosa a su horma o molde. También prnl. **2** Amoldar, hacer que alguien entre en razón. **3** Hacer que el toro se coloque en disposición conveniente para la estocada.

AHORNAGARSE prnl. Abrasarse la tierra y sus frutos.

AHORNAR tr. **1** Meter en el horno. || prnl. **2** Quemarse el pan por fuera, quedándose sin cocer por dentro.

AHORQUILLAR tr. **1** Afianzar con horquillas las ramas de los árboles. || tr. y prnl. **2** Dar a una cosa la figura de horquilla.

AHORRAR tr. **1** Reservar parte de dinero del que se dispone. También prnl. **2** Economizar, no malgastar algo. **3** fig. Evitar o excusar. También prnl. **4** Librar a alguien de una molestia o trabajo.

AHORRATIVO, VA adj. Se aplica a la persona que ahorra mucho.

AHORRO m. **1** Acción de ahorrar; economizar o evitar un trabajo. **2** Lo que se ahorra. Más en pl.

AHRENS, HEINRICH Jurisconsulto y filósofo alemán (Kniestedt, 1808 - Salzgitter, 1874). Discípulo de Krause, introdujo el krausismo en España: *Teoría orgánica del Estado según bases filosófico-antropológicas* y *Enciclopedia jurídica.*

AHRIMÁN *Rel.* Principio o espíritu del mal en el mazdeísmo, que se opone a Ahura-Mazda.

AHTISAARI, MARTTI Político y diplomático finlandés (Vyborg, 1937). Subsecretario general de la ONU (1987-91), en 1994 fue elegido presidente de Finlandia como candidato del Partido Socialdemócrata. Fue uno de los principales mediadores durante la guerra de Kosovo.

AHUACHAPÁN Departamento de El Salvador; 1.240 km^2 y 261.188 h. Su capital es la ciudad homónima.

AHUATE m. *Bot. Hond., Méx.* y *Nic.* Espina muy pequeña y delgada que, a modo de vello, tienen algunas plantas, como la caña de azúcar y el maíz.

AHUECADO, DA adj. **1** Hueco. || m. **2** fig. Acción y efecto de ahuecar.

AHUECAR tr. **1** Poner hueca o cóncava alguna cosa. **2** Mullir o hacer menos compacta alguna cosa. También prnl. **3** fig. Dicho de la voz, hablar con afectación. || intr. **4** fam. Ausentarse de una reunión. || prnl. **5** fig. y fam. Hincharse, engreírse.

AHUEHUETE o **AHUEHUÉ** m. *Bot.* Árbol americano del grupo de las coníferas, perteneciente al género *Taxodium.* Puede alcanzar 40 m de altura y 30 m de diámetro. Su área natural se extiende por América Central, especialmente México.

AHUESARSE prnl. *Amér.* Perder prestigio o calidad en una profesión.

AHUEVAR tr. **1** Dar forma de huevo. **2** Dar limpidez a los vinos con claras de huevo.

AHUITZOTL Octavo emperador azteca de México (? - ?, 1502). Gobernó de 1486 a 1502. Realizó una política militar expansiva en tierras huastecas, hacia Veracruz; se anexionó territorios en dirección a Otlappan (1486), Coyolapán, y Teopuctlán y Huehuetlán, cerca de la costa del Pacífico.

AHUIZOTE (De *Ahuitzotl,* emperador de México.) m. **1** *C. Rica* y *Nic.* Agüero, brujería. **2** *Méx.* Persona que molesta y fatiga con exceso. **3** *Zool.* Anfibio de México que, según la creencia popular, es animal maléfico. **4** *Zool. Méx.* Ave palmípeda nadadora, con cuello largo similar al de una serpiente y patas cortas.

AHULADO, DA adj. y m. *Amér. C.* y *Méx.* Se dice de la tela o prenda impermeable por estar untada con hule o goma elástica.

AHUMADA f. Señal que se hace en las atalayas o lugares altos quemando paja u otra cosa.

AHUMADA Y VILLALÓN, AGUSTÍN DE, MARQUÉS DE LAS AMARILLAS Militar y político español (? - Cuernavaca, 1760). Virrey de Nueva España de 1755 a 1760. Organizó la administración de las minas y combatió a comanches, británicos y franceses, que amenazaban las fronteras del virreinato.

AHUMADO, DA adj. **1** Se dice de los cuerpos transparentes que tienen color oscuro. **2** Se dice del alimento que ha sido sometido a la acción del humo, ya sea para su conservación, ya sea para darle un determinado sabor. También m.

AHUMAR tr. **1** Poner al humo alguna cosa. **2** Llenar de humo. También prnl. || intr. **3** Echar o despedir humo lo que se quema. **4** fam. EMBORRACHAR. También prnl. || prnl. **5** Tomar los guisos sabor a humo. **6** Ennegrecerse una cosa con el humo.

AHURA-MAZDA *Rel.* Divinidad suprema del mazdeísmo, creador del orden divino y de todo lo que es bueno en el universo.

AHUSAR tr. **1** Dar forma de huso. || prnl. **2** Adelgazar en figura de huso.

AHUYENTAR tr. **1** Hacer huir. **2** fig. Desechar cualquier pasión u otra cosa que molesta. || prnl. **3** Alejarse huyendo.

AHWAZ, AHWUZ o **AHWAS** Ciudad del O de Irán, capital de Khuzistán; 828.380 h.

AÍ m. *Zool. Arg.* PEREZOSO de tres dedos, mamífero desdentado.

AI CHING (CHANG HAICHENG, llamado) Poeta chino (Hangchou, 1910 - Pekín, 1996). Representante de la nueva poesía china, es autor de *Norte* (1910), *La llamada afortunada* (1953) y *Primavera* (1956).

AI WU (TANG TAOTENG, llamado) Escritor chino (Sichuan, 1904). Sus novelas tratan sobre la construcción de la China Popular: *En el río* (1944) y *Como se templa el acero* (1958).

AICHI Prefectura de Japón, en el centro de la isla de Honshu; 5.139 km^2 y 7.007.795 h. Capital, Nagoya. Fábricas de automóviles, porcelanas y tejidos. Minas de lignito y cuarzo.

AICHINGER, ILSE Escritora austriaca (Viena, 1921). Su narrativa está influida por Kafka y los surrealistas. Es autora de la novela *La esperanza más grande* (1948), y de los libros de relatos *Palabras bajo el patíbulo* (1952) y *Elisa, Elisa* (1965).

AIGUASTE m. *Guat.* y *Hond.* Salsa hecha de harina, achiote, chile y otros ingredientes.

AIGUILLON, ARMAND DE VIGNEROT, DUQUE DE Militar francés (?, 1720 - París, 1788). Miembro del triunvirato formado al final del reinado de Luis XV, se ocupó de los asuntos extranjeros. Apoyó el golpe de Estado de Gustavo III de Suecia y aprobó la disolución de los jesuitas.

AIJADA f. AGUIJADA.

¡AIJUNA! interj. *Arg.* y *Chile* ¡AHIJUNA!

AIKEN, CONRAD POTTER Escritor estadounidense (Savannah, Georgia, 1889 - íd., 1973). Autor de *The House of Dust* (1920) y *Senlin* (1925), versos; *Conversation* (1940), novela; *Bring! Bring!* (1925) y *Among the Lost People* (1934), cuentos.

AIKEN, HOWARD HATHAWAY Matemático estadounidense (New Jersey, 1900 - íd., 1973). Inventó y diseñó el primer ordenador electromecánico, construido en la Universidad de Harvard con la colaboración de la empresa IBM (1944).

AIKIDO m. *Dep.* Arte marcial nacido en Japón como método de autodefensa, consistente en una serie de movimientos giratorios, con cierto ritmo y técnica de danza, que permiten golpear al atacante con manos y pies.

AILANTO m. *Bot.* Árbol de nombre científico *Ailanthus altissima,* originario de las Molucas. Puede alcanzar 30 m de altura, las hojas son caedizas, y las flores aparecen en panojas de color amarillo verdoso y olor desagradable.

AILEU Distrito de Timor Oriental; 729 km² y 32.500 h. Su capital es la ciudad homónima.

AILEY, ALVIN Bailarín y coreógrafo estadounidense (Rogers, Texas, 1931 - Nueva York, 1989). En 1959 fundó el Alvin Ailey Dance Theater, compañía que alcanzó fama internacional, inicialmente compuesta sólo por artistas negros. Entre sus piezas destacan *Revelations, Macumba* y *Cry.*

AÍLLO m. **1** *Bol.* y *Perú* Parcialidad en que se divide una comunidad indígena, cuyos componentes son generalmente de un linaje. **2** *Perú* Boleadoras con bolas de cobre usadas por los indios. **3** *Perú* Concejo o parcialidad de indios que viven en régimen de comunidad de tierras.

AILLY, PIERRE D' Cardenal, filósofo y astrónomo francés (Compiègne, 1350 - Aviñón, 1420). Intervino en el concilio de Constanza (1414-18). Seguidor de Occam, preconizó la reforma de la Iglesia. Escribió *Imago Mundi, De correctione calendarii* y *Concordantia astronomica.*

-AIMA suf. HEMA-.

AIMARÁ o **AIMARA** adj. *Etnol.* **1** Se dice de un pueblo amerindio que habita en la región del lago Titicaca, entre Perú y Bolivia. Su economía se basa en la agricultura y ganadería, complementadas con la caza, la pesca y la recolección. Aunque a principios del siglo XV fueron integrados en el imperio incaico, no perdieron su identidad cultural ni de su lengua. Los aimará constituyen en Perú un 5,4% de la población total y en Bolivia un 16,9%. Más como m. pl. **2** Se dice también de los individuos de esta raza. También com. **3** Relativo a esta raza. || m. *Ling.* **4** Lengua hablada por los aimará, perteneciente a la familia de las lenguas andinas. Guarda una estrecha relación con el quechua en su construcción gramatical. Posee dos dialectos principales, el colla y el lupaca, y cuenta con más de 600.000 hablantes.

AIMÉE, ANOUK (FRANÇOISE SORYA, llamada) Actriz francesa (París, 1932). El éxito obtenido con *Los amantes de Verona* (1949), no tuvo continuidad hasta que rodó *Montparnasse 19* (1958). Películas principales: *La dolce vita* (1960), *Fellini 8½* (1962) y *Un hombre y una mujer* (1966).

AIMERIC DE PEGULHAN Trovador provenzal (Toulouse, 1170 - ?, 1220). Fue protegido de Alfonso VIII de Castilla, de Pedro II de Aragón y del emperador Federico II. Su obra conocida consta de 56 composiciones.

AIMORÉ adj. *Etnol.* **1** Se dice de un pueblo amerindio, ya extinguido, de América del Sur. Más como m. pl. **2** Individuo de este grupo. || m. *Ling.* **3** Lengua de este pueblo.

AIN Departamento del SE de Francia, en la región de Rhône-Alpes; 5.762 km² y 515.270 h. Capital, Bourg-en-Bresse. Vid. Bosques. Industrias.

AINARO Distrito de Timor Oriental; 797 km² y 44.100 h. Su capital es la ciudad homónima.

AINDIADO, DA adj. *Amér.* Que tiene el color y las facciones propias de los indios.

AINHUM m. *Pat.* Enfermedad tropical que afecta a los individuos de raza negra, caracterizada por la caída espontánea del dedo pequeño del pie por la formación de un anillo fibroso que crece hasta producir la necrosis de la región afectada.

AINU o **AINO** adj. *Etnol.* **1** Se dice de un pueblo asiático de raza blanca que habita en las islas Hokkaido, Sajalin y Kuriles. El ainu es un pueblo cazador, recolector y pescador. El sistema social es patrilineal. Son animistas, creen en varias divinidades, en un dios supremo y en la vida de ultratumba. También s. **2** Relativo a este pueblo. || m. *Ling.* **3** Lengua de este pueblo.

AIRADO, DA adj. **1** Agitado, alterado. **2** Desordenado, vicioso.

AIRAMPO m. *Bot. Perú* Planta tintórea *(Cactus airampus),* cuya semilla proporciona un colorante carmín empleado en los helados.

AIRAR tr. **1** Provocar ira, enfurecer. Más como prnl. **2** Agitar, alterar violentamente.

AIRBAG (Voz i.) m. *Tecnol.* Sistema de seguridad del automóvil consistente en una bolsa de aire, situada ante el conductor o el pasajero, o en ambos lugares, que se hincha automáticamente en el momento en que se produce una colisión y amortigua sus efectos.

AIRE m. **1** *Fís.* y *Quím.* Mezcla gaseosa que forma la atmósfera de la Tierra. Descontado el vapor de agua, que contiene en muy diversas proporciones, se compone aproximadamente de 21 partes de oxígeno, 78 de nitrógeno, 1 de argón y otros gases semejantes a éste, y algunas centésimas de ácido carbónico anhídrido. Dicha composición varía con la altura. La densidad del aire es de 1,2928 g/dm³, a 0° C y 760 mm de presión. Se trata de un gas inodoro, incoloro y transparente. El oxígeno está directamente relacionado con los fenómenos de respiración de la mayoría de los seres vivos y con los de combustión química. La falta de aire acarrea la muerte por asfixia de todos los seres aerobios. **2** Atmósfera terrestre. También en pl. **3** VIENTO. **4** fig. Parecido entre las personas. **5** fig. Vanidad o engreimiento. **6** Cada una de las maneras de caminar los solípedos y demás cuadrúpedos. **7** fig. Garbo, brío y desenvoltura en las acciones. **8** Aspecto. **9** fam. Ataque de parálisis. **10** *Mús.* CANCIÓN, tonada de una composición. **11** *Mús.* Grado de presteza o lentitud con que se ejecuta una obra musical. **12** *Zool.* Mamífero insectívoro de Cuba. Tiene el hocico alargado en una especie de trompa y el pelaje áspero coloreado de negro y amarillo. Es un animal de costumbres nocturnas que vive en las hendiduras de las rocas. || **AIRE ACONDICIONADO** *Tecnol.* Sistema de ventilación de los locales que regula la temperatura y la humedad. || **AIRE LÍQUIDO** *Fís.* Aire licuado obtenido al someterlo primero a una fuerte presión y después dejarlo que se enfríe mediante su propia expansión hasta una temperatura no superior a los -140° C. Se utiliza en la industria, como explosivo, y anestesiante local. || **AIRE DE SUFICIENCIA** fig. Actitud de quien se considera que es superior a los demás. || **al aire libre** loc. adv. Fuera de toda habitación o resguardo. || **en el aire** loc. adv. fig. Con mucha ligereza o brevedad, en un instante. También, en situación insegura o precaria. || **tomar el aire** fr. Pasearse, salir a algún sitio donde corra el aire.

AIREACIÓN f. *Med.* Arterialización de la sangre venosa en los pulmones. También impregnación de un líquido con ácido carbónico.

AIREADO, DA adj. **1** Ventilado. **2** Picado, agriado.

AIREAR tr. **1** Poner al aire o ventilar alguna cosa. **2** fig. Dar publicidad o actualidad a una cosa. || prnl. **3** Ponerse o estar al aire para refrescarse o respirar con más desahogo. **4** Resfriarse con la frescura del aire.

AIRÓN m. **1** *Zool.* GARZA REAL. **2** *Zool.* Penacho de plumas de la cabeza algunas aves. **3** Adorno de plumas, o de cosa que las imite, en cascos, sombreros, etc. **4** *Fís.* Rayo luminoso y divergente que se observa formando haces en el extremo y en los ángulos de los cuerpos electrizados.

AIROSO, SA adj. **1** Se dice del tiempo o sitio en que hace mucho aire. **2** fig. Garboso o gallardo. **3** fig. Se dice del que realiza algo con éxito.

AIRY, GEORGE BIDDEL Astrónomo británico (Alnwick, 1801 - Greenwich, 1892). Desarrolló una teoría isostática y recopiló la labor hecha sobre las órbitas lunar y planetarias.

AISA f. *Arg., Bol.* y *Perú* Derrumbe en el interior de una mina.

AISA o **AISHA** AIXA.

AISÉN DEL GENERAL CARLOS IBÁÑEZ DEL CAMPO Región XI de Chile, que comprende las provincias de Aisén, Coihaique, General Carrera y Capitán Prat; 108.494 km² y 88.782 h. Capital, Coihaique. Intensa ganadería. Explotaciones forestales. Riqueza marisquera.

AISENINO, NA adj. y s. De Aisén.

AISLACIONISMO m. *Polít.* Tendencia de un Estado que pretende no contraer compromisos con otro u otros. Puede ser de tipo económico o político, más frecuente.

AISLADO, DA adj. **1** Solo, suelto, individual. **2** *Biol.* Se dice del órgano sin conexiones directas con otro u otros. **3** *Ling.* Se dice de la oposición exclusiva de dos fonemas.

AISLADOR, RA adj. y s. **1** Que aísla. **2** *Fís.* Se dice de los cuerpos que interceptan el paso a la electridad y al calor. || m. *Fís.* **3** Pieza de material aislante que sirve para soportar o sujetar un conductor eléctrico.

AISLAMIENTO m. **1** Acción y efecto de aislar o aislarse. **2** *Fisiol.* Separación de un tejido, órgano o sistema del resto del cuerpo para proceder a su estudio. **3** *Quím.* Separación de una sustancia química pura integrada en un compuesto o una mezcla, a través de destilación, precipitación o absorción.

AISLANTE adj. y com. **1** Que aísla. **2** AISLADOR.

AISLAR tr. **1** Circundar o cercar de agua por todas partes algún sitio o lugar. **2** Dejar una cosa sola y separada de otras. También prnl. **3** *Fís.* Apartar por medio de aisladores un cuerpo electrizado de los que no lo están. **4** fig. Retirar a una persona del trato y comunicación de la gente. Más como prnl.

AISNE Río de Francia, afluente del Oise; 300 km de curso.

AISNE Departamento del N de Francia, en la región de Picardía; 7.369 km² y 535.842 h. Capital, Laon. Agricultura y ganadería.

AITKEN, ROBERT GRANT Astrónomo estadounidense (Jackson, 1864 - Berkeley, 1951). Fue una autoridad en estrellas binarias. Publicó *Nuevo catálogo de las estrellas dobles* (1932).

AITMATOV, CHINGUIZ Escritor kirguiz (Sheker, 1928). Fue diputado del Soviet Supremo. Obras: *Melody* (1959), *Relatos de las estepas y montañas* (1962; premio Lenin) y *Place of the Skull* (1989).

AIX-EN-PROVENCE Ciudad de Francia en el departamento de Bouches-du-Rhône; 126.854 h. Industria olivarera. Catedral gótica. Fue capital de la antigua provincia de Provenza.

AIX-LA-CHAPELLE AQUISGRÁN.

AIXA Segunda mujer de Mahoma (La Meca, h. 614 - Medina, 678). Hija de Abu Bak, a la muerte del profeta, se opuso a la designación de Ali como califa, pero fue derrotada en la batalla del Camello (656).

AIZOÁCEO, A adj. y s. *Bot.* **1** Se dice de diversas plantas angiospermas dicotiledóneas, del orden cariofilales, de porte herbáceo o leñoso, no espinosas y con hojas suculentas. Se distribuyen, sobre todo, por el continente africano. || f. pl. *Bot.* **2** Familia de estas plantas.

¡AJÁ! interj. fam. que se emplea para denotar complacencia o aprobación.

AJAB ACAB.

AJACCIO Ciudad de Francia, capital del departamento de Córcega del Sur, así como de la región y la isla de Córcega; 58.315 h. Catedral del siglo XVI. Ciudad natal de Napoleón Bonaparte.

AJADA f. Salsa de pan, ajos y sal.

¡AJAJÁ! interj. fam. ¡AJÁ!

¡AJAJAY! interj. ¡JAJAY!

AJAMONARSE prnl. fam. Ponerse gorda una persona.

AJANTA Aldea de la India, en el NO del Estado de Maharashtra. Es célebre por las 30 cuevas excavadas en la roca, destinadas a templos y monasterios budistas de gran riqueza pictórica y escultórica (siglos II a. C.-VII).

AJAR¹ m. Tierra sembrada de ajos.

AJAR² tr. **1** Maltratar, manosear, marchitar. || prnl. **2** Deslucirse una cosa o una persona.

AJARACA f. *Arquit.* En la ornamentación árabe y mudéjar, LAZO, adorno de líneas y florones.

AJARAFE m. **1** Terreno alto y extenso. **2** Azotea o terrado.

AJARDINAR tr. Convertir en jardín un terreno.

AJASPAJAS f. pl. Cosa baladí, insignificante.

AJE¹ m. ACHAQUE, enfermedad. Más en pl.

AJE² (Voz caribe.) m. *Bot.* Planta dioscórea intertropical, con hojas acorazonadas y flores poco visibles. Los rizomas, pardos por fuera y blanquecinos por dentro, son comestibles.

-AJE suf. **1** Unido a verbos denota acción: *abordaje, aterrizaje.* **2** Unido a sustantivos expresa conjunto: *ramaje, andamiaje.*

AJEDREA f. *Bot.* Planta de la familia labiadas, que comprende varias especies del género *Satureja*, abundantes en la región mediterránea. Las especies más conocidas son la *Satureja hortensis,* que produce un aceite utilizado en perfumería y medicina, y la *Satureja montana* o tomillo real.

AJEDRECISTA com. Persona que practica el ajedrez.

AJEDREZ m. **1** *Ocio.* Juego entre dos personas, cada una de las cuales dispone de 16 piezas movibles que se colocan sobre un tablero dividido en 64 casillas o escaques de dos colores alternativos. Las piezas con las que comienza cada jugador, llamadas blancas o negras, son: un rey, una reina o dama, dos alfiles, dos caballos,

Colocación de las piezas de **ajedrez** en el tablero e indicación de los movimientos.

dos torres y ocho peones; cada una de ellas tiene reglamentada la forma de moverse. Gana el jugador que da jaque mate al adversario, situación que se produce cuando el rey de éste no puede defenderse del ataque directo de las piezas contrarias. Se cree que nació en la India hacia el siglo VI y llegó a Europa alrededor del siglo IX a través de los árabes. **2** Conjunto de piezas de este juego.
  AJEDREZADO, DA adj. Que forma cuadros de dos colores alternados, como los escaques del tablero de ajedrez.
  AJENJO m. **1** *Bot.* Planta herbácea perenne de la familia compuestas, de nombre científico *Artemisia absinthium*. Crece en Europa y O y centro de Asia. Es medicinal, amarga y aromática. **2** Bebida alcohólica hecha con esencia de ajenjo y otras hierbas aromáticas.
  AJENO, NA adj. **1** Perteneciente a otro. **2** Extraño. **3** Diverso. **4** fig. Libre de alguna cosa. **5** fig. Impropio, no correspondiente.
  AJENUZ m. ARAÑUELA, planta ranunculácea.
  AJETE m. **1** Ajo tierno que aún no ha echado cabeza. **2** AJIPUERRO. **3** Salsa que tiene ajo.
  AJETREAR tr. **1** Molestar, mover mucho, cansar con órdenes diversas. || prnl. **2** Fatigarse yendo de una parte a otra.
  AJÍ m. **1** *Bot.* Variedad de pimiento muy picante, que se usa como condimento y estimulante del apetito. En América Central y México se denomina *chile* y en España, *guindilla*. **2** AJIACO, salsa de ají. ♦ Su pl. es *ajís* o *ajíes*.
  AJIACO m. **1** Salsa de ají. **2** Especie de olla podrida que se sazona con ají.
  AJICERO, RA adj. **1** *Chile* Relativo al ají. || m. **2** *Amér.* Vaso en que se pone el ají en la mesa. || m. y f. **3** *Chile* Vendedor de ají.
  AJILIMÓJOLI o **AJILIMOJE** m. **1** fam. Salsa para los guisados a base de ajo. || m. pl. **2** fig. y fam. Agregados, adherentes de una cosa.
  AJILLO m. Guiso a base de ajo frito.
  AJIMEZ m. *Arquit.* Ventana arqueada, dividida en el centro por una columna.
  AJIPA f. *Bol. Bol.* y *Perú* Planta de la familia papilionáceas, con tubérculos de los que se extrae un zumo azucarado.
  AJIPUERRO m. *Bot.* PUERRO SILVESTRE.
  AJIRONAR tr. Hacer jirones.
  AJIZAL m. Terreno sembrado de ají.
  AJMAN Emirato de la Unión de Emiratos Árabes, situado en el E de la península de Arabia; 260 km² y 118.812 h. Su capital es la ciudad homónima.
  AJMÁTOVA, ANNA (Anna Andréievna Gotenko, llamada) Poetisa rusa (Odessa, 1889 - Moscú, 1966). Fundó, junto a su primer marido, N. Gumilëv, la escuela acmeísta. Es autora de *La tarde* (1912), *Llantén* (1921), *Viento de guerra* (1942-44) y *Poema sin héroe* (1963). Su obra fue censurada en la URSS entre 1921 y 1953.
  AJMER Ciudad del NO de la India, situada en el Estado de Rajasthan; 402.700 h.
  AJO m. **1** *Bot.* Planta de la familia liliáceas, de nombre científico *Allium sativum*, originaria de Asia central. Es un vegetal anual, herbáceo, con hojas ensiformes y flores pequeñas y blancas agrupadas en una inflorescencia globular. El bulbo, blanco, redondo e integrado por 10 bulbillos más pequeños o «dientes», tiene un olor fuerte, es comestible y se usa mucho como condimento. **2** *Bot.* Cada una de las partes o dientes en que está dividido el bulbo de ajos. **3** Salsa que se hace con ajos. **4** fig. y fam. Negocio o asunto, generalmente reservado, que se está tratando entre varias personas. || **AJO CEBOLLINO** *Bot.* CEBOLLANA. || **AJO PORRO** o **PUERRO** *Bot.* PUERRO.
  -AJO suf. que indica cosa ruin, extravagante o despreciable: *espantajo*.

¡AJÓ! o **¡AJO!** interj. con que se estimula a los niños para que empiecen a hablar.
  AJOACEITE o **AJIACEITE** m. Salsa de ajos machacados y aceite.
  AJOARRIERO m. *Gastron.* Salsa que se hace con ajos fritos y pimentón, que se emplea sobre todo con el bacalao.
  AJOBILLA f. *Zool.* Molusco lamelibranquio, acéfalo, de valvas lustrosas, casi triangulares, simétricas y con dientecitos en los bordes.
  AJOFAINA f. ALJOFAINA.
  AJOLÍN m. *Zool.* Insecto hemíptero, especie de chinche de color negro y unos 8 mm de largo.
  AJOLOTE m. *Zool.* Nombre común de diversos anfibios urodelos del género *Ambystoma*. Se denomina así a la forma larvaria de una salamandra originaria de México, que normalmente no llega a alcanzar el estado adulto y es capaz de reproducirse en dicho estado. Mide unos 30 cm de largo y respira por tres pares de branquias situadas en la parte posterior de la cabeza. Vive en las aguas dulces.
  AJOMATE m. *Bot.* Alga verde de agua dulce, formada por filamentos muy delgados, sin nudos y lustrosos. Abunda en las aguas dulces españolas.
  AJONE o **AJONJO** m. **1** Sustancia que se saca de la raíz de la ajonjera. **2** *Bot.* AJONJERA.
  AJONJEAR tr. *Col.* Mimar, acariciar.
  AJONJERA o **AJONJERO** f. o m. *Bot.* **1** Nombre común dado a dos especies de plantas de la familia compuestas. Una es el cardo de liga (*Carlina gummifera*), de tallo casi nulo; y otra la achicoria dulce (*Chondrilla juncea*), con tallo de 40 a 80 cm. De ambas se extrae el ajonje. **2** JUNCAL. **3** CONDRILA.
  AJONJOLÍ m. *Bot.* **1** Planta de la familia pedaliáceas, de nombre científico *Sesamun indicum*. Es una herbácea anual con tallo recto, hojas aserradas y casi triangulares, y flores acampanadas de color blanco o rosáceo. El fruto es elipsoidal, formado por cuatro cápsulas, y contiene numerosas semillas amarillentas, muy menudas, oleaginosas y comestibles. Se llama también *alegría* y *sésamo*. **2** Semilla de esta planta.
  AJONUEZ m. *Gastron.* Salsa de ajo y nuez moscada.
  AJORCA f. Argolla de metal que usaban las mujeres como adorno.
  AJOTAR tr. *Amér. C.* y *P. Rico* Azuzar, incitar.
  AJOTE m. ESCORDIO.
  AJUAR m. **1** Conjunto de muebles, enseres y ropas de uso común en la casa. **2** Conjunto de objetos que aporta la mujer al matrimonio. **3** Canastilla, especialmente la que comprende el equipo de los niños recién nacidos. **4** Conjunto de objetos propios de una persona; hacienda, bienes.
  AJUDIADO, DA adj. **1** Que se parece a los judíos. **2** Que parece de judío.
  AJUGLARAR tr. **1** Hacer que alguien se comporte como un juglar. || intr. **2** Tener las condiciones de juglar.
  AJUICIAR tr. **1** Volver juicioso y razonable a alguien. Más como intr. **2** Juzgar o enjuiciar.
  AJUNTAR tr. **1** pop. JUNTAR. **2** pop. AMANCEBARSE.
  AJUSCO Sierra de México que enlaza la serranía de Las Cruces con la del Popocatepetl; 4.153 m de altura.
  AJUSTADAMENTE adv. m. **1** Igual y cabalmente, con arreglo a lo justo. **2** Ceñida o apretadamente.
  AJUSTADO, DA adj. Justo, recto.
  AJUSTADOR, RA adj. y s. **1** Que ajusta. || m. **2** Jubón que se ajusta al cuerpo. **3** Operario que trabaja las piezas de metal ya concluidas, amoldándolas al sitio en que han de quedar colocadas. **4** *Mil.* En las unidades, el obrero encargado de la reparación y mantenimiento del metal.
  AJUSTAMIENTO m. Acción de ajustar.

AJUSTAR tr. **1** Poner alguna cosa de modo que venga justa con otra. También prnl. **2** Conformar, acomodar. También prnl. **3** Arreglar, moderar. También prnl. y en sentido fig. **4** Concertar, capitular. **5** Reconocer y liquidar una cuenta. **6** Concertar el precio de alguna cosa. **7** Contratar a alguna persona para realizar algún servicio. También prnl. **8** *Col., C. Rica, Cuba* y *Nic.* Contratar a destajo. También prnl. **9** *Col., C. Rica, Méx.* y *Nic.* Cumplir, completar. **10** *A. gráf.* Distribuir las galeradas para formar planas. || intr. **11** Venir justo. || prnl. **12** Ponerse de acuerdo.
  AJUSTE m. **1** Acción y efecto de ajustar o ajustarse. **2** Medida proporcionada que tienen las partes de que se compone alguna cosa para ajustarse o cerrarse. || **ajuste de cuentas** fig. Venganza que alguien toma para saldar un agravio anterior.
  AJUSTERO, RA m. y f. *Col.* y *Nic.* Destajista.
  AJUSTICIADO, DA m. y f. Reo en quien se ha ejecutado la pena de muerte.
  AJUSTICIAR tr. Castigar al reo con la pena de muerte.
  AKABA o **ÁKABA** AQABA.
  AKAD ACAD.
  AKADEMGORODOK Ciudad de la Federación de Rusia, en el centro del país, al S de Siberia, creada en 1957 para concentrar la investigación científica del país. Universidad y 20 institutos.
  AKAIEV, ASKAR Político kirguiz (?, 1944). En 1990 fue elegido presidente ejecutivo de la República. Al año siguiente disolvió el Partido Comunista del país y se presentó como candidato único en las elecciones celebradas en octubre, que le confirmaron en el puesto. Ha promovido una política reformista. Fue reelegido en 1995 y 2000.
  AKASHI Ciudad del Japón, en la isla de Honshu; 287.606 h. Porcelanas.
  AKBAR, ABÚ-L-FATH DCHALAL AD-DIN MOHAMMED Gran mogol o emperador de la India (Amarcot, 1542 - Agra, 1605). En 1564 se erigió en único gobernante del

El emperador **Akbar** en una batalla.
Códice hindú del siglo XVI.
Museo Victoria y Alberto (Londres).

imperio mogol y extendió sus dominios por todo el N de la India, Cachemira, y parte de Afganistán. Se declaró infalible en materia religiosa (1579) y elaboró una religión ecléctica que pretendía incluir lo mejor de todas ellas. Fomentó el comercio, el arte y la ciencia.

Akenatón AMENHOTEP IV.

akermanita f. *Miner.* Último miembro de la serie cálcico-magnésica del grupo de silicatos de la melilita.

Akershus Condado de Noruega, situado en el S. del país; 4.917 km^2 y 460.564 h., excluida la capital, Oslo.

Akihito Emperador de Japón (Tokio, 1933). A la muerte de su padre, Hirohito, en 1989, fue proclamado emperador y entronizado en 1990.

Akita 1 Prefectura de Japón, en la isla de Honshu; 11.613 km^2 y 1.196.166 h. **2** Ciudad capital de la misma; 311.948 h. Productos petrolíferos y químicos.

Akkad ACAD.

akkadio, dia o **akadio, dia** adj. y s. ACADIO.

Akko Ciudad de Israel, distrito de Haifa; 37.200 h. Es la antigua San Juan de Acre, sede principal de los ejércitos cristianos en las cruzadas.

Akmola Nombre que hasta 1998 tuvo la ciudad de ASTANA.

akoga m. *Bot.* Árbol de la familia ocnáceas, de nombre científico *Lophira alata.* Puede superar los 60 m de altura. Abunda en los bosques tropicales del O del continente africano.

Akola Ciudad de la India, situada en el Estado de Maharashtra; 328.034 h.

Akron Ciudad de EE UU, Estado de Ohio; 215.712 h. Industria del caucho.

Aksakov, Sergei Timoféievich Escritor ruso (Ufa, 1791 - Moscú, 1859). Cultivó una narrativa realista. Autor de *Observaciones sobre la pesca* (1847) y *Los años de la infancia del nieto de Bagrow* (1858).

Aksionov, Vasili Pavlovich Escritor soviético (Kazán, 1932). Su novela corta *Billete a las estrellas* (1961) sufrió duros ataques de la crítica conservadora. Otras obras: *A mitad de camino* (1966) y *Nuestra chatarra de oro* (1981).

Aksum o **Axum** Ciudad del N de Etiopía, región de Tigré; 17.753 h. Fue capital del país entre los siglos I y IV. Catedral de Hedar Sion del siglo XVI.

Akutagawa, Ryūnosuke Escritor japonés (Tokio, 1892 - íd., 1927). Fue uno de los introductores de las concepciones literarias europeas en su país. Entre sus obras cabe citar *En el bosque* (1915), llevado al cine por Akira Kurosawa con el título de *Rashomón* (1950), y *Kappa* (1927). Se suicidó.

al[1] Artículo árabe que precede y, a veces, forma parte de muchos nombres árabes.

al[2] Contracción de la preposición A[2] y el artículo EL.

al- pref. ALO-.

-al[1] suf. HAL-.

-al[2] suf. *Quím.* Se utiliza como terminación de los nombres de aldehídos: *etanal, propanal.*

Al *Quím.* Símbolo del aluminio.

al-Andalus ANDALUS, AL-.

al-Jwarizmi AL-KHWARIZMI O AL-JWARIZMI, MUHAMMAD IBN MUZA.

al-Khwarizmi o **al-Jwarizmi, Muhammad ibn Muza** Matemático árabe (Khiva, Uzbekistán, h. 780 - ?, h. 850). A través de su obra sobre el cálculo indio se difundió en el mundo musulmán y después en el cristiano el sistema de cifras numéricas llamado arábigo, que de hecho proviene de la India.

al-Kindí, Abú Yúsuf Yaqúb ibn Isháq Filósofo, matemático, médico y astrólogo árabe (Kufa, o Basora, h. 796 - ?, 873). Su filosofía, síntesis de aristotelismo y neoplatonismo, constituye la base del pensamiento aristotélico árabe. Ejerció gran influencia en la Europa medieval. Entre sus muchas obras destaca el *Tratado de las artes gráficas.*

al-Kuwayt KUWAIT.

Al Qaeda Grupo terrorista fundado en 1988 por el activista islámico saudí Osama Bin Laden. Su objetivo es mantener una *yihad* («guerra santa») contra los opresores del islam (Israel y sus aliados occidentales, liderados por Estados Unidos). Es considerado el responsable, entre otros, de los atentados del 11 de septiembre de 2001 en EEUU y de los de Madrid del 11 de marzo de 2004.

ala f. **1** *Zool.* Expansión plana y ancha del cuerpo de algunos animales, de la que se sirven para volar, como las extremidades anteriores de aves y murciélagos, y las expansiones del mesotórax y metatórax de los insectos. **2** Superficie principal de sustentación de un avión o planeador. **3** *Arquit.* Cada una de las partes que se extienden a los lados del cuerpo principal de un edificio. **4** *Bot.* Cualquiera de los pétalos laterales de la corola amariposada. **5** *Bot.* Expansiones laminares que acompañan a ciertas semillas y sirven para favorecer su dispersión por el viento. **6** *Bot.* Excrecencia foliar estrecha. **7** Hilera o fila. **8** HELENIO. **9** Alero del tejado. **10** Parte de una cosa que por su situación o forma se parece a un ala. **11** Cada una de las diversas tendencias de un partido, organización o asamblea. **12** CORTINA. **13** *Mar.* Vela pequeña suplementaria que se larga en tiempos bonancibles. **14** *Mec.* Cada una de las paletas alabeadas que parten de un eje para formar la hélice. **15** *Mil.* Tropa formada en cada uno de los extremos de un orden de batalla. **16** *Mil.* Unidad de ejército del aire equivalente al regimiento del de tierra. || f. pl. **17** fig. Osadía, libertad o engreimiento. || **ala del corazón** *Fisiol.* AURÍCULA. || **ala delta** *Aeron.* Ala triangular en forma de flecha, que sirve para volar y cuyo borde de salida forma la base. || **ala nasi** *Anat.* Ventanas o porciones laterales inferiores y móviles de la nariz. || **ahuecar el ala** fr. fig. y fam. Marcharse. || **dar alas** fr. fig. Estimular, animar a uno. También tolerar que uno obre según su gusto.

¡alá! interj. ¡HALA!

Alá o **Allah** (Del ár. *Allāh,* Dios.) Nombre que dan a Dios los musulmanes y los cristianos orientales.

alabado m. **1** Motete que se canta en alabanza del Santísimo Sacramento, y que comienza por las palabras *Alabado sea.* **2** Canto que los antiguos serenos de Chile entonaban al alba. **3** Canto devoto que en algunas haciendas de México entonan los trabajadores al comenzar y al terminar la tarea diaria.

Alabama Río de EE UU, que nace en los Apalaches meridionales, riega el Estado de su nombre y desemboca en la bahía de Mobile (golfo de México); 1.360 km de curso.

Alabama Estado del SE de EE UU; 133.950 km^2 y 4.447.100 h. Capital, Montgomery. En el N abundan los bosques mientras que en el S hay grandes extensiones arenosas. Importante producción agrícola y ganadera. Explotaciones de carbón y hierro. Industria algodonera, siderúrgica y alfarera. Alabama fue colonizado por los franceses y formó parte de Lousiana hasta que lo ocuparon los ingleses en 1763. En 1783 una parte pasó a España y otra a EE UU. Fue declarado Estado en 1819.

alabandina f. *Miner.* Mineral de sulfuro de manganeso, granulado, sólido, de color negro y brillo metálico. Se localiza formando capas. También denominado *blenda de manganeso.*

alabanza f. **1** Acción de alabar o alabarse. **2** Expresión o conjunto de expresiones con que se alaba.

alabar tr. **1** Elogiar, celebrar con palabras. También prnl. || intr. **2** *Méx.* Cantar el alabado. || prnl. **3** Vanagloriarse.

alabarda f. *Arm.* Arma antigua, que consta de un asta de madera y de una cuchilla transversal, aguda por un lado y de figura de media luna por el otro.

alabardero m. **1** Soldado de infantería armado de alabarda. **2** *Mil.* Soldado perteneciente al cuerpo especial de infantería que daba guardia de honor a los reyes de España, y cuya arma distintiva era la alabarda. El cuerpo de alabarderos fue disuelto en 1931.

alabastrina f. Hoja delgada de alabastro yesoso que se usa a veces en las vidrieras.

alabastrita o **alabastrites** f. *Geol.* Aljez compacto y traslúcido. ♦ El pl. de la segunda forma es *alabastrites.*

alabastro m. *Miner.* Variedad de yeso traslúcido, blanquecino y generalmente con visos de colores, de estructura finamente granulada y compacta. Químicamente es un sulfato hidratado de calcio. Se ha empleado en escultura y como piedra ornamental.

álabe m. **1** Rama de árbol combada hacia la tierra. **2** Cada una de las paletas curvas de la rueda hidráulica. **3** Cualquiera de los dientes de la rueda de un batán o de otro mecanismo análogo.

alabeado, da adj. Se dice de lo que tiene alabeo.

alabear tr. **1** Dar a una superficie forma alabeada. || prnl. **2** Torcerse o combarse la madera.

alabeo m. **1** Vicio que toma una tabla u otra pieza de madera al alabearse; se produce, entre otras causas, por una exposición reiterada y excesiva al calor o a la humedad. **2** Comba de cualquier superficie. **3** *Fís.* Deformación de las placas de los acumuladores debida, generalmente, a una fuerte descarga.

alacaluf adj. *Etnol.* **1** Se dice de un pueblo amerindio, prácticamente extinguido, que habita el archipiélago chileno al O de Tierra de Fuego. Más como m. pl. **2** Se dice también de sus individuos. También com. **3** Relativo a este pueblo.

alacate m. *Bot. Méx.* ACOCOTE, calabaza.

alacayuela f. *Bot.* Planta de la familia cistáceas, de nombre científico *Halimium ocymoides.* Las hojas de las ramas floríferas son sentadas y las de las ramas estériles pecioladas, blanquecinas y persistentes. Las flores tienen los pétalos amarillos con una mancha rojiza.

alacena f. Especie de armario empotrado en la pared, con puertas y anaqueles.

alacha o **alache** f. o m. HALECHE.

alabastro

alaco m. *Amér. C.* **1** Trasto, cosa inservible. **2** Harapo, guiñapo. **3** Persona o animal de poco valer, flaco, escuálido.

alacrán m. **1** *Zool.* ESCORPIÓN. **2** Asilla con que se abrochan los botones de metal y otras cosas. || **alacrán cebollero** *Zool.* Insecto ortóptero de nombre científico *Gryllotalpa gryllotalpa,* con el cuerpo de color pardo y cubierto de una fina pilosidad. Las patas delanteras están muy desarrolladas y las utiliza para excavar, ya que está adaptado a la vida subterránea.

alacranado, da adj. fig. Afectado por algún vicio, peste o enfermedad.

alacrancillo m. *Bot.* Planta de la familia borragíneas, género *Heliotropium,* de origen americano. Las hojas son lanceoladas y velludas, y las florecillas aparecen agrupadas en inflorescencias encorvadas a manera de cola de alacrán.

alacranera f. *Bot.* Planta de la familia leguminosas, de nombre científico *Coronilla scorpioides.* Es un vegetal anual, con los tallos ramosos, las hojas en grupos de tres y las flores amarillas. El fruto es una legumbre encorvada, semejante en su figura a la cola del alacrán.

alacridad f. Alegría y presteza de ánimo.

alactasia o **alactasis** f. *Med.* Carencia de lactasa.

alada f. Movimiento que hacen las aves subiendo y bajando las alas.

aladar m. Porción de cabellos que cae sobre las sienes. Más en pl.

aladierna o **aladierno** f. o m. *Bot.* Arbusto de la familia ramnáceas, de nombre científico *Rhamnus alaternus.* No sobrepasa los 8 m de altura, tiene hojas lustrosas, ovales y persistentes, flores unisexuales y frutos en drupa pequeña, negra y jugosa cuando está madura. Crece en la región mediterránea.

alado, da adj. **1** Que tiene alas. **2** fig. Veloz, ligero. **3** *Bot.* Expansión del peciolo de la hoja o del tallo que tiene figura de ala. **4** *Zool.* Referido a las conchas de ciertos animales, que tiene un ancho labio.

aladroque m. *Zool.* BOQUERÓN.

alafia f. fam. Gracia, perdón, misericordia: *pedir alafia.*

álaga f. **1** *Bot.* Variedad de trigo duro, de grano largo y amarillento. Se emplea principalmente para la obtención de sémolas. **2** Grano de esta planta.

alagartado, da adj. **1** Semejante, por la variedad de colores, a la piel del lagarto. **2** *C. Rica* Acaparador. **3** *Guat.* y *Nic.* Usurero, avaro.

Alagoas Estado del NE de Brasil; 27.933 km^2 y 2.633.251 h. Capital, Maceió. Producción agrícola y ganadera. Industrias textiles y alimentarias. Petróleo.

Alagón Río de España, afluente por la derecha del Tajo, pasa por las provincias de Salamanca y Cáceres; 201 km de curso.

Alain (ÉMILE CHARTIER, llamado) Ensayista francés (Mortagne, 1868 - Le Vésinet, 1951). Publicó en la *Nueva Revista Francesa* la sección *Propos d'Alain.* Fue un renovador de la moral y la estética intelectualista.

Alain-Fournier (HENRI ALBAN FOURNIER, llamado) Novelista francés (La Chapelle d'Angillon, 1886 - bosque de Saint-Rémy, 1914). En 1913 publicó *El gran Meaulnes,* una de las obras cumbre de la narrativa simbolista. Aparecieron póstumamente su poemario *Milagros* (1924) y el cuento *La mujer envenenada* (1944).

alajú m. Pasta de almendras, nueces y, a veces, piñones, pan rallado y tostado, especia fina y miel bien cocida.

Alajuela Provincia de Costa Rica; 9.753 km^2 y 638.173 h. Produce café, tabaco y caña de azúcar. Su capital es la ciudad homónima.

alajuelense adj. y com. De Alajuela.

alalá m. Canto popular de algunas provincias del norte de España.

ALALIA f. *Pat.* Defecto o pérdida completa del habla por trastornos cerebrales o de los órganos vocales.

ALALIA, BATALLA DE *Hist.* Combate naval librado en las costas de Córcega en el 535 a. C., en el que etruscos y cartagineses derrotaron a los griegos y obtuvieron el control del Mediterráneo occidental.

ALALIMÓN m. ALIMÓN, AL.

ALAMA f. *Bot.* Planta de la familia leguminosas, de tallo no espinoso, hojas pecioladas las inferiores y sésiles las superiores, y con flores amarillas. Sirve para pasto del ganado.

ALAMÁN, NA adj. *Etnol. e Hist.* **1** Se dice de una confederación de tribus germánicas, establecidas en las riberas del río Elba, que ejercieron gran presión sobre el imperio romano y fueron vencidas por Caracalla (213). El rey franco Clodoveo las sometió en el siglo V. Más como m. pl. **2** Se dice también de sus individuos. También s. **3** Relativo a los alamanes. || m. *Ling.* **4** Antigua lengua alemana, una de las tres en las que se subdividía el alto alemán en la Edad Media. También se llama *alemánico.*

ALAMÁN, LUCAS Político e historiador mexicano (Guanajuato, 1792 - Ciudad de México, 1853). De tendencias ultraconservadoras, escribió *Historia de México desde 1808 hasta la época presente* (1849-52) y *Disertaciones sobre la historia de México desde la época de la conquista* (1844-49).

ALAMANNI, LUIGI Poeta italiano (Florencia, 1495 - Amboise, 1556). Tuvo la protección de Maquiavelo y, posteriormente, del rey Francisco I de Francia. Escribió poesía satírica y dramas: *Flora, Girone il cortese, Coltivazione,* etc.

ALAMAR m. **1** Presilla y botón, u ojal sobrepuesto, que se cose a la orilla del vestido o capa. **2** CAIREL, fleco.

ALAMBICADAMENTE adv. m. Con excesiva sutileza.

ALAMBICADO, DA adj. **1** fig. Dado con escasez, y muy poco a poco. **2** Complicado, rebuscado.

ALAMBICAR tr. **1** DESTILAR. **2** fig. Examinar atentamente alguna cosa. **3** fig. Sutilizar excesivamente, complicar. **4** fig. y fam. Reducir todo lo posible el precio de una mercancía.

ALAMBIQUE m. *Quím.* Recipiente de metal, cilíndrico o esférico, construido normalmente de acero suave o cobre. Se emplea para extraer al fuego, y por destilación, la esencia de cualquier sustancia líquida. Consta de una caldera, donde se coloca el líquido a destilar, con una tapadera en forma de cúpula en la que se enchufa un tubo que, terminado en un serpentín, da salida a la destilación.

ALAMBRADA f. Cerca de alambre.

ALAMBRAR tr. **1** Cercar un sitio con alambre. **2** Poner los cencerros a una yeguada, recua o parada de cabestros.

ALAMBRE m. Hilo de cualquier metal obtenido por trefilado.

ALAMBRERA f. **1** Red de alambre que se pone en las ventanas y otras partes. **2** Cobertura de red de alambre que se pone sobre los braseros o para preservar los manjares.

ALAMBRISTA com. Funámbulo, equilibrista.

ALAMEDA f. **1** *Bot.* Lugar poblado de álamos. **2** Paseo con álamos u otros árboles.

ALAMEIN, EL Localidad de Egipto, situada en la costa del Mediterráneo, a unos 100 km al O de Alejandría. Punto extremo alcanzado por los italoalemanes en su avance hacia el canal de Suez en la Segunda Guerra Mundial.

ALAMINOS, ANTÓN DE Marino español (Palos de la Frontera, 1475 - ?). Acompañó a Colón en su segundo viaje y formó parte de las expediciones de Ponce de León, Grijalva y Hernán Cortés.

ÁLAMO m. *Bot.* **1** Nombre común de varias especies de árboles de la familia salicáceas, género *Populus.* Puede superar los 30 m de altura, su tronco es alto y recto, las hojas caedizas, simples y alternas, las flores unisexuales y agrupadas en inflorescencias en amentos y los frutos capsulares, que se abren en dos valvas con multitud de semillas algodonosas. Su madera es blanca, ligera, y se emplea para carpintería y como ornamental. También denominado *chopo.* **2** Madera de este árbol. || **ÁLAMO BLANCO** *Bot.* Árbol caducifolio *(Populus alba).* Se distingue por su corteza blanco-grisácea, que se agrieta en los ejemplares viejos. || **ÁLAMO NEGRO** *Bot.* De nombre científico *Populus nigra,* se distingue por su corteza resquebrajable en astillas negruzcas. || **ÁLAMO TEMBLÓN** *Bot.* De nombre científico *Populus tremula,* es uno de los más pequeños del grupo.

ÁLAMO, EL Antiguo fuerte de EE UU, Estado de Texas, cerca de San Antonio. Se rebeló contra México en la guerra de Texas. Tras 13 días de asedio fue tomado por López de Santa Anna (1836).

ALAMOGORDO Población de EE UU, en el Estado de Nuevo México; 23.035 h. Base aérea. En una zona desértica, situada a unos 75 km de esta población, se efectuó la primera explosión experimental de la bomba atómica (16 de julio de 1945).

Pedro Antonio de **Alarcón**

ALANCEAR tr. **1** Dar lanzadas, herir con la lanza. **2** fig. ZAHERIR.

ALAND o **ÅLAND** Provincia de Finlandia, constituida por el archipiélago de su mismo nombre, en el Báltico; 1.522 km^2 y 25.706 h. Capital, Maarianhamina. Pesca. Turismo. La población es de lengua sueca.

ALANDIA PANTOJA, MIGUEL Pintor boliviano (?, 1914 - ?, 1975). Uno de los máximos exponentes del muralismo boliviano, es autor de los murales que decoran el Museo de la Revolución, el palacio de gobierno y las paredes interiores del Museo de la Revolución Nacional.

ALANDREARSE prnl. Ponerse los gusanos de seda secos, tiesos y blancos.

ALANGIÁCEO, A o **ALANGIEO, A** adj. y s. *Bot.* **1** Se dice de los árboles dicotiledóneos, terebintales, del orden mirtales, con hojas alternas y enteras, flores axilares agrupadas en cimas umbeliformes y frutos en drupa aovada, con semilla de albumen carnoso. || f. pl. *Bot.* **2** Familia de estas plantas.

ALANINA f. *Biol.* Aminoácido natural de fórmula $CH_3CH(NH_2)COOH$, no esencial para el hombre, también llamado *ácido 2-aminopropiónico.* Este compuesto, de la familia del ácido pirúvico, tiene aspecto cristalino y color blanco.

ALANITA *Geol.* Epidota que contiene cerio y, en algunas ocasiones, se presenta en rocas ígneas como mineral accesorio.

ALANO, NA adj. y s. **1** *Hist.* Se dice de un pueblo iranio que, en unión con vándalos y suevos, rompió la frontera imperial del Rhin en el 406 e invadió Hispania en el año 409. Se establecieron en la Cartaginense y en Lusitania. En el año 418 los derrotó el rey godo Walia. **2** *Zool.* Se dice de un perro de raza cruzada, producida por la unión del dogo y del lebrel. Es corpulento y fuerte.

ALANTOIDES adj. y s. *Biol.* Se dice de una de las membranas que rodean al embrión de los reptiles, aves y mamíferos, situada entre el corion y el amnios. Tiene forma de saco y está llena de fluido. Tiene funciones respiratorias, nutritivas y excretorias. ♦ Su pl. es *alantoides.*

ALANTOÍNA f. *Quím.* Producto de fórmula $C_4H_6N_4O_3$, obtenido por la oxidación del ácido úrico que se encuentra en la orina fetal y en los fluidos alantoico y amniótico.

ALAR m. **1** Alero del tejado. **2** *Col.* ACERA.

ALARCÓN, HERNANDO DE Navegante español (Trujillo, 1500 - ?). Exploró las costas de México y California (1540). Trazó la primera carta geográfica exacta de la península de California.

ALARCÓN, JUAN RUIZ DE RUIZ DE ALARCÓN Y MENDOZA, JUAN.

ALARCÓN, PEDRO ANTONIO DE Escritor español (Guadix, 1833 - Madrid, 1891). Tras la subida al trono de Alfonso XII, fue nombrado consejero de Estado (1875). Sus cuentos están recogidos en *Cuentos amatorios* (1881), *Historietas nacionales* (1881) y *Narraciones inverosímiles* (1881). En su novelística, enmarcada en el realismo, destacan *El final de Norma* (1855), *El sombrero de tres picos* (1874) y *El niño de la bola* (1880).

ALARCONIANO, NA adj. Propio y característico del poeta Juan Ruiz de Alarcón.

ALARCOS LLORACH, EMILIO Lingüista y crítico literario español (Salamanca, 1922 - Oviedo, 1998). Miembro de número de la Real Academia Española desde 1972, fue uno de los principales representantes españoles del estructuralismo lingüístico. Autor de *Gramática estructural* (1951), *Estudios de gramática funcional del español* (1970) y *Gramática de la Lengua Española* (1994).

ALARDE m. Ostentación y gala que se hace de alguna cosa.

ALARDEAR intr. Hacer alarde, ostentación.

ALARGADERA f. **1** Pieza que sirve para alargar alguna cosa. **2** *Quím.* Tubo de vidrio que se adapta al cuello de las retortas para algunas operaciones destilatorias.

ALARGAMIENTO m. **1** Acción y efecto de alargar o alargarse. **2** *Met.* Deformación total que se produce en un ensayo por la tracción. Se expresa en porcentaje de la longitud original. || **ALARGAMIENTO COMPENSATORIO** *Fon.* Prolongación en la duración de un fonema por pérdida de otro fonema contiguo.

ALARGAR tr. **1** Dar más longitud a una cosa. También prnl. **2** Aplicar con interés la vista o el oído. **3** Estirar, desencoger. **4** Prolongar una cosa, hacer que dure más tiempo. También prnl. **5** Retardar, diferir, dilatar. También prnl. **6** Alcanzar algo y darlo a otro. **7** Dar cuerda o ir soltando poco a poco algún cabo, maroma, etc. **8** fig. Aumentar la cantidad o número señalado. || prnl. **9** Excederse.

ALARICO Nombre de dos reyes visigodos.

ALARICO I (Perice, 370 - Cosenza, 410). Se hizo proclamar rey de los visigodos en el año 398. Asoló Tracia y Grecia. En el 410 sus tropas saquearon Roma. Proyectaba la invasión de África del Norte, pero fracasó en la travesía hacia Sicilia.

ALARICO II (? - ?, 507). Último soberano del reino visigodo de Tolosa, elegido rey en 484. Mandó hacer una recopilación de las leyes romanas, conocida como *Breviario de Alarico* (506). Fue derrotado por Clodoveo, el rey de los francos, en la batalla de Vouillé (507).

ALARIDO m. **1** Grito lastimero. **2** Grito de guerra de los árabes.

ALARIFE m. **1** Arquitecto o maestro de obras. **2** ALBAÑIL. || m. y f. **3** *Arg.* y *Urug.* Persona astuta.

ALARMA f. **1** *Mil.* Señal que se da en un ejército o plaza para que se prepare inmediatamente a la defensa o al combate. **2** Dispositivo que avisa de un peligro o de alguna particularidad. **3** fig. Inquietud, susto o sobresalto.

ALARMAR tr. **1** Dar alarma. **2** fig. Asustar, sobresaltar, inquietar. También prnl.

ALARMISMO m. Tendencia a propagar rumores sobre peligros imaginarios o a exagerar los peligros reales.

ALARMISTA adj. y com. Que hace cundir noticias alarmantes.

ALAROZ m. Larguero fijo que divide el hueco de una puerta o ventana.

ALAS, LEOPOLDO CLARÍN.

ALASITA f. *Bol.* Feria artesanal celebrada en La Paz (Bolivia) el 24 de enero; está dedicada a Ekeko, dios de la abundancia, al que se ofrecen miniaturas de los objetos que se desea conseguir. También en pl.

ALASKA Estado de EE UU, al NO de Canadá, separado de Asia por el estrecho de Behring; 1.522.595 km^2 y 626.932 h. Capital, Juneau. Presenta una meseta central, avenada por el Yukón, y dos cadenas montañosas, una a lo largo del Pacífico y otra junto al Ártico. Clima muy frío. Explotación forestal. Pesca (salmón). Petróleo. Durante la prehistoria, el puente del estrecho de Behring hizo que Alaska fuera uno de los puntos de entrada de los pobladores del continente americano. Vivió aislada del mundo occidental hasta el siglo XVIII en que se establecieron los rusos. Tras la guerra de Crimea y su posterior debilitamiento económico, Rusia vendió Alaska a EE UU. En 1959 se constituyó en Estado federado.

ALASTE adj. *C. Rica* y *Nic.* Resbaladizo, viscoso.

ALASTRAR tr. **1** AMUSGAR. || prnl. **2** Tenderse contra la tierra el ave u otro animal.

ALASTRIM m. *Med.* Forma de viruela benigna que se da en las zonas tropicales.

ALATINADO, DA adj. Dicho con pulcritud afectada, o al modo latino.

ALÁUDIDO, DA adj. *Zool.* **1** Se dice de las aves paseriformes de alas puntiagudas, plumaje pardo listado y con la uña del dedo posterior generalmente larga y recta. Anidan en el suelo. Este grupo incluye pájaros cantores, como la calandria, la alondra, etc. || m. pl. *Zool.* **2** Familia de estas aves.

ALAUITA adj. *Hist.* **1** Se dice de la dinastía que reina en Marruecos en la actualidad. Fue fundada por Muley al-Rachid en 1660, a quien se considera consolidador de la misma, aunque su iniciador fuera su hermano y antecesor Muley Muhammad. **2** Se dice también de sus miembros. También com. **3** Relativo a ella.

ÁLAVA *(Araba)* Provincia del N de España, en la comunidad autónoma del País Vasco; 3.047 km^2 y 285.748 h. Capital, Vitoria-Gasteiz. Pueden distinguirse cuatro comarcas naturales: la del N y NO, abrupta, poblada de bosques (ganadería y explotación forestal); la central esteparia y de unos 600 m de altura (cereales, legumbres, remolacha, patata y verduras); la comarca al S de las anteriores es meseta de monte y en ella se producen cereales y patatas; y la comarca meridional, entre la sierra de Cantabria y el Ebro, la más rica de todas, recibe el nombre de *Rioja Alavesa* (cereales, vid y hortalizas). Sus principales ríos son el Nervión y el Ebro. Destacan las ganaderías porcina, ovina, bovina y caprina. Industria metalúrgica, del mueble, textil y alimentaria. Yacimientos de asfalto, lignito, yeso, cuarzo y piedras silíceas y mármol de distintas clases.

Álava, Juan de Arquitecto español (Álava, ? - Salamanca, 1537). Realizó el claustro de la catedral de Santiago de Compostela (1521), la traza, en colaboración con Covarrubias, del colegio Fonseca, en la misma ciudad (1532), y la iglesia de San Esteban, en Salamanca (1524).

alavés, sa o **alavense** adj. y s. De Álava.

alazán, na o **alazano, na** adj. y s. **1** Se dice del color más o menos rojo, o muy parecido al de la canela. **2** Se dice especialmente del caballo o yegua que tiene el pelo de este color.

alazo m. Golpe que dan las aves con el ala.

alazor m. *Bot.* Planta de la familia compuestas, de nombre científico *Carthamnus tinctorius*, caracterizada por sus flores de color de azafrán. Las hojas son comestibles y las flores se utilizan para teñir.

alb- pref. albo-.

alba f. **1** amanecer². **2** Primera luz del día antes de salir el sol. **3** Túnica blanca que los sacerdotes, diáconos y subdiáconos se ponen para celebrar los oficios divinos. **4** *Lit.* Composición poética de origen provenzal que canta al amor y se lamenta del amanecer por ser motivo de separación de los amantes. Influyó en las cantigas de amigo de la lírica galaico-portuguesa.

alba- pref. albo-.

Alba Geneal. Familia de la nobleza española, cuyos orígenes se remontan a Gutierre Álvarez de Toledo, primer señor de Alba de Tormes (1430); Fernando Álvarez de Toledo, primer conde de Alba (1438), y a García Álvarez de Toledo, hijo del anterior, primer duque de Alba (1472). Con María del Pilar Teresa Cayetana de Silva y Álvarez de Toledo, decimotercera duquesa de Alba (1802), se extinguió la línea directa y el título pasó a los duques de Berwick. Desde 1954, ostenta el título María del Rosario Cayetana Fitz James Stuart y Silva, decimoctava duquesa de Alba.

Alba, duque de Álvarez de Toledo y Pimentel, Fernando, tercer duque de Alba.

Alba Iulia Ciudad de Rumania, situada en Transilvania, capital del distrito de Alba; 71.168 h. Centro turístico.

Alba Longa *Geog. hist.* Antigua población del Lacio, origen de todas las latinas. Según la tradición, fue fundada por Ascanio, hijo de Eneas.

Alba Regia Székesfehérvár.

albaca f. Síncopa de albahaca.

albacara f. **1** Recinto amurallado de la parte exterior de una fortaleza, en la cual se solía guardar ganado vacuno. **2** Torreón saliente de las antiguas fortalezas.

albacea com. *Der.* Persona encargada por el testador o por el juez de cumplir la última voluntad del finado.

Albacete **1** Provincia de España en la comunidad autónoma de Castilla-La Mancha; 14.858 km² y 361.021 h. Capital, Albacete. Sólo al SO es montañosa con tres cadenas paralelas y escalonadas, entre las que destaca la sierra de Alcaraz. El NO y centro forma parte de la Meseta de la región manchega. Está regada por el Guadiana, el Guadalquivir, el Júcar, con su afluente el Cabriel, y el Segura. El clima es continental y de montaña. Eminentemente agrícola, produce cereales, vid, azafrán y olivo. Es la primera provincia española en la producción de esparto. Minas de azufre y blanco de España. Ganadería ovina, porcina y caballar. Bosques de encinas y pinos. Destaca la industria textil y de cuchillería. **2** Ciudad capital de la provincia homónima; 143.799 h. Industrias agroalimentarias, de cuchillería, muebles y papel. Catedral del siglo xvi.

albaceteño, ña o **albacetense** adj. y s. De Albacete.

albacora f. **1** *Zool.* Pez acantopterigio de la familia escómbridos, de nombre científico *Thunnus alalunga*. Similar al atún, pero con las aletas pectorales más desarrolladas, mide hasta 1 m de longitud y pesa unos 30 kg. Vive en los mares cálidos y templados de todo el mundo. **2** *Bot.* breva, fruto de la higuera.

albahaca f. *Bot.* Planta de la familia labiadas, de nombre científico *Ocimum basilicum*. Herbácea anual, muy olorosa, con hojas lampiñas y verdes, y flores blancas. Crece en la India, sureste de Asia y noreste de África. Se emplea como condimento culinario y en perfumería.

albahío adj. Se dice del color blanco amarillento de la capa de las reses vacunas, especialmente de los toros.

albahaca

albaida f. *Bot.* Planta de la familia papilionáceas, de nombre científico *Anthyllis cytisoides*. Sus ramas y hojas muestran un color blanquecino y sus flores son pequeñas, amarillas.

albalá amb. **1** Carta o cédula real. **2** Documento público o privado. ♦ Su pl. es *albalaes*.

albanega f. **1** Cofia o red para el pelo. **2** Manga cónica para cazar conejos. **3** *Arquit.* Enjuta de arco de forma triangular.

albanés, sa o **albano, na** adj. y s. **1** De Albania. || m. *Ling.* **2** Lengua indoeuropea hablada en Albania. Tiene dos dialectos principales: el guago, más arcaico y complejo, que se habla en el N, y el tosco, hablado en el S. Sus textos más antiguos conocidos datan del siglo xv.

Albani Geneal. Familia noble italiana originaria de Albania. Hacia 1464 se establecieron en Italia y sus miembros fueron hombres de armas al servicio de los duques de Urbino. Uno de ellos, Giovanni Francesco, fue cardenal y papa con el nombre de Clemente XI. Se extinguió en el año 1852.

Albani, Francesco Albano, El.

Albania *(Republika e Shqipërisë)* Estado de Europa meridional, en la península Balcánica. Limita al N, con Serbia y Montenegro; al E, con Macedonia y Grecia; al S, con Grecia; y al O, con los mares Adriático y Jónico.

Geog. Se pueden distinguir 3 regiones: la septentrional oriental, formada por macizos que sobrepasan los 2.000 m y el macizo Korab, entre el río Drin y Serbia y Montenegro; la meridional, también muy montañosa, pero con alturas que apenas sobrepasan los 2.000 m y con ríos como el Vijosë y el Seman que forman hondos valles; y la zona costera, constituida por llanuras, acantilados y valles de acceso hacia el interior que al dirigirse al mar dan lugar a abundantes golfos y bahías. Sus principales ríos son el Drin, Vijosë y Shkumbi. En el N del país se encuentra el lago Shkodër y en la parte oriental los de Ohrid, Prespa y Mikri Prespa, este último casi en su totalidad en Grecia. Su clima es mediterráneo en la costa y continental en el interior. País esencialmente agrícola, el trigo es el cultivo más exten-

Superficie: 28.748 km².
Población: 3.490.000 h. *(albaneses).*
Densidad: 121,4 h./km².
Tasa de natalidad: 19,9‰.
Tasa de mortalidad: 6,5‰.
Capital: Tirana.
Ciudades principales: Shkodër, Durrës, Valona, Korçë y Elbasan.
Grupos étnicos: albaneses (98%), griegos (1,8%), otros (0,2%).
Religión: islamismo (65%), ortodoxa (20%), catolicismo (13%).
Idioma: albanés, dividido en dos grupos lingüísticos: tosco (oficial) y guego.
Moneda: lek.
Forma de Estado: república.
Producto Nacional Bruto: 2.718 millones de dólares.
Renta per cápita: 810 dólares.
División administrativa: 5 regiones y 26 distritos, según cuadro.

ALBANIA

Distritos / Regiones	Superficie (km²)	Población (h.)	Capitales
Berat	1.027	180.489	Berat
Elbasan	1.481	248.676	Elbasan
Fier	1.175	251.115	Fier
Gramsh	695	44.791	Gramsh
Librazhd	1.013	73.871	Librazhd
Lushnjë	712	137.830	Lushnjë
Skrapar	775	47.605	Corovodë
Elbasan-Berat	*6.878*	*984.377*	
Kolonjë	805	25.291	Ersekë
Korçë	2.181	218.219	Korçë
Pogradec	725	73.333	Pogradec
Korçë	*3.711*	*316.843*	
Kukës	1.330	104.731	Kukës
Lezhë	479	63.505	Lezhë
Pukë	1.034	50.286	Pukë
Shkodër	2.528	241.549	Shkodër
Tropojë	1.043	45.965	Bajram Curr
Shkodër	*6.414*	*506.036*	
Dibër	1.568	153.775	Peshkopi
Durrës	848	251.029	Durrës
Krujë	607	109.876	Krujë
Mat	1.028	78.754	Burrel
Mirditë	867	51.701	Rëshen
Tirana	1.238	374.483	Tirana
Tirana-Durrës	*6.156*	*1.019.618*	
Gjirokastër	1.137	67.392	Gjirokastër
Përmet	929	40.419	Përmet
Sarandë	1.097	89.459	Sarandë
Tepelenë	817	51.022	Tepelenë
Valona	1.609	180.725	Valona
Valona	*5.589*	*429.017*	

dido. Ganaderías ovina, cabría y bovina. Los principales productos mineros son petróleo, cromo, cobre, hierro y níquel. Industria textil, cervecera, azucarera y de cemento. La política aislacionista y autárquica del periodo comunista contribuyó a hacer de Albania uno de los países más pobres de Europa.

Hist. Invadida por los turcos en 1431, alcanzó su autonomía en 1912. En 1916-18, fue ocupada por Austria e Italia; después se constituyó en república en 1925, y en monarquía en 1928. Anexionada a Italia en 1939, fue invadida por los alemanes durante la Segunda Guerra Mundial. En 1946 se constituyó en República Popular, bajo la presidencia del comunista Enver Hoxha. Se mantuvo entre los países de influencia soviética hasta 1961, en que se produjo la ruptura con la URSS y su acercamiento a China, con la que rompió relaciones en 1978. La presión popular consiguió el establecimiento del pluripartidismo y la celebración de elecciones libres en 1991, en las que resultó vencedor Ramiz Alia, jefe del Estado desde 1985. Los comicios de 1992 dieron la victoria a Sali Berisha, del Partido Democrático, quien formó el primer gobierno democrático. En 1993, al tiempo que se rehabilitaba a las víctimas del régimen de Enver Hoxha, fue procesado Ramiz Alia, junto con varios miembros del último gobierno comunista. Entre 1993 y 1995 Albania tuvo que afrontar fuertes tensiones fronterizas con Grecia y Yugoslavia. El deterioro de la economía del país provocó en 1997 una rebelión popular que sólo pudo controlarse con ayuda internacional. Las elecciones anticipadas de junio de 1997 dieron el triunfo a Rexhep Meidani, como presidente, y al socialista Fatos Nano, que fue nombrado primer ministro, quien se vio obligado a dimitir el año siguiente, siendo sustituido por Pendeli Majko. Ese año sí se aprobó la primera constitución democrática del país. A finales de ese año, durante el conflicto de Kosovo, el país acogió gran número de inmigrantes. En abril de 1999 Albania autorizó a la OTAN a utilizar su territorio como base para una posible intervención terrestre en la región yugoslava. En diciembre Illir Meta sustituyó a Majko como primer ministro, cargo que renovó tras las legislativas de junio de 2001. En 2002 Meta renunció al cargo y fue sustituido por Majko. En junio de ese año Alfred Moisiu fue elegido presidente y nombró primer ministro a Fatos Nano.

ALBANO, NA adj. y s. De Alba Longa.
ALBANO Lago de Italia, a 20 km de Roma y constituido por un antiguo cráter.
ALBANO, EL (FRANCESCO ALBANI, llamado) Pintor italiano (Bolonia, 1578 - íd., 1660). Autor de *El tocador de Venus*, *Los cuatro elementos* y los frescos realizados en el palacio Verospi.
ALBANY Ciudad de EE UU, capital del Estado de Nueva York; 103.564 h.

ALBAÑAL o **ALBAÑAR** m. **1** Canal o conducto que da salida a las aguas residuales. **2** fig. Lugar sucio.
ALBAÑIL m. Maestro u oficial de albañilería.
ALBAÑILERÍA f. **1** Arte de construir edificios u obras en las que se utilizan ladrillos, piedras, arena, etc. **2** Obra de albañilería.
ALBAR adj. **1** BLANCO. || m. **2** Terreno de secano.
ALBARÁN m. Nota de entrega que firma la persona que recibe una mercancía.
ALBARAZADO, DA adj. **1** De color mezclado de negro o cetrino y rojo, albigazado. **2** Méx. Se dice del descendiente de china y jenízaro, o de chino y jenízara. También s.
ALBARCA f. ABARCA.
ALBARDA f. Pieza principal del aparejo de las caballerías de carga, que se compone de dos almohadas rellenas de paja.
ALBARDADO, DA adj. Se dice del animal, especialmente de la res vacuna, que tiene el pelo del lomo de diferente color que el del resto del cuerpo.
ALBARDAR tr. ENALBARDAR.
ALBARDEAR tr. *Amér.* Domar caballos salvajes.
ALBARDILLA f. **1** Silla para domar potros. **2** Caballete o tejadillo que se pone en los muros. **3** Caballete o lomo de barro que se forma en los caminos. **4** Hilera de ladrillos destinada a proteger la coronación de una pared.
ALBARDÓN m. **1** Aparejo más hueco y alto que la albarda. **2** *Amér.* Loma o elevación situada en terrenos bajos y anegadizos. **3** *Hond.* ALBARDILLA, caballete de los muros.
ALBARELO m. Bote de cerámica usado en las farmacias.
ALBAREQUE m. Red parecida al sardinal.
ALBARICOQUE m. *Bot.* **1** Fruto del albaricoquero. **2** ALBARICOQUERO.
ALBARICOQUERO m. *Bot.* Árbol de la familia rosáceas, de nombre científico *Prunus armeniaca*. Es de pequeño tamaño, con las ramas sin espinas, hojas acorazonadas, flores blancas y fruto, el albaricoque, de sabor agradable.
ALBARILLO m. *Bot.* **1** Variedad de albaricoquero cuyo fruto es de piel y carne casi blancas. **2** Fruto de este árbol. **3** Tañido que se toca en la guitarra, de compás muy acelerado.
ALBARIÑO adj. Se aplica a un vino gallego, ácido y de poca graduación. También m.
ALBARIZA f. Laguna salobre.
ALBARIZO, ZA adj. **1** BLANQUECINO. Se aplica al terreno. || m. **2** ALBERO, terreno albarizo.
ALBARRACÍN Municipio y ciudad de España, provincia de Teruel; 1.061 h. Notable catedral.
ALBARRACÍN, SIERRA DE Conjunto montañoso de España, entre Teruel, Cuenca y Guadalajara.
ALBARRÁN, JOAQUÍN Médico cubano (Sagua la Grande, 1860 - París, 1912). Especialista en enfermedades del riñón, se le debe la prueba de la función renal que lleva su nombre.
ALBARRANA adj. **1** CEBOLLA ALBARRANA. **2** TORRE ALBARRANA.
ALBATENIUS BATTANI, MUHAMMAD IBN GEBER AL-.
ALBATERA Municipio y lugar de España, provincia de Alicante; 8.417 h.
ALBATOZA f. Embarcación pequeña y cubierta.
ALBATROS m. *Zool.* Nombre común de varias aves procelariformes pelágicas de la familia diomedeidos, género *Diomedea*, especialmente dotadas para el vuelo planeado. El albatros común o viajero (*Diomedea exulans*) es la mayor de las aves marinas. ♦ Su pl. es *albatros*.
ALBAYALDE m. *Quím.* Carbonato de plomo de fórmula $(CO_3)_2 Pb_3 (OH)_2$. Es sólido, de color blanco y se emplea de base en las pinturas.
ALBAZANO, NA adj. Referido especialmente a caballos y yeguas, de color castaño oscuro.
ALBEAR intr. BLANQUEAR, tirar a blanco.
ALBEDO m. *Fís.* **1** Potencia reflectora de la luz en un cuerpo iluminado y sin luz propia. **2** Referido a un reflector de neutrones, relación entre los que son devueltos al espacio y los absorbidos por la superficie reflectora.
ALBEDRÍO m. *Filos.* **1** Potestad de obrar por reflexión y elección. **2** Apetito, antojo o capricho. **3** Costumbre jurídica no escrita. || **al albedrío** de alguien loc. adv. A su gusto o voluntad.
ALBEE, EDWARD Dramaturgo estadounidense (Washington, 1928). Entre sus obras destacan *¿Quién teme a Virginia Woolf?* (1962), *Delicado equilibrio* (1966) y *Lolita* (1979).
ALBEMARLE ISABELA.
ALBÉNIZ, ISAAC Pianista y compositor español (Camprodón, 1860 - Cambo-les-Bains, 1909). Junto con Falla y Turina, forma el grupo de renovadores realistas que iniciaron la escuela nacional española. Entre sus obras escénicas destacan la zarzuela *San Antonio de la Florida* (1893) y la ópera *Pepita Jiménez* (1897). Entre sus obras para piano merecen especial mención: *Suite española*, *Pavana*, *Scherzo*, *Caprichos andaluces* y *Suite Iberia*.
ALBENSE adj. y com. De Alba de Tormes.
ALBERCA f. **1** Depósito artificial de agua con muros de fábrica para el riego. **2** POZA, balsa.
ALBERCHE Río de España, que nace en Gredos y desemboca en el Tajo, cerca de Talavera de la Reina; 180 km.

Giulio **Alberoni**. Grabado del siglo XIX. Biblioteca Municipal (Piacenza, Italia).

ALBÉRCHIGO o **ALBÉRCHIGA** m. o f. *Bot.* **1** Fruto del alberchiguero, de carne jugosa, prieta y de color amarillo subido. La piel, también amarillenta, tiene una mancha fuertemente sonrosada. **2** ALBERCHIGUERO. **3** En algunas partes, ALBARICOQUE.
ALBERCHIGUERO m. *Bot.* Árbol, variedad del melocotonero, cuyo fruto es el albérchigo. **2** En algunas partes, ALBARICOQUERO.
ALBERDI, JUAN BAUTISTA Escritor y jurisconsulto argentino (Tucumán, 1810 - París, 1884). Vivió la mayor parte de su vida exiliado por razones políticas. Autor de *Sistema económico y rentístico de la Confederación* (1854) y *Ensayos sobre la sociedad* (1898).
ALBERGAR tr. **1** Dar albergue, hospedaje. || intr. y prnl. **2** Tomar albergue. **3** fig. Tener una determinada idea o sentimiento sobre algo.
ALBERGUE m. **1** Lugar en que una persona halla hospedaje o resguardo. **2** Cueva en que se recogen los animales, especialmente las fieras.
ALBERIQUE Municipio y lugar de España, provincia de Valencia; 9.100 h.
ALBERO, RA adj. **1** ALBAR. || m. **2** Terreno albarizo, que presenta una coloración blanquecina. **3** Tierra para jardines y plazas de toros. **4** Ruedo de la plaza de toros. **5** Paño para secar los platos.
ALBERONI, GIULIO Cardenal y político italiano (Firenzuola, 1664 - Roma, 1752). Llegó a España como embajador del duque de Parma, a cuya sobrina, Isabel de Farnesio, logró casar en segundas nupcias con Felipe V. Nombrado por éste primer ministro en 1717, su política se dirigió a la intervención en Italia, con el fin de crear principados para los hijos de Isabel de Farnesio. En 1717 tomó Cerdeña y al año siguiente preparó una expedición contra Sicilia. La flota española fue destruida por la inglesa, y Francia declaró la guerra a España. En 1719, los franceses entraron en la península, por lo que Felipe V tuvo que destituir a Alberoni y expulsarle de España.

albatros

Albers, Josef Pintor y diseñador estadounidense de origen alemán (Bottrop, 1888 - New Haven, 1976). Profesor de pintura en la Bauhaus, en 1933 emigró a EE UU. Se le considera precursor del *hard-edge;* ejerció una notable influencia en el arte minimal.

Albert, Hans Filósofo alemán (Colonia, 1921). Influido por K. Popper, su obra se inscribe en el racionalismo crítico. Es autor de *Tratado de la razón crítica* (1968) y *Alegato en favor del racionalismo crítico* (1971).

Albert i Paradís, Caterina CATALÀ, VÍCTOR.

Alberta Provincia de Canadá situada en el centro del país; 661.190 km^2 y 2.968.992 h. Su capital es Edmonton.

Alberti, Leon Battista Arquitecto y escritor italiano (Génova, 1404 - Roma, 1472). Encarnó el ideal humanístico del *hombre universal* del Renacimiento. Fue el primer tratadista del siglo XV. Es digna de mención su obra en diez libros *De re aedificatoria* (1485). Las principales construcciones arquitectónicas que realizó son la iglesia de San Francisco, de Rimini; la fachada de Santa Maria Novella y el palacio Rucellai, de Florencia.

Alberti, Rafael Poeta y dramaturgo español (El Puerto de Santa María, 1902 - íd., 1999). Fue una de las principales figuras de la Generación del 27. Adoptó una postura de compromiso con el Frente Popular. Vivió en el exilio desde 1939 hasta 1977, año en que fue diputado del Partido Comunista por Cádiz. Su poesía evolucionó desde la sencillez hasta un hermetismo gongorino y surrealista, que alternó con las composiciones de compromiso político. De su obra destacan *Marinero en tierra* (1925), *El alba del alhelí* (1927), *Cal y canto* (1929), *Sobre los ángeles* (1928), *Entre el clavel y la espada* (1941), *Coplas de Juan Panadero* (1949), *A la pintura* (1948), *Roma, peligro para caminantes* (1968), *Canciones para Altair* (1988) y la antología *Sólo la mar* (1994). En su producción dramática destacan *El hombre deshabitado* (1931) y *El adefesio* (1944). Sus memorias están recogidas en *La arboleda perdida* (1959 y 1987). En 1983, le fue concedido el premio Cervantes.

Alberto Lago de África central, situado entre Uganda y la República Democrática del Congo; 5.400 km^2. Se llamó *Alberto Nyanza* y *Mobutu Sese Seko.*

Alberto Nombre de dos emperadores de Alemania.

Alberto I (?, 1255 - Brugg, 1308). Duque de Austria, derrotó a Adolfo de Nassau y fue proclamado emperador. Durante su reinado se independizaron los Cantones suizos (1307). Murió asesinado por su sobrino Juan de Suabia.

Alberto II (Viena, 1398 - Neszmely, 1439). Duque de Austria, con el nombre de Alberto V, reunió las coronas de Hungría y de Bohemia y fue elegido emperador en 1438. Hizo frente al movimiento husita y a la amenaza turca.

Alberto Nombre de dos reyes de Bélgica.

Alberto I (Bruselas, 1875 - alrededores de Marche-les-Dames, 1934). Durante la Primera Guerra Mundial dirigió personalmente el ejército de su país, lo que le hizo muy popular.

Alberto II (Laecken, 1935). Subió al trono en 1993 tras el fallecimiento de su hermano Balduino I.

Alberto I Príncipe de Mónaco (París, 1848 - íd., 1922). Ocupó el trono en 1889. Fundó el Museo Oceanográfico de Mónaco y el Instituto de Paleografía Humana de París.

Alberto de Brandeburgo Primer duque de Prusia (Ansbach, 1490 - Tapiau, 1568). Maestre de la orden teutónica y señor de Prusia, obtuvo de Polonia la consideración de ducado para su señorío. En 1525 abrazó el luteranismo.

Alberto Federico Augusto Rey de Sajonia (Dresde, 1828 - Sibbyllenort, 1902). Subió al trono en 1873 y secundó la política del imperio alemán.

Alberto Francisco, príncipe de Sajonia-Coburgo-Gotha Príncipe consorte de Inglaterra (?, 1819 - castillo de Windsor, 1861). Segundo hijo del duque Ernesto I de Sajonia-Coburgo-Gotha, contrajo matrimonio en 1840 con su prima, la reina Victoria de Inglaterra.

Alberto Magno, san Filósofo, teólogo y doctor de la iglesia alemán (Lauingen, Suabia, h. 1193 - Colonia, 1280). Ingresó en la Orden dominica en 1223. Maestro de santo Tomás de Aquino, fue el doctor escolástico de más vasta erudición en el siglo XIII. Divulgó, sistematizó e interpretó el pensamiento de Aristóteles. Sostuvo que la razón y la fe son dos vías complementarias para alcanzar el conocimiento. Sus obras se publicaron en 21 volúmenes en Lyon (1651).

Alberto el Piadoso Archiduque de Austria (Neustadt, 1559 - Bruselas, 1621). Sexto hijo de Maximiliano II, se educó en la corte de Felipe II. Fue cardenal (1577), arzobispo de Toledo (1584), gobernador de Portugal y de los Países Bajos (1595). Se casó con Isabel Clara Eugenia, hija de Felipe II.

Alberton Ciudad de la República Sudafricana situada en la provincia de Gauteng; 230.667 h.

albi- pref. ALBO-.

Albi Ciudad del S de Francia, capital del departamento de Tarn; 46.579 h. Dio su nombre a la herejía ALBIGENSE.

albiense, piso *Geol.* Subdivisión del sistema cretáceo, situada entre el aptiense (debajo) y el cenomaniense (encima).

albigense (Del lat. *Albigensis.*) adj. **1** De Albi. También com. **2** *Hist.* y *Rel.* Se dice de una secta cristiana herética que se desarrolló en los siglos XII y XIII. El nombre *albigense* es el que se aplicó a los CÁTAROS del S de Francia y proviene de Albi, ciudad que constituyó uno de los principales centros de esta secta. Creían en un dualismo maniqueísta, y condenaban el uso de los sacramentos, el culto externo y la jerarquía eclesiástica. El papa Inocencio III, a instancias de Felipe Augusto, convocó una cruzada para someterlos (1209-29) que estuvo dirigida por Simón de Monfort. **3** Relativo a esta secta. También com.

albillo, lla adj. y s. UVA ALBILLA.

albín m. **1** HEMATITES. **2** *Pint.* Carmesí oscuro.

albina f. **1** Estero o laguna que forma el agua del mar en las tierras próximas. **2** Sal, que dejan estas lagunas al secarse.

Albini, Franco Arquitecto, urbanista y diseñador italiano (Robbiate, 1905 - Milán, 1977). De estilo racionalista, reformó los Museos del Palacio Bianco en Génova (1951) y los edificios de *La Rinascente* en Roma (1957). Como urbanista, intervino en el proyecto «Milano-Verde» (1938).

albinismo m. *Fisiol.* Anomalía fisiológica que aparece en animales y plantas como consecuencia de la disminución o ausencia del contenido habitual de pigmentos.

albino, na adj. y s. **1** *Biol.* Falto, por anomalía fisiológica congénita, del pigmento que da a ciertas partes del organismo de los hombres, animales y plantas, los colores propios de cada especie, raza, etc. **2** *Méx.* Descendiente de morisco y europea, o viceversa. || adj. **3** *Bot.* Se aplica a la planta que, en lugar de su color verde habitual debido a la clorofila, lo tiene blanquecino. **4** Relativo a los seres albinos.

Albinoni, Tommaso Compositor italiano (Venecia, 1671 - íd., 1750). Trabajó como músico de cámara para el duque de Mantua. Escribió 48 óperas y numerosas obras instrumentales. Son especialmente brillantes los conciertos para violín, así como los que escribió para uno y dos oboes.

Albión Nombre que dieron los griegos a Gran Bretaña.

albita f. *Miner.* Mineral feldespato del grupo de las plagioclasas, formado por silicatos de aluminio y sodio; a veces contiene pequeñas cantidades de calcio y potasio. Cristaliza en el sistema triclínico y generalmente es de color blanco.

albitana f. Cerca con que los jardineros resguardan las plantas.

Albizu Campos, Pedro Político puertorriqueño (Puerto Rico, 1893 - íd., 1965). Fundador del Partido Nacionalista, antiestadounidense. Fue acusado varias veces por rebeldía.

albo, ba adj. poét. BLANCO.

albo-, alba-, albi-, alb- prefs. que significan blanco.

albohol m. *Bot.* **1** CORREHUELA, mata convolvulácea. **2** Planta de la familia franqueniáceas, barrillera.

Alboino Rey lombardo (? - Verona, 572). Reinó de 568 a 572. Creó el reino lombardo, con capital en Pavía. Fue asesinado por su mujer, Rosamunda.

albóndiga f. Bolita de carne o pescado picado.

alboquerón m. *Bot.* Planta de la familia crucíferas, de nombre científico *Malcomia africana*, parecida al alhelí.

albor m. **1** ALBURA, blancura. **2** Luz del alba. **3** fig. Comienzo, principio.

alborada f. **1** Tiempo de amanecer. **2** Toque o música militar al romper el alba, para avisar la venida del día. **3** *Lit.* y *Mús.* Composición poética o musical que canta a la mañana o la separación de los amantes a esa hora. Es característica de las zonas del NO español, especialmente de Galicia.

alborear intr. Amanecer o rayar el día.

alborga f. Calzado a manera de alpargatas que en algunas provincias usa la gente rústica.

albornoz m. **1** Tela de estambre muy torcido y fuerte. **2** Especie de capa o capote con capucha. **3** Bata de tela esponjosa que se utiliza después del baño.

Albornoz, Gil Álvarez de Cardenal y estadista español (Cuenca, 1310 - Viterbo, 1367). Arzobispo de Toledo, en el reinado de Pedro I se trasladó a Roma donde, nombrado jefe militar de Inocencio VI, reconquistó todas las plazas que formaban los Estados pontificios. Fundó el Colegio Español de Bolonia.

La **Albufera** (Valencia).

alboroque m. Agasajo que se hace a los que intervienen en una venta.

alborotado, da adj. **1** Se dice del pelo revuelto o enmarañado. **2** Que obra alborotadamente y sin reflexión. **3** Inquieto, díscolo, revoltoso.

alborotar tr. y prnl. **1** Inquietar, alterar, perturbar. **2** Amotinar, sublevar. || intr. **3** Causar alboroto. || prnl. **4** Tratándose del mar, ENCRESPARSE.

alboroto m. **1** Vocerío, estrépito. **2** Desorden, tumulto. **3** Asonada, motín. **4** Sobresalto, inquietud.

alborozar tr. y prnl. Causar gran regocijo o alegría.

alborozo m. Gran regocijo, placer o alegría.

alborto m. *Bot.* MADROÑO, árbol.

albotín m. *Bot.* TEREBINTO, árbol.

Albox Municipio y lugar de España, provincia de Almería; 9.456 h. Industria textil.

Albret *Geneal.* Familia francesa cuya cuna fue el castillo de Albret, en Gascuña. En 1484, Juan de Albret se convirtió en rey de Navarra por su matrimonio con Catalina de Foix. Tras la conquista de la Navarra española por Castilla en 1512, los Albret continuaron gobernando en la Navarra francesa. En 1548 Juana III de Navarra contrajo matrimonio con Antonio de Borbón. Su hijo ocupó la corona de Francia bajo el nombre de Enrique IV (1598) e incorporó el entonces ducado de Albret a la corona francesa (1607).

albricias f. pl. Regalo o felicitación ante una buena noticia o acontecimiento favorable. || **¡albricias!** expr. de júbilo y alegría.

Albright, Madeleine (MARIA JANA KORBEL ALBRIGHT, llamada) Política y diplomática estadounidense de origen checo (Praga, 1937). Demócrata, embajadora de EE UU en la ONU (1993-1996), fue secretaria de Estado de 1997 a 2001. Intervino en conflictos como la guerra de Bosnia o de Kosovo.

albufera f. *Geog.* Laguna litoral, en costa baja, de agua salina o ligeramente salobre, separada del mar por una lengua o cordón de arenas.

Albufera, La Laguna de España, situada en la provincia de Valencia; 45 km^2. Se comunica con el Mediterráneo por dos estrechos canales. Sus aguas son dulces y abundantes en pesca; en sus cañaverales anidan multitud de aves acuáticas.

albugíneo, a adj. **1** Enteramente blanco. || adj. y f. *Anat.* **2** Membrana gruesa, blanca y densa, que rodea los testículos, ovarios, cuerpos cavernosos, el bazo y los ojos.

albugo m. Mancha blanca de la córnea o de las uñas.

álbum m. **1** Libro en blanco cuyas hojas se llenan con sentencias, piezas de música, fotografías, grabados, etc. **2** Estuche o carpeta con uno o más discos sonoros. ♦ Su pl. es *álbumes.*

albumen m. *Bot.* Tejido nutricio presente en algunas semillas, que envuelve el embrión de las plantas y le sirve de primer alimento. ♦ Su pl. es *albúmenes.*

albúmina f. *Biol.* Grupo de proteínas naturales simples, de origen animal o vegetal, solubles en agua. Coagulan con el calor: *seroalbúmina,* en el suero; *lactoalbúmina,* en la leche; *ovoalbúmina,* en la clara de huevo, etc.

albuminado, da adj. *Biol.* Que está cubierto de albúmina o la contiene.

albuminoide m. *Biol.* **1** PRÓTIDO. **2** Sustancia que presenta en disolución el aspecto y las propiedades de la clara del huevo, de las gelatinas o de la cola de pescado.

Alcalá de Henares (Madrid). Fachada de la Universidad cisneriana.

ALBUMINOIDEO, A adj. *Biol.* **1** Que tiene aspecto y propiedades de albuminoide. **2** Escleroproteínas caracterizadas por su indisolubilidad en agua, ácidos y álcalis diluidos, alcohol y soluciones salinas.

ALBUMINÓMETRO m. Aparato que determina la albúmina que contiene un líquido orgánico.

ALBUMINOSO, SA adj. *Biol.* **1** Que contiene albúmina. || f. *Biol.* **2** Materia en que se transforman las sustancias albuminosas, una vez digeridas.

ALBUMINURIA f. *Med.* Presencia de albúmina en la orina.

ALBUQUERQUE Ciudad de EE UU, Estado de Nuevo México; 384.736 h. Centro comercial e industrial. Fundada en 1706. Turismo.

ALBUQUERQUE, AFONSO DE Navegante y conquistador portugués (Alhandra, 1453 - costas de Goa, 1515). Consolidó el poder de Portugal en la India y Oriente. Exploró las costas de Madagascar y conquistó las islas de Socotora, Ormuz, Malabar, Ceilán y Malaca. Fue nombrado virrey de las Indias en 1508.

ALBUR m. **1** *Zool.* MÚJOL. **2** Contingencia o azar.

ALBURA f. **1** Blancura perfecta. **2** CLARA de huevo. **3** *Bot.* Capa blanda de color blanquecino, formada por células vivas, que se halla inmediatamente debajo de la corteza en los troncos de los vegetales dicotiledóneos.

ALBURNO m. **1** *Zool.* Pez teleósteo de agua dulce, perteneciente al género *Alburnus*, conocido como *pez de río*. **2** *Bot.* ALBURA, capa blanda.

ALBURQUERQUE, DUQUE DE FERNÁNDEZ DE LA CUEVA, FRANCISCO, DUQUE DE ALBURQUERQUE.

ALCA f. *Zool.* Nombre común de diversas aves caradriformes de la familia álcidos, género *Alca*. Incluye especies de gran tamaño, acuáticas, y con el cuello corto. Su plumaje es negro en el dorso y blanco en el vientre, y el pico, de forma comprimida, se halla cruzado por una lista blanca. Vive generalmente en las regiones costeras árticas.

ALCABALA f. *Hist.* Tributo vigente en la baja Edad Media y Edad Moderna en España y en la América española, que cobraba el fisco por los contratos de compraventa y permuta. Durante el reinado de Enrique III adquirió su configuración definitiva: un impuesto ordinario que gravaba el 10% de las compraventas y trueques. Se mantuvo hasta la reforma tributaria de Alejandro Mon (1845). En América, la alcabala se introdujo por primera vez en México (1574).

ALCACER o **ALCACEL** m. *Bot.* **1** Cebada verde y en hierba. **2** CEBADAL.

ALCÁCER Municipio y lugar de España, provincia de Valencia; 7.387 h.

ALCACHOFA f. **1** *Bot.* Planta de la familia compuestas, de nombre científico *Cynara scolymus*. Es una herbácea rizomatosa perenne, que produce unas cabezuelas comestibles. **2** *Bot.* Inflorescencia de esta planta, verde azul o violeta y forma abultada. También el cardo y otras plantas. **3** Adorno en forma de alcachofa. **4** Pieza con orificios que despide el agua en chorritos.

ALCACHOFAL o **ALCACHOFAR** m. **1** Sitio plantado de alcachofas. **2** Terreno sin cultivar abundante en alcauciles.

ALCACHOFERA f. *Bot.* ALCACHOFA, planta.

ALCACIL o **ALCACÍ** m. *Bot.* ALCAUCIL.

ALCÁÇOBAS, TRATADO DE *Hist.* Tratado suscrito por los Reyes Católicos y Alfonso V de Portugal en 1479, por el que este último reconoció a Isabel como legítima heredera de Castilla y a cambio le fue reconocido el derecho de conquista de África, desde el cabo Bojador hacia el S, con excepción de las Canarias, e incluyendo las Azores, Madeira y Cabo Verde.

ALCAHAZ m. Jaula grande para encerrar aves.

ALCAHUETE, TA m. y f. **1** Persona que procura y encubre relaciones sexuales y amorosas. **2** fig. y fam. Persona o cosa que sirve para encubrir lo que se quiere ocultar. **3** fig. y fam. CORREVEIDILE, soplón. || m. *Teat.* **4** Telón utilizado para advertir que el entreacto será muy corto.

ALCAHUETEAR tr. **1** Chismorrear. **2** Hacer de alcahuete.

ALCAHUETERÍA f. **1** Acción de alcahuetear. **2** Oficio de alcahuete. **3** fig. y fam. Acción de ocultar o encubrir a una persona. **4** fig. y fam. Medio hábil para engañar o seducir.

ALCAICO adj. y s. VERSO ALCAICO.

ALCAIDE m. **1** Responsable de un establecimiento penitenciario. **2** *Hist.* Hasta fines de la Edad Media, el que tenía a su cargo la guarda y defensa de algún castillo o fortaleza. Posteriormente, el Grande de España encargado de la conservación y administración de algún sitio real.

ALCALÁ DE HENARES Municipio y ciudad de España, provincia de Madrid, cabeza del partido judicial del mismo nombre; 166.250 h. Declarada conjunto histórico-artístico. Entre sus monumentos destaca la Universidad o Colegio de San Ildefonso, fundada por Cisneros (1498). En la época romana llevó el nombre de *Complutum* y los árabes la llamaron *Al-Kala Nahar*. Reconquistada en 1088, hasta el siglo XV fue frecuentemente residencia de los reyes de Castilla. En 1998 fue declarada patrimonio de la humanidad por la UNESCO.

ALCALÁ ZAMORA, NICETO Abogado y político español (Priego, 1877 - Buenos Aires, 1949). Perteneciente al Partido Liberal, fue ministro de Fomento (1917) y de Guerra (1922). Presidente del comité revolucionario que asumió el poder tras la caída de la monarquía, encabezó el gobierno provisional y fue nombrado presidente de la República en diciembre de 1931. Abandonó el cargo en 1936, como consecuencia de un voto de censura de las Cortes. Marchó a Francia y en 1942 se instaló en Buenos Aires.

ALCALAÍNO, NA adj. y s. De Alcalá de Henares o Alcalá la Real, particularmente del primer pueblo citado.

ALCALAREÑO, ÑA adj. y s. De Alcalá de Guadaira o Alcalá del Río.

ALCALDADA f. Acción imprudente de un alcalde que abusa de su autoridad y, por extensión, la de cualquier otra persona.

ALCALDE, DESA m. y f. *Adm. y Polít.* Presidente del ayuntamiento de un pueblo o término municipal. || **ALCALDE DE CASA Y CORTE** *Hist.* Juez togado de la sala llamada de alcaldes, que juntos formaban la quinta sala del Consejo de Castilla. || **ALCALDE DEL CRIMEN** *Hist.* El de la sala del crimen que había en las chancillerías de Valladolid y Granada y en algunas audiencias. || **ALCALDE MAYOR** *Hist.* Juez de letras que ejercía la jurisdicción ordinaria en algún pueblo. || **ALCALDE PEDÁNEO** *Adm. y Polít.* El designado para aldeas o partidos rurales en municipios dispersos.

ALCALDÍA f. Oficio, cargo, oficina, territorio o distrito de la jurisdicción de un alcalde.

ALCALESCENCIA f. *Quím.* Estado de las sustancias orgánicas en que se forma espontáneamente amoníaco.

ÁLCALI m. *Quím.* Cada uno de los óxidos, hidróxidos o carbonatos de los metales alcalinos (litio, sodio, potasio, cesio y rubidio). Irritantes o cáusticos para la piel, viran el tornasol a azul, son solubles en agua y tienen las propiedades de las bases: reaccionan con los ácidos para dar sales. ♦ Su pl. es *álcalis*.

ALCALIMETRÍA f. *Quím.* Modo de determinar la cantidad de álcali contenida en los carbonatos de sosa o de potasa, mediante su titulación con una solución fija de ácido.

ALCALINO, NA adj. **1** De álcali o que tiene álcali. **2** *Geol.* Se dice de las rocas endógenas que tienen más de un 10% de sosa y potasa. **3** *Quím.* Se dice de los metales del grupo I A de la tabla periódica de los elementos (litio, sodio, potasio, rubidio y cesio). Se funden y volatilizan con facilidad y reaccionan vigorosamente con el agua; sus hidróxidos son las bases más fuertes que se conocen. **4** *Quím.* Se dice de la solución acuosa cuyo pH es mayor de 7.

ALCALINOTÉRREO, A adj. y s. *Quím.* Se aplica a los elementos químicos metálicos del grupo II A del sistema periódico: berilio, magnesio, calcio, estroncio, bario y radio.

ALCALIZAR tr. *Quím.* Comunicar a algún cuerpo las propiedades de los álcalis.

ALCALOIDE m. *Quím.* Cualquiera de los compuestos orgánicos nitrogenados, de carácter básico, producidos por vegetales. La mayoría son sólidos cristalinos, otros líquidos volátiles y algunos gomas. Producen acciones fisiológicas características, en general de carácter tóxico, como la nicotina del tabaco. También pertenecen a este grupo la cocaína y la morfina. Tienen aplicaciones en medicina y muchos se han obtenido por síntesis.

ALCALOIDEO, A adj. *Quím.* Se aplica a los compuestos orgánicos que, a semejanza de los alcaloides, pueden combinarse con los ácidos para formar sales.

ALCALOMETRÍA f. *Quím.* Determinación del contenido de alcaloides en una solución.

ALCALOSIS f. *Med.* Alcalinidad excesiva de la sangre, debida a una gran absorción de bicarbonato sódico o a la pérdida de ácido clorhídrico o anhídrido carbónico. ♦ Su pl. es *alcalosis*.

ALCAMAR m. *Zool.* Ave de rapiña del Perú.

ALCÁMENES Escultor griego (s. V a. C.). Discípulo de Fidias, trabajó en Atenas. La única de sus esculturas conservadas es *Hécate, Procne e Itys*.

ALCAMONÍAS f. pl. **1** *Bot.* Semillas que se emplean en condimentos, como anís, alcaravea, cominos, etc. **2** fig. y fam. Alcahueterías.

ALCANCE m. **1** Seguimiento, persecución. **2** Capacidad de alcanzar o cubrir una distancia. **3** Saldo de una cuenta deudora. **4** fig. En los periódicos, noticia de última hora. **5** fig. Capacidad o talento. Más en pl. **6** fig. Trascendencia, consecuencia importante. **7** *Fís.* Distancia máxima a la que pueden transmitirse con seguridad las señales acústicas o de radio. **8** *Fís.* Distancia de actuación efectiva de las fuerzas nucleares. **9** *Arm.* En las armas arrojadizas o de fuego, distancia a que llega el tiro. || **a, a mi, a tu,** etc., **alcance** loc. Se aplica a lo que uno puede conseguir.

ALCANCÍA f. **1** Vasija cerrada con una hendidura por donde se echan monedas para guardarlas. **2** Olla de materias inflamables que, encendida, se arrojaba a los enemigos.

ALCANFOR m. **1** *Quím.* Producto sólido, cristalino, blanco, de olor penetrante característico, que se extrae por destilación de la madera del alcanforero. Se utiliza principalmente en la fabricación del celuloide y de la pólvora sin humo, como insecticida, en medicina, como estimulante cardíaco. **2** *Bot.* ALCANFORERO. **3** *Bot.* Madera del alcanforero.

ALCANFORADA f. *Bot.* Planta de la familia quenopodiáceas, cuyas hojas despiden olor a alcanfor.

ALCANFORAR tr. Componer o mezclar con alcanfor alguna cosa. || prnl. **2** *Hond.* y *Venez.* Disiparse, evaporarse, desaparecer.

ALCANFORERO m. *Bot.* Árbol de la familia lauráceas, de nombre científico *Cinnamonum camphora*, nativo de Japón, China y otros países de Oriente, de cuyas ramas y raíces se extrae alcanfor por destilación.

ALCANO m. *Quím.* Nombre genérico de los hidrocarburos saturados de fórmula C_nH_{2n+2}. También llamados parafinas u olefinas.

ALCÁNTARA, ORDEN DE *Hist.* Orden militar española, fundada en 1156 y confirmada como orden militar de caballería por el papa Alejandro III en 1177. Participó activivamente en la lucha contra los musulmanes. Pasó a ser administrada por los Reyes Católicos, sus territorios fueron integrados en la corona y se convirtió en una institución honorífica.

ALCANTARILLA f. **1** Acueducto subterráneo fabricado para recoger las aguas llovedizas o inmundas y darles paso. **2** Cada uno de los sumideros de las calles por los que entra el agua de lluvia.

ALCANTARILLADO m. Conjunto de alcantarillas de una población.

ALCANTARINO, NA adj. y s. **1** De Alcántara. || m. **2** Caballero de la Orden de Alcántara.

ALCANZADO, DA adj. **1** Empeñado, adeudado. **2** Falto, escaso, necesitado.

ALCANZAR tr. **1** Llegar a juntarse con una persona o cosa que va delante. **2** Llegar a tocar o coger, golpear o herir a alguna persona o cosa. **3** Coger alguna cosa alargando la mano. **4** Tratándose de la vista, oído u olfato, llegar a percibir con ellos. **5** Conseguir, lograr. **6** fig. Tener poder, virtud o fuerza para alguna cosa. **7** Saber, entender. **8** Hallar a alguien deudor en una cuenta. **9** fig. Llegar a igualarse con otro. || intr. **10** Llegar hasta cierto punto. **11** fig. Tocar a uno alguna cosa o parte de ella. **12** fig. Ser suficiente. || prnl. **13** Llegar a tocarse o juntarse. **14** Hacerse heridas en las patas las caballerías.

ALCAÑIZANO, NA adj. y s. De Alcañiz.

ALCAPARRA f. *Bot.* **1** Mata espinosa de la familia caparidáceas, de nombre científico *Capparis spinosa.* Los capullos de las flores son las alcaparras y los frutos, los alcaparrones. Crece en roquedos y zonas secas de la región mediterránea. **2** Botón de la flor de esta planta. Se usa como condimento y como entremés. || **ALCAPARRA DE INDIAS** *Bot.* CAPUCHINA, planta.

ALCAPARRAL m. Sitio poblado de alcaparros.

ALCAPARRERA o **ALCAPARRO** f. o m. *Bot.* ALCAPARRA, mata.

ALCAPARRÓN m. *Bot.* Fruto de la alcaparra.

ALCARACEÑO, ÑA adj. y s. De Alcaraz.

ALCARAVÁN m. *Zool.* Ave caradriforme de la familia burhínidos, de nombre científico *Burhinus oedicnemus,* de unos 45 cm de longitud y grandes ojos amarillos.

ALCARAVEA f. *Bot.* **1** Planta de la familia umbelíferas, de nombre científico *Carum carvi,* de flores blancas. Sus semillas aromáticas sirven como condimento. **2** Semilla de esta planta.

ALCARAZ Sierra de España que forma parte del sistema Bético. Se encuentra al O de la provincia de Albacete. Su altura máxima se sitúa en el cerro de Almenaras (1.797 m).

ALCARCEÑA f. *Bot.* YERO.

ALCARCEÑAL m. Tierra sembrada de alcarceñas.

ALCARRAZA f. Vasija de arcilla porosa y poco cocida, que deja rezumarse cierta porción de agua, cuya evaporación enfría el líquido que queda dentro.

ALCARREÑO, ÑA adj. y s. De La Alcarria.

ALCARRIA f. Terreno alto, raso y de poca hierba.

ALCARRIA, LA Comarca natural de España que se extiende por las provincias de Guadalajara, Madrid y Cuenca. Es una meseta calcárea, surcada por los ríos Tajo, Tajuña y Henares. Célebre por su miel. Su capital geográfica es Brihuega.

ALCATRAZ m. **1** *Bot.* ARO. **2** *Zool.* Nombre común de diversas aves pelecaniformes marinas de la familia súlidos, género *Sula.* El alcatraz común *(S. bassana)* mide unos 90 cm de longitud y vive en los mares de Europa.

ALCATRAZ Isla de EE UU, en la bahía de San Francisco de California, donde radicó una célebre prisión hasta 1963.

ALCAUCIL o **ALCAUCÍ** m. *Bot.* **1** Alcachofa silvestre. **2** En algunas partes, ALCACHOFA.

alcaudón

ALCAUDÓN m. *Zool.* Nombre común de diversas aves paseriformes de la familia lánidos, pertenecientes sobre todo al género *Lanius.* Pese a su pequeño tamaño se comportan como depredadores de insectos, reptiles, otros pájaros y pequeños mamíferos.

ALCAYATA f. ESCARPIA, clavo acodillado.

ALCAZABA f. *Arquit.* Recinto fortificado, dentro de una población amurallada.

ALCÁZAR m. **1** FORTALEZA, recinto fortificado. **2** *Arquit.* e *Hist.* Casa o palacio real. **3** Espacio de la cubierta superior de los buques, desde el palo mayor hasta la popa o la toldilla.

ALCAZARQUIVIR Ciudad del N de Marruecos, provincia de Tetuán; 73.541 h. Ruinas romanas. Derrota de los portugueses y la muerte de su rey don Sebastián (1578) por los marroquíes.

ALCE m. **1** *Zool.* Mamífero artiodáctilo de la familia cérvidos, de nombre científico *Alces alces.* Es un rumiante de gran tamaño y cuernas aplanadas, con un enorme y característico labio superior curvado hacia abajo. Vive en bosques enfangados y pantanosos del N de América y Eurasia. **2** *Ocio* En el juego de naipes, porción de cartas que se corta después de haber barajado. **3** *Cuba* Acción de recoger la caña de azúcar cortada. **4** *A. gráf.* Acción de alzar los pliegos.

ALCEDO Y BEJARANO, ANTONIO Historiador y militar ecuatoriano (Quito, 1735 - Madrid, 1812). Fue gobernador militar de La Coruña. Autor de *Diccionario geográfico-histórico de las Indias Occidentales o América,* (1786-89) y *Biblioteca Americana* (1791).

ALCEO Poeta griego (Mitilene, Lesbos, h. 630 a. C. - ?). Autor de odas, himnos y epigramas, de su obra sólo se conservan algunos fragmentos. De él tomó su nombre la llamada estrofa alcaica.

ALCESTIS *Mit.* Esposa de Admeto, que consintió en morir en lugar de su marido. Heracles bajó a los infiernos y la devolvió al mundo de los vivos.

ALCIBÍADES General y político ateniense (Atenas, 450 - Frigia, 404 a. C.). Sobrino de Pericles y discípulo de Sócrates. Elegido estratega en el 420, se alió a la facción del partido demócrata que propugnaba la guerra contra Esparta y concertó una alianza con Argos, Elis y Mantinea. Tras la derrota de la coalición en 418, se acercó al partido conservador y un año después fue elegido de nuevo estratega. En 415, recibió el mando de la expedición contra Sicilia. Al poco tiempo fue reclamado por Atenas acusado de sacrilegio. Inició una serie de intrigas políticas que finalizaron con la implantación de un régimen oligárquico en Atenas. En 407 fue nombrado estratega al tiempo que se anulaba la sentencia dictada contra él. Después de sufrir una última derrota se refugió en Frigia, donde fue asesinado.

ALCIDES Sobrenombre de Heracles.

ALCIFORME adj. *Zool.* Se aplica a las aves caracterizadas por tener los pies palmeados y las alas cortas, como por ejemplo el alca. También s.

ALCINO m. *Bot.* Planta de la familia labiadas, ramosa, con flores pequeñas y de color azul.

ALCÍNOO *Mit.* Rey legendario de los feacios, padre de Nausícaa. Acogió a Ulises cuando éste naufragó en las costas de su isla.

ALCIÓN m. *Zool.* **1** MARTÍN PESCADOR. **2** Antozoo colonial cuyos pólipos están unidos entre sí por un tejido de consistencia carnosa.

ALCIONARIO, RIA adj. OCTOCORALARIO.

ALCÍONE *Mit.* Hija de Eolo, casó con Ceix. Fue transformada en alción, por haber comparado la felicidad de su matrimonio con el de Hera y Zeus.

ALCIONIO m. *Zool.* Colonia de antozoos parecidos a los alciones.

ALCIREÑO, ÑA adj. y s. De Alcira.

ALCISTA adj. **1** Relativo al alza de los valores en la bolsa. || com. **2** Persona que juega al alza de estos valores.

ALCMAN Poeta griego (Sardes, Lidia, h. 650 a. C. - ?). Fue uno de los creadores de la lírica coral griega, en dialecto dórico. Sus obras se centran en la narración mítica, la plegaria y en las alusiones autobiográficas. Sólo se conservan algunos fragmentos de sus seis libros de poesías.

ALCMENA *Mit.* Esposa de Anfitrión, fue amada por Zeus, que adoptó la figura de su marido. De esta unión nació Heracles.

ALCMEÓN DE CROTONA Médico y filósofo griego (Crotona, Magna Grecia, s. VI - ?). Discípulo de Pitágoras, descubrió las relaciones entre el cerebro y los órganos de los sentidos, así como el nervio óptico y la trompa de Eustaquio.

ALCMEÓNIDAS *Geneal.* Miembros de una familia aristocrática ateniense que, desde principios del siglo VI encabezaron el partido de los comerciantes y pescadores en contra del partido oligárquico de los terratenientes. A ella pertenecieron Clístenes, Alcibíades y Pericles.

ALCOBA f. **1** Aposento destinado para dormir. **2** Mobiliario de este aposento. **3** JÁBEGA.

ALCOBAÇA Villa del O de Portugal, en el distrito de Leiria; 4.526 h. Famoso monasterio cisterciense de Santa María de Alcobaça, fundado por Alfonso I en 1148; guarda los mausoleos de Inés de Castro y el rey Pedro I de Portugal.

ALCOBILLA f. Pieza de las balanzas.

ALCOCARRA f. Gesto, mueca.

ALCOFORADO, SOR MARIANA Monja portuguesa (Beja, 1640 - íd., 1723). Escribió apasionadas cartas de amor a Noël Bouton de Chamilly, conde de Saint-Leger, quien las publicó con el título de *Cartas portuguesas* (1669).

ALCOHOL m. **1** Líquido obtenido por destilación de sustancias azucaradas o feculentas (ALCOHOL ETÍLICO). **2** Cualquier bebida alcohólica. **3** *Geol.* GALENA. **4** *Quím.* Cualquiera de los compuestos orgánicos que contienen el grupo hidroxilo (–OH). || **ALCOHOL ABSOLUTO** *Quím.* El que se halla exento de agua. || **ALCOHOL ETÍLICO** o **ETANOL** *Quím.* Líquido incoloro, de olor fuerte, agradable y de sabor urente, miscible en el agua y en la mayoría de los disolventes orgánicos; es volátil e inflamable. Se obtiene por destilación de productos de fermentación como la uva, melaza, remolacha, patata. Forma parte de numerosas bebidas, como vino, aguardiente, cerveza, etc., y tiene muchas aplicaciones industriales. || **ALCOHOL METÍLICO** *Quím.* Líquido incoloro, venenoso, semejante en su olor y otras propiedades al alcohol etílico. Se puede obtener por destilación de la madera o sintetizar a partir de monóxido de carbono (CO) e hidrógeno (H_2) en presencia de catalizadores.

ALCOHOLADO, DA adj. *Zool.* **1** Se dice del animal que tiene el pelo de alrededor de los ojos más oscuro que lo demás. || m. *Quím.* **2** Compuesto alcohólico cargado de principios medicamentosos.

ALCOHOLAR tr. **1** Ennegrecer con alcohol los bordes de los párpados, las pestañas, las cejas o el pelo. También prnl. **2** Lavar los ojos con alcohol o con otro colirio. **3** Obtener alcohol de una sustancia.

ALCOHOLATO m. **1** *Farm.* Cualquier medicamento líquido que resulta de la destilación del alcohol con sustancias aromáticas. **2** *Quím.* Compuesto que resulta al sustituir por un metal el hidrógeno del grupo hidróxido de un alcohol.

ALCOHOLATURO m. *Farm.* Medicamento que se obtiene macerando plantas frescas en alcohol.

ALCOHOLEMIA f. *Med.* Concentración de alcohol en la sangre.

ALCOHOLERO, RA adj. **1** Se dice de lo relativo a la producción y comercio del alcohol. || f. **2** Fábrica en la que se produce el alcohol. **3** Vasija que servía para poner el alcohol usado como afeite.

ALCOHÓLICO, CA adj. **1** Que contiene alcohol. **2** Referente al alcohol o producido por él. **3** Que padece alcoholismo. También s.

ALCOHOLIFICACIÓN f. *Quím.* Fermentación alcohólica.

ALCOHOLIMETRÍA f. *Quím.* Determinación cuantitativa de la riqueza alcohólica de un líquido o una solución acuosa.

ALCOHOLISIS f. *Quím.* Desdoblamiento de la molécula de un compuesto orgánico por la acción de un alcohol. ♦ Su pl. es *alcoholisis.*

ALCOHOLISMO m. **1** Abuso de bebidas alcohólicas. **2** *Psicol.* y *Pat.* Enfermedad, ordinariamente crónica, ocasionada por tal abuso, que origina dependencia y lleva normalmente a patologías de los sistemas digestivo y nervioso.

ALCOHOLIZADO, DA adj. y s. Se dice del que padece los efectos de la saturación del organismo por alcohol.

ALCOHOLIZAR tr. **1** Echar alcohol en otro líquido. **2** ALCOHOLAR, obtener alcohol. || prnl. **3** Adquirir la enfermedad del alcoholismo.

ALCOLLA f. Ampolla grande de vidrio.

ALCOR m. Colina o collado.

ALCORÁN CORÁN.

ALCORÁNICO, CA adj. Relativo al Corán.

ALCORIZA, LUIS Guionista y director de cine mexicano, de origen español (Badajoz, 1920 - Cuernavaca, 1992). Trabajó como guionista para Luis Buñuel. En 1960 inició su carrera como director: *Tiburoneros* (1962), *Mecánica nacional* (1971), *Las fuerzas vivas* (1975), *Tic, tac* (1981), *Lo que importa es vivir* (1987) y *La sombra del ciprés es alargada* (1990).

ALCORNOCAL m. Sitio poblado de alcornoques.

ALCORNOQUE m. **1** *Bot.* Árbol de la familia fagáceas, de nombre científico *Quercus suber.* Tiene hoja persistente, fruto en bellota y su principal característica es la corteza de corcho que recubre tronco y ramas. Es un árbol exclusivo de los países mediterráneos. **2** *Bot.* Madera de este árbol, dura, tenaz y empleada en tornería y para la fabricación de herramientas. **3** fig. Persona ignorante y zafia. También adj.

ALCORQUE m. Hoyo que se excava al pie de las plantas para detener el agua en los riegos.

ALCORZA f. **1** Pasta blanca de azúcar y almidón. **2** Dulce cubierto con esta pasta.

ALCORZADO, DA adj. Almibarado, meloso, dicho de una persona.

ALCORZAR tr. **1** Cubrir de alcorza. **2** fig. Pulir, asear, adornar. También prnl.

ALCOTÁN m. **1** *Zool.* Ave rapaz diurna, de la familia falcónidos, de nombre científico *Falco subbuteo.* Es semejante al halcón, pero de menor tamaño y con las alas más largas. **2** *Bot. Hond.* Planta rastrera, de propiedades astringentes.

ALCOTANA f. Herramienta de albañilería, con dos bocas y un anillo en medio donde se asegura el mango.

ALCOTT, LOUISE MAY Escritora estadounidense (Germantown, Filadelfia, 1832 - Boston, 1888). Es autora de novelas dirigidas a la juventud. La más famosa, *Mujercitas* (1868), fue llevada al cine.

ALCREBITE o **ALCRIBITE** m. AZUFRE.

ALCUINO DE YORK Teólogo y filósofo anglosajón (York, h. 735 - San Martín de Tours, 804). Destacada figura de la cultura carolingia. A instancias de Carlomagno, creó la Escuela Palatina. Entre sus obras destaca el tratado filosófico *De ratio animae*, así como varias obras de carácter histórico, literario y doctrinal.

ALCURNIA f. Ascendencia, linaje.

ALCUZA f. Vasija de forma cónica, en que se tiene el aceite para el uso diario.

ALCUZCUZ m. CUSCÚS.

ALDABA f. **1** Pieza de hierro o bronce que se pone en las puertas para llamar. **2** Pieza de hierro, fija en la pared para atar una caballería. **3** Barra o travesaño con que se aseguran los postigos o puertas. || **tener buenas aldabas** fr. fam. Disponer de influencias o amistades poderosas.

ALDABADA f. **1** Golpe que se da en la puerta con la aldaba. **2** Aviso o noticia que causa sobresalto.

ALDABAZO o **ALDABONAZO** m. Golpe fuerte dado con la aldaba.

ALDABEAR intr. Dar aldabadas.

ALDABÍA f. Cada uno de los dos maderos que sostienen la armazón de un tabique colgado.

ALDABILLA f. Gancho que, metido en una hembrilla, sirve para cerrar puertas, ventanas, cofrecillos, etc.

ALDABÓN m. **1** ALDABA, de llamar. **2** Asa grande de cofre, arca, etc.

ALDAMA, IGNACIO Abogado y político mexicano (San Miguel el Grande, Guanajuato, 1769 - Monclova, 1811). Tomó parte en el movimiento independentista de Hidalgo. Fue apresado por los realistas y fusilado.

ALDAO, MARTÍN Novelista argentino (Rosario, 1876 - Buenos Aires, 1962). Autor de *Escenas y perfiles* (1902) y *La novela de Torcuato Méndez* (1912).

ALDEA f. Pueblo de pocos vecinos y, por lo común, sin jurisdicción propia.

ALDEANISMO m. **1** Condición de aldeano. **2** Estrechez y tosquedad de espíritu o de costumbres, propia de una sociedad muy reducida y aislada. **3** *Ling.* Vocablo o giro usado solamente por los aldeanos.

ALDEANO, NA adj. **1** De una aldea. También s. **2** Inculto, rústico.

ALDEBARÁN *Astron.* Estrella alfa, la más brillante, de la constelación de Tauro.

ALDECOA, IGNACIO Escritor español (Vitoria, 1925 - Madrid, 1969). Es uno de los principales exponentes de la narrativa española de los años cincuenta. De su obra destacan las novelas *El fulgor y la sangre* (1954), *Con el viento solano* (1956) y *Gran sol* (1957), y los relatos *Vísperas del silencio* (1955), *Caballo de pica* (1961), *Cuaderno de Godo* (1961), *Los pájaros de Baden-Baden* (1965) y *Santa Olaja de Acero* (1968).

ALDEHÍDO (Contracción de *ALcohol DEHYDrogenatum.*) m. *Quím.* Compuesto orgánico que se forma de la oxidación de ciertos alcoholes. Su fórmula general es R–CHO, donde R es un radical orgánico simple o complejo. Los aldehídos se obtienen por oxidación moderada de los alcoholes primarios; si continúa la oxidación, pasan a ácidos. Se nombran con la denominación del alcohol del que proceden, cambiando el sufijo -ol por -al. Entre sus propiedades características hay que mencionar su elevada reactividad química y elevado poder reductor. Se clasifican en acíclicos, alicíclicos y cíclicos, según se encuentren en una cadena abierta, cerrada o en anillo aromático. || **ALDEHÍDO ACÉTICO** *Quím.* El resultante de la oxidación del alcohol etílico con una mezcla crómico-sulfúrica. || **ALDEHÍDO FÓRMICO** *Quím.* El resultante de la oxidación del alcohol metílico. También denominado *formaldehído* y *formol.*

ALDEHUELA f. Diminutivo de ALDEA.

ALDELMO o **EALDHELM** Escritor anglosajón (?, 640 - ?, 709). Abad de Malmesbury (673) y obispo de Sherborne (705), fue un gran humanista. Escribió en lengua vulgar, aunque sólo se conservan sus escritos en latín, los primeros de la cultura anglosajona: el tratado *De laudibus virginitatis* y la carta *Ad acircium.*

ALDEORRIO o **ALDEORRO** m. desp. Lugar muy pequeño, pobre o falto de cultura.

ALDER, KURT Químico alemán (Konigshutte, 1902 - Colonia, 1958). Compartió con O. P. H. Diels el premio Nobel de Química en 1950 por sus contribuciones a la síntesis de los dienos (síntesis de Diels y Adler).

ALDERETE o **ALDRETE, BERNARDO JOSÉ DE** Humanista español (Málaga, 1565 - Córdoba, h. 1641). Canónigo de la catedral de Córdoba, escribió *Del origen y principio de la lengua castellana* (1606) y *Varias antigüedades de España, África y otras provincias* (1614).

ALDERNEY (En fr. *Aurigny*) Isla de Inglaterra, la más septentrional de las llamadas *Islas del Canal;* 8 km² y 2.130 h. Su capital es Sainte Annes.

ALDINGTON, RICHARD Escritor inglés (Portsmouth, 1892 - Sury-en-Vaux, 1962). Destacado representante del IMAGINISMO. En su poesía destacan *Imágenes* (1915) y *Poesías completas* (1949); entre sus novelas, *Muerte de un héroe* (1929) y *Todos los hombres son enemigos* (1933); de su producción biográfica, las dedicadas a *Lawrence de Arabia* (1955) y *R. L. Stevenson* (1957).

ALDINO, NA adj. Relativo a Aldo Manuzio y otros impresores de su familia.

ALDISS, BRIAN WILSON Escritor británico (East Dereham, 1925). Considerado uno de los grandes maestros en el género de la ciencia ficción, es autor de *Invernáculo* (1962), *A cabeza descalza* (1969), *Frankenstein desencadenado* (1973) y *At The Caligula Hotel* (1995).

ALDOBRANDINI *Geneal.* Noble familia italiana, originaria de Florencia y establecida en Roma en el siglo XVI. Sus miembros lograron puestos de relevancia en el gobierno de los Estados Pontificios. Uno de ellos, Ippolito, fue Papa con el nombre de Clemente VIII. Se extinguió en 1681.

ALDOHEXOSA f. *Quím.* Hexosa, como la glucosa o la manosa, que contiene un grupo aldehído.

ALDORTA f. *Zool.* Ave zancuda, que tiene en la cabeza un penacho formado de tres plumas blancas y eréctiles.

ALDOSA f. *Quím.* Nombre genérico de los azúcares monosacáridos que presentan a la vez las funciones aldehído y alcohol.

ALDOSTERONA f. *Quím.* Hormona extraída de las glándulas adrenales, que actúa en la regulación del metabolismo del sodio y potasio.

ALDRICH, ROBERT Director de cine estadounidense (Evanston, Rhode Island, 1918 - Los Ángeles, 1983). Entre sus películas destacan *Veracruz* (1954), *El último atardecer* (1961), *¿Qué fue de Baby Jane?* (1963), *Doce del patíbulo* (1966) y *El emperador del Norte* (1973).

ALDROVANDI, ULISSE Naturalista italiano (Bolonia, 1522 - íd., 1605). Fue profesor de Historia Natural en la Universidad de Bolonia y fundó en 1568 el Jardín Botánico de dicha ciudad. Autor de *Antidotarii Bononiense epitome* e *Historia Animalium.*

ALEA f. ALEYA.

ALEA IACTA EST loc. lat. que significa *la suerte está echada.* Fue pronunciada por César cuando pasó el Rubicón para ir a luchar contra Pompeyo.

ALEACIÓN f. *Met.* **1** Acción y efecto de ALEAR. **2** Producto homogéneo, de propiedades metálicas, compuesto de dos o más elementos, uno de los cuales, al menos, debe ser un metal. **3** Todo metal que no es un elemento metálico puro.

ALEAR tr. *Met.* **1** Mezclar, fundiéndolos, un metal con otros elementos, metálicos o no. || intr. **2** Mover las alas.

ALEARDI, ALEARDO (GAETANO MARIA ALEARDI, llamado) Poeta italiano (Verona, 1812 - íd., 1878). El sentimiento patriótico domina en sus principales obras, *I sette soldati* (1861) y *Canti* (1864).

ALEATORIO, RIA adj. **1** Relativo al juego de azar. **2** Dependiente de algún suceso fortuito. **3** *Mat.* Relativo a un suceso, aquel en cuya realización interviene el azar, no pudiéndose determinar de antemano el resultado del experimento realizado. También denominado *estocástico.* **4** *Mús.* MÚSICA ALEATORIA.

ALECCIONAR tr. y prnl. Instruir, amaestrar, enseñar.

ALECHINSKY, PIERRE Pintor y grabador belga (Bruselas, 1927). En 1949 se unió al grupo CoBrA. Su estilo, violento y vigoroso, se encuadra en el expresionismo abstracto, con matices surrealistas.

Pierre **Alechinsky.** *Pintura,* 1988. Galería Ariel (París).

ALECHUGAR tr. Doblar alguna cosa en figura de hoja de lechuga, como en los adornos de los vestidos.

ALECRÍN m. **1** *Zool.* Especie de tiburón, de nombre científico *Squalus maculatus,* propio del mar de las Antillas. **2** *Bot.* Árbol de la familia verbenáceas, cuya madera es semejante a la caoba, pero más pesada.

ALECSANDRI, VASILE Poeta y político rumano (Bacau, h. 1819 - Micesti, 1890). Ministro de Asuntos Exteriores (1859-60), entre sus obras destacan *Jorge de Sadagur* (1844), *Flores de lágrimas y recuerdos* (1852), *Leyendas* (1862-75), *Pinturas al pastel* (1862-75), *La fuente Bandusia* (1884), etc.

ALECTO- pref. ALECTOR-.

ALECTO *Mit.* Una de las tres ERINIAS.

ALECTOR-, ALECTO-, ALECTORI-, ALECTORO-, ALECTRIO- prefs. que significan gallo.

ALECTORI- pref. ALECTOR-.

ALECTORO- pref. ALECTOR-.

ALECTRIO- pref. ALECTOR-.

ALEDAÑO, ÑA adj. **1** Confinante, colindante. || m. **2** Tierra o campo que se considera parte accesoria del pueblo o campo con que linda. **3** Confín, término, límite. Más en pl.

ÁLEF amb. Primera letra del alefato.

ALEF-CERO m. *Mat.* **1** Denominación que recibe el número cardinal del conjunto de los números naturales. **2** Cualquier conjunto de números que puede colocarse en correspondencia biunívoca con el de los números naturales.

ALEFATO m. **1** Alfabeto hebreo. **2** ALIFATO.

ALEGAMAR tr. **1** Echar légamo o cieno en las tierras. || prnl. **2** Llenarse de cieno.

ALEGAR tr. **1** Citar alguien algún hecho, dicho, ejemplo, etc., como prueba, disculpa o defensa. **2** Exponer méritos, servicios, etc., para fundar en ellos alguna pretensión. || intr. **3** *Can.* y *Amér.* Disputar, alterar. **4** *Der.* Argumentar el abogado leyes y razones en defensa de su causa.

ALEGATO m. **1** *Der.* Escrito en el que expone el abogado las razones que fundan el derecho de su cliente e impugna las del adversario. **2** Por extensión, razonamiento o exposición de méritos o motivos. **3** *Can.* y *Amér.* Disputa, discusión.

ALEGORÍA f. **1** Ficción en virtud de la cual una cosa representa o significa otra diferente. **2** Obra artística o literaria de sentido alegórico **3** *Lit.* Relato de carácter simbólico, emparentado con la fábula y con las parábolas evangélicas.

ALEGORIZAR tr. Interpretar alegóricamente alguna cosa, darle sentido o significación alegórica.

ALEGRA f. *Mar.* Barrena para taladrar maderos.

ALEGRAR[1] tr. **1** Causar alegría. **2** fig. Conferir vida y animación a las cosas inanimadas. **3** fig. Avivar la luz o el fuego. **4** *Mar.* Aflojar un cabo. **5** *Taurom.* Excitar al toro para que acometa. || prnl. **6** Recibir o sentir alegría. **7** fig. y fam. Ponerse uno alegre por haber bebido con algún exceso.

ALEGRAR[2] tr. **1** *Med.* LEGRAR. **2** *Mar.* Agrandar un taladro o agujero.

ALEGRE adj. **1** Poseído o lleno de alegría. **2** Que siente o manifiesta de ordinario alegría. **3** Que denota alegría. **4** Pasado o hecho con alegría. **5** De aspecto o circunstancia capaces de infundir alegría. **6** Aplicado a colores vivos, como el encarnado, verde, amarillo, etc. **7** fig. y fam. Excitado por haber bebido vino y otros licores. **8** fig. y fam. Algo libre o deshonesto. **9** fig. y fam. Ligero, arriesgado, que se las promete felices. **10** fig. y fam. Se aplica al juego o modo de jugar atrevido y poco sensato.

ALEGREMENTE adv. m. **1** Con alegría. **2** De modo irreflexivo, sin meditar las consecuencias de lo que se hace.

ALEGRETO o **ALLEGRETTO** adv. m. *Mús.* **1** Con movimiento menos vivo que el alegro y más rápido que el andante. || m. *Mús.* **2** Composición o parte de ella, con este movimiento.

ALEGRÍA f. **1** Estado de ánimo agradable y vivo que, generalmente, se manifiesta con signos externos. **2** Palabras, gestos o actos con que se manifiesta alegría. **3** *Bot.* AJONJOLÍ, planta pedaliácea y su simiente. **4** Nuégado o alajú condimentado con ajonjolí. || f. pl. *Folk.* **5** Cante y baile flamenco, de ritmo ternario y temática festiva; su tonada es viva y graciosa.

ALEGRÍA, CIRO Escritor peruano (Sartimbamba, 1909 - Lima, 1967). Cultivador de una literatura de tipo indigenista, sobresalen entre sus novelas *La serpiente de oro* (1935), *Los perros hambrientos* (1938) y *El mundo es ancho y ajeno* (1941).

ALEGRÍA, CLARIBEL Escritora salvadoreña de origen nicaragüense (Estelí, 1924). Entre su poesía, sobria y sencilla, destaca *Huésped de mi tiempo* (1961), *Y sobrevivo* (1978) y *Flores del volcán* (1982).

ALEGRÍA, FERNANDO Escritor y crítico literario chileno (Santiago de Chile, 1918). Entre sus principales ensayos destacan *Ideas estéticas de la poesía moderna* (1939),

Campañas de Alejandro

Mapa que muestra:
- Macedonia al advenimiento de Alejandro (336 a.C.)
- extensión máxima del imperio de Alejandro
- regiones dependientes de Alejandro
- itinerario de Alejandro (334-323 a.C.)
- expediciones secundarias
- itinerario de regreso de Crátero (325 a.C.)
- itinerario de regreso de Nearco (325 a.C.)
- batallas importantes
- sitios
- ciudades fundadas por Alejandro
- lugar de muerte de Alejandro (13 junio 323 a.C.)

Ubicaciones señaladas incluyen: Tracia, Pella, Bizancio, Mar Negro, Mar Caspio, Misia, Gránico (334 a.C.), Gordion, Alejandría de Tróade, Sardes, Frigia, Capadocia, Armenia, Éfeso, Mileto, Licia, Halicarnaso (333 a.C.), Creta, Side, Solí, Isos (333 a.C.), Alejandría de Isos, Chipre, Mar Mediterráneo, Niceforion, Gaugamela (331 a.C.), Arbelas, Puertas Caspianas, Hecatómpilos, Sogdiana, Alejandría Escate (Leninabad), Maracanda (Samarcanda), Alejandría Margiana (Merv), Bactra, Bactriana, Alejandría del Cáucaso, Aornos (326 a.C.), Taxila, Bucefalia, Alejandría de Cabura (Kabul), Nicea, Tiro (332 a.C.), Damasco, Siria, Babilonia, Media, Ragas, Ecbatana, Partia, Opis, Alejandría de Aria (Harat), Aria, Drangiana, Alejandría de Aracosia (Qandahar), Aracosia, Alejandría, Paretonion, Oasis de Amón, Alejandría, Gaza (332 a.C.), Menfis, Egipto, Tebas, Susa, Pasargada, Persépolis, Alejandría de Caracena, Carmania, Persia, Alejandría, Harmozia (Ormuz), Gedrosia, Pattala, Océano Índico

---

La poesía chilena: orígenes y desarrollo (1954) y *Literatura y Revolución* (1971); de su producción narrativa cabe citar la recopilación de cuentos *El poeta que se volvió gusano* (1956), así como las novelas *Recabarren* (1937), *Camaleón* (1951), *Caballo de copas* (1957) y *Amérikka, Amérikka* (1971).

ALEGRO o **ALLEGRO** adv. m. *Mús.* **1** Con movimiento moderadamente vivo, más lento que el presto y menos que el andante. || m. *Mús.* **2** Uno de los tiempos o movimientos principales del ritmo musical. Su valor normal se altera con las palabras *vivace, moderato, animato,* etc.

ALEGRÓN m. fam. Alegría intensa y repentina.

ALEIJADINHO, EL LISBOA, ANTÓNIO FRANCISCO.

ALEIXANDRE, VICENTE Poeta español (Sevilla, 1898 - Madrid, 1984). Miembro de la Generación del 27, su primera etapa poética, centrada en la temática amorosa, muestra ciertos vínculos con la «poesía pura» de Juan Ramón Jiménez y Jorge Guillén: *Ámbito* (1928), *Espadas como labios* (1932), *La destrucción o el amor* (1935); *Sombra del paraíso* (1944), *Mundo a solas* (1950) y *Nacimiento último* (1953). Con *Historia del corazón* (1954) comienza una etapa de mayor preocupación cívica: *Mis poemas mejores* (1956), *En un vasto dominio* (1962), *Antología del mar y de la noche* (1970) y *Diálogos del conocimiento* (1974). Entre sus obras en prosa destacan *Pasión de la tierra* (1935) y *Los encuentros* (1958). En 1977 fue galardonado con el premio Nobel de Literatura.

ALEJANDRA FEODOROVNA Última emperatriz de Rusia (Darmstadt, 1872 - Ekaterimburgo, 1918). Contrajo matrimonio en 1894 con el zar Nicolás II. Murió fusilada por los bolcheviques (1918).

ALEJANDRÍA Ciudad de Egipto, situada en la margen izquierda del delta del Nilo; 3.700.000 h. Magnífico puerto. Es capital de la gobernación homónima y el principal centro económico del país. Biblioteca inaugurada en 2002. Fundada por Alejandro Magno en 331 a. C., fue capital de Egipto en tiempo de los Tolomeos. Gozó de un gran prestigio como centro comercial y cultural en el mundo antiguo. Su biblioteca, la más célebre de la Antigüedad, fue destruida por un incendio en 48 a. C., cayó en manos del califa islámico Omar. Durante la Edad Media mantuvo su importancia como centro comercial en la ruta entre el Mediterráneo y Oriente. Con la conquista turca de Egipto (1517) y los descubrimientos de América y del cabo de Buena Esperanza Alejandría cayó en una profunda decadencia, de la que no se recuperaría hasta la apertura del canal de Suez (1869).

ALEJANDRÍA, ESCUELA DE *Hist.* y *Rel.* Institución teológica fundada en la segunda mitad del siglo II en dicha ciudad, que favoreció un acercamiento entre la cultura griega y la fe cristiana. Sus principales maestros fueron Panteno, Clemente y Orígenes. En el siglo IV entró en decadencia.

ALEJANDRINISMO m. **1** *Lit.* Estilo o gusto de los escritores helenísticos de Alejandría, caracterizado por el refinamiento, la selección, el hermetismo, etc. **2** *Hist.* y *Cult.* Conjunto de teorías filosóficas y científicas nacidas en Alejandría tras la muerte de Alejandro Magno (323 a. C.). Las grandes creaciones filosóficas de la Grecia clásica dejaron lugar a numerosas sectas y escuelas: epicureísmo, estoicismo, eclecticismo y neoplatonismo. Fue de la mayor importancia la aportación realizada en el ámbito de las ciencias (Euclides, Arquímedes, Galeno), y en la conservación de la obra literaria de la Grecia antigua.

ALEJANDRINO, NA adj. **1** De Alejandría. También s. **2** NEOPLATÓNICO. **3** Relativo a Alejandro el Magno. **4** *Métr.* VERSO ALEJANDRINO. También m.

ALEJANDRITA f. *Miner.* Variedad de crisoberilo de color cambiante entre verde esmeralda y verde rojizo, según incida la luz sobre ella.

ALEJANDRO (*Alexander*) Archipiélago de EE UU, situado en el SE de Alaska, en el Pacífico. Está compuesto por más de 1.200 islas.

ALEJANDRO Nombre de diversos papas.

ALEJANDRO III Papa italiano (Siena, ? - Civita Castellana, 1181). Llamado Rolando Bandinelli, ocupó el solio pontificio de 1159 a 1181. Defensor del poder soberano del sumo pontífice frente al emperador, se enfrentó a Federico Barbarroja y, tras excomulgarle, lo derrotó en Legnano (1177). Presidió el III concilio de Letrán (1179), excomulgó a los albigenses e institucionalizó la elección de los papas.

ALEJANDRO IV Papa italiano (? - Viterbo, 1261). Llamado Reinaldo di Segni, ocupó la sede papal de 1254 a 1261. A instancias de San Luis estableció la Inquisición en Francia (1257).

ALEJANDRO VI Papa español (Játiva, 1431 - Roma, 1503). Llamado Rodrigo Borja o Borgia, ocupó el solio pontificio de 1492 a 1503. Nombrado cardenal en 1456, y legado pontificio en España en 1472. Tuvo cinco hijos, entre ellos, César y Lucrecia Borgia. Durante su pontificado, trató de preservar a Italia de la influencia de franceses y españoles. Promulgó la bula *Intercaetera* (1493), que dirimió las disputas entre españoles y portugueses sobre los límites de los territorios del Nuevo Mundo. Excomulgó a Savonarola.

ALEJANDRO VII Papa italiano (Siena, 1599 - Roma, 1667). De nombre Fabio Chigi, ocupó la sede papal de 1655 a 1667. Se opuso al jansenismo. Protegió a Bernini e hizo construir la columnata de la plaza de San Pedro de Roma.

ALEJANDRO Nombre de diversos zares de Rusia.

ALEJANDRO I (San Petersburgo, 1777 - Taganrog, 1825). Sucedió a su padre, Pablo I, asesinado en 1801. Al comienzo de su reinado impulsó medidas liberales; protegió a los judíos e impulsó la educación. En política exterior, trató de convertir a Rusia en un factor de equilibrio entre Francia y Gran Bretaña. No lo logró, por lo que decidió participar en la tercera coalición contra Francia, y tras las derrotas de Austerlitz, Eylau y Friland tuvo que firmar con Napoleón el tratado de Tilsit (1807), por el que Rusia se adhirió al bloqueo continental, se hizo con territorios como Finlandia y pudo concentrarse en el conflicto con los otomanos (1806-12) e Irán (1804-13). En 1810, la alianza con Francia comenzó a debilitarse hasta que se produjo la invasión francesa. Después de la campaña de Moscú (1812) se unió con Austria y Prusia contra Napoleón. Tomó parte en el Congreso de Viena y fue el principal creador de la Santa Alianza.

ALEJANDRO II (Moscú, 1818 - San Petersburgo, 1881). Sucedió a su padre, Nicolás I, en 1855. Terminó la guerra de Crimea (1856) e inició reformas internas: suavizó la censura, promulgó una legislación favorable al desarrollo económico, impulsó la descentralización y decretó la abolición de la servidumbre (1862). Dicha política concluyó con la rebelión polaca (1863-64), aplastada duramente, que provocó una reacción hacia métodos de gobierno autocráticos. En el exterior, extendió la dominación rusa en Asia central y trató de imponer su hegemonía en los Balcanes. Murió en un atentado de los nihilistas.

ALEJANDRO III (San Petersburgo, 1845 - Livadia, 1894). Sucedió a su padre, Alejandro II, en 1881. Partidario del sistema autocrático, reforzó la censura, recortó el poder de las asambleas provinciales y llevó a cabo una política de rusificación de las minorías étnicas y religiosas. Impulsó la economía, promovió la construcción del ferrocarril transcaspiano y el comienzo del transiberiano.

ALEJANDRO I Rey de Grecia (Tatoi, 1893 - Atenas, 1920). Ascendió al trono en 1917 por presión de los aliados, que habían obligado a abdicar a su padre, Constantino I. Llamó a Venizelos al gobierno e hizo entrar a su país en la Primera Guerra Mundial.

ALEJANDRO I Rey de Serbia (Belgrado, 1876 - íd., 1903). Ascendió al trono en 1889. En 1894 suspendió la Constitución y su política autoritaria y la impopularidad de su esposa, la reina Natalia, provocó un golpe de Estado en el que ambos fueron asesinados.

ALEJANDRO I Rey de Yugoslavia (Cetina, 1888 - Marsella, 1934). En 1913 luchó contra los turcos y los búlgaros en la Guerra Balcánica y ejerció el cargo de regente (1914-19). Fue coronado en 1921 como rey de los serbios, croatas y eslovenos. Trató de impulsar una unificación basada en métodos autoritarios. Posteriormente promulgó una Constitución (1931), rechazada por la oposición nacionalista y democrática. Murió en un atentado croata.

ALEJANDRO, SAN Patriarca de Constantinopla (? - Constantinopla, 340). Ocupó la sede patriarcal desde el 317. Combatió la herejía de Arrio.

ALEJANDRO DE AFRODISIA Filósofo griego (Afrodisia, fines del s. II - ?, s. III). Comentarista de Aristóteles, fue conocido como el *Exégeta*. Condenó la doctrina del fatalismo estoico. A finales de la Edad Media, los alejandrinos se adhirieron a su sistema de interpretación. Entre sus *Comentarios* destacan los hechos a los elencos sofísticos de Aristóteles (1520), a la *Metafísica* de Aristóteles (1527) y al primer libro de las primeras analíticas de Aristóteles (1528).

ALEJANDRO DE BATTENBERG Príncipe de Bulgaria (Verona, 1857 - Graz, 1893). Tras el tratado de Berlín, fue elegido por la Asamblea Nacional (1879). En 1881 abolió la Constitución y convocó una asamblea que le dio plenos poderes durante siete años. La unión de Rumelia oriental en 1885, provocó la guerra con Serbia, a la que derrotó en Slivnica. En 1886, fue derrocado por una conspiración rusófila. Dos semanas después ocupó de nuevo el trono. Al no contar con el apoyo del zar, dimitió y se retiró a Alemania.

ALEJANDRO I JAGELLÓN Rey de Polonia (?, 1461 - Vilnius, 1506). Gran duque de Lituania, subió al trono de Polonia en 1501. En 1505 concedió el privilegio conocido como *Nihil Novi*, que le obligaba a no promulgar leyes sin la aprobación de la Dieta.

ALEJANDRO MAGNO Rey de Macedonia (Pella, 356 - Babilonia, 323 a. C.). Hijo de Filipo y Olimpia, fue educado por Aristóteles. Intervino en la batalla de Queronea (338) y heredó el trono de Macedonia en 336. A la muerte de Filipo, arrasó algunas ciudades griegas que se habían sublevado, como Tebas. Se hizo nombrar generalísimo en Corinto, para la lucha contra los persas. En 334 derrotó a las tropas de Darío III junto al río Gránico, lo que supuso la liberación de las ciudades de Asia

Menor. Tras recorrer Frigia, en 333 destrozó al ejército persa, que trataba de impedir su paso hacia Fenicia y Egipto. Un año después tomó Tiro e invadió Egipto, donde se hizo consagrar como hijo de Amón, y fundó Alejandría. En 331 aniquiló en la batalla de Gaugamela al ejército de Darío, quien logró huir. La victoria le permitió ocupar Babilonia, Susa, donde estableció su gobierno, Ecbatana y Persépolis, incendiada como represalia. Tras el asesinato de Darío III, en 330, se consideró su sucesor. Realizó expediciones por Oriente para reafirmar su dominio por la fuerza o mediante alianzas. Finalmente, estableció el límite de su imperio en el río Yaxartes. En 327 marchó hacia la India, llegó al valle del Indo y venció junto al Hidaspes al rey Poro. Al llegar al río Hifasis se vio obligado a retroceder por el cansancio de sus tropas. Llegó a Susa en 324, donde atajó la corrupción surgida durante su ausencia y sofocó el descontento que producía entre los griegos la orientalización de su monarquía. Murió un año después de unas fiebres, sin haber establecido un mecanismo de sucesión. Comenzó una lucha por el poder entre sus generales, quienes, poco después, se repartieron su imperio.
Alejandro Nevski Príncipe de Novgorod (Vladimir, 1220 - Gorodets, 1263). Reinó de 1236 a 1263. Derrotó a los suecos en 1240 junto al Neva, y a los caballeros teutónicos en la batalla del lago Peipus, en 1242. Con respecto a los mongoles, llevó a cabo una política de prudencia y aceptó su soberanía.
Alejandro Selkirk Juan Fernández.
Alejandro Severo Emperador romano (?, 208 - ?, 235). Sucedió a Heliogábalo en 222. Su reinado se caracterizó por la inestabilidad. Derrotó a Artajerjes, rey de Siria (232-33). Fue asesinado por sus tropas durante una campaña contra los germanos (234).
alejar tr. **1** Poner lejos o más lejos. También prn. **2** Ahuyentar, hacer huir. || prnl. **3** Apartar, rehuir, evitar.
Alejo Nombre de diversos emperadores de Bizancio.
Alejo I Comneno (Constantinopla, 1048 - íd., 1118). Reinó de 1081 a 1118. Destronó a Nicéforo III y se hizo proclamar emperador. Luchó contra pechenegos, turcos selyúcidas y contra Roberto Guiscardo de Sicilia. Se aprovechó de la primera cruzada para apoderarse de la mayor parte de Asia Menor.
Alejo II Comneno (?, h. 1169 - ?, 1183). Reinó entre 1180 y 1183. Coemperador con Andrónico Comneno (1180-83), quien le hizo asesinar.
Alejo III Ángel (? - ?, 1210). Reinó de 1195 a 1203. Destronó a su hermano Isaac. Soportó la presión de los turcos en Oriente y de los búlgaros y valacos en Tracia y Babilonia. Fue destronado por el dux de Venecia al frente de la cuarta cruzada.
Alejo IV Ángel (?, 1182 - Constantinopla, 1204). Accedió al trono en 1203 con el apoyo de la cuarta cruzada. Fue depuesto y estrangulado por Alejo V Ducas.
Alejo V Ducas (llamado Murzuflo) (? - ?, 1204). Accedió al trono en 1204, durante la ocupación de Constantinopla por los cruzados. Trató de organizar la resistencia contra ellos, pero fracasó y tuvo que huir. Fue capturado y asesinado.
Alejo I Mijailovich Zar de Rusia (Moscú, 1629 - íd., 1676). Gobernó de 1645 hasta su muerte. Sus medidas fiscales provocaron revueltas en Moscú (1648); fortaleció la administración central, aunque esto no impidió el estallido de revueltas, como la encabezada por el cosaco Stenka Razin (1670-71), que afectó a todo el valle del Volga. En política exterior, extendió su dominación en Siberia hasta China, logró la reunión de Ucrania oriental (1654) e inició una guerra con Polonia. Tras conquistar la Rusia Blanca y Lituania, la entrada de Suecia en la guerra (1656) le obligó a aceptar el tratado de Andrusovo (1667). Apoyó la reforma de los textos litúrgicos rusos. Fue padre de Pedro el Grande.
Alejo Petrovich Príncipe heredero de Rusia (Moscú, 1690 - íd., 1718). Se opuso a las reformas de su padre, Pedro el Grande y conspiró contra él, por lo que fue condenado y murió en prisión.
Alekhine, Alexander Ajedrecista francés de origen ruso (Moscú, 1892 - Estoril, 1946). Campeón del mundo de 1927 a 1935 y de 1937 hasta su muerte.
alelado, da adj. Se dice de la persona lela o tonta.
alelar tr. y prnl. Poner lelo.
alelo m. Alelomorfo.
alelomorfo, fa adj. *Biol.* **1** Que se presenta bajo diversas formas. **2** Se dice de cada una de las formas alternativas de un gen; ocupan el mismo lugar en dos cromosomas homólogos. También s.
alelopatía f. *Bot.* Secreción por parte de las plantas de sustancias químicas, generalmente nocivas, que afectan a sus competidores.
aleluya interj. **1** Voz que usa la iglesia en demostración de alegría. También amb. **2** Palabra usada para demuestra alegría. || f. **3** Cada una de las estampitas de un pliego de cordel que forman serie, con la explicación

del asunto, generalmente en versos pareados. **4** *Bot.* Planta oxalidácea, de nombre científico *Oxalis acetosella*, comestible. **5** *Bot.* Planta cubana de la familia malváceas, utilizada con fines culinarios y médicos.
Alem, Leandro Nicéforo Político argentino (Buenos Aires, 1842 - íd., 1896). Combatió la oligarquía dominante y sentó las bases de la Unión Cívica Radical. Capitaneó el movimiento revolucionario de 1890 que provocó la caída del presidente Juárez Celman. Fue miembro de la Junta Revolucionaria del movimiento que estalló en 1893.
alema f. Porción de agua de regadío que se reparte por turno.
alemán, na adj. y s. **1** De Alemania. || m. **2** Idioma alemán.
Alemán, Mateo Escritor español (Sevilla, 1547 - México, h. 1614). En 1599 publicó *La vida del pícaro Guzmán de Alfarache*; en 1602 apareció una segunda parte apócrifa, lo que obligó a Alemán a publicar en 1603 la *Segunda parte de la vida de Guzmán de Alfarache*. Emigró a América en 1608, y en México publicó su *Ortografía castellana* (1609) y los *Sucesos de fray García Guerra* (1613).
Alemán Lacayo, Arnoldo Político nicaragüense (Managua, 1946). En 1990 fue elegido alcalde de Managua y, tras los comicios de 1996 accedió a la presidencia de la República, cargo que abandonó tras los comicios de 2001. A finales del año siguiente se le levantó la inmunidad como diputado para ser procesado por presunta corrupción y fue condenado.
Alemán Valdés, Miguel Político mexicano (Sayula, 1900 - Ciudad de México, 1983). Gobernador de Veracruz (1936-39), secretario de Gobernación y jefe del gabinete presidencial con Ávila Camacho, fue elegido presidente de la República (1946-52). Durante su mandato, impulsó la economía y las reformas sociales y educativas.
alemanda o **alemana** f. Danza de compás binario, en la que intervienen varias parejas.
Alemania *(Bundesrepublik Deutschland)* País de Europa central que limita al N, con el mar del Norte, Dinamarca y el mar Báltico; al E, con Polonia y con la República Checa; al S, con Austria y Suiza, al O, con Francia, Luxemburgo, Bélgica y Holanda.
Geog. El territorio alemán desciende de S a N, y se divide en cuatro grandes regiones naturales. *Los Alpes y la meseta subalpina*: se extienden por la frontera austroalemana, los Alpes de Argovia y los Alpes bávaros. Le sigue la meseta suabobávara, que llega hasta el valle superior del Danubio. El territorio se encuentra dividido en mesetas alargadas y abundan en él los lagos, pantanos y turberas. *La región del Suroeste*: al N de la meseta suabobávara, entre los Vosgos (Francia), la selva de Bohemia al E y hasta más allá del Main al N. Se caracteriza por sus cadenas de altura media. Entre los Vosgos y la Selva Negra se extiende el valle de Rhin. Al E de la Selva Negra se encuentran las depresiones de Suabia y Franconia. *La Alemania media*: constituida por una serie de alturas aplanadas, en su mayor parte cubiertas de bosques. Son, de O a E, el macizo esquistoso renano, dividido a su vez en los macizos de Hunsrück, Eifel, Taunus y Westerwald; la depresión de Hesse; la depresión de Turingia, y la selva de Franconia. Las llanuras de Westfalia, de Sajonia y de Lusacia constituyen la transición entre la Alemania media y la *Llanura del norte*, parte de la gran llanura que se extiende desde el Ural

hasta Calais. Sus alturas rara vez alcanzan los 200 m y está dividida por el Elba. Los ríos, bastante caudalosos, discurren de S a N, con excepción del Danubio. El más importante es el Rhin, con sus afluentes el Main, Neckar, Mosela y Rhur. Otros ríos importantes son Weser, Elba y Oder. El clima es marítimo en las regiones atlánticas y continental en Europa oriental. La vegetación está constituida por bosques de abetos, pinos, hayas, robles, etc., con marjales y brezos en la costa N. La población es casi exclusivamente urbana (90%). Su pujanza económica ha favorecido la acogida de emigrantes, sobre todo turcos, yugoslavos e italianos. Las principales áreas de población son el valle del Rhin, la cuenca del Rhur, Baviera y el N del país. El proceso de unificación ha puesto de manifiesto las desigualdades entre los antiguos habitantes de la Alemania oriental *(ossies)* y occidental *(wessies)*. Posee una economía muy desarrollada. Produce cereales, como trigo, cebada, centeno, avena; tubérculos (patata y remolacha) y vino. Importante producción de cerveza. Ganadería porcina. Yacimientos de carbón (Sarre, Sajonia y Aquisgrán), explotaciones de uranio, plomo, cinc y sales potásicas. Es la tercera potencia industrial del mundo. La siderurgia, sector tradicionalmente muy importante, ha ido cediendo terreno a industrias de transformación y de bienes de equipo. También destaca la metalurgia, fabricación de automóviles y vehículos industriales (Mercedes, BMW, Volkswagen, Opel, Audi, etc.), industrias mecánicas, ferroviarias, de fibras artificiales, naval, cementera, electrónica, de electrodomésticos, papelera, alimentaria, petroquímica, editorial, etc. La escasez de hidrocarburos obliga a importar dos terceras partes del combusti-

Superficie: 357.021 km².
Población: 82.225.000 h. *(alemanes).*
Densidad: 230,3 h./km².
Tasa de natalidad: 9,9‰.
Tasa de mortalidad: 10,5‰.
Capital: Berlín.
Ciudades principales: Bremen, Colonia, Dortmund, Dresde, Duisburgo, Düsseldorf, Essen, Frankfurt del Main, Hamburgo, Hannover, Leipzig, Munich, Nuremberg, Stuttgart.
Grupos étnicos: alemanes (91,4%), turcos (2,4%), yugoslavos (1%), italianos (0,7%).
Religión: protestantismo (41,6%), catolicismo (42,9%), islamismo (2,7%).
Idioma: alemán.
Moneda: euro.
Forma de Estado: república federal.
Producto Nacional Bruto: 2.179.802 millones de dólares.
Renta per cápita: 26.505 dólares.
División administrativa: 16 Estados *(Länder)*, según cuadro.

ALEMANIA

Länder	Superficie (km²)	Población (h.)	Capitales
Baden-Würtemberg	35.752	10.392.600	Stuttgart
Baja Sajonia	47.610	7.832.300	Hannover
Baviera	70.551	12.056.700	Munich
Berlín	891	3.446.300	Berlin
Brandemburgo	29.479	2.561.700	Potsdam
Bremen	404	676.200	Bremen
Hamburgo	755	1.706.800	Hamburgo
Hesse	21.114	6.031.300	Wiesbaden
Mecklemburgo-Antepomerania	23.170	1.815.800	Schwerin
Renania Septentrional-Westfalia	34.078	17.962.200	Düsseldorf
Renania-Palatinado	19.846	4.009.800	Maguncia
Sajonia	18.413	4.537.600	Dresde
Sajonia-Anhalt	20.446	2.714.700	Magdeburgo
Sarre	2.570	1.082.700	Saarbrücken
Schleswig-Holstein	15.770	2.749.600	Kiel
Turingia	16.171	2.484.900	Erfurt

ALEMANIA

ble que consume. Alemania es el motor de la integración de los países de la UE y punto de referencia de la convergencia económica y monetaria de éstos prevista para 1999.

HIST. Se cree que el territorio alemán estuvo habitado por celtas y fineses. Carlomagno agrupó a las tribus que lo poblaban a principios del siglo IX. Es a partir del tratado de Verdún (843), por el que Luis el Germánico recibió las tierras del imperio situadas al O del Rhin, cuando puede hablarse de Alemania propiamente dicha. Posteriormente se dividió nuevamente hasta que Otón el Grande, en 962, reavivó la idea imperial y fundó el llamado SACRO IMPERIO ROMANO GERMÁNICO hasta 1024. La casa de Franconia, fundada por Conrado III el Sálico, se extendió hasta 1137. En este tiempo Alemania fue escenario de las luchas entre el Papado y los soberanos alemanes. El reinado de los Hohenstaufen, hasta 1272, se caracterizó por las luchas entre güelfos y gibelinos. El período 1256-73 es conocido como el Interregno y finalizó con la elección de Rodolfo de Habsburgo. La posición de los electores de las pequeñas ciudades se fue afianzando hasta ser ellos quienes elegían al soberano. A lo largo de la Baja Edad Media, sin embargo, los Habsburgo lograron afianzar su posición. Mediante una política matrimonial adecuada, los Estados de Austria, Hungría y Bohemia se aglutinaron. Esto permitió a Carlos V contar con un adecuado instrumento de poder para enfrentarse al electorado. La Reforma supuso la entrada de Alemania en la Edad Moderna y el inicio de conflictos armados que finalizaron con la paz de Augsburgo (1555). El movimiento protestante se agrupó en 1609 en torno a la Unión Evangélica, a la que se opuso la Santa Liga del duque de Baviera. Esta polarización condujo a la guerra de los Treinta Años (1618-48). La paz de Westfalia (1648) supuso el triunfo protestante y la desmembración del imperio en cientos de Estados. Durante el siglo XVIII la hegemonía austriaca se vio amenazada por el engrandecimiento de la Prusia de los Hohenzollern. Con la Revolución Francesa, Alemania sufrió grandes cambios. En 1806, el emperador de Austria renunció a la corona, con lo que el Sacro Imperio Romano Germánico quedaba definitivamente disuelto. Se creó entonces la *Confederación del Rhin* (1806-13), compuesta por ciertos Estados alemanes de la orilla derecha de este río, a instancias de Napoleón, quien la usó como un instrumento de penetración de la influencia francesa en Alemania. Tras la victoria sobre Napoleón se creó la Confederación Germánica (1815-66), en la que entraron a formar parte 39 Estados, ya que los 270 restantes habían sido absorbidos. En 1834 Prusia organizó la *Zollverein* (unión aduanera), de la que Austria quedó excluida. Potenció el crecimiento económico tras el inicio de la Revolución Industrial y favoreció el surgimiento de una burguesía de negocios favorable a la unificación del territorio alemán. Tras el fracaso revolucionario de 1848, fue Otto von Bismarck, canciller de Prusia desde 1862, quien dio el impulso definitivo a la unificación: organizó la administración militar y política prusiana y comenzó la ofensiva contra Austria. Derrotada ésta en 1866, la Confederación se deshizo ese mismo año y fue sustituida por la Confederación de Alemania del Norte (1866-71), dominada por Prusia. Una serie de conflictos con Francia —cuestión de Luxemburgo, sucesión española— desembocaron en la guerra francoprusiana. La victoria prusiana consolidó la unidad alemana y en 1871, por el tratado de Versalles, se volvió a reconstruir el Imperio Alemán, pasando la capital de Viena a Berlín. El primer soberano fue Guillermo I de Prusia, y su primer canciller, Bismarck.

En 1888 subió al trono Guillermo II, con quien Bismarck entró en conflicto. En 1892 le sucedió en el cargo de canciller Georg Caprivi. Alemania se convirtió en una gran potencia industrial y militar, fenómeno que fue acompañado por una agresiva política imperialista que despertó los recelos de Francia y Gran Bretaña. La Primera Guerra Mundial (1914-18) tuvo resultados desastrosos para Alemania. En noviembre de 1918, se produjo la abdicación del emperador, al tiempo que estallaba un movimiento revolucionario, se proclamaba la República y era nombrado un gobierno provisional con el socialista F. Ebert al frente. Éste acudió al ejército para sofocar el movimiento espartaquista y sus principales líderes, R. Luxemburg y K. Liebknecht, fueron asesinados. En 1919, fue aprobada una nueva Constitución y se firmó el tratado de Versalles, que imponía a Alemania unas condiciones de paz humillantes. En 1920 Ebert fue elegido canciller. La nueva República tuvo que enfrentarse a una serie de dificultades tanto en el ámbito interno (golpes de W. Kapp en 1920 y de A. Hitler en 1923), económico (inflación desorbitada) e internacional (ocupación francesa del Rhur). Con los gobiernos encabezados por G. Stresseman (1923) y W. Marx (1923-25), la situación comenzó a estabilizarse. En 1925 fue elegido canciller el mariscal Hindenburg. La degradación económica y social originada por la crisis del 29 fue aprovechada por el Partido Nacionalsocialista que, con el apoyo de la burguesía, logró el triunfo en las elecciones de 1933. A. Hitler fue nombrado por Hindenburg canciller de la República y paulatinamente fue acaparando los poderes de gobierno. Abandonó la Constitución de Weimar y estructuró un régimen totalitario de partido único (el partido nazi), basado en el racismo y el expansionismo territorial. Impulsó las primeras anexiones territoriales (Sarre, 1935; Renania, 1936) y apoyó a Italia en la cuestión de Etiopía. La política beligerante alemana continuó con su apoyo a las fuerzas de Franco en la Guerra Civil española y con la firma del Pacto Antikomintern con Italia y Japón (1937). En 1938 se produjo la anexión de Austria al Reich y, tras la desmembración de Checoslovaquia, la de los Sudetes. Un año después, se completó la anexión de Checoslovaquia y se estableció una alianza con la URSS que facilitó la conquista de Polonia. La declaración de guerra de Francia y el Reino Unido marcó el inicio de la Segunda Guerra Mundial. Tras la rendición incondicional de Alemania (7 de mayo de 1945) se celebró la Conferencia de Potsdam, en la que se decidió la división del territorio alemán en cuatro zonas de ocupación: británica, estadounidense, francesa y soviética. En 1948 se produjo una grave crisis con el bloqueo soviético de las comunicaciones terrestres de Berlín con la zona occidental. Un año después, con la unión de las zonas británica, estadounidense y francesa se conformó la *República Federal de Alemania* (RFA), mientras que la soviética sería el origen de la *República Democrática Alemana* (RDA). En la RDA, se estableció un régimen socialista de partido único, el Partido Socialista Unificado de Alemania (SED), de influencia soviética y con capital en la zona oriental de Berlín, encabezado por W. Ulbricht, presidente de la nación de 1960 a 1973. Por su parte, en la RFA se estableció un régimen parlamentario republicano, de influencia occidental, con capital en Bonn, cuyo primer canciller fue el cristianodemócrata K. Adenauer (1949-63) y el primer presidente T. Heuss (1949-59). Reconocida por la URSS en 1955, aunque no por Francia, Reino Unido y EE UU, la RDA ingresó en el COMECON (1950) y en el Pacto de Varsovia (1957); mientras que la RFA lo hacía en la OTAN (1955) y en el Mercado Común Europeo (1957). Sin embargo, hasta 1973 ninguno de los dos países fue admitido en la ONU. Las tensiones entre ambas Repúblicas culminaron, por iniciativa de la RDA, en la construcción del muro de Berlín (1961), que se convertiría en el símbolo de la guerra fría. No obstante, a partir de 1969 comenzaron a normalizarse las relaciones entre ambos países. En la cancillería de la RFA, al cristianodemócrata L. Erhard (1963-66), le sucedió Kiesinger (1966-69) y después W. Brandt (1969-74). Durante el mandato de este último se inició una política de reconciliación con Europa Oriental (*Ostpolitik*). Tras su dimisión, fue sustituido por el también socialdemócrata H. Schmidt, que ocupó la cancillería hasta 1982. En la RDA, la llegada de E. Honecker a la presidencia del Consejo de Estado, en 1976, no produjo ningún cambio. La década de los ochenta supuso un periodo de enfriamiento de las relaciones interalemanas. En la RFA se habían producido importantes cambios políticos desde la llegada a la cancillería, en 1982, del cristianodemócrata H. Kohl con el apoyo de los liberales. Poco después, en 1984, R. von Weizsacker sucedió en la presidencia a K. Carstens, que ocupaba el cargo desde 1979. El nuevo Gobierno defendió un proyecto de reunificación rechazado por la RDA, como también lo fueron los planteamientos aperturistas del líder soviético M. Gorbachov. Todo ello favoreció además el endurecimiento de las represalias contra los disidentes. Los acontecimientos que culminaron con la caída del muro de Berlín, en noviembre de 1989, y el rápido proceso posterior hacia la unificación, se sucedieron en pocos meses. Honecker dimitió de todos sus cargos y su sucesor, H. Modrow, propuso la unificación de las dos Alemanias bajo un estatuto de neutralidad. Kohl, por su parte, defendía la permanencia alemana en el ámbito occidental. En marzo de 1990 se celebraron las primeras elecciones libres en la RDA, que dieron la victoria a los cristianodemócratas. L. de Maziere ocupó el gobierno e inmediatamente se puso en marcha el plan de reunificación de Kohl, conseguida parcialmente en agosto con la unión económica y totalmente a finales de ese mismo año, tras la incorporación de los cinco Länder de la RDA a la RFA y la celebración de elecciones conjuntas. La victoria en ellas de la Unión Cristiano Demócrata hizo que Kohl se convirtiera en el primer canciller de la Alemania unida. En 1994, R. Herzog fue elegido presidente, y Kohl, reelegido canciller. La situación económica interior conoció una grave crisis, provocada por los ajustes entre los dos bloques, lo que obligó al gobierno a poner en marcha un programa drástico de ahorro presupuestario. En las elecciones de 1998 venció el socialdemócrata Gerhard Schröder, que tuvo que pactar con los verdes para formar gobierno. Sus fuerzas armadas formaron parte del ejército internacional que intervino en Kosovo a comienzos de 1999. En julio de ese año, Johannes Rau sucedió a Herzog en la presidencia del país. Tras las legislativas de 2002, Schröder volvió a formar gobierno, tras pactar nuevamente con los verdes. En 2004 Horst Koehler fue elegido presidente del país.

Jean le Rond d´**Alembert**. Retrato de Louis Tocque. Palacio de Versalles (Francia).

ALEMÁNICO, CA adj. **1** De Alemania. || m. *Ling.* **2** Conjunto de los dialectos del alto alemán hablados en Suiza, Alsacia y sudoeste de Alemania.

ALEMANISCO, CA adj. **1** ALEMÁNICO. **2** Se aplica a cierto género de mantelería labrada.

ALEMBERT, JEAN LE ROND D' Escritor y matemático francés (París, 1717 - íd., 1783). Hijo ilegítimo de un aristócrata, fue encontrado abandonado en la iglesia de St. Jean le Rond. Escribió tratados sobre física, óptica, acústica, mecánica racional, filosofía, astronomía y música. Admirador de Newton y Locke, difundió las teorías racionalistas y empiristas de la Ilustración. Consideró la filosofía como la base de todos los saberes y reflexionó el papel del saber como motor del progreso moral y social. Dirigió con Diderot la *Enciclopedia*, para la cual escribió el *Discurso preliminar*. Como científico, publicó en 1743 el *Tratado de Dinámica*, en el que formuló el principio de su nombre, que extiende la ley de la acción y la reacción desde los cuerpos fijos a los que se mueven libremente.

ALENÇON Ciudad de Francia, capital del departamento de Orne; 31.608 h. Centro industrial y comercial.

ALENO m. *Quím.* Nombre genérico de una serie de hidrocarburos no saturados, de fórmula general $C_{2n}H_{2n-2}$. En su mayoría son líquidos incoloros de fuerte sabor aliáceo.

ALENTAR tr. y prnl. Animar, infundir aliento o esfuerzo. ♦ IRREG. Se conjuga como ACERTAR.

ALENTEJO Región del S de Portugal, entre el Tajo y la sierra de Caldeirão, que la separa del Algarve. Agricultura (cereales y olivo). Desde 1996 está dividida en dos regiones: Alto Alentejo y Bajo Alentejo.

ALEPO (*Halab*) Ciudad de Siria, capital de la gobernación de su nombre; 1.591.400 h. Centro industrial y comercial.

ALERCE m. *Bot.* Nombre genérico dado a los árboles de la familia pináceas, género *Larix*. Poseen hojas aciculares caedizas, agrupadas en fascículos, piñas pequeñas de maduración anual, y madera aromática. Se distribuye por las zonas montañosas del hemisferio norte. || **ALERCE EUROPEO** *Bot.* Árbol conífero (*L. decidua*), que produce la trementina de Venecia; su madera se emplea en construcciones hidráulicas y su corteza en curtidos.

ALERGENO o **ALÉRGENO** m. *Biol.* Sustancia que favorece la aparición de la alergia.

ALERGIA f. **1** *Pat.* Alteración del organismo (reacción antígeno-anticuerpo), caracterizada por una exagerada respuesta fisiológica a ciertas sustancias que no ocasionan síntomas en otros individuos no sensibles a ellas. Se manifiesta por alteraciones, sobre todo, en el aparato respiratorio y la piel. **2** fig. Sensibilidad extremada y contraria frente a ciertos temas, personas o cosas.

ALERGÓLOGO, GA m. y f. Médico especializado en afecciones alérgicas.

ALERO m. **1** Parte inferior del tejado que sale fuera de la pared. **2** Cada una de las alas o piezas sujetas a los costados de la caja de algunos carruajes, que sirven para preservar las salpicaduras a los que van dentro. **3** Lado, orilla. **4** *Geol.* Masa de rocas que sobresalen hacia abajo, por debajo del nivel del techo en una masa de rocas intrusivas. **5** *Dep.* En baloncesto, jugador que juega por las alas. || adj. *Zool.* **6** Se dice del ciervo joven que todavía no ha procreado.

ALERÓN m. **1** *Mar.* Cada una de las extremidades laterales del puente de un buque. **2** *Aeron.* Aleta giratoria

Alemania. Bremen, centro de la ciudad, atravesado por el río Weser.

que se monta en la parte posterior de las alas de un avión y que tiene por objeto hacer variar la inclinación del aparato y facilitar otras maniobras.

ALERTA adv. m. **1** Con vigilancia y atención. Se usa con los verbos *estar, andar, vivir,* etc. || interj. **2** Se emplea para excitar a la vigilancia. También m. || f. **3** Situación de vigilancia o atención.

ALERTAR tr. Poner alerta.

ALERZAL m. Sitio poblado de alerces.

ALESIA *Geog. hist.* Antigua ciudad gala, en el actual departamento francés de Côte d'Or, destruida por César el 52 a. C. y donde fue hecho prisionero Vercingétorix.

ALESSANDRI PALMA, ARTURO Político chileno (Linares, 1868 - Santiago, 1950). Fue presidente de la República (1920-24), pero la mala acogida de sus reformas favoreció su deposición por un golpe de Estado. Un año después recuperó el poder por unos meses y promulgó una Constitución de corte presidencialista. Ocupó la presidencia de nuevo (1932-38), y promulgó la ley de ayuntamientos (1934), realizó una reforma impositiva e intensificó la represión contra la oposición.

ALESSANDRI RODRÍGUEZ, JORGE Político chileno (Santiago, 1896 - íd., 1986). Hijo de A. Alessandri, fue ministro de Finanzas (1948-50) y presidente de la República (1958-64). Impulsó una política antiinflacionista de escasa sensibilidad social. Presidió el Consejo de Estado entre 1976 y 1981.

ALESSANDRIA Provincia de Italia, en el Piamonte; 3.560 km^2 y 433.883 h. Su capital es la ciudad del mismo nombre.

ALETA f. **1** *Zool.* Cada una de las membranas externas, aplanadas a manera de alas, que tienen los peces y otros animales acuáticos para nadar, mantener el equilibrio y como timón. **2** *Zool.* Apéndice plano y ancho utilizado por los mamíferos acuáticos y tortugas marinas para la locomoción. **3** Guardabarros que sobresale de los laterales de un automóvil. **4** *Arquit.* Cada una de las dos partes del machón que quedan visibles a los lados de una columna o pilastra. **5** Cada uno de los muros en rampa que en los lados de los puentes o en las embocaduras de las alcantarillas sirven para contener las tierras y dirigir las aguas. **6** Cada uno de los dos maderos curvos que forman la popa de un buque. **7** Especie de calzado de goma que usan las personas para impulsarse en el agua, al nadar o bucear. Más en pl. || **ALETA CAUDAL** *Zool.* En peces, aleta impar localizada en la región ventral posterior. || **ALETA DORSAL** *Zool.* En peces u otros vertebrados acuáticos, la aleta longitudinal vertical situada en la media dorsal del cuerpo. || **ALETA PECTORAL** *Zool.* En peces, cada una de las dos aletas que se corresponden con las extremidades anteriores de los cuadrúpedos. || **ALETA PÉLVICA** *Zool.* En peces, cada una de las dos aletas que se corresponden con las extremidades posteriores de un cuadrúpedo.

ALETARGAR tr. **1** Causar letargo. || prnl. **2** Padecerlo.

ALETEAR intr. **1** Mover las aves las alas sin echar a volar. **2** Mover los peces las aletas cuando se les saca del agua. **3** fig. Mover los brazos.

ALETEO m. **1** Acción de aletear. **2** Acción de palpitar acelerada y violentamente el corazón.

ALETSCHHORN Cumbre de los Alpes Berneses, en Suiza; 4.182 m de altura. En sus inmediaciones se encuentra el glaciar Aletsch, el mayor de los Alpes.

ALEURONA f. *Bot.* Conjunto de proteínas almacenadas en forma de gránulos en el embrión, endospermo o perispermo de muchas semillas.

ALEUTA adj. *Etnol.* **1** Se dice del grupo amerindio que habita en la zona ártica y Alaska, resto quizá de una población anterior a los esquimales, a los que está unido culturalmente, aunque tiene una lengua distinta. Más en pl. **2** Se dice también de sus individuos. También com. **3** Relativo a los aleutas. || m. *Ling.* **4** Lengua de este grupo, perteneciente a la familia lingüística esquimal-aleutiana.

ALEUTIANAS, ISLAS Archipiélago volcánico de unas 80 islas, en el extremo N del Pacífico, que se extiende desde la península de Alaska (América) hasta la de Kamchatka (Asia). Pesca, caza de focas y ganadería. El principal centro de población es Unalaska, en la isla del mismo nombre. Pertenecieron a Rusia hasta 1867, en que fueron vendidas, junto con Alaska, a EE UU. Algunas fueron ocupadas por Japón durante la Segunda Guerra Mundial. Base naval estadounidense.

ALEVILLA f. *Zool.* Mariposa muy parecida a la del gusano de seda, pero con las alas enteramente blancas.

ALEVÍN m. **1** *Zool.* Pez que acaba de nacer y cuya morfología es diferente de la del adulto. **2** *Zool.* Cría de ciertos peces de agua dulce que se utiliza para repoblar. **3** fig. Joven principiante que se inicia en una disciplina o profesión.

ALEVOSÍA f. **1** Cautela para asegurar la comisión de un delito. Es circunstancia agravante de la pena. **2** Traición, perfidia. || **con alevosía** loc. adv. A traición y sobre seguro.

ALEVOSO, SA adj. Que comete o implica alevosía; traidor.

ALEXANDER, FRANZ GABRIEL Psicoanalista estadounidense, de origen húngaro (Budapest, 1891 - Palm Springs, 1964). Favoreció la modificación del psicoanálisis para lograr un proceso de cura más rápido mediante procedimientos activos. Se le considera pionero de la medicina psicosomática. Es autor de *Terapéutica psicoanalítica* (1948) y *Medicina psicosomática* (1950).

ALEXANDER DE TÚNEZ, HAROLD Militar inglés (Londres, 1891 - Slough, 1969). Luchó contra los bolcheviques en el N de la URSS y los países bálticos (1918-19). Durante la Segunda Guerra Mundial dirigió el reembarco de las tropas inglesas en Dunkerque (1940) y la retirada de Birmania (1941-42). En 1944 fue nombrado mariscal y comandante supremo de las fuerzas aliadas en el Mediterráneo. Posteriormente ocupó los cargos de gobernador de Canadá (1945-52) y ministro de Defensa (1952-54).

ALEXIA f. *Pat.* Imposibilidad de interpretar el lenguaje escrito causada por una lesión del cerebro. Se llama también *ceguera verbal.*

ALEXIFÁRMACO, CA adj. y m. *Med.* Se dice de la sustancia o medicamento preservativo o correctivo de los efectos del veneno.

ALEXIS, WILLIBALD (GEORGE WILHELM HEINRICH HÄRING, llamado) Novelista alemán (Breslau, 1798 - Arnstadt, 1871). Publicó novelas históricas bajo el título colectivo de *Novelas brandemburguesas,* entre las que se encuentra *El licántropo* (1848).

ALEYA f. Versículo del Corán.

ALFA f. **1** Primera letra del alfabeto griego (α), correspondiente a nuestra *a.* **2** PARTÍCULA ALFA.

ALFA CENTAURI *Astron.* Estrella principal de la constelación del Centauro, la más próxima a la Tierra.

ALFABÉTICO, CA adj. Relativo al alfabeto.

ALFABETIZACIÓN f. Acción y efecto de alfabetizar.

ALFABETIZADO, DA adj. y s. Se dice de la persona que sabe leer y escribir.

ALFABETIZAR tr. **1** Ordenar alfabéticamente. **2** Enseñar a leer y a escribir.

ALFABETO m. **1** ABECEDARIO. **2** Conjunto de los símbolos empleados en un sistema de comunicación. **3** Sistema de signos convencionales, como perforaciones en tarjetas, u otros, que sirve para sustituir al conjunto de las letras y de los números. || **ALFABETO FONÉTICO** *Fon.* Sistema convencional de transcripción de los sonidos de aplicación universal, en el que cada signo representa un solo sonido.

ALFAGUARA f. Manantial copioso.

ALFAJOR m. **1** ALAJÚ. **2** Rosquillas de alajú. **3** *Arg., Chile, Par.* y *Venez.* Golosina formada por dos piezas de masa adheridas una a otra.

ALFALFA f. *Bot.* Planta herbácea vivaz, de la familia leguminosas, de nombre científico *Medicago sativa.* Mielga común que se cultiva para forraje.

ALFALFAR[1] o **ALFALFAL** m. Tierra sembrada de alfalfa.

ALFALFAR[2] tr. *Arg., Chile* y *Urug.* Sembrar alfalfa.

ALFANEQUE m. *Zool.* Ave falconiforme africana, de color blanquecino con manchitas pardas y tarsos amarillentos. Se empleaba en cetrería.

ALFANJE m. **1** Especie de sable, corto y corvo. **2** *Zool.* PEZ ESPADA.

ALFANO, FRANCO Compositor italiano (Nápoles, 1876 - San Remo, 1954). Influido por Puccini escribió *Resurrección* (1904) y concluyó la ópera *Turandot,* que su maestro había dejado inconclusa en 1925. En obras siguientes, como *Sakuntala* (1921) evolucionó hacia el impresionismo. Es autor también de sinfonías, ballets, suites, sonatas, piezas para piano, etc.

ALFANUMÉRICO, CA adj. **1** Perteneciente y relativo a cifras y letras. **2** *Inform.* Se dice en particular de las combinaciones de cifras y letras y también, a veces, de signos diversos que se utilizan en informática como claves para las instrucciones del cálculo con ordenadores. **3** Se aplica a los teclados de máquinas que contienen signos alfabéticos y cifras.

ALFANÚMERO m. *Inform.* Serie de números y letras combinados que se emplea como clave para el tratamiento de documentos por ordenador.

ALFAQUE m. Banco de arena, generalmente en la desembocadura de los ríos. Más en pl.

ALFAQUÍ m. Doctor o sabio de la ley entre los musulmanes.

ALFAR m. **1** Obrador de alfarero. **2** ARCILLA.

ALFARABI (ABU NASR MUHAMMAD AL-FARABI, llamado) Filósofo musulmán (Farab, Turquestán, 872 - Damasco, 950). Comentarista de la lógica y la metafísica de Aristóteles, propugnó una síntesis entre aristotelismo y neoplatonismo en *Libro del acuerdo entre dos sabios.* Fue maestro de Avicena.

ALFARENSE adj. y com. De Alfaro.

ALFARERÍA f. **1** Arte de fabricar vasijas de barro. **2** Obrador donde se fabrican y tienda donde se venden.

ALFARERO, RA m. y f. Fabricante de vasijas de barro.

ALFARJE m. **1** Piedra baja del molino de aceite. **2** Pieza o sitio donde está el alfarje. **3** Techo con maderas labradas y entrelazadas artísticamente.

ALFARJÍA f. **1** Madero de sierra que se emplea para cercos de puertas y ventanas. **2** Cada uno de los maderos que se cruzan con las vigas para formar la armazón de los techos. **3** Pieza de madera de sección cuadrada.

ALFARO, ELOY Político ecuatoriano (Montecristi, 1842 - Quito, 1912). De ideas liberales, tomó parte en las guerras y revueltas de su país y fue presidente de la República de 1895 a 1901, periodo en el que gobernó dictatorialmente, y de 1906 a 1911. Tras ser reelegido este último año, fue derrocado por un pronunciamiento militar. Fue asesinado por el pueblo tras asaltar la prisión donde se encontraba.

ALFARO, FRANCISCO DE Jurista y político español (finales del s. XVI - principios del s. XVII). Oidor en la Audiencia de Charcas, redactó unas ordenanzas, conocidas como el *Código Alfaro,* en favor de los indios de las encomiendas del Río de la Plata, Paraguay y Tucumán.

ALFARO, JOSÉ MARÍA Político costarricense (Alajuela, 1799 - íd., 1856) De ideas liberales, fue presidente provisional de la República de 1842 a 1844, y efectivo en 1846. Renunció al poder un año más tarde, al estallar una revolución.

ALFARO JOVANE, RICARDO JOAQUÍN Abogado y político panameño (Panamá, 1882 - íd., 1971). Elegido vicepresidente de la República en 1928, ejerció la presidencia de 1931 a 1932.

ALFARO SIQUEIROS, DAVID SIQUEIROS, DAVID ALFARO.

ALFAZAQUE m. *Zool.* Insecto coleóptero de nombre científico *Copris hispanicus,* parecido al escarabajo común. Es de color negro, con visos azulados, antenas cortas y élitros estriados.

ALFÉIZAR m. Vuelta o derrame que hace la pared en el corte de una puerta o ventana.

ALFEÑIQUE m. **1** Pasta de azúcar cocida y estirada en barras muy delgadas y retorcidas. **2** fig. y fam. Persona delicada.

ALFERECÍA f. *Med.* EPILEPSIA.

ALFÉREZ m. y f. **1** *Mil.* Oficial del ejército español que sigue en grado al teniente. **2** *Amér.* Persona que paga los gastos de una fiesta. **3** *Bol.* y *Perú* Cierto cargo municipal en los pueblos de indios. || **ALFÉREZ PROVISIONAL** *Mil.* Empleo de carácter provisional equivalente al de alférez, que se concedía en el ejército nacionalista durante la Guerra Civil española.

ALFERRAZ m. *Zool.* Nombre que los cetreros daban a un tipo de halcón, de unos 40 cm de altura, con el cuerpo ceniza por la parte superior y blanquecino con manchas pardas por la inferior.

ALFIERI, VITTORIO Poeta y dramaturgo italiano (Asti, 1749 - Florencia, 1803). En sus tragedias exalta el patriotismo y el amor a la libertad, pero con una fórmula clásica en el tratamiento de los temas y en el acatamiento de las unidades. Entre ellas se encuentran *La conjuración de los Pazzi* (1777-89), *Saúl* (1782), y su obra maestra, *Mirra* (1782-86). Escribió también *Rimas* (1789) y su autobiografía *Vida* (1804), de publicación póstuma.

ALFIL m. *Ocio* Pieza grande del juego del ajedrez, que se mueve diagonalmente.

ALFILER m. **1** Aguja metálica muy fina que acaba en una bolita por uno de sus extremos. **2** Joya que se prende en la ropa como medio de sujeción o de simple adorno. **3** *Bot.* Árbol leguminoso de la isla de Cuba, cuya madera, compacta y de color blanco amarillento, se emplea en la construcción. **4** *Bot.* Planta geraniácea, de nombre científico *Erodium cicutarium.* Es una herbácea anual, de tallo grueso, con flores purpúreas y fruto de cinco carpelos que se abren en aristas retorcidas en forma de tirabuzón. || **no caber un alfiler** loc. fam. Estar un local repleto de gente. || **prendido con alfileres** expr. fig. y fam. Se dice de lo que material y moralmente ofrece poca subsistencia o firmeza.

ALFILETERO m. **1** Canutillo que sirve para tener en él alfileres y agujas. **2** ACERICO, almohadilla.

ALFINGER, AMBROSIO (AMBROSIO EHINGER, llamado) Militar y explorador alemán (Ulm, ? - Coro, 1533). Desempeñó un papel muy importante en la conquista y exploración de Venezuela, como encargado de los financieros alemanes Welser. Gobernador del país, organizó una expedición hacia el interior caracterizada por su crueldad y métodos sanguinarios. Fue muerto por los indios.

ALFIZ m. *Arquit.* Recuadro del arco árabe.

ALFÖLD Vasta llanura de Hungría, al E del Danubio, que se extiende por Serbia y Rumania; 100.000 km^2. Se divide en Kiss Alföld, al N de los montes Bakony, y Nagy Alföld, al S. Agricultura.

ALFOMBRA f. **1** Tejido de lana o de otras materias con que se cubre el piso de las habitaciones y escaleras. **2** fig. Conjunto de cosas que cubren el suelo.

Alfonso IV el Benigno presidiendo las Cortes celebradas en Montblanch el año 1332. Códice conservado en el Archivo Municipal de Lleida.

ALFOMBRILLA f. **1** Alfombra pequeña, generalmente para el baño. **2** *Med.* Erupción cutánea, que se diferencia del sarampión por la falta de los fenómenos catarrales.

ALFÓNCIGO m. *Bot.* **1** Árbol de la familia anacardiáceas, de nombre científico *Pistacia vera*. El fruto es una drupa con una almendra pequeña de color verdoso, oleaginosa y comestible, llamada pistacho. **2** Fruto de este árbol.

ALFONSÍ adj. ALFONSINO. ♦ Su pl. es *alfonsíes* o *alfonsís*.

ALFONSÍN, RAÚL Abogado y político argentino (Buenos Aires, 1926). Presidente de la Unión Cívica Radical (UCR) en julio de 1983 y de la República tras vencer en las elecciones de ese mismo año. Restableció la normalidad democrática e intentó sanear la economía. En 1989, acosado por la crisis económica, debió anticipar la entrega del poder a su sucesor, el justicialista C. S. Menem. Le fue concedido el premio Príncipe de Asturias de Cooperación Iberoamericana (1985) y el de los Derechos Humanos del Consejo de Europa (1986).

ALFONSINO, NA adj. *Hist.* **1** Relativo a alguno de los reyes españoles llamados Alfonso, o partidario suyo. También s. || m. *Num.* **2** Moneda acuñada en tiempo de Alfonso X el Sabio.

ALFONSISMO m. Adhesión, en oposición a carlismo, a alguno de los reyes españoles llamados Alfonso.

ALFONSO Nombre de diversos reyes de Aragón.

ALFONSO I EL BATALLADOR Rey de Aragón y Navarra (?, h. 1073 - Poleñino, Huesca, 1134). Hijo del rey Sancho Ramírez, sucedió a su hermano Pedro I en 1104. Se casó con doña Urraca, hija de Alfonso VI de Castilla y León, para lograr la unión de los dos reinos. Pero las desavenencias entre los cónyuges, las luchas internas en Castilla y la anulación papal del matrimonio alegando parentesco, propiciaron nuevamente su división. Participó en la Reconquista con la victoria en plazas como Tudela, Daroca, Lérida y Zaragoza (1118); pero fue vencido en Fraga (1134). Murió sin descendencia, y su reino fue escindido en el de Aragón, al frente de su hermano Ramiro II el Monje, y de Navarra, bajo el poder de García Ramírez.

ALFONSO II EL CASTO Rey de Aragón y Cataluña (Barcelona, h. 1154 - Perpiñán, 1196). Hijo de Ramón Berenguer IV, que había heredado el condado de Barcelona en 1162, y de Petronila, que le donó el reino de Aragón en 1163. Reunió las primeras Cortes de Aragón (1163) y recobró Provenza en lucha con Raimundo V, conde de Tolosa (1166-67). Ayudó a Alfonso VIII de Castilla en la toma de Cuenca (1177) y firmó con él el tratado de Cazorla, por el que se fijó el límite de la Reconquista aragonesa por el S. Heredó el Rosellón del conde Gerardo (1179).

ALFONSO III EL LIBERAL Rey de Aragón y Cataluña (Valencia, 1265 - Barcelona, 1291). Sucedió a su padre Pedro III el Grande en 1285. Su reinado estuvo plagado de conflictos, tanto con Castilla como con Francia, por la posesión de Sicilia. Despojó a su tío Jaime II del reino de Mallorca y conquistó Menorca (1285-86) a los musulmanes. Defendió los derechos de los infantes de la Cerda al trono de Castilla, ocupado por Sancho IV, lo que provocó una lucha fronteriza entre los reinos. En 1288 firmó el *Privilegio de la Unión*, reconocimiento de los derechos feudales de los nobles frente al poder del monarca.

ALFONSO IV EL BENIGNO (?, 1299 - Barcelona, 1336). Hijo y sucesor de Jaime II, subió al trono en 1327. Su reinado estuvo lleno de disensiones con la nobleza y el pueblo valencianos y hasta con el príncipe heredero Pedro, opuestos a sus deseos de donar territorios del reino de Valencia a Fernando, hijo de su segundo matrimonio.

ALFONSO V EL MAGNÁNIMO Rey de Aragón, Cataluña y Nápoles (¿Medina del Campo?, 1396 - Nápoles, 1458). Hijo de Fernando I de Antequera, al que sucedió en 1416. Mantuvo una larga lucha con la reina Juana II y Luis III de Anjou por la conquista del reino de Nápoles, que obtuvo en 1442, tras la batalla de Ponza (1435). La corte napolitana, donde residió, fue un importante foco de cultura. Su esposa doña María, mientras tanto, se ocupó del gobierno de los reinos peninsulares.

ALFONSO Nombre de diversos reyes de Asturias, Castilla y León.

ALFONSO I EL CATÓLICO Rey de Asturias (?, 693 - Cangas, 757). Contrajo matrimonio con una hija del rey Pelayo y, al morir su cuñado Favila, fue coronado por los nobles en 739. Es el fundador del reino astur y con él empezó la Reconquista.

ALFONSO II EL CASTO Rey de Asturias (Oviedo, h. 759 - íd., 842). Hijo de Fruela I, heredó el reino en 783, pero no lo ocupó realmente hasta 791. Estableció la capital en Oviedo, hasta donde llegaron los musulmanes en 794 y 795. En 796 se apoderó de Lisboa, con lo que el reino astur quedó totalmente consolidado. Durante su reinado se descubrió el sepulcro que, según la tradición, guarda los restos del apóstol Santiago. A su muerte le sucedió Ramiro I.

ALFONSO III EL MAGNO Rey de Asturias (?, 838 - Zamora, 910). Hijo de Ordoño I, ascendió al trono el 866 e inmediatamente tuvo que sofocar las rebeliones de gallegos y vascones. Trasladó la capital a León, derrotó a los musulmanes en Polvoraria, cerca de Benavente, incorporó a las tierras reconquistadas la región N de Portugal (Braga), así como la de Beira, y repobló la zona entre los ríos Miño y Duero. Por causas desconocidas se produjo una sublevación contra él, capitaneada por su hijo García. El rey abdicó para evitar una guerra civil, dividió el reino entre sus hijos y se retiró a Zamora.

ALFONSO IV EL MONJE Rey de León (? - monasterio de San Julián, 933). Hijo de Ordoño II, ocupó el trono el 925, después de una guerra civil en la que fue ayudado por Sancho Garcés I de Navarra. El 931, al morir su esposa, cedió la corona a su hermano Ramiro II. Arrepentido de esta decisión, intentó recuperar el trono por las armas, pero fue vencido y hecho prisionero por Ramiro.

ALFONSO V EL NOBLE Rey de León (?, 994 - Viseo, 1028). Sucedió a su padre Bermudo II en 999, bajo la tutela de su madre, doña Elvira, y del conde Menendo González. Éste, durante la minoría de edad del rey, consiguió el apoyo de Navarra y Castilla, para vencer a Almanzor en la batalla de Calatañazor. Cuando Alfonso V asumió el poder, repobló la ciudad de León, destruida por el caudillo musulmán, y reunió allí un concilio en 1020, que promulgó el Fuero de León.

ALFONSO VI EL BRAVO Rey de León y Castilla (?, 1040 - Toledo, 1109). Hijo segundo de Fernando I, recibió en 1065 el trono de León y las parias del reino moro de Toledo, mientras que su hermano Sancho recibía Castilla y las parias de Zaragoza. Ambos se enfrentaron por el poder único, y Alfonso fue derrotado en Llantada (1068) y Golpejera (1072), por lo que tuvo que refugiarse en la corte de Toledo. La muerte de Sancho por Vellido Dolfos, en el cerco de Zamora, reinstauró a Alfonso en el trono de León. Para ser reconocido como rey de Castilla tuvo que jurar no haber intervenido en la muerte de su hermano, por exigencias de los caballeros castellanos, encabezados por el Cid. La más gloriosa empresa de su reinado fue la conquista de Toledo en 1085, que provocó la llegada de los almorávides a la península en auxilio de los reinos de taifas. Fue derrotado por estos en Sagrajas (1086) y Uclés (1108).

ALFONSO VII EL EMPERADOR Rey de León y Castilla (Caldas de Reyes, h. 1106 - Fresneda, 1157). Hijo de Raimundo de Borgoña y de Urraca, sucedió a su madre en 1126. Se enfrentó al marido de ésta, Alfonso I de Aragón, que defendía su derecho al trono de Castilla y ocupaba algunos territorios castellanos. Firmaron las paces de Tamara en 1127, que no fueron respetadas por las de Aragón. Tras la muerte de éste en 1134, Alfonso aprovechó para reclamar sus derechos al trono de Aragón, como descendiente de Sancho III de Navarra. Invadió ambos reinos, obtuvo la declaración de vasallaje y conservó algunos territorios. En 1135 fue coronado emperador en León. Durante su reinado tuvo lugar la independencia de Portugal. A su muerte dividió su reino entre sus hijos: Sancho III heredó Castilla, Extremadura y Toledo, y Fernando II, León y Galicia.

ALFONSO VIII EL DE LAS NAVAS Rey de Castilla (Soria, 1155 - Gutierremuñoz, 1214). Hijo de Sancho III y Blanca de Navarra, subió al trono tras la muerte de su padre en 1158. Durante su minoría, se desató un período de anarquía que permitió a Sancho VII de Navarra arrebatarle parte de sus territorios. Su reinado efectivo no comenzó hasta 1169. En 1170 contrajo matrimonio con Leonor Plantagenet, que aportaba como dote el ducado de Gascuña. Su principal preocupación fue la lucha contra los almohades, a los que conquistó Cuenca. Firmó con el rey catalano-aragonés, Alfonso II, el tratado de Cazorla (1179), para establecer los límites futuros de expansión por los territorios musulmanes. Fue vencido en Alarcos (1195) y perdió la fortaleza de Salvatierra en 1211. Un año más tarde tuvo lugar la batalla de las Navas de Tolosa, en la que intervinieron junto a él Pedro II de Aragón y Sancho VII el Fuerte, y supuso una victoria decisiva para los cristianos. Concedió fueros y, en 1209, fundó en Palencia la primera universidad española.

ALFONSO IX Rey de León (Zamora, 1171 - Villanueva de Sarria, 1230). Hijo de Fernando II, al que sucedió en 1188. Su reinado se caracterizó por su enfrentamiento con Alfonso VIII de Castilla, que le llevó a una alianza con Portugal, Aragón y Navarra. Tras la derrota de Alarcos, pactó con los almohades, lo que le valió la excomunión papal. En 1196, atacaron todos los reinos peninsulares a Castilla, que tomó la ofensiva contra León. Para firmar la paz, contrajo matrimonio con doña Berenguela, hija de Alfonso VIII, aunque su matrimonio fue anulado por el papa por razón de parentesco. En la Reconquista participó con la toma de Valencia de Alcántara, Cáceres, Badajoz y Mérida. Fundó la Universidad de Salamanca en 1219.

Alfonso X el Sabio. Tumba en la capilla real de la catedral de Sevilla.

ALFONSO X EL SABIO Rey de Castilla y León (Toledo, 1221 - Sevilla, 1284). Sucedió en 1252 a su padre, Fernando III el Santo. Arrebató a los musulmanes Jerez, Medina-Sidonia, Lebrija y el condado de Niebla en 1262, y hizo frente a una rebelión de mudéjares instigados por el rey moro de Granada. Se consideraba heredero por la rama materna a la corona imperial alemana y fue proclamado emperador, pero no coronado. Está considerado el creador de la prosa castellana y el introductor en la cultura occidental de numerosos elementos orientales. Reunió a los sabios judíos, musulmanes y cristianos más importantes de la época y fundó varias escuelas de investigación y traducción entre las que destaca la de Toledo. Por su iniciativa, se tradujeron al castellano la Biblia, el Corán, el Talmud y la Cábala, entre otras obras, que se pueden dividir en cuatro grupos: poéticas, escritas en galaico-portugués (*Cantigas de santa María*); jurídicas (*Fuero Real y Las siete Partidas o Libro de las leyes*); históricas (primera *Crónica general y la Grande e General Estoria*), y científicas (*Libros del saber de Astronomía, Lapidario y Libros de ajedrez, dados y tablas*).

ALFONSO XI EL JUSTICIERO Rey de Castilla y León (Salamanca, 1311 - Gibraltar, 1350). Hijo de Fernando IV, durante su minoría de edad asumió la regencia su abuela María de Molina. Fue coronado en 1325. En su lucha contra los benimerines obtuvo dos importantes victorias: la batalla del Salado (1340) y la conquista de

Alfonso XI en una cacería. *Libro de la Montería*. Biblioteca del Palacio Real de Madrid.

Algeciras (1344), que supusieron el fin de las invasiones musulmanas. De su matrimonio con María de Portugal tuvo a Pedro I, su sucesor. Fruto de sus relaciones con Leonor de Guzmán nació Enrique II de Trastámara.

Alfonso Nombre de dos reyes de España. **Alfonso XII** (Madrid, 1857 - El Pardo, 1885). Hijo de Isabel II y don Francisco de Asís. Vivió desterrado en Francia desde 1868, cuando se produjo el destronamiento de su madre, que había renunciado a los derechos de la corona en su favor. Proclamado rey tras el pronunciamiento del Martínez Campos en Sagunto el 28 de diciembre de 1874, comenzó su reinado en 1875. Puso fin a la tercera guerra carlista, con las victorias de Olot, Estella y Montejurra, y en 1876 sancionó una nueva Constitución, que permitió el turno pacífico de liberales y conservadores. Durante su reinado se firmó la paz de Zanjón (1878), con la que concluyó la primera guerra de Cuba. Contrajo matrimonio con María de las Mercedes de Orleans, fallecida a los pocos meses, y en segundas nupcias con María Cristina de Habsburgo-Lorena, quien, a la muerte del rey, fue nombrada regente y, poco después, dio a luz al heredero, Alfonso XIII.

Alfonso XIII con el uniforme del regimiento de húsares. Cuadro de Philip Alexius Laszlo. Museo Nacional Centro de Arte Reina Sofía (Madrid).

Alfonso XIII (Madrid, 1886 - Roma, 1941). Hijo póstumo de Alfonso XII, fue proclamado rey el día de su nacimiento bajo la regencia de su madre, María Cristina. Durante su minoría, caracterizada por el turno pacífico de liberales y conservadores, tuvo lugar la insurrección de Cuba, que dio lugar a la Semana Trágica de Barcelona. El turno de partidos se mostraba ya por entonces inviable y los problemas sociales agravaron la situación de tal modo que, en 1917, tuvo lugar una huelga general revolucionaria. El general Primo de Rivera dio un golpe de Estado contra el gobierno y el rey, aceptando lo inevitable, le encargó formar gobierno en 1923. La dictadura de Primo de Rivera puso fin a la guerra de Marruecos (1925), pero se mostró incapaz de lograr un sistema de gobierno estable. En las elecciones municipales de 1931 surgió una mayoría republicana en las capitales, por lo que el rey decidió aceptar la voluntad popular y abandonó España. Antes de morir, Alfonso XIII abdicó en su hijo Juan.

Alfonso Nombre de varios reyes de Portugal. **Alfonso I Enríquez** (Guimarães, h. 1110 - Coimbra, 1185). Hijo de Enrique de Borgoña y Teresa, hija de Alfonso VI de Castilla, heredó de su madre el condado de Portugal. La victoria contra los musulmanes en Ourique (1138), le permitió extender sus límites hasta el Guadiana. Hacia 1139 se proclamó rey independiente. Conquistó a los musulmanes Lisboa, Beja y Évora.

Alfonso II el Gordo (Coimbra, 1185 - íd., 1223). Hijo de Sancho I, subió al trono en 1211. Venció a los musulmanes en Badajoz, Córdoba y Sevilla, y envió un ejército para luchar contra los almohades en la batalla de las Navas de Tolosa (1212), al lado de Alfonso VIII de Castilla.

Alfonso III (Coimbra, 1210 - Lisboa, 1279). Hijo de Alfonso II, sucedió a su hermano Sancho II, con el que mantuvo una guerra civil, en 1248. Durante su reinado se incorporó a Portugal el territorio de los Algarves, con lo que el reino alcanzó casi exactamente la extensión actual.

Alfonso IV el Bravo (Coimbra, 1291 - Lisboa, 1357). Hijo y sucesor de don Dionís, ocupó el trono de 1326 a 1356. Combatió con su yerno Alfonso XI de Castilla en la batalla del Salado.

Alfonso V el Africano (Cintra, 1432 - íd., 1481). Hijo de don Duarte, heredó el trono en 1438. Subió al poder de manera efectiva en 1448. Emprendió varias campañas en Marruecos y conquistó Tánger y las islas del golfo de Guinea. Se casó con Juana la Beltraneja, hija de Enrique IV de Castilla, y participó contra Isabel I en las luchas civiles de ese reino, en defensa de los derechos sucesorios de su mujer, pero fue derrotado en Toro (1476).

Alfonso VI (Lisboa, 1643 - Cintra, 1683). Hijo de Juan IV, heredó el trono en 1656, aunque su reinado fue sólo nominal. Tras la regencia de su madre, Luisa de Guzmán, y el gobierno de su favorito, el conde de Castelmelhor, fue depuesto en 1683 por su hermano Pedro II.

Alfonso María de Ligorio, san Teólogo italiano (Marianella, 1696 - Nocera de Pagani, 1787). En 1749 fundó la Congregación del Santísimo Redentor y fue nombrado obispo de Palermo en 1762. Es autor de *Theologia moralis* (1753-55), *Preparación para la muerte* y *Visitas a Jesús sacramentado*. Propagó la doctrina teológica del PROBABILISMO.

ALFORFÓN m. *Bot.* 1 Planta de la familia poligonáceas, de nombre científico *Fagopyrum sculentum*. Tiene un fruto negruzco y triangular, con una semilla amilácea que se tritura hasta conseguir una harina con la que se hace pan. 2 Semilla de esta planta.

ALFORJA f. Especie de talega abierta por el centro y cerrada por los extremos. Más en pl.

ALFOZ amb. 1 Arrabal, término o pago que depende de un distrito. 2 Distrito con diferentes pueblos que forman una sola jurisdicción.

Alfredo el Grande Rey de los anglosajones (Wantage, 849 - ?, 901). Heredó la corona en 871. Consiguió la unidad de Inglaterra después de librar a su reino del dominio danés, y frenó el poder de la nobleza y el clero. Impulsó la cultura y se le considera el padre de la prosa inglesa.

Alfvén, Hannes Olof Gösta Científico sueco (Norrköping, 1908 - Djursholm, 1995). Es considerado el fundador de la magnetohidrodinámica. Elaboró teorías sobre el origen de los rayos cósmicos, las tormentas magnéticas y las auroras boreal y austral. Autor de la hipótesis de que las manchas solares se deben a una perturbación magnética que se desplaza desde el interior hasta la superficie del Sol. Obtuvo el premio Nobel de Física en 1970, junto con L. Neel, por sus trabajos en la física y la astrofísica de los plasmas.

ALG-, ALGEO-, ALGESI-, ALGO-; -ALG-, -ALGO-; -ÁLGICO, -ALGIA prefs., infs. o sufs. que significan dolor: *algofobia, heptalgina, neuralgia*.

ALGA f. *Biol.* 1 Cualquiera de los seres vivos protistas, eucariotas unicelulares o pluricelulares, que viven preferentemente en el agua, y que, en general, están provistos de clorofila y realizan la fotosíntesis. Generalmente están compuestas por una célula aislada, por filamentos o placas de células, o bien por un cuerpo macizo. Las pluricelulares no disponen de tejidos. La pared celular está compuesta básicamente por celulosa con gran cantidad de polisacáridos. Pueden reproducirse sexual o asexualmente. || f. pl. *Biol.* 2 Grupo de estos seres vivos. || **ALGAS DORADAS** O **CRISOFITAS** *Biol.* Organismos unicelulares que son los componentes mayoritarios del plancton vegetal. En cuanto a sus pigmentos, llevan clorofilas a y c, carotenos y fucoxantinas. Las sustancias de reserva se almacenan en forma de leucocina. || **ALGAS EUGLENOFITAS** *Biol.* Pequeño grupo formado en su mayoría por organismos unicelulares de agua dulce, con clorofilas a y b y glúcidos como sustancia de reserva. || **ALGAS PARDAS** O **FEOFITAS** *Biol.* Grupo de especies pluricelulares mayoritario en aguas saladas y regiones templadas. Algunas presentan una diferenciación tan compleja del talo que podrían compararse a plantas vasculares. Sus pigmentos son clorofilas a y c, carotenos y xantofilas, y las sustancias de reserva se almacenan como laminarina y lípidos. || **ALGAS PARDO-DORADAS** O **PIRROFITAS** *Biol.* Organismos unicelulares, biflagelados y en la mayoría de los casos marinos, aunque también hay especies de agua dulce. Además de clorofilas a y c, llevan carotenos y xantofilas, y las sustancias de reserva se acumulan en forma de almidón. || **ALGAS ROJAS** O **RODOFITAS** *Biol.* Grupo muy numeroso de organismos, la mayoría pluricelulares, abundantes en mares cálidos y tropicales. Contienen clorofilas a y b, carotenos y ficobilinas, y las sustancias de reserva se acumulan en forma de almidón. || **ALGAS VERDES** O **CLOROFITAS** *Biol.* Grupo muy diversificado de organismos mayoritariamente dulceacuícolas. Presentan muchas afinidades con las plantas superiores, los musgos y hepáticas. Llevan clorofilas a y b, carotenos y xantofilas, y las sustancias de reserva se acumulan en forma de almidón verdadero.

ALGABA f. *Bot.* Bosque, selva.
ALGABEÑO, ÑA adj. y s. De La Algaba, Sevilla.
ALGAIDA f. 1 *Bot.* Bosque o sitio lleno de espesos matorrales. 2 MÉDANO.
ALGALIA f. 1 Sustancia untuosa, blanca, de olor fuerte y sabor acre. Se emplea en perfumería. 2 *Bot.* ABELMOSCO.
ALGARA f. 1 Tropa a caballo que salía a correr y robar la tierra del enemigo. 2 Correría de esta tropa.
ALGARABÍA f. 1 Lengua árabe. 2 fig. y fam. Lengua o escritura ininteligible. 3 fig. y fam. Criterio confuso de varias personas que hablan a la vez. 4 fig. y fam. Manera de hablar atropelladamente y pronunciando mal las palabras. 5 *Bot.* Planta silvestre de la familia escrofulariáceas, de nombre científico *Odontites rubra*. Es una hierba anual de hojas aserradas, flores rojas o blancas, y cuyos ramos se emplean para hacer escobas.
ALGARADA f. 1 ALGARA. 2 Vocerío grande.
Algardi, Alessandro Escultor y arquitecto italiano (Bolonia, 1595 - Roma, 1654). De estilo barroco, fue rival de Bernini, a quien sustituyó como escultor del Vaticano bajo el pontificado de Inocencio X. Autor de *La degollación de san Pablo*, *Encuentro de Atila con León Magno* y

1

2

3

Especies de algas: 1. Alga verde (*Dictyota dichotoma*). 2. Alga parda (*Padina pavonia*). 3. Alga roja (*Peyssonelia squamarina*).

el sepulcro de León XI, entre otras obras. Como arquitecto y decorador intervino en la villa Doria Pamphili.

ALGAROTTI, FRANCESCO Erudito italiano (Venecia, 1712 - Pisa, 1764). Destacado representante de la Ilustración italiana, escribió *Newtonianismo para las damas* (1737), *Saggio sopra l'architettura* (1753) y *Saggio sopra l'opera in musica* (1775).

ALGARROBA f. *Bot.* 1 ALGARROBO. 2 Fruto en legumbre del algarrobo, con semillas muy duras ricas en azúcares y proteínas, que se utilizan como pienso.

ALGARROBAL m. Lugar sembrado de algarrobas o algarrobos.

ALGARROBILLA f. ALGARROBA.

ALGARROBO m. *Bot.* Árbol de la familia leguminosas, de nombre científico *Ceratonia siliqua*. Es una especie típicamente mediterránea, con hojas perennes, flores purpúreas y fruto alargado, la algarroba.

ALGARVE Región de Portugal, al S del país, formada por el distrito de Faro; 4.960 km² y 340.100 h. Su capital es Faro. Turismo.

ALGAVARO m. *Zool.* Insecto coleóptero de la familia cerambícidos, de nombre científico *Dorcanium hispanicus*. Tiene el cuerpo negro y las antenas muy largas.

ALGAZARA f. 1 Vocerío de las tropas cuando atacan. 2 Ruido, griterío de una o muchas voces juntas, por lo común por alegres.

ALGAZEL (ABU HAMID MUHAMMAD BEN MUHAMMAD AL-GAZALI, llamado) Filósofo persa (Tus, Irán, 1058 - íd., 1111). Su doctrina, mezcla de la mística sufí y la ortodoxia musulmana, ejerció una gran influencia en la escolástica hebrea y cristiana. Su obra principal es la *Destrucción*, que Averroes combatió con *Destrucción de la destrucción*.

ALGAZUL m. *Bot.* Planta de la familia aizoáceas, de nombre científico *Mesembryan-themum nodiflorum*. Se caracteriza por su tallo carnoso, hojas crasas y flores blancas. Es propia de zonas esteparias.

ÁLGEBRA f. *Mat.* Parte de las matemáticas en la que las operaciones aritméticas son generalizadas empleando números, letras y signos; cada letra o signo representa simbólicamente un número u otra entidad matemática. Cuando alguno de los signos representa un valor desconocido se llama incógnita. El álgebra contemporánea se ocupa del estudio de los sistemas con operaciones o estructuras; entre las más importantes se encuentran las de grupo, anillo, cuerpo y espacio vectorial. || **ÁLGEBRA DE BOOLE** *Mat.* Estructura matemática abstracta que consiste en un conjunto B con dos operaciones básicas entre sus elementos, que han de cumplir las siguientes leyes: de absorción, de idempotencia, asociativa, conmutativa, de complementariedad, y distributiva. Recibe este nombre del matemático GEORGE BOOLE (1815-64). Se aplica en el diseño de circuitos de conmutación y en lógica matemática. || **ÁLGEBRA VECTORIAL** *Mat.* Manipulación de signos que representan cantidades vectoriales, según las leyes de la adición, sustracción y multiplicación.

ALGEBRAICO, CA o **ALGÉBRICO, CA** adj. Relativo al álgebra.

ALGENTE adj. poét. FRÍO.

ALGEO-, ALGESI-; -ALGIA, -ÁLGICO pref. y suf. ALG-.

ALGESIA f. *Fisiol.* Sensibilidad al dolor.

ALGHERO ALGUER.

ALGICIDA f. *Quím.* Sustancia empleada como destructora de algas.

ALGIDEZ f. *Pat.* Frialdad glacial del cuerpo y las extremidades característico de algunas enfermedades, como el cólera.

ÁLGIDO, DA adj. 1 Muy frío. 2 Momento o periodo crítico o culminante de algo.

ALGO pron. indef. 1 Designa una cosa que no se puede o no se quiere nombrar. 2 También denota cantidad indeterminada, o parte de una cosa. || adv. c. 3 Un poco, no del todo. || **algo es algo**, o **más vale algo que nada** exprs. que indican que todo tiene valor.

ALGO-; -ALGO- pref. e in. ALG-.

ALGODÓN m. 1 *Bot.* Nombre común de varias plantas de la familia malváceas, género *Gossypium*. Se caracterizan por su fruto capsular con varias semillas envueltas en una borra larga y blanca compuesta casi exclusivamente de celulosa pura. Actualmente se cultiva en casi todo el mundo. 2 Esta misma borra. 3 Hilado o tejido de esta borra. 4 PÓLVORA DE ALGODÓN.

ALGODONAL m. Terreno plantado de algodón.

ALGODONCILLO m. *Bot.* Planta de la familia asclepiadáceas, de nombre científico *Asclepias incarnatus*. Es una especie americana, de hojas vellosas y flores aromáticas, con semillas que producen una borra parecida a la del algodón.

ALGODONERO, RA adj. 1 Relativo al algodón. || m. y f. 2 Persona que cultiva el algodón o negocia con él. || m. *Bot.* 3 ALGODÓN, planta.

ALGODONITA f. *Geol.* Mineral arseniuro de cobre que se presenta formando incrustaciones blanquecinas en las minas de plata de Algodones (Chile).

algodón

ALGODONOSA f. *Bot.* Planta de la familia compuestas, de nombre científico *Diotis maritima*. Todo el vegetal aparece cubierto de una borra blanca muy larga, parecida al algodón.

ALGODONOSO, SA adj. Parecido al algodón.

ALGOL m. 1 *Inform.* Acrónimo del inglés ALGorithmic Oriented Language, que designa al lenguaje artificial que se puede traducir directamente a los lenguajes utilizados por todas las computadoras electrónicas. Está diseñado especialmente para expresar algoritmos, y se usa en la programación de problemas científicos. 2 *Quím.* Colorante químico.

ALGOL m. *Astron.* Estrella beta de la constelación de Perseo.

ALGOLOGÍA f. *Bot.* Ciencia que estudia las algas.

ALGÓNQUICO, CA adj. *Geol.* Se dice del periodo geológico situado entre el arcaico y el paleozoico. También denominado *proterozoico*. También m.

ALGONQUINO, NA adj. *Etnol.* 1 Se dice de una familia de tribus amerindias, de raza nordatlántica, que ocupó en una extensa zona de América del N, desde la bahía de Hudson hasta el río Tennessee. Estaban divididos en numerosísimas tribus (potawatomi, cheyennes, arapahoes y mohicanos). Vivían de la pesca, la caza del bisonte y el cultivo del maíz. En la actualidad, la población algonquina está muy diezmada y habita en reservas. Más como m. pl. 2 Se dice también de sus individuos. También s. 3 Relativo a los algonquinos. || m. *Ling.* 4 Familia de lenguas habladas por los algonquinos.

ALGORÍN m. Departamento donde cada cosechero deposita su aceituna en el molino.

ALGORITMIA f. *Mat.* Ciencia del cálculo aritmético y algebraico.

ALGORITMO (Del ár. *al-Jwarizmi*, sobrenombre del célebre matemático Mohamed ibn Musa.) m. *Mat.* 1 Conjunto ordenado y finito de operaciones que permite la solución de un problema. 2 Método y notación de las distintas formas de cálculo. 3 Regla matemática que al ser aplicada repetidamente produce un resultado cuyo grado de precisión es acorde al número de aplicaciones.

ALGREN, NELSON Escritor estadounidense (Detroit, 1904 - Long Island, 1981). Perteneciente a la llamada «generación perdida», escribió *The Man with the Golden Arm* (1949), *Notes from a Sea Diary* (1965) y *The Devil's Stockings* (1983).

ALGUACIL m. 1 Oficial inferior de justicia que ejecuta las órdenes del tribunal a quien sirve. 2 Oficial inferior ejecutor de los mandatos de los alcaldes y tenientes de alcalde. 3 *Taurom.* ALGUACILILLO. 4 *Zool.* Especie de araña. 5 *Arg.* y *Urug.* CABALLITO DEL DIABLO.

ALGUACILILLO m. *Taurom.* Cada uno de los dos alguaciles que en las corridas de toros preceden a las cuadrillas y ejecutan las órdenes del presidente de la plaza.

ALGUAZAS Municipio y lugar de España, provincia de Murcia; 7.121 h.

ALGUER (*Alghero*) Villa de Italia, provincia de Sassari, en isla de Cerdeña; 38.200 h. Centro pesquero. Fue conquistada por los aragoneses en 1354, en tiempos del rey Pedro IV, que repobló la ciudad con catalanes. Una parte importante de su población actual habla un dialecto del catalán.

ALGUIEN pron. indef. 1 Indica vagamente una persona cualquiera, que no se nombra, ni se determina su género y su número. || m. 2 fam. Persona de importancia.

ALGÚN adj. Apócope de ALGUNO. Se usa sólo antepuesto a nombres masculinos.

ALGUNO, NA adj. 1 Se aplica indeterminadamente a una persona o cosa con respecto de varias. 2 Ni poco ni mucho; bastante. || pron. indef. 3 ALGUIEN. || **alguno que otro** loc. Unos cuantos.

ALHAJA f. 1 JOYA. 2 Adorno o mueble precioso. 3 fig. Cosa de mucho valor y estima. 4 fig. y fam. Persona o animal de excelentes cualidades.

ALHAJAR tr. Adornar con alhajas.

ALHAJERO, RA m. y f. *Amér.* Joyero, cofre.

ALHAKEM Nombre de diversos soberanos de al-Andalus.

ALHAKEM I (BEN HIXEM BEN ABD AL-RAHMAN, llamado) Tercer emir independiente de Córdoba (?, 796 - ?, 822). Hijo y sucesor de Hixem I, gobernó entre 796 y 822. Poco después de acceder al poder tuvo que enfrentarse a los alfaquíes, a los que consiguió controlar; en 817 surgió una nueva sublevación en Córdoba (rebelión del arrabal), que fue nuevamente sofocada.

ALHAKEM II Califa de Córdoba (?, 961 - ?, 976). Hijo y sucesor de Abderramán III. Durante su reinado (951-76) el califato atravesó una época de gran esplendor. Forzó la paz con todos los reinos cristianos excepto con el de Castilla. Reunió en Medina Azzahra una gran biblioteca, en la que estableció un taller de copistas, miniaturistas y encuadernadores; fue gran impulsor de la Universidad de Córdoba.

ALHAMA Sierra de España, en el sistema Penibético, que divide las provincias de Granada y Málaga. Altura máxima, 1.497 m.

ALHAMAR MUHAMMAD I BEN YUSUF IBN NASAR.

ALHAMBRA *Arte.* Fortaleza-palacio árabe de Granada, situada en un alto al E de la ciudad. Fue residen-

Alhambra de Granada (España): 1. Vista general. 2. Torre de las damas, en el patio de los Arrayanes. 3. Fuente de los Leones.

cia de los monarcas nazaríes y su construcción data de los siglos XIII y XIV. En su decoración, basada en el alicatado de azulejos, el yeso y la madera, desempeñan un importante papel el agua, mediante surtidores y fuentes, y la vegetación. El recinto murado forma un polígono irregular, de 2.200 m de contorno, con cinco puertas. Entre sus construcciones más importantes se encuentran la Alcazaba, la Casa real, el palacio de Comares, el patio de los Leones y las torres de las Infantas, de la Cautiva y la de las Damas. En el siglo XVI se construyó el palacio de Carlos V, obra de Pedro Machuca.

ALHARACA f. Demostración excesiva de algún sentimiento.

ALHÁRGAMA o **ALHARMA** f. *Bot.* Planta de la familia cigofiláceas, de nombre científico *Peganum armala.* Tiene hojas acintadas, flores blancas olorosas, y semillas utilizadas como condimento en Oriente.

ALHELÍ m. *Bot.* Nombre común dado a varias plantas de la familia crucíferas, pertenecientes a los géneros *Matthiola* y *Cheiranthus.* Todas ellas son perennes, de flores olorosas. Se cultivan para adorno. ♦ Su pl. es *alhelíes* o *alhelís.*

ALHEÑA f. *Bot.* **1** Planta leñosa con porte arbóreo, de nombre científico *Lawsonia inermis.* Tiene hojas pequeñas y opuestas, y flores blancas reunidas en panículas axilares. **2** Polvo a que se reducen sus hojas y sirve para teñir. También denominado *henna.* **3** Arbusto de la familia oleáceas, de nombre científico *Ligustrum vulgare,* de flores blancas y fruto en bayas negras. **4** AZÚMBAR.

ALHOLVA f. *Bot.* Planta de la familia leguminosas, de nombre científico *Trigonella foenum graecum.* Sus semillas son amarillentas y de olor desagradable.

ALHÓNDIGA f. *Hist.* Casa pública para la compra, venta y depósito de mercancías.

ALHORRE m. **1** MECONIO. **2** *Med.* Erupción en la piel de los recién nacidos.

ALHUCEMA f. *Bot.* ESPLIEGO.

ALHUCEMAS *(El-Hoceïman)* Ciudad del N de Marruecos; 41.662 h. Fundada por los españoles en 1926 con el nombre de *Villa Sanjurjo.* Puerto.

ALI Voz árabe usada en la formación de algunos nombres propios y que significa *alto, elevado.*

ALI Califa ortodoxo del Islam (?, h. 599 - Kufa, 661). Gobernó de 656 a 661. Era primo de Mahoma, con cuya hija Fátima se casó. Fue elegido califa tras la muerte de Utmán, en contra de la voluntad del príncipe Omeya Muhawiya y de Aisa, esposa del profeta. Contó con el apoyo de los chiítas, pero tuvo que hacer frente a los musulmanes jariyitas, quienes le repudiaron. Fue asesinado por un jariyita.

ALI, MUHAMMAD (CASSIUS MARCELLUS CLAY, llamado) Boxeador estadounidense (Louisville, 1942). Campeón mundial de los pesos pesados en 1964, revalidó varias veces su título. En 1967 fue desposeído del mismo por negarse a prestar el servicio militar. Lo recuperó en octubre de 1974 frente a Foreman, y lo retuvo (excepto en un intervalo de siete meses) hasta febrero de 1978, fecha en que perdió ante Leon Spinks.

ALI, ZINE AL-ABIDINE IBN Político y militar tunecino (Hammam Sousse, 1936). Nombrado primer ministro en 1987, ocupó el puesto de Burguiba, ese mismo año, cuando a éste se le declaró incapacitado para gobernar. Fue reelegido en 1989 y 1994.

ALI BAJÁ Militar turco (? - ?, 1571). Almirante de la escuadra turca en la batalla de Lepanto (1571), en la que encontró la muerte.

ALI BEY BADÍA Y LEBLICH, DOMINGO.

ALI-SHER NAVAHI Poeta turco (Herat, 1441 - íd., 1501). Su poesía, de carácter erótico-místico, está reunida en cuatro cancioneros. También es autor de obras en prosa como *El juicio de las dos lenguas* (1498).

-ALIA suf. ALO-.

ALIA, RAMIZ Político albanés (Sköder, 1925). Sucedió a Enver Hoxha como jefe de Estado (1985). En 1990 inició un proceso de apertura y fue reelegido presidente (1991). Convocó nuevas elecciones en 1992, ganadas por la oposición, y dimitió de su cargo.

ALIABIERTO, TA adj. Abierto de alas.

ALIÁCEO, A adj. Relativo al ajo; que tiene su olor o sabor.

ALIADO, DA adj. y s. **1** Que está unido o coligado con otro u otros. || m. pl. *Hist.* **2** Denominación genérica de las naciones que combatieron contra Alemania, Austria-Hungría, Bulgaria y Turquía en la Primera Guerra Mundial, y contra las potencias del EJE durante la Segunda.

ALIADÓFILO, LA adj. y s. Partidario de las naciones aliadas en contra de Alemania durante las dos Guerras Mundiales.

ALIAGA f. *Bot.* AULAGA.

ALIANCISTA com. *Amér.* Individuo de cada uno de los partidos aliados entre sí.

ALIANZA f. **1** Acción de aliarse, pacto. **2** Conexión o parentesco contraído por casamiento. **3** Anillo matrimonial. **4** *Bot.* Grupo de familias relacionadas, que se sitúan entre un orden y una clase.

ALIANZA, CUÁDRUPLE CUÁDRUPLE ALIANZA.

ALIANZA, SANTA SANTA ALIANZA.

ALIANZA, TRIPLE TRIPLE ALIANZA.

ALIANZA, TRIPLE o **GUERRA DE LA TRIPLE ALIANZA** TRIPLE ALIANZA.

ALIANZA ATLÁNTICA ORGANIZACIÓN DEL TRATADO DEL ATLÁNTICO NORTE.

ALIANZA POPULAR (AP) *Hist.* y *Polít.* Partido político español de ideología conservadora, fundado en 1976 por Manuel Fraga y otras destacadas personalidades del régimen franquista. Participó, en coalición con otras formaciones políticas, en las elecciones legislativas de 1977, 1979, 1982 y 1986. En 1987 ocupó la presidencia Antonio Hernández Mancha, quien fue relevado de nuevo por Fraga entre 1988 y 1990. En 1989 Alianza Popular cambió su nombre por el de PARTIDO POPULAR. EN 1990 José M.ª Aznar sustituyó a Fraga como presidente.

ALIANZA POPULAR REVOLUCIONARIA AMERICANA (APRA) *Hist.* y *Polít.* Partido político peruano fundado en México en 1924 por Víctor Raúl Haya de la Torre. En sus orígenes pretendió ser un partido indigenista e interclasista con perspectivas supranacionales, pero sólo consiguió implantarse en Perú. A pesar de haber sido mayoritario durante largos periodos, no logró obtener la presidencia hasta 1985, en que la asumió Alan García.

ALIAR tr. **1** Unir, coligar, asociar. También prnl. || prnl. **2** Ponerse de acuerdo varias personas o países para un fin común.

ALIARIA f. *Bot.* Nombre común de varios vegetales de la familia crucíferas, caracterizados por desprender un olor parecido al del ajo. En general, las semillas se usan como condimento.

ALIAS adv. lat. **1** De otro modo, por otro nombre. || m. **2** Apodo o sobrenombre. ♦ Su pl. es *alias.*

ALICAÍDO, DA adj. **1** Caído de alas. **2** fig. y fam. Débil, falto de fuerzas. **3** Desanimado. **4** Venido a menos.

ALICANTE m. *Zool.* Nombre vulgar dado a la víbora *Vipera latastei.* Es muy peligrosa y se encuentra en toda la región meridional de Europa.

ALICANTE *(Alacant)* **1** Provincia de España, en la Comunidad Valenciana, situada al SE de la península Ibérica; 5.817 km^2 y 1.410.946 h. Limita al N con Valencia, al E con el mar Mediterráneo, al S con el mismo mar y Murcia, y al O con Murcia y Albacete. Su capital es Alicante. De relieve quebrado al N y O, y llano al S. Sus montañas forman parte de los sistemas béticos y forman varias cadenas; destacan las sierras de Mariola, Benicadell, Salinas, Carrasqueta, Aitana y Crevillente. Sus principales ríos son el Segura, el Vinalopó y el Serpis. Disfruta de un clima mediterráneo. Vegetación de bosque y matorral mediterráneo. Produce cítricos, almendras, hortalizas, cereales, dátiles, trigo, vid y olivo. Industria del calzado, papel, muebles, juguetes y alimentaria. Son célebres los turrones de Jijona. Notable actividad pesquera. Gran importancia turística. **2** Municipio y ciudad de España, capital de la provincia de su nombre; 274.577 h. Situada a orillas del Mediterráneo, en la ensenada que se forma entre los cabos de Huertas y Santa Pola. Industria de aluminio, manufacturas del hierro, textil, cemento, química, alimentaria y vinícola. Puerto. Es el principal núcleo turístico de la Costa Blanca.

ALICANTINO, NA adj. y s. De Alicante.

ALICANTO m. *Bot.* Arbusto originario de América septentrional, cultivado por sus flores muy olorosas.

ALICATADO m. Obra de azulejos.

ALICATAR tr. Revestir de azulejos.

ALICATE m. Tenaza pequeña de acero que sirve para distintos usos. Más en pl.

ALICÍCLICO, CA adj. *Quím.* **1** Se dice de ciertos hidrocarburos. **2** Se dice de una serie de éstos. **3** Se aplica al compuesto orgánico derivado de un hidrocarburo de la serie alicíclica. **4** Que tiene propiedades tanto de los compuestos alifáticos como de los aromáticos.

ALICIENTE m. Atractivo o incentivo.

ALICUANTA adj. PARTE ALICUANTA.

ALÍCUOTA adj. **1** *Fís.* Pequeña muestra de material radiactivo que se utiliza para determinar la radiactividad del conjunto. **2** *Mat.* Parte que divide exactamente a un todo. **3** *Mat.* PARTE ALÍCUOTA.

ALIDADA f. Regla, fija o móvil, con una pínula en cada extremo, que sirve para dirigir visuales.

ALIENABLE adj. Que se puede enajenar.

ALIENACIÓN f. **1** ENAJENACIÓN. **2** *Filos.* Proceso mediante el cual el hombre (o una colectividad) se separa de su propia esencia.

ALIENADO, DA adj. y s. **1** Loco, demente, enajenado. **2** Que sufre alienación.

ALIENAR tr. y prnl. **1** ENAJENAR. **2** Producir alienación, transformación de conciencia.

ALIENÍGENA adj. y com. **1** EXTRATERRESTRE. **2** EXTRANJERO.

ALIENÍGENO, NA adj. y s. Extraño, no natural.

ALIENISTA adj. y com. *Med.* Se dice del médico especializado en enfermedades mentales.

ALIENTO m. **1** *Fisiol.* RESPIRACIÓN, aire expulsado al respirar. **2** Acción de alentar. **3** Vigor del ánimo, esfuerzo, valor.

ALIEV, GAIDAR ALI REZA Político azerí (Najichevan, 1923 - Cleveland, 2003). Oficial de la KGB, miembro del Politburó (1982-87) y presidente del Partido Comunista de Azerbaiyán, accedió a la presidencia de la nación tras derribar a su predecesor, Elchibey, en 1993. Reelegido en 1998, abandonó el cargo en 2003, siendo sustituido por su hijo, Ilham Aliev.

ALIFÁTICO, CA adj. *Quím.* **1** Se dice de ciertos hidrocarburos compuestos por cadenas de átomos de carbono. **2** Se dice de una serie de éstos. **3** Se aplica al compuesto orgánico derivado de un hidrocarburo de la serie alifática.

ALIFATO m. Serie de las consonantes árabes, conforme a un orden tradicional, que discrepa según se trate de países musulmanes orientales u occidentales.

ALÍFERO, RA adj. Que tiene alas.

ALIGACIÓN f. *Mat.* Regla para resolver problemas de mezclas y aleaciones.

ALIGARH Ciudad del N de la India, en el Estado de Uttar Pradesh; 480.520 h. Industria textil y metalúrgica.

ALIGATOR o **ALIGÁTOR** m. *Zool.* Reptil crocodiliano de la familia aligatóridos. Pueden alcanzar los 2 m y viven en los ríos y zonas tropicales húmedas de América y Asia. El aligator americano *(Alligator mississippiensis)* tiene el hocico ancho y redondeado. El asiático *(Alligator sinensis)* es de menor tamaño.

ALIGATÓRIDO, DA adj. y s. *Zool.* **1** Se dice de los reptiles diápsidos crocodilianos, de hocico ancho, redondeado y algo aplanado. || f. pl. *Zool.* **2** Familia de estos reptiles.

ALIGERAR tr. **1** Hacer ligero o menos pesado. También prnl. **2** fig. Aliviar, moderar. || intr. **3** Abreviar, acelerar.

ALÍGERO, RA adj. **1** poét. Con alas. **2** fig. y poét. Rápido, veloz, muy ligero.

ALIGHIERI, DANTE DANTE ALIGHIERI.

ALIGONERO m. *Bot.* ALMEZ.

ALIGUSTRE m. *Bot.* **1** ALHEÑA, arbusto. **2** Madera de esta planta, dura, resistente y elástica, empleada en tornería.

ALIJAR[1] m. **1** Terreno sin cultivar destinado a pastos, dehesa. **2** CORTIJO, tierra y casa de labor.

ALIJAR[2] tr. **1** Aligerar de peso, o descargar una embarcación. **2** Transbordar o desembarcar mercancías de contrabando. **3** Separar la borra de la simiente del algodón.

ALIJO m. **1** Acción y efecto de ALIJAR[2]. **2** Conjunto de mercancías de contrabando.

ALILAILA f. *Bot. P. Rico* Árbol meliáceo.

ALILENO m. *Quím.* Hidrocarburo que se extrae de la esencia de ajo. Corresponde a la fórmula química $CH_3–C≡CH$.

ALILO m. *Quím.* Radical monovalente no saturado que entra en numerosos compuestos. Corresponde a la fórmula $CH_2=CH–CH_2–$.

ALIM m. *Bot.* Planta de la familia euforbiáceas. Alcanza más de 3 m de altura y sus hojas se hallan cubiertas de un polvo farináceo. Es de origen filipino.

ALIMAÑA f. **1** *Zool.* ANIMAL, y en especial el perjudicial a la caza menor o a la ganadería. **2** fam. Persona mala.

ALIMENTACIÓN f. *Biol.* Acción y efecto de alimentar o alimentarse. La alimentación debe cumplir la misión de aportar al organismo las sustancias suficientes para mantener las constantes biológicas. Puede ser *autótrofa,* propia de los vegetales con clorofila, que sintetizan compuestos orgánicos a partir de otros inorgánicos simples; y *heterótrofa,* propia de los hombres, animales y plantas sin clorofila, que necesitan para su desarrollo ingerir materia orgánica ya elaborada por otros seres vivos.

ALIMENTADOR adj. **1** Que alimenta. || m. **2** *Fís.* Cable utilizado en la transmisión de energía eléctrica para efectuar la interconexión de una estación generadora o de transformación con los centros de distribución. **3** *Tecnol.* Dispositivo que asegura la alimentación regular de un aparato.

ALIMENTAR tr. **1** Dar alimento. También prnl. **2** Suministrar a una máquina lo necesario para seguir funcionando. **3** Suministrar a una persona lo necesario para su subsistencia.

ALIMENTARIO, RIA adj. Relativo al alimento, la nutrición o la dieta.

ALIMENTICIO, CIA adj. **1** Que alimenta. **2** Referente a los alimentos o a la alimentación. **3** *Biol.* Todo lo relativo a los órganos o funciones de la nutrición.

ALIMENTO m. **1** *Biol.* Cualquier sustancia que sirve como fuente de nutrición y energía. **2** fig. Lo que sirve para mantener la existencia de alguna cosa. || **ALIMENTO TRANSGÉNICO** *Agr.* y *Biol.* TRANSGÉNICO, CA.

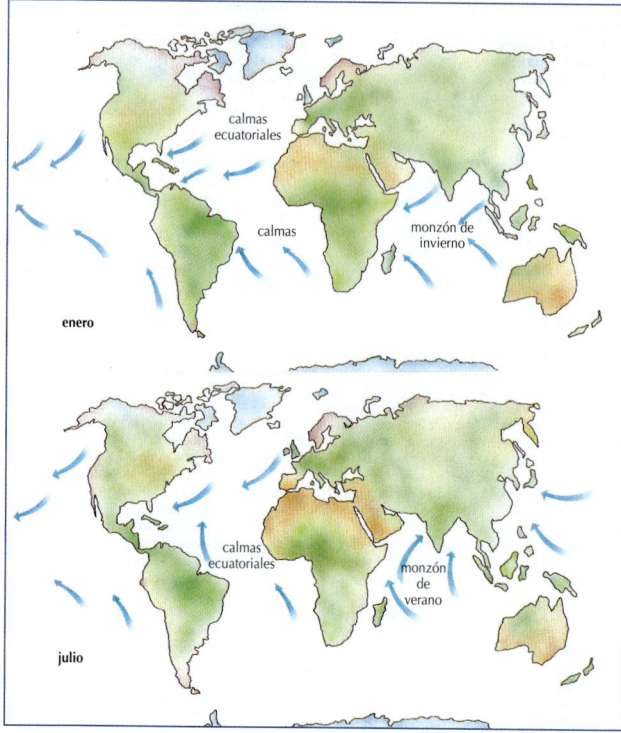

Los vientos **alisios** en los meses de enero (arriba) y julio (abajo).

ALIMOCHE m. *Zool.* Ave falconiforme de la familia accipítridos, de nombre científico *Neophron percnopterus*. Sus alas son largas y el plumaje predominantemente blanco. Vive en la región mediterránea, África y sur de Asia.

ALIMÓN, AL loc. adv. **1** Conjuntamente, en colaboración. **2** *Taurom.* Se dice de la suerte del toreo en que dos lidiadores, sujetando un solo capote citan y burlan al toro.

ALIMONARSE prnl. *Bot.* Enfermar ciertos árboles tomando sus hojas color amarillento.

ALINDAR tr. Poner o señalar los lindes de una heredad.

ALINEACIÓN f. **1** Acción y efecto de alinear o alinearse. **2** Trazado de calles y plazas. **3** *Dep.* Disposición de los jugadores de un equipo deportivo según el puesto y función asignados a cada uno para determinado partido.

ALINEAMIENTO m. **1** Acción de alinear. **2** *Arqueol.* Monumento prehistórico de la época neolítica formado por un conjunto de menhires o bloques de piedra dispuestos en una o muchas hileras paralelas. Hay varios en Bretaña, en Morbihan (Francia), entre los que sobresale el de Carnac. Más en pl. **3** *Polít.* Posición política y militar de un Estado favorable a un bloque de países.

ALINEAR tr. **1** Poner en línea recta. También prnl. **2** *Dep.* Incluir a un jugador en las líneas de un equipo deportivo para un determinado partido. || prnl. *Polít.* **3** Vincularse a una tendencia ideológica, política, etc.

ALIÑAR tr. **1** CONDIMENTAR. **2** ADEREZAR, adornar.

ALIÑO m. **1** Acción y efecto de aliñar o aliñarse. **2** Condimento. **3** Arreglo o adorno de una persona o cosa.

-ALIO suf. HAL-.

ALIOLI m. *Gastron.* 1 AJOACEITE. **2** Salsa mayonesa con ajos.

ALIONÍN m. *Zool.* Pájaro que tiene la cabeza, garganta y pecho de color negro azulado, el vientre pardo y las alas con listas blancas. También denominado *garrapinos*.

ALISADOR, RA adj. y s. **1** Que alisa. || m. **2** Útil con que se alisan superficies.

ALISAR[1] o **ALISAL** m. *Bot.* Sitio poblado de alisos.

ALISAR[2] tr. y prnl. **1** Poner lisa una cosa. **2** Arreglar el cabello pasando ligeramente el peine o la mano sobre él.

ALISEDA f. *Bot.* ALISAR[1].

ALISIOS adj. y m. pl. *Meteor.* Se dice de los vientos regulares que soplan en dirección NE en el hemisferio norte, y SE en el hemisferio sur, desde las altas presiones subtropicales hacia las bajas del Ecuador.

ALISMA f. *Bot.* Planta alismatácea, que crece en los terrenos pantanosos.

ALISMATÁCEO, A o **ALISMÁCEO, A** adj. y s. *Bot.* **1** Se dice de las plantas monocotiledóneas acuáticas, de rizoma feculento, hojas radicales, flores en racimo y frutos secos. || f. pl. *Bot.* **2** Familia de estas plantas.

ALISO m. *Bot.* Árbol de la familia betuláceas, género *Alnus*, de 10 a 12 m de altura, con hojas caedizas, flores masculinas y femeninas en el mismo árbol, y frutos agrupados en pequeñas piñas. Se distribuye por toda Europa hasta el O de Asia y N de África.

ALISTAMIENTO m. **1** Acción y efecto de alistar o alistarse. **2** Conjunto de mozos a quienes cada año obliga el servicio militar.

ALISTAR tr. y prnl. **1** Sentar o inscribir en lista a alguien. || prnl. **2** Inscribirse en la milicia.

ALITERACIÓN f. *Ret.* **1** Repetición notoria del mismo o de los mismos fonemas, sobre todo consonánticos, en una palabra o una frase. **2** Figura que, mediante la repetición de fonemas, sobre todo consonánticos, contribuye a la estructura o expresividad del verso. Su valor es fundamentalmente estilístico.

ALIVIADERO m. *Tecnol.* **1** Vertedero de aguas sobrantes en una presa. **2** Presa auxiliar construida junto al embalse para descargar un posible exceso de agua.

ALIVIAR tr. **1** Aligerar a una persona o cosa parte de la carga. También prnl. **2** fig. Mitigar una enfermedad, una pena, una fatiga, etc. También prnl. **3** fig. Acelerar el paso.

ALIVIO m. **1** Acción y efecto de aliviar o aliviarse. **2** Atenuación de las señales externas de luto.

ALIZARINA f. *Quím.* Materia colorante roja que se obtiene de la raíz de la rubia.

ALJABA f. Caja portátil para flechas.

AJAFANA f. JOFAINA.

ALJAMA f. **1** Junta de moros o judíos. **2** SINAGOGA. **3** MEZQUITA. **4** Morería o judería. **5** *Hist.* Tributo de 30 dineros que imponían los reyes de Castilla a los moros o judíos residentes en sus Estados.

ALJAMÍA f. *Ling.* y *Lit.* **1** Nombre que daban los musulmanes a las lenguas de los cristianos peninsulares. **2** Textos moriscos en romance, pero transcritos con caracteres árabes. **3** Por extensión, texto judeo-español transcrito con caracteres hebreos.

ALJAMIADO, DA adj. *Lit.* Se dice de los textos de los moriscos y judíos residentes en territorio cristiano, escritos en romance castellano con caracteres arábigos o hebreos. La obra más representativa es el *Poema de Yusuf* (siglo XIV).

ALJEZ m. *Miner.* Mineral de yeso.

ALJIBE m. **1** Cisterna, depósito de agua subterráneo. **2** *Mar.* Embarcación o buque para el transporte de agua dulce. **3** *Mar.* Cada una de las cajas en que se tiene el agua a bordo.

ALJOFAINA f. JOFAINA.

ALJÓFAR f. **1** Perla de figura irregular y pequeña. **2** Conjunto de estas perlas. **3** fig. Cosa parecida al aljófar, como las gotas de rocío, etc.

ALJONJERA f. *Bot.* AJONJERA.

ALJOR m. ALJEZ.

ALJORRA f. *Zool. Cuba* Insecto muy pequeño y dañino para la agricultura.

ALJUBA f. Vestidura morisca, especie de gabán, con mangas cortas y estrechas, que usaban también los cristianos españoles.

ALJUBARROTA, BATALLA DE *Hist.* La que tuvo lugar en la villa portuguesa de Aljubarrota (1385), en la que Juan de Avis —a partir de entonces Juan I de Portugal— derrotó con ayuda inglesa al rey castellano Juan I.

ALKMAAR Ciudad de Países Bajos, provincia de Holanda septentrional; 91.817 h. Centro comercial. Conserva numerosos monumentos góticos, como la iglesia de San Lorenzo y el Ayuntamiento.

ALLÁ adv. **l. 1** ALLÍ. Indica lugar menos determinado que el que se denota con esta última voz. Por eso *allá* admite ciertos grados de comparación que rechaza *allí*. A veces, con topónimos, indica lejanía. **2** En fórmulas como *allá tú*, *allá cada cual*, etc., manifiesta desdén o despreocupación respecto a los problemas ajenos. **3** Con verbos de movimiento y precedido a veces de las preposiciones HACIA o PARA, indica alejamiento del punto en que se halla el hablante. **4** En el otro mundo. || adv. t. **5** Denota el remoto pasado cuando precede a nombres significativos de tiempo. || **el más allá** loc. sustant. La vida de ultratumba. || **muy allá** loc. adv. En frases negativas y con los verbos *estar*, *andar*, y otros semejantes, no estar muy bien o muy bueno.

ALLAHABAD *(Ilāhābād)* Ciudad del N de la India, en el Estado de Uttar Pradesh, en la confluencia del Ganges y el Yamuna; 792.858 h. Importante comercio de algodón, caña de azúcar y artículos manufacturados europeos. Hasta 1949 fue la capital del Estado de Uttar Pradesh y, en tiempos de la independencia, era residencia de la familia Nehru. Se considera ciudad santa del hinduismo y, como tal, lugar de peregrinación anual.

ALLAIS, MAURICE Economista francés (París, 1911). Investigó sobre el equilibrio y la eficiencia de los mercados, y reconstruyó el cuerpo principal de la teoría económica moderna. Autor de *À la recherche d'une discipline économique. Première partie: l'économie pure* (1943), y *Les conditions monétaires d'une economie de marché* (1987). En 1988 fue galardonado con el premio Nobel de Economía.

ALLANAMIENTO m. **1** Acción y efecto de allanar o allanarse. **2** Acto de conformarse con una demanda o decisión. **3** *Amér.* Registro policial de un domicilio. || **ALLANAMIENTO DE MORADA** *Der.* Delito que comete un particular al entrar en casa ajena sin consentimiento del propietario.

ALLANAR tr. **1** Poner llano o plano. También intr. y prnl. **2** Dejar libre y transitable un camino u otro lugar de paso. También en sentido figurado. **3** Reducir una construcción o un terreno al nivel del suelo. **4** fig. Vencer alguna dificultad. **5** fig. Entrar en casa ajena contra la voluntad de su dueño. **6** *Amér.* Registrar un domicilio con mandamiento judicial. || prnl. **7** fig. Conformarse, acceder a alguna cosa.

ALLEGADO, DA adj. **1** Cercano. **2** PARIENTE. Más como s. **3** PARCIAL, partidario. También s.

ALLEGAR tr. **1** Recoger, juntar. **2** Acercar una cosa a otra. También prnl. **3** Entre labradores, recoger la parva en montones después de trillada. **4** Agregar, añadir. || intr. **5** LLEGAR, a un lugar. También prnl. || prnl. **6** Adherirse o convenir con un dictamen o idea.

ALLEGHANYS APALACHES.

ALLEGRETTO (Voz it.) m. ALEGRETO.

ALLEGRO (Voz it.) m. ALEGRO.

ALLEN, JAMES ALFRED VAN Físico y astrofísico estadounidense (Mount Pleasant, Iowa, 1914). Descubrió en 1958 los llamados, en su honor, cinturones de Van Allen, círculos de altas radiaciones que rodean la Tierra e influyen en la aparición de tormentas magnéticas y auroras boreales y australes.

ALLEN, WOODY (ALLEN STEWART KOENIGSBERG, llamado) Actor, guionista y director de cine estadounidense (Nueva York, 1935). En sus películas analiza, en tono de humor, las relaciones humanas, el amor, la muerte y el psicoanálisis. Entre sus títulos destacan *Bananas* (1971), *Annie Hall* (1977), *Manhattan* (1979), *La rosa púrpura de El Cairo* (1985), *Hannah y sus hermanas* (1985), *Días de radio* (1987), *Delitos y faltas* (1989), *Maridos y mujeres* (1992), *Misterioso asesinato en Manhattan* (1993), *Balas sobre Broadway* (1994), *Poderosa*

Woody **Allen**

Afrodita (1995), *Todos dicen I love you* (1997), *Desmontando a Harry* (1997), *Celebrity* (1999), *Acordes y desacuerdos* (2000), *Granujas de medio pelo* (2001), *La maldición del escorpión de jade* (2001) y *Un final made in Hollywood* (2002). En 2002 recibió el premio Príncipe de Asturias de las Artes.

ALLENDE. adv. **1** De la parte de allá. || adv. c. **2** ADEMÁS. || prep. **3** Más allá de, de la parte de allá de. **4** Además, fuera de. También adv. seguido de la preposición DE. ♦ Su uso es casi exclusivamente literario.

ALLENDE, IGNACIO MARÍA DE Militar mexicano (San Miguel el Grande, 1769 - Chihuahua, 1811). Con Hidalgo inició la guerra de la Independencia de México. Tras ser derrotado en Puente Calderón, fue hecho prisionero y fusilado.

ALLENDE, ISABEL Escritora chilena de origen peruano (Lima, 1942). Sobrina del presidente Allende, tras el golpe militar de 1973 se exilió en Venezuela. Su narrativa, inscrita en la corriente del «realismo mágico», acusa un excepcional manejo de los recursos narrativos. Es autora de *La casa de los espíritus* (1982), *Eva Luna* (1987), *Cuentos de Eva Luna* (1990), *El plan infinito* (1991), *Paula* (1994), *Afrodita, cuentos y otros afrodisiacos* (1997), *Hija de la fortuna* (1999) y *Retrato en sepia* (2000).

ALLENDE, PEDRO HUMBERTO Compositor chileno (Santiago de Chile, 1885 - íd., 1959). Entre sus obras destacan *Escenas campesinas chilenas*, suite sinfónica inédita, y el poema *La voz de las calles*. También escribió conciertos para violín y violonchelo, música de cámara, obras corales, etc.

ALLENDE GOSSENS, SALVADOR Político chileno (Valparaíso, 1908 - Santiago de Chile, 1973). Fue uno de los fundadores del Partido Socialista Chileno y, como candidato del Frente de Acción Popular, se presentó a las elecciones presidenciales de 1952, 1958 y 1964, hasta que, en las de 1970, consiguió acceder a la presidencia de la República con el apoyo de la Democracia Cristiana. Durante su mandato (1970-73) practicó una política socialista, inició una reforma agraria y nacionalizó la minería, la banca y los grandes monopolios industriales. En 1973 fue derrocado por un golpe de Estado militar, dirigido por el general Pinochet, en el que perdió la vida.

ALLER Río de Alemania. Nace cerca de Magdeburgo y discurre en dirección SE-NO; desemboca en el Weser tras 260 km.

ALLÍ adv. l. **1** En aquel lugar. **2** A aquel lugar. || adv. t. **3** Entonces. **4** En correlación con AQUÍ suele designar sitio indeterminado.

ALLIER Río de Francia. Desemboca en la orilla izquierda del Loira tras 400 km de curso.

ALLIER Departamento de Francia, en la región de Auvernia; 7.340 km² y 344.721 h. Debe su nombre al río que la atraviesa. Su capital es Moulins.

ALLIGATOR ALIGATOR.

ALLOZAR m. *Bot.* Lugar poblado de allozos.

ALLOZO m. *Bot.* ALMENDRO.

ALLPORT, GORDON WILLARD Psicólogo estadounidense (Montezuma, 1897 - Cambridge, 1967). Autor de *Personality, a Psychological Interpretation* (1937), *The Nature of Prejudice* (1954) y *Personality and Social Encounter* (1960).

ALMA f. **1** Sustancia espiritual e inmortal, capaz de entender, querer y sentir, que informa al cuerpo humano y con él constituye la esencia del hombre. **2** Por extensión, principio sensitivo de los animales y vegetativo de las plantas. **3** fig. Persona, individuo. **4** Parte principal de una cosa. **5** Lo que da vida y aliento a algo. **6** Lo que se mete en el hueco de algunas cosas para darles mayor solidez. **7** fig. Hueco o parte vacía de algunas cosas. **8** fig. Palo que se pone entre las dos tapas de los instrumentos de cuerda para que se mantengan a igual distancia. **9** Madero vertical que sostiene los otros maderos o tablones del andamio. || **ALMA DE DIOS** fig. Persona bondadosa y sencilla. || **ALMA EN PENA** La que padece en el purgatorio. Por extensión, persona que anda sola, triste y melancólica. || **arrancarle** a alguien **el alma** fr. Quitarle la vida. || **caérsele** a alguien **el alma a los pies** fr. fig. y fam. Abatirse, desanimarse por no corresponder la realidad a lo que se esperaba o creía. || **clavársele** a alguien una cosa **en el alma** fr. fig. Sentirla mucho, quedar fuertemente afectado u ofendido por ella. || **como alma que lleva el diablo** expr. fig. fam. Con extraordinaria ligereza o velocidad y gran agitación o perturbación de ánimo. Se emplea con los verbos *ir, salir,* etc. || **con toda el alma** fr. fig. y fam. Con mucho gusto, de muy buena gana. || **en el alma** loc. fig. Entrañablemente. Se usa más con los verbos *sentir, doler, alegrarse,* etc. || **llegar al alma** fr. fig. Sentir vivamente una cosa.

ALMA-ATA ALMATY.

ALMA-ATA, ACUERDOS DE de *Hist.* Nombre que reciben los pactos establecidos en dicha ciudad (diciembre de 1991) por los representantes de once de las quince repúblicas de la URSS, según los cuales se dispuso la disolución de la URSS y la creación de la Comunidad de Estados Independientes (CEI).

ALMA MÁTER f. Expresión latina con que en lenguaje literario se designa la Universidad.

ALMA-TADEMA, LAURENS Pintor inglés de origen holandés (Dronrijp, Holanda, 1836 - Wiesbaden, Alemania, 1912). Se distinguió en la pintura arqueológica e histórica, así como en la de género: *El saqueo de la abadía Ter Doest, El Maratón, Una fiesta íntima* y *Primavera*.

ALMACÉN m. **1** Casa o edificio donde se guardan en cantidad géneros de cualquier clase. **2** Local donde se venden los géneros al por mayor. **3** Establecimiento comercial donde se vende gran variedad de artículos al por menor. También pl. **4** *A. gráf.* Caja que contiene un juego de matrices de un mismo tipo. || **GRANDES ALMACENES** Gran establecimiento dividido en departamentos, donde se venden productos de todo género.

ALMACENAJE m. **1** ALMACENAMIENTO. **2** Derecho que se paga por guardar las cosas en un almacén.

ALMACENAMIENTO m. Acción y efecto de almacenar.

ALMACENAR tr. **1** Poner o guardar las cosas en almacén. **2** Reunir o guardar cosas. **3** Registrar datos en la memoria de un ordenador.

ALMACENISTA com. **1** Dueño de un almacén. **2** Persona que despacha los géneros en un almacén.

ALMÁCIGA f. *Bot.* **1** Resina aromática que se extrae de una variedad de lentisco. **2** Lugar donde se siembran las semillas de las plantas para ser trasplantadas después.

ALMACIGADO, DA adj. *Cuba* y *Chile* Se dice del ganado de color cotrino.

ALMACIGAR tr. Sahumar o perfumar con almáciga.

ALMÁCIGO m. *Bot.* **1** LENTISCO. **2** Árbol de la familia anacardiáceas, de nombre científico *Pistacia atlantica*. Abunda en el N de África y Canarias. **3** *Can.* y *Cuba* Árbol de la familia burseráceas, de nombre científico *Bursera gummifera*. **4** ALMÁCIGA.

ALMADA NEGREIROS, JOSÉ DE Escritor y pintor portugués (Santo Tomé, 1893 - Lisboa, 1970). Participó, junto con Pessoa y Sá Carneiro, en el movimiento modernista portugués nacido en torno a la revista *Orpheu*, que introdujo las vanguardias europeas en Portugal. Escribió la novela *Nome de guerra* (1938), y *Obras completas* (1971), en la que se recoge su obra poética.

ALMÁDENA f. Mazo de hierro con mango largo para romper piedras.

ALMADÍA f. Conjunto de maderos unidos con otros para conducirlos fácilmente a flote.

ALMADIERO, RA m. y f. Persona que conduce una almadía.

ALMADRABA f. **1** Pesca de atunes. **2** Lugar donde se hace esta pesca. **3** Red o cerco de redes con que se pescan atunes durante su viaje de migración.

ALMADRABERO, RA adj. **1** Relativo a la almadraba. || m. y f. **2** Persona que se dedica a la almadraba.

ALMADREÑA f. Zueco de madera.

ALMAFUERTE (PEDRO BONIFACIO PALACIOS, llamado) Poeta y periodista argentino (San Justo, 1854 - La Plata, 1917). De su obra poética destacan *Lamentaciones* (1906) y *Amorosas* (1917).

ALMAGESTO m. *Astron.* Libro de astronomía con observaciones discutidas y ordenadas. Es célebre el *Almagesto* de Tolomeo, escrito en el siglo II d. C., que gozó de un extraordinario reconocimiento hasta la formulación de las teorías de Copérnico.

ALMAGRAL m. Terreno en que abunda el almagre.

ALMAGRE o **ALMAGRA** m. **1** *Miner.* Óxido de hierro que suele usarse en la pintura. También denominado *ocre rojo*; es una variedad de HEMATITES. **2** fig. Marca, señal.

ALMAGRO, DIEGO DE (conocido como ALMAGRO EL VIEJO) Conquistador español (Almagro, 1475 - Cuzco, 1538). Compañero de Pizarro en la conquista de Perú, fue nombrado por Carlos I de España adelantado de las tierras del Sur, por lo que se internó en Chile hasta Copiapó. Enemistado y en guerra abierta con Pizarro, fue vencido por éste en 1538 y ejecutado.

ALMAGRO, DIEGO DE (conocido como ALMAGRO EL MOZO) Conquistador español (Panamá, 1520 - Cuzco, 1544). Hijo del anterior, acompañó a su padre en sus campañas y le sucedió tras su muerte. Participó en el asesinato de Pizarro, tras lo cual fue proclamado capitán general de Perú. El enviado real, Vaca de Castro, puso fin a su gobierno. Murió ejecutado.

ALMAIZAL o **ALMAIZAR** m. **1** Toca de gasa usada por los musulmanes. **2** HUMERAL, paño litúrgico.

ALMALAFA f. Vestidura moruna que cubre desde los hombros hasta los pies.

ALMANAQUE m. Registro o catálogo de todos los días del año, en el que se incluyen datos astronómicos, indicaciones meteorológicas, festividades religiosas, actos civiles, etc.

ALMANDINA f. *Miner.* Variedad de granate de silicato de aluminio y hierro; es de color rojo vivo. Se presenta en la micacita y otras rocas metamórficas. A esta clase pertenecen la mayoría de los granates más valiosos.

ALMANDINO m. ALMANDINA.

ALMANZOR Pico de España, punto culminante del Sistema Central, en la sierra de Gredos, provincia de Ávila; 2.592 m. Se le denomina también *Plaza del Moro Almanzor*.

ALMANZOR (ABU AMIR MUHAMMAD, llamado) Caudillo andalusí (Torrox, 940 - Medinaceli, 1002). Alhakem II le confió cargos de importancia, y a su muerte (976) fue elevado a la dignidad de visir por Hixem II, si bien a los dos años ya gobernaba como auténtico califa. Realizó una serie de expediciones victoriosas en territorios cristianos; entre ellas, las de Barcelona, Zaragoza, León, Coimbra y Santiago de Compostela. Para evitar las incursiones, Sancho II de Navarra le dio a su hija en matrimonio. Fue un gran político y gobernante, protector de las letras y las ciencias.

ALMARADA f. **1** Puñal agudo de tres aristas y sin corte. **2** Aguja grande para coser alpargatas.

ALMARCHA f. Población situada en vega o tierra baja.

ALMARJAL m. **1** Terreno poblado de almarjos. **2** *Bot.* Zona pantanosa de origen hídrico mareal, cubierta por vegetación halófila.

ALMARJO m. *Bot.* BARRILLA.

ALMARRÁ m. Cilindro delgado de hierro que sirve para alijar el algodón.

Laurens **Alma-Tadema.** *Primavera.*
Museo Paul Getty (Malibú, Estados Unidos).

ALMARRAJA o **ALMARRAZA** f. Vasija de vidrio agujereada por el vientre que servía para regar.

ALMÁRTAGA o **ALMÁRTEGA** f. litargirio.

ALMASSORA Almazora.

ALMATY o **ALMA-ATA** Ciudad de Kazajstán situada al pie del Ala Tau y junto a la frontera de Kirguizistán; 1.156.200 h. Centro industrial. Hasta febrero de 1998 fue la capital del país. En ella se firmaron los ACUERDOS DE ALMA-ATA.

ALMAZARA f. Molino de aceite.

ALMEA f. 1 Mujer que entre los orientales improvisa versos y canta y danza en público. 2 Bot. AZÚMBAR. 3 Bot. Corteza del estoraque después de sacarle la resina.

ALMEIDA, ANTONIO JOSÉ Político, médico y periodista portugués (Vale da Vinha, 1866 - Lisboa, 1929). De tendencias republicanas, intervino en 1910 en la caída de la monarquía, fue ministro del Interior durante el gobierno provisional de T. Braga y presidente de la República (1919-23).

ALMEIDA, FRANCISCO DE Conquistador portugués (Lisboa, 1450 - bahía de Saldanha, cerca del cabo de Buena Esperanza, 1510). Tomó parte como voluntario en la guerra de Granada. Fue el primer virrey de las Indias portuguesas. Descubrió la costa oriental de Madagascar, las islas Maldivas y la de Ceilán.

ALMEIDA GARRET, JOÃO BAPTISTA DE SILVA LEITÃO DE GARRET, JOÃO BAPTISTA DE SILVA LEITÃO DE ALMEIDA.

ALMEJA f. Zool. Nombre común de varios moluscos lamelibranquios de la familia venéridos, género *Tapes*. El cuerpo, ovalado y con simetría bilateral, se encuentra encerrado en una concha con dos valvas. Su carne es comestible.

ALMEJAR m. Criadero de almejas.

ALMENA f. Cada uno de los prismas que coronan los muros de las antiguas fortalezas.

ALMENADO, DA adj. Provisto o coronado de adornos en forma de almena.

ALMENAR¹ m. Pie de hierro sobre el que se clavaban las teas encendidas para alumbrar en las cocinas.

ALMENAR² f. Guarnecer de almenas.

ALMENARA f. 1 Fuego que se hace en atalayas o torre para avisar de algo. 2 Candelero con varios candiles o mechas para alumbrar.

ALMENDRA f. 1 Bot. Fruto del almendro. Es una drupa de forma aovada y comprimida. El fruto está separado de las capas externa y media. 2 Bot. Semilla de este fruto. 4 Bot. Semilla de cualquier fruto drupáceo. 5 Cada una de las piezas de cristal que cuelgan de arañas, candelabros, etc., como adorno. || **ALMENDRA MÍSTICA** Arte. MANDORLA.

ALMENDRADO, DA adj. 1 De figura de almendra. || m. 2 Pasta hecha con almendras, harina y miel o azúcar. || f. 3 Bebida a base de leche de almendras y azúcar.

ALMENDRAL m. Sitio poblado de almendros.

ALMENDRALEJO Municipio y ciudad de España, provincia de Badajoz; 27.209 h. Agricultura de secano. Industrias de aceite y jabones.

ALMENDRILLA f. 1 Lima rematada en forma de almendra que usan los cerrajeros. 2 Piedra menuda para reparar el firme de las carreteras.

ALMENDRO m. Bot. Árbol de la familia rosáceas, de nombre científico *Prunus dulcis*. Es una especie caducifolia, de flores blancas o rosadas, y fruto en drupa que encierra una semilla comprimida y comestible, la almendra. Ésta puede ser dulce o amarga según las variedades. De ella se extrae un aceite de aplicación en perfumería y medicina.

ALMENDRÓN m. Bot. Árbol de la familia mirtáceas, nativo de Jamaica, de fruto comestible con sabor a almendra amarga.

ALMENDROS, NÉSTOR Director de fotografía y cineasta español (Barcelona, 1930 - Nueva York, 1992). En 1963 se trasladó a París, donde trabajó con miembros de la *nouvelle vague*. Después viajó a EE UU y participó en producciones como *Días de cielo* (1977; Oscar a la mejor fotografía). En 1988 rodó el documental *Nadie escuchaba*.

ALMENDRUCO m. Bot. Fruto del almendro con la primera cubierta verde y la semilla a medio cuajarse.

ALMENILLA f. Adorno en figura de almena.

ALMERÍA 1 Provincia de España, perteneciente a la comunidad autónoma de Andalucía; 8.774 km² y 512.843 h. Situada en el vértice SE de la Península, su conjunto orográfico forma parte del sistema Bético al N, con las sierras de María y de Las Estancias, y del Penibético al centro y S, con los macizos de la sierra de los Filabres, Sierra Nevada y la sierra de Gádor. Sus ríos principales son el Almanzora, el Almería, constituido por dos ramales, el Nacimiento y el Andarax, y el Grande de Adra. El clima es mediterráneo seco o subdesértico, con sequías prolongadas. Cultiva hortalizas, frutas tempranas, uvas y naranjas. La minería está casi abandonada. Salinas. Activa pesca. Industrias químicas y alimentarias. Turismo. **2** Ciudad de España, capital de la provincia y del municipio de Almería; 170.503 h.

Pedro **Almodóvar** con Penélope Cruz y Cecilia Roth.

ALMERIENSE adj. y com. De Almería.

ALMETE m. Pieza de la armadura antigua que cubría la cabeza.

ALMEZ o **ALMEZO** m. Bot. Árbol de la familia ulmáceas, de nombre científico *Celtis australis*. De copa ancha, tronco recto y hojas caedizas. Las flores, muy pequeñas, se transforman en frutos del tamaño de un guisante (almezas). También denominado *latonero*.

ALMEZA f. Bot. Fruto comestible del almez.

ALMIAR m. Pajar al descubierto, con un palo largo en el centro, alrededor del cual se va apretando la paja o el heno.

ALMÍBAR m. 1 Azúcar disuelto en agua y espesado al fuego. 2 DULCE DE ALMÍBAR.

ALMIBARADO, DA adj. 1 Bañado con almíbar. 2 Muy dulce. 3 fig. y fam. Meloso, muy halagüeño.

ALMIBARAR tr. 1 Bañar o cubrir con almíbar. 2 fig. Suavizar con dulzura las palabras para ganarse la voluntad de otro.

ALMICANTARAT f. Astron. 1 Cada uno de los círculos de la esfera celeste, paralelos al horizonte, que sirven para determinar la altura de los astros. 2 Instrumento para medir alturas y azimuts.

ALMIDÓN m. Quím. 1 Sustancia hidrocarbonada, macromolécula formada de polisacáridos, de composición general $(C_6H_{10}O_5)_n$. El almidón se encuentra presente en muchas células vegetales como sustancia de reserva, sobre todo en las semillas y los tubérculos. 2 Compuesto químico líquido que se aplica a los tejidos para darles mayor rigidez.

ALMIDONADO, DA adj. 1 Planchado con almidón. 2 fig. y fam. Se dice de la persona compuesta o ataviada con excesiva pulcritud. || m. 3 Acción y efecto de almidonar.

ALMIDONAR tr. Mojar la ropa con almidón desleído en agua, para ponerla blanca y tiesa.

ALMILLA f. 1 Especie de camisa ajustada al cuerpo. 2 Espiga de los maderos para ensamblar.

ALMIMBAR m. Púlpito de las mezquitas.

ALMINAR m. Torre de las mezquitas desde la que el almuédano convoca a los fieles.

ALMIRANTA f. Mar. Nave del almirante; también se llamaba *capitana*.

ALMIRANTAZGO m. Mil. 1 Alto tribunal o consejo de la armada. 2 Dignidad y jurisdicción del almirante. 3 Conjunto de los almirantes de la armada.

ALMIRANTAZGO Archipiélago de Melanesia, al N de Nueva Guinea; 2.100 km² y 32.830 h. Desde 1949 forma parte de Papua-Nueva Guinea.

ALMIRANTE m. Mar. Oficial que ostenta el cargo supremo de la armada.

ALMIRANTE BROWN Ciudad de Argentina, provincia de Buenos Aires; 448.762 h. Pertenece al área metropolitana de la capital. Industria textil.

ALMIRANTES Grupo de doce islas al SO de las Seychelles, colonia del Reino Unido.

ALMIREZ m. Mortero de metal, u otro material, en el que se machacan condimentos, especias, etc.

ALMIZATE m. Punto central de los techos de madera labrada.

ALMIZCLAR tr. Aderezar o aromatizar con almizcle.

ALMIZCLE m. Fisiol. 1 Sustancia grasa, untuosa y de olor intenso, que algunos mamíferos, como el ciervo almizclero, segregan a partir de glándulas situadas en el prepucio, en el perineo o cerca del ano. Por su untuosidad y aroma se utiliza en cosmética y perfumería. 2 Por extensión, sustancia grasa que segregan ciertas aves de una glándula situada debajo de la cola.

ALMIZCLEÑO, ÑA adj. 1 Que huele a almizcle. || f. Bot. Planta de la familia liliáceas, cuyas flores despiden olor a almizcle.

ALMIZCLERA f. Zool. DESMÁN.

ALMIZCLERO m. Zool. Mamífero artiodáctilo de la familia cérvidos, de nombre científico *Moschus moschi-* *ferus*. Mide hasta 50 cm de altura y carece de cuernos. El macho tiene los caninos superiores muy desarrollados, y posee dos glándulas ventrales que segregan almizcle. Vive en las altas montañas de Asia central.

ALMO, MA adj. poét. Criador, alimentador.

ALMOCAFRE m. Agr. Instrumento para escardar la tierra y para trasplantar.

ALMOCRÍ m. Lector del Corán en las mezquitas.

ALMODÓVAR, PEDRO Director de cine español (Calzada de Calatrava, 1950). Sus películas constituyen una variopinta galería de personajes y situaciones. Entre sus títulos más célebres cabe citar *¿Qué he hecho yo para merecer esto?* (1984), *Matador* (1986), *La ley del deseo* (1987), *Mujeres al borde de un ataque de nervios* (1988), *Átame* (1989), *Tacones lejanos* (1991), *Kika* (1993), *La flor de mi secreto* (1995), *Carne trémula* (1997), *Todo sobre mi madre* (1999, Oscar a la mejor película extranjera), *Hable con ella* (2002, Oscar al mejor guión original) y *La mala educación* (2004).

ALMODROTE m. 1 Gastron. Salsa de aceite, ajo, queso y otros ingredientes. 2 fig. y fam. Mezcla confusa.

ALMOGÁVAR m. Hist. En la milicia antigua, soldado de una tropa escogida y muy diestra en la guerra. Trabajaban al servicio de los reyes cristianos en épocas de guerra, y en tiempos de paz vivían del botín de sus correrías. Prestaron importantes servicios a la corona catalano-aragonesa en la Edad Media: lucharon junto a Jaime I en la conquista de Mallorca y Valencia, en la conquista de Sicilia (1282) y en la expedición a oriente de la Gran Compañía de Roger de Flor en defensa del imperio bizantino, fueron los que conquistaron los ducados de Atenas y Neopatria (1302-05).

ALMOGAVARÍA f. Tropa de almogávares.

ALMOHADA f. 1 Colchoncillo para reclinar la cabeza sobre él. 2 Almohadilla para sentarse. 3 Funda en que se mete la almohada. 4 Arquit. ALMOHADILLA, parte del sillar. 5 Bot. Porción central del prótalo de un helecho, donde van los óvulos y arquegonios. 6 Bot. Base dilatada de una hoja. || **consultar** algo **con la almohada** fr. fig. y fam. Meditar, pensar con tiempo antes de decidir sobre un asunto.

ALMOHADAZO m. Golpe dado con la almohada.

ALMOHADE adj. y com. Hist. 1 Se dice de una dinastía de origen beréber que desde 1130 hasta 1269 dominó el occidente musulmán. Tuvo su origen en Ibn Tumart, quien se proclamó *mahdi* y fundó un imperio islámico en el N de África y en España, que puso fin al de los almorávides. Los almohades llegaron a la Península en 1146 y acabaron por someter todo al-Andalus en 1192. A partir de la batalla de las Navas de Tolosa (1212), de la que resultaron enormemente debilitados, comenzó su decadencia. En 1269, fueron despojados de sus últimas posesiones en África por la belicosa raza africana de los benimerines. 2 Perteneciente o relativo a esta dinastía.

ALMOHADILLA f. 1 Cojincillo unido a la caja de costura. 2 Cojincillo de las guarniciones y sillas de montar para no lastimar a las caballerías. 3 Cojincillo que se pone sobre los asientos de los campos de fútbol y plazas de toros. 4 Arquit. Parte del sillar que sobresale de la obra, con las aristas achaflanadas o redondeadas. 5 Arquit. Parte de la voluta del capitel jónico. 6 Zool. En ciertos animales, pequeña masa de tejido graso que se sitúa en la planta de los pies.

ALMOHADILLADO, DA adj. 1 Que tiene almohadillas. También s. 2 ACOLCHADO.

ALMOHADILLAR tr. 1 Labrar los sillares de modo que tengan almohadilla. 2 ACOLCHAR.

Minarete de la mezquita **almohade** Kutubia en Marrakech (Marruecos).

ALMOHADÓN m. 1 Cojín grande para sentarse o apoyarse en él. 2 Funda en la que se mete la almohada.

ALMOHAZA f. Chapa de hierro con varias serrezuelas que sirve para limpiar las caballerías.

ALMOHAZAR tr. Frotar con la almohaza.

ALMOJÁBANA f. 1 Torta de queso y harina. 2 Especie de bollo de manteca, huevo y azúcar.

ALMOJARIFAZGO m. *Hist.* Antiguo impuesto que se pagaba por los géneros o mercaderías que entraban o salían de España, o por aquellos que se comerciaban de un puerto a otro dentro de España.

ALMOJARIFE m. *Hist.* 1 Oficial o ministro real que antiguamente recaudaba y guardaba las rentas y derechos del rey. 2 Oficial encargado antiguamente de cobrar el almojarifazgo.

ALMOJAYA f. Madero que, asegurado en la pared, sirve para sostener andamios y para otros usos.

ALMÓNDIGA f. ALBÓNDIGA.

ALMONEDA f. Venta pública con licitación y puja, y por extensión, venta de géneros a bajo precio.

ALMONEDEAR o **ALMONEDAR** tr. Vender en almoneda.

ALMONTE Municipio y lugar de España, provincia de Huelva; 17.107 h. Santuario donde tiene lugar la romería del Rocío.

ALMONTE, JUAN NEPOMUCENO Político y diplomático mexicano (Nocupétaro, 1803 - París, 1869). Hijo natural de José María Morelos. Fue secretario de Estado, ministro plenipotenciario en EE UU y en Francia y uno de los promotores de la intervención francesa. Regresó a México y presidió la regencia del imperio de mediados de 1863. En 1866, Maximiliano lo envió a Francia como ministro.

ALMORÁVIDE adj. y com. *Hist.* 1 Se dice de una dinastía bereber que reinó en el occidente musulmán. Los almorávides constituyeron un movimiento religioso y político fundado en el Atlas por Ibn Yasin en el siglo XI. Bajo el sucesor de éste, Yusuf ibn Tasfin, crearon un vasto imperio en el occidente de África y llegaron a dominar toda la España árabe desde 1093 a 1148. Cuando Alfonso VI de Castilla conquistó Toledo (1085) los emires musulmanes de al-Andalus solicitaron la ayuda de Yusuf ibn Tasfin, que desembarcó en Algeciras y derrotó al rey Alfonso en la batalla de Zalaca (1086). En 1090 volvió a la Península y comenzó la anexión a su imperio de al-Andalus, empresa que culminó su sucesor Ali (1106-43). La invasión almohade acabó con el imperio almorávide. 2 Perteneciente o relativo a esta dinastía.

ALMOREJO m. *Bot.* Planta de la familia gramíneas, de nombre científico *Setaria glauca*. Tiene flores en espiga y hojas con un nervio blanco longitudinal.

ALMORRANA f. *Pat.* Dilatación de las venas en la extremidad del intestino recto o en el exterior del ano.

ALMORTA f. *Bot.* Planta de la familia leguminosas, de nombre científico *Lathyrus sativus*. Tiene flores moradas y blancas, y fruto en legumbre con semillas en forma de muela. Es originaria del sur de Europa. Se cultiva como especie alimenticia. También denominada *guija*, *tito* y *muela*.

ALMORZADA f. Porción que cabe en el hueco que se forma con las dos manos juntas.

ALMORZADERO Montaña de Colombia, en la cordillera Oriental; 4.093 m.

ALMORZAR intr. 1 Tomar el almuerzo. || tr. 2 Comer en el almuerzo una u otra cosa. ♦ IRREG. Se conjuga como CONTAR.

ALMOTACÉN m. *Hist.* 1 En la España medieval, funcionario encargado de contrastar las pesas y medidas, vigilar los mercados y fijar los precios de las mercancías. 2 Oficina donde se efectuaba esta operación.

ALMOTACENÍA f. 1 Derecho que se pagaba al almotacén. 2 Lonja de contratación de pescado.

ALMOTADID ABBED o **ABBAD IBN MUHAMMAD** Rey musulmán de la taifa de Sevilla (Sevilla, h. 1000 - íd., 1069). Perteneciente a la dinastía de los abadíes su reinado abarca de 1042 a 1069. Hijo y sucesor de Abu-l-Qasim, gobernó desde 1059 con el título de emir. Unificó políticamente Andalucía occidental, extendió sus dominios hasta anexionarse parte del reino taifa de Badajoz y consiguió la alianza de los reinos taifas de Valencia y Denia. Fue tributario de Fernando I, rey de Castilla.

ALMOTAMID MUHAMMAD IBN ABBAD Rey musulmán de la taifa de Sevilla (Sevilla, 1040 - Agmat, 1095). Con él finaliza la dinastía de los abadíes. Reinó de 1069 a 1091. Incorporó Córdoba al reino de Sevilla y conquistó Toledo. Atacado el reino por Alfonso VI de Castilla, hubo de pedir ayuda a Yusuf, rey de los almorávides, quien, tras derrotar a los castellanos en la batalla de Zalaca, alzó las armas contra los árabes andalusíes y le destronó. Con Almotamid, la taifa sevillana alcanzó su mayor expansión y su capital se convirtió en un destacado centro artístico y cultural. Fue un excelente poeta.

ALMQVIST, CARL JONAS Novelista sueco (Estocolmo, 1793 - Bremen, 1866). De ideas socialistas, emigró a EE UU donde desempeñó el cargo de secretario de Abraham Lincoln. Su obra marca el tránsito del romanticismo al realismo. En el *Libro de la rosa silvestre* (1832-51) está recogida su producción narrativa y dramática, y en *Sueños* (1840-50), sus poesías.

ALMUD m. Medida para áridos equivalente a un celemín o a media fanega, según los sitios.

ALMUDADA f. Espacio de tierra en que cabe un almud de sembradura.

ALMUECÍN o **ALMUÉDANO** m. Musulmán que desde el alminar convoca al pueblo a oración.

ALMUERZO m. 1 Comida que se toma por la mañana. 2 Comida del mediodía o primeras horas de la tarde. 3 Acción de almorzar.

ALMUNIA f. Huerto, granja.

ALO-, AL-; -ALO-; -ALIA prefs., in. o suf. que significan otro, diferente, distinto, etc.

ALOCADO, DA adj. 1 Que tiene cosas de loco o lo parece. 2 Que tiene poca cordura. 3 Atarantado, aturdido.

ALOCAR tr. y prnl. 1 Causar locura. 2 Causar perturbación en los sentidos, aturdir.

ALOCARPIA *Bot.* Formación del fruto debida a una polinización cruzada, es decir, con el polen de otra flor.

ALOCROÍTA f. *Miner.* Variedad marrón clara de la andradita.

ALÓCTONO, NA adj. y s. 1 *Ecol.* Se dice de cualquier materia que llega del exterior del ecosistema. 2 *Geol.* Se aplica a las formaciones que se encuentran en lugares distintos al de su origen, desde donde han sido transportadas por algún agente geológico. También a las rocas formadas con materiales procedentes de otro lugar.

ALOCUCIÓN f. Discurso breve dirigido por un superior.

ALODIAL adj. *Der.* Libre de carga y derecho señorial. Se aplica a heredades, patrimonios, etc.

ALODIO m. *Hist.* En la Edad Media, tierras, heredades o patrimonios libres de carga y derecho señorial.

ÁLOE o **ALOE** m. *Bot.* 1 Nombre común de varias plantas de la familia liliáceas, género *Aloe*. Son especies suculentas y perennes, de hojas largas y carnosas, propias de África tropical y meridional. De ellas se extrae un jugo muy amargo y medicinal, que una vez concentrado constituye el acíbar. 2 Jugo de esta planta.

ALÓFONO, NA adj. 1 Que habla una lengua diferente. || m. *Fon.* 2 Cada una de las variantes que se dan en la pronunciación de un mismo fonema, que dependen de factores como la posición de éste en la palabra o sílaba, del carácter de los fonemas vecinos, etc. Por ejemplo, la *b* oclusiva de *tumbo* y la fricativa de *tubo* son alófonos del fonema /b/.

ALOGAMIA f. *Bot.* Fecundación de los óvulos de una flor con polen de otra distinta.

ALÓGENO, NA adj. Se dice de la persona o cosa que procede de un lugar distinto de aquel en que se encuentra. También s.

ALÓGRAFO m. *Ling.* Cada una de las distintas representaciones de un grafema.

ALOÍNA f. *Quím.* Nombre de las sustancias que se extraen de las distintas variedades de áloe. Es un polvo blanco y cristalino que se emplea en medicina como purgante o aperitivo.

ALOJA f. 1 Bebida compuesta de agua, miel y especias. 2 *Arg.* Bebida refrescante de algarroba blanca molida y fermentada en agua.

ALOJAMIENTO m. 1 Acción y efecto de alojar o alojarse. 2 Lugar donde alguien está alojado. 3 Lugar dentro del cual está alojada o colocada una cosa.

ALOJAR tr. 1 Hospedar, aposentar. También prnl. e intr. 2 Colocar una cosa dentro de otra. También prnl. || prnl. 3 Situarse las tropas en algún sitio.

ALOJERO, RA m. y f. 1 Persona que hace o vende aloja. || m. 2 Lugar donde se vendía aloja en los teatros. 3 Cada uno de los palcos que después ocuparon aquel lugar.

ALOMADO, DA adj. 1 Que tiene forma de lomo. 2 Se dice de la caballería que tiene el lomo arqueado.

ALOMAR tr. Arar la tierra formando lomos.

ALOMAR, GABRIEL Escritor y político español (Palma de Mallorca, 1873 - El Cairo, 1941). Representante del nacionalismo catalán, fue miembro fundador del Partido Republicano Catalán (1917) y presidente de la Unión Socialista de Cataluña (1923). Iniciador del modernismo, su lucha en favor de una nueva estética sentó las bases del NOVECENTISMO. En *La columna de fuego* (1911) aparece recogida su producción poética. *El futurismo* (1905) es su texto doctrinal más conocido.

ALÓMERO, RA adj. y s. *Quím.* Se dice de la sustancia que tiene la misma forma cristalina que otra, pero distinta composición química.

ALOMORFO, FA adj. 1 *Quím.* Se dice de la sustancia que tiene la misma composición química que otra, pero distinta estructura cristalina. || m. *Ling.* 2 Cada una de las variantes de un morfema en función de un contexto y significado idénticos.

ALÓN m. *Zool.* Ala de ave sin plumas.

alondra en su nido.

ALONDRA f. *Zool.* Nombre común de diversas aves paseriformes de la familia aláudidos. La alondra común (*Alauda arvensis*) es un pequeño pájaro de color pardo y corta cresta, que anida en el suelo, se alimenta de insectos y semillas y se distingue por su canto agradable.

ALONSO adj. y s. Se dice del trigo fanfarrón de caña gruesa y espiga ancha.

ALONSO, ALICIA Bailarina y directora de ballet cubana (La Habana, 1923). Fue primera figura en el American Ballet Theatre (1950-53). Tras la subida al poder de Fidel Castro, reorganizó el Ballet Nacional de Cuba, del que fue directora hasta 1992, y en 1962 fundó la Escuela Nacional de Ballet de Cuba. Es considerada una de las figuras principales de la danza clásica contemporánea.

ALONSO, DÁMASO Poeta y filólogo español (Madrid, 1898 - íd., 1990). Fue director de la *Revista de Filología Española* y de la Real Academia Española (1968-82). Perteneció a la Generación del 27 y su poesía posee gran fuerza expresiva. Entre sus obras poéticas destacan *Poemas puros, poemillas de la ciudad* (1921), *Hijos de la ira* (1944), *Hombre y Dios* (1955) y *Duda y amor sobre el ser supremo* (1985). Asimismo, es autor de la edición crítica y versión en prosa de las *Soledades*, de Góngora (1927), *La lengua poética de Góngora* (1935), *Poesía española* (1950), *Primavera temprana de la literatura europea: Lírica, Épica, Novela* (1961), *Cancionero y romancero español* (1982), etc. En 1978 le fue otorgado el premio Cervantes.

ALÓPATA adj. y com. Que profesa la alopatía.

ALOPATÍA f. *Med.* Terapéutica cuyos medicamentos producen, en un organismo sano, fenómenos diferentes de los que caracterizan las enfermedades en que se emplean.

ALOPÁTICO, CA adj. Relativo a la alopatía o a los alópatas.

ALOPECIA f. *Med.* Caída o pérdida del pelo.

ALOQUE adj. y s. Se dice del vino clarete o de la mezcla de tinto y blanco.

ÁLORA Municipio y lugar de España, provincia de Málaga; 13.248 h.

ALOSA f. *Zool.* SÁBALO.

ALOSTÉRICO, CA adj. *Quím.* 1 Se dice de los centros de ciertas enzimas que modulan su actividad al unirse a ellos distintos metabolitos. 2 Se aplica a las enzimas que poseen uno o más de estos centros.

ALOTROPÍA f. *Quím.* Propiedad de algunos elementos químicos de formar moléculas diversas por su estructura o número de átomos constituyentes que, en su aspecto o propiedades, puede presentar a veces un mismo cuerpo.

ALOTRÓPICO, CA adj. *Quím.* Relativo a la alotropía.

ALPACA f. *Zool.* 1 Mamífero artiodáctilo de la familia camélidos, de nombre científico *Lama pacos*. Rumiante sudamericano, de pelo largo y ondulado, de color castaño, blanco o negro, que se domestica y del que se aprovechan la carne y la lana. 2 Lana de este animal. 3 Tejido hecho con esta lana o con algodón abrillantado. 4 *Quím.* Aleación de cobre, cinc y níquel. 5 *Quím.* Metal blanco plateado.

ALPAMATO m. *Bot.* Arbusto de la familia mirtáceas, nativo de Argentina. Tiene hojas aromáticas con las que se elabora una bebida similar al té.

ALPAÑATA f. 1 Pedazo de cordobán que usan los alfareros para alisar las piezas antes de cocerlas. 2 Tierra gredosa muy roja.

ALPARGATA f. Calzado de tela con suela de cáñamo o caucho.

ALPARGATERÍA f. Tienda o fábrica de alpargatas.

ALPAX m. *Quím.* Aleación de aluminio y silicio (13%), moldeable y resistente a la corrosión. Se emplea para piezas fundidas.

ALPECHÍN m. Líquido oscuro y fétido que sale de las aceitunas apiladas y cuando se las exprime para extraer el aceite.

Alpes. Alpes Pininos y Graios. Fotografía de satélite.

ALPECHINERA f. Tinaja o pozo donde se recoge el alpechín.

ALPENDE o **ALPENCHE** m. Cubierta o voladizo de cualquier edificio, especialmente la sostenida por postes o columnas, a manera de pórtico.

ALPENSTOCK (Voz al.) m. *Dep.* Bastón puntiagudo empleado por los alpinistas en las ascensiones.

ALPES Sistema montañoso, el más importante de Europa, que se extiende desde las costas del Mediterráneo hasta el Adriático, pasando por Francia, Italia, Suiza, Alemania y Austria; 330.000 km², con una altura media de 1.300 m. Se divide en tres secciones: *Alpes Occidentales* (Marítimos, Ligurios, Cocios, Graios, de Saboya), que atraviesan de N a S la frontera entre Francia e Italia; *Centrales* (Berneses, Pininos, de Glaris, Lepontinos, Réticos), que se extienden de O a E a través de Suiza; y *Orientales* (Bávaros, Dolomitas, Cárnicos, Austriacos, Nórdicos, Julianos, Dináricos), que se extienden por el S de Alemania, Austria y el NE de Italia. Se formaron en el plegamiento alpino de la época terciaria y están constituidos principalmente por caliza y pizarra. Además del Mont Blanc (Francia-Italia), punto culminante del sistema (4.810 m), destacan los picos de Écris, en Francia; Gran Paradiso, en Italia; Monte Rosa y Cervino, en los confines de Suiza e Italia; Jungfrau, Finsteraarhorn y Aletschhorn, así como el macizo de San Gotardo, en Suiza, y el Grossglockner, en Austria. En este sistema tienen origen los principales ríos europeos: Rhin, Ródano, Po y grandes afluentes del Danubio, como el Lech, Inn y Drave. También son numerosos los lagos: Leman, Constanza y Neuchâtel, en Suiza; Garda, Mayor, Como y Lugano, en Italia. Destaca por sus glaciares. En las zonas bajas, la vegetación se caracteriza por los bosques de hoja caduca y abedules, y, a medida que se va ascendiendo, de coníferas. A mayor altura, el bosque es sustituido por pastos de alta montaña y, finalmente, por la roca desnuda. Agricultura. Hierro y carbón. Industrias electroquímicas y electrometalúrgicas. Turismo.

ALPES, ALTOS (*Hautes-Alpes*) Departamento del SE de Francia, en la región de Provenza-Alpes-Costa Azul; 5.559 km² y 121.419 h. Su capital es Gap.

ALPES DE ALTA PROVENZA (*Alpes-de-Haute-Provence*) Departamento de Francia, en la región de Provenza-Alpes-Costa Azul; 6.925 km² y 139.561 h. Su capital es Digne.

ALPES AUSTRALIANOS (*Australian Alps*) Cadena montañosa de la Gran Cordillera Divisoria australiana, situada en el SE de Australia. En ella se encuentra el pico Kosciusko (2.228 m), altura máxima del continente australiano.

ALPES DINÁRICOS DINÁRICOS.

ALPES MARÍTIMOS (*Alpes-Maritimes*) Departamento de Francia, en la región de Provenza-Alpes-Costa Azul; 4.299 km² y 1.011.326 h. Su capital es Niza. Turismo.

ALPES DE TRANSILVANIA CÁRPATOS.

ALPESTRE adj. 1 ALPINO. 2 fig. Montañoso, silvestre. 3 Que vive a gran altura.

ALPINISMO m. *Dep.* Deporte que consiste en la ascensión a las altas montañas. Comienza con la *escalada*, que puede ser *libre* (la que se vale de los propios recursos para superar las dificultades del terreno) o *artificial* (que utiliza de los adelantos técnicos para superar las dificultades). El *descenso* suele realizarse mediante el *rappel* (cuerda doble). Se practicó por primera vez en los Alpes y empezó a generalizarse tras la conquista del Mont Blanc (1867) por J. Balmart y el doctor Paccard;

en 1953 el neozelandés E. Hillary y el sherpa Tensing conquistaron la cima del Everest.

ALPINISTA com. Persona que practica el alpinismo.

ALPINO, NA adj. 1 Relativo a los Alpes o a otras montañas. 2 Relativo al alpinismo. 3 *Ecol.* Se dice de las plantas originarias de las cumbres de las montañas o de las regiones boreales. 4 *Geol.* PLEGAMIENTO ALPINO.

ALPISTE m. *Bot.* Planta de la familia gramíneas, de nombre científico *Phalaris canariensis*, forrajera, cuya semilla sirve para alimento de pájaros y para otros usos. 2 Semilla de esta planta.

ALPISTERA o **ALPISTELA** f. Torta de harina, huevos y ajonjolí.

ALPUJARRAS, LAS Comarca de España, al S de Sierra Nevada, entre las provincias de Granada y Almería. Es una región montañosa, recorrida longitudinalmente por los ríos Guadalfeo y Andarax; 1.881 km². Agricultura de regadío y cultivos mediterráneos. Minas de hierro.

ALPUJARRAS, GUERRAS DE LAS *Hist.* Levantamientos de los musulmanes del Reino de Granada que tuvieron lugar en tiempos de los Reyes Católicos (1499-1501) y de Felipe II (1568-71). Contra lo establecido en las capitulaciones hechas al término de la conquista, en 1499 Cisneros llegó a Granada y obligó a la población vencida a que se convirtiera al cristianismo. El descontento originó el primer levantamiento, sofocado por las armas. La mayoría de los vencidos optaron por bautizarse, aunque continuaron practicando sus ritos y costumbres. Recibieron desde entonces el nombre de moriscos. El edicto promulgado por Felipe II (1567), en el que se prohibía el uso de la lengua árabe, la religión y costumbres islámicas, fue la causa de la segunda sublevación. Los insurrectos nombraron rey a Fernando de Córdoba y Valor, que adoptó el nombre de Abén Humeya. Consiguieron el dominio de Las Alpujarras y de Almería, pero la intervención del ejército de Juan de Austria cambió el rumbo de los hechos. En 1571, y los moriscos fueron expulsados de Granada y distribuidos por toda la Península.

ALPUJARREÑO, ÑA adj. y s. De Las Alpujarras.

ALQUENO m. *Quím.* Denominación genérica de los hidrocarburos alifáticos en cuya molécula hay uno o más dobles enlaces. La fórmula general de los alquenos de un sólo doble enlace, es C_nH_{2n}. También llamados *olefinas*.

ALQUEQUENJE m. *Bot.* 1 Planta de la familia solanáceas, de nombre científico *Physalis alkekengi*, cuyo fruto es una baya envuelta en una especie de vejiga membranosa. 2 Fruto de esta planta, de propiedades medicinales.

ALQUERÍA f. 1 Casa de labranza lejos de poblado, granja. 2 Conjunto de estas casas.

ALQUERMES m. Licor excitante que se colorea con quermes animal. ♦ Su pl. es *alquermes*.

ALQUERQUE m. Espacio de las almazaras donde se desmenuza la pasta de orujo de la primera presión.

ALQUEZ m. *Metrol.* Medida de vino equivalente a 12 cántaras.

ALQUIBLA f. Punto del horizonte, hacia La Meca, al que dirigen la vista los musulmanes cuando rezan. En las mezquitas está indicado por el mihrab.

ALQUICEL o **ALQUICER** m. Vestidura morisca parecida a una capa.

ALQUÍDICO, CA adj. *Quím.* Se dice de las resinas formadas por reacción entre polialcoholes y poliácidos. Se utilizan para revestimientos de metales y maderas.

ALQUIFOL m. ZAFRE.

ALQUILA f. Especie de banderita que en los taxis indica si están libres u ocupados.

ALQUILACIÓN f. *Quím.* Introducción de un radical alquilo en un compuesto orgánico.

ALQUILADOR, RA m. y f. Persona que alquila o toma algo en alquiler.

ALQUILAR tr. 1 Dar o tomar alguna cosa para utilizarla, por un tiempo y precio determinados. || prnl. 2 Ajustarse para un trabajo o servicio.

ALQUILER m. 1 Acción de alquilar. 2 Precio en que se alquila alguna cosa. || **de alquiler** loc. Se dice de lo destinado para alquilar.

ALQUILO m. *Quím.* Radical monovalente de los hidrocarburos, alifáticos o aromáticos, de fórmula general C_nH_{2n+1}. Los alifáticos también se denominan *alfilos*, y los aromáticos, *arilos*.

ALQUIMIA f. *Ciencia* e *Hist.* Práctica pseudocientífica de la Antigüedad, encaminada a encontrar la llamada piedra filosofal, que permitiría transformar los metales comunes en oro y plata, y la panacea universal, remedio contra todos los males también llamado elixir de la vida. Considerada el antecedente de la química, su origen puede remontarse a las civilizaciones griega, babilónica e hindú. Los árabes recogieron sus técnicas y las desarrollaron, influidos por la civilización china. Es a partir del siglo VII cuando alcanza su mayor desarrollo con figuras como Khalid ibn Yazid y Geber. En Occidente se conoció en el siglo XI a través de la influencia árabe y pronto fue rechazada por la Iglesia, que la puso bajo sospecha de herejía. En los siglos XIII y XIV se interesaron por ella R. Bacon, A. de Villanova, R. Llull y E. de Villena, entre otros. En el siglo XVI los estudios de alquimia alcanzaron una mayor fortuna. Hasta mediado el XVIII, se dio este nombre a la química en general.

ALQUÍMICO, CA adj. Relativo a la alquimia.

ALQUIMILA f. *Bot.* Denominación general de varias plantas herbáceas anuales, de la familia rosáceas, género *Alchemilla*. Comprende cerca de 100 especies de Europa, África y América. También denominada *pie de león*.

ALQUIMISTA adj. y com. Se dice del que profesaba la alquimia.

ALQUINO m. *Quím.* Denominación genérica de los hidrocarburos en cuya molécula hay uno o más triples enlaces. Vulgarmente llamado *acetilénico*.

ALQUITIRA f. *Bot.* TRAGACANTO.

ALQUITRÁN m. *Quím.* Sustancia untuosa oscura, de olor fuerte y sabor amargo, que se obtiene como residuo de la destilación de la brea y de algunas maderas. Se emplea como impermeabilizante y como protector de maderas a la intemperie.

ALQUITRANADO, DA adj. 1 De alquitrán. || m. 2 Acción y efecto de alquitranar. 3 Denominación aplicada a las superficies de macadam de carretera.

ALQUITRANAR tr. Dar alquitrán a alguna cosa.

ALREDEDOR adv. l. 1 Denota la situación de personas o cosas que circundan a otras, o la dirección en que se mueven para circundarlas. || adv. c. 2 Cerca, sobre poco más o menos. || m. pl. 3 Contornos de un lugar.

ALROTA f. 1 Desecho que queda de la estopa después de rastrillada. 2 Estopa que cae del lino al tiempo de espadarlo.

ALSACIA (*Alsace*) Región del NE de Francia, que comprende los departamentos de Alto Rhin y Bajo Rhin; 8.280 km² y 1.734.145 h. Su capital es Estrasburgo. Importante industria. Turismo. Yacimientos de potasa. Fue muy próspera en el siglo XII gracias a su posición estratégica entre Suiza y Alemania, pero entró en declive en el siglo XIV tras la guerra de los Cien Años. Foco importante del humanismo y la Reforma, fue anexionada a Francia en tiempos de Luis XIV por el tratado de Westfalia (1648); volvió a poder de Alemania, salvo una parte, por el tratado de Frankfurt (1871); pasó otra vez a Francia por el tratado de Versalles (1919); y fue incorporada una vez más a Alemania durante la Segunda Guerra Mundial. Quedó definitivamente unida a Francia en 1945.

ALSACIA-LORENA (*Elsass-Lothringen*) Antiguo territorio alemán cedido por Francia a Alemania tras la guerra franco-prusiana (1871). Estaba constituido por Alsacia y parte de Lorena (actuales departamentos franceses de Alto Rhin, Bajo Rhin y Mosela). Fue devuelto a Francia en 1919, y nuevamente anexionado en 1940. Al término de la Segunda Guerra Mundial quedó definitivamente anexionado a Francia.

ALSACIANO, NA adj. y s. 1 De Alsacia. || m. *Ling.* 2 Dialecto alemánico hablado en esta región.

ÁLSINE f. *Bot.* Planta de la familia cariofiláceas, de flores blancas, que abunda en los parajes húmedos. También denominada *pamplina*.

ALTA f. 1 Orden que el médico al enfermo, declarándole oficialmente curado. 2 Documento que lo acredita. 3 Documento que acredita la entrada de un militar en servicio activo. 4 Ingreso de una persona en cuerpo, profesión, carrera, etc. || **dar de alta,** o **el alta** fr. Declarar curada a la persona que ha estado enferma. || **darse de alta** fr. Ingresar en un cuerpo, organización, empresa, etc.

Alta Verapaz Departamento de Guatemala; 8.686 km² y 814.300 h. Su capital es Cobán.

altabaca f. Bot. OLIVARDA.

altabaquillos m. Bot. CORREHUELA, planta.

altacimut m. Tecnol. Instrumento semejante al teodolito, pero más grande y de precisión superior.

Altai Territorio de la Federación de Rusia, en la República federada de Rusia; 169.100 km² y 2.690.000 h. Su capital es Barnaul.

Altai Cordillera de Asia central. Comienza en el S de Siberia, se prolonga en Mongolia, donde sirve de límite con China, y se degrada en el desierto de Gobi. Su máxima altura es el pico Beluchá (4.506 m).

altaico, ca adj. **1** Relativo a la región de los montes Altai, o a éstos. **2** Etnol. Se dice de una raza oriunda de dicha región y del conjunto de pueblos que hablan las lenguas altaicas. **3** Etnol. Se dice del individuo de esa raza y del perteneciente a estos pueblos. También s. **4** Ling. Grupo constituido por tres familias de lenguas (turco, mongol y tungús). Existen más de 40 lenguas altaicas; de ellas la más conocida es el turco. También m.

Altair Astron. Estrella alfa de la constelación del Águila.

Altamira Arte. Cueva prehistórica de España, cerca de Santillana del Mar (Cantabria). Pinturas rupestres pertenecientes al Paleolítico superior y a los periodos solutrense y magdaleniense, que se caracterizan por su realismo, la ausencia de figura humana, la representación de animales y la carencia de composición. Fue descubierta por M. de Sautuola en 1875.

Altamirano, Ignacio Manuel Escritor y político mexicano (Tixtla, 1834 - San Remo, 1893). Escribió poesía romántica (Rimas, 1871), pero destacó sobre todo en narrativa: Clemencia (1869), La Navidad de las montañas (1870) y Zarco (póstuma, 1901). En política, destacó por sus ideas liberales. Fue diputado del Congreso de la Unión (1861) y durante la intervención francesa defendió la independencia.

Altamirano, Luis Militar chileno (?, 1876 - ?, 1938). Ministro de Guerra con Alessandri, presidió una junta de gobierno al abandonar éste el cargo (1924-25). Al año siguiente fue despojado del mando por golpe militar encabezado por Ibáñez.

altanería f. Altivez, soberbia.

altanero, ra adj. **1** Altivo, soberbio. **2** Se aplica al halcón y aves de rapiña de alto vuelo.

altano adj. y m. Se dice del viento que sopla alternativamente del mar a la tierra y viceversa.

altar m. **1** Montículo, piedra o construcción elevada donde se celebran ritos religiosos como sacrificios, ofrendas, etc. **2** En el culto cristiano, especie de mesa consagrada donde el sacerdote celebra el sacrificio de la misa. **3** Por extensión, conjunto constituido por la mesa consagrada, la base, las gradas, el retablo, el sagrario, etc. **4** Min. Piedra que separa la plaza del hogar en los hornos de reverbero. **5** Min. En Vizcaya, banco o grada de una mina. || **altar mayor** En una iglesia, el central o principal, situado en el presbiterio, de cara a la nave central.

Altar Volcán de los Andes ecuatorianos, en la cordillera Oriental; 5.319 m de altura. Se le llama también Cápac Urcu.

altarreina f. Bot. MILENRAMA.

altavoz m. Fís. Aparato para ampliar el sonido. Traductor electroacústico que transforma la energía eléctrica en energía mecánica de un órgano vibrante y la difunde, de forma audible, en el espacio.

Altdorfer, Albrecht Pintor, grabador y arquitecto alemán (Altdorf, 1480 - Ratisbona, 1538). Es autor de La batalla de Alejandro (1510), San Jorge en el bosque (1529) y Lot y sus hijas (1537).

altea f. Bot. MALVAVISCO.

alter ego (Expresión latina; literalmente otro yo.) m. **1** Persona en quien otra tiene absoluta confianza. **2** Persona real o ficticia en quien se reconoce, identifica o ve un trasunto de otra.

alteración f. **1** Acción de alterar o alterarse. **2** Sobresalto, enfado. **3** Alboroto. **4** Geol. METEORIZACIÓN. **5** Mús. Signo que antepuesto a una nota modifica su altura. Las alteraciones son: sostenido, bemol, doble sostenido, doble bemol, becuadro y doble becuadro.

alterado, da adj. **1** Cambiado. **2** fig. Perturbado, inquieto.

alterar tr. y prnl. **1** Cambiar la esencia o forma de una cosa. **2** Perturbar, inquietar. **3** Estropear, descomponer.

altercado m. Disputa.

alteridad f. **1** Condición de ser otro. **2** Der. Cualidad esencial del derecho según la cual las normas jurídicas regulan el comportamiento de un individuo

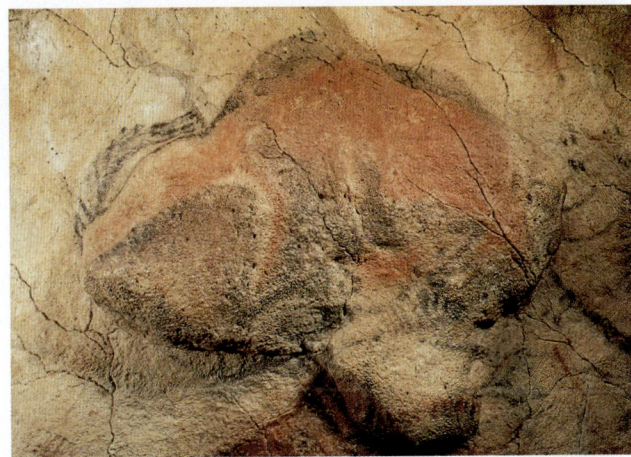

Altamira (Cantabria). Pinturas rupestres.

tienen siempre como referente la conducta de los demás.

Alterio, Héctor Actor de cine y teatro argentino (Buenos Aires, 1929). En su filmografía destacan: A un dios desconocido (1977), El crimen de Cuenca (1979), El nido (1980) y El rey del río (1994).

alternador m. Tecnol. **1** Máquina generadora de corriente eléctrica alterna, accionada a una velocidad constante. También denominada generador sincrónico. **2** Generador electromagnético para obtener fuerzas electromotrices alternas y suministrar corrientes alternas a un circuito externo. También denominado generador de inducción.

alternancia f. **1** Acción y efecto de alternar. **2** Biol. Fenómeno que se observa en la reproducción de algunos animales y plantas, en la que alternan la generación sexual y la asexual. **3** Fís. Cada uno de los cambios de sentido de la corriente alterna. **4** Ling. Variación de fonemas en palabras que tienen alguna relación etimológica. || **alternancia vocálica** Ling. APOFONÍA.

alternar tr. **1** Hacer, decir o colocar algo por turno y sucesivamente. || intr. **2** Sucederse unas cosas a otras repetidamente. También prnl. **3** Mantener relación amistosa unas personas con otras. **4** En ciertas salas de fiesta o lugares similares, tratar las personas contratadas para ello con los clientes, procurando hacerles gasto en su compañía, del cual obtienen porcentaje.

alternativo, va adj. **1** Que se dice, hace o sucede con alternación. || f. **2** Opción entre dos cosas o más. **3** Cada una de las cosas entre las cuales se opta. **4** Taurom. Ceremonia en la que un torero autoriza a un novillero a pasar al número de los matadores de toros. Se

usa sobre todo con los verbos dar y tomar. **5** Taurom. Esta autorización.

alterne m. Acción de alternar en las salas de fiesta. || **de alterne** fr. adj. Se dice de la persona que practica el alterne o del local en que se hace.

alterno, na adj. **1** ALTERNATIVO. **2** Uno sí y otro no. **3** Bot. Hojas que crecen sueltas en lados opuestos del tallo principal de la planta, y a diferentes niveles. **4** Bot. Se dice de los órganos de las plantas que, por su situación, corresponden al espacio que media entre una y otra del lado opuesto. **5** Mat. ÁNGULOS ALTERNOS.

alteza f. **1** Tratamiento que en España se dio a los reyes hasta el advenimiento de la casa de Austria, que ahora se da a los hijos de los reyes y a los infantes de España aunque no sean hijos de reyes. **2** fig. Elevación, sublimidad, excelencia.

Althusser, Louis Filósofo francés (Birmandreis, 1918 - Yvelines, 1990). Partiendo de una crítica del humanismo y el historicismo, inaugura una nueva forma de leer a Marx, derivada de su concepción de la filosofía marxista como una teoría científica y revolucionaria de la historia. Sus principales obras son La revolución teórica de Marx (1961), Para leer «El Capital» (1969) y Curso de filosofía para científicos (1975). En 1992 se publicó su autobiografía El porvenir es largo.

alti- pref. que significa alto.

altibajos m. pl. **1** Desigualdades o altos y bajos de un terreno cualquiera. **2** fig. y fam. Alternativa de bienes y males o de sucesos prósperos y adversos.

altillo m. **1** Armario que se construye rebajando el techo, o que está empotrado en lo alto del muro o pared. **2** Entreplanta, piso elevado en el interior de otro y que se utiliza como dormitorio, despacho, almacén, etc.

altimetría f. Topog. Parte de la topografía que enseña a medir las alturas.

altímetro, tra adj. **1** Relativo a la altimetría. || m. Topog. **2** Instrumento que indica la diferencia de altitud entre el punto en que está situado y un punto de referencia. Se basa en el descenso de la presión atmosférica con la altura. Se emplea principalmente en topografía y en navegación aérea.

altipampa f. Arg. y Bol. ALTIPLANICIE.

altiplanicie f. Meseta de mucha extensión y a gran altitud.

altiplano m. ALTIPLANICIE.

Altiplano Gran altiplanicie de América del Sur, de unos 4.000 m de altura media y 100.000 km² de superficie. Se encuentra entre la cordillera Oriental y Occidental de los Andes y pertenece en su mayor parte a Bolivia con prolongaciones en Perú, Chile y Argentina. Está dividido en dos zonas: la oriental, formada por metales, de gran riqueza mineral (estaño, volframio, plata, plomo, oro, etc.) y donde se concentran las ciudades más importantes de Bolivia: La Paz, Oruro, Cochabamba, etc. En la occidental predomina un relieve plano y en ella abundan las salinas. Hidrográficamente, es una cuenca cerrada con lagos comunicados entre sí: el río Desaguadero vierte las aguas del lago Titicaca en el lago Poopó.

altisonante o **altísono, na** adj. Se dice del lenguaje grandilocuente y rebuscado.

altitud f. **1** Geog. Altura de un punto de la Tierra con relación al nivel del mar. Se mide mediante operaciones de nivelación. **2** Geom. Referido a un punto si-

Albrecht **Altdorfer.** Descanso en la huida a Egipto. Pinacoteca de Berlín.

tuado por encima o por debajo del horizonte, distancia angular por encima o por debajo del mismo.

ALTITUDINAL adj. Que se extiende a lo alto.

ALTIVEZ f. Orgullo, soberbia.

ALTIVO, VA adj. Orgulloso, soberbio.

ALTMAN, ROBERT Director de cine estadounidense (Kansas City, 1925). Su cine, clásico e inconformista, está lleno de humor crítico y escepticismo. Películas: *MASH* (1970), *El largo adiós* (1973), *El juego de Hollywood* (1992), *Vidas cruzadas* (1993), *Prêt-à-porter* (1994), *Kansas City* (1996) y *Cookie's Fortune* (1999).

ALTMAN, SIDNEY Bioquímico estadounidense de origen canadiense (Montreal, 1939). Su descubrimiento en 1978 de la función catalítica del ácido ribonucleico (ARN) dio lugar a la aparición de la riboenzimología. En 1989 compartió el premio Nobel de Química con Thomas R. Cech.

ALTO, TA adj. **1** De gran estatura. **2** De altura considerable. **3** Se dice de la porción de un territorio que se haya a mayor altitud. **4** Levantado, elevado sobre la tierra. **5** Tratándose de ríos, parte que está más próxima a su nacimiento. **6** Se dice del río muy crecido. **7** Caro. **8** Sonoro, ruidoso. **9** De gran dignidad o categoría. **10** Aplicado a las cosas, noble, excelente. **11** Con referencia a tiempos históricos, remoto o antiguo. **12** *Fís.* Se dice del sonido que, comparado con otro, tiene mayor número de vibraciones por segundo. **13** *Fís.* Se dice de ciertas magnitudes físicas que tienen un valor superior. **14** *Met.* ALTO HORNO. || m. **15** ALTURA. **16** Sitio elevado. **17** Detención, parada. **18** *Mil.* Voz táctica de mando militar que hace que cese de marchar la tropa. **19** Voz con la cual se ordena a alguien que se detenga. || adv. 1. **20** En lugar o parte superior. || adv. m. **21** En voz fuerte o que suene bastante. || **¡alto ahí!** expr. que se emplea para hacer que uno se detenga en la marcha, en el discurso o en la ejecución de alguna cosa. || **dar el alto** expr. usada por la orden de detención en la marcha. || **en alto** loc. adv. A distancia del suelo. || **por alto** loc. adv. POR ENCIMA. || **por todo lo alto** loc. fig. y fam. Con mucho lujo, a lo grande.

ALTO, SIERRA DEL Tramo septentrional de la sierra de ANCASTI.

ALTO DE LA BANDERA Pico de la República Dominicana, en la cordillera Central; 2.893 m. También ha recibido el nombre de *Monte Tina* o *Loma Tina*.

ALTO PARAGUAY Departamento de Paraguay, en el Chaco; 82.349 km^2 y 13.831 h. Su capital es Fuerte Olimpo.

ALTO PARANÁ Departamento de Paraguay, situado al E del país; 14.895 km^2 y 595.276 h. Su capital es Ciudad del Este.

ALTO PERÚ *Hist.* Nombre dado durante la época colonial a una región de América del Sur que coincide aproximadamente con la actual Bolivia. Importante centro de culturas preincaicas, quedó anexionado al imperio inca en el siglo XIII. Conquistado por los españoles en el siglo XVI, formó parte del virreinato del Perú hasta 1776, que se integró en el del Río de la Plata. En 1809 comenzó su proceso de independencia.

ALTO VOLTA BURKINA FASO.

ALTOCÚMULO m. *Meteor.* Nube en forma de cúpula o globo, de altitud media entre 2.500 y 6.000 m; suele ser señal de buen tiempo.

ALTOESTRATO m. *Meteor.* Nube en forma de manto uniforme grisáceo, con una altitud media de 2.500 a 6.000 m. Suele anunciar lluvias.

ALTOLAGUIRRE, MANUEL Poeta español (Málaga, 1905 - Burgos, 1959). Miembro de la Generación del 27, su poesía está impregnada de espiritualidad. Sus ideas republicanas le obligaron, en 1938, a exiliarse en Cuba y México. Obra poética: *Las islas invitadas y otros poemas* (1926), *Poema del agua* (1927), *Soledades juntas* (1931), *La lenta libertad* (1936), *Nube temporal* (1939), *Fin de un amor* (1949) y *Poemas en América* (1955). Escribió obras teatrales (*Entre dos públicos*, 1934), un libro de memorias (*El caballo griego*, 1986), y editó revistas literarias como *Litoral* (1926).

ALTOPARLANTE m. *Amér.* ALTAVOZ.

ALTORRELIEVE m. *Esc.* Escultura en relieve en la que las figuras y ornamentos sobresalen más de la mitad de su grosor.

ALTOZANO m. Monte de poca altura en terreno bajo.

ALTRAMUZ m. *Bot.* **1** Planta de la familia leguminosas, de nombre científico *Lupinus albus*, cuyo fruto es un grano achatado, como un botón, que se cultiva como alimento para el ganado. También es comestible para el hombre. Es originaria de la región mediterránea. **2** Fruto de esta planta.

ALTRUISMO m. Interés en procurar el bien ajeno aun a costa del propio.

ALTRUISTA adj. y com. Que siente y practica el altruismo.

ALTURA f. **1** Elevación de cualquier cuerpo sobre la superficie de la Tierra. **2** Dimensión de los cuerpos perpendicular a su base. **3** Cumbre de los montes o parajes altos del campo. **4** Altitud, con relación al nivel del mar. **5** fig. Mérito. **6** *Astron.* Arco vertical que mide la distancia entre un astro y el horizonte. **7** *Geom.* En una figura plana o en un cuerpo, segmento perpendicular trazado desde un vértice al lado o cara opuestos. **8** *Fís.* Propiedad física del sonido, que se produce por la frecuencia en la vibración de un cuerpo sonoro durante un intervalo de tiempo. Según la frecuencia aumente o disminuya, la percepción del sonido será más grave o más aguda. **9** SALTO DE ALTURA. || f. pl **10** CIELO. **11** Dirección de una empresa. || **ALTURA MERIDIANA** *Astron.* La de los astros sobre el horizonte en el momento de pasar por el meridiano del observador. || **a estas alturas** fr. fig. En este tiempo u ocasión, cuando han llegado las cosas a este punto. || **a la altura de** fr. fig. Con los verbos *estar*, *ponerse* y otros semejantes, alcanzar una persona o cosa el grado de perfección correspondiente al término que sirve de comparación. || **quedar** uno **a la altura del betún** fr. fig. y fam. Quedar mal.

ALTYN-TAGH Sierra de la República Popular China; 4.000 m de altura máxima. Es una derivación de los montes Kuen-Lun.

ALÚA f. *Zool. Arg.* COCUYO, insecto.

ALUBIA f. *Bot.* JUDÍA.

ALUCINACIÓN f. *Psicol.* y *Psiquiat.* Sensación subjetiva falsa que no va precedida de impresión en los sentidos. Las más corrientes son las visuales, auditivas y cenestésicas.

ALUCINANTE adj. **1** Que alucina. **2** fam. Asombroso, increíble.

ALUCINAR intr. **1** Padecer alucinaciones. || tr. **2** Deslumbrar o impresionar a alguien. **3** Seducir o engañar, haciendo que se tome una cosa por otra.

ALUCINE m. Asombro, sorpresa.

ALUCINÓGENO, NA adj. y m. **1** Que produce alucinación. **2** *Quím.* Se dice de los productos, naturales o sintéticos, que actúan sobre el sistema nervioso central y que causan disturbios mentales o experiencias imaginarias, como la marihuana, el ácido lisérgico (LSD), la mescalina, etc.

ALUCÓN m. *Zool.* AUTILLO.

ALUD m. **1** Gran masa de nieve que se derrumba de los montes con violencia y estrépito. **2** fig. Masa grande de una materia que se desprende de una vertiente precipitándose por ella.

ALUDA f. *Zool.* Hormiga con alas.

ALUDIDO, DA adj. De grandes alas.

ALUDIR intr. **1** Hacer referencia. || tr. **2** Referirse a personas o cosas, mencionarlas.

ALUDO, DA adj. De grandes alas.

ÁLULA f. *Zool.* Dedo de ala en algunas aves, homólogo del pulgar.

ALUMBRADO, DA adj. y s. **1** *Hist.* Miembro de cierta corriente espiritualista, mística y renovadora, que existió en la España de los siglos XVI y XVII. Bajo la influencia de la Reforma y del pensamiento de Erasmo, propugnaban una desacralización de la vida religiosa y la comunión directa del alma con Dios. También s. pl. || m. **2** Conjunto de luces que alumbran un lugar.

ALUMBRAMIENTO m. **1** Acción y efecto de alumbrar. **2** PARTO de la mujer.

ALUMBRAR tr. **1** Llenar de luz y claridad. También intr. **2** Poner luz o luces en algún lugar. **3** Acompañar con luz a otro. **4** Disponer de las facultades intelectuales, para obtener el máximo provecho de ellas. || intr. **5** Parir la mujer.

ALUMBRE m. *Quím.* **1** Sulfato doble de aluminio con los metales alcalinos. El más conocido es el de alúmina y potasa, usado como mordiente en tintorería y como cáustico en medicina después de calcinado. **2** Sales dobles en las que el aluminio ha sido sustituido por otros metales trivalentes, como hierro, cromo, vanadio, manganeso, cobalto, titanio, talio, etc.

ALÚMINA f. *Quím.* Trióxido de aluminio que se halla en la naturaleza a veces puro y cristalizado (corindón), y por lo común formando, en combinación con la sílice y otros cuerpos, los feldespatos y las arcillas.

ALUMINATO m. *Quím.* **1** Compuesto formado por una combinación de óxido de aluminio y un óxido metálico o derivado del hidróxido de aluminio por sustitución del hidrógeno por metales. **2** Sal del ácido alumínico.

ALUMINIO m. *Quím.* Elemento químico del grupo III A del sistema periódico. Masa atómica 26,98; número atómico, 13; símbolo, Al; peso específico, 2,708; punto de fusión, 659,7° C; punto de ebullición, 1800° C; estado de oxidación normal 3+. Metal de color y brillo similares a los de la plata, ligero y dúctil, buen conductor del calor y de la electricidad y resistente a la oxidación. Se combina fácilmente con casi todos los metales, a excepción del plomo, y forma con ellos sales. El aluminio pulimentado refleja más allá del espectro visible en ambas direcciones, y no es corroído por el agua del mar. Es uno de los metales más abundantes de la corteza de la Tierra, pero no se encuentra puro, sino en muchas especies minerales (bauxita, corindón, esmeril, etc.). Se obtiene de la bauxita por electrólisis. Se emplea en construcción, fabricación de automóviles, aviones y ferrocarriles, industria eléctrica, piezas de cocina, pinturas, para condensadores, como pantalla en los tubos de rayos X, protección en los tubos de fuel de los reactores, etc.

ALUMINITA f. *Geol.* Roca de la que se extrae el alumbre.

ALUMINOSIS f. **1** *Pat.* Trastorno pulmonar causado por la inhalación de polvos de aluminio. **2** *Arquit.* Degradación de la estructura de ciertos edificios construidos con cemento aluminoso a causa del calor y la humedad, que provocan la pérdida de estabilidad del cemento.

ALUMINOSO, SA adj. *Quím.* **1** Que tiene calidad o mezcla de alúmina. **2** CEMENTO ALUMINOSO.

ALUMINOTERMIA f. *Quím.* Técnica para obtener un metal con elevada pureza mediante reducción de un compuesto del mismo (generalmente un óxido), con empleo de aluminio finamente dividido y consiguiendo aumento de temperatura.

ALUMNADO m. Conjunto de alumnos de un centro docente.

ALUMNO, NA m. y f. Discípulo respecto de su maestro, de la materia que está aprendiendo o de la escuela, clase, colegio o universidad donde estudia.

ALUNITA f. *Geol.* ALUMINITA.

ALUNIZAJE m. Acción y efecto de alunizar.

ALUNIZAR intr. *Astronaut.* Posarse en la superficie de la Luna un aparato astronáutico.

ALUSIÓN f. Acción de aludir.

altorrelieve. *Presentación en el templo.* Esculpido por Nicola Pisano. Púlpito del baptisterio de Pisa.

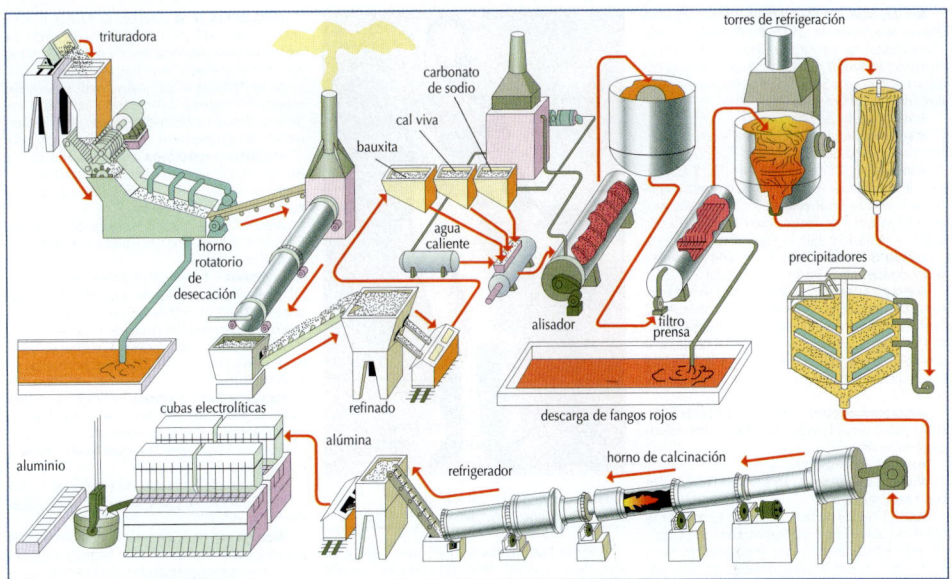

Esquema de producción del **aluminio**.
Fases esenciales de los procesos de purificación de la bauxita en alúmina y de reducción de ésta, en cubas electrolíticas, a aluminio.

ALUSIVO, VA adj. Que alude o implica alusión.

ALUVIAL adj. *Geol.* Se aplica al terreno compuesto por aluviones.

ALUVIÓN m. **1** Avenida fuerte de agua, inundación. **2** fig. Cantidad de personas o cosas agolpadas. **3** *Geol.* Partícula de granulometría diversa transportada por un curso fluvial.

ALUZAR tr. **1** *Amér.* Alumbrar, llenar de luz y claridad. **2** *P. Rico* Examinar al trasluz.

ALVA IXTLIXÓCHITL, FERNANDO DE Historiador mexicano (Teotihuacan, h. 1578 - Ciudad de México, h. 1648). Descendiente por línea materna de los reyes acolhuas, sus obras tienen un gran valor para el conocimiento de los pueblos mesoamericanos. En 1892 algunos de sus escritos fueron publicados bajo el título *Obras históricas*.

ALVAR, MANUEL Lingüista y crítico literario español (Benicarló, 1923 - Madrid, 2001). Miembro de la Real Academia Española desde 1974 y director de la misma (1988-91), se le deben importantes estudios de los dialectos andaluces (*Atlas lingüístico y etnográfico de Andalucía*, 1961-73), canarios (*El español hablado en Tenerife*, 1975) y aragoneses (*El habla del campo de Jaca*, 1976). Algunos de sus ensayos más importantes son *Estructuralismo, geografía lingüística y dialectología* (1969), *Gracián y su época* (1986), *América y la norma lingüística sevillana* (1990), *Nuevos estudios y ensayos de literatura contemporánea* (1991) y *El español de las dos orillas* (1992). Miembro de la Real Academia de la Historia desde 1999.

ALVARADO, ALONSO DE Conquistador español (Burgos, ? - Lima, 1553). Participó junto a Pizarro en la conquista del Perú y fue capitán general del Plata y Potosí. Sus excesos provocaron una rebelión, en la que fue vencido por Hernández Girón.

ALVARADO, PEDRO DE Conquistador español (Badajoz, 1486 - Guadalajara, México, 1541). Participó en las campañas de La Española, Cuba y Yucatán. Fue lugarteniente de Cortés en la conquista de México y el causante de la insurrección general que dio lugar a la retirada de la NOCHE TRISTE. Intervino en la batalla de Otumba (1520), conquistó Guatemala y Sosonusco, de las que fue capitán general, y fundó las ciudades de Santiago de los Caballeros y San Miguel. Murió cuando ayudaba a Cristóbal de Oñate, gobernador del Mixton, a sofocar una rebelión.

ALVARADO TEZOZÓMOC, HERNANDO O **FERNANDO** Historiador mexicano (?, 1520 - ?, 1598). Nieto de Moctezuma, es autor de dos obras sobre la historia de los aztecas: *Crónica mexicana*, escrita en castellano y publicada en 1878, y *Crónica Mexicayotl*, en nahua, traducida al español y publicada en 1949.

ÁLVARES CABRAL, PEDRO Navegante portugués (Belmonte, 1467 - Santarem, 1526). El rey de Portugal, Manuel I, lo puso al mando de una expedición a la India con la orden de que siguiera la misma ruta que Vasco da Gama. En 1500 emprendió su camino, pero desviándose al O fue a parar a las costas de Brasil, que llamó tierra de la Vera Cruz. Se dirigió después a la India por el cabo de Buena Esperanza, donde permaneció hasta 1501, en que regresó a Portugal.

ÁLVAREZ, JOSÉ SIXTO Escritor argentino (Gualeguaychú, 1858 - Buenos Aires, 1903). Autor de *Vida de los ladrones célebres de Buenos Aires y de sus maneras de robar* (1887), *Mundo lunfardo* (1897), y las recopilaciones de cuentos *Esmeraldas* (1885), *Cuentos de Fray Mocho* (póstuma, 1906) y *Salero criollo* (póstuma, 1920).

ÁLVAREZ, JUAN Militar mexicano (Atoyac, 1790 - La Providencia, 1867). Luchó a las órdenes de Morelos y siguió a Santa Anna para derrocar a Iturbide. Intervino en la guerra contra EE UU y en la revolución de Ayutla que derribó a Santa Anna. Elegido presidente de la República en octubre de 1855, renunció al cargo dos meses después.

ÁLVAREZ, LEWIS WALTER Físico estadounidense de ascendencia española (San Francisco, 1911 - Berkeley, 1988). Inventó un aparato de vuelo a ciegas, indispensable en la toma de tierra sin visibilidad. Su equipo de investigación descubrió una fórmula nueva para obtener energía atómica sin intervención del uranio y sin la gran elevación de temperatura que necesitan las reacciones termonucleares. En 1968 obtuvo el premio Nobel de Física por sus aportaciones al conocimiento de las partículas elementales.

ÁLVAREZ ARMELINO, GREGORIO CONRADO Militar y político uruguayo (Montevideo, 1925). Jefe del Comando Combinado de las Fuerzas Armadas, luchó activamente contra los tupamaros. Participó en el golpe de Estado de 1973 y de 1981 a 1985 fue presidente de la República.

ÁLVAREZ DE CIENFUEGOS, NICASIO Escritor español (Madrid, 1764 - Orthez, 1809). En sus poesías comenzó imitando a Meléndez Valdés, pero después se alejó de la manera clásica para convertirse en un precursor del Romanticismo. Sus tragedias están inspiradas en la escuela neoclásica francesa: *Zoraida* (1815), *Idomeneo* (1815), *La Condesa de Castilla* (1815) y *Pítaco* (1822).

ÁLVAREZ MENDIZÁBAL, JUAN MENDIZÁBAL.

ÁLVAREZ MURENA, HÉCTOR MURENA, HÉCTOR ÁLVAREZ.

ÁLVAREZ QUINTERO, SERAFÍN Y **JOAQUÍN** Dramaturgos españoles (Utrera, 1871 - Madrid, 1938; Utrera, 1873 - Madrid, 1944). Autores de unas doscientas piezas teatrales, escritas en colaboración, se caracterizan por sus dotes de observación, la gracia natural y la acertada pintura de ambientes y tipos. Iniciaron su producción con *Esgrima y amor* (1888), *La media naranja* (1894) y las zarzuelas *La buena sombra* (1898) y *La patria chica* (1907), pero sus sainetes de ambiente andaluz son lo más representativo de su producción: *El ojito derecho* (1897), *Solico en el mundo* (1911), etc. Entre sus comedias destacan *El patio* (1900), *Las de Caín* (1908) y *El mundo es un pañuelo* (1920). Cultivaron también el drama sentimental: *Malvaloca* (1912) y *Cancionera* (1924).

ÁLVAREZ THOMAS, IGNACIO Militar y político argentino (Arequipa, 1787 - Buenos Aires, 1857). Luchó por la independencia de su país y fue director supremo de las Provincias Unidas del Río de la Plata.

ÁLVAREZ DE TOLEDO Y PIMENTEL, FERNANDO, TERCER DUQUE DE ALBA Político y militar español (Piedrahíta, 1507 - Lisboa, 1582). Comenzó su carrera militar en el sitio de Fuenterrabía; formó parte de la expedición a Túnez en 1535, y se distinguió en la batalla de Mühlberg (1547). Con Felipe II fue gobernador de Milán (1555), virrey de Nápoles (1555-58) y gobernador de los Países Bajos (1567-73), donde llevó a cabo una dura represión frente a los rebeldes a la autoridad real. Por haber cometido desacato, Felipe II lo encarceló en Tordesillas. Fue liberado para que asumiera el mando del ejército que había de apoderarse de Portugal (1580).

ÁLVAREZ TUBAU, MARÍA TUBAU, MARÍA.

ÁLVARO, CORRADO Escritor italiano (San Luca, 1895 - Roma, 1956). Su obra se caracteriza por la fantasía, originalidad y vigor, y por el lenguaje preciso y cuidado: *El seto y el huerto* (1920), los cuentos *La amada en la ventana* (1929), *La edad breve* (1946) y *Todo ha sucedido* (póstuma, 1961). Ha escrito además *Casi una vida*, *diario de un escritor* (1950) y *Último diario* (póstuma, 1961).

ALVEAR, CARLOS MARÍA DE Político y militar argentino (Santo Ángel, 1789 - Washington, 1853). Caudillo de la independencia, presidió la Asamblea General Constituyente (1813), tomó Montevideo (1814) y fue director de las Provincias Unidas del Río de la Plata. Participó en la batalla de Ituzaingó contra Brasil.

Serafín y Joaquín **Álvarez Quintero**

ALVEAR, MARCELO TORCUATO DE Político argentino (Buenos Aires, 1868 - íd., 1942). Fundador de la Unión Cívica Radical, fue ministro de Obras Públicas (1911), embajador en París (1917-22), representante en la primera Asamblea de la Sociedad de las Naciones y presidente de la República (1922-28).

ÁLVEO m. Madre del río o arroyo.

ALVEOLADO, DA adj. *Biol.* Que presenta en su superficie cavidades que semejan un panal.

ALVEOLAR adj. **1** Relativo a los alveolos. **2** *Ling.* Se dice del sonido que se pronuncia acercando o aplicando la lengua a los alveolos de los incisivos superiores. **3** *Ling.* Se dice del fonema que corresponde a este sonido y de la letra que lo representa. También s.

ALVEOLITIS f. *Med.* Inflamación de uno o varios alveolos dentales o pulmonares.

ALVEOLO o **ALVÉOLO** m. **1** *Anat.* Cavidad en que están engastados los dientes del hombre y de los animales. **2** *Anat.* Cada una de las fosas hemisféricas en que terminan las últimas ramificaciones de los bronquiolos. **3** *Biol.* Saco de una glándula compuesta. **4** *Bot.* Cavidad en la superficie de un órgano vegetal. **5** CELDILLA, del panal.

ALVEOLOBRONQUIOLITIS f. *Med.* Inflamación de los alvéolos pulmonares y bronquiolos. También denominada *bronconeumonía.*

ALVERJA f. *Bot.* ALGARROBA.

ALVES DE LIMA E SILVA, LUIS CAXIAS, LUIS ALVES DE LIMA E SILVA, DUQUE DE.

ALZA f. **1** Pedazo de suela con que se aumenta la altura o anchura del zapato. **2** Aumento o subida de precio, valor, intensidad, etc. **3** *Arm.* Regla graduada fija en la parte del cañón de las armas de fuego, que sirve para precisar la puntería. **4** *A. gráf.* Pedazo de papel que se pega sobre el tímpano de la prensa o debajo de los caracteres para igualar la impresión o hacer que sobresalga donde convenga. || **en alza** loc. Aumentando la estimación de una cosa o persona. Se usa más con los verbos *ir* y *estar.* || **jugar al alza** fr. Especular en la bolsa con los valores, previendo alza en la cotización de éstos.

ALZACOLA f. *Zool.* Ave paseriforme, de nombre científico *Erythropygia galactotes,* de unos 15 cm de longitud, de cola y patas largas, que vive en jardines y viñas.

ALZACUELLO m. Tira blanca de material más o menos rígido, usada por los eclesiásticos, que se ciñe al cuello.

ALZADA f. **1** Estatura del caballo. **2** Recurso de apelación por la vía administrativa. **3** Lugar alto de pastos para el verano.

ALZADO, DA adj. **1** Se dice del precio que se ajusta a una cantidad determinada previamente. **2** Rebelde, sublevado. **3** fig. *Amér.* Se dice de la persona engreída, soberbia e insolente. **4** *Amér.* Se dice del animal doméstico que se hace montaraz y, en algunas partes, animal que está en celo. || m. *Arquit.* **5** Dibujo sin perspectiva de la proyección vertical de un edificio, pieza, máquina, etc. **6** Diseño que representa la fachada de un edificio.

ALZAMIENTO m. **1** Acción y efecto de alzar o alzarse. **2** Puja que se hace en una subasta. **3** Levantamiento o rebelión. || **ALZAMIENTO DE BIENES** *Der.* Ocultación que de su fortuna hace el deudor para eludir un pago. Tratándose de comerciantes, quiebra fraudulenta.

ALZAPAÑO m. **1** Pieza que sirve para recoger la cortina hacia los lados del balcón o de la puerta. **2** Tira de tela o cordonería que, sujeta a esta pieza, tiene recogida la cortina.

ALZAR tr. **1** LEVANTAR. **2** Quitar, recoger, guardar. **3** Construir. **4** En la misa, elevar la hostia y el cáliz tras la consagración. También intr. **5** Sublevar, levantar en rebelión. También prnl. **6** *A. gráf.* Poner en rueda todas las jornadas de una impresión, y sacar los pliegos uno a uno para ordenarlos. || prnl. **7** LEVANTAR, sobresalir en una superficie. || **alzarse** alguien **con** alguna cosa fr. Apoderarse de ella con usurpación o injusticia.

ALZHEIMER, ENFERMEDAD DE *Pat.* Enfermedad degenerativa causada por una atrofia de las células de la corteza cerebral. Los enfermos presentan síntomas de envejecimiento prematuro, demencia, grave deterioro intelectual, pérdida de memoria, dificultad para expresarse y falta de coordinación en los movimientos. Suele aparecer en la edad presenil.

ALZIRA ALCIRA.

AM *Quím.* Símbolo del americio.

AMA f. **1** Señora de la casa. **2** Dueña de algo. **3** Criada de un cura. **4** Criada principal de una casa. **5** Nodriza. || **AMA DE CASA** Mujer que se ocupa de las tareas de su casa. || **AMA DE CRÍA** La que amamanta una criatura ajena. || **AMA DE LLAVES** Criada encargada de las llaves y economía de la casa.

AMABILIDAD f. Cualidad de amable.

AMABLE adj. Afable, complaciente.

AMACHINARSE prnl. *Amér.* AMANCEBARSE.

AMACURO Río de Venezuela, que nace en la sierra de Imataca, sirve de frontera con Guyana y desemboca en el delta del Orinoco; 180 km de curso.

Amadeo I. Retrato de Antonio Gisbert. Museo Romántico (Madrid).

AMADEO I DE SABOYA Rey de España y duque de Aosta (Turín, 1845 - íd., 1890). Hijo de Víctor Manuel II de Italia, fue elegido rey de España, tras el destronamiento de Isabel II. Juró la constitución en enero de 1871. Debido a la falta de apoyo de las fuerzas políticas y económicas del país, las luchas intestinas y los disturbios, renunció al trono en febrero de 1873 ante las Cortes, que proclamaron la República.

AMADO, JORGE Novelista brasileño (Pirangi, 1912 - Salvador, 2001). Autor comprometido, empezó su labor literaria con *El país del carnaval* (1931). Se dio a conocer con su ciclo de novelas sociológicas: *Cacao* (1933), *Sudor* (1934), *Jubiabá* (1935), *Mar Muerto* (1936), *Capitanes de la arena* (1937) y *Tierras del sinfín* (1943). Es destacable su trilogía política *Los subterráneos de la libertad* (1952). En *Gabriela, clavo y canela* (1958) y *Doña Flor y sus dos maridos* (1966), su narrativa se enriqueció con la ironía y el humor. Otras obras: *De cuando los turcos descubrieron América* (1993) y *Navegación de cabotaje* (1994).

AMADOR GUERRERO, MANUEL Político y médico panameño (Cartagena, Colombia, 1833 - Panamá, 1909). Fue uno de los promotores de la independencia panameña y el primer presidente de la República (1904-08).

AMADOR DE LOS RÍOS, JOSÉ Historiador y crítico literario español (Baena, 1818 - Sevilla, 1878). Sus investigaciones se centran en la historia medieval. Obras: *Historia crítica de la literatura española* (1861-65) e *Historia social, política y religiosa de los judíos de España y Portugal* (1875-76), etc.

AMADRINAR tr. **1** Unir dos caballerías con la correa llamada madrina. **2** Ser madrina una mujer.

AMAESTRADO, DA adj. Adiestrado para ejecutar ciertas habilidades.

AMAESTRAR tr. y prnl. Enseñar o adiestrar.

AMAGAR tr. e intr. **1** Dejar ver la intención de ejecutar algo. || intr. **2** Estar algo próximo a suceder. **3** Hacer ademán de causar daño. **4** *Med.* Empezar a manifestarse los primeros síntomas de una enfermedad.

AMAGASAKI Ciudad de Japón, en la isla de Honshu, prefectura de Hyogo; 488.574 h. Importante centro industrial.

AMAGO m. **1** Acción de amagar. **2** Indicio de alguna cosa.

ÁMAGO o **AMAGO** m. HÁMAGO.

AMAINAR intr. **1** Perder su fuerza el viento, la lluvia, etc. **2** Aflojar en algún deseo o empeño. También tr. || tr. **3** Recoger las velas de una embarcación para aminorar su marcha.

AMAJADAR tr. **1** Hacer la majada o redil al ganado menor en un terreno para que lo abone mientras esté allí recogido. **2** Poner el ganado en la majada o redil. También intr. || intr. **3** Asentarse el ganado en la majada.

AMALARICO Rey visigodo de Toledo (?, 502 - ?, 531). Sucedió a su padre Alarico II. Durante su minoría, primero ocupó el poder Gesaleico, hijo natural de Alarico, y después su abuelo Teodorico el Grande, rey de los ostrogodos de Italia. En 526 se hizo cargo del gobierno y fue vencido por los francos en Arlés. Intentó una alianza con éstos mediante su matrimonio con Clotilde, hija de Clodoveo. Al obligar a su esposa a convertirse al arrianismo intervino Childeberto, hermano de Clotilde, quien derrotó a Amalarico en Narbona y le obligó a replegarse hacia Barcelona. Fue asesinado por un franco.

AMALASUNTA Reina ostrogoda de Italia (?, h. 498 - Toscana, Italia, 535). Hija de Teodorico el Grande, fue regente de Italia durante la minoría de edad de su hijo Atalarico. A la muerte de su hijo asoció al trono a su primo Teodato, con el que estaba casada en segundas nupcias. Éste hizo que la desterraran a una isla del lago Bolsena, donde fue asesinada. El emperador Justiniano utilizó esta muerte como excusa para invadir Italia.

AMALECITA o **AMALEQUITA** adj. y com. *Hist.* Se dice del individuo de un pueblo bíblico de Arabia, descendiente de Amalec, y de lo relativo a ese pueblo, enemigo constante de los israelitas.

AMALFI Ciudad de Italia, provincia de Salerno, en Campania; 6.235 h. Fue una república independiente en la Edad Media.

AMALGAMA f. **1** *Quím.* Aleación de mercurio, generalmente sólida o semilíquida. **2** fig. Mezcla de cosas distintas. **3** *Met.* Mezcla de oro y mercurio que se obtiene en el tratamiento de minerales auríferos.

AMALGAMAR tr. y prnl. **1** *Quím.* Combinar el mercurio con oro u otros metales. **2** fig. Mezclar cosas de naturaleza distinta.

AMALIA DE SAJONIA-WEIMAR Política alemana (Wolfenbüttel, 1739 - Weimar, 1807). Esposa del duque de Sajonia-Weimar, ejerció la regencia (1758-75) a su muerte. Convirtió la corte de Weimar en el centro de la cultura alemana de la época.

ÁMALO, LA adj. y s. *Hist.* Se dice de uno de los linajes más ilustres de los godos, al que perteneció Teodorico el Grande.

AMALTEA *Mit.* Ninfa que recogió a Zeus en el monte Ida, en Creta, y lo alimentó con la leche de una cabra. Según otras versiones, Amaltea es el nombre de la cabra que amamantó a Zeus niño.

AMALTEA *Astron.* Quinto satélite de Júpiter, descubierto en 1892 por Edward E. Barnard.

AMAMANTAR tr. Dar de mamar.

AMAMBAY Cordillera de Paraguay y Brasil, situada en el S del Estado de Mato-Grosso y la zona E de Paraguay. Su altura media es de 400 m.

AMAMBAY Departamento de Paraguay; 12.933 km^2 y 127.011 h. Su capital es Pedro Juan Caballero.

AMANCAY m. *Bot.* **1** *Amér.* Nombre de diversas plantas, herbáceas o arbóreas, cuya flor, blanca o amarilla, recuerda a la azucena. **2** *Amér.* Flor de estas plantas.

AMANCEBAMIENTO m. Vida en común de hombre y mujer sin estar casados.

AMANCEBARSE prnl. Hacer vida en común un hombre y una mujer sin estar casados.

AMANECER[1] impers. **1** Empezar a aparecer la luz del día. || intr. **2** Estar en un paraje, situación o condición determinados al aparecer la luz del día. **3** Aparecer de nuevo o manifestarse alguna cosa al rayar el día. **4** Empezar a manifestarse alguna cosa. ♦ IRREG. Se conjuga como AGRADECER.

AMANECER[2] m. **1** Tiempo durante el cual amanece. **2** Comienzo de algo.

AMANECIDA f. AMANECER[2].

AMANERADO, DA adj. **1** Afectado. **2** Afeminado. También s. **3** Se dice del artista o la obra poco originales, sujetos a normas.

AMANERAMIENTO m. **1** Acción de amanerarse. **2** Falta de variedad en el estilo.

AMANERARSE prnl. **1** Dicho de artistas o escritores, reiterar insistentemente en la concepción o ejecución de sus obras rasgos peculiares que las apartan de la naturalidad. También tr. **2** Hacerse una persona afectada, rebuscada y falta de naturalidad en el modo de actuar, hablar, etc.

AMANITA f. *Bot.* Género de hongos basidiomicetos de la familia amanitáceas. Se desarrollan frecuentemente en bosques de encinas, hayas y coníferas. Hay especies comestibles y tóxicas. Entre las primeras se pueden citar la oronja *(A. caesarea)* y la amanita rojiza *(A. rubescens).* Entre las segundas, la falsa oronja *(A. muscaria),* y el falso galipierno *(A. pantherina).* La oronja verde *(A. phalloides)* y la oronja blanca *(A. verna)* son mortales.

amanita muscaria.

AMANITOTOXINA f. *Quím.* Principio venenoso de la *Amanita phalloides,* que difiere de los tóxicos de la misma familia por ser más resistente al calor y a la acción de la pepsina y pancreatina.

AMANSADOR, RA adj. **1** Que amansa. También s. || m. **2** *Amér.* Domador de caballos.

AMANSAR tr. y prnl. **1** Domesticar a un animal. **2** fig. Sosegar, mitigar. **3** fig. Domar el carácter violento de una persona.

AMANTE adj. **1** Que ama. También com. || com. **2** Persona que tiene relaciones sexuales periódicas con otra sin estar casados. || m. pl. **3** Hombre y mujer que se aman.

AMANTES DE TERUEL, LOS Héroes de una leyenda que narra los amores desgraciados de Diego Marsilla e Isabel de Segura. Su origen está en la traducción de una novela de Boccaccio, *Girolamo y Salvestra.* Fue recogida, entre otros, por Pérez de Montalbán, Rey de Artieda y Tirso de Molina. Durante el Romanticismo revivió con el drama de Hartzenbusch *Los amantes de Teruel.*

AMANUENSE com. **1** Persona que tiene por oficio escribir a mano, copiando o poniendo en limpio escritos ajenos, o escribiendo al dictado. **2** Hasta la invención de la imprenta, persona que hacía copias a mano del original de un libro.

AMANULLAH Rey de Afganistán (Paghman, 1892 - Zurich, 1960). Fue proclamado en 1919. En 1928, el anuncio de medidas que favorecían la emancipación femenina, enfureció a los líderes religiosos y provocó una revuelta. En 1929 abdicó y abandonó el país.

AMAÑAR tr. **1** Componer mañosamente alguna cosa. Suele tener sentido peyorativo. || prnl. **2** Darse maña, apañárselas.

AMAÑO m. **1** Disposición para hacer con maña alguna cosa. **2** fig. Traza o artificio. Más en pl.

AMAPÁ Estado de Brasil; 143.454 km^2 y 379.459 h. Su capital es Macapá. Produce mandioca, cacao y bananas. Manganeso.

AMAPOLA f. *Bot.* Nombre común de varias plantas de la familia papaveráceas, género *Papaver.* Se caracterizan por sus flores grandes y vistosas, y su fruto en cápsula. La especie más frecuente en las zonas templadas es *P. rhoeas,* de flores rojas con una mancha negra en la base de los pétalos y semillas negruzcas. También denominada *ababa* y *ababol.*

AMAR tr. **1** Tener amor, querer. **2** DESEAR.

AMAR Y BORBÓN, ANTONIO Militar español (Zaragoza, 1742 - íd., 1826). Virrey de Nueva Granada de 1803 a 1810. Fomentó el afán de independencia en el virreinato con sus medidas arbitrarias. Al estallar la revolución tuvo que abandonar el país.

AMARA o **AMHARA** adj. y s. *Etnol.* Se dice de un pueblo africano de raza etiópica, resultado de la fusión de la población local cusita con pueblos semíticos que se desplazaron a Etiopía procedentes de Arabia meridional entre los siglos VI a. C. y I d. C., y posteriormente fundaron el reino de Aksum. En su mayor parte, profesan el cristianismo copto.

AMARA o **AMHARA** Región de Etiopía, que se corresponde aproximadamente con la antigua Abisinia. Situada al N del río Abbai, en la actualidad pertenece a las regiones de Gonder y Goyam. Rodeada por altos macizos en el E y en el S, cuya altura culminante es el Ras Dashan (4.622 m) y por mesetas de menor altura en el O.

AMÁRACO m. *Bot.* MEJORANA.

AMARAJE m. AMERIZAJE.

AMARANTÁCEO, A adj. y s. *Bot.* **1** Se dice de las plantas fanerógamas dicotiledóneas, con gineceo sincárpico y periantio monoclamídeo, como el amaranto, el moco de pavo, la perpetua y la cresta de gallo. || f. pl. *Bot.* **2** Familia de estas plantas.

AMARANTO m. **1** *Bot.* Nombre común de varias plantas de la familia amarantáceas, género *Amaranthus,* con flores terminales en espiga, y, generalmente de color carmesí, amarillo, blanco o jaspeado. **2** Color carmesí. También adj. invariable.

AMARAR intr. AMERIZAR.

AMARAVATI *Arqueol.* Yacimiento arqueológico de la India, en el Estado de Andhra Pradesh. Posee restos artísticos budistas, entre ellos, un edificio funerario del tipo *stupa,* del siglo I, excavado en el siglo XIX.

AMARGADO, DA adj. y s. Se dice de la persona que guarda algún resentimiento por algo.

AMARGALEJA f. *Bot.* ENDRINA.

AMARGAR intr. **1** Tener alguna cosa sabor o gusto amargo. También prnl. || tr. **2** Dar sabor amargo a algo. || tr. y prnl. **3** fig. Causar aflicción o disgusto. **4** Experimentar una persona resentimiento por frustraciones, fracasos, disgustos, etc.

AMARGO, GA adj. **1** Se dice de lo que tiene el sabor característico de la hiel, de la quinina y de otros alcaloides. **2** fig. Que causa aflicción o disgusto. **3** fig. Áspero y de genio desabrido. || m. **4** AMARGOR.

Pintor de **Amasis.** *Zeus, Hermes y el caballero.* Cerámica del s. VI a. C. Museo Arqueológico (Palermo).

AMARGOR m. **1** Sabor amargo. **2** fig. AMARGURA, aflicción.

AMARGUERA f. *Bot.* Planta de la familia umbelíferas, de flores amarillas y frutos ovales y comprimidos.

AMARGURA f. **1** Gusto o sabor amargo. **2** fig. Aflicción o disgusto.

AMÁRICO o **AMHÁRICO** m. *Ling.* Lengua semítica, perteneciente al pueblo de los amaras, hablada en la mayor parte de la altiplanicie de Abisinia. Es la lengua oficial de Etiopía.

AMARICONADO, DA adj. Afeminado.

AMARILIDÁCEO, A adj. y s. *Bot.* **1** Se dice de las plantas angiospermas, monocotiledóneas, con semillas de albumen carnoso, como el narciso, el nardo y la pita. || f. pl. *Bot.* **2** Familia de estas plantas.

AMARILIS f. *Bot.* Nombre comúnmente dado a varias plantas de la familia amarilidáceas, como la azucena de Santa Paula, la flor de lis y el lirio de Guernesey. ♦ Su pl. es *amarilis.*

AMARILIS *Lit.* Nombre de una pastora, mencionada por Virgilio en una de sus églogas.

AMARILLEAR intr. **1** Ir tomando una cosa color amarillo. **2** PALIDECER.

AMARILLENTO, TA adj. Que tira a amarillo.

AMARILLISMO m. *Medios.* Sensacionalismo, sobre todo en la forma como lo utiliza la llamada prensa amarilla, que se caracteriza por centrar su atención en los aspectos truculentos o más escandalosos de la realidad y por la exageración de las noticias.

AMARILLO, LLA adj. **1** De color semejante al del oro, etc. También s. **2** Pálido. **3** Se dice de los individuos de raza asiática. **4** Se aplica a las organizaciones obreras, prensa, etc., que prestan su apoyo a la patronal. **5** *Medios.* Se aplica a los medios de comunicación, sobre todo a la prensa escrita, que practican el AMARILLISMO.

AMARILLO HOANG-HO, río de China.

AMARILLO Sector del mar de China Oriental, con una superficie de más de 1.200.000 km^2, entre las penínsulas de Corea y Shandong (China). Debe su nombre a la coloración de los aportes sedimentarios de los ríos que desembocan en él, en especial el Hoang-Ho. Importantes recursos pesqueros.

AMARO m. *Bot.* Planta de la familia labiadas, de nombre científico *Salvia sclarea,* de flores blancas con brácteas grandes, de color rojo violáceo y olor nauseabundo.

AMARRA f. **1** Cabo con que se asegura la embarcación en el puerto. || f. pl. **2** fig. y fam. Protección, apoyo.

AMARRACO m. *Ocio* Tanteo de cinco puntos en el juego del MUS.

AMARRADERA f. *Col.* AMARRA.

AMARRADERO m. **1** Poste, pilar o argolla donde se amarra alguna cosa. **2** Sitio donde se amarran los barcos.

AMARRAJE m. Impuesto que se paga por el amarre de las naves en un puerto.

AMARRAR tr. **1** Atar con cuerdas, maromas, etc. **2** Por extensión, atar, sujetar. **3** Sujetar el buque en el amarradero. **4** *Ocio* En varios juegos de naipes, barajar de modo que queden ciertas cartas juntas.

AMARRE m. **1** Acción y efecto de amarrar. **2** Amarradero de una embarcación.

AMARTELADO, DA adj. Se dice de los enamorados en actitud cariñosa.

AMARTELAMIENTO m. Exceso de galantería o rendimiento amoroso.

AMARTELARSE prnl. Acaramelarse o ponerse muy cariñosos los enamorados.

AMARTILLAR tr. **1** Poner en el disparador un arma de fuego. **2** fig. Asegurar un trato.

AMARUKA o **AMARU** Poeta indio (s. VII-VIII). Se le atribuye la obra *Amarukasataka,* compuesta por cien estrofas independientes en las que se describen distintas escenas de amor. Es la muestra más importante de poesía amorosa escrita en sánscrito.

AMASAR tr. **1** Hacer masa, mezclando harina, yeso, tierra o cosa semejante con agua u otro líquido. **2** fig. Formar mediante la combinación de varios elementos. **3** fig. Acumular, atesorar. **4** fig. y fam. Disponer bien las cosas para el logro de lo que se intenta. Suele tener sentido peyorativo.

AMASÍAS Rey de Judá (?, 798 a. C. - Lachis, 780 a. C.). Vengó la muerte de su padre, Joás. Venció a los idumeos y tomó su capital, Sela. En guerra con Joás, rey de Israel, fue vencido y hecho prisionero.

AMASIJO m. **1** Porción de harina amasada. **2** Acción de amasar y disponer las cosas necesarias para ello. **3** Porción de masa hecha con yeso, tierra, etc., y agua u otro líquido. **4** fig. Mezcla desordenada de cosas o especies heterogéneas.

AMASIS AMOSIS.

AMASIS, PINTOR DE Pintor ateniense (s. VI a. C.). Maestro de la decoración de cerámica en figuras negras, entre sus obras destaca *Dioniso y las Ménades.*

AMAT Y JUNYENT, MANUEL DE Militar y político español (Barcelona, 1704 - ?, 1782). Gobernador de Chile y virrey de Perú (1761-66), su mandato se caracterizó por el aumento del poder militar virreinal. Fue protector de las artes.

AMATE m. **1** *Bot.* Higuera que abunda en las regiones cálidas de México. **2** *Méx.* Pintura hecha sobre la albura del árbol de este nombre.

AMATERASU *Mit.* En la mitología japonesa, diosa del Sol y de la luz. De ella se cree que descienden los emperadores del Japón.

AMATEUR (Voz fr.) adj. y com. AFICIONADO. ♦ Su pl. es *amateurs.*

AMATI *Geneal.* Familia italiana dedicada a la construcción de instrumentos de cuerda, establecida en Cremona a comienzos del siglo XVI. El más célebre de sus miembros fue Niccolò (1596-1684).

AMATIQUE Bahía del golfo de Honduras, en la costa de Guatemala; 16 km de anchura y 40 km de longitud. Puertos de Livingstone y Puerto Barrios.

AMATISTA f. *Miner.* Variedad de cuarzo transparente, de color violeta más o menos subido. Se usa como piedra semipreciosa.

AMATITLÁN Lago de Guatemala, situado al SE de la capital; 60 km^2. Su profundidad máxima es de 40 m. Al desaguar da origen al río Michatoya. Turismo.

AMATO, GIULIANO Político italiano (Turín, 1938). Miembro del Partido Socialista (PSI), fue ministro del Tesoro y vicepresidente con B. Craxi (1987). Sucedió en la presidencia a G. Andreotti en 1992. Impulsó una importante reforma electoral. Dimitió en 1993 a causa de la crisis política.

AMATORIO, RIA adj. **1** Relativo al amor. **2** Que induce a amar.

AMAUROSIS f. *Pat.* Privación total de la vista, ocasionada por lesión en la retina, en el nervio óptico o en el encéfalo. ♦ Su pl. es *amaurosis.*

AMAUTA m. Filósofo o sabio consejero del inca.

AMAYUELA f. *Zool.* Almeja de mar.

AMAZACOTADO, DA adj. **1** Pesado, groseramente compuesto a manera de mazacote. **2** fig. Dicho de obras literarias o artísticas, pesado, confuso, falto de orden, proporción, gracia y variedad.

AMAZONA f. **1** *Mit.* Mujer de alguna de las razas guerreras que según los antiguos existieron en los tiempos heroicos. Según la leyenda, recogida por Herodoto, las amazonas eran mujeres guerreras, oriundas del Cáucaso y organizadas en tribus, que llegaron a formar un pueblo belicoso en el Ponto Euxino (mar Negro), a orillas del Termolón, cerca de Trebisonda, y cuya capital era Temiscira. **2** fig. Mujer de ánimo varonil. **3** fig. Mujer que monta a caballo. **4** fig. Traje de falda que usan algunas mujeres para montar a caballo.

AMAZONAS Río de América del Sur, el más importante del mundo por su caudal, 100.000 m^3/s, y la extensión de su cuenca, 6.000.000 de km^2. Su longitud es 6.280 km, de los que 3.200 corresponden a Brasil. Nace en las altas mesetas andinas del Perú, formado por la confluencia del Ucayali y el Marañón, cerca de Nauta. Recibe poderosos afluentes por ambas márgenes (Madeira, Tapajós, Tocantins, Japurá, Negro) y su régimen es muy regular. Desemboca en el Atlántico, a la altura del Ecuador, en un inmenso delta. Sus aluviones han dado origen a unas 560 islas, entre ellas la de Marajó y la de Mango. Américo Vespucio fue el primero en llegar a su desembocadura en 1499 y un año después Vicente Yáñez Pinzón exploró su estuario. Francisco Orellana llegó al Amazonas por el Coca y el Napo y lo recorrió hasta su desembocadura (1541-42).

AMAZONAS Departamento de Colombia, en el SO del país, fronterizo con Brasil y Perú; 109.665 km^2 y 80.487 h. Capital, Leticia. Producción agrícola destinada al consumo local. Gran riqueza forestal.

AMAZONAS Departamento de Perú, en la región Oriente; 39.249 km² y 391.078 h. Capital, Chachapoyas. Producción agropecuaria. Minas de oro y plata.
AMAZONAS Estado de Venezuela, entre el alto Orinoco y Río Negro; 177.617 km² y 105.567 h. Capital, Puerto Ayacucho. Poblado en su mayor parte por indígenas, que practican una agricultura de subsistencia.
AMAZONAS Estado del NE de Brasil, constituido por una inmensa llanura cubierta de selva tropical, que recorre el río de su nombre; 1.577.820 km² y 2.389.279 h. Capital, Manaus. Cultivos de caña de azúcar, cacao, bananas y café.
AMAZONENSE adj. **1** De cualquiera de las demarcaciones o localidades llamadas Amazonas. También com. **2** Relativo al Amazonas y a Amazonas.
AMAZONIA Región natural de América del Sur, que corresponde a la cuenca del Amazonas y sus afluentes. Con una superficie de unos 6.000.000 de km², ocupa más de la mitad de Brasil, y parte de Bolivia, Perú, Ecuador, Colombia y Venezuela. De clima ecuatorial, sus temperaturas anuales presentan pocas oscilaciones y su régimen pluvial oscila entre los 1.000 y los 2.000 mm. Está cubierta de selva virgen en la mayor parte de su territorio. En ella habitan los últimos grupos tribales de indios americanos. Su población está dispersa a lo largo de los cursos de los ríos. Principales recursos económicos: agricultura (mandioca, maíz, batata), pesca y recolección del caucho. Es la mayor reserva vegetal del planeta.
AMAZÓNICO, CA o **AMAZONIO, NIA** adj. Relativo a las amazonas, al río Amazonas o a los territorios situados a sus orillas.
AMAZONITA f. *Miner.* Mineral feldespato potásico, variedad de la microclina, de color verde, que se usa en joyería después de pulirla y tallarla.
AMBAGES m. pl. fig. Rodeos de palabras. Se utiliza sobre todo en la loc. *sin ambages.*
AMBAGIOSO, SA adj. Lleno de ambigüedades.
ÁMBAR m. **1** *Geol.* Resina fósil transparente, de color amarillo, anaranjado o rojizo más o menos oscuro, electrizable, con buen olor. Procede, sobre todo, de coníferas de las eras terciaria y cuaternaria. Tiene gran importancia para el estudio de la flora y fauna de esas épocas geológicas, ya que muchos ejemplares quedaron atrapados en ella y se han conservado en perfectas condiciones hasta la actualidad. **2** Perfume delicado. || **ÁMBAR GRIS** *Zool.* Sustancia grasa de origen animal, color blanco grisáceo y olor fuerte pero agradable. Es una concreción que se forma en el intestino de algunos cetáceos, especialmente el cachalote. Se emplea en perfumería y como medicamento excitante. || **ÁMBAR NEGRO** *Geol.* AZABACHE.
AMBARINA f. *Bot.* **1** ALGALIA, planta malvácea. **2** *Amér.* ESCABIOSA.
AMBARINO, NA adj. Relativo al ámbar.
AMBARTZUMIAN, VICTOR AMAZASPOVICH Astrónomo soviético (Tiflis, 1908 - ?, 1971). Demostró que las aglomeraciones difusas de estrellas pueden disgregarse con relativa facilidad, lo que supondría el equilibrio de las radiaciones de las nebulosas estelares y sobre la absorción de la luz en medios oscuros.
AMBATO Ciudad de Ecuador, capital de la provincia de Tungurahua, situada al S de Quito; 160.302 h. Por ella pasa la carretera Panamericana.
AMBENO Distrito de Timor Oriental; 815 km² y 54.500 h. Su capital es Pante Macassar.
AMBERES (*Antwerp*) **1** Provincia de Bélgica, en el N del país; 2.867 km² y 1.640.966 h. **2** Ciudad capital de la misma; 459.072 h. Situada en la orilla derecha del Escalda. Puerto fluvial. Centro de exportación de la industria belga, de gran parte de la del N de Francia y de Renania. Activa industria, entre la que sobresale la de corte y talla de diamantes, la alimentaria, automovilística, química y de telecomunicaciones. Conjunto monumental. En el siglo XVI se convirtió en el centro económico y financiero más importante de Europa. Su saqueo en 1576 y su conquista por los españoles mandados por Alejandro Farnesio en 1585, marcaron el inicio de una larga decadencia. A mediados del siglo XIX pasó a formar parte de Bélgica.
AMBERINO, NA adj. y s. De Amberes.
AMBI-, AMBO- prefs. que significan ambos.
AMBICIÓN f. Deseo ardiente de conseguir poder, riquezas, dignidades o fama.
AMBICIONAR tr. Desear ardientemente alguna cosa.
AMBICIOSO, SA adj. **1** Que tiene ambición. También s. **2** Que ansía algo. También s. **3** Se dice de lo que demuestra ambición.
AMBIDEXTRO, TRA o **AMBIDIESTRO, TRA** adj. Que usa igualmente de la mano izquierda y de la diestra.
AMBIENTACIÓN f. Acción y efecto de ambientar.
AMBIENTADOR, RA adj. **1** Que ambienta. || m. **2** Líquido que se vaporiza para perfumar estancias.
AMBIENTAL adj. Relativo al ambiente, esto es, a las circunstancias que rodean a las personas, animales o cosas.
AMBIENTALISMO m. *Psicol.* Teoría que defiende que las condiciones ambientales son más importantes que la herencia genética para conformar la personalidad de los individuos.
AMBIENTAR tr. **1** Crear un ambiente determinado o proporcionarlo. **2** Acostumbrar a una persona a un medio desconocido o guiarla en él. Más como prnl.
AMBIENTE m. **1** Condiciones o circunstancias (físicas, humanas, sociales, culturales, etc.) que rodean a las personas, animales o cosas. **2** Aire o atmósfera. **3** Entorno propicio, agradable, etc. **4** Grupo, estrato social. **5** *Arg.* y *Chile* Habitación, aposento. || adj. **6** Se aplica a cualquier fluido que rodea un cuerpo.
AMBIGÚ m. BUFÉ. ♦ Su pl. es *ambigús* o *ambigúes.*
AMBIGÜEDAD f. Calidad de ambiguo.
AMBIGUO, GUA adj. **1** Que puede entenderse de varios modos o admitir distintas interpretaciones y dar, por consiguiente, motivo a dudas, incertidumbre o confusión. Se dice especialmente del lenguaje. **2** Se dice de quien con sus palabras o comportamiento vela o no define claramente sus actitudes u opiniones. **3** Incierto, dudoso. **4** *Gram.* NOMBRE AMBIGUO.
ÁMBITO m. **1** Contorno de un espacio o lugar. **2** Espacio comprendido dentro de límites determinados. **3** fig. Espacio ideal configurado por las cuestiones y los problemas de una o varias actividades o disciplinas relacionadas entre sí.
AMBIVALENCIA f. Condición de lo que se presta a dos interpretaciones opuestas.
AMBIVALENTE adj. Relativo a la ambivalencia.
AMBLAR intr. *Zool.* Andar un animal moviendo a un tiempo el pie y la mano de un mismo lado.
AMBLEO m. **1** Cirio grande. **2** Candelero para este cirio.
AMBLER, ERIC Escritor británico (Londres, 1909 - ?, 1998). Autor de novelas policíacas, entre ellas, *La máscara de Dimitros* (1939), *Los traficantes de armas* (1958), *Dirty Story* (1967) y *Here Lies* (1985).
AMBLIOPÍA f. *Med.* Debilidad o disminución de la vista, sin lesión orgánica del ojo.
AMBO- pref. AMBI-.
AMBOISE Ciudad de Francia, en el departamento de Indre-et-Loire, a orillas del Loira, cerca de Tours; 8.192 h. Famoso castillo, donde vivió y murió Carlos VIII, iglesia de Saint-Denis (siglo XII) y Puerta del Reloj (siglos XIV-XV).
AMBOISE, CONJURACIÓN DE *Hist.* Conjura de los hugonotes franceses en 1560 para acabar con la influencia de los Guisa sobre el rey Francisco II, y llevar al poder al príncipe de Condé. La conjura fracasó y sus participantes fueron ejecutados.
AMBOISE, PAZ DE *Hist.* Acuerdo suscrito entre la regente francesa Catalina de Médicis y Condé, por el que se concedió libertad de culto a los hugonotes (1563).
AMBÓN m. Cada uno de los espacios, como tribunas para dirigirse a los fieles, que suele haber en las iglesias a ambos lados del presbiterio.
AMBOS, AS adj. pl. El uno y el otro; los dos.
AMBRACIA ARTA.
AMBROGI, ARTURO Escritor salvadoreño (San Salvador, 1875 - íd., 1936). Perteneciente al modernismo. Autor de *Bibelots* (1891), *Agua fuerte* (1901) y *El tiempo que pasa* (1913)
AMBROSÍA o **AMBROSIA** f. *Mit.* Manjar de los dioses. **2** fig. Cosa deleitosa. **3** *Bot.* Nombre de varias plantas de la familia compuestas, género *Ambrosia.* Son unos de los vegetales causantes de la fiebre del heno.
AMBROSIANO, NA adj. Relativo a San Ambrosio. || **CANTO AMBROSIANO** *Mús.* Canto litúrgico introducido por San Ambrosio en la iglesia de Milán a fines del siglo IV. Muy influido por la liturgia de las iglesias orientales.
AMBROSIO, SAN Padre de la Iglesia latina (Tréveris, 340 - Milán, 397). Arzobispo de Milán, combatió el arrianismo y excomulgó al emperador Teodosio por la matanza de Tesalónica (390). Promovió la conversión de san Agustín e introdujo el CANTO AMBROSIANO.
AMBULACRAL adj. *Zool.* **1** Relativo a los ambulacros. **2** Se dice del aparato locomotor característico de los equinodermos.
AMBULACRO m. *Zool.* En los equinodermos, cada una de las series radiales de placas a lo largo de las cuales se alinean los apéndices tubuliformes y eréctiles denominados tubos-pies locomotores o pedicelos.
AMBULANCIA f. Coche para transportar heridos y enfermos.
AMBULANTE adj. Que va de un lugar a otro sin tener residencia estable. También s.
AMBULATORIO, RIA adj. **1** Relativo a la práctica de andar. **2** *Med.* Se dice de las diferentes formas de enfermedad o tratamiento que no obligan a estar en cama. || m. **3** Dispensario que atiende estas enfermedades.
AMEBA f. *Zool.* Protozoo rizópodo, que se caracteriza por su forma cambiante, debida a la falta de membrana, y por su movimiento ameboide a base de seudópodos. Unas especies viven libres en el agua o la tierra, y otras habitan en el intestino del hombre o de los animales.
AMEBIASIS f. *Pat.* Enfermedad parasitaria del hombre producida por la ameba *Entamoeba histolytica.* Se caracteriza por la aparición de lesiones intestinales acompañadas, generalmente, de disentería. También denominada *disentería amebiana.*
AMEBOCITO m. *Biol.* Célula móvil y de forma variable, parecida a la ameba.
AMEBOIDE o **AMEBOIDEO, A** adj. *Biol.* Relativo a las amebas.
AMECHAR tr. **1** Poner mecha en velones, candiles, etc. **2** MECHAR.
AMEDRENTAR tr. y prnl. Infundir miedo.
AMEGHINO, FLORENTINO Paleoantropólogo y arqueólogo argentino (Luján, 1854 - La Plata, 1911). Precursor de la prehistoria americana, defendió la teoría del origen pampeano del hombre. Autor de *Los mamíferos fósiles en la América meridional* (1880), *La antigüedad del hombre en el Plata* (1880-81).
AMEIOSIS m. *Biol.* Ausencia de emparejamiento entre los cromosomas durante la meiosis celular.
AMELCOCHADO, DA adj. *Amér.* De color rubio.
AMELCOCHAR tr. y prnl. **1** *Amér.* Dar a un dulce el punto espeso de la melcocha. || prnl. **2** fig. *Bol., C. Rica, Ecuad., Hond., Méx.* y *Par.* Reblandecerse. **3** *Cuba, Guat., Méx.* y *Perú* Acaramelarse, mostrarse uno meloso.
AMELGA f. Faja de terreno que se señala en un haza para esparcir la simiente con igualdad.
AMELGADO, DA adj. Se dice del sembrado que ha nacido con cierta desigualdad.
AMELGAR tr. Hacer surcos de distancia en distancia proporcionadamente para sembrar con igualdad.
AMELLAR tr. Mellar, hacer mellas.
AMÉN[1] (Del hebr. *āmēn,* así sea, así es; en ár. *āmīn.*) m. **1** Voz que se dice al final de una oración y que significa «así sea.» **2** Asentimiento o conformidad con lo que se dice o se pide. || **en un decir amén** fr. fig. y fam. EN UN SANTIAMÉN.
AMÉN[2] (De la loc. *a menos.*) loc. prepos. Además de.
AMENAZA f. **1** Acción de amenazar. **2** Dicho o hecho con que se amenaza.

Amenhotep II. El faraón representado en su tumba. Valle de los Reyes. Tebas.

AMENAZADOR, RA o **AMENAZANTE** adj. Que amenaza.

AMENAZAR tr. **1** Dar a entender con actos o palabras que se quiere hacer algún mal a otro. || impers. **2** Anunciar, presagiar o ser inminente algún mal.

AMENGUAR tr. **1** Disminuir, menoscabar. También intr. **2** fig. Deshonrar.

AMENHOTEP o **AMENOFIS** Nombre de cuatro faraones egipcios de la XVIII dinastía.

AMENHOTEP I (s. XVI a. C.). Fundador de la dinastía, reinó de 1546 a 1526 a. C. Luchó contra los libios y avanzó hacia el S, a través de Nubia, hasta la segunda catarata.

AMENHOTEP II (s. XV a. C.). Reinó de 1450 a 1425 a. C. Hijo de Tutmosis III, extendió sus dominios en Asia y en Nubia avanzó hasta la cuarta catarata del Nilo.

AMENHOTEP III (s. XV-XIV a. C.). Reinó de 1417 a 1379 a. C. Con él llegó Egipto a su máximo poderío. Mantuvo la dominación egipcia sobre Siria mediante alianzas diplomáticas, con las que, a su vez, trató de prevenir la amenaza hitita. Convirtió Tebas en una gran ciudad monumental. Erigió el templo de Luxor y los colosos de Memnón.

AMENHOTEP IV (s. XIV a. C.). Hijo del anterior, fue conocido como Akenatón (servidor de Atón). Reinó de 1379 a 1362 a. C. Contrajo matrimonio con la reina Nefertiti. Se interesó poco por la política exterior, causa principal de la pérdida del imperio egipcio en Asia. Al inicio de su reinado impuso el culto monoteísta al dios solar Atón. Trasladó su capital a Akhetatón, actual Tell el-Amarna, para evitar la oposición de la nobleza y el sacerdocio de Amón.

AMENIDAD f. Calidad de ameno.

AMENIZAR tr. Hacer ameno algún sitio o alguna cosa.

AMENO, NA adj. Entretenido, grato, placentero, divertido.

AMENORREA f. *Med.* Ausencia del flujo menstrual debida a condiciones normales o anormales.

AMENTÁCEO, A adj. y f. *Bot.* **1** Se aplica a las plantas que tienen inflorescencias en amento, como el abedul, el chopo, el roble y el sauce. || f. pl. *Bot.* **2** Familia de estas plantas.

AMENTAR tr. Atar o tirar con amiento.

AMENTO m. *Bot.* **1** AMIENTO. **2** Inflorescencia racimosa en espiga, articulada por su base, y compuesta de flores de un mismo sexo, como la del avellano.

AMEOS m. *Bot.* **1** Planta de la familia umbelíferas, de nombre científico *Ammi majus.* Es una especie olorosa, de flores blancas, que se emplea en medicina. **2** Semilla de esta planta.

AMERAR tr. **1** MERAR. || prnl. **2** Introducirse poco a poco el agua, o recalarse la humedad, en la tierra o en la estructura de la construcción de un edificio.

AMÉRICA Una de las cinco partes del mundo, que de N a S constituye un puente terrestre entre los polos. Limita al N, con el océano Glacial Ártico; al E, con el Atlántico; al S, con el Paso de Drake, y al O, con el océano Pacífico.

GEOG. Geografía física. Está integrada por dos subcontinentes, Norte y Sur, unidos por América Central y el archipiélago de las Antillas. Las líneas generales de ambas Américas pueden sintetizarse así: una serie de alturas no muy destacadas, al E, otra de montañas y mesetas elevadas de N a S, próximas a la costa del Pacífico, y es escenario de gran actividad sísmica; y entre ambas, una zona de grandes llanuras. En América septentrional la serie orográfica del E está constituida por el sistema de los montes Apalaches, que en su parte septentrional enlaza con los montes Laurentinos, en Canadá. El sistema occidental, que surge en Alaska, donde se encuentra el monte Mackinley (6.187 m), punto culminante de América del Norte, se bifurca en dos ramas. Su porción oriental es la cordillera de las Montañas Rocosas, que al internarse en México vuelve a dividirse en dos ramas, Sierra Madre Oriental y Sierra Madre Occidental; la porción occidental es la cadena costera del Canadá, que corre cercana al Pacífico y que en EE UU forma la meseta de Columbia, la Cordillera de las Cascadas y Sierra Nevada. En EE UU, entre ambos ejes montañosos, se forman vastas mesetas, como la del Colorado, cuya superficie está cortada por profundos y estrechos cañones. En la parte central de América del Norte se extienden inmensas llanuras. El archipiélago antillano es sumamente montañoso y muchas de sus islas son de origen volcánico. En América Central, la cordillera de los Andes presenta un gran número de volcanes y de ella se desprenden numerosas sierras. América meridional está atravesada de S a N por los Andes. En su parte oriental, existen dos núcleos montañosos separados por la depresión del Amazonas inferior: el macizo de las Guayanas y la meseta brasileña. La cordillera occidental, continuación del alineamiento volcánico de América Central, constituye el sistema de los Andes, que se subdivide en ramales paralelos. Sólo en Chile, a partir de la Puna de Atacama, los Andes forman una barrera única, casi infranqueable, donde se encuentra el Aconcagua (6.959 m), el punto más elevado de América. Las llanuras que se extienden entre los dos sistemas son: Los Llanos del Orinoco, la depresión del Amazonas, el Gran Chaco y las Pampas. América septentrional tiene un litoral más recortado que la meridional. Los ríos de la vertiente pacífica son cortos, mientras que los que desembocan en la vertiente atlántica son muy largos y caudalosos. En el N destacan el Mississippi-Missouri, el Colorado y Río Grande; en el S, el Amazonas, el más caudaloso del mundo, Orinoco y Paraná-Río de la Plata. Entre EE UU y Canadá se encuentran los Grandes Lagos (Michigan, Superior, Hurón, Erie y Ontario); en América del Sur, el Titicaca es el lago más alto del mundo (3.812 m). La enorme extensión en latitud de América le procura la serie completa de zonas climáticas, que se repite, en orden inverso, al N y al S del ecuador. La vegetación es muy variada. Bosques boreales en Canadá y EE UU, praderas en EE UU y Argentina, bosques tropicales en América Central, y bosques ecuatoriales en Brasil, Venezuela, Colombia y las Guayanas.

Geografía humana. La estructura de la población americana se ha formado a partir de las apor-taciones de tres grandes contingentes de población: amerindios, blancos europeos y negros, si bien en la actualidad existe un importante grupo de origen asiático. El sustrato original amerindio es mayoritario en Guatemala, Bolivia, Ecuador y Perú, con un porcentaje de población indígena pura superior al 50%, y muy alto en México (29%). La población mestiza es mayoritaria en casi todos los países hispanoamericanos. De mayoría blanca son Canadá, EE UU, Argentina, Costa Rica y Uruguay. La población negra es mayoritaria en Haití y tiene una presencia muy elevada en Brasil, Panamá, Cuba, República Dominicana, Colombia y EE UU. La inmigración, especialmente blanca, a lo largo de los dos últimos siglos, ha sido muy importante en EE UU, Canadá, Argentina, Brasil. La población se reparte de manera muy desigual: se concentra en las costas y estuarios, con la excepción de México D.F., y disminuye hacia el interior, donde existen verdaderos desiertos demográficos. Aparte de las diversas lenguas aborígenes (esquimal, algonquino, iroqués, uto-azteca, maya, chibcha, quechua, aimará, arahuaco, tupiguaraní), se habla el español en Iberoamérica y S de EE UU; inglés, en Canadá, EE UU e Indias Occidentales Británicas; portugués (Brasil); francés (Antillas francesas, Haití, Canadá), alemán, danés.

Geografía económica. Es un continente dual, muy desarrollado en la América anglosajona y mucho menos en el resto. Abundan las materias primas vegetales y minerales, pero mientras América del Norte posee una poderosa industria para su transformación, en América del Sur sólo se extrae o produce, pero apenas se elabora. Extensas regiones del S de Canadá, EE UU y la cuenca del Plata (Argentina), se prestan para el cultivo de las gramíneas básicas, por lo que figuran entre los más importantes países exportadores de trigo, maíz, cebada, centeno y lino. Los países americanos de mayor producción de arroz son Brasil y EE UU; de cacahuete, EE UU, Brasil y Argentina; de soja, EE UU (obtiene más del 50% de la producción mundial); de algodón, EE UU, Brasil, México, Perú y Argentina; de caña de azúcar, Brasil, Cuba, México, EE UU, Argentina y Colombia; de café, Brasil (mayor productor mundial), seguido por Colombia. El cultivo de tabaco se extiende por casi todo el continente. Asimismo tienen importancia los cultivos de mandioca, ñame, patata, banana, etc. En América las zonas boscosas son muy extensas; los bosques más explotados son los de la región de San Lorenzo, de la zona de los Grandes Lagos y de las Montañas Rocosas en el N y en Argentina, Brasil, Chile, Venezuela, Perú y Colombia en el S. Por el número de cabezas de bovino sobresalen EE UU, Brasil, Argentina, México, Colombia y Canadá; en ovinos, Argentina, EE UU, Uruguay, Brasil y Perú; en porcinos, EE UU, Brasil, México, Canadá y Argentina; en equinos, Brasil, México, Argentina y EE UU; en caprinos, Brasil, México, Argentina y EE UU. Perú, con 6.944.000 toneladas en 1991, es el primer país pesquero americano y el cuarto del mundo. Chile (6.003.000 t) y EE UU (5.473.000 t) son, respectivamente, el quinto y sexto del mundo en volumen de capturas. EE UU y Canadá poseen importantes producciones de amianto, carbón, cobre, hierro, plomo, cinc, molibdeno, vanadio, mercurio, oro, plata y petróleo. Entre los de América del Sur destacan Bolivia (antimonio), Brasil (manganeso), Chile (cobre), Venezuela (hierro y petróleo), México (plomo, cinc, antimonio, mercurio y plata), Perú (plomo, cinc y plata), Jamaica y Surinam (bauxita) y Colombia (esmeraldas). El desarrollo industrial difiere grandemente en ambas Américas. La producción industrial de EE UU y Canadá abarca todos los aspectos de la transformación. EE UU es la mayor potencia económica del planeta. Está a la cabeza en sectores clave como la industria aeroespacial, biotecnológica, química y farmacéutica, automovilística, de telecomunicaciones, de ordenadores y de la información. En América del Sur, las mayores concentraciones industriales se dan en los Estados brasileños de São Paulo y Minas Gerais, y en Argentina en el llamado Gran Buenos Aires. En el campo de la industria pesada y de máquina herramienta destacan países como Venezuela, Colombia, Perú, Argentina, México y Brasil; en el de la industria automotriz, Brasil, Argentina, México, Venezuela y Chile; y en el de la industria química y petroquímica, México, Brasil, Argentina, Perú, Venezuela y Colombia.

HIST. América precolombina. El poblamiento de América se produjo por el estrecho de Behring en dos o más oleadas, que se iniciaron hace más de 45.000 años. La historia de la América precolombina se divide en los siguientes periodos: *lítico* (40000-6000 a. C.), ocupado por grupos nómadas de cazadores con utensilios líticos; *arcaico* (6000-1200 a. C.), caracterizado por la domesticación de plantas autóctonas (maíz, calabaza, patata, mandioca) y por la aparición de la cerámica; *formativo* (1200 a. C.-principios de nuestra era), en el que se produce una expansión de la agricultura, comienzan las

Superficie: 42.247.000 km^2.

Población: 784.284.000 h.

Densidad: 18,6 h./km^2.

Religiones: catolicismo, protestantismo, animismo, islamismo, judaísmo.

Cordilleras: Apalaches, Montañas Rocosas (Mckinley, 6.194 m), Sierra Madre, Andes (Aconcagua, 6.959 m).

Ríos: Amazonas (6.280 km), Mississippi-Missouri (5.970 km), Río de la Plata-Paraná (4.700 km), Orinoco, Colorado, San Lorenzo, Río Grande, San Francisco, Yukon, Mackenzie, Magdalena.

Lagos: Superior (84.131 km^2), Hurón, Michigan, de los Osos, de los Esclavos, Erie, Winnipeg, Ontario, Maracaibo, Nicaragua, Titicaca.

Penínsulas: Alaska, Labrador, Florida, California, Yucatán, Nicoya, Azuero, Guajira, Paraguana, Paria y Valdés.

Cabos: Farewell, Race, Cad, Hatteras, Sable, Catoche, Gracias a Dios, Punta Gallina, San Lucas, Príncipe de Gales, San Roque, Hornos.

Golfos: Hudson, Baffin, San Lorenzo, México, California, Alaska, Honduras, Mosquitos, Panamá, Venezuela, Paria, Río de la Plata, Bahía Blanca, San Matías, San Jorge, Ancud, Guayaquil.

Mares: océano Glacial Ártico, mar del Labrador, océano Atlántico, Caribe, Bering, océano Pacífico.

Islas: Banks, Baffin, Victoria, Ellesmere, Groenlandia, Terranova, Saint-Pierre y Miquelon, Bermudas, Antillas, Aleutianas, Marajó, Malvinas, Tierra del Fuego, Chiloé y Galápagos.

Estrechos: Hudson, Florida, Canal de Yucatán, Bering, Magallanes y Pasaje de Drake.

AMÉRICA

construcciones de los centros ceremoniales, se especializa el arte y la cerámica, y aparecen culturas como la OLMECA o la de Chavín, en CHAVÍN DE HUANTAR; clásico (1 d. C.-900), momento de culminación de las grandes culturas precolombinas; y posclásico (900-1500), caracterizado por la creciente militarización de las sociedades y la llegada de nuevos pueblos procedentes de áreas marginales. Durante el período clásico sobresalen en Mesoamérica la cultura de TEOTIHUACÁN, en el valle de México, la cultura ZAPOTECA, en Monte Albán (Oaxaca), y EL TAJÍN, en la costa del golfo; asimismo, se desarrolla la cultura MAYA clásica, en el Petén guatemalteco. En el área andina destacan la cultura MOCHICA, en la costa septentrional; la cultura NAZCA, en la costa meridional; y la cultura de TIAHUANACO a orillas del lago Titicaca. En el período posclásico surge la cultura TOLTECA en el área mesoamericana. Tras su destrucción comienzan a llegar al valle de México, pueblos nómadas y guerreros del N que, tras asimilar la cultura mesoamericana, comienzan a levantar ciudades. El último pueblo en llegar fue el de los mexicas o AZTECAS, quienes desarrollaron un imperio que se expandió por casi toda el área mexicana imponiendo su cultura y su lengua, el nahua. En la zona de Oaxaca surgió la cultura MIXTECA. Los mayas se desplazaron hacia el N, a la península de Yucatán. En el área andina, la caída del imperio Huari supuso un período de desarrollo de culturas regionales, hasta que llegó a la zona de Cuzco el pueblo INCA, que conquistó gran parte del área andina, imponiendo su cultura y su lengua, el quechua.

Descubrimiento y conquista de América. Dado que Portugal había cerrado a Castilla el camino oriental a la Especiería, el proyecto de Colón de llegar a ella por Occidente fue aceptado por los Reyes Católicos. El 12 de octubre de 1492, Colón llegó a la isla de Guanahaní (San Salvador). De ahí continuó a Cuba y La Española (Santo Domingo). A su regreso, los Reyes gestionaron ante el papa Alejandro VI la concesión de las *bulas alejandrinas* que les asignaban los nuevos territorios. Desde La Española se realizaron viajes que recorrieron la costa sudamericana del Caribe (Venezuela, Colombia y Panamá) a cargo de Juan de la Cosa, Alonso de Ojeda, Américo Vespucio, Diego de Lepe y Rodrigo de Bastidas, y las grandes islas del Caribe fueron conquistadas: Cuba, Puerto Rico, Jamaica. Se realizaron los primeros asentamientos en Tierra Firme (en el golfo del Darién), San Sebastián de Urabá y Santa María de la Antigua (1510). Desde allí partió Vasco Núñez de Balboa para descubrir el océano Pacífico (1513), que llamó mar del Sur. Ponce de León descubrió en 1512 la Florida. En 1518 Hernán Cortés se dirigió a México, y derrotó al imperio azteca (1521, destrucción de Tenochtitlán). Tras la conquista de México, partieron desde allí nuevas expediciones a Guatemala, dirigida por Pedro de Alvarado, que se impuso a los quichés y cakchiqueles; y hacia el N de México. Desde Panamá, Francisco Pizarro intentó conquistar Perú. En 1531 salió su tercera expedición y, tras la ejecución de Atahualpa, entró en Cuzco en 1533. Diego de Almagro inició la conquista de Chile, finalizada por Pedro de Valdivia. Se inició la conquista de Tierra Firme (Colombia y Venezuela), fundándose Cartagena de Indias y Santa Marta. Jiménez de Quesada conquistó el llamado Nuevo Reino de Granada. En 1519 zarpó Magallanes desde España, en busca de un paso que permitiera llegar a las islas de la Especiería; en 1520 descubrió el estrecho de su nombre, y comenzó la travesía del Pacífico, llegando a las Filipinas. Tras su muerte, Juan Sebastián Elcano tomó el mando de la expedición y consiguó completar la primera vuelta al mundo. En 1564, Miguel López de Legazpi partió de México para conquistar Filipinas. Con él viajaba fray Andrés de Urdaneta, para hallar la ruta que permitiera volver hacia América. Urdaneta puso rumbo al N, hasta llegar a la corriente del Kuro Sivo, que le llevó hasta la costa californiana, estableciendo de esa manera una ruta que comunicaba Filipinas con México, utilizada durante siglos. El área maya, Centroamérica, el N de México, el interior de la selva amazónica, fueron siendo poco a poco sometidas.

América colonial. España trasplantó su organización administrativa a América. En 1503 creó la Casa de la Contratación en Sevilla, encargada de los asuntos americanos, papel que asumió el Consejo de Indias tras su creación (1523). El territorio americano se organizó en torno a los virreinatos de Nueva España (México), creado en 1533, y Perú, 1544, a los que se unieron en el siglo XVIII los de Nueva Granada (1717) y Río de la Plata (1776). La administración de justicia se organizó en torno a las audiencias. Desde el principio, las Indias se incorporaron a la Corona de Castilla, y sus habitantes fueron declarados súbditos. En la sociedad surgió pronto el mestizaje. La economía se centró en un principio en la extracción de metales preciosos (oro colombiano y plata mexicana y peruana), que viajaban a España en galeones, que tuvieron que organizarse en flotas para protegerse de la piratería. Otras naciones europeas estuvieron presentes en la historia americana. En 1500, el portugués Cabral tocó la costa de Brasil; en 1521 se fundó la *feitoria* de Pernambuco y se comenzó la explotación de las nuevas tierras. Inglaterra exploró las costas de EE UU y, en 1607, fundó su primera colonia en Jamestown. Las nuevas colonias fueron lugar de refugio de los inmigrantes huidos de las persecuciones religiosas. Ingleses, franceses y holandeses conquistaron territorios en las Antillas. Francia comenzó a poblar los territorios de Terranova, Nueva Escocia y Nueva Francia, y fundó Quebec (1608) y Montreal (1643). En 1682, La Salle exploró y anexionó para Francia la Louisiana. Pero perdió ambos territorios, quedándose Gran Bretaña con los territorios del N, y España con la Louisiana.

América independiente. La victoria inglesa en la guerra de los Siete Años (1756-63) modificó el mapa colonial americano. Por el tratado de París (1763), Inglaterra recibió de España y Francia la Florida y Canadá respectivamente. El conflicto entre el Reino Unido y el deseo de autonomía de sus colonias, desembocó en la revolución norteamericana, y en la declaración de su independencia (1776). Este hecho influyó poderosamente en la América española, donde los criollos reclamaban para sí los cargos de gobierno. La caída de la monarquía española con la invasión napoleónica provocó la constitución de juntas que se fueron transformando en focos de movimientos emancipadores: en México, Morelos e Hidalgo; en Venezuela, Miranda y Bolívar; Belgrano en el Río de la Plata, y O'Higgins en Chile. Tras la derrota napoleónica se convirtieron en movimientos independentistas. San Martín liberó Argentina, Chile y Perú; Bolívar creó la Gran Colombia (Colombia, Venezuela y Ecuador); Iturbide proclamó la independencia de México. Entre 1821 y 1824, América Central creó una república federal. En Brasil, Pedro I evitó la revolución, aceptando la corona imperial. A partir de 1825, comenzó una fase de delimitación de las entidades nacionales. La fragmentación política favoreció las intervenciones externas, económicas o políticas. En el periodo de 1820-50, Inglaterra fue el primer exportador a Iberoamérica y también el principal mercado de la exportación iberoamericana. A partir de 1850, crecieron de manera progresiva las inversiones y empréstitos de EE UU, así como su interés político en la zona, sustentado por la llamada *Doctrina Monroe*. En ella se prohibía la continuación del colonialismo en suelo americano. En la segunda mitad del siglo XIX se desarrollaron los nacionalismos diferenciadores en cada país. La creciente estabilidad no excluyó el surgimiento de regímenes autoritarios y personalistas, apoyados por las diferentes oligarquías locales. Fue la época de los grandes conflictos continentales: final de la Guerra Grande en el Plata (1852), guerras del Paraguay (1864-70) y del Pacífico (1879-83); e internacionales: intervención europea en México y el Segundo Imperio (1861-67), y la guerra española en el Pacífico (1864-66).

América contemporánea. El fin de la guerra hispanonorteamericana (1898), supuso el establecimiento de una zona de dominio en la que EE UU, se aseguró un influjo político duradero. Éste se vio reforzado en 1903 con su intervención en la escisión de Colombia de Panamá, que le dio el control del istmo centroamericano. Comenzaba así la fase del gran imperialismo intervencionista estadounidense que comprendió especialmente desde 1905 hasta 1916, fundamentado y justificado en el Corolario Roosevelt (1905). Se sucedieron así las intervenciones: en 1901, con la enmienda Platt a la Constitución cubana; en 1903 en Panamá y Colombia; en 1904 en Santo Domingo; hacia 1910 en Honduras, Nicaragua y Guatemala; hacia 1914 en Nicaragua, República Dominicana y Haití; en 1926, de nuevo en Nicaragua. Sin embargo, esta política despertó ciertas reservas en algunos sectores norteamericanos y enconadas reacciones en la opinión pública iberoamericana, provocando el cambio hacia la política de *buena vecindad* de Hoover (1929), desarrollada durante la era de Franklin D. Roosevelt (1933-45). Paralelamente, durante este periodo se produjo la primera auténtica revolución continental de carácter popular en México (1910-11), y en 1926 la Conferencia Imperial de Londres reconoció la autonomía completa del Canadá, que se integró posteriormente en la Commonwealth. El resto del continente vivía bajo dictaduras oligárquicas y militares como Colombia, Venezuela, Ecuador, Bolivia, Perú, Brasil y Paraguay, o intentaba una estabilidad democrática: Chile, Argentina y Uruguay. Los dos últimos evolucionaron hacia sendos regímenes autoritarios. Tras la Segunda Guerra Mundial, los intentos de crear una alianza interestatal como mecanismo de protección contra intervenciones unilaterales comenzaron con la Conferencia Interamericana de Chapultepec (1945) y alcanzaron sus objetivos en la Conferencia de Rio de Janeiro (1947) y con la fundación, en 1948, de la Organización de Estados Americanos (OEA). El intervencionismo estadounidense, sin embargo, siguió produciéndose (Guatemala, 1954; Chile, 1973; Granada, 1983; Panamá, 1989; Haití, 1994). Muchos de los intentos de recuperación nacional, tanto económica como política, que se produjeron desde 1945, fracasaron, salvo excepciones aisladas, y acabaron ahogados bajo regímenes dictatoriales. Los Estados iberoamericanos se vieron implicados en las tensiones internacionales y en la lucha anticomunista. El triunfo de la revolución en Cuba en 1959 abrió un periodo de revoluciones populares y movimientos guerrilleros de carácter socialista que, en algunos casos, alcanzaron el poder por la vía democrática (Chile en 1970) o mediante la fuerza (Nicaragua en 1979). Como consecuencia, se produjo un aumento de las tensiones continentales, la implantación de numerosas dictaduras militares y un endurecimiento de las ya existentes. A finales de los años setenta se inició un proceso de liberalización política y comenzaron a reinstaurarse de nuevo regímenes de carácter civil: en Ecuador (1979), Perú (1980), Bolivia (1982), Argentina (1983), Uruguay (1985), Brasil (1985), Paraguay (1989) y Chile (1989). Por otra parte, el régimen sandinista de Nicaragua evolucionó hacia un sistema democrático y liberal en 1990 y el régimen comunista cubano se vio obligado a abrir vías de diálogo con la oposición en el exilio en la primera mitad de la década de los noventa. Al mismo tiempo, se inició un proceso de recuperación económica e integración comercial (instauración del Tratado de Libre Comercio y de MERCOSUR, en 1994 y 1995 respectivamente). Posteriormente son reseñables la crisis finaciera que azotó Brasil a finales de 1998; la forzada dimisión del presidente Raúl Cubas en Paraguay (1999); la detención de Pinochet en Londres (1998) y su posterior traslado a Chile, donde le fue retirada la inmunidad (2000), y la huida a Japón del presidente peruano Fujimori (2000). En el subcontinente septentrional cabe destacar la histórica derrota del PRI en las elecciones presidenciales de México (2000) y el acceso a la presidencia estadounidense de George W. Bush (2001).

AMÉRICA ESPAÑOLA Conjunto de territorios españoles en América, desde el S de EE UU (California, Nuevo México, etc.) hasta la Patagonia. Estaban distribuidos en cuatro virreinatos (Nueva España, Nueva Granada, Perú y Río de La Plata) y cinco capitanías generales (Guatemala, Puerto Rico, La Habana, Caracas y Chile).

AMÉRICA LATINA Nombre con el que se conoce al conjunto de México, Centroamérica y América del Sur, constituido por Estados de colonización española, portuguesa y francesa, así como por pequeñas ex colonias británicas.

AMERICANA f. CHAQUETA.

AMERICANISMO m. **1** Calidad o condición de americano. **2** Carácter genuinamente americano. **3** Amor o apego a las cosas características o típicas de América. **4** *Ling.* Vocablo, giro, rasgo fonético, gramatical o semántico que pertenece a alguna lengua indígena de América o proviene de ella. **5** *Ling.* Vocablo, giro procedente del español hablado en algún país de América.

AMERICANISTA adj. **1** Relativo a las cosas de América. || com. **2** Persona dedicada al estudio de las lenguas y culturas de América.

AMERICANIZACIÓN f. Acción y efecto de americanizar o americanizarse.

AMERICANIZAR tr. **1** Dar carácter americano. || prnl. **2** Tomar este carácter.

AMERICANO, NA adj. **1** Natural de América. **2** Se aplica generalmente a los naturales de EE UU y a todo lo relativo a este país. También s. **3** INDIANO, que vuelve rico de América.

AMERICIO m. *Quím.* Elemento químico, perteneciente al grupo de los actínidos del sistema periódico. Masa atómica del isótopo de vida media más larga, 243; número atómico, 95; y símbolo, *Am.* Es un elemento radiactivo artificial que se obtiene en un ciclotrón bombardeando el plutonio con neutrones.

AMERINDIO, DIA adj. y s. Se dice del indio americano.

AMERITAR tr. *Amér.* **1** Dar méritos. También prnl. **2** Merecer.

AMERIZAJE m. Acción de amerizar.

AMERIZAR intr. Posarse en el agua un hidroavión o aeronave.

AMETRALLADOR, RA adj. **1** Que ametralla. || f. *Arm.* **2** Arma de fuego automática, montada sobre un ajuste fijo o móvil, que dispara proyectiles de distinto calibre (entre 6 y 40 mm), con una cadencia de fuego de hasta mil disparos por minuto.

AMETRALLAMIENTO m. Acción y efecto de ametrallar.

AMETRALLAR tr. **1** Disparar metralla contra el enemigo. **2** Disparar con ametralladora. **3** Disparar con automaticidad y elevada frecuencia.

AMETRÍA f. *Métr.* **1** Falta de medida o irregularidad en la norma métrica. **2** Falta de medida en los versos.

AMÉTRICO, CA adj. Relativo a la ametría.

AMETROPÍA f. *Pat.* Defecto de refracción en el ojo que provoca la formación de una imagen desenfocada en la retina. Comprende miopía, hipermetropía y astigmatismo.

AMEYAL m. *Méx.* Pozo abierto junto a una alberca o estanque, para filtrar el agua.

AMÉZAGA LANDARASO, JUAN JOSÉ Político uruguayo (Montevideo, 1881 - íd., 1956). Fue ministro de Industria (1915) y embajador en Argentina (1916). Militó en el Partido Colorado. Ocupó la presidencia de la República (1943-47).

AMHARA adj. y s. AMARA.

AMHARA AMARA.

AMHÁRICO m. *Ling.* AMÁRICO.

AMIA f. *Zool.* LAMIA, especie de tiburón.

AMIANO MARCELINO Historiador romano de origen griego (Antioquía, 330 - Roma, 395). Escribió la continuación de los Anales de Tácito.

AMIANTO m. *Miner.* Mineral (asbesto) que se presenta con una estructura fibrosa de aspecto sedoso, separándose en fibras blancas, cortas, flexibles, y muy poco resistentes. Es incombustible.

AMICIS, EDMONDO DE Escritor italiano (Oneglia, 1846 - Bordighera, 1908). Abandonó la carrera militar para dedicarse al periodismo y a la literatura. Sus novelas están cargadas de un sentimentalismo idealista y moralizador: *Los amigos* (1883), *Corazón* (1886) y *Novela de un maestro* (1890), entre otras. Es también autor de libros de viajes.

AMIDA f. *Quím.* Cada uno de los compuestos orgánicos nitrogenados que resultan de sustituir uno, dos o los tres hidrógenos del amoniaco por radicales ácidos, dando lugar a las amidas primarias, secundarias y terciarias, respectivamente. El nombre de las amidas se forma cambiando la terminación del ácido correspondiente por amida: *acético, acetamida; carbónico, carbamida.*

AMIDA *Mit.* Nombre niponizado del Buda *Amitâbha.* Divinidad principal del budismo japonés, que personifica la caridad y el amor.

AMIDISMO m. *Rel.* Doctrina del budismo sukhavati que se centra en el culto de *Amitâbha* (en japonés, Amida).

AMIEL, HENRI FRÉDÉRIC Escritor suizo en lengua francesa (Ginebra, 1821 - íd., 1881). Escribió numerosos ensayos recogidos en la edición póstuma *Ensayos críticos de Amiel* (1923). Su obra principal es *Diario íntimo* (1883).

Amiens (Francia). Vista aérea.

Amiens Ciudad del N de Francia, capital de la región de Picardía y del departamento de Somme; 136.234 h. Notable catedral gótica (1220-70).

Amiens, maestro de Escultor gótico francés (s. XIII). Autor del *Beau Dieu*, en la catedral de Amiens. Introdujo el gótico francés en España.

Amiens, paz de *Hist.* Tratado de paz firmado en 1802 que puso fin a la guerra que Inglaterra sostenía con Francia, España y la República Bátava. Estableció la devolución de Egipto a Turquía, la restitución de las conquistas inglesas y la retirada de los franceses de Nápoles.

amiento m. Especie de correa que servía para varios usos.

amigable adj. **1** Afable y que invita a la amistad. **2** Dicho de cosas, AMISTOSO. **3** fig. Que tiene unión y conformidad con otra cosa.

amígdala f. *Anat.* Órgano formado por la unión de numerosos nódulos linfáticos, localizado en la garganta en el punto en que las cavidades oral y nasal se abren a la faringe. || **amígdala faríngea** *Anat.* La linfática situada en la porción nasal de la faringe. || **amígdala lingual** *Anat.* La linfática situada en la parte posterior de la superficie de la lengua. || **amígdala palatina** *Anat.* Cada uno de los dos cuerpos glandulares, rojizos, y con forma de almendra, que el hombre y algunos animales tienen en el velo del paladar.

amigdaláceo, a adj. y s. *Bot.* **1** Se dice de los árboles o arbustos rosáceos, de fruto en drupa con hueso que encierra una almendra por semilla, como el almendro, melocotonero, albaricoque, guindo, cerezo, etc. || f. pl. *Bot.* **2** Familia de estas plantas.

amigdalina f. *Quím.* Glucósido contenido en la almendra amarga y en las semillas de los melocotones, albaricoques, ciruelas, cerezas, etc.

amigdalitis f. *Pat.* Inflamación de las amígdalas. También denominada *angina* o *tonsilitis*. ♦ Su pl. es *amigdalitis*.

amigdaloide adj. **1** *Bot.* Que tiene forma de almendra. **2** *Geol.* Inclusión de minerales secundarios, que adopta forma de almendra, situada rellenando las cavidades de una roca ígnea.

amigo, ga adj. **1** Que tiene amistad. También s. **2** Amistoso, agradable. **3** Aficionado a alguna cosa. **4** poét. Refiriéndose a objetos materiales, benéfico, benigno, grato. **5** Se usa como tratamiento afectuoso, aunque no haya amistad. **6** Amante.

Amigos, Islas de los Tonga.

amigote m. desp. Compañero habitual de diversiones.

amiguete m. fam. Persona conocida con la que se mantiene una relación amistosa ocasional.

amiláceo, a adj. *Quím.* Que contiene almidón.

amilanamiento m. Acción y efecto de amilanar o amilanarse.

amilanar tr. fig. **1** Causar a alguien tal miedo que quede aturdido y paralizado. **2** fig. Hacer perder el ánimo. || prnl. **3** Perder el ánimo, abatirse.

amilasa f. *Quím.* Enzima que hidroliza carbohidratos de reserva; en las plantas, el almidón y los demás compuestos similares pasan a maltosa; en los animales actúa sobre el glucógeno. La amilasa salivar se llama también *tialina*.

Amílcar Barca General cartaginés (?, h. 290 - ?, h. 229 a. C.). Padre de Aníbal. En 247 a. C., mandó el ejército cartaginés en Sicilia durante la primera guerra púnica. En 241 a. C., negoció la paz con Roma. De regreso a Cartago, reprimió la rebelión de los mercenarios (240-37 a. C.). Emprendió la conquista de la península Ibérica en (238 a. C.), donde venció a los régulos hispanos Istolacio e Indortes. Fundó la ciudad de Akra Leuke, cerca de Alicante, que convirtió en la base de su ejército. Sucumbió vencido por el caudillo oretano Orisón.

amillaramiento m. **1** Acción y efecto de amillarar. **2** Padrón en que constan los bienes amillarados.

amillarar tr. Regular los caudales y granjerías de los vecinos de un pueblo para repartir entre ellos las contribuciones.

amillonado, da adj. Muy rico o acaudalado.

amilo m. *Quím.* **1** Radical monovalente de hidrocarburo saturado con cinco átomos de carbono en la cadena, de fórmula C_5H_{11}–. También conocido como radical *pentilo*. **2** ALMIDÓN.

amiloideo, a adj. *Quím.* Semejante al almidón.

amilopectina f. *Quím.* Polímero de carbohidratos muy ramificado, constituyente junto con la amilosa de los granos de almidón.

amiloplasto m. *Bot.* Plasto celular en donde se almacenan los gránulos de almidón. Está presente en las células de los tejidos vegetales de reserva.

amilosa f. *Quím.* Polímero lineal del almidón.

Amín, Hafizullah Político afgano (Paghman, 1929 - Kabul, 1979). Líder del sector radical del Partido Comunista, en marzo de 1979 sustituyó a Taraki como primer ministro y en septiembre como presidente de la República. En diciembre, la URSS invadió el país y Amín fue derrocado.

Amín Dadá, Idi Político y militar ugandés (Koboko, 1925 - Jiddah, Arabia Saudí, 2003). Comandante en jefe del ejército ugandés desde 1968, llegó al poder en 1971 tras perpetrar un golpe de Estado que derrocó a Obote. Su actividad política, populista y dictatorial, degeneró en un régimen de terror. En 1979 fue derrocado.

amina f. *Quím.* Sustancia química orgánica que se forma sustituyendo uno, dos o tres átomos de hidrógeno del amoniaco por radicales orgánicos. Dependiendo del número de hidrógenos sustituidos, pueden ser primarias, secundarias y terciarias.

aminar tr. *Quím.* Introducir en una molécula orgánica un radical amínico.

Amindivas, Islas Laquedivas, Minikoy y Amindivas.

amínico, ca adj. *Quím.* Relativo a las aminas.

amino m. *Quím.* Radical monovalente formado por un átomo de nitrógeno y dos de hidrógeno o radicales orgánicos, que constituye el grupo fundamental de las aminas y otros compuestos orgánicos.

aminoácido m. *Quím.* Sustancia orgánica hidrosoluble en cuya composición molecular entran un grupo amínico (–NH_2) y otro carboxílico (–COOH). Su enorme importancia biológica deriva del hecho de polimerizarse para formar péptidos y proteínas. En la naturaleza se han encontrado más de 80 aminoácidos diferentes, pero de ellos solamente unos 24 son los componentes básicos de las proteínas. Algunos, a pesar de ser imprescindibles para el organismo animal, no pueden ser sintetizados por él y deben ingerirse con los alimentos. Estos son conocidos con el nombre de *aminoácidos esenciales*.

aminoaciduria f. *Pat.* Grupo de trastornos orgánicos que provocan la presencia de un exceso de aminoácidos en la orina.

aminorar tr. y prnl. Disminuir, reducir algo.

Amirí adj. y com. *Hist.* Se dice de cada uno de los descendientes de Abu Amir Muhammad (Almanzor), que a la caída del califato de Córdoba fundaron reinos de taifas en el levante de España (siglo XI).

Amis, Kingsley Escritor y crítico literario británico (Clapham, Londres, 1922 - íd., 1995). Lideró el grupo de los «jóvenes airados». Entre su producción novelística destacan *Jim, el afortunado* (1954), *El hombre verde* (1969), *Los viejos demonios* (1986) y *You Can't Do Both* (1994). Ha publicado también *Poemas escogidos 1944-79* (1979), y ensayos: *¿Qué fue de Jane Austen?* (1970).

Amis, Martin Escritor inglés (Oxford, 1949). Hijo de Kingsley Amis, su primera novela, *El libro de Rachel* (1973), le convirtió en una de las figuras más controvertidas de la literatura británica actual. Es también autor de *Niños muertos* (1975), *Éxito* (1978), *Dinero* (1984), *La información* (1995) y *Koba el terrible* (2002).

amistad f. **1** Afecto personal, puro y desinteresado, ordinariamente recíproco, que nace y se fortalece con el trato. || f. pl. **2** Personas con las que se tiene amistad.

amistoso, sa adj. **1** Perteneciente o relativo a la amistad. **2** *Dep.* Se dice del encuentro deportivo que no es de competición.

amito m. *Liturg.* Lienzo que sacerdotes y diáconos se visten bajo el alba, sobre los hombros, para celebrar algunos oficios religiosos.

amitosis f. *Biol.* Proceso de multiplicación celular caracterizado por la división directa del núcleo celular en dos partes, por estrangulamiento simple, sin fases preparatorias como en la mitosis.

amitótico, ca adj. *Biol.* Relativo a la amitosis.

Amman Ciudad capital de Jordania; 969.598 h. Principal centro comercial e industrial del país. Importantes restos arqueológicos.

Ammannati, Bartolomeo Escultor y arquitecto italiano (Settinano, 1511 - Roma, 1592). Representante del manierismo florentino, sus principales obras son el patio del palacio Pitti, la fachada del Colegio Romano y la fuente de Neptuno.

Ammón Amón.

Ammonios, Saccas Amonio, Sacas.

ammonites m. *Biol.* amonites.

amnesia f. *Pat.* Pérdida total o parcial de la memoria.

amnésico, ca adj. *Pat.* **1** Relativo a la amnesia. **2** Que padece amnesia. También s.

amnio o **amnios** m. *Biol.* Membrana interna que envuelve al embrión de aves, reptiles y mamíferos.

amniota m. *Biol.* Vertebrado superior (reptiles, aves y mamíferos) cuyo embrión está protegido por un amnios durante su desarrollo.

amniótico, ca adj. *Biol.* Relativo al amnios. Más concretamente se refiere al líquido del amnios que protege al embrión.

amnistía f. *Der.* Perdón de los delitos políticos, otorgado por ley o decreto, que elimina la pena y sus efectos.

Amnistía Internacional (*Amnesty International*) Organización humanitaria de carácter privado, no gubernamental, apolítica e independiente, creada en 1961, con el fin de ayudar a todos los presos políticos y hacer

Bartolomeo **Ammannati**. Fuente de Neptuno en la plaza de la Señoría (Florencia).

respetar los derechos humanos. Su sede está en Londres. En 1977 le fue concedido el premio Nobel de la Paz y, en 1978, el de los Derechos Humanos de la ONU.

AMNISTIAR tr. Conceder amnistía.

AMO m. **1** Dueño de alguna cosa. **2** Cabeza de familia. **3** Persona que posee criados. **4** Mayoral o capataz. **5** Persona que predomina sobre otros, o en algo.

AMOBLAR tr. AMUEBLAR. ♦ IRREG. Se conjuga como CONTAR.

AMODITA f. ALICANTE.

AMODORRADO, DA adj. Que tiene modorra.

AMODORRAMIENTO m. Acción y efecto de amodorrarse.

AMODORRAR tr. **1** Producir modorra. || prnl. **2** Caer en modorra.

AMOHINAMIENTO m. Acción y efecto de amohinarse.

AMOHINAR tr. y prnl. Causar mohína.

AMOJAMAR tr. **1** Hacer mojama. || prnl. **2** ACECINARSE.

AMOJONAMIENTO m. **1** Acción y efecto de amojonar. **2** Conjunto de mojones.

AMOJONAR tr. Señalar con mojones los linderos de una propiedad o de un término jurisdiccional.

AMOL m. *Bot. Amér. C.* y *Méx.* AMOLE.

AMOLADERA adj. Se dice de la piedra de amolar o afilar. También s.

AMOLADO, DA adj. *Perú* Se dice de la persona que importuna o molesta reiteradamente.

AMOLADOR m. El que tiene por oficio amolar instrumentos cortantes o punzantes.

AMOLADURA f. **1** Acción y efecto de amolar. || f. pl. **2** Pedazos muy menudos que se desprenden de la piedra cuando se afila.

AMOLAR tr. **1** Sacar corte o punta a un arma o instrumento en la muela. **2** fig. y fam. Fastidiar, molestar con pertinacia. También prnl. ♦ IRREG. Se conjuga como CONTAR.

AMOLDABLE adj. Capaz de amoldarse.

AMOLDAR tr. **1** Ajustar una cosa al molde. También prnl. **2** fig. Acomodar a la forma conveniente. También prnl. **3** fig. Ajustar la conducta de alguien a una pauta determinada. Más como prnl.

AMOLE m. *Bot. Amér. C.* y *Méx.* Nombre con que se designan varias plantas cuyos bulbos y rizomas se usan para elaborar jabón.

AMOLLAR tr. e intr. **1** *Mar.* Aflojar la escota u otro cabo. || intr. **2** Ceder, aflojar, desistir. ♦ IRREG. Se conjuga como CONTAR.

AMOLLENTAR tr. Ablandar una cosa.

AMOMO m. *Bot.* Planta de la familia zingiberáceas, intertropical, con flores en espiga y frutos en cápsula, cuyas semillas se usan en medicina.

El faraón Ramsés II entre los dioses **Amón** y Mut de Tebas. Museo Egipcio (Turín).

AMÓN o **AMMÓN** *Mit.* Principal divinidad de la religión egipcia. En un primer momento era el dios del aire, pero pronto se le asoció a Ra, dios de Heliópolis, bajo la advocación de *Amón Ra,* y pasó a representar al Sol. Su culto alcanzó el mayor apogeo durante la XII dinastía (2000 a 1780 a. C.), en Tebas. Sus sacerdotes se enfrentaron al faraón AMENHOTEP IV. Se le representaba con cuerpo de hombre y cabeza de carnero, o bien con el rostro del faraón reinante, tocado por unos cuernos de carnero y el disco solar entre dos plumas.

AMÓN Personaje bíblico. Hijo de Lot y hermano de Moab, en quien tuvo origen el pueblo amonita.

AMONAL m. *Quím.* Explosivo de gran potencia compuesto de nitrato amónico, aluminio en polvo y trinitrotolueno.

AMONAMA f. *Ecuad.* Panal de miel que hacen algunas abejas bajo tierra.

AMONARSE prnl. fam. EMBRIAGARSE.

AMONEDAR tr. Reducir a moneda algún metal.

AMONESTACIÓN f. Acción y efecto de amonestar.

AMONESTAR tr. **1** Hacer presente alguna cosa para que se considere, procure o evite. **2** Advertir, prevenir. **3** Publicar en la iglesia los nombres de las personas que quieren casarse.

AMONIACAL adj. *Quím.* Relativo al amoniaco.

AMONIACO o **AMONÍACO** m. *Quím.* Compuesto de tres átomos de hidrógeno y uno de nitrógeno (NH$_3$). Es incoloro, de olor picante e irritante, más ligero que el aire, muy soluble en agua y en alcohol, y que se licua a -33,5° C. En la naturaleza se forma por descomposición bacteriana de proteínas, purinas y urea. Químicamente se obtiene por síntesis del nitrógeno y del hidrógeno sometidos a altas presiones y temperatura. Con la mayoría de los ácidos forma sales y con los metales, nitruros. Es un producto básico en la industria química: fertilizantes, refrigerantes, vulcanización, colorantes, industria textil, etc.

AMÓNICO, CA adj. *Quím.* Relativo al amonio.

AMONIO (De *Ammón,* Júpiter.) m. *Quím.* Radical monovalente de fórmula NH$_4$. Este compuesto, que se forma al combinarse el amoniaco con los ácidos, se comporta como el átomo de un metal alcalino monovalente, dando origen a sales amónicas, muy usadas en la industria, la medicina y en agricultura como abonos.

AMONIO SACAS Filósofo griego (?, h. 175 - ?, h. 242). Se le considera el fundador de la escuela neoplatónica.

AMONITA[1] (De *amonio.*) f. *Quím.* Mezcla explosiva cuyo principal componente es el nitrato amónico.

AMONITA[2] o **AMONITA** (Del lat. *ammonīta.*) adj. **1** *Hist.* Se dice de un pueblo bíblico de Mesopotamia, emparentado con los hebreos. Descendiente de Amón, ocupó la región al E del Jordán. Fue combatido por Saúl y David y exterminado por Joab. Más como m. pl. **2** Perteneciente o relativo a este pueblo. También com.

AMONITES o **AMMONITES** m. *Paleon.* **1** Fósil cefalópodo ya extinguido, con la concha en espiral plana, característico de los periodos jurásico y cretácico de la era mesozoica. **2** Concha de este molusco. ♦ Su pl. es *amonites.*

AMONIZACIÓN f. *Biol.* Transformación de ciertos compuestos orgánicos en sales amoniacales por acción de las bacterias.

AMONTAR intr. y prnl. Huir o hacerse al monte.

AMONTILLADO adj. y m. Se dice de una clase de jerez fino que se asemeja al vino de Montilla.

AMONTONAMIENTO m. Acción y efecto de amontonar o amontonarse.

AMONTONAR tr. **1** Poner unas cosas sobre otras sin orden ni concierto. También prnl. **2** Apiñar personas o animales. **3** Juntar, reunir cosas en abundancia. **4** Juntar y mezclar varias especies sin orden. || prnl. **5** Sobrevenir muchos sucesos en poco tiempo.

AMONTTONS, GUILLAUME Físico francés (París, 1663 - íd., 1705). Ideó el telégrafo de señales y realizó importantes trabajos sobre barómetros, higrómetros y termómetros.

AMOR m. **1** Conjunto de sentimientos que ligan a una persona a otra, o bien a las cosas, ideas, etc. **2** Pasión que atrae a un sexo hacia el otro. **3** Ternura, suavidad. **4** Persona amada, y por extensión, aquello que es especialmente querido. **5** Esmero con que se trabaja una obra deleitándose en ella. **6** *Bot.* CADILLO. || m. pl. **7** Relaciones amorosas. || **AMOR CORTÉS** *Lit.* Movimiento literario medieval y renacentista que abarca desde la poesía trovadoresca, hasta los libros de caballerías, Petrarca y la poesía petrarquista europea. || **AMOR DE HORTELANO** *Bot.* Planta de la familia rubiáceas, parecida al galio, de fruto globoso lleno de cerditas ganchosas en su ápice. || **AMOR PLATÓNICO** Amor espiritual, idealizado e inmaterial. || **AMOR PROPIO** Estima que se tiene hacia uno mismo, afán de mejorar la propia actuación. || **AMOR AL USO** *Bot.* Arbolito de la familia malváceas, nativo de Cuba, también cultivado en Europa. || **AMORES SECOS** o **AMOR SECO** *Bot. Amér. m.* y *Filip.* Nombre que designa diversas especies de plantas herbáceas cuyos frutos espinosos se adhieren al pelo, ropa, etc. || **al amor de la lumbre,** o **del fuego** exprs. Cerca de ella, o de él, de modo que caliente y no queme. || **con mil amores** o **de mil amores** exprs. fams. Con mucho gusto. || **hacer el amor** fr. Enamorar, galantear. Por extensión, realizar el acto sexual. || **por amor al arte** loc. adv. Sin compensación económica. || **por amor,** o **por el amor de Dios** expr. Por lo que más se quiera.

AMOR *Mit.* EROS y CUPIDO.

AMORAGAR tr. Asar con fuego de leña, y en la playa, sardinas y otros peces y moluscos.

amonites del periodo jurásico. Museo de Historia Natural (Milán).

AMORAL adj. y com. Que no se guía o no se ajusta a criterios morales.

AMORALIDAD f. Condición de amoral.

AMORALISMO m. *Filos.* Tendencia filosófica del siglo XIX que afirma la independencia de la conciencia con respecto a las categorías de lo bueno y lo malo.

AMORATADO, DA adj. Que tira a morado.

AMORATARSE prnl. Ponerse morado.

AMORCILLO m. *Arte.* En las artes plásticas, niño desnudo y alado que representa a Cupido, dios del amor.

AMORDAZAMIENTO m. Acción y efecto de amordazar.

AMORDAZAR tr. **1** Poner mordaza. **2** fig. Impedir mediante coacción hablar o expresarse libremente.

AMORECER tr. **1** Cubrir el morueco a la oveja. || prnl. **2** Entrar en celo las ovejas. ♦ IRREG. Se conjuga como AGRADECER.

AMORFIA f. **1** Calidad de amorfo. **2** *Med.* Deformidad orgánica.

AMORFO, FA adj. **1** Sin forma regular o bien determinada. **2** *Quím.* Sólido que no cristaliza en ningún sistema, sin forma ni estructura definidas.

AMORGAR tr. Dar MORGA a los peces para atontarlos o matarlos.

AMORIM, ENRIQUE Escritor uruguayo (Salto, 1900 - íd., 1960). Se dio a conocer con los relatos de *Las quitanderas* (1924) y *Tangarupá* (1925), pero su talento narrativo se vio en novelas de tema social como *La carreta* (1933) y *El paisano Aguilar* (1934).

AMORÍO m. fam. Relación amorosa que se considera superficial y pasajera. Más en pl.

AMORISCADO, DA adj. Semejante a los moriscos.

AMORITA AMORRITA.

AMORMÍO m. *Bot.* Planta perenne de la familia amarilidáceas, de nombre científico *Pancratium maritimum.* Tiene hojas largas y estrechas y flores blancas. Crece en arenales de la costa.

AMORÓS, CARLES Impresor provenzal (? - ?, 1549). Desde 1503 vivió en Barcelona, donde instaló su imprenta. En ella vieron la luz el *Vocabulario* (1522) de Nebrija, o las *Chroniques d'Espanya* (1547) de Pere Miquel Carbonell. Realizó la primera edición de las obras de Boscán y Garcilaso de la Vega (1543), y de la poesía de Ausias March (1543).

AMORÓS, JUAN BAUTISTA LANZA, SILVERIO.

AMOROSO, SA adj. **1** Que siente amor. **2** Que manifiesta amor. **3** fig. Blando, suave. **4** fig. Templado, apacible.

AMORRAR tr. **1** Hacer que el buque cale mucho de proa. || tr. intr. **2** fam. Bajar o inclinar la cabeza. También prnl. **3** fam. Bajar la cabeza, obstinándose en no hablar. También prnl. **4** *Mar.* HOCICAR, hundir la proa. También prnl. || tr. prnl. **5** Aplicar los labios o morros directamente a una fuente o a una masa de líquido, para beber.

AMORREO, A AMORRITA.

AMORRITA adj. *Hist.* **1** Se dice del individuo de un pueblo bíblico descendiente de Amorreo, hijo de Canaán. Procedían del NO del Próximo Oriente. También s. y más en pl. **2** Perteneciente o relativo a este pueblo. || m. *Ling.* **3** Lengua hablada por los amorritas, perteneciente al tronco de las semíticas.

AMORTAJADOR, RA m. y f. Persona que amortaja o que tiene por oficio amortajar.

AMORTAJAR tr. Poner la mortaja al difunto.

AMORTECER tr. **1** AMORTIGUAR. También intr. || prnl. **2** Desmayarse, quedar como muerto.

André Marie **Ampère.** Museo Ampère de Poleymieux-au-Mont-d'Or (Francia).

amortecimiento m. Acción y efecto de amortecer o amortecerse.

amortiguación f. 1 AMORTIGUAMIENTO. 2 *Tecnol.* Control de un movimiento vibratorio.

amortiguador, ra adj. 1 Que amortigua. || m. 2 *Aeron.* Pieza que absorbe energía en el tren de aterrizaje de un avión. 3 *Telec.* Sección de guiaondas que disminuye la intensidad de la onda transmitida. 4 *Inform.* Dispositivo de memoria que compensa cualquier diferencia del caudal de información en varios puntos del sistema. 5 *Tecnol.* Resorte o mecanismo para evitar el efecto de las sacudidas bruscas. Se aplica a los barómetros marinos, a las cajas de los vehículos, a las carrocerías de los automóviles, etc. 6 *Tecnol.* Dispositivo para absorber energía. 7 *Tecnol.* Dispositivo utilizado para evitar características o comportamientos desfavorables.

amortiguamiento m. 1 Acción y efecto de amortiguar o amortiguarse. 2 Disminución progresiva, en el tiempo, de la intensidad de un fenómeno periódico. 3 *Aeron.* Referido a una aeronave, capacidad para soportar las fluctuaciones y oscilaciones periódicas. 4 *Fís.* Reducción de la amplitud de un movimiento oscilatorio por disipación de energía.

amortiguar tr. 1 fig. Hacer menos intensa o viva alguna cosa. También prnl. 2 fig. Templar la viveza de los colores.

amortizable adj. Que puede amortizarse.

amortización f. Acción y efecto de amortizar. || **amortización financiera** *Econ.* Reducción gradual de una deuda mediante pagos periódicos que comprenden intereses y parte del capital.

amortizar tr. 1 Redimir o pagar el capital de un préstamo o deuda. También prnl. 2 Recuperar o compensar los fondos invertidos. También prnl. 3 Suprimir empleos o plazas en un cuerpo u oficina.

Amós Personaje bíblico, tercero de los doce profetas menores (? - 785 a. C.). Uno de los libros de la Biblia lleva su nombre.

amoscarse prnl. fam. ENFADARSE.

Amosis, Ahmes o **Amasis** Nombre de dos faraones egipcios.

Amosis I (?, h. 1575 a. C. - ?, h. 1550 a. C.). Fundó la XVIII dinastía. Expulsó a los hicsos del valle del Nilo.

Amosis II (?, h. 570 a. C. - ?, h. 526 a. C.). Faraón de la XXVI dinastía. Destronó a su antecesor Apries. Pactó con griegos y libios.

amostazar tr. y prnl. fam. Irritar, enojar.

amotinado, da adj. y s. Se dice de la persona que toma parte en un motín.

amotinamiento m. Acción y efecto de amotinar o amotinarse.

amotinar tr. 1 Provocar un motín. También prnl. || prnl. 2 Sublevarse contra la autoridad constituida.

amovible adj. Que puede ser quitado del lugar que ocupa, o separado del cargo que tiene.

amovilidad f. Calidad de amovible.

ampalagua f. *Zool. Arg.* y *Urug.* Serpiente de gran tamaño que mata a sus presas por estrangulamiento.

amparar tr. 1 Favorecer, proteger. || prnl. 2 Valerse del favor o protección de alguien o algo.

amparo m. 1 Acción y efecto de amparar o ampararse. 2 Abrigo o defensa.

Ampato, nevado de Pico de Perú, en el departamento de Arequipa, que forma parte del ramal homónimo de los Andes; 6.310 m de altura. Su origen es volcánico.

ampel-, ampelo- prefs. que significan vid: *ampelídeo, ampelografía.*

ampelídeo, a adj. VITÁCEO.

ampelita f. *Geol.* Pizarra blanda, aluminosa y muy manchada de antracita.

ampelo- AMPEL-.

ampelografía f. *Bot.* Descripción de las variedades de la vid y conocimiento de los modos de cultivarlas.

ampelógrafo, fa m. y f. Persona que ejerce la ampelografía.

amperaje m. *Fís.* Cantidad de amperios que actúan en un aparato o intensidad de un sistema eléctrico.

Ampère, André Marie Físico y matemático francés (Lyon, 1775 - Marsella, 1836). Independientemente de Avogadro enunció como hipótesis la ley que se conoce con el nombre de este autor y formuló la ley o regla que lleva su nombre (véase AMPÈRE, LEY DE). Se le considera fundador de la electrodinámica y, en su honor, se denominó amperio a la unidad de medida de la intensidad de corriente eléctrica. Construyó el primer galvanómetro. Su obra principal es *Memoria sobre la teoría matemática de los fenómenos electrodinámicos* (1820).

Ampère, ley de *Fís.* La formulada por A. M. Ampère, que afirma que si una corriente lineal dispuesta paralelamente a una aguja imantada es tal, que circula aquélla por el conductor entrando por los pies y saliendo por la cabeza de un supuesto observador tendido a lo largo de la corriente y mirando a la aguja imantada, el polo de la aguja que se dirige al Norte se desvía por la acción de la corriente a la izquierda del observador.

amperímetro m. *Fís.* Aparato que sirve para medir la intensidad de la corriente eléctrica.

amperio (Del apellido de A. M. *Ampère.)* m. *Fís.* Unidad de intensidad de la corriente eléctrica en el Sistema Internacional de Unidades (SI). Es la intensidad de una corriente eléctrica constante que transporta la carga de un culombio en un segundo de tiempo. Su símbolo es *A.*

ampervuelta f. *Fís.* Producto del número de espiras de un arrollamiento eléctrico por la intensidad de corriente que circula por él.

amplexicaulo, la adj. *Bot.* Se dice de los órganos que abrazan el tallo de una planta, especialmente de las hojas.

ampliación f. 1 Acción y efecto de ampliar. 2 Fotografía ampliada.

ampliador, ra adj. y s. 1 Que amplía. || m. y f. *Fot.* 2 Aparato para obtener copias fotográficas ampliadas a partir del negativo.

ampliar tr. 1 Extender, dilatar. 2 Profundizar. 3 Reproducir fotografías, planos, textos, etc., en tamaño mayor del original.

amplidina f. *Fís.* Amplificador de tensión de una corriente continua.

amplificación f. 1 Acción y efecto de amplificar. 2 *Ret.* Desarrollo que, por escrito o de palabra, se da a una proposición o idea, explicándola de varios modos o enumerando puntos o circunstancias que con ella tengan relación, a fin de hacerla más eficaz para conmover o persuadir.

amplificador, ra adj. 1 Que amplifica o aumenta. También s. || m. *Fís.* 2 Aparato que aumenta la amplitud o intensidad de un fenómeno físico, dibujo, sonido, etc.

amplificar tr. 1 AMPLIAR, extender. 2 *Fís.* Aumentar la amplitud o intensidad de un fenómeno físico mediante un dispositivo o aparato. 3 *Ret.* Emplear la amplificación retórica.

amplio, plia adj. 1 Extenso, dilatado. También en sentido figurado. 2 Holgado.

amplitud f. 1 Extensión, dilatación. 2 Capacidad de comprensión intelectual o moral. 3 *Fís.* En una magnitud oscilatoria, el valor máximo que alcanza. 4 *Mat.* Referida a una curva periódica, el valor máximo de sus ordenadas. 5 *Mat.* Rango dentro del cual se hallan los valores de una magnitud variable.

ampolla f. 1 Vejiga formada por una elevación de la epidermis, llena de linfa o de líquido seroso turbio. 2 Vasija de cuello largo y angosto y de cuerpo ancho y redondo. 3 Burbuja que se forma en el agua cuando hierve. 4 Pequeño recipiente de vidrio cerrado herméticamente, que normalmente contiene una dosis de líquido inyectable. 5 *Zool.* Cualquier vesícula pequeña y membranosa. || **levantar ampolla** o **ampollas** loc. fig. Causar notable disgusto o desasosiego.

ampolleta f. 1 RELOJ DE ARENA. 2 *Chile* Bombilla eléctrica.

ampón, na adj. Amplio, repolludo, ahuecado.

Ampudia, Juan de Conquistador español (Jerez de la Frontera, ? - cerca de Popayán, 1541). Participó en la conquista de Nicaragua y en la expedición de Alvarado a Perú. Fue nombrado gobernador de Popayán en 1536. Murió en un enfrentamiento con los indios.

ampulosidad f. Calidad de ampuloso.

ampuloso, sa adj. 1 Hinchado y redundante. 2 Se dice del estilo o lenguaje exagerado y altisonante.

ampurdanés, sa adj. y s. Del Ampurdán.

Ampurias *(Empúries) Arqueol.* Antigua ciudad griega de la costa de la provincia de Girona, en España, fundada hacia el 550 a. C. Restos arqueológicos griegos y romanos.

amputación f. Acción y efecto de amputar.

amputar tr. 1 Cortar alrededor o quitar del todo. 2 *Med.* Cortar y separar por completo del cuerpo un miembro o parte de él.

Amr Caudillo árabe (? - ?, 663). Su conversión al islamismo en 630 se produjo por motivos políticos. A las órdenes de Mahoma conquistó Palestina y Egipto donde se estableció como gobernador.

Amravati o **Amraoti** Ciudad de la India, Estado de Maharashtra; 421.576 h.

Amri OMRI.

Amritsar Ciudad de la India, Estado de Punjab; 708.835 h. Ciudad santa de los sikhs, posee un templo de mármol dedicado a Darbar Sahib, figura principal de esa religión. Importante centro industrial.

Amsterdam Ciudad capital de los Países Bajos (aunque no de la corte y del gobierno, que residen en La Haya), y de la provincia de Holanda Septentrional; 727.053 h. Está situada en la desembocadura del río Zaan y de su afluente el Amstel, que la atraviesa dividido en dos brazos. La ciudad está surcada por cincuenta canales. Puerto fluvial. Importante centro financiero, comercial y cultural. Industrias de la construcción de barcos, maquinaria, artes gráficas, química, y de talla de diamantes.

Amu-Daria Río de Asia central, que nace en la meseta de Pamir, sirve de frontera entre Afganistán, Tayikistán, Turkmenistán y Uzbekistán, y desemboca en el mar de Aral; 2.540 km de curso.

amuchachado, da adj. Que se parece a los muchachos o tiene esta semejanza.

amueblar tr. Dotar de muebles.

amuelar tr. Recoger el trigo en las eras, ya limpio, formando muelos.

amuermar tr. y prnl. fam. ABURRIR.

amulatado, da adj. Semejante a los mulatos en el color y las facciones.

amuleto m. Objeto al que supersticiosamente se atribuye una virtud sobrenatural para alejar algún daño o peligro, o para propiciar algo.

Amulio *Mit.* Rey legendario de Alba, destronó a su hermano Numítor. Rómulo y Remo, lo mataron y devolvieron el trono a su abuelo Numítor.

Amundsen, Roald Explorador noruego (Borge, 1872 - en el Polo Norte, 1928). Su primer viaje ártico data de 1897, en la expedición de Gerlache y, en 1903, descubrió el paso del Noroeste. Fue el primero en alcanzar el Polo Sur (1911) y sobrevoló el Polo Norte (1926). Desapareció a bordo del hidroavión *Lathan* mientras buscaba al dirigible *Italia* de Nobile, perdido en el Ártico.

Amur Río del E de Asia, que se forma por la unión del Shilka y del Argun, procedentes de Mongolia; sirve de frontera entre Siberia y China y desemboca en el mar de Ojotsk (estrecho de Tartaria); 4.416 km de curso.

Amur Región de la Federación de Rusia, en la República federada de Rusia; 363.700 km^2 y 1.038.000 h. Su capital es Blagoveshchensk. Autoproclamada República federada, su estatus como tal sigue sin ser reconocido por la Federación. Importante producción agrícola. Centro industrial.

amura f. *Mar.* 1 Parte de los costados del buque donde éste empieza a estrecharse para formar la proa. 2 Cabo que hay en los puños bajos de las velas.

amurada f. *Mar.* Cada uno de los costados del buque por la parte interior.

amurallado, da adj. Cercado por murallas.

amurallar tr. Rodear un lugar con murallas.

amurar tr. *Mar.* Sujetar con la amura los puños de las velas.

Amurates MURAT.

amurcar tr. Dar golpe el toro con las astas.

Amurrio Municipio y lugar de España, provincia de Álava; 9.890 h.

amusgar tr. 1 Echar hacia atrás las orejas el caballo, el toro, etc., cuando se asustan, o cuando van a embestir, morder o soltar una coz. También intr. || prnl. 2 Avergonzarse.

amusia f. *Med.* Incapacidad para producir o comprender los sonidos musicales.

amustiar tr. y prnl. Poner mustio, marchitar.

Amyot, Jacques Prelado y escritor francés (Melun, 1513 - Auxerre, 1593). Fue obispo de Auxerre y preceptor de los hijos de Enrique II. Sus traducciones de la obra de Longo *Dafnis y Cloe* (1559), de Plutarco y Heliodoro, están consideradas como obras maestras de la literatura del siglo XVI.

an-; -an- pref. e in. A^2-.

ANA f. *Metrol.* Medida de longitud de un metro aproximadamente.

ANA-, AN-, ANO- prefs. que significan contra: *anión*, de nuevo: *anabaptista*, hacia atrás: *anapesto*, sobre: *anatema*, subida: *Anábasis*, según: *analogía*.

ANA, SANTA Esposa de san Joaquín y madre de la Virgen María.

ANA DE AUSTRIA Reina de España (Cigales, 1549 - Badajoz, 1580). Fue la cuarta esposa de Felipe II, con quien se casó en 1570. Era hija del emperador de Alemania Maximiliano II. Dio a luz al que luego sería Felipe III.

Ana de Austria, reina de España. Retrato de Sánchez Coello. Museo Histórico (Viena).

ANA DE AUSTRIA Reina de Francia (Valladolid, 1601 - París, 1666). Hija de Felipe III de España, se casó con Luis XIII de Francia (1615); pero mientras vivió Richelieu, se retiró a Val-de-Grâce, por sentirse objeto de desdenes y sospechas infundadas. Muerto el rey, desempeñó las funciones de regente durante la minoría de edad de su hijo Luis XIV (1643-51). Confió la dirección de los negocios públicos al cardenal Mazarino.

ANA BOLENA Reina de Inglaterra (Rochford Hall, 1507 - Londres, 1536). Segunda esposa de Enrique VIII, fue suplantada por una de sus damas de honor, que la acusó de traición y de adulterio. Fue condenada a muerte y decapitada en la Torre de Londres. La relación entre Ana Bolena y Enrique VIII fue la causa directa del cisma de la Iglesia anglicana.

ANA ESTUARDO Reina de Gran Bretaña e Irlanda (Londres, 1665 - íd., 1714). Hija de Jacobo II y de Anne Hyde, subió al trono a la muerte de Guillermo III. El mismo día de su proclamación, comenzó la guerra de Sucesión de España. Durante su reinado se produjo la toma de Gibraltar (1704), y la unión de Inglaterra y Escocia en un solo reino, mediante el Acta de Unión de 1707.

ANA DE FRANCIA Regente de Francia (?, 1460 - Chantelle, 1522). Hija mayor de Luis XI y de Carlota de Saboya, se casó con Pedro Beaujeu, duque de Borbón. Durante la minoría de su hermano Carlos VIII desempeñó la regencia.

ANA IVANOVNA Emperatriz de Rusia (Moscú, 1693 - San Petersburgo, 1740). Hija de Iván V y hermana mayor de Pedro el Grande, reinó de 1730 a 1740. Se enfrentó a los boyardos, a los campesinos y a la iglesia ortodoxa, en provecho de la pequeña nobleza. Durante su reinado tuvieron lugar las guerras de la Sucesión de Polonia y de los Turcos. Se dejó influir en asuntos de gobierno por su favorito, Ernesto Juan Birón.

ANA JAGELLÓN Reina de Polonia (Varsovia, 1522 - íd., 1596). A la muerte de su padre Segismundo I (1576), fue coronada junto con su marido Esteban I Bathori de Transilvania. Tras la muerte de este, consiguió la proclamación como rey de su sobrino Segismundo II Augusto (1587).

ANA DE SABOYA Emperatriz de Bizancio (?, 1320 - ?, 1359). Hija de Amadeo V de Saboya. Fue emperatriz de Oriente por su boda en 1337 con Andrónico III Paleólogo.

ANABAPTISMO m. *Rel.* Doctrina religiosa de una congregación cristiana surgida en el interior de la Reforma y difundida principalmente en Suiza, los Países Bajos y Alemania, que cree que no se debe bautizar a los niños antes de que lleguen al uso de la razón, y que, en caso de haberlos bautizado, se ha de repetir su bautismo cuando sean adolescentes. Fue fundada en Zwickau (Alemania) en 1521 por Thomas Münzer. Subsisten pequeños núcleos en Alemania, EE UU y Reino Unido, aunque la mayor parte han sido absorbidos por los baptistas.

ANABAPTISTA adj. y com. *Rel.* Que practica en anabaptismo. Más en pl.

ANABÁTICO adj. *Meteor.* Viento originado por las corrientes ascendentes de aire caliente.

ANABIOSIS f. *Biol.* Reducción temporal de la actividad metabólica de un organismo como consecuencia de condiciones ambientales adversas. ♦ Su pl. es *anabiosis*.

ANABOLISMO m. *Biol.* Fase constructiva del metabolismo por la que los alimentos o sustancias simples ingeridas se convierten en sustancias más complejas, propias de los tejidos animales y vegetales, y en energía química.

ANABOLIZANTE adj. y m. *Quím.* Se dice del producto químico utilizado para suplir deficiencias en los procesos anabólicos naturales, como las vitaminas.

ANACAHUITA f. *Bot. Urug.* Árbol ornamental de la familia mirtáceas, con nombre científico *Blepharocalyx tweediei*. Tiene ramillas colgantes y follaje verde claro. Se distribuye por América del Sur. También denominado *falsa pimienta*.

ANACANTO adj. y m. Se dice de los peces teleósteos con aletas de radios blandos y flexibles, como la merluza, el bacalao, etc.

ANACARADO, DA adj. Del aspecto o el color del nácar.

ANACARDIÁCEO, A adj. y s. *Bot.* **1** Se dice de las plantas angiospermas dicotiledóneas, árboles o arbustos de corteza resinosa, hojas alternas, flores en racimo y fruto en drupa o seco. || f. pl. *Bot.* **2** Familia de estas plantas.

ANACARDO m. *Bot.* **1** Árbol de la familia anacardiáceas, de nombre científico *Annacardium occidentale*. De hasta 15 m de altura, tiene hojas persistentes, flores rosadas y fruto amarillo o rojizo, comestible y en forma de pera. Originario de América tropical, crece en todo el mundo. **2** Fruto de este árbol.

ANACARSIS Filósofo escita (s. VI a. C.). Es considerado un precursor de los cínicos.

ANACLETO Nombre de diversos papas.

ANACLETO I, SAN (? - Roma, h. 88). Segundo sucesor de san Pedro, ocupó la sede papal del año 76 al 88. Murió martirizado.

ANACLETO II (? - ?, 1138). Antipapa elegido en 1130 por un grupo de cardenales, apoyados por Francia, Castilla, Aragón, Inglaterra y Génova; mientras otro grupo designó a Inocencio II. El segundo concilio de Letrán confirmó a este último.

ANACO m. Falda rectangular que se ciñen las indias a la cintura.

ANACOLUTO m. *Gram.* y *Ret.* Inconsecuencia en el régimen o en la construcción de una cláusula.

ANACONDA f. *Zool.* Reptil escamoso de la familia boidos, con nombre científico *Eunectes murina*. Es una gran serpiente semiacuática que vive a orillas de los ríos y zonas pantanosas de la América tropical, Orinoco y

Ana Bolena. Galería Nacional de Retratos (Londres).

Anacreonte. Escultura griega del siglo VI a. C.

Amazonas. Su alimento lo constituyen aves y mamíferos a los que mata por estrangulación, ya que no es una especie venenosa.

ANACORETA com. *Rel.* Persona que vive en lugar solitario, entregada a la contemplación y a la penitencia.

ANACREONTE Poeta lírico griego (Teos, Jonia, h. 570 a. C. - ?, h. 485 a. C.). Acogido primero por Polícrates, tirano de Samos, vivió después durante largo tiempo en Atenas. En sus odas, de estilo delicado, canta a la juventud y a los placeres de la vida. Ha dado nombre a un tipo de poesía, llamada *anacreóntica*.

ANACREÓNTICO, CA adj. *Lit.* **1** Propio de Anacreonte o semejante a su estilo literario. || f. *Lit.* **2** Composición poética escrita en verso corto, en que, a imitación de la de Anacreonte, se cantan los placeres del amor, del vino y otros análogos, desde una actitud aristocrática e idealista. En España la cultivaron poetas de los siglos XVI, XVII y XVIII, como Cetina, Quevedo, Villegas o Meléndez Valdés.

ANACRÓNICO, CA adj. Que adolece de anacronismo, anticuado.

ANACRONISMO m. **1** Error que consiste en suponer que un hecho ha ocurrido antes o después del tiempo en que sucedió y, por extensión, incongruencia que resulta de presentar algo como propio de una época a la que no corresponde. **2** Persona o cosa impropia de las costumbres o ideas de una época.

ANACRUSA f. *Mús.* Nota o conjunto de notas de un compás que introducen el tiempo fuerte del compás siguiente.

ANACRUSIS f. *Métr.* Sílaba o grupo de sílabas que en la métrica clásica algunas veces no se cuenta, para poder obtener, convencionalmente, un número exacto de pies. En la métrica acentual se denomina así a la sílaba o sílabas átonas de un verso que preceden al primer acento rítmico del siguiente.

ANACUSIS f. *Med.* Sordera total.

ÁNADE amb. *Zool.* PATO.

ANADIPLOSIS f. *Ret.* Figura retórica que consiste en la repetición de la palabra final de una frase o de un verso al principio de la frase o del verso siguiente. ♦ Su pl. es *anadiplosis*.

ANADIPSIA f. *Med.* Sed excesiva.

ANADIR Río de la Federación de Rusia, que nace en los montes de Aldan y desemboca en el golfo de su nombre, formado por el mar de Bering; 1.145 km de curso.

ANÁDROMO, MA adj. *Zool.* Se dice del pez que vive en el mar, pero se desplaza río arriba en una época determinada para desovar, como el salmón.

ANAEROBIO, BIA adj. y s. *Biol.* Se dice del ser vivo que puede vivir y desarrollarse sin oxígeno molecular libre. La energía necesaria para su desarrollo la consigue por descomposición de sustancias orgánicas del medio.

ANAEROBIOSIS f. *Biol.* Vida en ausencia de oxígeno molecular libre.

ANAFASE f. *Biol.* Periodo que sigue a la metafase y antecede a la telofase en la mitosis o en la segunda división de la meiosis. Durante este el centrómero se escinde y las cromátidas de los cromosomas emigran a polos opuestos.

ANAFAYA f. Tela o tejido de seda.

ANAFE m. Hornillo portátil.

ANAFILAXIA O **ANAFILAXIS** f. *Fisiol.* Reacción exagerada del organismo ante la acción de ciertas sustancias orgánicas después de haberles sido inyectadas por primera vez. ♦ El pl. de la segunda forma es *anafilaxis*.

ANÁFORA f. **1** *Ret.* REPETICIÓN. **2** *Gram.* Tipo de deixis que desempeñan ciertas palabras para asumir el significado de una parte del discurso ya emitida. **3** *Liturg.* En las liturgias griegas y orientales, parte de la misa que corresponde al prefacio y al canon en la liturgia romana.

ANAFORESIS f. *Quím.* Movimiento en dirección al ánodo que experimentan las partículas en una suspensión coloidal al ser sometidas a la acción de un campo eléctrico. ♦ Su pl. es *anaforesis*.

ANAFRE ANAFE.

ANAFRODISIA f. *Med.* Disminución o falta del apetito sexual.

ANAFRODISIACO, CA o **ANAFRODISÍACO, CA** adj. *Med.* Se dice de la sustancia que modera el deseo sexual. También s.

ANAFRODITA adj. y com. Se dice de la persona que se abstiene de placeres sensuales.

ANÁGLIFO m. **1** *Arte.* Vaso u otra obra tallada, de relieve abultado. **2** *Ópt.* Procedimiento de visión estereoscópica de fotografías, basado en el uso de dos colores complementarios, generalmente el rojo y el verde.

ANAGLIPTOGRAFÍA f. Escritura en relieve para los ciegos.

ANAGNÓRISIS f. *Ret.* Proceso retórico que conduce a un momento en que la repentina recepción de información origina el súbito reconocimiento de otro personaje, de un objeto o de un hecho, por parte de otro personaje o por el público.

ANAGOGÍA o **ANAGOGE** f. *Rel.* **1** Sentido místico de la Sagrada Escritura. **2** Elevación y enajenamiento del alma en la contemplación de las cosas divinas.

ANAGRAMA m. Palabra que resulta de la transposición o reordenación de las letras de otra.

ANAGRAMATISTA com. Persona que hace anagramas.

ANAGRAMISTA com. Persona que encubre su nombre bajo un seudónimo anagramático.

ANÁHUAC, MESA DE Extensa altiplanicie de México, entre la Sierra Madre Oriental y la Sierra Madre Occidental, en cuya meseta central se alza la ciudad de México. En un principio este nombre se aplicaba al imperio azteca.

ANAIBOA m. *Cuba* Jugo nocivo que contiene la catibía.

ANAL adj. *Biol.* Relativo al ano.

ANALCIMA f. *Geol.* Silicato hidratado de aluminio y sodio que se localiza en las cavidades de la lava y también en rocas ígneas y sedimentarias.

ANALEPSIS f. *Lit.* Término utilizado en el análisis narratológico para referirse a la retrospección o *flash back*, es decir, a la ruptura del orden sucesivo del relato para evocar hechos sucedidos en una época anterior.

ANALÉPTICO, CA adj. *Med.* Que restablece las fuerzas.

ANALES m. pl. Relaciones de sucesos por años.

ANALFABETISMO m. *Pedag.* Falta de instrucción elemental en un país, referida especialmente al número de sus ciudadanos que no saben leer. Según la UNESCO, es analfabeta la persona de 15 años o más que no sabe leer ni escribir un resumen corto y sencillo de los hechos de su vida cotidiana. Sin embargo, la definición oficial que adopta cada país varía según su nivel de desarrollo.

ANALFABETO, TA adj. y s. Que no sabe leer ni escribir.

ANALGESIA f. *Med.* Ausencia o disminución de toda sensación dolorosa.

ANALGÉSICO, CA adj. y s. *Quím.* Se dice del medicamento que calma el dolor físico.

ANÁLISIS m. **1** Distinción y separación de las partes de un todo hasta llegar a conocer sus principios o elementos. **2** Estudio minucioso. **3** fig. Examen que se hace de una obra, de un escrito o de cualquier realidad susceptible de estudio intelectual. **4** *Ling.* Examen de los componentes del discurso, ya sean fonemas, palabras u oraciones, y de sus respectivas propiedades y funciones para determinar la categoría, oficio y accidentes gramaticales de cada uno de ellos, así como las relaciones que los fundamentan. **5** *Mat.* Resolución de problemas mediante el álgebra. **6** *Med.* Examen químico o bacteriológico de los humores, secreciones o tejidos con un fin diagnóstico. || **ANÁLISIS FONÉTICO** *Ling.* FONÉTICA. || **ANÁLISIS MORFOLÓGICO** *Ling.* MORFOLOGÍA. || **ANÁLISIS MORFOSINTÁCTICO** *Ling.* MORFOSINTAXIS. || **ANÁLISIS SEMÁNTICO** *Ling.* SEMÁNTICA. || **ANÁLISIS SINTÁCTICO** *Ling.* SINTAXIS. ♦ Su pl. es *análisis*.

ANALISTA com. **1** Autor de anales. **2** Persona que hace análisis. **3** PSICOANALISTA. **4** *Inform.* Persona que define un problema, determina exactamente lo que se requiere para resolverlo y establece las líneas generales de su solución.

ANALÍTICO, CA adj. Perteneciente o relativo a los anales.

ANALÍTICA, FILOSOFÍA *Filos.* Corriente filosófica contemporánea surgida en el Reino Unido a finales del siglo XIX como reacción al idealismo de la época. Recoge en la tradición empirista británica, así como en los avances de la lógica y la matemática. Nacida con la obra de

ananá

B. Russell y G. Moore, se centra en el estudio de los conceptos expresados en el lenguaje y del lenguaje mismo. Otras figuras destacadas son L. Wittgenstein, J. L. Austin, G. Ryle y W. V. O. Quine.

ANALÍTICO, CA adj. **1** Relativo al análisis. **2** Que procede por vía de análisis. **3** *Filos.* Desde Kant, tipo de juicio en el que el predicado está incluido en el sujeto, y la relación entre sujeto y predicado es pensada mediante identidad.

ANALIZADOR, RA adj. **1** Que analiza. || m. *Quím.* **2** Segundo prisma de un polarímetro.

ANALIZAR tr. Hacer análisis de alguna cosa.

ANALOGÍA f. **1** Similitud. **2** Semejanza entre cosas distintas. **3** *Biol.* Semejanza en función, pero no en origen. **4** *Der.* Método por el que una regla de ley o de derecho se extiende a campos no comprendidos en ella. **5** *Filos.* Razonamiento por el cual, de una semejanza conocida entre dos cosas, se deduce otra semejanza no conocida. **6** *Gram.* Parte de la gramática que trata de los accidentes y propiedades de las palabras consideradas aisladamente. Actualmente se denomina MORFOLOGÍA. **7** *Ling.* Semejanza formal entre los elementos lingüísticos que desempeñan igual función o tienen entre sí alguna coincidencia significativa. **8** *Ling.* Creación de nuevas formas lingüísticas, o modificación de las existentes, a semejanza de otras.

ANALÓGICO, CA adj. **1** ANÁLOGO. **2** *Ling.* Perteneciente o relativo a la analogía. **3** *Inform.* Variación continua de una magnitud que se computa.

ANALOGISTA m. *Gram.* Nombre que se daba a los gramáticos partidarios de la ANALOGÍA en la formación de las lenguas, en contraposición a los anomalistas, que no admitían la formación analógica. Sostenían que el lenguaje respondía a unas estructuras lógicas convencionales, lo que permitía crear modelos y formular una serie de normas que regulasen la formación de la lengua. Entre los analogistas se encontraban Aristarco, los alejandrinos, Varrón y los neoáticos. Más en pl.

ANÁLOGO, GA adj. **1** Que tiene analogía con otra cosa. **2** *Biol.* Referido a varios órganos, que son similares en función o en aspecto pero no considerados desde el punto de vista morfológico. **3** *Quím.* Referido a varios compuestos, que tienen estructura similar pero están integrados por diferentes elementos.

ANAM o **ANNAM** Región central de Vietnam, de unos 148.000 km², situada en la costa E de la península de Indochina. Algunas de sus ciudades más importantes son Binh-Dinh, Hué y Da Nang. La cordillera Annamita la recorre de NO a SE, y la bañan los ríos Song Da y Song Ma. Produce arroz. Antiguamente fue un imperio de Asia que en los tiempos de máximo esplendor comprendía el territorio desde Tonquín, al N, hasta Cochinchina, al S. En 1803, el emperador Gialong cambió este nombre por el de Vietnam, y Anam pasó a designar una región administrativa, dependiente de Vietnam.

ANAMITA adj. **1** *Etnol.* Se dice de un pueblo mongólico cuyos componentes habitan en Anam (Vietnam). También s. **2** Perteneciente o relativo a esta región. || m. *Ling.* **3** Lengua de la familia thai hablada en Tonquín, en la costa de Anam y en Cochinchina.

ANAMNESIS o **ANAMNESIA** f. **1** *Med.* Examen clínico de los antecedentes patológicos del enfermo. **2** *Psicol.* Reminiscencia, acto de volver a la memoria los objetos olvidados. ♦ El pl. de la primera forma es *anamnesis*.

ANAMNIOTA m. *Zool.* Vertebrado en el que no se forma, durante su desarrollo embrionario, el amnios.

ANAMORFOSIS f. **1** *Arte.* Pintura o dibujo que sólo ofrece una imagen regular desde un determinado punto de observación. Dicho punto nunca es frontal. **2** *Fís.*

Producción de una imagen deformada por un sistema óptico. ♦ Su pl. es *anamorfosis*.

ANAMÚ m. *Cuba, P. Rico* y *Venez.* Planta silvestre de la familia fitolácea. Huele a ajo, como la leche de las vacas que la comen.

ANANÁ o **ANANÁS** m. *Bot.* **1** Planta de la familia bromeliáceas, de nombre científico *Ananas sativum*. Su fruto es grande, en forma de piña, carnoso y suculento. Procede de América tropical. **2** Fruto de esta planta. ♦ Su pl. es *ananás*.

ANANEA, NEVADO DE Pico del Perú, en la cordillera de Carabaya; 5.830 m de altura.

ANANÍAS Personaje bíblico. Fue condenado a morir en un horno, junto con Daniel Azarías y Misael, por orden de Nabucodonosor, pero como resultaron indemnes, el rey ordenó que se adorara al dios de Israel, capaz de obrar tal milagro.

ANANÍAS Gran sacerdote de los judíos (s. I). Fue uno de los principales perseguidores de los cristianos.

ANAPELO m. *Bot.* ACÓNITO.

ANAPÉSTICO, CA adj. y m. VERSO ANAPÉSTICO.

ANAPESTO m. *Métr.* Pie de la poesía griega y latina formado por dos sílabas breves y una larga. En castellano dio lugar al endecasílabo *anapéstico* o de gaita gallega. Se llamó también *antidáctilo*.

ANAPLASIA f. *Med.* Pérdida del carácter diferenciado de una célula, asociado a una actividad proliferadora.

ANAPLASTIA f. *Med.* Reconstitución de tejidos del cuerpo a base de otros del mismo individuo.

ANAPLÁSTICO, CA adj. Perteneciente o relativo a la anaplastia.

ANAPURNA ANNAPURNA.

ANAQUEL m. Estante de un armario, librería, alacena, etc.

ANARANJADO, DA adj. y s. De color semejante al de la naranja.

ANARCOSINDICALISMO m. *Polít.* Forma de anarquismo que atribuye a los sindicatos un papel destacado en la emancipación de la clase obrera. **[Encic.]**

Hist. y *Polít.* El terrorismo anarquista de fines del siglo XIX alejó del movimiento a las masas obreras. Este efecto le llevó a otras tácticas, que supusieron el asentamiento de las bases del anarcosindicalismo, defensor del apoliticismo, la descentralización de los órganos de gestión y la acción directa, mediante la huelga general. En Francia, la CGT (Confederación General del Trabajo) aprobó la *carta de Amiens* (1906), donde se establecieron los principios generales del anarcosindicalismo; en Argentina, se creó la Federación Obrera Regional Argentina (1905); y en España, Solidaridad Obrera (1907), la CNT (1910), etc. Tras el triunfo de la revolución bolchevique, un gran número de sus partidarios se adhirieron al comunismo.

ANARCOSINDICALISTA adj. **1** Propio del anarcosindicalismo. || com. **2** Persona que profesa el anarcosindicalismo.

ANARQUÍA f. **1** Falta de todo gobierno en un Estado. **2** fig. Desorden, confusión, por ausencia o flaqueza de la autoridad pública. **3** Por extensión, desconcierto, incoherencia, barullo.

ANÁRQUICO, CA adj. Relativo a la anarquía.

ANARQUISMO m. *Polít.* Doctrina política que, inserta en la corriente de pensamiento libertaria, afirma la posibilidad de abolir el Estado y de hacer de la sociedad un conjunto de hombres libres, conforme a un orden natural espontáneo. **[Encic.]**

anarquismo. Mijaíl Bakunin.

Anatolia (Turquía). Santuario rupestre de las mujeres en el valle de Goreme, Capadocia.

Hist. y Polít. La doctrina anarquista repudia al Estado y se opone tajantemente a cualquier institución, tanto política como religiosa. El primer pensador libertario fue el inglés Godwin. El socialista utópico R. Owen realizó en Gran Bretaña el primer ensayo de cooperativismo autogestionario. Sus teóricos más importantes fueron Proudhon y Bakunin. A fines del siglo xix el anarquismo alcanzó su plenitud gracias a las aportaciones de Kropotkin y Tolstoi, en Rusia; Reclus y J. Grave, en Francia, y Malatesta, en Italia. A finales del siglo xix, cometieron una serie de actos terroristas que hicieron que, a principios del siglo xx, el anarquismo internacional perdiera vigor, lo que facilitó el surgimiento del ANARCOSINDICALISMO. En los cincuenta se produjo un renacer del ideario anarquista.
ANARQUISTA adj. **1** Propio del anarquismo o de la anarquía. || com. **2** Persona que profesa el anarquismo, o desea o promueve la anarquía.
ANARQUIZAR intr. Propagar el anarquismo.
ANARTRIA f. *Med.* Incapacidad para articular los sonidos motivada por lesiones del sistema nervioso.
ANÁS Sumo sacerdote judío (s. I). Ejerció su magistratura desde el año 6 ó 7 al 15. Presidió el Sanedrín, ante cuya presencia fue llevado Jesucristo cuando le detuvieron en el huerto de Getsemaní.
ANASARCA f. *Med.* Acumulación excesiva de líquido en las cavidades serosas y tejido subcutáneo.
ANASTASIA f. *Bot.* ARTEMISA.
ANASTASIO Nombre de diversos papas.
ANASTASIO I, SAN Papa italiano (Roma, ? - íd., 401). Ocupó el solio pontificio de 399 a 401. Veló por la pureza de las doctrinas de la iglesia y condenó las de Orígenes.
ANASTASIO II, SAN Papa italiano (? - ?, 498). Ocupó el solio pontificio de 496 a 498. Combatió el arrianismo y adoptó una postura conciliadora con la Iglesia oriental.
ANASTASIO IV Papa italiano (Roma, ? - íd., 1154). Ocupó el solio pontificio de 1153 a 1154. Restableció la paz con el emperador Federico Barbarroja y favoreció a la Orden de San Juan de Jerusalén.
ANASTASIO Nombre de dos emperadores bizantinos.
ANASTASIO I EL SILENCIOSO (Durrës, 430 - Constantinopla, 518). Después de la muerte de Zenón (491) se casó con Ariana, su viuda, y se convirtió en emperador de Oriente. Combatió a los isaurios (492-96), a los persas sasánidas y a los eslavos, y amurralló Constantinopla. Apoyó el monofisismo. Su buena gestión económica permitió a su sucesor Justiniano su ambiciosa política expansiva.
ANASTASIO II (?, 713 - ?, 721). Ocupó el trono en el 713 y en el 716 fue expulsado por Teodosio III. Ingresó en un convento, pero en el 720 intentó recuperar el poder y conspiró contra León III, que le hizo decapitar.
ANASTASIO EL BIBLIOTECARIO Antipapa (Roma, 815 - íd., 880). Apoyado por los emperadores Luis II y Lotario, ocupó el solio pontificio de agosto a septiembre de 855, en oposición a Benito III. Rehabilitado, fue nombrado bibliotecario de la Santa Sede en el 867.
ANASTASIO EL POLLO CAMPO, ESTANISLAO DEL.
ANASTIGMATISMO m. *Fís.* Propiedad que poseen ciertos sistemas ópticos de evitar el astigmatismo.
ANASTOMOSARSE o **ANASTOMIZARSE** prnl. Unirse formando anastomosis.
ANASTOMOSIS f. *Biol.* Unión de unos elementos anatómicos con otros de la misma planta o del mismo animal. ♦ Su pl. es *anastomosis*.

ANÁSTROFE f. *Gram.* Inversión en el orden de las palabras de una oración.
ANATA f. Renta, frutos o emolumentos que produce en un año cualquier beneficio o empleo.
ANATASA f. *Geol.* Mineral, modificación polimorfa del bióxido de titanio, de fórmula TiO_2. Cristaliza en el sistema tetragonal, tiene brillo adamantino y color azul o pardo.
ANATEMA amb. **1** EXCOMUNIÓN. **2** Maldición, imprecación.
ANATEMATISMO m. Excomunión.
ANATEMATIZAR tr. **1** Imponer el anatema. **2** Maldecir a alguno o hacer imprecaciones contra él. **3** fig. Reprobar o condenar.
ANATEXIA f. *Geol.* Proceso de fusión de rocas que da lugar a magmas graníticos o basálticos.
ANÁTIDA adj. *Zool.* **1** Se aplica a las aves anseriformes como los patos, ánsares y cisnes. || f. pl. *Zool.* **2** Familia de estas aves.
ANATOLIA Nombre de la península más occidental de Asia, que limita al O con el Mediterráneo. Está separada de Europa por los estrechos del Bósforo y de Dardanelos. Forma parte de la Turquía asiática y es más conocida como ASIA MENOR.
ANATOLIA CENTRAL Región de Turquía asiática; 236.347 km² y 13.096.179 h. La ciudad más importante es Ankara.
ANATOLIA OCCIDENTAL Región de Turquía asiática; 77.031 km² y 3.864.661 h. La ciudad más importante es Eskisehir.
ANATOLIA ORIENTAL Región de Turquía asiática; 180.180 km² y 6.867.415 h. La ciudad más importante es Erzurum.
ANATOLIA SUDORIENTAL Región de Turquía asiática; 35.880 km² y 2.699.776 h. La ciudad más importante es Gaziantep.
ANATOLIO, LIA adj. y s. De Anatolia.
ANATOMÍA f. **1** *Biol.* Ciencia que estudia el número, estructura, situación y relaciones de las diferentes partes de los cuerpos orgánicos vegetales, animales, y especialmente el humano. **2** *Biol.* DISECCIÓN. **3** *Esc.* y *Pint.* Disposición de los miembros externos del cuerpo humano o del de los animales. || **ANATOMÍA FISIOLÓGICA** *Biol.* La que relaciona la estructura y su función. || **ANATOMÍA PATOLÓGICA** *Med.* La que estudia los cambios estructurales producidos por una enfermedad.
ANATÓMICO, CA adj. **1** Perteneciente o relativo a la anatomía. **2** Se dice de cualquier objeto construido para que se adapte o ajuste perfectamente al cuerpo humano o a alguna de sus partes.
ANATOMISTA m. y f. Profesor de anatomía.
ANATOMIZAR tr. *Biol.* Realizar la anatomía de algún cuerpo.
ANATOXINA f. *Quím.* Toxina que ha perdido su poder nocivo por tratamiento con formalina o calor, pero que conserva intactos la propiedad antigénica y el poder inmunizante.
ANAXÁGORAS Filósofo, geómetra y astrónomo griego (Clazómene, h. 500 - Lámpsaco, h. 428 a. C.). Miembro de la escuela jónica, se instaló en Atenas hacia el 480 a. C., donde abrió una escuela de filosofía a la que asistieron Pericles, Tucídides, Eurípides, Demócrito y, probablemente, Sócrates. Imaginó la existencia de un número infinito de elementos, cualitativamente diferentes entre sí y con propiedades irreductibles, cada uno de los cuales forma parte de todos los seres. La creación del mundo material consistiría en un proceso de mezcla, ordenación y diferenciación de estos elementos, presidido por una inteligencia infinita, simple e indivisible, a la que llamó «nous». Acusado de ateísmo, hubo de expatriarse, retirándose a Lámpsaco. Fue el primer filósofo que explicó la causa de los eclipses de Sol y de Luna.
ANAXIMANDRO Filósofo, geómetra y astrónomo griego (?, 610 - ?, 547 a. C.). Perteneció a la escuela jónica y fue discípulo de Tales. Se le atribuye la invención del cuadrante solar y de las cartas geográficas. Fijó las épocas de los equinoccios y de los solsticios. Demostró la oblicuidad de la eclíptica. Consideraba como origen de todo a una substancia indefinida, indiferenciada, incorruptible y eterna, que denominó «apeiron».
ANAXÍMENES Filósofo griego (Mileto, h. 582 - ?, 524 a. C.). Discípulo de Anaximandro, al contrario que su maestro consideró es aire como principio de todas las cosas. A partir de este elemento surgieron el agua y la tierra por condensación, y el fuego por rarefacción, en ciclos infinitamente repetidos.
ANAY m. *Zool.* TERMITA².
ANAYA, PEDRO MARÍA Militar y político mexicano (Huichapan, 1795 - Ciudad de México, 1854). Luchó en la guerra contra EE UU. En 1847 ocupó la presidencia interina de la República y después de la capitulación de Santa Anna, fue nombrado presidente interino, cargo que ocupó hasta 1848.

ANCA f. **1** Cada una de las dos mitades laterales de la parte posterior de las caballerías y otros animales. **2** Parte posterior y superior de las caballerías. **3** Parte superior de la pierna de una persona; cadera.
ANCARES Sierra de España, en la cordillera Cantábrica, que separa las provincias de León y Lugo. Culmina en el pico Miralles, de 1.969 m de altura.
ANCASH Departamento de Perú, en la región Norte; 35.865 km² y 1.045.921 h. Su capital es Huaraz.
ANCASTI Cordillera de Argentina, una de las tres ramas en que se divide la sierra andina de Aconquija al entrar en el departamento de Catamarca. Su longitud es de 170 km y ninguna de sus cimas sobrepasa los 1.850 m. El tramo más septentrional es la sierra del Alto.
ANCESTRAL adj. **1** Relativo a los antepasados. **2** Tradicional y de origen remoto.
ANCESTRO m. ANTEPASADO. Más en pl.
ANCHETA f. **1** Pequeña cantidad de mercancías. **2** Negocio generalmente pequeño o malo. **3** *Arg.* Simpleza, tontería. **4** *Ecuad.* y *Perú* Ganga, buen negocio.
ANCHO, CHA adj. **1** Que tiene más o menos anchura. **2** Que tiene anchura excesiva. **3** Holgado, amplio en demasía. **4** Orgulloso. || m. **5** ANCHURA. || **a mis, a tus, a sus, anchas** loc. advs. fams. Cómodamente, sin sujeción, con entera libertad.
ANCHOA f. *Zool.* Boquerón curado en salmuera con parte de su sangre.
ANCHORAGE Ciudad de Estados Unidos, en el SE del Estado de Alaska; 250.505 h. Principal aglomeración urbana del Estado, está situada en el fiordo de Cook. Puerto pesquero. Importante punto de escala de las líneas aéreas septentrionales y de las que atraviesan el casquete polar. Su economía se basa en la explotación de las riquezas naturales.
ANCHOVA f. *Zool.* ANCHOA.
ANCHURA f. **1** *Geom.* La menor de las dos dimensiones principales que tienen las cosas o figuras planas. **2** En una superficie, su dimensión considerada de derecha a izquierda o de izquierda a derecha. **3** Amplitud o capacidad suficiente para que quepa algo.
ANCIANIDAD f. Último periodo de la vida ordinaria del hombre.
ANCIANO, NA adj. y s. Se dice de la persona que tiene muchos años.
-ANCIO-; -ANCIO sufs. ANTO-.
ANCLA f. *Mar.* Instrumento de hierro, en forma de arpón o doble anzuelo, que sirve para sujetar las naves al fondo del mar. || **echar anclas** fr. Sujetarlas en el fondo. || **levar anclas** fr. Levantarlas para salir del fondeadero.

Anaximandro. Escultura romana de la época imperial. Museo Nacional (Roma).

ANCLAJE m. **1** Acción de anclar la nave. **2** *Mar.* FONDEADERO. **3** *Mar.* Tributo que se paga por fondear en un puerto. **4** Conjunto de elementos destinados a fijar algo firmemente al suelo.
ANCLAR intr. **1** Quedar sujeta la nave por medio del ancla. **2** Quedarse, arraigar en un lugar, o aferrarse tenazmente a una idea o actitud. También prnl. || tr. **3** fig. Sujetar algo firmemente al suelo.
ANCLOTE m. Ancla pequeña.
ANCO MARCIO Cuarto rey legendario de Roma (s. VII a. C.). Reinó de 641 a 616 a. C. Restableció las ceremonias religiosas, tomó varias ciudades a los latinos, fundó el puerto y la ciudad de Ostia, hizo construir en Roma el acueducto *Acqua Martia* y extendió los dominios de Roma hasta el mar.
ANCOHÚMA ILLAMPU.
ANCON- pref. ANQUIL-.
ANCÓN m. **1** Ensenada pequeña en que se puede fondear. **2** *Méx.* RINCÓN, de paredes. **3** *Arquit.* Cada una de

al-Andalus. Torre del Oro en Sevilla, de estilo almohade.

las dos ménsulas colocadas a uno y otro lado de un vano que sostienen una cornisa.
ANCÓN Villa de Perú, en la que, en 1883, se firmó el Tratado de su nombre, entre Chile y Perú, que puso fin a la guerra del Pacífico. En virtud de este tratado, Perú cedió a Chile el departamento de Tarapacá y las provincias de Tacna y Arica. Estas últimas forman parte, en la actualidad, de Perú y Chile, respectivamente.
-**ANCONA** suf. ANGIN-.
ANCONA Provincia oriental de Italia, en la región de Las Marcas, 1.940 km² y 440.239 h. Su capital es la ciudad del mismo nombre, también capital de la región, que fue ocupada por los franceses en 1797 y en 1832. En 1860 la flota italiana se apoderó de ella, tras vencer a las tropas del Papa.
ANCONITANO, NA adj. y s. De Ancona.
ÁNCORA f. **1** ANCLA. **2** fig. Defensa, refugio.
ANCOREL m. Piedra que sirve de ancla a la boya de una red.
ANCRE, MARISCAL DE CONCINI, CONCINO.
ANCUCO m. Bol. Turrón de maní o almendra y miel.
ANCUSA f. Bot. LENGUA DE BUEY, planta.
ANCUVIÑA f. Sepultura de los indígenas chilenos.
ANDA f. Amér. ANDAS.
ANDADA f. **1** Acción y efecto de andar¹. || f. pl. **2** Entre cazadores, huellas de animales. || **volver a las andadas** fr. fig. y fam. Reincidir en un vicio o mala costumbre.
ANDADERAS f. pl. Aparato en que se coloca el niño para que aprenda a andar.
ANDADERO, RA adj. Se dice del terreno por donde se puede andar fácilmente.
ANDADOR, RA adj. y s. **1** Que anda mucho o con velocidad. **2** Que anda de una parte a otra sin parar en ninguna, o donde debe. || m. **3** Antiguamente, ministro inferior de justicia. **4** Aparato para que los niños aprendan a andar. || m. pl. **5** Tirantes que sirven para sostener al niño cuando aprende a andar.
ANDADURA f. Acción o modo de andar.
ANDAGOYA, PASCUAL DE Conquistador español (Cuartango, 1495 - Cuzco, 1548). Fue uno de los fundadores de la ciudad de Panamá, capitán general de la provincia de Río de San Juan y autor de un proyecto de canal para unir el Atlántico al Pacífico. Llegó a Perú antes que Pizarro.
ANDALUCÍA Comunidad autónoma del S de España; 87.268 km² y 7.305.117 h. Su capital es Sevilla. Limita al N con Castilla-La Mancha y Extremadura, al E con Murcia, al S con el mar Mediterráneo, el estrecho de Gibraltar y el océano Atlántico, y al O con Portugal. Comprende las provincias de Sevilla, Cádiz, Huelva, Granada, Málaga, Almería, Córdoba y Jaén. Es montañosa al N, donde se encuentra Sierra Morena, y llana en el SO, recorrido por el Guadalquivir. Otros ríos son el Genil, el Darro, el Odiel, el Guadalete, el Barbate y el Guadarranque. La cordillera Bética cierra por el S y el E la depresión del Guadalquivir. En ella se encuentran las mayores cumbres de la Península en Sierra Nevada: Mulhacén (3.482 m) y Veleta (3.398 m). Asimismo destaca La Sagra (2.381 m), en las llamadas sierras subbéticas, donde nacen los ríos Guadalquivir, Guadiana Menor, Segura y Guadalentín. El clima es cálido y en algunas zonas riguroso. Las lluvias son irregulares y de carácter tormentoso. La formación vegetal más extendida es la mediterránea: encina, alcornoque, roble, etc. Sus principales productos son: aceite de oliva, vinos, cereales, caña de azúcar, dátiles, algodón, agrios, tabaco, remolacha, naranjos, plantas subtropicales, etc. Ganadería de lidia y caballar. Industrias alimentarias y vinícolas, químicas, metalúrgicas y de la construcción. Artesanía tradicional. Turismo. Importantes puertos marítimos (Algeciras, La Línea de la Concepción, Almería, Huelva, Málaga y Cádiz), con buena pesca.
ANDALUCISMO m. **1** Ling. Locución, giro o modo de hablar peculiar y propio de los andaluces. **2** Amor o apego a las cosas características de Andalucía.
ANDALUCISTA adj. **1** Se dice de la persona especializada en conocimientos sobre Andalucía. También s. **2** Ferviente partidario de Andalucía o de lo andaluz.
ANDALUCITA f. Miner. Mineral silicato alumínico. Es característico del metamorfismo de contacto de las rocas arcillosas. Se usa para la fabricación de cerámica y de aislantes.
ANDALUS, AL- Denominación que durante la Edad Media dieron los musulmanes a la parte de la península Ibérica por ellos dominada. La batalla de Guadalete en 771, en la que los árabes, al mando de Tarik, vencieron a los visigodos de don Rodrigo, se considera el principio de la dominación musulmana, que pocos años más tarde llegó a ser mayor desarrollo tras la ocupación de casi todo el territorio de la Península. En un principio dependiente del califato de Oriente, a partir de la caída del mismo, al-Andalus se convirtió en emirato independiente bajo el gobierno de Abderramán I, primer emir de Córdoba. En época de Abderramán II, cuarto emir, al-Andalus alcanzó un gran desarrollo, y fue dotado de un sistema administrativo y judicial sólido y eficiente. Pero fue en época de Abderramán III, octavo emir, cuando alcanzó su mayor esplendor. Se produjo un importante desarrollo económico, basado en la agricultura, la ganadería y la artesanía, y se impulsó la cultura y las actividades científicas. Muerto Almanzor, probablemente tras la batalla de Calatañazor (1002), el califato de Córdoba comenzó a desintegrarse paulatinamente, hasta llegar a su total desaparición con la creación de los reinos de taifa. La poca cohesión de éstos, sin embargo, facilitó las sucesivas invasiones procedentes del N de África, de almorávides, almohades y benimerines, entre los siglos XI-XIV. Por otra parte, la creciente cristiana de territorios musulmanes había ido reduciendo las dimensiones de al-Andalus, hasta quedar limitado al reino nazarí de Granada, último reducto musulmán hasta su toma por los Reyes Católicos en 1492.
ANDALUSÍ adj. Perteneciente o relativo a al-Andalus o España musulmana.
ANDALUZ, ZA adj. y s. **1** De Andalucía. **2** Ling. Se dice de la variedad de la lengua española hablada en Andalucía. Se caracteriza por diversos rasgos fonológicos, así como por una entonación y un léxico peculiares. Los arcaísmos y occidentalismos son consecuencia de la pervivencia mozárabe y la acción conjunta de la reconquista castellano-leonesa. También s.
ANDAMAN, ISLAS Archipiélago de Asia, en el océano Índico, constituido por 204 islas. Situado en el golfo de Bengala, forma con la isla Nicobar un territorio de la India. Tiene extensos bosques maderables.
ANDAMAN Y NICOBAR Territorio de India, formado por los archipiélagos de su nombre; 8.249 km² y 322.000 h. Su capital es Port Blair.
ANDAMIAJE m. Conjunto de andamios.
ANDAMIO m. **1** Armazón de tablones o vigas para colocarse encima de ella y trabajar en la construcción o reparación de edificios. **2** Tablado que se pone en las plazas o sitios públicos.

ANDANA f. Orden de algunas cosas puestas en línea.
ANDANADA f. **1** Mar. Descarga cerrada de toda una batería de un buque. **2** Localidad cubierta y con diferentes órdenes de gradas en las plazas de toros. **3** fig. Represión severa.
ANDANTE adj. **1** Que anda. || adv. m. Mús. **2** Con movimiento moderadamente lento. || m. Mús. **3** Composición o parte de ella que se ha de ejecutar con este movimiento.
ANDANTINO adv. m. Mús. **1** Con movimiento más vivo que el andante. || m. Mús. **2** Composición o parte de ella que se ha de ejecutar con este movimiento.
ANDANZA f. Peripecia, trance, aventura. Más en pl.
ANDAR¹ (De una variante romance del lat. ambulāre.) intr. **1** Ir de un lugar a otro dando pasos. También prnl. **2** Moverse los objetos inanimados. **3** Funcionar un mecanismo. **4** Transcurrir el tiempo. **5** fig. Participar en algo. **6** Con las preposiciones con o sin y algunos nombres, como cuidado, tener o padecer lo que el nombre significa, o al contrario. **7** fam. Seguido de en, meter las manos en alguna cosa. También prnl. **8** fam. Seguido de con, traer entre manos. || **¡anda!** o **¡ande!** interjs. que expresan admiración o sorpresa. ♦ IRREG. Véase cuadro.

ANDAR

INDICATIVO
Pres.: ando, andas, etc.
Pret. imperf.: andaba, andabas, etc.
Pret. indef.: anduve, anduviste, anduvo, anduvimos, anduvisteis, anduvieron.
Fut. imperf.: andaré, andarás, etc.
Condic.: andaría, andarías, etc.
SUBJUNTIVO
Pres.: ande, andes, etc.
Pret. imperf.: anduviera, anduvieras, etc., o anduviese, anduvieses, etc.
Fut. imperf.: anduviere, anduvieres, etc.
IMPERATIVO: anda, andad.
PARTICIPIO: andado.
GERUNDIO: andando.

ANDAR² (De andar¹.) m. **1** ANDADURA. **2** Manera de proceder. || m. pl. **3** Modo de andar, especialmente cuando es airoso.
ANDARAJE m. **1** Rueda de la noria. **2** Aparato de madera con que se hace andar el rodillo usado para afirmar el suelo de las eras.
ANDARIEGO, GA adj. S. ANDARÍN.
ANDARÍN, NA adj. y s. Se dice de la persona que anda mucho.
ANDARIVEL m. **1** Maroma tendida entre las dos orillas de un río o canal, mediante la cual pueden palmearse las embarcaciones menores. **2** Mar. Cuerda colocada en diferentes sitios del buque, a manera de pasamanos. **3** Especie de cesta, o cajón para pasar ríos y hondonadas que, pendiente de dos argollas, corre por una maroma fija por sus extremos. **4** Dep. Ecuad. Pista delineada por cuerdas.
ANDARRÍOS m. Zool. **1** LAVANDERA. **2** Nombre de varias aves del orden de las caradriformes, familia escolopácidos, con diversos géneros. Viven junto a ríos y lagos de Eurasia. ♦ Su pl. es andarríos.
ANDAS f. pl. **1** Tablero sostenido por dos barras horizontales para llevar algo. **2** Féretro con varas. || **en andas** loc. adv. A hombros o en vilo.
ANDECA Rey visigodo de Galicia (s. VI). Reinó del 584 al 585. Sucedió a Eborico, pero fue vencido por Leovigildo (585), lo que puso fin al reino suevo.
ANDÉN m. **1** Corredor o sitio destinado para andar. **2** En las estaciones de los ferrocarriles, especie de acera a lo largo de la vía. **3** En los puertos de mar, espacio de terreno sobre el muelle. **4** Acera de un puente. **5** ANAQUEL. **6** Arg., Bol. y Perú BANCAL, terreno de labranza. Más en pl. **7** Col., Guat. y Hond. ACERA de la calle.
ANDENERÍA f. Perú Conjunto de andenes o bancales.
ANDERSEN, HANS CHRISTIAN Poeta y novelista danés (Odense, 1805 - Copenhague, 1875). Exponente del Romanticismo, es conocido universalmente como escritor para niños. Fue también autor de epigramas y poemas de corte patriótico; de los libros de viaje *En Suecia* (1851) y *En España* (1863); de las novelas *El improvisador* (1835) y *Tan sólo un violinista* (1837); de la pieza teatral *El mulato* (1840), y del libro autobiográfico *La verdadera historia de mi vida* (1855). Escribió numerosos cuentos, inspirados en la tradición popular; algunos de ellos son *Las zapatillas rojas, La sirenita, El ruiseñor, El traje nuevo del emperador, El patito feo, El soldadito de plomo*, etc.

ANDERSON, CARL DAVID Físico estadounidense (Nueva York, 1905 - San Marino, California, 1991). Investigó los rayos X, los rayos gamma y la radiación cósmica. Compartió el premio Nobel de Física (1936) con Victor F. Hess, por el descubrimiento del positrón, efectuado en 1932. En 1936, en colaboración con Neddermeyer, descubrió una nueva partícula, el muón.

ANDERSON, LINDSAY Director, crítico y ensayista cinematográfico británico (Bangalore, India, 1923 - Francia, 1994). Representante del *free cinema*, dirigió *El ingenuo salvaje* (1963), *If...* (1968), probablemente la más conocida de su filmografía; *Un hombre de suerte* (1973), *In Celebration* (1975), *Britannia Hospital* (1982) y *Las ballenas de agosto* (1987).

ANDERSON, PHILIP WARREN Físico estadounidense (Urbana, Illinois, 1923). En 1977 obtuvo el premio Nobel de Física por sus trabajos sobre las interacciones electrón-electrón y el acoplamiento entre los movimientos de electrones y núcleos atómicos en los materiales magnéticos desordenados.

ANDERSON, SHERWOOD Novelista estadounidense (Camden, Ohio, 1876 - Colón, Panamá, 1941). Representante del nuevo realismo, entre sus obras principales figuran *Hombres en marcha* (1917), *Winesburg, Ohio* (1919), *Pobre blanco* (1920), *El triunfo del huevo* (1921), *Risa oscura* (1925) y *Más allá del deseo* (1932). Destaca además su obra autobiográfica *Tar, una infancia en el Medio Oeste* (1926).

ANDERSON IMBERT, ENRIQUE Escritor y crítico literario argentino (Córdoba, 1910 - Buenos Aires, 2000). En su narrativa, de carácter fantástico, destacan las novelas *Vigilia* (1934) y *Fuga* (1953), y las colecciones de cuentos *El grimorio* (1961), *La locura juega al ajedrez* (1971) y *El milagro y otros cuentos* (1985). Entre sus estudios literarios, cabe mencionar *Historia de la literatura hispanoamericana* (1954) y *El realismo mágico y otros ensayos* (1976).

ANDERSSON, BIBI Actriz de cine y teatro sueca (Estocolmo, 1935). Alcanzó gran fama como intérprete de filmes de I. Bergman como *Sonrisas de una noche de verano* (1955), *El séptimo sello* (1956), *Fresas salvajes* (1957), *Persona* (1966), *Pasión* (1969), *La Carcoma* (1970) y *Secretos de un matrimonio* (1973). Intervino también en *La amante* (1962), *Muchachas* (1968), *Svarte Fugler* (1982), *The Last Summer* (1984), *Los dueños del silencio* (1987) y *Una estación de paso* (1992).

ANDERSSON, HARRIET Actriz de cine sueca (Estocolmo, 1932). Hermana de Bibi, en 1950 inició su carrera bajo la dirección de I. Bergman. Entre sus principales interpretaciones están *Noche de circo* (1953), *Sonrisas de una noche de verano* (1955), *Gritos y susurros* (1973), *Fanny y Alexander* (1983), *Summer Nights* (1987) e *Ikoner* (1990).

ANDES Cordillera de América del Sur, que se extiende desde el cabo de Hornos hasta el mar de las Antillas, bordeando la costa del Pacífico. Constituye el sistema montañoso más largo del mundo, con unos 8.500 km de longitud. Con una extensión aproximada de 1.800.000 km² y una altura media de 4.500 m, suele dividirse en siete secciones: *Andes Patagónicos*, desde el extremo SE de la Tierra del Fuego hasta cerca de los 36° de latitud S, con minas de oro, plata, cobre y varios volcanes en actividad; *Andes Argentinochilenos*, que forman una extensa línea fronteriza entre Argentina y Chile, con algunos volcanes en actividad y minas de oro, plata y cobre poco explotadas; *Andes Bolivianos*, que atraviesan Bolivia de S a N, y se dividen en dos cadenas, casi paralelas, en la Puna de Atacama; *Andes Peruanos*, entre los nudos de Vilcanota y Loja; *Andes Ecuatorianos*, desde el nudo de Loja hasta el macizo de Pasto; *Andes Colombianos*, desde el macizo de Pasto hasta el golfo de Darién, y *Andes Venezolanos*, estribación que penetra en Venezuela, desviándose en dirección NE. Entre sus picos más elevados se encuentran los del Aconcagua (6.959 m), Bonete Grande (5.943), Ojos del Salado (6.879) y Tupungato (6.635). Formada a finales de la era mesozoica por pliegues y fallas de sedimentos marinos, ofrece fuertes contrastes de clima y paisaje; así, en la zona patagónica sus crestas están cubiertas de nieve con grandes glaciares; el centro, de gran elevación y anchura, se caracteriza por su clima tropical y suelo volcánico; y la zona septentrional ofrece importantes variaciones entre las cadenas, muy áridas, y las interiores, cálidas y húmedas, separadas por altas llanuras y valles.

ANDESINA f. *Miner.* Grupo de minerales feldespatos de alúmina, sosa y cal. Típicos de rocas ígneas intermedias.

ANDESITA f. *Miner.* Roca volcánica de grano fino, compuesta de plagioclasas, piroxenos y anfíboles. Se encuentra en los Andes.

ANDHRA PRADESH Estado de la India; 275.045 km² y 71.800.008 h. Su capital es Hyderabad. Arroz, azúcar y tabaco. Ganadería bovina, caprina y ovina. Minería. Industrias textiles, azucareras y de cemento; refinería de petróleo y astilleros.

ANDINA Región de Argentina, que comprende las provincias de Catamarca, Mendoza, La Rioja y San Juan; 429.125 km² y 2.412.255 h.

ANDINISMO m. *Dep. Amér.* ALPINISMO.

ANDINISTA com. Persona que practica el andinismo.

ANDINO, NA adj. Relativo a la cordillera de los Andes.

ANDINO, PACTO *Hist.* y *Polít.* Acuerdo concertado por Chile, Bolivia, Ecuador, Perú y Venezuela en 1969, al que en 1973 se adhirió Colombia. Su objetivo es promover el desarrollo económico de la región y el establecimiento de un régimen de tarifas aduaneras uniformes para los países de la zona. En 1975 se retiró de él Chile y en abril de 1996 fue relanzado con el nombre de *Comunidad Andina*.

ÁNDITO m. 1 *Arquit.* Corredor que exteriormente rodea un edificio. 2 Acera de una calle.

ANDIZHÁN Ciudad de Uzbekistán, capital de la provincia de su nombre; 313.000 h. Industrias textiles basadas en el algodón y la seda.

ANDOAIN Municipio y lugar de España, provincia de Guipúzcoa; 14.984 h.

ANDOBA o **ANDÓBAL** com. Persona cualquiera que no se nombra.

ANDOLINA f. *Zool.* GOLONDRINA.

ANDÓN, NA adj. *Amér.* Que anda mucho. Se dice de las caballerías.

ANDONAEGUI, JOSÉ DE Militar español (Marquina, 1685 - Madrid, 1761) Fue gobernador del Río de la Plata (1747-56) y de 1754 a 1756 dirigió la campaña contra la sublevación de los guaraníes.

ANDORGA f. fam. VIENTRE.

ANDORINA f. *Zool.* GOLONDRINA.

ANDORRA (*Principat d'Andorra*) Principado de Europa sudoccidental, situado en los Pirineos. Limita al N, con Francia, y al S, con España.

Geog. Situada entre Francia y España, en la vertiente española de los Pirineos, su territorio es montañoso, con alturas que varían entre los 800 y los 3.000 m. Está constituido en su mayor parte por prados y bosques. Sus ríos principales son el Valira, afluente del Segre, y el Ariège. El clima es frío en invierno y fresco en verano; las precipitaciones son relativamente escasas. Su economía se basa en el comercio, por el bajo nivel de su sistema fiscal, y el turismo.

- **Superficie:** 468 km².
- **Población:** 66.700 h. (*andorranos*).
- **Densidad:** 142,5 h./km².
- **Tasa de natalidad:** 10,8‰.
- **Tasa de mortalidad:** 3,3‰.
- **Capital:** Andorra la Vella.
- **Grupos étnicos:** españoles (46,4%), andorranos (19,5%), portugueses (10,8%), franceses (6,7%).
- **Religión:** catolicismo (92%).
- **Idioma:** catalán (oficial).
- **Moneda:** euro.
- **Forma de Estado:** coprincipado parlamentario.
- **Producto Nacional Bruto:** 1.123 millones de dólares.
- **Renta per cápita:** 17.420 dólares.
- **División administrativa:** 7 parroquias, según cuadro.

ANDORRA

Parroquias	Superficie (km²)	Población (h.)	Capitales
Andorra la Vella	127	21.513	Andorra la Vella
Canillo	191	2.691	Canillo
Encamp	*	10.385	Encamp
La Massana	65	6.092	La Massana
Les Escaldes-Engordany	**	15.389	
Ordino	85	2.184	Ordino
Sant Julià de Lòria	**	7.623	Sant Julià de Lòria

* La extensión de Encamp está incluida en la de Canillo.
** Les Escaldes-Engordany y Sant Julià de Lòria están incluidos en Andorra la Vella.

Hist. Por su especial situación geográfica, Andorra ha mantenido durante siglos su independencia política. Fundada en el año 824, su organización actual data del tratado de *Pariatges* (1278), por el que quedaba bajo la soberanía indivisa del obispo de Urgel y del conde de Foix. El derecho de éste pasó después a las casas de Bearne y de Borbón, y con Enrique IV a la corona de Francia y luego a los presidentes de la República. Hasta 1981, el poder ejecutivo residía en el Consell General de les Valls, organismo que, ese año, pasó a ser titular del legislativo, mientras un jefe del gobierno fue titular del ejecutivo y responsable ante el Consell. La primera Constitución andorrana (1993) abolió la soberanía de los dos copríncipes y estableció la independencia del Principado. Tras la presidencia de Óscar Ribas (1990-94), accedió al poder Marc Forné. En 1994 firmó su adhesión al Consejo de Europa. En 2001 Forné fue revalidado en el cargo.

Andorra Municipio y lugar de España, provincia de Teruel; 8.574 h.

Andorra la Vella Parroquia de Andorra; 127 km² y 22.387 h. Su capital es la ciudad del mismo nombre, centro turístico y comercial, y sede del Consell General de les Valls.

Andorrano, na adj. y s. De Andorra.

Andosco, ca adj. y s. Se dice de la res de ganado menor que tiene dos años.

Andrada e Silva, José Bonifacio de Político brasileño (Santos, 1763 - Niterói, 1838). Contribuyó a la proclamación de independencia de Brasil. Fue ministro de Pedro I y tutor de su hijo Pedro II.

Andrade, Carlos Drummond de Drummond de Andrade, Carlos.

Andrade, Ignacio Militar y político venezolano (Mérida, h. 1839 - Macuto, 1925). Sucedió a Crespo en la presidencia de la República (1898-99). Fue ministro plenipotenciario en Cuba (1912) y ministro de Relaciones Exteriores (1919).

Andrade, Mário Raul de Morais Escritor y musicólogo brasileño (São Paulo, 1839 - íd., 1945). Iniciador del modernismo poético de Brasil con *Paulicéia desvaiada* (1922). Escribió también *Hay una gota de sangre en cada poema* (1917), *Remate de males* (1930) y *Lira paulistana* (póstuma, 1946). De su obra narrativa destaca *Amar, verbo intransitivo* (1927).

Andrade, Olegario Víctor Poeta argentino (La Concepción de Uruguay, 1841 - Buenos Aires, 1882). En su poesía acusó las influencias de Víctor Hugo y de Espronceda. Escribió cinco odas: *El nido de cóndores, Prometeo, San Martín, Víctor Hugo* y *Atlántida.*

Andrajo m. 1 Jirón de ropa muy usada. 2 fig. y desp. Persona o cosa muy despreciable.

Andrajoso, sa adj. Cubierto de andrajos.

Andrassy, Gyula, conde de Político húngaro (Kosice, 1823 - Volosca, 1890). Luchó en la revolución de 1848 por la independencia húngara. Más tarde participó en el proceso que dio lugar a la formación del imperio austrohúngaro y fue ministro conjunto de Asuntos Exteriores.

Andreas Capellanus (André le Chapelain, llamado) Escritor francés (s. xii). A petición de la condesa de Champagne escribió el célebre *Liber de arte honeste amandi et reprobatione inhonesti amoris* (h. 1185), también conocido como *De amore*, en el que estableció las bases teóricas y doctrinales del amor cortés.

Andreiev, Leonid Nicolaievich Escritor ruso (Orel, 1871 - Kokkola Vaasa, 1919). Su producción novelística aúna el dramatismo y la ironía: *El abismo* (1902), *Cuento de los siete ahorcados* (1908) y *Confesiones de un hombrecito* (1917). En teatro, destacan las obras *Hacia las estrellas* (1905) y *El que recibe las bofetadas* (1918).

Andrenio Gómez de Baquero, Eduardo.

Andreotti, Giulio Político italiano (Roma, 1919). Miembro de la Democracia Cristiana y diputado desde 1947, ha sido varias veces ministro y jefe del gobierno (1972-73, 1976-79 y 1989-92). Desde 1993 se vio envuelto en un proceso judicial por corrupción política y presuntas relaciones con la mafia. En 2002 fue condenado por instigar el asesinato en 1979 de un periodista, pero en octubre de ese año fue finalmente absuelto por el Senado.

Andrés Nombre de diversos reyes de Hungría.

Andrés I (? - ?, 1061). Ocupó el trono en 1047. Luchó contra el emperador Enrique II para defender la independencia de Hungría. Fue destronado por su hermano Bela.

Andrés II (?, 1175 - ?, 1235). Ocupó el trono en 1205. En 1217 participó en la quinta cruzada. Proclamó la *Bula de oro* (1222), documento fundamental de la constitución húngara.

Andrés III (Venecia, 1250 - ?, 1301). Subió al trono en 1290. Durante su reinado, mantuvo una lucha contra Alberto de Habsburgo, a quien venció, y contra Car-

Milagro de san Andrés. Relieve de G. B. Foggini. Iglesia del Carmen (Florencia).

los Martel de Anjou, que se apoderó de parte de su reino. Con su muerte se extinguió la dinastía Arpad.

Andrés, san Uno de los doce apóstoles, hermano de san Pedro. Predicó el Evangelio en Asia Menor y en Grecia. Fue crucificado en Patras.

Andrews, Dana (Carver Daniel Andrews, llamado) Actor estadounidense (Collins, 1912 - Los Ángeles, 1992). Destacó en papeles protagonistas de cine policiaco y en dramas. En su filmografía destacan las películas *Laura* (1944), *Los mejores años de nuestra vida* (1947), *Mientras Nueva York duerme* (1956) y *El último magnate* (1976).

Andric, Ivo Novelista y diplomático bosnio en lengua serbocroata (Dolac, Travnik, 1892 - Belgrado, 1975). Su obra se centra en la narrativa histórica, como en la trilogía *La señorita, La crónica de Travnik* y *El puente sobre el Drina*, de 1945; la colección de relatos *El patio maldito* (1955), las novelas *Rostros* (1960) y *Casa solitaria* (póstuma, 1976) y el ensayo *Notas sobre Goya* (1962). Premio Nobel de Literatura en 1961.

Andrina f. *Bot.* endrina.

Andrino m. *Bot.* endrino, ciruelo.

Andro-, andr-; -andr-, -andro-; -andra, -andria, -andrios, -andro prefs., ins. o sufs. que significan varón o masculino.

Androceo m. *Bot.* Conjunto de los estambres de una flor. Es el órgano reproductor masculino de las plantas fanerógamas.

Androclo o **Andrócles** Esclavo romano (s. i). Entregado a las fieras, fue defendido por un león al que había curado años antes. El emperador le indultó y le regaló el animal.

Androfobia f. *Pat.* Aversión de los individuos de sexo femenino hacia el varón.

Andróforo m. *Bot.* Prolongación del cáliz de la flor entre la corola y los estambres.

Andrógeno, na adj. *Biol.* 1 Que produce descendencia masculina. || m. *Fisiol.* 2 Hormona genital masculina producida en el testículo y en el córtex adrenal, que regula la aparición de los caracteres sexuales secundarios masculinos.

Androginia f. *Med.* Presencia en un individuo humano de caracteres sexuales externos femeninos, además de testículos que no han descendido.

Andrógino, na adj. 1 *Biol.* Se dice del organismo que reúne en un mismo individuo los dos sexos. 2 *Bot.* monoico.

Androide m. Autómata de figura de hombre.

Andrómaca *Mit.* Hija de Aecio, rey de Tebas, esposa de Héctor y madre de Astianacte.

Andrómeda *Astron.* Constelación boreal, situada entre las de Perseo, Casiopea y el Triángulo.

Andrómeda *Astron.* Nebulosa extragaláctica espiral M31, situada a unos 800.000 años luz.

Andrómeda *Mit.* Hija de Cefeo, rey de Etiopía, y de Casiopea. Fue condenada a ser atada a una roca, para que un monstruo marino la devorase. Perseo la salvó y se casó con ella.

Andrónico Nombre de diversos emperadores bizantinos.

Andrónico I Comneno (?, h. 1100 - Constantinopla, 1185). Ocupó el trono en 1183. Sucedió a Alejo II, tras asesinarle, y contrajo matrimonio con la viuda de éste. Fue depuesto por la nobleza feudal en favor de Isaac II.

Andrónico II Paleólogo (Nicea, 1258 - Constantinopla, 1332). Ocupó el trono de 1282 a 1328. Hijo de Miguel VIII Paleólogo, combatió a los turcos con la ayuda de Roger de Flor. Su falta de visión para los asuntos de Estado debilitó el imperio.

Andrónico III Paleólogo (Constantinopla, h. 1295 - íd., 1341). Ocupó el trono entre 1328 y 1341. Tras una guerra civil, obligó a su abuelo Andrónico II, a asociarle al trono y, más tarde, a abdicar en él. Los turcos ocuparon casi toda Asia Menor durante su mandato. Confió plenamente en Juan Cantacuzeno.

Andrónico IV Paleólogo (?, 1348 - ?, 1385). Ocupó el trono entre 1376 y 1379. Usurpó el poder a su padre, Juan V. A pesar de que gobernó haciendo concesiones a los otomanos, éstos restablecieron en el trono a Juan V en 1379.

Andrónico, Lucio Livio Escritor latino de origen griego (¿Tarento?, h. 284 a. C. - ¿Roma?, h. 204 a. C). Fundador del teatro y de la poesía épica romana. Realizó la primera traducción al latín de la *Odisea*, así como de algunas obras de Esquilo, Sófocles y Eurípides.

Andropausia f. *Fisiol.* Climaterio masculino.

Andrópov, Yuri Político soviético (Carelia, 1915 - Moscú, 1984). Miembro del PCUS desde 1939, fue presidente de la KGB (1967-82). A la muerte de Brezhnev (1982) fue nombrado secretario general del Partido Comunista y miembro del Presidium del Soviet Supremo, órgano que pasó a presidir en 1983.

Andrzejewski, Jerzy Escritor polaco (Varsovia, 1909 - íd., 1983). Apoyó a los intelectuales checos en la Primavera de Praga (1968), por lo que se le censuró durante algún tiempo en su país. Autor del libro de relatos *El camino inevitable* (1938); las novelas *Cenizas y diamantes* (1948), *Las puertas del paraíso* (1961) y *Miazga* (1972), y el drama *Prometeo* (1972).

Andueza Palacio, Raimundo Político venezolano (Guanare, 1846 - Caracas, 1900). Elegido presidente de la República en 1890, al pretender modificar la Constitución para prolongar su mandato, provocó una revolución que le obligó a abandonar el poder (1892).

Andurrial m. Paraje extraviado o fuera del camino. Se usa más en pl.

Anea f. *Bot.* 1 Planta de la familia tifáceas, de nombre científico *Typha latifolia*. Es una herbácea que crece en sitios pantanosos y bordes de lagunas y charcas. Sus hojas se emplean para hacer asientos de sillas, ruedos, etc. 2 espadaña.

Anécdota f. 1 Relato breve de un suceso curioso que se hace como ilustración, ejemplo o entretenimiento. 2 Este mismo suceso.

Anegadizo, za adj. *Geol.* Se dice del terreno bajo que ocasionalmente se inunda.

Anegar tr. 1 Ahogar a alguien sumergiéndolo en el agua. También prnl. 2 inundar de agua. Más como prnl. 3 Abrumar, agobiar. || prnl. 4 naufragar la nave.

Anejar tr. anexionar.

Anejo, ja adj. y s. 1 anexo, agregado. || m. 2 Iglesia sujeta a otra principal. 3 Grupo de población rural incorporado a otra para formar un municipio.

Anelasticidad f. *Fís.* Propiedad de los cuerpos consistente en la atenuación de cualquier desviación de su estructura ideal mediante su onda elástica interior.

Andrómeda y Perseo. Cuadro de G. Cesari. Museo de Historia del Arte (Viena).

anfibios: 1. Anuros. 2. Urodelos.

ANELDO m. *Bot.* ENELDO.
ANÉLIDO, DA adj. *Zool.* **1** Se dice de animales del tipo de los gusanos que tienen el cuerpo casi cilíndrico, con anillos o pliegues transversales externos. Carecen de apéndices pero pueden tener quetas o sedas. El sistema nervioso es ventral y en forma de cuerda, y la circulación cerrada. Ejemplos son la sanguijuela y la lombriz. || m. pl. *Zool.* **2** Tipo de estos animales.
ANEMIA f. *Med.* Empobrecimiento de la sangre por disminución de la concentración de hemoglobina y glóbulos rojos. || **ANEMIA PERNICIOSA** *Med.* Enfermedad que aparece en la edad madura, caracterizada por una disminución progresiva de los glóbulos rojos con aumento de su tamaño. Es consecuencia de una falta de vitamina B_{12}.
ANÉMICO, CA adj. **1** Relativo a la anemia. **2** Que padece anemia. También s.
ANEMO- pref. que significa viento.
ANEMOCORIA f. *Bot.* Proceso de dispersión de frutos y semillas llevado a cabo por el viento.
ANEMÓCORO, RA adj. *Bot.* Se dice de las plantas cuyas semillas o frutos se diseminan por medio del viento y suelen adoptar formas que facilitan su transporte, como expansiones laterales, alas membranosas, pelos de vilano, etc.
ANEMÓFILO, LA adj. *Bot.* Se dice de las plantas cuya polinización se verifica por medio del viento.
ANEMÓGAMO, MA adj. *Bot.* Se dice de las flores que se polinizan con la acción del aire.
ANEMOGRAFÍA f. *Fís.* Parte de la meteorología que trata de la descripción de los vientos.
ANEMÓGRAFO, FA m. y f. **1** Persona que profesa la anemografía. **2** *Fís.* Anemómetro registrador gráfico.
ANEMOMETRÍA f. *Fís.* Parte de la meteorología que enseña a medir la velocidad, dirección e intensidad del viento.
ANEMÓMETRO m. *Fís.* Instrumento para medir la velocidad del viento.
ANÉMONA, ANEMONA o **ANEMONE** f. *Bot.* Nombre de varias especies de plantas herbáceas de la familia ranunculáceas, género *Anemone,* de flores de seis pétalos, grandes y vistosas. Se cultivan en los jardines. ||
ANÉMONA DE MAR *Zool.* ACTINIA.
ANEMOSCOPIO m. *Fís.* Instrumento para indicar los cambios de dirección del viento.
ANESTESIA f. *Med.* Falta o privación general o parcial de la sensibilidad producida por una enfermedad o por un anestésico. || **ANESTESIA EPIDURAL** *Med.* Pérdida de sensibilidad en la región inferior del cuerpo, debida a la inyección de un producto anestésico en la zona más baja de la médula espinal.
ANESTESIAR tr. Insensibilizar mediante un anestésico.
ANESTÉSICO, CA adj. **1** Relativo a la anestesia. **2** Que produce o causa anestesia. También s.
ANESTESISTA com. *Med.* Médico que aplica la anestesia a los enfermos que van a ser intervenidos quirúrgicamente.
ANETO, PICO DE Cima culminante de los Pirineos españoles, en el macizo de la Maladeta, provincia de Huesca; 3.404 m de altura.
ANEUPLOIDIA f. *Biol.* Dotación anormal de cromosomas por exceso o defecto de uno o más individuales.
ANEURISMA f. *Med.* **1** Dilatación anormal de un vaso sanguíneo. **2** Aumento anormal del volumen del corazón.
ANEXAR tr. ANEXIONAR.
ANEXIÓN f. Acción y efecto de anexar.
ANEXIONAR tr. Unir una cosa a otra con dependencia de ella.
ANEXIONISMO m. *Polít.* Doctrina que favorece y defiende las anexiones, especialmente de territorios.
ANEXO, XA adj. y s. **1** Se dice de lo que está unido o agregado a otra cosa respecto de ella. || m. pl. *Anat.* **2** Órganos y tejidos secundarios o accesorios, como los párpados, las membranas extraembrionarias y las trompas de Falopio.
ANFESIBENA f. ANFISBENA.
ANFETAMINA f. *Quím.* Amina aromática que se usa como fármaco estimulante de los sistemas nervioso y cardiovascular, para combatir los catarros y la congestión nasal y como estimulante psicomotor. Su abuso constituye una toxicomanía.
ANFI- pref. que significa alrededor, por, o a ambos lados, ambos, etc.
ANFIARTROSIS f. *Biol.* Articulación ósea que permite movimientos limitados, al unir superficies planas o casi planas, como la de las vértebras entre sí. ♦ Su pl. es *anfiartrosis.*
ANFIBIO, BIA adj. y s. **1** Se dice de los vehículos que pueden caminar por tierra y agua. **2** *Biol.* Se dice de los animales y plantas que pueden vivir en el agua y fuera de ella. También s. **3** *Zool.* Se aplica a los vertebrados de piel desnuda que desarrollan su vida entre la tierra y el agua, como las ranas, sapos y salamandras. [**Encic.**] || m. pl. *Zool.* **4** Clase de estos animales.
Zool. Los anfibios son vertebrados anamniotas, tetrápodos, con respiración branquial durante la fase larvaria y pulmonar al alcanzar el estado adulto. La piel va provista de multitud de glándulas que la mantienen húmeda. El corazón está formado por un ventrículo y una aurícula parcial o totalmente dividida, y la circulación es doble. Tienen los sexos separados y existen muchos casos de dimorfismo sexual. La puesta se efectúa normalmente en el agua y está formada por multitud de huevecillos unidos por una sustancia gelatinosa. De ellos nacen unas larvas con cola y branquias, que al cabo de un tiempo sufren metamorfosis, apareciendo las extremidades, los pulmones y, a veces, reduciéndose la cola. Atendiendo a la presencia o ausencia de cola en el individuo adulto, los anfibios se dividen en urodelos y anuros respectivamente. También existe un grupo poco numeroso de anfibios sin patas, los ápodos.
ANFIBIÓTICO, CA adj. *Ecol.* Se dice del organismo cuya vida transcurre en dos medios diferentes, encontrándose en uno u otro según el momento del ciclo vital en que se halle.
ANFIBLÁSTULA f. *Zool.* Estado del desarrollo de las esponjas, formado por dos porciones celulares muy características y distintas: una de células grandes y otra de células pequeñas y flageladas.
ANFÍBOL m. *Miner.* Denominación de un grupo de minerales silicatos, de los inosilicatos, compuestos de sílice, magnesia, cal y óxido ferroso. Se caracterizan porque los tetraedros de silicio y oxígeno se disponen en dobles cadenas. Los más frecuentes son la hornblenda y la actinota.
ANFIBOLITA f. *Geol.* Roca metamórfica compuesta mayoritariamente por anfíbol y algo de feldespato, cuarzo o mica.
ANFIBOLOGÍA f. **1** Doble sentido o manera de hablar que puede dar lugar a más de una interpretación. **2** *Ret.* Figura retórica que consiste en emplear adrede voces o frases de doble sentido.
ANFICTIONÍA f. *Hist.* Confederación de las antiguas ciudades griegas, para asuntos de interés general. Tuvieron inicialmente objetivos religiosos, para más tarde convertirse en instrumentos de control político al servicio de las ciudades más importantes.
ANFÍGENO adj. *Quím.* Se aplica a diversos elementos químicos del grupo VI A del sistema periódico: oxígeno, azufre, selenio y teluro.
ANFIMIXIS f. *Bot.* Fusión de dos gametos diferentes para formar un nuevo individuo.
ANFINEURO adj. y m. *Zool.* **1** Se aplica a los moluscos marinos con simetría bilateral y sistema nervioso formado por una doble cadena ganglionar. El pie, cuando existe, es ancho y plano. || m. pl. *Zool.* **2** Clase de estos moluscos.
ANFINSEN, CHRISTIAN BHOEMER Bioquímico estadounidense (Monesson, 1916 - Randallstown, 1995). En 1972 se le concedió el premio Nobel de Química, compartido con S. Moore y W. Stein, por su contribución al descubrimiento de la estructura de las enzimas, en especial de la ribonucleasa.
ANFIÓN *Mit.* Hijo de Antíope y Zeus, hermano gemelo de Zeto y esposo de Níobe. Fue rey de Tebas, cuyas murallas edificó atrayendo las piedras al son de su lira mágica.
ANFIOXO adj. y m. *Zool.* **1** Se dice de los cefalocordados marinos de pequeño tamaño y cuerpo fusiforme. || m. pl. *Zool.* **2** Subtipo de estos animales.
ANFÍPODO, DA adj. y m. *Zool.* **1** Se dice de los crustáceos acuáticos de pequeño tamaño sin caparazón, con el cuerpo comprimido lateralmente y el abdomen encorvado hacia abajo. || m. pl. *Zool.* **2** Orden de estos animales.
ANFÍPOLIS *Geog. hist.* Antigua ciudad de Grecia, en Macedonia, cerca y al SO de la actual Drama. Tuvo una importancia estratégica y comercial de primer orden. Antiguamente se llamó *Neochorion.*
ANFISBENA f. *Mit.* Reptil fabuloso de dos cabezas. **2** *Zool.* Reptil saurio sin patas, que vive debajo de las piedras.
ANFITEATRO m. **1** *Arquit.* Edificio de forma redonda u oval con gradas alrededor, en el que los romanos cele-

anfiteatro romano de Saintes (Francia).

braban ciertos espectáculos, principalmente los combates de gladiadores o de fieras. El más notable es el Coliseo de Roma. Además destacan los de Capua y Verona, en Italia; Nîmes y Arles, en Francia; Thysdrus, en Tunicia; e Itálica, Tarragona y Mérida, en España. **2** Conjunto de asientos colocados en gradas semicirculares en las aulas y en los teatros.

ANFITRIÓN, NA m. y f. fig. y fam. Persona que tiene invitados.

ANFITRIÓN *Mit.* Hijo de Alceo, fue rey de Tirinto. Zeus se enamoró perdidamente de su esposa, Alcmena, y adoptó la apariencia de Anfitrión para poseerla. De la unión de ambos nació Heracles.

ANFITRITE *Mit.* Nereida, hija de Nereo y Doris, esposa legítima de Poseidón.

ANFO- pref. que significa ambos.

ÁNFORA f. **1** *Arte.* Cántaro de cerámica alto y estrecho, de cuello largo, con dos asas, muy usado por los antiguos griegos y romanos. **2** *Metrol.* Medida antigua de capacidad.

ANFÓTERO, RA adj. *Quím.* Se dice del tipo de molécula que puede reaccionar como ácido o como base.

ANFRACTUOSO, SA adj. Quebrado, sinuoso, tortuoso, desigual.

ANG-; -ANG- pref. o in. ANGI-.

ANGARÁ Río de la Federación de Rusia, que nace en el lago Baikal y desemboca en el Yenisei; 1.826 km de curso.

ANGARILLAS f. pl. **1** Armazón compuesta de dos varas paralelas, que sostienen un tablero sobre el que se llevan a mano materiales para edificios y otras cosas. **2** Vinagreras para el servicio de la mesa.

ANGE- pref. ANGI-.

ÁNGEL m. **1** *Rel.* Espíritu celeste criado por Dios para su ministerio. Para la religión cristiana los ángeles son sustancias inmateriales e inteligentes, superiores al alma de los hombres. **2** *Rel.* Cualquiera de los espíritus celestes que pertenecen al último de los nueve coros. **3** fig. Gracia, simpatía. **4** fig. Persona de calidades propias de los espíritus angélicos. || **ÁNGEL CUSTODIO** o **DE LA GUARDA** El que Dios tiene señalado a cada persona.

ÁNGEL, SALTO DEL Catarata del río Churún, en Venezuela, Estado de Bolívar. Es la de mayor altura del mundo (936,6 m).

ÁNGELES, LOS LOS ÁNGELES.

ÁNGELES, VICTORIA DE LOS VICTORIA DE LOS ÁNGELES.

ANGELICAL adj. **1** Relativo a los ángeles. **2** fig. Parecido a los ángeles. **3** fig. Que parece de ángel.

ANGÉLICO, FRA (FRA GIOVANNI DA FIESOLE, llamado) Pintor italiano (Vicchio di Mugello, 1387 - Roma, 1455). Maestro del primer Renacimiento, su obra se caracteriza por su religiosidad y espiritualismo. Inspiró sus primeras composiciones en las obras de Simone Martini, Cimabue y Giotto. Su fama se extendió por toda Italia y contó con el favor de los papas Eugenio IV y Nicolás V. Algunas de sus obras más destacadas son *La Anunciación*, *Coronación de la Virgen*, *Adoración de los Magos*, *Resurrección de Cristo* y *El Juicio Final*.

ANGELÍN m. *Bot.* Árbol perteneciente a la familia leguminosas, de nombre científico *Andira inermis*. Se caracteriza por sus hojas persistentes, flores de color lila y frutos globosos. Crece desde el S de México al centro y S de América.

ANGELITO m. fig. Niño de muy tierna edad.

ANGELL, SIR NORMAN Político y publicista británico (Holbeach, 1874 - Londres, 1967). Miembro del Partido Laborista (1929-31), se le concedió el premio Nobel de la Paz en 1933. Es autor de *La gran ilusión* (1910), y *¿Para qué luchamos?* (1940).

ANGELOTE m. **1** fig. y fam. Niño muy grande, gordo y de aspecto y carácter apacible. **2** fig. y fam. Persona muy sencilla y apacible. **3** *Zool.* Pez selacio del suborden de los escuálidos.

ÁNGELUS m. Oración en honor del misterio de la Encarnación; comienza con las palabras *ángelus Dómini*.
♦ Su pl. es *ángelus*.

ANGELUS SILESIUS (JOHANNES SCHEFFLER, llamado) Poeta alemán (Breslau, 1624 - íd., 1677). Destacado representante del Barroco, fue religioso jesuita y autor de poesías místicas, recogidas en *La Santa delicia del alma* (1657) y *Querubín peregrino* (1675).

ANGERMAN (*Agermanalv*) Río del N de Suecia, que nace cerca de la frontera noruega y desemboca en el golfo de Botnia; 400 km de curso.

ANGERS Ciudad del O de Francia, capital del departamento de Maine-et-Loire; 146.163 h. Antigua capital de Anjou.

ANGEVINO, NA adj. **1** De Angers o Anjou. También s. **2** Relativo a la casa de Anjou. **3** *Geneal.* Se dice de la dinastía que fundó en 1154 Enrique II Plantagenet, rey de Inglaterra y duque de Anjou. Se extinguió en 1485 con Ricardo III.

ANGHIERA, MARTIRE DI MÁRTIR DE ANGLERÍA, PEDRO.

ANGI-; -ANG-; -ANGIO-; ANGE-; -ANG-; -ANGIO-; -ANGIO prefs., ins. o sufs. que significan vaso.

ANGIN-; ANGINO-; -ANCONA, -ANQUIA prefs. o sufs. que significan estrechamiento, ahogo.

ANGINA f. *Med.* Inflamación de las amígdalas o de éstas y la faringe. Más en pl. || **ANGINA DE PECHO** *Med.* Insuficiencia coronaria, caracterizada por la aparición de dolor en la región izquierda del pecho con sensación acentuada de angustia.

ANGINO- pref. ANGIN-.

ANGIO-; -ANGIO-; -ANGIO pref., in. o suf. ANGI-.

ANGIOBLASTO m. *Biol.* Célula embrionaria mesodérmica de la que derivan los vasos sanguíneos.

ANGIOGRAFÍA f. *Med.* Radiografía del sistema vascular tras la inyección de material radiopaco.

ANGIOLIERI, CECCO Poeta italiano (Siena, h. 1260 - ?, h. 1312). Los 130 poemas de su *Cancionero* reflejan, en un estilo cínico y burlesco, una vida entregada al juego, a las mujeres y a la bebida.

ANGIOLOGÍA f. *Med.* Rama de la medicina que se ocupa de los sistemas vascular y linfático, y de sus enfermedades.

ANGIOMA m. *Med.* Tumor de carácter benigno que aparece en la piel y está compuesto de vasos sanguíneos y linfáticos.

ANGIOSPERMO, MA adj. y s. *Bot.* **1** Se dice de plantas fanerógamas con la semilla encerrada en una cavidad formada por una o varias hojas carpelares, que reciben

anglesita

el nombre de ovario. Se caracterizan por la presencia de una estructura reproductora: la flor. Se dividen en dos subclases: monocotiledóneas y dicotiledóneas. || f. pl. *Bot.* **2** División de estas plantas.

ANGKOR *Geog. hist.* Antigua ciudad de Camboya, en la que se conservan restos de construcciones erigidas por los reyes de Khmer (880-1260). Las más notables son el templo de Angkor Vat y la ciudad real Angkor Thom.

ANGLERÍA, PEDRO, MÁRTIR DE MÁRTIR DE ANGLERÍA, PEDRO.

ANGLESEY Isla del Reino Unido, en Gales; 715 km² y 65.400 h. Constituye un Distrito unitario.

ANGLESITA f. *Miner.* Mineral sulfato de plomo natural, que cristaliza en el sistema ortorrómbico.

ANGLICANISMO m. *Rel.* Conjunto de las doctrinas de la religión protestante del Estado en el Reino Unido. Su origen está en la ruptura de Enrique VIII con el papa Clemente VII, que se oponía a que el rey repudiara a Catalina de Aragón. Enrique VIII se proclamó en 1534 cabeza de la Iglesia de Inglaterra. Desde entonces, los monarcas ingleses han ostentado esta autoridad sólo en la teoría, ya que, en la práctica, corresponde al arzobispo primado de Canterbury. Las bases doctrinales de la iglesia anglicana se encuentran recogidas en el *Book of Common Prayer*, redactado por el obispo Cranmer, los *Treinta y nueve artículos* (1563), el *Catecismo* y los dos *Libros de Homilías*. Presenta, como el catolicismo, una jerarquización eclesiástica (obispos, presbíteros y diáconos). Su teología es de carácter calvinista y sus puntos principales son la suprema autoridad de la Biblia, la justificación por la fe y la predestinación. En 1992 aprobó el acceso de las mujeres al sacerdocio.

ANGLICANO, NA adj. **1** Que profesa el anglicanismo. También s. **2** Perteneciente a él.

ANGLICISMO m. *Ling.* **1** Giro o modo de hablar propio y privativo de la lengua inglesa. **2** Vocablo o giro de esta lengua empleado en otra. **3** Empleo de vocablos o giros ingleses en otro idioma.

ANGLO, GLA adj. y s. **1** *Hist.* Se dice del individuo de un pueblo germánico que, en compañía de los sajones y jutos, se estableció en la isla de Gran Bretaña en la segunda mitad del siglo V. **2** INGLÉS.

ANGLOAMERICANISMO m. *Ling.* Vocablo, giro o rasgo idiomático peculiar o procedente del inglés hablado en los Estados Unidos de América.

ANGLOAMERICANO, NA adj. **1** Perteneciente a los ingleses y americanos. **2** Se dice del individuo de origen inglés nacido en América. **3** ESTADOUNIDENSE.

ANGLÓFILO, LA adj. y s. Que simpatiza con Inglaterra, con los ingleses o con lo inglés.

ANGLÓFOBO, BA adj. y s. Desafecto a Inglaterra, a los ingleses o a lo inglés.

ANGLONORMANDAS, ISLAS CANAL, ISLAS DEL.

ANGLONORMANDO, DA adj. **1** *Hist.* Se dice de los normandos que se establecieron en Inglaterra después de la batalla de Hastings (1066). También s. || m. *Ling.* **2** Dialecto francés normando hablado antiguamente en Inglaterra. Fue la lengua oficial de la monarquía inglesa desde la llegada de los normandos hasta finales del siglo XIV.

ANGLOSAJÓN, NA adj. **1** *Hist.* Se aplica a los individuos procedentes de la fusión de los pueblos germánicos, anglos, sajones y jutos, que en el siglo V invadieron Inglaterra. Procedentes del actual Schleswig y de la costa frisona, hacia el año 450 emigraron a la isla de Gran Bretaña, donde organizaron varios reinos que llegaron a tener una considerable importancia en los siglos VI y VII. También s. **2** Perteneciente o relativo a los anglosajones. **3** Se dice de los individuos y pueblos de procedencia y lengua inglesa. || m. *Ling.* **4** Lengua ger-

Fra **Angélico**.
Resurrección de Cristo.
Convento de San Marcos (Florencia).

mánica hablada por los anglosajones y de la cual procede el inglés.

ANGLOSAJONA, HEPTARQUÍA HEPTARQUÍA ANGLOSAJONA.
ANGOLA (*República de Angola*). Estado de África occidental, que limita al N con la República Democrática del Congo; al E, con la República Democrática del Congo y Zambia; al S, con Namibia, y al O, con el océano Atlántico.

Geog. A excepción de la zona litoral, el relieve de Angola está formado por mesetas y recorrido por montañas (sierras de Canda, Canganza, Mozamba, Dundo, da Meue y da Chela). El N es de clima ecuatorial húmedo y abundante en vegetación, mientras que el S tiene clima tropical sudanés y vegetación de sabana. Por el vértice NO corren los ríos Congo, Cuango, Luangue y Kasai. La región oriental está atravesada por el Zambeze y su afluente el Cuando; al S, el Cubango y su afluente el Cuito forman el Okavango; y al Atlántico van, además del Congo, el Cuanza o Bengo y el Cunene. Su economía, basada en la minería (petróleo, diamantes, hierro, manganeso y cobre) y en la agricultura (café, caña de azúcar, algodón, palma de aceite, cacahuete, mandioca, maíz, trigo, etc.), ha sufrido un gran deterioro desde 1975 a consecuencia de las luchas entre los distintos movimientos independentistas. Industrias alimentarias y de producción de energía eléctrica.

Hist. Habitada por tribus bantúes, a partir del siglo XV se asentaron los portugueses en sus costas. Fue uno de los mayores centros de trata de esclavos desde el siglo XVII hasta finales del XIX. Primero colonia y luego provincia ultramarina de Portugal, la lucha por la independencia comenzó en los sesenta del siglo XX, si bien no se hizo efectiva hasta 1975. A partir de esta fecha se

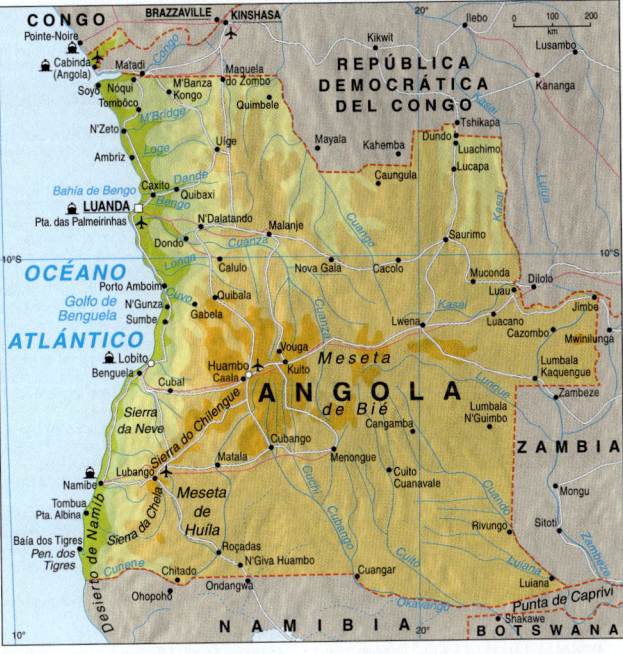

Superficie:
1.246.700 km².
Población:
10.145.000 h.
(angoleños).
Densidad:
8,1 h./km².
Tasa de natalidad: 47,2‰.
Tasa de mortalidad: 25,3‰.
Capital: Luanda.
Ciudades principales: Benguela, Huambo, Lobito y Lubango.
Grupos étnicos: bantúes (mayoría) y bosquimanos.
Religión: catolicismo (68,7%), protestantismo (19,8%), otras creencias (12%).
Idioma: portugués (oficial) y dialectos bantú y khoisan.
Moneda: nuevo kwanza.
Forma de Estado: república multipartidista.
Producto Nacional Bruto: 4.578 millones de dólares.
Renta per cápita: 380 dólares.
División administrativa: 18 provincias, según cuadro.

desarrolló una guerra civil entre los independentistas, en la que venció el Movimiento Popular para la Liberación de Angola (MPLA), de carácter marxista, mientras que la Unión Nacional para la Independencia Total de Angola (UNITA) quedaba como principal fuerza de oposición guerrillera. En 1976, el MPLA impuso la denominación de República Popular y un régimen de estructura socialista. Angola ingresó en la ONU y en 1980 se estableció el primer parlamento en la historia del país. En 1989, el presidente J. E. dos Santos y el jefe de la UNITA, J. Savimbi, firmaron un acuerdo de alto el fuego, que puso término a la guerra civil. En 1992 se celebraron elecciones supervisadas por Naciones Unidas. Tras la victoria de Dos Santos en la primera vuelta, J. Savimbi acusó de fraude al gobierno, se negó a participar en la segunda ronda y ocupó militarmente el 60% del país. A finales de 1993, la presión internacional y ciertos reveses bélicos obligaron a los rebeldes a claudicar. Se inició un largo proceso de normalización del país, que culminó en 1997 con la formación de un Gobierno de Unidad y Reconciliación Nacional integrado por miembros del MPLA y de la UNITA. Sin embargo, una nueva rebelión de la UNITA hizo que, en 1999, Dos Santos pasara a controlar todos los poderes. La muerte de J. Savimbi en un enfrentamiento armado, en febrero de 2002, abrió nuevas perspectivas para la reconciliación nacional.

ANGOLA

Provincias	Superficie (km²)	Población (h.)	Capitales
Bengo	31.371	190.000	Caxito
Benguela	31.788	718.000	Benguela
Bié	70.314	1.280.000	Kuito
Cabinda	7.270	199.000	Cabinda
Cunene	89.342	255.000	N'Giva
Huambo	34.274	1.730.000	Huambo
Huíla	75.002	954.000	Lubango
Kuando Kubango	199.049	139.000	Menongue
Kuanza Norte	24.190	440.000	N'Dalatando
Kuanza Sul	55.660	710.000	Sumbe
Luanda	2.418	2.022.000	Luanda
Lunda Norte	102.783	320.000	Lucapa
Lunda Sul	45.649	165.000	Saurimo
Malanje	7.602	1.020.000	Malanje
Moxico	223.203	360.000	Lwena
Namibe	58.137	154.000	Namibe
Uíge	58.698	985.000	Uíge
Zaire	40.130	262.000	M'Banza Kongo

ANGOLÁN m. *Bot.* Árbol de la familia alangiáceas, nativo de la India, cuyo fruto es comestible y la raíz tiene propiedades purgantes.
ANGOLEÑO, ÑA adj. y s. De Angola.
ANGORA adj. y s. *Zool.* Se dice de las variedades de gato, conejo o cabra originarias de Angora (Ankara), de pelo largo y sedoso.
ANGORA Ankara.
ANGOSTAR tr. Estrechar. También intr. y prnl.
ANGOSTO, TA adj. Estrecho, reducido.
ANGOSTURA f. **1** Calidad de angosto. **2** Paso estrecho. **3** Estrechez intelectual o moral. **4** *Bot.* Planta rutácea cuya corteza tiene propiedades medicinales. **5** Bebida amarga elaborada con la corteza de esta planta y utilizada en cócteles.
ANGOSTURA Nombre de dos secciones (*Primera* y *Segunda Angostura*) del estrecho de Magallanes en las que éste tiene como máxima anchura 3 y 8 km.
ANGOSTURA *Hist.* Antiguo nombre de Ciudad Bolívar (Venezuela), sede de la célebre asamblea, convocada por Bolívar en 1819, conocida como *Congreso de Angostura*. En ella expuso sus proyectos para la creación de la *Gran Colombia*, integrada por los actuales Estados de Ecuador, Colombia y Venezuela. Bolívar fue elegido presidente provisional y se aprobó un proyecto constitucional que no llegó a tener vigencia, puesto que el congreso promulgó la ley fundamental de la República de Colombia, en virtud de la cual se unían en un solo Estado Venezuela y Nueva Granada.
ANGRELADO, DA adj. *Bl.* Se dice de las piezas de heráldica, de las monedas y de los adornos de arquitectura que rematan en forma de picos o dientes muy menudos.
ÅNGSTROM o **ÅNGSTROMIO** (Del apellido del físico sueco A. J. Ångström.) m. *Fís.* Unidad de longitud propia de la espectroscopia, equivalente a una diezmillonésima de milímetro (10^{-10} m). Se utiliza especialmente para medir las longitudes de onda de las radiaciones luminosas y en las distancias interatómicas. Su símbolo es Å.
ÅNGSTRÖM, ANDERS JONAS Físico y astrónomo sueco (Lodgo, 1814 - Upsala, 1874). Estudió el espectro solar, el del cometa Halley y los de los elementos químicos. Descubrió hidrógeno en la atmósfera del Sol (1862) y publicó un mapa del espectro solar que especificaba la longitud de onda de más de un millar de rayas de Fraunhofer (1868).
ANGUILA f. *Zool.* Pez teleósteo, fisóstomo, de la familia anguílidos, de nombre científico *Anguilla anguilla*. Tiene el cuerpo largo, cilíndrico y alargado. Su piel está cubierta de minúsculas escamas muy rudimentarias. Crecen en aguas dulces, para luego emigrar hasta el mar para desovar, después de lo cual mueren. Sus crías se denominan angulas.
ANGUILA (*Anguilla*) Isla de las Pequeñas Antillas, grupo de Barlovento, que constituye desde 1976 una dependencia, con autonomía interna, del Reino Unido;

Angulema (Francia). Catedral románica de San Pedro.

96 km^2 y 8.960 h. Su capital es The Valley. Fue colonia británica hasta 1967, para después pasar a formar la federación de San Kitts, Nevis y Anguila, Estado asociado al Reino Unido, pero ese mismo año se declaró independiente. En 1969 fue ocupada por tropas inglesas.

ANGULA f. *Zool.* Cría de la anguila.

ANGULAR adj. **1** Relativo al ángulo. **2** De figura de ángulo. || **GRAN ANGULAR** *Fot.* Se dice del objetivo de corta distancia focal y con capacidad de cubrir un ángulo visual de 70° a 180°.

ANGULEMA *(Angoulême)* Ciudad del O de Francia, capital del departamento de Charente; 42.876 h. Industria textil y papelera.

ANGULEMA *Geneal.* Antigua dinastía francesa de condes y duques, que tiene su origen en Isabel, viuda del rey Juan de Inglaterra, casada con Hugo X, conde de la Marca. Más tarde Carlos VI dio el título de duque de Angulema a su primogénito.

ANGULEMA, LOUIS ANTOINE DE BOURBON, DUQUE DE Noble y militar francés (Versalles, 1775 - Gorizia, 1844). Hijo mayor de Carlos X de Francia. En 1823 vino a España al frente del ejército conocido como Los cien mil hijos de San Luis para restablecer el poder absoluto de Fernando VII.

ÁNGULO m. **1** *Geom.* Cada una de las cuatro partes resultantes de dividir una superficie por dos líneas que se cortan. **2** *Geom.* Cada una de las cuatro partes del espacio que origina el corte de dos superficies. Se llama vértice el punto de corte de las dos líneas, y arista la línea de corte de los dos planos. **3** RINCÓN. **4** Esquina o arista. || **ÁNGULO AGUDO** *Geom.* El menor o más cerrado que el recto y vale menos de 90°. || **ÁNGULO COMPLETO** *Geom.* El cóncavo que tiene los lados coincidentes. También denominado *ángulo de giro.* || **ÁNGULO CÓNCAVO** *Geom.* El que comprende la prolongación de los lados de dos semirrectas que parten de un mismo punto. Ocupa tres regiones angulares. || **ÁNGULO CONVEXO** *Geom.* El que no comprende la prolongación de los lados de dos semirrectas que parten de un mismo punto. Ocupa una o dos regiones angulares. || **ÁNGULO DIEDRO** *Geom.* Cada una de las dos porciones del espacio limitadas por dos semiplanos que parten de una misma recta. || **ÁNGULO DE INCIDENCIA** *Fís.* El formado entre un haz que incide sobre una superficie y la normal a ésta en el punto de contacto. || **ÁNGULO LLANO** *Geom.* El que sus lados son una prolongación del otro. Ocupa dos regiones angulares, es decir, mide 180°. También denominado *ángulo plano.* || **ÁNGULO OBLICUO** *Geom.* El que no es recto. || **ÁNGULO OBTUSO** *Geom.* El mayor o más abierto que el recto, que vale más de 90°. || **ÁNGULO RECTO** *Geom.* El que forman dos líneas, o dos planos, que se cortan perpendicularmente y vale 90°. || **ÁNGULO DE REFLEXIÓN** *Fís.* El formado entre un haz reflejado por una superficie y la normal a ésta en el punto de incidencia. || **ÁNGULO DE REFRACCIÓN** *Fís.* El formado por un rayo refractado en una superficie de separación de dos medios y la normal a ésta en el punto de contacto. || **ÁNGULOS ADYACENTES** *Geom.* Los que tienen un lado común y los otros dos uno a continuación del otro y sobre la misma recta. Como valen dos rectos se consideran también suplementarios. || **ÁNGULOS ALTERNOS** *Geom.* Los dos que a distinto lado forman una secante con dos rectas. Son alternos internos los que están entre las rectas, y alternos externos los que están fuera. || **ÁNGULOS COMPLEMENTARIOS** *Geom.* Los que sumados valen un recto. || **ÁNGULOS CONSECUTIVOS** *Geom.* Los que tienen el vértice y un lado común y no está uno comprendido en el otro. Su intersección es la semirrecta común a los dos. || **ÁNGULOS SUPLEMENTARIOS** *Geom.* Los que sumados valen dos rectos.

ANGULOSO, SA adj. Que tiene ángulos o esquinas.

ANGUS Distrito unitario del Reino Unido, en Escocia; 110.100 h.

ANGUSTIA f. **1** Aflicción, congoja. **2** Ganas de vomitar. **3** *Filos.* Concepto que ha recibido distintas formulaciones, especialmente en el pensamiento existencialista. Para Kierkegaard, es la conciencia del abismo que separa lo finito de lo infinito, mediante la cual es posible escapar a la ficción racional de la identidad para sumergirse en la inaprehensible diversidad de la existencia. Para Heidegger, sin embargo, es el temple de ánimo en el que se revela el derrumbamiento del ente. Sartre, por su parte, considera que expresa la obligación perpetua que el hombre, como ser libre, tiene de rehacer su yo. **4** *Psicol.* Sentimiento de temor ante una sensación de amenaza indeterminada. Suele acompañarse de síntomas neurovegetativos característicos.

ANGUSTIADO, DA adj. **1** Que implica o expresa angustia. **2** Estrecho o reducido. **3** fig. Apocado, miserable.

ANGUSTIAR tr. y prnl. Causar angustia, afligir.

ANGUSTIOSO, SA adj. **1** Lleno de angustia. **2** Que la causa. **3** Que la padece.

ANHALT Antiguo Estado de Prusia que en 1919 se constituyó como Estado libre y que, tras la Segunda Guerra Mundial, formó parte de la República Democrática Alemana. Hoy constituye el Land de Sajonia-Anhalt.

ANHELAR tr. Tener ansia o deseo vehemente de conseguir algo.

ANHELO m. Deseo vehemente.

ANHELOSO, SA adj. **1** Se dice de la respiración frecuente y fatigosa. **2** Que tiene o siente anhelo.

ANHÍDRIDO m. *Quím.* **1** Cuerpo formado por una combinación del oxígeno con un elemento no metal y que, al reaccionar con el agua, da un ácido oxácido. **2** Cualquier compuesto, orgánico o inorgánico, obtenido a partir de otro por la eliminación de uno o más moléculas de agua. || **ANHÍDRIDO ARSÉNICO** *Quím.* Pentóxido de arsénico (As_2O_5) de color blanco, aspecto vítreo, y muy soluble en agua y alcohol. Es venenoso. || **ANHÍDRIDO CARBÓNICO** *Quím.* De fórmula CO_2, se forma por combinación del carbono con el oxígeno. Es un gas incoloro, de olor débil, más pesado que el aire y con propiedades asfixiantes, que se produce en la combustión completa de carbones y sustancias orgánicas, en la respiración, fermentaciones y por la acción de los ácidos o del calor sobre los carbonatos. Se emplea para la producción de nieve carbónica y, después de comprimido, para los refrigeradores y extintores de incendios; también para la elaboración de bebidas refrescantes.

ANHIDRITA f. *Miner.* Mineral sulfato de calcio, de fórmula $CaSO_4$. Se encuentra en yacimientos formados por evaporación de las aguas marinas.

ANHIDRO, DRA adj. *Quím.* Se dice de los cuerpos que no contienen agua.

ANHIDROSIS f. *Med.* Disminución o supresión del sudor. ♦ Su pl. es *anhidrosis.*

ANHUI *(Anhwei)* Provincia del E de China en la Región Oriental; 139.900 km^2 y 62.370.000 h. Su capital es Hefei.

ANHWEI ANHUI.

ANÍBAL General cartaginés (Cartago, 247 - Bitinia, 183 a. C.). Hijo de Amílcar Barca, sirvió con su padre en la península Ibérica, donde fue elegido jefe del ejército cartaginés (221). Su ataque a Sagunto, aliada de Roma, inició la segunda guerra púnica. Decidido a continuar la guerra en Italia, atravesó con su ejército los Pirineos y los Alpes y venció a Escipión en el río Tesino, a Sempronio en el río Trebia (218), a Flaminio en el lago Trasimeno (217) y a Varrón en la batalla de Cannas (216). Se apoderó de Capua y después de tomar Tarento (212), marchó hacia Roma (211) cercándola infructuosamente durante cinco días. En 204, Publio Cornelio Escipión desembarcó en Útica. El senado cartaginés se apresuró a llamar a Aníbal, que en 202 fue derrotado por Escipión en Zama. Aníbal fue nombrado jefe del nuevo gobierno de Cartago, pero en 196 tuvo que huir, acusado de intentar romper la paz. Buscó refugio en la corte de Antíoco III, pero al ser éste vencido en Magnesia (190), huyó a Bitinia, donde se suicidó para evitar ser asesinado.

ANICETO EL GALLO ASCASUBI, HILARIO.

ANIDAR intr. **1** Hacer nido las aves o vivir en él. También prnl. **2** fig. Habitar. También prnl. **3** Hallarse o existir algo en una persona o cosa.

ANILINA f. *Quím.* Nombre común de la fenilamina, amina primaria resultante de reemplazar un hidrógeno de la molécula del benceno por el grupo $-NH_2$. Líquido oleoso, incoloro recién destilado y marrón claro a temperatura ambiente, con punto de fusión -8° C, punto de ebullición 189° C, peso específico 1,024, e inflamable. Se disuelve en agua y es miscible con alcohol, cloroformo, benceno y otros disolventes orgánicos. Se emplea en la fabricación de colorantes, medicamentos, barnices, resinas, perfumes, en la vulcanización del caucho y como disolvente. Es venenoso.

ANILLA f. **1** Cada uno de los anillos que sirven para colocar colgaduras o cortinas. **2** Anillo al cual se ata una correa para sujetar algo. || f. pl. *Dep.* **3** En gimnasia, aparato que consta de unos aros suspendidos en los que se hacen diferentes ejercicios.

ANILLADO, DA adj. **1** Que tiene forma de anillo. **2** *Zool.* ANÉLIDO. También m. **3** Se dice especialmente de las aves señaladas o marcadas con anillas en las patas. || m. **4** Acción y efecto de anillar.

ANILLAR tr. **1** Dar forma de anillo. **2** Sujetar con anillos. **3** Marcar con anillas, especialmente a las aves.

ANILLO m. **1** Aro pequeño. **2** Aro de metal u otra materia que se lleva, principalmente como adorno, en los dedos de la mano. **3** *Arquit.* Moldura que rodea el fuste de las columnas. **4** *Arquit.* Cornisa circular u ovalada que sirve de base a la cúpula o media naranja. **5** *Bot.* En los helechos, línea de células que rodea el esporangio y al estrecharse causa la ruptura de aquél y la diseminación de las esporas. **6** *Biol.* En algunos hongos, tejido de forma anular que rodea el estípite; es un resto del velo. **7** *Geom.* Superficie plana limitada por dos círculos concéntricos. **8** *Mat.* Conjunto de elementos entre los que se definen dos reglas de composición, una asimilable a la adición y otra al producto. **9** *Quím.* Estructura molecular formada por una cadena cerrada de átomos. **10** *Tecnol.* Pieza de un relleno constituida por un cilindro hueco, de tamaño variado, con pared de poco espesor. **11** *Zool.* Cada uno de los segmentos en que está dividido el cuerpo de los gusanos o artrópodos. || **ANILLOS DE SATURNO** *Astron.* Círculo de partículas meteóricas que rodea a este planeta.

ÁNIMA f. **1** ALMA. **2** Alma del purgatorio. **3** fig. Hueco del cañón de las piezas de artillería. || f. pl. **4** Toque de campanas en las iglesias a cierta hora de la noche para que se ruegue a Dios por las ánimas del purgatorio. **5** Hora de este toque.

ANIMACIÓN f. **1** Acción y efecto de animar. **2** Viveza. **3** Concurrencia de gente. **4** *Cin.* En las películas de dibujos animados, procedimiento de diseñar los movimientos de los personajes o de los objetos y elementos a que se da vida.

ANIMADO, DA adj. **1** Dotado de alma. **2** Alegre, divertido. **3** Concurrido.

ANIMADOR, RA adj. y s. **1** Que anima. || m. y f. **2** Cantante que actúa acompañado por una orquesta. **3** Persona que tiene por oficio organizar fiestas o reuniones.

ANIMADVERSIÓN f. **1** Enemistad, ojeriza. **2** Crítica u oposición hacia algo o alguien.

ANIMAL m. **1** *Biol.* Ser orgánico que vive, siente y se mueve por propio impulso. Carece de clorofila y, por tanto, necesita de nutrientes orgánicos complejos para su desarrollo. **2** Ser irracional, por oposición a los humanos. || adj. **3** Relativo al animal. **4** Relativo a la parte instintiva del ser viviente, a diferencia de lo racional o espiritual. **5** fig. Se dice de la persona grosera o muy ignorante. También s. || **ANIMAL TRANSGÉNICO** *Biol.* TRANSGÉNICO, CA.

ANIMÁLCULO m. *Biol.* Animal microscópico.

ANIMAR tr. **1** Incitar a alguien a una acción. **2** Dar a alguien ánimo, energía moral o confianza. También prnl. **3** Dotar de movimiento a cosas inanimadas. || prnl. **4** Atreverse.

ÁNIMAS, SIERRA DE LAS Sierra de Uruguay, departamentos de Lavalleja y Maldonado. Su punto culminante es el Cerro de las Ánimas (501 m).

ANIMATISMO m. *Antrop.* Teoría antropológica que considera que en el origen de todas las religiones, se produce la creencia en un difuso poder sobrenatural que invade y anima todas las cosas. También ha recibido el nombre de *preanimismo.*

ANIME m. *Bot.* **1** CURBARIL. **2** Resina de esta planta, empleada en pinturas y barnices.

ANÍMICO, CA adj. PSÍQUICO.

ANIMISMO m. **1** *Med.* Doctrina médica de Stahl, que consideró el alma como principio de acción de todos los fenómenos vitales. **2** Creencia en la actividad voluntaria de los seres orgánicos e inorgánicos y de los fenómenos de la naturaleza. **3** *Antrop.* Creencia en la existencia de seres espirituales que animan todas las cosas y con la capacidad de favorecer o perjudicar los intereses de los hombres. Según Tylor, esta creencia caracteriza el estadio más primario de la religión.

ÁNIMO m. **1** Alma o espíritu en cuanto es principio de la actividad humana. **2** Valor, esfuerzo, energía. **3** Intención, voluntad. **4** fig. Atención o pensamiento.

¡ÁNIMO! interj. para alentar o esforzar a alguien.

ANIMOSIDAD f. **1** Aversión, hostilidad. **2** ÁNIMO, valor.

ANIMOSO, SA adj. **1** Que tiene ánimo. **2** Intrépido. **3** Valiente.

ANIÑADO, DA adj. Pueril, infantil.

ANIÓN m. *Quím.* Ion negativo, es decir, átomo o molécula que ha ganado uno o más electrones.

ANIQUILACIÓN f. **1** Acción y efecto de aniquilar. **2** *Fís.* Reacción que se produce al chocar una partícula atómica elemental con su correspondiente antipartícula, en la que desaparece la masa de ambas y se emite radiación electromagnética.

ANIQUILAR tr. **1** Reducir a la nada. También prnl. **2** fig. Destruir o arruinar completamente. También prnl. || prnl. **3** fig. Deteriorarse mucho algo.

ANIS- pref. ANISO-.

ANÍS m. **1** *Bot.* Planta de la familia umbelíferas, de nombre científico *Pimpinella anisum.* Es una herbácea anual, de flores pequeñas y blancas, y semillas aromáticas de sabor agradable. **2** Semilla de esta planta, utilizada como aromatizante y medicinal. **3** Grano de anís con baño de azúcar. **4** Por extensión, toda confitura menuda. **5** Aguardiente anisado.

ANISADO, DA adj. **1** Que contiene anís. || m. **2** Aguardiente de anís.

ANISAR[1] m. Tierra sembrada de anís.

ANISAR[2] tr. Echar anís a una cosa.

ANISETE m. Licor compuesto de aguardiente, azúcar y anís.

ANISO-, ANIS- prefs. que significan desigual, desigualdad.

ANISOCORIA f. *Med.* Desigualdad en el diámetro de las pupilas.

ANISODÁCTILO adj. *Zool.* Se dice del animal que tiene dedos desiguales, especialmente de las aves.

ANISODONTE adj. *Med.* De dientes desiguales o irregulares.

ANISÓFILO, LA adj. *Bot.* De hojas desiguales, con dos o más formas y tamaños.

ANISOGAMIA f. *Biol.* Fertilización de un gameto por otro del que sólo difiere ligeramente.

ANISÓMERO, RA adj. *Biol.* Se dice del órgano formado por partes desiguales.

ANISOPÉTALO, LA adj. *Bot.* Que tiene pétalos desiguales.

ANISOSILÁBICO, CA adj. *Ling.* Se aplica a los versos que no tienen igual número de sílabas.

ANISOTROPÍA f. **1** *Bot.* Propiedad de una planta para adoptar diferentes posiciones como respuesta a estímulos externos. **2** *Geol.* Referido a un cristal, variaciones de cualquier propiedad física según una dirección.

ANIVERSARIO m. Día en que se cumplen años de algún suceso.

ANJOU *Geog. hist.* Antigua provincia de Francia, que llegó a ser un poderoso Estado feudal durante la Edad Media, y cuyo territorio forma actualmente el departamento de Maine-et-Loire y parte de los de Indre-et-Loire, Mayenne y Sarthe. Su capital era Angers y sus habitantes se denominaban angevinos.

ANJOU *Geneal.* Título nobiliario cuyo origen se remonta a los vizcondes de Angers. El título condal apareció en el año 929 para designar a Foulques I. Enrique Plantagenet heredó el ducado y reinó en Inglaterra con el nombre de Enrique II, en 1154. Luis XIV concedió el título de duque de Anjou a su nieto Felipe, rey de España con el nombre de Felipe V.

ANKARA Ciudad capital de Turquía y de la provincia de su nombre; 2.837.737 h. Corresponde a la antigua *Ancira,* luego *Angora.* En 1930, Mustafá Kemal la eligió como capital de la República turca con el nombre actual.

ANNABA Ciudad de Argelia, capital de la vilaya de su nombre; 222.518 h.

ANNAM ANAM.

ANNAMITA adj. y com. De Anam o Annam.

ANNAN, KOFI Diplomático de Ghana (Kumasi, 1938). Su carrera profesional ha estado vinculada a la ONU, organismo en el que comenzó a trabajar en 1962 y en el que ocupó diversos cargos antes de ser elegido secretario general en 1997. Intentó infructuosamente buscar vías de acuerdo en el conflicto de Kosovo. En 2001 recibió el premio Nobel de la Paz.

ANNAPURNA o **ANAPURNA** Macizo del Himalaya, en Nepal; 8.080 m. Escalado por primera vez en 1950 por M. Herzog y L. Lachenal.

ANNOBÓN Isla de Guinea Ecuatorial, que constituye una provincia, región Insular; 17 km^2 y 2.360 h. Su capital es Palé. Antiguamente llamada *Pagalu.*

ANNUAL *Hist.* Población de Marruecos, en el Rif. Antigua posición militar de las tropas españolas, en la que se inició el movimiento rebelde indígena capitaneado por Abd el-Krim, que en 1921 derrotó al ejército español. Este episodio es conocido como *Desastre de Annual.*

ANNUNZIO, GABRIELE D' D'ANNUNZIO, GABRIELE.

ANO m. *Anat.* Orificio terminal del conducto digestivo por el cual se expelen los excrementos o residuos no aprovechables.

ANOBIO m. *Zool.* Denominación general de un género de coleópteros xilófagos, llamados vulgarmente carcoma. Más en pl.

ANOCHE adv. t. En la noche de ayer.

ANOCHECER[1] impers. **1** Empezar a faltar la luz del día. || intr. **2** Llegar a estar en un paraje o situación determinados al empezar la noche. ♦ IRREG. Se conjuga como AGRADECER.

ANOCHECER[2] m. Tiempo durante el que anochece.

ANOCHECIDA f. ANOCHECER[2].

ANOCHECIDO adv. t. Al empezar la noche.

ANODINO, NA adj. **1** Insignificante, ineficaz. **2** *Med.* Que sirve para calmar el dolor. También m.

ANODIZACIÓN f. *Quím.* Recubrimiento de metales, sobre todo del aluminio, por procedimiento electrolítico. De esta manera se evita la posterior corrosión del material.

ÁNODO m. *Fís.* **1** Polo positivo de un generador de electricidad. **2** En las cubas electrolíticas, electrodo conectado al polo positivo del generador, por el que entra la corriente. A él se dirigen los electrones o iones negativos. **3** En las válvulas electrolíticas, electrodo conectado al polo positivo de alta tensión.

Mosquito **anofeles.**

ANOFELES adj. y m. *Zool.* Nombre común de varios mosquitos de la familia culícidos. Tienen largas patas y aparato bucal picador-chupador. Solamente la hembra succiona sangre, por lo que es la transmisora del paludismo. Ponen los huevos en aguas estancadas, y allí se desarrollan las larvas. ♦ Su pl. es *anofeles.*

ANOMALÍA f. **1** IRREGULARIDAD, discrepancia de una regla. **2** *Astron.* Ángulo que define la posición de un planeta en su órbita alrededor del Sol.

ANOMALISTA m. *Gram.* Partidario de una teoría formulada en la Grecia clásica, que defendía un origen natural del lenguaje, el carácter irregular de las lenguas y la inexistencia de leyes o estructuras lógicas que pudieran explicar los fenómenos lingüísticos. Los anomalistas entre los que se encontraban los estoicos, Cicerón y la escuela de Pérgamo, polemizaron con los ANALOGISTAS.

ANÓMALO, LA adj. Irregular, extraño.

ANOMIA f. *Sociol.* Estado de aislamiento del individuo, o de desorganización de la sociedad, debido a ausencia, contradicción o incongruencia de las normas sociales.

ANOMURO adj. y m. *Zool.* **1** Se dice de los crustáceos decápodos cuyo abdomen es muy blando y se refugian en conchas vacías de moluscos, como el cangrejo ermitaño. || m. pl. *Zool.* **2** Grupo de estos animales.

ANÓN m. *Bot.* ANONA.

ANONA f. *Bot.* **1** Arbolito de la familia anonáceas, propio de países tropicales. Su fruto es carnoso y agradable al paladar. **2** Fruto de este arbolito.

ANONÁCEO, A adj. y s. *Bot.* **1** Se dice de los árboles dicotiledóneos cuyo tipo es la anona. || f. pl. *Bot.* **2** Familia de estos árboles.

ANONADAR tr. **1** Causar gran sorpresa o dejar muy desconcertada a una persona. También prnl. **2** fig. Apocar. **3** fig. Humillar, abatir. También prnl.

ANONIMATO m. Carácter o condición de anónimo.

ANONIMIA f. Calidad de anónimo.

ANÓNIMO, MA adj. **1** Se dice de la obra o escrito que no lleva el nombre de su autor. También s. **2** Se dice del autor desconocido. También m.

ANOPLUROS m. pl. *Zool.* Suborden de insectos hemípteros que viven como ectoparásitos en el cuerpo de algunos mamíferos, como el piojo. Tienen aparato chupador-picador y las extremidades terminan en una uña con la que se sujetan al huésped.

ANORAK m. Prenda impermeable, con capucha, de origen esquimal. ♦ Su pl. es *anoraks.*

ANOREXIA f. *Pat.* Pérdida del apetito, producida, generalmente, por causas psíquicas.

ANORMAL adj. **1** No normal. || com. **2** Persona cuyo desarrollo físico o intelectual es inferior al que corresponde a su edad.

ANORTITA f. *Miner.* Mineral tectosilicato de aluminio y calcio, propio de rocas básicas. Es de color blanco, gris o verdoso, y tiene aspecto nacarado.

ANORTOCLASA f. *Miner.* Feldespato de potasio y sodio caracterizado por despedir un reflejo azulado.

ANOSMIA f. *Med.* Pérdida completa del olfato.

ANOTACIÓN f. **1** Nota, apunte. **2** Acción y efecto de anotar.

ANOTADOR, RA adj. y s. **1** Que anota. **2** *Cin.* Ayudante del director de cine que apunta los pormenores de cada escena.

ANOTAR tr. **1** Poner notas en un escrito. **2** APUNTAR, tomar por escrito. **3** Hacer anotación en un registro público. **4** *Dep.* Marcar tantos.

ANOUILH, JEAN Dramaturgo francés (Burdeos, 1910 - Lausana, 1987). Sus «piezas negras» están impregnadas de pesimismo y de una visión trágica y sórdida de la vida. Escribió también las llamadas «piezas rosas», en las que da cabida al humor y la fantasía. Autor de *El armiño* (1932), *El viajero sin equipaje* (1937), *Antígona* (1944), *Becket o el honor de Dios* (1959), *El arresto* (1975) y *El ombligo* (1981).

ANOVULATORIO, RIA adj. y s. *Farm.* Se dice del medicamento que impide la ovulación.

ANOXEMIA f. *Med.* Falta de oxigenación de la sangre o en los tejidos.

ANQUETIL, JACQUES Ciclista francés (Mont-Saint-Aignan, 1934 - Rouen, 1987). Ganó el Tour de Francia en cinco ocasiones, el Giro de Italia y la Vuelta a España. Su especialidad fueron las pruebas contrarreloj. En 1956 consiguió el récord del mundo de la hora (46,159 km).

-ANQUIA suf. ANGIN-.

ANQUIL-, ANQUILO-, ANCON-; -ANQUILO- prefs. o in. que significan adherencia, soldadura: *anquilosis.*

ANQUILOSAR tr. **1** Producir anquilosis. || prnl. **2** fig. Detenerse una cosa en su progreso.

ANQUILOSIS f. *Med.* Imposibilidad de movimiento en una articulación, por un proceso quirúrgico o patológico. ♦ Su pl. es *anquilosis.*

ANQUILOSTOMA m. *Zool.* Gusano nematelminto estrongílido, de nombre científico *Ancylostoma duodenale,* parásito del intestino humano, que produce anemia.

ANQUILOSTOMIASIS f. *Med.* Tipo de anemia perniciosa originada por la presencia en el intestino delgado humano del gusano nematodo anquilostoma.

ANQUISES *Mit.* Príncipe troyano. Fue amado de Venus, con quien tuvo a Eneas.

ANSA HANSA.

ANSAN Ciudad de la República de Corea; 510.317 h.

ÁNSAR m. *Zool.* Nombre común de diversas aves anseriformes, de la familia anátidas, gansos silvestres del género *Anser.* Entre las especies más comunes se encuentran el ánsar campestre *(A. fabalis),* de color pardo oscuro y propia de la región paleártica; el ánsar careto grande *(A. albifrons),* que se distingue por una típica mancha blanca sobre el pico y el color anaranjado de las patas; y el ánsar común *(A. anser)* o ganso, que vive en el N de Eurasia.

ANSCHLUSS (Voz al.) *Hist.* Movimiento político en Alemania y Austria para unir los dos países, después de la disgregación del imperio austrohúngaro a consecuencia de la Primera Guerra Mundial. La fusión se llevó a cabo el 12 de marzo de 1938, mediante un acto de fuerza de Hitler.

ANSELMO, SAN Filósofo y teólogo italiano (Aosta, 1033 - Canterbury, 1109). Perteneciente a la orden benedictina, fue arzobispo de Canterbury. Se le considera el fundador de la escolástica medieval. Su contribución más notable a la filosofía fue la formulación del argumento ontológico, con el que pretendía demostrar *a priori* la existencia de Dios. Obras: *De veritate, Monologium* y *Proslogium.*

ANSERIFORMES f. pl. *Zool.* Orden de aves palmípedas, caracterizadas por poseer laminillas córneas en el pico aplanado, patas cortas, pies palmeados y una glándula que segrega una grasa que lubrica y aísla sus plumas. Las crías son nidífugas. Pertenecen a este grupo el pato, oca, cisne, serreta y flamenco.

ANSHAN *(An-shan)* Ciudad de China, provincia de Liaoning; 1.390.000 h. Hulla y hierro. Industria siderometalúrgica.

ANSIA f. **1** ANHELO intenso. **2** Congoja o fatiga que causa en el cuerpo una inquietud o agitación violenta. || f. pl. **3** NÁUSEAS.

ANSIAR tr. Desear con ansia.

ANSIEDAD f. **1** Estado de inquietud del ánimo. **2** Angustia que acompaña a muchas enfermedades.

ANSIOLÍTICO, CA adj. y m. *Farm.* Se dice de los medicamentos utilizados contra la ansiedad.

ANSIOSO, SA adj. **1** Que tiene ansiedad. **2** Que tiene ansia o deseo vehemente de alguna cosa.

ANSÓ, VALLE DE Comarca pirenaica de España, al NO de la provincia de Huesca.

ANT- pref. ANTI-.

-ANT-; -ANTA in. o suf. ANTO-.

ANTA f. **1** MENHIR. **2** *Arquit.* Pilastra embutida en un muro, del que sobresale un poco, y que tiene delante una columna de su misma anchura. **3** *Arquit.* Pilastra que se levantaba a los costados de la puerta de la fachada de los edificios. **4** *Zool.* ALCE.

ANTAGÓNICO, CA adj. Opuesto, contrario.

ANTAGONISMO m. **1** Oposición sustancial en doctrinas y opiniones. **2** Rivalidad. **3** *Bot.* Acción de ciertos microorganismos que contrarrestan el desarrollo de los parásitos en vegetales superiores.

ANTAGONISTA com. **1** Persona o cosa opuesta o contraria a otra. **2** *Lit.* y *Cin.* Personaje principal, que se opone al protagonista en el conflicto esencial de una obra o película. || adj. **3** *Fisiol.* Se dice de los músculos que obran en sentido contrario, como los flexores y los extensores.

ANTALIA Ciudad de Turquía; 502.269 h. Importante centro comercial. Antiguamente se llamó *Atlaleia, Adalia* o *Atlalia.*

ANTALL, JOSEF Político e historiador húngaro (Budapest, 1932 - íd., 1993). Fue uno de los fundadores del Foro Democrático Húngaro (MDF), del que fue nombrado líder en 1989. Tras la victoria de su partido en las elecciones de 1990, asumió la presidencia de gobierno. Se mantuvo en el cargo hasta su muerte.

ANTANANARIVO Ciudad capital de Madagascar y de la provincia de su nombre; 1.052.835 h. Centro administrativo, cultural e industrial. Antiguamente se llamó *Tananarive.*

ANTAÑO adv. t. En tiempos antiguos.

ANTARES, ANTARÉS o **ÁNTARES** *Astron.* Estrella de primera magnitud en la constelación de Escorpión, distante 425 años luz de la Tierra.

ANTÁRTICA ANTÁRTIDA.

ANTÁRTICO, CA adj. **1** *Geog.* Se dice del polo opuesto al ártico. **2** Del polo antártico. **3** Por extensión, MERIDIONAL.

ANTÁRTIDA Continente situado en torno al Polo Sur, al S del círculo polar antártico.

Geog. En su mayor parte, la Antártida está cubierta por un casquete de hielo que forma una gran meseta de unos 2.500 m de altitud. Existe una cordillera litoral al E del mar de Ross, que pasa de 3.000 m de altura, y otras interiores. La cumbre más elevada es el monte Vinson (5.140 m). También posee volcanes, como el Erebus y el Terror, algunos de ellos en actividad. Todo el continente tiene clima polar, seco y con temperaturas por debajo de 0° C. En la costa se forman grandes glaciares. La flora se reduce a vegetales inferiores. Posee una rica fauna marina (focas, elefantes marinos, ballenas, etc.) y en tierra abundan los pingüinos y otras aves. El subsuelo, sin explotar por el espesor del hielo, es rico en depósitos minerales (carbón, petróleo, cobre, cromo, plata, platino, etc.). No existe población estable; está limitada a algunas bases pesqueras durante el verano antártico, a bases militares y a centros científicos de exploración meteorológica y geológica.

Hist. Los primeros acercamientos a este territorio tuvieron lugar durante el siglo XVI, a los que siguieron las exploraciones impulsadas por Inglaterra durante los siglos XVIII y XIX. A partir de 1820, se sucedieron las expediciones británicas y rusas que dieron a conocer diversos puntos e islas del continente. En 1911 Amundsen llegó al Polo Sur. A partir de este momento comenzó el establecimiento de bases de carácter científico patroci-

---

Superficie: 13.176.727 km².
Países: Argentina, Australia, Chile, Francia, Gran Bretaña, Noruega, Nueva Zelanda y República Sudafricana.
Cordilleras: montes Transantárticos, montes Ellsworth, cadena Executive Committee, montes Príncipe Carlos.
Penínsulas: Antártica, Riiser Larsen.
Cabos: Noruega, Ann, Darnley, Poinsett, Dennison, Adare.
Golfos: bahía de Mackenzie, bahía Porpoise, bahía Pine Island.
Mares: Weddell, Davis, D'Urville, Ross, Amundsen, Bellingshausen, del Scotia.
Islas: del Sur, Berkner, Príncipe Eduardo, Balleny, Ross, Thurston, Alexander, Biscoe, Palmer, Shetland del Sur.
Estrechos: Pasaje de Drake, Mac Murdo.

nadas principalmente por EE UU. Coincidiendo con el comienzo de la Segunda Guerra Mundial, los gobiernos argentino (30 de abril de 1940) y chileno (6 de diciembre de 1940) declararon formalmente su soberanía sobre la Antártida, con la oposición del Reino Unido. Para facilitar los trabajos de exploración y estudio, y para soslayar los problemas políticos, se celebró en Washington (1959) una conferencia internacional que acordó la neutralización de la zona para fines exclusivamente científicos.

ANTE[1] m. 1 *Zool.* ALCE. 2 *Zool.* BÚFALO. 3 Piel de ante u otros animales adobada y curtida.

ANTE[2] prep. 1 En presencia de, delante de. 2 En comparación, respecto de.

ANTE- pref. que denota anterioridad en el tiempo y en el espacio: *anteayer, antecapilla.*

-ANTE suf. ANTO-.

ANTE MERÍDIEM expr. lat. Antes del mediodía.

-ANTEA suf. ANTO-.

ANTEANOCHE adv. t. En la noche de anteayer.

ANTEAYER adv. t. En el día que precedió inmediatamente al de ayer.

ANTEBRAZO m. 1 *Anat.* Parte del brazo que comprende desde el codo hasta la muñeca. 2 *Zool.* BRAZUELO, de los cuadrúpedos.

ANTECÁMARA f. 1 Pieza delante de la sala principal de un palacio o casa grande o del lugar en que recibe una persona importante. 2 *Tecnol.* Pequeña cámara de combustión auxiliar, empleada en motores de aceite, donde se produce una combustión parcial del combustible.

ANTECEDENTE adj. 1 Que va delante en tiempo, orden o lugar. || m. 2 Circunstancia, dicho o acción anterior que sirve para juzgar hechos posteriores. 3 *Geol.* Curso de agua que se establece antes de producirse una deformación tectónica y que después de ella se mantiene sin alterar. 4 *Gram.* Nombre, pronombre y oración a que hacen referencia los pronombres relativos. 5 *Gram.* En la gramática generativa, sintagma nominal de la oración matriz en la que se incrusta una cláusula relativa. 6 *Gram.* El primero de los términos de la relación gramatical. 7 *Lóg.* Enunciado que antecede a otro, llamado consecuente, en una oración compuesta por ambos y formada mediante la función lógica del condicional. 8 *Mat.* Primer término de una razón. 9 Dato personal o familiar que figura en la historia clínica de un paciente y se refiere a su estado anterior. || **ANTECEDENTES PENALES** *Der.* Constancia jurídica de delitos que, en caso de recaída, originan la agravante de reincidencia o reiteración, según los casos.

ANTECEDER tr. PRECEDER.

ANTECESOR, RA adj. 1 Anterior en tiempo. || m. y f. 2 Persona que precede a otra en una dignidad, empleo u obra. || m. 3 ANTEPASADO, ascendiente.

ANTECO, CA adj. y s. Se aplica a los moradores del globo terrestre que ocupan puntos de la misma longitud y a igual distancia del Ecuador; pero en distintos hemisferios. Más en pl.

ANTEDICHO, CHA adj. Dicho antes o con anterioridad.

ANTEDILUVIANO, NA adj. 1 Anterior al diluvio universal. 2 fig. Muy antiguo.

ANTEFIRMA f. 1 Fórmula de tratamiento que se pone antes de la firma en un oficio o carta. 2 Denominación del empleo, dignidad o representación del firmante, puesta antes de la firma.

ANTEIGLESIA f. 1 Atrio, pórtico o lonja delante de la iglesia. 2 Iglesia parroquial, pueblo o distrito municipal del País Vasco.

ANTEJO m. Árbol silvestre de Cuba.

ANTELACIÓN f. Anticipación con que sucede una cosa respecto a otra.

ANTELAMI, BENEDETTO Arquitecto y escultor italiano (?, h. 1150 - ?, h. 1225). De la catedral de Parma, es autor del *Descubrimiento de la Cruz* (1178) en la fachada, de la portada del baptisterio (1196) y de parte de la decoración interior.

-ANTEMA suf. ANTO-.

ANTEMANO, DE adv. t. Con anticipación, anteriormente.

ANTEMERIDIANO, NA adj. Anterior al mediodía.

ANTEMIO DE TRALLES Arquitecto y científico lidio (s. VI). Trazó los planos de la basílica de Santa Sofía en Constantinopla. Se distinguió por sus trabajos en óptica y mecánica.

-ANTEMO suf. ANTO-.

ANTENA f. 1 ENTENA. 2 *Tecnol.* Dispositivo de formas muy diversas que, en los emisores y receptores de ondas electromagnéticas, sirve para emitirlas o recibirlas. 3 *Zool.* Apéndices articulados, de carácter sensorial, que tienen en la cabeza muchos animales artrópodos.

ANTENOMBRE m. Nombre o calificativo que se pone antes del nombre propio, como *don, san,* etc.

ANTENOR Escultor griego (s. VI a. C.). Autor del grupo *Los Tiranicidas* que fue colocado en el ágora de Atenas y robado por los persas en el 480 a. C. En el museo de la Acrópolis de Atenas se conserva, firmada por él, una figura de mujer, en mármol.

ANTEO *Mit.* Gigante monstruoso, hijo de Poseidón y Gea. Era invulnerable mientras tocaba con el cuerpo la tierra. Heracles lo estranguló manteniéndolo suspendido en el aire.

ANTEOJERA f. 1 Caja para guardar los anteojos. || f. pl. 2 Cada una de las piezas de cuero que tapan lateralmente los ojos de un animal para que vea sólo de frente. En sentido figurado, también se utiliza referido a personas.

ANTEOJO m. 1 *Ópt.* Instrumento óptico para ver objetos lejanos, compuesto principalmente de dos tubos cilíndricos, entrante uno en otro, y de dos lentes: objetivo y ocular. Hay anteojos para ver con un solo ojo o con los dos. 2 Cada una de las dos piezas de vaqueta que ponen delante de los ojos a los caballos que se espantan fácilmente. || m. pl. *Opt.* 3 Gafas o lentes.

ANTEÓN m. *Bot.* LAMPAZO, planta compuesta.

ANTEPALCO m. Pieza que da acceso a un palco.

ANTEPASADO, DA adj. 1 Referido al tiempo, anterior a otro ya pasado. || m. 2 Ascendiente de una persona o grupo de personas. Más en pl.

ANTEPECHO m. Pretil o baranda que se coloca en un lugar alto para poder asomarse sin peligro de caer.

ANTEPENÚLTIMO, MA adj. Inmediatamente anterior al penúltimo.

ANTEPONER tr. y prnl. 1 Poner delante. 2 PREFERIR, estimar más. ♦ IRREG. Se conjuga como PONER.

ANTEPORTADA f. Hoja que precede a la portada de un libro, y en la que sólo se pone el título de la obra.

ANTEPROYECTO m. 1 Conjunto de trabajos preliminares para redactar el proyecto de una obra de arquitectura o de ingeniería. 2 Por extensión, primera redacción breve y concisa de una ley, programa, etc.

ANTEPUERTO m. 1 Terreno elevado que precede al puerto. 2 *Mar.* Parte avanzada de un puerto artificial, donde los buques esperan para entrar o salir u obtienen momentáneamente abrigo.

ANTEQUERA Y CASTRO, JOSÉ DE Político peruano (Panamá, 1689 - Lima, 1731). Oidor de la audiencia de Panamá y protector de los indios en la audiencia de Charcas. Enviado a Paraguay en 1721 para resolver las diferencias existentes entre el gobernador, Diego de los Reyes Balsameda, y los criollos, abogó por la causa de estos últimos, destituyó al gobernador, y pasó él mismo a ocupar el cargo. A consecuencia de ello estalló una rebelión armada (1723-25). Cuando regresó a Charcas fue condenado a muerte, pero murió asesinado en un motín.

ANTEQUERANO, NA adj. y s. De Antequera.

ANTER- pref. ANTO-.

ANTERA f. *Bot.* Parte del estambre de las flores que contiene el polen.

ANTERIDIO m. 1 *Bot.* Órgano masculino de los hongos y otras plantas criptógamas. 2 *Bot.* Estructura microscópica del polen en fanerógamas.

ANTERIOR adj. 1 Que precede en lugar o tiempo. 2 *Fon.* Se dice del sonido que se articula en la parte anterior de la cavidad bucal, por ejemplo la vocal *i.*

ANTERIORIDAD f. Precedencia temporal de una cosa con respecto a otra.

ANTERO-; -ANTERO pref. o suf. ANTO-.

ANTEROZOIDE m. *Bot.* 1 Célula reproductora masculina, generalmente móvil, de las plantas criptógamas. 2 Microgameto que se forma en un anteridio.

ANTEROZOO m. *Biol.* ESPERMATOZOIDE.

ANTES adv. t. y l. 1 Denota prioridad de tiempo o lugar. || adv. o. 2 Denota prioridad o preferencia. || conj. ad. 3 Expresa la idea de contrariedad y preferencia en el sentido de una oración respecto del de otra. || adj. 4 Precedido de un sustantivo que designa unidad de tiempo, tiene el significado de *antecedente* o *anterior.*

ANTESALA f. Pieza delante de la sala principal de una casa.

ANTESIS f. *Bot.* Periodo durante el cual las plantas florecen.

ANTI-, ANT-; -ANTI- prefs. o in. que significan oposición, enfrentamiento.

ANTI-G adj. *Tecnol.* Se dice de los equipos que permiten a pilotos y astronautas soportar grandes aceleraciones.

ANTIÁCIDO, DA adj. y s. 1 *Quím.* Se dice de la sustancia que se opone o resiste a la acción de los ácidos. || m. *Farm.* 2 Sustancia que neutraliza el exceso de acidez gástrica, como el bicarbonato sódico.

ANTIAÉREO, A adj. *Mil.* Relativo a la defensa contra aviones, proyectiles y misiles. Aplicado a los cañones, también m.

ANTIALCALINO, NA adj. *Quím.* Se dice de la sustancia que se opone o que resiste a la acción de los álcalis.

ANTIATLAS Cordillera al S de Marruecos, la más importante ramificación del Gran Atlas. Termina en el Atlántico, cerca del cabo Nun. Altura máxima en el macizo Sirwa (3.300 m).

ANTIBIOSIS f. *Biol.* Asociación entre dos especies, en la que una de ellas queda afectada negativamente, con frecuencia debido a la producción de antibióticos. ♦ Su pl. es *antibiosis.*

ANTIBIÓTICO, CA adj. *Quím.* 1 Se dice de la sustancia química producida durante el metabolismo por muchos microorganismos (hongos, bacterias, etc.) y algunos organismos superiores, o fabricada por síntesis, capaz de paralizar el desarrollo de ciertos microorganismos patógenos (acción bacteriostática), o de causar su muerte (acción bactericida). Los antibióticos se llaman de amplio o de reducido espectro, según sean activos contra grupos grandes o pequeños de gérmenes. Desde que Fleming descubrió la penicilina, se empezó a utilizar antibióticos para acabar con gérmenes patógenos productores de enfermedades. También m. 2 Se dice de la acción de dichas sustancias.

ANTICÁTODO m. *Fís.* Obstáculo, conectado al polo positivo (ánodo), interpuesto al paso de las radiaciones emitidas por el cátodo, en un tubo de descarga eléctrica en el vacío.

ANTICICLÓN m. *Meteor.* Área atmosférica de altas presiones que supera los 1.013 milibares, en la que los vientos superficiales son divergentes y la presión crece hacia el centro. Se representa con líneas isobaras, que generalmente adoptan una forma cerrada, y con una A, en castellano, o una H, en el sistema internacional. El viento es centrífugo aunque, debido al movimiento de rotación de la Tierra, su dirección se desvía en el sentido de las agujas del reloj en el hemisferio boreal y en el contrario en el austral. Da lugar a condiciones de tiempo claras y en calma.

ANTICIPACIÓN f. 1 Acción y efecto de anticipar o anticiparse. 2 *Ret.* Figura que consiste en proponerse uno la objeción que otro pudiera hacerle, para refutarla de antemano. Se llama también *prolepsis* u *ocupación.*

ANTICIPAR tr. 1 Hacer que ocurra algo antes de lo normal. 2 Fijar un tiempo anterior al señalado para hacer alguna cosa. 3 Tratándose de dinero, darlo antes del tiempo señalado. || prnl. 4 Adelantarse una persona a otra en la ejecución de alguna cosa. 5 Ocurrir una cosa antes del tiempo señalado.

ANTICIPO m. 1 ANTICIPACIÓN. 2 Dinero anticipado.

ANTICLERICAL adj. y s. Contrario al clero o al clericalismo.

ANTICLERICALISMO m. Oposición u hostilidad hacia el clero.

ANTICLÍMAX m. *Ret.* Figura opuesta al clímax, formada por una gradación ascendente y otra descendente en una frase. ♦ Su pl. es *anticlímax.*

ANTICLINAL adj. *Geol.* Se dice del pliegue del terreno en el que los estratos tienen una curvatura convexa hacia arriba.

ANTICLINORIO m. *Geol.* Conjunto de sinclinales y anticlinales que unidos forman un gran anticlinal.

ANTICOAGULANTE adj. *Farm.* Se dice del medicamento que se opone a la coagulación.

ANTICOLONIALISMO m. *Polít.* Doctrina política opuesta a la existencia del colonialismo.

ANTICONCEPTIVO, VA adj. y s. *Med.* Se dice del medio, práctica o agente que impide la fecundación.

ANTICONGELANTE adj. y m. *Tecnol.* Se dice de un producto que se añade al agua que refrigera los motores para evitar que se congele.

ANTICONSTITUCIONAL adj. *Der.* Contrario a la Constitución o ley fundamental de un Estado.

ANTICRISTO *Rel.* Ser maligno, individual o colectivo, enemigo de Cristo y de su Iglesia que, según ésta, aparecerá al final de los tiempos. Perseguirá cruelmente a los seguidores de Dios y producirá una apostasía general en la humanidad. La idea aparece en la última visión de Daniel, se amplía en la carta II de san Pablo a los tesalonicenses y se completa en el *Apocalipsis* de san Juan.

ANTICUADO, DA adj. 1 Pasado de moda, que ya no se usa. || m. y f. 2 Que no se adapta a la mentalidad y gustos modernos.

ANTICUARIO, RIA m. y f. 1 Persona que estudia las cosas antiguas. 2 Persona que las colecciona o negocia con ellas.

ANTICUCO, CA adj. *C. Rica, Hond.* y *Nic.* Muy antiguo.

ANTICUERPO m. *Biol.* Sustancia existente en el organismo animal, o producida en él como respuesta a la introducción de un antígeno, que se opone a la acción de otros elementos, como bacterias, toxinas, etc.

ANTIDÁCTILO m. *Métr.* ANAPESTO.

ANTIDEPORTIVO, VA adj. *Dep.* Se aplica a las conductas agresivas o contrarias a las normas en la práctica deportiva y a quienes las cometen.

ANTIDEPRESIVO adj. y m. *Farm.* Agente que previene o alivia la depresión, o que eleva el estado de ánimo de un paciente depresivo.

ANTIDESLIZANTE adj. *Tecnol.* Que impide o disminuye el deslizamiento.

ANTIDETONANTE adj. *Tecnol.* Se dice del producto que se añade a la gasolina para evitar la explosión prematura de la mezcla carburante en los motores de combustión.

ANTIDISTURBIOS adj. y m. Se aplica a los funcionarios de policía especializados en combatir los desórdenes públicos y a los materiales que utilizan. ♦ Su pl. es *antidisturbios*.

ANTIDÓPING adj. *Dep.* Se dice del control establecido para detectar el uso de drogas estimulantes por los deportistas.

ANTÍDOTO m. **1** *Med.* Agente que alivia o contrarresta la acción de un veneno. **2** fig. Medio para evitar un vicio o falta.

ANTIDUMPING (Voz i.) m. *Econ.* Acción contraria al DUMPING, que puede adoptar la forma de rebaja de precios, elevación de los derechos de las tarifas aduaneras, empleo de ciertos derechos compensadores especiales y establecimiento de organismos o acuerdos internacionales para combatirlo.

ANTIEMÉTICO, CA adj. y m. *Med.* Que sirve para contener el vómito.

ANTIESPASMÓDICO, CA adj. y m. *Farm.* Que sirve para calmar los espasmos o desórdenes nerviosos.

ANTIESPUMANTE adj. *Quím.* Sustancia que se añade a un líquido hirviente para evitar o disminuir la producción de espuma.

ANTIESTÁTICO, CA adj. *Fís.* Que impide la formación de electricidad estática.

ANTIESTÉTICO, CA adj. Contrario a la estética.

ANTIFAZ m. Velo o máscara con que se cubre la cara.

ANTIFEBRIL adj. y m. *Farm.* ANTIPIRÉTICO.

ANTÍFONA f. **1** *Rel.* Breve pasaje, tomado por lo común de la Sagrada Escritura, que se canta o reza antes y después de los salmos y de los cánticos en las horas canónicas, y guarda relación con el oficio propio del día. **2** fig. y fam. Asentadas.

ANTIFONAL o **ANTIFONARIO** adj. y m. *Rel.* Se dice del libro de coro que contiene las antífonas de todo el año.

ANTÍFRASIS f. *Ret.* Figura que consiste en designar personas o cosas con voces que signifiquen lo contrario de lo que se debiera decir. ♦ Su pl. es *antífrasis*.

ANTIFRICCIÓN f. *Ret.* Aleación con que se forra el interior de los cojinetes para disminuir el frotamiento.

ANTIGÁS adj. *Tecnol.* Se dice de la máscara destinada a evitar la acción de los gases tóxicos.

ANTÍGENO m. *Biol.* Toda bacteria o sustancia que, al penetrar en un organismo animal, reacciona con los productos resultantes de la inmunidad celular o humoral (anticuerpos) y desencadena una reacción inmunitaria o anafiláctica.

ANTÍGONA *Mit.* Hija de Edipo y de Yocasta. Acompañó a su padre en el exilio. A su regreso a Tebas, contraviniendo las órdenes de su tío Creonte, dio sepultura a su hermano Polinices, muerto por Eteocles, por lo que fue condenada a ser emparedada viva. Para evitar el suplicio se ahorcó.

ANTIGÓNIDAS *Hist.* Nombre con que se denomina a los sucesores de Antígono el Cíclope, general de Alejandro Magno. Constituyeron una dinastía que se mantuvo en el trono macedonio desde fines del siglo IV hasta la batalla de Pidna (168 a. C.).

ANTÍGONO Rey de Judea (s. I a. C.). Ocupó el trono de 40 a 37 a. C. Hijo de Aristóbulo II y último rey de los Macabeos. Tomó Jerusalén y se proclamó rey de los judíos en 40 a. C., pero su tío Herodes, apoyado por Roma, se apoderó del país en los dos años siguientes. Fue condenado a muerte por Marco Antonio.

ANTÍGONO Nombre de diversos reyes helenísticos.

ANTÍGONO I EL CÍCLOPE General de Alejandro Magno (?, 384 - ?, 301 a. C.). Fundador de la dinastía de los Antigónidas. A la muerte de Alejandro Magno se hizo con el control de Asia Menor y ocupó Capadocia. En 307 ocupó Atenas y un año después se proclamó rey. Fue vencido y muerto en la batalla de Ipso (301 a. C.) por una coalición formada por Tolomeo, Lisímaco, Casandro y Seleuco.

ANTÍGONO II GONATAS Rey de Macedonia (?, 320 a. C. - ?, 239 a. C.). Nieto de Antígono I e hijo de Demetrio Poliorcetes, heredó el trono en 283. En 279 detuvo una invasión de los celtas en Macedonia. Se enfrentó al rey del Epiro, Pirro, y luchó por el control de Grecia (contra Esparta y Atenas) y del Egeo (contra Egipto).

ANTÍGONO III DOSÓN Rey de Macedonia (?, 263 a. C. - ?, 221 a. C.) A la muerte de su primo Demetrio II, gobernó como regente en nombre del hijo de aquél, Filipo, y desde 227 como soberano. Llamado por la liga aquea en su lucha contra Cleómenes III, venció a los espartanos en Selasia (221 a. C.).

ANTIGRIPAL adj. *Farm.* Agente que sirve para combatir la gripe.

ANTIGUA Isla de las Pequeñas Antillas, grupo de Barlovento; 280 km². Forma parte del Estado ANTIGUA Y BARBUDA.

ANTIGUA Y BARBUDA Estado de América, en el mar de las Antillas, constituido por las islas Antigua, Barbuda y Redonda.

Superficie: 441,6 km².
Población: 71.100 h. (antiguanos).
Densidad: 160,8 h./km².
Tasa de natalidad: 21,6‰.
Tasa de mortalidad: 6,4‰.
Capital: Saint John's.
Grupos étnicos: negros (91,3%), mestizos (3,7%), blancos (2,4%).
Religión: protestantismo (73,7%), catolicismo (10,8%).
Idioma: inglés (oficial).
Moneda: dólar del Caribe Oriental.
Forma de Estado: monarquía constitucional (Commonwealth).
Producto Nacional Bruto: 565 millones de dólares.
Renta per cápita: 8.450 dólares.
División administrativa: 6 parroquias y tres islas, según cuadro.

Geog. Salvo en el SO, donde se alzan ligeras ondulaciones, la isla de Antigua (280 km²) es llana en su mayor parte. Barbuda (160,5 km²) es una isla coralina con una gran laguna en su zona O, y Redonda (1,5 km²) está deshabitada. Sus costas son bajas y están rodeadas por escollos coralinos. Las islas disfrutan de un clima tropical. La mayoría de la población es de ascendencia africana. El turismo constituye la base de su economía. Cultivos de caña de azúcar, algodón, frutas y hortalizas. Producción ganadera y pesquera. Industrias alimentarias. Refinería de petróleo en Friars Hill. Su fuente principal de ingresos proviene de las ayudas de EE UU.

Hist. Antigua fue descubierta por Colón en 1493. En 1632 los ingleses comenzaron a establecer los primeros asentamientos permanentes, y en 1667 pasó a manos de Inglaterra. La población indígena fue aniquilada por los conquistadores, que introdujeron negros africanos para trabajar las plantaciones de caña de azúcar y algodón. Tras la disolución de la federación de las Islas Occidentales Británicas (1958-62), las islas se convirtieron en miembros de los Estados Asociados de las Indias Occidentales Británicas en 1967. El 1 de noviembre de 1981 alcanzó plena independencia dentro de la Commonwealth británica. Ocupa la jefatura del Estado la soberana del Reino Unido, representada por un gobernador general. Desde su independencia, dirige el país el Partido Laborista, liderado por Vere Bird y, desde 1994, por su hijo Lester Bird. Tras las legislativas de 2004 Baldwin Spencer, del Partido Progresista Unido, fue nombrado primer ministro.

ANTIGUA GUATEMALA Ciudad de Guatemala, capital del departamento de Sacatepéquez; 15.801 h. Fundada en 1524 por Pedro de Alvarado, con el nombre de *Santiago de los Caballeros de Guatemala*, fue capital de la Capitanía General hasta 1773.

ANTIGUALLA f. **1** Obra u objeto de antigüedad remota. **2** Relación de sucesos muy antiguos. Más en pl. **3** Mueble, traje, adorno o cosa semejante que ya no está de moda.

ANTIGÜEDAD f. **1** Calidad de antiguo. **2** Tiempo lejano al presente. **3** Lo que sucedió en tiempo antiguo. **4** Tiempo transcurrido desde el día en que se obtiene un empleo. || f. pl. **5** Monumentos u objetos de tiempos antiguos.

ANTIGÜEDAD *Hist.* Nombre con que se designa a las primeras civilizaciones y, más específicamente, a la griega y romana.

ANTIGUO, GUA adj. **1** Que existe desde hace mucho tiempo. **2** Que existió o sucedió en tiempo remoto. **3** Se dice de la persona que lleva mucho tiempo en un empleo. || m. pl. **4** Los que vivieron en siglos remotos.

ANTIGUO RÉGIMEN *Hist.* Periodo de la historia europea que surge tras la caída del feudalismo y abarca desde el Renacimiento hasta la Revolución Francesa. Políticamente se caracteriza por el establecimiento de la monarquía absoluta; socialmente, por la división estamental y el paulatino ascenso de la burguesía, y económicamente, por la pugna entre el régimen señorial feudal y el capitalismo.

ANTIGUO TESTAMENTO BIBLIA.

ANTIHELMÍNTICO, CA adj. y m. *Farm.* Agente que destruye los parásitos intestinales, generalmente las lombrices.

ANTIHÉROE m. *Lit.* Personaje literario que reúne las cualidades contrarias a las que tradicionalmente son atribuidas al héroe.

ANTIHIGIÉNICO, CA adj. Contrario a las normas de la higiene.

ANTIHISTAMÍNICO, CA adj. y s. *Farm.* Se dice de la sustancia que impide la acción de la histamina y es eficaz contra las afecciones alérgicas.

ANTIIMPERIALISMO m. *Polít.* Movimiento político que trata de liberar a un país de la sujeción política o económica de otro país.

ANTIINFLAMATORIO, RIA adj. *Farm.* Se aplica a los medicamentos que combaten las inflamaciones.

ANTIGUA Y BARBUDA

Parroquias / Islas	Superficie (km²)	Población (h.)
Saint George	24,1	4.473
Saint John's	73,8	35.635
Saint Mary	57	5.303
Saint Paul	47,9	6.117
Saint Peter	32,9	3.622
Saint Phillip	44	2.964
Antigua	280	58.114
Barbuda	160,6	1.241
Redonda	1,3	

ANTIJURÍDICO, CA adj. *Der.* Que es contrario al derecho.

ANTIKOMINTERN *Hist.* Pacto firmado entre Alemania y Japón el 25 de noviembre de 1936 para aunar sus esfuerzos contra la Komintern o Internacional Comunista. A él se unieron más tarde Italia (1937), Manchukuo (1938), Hungría (1939) y España (1939). Tras la invasión alemana de la Unión Soviética en 1941, se renovó el pacto por las naciones signatarias, a las que se fueron adhiriendo Rumania, Bulgaria, Dinamarca, Eslovaquia, Finlandia y Croacia.

ANTILÍBANO Cadena montañosa entre Siria y Líbano, que recorre el país de N a S. Su mayor altura es el monte Hermón (2.814 m).

ANTILLA Cada una de las islas situadas al E de América Central, en el mar Caribe.

ANTILLANO, NA adj. y s. De las Antillas.

ANTILLAS Archipiélago de América, situado en el mar de este nombre. Se dividen en Grandes Antillas o Antillas Mayores (Cuba, Santo Domingo o Haití, Jamaica y Puerto Rico) y Pequeñas Antillas o islas del Caribe, divididas a su vez en dos grupos: Barlovento y Sotavento. Hay que mencionar también las islas Bahamas o Lucayas, entre las que se encuentra San Salvador o Watling (Guanahaní), primera tierra americana a que llegó Colón en 1492. Son independientes Bahamas, Cuba, Jamaica, Haití, República Dominicana, Puerto Rico, Dominica, Santa Lucía, San Vicente y Granadinas, Barbados, Antigua y Barbuda, San Vicente, Granada, Trinidad y Tobago y Saint Kitts y Nevis. El resto de las islas son posesiones británicas, francesas, estadounidenses, venezolanas y holandesas.

ANTILLAS o **CARIBE, MAR DE LAS** Mar de América, que forma parte del océano Atlántico. Baña las Grandes y Pequeñas Antillas, las costas de América Central y las septentrionales de Colombia y Venezuela.

ANTILLAS HOLANDESAS Grupo de islas pertenecientes a las Pequeñas Antillas, que constituyen una unidad autónoma del reino de los Países Bajos; 800 km^2 y 210.847 h. Distribuidas en dos grupos muy distantes, el más importante, situado frente a las costas de Venezuela, está formado por las islas de Curaçao y Bonaire, y el segundo, al N de las Antillas Menores, por las de San Eustaquio, Saba y San Martín (compartida con Francia). Su capital es Willemstad, en la isla de Curaçao. Fabricación de licor de curaçao y fosfatos. La población es mayoritariamente de raza negra o mulata. La soberana de los Países Bajos es representada por un gobernador. En 1951 se dotó de autogobierno a las tres comunidades insulares.

ANTILLAS MERIDIONALES o **DEL SUR** Nombre que a veces se ha dado a los archipiélagos australes situados entre la Antártida y América del Sur.

ANTILLIA ANTILLA.

ANTILOGARITMO m. *Mat.* Número que corresponde a un logaritmo determinado.

ANTILOGÍA f. Contradicción entre dos textos o expresiones.

ANTÍLOPE m. *Zool.* Nombre común de diversos mamíferos artiodáctilos rumiantes de la familia bóvidos, como las gacelas y los kudús. Los machos, y en ocasiones las hembras, tienen cuernos no ramificados y todos ellos son buenos corredores. Tienen costumbres gregarias y viven en lugares abiertos, como estepas o sabanas. Abundan en el continente africano.

ANTIMAGNÉTICO, CA adj. *Fís.* Que está exento de la influencia magnética.

ANTIMATERIA f. *Fís.* Materia compuesta de antipartículas.

ANTIMENTALISMO m. *Ling.* Teoría lingüística que afirma que para el estudio de una lengua sólo hay que tener en cuenta lo observable, sin necesidad de recurrir a los procesos mentales. Su principal representante fue L. Bloomfield.

ANTIMERIDIANO m. *Geog.* **1** Semimeridiano opuesto al que pasa por un lugar. **2** Nombre del meridiano que dista 180° del inicial de Greenwich. Sirve para el cambio de fecha, aumentando un día al atravesarlo de E a O, o disminuyéndolo al hacerlo en sentido opuesto.

ANTIMILITARISMO m. *Polít.* Tendencia contraria al militarismo.

ANTIMONÁRQUICO, CA adj. y s. *Polít.* Contrario a la monarquía como sistema de gobierno.

ANTIMONIO m. *Quím.* Elemento químico del grupo V A del sistema periódico. Masa atómica, 121,76; número atómico, 51; peso específico, 6,62 a 20° C, y símbolo, *Sb.* Metal blanco y brillante con reflejos azulados; punto de fusión, 630,5° C, y punto de ebullición, 1.440° C. Se encuentra en la naturaleza combinado con el azufre, en forma de sulfuro, constituyendo la estibina, antimonio gris o antimonita, y raras veces en estado nativo formando cristales romboédricos o masas informes. Se utiliza en diferentes aleaciones para la fabricación de cojinetes, placas de acumulador, material de cubiertas y cañerías, cables, etc. Asimismo se emplea para fabricar colorantes y cosméticos.

ANTIMONIOSO, SA adj. *Quím.* Se dice de los compuestos de antimonio en los que éste funciona como trivalente.

ANTIMONITA f. *Miner.* Mineral de color gris plomo y brillo metálico, con textura fibrosa o granular. Es un sulfuro de antimonio y constituye la principal mena de este metal. Se conoce también como *estibina.*

ANTIMONIURO m. *Quím.* Combinación de antimonio con otro elemento químico, preferentemente metal.

ANTINATURAL adj. Contrario a lo natural.

ANTINEUTRINO m. *Fís.* Antipartícula del neutrón, con espín y momento magnético orientados en sentido opuesto al de aquél.

ANTINOMIA f. **1** *Der.* Contradicción entre dos preceptos legales. **2** *Filos.* Contradicción entre dos principios racionales.

ANTÍNOO Joven esclavo bitinio (s. II). Esclavo del emperador Adriano, se convirtió en su favorito. Cuando murió, Adriano hizo construir la ciudad de Antinoópolis y le deificó.

-ANTIO-; -ANTIO in. o suf. ANTO-.

ANTÍOCO Nombre de diversos reyes seléucidas de Siria.

ANTÍOCO I SOTER (?, 323 - ?, 261 a. C.). Ocupó el trono entre 280 y 261 a. C. Hijo de Seleuco I. Venció a los gálatas (227 a. C.), pero fue derrotado por Eumenes de Pérgamo y Tolomeo Filadelfo (262 a. C.), que le arrebataron Pérgamo, Siria, Cilicia y Panfilia.

ANTÍOCO II TEOS (?, 286 - ?, 246 a. C.) Hijo del anterior, ocupó el trono entre 261 y 246 a. C. Reconquistó a Egipto los territorios perdidos por su padre, aunque perdió Bactriana y Partia.

ANTÍOCO III EL MAGNO (?, 242 - ?, 187 a. C.) Ocupó el trono entre 223 y 187 a. C. En 198 a. C. venció a Egipto y recuperó Fenicia. En 192 intervino en la guerra de la Liga etolia contra Roma. Ese mismo año ocupó Calcis y se internó en Tesalia, pero fue derrotado en las Termópilas (191 a. C.). Derrotado en Magnesia (190 a. C.), por la paz de Apamea (189 a. C.) perdió el control de Asia Menor.

ANTÍOCO IV EPÍFANES (s. II). Ocupó el trono entre 175 y 163 a. C. Hijo de Antíoco III, sucedió a su hermano Seleuco IV. Ocupó Egipto y Jerusalén, donde prohibió la religión judaica e impuso cultos paganos, lo que provocó una rebelión dirigida por los macabeos.

ANTIOQUENO, NA adj. y s. De Antioquía, Turquía.

ANTIOQUEÑO, ÑA adj. y s. De Antioquia, departamento de Colombia.

ANTIOQUIA Departamento de Colombia; 63.612 km^2 y 5.761.175 h. Su capital es Medellín.

ANTIOQUÍA *(Antakya)* Ciudad de Turquía, capital de la provincia de Hatay; 139.046 h. Fundada por Seleuco Nicator en el año 301 a. C., llegó a competir con Roma. En ella se formó la primera comunidad de cristianos fuera de Palestina. Estuvo en poder de los musulmanes (638), de los cruzados (1098) y nuevamente de los árabes (1268).

ANTIOXIDANTE adj. y m. *Quím.* Sustancia que evita o retarda la oxidación.

ANTIPALÚDICO, CA adj. *Farm.* Que sirve para combatir el paludismo.

ANTIPAPA m. *Rel.* El que no ha sido elegido papa canónicamente y pretende ser reconocido como tal.

ANTIPARASITARIO, RIA adj. *Farm.* Se dice de la sustancia que combate y destruye los parásitos.

ANTIPARÁSITO m. *Tecnol.* Dispositivo que elimina ruidos de los sistemas de transmisión o recepción de ondas de radio.

ANTIPARLAMENTARIO, RIA adj. *Polít.* Contrario a los usos y prácticas parlamentarios.

ANTIPARRAS f. pl. fam. ANTEOJOS, gafas.

ANTIPARTÍCULA f. *Fís.* Partícula elemental que tiene carga eléctrica opuesta y momento magnético también de sentido contrario al de la partícula correspondiente. Posee las mismas propiedades, pero invertidas en sentido. La interacción entre partícula y antipartícula tiene como consecuencia la aniquilación de ambas, con gran producción de energía que se irradia.

ANTÍPATER ANTÍPATRO.

ANTIPATÍA f. Sentimiento de aversión, repulsión o desacuerdo hacia alguna persona o cosa.

ANTIPATIZAR intr. *Amér.* Sentir antipatía.

ANTÍPATRO General de Alejandro (?, 397 - ?, 319 a. C.). Gobernó Macedonia durante las campañas de Alejandro. A la muerte de Alejandro, gobernó junto a Crátero todos los territorios europeos del imperio con la excepción de Tracia. Venció a los atenienses en la guerra lamíaca y participó en la coalición contra Pérdicas. Muerto éste, asumió la regencia (321 a. C.).

ANTIPERISTÁLTICO adj. *Fisiol.* Se dice del movimiento en sentido contrario al peristáltico, que es el normal del esófago, estómago e intestinos.

ANTIPIRÉTICO m. *Farm.* Medicamento eficaz contra la fiebre.

ANTIPIRINA f. *Quím.* Compuesto orgánico (1-fenil-2,3-diuretilpirazolona) que se presenta en forma de polvo blanco o cristales incoloros, y se emplea como analgésico y febrífugo.

ANTÍPODA adj. y s. **1** *Geog.* Se dice de los puntos de la superficie terrestre diametralmente opuestos, separados por 180° de longitud y en distinto hemisferio, por ejemplo España y Nueva Zelanda. Más en pl. **2** fig. y fam. Se aplica a lo que es totalmente opuesto a algo.

ANTÍPODAS Grupo de islas de Nueva Zelanda, dependientes de la Isla del Sur, situadas en el Pacífico a 40° 41′ latitud S y 178° 43′ longitud E.

ANTIPROTÓN m. *Fís.* Antipartícula del protón, idéntica a él pero de carga negativa.

ANTIPSIQUIATRÍA f. *Psiquiat.* Corriente psiquiátrica surgida en el Reino Unido en los años sesenta del siglo XX. Rechaza el concepto clásico de enfermo mental y su tratamiento en hospitales psiquiátricos.

ANTIQUÍSIMO, MA adj. Superlativo irregular de ANTIGUO.

ANTIRRÁBICO, CA adj. *Farm.* **1** Se dice de la vacuna que previene la rabia, descubierta por Louis Pasteur. || m. *Farm.* **2** Agente que combate la rabia.

ANTIRRADAR adj. y m. *Tecnol.* Se dice del dispositivo adoptado para anular los efectos de la detección del radar.

ANTIRREFLEXIVA adj. *Mat.* Se dice de la propiedad que posee toda relación binaria entre elementos de un conjunto, cuando cada elemento no está relacionado consigo mismo.

ANTIRREGLAMENTARIO, RIA adj. Que se hace o se dice contra lo que dispone el reglamento.

ANTIRREUMÁTICO, CA adj. y m. *Farm.* Que sirve para prevenir o curar el reuma.

ANTIRROBO adj. y m. Se dice de cualquier dispositivo destinado a impedir un robo, especialmente en vehículos.

ANTISANA Volcán de los Andes Ecuatorianos, en la cordillera Oriental, al SE de Quito; 5.704 m.

ANTISCIO, CIA adj. y s. Se dice de los habitantes de las dos zonas templadas que proyectan al mediodía la sombra en dirección contraria.

ANTISEMITA adj. y com. Persona hostil a la raza judía, o hacia su cultura e influencia.

ANTISEMITISMO m. *Hist.* Doctrina o tendencia de los antisemitas. El origen del antisemitismo radica tanto en aspectos sociales y económicos como en factores de tipo religioso. Las expulsiones de judíos de Inglaterra (1290), Francia (1306 y 1394), España (1492), Portugal (1496-97), etc., desplazaron a la masa de la población judía mundial a territorios germanos y eslavos, donde continuaron las persecuciones. Como movimiento político organizado, el antisemitismo data de la segunda mitad del siglo XIX, si bien el más radical fue el racismo nacionalsocialista, que culminó con el genocidio sistemático de seis millones de judíos en los campos de concentración.

ANTISEPSIA f. *Med.* Método empleado en medicina para destruir los microbios patógenos, por agentes físicos (calor) o químicos (antisépticos).

ANTISÉPTICO, CA adj. y m. Se dice de la sustancia desinfectante que impide el crecimiento de microorganismos o los destruye.

ANTISIMÉTRICO, CA adj. *Mat.* Se aplica a la propiedad que posee una relación binaria entre elementos de un conjunto, cuando un elemento *x* está relacionado con otro elemento *y*, pero *y* no está relacionado con *x*.

ANTÍSTENES Filósofo griego (Atenas, 444 - ?, 365 a. C.). Discípulo de Gorgias y Sócrates, se le considera fundador de la escuela cínica. Negó la existencia de ideas generales y la posibilidad de conocimiento científico. Consideró la virtud como el fin supremo de la vida. Su discípulo más conocido fue Diógenes.

Antístenes. Escultura romana en mármol del siglo V a. C. Museo Capitolino (Roma).

ANTISUBMARINO, NA adj. *Mil.* Se dice de los procedimientos y aparatos empleados en la lucha contra los submarinos.
ANTISUYU TAHUANTINSUYU.
ANTITANQUE adj. *Mil.* Se dice de las armas destinadas a destruir tanques de guerra y otros vehículos semejantes.
ANTÍTESIS f. 1 *Filos.* Proposición o idea que se opone a otra de signo positivo. Constituye el segundo término de una contradicción dialéctica. 2 fig. Persona o cosa opuesta en sus condiciones a otra. 3 *Ret.* Figura retórica que consiste en contraponer una frase o una palabra a otra de significado contrario.
ANTITETÁNICO, CA adj. y m. *Farm.* Se dice de los medicamentos empleados contra el tétanos.
ANTITÉTICO, CA adj. Que implica antítesis.
ANTITOXINA f. *Fisiol.* Anticuerpo que se forma en el organismo y destruye los efectos de las toxinas.
ANTITRINITARIO, RIA adj. y s. *Rel.* 1 Se dice de los herejes que niegan que en Dios haya tres personas distintas. 2 Perteneciente o relativo a esta herejía.
ANTITUSÍGENO, NA adj. y m. *Farm.* Se dice del medicamento que combate y alivia la tos.
ANTIVARIÓLICO, CA adj. y m. *Farm.* Que sirve para combatir la viruela.
ANTIVIRUS m. *Inform.* Programa destinado a la detección, control y eliminación de los virus informáticos.
ANTO-, ANTER-, ANTERO-; -ANT-, -ANTIO-, -ANCIO- -ANCIO, -ANTE, -ANTEMA, -ANTEMO, -ANTA, -ANTEA, -ANTIO, -ANTO, -ANTERO prefs., ins. o sufs. que significan flor o algo muy relacionado con ella; ejemplos de sufijo: *crisantemo, periantio.*
ANTOCEROTAL adj. f. *Bot.* 1 Se aplica a los briófitos, de la clase de las hepáticas, cuyo gametofito, laminar y talifome, es más sencillo que en los demás órdenes de la clase, mientras que su esporofito es más complicado. || f. pl. *Bot.* 2 Orden de estos briófitos.
ANTOCIANINA f. *Bot.* Cualquiera de los pigmentos solubles que dan coloración roja, violada o azul a las flores, frutos, cortezas y raíces.
ANTOFAGASTA 1 Región II de Chile; 126.444 km² y 415.487 h. Al E, se levantan la puna de Atacama y la cordillera de los Andes. Tiene una pluviosidad escasa. La economía se basa en la minería, fundamentalmente del cobre, aunque también tienen importancia el azufre, la plata, el oro y el molibdeno. Extracción de salitre. 2 Ciudad capital de la misma; 236.730 h. Puerto exportador y punto de escala de numerosas líneas marítimas. Industrias derivadas de la minería, de cemento, material de transporte, cárnicas, mecánicas, químicas y pesqueras.
ANTOFAGASTINO, NA adj. De Antofagasta, Chile.
ANTÓFAGO, GA adj. *Zool.* Se dice de los animales que se alimentan de flores.
ANTOFALLA Volcán y sierra de Argentina, en la provincia de Catamarca. Aquél alcanza 6.140 m.
ANTOFILITA f. *Miner.* Anfíbol cristalizado en el sistema ortorrómbico, de color gris pardo, que aparece normalmente en rocas metamórficas. Es un metasilicato de magnesio y hierro.
ANTÓFILO, LA adj. y s. *Zool.* Animal que se alimenta de polen.
ANTOJADIZO, ZA adj. 1 Que tiene antojos con frecuencia. 2 Que desea cuanto mira y le halaga.
ANTOJARSE prnl. 1 Desear vehementemente algo. 2 Considerar probable alguna cosa. ♦ TERCIOP. Se usa sólo en las terceras personas y con alguno de los pronombres personales *me, te, se, nos, os.*
ANTOJO m. 1 Deseo vivo y pasajero de alguna cosa. 2 Juicio que se hace de alguna cosa sin bastante examen. 3 Lunar, mancha o señal que suelen presentar en la piel algunas personas.
ANTOLOGÍA f. Colección de piezas escogidas de literatura, música, etc. || **ser de antología** fr. fig. y fam. Digno de ser destacado, extraordinario.
ANTÓN, SAN ANTONIO ABAD, SAN.
ANTONELLI, GIACOMO Cardenal italiano (Sonnino, 1806 - Roma, 1876). Nombrado secretario de Estado de Pío IX en 1848, desempeñó un papel fundamental en la política vaticana entre 1850 y 1870.
ANTONELLO DA MESINA Pintor italiano (Mesina, 1430 - íd., 1479). Retratista admirable, fue uno de los impulsores de la técnica de la pintura al óleo. Es autor de *San Jerónimo, La Anunciación, Políptico de San Gregorio, Autorretrato,* etc.
ANTONESCU, ION Mariscal y conductor rumano (Pitesti, 1882 - prisión de Jilava, 1946). Jefe de Estado Mayor (1937), asumió la presidencia del gobierno (1940), con carácter dictatorial, y exigió la abdicación del rey. Aliado con los alemanes en la Segunda Guerra Mundial, fue fusilado.
ANTONIANO, NA adj. y s. 1 Se dice del religioso de la orden de San Antonio Abad. 2 Perteneciente a esta orden.

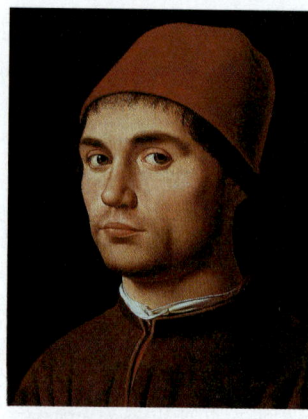

Antonello da Mesina. *Autorretrato.*
Galería Nacional (Londres).

ANTONIMIA f. Calidad de antónimo.
ANTÓNIMO, MA adj. y m. Se dice de las palabras que expresan ideas opuestas o contrarias.
ANTONINO PÍO, TITO AURELIO FULVIO Emperador romano (Lanuvium, 86 - Sorio, 161). Procónsul de la provincia de Asia (133-36), fue adoptado por Adriano, a quien sucedió en 138. Concedió ampliamente el derecho de ciudadanía, trató de mejorar la administración provincial y saneó la hacienda. Su reinado señala el apogeo del imperio.
ANTONINOS Geneal. Nombre de una dinastía de emperadores romanos (96-192), a la que pertenecen Nerva, Trajano, Adriano, Antonino Pío, Marco Aurelio, Vero y Cómodo.
ANTONIO MARCO ANTONIO.
ANTONIO Príncipe portugués (Lisboa, 1531 - París, 1595). Nieto del rey Manuel de Portugal, fue nombrado prior de Crato en 1555. A la muerte de su tío, el cardenal regente don Enrique (1580), se proclamó rey. Pero, derrotado por el duque de Alba en Alcántara, se refugió en Francia (1581).
ANTONIO ABAD o **ANTÓN, SAN** Anacoreta egipcio (Queman, Alto Egipto, 251 - Qolzum, 356). Considerado fundador de la vida cenobítica. Es protector de los animales domésticos.
ANTONIO MARÍA CLARET, SAN Religioso español (Sallent, 1807 - Fontfroide, Francia, 1870). Fundó la Congregación de Misioneros Hijos del Corazón de María. Posteriormente, ocupó el arzobispado de Santiago de Cuba (1851-57) y, desde 1857, fue confesor de Isabel II.
ANTONIO DE PADUA, SAN Religioso franciscano y doctor de la Iglesia (Lisboa, 1195 - Padua, 1231). En 1221 San Francisco le destinó al estudio de la teología, que luego enseñó en Italia y Francia. Fue declarado doctor de la iglesia por Pío XI en 1946.
ANTONIONI, MICHELANGELO Director de cine italiano (Ferrara, 1912). Destacan entre sus películas *Cronaca di un amore* (1950), *Le amiche* (1955), *L'avventura* (1960), *El eclipse* (1962), *La noche* (1961), *El desierto rojo* (1964), *Zabriskie Point* (1969), *El reportero* (1974), y *Más allá de las nubes* (1995). En 1995 recibió un Oscar honorífico como reconocimiento a su trayectoria profesional.
ANTONIORROBLES ROBLES SOLER, ANTONIO.
ANTONOMASIA f. *Ret.* Sinécdoque que consiste en poner el nombre apelativo por el propio, o viceversa.
ANTORCHA f. 1 Trozo de madera u otro material inflamable que se prende por el extremo superior para alumbrar. 2 fig. Lo que sirve de guía al entendimiento. 3 *Cin.* Lámpara eléctrica de gran potencia para poder filmar en la oscuridad u objetos mal iluminados.
ANTOZOO adj. y m. *Zool.* 1 Se dice de los celentéreos del tipo cnidarios, que no presentan alternancia de generaciones, existiendo sólo la forma pólipo y no la de medusa. En estado adulto viven fijos sobre el fondo del mar, aislados o en colonias, como la actinia y el coral. || m. pl. *Zool.* 2 Clase de estos animales.
ANTRACENO m. *Quím.* Hidrocarburo aromático con tres anillos bencénicos, de fórmula $C_{14}H_{10}$. Se presenta en cristales incoloros, de fluorescencia azul. Es el principal componente de la brea de hulla y de él derivan un gran número de materias colorantes.
ANTRACITA f. *Geol.* 1 Carbón fósil seco o poco bituminoso que arde con dificultad. 2 Carbón de alto poder calorífico y bajo contenido en sustancias volátiles, cenizas y humedad.
ANTRACOSIS f. *Pat.* Neumoconiosis producida por la inhalación de polvo de carbón.

ANTRAQUINONA f. *Quím.* Dicetona que aparece cristalizada en agujas o prismas amarillos, insolubles en agua.
ÁNTRAX m. *Pat.* Inflamación del tejido laminoso subcutáneo y la dermis, más voluminoso que el forúnculo y con gran cantidad de pus, transmisible de los animales al hombre. ♦ Su pl. es *ántrax.*
ANTRO m. 1 Caverna, cueva, gruta. 2 *Anat.* Cavidad de un órgano hueco o un seno. 3 fig. Local, establecimiento, vivienda, etc., de mal aspecto o reputación.
ANTRÓPICO, CA adj. Se dice de todo lo referido al hombre y a sus actos.
ANTROPO-, ANTROP-; -ÁNTROPO, -ANTROPÍA prefs. o sufs. que significan hombre.
ANTROPOCENTRISMO m. Doctrina que supone que el hombre es el centro de todas las cosas.
ANTROPOFAGIA f. *Antrop.* Costumbre de comer carne humana. Su práctica tuvo en muchos casos un carácter ritual. Ha pervivido hasta la Edad Contemporánea entre algunos pueblos de África, Melanesia, Nueva Guinea, Australia, Nueva Zelanda, Polinesia, Sumatra y algunos pueblos de América.
ANTROPÓFAGO, GA adj. y s. Se dice del que come carne humana.
ANTROPOGEOGRAFÍA f. *Geog.* GEOGRAFÍA HUMANA.
ANTROPOIDE adj. y com. *Zool.* 1 Se dice de los animales que externamente se asemejan al hombre. 2 Se aplica a los mamíferos primates, platirrinos o catarrinos, estrechamente emparentados con el hombre. También se llaman *simios*. || m. pl. *Zool.* 3 Suborden de estos mamíferos.
ANTROPOIDEO adj. y m. *Zool.* 1 Se dice de los monos catarrinos, sin cola. || m. pl. *Zool.* 2 Grupo de estos animales.
ANTROPOLOGÍA f. *Antrop.* Ciencia que tiene por objeto el estudio del hombre y de su cultura, además de sus interrelaciones con el medio biológico, geográfico e histórico. || **ANTROPOLOGÍA CULTURAL** *Antrop.* La que estudia la cultura o cultura de una sociedad en todos sus aspectos. || **ANTROPOLOGÍA FÍSICA** *Antrop.* La que estudia los caracteres físicos del hombre y, en sentido más amplio, de los homínidos, y su variación en el tiempo y en el espacio, relacionándolos con los aspectos históricos y culturales. || **ANTROPOLOGÍA SOCIAL** *Antrop.* La que estudia las instituciones y procesos sociales, que constituyen el sistema de comportamiento de un individuo en una sociedad.
Antrop. El término lo usó por primera vez el francés Quattrefages (1855); no obstante, la obra de Darwin es la que más influyó en los orígenes de esta disciplina. La antropología asumió dos modelos: el evolucionista (las sociedades evolucionan necesaria y rectilíneamente de estadios inferiores a superiores: Lewis H. Morgan, Leslie A. White) y el difusionista (la historia humana evoluciona mediante la difusión, intercambio o contacto entre los pueblos: Fritz Graebner, Wilhelm Schmidt, Grafton Elliot Smith). Modernamente, la antropología ha adoptado posiciones funcionalistas (al tener todas las sociedades las mismas necesidades biológicas, su diferencia estribará en la forma de resolverlas: B. Malinowski, A. R. Radcliffe-Brown) y estructuralistas (el conocimiento de la estructura de una actividad debe ser explicado por medios sincrónicos, que se refieren al hecho cultural resultante de las relaciones sociales: C. Lévi-Strauss).
ANTROPOLÓGICO, CA adj. Perteneciente o relativo a la antropología.
ANTROPÓLOGO, GA m. y f. Persona que se dedica a la antropología o es especialista en ella.
ANTROPOMETRÍA f. *Antrop.* Estudio de la variación física del hombre, basado en procedimientos métricos.

antozoo. *Acyonum acaule.*

ANTROPOMORFISMO m. **1** Conjunto de doctrinas que atribuyen a la divinidad cualidades humanas. **2** Herejía de los antropomorfitas. **3** Tendencia a atribuir rasgos humanos a las cosas.

ANTROPOMORFITA adj. y s. *Rel.* Se aplica a ciertos herejes del siglo IV que defendían la interpretación literal de las metáforas bíblicas del Antiguo Testamento referentes a Dios, en las que se le atribuyen miembros, pasiones y modos de obrar humanos.

ANTROPOMORFO, FA adj. **1** Que tiene forma o apariencia humana. **2** ANTROPOIDEO. También s.

ANTROPONIMIA f. *Ling.* **1** Parte de la onomástica que estudia la etimología y la historia de los nombres propios de persona. **2** Conjunto de los nombres de persona que se dan en un pueblo o región.

ANTROPÓNIMO m. *Ling.* Nombre propio de persona.

ANTROPOPITECO O **ANTROPOPITHECUS** m. *Antrop.* PITECÁNTROPO.

ANTROPOSCOPÍA f. *Antrop.* Estudio de la variación física del hombre, basado en la inspección visual.

ANTWERPEN ÁMBERES.

ANU *Mit.* En la mitología asirio-babilónica, Dios del cielo y de la luz, soberano de los espíritus.

ANUAL adj. **1** Que sucede o se repite cada año. **2** Que dura un año. **3** *Bot.* Vegetal que completa su ciclo biológico en un año.

ANUALIDAD f. **1** Calidad de anual. **2** Importe anual de una renta o carga.

ANUARIO m. Libro que se publica al principio de cada año y que contiene información útil para determinados profesionales.

ANUBIS *Mit.* Dios egipcio, hijo de Osiris y de Nefte. Guardián de la región de los muertos, presidía todos los ritos funerarios. Su representación más conocida es con cabeza de chacal y cuerpo de hombre.

ANUBLAR tr. y prnl. NUBLAR.

ANUDAR tr. **1** Hacer nudos. También prnl. **2** Juntar o unir, con un nudo. También prnl. **3** fig. Juntar, unir. También prnl. || prnl. **4** Dejar de crecer las personas, los animales o las plantas.

ANUENCIA f. Consentimiento, permiso.

ANUENTE adj. Que consiente.

ANULACIÓN f. Acción y efecto de anular o anularse.

ANULADOR, RA adj. y s. Que anula.

ANULAR[1] adj. **1** Relativo al anillo. **2** De figura de anillo. **3** *Anat.* DEDO ANULAR.

ANULAR[2] tr. *Der.* Dar por nulo un precepto, contrato, etc. **2** fig. Incapacitar. También prnl. || prnl. **3** fig. Retraerse.

ÁNULO m. *Arquit.* Anillo, especialmente el astrágalo de los capiteles dóricos formado por tres líneas entrantes.

ANULOSO, SA adj. **1** Compuesto de anillos. **2** De figura de anillo.

ANUNCIACIÓN f. **1** Acción y efecto de anunciar. **2** *Rel.* Por antonomasia, el anuncio del misterio de la Encarnación que el arcángel San Gabriel hizo a la Virgen María. En esta acepción se escribe con mayúscula. **3** *Pint.* y *Esc.* Obra artística en la que se representa dicho tema.

ANUNCIANTE adj. y com. Que anuncia.

ANUNCIAR tr. **1** Dar noticia o aviso de alguna cosa. **2** PRONOSTICAR. **3** Hacer saber el nombre de un visitante a la persona por quien desea ser recibido. **4** Dar publicidad a alguna cosa con fines de propaganda comercial.

ANUNCIO m. **1** Acción y efecto de anunciar. **2** Conjunto de palabras o signos con que se anuncia algo. **3** PRONÓSTICO.

ANURIA f. *Pat.* Supresión de la secreción urinaria.

ANURO, RA adj. y s. *Zool.* **1** Se dice de los anfibios que carecen de cola, como la rana y el sapo. || m. pl. *Zool.* **2** Orden de estos anfibios.

ANVERSO m. **1** En las monedas y medallas, cara principal. **2** Primera página impresa de un pliego. **3** Molde con que se imprime.

ANVILLE, JEAN-BAPTISTE BOURGUIGNON D' Geógrafo francés (París, 1697 - íd., 1782). Es autor de 211 mapas o planos considerados los más exactos del siglo XVIII.

ANYANG Ciudad de la República de Corea, en la provincia de Kyonggi; 591.106 h. Importante concentración industrial.

ANYANG Ciudad de China, provincia de Henan; 527.982 h. En sus cercanías se encontraría la antigua ciudad de Yin, capital de la dinastía Shang entre los siglos XVI y XII a. C.

ANZA, JUAN BAUTISTA DE Explorador español (Fronteras, México, 1735 - Arizpe, 1788). Enviado a explorar la costa occidental de EE UU, fundó la ciudad de San Francisco (California). Fue gobernador de México (1777-88).

ANZÍBAR, MANUEL Político y escritor colombiano (Bogotá, 1818 - íd., 1882). Fue presidente del Consejo de Gobierno Revolucionario. Autor de *Peregrinación de Alfa*.

ANZIO Población y puerto italiano, 45 km al S de Roma. Durante la Segunda Guerra Mundial fue escenario de un desembarco angloestadounidense (1944).

ANZOÁTEGUI Estado de Venezuela; 43.300 km² y 1.241.768 h. Su capital es Barcelona. Turismo.

ANZOÁTEGUI, JOSÉ ANTONIO Militar venezolano (Barcelona, Venezuela, 1789 - íd., 1819). Fue de los primeros en sumarse al movimiento revolucionario en Caracas (1808) y se distinguió en la batalla de Boyacá (1819).

ANZOATEGUIENSE adj. y com. De Anzoátegui, Venezuela.

ANZUELO m. **1** Arponcillo o garfio que, pendiente de un sedal, sirve para pescar. **2** fig. y fam. Atractivo o aliciente.

ANZURES, PEDRO DE Conquistador español (s. XVI). Participó en la conquista de Perú a las órdenes de Pizarro y fundó en 1538 la ciudad de Sucre.

ANZUS (Acrónimo inglés de *Australia, New Zealand, United States.*) Tratado de ayuda mutua firmado por estos países en 1951. En 1986, Nueva Zelanda fue excluida al declararse zona desnuclearizada.

AÑACAL m. El que lleva el trigo al molino.

AÑADA f. **1** Tiempo atmosférico que hace durante un año. **2** Cosecha de cada año, y especialmente la del vino.

AÑADIDO m. **1** Añadidura, adición. **2** POSTIZO.

AÑADIDURA f. Lo que se añade a alguna cosa. || **por añadidura** loc. adv. ADEMÁS.

AÑADIR tr. **1** Agregar, incorporar una cosa a otra. **2** Aumentar, acrecentar, ampliar.

AÑAFEA f. PAPEL DE AÑAFEA.

AÑAGAZA f. **1** Señuelo para coger aves. **2** fig. Artificio para atraer con engaño.

AÑAL adj. **1** ANUAL. **2** *Zool.* Se dice del cordero, becerro o macho cabrío que tiene un año cumplido. También s. || m. *Rel.* **3** Ofrenda que se da por los difuntos el primer año después de su fallecimiento.

AÑALEJO m. Calendario para los eclesiásticos, que señala el orden y rito del rezo y oficio divino de todo el año.

AÑAS f. *Zool.* Especie de zorra de Perú.

AÑEJAMIENTO m. Acción y efecto de añejar.

AÑEJAR tr. **1** Hacer añeja alguna cosa. También prnl. || prnl. **2** Mejorarse o deteriorarse algunas cosas con el transcurso del tiempo.

AÑEJO, JA adj. **1** Se dice de ciertas cosas que tienen uno o más años. **2** fig. y fam. Que tiene mucho tiempo.

AÑICOS m. pl. Pedazos pequeños en que se divide alguna cosa al romperse.

AÑIL m. *Bot.* Arbusto de la familia leguminosas, de nombre científico *Indigofera tinctoria*. **2** *Bot.* Planta perenne o bianual de la familia crucíferas, de nombre científico *Isatis tinctoria*. Crece en el SE de Europa y O de Asia. **3** Pasta de color azul oscuro obtenida de estas plantas. **4** Color de esta pasta.

AÑILAR tr. Teñir de añil.

AÑILERÍA f. Hacienda donde se cultiva y elabora el añil.

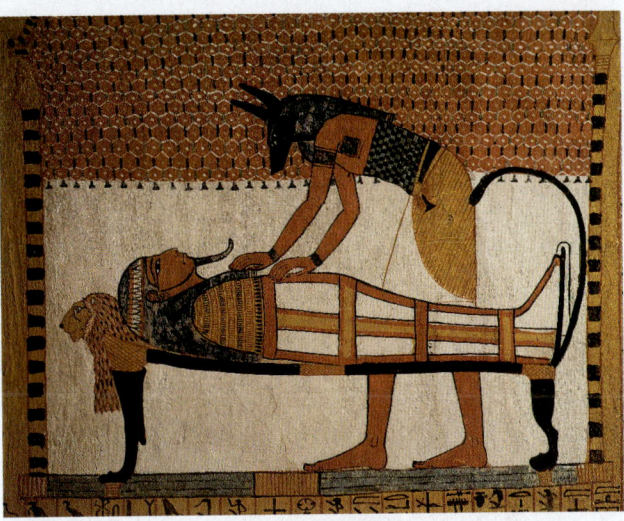

Anubis preparando el cuerpo de un noble. Pintura de la tumba de Sennedjem (Tebas).

AÑINO, NA adj. *Zool.* **1** AÑAL, dicho del cordero. || m. *Zool.* **2** Cordero de un año. || m. pl. **3** Pieles de corderos de un año o menos. **4** Lana de corderos.

AÑO m. **1** Tiempo que transcurre durante una revolución real de la Tierra en su órbita alrededor del Sol. **2** Periodo de doce meses. **3** Seguido de expresiones como *de la nana, de la pera, de la polca*, indica época remota. || m. pl. **4** Edad, tiempo vivido. || **AÑO ACADÉMICO** *Ens.* Periodo que abarca desde la apertura de las clases hasta el comienzo de las vacaciones. || **AÑO ANOMALÍSTICO** *Astron.* AÑO SIDÉREO. || **AÑO BISIESTO** El de 366 días. Excede al común en un día, que se añade al mes de febrero. Se repite cada cuatro años. || **AÑO CIVIL** El que consta de un número exacto de días: 365 si es común o 366 si bisiesto. || **AÑO ECLESIÁSTICO** O **LITÚRGICO** *Rel.* El que rige las solemnidades de la iglesia y empieza en el primer domingo de adviento. || **AÑO ESCOLAR** *Ens.* AÑO ACADÉMICO. || **AÑO DE GRACIA** Año de la era cristiana. || **AÑO LUNAR** *Astron.* Periodo de 12 revoluciones sinódicas de la Luna que consta de 354 días, 8 horas, 48 minutos y 36 segundos. De él hacen uso los musulmanes. || **AÑO LUZ** *Astron.* Espacio recorrido por la luz durante un año, equivalente a 9,468 billones de km. || **AÑO SABÁTICO** El de licencia con sueldo que algunas universidades conceden a su personal cada siete años. || **AÑO SANTO** *Rel.* El del jubileo universal que se celebra en Roma cada venticinco años y con motivo de circunstancias especiales. || **AÑO SIDERAL** O **SIDÉREO** *Astron.* Tiempo que transcurre entre dos pasos consecutivos de la Tierra por el mismo punto de su órbita. Es el año propiamente dicho, y consta de 365 días, 6 horas, 9 minutos y 9,5 segundos. || **de buen año** loc. adv. Gordo, saludable. Se usa generalmente con el verbo *estar*. || **estar a años luz** fr. fig. Expresión hiperbólica con que se indica que una persona o cosa dista extraordinariamente de otra. || **quitarse uno años** fr. fig. y fam. Declarar menos años que los que tiene.

AÑOJAL m. Tierra que se deja erial durante un tiempo.

AÑOJO, JA m. y f. **1** Becerro de un año. || m. **2** Carne de este animal para uso comestible.

AÑORANZA f. Acción de añorar, nostalgia.

AÑORAR tr. e intr. Recordar con pena la ausencia o pérdida de una persona o cosa muy querida.

AÑOSO, SA adj. De muchos años.

AÑUBLO m. *Bot.* Honguillo parásito que ataca las cañas, hojas y espigas de los cereales. **2** Nombre que se aplica a cualquier enfermedad de las plantas que conduce a su marchitamiento y muerte, sin putrefacción.

AÑUDAR tr. ANUDAR. También prnl.

AOE Siglas de ÁFRICA OCCIDENTAL ESPAÑOLA.

AOF Siglas de ÁFRICA OCCIDENTAL FRANCESA.

AOJAR tr. **1** Hacer mal de ojo. **2** fig. Desgraciar o malograr una cosa. **3** OJEAR, espantar la caza.

AOMORI **1** Prefectura de Japón en la isla de Honshu; 9.619 km² y 1.475.439 h. **2** Ciudad capital de la misma; 294.167 h. Puerto.

AÓNIDES f. pl. *Mit.* Las MUSAS.

AONIO, NIA adj. **1** BEOCIO. Aplicado a personas, también s. **2** fig. Perteneciente o relativo a las musas.

AORISTO m. *Gram.* Pretérito indefinido de la conjugación griega.

AORTA

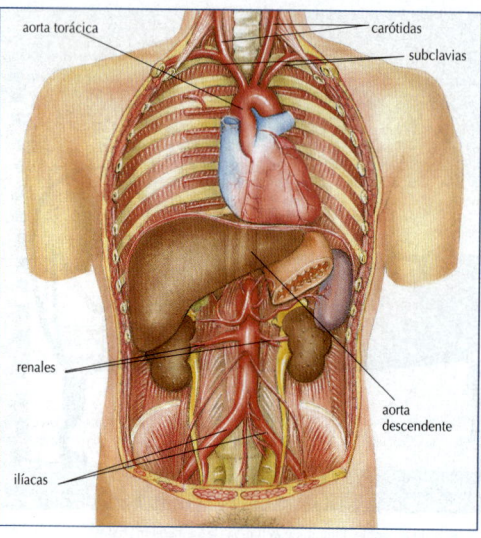

La arteria **aorta** y sus ramificaciones.

AORTA f. *Anat.* **1** Arteria principal del cuerpo que nace en el ventrículo izquierdo del corazón. **2** Gran vaso dorsal o anterior de muchos invertebrados.
AÓRTICO, CA adj. Perteneciente o relativo a la aorta.
AORTITIS f. *Pat.* Inflamación de la aorta. ♦ Su pl. es *aortitis*.
AOSTA 1 Provincia de Italia en la región del Valle de Aosta; 3.262 km² y 118.723 h. Turismo de invierno. **2** Ciudad capital de la misma; 35.411 h. Turismo.
AOSTA *Geneal.* Familia nobiliaria que constituye una rama de la casa de Saboya, cuyo primer titular fue Amadeo I, duque de Aosta y rey de España entre 1870 y 1873.
AOUITA, SAID Atleta marroquí (Kénitra, 1960). Fue medalla de oro en 5.000 m y de bronce en 800 m en la Olimpiada de Los Ángeles (1984), y oro en 5.000 m en los Mundiales de Roma (1987).
AOVADO, DA adj. De figura de huevo.
AOVAR intr. *Zool.* Poner huevos, referido sobre todo a insectos.
AOVILLARSE prnl. fig. Encogerse mucho, hacerse un ovillo.
AP Siglas de ALIANZA POPULAR.
AP- pref. **1** API-. **2** APO-.
APABILAR tr. Preparar el pabilo de las velas para que fácilmente se encienda.
APABULLAMIENTO m. fam. Acción y efecto de apabullar.
APABULLAR tr. fam. Dejar a uno confuso y sin saber qué decir.
APACENTADERO m. Sitio en que se apacienta ganado.
APACENTADOR, RA adj. y s. Que apacienta.
APACENTAMIENTO m. **1** Acción y efecto de apacentar o apacentarse. **2** Pasto.
APACENTAR tr. **1** Dar pasto a los ganados. **2** Cuidar del ganado mientras pasta. ‖ prnl. **3** Pacer el ganado. ♦ IRREG. Se conjuga como ACERTAR.
APACHE adj. **1** *Hist.* y *Etnol.* Se aplica a la tribu amerindia de la familia atapasca que habitaba en el SO de EE UU. Más como m. pl. **[Encic.] 2** Se dice también de sus individuos. También com. **3** Relativo a esta tribu. **4** Se dice de ciertos individuos de los bajos fondos parisinos. También com.
Hist. y *Etnol.* Los apaches se dividían en dos grandes grupos: los *orientales*, compuestos por los mescaleros, los jicarillas, los chiricahuas, los lipanes y los kiowas; y los *occidentales*, compuestos por los cibeaues, los mimbreños, los coyoteros y los mogollones. Carecían de una organización tribal centralizada y se organizaban en pequeños grupos nómadas, en los que el cabecilla más fuerte o experto era reconocido como jefe. Su economía se basaba en la caza, la recolección, y las incursiones armadas. Se mantuvieron en guerra contra los colonizadores hasta que en 1871 fueron sometidos por el general estadounidense Crook. En el período 1880-86 se produjeron varias revueltas, acaudilladas por Victorio y Gerónimo. Actualmente viven en reservas.
APACHETA f. Montón de piedras que algunos indios andinos ponen a un lado del camino para invocar a la divinidad.
APACIBILIDAD f. Calidad de apacible.
APACIBLE adj. **1** Manso, dulce y agradable. **2** De buen temple, tranquilo.

APACIGUAR tr. y prnl. Tranquilizar, sosegar, aquietar.
APADANA f. *Arquit.* En los palacios persas de la época aqueménida, sala hipóstila del trono.
APADRINAMIENTO m. Acción y efecto de apadrinar.
APADRINAR tr. **1** Asistir como padrino a una persona. **2** fig. Patrocinar, proteger. ‖ prnl. **3** Ampararse, valerse, acogerse.
APAGADIZO, ZA adj. Se dice de ciertas materias que arden muy difícilmente.
APAGADO, DA adj. **1** Extinguido, sofocado. **2** De genio muy sosegado y apocado. **3** Tratándose del color, el brillo, etc., amortiguado.
APAGADOR, RA adj. **1** Que apaga. También s. ‖ m. **2** MATACANDELAS. **3** *Mús.* Palanca del mecanismo de los pianos que, cubierta de fieltro por uno de sus extremos, se alza cuando la tecla obliga al martillo a dar en las cuerdas, y baja inmediatamente después del golpe, para evitar resonancias.
APAGAPENOL m. *Mar.* Cabo que sirve para cerrar o cargar las velas de cruz.
APAGAR tr. **1** Extinguir el fuego o la luz. También prnl. **2** Aplacar, disipar. También prnl. **3** Echar agua a la cal viva. **4** Rebajar en los cuadros el color demasiado vivo.
APAGAVELAS m. MATACANDELAS.
APAGÓN m. Extinción pasajera y accidental del alumbrado eléctrico.
APAISADO, DA adj. Se dice de la figura u objeto de forma rectangular cuya base es mayor que su altura.
APALABRAR tr. Concertar de palabra dos o más personas alguna cosa.
APALACHE adj. *Etnol.* e *Hist.* **1** Se dice de un grupo amerindio de la familia muscogi, que en el siglo XVI habitó en la zona SE de EE UU. Fue destruida por los ingleses a comienzos del siglo XVIII. Más como m. pl. **2** Se dice también de sus individuos. También com. **3** Relativo a este grupo.
APALACHES Sistema montañoso oriental de América del Norte, paralelo a la costa atlántica, que se extiende desde el golfo de San Lorenzo (Canadá) hasta el Estado de Alabama (EE UU). Tiene una longitud de 2.415 km y una anchura de 200 a 300 km. Su altura máxima es el monte Mitchel (2.037 m.). Importantes yacimientos de carbón. Bosques de pinos, abetos y fresnos.
APALANCAMIENTO m. Acción y efecto de apalancar.
APALANCAR tr. **1** Levantar, mover alguna cosa con palanca. ‖ prnl. **2** fam. Acomodarse en un sitio, permanecer inactivo en él.
APALEAR tr. **1** Dar golpes con palo. **2** Varear el fruto del árbol. **3** Aventar con pala el grano para limpiarlo. **4** Tener en abundancia oro o plata.
APALEO m. *Agr.* Acción y efecto de apalear el grano y tiempo en el que se hace.
APANALADO, DA adj. Que forma celdillas como el panal.
APANCORA f. *Zool. Chile* Cangrejo marino.
APANDILLAR tr. y prnl. Hacer pandilla.
APANOJADO, DA adj. *Bot.* Se dice del tallo o flor de algunas plantas en forma de panoja.
APAÑADO, DA adj. **1** fig. Hábil, mañoso. **2** fig. y fam. Adecuado para el uso a que se destina. ‖ **estar** o **ir apañado** fr. irón. fig. y fam. Estar equivocado o ilusoriamente confiado respecto de una cosa.

APAÑAR tr. **1** Coger, agarrar. **2** Recoger y guardar alguna cosa, o apoderarse de ella ilícitamente. **3** Acicalar, asear, ataviar. **4** Aderezar o condimentar. **5** Remendar lo que está roto. **6** fig. y fam. Poner solución o remedio a un asunto precariamente, con disimulo o por conveniencia. **7** *Arg., Nic.* y *Perú* Encubrir, disculpar a alguien. ‖ prnl. **8** Darse maña para hacer alguna cosa, arreglárselas, ingeniárselas.
APAÑO m. **1** Acción y efecto de apañar. **2** Compostura, reparo o remiendo. **3** fam. Maña o habilidad para hacer alguna cosa. **4** fam. Amante, querido. **5** fam. Acomodo.
APAÑUSCAR tr. **1** fam. Apretar entre las manos alguna cosa estropeándola. **2** fam. APAÑAR.
APAPORIS Río de Colombia, que nace en el departamento de Vaupés, sirve de límite entre Colombia y Brasil y desemboca en el Caquetá; 1.200 km.
APARADOR m. **1** Mueble donde se guarda lo necesario para el servicio de la mesa. **2** Taller de algún artífice. **3** Escaparate de una tienda.
APARASOLADO, DA adj. **1** De figura de parasol. **2** *Bot.* UMBELÍFERO. También f.
APARATO m. **1** Artificio mecánico. **2** Apresto o reunión de lo que se necesita para algún fin. **3** Pompa, ostentación. **4** Señal que precede o acompaña a alguna cosa. **5** Conjunto de los que deciden la política de un partido o gobierno. **6** *Med.* Apósito o vendaje que se aplica al cuerpo humano. **7** *Biol.* Conjunto de órganos que intervienen en una misma función.
APARATOSO, SA adj. **1** Que tiene mucha ostentación. **2** Desmedido, exagerado.
APARCACOCHES com. Persona que en determinados establecimientos públicos se encarga de aparcar los vehículos de los clientes y de devolvérselos a la salida. ♦ Su pl. es *aparcacoches*.
APARCADERO m. APARCAMIENTO, lugar destinado a aparcar vehículos.
APARCAMIENTO m. **1** Acción y efecto de aparcar. **2** Lugar destinado a este efecto.
APARCAR tr. **1** Colocar transitoriamente en un lugar coches u otros vehículos. **2** *Mil.* Colocar en un campamento el material de guerra. **3** fig. Aplazar, postergar un asunto o decisión.
APARCERÍA f. *Der.* Contrato por el que el propietario de un bien inmueble cede su explotación a otra persona a cambio de una parte de los beneficios que produzca. En España la parcería agrícola es la más frecuente, especialmente en el E y el S.
APARCERO, RA m. y f. **1** Persona que tiene aparcería con otra. **2** Comunero en una heredad o hacienda.
APAREAMIENTO m. **1** Acción y efecto de aparear. **2** *Biol.* Unión de los cromosomas homólogos durante la división celular. **3** *Zool.* Unión sexual entre dos animales de sexo opuesto.
APAREAR tr. **1** Ajustar una cosa con otra, de forma que queden iguales. **2** Unir una cosa con otra formando par. También prnl. **3** *Biol.* Juntar las hembras de los animales con los machos para que críen. También prnl.
APARECER intr. y prnl. **1** Manifestarse, dejarse ver. **2** Encontrarse, hallarse lo que estaba perdido u oculto. ♦ IRREG. Se conjuga como AGRADECER.
APARECIDO m. Espectro de un difunto.
APAREJADO, DA adj. **1** Con los verbos *traer* y *llevar*, inherente o inseparable de aquello de que se trata. **2** Apto, idóneo.
APAREJADOR, RA m. y f. Técnico titulado de la construcción.
APAREJAR tr. **1** Preparar, disponer. También prnl. **2** Vestir con esmero. También prnl. **3** Poner el aparejo a las caballerías. **4** *Mar.* Poner a un buque su aparejo para que pueda navegar.
APAREJO m. **1** Preparación, disposición para alguna cosa. **2** Arreo necesario para montar, uncir o cargar los animales. **3** Objetos necesarios para hacer ciertas cosas. **4** Sistema de poleas, compuesto de dos grupos, uno fijo y otro móvil. **5** *Arquit.* Forma en que quedan colocados los materiales en una construcción. **6** *Mar.* Conjunto de palos, vergas, jarcias y velas de un buque. **7** *Pint.* Preparación de un lienzo o tabla por medio de la imprimación. ‖ m. pl. **8** Instrumentos necesarios para cualquier oficio. ‖ **APAREJO DE PESCA** Artificio compuesto de un cordel con anzuelos u otros dispositivos para capturar peces.
APARENCIAL adj. *Filos.* Se dice de lo que sólo tiene existencia aparente.
APARENTAR tr. **1** Manifestar o dar a entender lo que no es o no hay. **2** Tener una persona el aspecto correspondiente a su edad.
APARENTE adj. **1** Que parece y no es. **2** Oportuno, adecuado. **3** Que aparece a la vista. **4** Que tiene tal o cual aspecto.
APARICIÓN f. **1** Acción y efecto de aparecer. **2** Visión de un ser sobrenatural o fantástico; espectro, fantasma.

APARIENCIA f. 1 Aspecto exterior de una persona o cosa. 2 Verosimilitud, probabilidad. 3 *Filos.* Cosa que parece y no es.

APARRADO, DA adj. 1 *Bot.* Se dice de los árboles cuyas ramas se extienden mucho horizontalmente. 2 fig. ACHAPARRADO, dicho de personas.

APARRAR tr. *Bot.* Hacer que un árbol extienda sus ramas en dirección horizontal.

APARROQUIAR tr. 1 En determinadas profesiones, hacerse una clientela. || prnl. 2 Hacerse feligrés de una parroquia.

APARTADERO m. 1 Lugar que sirve en los caminos y canales para que, apartándose los carruajes o los barcos, quede libre el paso. 2 Pedazo de terreno baldío, contiguo a los caminos, en el que descansan y pastan los ganados que van de paso. 3 Sitio donde se aparta a unos toros de otros para encajonarlos. 4 Vía corta derivada de la principal, para apartar en ella vagones.

APARTADIJO m. 1 APARTADIZO. 2 Parte pequeña de algunas cosas que estaban juntas.

APARTADIZO, ZA adj. 1 Huraño, que se aparta del trato de la gente. || m. 2 Lugar que se separa de otro mayor, para diferentes usos.

APARTADO, DA adj. 1 Retirado, distante. 2 Diferente, diverso. || m. 3 Habitación que se encuentra en un lugar retirado de la casa. 4 APARTADO DE CORREOS. 5 Párrafo o serie de párrafos en que se divide un texto, artículo, etc. o serie de éstos que, dentro de un escrito, se dedican a un asunto. 6 Acción de encerrar los toros en los chiqueros. 7 *Hist.* Cualquiera de los 16 individuos que elegía la Asociación General de Ganaderos, y antes el Concejo de la Mesta en sus juntas generales, para entender en los negocios e informar sobre ellos. 8 *Méx.* Operación de apartar metales. || **APARTADO DE CORREOS** Caja numerada que se alquila al usuario en donde se deposita su correspondencia.

APARTAMENTO m. 1 Habitación, vivienda. 2 Vivienda pequeña que forma parte de un edificio.

APARTAMIENTO m. 1 Acción y efecto de apartar. 2 Lugar apartado o retirado.

APARTAR tr. 1 Separar, dividir. También prnl. 2 Quitar a una persona o cosa del lugar donde estaba. También prnl. 3 Retirar. También prnl. 4 fig. Disuadir a alguien de algo. || prnl. 5 Separarse los casados.

APARTE adv. l. 1 En otro lugar. 2 A distancia, desde lejos. || adv. m. 3 Separadamente. 4 Con omisión. || adj. 5 Distinto, singular. || m. 6 *Teat.* Lo que en la representación escénica dice cualquiera de los personajes, suponiendo que no le oyen los demás. 7 PÁRRAFO. 8 *Arg., Col., Urug.* y *Venez.* Separación de animales que se hace en un rodeo.

APARTHEID m. *Hist.* y *Polít.* Sistema político de discriminación racial aplicado en Sudáfrica para mantener la supremacía de la raza blanca. Entró en funcionamiento en 1948, con la llegada al poder del Partido Nacional. Se tomaron numerosas medidas segregacionistas, como la prohibición de matrimonios mixtos y la creación de bantustanes, donde se agrupó la población negra. Condenado por la ONU en 1952, provocó que Sudáfrica se retirara de la Commonwealth en 1961 y sufriese un boicot general de la mayoría de los países. En 1989 se aprobaron una serie de medidas legislativas antisegregacionistas. Tras la reforma constitucional de 1993, se celebraron las primeras elecciones democráticas (1994) que dieron el poder al ANC liderado por Nelson Mandela, quien fue elegido presidente. El nuevo parlamento suprimió de la legislación sudafricana todas las leyes discriminatorias para la mayoría negra.

APARVAR tr. 1 Disponer la mies para trillarla. 2 Recoger la mies trillada.

APASIONADO, DA adj. 1 Poseído por alguna pasión. También s. 2 Partidario de alguien.

APASIONAMIENTO m. Acción y efecto de apasionar o apasionarse.

APASIONANTE adj. Que apasiona.

APASIONAR tr. 1 Causar, excitar alguna pasión. Más como prnl. 2 Atormentar, afligir. || prnl. 3 Aficionarse con exceso a una persona o cosa.

APATÍA f. 1 Impasibilidad del ánimo. 2 Dejadez, indolencia, falta de vigor o energía.

APÁTICO, CA adj. Que adolece de apatía.

APATITA o **APATITO** m. *Miner.* Mineral fosfato de calcio, con flúor o cloro, de color verde, azul o incoloro, que aparece en rocas ígneas en forma de cristales hexagonales. Se usa para elaborar abonos.

APÁTRIDA adj. y com. Se dice de la persona que carece de nacionalidad.

APATZINGÁN DE LA CONSTITUCIÓN Ciudad de México, en el Estado de Michoacán; 55.522 h. En ella se promulgó la primera Constitución de México (1814).

APEA f. Soga para trabar o maniatar las caballerías.

APEADERO m. 1 Poyo o sillar que hay en los zaguanes, o junto a la puerta de las casas, para montar en los caballos o desmontarse de ellos con comodidad. 2 Sitio en que los viajeros pueden apearse y descansar. 3 En la red de ferrocarriles, sitio preparado para el servicio público, pero sin estación.

APEAMIENTO m. 1 Acción y efecto de apear o apearse. 2 APEO, de un edificio.

APEAR tr. 1 Bajar a alguien de un vehículo. Más como prnl. 2 Maniatar a las caballerías para que no se escapen. 3 Reconocer, señalar o deslindar una o varias fincas. 4 Cortar un árbol por el pie. 5 fig. Sondear, superar, vencer alguna dificultad o cosa muy ardua. 6 fig. y fam. Disuadir a alguien de su opinión o dictamen. También prnl. 7 *Arquit.* Sostener provisionalmente con armazones, maderos o fábricas algún edificio, construcción o terreno.

APECHAR intr. APECHUGAR.

APECHUGAR intr. Cargar con alguna obligación o circunstancia ingrata o no deseada.

APEDAZAR tr. 1 Despedazar una cosa. 2 Remendar.

APEDREAMIENTO m. Acción y efecto de apedrear o apedrearse.

APEDREAR tr. 1 Arrojar piedras a una persona o cosa. 2 Matar a pedradas. || impers. 3 Caer pedrisco. || prnl. 4 Padecer daño con el pedrisco las viñas, los árboles frutales o las mieses.

APEGARSE prnl. fig. Adquirir apego.

APEGO m. fig. Afición, cariño o inclinación hacia una persona o cosa.

APELABLE adj. Que admite apelación.

APELACIÓN f. 1 Acción de apelar. 2 *Der.* Recurrir contra el fallo de un tribunal. || **interponer apelación** fr. *Der.* APELAR una sentencia.

APELADO, DA adj. y s. *Der.* Se dice del litigante que ha obtenido sentencia favorable contra la cual se apela.

APELAMBRAR tr. Meter los cueros en pelambre para que pierdan el pelo.

APELAR intr. 1 *Der.* Recurrir al juez o tribunal superior para que revoque la sentencia que se supone injustamente dada por el inferior. 2 Recurrir a una persona o cosa. 3 Referirse.

APELATIVO, VA adj. *Ling.* 1 Se dice del nombre común. 2 Se dice de una de las FUNCIONES DEL LENGUAJE. || m. 3 Sobrenombre, apodo. 4 APELLIDO, nombre de familia.

APELDE m. En los conventos franciscanos, toque de campana antes del amanecer.

APELDOORN Ciudad de los Países Bajos, en la provincia de Güeldres; 152.860 h. Industria textil, papelera, química y electrónica. Centro turístico.

APELES Pintor griego (Jonia, s. IV a. C. - Cos, principios del s. III a. C.). Retratista de Filipo de Macedonia y Alejandro Magno, gozó de una gran reputación. No se conserva ninguna de sus obras.

APELLAR tr. Untar y adobar la piel sobándola, para que reciba bien los ingredientes del color que se le quiere dar.

APELLIDAR tr. 1 Nombrar, llamar. También prnl. || prnl. 2 Tener tal nombre o apellido.

APELLIDO m. 1 Nombre de familia con que se distinguen las personas. 2 Nombre particular que se da a varias cosas.

APELMAZADO, DA adj. fig. Dicho de obras literarias, amazacotado, falto de amenidad.

APELMAZAR tr. y prnl. Hacer que una cosa esté menos esponjosa de lo requerido.

APELOTONAR tr. y prnl. Aglomerar, formar pelotones.

APENAR tr. 1 Causar pena, afligir. También prnl. || prnl. 2 *Amér.* Sentir vergüenza.

APENAS adv. neg. 1 Difícilmente, casi no. || adv. c. 2 Escasamente, solo. || conj. t. 3 En cuanto, al punto que.

APENCAR intr. fam. APECHUGAR, cargar con alguna obligación ingrata.

APÉNDICE m. 1 Cosa adjunta o añadida a otras. 2 fig. Persona que acompaña de continuo a otra. 3 *Biol.* Cualquier estructura secundaria o no esencial asociada a una parte del cuerpo más importante. 4 *Zool.* Cualquier extensión periférica articulada.

APENDICITIS f. *Pat.* Inflamación del apéndice vermiforme, en el intestino grueso. Se considera aguda cuando el ataque es súbito y cursa con dolor abdominal, náuseas, vómitos y estreñimiento.

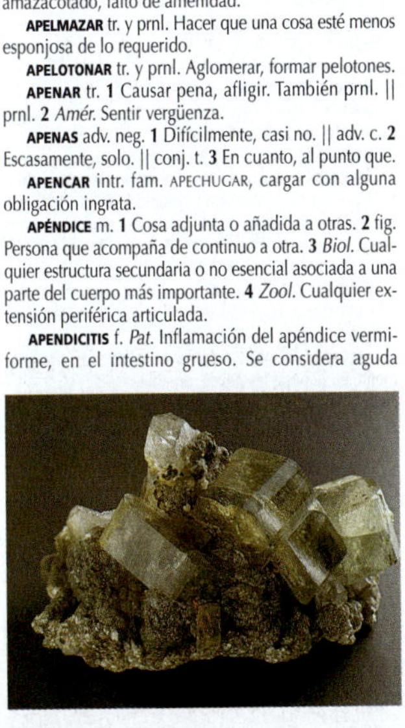

apatita

APENDICULAR adj. Relativo al apéndice.

APENINOS Cadena montañosa de Italia, que se extiende de N a S por toda la longitud del país, desde el paso de Cadibona, que la separa de los Alpes, hasta Monte Alto (1.695 m), en el estrecho de Mesina. Constituye el eje de la península, formando un gran arco, que continúa por el E de Sicilia. Sus mayores cotas se encuentran en la parte central con el Gran Sasso, que incluye los montes Corno (2.913 m) y Amaro (2.794). La cima volcánica del Etna (3.273), en Sicilia, figura como el punto culminante de la cordillera.

APEO m. 1 Acción y efecto de apear un árbol o un edificio. 2 Instrumento jurídico que acredita el deslinde y demarcación. 3 Estructura con que se apea o apuntala un edificio, construcción o terreno.

APEPSIA f. *Med.* Falta de digestión.

APEPÚ m. *Bot. Arg.* y *Par.* Planta de la familia rutáceas, especie de naranjo agrio, y su fruto.

APERADOR m. 1 El que tiene por oficio aperar. 2 El que cuida de la hacienda y de las cosas de la labranza. 3 Capataz de una mina.

APERAR tr. 1 Componer, aderezar. 2 Hacer carros y aparejos para el trajín del campo. 3 *Amér.* Proveer, abastecer de instrumentos, herramientas o bastimentos.

APERCEPCIÓN f. *Filos.* Percepción acompañada de conciencia.

APERCIBIMIENTO m. Acción y efecto de apercibir o apercibirse.

APERCIBIR tr. 1 Prevenir, disponer lo necesario para alguna cosa. También prnl. 2 Amonestar, advertir. 3 *Der.* Hacer saber a la persona citada, emplazada o requerida, las consecuencias que se seguirán de determinados actos u omisiones suyas. || prnl. 4 Percibir, percatarse, caer en la cuenta.

APEREÁ m. *Zool. Arg.* Mamífero roedor sin cola.

APERGAMINADO, DA adj. Semejante al pergamino.

APERGAMINARSE prnl. fig. y fam. ACARTONARSE.

APERITIVO, VA adj. y m. 1 Que sirve para abrir el apetito. || m. 2 Bebida y manjares que se toman antes de una comida principal.

APERO m. 1 Conjunto de instrumentos y demás cosas necesarias para la labranza. Más en pl. 2 Cualquier instrumento que se emplea en la labranza. 3 Por extensión, conjunto de instrumentos necesarios para cualquier oficio. Más en pl.

APERREADO, DA adj. Trabajoso, molesto.

APERREAR tr. 1 Echar perros a alguien para que lo maten y despedacen. Era un género de suplicio. 2 Azuzar perros contra personas o animales. 3 fig. y fam. Fatigar mucho, causar gran molestia y trabajo. Más como prnl.

APERTURA f. 1 Acción de abrir. 2 Inauguración de un local, asamblea pública, curso académico, etc. 3 Combinación de ciertas jugadas con que se inicia una partida de ajedrez. 4 *Polít.* Tendencia favorable a la comprensión de actitudes ideológicas, políticas, etc., distintas de las que uno sostiene, o a la colaboración con quienes las representan.

APERTURISMO m. *Polít.* Teoría o actitud que propugna la apertura.

APESADUMBRAR tr. y prnl. Causar pesadumbre, afligir.

APESTAR tr. 1 *Med.* Causar, comunicar la peste. También prnl. 2 fig. Corromper, viciar. 3 fig. y fam. Fastidiar, causar hastío. || intr. 4 Despedir mal olor. En esta acepción se usa como terciopersonal. || **estar** un sitio **apestado** de algo fr. fig. y fam. Estar lleno de ello.

APESTOSO, SA adj. 1 Que apesta. 2 Que causa hastío.

APÉTALO, LA adj. *Bot.* Se dice de la flor u órgano floral que carece de pétalos.

APETECER tr. 1 Tener gana de alguna cosa, o desearla. En algunas partes, también prnl. || intr. 2 Gustar, agradar una cosa. ♦ IRREG. Se conjuga como AGRADECER.

APETECIBLE adj. Digno de apetecerse.

APETENCIA f. 1 Gana de comer. 2 Movimiento natural que inclina al hombre a desear alguna cosa.

APETITO m. 1 Impulso instintivo que nos lleva a satisfacer deseos y necesidades. 2 Gana de comer. || **abrir**, o **despertar, el apetito** fr. fig. y fam. Excitar la gana de comer.

APETITOSO, SA adj. 1 Que excita el apetito. 2 Gustoso, sabroso.

ÁPEX m. 1 *Anat.* Se dice de la raíz de los dientes, extremo superior o vértice de los pulmones, y extremo puntiagudo del corazón. 2 *Astron.* Punto de la esfera celeste hacia el cual se dirige el Sol arrastrando a los planetas. 3 *Bot.* Extremo de un órgano alejado de su punto de inserción. 4 *Ling.* Signo fonético para designar las vocales largas. ♦ Su pl. es *ápex*.

APEZUÑAR intr. Hincar en el suelo los animales las pezuñas.

API-, AP- prefs. que significan abeja.

APIA Ciudad capital de Samoa Occidental, en la isla de Upolu; 38.000 h. Exportación de capra, banana, cacao y café. Puerto.

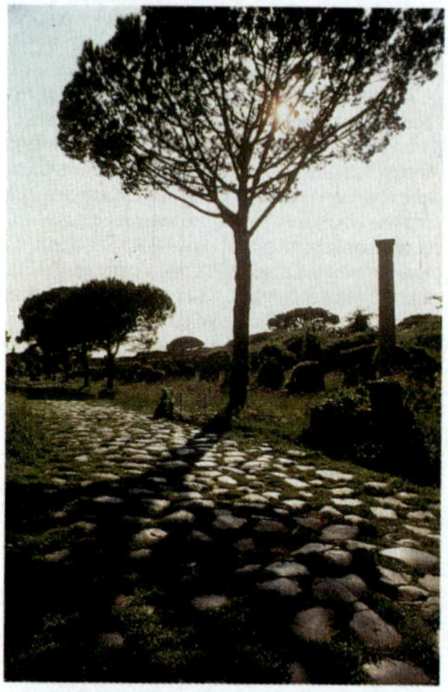

La Vía **Apia** (Roma).

Apia, Vía Antigua calzada romana, construida por el censor Apio Claudio Ceco (312 a. C.). Iba de Roma a Brindisi.

apiadar tr. **1** Causar piedad. || prnl. **2** Tener piedad.

Apiano Historiador griego (Alejandría, s. II). La más notable de sus obras es la *Historia de Roma*, compuesta por 24 volúmenes de los que se conservan 11.

apiaradero m. Cómputo que el ganadero hace del número de cabezas de su rebaño o piara.

apical adj. **1** Relativo a un ápice. **2** Se dice de la consonante que se pronuncia con la punta de la lengua, como la *l* o la *t*. También f. **3** Se dice de la letra que representa este sonido. También f.

ápice m. **1** Extremo superior o punta de alguna cosa. **2** Acento o signo que se pone sobre las letras. **3** Parte pequeñísima. **4** Hablando de alguna cuestión o dificultad, lo más arduo y delicado de ella.

apícola adj. Relativo a la apicultura.

apículo m. *Bot.* Punta corta y aguda.

apicultor, ra m. y f. Persona que se dedica a la apicultura.

apicultura f. Arte de criar abejas para aprovechar sus productos: la miel y la cera.

ápido, da adj. y m. *Zool.* **1** Se aplica a los insectos himenópteros voladores de la familia apoideos, como la abeja. || m. pl. *Zool.* **2** Familia de estos insectos.

apilamiento m. Acción y efecto de apilar.

apilar tr. Amontonar, poner una cosa sobre otra, haciendo pila o montón.

apimpollarse prnl. *Bot.* Echar pimpollos las plantas.

apiñado, da adj. **1** De figura de piña. **2** fig. Apretado, junto.

apiñar tr. y prnl. Juntar o agrupar estrechamente personas y cosas.

apiñonado, da adj. *Méx.* De color algo moreno.

apio m. *Bot.* Planta umbelífera comestible, de nombre científico *Apium graveolens.* Es originaria de Europa y el sudeste asiático.

apiolar tr. **1** Poner pihuela. **2** Atar los pies de un animal muerto en la caza, para colgarlo por ellos. **3** fig. y fam. Prender a una persona. **4** fig. y fam. Matar.

apiparse o **apiporrarse** prnl. fam. Atracarse de comida y bebida.

apirexia f. *Med.* **1** Falta de fiebre. **2** Intervalo que media entre dos accesos de fiebre intermitente.

apiri m. *Amér.* Peón de minas.

Apis *Mit.* Divinidad de los antiguos egipcios, de origen solar y forma de buey. Fue símbolo de Ptah y Osiris. Su lugar de culto fue Menfis.

apisonadora f. Máquina automóvil, montada sobre rodillos muy pesados, que se emplea para apisonar caminos y pavimentos.

apisonar tr. Apretar o allanar tierra, grava, etc., por medio de un pisón o una apisonadora.

apitonar intr. **1** Echar pitones los animales que crían cuernos. **2** Empezar a echar brotes los árboles. || tr. **3** Romper las gallinas y otras aves la cáscara de sus huevos con el pico. || prnl. **4** fig. y fam. Enfadarse, enojarse.

apizarrado, da adj. De color negro azulado.

APL (Siglas de *A Programming Language.) Inform.* Lenguaje de ordenador desarrollado por K. Iverson en 1958, adecuado para aplicaciones científicas e inteligencia artificial.

aplacar tr. y prnl. Amansar, mitigar, suavizar.

aplacóforo adj. y m. *Zool.* **1** Se aplica a los moluscos vermiformes de la clase anfineuros, caracterizados por carecer de pie o ser vestigial, y tener la concha reducida a unas espículas. Son animales marinos, bentónicos y cosmopolitas. || m. pl. *Zool.* **2** Subclase de estos moluscos.

aplanadora f. *Amér.* apisonadora.

aplanar tr. **1** allanar, poner llano algo. **2** fig. y fam. Dejar pasmado a alguien. || prnl. **3** fig. Perder la animación o el vigor por enfermedad u otra causa.

aplanético, ca adj. *Fís.* Se dice del espejo cóncavo, lente u objetivo exentos de aberración esférica.

aplanospora f. *Bot.* Espora asexual inmóvil.

aplantillar tr. Labrar piedra, madera u otro material con arreglo a plantilla o patrón.

aplasia f. *Med.* Desarrollo defectuoso o incompleto de un órgano o tejido.

aplastante adj. **1** Que aplasta. **2** Abrumador, definitivo.

aplastar tr. **1** Deformar una cosa, aplanándola o disminuyendo su grueso. También prnl. **2** fig. Derrotar, vencer, humillar. **3** fig. y fam. Apabullar. **4** *Arg.* y *Urug.* Reventar a un caballo. También prnl.

aplatanado, da adj. **1** Indolente, inactivo. **2** Se dice de la persona sin aspiraciones que no trata de mejorar.

aplatanar tr. **1** Causar indolencia o restar actividad a alguien. || prnl. **2** Entregarse a la indolencia o apatía.

aplaudir tr. **1** Palmotear en señal de aprobación o entusiasmo. **2** Celebrar con palabras u otras demostraciones a personas o cosas.

aplauso m. Acción y efecto de aplaudir.

aplayar intr. Salir el río de su cauce.

aplazado, da adj. y s. *Amér.* Suspenso en un examen.

aplazar tr. **1** Convocar, citar a una persona. **2** Diferir un acto. **3** *Amér.* Suspender a un examinando.

aplebeyar tr. y prnl. Dar carácter plebeyo a una cosa.

aplicación f. **1** Acción y efecto de aplicar o aplicarse. **2** Afición y asiduidad con que se hace alguna cosa, especialmente el estudio. **3** Ornamentación ejecutada en materia distinta de otra a la que se sobrepone. **4** *Mat.* Operación por la que se hace corresponder a todo elemento de un conjunto un solo elemento de otro conjunto. || **aplicación biyectiva** o **biunívoca** *Mat.* Aquella en que todo elemento del conjunto final es imagen de uno sólo del conjunto inicial. Ha de ser inyectiva y suprayectiva a la vez. || **aplicación inyectiva** *Mat.* Aquella en que dos elementos distintos tienen imágenes distintas. || **aplicación suprayectiva** o **exhaustiva** *Mat.* Aquella en la que todos los elementos del conjunto final son elementos imágenes de algún elemento del conjunto inicial.

aplicado, da adj. **1** fig. Que muestra aplicación o asiduidad. **2** Se dice de la parte de la ciencia enfocada en razón de su utilidad, y también de las artes manuales o artesanales como la cerámica, la ebanistería, etc.

aplicar tr. **1** Poner una cosa sobre otra. **2** Emplear algo para conseguir mejor un determinado fin. **3** fig. Referir a un caso particular lo que se ha dicho en general, o a un individuo lo que se ha dicho de otro. **4** fig. Atribuir a alguien un hecho o dicho. **5** fig. Destinar, asignar, adjudicar. || prnl. **6** fig. Dedicarse a un estudio, esmerarse en una tarea.

aplique m. Lámpara que se fija en la pared.

aplita f. *Geol.* Roca eruptiva de grano fino, compuesta de cuarzo y feldespatos.

aplomado, da adj. **1** Que tiene aplomo. **2** plomizo.

aplomar tr. **1** Aumentar el peso de una cosa. También prnl. **2** Examinar con la plomada si las paredes u otras partes de la obra que se va construyendo están verticales o a plomo. También intr. **3** *Arquit.* Poner las cosas verticalmente. || prnl. **4** Cobrar aplomo.

aplomo m. **1** Gravedad, serenidad, circunspección. **2** En el caballo, las líneas verticales que deben tener sus miembros. Más en pl. **3** verticalidad.

aplustro m. *Mar.* Adorno que llevaban antiguamente en la popa las naves romanas.

apnea f. *Med.* Suspensión de la respiración.

apo-, ap-, af- prefs. que significan separación, contra, fuera de, etc.

apoastro m. *Astron.* Punto en que un astro secundario se halla a mayor distancia de su principal.

apocado, da adj. **1** fig. De poco ánimo o espíritu. **2** fig. Vil o de baja condición.

Apocalipsis Último libro canónico del Nuevo Testamento, atribuido a san Juan Evangelista. Contiene las visiones y revelaciones hechas por Dios a Juan en la isla de Patmos y se divide en tres partes: la primera consta de siete mensajes a las Iglesias de Asia; la segunda encierra las visiones proféticas relativas al reino de Cristo, y los decretos divinos sobre el fin del mundo; la tercera y última parte describe el poder de Cristo sobre Satán y su reino.

apocalíptico, ca adj. **1** Relativo al Apocalipsis. **2** fig. Que parece del Apocalipsis. **3** fig. Terrorífico, espantoso. Se dice de lo que amenaza o implica exterminio o devastación. || f. *Lit.* **4** Tipo de literatura judía y cristiana de orientación escatológica, escrita en los siglos anterior y posterior a la era cristiana. || **número apocalíptico** *Rel.* Número 666, citado en el Apocalipsis de San Juan para significar el Anticristo, simbolizado en la bestia.

apocamiento m. **1** Cortedad o encogimiento del ánimo. **2** abatimiento, postración.

apocar tr. **1** Reducir a poco alguna cantidad. **2** fig. Limitar, estrechar. **3** fig. Humillar, abatir. También prnl.

apocarpo m. *Bot.* Con dos o más carpelos, todos distintos entre sí.

apocatástasis f. *Filos.* Punto inicial de un nuevo ciclo cósmico.

apocináceo, a adj. y f. *Bot.* **1** Se dice de las plantas angiospermas dicotiledóneas, como la adelfa y la hierba doncella. Tienen un sistema desarrollado de tubos laticíferos, polen granular, y carpelos a menudo soldados por el estilo y el estigma. || f. pl. *Bot.* **2** Familia de estas plantas.

apocopar tr. Hacer apócope.

apócope f. Supresión de algún sonido al fin de un vocablo, como en *primer* por *primero.*

apócrifo, fa adj. **1** Falso, supuesto o fingido. **2** *Lit.* y *Rel.* Se dice de ciertos escritos judíos y protocristianos que, contrariamente a los canónicos, no se aceptan como textos sagrados. En general, se aplica a cualquier texto de dudosa autenticidad, autoría u origen.

Apodaca, Juan Ruiz de Ruiz de Apodaca, Juan José, conde de Venadito.

apodar tr. Poner o decir apodos.

apodema m. *Zool.* En los artrópodos, desarrollo de la cutícula que origina una especie de esqueleto interno donde se insertan los músculos.

apoderado, da adj. Se dice del que tiene poderes de otro para representarlo. También s.

apoderar tr. **1** Dar poder una persona a otra para que la represente. || prnl. **2** Hacerse alguien o algo dueño de alguna cosa, ocuparla, ponerla bajo su poder. También en sentido fig.

apodíctico, ca adj. *Lóg.* y *Filos.* Demostrativo, convincente, que no admite contradicción.

apodiforme adj. *Zool.* **1** Se aplica a las aves de gran capacidad de vuelo, con alas largas y patas cortas, como los vencejos y colibríes. || m. pl. *Zool.* **2** Orden de estas aves.

apodo m. Nombre que suele darse a una persona, tomado de sus defectos corporales o de alguna otra circunstancia.

ápodo, da adj. *Zool.* **1** Falto de pies. **2** Se dice de los anfibios sin extremidades ni cola, o con ella muy reducida, y el cuerpo vermiforme o cilíndrico. También s. || m. pl. *Zool.* **3** Orden de estos anfibios.

apódosis f. *Gram.* En las oraciones condicionales, proposición principal que enuncia el resultado o consecuencia de que se cumpla la condición expresada en la subordinada (hipótesis o prótasis), que puede anteceder o seguir a la principal. ♦ Su pl. es *apódosis.*

apoenzima m. y f. *Quím.* Parte proteica de una enzima que determina la especifidad de la reacción enzimática.

apófige f. *Arquit.* Cada una de las pequeñas partes curvas que enlazan los extremos del fuste de la columna con la basa y el capitel.

apofilita f. *Miner.* Silicato hidratado de potasio y calcio.

apófisis f. *Anat.* Parte saliente de un hueso, donde se suele insertar un músculo o realizarse la articulación con otro hueso. ♦ Su pl. es *apófisis.*

apofonía f. *Ling.* Alteración de vocales en palabras de la misma raíz: *imberbe,* de *barba.*

apogeo m. *Astron.* **1** Punto en que la Luna se halla a mayor distancia de la Tierra. **2** Punto más alto por encima de la superficie terrestre en la órbita de un vehículo espacial.

apógrafo m. Manuscrito no autógrafo.

apolilladura f. Agujero que hace la polilla.

apolillar tr. y prnl. Roer la polilla.

Apolinar el Joven Obispo de Laodicea (?, 336 - ?, 392) Estableció la doctrina del apolinarismo y refutó el arrianismo y el maniqueísmo. Autor de una defensa del cristianismo contra el emperador Juliano.

apolinario[1], ria adj. Relativo a Apolo.

apolinario[2], ria adj. **1** Partidario del apolinarismo. También s. **2** Relativo a esta doctrina.

apolinarismo m. *Hist.* y *Rel.* Doctrina sustentada por los seguidores de Apolinar *el joven.* Opuesta al arrianismo, negó la naturaleza humana de Cristo. Fue condenada en los concilios de Roma (378) y Constantinopla (381).

apolíneo, a adj. **1** Perteneciente o relativo a Apolo. **2** fig. Que posee alguna de las cualidades atribuidas a

Apolo, en especial la hermosura. **3** *Filos.* En la obra de F. Nietzsche, representa la afirmación de la individualidad y el pensamiento racional, por oposición a lo dionisíaco.

APOLITICISMO m. Condición o actitud de apolítico.

APOLÍTICO, CA adj. Ajeno a la política.

APOLLINAIRE, GUILLAUME (WILHELM APOLLINARIS KOSTROWITSKI, llamado) Escritor francés (Roma, 1880 - París, 1918). Fue uno de los principales impulsores de la vanguardia literaria y artística de comienzos del siglo XX. Escribió, entre otras obras, los libros de crítica de arte *Los pintores cubistas* (1913) y *La antitradición futurista* (1913); el poemario *Alcoholes* (1913); el drama surrealista *Las tetas de Tiresias* (1917); el texto erótico *Las once mil vergas* (1908); y sus poemas gráficos *Caligramas* (1918).

APOLO *Mit.* Divinidad griega. Nacido en la isla de Delos, era hijo de Zeus y Leto, y hermano gemelo de Artemisa. Se le veneraba como dios del día, de la poesía, de la música y de las artes. Aunque tuvo en Delfos su principal oráculo, su culto se extendió por toda Grecia, Asia y Roma.

APOLO, PROGRAMA *Astronáut.* Programa espacial estadounidense cuyo objetivo era llevar el hombre a la Luna. En 1968 se produjo el primer vuelo tripulado (Apolo VII), y ese mismo año, durante la misión siguiente, el primer vuelo circunlunar. Finalmente, el Apolo XI, tripulado por Neil Armstrong y Edwin Aldrin, alunizó el 20 de julio de 1969.

APOLODORO DE ATENAS Escritor griego (Atenas, s. II a. C.). Autor de una cronología rimada (144 a. C.) y de la obra *Sobre los dioses.*

APOLODORO DE DAMASCO Arquitecto griego (?, 60 - ?, 125). Construyó el foro de Trajano en Roma y el puente sobre el Danubio en la Dacia.

APOLOGÉTICA f. **1** *Teol.* Disciplina que expone las pruebas y fundamentos de la verdad de la religión católica. **2** *Lit.* Movimiento literario religioso surgido en el siglo II. Nació con un carácter defensivo frente al paganismo y las autoridades romanas. Entre sus principales representantes figuran Orígenes, san Agustín, Abelardo, Tomas de Aquino, Pascal, Bossuet, Chateaubriand, Balmes y Donoso Cortés.

APOLOGÉTICO, CA adj. Relativo a la apología o a la apologética.

APOLOGÍA f. Discurso en alabanza de personas o cosas.

APOLOGISTA com. **1** Persona que hace una apología. || com. pl. *Rel.* **2** Nombre que recibieron los escritores de textos apologéticos.

APÓLOGO m. *Lit.* Relato alegórico del que se deduce una enseñanza moral o un consejo práctico.

APOLONIA *Geog. hist.* Antigua ciudad de Iliria. Fundada en 588 a. C., alcanzó gran importancia comercial y cultural. Su emplazamiento estaba junto a la actual ciudad de Berat (Albania).

APOLONIO DE ATENAS Escultor griego (s. I a. C.). Destacado representante del periodo helenístico, es autor del *Torso de Belvedere* y *El púgil sentado.*

APOLONIO DE PÉRGAMO Matemático griego (s. III a. C.). Su obra principal es un tratado sobre las secciones cónicas, compuesto por ocho tomos. Utilizó por primera vez los términos de elipse, hipérbola y parábola.

APOLONIO DE RODAS Poeta y gramático griego (Naucratis, h. 295 - Rodas, 215 a. C.). Discípulo de Calímaco, fue director de la biblioteca de Alejandría. Autor del poema épico *Los Argonautas.*

APOLONIO DE TIANA Filósofo neopitagórico (Tiana, Capadocia, ? - Éfeso, h. 91). Predicó una religión mística basada en las doctrinas pitagóricas. Tras su muerte fue venerado.

APOLONIO DE TRALLES Escultor griego (s. I a. C.). Miembro de la escuela helenística de Rodas, esculpió, junto a su hermano Taurisco, *El suplicio de Dirce*, del que se conserva una copia conocida como el *Toro Farnesio.*

APOLTRONARSE prnl. **1** Hacerse poltrón. **2** Acomodarse en un asiento.

APOMORFINA f. *Quím.* Alcaloide cristalino que se obtiene por deshidratación de la morfina. No es narcótico, pero sí expectorante y emético.

APONEUROSIS f. *Anat.* Membrana conjuntiva que sirve de envoltura a los músculos o de unión entre un músculo plano y un hueso. ♦ Su pl. es *aponeurosis.*

APONEURÓTICO, CA adj. *Anat.* Relativo a la aponeurosis.

APOPLEJÍA f. *Pat.* Suspensión súbita y completa de la acción cerebral, debida comúnmente a derrames sanguíneos en el encéfalo o las meninges.

APOPLÉTICO, CA adj. *Med.* **1** Relativo a la apoplejía. **2** Que padece apoplejía. También s. **3** Predispuesto a la apoplejía.

APOQUINAR tr. fam. Pagar uno, generalmente con desagrado, lo que le corresponde. ♦ No confundir con ACOQUINAR.

APORCAR tr. **1** Cubrir con tierra ciertas plantas, como el apio, el cardo, la escarola, para que se pongan más tiernas y blancas. **2** Cubrir con tierra el pie del tronco de árboles y vides para evitar los efectos del frío intenso y las heladas durante el invierno.

APORÉTICO, CA adj. *Filos.* Relativo a la aporía o que la presenta.

APORÍA f. *Filos.* Dificultad lógica insuperable que presenta un problema especulativo.

APORISMA m. *Pat.* Hematoma subcutáneo que se forma por derrame de sangre entre la piel y la carne.

APORREADO, DA adj. **1** Golpeado insistentemente. **2** Arrastrado, pobre, desafortunado.

APORREAR tr. Golpear insistentemente. También prnl.

APORTACIÓN f. **1** Acción de aportar. **2** Conjunto de bienes aportados. **3** *Econ.* Contribución realizada por un socio a la creación o aumento de los medios de una sociedad, que da derecho a una participación en su capital o en sus beneficios.

APORTAR tr. **1** Dar o proporcionar, sobre todo bienes. **2** Contribuir cada cual con lo que le corresponde. **3** Presentar pruebas, razones, etc.

APORTE m. **1** APORTACIÓN. **2** *Geol.* Acción y efecto de depositar materiales un río, un glaciar, el viento, etc.

APOSENTADOR, RA adj. y s. **1** Que aposenta. || m. *Mil.* **2** Oficial encargado de aposentar las tropas en las marchas.

APOSENTAMIENTO m. Acción y efecto de aposentar o aposentarse.

APOSENTAR tr. **1** Dar habitación y hospedaje. || prnl. **2** Tomar casa, alojarse.

APOSENTO m. **1** Cuarto o pieza de una casa. **2** Posada, hospedaje. **3** Pieza pequeña de los antiguos teatros, equivalente a los actuales palcos.

APOSICIÓN f. *Gram.* Yuxtaposición de dos palabras, de una palabra y de una frase, o de dos frases, de idéntica categoría gramatical, que denoten una misma persona o cosa. El segundo miembro puede ejercer una función explicativa con relación al primero *(Madrid, capital de España)*, o puede especificar la parte de su significación que debe considerarse *(Cervantes novelista es más estimado que Cervantes dramaturgo).*

APOSITIVO, VA adj. *Gram.* Concerniente a la aposición.

APÓSITO m. *Med.* Remedio que se aplica exteriormente sujetándolo con vendas.

APOSPORIA f. *Biol.* En los hongos, eliminación de la formación de esporas durante su ciclo vital y desarrollo de la generación sexual (haploide) directamente a partir de la asexual (diploide).

APOSTA adv. m. ADREDE.

APOSTADERO m. **1** Lugar donde se aposta gente. **2** *Mar.* Puerto o bahía en que se reúnen varios buques de guerra bajo un solo mando. **3** *Mil.* Departamento marítimo mandado por un comandante general.

APOSTAR tr. **1** Pactar dos o más personas que mantienen distinta opinión, que quien no lleve razón perderá una cantidad determinada de dinero u otra cosa previamente acordada. También prnl. **2** Arriesgar cierta cantidad de dinero en la creencia de que algún juego, competición deportiva, etc., tendrá un determinado resultado. También prnl. **3** Situar a una o más personas en un determinado lugar para un fin. También prnl. ♦ IRREG. Se conjuga como CONTAR.

APOSTASÍA f. Acción y efecto de apostatar.

APÓSTATA com. Persona que comete apostasía.

APOSTATAR intr. **1** Negar la fe cristiana recibida en el bautismo. **2** Abandonar un religioso la orden o instituto a que pertenece. **3** Abandonar un partido para entrar en otro, o cambiar de opinión o doctrina.

APOSTEMA f. *Med.* Absceso o herida que supura.

APOSTILLA f. Acotación que aclara, interpreta o completa un texto y que suele ponerse al margen.

APÓSTOL m. **1** *Rel.* Cada uno de los doce discípulos elegidos por Jesucristo para predicar su doctrina. **2** Por extensión, el que propaga una doctrina.

APOSTOLADO m. **1** *Rel.* Oficio del apóstol. **2** Conjunto de las imágenes de los doce apóstoles. **3** fig. Campaña de propaganda en pro de alguna causa o doctrina.

APOSTÓLICO, CA adj. *Rel.* **1** Relativo a los apóstoles. **2** Que dimana de la autoridad del papa. **3** Se dice de la Iglesia católica romana en cuanto su origen y doctrina proceden de los apóstoles.

APOSTROFAR tr. Dirigir apóstrofes.

APÓSTROFE amb. **1** *Ret.* Figura que consiste en cortar de pronto el discurso o narración para dirigir la palabra con vehemencia a una o varias personas presentes o ausentes, a seres abstractos o a cosas inanimadas o a sí mismo en iguales términos. **2** fig. DICTERIO.

APÓSTROFO m. *Gram.* Signo ortográfico (') que indica la elisión de una o más letras. Fue empleado en castellano antiguo para omitir una vocal en fin de palabra cuando la siguiente empezaba por letra de igual clase, como *l'aspereza* por *la aspereza*, *d'aquel* por *de aquel.*

APOSTURA f. **1** Gentileza, buena disposición en la persona. **2** Actitud, aspecto.

APOTECIO m. *Bot.* Aparato esporífero de hongos y líquenes, en forma de copa o estaca.

APOTEGMA m. Dicho breve y sentencioso.

APOTEMA f. *Geom.* **1** Perpendicular trazada desde el centro de un polígono regular a uno cualquiera de sus lados. **2** Altura de las caras triangulares de una pirámide regular.

APOTEOSIS f. **1** *Mit.* Concesión y reconocimiento de la dignidad de dioses a los héroes entre los paganos y acto de tributarles honores divinos. **2** Momento culminante de una obra, espectáculo, etc., o final esplendoroso del mismo. **3** fig. Ensalzamiento de una persona con grandes honores y alabanzas.

APOTRERAR tr. **1** Dividir una hacienda en potreros. **2** Poner el ganado en un potrero.

APOYAR tr. **1** Hacer que una cosa descanse sobre otra. **2** Basar, fundar. **3** fig. Favorecer, ayudar. **4** fig. Confirmar, probar, sostener alguna opinión o doctrina. **5** *Mil.* Prestar protección una fuerza. || intr. **6** Cargar, estribar. También prnl. **7** *Fon.* Articular sonidos, sílabas o palabras con más sonoridad o intensidad. || prnl. **8** fig. Servirse de una persona o cosa. **9** fig. Servirse de algo como razón o fundamento de una doctrina u opinión.

APOYATURA f. **1** *Mús.* Nota pequeña y de adorno, cuyo valor se toma del signo siguiente para no alterar la duración del compás. **2** APOYO, lo que sirve para sostener una cosa o fundamentar una doctrina.

APOYO m. **1** Lo que sirve para sostener. **2** fig. Protección, auxilio o favor. **3** fig. Fundamento, confirmación o prueba de una opinión o doctrina. **4** *Fon.* VOCAL DE APOYO.

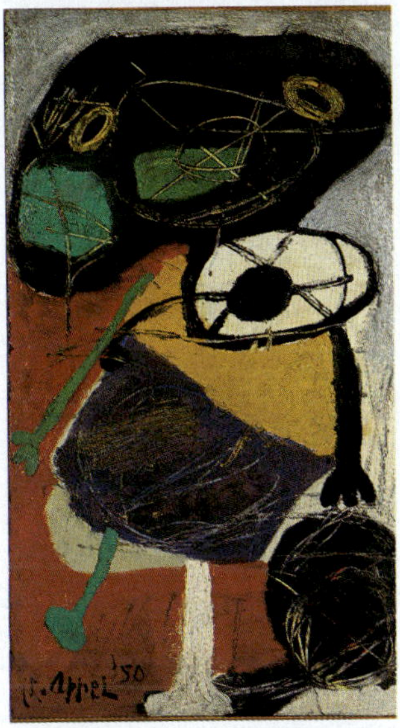

Karel **Appel.** *Muchacho con pelota.*
Galería de Arte Moderno (Roma).

APPEL, KAREL Pintor holandés (Amsterdam, 1921). Representante de la llamada *action painting*, fue uno de los miembros fundadores del GRUPO COBRA. Realiza una pintura espontánea, violenta y con yuxtaposiciones coloristas. En 1954 obtuvo un premio de la UNESCO, cuyo edificio en París decoró.

APPENZELL RHODES EXTERIOR *(Apenzell Ausser Rhoden)* Semicantón del NE de Suiza, situado junto al lago Constanza; 243 km^2 y 53.816 h. Capital, Herisau. Forma un enclave dentro del Cantón de Sankt Gallen. La mayor parte de su población es protestante.

APPENZELL RHODES INTERIOR *(Apenzell Inner Rhoden)* Semicantón del NE de Suiza; 172 km^2 y 14.873 h. Capital, Appenzell. Forma un enclave dentro del Cantón de Sankt Gallen. Su población es mayoritariamente católica. Industrias mecánicas, textiles y del caucho.

APPERT, NICOLAS Pastelero francés (Châlons-sur-Marne, 1749 ó 1752 - Massy, 1841). Considerado el iniciador de la industria conservera europea. Autor de *Arte de conservar durante muchos años todas las sustancias animales y vegetales* (1810).

APPLETON, SIR EDWARD VICTOR Físico inglés (Bradford, 1892 - Edimburgo, 1965). Se distinguió por sus estudios sobre la atmósfera. Premio Nobel de Física en

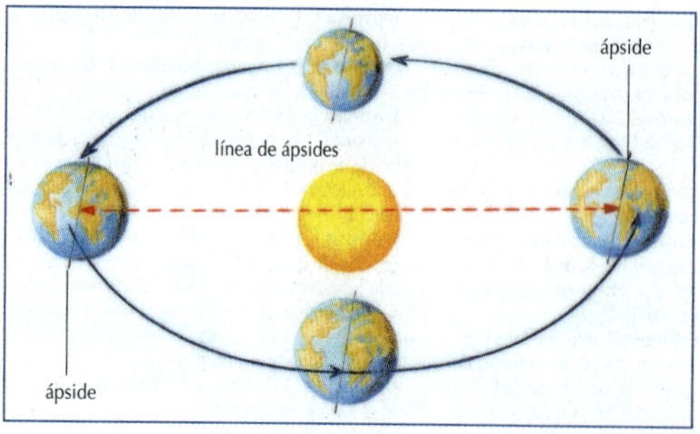

ápside

1947 por su descubrimiento de la capa F de la ionosfera.

APRA Alianza Popular Revolucionaria Americana.

apraxia f. *Med.* Imposibilidad de realizar movimientos coordinados para un fin determinado, como consecuencia de una lesión cerebral, pero sin que exista parálisis ni ataxia.

apreciable adj. **1** Capaz de ser apreciado. **2** fig. Digno de aprecio.

apreciar tr. **1** Poner precio o tasa a las cosas. **2** Aumentar el valor o cotización de una moneda en el mercado de divisas. También prnl. **3** fig. Estimar el mérito de las personas o de las cosas. **4** fig. Sentir afecto o estima hacia una persona. **5** fig. Graduar el valor de alguna cosa. **6** Percibir, distinguir.

aprecio m. **1** Acción y efecto de estimar, apreciar o reconocer. **2** Estimación afectuosa de una persona.

aprehender tr. **1** Coger, asir, prender. **2** Entender, comprender, asimilar.

aprehensión f. Acción y efecto de aprehender.

apremiar tr. **1** Compeler a alguien para que se dé prisa. También intr. **2** Imponer apremio o recargo. **3** *Der.* Presentar instancia un litigante para que su contrario actúe en el procedimiento.

apremio m. **1** Acción y efecto de apremiar. **2** *Der.* Mandamiento de autoridad judicial para compeler al cumplimiento de algo, especialmente al pago de alguna cantidad. **3** *Der.* Recargo de contribuciones o impuestos por causa de demora en el pago. **4** *Der.* Procedimiento ejecutivo que siguen las autoridades administrativas y agentes de la Hacienda para el cobro de impuestos o descubiertos.

aprender tr. **1** Adquirir el conocimiento de alguna cosa. **2** Instruirse. **3** Retener algo en la memoria.

aprendiz, za m. y f. Persona que aprende algún arte u oficio.

aprendizaje m. **1** Acción y efecto de aprender. **2** Tiempo que se emplea en ello. **3** Cambios que se producen en el comportamiento individual como resultado de la experiencia.

aprensión f. **1** aprehensión. **2** Recelo excesivo hacia las enfermedades o lo que pueda contagiarlas, o de hacer o decir algo que pueda ser inoportuno. **3** Opinión, idea infundada o extraña. Más en pl. **4** Miramiento, reparo.

aprensivo, va adj. y s. Se dice de la persona que ve en todo peligros para su salud.

apresar tr. **1** *Zool.* Hacer presa con las garras o colmillos. **2** Apoderarse de un barco, avión, etc. **3** Aprisionar.

aprestar tr. **1** Aparejar, preparar. También prnl. **2** aderezar, preparar los tejidos.

apresto m. **1** Prevención, disposición, preparación. **2** Acción y efecto de aprestar las telas. **3** Ingredientes que sirven para ello.

apresurado, da adj. Que se apresura.

apresurar tr. y prnl. Dar prisa, acelerar.

apretado, da adj. **1** Ceñido, ajustado. **2** fig. Intenso, lleno de actividades. **3** fig. Arduo, peligroso. **4** fig. y fam. Tacaño, mezquino.

apretar tr. **1** Estrechar fuertemente contra el pecho o ceñir con la mano o los brazos. **2** Poner una cosa sobre otra haciendo fuerza. **3** Aguijar, espolear. **4** Venir los vestidos y otras cosas semejantes muy ajustadas. **5** Poner más tirante. **6** Reducir a menor volumen. **7** Apiñar estrechamente. Más como prnl. **8** Acosar. **9** fig. Angustiar, afligir. **10** Tratar con rigor. **11** Activar, tratar de llevar a efecto con urgencia. || intr. **12** Obrar una persona o cosa con mayor intensidad que de ordinario. ♦ irreg. Se conjuga como acertar.

apretón m. **1** Presión fuerte y rápida. **2** Acción de obrar con mayor esfuerzo que de ordinario. **3** Acción de acosar, acometida violenta. **4** Apretura causada por la excesiva concurrencia de gente. **5** fam. Movimiento del vientre que obliga a evacuar. **6** fam. Carrera violenta y corta. **7** fig. y fam. Ahogo, conflicto.

apretujar tr. **1** fam. Apretar mucho y reiteradamente. || prnl. **2** Oprimirse varias personas en un recinto demasiado estrecho.

apretura f. **1** Opresión causada por la excesiva concurrencia de gente. **2** Sitio o paraje estrecho. **3** fig. aprieto, apuro. **4** Escasez.

Apries Faraón egipcio de la XXVI dinastía (s. vi a. C.). Reinó de 588 a 569 a. C. Hijo y sucesor de Samético II, ayudó a los judíos en su lucha contra Nabucodonosor. Le destronó Ahmes II.

aprieto m. **1** Apretura de la gente. **2** fig. Conflicto, apuro.

apriorismo m. *Filos.* Método en que se emplea sistemáticamente el razonamiento a priori.

aprisa adv. m. Con celeridad, presteza y prontitud.

aprisco m. Paraje donde los pastores recogen el ganado.

aprisionar tr. **1** Poner en prisión. También fig. **2** fig. Atar, sujetar.

aproar intr. *Mar.* **1** Volver el buque la proa hacia alguna parte. **2** Aumentar el calado de la proa.

aprobación f. Acción y efecto de aprobar o admitir.

aprobado m. En los exámenes, calificación mínima de aptitud o idoneidad.

aprobar tr. **1** Dar por bueno. **2** Asentir a doctrinas u opiniones. **3** Declarar hábil y competente a una persona. **4** Obtener la calificación de aprobado en una asignatura o examen. ♦ irreg. Se conjuga como contar.

aprontar tr. **1** Prevenir, disponer con prontitud. **2** Entregar sin dilación dinero u otra cosa.

apropiado, da adj. **1** Que es propio o conveniente. **2** Acomodado o proporcionado para el fin a que se destina.

apropiar tr. **1** Hacer propio de uno alguna cosa. **2** Adecuar una cosa a otra. || prnl. **3** Tomar para sí alguna cosa, haciéndose dueño de ella, por lo común de propia autoridad.

aprovechado, da adj. **1** Bien empleado. **2** Se dice del que saca beneficio de todo, especialmente del que lo hace aun a costa de los demás. También s. **3** Aplicado, diligente.

aprovechar tr. **1** Emplear útilmente alguna cosa. || intr. **2** Servir de provecho alguna cosa. **3** Avanzar en estudios, actividades, etc. || prnl. **4** Sacar utilidad de alguna cosa.

aprovisionar tr. abastecer.

aproximación f. **1** Acción y efecto de aproximar. **2** En la lotería nacional, cada uno de los premios que se conceden a los números anterior y posterior y a los demás de la centena de los primeros premios de un sorteo. **3** *Mat.* Máxima diferencia posible entre un valor obtenido en una medición o cálculo y el exacto desconocido.

aproximado, da adj. **1** Acercado, próximo. **2** Aproximativo, cercano a lo exacto.

aproximar tr. y prnl. **1** Arrimar, acercar. **2** Obtener un resultado tan cercano al exacto como sea necesario para un propósito determinado.

aproximativo, va adj. Que se aproxima o acerca.

Apsheron o **Apsheronsk** Península de Azerbaiyán, prolongación de los montes del Cáucaso por el E sobre el mar Caspio. Junto a ella se encuentra la capital del país, Bakú.

-apsia suf. haf-.

ápside m. *Astron.* Cada uno de los dos extre-mos del eje mayor de la órbita de un astro. Más en pl.

apterigiforme adj. *Zool.* **1** Se aplica a las aves corredoras, propias de Nueva Zelanda, conocidas con el nombre de kiwis, de las que sólo existen tres especies. || m. pl. *Zool.* **2** Orden de estas aves.

apterigoto adj. *Zool.* **1** Se aplica a los insectos más primitivos del grupo, caracterizados por la ausencia de alas. || m. pl. *Zool.* **2** Subclase de estos insectos.

áptero, ra adj. **1** *Arquit.* Se dice de los templos que carecen de columnas en las fachadas laterales. **2** *Zool.* Se dice de cualquier especie o grupo animal que carece de alas.

aptitud f. **1** Cualidad que hace que un objeto sea apto o adecuado para cierto fin. **2** Idoneidad para ejercer un empleo o cargo. **3** Capacidad y disposición para el buen desempeño de un negocio, industria, arte, etc. También en pl.

apto, ta adj. Idóneo, hábil.

apud prep. lat. usada en las citas con la significación de *en la obra*, o *en el libro de*.

apuesta f. **1** Acción y efecto de apostar una cantidad. **2** Cosa que se apuesta.

apuesto, ta adj. **1** Adornado, de buena presencia. **2** *Gram.* Se dice de cualquier elemento gramatical que está en aposición a otro.

Apuleyo, Lucio Escritor latino (Madaura, Numidia, h. 125 - Cartago, h. 180). Fue autor de diversos tratados filosóficos, pero su obra más famosa es *Las metamorfosis* o *El asno de oro*.

Apulia *(Puglia)* Región del SE de Italia, que comprende las provincias de Bari, Brindisi, Foggia, Lecce y Tarento; 19.348 km^2 y 4.082.953 h. Su capital es Bari. Produce olivos, vid, cereales, tabaco, algodón, etc. Industrias metalúrgicas, mecánicas, químicas y alimentarias.

apuntación f. **1** Acción y efecto de apuntar. **2** *Mús.* Acción de escribir las notas y demás signos musicales. **3** *Mús.* notación, escritura musical.

apuntado, da adj. **1** Señalado, escrito. **2** Que termina en punta. **3** *Arquit.* arco apuntado. **4** *Bl.* Se dice de dos o más figuras o blasones que se tocan por la punta.

apuntador, ra adj. y s. **1** Que apunta. || m. y f. **2** *Teat.* Persona que en los ensayos teatrales y en las representaciones, se coloca en la concha o en otro lugar oculto del escenario, para apuntar a los actores lo que han de decir. **3** *Teat.* traspunte.

apuntalar tr. **1** Poner puntales. **2** fig. Sostener, afirmar. **3** *C. Rica* Tomar un refrigerio. Más como prnl.

apuntamiento m. **1** Acción y efecto de apuntar. **2** *Der.* Resumen o extracto de los autos que forma el secretario de sala o el relator de un tribunal colegiado. **3** *Fís.* Inclusión de elementos resonantes en un circuito. Se puede realizar en serie o en paralelo.

apuntar tr. **1** Dirigir un arma hacia algo o alguien. **2** Señalar. **3** Tomar nota por escrito de algo; anotar. **4** Inscribir a alguien en una lista o registro, o hacerle miembro de una sociedad. También prnl. **5** Por extensión, contar con alguien e incluirlo en las actividades de un grupo. Más como prnl. **6** Convenir en pocas palabras. **7** Comenzar a fijar y colocar una cosa interinamente. **8** Sacar punta a un objeto. **9** *Pint.* Hacer un apunte o dibujo ligero. **10** *Teat.* En la representación de obras dramáticas, ir el apuntador leyendo a los actores lo que han de recitar. **11** fig. Indicar o insinuar. **12** fig. Sugerir al que habla alguna cosa para que recuerde lo olvidado. **13** fig. Pretender, ambicionar. || intr. **14** Empezar a manifestarse alguna cosa. || prnl. **15** Atribuirse un éxito o un tanto. **16** *Arg.* Dirigirse hacia determinado punto. **17** *Méx.* Entallecerse un cereal.

apunte m. **1** Acción y efecto de apuntar. **2** Nota que se hace por escrito de alguna cosa. **3** *Pint.* Pequeño dibujo tomado del natural rápidamente. **4** *Teat.* En la representación de una obra dramática, voz del apuntador. **5** *Teat.* Impreso que tiene a la vista el apuntador de teatro. || m. pl. **6** Extracto de las explicaciones de un profesor que toman los alumnos.

apuntillar tr. *Taurom.* Rematar al toro con la puntilla.

apuñalar tr. Dar puñaladas.

apurado, da adj. **1** Pobre, falto de caudal. **2** Dificultoso, peligroso, angustioso. **3** Esmerado, exacto. **4** Apresurado, con prisa.

apurar tr. **1** Averiguar la verdad. **2** Extremar, llevar hasta el cabo. **3** Acabar o agotar. **4** Sufrir hasta el extremo. **5** fig. Apremiar, dar prisa. También prnl. **6** fig. Molestar a uno de modo que se enfade. || prnl. **7** Afligirse, preocuparse.

Apure Estado del SO de Venezuela; 76.500 km^2 y 562.947 h. Su capital es San Fernando de Apure. Está situado entre los ríos Apure, Meta y Orinoco y comprende la región llamada de Los Llanos. Predomina la vegetación propia de la sabana, aunque también hay zonas de bosque y selva. Produce maíz, algodón, plátano y caña de azúcar. Ganadería vacuna y equina. Industria conservera en la capital. Pesca fluvial.

Apure Río de Venezuela que nace en los Andes de Mérida por la confluencia del Uribante y el Sarare, riega el O del país y desemboca en el Orinoco, tras dividirse en varios brazos en su curso bajo; 1.500 km de curso, en gran parte navegables.

apureño, ña adj. y s. De Apure.

Apurímac Departamento de Perú; 20.896 km^2 y 418.775 h. Su capital es Abancay. Es muy montañoso y está recorrido por el río Apurímac y sus afluentes. Producción agrícola. Minas de oro, plata y cobre.

APURO m. **1** Aprieto, conflicto, dificultad. **2** Estrechez, escasez, penuria. **3** Apremio, prisa, urgencia. **4** Vergüenza, reparo.

AQABA o **ÁQABA** Golfo de Asia, en el mar Rojo, entre las penínsulas de Sinaí y Arabia Saudí; 160 km de longitud. En el fondo del golfo se encuentran los puertos de Aqaba (Jordania) y Eilat (Israel).

AQUAPLANNING m. *Autom.* Efecto que se produce cuando en los neumáticos de un vehículo se forma una película de agua que impide la adherencia al terreno.

AQUEA, LIGA *Hist.* Confederación de ciudades de Acaya, en el Peloponeso. Tenía una estructura federal y un regimen democrático. La primera (siglo v a. C.) nació para la protección común; la segunda (280 a. C.), con una política expansionista y antimacedónica, perduró hasta que Roma la disolvió (146 a. C.).

AQUEJAR tr. **1** fig. Acongojar, afligir, fatigar. **2** Afectar a una persona o cosa enfermedades, vicios, defectos.

AQUEL, LLA, LLO, LLOS, LLAS 1 Formas de pronombre demostrativo en los tres géneros, masculino, femenino y neutro, y en ambos números, singular y plural. Designan lo que física o mentalmente está lejos de la persona que habla de la persona con quien se habla. Las formas masculina y femenina se usan como adjetivo y sustantivo, y en este último caso se escriben normalmente con acento cuando existe riesgo de anfibología. **2** En oposición a *éste* y con referencia a términos empleados en el discurso, designa el que lo fue en primer lugar. || m. **3** fam. Voz que se emplea para expresar una cualidad que no se quiere o no se acierta a decir; lleva siempre antepuesto el artículo *el* o *un* o algún adjetivo.

AQUELARRE m. Reunión de brujos y brujas, en con la supuesta intervención del demonio en figura de macho cabrío.

AQUELOO *Mit.* Dios hijo del Océano y de Tetis, personificación del río que en la Antigüedad llevó este nombre. Fue el padre de las Sirenas.

AQUÉMENES Legendario fundador de la dinastía persa de los aqueménidas.

AQUEMÉNIDA adj. *Hist.* **1** Se dice del individuo de una dinastía persa fundada por Aquémenes h. 670 a. C. A ella perteneció Ciro y terminó con Darío III en 330 a. C. Se conservan restos arqueológicos de las ciudades de Pasagardas, Persépolis y Susa. También s. **2** Relativo a Aquémenes y a los aqueménidas.

AQUENDE adv. l. De la parte de acá.

AQUENIO m. *Bot.* Fruto seco indehiscente que proviene de un único carpelo, con una sola semilla, y en que el pericarpo no está soldado a ésta, como el de la lechuga y el girasol.

AQUEO, A adj. y s. **1** *Hist.* Pueblo de la antigua Grecia. Constituido por tribus procedentes del N, hacia el año 2200 a. C. invadieron la Hélade; de su contacto con los heládicos surgió la cultura micénica. Alrededor de 1100 fueron derrotados por los dorios, quienes les redujeron en el N de la Península. **2** Natural de Acaya, o perteneciente a esta región de Grecia. También s. **3** Por extensión, de la antigua Grecia.

AQUERENCIARSE prnl. Tomar querencia a algo.

AQUERONTE *Mit.* Hijo de Helio y de Gea, a quien Zeus transformó en río de los infiernos. Las almas debían atravesarlo en la barca de Caronte para llegar al reino de los muertos.

AQUÍ adv. l. **1** En este lugar. **2** A este lugar. **3** EN ESTO o EN ESO y también ESTO o ESO, cuando va precedido de las preposiciones *de* o *por*. **4** En correlación con *allí*, indica sitio o paraje indeterminado. || adv. t. **5** Ahora, en el tiempo presente. Se utiliza siempre con una preposición antepuesta. **6** Entonces, en tal ocasión. || **aquí y allí** loc. adv. que denota indeterminadamente varios lugares. || **de aquí para allí** o **de aquí para allá** locs. advs. De una parte a otra, sin permanecer en ninguna.

AQUIESCENCIA f. Asenso, consentimiento.

AQUIESCENTE adj. Que consiente, permite o autoriza.

AQUIETAR tr. y prnl. Sosegar, apaciguar.

AQUIFOLIÁCEO, A adj. y s. *Bot.* **1** Se dice de los árboles y arbustos angiospermos dicotiledóneos del orden Celastrales, como el acebo y el mate. Tienen hojas alternas, pétalos de la flor imbricados, y fruto en drupa. || f. pl. *Bot.* **2** Familia de estas plantas.

AQUILA, L' 1 Provincia de Italia, en la región de Abruzos; 5.034 km^2 y 303.879 h. Produce cereales, patatas, vid, remolacha azucarera, etc. Industrias papeleras, químicas, madereras y azucareras. **2** Ciudad capital de la región de Abruzos y de la provincia de su nombre, situada en la falda del Gran Sasso, a orillas del Aterno; 66.853 h. Centro comercial.

AQUILATAR tr. **1** Graduar los quilates del oro y de las perlas y piedras preciosas. **2** fig. Apreciar el mérito de una persona o cosa. **3** Purificar.

AQUILEA f. *Bot.* MILENRAMA.

AQUILEA (*Aquileia*) Población del NO de Italia, en la provincia de Udine. Fundada por los romanos en 181 a. C., durante el Imperio se convirtió en un activo centro industrial y comercial.

Aquiles y Áyax jugando a los dados. Vaso ático de figuras negras, siglo VI a. C. Museos Vaticanos (Roma).

AQUILES TENDÓN DE AQUILES.

AQUILES *Mit.* Héroe legendario, hijo de Tetis y Peleo. Cuando era niño, su madre lo bañó en la laguna Estigia, para que sus aguas le confirieran la inmortalidad. Sin embargo, olvidó mojar el talón por donde lo tenía asido, que se convirtió en su único punto vulnerable. Personaje principal de la *Ilíada*, dio muerte a Héctor, pero pereció a manos de Paris.

AQUILEYA AQUILEA.

AQUILIA f. *Med.* Falta o escasez de quilo.

AQUILLADO, DA adj. **1** De figura de quilla. **2** *Mar.* Se dice del buque que tiene mucha quilla.

AQUILÓN m. Polo ártico y viento que sopla desde allí.

AQUINESIA f. ACINESIA.

AQUINO, CORAZÓN Política filipina (Tarlac, 1933). Tras el asesinato de su marido, Benigno Aquino (1983), se convirtió en el símbolo de la oposición al régimen de F. Marcos. Ocupó la presidencia de la República (1986-92).

AQUINO, SANTO TOMÁS DE TOMÁS DE AQUINO, SANTO.

AQUISGRÁN (En al., *Aachen*; en fr., *Aix-la-Chapelle*) Ciudad de Alemania, Land de Renania Septentrional-Westfalia; 247.923 h. Centro comercial e industrial. Fábrica de tejidos y de maquinaria. Colonia y balneario romano (llamado *Aquae Grani*), llegó a ser la antigua capital del sacro imperio romano germánico. En 1668 se firmó en ella la paz entre Francia y España que ponía término a la guerra de Devolución; en 1748, el tratado que ponía fin a la guerra de Sucesión de Austria entre Inglaterra, Francia y Holanda. En 1818 se celebró el llamado congreso de Aquisgrán, en el que se reunieron los países pertenecientes a la Santa Alianza a instancias del zar Alejandro I. En su catedral se encuentra la tumba de Carlomagno.

AQUITANIA (*Aquitaine*) Región de SO de Francia, que comprende los departamentos de Dordoña, Gironde, Lot y Garona, Las Landas y Pirineos Atlánticos; 41.308 km^2 y 2.908.359 h. Capital, Burdeos. Importante región vitícola e industrial. Fue una provincia de la Galia romana, conquistada por los visigodos, y ducado independiente en la época carolingia. Durante la Edad Media se la llamó Guyena y Gascuña. En 1152 pasó a los reyes de Inglaterra y se incorporó a Francia en 1453.

AQUITANIA, CUENCA DE Región natural del SO de Francia, encuadrada por los Pirineos, el Macizo Central y el Atlántico. Zona de tierras bajas drenadas por el Garona, el Charente y el Adour. Sus capitales son Burdeos y Toulouse. Economía agraria.

AQUITANO, NA adj. y s. De Aquitania.

AQUIVO adj. y s. AQUEO.

-AR[1] suf. de adjetivos y de sustantivos. En los adjetivos significa condición o pertenencia: *espectacular*, *axilar*. En los sustantivos indica el lugar en que abunda el primitivo: *pinar*.

-AR[2] suf. -TAR.

AR *Quím.* **1** Símbolo del argón. **2** Símbolo general de los radicales arilo o aromáticos.

ARA f. **1** Altar en que se ofrecen sacrificios. **2** Piedra consagrada del altar. || **en aras de** loc. En obsequio, en honor o en favor de.

ARABA ÁLAVA.

ÁRABE adj. **1** De Arabia. Aplicado a personas, más como s. **2** De un pueblo semita procedente de Arabia, y de la civilización por él creada. También s. **[Encic.]** *HIST.* **3** ISLÁMICO. || m. *Ling.* **4** Lengua semítica hablada por este pueblo y difundida por todo su ámbito cultural. **[Encic.]** *LING.* y *LIT.*

HIST. Los pueblos árabes son aquellos a los que la conquista árabe imprimió la lengua, religión y costumbres de los primitivos habitantes de Arabia: Arabia Saudí, Yemen, Irak, Líbano, Jordania, Kuwait, Siria, Egipto, Libia, Sudán, Argelia, Marruecos, Tunicia, Unión de Emiratos Árabes, Qatar, Omán, Bahrein y Mauritania. Hasta el siglo VII, la historia de los pueblos árabes se identifica con la de ARABIA. A partir de 610, año en que Mahoma comenzó su predicación, surgió una conciencia étnica, basada en el ideal del Islam. Los árabes, influidos por ésta, se lanzaron a la *guerra santa* de expansión de su doctrina (632-711) y pusieron sus fronteras al O en el Atlántico (Marruecos y península Ibérica) y al E en el río Indo y Transcaucasia. Tan inmenso imperio se disgregó en el mismo siglo VIII, y de sus restos surgieron tres califatos con capitales en Bagdad, El Cairo y Córdoba (AL-ANDALUS). A partir del siglo XVI, el mundo árabe estuvo dominado por el imperio otomano hasta finales del siglo XVIII. Desde entonces, el poder de los turcos se fue debilitando y, a mediados del siglo XIX, empezó a manifestarse un nacionalismo árabe, en principio esencialmente cultural. En 1904 se fundó la Liga de la Patria Árabe. Con la Primera Guerra Mundial se estableció una alianza entre árabes y británicos frente a los turcos, lo que no evitó que al final de la contienda los territorios árabes quedaran bajo la colonización de Francia y el Reino Unido. Habrían de pasar algunos años

Arte **árabe:**
1. Mezquita de Sheikh Loftollah en Ispahan (Irán).
2. Mezquita de Córdoba (España).

ÁRABE

- fronteras de Palestina bajo mandato británico hasta el 15 de mayo de 1948
- territorio asignado al Estado judío según la división de Palestina por la ONU en 1947
- Israel después de la primera guerra árabe-israelí (1949)
- zonas bajo ocupación israelí durante la segunda guerra árabe-israelí (1956)
- zonas ocupadas durante la tercera guerra árabe-israelí (Guerra de los Seis Días) (junio de 1967)
- zonas conquistadas por Israel durante la cuarta guerra árabe-israelí (Guerra del Kippur) (1973)
- zonas reconquistadas por Egipto en 1973 después de la Guerra del Kippur

Guerras árabe-israelíes

para que aquellos países se fueran constituyendo en naciones independientes: Egipto (1923), Arabia Saudí e Irak (1932) y Líbano, Siria y Transjordania (1946). Yemen había accedido a su independencia en 1913 y, con posterioridad accederían a ella Omán y los demás emiratos del golfo Pérsico. En 1945, los cuatro primeros, como países soberanos, y los tres últimos, semisoberanos a la sazón, constituyeron la LIGA ÁRABE. La tensión constante frente al Estado de Israel, al que no reconocían, dio lugar a las GUERRAS ÁRABE-ISRAELÍES. Esta serie de conflictos, junto con la invasión israelí del Líbano en 1982, promovió la conciliación de intereses entre los distintos Estados árabes y afirmó la resistencia armada palestina. Los problemas entre árabes e israelíes entraron en vías de solución en 1993 con la firma en Washington de un acuerdo de reconocimiento mutuo entre Israel y la OLP. Por otra parte, el mundo árabe nunca ha conseguido eliminar sus tensiones internas, como lo demuestra la crisis internacional que se desató con la invasión de Kuwait por Irak en 1990, y que alcanzó su máxima intensidad en la GUERRA DEL GOLFO.

LING. Y LIT. La lengua árabe pertenece al grupo de las lenguas semíticas. Existen grandes diferencias entre el árabe clásico (la lengua del Corán) y el árabe moderno. La escritura se basa en el antiguo alfabeto nabateo, enriquecido por el siríaco. Consta de 28 consonantes (dos de ellas semiconsonantes) y tres vocales que pueden ser largas o breves. La escritura se realiza de derecha a izquierda y las vocales breves no se escriben. Hablado por unos 177 millones de personas, el árabe tiene un gran número de dialectos, pero a pesar de su diversificación, ha persistido en él una cierta unidad. La filosofía y la ciencia árabe tuvieron una influencia decisiva sobre el pensamiento medieval cristiano, a través de las versiones de la Escuela de Traductores de Toledo. Entre los principales pensadores árabes se encuentran Alkindi, Alfarabi, Avicena, Avempace, Abentofail, Averroes y Abenjaldun. El primer texto importante de la literatura árabe es el Corán, compuesto en prosa rimada hacia el año 650. La poesía clásica se caracteriza por el empleo de la casida. Sus temas suelen ser amorosos, aunque a partir del siglo VII adquiere también un carácter político. La poesía popular se plasma en la moaxaja y el zéjel. Las recopilaciones de prosa más conocidas en árabe son *Las mil y una noches* y la *Biografía de Baybars*.

ÁRABE, FEDERACIÓN o **UNIÓN** FEDERACIÓN o UNIÓN ÁRABE.

ÁRABE o **DE LOS ESTADOS ÁRABES, LIGA** LIGA ÁRABE o DE LOS ESTADOS ÁRABES.

ÁRABE-ISRAELÍES, GUERRAS *Hist.* Conflictos armados entablados entre el Estado de Israel y los países árabes limítrofes en la segunda mitad del siglo XX. El primero de ellos tuvo lugar en 1948, tras la proclamación del Estado de Israel y el establecimiento de un Estado árabe en Gaza, que no reconocía a Israel. El segundo, en 1956, tras la invasión de Egipto por Israel, apoyada por Francia y el Reino Unido. En 1967 se produjo un nuevo enfrentamiento, la llamada GUERRA DE LOS SEIS DÍAS, y en octubre de 1973, la del YOM KIPPUR, que fue la causa de la llamada guerra del petróleo. En todas ellas obtuvo el triunfo Israel.

ÁRABE UNIDA, REPÚBLICA REPÚBLICA ÁRABE UNIDA.

ÁRABES UNIDOS, EMIRATOS UNIÓN DE EMIRATOS ÁRABES.

ARABESCO, CA adj. 1 ARÁBIGO. || m. 2 Adorno compuesto de tracerías, follajes, cintas y roleos. Se emplea comúnmente en frisos, zócalos y cenefas.

ARABÍ adj. y com. ÁRABE.

ARABIA f. *Cuba* Tejido de cuadros azules y blancos, muy pequeños.

ARABIA Península del SO de Asia; 3.003.204 km² y 39.685.000 h. Esta vasta extensión es una meseta de formas macizas, que limita al N con Irak y Jordania, de las que la separa el desierto de Nafud; al E con los golfos de Omán y Pérsico; al S con el océano Índico y el golfo de Adén, y al O con el golfo de Aqaba y el mar Rojo. La zona central, el Neyed, es una altiplanicie, limitada al N por el desierto de Nafud y al S por el de Dahna. Su clima es seco y extremado, con escasas lluvias. La agricultura es pobre. La principal ocupación de las poblaciones nómadas es la ganadería. Su economía actual está relacionada, casi por entero, con la explotación de petróleo. Escasas vías de comunicación. Los países que la integran son Arabia Saudí, Bahrein, Kuwait, Omán, Qatar, Unión de Emiratos Árabes y Yemen.

Hist. Cuna de los pueblos semitas. A partir del siglo XI a. C. aparecieron una serie de Estados o ciudades-Estado, entre los que sobresalió Saba. Los sabeos colonizaron la costa oriental de África y fundaron Abisinia. En el siglo V a. C., surgió el Estado independiente de los nabateos, con capital en Petra, cuyos dominios se extendían desde el golfo de Aqaba hasta el mar Muerto. El reino nabateo perduró hasta el año 105, en que Trajano lo convirtió en provincia romana. Su caída favoreció la ascensión del principado de Palmira. Las pretensiones hegemónicas de su reina, Zenobia, motivaron la intervención del emperador Aureliano, que en 272 puso fin a este principado. Al desaparecer el imperio romano, las diferentes tribus de Arabia volvieron a su vida nómada, y fundaron una serie de ciudades, entre las que destacó La Meca. La unificación de las tribus de la península tuvo lugar con Mahoma en el año 622, que fundó en Medina un Estado basado en la religión islámica. El año 630, Mahoma conquistó La Meca, y poco después Khai-

bar. Sus sucesores, los califas, consiguieron la auténtica unidad política del territorio, al tiempo que extendieron sus dominios por Siria, Egipto y Persia. Con la muerte de Ali, primo de Mahoma y cuarto califa, en el año 661, se inició el califato omeya (661-750), que trasladó la capital del imperio a Damasco. En el año 750 la dinastía abasí acabó con los omeyas. Los abasíes (750-h. 1100) trasladaron la capital a Bagdad. En El Cairo se fundó un califato independiente de Bagdad, el de los fatimíes, que dominaron en Egipto y Siria. Tanto el califato abasí como el fatimí cayeron en poder de los turcos durante el siglo X. Arabia vivió un largo período de declive y aislamiento. En el siglo XVIII Muhammad Abd el-Wahhab reagrupó las tribus en nombre de un ideal religioso. Los wahhabíes se extendieron rápidamente, ocupando el Neyed y el Heyaz. Derrotados por el sultán de Egipto en nombre del imperio otomano, Reino Unido aprovechó esta circunstancia para crear los protectorados de Adén y Omán. La Primera Guerra Mundial acabó con el dominio turco y, en 1932, con la unión del sultanato de Neyed y el reino de Heyaz, se formó el reino de Arabia Saudí. En los años sesenta se independizaron los protectorados británicos de Kuwait, Yemen, Adén, y en los setenta Omán, Qatar, Bahrein y los Emiratos Árabes.

ARABIA, MAR DE ARÁBIGO o DE ARABIA, MAR.

ARABIA MERIDIONAL, FEDERACIÓN DE FEDERACIÓN DE ARABIA MERIDIONAL.

ARABIA SAUDÍ (al-Mamlakah al-'Arabiyah as-Sau'udiyah) Estado del SO de Asia que limita al N, con Jordania, Irak y Kuwait; al E, con el golfo Pérsico, Qatar y la Unión de Emiratos Árabes; al S, con Omán y Yemen, y al O, con el mar Rojo.

Geog. Arabia Saudí ocupa la mayor parte de la península de Arabia y forma una gran meseta inclinada hacia el golfo Pérsico, ocupada en su interior por desiertos, con una cadena montañosa paralela a las costas del mar Rojo que alcanza alturas superiores a 2.500 m. El clima es desértico y no dispone de ríos permanentes. La vegetación es pobre, abundan las plantas aromáticas. La agricultura se desarrolla alrededor de los oasis. Los principales cultivos son el trigo y los dátiles (primer exportador mundial). La ganadería es en gran parte nómada (camellos, caballos, ovejas y asnos). La base económica del país es el petróleo (tercer productor mundial); es el octavo productor mundial en gas natural. Actúa como moderador entre los países exportadores de la OPEP y controla el 17% de las exportaciones mundiales de petróleo.

Hist. (Para la historia anterior, véase ARABIA.) Tras el fin de la Primera Guerra Mundial se firmó el tratado de paz de Sèvres (1920), que obligaba al imperio turco al abandono forzoso de los territorios árabes, y concedía al Reino Unido el protectorado de Arabia. En 1926, Abd al-Aziz III ibn Saud conquistó el Heyaz y La Meca y se proclamó rey. En 1932 se logró la unidad nacional con la anexión de los emiratos de Asir, Najran y Al-Hasa a su territorio, y creó un reino basado en las leyes religiosas del Islam. Al término de la Segunda Guerra Mundial, en la que Arabia Saudí prestó su apoyo a los aliados, se inició la explotación del petróleo y demás minerales por compañías estadounidenses. Ibn Saud contribuyó a la creación de la LIGA ÁRABE, y en 1948 participó en la primera guerra árabe-israelí. Tras su muerte le sucedió su hijo Saud, que delegó el gobierno efectivo en su hermano Faisal. Éste promulgó una constitución (1958),

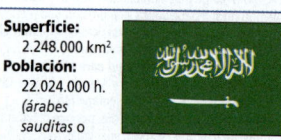

Superficie: 2.248.000 km².
Población: 22.024.000 h. (árabes sauditas o saudíes).
Densidad: 9,8 h./km².
Tasa de natalidad: 37,5‰.
Tasa de mortalidad: 6‰.
Capital: Riyadh (Riad).
Ciudades principales: Yeddah, La Meca, Medina, Taif.
Grupos étnicos: árabes (95%), otros (5%).
Religión: islamismo sunnita (oficial).
Idioma: árabe.
Moneda: riyal.
Forma de Estado: monarquía absoluta.
Producto Nacional Bruto: 143.361 millones de dólares.
Renta per cápita: 6.910 dólares.
División administrativa: 13 provincias, según cuadro.

que nunca fue aplicada, y abolió la esclavitud (1962). Dos años después, el soberano fue derrocado y Faisal se hizo cargo del poder. Arabia Saudí intervino en las guerras árabe-israelíes de 1967 y 1973, y, en noviembre de este último año, se unió a la que se llamó guerra del petróleo con los demás países árabes productores. Faisal fue asesinado en 1975 y la corona pasó a su hermano Jaled, a quien sustituyó en el trono, tras su muerte (1982), el anterior ministro del interior, Fahd ibn Abd el-Aziz. Miembro fundamental de la OPEP y de la Liga Árabe, prestó una importante ayuda a Irak durante el conflicto irano-iraquí (1980-88). La invasión de Kuwait por tropas iraquíes, que desembocaría en la GUERRA DEL GOLFO, implicó a Arabia Saudí en el conflicto al ver amenazadas sus fronteras y dar asilo político al emir de Kuwait. En 1996, el rey Fahd, tras sufrir una embolia cerebral, cedió temporalmente el control del Estado a su hermanastro Abdullah ibn Abd el-Aziz. Desde entonces ha sufrido varias crisis de salud, pese a lo cual se ha mantenido en el trono. En 2000, Arabia Saudí y Yemen llegaron a un acuerdo que ponía fin al largo conflicto fronterizo entre ambos países.

ARÁBIGO, GA o **ARÁBICO, CA** adj. **1** Perteneciente o relativo a Arabia. || m. **2** Idioma árabe.

ARÁBIGO, DESIERTO Comarca desértica del E de Egipto entre el Nilo, el mar Rojo y el golfo de Suez.

ARÁBIGO, GOLFO PÉRSICO, GOLFO.

ARÁBIGO o **DE ARABIA, MAR** Mar que forma la parte NO del océano Índico, situado entre las penínsulas del Indostán y Arabia; 3.683.000 km² de extensión y profundidad máxima de 5.800 m. También se le llama mar de Omán.

ARABINOSA f. Quím. Azúcar monosacárido del grupo de las pentosas, de fórmula $C_5H_{10}O_5$.

ARABIO, BIA adj. y s. ÁRABE.

ARABISMO m. Ling. **1** Giro o modo de hablar privativo de la lengua árabe. **2** Vocablo de esta lengua empleado en otra.

ARABISTA com. Persona especialista en la lengua y la cultura árabes.

ARABIZAR intr. Hacer que algo o alguien adquiera carácter árabe. También prnl.

ARACAJÚ o **ARACAJÚ** Ciudad de Brasil, capital del Estado de Sergipe; 401.676 h.

ARÁCEO, A adj. y s. Bot. **1** Se aplica a las plantas fanerógamas herbáceas, del orden Arales, caracterizadas por sus inflorescencias en espádice rodeadas por una bráctea herbácea. || f. Bot. **2** Familia de estas plantas.

ARACN- pref. ARACNO-.

ARACNE o **ARACNÉ** Mit. Joven lidia, que superó a Atenea en el arte de bordar, por lo que la diosa la convirtió en araña.

ARÁCNIDO, DA adj. y s. Zool. **1** Se dice de los artrópodos sin antenas, como arañas, escorpiones, ácaros u opiliones. Tienen el cuerpo dividido en dos regiones, cefalotórax y abdomen. En la primera se sitúan un par de quelíceros, otro de pedipalpos, cuatro pares de patas locomotoras, y los ojos. El abdomen es ápodo y en él se sitúan el orificio genital, el anal, los estigmas respiratorios que conducen a las tráqueas y seis hileras (canales secretores de seda). Carecen de aparato masticador. || m. pl. Zool. **2** Clase de estos animales que incluye unas 60.000 especies.

ARABIA SAUDÍ

Provincias	Superficie (km²)	Población (h.)	Capitales
Asir	81.000	682.000	Abha
Baha	15.000	186.000	Baha
Frontera Septentrional	120.000	682.000	Arar
Gasim	65.000	316.000	Buraidah
Ha'il	125.000	260.000	Ha'il
Jawt	139.000	65.000	Sakakah
Jizan	17.000	403.000	Jizan
Meca	164.000	1.754.000	La Meca
Medina	173.000	519.000	Medina
Najran	119.000	148.000	Najran
Oriental	710.000	770.000	Damman
Riyadh	412.000	1.272.000	Riyadh
Tabuk	108.000	194.000	Tabuk

ARACNO-, ARACN- prefs. que significan araña.

ARACNOIDES f. *Anat.* Una de las tres membranas que cubren el cerebro y la médula espinal, colocada entre la duramadre y la piamadre.

ARACNOLOGÍA f. *Zool.* Parte de la zoología que trata de los arácnidos.

ARAD Ciudad de Rumania, capital del distrito homónimo; 187.876 h. Centro agrícola e industrial.

ARADA f. **1** Acción de arar. **2** Tierra labrada con el arado. **3** Cultivo y labor del campo. **4** Tierra que puede arar en un día una yunta.

ARADO m. *Agr.* **1** Instrumento de agricultura para arar la tierra, abriendo surcos en ella. **2** REJA, vuelta que se da a la tierra con el arado.

ARADOR, RA adj. y s. Que ara. || **ARADOR DE LA SARNA** *Zool.* Arácnido del orden Ácaros, de nombre científico *Sarcoptes scabei.* Es un animal parásito, casi microscópico, que vive excavando galerías bajo la piel del hombre y otros animales. Es el organismo productor de la sarna.

ARAFAT, YASSER Político palestino (Ramala, Jerusalén, 1929). En 1959 participó en la fundación de Al Fatah. En 1969 fue elegido presidente de la Organización para la Liberación de Palestina (OLP). A finales de 1988 proclamó la primera Constitución del Estado Palestino. Dirigió las negociaciones que condujeron a la firma del primer acuerdo con Israel en 1993. En 1994 recibió los premios Nobel de la Paz y Príncipe de Asturias de Cooperación Internacional, el primero compartido con Isaac Rabin y Simon Peres, y el segundo con Isaac Rabin. En 1995 firmó otro acuerdo con Israel, por el que se ampliaba la autonomía palestina a parte de la Cisjordania ocupada. En 1996 convocó elecciones democráticas en Cisjordania, en las que fue elegido primer presidente de Palestina. En 2002 permaneció retenido durante más de un mes en su residencia de Ramala por el ejército israelí.

ARAFURA Mar del océano Pacífico, entre el golfo de Carpentaria y el S de Nueva Guinea, y el N de Australia. Tiene 650.000 km² de extensión.

ARAGO, DOMINIQUE FRANÇOIS Físico y astrónomo francés (Estagel, 1786 - París, 1863). Descubrió los efectos magnéticos de la corriente eléctrica.

ARAGON, LOUIS Escritor francés (París, 1897 - íd., 1982). Dadaísta en sus comienzos, fue uno de los creadores del surrealismo, para después apartarse del movimiento y unirse a la revolución comunista. De su época surrealista sobresalen los libros de poemas *Feu de joie* (1920) y *Le mouvement perpetuel* (1925), y las novelas *Aniceto o el panorama* (1921) y *El campesino de París* (1926). También es autor de *Les beaux quartiers* (1936), novela; *Le Crève-coeur* (1941) y *Habitaciones* (1969), libros de poemas, y *Littératures soviétiques* (1955) y *Henri Matisse, roman* (1971), ensayos.

ARAGÓN Río del N de España, que nace en el valle de Canfranc (Huesca) y desemboca en el Ebro; 197 km de curso.

ARAGÓN Comunidad autónoma del NE de España, constituida por las provincias de Zaragoza, Huesca y Teruel; 47.669 km² y 1.186.849 h. Su capital es Zaragoza. Limita con Francia, Navarra, La Rioja, Soria, Guadalajara, Cuenca, Valencia, Castellón, Tarragona y Lleida. En el N se encuentran los Pirineos (montes Aneto, Monte Perdido, Maladeta), con valles como los de Ansó, Hecho, Canfranc, Ordesa, Benasque, etc. En el centro se extiende la depresión del Ebro, y en el O y S pequeñas alineaciones montañosas que forman parte del sistema Ibérico (Moncayo, sierras de Algairén, Gúdar, Montes Universales, Albarracín, etc.). La cuenca del Ebro es el eje de toda la región, salvo la zona S de Teruel, cuyas aguas van al Tajo, al Turia y al Mijares. El clima es mediterráneo de interior, con inviernos fríos y veranos calurosos. Las precipitaciones son escasas e irregulares, excepto en la zona pirenaica. Su economía se basa en la agricultura y la ganadería. Importante industria. Yacimientos de lignito y hierro en Teruel y gas natural en Huesca. Turismo de invierno con centro en Jaca.

ARAGÓN, AGUSTINA DE (AGUSTINA ZARAGOZA Y DOMÉNECH, llamada) Heroína española (Barcelona, 1786 - Ceuta, 1857). Se distinguió por su heroísmo en los sitios de Zaragoza durante la guerra de la Independencia.

ARAGÓN, CONDADO y REINO DE *Hist.* Entidades políticas de la España medieval. Tras la invasión musulmana de la zona NE de la Península a partir de 714, los pobladores autóctonos se refugiaron en las montañas. Se oponían al pago de tributos a los musulmanes y, aprovechando el apoyo de Carlomagno, crearon un núcleo independiente del que Aznar Galindo fue nombrado conde. Los sucesores de éste estuvieron sometidos al reino de Navarra hasta que, tras el reparto del reino navarro a la muerte de Sancho III, el territorio aragonés se convirtió en reino independiente con Ramiro I como rey (1035). Éste engrandeció el territorio con las anexiones de los condados de Sobrarbe y Ribagorza, entre otros territorios. Su sucesor, Sancho Ramírez (1063-94) vinculó el reino al pontificado, logrando su independencia total de Navarra y continuó la labor de reconquista de tierras musulmanas. Pedro I (1094-1104) conquistó los territorios primero hasta el Cinca y más tarde hasta el Gállego, y ocupó Huesca (1096). Tras la conquista de Zaragoza por Alfonso I en 1118, la penetración en territorio musulmán fue más rápida —Tudela (1119), Soria y Calatayud (1120) y Molina de Aragón (1128)—. En 1137, el matrimonio de Petronila, hija de Alfonso VII de Aragón, con Ramón Berenguer IV supuso la creación de la corona catalano-aragonesa. Bajo la dinastía catalana, Aragón desarrolló la gran expansión mediterránea. Jaime I conquistó Mallorca, Valencia y Murcia; Pedro III, Sicilia (1282); Jaime II, Cerdeña (1324) y los territorios orientales que constituyeron los ducados de Atenas y Neopatria, y Alfonso V, Nápoles (1442). La extinción de la dinastía catalana a la muerte de Martín I (1410) supuso, después de un interregno de dos años, la elección como rey, en el Compromiso de Caspe, de Fernando de Antequera, que ocupó el trono (1410-16) con el nombre de Fernando I. Le sucedió Alfonso V (1416-58), que incorporó el condado de Nápoles (1442) y Benevento (1458). Juan II (1458-79) perdió el Rosellón y la Cerdaña. Le sucedió Fernando II (1479-1516). Cuando éste contrajo matrimonio con Isabel I de Castilla (1469), Aragón se ligó al reino castellano, con lo que quedaba realizada la unidad española.

ARAGÓN, ENRIQUE DE VILLENA, ENRIQUE DE.

ARAGONÉS, SA adj. **1** De Aragón. También s. || m. *Ling.* **2** Dialecto romance, llamado también navarroaragonés, que, desde los siglos IX al XIV fue el común del reino de Aragón, pero a partir del XVI se quedó relegado al ámbito familiar. **3** Variedad del castellano que se habla en Aragón.

ARAGONESISMO m. *Ling.* Palabra o giro propio de los aragoneses.

ARAGONITO (De *Molina de Aragón,* donde existe uno de los principales yacimientos.) m. *Miner.* Mineral carbonato de cal, de fórmula $CaCO_3$. Cristaliza en forma ortorrómbica y es ligeramente inestable, convirtiéndose en calcita.

ARAGUA Río de Venezuela que nace en la cordillera costera, en el Estado de su nombre, y desemboca en el lago de Valencia; 80 km de curso.

aragonito

ARAGUA Estado del NO de Venezuela; 7.014 km² y 1.609.040 h. Su capital es Maracay. Produce café, cacao, azúcar y algodón. Importante centro industrial. Turismo.

ARAGUAIA Río de Brasil, que nace en la sierra de Caiapó, y tras 2.200 km de curso se une al Tocantins.

ARAGUARI Río de Brasil, en el Estado de Pará, que desemboca en el océano Atlántico; 488 km de curso. De grandes cataratas en su curso superior, es navegable en su último tramo.

ARAGUATO m. *Zool.* Mono americano.

ARAGUEÑO, ÑA adj. y s. De Aragua.

ARAGÜIRA m. *Zool. Arg.* Pajarillo de hermoso copete rojo.

ARAHUACO, CA adj. *Etnol.* **1** Se dice de un grupo de pueblos amerindios que habitó el Caribe y el N de América del Sur, distinto de los caribes, tupí y tupaya. Su origen se sitúa en la altiplanicie central brasileña o en las Guayanas. Más como m. pl. **2** Se dice también de sus individuos. También s. **3** Relativo a este grupo de pueblos. || m. *Ling.* **4** Familia de lenguas hablada por los arahuacos.

ARAK Ciudad de Irán, capital de la provincia de Markazi; 380.755 h. Produce vino, frutas y cereales. Industria conservera y licorera. Hasta 1930 se llamó *Sultanabad* o *Soltanabad.*

ARAKS ARAS.

ARAL, MAR DE Gran lago salado de Asia Central, entre Kazajstán y Uzbekistán; 41.000 km². El avance de sus deltas (afluyen los ríos Amu-Daria y Syr-Daria), la evaporación a que está sometido y la utilización del agua de estos ríos para el regadío contribuyen a la progresiva reducción de su extensión.

ARALEJO m. *Bot. Cuba* Árbol cuya madera se emplea en carpintería.

ARALIA f. *Bot.* Nombre común de diversas especies de plantas herbáceas, arbustivas y arbóreas de la familia araliáceas, género *Aralia.* Originarias de América del Norte y Extremo Oriente, se cultivan en Europa como plantas de adorno.

ARALIÁCEO, A adj. y s. *Bot.* **1** Se dice de las plantas angiospermas dicotiledóneas del orden umbelales, como la aralia y la hiedra arbórea. Generalmente tienen cinco carpelos y fruto carnoso o seco, según las especies. || f. pl. *Bot.* **2** Familia de estas plantas.

ARAM Personaje bíblico. Quinto de los hijos de Sem, padre de los pueblos de Siria o Aram.

ARAM *Geog. hist.* Antigua región de Asia, entre los cursos del Tigris y el Éufrates, que ocupaba Siria y Mesopotamia. En ella se desarrollaron una serie de tribus nómadas pertenecientes al grupo étnico arameo.

ARAMBEL m. **1** Colgadura de paños que se emplea para adorno. **2** fig. Andrajo o trapo que cuelga del vestido.

ARAMBURU, PEDRO EUGENIO Militar y político argentino (Córdoba, 1903 - Timote, Buenos Aires, 1970). Fue jefe del Estado Mayor General del Ejército y participó en el movimiento que puso fin al régimen de Perón. Presidente provisional de la República (1955-58), en 1970 fue secuestrado y asesinado.

ARAMEO, A adj. y s. **1** Descendiente de Aram. **2** *Hist.* Conjunto de tribus nómadas cuyos recorridos trashumantes les llevaron desde el N de Arabia hasta Siria, Palestina y Babilonia. Habitaron la región de ARAM. || *Ling.* **3** Grupo de lenguas semíticas, de la misma rama que el fenicio y el hebreo, que se habló en un extenso territorio. Su gran vitalidad la impuso como lengua literaria del Próximo Oriente en la Antigüedad. A partir del siglo I se dividió en una serie de dialectos (judeoarameo o judeopalestino, cristianopalestino, nabateo, palmireno, siríaco y arameo de Babilonia). El momento de su mayor expansión fue entre 300 a. C. y 650 d. C., tras lo cual fue arrinconado por el árabe.

ARANA f. Embuste, trampa, estafa.

ARANA Y GOIRI, SABINO Político y escritor español en lengua vasca (Bilbao, 1865 - Pedernales, 1903). Realizó estudios lingüísticos e históricos del País Vasco, y es considerado el primer teorizador del nacionalismo vasco. En 1894 fundó el Partido Nacionalista Vasco (PNV), en la órbita del pensamiento católico y conser-

Yasser **Arafat** con Hosni Mubarak.

vador. Escribió *Etimologías euskéricas* (1887), *Gramática elemental del euskera bizkaíno* (1888), *Orígenes de la raza vasca* (1889) y *Bizkaia por su independencia* (1892).

Arana Osorio, Carlos Militar y político guatemalteco (Barberana, 1918 - Guatemala, 2003). Fue embajador en Nicaragua, cargo al que renunció para presidir la República (1970-74).

arancel m. *Econ.* **1** Tarifa oficial que determina los derechos que se han de pagar en costas judiciales, aduanas, ferrocarriles, etc. **2** Documento oficial que recoge y señala para cada mercancía o grupo de mercancías los impuestos que deben satisfacerse. **3** Impuesto sobre un bien importado en un país.

arancelario, ria adj. Perteneciente o relativo al arancel. Se aplica más comúnmente al de aduanas.

Aranda, Pedro Pablo Abarca de Bolea, conde de Militar y político español (Siétamo, Huesca, 1719 - Épila, 1798). Embajador en Polonia (1759); mandó el ejército en la guerra con Portugal (1762); regentó la capitanía general de Valencia, y en 1766 Carlos III le nombró presidente del consejo de Castilla al destituir a Esquilache. Realizó una labor renovadora dentro de un reformismo ilustrado. Fue el principal inspirador y ejecutor de la expulsión de los jesuitas (1767). Cayó en desgracia en 1787, y aunque volvió a ser ministro con Carlos IV (1792), fue arrestado por enemistad con Godoy, y más tarde indultado.

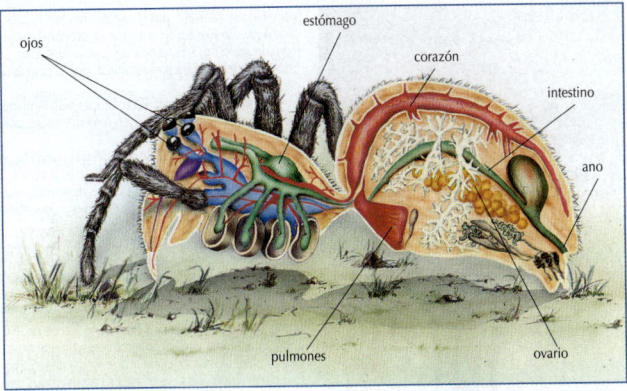

Anatomía de la **araña**.

arándano

arándano m. *Bot.* **1** Planta arbustiva de la familia ericáceas, de nombre científico *Vaccinium myrtillus*. Sus frutos son bayas negras comestibles, de sabor agridulce. Crece en las regiones de clima lluvioso y suave de Europa y sobre terrenos sin cal. **2** Fruto de esta planta.

arandela f. **1** Anillo metálico que se usa en las máquinas para evitar el roce entre dos piezas. **2** Cualquier pieza en forma de disco perforado. **3** *Amér. m.* Chorreras y vueltas de la camisola.

arandillo m. *Zool.* CARRICERO.

arandino, na adj. y s. De Aranda de Duero.

araneidos m. pl. *Zool.* Orden de los artrópodos arácnidos, al que pertenecen unas 30.000 especies de arañas.

aranés, sa adj. y s. Del Valle de Arán.

Arango, Doroteo VILLA, PANCHO.

Arango y Parreño, Francisco Economista y escritor cubano (La Habana, 1765 - íd., 1837). Fue uno de los fundadores del Real Consulado de Agricultura y Fomento, contribuyó al desarrollo y a la liberalización de la economía de Cuba y fue partidario de la abolición de la esclavitud.

arangorri m. *Zool.* Pez teleósteo acantopterigio que vive en el mar Cantábrico.

araniego, ga adj. Se decía del gavilán que se cazaba con la zuma del año.

Aranjuez Municipio y lugar de España, provincia de Madrid; 38.900 h. Está situado en la vega del Tajo, y cultiva fresas, judías y espárragos. Industria química, de maquinaria, farmacéutica, etc. Palacio Real con bellos parques y jardines según el modelo de Versalles. Fue convertida en residencia real en el siglo XVI. El 19 de marzo de 1808 tuvo lugar un motín contra Godoy, que ocasionó la abdicación de Carlos IV y la proclamación de Fernando VII.

Arany, János Poeta húngaro (Nagyszalonta, 1817 - Budapest, 1882). Se dio a conocer con *La constitución perdida* (1846), poemario de contenido político y social, pero su consagración se debe a una trilogía ambientada en el siglo XIV: *Toldi* (1847), *El ocaso de Toldi* (1854) y *Los amores de Toldi* (1879).

Aránzazu, Juan de Dios Escritor y político colombiano (La Ceja del Tambo, 1798 - Bogotá, 1845). Participó en las luchas por la independencia de su país. Fue gobernador de Antioquia y presidente de la República (1841).

Aranzueque *Hist.* Localidad de España, en Guadalajara, donde tuvo lugar la victoria de Espartero sobre las tropas carlistas (1837), que se retiraban tras el intento de tomar Confuegra.

araña f. **1** *Zool.* Nombre común de numerosos artrópodos arácnidos del orden araneidos. Animales invertebrados, la mayoría terrestres, tienen el cefalotórax pequeño y el abdomen voluminoso unidos por un pedúnculo, y los quelíceros terminados en uñas con las que inyectan veneno a sus presas. Tienen cuatro pares de patas bien desarrolladas y ocho ojos dirigidos en diferentes sentidos. A través de unas glándulas especiales segregan una seda con la que tejen capullos protectores de los huevos y con la que también fabrican trampas para la caza de los insectos con que se alimentan. **2** *Bot.* Planta gramínea de las Antillas. **3** *Fís.* Montura de brazos largos y flexibles que se utiliza para el centrado de la bobina de un altavoz. **4** Lámpara de techo o pared con varios brazos adornados con cristales. **5** Red para cazar pájaros. **6** fig. y fam. Persona muy aprovechada. || **araña de mar** *Zool.* Cangrejo marino con caparazón triangular y patas muy largas, que vive en las paredes rocosas del Atlántico y Mediterráneo.

arañar tr. **1** Rasgar ligeramente la piel con las uñas, un alfiler u otra cosa. También prnl. **2** Rayar superficialmente. **3** fig. y fam. Recoger, de varias partes y en pequeñas porciones lo necesario para algún fin.

arañazo m. Rasgadura ligera.

arañero adj. y m. *Zool.* TREPARRISCOS.

arañuela f. **1** *Zool.* ARAÑUELO, larva. **2** *Bot.* Planta de la familia ranunculáceas, de hermosas flores.

arañuelo m. **1** *Zool.* Larva de insectos de los plantíos. **2** *Zool.* Garrapata. **3** ARAÑA, red.

arapahoe adj. *Etnol.* **1** Se dice de un grupo de tribus amerindias, de la familia algonquina, que se establecieron en el siglo XIX en las cuencas del Arkansas y del Platte, en la zona de las Grandes Llanuras. Eran nómadas y se dedicaban principalmente a la caza. Quedan unos 3.000 individuos en las reservas de Wyoming, Montana y Oklahoma. **2** Se dice también de los individuos de esta tribu. Más como m. pl. **3** Relativo a esta tribu. || m. *Ling.* **4** Lengua de este grupo, perteneciente a la familia algonquina.

arapaima m. *Zool.* Pez teleósteo del orden clupeiformes y nombre científico *Arapaima gigas*. Alcanza hasta 5 m de longitud y 250 kg de peso y vive en los ríos de las regiones tropicales de América del Sur. Es comestible.

Arapey Río de Uruguay, en el departamento de Salto, que nace en la cuchilla de Belén y desemboca en el río Uruguay, en la Vuelta de Arapey; 200 km de curso. También es llamado *Arapey Grande* para distinguirlo de su principal afluente, *Arapey Chico*. En sus inmediaciones se dio, en 1817, un combate entre los portugueses y los partidarios de Artigas.

arar tr. **1** Remover la tierra haciendo surcos con el arado. **2** fig. Hacer rayas parecidas a surcos. **3** fig. Ir por un fluido cortándolo.

Ararat Región de Armenia regada por el río Aras. En ella se ha situado el lugar en que, según el relato bíblico, se detuvo el arca de Noé. También se ha aplicado el nombre a un macizo montañoso de Turquía oriental, de origen volcánico, que constituye la región más elevada de Armenia; 5.165 m de altura.

Aras o **Araks** Río de Asia, que nace en Erzurum (Turquía), sirve de límite de Armenia con Turquía y con Irán, y de Azerbaiyán con Irán, y tras recibir al río Kura, desemboca en el mar Caspio; 900 km de curso. Fue llamado en la antigüedad *Araxes*.

arasá m. *Bot.* **1** *Amér.* Árbol de la familia mirtáceas, de madera consistente y fruto amarillo, comestible, con el que se hacen confituras. **2** *Amér.* Fruto de este árbol.

araticú m. *Bot. Amér.* Nombre que en la zona guaraní se da a varias plantas de la familia anonáceas. Su fruto es una baya pulposa parecida a la chirimoya.

arauaco adj. y s. ARAHUACO.

Arauca Departamento de Colombia, en la frontera con Venezuela; 23.812 km² y 281.435 h. Su capital es la ciudad del mismo nombre.

Arauca Río de Colombia y Venezuela, que nace en Colombia, pasa por la región de los Llanos del Orinoco, hace frontera entre ambos países y desemboca en el Orinoco; 1.000 km de curso, en su mayoría navegables.

Araucanía, La Región IX de Chile; 31.858 km² y 853.187 h. Su capital es Temuco. Produce trigo, maíz, avena, centeno, arroz y cebada. Industria agropecuaria.

araucano, na adj. **1** De Arauca. También s. **2** Perteneciente a este departamento de Colombia. **3** *Etnol.* Se dice de un pueblo amerindio del centro y S de Chile. [Encic.] **4** *Etnol.* Se dice también de sus individuos. Más como m. pl. **5** *Etnol.* Relativo a este pueblo. También s. || m. *Ling.* **6** Familia lingüística utilizada por las comunidades araucanas de Chile. Comprende varios dialectos poco diferenciados de una misma lengua, el MAPUCHE.

Etnol. e *Hist.* Ocupaban la zona desde el río Biobío hasta la isla de Chiloé y llegaron hasta Buenos Aires. Se dedicaban a la agricultura, a la caza y la pesca. Opusieron gran resistencia a la conquista española. Tras una etapa en la que estuvieron sometidos, a fines del XVI volvieron a levantarse en armas y fueron reconocidos como un Estado por los españoles. Durante la guerra del Pacífico se sublevaron de nuevo, pero fueron definitivamente derrotados en 1881 y se inició la colonización por alemanes, suizos y franceses de la zona de la Araucania. Actualmente el número de araucanos asciende a 200.000 en Chile y 8.000 en Argentina.

araucaria f. *Bot.* Nombre de varias especies de coníferas arbóreas de la familia de las araucariáceas, género *Araucaria*. El tronco está muy desarrollado en altura y ramificado piramidalmente. Las hojas son aciculares, las flores unisexuales y el fruto en forma de piña. Crecen en América meridional, Oceanía y Nueva Guinea.

arauja f. *Bot.* Planta de la familia asclepiadácea, nativa de Brasil; es trepadora y tiene flores blancas y olorosas.

Araujo, Arturo Político salvadoreño (Suchitoto, 1878 - San Salvador, 1967). De ideología de extrema derecha, fue presidente de la República en 1931. Su impopularidad provocó una sublevación en la que fue destituido.

Araujo, Manuel Enrique Político salvadoreño (Condadillo, 1895 - San Salvador, 1913). Fue presidente de la República (1911-13). Saneó las finanzas y reorganizó la administración pública. Murió en un atentado.

Aravalli Cadena de montañas del NO de la India, en el Estado de Rajasthan. La cumbre más elevada es el monte Abu (1.722 m).

aravico m. Poeta de los antiguos peruanos.

arawak o **arawako, ka** adj. y s. ARAHUACO.

Araxes ARAS o ARAKS.

Aray, Edmundo Escritor venezolano (Maracay, 1936). Fundó con Efraín Hurtado la revista *Rocinante*. Escribió los libros de poemas *La isla de Raghú* (1957), *Nadie quiere descansar* (1961), y *Cantata al monte sagrado* (1983). También es autor de los relatos de *Sube para bajar* (1963).

árbol. Gran parte de su nutrición procede del agua y las sales minerales que absorbe desde la raíz. Esta mezcla o linfa sube por los canales del tronco (flechas azules) hacia las hojas. La clorofila contenida en las hojas tiene la capacidad de modificar la energía solar en energía química, transformando la linfa, junto al anhídrido carbónico absorbido por las hojas (flechas rojas), en glucosa y oxígeno. La glucosa es remitida de nuevo hacia el árbol (flechas verdes), mientras el oxígeno es expulsado al exterior a través de los minúsculos poros de las hojas, llamados estomas.

Araya Península de Venezuela, situada en la costa NE del país, entre el mar de las Antillas y el golfo de Cariaco, en el Estado de Sucre.

arazá m. *Bot.* Nombre de diferentes especies de mirtáceas americanas, como el guayabo.

Arbelas o **Arbela** *Geog. hist.* Antigua ciudad de Asiria, es la actual *Arbil*, en Irak. Junto a ella Alejandro Magno venció a Darío III, en 331 a. C.

Arbenz Guzmán, Jacobo Político guatemalteco (Ciudad de Guatemala, 1913 - Ciudad de México, 1971). Formó parte de la junta de Gobierno que sucedió a Ponce (1944-45) y fue presidente de la República (1950-54). Sus reformas motivaron la sublevación del coronel Castillo Armas apoyado por EE UU.

Arber, Werner Científico suizo (Glaenichen, 1929). A finales de los años cincuenta investigó sobre los bacteriófagos y la existencia de unas enzimas (endonucleasas de restricción) capaces de cortar las largas cadenas de ADN y con las que es posible localizar la posición de los genes y manipular los cromosomas. Obtuvo el premio Nobel de Fisiología y Medicina en 1978, junto con D. Nathans y H. O. Smith.

arbitraje m. **1** Acción o facultad de arbitrar. **2** *Der.* Juicio en que dos partes en litigio dejan la resolución en manos de un tercero, comprometiéndose a aceptarla. **3** *Com.* Operación de cambio de valores mercantiles, en la que se busca la ganancia aprovechando la diferencia de precios entre dos Bolsas distintas. **4** *Polít.* Mediación de una tercera potencia, institución o tribunal en los conflictos planteados entre dos países.

arbitrar tr. **1** *Dep.* Actuar como árbitro en las competiciones deportivas. También intr. **2** Dar o proponer arbitrios. **3** Juzgar como árbitro en un litigio, conflicto, etc. También intr.

arbitrariedad f. **1** Acto contra la justicia o la razón, dictado por el capricho. **2** *Ling.* Cualidad que, según Saussure, caracteriza a todas las lenguas que han sido creadas por convención entre los miembros de una comunidad lingüística. **3** *Ling.* Característica atribuida por Saussure al signo lingüístico, que consiste en la relación convencional e inmotivada que existe entre significante y significado.

arbitrario, ria adj. **1** Que depende del arbitrio. **2** Que procede con arbitrariedad. **3** Que incluye arbitrariedad.

arbitrio m. **1** Facultad que tenemos de adoptar una resolución con preferencia a otra. **2** Autoridad, poder. **3** Voluntad no motivada por la razón, sino por el capricho. **4** Medio extraordinario que se propone para el logro de algún fin. **5** Sentencia del juez árbitro. || m. pl. *Econ.* **6** Impuesto para gasto público, por lo común de carácter municipal.

arbitrista com. *Econ.* Persona que diseña planes para aliviar la hacienda pública o remediar males políticos.

árbitro, tra adj. y s. **1** Se dice del que puede hacer algo por sí solo sin dependencia de otro. || m. y f. **2** *Dep.* Persona que en las competiciones deportivas cuida de la aplicación del reglamento. **3** Persona que arbitra en un conflicto entre partes.

árbol m. **1** *Bot.* Planta perenne, de tronco leñoso y elevado, que se ramifica a cierta distancia del suelo y en estado adulto alcanza una altura mínima de 5 m. **2** *Anat.* Cualquier estructura que recuerde las ramificaciones de una especie vegetal arbórea, como el árbol bronquial o el respiratorio. **3** *Fís.* En un circuito de telecomunicaciones, varias ramas conectadas que no incluyen redes. **4** *Mar.* palo, de una embarcación. **5** Mástil fijo o giratorio que sirve de eje en una máquina, y especialmente el que transmite la fuerza motriz a otros órganos de la misma. **6** *Ling.* Representación gráfica de los constituyentes de una estructura oracional, mediante ramificación jerárquica. || **árbol genealógico** *Geneal.* Cuadro descriptivo, generalmente en forma de árbol, de los parentescos en una familia. || **árbol de levas** *Tecnol.* En los motores de combustión interna, eje comunicado con el cigüeñal; recibe el movimiento de éste y, por medio de las levas en las que van apoyados los vástagos de los balancines, se ocupa de la apertura de las válvulas de los cilindros.

arbolado, da adj. **1** Se dice del sitio poblado de árboles. || m. **2** Conjunto de árboles.

arboladura f. *Mar.* Conjunto de árboles y vergas de un buque.

arbolar tr. **1** enarbolar, levantar banderas, etc. **2** *Mar.* Poner los árboles a una embarcación. || prnl. **3** encabritarse el caballo.

arboleda f. *Ecol.* Sitio poblado de árboles.

Arboleda, Julio Poeta y político colombiano (Timbiquí, 1817 - montaña de Berruecos, 1862). Fue nombrado presidente de la República en 1862, pero murió asesinado antes de tomar posesión de su cargo. Pionero del Romanticismo en su país, escribió *Gonzalo de Oyon* (1858), poema épico del que sólo se han conservado fragmentos.

arborecer intr. *Bot.* Hacerse árbol. ♦ irreg. Se conjuga como agradecer.

arbóreo, a adj. **1** Relativo al árbol. **2** Semejante al árbol.

arborescencia f. **1** *Bot.* Crecimiento o calidad de las plantas arborescentes. **2** Lo que presenta formas más o menos semejantes a las de un árbol.

arborescente adj. *Bot.* Se dice de la planta que tiene caracteres parecidos a los del árbol.

arboreto m. *Bot.* Plantación de árboles destinada a fines científicos.

arboricida adj. *Bot.* Que destruye los árboles. También s.

arborícola adj. *Ecol.* Especie animal o vegetal que vive en los árboles.

arboricultura f. *Bot.* **1** Cultivo de los árboles y arbustos. **2** Enseñanza relativa al modo de cultivarlos.

arboriforme adj. *Bot.* De figura de árbol.

arbotante m. *Arquit.* Contrafuerte externo en forma de arco que por su extremo superior contrarresta el empuje de algún arco o bóveda.

arbustivo, va adj. *Biol.* Que tiene la naturaleza o calidades del arbusto.

arbusto m. *Bot.* Planta perenne, con varios tallos leñosos y ramificada desde la base, que no suele sobrepasar los 6 m de altura.

arc-, arci-, arce-, archi-, arz-, arque-, arqueo-, arqui-; -arquía, -arca prefs. o sufs. que significan primacía, poder, superioridad, etc.: *arcediano, arcipreste, arzobispo, oligarquía, patriarca.* Como prefijo de adjetivos equivale a *muy: archinotable, archipícaro.*

arca f. **1** Caja, comúnmente de madera sin forrar y con tapa llana. **2** Horno secundario de las fábricas de vidrio. || f. pl. **3** Pieza donde se guarda el dinero en las tesorerías. **4** fig. y fam. Pieza, cajón o cofre donde se guardan cosas. || **arca de la alianza** *Rel.* Aquella en la que los antiguos hebreos guardaban las tablas de la ley, el maná y la vara de Aarón. || **arca de Noé** *Rel.* Especie de embarcación en que, según el Antiguo Testamento, se salvaron del diluvio Noé y su familia y los animales encerrados en ella.

-arca suf. arc-.

arcabucero m. **1** *Mil.* Soldado armado de arcabuz. **2** Fabricante de arcabuces y armas de fuego.

arcabuz m. *Mil.* **1** Arma antigua de fuego, semejante al fusil, y que se disparaba prendiendo la pólvora del tiro mediante una mecha móvil colocada en la misma arma. **2** arcabucero, soldado.

arcada[1] f. **1** *Arquit.* Serie de arcos. **2** *Arquit.* ojo, de un arco de puente. **3** *Mús.* Cada uno de los movimientos del arco en los instrumentos de cuerda.

arcada[2] f. Movimiento violento del estómago que excita a vómito. Más en pl.

Árcade Arcadio.

Arcadia Nomo de Grecia, en el Peloponeso; 4.419 km^2 y 103.840 h. Su capital es Trípolis. Cultiva frutales y olivos. Habitado desde la Edad de Bronce, los únicos pobladores primitivos que perduraron fueron los pelasgos, dedicados al pastoreo. Resistieron la hegemonía de Esparta formando una confederación de Repúblicas. Hacia el siglo v a. C. ingresó en la Liga Aquea. Tras la dominación romana, formó parte del imperio bizantino y perteneció más tarde a los turcos, hasta su incorporación a Grecia. Su nombre proviene del personaje mitológico Arcadio. La vida sencilla de sus pobladores, dedicados al pastoreo, fue considerada un paraíso de la inocencia y de la felicidad en la poesía bucólica de la Antigüedad clásica y representó un importante tópico en la literatura renacentista.

arcadio, dia adj. De Arcadia.

Arcadio o **Árcade** *Mit.* Hijo de Zeus y de la ninfa Calisto, dio su nombre a la Arcadia, de la que era rey.

Arcadio Emperador romano de Oriente (Hispania, 395 - ?, 408). Hijo de Teodosio el Grande, subió al trono en 395, al tiempo que su hermano Honorio recibía el imperio de Occidente. Defendió el cristianismo, pero abandonó el gobierno en manos de su esposa, Eudoxia.

arcaduz m. **1** Caño por donde se conduce el agua. **2** Cada uno de los caños de que se compone una cañería.

arcaico, ca adj. **1** Muy antiguo. **2** Relativo al arcaísmo. **3** *Arte.* Por antonomasia, el arte griego comprendido entre el siglo vii y el 480 a. C. **4** *Geol.* Se dice del más antiguo de los dos periodos en que se divide la era precámbrica. A él corresponden las rocas más antiguas. También m.

arcaísmo m. **1** Calidad de arcaico. **2** *Ling.* Elemento lingüístico cuya forma o significado, o ambos a la vez, resultan anticuados en relación con un momento determinado. **3** Empleo de voces, frases o maneras de decir anticuadas. **4** Imitación de las cosas de la Antigüedad.

arcaizar tr. *Ling.* **1** Dar carácter de antigua a una lengua empleando arcaísmos. || intr. **2** Usar arcaísmos.

arcángel m. *Rel.* Para la Iglesia católica, espíritu bienaventurado, de orden inmediatamente superior a los ángeles, que pertenece al octavo coro de los espíritus celestes. A tres de ellos, Miguel, Rafael y Gabriel, da culto la iglesia católica.

arcano, na adj. **1** Secreto, reservado. || m. **2** Misterio, cosa oculta y muy difícil de conocer.

arce m. *Bot.* Nombre común de un numeroso grupo de árboles de la familia aceráceas, género *Acer*, de hojas caedizas y opuestas, flores en racimos y fruto de dos sámaras unidas. Su madera es muy dura. Comprende más de 80 especies que crecen en el hemisferio boreal, entre ellas el arce blanco, arce moscón y arce negundo.

arce- pref. arc-.

Arce, Aniceto Político boliviano (Tarija, 1824 - Sucre, 1906). Fue presidente de la República (1888-92). Mejoró las relaciones con Chile.

Arce, Manuel José General y patriota salvadoreño (?, 1787 - ?, 1847). Tomó parte en los movimientos de independencia. Al constituirse las Provincias Unidas de Centroamérica, integró su junta provisional y fue luego su presidente (1825-28). Fue derrocado por una sublevación militar y obligado a exiliarse a los EE UU.

arcediano m. Dignidad en las iglesias catedrales.

arcedo m. *Bot.* Sitio poblado de arces.

arcén m. **1** Margen u orilla. **2** En una carretera, cada uno de los márgenes reservados a un lado y otro de la calzada para uso de peatones, tránsito de vehículos no automóviles, etc.

Arcesilao Filósofo griego (Pitana, h. 316 - ?, h. 241 a. C.). Fue rival y condiscípulo de Zenón de Citio, y se le considera representante de un escepticismo que negaba la posibilidad de certeza absoluta. Sucedió a Crates en la dirección de la Academia ateniense.

arché f. arjé.

Archena Municipio y lugar de España, provincia de Murcia; 14.054 h. En su término se ha hallado cerámica hispánica pintada.

archeópterix m. *Zool.* Género de aves fósiles de pequeño tamaño y caracteres reptilianos que vivieron en el periodo jurásico.

archi- pref. arc-.

archibebe m. *Zool.* Nombre común de varias aves caradriformes del género *Tringa*, de patas largas, alas puntiagudas y pico fino, que viven en playas, marismas y zonas húmedas.

ARCHICOFRADÍA f. Cofradía más antigua o que tiene mayores privilegios que otras.

ARCHIDIÓCESIS f. Diócesis del arzobispo. ♦ Su pl. es *archidiócesis*.

ARCHIDONA Municipio y lugar de España, provincia de Málaga; 10.340 h.

ARCHIDUCADO m. **1** Dignidad de archiduque. **2** Territorio perteneciente al archiduque.

ARCHIDUQUE m. *Hist.* Antiguamente, duque revestido de autoridad superior a la de otros duques. En la Edad Moderna, fue la dignidad de los príncipes de la casa de Austria.

ARCHIFONEMA m. *Ling.* Conjunto de las particularidades distintivas comunes a dos fonemas cuya oposición es neutralizable.

ARCHILEXEMA m. *Ling.* **1** Neutralización de una oposición de rasgos semánticos. **2** Conjunto de rasgos semánticos (semas) comunes a las diversas unidades de una serie.

ARCHIMANDRITA m. *Rel.* **1** En la iglesia ortodoxa, superior de uno o varios monasterios. **2** Cargo honorario semejante al de algunas dignidades de la iglesia latina.

ARCHIMORFEMA m. *Ling.* Conjunto de rasgos comunes a dos o más morfemas.

ARCHIPENKO, ALEXANDER Pintor y escultor soviético (Kiev, 1887 - Nueva York, 1964). Tras una etapa de esquematismo, siguió la orientación cubista en 1913, abandonada definitivamente en 1920. En su escultura el ritmo es un elemento esencial. Inventó la *archipintura*, pinturas que se mueven por motores ocultos. Entre sus obras se encuentran *Pierrot-carrousel* y *Boxe* (1913), *Gondolero* (1914) y *Medrano* (1915).

ARCHIPIÉLAGO m. *Geog.* **1** Parte del mar poblada de islas. **2** Conjunto, generalmente numeroso, de islas agrupadas en una superficie, más o menos extensa, de mar.

ARCHIPOETA Poeta alemán en lengua latina, cuyo nombre real se desconoce (s. XII). Máximo representante de los goliardos, es autor de poesía satírica. Se conservan diez obras suyas de las que *Confessio* es la más importante. En ella pasa revista a su vida y se acusa de tres vicios: la lujuria, el juego y la bebida.

ARCHISABIDO, DA adj. Muy sabido.

ARCHISEMEMA m. *Ling.* Conjunto o subconjunto de semas comunes en el significado de una palabra o SEMEMA.

ARCHIVADOR, RA adj. y s. **1** Que archiva. || m. **2** Mueble de oficina o carpeta para archivar documentos, fichas u otros papeles.

ARCHIVAR tr. **1** Poner y guardar papeles o documentos en un archivo o archivador. **2** fig. Arrinconar o abandonar algo.

ARCHIVERO, RA m. y f. Persona que tiene a su cargo un archivo, o sirve como técnico en él.

ARCHIVO m. **1** Conjunto orgánico de documentos que una persona, sociedad, institución, etc., produce en el ejercicio de sus funciones o actividades. Entre los archivos españoles más importantes figuran: *Archivo Histórico Nacional,* creado en 1866, con fondos desde el siglo VIII al XX; *Archivo General de Simancas,* que guarda documentación de la Corona de Castilla, durante los siglos XVI, XVII y XVIII, y cuya instalación se inició hacia 1540; *Archivo de la Corona de Aragón,* en Barcelona, entre cuyas secciones destaca la Real Cancillería, con registros del siglo XIII al XVII; *Archivo General de Indias,* en el palacio de la Lonja de Sevilla, creado en 1785 y que posee documentación sobre América Latina y Filipinas, mapas y planos. **2** Local en que se custodian documentos públicos o particulares. **3** *Inform.* Espacio que se reserva en el dispositivo de memoria de un ordenador para almacenar porciones de información que tienen la misma estructura y que pueden manejarse mediante una instrucción única. **4** *Inform.* Conjunto de la información almacenada de esa manera.

ARCHIVOLOGÍA f. Disciplina que estudia los archivos en todos sus aspectos.

ARCHIVOLTA f. *Arquit.* ARQUIVOLTA.

ARCI- pref. ARC-.

ARCILA ASILAH.

ARCILLA f. *Geol.* Depósito sedimentario o residual, de textura fina, formado por silicatos hidratados de aluminio con hierro, magnesio, calcio, sodio y potasio. Es una sustancia que se torna plástica con una cantidad limitada de agua, dando olor a tierra mojada. Por calcinación pierde la plasticidad, propiedad en la que se basa el arte cerámico. Son ejemplo de arcillas el caolín y la marga.

ARCILLAR tr. Mejorar las tierras silíceas echándoles arcilla o greda.

ARCILLOSO, SA adj. **1** Que tiene arcilla. **2** Que abunda en arcilla. **3** Semejante a ella.

ARCIMBOLDO, GIUSEPPE Pintor italiano (Milán, 1527 - íd., 1593). Durante gran parte de su vida residió en Praga, como pintor de corte. Su obra pictórica, ilusionista y fantástica, está ligada al manierismo y al alegorismo. Son famosas sus «cabezas compuestas», pintadas a base de elementos naturales como flores, frutas, hortalizas, peces, etc. Entre sus obras destacan *Las cuatro estaciones, Hombre fantástico* y *Cabeza grotesca*.

ARCINIEGA, CLAUDIO DE Arquitecto y escultor español (Burgos, h. 1527 - México, h. 1592). Trazó la planta de la catedral nueva de México, siguiendo el modelo de la de Salamanca. También intervino en la construcción de la Universidad de México.

ARCINIEGAS, GERMÁN Ensayista y político colombiano (Bogotá, 1900 - íd., 1999). Fue ministro de Educación. Su obra se centra en la historia de América. En sus ensayos trata temas sociales, políticos y culturales: *América, tierra firme* (1937), *Entre la libertad y el miedo* (1952), *América en Europa* (1975), *Bolívar y la revolución* (1984), etc.

ARCINIEGAS, ISMAEL ENRIQUE Poeta colombiano (Curití, 1865 - Bogotá, 1938). Su obra está influida por los simbolistas y parnasianistas, así como por los modernistas hispanoamericanos: *Poesías* (1897), *Cien poesías* (1911), *Traducciones poéticas* (1926) y *Antología poética* (1932).

ARCIPRESTAZGO m. **1** Dignidad o cargo de arcipreste. **2** Territorio de su jurisdicción.

ARCIPRESTE m. *Rel.* **1** Dignidad en las iglesias catedrales. **2** Presbítero titular de un arciprestazgo.

ARCIPRESTE DE HITA, JUAN RUIZ Poeta español (¿Alcalá de Henares?, h. 1283 - ?, h. 1353). Vivió en Madrid y Guadalajara, donde fue arcipreste de Hita, estuvo en prisión y poseyó una gran cultura. Su obra, que no lleva título, ha sido denominada *Libro de buen amor,* y es considerada una obra cumbre del mester de clerecía del siglo XIV.

ARCIPRESTE DE TALAVERA, ALFONSO MARTÍNEZ DE TOLEDO Escritor español (Toledo, h. 1398 - ?, h. 1470). Fue arcipreste de Talavera de la Reina desde 1415. Aunque escasa, su obra demuestra una gran maestría en el uso del lenguaje. En ella destaca el *Corbacho* o *Reprobación del amor mundano* (1438). También es autor de *Atalaya de las crónicas, Vida de san Isidoro* y *Vida de san Ildefonso,* ambos de 1444.

ARCO m. **1** *Geom.* Porción continua de curva. **2** Arma generalmente de madera, aunque puede ser de cualquier otra materia elástica, que, forzada a encorvarse por efecto de la tensión de una cuerda sujeta a sus extremos, adquiere por su elasticidad la fuerza necesaria para lanzar flechas o bolas de piedra. Es conocida desde el Paleolítico. **3** *Anat.* Parte curva del esqueleto que sostiene, cubre o encierra varios órganos. **4** *Arquit.* Elemento de construcción con forma curva que une dos pilares o puntos fijos. **5** *Fís.* Descarga eléctrica luminosa entre dos conductores separados por un medio aislador, con vaporización parcial de aquéllos. **6** *Mús.* Vara delgada, corva o doblada en sus extremos, en los cuales se fijan algunas cerdas que sirven para tocar instrumentos musicales de cuerda como violín, viola, violonchelo, contrabajo y antiguas violas. **7** Forma que describe una huella o impresión dactilar. || **ARCO ABOCINADO** *Arquit.* El que tiene más luz en un paramento que en el opuesto. || **ARCO APUNTADO** *Arquit.* El que consta de dos porciones de curva que forman ángulo en la clave. También se llama *ojival* o *gótico.* || **ARCO CARPANEL** *Arquit.* El que consta de varias porciones de circunferencias tangentes entre sí y trazadas desde distintos centros. || **ARCO CONOPIAL** *Arquit.* El muy rebajado y con una escotadura en el centro de la clave que lo hace semejante a un pabellón o cortinaje. || **ARCO CRUCERO** *Arquit.* El que une en diagonal dos ángulos en la bóveda por arista. || **ARCO ESCARZANO** *Arquit.* El que es menos que la semicircunferencia del mismo radio. || **ARCO FAJÓN** *Arquit.* ARCO PERPIAÑO. || **ARCO FORMERO** *Arquit.* Cada uno de los que dan forma a la bóveda de medio cañón. || **ARCO DE HERRADURA** *Arquit.* El que tiene más de media circunferencia y cuyos arranques vuelan tanto como la imposta. También se llama combado, bizantino o morisco. || **ARCO IRIS** *Meteor.* Arco de colores que a veces se forma en las nubes cuando el sol, a espaldas del espectador, refracta y refleja su luz en la lluvia. También se observa este arco en las cascadas y pulverizaciones de agua bañadas por el sol en determinadas posiciones. Se compone de los colores rojo, anaranjado, amarillo, verde, azul, añil y violeta. || **ARCO LOBULADO** *Arquit.* El que presenta en su borde una serie de arquillos enlazados a modo de dientes. Es peculiar del arte árabe. || **ARCO DE MEDIO PUNTO** *Arquit.* El que consta de una semicircunferencia. Muy usado en el arte romano, en el románico y en el renacentista. || **ARCO PERALTADO** *Arquit.* El formado por un semicírculo cuyos extremos se continúan por rectas. || **ARCO PERPIAÑO** *Arquit.* El resaltado a manera de cincho en la parte interior del cañón de una nave. || **ARCO REFLEJO** *Anat.* Unidad funcional del sistema nervioso, compuesta por una neurona aferente a través de la cual llegan los impulsos sensoriales al centro nervioso, y una neurona eferente, por la que salen las respuestas motoras hasta los órganos periféricos correspondientes. || **ARCO TRIUNFAL** *Arquit.* Monumento compuesto de uno o varios arcos, adornado con obras de escultura y erigido en honor de un ejército o de su caudillo, para conmemorar victorias señaladas. || **ARCO VOLTAICO** *Fís.* Flujo de chispas en el punto donde se interrumpe un circuito eléctrico con un intervalo pequeño.

Giuseppe **Arcimboldo.** *El verano.* Museo del Louvre (París).

ARCO, JUANA DE JUANA DE ARCO, SANTA.

ARCOBRICENSE adj. y com. De Arcos de la Frontera.

ARCONTADO m. *Hist.* Forma de gobierno que, en Atenas, sustituyó a la monarquía, a mediados del siglo VII a. C., y en la cual, tras varias vicisitudes, el poder supremo residía en nueve jefes, llamados arcontes, que cambiaban todos los años.

ARCONTE m. *Hist.* Nombre con que se designa a los magistrados principales de una ciudad-Estado griega. El cargo empezó a ser importante hacia el 1000 a. C., tras la muerte del rey Codro. Su poder empezó a decaer a finales del siglo V a. C.

ARCOSA f. *Geol.* Roca sedimentaria del grupo de las areniscas, rica en feldespatos. Se emplea como piedra de construcción y para empedrados.

ARDASHIR I Rey persa (?, h. 226-?, h. 241). Fundador de la dinastía sasánida, dirigió la rebelión persa contra el dominio parto y extendió sus dominios por Azerbaiyán, Media, Hircania, Margiana y Armenia.

ÁRDEA f. *Zool.* ALCARAVÁN.

ARDEBIL o **ARDABIL** Ciudad de Irán, provincia de Azerbaiyán Oriental; 329.869 h. Produce cereales y frutos secos. Fabricación de tapices.

ARDÈCHE Departamento del SE de Francia en la región de Rhône-Alpes; 5.529 km² y 286.023 h. Su capital es Privas. Cultivos de vid y frutales.

ARDEIDO, DA adj. *Zool.* **1** Se aplica a las aves zancudas ciconiformes, como las garzas y los avetoros. || f. pl. *Zool.* **2** Familia de estas aves.

ARDEN, JOHN Dramaturgo inglés (Barnsley, 1930). Sus obras constituyen una crítica satírica contra el militarismo y el autoritarismo: *All Fall Down* (1955), *Sergeant Musgrave's Dance* (1959), *Left-handed Liberty* (1965), *Silence Among the Weapons* (1982) y *Books of Bale* (1988).

ARDENAS *(Ardennes)* Departamento de Francia, en la región de Champaña-Ardenas; 5.229 km² y 292.130 h. Su capital es Charleville-Mézières.

ARDENAS *(Ardennes)* Macizo montañoso europeo que se extiende entre el NE de Francia, SE de Bélgica y Luxemburgo; 400 m de altura media. Durante la Segunda Guerra Mundial tuvo lugar una batalla en la que las tropas alemanas penetraron 100 km en suelo aliado (diciembre, 1944), pero fueron detenidas por los estadounidenses y obligadas a volver al punto de origen (enero de 1945).

ARDENTÍA f. ARDOR.

ARDER intr. **1** Estar encendido. **2** fig. poét. RESPLANDECER. **3** fig. Con *de* o *en,* y tratándose de pasiones, estar muy agitado por ellas. **4** fig. Con *en,* y tratándose de discordias, ser éstas muy vivas y frecuentes. **5** Experimentar ardor alguna parte del cuerpo. || tr. y prnl. **6** ABRASAR, quemar.

ARDID m. Artificio empleado para lograr o eludir alguna cosa.

ARDIDO, DA adj. Valiente, denodado.

ARDIENTE adj. 1 Que arde. 2 Fervoroso, activo, eficaz. 3 Apasionado, vehemente.

ARDIGÒ, ROBERTO Filósofo y sociólogo italiano (Casteldidone, 1828 - Mantua, 1920). Es considerado el fundador del positivismo italiano y uno de sus principales representantes. Obras principales: *Psicologia come scienza positiva* (1870), *La morale dei positivisti* (1878), *La ragione* (1895) y *L'unità della coscienza* (1898).

ARDILLA f. *Zool.* Nombre común de las 200 especies de mamíferos roedores arborícolas de las familias esciúridos y anomalúridos, caracterizados por su cola tupida y las patas posteriores fuertes y largas.

ARDITE m. 1 Moneda de poco valor que hubo antiguamente en Castilla. 2 fig. Cosa insignificante, de poco o ningún valor.

ARDOR m. 1 Calor intenso. 2 Agitación, apasionamiento. 3 Intrepidez, valentía. 4 fig. Brillo, resplandor. 5 fig. Ansia, anhelo. || **ARDOR DE ESTÓMAGO** Acidez de estómago.

ARDOROSO, SA adj. 1 Que tiene ardor. 2 fig. Ardiente, vigoroso, eficaz.

ARDS Distrito del Reino Unido, en Irlanda del Norte; 361 km^2 y 64.026 h.

ARDUO, DUA adj. Muy difícil.

ÁREA f. 1 Espacio de tierra comprendido entre ciertos límites. 2 TERRENO, campo o esfera de acción. 3 TERRENO, orden de materias o de ideas de que se trata. 4 *Dep.* En determinados juegos, zona marcada delante de la meta, dentro de la cual son castigadas con sanciones especiales las faltas cometidas por el equipo que defiende aquella meta. 5 *Ecol.* Espacio en que se produce determinado fenómeno o que se distingue por ciertos caracteres geográficos, botánicos, zoológicos, económicos, etc. 6 *Fís.* Espacio que rodea a un emisor y su antena. 7 *Geom.* Medida de superficie que equivale a un cuadrado de 10 metros de lado. Se representa por la letra *a*. 8 *Geom.* Superficie comprendida dentro de un perímetro. 9 *Geom.* Extensión de dicha superficie expresada en una determinada unidad de medida.

ARECA f. *Bot.* 1 Palma de la familia arecáceas, de nombre científico *Areca catechu*. Tiene el tronco delgado y flores pequeñas envueltas en la axila por una espata prominente. 2 Fruto de esta planta usado en Filipinas para hacer buyo.

ARECHE, JOSÉ ANTONIO Funcionario colonial español (s. XVIII). En 1776 Carlos III lo nombró visitador general del virreinato de Perú, Chile y provincias del Río de la Plata. Aumentó los impuestos y su gestión fue una de las causas de la sublevación de Túpac Amaru, que Areche reprimió con dureza.

ARECIBO Río de Puerto Rico, que nace en la cordillera Central y desemboca en el Atlántico; 64 km de curso. Central hidroeléctrica.

AREFACCIÓN m. Acción y efecto de secar o secarse algo al aire.

AREILZA Y MARTÍNEZ DE RODAS, JOSÉ MARÍA DE, CONDE DE MOTRICO Político y diplomático español (Portugalete, 1909 - Madrid, 1998). Fue alcalde de Bilbao (1937-38), ministro de Asuntos Exteriores (1975-76), diputado (1979-82) y presidente de la asamblea parlamentaria del Consejo de Europa (1981-83). Miembro de la Real Academia Española desde 1987, es autor de *Embajadores sobre España* (1946), *Escritos políticos* (1968), *Cuadernos de la transición* (1983) y *A lo largo del siglo, 1909-1991* (1992).

AREITO m. *Ant.* Canto y danza populares de los antiguos indios de las Grandes Antillas en sus fiestas.

AREL m. Criba grande para limpiar el trigo en la era.

ARENA f. 1 *Geol.* Sedimento de partículas desagregadas de las rocas, con un tamaño de grano entre 1,6 y 2 mm. Compuesta mayoritariamente por granos redondeados de cuarzo. Se sedimentan rápidamente en el agua y pueden ser separadas por filtración. 2 *Miner.* Metal o mineral reducido a partes muy pequeñas. 3 fig. Lugar del combate o la lucha. 4 *Taurom.* Redondel de la plaza de toros. || f. pl. *Med.* 5 Piedrecitas o concreciones pequeñas que se encuentran en la vejiga. || **ARENA MOVEDIZA** *Geol.* La que, por la humedad y la forma de sus granos, constituye una masa en que pueden hundirse los cuerpos de algún peso hasta sumirse en ella. También en pl.

ARENAL m. *Geol.* 1 Suelo de arena movediza. 2 Extensión grande de terreno arenoso.

ARENERO, RA m. y f. 1 Persona que vende arena. || m. 2 Caja en la que las locomotoras llevaban arena para soltarla sobre los carriles en caso de necesidad. 3 *Taurom.* Mozo que cuida la arena del ruedo durante la lidia.

ARENGA f. 1 Discurso pronunciado ante una multitud con el fin de enardecer los ánimos. 2 fig. y fam. Razonamiento largo, impertinente y enfadoso. 3 fig. *Chile* Pendencia de palabras.

ARENGAR intr. y tr. Pronunciar una arenga.

ARENÍCOLA adj. y com. Que vive en la arena.

ARENILLA f. 1 Arena menuda que se echaba en los escritos recientes para que no se borrasen. 2 *Med.* CÁLCULO de la vejiga, de muy pequeño tamaño.

ARENISCA f. *Geol.* Roca detrítica sedimentaria formada con granillos de cuarzo unidos por un cemento silíceo, arcilloso, calizo o ferruginoso.

ARENISCO, CA adj. Que tiene mezcla de arena.

ARENQUE m. *Zool.* Pez marino teleósteo, de la familia clupeidos y nombre científico *Clupea harengus*. Mide unos 25 cm de longitud, tiene color azulado por el dorso y plateado por el vientre. Vive en las aguas frías del Atlántico N, formando cardúmenes. Es un alimento muy apreciado.

AREOLA o **ARÉOLA** f. 1 *Anat.* Círculo rojizo algo moreno que rodea el pezón del pecho. 2 *Biol.* Zona del iris en contacto con la pupila, en el ojo de los vertebrados. 3 *Med.* Círculo rojizo que limita ciertas pústulas.

AREÓMETRO m. *Fís.* Instrumento que sirve para determinar las densidades relativas o los pesos específicos de los líquidos, o de los sólidos por medio de los líquidos.

AREOPAGITA m. Juez del Areópago.

AREÓPAGO m. Grupo de personas a quienes se atribuye autoridad para resolver ciertos asuntos.

AREÓPAGO *Hist.* Tribunal superior de la antigua Atenas. Recibió este nombre por tener su sede en una colina homónima de la Acrópolis, consagrada a Ares y a las Euménides. Desde el siglo XI hasta la publicación del código de Dracón (621 a. C.), tuvo autoridad legal y religiosa. Adquirió un gran prestigio durante la invasión persa (480 a. C.) pero la reforma democrática debilitó su influencia.

AREPA f. Pan de forma circular que se usa en América, compuesto de maíz sancochado, majado y pasado por tamiz, huevos y manteca, y cocido al horno.

AREQUIPA 1 Departamento meridional de Perú; 63.344 km^2 y 1.035.773 h. Se divide en ocho provincias: Arequipa, Camaná, Caravelí, Castilla, Caylloma, Condesuyos, Islay y La Unión. Producción de cereales, algodón y caña de azúcar. Importante ganadería, con gran número de alpacas y llamas. Yacimientos de oro, plata y cobre. Minas de carbón. 2 Ciudad capital del mismo, situada en el valle del Chili, al pie del volcán Misti; 619.156 h. Es el centro más importante de toda la zona del S de los Andes. Importante industria textil y alimentaria. Refinerías de azúcar. Central térmica. Lugar de atracción turística. Universidad Nacional, fundada en 1828. Fue fundada por Pizarro en 1540 con el nombre de *Villa Hermosa de la Asunción*.

AREQUIPEÑO, ÑA adj. y s. De Arequipa.

ARES *Mit.* Hijo de Zeus y Hera. Es el dios de la guerra, llamado por los latinos *Marte*. Es famoso por los amores que mantuvo con Afrodita y por el engaño al que fue sometido por el esposo de ésta, Hefesto, cuando los sorprendió juntos.

ARESTÍN o **ARESTIL** m. 1 *Bot.* Planta de la familia umbelíferas, de unos 30 cm de altura y hojas con púas en los bordes y en el cáliz de la flor; es de color azul. 2 *Med.* Sarpullido acompañado de intenso prurito.

ARETE m. Arillo de metal, que se lleva como adorno, generalmente atravesado en el lóbulo de las orejas.

ARETEO DE CAPADOCIA Médico griego (s. II). Describió la parálisis cerebral, la pleuritis y la diabetes, enfermedad a la que dio nombre.

ARETILLO m. *Bot. Cuba* Árbol silvestre de la familia mirsináceas, cuya madera se usa en carpintería.

ARETINO, NA adj. y s. De Arezzo.

ARETINO, EL BRUNI, LEONARDO.

ARETINO, PIETRO (PIETRO LUCA o BACCI, llamado) Escritor italiano (Arezzo, 1492 - Venecia, 1556). Sus composiciones son atrevidas, críticas y licenciosas. Autor de *Sonetos lujuriosos* (h. 1924), *La cortigiana* (1526), *Il marescalco* (1533), *Il filosofo* (1546), comedias; y *Orazia* (1546), tragedia. También escribió *I Ragionamenti* (1536-56).

ARETXABALETA ARECHAVALETA.

ARETZ-THIELE, ISABEL Musicóloga y compositora argentina (Buenos Aires, 1909). Discípula de H. Villa-Lobos, profundizó en el estudio del folclore argentino. Entre sus composiciones destaca la suite para orquesta *Puneñas*.

ARÉVACO, CA adj. y s. *Hist.* 1 Se dice del individuo de un pueblo hispánico prerromano que habitaba en la zona del alto Duero y en parte de las actuales provincias de Guadalajara, Segovia, Ávila, Burgos, Soria y Logroño. Numancia, una de sus principales ciudades, fue sitiada por los romanos en el año 133 a. C.; su caída, tras 18 meses de asedio, supuso el fin de la resistencia celtíbera a Roma. 2 Se dice también de los individuos pertenecientes a este pueblo. También s. 3 Perteneciente o relativo a este pueblo.

ARÉVALO, JUAN JOSÉ Político y pedagogo guatemalteco (Taxisco, 1904 - Guatemala, 1990). Como presidente de la República (1945-51) mantuvo una postura anticolonialista y antidictatorial.

ARÉVALO MARTÍNEZ, RAFAEL Escritor guatemalteco (Quezaltenango, 1884 - Ciudad de Guatemala, 1975). Adscrito al modernismo, creó una forma original de expresión, llamada «psicozoológica», creando analogías entre los comportamientos animal y humano *(El hombre que parecía un caballo,* 1914). Obras: *Maya* (1911), *La signatura de la esfinge* (1933), *Viaje a Ipanda* (1939), *Los duques de Endor* (1940), *Nietzsche, el Anticristo* (1942) y *Hondura* (1946).

AREZZO Provincia de Italia, en Toscana; 3.232 km^2 y 316.735 h. Su capital es la ciudad del mismo nombre.

AREZZO, GUIDO D' Monje y teórico musical italiano (Arezzo, 995 - Avellano, 1050). Perteneciente a la orden benedictina, ideó un nuevo método de notación musical en el que empleó el pentagrama dividido en líneas y espacios. Dio nombre a las seis primeras notas de la escala *(ut, re, mi, fa, sol, la),* utilizando las primeras sílabas de un himno dedicado a San Juan Bautista *(Ut queant laxis...).*

ARFE, ARPHE, HARF o **HARFE** *Geneal.* Familia de orfebres españoles, de origen alemán, de los siglos XV y XVI. En ella destacan Enrique Arfe (h. 1475-1545), autor de las custodias de las catedrales de León (hoy perdida), Córdoba, Toledo y Sahagún; Antonio Arfe (1510-78), autor de la custodia de la catedral de Santiago, de estilo plateresco; y Juan Arfe (1535-1603), que realizó las custodias de las catedrales de Ávila, Sevilla, Burgos, Valladolid y Osma.

ARGA Río de España, de la cuenca del Ebro, que desemboca en el Aragón; 151 km de curso.

ARGALÍ m. *Zool.* Mamífero artiodáctilo rumiante de la familia bóvidos, de nombre científico *Ovis ammon.* Carnero salvaje de pelo gris rojizo por el dorso y blanco en el vientre. En el macho los cuernos adquieren un gran desarrollo. Habita formando grupos en las regiones montañosas de Asia.

ARGALLERA f. Serrucho curvo para labrar canales en redondo, y para labrar los cubos y toneles.

ARGAMASA f. Mortero hecho de cal, arena y agua, que se emplea en las obras de albañilería.

ARGÁN m. *Bot.* ERGUÉN.

ARGANEL m. *Astron.* Círculo pequeño de metal que forma parte del astrolabio.

ARGANEO m. Argolla de hierro en el extremo superior de la caña del ancla.

ARGANTONIO Rey legendario de Tartessos (s. VII-VI a. C.). Según Herodoto, reinó entre 630 y 550 a. C. Ayudó a los griegos focenses a fundar la colonia de Mainake, cerca de Málaga. Su reinado fue el de mayor esplendor de la cultura tartésica.

ARGAÑA f. *Bot.* 1 Filamentos de la espiga. 2 Hierba mala.

ARGAR, EL *Arqueol.* Cultura prehistórica de la Edad del Bronce, que se desarrolló en una altiplanicie de la orilla izquierda del río Antas, en la provincia de Almería (España). Se caracteriza por sus inhumaciones en grandes vasijas, cestas y fosas; los ajuares formados por cerámicas, cuencos, vasijas carenadas y ollas con el fondo ovoidal; las espadas a modo de grandes puñales; los objetos de cobre del adorno femenino, etc. Esta cultura se extendió hasta Cataluña, por un lado, y por otro hasta Portugal, Galicia y Asturias.

ARGAYA f. *Bot.* ARGAÑA, filamentos de la espiga.

ARGEL *(Algiers)* 1 Vilaya de Argelia; 1.690.191 h. 2 Ciudad capital de Argelia y de la vilaya de su nombre; 1.507.241 h. Fábrica de tapices, producción de esparto y papel; industria del vino. Primitiva factoría cartaginesa, denominada *Icósium* en la época romana, fue destruida por vándalos y árabes. En el siglo XVI fue el centro de la actividad de los piratas del Mediterráneo y punto de conexión con los moriscos y los turcos, por lo que la monarquía hispana intentó su conquista, sin éxito. En 1830 los franceses tomaron la ciudad. Durante la Segunda Guerra Mundial desembarcaron en ella los norte-americanos y hasta 1944 fue sede del comité francés de liberación nacional. Importante foco rebelde durante la guerra de liberación argelina, conoció el terrorismo de la OAS desde 1961 hasta la independencia de Argelia.

ARGELIA *(Al-Jumhurya al-Jaz'irya ad-dya sh-sha'bya)* Estado septentrional de África que limita al N con el Mediterráneo; al E, con Tunicia y Libia; al S, con Níger, Malí y Mauritania, y al O, con Marruecos.

GEOG. El suelo argelino está constituido por dos zonas bien definidas: la región del Atlas al N, y una gran región mesetaria al S, con el Erg (oriental y occidental), desierto que se prolonga hasta el Sahara. Sus costas son elevadas, rocosas y quebradas. El clima es cálido en el N y tórrido en el S. Los ríos son muy cortos, de brusca pendiente y curso muy irregular en la región del Atlas e inexistentes en el S. La economía está basada en el petróleo y en el gas natural. Posee asimismo riquísimos yacimientos de hierro y de fosfatos, si bien los minerales argelinos se exportan debido a falta de una metalurgia local. La agricultura tradicional de pequeñas explota-

ARGELIA

Superficie: 2.381.741 km².
Población: 30.554.000 h. (argelinos).
Densidad: 12,8 h./km².
Tasa de natalidad: 27‰.
Tasa de mortalidad: 5,5‰.
Capital: Argel.
Ciudades principales: Orán, Constantina, Annaba, Batna.
Grupos étnicos: árabes (80%), bereberes (20%).
Religión: islamismo.
Idioma: árabe (oficial), francés y bereber.
Moneda: dinar argelino.
Forma de Estado: república popular.
Producto Nacional Bruto: 46.389 millones de dólares.
Renta per cápita: 1.550 dólares.
División administrativa: 48 vilayas, según cuadro.

ARGELIA

Vilayas	Superficie (km²)	Población (h.)	Capitales
Adrar	422.498	313.417	Adrar
Aïn Defla	4.557	658.897	Aïn Defla
Aïn Temouchent	2.491	337.570	Aïn Temouchent
Annaba	1.196	559.898	Annaba
Argel	263	2.423.694	Argel
Batna	12.121	987.475	Batna
Béchar	163.000	232.012	Béchar
Béjaïa	3.280	836.301	Béjaïa
Biskra	16.327	568.701	Biskra
Blida	1.597	796.616	Blida
Bordj Bou Arreridj	4.136	561.471	Bordj Bou Arreridj
Bouira	4.572	637.042	Bouira
Boumerdes	1.619	608.806	Boumerdes
Constantina	2.150	807.371	Constantina
Djelfa	23.328	805.298	El-Djelfa
Ech-Cheliff	4.205	874.917	Ech-Cheliff
El-Bayadh	79.912	172.957	El-Bayadh
El-Oued	73.200	525.083	El-Oued
El-Tarf	3.144	350.789	El-Tarf
Ghardaïa	87.000	311.678	Ghardaïa
Guelma	4.291	444.231	Guelma
Illizi	260.000	34.189	Illizi
Jijel	2.350	582.265	Jijel
Kenchela	10.596	345.009	Kenchela
Laghouat	25.403	326.862	Laghouat
Mascara	5.846	651.239	Mascara
Médéa	8.834	859.273	Médéa
Mila	3.490	663.578	Mila
Mostaganem	1.977	636.884	Mostaganem
M'Sila	17.852	835.701	M'Sila
Naama	30.801	131.846	Naama
Orán	2.114	1.208.171	Orán
Ouargla	280.000	444.683	Ouargla
Oum El-Bouaghi	6.259	529.540	Oum El-Bouaghi
Relizane	5.016	646.175	Relizane
Saïda	6.129	313.351	Saïda
Sétif	6.648	1.299.116	Sétif
Sidi Bel-Abbès	9.258	535.634	Sidi Bel-Abbès
Skikda	4.120	793.146	Skikda
Souk Ahras	4.345	365.106	Souk Ahras
Tamanrasset	570.000	138.704	Tamanrasset
Tbessa	14.984	565.125	Tbessa
Tiaret	19.921	772.194	Tiaret
Tindouf	153.000	27.053	Tindouf
Tipaza	2.072	507.959	Tipaza
Tissemsilt	3.477	274.380	Tissemsilt
Tizi-Ouzou	3.025	1.100.297	Tizi-Ouzou
Tlemcen	9.335	873.039	Tlemcen

ciones se opone a la agricultura comercial y de mercado, que utiliza las más modernas técnicas de cultivo y que está especializada en la producción de trigo, vid y agrios. La industrialización acelerada de las últimas décadas se basa en la creación de industrias de base, o de aquellas ligadas a la transformación de los productos agrícolas. Los polos industriales se localizan a orillas del Mediterráneo, en Orán, Arzew, Argel y Annaba. La industria artesana produce labores de orfebrería, cerámica y, sobre todo, tapices, que dan origen a una importante corriente de exportación.

HIST. Ocupada desde tiempos remotos por bereberes, fue conquistada por fenicios, cartagineses, romanos y bizantinos; cayó en poder de los árabes en el siglo VII y desde 1518 hasta 1830 estuvo bajo dominio turco. Durante el siglo XVI fue nido de piratas. En 1830 Francia empezó su conquista. El régimen político que se impuso estableció una segregación entre los colonos y la población autóctona. Durante la Segunda Guerra Mundial, fue uno de los centros más activos de la resistencia francesa. En 1954 comenzó a tomar forma el movimiento nacionalista encabezado por el Frente de Liberación Nacional (FLN), que protagonizó sucesivas insurrecciones hasta 1962, año en que obtuvo la independencia e ingresó en la ONU. Ben Bella fue elegido presidente de la Asamblea Nacional (1962) y de la República (1963). Derrocado por un golpe de Estado, le sucedió en 1965 Huari Bumedian, que se mantuvo en el cargo hasta su muerte en 1978. Chadli Benjedid fue elegido presidente en 1979 y reelegido en 1984. En 1986 se aprobó una nueva Constitución y en 1988 se pusieron en marcha una serie de reformas democratizadoras. En diciembre de 1991 se celebraron las primeras elecciones legislativas democráticas, en cuya primera vuelta obtuvo la victoria el Frente Islámico de Salvación (FIS), partido integrista islámico. Para evitar la llegada al poder del FIS, a principios de 1992 el ejército argelino dio un «autogolpe» de Estado. El presidente Benjedid dimitió y se creó un Comité de Estado que situó en la presidencia del país a Mohamed Budiaf, líder histórico de la revolución argelina. Se inició una ola de violencia en todo el país, protagonizada fundamentalmente por el Grupo Islámico Armado (GIA); entre sus víctimas se incluye el propio presidente Budiaf, a quien sustituyó Ali Kafi. Ante el incremento indiscriminado de la violencia, Ali Kafi fue destituido y Liamin Zerual, partidario de la negociación con el FIS, lo sustituyó en la presidencia del país. En las elecciones presidenciales de 1995, Zerual obtuvo la mayoría de los votos y nombró primer ministro a Ahmed Uyahia. En los comicios de junio de 1997 triunfó la Agrupación Nacional Democrática (RND). Uyahia, confirmado en su cargo, formó un nuevo gobierno con representantes de los dos partidos gubernamentales: RND y FLN. Desde entonces, las matanzas masivas e indiscriminadas de civiles, protagonizadas por los grupos integristas islámicos, se recrudecieron. En 1998 dimitió Uyahia y fue sustituido por Ismail Hamdani. En abril de 1999 se celebraron elecciones presidenciales en las que ganó Abdelaziz Buteflika. En diciembre dimitió Hamdani y Ahmed Benbitour pasó a encabezar el Gobierno. En 2001 se abrió un nuevo frente de tensión en la Kabila, al N del país, con sangrientos enfrentamientos entre las fuerzas de orden público y la población bereber. Tras las legislativas de 2002, Alí Benflis fue nombrado primer ministro, susti-

tuido en el cargo en 2003 por Ahmed Ouyahia. En los comicios presidenciales de abril de 2004, Abdelaziz Buteflika resultó revalidado.

ARGELINO, NA adj. y s. De Argelia o de Argel.
ARGENTADO, DA adj. PLATEADO.
ARGENTAR tr. PLATEAR.
ARGÉNTEO, A adj. **1** De plata. **2** Bañado de plata. **3** fig. De brillo como la plata o semejante a ella.
ARGENTERO m. PLATERO.
ARGENTEUIL Ciudad de Francia, en el departamento de Val-d'Oise, al NO de París, de cuya aglomeración urbana forma parte; 94.019 h.
ARGENTÍFERO, RA adj. Quím. Que contiene plata.
ARGENTINA *(República Argentina)* Estado de América del Sur que limita al N con Paraguay y Bolivia; al E, con el océano Atlántico, Uruguay y Brasil; al O, con Chile, y al S, con Chile y el océano Atlántico.

GEOG. El lado occidental del país lo constituye la cordillera de los Andes (Aconcagua, 6.959 m) y en el resto destacan las llanuras del Chaco y pampeana, y la meseta de la Patagonia, recorridas por ríos como el Paraná-Río de la Plata y sus afluentes Paraguay, Pilcomayo, Salado y Uruguay. En el S destacan los ríos Colorado y Negro. En los Andes aparece la región de los lagos entre los que destaca el de Nahuel Huapi. Los climas varían desde el semidesértico del N, al oceánico de la costa, el continental del interior y el polar del extremo S y de las cumbres andinas. La vegetación dominante es la pradera herbácea, especialmente en la llanura pampeana, origen de una tradicional explotación ganadera. El país está poco poblado y con un reparto muy desigual. El 86,2% de su población vive en las ciudades. La actividad económica argentina tiene como base la agricultura y la ganadería. La producción agrícola es fundamentalmente cerealista, con trigo, maíz, avena, cebada, sorgo, soja, patatas, tabaco, frutas, algodón y vino. Buena parte de estos productos se dedican a la exportación. La ganadería tiene amplia representación en los bovinos, ovinos y caballos. Abundantes recursos mineros. Destacan el petróleo, el plomo, hierro, gas natural, etc. Importante pesca. Entre sus industrias, sobresalen la alimentaria, textil, papelera, automovilística, petroquímica y mecánica. Las materias primas, especialmente cereales, carne, soja, lana y cuero, constituyen sus principales exportaciones.

HIST. En el periodo precolombino el territorio argentino estaba habitado por diversas tribus: diaguitas y calchaquíes, en los valles del N; puelches y pampas, en la zona central; tehuelches, a quienes los españoles llamaron patagones por sus grandes pies, en la Patagonia, y onas, alacalufes y yámanas en la Tierra del Fuego. El NO argentino estuvo muy influido por la civilización incaica. En 1516 Juan Díaz de Solís descubrió el Río de la Plata. En 1520 Magallanes llegó al Río de la Plata y, en 1527, Sebastián Caboto remontó el río Paraná y fundó el fuerte de Sancti Spíritus. En 1536 Pedro de Mendoza llegó al Plata y fundó la ciudad de Santa María del Buen Aire. Juan de Salazar fundó un asiento que sería el origen de la ciudad de Asunción (1537), que, a partir de 1541, se convirtió en el centro de la colonización del Río de la Plata. Juan de Garay fundó Santa Fe en 1573 y, por segunda vez, Buenos Aires (1580), cerca del antiguo emplazamiento. En el periodo colonial, el territorio argentino comenzó siendo una amplia gobernación perteneciente al virreinato del Perú. En 1617 se dividió en dos gobernaciones, Paraguay, con capital en Asunción, y el Río de la Plata, en Buenos Aires. En el N del Chaco, el alto Paraná y la zona de Misiones, los jesuitas desarrollaron desde 1585 una importante labor evangelizadora. La actividad de los portugueses desde Brasil llevó a la corona española a la necesidad de crear el virreinato del Río de la Plata, con capital en Buenos Aires. A partir de entonces, se fue produciendo el auge del puerto bonaerense y de la ganadería pampeana, mientras las regiones del interior caían en el olvido. En 1810 se convocó un cabildo abierto en Buenos Aires, donde decidieron cesar al virrey y crear una junta gubernativa provisional formada por *patriotas* (partidarios de la independencia) al mando de Saavedra. Durante la guerra de la Independencia quedaron constituidos, a grandes rasgos, los límites actuales del territorio argentino, con la separación del Alto Perú (Bolivia) y el Paraguay. En 1816 se reunió el Congreso de Tucumán, que proclamó la independencia de las Provincias Unidas del Río de la Plata. El general José de San Martín emprendió el cruce de los Andes y liberó del dominio realista a Chile (1818) y Perú (1821). En 1817 comenzó el periodo de las guerras civiles. A partir de 1820, y salvo por la breve presidencia de Rivadavia, cada provincia reasumió su soberanía. Después de la guerra con Brasil (1824-28), la Banda Oriental se constituyó en estado independiente (Uruguay). En 1829 Juan Manuel Rosas, partidario del federalismo, tomó el poder e inició una férrea dictadura; además, fue extendiendo su influencia por el resto de los territorios. En 1852 el gobernador de Entre Ríos, Justo José de Urquiza, apoyado por tropas uruguayas y brasileñas, venció a Rosas en la batalla de Caseros. Por iniciativa de Urquiza se elaboró una Constitución federal, aunque establecía la centralización y autoridad del gobierno nacional, y localizaba la capital en Paraná. La invasión por parte de Paraguay de la provincia de Corrientes, en 1865, llevó a que Brasil, Uruguay y Argentina crearan la Triple Alianza contra Paraguay. Domingo Faustino Sarmiento impulsó la instrucción pública y la administración estatal, y Nicolás Avellaneda llevó a cabo victoriosas campañas contra los indios del S. Con su sucesor, el conservador Julio Argentino Roca, se inició un periodo de prosperidad económica y política. Solucionó el problema de la capitalidad, creando el territorio federal de Buenos Aires, y pasando a ser La Plata capital de la provincia de Buenos Aires. En 1890 se produjo una crisis económica que dio lugar a una revuelta popular. De ella surgió un nuevo partido, la Unión Cívica Radical, a la vez que aparecían las primeras asociaciones obreras. En 1910 asumió la presidencia Roque Sáenz Peña, que impulsó una reforma electoral que permitió que en las elecciones de 1916 saliera elegido el candidato de la UCR, Hipólito Yrigoyen. Se inició una política de reforma social, continuada por su sucesor, Marcelo T. de Alvear. En 1928, Yrigoyen fue nuevamente elegido presidente. En 1930 se produjo una rebelión militar que llevó al poder al general Uriburu, quien persiguió a radicales y opositores al régimen. Los gobiernos sucesivos acentuaron su conservadurismo y se vieron envueltos en elecciones fraudulentas. Al comienzo de la Segunda Guerra Mundial, Argentina se declaró neutral. En 1943, un movimiento militar derrocó al presidente Castillo. El general Ramírez, presionado por los EE UU, declaró la guerra a Alemania y Japón. La figura de Juan Domingo Perón, secretario de Trabajo en el gobierno de Edelmiro Farrell, fue haciéndose popular gracias a medidas en favor de los trabajadores y sus sindicatos. En las elecciones de 1946 obtuvo el 55% de los votos. Durante su mandato se concedió el voto a las mujeres, se aumentaron los salarios y se nacionalizaron los servicios públicos, pero se mantuvo una política dura hacia los movimientos de oposición. En 1955 el general Eduardo Lonardi se hizo con el poder. Una vez restaurado el régimen constitucional, el candidato Arturo Frondizi resultó vencedor en las elecciones. Se puso en marcha un plan que no logró frenar la crisis económica. En 1962 los militares derrocaron a Frondizi, y en 1963 se convocaron nuevas elecciones, de las que fueron excluidos los candidatos peronistas y que dieron la victoria al radical Arturo Illía

Superficie:
2.791.810 km² (continental sudamericana),
965.597 km² (antártica),
3.867 km² (islas australes); total: 3.761.274 km².
Población: 36.580.000 h. *(argentinos).*
Densidad: 11,7 h./km² (sector continental).
Tasa de natalidad: 19,2‰.
Tasa de mortalidad: 7,6‰.
Capital: Buenos Aires.
Ciudades principales: Córdoba, Rosario, La Plata, Mar del Plata, San Miguel de Tucumán, Santa Fe, Resistencia, Corrientes.
Religión: catolicismo (90,9%).
Idioma: español.
Moneda: peso.
Forma de Estado: república federal.
Producto Nacional Bruto: 278.431 millones de dólares.
Renta per cápita: 8.030 dólares.
División administrativa: 23 provincias y 1 distrito federal, según cuadro.

Argentina. Néstor Kirchner, presidente del país desde 2003.

ARGENTINA

Provincia / Distrito federal	Superficie (km²)	Población (h.)	Capitales
Buenos Aires	307.571	14.048.000	La Plata
Catamarca	102.602	313.000	San Fernando del Valle de Catamarca
Chaco	99.633	941.000	Resistencia
Chubut	224.686	438.000	Rawson
Córdoba	165.321	3.059.000	Córdoba
Corrientes	88.199	910.000	Corrientes
Entre Ríos	78.781	1.105.000	Paraná
Formosa	72.066	493.000	Formosa
Jujuy	53.219	594.000	San Salvador de Jujuy
La Pampa	143.440	301.000	Santa Rosa
La Rioja	89.680	273.000	La Rioja
Mendoza	148.827	1.588.000	Mendoza
Misiones	29.801	973.000	Posadas
Neuquén	94.078	540.000	Neuquén
Río Negro	203.013	607.000	Viedma
Salta	155.488	1.045.000	Salta
San Juan	89.651	574.000	San Juan
San Luis	76.748	355.000	San Luis
Santa Cruz	243.943	202.000	Río Gallegos
Santa Fe	133.007	3.069.000	Santa Fe
Santiago del Estero	136.351	721.000	Santiago del Estero
Tierra del Fuego, Antártida e islas del Atlántico Sur	1.002.445	110.000	Ushuaia
Tucumán	22.524	1.278.000	San Miguel de Tucumán
Distrito Federal	200	3.043.000	Buenos Aires

ARGENTINA

En 1966 las fuerzas armadas tomaron de nuevo el poder, estableciendo como presidente al general Onganía. La situación social continuó empeorando hasta que en 1971 el general Lanusse convocó elecciones democráticas. Perón, hasta entonces en el exilio, fue recibido clamorosamente. En las elecciones resultó vencedor el candidato peronista Héctor Cámpora, quien dimitió para facilitar la elección de Perón. El gobierno de éste, continuado a su muerte por María Estela Martínez, su esposa, llevó a cabo la represión de los grupos izquierdistas. La difícil situación política y económica provocó un nuevo golpe militar en 1976. Se constituyó una Junta Militar, presidida por Jorge Rafael Videla, que llevó a cabo una durísima represión contra los opositores al régimen, a la vez que la economía continuaba su deterioro. En 1981 asumió el poder Eduardo Viola, a quien sustituyó Leopoldo Galtieri a finales de 1981. El gobierno trató de unificar a los argentinos con la invasión de las islas Malvinas, pero su derrota en el conflicto bélico contra el Reino Unido aceleró la caída de la Junta Militar y el retorno al régimen democrático. En las elecciones de 1983 resultó vencedor el candidato de la Unión Cívica Radical, Raúl Alfonsín, quien promovió la celebración del juicio contra los miembros de la Junta Militar. En las elecciones de 1989 fue elegido el candidato peronista Carlos Saúl Menem. El gobierno estableció un plan para afrontar la crisis económica. Argentina se unió a Brasil, Uruguay y Paraguay para formar el Mercosur, que en 1995 firmó un acuerdo de cooperación con la Unión Europea. En 1994 se llevó a cabo una reforma de la Constitución, que ofrecía a Menem la posibilidad de presentarse a las elecciones celebradas en 1995, en las que obtuvo un nuevo éxito. En las elecciones de octubre de 1999 venció el candidato de la alianza opositora, Fernando de la Rúa. En 2000 éste tuvo que hacer frente a dos huelgas generales convocadas en protesta contra las medidas adoptadas por su gobierno para sanear la economía del país. En diciembre de 2001 la crisis económica obligó al gobierno, en minoría desde las elecciones parciales de octubre, a imponer el «corralito», una medida extraordinaria que limitaba la retirada de los depositos bancarios. Las generalizadas protestas ciudadanas forzaron la dimisión de De la Rúa. En el plazo de dos semanas se sucedieron en el cargo Ramón Puerta, presidente del Senado; Adolfo Rodríguez Saá, que impulsó el fin de la «dolarización» e introdujo de nuevo el peso como moneda de cambio, y Eduardo Camaño, presidente de la Cámara de Diputados. En enero de 2002 las dos cámaras designaron presidente a Eduardo Duhalde, influyente figura del peronismo. Las primeras medidas que tomó, entre las que se encontraba el mantenimiento del «corralito», no sirvieron para calmar a la población, que siguió protagonizando «caceroladas» en señal de protesta. En noviembre de ese año, el presidente decretó el final del «corralito» que se hizo efectivo a primeros de diciembre, aunque permaneció el llamado «corralón», que mantenía inmovilizados los depósitos a plazo fijo, que empezó a levantarse a principios del año siguiente. En 2003 se celebraron elecciones presidenciales. En la primera vuelta vencieron los peronistas Carlos S. Menem y Néstor Kirchner, pero tras la renuncia del primero, Kirchner fue nombrado presidente. Este mismo año se anularon las leyes de impunidad de los represores acusados de violar los derechos humanos durante la última dictadura militar.

ARGENTINA, IMPERIO (MAGDALENA NILE DEL RÍO, llamada) Actriz, cantante y bailaora hispano-argentina (Buenos Aires, 1906 - Málaga, 2003). Durante los años treinta alcanzó gran popularidad en el cine español. Películas principales: *La hermana San Sulpicio* (1934), *Nobleza baturra* (1935) y *Morena clara* (1936).

ARGENTINISMO m. Locución, giro o modo de hablar propio y peculiar de los argentinos.

ARGENTINITA, LA (ENCARNACIÓN LÓPEZ JÚLVEZ, llamada) Bailarina española de origen argentino (Buenos Aires, 1895 - Nueva York, 1945). Fue la mejor bailarina española de su época. Organizó el Ballet Español y, junto a García Lorca, fundó el Ballet de Madrid en 1932.

ARGENTINO, NA adj. **1** De la República Argentina. También s. **2** Perteneciente o relativo a esta República. **3** ARGÉNTEO. **4** Que suena como la plata o de manera semejante. || m. **5** Antigua moneda de oro de la República Argentina. || f. *Bot.* **6** Planta rosácea europea.

ARGENTINO Lago del S de Argentina (Santa Cruz); 1.415 km². Se comunica con el lago Viedma a través del río Santa Cruz.

ARGENTITA f. *Miner.* Sulfuro de plata, Ag_2S, de color gris plomo. Excelente mena de la plata por su riqueza (87%). También denominada *plata vítrea*.

ARGENTOSO, SA adj. *Quím.* Que tiene mezcla de plata.

-ARGIR-; -ARGIRIO, -ARGIRO in. o sufs. que significan plata.

ARGIVO, VA adj. y s. **1** De Argos o Argólida. **2** De la Grecia antigua.

ARGÓLICO, CA adj. y s. ARGIVO.

ARGÓLIDA Nomo de Grecia, en la región del Peloponeso; 2.154 km² y 97.250 h. Capital, Nauplia. Como región de la Grecia antigua, llegó a extenderse hasta el golfo e istmo de Corinto. Entre 1400 y 1200 a. C. fue centro de una brillante civilización; entre sus ciudades sobresalieron Argos, Micenas, Corinto y Epidauro.

ARGOLLA f. **1** Aro grueso de hierro que sirve para amarre o de asidero. **2** Juego que consiste en hacer pasar por una argolla de hierro, clavada en tierra, unas bolas de madera que se impelen con palas cóncavas. **3** fig. Sujeción, cosa que sujeta a uno a la voluntad de otro. **4** *Arg., Bol., Col., Chile* y *Guat.* Alianza de matrimonio. **5** *C. Rica* y *Perú* CAMARILLA.

ÁRGOMA f. *Bot.* AULAGA.

ARGÓN m. *Quím.* Elemento químico que forma parte del grupo de los gases nobles. Masa atómica, 39,9; número atómico, 18; símbolo, *Ar.* Es un gas incoloro, inodoro e inerte, que se encuentra en el aire (1%) y en los gases de algunas fuentes minerales.

ARGONAUTA m. **1** *Mit.* Cada uno de los héroes griegos que acompañaron a Jasón a la Cólquida, a bordo del navío *Argos*, para conquistar el *vellocino de oro*. Entre ellos se encontraban Jasón, su jefe, Teseo, Heracles, Orfeo, etc. **2** *Zool.* Molusco cefalópodo de la familia argonántidos, género *Argonauta*.

ARGOS m. *Zool.* Ave perteneciente al orden galliformes, de nombre científico *Argusianus argos*.

ARGOS Ciudad de Grecia, en el nomo de la Argólida; 20.702 h. Capital de la Argólida clásica, alcanzó su época de esplendor tras la invasión de los dorios.

ARGOS *Mit.* Príncipe argólido que tenía cien ojos. Hera le encargó la custodia de Ío, amante de Zeus, a la que éste había transformado en vaca. Hermes, por orden de Zeus, mató a Argos, y Hera colocó sus cien ojos en la cola del pavo real.

ARGOT (Voz fr.) m. **1** Jerga, jerigonza. **2** Lenguaje especial entre personas de un mismo oficio o actividad.

ARGOVIA *(Aargau)* Cantón septentrional de Suiza; 1.404 km² y 536.462 h. Capital, Aarau.

ARGUCIA f. Argumento falso presentado con agudeza.

ARGUEDAS, ALCIDES Escritor y político boliviano (La Paz, 1879 - Chulumani, 1946). Dirigente del Partido Liberal. Iniciador de la corriente indigenista, es autor de *Pueblo enfermo* (1909-10), *Raza de bronce* (1919) y *La danza de las sombras* (1934).

ARGUEDAS, JOSÉ MARÍA Escritor peruano (Andahuaylas, Apurímac, 1911 - Lima, 1969). Autor de ensayos como *La evolución de las comunidades indígenas* (1956); las novelas *Yawar fiesta* (1941) y *Los ríos profundos* (1958); y el libro de poemas *A nuestro padre creador Túpac Amaru* (1962).

ARGÜELLO, JUAN Político nicaragüense (s. XIX). Fue presidente de la República (1826-29).

ARGÜELLO, LEONARDO Político nicaragüense (León, 1875 - México, 1947). Presidente del Congreso, ministro y presidente de la República (1947).

ARGÜELLO, SANTIAGO Escritor nicaragüense (León, 1872 - Managua, 1940). Modernista en sus comienzos, luchó por la unidad espiritual de América latina. En su producción poética destacan *Ojo y alma* y *De tierra cálida;* en prosa: *Siluetas literarias* y *El divino Platón*.

ARGÜIR tr. **1** Sacar en claro, deducir como consecuencia natural. **2** Descubrir, probar. || intr. **3** Disputar impugnando la sentencia u opinión ajena. **4** Objetar. **5** ALEGAR. ♦ IRREG. Se conjuga como HUIR.

ARGUMENTACIÓN f. **1** Acción de argumentar. **2** ARGUMENTO para convencer.

ARGUMENTAL adj. Relativo al argumento.

ARGUMENTAR tr. **1** ARGÜIR, sacar en claro; descubrir, probar. || intr. y prnl. **2** ARGÜIR, impugnar la opinión ajena y poner argumentos contra ella.

ARGUMENTO m. **1** Razonamiento que se emplea para probar o demostrar una proposición, o bien para convencer a otro de aquello que se afirma o se niega. **2** Asunto o materia de que se trata en una obra. **3** Sumario que, para dar breve noticia del asunto de la obra literaria o de cada una de las partes en que está dividida, suele ponerse al principio de ellas.

ARGYLL, ARCHIBALD CAMPBELL, OCTAVO CONDE DE Noble escocés (?, 1607 - Edimburgo, 1661). Jefe de los presbiterianos, se unió a Cromwell contra Carlos I. Su ruptura con Inglaterra, el renacimiento del partido realista y la conquista de Escocia por Cromwell arruinaron su política. Fue acusado de alta traición y decapitado.

ARGYLL AND BUTE Distrito unitario del Reino Unido, en Escocia; 90.600 h.

ÅRHUS AARHUS.

-ARI suf. eusquera que significa oficio.

ARIA f. *Mús.* Composición musical para solo de voz con acompañamiento instrumental.

ARIADNA *Mit.* Antigua diosa cretense, hija de Minos, rey de Creta, y Pasífae. Entregó a Teseo un ovillo, cuyo hilo le sirvió para salir del laberinto del Minotauro, tras haberle matado. Ariadna huyó con Teseo, pero fue abandonada en la isla de Naxos.

ARIANE *Astron.* Programa espacial europeo para situar satélites de aplicaciones en órbita geoestacionaria.

ARIAS, CÉLEO Político hondureño (Goascorán, 1835 - Comayagua, 1890). Sustituyó a Medina en la presidencia de la República (1872-74).

ARIAS, ÓSCAR Político y abogado costarricense (Heredia, 1942). Fue presidente de la República (1986-90). Premio Nobel de la Paz (1987).

ARIAS DÁVILA, PEDRO PEDRARIAS DÁVILA.

ARIAS ESPINOSA, RICARDO MANUEL Político y diplomático panameño (Washington, 1912 - Ciudad de Panamá, 1993). Fue presidente de la República (1955-56), embajador en EE UU (1964-68).

ARIAS MADRID, ARNULFO Político panameño (Penonomé, 1901 - Miami, 1988). Presidente de la República (1940-41, 1949-51 y 1968).

ARIAS MADRID, HARMODIO Político panameño (Penonomé, 1886 - en vuelo entre Boston y Miami, 1962). Hermano del anterior. Miembro del Partido Liberal, fue presidente de la República (1931 y 1932-36).

ARIAS MONTANO, BENITO Erudito español (Fregenal de la Sierra, 1527 - Sevilla, 1598). Felipe II le encomendó la dirección de la traducción de la *Biblia Políglota de Amberes*. Autor de *Historia Natural*.

ARICA Ciudad de Chile, capital de la provincia homónima; 178.547 h. Puerto. Centro industrial y turístico.

ARICAR tr. Arar muy superficialmente.

ARIDECER tr., intr. y prnl. Hacer árido algo.

ARIDEZ f. **1** Calidad de árido. **2** Ausencia de agua o de humedad en el aire y en el suelo.

ARIDJIS, HOMERO Escritor mexicano (Contepec, 1940). Entre sus libros de poemas destacan *La musa roja* (1958), *Los espacios azules* (1969) y *El encantador solitario* (1973); y entre sus novelas, *Noche de independencia* (1978) y *Memorias del Nuevo Mundo* (1986).

ÁRIDO, DA adj. **1** Terreno, paisaje o ambiente seco, de poca humedad. **2** fig. Falto de amenidad. || m. pl. **3** Granos, legumbres y otras cosas sólidas a las que se aplican medidas de capacidad. **4** Material diverso que forma parte del hormigón y se emplea como material de construcción.

ARIÈGE Departamento de Francia, en la región de Midi-Pyrénées; 4.890 km² y 137.205 h. Capital, Foix.

ARIEL *Mit.* Ídolo de los moabitas. Espíritu celeste, a veces maléfico, en la literatura rabínica.

ARIEL Nombre simbólico de Jerusalén, según la Biblia.

ARIES **1** *Astrol.* Primer signo o parte del Zodiaco de 30° de amplitud, que el Sol recorre del 21 de marzo al 20 de abril. **2** *Astron.* Constelación zodiacal, situada al S de las de Andrómeda y el Triángulo Austral.

ARIETE m. Viga larga que se empleó en la Antigüedad para batir murallas; uno de sus extremos estaba reforzado con una pieza de hierro o bronce, por lo común con figura de carnero.

ARIJO, JA adj. Se aplica a la tierra delgada y fácil de cultivar.

ARILACIÓN f. *Quím.* Proceso de síntesis orgánica por el que se introducen uno o más radicales arilo en un compuesto químico.

ARILLO m. ARETE, ZARCILLO[1].

ARILO m. **1** *Quím.* Radical orgánico monovalente, que resulta al eliminar de un hidrocarburo aromático un átomo de hidrógeno. **2** *Bot.* Envoltura pilosa o carnosa de ciertas semillas.

ARIMATEA Antigua ciudad de Israel, patria de José, el que, junto con Nicodemo, dio sepultura al cadáver de Jesucristo.

ARIMEZ m. *Arquit.* Resalto que, como refuerzo o como adorno, suele haber en algunos edificios.

ARIO, RIA adj. **1** *Etnol.* y *Ling.* Se dice del individuo de un pueblo primitivo que se supone habitó en el centro de Asia en época muy remota, y del cual proceden todos los pueblos indoeuropeos. De su primitiva lengua común derivaron el sánscrito, zendo o zend y el persa, así como la mayoría de los idiomas hablados en Europa. **2** Relativo a estos individuos. **3** *Ling.* Se dice de las lenguas habladas por estos pueblos.

-ARIO suf. que indica pertenencia, relación.

ARIOBARZANES Nombre de tres reyes de Capadocia.

ARIOBARZANES I (s. I a. C.). Reinó del 93 al 63 a. C. Estuvo en guerra con los persas. Expulsado por Tigranes y Mitrídates. Fue repuesto en el trono por los romanos.

ARIOBARZANES II (s. I a. C.). Reinó del 63 al 51 a. C. Fue hijo y sucesor del anterior. Murió asesinado.

ARIOBARZANES III (s. I a. C.). Reinó del 52 al 42 a. C. Casio le acusó de conspiración y ordenó su ejecución.

ARIOBARZANES Nombre de tres soberanos del Ponto.

ARIOBARZANES I Sátrapa del Ponto (450 a. C.). Murió en una rebelión de sátrapas.

ARIOBARZANES II Rey del Ponto (s. IV a. C.). Reinó del 363 al 337 a. C. Siendo sátrapa de Frigia, se rebeló contra Artajerjes en 362 y fundó el reino del Ponto.

ARIOBARZANES III Rey del Ponto (s. III a. C.). Reinó del 266 al 240 a. C. Expulsó a Tolomeo de Egipto.

ARIÓN *Mit.* Músico y poeta legendario de Lesbos.

ARIOSTO, LUDOVICO Poeta italiano (Reggio Emilia, 1474 - Ferrara, 1533). Ejerció durante tres años el gobierno de la Garfagnana. Su obra capital es el poema épico *Orlando furioso* (1532). Escribió, asimismo, una colección de elegías, comedias *(La Cassaria,* 1508; *El nigromante,* 1520), poemas en latín *(Carmina,* 1494-1503), las *Rimas* (1494-1516) y siete *Sátiras* (1517-25).

ARIQUEÑO, ÑA adj. y s. De Arica.

ARÍSARO m. *Bot.* Nombre común de varias plantas herbáceas de la familia aráceas, género *Arisarum*.

ARISBLANCO, CA adj. De aristas o raspas blancas. Se dice del trigo y de la espiga.

ARISCARSE prnl. Enojarse, ponerse arisco.

ARISCO, CA adj. Áspero, intratable.

ARISMENDI, JUAN BAUTISTA Militar venezolano (isla Margarita, h. 1770 - ?, 1825). En 1813 liberó la isla Margarita del dominio de los realistas. Fue vicepresidente del congreso de Angostura (1819).

ARISNEGRO, GRA adj. De aristas o raspas negras. Se dice del trigo y de la espiga.

ARISQUEAR intr. *Arg.* y *Urug.* Mostrarse arisco.

ARISTA f. **1** *Bot.* Filamento áspero del cascabillo que envuelve el grano de trigo y otras gramíneas. **2** *Geom.* Línea que resulta de la intersección de dos superficies, considerada por la parte exterior del ángulo que forman.

ARISTA, MARIANO Militar y político mexicano (San Luis Potosí, 1802 - en el mar, 1855). Participó en la guerra contra los franceses y en la campaña de Texas (1846). Fue presidente de la República (1851-53).

ARISTARAIN, ADOLFO Director de cine argentino (Buenos Aires, 1943). Películas: *La parte del león* (1978), *Tiempo de revancha* (1981), *Un lugar en el mundo* (1992), *La ley de la frontera* (1995), *Martín (Hache)* (1997) y *Lugares comunes* (2002).

ARISTARCO, GUIDO Ensayista y crítico cinematográfico italiano (Mantua, 1918). Director de la revista *Ci-*

nema (1947-52), en 1952 fundó la revista *Cinema Nuovo*. Autor de *Historia de las teorías cinematográficas* (1951-60).

Aristarco de Samos Astrónomo griego (Samos, 310 a. C. - ?, 230 a. C.). Defensor de la teoría heliocéntrica, escribió *Sobre las magnitudes y las distancias del Sol y de la Luna*.

Aristarco de Samotracia Gramático y crítico griego (isla de Samotracia, h. 217 - ?, 145 a. C.). Director de la biblioteca de Alejandría, realizó importantes estudios sobre las obras de Píndaro, Esquilo, Sófocles y Homero.

Aristide, Jean Bertrand Político haitiano (Port Salut, 1953). Contribuyó a la caída del dictador Jean Claude Duvalier. Elegido presidente de la República en 1990, fue depuesto al año siguiente por un golpe de Estado promovido por el general Raoul Cedrás. A finales de 1994, protegido por las tropas estadounidenses, volvió a hacerse cargo del poder. Sustituido en 1995 por René Preval, volvió a la presidencia en 2000. En febrero de 2004 se vio forzado a renunciar al cargo y abandonar el país.

Arístides General y político ateniense (Alopece, h. 540 - ?, h. 468 a. C.). Estuvo al mando de los atenienses en Maratón (490 a. C.). Por oponerse a Temístocles, sufrió el ostracismo en 485 y fue exiliado en Egina (482). Participó en las batallas de Salamina (480) y Platea (479). Organizó la Confederación de Delos (478).

Aristilo Astrónomo griego (s. III a. C.). Se le deben importantes observaciones astronómicas que utilizaron después Hiparco y Tolomeo.

Aristipo Filósofo griego (Cirene, h. 435 - ?, h. 366 a. C.). Fundó la escuela cirenaica. Su filosofía constituye un precedente del epicureísmo.

Aristóbulo Nombre de dos reyes de Judea.

Aristóbulo I (s. II a. C.). Reinó en el periodo 104-103 a. C. Sucedió a su padre Juan Hircano como sumo sacerdote, mientras que el poder civil lo conservaba su madre. En complicidad con su hermano Antígono, encarceló a su madre y dio muerte a algunos de sus hermanos.

Aristóbulo II (s. I a. C.). Reinó en el periodo 67-63 a. C. En la lucha contra su hermano Hircano, que había sido nombrado sucesor, solicitó la ayuda de Roma. Pompeyo le prestó su colaboración, pero más tarde se dirigió contra Jerusalén, repuso en el trono a Hircano y se llevó prisioneros a Aristóbulo y a sus hijos a Roma. Fue asesinado por los pompeyanos.

aristocracia f. **1** Clase noble de una nación, provincia, etc. **2** Gobierno ejercido por esta clase. **3** Por extensión, clase que sobresale de las demás por algunas circunstancias.

aristócrata com. **1** Miembro de la aristocracia. **2** Partidario de la aristocracia.

aristocrático, ca adj. **1** Perteneciente o relativo a la aristocracia. **2** Fino, distinguido.

Aristodemo Rey de Mesenia (? - ?, 724 a. C.). Se distinguió por sus victorias en la primera guerra contra Esparta. Obedeciendo al oráculo, sacrificó a su hija para obtener la victoria sobre los enemigos. Se suicidó sobre la tumba de aquélla.

Aristófanes Comediógrafo griego (Atenas, h. 450 - ?, 385 a. C.). Se le atribuyen unas 42 obras, todas de trazo cómico y satírico. Con la tremenda crudeza de sus burlas, fustigó los vicios de sus contemporáneos, la charlatanería política y filosófica, y el belicismo. Autor de *Las nubes* (423), *Las avispas* (422), *Las aves* (414), *Lisístrata* (411), *Las ranas* (405) y *La asamblea de las mujeres* (392).

aristofanesco, ca o **aristofánico, ca** adj. Propio y característico de Aristófanes.

Aristogitón Personaje ateniense (s. VI a. C.). Juntamente con Harmodio asesinó al tirano Hiparco (514 a. C.). La guardia de Hipias, hermano de éste, dio muerte a ambos.

aristoloquia f. *Bot.* Nombre vulgar de varias plantas del género *Aristolochia*, que da nombre a la familia aristoloquiáceas, de raíz fibrosa, flores amarillas y fruto esférico y coriáceo.

aristoloquiáceo, a adj. y f. *Bot.* **1** Se dice de las hierbas, matas o arbustos del grupo de las angiospermas dicotiledóneas, como la aristoloquia y el ásaro. A menudo son trepadoras, con flores apétalas y semillas con pequeño embrión y abundante endospermo. || f. pl. *Bot.* **2** Familia de estas plantas.

Aristómenes Caudillo semilegendario de Mesenia (s. VII a. C.). Se distinguió en la segunda guerra de Mesenia contra Esparta.

aristón m. *Mús.* Instrumento musical constituido por un armonio-flauta, que funciona mediante un manubrio.

Aristón de Quíos Filósofo griego (h. 320 - 250 a. C.). Discípulo de Zenón de Citio. Sostenía que el verdadero conocimiento consistía en el conocimiento de la virtud.

Aristóteles. Escultura griega. Museo Nacional (Palermo, Italia).

Aristóteles Filósofo griego (Estagira, 384 - Calcis, Eubea, 322 a. C.). Llamado el *Estagirita*, por su lugar de origen, siguió en la Academia las lecciones de Platón. Fallecido su maestro (348), llevó a cabo un viaje por Asia Menor, en el transcurso del cual se relacionó con Filipo, rey de Macedonia, que le encargó la educación de su hijo, el futuro Alejandro Magno. Elevado al trono Alejandro, Aristóteles regresó a Atenas, donde fundó el Liceo, en el que impartía sus lecciones paseando con los discípulos, circunstancia por la que fueron llamados *peripatéticos*. La edición de sus escritos realizada por Andrónico de Rodas (h. el 70 a. C.) es la base del *Corpus aristotélicum*. Se compone de las siguientes obras: escritos lógicos u *Organon (Categorías, Sobre la interpretación, Primeros Analíticos, Segundos Analíticos, Los Tópicos, Refutaciones sofísticas)*, filosofía natural *(Física, Del cielo, De la generación y la corrupción, Meteorológica)*, psicología *(Del alma, Parva naturalia)*, biología *(Historia de los animales, Sobre las partes de los animales, Del movimiento animal, De la marcha de los animales, Sobre la generación de los animales)*, metafísica *(Metafísica)*, ética *(Ética, a Nicómaco, Magna moralia, Ética a Eudemo)*, política y economía *(Política, Economía)*, retórica y poética *(Retórica, Poética)*. Abarcó todo el saber de su época y creó nuevas disciplinas, como la lógica y la metafísica. Realizó la primera clasificación de las ciencias, que dividió en *teoréticas, prácticas* y *poéticas*. Frente a Platón, afirmó que los sentidos son la puerta del conocimiento y que la esencia de las cosas sólo puede ser estudiada en el mundo de lo singular y concreto. Sus consideraciones acerca de la naturaleza, su definición del movimiento en términos de *acto* y *potencia*, etc., tuvieron una importancia fundamental hasta la revolución científica del mundo moderno. La filosofía primera o metafísica, profundamente ligada a la física, desemboca en el estudio del ser más eminente, que estaría definido como *acto puro, primer motor* o *motor inmóvil*, postulado por la necesidad dialéctica de dar un principio a la cadena sin fin del movimiento. La lógica aristotélica, tiene como base la noción de SILOGISMO. Su posición ética, partiendo de un eudemonismo intelectualista, define la virtud como justo medio entre dos extremos. Caracterizó al hombre como *animal político* y dividió las clases de gobierno en monarquía, aristocracia y democracia. Sus trabajos en el campo de las ciencias naturales descriptivas lo convirtieron en el más grande naturalista de la Antigüedad.

aristotélico, ca adj. **1** Relativo a Aristóteles. **2** Conforme con la doctrina de Aristóteles. **3** Partidario de esta doctrina. También s.

aristotelismo m. *Filos.* **1** Sistema filosófico de Aristóteles. **2** Conjunto de los que profesan o son influidos por las doctrinas de Aristóteles. Entre los discípulos o comentadores más célebres de Aristóteles figuran Teofrasto, Andrónico de Rodas, Alejandro de Afrodisia, Averroes, Avicena, Alberto Magno, Tomás de Aquino y Pomponazzi.

aritmética f. *Mat.* Parte de las matemáticas que estudia la composición y descomposición de la cantidad representada por números. Comprende las operaciones de adición, sustracción, multiplicación, división, elevación de potencias y extracción de raíces. La aritmética se halla en el origen de la matemática. Los primeros trabajos proceden de Mesopotamia y la India. En el siglo IV a. C. recibió un gran impulso con la fundación en Crotona de la escuela creada por Pitágoras. Los conocimientos de los griegos fueron recogidos por los árabes y transmitidos a Occidente. A principios del XVII la teoría de los números se consideró como la reina de las matemáticas. Fermat, Euler y Gauss hicieron aportaciones fundamentales. Los procesos más interesantes del desarrollo aritmético han sido la elaboración y perfeccionamiento de los sistemas de numeración y la ampliación del concepto de número.

aritmético, ca adj. **1** Relativo a la aritmética. || m. y f. **2** Persona que tiene en ella especiales conocimientos.

aritmo-; -aritmia, -aritmo pref. o sufs. que significan número.

Arizona Estado del SO de EE UU, limitado al S por la frontera con México; 295.275 km^2 y 5.130.632 h. Capital, Phoenix. Forma parte de la gran meseta del Colorado y en él se encuentra el Gran Cañón. Región ganadera. Yacimientos de cobre, oro, cinc y plomo. En 1539 fray Marcos de Niza exploró el territorio, aunque la primera expedición en regla la mandó Vázquez de Coronado en 1540. En 1848, el tratado de Guadalupe-Hidalgo ratificó la cesión del territorio a los EE UU, que se integró en Nuevo México. En 1863 se constituyó en territorio, y hasta 1912 no tuvo rango de Estado.

arizonita f. *Miner.* Mezcla de hematites, anatasa, rutilo e ilmenita, procedente de la alteración de esta última. Químicamente es un óxido compuesto de hierro y titanio.

arjé o **arché** m. *Filos.* Vocablo con el que los filósofos griegos se referían al principio de todas las cosas, que puede entenderse como el elemento del que todo lo demás deriva, o bien como aquello por lo que las cosas son lo que son.

Arkángel *(Arkhangelsk)* **1** Región de la Federación de Rusia; 175.334 km^2 y 1.535.600 h. **2** Ciudad capital de la misma, a orillas del mar Blanco, en la desembocadura del Dvina Septentrional; 374.000 h. Puerto. Industria naval y conservera.

Arkansas Estado del SE de EE UU; 137.741 km^2 y 2.673.400 h. Capital, Little Rock. Importante región agrícola. Yacimientos de carbón, petróleo, cobre, plomo y bauxita. Industrias alimentarias y electrónicas. Hernando de Soto fue el primero en atravesar la región (1541). Perteneció a Luisiana durante el siglo XVIII. En 1919 se convirtió en territorio independiente y en 1836 fue organizado como Estado.

Arkansas Río de EE UU, que nace en las Montañas Rocosas (Colorado) y desemboca en el Mississippi; 2.410 km. Navegable hasta la confluencia del Neosho.

Arkwright, Richard Inventor e industrial inglés (Preston, 1732 - Cromford, 1792). Contribuyó a difundir el primer telar semiautomático, inventado por su compatriota Hargreaves. Fue uno de los artífices de la industria textil inglesa.

Arlanza Río de España en la provincia de Burgos. Nace en Quintanar de la Sierra, pasa por Lerma y es tributario del Arlanzón; 155 km de curso.

Arlanzón Río de España, en las provincias de Burgos y Palencia; nace en la sierra de la Demanda, entra en la provincia de Palencia y desemboca en el Pisuerga; 128 km de curso.

Arlberg Monte y puerto de montaña de Austria; 1.802 m. Está atravesado por un túnel de 10 km de largo, entre Langren y Saint-Anton.

arlequín m. **1** *Teat.* Personaje cómico de la antigua comedia italiana, que llevaba mascarilla negra y traje de cuadros o losanges de distintos colores. **2** Persona vestida con este traje. **3** fig. y fam. Persona informal, ridícula y despreciable.

arlequinada f. Acción o ademán ridículo.

arlequinesco, ca adj. Relativo al arlequín.

Arles Ciudad de Francia, departamento de Bouches-du-Rhône; 52.547 h. Notables antigüedades romanas: cementerio, anfiteatro y teatro. Es la antigua *Arelátum*, lugar en que terminaba la vía Aurelia.

arlesiano, na adj. y s. De Arles.

Arlington Ciudad de EE UU, en el Estado de Virginia; 521.000 h. En su cementerio nacional está enterrado J. F. Kennedy.

arlo m. **1** AGRACEJO, arbusto. **2** Colgajo de frutos.

Arlt, Roberto Escritor argentino (Buenos Aires, 1900 - íd., 1942). En su obra plasmó la impotencia del hombre ante el capitalismo y la sociedad burguesa. Escribió las novelas *El juguete rabioso* (1926), *Los siete locos* (1929) y *Los lanzallamas* (1931); el libro de relatos *El jorobadito* (1933); y varias crónicas sobre su ciudad natal, recogidas en *Aguafuertes porteñas* (1933).

arma f. **1** Instrumento, medio o máquina destinados a atacar o a defender. **2** *Mil.* Cada una de las secciones combatientes de una fuerza militar. || f. pl. **3** *Mil.* Conjunto de las que lleva un guerrero. **4** *Mil.* Tropas o ejércitos de un Estado. **5** Defensas naturales de los animales. **6** Milicia o profesión militar. **7** fig. Medios que sirven para conseguir alguna cosa. **8** *Bl.* Blasones del escudo de las familias nobiliarias o de los soberanos, na-

armadillo

ciones, provincias o pueblos. **9** ESCUDO DE ARMAS. ǁ **ARMA ANTIAÉREA** *Mil.* La destinada a derribar aviones. ǁ **ARMA ARROJADIZA** La que se arroja con la mano o con un instrumento elemental (honda, arco, etc.). ǁ **ARMA ATÓMICA** *Mil.* ARMA NUCLEAR. ǁ **ARMA AUTOMÁTICA** *Mil.* La que, hecho el primer disparo, descarga mecánicamente y con rapidez una serie de proyectiles. ǁ **ARMA BLANCA** La de hoja de acero, como la espada. ǁ **ARMA DE DOBLE FILO** o **DE DOS FILOS** El arma blanca que tiene filo por ambas partes. También fig., se dice de las cosas y acciones que pueden obrar tanto en favor como en contra de lo que se pretende. ǁ **ARMA DE FUEGO** Aquella en que el disparo se verifica con auxilio de la pólvora. ǁ **ARMA LIGERA** *Mil.* La blanca corta y la de fuego manejable con una sola mano. También se llaman armas ligeras las transportables sin ayuda de ganado o motor (ametralladora, mortero de infantería, etc.). ǁ **ARMA NUCLEAR** *Mil.* La que produce sus efectos mediante una explosión nuclear. Se aplica al conjunto de lanzador e ingenio explosivo. ǁ **ARMA PESADA** *Mil.* La de fuego que exige utilizar algún vehículo para su transporte. ǁ **alzarse en armas** fr. Sublevarse. ǁ **de armas tomar** loc. fam. Se dice de la persona que muestra brío en abundancia, y muchas veces en exceso para emprender algo arriesgado. ǁ **pasar** a alguien **por las armas** fr. Fusilarlo. ǁ **presentar las armas,** o **armas** fr. Rendir la tropa honores. ǁ **rendir las armas** fr. Entregar la tropa su armamento al enemigo, reconociéndose vencida. ǁ **velar** alguien **las armas** fr. Guardarlas el que había de ser armado caballero, haciendo centinela por la noche cerca de ellas, sin perderlas de vista.

ARMADA f. **1** *Mil.* Conjunto de fuerzas navales de un Estado. **2** *Mil.* ESCUADRA, conjunto de buques de guerra. **3** *Amér. m.* Forma en que se dispone el lazo para lanzarlo.

ARMADA INVENCIBLE *Hist.* Nombre que se dio a la escuadra enviada por el rey de España Felipe II contra Inglaterra, con la finalidad de destronar a Isabel I y vengar la muerte de María Estuardo. Estaba compuesta por 130 barcos y unos 30.000 hombres. Se designó para mandarla al marqués de Santa Cruz, pero al morir éste, el monarca confió su dirección al inexperto duque de Medina-Sidonia. El 22 de julio de 1588 las naves zarparon definitivamente en dirección al Canal de la Mancha, donde debían encontrarse con Alejandro Farnesio. La artillería inglesa, aunque inferior a la española, logró impedir el desembarco de los españoles. La desconexión con el ejército de Farnesio, que no pudo embarcar debido al bloqueo de los puertos que organizaron los holandeses, unida a la desordenada retirada de la flota española, constituyen la causa del fracaso de la Armada. En su huida, las naves tuvieron que afrontar terribles tempestades. Tras una difícil navegación, llegaron a España a finales de septiembre.

ARMADÍA f. ALMADÍA.

ARMADIJO m. **1** TRAMPA para cazar animales. **2** Armazón de palos.

ARMADILLO m. *Zool.* Nombre común de diversas especies de mamíferos del orden desdentados, familia dasipódidos, caracterizados por tener la piel de la espalda, cola y rostro transformados en placas dérmicas articuladas; cuando se sienten amenazados se enroscan en forma de bola. Las extremidades anteriores terminan en fuertes uñas. Suelen tener cuatro crías por camada, que presentan la particularidad de ser gemelos univitelinos. La especie más común es *Dasypus novemcinctus,* que se extiende desde Argentina hasta el sur de EE UU.

ARMADO m. **1** Hombre vestido como los antiguos soldados romanos, que suele acompañar los pasos de las procesiones y dar guardia a los monumentos de Semana Santa. **2** *Bot.* Provisto de púas o espinas. **3** *Zool. Amér. m.* Pez de carne sabrosa, que puede llegar a vivir hasta un día fuera del agua.

ARMADOR, RA m. y f. **1** Persona que arma un mueble o artefacto. ǁ m. *Mar.* **2** El que por su cuenta arma o avía una embarcación. **3** El que busca y alista marineros para la pesca de la ballena o del bacalao.

ARMADURA f. **1** Conjunto de armas de hierro con que se vestían para su defensa los que habían de combatir. **2** Pieza o conjunto de piezas unidas unas con otras en que, o sobre que, se arma alguna cosa. **3** Armazón hecha con maderos ensamblados y atados, con que se cubre una parte de edificio en condiciones de recibir sobre sí el tejado. **4** *Anat.* Esqueleto óseo. **5** *Bot.* Envoltura formada por bases de hojas viejas y secas. **6** *Fís.* Parte móvil de un circuito magnético que detecta la presencia de corriente eléctrica. **7** *Fís.* Cada uno de los cuerpos conductores de la electricidad que se forman la botella de Leiden y otros condensadores eléctricos. **8** *Mús.* Conjunto de sostenidos o bemoles que se escriben inmediatamente después de la clave para indicar la tonalidad del fragmento a que se refiere. **9** *Tecnol.* Cada una de las piezas de hierro dulce con las cuales se evita que los imanes pierdan sus propiedades magnéticas. **10** *Zool.* CORNAMENTA.

ARMAGH Distrito del Reino Unido, en Irlanda del Norte; 675 km² y 53.200 h. Sede arzobispal católica.

ARMAGNAC *Geog. hist.* Antiguo condado de Francia, en Gascuña, que comprendía casi todo el actual departamento de Gers. Sus ciudades principales son Auch y Eauze.

ARMAGNAC *Geneal.* Familia noble francesa de la región de Gascuña. Sus personajes más ilustres fueron Juan V y Bernardo VII, jefe de los partidarios del duque de Orleans (1411) en las guerras civiles que tuvieron lugar durante el reinado de Carlos VI de Francia. En la guerra de los Cien Años, fueron los defensores del partido nacional.

ARMAMENTISMO m. *Polít.* Actitud política que propugna para un país o Estado el aumento progresivo del número y la calidad de las armas de que dispone.

ARMAMENTISTA adj. **1** Referente a la industria de armas de guerra. **2** Partidario de la política de armamentos.

ARMAMENTO m. *Mil.* **1** Aparato y prevención de todo lo necesario para la guerra. **2** Conjunto de armas para el conjunto de un cuerpo militar. **3** Armas y fornitura de un soldado. **4** Equipo y provisión de un buque.

ARMANI, GIORGIO Diseñador de moda italiano (Piacenza, 1934). Especializado en moda masculina, ha destacado por sus combinaciones de la alta costura con el *prêt-à-porter.*

ARMAÑAC ARMAGNAC.

ARMAR tr. **1** Vestir o poner a uno armas. También prnl. **2** Proveer de armas. También prnl. **3** Disponer para la guerra. También prnl. **4** Tratándose de ciertas armas, prepararlas para disparar. **5** Juntar entre sí las piezas que componen un mueble, artefacto, etc. **6** *Bot.* Dejar a los árboles una o más guías, según la figura, altura o disposición en que se les quiera dar. **7** fig. y fam. Disponer, fraguar, formar algo. También prnl. **8** fig. y fam. Provocar pleitos, pendencias, escándalos, etc. También prnl. **9** fig. Ponerse voluntaria y deliberadamente en un estado de ánimo apropiado para lograr algún fin o resistir alguna contrariedad. **11** *Guat.* y *Méx.* Plantarse un animal. ǁ **armarla** fr. fam. Complicar algo que en sí es simple, armar un lío con algo. También promover riña o alboroto.

ARMARIO m. Mueble en que se guardan libros, ropas u otros objetos. ǁ **ARMARIO EMPOTRADO** El instalado en el hueco de una pared y, por tanto, inamovible.

ARMAS Y CÁRDENAS, JOSÉ DE Periodista y erudito cubano (Guanabacoa, 1866 - La Habana, 1919). Utilizó el seudónimo *Justo Lara.* Son obras suyas *Cervantes y el «Quijote»* (1905) y *Ensayos críticos de literatura inglesa y española* (1910).

ARMATOLES m. pl. *Hist.* Milicias armadas griegas que vivían en las montañas, y que a pesar de su desorganización contribuyeron notablemente en la lucha contra la dominación turca de Grecia.

ARMATOSTE m. Cualquier máquina o mueble tosco, pesado y mal hecho.

ARMAZÓN amb. **1** ARMADURA, pieza sobre la que se arma alguna cosa. **2** Acción y efecto de armar, concertar, juntar. **3** *Anat.* ARMADURA, esqueleto.

ARMELLA f. Anillo de metal que suele tener una espiga o tornillo para clavarlo en parte sólida, como aquel por donde entra el cerrojo.

ARMENDÁRIZ, PEDRO Actor de cine mexicano (Ciudad de México, 1912 - Los Ángeles, 1963). Películas: *Flor silvestre, María Candelaria, La malquerida, La perla, Así era Pancho Villa,* etc.

ARMENIA Ciudad de Colombia, capital del departamento de Quindío; 288.977 h. Café, plátanos y cítricos. Aeropuerto y universidad. Fundada en 1889 por J. M. Ocampo y A. M. Gómez. En 1999 fue prácticamente destruida por un terremoto.

ARMENIA Región montañosa de Asia occidental, que se extiende por su parte septentrional por el S del Cáucaso, y por su parte meridional, por los actuales Irán, Turquía y Azerbaiyán. Hacia el siglo IX a. C. las tribus armenias formaron el reino de Urartu. Perteneció al imperio persa aqueménida, y el año 330 a. C. la conquistó Alejandro Magno. A su muerte pasó a manos de los seléucidas, y tras ellos a la dinastía de los artáxidas, tras los cuales se convirtió en un reino vasallo de Roma (63 a. C.). En el siglo IV fue cristianizada por Gregorio, y hacia 390 se dividió en Armenia bizantina y persa. En el año 640 se inició la conquista árabe y en el siglo IX se estableció la dinastía de los bragatíes (885-1079). En 1080 se fundó, en Cilicia, la Pequeña Armenia, que perduró hasta 1375 con el ataque de los mamelucos de Egipto. Tras la caída de Constantinopla, los turcos otomanos y persas dividieron el país. Con la expansión rusa por el Cáucaso, Armenia oriental pasó a Rusia (tratados de 1813, 1828 y 1829). Desde 1895 se inició una persecución turca contra el pueblo armenio, con matanzas y deportaciones masivas. En 1916 las regiones ar-

Superficie:
29.743 km².
Población:
3.810.000 h.
(armenios).
Densidad:
128,1 h./km².
Tasa de natalidad: 14‰.
Tasa de mortalidad: 9‰.
Capital: Yerevan.
Ciudades principales: Gyumri, Karaklis, Leninakan, Kafan, Alaverdi.
Grupos étnicos: armenios (93,3%), azerbaiyanos (2,6%), otros (4,1%).
Religión: ortodoxa.
Idioma: armenio.
Moneda: dram.
Forma de Estado: república.
Producto Nacional Bruto: 1.728 millones de dólares.
Renta per cápita: 460 dólares.
División administrativa: 10 regiones y 2 ciudades.

ARMENIA

Ciudades* Regiones	Superficie (km²)	Población (h.)
Yerevan*	210	1.248.200
Otras ciudades*	1.278	
Aragatsotn	2.755	167.500
Ararat	2.104	310.800
Armavir	1.241	322.300
Gergharkunik	4.073	278.600
Lori	3.791	394.400
Kotayk	2.100	329.300
Shirak	2.679	362.300
Syunik	4.505	163.900
Vayots-Dzor	2.308	69.200
Tavush	2.702	156.800

menias turcas cayeron bajo el poder de Rusia, que al final de la guerra se vio obligada a devolver a Turquía la Armenia turca y parte de la rusa.

ARMENIA (*Hayastani Hanrapetut'yun*) Estado transcaucásico, antigua república de la URSS, que limita con Georgia, Azerbaiyán, Turquía e Irán.

GEOG. País extremadamente accidentado, se encuentra comprendido en la cuenca del Kura a través de su gran afluente, el Aras. El clima es continental. La depresión del Aras concentra más de la mitad de la población, dominada por la capital, Yerevan, principal polo de actividad agrícola e industrial. La economía tiene una base agraria e industrial. Entre las producciones agrícolas destacan el trigo, la cebada, la patata, la vid, el tabaco, el algodón y las frutas. Ganadería ovina y bovina. Yacimientos de carbón, gas natural, cobre, molibdeno, oro, plata y sal. Industrias alimentarias, químicas, cemento, metalurgia, tabaco y textil.

HIST. (Véase ARMENIA, región de Asia, para la historia anterior.) Tras la incorporación de Armenia oriental a Rusia (tratados de 1813, 1828 y 1829), el contacto con las ideas occidentales provocó un renacimiento cultural y nacional armenio. En 1903 se endureció la política zarista. En abril de 1918, Armenia, Georgia y Azerbaiyán formaron la República Federal Transcaucásica. Disuelta al mes, se creó la República de Armenia. En 1920 Turquía reconoció a la República de Armenia, y, por el tratado de Alexandropol, Armenia renunciaba a todos los territorios turcos y reconocía la no existencia de minorías armenias en Turquía. A los pocos días se proclamó la República Soviética de Armenia, sin las regiones armenias de Najichevan y Karabaj (en Azerbaiyán) ni Ajalkalaki y Ajaltsije (en Georgia). En 1922, Armenia, Georgia y Azerbaiyán formaron la República Socialista Soviética Federada Transcaucásica, que entró a formar parte de la URSS, y que se disolvió en 1936, año en que Armenia se incorporó como una república de la URSS. El 24 de agosto de 1990 Armenia proclamó su independencia, aunque continuó formando parte de la URSS. En sus primeras elecciones (1991) resultó elegido presidente Levon Ter Petrossian, del Movimiento Nacional Armenio. En diciembre de ese mismo año, ingresó en la recién creada Comunidad de Estados Independientes (CEI). La cuestión de las regiones armenias en Azerbaiyán, especialmente en la provincia autónoma de Nagorno-Karabaj, cuya población, mayoritariamente armenia, reclamaba la independencia total, provocó el enfrentamiento armado entre Armenia y la república azerí. A pesar de los distintos acuerdos de alto el fuego y de las iniciativas internacionales, los enfrentamientos se han mantenido desde 1992. Las elecciones legislativas celebradas reforzaron el poder del presidente Petrossian y su partido, Movimiento Nacional Armenio. Al margen de los problemas con Azerbaiyán, el gobierno armenio pretende normalizar las relaciones con otros países como Turquía, que acusa a Armenia de dar cobijo a los independentistas kurdos, o Irán, en cuyo territorio existe una importante población armenia. El presidente Petrossian revalidó su cargo en las elecciones de 1996. Tras su dimisión en 1998 ocupó la presidencia interinamente R. Kocharian, que resultó revalidado en su cargo tras las elecciones de ese año y, nuevamente, en 2003.

ARMENIO, NIA adj. y s. **1** De Armenia. **2** *Rel.* Se dice de ciertos cristianos de Oriente, originarios de Armenia, que conservan su antiguo rito y forman en lo religioso cuatro patriarcados cismáticos y uno católico. ‖ m. *Ling.* **3** Lengua de una rama independiente del tronco indoeuropeo, hablada en la extensa zona montañosa que se extiende entre Mesopotamia y los valles meridionales del Cáucaso. Su alfabeto cuenta con 36 signos. Tiene unos 8.500.000 hablantes.

ARMENOIDE adj. y com. *Etnol.* Se dice de una raza humana, caucasoide, extendida por el Oriente Próximo. Es de estatura mediana, cuerpo rechoncho, cabeza braquicéfala, con el occipucio aplanado y nariz de dorso convexo.

ARMERÍA f. **1** Edificio o museo donde se guardan las armas para curiosidad o estudio. **2** Arte de fabricar armas. **3** Tienda en que se venden armas.

ARMERO m. **1** Fabricante o vendedor de armas, o que es experto en ellas. **2** El encargado de custodiar y limpiar las armas. **3** Mueble para colocar las armas.

ARMILAR adj. *Astron.* ESFERA ARMILAR.

ARMILLA f. **1** *Arquit.* ESPIRA de la columna. **2** *Astron.* Instrumento que servía para resolver problemas de trigonometría esférica.

ARMINIANISMO m. *Rel.* Doctrina protestante fundada por JACOBUS ARMINIUS que rechazaba las teorías calvinistas de la predestinación. En el sínodo calvinista de Dordrecht (1618-19) fue condenada, y sus defensores detenidos o desterrados.

ARMINIUS Héroe nacional germano (17 a. C. - 21 d. C.). Pertenecía a la tribu de los queruscos y llegó a oficial en el ejército romano. El año 9 dirigió una revuelta contra el gobernador romano Quintilio Varo, a quien derrotó en la selva de Teutoburgo.

ARMINIUS, JACOBUS (JAKOB HERMANDSZOON, llamado) Teólogo protestante holandés (Oudewater, h. 1560 - Leiden, 1609). Fundó la secta de los arminianos. Afirmó que Dios concede la salvación a todos aquellos que creen en Él y se arrepienten de sus pecados.

armiño

ARMIÑO m. **1** *Zool.* Mamífero carnívoro de la familia mustélidos, de nombre científico *Mustela erminea*. Su piel es muy suave y delicada, parda en verano y blanquísima en invierno, excepto la punta de su larga cola, que es siempre negra. Magnífico cazador, ágil y veloz, se alimenta de aves y pequeños mamíferos. Su área de distribución se extiende por toda Europa, excepto en las zonas bajas mediterráneas. **2** Piel de este animal.

ARMISTICIO m. *Polít.* Suspensión de hostilidades pactada entre pueblos o ejércitos beligerantes.

ARMONÍA f. **1** Conveniente proporción y correspondencia de unas cosas con otras. **2** *Mús.* Combinación de sonidos simultáneos y diferentes, pero acordes. **3** *Lit.* Grata variedad de sonidos y pausas que resulta en la prosa o en el verso por la buena combinación de las sílabas, voces y cláusulas. **4** Amistad y buena correspondencia. **5** *Mús.* Arte de formar y enlazar los acordes.

ARMÓNICO, CA adj. *Mús.* **1** Relativo a la armonía. ‖ m. *Mús.* **2** Sonido agudo, concomitante, producido naturalmente por la resonancia de otro fundamental. ‖ f. *Mús.* **3** Pequeño instrumento de viento, de forma prismática rectangular, provisto de una serie de orificios con lengüeta. Se toca soplando o aspirando por estos orificios.

ARMONIO o **ARMÓNIUM** m. *Mús.* Instrumento musical de viento, órgano pequeño, al cual se da el aire por medio de un fuelle que se mueve con los pies.

ARMONIOSO, SA adj. **1** Sonoro y agradable al oído. **2** fig. Que tiene armonía o correspondencia entre sus partes.

Armenia. Monasterio de L'Agarcin en Dilijan, siglos X al XIII.

ARMONIZAR tr. **1** Poner en armonía dos o más partes de un todo, o dos o más cosas que deben concurrir al mismo fin. **2** *Mús.* Escoger y escribir los acordes correspondientes a una melodía o a un bajete. || intr. **3** Estar en armonía.

ARMÓRICA *Geog. hist.* Antigua región de la Galia que corresponde a la actual Bretaña francesa. Sus habitantes celtas fueron sometidos por los romanos y los francos. Entre los siglos V y VI los bretones, desplazados por los anglos y sajones, invadieron el país, conocido desde entonces como Britannia.

ARMORICANO, NA adj. y s. De Armórica.

ARMORY SHOW *Arte.* Exposición internacional de arte moderno, inaugurada en 1913 en la armería del 69.° Regimiento de Infantería de Nueva York. En ella se presentó una muestra de las obras de más de 300 artistas, que representaban a las principales tendencias artísticas de la segunda mitad del siglo XIX y del XX.

ARMSTRONG, EDWIN HOWARD Inventor e ingeniero estadounidense (Nueva York, 1890 - íd., 1954). Descubrió el *circuito regenerador* (1912), que permitió acoplar a la radio altavoces; el *superheterodino* (1918), circuito básico de la radio corriente actual; el *circuito supergenerador* (1920) y el *sistema de frecuencia modulada* (1939).

ARMSTRONG, LOUIS Trompetista, compositor y cantante estadounidense (Nueva Orleans, 1900 - Nueva York, 1971). Considerado uno de los principales solistas de jazz. En 1925, formó en Chicago su propio grupo, los *Hot Five*, que en 1927 se transformó en los *Hot Seven*.

ARMSTRONG, NEIL Astronauta estadounidense (Wapakoneta, 1930). En 1962 ingresó en la Organización de Investigación Espacial Norteamericana como jefe de la Oficina de Operaciones y Entrenamientos de Astronautas. Fue el comandante del *Apolo XI*, y el primer hombre que pisó la Luna (1969).

ARMUELLE m. *Bot.* **1** Planta quenopodiácea perteneciente al género *Atriplex*. Se caracteriza por sus flores poco aparentes y su semilla negra y dura; si se cuece es comestible. **2** BLEDO. **3** ORZAGA.

ARN *Biol.* Siglas del ácido ribonucleico. Es el intermediario entre el ADN y las proteínas en el proceso de síntesis de éstas según el código genético. Químicamente es un polinucleótido formado por ribosa, ácido fosfórico, adenina (A), guanina (G), citosina (C) y uracilo (U). Además puede llevar otras bases nitrogenadas raras, como inosina y dimetil-uracilo. A diferencia del ADN, el ARN está constituido por una cadena única.

ARNALDO DE BRESCIA Reformador político-religioso italiano (Brescia, 1100 - Roma, 1155). Discípulo de Abelardo, combatió la corrupción del clero y encabezó una revuelta contra el obispo de Brescia en 1137. Fue silenciado por el segundo concilio de Letrán (1139) y en el de Sens (1140) fue condenado con Abelardo. De regreso en Roma (1145) obligó al papa Eugenio III a abandonar la ciudad e intervino en el gobierno republicano de la misma. Forzado a huir por Adriano IV, tras la traición de Federico I Barbarroja, murió en la hoguera.

ARNAU DE VILANOVA VILANOVA, ARNAU DE.

ARNAULD, ANTOINE Filósofo y teólogo francés (París, 1612 - Bruselas, 1694). Su obra *De la fréquente communion* (1643), en la que aconsejaba abstenerse de comulgar y criticaba a los jesuitas, influyó en los jansenistas. Expulsado de la facultad de teología de la Sorbona en 1655, se retiró a Port-Royal. Escribió *Grammaire générale et raisonnée* (1660) y la *Logique de Port-Royal* (1662).

ARNAUT, DANIEL Trovador provenzal (Ribérac, h. 1150 - ?, h. 1200). Representante del *trobar ric* (rico), se conservan de él 18 piezas líricas de las que la más importante es una sextina.

ARNDT, ERNST MORITZ Poeta e historiador alemán (Schoritz, 1769 - Bonn, 1860). Luchó contra la presencia francesa en Alemania y escribió libros políticos e himnos patrióticos para despertar el espíritu de resistencia de sus compatriotas. Autor de *El Rhin, río de Alemania pero no su frontera* (1813) y *Escritos para sus queridos alemanes* (1845).

ARNEDO Municipio y lugar de España, provincia de La Rioja; 12.715 h. Producción agrícola.

ARNÉS m. **1** Conjunto de armas de acero defensivas que se vestían y acomodaban al cuerpo, asegurándolas con correas y hebillas. || m. pl. **2** Guarniciones de las caballerías.

ARNHEM Ciudad de los Países Bajos, capital de la provincia de Güeldres; 135.026 h. Refinería de azúcar e industria textil. Centro comercial. Construida en el emplazamiento de la *Arenacum* romana, fue fortificada en el siglo XIII. Perteneció a los duques de Borgoña desde fines del siglo XV.

ÁRNICA f. **1** *Bot.* Nombre común de diversas plantas de la familia compuestas, género *Arnica*, cuyas flores y raíces tienen sabor acre y aromático, y olor fuerte. **2** Tintura de árnica, obtenida de la especie *Arnica vulgaris*,

árnica

utilizada para aliviar torceduras y contusiones. || **pedir árnica** fr. fig. Solicitar compasión al sentirse inferior en ideas o acciones.

ARNICHES, CARLOS Escritor español (Alicante, 1866 - Madrid, 1943). Considerado el continuador de R. de la Cruz y R. de la Vega en el sainete madrileño. Recreó con ingenio los tipos populares, las costumbres y el habla del Madrid castizo. Se caracterizó por su maestría teatral, su sentido del humor y la tendencia moralizadora. Obras: *El santo de la Isidra* (1898), *El puñao de rosas* (1902), *Alma de Dios* (1908), *La señorita de Trevélez* (1910), *Es mi hombre* (1921) y *La diosa ríe* (1931).

ARNICINA f. *Quím.* Sustancia alcalina cristalizada que se extrae de las flores de árnica.

ARNILLO m. *Zool.* Pez teleósteo del mar de las Antillas, del suborden de los acantopterigios, de figura y color parecidos a los del barbero.

ARNIM, ACHIM VON (LUDWIG JOACHIM VON ARNIM, llamado) Poeta alemán (Berlín, 1781 - Wiepersdorf, 1831). En un principio se dedicó al estudio de las ciencias naturales, pero su amistad con C. Brentano, con cuya hermana Bettina se casó, le hizo dedicarse a la poesía. Viajó por Europa recogiendo poesías y canciones populares que publicó con Brentano bajo el título de *El cuerno maravilloso* (1806-08). Autor de *La vida amorosa de Hollins* (1802); de libros de relatos, y de novelas.

ARNO Río de Italia, que nace en los Apeninos toscanos, pasa por Florencia y Pisa, y desemboca en el Mediterráneo; 240 km de curso.

ARNOLD, MATHEW Escritor y poeta británico (Laleham, 1822 - Londres, 1888). Catedrático de Oxford, compuso numerosos poemas de tipo didáctico. Su obra crítica está recogida en *Cultura y anarquía* (1869) y *Ensayos de crítica* (1865-88).

ARNOLDSON, KLAS PONTUS Político y periodista sueco (Göteborg, 1884 - Estocolmo, 1926). Defendió la neutralidad de los países nórdicos y fundó, en 1883, la Sociedad Sueca para la Conciliación y la Paz. Medió en el proceso de separación entre Noruega y Suecia (1905). Premio Nobel de la Paz (1908) compartido con F. Bajer.

ARNOLFO DI CAMBIO Escultor y arquitecto italiano (Colle di Val d'Esla, 1245 - Florencia, 1302). Iniciador del Renacimiento, colaboró con Nicola Pisano en la decoración del púlpito de la catedral de Siena. En Roma realizó la tumba del cardenal Annibaldi (1272), una estatua de Carlos de Anjou, el sepulcro de Adriano V (h. 1276), dos cimborrios, para la basílica de San Pablo Extramuros (1285) y Santa Cecilia en Trastevere (1293), etc. Se le atribuyen además el Palacio Vecchio y la iglesia de la Santa Croce, ambos en Florencia.

ARNULFO DE BAVIERA Rey de Germania (?, 849 - ?, 899). Hijo de Carlomán de Baviera, fue proclamado rey de Germania en 887, tras rebelarse contra Carlos III el Gordo. Posteriormente se apoderó de Moravia, de Borgoña y de parte de Italia. En 896 fue coronado emperador de Occidente (896-99).

ARO m. **1** Pieza de hierro o de otra materia rígida, en figura de circunferencia. **2** Juguete en forma de aro, que los niños hacen rodar valiéndose de un palo. **3** *Arg.* y *Chile* ARETE, ZARCILLO. **4** *Bot.* Nombre común de varias especies de plantas de la familia aráceas, género *Arum*, de rizoma feculento y frutos parecidos a la grosella. || **pasar** o **entrar por el aro** fr. fig. y fam. Hacer algo por fuerza.

ARO Río de Venezuela que nace en la laguna de Guayabel, Estado de Bolívar, y desemboca en el Orinoco; 329 km de curso.

AROA Sierra del NO de Venezuela, en los Estados de Yaracuy y Falcón. Su longitud es de 70 km, y la altura máxima se encuentra en el pico del Tigre (1.780 m). Yacimientos de cobre.

AROIDEO, A adj. *Bot.* ARÁCEO.

AROMA f. *Bot.* **1** Arbusto espinoso perenne, de la familia leguminosas, cuyo nombre científico es *Acacia farnesiana.* Aunque procede de América tropical y subtropical, se cultiva en todo el mundo. **2** Flor del aromo, de fragante olor, de la que se extrae un perfume llamado aroma de acacia. || m. **3** Perfume.

AROMAR tr. AROMATIZAR.

AROMATICIDAD f. **1** Calidad de aromático. **2** *Quím.* Propiedad de las estructuras cíclicas no saturadas, cuya estabilidad es superior a la de las estructuras de cadena abierta con igual número de enlaces múltiples.

AROMÁTICO, CA adj. **1** Que tiene aroma u olor agradable. || m. *Quím.* **2** Hidrocarburo caracterizado por la presencia de al menos un anillo bencénico.

AROMATIZACIÓN f. **1** Acción y efecto de aromatizar. **2** *Quím.* Proceso por el que un compuesto alifático se transforma en otro aromático. Tiene interés especial en la química del petróleo.

AROMATIZAR tr. Dar o comunicar aroma a algo.

AROMO m. *Bot.* Árbol mimosáceo, especie de acacia, cuya flor es la aroma.

ARON, RAYMOND Filósofo y sociólogo francés (París, 1905 - íd., 1983). Su *Introducción a la filosofía de la Historia* (1938), contribuyó a la introducción de enfoques históricos en las ciencias sociales francesas. Estudió la condición histórica del hombre a través de un análisis en el que presenta la conexión de los diversos ámbitos de la existencia humana con la temporalidad. Luego evolucionó hacia el estudio de las instituciones y las estructuras sociales. Obras: *Paz y guerra entre las naciones* (1961), *Democracia y totalitarismo* (1965), *La República imperial* (1973), *Lamento por una Europa decadente* (1976) y *Memorias. Cincuenta años de reflexión política* (1983).

ARONA, JUAN DE PAZ SOLDÁN Y UNANUE, PEDRO.

AROS YAQUI.

AROSA *(Arousa)* Ría de España, en la desembocadura del río Ulla, entre el límite SO de la provincia de La Coruña y el NO de la de Pontevedra; 26 km de longitud.

AROSEMENA, ALCIBÍADES Político panameño (Ciudad de Santos, 1883 - ?, 1958). Elegido vicepresidente en 1948, no pudo tomar posesión hasta un año después. Ocupó de manera provisional la presidencia de la República (1951-52), tras la destitución de Arnulfo Arias.

AROSEMENA, FLORENCIO HARMODIO Político panameño (Panamá, 1872 - Nueva York, 1945). Miembro del Partido Liberal, fue elegido presidente de la República en 1928. Acusado de soborno, fue derrocado en 1931.

AROSEMENA, JUAN DEMÓSTENES Político panameño (?, 1879 - Balboa, 1939). Ocupó los ministerios de Instrucción Pública y de Justicia. Elegido presidente de la República en 1936, murió antes de finalizar su mandato.

AROSEMENA, JUSTO Político colombiano (Panamá, 1817 - íd., 1896). Fue uno de los redactores de la Constitución de 1853. Participó en la organización de los Estados Unidos de Colombia y fue presidente del Estado de Panamá, durante el primer periodo constitucional.

AROSEMENA, PABLO Político panameño (Panamá, 1836 - íd., 1920). Fue presidente del Estado de Panamá dentro de los Estados Unidos de Colombia (1875-85). Presidió la Asamblea Constituyente al proclamarse la independencia de Panamá. Presidente de la República de 1889 a 1912.

aro

AROSEMENA GÓMEZ, OTTO Político ecuatoriano (Guayaquil, 1921 - Salinas, 1984). Fue presidente de la República de 1966 a 1968.

AROSEMENA MONROY, CARLOS JULIO Político ecuatoriano (Guayaquil, 1920). Partidario de Velasco Ibarra, fue nombrado ministro de Defensa (1952-53). En 1961, proclamó una dictadura frente a Ibarra y, tras la dimisión de éste, fue elegido presidente, cargo que ocupó hasta el golpe de Estado de 1963.

AROSEMENA TOLA, CARLOS JULIO Político ecuatoriano (Guayaquil, 1894 - Quito, 1952). Presidente interino de la República (1947-48).

AROUET, FRANÇOIS-MARIE VOLTAIRE.

ARP, HANS Pintor, escultor y poeta francés (Estrasburgo, 1887 - Basilea, 1966). Fue uno de los fundadores del dadaísmo y miembro del grupo superrealista, para más tarde cultivar el arte abstracto. Autor del bajorrelieve abstracto, en bronce, para el palacio de la UNESCO en París (1958). Obras literarias: *El pájaro entre los tres* (1920), *La chaqueta de pirámides* (1924), *Configuración* (1930), *El sueño nuestro de cada día* (1955) y *Arena de luna* (1960).

ARPA f. *Mús.* Instrumento musical, de figura triangular, con cuerdas colocadas verticalmente y que se tocan con ambas manos.

ARPAD Príncipe magiar (? - ?, 907). Fundador de la primera dinastía magiar, condujo a las tribus magiares desde las estepas situadas al N del mar Negro a la cuenca del Danubio, derrotando a su paso a búlgaros y moravos. Fue el fundador de Hungría y de la dinastía de los Arpades, que reinó hasta 1301.

ARPADO, DA adj. **1** Que remata en dientecillos como de sierra. **2** poét. Se dice de los pájaros de canto grato y armonioso.

ARPEGIO m. *Mús.* **1** Sucesión más o menos acelerada de los sonidos de un acorde. **2** Manera de ejecutar un acorde, produciendo sucesivamente, o simultáneamente, las notas que lo comparten. Es peculiar de los instrumentos de cuerda y de teclado.

ARPÍA f. **1** HARPÍA. **2** fig. Persona codiciosa que con arte o maña saca cuanto puede.

ARPILLERA f. Tejido de estopa muy basta, usado para hacer sacos y cubiertas.

ARPÓN m. **1** Astil de madera armado por uno de sus extremos con una punta de hierro que sirve para herir o penetrar, y de otras dos que miran hacia atrás y hacen presa. **2** *Taurom.* Punta de hierro en que rematan las banderillas. || **ARPÓN BALLENERO** El que tiene en su punta una carga explosiva, o un cable eléctrico de la misma longitud que el cabo que lo une al buque, que ocasionan la muerte sin estropear la carne.

ARPONEAR tr. Cazar o pescar con arpón.

ARPONERO m. El que fabrica arpones; o pesca o caza con arpón.

ARQUE- pref. ARC-.

ARQUEAR tr. **1** Combar. También prnl. **2** Medir la capacidad de una embarcación.

ARQUEGONIADO, DA adj. y s. *Bot.* **1** Se aplica a los vegetales caracterizados por la presencia de arquegonio como órgano reproductor femenino y una alternancia regular en su ciclo vital entre la fase gametofítica y la esporofítica. || f. pl. *Bot.* **2** Grupo de estos vegetales, que incluye briófitos y pteridófitos.

ARQUEGONIO m. *Bot.* Órgano sexual reproductor femenino de briófitos y pteridófitos y, en forma simplificada, de la mayoría de las gimnospermas. Tiene generalmente forma de botella, con un cuello largo y estrecho y un vientre abultado.

ARQUELAO Rey de Macedonia (? - ?, 399 a. C.). Hijo natural de Pérdicas II, reinó del 413 al 399 a. C. Se alió a Atenas en la guerra del Peloponeso, sentó las bases para el futuro poder macedónico y reorganizó el ejército.

ARQUELAO Rey de Judea (finales del s. I a. C. - principios del s. I). Reinó del 4 a. C. al 6 d. C. Sucedió a su padre, Herodes el Grande y tuvo que enfrentarse a una rebelión de los fariseos, para lo que solicitó la ayuda de Augusto, quien dividió el reino. Conservó el gobierno de Samaria, Judea e Idumea, y la región de la costa, mientras que sus hermanos Herodes Antipas y Filipo regían la otra mitad del país como tetrarcas. Enfrentado a judíos y samaritanos, fue desterrado por Augusto a Vienne, en la Galia. Su reino quedó incluido en la provincia romana de Siria.

ARQUELAO DE PRIENE Escultor griego (finales del s. II y principios del s. I a. C.). Perteneciente a la escuela de Rodas, es autor del relieve *Apoteosis de Homero*, hallado cerca de la Vía Apia.

ARQUÉNTERON m. *Biol.* En el desarrollo embrionario de vertebrados, cavidad de la gástrula que más tarde dará origen al intestino.

ARQUEO m. **1** Acción y efecto de arquear o arquearse. **2** Cabina de una embarcación. **3** Reconocimiento de los caudales y papeles que existen en la caja de una casa, oficina o corporación. || **ARQUEO TOTAL** *Mar.* TONELAJE DE REGISTRO BRUTO. || **ARQUEO NETO** *Mar.* TONELAJE DE REGISTRO NETO.

Hans **Arp.** *Le planche à oeuf*, 1922. Colección privada.

ARQUEO- pref. ARC-.

ARQUEOLÍTICO, CA adj. Relativo a la Edad de Piedra.

ARQUEOLOGÍA f. *Arqueol.* Ciencia que estudia lo antiguo en su sentido más amplio (épocas prehistórica e histórica), recuperando, describiendo y estudiando sistemáticamente la cultura material con la ayuda de técnicas apropiadas. **[Encic.]**

ARQUEOL. La arqueología abarca diversos órdenes de conocimiento, como la epigrafía, numismática, cerámica, etc. En la actualidad, mantiene una constante pluridisciplinar: emplea las ciencias exactas (matemáticas, estadística, informática, etc.), las ciencias naturales (arqueozoología, arqueobotánica, etc.), la geografía (humana, arqueología demográfica, física, geomorfología, etc.), la física y la química, la economía, la historia del arte, la arquitectura, etc. De los numerosos restos arqueológicos que podrían citarse cabe señalar los de Herculano (1709), Pompeya (1749), Hallstatt (1846), La Tène (1849), Troya (1869), Creta (1900), Machu Pichu (1912), etc.

ARQUEOMAGNETISMO m. *Arqueol.* Técnica arqueológica que estudia las variaciones que ha experimentado el campo magnético terrestre en el pasado con respecto al registro dejado en materiales cerámicos.

ARQUEOZOICO, CA adj. y m. *Geol.* Según algunos geólogos, primera de las dos eras en que se dividen los tiempos precámbricos; coincide con el que antiguamente se consideraba periodo arcaico.

ARQUEOZOOLOGÍA f. *Arqueol.* Parte de la arqueología que se ocupa especialmente del estudio de restos de animales encontrados en yacimientos de antiguas culturas.

ARQUERÍA f. Serie de arcos.

ARQUERO, RA m. y f. **1** Persona que practica el deporte de tiro con arco. || m. **2** *Mil.* Soldado que peleaba con arco y flechas. **3** El que tiene por oficio hacer arcos o aros para toneles, cubas, etc. **4** *Dep.* PORTERO.

ARQUETA f. Arca pequeña.

ARQUETIPO m. **1** Modelo original y primario en un arte u otra cosa. **2** *Teol.* Tipo modelo que sirve de ejemplar al entendimiento y a la voluntad de los hombres. **3** *Biol.* Supuesto precursor de una diversificación posterior de animales o plantas.

ARQUI- pref. ARC-.

-ARQUÍA suf. ARC-.

ARQUIAS, LICINIO Poeta y gramático griego (Antioquía, h. 120 a. C. - ?). Fue maestro de Cicerón, que le defendió de la acusación de usurpar la ciudadanía romana en el discurso *Pro Archia*. Se conservan unos 35 epigramas suyos.

ARQUILLO m. *Mús.* Arco de los instrumentos musicales.

ARQUÍLOCO Poeta lírico griego (Paros, 712 - ?, h. 664 a. C.). Creó el verso yámbico de su nombre. Autor de numerosas elegías, himnos, epigramas, etc., de los que sólo se conservan fragmentos. Es famoso por sus violentas sátiras.

ARQUÍMEDES Matemático y físico griego (Siracusa, 287 - íd., 212 a. C.). En matemáticas y geometría descubrió las relaciones entre el volumen de la esfera y otras figuras, determinó el valor del número π, e ideó la espiral de Arquímedes, cuyo radio vector es proporcional al ángulo. En física descubrió el principio que lleva su nombre (véase ARQUÍMEDES, PRINCIPIO DE). Inventó la rueda dentada y el tornillo sin fin. Cuando los romanos sitiaron Siracusa, construyó catapultas que permitieron defender la ciudad durante tres años. Se conservan nueve de sus libros: *De la esfera y del cilindro, Sobre la medida del círculo, Conoides y esferoides, Sobre las hélices, Equilibrio de los planos, Sobre la cuadratura de la parábola, El arenario, Equilibrio de los cuerpos flotantes* y *Método respecto a los teoremas mecánicos.*

ARQUÍMEDES, PRINCIPIO DE *Fís.* El formulado por Arquímedes, que afirma que todo cuerpo sumergido total o parcialmente en un fluido pierde una parte de su peso, o sufre un empuje de abajo hacia arriba, igual al del volumen del fluido desalojado.

ARQUÍPTERO, RA adj. y s. *Zool.* **1** Se dice de los insectos masticadores, con cuatro alas membranosas, metamorfosis incompleta y cuyas larvas son acuáticas y zoófagas en muchas especies; como las libélulas y termitas. || m. pl. *Zool.* **2** Antiguo orden de estos animales, hoy denominados pterigógenos.

ARQUITECTO, TA m. y f. Persona que ejerce la arquitectura. || **ARQUITECTO TÉCNICO** APAREJADOR.

ARQUITECTURA f. *Arquit.* Arte de proyectar y construir edificios. || **ARQUITECTURA CIVIL** *Arquit.* Arte de construir edificios y monumentos públicos y particulares no religiosos. || **ARQUITECTURA MILITAR** *Arquit.* Arte de fortificar. || **ARQUITECTURA NAVAL** Arte de construir embarcaciones. || **ARQUITECTURA RELIGIOSA** *Arquit.* Arte de construir obras de carácter religioso, como iglesias, monasterios, etc.

ARQUIT. Los principios básicos de la arquitectura fueron establecidos, ya en el mundo antiguo, por Vitruvio (siglo I a. C.), quien recogió las teorías y reglas de los tratadistas alejandrinos y fijó como cualidades indispensables de toda obra arquitectónica las de *utilitas, firmitas* y *venustas* (utilidad, estabilidad y belleza), que han permanecido vigentes hasta hoy. Durante la prehistoria, el hombre comenzó a refugiarse en las cavernas y más tarde construyó albergues construidos con materiales vegetales, tierra o madera. La arquitectura del Oriente antiguo se caracterizó por las grandes construcciones religiosas. La antigua civilización china produjo importantes realizaciones en madera. La Grecia clásica utilizó el mármol como material básico y la columna y el dintel como principales elementos. Roma empleó el arco de medio punto, la bóveda y la cúpula. La arquitectura bizantina se caracterizó por sus grandes proporciones y por la utilización de la cúpula. La arquitectura románica empleó en iglesias y monasterios el arco de medio punto, la bóveda de cañón y los contrafuertes, mientras que en la gótica el arco apuntado y la bóveda de crucería permitieron la adopción de formas más esbeltas. Durante el Renacimiento, se produjo una recuperación de los elementos clásicos, que tuvo una continuación en el siglo XVIII con la arquitectura neoclásica. El Barroco, sin embargo, se caracterizó por las fachadas curvilíneas, frontones partidos, columnas de fuste retorcido y una profusa decoración. La utilización de nuevas técnicas y materiales en la segunda mitad del siglo XIX permitió aumentar la altura de las construcciones con muros más ligeros y mejorar la calidad de los interiores. En el siglo XX han dominado dos grandes tendencias: la racionalista, funcional o moderna que propugnó la adecuación de los edificios a su función y redujo al mínimo los elementos decorativos, y la posmoderna, surgida a mediados de siglo como reacción a la anterior. Se caracteriza por la diversidad formal y la utilización de nuevos materiales y técnicas (bóvedas de hormigón, prefabricación pesada, etc.).

ARQUITRABE m. *Arquit.* Parte inferior del entablamento que descansa inmediatamente sobre el capitel de la columna.

ARQUIVOLTA f. *Arquit.* Conjunto de molduras que decoran un arco en su paramento exterior vertical, acompañando a la curva en toda su extensión y terminando en las impostas.

Fernando **Arrabal**

ARRABAL m. 1 Barrio fuera del recinto de la población a que pertenece. 2 Cualquiera de los sitios extremos de una población. 3 Población anexa a otra mayor. || m. pl. 4 Afueras.

ARRABAL, FERNANDO Escritor español (Melilla, 1932). En 1961 fundó en París, con Topor y Jodorowsky, el «movimiento pánico», basado en el «entusiasmo» del dios Pan. La mayor parte de sus obras pertenece al género dramático: *El cementerio de automóviles* (1958), *La coronación* (1965), *El arquitecto y el emperador de Asiria* (1967), *El jardín de las delicias* (1969) y *Oye, patria, mi aflicción* (1975). También es autor de libros de poemas como *La piedra de la locura* (1963), de las novelas *Baal Babilonia* (1959), *La torre herida por el rayo* (1983), *La Virgen roja* (1987) y *Un esclavo llamado Cervantes* (1996), y del ensayo *La dudosa luz del día* (1994). En 1998 publicó *Ceremonia por un teniente abandonado*, y en 2000, *Levitación*. En 2001 recibió el Premio Nacional de Teatro.

ARRABALERO, RA adj. y s. 1 Que vive en un arrabal. 2 fig. y fam. Se dice de quien da muestras de vulgaridad.

ARRABIO m. *Met.* Producto de primera fusión obtenido en el alto horno por reducción del mineral de hierro y que contiene un alto porcentaje de carbono.

ARRACADA f. Arete con adorno colgante.

ARRACIMARSE prnl. Unirse o juntarse en figura de racimo.

ARRACLÁN m. *Bot.* Árbol o arbusto de la familia ramnáceas, de nombre científico *Frangula alnus*. Las hojas son caedizas, las flores blanquecinas y los frutos globosos y rojizos. Se distribuye por casi toda Europa, N de África, y O y SO de Asia. Su madera es flexible y con ella se elabora un carbón muy ligero.

ARRAIGADO, DA adj. 1 Apegado a un lugar. 2 Que posee bienes raíces. || m. *Mar.* 3 Amarradura de un cabo o cadena.

ARRAIGAR intr. 1 Echar o criar raíces. También prnl. 2 Hacerse muy firme y difícil de extinguir un afecto, virtud, vicio, uso o costumbre. Más como prnl. || prnl. 3 Establecerse en un lugar.

ARRAK m. Líquido alcohólico que se obtiene destilando el producto resultante de la fermentación del arroz, o de ciertas variedades de palma (Goa), de la malta de maíz mezclada con flores de *toddy* (variedad de palma) y melaza fermentada.

ARRAMBLAR tr. 1 Dejar los ríos, arroyos o torrentes cubierto de arena el suelo por donde pasan, en tiempo de crecidas. 2 fig. Arrastrarlo todo, llevándoselo con violencia. 3 Recoger y llevarse codiciosamente todo lo que hay en algún lugar.

ARRAMPLAR tr. e intr. fam. ARRAMBLAR, llevarse codiciosamente todo lo que hay en algún lugar.

ARRANCADA f. 1 Partida o salida violenta de una persona o animal. 2 Comienzo del movimiento de una máquina o vehículo que se pone en marcha. 3 La velocidad de un buque, cuando es notable. 4 *Dep.* Modalidad de la halterofilia que consiste en levantar las pesas en un solo movimiento.

ARRANCAMOÑOS m. *Bot.* Fruto del cadillo. ♦ Su pl. es *arrancamoños*.

ARRANCAR tr. 1 Sacar de raíz. 2 Sacar con violencia una cosa del lugar a que está adherida, o de que forma parte. 3 Quitar con violencia. 4 fig. Obtener algo de una persona, con trabajo, violencia o astucia. 5 fig. Conseguir algo en fuerza del entusiasmo u otro afecto que se siente o se inspira. || intr. 6 Partir de carrera para seguir corriendo. 7 Iniciarse el funcionamiento de una máquina o el movimiento de traslación de un vehículo. También tr. 8 fig. y fam. Empezar a hacer algo de modo inesperado. También prnl. 9 fig. Provenir.

ARRANCHAR tr. *Mar.* 1 Dicho de la costa, un cabo, un bajo, etc., pasar muy cerca de ellos. 2 Tratándose del aparejo de un buque, cazarlo y bracearlo todo lo posible.

ARRANQUE m. 1 Acción y efecto de arrancar. 2 *Arquit.* Principio de un arco o bóveda. 3 fig. Ímpetu de cólera, amor u otro afecto. 4 fig. Ocurrencia viva o pronta que no se esperaba.

ARRAPIEZO m. 1 HARAPO, andrajo. 2 fig. y desp. Persona pequeña, de corta edad o humilde condición.

ARRAPO m. HARAPO, andrajo.

ARRAS f. pl. 1 Lo que se da como prenda o señal en algún contrato. 2 Las trece monedas que, al celebrarse el matrimonio, entrega el desposado a la desposada.

ARRAS Ciudad del N de Francia, capital del departamento de Paso de Calais; 62.000 h. Industrias siderúrgicas y mecánicas. Tapices. Antigua *Nemecatum*, en el siglo XII se convirtió en la capital del condado de Artois y en 1384 pasó al ducado de Borgoña. Se incorporó definitivamente a Francia en 1659.

ARRASAR tr. 1 Allanar la superficie de alguna cosa. 2 Destruir, arruinar. 3 Llenar o cubrir los ojos de lágrimas. También prnl. || intr. 4 Tener alguien o algo un éxito extraordinario.

ARRASTRADERO m. *Taurom.* 1 Sitio por donde se sacan arrastrando de la plaza de toros los animales muertos. 2 Dependencia de la plaza que comunica con el ruedo, donde se llevan arrastrando por las mulillas el toro o los caballos muertos en la arena.

ARRASTRADO, DA adj. 1 fig. y fam. Pobre, con muchos trabajos y molestias. 2 *Ocio.* Se dice del juego de naipes en que es obligatorio servir a la carta jugada.

ARRASTRAR tr. 1 Llevar a una persona o cosa por el suelo, tirando de ella. 2 fig. Llevar uno tras sí, o traer a otro a su dictamen o voluntad. || intr. 3 Ir de un punto a otro rozando con el cuerpo en el suelo. Más como prnl. || prnl. 4 fig. Humillarse.

ARRASTRE m. 1 Acción de arrastrar. 2 *Fís.* Resistencia al movimiento en un fluido. Término aplicado frecuentemente en aeronáutica. 3 *Quím.* Transporte de pequeñas partículas líquidas en un vapor. 4 *Taurom.* Acto de retirar del ruedo el toro muerto en lidia. || **estar** uno **para el arrastre** fr. fig. y fam. Hallarse en extremo decaimiento físico o moral.

ARRAU, CLAUDIO Pianista chileno (Chillán, 1903 - Mürzzuschlag, 1991). Músico precoz, en Berlín fue discípulo de Martin Krause. En 1915 dio su primer concierto internacional, iniciando una carrera que le convirtió en uno de los grandes pianistas del siglo. Expuso su visión de la música y el arte en *Conversaciones con Arrau* (1982).

ARRAYÁN m. *Bot.* Arbusto perenne de la familia mirtáceas, de nombre científico *Myrtus communis*. Se caracteriza por sus flores pequeñas y blancas, y los frutos en baya de color negro azulado. Crece en valles y laderas del litoral mediterráneo. Sus hojas contienen un aceite esencial utilizado como antiséptico.

¡ARRE! Voz que se emplea para estimular a las bestias.

¡ARREA! interj. fam. que denota sorpresa o asombro.

ARREAR tr. 1 Estimular a las bestias para que echen a andar o para que aviven el paso. 2 Dar prisa, estimular. También intr. 3 *Arg.* y *Méx.* Robar ganado. 4 Pegar, dar golpes. 5 Adornar.

ARREAZA CALATRAVA, JOSÉ TADEO Poeta venezolano (Barcelona, Venezuela, 1882 - ?, 1970). Inicialmente modernista, evolucionó luego hacia una temática social. Escribió *Cantos de la carne y del reino interior* (1911), *La Triste y otros poemas* (1912) y *Poesías* (1964).

ARREBATADO, DA adj. 1 Precipitado e impetuoso. 2 Se dice del color muy vivo.

ARREBATAMIENTO m. 1 Acción de arrebatar o arrebatarse. 2 fig. Furor causado por la vehemencia de alguna pasión. 3 ÉXTASIS.

ARREBATAR tr. 1 Quitar o tomar algo con violencia y fuerza. 2 Atraer algo. 3 fig. Conmover excitando alguna pasión o afecto. También prnl. || prnl. 4 Enfurecerse. 5 Cocerse o asarse mal y precipitadamente un alimento por exceso de fuego.

ARREBATIÑA f. Acción de recoger presurosamente algo entre muchos que pretenden apoderarse de ello, como pasa cuando se arroja dinero entre mucha gente.

ARREBATO m. ARREBATAMIENTO, furor y éxtasis.

ARREBOL m. 1 Color rojo que se ve en las nubes a las que alcanzan los rayos del Sol. 2 Por extensión, el mismo color en otros objetos, en especial en el rostro. 3 Sustancia colorante, generalmente roja, que se utiliza en cosmética.

ARREBOLADA f. Conjunto de nubes enrojecidas por los rayos del Sol.

ARREBOLAR tr. Poner de color de arrebol. Más como prnl.

ARREBUJAR tr. 1 Coger mal y sin orden alguna cosa flexible, como ropa. 2 Cubrir bien y envolver con la ropa de la cama. Más como prnl.

ARRECHUCHO m. 1 fam. ARRANQUE, ímpetu de cólera y prontitud excesiva. 2 fam. Indisposición repentina y pasajera.

ARRECIAR intr. y prnl. Irse haciendo cada vez más recia, fuerte o violenta alguna cosa.

ARRECIFE m. 1 Banco o bajo en el mar, casi a flor de agua, peligroso para la navegación. 2 Estructura formada por organismos calcáreos sedentarios. || **ARRECIFE CORALINO** El banco marino formado en mares tropicales por grandes masas de material detrítico depositado alrededor de un armazón de esqueletos de moluscos, corales, madréporas, algas calizas sólidas, y los organismos a los que proporcionan refugio.

ARREDONDO, NICOLÁS ANTONIO DE Administrador español (Santoña, 1705 - Madrid, 1802). Virrey de Río de la Plata (1789-95), dictó una Real Cédula que permitía a los negreros llevar de regreso productos del país. Fundó el Real Consulado.

ARREDRAR tr. 1 Apartar, separar. También prnl. 2 fig. Retraer, amedrentar, atemorizar. También prnl.

ARREGLADO, DA adj. 1 Ordenado, moderado. 2 Sujeto a regla.

ARREGLAR tr. 1 Ordenar, poner en orden. 2 Reparar, componer algo roto o que no funciona. 3 Solucionar, enmendar. 4 Acordar algo entre varias personas. 5 Acicalar, engalanar. También prnl. 6 fam. En frases en futuro se usa como amenaza. || **arreglárselas** fr. fam. COMPONÉRSELAS.

ARREGLISTA com. *Mús.* Persona que hace arreglos.

ARREGLO m. 1 Acción de arreglar o arreglarse. 2 fig. Acuerdo al que se llega para superar un problema o conflicto. 3 *Mús.* Mejora o transformación de una composición musical para su grabación o ejecución pública. || **ARREGLO DE CUENTAS** VENGANZA.

ARREICO, CA adj. *Geol.* Se aplica al terreno o región que carece de aguas debido a la aridez del clima o a la falta de permeabilidad del suelo.

ARREJUNTARSE prnl. fam. Hacer vida conyugal dos personas sin estar casadas.

ARRELLANARSE prnl. Tenderse cómodamente en el asiento.

ARREMANGAR tr. y prnl. REMANGAR.

ARREMETER intr. 1 Acometer con ímpetu y furia. 2 fig. y fam. Arrojarse con presteza.

ARREMOLINARSE prnl. fig. Amontonarse o apiñarse desordenadamente la gente.

arrendajo

ARRENDAJO m. *Zool.* Nombre común de diversas aves paseriformes, de la familia córvidos. El arrendajo común, de nombre científico *Garrulus glandarius*, mide unos 34 cm de longitud, tiene el plumaje pardo grisáceo, con las alas y cola negras, y un penacho de plumas eréctiles en la cabeza. Vive en bosques densos de Eurasia y N de África y es omnívoro.

ARRENDAMIENTO m. 1 Acción de ARRENDAR. 2 Contrato por el cual se arrienda. 3 Precio en que se arrienda.

ARRENDAR tr. 1 Ceder o adquirir por precio el aprovechamiento temporal de algo. 2 Atar y asegurar por las riendas una caballería. 3 Enseñar al caballo a que obedezca a la rienda. ♦ IRREG. Se conjuga como ACERTAR.

ARRENDATARIO, RIA adj. Que toma en arrendamiento algún bien. Aplicado a personas, también s.

ARRENOBLASTOMA m. *Med.* Tumor del ovario que produce la secreción de hormonas sexuales masculinas, dando lugar a la aparición de caracteres sexuales secundarios masculinos.

ARRENOTOQUIA f. *Biol.* Producción de descendencia exclusivamente masculina por partenogénesis.

ARREO m. 1 Atavío, adorno. || m. pl. 2 Guarniciones o jaeces de las caballerías de montar o de tiro.

ARREOLA, JUAN JOSÉ Escritor mexicano (Ciudad Guzmán, 1918 - Jalisco, 2001). Su obra, de una gran depuración estilística, se inicia con *Varia invención* (1949), a la que siguieron *Confabulario* (1952), *La Feria* (1963), su única novela, *Palíndroma* (1971) y *Confabulario personal* (1980).

ARREPENTIRSE prnl. **1** Pesarle a uno haber hecho o dejado de hacer alguna cosa. **2** Cambiar de opinión o no ser consecuente con un compromiso. ♦ IRREG. Se conjuga como SENTIR.

ARRESTAR tr. Detener, poner preso.

ARRESTO m. **1** Acción de arrestar. **2** *Der.* Detención provisional del presunto reo. **3** *Der.* Reclusión por un tiempo breve, como corrección o pena. || m. pl. **4** Arrojo o determinación para emprender una cosa ardua. || **ARRESTO MAYOR** *Der.* Pena de privación de libertad desde un mes y un día hasta seis meses. || **ARRESTO MENOR** *Der.* Pena de igual índole que la anterior y de duración de uno a treinta días que en ciertos casos se puede cumplir en el mismo domicilio del reo.

ARRHENIUS, SVANTE AUGUST Químico y físico sueco (Wijk, 1859 - Estocolmo, 1927). Fue profesor en la Universidad de Upsala (1884) y director del Instituto Nobel de Fisicoquímica (1905). Estudió la conducción eléctrica de las sustancias disueltas o electrolitos, y la velocidad de las reacciones químicas, formulando una ecuación que liga la tasa de reacción con la temperatura absoluta. Fue el primero en proponer la teoría de la panspermia. Entre sus obras destaca *Tratado de física cósmica* (1903). En 1903 se le concedió el premio Nobel de Química.

ARRIACENSE adj. y com. De Guadalajara, España.

ARRIAGA, MANUEL JOSÉ Político portugués (Horta, 1841 - Lisboa, 1917). Formó parte del directorio del Partido Republicano y fue diputado de ese partido por Funchal. Fue el primer presidente de la República (1911-15).

ARRIAGA, PONCIANO Político mexicano (San Luis de Potosí, 1811 - íd., 1863). Ministro de Justicia con Arista (1852), se exilió en EE UU al encargarse del gobierno el general Santa Anna. A su regreso tras la Revolución de Ayutla (1854), fue diputado y uno de los inspiradores de la Constitución de 1857. Tras el golpe de Estado del general Comonfort (1859), apoyó a Juárez. En 1863, fue nombrado gobernador del Distrito Federal.

ARRIANISMO m. *Rel.* Herejía de Arrio y sus adeptos, según la cual Jesucristo era la más perfecta de las criaturas, y su dignidad, la más alta después de la de Dios; no era, por tanto, consustancial con el Padre, carecía de los atributos de la divinidad y sólo por gracia recibía tal denominación. Su doctrina fue condenada en el primer concilio ecuménico de Nicea (325). Posteriormente la condena fue ratificada en el de Sárdica (342). Tras un periodo de rivalidades y persecuciones, el emperador Teodosio impuso la fe de Nicea, decisión confirmada en el concilio de Constantinopla (381). Introducida por el obispo Ulfilas entre los germanos, fue la religión oficial de los visigodos hasta la conversión de Recaredo (589).

ARRIANO, NA adj. **1** Se dice de los seguidores de Arrio. Más como s. **2** Perteneciente o relativo al arrianismo.

ARRIANO, FLAVIO Militar y filósofo griego (Nicomedia, h. 95 - íd., h. 175). Discípulo de Epícteto, el emperador Adriano le nombró prefecto de Capadocia. Ejerció el consulado (146) durante el reinado de Antonino Pío. Posteriormente, fue gran sacerdote de Ceres en Nicomedia y escribió *Anábasis, Compendio de la filosofía de Epícteto, Historia de Bitinia* y *Periplo de Ponto Euxino.*

ARRIAR tr. **1** Bajar las velas, las banderas, etc., que estén en lo alto. **2** Inundar, arroyar. || prnl. **3** Inundarse algún paraje.

ARRIATE m. **1** *Bot.* Era estrecha y dispuesta para tener plantas de adorno junto a las paredes de los jardines y patios. **2** Calzada, camino o paso. **3** Enrejado de cañas.

ARRIATE Municipio y lugar de España, provincia de Málaga; 3.430 h. Industrias alimentarias.

ARRIBA adv. l. **1** A lo alto, hacia lo alto. **2** En lo alto, en la parte alta. **3** En lugar anterior o que está antes de otro, citando un párrafo. **4** En dirección hacia lo que está más alto. **5** Con voces de cantidad, aumento indeterminado. || **de arriba abajo** loc. adv. Del principio al fin, de un extremo a otro.

¡ARRIBA! interj. **1** Voz que se emplea para excitar a alguno a que apure una bebida, a que se levante, a que suba, etc. **2** En frases exclamativas sin verbo, equivale a *¡viva!*

ARRIBADA f. *Mar.* **1** Acción de arribar, llegar la nave al puerto de destino. **2** Acción de fondear la nave en otro puerto por un peligro, necesidad, etc.

ARRIBAR intr. **1** Llegar, especialmente la nave a puerto. **2** fig. y fam. Llegar a conseguir lo que se desea. **3** *Mar.* Dejarse ir con el viento. **4** *Mar.* Girar el buque abriendo el ángulo que forma la dirección de la quilla con la del viento.

ARRIBEÑO, ÑA adj. y s. *Amér.* Se aplica por los habitantes de las costas al que procede de las tierras altas.

ARRIBISTA com. Persona que progresa en la vida por medios rápidos y sin escrúpulos.

ARRIBO m. LLEGADA.

ARRIBOFLAVINOSIS f. *Med.* Deficiencia de riboflavina en la dieta, que trae como consecuencia la aparición de boqueras, lesiones en la córnea y dermatitis seborreica.

ARRIENDO m. ARRENDAMIENTO.

ARRIERO m. **1** Persona que trajina con bestias de carga. **2** *Zool. Cuba* Ave de la familia cucúlidos, que vive también en las otras Antillas, México y América Central.

ARRIESGADO, DA adj. **1** Que supone riesgo o peligro. **2** Osado, imprudente, temerario.

ARRIESGAR tr. y prnl. Poner en peligro.

ARRIETA, PEDRO DE Arquitecto mexicano (? - Ciudad de México, 1738). Precursor de la escuela mexicana del siglo XVIII, obras suyas son la basílica de Guadalupe (1695-1709) y el palacio de la Inquisición en la ciudad de México (1733-37).

ARRIMADERO m. Cosa en que se puede estribar o a que uno puede arrimarse.

ARRIMADIZO, ZA adj. **1** Se aplica a lo que está hecho para arrimarlo a alguna parte. **2** fig. Se dice del que interesadamente se arrima o pega a otro. También s.

ARRIMADO, DA m. y f. Persona que vive en casa ajena, a costa o al amparo de su dueño.

ARRIMADOR m. Tronco que se pone en las chimeneas para apoyar en él otros al quemarlos.

ARRIMAR tr. **1** Acercar o poner una cosa junto a otra. También prnl. **2** fig. Con nombres expresivos de cosas materiales, dejar o abandonar la profesión, ejercicio, etc., simbolizados por ellas. || prnl. **3** Apoyarse sobre algo, como para descansar o sostenerse. **4** Amancebarse. **5** fig. Acogerse a la protección de alguien o de algo. **6** *Taurom.* Intentar torear en terreno próximo al toro.

ARRIMO m. **1** Acción de arrimar o arrimarse. **2** Proximidad, cercanía. **3** Apoyo, sostén. **4** Afición, inclinación.

ARRINCONADO, DA adj. **1** Apartado, distante del centro. **2** fig. Desatendido, olvidado.

ARRINCONAR tr. **1** Poner algo en un rincón o lugar retirado. **2** Estrechar a alguien hasta un obstáculo que le impida seguir retrocediendo. **3** fig. Privar a uno del cargo o favor que gozaba; no hacer caso de él. **4** fig. Abandonar una profesión o ejercicio.

ARRIO Filósofo y heresiarca griego (Cirenaica, 280 - Constantinopla, 336). Mantuvo relaciones con Melencio de Licópolis, obispo cismático, pero, tras el edicto de tolerancia de 313 fue ordenado presbítero de la iglesia de Alejandría. A partir de 318 comenzó a predicar y creó gran revuelo en la iglesia egipcia (véase ARRIANISMO). Fue condenado y excomulgado en el concilio de Alejandría (323). Atrajo a sus doctrinas a los obispos Eusebio de Cesarea y Eusebio de Nicomedia, pero su condena fue ratificada en el concilio de Nicea (325). De su obra se conservan dos cartas, dirigidas a Alejandro de Alejandría y a Eusebio de Nicomedia, y fragmentos de su obra *Thalia* (El festín).

ARRISCADOR, RA m. y f. Persona que recoge la aceituna que se cae de los olivos al tiempo de varearlos.

ARRITMIA f. **1** Falta de ritmo regular. **2** *Med.* Irregularidad y desigualdad en las contracciones del corazón y en el ritmo respiratorio.

ARRÍTMICO, CA adj. Relativo a la arritmia.

ARRITMOCINESIS f. *Med.* Pérdida de la facultad de ejecutar movimientos voluntarios con un ritmo determinado.

ARRIZAR tr. *Mar.* **1** Colgar algo en el buque para que resista los balanceos y movimientos. **2** Atar y asegurar a uno.

ARROBA. f. **1** *Metrol.* Unidad de peso que equivale a 11 kg y 502 gr. **2** *Metrol.* Medida de líquidos que varía de peso según las provincias y los mismos líquidos. **3** *Inform.* Símbolo (@) usado en las direcciones de correo electrónico. || **por arrobas** loc. adv. fig. A MONTONES.

ARROBAMIENTO m. **1** Acción de arrobar o arrobarse, enajenarse, quedar fuera de sí. **2** ÉXTASIS.

ARROBAR tr. **1** EMBELESAR. || prnl. **2** Enajenarse.

ARROBO m. ARROBAMIENTO, éxtasis.

ARROCABE m. **1** *Arquit.* Maderamen colocado en la parte superior de los muros de un edificio, para unirlos entre sí y con la armadura que han de sostener. **2** Adorno que hace las veces de friso.

ARROCERO, RA adj. **1** Relativo al arroz. || m. y f. **2** Persona que cultiva arroz.

ARRODILLAR tr. **1** Hacer que uno hinque la rodilla o ambas rodillas. || prnl. e intr. **2** Ponerse de rodillas.

ARROGANCIA f. Calidad de arrogante, altanero, valiente.

ARROGANTE adj. **1** Altanero, soberbio. **2** Valiente, brioso. **3** Gallardo, airoso.

ARROGARSE prnl. Atribuirse, apropiarse. Se dice de cosas inmateriales, como jurisdicción, poder, etc.

ARROJADIZO, ZA adj. Que se puede arrojar o tirar fácilmente.

ARROJADO, DA adj. fig. Resuelto, intrépido.

ARROJAR tr. **1** Impeler con violencia una cosa. **2** ECHAR. **3** fig. Tratándose de cuentas, documentos, etc., presentar, dar de sí como consecuencia o resultado. **4** fam. VOMITAR. También intr. || prnl. **5** Precipitarse con violencia de alto a bajo. **6** Ir violentamente hacia alguien o algo hasta alcanzarlo.

ARROJO m. fig. Osadía, intrepidez.

ARROLLADO m. *Chile* Carne de vaca o puerco que, cocida y aderezada, se acomoda en rollo formado de la piel, también cocida, del mismo animal.

ARROLLADOR, RA adj. **1** Que arrolla. **2** Apabullante.

ARROLLAMIENTO m. **1** Acción y efecto de arrollar. **2** *Fís.* Conjunto de conductores aislados arrollados sobre un núcleo que forman un mismo circuito.

ARROLLAR tr. **1** Envolver algo en forma de rollo. **2** fig. Desbaratar o derrotar al enemigo. **3** Atropellar, no hacer caso de leyes ni otros miramientos. **4** Llevar rodando la violencia del agua o del viento alguna cosa sólida. **5** fig. Confundir una persona a otra, dejándola sin poder replicar.

ARROPAR tr. **1** Cubrir o abrigar con ropa. También prnl. **2** Por extensión, cubrir, abrigar.

ARROPE m. Mosto cocido hasta que toma consistencia de jarabe y en el cual suelen echarse trozos de calabaza u otra fruta.

ARROSETADO, DA adj. *Bot.* Se dice del vegetal cuyas hojas nacen en la base del tallo, en número muy elevado y cercanas unas a otras, disponiéndose generalmente sobre el suelo formando un círculo.

ARROSTRAR tr. Hacer cara, resistir.

ARROW, KENNETH Economista estadounidense (Nueva York, 1921). En 1972 fue galardonado con el premio Nobel de Economía, compartido con el inglés John R. Hicks, por sus aportaciones a la teoría general del equilibrio económico y a la del bienestar. Es autor de *Social Choise and Individual Values* (1951) y *Essays in the Theory of Risk Bearing* (1970).

ARROYADA f. **1** Valle por donde corre un arroyo. **2** Surco o hendidura producida en la tierra por el agua corriente. **3** Crecida de un arroyo e inundación consiguiente a ella. **4** *Geol.* Fenómeno originado por la escorrentía temporal en superficie (aguacero), con exclusión del agua que se infiltra.

ARROYAMIENTO m. **1** *Geol.* Erosión difusa, producida por las aguas, que no llega a formar una red de ríos o arroyos. **2** ARROYADA, crecida de un río o arroyo.

ARROYAR tr. **1** Formar la lluvia arroyada, o hendiduras en la tierra. Más como prnl. **2** Formar arroyos. || prnl. *Bot.* **3** Contraer roya las plantas.

ARROYO m. **1** Caudal corto de agua, casi continuo pero no permanente. **2** Cauce por donde corre. **3** Parte de la calle por donde suelen correr las aguas.

ARROYO GRANDE *Hist.* Arroyo tributario del río Uruguay, en la provincia de Entre Ríos (Argentina), en cuya desembocadura se libró una batalla, donde las fuerzas del ex presidente uruguayo M. Oribe, apoyadas por las del dictador argentino J. M. de Rosas, vencieron a las del presidente F. Rivera (1841).

ARROYO DEL RÍO, CARLOS ALBERTO Político ecuatoriano (Guayaquil, 1893 - íd., 1969). Elegido presidente de la República en 1940, como líder del Partido Liberal, su mandato se desarrolló en medio de un creciente descontento popular. Rechazó la posibilidad de establecer un gobierno de concentración para hacer frente a la guerra con Perú (1941-42). Fue derrocado por un movimiento revolucionario de los partidarios de Velasco Ibarra.

ARROZ m. *Bot.* **1** Planta de la familia gramíneas, de nombre científico *Oryza sativa,* que se cría en terrenos muy húmedos y cuyas semillas son granos ovales, harinosos y blancos después de descascarillados, que, cocidos, constituyen un alimento nutritivo y de mucho uso. A partir de las semillas también se elabora una bebida alcohólica llamada sake. La planta, cultivada en China hace unos cinco mil años, es originaria del SE de Asia. **2** Semilla de esta planta. || **arroz con leche** *Gastron.* Postre a base de arroz cocido con leche, azúcar y canela.

ARROZAL m. Tierra sembrada de arroz.

ARRUAR intr. Gruñir el jabalí cuando se ve perseguido.

ARRUDA *Geneal.* Familia de arquitectos portugueses, representantes del estilo manuelino. Entre ellos, destacan Diogo Arruda (?-h. 1531), que dirigió los trabajos del Palacio Real de Lisboa y realizó la nave y la sala capitular del convento de Cristo, en Tomar; y Francisco Arruda (?-1547), hermano del anterior, autor de la torre de Belem y del acueducto y la catedral de Elvas.

ARRUFADURA f. *Mar.* Curvatura de la cubierta de un buque, que se levanta más, respecto de la superficie del agua, por la proa y popa que por el centro.

ARRUFAT, ANTÓN Dramaturgo cubano (Santiago de Cuba, 1935). Cultivador del teatro del absurdo, entre sus principales obras figuran *El vivo al pollo* (1961), *Todos los domingos* (1965) y *El caso se investiga* (1975). También es autor de poemarios y de relatos breves.

ARRUGA f. 1 Pliegue que se hace en la piel o en cualquier membrana. 2 Pliegue irregular que se hace en la ropa o en cualquier tela o cosa flexible.

ARRUGAR tr. 1 Hacer arrugas. También prnl. 2 Con el complemento directo *frente, ceño, entrecejo,* y siendo el sujeto nombre de persona, mostrar en el semblante ira o enojo. || prnl. 3 ENCOGERSE.

ARRUINAR tr. y prnl. 1 Causar ruina. También prnl. 2 Destruir, causar grave daño.

ARRULLADOR, RA adj. y s. Que arrulla.

ARRULLAR tr. 1 Atraer con arrullos el palomo o el tórtolo a la hembra, o al contrario. 2 fig. Adormecer al niño con arrullos. 3 fig. y fam. Enamorar con palabras dulces.

ARRULLO m. 1 Canto grave o monótono con que se enamoran las palomas y las tórtolas. 2 Habla dulce con que se enamora a una persona. 3 fig. Cantarcillo grave y monótono para adormecer a los niños. 4 fig. Susurro y también todo ruido que sirve para arrullar.

ARRUMACO m. Demostración de cariño hecha con gestos o ademanes. Más en pl.

ARRUMBADOR, RA adj. y s. 1 Que arrumba. || m. 2 Obrero que en las bodegas efectúa la operación de sentar las botas y las de trasegar, cabecear y clarificar los vinos. 3 Obrero portuario que efectúa el apilado de las mercancías en muelles y almacenes y los que las cargan desde los muelles a los camiones, vagones y otros medios de transporte.

ARRUMBAR tr. 1 Poner una cosa como inútil en un lugar retirado o apartado. 2 Abandonar o dejar fuera de uso. 3 fig. Arrollar a alguien en la conversación, obligándole a callar. || intr. *Mar.* 4 Fijar el rumbo a que se navega o a que se debe navegar.

ARRUPE GONDRA, PEDRO Religioso español (Bilbao, 1907 - Roma, 1991). Prepósito general de la Compañía de Jesús desde 1965, bajo su mandato la Compañía adoptó un compromiso con las causas sociales, especialmente en Filipinas, América Latina y África. En 1981 dimitió por motivos de salud y fue sucedido en el cargo por P. H. Kolvenbach.

ARRURUZ m. *Bot.* 1 Fécula que se extrae de la raíz de varias plantas tropicales. Es un alimento nutritivo y de fácil digestión. El más común es el antillano, procedente de la amarantácea *Maranta arundinacea.* 2 Nombre dado a diversas plantas tropicales americanas de la familia amarantáceas, género *Maranta.*

ARS ANTIQUA *Mús.* Periodo primitivo de la música polifónica de Europa occidental, que comprende los siglos XII y XIII. Se caracterizó por la utilización de ritmos ternarios, la notación musical cuadrada y el motete como principal forma musical. Estuvo representada por la escuela de Notre-Dame de París, de la que fueron sus principales representantes Leonin y Perotin; Pierre de la Croix y Adam de Halle, y los teóricos Jean de Garlande, Walter Odington y Jean de Grouchy.

ARS NOVA *Mús.* Término con que se designa la música polifónica que se impuso en Europa a partir del siglo XIV como reacción al ARS ANTIQUA. Entre sus características principales figuran la sistematización de la notación rítmica, la recuperación del uso del compás binario y la creación de signos nuevos para la representación de notas y pausas. Son representantes suyos Guillaume de Machaut, Giovanni da Cascia y Jacopo da Bolonia.

ARSÁCIDA adj. *Hist.* 1 Se dice de los miembros de una dinastía de reyes partos, fundada por Arsaces I en el 248 a. C. Se extendió hasta el año 226 d. C., en que fue sustituida por la dinastía sasánida. Llegó a dominar todos los territorios comprendidos entre el Caspio y el golfo Pérsico y entre el Éufrates y el Indo, es decir, Persia, Armenia, Bactriana y Escitia. También com. y en pl. 2 Relativo a esta dinastía.

ARSENAL m. 1 Establecimiento en que se construyen, reparan y conservan las embarcaciones. 2 Almacén general de armas y otros efectos de guerra. 3 fig. Conjunto o depósito de noticias, datos, etc.

ARSENIATO m. *Quím.* Sal formada por la combinación del ácido arsénico con una base o hidróxido.

ARSENICAL adj. *Quím.* 1 Relativo al arsénico. 2 Toda sustancia que contiene arsénico en una u otra forma.

ARSÉNICO m. *Quím.* 1 Elemento químico del grupo V A del sistema periódico. Masa atómica 74,91; número atómico 33, y símbolo, *As.* Metal de color gris metálico, peso específico 5,72 (a 15° C), punto de fusión 814° C (a 36 atmósferas), y punto de ebullición o sublimación 615° C. Puede actuar con valencias 1, 3 y 5. Aparece muy raras veces en estado nativo, pero sí combinado con metales y azufre. Se emplea en aleaciones, sobre todo con el plomo, para la fabricación de perdigones. Todas las combinaciones con arsénico son venenosas en grandes dosis. En dosis terapéuticas sirve para combatir algunas enfermedades y como estimulante general en casos de anemia y debilidad. || adj. *Quím.* 2 ANHÍDRIDO ARSÉNICO. 3 HALUROS DE ARSÉNICO.

ARSENITO m. *Quím.* Sal del ácido arsenioso.

ARSENIURO m. *Quím.* Combinación del arsénico con un metal. Todos los arseniuros se descomponen por la acción del agua o los ácidos diluidos, dando hidruro de arsénico (AsH_3). Éste es un líquido incoloro, de olor muy desagradable y venenoso.

ARSENOBENCENO m. *Quím.* Compuesto arsenical, el primero utilizado en la terapéutica antimicrobiana.

ARSENOLITA f. *Miner.* Trióxido de arsénico originado por descomposición de los minerales de arsénico. Se presenta en forma de incrustaciones blancas y raramente en cristales cúbicos.

ARSENOPIRITA f. *Miner.* Mineral sulfuro de hierro y arsénico, que cristaliza en el sistema ortorrómbico y constituye la principal mena de arsénico. También denominado *mispiquel.*

ARSINAS f. *Quím.* Compuestos derivados del hidruro de arsénico (AsH_3), al sustituir el hidrógeno por un halógeno, radicales alquílicos o carbonatados.

ARSÍNOE Princesa egipcia (?, 316 a. C. - ?). Hija de Tolomeo Soter, fue, sucesivamente, esposa de Lisímaco, rey de Tracia, de Tolomeo Keraunos y de Tolomeo II Filadelfo, de quien también era hermana.

ARSÍNOE Antiguo nombre de El-Fayum, ciudad de Egipto.

ART BRUT *Arte.* Término artístico acuñado por Jean Dubuffet en la década de los cuarenta, para designar las manifestaciones expresivas realizadas al margen de normas culturales o estéticas. Se dio a conocer en 1945, con la exposición organizada por Dubuffet en la que incluyó dibujos infantiles, obras de aficionados, expresiones gráficas de enfermos mentales, inscripciones anónimas callejeras, etc.

ART-DÉCO (Voz fr., abreviatura de *arts décoratifs.) Arte.* Estilo artístico surgido en los años veinte en Europa y América que rompe con el modernismo. Recibió un impulso definitivo en la Exposición Universal de París de 1925. Está influido por el fauvismo, el cubismo y el arte negro. Sus manifestaciones tuvieron lugar en todos los ámbitos artísticos, pero tuvo importancia principalmente en la decoración.

ART NOUVEAU (Voz fr.) MODERNISMO.

ARTA Nomo de Grecia, en Epiro; 1.662 km² y 78.884 h. Su capital es la ciudad del mismo nombre, que se corresponde con *Ambracia,* colonia fundada por los corintios en el siglo VII a. C.

ARTÁ Municipio y lugar de España, en la isla de Mallorca, provincia de Baleares; 5.831 h. Cuevas y monumentos megalíticos.

ARTABÁN *Hist.* Nombre de varios reyes partos de la dinastía de los arsácidas. Reinaron desde el siglo III a. C. hasta el III d. C.

ARTAGNAN, CHARLES DE BATZ o **MONTESQUIOU, CONDE D'** Mariscal francés (?, 1611 - sitio de Maastricht, 1673). Mosquetero en tiempos de Luis XIII y durante la menoridad de Luis XIV, llegó a mariscal en 1672. Alejandro Dumas lo convirtió en personaje principal de su novela *Los tres mosqueteros.*

ARTAJERJES Nombre de diversos reyes de la antigua Persia.

ARTAJERJES I LONGÍMANO (?, 464 - ?, 424 a. C.). Hijo de Jerjes I y padre de Jerjes II y Darío II. Al comienzo de su reinado, sometió a su hermano Histaspes, sátrapa de la Bactriana (462), y posteriormente a los egipcios, que trataron de conseguir la independencia con la ayuda ateniense. Finalmente, los generales Artabaces y Megabises derrotaron a los atenienses, que abandonaron Egipto (455 a. C.). La lucha con Atenas continuó hasta su conclusión en la paz de Callias (449 a. C.).

ARTAJERJES II MNEMÓN (?, 404 - ?, 359 a. C.). Hijo y sucesor de Darío II, hizo frente a la sublevación de su hermano Ciro el Joven, al que derrotó y mató en Cunaxa (401 a. C.). Apoyó a Atenas frente a Esparta y contribuyó a la victoria ateniense en la batalla de Conon, cerca de Cnido (394 a. C.). Emprendió varias campañas contra Egipto que fracasaron.

ARTAJERJES III OCO (?, 359 - ?, 338 a. C.). Hijo del anterior, al que sucedió. Sofocó una serie de rebeliones en Asia Menor, Fenicia y Chipre, y conquistó Egipto en 343 a. C. Murió envenenado por el eunuco Bagoas.

ARTAUD, ANTONIN Escritor francés (Marsella, 1896 - Ivry-sur-Seine, 1948). En su juventud estuvo unido al grupo surrealista. Ejerció como dramaturgo, poeta y actor, y su influencia en el teatro de vanguardia fue muy relevante. Fundó el teatro Alfred Jarry, en el que estrenó, sin gran éxito, su obra *Los Cenci* (1935). Entre sus obras se encuentran los ensayos *Manifiesto del teatro de la crueldad* (1932), *El teatro y su doble* (1938) y *Van Gogh, el suicidado por la sociedad* (1947), y las novelas *Heliogábalo* (1934) y *Los tarahumara* (1936).

ARTE amb. 1 Acto mediante el cual imita o expresa el hombre lo material o lo invisible, y crea copiando o fantaseando. **[Encic.]** 2 Virtud e industria para hacer algo. 3 Conjunto de reglas para hacer bien algo. 4 Cautela, maña, astucia. 5 Aparato para pescar. 6 *Métr.* COPLA, VERSO DE ARTE MAYOR. 7 *Métr.* VERSO DE ARTE MENOR. || m. pl. 8 Nombre con el que se designaba, antiguamente, a la lógica, la física y la metafísica. || **ARTE ABSTRACTO** *Arte.* ABSTRACTO. || **ARTE CÓSMICO** *Filos.* Teoría basada en parte en el idealismo de Schelling y en el evolucionismo místico de Max Scheler, sostiene que el hombre no es más que el portador del universo, y que la obra creadora más pura, el arte, no se opone a la naturaleza, sino que la continúa y la supera. || **ARTE DECORATIVA** *Arte.* La pintura o la escultura en cuanto no crean obras independientes, sino subordinadas al embellecimiento de edificios. || **ARTE DEGENERADO** *Hist.* y *Polít.* Denominación que se aplicó en Alemania, durante el régimen nacionalsocialista, a las manifestaciones más avanzadas del arte contemporáneo, contra las cuales desencadenó una violenta campaña en 1937. || **ARTE FIGURATIVO** *Arte.* FIGURATIVO. || **ARTE GENERATIVO** *Arte.* Movimiento artístico de origen argentino en el que la forma geométrica se genera a ella misma en expansiones sucesivas que tienen algo de orgánico y que parte de una especie de centro de emanación de ritmos. || **ARTE PSICODÉLICO** *Arte.* Corriente artística que surgió como consecuencia del op-art, consistente en reproducir efectos similares a los de algunas drogas mediante el constante movimiento de la luz y el color, las formas y sus reflejos. || **ARTES GRÁFICAS** *A. gráf.* Conjunto de técnicas relacionadas con la imprenta, como composición, ajuste, maquetación, grabado, impresión, encuadernación, etc. || **ARTES INDUSTRIALES** *Arte.* Denominación genérica de las llamadas artes aplicadas. Pertenecen a ella la orfebrería, la esmaltación por fundido, la cerámica, el grabado en madera y las artes textiles, que, a diferencia de la pintura y la escultura, elaboran objetos de uso. || **BELLAS ARTES** *Arte.* Cualquiera de las que tienen por objeto expresar la belleza. Más en pl. Son arquitectura, escultura, pintura, música y poesía. || **MALAS ARTES** Medios reprobables de que se vale uno para conseguir algo. || **SÉPTIMO ARTE** CINEMATOGRAFÍA. || **no ser,** o **no tener, arte ni parte en** algo fr. No intervenir en ello de ningún modo. || **por arte de birlibirloque,** o **de encantamiento** loc. fam. con que se denota haberse hecho algo por medios ocultos y extraordinarios.

ARTE. e HIST. Desde la prehistoria, se encuentran testimonios de actividad artística, pero la historia del arte empezó a tener un sentido de ilación cultural a partir de *Egipto* y de su antiguo imperio (4000-3000 a. C.). Con el arte *mesopotámico* y el *cretense* se produjo una distensión del hieratismo egipcio. Posteriormente, el *arte clásico griego,* con su antropocéntrico ideal de belleza, representó una de las fases más armónicas y decisivas de la expresión creadora de la cultura occidental. Las grandes civilizaciones de *Oriente* compusieron otros vastos ciclos de realizaciones artísticas. Elementos helénicos, sobre el viejo fondo *etrusco,* influyeron en el arte de *Roma,* cuyo impulso dominador imprimió un sello de eficacia realista a sus producciones arquitectónicas y plásticas. El *arte islámico,* vedada por motivos litúrgicos la representación de la figura humana, desarrolló un lenguaje de abstracciones y arabescos. En el *arte cristiano primitivo* predominó la tendencia al simbolismo trascendente, opuesta al naturalismo pagano. El *arte bizantino* fue el complejo de manifestaciones plásticas del mundo grecorromano que, fijado en el siglo VI, se extendió durante la Edad Media por toda la cuenca del Mediterráneo. El *estilo gótico* impuso en Europa un sentido de verticalidad ascendente, aireación y exaltada fe religiosa. Durante el *Renacimiento,* se produjo la recuperación cristianizada del arte de la Antigüedad. Sobre las bases de tal estilo, el *Barroco* representó una exaltación y proliferación dinámica de las formas, y el *Neoclasicismo,* una detección normativa de los módulos clásicos y renacentistas. Una primera reacción contra el estatismo consiguiente fue la del *Romanticismo,* que conjugó las formas concretas de la pasión y el sentimiento con el idealismo, y al que sucedieron movimientos como el del *arte por el arte* y las escuelas *realista* e *impresionista.* Durante el siglo XX los principales parámetros del arte fueron transgredidos o negados; así, el espacio y la figura se deshicieron con el *cubismo* y el arte *abstracto;* el sujeto fue metamorfoseado con el arte *surrealista;* el objeto mismo se generalizó y se mostró como arte en el *pop-art;* la luz se descompuso con el arte *cinético,* etc. Al mismo tiempo se buscaron nuevos soportes, materiales, instrumentos, como la electrónica, el cuerpo mismo del artista *(body art),* el gesto *(dada),* el concepto *(arte conceptual),* etc.

ARTEAGA, JOSÉ MARÍA Militar mexicano (Aguascalientes, 1833 - Uruapan, 1865). Ingresó en el ejército en 1848. Tras combatir a las órdenes del conservador Zuloaga, se unió a los liberales en su lucha contra Santa Anna. Fue gobernador de Querétaro (1856-58) y de Jalisco (1864). Durante la invasión francesa combatió a Maximiliano. Murió fusilado.

ARTEFACTO m. **1** Dispositivo mecánico. **2** Máquina, aparato. **3** desp. Máquina, mueble y, en general, cualquier objeto de cierto tamaño. **4** *Biol.* Estructura anormal de una célula, inexistente en el organismo de que procede, que aparece en algunas preparaciones microscópicas.

ARTEIXO ARTEIJO.

ARTEJO m. **1** *Anat.* NUDILLO de los dedos. **2** *Zool.* Cada una de las piezas articuladas entre sí que forman los apéndices de los artrópodos.

ARTEMISA f. *Bot.* Nombre común dado a varias plantas olorosas de la familia compuestas, género *Artemisa*. Son vegetales herbáceos, de hojas alternas, flores blanco-amarillentas y frutos en aquenio. Crecen de forma natural por todo el hemisferio norte.

ARTEMISA *Mit.* Nombre de diversas divinidades griegas de las que la principal es la llamada Diana por los romanos, hija de Zeus y Leto y hermana gemela de Apolo.

ARTEMISA Reina de Caria (s. IV a. C.). Famosa por haber erigido el sepulcro de su esposo y hermano Mausolo, que fue una de las siete maravillas del mundo antiguo.

ARTEMISA Reina de Halicarnaso (s. V a. C.). Tomó parte en la expedición de Jerjes y se distinguió en la batalla de Salamina (480 a. C.) y poco después se apoderó de la isla de Patmos.

ARTERIA f. **1** *Anat.* Cada uno de los vasos que llevan la sangre desde el corazón a las demás partes del cuerpo (véase AORTA, CARÓTIDA, CORONARIA, FEMORAL, HUMERAL, ILÍACA, PULMONAR, SUBCLAVIA). **2** *Fís.* Conjunto que rodea a un cable y consta de conductor y aislamiento. **3** fig. Calle de una población, a la cual afluyen muchas otras. || **ARTERIA CAUDAL** *Zool.* Continuación de la aorta dorsal en la cola de los vertebrados. || **ARTERIA CELÍACA** *Anat.* La que lleva la sangre al estómago y otros órganos abdominales.

ARTERÍA f. Amaño, astucia. Se toma en sentido peyorativo.

ARTERIAL adj. Relativo a las arterias.

ARTERIOESCLEROSIS O **ARTERIOSCLEROSIS** f. *Pat.* Endurecimiento o pérdida progresiva de elasticidad en las paredes de las arterias, producido por el depósito de sustancias lipoideas en su interior. ♦ Sus pl. son *arterioesclerosis* y *arteriosclerosis*.

ARTERIOGRAFÍA f. *Med.* **1** Radiografía de las arterias realizada después de inyectar un material radiopaco. **2** Registro gráfico del pulso arterial.

ARTERIOLA f. *Anat.* Arteria pequeña que termina en capilares.

ARTERIOSO, SA adj. **1** ARTERIAL. **2** Abundante en arterias.

ARTERITIS f. *Med.* Inflamación de las arterias originada por una enfermedad o una reacción alérgica. ♦ Su pl. es *arteritis*.

ARTERO, RA adj. Mañoso, astuto. Tiene sentido peyorativo.

ARTESA f. **1** Cajón cuadrilongo que se va estrechando hacia el fondo. Sirve para amasar el pan y para otros usos. **2** *Geol.* Valle de perfil transversal en U, de fondo plano y vertientes escarpadas. En la mayoría de los casos tiene un origen glaciar.

ARTESANADO m. **1** ARTESANÍA, clase social de artesanos. **2** Actividad u oficio del artesano.

ARTESANAL adj. ARTESANO, relativo a la artesanía.

ARTESANÍA f. **1** Clase social constituida por los artesanos. **2** Arte u obra de los artesanos. **3** *Indus.* Actividad industrial de tipo tradicional que se realiza con medios técnicos rudimentarios para elaborar los productos de consumo.

ARTESANO, NA adj. **1** Relativo a la artesanía. || m. y f. **2** Persona que ejercita un arte u oficio meramente mecánico. Modernamente se distingue con este nombre al que hace por su cuenta objetos de uso doméstico imprimiéndoles un sello personal, a diferencia del obrero fabril.

ARTESIANO, NA adj. **1** Natural de Artois. También s. **2** Perteneciente o relativo a esa antigua provincia de Francia. **3** POZO ARTESIANO.

ARTESÓN m. **1** Artesa que sirve en las cocinas para fregar. **2** *Arquit.* Elemento constructivo poligonal, cóncavo, moldurado y con adornos, que dispuesto en serie constituye el artesonado. **3** *Arquit.* ARTESONADO, techo adornado con artesones.

ARTESONADO, DA adj. *Arquit.* **1** Adornado con artesones. || m. *Arquit.* **2** Techo, armadura o bóveda formado con artesones de madera, piedra u otros materiales.

ARTHUR, CHESTER ALAN Político estadounidense (Fairfield, 1830 - Nueva York, 1886). Participó en las campañas abolicionistas. En 1880 fue elegido vicepresidente en la candidatura de Garfield y ocupó la presidencia en 1881, al ser asesinado éste. Durante su gestión inició la reforma del *Spoil System*.

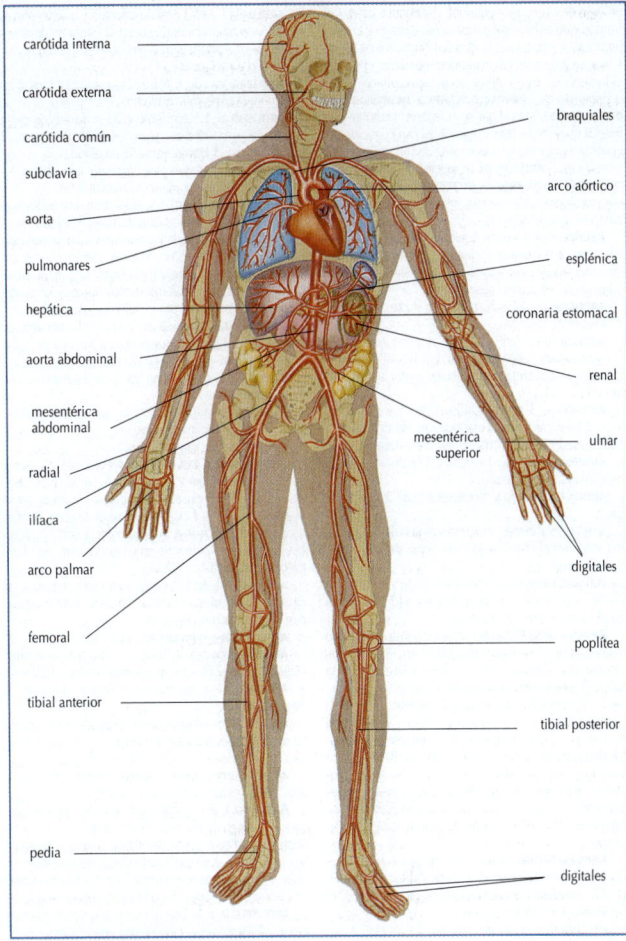

arterias del cuerpo humano.

ARTIBONITE Río de la isla La Española, que nace en la cordillera Central, República Dominicana, entra en Haití y desemboca en la bahía de Gonâve; 320 km de curso.

ARTIBONITE Departamento central de Haití; 4.984 km² y 1.013.779 h. Su capital es Gonaïves. Produce café, arroz y maíz. Minas de cobre, hierro, mica, caolín, cristal de roca, ocre, cuarzo aurífero, azufre y hulla.

ÁRTICO, CA adj. **1** Relativo al Polo Norte. **2** *Geog.* Relativo al conjunto geográfico formado por las regiones árticas y el océano Glacial Ártico. Se halla constituida por un gran archipiélago al N de América, Groenlandia y otros archipiélagos menores situados al N de Europa y de Asia. La región tiene un clima muy frío, posee una vegetación de tundra, en la que en verano pastan rebaños de renos y caribúes. El poblamiento humano se reduce a pequeños grupos de cazadores, pescadores y pastores (lapones, esquimales, yacutos, samoyedos, etc.). Entre los viajes de exploración de la zona más importantes hay que citar los de Sebastián Cabot (1497); Ross y Parry (1812); duque de los Abruzzos (1899); Amundsen (1903); Peary (1909), Nobile (1926) y la del submarino estadounidense *Nautilus*, que atravesó el casquete polar bajo los hielos.

ÁRTICO Archipiélago de Canadá, perteneciente a la provincia de Territorio del Noroeste, que se extiende entre el continente americano y Groenlandia. Las islas principales son las islas de Baffin, Victoria y Ellesmere.

ÁRTICO, OCÉANO GLACIAL ÁRTICO, OCÉANO.

ARTICULACIÓN f. **1** Acción y efecto de articular o articularse. **2** Enlace o unión de dos piezas o partes de una máquina o instrumento. **3** Pronunciación clara y distinta de las palabras. **4** *Fon.* Posición y movimiento de los órganos de la voz para la pronunciación de una vocal o consonante. **5** *Anat.* Unión de un hueso u órgano esquelético con otro, ya sea del dermatoesqueleto o del neuroesqueleto. **6** *Bot.* Unión entre partes de un vegetal que se pueden separar espontáneamente. También denominada *nudo*. **7** *Zool.* Unión que se realiza entre las partes rígidas del cuerpo de un animal, como sucede con los segmentos de un apéndice en los insectos.

ARTICULADO, DA adj. **1** Que tiene articulaciones. || m. *Der.* **2** Conjunto o serie de artículos de un tratado, ley, reglamento, etc.

ARTICULAR[1] adj. Relativo a la articulación o a las articulaciones.

ARTICULAR[2] tr. **1** Unir dos piezas de modo que mantengan entre sí alguna libertad de movimiento rotatorio o deslizante. También prnl. **2** Pronunciar las palabras claras y distintamente. **3** *Fon.* Colocar los órganos de la voz en la forma que requiere la pronunciación de cada sonido.

ARTICULATORIO, RIA adj. Relativo a la articulación de los sonidos del lenguaje.

ARTICULISTA com. Persona que escribe artículos para publicaciones periódicas.

ARTÍCULO m. **1** *Zool.* ARTEJO. **2** Una de las partes en que suelen dividirse los escritos. **3** Cada una de las divisiones de un diccionario encabezada con distintas palabras. **4** *Der.* Cada una de las proposiciones numeradas de un tratado, ley, etc. **5** Cualquiera de los escritos de mayor extensión que se insertan en las publicaciones periódicas. **6** Mercancía, cosa con que se comercia. **7** *Gram.* Parte de la oración, que sirve principalmente para denotar la extensión en que ha de tomarse el nombre al cual se antepone. || **ARTÍCULO ADICIONAL** *Der.* Cada uno de los que al final de una ley, regulan la implantación, alcance y vigencia de ella. || **ARTÍCULO DEFINIDO** O **DETERMINADO** *Gram.* El que principalmente sirve para limitar la extensión de un nombre a un objeto ya conocido por el que habla y de aquel a quien se dirige la palabra. Tiene en singular las formas *el*, *la*, *lo* y en pl. *los*, *las*. ♦ Véase cuadro en DETERMINANTE. || **ARTÍCULO EDITORIAL** El de fondo que se publica sin firma y expone la

opinión de la empresa editorial. || **ARTÍCULO DE FE** Rel. Verdad que debe creerse como revelada por Dios, y propuesta como tal por la iglesia. || **ARTÍCULO DE FONDO** El que se inserta en página importante de una publicación periódica y profundidad en un tema político, social, económico, etc. || **ARTÍCULO GENÉRICO, INDEFINIDO** o **INDETERMINADO** Gram. El que se antepone al nombre para indicar que éste se refiere a un objeto no conocido por el hablante ni el oyente. Es en singular un, una, y en pl. unos, unas. || **ARTÍCULO DE LA MUERTE** IN ARTICULO MORTIS. || **ARTÍCULO DE PRIMERA NECESIDAD** Cualquiera de las cosas indispensables para el sostenimiento de la vida; como el agua, el pan, etc.
ARTÍFICE com. 1 ARTISTA, que ejecuta alguna de las bellas artes. 2 Persona que ejecuta científicamente una obra mecánica o aplica a ella alguna de las bellas artes. 3 fig. AUTOR, el que es causa de algo.
ARTIFICIAL adj. 1 Hecho por mano o arte del hombre. 2 No natural, falso.
ARTIFICIERO m. Artillero especialmente instruido en la clasificación, reconocimiento, conservación, empaque, carga y descarga de proyectiles, cartuchos, espoletas, etc.
ARTIFICIO m. 1 Arte o habilidad con que está hecho algo. 2 Predominio de la elaboración artística sobre la naturalidad. 3 ARTEFACTO. 4 fig. Disimulo, doblez.
ARTIFICIOSO, SA adj. 1 Hecho con artificio o arte. 2 fig. Disimulado, cauteloso.
ARTIGA f. 1 Acción y efecto de artigar. 2 Tierra artigada.
ARTIGAR tr. Romper un terreno para cultivarlo, quemando antes el monte bajo y las ramas de los árboles que hay en él.
ARTIGAS 1 Departamento de Uruguay; 11.928 km² y 75.786 h. **2** Ciudad capital del mismo; 34.551 h. Hasta 1930 se denominó San Eugenio.
ARTIGAS, JOSÉ GERVASIO Militar y político uruguayo (Montevideo, 1764 - Asunción, 1850). En 1810, se ofreció a la Junta Revolucionaria de Buenos Aires e inició la campaña por la independencia de Uruguay. Tras sus victorias en las batallas de San José (20 de febrero de 1811) y de Las Piedras (18 de mayo de 1811), sitió junto a Rondeau la ciudad de Montevideo. Enfrentado a las autoridades bonaerenses, en 1815 controlaba la Banda Oriental, donde organizó la Liga Federal. Su actitud provocó la pasividad bonaerense ante la invasión portuguesa de la Banda Oriental. Fue vencido definitivamente en Tacuarembó (1820). Ese mismo año se refugió en Paraguay.
ARTIGAS, MIGUEL Erudito español (Blesa, 1887 - Madrid, 1947). Es autor de D. Luis de Góngora y Argote (1925), Menéndez y Pelayo (1927) y La vida y la obra de Menéndez y Pelayo (1935).
ARTILLAR tr. 1 Armar de artillería. 2 Colocar en disposición de combate la artillería de una batería, obra, fortaleza o nave.

ARTILLERÍA f. Mil. 1 Arte de construir y usar las armas, máquinas y municiones de guerra. 2 Conjunto de armas que tiene una plaza, ejército o buque. 3 Cuerpo militar destinado a este servicio.
ARTILLERO, RA adj. 1 Relativo a la artillería. || m. 2 Individuo que sirve en la artillería.
ARTILUGIO m. 1 Mecanismo sobre todo si es de cierta complicación; suele usarse con sentido despectivo. 2 Ardid o maña. 3 Herramienta de un oficio.
ARTIMAÑA f. 1 TRAMPA para cazar animales. 2 fam. Artificio para engañar a alguien o para otro fin.
ARTIODÁCTILO, LA adj. y s. Zool. 1 Se dice de los mamíferos ungulados cuyas extremidades terminan en un número par de dedos de los que apoyan al menos dos, que son simétricos, como los toros, ovejas, cabras, antílopes, jirafas, camellos e hipopótamos. || m. pl. Zool. 2 Orden de estos mamíferos, que comprende los subórdenes de los paquidermos y de los rumiantes.
ARTISTA adj. 1 Se dice del que estudia el curso de artes. || com. 2 Persona que ejerce alguna de las bellas artes o está dotada de las cualidades precisas para dicarse a ellas. 3 fig. Persona que hace alguna cosa con suma perfección.
ARTÍSTICO, CA adj. Relativo a las artes, especialmente a las que se denominan bellas.
ARTO- pref. que significa pan.
ARTOCARPÁCEO, CEA o **ARTOCÁRPEO, A** adj. y s. Bot. 1 Se dice de los árboles y arbustos de la familia moráceas, de fruto vario, compuesto, y semilla sin albumen, como el árbol del pan. || f. pl. Bot. 2 Grupo de estas plantas.
ARTOIS Geog. hist. Antigua provincia del N de Francia, integrada actualmente en su mayor parte en el departamento de Paso de Calais.
ARTOLAS f. pl. Aparato que, en forma parecida a las aguaderas, se coloca sobre la caballería para que puedan ir sentadas dos personas.
ARTR-; -ARTR-; -ARTRIA pref., in. o suf. ARTRO-.
ARTRÍTICO, CA adj. 1 Relativo a la artritis o al artritismo. || m. y f. 2 Persona que padece artritis o artritismo.
ARTRITIS f. Med. Inflamación de las articulaciones. ♦ Su pl. es artritis.
ARTRITISMO m. Med. Supuesta predisposición constitucional a padecer varias enfermedades como las afecciones articulares, eccema, obesidad, jaqueca, etc.
ARTRO-, ARTR-; -ARTR-; -ARTRIA, -ARTRO prefs., in. o sufs. que significan articulación: disartria.
ARTROFITA f. Bot. Categoría taxonómica de los helechos con rango de división. Existen alrededor de 30 especies, pertenecientes todas ellas al género Equisetum. Se caracterizan por su tallo articulado, del que salen las hojas o las ramas de forma verticilada. La mayoría posee un rizoma subterráneo del que salen raíces verdaderas.
ARTROGRAFÍA f. 1 Anat. Descripción de las articulaciones. 2 Med. Radiografía de una articulación.
ARTROLOGÍA f. Anat. Parte de la anatomía que trata de las articulaciones.

ARTROPATÍA f. Med. Enfermedad de las articulaciones.
ARTRÓPODO, DA adj. y s. Zool. 1 Se dice de los animales invertebrados de cuerpo con simetría bilateral, formado por una serie lineal de segmentos más o menos ostensibles, tegumento esclerotizado y duro, provisto de apéndices compuestos de piezas articuladas o artejos con una musculatura estriada muy desarrollada. Ejemplos de este grupo son los insectos y las arañas. || m. pl. Zool. 2 Tipo de estos animales que abarca más de 800.000 especies.
ARTROSIS f. Pat. Enfermedad crónica de las articulaciones, de naturaleza degenerativa no inflamatoria. ♦ Su pl. es artrosis.
ARTS AND CRAFTS Arte. Movimiento artístico impulsado en la segunda mitad del siglo XIX por iniciativa de William Morris. Luchó contra la degradación de los objetos de uso común originada como consecuencia de la producción industrial en masa y trató de devolver su importancia a la artesanía y a las artes decorativas.
ARTUÑA f. Entre pastores, oveja parida que ha perdido la cría.
ARTÚRICO, CA adj. Relativo al legendario rey Arturo o Artús.
ARTURO Astron. Estrella de primera magnitud en la constelación del Boyero.
ARTURO o **ARTÚS** Rey legendario de Gran Bretaña, que vivió en la primera mitad del siglo VI. Fundó la orden de los Caballeros de la Mesa Redonda. Sus hazañas han dado lugar al ciclo artúrico o bretón.
ARTURO I Conde de Bretaña (Nantes, 1187 - Rouen, 1203). Hijo de Godofredo de Anjou. En las luchas con su tío Juan Sin Tierra por la herencia de Ricardo Corazón de León recibió el apoyo de Felipe Augusto de Francia. Pero su rival lo hizo prisionero en Poitou y murió encarcelado.
ARUACO, CA adj. y s. ARAHUACO.
ARUBA Isla del mar Caribe, en el grupo de Sotavento, frente a la península venezolana de Paraguaná; 193 km² y 64.000 h. Capital, Oranjestad. Constituye una dependencia autónoma de los Países Bajos. Turismo. Su lengua oficial es el holandés, aunque la más utilizada es el papiamento. Descubierta a finales del siglo XV, por el tratado de Westfalia pasó a manos holandesas. Perteneció a las Antillas Holandesas hasta que en 1986 consiguió un estatuto especial.
ARUCO m. Zool. Ave acuática de nombre científico Anhima cornuta, que tiene en la frente una especie de cuerno. Vive en zonas pantanosas de la región tropical de Sudamérica.
ARUERA f. Bot. Urug. TURBINTO, árbol.
ARUNDENSE adj. y com. De Ronda.
ARUNDÍNEO, A adj. Bot. Relativo a las cañas.
ARÚSPICE m. Sacerdote que en Etruria y la antigua Roma examinaba las entrañas de las víctimas para hacer presagios.
ARVEJA f. Bot. 1 ALGARROBA. 2 Arg., Col. y Chile GUISANTE.
ARVEJO m. Bot. GUISANTE.
ARVELO LARRIVA, ENRIQUETA Poetisa venezolana (Barinitas, 1886 - Caracas, 1962). Entre sus obras destacan Cristal nervioso, La voz aislada y Canto de un recuento.
ARVELO TORREALBA, ALBERTO Poeta venezolano (Barinas, 1905 - ?, 1971). Autor de Música de cuatro (1928), Cantas (1933), Glosas al cancionero (1940) y Florentino y el diablo (1957).
ARZ- pref. ARC-.
ARZAQUEL AZARQUIEL.
ARZE, JOSÉ ANTONIO Sociólogo boliviano (Cochabamba, 1904 - íd., 1955). Fundó el Partido de Izquierda Revolucionaria (PIR). Autor de Bosquejo sociodialéctico de la historia de Bolivia (1940) y Sociología marxista (1963).
ARZILA ASILAH.
ARZOBISPADO m. Rel. 1 Dignidad de arzobispo. 2 Territorio en que el arzobispo ejerce jurisdicción. 3 Edificio u oficina donde funciona la curia arzobispal.
ARZOBISPAL adj. Relativo al arzobispo.
ARZOBISPO m. Rel. Obispo de iglesia metropolitana o que tiene honores de tal.
ARZOLLA f. Bot. Planta de la familia compuestas, de tallo herbáceo muy espinoso.
ARZÓN m. Parte delantera o trasera que une los dos brazos longitudinales del fuste de una silla de montar.
ARZÚ, ÁLVARO Político guatemalteco (Ciudad de Guatemala, 1946). Alcalde de Ciudad de Guatemala (1985-90), fue presidente de la República de 1996 a 1999.
ARZÚA Municipio y lugar de España, provincia de La Coruña; 7.014 h.
AS m. 1 Num. Moneda de cobre de la antigua Roma. 2 Carta que en cada palo de la baraja lleva el número uno. 3 Punto único señalado en una de las seis caras del dado. 4 fig. Persona sobresaliente en un ejercicio o profesión. || **SER UN AS** fr. Ser el número uno o el primero en su especie.

artrópodos

-AS-; -ASA in. o suf. utilizado en los nombres de fermentos o enzimas: *prunasina*, *lactasa*.
As *Quím.* Símbolo del arsénico.
ASA f. **1** Parte que sobresale del cuerpo de una vasija, cesta, etc., y sirve para asirla. **2** *Bot.* Jugo que fluye de diversas plantas umbelíferas.
ASA Tercer rey de Judá (?, h. 913 - ?, h. 873 a. C.). Procedió hacia 898 a una profunda reforma religiosa que eliminó la idolatría de su reino.
ASADERO m. Lugar donde hace mucho calor.
ASADO adj. **1** Tostado, abrasado. || m. **2** Carne asada.
ASADOR m. y f. **1** Persona que se dedica a asar. || m. **2** Varilla puntiaguda en que se clava y se pone al fuego lo que se quiere asar. **3** Aparato o mecanismo para igual fin.
ASADURA f. **1** Conjunto de las entrañas del animal. También en pl. **2** Hígado y bofes. **3** HÍGADO.
ASAETEADOR, RA adj. y s. Que asaetea.
ASAETEAR o **ASAETAR** tr. **1** Disparar saetas. **2** Herir o matar con saetas. **3** fig. Causar a uno repetidamente disgustos o molestias.
ASALARIADO, DA adj. y s. Que percibe un salario por su trabajo.
ASALARIAR tr. Señalar un salario a alguien.
ASALMONADO, DA adj. **1** De carne parecida a la del salmón. **2** De color parecido al salmón.
ASALTAR tr. **1** Acometer una plaza o fortaleza para entrar en ella. **2** Acometer repentinamente y por sorpresa. **3** fig. Ocurrir de pronto algo.
ASALTO m. **1** Acción y efecto de asaltar. **2** Juego entre dos personas; es una variedad de los tres en raya. **3** *Dep.* En boxeo, cada una de las partes de que consta un combate.
ASAM *Geneal.* Familia de artistas alemanes del Barroco. Destaca Cosmas Damian (1686 - 1739), pintor, grabador y arquitecto. Pintó los frescos de las iglesias de las abadías de Oserhofen y Weingarten (1717). Tanto él como su hermano Egid Quirin (1692 - 1750), estudiaron en Roma. Colaboraron en la construcción de la iglesia de Weltenburg (1717-21), la iglesia de San Juan Nepomuceno, de Munich (1733-50), y la iglesia de las Ursulinas de Staubing, etc.
ASAMBLEA f. **1** Reunión numerosa de personas. **2** *Polít.* Cuerpo político y deliberante, como el congreso o el senado. || **ASAMBLEA CONSTITUYENTE** *Polít.* La convocada con carácter temporal para redactar o reformar una constitución.
ASAMBLEA GENERAL DE LAS NACIONES UNIDAS ORGANIZACIÓN DE LAS NACIONES UNIDAS.
ASAMBLEA LEGISLATIVA *Hist.* Órgano de gobierno parlamentario durante la época de la REVOLUCIÓN FRANCESA. El 16 de mayo de 1791 sustituyó a la Asamblea Nacional Constituyente. El levantamiento revolucionario del 10 de agosto de 1792 provocó su sustitución por la Convención Nacional y la Comuna de París.
ASAMBLEA NACIONAL *Hist.* Asamblea que presidió la revisión de las instituciones monárquicas de Luis XIV durante los inicios de la REVOLUCIÓN FRANCESA (17 de junio de 1789). Constituida en principio por el Tercer Estado, pronto se adhirieron a ella la nobleza y el clero, convirtiéndose en Constituyente (9 de agosto). Le sucedió la Asamblea Legislativa el 16 de mayo de 1791.
ASAMBLEARIO, RIA adj. *Polít.* Se dice del movimiento sociopolítico que considera la asamblea el órgano óptimo de organización obrera, estudiantil, etc.
ASAMBLEÍSTA com. Persona que forma parte de una asamblea convocada.
ASAMELA f. *Bot.* Árbol de la familia leguminosas, de nombre científico *Afrormosia elata*. Puede alcanzar hasta 50 m de altura.
ASAR tr. **1** Hacer comestible un manjar por la acción directa del fuego, o la del aire caldeado. **2** fig. Tostar, abrasar. || prnl. **3** fig. Sentir extremado ardor o calor. || **asarse vivo** fr. fig. y fam. Sentir extremado calor.
ASARDINADO, DA adj. Se aplica a la obra hecha de ladrillos o adobes puestos de canto.
ASARGADO, DA adj. Parecido a la sarga, tela.
ASARHADÓN Rey de Asiria (s. VIII a. C.). Hijo de Senaquerib. Reinó desde el año 681 hasta el 669 a. C. Llegó hasta el Cáucaso y el mar Negro, sometió a los caldeos y dominó toda Arabia. Invadió Egipto en 672.
ÁSARO m. *Bot.* Planta perenne de la familia aristoloquiáceas, de olor fuerte y nauseabundo.
ASAZ adv. c. Bastante, harto, muy. Se usa sobre todo en poesía.
ASBAJE, JUANA DE CRUZ, SOR JUANA INÉS DE LA.
ASBESTO m. *Miner.* Mineral del grupo de los anfiboles, fibroso y semejante al amianto.
ASBESTOSIS f. *Pat.* Enfermedad pulmonar crónica producida por la inhalación repetida del polvo de asbesto. ♦ Su pl. es *asbestosis*.
-ASC-, -ASCO- ins. que significan envoltura.
ASCA f. *Bot.* TECA².
ASCALÓN *Geog. hist.* Antigua ciudad de Palestina, en el Mediterráneo. Es la actual *Asquelón*.

ASCANIO o **JULO** *Mit.* Hijo de Eneas y Creúsa, según las tradiciones. Sucedió a su padre como rey de Lavinium y edificó Alba Longa. Es el supuesto iniciador de la *gens* Julia.
ASCARI, ALBERTO Automovilista italiano (Milán, 1918 - Monza, 1955). Campeón del mundo en 1952 y 1953, murió en un accidente durante un entrenamiento.
ASCÁRIDO adj. *Zool.* **1** Se aplica a los gusanos nematodos ascarioideos, del género *Ascaris*, fusiformes, de gran tamaño y parásitos. || m. pl. *Zool.* **2** Familia de estos gusanos.
ASCARITA f. *Miner.* Asbesto recubierto de una capa de hidróxido sódico, que se emplea para absorber anhídrido carbónico.
ASCASUBI, HILARIO Escritor y periodista argentino (Frayle Muerto, hoy Bell Ville, Córdoba, 1807 - Buenos Aires, 1875). Usó los seudónimos de *Paulino Lucero* y *Aniceto el Gallo*. Escribió *Canto a la victoria de Ayacucho* (1824), *Trovas de Paulino Lucero* (1872), *Aniceto el Gallo* (1872) y *Santos Vega* o *Los mellizos de la Flor* (1872).
ASCÁSUBI, FRANCISCO JAVIER Patriota ecuatoriano (? - Quito, 1810). Fue uno de los dirigentes de la sublevación de 1809. Vencido en Sapuyes, murió en prisión durante el asalto llevado a cabo por sus compañeros para liberarlo.
ASCENDENCIA f. **1** Serie de ascendientes o antecesores de una persona. **2** Por extensión, origen, procedencia de alguna cosa.
ASCENDER intr. **1** Subir de un sitio bajo a otro más alto. **2** fig. Adelantar en empleo o dignidad. **3** Importar una cuenta. || tr. **4** Dar o conceder un ascenso. ♦ IRREG. Se conjuga como ENTENDER.
ASCENDIENTE com. **1** Padre, madre, o cualquiera de los abuelos, de quien desciende una persona. || m. **2** Predominio moral o influencia.
ASCENSIÓN f. **1** Acción y efecto de ascender a un lugar alto. **2** *Rel.* La de Cristo a los cielos. **3** Exaltación a una dignidad suprema, como la del pontificado o del trono. || **ASCENSIÓN RECTA** *Astron.* Arco del ecuador contado de occidente a oriente y comprendido entre el punto equinoccial de primavera y el horario o meridiano de un astro.
ASCENSIÓN *Rel.* Fiesta movible con que anualmente celebra la Iglesia la ascensión de Cristo a los cielos, el jueves, cuadragésimo día tras la pascua de Resurrección.
ASCENSIÓN Isla del Atlántico S, perteneciente a la colonia inglesa de Santa Elena; situada a 1.126 km al NO de la misma; 88 km² y 1.012 h. Su capital es Georgetown.
ASCENSIONAL adj. **1** Se aplica al movimiento de un cuerpo hacia arriba. **2** Se dice también de la fuerza que produce la ascensión. **3** Relativo a la ascensión de los astros.
ASCENSIONISTA com. Persona que asciende a puntos muy elevados de las montañas.
ASCENSO m. **1** Acción de ascender. **2** fig. Promoción a mayor dignidad o empleo. **3** fig. Cada uno de los grados señalados para el adelanto en una carrera.
ASCENSOR m. **1** Aparato para trasladar personas de unos pisos a otros. **2** MONTACARGAS.
ASCENSORISTA com. Persona que tiene a su cargo el manejo del ascensor.
ASCESIS f. **1** Conjunto de prácticas que tienden al perfeccionamiento moral y al progreso espiritual del individuo. **2** ASCETISMO. ♦ Su pl. es *ascesis*.
ASCETA com. Persona que hace vida ascética.
ASCÉTICA f. *Rel.* Parte de la teología que trata de la perfección cristiana y de dirigir las almas hacia la misma por los medios ordinarios de la Providencia. **2** ASCETISMO, doctrina de la vida ascética.
ASCÉTICO, CA adj. *Rel.* **1** Que se dedica a la práctica de la perfección espiritual. **2** Relativo a esta práctica.
ASCETISMO m. **1** Profesión de la vida ascética, ejercicio o esfuerzo para conseguir la perfección moral. **2** Doctrina de la vida ascética.
ASCH, SHOLEM Escritor estadounidense de origen polaco (Kutno, Polonia, 1880 - Londres, 1957). Autor de las novelas históricas *El nazareno* (1939), *El apóstol* (1943) y *María* (1949), trilogía sobre la vida de Jesús; *Moisés* (1951) y *El profeta* (1955).
ASCIDIA f. *Zool.* Animal tunicado marino, de nombre científico *Ascidia mentula*. Su cuerpo, de color verde traslúcido, tiene forma de saco. Vive solitaria sobre sustratos duros, hasta 200 m de profundidad. Se distribuye por el Atlántico y Mediterráneo.
ASCII (Siglas de *American Standard Code for Information Interchange*.) *Inform.* Código normalizado para el intercambio de información, mediante la codificación de caracteres. Es un código de siete bits con representante de paridad. Fue introducido en 1963.
ASCITIS f. *Med.* Hidropesía ventral. Acumulación de líquido en la cavidad peritoneal. ♦ Su pl. es *ascitis*.

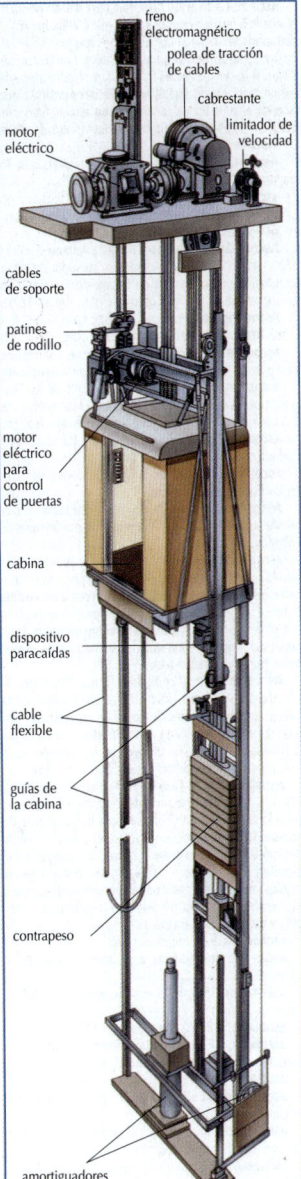

Esquema de la estructura del **ascensor**.

ASCLEPIADÁCEO, A adj. y s. *Bot.* **1** Se dice de las hierbas, arbustos y árboles dicotiledóneos, tropicales o subtropicales, con flores en racimo, corimbo o umbela, y fruto en difolículo con semillas provistas de vilano. || f. pl. *Bot.* **2** Familia de estas plantas.
ASCLEPIADEO adj. y m. VERSO ASCLEPIADEO.
ASCLEPÍADES DE BITINIA o **DE PRUSA** Médico griego (Prusa, Bitinia, 124 a. C.- ?, 40 a. C.). Discípulo de Cleofanto de Alejandría, fundó en Roma una escuela que combatió las doctrinas de Hipócrates sobre el origen de las enfermedades. Como filósofo profesó las doctrinas atomistas de Epicuro y las de Demócrito. Maestro de Temisonte.
ASCLEPÍADES DE SAMOS Poeta griego (s. III a. C.). Discípulo de Isócrates e inventor de los versos asclepiadeos.
ASCLEPIO *Mit.* Dios de la medicina, hijo de Apolo y Corónide. Aprendió con el centauro Quirón las artes curativas y descubrió la forma de resucitar a los muertos. Zeus, temeroso de que trastocase el orden del mundo, lo fulminó con un rayo. Su emblema era la serpiente. Los romanos le llamaron *Esculapio*.

ASCO m. **1** Alteración del estómago causada por la repugnancia de algo que incita a vómito. **2** fig. Impresión desagradable causada por algo que repugna. **3** fig. Esto mismo. || **estar hecho un asco** fr. fig. y fam. Estar muy sucio. || **hacer** uno **ascos** fr. fig. y fam. Hacer afectadamente desprecio de algo. || **no hacer ascos** fr. fam. e irón. Aceptar algo de buena gana. || **ser un asco** fr. fig. y fam. Ser alguna cosa muy mala o imperfecta, no valer nada.

-ASCO- inf. -ASC-.

ASCÓ Municipio y lugar de España, provincia de Tarragona; 1.714 h. Central nuclear.

ASCOCARPO m. *Bot.* Estructura especial formada por una masa de hifas entrecruzadas, que encierra el asca en los hongos ascomicetos.

ASCOLI, GRAZIADIO ISAIA Lingüista italiano (Gorizia, 1829 - Milán, 1907). Considerado el iniciador de la dialectología románica. Autor de *Estudios orientales y lingüísticos* (1854-61) y *Curso de glotología* (1870).

ASCOLI PICENO 1 Provincia del E de Italia; 2.087 km² y 365.826 h. **2** Ciudad capital de la misma; 52.770 h.

ASCOLÍQUEN m. *Biol.* Grupo de líquenes caracterizados porque el hongo simbiótico es un ascomiceto.

ASCOMICETO, TA adj. y s. *Biol.* **1** Se dice de los hongos caracterizados por tener esporas sexuales encerradas en ascas. || m. pl. *Biol.* **2** Clase de estos hongos.

ASCÓRBICO, CA adj. *Quím.* Se dice del ácido antiescorbútico o vitamina C.

ASCOSPORA f. *Biol.* Espora formada dentro del asca en los hongos ascomicetos.

ASCOT Localidad del Reino Unido, en Inglaterra, al SO de Londres; 12.500 h. Carreras internacionales de caballos.

ASCUA f. Pedazo de cualquier materia sólida y combustible que por la acción del fuego se pone incandescente y sin llama. || **arrimar** uno **el ascua a su sardina** fr. fig. y fam. Aprovechar en interés propio la ocasión que se le ofrece. || **estar** uno **en** o **sobre ascuas** fr. fig. y fam. Estar inquieto, sobresaltado. Se usa con los verbos *tener, poner* y otros análogos.

ASDRÚBAL General cartaginés (?, h. 270 - ?, 221 a. C.). Al morir su suegro Amílcar Barca en el asedio a Heliké, le sucedió en el mando de las tropas. Sometió casi toda la península Ibérica y fundó *Cartago Nova,* la actual Cartagena. Firmó un tratado con los romanos (225 a. C.), por el que establecían el Ebro como frontera.

ASDRÚBAL BARCA General cartaginés (?, h. 245 - ?, 207 a. C.). Quedó al mando del ejército en Hispania, cuando su hermano Aníbal marchó a Italia. Derrotado en Munda por los Escipiones, marchó a África, donde derrotó a Sifax. De regreso a Hispania, reorganizó el ejército y logró vencer a los Escipiones. Posteriormente logró atravesar los Alpes y constituir una amenaza para Roma. Detenido en el río Metauro (Umbría), fue vencido y murió en el combate.

ASEADO, DA adj. Limpio, curioso.

ASEAR tr. y prnl. Adornar, componer con curiosidad y limpieza.

ASECHANZA f. Engaño o artificio para hacer daño a otro.

ASECHAR tr. Poner o armar asechanzas.

ASEDIAR tr. **1** Cercar un punto fortificado. **2** fig. Importunar a uno sin descanso con algún fin.

ASEDIO m. Acción y efecto de asediar.

ASEGURADO, DA adj. y s. Se dice de la persona que ha contratado un seguro.

ASEGURADOR, RA adj. y s. **1** Que asegura. **2** Se dice de quien asegura riesgos ajenos.

ASEGURAR tr. **1** Dejar firme y seguro. **2** Librar de cuidado o temor. También prnl. **3** Convencer de la realidad o certeza de algo. **4** Afirmar la certeza de lo que se refiere. También prnl. **5** Preservar de daño a las personas y las cosas. También prnl. **6** Poner a cubierto una cosa de la pérdida o daño.

ASEMEJAR tr. **1** Hacer una cosa con semejanza a otra. **2** Representar una cosa semejante a otra. También prnl. || intr. **3** Tener semejanza. || prnl. **4** Mostrarse semejante.

ASENCIO, GRITO DE *Hist.* Acto inicial de la independencia uruguaya, llevado a cabo el 28 de febrero de 1811, a orillas del arroyo de Asencio, por un grupo de cien patriotas, acaudillados por Venancio Benavides y Pedro Viera.

ASENJO BARBIERI, FRANCISCO BARBIERI, FRANCISCO ASENJO.

ASENSO m. Acción y efecto de asentir.

ASENTADERAS f. pl. fam. Nalgas.

ASENTADO, DA adj. **1** SENTADO, juicioso. **2** fig. Estable, permanente.

ASENTADOR, RA m. y f. **1** Persona que contrata al por mayor víveres para un mercado público. || m. *A. gráf.* **2** *Méx.* TAMBORILETE.

ASENTAMIENTO m. **1** Acción y efecto de asentar o asentarse. **2** Instalación provisional, por la autoridad gubernativa, de colonos en tierras destinadas a expropiarse.

Cultura **ashanti.** Peine de madera. Museo de Artes Africanas y Oceánicas (París).

ASENTAR tr. **1** Sentar en silla, banco, etc. Más como prnl. **2** Poner algo de modo que quede firme. **3** Tratándose de pueblos o edificios, situar, fundar. **4** Tratándose de golpes, darlos con tino y violencia. **5** Aplanar o alisar, planchando, apisonando, etc. **6** Presuponer o hacer supuesto de algo. **7** Ajustar un tratado. **8** Anotar algo, para que conste. || intr. **9** SENTAR, cuadrar, caer bien una cosa a otra. || prnl. **10** Establecerse en un pueblo o paraje. **11** Tratándose de líquidos, POSARSE. **12** Hacer asiento una obra.

ASENTIMIENTO m. **1** ASENSO. **2** CONSENTIMIENTO.

ASENTIR intr. Admitir algo como cierto o conveniente. ♦ IRREG. Se conjuga como SENTIR.

ASENTISTA com. Persona que contrata la provisión o suministro de víveres u otros efectos a un ejército, armada, presidio, plaza, etc.

ASEO m. **1** Limpieza, curiosidad. **2** Esmero, cuidado. **3** BAÑO, habitación.

ASÉPALO, LA adj. *Bot.* Que carece de sépalos.

ASEPSIA f. *Med.* **1** Estado libre de infección. **2** Conjunto de procedimientos científicos destinados a preservar de gérmenes al organismo. Se aplican a la esterilización del material quirúrgico.

ASÉPTICO, CA adj. **1** *Med.* Relativo a la asepsia. **2** fig. Desapasionado, frío.

ASEQUIBLE adj. Que puede alcanzarse o conseguirse.

ASER Personaje bíblico. Octavo hijo de Jacob, fundador de la tribu que lleva su nombre.

ASER *Hist.* Tribu israelita que tuvo su origen en Aser y que ocupó la comarca limitada por el monte Carmelo, el río Leontes, el Mediterráneo y el territorio de las tribus de Zabulón y Neftalí.

ASERCIÓN f. **1** Acción y efecto de afirmar algo. **2** Proposición en que se hace la aserción.

ASERRADERO m. Paraje donde se asierra la madera u otra cosa.

ASERRADO, DA adj. **1** *Bot.* HOJA ASERRADA. || m. **2** Acción y efecto de aserrar.

ASERRADOR, RA adj. **1** Que sierra. || m. **2** El que tiene por oficio aserrar. || f. **3** Máquina de aserrar.

ASERRADURA f. **1** Corte que hace la sierra. **2** Parte donde se ha hecho el corte. || f. pl. **3** SERRÍN.

ASERRAR tr. SERRAR. ♦ IRREG. Se conjuga como ACERTAR.

ASERRÍN m. SERRÍN.

ASERRUCHAR tr. *Col., Chile, Hond.* y *Perú.* Cortar o dividir con serrucho la madera u otra cosa.

ASERTO m. Afirmación de la certeza de una cosa.

ASES *Mit.* Familia de 32 dioses de la mitología escandinava. Su jefe era Odín y sus principales caudillos Thor, Njörd, Freya, Tyr, Heimdal y Balder. Su culto perduró en Islandia hasta mediados del siglo XI.

ASESINAR tr. Matar a una persona con premeditación, alevosía, etc.

ASESINATO m. Acción y efecto de asesinar.

ASESINO, NA adj. Homicida. También s.

ASESOR, RA adj. **1** Que asesora. También s. || m. y f. **2** Se dice del letrado a quien incumbe aconsejar o ilustrar con su dictamen a un juez lego.

ASESORAR tr. **1** Dar consejo o dictamen. || prnl. **2** Tomar consejo de alguien.

ASESORÍA f. **1** Oficio de asesor. **2** Oficina del asesor.

ASESTAR tr. **1** Dirigir un arma hacia el blanco. **2** Descargar contra algo o alguien un proyectil o el golpe de algo. **3** fig. Intentar causar daño.

ASEVERACIÓN f. Acción y efecto de aseverar.

ASEVERAR tr. Afirmar o asegurar lo que se dice.

ASEVERATIVO, VA adj. **1** Que asevera o afirma. **2** *Gram.* ENUNCIATIVO.

ASEXUADO, DA adj. *Biol.* Que carece de sexo.

ASEXUAL adj. *Biol.* **1** Sin sexo; ambiguo, indeterminado. **2** Se dice de la reproducción que se verifica sin la intervención de los dos sexos; como la gemación.

ASFALTAR tr. Revestir de asfalto.

ASFALTO m. *Geol.* Betún negro, sólido, que se derrite con el calor y se acumula en un depósito sedimentario. Se llamaba también *betún de Judea* porque se recoge desde antiguo en el lago Asfaltites o mar Muerto. Hoy se produce principalmente como un residuo por la destilación al vacío de las fracciones pesadas de ciertos petróleos crudos. Se utiliza sobre todo para pavimentar calles y carreteras, así como en la fabricación de productos impermeabilizantes.

ASFIXIA f. **1** Suspensión o dificultad en la respiración. **2** fig. Sensación de agobio producida por el excesivo calor o por el enrarecimiento del aire.

ASFIXIAR tr. y prnl. Producir asfixia.

ASFÓDELO m. *Bot.* GAMÓN.

ASHANTI adj. *Etnol.* **1** Se dice del pueblo akan que habita en el centro de Ghana. A fines del siglo XVII, Osai Tutu, primer rey de la tribu, construyó Kumasi, la capital, y estableció una poderosa confederación. Su enfrentamiento con los ingleses en el siglo XIX concluyó con el exilio de su rey Prempeh (1896). **2** Se dice también de sus individuos. Más como s. y en pl. **3** Perteneciente o relativo a este pueblo.

ASHBERY, JOHN Poeta estadounidense (Rochester, Nueva York, 1927). Introdujo el surrealismo en la poesía norteamericana. Autor de *Turandot and Other Poems* (1953), *Some Trees* (1956), *The Double Dream of Spring* (1970) y *Lautreamont Hotel* (1992).

ASHGILL, SERIE DE *Geol.* Estratos superiores del periodo ordovicense.

ASHIKAWA *Geneal.* Familia feudal japonesa, establecida en Kyoto, que ocupó el sogunato de 1338 a 1573. Su fundador fue Takauji (1305-58).

ASHKENAZY, VLADIMIR Pianista y director de orquesta soviético nacionalizado islandés (Gorki, 1937). En 1987 fue nombrado director musical de la Royal Philarmonic de Londres y director principal de la Radio Symphonic Orchester de Berlín.

ASÍ adv. m. **1** De esta, o de esa suerte o manera. Puede llevar un complemento con *de.* **2** En función de adjetivo invariable, equivale a *tal, semejante.* || adv. c. **3** Tan, seguido de la preposición *de* y de un adjetivo. || conj. comp. **4** Tanto, de igual manera. Equivale a las partículas *como* o *cual.* || conj. consec. **5** En consecuencia, suele llevar antepuesta la conjunción *y.* || conj. conces. **6** Aunque, por más que. || interj. **7** Ojalá. || **así así** loc. adj. y adv. Tal cual, mediocre. || **así como** loc. adv. De igual manera. || **así como así** loc. adv. De todos modos. || **así que** loc. conjunt. En consecuencia, por lo cual. || **así pues** loc. conjunt. consec. En consecuencia, por lo cual.

ASIA Una de las cinco partes del mundo, que forma con Europa el supercontinente llamado Eurasia. Limita al N con el océano Glacial Ártico; al E, con el mar de Bering y el océano Pacífico; al S, con el océano Índico y al O, con los mares Rojo, Mediterráneo, Caspio, Negro, los montes Urales y el canal de Suez.

GEOG. Geografía física. Es el mayor de los continentes y el más poblado. Constituye una gran masa compacta de tierra, con diversos archipiélagos en su límite oriental. El relieve está constituido por una dilatada meseta, en cuyos bordes se yerguen cordilleras y a cuyo pie septentrional se extienden las llanuras que alcanzan el océano Glacial Ártico, en tanto que en la vertiente S se disponen tres dilatadas penínsulas. El núcleo central de todo el sistema orográfico es la meseta de *Pamir* o *techo del mundo* (3.600 m de altura media), de la que en direcciones O, NE y SE arrancan amplias cordilleras. Al SE del Pamir se extiende otra meseta, el *Tíbet,* de mayor extensión y altura (5.000 m). Destaca la línea de cordilleras que de O a E separan Asia central y septentrional de la meridional. En ella destacan el Cáucaso, Hindu-Kush y, sobre todo, el Himalaya, con las mayores alturas del planeta: Everest (8.848 m), Makalu, Annapurna, etc. Otras montañas accidentan la mitad septentrional (Altai, Kuen Lun, etc.). Las mesetas son desérticas o subdesérticas (faja de desiertos: Arabia, Persia, Turquestán, desierto de Gobi). Al NE de Pamir se alinean las mesetas de Tarim, Mongolia y Vitim; al SE, las del Tíbet, Myanmar y Tailandia; al SO, las del Decán, Irán, Armenia y Asia Menor. Los ríos tienen, en general, grandes cuencas y caudales muy abundantes. Destacan el Obi, Yenisei, Lena y Amur en Siberia; Yangtsé (5.800 km) y Huang-He, en China, y Mekong, Ganges e Indo, en el S. En Asia occidental, los ríos más notables son el Éufrates y el Tigris. Asia posee muchos lagos de aguas salobres en las zonas esteparias, entre otros: el mar Caspio, el Aral, el Baljash y el Baikal. La costa siberiana permanece bloqueada por el hielo, salvo en los meses de julio y agosto. El perfil característico de la costa del Pacífico se ha originado a consecuencia de un fenómeno de hundimiento de grandes masas continentales, del que son muestra las numerosas islas dispuestas en guirnalda a lo largo del litoral, y por otra, los volcanes que lo jalonan y que se integran en el llamado *cinturón de fuego* del Pacífico. La extraordinaria extensión de este continente, unida a su considerable altitud producen

Superficie: 44.697.408 km^2.
Población: 3.539.603.000 h.
Densidad: 79,2 h./km^2.
Religiones: islamismo, budismo, brahmanismo, catolicismo, sintoísmo, taoísmo, protestantismo, judaísmo, animismo.
Cordilleras: Al N, montes Sayan, Yablonoi, Stanovoi, Verjoiansk y Kolima; en el centro, montes Tian Shan, Altai, Kuen Lun e Himalaya (Everest, 8.848 m); en el O, montes Tauro, Cáucaso, Elburz, Zagros e Indu-Kush; en el S, Ghates orientales y occidentales.
Ríos: Vertiente ártica: Obi (5.410 km), Yenisei, Lena, Kolima; vertiente pacífica: Amur, Huang-Ho (4.845 km), Yangtsé (5.800 km), Mekong; vertiente índica: Salween, Irawadi, Ganges (2.700 km), Indo, Éufrates y Tigris; al mar de Aral: Amu-Daria y Syr Daria.
Lagos: Mar Caspio (371.000 km^2), Aral, Baikal, Balkhash, Issik-Kul, Urmia, Van, Mar Muerto.
Penínsulas: Yamal, Taimyr, Kamchatka, Corea, Indochina, Malaca, Indostán, Arabia y Anatolia.
Cabos: Cheliuskin, Chukotskii, Lopatka, Mui Ca Mau, Singapur, Comorín, Ra's al Hadd.
Golfos: En el Pacífico, Shelijov, Po Hai, Tonquín y Tailandia; en el Índico, Bengala, Omán y Pérsico; en el Mediterráneo, Iskenderun.
Mares: Kara, Laptev y Siberia Oriental, en el Ártico; Bering, Ojotsk, Japón, Amarillo, de China Oriental, de China Meridional, de Java, Banda, Célebes y Molucas, en el Pacífico; de Andamán, de Arabia y Rojo, en el Índico.
Islas: En el Ártico, Nueva Zembla, Severnaia Zemlya y Nueva Siberia; en el Pacífico, Kuriles, Sajalin, Japón, Formosa, Hainan, Indonesia y Filipinas; en el Índico, Andamán, Nicobar, Sri Lanka, Maldivas y Laquedivas, y en el Mediterráneo, Chipre.
Estrechos: Bering, entre el Ártico y el Pacífico; Corea, en el Pacífico; Malaca, entre el Pacífico y el Índico; Bab el Mandeb, en el Índico, y Bósforo y Dardanelos, en el Mediterráneo.

gran diversidad de climas. Al N, clima *polar*, en el S y SE se dan climas *tropicales*, en el interior, clima *continental; templado* en el E, *mediterráneo* en el O, *desértico* en Gobi, Takla Makan y Turquestán, y el más *húmedo* del mundo al pie del Himalaya. La vegetación se corresponde con el clima: bosque monzónico (jungla) en el S, bosque boreal (taiga) al N y al S y N de éste, la estepa y la tundra, respectivamente. La fauna típica de los países asiáticos tropicales está constituida por el tigre, el elefante, el rinoceronte, el cocodrilo y las serpientes venenosas. En las regiones del N, por el oso, el zorro, el lobo, la marta, el armiño, la nutria, la marmota, el alce y el reno. Las regiones centrales poseen una fauna de estepa: camello, yak, asnos, caballos, cabras, ovejas y antílopes.

Geografía humana y económica. Asia es el continente con mayor población. Las zonas del E (Japón, Corea, China), S (Pakistán, India, Bangla Desh) y SE (Indonesia, Filipinas) dan las mayores concentraciones, frente a espacios semivacíos en el N, centro y O. Excepto en algunas regiones, el hábitat asiático es rural. Pero algunos países presentan muy altas tasas de población urbana: Israel, Japón, Singapur, Hong-Kong, Macao, Kuwait o Bahrein. La cordillera del Himalaya divide el gran continente en dos áreas antropológicas y culturales totalmente distintas. En el Próximo Oriente se encuentran dos razas principales: la *armenoide* o *anatólida*, cuyos componentes se extienden por Asia Menor, Irán y Siria, y la *orientálida* o *sudoriental*, a la que pertenecieron las grandes civilizaciones de la Antigüedad (sumerios, babilonios), compuesta actualmente por los pueblos árabes que habitan Arabia, Mesopotamia, Siria y Palestina. India posee un complicado mosaico racial, en el que se distinguen algunos elementos muy antiguos, como son los *védidos*, y los *melánidos, indomelánidos* o *melanohindúes*. Las razas blancas empujaron a los melanohindúes y védidos hasta las montañas y selvas, ocupando ellos las llanuras y valles cultivables. Junto a éstos aparece la raza *índica* o *indoafgana*. El Extremo Oriente constituye el área característica de difusión de las razas mongólicas, entre ellas: la *túngida* o *mongólida del norte*, desde Manchuria y Siberia oriental hasta Mongolia y el Turquestán ruso, la *sínida* o *mongólida del centro*, en casi toda China, Corea, Tailandia y Myanmar, y la *paleomongólida* o *mongólida del sur* (S de China, Indochina, Japón y parte de Malaysia). En el Turquestán ruso se encuentra la *turánida* o *turcotártara* y en Siberia, la raza *siberiana* o *paleosiberiana*. Las familias lingüísticas más extendidas son la indoeuropea (Siberia, Irán y parte de la India), la semítica (países occidentales), la uralo-altaica (Asia central, desde Turquía a Japón), la dravídica (S de la India), la chino-tibetana (China e Indochina) y la malayo-polinesia (Insulindia y Malaysia). El ruso se habla en una extensa zona desde los Urales hasta el Pacífico. La *agricultura* es su principal actividad. Destaca la producción de cereales (arroz, trigo, mijo, sorgo, maíz), así como patata, té, madera, algodón, tabaco, seda, soja, etc. Un factor importante en el desarrollo agrícola ha sido la llamada «revolución verde», basada en las técnicas biológicas y químicas. La *ganadería* tiene a veces carácter sagrado (India), y posee gran número de bovinos, búfalos, ovinos, caprinos, cerdos y caballos. El pastoreo nómada se practica en Afganistán, Pakistán, Irán y Arabia. Dentro del sector de la *pesca* China y Japón son, respectivamente, la primera y segunda potencias mundiales. La *minería* presenta reparto muy desigual, con Siberia y China en posesión de los mayores recursos minerales. Destacan el carbón, hierro, petróleo, oro, piedras preciosas, antimonio, tungsteno, etc. A la cabeza de la producción mundial de petróleo figuran los países árabes, y entre ellos destaca Arabia Saudí, Irán y la Unión de Emiratos Árabes. La producción de gas natural es importante en Arabia Saudí, la Federación de Rusia, Uzbekistán, Turkmenistán, Kirguizistán y Tayikistán. En cuanto a la *industria*, existen núcleos hiperdesarrollados (Japón, Corea, Singapur, etc.).

HIST. Asia es la cuna de las más antiguas civilizaciones y de las principales religiones (judaísmo, cristianismo, islamismo, confucianismo, budismo). En Mesopotamia surgió la civilización más antigua: la sumeria (tercer milenio a. C.). Al decaer y ser ocupada la zona por otros pueblos su cultura fue asumida por los conquistadores y enriquecida con nuevos elementos. Así ocurrió con los acadios y con la propia Babilonia. Los casitas, procedentes de Elam, derribaron al imperio babilónico, pero fueron igualmente absorbidos por su cultura; tras ellos, los asirios detentaron el poder en la zona. A éstos les sucedieron pueblos iranios que en Persia establecieron el reino de los medos (700-550 a. C.); conquistaron Mesopotamia y formaron el imperio persa aqueménida (529-330 a. C.), el imperio parto (250 a. C.-226 d. C.) y el imperio sasánida (241-651). Su influencia se proyectó hacia las regiones circundantes: Asia Menor, Palestina, Siria, Kurdistán, a la vez que mantenían relaciones con las civilizaciones egipcia, griega y romana. Otra área de civilización es el subcontinente indio, en los valles del Indo y del Ganges. La civilización hindú floreció en el primer milenio a. C. como resultado de la interacción de las culturas arias y pre-arias, y se extendió hacia el S durante la segunda mitad del primer milenio a. C. Únicamente estuvo unido bajo el reinado de Asoka (siglo III a. C.), y durante el sultanato de Delhi (siglos XIII y XIV), el imperio mogol (siglo XVII) y el dominio británico (siglos XIX y XX). En el siglo VI-V a. C., Gautama Buda introdujo el budismo, que durante unos siglos coexistió con el hinduismo en la India, pero finalmente fue absorbido por aquél. Sin embargo, traspasó las fronteras (Ceilán, Afganistán, Turkestán), y se extendió por China, Corea y Japón. En el siglo VII d. C. se impuso en el Tíbet. Junto al hinduismo y el budismo, la influencia de la India se manifestó mediante el alfabeto, el arte y la literatura. La tercera área cultural se encuentra en China. Durante la dinastía Chou (1111-255 a. C.) se forjó la civilización china, y comenzó su expansión, que bajo las dinastías Ch'in (221-206 a. C.) y Han (206 a. C.-25 d. C.) controló Corea (independizada en el siglo IV) y Annam (que lo hizo en el siglo X). Las relaciones de China con los pueblos nómadas de las estepas generaron movimientos de población que repercutieron en Europa, Próximo Oriente, India septentrional e Irán. Por otro lado, el comercio a través del mar de China sirvió de vía de difusión de la cultura china hacia Indochina e Insulindia. Con el florecimiento del Islam este comercio se extendió hasta el golfo Pérsico. En el siglo VIII la dinastía T'ang y el califato entraron en conflicto y China cerró sus fronteras al comercio, situación que se mantuvo hasta el siglo XIII, cuando los mongoles crearon un imperio que iba desde Rusia hasta China. Ésta ha tenido una influencia primaria sobre Mongolia, Tíbet, Tailandia, Camboya y Birmania, gracias al confucianismo y a la escritura. A principios de la era cristiana el budismo penetró profundamente en la sociedad china.

La expansión del Islam. El Islam se extendió en todas las direcciones desde su emplazamiento original en Arabia, dominando el Asia suroccidental. La India recibió su llegada en dos oleadas procedentes de Asia central, turcos (1000-1526) y mongoles (1526-1707). A través de Asia central alcanzó China, y por último el archipiélago malayo. En el Oriente Próximo, el Islam se convirtió en la fuerza principal a partir del dominio del Califato, centrado en Damasco (661-750) y más tarde en Bagdad (750-1258). El poder islámico se fue atomizando, pero no desapareció. Pueblos musulmanes, no árabes, impusieron su dominio sobre vastas regiones asiáticas. El kanato de la Horda de Oro reinó del Danubio a los Urales, los turcos selyúcidas conquistaron Siria y los Santos Lugares, manteniendo el dominio hasta el siglo XII. En el XIV los turcos crearon el imperio otomano que se mantuvo hasta 1922. Como el budismo, el Islam desarrolló un arte y cultura especiales.

Los pueblos de Asia central. Las excavaciones arqueológicas han sacado a la luz pequeños Estados como Khotan y Kucha, con una cultura formada por elementos chinos, hindúes, iranios e incluso griegos. A través de esta región las influencias griegas, y más tarde islámicas, penetraron hacia la India, y el budismo pasó de la India al Lejano Oriente y partes del Sudeste asiático. Pueblos del centro de Asia invadieron territorios periféricos. Así, ávaros, hunos y búlgaros entraron en Europa; los hunos blancos conquistaron la India; los mongoles, Rusia, China e India; los manchúes, China; los turcos, Asia Menor y Europa occidental.

Los imperios coloniales occidentales. El dominio occidental surgió de los enclaves comerciales a los que habían llegado en busca de especias. Los portugueses que habían alcanzado la India, se establecieron en Goa, Macao y las Molucas; a continuación España conquistó las Filipinas. Las rivalidades europeas se trasladaron a Asia, y así los holandeses vencieron a los portugueses y crearon un imperio comercial en Java y Sumatra centrado en Batavia (hoy Yakarta). Entre 1740 y 1805 franceses y británicos rivalizaron en las costas de la India, hasta que se impuso Gran Bretaña. Durante el siglo XIX Gran Bretaña extendió sus dominios por todo el subcontinente indio hasta el Himalaya, así como por Adén, Persia, Arabia, Birmania y Singapur. Mientras, los franceses se establecieron en la Cochinchina, Annam, Tonquín, Laos y Camboya. La rivalidad franco-británica favoreció la independencia de Siam (Tailandia) como Estado barrera entre ambos dominios. A mediados del siglo XIX China, que se encontraba gobernada por la dinastía manchú ya en decadencia, Corea y Japón, fueron obligados a abrir sus fronteras al comercio europeo. Rusia continuó su expansión a través de Asia central y septentrional, hasta que en 1900 llegó a la costa pacífica. Tras la Primera Guerra Mundial los territorios que habían pertenecido al imperio turco fueron repartidos entre británicos (Irak y Palestina, además de protectorados en Arabia Saudí, Egipto y Chipre) y franceses (Siria y Líbano).

La descolonización. Japón, que había asumido el poder material y la organización de Occidente, se enfrentó a China (1894-95) y Rusia (1904-05), conquistando Formosa y Corea, así como una posición en Manchuria. En China, la rebelión de los Boxer (1900) fue tanto contra los occidentales como contra los manchúes. La dinastía manchú inició una serie de reformas que no evitaron que se proclamara la república parlamentaria (1911). El Partido Nacionalista (Kuomintang) se hizo con el poder (1928) al tiempo que penetraban las ideas marxistas y se creaba el Partido Comunista Chino. La aparición de los nacionalismos en los territorios dominados por los occidentales, así como el resurgir del islamismo en el Próximo Oriente tras la Primera Guerra Mundial, estimularon la conciencia musulmana en la India y el Sudeste asiático. Filipinas, tras la guerra hispanonorteamericana de 1898, consiguió la autonomía bajo EE UU. Tras la Segunda Guerra Mundial las potencias occidentales fueron reconociendo la independencia de los territorios: en 1946 Filipinas; en 1947 la India, de la que se separaron las regiones musulmanas creándose los Estados de Pakistán, Ceilán y Birmania. La derrota de Japón supuso la independencia de Corea, aunque dividida en dos naciones. Los holandeses en 1949 permitieron el camino hacia la independencia de Indonesia. En la década de los 50, lo hicieron Malasia y los Estados de Indochina. En el Próximo Oriente, a la independencia de los Estados árabes se sumó la creación del Estado de Israel. Multitud de conflictos fronterizos han sacudido Asia tras la Segunda Guerra Mundial (Pakistán e India, China y Vietnam, China y el Tíbet, Indonesia y el Timor portugués, Irak e Irán, e Irak y Kuwait).

ASIA ANTERIOR

Las confrontaciones entre el bloque occidental y el comunista dieron lugar a las guerras de Corea, Vietnam y Afganistán, además de provocar el surgimiento de guerrillas comunistas en Tailandia, Camboya y Filipinas. Igualmente aparecieron conflictos étnico-religiosos en el Punjab y la región tamil, en India, Pakistán, Kurdistán, y la guerra civil del Líbano. La desintegración de la URSS y el acceso a la independencia de las antiguas Repúblicas Soviéticas ubicadas en Asia Central y Transcaucasia abrió un periodo de ajuste en la distribución del poder geopolítico y económico en la zona. Por otra parte, el fin del enfrentamiento bipolar permitió que algunos conflictos enquistados entrasen en vías de solución (Palestina, Camboya). Al mismo tiempo, la política de liberalización económica iniciada en China en la década de los ochenta, le permitió sumarse al grupo de países asiáticos con altas tasas de crecimiento. Por su parte, Indonesia accedió a reconocer la independencia de Timor Oriental a fines de 1999. Ya en el siglo XXI, tras los ataques terroristas de Nueva York el 11 de septiembre de 2001, la intervención armada estadounidense y británica provocó la caída del régimen talibán en Afganistán. El conflicto del Próximo Oriente se mantiene abierto, igual que el que enfrenta a ambas Coreas, el contencioso aún vivo entre Taiwan y China, y el existente entre India y Pakistán.

Asia Anterior Denominación que se aplica a la parte asiática más próxima al Mediterráneo: Asia Menor, Armenia, Irán y países árabes asiáticos.

Asia Menor o **Anatolia** La más occidental de las penínsulas asiáticas, entre el mar Negro y el Mediterráneo, que corresponde a la Turquía asiática. 755.688 km² y 50.957.000 h.

ASIÁNICA adj. Ling. Se dice de cada una de las lenguas muertas que se usaron en Asia Menor (sumerio, elamita, casita, hitita, caldeo, mitani, licio, lidio y cario) y en la cuenca del Mediterráneo (cretense, chipriota y etrusco) en la Antigüedad.

ASIBILACIÓN f. Fon. Acción de asibilar o asibilarse.

ASIBILAR tr. y prnl. Fon. Transformar en sibilante un fonema oclusivo.

ASIÁTICO, CA adj. y s. De Asia.

ASIDERO m. 1 Parte por donde se ase alguna cosa. 2 fig. Ocasión o pretexto.

ASIDONENSE adj. y com. 1 De Asido. 2 De Medina-Sidonia.

ASIDUIDAD f. Frecuencia o aplicación constante a una cosa.

ASIDUO, DUA adj. Frecuente, puntual, perseverante.

ASIENTO m. 1 Silla, taburete, banco u otra cualquier cosa destinada para sentarse en ella. 2 Plaza en un vehículo, en un espectáculo público, etc. 3 Lugar que tiene alguno en cualquier tribunal o junta. 4 Sitio en que está o estuvo fundado un pueblo o edificio. 5 Pieza fija en la que descansa otra. 6 POSO, sedimento de un líquido. 7 Acción y efecto de asentar un material en obra. 8 Com. Anotación, especialmente en los libros de contabilidad. 9 Parte del freno que entra en la boca de la caballería. 10 Espacio sin dientes en la mandíbula posterior de las caballerías sobre el cual asienta el cañón del freno. 11 Capa de argamasa sobre la que colocan los ladrillos cuando se pavimenta. 12 fig. Estabilidad, permanencia. 13 fig. Cordura, prudencia, madurez. 14 Amér. Territorio y población de las minas. || m. pl. 15 Perlas desiguales, que por un lado son chatas o llanas y por el otro redondas. 16 Tirillas de lienzo doblado que se ponen en los cuellos y puños de la camisa y otras piezas de ropa. || **tomar asiento** fr. Sentarse. También, establecerse en un pueblo o lugar.

ASIGNACIÓN f. 1 Acción y efecto de asignar. 2 Sueldo.

ASIGNAR tr. 1 Señalar lo que corresponde a una persona o cosa. 2 Señalar, fijar.

ASIGNATURA f. Cada uno de los tratados o materias que se enseñan en un centro docente, o forman un plan académico de estudios.

Asilah o **Arcila** Población del NO de Marruecos, cerca y al SO de la ciudad de Tánger. Antes se llamó Arcila o Arzila. Es la Zilis de los fenicios.

ASILAR tr. 1 Dar asilo. 2 Albergar en un asilo. También prnl. || prnl. 3 Tomar asilo en algún lugar.

ASILO m. 1 Lugar de refugio para los perseguidos. 2 Establecimiento benéfico en que se recogen o se dispensa alguna asistencia a ancianos o menesterosos. 3 fig. Amparo, protección.

ASILVESTRADO, DA adj. 1 Bot. Se dice de la planta silvestre que procede de semilla de planta cultivada. 2 Zool. Se dice del animal doméstico o domesticado que huye temporalmente de su forma normal de vida.

ASIMETRÍA f. 1 Falta de simetría. 2 Biol. Característica de un organismo animal o vegetal que no presenta un plano que lo divida en dos partes iguales. 3 Mat. Característica de una distribución estadística en que la mayoría de los valores se encuentran ligeramente desplazados de su media aritmética.

ASIMIENTO m. 1 Acción de asir. 2 fig. Adhesión, apego.

ASIMILACIÓN f. **1** Acción y efecto de asimilarse. **2** *Biol.* ANABOLISMO. **3** *Bot.* Conjunto de procesos por los cuales los materiales nutritivos captados por un vegetal son transformados y utilizados por él. **4** *Ecol.* Parecido de una especie animal con el medio que le rodea. **5** *Fon.* Transformación de un fonema en otro distinto. **6** *Geol.* Incorporación de materiales extraños en el magma ígneo. **7** *Med.* Referida a la radiobiología, cantidad de una sustancia que se debe administrar para después encontrarla en un órgano o tejido.

ASIMILAR tr. **1** Asemejar. También prnl. **2** Conceder a los individuos de una profesión derechos iguales a los de otra. **3** fig. Comprender lo que se aprende. **4** *Biol.* Apropiarse los organismos las sustancias necesarias para su conservación o desarrollo. **5** *Fon.* Alterar la articulación de un sonido del habla asemejándolo a otro cercano mediante la sustitución de uno o varios caracteres propios de aquél por otros de éste. Más como prnl. || prnl. **6** Parecerse, asemejarse.

ASIMILATIVO, VA adj. Se dice de lo que tiene fuerza para hacer semejante una cosa a otra.

ASIMISMO adv. m. Del mismo modo.

ASIMOV, ISAAC Escritor y bioquímico estadounidense de origen ruso (Petrovich, 1920 - Nueva York, 1992). Fue profesor de bioquímica en la Universidad de Columbia (1949-58). Autor de novelas de ciencia-ficción: *Yo, robot, El sol desnudo, Fundación e Imperio*, etc.

ASÍNDETON m. *Ret.* Figura que consiste en la omisión de las conjunciones para dar viveza o energía al concepto. ♦ Su pl. es *asíndetos*.

ASINELLI, GERARDO Arquitecto italiano (s. XII). Construyó, entre 1109 y 1119, junto con su hermano, también arquitecto, las torres inclinadas de Bolonia, llamadas *de los Asinelli*.

ASINERGIA f. *Med.* Falta de coordinación en movimientos de músculos antagónicos, debida a una enfermedad que afecte al cerebelo.

ASINIO POLIÓN, CAYO Escritor latino (Téates, 76 a. C. - Túsculo, 4 d. C.). Escribió poesías amorosas, varias obras de gramática y de historia, y algunas tragedias de las que se conservan algunos fragmentos.

ASÍNTOTA f. *Geom.* Línea recta que, prolongada indefinidamente, se acerca de continuo a una curva, sin llegar nunca a encontrarla.

ASIR tr. **1** Tomar, coger, prender. || prnl. **2** Agarrarse a alguna cosa. También en sentido figurado. **3** fig. Utilizar una ocasión o un pretexto para decir o hacer lo que se quiere. ♦ IRREG. Véase cuadro.

ASIR

INDICATIVO
Pres.: asgo, ases, etc.
Pret. imperf.: asía, asías, etc.
Pret. indef.: así, asiste, etc.
Fut. imperf.: asiré, asirás, etc.
Condic.: asiría, asirías, etc.

SUBJUNTIVO
Pres.: asga, asgas, asga, asgamos, asgáis, asgan.
Pret. imperf.: asiera, asieras, etc., o asiese, asieses, etc.
Fut. imperf.: asiere, asieres, etc.

IMPERATIVO: ase, asid.
PARTICIPIO: asido.
GERUNDIO: asiendo.

ASIRIA Hist. Reino de Asia antigua, emplazado inicialmente en la parte central de la cuenca del Tigris, en la región llamada hoy Kurdistán. Fue colonizado por los caldeos, de la raza semita. Los asirios, habitantes de un país quebrado, de clima duro y no muy fértil, hicieron de la guerra un medio de vida, mientras que los caldeos fueron los creadores de las artes. Sus capitales fueron sucesivamente Asur, Kalah y Nínive. De los cinco periodos en que se divide la historia de los caldeoasirios, el tercero, llamado de Asur, corresponde a la supremacía asiria. Inició su preponderancia hacia el siglo XIII a. C., y con la subida al trono de Tiglath Pileser I (h. 1112 a. C.), la situación de Asiria se afianzó. El soberano más famoso de Asur fue Teglatfalasar I (h. 1000 a. C.); del periodo ninivita, los principales fueron: Sargón II (722-05); Senaquerib (705-681) y Asurbanipal (668-26). A la muerte de Asurbanipal, Asiria, debilitada por luchas intestinas, tuvo que enfrentarse a una coalición, formada por Nabopolasar, de Babilonia, y Ciáxares de Media, que acabó con el imperio asirio. Nínive fue arrasada en 612 a. C., y en 605 el resto de las tropas asirias fueron derrotadas por el hijo de Nabopolasar, Nabucodonosor, en Carquemis.

ASIRIO, RIA adj. y s. **1** De Asiria. || m. **2** Lengua asiria.

Asís (Italia). Basílica de San Francisco.

ASÍS Ciudad de Italia, provincia de Perugia, 25.000 h. Fue patria de san Francisco de Asís. Notable basílica, que alberga pinturas al fresco de Cimabue y Giotto. Fue dañada gravemente por un terremoto (1997).

ASISTENCIA f. **1** Acción de asistir a una persona o institución prestándole socorro, favor o ayuda. **2** Acción de estar o hallarse presente. **3** Conjunto de personas que están presentes en un acto. **4** Recompensa o emolumentos que se ganan con la asistencia personal. **5** Empleo o cargo de asistente. || f. pl. **6** Medios que se dan a alguno para que se mantenga. **7** *Taurom.* Conjunto de mozos de plaza.

ASISTENTA f. Mujer contratada por horas para realizar las tareas domésticas.

ASISTENTE adj. y s. **1** Que asiste. || m. *Mil.* **2** Soldado destinado al servicio personal de un general, jefe u oficial.

ASISTIR tr. **1** Acudir a un acto público. **2** Servir en algunas cosas o interinamente. **3** Socorrer, favorecer, ayudar. **4** Cuidar a los enfermos. **5** Estar de parte de una persona. || intr. **6** Estar o hallarse presente. **7** En ciertos juegos de naipes, echar cartas del mismo palo.

ASISTOLIA f. *Med.* Insuficiencia cardiaca que provoca una sístole incompleta.

ASIUT ASYUT.

ASJABAD (*Askhabad*) Ciudad capital de Turkmenistán que constituye una unidad administrativa; 548.300 h.

ASKENAZI ASQUENAZI.

ASMA f. *Pat.* Enfermedad pulmonar caracterizada por respiración forzada, accesos de tos y sibilancias, debida a espasmos de los bronquios. En muchos casos tiene un origen inmunoalérgico.

ASMARA Ciudad de Eritrea, capital de la provincia de su nombre; 431.000 h. Centro industrial.

ASMODEO *Rel.* Personaje diabólico, que aparece en el libro de Tobías y el Talmud, al que los rabinos denominan príncipe de los demonios.

ASMONEO, A adj. **1** *Geneal.* Se dice de la familia y dinastía de los macabeos. Originaria de Modín, su principal miembro fue Matatías (siglo II a. C.). Más como m. pl. **2** Se dice también de sus individuos. También s. **3** Relativo a esta familia o dinastía.

ASNACHO m. *Bot.* **1** Mata de la familia leguminosas, de flores amarillas y fruto en vaina. **2** GATUÑA.

ASNADA f. fig. y fam. ASNERÍA, necedad.

ASNERÍA f. **1** fam. Conjunto de asnos. **2** fig. y fam. Necedad, tontería.

ASNILLA f. **1** Sostén formado con un madero horizontal apoyado en cuatro tornapuntas que sirven de pies. **2** Pieza de madera sostenida por dos pies derechos, para que se mantenga la parte del edificio que amenaza ruina.

ASNILLO m. *Zool.* Insecto coleóptero muy voraz.

ASNO m. **1** *Zool.* Mamífero perisodáctilo de la familia équidos, de nombre científico *Equus asinus*, de tamaño algo menor que el caballo, con las orejas largas y la extremidad de la cola poblada de cerdas. Como animal doméstico está extendido por todo el mundo. **2** fig. Persona ruda y de muy poco entendimiento. También adj.

ASOCIACIÓN f. **1** Acción y efecto de asociar o asociarse. **2** Conjunto de los asociados para un mismo fin y, en su caso, persona jurídica por ellos formada. **3** *Biol.* Conjunto de seres vivos de la misma o distinta especie que viven reunidos y se influyen mutuamente. **4** *Bot.* Comunidad vegetal que posee unas determinadas cualidades florísticas ecológicas, biogeográficas y dinámicas. **5** *Ecol.* Parte de un bioma integrada por una comunidad clímax. **6** *Mat.* Referida a una matriz o determinante cuadrado, transposición de alguno de éstos obtenida reemplazando cada elemento por su cofactor. **7** *Quím.* Combinación de sustancias o funciones. **8** *Ret.* Figura que consiste en decir de muchos lo que sólo es aplicable a varios o a uno solo. **9** *Zool.* Reunión de individuos con fines de defensa, alimentación, etc., como ocurre en ciertos esporozoos. || **ASOCIACIÓN DE IDEAS** *Psicol.* Encadenamiento de unas ideas con otras en virtud de ciertas relaciones entre ellas.

ASOCIACIÓN EUROPEA DE LIBRE COMERCIO (*European Free Trade Association*; EFTA o AELC) *Econ.* Organismo constituido en noviembre de 1959 e integrado por el Reino Unido, Dinamarca, Suiza, Suecia, Noruega, Austria y Portugal, a los que se asociaron Islandia (1970), Finlandia (asociado en 1961 y miembro en 1985) y Liechtenstein (asociado en 1960 y miembro en 1991). Su objetivo primordial era eliminar los obstáculos arancelarios existentes entre los países firmantes. En el Reino Unido y Dinamarca abandonaron la EFTA para ingresar en el Mercado Común, y en 1985, por el mismo motivo, lo hizo Portugal. Tras las incorporaciones a la UE de Austria, Finlandia y Suecia en 1995, sólo permanecieron en ella Islandia, Liechtenstein, Noruega y Suiza.

ASOCIACIÓN INTERNACIONAL DE TRANSPORTE AÉREO (*International Air Transport Association*; IATA) *Aeron.* Organización internacional fundada en La Habana en 1945 con el fin de promover el tráfico aéreo y establecer unas normas comunes que faciliten la colaboración entre sus miembros.

ASOCIACIONISMO m. **1** Movimiento partidario de crear asociaciones cívicas, políticas, culturales, etc. **2** *Filos.* y *Psicol.* Teoría afín al sensualismo que explica la elaboración de la experiencia en la mente por medio

asno

de leyes de asociación. Formulada por Aristóteles, fue desarrollada por Hobbes y, en el siglo XVIII, por Locke y Hume. En el siglo XIX fue popularizada por Mill, Bain y Hartley.

ASOCIADO, DA adj. y s. **1** Se dice de la persona que acompaña a otra en alguna comisión o encargo. **2** PROFESOR ASOCIADO. También s. || m. **3** *Fisiol.* Se dice del movimiento que voluntaria o involuntariamente acompaña a otro. **4** *Mat.* Se dice del elemento que se corresponde con otro según una relación marcada. || m. y f. **5** Persona que forma parte de alguna asociación o compañía.

ASOCIAR tr. **1** Juntar o reunir a personas o cosas para que cooperen a un determinado fin. **2** Establecer una relación entre ideas, recuerdos, sucesos, etc. || prnl. **3** Juntarse, reunirse para algún fin.

ASOCIATIVO, VA adj. **1** Que asocia. **2** *Ling.* Así llama Ferdinand de Saussure a las relaciones que se realizan en el plano de la lengua, llamadas también paradigmáticas o *in absentia*. **3** *Mat.* Propiedad según la cual el resultado de las operaciones no varía aunque se agrupen algunos de sus elementos.

ASOCIO m. *Amér.* Compañía, colaboración, asociación.

ASOKA Rey de Magadha, en el N del Indostán, de la dinastía maurya (?, 259 - ?, 226 a. C.). Es célebre por su conversión al budismo, al que hizo religión oficial del Estado, aunque mantuvo la tolerancia hacia las demás religiones. Extendió sus dominios hacia el O y hacia el S, destruyendo el reino de Kalinga (244 a. C.).

ASOLADOR, RA adj. Destructor, devastador.

ASOLAR tr. **1** Arruinar, destruir. || prnl. **2** POSARSE, un líquido. ♦ IRREG. Se conjuga como CONTAR, pero se tiende a conjugarlo de una forma regular.

ASOLEAR tr. **1** Tener al sol una cosa. || prnl. **2** Acalorarse tomando el sol. **3** Ponerse muy moreno por haber andado mucho al sol.

ASOMAR intr. **1** Empezar a mostrarse. **2** Sacar o mostrar alguna cosa por una abertura o por detrás de alguna parte. También prnl. || prnl. **3** fam. Tener algún principio de borrachera. **4** fam. Iniciarse en el conocimiento de algo, sin profundizar en su estudio.

ASOMBRAR tr. **1** fig. Asustar, espantar. También prnl. **2** fig. Causar gran admiración. También prnl. **3** Oscurecer un color mezclándolo con otro.

ASOMBRO m. **1** Susto, espanto. **2** Admiración, sorpresa. **3** Persona o cosa asombrosa.

ASOMO m. **1** Acción de asomar. **2** Indicio o señal de alguna cosa. **3** Sospecha, presunción. || **ni por asomo** loc. adv. De ningún modo.

ASONADA f. Reunión numerosa para conseguir violentamente cualquier fin, generalmente político.

ASONANCIA f. **1** Correspondencia de un sonido con otro. **2** fig. Correspondencia de una cosa con otra. **3** *Métr.* Identidad de vocales en las terminaciones de dos palabras a contar desde la última acentuada, cualesquiera que sean las consonantes intermedias o las vocales no acentuadas de los diptongos. **4** *Ret.* Igualdad de los sonidos vocálicos, a partir de la última vocal acentuada, en dos o más versos. **5** *Ret.* Repetición, en final de palabra o de grupo rítmico, de la vocal acentuada con la que finaliza la palabra o grupo rítmico precedente.

ASONANTE adj. y s. **1** Se dice de cualquier voz con respecto a otra de la misma asonancia. **2** *Métr.* Se dice de la rima en que sólo son iguales las vocales.

ASONAR intr. Hacer asonancia. ♦ IRREG. Se conjuga como CONTAR.

ASORDAR tr. Ensordecer a alguien.

ASOROCHARSE prnl. *Amér. m.* Padecer soroche, faltar el aire para respirar.

ASPA f. **1** Conjunto de dos maderos atravesados en forma de X. **2** Instrumento para aspar el hilo. **3** Aparato exterior del molino de viento y cada uno de sus brazos. **4** Cualquier agrupación, figura o signo en forma de X. **5** *Zool. Arg.* y *Urug.* Asta, cuerno vacuno. || **ASPA DE SAN ANDRÉS** *Bl.* Insignia de la Casa de Borgoña.

ASPADO, DA adj. **1** Que tiene forma de aspa. **2** Penitente que, en Semana Santa, llevaba los brazos extendidos en forma de cruz, atados por las espaldas a un madero. También s. **3** Se dice del que no puede mover con facilidad los brazos por llevar un vestido muy apretado. **4** *Bl.* Adornado de aspa.

ASPÁLATO m. *Bot.* Planta espinosa parecida a la retama.

ASPAR tr. **1** Hacer madeja el hilo en el aspa. **2** Fijar o clavar en el aspa a una persona. **3** fig. y fam. Mortificar. || prnl. **4** Mostrar enojo excesivo o dolor.

ASPARAGINA f. *Quím.* Aminoácido cristalino que forma prismas rómbicos, de color blanco, presente en las hojas jóvenes de los vegetales, en algunas semillas, los espárragos y otros.

ASPÁRTICO, ÁCIDO m. *Quím.* Ácido aminosuccínico, que cristaliza en prismas, con un punto de fusión de 271° C.

ASPASIA DE MILETO Cortesana griega (Mileto, h. 470 - íd., 410 a. C.). En Atenas mantuvo relaciones en un círculo de filósofos, poetas y artistas e influyó sobre Pericles, quien repudió a su esposa para casarse con ella (425 a. C.).

ASPAVENTAR tr. Atemorizar a alguien.

ASPAVIENTO m. Demostración excesiva o afectada de espanto, admiración o sentimiento.

ASPECTO m. **1** Apariencia, semblante. **2** Particular situación de un edificio respecto al oriente, poniente, norte o mediodía. **3** *Astron.* Situación respectiva de dos astros con relación a las casas celestes que ocupan. **4** *Gram.* Valor semántico no temporal que el locutor da al proceso verbal.

ASPEREZA f. **1** Calidad de áspero. **2** Desigualdad del terreno que lo hace escabroso y difícil. || **limar asperezas** fr. fig. Conciliar y vencer dificultades, opiniones, etc., contrapuestas.

ASPERGER o **ASPERGEAR** tr. ASPERJAR.

ASPERILLA f. *Bot.* Planta de la familia rubiáceas, de flores azuladas y fruto redondo.

ASPERJAR tr. Esparcir un líquido en gotas me-nudas.

ASPERMIA f. *Med.* **1** Ausencia total o parcial de semen. **2** Producción de semen sin espermatozoides.

ASPERN *Hist.* Barrio de Viena, en la orilla izquierda del Danubio. En él tuvo lugar la batalla de su nombre, en la que Napoleón fue vencido por los austriacos, al mando del archiduque Carlos (20 al 22 de mayo de 1809).

ÁSPERO, RA adj. **1** Se dice de lo que no es suave al tacto por tener la superficie desigual. **2** ESCABROSO. **3** fig. Desapacible. **4** fig. Desabrido, falto de afabilidad.

ASPERÓN m. **1** *Bot.* Pequeña mata de la familia boragináceas, de nombre científico *Lithodora fruticosa*. Crece en terrenos calizos. **2** *Geol.* Arenisca de cemento silíceo o arcilloso, empleada en construcción y en piedras de amolar.

ASPERSIÓN f. Acción de asperjar.

ASPERSOR m. Mecanismo para esparcir un líquido a presión.

ÁSPID o **ÁSPIDE** m. *Zool.* **1** Víbora muy venenosa. **2** Reptil venenoso perteneciente al orden escamosos, de nombre científico *Naja haja*. Vive en el norte de África y Arabia. Su mordedura provoca rápidamente la muerte en el hombre. También llamado *cobra común*.

ASPIDISTRA f. *Bot.* Nombre de varias plantas rizomatosas de la familia liliáceas, género *Aspidistra*. Se caracterizan por sus hojas persistentes.

ASPILLERA f. *Mil.* Abertura larga y estrecha en un muro para disparar por ella.

ASPIRACIÓN f. **1** Acción y efecto de aspirar. **2** *Fon.* Sonido del lenguaje que resulta del roce del aliento, cuando se emite con relativa fuerza, hallándose abierto el canal articulatorio. **3** *Med.* Eliminación de fluidos o gases del cuerpo por succión. **4** *Mús.* Espacio menor de la pausa.

ASPIRADO, DA adj. *Fon.* **1** Se dice del sonido que se pronuncia emitiendo con cierta fuerza el aire de la garganta; como la *h* alemana y la *j* castellana. **2** Se dice de la letra que representa este sonido. También s.

ASPIRADOR, RA adj. **1** Que aspira. || m. y f. **2** Máquina que sirve para aspirar el polvo. || m. *Tecnol.* **3** Máquina que, movida por electricidad, sirve para renovar el aire absorbiéndolo en un local cerrado y reemplazándolo por una corriente de aire puro. **4** Nombre de diversos aparatos o máquinas destinadas a aspirar fluidos empleando métodos de succión.

ASPIRANTE adj. y s. **1** Que aspira. || com. **2** Persona que pretende un empleo, distinción, etc.

ASPIRAR tr. **1** Atraer el aire exterior a los pulmones. **2** Pretender algún empleo o título. **3** *Fon.* Pronunciar con aspiración.

ASPIRINA f. *Quím.* Ácido acetilsalicílico, muy usado como antipirético, antirreumático y analgésico.

ASPROPÓTAMOS Río de Grecia occidental, que nace en las montañas del Pindo y desemboca en el mar Jónico, a la altura del golfo de Patras; 220 km. Es el antiguo *Aqueloo*.

ASQUEAR intr. y tr. Sentir asco de alguna cosa.

ASQUELMINTO adj. *Zool.* **1** Se aplica a los animales vermiformes, microscópicos, la mayoría insegmentados y cubiertos de cutícula. || m. pl. *Zool.* **2** Grupo de estos animales.

ASQUENAZI, ASQUENACI o **ASKENAZI** adj. *Hist.* **1** Se dice del judío originario de Europa central y oriental. Parece que en hebreo se llamó *asquenacíes* a los alemanes, y después, por extensión, a los judíos de esta región, en contraposición a los que habitaban las zonas meridionales, llamados *sefardíes*. También com. **2** Perteneciente o relativo a estos judíos. || m. *Ling.* **3** Lengua usada por estos judíos.

ASQUEROSIDAD f. Suciedad que mueve a sentir asco.

ASQUEROSO, SA adj. **1** Que causa asco. **2** Que tiene asco. **3** Propenso a tenerlo.

ASQUITH, HERBERT HENRY Político británico (Morley, 1852 - Londres, 1928). Miembro del Partido Liberal, fue ministro de Gobernación, de Hacienda y primer ministro (1908-16).

ASSAD, BACHAR AL- Político y militar sirio (Damasco, 1966). Hijo del Hafed al-Assad, en 1999 fue nombrado jefe del Estado Mayor del Ejército, y, en 2000, secretario general del partido Baaz. En 2000 asumió la presidencia de la República tras la muerte de su padre.

ASSAD, HAFED AL- Militar y político sirio (Qardaha, 1928 - Damasco, 2000). Miembro de la fracción radical del Partido Baas, fue ministro de Defensa, y organizó el golpe de Estado (1970) que le llevó a la presidencia de la República en 1971.

ASSAM Estado del NE de la India; 78.438 km² y 24.200.000 h. Su capital es Dispur.

ASSEN Ciudad del NE de los Países Bajos, capital de la provincia de Drenthe; 50.880 h. Famoso circuito automovilístico.

ASSER, TOBÍAS MICHAEL CAREL Jurista holandés (Amsterdam, 1838 - La Haya, 1913). En 1911 compartió el premio Nobel de la Paz con Alfred H. Fried, por su intervención en la Convención de La Haya.

ASSERETO, GIOACCHINO Pintor italiano (Génova, 1600 - íd., 1649). Pintó frescos para varias iglesias de Génova y para el palacio Granello. Del resto de su obra destacan *El agua de la peña, Vida de Abraham* y las *Virtudes*.

ASSIS, JOAQUIM MARIA MACHADO DE MACHADO DE ASSIS, JOAQUIM MARIA.

ASSUAN o **ASUÁN** *(Aswan)* **1** Gobernación de Egipto; 679 km² y 973.671 h. **2** Ciudad capital de la misma, en la orilla derecha del Nilo; 219.017 h. Es la antigua *Syene*. Gran presa sobre el Nilo, a 6 km de la ciudad, inaugurada en 1970.

ASTA f. **1** Arma ofensiva de los antiguos romanos. **2** Palo de la lanza, pica, venablo, etc. **3** Lanza o pica. **4** Palo que sostiene una bandera. **5** *Zool.* CUERNO. **6** *Zool.* Cada una de las estructuras, generalmente ramificadas, que crecen en la cabeza de los cérvidos y se desprenden anualmente. **7** *Mar.* Cada una de las piezas del enramado del buque que van desde la cuadra a popa y proa. || **ASTAS DE LA MÉDULA** *Med.* Porciones anterior y posterior de la sustancia gris de la médula espinal. || **a media asta** fr. que denota estar a medio izar una bandera, en señal de luto.

ASTACICULTURA f. Rama de la acuicultura que trata de la cría y repoblación del cangrejo de río.

ÁSTACO m. *Zool.* Cangrejo de agua dulce de la familia astácidos, propio de las zonas templadas del hemisferio norte.

ASTADO, DA adj. Provisto de asta.

ASTAIRE, FRED (FREDERICK AUSTERLITZ, llamado) Actor y bailarín estadounidense (Omaha, 1899 - Los Ángeles, 1987). Constituyó, junto con G. Kelly y B. Fosse, la gran tríada del baile en los filmes musicales de Hollywood. Intervino en *Volando hacia Río* (1933), *La alegre divorciada* (1934), *Bailando nace el amor* (1942), *Papá piernas largas* (1955), *El coloso en llamas* (1974), etc.

ASTANA Ciudad capital de Kazajstán y de la provincia de su nombre; 270.400 h. Centro ganadero e industrial. Hasta 1998 se llamó *Akmola*, y anteriormente, *Chelinogrado*.

ASTARTÉ *Mit.* Diosa semita de la fecundidad y la vegetación. Equivale a la Venus Urania de los griegos. Se la llama también *Ishtar*.

ASTÁTICO, CA adj. *Fís.* Se dice del equilibrio en que se mantiene un cuerpo sólido cualquiera que sea la posición en que se coloque.

ASTATO o **ASTATO** m. *Quím.* Elemento químico radiactivo del grupo VII A del sistema periódico. Masa atómica, 202-212 y 214-219, según el isótopo considerado; número atómico, 85, y símbolo, *At*. Es el más pesado de los halógenos.

ASTENIA f. *Pat.* Decaimiento considerable de fuerzas, debilidad.

ASTENOBIOSIS f. *Ecol.* Reducción ligera de la actividad metabólica como respuesta a condiciones desfavorables del medio.

ASTENOSFERA f. *Geol.* Zona interior de la Tierra, comprendida entre la litosfera y la parte exterior del núcleo.

ASTER m. *Biol.* Estructura con forma de estrella que rodea el centrosoma. Aparece al final del huso acromático durante la mitosis.

ASTER-, ASTERO- prefs. que significan astro o cuerpo celeste: *asterismo, asteroide*.

ÁSTER m. *Bot.* Nombre dado comúnmente a las plantas de la familia compuestas, género *Aster*.

ASTERÁCEAS f. pl. *Bot.* COMPUESTAS, plantas.

ASTERIA f. *Geol.* Variedad de ópalo.

ASTERISCO m. **1** Signo ortográfico (*) empleado para usos convencionales. **2** *Ling.* Signo que se usa para indicar que una forma o palabra es hipotética.

ASTERISMO m. *Geol.* Aspecto de estrella de seis radios que presenta un punto luminoso visto a través de algunas láminas cristalinas.

ASTERO- pref. ASTER-.

ASTEROIDE adj. **1** De figura de estrella. || m. *Astron.* **2** Cada uno de los pequeños planetas cuyas órbitas se hallan comprendidas, en su mayoría, entre las de Marte y Júpiter. **3** *Mat.* Curva en forma de estrella, con cuatro cúspides, cuyos puntos se ajustan a la ecuación $x^{2/3} + y^{2/3} = a^{2/3}$.

ASTEROIDEO, A adj. y s. *Zool.* **1** Se aplica a los invertebrados equinodermos marinos de simetría radial y cuerpo aplanado, como las estrellas de mar. || m. pl. *Zool.* **2** Subclase de estos animales.

ASTI 1 Provincia del NO de Italia; 1.511 km² y 209.647 h. **2** Ciudad capital de la misma; 73.557 h. Es la antigua *Hasta* romana.

ASTIAGES Último rey de los medos (s. VI a. C.). Hijo de Ciáxares, reinó del 585 al 550 a. C. Fue destronado por Ciro II, que ocupó Ecbatana y se proclamó rey.

ASTIFINO adj. *Taurom.* Se dice del toro de astas delgadas y finas.

ASTIGITANO, NA adj. y s. De Ástigi, hoy Écija.

ASTIGMÁTICO, CA adj. Que padece astigmatismo.

ASTIGMATISMO m. **1** *Pat.* Defecto de curvatura de las superficies de refracción del ojo que disminuye la agudeza visual. **2** *Fís.* Defecto de un sistema óptico por el que, en lugar de formarse una imagen de un punto en otro punto, se forman dos imágenes pequeñas y en ángulo recto, lo que provoca una imagen final poco nítida.

ASTIGMÓMETRO m. *Med.* Instrumento para medir el astigmatismo y su dirección.

ASTIL m. **1** Mango de las hachas, azadas, picos, etc. **2** Palillo o varilla de la saeta. **3** Barra de la balanza. **4** Vara de hierro por donde corre el pilón de la romana. **5** *Zool.* Eje córneo de las plumas del que salen las barbas.

ASTILLA f. Fragmento irregular de una pieza de madera u otro material sólido, y otros minerales.

ASTILLAR tr. y prnl. Hacer astillas.

ASTILLERO m. **1** Lugar donde se construyen y reparan los buques. **2** Almacén de maderas. **3** *Méx.* Lugar del monte en que se hace corte de leña.

ASTILLERO, EL Municipio y lugar de España, provincia de Cantabria; 13.010 h.

ASTON, FRANCIS WILLIAM Físico inglés (Harborne, 1877 - Londres, 1945). En 1922 recibió el premio Nobel de Química por sus investigaciones sobre las masas atómicas y por el descubrimiento de isótopos en elementos no radiactivos.

ASTORGANO, NA adj. y s. De Astorga.

ASTRACÁN[1] m. **1** Piel de cordero nonato o recién nacido, muy fina y con el pelo rizado. **2** Tejido de lana o de pelo de cabra.

ASTRACÁN[2] m. *Lit.* Neologismo de origen incierto que designa un tipo de pieza teatral creada por Pedro Muñoz Seca. Se caracteriza por el excesivo uso de elementos cómicos.

ASTRACÁN (*Astrakhan*) **1** Región de la Federación de Rusia; 44.100 km² y 1.024.000 h. **2** Ciudad capital de la misma, junto al delta del Volga; 490.000 h. Puerto.

ASTRADA, CARLOS Filósofo argentino (Córdoba, 1894 - Buenos Aires, 1972). Vinculado al existencialismo de Heidegger. Autor de *El problema epistemológico en la filosofía actual* (1927), *La ética formal y los valores* (1940) y *Ser, humanismo y existencialismo* (1949).

ASTRÁGALO m. **1** *Arquit.* Cordón en forma de anillo, que rodea el fuste de la columna debajo del tambor del capitel. **2** *Anat.* Hueso del tarso articulado con la tibia y el peroné. **3** *Bot.* TRAGACANTO, planta.

ASTRAL adj. Perteneciente o relativo a los astros.

-ASTRE suf. -ASTRO.

ASTREA Mit. Hija de Zeus y Temis, diosa de la justicia, que formó en el Zodíaco el signo que luego se llamó de la Virgen.

ASTRICCIÓN f. Acción y efecto de astringir.

ASTRICTIVO, VA adj. Que astringe.

ASTRINGENTE adj. y m. **1** Que astringe. **2** Se dice de lo que en contacto con la lengua produce en ésta una sensación mixta entre la sequedad y el amargor. **3** *Med.* Que tiene la propiedad de precipitar las proteínas sin destruirlas.

ASTRINGIR tr. **1** Apretar, contraer alguna sustancia los tejidos orgánicos. **2** fig. Sujetar, obligar.

ASTRO m. *Astron.* Cuerpo celeste.

-ASTRO suf. de sustantivos, con significado despectivo. A veces toma la forma *-astre*.

ASTROFÍSICA f. *Astron.* Rama de la astronomía que emplea métodos de la física en el estudio de la constitución, formación y evolución de los astros. Se basa en el análisis de las radiaciones emitidas por los cuerpos celestes; la elaboración de nuevos modelos teóricos acerca de la composición, distribución y evolución de la materia del Universo y la consideración de que todas las leyes de la física conocidas y experimentadas en la Tierra son aplicables al Universo.

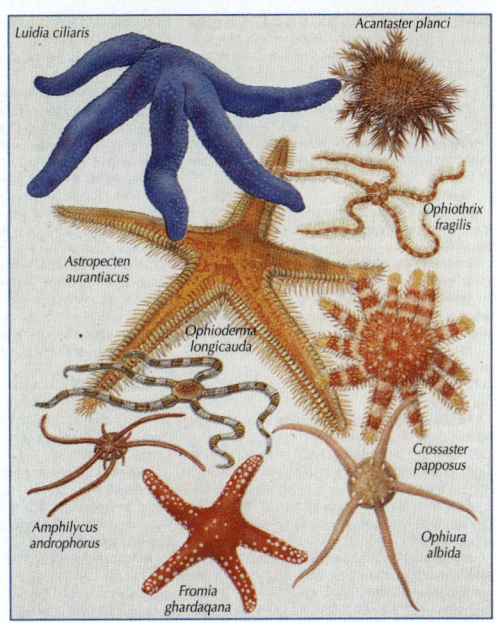

asteroideos

ASTROGRAFÍA f. *Astron.* Descripción de los cuerpos celestes según su distribución y posición en el firmamento.

ASTROGRÁFICO, CA adj. *Astron.* **1** Relativo a la fotografía de los astros. **2** Relativo al astrógrafo.

ASTRÓGRAFO m. *Astron.* Aparato astronómico formado por dos anteojos, uno visual y otro fotográfico, unidos en un cuerpo.

ASTROLABIO m. *Astron.* Antiguo instrumento circular para observar las alturas, lugares y movimientos de los astros. Fue muy utilizado en la navegación hasta la invención del sextante.

ASTROLOGÍA f. *Astrol.* Arte de pronosticar los sucesos por la situación y aspecto de los planetas y estrellas.

ASTRÓLOGO, GA m. y f. *Astrol.* Persona que profesa la astrología.

ASTRONAUTA com. *Astron.* Tripulante de una astronave.

ASTRONÁUTICA f. *Astron.* Ciencia y técnica de la navegación interplanetaria.

ASTRONAVE f. *Astron.* Vehículo destinado a la navegación interplanetaria.

ASTRONOMÍA f. *Astron.* Ciencia que trata de la estructuración y disposición de la materia en el universo, y principalmente de las leyes de los movimientos de los astros. Puede dividirse en astronomía de posición, que se ocupa de la posición de los astros considerados como puntos de la esfera celeste del observador; astronomía gravitacional, que trata de los movimientos de los cuerpos celestes bajo las fuerzas de la gravitación; y astrofísica.

ASTRONÓMICO, CA adj. **1** *Astron.* Relativo a la astronomía. **2** fig. y fam. Se dice, por ponderación, de cantidades que parecen desmesuradamente grandes.

ASTRÓNOMO, MA m. y f. Persona que profesa la astronomía o tiene de ella especiales conocimientos.

ASTROSFERA f. *Biol.* Centro del ASTER, excluidos los radios.

ASTROSO, SA adj. **1** Desastrado. **2** fig. Vil, despreciable.

ASTUCIA f. **1** Calidad de astuto. **2** ARDID.

ASTUR adj. y com. **1** *Etnol.* Natural de un antiguo pueblo de la España Tarraconense, cuya capital era Astúrica, hoy Astorga. **2** ASTURIANO. || m. pl. *Hist.* **3** Pueblo de origen indoeuropeo, cuya aparición data del tránsito de la Edad del Bronce a la del Hierro. Ocuparon la mayor parte de la actual Asturias y León, la mitad N de Zamora, parte de Orense y la parte oriental del N de Portugal. Con cántabros y galaicos tomaron parte en las llamadas «guerras cántabras» contra Roma. Fueron vencidos definitivamente en el 22 a. C.

ASTURCÓN m. *Zool.* Raza de caballos salvajes de Asturias, de baja alzada.

ASTURIANISMO m. *Ling.* Locución, giro o modo de hablar peculiar de los asturianos.

ASTURIANO, NA adj. **1** De Asturias. También s. **2** Perteneciente o relativo a este principado. **3** *Arte.* Se aplica al arte PRERROMÁNICO que floreció en Asturias entre los siglos VIII y XI, de influencia romana, visigoda y musulmana. Sus manifestaciones más destacadas son Santa María del Naranco y San Miguel de Lillo. || m. *Ling.* **4** Se dice de la variedad asturiana del dialecto romance asturleonés.

ASTURIAS Provincia del N de España que constituye el PRINCIPADO DE ASTURIAS. Su capital es Oviedo.

ASTURIAS, MIGUEL ÁNGEL Escritor guatemalteco (Ciudad de Guatemala, 1899 - Madrid, 1974). Utilizó un lenguaje denso, barroco y lleno de color. Obra narrativa: *Leyendas de Guatemala* (1930), *El Señor Presidente* (1946), *Hombres de maíz* (1949), *Viento fuerte* (1950), *El papa verde* (1954) y *Los ojos de los enterrados* (1960), que componen la llamada «trilogía bananera», *El espejo de Lida Sal* (1968) y *Viernes de dolores* (1972). Poesía: *Rayito de estrellas* (1925), *Sonetos* (1937), *Anoche, 10 de marzo de 1543* (1943), *Sien de alondra* (1949), *Ejercicios poéticos sobre temas de Horacio* (1951) y *Clarivigilia primaveral* (1964). Teatro: *Soluná* (1955), *Dique seco* (1956) y *La audiencia de los confines* (1957). En 1967 recibió el premio Nobel de Literatura.

ASTURIAS, PRINCIPADO DE Comunidad autónoma uniprovincial del N de España, constituida por la provincia de Asturias; 10.565 km² y 1.084.314 h. Su capital es Oviedo. Su relieve comprende la vertiente septentrional de la cordillera Cantábrica, desde el Pico de Miravalles, al O, hasta los Picos de Europa, al E. La red hidrográfica está constituida por ríos de corto curso y caudales abundantes. Destacan el Nalón, con sus afluentes Narcea y Caudal; el Cares, el Sella (afluente del Deva), el Navia y el Eo. El clima es en general de tipo oceánico. Destacan los bosques de pinos, hayas y castaños. En el centro de la provincia se encuentran los núcleos urbanos más importantes y las zonas más pobladas. Principales ciudades: Oviedo, Gijón, Avilés, Cangas de Onís, Grado, Luarca, Llanes, Mieres, Pravia, Ribadesella, Villaviciosa y Langreo. La actividad agrícola es de carácter minifundista (patatas, maíz, hortalizas, legumbres y frutas, en especial manzanas). La abundancia de pastos alimenta una floreciente ganadería, en la que predomina la especie vacuna, que abastece a las industrias lácteas. Importante sector pesquero, aunque en retroceso. Posee la cuenca carbonífera más importante de España y también yacimientos de mercurio, cinc, hierro, manganeso y cobre. Industria extractiva, siderúrgica, metalúrgica, química, del cemento y conservera de pescado. Fabricación de quesos.

ASTURIAS, PRÍNCIPE DE Título del heredero a la corona de España. Desde 1977 corresponde a Felipe de Borbón y Grecia, hijo de Juan Carlos I.

ASTURICA ASTORGA.

ASTURICENSE adj. y com. De Asturica.

ASTURIENSE adj. *Prehist.* Período que se encuadra dentro del epipaleolítico. Es una de las denominadas «culturas de los concheros», caracterizada por ser un complejo especializado de marisqueros, que se limita al sector oriental de Asturias y parte de Cantabria.

ASTURLEONÉS, SA o **ASTUR-LEONÉS, SA** adj. **1** Relativo a Asturias y León. **2** *Ling.* Se dice del dialecto romance nacido en Asturias y León como resultado de la peculiar evolución experimentada allí por el latín. Hoy subsiste, con variedades regionales y locales desde el O de Cantabria hasta el de Zamora y Salamanca, con especial vitalidad en Asturias. También m.

Astuto, ta adj. **1** Hábil para engañar o evitar el engaño. **2** Que implica astucia.

Asuero Personaje bíblico. Rey de Persia, se casó con Ester. Parece ser el mismo que se conoce con el nombre de Jerjes I.

Asueto m. Vacación corta.

Asumir tr. **1** Tomar para sí o sobre sí, hacerse cargo. **2** Aceptar con resignación una cosa o circunstancia desfavorable.

Asunceno, na; Asunceño, ña o **Asuncino, na** adj. y com. De Asunción (Paraguay).

Asunción f. **1** Acción y efecto de asumir. **2** *Rel.* Según el dogma católico, elevación al cielo de la Virgen María. **3** Acto de ser ascendido a una suprema dignidad.

Asunción Ciudad capital de Paraguay y del departamento Central; 117 km² y 550.060 h. Principal puerto del país sobre el río Paraguay. Fue fundada en 1537 por Juan de Salazar.

Asunto m. **1** Materia de que se trata. **2** Tema o argumento de una obra. **3** NEGOCIO.

Asur *Geog. hist.* Antigua capital de Asiria, junto al Tigris. Fue destruida por los medos en 614 a. C. En el Antiguo Testamento se daba este nombre a toda Asiria.

Asur *Mit.* Dios supremo de los asirios, llamado *Ilú*, que fue rey de Nínive. Representa la materia cósmica o el principio masculino.

Asurar tr. y prnl. **1** Requemar los guisados. **2** Abrasar los sembrados el calor excesivo. **3** fig. Provocar intranquilidad en alguien. || prnl. **4** ASARSE¹.

Asuras *Mit.* Dioses indo-iranios poseedores de poder creador independiente.

Asurbanipal. Relieve procedente de Nínive que representa al rey en una cacería de leones. Museo Británico (Londres).

Asurbanipal Rey de Asiria (? - Nínive, 626 a. C.). Hijo de Asarhadón, reinó del 668 al 626 a. C. Conquistó el Bajo Egipto, que posteriormente perdió, y arrasó Elam.

Asurnasirpal Nombre de dos reyes de Asiria. El más importante fue Asurnasirpal II (883-59 a. C.). Construyó Kalah y la hizo capital de Asiria.

Asustadizo, za adj. Que se asusta con facilidad.

Asustar tr. y prnl. **1** Dar o causar susto. **2** Producir desagrado o escándalo.

Asvaghosa Poeta indio (s. ɪɪ a. C.). Adscrito a la doctrina budista, escribió en sánscrito elaborados poemas, como el *Saundaranandakavya* o *Buddhacarita*, en el que narra la historia de Buda.

Asyut **1** Gobernación del S de Egipto, en el valle del Nilo; 1.553 km² y 2.843.000 h. **2** Ciudad capital de la misma; 321.000 h. Restos de necrópolis egipcias y de un templo dedicado a Akenatón.

At *Quím.* Símbolo químico del astato.

AT Siglas de *Antiguo Testamento* (Véase BIBLIA).

Atabal m. **1** Timbal semiesférico. **2** Tamborcillo o tamboril. **3** ATABALERO.

Atabalero m. El que toca el atabal.

Atabapo Río fronterizo entre Colombia y Venezuela, afluente del Orinoco; 231 km.

Atabasco, ca adj. y s. ATAPASCO.

Atacama Región III de Chile; 75.573 km² y 202.316 h. Su capital es Copiapó. Grandes yacimientos de salitre.

Atacama, desierto de Zona árida del N de Chile, que abarca parte de las regiones de Antofagasta y Atacama; 132.000 km². Está situado entre los ríos Loa y Copiapó, la cordillera de la Costa y la cordillera Domeyko. Su principal fuente de riqueza es el cobre y los nitratos.

Atacama, Puna de Meseta de los Andes, en el N de Argentina y Chile, prolongación meridional del Altiplano boliviano. De aquí parten las cordilleras Oriental y Occidental de Bolivia. Su altura media es de unos 4.000 m. Yacimientos de salitre.

Atacameño, ña adj. **1** *Etnol.* Se dice de un pueblo amerindio que habitaba en el N de Chile, en el desierto de Atacama. A la llegada de los españoles, se hallaban bajo el dominio de los incas de Perú. Eran agricultores y conocían la cerámica y el tejido. Fueron absorbidos por españoles, quechuas y aimarás. Su lengua original, el *cunza*, se ha perdido. Más como m. pl. **2** Se dice de los individuos de este pueblo. También s. **3** Relativo a los atacameños. **4** De Atacama (Chile). También s.

Atacamita f. *Miner.* Mineral oxicloruro de cobre hidratado, de fórmula $Cl_2Cu_3 \cdot 3Cu(H_2O)_2$, usado como mena del cobre.

Atacane adj. y s. *Miner.* ESMERALDA.

Atacar¹ tr. **1** Apretar el taco de un arma de fuego, una mina o un barreno. **2** Atar, abrochar, ajustar al cuerpo cualquier pieza del vestido. También prnl. **3** Apretar, atiborrar.

Atacar² tr. **1** Acometer, embestir. **2** fig. Impugnar. **3** fig. Estrechar a una persona en algún argumento o sobre alguna pretensión. **4** Irritar. **5** *Mús.* Empezar a ejecutar una composición musical. **6** *Quím.* Ejercer acción una sustancia sobre otra.

Atacazo Volcán de Ecuador, provincia de Pichincha, al SO de Quito; 4.539 m.

Atacir m. *Astrol.* **1** División de la bóveda celeste en doce partes iguales o casas por medio de meridianos. **2** Instrumento en que se halla representada esta división.

Atadijo m. fam. Lío pequeño y mal hecho.

Atado, da adj. **1** fig. Se dice de la persona que se embaraza fácilmente. || m. **2** Conjunto de cosas atadas.

Atadura f. **1** Acción y efecto de atar. **2** Cosa que se ata. **3** fig. Unión o enlace.

Ataguía f. Dispositivo u obstáculo impermeable para atajar el paso del agua en un río o arroyo durante la construcción de una obra hidráulica.

Atahualpa Rey de Quito y último inca de Perú (Cuzco, 1500 - Cajamarca, 1533). Era hijo de Huayna Cápac y hermano de Huáscar, con quien estuvo en continua guerra hasta la llegada de los españoles en la costa septentrional de Perú. Tras derrotar y mandar asesinar a su hermano, fue hecho prisionero por Pizarro y ejecutado.

Atahualpa, Juan Santos Caudillo peruano (Cuzco, h. 1710 - Metraco, h. 1756). Hacia 1742 encabezó una insurrección contra los españoles. Se proclamó descendiente del inca Atahualpa, y se asignó el título de Atahualpa Apu-Inca.

Ataíde, Manuel da Costa Pintor brasileño (Mariana, 1762 - ?, 1837). Autor de *Ascensión de la Virgen* en la iglesia de San Francisco de Ouro Prêto y otra *Ascensión de la Virgen* en la iglesia del Rosario de Mariana.

Ataire m. Moldura en las escuadras y tableros de puertas y ventanas.

Atajar intr. **1** Ir por el atajo. || tr. **2** Salir al encuentro de algo por algún atajo. **3** Dividir en porciones un terreno o un rebaño. **4** Detener el curso de algo. **5** Interrumpir a alguien mientras habla. || prnl. **6** fig. Cortarse o correrse de vergüenza o miedo.

Atajo m. **1** Senda o paraje por donde se abrevia el camino. **2** fig. Procedimiento o medio rápido. **3** Separación o división de alguna cosa. **4** Conjunto de cosas, animales o personas.

Atajo Sierra de Argentina, en Catamarca, que deriva de la falda occidental de la cordillera de Aconquija. Minas de cobre.

Ataláje m. **1** ATELAJE. **2** fig. y fam. Ajuar.

Atalanta *Mit.* Heroína legendaria de Arcadia, que había prometido conceder su mano al hombre que la venciese en la carrera. Hipómenes, por consejo de Afrodita, arrojó unas manzanas de oro a los pies de Atalanta, la cual, al recogerlas, perdió la carrera. Contrajeron matrimonio y fueron convertidos en león y leona, como castigo por haber profanado el templo de Ceres.

Atalarico Rey ostrogodo de Italia (?, 516 - Rávena, 535). Reinó del 526 al 534. Hijo de Aturico y Amalasunta, sucedió a su abuelo Teodorico el Grande. Gobernó bajo la tutela de su madre con la oposición de la corte, hostil a su política de romanización de la sociedad ostrogoda.

Atalaya f. **1** Torre en lugar alto para atalayar. **2** Cualquier eminencia o altura desde donde se descubre mucho espacio de tierra o mar. **3** fig. Estado o posición desde la que se aprecia bien una verdad. || m. **4** Hombre destinado a vigilar desde la atalaya.

atacamita

Atalayar tr. **1** Vigilar el campo o el mar desde una atalaya o altura, para avisar de lo que se descubre. **2** fig. Observar o espiar las acciones de otros.

Atalía Reina de Judá (s. ɪx a. C.). Hija de Acab y de Jezabel. Contrajo matrimonio con Jorán, rey de Judá, y gobernó de 841 a 835 a. C. A la muerte de Ocozías, su hijo, hizo degollar a todos los príncipes descendientes de David. Joás, su nieto menor, pudo salvarse y, cuando fue proclamado rey, la derrocó.

Atálida adj. *Geneal.* **1** Se dice de una dinastía helenística que gobernó en Pérgamo. Fundada por Fileteo (282 a. C.), finalizó con Atalo III Filométor. Más como m. pl. **2** Relativo a esta dinastía.

Atalo Nombre de diversos reyes de Pérgamo, pertenecientes a la dinastía atálida.

Atalo I Sóter (?, 269 - ?, 197 a. C.). Gobernó del 241 al 197 a. C. como sucesor de Eumenes I. Luchó contra los gálatas, a los que arrebató Asia Menor, y combatió victoriosamente contra Seleuco III y Antíoco III de Siria. Fundó la famosa Biblioteca de Pérgamo.

Atalo II Filadelfo (?, 220 - ?, 138 a. C.). Ocupó el trono desde el 159 hasta el 138 a.C. Era hijo de Atalo I y sucesor de Eumenes II, su hermano. Continuó la alianza con los romanos y en la lucha contra Siria y los gálatas.

Atalo III Filométor (?, 138 - ?, 133 a. C.). Sucesor de su tío Atalo II, a su muerte legó sus bienes a los romanos.

Atalo, Flavio Emperador romano de Occidente (s. v). Ostentó el imperio de 409 a 410. Fue impuesto por el godo Alarico, quien también lo depuso al mostrarse poco dócil a sus deseos. Honorio lo desterró a las islas Lípari, donde murió.

Atamán m. Jefe de los cosacos de Ucrania, elegido en asamblea. Desde el siglo xvɪɪɪ los atamanes son designados por el gobierno ruso.

Atanagildo Rey visigodo de Toledo (?-Toledo, 567). Ocupó el trono entre 554 y 567. En el año 551 se sublevó contra su antecesor Agila. Tras ocupar el trono intentó unificar Hispania bajo el mando único de los visigodos, por lo que hubo de combatir a sus antiguos aliados bizantinos.

Atanasio, san Doctor de la Iglesia y patriarca de Alejandría (Alejandría, 295 - íd., 373). Asistió al primer concilio de Nicea (325), donde combatió la herejía de Arrio.

Atanor m. Cañería o tubo para conducir el agua.

Atañer intr. Corresponder, tocar o pertenecer. ♦ TERCIOP. e IRREG. Se conjuga como TAÑER.

Atapasco, ca o **Atapascano, na** adj. *Etnol.* **1** Se dice de una familia de tribus amerindias de América del Norte. El nombre viene de la tribu *atabasca*, residente junto al lago Athabasca. Más como m. pl. **2** Se dice también de sus individuos. También s. **3** Relativo a esta familia. || m. *Ling.* **4** Familia lingüística amerindia que comprende las lenguas de todas las tribus de atapascos. Su grupo principal es nadené.

Atapuerca, sierra de Sierra de España, en la provincia de Burgos, en la que se han descubierto los restos humanos más antiguos de Europa, de hace unos 800.000 años. Los descubrimientos más importantes son los restos de seis individuos encontrados en la Gran Dolina, y los de 32 hombres del pleistoceno medio, en la Sima de los Huesos, que sería el primer enterramiento encontrado del paleolítico inferior. El equipo científico que realiza estas excavaciones recibió en 1997 el premio Príncipe de Asturias de Investigación Técnica y Científica.

Ataque m. **1** Acción de atacar. **2** Conjunto de trabajos de trinchera para tomar una plaza. **3** Acceso o acometimiento repentino de un estado morboso. **4** fig. Impugnación, pendencia.

ATAR tr. **1** Unir, juntar o sujetar con ligaduras o nudos. **2** fig. Impedir o quitar el movimiento. **3** fig. Juntar, relacionar, conciliar. || prnl. **4** fig. Embarazarse, no saber cómo salir de un negocio o apuro. **5** fig. Ceñirse a una cosa o materia determinada.

ATARAXIA f. *Filos.* Ausencia de inquietud, tranquilidad de ánimo, imperturbabilidad. Epicúreos, estoicos y escépticos hicieron de ella el medio para alcanzar la felicidad.

ATARAZANA f. **1** Astillero, arsenal donde se reparan embarcaciones. **2** Taller donde trabajan los cordeleros.

ATARDECER[1] impers. Empezar a caer la tarde. ♦ IRREG. Se conjuga como AGRADECER.

ATARDECER[2] m. Último periodo de la tarde.

ATAREAR tr. **1** Poner o señalar tarea. || prnl. **2** Entregarse mucho al trabajo.

ATARJEA f. **1** Caja de ladrillo con que se visten las cañerías para su defensa. **2** Conducto por donde las aguas de la casa van al sumidero. **3** *Méx.* Canalito de mampostería para conducir agua.

ATARUGAR tr. **1** Asegurar un ensamblado con tarugos. **2** Tapar con tarugos los agujeros de los recipientes. **3** fig. y fam. Hacer callar a alguien. También prnl. **4** fig. y fam. ATESTAR[1], henchir. **5** fig. y fam. ATRACAR[1], hartar. También prnl. || prnl. **6** fig. y fam. ATRAGANTARSE.

ATASCAR tr. **1** Tapar u obstruir un conducto. Más como prnl. **2** fig. Dificultar, impedir. || prnl. **3** Quedarse detenido en un terreno, sin poder seguir adelante. **4** Interrumpirse, no ser capaz de proseguir en un discurso o razonamiento.

ATASCO m. **1** Impedimento que no permite el paso. **2** Obstrucción de un conducto. **3** EMBOTELLAMIENTO, congestión de vehículos. **4** Dificultad que retrasa la marcha de un asunto.

ATATÜRK MUSTAFÁ KEMAL.

ATAÚD m. Caja donde se lleva un cadáver a enterrar.

ATAÚLFO Rey visigodo (? - Barcelona, 415). Cuñado y sucesor de Alarico. Hizo prisionera a Gala Placidia, hermana del emperador Honorio, con la que más tarde se casó. Elegido rey de los visigodos (410), se apoderó de Narbona, Tolosa y Burdeos. En 415 fue obligado por los romanos a cruzar los Pirineos. Estableció entonces su corte en Barcelona. Murió víctima de una conjura encabezada por Sigerico.

ATAURIQUE m. *Arquit.* Ornamentación árabe de tipo vegetal, hecha en yeso.

ATAVIAR tr. y prnl. Componer, asear.

ATÁVICO, CA adj. Relativo al atavismo.

ATAVÍO m. **1** Adorno o adorno. **2** fig. VESTIDO. || m. pl. **3** Objetos que sirven para adorno.

ATAVISMO m. **1** Semejanza con los antepasados que no se evidencia en los padres. **2** fig. Tendencia a imitar o mantener formas de vida, costumbres, etc., arcaicas. **3** Costumbre o comportamiento primario.

ATAXIA f. *Med.* Perturbación de las funciones del sistema nervioso que provocan movimientos irregulares e incontrolados.

ATECOMATE m. *Méx.* Vaso para beber agua.

ATECUÁN Ciudad de Cuscatlán, en la actual república de El Salvador. Su rey, Atlacatl, recibió muy bien a Pedro de Alvarado y acató la soberanía española, pero éste le hizo prender y ejecutar.

ATEÍSMO m. *Filos.* y *Rel.* Argumento, doctrina o actitud que niega la existencia de Dios.

ATEJE m. *Bot.* Árbol de la familia boragináceas, nativo de Cuba, de fruto colorado, dulce y gomoso.

ATELAJE m. **1** TIRO, de las caballerías. **2** Conjunto de las guarniciones de las bestias de tiro.

ATELANA adj. y f. *Lit.* Se dice de una pieza cómica del teatro latino, semejante al entremés.

ATELECTASIA f. *Med.* Colapso total o parcial del pulmón, asociado a una disminución en la entrada de aire al organismo.

ATEMORIZAR tr. y prnl. Causar temor.

ATEMPERADOR, RA adj. **1** Que atempera. || m. *Fís.* **2** Moderador de la energía de los neutrones.

ATEMPERAR tr. y prnl. **1** Moderar, templar. **2** Acomodar una cosa u otra.

ATENAS Ciudad capital de Grecia y del nomo de la región de Ática; 427 km² y 748.110 h. Es el centro mercantil y bancario de Grecia y, junto con El Pireo, el centro industrial. Cuenta con edificios notables, como la Catedral, la Academia, la Universidad y el Palacio Real.

Hist. La antigua Atenas fue fundada en la Acrópolis y posteriormente se extendió por la base de la colina. En sus comienzos fue gobernada por reyes, a los que pronto sustituyó un acrontado formado por la oligarquía terratenia de los eupátridas. Solón, arconte en 594 a. C., llevó a cabo profundas reformas y se crearon varios partidos. El más importante de éstos fue el demócrata, en cuyas filas militaron Pisístrato y Clístenes. Después de las GUERRAS MÉDICAS Atenas se convirtió en una gran potencia marítima y encabezó la Liga de Delos. Entre sus gobernantes destacó Pericles. Derrotada en la GUE-

Atenas (Grecia). Vista aérea, con el Olimpeion en primer término.

RRA DEL PELOPONESO, sufrió el gobierno de los treinta tiranos, impuesto por Esparta. Al ser vencida Esparta por Tebas (371 a. C.), Atenas recobró su hegemonía política e intelectual. En 338 a. C., cayó en poder de Filipo de Macedonia, y en 146 a. C. pasó a formar parte del imperio de Roma.

ATENAS, DUCADO DE *Hist.* Señorío creado en 1205, como consecuencia de la conquista de Constantinopla por la cuarta cruzada. Comprendía los territorios de Ática, Beocia, Megárida y Lócrida. En 1206 fue convertido en ducado y estuvo en poder de los franceses hasta 1319, en que pasó a poder de los catalanes. Fue anexionado al imperio otomano en 1456.

ATENAZAR tr. **1** Sujetar fuertemente con tenazas o de forma parecida. **2** Apretar los dientes por ira o dolor. **3** fig. Torturar, afligir cruelmente.

ATENCIÓN f. **1** Acción de atender. **2** Cortesía. || interj. **3** Se emplea para que alguien atienda a lo que se va a decir o hacer.

ATENDER tr. **1** Satisfacer un deseo, ruego o mandato. También intr. || intr. **2** Aplicar el entendimiento a un objeto espiritual o sensible. También tr. **3** Tener en cuenta o en consideración alguna cosa. **4** Cuidar de alguna persona o cosa. También tr. ♦ IRREG. Se conjuga como ENTENDER.

ATENEA o **PALAS ATENEA** *Mit.* Divinidad epónima de Atenas, que, según la leyenda, nació armada de la cabeza de Zeus. Reunía armoniosamente la máxima fuerza y la máxima sabiduría. En su honor se erigió el Partenón. En la mitología romana se identificó con Minerva.

ATENEO m. **1** *Hist.* Nombre de algunas asociaciones, normalmente científicas o literarias. En Atenas, el nombre de *ateneo* sirvió en un principio para designar los templos en honor de Atenea, donde los poetas y oradores leían sus obras. En Roma, tuvieron una significación parecida a partir del mandato construir por Adriano en 135. Durante el siglo XVIII y XIX adquirieron mayor importancia como centros culturales, liberales y progresistas. **2** Local en donde se reúnen.

ATENERSE prnl. **1** Acogerse a una persona o cosa, teniéndola por más segura. **2** Ajustarse, sujetarse uno en sus acciones a alguna cosa. ♦ IRREG. Se conjuga como TENER.

ATENIENSE adj. y com. De Atenas.

ATENODORO DE RODAS Escultor griego de la escuela helenística (s. II - I a. C.). Autor, junto con su padre Agesandro y su hermano Polidoro, del grupo escultórico de *Laocoonte*.

ATENTADO m. *Der.* **1** Agresión o desacato grave a la autoridad u ofensa a un principio u orden que se considera recto. **2** Agresión contra la vida o la integridad física o moral de una persona.

ATENTAR tr. **1** Emprender o ejecutar alguna cosa ilegal o ilícita. **2** Intentar, especialmente hablando de un delito. || intr. **3** Cometer atentado.

ATENTO, TA adj. **1** Que tiene fija la atención en alguna cosa. **2** Cortés, urbano, comedido.

ATENUACIÓN f. **1** Acción y efecto de atenuar. **2** *Ret.* Figura que consiste en no expresar todo lo que se quiere dar a entender, sin que por esto deje de ser comprendida la intención de que habla.

ATENUANTE adj. **1** Que atenúa. **2** *Der.* Se dice de la circunstancia que, de concurrir en la comisión de un delito, disminuye la responsabilidad criminal y la pena. También f.

ATENUAR tr. **1** Poner tenue, sutil o delgada una cosa. **2** Disminuir alguna cosa.

ATEO, A adj. y s. Persona que profesa el ateísmo.

ATEPOCATE m. *Zool. Méx.* RENACUAJO.

ATERCIOPELADO, DA adj. **1** Semejante al terciopelo. **2** De finura y suavidad comparables a las del terciopelo.

ATERIR tr. y prnl. Poner a alguien rígido o paralizado por el exceso de frío. ♦ DEF. Sólo se usa en infinitivo y en participio pasivo.

ATEROMA m. *Pat.* **1** Quiste sebáceo. **2** Arteriosclerosis con formación de placas de colesterina y sales de calcio en la pared arterial.

ATEROSCLEROSIS o **ATEROESCLEROSIS** f. *Pat.* ARTERIOSCLEROSIS. ♦ Su pl. es *aterosclerosis*, *ateroesclerosis*.

ATERRAR[1] tr. **1** Bajar al suelo. **2** DERRIBAR, abatir. **3** Cubrir con tierra. **4** *Min.* Echar los escombros y escorias en los terreros. || intr. **5** Llegar a tierra. **6** *Mar.* Acercarse a tierra los buques en su derrota. ♦ IRREG. Se conjuga como ACERTAR.

ATERRAR[2] tr. y prnl. ATERRORIZAR.

ATERRAZAMIENTO m. **1** Sistema para retener el agua y reducir la erosión del suelo, consistente en la construcción de terrazas en zonas con pendiente. **2** Técnica de preparación del terreno antes de efectuar repoblaciones forestales.

ATERRIZAJE m. Acción de aterrizar.

ATERRIZAR intr. Establecer contacto con el suelo un avión, como resultado de una maniobra de descenso.

ATERRORIZAR tr. y prnl. Causar terror.

ATESAR tr. *Mar.* TESAR cabos, velas, etc., de la nave.

ATESORAMIENTO m. *Econ.* Retención improductiva de dinero o créditos.

ATESORAR tr. **1** Reunir y guardar dinero o cosas de valor. **2** fig. Tener buenas cualidades.

ATESTACIÓN f. *Der.* Deposición de testigo o de persona que testifica o afirma alguna cosa.

ATESTADO m. *Der.* Documento oficial en que una autoridad o sus delegados hacen constar como cierta alguna cosa.

ATESTAR[1] tr. **1** Henchir alguna cosa hueca. **2** Introducir una cosa en otra. **3** Meter o colocar excesivo número de personas o cosas en un lugar. **4** Rellenar con mosto las cubas de vino. **5** fig. y fam. Atracar de comida. También prnl. **6** TESTIFICAR.

ATESTIGUAR tr. **1** Declarar como testigo. **2** Ofrecer indicios ciertos de alguna cosa cuya existencia no estaba establecida.

ATETAR tr. Amamantar.

ATETOSIS f. *Med.* Trastorno caracterizado por movimientos lentos e involuntarios de diferentes partes del cuerpo, sobre todo las manos, debidos a una lesión del cuerpo estriado cerebral.

ATEZADO, DA adj. **1** De piel tostada y oscurecida por el sol. **2** De color negro.

ATEZAR tr. **1** Poner liso, terso o lustroso. **2** ENNEGRECER. También prnl.

ATHABASCA Lago de Canadá, fuente principal del río Mackenzie; 11.500 km².

ATHABASCA Río de Canadá, en la provincia de Alberta, tributario del lago de su nombre; 1.240 km de longitud.

ATHELSTAN o **AETHLSTAN** Rey anglosajón de Inglaterra (?, 894 - Gloucester, 940). Sucedió a su padre Eduardo I en el 925; invadió Escocia (934) y en el 937 derrotó a la liga formada por escoceses, galeses y noruegos, en la batalla de Brunanburgh.

ATHOS HAGION OROS.

ATIBORRAR tr. **1** Llenar alguna cosa de borra. **2** fig. Llenar mucho alguna cosa. **3** fig. y fam. Atracar de comida. También prnl. **4** fig. Atestar de algo un lugar. **5** fig. Llenar la cabeza de lecturas, ideas, etc. También prnl.

ÁTICA Región y nomo del SE de Grecia continental; 3.808 km² y 3.522.769 h. Su capital es Atenas.

ATICISMO m. **1** Delicadeza, elegancia que caracteriza a los escritores y oradores atenienses de la edad clásica. **2** Por extensión, esta misma delicadeza.

Atlas. Valle del Dadés en Marruecos.

ÁTICO, CA adj. **1** Del Ática o de Atenas. También s. **2** Relativo al aticismo. || m. **3** *Arquit.* Último piso de un edificio, generalmente retranqueado y del que forma parte, a veces, una azotea. **4** *Arquit.* Último piso de un edificio, más bajo de techo que los inferiores, que se construye para encubrir el arranque de las techumbres y a veces por ornato. **5** *Arquit.* Cuerpo que se coloca como adorno sobre la cornisa de un edificio. **6** *Ling.* Uno de los cuatro principales dialectos del antiguo griego. Se caracteriza por la contracción de vocales, la declinación y la forma especial de reduplicación de algunos verbos. También adj.

ÁTICO, TITO POMPONIO Patricio y escritor romano (Roma, 109 - íd., 32 a. C.). Su amistad con Cicerón se plasma en las *Epístolas* del célebre orador. Escribió unos *Anales, Genealogías* y poesía.

ATIESAR tr. y prnl. Poner tiesa una cosa.

ATIGRADO, DA adj. Manchado como la piel de tigre.

ATILA Rey de los hunos (?, h. 385 - Panonia, 453). Impuso tributo a los emperadores romanos, atravesó Germania y devastó la Galia, pero fue derrotado en la batalla de los Campos Cataláunicos (451) por Aecio. Rehechas sus fuerzas, apareció en el norte de Italia, pero fue detenido en Mantua por la habilidad diplomática del papa León I el Grande y se retiró a Panonia. Su reino no le sobrevivió.

ATILDADO, DA adj. Pulcro, elegante.

ATILDAR tr. **1** Poner tildes a las letras. **2** fig. Componer, asear. También prnl.

ATINAR intr. **1** Encontrar lo que se busca a tiento o sin necesita. **2** Dar por sagacidad o por casualidad con lo que se busca o necesita. También intr. **3** Acertar.

ATÍNCAR m. *Geol.* BÓRAX.

ATINGENCIA f. *Amér.* Relación, conexión, correspondencia.

ATÍPICO, CA adj. Se dice de lo que presenta características distintas a las normales.

ATIPLADO, DA adj. Agudo, en tono elevado. Se dice de la voz o del sonido.

ATIPLAR tr. **1** Elevar la voz o el sonido de un instrumento hasta el tono de tiple. || prnl. **2** Volverse la cuerda del instrumento, o la voz, del tono grave al agudo.

ATIRANTAR tr. **1** Poner tirante. **2** *Arquit.* Afirmar con tirantes.

ATISBAR tr. **1** Mirar recatadamente. **2** VISLUMBRAR, ver tenue o confusamente. **3** VISLUMBRAR, conjeturar.

ATISBO m. **1** Acción de atisbar. **2** VISLUMBRE, conjetura.

ATITLÁN Lago de Guatemala, departamento de Sololá, situado al N del volcán de su nombre; 468 km². Centro turístico.

¡ATIZA! interj. Denota admiración o sorpresa.

ATIZADOR, RA adj. y s. **1** Que atiza. || m. **2** Instrumento que sirve para atizar el fuego.

ATIZAPÁN DE ZARAGOZA Municipio de México, Estado de México; 427.192 h. Capital, Ciudad López Mateos. Hasta 1969 se denominó *Zaragoza.*

ATIZAR tr. **1** Remover el fuego para que arda más. **2** Despabilar o dar más mecha a las velas o candiles. **3** Avivar pasiones o discordias. **4** fig. y fam. Con voces expresivas de golpes, daño o de instrumentos o armas, DAR. También prnl.

ATL, DOCTOR (GERARDO MURILLO, llamado) Pintor, escritor y político mexicano (Guadalajara, 1875 - Ciudad de México, 1964). Inventó una nueva técnica pictórica, el *atl color*, y destacó como paisajista. De su obra escrita destaca, *Las artes populares en México* (1921) y *Cuentos de todos los colores* (1933).

ATLACATL Rey indígena de Cuscatlán (véase ATECUÁN).

ATLANTA Ciudad de EE UU, capital del Estado de Georgia; 403.819 h. Es el mayor centro comercial y naviero de la zona SE de EE UU. Albergó los XXVI Juegos Olímpicos de 1996.

ATLANTE m. **1** *Arquit.* Estatuas de hombres que, en lugar de columnas sustentan sobre sus hombros o cabeza los arquitrabes de las obras. **2** fig. Persona que es firme sostén y ayuda de algo pesado o difícil.

ATLANTIC CITY Ciudad de EE UU, en el Estado de Nueva Jersey; 125.000 h. Turismo.

ATLANTICENSE adj. y com. De Atlántico, Colombia.

ATLÁNTICO, CA adj. Perteneciente al monte Atlas o Atlante.

ATLÁNTICO Departamento del N de Colombia; 3.388 km² y 2.370.753 h. Su capital es Barranquilla.

ATLÁNTICO Océano que baña las costas occidentales de Europa y África y las orientales de América; 106.100.000 km². Profundidad media; 3.314 m, y profundidad máxima, en la fosa de Puerto Rico, 9.212 m. El Atlántico limita al N con el círculo polar ártico y al S con la Antártida. Una gran cadena montañosa submarina lo divide en dos mitades casi iguales, la Dorsal Atlántica, de la que emergen las islas Islandia, Azores, Cabo Verde, Asunción, Santa Elena y Tristan da Cunha. Está surcado por numerosas corrientes, siendo la más importante la equinoccial que se dirige desde Guinea hacia las Antillas, penetra en el golfo de México y sale por el canal de las Bahamas, en dirección NE, con el nombre de *Gulf-Stream* o corriente del Golfo.

ATLÁNTICO NORTE Región autónoma de Nicaragua; 32.159 km² y 192.716 h. Su capital es Puerto Cabezas.

ATLÁNTICO SUR Región autónoma de Nicaragua; 27.407 km² y 272.252 h. Su capital es Bluefields.

ATLÁNTIDA *Mit.* Isla fabulosa, y que se supone existió más allá de las columnas de Hércules, al O del estrecho de Gibraltar, en el océano Atlántico.

ATLÁNTIDA Departamento de Honduras; 4.251 km² y 255.000 h. Su capital es La Ceiba.

ATLÁNTIDES *Mit.* Patronímico de las hijas de Atlas. También llamadas PLÉYADES.

ATLANTIQUENSE adj. y com. De Atlántico, Colombia.

ATLAS m. **1** Colección de mapas geográficos, históricos, etc., en un volumen. **2** Colección de láminas. **3** *Anat.* Primera de las vértebras cervicales, que sostiene inmediatamente la cabeza. ♦ Su pl. *es atlas.*

ATLAS Cordillera del NO de África, limitada al S por el desierto del Sahara y al N por el mar Mediterráneo, que en una longitud de unos 2.300 km atraviesa de SO a NE Marruecos, Argelia y Túnez.

ATLAS o **ATLANTE** *Mit.* Hijo del titán Jápeto. Tomó parte en la lucha de los gigantes contra los dioses y fue condenado a sostener sobre sus hombros la bóveda del cielo. Perseo lo petrificó en cordillera.

ATLAS TELLIANO TELL, ATLAS DEL.

ATLETA m. **1** *Hist.* El que tomaba parte en los antiguos juegos públicos de Grecia y Roma. **2** fig. Defensor enérgico. || com. **3** *Dep.* Persona que practica el atletismo. **4** Persona membruda, corpulenta y de grandes fuerzas.

ATLÉTICO, CA adj. Relativo al atleta o a los juegos públicos o ejercicios propios de él.

ATLETISMO m. *Dep.* **1** Práctica de ejercicios atléticos. En la época moderna está constituido por un conjunto de pruebas en las que figuran las carreras (100 m, 110 m vallas, 200 m, 400 m, 400 m vallas, 1500, 3000 m obstáculos, 5000, 10.000, maratón y la marcha atlética), saltos (triple salto, longitud, altura y salto con pértiga), lanzamientos (peso, disco, jabalina y martillo) y pruebas combinadas (decatlon, heptatlon). **2** Conjunto de normas que regulan las actividades atléticas.

ATM *Fís.* Símbolo de la ATMÓSFERA.

ATMAN m. *Rel.* y *Filos.* Término religioso y filosófico hindú utilizado para designar el principio sustancial inmanente a las personas.

ATMO-, ATM-, ATMID-, ATMIDO- prefs. que significan vapor, aire.

ATMÓLISIS f. *Quím.* Método para separar dos gases de una mezcla, basado en sus diferentes velocidades de difusión por una membrana porosa.

ATMÓSFERA o **ATMOSFERA** f. **1** *Meteor.* Masa de aire que rodea al globo terráqueo. **[Encic.] 2** *Astron.* Masa gaseosa que rodea a un cuerpo celeste. **3** *Fís.* Unidad de presión equivalente al peso de la columna de aire atmosférico en la latitud de 45°, al nivel del mar, a 0° C. En el Sistema Internacional de unidades equivale a 101.325 pascales. Símbolo, *atm.* También denominada *atmósfera estándar.* **4** fig. Espacio a que se extienden las influencias de una persona o cosa, o ambiente que rodea a éstas. **5** fig. Prevención o inclinación de los ánimos, favorable o adversa, a una persona o cosa.

METEOR. Sus principales constituyentes son el nitrógeno (78%) y el oxígeno (21%). También aparecen trazas de gases nobles, vapor de agua, anhídrido carbónico y ozono. Las capas de la atmósfera, atendiendo a criterios térmicos, son: troposfera (hasta unos 25 km), estratosfera (hasta unos 55 km), mesosfera (hasta unos 85 km), termosfera (hasta 1.000 km) y exosfera o región exterior de la atmósfera. Atendiendo a la composición química, la atmósfera se divide en: homosfera (hasta unos 80 u 85 km) y heterosfera. También hay otra división atendiendo a otras cualidades: ozonosfera (entre los 25 y los 50 km), ionosfera (entre los 70 y 400 ó 500 km) y magnetosfera o protonosfera (desde los 1.000 km).

ATMOSFÉRICO, CA adj. **1** Perteneciente o relativo a la atmósfera. || m. pl. *Fís.* **2** Señales de origen natural que perturban o interfieren las emisiones de radio.

-ATO¹, TA suf. En algunos sustantivos masculinos significa cargo o jurisdicción o instituciones sociales. En ciertos sustantivos denota acción o efecto: *asesinato.* Aplicado a nombres de animales, designa la cría. En adjetivos significa cualidad.

-ATO² *Quím.* suf. utilizado como término propio de los nombres de sales cuyo grado de oxidación es superior: *sulfato*, etc.

ATOAR tr. *Mar.* Remolcar una embarcación.

ATOCHA f. *Bot.* ESPARTO, planta.

ATOCHAR tr. **1** Llenar una cosa de esparto o de cualquier otra materia. **2** *Bot.* Formación vegetal en que la especie dominante es la atocha o esparto (*Stipa tenacissima*). **3** *Mar.* Oprimir el viento una vela contra su jarcia. También prnl.

ATOCINAR tr. **1** Partir el cerdo en canal; hacer tocinos y salarlos. || prnl. **2** fig. y fam. Aturdirse. **3** fig. y fam. Enamorarse perdidamente.

ATOJAR tr. *C. Rica* y *Cuba* Ajotar, azuzar, incitar.

ATOLE o **ATOL** m. Bebida usada en América, que se hace con maíz cocido, molido y desleído en agua, del que se quitan las partes gruesas, y hervido hasta darle consistencia.

atletismo: 1. Salto de altura. 2. Carrera de 110 metros vallas.

atolillo m. *C. Rica, Hond.* y *Nic.* Gachas de harina de maíz, azúcar y huevo.

atolladero m. 1 EMBROLLO. 2 *Ecol.* Zona pantanosa en la que resulta difícil la circulación.

atollar intr. y prnl. 1 Caer en un atolladero. || prnl. 2 fig. y fam. Atascarse.

atolón m. *Geol.* Isla madrepórica o arrecife de forma circular, elíptica o en herradura, con una laguna interior. Es típica del océano Pacífico.

atolondrado, da adj. fig. Que procede sin reflexión.

atolondrar tr. y prnl. ATURDIR, turbar los sentidos.

atomicidad f. *Quím.* 1 Capacidad de los átomos para combinarse. 2 Propiedad de los átomos para atraer mayor o menor número de otros átomos. 3 Número de átomos contenidos en la molécula de un elemento.

atómico, ca adj. *Quím.* 1 Perteneciente o relativo al átomo. 2 Que utiliza la energía producida por la desintegración del átomo.

atomismo m. *Filos.* Doctrina filosófica, formulada por Leucipo y Demócrito, que explica la formación del mundo por el concurso fortuito de los átomos. || **atomismo lógico** *Filos.* Concepción general de la realidad que considera a ésta compuesta de elementos indivisibles (átomos).

atomizador m. Pulverizador de líquidos.

atomizar tr. Dividir en partes sumamente pequeñas, pulverizar.

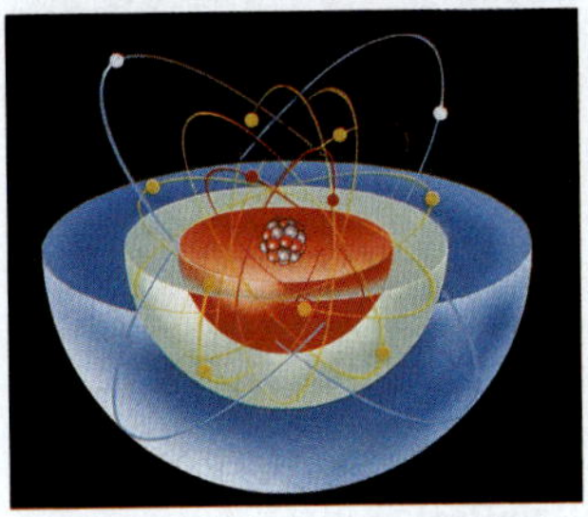

El **átomo** está constituido por un núcleo compuesto de protones y neutrones, circundado de un enjambre de electrones en órbita (colores rojo, amarillo y azul).

átomo m. 1 *Quím.* Partícula mínima de materia que puede intervenir en una reacción química. **[Encic.]** 2 Partícula material de pequeñez extremada. 3 fig. Cualquier cosa muy pequeña.

Quím. El átomo está constituido por un determinado número de partículas elementales, fundamentalmente protones, electrones y neutrones, y que es eléctricamente neutro. Se distinguen en él dos partes principales: el núcleo, que contiene los protones y los neutrones, es muy pesado (representa el 99,9% de la masa total) y lleva toda su carga positiva; y los electrones, situados en orbitales alrededor del núcleo, y en el mismo número que los protones para que neutralicen la carga nuclear. Los números cuánticos definen la posición y la energía de los distintos orbitales. El principal indica la capa a la que pertenece la órbita y varía de 1 para la capa K (más próxima al núcleo) a 7 para la Q (la más alejada). En las reacciones químicas, los átomos prácticamente no cambian, excepto en sus electrones más exteriores, tal como sucede en la ionización y el enlace químico. Algunas especies atómicas se desintegran a consecuencia de cambios en el núcleo, convirtiéndose en radiactivas. Los átomos más pesados e inestables se escinden por bombardeo con partículas altamente energéticas, liberando una tremenda energía.

Atón *Mit.* Dios egipcio representado con el globo o disco solar. La reforma religiosa de Amenhotep IV lo convirtió en objeto único de culto.

atona f. Oveja que cría un cordero de otra madre.

atonal adj. *Mús.* Se dice de la música en la que no existe una tonalidad definida.

atonía f. Falta de tono y de vigor, o debilidad en los tejidos orgánicos.

atónito, ta adj. Pasmado o espantado.

átono, na adj. 1 *Gram.* Se aplica a la vocal, sílaba o palabra que se pronuncia sin acento prosódico. 2 Sin fuerza.

atontar tr. y prnl. Aturdir o atolondrar.

atontolinar tr. y prnl. fam. ATONTAR.

Ator HATOR.

atorar tr., intr. y prnl. 1 Atascar, obstruir. || prnl. 2 ATRAGANTARSE.

atormentar tr. 1 Causar dolor. También prnl. 2 Dar tormento al reo. 3 Batir con la artillería. 4 fig. Causar aflicción, disgusto o enfado. También prnl.

atornasolado, da adj. Similar al tornasol.

atornillar tr. 1 Introducir un tornillo. 2 Sujetar con tornillos. 3 Mantener obstinadamente a alguien en un sitio, cargo, etc. También prnl. 4 Presionar, obligar a una conducta.

atorrante m. *Arg.* Vago, callejero.

atosigar tr. y prnl. 1 Envenenar. 2 Apremiar a alguien.

Atoyac BALSAS.

ATP *Biol.* Abreviatura del ácido adenosín-trifosfórico, coenzima que actúa en procesos metabólicos celulares en que se transfieren grupos fosfato liberando energía.

atrabiliario, ria adj. fam. De genio destemplado y violento. También s.

atracada f. *Cuba, Méx., Nic.* y *Perú* ATRACÓN.

atracadero m. Paraje donde pueden atracar las embarcaciones pequeñas.

atracar[1] tr. y prnl. fam. Hacer comer y beber con exceso, hartar.

atracar[2] tr. 1 *Mar.* Arrimar unas embarcaciones a otras, o a tierra. 2 Acercar, arrimar. 3 Asaltar con propósito de robo. 4 *Chile* y *Méx.* Golpear, zurrar.

atracción f. 1 Acción y efecto de atraer. 2 Fuerza para atraer. 3 *Fís.* Fuerza mutua que mantiene unidos a dos cuerpos no conductores electrificados. || f. pl. 4 Espectáculos variados que forman parte de un mismo programa.

atraco m. Acción de atracar o saltear.

atracón m. 1 fam. Acción y efecto de atracar o hartarse de comida. 2 Hartazgo, panzada.

atractivo, va adj. 1 Que atrae. || m. 2 Cualidad física o moral de una persona o cosa que atrae la voluntad de alguien.

atractriz adj. y f. *Fís.* Que atrae.

atraer tr. 1 Traer hacia sí alguna cosa. 2 fig. Inclinar o reducir una persona a otra a su voluntad, opinión, etc. ♦ IRREG. Se conjuga como TRAER.

atragantar tr. 1 Producir ahogos a uno por detenerse algo en la garganta. También prnl. 2 fig. Causar fastidio o enfado. También prnl. || prnl. 3 fig. y fam. Turbarse en la conversación.

atraillar tr. 1 Atar a los perros con la traílla. 2 Seguir el cazador la res guiado del perro asido con la traílla. 3 fig. Dominar o sujetar. También prnl.

atramuz m. *Bot.* ALTRAMUZ, planta y fruto.

atrancar tr. 1 Cerrar la puerta con una tranca. 2 ATASCAR, obstruir. También prnl. || intr. 3 fam. Dar trancos o pasos largos. 4 Leer muy de prisa, saltando cláusulas u omitiendo palabras. || prnl. 5 Encerrarse asegurando la puerta con una tranca.

atranco o **atranque** m. 1 ATOLLADERO. 2 Embarazo o apuro.

atrapamoscas m. *Bot.* Nombre común dado a diversas plantas insectívoras de la familia droseráceas, género *Dionea.* ♦ Su pl. es *atrapamoscas.*

atrapar tr. 1 fam. Coger al que huye. 2 fam. Coger alguna cosa. 3 fig. y fam. Conseguir alguna cosa. 4 fig. y fam. Engañar.

atraque m. *Mar.* 1 Acción y efecto de atracar una embarcación; maniobra correspondiente. 2 Muelle donde se atraca.

atrás adv. l. 1 Hacia la parte que está o queda a las espaldas de uno. 2 En la zona posterior a aquella en que está situado lo que se toma como punto de referencia. 3 Se usa también para expresar tiempo pasado. 4 Con anterioridad. || **¡atrás!** Voz que se usa para mandar retroceder a alguien.

atrasar tr. 1 Retardar. También prnl. 2 Hacer que retrocedan las agujas del reloj, o que señale tiempo que ya ha pasado. || intr. 3 Señalar el reloj tiempo que ya ha pasado. También prnl. || prnl. 4 Quedarse atrás. También en sentido figurado. 5 Dejar de crecer las personas, los animales y las plantas.

atraso m. 1 Efecto de atrasar. 2 Falta de desarrollo en la civilización o en las costumbres. || m. pl. 3 Pagas o rentas vencidas y no cobradas.

Atrato Río de Colombia; nace en los Andes y desemboca en el golfo de Urabá; 720 km.

atravesado, da adj. 1 De mirada algo bizca. 2 Se dice del animal cruzado o mestizo. 3 fig. De mala intención. 4 *Nic.* Se dice de la persona que se expresa de manera incongruente.

atravesar tr. 1 Poner una cosa de modo que pase de una parte a otra. 2 Pasar un objeto sobre otro o hallarse puesto sobre él oblicuamente. 3 Pasar de parte a parte. 4 Poner delante algo que impida el paso o haga caer. 5 Pasar cruzando de una parte a otra. 6 fig. Pasar circunstancialmente por una situación favorable o desfavorable. 7 AOJAR. || prnl. 8 Ponerse una cosa en medio de otra. 9 fig. Interrumpir la conversación de otros. 10 fig. Interesarse por lo que hace alguien. 11 fig. Intervenir en alguna cosa que altera el curso de otra. 12 Tener manía a una persona o cosa. ♦ IRREG. Se conjuga como ACERTAR.

atrenzo m. *Amér.* Conflicto, apuro.

Atreo *Mit.* Rey de Micenas, hijo de Pélope e Hipodamía, y hermano de Tiestes. Fundador de la dinastía de los atridas. Mató a los hijos de Tiestes y los sirvió como manjar.

atreverse prnl. 1 Arriesgarse a algo. 2 Faltar al respeto, insolentarse.

atresia f. *Med.* Oclusión o imperforación de un orificio o conducto natural.

atrevido, da adj. 1 Que se atreve, valiente. También s. 2 Hecho o dicho con atrevimiento.

atrevimiento m. Acción y efecto de atreverse.

atrezzo (Voz it.) m. Conjunto de enseres necesarios para una representación teatral.

atribución f. 1 Acción de atribuir. 2 Facultad que da a una persona el cargo que ejerce.

atribuir tr. 1 Aplicar, a veces sin seguridad, hechos o cualidades a alguna persona o cosa. También prnl. 2 Asignar una cosa a alguien como de su competencia. 3 fig. Achacar, imputar. ♦ IRREG. Se conjuga como HUIR.

atribular tr. 1 Causar tribulación. || prnl. 2 Padecer tribulación.

atributivo, va adj. *Ling.* 1 Se dice de la función desempeñada por el atributo. 2 En algunas gramáticas, se dice de los verbos copulativos *(ser, estar)* y de algunos otros con que se construye el atributo *(parecer, juzgar, considerar, nombrar,* etc.).

atributo m. 1 Cualidad o propiedad de un ser. 2 En las obras de arte, símbolo que denota el carácter y representación de las figuras. 3 Carácter o cualidad de la sustancia. 4 *Ling.* Término que desempeña el adjetivo cuando se coloca en posición inmediata al sustantivo y sin palabra de unión. 5 *Ling.* Para algunos gramáticos, término que califica a otro mediante *ser, estar* u otro verbo. 6 *Lóg.* Aquello que se afirma o niega de un sujeto. 7 *Rel.* Cualquiera de las perfecciones propias de Dios, como su omnipotencia, su sabiduría, etc.

atrición f. *Rel.* Dolor por haber ofendido a Dios, no tanto por el amor que se le tiene como por temor a las consecuencias de la ofensa cometida.

atrico, ca adj. *Biol.* Se dice de la célula u organismo carente de flagelos.

atridas m. pl. *Mit.* Nombre dado por Homero a los descendientes de ATREO.

atril m. Mueble en forma de plano inclinado para sostener libros, partituras o papeles abiertos.

atrincheramiento m. Conjunto de rincheras.

atrincherar tr. 1 Fortificar una posición militar con atrincheramientos. || prnl. 2 Ponerse en trincheras a cubierto del enemigo.

atrio m. 1 Patio interior generalmente rodeado de pórticos. 2 *Arquit.* Espacio que hay delante de algunos templos y palacios, generalmente enlosado y más alto que el piso de la calle. 3 Zaguán. 4 *Anat.* Aurícula del corazón. 5 *Anat.* Cavidad timpánica situada debajo del martillo. 6 *Zool.* En determinados peces, cámara externa que recibe el agua desde las branquias. 7 *Zool.* En general, cualquier cavidad en la que desembocan uno o varios conductos.

atriquia f. *Med.* Ausencia casi total de cabello, de origen congénito o adquirido.

atrito, ta adj. Que tiene atrición.

atrocidad f. 1 Crueldad grande. 2 fam. Exceso. 3 fam. Necedad. 4 fam. Error grave. 5 fam. Insulto fuerte.

atrofia f. 1 Falta de desarrollo de cualquier parte del cuerpo. 2 *Fisiol.* Consunción de una parte del cuerpo por falta de nutrición.

atrofiar tr. 1 Producir atrofia. || prnl. 2 Padecer atrofia.

atrojar tr. prnl. fig. y fam. *Méx.* No hallar salida en algún empeño o dificultad, aturullarse.

atronado, da adj. Atolondrado, irreflexivo.

atronar tr. 1 Producir un gran ruido. 2 Aturdir con un ruido ensordecedor. 3 Matar un toro hiriéndolo en medio de la cerviz. ♦ IRREG. Se conjuga como CONTAR.

atropado, da adj. *Bot.* Se dice de las plantas con ramas recogidas.

atropar tr. 1 Juntar gentes en tropas o cuadrillas. También prnl. 2 Reunir la mies en gavillas.

atropellado, da adj. Que habla u obra con precipitación.

atropellar tr. 1 Pasar precipitadamente por encima de alguna persona. 2 Derribar a alguien para abrirse paso. 3 Alcanzar violentamente un vehículo a personas o animales. 4 fig. Agraviar abusando de la fuerza. 5 fig. Ultrajar a alguien de palabra. 6 fig. Hacer una cosa precipitadamente. 7 fig. Oprimir o abatir a una persona el tiempo, los achaques o las desgracias. || prnl. 8 fig. Apresurarse demasiado en las obras o palabras.

atropello m. Acción y efecto de atropellar.

atropina f. *Quím.* Alcaloide que se extrae de la belladona *(Atropa belladona)* y de especies similares, y se emplea para dilatar las pupilas oculares y aliviar el dolor muscular.

ÁTROPO *Mit.* Una de las tres MOIRAS griegas; la que trae lo inevitable, y que cortaba el hilo de la vida.

ATROZ adj. **1** Fiero, cruel, inhumano. **2** Enorme, grave. **3** fam. Muy grande o desmesurado.

ATS Siglas de AYUDANTE TÉCNICO SANITARIO.

ATSINA adj. GROS VENTRE.

ATTENBOROUGH, RICHARD Actor, productor y director de cine inglés (Cambridge, 1923). Destacan sus papeles en *Sangre, sudor y lágrimas* (1942), *El amargo silencio* (1960), *La gran evasión* (1963), *Hamlet* (1996), etc. Ha dirigido *On, What a Lovely War!* (1968), *Gandhi* (1982), *Tierras de penumbra* (1994) y *En el amor y en la guerra* (1996).

ATTERBOM, PER DANIEL AMADEUS Escritor sueco (Åsbo, 1790 - Uppsala, 1855). Autor de *Las flores* (1812-22), ciclo de poemas, *La isla de la felicidad* (1824-27) y *Profetas y poetas suecos* (1841-55).

ATTLEE, CLEMENT RICHARD Político inglés (Londres, 1883 - íd., 1967). Fue viceprimer ministro del gobierno de coalición durante la Segunda Guerra Mundial (1940-42) y primer ministro (1945-51). Bajo su mandato se concedió la independencia a la India, Pakistán, Ceilán y Birmania.

ATTO- *Fís.* Elemento compositivo inicial de nombres, que significa la trillonésima parte (10^{-18}) de sus respectivas unidades: *attogramo.*

ATUEL Río de Argentina, provincia de Mendoza; 375 km. Nace en la cordillera de los Andes, cerca de la frontera con Chile; en su confluencia con el río Salado forma una zona pantanosa llamada *Bañados de Atuel.* Central hidroeléctrica.

ATUENDO m. Atavío, vestido de una persona.

ATUFAR tr. y prnl. **1** Oler mal. **2** Marearse con el tufo. || intr. **3** Desprender mal olor. || prnl. **4** Avinagrarse el vino.

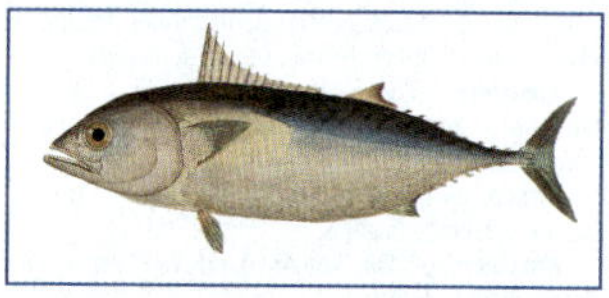

atún

ATÚN m. *Zool.* Pez teleósteo de la familia escómbridos, de nombre científico *Thunnus thynnus.* Es un depredador marino de gran tamaño, cuerpo fusiforme, color azul en el dorso y gris plateado en el vientre. Forma grandes bancos migratorios.

ATUNARA f. ALMADRABA, lugar en que se pescan los atunes.

ATUNERO, RA m. y f. **1** Persona que pesca o vende atunes. || adj. **2** Se dice del barco destinado a la pesca del atún.

ATURDIDO, DA adj. Atolondrado, irreflexivo.

ATURDIMIENTO m. **1** Perturbación de los sentidos. **2** fig. Torpeza, falta de serenidad.

ATURDIR tr. y prnl. **1** Causar aturdimiento. **2** fig. Confundir, desconcertar.

ATURULLAR o **ATURRULLAR** tr. y prnl. fam. Confundir, turbar.

ATUSAR tr. **1** Recortar e igualar el pelo con tijeras. || prnl. **2** fig. Adornarse demasiado.

ATUTÍA f. *Quím.* Óxido de cinc, generalmente mezclado con otras sales metálicas, que se forma en los hornos de cinc o latón.

ATWOOD, GEORGE Físico y matemático inglés (Londres, 1746 - íd., 1807). Inventó la máquina que lleva su nombre, que se utiliza para demostrar las leyes de la caída de los cuerpos.

ATWOOD, MARGARET ELEANOR Escritora canadiense en lengua inglesa (Ottawa, 1940). En su obra destacan *El cuento de la criada* (1985) y *La novia ladrona* (1996), novelas; *El huevo de Barbazul* (1983) y *Wildberness Tips* (1991), relatos, etc.

AU *Quím.* Símbolo químico del oro.

AUB, MAX Escritor español de origen francés (París, 1903 - Ciudad de México, 1972). Colaboró con A. Malraux en la película *Sierra de Teruel.* De ideas liberales, en su producción narrativa destaca el ciclo *El laberinto mágico.* También es autor teatral: *Espejo de avaricia* (1934), *No* (1952) y *Enero en Cuba* (1969).

AUBE Departamento del NE de Francia, región de Champaña-Ardenas; 6.004 km^2 y 292.131 h. Su capital es Troyes.

AUBE Río de Francia, afluente del Sena, que nace en la meseta de Langres y riega Bar y Arcis; 248 km.

AUBER, DANIEL FRANÇOIS ESPRIT Compositor francés (Caen, 1782 - París, 1871). Discípulo de Cherubini, es considerado el último gran autor de ópera ligera francesa: *Fra Diavolo* (1830), *El dominó negro* (1837) y *Manon Lescaut* (1856).

AUBIGNÉ, THÉODORE AGRIPPA D' Escritor y militar francés (Pons, 1552 - Ginebra, 1630). De familia calvinista, fue consejero y compañero de armas del rey Enrique IV. Autor de *Trágicos* (1575-1611), *Las aventuras del barón de Feneste* (1617-30) y de una *Historia universal* (1776).

AUCA adj. **1** *Hist.* Calificación que dieron los incas a los indios no sometidos o rebeldes. **2** *Hist.* Se aplicó al indio de una rama de los araucanos, que corría la Pampa en las cercanías de Mendoza. También s. **3** *Etnol.* Se dice del individuo de una comunidad de negros cimarrones, que habita en el interior de la Guayana holandesa. También s. y más en pl.

-AUCIA suf. AUTO-.

AUCKLAND **1** Región de Nueva Zelanda, isla del Norte; 5.201 km^2 y 1.077.205 h. **2** Ciudad capital de la misma; 353.670 h.

AUDACIA f. Osadía, atrevimiento.

AUDAZ adj. Osado, atrevido.

AUDE Departamento del S de Francia, en Languedoc-Rosellón; 6.139 km^2 y 309.770 h. Su capital es Carcasona.

AUDE Río de Francia, que nace en los Pirineos orientales y desemboca en el Mediterráneo; 223 km.

AUDEN, WYSTAN HUGH Poeta estadounidense de origen inglés (York, 1907 - Viena, 1973). Es autor de *Los oradores* (1932), *Viaje a una guerra* (1938), con C. Isherwood, *Para el tiempo presente* (1945) y *Elegía para jóvenes amantes* (1961). Escribió para el teatro *La danza de la muerte* (1933), y, en colaboración con Isherwood, *El perro bajo la piel* (1935).

AUDI- pref. AUDIO-.

AUDIBERTI, JACQUES Escritor francés (Antibes, 1899 - París, 1965). Influido por Mallarmé. Obras: *Race des hommes* (1937), *Toujours* (1943), poesías; *Carnage* (1941), *Les jardins et les fleuves* (1954), novelas; *Quoat-Quoat* (1946), *Les femmes du boeuf* (1948), obras teatrales, etc.

AUDICIÓN f. **1** Acción de oír. **2** Función del sentido del oído. **3** Concierto en público. **4** Sesión de prueba de un artista.

AUDIENCIA f. **1** Acto de oír las autoridades a las personas que exponen o solicitan alguna cosa. **2** En juicio o expediente, ocasión para aducir razones o pruebas. **3** *Der.* Tribunal de justicia que dirime los pleitos o causas de determinado territorio. **4** Distrito de la jurisdicción de este tribunal y edificio en que se reúne. **5** Conjunto de personas que en un momento dado atienden un programa de radio o televisión. **6** *Hist.* Antiguo tribunal territorial que, en la América española, fue uno de los pilares de la administración y el gobierno. Además de su función de tribunal de justicia, las audiencias actuaron como asesores del virrey o gobernador, a la vez de servir de contrapeso de su actuación. || **AUDIENCIA NACIONAL** *Der.* Tribunal especial que, en el orden penal, tiene atribuido el conocimiento de ciertas causas penales con arreglo a criterios materiales específicos, etc.

AUDÍFONO m. Aparato usado por los sordos para percibir mejor los sonidos.

AUDIO-, AUDI- prefs. que significan sonido o audición: *audiovisual.*

AUDIOFONOLOGÍA f. *Fisiol.* Medición de la capacidad del aparato auditivo para percibir la escala de sonidos.

AUDIOFRECUENCIA f. *Fís.* Cualquiera de las frecuencias de onda empleadas en la transmisión de los sonidos.

AUDIOGRAMA m. *Fís.* Gráfico del grado de agudeza del oído.

AUDIOMETRÍA f. *Fís.* Medida de la agudeza auditiva.

AUDIÓMETRO o **AUDÍMETRO** m. *Fís.* Instrumento para medir la sensibilidad del aparato auditivo.

AUDIOPRÓTESIS f. *Fís.* **1** Adaptación de audífonos u otras piezas artificiales para la corrección del aparato auditivo. **2** Pieza o dispositivo electroacústico destinado a esta corrección.

AUDIOVISUAL adj. **1** Que se refiere conjuntamente al oído y a la vista. **2** *Pedag.* Se dice especialmente de métodos didácticos que se valen de grabaciones acústicas acompañadas de imágenes ópticas.

AUDITAR tr. *Econ.* Revisar y verificar con detalle la contabilidad de una empresa u organización.

AUDITIVO, VA adj. Relativo al oído.

AUDITOR, RA m. y f. **1** Persona que realiza auditorías. || m. **2** *Der.* Asesor jurídico de un tribunal eclesiástico o militar. **3** *Rel.* Cada uno de los siete sacerdotes magistrados que forman el tribunal colegiado que ha de recibir las apelaciones contra las sentencias eclesiásticas pronunciadas en el territorio español. || **AUDITOR DE ROTA** o **DE LA ROTA** *Der.* Cada uno de los 12 prelados que en el tribunal de la Rota tiene jurisdicción para conocer en apelación de las causas eclesiásticas del orbe católico.

AUDITORÍA f. **1** Empleo de auditor. **2** Tribunal o despacho del auditor. **3** *Econ.* Revisión de cuentas de una empresa u organismo.

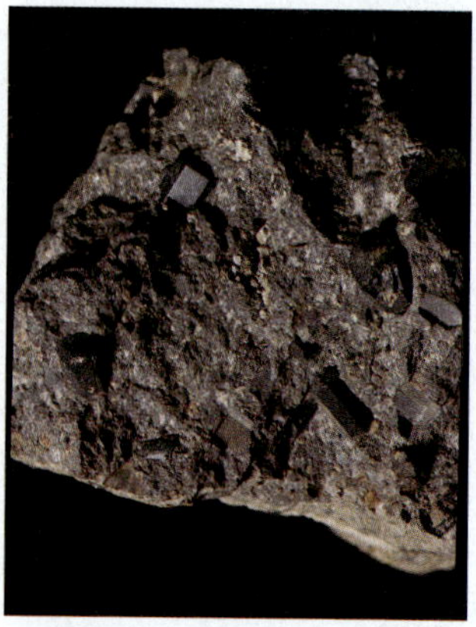

augita

AUDITORIO[1] m. **1** Conjunto de oyentes. **2** Sala destinada a conciertos, recitales, conferencias, etc.

AUDITORIO[2]**, RIA** adj. AUDITIVO.

AUDITÓRIUM m. AUDITORIO[1], sala.

AUDRAN *Geneal.* Familia de pintores y grabadores franceses de los siglos XVII y XVIII, cuyos miembros más destacados fueron Claude (1639-84), que intervino en la decoración del palacio de Versalles; Gerard (1640-1703), que grabó *Las batallas de Alejandro,* y Benoît (1698-1772), que se distinguió en la reproducción de las obras pictóricas de Watteau.

AUE, HARTMANN VON HARTMANN VON AUE.

AUER, KARL, BARÓN VON WELSBACH Químico austriaco (Viena, 1858 - Carintia, 1929). Estudió las tierras raras, obtuvo varios elementos en estado puro, inventó la luz de incandescencia por gas y el manguito de óxido de torio que lleva su nombre.

AUFKLÄRUNG (Voz al.) *Filos.* y *Lit.* Movimiento de carácter racionalista que se desarrolló en Alemania en el siglo XVIII. Sus figuras más importantes fueron Gottsched, Bodmer, Lessing y Herder.

AUGE m. **1** Periodo o momento de mayor elevación o intensidad de un proceso o estado de cosas. **2** *Astron.* Apogeo de la Luna.

AUGIAS *Mit.* Rey de Élide, fue uno de los argonautas. Prometió pagar a Hércules a cambio de la limpieza de sus establos. Para ello Hércules desvió el curso de los ríos Alfeo y Peneo por los establos, pero, al no cumplir Augias su promesa, Hércules lo mató.

AUGITA f. *Miner.* Mineral silicato doble de alúmina con hierro, calcio y magnesio. Cristaliza en el sistema monoclínico, es frecuente en las rocas ígneas, y un constituyente esencial del basalto, dolerita y gabro.

AUGSBURGO *(Augsburg)* Ciudad de Alemania, Land de Baviera; 259.699 h. Fundada por Nerón Claudio Druso en el año 15 a. C., fue la *Augusta Vindelicorum* romana. Constituyó un importante centro comercial en la Edad Media. En ella se celebraron las *Dietas.* Fueron cuatro: la de 1518, en la que Lutero expuso sus proyectos de reforma; la de 1530, presidida por Carlos V, en la que los protestantes presentaron una proposición de fe luterana; la de 1547-48, en la que se acordó una fórmula provisional hasta la celebración del concilio de Trento, y la de 1555, en la que se concedió estado legal y libertad religiosa a católicos y protestantes.

AUGUR m. **1** *Hist.* Sacerdote que en la antigua Roma practicaba oficialmente la adivinación por el canto, el vuelo y la manera de comer de las aves, el examen de las vísceras de los animales sacrificados a los dioses y por otros signos. Los augures gozaron de mucha influencia política. **2** Por extensión, persona que vaticina.

AUGURAR tr. Presagiar, predecir.

AUGURIO m. Presagio, indicio de algo futuro.

AUGUSTO, TA adj. **1** Se dice de lo que infunde respeto y veneración. **2** *Hist.* Título que a partir de Octavio llevaron todos los emperadores romanos y sus mujeres. || m. **3** Payaso de circo.

AUGUSTO Nombre de varios príncipes electores de Sajonia y reyes de Polonia.

AUGUSTO I EL PIADOSO Príncipe elector de Sajonia (Freiberg, 1526 - Dresde, 1586). Sucedió a Mauricio en 1553. Propuso la fórmula de concordia para establecer la unidad entre los luteranos (1580); se opuso a la Dieta de Augsburgo (1582).

AUGUSTO II Príncipe elector de Sajonia y rey de Polonia (Dresde, 1670 - Varsovia, 1733). Se convirtió al catolicismo para ser entronizado rey de Polonia tras la muerte de Juan III Sobieski (1697). Luchó contra Turquía y, como aliado de Rusia y Dinamarca, contra Suecia. Carlos XII de Suecia lo destronó de Polonia, pero recuperó el trono tras la batalla de Poltava (1709).

Augusto III Príncipe elector de Sajonia y rey de Polonia (Dresde, 1696 - íd., 1763). Fue el último rey polaco de la dinastía sajona e hijo del anterior. Ocupó el trono de Polonia en 1733, lo que provocó la guerra de Sucesión polaca (1733-38). A su muerte le sucedió en Sajonia su hijo Federico Cristián, y en Polonia, Estanislao Poniatowski.

Augusto, Cayo Julio César Octaviano Primer emperador romano (Roma, 63 a. C. - Nola, Campania, 14 d. C.). De nombre real Cayo Octavio, fue adoptado y nombrado heredero por Julio César. El año 43 formó el segundo triunvirato con Antonio y Lépido. Inmediatamente emprendieron la guerra, en Macedonia, contra los asesinos de César, Bruto y Casio, quienes fueron derrotados en Filipos. En el año 32, el desprestigio de Antonio, instalado en la corte de Cleopatra, fue aprovechado por Octavio, que marchó a Egipto al frente de sus legiones. La batalla naval de Accio (31 a. C.) decidió su victoria y la anexión de Egipto. A su regreso a Roma, rechazó el poder dictatorial, rehabilitando las funciones del Senado. En el año 29 se le concedió el título de *princeps senatus*, y en el 27, el de *Augustus*. Ensanchó los dominios de Roma con victoriosas campañas en España, Galia, Panonia y Germania; logró la pacificación de los territorios conquistados en el Mediterráneo; reorganizó el Senado. Tiberio, casado con su hija Julia, fue nombrado su sucesor.

aula f. Sala donde se enseña en cualquier centro de estudios.

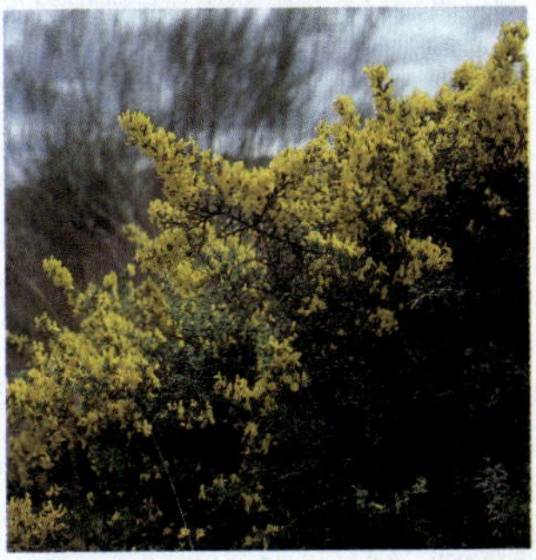

aulaga

aulaga f. *Bot.* Nombre común de varios arbustos espinosos de la familia leguminosas, géneros *Genista* y *Ulex*. Se caracterizan por sus hojas enteras y flores amarillas. Crecen en el centro y S de Europa.

áulico, ca adj. **1** Relativo a la corte. **2** Cortesano o palaciego. También s.

Áulide *Geog. hist.* y *Mit.* Ciudad de la antigua Grecia, en Beocia, desde donde, según la tradición, partió la expedición griega contra Troya.

aullador, ra adj. Que aúlla.

aullar intr. Dar aullidos.

aullido m. *Zool.* Voz triste y prolongada del lobo, el perro y otros animales.

Aulo Gelio Gramático latino (Roma, h. 130 - íd., 175). Es autor de numerosas obras, entre ellas *Las noches áticas*, en 20 volúmenes, un compendio de la cultura de la época de los Antoninos.

aumentar tr. y prnl. **1** Acrecentar. También intr. **2** Mejorar, prosperar.

aumentativo, va adj. **1** Que aumenta. **2** *Gram.* Se dice del sufijo que aumenta la magnitud del significado del vocablo al que se une. También m. || m. *Gram.* **3** Palabra formada con uno o más sufijos aumentativos.

aumento m. **1** Crecimiento de algo. **2** Ascenso. Más en pl. **3** *Fís.* Facultad amplificadora de una lente, anteojo o telescopio.

aun conj. conces. **1** Encabezando una proposición con gerundio o participio, equivale a AUNQUE con construcción personal. Si la proposición subordinante tiene significación negativa, la negación puede preceder a *aun*. **2** Seguida de *si*, la locución conjuntiva formada refuerza el valor argumentativo de la condición. || **aun así** loc. conjunt. advers. A pesar de eso. || **aun cuando** loc. conjunt. advers. AUNQUE. || **y aun** loc. conjunt. cop. Marca enfáticamente el término de una gradación de los dos o más miembros como ponderación o encarecimiento.

aún adv. t. **1** TODAVÍA, hasta un momento determinado, en un tiempo que dura. **2** Se puede emplear en correlación con *cuando*. || adv. m. **3** Denota ponderación o encarecimiento en cuanto a la cantidad.

aunar tr. y prnl. **1** Unir para algún fin. **2** Unificar. **3** Poner juntas varias cosas.

Aung San Suu Kyi, Daw Política birmana (Rangún, 1945). En 1989 fue cofundadora y secretaria general de la Liga Nacional para la Democracia (NLD), opuesta a la dictadura; ese mismo año fue arrestada. En 1991 se le concedió el premio Nobel de la Paz. Fue puesta en libertad en 1995.

aunque conj. Denota una oposición no absoluta.

¡aúpa! interj. Se usa para animar a alguien a levantarse de algún sitio o levantar algún peso. || **ser** algo o alguien **de aúpa** fr. fam. Ser travieso, inquieto, violento o desagradable.

aupar tr. y prnl. **1** Levantar o subir a una persona. **2** fig. Ensalzar, enaltecer.

auquénido m. *Zool.* Nombre vulgar de los camélidos que habitan en los Andes meridionales. Comprende las llamas, alpacas, guanacos y vicuñas.

aur- pref. AURI-[2].

aura f. **1** Viento suave y apacible. Más en poesía. **2** Hálito, aliento, soplo. **3** Irradiación luminosa que rodea a ciertos seres. **4** fig. Favor, aplauso, aceptación general. **5** *Zool.* Ave rapaz diurna. En ciertas regiones se llama *gallinaza* o *gallinazo*.

-aural suf. AURI-[1].

auranciáceo, a adj. y f. *Bot.* RUTÁCEO.

Aurangabad Ciudad de la India, Estado de Maharashtra; 573.272 h. Ruinas del palacio de los emperadores de Indostán. Cavernas con decoración del siglo VI.

Aurangzeb o **Aurungzebe** (también conocido como MOHI-UD-DIN MUHAMMAD y ALAMGIR I) Emperador mogol de la India (Dohad, 1618 - Aurangabad, 1707). Subió al trono en 1658, tras encarcelar a su padre, Shah Jahan, y a su hermana, y asesinar a sus dos hermanos. El momento de mayor apogeo del imperio mogol.

Aureliano, Lucio Domicio Emperador romano (Panonia, 214 - Heraclea, 275). Fue elegido emperador por su ejército en Sirmium (270), tras la muerte de Claudio II. Logró detener a los bárbaros en la frontera y consolidar la autoridad del imperio. En la Galia derrotó a Tétrico, gobernador de la provincia (273), y en Palmira a Zenobia y a su hijo.

áureo, a adj. **1** De oro o parecido a él. || m. **2** Nombre de algunas monedas antiguas de oro.

aureo- pref. AURI-[2].

aureola o **auréola** f. **1** Disco o círculo luminoso que se pone detrás de las imágenes de santos. **2** *Astron.* Corona que en los eclipses de Sol se ve alrededor del disco de la Luna. **3** *Fís.* Círculo luminoso que aparece en la zona externa de un arco eléctrico. **4** *Geol.* Zona localizada junto a una intrusión ígnea y afectada por el metamorfismo de contacto. **5** fig. Gloria que alcanza una persona por sus virtudes.

aureomicina f. *Quím.* Antibiótico obtenido del actinomiceto *Streptomyces aureofaciens*, de baja toxicidad y efectivo contra muchas bacterias y rickettsias.

Aurés Macizo montañoso del NE de Argelia, en la cordillera del Atlas. Su punto culminante es el Yebel Chelia con 2.328 m.

auri-[1], **-aural** pref. y suf. que significan oído: *monoaural.*

auri-[2], **aur-, aureo-, ori-** prefs. que significan oro: *aurífero, orífice.*

Auria Nombre latino de la ciudad de Orense.

Auric, Georges Compositor francés (Lodève, 1899 - París, 1983). Fue uno de los fundadores del GRUPO DE LOS SEIS. Entre sus principales obras para teatro figuran *Les matelots* (1925), *La pastorale* (1926), *El pintor y su modelo* (1949) y *Fedra* (1950). Realizó música para películas.

áurico, ca adj. De oro.

aurícula f. **1** *Anat.* Cada una de las dos cavidades de la parte superior del corazón, que reciben la sangre de las venas. La derecha recibe sangre venosa que pasa a la circulación menor, y la izquierda, sangre arterial que pasa a la circulación mayor. **2** *Anat.* En general, cualquier estructura con forma de oreja. **3** *Bot.* Prolongación en forma de oreja de la parte inferior del limbo de las hojas.

auricular[1] adj. **1** Relativo al oído. **2** *Anat.* Cualquiera de los tres músculos que rodean el pabellón auricular. **3** DEDO AURICULAR. También s. **4** En los aparatos radiofónicos y telefónicos, pieza de los mismos que se aplica a los oídos.

auricular[2] adj. *Anat.* Relativo a las aurículas del corazón.

aurífero, ra adj. Que contiene oro.

auriga m. poét. El que dirige las caballerías que tiran de un carruaje.

Auriga *Astron.* Denominación que se le da a la constelación del COCHERO.

Aurignac Localidad de Francia, en el departamento de Alto Garona, donde se encontró una caverna con restos prehistóricos que han permitido determinar uno de los periodos del Paleolítico superior, llamado AURIÑACIENSE.

Aurigny ALDERNEY.

auriñaciense adj. y m. *Prehist.* Primera etapa del Paleolítico superior, que se divide en dos periodos: *auriñaciense* propiamente dicho y *perigordiense*. El auriñaciense típico tiene una industria lítica basada en hojas. Se extendió entre el 40.000 y el 20.000 a. C. En él aparecieron las primeras pinturas y esculturas rupestres.

Auriol, Vincent Político francés (Revel, 1884 - París, 1966). Diputado socialista desde 1914, fue varias veces ministro de Hacienda (1936, 1938), de Justicia (1937), de Estado en el gobierno De Gaulle y primer presidente de la IV República (1947-53).

aurora f. **1** Claridad que precede inmediatamente a la salida del Sol. **2** fig. Canto religioso que se entona al amanecer. **3** fig. Principio de alguna cosa. **4** fig. Bebida compuesta de leche de almendras y agua de canela. || **aurora boreal** *Meteor.* Meteoro luminoso que se observa en el hemisferio septentrional y que consiste en arcos, franjas y otras estructuras luminosas, de color verde, rojo o amarillo. Se origina por la interacción de la ionosfera con partículas atómicas de origen solar que se concentran siguiendo las líneas de fuerza del campo magnético de la Tierra. También denominada *luz nórdica.*

Aurora *Mit.* Diosa romana del amanecer, encargada de abrir las puertas del cielo al carro del Sol. Fue identificada con la diosa griega Eos.

aurresku (Voz eusquera.) m. *Folk.* Grupo de danzas populares del País Vasco.

Aurungzebe AURANGZEB.

Ausangate Cadena montañosa de Perú, departamento de Cuzco. Altura máxima en el nevado de Ausangare (6.384 m).

Auschwitz *(Oswiecim) Hist.* Ciudad de Polonia, al SE de Katowice. Durante la Segunda Guerra Mundial, los nazis instalaron en su término un campo de concentración en el que casi cuatro millones de personas, en su mayoría judíos y polacos, fueron exterminadas en cámaras de gas.

auscultar tr. **1** Aplicar el oído a la pared torácica o abdominal con estetoscopio o sin él, a fin de explorar los sonidos producidos en las cavidades del pecho o vientre. **2** fig. SONDEAR.

ausencia f. **1** Acción y efecto de ausentarse o de estar ausente. **2** Tiempo en que alguno está ausente. **3** Falta o privación de alguna cosa o característica determinada. **4** Distracción del ánimo respecto de la situación en que se encuentra el sujeto.

ausentarse prnl. Separarse de una persona o lugar.

ausente adj. y s. **1** Se dice del que está separado de alguna persona o lugar. **2** Distraído. || com. **3** Persona de quien se ignora si vive todavía y dónde está.

ausentismo m. ABSENTISMO.

ausetano, na adj. *Etnol.* **1** Se dice de un pueblo ibero de la Hispania Tarraconense, que en la época de la conquista romana habitaba la región de Ausetania, cuya capital fue Ausa, hoy Vic. También m. Más en pl. **2** Se dice también de sus individuos. Más en pl. **3** Relativo a los ausetanos.

ausol m. *Geol.* **1** *Amér. C.* Grieta que se forma en los terrenos volcánicos. **2** Géiser.

Ausonia *Geog. hist.* Nombre con el que se designaba una región del centro de la antigua Italia. Poéticamente se usaba para toda Italia.

Ausonio, Décimo Magno Poeta latino (Burdeos, 310 - íd., 395). Fue preceptor del príncipe Graciano, prefecto de Italia, África y Galia, y cónsul. Se convirtió al cristianismo y escribió *Ephemeris, Epigrammata, Epistulae, Epitaphia* y el poema *Mosella.*

auspiciar tr. **1** Patrocinar, favorecer. **2** Presagiar, adivinar, predecir.

auspicio m. **1** AGÜERO. **2** Protección, favor. || m. pl. **3** Señales que presagian un resultado favorable o adverso de un negocio.

Austen, Jane Escritora inglesa (Steventon, 1775 - Winchester, 1817). Autora de novelas, caracterizadas por la profundidad del análisis psicológico y la ironía: *Sentido y sensibilidad* (1811), *Orgullo y prejuicio* (1813), *El parque de Mansfield* (1814), *Emma* (1815), *La abadía de Northanger* (1818) y *Persuasión* (1818). En 1932 se publicó *Cartas.*

austenita f. *Geol.* Solución sólida a base de hierro γ. Antiguamente se incluían bajo esta denominación únicamente las soluciones de carbono en hierro γ.

Auster, Paul Escritor estadounidense (Newark, 1947). Novelista de culto entre el público juvenil, refleja en sus obras una profunda preocupación por la incomunicación. Autor de *La invención de la soledad* (1982), *Trilogía de Nueva York* (1985-86); *El palacio de la luna* (1988), *Leviatán* (1993), *El cuaderno rojo* (1994), *Creí que mi padre era Dios* (2002) y *El libro de las ilusiones* (2003).

AUSTERIDAD f. 1 Calidad de austero. 2 Práctica austera.

AUSTERLITZ Hist. Ciudad de la República Checa, provincia de Moravia Meridional, cuyo nombre actual es Slavkov o Slavkov u Brna. Célebre por la batalla en la que Napoleón I venció a rusos y austriacos (2 de diciembre de 1805); también conocida como *batalla de los tres emperadores*.

AUSTERO, RA adj. 1 Severo, rígido. 2 Sobrio, de buenas costumbres o bien criado.

AUSTIN Ciudad de EE UU, capital del Estado de Texas; 514.013 h. Industrias alimentarias.

AUSTIN, JOHN Jurista británico (Creeting Mill, 1790 - Weybridge, 1859). Representante destacado del positivismo legal escribió *The Province of Jurisprudence Determined* (1832) y *Lectures on Jurisprudence or the Philosophy of Positive Law* (1863).

AUSTIN, JOHN LANGSHAW Filósofo británico (Lancaster, 1911 - Oxford, 1960). Representante más destacado de la última fase de la filosofía analítica. Obras: *Ensayos filosóficos* (1961), *Sense and Sensibilia* (1962) y *How to do Things with Words* (1962).

AUSTIN, STEPHEN FULLER Colonizador estadounidense (Austin, 1793 - Columbia, 1836). Establecido como colono en Texas, tomó parte en la sublevación de 1835, y a él se debe la fundación de Texas como Estado autónomo (1836).

AUSTRAL adj. 1 Relativo al polo y al hemisferio sur. || m. Econ. 2 Unidad monetaria de Argentina que sustituyó al peso entre 1985 y 1992.

AUSTRALASIA Denominación utilizada por algunos geógrafos para definir el conjunto de tierras formado por Australia, Tasmania, Nueva Zelanda y Nueva Guinea.

AUSTRALES, ISLAS Archipiélago de Oceanía en el océano Pacífico, que constituye una circunscripción de Polinesia Francesa; 164 km² y 5.027 h. Está formado por las islas volcánicas: Raivavae, Rimatara, Rurutu y Tubuai y la isla de Rapa.

AUSTRALIA (*Commonwealth of Australia*) Estado de Oceanía que limita al N con los mares de Timor y Arafura, el golfo de Carpentaria y el mar del Coral; al E, con el océano Pacífico y el mar de Tasmania, y al S y O, con el océano Índico.

GEOG. Australia es conocida como la *isla continente*, ya que ocupa el 86% de la superficie de Oceanía. Atendiendo al relieve, se distinguen tres zonas: la Gran Cordillera Divisoria, reborde oriental desde la península de York hasta la isla de Tasmania, en el que se alcanzan las mayores alturas (Kosciusko, 2.237 m);

Superficie: 7.682.300 km².
Población: 19.165.000 h. (australianos).
Densidad: 2,5 h/km².
Tasa de natalidad: 13‰.
Tasa de mortalidad: 7,6‰.
Capital: Canberra.
Ciudades principales: Sydney, Melbourne, Brisbane, Perth, Adelaida, Newcastle.
Grupos étnicos: blancos (95,2%), aborígenes (1,5%), asiáticos (1,3%).
Religión: protestantismo (43,9%), catolicismo (27,3%), cristianismo ortodoxo (2,8%).
Idioma: inglés.
Moneda: dólar australiano.
Forma de Estado: Estado federal (bajo la monarquía británica).
Producto Nacional Bruto: 387.006 millones de dólares.
Renta per cápita: 20.640 dólares.
División administrativa: 6 Estados y 2 territorios, según cuadro.

AUSTRALIA

Estados / Territorios	Superficie (km²)	Población (h.)	Capitales
Australia Meridional	984.000	1.487.300	Adelaida
Australia Occidental	2.525.500	1.831.400	Perth
Nueva Gales del Sur	801.600	6.341.600	Sydney
Queensland	1.727.200	3.456.300	Brisbane
Tasmania	67.800	471.900	Hobart
Victoria	227.600	4.660.900	Melbourne
Territorio de la capital	2.400	308.400	Canberra
Territorio del Norte	1.346.200	190.000	Darwin

las depresiones del centro, con la Gran Cuenca Artesiana, formada por lagos como el Eyre, Gairdner y Torrens, y la cuenca del río Murray, con sus afluentes Darling y Murrumbidgee; la penillanura del O, donde destacan el Gran Desierto de Arena y el Gran Desierto Victoria. El clima es oceánico en el SE, mediterráneo en el SO, tropical en el N y desértico o semidesértico en el resto. La vegetación se caracteriza por los bosques de abetos, pinos, etc., en el SE; encinas, pinos y matorral en el SO y bosques de eucaliptos. La población es escasa y se concentra en las ciudades (85,4%). La economía se basa en la agricultura (trigo, avena, cebada, caña de azúcar y vino)

AUSTRIA

Australia. Vista parcial de Brisbane.

y en la ganadería ovina y bovina, que hace del país uno de los principales productores de lana y carne. El subsuelo es muy rico (bauxita, carbón, hierro, aluminio, cinc, níquel, plata, oro, cobre, estaño, uranio, manganeso, plomo y petróleo). Industria textil, química, metalúrgica, mecánica y de fertilizantes.

Hist. Se tienen pocas noticias sobre las tribus aborígenes que poblaron Australia desde los tiempos prehistóricos. Los portugueses llegaron a las costas australianas a principios del siglo XVI. En 1606, el español Luis de Váez de Torres descubrió el estrecho que lleva su nombre. Abel Tasman circunvaló el continente (1642-43), pero es a James Cook a quien se le puede considerar como el descubridor de Australia. Éste, en 1770 tomó posesión de las tierras en nombre de Inglaterra, que fueron utilizadas, en un principio, para la creación de penales. Debido a lo inhóspito del terreno, hasta mediado el siglo XIX no se consiguió atravesar el continente. A partir de 1850, con la noticia del descubrimiento de oro, empezaron a llegar grandes corrientes migratorias, que triplicaron la población (1850-60). En 1900 quedó constituida la Federación Australiana, y en 1901 incorporada a la Commonwealth británica como dominio. En 1931, por el estatuto de Westminster quedó definida la Federación Australiana como país independiente, sin subordinación a la antigua metrópoli, aunque sí vinculada libremente a la Commonwealth. Participó en las dos Guerras Mundiales al lado de Inglaterra. La actividad política se ha caracterizado por la alternancia en el poder de laboristas y liberales. A la hegemonía liberal desde 1977, ha seguido otra del partido laborista a partir de las elecciones de 1983, confirmada en las de 1984, 1987, 1990 y 1993, bajo el gobierno de Bob Hawke (1983-91) y Paul Keating (1991-96). Tras la dimisión de este último en 1996, se convocaron nuevas elecciones en las que triunfó la coalición Liberal-Nacional, liderada por John Howard. Éste resultó revalidado en el cargo tras los comicios de 1998 y 2001.

AUSTRALIANO, NA adj. y s. De Australia.

AUSTRALINO, NA adj. y s. De la región austral de Chile.

AUSTRALOIDE adj. y com. *Etnol.* Se dice del individuo que presenta rasgos comunes con algunos grupos étnicos del Pacífico sur, como los australianos, los extinguidos habitantes de Tasmania y los pueblos de la Melanesia.

AUSTRALOPITECO m. *Paleon.* Homínido fósil de África meridional y oriental; aunque conserva rasgos de simio ya se encuentra en la vía evolutiva hacia el hombre. También se denomina australopitécido o australopitecino. Vivió en el pleistoceno inferior.

AUSTRALOPITHECUS m. *Paleon.* Género de primates que conforman los homínidos fósiles más antiguos. Presenta caracteres intermedios entre los monos y el hombre.

AUSTRASIA *Hist.* Reino merovingio de las Galias, que comprendía parte de las actuales Lorena, Turingia, Baviera, Alsacia, Baden y Würtemberg. La capital era Metz. Nació del reparto hecho por Clodoveo del reino franco entre sus hijos (511).

AUSTRIA (*Republik Österreich*) Estado de Europa central, que limita al N con Alemania y la República Checa; al E, con Eslovaquia y Hungría; al S, con Eslovenia e Italia, y al O, con Suiza y Liechtenstein.

Geog. Austria es un país esencialmente montañoso. Los Alpes ocupan su mitad meridional; en ellos se distinguen varias alineaciones paralelas de N a S: los Prealpes calcáreos del N, con alturas que rebasan los 2.000 m; los Alpes cristalinos del centro, que son los más elevados (Grossglockner; 3.798 m) y tienen numerosos glaciares, y los Prealpes calcáreos del S. Al N del Danubio, el país tiene por límite las últimas estribaciones de la selva de Bohemia. El Danubio es la gran vía natural de comunicación, que atraviesa el país y recibe importantes afluentes, procedentes de los Alpes: Inn, Traun, Enns, Leitha, Mur y Drave. Comparte con Alemania y Suiza el lago Constanza, y con Hungría, el Neusiedl. En la Baja Austria el clima es continental, mientras que en las regiones alpinas el clima es de alta montaña. La población es fundamentalmente urbana (64,5%). Produce trigo, centeno, avena, maíz, remolacha, patata y vid. En la región alpina predominan los bosques (38% del territorio), una activa industria de papel y celulosa, y los prados, que favorecen el desarrollo de la ganadería, principalmente bovina. El subsuelo es rico en hierro, lignito, magnesita, petróleo y gas natural. Industria química, siderometalúrgica, mecánica, textil y hidroeléctrica. Su mayor fuente de ingresos es el turismo.

Hist. Los primeros habitantes conocidos del territorio austriaco fueron los artífices de la civilización prehistórica de HALLSTATT. Posteriormente, los romanos crearon al S del Danubio las provincias de Retia, Nórdica y Panonia. Carlomagno la anexionó a su imperio, en el 803, constituyendo la Marca del Este (Ostmark). Los húngaros se apoderaron del territorio en el 906, pero fue reconquistado por Otón I el Grande (955). Transformada en ducado (1156), fue desde 1276 patrimonio de los Habsburgo, y su mayor expansión se inició con el emperador Maximiliano I (1433-1519). Su nieto, Carlos V, logró reunir un vasto imperio (Alsacia, Estiria, Carintia, Tirol, Brisgau, Franco Condado, Países Bajos, etc., además de España y sus posesiones de ultramar). Cuando abdicó, en 1556, quedó dividido entre su hermano Fernando y su hijo Felipe. Tras la guerra de Sucesión española (1701-15), Milán, Nápoles y Sicilia pasaron a Austria, y en el reparto de Polonia de 1795 le correspondió Galitzia. Las guerras contra Napoleón la hicieron perder parte de sus territorios, restituidos poco después por el Congreso de Viena (1814), que le otorgó un papel preponderante en la Confederación Germánica; pero la derrota en la guerra austroprusiana (1866) la excluyó de la Confederación y el imperio se vio obligado a formar el doble Estado monárquico de AUSTRIA-HUNGRÍA (1867), desmembrado completamente

Superficie: 83.858 km².
Población: 8.091.000 h. (austriacos).
Densidad: 96,5 h./km².
Tasa de natalidad: 9,6‰.
Tasa de mortalidad: 9,6‰.
Capital: Viena.
Ciudades principales: Graz, Linz, Salzburgo, Innsbruck.
Grupos étnicos: de origen germánico (93,4%), croatas, checos, eslovenos y magiares (3%), turcos (1,5%).
Religión: catolicismo (78%), luteranismo (4,8%), islamismo (2%).
Idioma: alemán.
Moneda: euro.
Forma de Estado: república federal.
Producto Nacional Bruto: 216.697 millones de dólares.
Renta per cápita: 26.830 dólares.
División administrativa: 9 Estados, según cuadro.

AUSTRIA

Estados	Superficie (km²)	Población (h.)	Capitales
Austria Inferior	19.174	1.534.001	Sankt Pölten
Austria Superior	11.980	1.372.407	Linz
Burgenland	3.966	279.752	Eisenstadt
Carintia	9.533	564.431	Klagenfurt
Estiria	16.388	1.204.904	Graz
Salzburgo	7.154	513.853	Salzburgo
Tirol	12.648	661.901	Innsbruck
Viena	415	1.609.631	
Vorarlberg	2.601	345.272	Bregenz

AUSTRIA

Posesiones de Carlos V (1519-1556):
- herencia borgoñona (1506)
- herencia castellana (1516)
- herencia aragonesa (1516)
- herencia austríaca (1519)
- conquistas de Carlos V
- otras posesiones
- límites del dominio de Carlos V
- posesiones de Felipe II (1556-1598) en 1580
- posesiones de los Habsburgo de Austria en tiempos de Felipe II
- pérdidas después de 1580
- itinerario de la Armada Invencible (1588)
- límites del Sacro Imperio
- Imperio otomano y estados vasallos

La casa de Austria

al término de la Primera Guerra Mundial y reducido a sus actuales fronteras. La República austriaca fue proclamada en 1918. En 1922 la Sociedad de Naciones acometió la reconstrucción de Austria. Durante la década de los veinte el Gobierno estuvo en manos de una coalición, en la que los socialistas cristianos formaban el elemento predominante. Al finalizar la misma, hubo graves perturbaciones a causa de las desavenencias entre los fascistas y los socialistas. En 1929 fue nombrado canciller J. Schober, quien, para evitar la guerra civil, propició una reforma constitucional que dio al presidente de la República poderes más amplios. Sin embargo, las diferencias con Alemania, propiciaron su anexión del territorio austriaco en 1938. Como parte del III Reich, intervino en la Segunda Guerra Mundial, tras la cual (1945) fue ocupada por las grandes potencias vencedoras hasta 1955, en que, por el tratado de Viena, recuperó su plena soberanía. Ese mismo año fue admitida en la ONU. Durante las décadas siguientes se alternaron en el poder los partidos Socialista y Popular, bajo las presidencias de A. Schärf (1957-65), F. Jonas (1965-74) y B. Kreisky (1970-83), tras lo cual, gobernó una coalición socialdemócrata-liberal encabezada por el también socialista F. Sinowatz. En 1986 fue elegido presidente de la República el conservador K. Waldheim. Tras las legislativas de ese mismo año, formó gobierno una coalición de socialistas y democristianos encabezada F. Vranitzky. En 1992 el también conservador T. Klestil sustituyó en la presidencia a K. Waldheim. En 1994 se aprobó la integración de Austria en la Unión Europea (UE), que finalmente se produjo de manera oficial el 1 de enero de 1995. Vranitzky fue revalidado en su cargo en 1995, pero dimitió en enero de 1997 y fue sucedido por el también socialdemócrata V. Klima. Klestil fue reelegido en 1998. Tras las elecciones legislativas de 1999, en las que ningún partido obtuvo la mayoría, en enero de 2000 una coalición entre el ultraderechista Partido Liberal de J. Haider y el conservador Partido Popular, de Wolfgang Schüssel, formó Gobierno, encabezada por este último. Esta coalición originó diversas protestas tanto internacionales como dentro del país. En las elecciones anticipadas de 2002 venció el Partido Popular y Schüssel resultó ratificado. Tras las presidenciales de 2004 Heinz Fischer fue nombrado presidente.

AUSTRIA. *Geneal.* Rama española de la familia de los HABSBURGO, que reinó durante los siglos XVI y XVII (Carlos I, Felipe II, Felipe III, Felipe IV y Carlos II).

AUSTRIA, FERNANDO DE (llamado EL CARDENAL-INFANTE) Príncipe y prelado español (El Escorial, 1609 - Bruselas, 1641). Quinto hijo de Felipe III y de Margarita de Austria. Pablo V le nombró cardenal en 1619 y posteriormente administrador perpetuo del arzobispado de Toledo. En 1632 fue nombrado virrey de Cataluña. A la muerte de Isabel Clara Eugenia, fue enviado a los Países Bajos, como gobernador. Sustituyó a Wallenstein en la jefatura del ejército imperial y obtuvo la victoria de Nördlingen (1634) sobre los ejércitos protestantes.

AUSTRIA, JUAN DE Militar y político español (Ratisbona, 1545 - Namur, 1578). Hijo natural de Carlos I. Felipe II le reconoció como hermano (1559). Sometió a los moriscos de las Alpujarras (1569), y estuvo al frente de la flota que logró la victoria de Lepanto (1571). En 1575 fue enviado a Italia con el título de lugarteniente del rey, y al año siguiente marchó a Flandes como gobernador y capitán general. Desarrolló una política de contemporización con los rebeldes hasta que, desengañado, apeló a las armas y los venció en Gemblours (1578).

AUSTRIA, JUAN JOSÉ DE Príncipe español (Madrid, 1629 - íd., 1679). Hijo bastardo de Felipe IV y de la actriz María Calderón, fue reconocido por Felipe IV. Intervino en la pacificación de Nápoles y en la de Cataluña,

Juan José de **Austria**. Anónimo de la escuela madrileña. Museo del Prado (Madrid).

y fue virrey de Sicilia. En 1656 partió a Flandes con el cargo de gobernador. Cayó en desgracia al finalizar el reinado de Felipe IV y, durante la minoría de Carlos II, Mariana de Austria le mantuvo alejado del poder. Acabó por imponerse en la corte a fines de 1669. Una vez al frente del gobierno, consiguió alejar de Madrid a la reina madre y llevó a cabo una eficaz política exterior. Sin embargo, las condiciones impuestas en la paz de Nimega (1678) provocaron su descrédito.

AUSTRIA-HUNGRÍA *Geog. hist.* Antiguo Estado de Europa central, formado en 1867 por el imperio de Austria (expulsada de la Confederación Germánica) y el reino de Hungría, con carácter de monarquía dualista y gobernada por la casa de los Habsburgo (Francisco José y Carlos I). De 1909 a 1918 comprendió además las provincias de Bosnia y Herzegovina. En 1907, la monarquía austrohúngara alcanzó el apogeo de su política exterior expansiva, con una mayor intervención en los Balcanes y una mayor unión con Alemania. Esta política culminó en 1908 con la anexión de Bosnia y Herzegovina. La situación, sin embargo, se endureció con el estallido de las guerras balcánicas y por el estado de tensión que se vivía en el interior. En este contexto, estalló la PRIMERA GUERRA MUNDIAL, cuya causa ocasional fue el asesinato del heredero del trono y de su esposa en Sarajevo (1914). El emperador Francisco José murió en 1916 y le sucedió su sobrino-nieto Carlos de Habsburgo. En 1918, el gobierno de Viena aceptó las condiciones de EE UU. El emperador Carlos renunció a intervenir en los asuntos de Austria y, temporalmente, en los de Hungría (1918), abandonó el país y su imperio se deshizo. Se constituyeron entonces los Estados independientes de Austria, Hungría, Checoslovaquia y Yugoslavia, mientras las minorías italiana, polaca y rumana se incorporaron a sus respectivas naciones.

AUSTRIACO, CA o **AUSTRÍACO, CA** adj. y s. De Austria.
AUSTRO m. *Polit.* Viento del Sur.
AUSTROMARXISMO m. *Polit.* Corriente doctrinal de las ciencias sociales aparecida en Austria a finales del siglo XIX y principios del XX con el fin de desarrollar los elementos sociológicos del pensamiento marxista desde una vertiente reformista, entroncada con la tradición neokantiana, y con influencias del positivismo de Mach y del pensamiento de Lassalle.

AUSTROPRUSIANA, GUERRA *Hist.* Guerra que tuvo su origen en el deseo de Bismarck de sustituir a Austria como poder dominante en Alemania. Así, mientras el imperio austriaco se alió con la confederación germánica,

Prusia contó con el apoyo de Italia. La contienda fue corta (junio-julio, 1866), pues, aunque Austria alcanzó el éxito de Custozza contra Italia, los prusianos, bajo el mando de Moltke, lograron la victoria decisiva de Sadowa (1866). Tras el fin de las hostilidades, el 26 de julio, Austria reconoció en la paz de Praga (23 de agosto) la disolución de la Confederación Germánica y el derecho de Prusia para reorganizar la Confederación de Alemania del Norte, germen del futuro imperio alemán.

AUT- pref. AUTO-.

AUTARQUÍA f. **1** Poder para gobernarse a sí mismo. **2** AUTOSUFICIENCIA. **3** *Polít.* Política de un Estado que pretende bastarse con sus propios recursos, evitando, en lo posible, las importaciones de otros países.

AUTÉNTICA f. **1** Despacho o certificación de la identidad de alguna cosa. **2** Copia autorizada de alguna orden, carta, etc.

AUTÉNTICO, CA adj. **1** Acreditado. **2** Autorizado o legalizado.

AUTENTIFICAR o **AUTENTICAR** tr. Autorizar o legalizar.

AUTIGÉNICO m. *Geol.* Sedimento localizado en el fondo marino y procedente del depósito de los sólidos que se hallan disueltos en el agua.

AUTILLO m. *Zool.* Ave rapaz nocturna de la familia estrígidos, de nombre científico *Otus scops,* de unos 19 cm de altura y color gris pardo.

AUTISMO m. *Pat.* Enfermedad psicológica caracterizada por el deterioro en la relación social, problemas de comunicación y actividades e intereses poco frecuentes o muy limitados.

AUTISTA adj. **1** Relativo al autismo. || com. **2** Persona que padece autismo.

AUTO[1] m. **1** *Der.* Resolución judicial que decide cuestiones secundarias previas o incidentales para las que no se requiere sentencia. || m. pl. *Der.* **2** Conjunto de actuaciones o piezas de un procedimiento judicial. || **AUTO DE FE** *Hist.* Castigo público en que el brazo secular ejecutaba las sentencias dictadas por el tribunal eclesiástico de la Inquisición o del Santo Oficio, por los delitos de apostasía y herejía. || **AUTO SACRAMENTAL** *Lit.* Obra teatral en un acto, a veces precedido de una loa, típica del Barroco español. Tiene carácter teológico y se apoya generalmente en la Eucaristía. Uno de los principales autores de este tipo de obras fue P. Calderón de la Barca.

AUTO[2] m. Abreviatura de AUTOMÓVIL.

AUTO-, AUT-, -AUCIA prefs. o suf. que significan propio o por uno mismo.

AUTO-STOP (Voz i.) m. Método de viajar que se basa en la petición de ser aceptado como pasajero en algún automóvil. La solicitud se indica con el signo convencional de la mano cerrada y el pulgar extendido horizontalmente.

AUTOAGRESIÓN f. *Psicol.* Agresión dirigida a uno mismo de forma patológica.

AUTOANÁLISIS m. *Med.* Método terapéutico que consiste en obligar al paciente a analizar él mismo su estado psíquico, etc., mediante procedimientos del método psicoanalítico.

AUTOAPRENDIZAJE m. *Pedag.* Concepto en el que se basan ciertos métodos de enseñanza que pretenden potenciar la autonomía del alumno, encargándole la planificación del estudio o mediante materiales pedagógicos.

AUTOBIOGRAFÍA f. *Lit.* Vida de una persona escrita por ella misma.

AUTOBOMBO m. Elogio desmesurado y público que uno hace de sí mismo.

AUTOBÚS m. Vehículo automóvil que se emplea para transporte público de viajeros.

AUTOCAR m. Vehículo automóvil para el transporte público de viajeros.

AUTOCARRIL m. *Bol., Chile* y *Nic.* AUTOVÍA.

AUTOCINE m. Espacio o lugar al aire libre en que se puede asistir a proyecciones cinematográficas sin salir del automóvil.

AUTOCLAVE f. **1** *Med.* Aparato en forma de vasija cilíndrica que, herméticamente cerrado, por medio del vapor a presión y temperaturas elevadas, sirve para esterilizar. **2** *Quím.* Cámara de paredes gruesas en cuyo interior se llevan a cabo reacciones químicas a elevada presión y temperatura.

AUTOCONSUMO m. *Econ.* Parte de la producción de una empresa, sector o región que se reserva para el consumo del propio productor.

AUTOCONTROL m. *Psicol.* Capacidad de un individuo para regular su comportamiento.

AUTOCORIA f. *Bot.* Método de dispersión de las semillas en que el propio vegetal participa activamente.

AUTOCORRECCIÓN f. *Pedag.* Método educativo en el que el alumno examina y corrige sus propias actividades escolares.

AUTOCRACIA f. *Polít.* Sistema de gobierno en el cual un solo hombre acumula todos los poderes.

AUTOCRÍTICA f. **1** Crítica de una obra por su autor. **2** Juicio crítico que uno realiza sobre sí.

AUTÓCTONO, NA adj. **1** Se dice de los pueblos originarios del mismo país en que viven. También s. **2** Se dice de lo que ha nacido o se ha originado en el mismo lugar donde se encuentra. **3** *Geol.* Sucesión de estratos rocosos, rocas y materiales originados en el mismo lugar en que se encuentran. **4** *Paleon.* Fósil que se localiza en el mismo lugar donde la especie vivió.

AUTODETERMINACIÓN f. *Polít.* Decisión de los habitantes de una unidad territorial acerca de su futuro estatuto político.

AUTODIDACTO, TA adj. y s. Que se instruye por sí mismo.

AUTÓDROMO m. *Autom.* Conjunto de instalaciones para ensayos y carreras de automóviles.

AUTOEDICIÓN f. *Tecnol.* Conjunto de procesos informáticos y electrónicos que permiten el diseño, la confección y el ajuste en la pantalla del ordenador de las páginas de libros y revistas o de otros materiales destinados a la impresión.

AUTOENCENDIDO m. *Tecnol.* Explosión prematura y espontánea de la mezcla carburante comprimida en el cilindro de un motor de explosión, al introducir una carga de aire caliente.

AUTOESCUELA f. Escuela para enseñar a conducir automóviles.

AUTOESTIMA f. *Psicol.* Consideración valorativa del individuo hacia sí mismo.

AUTOESTIMULACIÓN f. *Psicol.* Comportamientos de carácter repetitivo de los niños (cabeceos, balanceos, sonidos) que les estimulan o ejercen una función desinhibidora.

AUTOESTOP m. AUTO-STOP.

AUTOESTOPISTA adj. y com. Se dice de la persona que practica auto-stop.

AUTOEVALUACIÓN f. **1** *Psicol.* Procedimiento de diagnóstico de la personalidad del individuo mediante la realización de entrevistas, cuestionarios, etc. **2** *Pedag.* Proceso de evaluación que permite al alumno conocer por sí mismo el nivel de conocimientos adquiridos.

AUTÓFAGO, GA adj. *Zool.* **1** Se dice de cualquier especie animal que desde su nacimiento presenta un aspecto similar al del adulto. **2** Se dice de cualquier especie animal capaz de alimentarse por sí sola desde el momento de su nacimiento.

AUTOFECUNDACIÓN f. *Zool.* **1** Fusión de gametos masculinos y femeninos de un mismo individuo (especies hermafroditas) o entre individuos del mismo clon. **2** En los protozoos, copulación de dos individuos originados por la división de uno, o de dos núcleos nacidos de uno solo.

AUTOFINANCIACIÓN f. *Econ.* Aplicación de fondos propios, generalmente beneficios no repartidos y amortizaciones, a proyectos de inversión, sin recurrir a recursos ajenos.

AUTOGAMIA f. **1** *Biol.* Fenómeno por el cual ciertos organismos hermafroditas se fecundan a sí mismos. **2** *Biol.* En algas y hongos, fusión de dos núcleos en el interior de una misma célula. **3** *Bot.* En las flores hermafroditas, fecundación de la flor por su propio polen.

AUTÓGENO, NA adj. **1** *Ecol.* Lo que ocurre dentro de un ecosistema como consecuencia de actuaciones internas. **2** *Met.* Se dice de la soldadura de metales que se hace sin intermedio de materias extrañas.

AUTOGESTIÓN f. *Econ.* Sistema económico de funcionamiento empresarial en el que los trabajadores de la empresa participan en todos los niveles de decisión eligiendo de forma democrática a los miembros de los organismos gestores de la misma.

AUTOGIRO m. *Aeron.* Avión cuyas alas han sido sustituidas por una hélice horizontal que le sirve de sustentación y permite que el aparato tome tierra y despegue verticalmente. Fue desarrollado por Juan de la Cierva en 1923. Fue precursor del helicóptero.

AUTOGOBIERNO m. *Polít.* Sistema de administración de algunas unidades territoriales de un país que han alcanzado la autonomía.

AUTOGRAFÍA f. *Tecnol.* Procedimiento por el cual se traslada un escrito hecho con tinta y en papel de condiciones especiales a una piedra preparada al efecto, para tirar con ella muchos ejemplares del mismo escrito.

AUTÓGRAFO, FA adj. y m. **1** Se dice de lo escrito por la mano de su autor. || m. **2** Firma de una persona famosa o notable.

AUTOINDUCCIÓN f. *Fís.* Producción de una fuerza electromotriz, llamada autoinducida, en un circuito debido a la variación de la corriente que circula por él.

AUTOLISIS f. *Biol.* Autodigestión originada cuando cesa la regulación de los mecanismos de nutrición de una célula.

AUTÓMATA m. **1** *Tecnol.* Aparato con un mecanismo que le imprime determinados movimientos. **2** Máquina que imita los movimientos de un ser animado. **3** fig. y fam. Persona que se deja dirigir por otra.

AUTOMÁTICO, CA adj. **1** Relativo al autómata. **2** Se dice de los mecanismos que funcionan por sí mismos; también de su funcionamiento. **3** Que se produce indefectiblemente. **4** fig. Maquinal, no deliberado. || m. **5** Especie de corchete.

AUTOMATISMO m. Ejecución de actos sin participación de la voluntad.

AUTOMATIZAR tr. **1** Convertir movimientos corporales en automáticos. **2** Aplicar la automática a un proceso.

AUTOMOCIÓN f. **1** Facultad o condición de lo que se mueve por sí mismo. **2** *Tecnol.* Parte de la mecánica que estudia las máquinas accionadas por motor y particularmente los automóviles. **3** Conjunto de empresas, industrias, quehaceres, etc., relativos al automóvil.

AUTOMOTOR, RA adj. **1** Se dice del aparato que ejecuta movimientos sin la intervención directa de una acción exterior. || m. **2** Coche de ferrocarril propulsado por motor.

AUTOMOTRIZ adj. f. AUTOMOTORA.

AUTOMÓVIL adj. *Tecnol.* Que se mueve por sí mismo. Se aplica principalmente a los vehículos que llevan un motor, generalmente de explosión, que los pone en movimiento. Más como s. m. **[Encic.]**

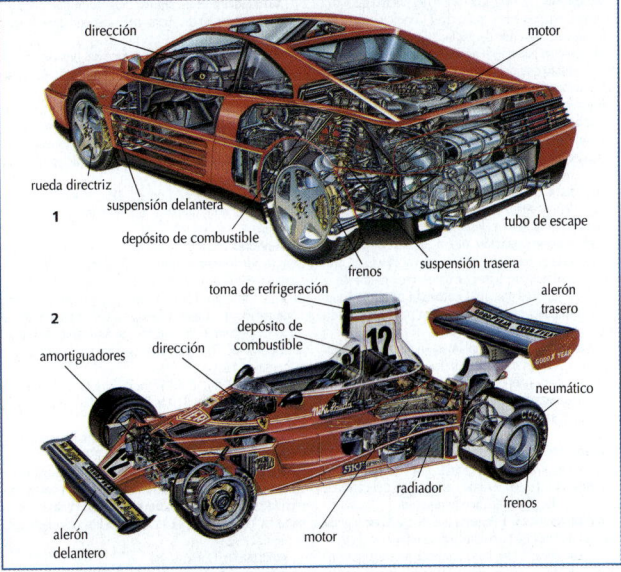

automóvil: 1. Ferrari 348 Turbo-Spaccato. 2. Ferrari Fórmula 1.

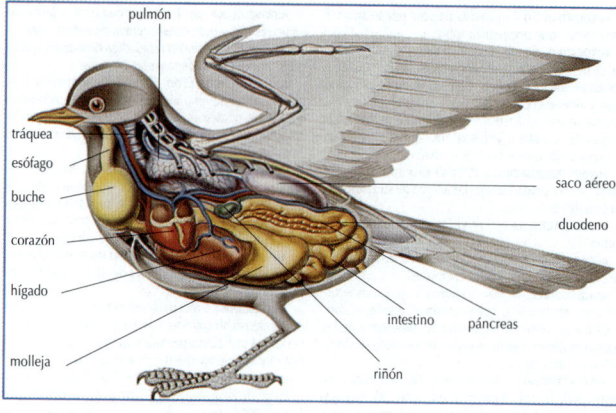

Anatomía de **ave**.

TECNOL. Entre los antecedentes del actual automóvil se encuentran las creaciones a vapor de Cugnot (1770) y Watt (1784). El impulso definitivo lo dieron Beau de Rochas y Niklaus Otto (1876) con sus trabajos sobre el motor de explosión con ciclo de cuatro tiempos, luego desarrollados por Gottlieb Daimler y Maybach (1885), Karl Benz, inventor en 1886 de un triciclo con un motor de explosión, considerado el primer automóvil, y Daimler (1889). En la década de los noventa del siglo pasado Peugeot se incorpora a la fabricación, Jellinek se asocia a Daimler y crean el Mercedes, y, fusionándose más tarde con Benz, diseñan el Mercedes-Benz. A estas empresas seguirán en Alemania la Opel, DKW, Volkswagen, Porsche, etc. En 1899 los hermanos Renault comercializan su primer modelo, y en el periodo de entreguerras se incorpora André Citroën. En Italia, Agnelli funda la FIAT, y le siguen nombres inmortales como Bugatti, Lancia, Ferrari, Masseratti. En EE UU se crean Cadillac, Buick, Oakland (más tarde Pontiac), y especialmente Ford, que introduce la producción en cadena. En Gran Bretaña se diseñarán automóviles como Austin, Rolls-Royce, etc. En España destacan el Hispano-Suiza, y tras la Guerra Mundial, Pegaso.

AUTOMOVILISMO m. **1** Conjunto de conocimientos relativos al automóvil. **2** Ejercicio del que conduce un automóvil. **3** *Dep.* Deporte que se practica con el automóvil. Entre las principales competiciones automovilísticas figuran el campeonato mundial de Fórmula 1, el campeonato del mundo de constructores, el campeonato de rallyes europeo, el Rally París-Dakar y el campeonato mundial de rallyes.
AUTOMOVILISTA com. Persona que conduce un automóvil.
AUTONOMÍA f. **1** *Polít.* Condición del pueblo que goza de entera independencia política. **2** Condición del individuo que no depende de nadie. **3** Capacidad máxima de un vehículo para efectuar un recorrido sin repostar. **4** *Polít.* Potestad que dentro del Estado gozan determinadas unidades territoriales para regir su vida interior. **5** Territorio autónomo. || **6** ESTATUTO DE AUTONOMÍA.
AUTONOMISTA adj. Partidario de la autonomía política. Aplicado a personas, también com.
AUTÓNOMO, MA adj. **1** Que goza de autonomía. **2** Se dice del que trabaja por cuenta propia.
AUTOPISTA f. Carretera para alta velocidad, con calzadas independientes para cada una de las direcciones, separadas por un seto, y desviaciones a distinto nivel. ||
AUTOPISTA DE INFORMACIÓN *Inform.* Sistema de comunicación capaz de transmitir información audiovisual, programas informáticos, bases de datos, etc., mediante la conexión a una red global. || **AUTOPISTA DE PEAJE** Aquella en la que hay que pagar una tasa para poder utilizarla.
AUTOPLASTIA f. *Med.* Implantación de injertos orgánicos procedentes del mismo individuo, para restaurar partes lesionadas del organismo.
AUTOPOLINIZACIÓN f. *Bot.* Paso del polen desde la antera al estigma de la misma flor o de otra del mismo vegetal.
AUTOPROPULSIÓN f. *Tecnol.* Propulsión de una máquina por su propia fuerza motriz.
AUTOPSIA f. **1** *Med.* Examen anatómico del cadáver. **2** fig. y fam. Examen analítico minucioso.
AUTOR, RA m. y f. **1** Persona que es causa de alguna cosa. **2** Persona que ha hecho alguna obra científica, literaria o artística. **3** *Der.* En lo criminal, persona que comete el delito, o induce directamente o coopera a su ejecución. **4** CAUSANTE.

AUTORIDAD f. **1** Potestad, facultad. **2** Poder que tiene una persona sobre otra que le está subordinada. **3** *Polít.* Potestad que en cada pueblo ha establecido su constitución para que le rija y gobierne, dictando leyes, haciéndolas observar o administrando justicia. **4** Persona revestida de algún poder o mando. **5** Crédito que por su mérito o fama se da a una persona en determinada materia. **6** Ostentación, fausto, aparato. **7** Texto o expresión de un libro o escrito, que se cita en apoyo de lo que se dice.
AUTORITARIO, RIA adj. **1** Que usa exclusivamente de la autoridad. **2** Partidario extremado del principio de autoridad. También s.
AUTORITARISMO m. Sistema fundado en la sumisión incondicional a la autoridad.
AUTORIZACIÓN f. Acción y efecto de autorizar.
AUTORIZADO, DA adj. Se dice de la persona respetada por sus cualidades o circunstancias.
AUTORIZAR tr. **1** Conceder permiso, poder o facultad. **2** Aprobar.
AUTORRADIO m. Receptor de radio diseñado para ser instalado en un automóvil.
AUTORREGULACIÓN f. Acción y efecto de autorregularse.
AUTORREGULARSE prnl. Regularse por sí mismo.
AUTORRETRATO m. Retrato de una persona hecho por ella misma.
AUTOSERVICIO m. Lugar público en el que el cliente se sirve solo.
AUTOSOMA m. *Biol.* Cualquier cromosoma distinto del sexual.
AUTOSUFICIENCIA f. **1** Estado o condición del que se basta a sí mismo. **2** SUFICIENCIA, presunción.
AUTOSUGESTIÓN f. *Psiquiat.* Sugestión que nace espontáneamente en una persona, independiente de toda influencia extraña.
AUTÓTROFO, FA adj. *Biol.* Se dice del organismo que es capaz de elaborar su propia materia orgánica a partir de sustancias inorgánicas.
AUTOVACUNA f. *Med.* Vacuna bacteriana preparada de las excreciones del propio sujeto al que se aplica.
AUTOVÍA m. Carretera parecida a la autopista, pero que puede carecer de alguna de las características de ésta.
AUTUNITA f. *Miner.* Mineral fosfato hidratado de calcio y uranio, muy similar a la torbernita, pero de color amarillo.
AUVERNIA (*Auvergne*) Región central de Francia, que comprende los departamentos de Allier, Puy-de-Dôme, Cantal y Alto Loira; 26.013 km² y 1.312.898 h. Su capital es Clermont-Ferrand. Antiguo territorio romano conquistado por César al vencer a Vercingetórix el año 50 a. C. Dependió del ducado de Aquitania. Más adelante constituyó una provincia que fue unida a la corona francesa en 1610.
AUXERRE Ciudad de Francia, capital del departamento de Yonne; 38.819 h. Bella catedral gótica (siglos XIII-XVI).
-AUXIA, -AUXIS sufs. que significan crecimiento.
AUXILIAR[1] adj. y s. **1** Que auxilia. **2** *Rel.* OBISPO AUXILIAR. **3** *Gram.* VERBO AUXILIAR. **4** Profesor encargado de sustituir a los catedráticos. También com. || com. **5** Empleado subalterno. || **AUXILIAR DE VUELO** Persona destinada en los aviones a la atención de los pasajeros y a la tripulación.
AUXILIAR[2] tr. Dar auxilio.
AUXILIO m. Ayuda, socorro, amparo. || **AUXILIO SOCIAL** *Hist.* Organismo benéfico español, creado en la zona ocupada por el ejército franquista durante la Guerra Civil.
AUXINA f. *Bot.* Cada una de las hormonas vegetales que potencian el crecimiento como consecuencia del aumento del tamaño de las células. Se sintetiza en los extremos de los vástagos nuevos de la planta.
-AUXIS suf. -AUXIA.
AUXOLOGÍA f. Rama de la antropología que estudia el proceso de crecimiento de los individuos.
AVAL m. **1** Firma que se pone al pie de un documento de crédito para responder de su pago, de no efectuarlo la persona obligada a él. **2** Escrito en que uno responde de la conducta de otro.
AVALANCHA f. **1** ALUD. **2** *Fís.* Aumento de la ionización de las partículas.
AVALAR tr. Garantizar por medio de aval.
AVALISTA com. Persona que avala.
AVANCE m. **1** Acción de avanzar. **2** Fragmentos de una película que se proyectan antes de su estreno con fines publicitarios. **3** Parte de una información que se adelanta y que tendrá ulterior desarrollo.
AVANZADA f. **1** *Mil.* Partida de soldados destacada del grupo principal. **2** Minoría que extrema las tendencias ideológicas de un grupo más numeroso.
AVANZADO, DA adj. Se aplica a todo lo que se distingue por su audacia o novedad en las artes, literatura, política, etc.
AVANZAR intr. **1** Ir hacia adelante. **2** Progresar.
AVARICIA f. Codicia, avidez de riquezas.
AVARIS TANIS.
AVARO, RA adj. **1** Que acumula dinero y no lo emplea. También s. **2** fig. Tacaño, miserable.
ÁVARO, RA adj. *Hist.* **1** Se dice de un pueblo asiático que en el siglo VI se instaló en la región de los ríos Dniéper y Elba, y amenazó el occidente cristiano con sus incursiones. Fue sometido por Carlomagno (791). Más como m. pl. **2** Se dice también de sus individuos. También s. **3** Relativo a los ávaros.
AVASALLAR tr. Sujetar, rendir o someter a obediencia.
AVATAR m. Cambio, vicisitud. Más en pl.
AVATARA (Voz sánscr.) *Mit.* En la mitología india, se dice de la bajada de algún dios a la tierra en forma humana o animal.
AVE f. *Zool.* **1** Animal vertebrado, ovíparo, de respiración pulmonar y sangre caliente, pico córneo, cuerpo cubierto de plumas y con las dos extremidades anteriores convertidas en alas aptas, por lo común, para el vuelo. [**Encic.**] || f. pl. *Zool.* **2** Clase de estos animales. || **AVE DE PASO** fig. y fam. Persona que se detiene poco en un sitio.
Zool. Las aves son vertebrados amniotas con el cuerpo cubierto de plumas. La piel está desprovista de glándulas. Las extremidades anteriores están transformadas en alas y las posteriores acaban en uñas, a veces con espolones. El quinto dedo falta siempre y el pulgar suele estar dirigido hacia atrás. Otra estructura característica es el pico, formado por dos vainas córneas y de aspecto diferente según el tipo de alimentación del ave. En la cavidad bucal no hay dientes, pero sí una lengua móvil, que puede ser carnosa o estar protegida por un revestimiento córneo. Los ojos son grandes y están protegidos por párpados superiores, inferiores y por una membrana nictitante transparente. El esqueleto está adaptado al vuelo, con una notable diferencia en el esternón entre las aves voladoras, que poseen quilla, frente a las no voladoras, que generalmente no la poseen. El aparato digestivo consta de una boca sin dientes, un esófago largo que puede dilatarse en un buche, un estómago glandular, otro musculoso o molleja (donde se trituran los alimentos), un intestino delgado y otro grueso, cuya parte final desemboca en la cloaca. El aparato respiratorio está integrado por unos pulmones relativamente pequeños, una laringe y una larga tráquea de anillos osificados, que se divide en bronquios y luego en bronquiolos. La circulación es doble y completa, y el corazón está dividido en dos aurículas y dos ventrículos. Los sexos están separados y es muy frecuente el dimorfismo sexual. Todas las especies son ovíparas.
AVE (Siglas del tren de *Alta Velocidad Española*) Tren español capaz de circular a velocidades punta superiores a los 300 km/h. En 1992 se inauguró el tramo Madrid-Sevilla y en 2004 el que une Madrid y Lleida, que llegará a Barcelona y Girona. También están en construcción las vías Madrid-Valladolid y Córdoba-Málaga.
AVECHUCHO m. **1** Ave de figura desagradable. **2** fig. y fam. Sujeto despreciable.
AVECILLA f. **1** Diminutivo de AVE. **2** *Zool.* LAVANDERA.
AVECINAR tr. y prnl. **1** Acercar. **2** Avecindar.
AVECINDAR tr. **1** Dar vecindad o admitir a uno en el número de los vecinos de un pueblo. || prnl. **2** Establecerse como vecino de algún pueblo. **3** fig. Arraigar.
AVEFRÍA f. *Zool.* Ave caradriforme de la familia carádridos, de nombre científico *Vanellus vanellus*. De ta-

maño mediano, está dotada de una vistosa cresta de plumas negras eréctiles en la cabeza. Vive en el centro y S de Europa y Asia.

AVEIRO Distrito de Portugal; 2.800 km^2 y 658.400 h. Su capital es la ciudad del mismo nombre.

AVEJENTAR tr. y prnl. Poner viejo antes de tiempo.

AVELLANA f. *Bot.* Fruto del avellano. Es un aquenio con una cubierta dura y leñosa.

AVELLANAR[1] o **AVELLANAL** m. Sitio poblado de avellanos.

AVELLANAR[2] tr. **1** Ensanchar parte de los agujeros para los tornillos, a fin de que la cabeza de éstos quede embutida en la pieza taladrada. || prnl. **2** Arrugarse como avellana seca, una persona o cosa.

AVELLANEDA Ciudad de Argentina, integrada en el Gran Buenos Aires; 342.193 h. Se llamó *Barracas del Sur.*

AVELLANEDA, ALONSO FERNÁNDEZ DE Escritor español (s. XVII). Publicó en Tarragona la segunda parte, apócrifa, del *Quijote* con el título de *Segundo tomo del ingenioso hidalgo don Quijote de la Mancha* (1614). En ella se declara natural de Tordesillas, pero su identidad no ha sido descubierta.

AVELLANEDA, GERTRUDIS GÓMEZ DE GÓMEZ DE AVELLANEDA, GERTRUDIS.

AVELLANEDA, NICOLÁS Político y periodista argentino (Tucumán, 1836 - en alta mar, 1885). Fue diputado, ministro de Instrucción Pública y presidente de la República (1874-80). Sancionó la federalización de Buenos Aires (1880). Durante su mandato se produjo la ocupación de la Patagonia por el general Roca (1879).

avellano

AVELLANO m. *Bot.* **1** Arbusto o pequeño árbol de la familia betuláceas, de nombre científico *Corilys avellana.* Tiene hojas caedizas, flores unisexuales que se desarrollan antes que aquéllas y un fruto cubierto de brácteas foliares. Crece en Europa y se extiende hasta Asia Menor y el Cáucaso. **2** *Cuba* Árbol de la familia euforbiáceas.

AVELLINO Provincia del SO de Italia, en Campania; 2.792 km^2 y 441.675 h. Vinos, nueces y avellanas. Su capital es la ciudad homónima.

AVEMARÍA f. *Rel.* Oración cuyas primeras palabras son las de la *salutación evangélica.*

AVEMPACE o **ABEMPACE** (ABÚ BAKR MOHAMMED IBN YAHYA IBN BADCHÁ, llamado) Filósofo hispanoárabe (Zaragoza, 1070 - Fez, 1138). Maestro de Averroes, inició la corriente aristotélica que se originó contra el neoplatonismo en el siglo XII.

AVENA f. **1** *Bot.* Planta herbácea anual de la familia gramíneas, de nombre científico *Avena sativa.* Es propia de la región mediterránea y se cultiva para alimento. **2** *Bot.* Conjunto de granos de esta planta. **3** poét. ZAMPOÑA, flauta rústica.

AVENADO, DA adj. Que tiene vena de loco.

AVENAR tr. Drenar, desaguar.

AVENARIUS, RICHARD Filósofo alemán (París, 1843 - Zurich, 1896). Construyó un sistema equidistante del idealismo y del empirismo, llamado *empirocriticismo.* Obras: *Crítica de la experiencia pura* (1888-90) y *El concepto humano del mundo* (1891).

AVENENCIA f. **1** Convenio, transacción. **2** Conformidad y unión.

AVENIDA f. **1** Creciente impetuosa de un río. **2** Camino que conduce a un pueblo o paraje determinado. **3** Vía ancha con árboles a los lados. **4** fig. Concurrencia de varias cosas.

AVENIDO, DA adj. Con los adverbios *bien* o *mal,* conforme o no con personas o cosas.

AVENIR tr. **1** Concordar, ajustar las partes discordes. También prnl. || intr. **2** Suceder. Se usa en el infinitivo y en las terceras personas de singular y plural. || prnl. **3** Componerse o entenderse bien con una persona o cosa. **4** Ponerse de acuerdo. **5** Amoldarse, conformarse. **6** Hablando de cosas, hallarse en armonía. ♦ IRREG. Se conjuga como VENIR.

AVENTADOR, RA adj. y s. **1** Se dice del que avienta los granos. **2** Se aplica a la máquina que se emplea para este fin. || m. **3** BIELDO. **4** Soplillo.

AVENTAJADO, DA adj. **1** Que aventaja a lo ordinario o común. **2** Ventajoso.

AVENTAJAR tr. **1** Conceder alguna ventaja. **2** Anteponer, preferir. **3** Mejorar a uno. También prnl. || intr. **4** Llevar o sacar ventaja.

AVENTAR tr. **1** Echar aire a alguna cosa. **2** Echar al viento, especialmente los granos que se limpian en la era. **3** Impeler el viento. **4** fig. y fam. Echar o expulsar. **5** *Cuba* Exponer el azúcar al aire y al sol. || prnl. **6** Llenarse de viento algún cuerpo. **7** fig. y fam. Huir, escaparse. **8** *Col.* Arrojarse sobre una persona o cosa. ♦ IRREG. Se conjuga como ACERTAR.

AVENTINO *Geog. hist.* Una de las siete colinas que se alzan cerca de Tíber y que después de que el rey Anco Marcio venciera a los latinos, quedó comprendida en el recinto de la antigua Roma.

AVENTURA f. **1** Suceso extraño. **2** Casualidad, contingencia. **3** Riesgo, empresa de resultado incierto. **4** Relación amorosa ocasional.

AVENTURADO, DA adj. Arriesgado, atrevido.

AVENTURAR tr. **1** Arriesgar, poner en peligro. También prnl. **2** Decir alguna cosa de la que se tiene duda o recelo.

AVENTURERO, RA adj. **1** Que busca aventuras. También s. **2** Que por medios desconocidos o reprobados trata de conseguir en la sociedad un puesto que no le corresponde. Más como s. **3** *Bot. Cuba* Se dice de los frutos que se producen fuera de estación. **4** *Méx.* Se dice del trigo que se siembra de secano. || m. **5** *Méx.* Mozo que se alquilaba para ayudar a conducir bestias.

AVERAGE (Voz i.) m. *Dep.* Fórmula matemática que permite establecer la clasificación entre dos equipos empatados a puntos en función de los tanteos conseguidos en sus enfrentamientos mutuos y con los demás equipos de la competición.

AVERGONZAR tr. **1** Causar vergüenza. || prnl. **2** Sentir vergüenza. ♦ IRREG. Se conjuga como CONTAR.

AVERÍA f. **1** Daño que sufren las mercancías. **2** fam. Daño o perjuicio. **3** Daño que impide el funcionamiento de un aparato, instalación, vehículo, etc.

AVERIAR tr. **1** Producir avería. También prnl. || prnl. **2** Maltratarse o echarse a perder una cosa.

AVERIGUAR tr. Inquirir la verdad hasta descubrirla.

AVERNO m. poét. Infierno.

AVERNO Lago de Italia, cerca de Nápoles, que deja escapar emanaciones sulfurosas. En la Antigüedad se pensaba que era una de las entradas del infierno.

AVERROES Filósofo y médico hispanoárabe (Córdoba, 1126 - Marruecos, 1198). Estudió Filosofía y Teología (con Ibn Tufail), Derecho, Física, Astrología, Matemáticas y Medicina. Ocupó el cargo de cadí de Sevilla (1169) y de Córdoba. Escribió sus *Comentarios* a la filosofía de Aristóteles. Afirmó la eternidad del mundo, idea contraria a la de la creación; y la existencia de un entendimiento agente, único para toda la humanidad, que contradecía la existencia de un alma individual. Otras obras: *Destructio destructionis, Teología,* etc.

AVERROÍSMO m. *Filos.* Doctrina de Averroes, especialmente en lo que se refiere a sus afirmaciones sobre la unidad del entendimiento agente.

AVERSIÓN f. Oposición y repugnancia que se tiene a alguna persona o cosa.

AVERY, OSWALD THEODORE. Bioquímico estadounidense (Halifax, 1877 - Nashville, 1955). Descubrió que el neumococo, bacteria que produce la neumonía, está envuelta en una cápsula que varía según su virulencia. En 1944 demostró que la información genética de los organismos vivos se encuentra en los ácidos nucleicos.

AVESTA *Lit.* y *Rel.* Colección de libros sagrados del mazdeísmo o zoroastrismo. Compuestos entre los siglos VII y VI a. C., fueron atribuidos por la tradición a Zoroastro. El texto original fue quemado por orden de Alejandro Magno y reconstituido recogiendo la tradición oral, con el nombre de *Zendavesta* (Comentario del Avesta), por orden del príncipe sasánida Ardasir I, en el siglo III d. C.

AVESTRUZ f. *Zool.* Ave estruciforme, única especie de este orden, de nombre científico *Struthio camelus.* Es omnívora y la mayor de las aves actuales. Incapacitada para el vuelo, es una excelente corredora que además tiene muy desarrollado el sentido de la vista. Habita en regiones subdesérticas, estepas y sabanas de África.

AVETORILLO m. *Zool.* Ave ciconiforme de la familia ardeidas, de nombre científico *Ixobrychus minutus,* mide unos 35 cm de altura, plumaje crema y negro, y patas verdes. Habita en zonas húmedas de Europa, Asia y N de África.

AVETORO m. *Zool.* Ave ciconiforme de la familia ardeidas, de nombre científico *Botaurus stellaris.* Mide unos 75 cm de longitud, posee un plumaje pardo y rayado. El macho emite un sonido que recuerda el mugido de un toro. Habita en Europa y N de Asia.

AVEYRON Departamento del S de Francia en la región de Midi-Pyrénées, 8.735 km^2 y 263.808 h. Su capital es Rodez.

AVEZADO, DA adj. Se dice de la persona acostumbrada al esfuerzo, el peligro o las dificultades.

AVEZAR tr. y prnl. ACOSTUMBRAR.

AVI- pref. que significa ave.

AVIACIÓN f. **1** Navegación aérea en aparatos más pesados que el aire. **[Encic.]** **2** Cuerpo militar que utiliza este medio. || **AVIACIÓN ACROBÁTICA** *Aviac.* Rama de la aviación deportiva en la que el piloto realiza figuras difíciles y arriesgadas. || **AVIACIÓN CIVIL** *Aviac.* La que no está afecta a los servicios militares.

AVIAC. La primera teoría mecánica del aeroplano data del año 1809 y quedó consignada en una memoria del inglés Georges Caley. En 1842, William Henson construyó un gigantesco aparato movido por una máquina de vapor que no llegó a elevarse. Desde 1891 hasta 1896, Lilienthal hizo numerosos experimentos con aparatos planeadores. Entre tanto, sir H. Maxim, en Inglaterra, y Ader, en Francia, construían grandes aparatos movidos con potentes motores de vapor. El segundo logró en 1897 realizar un recorrido de 300 m. El estadounidense Samuel Pierpont Langley, con un aparato de 13,600 kg de peso logró un vuelo sin piloto, de 1.600 m en unos 100 segundos (1896). Fueron los hermanos Wright quienes realizaron en 1903 el primer vuelo con un aeroplano dotado de motor de explosión y tripulado. En 1909, Blériot atravesó por primera vez el canal de la Mancha; ese mismo año Jorge Chávez atravesó en vuelo los Alpes; en 1911, Rodgers realizó la primera travesía aérea desde Nueva York a Los Ángeles. La Primera Guerra Mundial convirtió a la aviación en una potente arma de lucha. Terminada la contienda, se establecieron las primeras líneas y compañías aéreas. Al mismo tiempo, los progresos técnicos alcanzados durante el conflicto permitieron los primeros vuelos transoceánicos. La Segunda Guerra Mundial significó un progreso extraordinario para la aviación. En 1944 se creó la Organización de la Aviación Civil Internacional (OACI) y en abril de 1945 se creó en La Habana la Asociación Internacional de Transporte Aéreo (IATA). Tras la Segunda Guerra Mundial, el campo de la aviación experimentó una espectacular serie de mejoras técnicas que se basaron en la utilización del reactor, el uso de gasolinas con un elevado índice de octano, la aplicación de materiales ligeros, y el desarrollo de instrumentos de navegación aérea. En 1947, se atravesó por primera vez la barrera del sonido. Asimismo, la aviación se convirtió en un medio masivo de transporte de viajeros.

AVIADOR, RA adj. y s. **1** Se dice de la persona que tripula un aparato de aviación. **2** Que avía, dispone o prepara una cosa. || m. **3** Soldado de AVIACIÓN, cuerpo.

AVIAR[1] tr. **1** Disponer alguna cosa para el camino. **2** Aderezar la comida. **3** Aprestar, arreglar. También prnl. **4** fam. Avivar la ejecución de lo que se está haciendo. **5** fam. Proporcionar a alguien lo que le hace falta. También prnl. **6** *Amér.* Prestar dinero o efectos a un labrador, ganadero o minero. **7** *Chile* Costear las labores de una mina. || prnl. **8** Ponerse el traje adecuado para cada ocasión. || **estar** uno **aviado** fr. fig. y fam. Estar rodeado de dificultades o contratiempos.

AVIAR[2] adj. *Zool.* AVIARIO.

AVIARIO, RIA adj. *Zool.* **1** Relativo a las aves y especialmente a sus enfermedades. || m. *Zool.* **2** Colección de aves, vivas o disecadas, ordenada para su exhibición o estudio.

AVICEBRÓN IBN GABIROL, SALOMÓN.

AVICENA Filósofo y médico árabe (Bujara, Irán, 980 - Hamadán, Irán, 1037). Es considerado uno de los más ilustres científicos de la civilización islámica. Conocedor de la filosofía aristotélica y neoplatónica, sostuvo que Dios era el único ser necesario. Autor de *Libro de la curación* y *Canon de la medicina,* texto fundamental en la medicina medieval.

AVÍCOLA adj. Relativo a la avicultura.

AVICULTOR, RA m. y f. Persona que se dedica a la avicultura.

AVICULTURA f. Arte de criar las aves.

AVIDEZ f. Ansia, codicia.

ÁVIDO, DA adj. Ansioso, codicioso.

AVIENO, RUFO FESTO Poeta latino (Bolsena, segunda mitad del s. IV - ?). Escribió poemas geográficos como *Ora marítima* y *Descriptio orbis terrae* basándose en

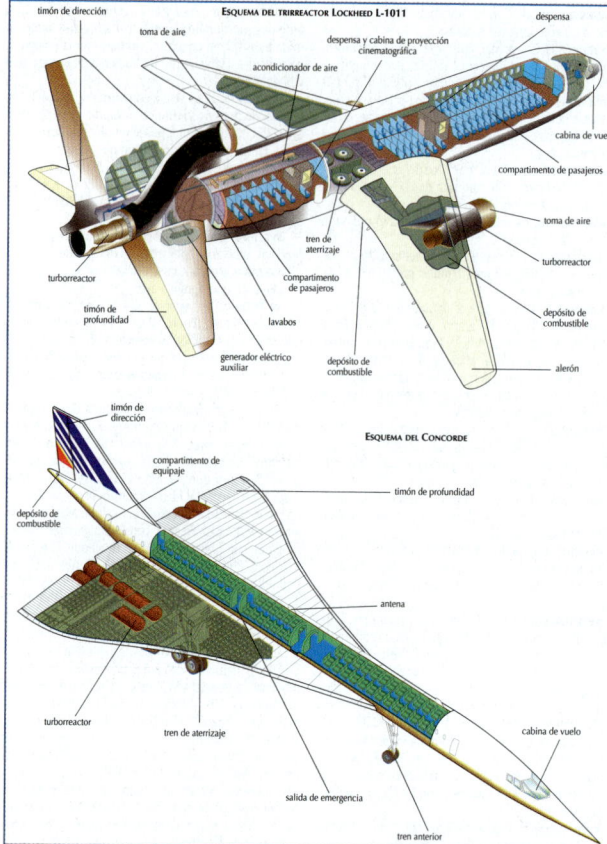

obras griegas anteriores. Puso en versos yámbicos la *Eneida*, de Virgilio, y la *Historia*, de Tito Livio.

AVIESO, SA adj. **1** Torcido, fuera de regla. **2** fig. Malo o mal inclinado.

AVIFAUNA f. *Zool.* Fauna de aves propia de un territorio determinado.

ÁVILA 1 Provincia de España, en la comunidad autónoma de Castilla y León; 8.048 km^2 y 166.259 h. En el centro y N predominan las tierras llanas. El S comprende un amplio sector montañoso, en el que destaca la sierra de Gredos. La división de Gredos da lugar a dos vertientes: corresponden a la septentrional los ríos que se integran a la gran cuenca del Duero (Adaja, Tormes, Zapardiel y Trabancos), y a la meridional los que son afluentes del Tajo (Alberche y Tiétar). El clima, por lo general, es duro en invierno y fresco en verano. Produce cereales, patatas, legumbres y fruta. Predomina el ganado lanar, aunque también se cría ganado vacuno. Pequeñas industrias derivadas de la explotación forestal, textiles y del automóvil.

ÁVILA, TERESA DE *Teresa de Jesús o de Ávila, santa.*

ÁVILA CAMACHO, MANUEL Militar y político mexicano (Tezuitlán, 1897 - cerca de Ciudad de México, 1955). En 1914 se incorporó a la revolución. Famosa defensa de Morelia (1924) frente a los ataques de las tropas Delahuertistas. Ocupó la presidencia de la República de 1940 a 1946. Revisó la ley de nacionalizaciones de Cárdenas.

AVILÉS, SA adj. y s. *De Ávila.*

AVILÉS Municipio y lugar de España, provincia de Asturias; 84.631 h. Importante complejo siderometalúrgico, afectado por la reconversión industrial. Restos arqueológicos de la época romana.

AVILESINO, NA adj. y s. *De Avilés.*

AVINAGRADO, DA adj. De condición acre y áspera.

AVINAGRAR tr. y prnl. **1** Poner agria una cosa. **2** Volverse una persona malhumorada.

AVIÑÓN (*Avignon*) Ciudad del SE de Francia, capital del departamento de Vaucluse, a orillas del Ródano; 86.939 h. Centro agrícola e industrial. Fue sede del Pontificado desde 1309 a 1378 y posesión de la Iglesia hasta 1791, en que fue anexionada a Francia por la Asamblea Nacional.

AVIÑONÉS, SA adj. y s. *De Aviñón.*

AVÍO m. **1** Apresto. **2** Provisión que llevan los pastores para el tiempo que están fuera. **3** Conveniencia, interés personal. **4** *Amér.* Préstamo en dinero o efectos que se hace al labrador, ganadero o minero. || m. pl. **5** fam. Utensilios necesarios para algo.

AVIÓN m. **1** *Aviac.* Aeronave más pesada que el aire provista de alas, cuya sustentación y avance son consecuencia de la acción de uno o varios motores. **2** *Zool.* Nombre común de diversas aves paseriformes de la familia hirundíneos. El avión común (*Delichon urbica*) mide unos 15 cm de longitud, tiene el dorso y las patas blancas, el resto del cuerpo negro azulado, y la cola corta y ahorquillada. Anida en el interior de poblaciones de Europa y N y centro de Asia, y en verano emigra a África y Asia meridional. || **AVIÓN ESPÍA** *Aviac.* Avión militar diseñado para recoger información. De gran autonomía de vuelo, están equipados con potentes equipos de detección y de un sistema de radares. || **AVIÓN DE REACCIÓN** *Aviac.* Reactor, avión que usa motor de reacción. || **AVIÓN SUPERSÓNICO** *Aviac.* El que alcanza velocidades superiores a la del sonido.

AVIÓN Municipio y lugar de España, provincia de Orense; 3.556 h.

AVIONETA f. Avión pequeño y de poca potencia.

AVIÓNICA f. *Tecnol.* Electrónica aplicada a las técnicas aeronáuticas espaciales.

AVÍS, ORDEN DE *Hist.* Orden militar portuguesa, fundada en 1147; dependió en gran parte de la española de Calatrava hasta la batalla de Aljubarrota (1385). Cuando subió al trono Juan I, maestre de la Orden, su dinastía tomó el nombre de Avís.

AVISADO, DA adj. **1** Prudente, discreto, sagaz. **2** *Taurom.* Se dice del toro que atiende a todo cuanto se mueve en la plaza dificultando y haciendo peligrosa su lidia.

AVISAR tr. **1** Dar noticia de algún hecho. **2** Advertir o aconsejar. **3** Llamar a alguien para que preste un servicio. **4** Prevenir a alguien de alguna cosa.

AVISO m. **1** Noticia o advertencia que se comunica a alguien. **2** Indicio, señal. **3** Advertencia, consejo. **4** Precaución, atención, cuidado. **5** Prudencia, discreción. **6** *Mar.* Buque de guerra pequeño y muy ligero para llevar pliegos, órdenes, etc. **7** *Taurom.* Advertencia que hace la presidencia de la corrida al espada cuando éste pro-

longa la faena más tiempo del reglamentario. **8** *Amér.* Anuncio. || **andar, o estar, sobre aviso**, fr. Estar prevenido y con cuidado.

AVISPA f. *Zool.* Nombre común de un numeroso grupo de insectos himenópteros, pertenecientes a diversas familias y géneros. Están provistas de aguijón, que no pierden como las abejas después de la picadura. Unas viven en sociedad y otras son solitarias. Se alimentan de insectos y frutos.

AVISPADO, DA adj. fig. y fam. Vivo, despierto, agudo.

AVISPAR tr. **1** Avivar con látigo a las caballerías. **2** fig. y fam. Hacer despierto y avisado a alguno. También prnl. **3** *Chile* Espantar. También prnl. || prnl. **4** fig. Inquietarse, desasosegarse.

AVISPERO m. **1** Panal que fabrican las avispas. **2** Lugar en donde lo hacen. **3** Multitud de avispas. **4** fig. y fam. Negocio enredado y que ocasiona disgustos. **5** *Med.* Grupo de diviesos, con varios focos de supuración.

AVISPÓN m. *Zool.* Insecto himenóptero de la familia véspidos, de nombre científico *Vespa crabro*. Es la avispa de mayor tamaño de Europa. Se distribuye por Europa, N de África y Asia no tropical.

AVISTAR tr. **1** Alcanzar con la vista. || prnl. **2** Reunirse una persona con otra para algún negocio.

AVITAMINOSIS f. *Med.* Carencia o deficiencia de vitaminas. ♦ Su pl. es *avitaminosis*.

AVITO Emperador romano de Occidente (s. v). Gobernó de 455 a 456, tras la muerte de Valentiniano III. Ricimero organizó una conspiración que acabó con su destronamiento.

AVITO, SAN Obispo de Vienne (Vienne, 450 - íd., h. 518). Llamado Sexto Alcimo Ecdicio. Contribuyó a la conversión de Clodoveo.

AVITUALLAMIENTO m. Acción y efecto de avituallar, proveer de las cosas necesarias para la comida.

AVITUALLAR tr. Suministrar provisiones.

AVIVAR tr. **1** Excitar, animar. **2** fig. Encender, acalorar. **3** fig. Hacer que arda más el fuego. **4** fig. Hacer que dé más claridad a la luz artificial. **5** fig. Poner más encendidos y brillantes los colores. || intr. **6** Nacer los gusanos de seda de su semilla. También prnl. **7** Cobrar vida, vigor. También prnl.

AVIZOR adj. *ojo avizor.*

AVIZORAR tr. *acechar.*

-AVO, -AVA suf. *Mat.* Se añade a los números cardinales para significar las partes iguales en que se ha dividido una unidad.

AVOCAR tr. **1** *Der.* Llamar a sí un tribunal superior la causa que se estaba litigando ante otro inferior. Hoy está absolutamente prohibido. **2** Atraer o llamar a sí cualquier superior un negocio que está sometido a examen y decisión de un inferior.

AVOCETA f. *Zool.* Ave caradriforme de la familia recurvirróstridos, de nombre científico *Recurvirostra avosetta*. Se caracteriza por tener el pico fino, largo y curvado hacia arriba en su extremo. Anida en colonias en Europa, Asia y África.

AVOGADRO, AMADEO Físico y químico italiano (Turín, 1776 - íd., 1856). En 1811 enunció una hipótesis, luego denominada principio o ley de Avogadro, que afirma que en las mismas condiciones de volumen, presión y temperatura, todos los gases contienen el mismo número de moléculas. Fue el primero en distinguir entre átomos y moléculas. El número de Avogrado ($6,064 \times 10^{23}$) es el número de moléculas que contiene una molécula-gramo o mol.

AVUGO m. *Bot.* Fruto del avuguero.

AVUGUERO m. *Bot.* Árbol, variedad del peral, cuyo fruto es el avugo.

AVULSIÓN f. **1** *Geol.* Erosión repentina de un terreno como consecuencia de inundaciones, tormentas, etc. **2** *Med.* Extracción o separación de una parte del cuerpo.

AVUNCULOCALIDAD f. *Antrop.* Tipo de residencia posmarital donde la pareja casada reside en la vivienda, o cerca del hermano de la madre del novio.

avoceta

AVUTARDA f. *Zool.* Ave gruiforme de la familia otídidos, de nombre científico *Otis tarda.* Mide más de 1 m de longitud, tiene un plumaje de tonos ocres, blancos y negros, el pico corto y las alas anchas. Vive en zonas esteparias del centro y S de Europa, centro de Asia y África.

AVVAKUM PETROVIC Arcipreste ruso (Grigorovo, 1620 - Pustozaers, 1682). Contrario a las reformas introducidas por el patriarca Nikon en la iglesia ortodoxa, fue condenado al exilio primero, y luego a morir en la hoguera. Debe su celebridad a la autobiografía *La vida del arcipreste Avvakum* (1667-80).

AWWRANGZEB AURANGZEB.

AX- pref. AXO-.

AXAYÁCATL Sexto rey de México (Tenochtitlan, 1469 - Michoacán, 1481). Nieto del rey Acamapichtli ocupó el trono de 1469 a 1481. Logró la unidad de la zona y conquistó extensos territorios, entre ellos la tierra de los matlazincas, hasta los límites del señorío de Michoacán. En su tiempo se construyó el calendario azteca o Piedra del Sol.

AXELROD, JULIUS Bioquímico estadounidense (Nueva York, 1912). En 1970 compartió el premio Nobel de Fisiología y Medicina con B. Katz y U. von Euler, por sus descubrimientos sobre la transmisión de los impulsos nerviosos.

AXI- pref. AXO-.

AXIAL adj. AXIL.

-ÁXICO suf. AXO-.

AXIL adj. Relativo o perteneciente al eje.

AXILA f. **1** *Anat.* Concavidad que forma el arranque del brazo con el cuerpo. **2** *Bot.* Ángulo formado por articulación de cualquiera de las partes de la planta con el tronco o la rama.

AXINITA f. *Miner.* Mineral borosilicato de calcio, aluminio, hierro y manganeso, que cristaliza en cristales triclínicos de color azul, gris o violado.

AXIO- pref. que significa lo digno, lo de valor.

AXIOLOGÍA f. *Filos.* Teoría filosófica de los valores (éticos, estéticos, etc.). En este campo han destacado Brentano, Dilthey, Lotze, Max Scheler y Nicolai Hartmann. También se la llamó *teoría de los valores.*

AXIOMA m. *Filos.* Proposición clara y evidente en sí misma que no necesita demostración y constituye el principio de toda ciencia.

AXIOMÁTICO, CA adj. **1** Incontrovertible, evidente. || f. **2** Conjunto de definiciones y postulados en que se basa una teoría científica.

AXIÓMETRO m. *Mar.* Instrumento que, engranado con el eje de la rueda del timón, indica la dirección que éste tiene.

AXIS m. **1** *Anat.* Segunda vértebra del cuello que permite el movimiento de rotación de la cabeza. **2** *Zool.* Mamífero artiodáctilo de la familia cérvidos, de nombre científico *Cervus axis,* de 1 m de altura, color rojo leonado con motas blancas, cornamenta sencilla, que vive en la India y Ceilán. ♦ Su pl. es *axis.*

AXO-, AX-, AXI-, AXONO-; -AXON-; -ÁXICO, -AXÓN prefs., in. o sufs. que significan eje.

AXOIDEO, A adj. *Anat.* Relativo al axis.

AXOLOTE m. *Zool.* AJOLOTE.

-AXON-; -AXÓN in. y suf. AXO-.

AXÓN m. *Anat.* NEURITA.

AXONO- pref. AXO-.

AXUM AKSUM.

¡AY! interj. **1** Se utiliza para expresar aflicción o dolor. Seguida de la partícula *de* y un nombre o pronombre, denota pena, temor, conmiseración o amenaza. || m. **2** Suspiro, quejido. ♦ Su pl. es *ayes.*

AYACUCHO **1** Departamento de Perú; 43.815 km^2 y 525.601 h. **2** Ciudad capital del mismo; 154.918 h. Centro industrial y comercial. Turismo. Fue fundada por Pizarro en 1539, quien le dio el nombre de San Juan de la Victoria de la Frontera de Huamanga. En sus inmediaciones se libró la última batalla entre independentistas y realistas (9 de diciembre de 1824), en la que el general Sucre obtuvo su mayor triunfo.

AYAHUASCA f. *Bot. Ecuad.* y *Perú* Planta narcótica que, tomada en infusión, embriaga y produce visiones fantásticas.

AYALA Población de México, Estado de Morelos; 3.290 h. En ella se presentó, el 28 de noviembre de 1911, el *Plan Ayala,* declaración política formulada por una Junta Revolucionaria que contenía las bases del agrarismo mexicano.

AYALA, ADELARDO LÓPEZ DE LÓPEZ DE AYALA, ADELARDO.

AYALA, ELIGIO Político paraguayo (Mbuyapey, 1880 - Asunción, 1930). Presidente interino de la República (1923-24), en 1924 fue reafirmado en dicho cargo, que ocupó hasta 1928. Impulsó la colonización paraguaya del Chaco.

AYALA, EUSEBIO Político paraguayo (Barrero Grande, 1875 - Buenos Aires, 1942). Presidente provisional de la República (1921-23), entre 1932 y 1936 ocupó el cargo con carácter efectivo. Durante su mandato tuvo lugar la guerra del Chaco. Un levantamiento militar producido en 1936 acabó con su mandato.

AYALA, FRANCISCO Escritor español (Granada, 1906). Desde 1939 vivió exiliado en Argentina y EE UU. Su obra narrativa cuenta con títulos como *Cazador en el alba* (1929), *Medusa artificial* (1930), *La cabeza del cordero* (1949), *Muertes de perro* (1958), *El fondo del vaso* (1962), *El jardín de las delicias* (1971), *De triunfos y penas* (1982) y *El jardín de las malicias* (1988). En su extensa producción ensayística destacan *El escritor y su imagen* (1975), *La estructura narrativa* (1984) y *En qué mundo vivimos* (1997). Sus memorias aparecen recogidas en tres volúmenes bajo el título *Recuerdos y olvidos* (1982-88). En 1983 fue elegido miembro de la Real Academia Española; en 1988 y 1998 le fue concedido el Premio Nacional de las Letras españolas; en 1991 el premio Cervantes, y en 1998 el Príncipe de Asturias de las Letras.

AYALA, FRANCISCO J. Biólogo estadounidense de origen español (Madrid, 1934). Se ha especializado en el estudio de la base molecular de la evolución biológica. Obras: *Origen y evolución del hombre* (1980) y *La naturaleza inacabada* (1994).

AYALA o **AIALA, JOSEFA DE** Pintora portuguesa de origen español (Sevilla, 1630 - Obidos, 1684). También conocida como *Josefa de Obidos.* Sus temas y estilo denotan una gran influencia de Zurbarán. Autora de *Los desposorios místicos de Santa Catalina, Santa Faz* y *Agnus Dei.*

AYATE m. *Méx.* Tela rala de fibra de maguey, palma, henequén o algodón.

AYATOLLAH, AYATOLA o **AYATOLÁ** m. Entre los chiítas islámicos, doctor en teología. Es título de una de las más altas autoridades religiosas.

ÁYAX OILEO o **EL MENOR** *Mit.* Rey de los locrios, hijo de Oilio, asistió al sitio de Troya. Tomada Troya, entró en el templo de Atenea (Minerva), derribó su estatua y abusó de la sacerdotisa Casandra. Los dioses le hicieron naufragar cuando regresaba a su patria.

ÁYAX TELAMONIO o **EL GRANDE** *Mit.* Rey de Salamina, hijo de Telamón. Destacó por su valentía en la guerra de Troya. Al serle negadas las armas del difunto Aquiles se enfureció y, creyendo que el ganado del ejército eran enemigos, degolló muchas reses. Pasado el arrebato, y avergonzado de su acto, se dio muerte.

¡AYAYAY! interj. con que se expresa ordinariamente aflicción y dolor.

AYCINENA, PEDRO Político guatemalteco (?, 1802 - Guatemala, 1897). Fue ministro de Relaciones Exteriores y ejerció interinamente la presidencia de la República en 1865, al fallecer el general Carrera.

AYE-AYE m. *Zool.* Mamífero primate de la familia lemúridos, de nombre científico *Daubetonia madagascariensis,* prosimio de hábitos nocturnos propio de Madagascar.

AYER adv. t. **1** En el día que precedió inmediatamente al de hoy. **2** fig. Hace poco tiempo. **3** fig. En tiempo pasado. || m. **4** Tiempo pasado.

AYER, ALBERT JULIUS Filósofo inglés (Londres, 1910 - íd., 1989). En 1935 publicó *Lenguaje, verdad y lógica.* Tras abandonar el fenomenalismo se acercó a la Escuela de Cambridge. Otras obras: *El concepto de persona* (1963) y *Bertrand Russell* (1972).

AYLLU (Voz aimará.) m. *Antrop.* e *Hist.* Sistema de organización social y económica practicado en la zona andina precolombina. Consistía en una unidad social, patrilocal y endogámica, que agrupaba al conjunto de los descendientes de un antepasado común, dirigidos por un jefe o *curaca.*

AYLWIN, PATRICIO Político chileno (Viña del Mar, 1918). En 1965 fue senador y en 1971, tras la elección de Salvador Allende como presidente de la República, accedió a la presidencia del Senado. Participó en el llamado Bloque de Derechas y colaboró en el golpe de Estado de Pinochet (1973). Dos años después se convirtió en un activo dirigente de la oposición. Ocupó la presidencia de la República (1990-94).

AYMARA adj. AIMARÁ o AIMARA.

AYMÉ, MARCEL Escritor francés (Joigny, 1902 - París, 1967). Entre sus principales obras figuran las novelas *La jument verte* (1933) y *Le passe-muraille* (1943); así como las obras de teatro *Clérambard* (1949) y *La tête des autres* (1952).

AYMERICH, NICOLAU EYMERICH, NICOLAU.

AYO, YA m. y f. Persona encargada de criar y educar a un niño.

AYOCOTE m. Fríjol bastante grueso.

AYOLAS, JUAN DE Conquistador español (Briviesca, 1510 - Candelaria, 1538). Remontó el río Paraná. Llegó hasta los contrafuertes andinos, y a su regreso murió en una emboscada (1537).

AYORA Municipio y lugar de España, provincia de Valencia; 5.556 h.

axinita

AYORA, ISIDRO Político y médico ecuatoriano (Loja, 1879 - Los Ángeles, 1971). Nombrado presidente interino de la República en 1926, fue elegido presidente constitucional en 1929. Abandonó el cargo en 1931.

AYRSHIRE MERIDIONAL Distrito unitario del Reino Unido, en Escocia; 114.400 h.

AYRSHIRE ORIENTAL Distrito unitario del Reino Unido, en Escocia; 121.300 h.

AYRSHIRE SEPTENTRIONAL Distrito unitario del Reino Unido, en Escocia; 139.700 h.

AYÚA (Voz guaraní.) f. *Bot. Amér.* Árbol de la familia rutáceas, que se emplea en la construcción y en medicina.

AYUB KHAN, MUHAMMAD Militar y político paquistaní (Rihana, 1907 - Islamabad, 1974). Fue comandante en jefe de Pakistán oriental (1947), ministro de Defensa (1954) y jefe supremo del ejército (1955). En 1958 asumió todos los poderes y pasó a ser presidente de la República, cargo para el que fue elegido en 1960 y reelegido en 1965. En 1969 dimitió y entregó el poder a las Fuerzas Armadas.

AYUBÍES o **AYUBITAS** *Geneal.* Dinastía musulmana fundada por Saladino, que sucedió en Egipto a la de los fatimíes (1171). Dividida en varias ramas, se impuso en Irak, gran parte de Siria y Yemen.

AYUDA f. **1** Acción y efecto de ayudar. **2** Persona o cosa que ayuda. || m. **3** Criado. **4** *Mar.* Cabo o aparejo puesto para mayor seguridad de otro.

AYUDANTA f. Mujer que realiza trabajos subalternos.

AYUDANTE com. **1** En algunos cuerpos y oficinas, oficial subalterno. **2** *Ens.* Maestro o profesor subalterno. **3** *Ens.* Profesor universitario auxiliar. || m. **4** Oficial destinado personalmente a las órdenes de un general o jefe. || **AYUDANTE TÉCNICO SANITARIO** (ATS) *Med.* Diplomado sanitario que realiza funciones auxiliares a las de los médicos.

AYUDANTÍA f. Empleo y oficina de ayudante.

AYUDAR tr. **1** Prestar cooperación. **2** Auxiliar, socorrer. || prnl. **3** Hacer un esfuerzo para conseguir algo. **4** Valerse de la ayuda de otro.

AYUGA f. *Bot.* MIRABEL, planta.

AYUNAR intr. **1** Abstenerse de comer o beber. **2** Guardar el ayuno eclesiástico. **3** fig. Privarse de algún gusto o deleite.

AYUNO, NA adj. **1** Que no ha comido **2** fig. Que no tiene noticia de lo que se habla o no lo comprende. || m. **3** Acción y efecto de ayunar. **4** *Rel.* Penitencia que consiste en suprimir alguna de las comidas diarias o en abstenerse de comer determinados alimentos (generalmente carne). || **en ayunas** loc. adv. Sin haber desayunado. También, fig. y fam., sin tener noticia de alguna cosa.

AYUNTAMIENTO m. **1** Corporación compuesta por el alcalde y los concejales para la administración de un municipio. **2** JUNTA, reunión de personas para tratar algún asunto. **3** COITO.

AYUTLA DE LOS LIBRES Municipio de México, Estado de Guerrero; 3.618 h. Es célebre por el plan de su nombre, proclama contra el conservadurismo del gobierno del presidente Santa Anna, que provocó su caída en 1854, la instauración de un gobierno liberal y la convocatoria de Cortes constituyentes.

AZ-, AZA-, AZO-; -AC-, -AZ-, -AZO- *Quím.* prefs. o ins. que indican, en el cuerpo cuyo nombre los lleva, la presencia de nitrógeno.

AZABACHE m. **1** *Miner.* Mineral variedad de lignito, bastante dura y compacta y de color negro de ébano. **2** *Zool.* Pájaro insectívoro de cabeza y alas negras.

AZACÁN, NA adj. y s. **1** Se dice de la persona que realiza trabajos humildes y duros. **2** AGUADOR, que tiene por oficio llevar agua.

AZADA f. **1** Instrumento a modo de pala que sirve para cavar tierras roturadas o blandas, remover el estiércol, amasar la cal para mortero, etc. **2** AZADÓN.

AZADILLA f. ALMOCAFRE.

AZADÓN m. **1** Instrumento cuya pala es algo mayor que la de la azada, que sirve para rozar y romper tierras duras, cortar raíces delgadas y otros usos análogos. **2** AZADA.

azafrán

AZAFATA f. 1 Empleada que presta sus servicios en aviones, trenes, autobuses, etc. 2 Empleada que atiende al público en congresos, exposiciones, etc. 3 Antiguamente, camarera que se encargaba de cuidar el vestuario de la reina.

AZAFATE m. Canastillo, bandeja o fuente de mimbre con borde de poca altura, tejidos de mimbres o hechos de paja, oro, plata, latón, loza u otras materias.

AZAFRÁN m. 1 *Bot*. Planta bulbosa de la familia iridáceas, de nombre científico *Crocus sativus*. Es originaria de Oriente. 2 *Bot*. Estigma de las flores de esta planta, de color rojo anaranjado, que se usa para condimentar alimentos y en medicina. 3 *Mar*. Madero exterior que forma parte de la pala del timón. 4 *Pint*. Color amarillo anaranjado para iluminar, que se saca del estigma del azafrán desleído en agua.

AZAHAR m. *Bot*. Flor blanca y muy olorosa del naranjo, limonero y cidro.

AZALÁ m. Entre los musulmanes, oración, sú-plica.

AZALEA f. *Bot*. Nombre vulgar dado a varias especies de plantas arbustivas de la familia ericáceas, género *Rhododendron*. Tiene hojas persistentes, flores vistosas y fruto en cápsula. Originaria de Asia.

AZAMBOA f. *Bot*. Fruto del azamboero.

AZAMBOERO o **AZAMBOO** m. *Bot*. Árbol, variedad del cidro, cuya fruta es la azamboa.

AZANAHORIATE m. Zanahoria confitada.

AZANAQUE, CERRO Pico de Bolivia, en la cordillera de los Azanaques, que forma parte de los Andes, 5.130 m.

AZAÑA, MANUEL Político y escritor español (Alcalá de Henares, 1880 - Montauban, 1940). Dirigió las revistas *La Pluma* (1920-24) y *España* (1922-24) y fue secretario (1913-20) y presidente (1930) del Ateneo. Comenzó su carrera política en el partido reformista de Melquiades Álvarez, pero más tarde fundó Acción Republicana (1925). Contribuyó al advenimiento de la República, formando parte del comité revolucionario; una vez instaurada la misma, fue ministro de la Guerra (1931) y presidente de gobierno (1931-33). Acusado de participar en el levantamiento de la Generalitat en 1934, fue encarcelado. Al triunfar el Frente Popular en 1936, volvió a ocupar la jefatura del gobierno, y en mayo del mismo año accedió a la presidencia de la República. En enero de 1939 se trasladó a Francia y dimitió poco después. Autor de *Reims y Verdún* (1917), *La política francesa contemporánea* (1919), *Vida de don Juan Valera* (1926), *El jardín de los frailes* (1927), *Plumas y palabras* (1930), *La invención del Quijote y otros ensayos* (1934), *Mi rebelión en Barcelona* (1935), *La velada de Benicarló* (1939) y *Memorias íntimas* (1939).

AZAR m. 1 Casualidad. 2 Desgracia imprevista. 3 En el juego de pelota, esquina, ventana u otro estorbo. || **al azar** loc. Sin rumbo ni orden.

AZARA, FÉLIX DE Naturalista, geógrafo y marino español (Barbuñales, 1746 - íd., 1821). Realizó importantes estudios sobre geografía e historia natural. Autor de *Apuntamientos para la historia natural de los cuadrúpedos del Río de la Plata* (1802) y *Apuntamientos para la historia natural de los pájaros del Paraguay y del Río de la Plata* (1802-05).

AZARAR tr. y prnl. 1 Conturbar, sobresaltar, avergonzar. || prnl. 2 Ruborizarse.

AZARBE m. Cauce adonde van a parar los sobrantes de los riegos.

AZARCÓN m. 1 MINIO. 2 *Pint*. Color anaranjado muy encendido.

AZAREARSE prnl. 1 *Amér*. Turbarse, avergonzarse. 2 *Chile* y *Perú* Irritarse, enfadarse.

AZARFA f. *Astron*. Instrumento inventado por el toledano Azarquiel para sustituir al astrolabio.

AZARÍAS u **OZÍAS** Rey de Judá (s. IX-VIII a. C.). Reinó de 809 a 757 a. C. En su época se desarrolló el comercio y la agricultura, por lo que su mandato coincide con uno de los periodos más prósperos de Judá. Le sucedió su hijo Jotam.

AZAROSO, SA adj. 1 Que conlleva azar o desgracia. 2 Turbado, temeroso.

AZCAPOTZALCO Delegación del Distrito Federal de México; 601.524 h. Capital desde el siglo XIV del antiguo imperio tecpaneca. Antes de la conquista constituía un reino independiente, asiento de los usurpadores tecpanecas, Tezozómoc y Maxtla.

AZCOITIA (*Azkoitia*) Municipio y lugar de España, provincia de Guipúzcoa; 10.240 h.

AZCONA, JOSÉ Político hondureño (La Ceiba, 1927). Miembro del Partido Liberal, ocupó la presidencia de la República (1986-90).

AZCONA, RAFAEL Novelista y guionista cinematográfico español (Logroño, 1926). Es autor de relatos y novelas caracterizados por un excepcional dominio del humor negro: *Vida del repelente niño Vicente* (1955) y *Pobre, paralítico y muerto* (1960). Ha escrito los guiones de películas como *La escopeta nacional* (1977), *El año de las luces* (1986), *Belle époque* (1992), *Tirano Banderas* (1994), *Una pareja perfecta* (1997), *La niña de tus ojos* (1998) y *La lengua de las mariposas* (1999).

AZCUÉNAGA, MIGUEL DE Militar y político argentino (Buenos Aires, 1754 - íd., 1833). Participó en las campañas contra la invasión inglesa. Fue miembro de la Primera Junta y encargado de ratificar la paz con Brasil (1828).

AZEGLIO, MASSIMO TAPARELLI, MARQUÉS D' Político, militar y escritor italiano (Turín, 1798 - íd., 1866). Fue presidente del consejo de ministros (1849), además de general y ayudante de campo del rey Víctor Manuel II. Su obra más conocida es *Ettore Fieramosca*.

AZEOTROPÍA f. *Fís*. Cualidad de una mezcla de dos o más líquidos, que tienen el mismo punto de ebullición, de no permitir la separación de dichos líquidos por destilación fraccionada, a causa de volatilizarse todos a la misma temperatura.

AZERBAIYÁN, AZERBAIJÁN o **AZERBAIDZHAN** *Geog. hist*. Región de Asia occidental. Formó parte de los imperios aqueménida y romano; fue conquistada e islamizada por los árabes (siglo VII), por los turcos (siglo XI) y por los mongoles (siglos XIII al XV). En el siglo XVI, estando bajo el dominio de la dinastía safawi de Irán, fue ocupada varias veces por los turcos otomanos. En el siglo XVIII comenzaron las incursiones rusas, y por el tra-

Superficie: 86.600 km².
Población: 8.051.000 h. (*azeríes* o *azerbayanos*).
Densidad: 93 h./km².
Tasa de natalidad: 21,6‰.
Tasa de mortalidad: 9,5‰.
Capital: Bakú.
Ciudades principales: Kirovabad, Sumgait, Mingechaur, Najichevan.
Grupos étnicos: azeríes (82,7%), rusos (5,7%), armenios (5,6%), georgianos (2,7%), ucranianos (0,5%), etc.
Religión: islamismo.
Idioma: azerí (rama urca), ruso (rama baltoeslava).
Moneda: manat.
Forma de Estado: república federal multipartidista.
Producto Nacional Bruto: 3.821 millones de dólares.
Renta per cápita: 480 dólares.
División administrativa: 1 república autónoma, 1 región geográfica, 1 ciudad y diversas divisiones administrativas, según cuadro.

AZERBAIYÁN

	Superficie (km²)	Población (h.)	Capitales
República autónoma			
Najichevan	5.500	305.700	Najichevan
Región geográfica			
Nagorno-Karabaj	4.400	193.300	Stepanakert
Ciudad			
Bakú		1.713.300	
Otras divisiones administrativas*	76.700	7.136.600	

* Incluye 59 distritos y 10 ciudades con autogobierno limitado.

tado de Turkmanchai (1828), Irán cedió al imperio ruso la parte septentrional de la región.

AZERBAIYÁN, AZERBAIJÁN o **AZERBAIDZHAN** (*Azärbayjan Respublikasi*) Estado transcaucásico, antigua República de la URSS hasta 1991. Limita al N, con la Federación de Rusia; al S, con Irán y Turquía; al E, con el mar Caspio, y al O, con Georgia y Armenia.

GEOG. Situada al E de Transcaucasia, en su orografía destacan dos zonas montañosas, una al N, el Cáucaso, y otra al S, el Pequeño Cáucaso, entre las que se abre hacia el mar Caspio la gran depresión del río Kura, por debajo del nivel del mar. El clima es de tipo continental. País esencialmente agrícola, produce algodón, trigo, cebada, vino, tabaco, té, agrios. Ganadería ovina y bovina. Importantes recursos energéticos, sobre todo de petróleo y gas natural. Industrias de bienes de equipo y de transformación (textiles, alimentarias).

HIST. Tras la revolución rusa, se convirtió en República independiente (1918-20) hasta que fue conquistada por el ejército rojo. Entre 1922 y 1936 formó parte, junto con Armenia y Georgia, de la Federación de Transcaucasia y, tras la disolución de ésta, accedió al estatuto de República federativa de la URSS (1936). Su historia desde entonces queda enmarcada en la de la URSS, hasta que la apertura impulsada por Gorbachov en los años ochenta provocó un relanzamiento de las tensiones nacionales y una reactivación virulenta de los problemas territoriales con Armenia por Nagorno-Karabaj, especialmente intensos en 1988-89. En 1990 manifestantes azeríes atacaron a la población de origen armenio, lo que provocó una respuesta armenia que puso a la región al borde de la guerra civil. El golpe de Estado en la URSS de 1991 permitió a Ayaz Mutalibov controlar el Partido Comunista, ser elegido presidente del parlamento y proclamar la independencia del país. En diciembre de ese mismo año, ratificó los acuerdos de Minsk y Alma-Ata, por los que se integraba en la Comunidad de Estados Independientes (CEI). Poco después, Mutalibov convocó una elecciones y se hizo elegir presidente de la República. En mayo de 1992 se vio forzado a dimitir y le sucedió Abulfaz Elchibey que se mantendría sólo un año en el poder. Desde 1993 ocupa la presidencia de la República Heidar Aliev, ex jefe del Partido Comunista de Azerbaiyán. En junio de 1994 se llegó a un acuerdo de alto el fuego con Armenia en el conflicto de Nagorno-Karabaj. Esto no ha evitado que continuasen los conflictos en el Alto Karabaj. En las elecciones de noviembre de 1995 y en las de octubre de 1998 el presidente Aliev fue ratificado en su cargo. En octubre de 2003 se celebraron elecciones presidenciales, en las que resultó vencedor Ilham Aliev, hijo del anterior presidente.

AZERBAIYANO, NA adj. y s. AZERÍ.

AZERÍ adj. *Etnol.* 1 Se dice de un pueblo caucásico de origen iranio. Sus individuos viven en Azerbaiyán y en el Azerbaiyán iraní. Aplicado a personas, también s. 2 Perteneciente o relativo a este pueblo. || m. *Ling.* 3 Lengua turca hablada en Azerbaiyán.

AZEUXIS f. *Gram.* Hiato, encuentro de dos vocales que se pronuncian en sílabas diferentes.

AZEVEDO, ALOISIO DE Escritor brasileño (São Luis do Maranhão, 1857 - Buenos Aires, 1913). Obras principales: *La casa de pensión*, novela; *Condenados*, cuentos, y *Venenos que curan*, comedia.

-AZGO suf. de sustantivos que significa dignidad o cargo, condición o estado, tributo, acción y efecto.

AZHARI, ISMA'IL AL- Político sudanés (Omdurmán, 1900 - Jartum, 1969). Fundó el Partido Nacional Unionista. Fue primer ministro y ministro de Interior (1954-56). Presidente del Consejo Supremo del Sudán independiente (1965-69).

AZIKIWE, MNAMDI Político nigeriano (Zungeru, 1904 - Enugu, 1996). Llamado *Zik*. Miembro del consejo legislativo (1948-51) y primer ministro de la región oriental de su país (1954-59). En 1960 fue nombrado gobernador general de Nigeria, y pasó a ser presidente de la República en 1963. En 1966 fue destituido por un golpe de Estado.

AZILAL Provincia de Marruecos; 10.050 km² y 455.000 h. Su capital es la ciudad homónima.

ÁZIMO adj. PAN ÁZIMO.

AZIMUT m. *Astron.* ACIMUT.

AZIMUTAL adj. *Astron.* ACIMUTAL.

AZINCOURT Municipio de Francia, departamento de Paso de Calais; 227 h. Batalla en la guerra de los Cien Años, entre las tropas de Enrique V de Inglaterra y un ejército francés, que resultó derrotado (1415).

AZNALCÁZAR Municipio de España, provincia de Sevilla; 3.387 h.

AZNALCOLLAR Municipio y lugar de España, provincia de Sevilla; 5.812 h.

AZNALLO m. *Bot.* GATUÑA.

AZNAR LÓPEZ, JOSÉ MARÍA Político español (Madrid, 1953). Miembro de Alianza Popular, fue presidente de la comunidad autónoma de Castilla y León (1987-89). Tras las elecciones de 1989, en las que se presentó como candidato por el Partido Popular, se convirtió en el líder de la oposición parlamentaria y, en marzo del año siguiente, fue elegido presidente nacional de su partido. En las elecciones legislativas de marzo de 1996, resultó vencedor aunque tuvo que pactar con diferentes partidos nacionalistas para garantizar la formación de un gobierno estable. Renovó el cargo en la legislatura de 2000-2004, en la que su partido obtuvo la mayoría absoluta. Terminó su mandato en 2004 tras la victoria socialista en las elecciones de marzo, en las que no se presentó como candidato.

AZNAVOUR, CHARLES (CHARLES AZNAVOURIAN, llamado) Cantante y actor de cine francés (París, 1924). Compuso numerosas canciones, entre ellas *Je hais les dimanches*, *Jézabel*, *Sur ma vie*, *Parce que*, *Venecia sin ti* y *Et pourtant*. Destacó en películas como *El paso del Rhin* y *La parte del león*.

AZO-; **-AZO-** pref. e inf. AZ-.

AZOADO, DA adj. *Quím.* Que tiene ázoe.

AZOAR tr. y prnl. *Quím.* Impregnar de ázoe.

AZOATO m. *Quím.* NITRATO.

AZÓCAR, RUBÉN Poeta y novelista chileno (Arauco, 1901 - ?, 1965). Autor de los libros de poemas *Salterio lírico* (1920) y *La puerta* (1923), y del poema *El cristal de mi lágrima* (1928). Es célebre su novela *Gente en la isla* (1938), adscrita al criollismo.

ÁZOE m. *Quím.* NITRÓGENO, nombre dado a este mento por Lavoisier.

AZOEMIA f. *Med.* Presencia de urea o sustancias nitrogenadas en la sangre.

AZÓFAR m. *Quím.* LATÓN.

AZOGADO, DA adj. y s. 1 Se dice de la persona muy inquieta. || m. *Quím.* 2 Acción y efecto de azogar.

AZOGAR tr. 1 Cubrir con azogue alguna cosa. 2 Apagar la cal rociándola con agua. || prnl. 3 *Med.* Contraer la enfermedad producida por la absorción de los vapores de azogue, cuyo síntoma más visible es un temblor continuado. 4 fig. y fam. Turbarse y agitarse mucho.

AZOGUE m. *Quím.* MERCURIO, metal.

AZOICO¹, CA adj. *Quím.* NÍTRICO.

AZOICO², CA adj. *Geol.* 1 Se dice de la roca o formación geológica que carece de restos fósiles. 2 Se aplica a los terrenos anteriores al periodo precámbrico, en los que no se encuentra resto alguno de vida.

AZOLÁCEO, A adj. y s. *Bot.* 1 Se dice de las plantas pteridofitas hidropteridíneas con tallo filiforme y hojas simples. || f. pl. *Bot.* 2 Familia de estas plantas.

AZOOSPERMIA f. *Med.* Falta de espermatozoides en el semen.

AZOR m. *Zool.* Ave rapaz diurna falconiforme, de nombre científico *Accipiter gentilis*, de unos 65 cm de altura. Caza aves y mamíferos, y vuela con gran destreza. Habita en los bosques de Europa, Asia, N de África y América.

AZORAR tr. 1 Asustar, perseguir o alcanzar el azor a las aves. 2 tr. y prnl. Turbar, avergonzar.

AZORES Archipiélago portugués del océano Atlántico, a unos 1.400 km al O de la península Ibérica; 2.247 km² y 236.500 h. De origen volcánico, está formado por nueve islas principales, distribuidas en tres grupos: al O, Flores y Corvo; en el centro, Terceira, San Jorge, Pico, Fayal y Graciosa, y al SE, Santa María y San Miguel, con los islotes Formigas. Constituye región autónoma de Portugal. Tiene un clima templado. Produce cereales, agrios, vid y tabaco. Ganadería y pesca. In-

azor

Azorín. José Martínez Ruiz.

dustria conservera. Según unos, fue descubierto por Gonzalo Velho Cabral (1431-44), y según otros, por Diego de Sevilla, piloto del rey de Portugal (1427). Poblado y colonizado por los portugueses, siguió siempre la suerte de Portugal.

AZORES, ANTICICLÓN DE LAS *Meteor.* Área dinámica de altas presiones que se localiza en la parte oriental del Atlántico, en las inmediaciones de las islas Azores.

AZORÍN (JOSÉ MARTÍNEZ RUIZ, llamado) Escritor español (Monóvar, 1873 - Madrid, 1967). Fue una de las figuras más importantes de la Generación del 98. En sus primeros trabajos periodísticos utilizó los seudónimos de *Cándido* y *Ahrimán*. Su obra constituye un intento de captar la realidad española a través de los detalles de la vida cotidiana. En 1902 publica su primera novela, *La voluntad*, primera parte de una trilogía que se completa con *Antonio Azorín* (1903) y *Las confesiones de un pequeño filósofo*, publicada en 1904, año en el que adopta definitivamente el seudónimo *Azorín*. La mayor parte de sus libros son recopilaciones de artículos: *El alma castellana* (1900), *Los pueblos* (1905), *La ruta de don Quijote* (1905), *Castilla* (1912), *Clásicos y modernos* (1913), *Los valores literarios* (1914), *Al margen de los clásicos* (1915) y *Con Cervantes* (1945). Asimismo escribió varias novelas líricas basadas en mitos, como *Don Juan* (1922) y *Doña Inés* (1925), y otras de corte experimental, como *Félix Vargas* (1928) y *Superrealismo* (1929). También cultivó el género dramático: *La fuerza del amor* (1901) y *Brandy, mucho brandy* (1927). En 1924 fue elegido miembro de la Real Academia Española.

AZOTACALLES com. fig. y fam. Persona ociosa que anda continuamente callejeando.

AZOTADO, DA adj. 1 De varios colores unidos confusamente y sin orden. || m. 2 Reo castigado con azotes. 3 Disciplinante de Semana Santa.

AZOTAINA f. fam. Zurra de azotes.

AZOTAR tr. 1 Dar azotes. También prnl. 2 Dar golpes con la cola o con las alas. 3 Cortar el aire violentamente. 4 fig. Golpear una cosa o dar repetida y violentamente contra ella.

AZOTE m. 1 Instrumento de suplicio formado con cuerdas anudadas y a veces erizadas de puntas, con que se castigaba a los delincuentes. 2 Golpe dado con el azote. 3 Golpe dado en las nalgas con la mano. 4 Golpe repetido del agua o del aire. 5 fig. Aflicción, calamidad. 6 fig. Persona que provoca o inflige este castigo. || m. pl. 7 Pena que se imponía a ciertos criminales.

AZOTEA f. Cubierta llana de un edificio, dispuesta para poder andar por ella.

AZOTINA f. fam. AZOTAINA.

AZOV Mar interior o gran golfo que forma la prolongación del mar Negro con las costas de Ucrania y la Federación de Rusia, al NE de la península de Crimea; 38.000 km². Los puertos más importantes son: Rostov; Taganrog, Mariupol y Berdiansk.

AZPEITIA Municipio y lugar de España, provincia de Guipúzcoa; 13.536 h. Patria y santuario de San Ignacio de Loyola.

AZTECA adj. *Etnol.* 1 Se dice de un antiguo pueblo, invasor y dominador del territorio conocido después con el nombre de México. [*Encic.*] Más como m. pl. 2 Se dice también de sus individuos. También com. 3 Perte-

Cultura **azteca**: 1. Lápida tallada con escenas de la vida de Ahuizotl y Tizoc. Museo Arqueológico (Ciudad de México). 2. Calendario o piedra del Sol. Museo de Antropología (Ciudad de México).

neciente o relativo a este pueblo. || m. *Ling*. **4** Lengua de este pueblo, perteneciente al grupo lingüístico nahua.
Etnol. Los aztecas o mexicas constituían un pueblo de cazadores nómadas que, provenientes del N, comenzaron a penetrar en el valle de México hacia el 1215. En 1325 fundaron su capital, Tenochtitlán, en un islote del lago Texcoco, y comenzaron a constituirse como Estado. Moctezuma I (1440) consiguió una federación con los pueblos tenochtitlán, texcoco y tlalcopán, que señaló el comienzo de una hegemonía política progresiva y que alcanzó su máximo apogeo con Moctezuma II (1502-20). La sociedad azteca estaba organizada en *calpulli* (grupo de casas o barrio), múltiplo de la familia y fracción de la tribu. El *calpulli* poseía una sociedad agraria global que se subdividía periódicamente entre los núcleos familiares. Los cuerpos urbanos estaban divididos en cuatro partes y éstos a su vez en cinco barrios o *calpulli*. El conjunto de los 20 *calpulli* así formado contaba con su propio jefe, su administración y sus centros de culto; sobre este conjunto se erguía el poder central del *tlacatecutli*, o señor de la guerra, rodeado de la nobleza. Entre la clase noble y la de los agricultores comunes, se interponía la de los artesanos en los oficios o en las artes. La economía mexica fue en su florecimiento la de agricultores superiores, a base de cultivo de maíz, camote y hortalizas; inventaron varias bebidas elaboradas con el cacao y el agave, y usaron también el tabaco. En contraste, el desarrollo de la ganadería fue muy escaso, debido al reducido número de animales domesticados (pavos y algunas especies de perros). El pueblo azteca tuvo un marcado carácter religioso. Sus ceremonias eran múltiples y muy variadas; en ellas se ofrecían a los dioses sacrificios humanos. En el arte azteca, evolución de la tradición tolteca, destacó la arquitectura, la escultura, la orfebrería y la cerámica. Las casas particulares, hechas de piedra, adobe, palos y lodo, contrastan frente a los edificios del culto o monumentales, caracterizados por su basamento piramidal, escalinatas verticales, muros en talud, dobles escaleras y dos templos en la cumbre. En las artes plásticas, la escultura en piedra se desarrolló ampliamente: la de gran tamaño la construyeron a base de basalto, granito o pórfido, mientras que en la pequeña talla, emplearon cristal de roca, jadeíta, alabastro u obsidiana. También trabajaron la confección de tejidos, adornos con plumas y mosaicos de pequeñas piedras. Tuvieron grandes conocimientos matemáticos y conocieron dos calendarios. La escritura se basaba en un sistema jeroglífico muy cercano al fonetismo. Se conservan valiosos códices, casi todos de la primera época de la dominación hispánica.

Aztlán *Mit.* Supuesto país del N del golfo de California, del que, según la tradición, procedían los aztecas. En él se fijaba la etapa inicial de la marcha azteca hacia el S. Se traduce por «el lugar de las garzas».

Azua Provincia de la República Dominicana; 2.532 km^2 y 199.684 h. Su capital es Azua de Compostela.

Azuay Provincia de Ecuador, en la región de la Sierra; 8.125 km^2 y 598.504 h. Su capital es Cuenca.

azúcar amb. **1** Cuerpo sólido, cristalizable, perteneciente al grupo químico de los hidratos de carbono, de color blanco en estado puro, soluble en el agua y en el alcohol y de sabor muy dulce. Se extrae de la caña dulce en los países tropicales y de la remolacha y otros vegetales en los templados. **2** *Quím.* Nombre genérico de los hidratos de carbono. **3** *Quím.* Nombre genérico de la SACAROSA. || **AZÚCAR CANDE** O **CANDI** El que por medio de clarificaciones y de una evaporación lenta, queda reducido a cristales transparentes. || **AZÚCAR DE CAÑA** *Quím.* SACAROSA. || **AZÚCAR DE FRUTA** *Quím.* FRUCTOSA. || **AZÚCAR REFINADO** Azúcar de la mayor pureza que se fabrica en las refinerías. || **AZÚCAR DE REMOLACHA** El derivado de esta planta e idéntico al obtenido de la caña de azúcar.

azucarado, da adj. **1** Semejante al azúcar en el gusto. **2** fig. y fam. Blando, afable.

azucarar tr. **1** Bañar o endulzar con azúcar. **2** fig. y fam. Suavizar alguna cosa. || prnl. **3** *Amér.* Cristalizarse el almíbar de las conservas.

azucarero, ra adj. **1** Relativo al azúcar. || m. y f. **2** Persona técnica en la fabricación del azúcar. **3** Vasija para poner azúcar. || m. *Zool.* **4** Ave trepadora de los países tropicales. || f. **5** Fábrica en que se elabora el azúcar.

azucarillo m. Terrón de azúcar.

azucena f. **1** *Bot.* Planta bulbosa de la familia liliáceas, de nombre científico *Lilium candidum*, con tallo alto y flores muy olorosas de color blanco. Especie de origen oriental, cultivada en todo el mundo como ornamento. **2** *Bot.* Flor de esta planta. **3** fig. Persona o cosa especialmente calificada por su pureza o blancura.

azud amb. **1** Máquina con que se saca agua de los ríos para regar los campos. **2** Presa hecha en los ríos a fin de tomar agua para regar y para otros usos.

azuela f. Herramienta de carpintero para desbastar.

Azuela, Arturo Novelista mexicano (Ciudad de México, 1938). Realiza una profunda reflexión sobre la identidad cultural e histórica hispanoamericana. Autor de *El tamaño del infierno* (1974), *Manifestación de silencios* (1979), *El matemático* (1988), *Estuche para dos violines* (1995), etc.

Azuela, Mariano Novelista mexicano (Lagos de Moreno, 1873 - Ciudad de México, 1952). Su obra marca el comienzo de la narrativa mexicana del siglo XX. Es autor de *Mala yerba* (1909), *Los de abajo* (1916), *La luciérnaga* (1932), *Nueva burguesía* (1941) y *Sendas perdidas* (1949). En 1947 apareció su ensayo literario *Cien años de novela mexicana*.

Azuero Península del S de Panamá, en el océano Pacífico; 760 km^2. Está comprendida entre los golfos de Montijo al O y Parita al E.

azufaifa f. *Bot.* Fruto del azufaifo, dulce, carnoso y aromático. Es comestible y se usa como medicamento pectoral.

azufaifo m. *Bot.* Arbusto de la familia ramnáceas, de nombre científico *Zizyphus jujuba*, originario de Oriente.

azufrar tr. *Quím.* Echar azufre en alguna cosa, especialmente a las plantas.

azufre m. *Quím.* Elemento químico no metálico del grupo VI A del sistema periódico. Masa atómica 32,1; número atómico 16; valencias 2, 4, 6 y símbolo S. De color amarillo, quebradizo, insípido, craso al tacto, que por frotación se electriza fácilmente y da olor característico.

Azufre COPIAPÓ.

azufrón m. *Miner.* Mineral piritoso en estado pulverulento.

azul adj. **1** Del color del cielo sin nubes. Es el quinto color del espectro solar. También s. || **2** El cielo, el espacio. || **AZUL CELESTE** El más claro. || **AZUL DE COBALTO** *Quím.* Materia colorante muy usada en la pintura y alfarería. Se obtiene por ignición de precipitados de cobalto y óxidos de aluminio. || **AZUL DE PRUSIA** *Quím.* Sustancia de color azul subido. || **AZUL DE SAJONIA** *Quím.* Disolución de índigo en ácido sulfúrico concentrado, que se emplea como materia colorante.

Azul Hondo.

Azul YANGTSE, río de China.

azulado, da adj. De color azul o que tira a él.

azular tr. Dar o teñir de azul.

azulear intr. **1** Mostrar alguna cosa el color azul que en sí tiene. **2** Tirar a azul.

azulejo, ja adj. **1** Diminutivo de AZUL. **2** *Amér.* CARLADO, que tira a azul. || m. **3** Ladrillo pequeño vidriado, de varios colores. **4** *Zool.* CARRACA, pájaro. **5** *Zool.* Ave paseriforme de la familia tráupidos, de nombre científico *Traupis sayaca*, de unos 17 cm de longitud y coloración azul celeste, que vive en América del Sur.

Azules, Revolución de los *Hist.* Movimiento revolucionario de Venezuela encabezado por José Tadeo Monagas contra el gobierno del presidente Falcón en 1868, que dio inicio a un periodo (1868-70) en que los Moragas, José Tadeo y su hijo José Ruperto, su sucesor, gobernaron dictatorialmente.

azulete m. Polvo de añil que se emplea para dar color azulado a la ropa blanca.

azulino, na adj. Que tira a azul.

azulón, ona adj. Se dice del color azul muy intenso.

azulona f. *Zool.* Especie de paloma de las Antillas.

azúmbar m. *Bot.* **1** Planta de la familia alismatáceas, **2** ESTORAQUE, bálsamo.

azumbre amb. Medida de capacidad para líquidos, equivalente a 2 litros y 16 mililitros. Más como f.

Azuqueca de Henares Municipio y lugar de España, provincia de Guadalajara; 12.752 h. Agricultura. Industria química, papelera y del vidrio.

azur adj. y m. *Bl.* Se dice del color heráldico que en pintura se denota con el azul oscuro.

Azurduy de Padilla, Juana Heroína boliviana (Chuquisaca, 1781 - Jujuy, 1862). Contrajo matrimonio con el guerrillero Manuel Ascencio Padilla (1802). Tuvo un papel destacado en las luchas por la independencia en el Alto Perú, hoy Bolivia.

azurita f. *Miner.* Mineral carbonato de cobre hidratado, que se presenta en cristales monoclínicos de color azul de Prusia, o en masas glandulares compuestas de fibras radiadas y muy apretadas.

azuzar tr. **1** Incitar a los perros para que ataquen. **2** fig. Irritar, estimular.

azufre. Fumarolas en el gran cráter de la isla de Vulcano, Lípari (Italia).

B

B f. Segunda letra del abecedario español, y primera de sus consonantes. Su articulación es bilabial sonora, y oclusiva cuando va en posición inicial absoluta o después de nasal, como en *bien, ambos*; en cualquier otra posición es, por lo general, fricativa, como en *lobo, árbol, sobre*, etc. Su nombre es *be*.
B *Quím*. Símbolo del boro.
BA *Quím*. Símbolo del bario.
BA En la mitología egipcia, uno de los tres aspectos del alma. Era el principio de la energía vital y se representaba como un pájaro con cabeza humana o en forma de cigüeña.
BA-AMARAN IFNI.
BA JIN (llamado LI-FEIGAN) Escritor chino (Chengtu, Szechwuan, 1904). Autor de la *Trilogía del amor* (1931-35) y la *Trilogía del torrente* (1933-40).
BAADE, WALTER Astrónomo estadounidense de origen alemán (Schrottinghausen, 1893 - Gotinga, 1960). Estudió la relación periodo-luminosidad en las variables de periodo largo; clasificó las estrellas en dos grandes familias, Población I y Población II. Rectificó el cálculo de las distancias de objetos extragalácticos.
BAADER, FRANZ XAVER VON Filósofo alemán (Munich, 1765 - íd., 1841). Defendió la doctrina de la creación. Obras: *Contribuciones a la filosofía dinámica* (1809), *Lecciones sobre la dogmática especulativa* (1827-38).
BAADER-MEINHOF, BANDA Nombre con que se conoce la *Rote Armee Fraktion* (Fracción del Ejército Rojo), organización de extrema izquierda de la antigua RFA, fundada por Andreas Baader y Ulrike Meinhof en 1970. Realizó numerosos atentados entre 1972 y 1977.
BAAL (Voz semita que significa *Señor*; su pl. es *Bealím*.) Divinidad principal de los pueblos semíticos occidentales. Era la figura principal del panteón cananeo.
BAALBEK Ciudad del N de Líbano, que corresponde a la antigua Heliópolis griega; 18.000 h.
BAALITA adj. y com. Adorador de Baal.
BAAS o **BAAT** Partido político árabe fundado en Damasco en 1943 por Michel Aflaq y Salah Bitar. Denominado en un principio al-Ba'at al-'Arabī *(Resurrección)*, fue el primer partido nacionalista árabe con una ideología panarabista. En 1953 se fusionó con el Partido Socialista Árabe, convirtiéndose en el Partido Socialista de la Resurrección Árabe. Alcanzó el poder en dicho país en 1963. En Irak lo hizo en 1963 durante unos meses, y de 1968 hasta la disolución del partido tras la guerra de Irak de 2003.
BAASANISMO m. *Polít*. Doctrina política sobre la que se formó el partido BAAS.
BAB (llamado ALI MUHAMMAD AL-SHIRAZI) Reformador religioso persa (Chiraz, 1812 - Tabriz, 1850). Fundador del *babismo*. Fue encarcelado y fusilado en 1849.
BAB EL-MANDEB Estrecho que une el mar Rojo y el océano Índico, entre la península de Arabia y África oriental; 25 km de anchura.

*La Torre de **Babel**.* Cuadro de Pieter Brueghel el Joven. Museo de Historia del Arte (Viena).

BABA f. **1** Saliva espesa y abundante. **2** *Zool*. Líquido viscoso segregado por algunos animales, como el caracol. **3** Por extensión, jugo viscoso de algunas plantas. **4** fig. *P. Rico* Palabrería, dicho insustancial. || **caérsele** a uno la **baba** fr. fig. y fam. con que se da a entender, o que es bobo, o que disfruta viendo u oyendo algo que le gusta mucho.
BABADA f. **1** *Zool*. BABILLA. **2** *P. Rico* Tontería.
BABAHOYO Río de Ecuador; 235 km. Confluye con el Daule para formar el río Guayas.
BABAHOYO Ciudad de Ecuador, capital de la provincia de Los Ríos; 42.583 h. Activo puerto fluvial.
BABANDIGA, IBRAHIM Militar y político nigeriano (Lagos, 1942). Miembro de la etnia hausa, formó parte del Consejo Militar Supremo (1976-79). En 1985 se hizo con el poder mediante un nuevo golpe de Estado. Dimitió en 1993.
BABAR, BABER o **BABUR, ZAHIR AL-DIN MUHAMMAD** Primer emperador mogol de la India (Andiyan, 1483 - Agra, 1530). Descendiente de Tamerlán, ocupó el trono de Fergana (Afganistán) en 1494 y estableció el Imperio del Gran Mogol en la India (1526).
BABAZA f. **1** *Biol*. Baba que segregan algunos animales y plantas. **2** *Zool*. BABOSA, molusco gasterópodo.
BABBAGE, CHARLES Matemático británico (Teignmouth, 1792 - Londres, 1871). En 1822 construyó una calculadora mecánica que utilizaba la teoría matemática de las diferencias finitas; en 1834 diseñó la máquina analítica, programada por medio de tarjetas perforadas.
BABEAR intr. **1** Echar baba por la boca. **2** fig. y fam. Hacer demostraciones de excesivo rendimiento ante una persona o cosa.
BABEL amb. **1** fig. y fam. Lugar en que hay gran desorden y confusión. **2** fig. y fam. Desorden y confusión.
BABEL, ISAAK Novelista ucraniano (Odessa, 1894 - Siberia, 1941). Autor de *Cuentos de Odessa* (1921) y *Caballería roja* (1926), en 1939 fue acusado de trotskista y deportado a Siberia, donde murió.
BABEL, TORRE DE Torre que, según la narración de la Biblia (Génesis, XI, 1-9), quisieron construir los habitantes del valle de Senaar, en Babilonia, quienes pretendían hacerla llegar hasta el cielo. Dios castigó su orgullo produciendo la confusión de las lenguas, lo que les obligó a abandonar la obra y dispersarse. Sus restos, de unos 100 m de lado en la base, se encuentran en terrenos de la antigua Babilonia, inmediatos a la población iraquí de Hilleh, al S de Bagdad.
BABENCO, HÉCTOR Director cinematográfico brasileño de origen argentino (Buenos Aires, 1946). En su filmografía destacan *O rei da noite* (1977), *El beso de la mujer araña* (1985), *Tallo de hierro* (1987), *Jugando en los campos del Señor* (1991) y *Corazón iluminado* (1998).
BABERO m. Prenda que se pone al niño sobre el pecho para que no se manche.
BABESIASIS f. *Veter*. Enfermedad protozoaria que afecta a todos los mamíferos, excepto el hombre, y es transmitida por las garrapatas.
BABEUF, FRANÇOIS NOËL (llamado GRACCHUS BABEUF) Revolucionario francés (Saint-Quentin, 1760 - Vendôme, 1797). Intentó derrocar al Directorio (Conspiración de los Iguales) e implantar una dictadura revolucionaria que pusiese en práctica su doctrina (BABUVISMO). Murió ajusticiado.
BABI m. fam. Bata que utilizan los niños, especialmente en el colegio, para no mancharse.
BABIA Comarca de España, provincia de León, partido judicial de Murias de Paredes. || **estar** uno **en Babia** fr. fig. y fam. Estar distraído.
BABIECA com. y adj. fam. Persona floja y boba.
BABIECA Nombre del caballo del Cid.
BABILLA f. **1** En los cuadrúpedos, conjunto de músculos y tendones que articulan el fémur con la tibia y la rótula. **2** Rótula de los cuadrúpedos. **3** *Méx*. Humor que

Baalbek (Líbano). Ruinas de Heliópolis.

Babilonia. Estela de Marduk. Museo del Louvre (París).

a consecuencia de la desgarradura de los tejidos, o fractura de los huesos, se extravasa e impide la buena consolidación.

BABILONIA Hist. **1** Nombre que recibió la Baja Mesopotamia tras su unificación en torno a la ciudad de Babilonia por Hammurabi, que fundó el imperio babilónico en Sumer tras vencer al reino de Larsa (1762 a. C.). El reinado de Hammurabi (1793-50 a. C.) marcó el momento de máximo esplendor. A su muerte se rebelaron las ciudades de Sumer y se sucedieron las dinastías (hitita, casita, de Isin). En 728 a. C. los asirios conquistaron Babilonia, con gran resistencia de los pueblos arameos y caldeos allí asentados. En 626 a. C., Nabopolasar instauró la dinastía caldea (626-539 a. C.), que desarrolló el imperio neobabilónico. La victoria de Babilonia sobre Asiria le permitió extenderse por toda Mesopotamia. Este periodo de esplendor se vio frenado en 538 a. C. cuando el rey persa Ciro conquistó el reino babilónico. **2** Antigua ciudad de Asia, en Mesopotamia. La caída de Ur en el año 2003 a. C. permitió que Babilonia predominara en la Baja Mesopotamia, especialmente a partir del reinado de Hammurabi (1793-50 a. C.), convirtiéndose en el mayor centro cultural de Oriente. En 1595 a. C. fue conquistada por los hititas y comenzó su decadencia, hasta que la dinastía caldea (626-539 a. C.) le devolvió su papel preponderante. Fue restaurada por Nabopolasar y Nabucodonosor. En 539 a. C. fue conquistada por Ciro y más tarde por Alejandro Magno (331 a. C.).

BABILÓNICO, CA adj. **1** Relativo a Babilonia. **2** fig. Fastuoso, ostentoso.

BABILONIO, NIA adj. y s. Natural de Babilonia.

BABINET, JACQUES Físico francés (Lusignan, 1794 - París, 1872). Inventó un goniómetro con un dispositivo para determinar el índice de refracción, un polariscopio, un higrómetro, una válvula de tres vías para máquinas neumáticas y un condensador óptico.

BABINEY m. Cuba Fangal, lodazal.

BABINGTON, JOSEPH Conspirador británico (Dethick, 1561 - Londres, 1586). Inducido por John Ballard, organizó una conspiración para asesinar a la reina Isabel I y colocar en el trono inglés a María Estuardo.

BABIRUSA m. Zool. Mamífero artiodáctilo de la familia suidos, de nombre científico Babyrussa babyrussa. Animal paquidermo, similar al jabalí. Vive en las selvas pantanosas de las islas Célebes, en Asia.

BABISMO m. Rel. Sistema religioso derivado del islamismo, fundado en Persia en el siglo XIX por Ali Muhammad al-Shirazi, llamado BAB. Constituyó una forma extremada del sufismo y un intento de reformar el Islam en un sentido menos riguroso y más abierto.

BABLE m. Ling. Variante del dialecto leonés que se habla en Asturias. Es el resto mejor conservado del antiguo leonés y de sus variedades fundamentales. Rico en léxico y más fiel que el castellano a la influencia latina, conserva muchas voces consideradas como anticuadas en éste.

BABOR m. Lado izquierdo de la embarcación mirando de popa a proa.

BABOSA f. **1** Zool. Nombre de diversos moluscos gasterópodos pulmonados terrestres, de la familia limácidos, género Limax. Carecen de concha y cuando se arrastran dejan abundante baba. **2** Veter. Cuba Enfermedad del ganado vacuno. **3** Zool. Venez. Especie de culebra.

BABOSEAR tr. **1** Llenar de babas. || intr. **2** fig. y fam. Obsequiar a una mujer con exceso.

BABOSO, SA adj. **1** Que echa muchas babas. También s. **2** fig. y fam. Adulador. También s. **3** fig. y fam. Se aplica al que no tiene edad y condiciones para lo que intenta. También s. **4** fig. Bobo.

BABUCHA f. Zapato ligero y sin tacón, usado principalmente por los árabes.

BABUINO m. Zool. Nombre común de cinco especies de mamíferos primates de la familia cercopitécidos, género Papio. Habitan en África central y occidental.

BABUJAL m. Cuba **1** Espíritu maligno que, según creencia popular, va por los campos y se introduce en las personas. **2** Persona que tiene un pacto con el diablo.

BABUNUCO m. Cuba Rodete de trapos, hojas o corteza de plantas que llevan en la cabeza los trabajadores para cargar bultos.

BABUR BABAR.

BABUVISMO m. Hist. y Polít. Doctrina de BABEUF y sus discípulos. De carácter igualitario, negaba la compatibilidad entre la igualdad y la existencia de propiedad privada.

BABUYANES Grupo de islas de Filipinas, al N de Luzón, formado por cinco islas y 14 islotes.

BABY BOOM (Expresión i.) Época de explosión demográfica que se produjo en Europa en los años sesenta y principios de los setenta del siglo XX.

BABY-SITTER (Voz i.) com. CANGURO, niñera.

BACA[1] f. Armazón en forma de parrilla que se coloca en el techo de los automóviles para llevar bultos.

BACA[2] f. Bot. Fruto o baya del laurel.

BACAB Mit. Cada uno de los cuatro dioses mayas que, asociados a los cuatro puntos cardinales, sostenían el universo.

BACACUÁ CURUZÚ CUATIÁ.

BACALADA f. Bacalao curado.

BACALADERO, RA adj. **1** Relativo a la pesca y comercio del bacalao. || m. **2** Barco destinado a la pesca del bacalao.

BACALADILLA f. Zool. Pez osteíctio de la familia gádidos, de nombre científico Micromesistius poutassou, que habita en el Mediterráneo y Atlántico y es apreciado como alimento.

BACALAO m. Zool. Pez osteíctio del orden gadiformes, de nombre científico Gadus morrhua. Es un pez de gran peso y tamaño, cuerpo fusiforme de color verde olíváceo. Vive formando grandes bancos en las aguas frías del Atlántico N. Su carne es muy apreciada. || **cortar el bacalao** fr. fig. y fam. Ser el que de hecho manda o dispone en un asunto.

bacalao

BACALL, LAUREN (BETTY JOAN WEINSTEIN, llamada) Actriz estadounidense (Nueva York, 1924). Fue pareja de Humphrey Bogart. Ha intervenido en Tener o no tener (1944), El sueño eterno (1946), Cayo Largo (1948), Cómo casarse con un millonario (1953), Asesinato en el Orient Express (1974), El amor tiene dos caras (1996) y Mis queridos compatriotas (1997).

BACANAL adj. **1** Perteneciente al dios Baco. Se aplica a las fiestas de carácter mistérico que celebraban los antiguos romanos en honor de este dios. Más como s. f. y en pl. || f. **2** fig. Orgía con mucho desorden y tumulto.

BACANTE f. Mujer que, en las antiguas Grecia y Roma, celebraba las fiestas bacanales.

BACARÁ o **BACARRÁ** m. Juego de naipes, de los llamados de azar, en que juega el banquero contra los puntos.

BÁCARA f. Bot. AMARO.

BACARAY m. Arg. y Urug. Ternero nonato.

BÁCARIS f. Bot. AMARO.

BACARRÁ m. BACARÁ.

BACAU Ciudad de Rumania, capital del distrito de su nombre; 206.995 h. Petróleo.

BACCARAT Ciudad de Francia, departamento de Meurthe y Mosela; 6.145 h. Famosas cristalerías fabricadas desde finales del siglo XVIII.

BACCHELLI, RICCARDO Escritor italiano (Bolonia, 1891 - Monza, 1985). Su principal obra es el ciclo novelístico Il mulino del Po, que comprende Dio ti salvi (1938), La miseria viene in barca (1939) y Mondo vecchio sempre nuovo (1940).

BACCIO D'AGNOLLO (llamado BARTOLOMEO D'AGNOLLO BAGLIONI) Arquitecto y escultor renacentista italiano (Florencia, 1462 - íd., 1543). Construyó los palacios Taddei y Bartolini y esculpió el coro de Santa Maria Novella en Florencia.

BACERA f. Veter. Enfermedad carbuncosa de los ganados que ataca el bazo.

BACH, JOHANN CHRISTIAN Compositor alemán, hijo de Johann Sebastian (Leipzig, 1735 - Londres, 1782). Fue compositor oficial del King's Theatre. Entre sus composiciones destacan Requiem en do menor y Amadís, tragedia lírica.

BACH, JOHANN CHRISTOPH FRIEDERICH Compositor y músico alemán, hijo de Johann Sebastian (Leipzig, 1732 - Bückeburg, 1795). Fue miembro de la capilla musical del conde von Schaumburg-Lippe, en Bückeburg. Entre sus obras destacan los oratorios (La infancia de Jesús; 1773), las cantatas (Casandra), los cánticos espirituales, el Concerto grosso en mi bemol y sus catorce sinfonías.

Johann Sebastian **Bach**. Biblioteca Musical (Lipsia).

BACH, JOHANN SEBASTIAN Compositor alemán (Eisenach, 1685 - Leipzig, 1750). Es considerado una de las mayores figuras de la historia de la música. En 1723 fue nombrado maestro de capilla de la iglesia de Santo Tomás de Leipzig y director musical de la universidad de dicha ciudad. Estuvo casado con su prima Barbara (1707-20) y con Anna Magdalena Wülcken (1721). Enriqueció su lenguaje musical aceptando todo lo esencial de épocas anteriores, particularmente el estilo de la polifonía antigua en su elemento formal, y dio forma definitiva a la fuga. Excepcionalmente fecundo, abarcó todos los géneros (cantatas, motetes, preludios, fugas, suites, sonatas, conciertos, misas, oratorios), salvo el teatral. Entre sus composiciones más conocidas figuran los Conciertos de Brandenburgo (1721), la Pasión según San Juan (1722) la Pasión según San Mateo (1729), Suites para orquesta (1730), Oratorios de Navidad (1734), Variaciones Goldberg (1742), *Misa en Si Menor* (1746), así como las obras teóricas *Ofrenda musical* y *El arte de la fuga* (1748-49).

Bach, Karl Philipp Emanuel Compositor alemán, hijo de Johann Sebastian y de su primera esposa (Weimar, 1714 - Hamburgo, 1788). En 1767 estrenó su más famosa obra, el *Magnificat.* En su producción vocal destacan sus oratorios, con un tratamiento casi prerromántico. Su aportación en la composición para cámara tuvo gran significación en el desarrollo de la sonata.

Bach, Wilhelm Friedemann Músico alemán, hijo primogénito de Johann Sebastian y de su primera esposa (Weimar, 1710 - Berlín, 1784). Entre su obra vocal destaca su *Misa breve en re menor* y la cantata navideña *Ehre sei Gott.* Pero sus mejores composiciones son para música de cámara, fugas y preludios para órgano y piezas para piano. Fue el compositor que dio forma definitiva a la sonata y al concierto de piano.

bachata f. *Cuba* y *P. Rico* Juerga, jolgorio.

bache m. **1** Hoyo que se hace en el pavimento de calles o caminos. **2** Interrupción accidental que se produce en una actividad continuada. **3** Desigualdad de la densidad atmosférica que determina un momentáneo descenso del avión. **4** fig. Abatimiento que se supone pasajero.

bachear tr. **1** Rellenar los baches. || prnl. **2** Llenarse una carretera de baches.

Bachelard, Gaston Filósofo francés (Bar-sur-Aube, 1884 - París, 1962). Centró sus investigaciones en la filosofía de la ciencia. Autor de *La valeur inductive de la relativité* (1929).

bachicha com. *Arg., Chile, Par.* y *Urug.* **1** Apodo con que se designa al italiano. || f. pl. **2** *Méx.* Resto o sobra de los cigarrillos que dejan los fumadores; colilla.

bachiche m. *Ecuad.* y *Perú* BACHICHA, inmigrante italiano.

bachiller com. Persona que estudia o ha terminado la enseñanza media.

bachillerato m. **1** Grado de bachiller. **2** Estudios necesarios para obtener dicho grado.

bacía f. Vasija pequeña, cóncava y en semicírculo, que usan principalmente los barberos para remojar la barba.

bacilar adj. **1** *Biol.* Relativo a los bacilos. **2** *Biol.* En forma de bastoncillo. **3** *Miner.* De textura en fibras gruesas.

bacilariofícea adj. *Biol.* **1** Se dice de las algas pertenecientes a la división crisófitas (algas doradas), de agua dulce y salada, caracterizadas por sus caparazones silíceos dobles, cuyas dos mitades o valvas encajan una dentro de otra. También conocidas como *diatomeas.* || f. pl. *Biol.* **2** Clase de estas algas.

bacillar m. Terreno plantado de viñedo que comienza a dar fruto.

Bacillus *Biol.* Género de bacterias del orden eubacteriales, familia baciláceas, con forma de bastón, reproducción por esporas y generalmente grampositivas. Algunas son móviles debido a la presencia de flagelos, y la mayoría aerobias. Viven en el suelo y en el aire, y se pueden dividir en saprófitas y patógenas.

bacilo m. *Biol.* Bacteria en forma de bastoncillo. Muchas especies de bacilos causan graves enfermedades al hombre y a los animales.

baciloscopia f. *Med.* Investigación de la presencia de bacilos en órganos o secreciones orgánicas, para establecer la etiología de una enfermedad.

bacilosis f. *Med.* Enfermedad causada por infección bacilar. ♦ Su pl. es *bacilosis.*

baciluria f. *Pat.* Presencia de bacilos en la orina.

bacín m. Orinal alto y delgado que se usaba antiguamente.

bacineta f. Bacía pequeña.

bacinica o **bacinilla** f. **1** BACINETA. **2** Bacín bajo y pequeño.

bacitracina f. *Quím.* Grupo de antibióticos polipeptídicos de acción similar a la penicilina, producidos por *Bacillus licheniformis* o por *B. subtilis.*

Back, sir George Geógrafo y explorador inglés (Stockport, 1796 - Londres, 1878). Descubrió la Tierra del Rey Guillermo y el río que lleva su nombre (1833).

back-up (Voz i.) m. *Inform.* **1** Procedimiento de copia de seguridad de los ficheros. **2** Recursos adicionales o copias de seguridad de los ficheros almacenados en un ordenador.

backgammon (Voz i.) m. Juego de mesa en el que dos jugadores recorren con sus fichas un tablero rectangular provisto en cada uno de sus lados mayores de doce triángulos.

background (Voz i.) m. **1** Trasfondo de algo. **2** Conocimientos y experiencia de una persona.

Backus, John Walter Matemático e informático estadounidense (Filadelfia, 1924). Diseñó el más antiguo de los lenguajes de alto nivel, el FORTRAN, cuya primera versión comercial apareció en 1957.

Baco *Mit.* Dios del vino de los romanos, asimilado al griego DIONISO. En su honor se celebraban las *bacanales*, fiestas místicas en las que sus adeptos se entregaban a orgías. Es un dios menor del panteón romano.

bacon (Voz i.) m. Anglicismo por PANCETA ahumada.

Bacon, Francis Pintor irlandés (Dublín, 1909 - Madrid, 1992). Fue uno de los fundadores del grupo «Nueva Generación». Tomó como base la figura humana, a la que enmarcó en armazones casi geométricos. Obras principales: *Tres estudios de figuras para la base de una crucifixión* (1944), *Estudio según el retrato del papa Inocencio X de Velázquez* (1953), *Los luchadores* (1980), etc.

Bacon, Francis, barón de Verulam Filósofo y político inglés (Londres, 1561 - íd., 1626). Es uno de los fundadores del método experimental; combatió la filosofía escolástica y exigió de la ciencia que ayudara al hombre a dominar la naturaleza. Sus ideas científicas están condensadas en su obra *Novum Organum* (1620). En la novela *Nova Atlantis* (1627) proyectó un Estado utópico científicamente organizado.

Bacon, Roger Filósofo y científico inglés (Ilchester, 1214 - Oxford, 1294). Monje franciscano. Defendió el método experimental, realizó estudios de óptica. También señaló los errores del calendario juliano, tres siglos antes de que fueran corregidos por el papa Gregorio XIII (1582). Escribió *Opus maius, Opus minum* y *Opus tertium.*

bacoreta f. *Zool.* Pez osteíctio perciforme de la familia escómbridos, de nombre científico *Euthynnus alleteratus.* Parecido al atún pero de menor tamaño, habita en el Mediterráneo y su carne es muy apreciada.

Bacquílides BAQUÍLIDES.

bacteria f. *Biol.* Nombre dado a cada uno de los integrantes de un grupo de microorganismos unicelulares procarióticos, sin núcleo diferenciado, y de tamaño que oscila entre 0,1 y 400 micras de longitud. Viven en el aire, el suelo, el agua, los animales y las plantas. Suelen ser las responsables de la putrefacción y descomposición de la materia orgánica, y algunas ocasionan enfermedades al hombre, los animales, las plantas, e incluso a otros microorganismos. **[Encic.]**

BIOL. Las bacterias presentan las siguientes estructuras consideradas desde fuera hacia dentro: *a)* flagelos: apéndices filiformes muy delgados presentes en algunas bacterias y en número variable según las especies. *b)* fimbrias: apéndices filamentosos más cortos y numerosos que los flagelos y que, a diferencia de éstos, no forman ondulaciones. No tienen función motora, sino de sujeción. *c)* cápsula: formación viscosa que rodea la pared celular en algunas bacterias, originada por la propia célula. Funciona como elemento protector. *d)* membrana plasmática, que separa el citoplasma del ambiente externo. *e)* citoplasma: material fluido que únicamente lleva ribosomas e inclusiones. *f)* mesosomas: sistemas membranosos presentes en algunas bacterias y que pueden intervenir en procesos fisiológicos o en la formación de otras estructuras celulares. *g)* vacuolas: estructuras reguladoras de la concentración osmótica y de los productos metabólicos. *h)* cuerpo nuclear difuso: que contiene el único cromosoma (doble hélice de ADN, en forma circular y no asociado a proteínas). *i)* granulaciones metacromáticas: gránulos de lípidos, glúcidos, volutina (metafosfatos y ácidos nucleicos libres), carbonato cálcico, azufre y hierro. *j)* otras inclusiones: las que soportan los enzimas respiratorios y los pigmentos fotosintéticos. La reproducción sexual puede efectuarse por conjugación, transformación o transducción. Las bacterias, según su forma, se clasifican en: bacilos (bastoncillos móviles), cocos (esféricos e inmóviles, aislados o en grupos), espirilos (en hélice o espiral, rígidos y móviles), espiroquetas (similares a los anteriores, pero más flexibles) y vibrios (en forma de coma y móviles).

bactericida adj. *Biol.* Que destruye las bacterias.

bacteriófago m. *Biol.* Virus que infecta a las bacterias y se reproduce con gran rapidez en su interior provocando la muerte de éstas. También denominado *fago.*

bacteriolisina f. *Biol.* Anticuerpo que actúa contra bacterias específicas, produciendo su lisis.

bacteriología f. *Biol.* Rama de la microbiología que estudia las bacterias.

bacteriólogo, ga m. y f. Persona que profesa la bacteriología o tiene en ella especiales conocimientos.

bacteriostático, ca adj. *Biol.* Se aplica a la sustancia que retarda o inhibe el crecimiento de las bacterias, pero sin producir su muerte.

bacteriotoxina f. *Biol.* **1** Toxina que destruye o inhibe el desarrollo de las bacterias. **2** Toxina producida por las bacterias.

Bactriana *Geog. hist.* Antigua región de Asia central, entre los actuales Turquestán e Irán. Su capital era Bactra, hoy Balkh.

bactriano, na adj. y s. De Bactriana, región de Asia central.

báculo m. **1** Cayado. **2** fig. Alivio y consuelo. **3** *Bot.* Hoja de un helecho circinado joven. **4** *Bot.* Especie de gancho de las células terminales en las hifas ascógenas. **5** *Zool.* Hueso del pene en mamíferos inferiores. **6** *Zool.* Concha plana y espiral. || **báculo pastoral** El de metal que usan los obispos, como símbolo de su autoridad.

bad lands (Expresión i. que significa *tierras malas.*) **1** *Ecol.* Zona árida y degradada, con escasa vegetación. **2** *Geol.* Tipo de morfología fuertemente abarrancada sobre materiales arcilloso-margosos.

badajo m. **1** Pieza que pende en el interior de las campanas, y con la cual se golpean éstas para hacerlas sonar. **2** fig. y fam. Persona habladora y necia.

badajocense o **badajoceño, ña** adj. y s. De Badajoz.

Badajoz 1 Provincia de España, en Extremadura; 21.657 km^2 y 664.625 h. La parte N, a excepción de las estribaciones del sistema de los Montes de Toledo, es llana y está atravesada por la cuenca del Guadiana. La parte S es montañosa, accidentada por Sierra Morena, con su derivación septentrional de la sierra de Tudia, cuyo pico de Tentudia (1.110 m) es el punto culminante de la provincia. La red hidrográfica consta del Guadiana y sus afluentes Zújar, Matachel y Ardila. El clima es seco y cálido. Producción agrícola (frutas, hortalizas, tabaco, algodón, cereales, vid) y ganadera. Industria agropecuaria y alimentaria.

badalonés, sa adj. y s. De Badalona.

badán m. *Zool.* Tronco del cuerpo en el animal.

badana f. **1** Piel curtida de carnero u oveja. **2** Tira de este cuero o de otro material, que se cose al borde interior de la copa del sombrero para evitar que se manche con el sudor. || m. **3** fam. Persona perezosa. Más en pl. || **zurrarle** a uno **la badana** fr. fig. y fam. Golpear a alguien o maltratarle de palabra.

badea f. **1** Sandía, melón o pepino de mala calidad. **2** fig. y fam. Persona floja. **3** fig. y fam. Cosa sin sustancia.

badén m. **1** Zanja que forma en el terreno el paso de las aguas llovedizas. **2** Cauce empedrado, que se hace en una carretera para dar paso a un corto caudal de agua. **3** Parte hundida de una carretera o camino, bache. **4** Rebaje de la acera para la salida y entrada de vehículos.

Baden *Geog. hist.* Antiguo Estado alemán. Gran Ducado en 1806, fue dividido en 1945 durante la ocupación: Baden Meridional, administrado por Francia, y Baden Septentrional, administrado por EE UU. Desde 1952, forma parte del Land Baden-Würtemberg.

Baden Baden Ciudad de Alemania, en el Land de Baden-Würtemberg; 40.800 h. Famosa estación termal.

Baden-Powell, Robert Militar y pedagogo británico (Londres, 1857 - Neri, Kenia, 1941). Tuvo a su cargo la defensa de Mafeking (1899-1900) contra los bóers. En 1908 fundó la institución cultural de los *boy-scouts* (ESCULTISMO).

Baden-Würtemberg Land de Alemania; 35.752 km^2 y 10.392.600 h. Su capital es Stuttgart. Se formó por fusión de los Land de Baden, Würtemberg-Baden y Würtemberg-Hohenzollern (1952). La principal actividad industrial se concentra en el Rhin (maquinaria, metalúrgica y automovilística).

Badía Municipio de España, provincia de Barcelona; 18.387 h.

badián m. *Bot.* Nombre común de dos especies de árboles de la familia magnoliáceas, género *Ilicium* (*I. verum* e *I. anisatum*). Tienen flores blancas y semillas aromáticas que se emplean en medicina y como condimento.

badiana f. *Bot.* **1** BADIÁN. **2** Fruto de este árbol.

badil m. Paleta de metal para mover la lumbre en las chimeneas y braseros.

badila f. BADIL.

Badile, Antonio Pintor italiano (Vicenza, h. 1518 - Verona, 1560). Fue maestro de El Veronés, su sobrino. Es autor de obras, en la iglesia de los Santos Nazzaro y Celso y en la de San Bernardino, Verona.

bádminton m. *Dep.* Juego de raqueta en el que se utiliza una pelota hemisférica de caucho en cuya cara plana lleva 14 ó 16 plumas, llamada *volante.*

Badoglio, Pietro Mariscal italiano (Grazzano Montferrato, 1871 - Roma, 1956). Fue gobernador de Libia (1928-33), comandante del cuerpo expedicionario de Abisinia (1935) y virrey de Etiopía (1936). A la caída de Mussolini se hizo cargo del gobierno (1943) y concluyó el armisticio con los aliados.

Badosa, Enrique Poeta español (Barcelona, 1927). Sus obras principales son *Mapa de Grecia* (1979) y *Epigramas confidenciales* (1989).

badulaque m. **1** Cosmético que se usaba en otro tiempo. **2** fig. y fam. Persona de poca razón. También adj.

Baecula, batalla de *Hist.* Episodio de la segunda guerra púnica en el que el ejército romano de Publio

Cornelio Escipión derrotó al cartaginés Asdrúbal Barca en la antigua ciudad española de este nombre (209 ó 208 a. C.).

BAEDEKER, KARL Editor alemán (Essen, 1801 - Coblenza, 1859). Estableció una editorial en Coblenza (1827), que posteriormente se trasladó a Leipzig, y se hizo famosa en todo el mundo por su colección de guías de viaje.

BAEKELAND, LEO HENDRIK Químico estadounidense de origen belga (Gante, 1863 - Beacon, Nueva York, 1944). Inventor de la baquelita y del primer papel fotográfico sensible a la luz artificial.

BAENA, JUAN ALFONSO DE Poeta español (Baena, 1406 - Córdoba, 1454). Judío converso, fue secretario de Juan II y compilador del cancionero de su nombre.

BAENERO, RA adj. y s. De Baena, Córdoba.

BAER, KARL ERNST VON Biólogo ruso de origen alemán (Gut-Piep, 1792 - Dorpat, 1876). Se le considera el fundador de la moderna embriología. Su obra principal es la *Historia del desarrollo en los animales* (1828-37).

BEYER, ADOLF VON Químico alemán (Berlín, 1835 - Starnberg, 1917). En 1905 recibió el premio Nobel de Química por sus trabajos en el campo de la química orgánica y sobre tintes orgánicos.

BÁEZ, BUENAVENTURA Militar y político dominicano (Azua, 1810 - Puerto Rico, 1884). Fue cinco veces presidente de la República (1849-53, 1856-57, 1865, 1868-73 y 1877). Rival del general Santana, en 1869 comenzó a negociar con los EE UU un tratado de anexión que fue rechazado por el Senado americano (1873).

BÁEZ, CECILIO Político, jurista y escritor paraguayo (Asunción, 1862 - íd., 1941). Fue presidente provisional de la República (1906-07) y varias veces ministro. Introdujo en su país los principios del positivismo. Autor de *Historia del Paraguay* (1910).

BAEZ, JOAN Cantante estadounidense (Staten Island, Nueva York, 1941). En la década de los sesenta se convirtió en una de las más brillantes representantes de la canción *folk*.

BAEZA FLORES, ALBERTO Escritor chileno (Santiago, 1914 - Miami, 1998). Autor de poesía, novela y biografía. De su obra destacan *Zona tórrida* (1958), *Cuba, el laurel y la palma* (1977) y *Poeta en el oriente planetario* (1981).

BAEZANO, NA adj. y s. De Baeza, Jaén.

BAFFIN, BAHÍA DE Mar del océano Glacial Ártico, entre Groenlandia, al E, y la Tierra de Baffin y North Devon, al O; 620.000 km² y 5.200 m de profundidad máxima.

BAFFIN, TIERRA DE Isla del N de Canadá (Territorios del Noroeste), en el archipiélago Ártico; 560.000 km² y 3.000 h. Poblada por esquimales. Actividad pesquera.

BAFFIN, WILLIAM Explorador inglés (Londres, 1584 - Ormuz, 1622). Exploró el mar que lleva su nombre, buscando el paso del Atlántico al Pacífico por el N de América.

BAFLE O **BAFFLE** (Voz i.) m. *Fís.* **1** Placa absorbente del sonido que se coloca en el interior de la caja de resonancia de los altavoces. **2** Por extensión, columna de altavoces de un equipo de alta fidelidad.

BAGA f. *Bot.* Cápsula que contiene las semillas del lino.

BAGÁ m. *Bot.* Árbol de la familia anonáceas, nativo de Cuba, cuyas raíces se usan como corcho.

BAGAJE m. **1** Conjunto de conocimientos que posee una persona. **2** Equipaje. **3** Equipaje militar de un ejército.

BAGATELA f. Cosa de poca sustancia y valor.

BAGAZA, JEAN BAPTISTE Militar y político de Burundi (Murambi, 1946). Presidente de la República tras derrocar a Micombero (1976), fue a su vez depuesto por un golpe militar en 1987.

BAGAZAL m. *Bot.* *Cuba* Terreno en que abundan los bagaes o bagás.

BAGAZO m. **1** Cáscara que queda después de extraída la linaza a la baga. **2** Residuo de un fruto tras ser exprimido. **3** En el proceso de fabricación de la cerveza y del ron, residuos vegetales de malta y de caña de azúcar. **4** *Arg., Bol.* y *Urug.* Incivil, bravo, indómito. **5** *Arg., Bol.* y *Urug.* Potro o caballo no domado.

BAGAZOSIS f. *Med.* Neumoconiosis originada por la inhalación de polvos de bagazo de caña de azúcar.

BAGDAD 1 Gobernación de Irak; 4.071 km² y 3.910.900 h. Regada por el Tigris y el Éufrates. Refinerías de petróleo. **2** Ciudad capital de Irak y de la gobernación de su nombre, a orillas del Tigris; 4.478.000 h. Centro industrial, comercial y de comunicaciones. Su época de esplendor comenzó conocerse cuando se convirtió en capital de los califas abasidas. Los británicos la tomaron en 1917 y en 1921 se convirtió en capital de Irak.

BAGRATÍ o **BAGRÁTIDA** adj. *Geneal.* De cierta dinastía que reinó en la Gran Armenia del 855 a 1064.

BAGRATIONOVSK Ciudad de Lituania, cerca de Kaliningrado; 7.500 h. Es la antigua *Eylau*, donde Napoleón venció a rusos y prusianos en 1807.

BAGRE m. *Zool.* Nombre de diversos peces teleósteos de la familia bágridos, género *Bagrus*. Viven en los ríos de los países cálidos o en el mar.

BAGUAL (De *Bagual*, cacique indio argentino.) m. *Zool. Amér.* Caballo asilvestrado.

BAGUARÍ m. *Zool.* Especie de cigüeña de Argentina.

BAGUÍO m. *Meteor.* Huracán o tifón en el archipiélago filipino.

BAGUR (*Begur*) Villa de España, provincia de Girona; 2.920 h. Centro turístico.

¡BAH! interj. con que se denota incredulidad o desdén.

BAHAMAS (*Commonwealth of the Bahamas*) Estado de América, integrado por el archipiélago de su nombre, en el Atlántico, situado al SE de la península de Florida; también llamado *Lucayas*.

GEOG. Se extiende en una línea de cerca de 1.400 km, entre la costa oriental de Florida y Haití. Está formado por unas 700 islas e islotes, de ellas 22 habitadas, entre las que destacan New Providence, donde se encuentra la capital, Andros (la mayor), Gran Ábaco, Gran Bahama y San Salvador. De escaso relieve, su clima es uniforme y moderadamente caluroso. Su principal fuente de ingresos es el turismo. Se cultiva caña de azúcar, ananás y sisal, y exporta crustáceos, sal, madera y ron.

HIST. Fueron descubiertas por Colón en su primer viaje cuando llegó a la isla de Guanahaní (Watling), que llamó San Salvador, nombrando a todo el archipiélago de las Lucayas. Los primeros colonos ingleses, proce-

Superficie: 13.939 km².
Población: 295.000 h. (bahameses).
Densidad: 29,3 h./km².
Tasa de natalidad: 20,7‰.
Tasa de mortalidad: 5,4‰.
Capital: Nassau.
Grupos étnicos: negros (80%), mulatos (10%) y blancos (10%).
Religión: protestantismo (75,2%), catolicismo (18,8%).
Idioma: inglés (oficial); se habla el criollo inglés.
Moneda: dólar de Bahamas.
Forma de Estado: monarquía constitucional.
Producto Nacional Bruto: 3.288 millones de dólares.
Renta per cápita: 11.380 dólares.
División administrativa: 19 islas y archipiélagos, según cuadro.

BAHAMAS

Islas y Archipiélagos	Superficie (km²)	Población (h.)
Gran y pequeño Abaco	1.681	10.034
Acklins	497	405
Andros	5.957	8.187
Islas Berry	31	628
Islas Bimini	23	1.639
Gato	388	1.698
Crooked y Cayo Largo	241	412
Eleuthera	484	7.993
Gran y Pequeña Exuma	290	3.556
Gran Bahama	1.373	40.898
Harbour	8	1.219
Gran y Pequeña Inagua	1.551	985
Long Island	596	2.954
Mayaguana	285	312
New Providence	207	172.196
Ragged	36	89
Cayo Rum	78	53
San Salvador	163	465
Spanish Wells	26	1.372
islas y cayos deshabitados	23	—

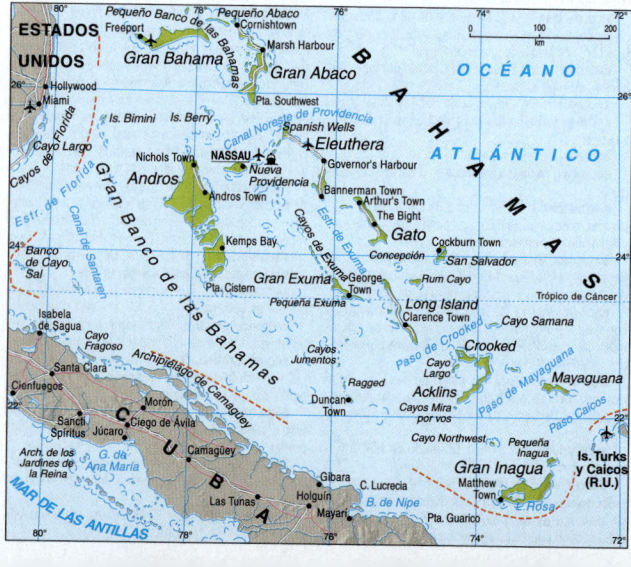

dentes de la isla de Bermuda, se instalaron en 1648 en la isla Eleuthera. La isla Nueva Providencia y casi todas las Bahamas fueron cedidas por Carlos II el Hechizado a lores propietarios de Carolina del Sur en 1670. Éstos las donaron a la metrópoli en 1717 y en 1728 recibieron una carta orgánica. Fueron ocupadas por la marina de EE UU en 1776, en 1782 por España, y recuperadas en 1783 por tropas leales al Reino Unido. La independencia se obtuvo el 10 de julio de 1973. En 1983 se incorporó al movimiento de los Países No Alineados. En 1992, Pindling fue sustituido por Hubert Ingraham, del Movimiento de Libertad Nacional, quien inició una reforma económica y social del país. En los comicios de 1997 venció nuevamente Ingraham, sustituido, tras las elecciones de mayo de 2002, por Perry Christie.

BAHARÍ m. *Zool.* Subespecie de HALCÓN común, ave rapaz diurna.

BAHÍA f. **1** *Geog.* Entrada de mar en la costa, de extensión menor que el golfo y mayor que la ensenada o caleta. **2** *Inform.* Espacio en la carcasa del ordenador destinado a la conexión de elementos periféricos.

BAHIA Estado oriental de Brasil; 567.295 km² y 12.541.675 h. Capital, Salvador.

BAHÍA BLANCA Ciudad de Argentina, cerca de la bahía de su nombre; 281.161 h. Puerto.

BAHÍA INÚTIL Bahía de Chile, en Tierra del Fuego.

BAHORUCO Provincia de la República Dominicana; 1.283 km² y 105.206 h. Capital, Neiba. Yacimiento de petróleo.

BAHR EL-ABIAD o **NILO BLANCO** Nombre que recibe un tramo del NILO, en Sudán.

BAHR EL-AZRAK o **NILO AZUL** Afluente del NILO.

BAHR EL-GHAZAL Río y zona pantanosa al S de Sudán. El río es el más importante afluente del Nilo. Parque natural.

BAHRAM Nombre de seis reyes persas de la dinastía sasánida, que reinaron entre los siglos III y VI.

BAHREIN (*Dawlat al-Bahrain*) Estado de Asia, constituido por el archipiélago del mismo nombre, en el golfo Pérsico.

◆ GEOG. El archipiélago, situado entre la costa oriental de Arabia Saudí y la península de Qatar, está formado por la isla de Bahrein (572 km²), la mayor y más importante, unida a la de Muharraq por un dique artificial, Sitrah, Umm Nasan, Hawar y otras menores. El clima es desértico. El 83% de la población es urbana. Destaca el cultivo de dátiles y arroz y la pesca, aunque su principal riqueza económica es el petróleo.

◆ HIST. Los primeros europeos que ocuparon Bahrein fueron portugueses, en 1507. En 1602 la conquistaron los persas, que fueron arrojados por los árabes del continente en 1783. En 1820, el Reino Unido se hizo cargo del control total del archipiélago, hasta que el 14 de agosto de 1971 el país proclamó su total independencia. Dos años después fue promulgada una constitución que establecía el sistema parlamentario y una monarquía presidida por el emir Isa bin Sulman al-Jalifa. En 1981 fracasó un intento de complot, protagonizado por 73 militares chiítas, que pretendían derribar la monarquía e instaurar una república islámica. En 1987, durante el recrudecimiento del conflicto entre Irán e Irak, Bahrein cobró gran importancia por ser una de las bases estadounidenses más importantes en el Golfo. La guerra en Kuwait, en 1991, afectó enormemente a la economía de Bahrein. En 1992, el emir Isa bin Sulman al-Jalifa creó un consejo consultivo formado por treinta personas, elegidas por él mismo. La oposición, capitalizada por la minoría chiíta, inició una campaña en la que reclamaba el restablecimiento de la constitución de 1973 y la reapertura del Parlamento. En 1996 se generalizó un clima de violencia que condujo a la declaración de la ley marcial. En 1999 murió el emir Isa bin Sulman al-Jalifa. Le sustituyó su hijo Hamad Issa. En 2001 se celebró un referéndum en el que se decidió establecer un sistema parlamentario, suprimido desde 1975. En 2002 el emir Hammad Issa se proclamó a sí mismo rey. En octubre de ese mismo año se celebraron elecciones legislativas en las que vencieron los candidatos independientes.

BAHREIN

Regiones Municipalidades Islas	Superficie (km²)	Población (h.)
al-Gharbiyah	156,1	22.034
al-Hadd	6	8.610
Jidd Hafs	21,6	44.769
al-Manamah	25,8	136.999
al-Muharraq	16	74.245
ar-Rifa	291,6	49.752
ash-Shamaliyah	36,8	33.763
ash-Sharqiyah		3.242
Sitrah	28,8	36.755
al-Wusta	35,2	34.304
Hammad	13,1	29.055
Madinat Isa	12,4	34.304
Hawar y otras	50,6	—

Superficie: 694 km².
Población: 691.000 h. (bahriníes).
Densidad: 995,3 h./km².
Tasa de natalidad: 21,2‰.
Tasa de mortalidad: 3,9‰.
Capital: al-Manamah.
Ciudades principales: al-Muharraq, Jiddhafs, Rifaa.
Grupos étnicos: árabes (63,6%), hindúes, iraníes y paquistaníes (30,3%), europeos (1,2%).
Religión: islamismo (81,8%), cristianismo (8,5%), otras (9,7%).
Idioma: árabe (oficial) e inglés.
Moneda: dinar de Bahrein.
Forma de Estado: monarquía (emirato).
Producto Nacional Bruto: 4.909 millones de dólares.
Renta per cápita: 7.640 dólares.
División administrativa: 10 regiones, 2 municipalidades y varias islas, según cuadro.

BAHT m. Unidad monetaria de Tailandia.

BAIA Villa de Italia, provincia de Nápoles; 2.291 h. Ruinas de los baños de Nerón, palacio de Julio César y templos de Diana, Venus y Neptuno.

BAÏF, JEAN ANTOINE DE Poeta francés (Venecia, 1532 - París, 1589). Autor de *Les amours de Méline* (1552), *L'amour de Francine* (1555), *Étrennes de la poésie française* (1574) y *Mimes, enseignements et proverbes* (1576).

BAIKAL Lago de la Federación de Rusia, que desemboca en el Yenisei; 31.500 km². Es el más profundo de la Tierra (1.741 m).

BAILA f. *Zool.* RAÑO, pez.

BAILAOR, RA m. y f. Bailarín o bailarina profesional de flamenco.

BAILAR intr. **1** Mover el cuerpo, pies y brazos, al ritmo de la música. También tr. **2** Moverse una cosa sin salir de un espacio determinado. **3** RETOZAR, excitarse con las pasiones. || **otro que tal baila** expr. fig. y fam. con que se da a entender que una persona se parece a otra en un vicio.

BAILARÍN, NA adj. y s. **1** Que baila. || m. y f. **2** Persona que ejercita o profesa el arte de bailar.

BAILE[1] m. **1** Acción de bailar. **2** Serie de movimientos que hacen los que bailan. **3** Festejo en que se baila. **4** Espectáculo teatral en que se ejecutan varias danzas. **5** fig. Alteración por error del orden de algo. **6** fig. Cambios reiterados de algo en su configuración o de personas en relación con el puesto u orden que ocupaban. || **BAILE DE SAN VITO** *Med.* Nombre vulgar de varias enfermedades convulsivas, especialmente el COREA, así llamadas porque se invocaba a este santo para remediarlas.

BAILE[2] m. *Hist.* Antiguamente, juez ordinario o magistrado de menor categoría que la del veguer en la Corona de Aragón.

BAILEY, SOLON IRVING Astrónomo estadounidense (Lisbon, 1854 - Hannover, 1913). Descubrió fotográficamente que varios cúmulos globulares contienen estrellas variables y determinó las distancias de dichos cúmulos.

BAILLY, PERLAS DE *Astron.* Fenómeno que se produce unos segundos antes de completarse un eclipse total de Sol, y que consiste en la aparición de una serie de puntos brillantes en el halo oscuro que avanza en la Luna.

BAILONGO m. *Amér.* Baile de poca importancia pero divertido.

BAILOTEAR intr. Bailar mucho y sin formalidad.

BAINVILLE, JACQUES Historiador y periodista francés (Vincennes, 1879 - París, 1936). Autor de *Historia de Francia* (1924) y *Napoleón* (1932).

BAIRD, JOHN LOGIE Físico inglés (Helensburgh, Escocia, 1888 - Bexhill-on-Sea, Sussex, 1946). Se le considera el inventor de la televisión, ya que su proyecto dio origen a la primera transmisión (1926), realizada en Londres.

BAIRE *Hist.* Lugar de Cuba donde comenzó la definitiva guerra de Independencia (febrero de 1895).

BAIRIKI Población capital de Kiribati, situada en la isla de Tarawa; 2.226 h.

BAIVEL m. Escuadra falsa con uno de sus brazos recto y el otro curvo.

BAJA f. **1** Descenso o disminución de algo, como el precio, valor, temperatura, estimación, presión, etc. **2** *Mil.* Pérdida o falta de un individuo. **3** Acto de abandonar un individuo o una entidad una actividad, profesión, cuerpo, trabajo, etc. **4** Acto de cesar en la actividad laboral una persona enferma y documento que lo acredita. **5** *Meteor.* CICLÓN. || **dar de baja** fr. Cumplir las formalidades necesarias para poner a alguien o algo en situación de baja.

BAJÁ m. En Turquía, antiguamente, el que obtenía un cargo semejante al de virrey. Hoy es un título honorífico. ◆ Su pl. es *bajaes.*

BAJA CALIFORNIA Península occidental de México, separada del continente por el golfo de California. Está ocupada por los Estados de Baja California Norte y Baja California Sur.

BAJA CALIFORNIA Estado occidental de México, situado en la parte N de la península de su nombre; 70.113 km² y 2.241.029 h. Capital, Mexicali. Minería.

BAJA CALIFORNIA SUR Estado occidental de México, situado en la parte S de la península de su nombre; 73.475 km² y 387.430 h. Capital, La Paz. Minas de cobre, oro y plata.

BAJA SAJONIA SAJONIA, BAJA.

BAJA VERAPAZ Departamento de Guatemala; 3.124 km² y 203.430 h. Capital, Salamá. Plantaciones de algodón y café.

BAJACALIFORNIANO, NA adj. y s. De la Baja California, México.

BAJADA f. **1** Acción de bajar. **2** Camino por donde se baja desde alguna parte. || **BAJADA DE AGUAS** Canal o conjunto de caños que en un edificio recogen el agua llovediza y le dan salida. || **BAJADA DE BANDERA** Tarifa inicial fija que se paga en los taxis independiente del importe del recorrido y de los suplementos.

BAJAMAR f. **1** Nivel más bajo alcanzado por el mar al término del reflujo de la marea. **2** Tiempo que dura esta marea.

BAJANTE amb. **1** Tubería de desagüe. || f. **2** *Amér.* Descenso del nivel de las aguas.

BAJAQUILLO m. *Bot.* Arbusto de la familia compuestas, de nombre científico *Baccharis halimifolia.* Crece en las regiones pantanosas del sur de EE UU, México y América Central.

BAJAR intr. **1** Ir desde un lugar a otro que esté más bajo. También prnl. **2** Disminuirse alguna cosa. || tr. **3** Poner alguna cosa en lugar inferior. **4** Rebajar el nivel. **5** APEAR. También intr. y prnl. **6** Inclinar hacia abajo. **7** Disminuir la estimación, precio o valor de alguna cosa. **8** fig. Humillar, abatir. También prnl. **9** *Mús.* Descender en el sonido desde un tono agudo a otro más grave. || prnl. **10** Inclinarse uno hacia el suelo.

BAJAREQUE m. *Cuba* **1** Bohío, choza. **2** *Amér. C., Col., Cuba, Ecuad., Dom.* y *Venez.* Pared de cañas y barro.

BAJEL m. BUQUE, barco.

BAJER, FREDERIK Publicista danés (Nästved, 1837 - Copenhague, 1922). Fue presidente de la Oficina General de la Paz, en Berna. En 1908 compartió el premio Nobel de la Paz con K. P. Arnoldson.

BAJERA f. **1** fam. Diarrea, flujo de vientre. **2** *Amér.* Hojas de la planta del tabaco que son de mala calidad. **3** *Arg.* y *Urug.* Manta que se coloca sobre el lomo del caballo para ensillarlo.

BAJERO, RA adj. Que se usa debajo de otra cosa.

BAJEZA f. **1** Hecho vil o indigno. **2** fig. Abatimiento, humillación.

BAJIAL m. *Perú* Lugar bajo que se inunda en el invierno.

BAJINIS, POR LO loc. adv. En voz baja.

BAJÍO m. **1** Área de escasa profundidad, de constitución arenosa, en los mares, ríos y lagos. **2** *Amér.* Terreno bajo.

BAJISTA com. **1** Músico que toca el bajo. **2** Persona que juega a la baja en la bolsa.

BAJO, JA adj. **1** De poca altura. **2** Que está en lugar inferior. **3** Inclinado hacia abajo. **4** Hablando de colores, poco vivo. **5** *Met.* Se dice del oro y de la plata de poca pureza. **6** Se dice de la temperatura, presión, etc., cuando tienen un valor inferior al ordinario. **7** Se dice de la fiesta movible que cae más pronto que otros años. **8** Se dice de las clases sociales más humildes. **9** fig. Humilde, despreciable, abatido. **10** fig. Dicho del precio de las cosas, corto, poco considerable. **11** fig. Tratándose de sonidos, GRAVE. **12** fig. Que no se oye de lejos. || m. **13** Sitio o lugar hondo. **14** En los mares y ríos navegables, elevación del fondo que dificulta o impide la navegación. **15** Casco de las caballerías. Más en pl. **16** Dobladillo de la parte inferior de la ropa. **17** Piso bajo de las casas que tienen dos o más. **18** *Mús.* Voz e instrumento que produce los sonidos más graves de la escala. **19** *Mús.* Persona que tiene esa voz, o que toca ese instrumento. || m. pl. **20** Parte inferior del traje de las mujeres. **21** Manos y pies del caballo. || adv. l. **22** ABAJO. || adv. m. **23** En voz baja. || prep. **24** DEBAJO DE. || **BAJO CANTANTE** *Mús.* Barítono de voz tan robusta como la del bajo. || **BAJO CIFRADO** o **NUMERADO** *Mús.* Parte de bajo sobre cuyas notas se escriben números y signos que determinan la armonización correspondiente. || **BAJO PROFUNDO** *Mús.* Cantante cuya voz excede en volumen y gravedad a la ordinaria de bajo. || **por lo bajo** loc. adv. fig. Recatada o disimuladamente.

BAJÓN m. **1** aum. de BAJA. **2** fig. y fam. Notable disminución en el caudal, la salud, las facultades intelectuales, etc.

BAJONADO m. *Zool.* Pez de Cuba parecido a la dorada.

BAJONAZO m. **1** aum. de BAJÓN. **2** Bajón en la salud, caudal, facultades, etc. **3** *Taurom.* Estocada excesivamente baja.

BAJORRELIEVE m. *Escult.* Técnica escultórica en la que los ornamentos o figuras esculpidos en relieve resaltan poco del plano.

BAJTIN, MIJAIL MIJAILOVICH Crítico literario ruso (Orel, 1895 - Moscú, 1975). Considerado un antiformalista, pretendió demostrar la necesidad de un análisis socio-ideológico de las formas del lenguaje. Obras principales: *El freudianismo* (1925), *Los problemas de la poética de Dostoievski* (1929) y *La cultura popular en la Edad Media y el Renacimiento* (1965).

BAJURA f. Falta de elevación. || **PESCA DE BAJURA** PESCA DE BAJURA.

BAKALAO m. *Mús.* Estilo musical surgido a principios de la década de los noventa, usado como música de baile, que se basa casi exclusivamente en una base rítmica simple, contundente y reiterativa.

Leon **Bakst.** Diseño de vestuario para danza persa.

BAKEMA, JAKOB Arquitecto holandés (Groninga, 1914 - Amsterdam, 1995). Realizó el pabellón de los Países Bajos para la Exposición Universal de París (1937) y junto con Van den Brock inició la reconstruccción del centro de Rotterdam (1948).

BAKER Atolón de Oceanía, al SO de Honolulú, que constituye una posesión de EE UU; 2,18 km². Fue descubierta en 1832 por el marino estadounidense, Michael Baker.

BAKER, JANET Cantante lírica británica (Herdfordshire, 1933). Trabajó para recuperar las óperas antiguas y fue partidaria de géneros como la cantata y el oratorio.

BAKER, JAMES Político estadounidense (Houston, Texas, 1930). Secretario de Estado durante el mandato de George Bush, impulsó el proyecto de paz en Oriente Medio. En 1997, medió ante el gobierno marroquí y el Frente Polisario para desbloquear la negociación sobre el referéndum del Sahara.

BAKER, JOSEPHINE Bailarina francesa de origen estadounidense (Saint Louis, 1906 - París, 1975). Alcanzó gran celebridad en espectáculos y revistas por su mímica expresiva y sus bailes exóticos.

BAKER, SAMUEL WHITE Explorador británico (Thorngrove, 1821 - Sandford Orleigh, 1893). Tras seguir el curso del Nilo durante un año descubrió un lago, desconocido hasta entonces por los geógrafos, al que bautizó como lago Alberto (1864).

BAKHTARAN KERMASHARÁN.

BAKR, AHMED HASSAN EL Político iraquí (Takrit, 1941 - Bagdad, 1982). Militante del Baas, tras el golpe de Estado de 1963 fue primer ministro durante unos meses y vicepresidente de la República (1963-64). Dirigió el golpe de Estado contra Aref (1968) y se hizo con el poder. En 1979 se retiró y le reemplazó su sobrino, Saddam Hussein.

BAKST, LEON (LEV ROSEMBERG, llamado) Pintor y escenógrafo ruso (San Petersburgo, 1866 - París, 1924). Fue uno de los creadores de los famosos ballets rusos, a los que dio gran prestigio con sus magníficas decoraciones.

BAKÚ Ciudad capital de la república de Azerbaiyán, junto al mar Caspio; 1.727.200 h. Centro de una rica zona petrolífera.

BAKUNIN, MIJAIL ALEKSANDROVICH Revolucionario ruso (Torzk, 1814 - Berna, 1876). Participó en los movimientos revolucionarios de 1848 y fue encarcelado en Rusia. Escapó de Siberia y se estableció en Londres. Con su grupo, la Alianza de la Democracia Social, se adhirió a la Primera Internacional, donde dirigió la facción opuesta a Marx que fue expulsada de la Internacional en 1872. Sus obras se convirtieron en la fuente teórica del anarquismo: *El catecismo revolucionario* (1866), *El Estado y la anarquía* (1873) y *Dios y el Estado* (1882).

BAKWANGA MBUJI-MAYI.

BALA f. **1** Proyectil que disparan las armas de fuego. **2** Fardo apretado de mercaderías. || m. fam **3** Persona alocada y de poco juicio. || **BALA PERDIDA** La que va a dar en un punto alejado de aquel adonde el tirador quiso dirigirla. También, fig. y fam., TARAMBANA, sin juicio. || **como una bala** expr. fig. y fam. con que se pondera la presteza y velocidad con que camina o va de una a otra parte una persona o cosa. || **tirar con bala** loc. fig. y fam. Hablar con mala intención.

BALAAM Personaje bíblico. Adivino al servicio del rey de Moab.

BALACERA f. *Amér.* Tiroteo.

BALADA f. **1** *Lit.* Composición poética de tono sentimental en la que se refieren sucesos legendarios o tradicionales. **2** *Lit.* Composición poética provenzal dividida en estrofas de varia rima que terminan en un mismo verso. **3** *Mús.* Canción de ritmo lento y de carácter popular, cuyo asunto es generalmente amoroso.

BALADÍ adj. De poco valor o aprecio. ♦ Su pl. es *baladíes.*

BALADIYA f. División administrativa de Libia.

BALADRE m. *Bot.* ADELFA.

BALADRÓN, NA adj. Fanfarrón que presume de valiente.

BALADRONADA f. Hecho o dicho propio de baladrones.

BALAGARIENSE adj. y com. De Balaguer, Lleida.

BÁLAGO m. **1** Paja larga de los cereales después de quitarle el grano. **2** Paja trillada. **3** Espuma del jabón.

BALAGUER, JOAQUÍN Político dominicano (Santiago, 1906 - Santo Domingo, 2002). En 1957 fue elegido vicepresidente de la República y tres años después asumió la presidencia tras la renuncia de Héctor Trujillo. Dimitió de su cargo en 1962, como consecuencia de un movimiento cívico-militar. Ocupó de nuevo el cargo en los periodos 1966-70, 1974-78, 1986-90, 1990-94 y 1994-96.

BALAITOUS Pico de los Pirineos aragoneses en la frontera con Francia; 3.144 m de altura.

BALAJ o **BALAJE** m. *Min.* Rubí de color morado.

BALAKIREV, MILI ALEXEIEVICH Compositor ruso (Nizhny Novgorod, 1836 - San Petersburgo, 1910). Discípulo de Glinka, de su producción destacan las *Oberturas españolas* (1857 y 1886), *Islamey* (1869), y los poemas sinfónicos *Támara* (1860-62) y *Rusia* (1882-87).

BALAKLAVA Población de la República de Ucrania, en Crimea, a orillas del mar Negro. Batalla entre rusos y turcos, aliados a ingleses y franceses, durante la guerra de Crimea (octubre, 1854). En ella se produjo la célebre carga de la caballería ligera inglesa.

BALALAICA (Del ruso *balalaika.*) f. *Mús.* Instrumento musical de origen ruso parecido a la guitarra, pero con caja de forma triangular.

BALANCE m. **1** Movimiento que hace un cuerpo, inclinándose ya a un lado, ya a otro. **2** fig. Vacilación, inseguridad. **3** *Econ.* Confrontación del activo y el pasivo para averiguar el estado de los negocios. **4** *Econ.* Estado demostrativo del resultado de dicha operación. **5** *Mar.* Movimiento que hace la nave de babor a estribor, o al contrario. || **BALANCE ÁCIDO-BÁSICO** *Fisiol.* Equilibrio entre ácidos y bases en el organismo.

BALANCEAR intr. **1** Dar o hacer balances. También prnl. **2** fig. Dudar, estar perplejo en la resolución de alguna cosa. **3** Poner en equilibrio.

BALANCHINE, GEORGE (GEORGE MELITONOVICH BALANCHIWADZE, llamado) Bailarín y coreógrafo estadounidense de origen ruso (San Petersburgo, 1904 - Nueva York, 1983). Fue coreógrafo de los ballets rusos de Montecarlo (1932). En 1933 se trasladó a EE UU, donde fundó el New York City Ballet (1948).

BALANCÍN m. **1** Diminutivo de BALANZA de pesar. **2** Columpio para niños. **3** Palo largo que usan los volatineros para mantenerse en equilibrio. **4** Mecedora. **5** Asiento colgante cubierto de toldo. **6** Madero paralelo al eje de las ruedas delanteras de un carruaje.

BALANDIER, GEORGE Sociólogo y antropólogo francés (Aillevillers, 1920 - París, 1995). Planteó la necesidad de construir una sociología y antropología dinámicas. Autor de *Sociologie actuelle de l'Afrique Noire* (1955) y *Sociologie pluraliste et pluralisme sociologique* (1986).

BALANDRA f. *Mar.* Embarcación pequeña con cubierta y sólo un palo.

BALANDRÁN m. Vestidura talar ancha y con esclavina que suelen usar los eclesiásticos.

BALANDRO m. *Mar.* **1** Balandra pequeña. **2** Barco pescador que se usa en Cuba.

BALANITIS f. *Med.* Inflamación del glande del pene, asociada normalmente con la del prepucio.

BÁLANO o **BALANO** m. **1** *Anat.* Parte extrema del órgano sexual masculino. **2** *Zool.* Crustáceo cirrópodo que vive fijo sobre las rocas.

BALANOGLOSO m. *Zool.* Nombre dado a varias especies de invertebrados marinos de vida libre, pertenecientes a la clase enteropneustos, género *Balanoglossus.* Se caracterizan por poseer una trompa que les sirve para excavar galerías en la arena y el lodo.

BALANTIDIASIS o **BALANTIDIOSIS** f. *Med.* Infección intestinal del hombre y los animales.

BALANZA f. **1** Instrumento que sirve para pesar. **2** fig. Comparación que el entendimiento hace de las cosas. || **BALANZA DE BRAZOS** *Quím.* Aquella en que el peso de la muestra contribuye a equilibrar el brazo. || **BALANZA**

COMERCIAL *Econ.* Estado comparativo de la importación y exportación de un país. || BALANZA DE COTTON *Fís.* La empleada para medir la intensidad de un campo magnético. || BALANZA DE CURIE *Fís.* La empleada para medir las propiedades magnéticas de los materiales no magnéticos. || BALANZA ELECTRODINÁMICA *Fís.* Aparato de precisión para la medida de corrientes eléctricas. || BALANZA DE INDUCCIÓN *Fís.* Red eléctrica o puente utilizado para medir la inductancia. || BALANZA DE MOHR *Quím.* La empleada para determinar el peso específico. || BALANZA DE PAGOS *Econ.* Estado comparativo de los cobros y pagos exteriores de una economía nacional. || BALANZA DE TORSIÓN *Fís.* La empleada para medir fuerzas pequeñas, como las de magnetismo o gravitación, o cargas eléctricas. || **inclinar la balanza** fr. Decantar un asunto a favor de alguien o de algo. También prnl.

BALAR intr. Dar balidos.

BALARRASA m. fig. y fam. **1** Aguardiente fuerte. **2** fig. y fam. TARAMBANA.

BALASTO o **BALASTRO** m. Capa de grava que se tiende sobre la explanación de los ferrocarriles o carreteras.

BALATÓN Lago del centro-oeste de Hungría; 591 km². Está comunicado con el Danubio mediante un canal. Importantes centros turísticos en su orilla N.

BALAUSTA f. *Bot.* Tipo de fruto carnoso, indehiscente, dividido en celdillas, con muchas semillas y un pericarpo duro, como la granada.

BALAUSTRA f. *Bot.* Especie de granado de flores dobles y color muy vivo.

BALAUSTRADA f. Serie de balaustres o pequeñas columnas que forman una barandilla.

BALAUSTRE o **BALAÚSTRE** m. Cada una de las pequeñas columnas de las barandillas, balconadas, etc.

BALAY m. **1** *Amér.* Cesta de mimbre. **2** *Col.* y *Cuba* Plato de madera con que se avienta el arroz antes de cocerlo.

BALAZO m. **1** Impacto de la bala disparada con arma de fuego. **2** Herida causada por una bala.

BALBÁS, JERÓNIMO DE Arquitecto español (Andalucía, ? - México, h. 1750). Introdujo en México las tendencias más avanzadas del Barroco. Autor del retablo mayor de la iglesia del Sagrario, en Sevilla, y del retablo de la capilla de los Reyes de la catedral de México.

BALBÍN, RICARDO Político y jurisconsulto argentino (Buenos Aires, 1904 - La Plata, 1981). Diputado en varias legislaturas, fue encarcelado por Perón (1949). Fundador y presidente de la Unión Cívica Radical del Pueblo, fue candidato a la presidencia de la República en 1951, 1958 y 1973.

BALBINO, DÉCIMO CELIO Emperador romano (?, 178 - ?, 238). Elegido emperador por el Senado en el periodo de la Anarquía Militar (238), fue asesinado poco después por los pretorianos.

BALBO, CESARE Historiador y político italiano (Turín, 1789 - íd., 1853). Destacó como pensador y literato de carácter patriótico. Autor de *Speranze d'Italia* (1844).

BALBOA (Del nombre del conquistador *Vasco Núñez de Balboa.*) m. Unidad monetaria de Panamá.

BALBOA, SILVESTRE DE Poeta español (Gran Canaria, h. 1570 - Puerto Príncipe, h. 1640). Autor de *Espejo de paciencia* (1606), poema épico en octavas reales considerado una de las primeras obras de la poesía hispanoamericana.

BALBOA, VASCO NÚÑEZ DE NÚÑEZ DE BALBOA, VASCO.

BALBUCEAR intr. BALBUCIR.

BALBUCEO m. Acción de balbucear.

BALBUCIR intr. Hablar o leer con pronunciación dificultosa, trastocando a veces las letras o las sílabas. ♦ DEF. Véase cuadro. Las formas que no se conjugan (la primera persona del singular del presente de indicativo, todo el presente de subjuntivo y las personas del imperativo que no figuran en el cuadro) se suplen con las del verbo BALBUCEAR.

BALBUCIR

INDICATIVO
Pres.: balbuces, balbuce, balbucimos, balbucís, balbucen.
Pret. imperf.: balbucía, balbucías, etc.
Pret. indef.: balbucí, balbuciste, etc.
Fut. imperf.: balbuciré, balbucirás, etc.
Condic.: balbuciría, balbucirías, etc.
SUBJUNTIVO
Pret. imperf.: balbuciera, balbucieras, etc., o balbuciese, balbucieses, etc.
Fut. imperf.: balbuciere, balbucieres, etc.
IMPERATIVO: balbuce, balbucid.
PARTICIPIO: balbucido.
GERUNDIO: balbuciendo.

BALBUENA, BERNARDO DE Escritor español (Valdepeñas, 1568 - Puerto Rico, 1627). Fue abad de Jamaica y obispo de Puerto Rico. Escribió *Grandeza mexicana* (1604), *Siglo de Oro en las selvas de Erífile* (1608) y *El Bernardo o Victoria de Roncesvalles* (1624).

BALCANES *Geog. hist.* Región histórica que engloba la península de los Balcanes y parte de Rumania. Sus primeros pobladores procedían de Asia Menor. A continuación se produjeron oleadas de pueblos indoeuropeos (jonios, micénicos, aqueos y dorios). Macedonia sufrió las invasiones de tracios e ilirios y llevó a cabo el primer intento de unificación. Roma incorporó los Balcanes a su imperio, y, al dividirse, Dalmacia quedó bajo el influjo occidental y el resto en la *pars orientalis*. Desde fines del siglo VI pueblos eslavos cruzaron el Danubio y se asentaron en la región. De entre ellos destacan los serbios, evangelizados por Cirilo y Metodio. En el siglo XI surgió el principado de Serbia. Los búlgaros se establecieron en Macedonia, hasta su anexión (1018) por el imperio bizantino. A mediados del siglo XIV, Juan Cantacuceno, prefecto de Tracia, se alió a los turcos en las luchas que sostenía en los Balcanes, facilitándoles la entrada. Búlgaros y serbios, unidos para frenar a los turcos, fueron derrotados en Kosovo (1389). Los turcos fueron ocupando territorios balcánicos y los integraron en mayor o en menor medida en el imperio otomano. Su decadencia provocó la disputa de la hegemonía en los Balcanes por parte de las potencias europeas. Grecia se levantó en 1820, y en 1830 consiguió su independencia. Serbia lo hizo en 1815, pero la falta de apoyo ruso mantuvo la situación hasta 1867. El Congreso de Berlín (1878) reconoció la independencia de Serbia y Montenegro. Bulgaria, tras la victoria rusa en la guerra con Turquía, logró la independencia con el tratado de San Estéfano, pero las potencias europeas la fraccionaron hasta su unión definitiva en 1886. La PRIMERA y SEGUNDA GUERRA BALCÁNICA produjeron la retirada definitiva de los turcos. Tras la Primera Guerra Mundial, serbios, croatas, eslovenos y montenegrinos constituyeron Yugoslavia. Albania fue ocupada por Italia hasta que, en 1920, se restauró la monarquía. Al finalizar la Segunda Guerra Mundial, la influencia soviética se vio reflejada en la implantación de regímenes comunistas en todos los países balcánicos con la excepción de Grecia. Desde 1989, éstos siguieron un proceso democratizador de diversa intensidad. Resurgieron antiguos problemas étnicos, que provocaron la desintegración de Yugoslavia, la constitución de nuevas repúblicas (Eslovenia, Croacia, Macedonia, Bosnia-Herzegovina y la Federación Yugoslava, actual Serbia y Montenegro), la guerra civil en Bosnia (1992-95) y la guerra de Kosovo, en 1999.

BALCANES Sistema orográfico de Europa, que se extiende en una longitud de 600 km al S del curso inferior del Danubio. Es una continuación de los Alpes de Transilvania. Su máxima altura es el Botev (2.376 m).

BALCANES, PENÍNSULA DE LOS Península del SE de Europa, entre el Danubio y el Sava al N, los mares Jónico y Adriático al O, y Negro, Mármara y Egeo al E; 550.000 km². Comprende los países de Grecia, Albania, Macedonia, Serbia y Montenegro, Bulgaria y Turquía europea.

BALCÁNICA, PRIMERA GUERRA *Hist.* Con el deseo de oponerse a la política xenófoba de los Jóvenes Turcos, Serbia, Bulgaria, Grecia y Montenegro declararon la guerra a Turquía (1912), que resultó derrotada y perdió Creta y los territorios situados al O de la línea Enos-Midia en el tratado de Londres (1913).

BALCÁNICA, SEGUNDA GUERRA *Hist.* El reparto de los territorios tomados a los turcos en la Primera Guerra Balcánica fue causa de la declaración de guerra de Bulgaria contra sus antiguos aliados (1913), a los que se unió Turquía y, más tarde, Rumania. Derrotada Bulgaria, cedió ese mismo año por el tratado de Bucarest Dobrudja a Rumania y parte de Macedonia a Grecia y Serbia.

BALCARCE, ANTONIO GONZÁLEZ Militar argentino (Buenos Aires, 1774 - íd., 1819). Combatió en la guerra de Independencia española. De regreso a América, dirigió a los independentistas en Suipacha (1810) y fue director supremo de las Provincias Unidas del Río de la Plata.

BALCARCE, FLORENCIO Poeta argentino (Buenos Aires, 1819 - íd., 1839). Combatió la dictadura de Rosas, por lo que se vio obligado a exiliarse en París. Autor de las composiciones *Adiós a la patria, El fantasma* y *El lechero.*

BALCARCE, JUAN RAMÓN GONZÁLEZ Militar y político argentino (Buenos Aires, 1773 - Entre Ríos, 1835). Tomó parte en la guerra de la Independencia americana y fue gobernador de Buenos Aires (1832-33).

BALCÁRCEL, BLAS Político mexicano (Ciudad de México, 1835 - íd., 1899). De tendencia liberal, fue compañero de Juárez, diputado del Congreso Constituyente de 1856 y ministro de Fomento (1875).

BALCARROTAS f. pl. *Méx.* **1** Mechones de pelo que los indios de México dejan colgar a ambos lados de la cara. **2** *Col.* Patillas.

BALCH, EMILY GREENE Economista y socióloga estadounidense (Jamaica Plain, 1867 - Cambridge, 1961). Secretaria y presidenta honoraria de la Liga Internacional de Mujeres a favor de la Paz (1919-22), en 1946 compartió con J. R. Mott el premio Nobel de la Paz.

BALCÓN m. **1** Hueco abierto al exterior desde el suelo de la habitación, con barandilla saliente. **2** Esta barandilla.

BALCONADA m. Serie de balcones.

BALCONCILLO m. **1** Diminutivo de BALCÓN. **2** Galería que en los teatros está más baja y delante de la primera fila de palcos. **3** Localidad de la plaza de toros situada sobre la salida del toril.

BALDA f. Anaquel de armario o alacena.

BALDADO, DA adj. **1** Cansado, fatigado. **2** Tullido, impedido.

BALDAQUINO o **BALDAQUÍN** m. **1** Especie de dosel hecho de tela de seda. **2** Pabellón que cubre el altar.

BALDAR tr. **1** Privar una enfermedad o accidente del uso de algún miembro. También prnl. **2** Fallar en juegos de cartas. **3** fig. Causar a uno gran contrariedad.

BALDE m. **1** Cubo para sacar y transportar agua, sobre todo en las embarcaciones. **2** Por extensión, cualquier recipiente parecido al cubo. || **de balde** loc. adv. Gratuitamente, sin precio alguno. || **en balde** loc. adv. EN VANO.

BALDEAR tr. **1** Regar con baldes, en especial las cubiertas de los buques. **2** Achicar con baldes el agua de una excavación.

BALDÉS m. Piel de oveja curtida que sirve para guantes.

BALDÍO, A adj. **1** Se dice del terreno que no se labra. **2** Vano, sin fundamento. **3** Vagabundo. || m. **4** *Amér.* SOLAR[1], terreno urbano sin edificar.

BALDO, DA adj. **1** Desfallecido. **2** *Agr.* Se aplica al cereal cuya espiga no ha granado bien. **3** vulg. *Col.* y *P. Rico* Baldado, impedido.

BALDOMIR, ALFREDO Político uruguayo (Montevideo, 1884 - íd., 1948). General del ejército, en 1938 fue elegido presidente de la República. Prorrogó su mandato en 1942 e hizo aprobar una nueva constitución ese mismo año. Abandonó la presidencia en 1943.

BALDÓN m. Injuria o palabra afrentosa.

BALDONAR o **BALDONEAR** tr. y prnl. Injuriar a alguno de palabra en su cara.

BALDORIOTY DE CASTRO, ROMÁN Político puertorriqueño (Guaynabo, 1822 - Ponce, 1889). Fue diputado entre 1869 y 1870 en las cortes españolas. Al constituirse el Partido Autonomista en 1887, ocupó la presidencia de honor, por lo que fue encarcelado un año después.

BALDOSA f. **1** Antiguo instrumento musical de cuerda parecido al salterio. **2** Ladrillo, fino por lo común, que sirve para solar.

BALDOSADOR, RA m. y f. Persona que tiene por oficio embaldosar.

BALDOSÍN m. Baldosa pequeña y fina.

BALDUINO Nombre de diversos emperadores latinos de Constantinopla.

BALDUINO I (Valenciennes, 1117 - Tarnovo, 1205). Conde de Flandes y de Hainaut, en 1202 fue designado uno de los jefes de la Cruzada contra Oriente. Tras apoderarse de Constantinopla (1204), fue coronado emperador de Oriente hasta que fue derrotado por los búlgaros en 1205.

BALDUINO II (Constantinopla, 1217 - Sicilia, 1273). Ocupó efectivamente el trono de 1240 a 1261, y como emperador titular de 1261 a 1273. Cedió sus derechos imperiales a Carlos I de Anjou.

BALDUINO Nombre de diversos reyes de Jerusalén.

BALDUINO I (? - ?, 1118). Franco de nacimiento e hijo de Eustaquio II de Boulogne, tomó parte en la cruzada de 1096. Fue conde de Edesa (1098-1100) y sucedió a su hermano Godofredo en la corona de Jerusalén (1100-1118).

BALDUINO II (? - ?, 1131). Primo de Balduino I, le sucedió en Edesa (1100) y Jerusalén (1118). Recuperó el principado de Antioquía y la ciudad de Tiro.

BALDUINO III (?, 1131 - Beirut, 1162). Era nieto de Balduino II. Al intentar sacudirse la tutela de su madre Melisenda, provocó una guerra civil en la que triunfó. Participó activamente en la segunda cruzada.

BALDUINO IV (?, 1160 - ?, 1185). Enfermo de lepra, luchó contra Saladino de Egipto.

BALDUINO V (? - ?, 1186). Sobrino del rey Balduino IV, sucedió a su tío pero murió a los pocos meses. Fue el último rey de la dinastía cristiana.

Balduino I de Bélgica.

BALDUINO I Rey de Bélgica (Bruselas, 1930 - Motril, Granada, 1993). Hijo de Leopoldo III, subió al trono en 1951, tras la abdicación de su padre. Le sucedió su hermano Alberto de Lieja.

BALDUNG, HANS (también llamado GRÜN) Pintor y grabador renacentista alemán (Weyersheim, h. 1480 - Estrasburgo, 1545). En su obra destacan el dominio del color y el gusto por los temas macabros y fantásticos. Autor del retablo de la catedral de Friburgo de Brisgovia.

BALDWIN, STANLEY Político inglés (Bewley, 1867 - Stourport, 1947). Fue primer ministro y primer Lord del Tesoro en 1923-24, 1924-29 y 1935-37; y presidente del Consejo en el gobierno nacional (1931-35).

BALEAR¹ adj. **1** De Baleares. Aplicado a personas, también s. **2** *Etnol.* Se dice del pueblo indígena prerromano de las islas Gimnesias o Baleares. Aplicado a personas, también s. **3** Relativo a este pueblo. || m. **4** *Ling.* Variedad de la lengua catalana que se habla en las Islas Baleares.

BALEAR² tr. *Amér.* Tirotear, disparar balas sobre alguien o algo.

BALEARES Archipiélago y provincia de España en el Mediterráneo que constituyen la COMUNIDAD AUTÓNOMA DE LAS ISLAS BALEARES.

BALEARES, COMUNIDAD AUTÓNOMA DE LAS ISLAS *(Illes Balears)* Comunidad autónoma uniprovincial de España, en el Mediterráneo, constituida por las islas de Mallorca, Menorca, Ibiza, Formentera, Cabrera, Conejera, Dragonera, Aire, Ahorcados, Aucanada, Botafoch, Pinto, Pou y Rey, que forman el archipiélago y la provincia de Baleares; 5.014 km² y 821.820 h. Capital, Palma de Mallorca. Su sistema orográfico es continuación del Penibético peninsular y es más acusado en la isla de Mallorca (1.445 m en el Puig Mayor, o de Torrellas). La costa N de las islas Mallorca, Menorca e Ibiza está rodeada por aguas profundas y constituye terrenos accidentados con bellas calas interiores. En las restantes zonas litorales predominan los arenales y las playas de cantos rodados. El clima es mediterráneo. La población se reparte en grandes núcleos urbanos y zonas turísticas. El turismo es el motor de su economía.

BALÉNIDO adj. y m. *Zool.* **1** Se dice de los mamíferos marinos del orden cetáceos, suborden misticetos, con cinco especies, que incluye a las ballenas. || m. pl. *Zool.* **2** Familia de estos animales.

BALEO m. **1** Ruedo o felpudo. **2** AVENTADOR, del fuego. **3** Tiroteo.

BALFOUR, ARTHUR JAMES, CONDE DE Político inglés (Whittingehame, 1848 - Fisher's Hill, 1930). Miembro del Partido Conservador, fue presidente de la Cámara de los Comunes (1891), ministro de Negocios Extranjeros (1898 y 1916-19) y primer ministro (1902-05). Se le debe la declaración que lleva su nombre para el establecimiento de un hogar nacional judío en Palestina.

BALI Isla y provincia de Indonesia; 5.561 km² y 2.902.200 h. Su capital es Denpasar. Turismo.

BALIDO m. *Zool.* Voz del carnero, el cordero, la oveja, la cabra, el gamo y el ciervo.

BALIMBÍN m. *Bot.* Árbol de la familia oxalidáceas. Crece en climas cálidos de Asia y América.

BALÍN m. Bala de menor calibre que la de fusil.

BALIOL o **BALLIOL** *Geneal.* Familia noble escocesa, de origen normando, que desempeñó un importante papel en las relaciones de Escocia con Inglaterra entre los siglos XII y XIV. A ella pertenecen los reyes escoceses Juan II y Eduardo.

BALISTA f. Antigua máquina de guerra para arrojar piedras de mucho peso.

BALÍSTICA f. Ciencia que estudia el movimiento de los proyectiles de armas de fuego, cohetes y misiles.

BALISTÓSPORA f. *Bot.* Espora fúngica que es expulsada con violencia cuando alcanza la madurez.

BALITADERA f. Instrumento que imita la voz del gamo nuevo y hace acudir a la madre.

BALIZA f. **1** *Mar.* Señal fija o flotante que se pone de marca para indicar bajos, veriles, direcciones de canales, etc. **2** Señal empleada para limitar pistas terrestres.

BALJASH Lago salado de Kazajstán; 18.200 km². Su principal tributario es el Ili.

BALKANES BALCANES.

BALL, JOHN Sacerdote y revolucionario inglés (? - Saint-Albans, 1381). Predicó la igualdad entre siervos y nobles. Fue uno de los líderes de la revuelta campesina de 1381. Murió ajusticiado.

BALLA, GIACOMO Pintor italiano (Turín, 1871 - Roma, 1958). Su obra está relacionada con el movimiento futurista. Obras principales: *Luna Park* (1900), *La jornada del obrero* (1904), *Compenetraciones iridiscentes* (1910-12), *El dinamismo de un perro con correa* (1912), etc.

BALLADUR, EDOUARD Político francés (Izmir, Turquía, 1929). Miembro del RPR, fue secretario general de la Presidencia durante el mandato de Pompidou. Ocupó el cargo de ministro de Economía (1986-88) y primer ministro (1993-95).

BALLAGAS, EMILIO Poeta cubano (Camagüey, 1908 - La Habana, 1954). Representante de la llamada poesía negra, escribió *Júbilo y fuga* (1931), *Cuaderno de poesía negra* (1934), *Nocturno y elegía* (1938), *Sabor eterno* (1939), *Nuestra Señora del Mar* (1943) y *Cielo en rehenes* (1951).

BALLARD, JAMES GRAHAM Escritor británico (Shanghai, 1930). Autor de *El mundo sumergido* (1953), *El imperio del sol*, llevada al cine en 1987, *War Forever* (1990) y *La bondad de las mujeres* (1991).

BALLENA f. **1** *Zool.* Nombre común de unas 80 especies de mamíferos cetáceos de la familia balénidos, caracterizados por su gran tamaño (hasta 30 m de longitud). Su cuerpo es pisciforme, con las extremidades modificadas y convertidas en aletas; la piel, delgada y desprovista de pelos, recubre una gruesa capa de grasa. No tienen dientes, pero de sus mandíbulas cuelgan unas láminas córneas (barbas o ballenas), con las que retienen el plancton y los pequeños animales de que se alimentan. La respiración la realizan a través de dos aberturas en forma de S que se sitúan en posición dorsal y se cierran cuando el animal se sumerge. Viven en todos los mares, generalmente en los polares. Se encuentran en grave peligro de extinción. **2** Cada una de las láminas córneas y elásticas que tiene la ballena en la mandíbula superior, y que, cortadas en tiras, sirven para diferentes usos. **3** RORCUAL. || **BALLENA AZUL** *Zool.* De nombre científico *Balaenoptera musculus*, es la de mayores dimensiones (31 m de longitud y 180 t de peso). El dorso es oscuro y el vientre blanco. Vive en alta mar, migrando de las latitudes altas donde pasa el verano a otras más templadas durante el invierno. También denominada *rorcual azul.* || **BALLENA FRANCA** *Zool.* De nombre científico *Balaena mysticetus*, se distingue por su cuerpo negro con manchas blancas. De su boca cuelgan de 300 a 360 ballenas o barbas de más de 3 m de longitud. Vive en el océano Glacial Ártico. También denominada *ballena de Groenlandia* o *boreal.* || **BALLENA GRIS DE CALIFORNIA** *Zool.* De nombre científico *Eschrichtius gibbosus*, es una de las más pequeñas del grupo (unos 16 m de longitud). Migra del océano Ártico hasta California.

BALLENA Ramificación rocosa de la sierra de Carapé, en Uruguay, y situada en el departamento de Maldonado.

ballena blanca.

BALLENA *Astron.* Constelación en su mayor parte del hemisferio austral, situada entre Aries y Piscis.

BALLENATO m. *Zool.* Cría de la ballena.

BALLENER m. *Mar.* Bajel largo, de figura de ballena, que se usó en la Edad Media. ♦ Su pl. es *balleneres.*

BALLENERO, RA adj. **1** Relativo a la pesca de la ballena. || m. **2** Barco especialmente destinado a la captura de ballenas. **3** Pescador de ballenas.

BALLESTA f. **1** Máquina antigua de guerra para arrojar piedras o saetas gruesas. **2** Arma portátil antigua con la que se disparan flechas, saetas y bodoques. **3** Armadijo para cazar pájaros. **4** Cada uno de los muelles en los que descansa la caja de los vehículos automóviles.

BALLESTERA f. Tronera por donde se disparaban las ballestas.

BALLESTERÍA f. **1** Arte de la caza mayor. **2** Conjunto de ballestas. **3** Gente armada de ellas. **4** Casa en que se alojaban los ballesteros y se guardaban los instrumentos de caza.

BALLESTERO m. **1** Soldado armado con ballesta. **2** El que hacía ballestas. **3** El que cuidaba de las escopetas de las personas reales.

BALLESTEROS SOTA, SEVERIANO Jugador de golf español (Pedreña, 1957). Una de las máximas figuras mundiales de este deporte. Entre sus victorias hay que destacar la Copa del Mundo por Equipos, con Manuel Piñero (1976), el Masters de Augusta (1980), el Open Británico (1979 y 1984) y el Open de Francia (1986). En 1988 recibió el premio Príncipe de Asturias de los Deportes.

BALLESTILLA f. **1** Balancín pequeño. **2** Cierta fullería en los juegos de naipes. **3** *Astron.* Antiguo instrumento para tomar las alturas de los astros. **4** FLEME.

BALLET (Voz fr.) m. **1** Espectáculo artístico teatral que combina la danza, la mímica y la música orquestal. **2** Música que acompaña a este espectáculo.

BALLICO m. *Bot.* Nombre dado a varias especies de plantas de la familia gramíneas, género *Lolium*, buenas para pasto y para formar céspedes.

BALLIVIÁN, ADOLFO Político y militar boliviano (La Paz, 1831 - Oruro, 1874). Hijo de José Ballivián, llegó en la milicia al grado de coronel. En 1873 fue elegido presidente de la República.

BALLIVIÁN, JOSÉ Militar y político boliviano (La Paz, 1804 - Rio de Janeiro, 1852). Encabezó una revuelta contra Santa Cruz (1839) y se proclamó jefe provisional de la República. Vencedor de los peruanos en Ingavi (1841), fue nombrado presidente. En 1847 cedió el poder a Eusebio Guilarte.

BALLIVIÁN ROJAS, HUGO General y político boliviano (La Paz, 1901 - íd., 1994). Subsecretario de Defensa, asumió la presidencia de la Junta militar constituida a raíz de las elecciones presidenciales de 1951, y desempeñó el cargo hasta el triunfo del Movimiento Nacional revolucionario, tras el levantamiento de abril de 1952.

BALLUAT, PAUL HENRI, BARÓN DE CONSTANT DE REBECQUE D'ESTOURNELLES Político y diplomático francés (La Flèche, 1852 - París, 1924). Delegado francés en la Conferencia de Paz de La Haya (1907). Compartió el premio Nobel de la Paz (1909) con A. M. F. Beernaert.

BALLUECA f. *Bot.* Planta de la familia gramíneas, de nombre científico *Avena fatua*, que crece entre el trigo.

BALLY, CHARLES Lingüista suizo (Ginebra, 1865 - íd., 1947). Discípulo de Saussure, en 1916 publicó su *Curso de Lingüística general*, junto a Sechehaye. Es autor, entre otras obras, de *Compendio de estilística* (1905) y *Lingüística general y lingüística francesa* (1932).

BALLYMENA **1** Distrito del Reino Unido, en Irlanda del Norte; 637 km² y 58.200 h. **2** Ciudad del Reino Unido, en Irlanda del Norte; 28.717 h.

BALLYMONEY **1** Distrito del Reino Unido, en Irlanda del Norte; 418 km² y 24.900 h. **2** Ciudad del Reino Unido, en Irlanda del Norte; 16.500 h.

BALMACEDA FERNÁNDEZ, JOSÉ MANUEL Político chileno (Santiago, 1838 - íd., 1891). De ideas liberales, fue elegido presidente de la República en 1886. Emprendió un vasto plan de reformas que provocó la oposición del Congreso y el estallido de la guerra civil. Al ser derrotado por el Partido Congresista, se suicidó.

BALMAIN, PIERRE ALEXANDER Modisto francés (Saint-Jean-de-Maurienne, 1914 - París, 1982). Tras colaborar con Christian Dior se convirtió en su principal rival. En los años setenta decidió combinar la alta costura con modelos exclusivos y el *prêt-à-porter.*

BALMES, JAIME Sacerdote y filósofo español (Vic, 1810 - íd., 1848). Su obra se encuadra en la ontología escolástica. Autor de *Cartas a un escéptico en materia de religión* (1841) y *El protestantismo comparado con el catolicismo en sus relaciones con la civilización europea* (1842-44).

BALMONT, KONSTANTIN DIMITRIEVICH Poeta ruso (Ivanovo-Voznesensk, 1867 - París, 1942). Autor de *Bajo el cielo nórdico* (1894), *Los edificios en llamas* (1900), *El don de la tierra* (1921) y *La luz del norte* (1931).

BALMORAL Castillo de Escocia, a orillas del Dee, residencia veraniega de los reyes británicos.

BALNEARIO, RIA adj. **1** Relativo a baños públicos, especialmente a los medicinales. || m. **2** Edificio con baños medicinales.

BALO m. *Bot.* Arbusto o pequeño árbol de la familia rubiáceas, de nombre científico *Plocama pendula*. Es endémico de las zonas secas y subdesérticas del sublitoral canario.

BALOMPIÉ m. FÚTBOL.

BALÓN m. **1** Fardo grande. **2** Pelota grande que se usa en varios juegos. **3** Este mismo juego. **4** *Quím.* Recipiente para contener cuerpos gaseosos. **5** Recipiente esférico de vidrio con cuello prolongado. || **BALÓN DE OXÍGENO** Respiro oportuno y momentáneo.

BALONAZO m. Golpe dado con el balón.

BALONCESTISTA com. Jugador de baloncesto.

baloncesto. Encuentro entre las selecciones de EE UU y Lituania en los juegos olímpicos de Sydney (2000).

BALONCESTO m. *Dep.* Deporte que se practica entre dos equipos de cinco jugadores cada uno, quienes valiéndose de las manos, tratan de introducir el balón en el aro o canasta del equipo contrario. Fue incluido en el programa olímpico en los juegos de Berlín (1936).

BALONMANO m. *Dep.* Deporte que se practica entre dos equipos de siete jugadores, quienes valiéndose de las manos, tratan de introducir el balón en la portería contraria. Se convirtió en deporte olímpico en los juegos de Munich de 1972.

BALONVOLEA m. *Dep.* Deporte que se practica entre dos equipos de seis jugadores cada uno que lanzan el balón con la mano por encima de una red que separa los campos respectivos. Es deporte olímpico desde 1964.

BALOTA f. Bolilla para votar.

BALSA f. **1** Hueco del terreno que se llena de agua. **2** En los molinos de aceite, estanque donde van a parar los desperdicios. **3** Conjunto de maderos que, unidos, forman una superficie flotante que se usa como embarcación. **4** *Bot.* Nombre dado a varias especies de árboles de crecimiento rápido de la familia bombáceas, género *Ochroma*. Crecen en América Central, Antillas y N de Sudamérica. Su madera es un buen aislante del calor y el sonido; además, es ligera y resistente. **5** *Bot.* Madera de este árbol. || **BALSA DE ACEITE** fig. y fam. Lugar o reunión de personas muy tranquilo.

BALSADERA f. Paraje en la orilla de un río, donde hay balsa en que pasarlo.

BALSAMINA f. *Bot.* **1** Planta de la familia cucurbitáceas, de nombre científico *Momordica balsamina*, originaria de América; tiene fruto capsular. **2** Planta herbácea de la familia balsamináceas, de nombre científico *Impatiens balsamina*. Tiene hojas simples, flores irregulares y fruto en cápsula dehiscente. Originaria de Perú, se cultiva como ornamental.

BÁLSAMO m. **1** *Quím.* Resina aromática que fluye de ciertos árboles y que se espesa por la acción del aire. **2** *Med.* Medicamento compuesto de sustancias aromáticas que se aplica como remedio en las heridas y llagas. **3** fig. Consuelo, alivio. || **BÁLSAMO DEL CANADÁ** *Quím.* Líquido amarillento, de olor parecido al pino, que se extrae de *Abies balsamina*. Se utiliza en lacas, barnices y como adhesivo en lentes e instrumentos. || **BÁLSAMO DE COPAIFA** *Quím.* Líquido amarillo claro o pardo, de olor peculiar, obtenido de varias leguminosas del género *Copaifera*. Se emplea como diurético y laxante. || **BÁLSAMO DEL PERÚ** *Quím.* Oleorresina obtenida de la especie sudamericana *Myroxylon pereirol*. Se emplea como expectorante. || **BÁLSAMO DE TOLÚ** *Quím.* Oleorresina obtenida de la especie *Myroxylon toluiferum*. Se emplea como estimulante y expectorante.

BALSARENY Municipio y lugar de España, provincia de Barcelona; 3.304 h.

BALSAS Río de Brasil, Estado de Maranhão, principal afluente del Parnaíba; 360 km.

BALSAS Río de México, que nace en el Estado de Tlaxcala, sirve de límite entre los de Michoacán y Guerrero y desemboca en el Pacífico; 750 km.

BALSEAR tr. Pasar en balsa los ríos.

BALSEIRO, JOSÉ AGUSTÍN Escritor puertorriqueño (Barceloneta, 1900 - ?, 1990). Sus obras se enmarcan dentro de las estéticas romántica y modernista. Es autor de *Flores de primavera* (1919), *La copa de Anacreonte* (1924), *Vísperas de sombra* (1959), poesía; *La ruta eterna* (1926) y *En vela mientras el mundo duerme* (1953), novelas.

BALSEIRO, JOSÉ ANTONIO Físico argentino (Córdoba, 1919 - San Carlos de Bariloche, 1962). Fundador en 1955 del Instituto de Física Balseiro, que dirigió hasta su muerte, y del Centro Atómico Bariloche, en San Carlos de Bariloche.

BALSERO, RA m. y f. Persona encargada de conducir la balsa.

BALSO m. *Mar.* Lazo grande para suspender pesos o elevar a los marineros a lo alto de los palos o de las vergas.

balonmano. Encuentro entre las selecciones de España y Eslovenia en los juegos olímpicos de Sydney (2000).

Balthus.
La jupe blanche.
Thomas Amman
Fine Art
(Zurich).

BALTA, JOSÉ Militar y político peruano (Lima, 1816 - íd., 1872). Contrario a la dictadura de Prado, tuvo que abandonar el país en 1866 y se instaló en Chile. Al año siguiente encabezó una insurrección contra el gobierno, cuyas tropas derrotó en Chiclayo. Fue elegido presidente de la República, cargo que ocupó de 1868 a 1872, año en que fue preso por el general Tomás Gutiérrez, que lo hizo matar en la prisión.

BALTASAR Príncipe regente de Babilonia, en el año en que esta ciudad fue tomada por Ciro II (539 a. C.) e incorporada al imperio persa.

BALTASAR Nombre de uno de los tres Reyes Magos, según la tradición.

BALTASAR CARLOS AUSTRIA, BALTASAR CARLOS DE.

BÁLTEO *Astron.* CINTURÓN DE ESTRELLAS o DE ORIÓN.

BALTHUS (Balthasar Klossowsky, llamado) Pintor francés, de origen polaco (París, 1908 - Rossinière, Suiza, 2000). Autor de retratos (Derain, Miró), sus lienzos se distinguen por un innato sentido de la composición, unido a una estricta economía de colores. Entre sus obras destacan *La montagne* (1937), *La jupe blanche* (1937) y *Passage du Commerce* (1949).

BÁLTICO, CA adj. **1** Se dice de un mar del N de Europa. **2** Se aplica a los países que limitan este mar, y especialmente a Estonia, Letonia y Lituania. **3** Relativo a estos países o al mar Báltico. Se aplica a personas, también m. **4** *Ling.* Referente a una familia lingüística, afín a las lenguas eslavas, constituida por el prusiano antiguo, el lituano y el letón. También m.

BÁLTICO Mar interior del N de Europa. Tiene una superficie de 430.000 km² y una profundidad media de 53 m (máxima 463 m). Baña las costas de Dinamarca, Alemania, Finlandia, Estonia, Letonia, Lituania, Federación de Rusia, Polonia y Suecia. Comunica con el mar del Norte. Desembocan en él 250 ríos, entre ellos el Vístula, el Oder y el Niemen. Sus puertos más importantes son Kiel, Gdansk, Copenhague, Estocolmo, Helsinki y Riga.

BALTIMORE Ciudad de EE UU, en el Estado de Maryland; 645.593 h. Centro industrial.

BALTIMORE, DAVID Médico e investigador estadounidense (Nueva York, 1938). En 1975 compartió el premio Nobel de Fisiología y Medicina con H. Temin y R. Dulbecco, por sus descubrimientos en el campo de la interacción entre los tumores causados por virus y la composición genética de las células.

BALTO, TA adj. y s. *Hist.* y *Geneal.* Se dice de un linaje ilustre de los godos, al que pertenecieron Alarico y Ataúlfo.

BALUARTE m. **1** Obra de fortificación de figura pentagonal, que sobresale en el encuentro de dos partes de una muralla. **2** fig. Amparo y defensa.

BALUBA adj. *Etnol.* **1** Se dice de un pueblo de la tribu bantú que vive en los territorios comprendidos entre el Alto Congo y Kasai. Más como m. pl. **2** Se dice también de sus individuos. También com. **3** Relativo a este pueblo.

BALUMBA f. **1** Bulto que hacen muchas cosas juntas. **2** Conjunto desordenado y excesivo de cosas.

BALUMBO m. Lo que abulta mucho y estorba más por su volumen que por su peso.

BALZA, JOSÉ Novelista y ensayista venezolano (San Rafael de Tucupita, 1939). Cofundador en 1963 del grupo literario *En Haas*. Autor de *Marzo anterior* (1965), *D* (1977), *Percusión* (1982), *La mujer de espalda* (1986) y *Medianoche en vídeo: 1/5* (1988), narrativa; *Proust* (1965) y *El fiero (y dulce) instinto terrestre* (1988), crítica.

BALZAC, HONORÉ DE Novelista francés (Tours, 1799 - París, 1850). Es uno de los creadores de la novela realista. Se dio a conocer con la novela histórica *El último*

Chuan (1829). Su fama se consolidó con el libro de ensayos *Fisiología del matrimonio* (1830). Desde entonces escribió unas ochenta novelas, algunas de las cuales englobó, a partir de 1848, bajo el título *La comedia humana*. Intentó realizar la novela absoluta haciendo figurar a los mismos personajes en distintas novelas y reproduciendo todos los ambientes con gran minuciosidad. En este proyecto incluyó, bajo el epígrafe de *Estudios de costumbres del siglo XIX*, su célebre serie de «Escenas». Destaca como creador de caracteres y por su conocimiento de la psicología de la mujer. Sus obras más conocidas son *La piel de zapa* (1831), *Cuentos drolláticos* (1832-37), *El coronel Chabert* (1832), *El cura de Tours* (1832), *El médico de aldea* (1833), *Eugenia Grandet* (1833), *Papá Goriot* (1834), *La búsqueda del absoluto* (1834), *El lirio del valle* (1835), *Las ilusiones perdidas* (1839-43), *Un asunto tenebroso* (1841), *Una mujer de treinta años* (1845) y *La prima Bette* (1846).

BALZI ROSSI GRIMALDI.

BAMAKO Ciudad capital de Malí, que constituye un distrito urbano, en la ribera del Níger; 252 km^2 y 809.552 h. Puerto fluvial.

BAMBA f. **1** Bollo redondo relleno de crema, nata, etc. **2** *Mús.* Ritmo bailable latinoamericano.

BAMBADOR m. *Hond.* Faja de cuero o de fibra que, sujeta en la frente, sirve para llevar grandes pesos a la espalda.

BAMBALINA f. *Teat.* Cada una de las tiras de lienzo pintado que cuelgan del telar del teatro y figuran la parte superior de lo que la decoración representa.

BAMBARA adj. *Etnol.* **1** Se dice de un pueblo sudanés, perteneciente al grupo mandingo, que habita entre los ríos Níger y Bani. Más como m. pl. **2** Se dice también de sus individuos. También com. **3** Perteneciente o relativo a este pueblo.

BAMBARI Ciudad de la República Centroafricana, capital de la prefectura de Ouaka; 52.092 h.

BAMBARRIA com. fam. Persona tonta o boba. También adj.

BAMBERG Ciudad de Alemania, Land de Baviera; 80.000 h. Puerto fluvial. Catedral gótica.

BAMBI *Cin.* y *Lit.* Cervatillo protagonista de una novela de Félix Salten, luego popularizado por una película de dibujos animados de Walt Disney, realizada en 1942.

BAMBOCCIO o **BAMBOCHO, IL** (PIETER VAN LAER, llamado) Pintor y grabador holandés (Haarlem, 1591 - íd., h. 1642). Autor de cuadros pequeños de tema popular. Fue iniciador del género pictórico que de él tomó el nombre de *bambochada*.

BAMBOCHADA f. *Pint.* Composición pictórica que representa escenas de la vida cotidiana, de un realismo burlesco o picaresco, y de carácter narrativo. La puso de moda IL BAMBOCCIO, y fue pronto adoptada por una serie de pintores barrocos, llamados *bamboccianti* o *bambochantes*.

BAMBOCHE m. fam. Persona rechoncha y de cara abultada y encendida.

BAMBOLEAR intr. y prnl. Moverse alguien o algo a un lado y otro sin perder el sitio en que está.

BAMBOLLA f. fam. Boato de más apariencia que realidad.

BAMBÚ m. *Bot.* Nombre común de numerosas plantas de la familia gramíneas, pertenecientes a cinco géneros diferentes, de distribución tropical y subtropical. Normalmente arbusto o bejuco, sus tallos pueden llegar a alcanzar en algunas especies más de 40 m de altura. Estos tallos, denominados cañas, se destinan a múltiples

bambú

usos, como fabricación de muebles. La corteza sirve para la fabricación de papel. || **BAMBÚ AMARILLO** *Bot.* De nombre científico *Phyllostachys aurea*, procede de China. Aunque se cultiva como ornamental, los brotes frescos son comestibles y los tallos se utilizan para cañas de pescar. ♦ Su pl. es *bambús* o *bambúes*.

BAMBUCO m. *Folk.* Baile popular en Colombia y en Esmeraldas (Ecuador).

BAMENDA Ciudad de Camerún, capital de la provincia de Noroeste y del departamento de Mezam; 110.000 h. Centro comercial.

BANABA f. *Bot.* **1** Árbol de la familia litráceas, de nombre científico *Lagerstroemia flosreginae*, que crece en Filipinas. **2** Madera de este árbol.

BANAL adj. Trivial, común, insustancial.

BANALIDAD f. **1** Calidad de banal. **2** Dicho banal.

BANANA f. **1** *Bot.* PLÁTANO, fruto. **2** *Bot.* PLÁTANO, planta musácea. **3** *Col.* Nombre de una variedad de confites.

BANANAL o **BANANAR** m. *Bot.* Conjunto de plátanos o bananos que crecen en un lugar.

BANANERO, RA adj. **1** *Bot.* Relativo al banano. **2** *Bot.* Se dice del terreno poblado por bananos o plátanos. **3** Referido a países del Caribe, se aplica a aquellos que dependen de los países y compañías compradoras de plátanos. **4** TERCERMUNDISTA. Se emplea fundamentalmente en relación con ciertos países de América Latina.|| m. **5** *Bot.* PLÁTANO, planta musácea.

BANANO m. *Bot.* **1** PLÁTANO, planta musácea. **2** *Col., Guat., Nic.* y *Pan.* Fruta, variedad de plátano que se come cruda. **3** CAMBUR.

BANASTA f. Cesto grande de mimbres o listas de madera delgadas y entretejidas. Los hay de distintos tamaños y formas.

BANASTO m. Banasta redonda.

BANATO *Geog. hist.* Región de Europa oriental, situada entre el Maros, los Cárpatos, el Bajo Danubio y el Tisza; 30.000 km^2. Tras estar sometida al imperio otomano hasta 1718, pasó a poder de Austria-Hungría y, finalizada la Primera Guerra Mundial, quedó dividida entre Rumania y Yugoslavia, actual Serbia y Montenegro.

BANBRIDGE Distrito del Reino Unido, en Irlanda del Norte, a orillas del Bann; 445 km^2 y 37.700 h.

BANCA[1] f. **1** Asiento de madera, sin respaldo y a modo de mesilla baja. **2** Utensilio de madera en que, a la orilla de una corriente de agua, se arrodillan las lavanderas para lavar la ropa. **3** Embarcación pequeña y estrecha usada en Filipinas. **4** *Amér.* BANCO[1], asiento. **5** *Arg.* y *Par.* Puesto o asiento en el parlamento, obtenido en elecciones.

BANCA[2] f. **1** Conjunto de entidades que tienen por objeto básico facilitar la financiación de las distintas actividades económicas. **2** fig. Conjunto de bancos y banqueros. **3** Juego en el que el banquero pone una determinada cantidad de dinero, y apuntan los jugadores a las cartas que eligen la cantidad que quieren. **4** Cantidad de dinero que en este juego pone el banquero. || **saltar la banca** fr. En los juegos de azar y en los casinos, ganar todo el dinero que posee la banca. || **tener banca** fr. fig. *Arg.* y *Par.* Tener influencia, poder.

BANCA, BANKA o **BANGKA** Isla de Indonesia, situada frente a Sumatra, de la que está separada por el estrecho de su nombre; 11.984 km^2 y 205.000 h. Las ciudades más importantes son Pangkalpinang y Multok.

BANCADA f. **1** *Arg.* y *Par.* Conjunto de los legisladores de un mismo partido. **2** *Arquit.* Trozo de obra. **3** *Min.* Trozo o escalón en las galerías subterráneas. **4** Basamento firme para una máquina o conjunto de ellas.

BANCAL m. **1** En las sierras y terrenos pendientes, rellano de tierra que natural o artificialmente se forma, y que se aprovecha para algún cultivo. **2** *Agr.* Pedazo de tierra cuadrilongo, dispuesto para plantar legumbres o árboles frutales. **3** *Geog.* Arena amontonada a la orilla del mar, al modo de la que se amontona dentro de él dejando poco fondo. **4** Tapete o cubierta que se pone sobre el banco. **5** *Bot.* Árbol de la familia rubiáceas, originario de Filipinas. **6** *Bot.* Madera de este árbol.

BANCARIO, RIA adj. *Com.* Relativo a la banca mercantil.

BANCARROTA f. **1** *Com.* QUIEBRA comercial, y más comúnmente la completa o casi total que procede de falta grave, o la fraudulenta. **2** fig. Desastre, hundimiento.

BANCE m. Cada uno de los palos sueltos que, atravesados en sentido horizontal, sirven para cerrar los portillos de las fincas.

BANCHS, ENRIQUE Poeta argentino (Buenos Aires, 1888 - íd., 1968). De su obra, enmarcada dentro del movimiento modernista, destacan *Las barcas* (1907), *La urna* (1910) y *El cascabel del halcón* (1911).

BANCO[1] m. **1** Asiento, por lo común de madera y con respaldo o sin él, en que pueden sentarse varias personas. **2** Madero grueso escuadrado que sirve como de mesa para muchas labores de los carpinteros y otros artesanos. **3** *Mar.* En las embarcaciones de remo, asiento de los remeros. **4** *Geol.* Estrato o depósito de materia sólida homogénea de gran espesor. **5** *Geol.* Macizo de mineral que presenta dos caras descubiertas. **6** *Zool.* Conjunto de peces que van juntos en gran número. Forman una organización social en la que el individuo está ligado a los demás por unas pautas de conducta y, a veces, por una especialización anatómica. También denominado *cardumen*. || **BANCO DE ARENA** *Geol.* Bajío arenoso en el mar o en un río. || **BANCO AZUL** Aquel donde se sientan los ministros en el Parlamento español. || **BANCO DE HIELO** *Geol.* Extensa planicie formada de agua del mar congelada, que, en las regiones polares o procedente de ellas, flota en el mar. || **BANCO DE PRUEBAS** *Tecnol.* Instalación en la que se experimenta y se comprueba el rendimiento de máquinas, motores, etc.

BANCO[2] m. **1** *Econ.* Establecimiento público de crédito. **2** Establecimiento médico donde se conservan y almacenan órganos, tejidos o líquidos fisiológicos humanos. || **BANCO DE DATOS** *Inform.* Conjunto de datos almacenados en fichas, cintas o discos magnéticos, del cual se puede extraer una determinada información. Se llama también *base de datos*. || **BANCO HIPOTECARIO** *Econ.* El que realiza operaciones de hipoteca sobre fincas rústicas y urbanas.

BANCO INTERNACIONAL PARA LA RECONSTRUCCIÓN Y EL DESARROLLO (BIRD) BANCO MUNDIAL.

BANCO MUNDIAL *Econ.* Organismo especializado de las Naciones Unidas formado por el Banco Internacional para la Reconstrucción y el Desarrollo, la Asociación Internacional de Desarrollo y la Cooperación Financiera Internacional. Fue creado en la Conferencia Bretton Woods (1944), para fomentar la economía de los países atrasados y de los afectados por la Segunda Guerra Mundial. Tiene su sede en Washington. Para pertenecer al Banco Mundial es preciso formar parte del FONDO MONETARIO INTERNACIONAL. España ingresó en 1958.

BANCROFT, ANNE (ANNE MARIE ITALIANO, llamada) Actriz de cine estadounidense (Nueva York, 1931). Su consagración llegó con *El milagro de Ana Sullivan* (1962), que le valió el Oscar a la mejor actriz (1963). Posteriormente intervino en *El graduado* (1967), *Jesús de Nazaret* (1976), *El hombre elefante* (1980), *Agnes de Dios* (1985), *La asesina* (1993), *Grandes esperanzas* (1998), *Up at the Villa* (2000) y *Heastbreakers* (2001).

BANCROFT, GEORGE Historiador y estadista estadounidense (Worcester, 1800 - Washington, 1891). Fue ministro de Marina. Es autor de *History of the United States* (1834-74).

BANDA[1] f. **1** Cinta ancha que se lleva atravesada desde un hombro al costado opuesto. Es distintivo de oficialidad militar y de grandes cruces. **2** *Dep.* Zona limitada por cada uno de los dos lados más largos de un campo deportivo, y otra línea exterior **3** Faja. **4** *Fís.* Cualquier intervalo finito en el campo de variación de una magnitud física. **5** *Mat.* Conjunto intersección de dos semiplanos sobre dos rectas paralelas. **6** *Zool.* Nombre común de varios peces osteíctios lampridiformes, pertenecientes al género *Trachypterus*. Viven en el Atlántico y Mediterráneo. **7** *Econ.* Márgenes que sirven para limitar una cantidad que no es fija. || **BANDA A** *Biol.* En el tejido muscular, zona comprendida entre dos bandas I adyacentes en un sarcómero. || **BANDA DE ABSORCIÓN** *Fís.* Intervalo de longitudes de onda o frecuencias del espectro electromagnético en el que una sustancia absorbe energía radiante. || **BANDA DE CASPARI** *Bot.* Franja estrecha formada por el depósito de una materia impermeable al agua, que se localiza en las paredes radiales y transversales de ciertas células vegetales de la endodermis. || **BANDA CROMOSÓMICA** *Citol.* Estructura de bandas transversales de los cromosomas que permite la identificación de pares cromosómicos individuales. || **BANDA DE ENERGÍA** *Fís.* Cada uno de los niveles de energía formados por la interacción de átomos individuales de un sólido. || **BANDA DE FRECUENCIA** *Fís.* En radiodifusión y televisión, todas las frecuencias comprendidas entre dos límites definidos de frecuencia. || **BANDA G** *Astron.* Amontonamiento de las líneas espectrales de los elementos hierro, titanio y calcio en longitudes de onda comprendidas entre 4.300 y 4.315 Å, que se produce en los espectros estelares. || **BANDA I** *Biol.* En el tejido muscular, banda situada a cada lado de la línea Z y que abarca partes de dos sarcómeros adyacentes. Se caracteriza por la presencia de filamentos de actina. || **BANDA DE LUMINOSIDAD** *Astron.* Iluminación que se produce en el cielo nocturno en forma de banda a una altura aproximada de 100 km. Está formada por partículas de polvo cósmico que han penetrado en la atmósfera terrestre. || **BANDA SONORA** *Cin.* Franja longitudinal de la película cinematográfica, donde está registrado el sonido. || **BANDA DE VALENCIAS** *Quím.* Niveles de energía de los electrones que enlazan los átomos de un cristal.

BANDA[2] f. **1** Porción de gente armada. **2** Parcialidad o número de gente que favorece y sigue el partido de alguno. **3** *Biol.* Bandada, manada. **4** LADO de algunas cosas. **5** BARANDA de la mesa del billar. **6** *Mar.* Costado de la nave. **7** *Mil.* Conjunto de tambores y cornetas, o de músicos que pertenecen a institutos de a pie, o de trompetas que sirven en cuerpos montados del ejército. Por extensión, se da el mismo nombre a otros cuerpos de músicos no militares. **8** *Psicol.* Grupo organizado que se caracteriza por la solidaridad entre sus miembros y el fuerte control que el grupo ejerce sobre cada uno de ellos a través de su líder. **9** *Antrop.* Grupo pequeño y de organización flexible, formado por familias de cazadores y recolectores, tendente a la autosuficiencia, en un territorio delimitable. || **cerrarse** uno **en banda** fr. fig. y fam. Mantenerse firme en un propósito, negarse rotundamente a todo acomodamiento o a conceder lo que se pretende. || **coger** a uno **por banda** fr. fam. Cogerle para ajustarle las cuentas o para discutir un asunto.

BANDA, ISLAS Grupo de islas de Indonesia, en la provincia de las Molucas y próximo a este archipiélago; 42 km^2 y 13.036 h. Las principales islas son: Bandalontar, Bandanaira y Gugungapi o Goenoeng Api.

BANDA, MAR DE Mar de Indonesia, al S de las Molucas; 695.000 km^2. Tiene una profundidad máxima de 7.440 m.

BANDA HASTINGS, KAMUZU Político malawiano (Kasungu, 1906 - Johannesburgo, 1997). Promotor de la independencia de Malawi, en 1963 fue nombrado primer ministro y, en 1966, elegido presidente de la República, cargo para el que fue designado con carácter vitalicio en 1971. Tras la introducción del multipartidismo, fue derrotado por Bakili Muluzi en 1994.

BANDA ORIENTAL *Geog. hist.* Denominación que se dio a las posesiones españolas situadas al E del río Uruguay que comprendían la actual República del Uruguay y los Estados de Rio Grande do Sul y Santa Catarina, de Brasil.

BANDADA f. **1** Número crecido de aves que vuelan juntas y, por extensión, conjunto de peces. **2** Tropel o grupo bullicioso de personas.

BANDAR SERI BEGAWAN Ciudad capital de Brunei y del distrito de Brunei-Muara, cerca de la costa NO de la isla de Borneo; 21.484 h. Puerto.

BANDARANAIKE, SIRIMAVO Política cingalesa (Ratnapura, 1916 - Colombo, 2000). Tras la muerte de su marido, Solomon Bandaranaike, asumió la presidencia del Partido de la Libertad de Sri Lanka. Ocupó el cargo de primera ministra en los periodos 1960-65, 1970-77 y desde 1994, tras el triunfo electoral de la Alianza del Pueblo que llevó a la presidencia del país a su hija Chandrika Kumaratunga, hasta agosto de 2000.

BANDAZO m. **1** Tumbo o balance violento que da una embarcación hacia cualquiera de los dos lados. **2** fig. Cambio brusco de rumbo que experimenta una acción.

BANDE Municipio y lugar de España, provincia de Orense; 2.798 h. En su término se encuentra la iglesia de Santa Comba.

BANDEAR tr. **1** *And.* y *Amér.* Atravesar, pasar de parte a parte; taladrar. **2** *Amér.* Cruzar un río de una banda a otra. || prnl. **3** Saberse gobernar o ingeniar para satisfacer las necesidades de la vida o para salvar otras dificultades.

BANDEIRA, MANUEL (MANUEL CARNEIRO DE SOUSA BANDEIRA, llamado) Poeta y periodista brasileño (Recife, Pernambuco, 1886 - Rio de Janeiro, 1968). Se formó en el simbolismo y evolucionó posteriormente hacia las nuevas corrientes literarias. Publicó *El polvo de las horas* (1917), *El ritmo disoluto* (1924) y *Estrella de la vida entera* (1966).

BANDEIRA, PICO DA Monte del SE de Brasil, situado en el Estado de Espirito Santo; 2.887 m. Es la cumbre más alta del país.

BANDEIRANTES m. pl. *Hist.* Exploradores y aventureros que actuaron en Brasil durante los siglos XVI, XVII y XVIII. La ciudad de São Paulo se convirtió en un centro comercial de primer orden y se necesitaba abundante mano de obra. Como los esclavos negros no eran suficientes, los portugueses de la ciudad organizaron expediciones que se dirigían al interior de la selva en busca de esclavos. Los primeros bandeirantes llegaron a Paraguay hacia 1554.

BANDEJA f. **1** Pieza de metal o de otra materia, plana o algo cóncava, para servir, presentar o depositar cosas. **2** Pieza movible, en forma de caja descubierta y de poca altura, que divide horizontalmente el interior de un baúl, maleta, etc. **3** Cajón de mueble con pared delantera rebajada o sin ella. || **pasar la bandeja** fr. Hacerlo para recoger donativos o limosnas. || **servir en bandeja** o **en bandeja de plata** loc. fig. y fam. Dar a uno grandes facilidades para que consiga alguna cosa.

BANDELLO, MATTEO Escritor italiano (Castelnuovo Scrivia, 1485 - Agen, 1561). Su fama se debe, sobre todo, a los 214 relatos que recogió en *Novelas cortas* (1544-73), en las que recrea su visión de la sociedad de aquella época.

BANDERA f. **1** Tela, de figura comúnmente cuadrada o cuadrilonga, que se asegura por uno de sus lados a un asta o una driza, y se emplea como insignia y señal. Sus colores, o el escudo que lleva, indican la potencia, nación, etc., a que pertenece el castillo, fortaleza, embarcación, edificio, etc., en que está izada. **2** *Inform.* Bit de información empleado para indicar el final de una palabra o el límite de un campo. **3** *Mar.* Nacionalidad a que pertenecen los buques mercantes que la ostentan. **4** *Mil.* Gente o tropa que milita bajo una misma bandera. || **BANDERA BLANCA** La que se enarbola como signo de paz. || **BANDERA NEGRA** La que izaban los piratas en señal de guerra. || **a banderas desplegadas** loc. adv. fig. Abiertamente, con toda libertad. También, con publicidad u ostentación. || **arriar bandera,** o **la bandera** fr. *Mar.* Rendirse uno o más buques al enemigo. También, bajar la bandera que estaba izada. || **de bandera** loc. adj. Excelente en su línea. || **jurar la bandera** o **jurar bandera** *Mil.* Otorgar la jura militar o civil de la bandera.

BANDERAS Bahía de la costa O de México, entre los Estados de Nayarit y Jalisco.

BANDERAS, ANTONIO (JUAN ANTONIO DOMÍNGUEZ BANDERAS, llamado) Actor español (Málaga, 1960). Trabajó con P. Almodóvar en *Laberinto de pasiones* (1982), *Matador* (1985), *La ley del deseo* (1986), *Mujeres al borde de un ataque de nervios* (1988) y *Átame* (1989). En EE UU ha intervenido en películas como *Los reyes del mambo* (1991), *Philadelphia* (1993), *Entrevista con el vampiro* (1994), *Desperado* (1995), *Two much* (1995), *Evita* (1996), *La máscara del Zorro* (1997), *Locos en Alabama* (1999), que también dirigió, *El cuerpo* (2000), *Pecado original* (2001), *Frida* (2002) y *El mexicano* (2003).

BANDERÍA f. Bando o parcialidad.

BANDERILLA f. **1** *Taurom.* Vara delgada armada de un arponcillo de hierro en uno de sus extremos que usan los toreros para clavarla en el cerviguillo de los toros. **2** fig. Tapa de aperitivo pinchada en un palillo. **3** fig. y fam. Dicho picante o satírico; pulla. Se usa con los verbos *clavar, plantar o poner.* || **BANDERILLA DE FUEGO** *Taurom.* La guarnecida de petardos que estallaban al clavarla en el toro.

BANDERILLAZO m. *Col.* y *Méx.* fig. Petardo, parche o sablazo.

BANDERILLEAR tr. *Taurom.* Poner banderillas a los toros.

BANDERILLERO, RA m. y f. *Taurom.* Torero que pone banderillas.

BANDERÍN m. **1** Pequeña bandera de forma generalmente triangular con el emblema de un club deportivo, universidad o escuela, asociación, etc. **2** *Mil.* Cabo o soldado que sirve de guía a la infantería en sus ejercicios. || **BANDERÍN DE ENGANCHE** *Mil.* Oficina destinada a la inscripción de voluntarios para el servicio militar.

BANDEROLA f. **1** *Mil.* Bandera pequeña, como de 30 centímetros en cuadro y con asta, que tiene varios usos en la milicia, en la topografía y en la marina. **2** *Mil.* Cinta o pedazo de tela que llevan los soldados de caballería en las lanzas, debajo de la moharra. **3** *Arg., Par.* y *Urug.* Montante, ventana sobre una puerta.

BANDICUT m. *Zool.* **1** Nombre común de diversos mamíferos marsupiales de la familia peramélidos, géneros *Perameles, Thylacis* y *Thylacomis.* Tienen el hocico flexible y puntiagudo y orejas grandes. Es insectívoro y herbívoro. Habitan en Oceanía y SE de Asia. **2** Cualquiera de las grandes ratas indias pertenecientes al género *Nesokia.*

BANDIDAJE m. BANDOLERISMO.

BANDIDO, DA adj. **1** Fugitivo de la justicia llamado por bando. || m. y f. **2** BANDOLERO, salteador de caminos. **3** Persona perversa y desenfrenada.

BANDÍN m. **1** Banda corta que los condecorados con una gran cruz llevan debajo del chaleco, pero en dirección menos inclinada que la banda, y que sustituye a ésta en actos menos solemnes. **2** *Mar.* Asiento que se pone alrededor de las bandas que forman la popa en algunas embarcaciones.

BANDINELLI, BACCIO (BARTOLOMEO BANDINELLI, llamado) Escultor manierista italiano (Florencia, 1488 - íd., 1560). Ejecutó gran número de obras, influidas por Miguel Ángel, para los Médicis. Destacan la *Cabeza de fauno* y el grupo de *Hércules y Caco* (1534).

BANDO m. **1** Edicto o mandato solemnemente publicado de orden superior. **2** Facción, partido, parcialidad.

BANDOLA f. *Mar.* Armazón provisional que se pone a un buque que ha perdido algún palo por cualquier accidente.

BANDOLERA f. **1** *Mil.* Correa que cruza por el pecho y la espalda y que en el remate lleva un gancho para colgar un arma de fuego. **2** *Mil.* Banda que usaron los guardias de Corps; hoy la usan los individuos de los institutos montados del ejército, en días de gala. **3** Bolso con asa larga para colgar del hombro. || **en bandolera** loc. adv. En forma de bandolera, cruzando desde un hombro a la cadera contraria.

Antonio **Banderas.** Escena de *La máscara del Zorro* (1997), dirigida por M. Campbell.

BANDOLERISMO m. **1** Existencia continuada de bandoleros en una comarca. **2** Acciones propias de los bandoleros.

BANDOLERO, RA m. y f. **1** Ladrón, salteador de caminos. **2** BANDIDO, persona perversa.

BANDOLINA f. *Mús.* Instrumento musical pequeño de cuatro cuerdas y de cuerpo curvado como el del laúd.

BANDOLINISTA com. *Mús.* Persona que toca la bandolina.

BANDOLÓN m. *Mús.* Instrumento musical de forma parecida a la bandurria y del tamaño de la guitarra. Tiene 18 cuerdas, de acero, latón y entorchado, repartidas en seis órdenes de a tres. Se toca con una púa de carey o de cuerno.

BANDOLONISTA com. *Mús.* Persona que toca el bandolón.

BANDONG BANDUNG.

BANDUJO m. Tripa grande de cerdo, carnero o vaca, llena de carne picada.

BANDULLO m. fam. Vientre.

BANDUNDU **1** Región del SO de la República Democrática del Congo, que limita con el Congo y Angola; 295.658 km^2 y 4.907.000 h. **2** Ciudad capital de la misma; 63.189 h. Puerto fluvial. Hasta 1966 se denominó *Banningville.*

BANDUNG, BANDONG o **BANDOENG** Ciudad de Indonesia, capital de la provincia de Java Occidental; 2.026.893 h. Centro industrial y turístico. Conferencia celebrada en 1955, que impulsó la formación del movimiento de los países no alineados.

BANDURA, ALBERT Psicólogo canadiense (Mundare, Alberta, 1925). Centró sus investigaciones en torno a la psicología social y de la personalidad. Entre sus obras destacan *Aprendizaje social y desarrollo de la personalidad* (1963), *Principios de modificación de conducta* (1969).

BANDURRIA f. *Mús.* Instrumento musical semejante a la guitarra, pero de menor tamaño.

BANGALORE Ciudad del S de la India, capital del Estado de Karnataka; 2.660.088 h. Centro industrial.

BANGAÑA f. **1** *Amér. C., Col.* y *Dom. Bot.* Fruto de ciertas cucurbitáceas, cuya cáscara se utiliza como vasija. **2** *Col.* y *Cuba* Vasija tosca.

BANGKA BANCA.

BANGKAHULU BENGKULU.

BANGKOK Ciudad capital de Tailandia y de la provincia de Bangkok Metropolitano; 5.584.228 h. Centro comercial (marfil, arroz) e industrial.

BANGLA DESH o **BANGLADESH** (*Gana Prajatantri Bangladesh*) Estado de Asia, junto al golfo de Bengala, que limita al N, E y O, con la India; al SE, con Myanmar, y al S, con el golfo de Bengala.

GEOG. El país ocupa una vasta llanura aluvial, surcada por infinidad de brazos de los ríos Ganges y Brahmaputra. La zona deltaica, de muy poca altura, está sujeta a las inundaciones periódicas. El clima es tropical monzónico, con una estación seca y otra muy húmeda, y temperaturas en general elevadas. Al sector agrícola

Superficie: 147.570 km².
Población: 129.194.000 h. (bengalíes).
Densidad: 875,5 h./km².
Tasa de natalidad: 25,7‰.
Tasa de mortalidad: 8,9‰.
Capital: Dhaka (Dacca).
Ciudades principales: Chittagong, Khulna, Rajshahi, Mymensingh, Barisal.
Grupos étnicos: bengalíes (97%), minorías biharíes y tibetobirmanas.
Religión: islamismo (86,8%), hinduismo (11,9%).
Idioma: bengalí (oficial) e inglés.
Moneda: taka.
Forma de Estado: república.
Producto Nacional Bruto: 44.244 millones de dólares.
Renta per cápita: 350 dólares.
División administrativa: 6 divisiones, según cuadro.

se dedica la mayor parte de la población. Predominan los cultivos de arroz, trigo, mijo, caña de azúcar, cacahuete, tabaco, té, yute y sésamo. Ganadería bovina, caprina, ovina, búfalos, etc. La industria está muy poco desarrollada y se reduce casi a la elaboración del yute. Tienen cierta importancia la industria química, la del cemento y la del tabaco. Es uno de los países más pobres del mundo, con un grave problema de superpoblación.

Hist. Tras la separación, en 1947, de las dos Bengalas, la Oriental y la Occidental, Bengala Oriental quedó constituida como provincia de Pakistán con el nombre de Pakistán Oriental. En 1971, tras una breve guerra civil en la que recibió el apoyo de la India, se constituyó en república independiente con el nombre de Bangladesh. En las primeras elecciones (marzo de 1973), el partido de Mujibur Rahman, líder de la Liga Awami, obtuvo una mayoría aplastante. Ante los graves problemas económicos y políticos, Rahman decretó el estado de emergencia en todo el país, sustituyó el sistema parlamentario por el presidencial de partido único y accedió a la jefatura del Estado. El 15 de agosto de 1975 murió durante un golpe de Estado encabezado por Khondakar Mushtaque Ahmed, quien, apoyado por las fuerzas armadas, se proclamó presidente. El 3 de noviembre el ejército tomó el control del país mediante un golpe militar que provocó la dimisión de Mushtaque y la llegada a la presidencia de Muhammad Sayem. Tras la dimisión de éste, por motivos de salud, accedió a la presidencia el general Ziaur Rahman, que fue confirmado en las elecciones de junio de 1978 y 1979. Éste, que gobernó dictatorialmente, dotó a la nación de Parlamento y Constitución. Asesinado en 1981, le sustituyó interinamente el vicepresidente, Abdus Sattar. En noviembre de ese año, Sattar, candidato del Partido Nacionalista de Bangla Desh, venció ampliamente en las elecciones frente al candidato de la Liga Awami. Las divergencias entre estas dos formaciones sirvieron de pretexto para un nuevo golpe militar (marzo de 1982), en el que el jefe del Estado Mayor, el general Hussain Mohamed Ershad, destituyó al presidente, suspendió la Constitución y estableció una Junta militar que nombró jefe del Estado a Q. M. Chondury. En diciembre de 1983, Ershad se autoproclamó presidente de la República, pero en 1990 fue sustituido por Shehabuddin Ahmed Acting. Se celebraron elecciones libres en febrero de 1991, en las que resultó elegida primera ministra la *begum* Khaleda Zia, del Partido Nacionalista de Bangla Desh. En 1991 se aprobó en referéndum una reforma constitucional, tras la cual el PNB podría gobernar en solitario e impuso a su candidato Abdur Rahman Biswas como presidente. En los comicios de febrero de 1996 Zia fue reelegida, aunque la oposición no participó en estos comicios. Ante la falta de respaldo, dimitió un mes más tarde. En las nuevas elecciones celebradas ese año triunfó la Liga Awami, liderada por Hasina Wajed, hija del ex presidente Mujibur Rahman. En octubre, Shahabuddin Ahmed accedió a la presidencia. Tras las legislativas de octubre de 2001, Khaleda Zia se hizo cargo del Gobierno. En noviembre de ese año A. Q. M. Badruddoza Chowdhury fue nombrado nuevo presidente, quien dimitió el año siguiente, siendo sustituido interinamente por Jamiruddin Sircar. En septiembre de 2002 asumió la presidencia Iajuddin Ahmed.

BANGUI Ciudad capital de la República Centroafricana, que forma por sí misma una prefectura; 67 km² y 553.000 h.

BANGWEULU Lago de África, en Zambia, en la cuenca del Luapula; 4.500 km².

BANÍ Ciudad de la República Dominicana, capital de la provincia de Peravia; 36.705 h.

BANI SADR, ABOLHASSAN Político iraní (Hamadan, 1933). Opositor al sah, colaboró con Jomeini desde 1978. De regreso a Irán, ocupó la presidencia de la República en 1980. Chocó en seguida con el integrismo chiíta y fue destituido en 1981. De vuelta en París, creó y presidió el Consejo Nacional de Resistencia al régimen del *ayatollah* hasta abril de 1984.

BANJO m. *Mús.* Instrumento musical de cuerda de origen africano, compuesto de una caja de resonancia circular, mástil largo con clavijas y de cinco a nueve cuerdas.

BANJUL Ciudad capital de Gambia que forma por sí misma una división administrativa; 12 km² y 42.407 h. Antiguamente se llamó *Bathurst*.

BANKA Banca.

BANKS Isla de Canadá, la más occidental del archipiélago ártico; 68.600 km². Descubierta por Parry en 1820.

BANKS, EDGAR JAMES Arqueólogo estadounidense (Sunderland, 1866 - Boston, 1945). Realizó importantes excavaciones en las ruinas de Babilonia.

BANKS, JOSEPH Naturalista inglés (Londres, 1743 - Isleworth, 1820). Hizo con Cook el viaje de circunnavegación terrestre a bordo del *Endeavour* (1768-71).

BANKSIA f. *Bot.* Nombre común de unas 70 u 80 especies de plantas de la familia proteáceas, género *Banksia*. Proceden de Australia y Nueva Zelanda.

BANQUEO m. Desmonte de un terreno en planos escalonados.

BANQUERO, RA m. y f. **1** Propietario o director de un banco o entidad financiera. **2** Persona que se dedica a operaciones mercantiles de giro, descuento, cuentas corrientes y otras análogas sobre dinero o valores. **3** En ciertos juegos de azar, persona que tiene la banca.

BANQUETA f. **1** Asiento pequeño y sin respaldo. **2** Banco corrido y sin respaldo. **3** Banquillo muy bajo para poner los pies. **4** *Guat.* y *Méx.* ACERA de la calle, paso a lo largo de la fachada de las casas.

BANQUETE m. **1** Comida a que concurren muchas personas para celebrar algún acontecimiento. **2** Comida espléndida.

BANQUETEAR tr., intr. y prnl. Dar banquetes o participar en ellos con frecuencia.

BANQUILLO m. **1** Asiento en que se coloca el procesado ante el tribunal. **2** *Dep.* Lugar donde esperan los jugadores suplentes y entrenadores, fuera del juego.

BANQUISA f. *Ecol.* Capa y superficie continua de hielo de unos 2 a 3 m de espesor (estacional o permanente), formada en las áreas marinas de las regiones polares por la congelación directa del agua del mar. También denominada *glaciar marino*.

BANTI, ANNA (LUCIA LONGHI LOPESTRI, llamada) Escritora italiana (Florencia, 1895 - íd., 1985). Su obra literaria se centró en el tema de la mujer: *Artemisia* (1947), *Nosotras creíamos* (1969), etc.

BANGLA DESH

Divisiones	Superficie (km²)	Población (h.)	Capitales
Barisal	13.297	7.757.334	Barisal
Chittagong	33.771	21.865.850	Chittagong
Dhaka	31.119	33.939.848	Dhaka
Khulna	22.274	13.243.054	Khulna
Rajshahi	34.513	27.499.727	Rajshahi
Sylhet	12.596	7.149.372	Sylhet

BANTI, GUIDO Médico italiano (Montebicchieri, 1852 - Florencia, 1925). Descubrió la enfermedad que lleva su nombre; empieza con anemia, a la que se agrega una fuerte tumefacción y endurecimiento del bazo, y después una cirrosis de hígado con ascitis.

BANTÍN m. *Zool.* Mamífero rumiante de la familia de los bóvidos. Habita en los bosques de Myanmar, Malasia e Indonesia.

BANTING, FREDERICK GRANT Fisiólogo canadiense (Alliston, 1891 - Musgrave Harbor, 1941). Participó en el descubrimiento de la insulina, por lo que en 1923 recibió el premio Nobel de Medicina.

BANTÚ adj. y com. **1** *Etnol.* Se dice del individuo de alguno de los pueblos que hablan lenguas bantúes y habitan en África ecuatorial y meridional. || m. *Ling.* **2** Familia o grupo de lenguas de estos pueblos. Hay más de 200 lenguas bantúes, aparte de sus dialectos. Entre ellas se cuentan desde el *bubi* de Fernando Poo y el *pamue* de Guinea hasta las lenguas *cafres*, el *zulú* y los idiomas de la región de los grandes lagos. También adj. ♦ Su pl. es *bantúes* o *bantús*.

BANTUSTÁN m. *Geog.* Entidad territorial de la República Sudafricana, habitada por diversas etnias bantúes. Fueron creados por una ley aprobada en 1959 con el fin de aislar y segregar a las poblaciones negras. Algunos de ellos obtuvieron una independencia formal no reconocida por la ONU (Transkei, Bophuthatswana). También se denominaron *homeland*. Desaparecieron tras la promulgación de la constitución de 1994.

BANVILLE, THÉODORE DE Escritor francés (Moulins, 1823 - París, 1891). Autor de comedias en verso, libros de poesías, *Las cariátides* (1842), *Odas funambulescas* (1857), cuentos, y la novela *Marcelle Rabbe* (1891). Expuso su poética en su *Pequeño tratado de versificación francesa* (1872).

BANYO m. BANJO.

BÁNZER SUÁREZ, HUGO Político boliviano (Santa Cruz, 1926 - íd., 2002). Ocupó la presidencia de la República al derrocar a Juan José Torres, desde 1971 hasta 1978, año en que convocó elecciones democráticas, en las que fue derrotado. Fundó Acción Democrática Nacionalista (1979). Tras la derrota en las elecciones presidenciales de 1985, pasó a liderar la oposición. En 1997 ocupó nuevamente la presidencia, que abandonó en 2001.

BANZO m. **1** Cada uno de los dos listones del bastidor para bordar. **2** Cada uno de los dos largueros que sirven para afianzar un armazón.

BAÑA, LA (*A Baña*) Municipio de España, provincia de La Coruña; 5.836 h. Su capital es el lugar de San Vicente.

BAÑADERA f. **1** *Amér.* Bañera. **2** *Arg.* Autocar descubierto.

BAÑADERO m. *Ecol.* Charco o paraje donde suelen bañarse y revolcarse los animales monteses.

BAÑADO m. *Amér.* Terreno húmedo, a trechos cenagoso y a veces inundado por las aguas pluviales o por las de un río o laguna cercana.

BAÑADOR m. Prenda o conjunto de prendas para bañarse.

BAÑAR tr. **1** Meter el cuerpo o parte de él en agua o en otro líquido, por limpieza, para refrescarse o con un fin medicinal. También prnl. **2** Sumergir algo en un líquido. **3** Humedecer, regar o tocar el agua de algo. **4** Cubrir algo con una capa de otra sustancia. **5** Tratándose del sol, la luz o el aire, dar de lleno.

BAÑERA f. Pila que sirve para bañar o lavar el cuerpo o parte de él.

BAÑERES (*Banyeres de Mariola*) Municipio y lugar de España, provincia de Alicante; 7.056 h.

BAÑEZA, LA Ciudad de España, provincia de León; 10.492 h.

BAÑIL m. *Ecol.* Charca o pequeña laguna donde acuden a bañarse los animales salvajes. También se aplica al bañadero de las reses domésticas.

BAÑISTA com. Persona que se baña en una playa, en una piscina, en un balneario, etc.

BAÑO m. **1** Acción y efecto de bañar o bañarse. **2** Acción y efecto de someter al cuerpo o parte de él a influjo intenso o prolongado de un agente físico (calor, frío, vapor, sol, etc.). **3** Agua o líquido para bañarse. **4** Habitación con uno o varios aparatos sanitarios para poder asearse. **5** Pila que sirve para bañar o lavar el cuerpo o parte de él. **6** Sitio donde hay aguas para bañarse. **7** Servicio, retrete. **8** Capa de materia extraña con que queda cubierto lo bañado, como la de azúcar en los dulces y la de plata o oro en cubiertos o alhajas. **9** Mano de color que se da sobre lo ya pintado. **10** Conocimiento superficial de una ciencia. **11** *Min.* Masa de metal fundido, junta en la plaza o crisol de un horno. **12** *Quím.* Calor templado por la interposición de alguna materia entre el fuego y lo que se calienta. Tiene diferentes nombres, como baño de arena, de cenizas, etc. || m. pl. **13** BALNEARIO, edificio con aguas medicinales.

bantín

|| **BAÑO DE MARÍA** o **BAÑO MARÍA** Recipiente con agua puesto a la lumbre y en el cual se mete otra vasija para que su contenido reciba un calor suave y constante en ciertas operaciones químicas, farmacéuticas o culinarias. || **BAÑO DE SALES** *Quím.* El que se utiliza para calentar el acero, templarlo o revenirlo. || **BAÑO DE SANGRE** fig. y fam. Matanza de un elevado número de personas. || **dar un baño a alguien** loc. fig. y fam. Mostrar superioridad manifiesta sobre un contendiente.

BAÑO, ORDEN DEL (*Order of the Bath*) *Hist.* Orden inglesa de caballería creada por Jorge I en 1725. Actualmente sólo pueden pertenecer a ella el soberano, los príncipes reales y extranjeros ilustres.

BAO-DAI Último emperador de Annam y de Vietnam (Hué, 1913 - París, 1997). Subió al trono en 1932. Tras la Segunda Guerra Mundial, renunció al trono ante la presión de la Liga de la Independencia, que implantó la república en 1945. Vuelta Indochina al protectorado francés, llegó a un convenio con Francia por el que, a cambio de una semiindependencia del Vietnam, se ocupó del gobierno (1949). Fue destituido en 1955.

BAOBAB m. *Bot.* Árbol de la familia bombacáceas, de nombre científico *Adansonia digitata*. Se caracteriza por el grosor del tronco (de hasta 9 ó 10 m), de una altura no superior a los 20 m. Pierde las hojas durante la estación calurosa; los frutos son carnosos y se llaman *pan de mono*. Crece en las sabanas arboladas de África tropical.

BAODING (*Pao-Ting*) Ciudad de China, situada en la provincia de Hebei; 483.155 h.

BAOTOU (*Pao-t'ou*) Ciudad de China, en la región autónoma de Mongolia Interior; 1.200.000 h.

BAPTISMO m. *Rel.* Doctrina religiosa protestante de los baptistas.

BAPTISTA adj. y s. *Rel.* Se dice del individuo perteneciente a alguna de las iglesias reformadas de este nombre. Su origen se remonta al siglo XVII en Inglaterra. Los baptistas estiman que el bautismo, que realizan por inmersión, sólo debe aplicarse a los creyentes, por lo que excluyen de él a los niños. Admiten las Sagradas Escrituras como única regla de fe y de religión práctica. Más en pl.

BAPTISTERIO m. **1** Sitio donde está la pila bautismal. **2** PILA BAUTISMAL. **3** *Arquit.* Edificio por lo común de planta circular o poligonal, próximo a un templo, donde se administraba el bautismo.

BAQUEANO, NA adj. BAQUIANO.

BAQUEAR intr. *Mar.* Navegar una embarcación impulsada por la corriente.

BAQUELITA f. *Quím.* Resina sintética, primera sustancia plástica industrial conseguida, que se obtiene calentando formaldehído y fenol en presencia de un catalizador.

BAQUERIZO MORENO, ALFREDO Político y escritor ecuatoriano (Guayaquil, 1859 - Nueva York, 1951). Ocupó la presidencia de la República de 1916-20 y de 1931-32. Autor de novelas psicológicas, como *Titania* (1892), *El señor Penco* (1895), y *Tierra adentro* (1898).

BAQUERO, GASTÓN Poeta y ensayista cubano (Banes, 1918 - Madrid, 1997). Miembro del grupo *Orígenes*, en 1959 se exilió en España. En su obra poética figuran *Poemas* (1942), *Memorial de un testigo* (1966) y *Poemas invisibles* (1991). Entre sus ensayos destacan *Escritores hispanoamericanos de hoy* (1961) y *Cernuda y otros temas poéticos* (1969).

BAQUETA f. **1** Vara delgada de hierro o de madera, con un casquillo de cuerno o metal, que sirve para atacar las armas de fuego. **2** *Taurom.* Varilla que usan los picadores para el manejo de los caballos. **3** *Arquit.* JUNQUILLO, moldura estrecha. || f. pl. *Mús.* **4** Palillo o palillos de madera, terminados en una cabezuela, con que se tocan ciertos instrumentos de percusión, o palillos de materia flexible, rematados en una cabeza de caucho, fieltro, etc., con que se hacen sonar los timbales, el bombo, etc.

BAQUETAZO m. **1** Golpe fuerte. **2** Golpe dado con la baqueta. || **tratar a baquetazos** fr. fig. y fam. Tratar a alguien con desprecio o severidad.

BAQUETEADO, DA adj. **1** fig. Experimentado en un trabajo, negocio, etc. **2** fig. Maltratado por una situación o vida difíciles.

BAQUETEAR tr. **1** Dar o ejercitar el castigo de baquetas. **2** fig. Incomodar demasiado. **3** fig. y fam. *And.* y *Amér.* Tratar a alguien con desprecio o severidad. **4** fig. Adiestrar, ejercitar.

BAQUÍA f. **1** Conocimiento práctico de las sendas, atajos, caminos, ríos, etc., de un país. **2** *Amér.* Habilidad y destreza para obras manuales.

BAQUIANO, NA adj. **1** Experto, entendido. **2** Práctico de los caminos, senderos y atajos. || m. **3** Guía de caminos y sendas.

BAQUIJANO Y CARRILLO, JOSÉ, CONDE DE VISTA FLORIDA Jurisconsulto y economista peruano (Lima, 1751 - Sevilla, 1817). Fue oidor en la Real Audiencia de Lima y miembro del Consejo Supremo de Castilla.

BAQUÍLIDES Poeta griego (Yulis, Ceos, h. 517 - ?, h. 450 a. C.). Autor de poemas sobre personajes mitológicos y de odas al estilo de Píndaro.

BAQUIO m. *Métr.* Pie de las métricas griega y latina compuesto de una sílaba breve seguida de dos largas.

BÁQUIRA (Voz caribe.) m. *Zool.* PECARÍ.

BAR[1] m. Local en que se despachan bebidas.

BAR[2] m. *Fís.* Unidad de medida de la presión; equivale a 10^5 pascales. También se utiliza el milibar (símbolo: *mbar*) o milésima de bar, sobre todo en meteorología. Su símbolo es *bar*.

BAR-; -BAR, -BARA pref. o sufs. BARI-.

BARA, THEDA (THEODOSIA GOODMAN, llamada) Actriz de cine estadounidense de origen danés (Cincinnati, 1890 - Los Ángeles, 1955). Creó el tipo femenino de la «mujer fatal» en la película *A Fool There Was* (1914).

BARÁ, ARCO DE Arco triunfal romano, en el trazado de la Via Augusta, cerca de Tarragona, levantado entre 102 a 107 d. C. por el hispano Lucio Licinio Sura.

BARABUDUR BOROBUDUR.

BARACALDO (*Barakaldo*) Municipio de España, provincia de Vizcaya; 100.474 h.

baptisterio de la catedral de Pisa (Italia).

BARACOA Ciudad de Cuba, provincia de Guantánamo; 40.000 h. Fue la primera población española de la isla, fundada por Diego Velázquez de Cuéllar (1512).

BARAGUA Sierra del NO de Venezuela, en el Estado de Lara. Se eleva por encima de los 1.400 m en el pico Sirarigua.

BARAHONA 1 Provincia de la República Dominicana; 1.739 km² y 164.835 h. 2 Ciudad capital de la misma; 49.334 h. Refinerías de azúcar.

BARAHÚNDA f. Ruido y confusión grandes.

BARAJA f. Conjunto de naipes que sirven para varios juegos. La baraja española consta de 48 naipes y la francesa, de 52. || **jugar** uno **con dos barajas** fr. fig. y fam. Proceder con doblez.

BARAJAR tr. 1 En el juego de naipes, mezclarlos unos con otros antes de repartirlos. 2 fig. Mezclar y revolver unas personas o cosas con otras. También prnl. 3 fig. Sortear un peligro o dificultad. 4 En las reflexiones o hipótesis que preceden a una resolución, considerar las varias posibilidades o probabilidades que pueden darse. 5 *Arg., Chile* y *Urug.* Parar los golpes del adversario.

BARAK, EHUD Político y militar israelí (Mishmar Hasharon, 1942). Participó en la guerra de los Seis Días (1967), la del Yom Kippur (1973) y en la ocupación del Líbano (1982). Jefe del Estado Mayor (1991) y miembro del Partido Laborista, ocupó varias carteras ministeriales hasta que, en 1999, sustituyó a B. Netanyahu como primer ministro. Fue derrotado por Ariel Sharon en las elecciones anticipadas de 2001.

BARAKALDO BARACALDO.

BARALT, RAFAEL MARÍA Historiador y escritor venezolano (Maracaibo, 1810 - Madrid, 1860). Escribió *Historia de Venezuela* (1841), *Diccionario de galicismos* (1855) y *Proyecto de diccionario matriz*, organizado por raíces semánticas, obra que le valió el ingreso en la Real Academia Española.

BARAN, PAUL ALEXANDER Economista estadounidense, de origen ruso (Moscú, 1911 - San Francisco, 1964). Se especializó en el estudio de las teorías de Marx. Autor de *La economía política del crecimiento* (1936) y *Capital monopolista* (1966).

BARANDA f. 1 BARANDILLA. 2 Borde o cerco que tienen las mesas de billar.

BARANDAL m. 1 Listón inferior o superior en que se sujetan los balaustres. 2 Listón que sujeta los balaustres por arriba. 3 BARANDILLA.

BARANDILLA f. Antepecho compuesto de balaustres y barandales.

BARANGAY m. 1 Embarcación de remos, usada en Filipinas. 2 *Etnol.* Cada uno de los grupos de 45 a 50 familias de indios o mestizos en que se divide la vecindad de los pueblos en Filipinas, y que está bajo la dependencia y vigilancia de un jefe.

BÁRÁNY, ROBERT Médico austriaco (Viena, 1876 - Upsala, 1936). Descubrió varias leyes sobre el mecanismo del aparato vestibular del oído interno y estudió las enfermedades del sentido del equilibrio. Premio Nobel de Medicina en 1914.

BARAÑA f. 1 Broza del monte. 2 Sombras o motas que se ven por defecto de la vista.

BARATERÍA f. 1 Engaño, fraude en compras, ventas o trueques. 2 *Der.* Delito del juez que admite dinero o regalos por dar una sentencia justa.

BARATIJA f. Cosa menuda y de poco valor. Más en pl.

BARATILLO m. 1 Conjunto de cosas que se venden a bajo precio en un lugar público. 2 Tienda o puesto en que se venden.

BARATO, TA adj. 1 Se dice de cualquier cosa vendida, comprada u ofrecida a bajo precio, o a un precio más bajo que el de otra tomada como punto de referencia. || m. 2 Venta de efectos que se hace a bajo precio con el fin de despacharlos pronto. || adv. m. 3 Por poco precio.

BARATURA f. Bajo precio de las cosas vendibles.

BARAÚNDA f. BARAHÚNDA.

BARAYA, ANTONIO Militar colombiano (San Juan de Jirón, 1791 - Bogotá, 1816). Luchó por la independencia de su país y derrotó a las tropas españolas en Popayán. Fue fusilado por orden de Morillo.

BARBA f. 1 Pelo que nace en la parte inferior de la cara y en los carrillos. También en pl. 2 Este mismo pelo, crecido. 3 Parte de la cara, debajo de la boca. 4 En el ganado cabrío, mechón de pelo que cubre la quijada inferior. 5 *Bot.* Pelo ganchudo simple o doble. 6 *Zool.* Carúnculas colgantes que tienen algunas aves en la mandíbula inferior. 7 *Zool.* Pelos o filamentos que salen del raquis en las plumas de las aves. 8 *Zool.* En las ballenas, placas córneas que cuelgan del paladar y actúan como elementos filtrantes. También denominada *ballena*. || f. pl. 9 Bordes desiguales del papel de tinta. 10 PAPEL DE BARBA O DE BARBAS. || **BARBA DE CABRA** *Bot.* Hierba rosácea de flores en panojas colgantes, blancas y de buen olor. || **BARBA CABRUNA** *Bot.* Planta compuesta, de flores amarillas y raíz comestible después de cocida. || **BARBA DE CAPUCHINO** *Bot.* Planta cuscutácea que vive sobre otras. || **BARBA DE CHIVO** *Bot.* Arbusto o pequeño árbol de la familia leguminosas, de nombre científico *Caesalpinia gilliesii*. Tiene flores amarillas muy ornamentales. Crece en Argentina y Uruguay. || **en las barbas de** uno. loc. adv. En su presencia, en su cara. || **por barba** loc. adv. Por cabeza o por persona. || **subirse** uno **a las barbas** de otro fr. fig. y fam. Perderle el respeto.

BARBA Volcán de Costa Rica, en la cordillera Central; 2.906 m de altura. En su cráter apagado hay un lago de agua fría en el que nace el río Sarapiquí.

BARBA JACOB, PORFIRIO (MIGUEL ÁNGEL OSORIO BENÍTEZ, llamado) Poeta colombiano (Santa Rosa de Osos, 1883 - Ciudad de México, 1942). Considerado uno de los principales poetas posmodernistas de América Central, es autor de *Canciones y Elegías* (1932) y *Rosas negras* (1933).

BARBACANA f. 1 Obra de defensa avanzada y aislada. 2 Muro bajo con que se solían rodear las plazuelas que algunas iglesias tenían alrededor de ellas o delante de alguna de sus puertas. 3 Saetera o tronera.

BARBACID, MARIANO Químico español (Madrid, 1949). Pionero en la identificación de los oncogenes en el organismo, en 1988 fue nombrado director del Departamento de Oncología del Instituto Squibb de Princeton (EE UU) y desde 1998 es director del Centro Nacional de Investigaciones Oncológicas Carlos III.

BARBACOA f. 1 Parrilla usada para asar al aire libre carne o pescado. 2 *Amér.* Andamio en que se ponen los muchachos para guardar los maizales. 3 *Amér.* Casita construida en alto sobre árboles o estacas. 4 *Amér.* Zarzo o tablado tosco en lo alto de las casas, donde se guardan granos, frutos, etc. 5 *Méx.* Carne asada de este modo.

BARBADA f. *Zool.* 1 Quijada inferior de las caballerías. 2 Nombre vulgar de varios peces de la familia gádidos, que poseen un número variable de barbillones, uno bajo el mentón y por lo menos dos sobre el hocico. Se distribuyen por el Atlántico N y Mediterráneo.

BARBADÁS Municipio y lugar de España, provincia de Orense; 5.239 h.

BARBADEJO m. *Bot.* Planta de la familia caprifoliáceas, de nombre científico *Viburnum lantana*. Es un arbusto de hojas grises lanosas, flores pequeñas y blancas agrupadas en inflorescencias terminales umbeliformes y fruto de sabor ácido. Crece en la península Ibérica y N de África. También denominado *lantana*.

BARBADO, DA adj. y s. 1 Que tiene barbas. || m. *Bot.* 2 Árbol o sarmiento que se planta con raíces. 3 Renuevo o hijuelo de árbol o arbusto.

BARBADOS Estado insular de América, en las Pequeñas Antillas.

GEOG. Barbados es la isla más oriental de las Pequeñas Antillas. Es llana, formada por calizas coralinas, con un clima tropical. Su economía se basa en la caña de azúcar y en el turismo. El descubrimiento, a finales de los años setenta del siglo XX, de yacimientos petrolíferos en sus aguas territoriales ha permitido desarrollar la industria.

HIST. La isla de Barbados permaneció deshabitada hasta que, hacia 1518, fue descubierta por los españoles, quienes le dieron el nombre de *Barbada*. Colonia británica desde 1625, a mediados del siglo XVII se importaron esclavos negros para el cultivo de la caña de azúcar y, paulatinamente, la población blanca abandonó la isla. Entre 1958 y 1962 perteneció a la Federación de las Indias Occidentales, y desde 1961 tuvo autonomía interna. En 1966 se le concedió la independencia en el seno de la Commonwealth. Desde 1961 gobernó Errol W. Barrow, del Partido Laborista Democrático, pero en las elecciones de 1976 venció Tom Adams, del Partido Laborista de Barbados, quien se mantuvo en el poder hasta su muerte en 1986; el vice-primer ministro Bernard Saint John le sucedió en el cargo, pero tras las elecciones de ese año volvió al gobierno Barrow, hasta su muerte, en 1987. Le sucedió L. E. Sandiford, confirmado en las elecciones de 1991, que hubo de hacer frente a una grave crisis económica. La impopularidad de algunas de las medidas económicas tomadas por el Gobierno hicieron que en 1994 el BLP presentase una moción de censura, que favoreció la subida al poder de Owen Arthur. Éste vio confirmada su posición con las victorias electorales de su partido ese mismo año, en 1999 y en 2003.

BARBAJA f. *Bot.* 1 Planta perenne de la familia compuestas, parecida a la escorzonera. || f. pl. *Bot.* 2 *Arg.* Primeras raíces que echan los vegetales recién plantados.

BARBARA, AGATHA Política maltesa (Zabbar, 1923 - ?, 2002). Ocupó la presidencia de la República de 1982 a 1988.

Superficie: 430 km².
Población: 267.000 h. *(barbadenses).*
Densidad: 622 h./km².
Tasa de natalidad: 14,5‰.
Tasa de mortalidad: 8,2‰.
Capital: Bridgetown.
Grupos étnicos: negros (92,5%), mulatos (2,8%), blancos (3,2%).
Religión: protestantismo (62,8%), catolicismo (4,4%), otras (32,8%).
Idioma: inglés (oficial).
Moneda: dólar de Barbados.
Forma de Estado: monarquía, miembro de la Commonwealth.
Producto Nacional Bruto: 295.131 millones de dólares.
Renta per cápita: 8.380 dólares.
División territorial: 11 parroquias, que carecen de funciones administrativas locales, según cuadro.

BARBADOS

Parroquias	Superficie (km²)	Población (h.)
Christ Church	57	47.050
Saint Andrew	36	6.346
Saint George	44	17.905
Saint James	31	21.001
Saint John	34	10.206
Saint Joseph	26	7.619
Saint Lucy	36	9.455
Saint Michael	39	97.516
Saint Peter	34	11.263
Saint Philip	60	20.540
Saint Thomas	34	11.590

BÁRBARA, SANTA Virgen y mártir de Nicomedia (? - 235). Patrona de las armas de artillería y de los trabajadores de minas y explosivos.

BARBARI, IACOPO DE (JACOB WALCH BARBARI, llamado) Pintor y grabador italiano de origen alemán (Venecia, h. 1440 - Bruselas, 1516). Fue pintor de cámara del emperador Maximiliano. Contribuyó al desarrollo del grabado alemán.

BARBARIDAD f. **1** Calidad de bárbaro. **2** Dicho o hecho necio o temerario. **3** ATROCIDAD, exceso. **4** fig. y fam. Cantidad grande o excesiva.

BARBARIE f. **1** fig. Rusticidad, falta de cultura. **2** fig. Fiereza, crueldad.

BARBARISMO m. **1** Vicio del lenguaje, que consiste en pronunciar o escribir mal las palabras, o en emplear vocablos impropios. **2** *Ling.* Voz o giro procedente de un idioma extranjero. **3** fig. BARBARIDAD, dicho o hecho temerario.

BÁRBARO, RA adj. **1** Entre los antiguos griegos y romanos, extranjero. **2** *Hist.* Se dice de los individuos pertenecientes a cualquiera de los pueblos que en el siglo V penetraron en el imperio romano, ocuparon su parte occidental y crearon diversos reinos. También s. **3** Relativo o perteneciente a estos pueblos. **4** fig. Fiero, cruel. **5** Estupendo.

BARBARROJA, FEDERICO FEDERICO I BARBARROJA.

BARBARROJA, HARUJ Corsario berberisco de origen griego (Mitilene, 1474 - Tlemcen, 1518). Sembró el terror en la costa de África y pirateó por las Baleares, asolando Mahón. En 1516 se apoderó de Argel.

BARBARROJA, JAIR AL-DIN Corsario berberisco de origen griego (Mitilene, 1467 - Constantinopla, 1546). Hermano del anterior, fue bey de Argel (1518-35), bajo la soberanía del sultán otomano; luchó contra los españoles, a las órdenes de los sultanes turcos Solimán y Selim, y conquistó Túnez (1533). Nombrado gran almirante por Selim I (1536), se enseñoreó del Mediterráneo hasta 1544, año en que se retiró a Constantinopla.

BARBASTRO Municipio y ciudad de España, provincia de Huesca; 14.520 h.

BARBATE Municipio y ciudad de España, provincia de Cádiz; 27.901 h.

BARBECHAR tr. *Agr.* **1** Arar o labrar la tierra disponiéndola para la siembra. **2** Arar la tierra para que se airee y descanse.

BARBECHO m. *Agr.* **1** Tierra labrantía que no se siembra durante uno o más años. **2** Acción de barbechar. **3** Tierra arada para sembrar después.

BARBERA, JOSEPH Director de cine de animación estadounidense (Nueva York, 1911). Alcanzó gran fama por la serie de filmes *Tom y Jerry,* realizada en colaboración con William Hanna desde 1940.

BARBERINI *Geneal.* Ilustre familia florentina del siglo XVII. Entre sus miembros sobresalen Maffeo Barberini (1568-1644), que fue papa con el nombre de URBANO VIII.

BARBERO, RA adj. **1** Propio del barbero. || m. **2** El que tiene por oficio cortar el pelo o afeitar la barba. **3** *Zool.* Pez acantopterigio del mar de las Antillas, de color de chocolate y piel muy áspera. **4** *Méx.* Adulador.

BARBEROL m. *Zool.* Pieza que, con otras, forma el labio inferior de los insectos masticadores.

BARBEY D'AUREVILLY, JULES-AMÉDÉE Escritor francés (Saint-Sauveur-le-Vicomte, 1808 - París, 1889). En sus obras, caracterizadas por la agudeza y la brillantez, mezcla el realismo y la actualidad con la presencia de elementos sobrenaturales y satánicos. Es autor de *La hechizada* (1854), *Un cura casado* (1865) y *Las diabólicas* (1874).

BARBIÁN, NA adj. y s. Desenvuelto, gallardo, arriscado.

BARBIE, KLAUS Funcionario nazi alemán (Bad Godesberg, 1913 - Lyon, 1991). Miembro de las Juventudes Hitlerianas (1933) y del servicio de seguridad de las SS (1935), en 1939 participó en la invasión de Holanda y después combatió en el frente soviético. Fue localizado en Bolivia y extraditado en 1983 y, en 1987, condenado a cadena perpetua.

BARBIERI, FRANCISCO ASENJO Compositor español (Madrid, 1823 - íd., 1894). Fue el verdadero creador de la zarzuela española y uno de los músicos más populares desde su primer estreno en 1850. Es autor de *Jugar con fuego, El barberillo de Lavapiés, Pan y toros, El sargento Federico,* etc.

BARBIERI, VICENTE Poeta argentino (Buenos Aires, 1903 - íd., 1956). En su poesía combina el clasicismo con el vanguardismo. En 1947 obtuvo el premio Nacional de Poesía, por su libro *El anillo de sal.* Cultivó además la novela y el teatro.

BARBILAMPIÑO adj. Que no tiene barba, o tiene poca.

BARBILLA f. **1** Punta o remate de la barba, parte de la cara, que está debajo de la boca. **2** Papada, abultamiento carnoso. **3** *Zool.* Apéndice carnoso que algunos peces tienen en la parte inferior de la cabeza. **4** *Zool.* Cartílago que, a modo de fleco, rodea como aleta a ciertos peces, como el lenguado y el pejesapo. **5** *Zool.* En las aves, protuberancias curvadas situadas a ambos lados de las barbas de las plumas.

BARBITÚRICO, CA adj. *Quím.* **1** Se dice del ácido orgánico cristalino de fórmula $C_4H_4O_3N_2$, cuyos derivados tienen propiedades hipnóticas y sedantes. En dosis excesivas poseen acción tóxica. También m. || m. *Quím.* **2** Cualquier derivado de este ácido.

BARBIZON, ESCUELA DE *Pint.* Grupo de pintores franceses que, entre 1830 y 1850, se instalaron en esta localidad para practicar el paisaje bajo la influencia de Corot y Courbet. Sus principales representantes fueron T. Rousseau, J.-F. Millet, J. Dupré, N. Díaz de la Peña, C. Daubigny y C. Troyon. Influyó en autores posteriores tanto realistas como impresionistas.

BARBO m. *Zool.* **1** Nombre común de unas 200 especies de peces teleósteos de la familia ciprínidos, género *Barbus.* Se caracterizan por tener el cuerpo alargado, con unas barbillas en el labio superior, que es prominente. Habitan en las aguas dulces de las regiones templadas y cálidas de Europa y Asia. Algunos son comestibles. **2** Nombre común de varias especies de peces del género *Puntius,* procedentes del S de Asia y de gran valor ornamental. Se caracterizan por la presencia de dos barbas junto a la boca. Entre ellas se encuentran el barbo común *(B. bocagei)* y el barbo de montaña *(B. meridionalis).*

BARBOQUEJO m. Cinta con que se sujeta por debajo de la barba el sombrero, gorro, etc.

BARBOSA, RUY Político y jurisconsulto brasileño (Salvador de Bahia, 1849 - Petrópolis, 1923). Luchó por la abolición de la esclavitud y la implantación de la República. Proclamada ésta, fue vicepresidente y ministro de Finanzas y uno de los principales artífices de la Constitución de 1891.

BARBOTAR intr. y prnl. BARBOTEAR.

BARBOTEAR intr. Hablar atropelladamente, mascullar.

BARBOTINA f. *A. dec.* Procedimiento de decoración, que consiste en trazar adornos o inscripciones en relieve sobre las vasijas, etc., mediante un hilo de pasta fluida que, por medio de pincel o molde, se aplica a la superficie de la vasija.

BARBOUR, GEORGE BROWN Geólogo y paleontólogo británico (Edimburgo, 1890 - Londres, 1977). Realizó el descubrimiento del hombre de Pekín, denominado *Homo erectus.* Es autor de las obras *Geology of the Kalgan Area* (1929) e *In the Field with Teilhard de Chardin* (1965).

BARBUDA Isla coralina de las Pequeñas Antillas, que junto con las de Antigua y Redonda, forman el Estado independiente de ANTIGUA Y BARBUDA; 160,6 km^2 y 1.241 h.

BARBUDO, DA adj. **1** Que tiene muchas barbas. || m. **2** *Bot.* BARBADO, renuevo de una planta. **3** *Zool.* Pez teleóstomo de las Antillas.

BARBUSANO m. *Bot.* **1** Árbol perteneciente a la familia lauráceas, de nombre científico *Apollonias barbujana.* Tiene hojas persistentes y lustrosas, flores olorosas y frutos pardo-negruzcos similares a las aceitunas. Crece en las islas Canarias y Madeira. **2** Madera de este árbol.

BARBUSSE, HENRI Escritor francés (Asnières, 1873 - Moscú, 1935). Inició su carrera literaria en el periodismo y, literariamente, se formó en el simbolismo. Autor de poesía y novela. Militante comunista desde 1920, plasmó sus ideas en *Palabras de un combatiente* (1921), *Los Judas de Jesús* (1927) y *Stalin* (1935).

BARCA f. Embarcación pequeña.

Francisco Asenjo **Barbieri**

Miquel **Barceló.** *Pintor damunt el cuadro.* Colección Arte Contemporáneo (Madrid).

BARCAROLA f. *Mús.* **1** Canción popular de Italia, y especialmente de los gondoleros de Venecia. **2** Canto de marineros, en compás de seis por ocho, que imita por su ritmo el movimiento de los remos.

BARCARROTA Municipio y lugar de España, provincia de Badajoz; 3.938 h.

BARCAZA f. Lanchón para transportar carga de los buques a tierra, o viceversa.

BARCELÓ, MIQUEL Pintor español (Felanitx, 1957). Artista figurativo, sus obras revelan una preocupación por la investigación experimental. Entre sus obras destacan *La cosecha de mijo, Pintor damunt el cuadro* y *Constelación, número seis.* En 1986 le fue otorgado el Premio Nacional de Artes Plásticas y en 2003 el premio Príncipe de Asturias de las Artes.

BARCELONA 1 Provincia de España, en la comunidad autónoma de Cataluña; 7.733 km^2 y 4.706.325 h. Limita al N con Lleida y Girona, al E con Girona y el Mediterráneo, al S con este mar y Tarragona, y al O con Lleida y Tarragona. Sus costas se extienden desde la desembocadura del río Tordera hasta cerca de la del río Foix, y, en general, son llanas, con extensas playas. La cordillera costera comprende el macizo de Garraf. Paralelamente, más al interior, se extiende la cordillera prelitoral (Montserrat y Montseny). Al N de la comarca de Vic, la cordillera transversal señala la divisoria con la provincia de Girona. En el extremo N, la sierra del Cadí, se extiende hacia el O para internarse en la provincia de Lleida. La bañan los ríos Ter, Tordera, Besós y Llobregat. El clima es mediterráneo en el litoral, moderado en la depresión prelitoral y continental extremado en las comarcas del interior. Cultivos de vid, hortalizas y forrajes. Importantes industria textil, de telecomunicaciones, metalúrgicas, construcción de automóviles y maquinaria, curtidos, productos químicos, papel y vinos espumosos. **2** Ciudad de España, capital de la comunidad autónoma de Cataluña y de la provincia, partido judicial y municipio de su nombre; 1.508.805 h. Primer centro industrial del país. Importante puerto. En 2004 se celebró en la ciudad el Fórum Universal de las Culturas.

BARCELONA Ciudad de Venezuela, capital del Estado de Anzoátegui; 526.926 h. Importante centro industrial.

BARCELONA, CONDADO DE *Hist.* Demarcación que formaba parte de la Marca Hispánica carolingia, y que fue adquiriendo personalidad hasta convertirse en independiente y constituir el centro político y económico del principado de Cataluña.

BARCELONA, CONDE DE CONDE DE BARCELONA.

BARCELONÉS, SA adj. y s. De Barcelona (ciudad y provincia española y ciudad venezolana).

BÁRCENA, CATALINA Actriz española de origen cubano (Cienfuegos, 1896 - Madrid, 1977). Actuó desde joven en las compañías de María Guerrero, Ernesto Vilches y Martínez Sierra. Trabajó en Hollywood (1931-1935).

BARCIA f. *Agr.* Desperdicios que se sacan al limpiar el grano.

BÁRCIDAS *Hist.* Dinastía del imperio cartaginés, a la que pertenecieron Amílcar Barca y sus hijos, Asdrúbal, Magón y Aníbal.

BARCINO, NA o **BARCENO, NA** adj. *Zool.* Se dice de los animales de pelo blanco y pardo, y a veces rojizo, como ciertos perros, toros y vacas.

BARCINO *Hist.* Nombre que tuvo en la antigüedad la ciudad de Barcelona.

BARCO m. **1** Vehículo de madera, hierro u otra materia, que flota y que, impulsado y dirigido por un artificio adecuado, puede transportar sobre las aguas personas, animales o cosas. **2** *Geol.* Barranco poco profundo. || **BARCO CISTERNA** *Mar.* El dedicado a transportar líquidos. || **BARCO ESCUELA** o **BUQUE ESCUELA** *Mar.* El de la

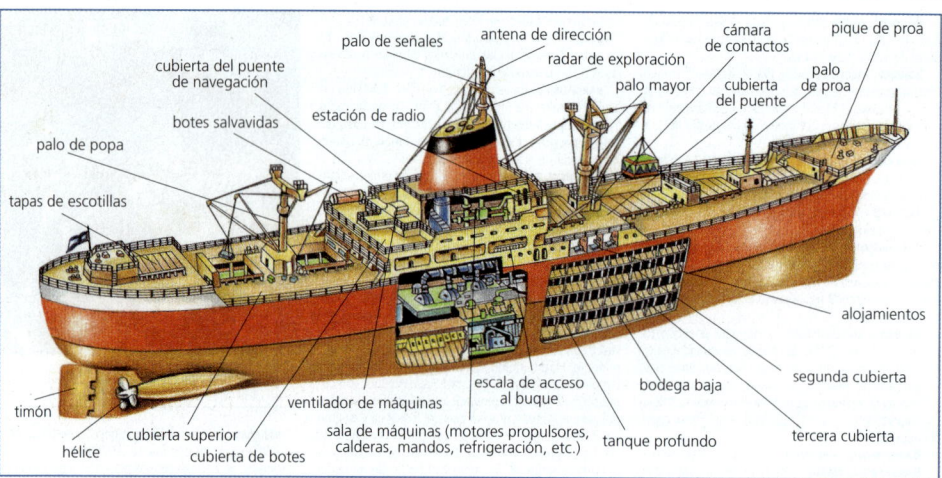

barco

marina de guerra en que completan su instrucción los guardias marinas. || **BARCO NODRIZA** Mar. El dedicado a aprovisionar a otros en ruta.
BARCO CENTENERA, MARTÍN DEL Religioso, conquistador y poeta español (Logrosán, 1535 - Tucumán, 1605). Llegó a Paraguay en la armada de Juan Ortiz de Zárate. Se le debe el poema-crónica *La Argentina* (1602), cuyo título ha dado nombre a la República.
BARCO VARGAS, VIRGILIO Político colombiano (Cúcuta, 1922 - Bogotá, 1997). Candidato del Partido Liberal a la presidencia de la República, venció en las elecciones de 1986. Durante su mandato tuvo que enfrentarse con los problemas del narcotráfico y la guerrilla. Consiguió que el movimiento guerrillero M-19 depusiera las armas. Tras las elecciones de 1990 fue sustituido en el cargo por C. Gaviria.
BARCOQUEBAS o **BARKOHBA, SIMÓN** Caudillo judío (? - Bhetor, 135). Dirigió la segunda insurrección de los judíos contra Roma en tiempos del emperador Adriano (132-35), los expulsó de Jerusalén, y se proclamó rey en el 132.
BARDA f. Cubierta de paja, briza, etc., que se pone sobre las tapias y se utiliza como vallado.
BARDAGUERA f. *Bot.* Nombre común de varias plantas de la familia salicáceas, género *Salix*. Crecen en las orillas de ríos y arroyos, y sus ramas delgadas sirven para hacer canastillas y cestas.
BARDAL m. BARDA, cubierta de espinos; vallado de espinos.
BARDANA f. *Bot.* LAMPAZO, planta compuesta.
BARDAR tr. Poner bardas.
BARDEEN, JOHN Físico estadounidense (Madison, 1908 - Boston, 1991). Fue galardonado en dos ocasiones con el premio Nobel de Física: en 1956, por la invención y desarrollo del transistor electrónico, y en 1972, por sus trabajos sobre la teoría de la superconductividad.
BARDEM, JUAN ANTONIO Director de cine español (Madrid, 1922 - íd., 2002). Creador del cine social y comprometido, en su filmografía destacan *Cómicos* (1953), *Muerte de un ciclista* (1955), *Calle Mayor* (1956), *El puente* (1976), *La corrupción de Chris Miller* (1972), *Resultado final* (1997), etc.
BARDIYA SEMERDIS.
BARDO m. **1** Poeta de los antiguos celtas. **2** Por extensión, poeta heroico o lírico de cualquier época o país.
BARDOT, BRIGITTE Actriz de cine francesa (París, 1934). Alcanzó fama en 1956 con la película *Y Dios creó a la mujer*, de R. Vadim. A partir de entonces se convirtió en símbolo erótico del cine mundial, con películas como *La verdad* (1960), *Vida privada* (1962), *¡Viva María!* (1965) y *Las petroleras* (1971).
BAREA OGAZÓN, ARTURO Escritor español nacionalizado inglés (Madrid, 1897 - Londres, 1957). La obra que le consagró como uno de los principales narradores de posguerra fue la trilogía *La forja de un rebelde* (1941-44), en la que retrata la España del siglo XX.
BAREMAR tr. Aplicar un baremo.
BAREMO m. **1** Conjunto de normas establecidas convencionalmente para evaluar los méritos personales, la solvencia de empresas, etc. **2** Cuaderno o tabla de cuentas ajustadas. **3** Lista o repertorio de tarifas.

BARENBOIM, DANIEL Concertista de piano y director de orquesta israelí (Buenos Aires, 1942). Músico precoz, desde 1964 trabajó al frente de la English Chamber Orchestra, y desde 1975, de la Orquesta de París. En 1991 fue nombrado director de la Orquesta Sinfónica de Chicago, y en 1992, director musical de los Coros y la Orquesta de la Ópera Estatal de Berlín. En 2002 recibió el premio Príncipe de Asturias de la Concordia.
BARENTS Mar del océano Glacial Ártico; 1.400.000 km^2 de extensión. Baña las costas septentrionales de Noruega y de la Federación de Rusia. Está limitado por el cabo Norte, en Noruega, y el cabo Sur, en Spitsbergen. Su principal puerto es Murmansk.
BARGA, CORPUS (ANDRÉS GARCÍA DE LA BARGA, llamado) Periodista y escritor español (Madrid, 1888 - Lima, 1975). Autor de *La vida rota* (1908-10) *Apocalipsis* (1930) y *La baraja de los desatinos* (1968), su obra principal es *Los pasos contados*, sus memorias.
BARGAS, IBN SA'ID Sultán de Zanzíbar (Zanzíbar, 1835 - íd., 1888). Intentó hacerse con el poder a la muerte de su padre (1856), y otra vez tres años después, pero fue exiliado a Bombay. En 1870, sin embargo, lo consiguió. Suprimió la venta de esclavos y favoreció las relaciones con Francia y el Reino Unido. Por presiones de Alemania tuvo que ceder sus posesiones, a excepción de la isla de Zanzíbar y una estrecha franja costera.
BARGUEÑO m. Mueble de madera con muchos cajoncitos y gavetas adornado con labores de talla o de taracea.
BARI-, BAR-, BARO-; -BAR, -BARA, -BÁRICO, -BARO prefs. o sufs. que significan peso: *barisfera, barómetro, isobara*.
BARI 1 Provincia de Italia, en Apulia; 5.138 km^2 y 1.557.420 h. **2** Ciudad capital de la misma y de la región de Apulia; 337.190 h. Principal centro económico e industrial de la región.
BARIA f. *Fís.* En el sistema cegesimal, unidad de presión equivalente a una dina por cm^2. Su símbolo es *bar*. De la unidad principal deriva la milibaria (10^3 Pascal) y la microbaria (10^{-1} Pascal).
BARÍA f. *Bot.* Árbol de la familia borragináceas que crece en Cuba. La babaza de su corteza se emplea para clarificar el azúcar.
BARIBAL m. *Zool.* Oso negro americano.
BARICENTRO m. **1** *Fís.* CENTRO DE GRAVEDAD. **2** *Geom.* Punto en el que se cortan las medianas de un triángulo. Se encuentra a doble distancia del vértice que del lado opuesto a dicho vértice.
-BÁRICO suf. BARI-.
BARILLAS, MANUEL LISANDRO General y político guatemalteco (Quezaltenango, 1844 - Ciudad de México, 1907). Participó en el movimiento para derrocar a Cerna. Fue presidente de la República (1886-92). Murió asesinado.
BARINAS Estado de Venezuela; 35.200 km^2 y 647.677 h. Su capital es la ciudad del mismo nombre. Centro minero, agrícola y ganadero. Industria maderera.
BARINÉS, SA adj. y s. De Barinas.
BARIO m. *Quím.* Elemento químico perteneciente al grupo II A del sistema periódico. Peso atómico, 137,34; número atómico, 56; símbolo, Ba. Metal pesado, de color blanco amarillento, dúctil y difícil de fundir.
BARIÓN m. *Fís.* Cada una de las partículas elementales de spin 1/2 y masa igual superior a la del protón

que intervienen en las interacciones fuertes, como el protón, el neutrón (que constituyen el nucleón) y los hiperones o partículas pesadas.
BARISFERA f. *Geol.* Núcleo central del globo terrestre, sólido y pesado, compuesto por hierro y níquel. También llamado *siderosfera* y *nife*.
BARITA f. *Quím.* Óxido de bario de fórmula BaO, que en forma de polvo blanco se obtiene en los laboratorios.
BARITINA f. *Miner.* Sulfato de bario de fórmula $BaSO_4$, que se presenta de forma natural en cristales ortorrómbicos.
BARÍTONO m. *Mús.* **1** Voz media entre la de tenor y la de bajo. **2** Cantante que tiene esta voz.
BARIZO m. *Zool.* Mamífero primate de la familia cébidos, de nombre científico *Saimiri sciureus*. Es un simio platirrino de pequeño tamaño (35 cm de longitud).
BARJANA f. *Geol.* Duna en forma de media luna, con las puntas orientadas en el sentido del viento. La pendiente es suave en la parte de barlovento y abrupta en la de sotavento. Es típica de zonas costeras y territorios interiores desérticos.
BARJOLA, JUAN (JUAN GALEA BARJOLA, llamado) Pintor español (Torre de San Miguel Sesmero, 1919). Cultivó la pintura figurativa, con cierta tendencia hacia la abstracción. En 1985 fue galardonado con el Premio Nacional de Artes Plásticas.
BARKHANA f. *Geol.* BARJANA.
BARKLA, CHARLES GLOVER Físico inglés (Widnes, 1877 - Edimburgo, 1944). En 1917 obtuvo el premio Nobel de Física por sus investigaciones sobre la espectroscopía de rayos X, demostrando que eran ondas transversales.
BARLACH, ERNST Escultor, dramaturgo y poeta alemán (Wedel, 1870 - Gustrow, 1938). Adscrito al expresionismo literario, es autor de *El muerto* y *El bulbo azul*. Entre sus obras escultóricas, mezcla de expresionismo y cubismo, destaca *El vengador*.
BARLETTA, LEÓNIDAS Narrador y dramaturgo argentino (Buenos Aires, 1902 - íd., 1975). Iniciador de la novela proletaria de los años veinte en Argentina, en sus obras estudia los problemas humanos y sociales de las clases deprimidas: *Los destinos humildes* (1938), *La felicidad gris* (1945), *Viejo y nuevo teatro* (1960), *De espaldas a la Luna* (1964) y *Aunque llueva* (1970).
BARLETTA, NICOLÁS ARDITO Político panameño (Aguadulce, 1938). Ministro de Planificación y Política

Juan **Barjola**. *Torero*. Colección particular (Madrid).

Económica (1973-78), ha sido miembro del partido Unión Nacional Democrática. En 1984 fue elegido presidente de la República, cargo del que dimitió en 1985.

BARLOVENTO m. *Meteor.* Parte de donde viene el viento con respecto a un punto o lugar determinado. Las superficies orientadas en esa dirección están directamente expuestas a la acción del viento.

BARLOVENTO, ISLAS DE Grupo de islas de las Pequeñas Antillas, que comprende desde Santo Tomás al NO, hasta Granada al S. Los ingleses dan a este mismo conjunto dos nombres: *Leeward*, de Santo Tomás a Dominica, y *Windward*, de Martinica a Granada.

BARLOVENTO, ISLAS DE Grupo de islas de Cabo Verde, situado al N del archipiélago de su nombre.

BARLOW, PETER Matemático y físico inglés (Norwich, 1776 - Woolvich, 1862). Investigó los fenómenos relacionados con la electricidad y el magnetismo e ideó la llamada *rueda de Barlow*, instrumento electromagnético con el que comprobó experimentalmente la ley de Laplace.

BARMAN (Voz i.) m. Camarero encargado de la barra de cafeterías y bares. ♦ Su pl. es *bármanes* o *barmans*.

BARMÉCIDAS *Hist.* Familia de gran prestigio entre los musulmanes en los últimos tiempos de los omeyas y primeros de los abasidas, que desempeñaron altos cargos de gobierno.

BARMEN WUPPERTAL.

BARN m. *Fís.* Unidad de superficie usada para magnitudes atómicas. Equivale a 10^{-24} cm.

BARNA DE SIENA Pintor italiano (Siena, 1302 - San Gimignano, 1381). Perteneció a la escuela sienesa. Su obra más célebre es una serie de frescos en la iglesia parroquial de San Gimignano, con *Escenas de la vida de Cristo*.

BARNABITA adj. y com. *Rel.* Se aplica al religioso de la congregación de clérigos regulares de San Pablo, fundada en 1530, que tuvo sus principios en la iglesia de San Bernabé de Milán.

BARNACLA m. *Zool.* Nombre común de varias especies de aves anseriformes de la familia anátidas, género *Branta*, parecidas a los gansos típicos, pero con el pico más pequeño y provisto de finas entalladuras en los bordes.

BARNARD, CHRISTIAAN NEETHLING Cardiólogo sudafricano (Beaufort West, 1922 - Pafos, Chipre, 2001). Fue el primer cirujano que realizó un trasplante de corazón humano.

BARNARD, EDWARD EMERSON Astrónomo estadounidense (Nashville, 1857 - Yerkes, 1923). Realizó una extraordinaria labor de investigación fotográfica en astronomía: descubrió 18 cometas, 22 nebulosas, el quinto satélite de Júpiter (Amaltea) y el cometa y la estrella que llevan su nombre.

BARNES, DJUNA Escritora y periodista estadounidense (Nueva York, 1892 - íd., 1982). Figura destacada de la «generación perdida», su vida y su obra están marcadas por la transgresión entre sus publicaciones destacan *Almanaque de mujeres* (1928), *El bosque de la noche* (1936) y *Humo* (1982).

BARNES, JULIAN Escritor británico (Leicester, 1946). Sus novelas están centradas en la lealtad, el amor y en temas ligados a la literatura, al arte y a la historia. Entre ellas destacan *Antes de conocernos* (1982), *Mirando al sol* (1986), *La historia del mundo en diez capítulos y medio* (1989) y *Hablando del asunto* (1992).

BARNET, MIGUEL Poeta y novelista cubano (La Habana, 1940). Representante de la novela documental, en la que conjuga la creación literaria con el estudio etnológico: *Biografía de un cimarrón* (1967), *Gallego* (1982), *La vida real* (1986) y *Oficio de ángel* (1989).

BARNIZ m. **1** *Quím.* Disolución de una o más resinas en un líquido que al aire se volatiliza o se deseca. **2** Baño que se da al barro, loza y porcelana, y que se vitrifica con la cocción. **3** fig. Noción superficial de una ciencia.

BARNIZAR tr. Dar un baño de barniz.

BARO-; -BARO pref. o suf. BARI-.

BAROCINESIS f. *Etol.* Cambio en la actividad de los animales inducido por variaciones en la presión.

BAROCCI o **BAROCCIO, IL** (FEDERICO FIORI, llamado) Pintor italiano (Urbino, 1526 - íd., 1612). Sus obras, de temática religiosa, constituyen un antecedente del Barroco y se caracterizan por la intensidad y vigor del colorido. Entre sus cuadros principales está *El Nacimiento de Jesús*.

BAROCLÍNICO, CA adj. *Meteor.* Se dice del estado de la atmósfera en que existen gradientes de presión y temperatura que son la causa de movimientos circulatorios verticales del aire.

BARODA VADODARA.

BARÓGRAFO m. *Meteor.* Barómetro registrador.

BAROJA Y NESSI, PÍO Novelista español (San Sebastián, 1872 - Madrid, 1956). Estudió medicina, pero se dedicó fundamentalmente a la literatura. Miembro de la GENERACIÓN DEL 98, su obra, de estilo sencillo y en ocasiones poco elaborado, exhaustivas descripciones y temática social, puede dividirse en tres épocas. A la primera, que él califica «de violencia, de arrogancia y de nostalgia», pertenecen *La casa de Aizgorri* (1900), *Aventuras, inventos y mixtificaciones de Silvestre Paradox* (1901), *Camino de perfección* (1902), *El mayorazgo de Labraz* (1903), *La lucha por la vida* (1904; trilogía formada por *La busca*, *Mala hierba* y *Aurora roja*), *Paradox, rey* (1906), *Zalacaín el aventurero* (1909), *Las inquietudes de Shanti Andía* (1911), y *La raza* (1908-11; trilogía formada por *La dama errante*, *La ciudad de la niebla* y *El árbol de la ciencia*). La segunda época se inicia con *Memorias de un hombre de acción* (1913-35), en 22 volúmenes, a la que siguen *Laura o la soledad sin remedio* (1939), *El puente de las ánimas* (1945) y *Desde la última vuelta del camino* (1944-49), memorias. En 1935 ingresó en la Real Academia Española.

BAROJA Y NESSI, RICARDO Novelista y pintor español (Minas de Riotinto, 1871 - Vera de Bidasoa, 1953). Hermano de Pío, es autor de aguafuertes en los que representa escenas callejeras y de la vida mísera. Entre sus obras literarias destacan *La nao capitana* (1935), *Bienandanzas y fortunas* (1941) y *El Dorado* (1942).

BARÓMETRO m. *Meteor.* Instrumento que sirve para determinar la presión atmosférica. Fue inventado por Torricelli en 1643. Puede ser de mercurio o de vacío (aneroide); el primero es más exacto. || **BARÓMETRO ANEROIDE** *Meteor.* El que determina los cambios de presión atmosférica y la altitud de forma aproximada. || **BARÓMETRO DE MERCURIO** *Meteor.* El que indica la presión atmosférica de un gas por la diferencia de nivel entre dos recipientes con mercurio, comunicados entre sí.

BARÓN, NESA m. y f. **1** Título de nobleza de categoría variable según los países; en España y Francia es inmediatamente inferior al de vizconde. **2** Alto personaje político. || f. **3** Mujer del barón.

BARONÍA f. **1** Dignidad del barón. **2** Territorio o lugar sobre el que recae este título o en que ejerce su jurisdicción un barón.

BARORRECEPTOR m. *Fisiol.* Receptor nervioso que transmite las sensaciones de variación de presión sanguínea.

BAROSCOPIO m. *Fís.* Balanza que se utiliza para demostrar que el principio de Arquímedes es aplicable también a los gases.

BARQUILLA f. **1** Molde para hacer pasteles. **2** Cesto en el que se acomoda la tripulación en un globo aerostático. **3** *Fís.* En un reactor nuclear, receptáculo en el que se introducen las muestras que se han de irradiar por neutrones.

BARQUILLERO, RA m. y f. **1** Persona que hace o vende barquillos. **2** Recipiente metálico en el que el barquillero lleva su mercancía.

BARQUILLO m. Dulce hecho a base de una hoja delgada de pasta de harina sin levadura y azúcar o miel y por lo común canela, el cual recibía antiguamente forma convexa y actualmente de canuto.

BARQUÍN m. Fuelle grande que se usa en herrerías y fraguas.

BARQUISIMETANO, NA adj. y s. Natural de Barquisimeto.

BARQUISIMETO Ciudad de Venezuela, capital del Estado de Lara; 764.339 h. Produce café, caña de azúcar, algodón y frutales. Importante centro industrial y co-

Ricardo y Pío **Baroja**. Retrato de Daniel Vázquez Díaz. Real Academia de San Fernando (Madrid).

mercial. Fue fundada en 1552 por Juan de Villegas con el nombre de *Nueva Segovia de Barquisimeto*.

BARQUISIMETO, SIERRA DE PORTUGUESA, SIERRA DE.

BARRA f. **1** Pieza generalmente prismática o cilíndrica y mucho más larga que ancha. **2** Palanca de hierro para levantar cosas muy pesadas. **3** Pieza de pan de forma alargada. **4** Lingote de oro o plata. **5** Mostrador de un bar u otro establecimiento similar. **6** *Geol.* Banco o bajo de arena que se forma a la entrada de algunas rías y en la estrechura de ciertos mares, ríos y lagos, y que hace peligrosa su navegación. **7** *Fís.* En un reactor nuclear, elemento combustible de forma alargada, destinado a ser irradiado. **8** *Gram.* Signo gráfico (/) que se utiliza para separar diversas construcciones gramaticales. **9** *Mat.* Línea horizontal que en las fracciones separa el numerador del denominador. **10** *Mús.* Línea que corta perpendicularmente a la altura de los cinco pentagrama y sirve para la división de compases. **11** *Amér.* Público que asiste a las sesiones de un tribunal, asamblea o corporación. **12** *Arg.*, *Par.* y *Urug.* Pandilla, grupo de amigos que suelen reunirse para conversar o divertirse. || f. pl. *Bl.* **13** Listas o bastones de un escudo. || **BARRA COSTERA** *Geol.* Depósito de sedimentos marinos llevados por las corrientes litorales, que prolongan los extremos de una bahía hasta cerrarla, dejándola convertida en una albufera. || **BARRA FIJA** *Dep.* Aparato gimnástico que consiste en una barra sujeta horizontalmente a una altura conveniente para hacer ciertos ejercicios gimnásticos o el aprendizaje de ciertos bailes. || **BARRAS PARALELAS** *Dep.* Aparato gimnástico que consiste en dos barras fijas horizontales. Cuando están a distinta altura del suelo se llaman *barras paralelas asimétricas*.

BARRA, EDUARDO DE LA Escritor chileno (Santiago de Chile, 1839 - íd., 1900). Autor de una oda *A la independencia de América* y del canto *Al abate Molina*. También escribió *Elementos de métrica* y *Poesía objetiva y subjetiva*.

BARRA MANSA Ciudad de Brasil, Estado de Rio de Janeiro; 145.112 h. Centro industrial.

BARRABÁS com. fig. y fam. Persona mala, traviesa.

BARRABÁS Personaje judío (s. I). Según el Evangelio, estaba en la cárcel por asesinato y sedición, y siguiendo la costumbre judaica de libertar a un condenado en la última pena durante la fiesta de Pascua, Pilato dio a escoger al pueblo judío entre Jesús y Barrabás, optando aquél por este último.

BARRABASADA f. **1** fam. Acción que causa un gran perjuicio. **2** fam. Travesura grave.

BARRACA f. **1** Albergue construido toscamente. **2** Vivienda rústica de las huertas de Valencia y Murcia, con cubierta de cañas a dos aguas muy vertientes. **3** *Amér.* Edificio en que se depositan cueros, lanas, maderas, cereales u otros efectos destinados al comercio.

BARRACAS DEL SUR AVELLANEDA.

BARRACÓN m. Caseta grande y tosca, generalmente con carácter provisional, que sirve para alojar soldados, obreros, etc.

BARRACUDA f. *Zool.* Nombre común de unas 15 especies de peces perciformes de la familia esfirénidos, género *Sphyraena*. Se caracterizan por su gran tamaño, voracidad y carácter agresivo. Viven próximos a las costas, en los mares tropicales y subtropicales.

BARRADAS, RAFAEL PÉREZ DE Pintor y dibujante uruguayo (Montevideo, 1890 - íd., 1929). Creó un estilo mixto de futurismo y cubismo, que llamó vibracionismo.

Il **Barocci**. *El Nacimiento de Jesús*. Museo del Prado (Madrid).

Sus creaciones más originales son las escenas portuarias y los cuadros de costumbres campesinas. Cultivó también la ilustración y realizó carteles y decoraciones teatrales.

Barrado, da adj. *Bl.* Se aplica a la pieza sobre la cual se ponen barras.

Barragán m. **1** Tela de lana impermeable. **2** Abrigo hecho de esta tela.

Barragán, Luis Arquitecto mexicano (Guadalajara, 1902 - íd., 1988). Formado en Europa e influido por Le Corbusier. Autor del proyecto «Lomas verdes» (1967), en el estado de México, y el Pedregal de San Ángel (1945-80) en México.

Barragán, Miguel Francisco Militar y político mexicano (Valle del Maíz, 1789 - México D. F., 1836). Tomó parte en la revolución de Iguala, que consumó la independencia de México. Fue comandante militar y gobernador de Veracruz y presidente interino de la República (1835-36).

Barragana f. Concubina.

Barral, Carlos Escritor y editor español en lenguas catalana y española (Barcelona, 1928 - íd., 1989). Director literario de Seix-Barral y, más tarde, de Barral Editores, es autor de libros de poemas de un decadentismo crítico y experimental, como *Metropolitano* (1957), *Usuras* (1965), *Informe personal sobre el alba* (1970), reunidos en la recopilación *Usuras y figuraciones* (1973) y *Lecciones de cosas* (1987), entre otras.

Barranca f. *Geol.* barranco profundo.

Barrancabermeja Ciudad de Colombia, departamento de Santander; 180.653 h.

Barrancal m. *Geol.* Sitio donde hay muchos barrancos.

Barrancas Río de Argentina, en la provincia de Neuquén, que al unirse con el Grande da origen al río Colorado. Sirve de límite con la provincia de Mendoza.

Barranco m. **1** Despeñadero, precipicio. **2** *Geol.* Erosión profunda producida en la tierra sobre materiales poco consolidados, por las corrientes de las aguas o por otras causas. El barranco suele tener un perfil en artesa, con altura y anchura similares. **3** fig. Dificultad, obstáculo.

Barranquera f. *Geol.* barranco.

Barranquilla Ciudad de Colombia, capital del departamento de Atlántico; 1.021.683 h. Importante puerto marítimo y fluvial. Exportación de café. Industrias petroquímicas, mecánicas y cementeras.

Barranquillero, ra adj. y s. De Barranquilla.

Barraquero, ra adj. **1** Relativo a la barraca. || m. y f. **2** Persona que posee o administra una barraca.

Barras, Paul Político francés (Fox-Amphoux, 1755 - Chaillot, 1829). Diputado de la Convención nacional, preparó la caída de los jacobinos, derrotó a Robespierre en la Convención y fue nombrado comandante general de las fuerzas armadas de París. Fue miembro del Directorio y logró que se confiara el mando del ejército de Italia a Bonaparte.

Barrault, Jean Louis Director y actor de teatro y cine francés (Le Vésinet, 1910 - París, 1994). Codirector del teatro del Palais-Royal y director del Teatro de Francia (1959-68). En el cine ha interpretado *Les beaux jours* (1936), *Le puritain* (1937), *La symphonie fantastique* (1942), *Les enfants du paradis* (1944), *Versailles* (1955), *El día más largo* (1962), etc.

Barre, Raymond Político y economista francés (Saint-Denis, Reunión, 1924). Desde 1967 hasta 1972, fue vicepresidente de la Comunidad Económica Europea y responsable de los asuntos financieros. En 1973 ingresó en el Consejo General del Banco de Francia, fue ministro de Comercio Exterior (1976) y primer ministro (1976-81).

Barreda, Ernesto Mario Escritor y musicógrafo argentino (Buenos Aires, 1883 - Luján, 1958). De tendencias modernistas, destacan, entre sus libros de versos, *La canción de un hombre que pasa* (1911) y *El huerto de los naranjos* (1941). Cultivó también la novela y el ensayo.

Barredero, ra adj. **1** fig. Que arrastra o se lleva cuanto encuentra. || f. **2** Máquina usada en las grandes poblaciones para barrer las calles.

Barredura f. **1** Acción de barrer. || f. pl. **2** Desperdicios que se juntan con la escoba cuando se barre. **3** Residuos que suelen quedar como desecho de algunas cosas, como granos, etc.

Barreiro, Miguel Político uruguayo (Montevideo, 1780 - íd., 1861). Luchó junto a Artigas y, siendo gobernador de Montevideo (1815-17), intentó evitar, sin éxito, la invasión portuguesa. Participó en la redacción de la primera Constitución de su país (1829) y posteriormente fue diputado y senador.

Barreiros Municipio de España, provincia de Lugo; 3.780 h. Su capital es el lugar de San Cosme.

Barrena f. **1** *Tecnol.* Herramienta de acero, de distintos gruesos y tamaños, con punta terminada en espiral, que sirve para taladrar o hacer agujeros en madera, metal u otro cuerpo duro. **2** *Tecnol.* Barra de hierro que sirve para agujerear peñascos, sondar terrenos, etc. **3** *Zool.* Molusco bivalvo de nombre científico *Pholas dactylus*. Las valvas no tienen charnela, se mantienen unidas sólo por los músculos, y están armadas de fuertes dientes que le sirven para perforar la roca.

Barrenar tr. **1** Abrir agujeros con barrena o barreno en algún cuerpo. **2** fig. Hablando de leyes, derechos, etc., conculcar. **3** *Taurom.* Hincar la puya o el estoque revolviéndolos a modo de barrena.

Barrendero, ra m. y f. Persona que tiene por oficio barrer.

Barrenechea, Julio Poeta y diplomático chileno (Santiago de Chile, 1910 - íd., 1979). Contribuyó a la caída del presidente Ibáñez. Fue diputado y embajador en Colombia (1945) y miembro de la Comisión chilena en la Asamblea plenaria de la UNESCO en Montevideo (1954). Entre sus obras figuran *El mitin de las mariposas* (1930), *Rumor del mundo* (1942), *Mi ciudad* (1945), *Diario morir* (1952) y *Poesía completa* (1958).

Barrenillo m. **1** *Zool.* Nombre común de diversos insectos coleópteros xilófagos de la familia escolítidos, género *Scolytus*. Horadan la corteza y comen la albura de los árboles. Son muy dañinos, especialmente para árboles frutales, pinos, alerces y fresnos. **2** *Bot.* Enfermedad que produce este insecto en los árboles.

Barreno m. **1** barrena grande. **2** Agujero que se hace con la barrena. **3** Agujero relleno de pólvora u otra materia explosiva, en una roca o en una obra de fábrica, para volarla.

Barreño, ña adj. **1** De barro. || m. y f. **2** Vasija de barro tosco, o cualquier otro material, generalmente más ancha por la boca que por la base.

Barrer tr. **1** Quitar del suelo con la escoba el polvo, la basura, etc. **2** fig. No dejar nada de lo que había en alguna parte, llevárselo todo. || **barrer hacia** o **para, dentro** loc. fig. Comportarse interesadamente.

Barrera f. **1** Valla, obstáculo. **2** Parapeto. **3** Antepecho de las plazas de toros. **4** fig. En las mismas plazas, primera fila de cierta clase de asientos. **5** fig. Obstáculo, embarazo entre una cosa y otra. **6** Sitio de donde se saca el barro de que se hacen los alfares, y para otras obras. **7** *Bot.* En los hongos, zona de inhibición entre dos hifas en crecimiento. **8** *Dep.* En ciertos juegos, fila de jugadores que, uno al costado del otro, se coloca delante de su meta para protegerla de un lanzamiento contrario. **9** *Ecol.* Obstáculo físico (cadena montañosa) o biológico (falta de alimento) que impide la dispersión de los organismos o sus migraciones. **10** *Fís.* Elemento que impide el paso de la corriente eléctrica entre dos electrodos. **11** *Geol.* Montón de tierra que queda después de haber sacado el salitre del yacimiento o capa que lo contiene. || **barrera del sonido** *Fís.* Conjunto de fenómenos aerodinámicos que experimenta un avión o cohete cuando su velocidad se acerca a la del sonido (300 m/s).

Barrero, ra m. y f. **1** alfarero. || m. **2** barrera, sitio de donde se saca el barro en los alfares. **3** barrizal.

Barrès, Maurice Escritor y político francés (Charmes-sur-Moselle, 1862 - Neuilly-sur-Seine, París, 1923). Entre sus principales novelas destacan las trilogías *El culto del yo* (1888-91) y *La novela de la energía nacional* (1897-1902). En 1906 fue elegido diputado por París, y ese mismo año ingresó en la Academia francesa.

Barreta f. **1** Barra o palanca pequeña que usan los mineros, albañiles, etc. **2** Tira de cuero que refuerza por el interior la costura del calzado.

Barretero m. *Min.* Operario de las minas que trabaja con barra, cuña o pico.

Barretina f. gorro catalán.

Barreto, Lima Director de cine brasileño (São Paulo, 1905 - Campinas, 1982). Representante del Novo Cinema, dirigió la célebre película *O cangaceiro* (1953), a la que siguió *A primera misa* (1961).

Barrett Browning, Elizabeth browning, elizabeth barrett.

Barriada f. **1** barrio. **2** Parte de un barrio.

Barrica f. Especie de tonel mediano que sirve para diferentes usos.

Barricada f. Reparo a modo de parapeto, que se hace con barricas, piedras del pavimento, etc., para estorbar el paso al enemigo.

Barrido m. **1** Acción y efecto de barrer. **2** *Fís.* Proceso por el que un dispositivo explora sistemáticamente los elementos de una imagen que son transmitidos mediante señales eléctricas en función de sus luminosidades relativas. Es el fundamento de la televisión, el radar, etc. **3** *Fís.* Aumento del grado de vacío que se obtiene en un tubo o lámpara eléctrica de descarga.

Barrie, James Matthew Novelista y dramaturgo británico (Kirriemuir, Escocia, 1860 - Londres, 1937). Con obras teatrales de carácter fantástico como *Peter Pan o el niño que no quería crecer* (1904) y *El admirable Crichton* (1902), se convirtió en uno de los autores británicos más célebres. El personaje de «Peter Pan» es también el protagonista de los libros de narraciones *Peter Pan en los jardines de Kensington* (1906) y *Peter Pan y Wendy* (1911).

Barrientos Ortuño, René Militar y político boliviano (Tarata, 1919 - Arque, 1969). Contribuyó a la caída de Paz Estenssoro (1964) y presidió la junta que le sustituyó. En 1965 compartió el poder con Ovando y, tras las elecciones de 1966 y hasta 1969, ocupó la presidencia de la República.

Barriga f. **1** *Zool.* vientre, cavidad abdominal de los vertebrados que contiene diversos órganos. **2** fam. vientre, conjunto de vísceras. **3** fig. Parte media abultada de una vasija, columna, etc. **4** fig. Comba que hace una pared.

Barrigudo, da adj. **1** Que tiene la barriga grande. || m. **2** *Zool.* Denominación dada a varios primates platirrinos, pertenecientes al género *Lagothrix*. Tienen el pelaje denso y lanoso, de coloración entre gris y parda, y las zonas desnudas de la cara negras. Se alimentan de frutas. Son animales gregarios, diurnos y arborícolas; cuando caminan por el suelo lo hacen en posición erecta. Viven en las selvas del Amazonas.

Barril m. **1** Vasija de madera que sirve para conservar y transportar licores y géneros. **2** *Tecnol.* Unidad volumétrica para el petróleo equivalente a 42 galones estadounidenses o a 158,98 litros. Su peso es variable según la densidad del líquido.

Barrilete m. **1** Instrumento de hierro que usan los carpinteros para asegurar sobre el banco los materiales que labran. **2** Pieza del revólver donde se colocan los cartuchos. **3** *Zool.* Crustáceo decápodo, de nombre científico *Uca tangeri*, cuya característica principal es

Barranquilla (Colombia).

que una de las quelas de los machos se desarrolla mucho y tiene una carne muy apreciada.

BARRILLA f. **1** *Bot.* Nombre de diversas plantas de la familia quenopodiáceas, género *Salsola*. Crecen en terrenos arenosos y salobres, cerca del mar. Se caracterizan por su abundancia en carbonato sódico, de forma que sus cenizas son utilizadas para la obtención de sosa. **2** Estas mismas cenizas.

BARRILLAR m. **1** *Bot.* Sitio poblado de barrilla. **2** Paraje donde se quema.

BARRILLO m. BARRO, granillo del rostro.

BARRIO m. **1** Cada una de las partes en que se dividen los pueblos grandes o sus distritos. **2** ARRABAL, afueras de una población. **3** Grupo de casas o aldea dependiente de otra población, aunque esté apartada de ella. || **BARRIO CHINO** Aquel en que se encuentran locales de juego, prostitución, etc.

BARRIOBAJERO, RA adj. **1** Propio de los barrios bajos. **2** Que vive o radica en los barrios bajos. También s. **3** Inadecuado, desgarrado en el comportamiento o en el hablar.

BARRIOS, EDUARDO Narrador, dramaturgo y político chileno (Valparaíso, 1884 - Santiago, 1963). Fue ministro de Educación (1927 y 1956), y director de Bibliotecas, Archivos y Museos y de la Biblioteca Nacional. Su narrativa oscila entre el naturalismo y la novela psicológica: *Un perdido* (1917), *El hermano asno* (1922), *Gran señor y rajadiablos* (1948) y *Los hombres del hombre* (1950). Entre sus piezas dramáticas destacan *Mercaderes en el templo* (1910) y *Vivir* (1916).

BARRIOS, GERARDO Político y militar salvadoreño (Sesori, 1811 - San Salvador, 1865). Fue presidente de la República (1858, 1859-60 y 1861-63). En guerra contra Carrera, fue vencido y ejecutado por orden de F. Dueñas.

BARRIOS, JUSTO RUFINO General y político guatemalteco (San Lorenzo, 1835 - Chalchuapa, 1885). Participó en la revolución liberal de 1871 y ocupó la presidencia de la República de 1873 hasta su muerte. De ideas progresistas, impulsó la instrucción pública.

BARRIOS, LOS Municipio y lugar de España, provincia de Cádiz; 14.920 h. Centro turístico.

BARRIOS DE CHAMORRO, VIOLETA CHAMORRO, VIOLETA BARRIOS DE.

BARRITAR intr. Dar barritos o berrear el elefante.

BARRITO m. Berrido del elefante.

BARRIZAL m. Sitio o terreno lleno de barro o lodo.

BARRO m. **1** Masa que resulta de la mezcla de tierra y agua. **2** Lodo que se forma cuando llueve. **3** Cualquier vasija u objeto de cerámica o alfarería, hecho de arcilla endurecida por la cocción. **4** Cada uno de los granillos rojizos que salen en el rostro.

BARRO Municipio de España, provincia de Pontevedra; 3.707 h. Su capital es el lugar de San Antoniño.

BARROCO, CA adj. **1** *Arte.* Se dice del estilo de ornamentación caracterizado por la profusión de volutas, roleos y otros adornos en que predomina la línea curva, que se desarrolló, principalmente, en los siglos XVII y XVIII. **2** *Arte.* Por extensión, se aplica a las obras de pintura y escultura en que son excesivos el movimiento de las figuras o el colorido de los paños; y en las obras literarias, a toda obra con predominio del ornato. || m. *Cult.* **3** Periodo de la cultura europea, y su influencia y desarrollo en América, en que prevaleció dicho estilo artístico y que va desde finales del siglo XVI a los primeros decenios del XVIII. Con este significado se escribe más con mayúscula. [Encic.]

ARTE. El Barroco artístico se caracteriza por la teatralidad y la retórica; su fin es conmover, deslumbrar al espectador, mediante el rebuscamiento por medio del movimiento de las masas y de los contrastes de luces y sombras; tiene predilección por lo grandioso, lo aparatoso y por la abundancia decorativa. En *arquitectura*, se consideran predecesores a Vignola y Della Porta, a quienes siguen Bernini, Borromini, C. Fontana, C. Maderno, J. B. Churriguera, P. de Ribera, N. Tomé y A. Cano. La *escultura* muestra un exagerado patetismo. Son representativos Bernini, G. Fernández, J. Martínez Montañés, A. Cano, P. de Mena y Salzillo. En la *pintura* destacan Borgiani, S. Rosa, Lebrun, Vallet, Rembrandt, P. P. Rubens, Jordaens, Van Dyck, Coello, F. de Ribalta, J. Ribera, F. de Zurbarán, A. Cano, D. Velázquez, B. E. Murillo y J. de Valdés Leal.

LIT. La literatura barroca se caracteriza por una especial preocupación por la forma, el uso frecuente de la metáfora, asíndeton y paronomasia, recursos utilizados para dotar a las obras de una gran originalidad formal. En España, dentro del movimiento barroco se desarrollaron dos tendencias, el CONCEPTISMO y el CULTERANISMO. Como características esenciales se indican la preferencia por la desarmonía y la oscuridad, así como un cambio en la actitud religiosa, aspectos que lo diferencian del Renacimiento. La tensión entre lo natural y espiritual llevará al desarrollo de las MÍSTICA y la PICARESCA.

Arte **barroco**: 1. *Los borrachos*. Diego Velázquez. Museo del Prado (Madrid). 2. *La Piedad*. Gregorio Fernández. Museo Nacional de Escultura (Valladolid). 3. Iglesia de Santi Luca e Martina en Roma. Pietro Cortona.

Entre los principales escritores barrocos se encuentran, en Italia, G. Marino y A. Tassoni; en Francia, A. d'Auvigné, J. de Sponde y T. de Viau; en España, L. de Góngora, F. de Quevedo y B. Gracián, entre otros.

Mús. La música barroca se extiende hasta mediados del siglo XVIII y se caracteriza por una renovación formal sin precedentes. Las técnicas de composición y las formas musicales experimentan un gran desarrollo: aparece el concierto, la suite, la fuga, etc. Se alternan instrumentos y voces buscando el contraste y se produce un retorno a la melodía y a la improvisación. El arte musical barroco llega a su culminación con la ópera. Entre los músicos más destacados del periodo barroco figuran Monteverdi, Scarlatti, Frescobaldi, Lully, Couperin, Charpentier, Purcell, Vivaldi, Pergolesi, Rameau, Haendel y Bach.

BARRÓN m. *Bot.* Planta de la familia gramíneas, de nombre científico *Ammophila arenaria*, que crece en los arenales marítimos europeos y sirve para consolidarlos.

BARROQUISMO m. **1** Tendencia a lo barroco. **2** Calidad de barroco.

BARROS, JOÃO DE Historiador y humanista portugués (Víseo, 1496 - Pombal, 1570). Máximo representante de la prosa renacentista portuguesa, fue autor de una historia general de la India portuguesa, *Asia de João de Barros*, dividida en cuatro partes que fueron publicadas, respectivamente, en 1552, 1553, 1563 y 1605. Su lectura inspiró a Camoens su obra *Os Lusíadas*.

BARROS ARANA, DIEGO Historiador chileno (Santiago de Chile, 1830 - íd., 1907). Halló el manuscrito inédito del *Purén indómito*, crónica rimada de la guerra de la Araucania, de finales del siglo XVI, escrita por Fernando Álvarez de Toledo. Publicó, entre otras obras, *Historia general de Chile* y *Vida y viajes de Magallanes*.

BARROS LUCO, RAMÓN Político chileno (Santiago, 1835 - ?, 1919). Fue ministro de Hacienda y del Interior, miembro del Consejo de Estado, vicepresidente (1901-06) y presidente de la República (1910-15). De acuerdo con el gobierno argentino, se esforzó por mantener la neutralidad de Chile durante la Primera Guerra Mundial. Durante su mandato se constituyó el llamado ABC, grupo integrado por Argentina, Brasil y Chile, que intervino en la política continental como contrapeso a la influencia de EE UU.

BARROSO, SA adj. **1** Se dice del terreno que tiene barro o en el que se forma barro fácilmente. **2** De color de barro; que tira a rojo.

BARROTE m. **1** Barra gruesa. **2** Barra de hierro que sirve para afianzar, sostener o reforzar algo. **3** Palo que se pone atravesado sobre otros palos o tablas para sostener o reforzar.

BARROW, ERROL WALTON Político de Barbados (Saint Lucy, 1920 - Bridgetown, 1987). En 1955 contribuyó a fundar el Partido Democrático Laborista, que presidió de 1958 a 1976. Tras la independencia (1966) fue presidente del Consejo de Ministros en 1966 y 1986.

BARRUECO m. **1** Perla irregular. **2** *Geol.* Nódulo esferoidal que suele encontrarse en las rocas.

BARRUNDIA, JOSÉ FRANCISCO Patriota y político guatemalteco (Guatemala, 1784 - Nueva York, 1854). Tomó parte en los movimientos independentistas de Centroamérica. Fue presidente de la República Federal de las Provincias Unidas del Centro de América (1829-30).

BARRUNTAR tr. Prever, conjeturar o presentir por alguna señal o indicio.

BARRY, SIR CHARLES Arquitecto inglés (Londres, 1795 - íd., 1860). En 1836 ganó el concurso para edificar las Casas del Parlamento de Londres, obra que comenzó en 1840 y en la que colaboró Pungin. Fue miembro de la Academia Real.

BARRYMORE, ETHEL (ETHEL BLYTHE, llamada) Actriz de teatro y cine estadounidense (Filadelfia, 1879 - Hollywood, 1959). Películas: *El ruiseñor* (1914), *El despertar de Elena Ritchie* (1916), *Instinto materno* (1917), *Ras-*

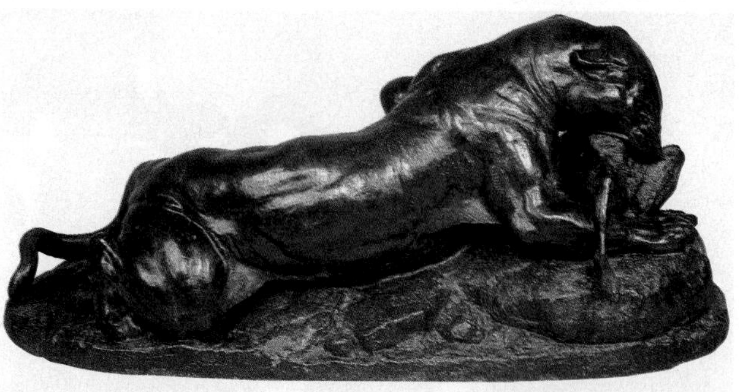

Antoine Louis **Barye.** *Jaguar devorando a una liebre.* Museo del Louvre (París).

putín y la zarina (1932), en la que trabajó con sus hermanos John y Lionel, *La escalera de caracol* (1946) y *El Danubio rojo* (1949).

BARRYMORE, JOHN (JOHN BLYTHE, llamado) Actor estadounidense (Filadelfia, 1882 - Hollywood, 1942). Hermano de Ethel, de 1904 a 1913 trabajó en el teatro, con gran éxito, especialmente tras su interpretación de *Hamlet*, de Shakespeare. Como protagonista intervino en *El árbitro de la moda* (1924), *La fiera del mar* (1926), *La tempestad* (1928), *Arsenio Lupin* (1932), *Rasputín y la zarina* (1932), etc.

BARRYMORE, LIONEL (LIONEL BLYTHE, llamado) Actor estadounidense (Filadelfia, 1878 - Hollywood, 1954). Hermano de Ethel y de John, alternó el cine y el teatro hasta 1915. Entre sus películas se cuentan: *Rasputín y la zarina* (1932), en la que trabajó junto a sus hermanos, *Gran hotel* (1932), *La isla del tesoro* (1934), *Capitanes intrépidos* (1937), *¡Qué bello es vivir!* (1946), *Duelo al sol* (1947) y *Cayo Largo* (1948).

BARTH, HEINRICH Explorador alemán (Hamburgo, 1821 - Berlín, 1865). Recorrió Egipto, remontó el Nilo hasta la segunda catarata y recorrió Palestina y Tombouctou, el país de los tuareg. Es autor de *Viajes y descubrimientos en el África del Norte y Central* (1857-60).

BARTH, KARL Teólogo suizo (Basilea, 1886 - íd., 1968). Perteneciente a la iglesia protestante, fue profesor en Gotinga, Münster y Bonn, y se distinguió en el campo de la dialéctica teológica. Obras: *Carta de Roma* (1919), *La palabra de Dios y la Teología* (1924), *Dogma cristiano* (1927) y *Die Kirchliche Dogmatik* (1950-51).

BARTHÉLEMY, JEAN-JACQUES Arqueólogo y escritor francés (Cassis, 1716 - París, 1795). Su obra más importante es *El viaje del joven Anacarsis por Grecia* (1788), descripción de la Grecia clásica en el siglo IV a. C. que fue acogida con entusiasmo por el público.

BARTHES, ROLAND Ensayista y semiólogo francés (Cherburgo, 1915 - París, 1980). Representante de la *nouvelle critique*, su producción se basa en un método crítico novedoso que supone una valoración del texto por sí mismo. Obras: *Mitologías* (1957), *Ensayos críticos* (1964), *Elementos de semiología* (1965).

BARTHOLDI, FRÉDÉRIC AUGUSTE Escultor francés (Colmar, 1834 - París, 1904). Autor de la célebre estatua *La Libertad iluminando al mundo*, erigida en el puerto de Nueva York.

BARTHOLIN, CASPAR BERTHELSEN Médico y teólogo danés (Malmö, 1585 - Sorö, 1629). Descubrió el nervio olfativo (primer nervio craneal) y en 1611 publicó *Anatomicae Institutionis Corporis Humanae*, utilizado durante mucho tiempo como manual de Anatomía.

BARTÓK, BÉLA Compositor y pianista húngaro (Nagyszenmiklós, 1881 - Nueva York, 1945). Se dio a conocer como pianista e, inspirándose en la música tradicional de su país, escribió composiciones como *El castillo de Barba Azul* (1911), ópera; *Colección de cantos folclóricos rumanos* (1913), *El príncipe de madera* (1916) y *El mandarín maravilloso* (1919), ballets; y *Microcosmos*, colección de 150 piezas para piano (1926-37).

BARTOLA, A LA loc. adv. fam. Con los verbos *echarse, tumbarse* y *tenderse*, descuidar el trabajo u otra actividad; despreocuparse.

BARTONELOSIS f. *Med.* Infección provocada por bacterias del género *Bartonella*, en el hombre y ciertos animales.

BARTOLILLO m. Pastel pequeño en forma casi triangular, relleno de crema o carne.

BÁRTOLO o **BÁRTULO** Jurisconsulto italiano (Sassoferrato, 1314 - Perugia, 1357). Considerado el fundador de la escuela de los comentaristas, la extensión y profundidad de sus conocimientos, su práctica judicial, lo nuevo de sus concepciones jurídicas y el acertado manejo que hizo de la dialéctica dieron a sus obras y opiniones una gran autoridad.

BARTOLOMÉ, SAN Uno de los doce apóstoles (? - 71). Predicó el Evangelio en Armenia, donde lo desollaron vivo en 71.

BARTOLOMEO, FRA Pintor italiano (Savignano, 1472 - Florencia, 1517). Es conocido también como *Bartolomeo* o *Baccio della Porta*. Influido por Savonarola, se dedicó exclusivamente al arte religioso e ingresó en la orden de predicadores. Entre sus obras más famosas se cuentan *La visión de san Bernardo* (h. 1504), *Esponsales de santa Catalina* (1511), *La Virgen rodeada de santos* (1508) y *La Piedad* (1517).

BARTON, CLARA (CLARISSA HARLOWE, llamada) Benefactora estadounidense (Oxford, 1821 - Glen Echo, 1912). Fundó y presidió la Cruz Roja en EE UU.

BARTON, DEREK HAROLD RICHARD Químico británico (Gravesen, 1918 - Londres, 1996). En 1960 descubrió la reacción que lleva su nombre y permite sintetizar la hormona aldosterona. Se le concedió el premio Nobel de Química en 1969, compartido con O. Hassel, por sus estudios sobre las formas tridimensionales de las moléculas.

BÁRTULOS m. pl. fig. Enseres que se manejan.

BARÚ o **CHIRIQUÍ** Volcán de Panamá en la sierra de Chiriquí; 3.475 m. Es el pico más alto del país.

BARUC Uno de los doce profetas menores (s. VII a. C.). De la tribu de Judá, fue discípulo de Jeremías. Lleva su nombre un libro de la Biblia.

BARULLO m. fam. Confusión, desorden, mezcla de gentes o cosas de varias clases.

BARYE, ANTOINE LOUIS Escultor y pintor francés (París, 1796 - íd., 1875). Sus obras muestran un acentuado gusto por lo exótico. Cultivó los temas mitológicos (*El centauro y el lapita,* 1849-50) y destacó en la escultura de animales.

BARYSHNIKOV, MIJAIL Bailarín estadounidense de origen letón (Riga, 1948). Inició su carrera en el ballet Kirov de Leningrado (1967) y se convirtió en uno de sus más importantes solistas. En 1974 se exilió en EE UU, donde formó parte del *New York City Ballet* y del *American Ballet Theatre*, del que fue director (1980-89). Fundó su propia compañía, la *White Oak Dance Project*, con la que ha triunfado en todo el mundo.

BARZAL m. *Bot.* Terreno cubierto de zarzas y maleza.

BARZANI, MULLAH MUSTAFA Dirigente nacionalista kurdo (Barzan, Irak, 1902 - Washington, 1979). Desde muy joven participó en la lucha de los patriotas kurdos y encabezó varias insurrecciones contra el gobierno iraquí, la primera de las cuales tuvo lugar en 1943. En 1946 se refugió en la URSS, en 1975 en Irán y posteriormente en EE UU.

BASA f. **1** BASE, fundamento o apoyo. **2** *Arquit.* Asiento sobre el que se pone la columna o estatua. **3** *Arquit.* Pieza inferior de la columna en todos los órdenes arquitectónicos excepto en el dórico. **4** *Geol.* Hueco del terreno que se llena de agua de lluvia.

BASADRE, JORGE Historiador peruano (Tacna, 1903 - Lima, 1980). Ministro de Educación Pública, entre sus obras figuran *Historia de la República del Perú* (1939), *Chile, Perú y Bolivia independientes* (1948), *Fundamentos de la Historia del Derecho* (1957) e *Historia de la República* (1962-64).

BASAGLIA, FRANCO Psiquiatra italiano (Venecia, 1924 - íd., 1980). Rechazó la política de internamientos para propugnar la incorporación de los enfermos mentales al seno de la sociedad. Su nombre está ligado a la corriente de la ANTIPSIQUIATRÍA.

BASAL adj. **1** Situado en la base de una formación orgánica o de una construcción. **2** *Zool.* Se dice del segmento de la base de la aleta de los peces. **3** *Fisiol.* Se dice de la cuantía de una función orgánica durante el reposo y el ayuno. **4** *Fisiol.* Nivel mínimo requerido para mantener las actividades vitales de un organismo. **5** *Biol.* Zona basal del endometrio que no se desprende durante la menstruación.

BASÁLTICO, CA adj. *Geol.* Formado de basalto o que participa de su naturaleza.

BASALTO m. *Geol.* Roca volcánica, efusiva, básica, de color negro o verdoso, grano fino, muy dura, de textura porfídica y, a veces, de estructura prismática. Está formada por olivino, un piroxeno (generalmente augita) y feldespatos plagioclasa. Existen dos tipos de basalto: augítico y olivínico. Aparece frecuentemente en continentes, islas oceánicas y zonas de acreción.

BASAMENTO m. *Arquit.* Cualquier cuerpo que se pone debajo de la caña de la columna, y que comprende la basa y el pedestal.

BASANITA f. *Geol.* Roca basáltica que contiene plagioclasa o augita, olivino y un feldespato.

BASAR tr. **1** Asentar algo sobre una base. **2** fig. Fundar, apoyar. También prnl.

BASÁRIDE o **BASARISCO** f. *Zool.* Mamífero carnívoro de la familia prociónidos, de nombre científico *Bassariscus astutus*. Es algo mayor que la comadreja y similar al mapache. El cuerpo, muy estilizado, es pardo grisáceo, el hocico claro y prominente, y la cola peluda con ocho anillos negros. Es un animal omnívoro, nocturno y arborícola, que vive en México y en el S de EE UU.

BASAURI Municipio de España, provincia de Vizcaya; 50.020 h. Su capital es el barrio de Arizgoit. En la actualidad se encuentra integrado en el conglomerado urbano de Bilbao.

BASCA f. **1** Ansia, desazón e inquietud que se experimentan en el estómago cuando se quiere vomitar. Más en pl. **2** En argot, pandilla, grupo de personas.

BÁSCULA f. Aparato para medir pesos, generalmente grandes.

BASCULANTE adj. **1** Que bascula. **2** Se dice del vehículo, remolque, etc., que tiene un mecanismo especial para bascular la carga. También s.

BASCULAR intr. **1** Moverse un cuerpo de un lado a otro girando sobre un eje vertical. **2** En algunos vehículos de transporte, inclinarse la caja, mediante un mecanismo adecuado, de modo que la carga resbale hacia afuera por su propio peso.

BASE f. **1** Fundamento o apoyo principal en que estriba o descansa alguna cosa. **2** Conjunto de personas representadas por un mandatario, delegado o portavoz. **3** *Arquit.* BASA, de una columna o estatua. **4** *Bot.* Parte de una planta cercana a otra parte, por lo general de diferente naturaleza. **5** *Fís.* Cristal esencial o matriz de un material luminiscente. **6** *Geom.* Línea o superficie en que parece descansar una figura. En algunos casos, como en el cilindro o el trapecio, se considera también base la superficie o línea paralela a aquélla sobre la que descansa la figura. **7** *Mat.* En una potencia, cantidad que ha de multiplicarse por sí misma tantas veces como indica el exponente. **8** *Mat.* En un sistema de numeración, número de unidades de un orden cualquiera que constituye la unidad colectiva de orden inmediato superior. Puede ser cualquier número natural mayor que 1. Habitualmente se emplea la base 10, excepto en los computadores digitales que se utiliza la base 2. **9** *Quím.* Sustancia de sabor amargo que reacciona con los ácidos para formar sales, con desprendimiento de agua y calor. El equilibrio ácido-base de una solución se mide por el pH. También denominada *álcali*. **10** *Quím.* Cualquier especie química, iónica o molecular capaz de aceptar un protón o ion hidrógeno de otra sustancia. **11** *Topog.* Recta que se mide sobre el terreno y de la cual se parte en las operaciones geodésicas y topográficas. || m. y f. **12** *Dep.* En baloncesto, jugador que inicia las jugadas y organiza el ritmo del juego. || **BASE AÉREA** Aeropuerto militar. || **BASE DE DATOS** *Inform.* Conjunto de informaciones organizadas y conservadas en la memoria de un ordenador. Existen bases de datos relacionales y documentales. || **BASE IMPONIBLE** *Econ.* Cantidad sobre la que se aplica un impuesto y de la que, deducidas las reducciones, se obtiene la *base liquidable*. || **BASE LIQUIDABLE** *Econ.* Cantidad sobre la que se aplica un tipo de gravamen para obtener la renta tributaria. || **BASE MILITAR** *Mil.* Conjunto de instalaciones al servicio de las fuerzas de defensa de un país o de una organización militar. || **BASE NAVAL** *Mil.* Conjunto de instalaciones al servicio de las fuerzas navales. || **BASES Y ÁCIDOS CONJUGADOS** *Quím.* Los que intercambian de forma reversible un protón, según la ecuación ácido ↔ base + H^+. || **a base de** loc. prepos. Tomado como base o fundamento. || **a base de bien** loc. adv. Mucho, en abundancia.

-BASE suf. BASI- .

BASEBALL (Voz i.) m. BÉISBOL.

BASELÁCEO, A adj. y s. *Bot.* **1** Se dice de las plantas angiospermas dicotiledóneas, herbáceas o arbustivas, cuyos tubérculos son en general comestibles. Son propias de países tropicales. || f. pl. *Bot.* **2** Familia de estas plantas.

BASHO (MATSUO MUNEFUSA, llamado) Poeta japonés (Ueno, Iga, 1644 - Osaka, 1694). Considerado uno de los más reputados poetas japoneses. Escribió el libro de viajes *Sendas de Oku* (1689). Participó en el renacimiento y difusión del *haiku*, al que dotó de una seriedad literaria de la que antes carecía.

BASI-, BASIO-, BASO-; -BASI-; -BASE, -BASIA, -BASIS, -BÁTICO, -BATA, -BATO prefs., in. o sufs. que significan base, marcha, etc.

-BASIA suf. BASI-.

BASIC (Acrónimo de la expresión inglesa *Beginners All-purpose Symbolic Instruction Code*.) *Inform.* Lenguaje de programación de alto nivel, que, por su simplicidad, ha sido uno de los más usados en ordenadores personales.

BASICIDAD f. *Quím.* **1** Cantidad de una base con la que puede reaccionar un ácido. **2** Número de átomos de hidrógeno de un ácido que pueden sustituirse por un metal.

BÁSICO, CA adj. **1** Relativo a la base o bases sobre las que se sustenta algo; fundamental. **2** *Quím.* Se dice de la sal en cuya molécula existe uno o varios grupos hidroxilo (OH⁻), o algún átomo de oxígeno. **3** *Quím.* PH.

BASICRANEAL adj. *Biol.* Perteneciente o relativo a la base del cráneo o situado en ella.

BASICROMATINA f. *Biol.* Cromatina que se tiñe con intensidad al emplear colorantes básicos y contiene gran proporción de núcleo ácido.

BASIDIO m. *Biol.* En los hongos basidiomicetos, célula o hilera de células del himenio que produce esporas por fusión del núcleo celular seguida de meiosis.

BASIDIOCARPO m. *Biol.* Cuerpo fructífero de los hongos basidiomicetos.

BASIDIOLÍQUENES m. pl. *Biol.* Clase de líquenes caracterizada por la producción de basidios. Están formados por la asociación de algas con hongos basidiomicetos.

BASIDIOMICETO adj. y m. *Biol.* **1** Se dice de los hongos con aparato vegetativo o micelio muy desarrollado y formado por hifas tabicadas. Son los hongos más evolucionados y en ellos se incluyen el champiñón, el níscalo y todas las amanitas. || m. pl. *Biol.* **2** Clase de estos hongos, con cerca de 14.000 especies distribuidas por todo el mundo.

BASIDIOSPORA f. *Biol.* Espora producida en la parte externa de un basidio, generalmente en grupos de una a cuatro.

BASIE, COUNT (WILLIAM BASIE, llamado) Pianista y compositor de jazz estadounidense (Red Bank, Nueva Jersey, 1904 - Hollywood, Florida, 1984). Es uno de los principales representantes del *swing* y autor de una abundante producción discográfica.

BASÍFUGO, GA adj. **1** *Bot.* Se dice de cualquier órgano vegetal cuyo desarrollo se efectúa desde la base hacia el ápice. **2** *Ecol.* Se dice de la planta o asociación vegetal que para su crecimiento rehúye los medios básicos y prefiere los suelos neutros o ácidos, con pH menor o igual a 7.

BASILAN Provincia de Filipinas, en la isla homónima; 1.327 km² y 201.407 h. Su capital es Isabela. Caucho.

BASILAR adj. **1** Relativo a la base. **2** *Biol.* Que sirve de base.

BASILEA (*Basel*) Ciudad de Suiza, capital del Semicantón de Basilea Ciudad, junto a las fronteras francesa y alemana y a orillas del Rhin; 168.735 h. Gran centro comercial. Industria mecánica, químico-farmacéutica, alimentaria, textil. Puerto más importante del país. Conjunto monumental. Universidad.

BASILEA CAMPO (*Basel-Landschaft*) Semicantón septentrional de Suiza; 518 km² y 256.761 h. Capital, Liestal.

BASILEA CIUDAD (*Basel-Stadt*) Semicantón septentrional de Suiza; 37 km² y 190.505 h. Capital, Basilea.

BASILENSE o **BASILEENSE** adj. y com. BASILIENSE.

BASÍLICA f. **1** Palacio o casa real. **2** Edificio público que servía a los romanos de tribunal y de lugar de reunión y de contratación. **3** Cada una de las 13 iglesias de Roma que se consideran como las primeras de la cristiandad en categoría. **4** Iglesia notable por su antigüedad, extensión, etc., o que goza de algún privilegio especial.

BASILICATA Región del S de Italia, que comprende las provincias de Potenza y Matera; 9.992 km² y 609.556 h. Capital, Potenza. Es una de las regiones más pobres de Italia. Cultivo de cereales, tabaco y olivos. Industria química y textil.

BASÍLIDES o **BASILIDES** Filósofo griego (s. II a. C.). Su pensamiento, que constituye el primer núcleo del gnosticismo alejandrino, se difundió entre los años 140 y 120 a. C.

BASILIENSE adj. y com. De Basilea.

BASILIO, LIA adj. y s. *Rel.* Se dice de los religiosos que siguen la regla de San Basilio.

BASILIO Nombre de dos emperadores bizantinos de la dinastía macedónica.

BASILIO I MACEDONIO (Adrianópolis, h. 812 - ?). Reinó del 867 al 886. Fue el fundador de la dinastía macedónica. Realizó campañas victoriosas en el S de Italia y Asia Menor. Reformó el derecho.

BASILIO II BULGARÓCTONO (?, 957 - ?, 1025). Reinó del 976 al 1025. Conquistó el territorio de los búlgaros en una guerra que duró desde 1001 hasta 1018. Se anexionó parte de Georgia y de Armenia.

BASILIO Nombre de dos príncipes de Rusia.

BASILIO I (?, 1371 - Moscú, 1425). Comenzó su reinado en 1389. Amplió la extensión de Moscovia hasta ocupar los territorios entre el Oder y el Volga. Conquistó Novgorod y se negó a pagar tributos a los tártaros de la Horda de Oro.

BASILIO II EL CIEGO (Moscú, 1415 - íd., 1462). Hijo del anterior, comenzó su reinado en 1425. Centralizó el poder en detrimento de la nobleza. Enfrió las relaciones con los tártaros y separó la iglesia rusa de la bizantina.

BASILIO EL GRANDE, SAN Padre de la Iglesia griega (Cesarea, 329 - íd., 379). En 370 fue elegido obispo de Cesarea, en Capadocia. Antiarriano convencido, negó a los herejes la entrada a las iglesias.

BASILISCO m. **1** *Zool.* Reptil saurio de la familia iguánidos, de nombre científico *Basiliscus americanus*. Su cuerpo es verde con bandas rojizas y presenta una cresta eréctil en el dorso y otra triangular en la cabeza. Vive en las selvas de América tropical. **2** *Mit.* Animal fabuloso, al que se atribuía la propiedad de matar con la vista. **3** fig. Persona furiosa o dañina. || **estar** uno **hecho un basilisco** fr. fig. y fam. Estar muy airado, hecho una furia.

BASO- pref. BASI-.

BASIÓN m. *Anat.* Punto medio del margen anterior del agujero occipital o foramen magnum.

BASIPODITO m. *Zool.* En artrópodos, segmento distal del protopodito.

-BASIS suf. BASI-.

BASKERVILLE, JOHN Impresor británico (Wolverley, 1706 - Birmingham, 1775). Estableció una imprenta en 1750. Creó los tipos que llevan su nombre, así como el papel vitela.

BASKET o **BASKETBALL** (Voces i.) m. BALONCESTO.

BASKORTOSTAN República federada de la Federación de Rusia, en la vertiente O de los Urales; 143.600 km² y 4.080.000 h. Capital, Ufa. Yacimientos de hierro, níquel, cobre, petróleo.

BASO- pref. BASI-.

BASOFILIA f. **1.** *Biol.* Organismos u orgánulos que presentan afinidad por los medios o los colorantes básicos. **2** *Med.* Aumento de leucocitos basófilos en la sangre. **3** *Pat.* Degeneración de los glóbulos rojos que da lugar a la aparición de gránulos que se tiñen con colorantes básicos. Aparece en algunas anemias, leucemia, malaria, e intoxicaciones por plomo.

BASÓFILO m. *Biol.* Tipo especial de glóbulo blanco que tiene gránulos que se tiñen con colorantes básicos y son solubles en agua.

BASOMATÓFORO, RA adj. y s. *Zool.* **1** Se dice de los moluscos gasterópodos pulmonados, provistos de un solo par de tentáculos cefálicos invaginable y con los ojos situados en la base de ellos. Son hermafroditas, pero los orificios sexuales masculino y femenino están separados. Incluye los caracoles marinos. || m. pl. *Zool.* **2** Suborden de estos moluscos.

BASORA (*Basra*) Ciudad de Irak, situada a orillas del Shat el-Arab; 616.700 h. Puerto exportador. Refino de petróleo. Industrias químicas y papeleras. Fundada en 637. Es capital de la gobernación homónima.

BASOV, NIKOLAI GENNADIEVICH Físico soviético (Moscú, 1922 - ?, 2001). En 1964 recibió el premio Nobel de Física, compartido con A. Prokhorov y Ch. H. Townes, por sus trabajos sobre el cuanto electrónico que han conducido a la construcción de osciladores y amplificadores basados en el principio láser-máser.

BASS Estrecho entre el continente australiano y la isla de Tasmania o Tierra de Van Diemen, de 317 km de longitud por 224 de anchura. Une los océanos Índico y Pacífico.

BASSANI, GIORGIO Escritor italiano (Bolonia, 1916 - Roma, 2000). Su prosa evoca la sociedad burguesa de Ferrara durante el fascismo. Entre sus novelas destacan *Cinco historias ferraresas* (1956), *El jardín de los Finzi-Contini* (1962) y *El olor del heno* (1972).

BASSANI, GIOVANNI BATTISTA Compositor italiano (Padua, 1657 - Bérgamo, 1716). Representante del Barroco, gozó de una enorme fama como violinista, compositor de sonatas y, sobre todo, por sus producciones vocales: *La Tromba della Divina Misericordia* (1683), oratorio; y *Mottet Sacri* (1701).

BASSANO o **BASSANINO, FRANCESCO EL JOVEN** (FRANCESCO DA PONTE, llamado) Pintor italiano (Bassano, 1549 - Venecia, 1592). Hijo de Jacopo. Se dedicó a la pintura de escenas morales, asuntos mitológicos y temas religiosos. Pinturas del Palacio Ducal de Venecia.

BASSANO, JACOPO (IACOPO DA PONTE, llamado) Pintor italiano (Bassano, 1510 ó 1518 - íd., 1592). Miembro de la escuela de Tiziano, fue el más destacado artista de la familia. Su obra se caracterizó por la luminosidad y el naturalismo. Autor de *Huida a Egipto* (1534) y *Natividad entre san Vitorio y san Corona* (1568).

BASSANO, LEANDRO (LEANDRO DA PONTE, llamado) Pintor italiano (Bassano, 1557 - Venecia, 1662). Hijo de Jacopo. Se distinguió como retratista. Obras: *La familia del podestà Lorenzo Capello, rindiendo homenaje a la Virgen*.

BASSE-TERRE Ciudad capital de la isla y del departamento de ultramar francés de Guadalupe, situado en la costa SO de la isla; 14.003 h. Importante puerto comercial.

BASSEGODA I AMIGÓ, BUENAVENTURA Arquitecto y escritor español (Barcelona, 1862 - íd., 1940). Intervino como asesor en la reforma de Barcelona. Contribuyó al renacimiento de la lengua catalana. Autor de ensayos.

BASSEIN Ciudad de Myanmar, capital de la provincia de Irawady; 144.096 h. Producción agrícola. Industria pecuaria. Pagodas y monumentos brahmánicos.

BASSET (Voz fr.) adj. y com. Se dice de una raza de perros de caza, originarios de Francia, de tronco largo, patas cortas y orejas grandes y caídas.

BASSETERRE Ciudad capital de Saint Kitts y Nevis, en la isla de Saint Kitts; 15.000 h. Algodón. Refinería de azúcar. Puerto.

BASSO, AHMED IBN Alarife andalusí (s. XII). Fue jeque de los alarifes que construyeron la mezquita mayor de Sevilla (iniciada en 1172) y puso las bases del gran minarete (la Giralda). Reedificó los alcázares de Córdoba.

basílica de El Pilar (Zaragoza).

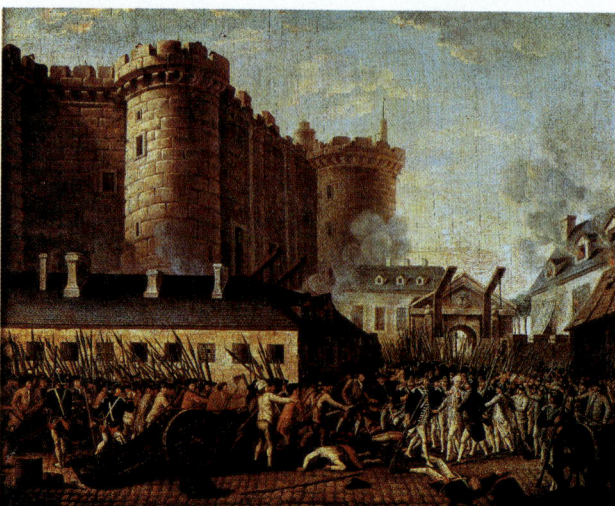

Toma de la **Bastilla**. Cuadro anónimo. Museo Carnavalet (París).

BASTA f. **1** HILVÁN. **2** Cada una de las puntadas que suele tener a trechos el colchón para mantener la lana en su lugar. **3** *Perú* BASTILLA, dobladillo.

BASTANTE adj. **1** Que basta. || adv. c. **2** Ni mucho ni poco. **3** No poco.

BASTANTEAR intr. y tr. **1** Reconocer un abogado el poder otorgado a un procurador para litigar, y firmarlo diciendo ser bastante para el fin que expresa. **2** Por extensión, declarar que un poder es bastante para el fin con que ha sido otorgado.

BASTAR intr. **1** Ser suficiente para algo. También prnl. **2** ABUNDAR, tener en abundancia.

BASTARDEAR intr. **1** Degenerar algo de su naturaleza. || tr. **2** Apartar una cosa de su pureza primitiva.

BASTARDÍA f. **1** Calidad de bastardo. **2** fig. Dicho o hecho que desdice o es indigno del estado u obligaciones de cada uno.

BASTARDILLA adj. y f. *A. gráf.* Tipo de letra que imita la bastarda o cursiva.

BASTARDO, DA adj. y s. **1** Que degenera de su origen o naturaleza. **2** fig. Bajo, ruin. **3** Se aplica al hijo nacido fuera del matrimonio.

BASTEAR tr. Echar bastas.

BASTERNA adj. **1** *Etnol.* Se dice de un pueblo antiguo sármata que al N de los montes Cárpatos y al E de las fuentes del Vístula, ocupó sobre los ríos Dniéster y Dniéper el territorio donde actualmente se encuentran Podolia y Ucrania. También s. || f. **2** Carro peculiar de los antiguos basternas. **3** Litera cubierta, usada en la antigüedad por las damas romanas.

BASTIA Ciudad de Francia, capital del departamento de Alta Córcega, al NE de la isla; 37.845 h. Centro comercial. Puerto.

BASTIAN, ADOLF Antropólogo alemán (Bremen, 1826 - Port of Spain, 1905). Creó el Museo de Etnografía de Berlín, y participó en la fundación de la Sociedad de Antropología, Etnografía y Prehistoria.

BASTIDA f. **1** *Mil.* Antigua máquina militar que se usaba para batir los castillos y plazas fuertes. **2** Ciudad medieval con recinto amurallado y plano en forma de damero.

BASTIDAS, RODRIGO DE Navegante español (Sevilla, ¿1460? - Cuba, 1526). Exploró el mar de las Antillas y fundó el puerto de Darién (Cartagena de Indias) y la ciudad de Santa Marta, en Nueva Granada.

BASTIDOR m. **1** Armazón de madera o metal en el cual se fijan lienzos para pintar o bordar; sirve también para armar vidrieras y para otros usos análogos. **2** Armazón de listones o maderos, sobre el cual se extiende y fija un lienzo o papel pintados y que forman parte de la decoración teatral. **3** Armazón metálico que soporta la caja de un vagón, automóvil, etc. || **entre bastidores** loc. fam. Se dice de lo que se refiere a la organización interior de las representaciones teatrales. También, por extensión, se dice de todo aquello que se trama o prepara reservadamente entre algunas personas.

BASTILLA f. Doblez que se hace en los extremos de una tela y se asegura con puntadas para que no se deshilache.

BASTILLA, LA Fortaleza de París, construida a partir de 1370. Convertida en prisión del Estado, fue considerada un símbolo del poder y la arbitrariedad real. El pueblo de París la asaltó el 14 de julio de 1789, lo que dio inicio a la Revolución francesa.

BASTIMENTAR tr. Proveer de bastimentos.

BASTIMENTO m. **1** EMBARCACIÓN. **2** Provisión para sustento de una ciudad, ejército, etc.

BASTIÓN m. BALUARTE.

BASTITANO, NA adj. y s. De Baza.

BASTO¹ (De origen incierto.) m. **1** Cada uno de los naipes del palo de bastos. || m. pl. **2** Uno de los cuatro palos de la baraja española.

BASTO², TA (De *bastar*.) adj. **1** Tosco, áspero, sin pulimentar. **2** fig. Se dice de la persona ordinaria, grosera.

BASTÓN m. **1** Vara con puño y contera, que sirve para apoyarse al andar. **2** Insignia de mando o de autoridad. **3** En el arte de la seda, palo redondo en que está envuelta toda la tela para pasarla desde allí al plegador. **4** *Bl.* Cada una de las do o más listas que parten el escudo de alto o bajo. **5** *Fisiol.* Cualquiera de los cuerpos sensoriales en forma de bastón que se localizan en la retina y son sensibles a la luz, pero no a los colores.

BASTONADA f. BASTONAZO.

BASTONAZO m. Golpe dado con el bastón.

BASTONCILLO m. **1** Bastón pequeño. **2** Galón estrecho que sirve para guarnecer.

BASTONERO, RA m. y f. **1** Persona que hace o vende bastones. **2** Persona que dirige ciertos bailes. || f. **3** Mueble para colocar en él paraguas y bastones.

BASURA f. **1** Inmundicia, suciedad. **2** Desecho, residuos de comida, papeles viejos y otros desperdicios. **3** fig. Cosa repugnante o despreciable. **4** Estiércol de las caballerías.

BASURAL m. *Amér.* BASURERO, sitio.

BASURERO, RA m. y f. **1** Persona que lleva o saca la basura. || m. **2** Sitio donde se arroja y amontona la basura. **3** *Ecol.* Animal que se alimenta de carroña y materiales similares.

BASUTOLANDIA LESOTHO.

-BATA suf. BASI-.

BATA f. **1** Ropa talar con mangas para estar en casa con comodidad. **2** Traje que usaban las mujeres para ir a visitas o funciones, y que solía tener cola. **3** Prenda de uso exterior a manera de blusa larga que se usa en algunos oficios.

BATACAZO m. **1** Golpe fuerte y ruidoso que da alguna persona cuando cae. **2** Caída inesperada de un estado o condición.

BATAHOLA f. fam. BULLA, ruido grande.

BATAILLE, GEORGES Escritor y filósofo francés (Billom, Puy-de-Dôme, 1897 - París, 1962). Propugnó la aceptación de la multiplicidad y los excesos. Autor de ensayos: *La parte maldita* (1948 y 1954), *El erotismo* (1957) y *La literatura y el mal* (1957); y novelas: *Historia del ojo* (1928) y *El cura C.* (1950).

BATAILLON, MARCEL Hispanista francés (Dijon, 1895 - París, 1977). Especialista en el erasmismo y el renacimiento español. Obras principales: *Erasmo y España* (1937), *La Celestina según Fernando de Rojas* (1961), *Estudios sobre Bartolomé de Las Casas* (1966) y *Pícaros y picaresca* (1969).

BATALHA Ciudad de Portugal, en Beira Litoral (Coimbra); 7.000 h. Monasterio de Santa María de la Victoria o de la Batalha, que conmemoran la batalla de Aljubarrota (1385).

BATALLA f. **1** *Mil.* Lucha armada entre dos ejércitos enemigos. **2** Enfrentamiento de ideas, planteamientos o aptitudes entre personas o grupos de ellas ante una situación concreta. **3** Agitación e inquietud interior del ánimo. || **BATALLA CAMPAL** *Mil.* La general y decisiva entre dos ejércitos completos. También, la que se da en campo raso. || **dar la batalla** fr. fig. Arrostrar las dificultades de un asunto. || **de batalla** loc. adj. Se aplica a las prendas, utensilios u objetos de uso ordinario.

BATALLAR intr. **1** Pelear con armas. **2** fig. Disputar, porfiar. **3** fig. Fluctuar, vacilar. **4** *Dep.* En esgrima, contener jugando con espadas negras.

BATALLÓN m. *Mil.* Unidad del ejército formada por varias compañías y mandada por un comandante.

BATÁN m. **1** Máquina para golpear, desengrasar y enfurtir los paños. **2** Edificio en que funciona esta máquina.

BATANAR o **BATANEAR** tr. **1** Batir el paño en el batán para desengrasarlo y enfurtirlo. **2** fig. Golpear, zurrar.

BATANGA f. Cada uno de los refuerzos de cañas amadrinados a lo largo de los costados de las embarcaciones filipinas.

BATANÍ, AL BATTANÍ, MUHAMMAD IBN GEBER AL.

BATAOLA f. BATAHOLA.

BATATA f. **1** *Bot.* Planta herbácea, trepadora, perteneciente a la familia convolvuláceas, de nombre científico *Ipomoea batatas*. Posee una raíz tuberosa y comestible. Originaria de América tropical, se cultiva en muchos lugares. **2** Cada uno de los tubérculos de las raíces de esta planta. Son comestibles y de sabor dulce.

BATAVIA Antiguo nombre de los Países Bajos.

BATAVIA YAKARTA.

BÁTAVO, VA adj. *Hist.* **1** Se dice de un antiguo pueblo germánico que habitaba en el delta del Rhin. Más como m. pl. **2** Se dice también de sus individuos. También s. **3** Relativo a este pueblo.

Batalha (Portugal). Claustro del monasterio de Santa María de la Victoria.

BATE m. Palo para jugar al béisbol.

BATEA f. **1** Bandeja de madera pintada, o con pajas sentadas sobre la madera. **2** BANDEJA. **3** DORNAJO. **4** Barco pequeño de figura de cajón. **5** Vagón descubierto, con los bordes muy bajos. **6** *Amér.* Artesa para lavar.

BATEADOR, RA m. y f. **1** *Dep.* Jugador que maneja el bate. || f. **2** Máquina que se desplaza por las vías del ferrocarril para aplastar el balasto situado bajo las traviesas.

BATEAR tr. e intr. **1** *Dep.* Dar a la pelota de béisbol con el bate. || intr. **2** Usar el bate.

BATEL m. BOTE^{3}, barco.

BATELERO, RA m. y f. Persona que gobierna el batel.

BATERÍA f. **1** *Mil.* Conjunto de piezas de artillería. **2** *Mil.* Unidad de tiro de artillería, mandada normalmente por un capitán. **3** *Mil.* Obra de fortificación para contener piezas de artillería. **4** *Mil.* Conjunto de cañones que hay en cada puente de los barcos de guerra. **5** *Mil.* Espacio en que estos cañones están colocados. **6** Acción y efecto de batir. **7** BRECHA, rotura en una muralla. **8** *Mús.* Conjunto de instrumentos de percusión en una banda u orquesta. **9** *Fís.* Nombre dado comúnmente a varios objetos que funcionan agrupados, como pilas, condensadores, etc. **10** *Tecnol.* Conjunto de piezas similares de un equipo que funcionan agrupadas y conectadas entre sí. **11** fig. *Teat.* En los teatros, fila de luces del proscenio, que sustituye a las antiguas candilejas. || com. *Mús.* **12** Individuo que toca la batería en un conjunto musical. || **en batería** loc. adj. o adv. Modo de aparcar vehículos paralelamente unos a otros.

BATERISTA com. *Mús.* Persona que toca la batería.

BATET MESTRES, DOMINGO Militar español (Tarragona, 1872 - Burgos, 1937). Participó en la conspiración contra Primo de Rivera de 1926. Siendo Capitán General de Cataluña redujo la sublevación catalana de 1934.

BATEY m. Lugar ocupado por las casas, almacenes, herramientas, etc., en las fincas de campo en las Antillas.

BATH AND SOMERSET NORORIENTAL Consejo unitario del Reino Unido, en Inglaterra; 167.300 h.

BÁTHORI, ESTEBAN ESTEBAN I BÁTHORI.

BATHURST BANJUL.

BATI- pref. BATO-.

BATIAL adj. *Ocean.* **1** Relativo o perteneciente a las partes profundas del mar. **2** Se dice de la zona de profundidades oceánicas comprendida entre 200 y 2.000 m correspondiente al talud continental. Puede presentar desfiladeros sujetos a erosión y avalanchas subterráneas.

BATIBÉNTICO, CA adj. *Zool.* Se dice de los organismos que viven sobre los fondos de las grandes profundidades marinas.

BATIBORRILLO o **BATIBURRILLO** m. Mezcla heterogénea de cosas.

BATICABEZA m. *Zool.* Coleóptero de cuerpo prolongado, estrecho y atenuado hacia atrás.

-BÁTICO^{1} suf. BASI-.

-BÁTICO^{2} suf. BATO-.

BATICOLA f. Correa sujeta al fuste trasero de la silla de montar, terminada en un ojal por donde entra el maslo de la cola.

BATIDA f. **1** Acción de batir el monte para que salga la caza. **2** Acción de explorar varias personas una zona buscando a alguien o algo. **3** Acción de batir o acuñar moneda. **4** Allanamiento de algún local, que por sorpresa realiza la policía.

BATIDERA f. **1** Instrumento parecido al azadón. **2** Instrumento con que se cortan los panales al catar las colmenas.

BATIDERO m. **1** Continuo golpear de una cosa con otra. **2** Lugar donde se golpea. **3** Terreno desigual por donde es difícil caminar con carruajes. || m. pl. *Mar.* **4** Pedazos de tabla que se ponen en la parte inferior de las bandas del tajamar. **5** Refuerzo que se pone a las velas.

BATIDO, DA adj. **1** Se dice de la tierra fina que se usa para algunas pistas de tenis. **2** Se aplica al camino muy andado. || m. **3** Claras, yemas o huevos batidos. **4** Bebida que se hace batiendo distintos ingredientes.

BATIDOR, RA adj. **1** Que bate. || m. **2** Instrumento para batir. **3** Explorador que descubre y reconoce el campo o el camino. **4** *Mil.* Cada uno de los soldados de infantería que preceden al regimiento. **5** Peine ralo de púas. **6** El que levanta la caza en las batidas. || f. **7** Instrumento que con movimiento giratorio bate o tritura los alimentos.

BATIENTE adj. **1** Que bate. || m. **2** Parte del cerco de las hojas de puertas y ventanas en que se detienen cuando se cierran. **3** Lugar donde bate el mar. **4** *Mús.* Listón de madera en el que baten los macillos en los claves y pianos.

BATIHOJA m. Artífice que lamina los metales.

BATILITORAL m. *Ocean.* Parte de la zona marina sublitoral desprovista de algas.

BATIMETRÍA f. *Ocean.* Arte de medir y estudiar las profundidades del mar.

BATIMIENTO m. **1** Acción de batir. **2** *Fís.* Variación periódica de la amplitud de una oscilación.

BATÍN m. Bata con faldillas que llega sólo un poco más abajo de la cintura.

BATINTÍN m. **1** Campana china. **2** *Mús.* Instrumento de percusión que consiste en un disco rebordeado que, suspendido, se toca como el instrumento anterior.

BATIPELÁGICO, CA adj. *Ocean.* Relativo a todo lo que flota en las aguas libres de las profundidades del océano.

BATIR tr. **1** Dar golpes. **2** Dar golpes para derribar una pared, un edificio, etc. **3** Por extensión, recoger la tienda o el toldo. **4** Dar en una pared el sol, el agua o el aire. **5** Mover con ímpetu y fuerza algo. **6** Revolver alguna cosa para que se condense o para que se disuelva. **7** Martillar una pieza de metal hasta reducirla a chapa. **8** Peinar el pelo hacia arriba. **9** Ajustar las resmas de papel. **10** Derrotar al enemigo. **11** Acuñar moneda. **12** Lavar la ropa aclarada. **13** Reconocer, registrar, recorrer el campo, el monte, etc. **14** Explorar, registrar un lugar en busca de enemigos, delincuentes o sospechosos. **15** *Dep.* Vencer a un contrincante. || prnl. **16** Combatir, pelear. **17** ABATIRSE, descender el ave de rapiña. || **batir un récord** fr. Conseguir o establecer una plusmarca.

BATISCAFO o **BATÍSCAFO** m. *Ocean.* Especie de embarcación para explorar las profundidades del mar, diseñado por Auguste Piccard.

BATISFERA f. *Ocean.* Cámara habitable de forma esférica, ideada por William Beebe, para explorar las profundidades marinas.

BATISMAL adj. *Ocean.* Perteneciente a las profundidades oceánicas.

BATISTA f. Lienzo fino muy delgado.

BATISTA, FULGENCIO Militar y político cubano (Banes, 1901 - Marbella, 1973). Entre 1940 y 1944 ostentó la presidencia de la República. En 1947 fue elegido senador y en 1952, al frente del ejército y de la policía, derribó al presidente Prío Socarrás, lo que le permitió acceder de nuevo a la presidencia del país. Elegido de nuevo presidente como candidato único, desempeñó el poder de 1955 a 1958. Sus tropas fueron derrotadas por las fuerzas revolucionarias de Fidel Castro.

BATLLE, LORENZO Militar y político uruguayo (Montevideo, 1810 - íd., 1887). Padre de José Batlle y Ordóñez. Representante del Partido Colorado, ejerció la presidencia de la República (1868-72) afrontando la tenaz oposición del Partido Blanco.

BATLLE BERRES, LUIS CONRADO Político uruguayo (Montevideo, 1879 - íd., 1964). Sobrino de José Batlle y Ordóñez. Fue diputado y presidente de la Cámara (1942-46), vicepresidente de la República (1946-51) y presidente por muerte del titular (1947). Al establecerse el régimen colegiado, volvió a ocupar la presidencia (1955-56).

BATLLE IBÁÑEZ, JORGE Político uruguayo (?, 1927). Hijo del anterior, presentó su candidatura a la jefatura del Estado por el Partido Colorado en las elecciones de 1966, 1971, 1989 y 1994. Finalmente venció en los comicios presidenciales de 1999.

BATLLE Y ORDÓÑEZ, JOSÉ Político uruguayo (Montevideo, 1856 - íd., 1929). Hijo de Lorenzo y tío de Luis Conrado. Presidente de la República (1903-07 y reelecto en 1911-15). Venció dos pronunciamientos del partido Blanco (1903 y 1914) y de este modo terminó con las guerras civiles de Uruguay. Emprendió una vasta obra de renovación del país.

BATO m. Hombre tonto o de pocos alcances.

BATO-, BATI-; -BÁTICO, -BATO prefs. o sufs. que significan profundidad: *isobático, estenobato.*

-BATO suf. BASI-.

BATOLITO m. *Geol.* Masa de rocas eruptivas plutónicas, de grandes dimensiones, consolidada a gran profundidad.

BATÓMETRO m. *Ocean.* Aparato que sirve para medir la profundidad del mar. También denominado *batímetro.*

BATOTÓNICO, CA adj. *Quím.* Se dice de todo lo que tiende a disminuir la tensión superficial.

BATRACIO adj. y m. *Zool.* ANFIBIO.

BATRES JÁUREGUI, ANTONIO Abogado, político y escritor guatemalteco (Guatemala, 1847 - íd., 1929). Presidió el tribunal internacional de La Haya. Escribió ensayos sobre la historia y la lengua de su pueblo: *La América Central ante la historia* y *El castellano en América.*

BATRES MONTÚFAR, JOSÉ Escritor guatemalteco (San Salvador, 1809 - Guatemala, 1844). Autor de *Tradiciones de Guatemala* y de poemas líricos, como *Yo pienso en ti.*

BATTANÍ, MUHAMMAD IBN GEBER AL Astrónomo y matemático árabe (Batán, 858 - Quasr al-Giss, 929). Calculó la duración del año solar y la precesión de los equinoccios, la inclinación del plano de la eclíptica y la variabilidad anual del apogeo solar. Estableció la fórmula fundamental de la trigonometría esférica y corrigió las tablas de Tolomeo.

Charles **Baudelaire.** Retrato de Émile Duroys. Museo de Versalles.

BATTENBERG MOUNTBATTEN.

BATTENBERG, ENRIQUE MAURICIO DE Príncipe alemán (Hesse, 1858 - Londres, 1896). Se casó con Beatriz, hija menor de la reina Victoria de Inglaterra (1885). De su matrimonio nacieron tres hijos y una hija, Victoria Eugenia, que contrajo matrimonio con Alfonso XIII, rey de España.

BATU KAN Emperador mongol (h. 1204 - h. 1255). Nieto de Gengis Kan. Fundó la Horda de Oro y conquistó Rusia. Dirigió el ejército que invadió Europa en el segundo tercio del siglo XIII.

BATUECO, CA adj. y s. De Las Batuecas.

BATUMI Ciudad de Georgia, capital de la República autónoma de Adzharia; 137.100 h.

BATURRO, RRA adj. y s. Rústico aragonés.

BATUTA f. *Mús.* Bastón corto con que el director de una orquesta o grupo musical indica el compás. || **llevar** uno **la batuta** fr. fig. y fam. Dirigir a un conjunto de personas.

BATUTSI o **TUTSI** adj. *Etnol.* **1** Se dice de un grupo de pueblos africanos, que habita en Ruanda y Burundi. Más como com. **2** Se dice también de sus individuos. También com. **3** Relativo a los batutsi.

BAUCAU Distrito de Timor Oriental; 1.494 km^2 y 97.600 h. Su capital es la ciudad homónima.

BAUCIS FILEMÓN Y BAUCIS.

BAUDELAIRE, CHARLES Poeta y crítico de arte francés (París, 1821 - íd., 1867). Fue precursor del simbolismo y de las vanguardias del siglo XX, considerado por muchos el primer poeta de la modernidad. Su idea de la conciencia o razón creadora se oponía a la idea romántica del arrebato de inspiración. En su obra, en la que el conflicto entre el bien y el mal y entre ética y belleza está siempre presente, «lo artificial», valorado positivamente, sustituye a «lo natural». *Las flores del mal* (1857) es su libro más representativo. Otras obras: *Los paraísos artificiales* (1861), *Los pequeños poemas en prosa* (1869), *Salón de 1845, Salón de 1846* y *Salón de 1859,* etc. Murió en la pobreza.

BAUDIO m. *Inform.* Unidad de medida de la velocidad de procesamiento de datos.

BAUDOUIN DE COURTENAY, JAN IGNACY Lingüista polaco (Radzymin, 1845 - Varsovia, 1929). Por su teoría del fonema se le considera uno de los precursores de la fonología. Autor de *El polaco antiguo anterior al siglo XIV* (1870).

BAUDRILLARD, JEAN Sociólogo francés (Reims, 1929). Destacado representante del pensamiento posmoderno. Obras principales: *El sistema de los objetos* (1968), *La sociedad de consumo* (1970), *La economía política del signo* (1972), *El intercambio simbólico y la muerte* (1976) y *El crimen perfecto* (1995).

BAUER, GEORG AGRÍCOLA, GEORGIUS.

BAUER, OTTO Político y economista austriaco (Viena, 1881 - París, 1938). Dirigente del Partido Socialdemócrata, fue ministro de Asuntos Exteriores (1918-19), y dirigió la insurrección obrera de Viena contra Dollfuss (1934).

BAUHAUS *Arquit.* y *Arte.* Escuela de arquitectura y artes aplicadas, fundada en Weimar (1919) por Walter Gropius. En su orientación artística estuvo muy influida por el constructivismo y el expresionismo. Cuando en 1928 dimitió Gropius, A. Meyer quedó al frente de la escuela hasta 1930, año en que Mies van der Rohe asumió su dirección. Las presiones de la derecha alemana

Bauhaus. Edificio de la fábrica Fagus en Alfeld and der Leine (Alemania). Walter Gropius y Adolf Meyer.

originaron su traslado a Berlín en 1932 y su cierre definitivo en 1933. Entre sus profesores destacaron Itten, Klee, Kandinsky, T. van Doesburg, Moholy-Nagy, quien fundó en Chicago la New Bauhaus, en la actualidad Institute of Design.

BAÚL m. **1** Mueble parecido al arca, que sirve para guardar ropa. **2** fig. y fam. VIENTRE.

BAUM, VICKI Escritora estadounidense de origen austriaco (Viena, 1888 - Hollywood, 1960). Produjo dramas y novelas sentimentales como *Gran Hotel* (1931) y *Ángel sin cabeza* (1949).

BAUMGARTEN, ALEXANDER GOTTLIEB Filósofo alemán (Berlín, 1714 - Frankfurt del Oder, 1762). Discípulo de Wolff, fundó la estética como disciplina filosófica. Entre sus obras figuran *Ethica philosophica* (1740) y *Aesthetica* (1750-58).

BAUPRÉS m. Palo grueso que en la proa de los barcos sirve para asegurar los estayes del trinquete.

BAURU Ciudad del S de Brasil, Estado de São Paulo; 287.530 h. Centro agrícola de la región. Conservas y papel.

BAUSCH, PINA Bailarina y coreógrafa alemana (Solingen, 1940). Fundó su propia compañía, la Wuppertal Tanztheater y en sus coreografías están presentes otras disciplinas como teatro, mimo, vídeo, canto, etc.

BAUTISMAL adj. Perteneciente o relativo al bautismo.

BAUTISMO m. *Rel.* **1** Primero de los sacramentos de la Iglesia, por el que se da el ser de gracia y el carácter de cristianos. **2** BAUTIZO.

BAUTISTA m. El que bautiza.

BAUTIZAR tr. **1** Administrar el sacramento del bautismo. **2** fig. Poner nombre a una cosa. **3** fig. y fam. Dar a una persona o cosa otro nombre que el que le corresponde. **4** fig. y fam. Mezclar el vino con agua. **5** fig. Arrojar sobre una persona agua u otro líquido.

BAUTIZO m. Acción de bautizar y fiesta con que se celebra.

BAUTZEN Ciudad de Alemania, Land de Sajonia, a orillas del Spree; 52.388 h. Centro fabril. Catedral del siglo XV. Victoria de Napoleón en 1813 sobre las tropas rusas y prusianas.

BAUXITA f. *Geol.* Roca sedimentaria formada por diversos óxidos hidratados de aluminio. Es la mena utilizada actualmente para obtener aluminio.

BAUZA f. Madero sin labrar de 2 a 3 m de longitud.

BAUZÁ, FELIPE Geógrafo y navegante español (Palma de Mallorca, 1769 - Londres, 1833). Autor de cartas geográficas de las costas y mares de la América meridional, que fueron adoptadas oficialmente en varias naciones europeas. Diseñador de los mapas del primer *Atlas marítimo* publicado en España (1787-89), fue director de mapas en el viaje de Malaspina.

BÁVARA f. Cierto coche antiguo.

BÁVARO, RA adj. y s. De Baviera.

BAVIERA (*Bayern*) Land meridional de Alemania; 70.554 km² y 12.056.700 h. Capital, Munich. Producción de cereales, vino, tabaco, remolacha y patatas. Abundantes pastos. Industria alimentaria, electroquímica y electrometalúrgica. Yacimientos de granito, cuarzo, lignito y plomo. Turismo. Poblada en su origen por los celtas, fue afectada por la expansión romana. Constituyó un ducado vinculado al imperio carolingio y Luis el Germánico la convirtió en reino (817). Posteriormente se transformó en un ducado que en el siglo XIII se dividió en Alta y Baja Baviera, hasta que en 1314 fue unificada por Luis el Bávaro. El elector Maximiliano José fue elevado a la dignidad de rey por Napoleón I (1806), y en 1871 se unió al imperio alemán. En 1918 fue declarada República y a partir de 1919 siguió las vicisitudes de la República de Weimar y del III Reich. Tras la Segunda Guerra Mundial se convirtió en Land de la República Federal de Alemania.

BAYA f. *Bot.* **1** Fruto carnoso y jugoso, interiormente pulposo cuando madura, que contiene numerosas semillas rodeadas de pulpa. Ejemplos son la uva y el tomate. **2** Planta liliácea con flores de color azul oscuro. **3** MATACANDILES.

BAYACETO Nombre de dos sultanes otomanos. **BAYACETO I** (Akseir, 1345 - ?, 1403). Accedió al trono en 1389. Conquistó Tesalónica y Bulgaria, puso sitio a Constantinopla y amenazó con llegar a Roma, pero fue derrotado por Tamerlán en Angora (1402). **BAYACETO II** (Demotika, 1448 - íd., 1512). Hijo y sucesor de Muhammad II. Accedió al trono en 1481. Derrotó a los moldavos pero fue vencido por los mamelucos. Murió envenenado por su hijo Selim.

BAYADERA f. Bailarina y cantora india.

BAYAMÉS, SA adj. y s. De Bayamo.

BAYAMO Ciudad de Cuba, capital de la provincia de Granma; 137.663 h. Fundada por Diego Velázquez de Cuéllar en 1513, fue el centro donde se inició la guerra de los diez años (1868-78).

BAYANISMO m. *Rel.* Herejía propugnada en el siglo XVII por Miguel Bay o Bayo, uno de los precursores del jansenismo. Atribuía al hombre en estado de inocencia original la capacidad para la vida sobrenatural.

BAYATI, ABD-AL-WAHHAB AL- Poeta iraquí (Bagdad, 1926 - Damasco, 1999). Fue uno de los renovadores de la poesía árabe e introductor del verso libre. Autor de *Jarros rotos* (1954), *Juicio en Nisapur* (1963), *Luna de Shiraz* (1975) y *El reino de la espiga* (1979).

BAYETA f. **1** Tela de lana, floja y poco tupida. **2** Paño que sirve para fregar.

BAYEU Y SUBÍAS, FRANCISCO Pintor español (Zaragoza, 1734 - Madrid 1795). Cuñado de Goya, fue un artista académico y pintor de corte. Dirigió la Academia de San Fernando. Decoró la basílica de El Pilar de Zaragoza y pintó cartones para tapices.

BAYLE, PIERRE Filósofo francés (Le Carla, 1647 - Rotterdam, 1706). Precursor de los enciclopedistas y del espíritu ilustrado, combatió duramente la intolerancia religiosa. Su obra más importante es *Dictionnaire historique et critique* (1697).

BAYLISS, WILLIAM MADDOCK Fisiólogo inglés (Wolverhampton, 1860 - Londres, 1924). En 1902 descubrió, junto con E. H. Starling, la secretina. Autor de *Principios de Fisiología General* (1915).

BAYO, YA adj. y s. **1** De color blanco amarillento. Se aplica especialmente a los caballos y a su pelo. || m. **2** Mariposa del gusano de seda, que los pescadores utilizan como cebo.

BAYÓN m. *Bot.* Planta arbustiva perteneciente a la familia santaláceas, de nombre científico *Osyris lanceolata*. Tiene las hojas lanceoladas, las flores verdosas y frutos en drupa de color rojo. Crece en las orillas de los arroyos de las regiones más cálidas de África y Europa.

BAYONA (*Bayonne*) Ciudad del SO de Francia, departamento de Pirineos Atlánticos, a orillas del Adour; 41.846 h. Puerto. Catedral (siglos XIII-XIV). En 1808 fue escenario de las abdicaciones de Fernando VII y Carlos IV en favor de José Bonaparte, quien juró el cargo y la llamada Constitución de Bayona, que no llegó a entrar en vigor.

BAYONA (*Baiona*) Municipio y lugar de España, provincia de Pontevedra; 10.499 h. Turismo.

BAYONENSE o **BAYONÉS, SA** adj. y s. De Bayona.

BAYONESA f. Pastel hecho con dos capas de hojaldre rellenas de cabello de ángel.

BAYONETA f. Arma blanca que se adapta exteriormente a la boca del fusil.

BAYREUTH Ciudad de Alemania, Land de Baviera, a orillas del Main; 70.600 h. Famosa por el festival de ópera que se celebra anualmente en honor a Wagner.

BAYUNCO, CA adj. *Amér.* Rústico, grosero.

BAZA f. Número de cartas que en determinados juegos de naipes recoge el que gana. || **meter baza** fr. Intervenir en la conversación.

BAZA Municipio y ciudad de España, provincia de Granada; 20.685 h. Es la antigua *Basti* de los romanos. En su término fue descubierta en 1971 la DAMA DE BAZA.

BAZÁN, ÁLVARO DE, MARQUÉS DE SANTA CRUZ Almirante español (Granada, 1506 - Lisboa, 1588). Capitán general de las galeras de Nápoles (1566) y de España (1576). Participó en la batalla de Lepanto, y dirigió las operaciones navales durante la ocupación de Portugal. Felipe II le encargó la organización de la Armada Invencible, pero murió antes de completar la tarea.

BAZAR m. **1** En Oriente, mercado público. **2** Tienda donde se venden mercancías diversas.

BAZARD, ARMAND Político francés (París, 1791 - Courtry, 1832). Fue uno de los fundadores del carbonarismo francés (1812). En 1825 pasó a las filas del sansimonismo.

BAZILLE, JEAN-FRÉDÉRIC Pintor francés (Montpellier, 1841 - Beaune-la-Rolande, 1870). Fue uno de los pioneros del impresionismo: *El vestido rosa* (1864), *Reunión de familia* (1867) y *Bosque de Fontainebleau* (1865).

BAZIN, ANDRÉ Crítico de cine francés (Angers, 1928 - Nogent-sur-Marne, 1958). Fue uno de los fundadores de la revista *Cahiers du Cinéma* (1952). Sus teorías han ejercido una importante influencia en los orígenes de la *nouvelle vague*.

BAZIN, HERVÉ Escritor francés (Angers, 1917 - íd., 1996). Autor de novelas de carácter satírico, en las que se opone al conformismo moral y social: *Víbora en el puño* (1948), *Muros de obstinación* (1949), *En el nombre del hijo* (1960).

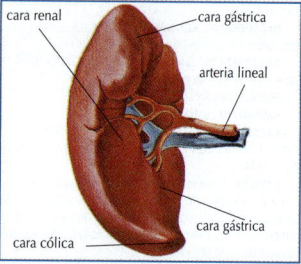

bazo

Francisco **Bayeu**. *Majos bailando*. Instituto Valencia de Don Juan (Madrid).

BAZO, ZA adj. **1** De color moreno y que tira a amarillo. || m. *Anat.* **2** Víscera de los vertebrados, situada a la izquierda del estómago en la cavidad abdominal, que produce linfocitos, almacena hierro y cuyas sustancias destruyen los hematíes caducos.

BAZOFIA f. **1** Mezcla de heces, sobras o desechos de comida. **2** Cosa soez.

BAZOOKA f. BAZUCA.

BAZUCA o **BAZOOKA** f. *Mil.* Arma portátil para lanzar proyectiles de propulsión a chorro.

BAZZI, GIOVANNI ANTONIO SODOMA, IL.

BBC (Siglas de *British Broadcasting Corporation*). Cadena de radio y televisión británica, con sede en Londres. Fundada en 1922, fue un monopolio estatal hasta 1954. Es una de las más prestigiosas empresas de comunicación del mundo.

BE¹ f. Nombre de la letra *b*. || **be por be** loc. adv. fig. CE POR BE.

BE² **1** Onomatopeya de la voz del carnero, de la oveja y de la cabra. || m. **2** BALIDO.

BE *Quím.* Símbolo del berilio.

BE-BOP (Voz i.) m. *Mús.* Estilo de jazz creado en los años cuarenta del siglo XX como reacción frente al jazz clásico. Exaltó el ritmo y el empleo de armonías cromáticas y disonantes.

BEACIENSE adj. y s. BAEZANO.

BEADLE, GEORGE Biólogo estadounidense (Wahoo, 1903 - Pomona, 1989). Sus investigaciones en genética molecular le valieron el premio Nobel de Medicina en 1958, compartido con E. L. Tatum y J. Lederberg.

BEAGLE Canal de América del Sur, entre la Tierra del Fuego y las islas de Navarino y Hoste. En mayo de 1984, con la mediación del Vaticano, se resolvió el diferendo que sobre esta zona mantenían Argentina y Chile, con la firma del Tratado de Paz y Amistad, que reconoce la soberanía de Chile para las islas Picton, Lennox y Nueva y a Argentina garantías para la navegación y explotación de sus aguas.

BEAMON, BOB Atleta estadounidense (Jamaica, Nueva York, 1946). En las olimpiadas de México de 1968 estableció un récord de salto de longitud (8,90 m), que no fue superado hasta 1991.

BEAR STREAM *Astron.* Cúmulo estelar móvil de aproximadamente 40 estrellas, entre las que se encuentran las más importantes de la constelación de la Osa Mayor.

BEARNE *(Béarn) Geog. hist.* Región histórica del SO de Francia. Capital, Pau. Perteneció a los condes de Foix y Navarra y pasó a la corona francesa en 1620.

BEARNÉS, SA adj. y s. **1** De Bearne. || m. **2** *Ling.* Dialecto hablado en esta región de Francia.

BEAT, GENERACIÓN *Cult.* y *Lit.* Movimiento literario y social estadounidense, que durante los años cincuenta y sesenta del siglo XX manifestó su rebeldía contra los valores de la sociedad burguesa. Defendía un estilo de vida basado en el individualismo, la independencia política, el pacifismo, el consumo de drogas y la libertad sexual. Sus núcleos principales fueron las ciudades de Nueva York y San Francisco. Entre sus figuras más representativas se encuentran Kerouac, Ginsberg, Ferlinghetti y William Burroughs.

BEATERÍA f. Devoción o virtud fingida.

BEATIFICAR tr. **1** *Rel.* Declarar el Papa que alguien goza de la eterna bienaventuranza y se le puede dar culto. **2** Hacer feliz a alguien. **3** Hacer respetable alguna cosa.

BEATÍFICO, CA adj. Que hace bienaventurado o feliz a alguien.

BEATITUD f. *Rel.* **1** Para los creyentes, bienaventuranza eterna. **2** Tratamiento que se da al Sumo Pontífice.

BEATLEMANÍA f. Afición extrema por el grupo musical The Beatles.

BEATLES, THE Conjunto musical británico de música pop, compuesto por John Lennon, Paul McCartney, George Harrison y Ringo Starr. Sus canciones, que empezaron a grabar a partir de 1961, adquirieron una extraordinaria popularidad. Influidos en sus comienzos por el rock and roll norteamericano, se convirtieron en un símbolo de la música pop. El grupo se disolvió en 1970. Entre sus álbumes se encuentran *Love Me Do* (1962), *A Hard Day's Night* (1964), *Rubber Soul* (1965), *Sgt. Peeper's Lonely Hearts Club Band* (1967), *Let It Be* (1970), etc.

BEATNIK (Voz i.) adj. Partidario del movimiento extendido en EE UU entre 1956 y 1968, caracterizado por el radical rechazo de la moral y los valores sociales establecidos y la defensa de unos ideales similares a los de la GENERACIÓN BEAT.

BEATO, TA adj. **1** Se dice de la persona que visita frecuentemente los templos. También s. **2** Feliz o bienaventurado. **3** *Rel.* Se dice de la persona beatificada por el Sumo Pontífice. Más como s.

BEATO DE LIÉBANA Religioso asturiano (s. VIII). Combatió duramente la herejía del adopcionismo. En 776 escribió los *Comentarios al Apocalipsis*, en doce libros, imbuido de la creencia en el inminente fin del mundo. Fue muy leído en la Edad Media.

BEATRIZ Reina de los Países Bajos (La Haya, 1938). Hija de la reina Juliana, en 1966 se casó con el diplomático alemán Claus von Amsberg. Subió al trono en 1980, tras la abdicación de su madre.

BEATRIZ DE ARAGÓN Reina de Hungría (?, 1457 - Ischia, 1508). Hija de Fernando de Nápoles, se casó con Matías Corvino, rey de Hungría, en 1475. Acusada de haber envenenado a su marido, fue desterrada.

BEATRIZ DE CASTILLA Reina de Portugal (? - ?, 1303). Infanta castellana, hija natural de Alfonso X, se casó en 1253 con Alfonso III de Portugal, viviendo aún su primera esposa Matilde. Fueron amenazados de excomunión, que fue evitada por la muerte de la legítima esposa.

BEATRIZ DE PORTUGAL Reina de Portugal (Toro, 1293 - Lisboa, 1353). Infanta castellana, hija del rey Sancho IV el Bravo y de María de Molina. En 1309 se casó con el rey de Portugal Alfonso IV.

BEATRIZ DE DIE Poetisa trovadoresca provenzal (s. XII). De su obra sólo se conservan cuatro cançós y una tensón (en forma de diálogo), en las que se tratan temas del amor cortés.

BEATRIZ DE PORTUGAL Reina de Castilla (s. XIV). Infanta portuguesa casada en 1383 con el rey viudo de

Beato de Liébana. *Comentarios al Apocalipsis*. Museo Arqueológico Nacional (Madrid).

Castilla Juan I, a quien transmitió sus derechos sobre Portugal. A la muerte de éste, Beatriz heredó sus tierras en Medina del Campo, Olmedo, Villa Real y Arévalo. En 1409 se casó con el duque de Austria.

BEATRIZ DE SUABIA Reina de Castilla (? - Toro, 1235). Hija del emperador de Alemania Federico Barbarroja, se casó con Fernando III el Santo. Por su línea se transmitieron los derechos al solio imperial que Alfonso X el Sabio reclamó en su famoso *Fecho del Imperio*.

BEATTIE, JAMES Poeta y ensayista escocés (Laurencekirk, 1735 - Aberdeen, 1803). Es autor del poema *El ministril o El progreso del genio* (1771 y 1774).

BEATTY, WARREN Actor y director de cine estadounidense (Richmond, 1938). Ha protagonizado entre otras películas *Esplendor en la hierba* (1961), *Bonnie y Clyde* (1967), *Dólares, Rojos* (dirigida por él y premiada con tres Oscar de Hollywood en 1982), *Dick Tracy* (1989, que también dirigió), *Un asunto de amor* (1994) y *Bullworth* (1998).

BEAUCE *Geog. hist.* Antigua comarca de Francia, en la cuenca de París. Capital, Chartres. Rica zona agrícola.

BEAUFORT, ESCALA DE *Meteor.* La utilizada para la medida de los vientos. Va desde 0 (calma) a 12 (huracán). Fue establecida por sir Francis Beaufort.

BEAUFORT, SIR FRANCIS Marino y meteorólogo irlandés (Nacian, 1774 - Londres, 1857). Exploró las costas de Australia, Nueva Zelanda, China y las Indias occidentales. Perfeccionó las técnicas de sondeo e investigó la frecuencia y dirección de los vientos.

BEAUHARNAIS, EUGÈNE DE Virrey de Italia (París, 1781 - Munich, 1824). Hijo de Alexandre y Josefina, primera esposa de Napoleón, acompañó a éste en las campañas de Italia y Egipto y fue designado su sucesor.

BEAUHARNAIS, JOSÉPHINE DE JOSEFINA.

BEAUJOLAIS Antigua comarca de Francia, cercana a Lyon. Excelente producción de vinos.

BEAUMARCHAIS, PIERRE-AUGUSTIN CARON DE Escritor francés (París, 1732 - íd., 1799). Realizó misiones secretas para Luis XV y Luis XVI. Sus obras teatrales *El barbero de Sevilla* (1775) y *Las bodas de Fígaro* (1784) inspiraron a Rossini y a Mozart en la composición de sus respectivas óperas.

BEAUMONT, FRANCIS Dramaturgo inglés (Grace Dieu, 1584 - Londres, 1616). Escribió en colaboración con John Fletcher numerosas obras, entre las que destaca *The Maid's Tragedy* (1608-11). Exclusivamente suya es *Women Hater* (1606).

BEAUTIFUL PEOPLE (Voz i. que significa *gente guapa*.) f. Gente bien, conjunto de personas que gozan de una elevada posición social y económica.

BEAUVAIS Ciudad del N de Francia, capital del departamento de Oise; 54.190 h. Centro comercial. Tapices.

BEAUVOIR, SIMONE DE Escritora francesa (París, 1908 - íd., 1986). Compañera sentimental de J. P. Sartre desde 1935, juntos desarrollaron los postulados fundamentales del existencialismo. Abordó temas sociales, éticos y políticos: *La sangre de los otros* (1944), *El segundo sexo* (1949), *La mujer rota* (1967), *La vejez* (1970) y *La ceremonia del adiós* (1981).

BEBE, BA m. y f. *Arg., Perú* y *Urug.* BEBÉ.

BEBÉ m. Niño de pecho.

BEBEDERO, RA adj. **1** Se aplica al líquido que es bueno de beber. || m. **2** Vaso en que se echa la bebida a los pájaros y a otras aves domésticas. **3** *Ecol.* Paraje donde acuden a beber las aves. **4** Pico saliente que tienen algunas vasijas en el borde. **5** *Min.* Canal de salida del acero líquido o de la fundición. **6** ABREVADERO. || m. pl. **7** Piezas largas de tela que se ponen al borde de los vestidos para reforzarlos.

BEBEDIZO, ZA adj. **1** POTABLE. || m. **2** Bebida que se da por medicina. **3** Bebida que se decía tener virtud de enamorar a otras personas. **4** VENENO.

BEBEDOR, RA adj. **1** Que bebe. **2** fig. Que abusa de las bebidas alcohólicas. También s.

BEBEL, HERMAN AUGUST Político alemán (Colonia, 1840 - Pasugg, Suiza, 1913). Entusiasta del movimiento proletario, fue uno de los fundadores del Partido Democrático-Socialista (1869). Mantuvo estrechas relaciones con la Internacional Obrera.

BEBER intr. **1** Ingerir un líquido. También tr. **2** BRINDAR. **3** fig. Consumir con frecuencia bebidas alcohólicas. **4** fig. Absorber, devorar, consumir. **5** fig. Recibir, admitir. **6** fig. Refiriéndose al juicio, trastornarlo.

BEBIBLE adj. fam. Se aplica a los líquidos que no son del todo desagradables al paladar.

BEBIDA f. **1** Acción y efecto de beber. **2** Cualquier líquido que se bebe. **3** Costumbre de tomar bebidas alcohólicas.

BEBIDO, DA adj. Que está casi embriagado.

BEBISTRAJO m. fam. **1** Mezcla irregular y extravagante de bebidas. **2** fam. Bebida muy desagradable.

BECA f. **1** Ayuda económica temporal que se concede a alguien para que continúe o complete sus estudios. **2** Banda de paño que, como insignia, llevan algunos estudiantes.

BECACINA f. *Zool.* AGACHADIZA.

Simone de **Beauvoir**.

Gaspar **Becerra**. Retablo mayor de la catedral de Astorga (León).

BECADA f. *Zool.* CHOCHA. || **BECADA DORADA** *Zool.* Ave caradriforme, de nombre científico *Rostratula benghalensis*. Mide unos 50 cm de longitud y se alimenta de vegetales y pequeños animales. Vive en zonas pantanosas de África, S de Asia y Australia.

BECADO, DA adj. y s. BECARIO.

BECAFIGO m. *Zool.* OROPÉNDOLA, ave.

BECAR tr. Conceder a alguien una beca para estudios.

BECARIO, RIA m. y f. Persona que disfruta de una beca para estudios o investigación.

BECCAFUMI, MECHERINO (DOMENICO DI PACE, llamado) Pintor y escultor italiano (Valdibierna, 1486 - Siena, 1551). Destacado representante del manierismo italiano, realizó la mayor parte de su obra en Siena: *La caída de los ángeles, Natividad de la Virgen, El castigo del fuego celestial*, etc.

BECCARIA, CESARE BONESANA, MARQUÉS DE Filósofo y jurisconsulto italiano (Milán, 1738 - íd., 1794). Su obra *De los delitos y de las penas* (1764) constituye uno de los fundamentos de la ciencia penal moderna. Como economista, fluctuó entre el mercantilismo y la fisiocracia: *De los trastornos y los remedios monetarios de los estados milaneses*.

BECERRA, FRANCISCO DE Arquitecto español (Trujillo, 1545 - Lima, 1605). Construyó los conventos de Santo Domingo y San Agustín y el coro de la catedral de México, y trazó los planos de las catedrales de Lima y Cuzco.

BECERRA, GASPAR Arquitecto, escultor y pintor español (Baeza, 1520 - Madrid, 1570). Representante de la tendencia clasicista del Renacimiento, trabajó en las obras del Alcázar de Madrid y en el palacio de El Pardo. Felipe II le nombró pintor y escultor de cámara. Autor del retablo de la catedral de Astorga y del Cristo de las Descalzas Reales de Madrid.

BECERRADA f. Lidia o corrida de becerros.

BECERREÁ Municipio y lugar de España, provincia y partido judicial de Lugo; 3.897 h.

BECERRO, RRA m. y f. **1** *Zool.* Cría de la vaca desde que deja de mamar hasta que cumple unos dos años. || m. **2** Piel de ternero o ternera curtida.

BECHAMEL f. BESAMEL.

BECHER, JOHANN JOACHIM Político, economista, médico y alquimista alemán (Speyer, 1635 - Londres, 1682). Estudió los efectos de los tipos de organización del mercado económico y fue precursor de la teoría del flogisto.

BECHER, JOHANNES ROBERT Poeta y político alemán (Munich, 1891 - Berlín, 1958). Miembro del Partido Comunista, fue ministro de Cultura (1954). Principal poeta político del expresionismo alemán: *De profundis do-*

mine (1913), *A Europa* (1916) y *Poemas del exilio* (1939). Escribió también novelas y piezas teatrales.

BECHÍ (*Betxí*) Municipio y lugar de España, provincia de Castellón; 5.284 h.

BECHUANALANDIA BOTSWANA.

BECKER, BORIS Tenista alemán (Liemen, 1967). Ganador en 1989, por tercera vez, del Torneo de Wimbledon y del Open de Estados Unidos, en 1991 y 1996 logró la victoria en el Open de Australia. En 1997 se retiró del circuito profesional.

BECKER, GARY Economista estadounidense (Pottsville, Pasadena, 1930). En *Capital humano* (1964) defendió la educación como un tipo de inversión a la que se podían aplicar balances y cuentas de resultados. Premio Nobel de Economía en 1992.

BECKER, JACQUES Director de cine francés (París, 1906 - íd., 1960). Entre sus mejores películas se encuentran *Antoine et Antoinette* (1947) y *París, bajos fondos* (1952).

BECKET, TOMÁS TOMÁS BECKET, SANTO.

BECKETT, SAMUEL Escritor irlandés en lenguas inglesa y francesa (Dublín, 1906 - París, 1989). Autor de una extraordinaria influencia, en 1947 adoptó el francés como lengua literaria. Principal representante, junto con E. Ionesco, del TEATRO DEL ABSURDO, abogó por una ruptura de las técnicas escénicas tradicionales. En su producción destacan las piezas teatrales de dimensión filosófica *Esperando a Godot* (1952), *Final de partida* (1957), y las novelas *Molloy* (1951) y *El innombrable* (1953). Premio Nobel de Literatura en 1969.

BECKFORD, WILLIAM Novelista inglés (Fonthill, Wiltshire, 1759 - Bath, 1844). Autor de *Vathek* (1786), fantasía oriental escrita en francés, que fue traducida y publicada en inglés bajo el disfraz de una traducción del árabe.

BECKMANN, MAX Pintor alemán (Leipzig, 1884 - Nueva York, 1950). Es uno de los principales representantes de la NUEVA OBJETIVIDAD. Entre sus obras destacan *La noche, El palco* y *El liberado*.

BECQUE, HENRY Dramaturgo francés (París, 1837 - íd., 1899). Representante del drama realista en Francia, es autor de *El hijo pródigo* (1868), *Miguel Pauper* (1870) y *La parisina* (1885).

BÉCQUER, GUSTAVO ADOLFO (GUSTAVO ADOLFO DOMÍNGUEZ BASTIDA, llamado) Escritor español (Sevilla, 1836 - Madrid, 1870). Iniciador de la poesía moderna española, es el mejor representante de la corriente intimista y romántica. Compuso la mayor parte de sus *Rimas* entre 1867 y 1868. Sus poemas suponen la revalorización de canciones y coplas de la poesía popular. Su obra en prosa destacan las *Leyendas* (1860-65), *Cartas*

literarias a una mujer (1860-61) y *Cartas desde mi celda* (1864).

BECQUEREL O **BECQUERELIO** m. *Fís.* Unidad de medida de la radiactividad en el Sistema Internacional, igual a una desintegración por segundo. Su símbolo es Bq.

BECQUEREL, ALEXANDRE EDMOND Físico francés (París, 1820 - íd., 1891). Hijo de Antoine César. Se dedicó principalmente al estudio de la naturaleza de la luz y sus interacciones con la materia y el magnetismo.

BECQUEREL, ANTOINE CÉSAR Físico francés (Châtillon-Coligny, 1788 - París, 1878). Padre de Alexandre Edmond. Colaboró con Ampère y Biot en el estudio de la electricidad. Descubridor de la piezoelectricidad.

BECQUEREL, ANTOINE HENRI Físico francés (París, 1852 - Le Croisic, 1908). Nieto de Antoine César, hijo de Alexandre Edmond, y padre de Jean. Tras estudiar la producción de rayos X en 1896 descubrió que el uranio emitía radiaciones propias y espontáneas (radiactividad). En 1900 halló que la radiación beta está integrada por electrones y en 1901 que el radio podría utilizarse para destruir tumores. Compartió con el matrimonio Curie el premio Nobel de Física en 1903.

BECQUEREL, JEAN Físico francés (París, 1878 - Pornichet, 1953). Hijo de Antoine Henri. Se dedicó principalmente a la cristalografía, y demostró la descomposición de las bandas espectrales de absorción de las tierras raras bajo los efectos de un campo magnético.

BECUADRO m. *Mús.* En la notación musical, signo que devuelve su sonido natural a las notas afectadas por el bemol o el sostenido.

BEDA, SAN (conocido como BEDA EL VENERABLE) Doctor de la Iglesia e historiador inglés (Wearmouth, Durham, 673 - Jarrow, 735). Fue uno de los principales transmisores del saber clásico en la Edad Media. Autor de obras de carácter enciclopédico como *Historia ecclesiastica gentis anglorum* y *De natura rerum*.

BEDEL, LA m. y f. Empleado subalterno de los establecimientos de enseñanza y otros centros oficiales.

BEDELIO m. *Quím.* Gomorresina procedente de árboles del género *Balsamodendron*, que crecen en la India. Entra en la composición de varias preparaciones farmacéuticas.

BEDFORD, JUAN DE LANCASTER, DUQUE DE Político inglés (?, 1389 - Rouen, 1435). Hermano de Enrique V de Inglaterra. Fue regente de Francia (1422-29) tras la batalla de Azincourt.

BEDFORDSHIRE Condado del Reino Unido, en Inglaterra, al N de los Chiltern Hills; 1.235 km² y 373.300 h. Importante producción agrícola y ganadera. Industrias mecánicas, alimentarias, navales y del automóvil.

BEDMAR Y GARCÍEZ Municipio de España, provincia de Jaén; 3.234 h.

BEDMAR, ALFONSO DE LA CUEVA, MARQUÉS DE Diplomático español (Granada, 1572 - Oviedo, 1655). Embajador en Venecia y Flandes en el reinado de Felipe III. A causa de sus teorías políticas belicistas se le atribuyó la autoría de la conjuración de Venecia (1618).

BEDNORZ, JOHANNES GEORG Físico alemán (Nevenkirchen, 1950). Junto con K. Müller, descubrió un nuevo material cerámico superconductor que sigue manteniendo sus propiedades hasta temperaturas de 35 grados Kelvin. Ambos científicos recibieron el premio Nobel de Física en 1987.

BEDUINO, NA adj. y s. **1** Se dice de los pueblos nómadas de Arabia, Siria y N de África. || m. **2** fig. Hombre bárbaro.

Gustavo Adolfo **Bécquer**. Retrato de Valeriano Bécquer. Colección particular (Sevilla).

BEECHER-STOWE, HARRIET (conocida como HARRIET STOWE) Escritora estadounidense (Lichfield, 1812 - Hartford, 1896). Autora de *La cabaña del tío Tom*, novela antiesclavista que ejerció gran influencia sobre las ideas que desencadenaron la guerra de Secesión. Otras obras suyas: *Recuerdos de los países extranjeros* y *La perla de la isla de Oro*.

BEERBOHM, MAX Escritor y caricaturista inglés (Londres, 1872 - Rapallo, 1956). Perteneció al círculo presidido por Oscar Wilde y A. V. Beardsley. Autor del volumen de ensayos *The Works of Max Beerbohm* (1895) y de la novela satírica *Zuleika Dobson* (1911).

BEERNAERT, AUGUSTE MARIE Político belga (Ostende, 1829 - Lucerna, 1912). Perteneció a la Academia de Ciencias Morales y Políticas de París, tomó parte en la Conferencia de Paz de La Haya (1907) y, en 1909, compartió el premio Nobel de la Paz con Paul Henri Benjamin Balluat.

BEERSHEBA o **BIRSHEBA** Ciudad de Israel, en el Neguev, capital del distrito Meridional; 163.700 h. Incorporada a Israel en 1948 durante la guerra árabe-israelí.

BEETHOVEN, LUDWIG VAN Compositor alemán (Bonn, 1770 - Viena, 1827). Junto con Haydn y Mozart, representa la culminación de la escuela clásica vienesa, que elaboró y llevó a su consumación. A través de su concepción dinámica de las formas musicales abrió el camino al Romanticismo. Padeció una sordera progresiva que en 1814 ya era total, lo que no puso freno a su impulso creador. Fue un excelso maestro en la composición de sinfonías que, en número de nueve, se consideran obras maestras de la historia de la música, entre ellas la *Heroica* (III, de 1804; la *Quinta* y la *Pastoral* (VI), ambas de 1808; y la *Novena*, cuya última parte es una apoteosis *A la divina alegría*, sobre un texto de Schiller. De sus 33 sonatas para piano merecen ser destacadas la *Patética*, la *Sonata a Waldstein*, la *Appassionata* y *Claro de luna*. Escribió también música sacra: dos misas (una de 1807 y otra de 1824), y el oratorio *Cristo en el monte de los Olivos* (1803). Se le debe también la ópera *Fidelio* (1805, 1806, 1814), así como conciertos para piano, cuartetos de cuerda, numerosos *Lieder* y piezas para voz con acompañamiento de piano.

BEFA f. Grosera expresión de desprecio.

BEFAR tr. **1** Burlar, mofar, escarnecer. || intr. **2** Mover los caballos el belfo.

BEFO, FA adj. y s. **1** *Anat.* BELFO. **2** *Anat.* De labios abultados y gruesos. **3** Zambo.

BEGARDO, DA m. y f. *Rel.* e *Hist.* Hereje de los siglos XIII y XIV, que defendía la impecabilidad del alma humana al llegar a la visión directa de Dios, la cual creía posible en esta vida.

BEGAS, OSKAR Pintor alemán (Berlín, 1828 - íd., 1883). Hijo de Karl Begas el Viejo y hermano de Reinhold y de Karl Begas el Joven. Obras principales: *Descendimiento de la Cruz*, *Cornelius*, *Paulina Lucca*, *Federico el Grande*, *La caridad*, etc.

BEGAS, REINHOLD Escultor alemán (Berlín, 1831 - íd., 1911). Hijo de Karl Begas el Viejo y hermano de Oskar y de Karl Begas el Joven. Modeló magistrales desnudos y decoró la plaza de Potsdam.

BEGAS EL JOVEN, KARL Escultor alemán (Berlín, 1845 - Köthen, 1916). Hijo de Karl Begas el Viejo, hermano de Oskar y discípulo de su hermano Reinhold. Fue nombrado profesor de la Academia Kassel y son obras suyas *Caza del jabalí*, *Federico Carlos*, *Monumento a la patria* y *Federico Guillermo IV*.

BEGAS EL VIEJO, KARL Pintor alemán (Hainsberg, 1794 - Berlín, 1854). Padre de Karl Begas el Joven, de Oskar y de Reinhold. Gozó de las simpatías del rey Federico Guillermo III, por cuyo mandato pintó *Descendimiento del Espíritu Santo*.

BEGIN, MENAHEM Político israelí (Brest-Litovsk, 1913 - Tel Aviv, 1992). Militante de las juventudes sionistas, fue detenido por las autoridades de la URSS (1939) y recluido en un campo de concentración en Siberia. Fundador del partido derechista Likud (1973), fue jefe del gobierno entre 1977 y 1983. En las reuniones de Camp David, defendió una solución negociada para el próximo Oriente, y en 1978 fue galardonado con el premio Nobel de la Paz, compartido con Anuar el-Sadat.

BEGONIA f. *Bot.* Nombre común de unas 400 especies de plantas de la familia begoniáceas, género *Begonia*. Tienen flores unisexuales monoicas y de variados colores. Originarias de las regiones tropicales de América, China, Japón y África.

BEGONIÁCEO, A adj. y s. *Bot.* **1** Se aplica a las plantas dicotiledóneas del tipo de la begonia, caracterizadas por sus hojas provistas de estípulas, y ovario ínfero con un número variable de carpelos (entre dos y cinco). || f. pl. *Bot.* **2** Familia de estas plantas.

BEGONTE Municipio y aldea de España, provincia de Lugo; 4.084 h.

BEGUR BAGUR.

Ludwig van Beethoven. Retrato de Joseph Mähler.

BEHAIM, MARTIN (también llamado MARTIN DE BOHEMIA) Geógrafo alemán (Nuremberg, 1459 - Lisboa, 1507). Calculó las primeras tablas de la declinación solar e introdujo el uso del astrolabio en los buques.

BEHAN, BRENDAN Escritor irlandés (Dublín, 1923 - íd., 1964). Miembro del Ejército Republicano Irlandés (IRA). Escribió obras teatrales: *Vísperas de ejecución* (1956) y *El rehén* (1958); y las novelas: *El muchacho de Borstal* (1958) y *El escurridizo* (1964).

BEHAVIORISMO (Del i. *behaviorism*.) m. CONDUCTISMO.

BEHETRÍA f. **1** *Hist.* En la Edad Media española, población constituida en concejo, con tierras y autoridades propias, que disfrutaba además del privilegio de elegir a su señor. Podía existir por concesión real o señorial, o bien tener un origen natural, al extenderse la Reconquista a partir del siglo IX. **2** fig. Confusión o desorden.

BEHÍQUE m. *Ant.* Sacerdote y médico entre los indios taínos.

BEHISTUN, BISETUN o **BISITUN** Población de Irán, en el Kurdistán, en cuyas proximidades se esculpió un bajorrelieve que conmemora la victoria de Darío I, rey de Persia, sobre sus enemigos.

BEHN, APHRA Dramaturga y novelista inglesa (Kent, 1640 - Londres, 1689). Autora de 17 obras de teatro, 13 novelas y varias colecciones de poemas. Entre sus novelas destaca *Oroonoko* (1688).

BEHRING BERING.

BEHRING, EMIL ADOLF VON Médico, físico y bacteriólogo alemán (Hansdorf, 1854 - Marburgo, 1917). Fue uno de los creadores de la inmunología moderna. Premio Nobel de Fisiología y Medicina en 1901.

BEIGE (Del fr. *beige*.) adj. y m. Se dice del color café con leche. ♦ Se pronuncia *beis*.

BEIJING PEKÍN.

BEIRA Ciudad de Mozambique, capital de la provincia de Sofala; 397.368 h. Puerto de mar exportador del cobre de Katanga y el oro de Zimbabwe.

BEIRA Región histórica del centro de Portugal, entre el Duero y el Tajo, que comprende aproximadamente los distritos de Viseu, Guarda, Castelo Branco, Aveiro, Coimbra, Leiria y parte de Santarém. Vid, olivo, cereales, frutales y patatas. Bosques y salinas.

BEIRUT (*Bayrut*) Ciudad capital de Líbano, que constituye por sí sola una provincia; 18 km² y 474.870 h. (1.100.000 incluida la aglomeración urbana). Principal puerto del país y uno de los más activos del Próximo Oriente. Centro turístico y cultural (tres universidades). Refinería de petróleo. Es la antigua *Beyritus* de los fenicios. En 614, Cosroes hizo destruir todos los monumentos cristianos. Fue ocupada por los cruzados entre 1110-80 y 1197-1291. Administrada por Turquía hasta el final de la Primera Guerra Mundial, estuvo bajo el dominio francés hasta 1946. Fue uno de los principales escenarios de la guerra civil libanesa y sede de la OLP hasta la invasión de la ciudad por el ejército israelí en 1982.

BEIS adj. BEIGE. También m. ♦ No varía en plural.

BÉISBOL m. *Dep.* Deporte que se practica entre dos equipos de nueve jugadores, con una pelota de pequeño tamaño y un bate, en un campo con una base en cada ángulo que los jugadores han de recorrer antes de que el equipo contrario intercepte la pelota. Inventado en 1839 por el general Abner Doubleday, está considerado el deporte nacional estadounidense.

BEITLHAM BELÉN.

BEJA Distrito de Portugal; 10.223 km² y 166.500 h. Producción agrícola. Minas. Su capital es la ciudad homónima.

BÉJAÏA Ciudad de Argelia; 147.076 h. Terminal de oleoducto. Puerto. Los españoles la llamaron *Bujía* y realizaron una expedición contra ella en 1509, por ser centro de los piratas berberiscos. Los franceses la ocuparon en 1833. Es capital de la vilaya homónima.

BEJARANO, NA o **BEJERANO, NA** adj. y s. De Béjar.

BÉJART, MAURICE Bailarín y coreógrafo francés (Marsella, 1927). En 1960 fundó el Ballet du XX Siècle, al que incorporó las más avanzadas tendencias musicales y plásticas. En 1987 pasó a dirigir el Béjart Ballet de Lausanne.

BEJÍN m. *Biol.* Hongo basidiomiceto del género *Lycoperdon*, de forma casi esférica, que encierra un polvo negro constituido por las esporas.

BEJTEREV o **BECHTEREV, VLADIMIR** Fisiólogo ruso (Viatka, 1857 - Leningrado, 1927). Investigó la psicología objetiva y el sistema nervioso y dio su nombre a la espondilitis anquilosante.

BEJUCO m. *Bot.* Nombre de diversas plantas trepadoras tropicales de varias familias, cuyos tallos largos y flexibles se utilizan para toda clase de ligaduras y para fabricar tejidos. También se llaman *lianas*.

BÉKÉSY, GEORG VON Ingeniero y médico estadounidense de origen húngaro (Budapest, 1899 - Honolulú, 1972). Investigó la selectividad y discriminación de tonos por el órgano auditivo. Por ello recibió en 1961 el premio Nobel de Fisiología y Medicina.

BEL m. *Fís.* Nombre internacional del BELIO.

BEL *Rel.* Divinidad de origen babilónico que fue identificada con Zeus.

BEL CANTO Expresión italiana con la que se designa el canto operístico.

BELA Nombre de diversos reyes de Hungría, de la dinastía Árpad.

BELA I (? - ?, 1063). Reinó de 1061 a 1063. Consiguió el trono gracias al apoyo de su tío Boleslao el Valiente de Polonia. Instauró definitivamente el cristianismo en el reino magiar.

BELA II EL CIEGO (? - Buda, 1141). En su juventud el rey Colomán, su tío, le mandó sacar los ojos. Reinó desde 1131 a 1141. Defendió su trono contra el rey de Polonia, Boleslao *Boca Torcida* y Boris, hermano ilegítimo de Esteban II.

BELA III (? - ?, 1196). Ocupó el trono de 1173 a 1196. Mantuvo continuas guerras contra Polonia por la posesión del principado de Halice.

béisbol

Belem (Portugal). Monasterio de los Jerónimos.

BELA IV (? - ?, 1270). Ascendió al trono en 1206 y volvió a restablecer la autoridad regia perdida. Permitió que los mongoles se establecieran en Hungría. Fue vencido por los mongoles en la batalla de Muhi (1241) y tuvo que marchar a tierras germanas. Cuando los mongoles dejaron Panonia, volvió a recuperar sus tierras.

BELALCÁZAR, SEBASTIÁN DE (SEBASTIÁN MOYANO, llamado) Conquistador español (Belalcázar, 1495 - Cartagena de Indias, 1551). Participó en la conquista de Nicaragua y en la de Perú. Inició por su cuenta la de Quito, fundando las ciudades de San Francisco de Quito y Santiago de Guayaquil. Carlos I le confirmó en el cargo de gobernador de Popayán y provincias equinocciales.

BELARMINO, ROBERTO ROBERTO BELARMINO, SAN.

BELARÚS BIELORRUSIA.

BELAU PALAOS.

BELAÚNDE TERRY, FERNANDO Político y arquitecto peruano (Lima, 1912 - íd., 2002). Fundó el partido de Acción Popular (1956). Elegido presidente de la República en 1963, derribado por un golpe militar en 1968. Ocupó de nuevo la presidencia del país entre 1980 y 1985.

BELCEBÚ Hist. y Rel. Nombre especial de Baal, adorado en el astro del día. Con este nombre designaban los judíos al príncipe de los demonios. Es citado en el Antiguo y Nuevo Testamento.

BELCHO m. Bot. Planta de la familia efedráceas, de nombre científico Ephedra distachya, que crece en los arenales.

BELDAD f. 1 Belleza, particularmente la de la mujer. 2 Mujer notable por su belleza.

BELDAR tr. Aventar con el bieldo para separar el grano de la paja. ♦ IRREG. Se conjuga como ACERTAR.

BELEM Ciudad de Brasil, en el delta del Amazonas, capital del Estado de Pará; 851.705 h. Importante puerto.

BELEM Barrio de Lisboa (Portugal). En él se encuentran el monasterio de los Jerónimos y la torre de Belem, modelos destacados del estilo manuelino.

BELEMNITES f. Zool. Nombre común de diversos moluscos cefalópodos decápodos fósiles, de la familia belemnítidos, de los cuales únicamente se conserva la concha interna, que tenía figura cónica o de maza.

BELÉN m. fig. 1 NACIMIENTO, representación del Jesucristo. 2 fig. y fam. Confusión, desorden. 3 fig. y fam. Negocio que ocasiona contratiempos. Más en pl.

BELÉN (Bethlehem) Ciudad de Cisjordania, a 8 km al S de Jerusalén; 24.112 h. Ocupada por Israel tras la guerra de los Seis Días, pasó a ser controlada por la nueva entidad autónoma palestina en 1995. Lugar de nacimiento de Cristo.

BELEÑO m. Bot. Nombre común de diversas plantas herbáceas, venenosas, de la familia solanáceas, género Hyoscyamus, caracterizadas por sus hojas anchas y vellosas. Tiene propiedades narcóticas, analgésicas y midriásicas, especialmente la raíz.

BELÉRICO m. Bot. MIROBÁLANO.

BELEROFONTE Mit. Héroe de la leyenda de Corinto, hijo de Glauco o Neptuno y de Eurimeda y nieto de Sísifo. Domó a Pegaso y mató a la Quimera.

BELESA f. Bot. Planta de la familia plumbagináceas, de flores purpúreas en espiga; tiene virtudes narcóticas.

BELFAST Ciudad del Reino Unido, capital de Irlanda del Norte, en la desembocadura del Lagan, que constituye por sí misma un distrito; 115 km² y 297.200 h. Principal escenario durante años de la lucha entre católicos y protestantes.

BELFO, FA adj. y s. 1 Anat. Se dice del que tiene más grueso el labio inferior. || m. 2 Zool. Cualquiera de los labios del caballo y otros animales.

BELFORT, TERRITORIO DE Departamento de Francia, en la región del Franco Condado; 609 km² y 137.408 h. Su capital es Belfort. Producción agrícola.

BELGA adj. y com. De Bélgica.

BÉLGICA (Royaume de Belgique; Koninkrijk België) Estado de Europa occidental. Limita al N con los Países Bajos; al E con Alemania; al SE con Luxemburgo; al S con Francia; y al O con el mar del Norte.

GEOG. El país forma parte de la llanura septentrional europea, accidentado sólo al SE por la meseta de las Ardenas. Su breve litoral, unos 70 km, es una costa rectilínea, baja y arenosa. Los ríos más importantes son el Mosa y el Escalda, que con sus afluentes y canales constituyen importantes vías de comunicación, como el canal Alberto, que une el río Mosa con el puerto de Amberes. Tiene clima oceánico. La población está compuesta por dos grupos étnicos y lingüísticos diferenciados: los flamencos al N, que hablan una lengua derivada del bajo alemán, y los valones al S, de lengua francesa. La zona intermedia (Bruselas) es bilingüe. Posee una alta densidad de población, distribuida en los valles y en la costa y de carácter eminentemente urbano (85%). Las tierras fértiles del centro y NE dan excelentes cosechas de remolacha azucarera y cereales. Bélgica figura entre los mayores productores de hierro, acero, cinc, cobre y plomo. Dentro del sector industrial tienen importancia la industria mecánica, automovilística, química y textil. Dispone de un sistema de comunicaciones muy desarrollado y cuenta con importantes puertos (Amberes, Ostende, Gante).

HIST. Los habitantes celtas y germanos de este territorio fueron vencidos y anexionados al imperio romano por Julio César (57 a. C.) hasta la llegada de los francos salios (siglo VI). El país estuvo repartido durante largo tiempo entre Francia y el imperio germánico, según la división que de sus posesiones hizo Carlomagno (siglo IX). A partir de esta fecha, la historia de los principados belgas se confunde con la de los Países Bajos, que durante los siglos XVI y XVII se separaron. Por el tratado de Utrecht (1713), los Países Bajos españoles pasan a manos austriacas; a pesar de la revuelta de Brabante (1789) y la proclamación de la independencia de los Estados Belgas Unidos (1790), pertenecieron a Austria hasta 1797, en que fueron anexionados por Francia. El Congreso de Viena (1815) unió Bélgica y Holanda en el Reino de los Países Bajos. La revolución de 1830 sacudió el yugo holandés y Bélgica se constituyó en Estado independiente. La Constitución de 1831 definió al país como una monarquía parlamentaria. Leopoldo de Sajonia-Coburgo fue su primer monarca (Leopoldo I). Le sucedió su hijo Leopoldo II (1865-1909), a cuyo reinado corresponde la creación del potencial económico belga. Se fundó la Asociación Internacional Africana y se exploró el Congo (1885), que pasó a ser colonia de la corona en 1908. Pese a su condición neutral, fue invadida por Alemania en la Primera Guerra Mundial. En 1919 ocupó el poder un gobierno de coalición. Los socialistas, capitaneados por Vandervelde, retiraron su colaboración, y en los años siguientes el gobierno estuvo en manos de los católicos y liberales. En 1925, los socialistas lograron de nuevo formar ministerio, y con Enrique Jaspar el poder estuvo en manos de una coalición hasta 1930, año en que fue reconocido definitivamente la paridad lingüística: el flamenco fue declarado lengua oficial de las provincias del N y el francés de Valonia. En mayo de 1940, Alemania invadió de nuevo el país. Leopoldo III permaneció en Bélgica y se rindió a los alemanes. Liberada por los aliados en 1944, se estableció

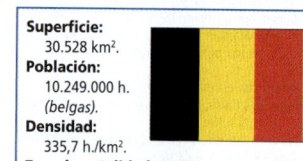

Superficie: 30.528 km².
Población: 10.249.000 h. (belgas).
Densidad: 335,7 h./km².
Tasa de natalidad: 11,1‰.
Tasa de mortalidad: 10,2‰.
Capital: Bruselas.
Ciudades principales: Amberes, Gante, Charleroi, Lieja, Brujas, Lovaina, Malinas, Mons.
Grupos étnicos: flamencos y valones.
Religión: catolicismo (90,9%), islamismo (1,1%), protestantismo (0,6%) y judaísmo (0,4%).
Idioma: flamenco, francés y alemán.
Moneda: euro.
Forma de Estado: monarquía parlamentaria.
Producto Nacional Bruto: 258.968 millones de dólares.
Renta per cápita: 25.380 dólares.
División administrativa: 3 regiones y 10 provincias, según cuadro.

BÉLGICA

Regiones Provincias	Superficie (km²)	Población (h.)	Capitales
Bruselas	161	954.460	
Flandes	13.522	5.926.838	
Amberes	2.867	1.640.966	Amberes
Brabante (p. flamenca)	2.106	1.011.588	Leuven
Flandes Occidental	3.145	1.127.091	Brujas
Flandes Oriental	2.982	1.359.702	Gante
Limburgo	2.422	787.491	Hasselt
Valonia	16.844	3.332.454	
Brabante (p. valona)	1.091	347.423	
Hainaut	3.786	1.280.427	Mons
Lieja	3.862	1.018.259	Lieja
Luxemburgo	4.440	245.140	Arlon
Namur	3.666	431.205	Namur

una regencia en la persona del príncipe Carlos, hermano del rey Leopoldo. El plebiscito de 1950 determinó la restitución de Leopoldo en el trono, pese a lo cual éste decidió abdicar en favor de su hijo Balduino. El país fundó el Benelux con Holanda y Luxemburgo en 1948, se adhirió a la OTAN en 1949 y firmó el tratado de Roma en 1957. Los años siguientes estuvieron marcados por la descolonización (independencia del Congo en 1960 y la de Ruanda-Burundi en 1962), y por una agudización de las tensiones entre flamencos y valones. Los programas de austeridad propuestos por el gobierno de G. Eyskens (1958-61) provocaron una fuerte conflictividad y la división lingüística propuesta por su sucesor, T. Lefèvre (1961-65) fue rechazada por los valones. Tras las elecciones de 1965, los gobiernos del social cristiano P. Hamel (1965-66) y P. V. Boeynants (1966-68) se vieron superados por estos dos focos de conflicto. En los comicios de 1968 surgió un gobierno de coalición de socialcristianos y socialistas encabezado por G. Eyskens, que se mantuvo hasta 1973. Sustituido por el socialista E. Leburton, las discrepancias en el seno del gabinete provocaron la celebración de elecciones anticipadas (1974), que dieron la victoria a los socialcristianos. L. Tindemans formó un gobierno de coalición de socialcristianos, liberales y, posteriormente, flamencos. Tras las elecciones anticipadas de 1977, Tindemans se mantuvo al frente del gobierno, pero la crisis económica y la dimisión de los ministros valones provocaron su caída. Las crisis gubernamentales se sucederían hasta la formación de un gabinete de coalición socialcristiano-liberal encabezado por W. Maertens (1981). Tras las victorias electorales de Maertens en 1985 y 1987, en los comicios de 1991 se produjo un importante aumento del voto ecologista y xenófobo. El nuevo jefe de gobierno, el socialcristiano J.-L. Dehaene, impulsó una modificación de la Constitución en 1993, que convirtió a Bélgica en Estado federal. Ese mismo año murió el rey Balduino; le sucedió su hermano, el príncipe Alberto de Lieja. Dehaene revalidó su cargo en 1995. Tras las elecciones de 1999, formó gobierno Guy Verhofdtadt, candidato del partido Flamencos, Liberales y Demócratas, quien renovó el cargo tras los comicios de 2003.

BELGOROD o **BIELGOROD 1** Región de la Federación de Rusia; 27.100 km^2 y 1.458.000 h. **2** Ciudad capital de la misma; 322.000 h.

BELGRADO Ciudad capital de Serbia y Montenegro y de la República de Serbia; 1.194.878 h. Fue la capital de Yugoslavia hasta la desintegración de este país. En 1999 resultó parcialmente destruida por los bombardeos de la OTAN durante la guerra de Kosovo.

BELGRANO Lago del SO de Argentina, provincia de Santa Cruz, a 708 m de altura; 68 km^2.

BELGRANO, MANUEL Militar argentino (Buenos Aires, 1770 - íd., 1820). Al mando del Ejército del Norte, logró los triunfos de Tucumán y Salta (1813) e invadió el Alto Perú, donde sufrió los reveses de Vilcapujio y Ayohúma (1813). Sustituido por San Martín, fue enviado a Europa para obtener el reconocimiento de la independencia argentina. A su regreso, volvió a ocupar la jefatura del Ejército del Norte (1816-19).

BELICE Río de América Central, que nace en Petén, Guatemala, y desemboca en el Caribe por la ciudad de Belice; 240 km.

BELICE Ciudad de Belice, capital del distrito de su nombre; 45.158 h.

BELICE (*State of Belize*) Estado de América Central, junto al golfo de Honduras. Limita al N con México, al E con el mar de las Antillas y al O y S con Guatemala.

GEOG. El territorio se eleva gradualmente desde una baja planicie costera hacia el interior en dirección a la cordillera Maya y los montes Cockscomb. Hay muchos ríos, y una gran parte del interior del país está cubierta de extensos bosques, que constituyen una fuente importante de riqueza. El clima es subtropical. Los principales cultivos son la caña de azúcar, cítricos, plátano, maíz y arroz. La mayoría de las grandes industrias se dedican a la elaboración de productos alimentarios.

HIST. El territorio que ocupa la actual Belice perteneció a la cultura maya hasta el siglo XVI en que fue incorporado al imperio español, dentro del virreinato de Nueva España. En 1763, con la firma del tratado de París, España retuvo la soberanía sobre Belice hasta que por las guerras napoleónicas pasó a poder de Inglaterra. En 1862 se convirtió en colonia inglesa con el nombre de Honduras Británica, si bien Guatemala y México mantuvieron sus reivindicaciones sobre el territorio. En 1970 el país adoptó el nombre de Belice. El proceso de independencia se vio continuamente paralizado por los enfrentamientos militares entre el Reino Unido, México y Guatemala. Finalmente, en marzo de 1981, Guatemala firmó un acuerdo con el Reino Unido por el cual, a cambio de importantes concesiones, renunciaba a la reclamación que venía haciendo sobre el territorio. El día 21 de septiembre del mismo año, Belice obtuvo su plena independencia dentro del ámbito de la Commonwealth. La vida política del país está dominada por George Cadle Price, líder del Partido Unido del Pueblo, que ha ejercido el cargo de primer ministro en los períodos 1964-84 y 1989-1993, y por Manuel Esquivel, del Partido Democrático Unido, vencedor en las elecciones de 1984 y 1993. En las elecciones legislativas de 1998 venció el Partido Unido del Pueblo, liderado por Said Musa, quien se hizo cargo del gobierno. A finales de ese año el país sufrió los efectos devastadores del huracán *Mitch*. El primer ministro Said Musa resultó ratificado en el cargo tras las elecciones legislativas celebradas en 2003.

BELICOSO, SA adj. **1** Guerrero, marcial. **2** Agresivo, batallador.

BELIGERANTE adj. y com. Se aplica a la potencia, bando, facción, etc., que está en guerra con otro. Más en pl.

BELIN, ÉDOUARD Físico e inventor francés (Vesoul, 1876 - Territet, Suiza, 1963). Inventó el procedimiento para la transmisión de fotografías por telegrafía y por radio (1907).

BELINÓGRAFO m. Fís. Aparato para la transmisión y recepción a distancia de fotografías, dibujos y textos. Se llama también *facsímil*.

Superficie: 22.965 km^2.
Población: 253.000 h. *(beliceños).*
Densidad: 11 h./km^2.
Tasa de natalidad: 30,2‰.
Tasa de mortalidad: 5,4‰.
Capital: Belmopan.
Ciudades principales: Belice, Orange Walk, San Ignacio, Dangriga, Corozal.
Grupos étnicos: negros (29,8%), mestizos (43,6%), indios (11%).
Religión: catolicismo (57,7%) y protestantismo (34,3%).
Idioma: inglés (oficial) y español.
Moneda: dólar de Belice.
Forma de Estado: monarquía, miembro de la Commonwealth.
Producto Nacional Bruto: 635 millones de dólares.
Renta per cápita: 2.660 dólares.
División administrativa: 6 distritos, según cuadro.

BELICE

Distritos	Superficie (km^2)	Población (h.)	Capitales
Belice	4.307	70.355	Belice
Cayo	5.196	49.440	San Ignacio
Corozal	1.860	32.510	Corozal
Orange Walk	4.636	39.570	Orange Walk
Stann Creek	2.554	23.965	Dangriga
Toledo	4.413	22.660	Punta Gorda

Belisario. Mosaico de la iglesia de San Vital (Rávena).

BELIO m. *Fís.* Unidad acústica de medida de la variación de la potencia sonora.

BELISARIO General bizantino (Tracia, h. 505 - Constantinopla, 565). Venció a los persas en Dara (528), conquistó Cartago y el N de África a los vándalos (533) y tomó a los ostrogodos Sicilia (535), Nápoles y Roma. En 559 defendió Constantinopla de los hunos.

BELITUNG o **BILLITON** Isla de Indonesia, provincia de Sumatra Meridional, en el mar de Java; 4.832 km². Importantes minas de estaño.

BELL, ALEXANDER GRAHAM Científico escocés (Edimburgo, 1847 - Baddeck, Nueva Escocia, 1922). Hijo de Alexander Melville, en 1876 patentó un aparato (teléfono) con el que pudo hablar a distancia. Al año siguiente fundó la Bell Telephone Company.

BELL, DANIEL Sociólogo estadounidense (Nueva York, 1919). Ha centrado su actividad en el estudio del desarrollo de las sociedades industriales. Autor de *El fin de la ideología* (1960) y *El advenimiento de la sociedad postindustrial* (1973).

BELL, JOHN STEWART Físico británico (Belfast, 1928 - Ginebra, 1990). Autor de la fórmula matemática llamada desigualdades de Bell, importante aportación al desarrollo de la física cuántica.

BELLACO, CA adj. y s. **1** Malo, ruin, bajo, villano, pícaro. **2** Astuto.

BELLADONA f. *Bot.* Vegetal herbáceo perenne, perteneciente a la familia solanáceas, de nombre científico *Atropa belladonna*. Es una planta venenosa, cuyas hojas y raíces contienen el alcaloide atropina.

BELLAMY, EDWARD Periodista y escritor estadounidense (Chicopee Falls, 1850 - íd., 1898). Fue un activo propagandista del socialismo. Autor de *Looking Backward or 2000-1887* (1888).

BELLAQUERÍA f. **1** Calidad de bellaco. **2** Acción o dicho propio de bellaco.

BELLARMINO, ROBERTO ROBERTO BELARMINO, SAN.

BELLATRIX *Astron.* Denominación de una de las estrellas más luminosas de la constelación de Orión.

BELLAY, JOACHIM DU Poeta francés (castillo de la Turmelière, 1522 - París, 1560). Uno de los autores más significativos de La Pléyade, fue autor del manifiesto *Defensa e ilustración de la lengua francesa* (1549), *Oliva* (1549), *Diversos juegos rústicos* (1558).

BELLE ÉPOQUE (Voz fr.) *Hist.* Término con que se designa el periodo de tiempo comprendido entre 1871 y 1914. Esta etapa de la cultura se caracterizó por la ausencia de guerras en Europa y cierta prosperidad económica, lo que contribuyó a crear un ambiente de optimismo y euforia.

BELLE ÎLE Isla de Francia, en el Atlántico, frente a las costas de Morbihan, 82 km² y 4.906 h. Su capital es Le Palais.

BELLEZA f. **1** Propiedad de las cosas que nos hace amarlas, infundiendo en nosotros deleite espiritual. **2** Mujer notable por su hermosura.

BELLI, CARLOS GERMÁN Poeta peruano (Chorrillos, 1927). En sus poemas combina la estética experimentalista con elementos barrocos y surrealistas. Autor de *Poemas* (1958), *Dentro y fuera* (1960), *Sextinas y otros poemas* (1970), *En el bolo alimenticio* (1978) y *Canciones y otros poemas* (1982).

BELLI, GIOCONDA Poetisa y novelista nicaragüense (Managua, 1948). En sus poemas mezcla lo real y lo irreal para expresar sus sentimientos sobre la condición femenina. Ha publicado las novelas *La mujer habitada* (1988) y *Sofía de los presagios* (1991).

BELLIDO, DA adj. Bello, agraciado.

BELLIDO DOLFOS DOLFOS, BELLIDO o VELLIDO.

BELLINI, GENTILE Pintor italiano (Venecia, 1429 - íd., 1507). Hijo y discípulo de Jacopo Bellini, fue uno de los principales representantes de la escuela veneciana. Decoró la sala del Gran Consejo de Venecia, que fue destruida por un incendio.

BELLINI, GIOVANNI Pintor italiano (Venecia, 1430 - íd., 1516). Parece que fue hijo ilegítimo de Jacopo Bellini, de quien fue discípulo. Entre sus obras destacan *Madonna*, *Oración en el huerto*, *Piedad* y *la Magdalena*.

BELLINI, JACOPO Pintor italiano (Venecia, 1400 - íd., 1470). Fue discípulo de Gentile da Fabriano. De su obra sólo se conserva un *Crucifijo* en Verona y dos *Vírgenes* en Venecia. Pero el testimonio más importante de su obra son dos álbumes de dibujos que se encuentran en los museos del Louvre y Británico.

BELLINI, VINCENZO Compositor italiano (Catania, 1802 - Puteaux, París, 1835). Es autor de óperas de gran inventiva melódica: *La sonámbula* (1831), *Norma* (1832), *Los puritanos* (1835), etc.

BELLINZONA Ciudad de Suiza, capital del cantón de Tesino; 16.849 h.

BELLMAN, CARL MICHAEL Poeta sueco (Estocolmo, 1740 - íd., 1795). Alcanzó una extraordinaria popularidad en su país por sus canciones, recogidas en *Epístolas de Fredman* (1790) y *Cantos de Fredman* (1791).

BELLO, LLA adj. **1** Que tiene belleza. **2** Bueno, excelente.

BELLO Ciudad de Colombia, departamento de Antioquia; 304.819 h. Centro industrial textil.

BELLO, ANDRÉS Pensador, jurista, educador y poeta venezolano (Caracas, 1781 - Santiago de Chile, 1865). Viajó con Bolívar a Londres en 1810 como representante de la Junta Revolucionaria de Caracas. Redactor del código civil de Chile, escribió *Alocución a la poesía* (1823), la silva *A la agricultura de la zona tórrida* (1826), *Principios de ortografía y métrica de la lengua castellana* (1835) y *Gramática de la lengua castellana destinada al uso de los americanos* (1847).

BELLOC, HILAIRE Historiador inglés (La Celle-Saint-Cloud, 1870 - Londres, 1953). Es autor de *Danton* (1899), *Richelieu* (1929) y *Personajes de la Reforma* (1936).

BELLOCCHIO, MARCO Director de cine italiano (Piacenza, 1939). Entre sus filmes se cuentan *China está cerca* (1967), *Salto en el vacío* (1980) e *Il Principe de Homburg* (1997).

BELLONI, JOSÉ LEONCIO Escultor uruguayo (Montevideo, 1882 - íd., 1965). Entre sus obras merecen destacarse el busto de Artigas en Washington, *La carreta* (1929) y *La diligencia*, ambas en Montevideo.

BELLOTA f. **1** *Bot.* Fruto de la encina, del roble y otros árboles del género *Quercus*. Es un aquenio de gran tamaño, seco e indehiscente. Sirve como alimento para el ganado de cerda. **2** *Bot.* Capullo del clavel. **3** Bálano o glande. **4** Adorno de pasamanería.

BELLOTE m. Clavo grueso de unos 20 cm de largo.

BELLOTO m. *Bot.* Árbol de la familia lauráceas, que crece en Chile, y cuyo fruto sirve de alimento a los animales.

BELLOW, SAUL Escritor estadounidense (Lachine, Quebec, 1915). Entre sus obras destacan *El hombre en suspense* (1944), *Las aventuras de Augie March* (1953), *Herzog* (1964), *Ida y vuelta a Jerusalén: un asunto personal* (1976), *El hombre que hablaba demasiado y otros cuentos* (1985), *Mueren de infarto* (1987) y *The Actual* (1997). En 1976 le fue concedido el premio Nobel de Literatura.

BELLUNO 1 Provincia de Italia, en la región del Véneto; 3.678 km² y 211.744 h. **2** Ciudad capital de la misma; 35.435 h. Catedral del siglo XVII.

BELLVER, RICARDO Escultor español (Madrid, 1845 - íd., 1924). Hermano de José Bellver. Autor de la *Virgen de los Dolores*, para el noviciado de las hermanas de la Caridad, en Tolosa, la *Santísima Trinidad*, para la catedral de Sigüenza y *El ángel caído*, en el parque del Retiro de Madrid.

BELMONDO, JEAN-PAUL Actor de cine francés (Neuilly-sur-Seine, 1933). Fue uno de los galanes más solicitados del cine francés en los años sesenta y setenta. Intervino en *Al final de la escapada* (1960), *Pierrot el loco* (1965), *Stavisky* (1974), *Testigo de excepción* (1995) y *Désiré* (1996).

BELMOPAN Ciudad capital de Belice; 48.655 h. En 1970 se constituyó en capital en sustitución de Belice.

BELO HORIZONTE Ciudad de Brasil, capital del Estado de Minas Gerais; 1.529.566 h. Centro comercial y minero.

BELONA *Mit.* Esposa o hija de Marte y diosa de la guerra entre los romanos. Era la encargada de preparar el carro en que Marte acudía al combate.

BELT (Voz i.) m. Término inglés que se aplica a una región geográfica dedicada predominantemente a un tipo concreto de producción económica.

BELT Nombre de dos estrechos de Dinamarca, que unen el mar Báltico con el mar del Norte: el Gran Belt, entre las islas de Fionia y Seeland, y el Pequeño Belt, entre la isla de Fionia y la de Jutlandia.

BELTRANEJA JUANA LA BELTRANEJA.

BELTRANENA, MARIANO Político guatemalteco (s. XIX). Fue uno de los firmantes del Acta de Independencia de las Provincias Unidas de Centro América, de las que fue posteriormente presidente (1827).

BELUCHISTÁN Región del S de Asia, junto al mar Arábigo, que se extiende por el extremo SE de Irán y la parte SO de Pakistán.

BELUCHISTÁN Provincia de Pakistán; 347.190 km² y 4.611.000 h. Su capital es Quetta.

BELUGA m. *Zool.* Mamífero cetáceo odontoceto perteneciente a la familia monodóntidos, de nombre científico *Delphinapterus leucas*. Mide unos 4 m de longitud. Habita en el Ártico. También denominado *delfín blanco*.

BELZAR WELSER.

BELZÚ, MANUEL ISIDORO Militar y político boliviano (La Paz, 1808 - íd., 1865). Sublevado contra el presidente Velasco, se hizo con el poder (1848) y gobernó dictatorialmente hasta 1855, año en que dimitió. En 1865 intentó apoderarse nuevamente de la presidencia, pero fue asesinado.

BEMBA f. *Ant.*, *Can.*, *Col.*, *Ecuad.*, *Hond.*, *Méx.*, *Pan.*, *Perú* y *Venez.* Boca de labios gruesos y abultados.

BEMBIBRE Municipio y lugar de España, provincia de León; 11.104 h.

BEMBO, PIETRO Cardenal y humanista italiano (Venecia, 1470 - Roma, 1547). Fue secretario particular de León X. Autor de *Rimas* (1530), *Los asolanos* (1505), dedicados a Lucrecia Borgia y *Prosas sobre la lengua vulgar* (1525), en la que ordena por primera vez las normas ortográficas y gramaticales de la lengua italiana.

BEMOL adj. y s. *Mús* **1** Se dice de la nota cuya entonación es un semitono más baja que la de su sonido natural. || m. *Mús.* **2** Signo (♭) que representa esta alteración. || **tener bemoles** fr. fig. y fam. con que se pondera lo que se tiene por muy grave y dificultoso.

BEN¹ m. *Bot.* Árbol de la familia moringáceas, oleaginoso, cuyo aceite no se enrancia y se emplea en perfumería y relojería.

BEN² Voz común a las lenguas semíticas, que entra en la formación de numerosos nombres de persona, de familia o grupo etnográfico, y de lugar. Significa hijo o descendiente de; otras formas de esta voz son *ibn* y *aben*.

BEN BARKA, MEHDI Político marroquí (Rabat, 1920 - París, 1965). Fundador de la Unión Nacional de Fuerzas Populares, de carácter socialista, se enfrentó al régimen de Hassan II y se exilió (1963). Condenado a muerte en rebeldía, fue raptado y asesinado en París.

BEN BELLA, MUHAMMAD Político argelino (Marnia, 1916). Primer ministro y presidente de la República en 1963, fue derrocado por Bumedian en 1965 y encarcelado en 1969. Liberado en 1980, organizó en Francia el Movimiento para la Democracia en Argelia.

BEN GURION, DAVID Político israelí de origen polaco (Plosk, 1886 - Tel Aviv, 1973). Fue miembro desde 1933 del comité Ejecutivo de la Agencia Judía y presidente del Consejo Nacional Judío en Palestina (1947-48). Procla-

Ricardo **Bellver.** *El ángel caído.*
Parque del Retiro (Madrid).

mado el Estado de Israel, ocupó el cargo de primer ministro en los períodos 1949-53, 1955-61 y 1961-63.
Ben Nevis Cumbre del Reino Unido (Escocia), la más elevada de los montes Grampianos; 1.343 m.
Ben Slimane 1 Provincia de Marruecos; 2.760 km² y 213.398 h. **2** Ciudad capital de la misma; 24.125 h.
Benacazón Municipio y lugar de España, provincia de Sevilla; 4.936 h.
Benacerraf, Baruj Médico estadounidense de origen venezolano (Caracas, 1920). En 1980 se le concedió el premio Nobel de Fisiología y Medicina, que compartió con J. Dausset y G. Davis Snell, por sus investigaciones sobre los antígenos.
Benarés *(Varanasi)* Ciudad de la India, en el Estado de Uttar Pradesh, a orillas del Ganges; 929.270 h. Es una de las ciudades más antiguas del mundo y es considerada sagrada por los hindúes.
Benavente, Jacinto Dramaturgo español (Madrid, 1866 - íd., 1945). Siguió una línea de objetividad costumbrista. Inició su labor teatral con la comedia *El nido ajeno* (1894), a la que siguieron *La comida de las fieras* (1898), *Lo cursi* (1901), *La noche del sábado* (1903), *Los intereses creados* (1907), *Señora ama* (1908), *La malquerida* (1913), *La ciudad alegre y confiada* (1916), segunda parte de *Los intereses creados*, *Y va de cuento* (1919), *Pepa Doncel* (1928), *El alfiler en la boca* y *Almas prisioneras* (1953), e *Hijos, padres de sus padres* y *El marido de bronce* (1954) y las comedias póstumas *Por salvar su amor* y *El bufón de Hamlet*. En 1912 fue nombrado miembro de la Real Academia Española y en 1922 obtuvo el premio Nobel de Literatura.

Jacinto **Benavente**. Retrato de Espinosa. Colección particular (Madrid).

Benavente, Toribio de Motolinía.
Benavides, Óscar Raimundo Militar y político peruano (Lima, 1876 - íd., 1945). Participó en la campaña contra Colombia (1911). Fue presidente de la Junta Revolucionaria (1914) y del gobierno provisional (1915). Después se trasladó a Europa, pero al regresar a Perú en 1919, el gobierno de Leguía lo deportó. Fue nuevamente presidente (1933-39).
bencedrina *Quím.* anfetamina.
benceno m. *Quím.* Nombre común de un hidrocarburo aromático de fórmula C_6H_6, líquido e incoloro. Punto de fusión 5° C, punto de ebullición 80° C, peso específico 0,879. Es soluble en alcohol, éter y acetona e insoluble en agua. Producto tóxico y muy inflamable que se extrae de la brea de hulla.
bencidina f. *Quím.* Derivado de la difenilamina, que se presenta en forma de cristales blanco-rosados. Es un agente carcinógeno.
bencilamina f. *Quím.* Amina primaria de la serie aromática.
bencina f. *Quím.* Líquido incoloro, muy volátil e inflamable, mezcla de hidrocarburos de bajo peso molecular, obtenido del petróleo.
Benda, Julien Ensayista francés (París, 1867 - Fontenay-aux-Roses, 1956). Combatió el bergsonismo y el compromiso político de los intelectuales. Autor de *Diálogo de Eleuterio* (1910), *Bergsonismo, o una filosofía de la movilidad* (1912), *La traición de los intelectuales* (1927).
bendecir tr. **1** Alabar, ensalzar. **2** Colmar de bienes a una la providencia. **3** Invocar en favor de alguna per-

sona o cosa la bendición divina. **4** Consagrar al culto divino una cosa. **5** Formar cruces en el aire con la mano extendida sobre personas o cosas recitando preces. **6** Dar el consentimiento ♦ irreg. Se conjuga como decir, excepto en el *futuro imperfecto de indicativo* y en el *potencial*, que son regulares, y la segunda persona del singular del *imperativo (bendice tú)*, en que no se apocopa la sílaba *ce*.
Bendel Antiguo Estado de Nigeria, actual Edo.
Bender, Hans Escritor alemán (Mulhouse, 1919). Ha cultivado la poesía, la narrativa y el ensayo. Autor de *Wölfe und Tauben* (1957), *Wunschkost* (1959) y *Worte, Bilder, Mensche* (1969).
bendición f. **1** Acción y efecto de bendecir. || f. pl. **2** Ceremonias con que se celebra el sacramento del matrimonio. || **ser** una cosa **una bendición** fr. fig. y fam. Ser muy abundante o excelente.
bendito, ta 1 Participio pasivo irregular de bendecir. || adj. **2** Santo o bienaventurado. También s. **3** Dichoso, feliz. || m. y f. **4** Persona sencilla.
Bendix, Reinhard Sociólogo estadounidense de origen alemán (Berlín, 1916 - Berkeley, 1995). Sus investigaciones giraron en torno a la relación entre autoridad política y grupos sociales. Autor de *Trabajo y autoridad en la industria* (1966).
Benedetti, Giambattista Matemático y físico italiano (Venecia, 1530 - Turín, 1590). Se le considera el fundador de la geometría analítica. Teorizó sobre la caída de los cuerpos y los vasos comunicantes. Autor de *Especulaciones matemáticas y físicas* (1585).
Benedetti, Mario Escritor uruguayo (Paso de los Toros, 1920). En su obra narrativa destacan *Montevideanos* (1959), *Gracias por el fuego* (1965), *La muerte y otras sorpresas* (1968), *El cumpleaños de Juan Ángel* (1971) y *Primavera con una esquina rota* (1982). Entre su obra poética figuran *Poemas del hoy por hoy* (1965), *Viento del exilio* (1984) y *El mundo que respira* (2001). De sus ensayos destaca *Letras del continente mestizo* (1967), *El escritor y la crítica en el contexto del subdesarrollo* (1977) y *El desexilio y otras conjeturas* (1984). En 2003 publicó el libro de cuentos *El porvenir de mi pasado*.
benedícite m. **1** Licencia que los religiosos piden para ir a alguna parte. **2** Oración que empieza con esta palabra.
benedicta f. Confección de varios polvos de hierbas y raíces purgantes y estomacales mezclados con miel espumada.
benedictino, na adj. **1** Se dice de la orden de san Benito. Más como m. pl. **2** Se dice también de sus religiosos o religiosas. También s. **3** Relativo a esta orden. || m. **4** Licor que fabrican los frailes de esta orden.
Benedicto Nombre de diversos papas.
Benedicto I (Roma, 501 - íd., 579). Ocupó el solio pontificio del 575 al 579. Su elección fue ratificada por Justino II, sucesor de Justiniano.
Benedicto II, san (?, 609 - Roma, 685). Ocupó el solio pontificio del 684 al 685. Durante su elección, Constantino Pogonato, emperador de Bizancio, renunció por vez primera a su derecho de ratificación. Convocó el XIV concilio de Toledo.
Benedicto III (Roma, ? - íd., 858) Ocupó el solio pontificio de 855 a 858. Encarcelado por el antipapa Anastasio, que tenía el apoyo de los emperadores Lotario I y Luis II, fue repuesto por el clero romano.
Benedicto IV (Roma, 816 - íd., 903) Sucesor de Juan IX, ocupó el solio pontificio del 900 a 903.
Benedicto V Grammatico (Roma, 901 - Hamburgo, 966). Ocupó el solio pontificio del 964 al 966. Al morir el antipapa Juan XII, fue elegido por el pueblo romano, que expulsó a León VIII. Otón el Grande sitió Roma, prendió al pontífice, a quien envió a Hamburgo, e impuso a León.
Benedicto VI (Roma, 899 - íd., 974). Ocupó el solio pontificio del 973 al 974. Fue hecho prisionero por el conde Crescenci y más tarde estrangulado en el castillo de Sant'Angelo.
Benedicto VII (Roma, ? - íd., 983). Conde de Túsculo y obispo de Setri, fue elegido para el solio pontificio por el emperador a la muerte de Benedicto VI, en el 974. Excomulgó al antipapa Bonifacio VII y condenó la simonía.
Benedicto VIII (Túsculo, 959 - Roma, 1024). Llamado Teofilatto da Túsculo, era miembro de la familia condal de Túsculo, y ocupó el solio pontificio del 1012 al 1024. En el sínodo de Pavía (1022) prohibió por primera vez el matrimonio de los clérigos. Trabajó en la reforma de Cluny y combatió la simonía.
Benedicto IX (Roma, 978 - Frascati, 1055). Llamado Teofilatto da Túsculo y perteneciente a la familia condal de Túsculo, era sobrino de Benedicto VIII. Ocupó el solio pontificio en tres etapas diferentes: la primera, del 1032 al 1044; la segunda, de abril a mayo del 1045; la tercera, del 1047 al 1048.

Mario **Benedetti**

Benedicto X Antipapa italiano (? - ?, 1072). Llamado Giovanni Mincio de Túsculo, ocupó el solio pontificio de 1058 a 1059 y fue depuesto por Pedro Damián y el clero reformador.
Benedicto XI, Beato (Treviso, 1249 - Perugia, 1304). Llamado Niccolò Boccasini, ocupó el solio pontificio del 1303 al 1304. Levantó la excomunión de Felipe IV el Hermoso y anuló ciertas medidas contra la familia Colonna, con lo que intentó apaciguar las relaciones del papado con Francia y sus aliados. Retiró la residencia papal de Roma y la pasó a Perugia, preliminares del traslado de los pontífices a Aviñón. Fue beatificado por Clemente XII en 1736.
Benedicto XII Papa francés (Saverdun, 1287 - Aviñón, 1342). Llamado Jacques Fournier, ocupó el solio pontificio del 1334 al 1342. Pretendió acabar con el cisma griego y trató de restablecer la paz entre Francia e Inglaterra (1340). Construyó el castillo de los papas en la ciudad francesa de Aviñón.
Benedicto XIII (Gravina, 1649 - Roma, 1730). Llamado Pietro Francesco Orsini, ocupó el solio pontificio del 1724 al 1730. Luchó contra el jansenismo en la diócesis de Roma y creó el Dicasterio de Seminarios.
Benedicto XIII Luna, Pedro de.
Benedicto XIV (Bolonia, 1675 - Roma, 1758). Llamado Prospero Lambertini, ocupó el solio pontificio del 1740 al 1758. Firmó innumerables concordatos (entre ellos uno con España, en 1753), en los que estableció los límites la política del regalismo. Favoreció sin intención el partido antijesuítico, con las polémicas sentencias en la cuestión de los *ritos chinos*.
Benedicto XIV Garnier, Bernard.
Benedicto XV (Pegli, 1854 - Roma, 1922). Llamado Giacomo della Chiesa, ocupó el solio pontificio de 1914 a 1922. Durante la Primera Guerra Mundial trató de mediar en el conflicto infructuosamente. Canonizó a Juana de Arco, promulgó la encíclica *Maximum illud* (1919), e instituyó la fiesta de la Sagrada Familia (1922).
benefactor, ra adj. y s. bienhechor.
beneficencia f. **1** Virtud de hacer bien. **2** Conjunto de institutos benéficos y de los servicios gubernativos referentes a ellos. || **casa de beneficencia** Institución de auxilio a los pobres, desvalidos, etc.
beneficiado, da m. y f. **1** Persona en favor de quien se celebra un espectáculo público. || m. **2** El que goza un beneficio eclesiástico.
beneficiar tr. **1** Hacer bien. También prnl. **2** Cultivar una cosa. **3** Trabajar un terreno para hacerlo productivo. **4** Extraer de una mina el mineral. **5** Someter los minerales a tratamiento metalúrgico. **6** Conseguir un empleo por dinero. **7** Administrar por cuenta de la real hacienda las rentas que procedían del servicio de millones. **8** Ceder o vender más baratos los efectos, libranzas, etc. **9** Cuba, Chile y P. Rico Descuartizar una res y venderla al menudeo.
beneficiario, ria adj. y s. **1** Se dice de la persona a quien beneficia un contrato de seguro. || m. y f. **2** *Der.* El que goza un territorio o predio que recibió graciosamente.
beneficio m. **1** Bien que se hace o se recibe. **2** Utilidad, provecho, ganancia, rendimiento. **3** Labor y cultivo que se da a los campos. **4** Acción de beneficiar minas. **5** Conjunto de derechos y emolumentos que percibe un eclesiástico. **6** Acción de beneficiar empleos por dinero, o de dar los créditos por menos de lo que importan. **7** Función de un espectáculo público, cuyo producto se a-

Juan Benet

concede a alguien. **8** *Der.* Derecho que compete a uno por ley o privilegio. **9** *Hist.* En el feudalismo, bien que percibía el vasallo por prestar servicio de armas al señor, generalmente las rentas de la tierra.
BENEFICIOSO, SA adj. Provechoso, útil.
BENÉFICO, CA adj. **1** Que hace bien. **2** Perteneciente o relativo a la ayuda gratuita que se presta a los necesitados.
BENELUX (Sigla formada de las palabras *BE*lgica, *NE*derland y *LUX*emburgo.) m. Unión aduanera y económica constituida por estas naciones, como consecuencia del acuerdo inicial que fue suscrito por los gobiernos expatriados, el 5 de septiembre de 1944, que entró en vigor en 1947.
BENEMÉRITO, TA adj. Digno de galardón.
BENEPLÁCITO m. **1** Aprobación, permiso. **2** Complacencia.
BENES, EDVARD Político checo (Kozlany, 1884 - Sezimovo Ústí, 1948). En 1915 estableció en París el Consejo nacional checoslovaco. Presidente de la República (1935-38), dimitió como consecuencia de los acuerdos de Munich. En 1945, el Parlamento checoslovaco le confirmó en la jefatura del Estado. No pudo impedir el influjo soviético y tuvo que dimitir en 1948.
BENET, JUAN Novelista español (Madrid, 1927 - íd., 1993). Su línea narrativa, experimental, se alejó de la tradición española. Escribió los libros de relatos *Nunca llegarás a nada* (1961) y *Trece fábulas y media* (1981); las novelas *Volverás a Región* (1967), *Un viaje de invierno* (1972), *Saúl ante Samuel* (1980), *El aire de un crimen* (1980), *Herrumbrosas lanzas* (1983, 1985 y 1986), *En la penumbra* (1989) y *El caballero de Sajonia* (1991); los ensayos *La moviola de Eurípides* (1982) y *La construcción de la torre de Babel* (1990). Completa su producción el volumen de recuerdos *Otoño en Madrid hacia 1950* (1987).
BENETNACH *Astron.* Denominación de la estrella más luminosa del extremo de la lanza del Carro Mayor (grupo de las siete estrellas más luminosas de la constelación Osa Mayor).
BENETÚSER (*Benetusser*) Municipio y lugar de España, provincia de Valencia; 14.221 h.
BENEVENTO 1 Provincia de Italia, en Campania; 2.071 km² y 295.843 h. **2** Ciudad capital de la misma; 63.529 h. Victoria de los romanos contra Pirro (275 a. C.).
BENEVOLENCIA f. Simpatía y buena voluntad hacia las personas.
BENEVOLENTE adj. Que tiene benevolencia.
BENÉVOLO, LA adj. Que tiene buena voluntad.
BENGALA f. **1** *Bot.* Caña de la India y otros países orientales de cuyo tallo se hacen bastones. **2** Insignia antigua de mando militar. **3** Fuego artificial que despide claridad muy viva de diversos colores.
BENGALA Región del S de Asia, junto al golfo de su nombre, hoy dividida en el Estado indio de Bengala Occidental y el Estado independiente de Bangla Desh.
BENGALA, GOLFO DE Golfo de Asia, formado por el océano Índico, entre las penínsulas del Indostán e Indochina.
BENGALA OCCIDENTAL Estado de la India; 87.852 km² y 68.077.965 h. Su capital es Calcuta.
BENGALÍ adj. y com. **1** De Bengala. || m. **2** Lengua hablada en Bengala. **3** *Zool.* Nombre común de diversas especies de aves paseriformes, pertenecientes a la familia estríldidos, del género *Estrilda*. Se caracterizan por su pequeño tamaño y llamativos colores, especialmente el macho. Viven en Asia meridional y se adaptan bien a la cautividad.
BENGASI (*Banghazi*) Ciudad de Libia, capital de la baladiya de su nombre; 446.250 h. Su emplazamiento coincide con el de la antigua Berenice.
BENGKULU o **BANGKAHULU 1** Provincia de Indonesia, en la isla de Sumatra; 21.168 km² y 1.415.000 h. **2** Ciudad capital de la misma; 146.439 h. Puerto.
BENGUET Provincia de Filipinas, en la isla de Luzón; 2.655 km² y 354.751 h. Su capital es La Trinidad.

BENHA Ciudad de Egipto, capital de la gobernación de Qaliubiya; 136.000 h. Cerca se encuentran las ruinas de Athribis.
BENI Departamento del NE de Bolivia; 213.564 km² y 336.047 h. Su capital es Trinidad.
BENI Río de Bolivia, que nace cerca del Illimani y, con el Mamoré, forma el Madera; 1.600 km.
BENI MELLAL 1 Provincia de Marruecos; 7.075 km² y 869.748 h. **2** Ciudad capital de la misma; 139.000 h.
BENIGNO, NA adj. **1** Afable, benévolo, piadoso. **2** Templado, apacible. **3** Se dice de las enfermedades cuando no son graves y no suponen un peligro para la vida.
BENIMERÍN adj. y com. *Hist.* Se dice de una tribu beréber del grupo Zanata que durante los siglos XIII y XIV fundó una poderosa dinastía en el N de África, que desplazó a la almohade. Más en pl.
BENÍN (*République du Bénin*) Estado de África occidental, que se llamó Dahomey hasta 1975. Limita al N con Burkina Faso y Níger, al E con Nigeria, al S con el golfo de Guinea y al O con Togo.

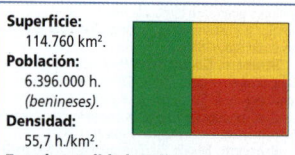

Superficie: 114.760 km².
Población: 6.396.000 h. (*benineses*)
Densidad: 55,7 h./km².
Tasa de natalidad: 45,4‰.
Tasa de mortalidad: 12,4‰.
Capital: Porto-Novo.
Ciudades principales: Cotonou, Parakou, Natitingou, Abomey.
Grupos étnicos: fon (25%), yoruba (13,5%), Goun (11,8%), adja (11%), bariba (11,8%), somba (7%), Aizo (4,4%), fulani, mina y dendi.
Religión: animismo y creencias tradicionales (61,4%), cristianismo (23,1%), islamismo (15,2%).
Idioma: francés (oficial), fon, yoruba y dialectos locales.
Moneda: franco CFA.
Forma de Estado: república.
Producto Nacional Bruto: 2.252 millones de dólares.
Renta per cápita: 380 dólares.
División administrativa: 6 provincias, según cuadro.

GEOG. Geografía física. Benín constituye una larga banda de tierra que se ensancha ligeramente al N. La fachada atlántica está bordeada por cadenas litorales que aíslan zonas lacustres. Tras esta franja, una meseta algo ondulada, constituye las llamadas *tierras de barro*, donde la selva da paso a palmeras y cultivos. El resto del país es una gran meseta de 200 a 400 m de altura, accidentada por los pliegues de Parakou, y que se eleva progresivamente hacia el N hasta el macizo de Atakora (800 m). La costa es baja y presenta numerosas lagunas. Los ríos principales son el Quagemé, Penyari y Alibor. El clima es de tipo ecuatorial de transición, con dos estaciones lluviosas (mayo-julio, septiembre-octubre).
Geografía humana y económica. La población, compuesta por unas sesenta etnias, se concentra en su mayor parte (70%) en la zona S. Las características de su demografía son propias de un país subdesarrollado, con altas tasas de natalidad y mortalidad, y un crecimiento anual del 2,8%. Los principales productos agrícolas para consumo interno son la mandioca, el sorgo y el maíz. A éstos se añaden una serie de cultivos co-

merciales, como el café, cacao, tabaco, cacahuetes, algodón y sobre todo el aceite de palma, que es el principal producto de exportación, junto con la madera de sus bosques (teca, mogano). La industria se reduce casi al sector textil y alimentario. Existen yacimientos de fosfatos, cromo y hierro en el N, y desde 1982 se explota una plataforma de petróleo.
HIST. Según la tradición local, el antiguo reino de Benín surgió en el siglo XII. Sus reyes u *obas* reunían el poder espiritual y político, gobernaban despóticamente y, con su fuerte organización militar, dominaban a las tribus vecinas. Descubierto por los portugueses (1484), alcanzó su apogeo en el siglo XVII con la venta de esclavos, decayó en el siglo XVIII y fue sometido por los franceses a partir de 1883. En 1960 declaró su independencia como la República de Dahomey. Atravesó una fase de inestabilidad política, con sucesivos golpes de Estado, hasta que en 1972 el coronel Mathieu Kérékou estableció un régimen de partido único de corte marxista-leninista. En 1975 el país pasó a llamarse República Popular de Benín. En 1990 se promulgó una nueva constitución y el 4 de abril de 1991 se celebraron las primeras elecciones libres, en las que obtuvo la victoria Nicéphore Soglo. En las elecciones legislativas de 1995, su partido, Renacimiento de Benín (RB), alcanzó la mayoría, aunque en las elecciones presidenciales de 1996, Soglo fue derrotado por el ex presidente Kérékou. La crisis económica que atravesó el país en 1998 provocó la dimisión del primer ministro A. Houngbédji. Las dificultades para cubrir el cargo motivaron la inestabilidad política. En 2001 Kérékou fue revalidado como presidente.
BENISA (*Benissa*) Municipio y lugar de España, provincia de Alicante; 8.039 h.
BENITO, TA adj. y s. BENEDICTINO.

BENÍN

Provincias	Superficie (km²)	Población (h.)	Capitales
Atakora	31.200	648.330	Natitingou
Atlantique	3.200	1.060.610	Cotonou
Borgou	51.000	816.278	Parakou
Mono	3.880	646.954	Lakossa
Oueme	4.700	869.492	Porto-Novo
Zou	18.700	813.985	Abomey

Mariano **Bellliure**. *Toro de salida*. Colección particular (Madrid).

BENITO DE ANIANO, SAN Monje benedictino francés (?, h. 750 - ?, 821). Fue el principal impulsor de la reforma monástica carolingia. Revisó la regla de san Benito de Nursia. Fue el autor de los cánones del concilio de Aquisgrán para la reforma de la vida monástica.

BENITO DE NURSIA, SAN Anacoreta italiano (Nursia, 480 - Montecassino, 547). En 529 se instaló en Montecassino, donde estableció, según la tradición, su famosa *Regla*. Sus bases son el rezo del oficio divino, la perfecta obediencia al abad y la renuncia a los placeres mundanos, unidas a una dedicación estricta a la lectura, la oración y el trabajo intelectual y manual.

BENITOÍTA f. *Miner*. Mineral, silicato de bario y titanio, que cambia de color desde el azul zafiro al incoloro.

BENJAMÍN, NA m. y f. fig. Hijo menor.

BENJAMÍN Personaje bíblico (?, 1736 a. C. - ?). Último hijo de Jacob, su madre, Raquel, murió al darle a luz. Dio nombre a una de las doce tribus de Israel.

BENJAMIN, WALTER Ensayista y crítico alemán (Berlín, 1892 - Port-Bou, 1940). Cercano a la Escuela de Frankfurt, entre sus obras figuran *El concepto de la crítica de arte en el romanticismo alemán* (1919) y *Sobre algunos temas de Baudelaire* (1939).

BENJAMITA adj. **1** Descendiente de la tribu de Benjamín. También com. **2** Perteneciente o relativo a Benjamín.

BENJEDID, CHADLI CHADLI BENJEDID.

BENJUÍ m. **1** *Bot*. Pequeño árbol de la familia estiracáceas, de nombre científico *Styrax benzoin*. Por incisión de su corteza se obtiene una sustancia resinosa denominada bálsamo de benjuí. Procede del archipiélago malayo. **2** *Quím*. Bálsamo aromático obtenido de la especie anterior. También denominado *benzoína*.

BENLLIURE, MARIANO Escultor y pintor español (Valencia, 1862 - Madrid, 1947). Entre sus obras destacan el monumento en honor de Alfonso XII, en el parque del Retiro de Madrid; el monumento a San Martín, en Lima; y los mausoleos de Gayarre y Joselito (Sevilla).

BENNET, JAMES GORDON Periodista estadounidense (New Mills, Escocia, 1795 - Nueva York, 1872). Fundó el *New York Herald* (1835).

BENNETTITALES *Bot*. Orden de plantas gimnospermas fósiles que crecieron durante la era secundaria, especialmente en el período jurásico.

BENNUNA, JANATA Escritora marroquí (Casablanca, 1940). Es una de las principales líderes del feminismo magrebí. Autora de *Fuego y oportunidad* (1971), *La tempestad* (1979), *Rabia y mañana* (1981) y *El silencio elocuente* (1987).

BENOIT, PIERRE Novelista francés (Albi, 1866 - Ciboure, 1962). Autor de *La Atlántida* (1919), *El lago salado* (1921), *La castellana del Líbano* (1924) y *Los alrededores de Adén* (1940).

BENOÎT DE SAINTE-MAURE O **DE SAINTE-MORE** Poeta francés (finales del s. XII). Autor de *Roman de Troie*.

BENOZZO GOZZOLI GOZZOLI, BENOZZO.

BENSON, AMBROSIUS Pintor flamenco de origen lombardo (?, h. 1495 - Brujas, 1550). Excelente retratista, en España era conocido como el *Maestro de Segovia*. Entre sus obras destacan *Retrato de hombre* (1520), *Sagrada Familia* (1527) y *Adoración de los pastores*.

BENTHAM, JEREMY Jurisconsulto y filósofo inglés (Londres, 1748 - íd., 1832). Fue el creador del utilitarismo. Autor de *Introducción a los principios de la moral y de la legislación* (1789).

BÉNTICO, CA adj. *Ecol*. BENTÓNICO.

BÉNTICO-ABISAL adj. *Ecol*. Se dice de todo lo relativo al fondo de la zona abisal.

BENTLEY, RICHARD Filósofo y humanista inglés (Oulton, 1662 - Cambridge, 1742). Editor de clásicos latinos, interpretó por primera vez de forma correcta la métrica clásica.

BENTOHIPONEUSTON m. *Ecol*. Organismos del fondo marino que se acumulan en la superficie por la noche.

BENTOLIMÉTICO, CA adj. *Ecol*. Se dice de los organismos que viven en el fondo de los lagos y pantanos.

BENTÓNICO, CA adj. *Ecol*. Todo lo perteneciente o relativo al fondo del mar y a las grandes profundidades marinas.

BENTONITA f. *Geol*. Arcilla de origen volcánico, de gran poder de absorción, que aumenta hasta 10 veces su volumen al ser sumergida en agua. Está compuesta mayoritariamente por montmorillonita y presenta numerosas aplicaciones industriales.

BENTOS m. **1** *Ecol*. Comunidades de animales y plantas que viven fijos o libres en el fondo del mar o de las aguas continentales. **2** *Geol*. Fondo o zona más profunda de los mares u océanos. Se suele dividir en tres regiones: epibentos, la zona de las mareas bajas por encima de los 180 m de profundidad; mesobentos, entre los 180 y 1.000 m; e hipobentos, por debajo de los 1.000 m de profundidad. ♦ Su pl. es *bentos*.

BENUE Río de África occidental, que nace en Camerún, atraviesa la parte oriental de Nigeria y desemboca en el Níger, del que es el principal afluente; 1.400 km.

BENVENISTE, ÉMILE Filólogo francés (Alepo, 1902 - París, 1976). Revolucionó el campo de la lingüística indoeuropea, al destruir la vieja noción de la multiplicidad de raíces en *Orígenes de la formación de los nombres en indoeuropeo* (1935).

BENXI (*Pen-Shi*) Ciudad de China, en la provincia de Liaoning; 768.778 h. Industria siderúrgica.

BENZ, CARL FRIEDRICH Técnico alemán (Karlsruhe, 1844 - Ladenburg, 1929). Creó un motor de explosión para la propulsión de automóviles y un chasis apropiado a este motor.

BENZALDEHÍDO m. *Quím*. De fórmula C_6H_5–CHO, es un líquido incoloro, soluble en alcohol y éter, y ligeramente en agua. Es el componente químico de la esencia de almendras amargas.

BENZOATO m. *Quím*. Sal resultante de la combinación del ácido benzoico con una base.

BENZOCAÍNA f. *Quím*. Polvo blanco cristalino, insoluble en agua, que se emplea en el tratamiento de la gastritis y como analgésico local.

BENZOE m. *Bot*. BENJUÍ.

BENZOICO, CA adj. *Quím*. **1** Perteneciente o relativo al benjuí. **2** Se dice del ácido de fórmula C_6H_5–COOH, con punto de fusión 121° C y punto de ebullición 250° C, muy soluble en alcohol y poco en agua, que se encuentra en diferentes bálsamos.

BENZOL m. *Quím*. BENCENO.

BEOCIA Nomo de Grecia central, al N de Ática, entre los golfos de Corinto y Eubea; 2.952 km² y 134.034 h. Su capital es Livadia. Fue la región más importante de la Grecia central antigua, con capital en Tebas.

BEOCIO, CIA adj. **1** De Beocia. También s. **2** fig. Ignorante, tonto.

BEODO, DA adj. y s. Embriagado, borracho.

BEORÍ m. *Zool*. TAPIR americano.

BEOWULF Poema anglosajón conservado en un manuscrito del siglo VIII. Narra las hazañas de Beowulf en Escandinavia.

BEQUE m. *Mar*. **1** Obra exterior de proa. **2** En los barcos, retrete de la marinería. Más en pl. **3** fig. BACÍN.

BÉRANGER, PIERRE JEAN DE Poeta francés (París, 1780 - íd., 1857). Autor de canciones populares de tipo anticlerical y político.

BERAZATEGUI Ciudad de Argentina que forma parte del Gran Buenos Aires; 244.881 h.

BERBERA Población de Somalia, en el golfo de Adén; 83.000 h.

BERBERECHO m. *Zool*. Molusco lamelibranquio bivalvo, perteneciente a la familia cárdidos, de nombre científico *Cardium edule*. Su cuerpo, ovalado y de simetría bilateral, se encuentra encerrado en dos valvas y bordes aserrados. Se entierra hasta su borde posterior y, si alguien se acerca, expulsa un chorro de agua por el sifón y cierra la concha. Es comestible.

BERBERÍA Nombre tradicionalmente aplicado a la parte NE de África entre el Mediterráneo y el Sahara.

BERBERIDÁCEO, A o **BERBERÍDEO, A** adj. y s. *Bot*. **1** Se dice de las plantas arbustivas y herbáceas angiospermas dicotiledóneas, caracterizadas por sus hojas alternas y flores bien desarrolladas. Un ejemplo es el agracejo. || f. pl. *Bot*. Familia de estas plantas.

BERBERÍS m. *Bot*. AGRACEJO, arbusto.

BERBERISCO, CA adj. y s. **1** BEREBER. **2** Perteneciente o relativo a la antigua región de Berbería.

BÉRBERO o **BÉRBEROS** m. **1** *Bot*. AGRACEJO, arbusto y fruto. **2** Confección hecha con este fruto.

BERBEROVA, NINA Escritora estadounidense de origen ruso (San Petersburgo, 1901 - Filadelfia, 1993). Autora de las biografías *Chaikovski* (1936) y *Borodin* (1938) y de las obras narrativas *La acompañante* (1935), *The Italics are Mine* (1961), autobiografía.

BERBIQUÍ m. Manubrio semicircular o en forma de doble codo, que puede girar alrededor de un puño ajustado en un extremo, y tener sujeta en el otro la espiga de cualquier herramienta propia para taladrar.

BERCEO m. *Bot*. Planta herbácea perteneciente a la familia gramíneas, de nombre científico *Stipa gigantea*. Su tallo puede alcanzar los 2,5 m de altura y crece en terrenos arenosos y graníticos. Crece en el centro y S de España y Portugal.

BERCEO, GONZALO DE Poeta castellano (Berceo, h. 1195 - monasterio de San Millán, h. 1265). Fue educado en el monasterio de San Millán, donde fue también clérigo. Es el primer poeta de nombre conocido de la literatura castellana y el representante más destacado del mester de clerecía. Su forma es invariablemente la cuaderna vía, vivificada por un vulgarismo lleno de ingenuidad y ternura. Obras: *Milagros de Nuestra Señora*, *El martirio de san Lorenzo* y la *Vida de santo Domingo de Silos* y de *santa Oria*. Escribió también obras doctrinales, como *El sacrificio de la Misa* y *De los signos que aparecerán antes del Juicio*.

BERCHET, GIOVANNI Poeta italiano (Milán, 1783 - Turín, 1851). Vertió en versos italianos el *Romancero español*.

BERCIAL m. *Bot*. Sitio poblado de berceos.

BERCIANO, NA adj. y s. Del Bierzo.

BEREBER, BERÉBER o **BEREBERE** adj. y com. **1** De Berbería. || com. **2** *Etnol*. Individuo de la raza más antigua y numerosa de África septentrional. || m. **3** Lengua hablada por los bereberes.

BÉRÉGOVOY, PIERRE Político francés (Deville-les-Rouen, 1925 - Nevers, 1993). Secretario general de la Presidencia con Mitterrand, desempeñó las carteras de Asuntos Sociales (1983-84), Economía (1986-86 y 1988-91) y Economía, Hacienda, Presupuesto e Industria (1991-92). En abril de 1992 fue nombrado primer ministro. Se suicidó tras la derrota socialista en 1993.

bereberes

José **Bergamín**

Berelson, Bernard Sociólogo estadounidense (Sponkane, Washington, 1912 - North Tarrytown, Illinois, 1979). Investigó en los ámbitos de la comunicación y la sociología de la educación. De su obra cabe destacar *Human Behavior* (1964).

berengario, ria adj. y s. *Rel.* Sectario de Berenguer, que negaba la presencia real de Jesucristo en la Eucaristía. Más en pl.

Berengario Nombre de dos reyes lombardos de Italia.

Berengario I (?, 850 - Verona, 924). Ascendió al trono de Italia en 888. Fue derrotado en Trebia (889) por los señores de la Toscana, que coronaron a Guido de Spoleto. Tuvo que esperar a la muerte del heredero de Guido para ser reconocido como señor de Italia (898). Poco después el rey de Borgoña fue coronado emperador (901) y Berengario no recuperó la corona hasta 905. En 915 fue coronado emperador y comenzó su lucha contra Rodolfo de Borgoña.

Berengario II (?, 900 - Bamberga, 966). Fue coronado a la muerte de Lotario (950), pero tuvo que enfrentarse a los partidarios de la reina viuda Adelaida, quien había pedido la intervención de Otón I. Éste entró en Italia y fue coronado en Pavía (951). La dieta de Augsburgo (952) repuso a Berengario, pero fue destronado en 961 y encarcelado en Bamberg.

Berenguela de Castilla Reina de Castilla y León (Burgos, 1181 - Toledo, 1246). Hija de Alfonso IX de León, fue madre de Fernando III el Santo. Anulado su matrimonio por el Papa, actuó de regente y tutora de su hermano Enrique I. Al morir éste, en 1217, fue proclamada reina en las Cortes de Valladolid, pero en el mismo acto renunció en favor de su hijo Fernando.

Berenguer o **Beranguer de Tours** Teólogo franco (Tours, 999 - íd., 1088). Negó la presencia de Jesucristo en la Eucaristía.

Berenice Princesa judía (s. i a. C.). Hija de Herodes Agripa I, se casó con su tío Herodes II de Calcis. De gran belleza, fue célebre por su supuesta maldad y relajadas costumbres.

Berenice Nombre de varias reinas consortes de Egipto durante la época de los Tolomeos.

Berenice I (s. iv a. C.). Hija de Lago y de Antígona, que casó con Tolomeo Soter y fue madre de Tolomeo Filadelfo.

Berenice II (s. iii a. C.). Hija de Tolomeo Filadelfo, casó en 249 a. C. con Antíoco II, rey de Siria, y fue asesinada por Laodicea, primera esposa de Antíoco.

Berenice III (s. iii a. C.). Hija de Magas, rey de Cirenaica, se casó con Tolomeo Evergetes, rey de Egipto. Según el mito, durante una expedición de su marido a Siria, Berenice ofreció a Venus su cabellera para que concediese la victoria a aquél, y al desaparecer la cabellera del templo, el astrónomo Conon de Samos afirmó que la había visto en el firmamento, convertida en un grupo de estrellas que desde entonces es conocido con el nombre de *Cabellera de Berenice*.

Berenice IV (s. i a. C.). Fue asesinada por su esposo Tolomeo Alejandro II.

Berenice V (? - ?, 51 a.C.). Era hija de Tolomeo Auletes y hermana de Cleopatra VII, y en una ausencia de su padre, se hizo proclamar reina. Meses más tarde regresó su padre y la mandó asesinar.

berenjena f. *Bot.* 1 Planta de la familia solanáceas, de nombre científico *Solanum melongen*. 2 Fruto de esta planta.

berenjenal m. *Agr.* Sitio plantado de berenjenas. || **meterse** uno **en un berenjenal** fr. fig. y fam. Meterse en negocios enredados y dificultosos.

Beresina Río de Bielorrusia, afluente del Dniéper; 587 km. Derrota de las tropas de Napoléon frente a los rusos (1812).

Berg Ducado de la antigua Prusia, que se extendía sobre la orilla derecha del Rhin.

Berg, Alban Compositor austriaco (Viena, 1885 - íd., 1935). Discípulo de Schönberg, se convirtió en uno de los máximos representantes del dodecafonismo.

Berg, Paul Bioquímico estadounidense (Nueva York, 1926). Premio Nobel de Química en 1980, compartido con F. Sanger y W. Gilbert, por sus investigaciones sobre los ácidos nucleicos, y en particular el ADN.

bergadán, na o **bergadano, na** adj. y s. De Berga.

bergamasco, ca adj. y s. De Bérgamo.

Bergamín, José Escritor español (Madrid, 1895 - San Sebastián, 1983). Fundó y dirigió la revista *Cruz y Raya* (1933-36). Al acabar la Guerra Civil estuvo exiliado en México y Uruguay y volvió a España en 1959. Obras: *El cohete y la estrella* (1922), *Tres escenas en ángulo recto* y *Enemigo que huye* (1927), *El arte de Birlibirloque* (1930), *Mangas y capirotes* (1933), *Disparadero español* (1936), *El pozo de la angustia* (1941), *España peregrina* (1962), *La claridad desierta* (1973), *Del otoño y los mirlos* (1975) y *Apartada orilla*, poesías (1976).

Bérgamo 1 Provincia de Italia, en Lombardía; 2.771 km^2 y 932.884 h. **2** Ciudad capital de la misma; 117.619 h.

bergamota f. *Bot.* **1** Arbusto de pequeño tamaño perteneciente a la familia rutáceas, de nombre científico *Citrus aurantium sp. bergamia*. **2** Fruto de la anterior especie, variedad de pera muy jugosa. **3** Variedad de lima muy aromática.

bergamoto o **bergamote** m. *Bot.* Limero y peral que producen la bergamota.

bergante m. Pícaro, bribón.

bergantín m. *Mar.* Buque de dos palos y vela cuadrada o redonda.

Bergara Vergara.

Berger, Thomas Escritor estadounidense (Cincinnati, 1924). En su producción destaca la serie protagonizada por Carlo Reinhart: *Loco en Berlín* (1958), *Reinhart enamorado* (1961), *Partes vitales* (1970) y *Las mujeres de Reinhart* (1981).

Berger, Victor Louis Político estadounidense (Nieder-Rehback, 1860 - Milwaukee, 1929). Fue uno de los fundadores del Partido Socialista Estadounidense (1901).

Berger Perdomo, Óscar Abogado y político guatemalteco (Ciudad de Guatemala, 1946). Tras participar en la fundación del Partido de Avanzada Nacional, fue alcalde de Ciudad de Guatemala (1990-1999). Formó después la Gran Alianza Nacional y en 2004 asumió la presidencia del país.

Bergerac, Cyrano de Cyrano de Bergerac, Savinien de.

Bergh, Hendrik, conde de Militar alemán (Bremen, 1573 - Zutphen, 1638). Sobrino de Guillermo de Orange, luchó con los holandeses; cambió de bando y llegó a generalísimo del ejército español. Pretendió sublevar los Países Bajos meridionales pero las tropas no le secundaron.

Bergius, Friedrich Karl Rudolph Químico alemán (Goldschmieden, 1884 - Buenos Aires, 1949). En 1931 recibió el premio Nobel, compartido con K. Bosch, por sus trabajos sobre las reacciones químicas a altas presiones.

Bergman, Ingmar Director de cine sueco (Upsala, 1918). Considerado un realizador magistral, sus filmes principales son *Kris* (1945), *Sonrisas de una noche de verano* (1955), *El séptimo sello* (1956), *El manantial de la doncella* (1959), premiada con el Oscar en 1960; *Como en un espejo* (1960), que obtuvo igual galardón en 1961; *Persona* (1965), *La vergüenza* (1968), *El tacto* (1969), *La carcoma* (1971), *Secretos de un matrimonio* (1973), *La flauta mágica* (1975), *Sonata de otoño* (1978) y *Fanny y Alexander*, Oscar al mejor filme extranjero en 1983.

Bergman, Ingrid Actriz sueca (Estocolmo, 1915 - Londres, 1982). Se dio a conocer en *Intermezzo* (1940). A partir de ese momento se convirtió en una de las actrices más cotizadas de Hollywood: *Casablanca* (1942), *Luz que agoniza* (1944), por la que obtuvo el Oscar a la mejor actriz, *Recuerda* (1945), *Encadenados* (1946), *Stromboli* (1950), *Elena y los hombres* (1956), *Anastasia* (1956), por la que obtuvo un segundo Oscar.

Bergman, Torbern Olof Químico sueco (Katrineberg, 1735 - Medevi, 1784). Descubrió el ácido oxálico y analizó numerosos minerales.

Bergmann, Ernst von Médico alemán (Riga, 1836 - Wiesbaden, 1907). Se dedicó principalmente a la cirugía del cerebro y la divulgación de la asepsia.

Bergognone, Il (Ambrogio da Fossano, llamado) Pintor italiano (?, h. 1450 - ?, 1522). Su obra, de tema religioso, es la mejor representación de la escuela lombarda anterior a Da Vinci.

Bergson, Henri Filósofo francés (París, 1859 - íd., 1941). Basó su sistema de pensamiento en el análisis de los fenómenos de la conciencia por medio de la intuición. Sus obras principales son *Ensayo sobre los datos inmediatos de la conciencia* (1889) y *Materia y memoria* (1896). En 1927 obtuvo el premio Nobel de Literatura.

Bergström, Sune Bioquímico sueco (Estocolmo, 1916 - íd., 2004). En 1982 recibió el premio Nobel de Medicina por sus descubrimientos relacionados con las prostaglandinas.

Beria, Laurenti Paulovich Político soviético (Merkheuli, 1899 - Moscú, 1953). Miembro del Comité Central del Partido Comunista de la URSS (1934), fue nombrado subjefe de policía (1938) y, durante la Segunda Guerra Mundial, ministro de Seguridad del Estado y ministro del Interior. Incondicional colaborador de Stalin, a la muerte de éste fue acusado de alta traición y ejecutado.

beriberi m. *Med.* Enfermedad debida a una carencia de vitamina B$_1$ y caracterizada por síntomas neurológicos, anomalías cardiovasculares y edema.

berilio m. *Quím.* Elemento químico del grupo II A del sistema periódico. Metal alcalinotérreo, de color

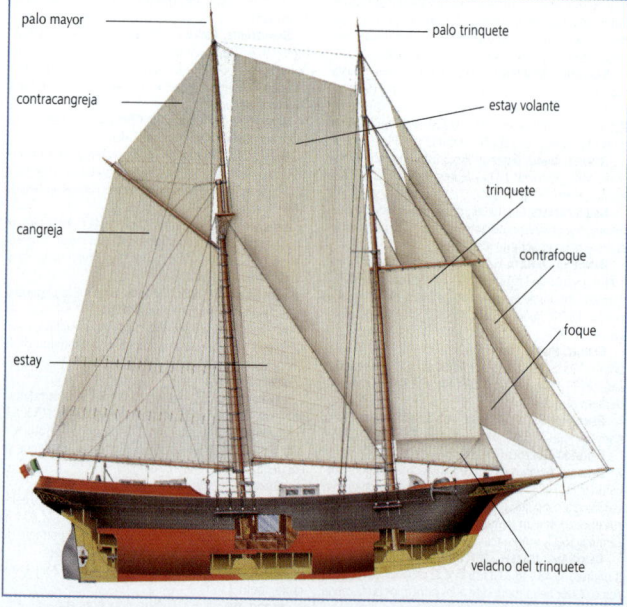

bergantín

blanco, dúctil, que cristaliza en el sistema hexagonal. Peso atómico, 9,012; número atómico, 4; punto de fusión, 1.281º C; punto de ebullición, 2.450º C; peso específico, 1,93; símbolo, Be.

BERILIOSIS f. *Med.* Inflamación crónica del pulmón producida por la inhalación del polvo de óxido de berilio.

BERILO m. *Miner.* Mineral silicato alumínico de berilio, que se encuentra en las pegmatitas en forma de cristales hexagonales. Es la principal mena de berilio y también se emplea como piedra preciosa. Se conocen cuatro variedades: la esmeralda, la aguamarina, la morganita y el berilo común.

BERING o **BEHRING** Mar septentrional del océano Pacífico, separado de éste por las islas Aleutianas; 2.270.000 km^2. Se comunica con el océano Glacial Ártico por el estrecho de su nombre.

BERING o **BEHRING** Estrecho que separa Asia y América y comunica el mar de su nombre con el océano Glacial Ártico. Tiene una anchura de aproximadamente 80 a 100 km entre los puntos externos de la costa siberiana y la de Alaska.

BERING, VITUS Navegante danés (Horsens, 1680 - isla de Bering, 1741). Al servicio de Rusia, descubrió el mar y el estrecho que llevan su nombre, las islas Aleutianas y la península de Alaska.

BERIO, LUCIANO Compositor italiano (Oneglia, 1925 - Roma, 2003). Entre sus obras figuran *Magnificat* (1949), *Musique I* (1953), *Visage* (1961), *Sincronie* (1964), *Fantasía* (1977), *Requies* (1983).

BERISHA, SALI Político albanés (Tropoja, 1943). Militó en el Partido Comunista y, tras abandonarlo, fundó el Partido Democrático Albanés, que venció en las elecciones generales de 1992. Fue presidente de la República (1992-97).

BERITENSE adj. y com. De Beirut.

BERKELEY Ciudad de EE UU, en el Estado de California, que forma parte de la aglomeración urbana de San Francisco; 108.101 h. Sede de la Universidad de California.

BERKELEY, GEORGE Filósofo irlandés (Thomastown, 1685 - Oxford, 1753). Creador del idealismo subjetivo, entre sus obras figuran *Tratado sobre los principios del conocimiento humano* (1710), *Tres diálogos entre Hilas y Filonoo* (1712) y *Alcifrón o el filósofo de las minucias* (1732).

BERKELIO m. *Quím.* Elemento químico del grupo de los actínidos del sistema periódico. Metal radiactivo obtenido en laboratorio por bombardeo de iones de helio sobre el isótopo americio^{241}. Número atómico, 97; masa atómica, 247; símbolo, *Bk*. Es similar al cerio.

BERKSHIRE OCCIDENTAL Consejo unitario del Reino Unido, en Inglaterra, al O de Londres; 144.200 h.

BERLANGA f. Juego de naipes en que se gana reuniendo tres cartas iguales.

BERLANGA, LUIS GARCÍA Director de cine español (Valencia, 1921). Inició su carrera muy influido por el movimiento neorrealista. Entre sus filmes se cuentan *Esa pareja feliz* (1951), en colaboración con Bardem; *¡Bienvenido, Mr. Marshall!* (1952), *Calabuch* (1956), *El verdugo* (1964), *La escopeta nacional* (1978), *La vaquilla* (1984), *Moros y cristianos* (1987) y *Todos a la cárcel*, (1993). En 1986 se le concedió el premio Príncipe de Asturias.

BERLICHINGEN, GOETZ o **GOTTFRIED** Caballero alemán (Jagsthausen, 1480 - Hornberg, 1562). Apodado *Mano de Hierro*, fue inmortalizado por Goethe en uno de sus dramas.

BERLIN, IRVING (ISRAEL BALINE, llamado) Compositor estadounidense de origen ruso (Temun, 1888 - Nueva York, 1989). Autor de canciones y comedias musicales. Entre las más conocidas destaca *Alexander's Ragtime Band*.

BERLIN, ISAIAH Filósofo británico de origen letón (Riga, 1909 - Oxford, 1997). Destacado representante del pensamiento liberal, entre sus obras figuran *Two Concepts of Liberty* (1958), *Cuatro ensayos sobre la libertad* (1962) y *Contra la corriente* (1979).

BERLÍN 1 Land de Alemania; 889 km^2 y 3.446.300 h. **2** Ciudad capital de Alemania y del Land de su nombre; 3.425.759 h. Entre los monumentos históricos se pueden citar: la iglesia gótica del siglo XIV (Marienkirche), la puerta de Brandeburgo, el Altesümuseum, la iglesia de Sank Hedwige y el edificio del antiguo Reichstag. Fue capital del antiguo reino de Prusia y desde 1871 de 1945 de toda Alemania. Finalizada la Segunda Guerra Mundial quedó dividida en dos sectores: *Berlín Este*, capital de la República Democrática Alemana desde 1949, y *Berlín Oeste*, que constituía un Land de la República Federal de Alemania. Fue símbolo en Europa de la guerra fría, materializado en la construcción del «muro» que separó los dos sectores hasta su caída en 1989. La unificación alemana (1990) le devolvió la capitalidad en 1991.

BERLÍN, CONFERENCIA DE *Hist.* Conferencia internacional (1884-85) celebrada para solucionar los conflictos surgidos entre las grandes potencias con motivo de la expansión colonial en África. En ella se implantó la teoría de las zonas de influencia que permitiría el reparto de África.

BERLÍN, PACTO TRIPARTITO DE *Hist.* Pacto militar entre Alemania, Italia y Japón, establecido el 27 de septiembre de 1940, por un periodo de diez años, que sancionaba el derecho a conseguir el espacio vital que cada uno necesitase.

BERLÍN, TRATADO DE *Hist.* Acuerdo establecido el 22 de mayo de 1939 entre la Alemania nazi y la Italia fascista. También llamado *Pacto de Acero*.

BERLINA f. **1** Coche cerrado normalmente con dos asientos. **2** En las diligencias, departamento que va cerrado y sólo tiene una fila de asientos. **3** Departamento en los coches de ferrocarriles, que tiene sólo una fila de asientos.

BERLINÉS, SA adj. y s. De Berlín.

BERLINGA f. **1** *Met.* Pértiga de madera verde con que se remueve la masa fundida en los altos hornos. **2** *Mar.* PERCHA^1.

BERLINGUER, ENRICO Político italiano (Sassari, Cerdeña, 1922 - Padua, 1984). Fue nombrado vicesecretario del PCI en 1969. Accedió a la secretaría general en 1972 y se mantuvo en el cargo hasta su muerte. Fue uno de los principales impulsores del eurocomunismo.

BERLIOZ, HECTOR Compositor francés (Côte-Saint-André, 1803 - París, 1869). Destacado representante del Romanticismo. Desarrolló un estilo innovador en el tratamiento de la orquesta. Influyó en la obra de Liszt y Richard Strauss. Principales composiciones: *Sinfonía fan-*

Hector **Berlioz.** Retrato de Andrea Cefaly. Conservatorio de Nápoles.

tástica (1830), *Romeo y Julieta* (1839) y *Gran Misa de difuntos* (1837).

BERLUSCONI, SILVIO Político y empresario italiano (Milán, 1936). En 1994 triunfó en las elecciones legislativas al frente del partido *Forza Italia*. Designado jefe de gobierno, dimitió poco después. Encabezó el *Polo de la Libertad*, derrotado en las elecciones de 1996. En 1998 fue condenado a varios años de cárcel por delitos de fraude y corrupción. Fue nombrado primer ministro tras las elecciones legislativas de 2001. En enero de 2004 el Tribunal Constitucional italiano invalidó la ley que le otorgaba inmunidad, por lo que tendrá que afrontar un juicio por corrupción.

BERMEJO, JA adj. Rubio, rojizo.

BERMEJO Río de Bolivia y Argentina, afluente del Paraguay; 1.800 km de curso. Nace en el valle de Tarija (Bolivia), penetra en Argentina y desagua junto a Puerto Bermejo, en Paraguay.

Bartolomé **Bermejo.** *Flagelación de santa Engracia.* Museo de Bellas Artes (Bilbao).

BERMEJO, BARTOLOMÉ Pintor español (Córdoba, s. XV - ?). Destacado representante de la pintura medieval catalanoaragonesa. Autor de los retablos de *Santo Domingo de Silos* y *Santa Engracia*.

BERMEJUELA f. *Zool.* Pez teleósteo, fisóstomo, perteneciente a la familia cipríniidos, de nombre científico *Rutilus arcasii*. Es una especie endémica de la mitad N de la península Ibérica.

BERMELLÓN m. *Quím.* Cinabrio reducido a polvo, que toma color rojo vivo.

BERMUDAS adj. y com. pl. Se dice del pantalón que llega hasta la rodilla.

BERMUDAS Archipiélago del océano Atlántico, situado a unos 1.000 km del SE de los EE UU; 53 km^2 y 74.837 h. Constituye un dominio del Reino Unido y está formado por unas 360 pequeñas islas. Su capital es Ha-

Luis García **Berlanga.** Escena de la película *El verdugo*, protagonizada por Pepe Isbert, Emma Penella y Nino Manfredi.

Gian Lorenzo **Bernini**. *Éxtasis de santa Teresa*. Capilla Cornaro de la iglesia de Santa María de la Victoria (Roma).

milton, en la isla de Bermuda. Producción agrícola. Turismo. Descubierto por Juan Bermúdez a comienzos del siglo XVI, fue ocupado por Inglaterra en 1612.

Bermúdez, Juan de Navegante español (?, 1495 - ?). Descubrió las islas Bermudas.

Bermúdez de Castro, Salvador Escritor y político español (Jerez de la Frontera, 1814 - Roma, 1883). Duque de Ripalda, se afilió al partido moderado y fue diputado, senador y ministro plenipotenciario en México.

bermudina f. *Metr.* Octava endecasílaba usada por el escritor Salvador Bermúdez de Castro.

Berna *(Bern)* **1** Cantón de Suiza; 5.959 km² y 941.144 h. **2** Ciudad capital de Suiza y del Canton de su nombre, a orillas del Aar; 123.254 h. Centro administrativo y cultural del país.

Bernabé, san Misionero cristiano (s. I). Se le atribuye la fundación de la comunidad de Antioquía.

Bernadette Soubirous, santa Religiosa francesa (Lourdes, 1844 - Nevers, 1879). Según la tradición católica, en 1858, siendo pastora, se le apareció la Virgen 18 veces en la gruta Massabielle, cerca de Lourdes, que desde entonces se convirtió en lugar de peregrinación. Fue canonizada en 1933.

Bernadotte, Jean Baptiste Jules Carlos XIV, rey de Suecia.

Bernal, Emilia Escritora cubana (Camagüey, 1884 - La Habana, 1964). Autora de los poemarios *Alma errante* (1916) y *Como los pájaros* (1919); el ensayo *Cuestiones cubanas* (1929) y la biografía *Martí por sí mismo* (1935).

Bernal Jiménez, Miguel Compositor mexicano (Morelia, 1910 - León, Guanajuato, 1956). Autor del poema sinfónico *Noche en Morelia* (1941) y el ballet *Navidad en Patzcuaro* (1941).

Bernanos, Georges Escritor francés (París, 1888 - Neuilly-sur-Seine, 1948). En toda su producción están presentes los conflictos espirituales y el enfrentamiento entre el bien y el mal. Obras: *Bajo el sol de Satán* (1926), *Diario de un cura rural* (1936), etc.

Bernaola, Carmelo Alonso Compositor español (Ochandiano, 1929 - Madrid, 2002). Además de numerosas partituras para teatro, cine, radio y televisión, compuso, entre otras obras, *Impulso* (1972), *Sinfonía en do* (1974), *Ayer... soñé que soñaba* (1975), *Juegos* (1978), *El cántico* (1984) y *Las corsarias* (1985). En 1988 obtuvo el premio Goya por la banda sonora de la película *Pasodoble* y en 1992 recibió el premio Nacional de Música en el apartado de Composición.

Bernard, Claude Fisiólogo francés (Saint-Julien, 1813 - París, 1878). Concibió la medicina como una ciencia experimental basada en la fisiología. Expuso sus innovadoras concepciones metodológicas en *Introducción a la medicina experimental* (1865).

Bernard, Émile Pintor francés (Lille, 1868 - París, 1941). Su pintura se caracteriza por rodear las figuras con trazos muy marcados. Autor de *La piedad*.

Bernard, Tristan (Paul Bernard, llamado) Dramaturgo y novelista francés (Besançon, 1866 - París, 1947). Destacan sus comedias de humor: *El cafetín* (1911).

Bernárdez, Francisco Luis Poeta argentino (Buenos Aires, 1900 - íd., 1978). Autor de *El buque* (1935), *Las estrellas* (1947) y *El ángel de la guarda* (1949).

Bernardin de Saint-Pierre, Jacques Henri Escritor y naturalista francés (El Havre, 1737 - Eragny-sur-Oise, 1814). Precursor del romanticismo, escribió *Estudios de la naturaleza* (1784-88) y *Las armonías de la naturaleza* (1815).

Bernardino de Siena, san Religioso franciscano italiano (Massa Marittima, 1380 - Aquila, 1444). Predicador célebre, fue acusado de herejía ante el papa Martín V, quien le absolvió. Sus sermones contienen reflexiones teológicas.

Bernardo, da adj. y s. Se dice del monje o monja de la orden del Císter.

Bernardo del Carpio Héroe legendario español no bien identificado a quien se supone sobrino de Alfonso II el Casto. Contribuyó a la derrota carolingia en Roncesvalles.

Bernardo de Claraval, san Religioso francés (castillo de Fontaine, Dijon, 1091 - Claraval, 1153). Primer abad del monasterio de Claraval, centro de la orden cisterciense. Predicó la segunda cruzada en 1146. En 1133 introdujo el Císter en la península Ibérica con la fundación del monasterio de Moreruela. Fue canonizado en 1174.

Bernardo de Sajonia-Weimar General alemán (Weimar, 1604 - Neuenburg, 1639). Tomó parte en la guerra de los Treinta Años al servicio de Dinamarca, Suecia y Francia.

Bernart de Ventadorn Ventadour, Bernart de.

Bernays, Paul Matemático suizo (Londres, 1888 - Zurich, 1977). Logró grandes avances en el campo de la lógica y en los fundamentos matemáticos, sobre todo en la teoría de conjuntos.

bernegal m. Taza ancha de boca y de forma ondeada.

bernés, sa adj. y s. De Berna.

Leonard **Bernstein**

Bernhard, Thomas Escritor austriaco (Heerlen bei Maastricht, 1931 - Gmunden, 1989). Sus obras reflejan una clara obsesión por los temas de la locura, la destrucción y la muerte, con un estilo exasperado y un perfecto dominio del monólogo interior. Ha escrito, entre otras obras, las novelas *Trastorno* (1967), *El origen* (1975), *El sótano* (1976), *El aliento* (1978), *El sobrino de Wittgenstein* (1982) y *El malogrado* (1985).

Bernhardt, Sarah (Henriette Rosine Bernard, llamada) Actriz francesa (París, 1844 - íd., 1923). Gozó de una extraordinaria popularidad y fue considerada la mejor actriz de su época.

Bernini, Gian Lorenzo Arquitecto y escultor italiano (Nápoles, 1598 - Roma, 1680). Destacado representante del arte barroco. Por encargo de Urbano VIII realizó el Baldaquino para el altar mayor de la Basílica de San Pedro. Posteriormente, realizó la Fuente del Tritón, la Fuente de los cuatro ríos y la Plaza Navona, el Palazzo di Montecitorio, San Andrés del Quirinal, y, en el Vaticano, la Cátedra de San Pedro y la Scala regia, completando el conjunto con la construcción de la Plaza y Columnata de San Pedro.

Bernoulli, Daniel Matemático y físico suizo (Groninga, 1700 - Basilea, 1782). Perteneciente a una importante familia de científicos, fue hijo de Johann y sobrino de Jakob. Sus principales contribuciones se realizaron en los campos de la probabilidad y la hidrodinámica. Enunció el principio que lleva su nombre.

Bernoulli, Jakob Matemático suizo (Basilea, 1655 - íd., 1705). Hermano de Johann y tío de Daniel. Demostró que la serie armónica es divergente; creó los llamados números de Bernoulli, desarrolló la combinatoria, el cálculo de probabilidades y el de variaciones. Enunció el teorema que lleva su nombre.

Bernoulli, Johann Matemático suizo (Basilea, 1667 - íd., 1748). Hermano de Jakob y padre de Daniel. Contribuyó al desarrollo del cálculo exponencial y diferencial, a la mecánica y la geometría.

Bernstein, Eduard Político y economista alemán (Berlín, 1850 - íd., 1932). Impulsor de la corriente revisionista del marxismo, fue uno de los fundadores del Partido Socialdemócrata: *Postulados del socialismo* (1899).

Bernstein, Leonard Compositor y director de orquesta estadounidense (Lawrence, Massachusetts, 1918 - íd., 1990). Influido por la obra de Copland, el jazz y la música popular. Fue director de la Orquesta Sinfónica de Nueva York y de la Filarmónica de Nueva York. Autor de *West Side Story* (1961).

berón, na adj. *Hist.* **1** Se dice de los individuos y del pueblo céltico que habitaban la actual provincia de La Rioja. También s. **2** Perteneciente o relativo a los berones.

Beroso Sacerdote babilonio (s. III a. C.). Difundió por Grecia las ideas mágicas y astrológicas de los caldeos.

berquelio (De *Berkeley*, California, donde fue descubierto.) m. *Quím.* berkelio.

berraza f. *Bot.* **1** berrera. **2** Berro crecido y talludo.

berrea f. **1** Acción y efecto de berrear. **2** Brama del ciervo y algunos otros animales durante la época de celo.

berrear intr. **1** Dar berridos los becerros y otros animales. **2** Llorar o gritar desaforadamente un niño. **3** fig. Gritar o cantar desentonadamente una persona.

berrenchín m. **1** Tufo que arroja el jabalí. **2** fig. y fam. berrinche.

berrendo, da adj. **1** Manchado de dos colores. || m. *Zool.* **2** Mamífero artiodáctilo rumiante perteneciente a la familia antilocápridos, de nombre científico *Antilocapra americana*. Es el único ungulado de cuernos huecos cuya cornamenta ramificada está presente en ambos sexos. Tiene el pelaje castaño, amarilento y blanco. Vive en las montañas de América del Norte.

berrera f. *Bot.* Planta de la familia umbelíferas que se cría en la orilla de los riachuelos y en las balsas.

berrido m. **1** Voz del becerro y otros animales. **2** fig. Grito desaforado de persona, o nota desafinada al cantar.

berrinche m. **1** Llanto fuerte y duradero. **2** fam. Rabieta, enojo grande.

berro m. *Bot.* Nombre de diversas plantas de la familia crucíferas; el común *(Nasturtium officinale)* crece en lugares aguanosos. Se utiliza como alimento.

Berro, Bernardo Prudencio Político y escritor uruguayo (Montevideo, 1803 - íd., 1868). Perteneciente al Partido Blanco, fue elegido presidente de la República (1860-64). Derrocado por Flores intentó una revolución, pero fue asesinado.

berrocal m. *Geol.* Sitio donde abundan los berruecos.

berrueco m. *Geol.* Roca granítica de formas redondeadas debido a los efectos de la descomposición.

Berruguete, Alonso Escultor español (Paredes de Nava, 1490 - Toledo, 1561). Hijo de Pedro. Tras estudiar en Italia, regresó a España donde fue nombrado pintor de cámara de Carlos I (1518). Poco después cayó en desgracia, abandonó la corte y se consagró a la escultura de retablos, entre los que destacan el de San Benito. Principal escultor español del siglo XVI, plasmó actitudes de violento dinamismo y gran expresividad. Es también autor de la sillería alta del coro de la catedral de Toledo.

Alonso **Berruguete**. *Ecce Homo*. Museo Nacional de Escultura (Valladolid).

Berruguete, Pedro Pintor español (Paredes de Nava, h. 1450 - Madrid, 1503). Padre de Alonso. Influido por la tradición gótico-flamenca en sus comienzos y por la pintura italiana tras su estancia en Urbino. Autor de los retablos de la iglesia de Santo Tomás y de la catedral —inacabado—, ambos en Ávila.

Berry Geog. hist. Región histórica del centro de Francia, que formó después los departamentos de Cher y de Indre. Fue anexionada a la corona en 1100, en tiempos de Felipe I.

Berry, Carlos Fernando de Borbón, duque de Príncipe francés (Versalles, 1778 - París, 1820). Hijo segundo de Carlos X de Francia. Participó, en el bando de los aliados, en el sitio de Thionville (1792) y en el de Condé hasta 1797. General en jefe del ejército de Luis XVIII (1815), murió asesinado por un bonapartista.

Berry, Chuck (Charles Berry, llamado) Cantante y compositor estadounidense (Saint Louis, Missouri, 1926). Se le considera un innovador en el empleo de la guitarra eléctrica. Autor de *Roll over Beethoven*, *Johnny B. Goode* y *Sweet Little Sixteen*.

Berry, Juan de Francia, duque de Regente de Francia (Vincennes, 1340 - París, 1416). Hijo de Juan II de Luxemburgo. Participó en la batalla de Poitiers (1356). Gobernó el Languedoc en tiempos de Carlos VI (1380-88) y regentó el trono de Francia cuando éste se volvió loco.

Berry, María Carolina de Borbón-Sicilia, duquesa de Política francesa (Caserta, 1798 - Estiria, Austria, 1870). Primogénita de Francisco, duque de Calabria y rey de las Dos Sicilias, se casó con el duque de Berry, del que enviudó en 1820. Dirigió una sublevación frustrada contra Luis Felipe (1832), para imponer a su hijo en el trono de Francia. Contrajo matrimonio en secreto con el conde Lucchesi-Palli.

Berthelot, Pierre Eugène Marcellin Químico francés (París, 1827 - íd., 1907). Se le considera el fundador de la termoquímica: estableció la distinción entre reacciones endo y exotérmicas, y enunció la ley del trabajo máximo. Diseñó un calorímetro para medir el calor de vaporización de los líquidos.

Berthollet, Claude Louis, conde de Químico francés (Talloires, 1748 - Arcueil, 1822). Está considerado uno de los fundadores de la química moderna. Reformó la nomenclatura química.

Bertillon, Alphonse Antropólogo francés (París, 1853 - íd., 1914). Estableció en 1882 un sistema antropométrico para la identificación de las personas, que aún se utiliza para dar una descripción personal precisa, particularmente de criminales.

Berto, Al (Alberto Raposo Pidwell Tavares, llamado) Poeta portugués (Coimbra, 1948 - Lisboa, 1997). En su obra poética se aprecia una tendencia surrealista. Autor de *Del miedo* (1987) y *Una existencia de papel* (1992).

Berto, Giuseppe Escritor italiano (Mogliano Veneto, 1914 - Roma, 1978). La aventura y la acción son elementos constitutivos de su narrativa: *Il cielo è rosso* (1947) y *Guerra in camicia nera* (1955).

Bertolucci, Attilio Poeta italiano (San Lazzaro, Parma, 1911 - Roma, 2000). Su poesía tiende hacia el intimismo y la musicalidad. Obras: *Fuegos en noviembre* (1934), *Viaje invernal* (1971) y *Al calmado fuego de los días. Poesías 1929-1990* (1990).

Bertolucci, Bernardo Director de cine italiano (Parma, 1940). Su primer filme fue el documental *La commare secca* (1962). Otras películas: *Antes de la revolución* (1964), *El último tango en París* (1972), *Novecento* (1975-76), *La luna* (1979), *El último emperador* (1987), *El cielo protector* (1990), *El pequeño buda* (1993), *Belleza robada* (1996) y *Asediada* (1998). Combina un estilo imaginativo y decadente con una gran perfección técnica.

Bertrán de Born Poeta y trovador provenzal (Limoges, h. 1140 - ?, h. 1214). Fueron célebres sus serventesios, escritos entre 1181 y 1196, de tema político y amoroso.

Bertrand, Francisco Político hondureño (? - La Ceiba, 1926). Presidente de la República (1911-12, 1913-15 y 1916-19). Durante su gobierno el país conoció cierto auge económico. Fue derribado en 1919 por un golpe militar.

Berwick, James Stuart Fitz-James, duque de Militar francés de origen inglés (Moulins, 1670 - Philippsburg, 1734). Hijo natural de Jacobo II. Nombrado mariscal de Francia, intervino en la guerra de Sucesión española en favor de Felipe V.

berza f. *Bot.* col. || **berza de pastor** *Bot.* ceñiglo. || **berza de perro** o **perruna** *Bot.* vencetósigo.

berzal m. *Agr.* Campo plantado de berzas.

Berzelius, Jöns Jacob, barón de Químico sueco (Vafversunda, 1779 - Estocolmo, 1848). Introdujo los símbolos químicos actuales y la notación de las fórmulas; calculó los pesos atómicos de 40 elementos, descubrió el torio, el selenio y el cerio; aisló el silicio y el zirconio, y obtuvo el calcio en forma de amalgama.

berzotas com. fig. Persona ignorante o necia.

Besalú Municipio y lugar de España, provincia de Girona; 2.031 h.

Besalú (Girona). Puente medieval sobre el río Fluviá.

besamanos m. **1** Acto público de saludo a las autoridades. **2** Modo de saludar a algunas personas acercando la mano derecha a la boca. **3** Acto con que se manifestaba adhesión al rey y en el que se le besaba la mano. ♦ Su pl. es *besamanos*.

besamel o **besamela** f. Salsa blanca que se hace con harina, crema de leche, sal y manteca.

besana f. *Agr.* **1** Labor de surcos paralelos. **2** Primer surco que se abre. **3** Medida agraria catalana que equivale a 2.187 centiáreas.

besar tr. **1** Tocar o acariciar con labios, en señal de saludo, amor, amistad o reverencia. **2** Hacer el ademán de besar. **3** fig. y fam. Tratándose de cosas inanimadas, tocar unas a otras. || prnl. **4** fig. y fam. Chocarse una persona con otra.

Besarabia Antigua región balcánica comprendida entre los ríos Prut, Dniéster y el mar Negro. La parte N forma hoy la República de Moldavia, y la S está unida a Ucrania. Pasó en 1503 al poder de Turquía, en 1812 al de Rusia y en 1920 al de Rumania. En 1940, el ejército bolchevique la invadió de nuevo, pero, en 1941, Rumania volvió a incorporarla a su territorio. Tras la Segunda Guerra Mundial fue anexionada a la URSS.

Beskra Biskra.

beso m. **1** Acción de besar. **2** fig. Golpe violento. || **beso de Judas** fig. El que se da con doble intención. También, fig., falsa manifestación de cariño. || **comerse** a alguien **a besos** fr. fig. y fam. Besarle con repetición y vehemencia.

Bessarión, Juan Cardenal y humanista bizantino (Trebisonda, 1395 - Ravena, 1472). Patriarca de Constantinopla, contribuyó a divulgar la filosofía clásica. Apoyó la unión de las iglesias oriental y católica.

Bessel, Friedrich Wilhelm Astrónomo y matemático alemán (Minden, 1784 - Königsberg, 1846). Midió con gran exactitud la posición de unas 50.000 estrellas, el achatamiento terrestre y la precesión de los equinoccios.

Besson, Luc Director de cine francés (París, 1959). Su primera película, *Kamikaze 1999* (1982), fue rodada sin diálogos y en blanco y negro. También ha dirigido *Subway* (1985), *Nikita* (1989), *El profesional* (1994) y *El quinto elemento* (1997).

best-seller (Del i. *best-seller.*) m. Se dice de la obra literaria más vendida o de gran éxito.

bestia f. **1** *Zool.* Animal cuadrúpedo, especialmente el doméstico de carga. **2** Monstruo, ser fantástico y espantoso. || com. **3** fig. Persona ruda e ignorante. También adj.

bestial adj. **1** Brutal o irracional. **2** fig. y fam. De grandeza desmesurada.

bestialidad f. **1** Brutalidad o irracionalidad. **2** Gran cantidad, enormidad. **3** bestialismo.

bestialismo m. Práctica sexual con animales.

bestiario m. **1** Hombre que luchaba con las fieras en los circos romanos. **2** *Lit.* En la literatura medieval, colección de fábulas referentes a animales reales o quiméricos.

bestión m. *Arquit.* Bicha o monstruo de uso en la ornamentación arquitectónica.

besucón, na adj. y s. fam. Muy aficionado a besar.

besugo m. **1** *Zool.* Pez teleósteo marino perteneciente a la familia espáridos, de nombre científico *Pagellus centrodontus*. Tiene el cuerpo alto y comprimido, de un característico color rojo, con una mancha negra sobre las aletas pectorales. Vive en el Atlántico y Mediterráneo. Es muy apreciado por su carne. **2** *Zool.* Especie de pagel, propia del Mediterráneo. **3** fig. Persona torpe o necia.

besuquear tr. fam. Besar repetidamente.

beta¹ (Del gr. βῆτα.) f. **1** Segunda letra del alfabeto griego (B, $β$), correspondiente a nuestra b. **2** *Mat.* Segunda letra del alfabeto griego que antes se empleaba para representar el número 2, y actualmente sirve para nombrar ángulos y planos. || **partícula beta** *Fís.* Partícula emitida por el núcleo atómico durante su desintegración radiactiva natural.

beta² (Del lat. *vitta*, venda.) f. *Geol.* veta.

betacaroteno m. *Quím.* Pigmento carotenoide muy difundido en la naturaleza, que aparece siempre asociado con clorofila.

betacianina f. *Quím.* Nombre de un grupo de pigmentos vegetales de color púrpura, presentes en los miembros de la familia cariofiláceas, sobre todo en las hojas, flores y raíces.

betaglobulina f. *Fisiol.* Fracción de las globulinas del suero sanguíneo, que contiene transferrina y otros compuestos.

betaína f. *Quím.* Trimetilglicocola.

Betancourt, Rómulo Político venezolano (Guatire, 1908 - Nueva York, 1981). Fundador del partido Acción Democrática, fue presidente provisional de la República (1945-48). Desterrado en 1948, dirigió desde Nueva York el movimiento contra Pérez Jiménez, hasta el derrocamiento de éste (1958). Fue nuevamente presidente de la República de 1958 a 1964.

Betancur, Belisario Político colombiano (Amagá, 1923). Miembro del Partido Conservador, en las elecciones de 1982 resultó elegido presidente de la República, tras haberse presentado como candidato en 1968 y 1978. Fue uno de los promotores del Grupo de Contadora y mediador en la crisis de Centroamérica, razón por la que obtuvo, en 1983, el premio Príncipe de Asturias de Cooperación Iberoamericana. En agosto de 1986 traspasó sus poderes a Virgilio Barco.

Betania Lugar de la antigua Palestina, a 10 km al S de Jerusalén y al pie del monte de los Olivos. Según el Evangelio, allí vivían Marta, María y su hermano Lázaro.

Betanzos, Juan de Cronista español (?, h. 1510 - Cuzco, 1576). Es autor de *Suma y narración de los incas* (1551) y de primer catecismo en lengua quechua.

betarraga o **betarrata** f. *Bot.* remolacha.

betatópico m. *Fís.* Se dice del átomo cuyo número atómico difiere del otro en una unidad.

betatrón m. *Fís.* Acelerador de partículas atómicas negativas, electrones o partículas beta de alta energía y rayos X de gran poder de penetración.

betaxantina f. *Quím.* Nombre general de un grupo de pigmentos vegetales muy similares a las betacianinas, pero de color variable.

betel m. *Bot.* Planta trepadora de la familia piperáceas. Originaria de Malasia e Indonesia, hoy se cultiva en muchos países asiáticos.

Betelgeuse *Astron.* Estrella del tipo de las gigantes rojas, la más luminosa de la constelación de Orión.

Bethe, Hans Albrecht Físico estadounidense de origen alemán (Estrasburgo, 1906). Durante la Segunda

Guerra Mundial participó en el proyecto Manhattan, que desarrolló la bomba atómica. Descubrió el ciclo de reacciones termonucleares que explica la producción de energía en las estrellas. Premio Nobel de Física en 1967.

BÉTHENCOURT, JEAN DE Caballero normando (Grainville-la-Teinturière, ? - íd., 1422). En 1402 se apoderó de las islas de Lanzarote, Fuerteventura, Gomera y Hierro, cuya soberanía cedió a Enrique III de Castilla, a cambio de ser nombrado rey feudatario. Vendió las islas al conde de Niebla (1418).

BETHLEHEM BELÉN.

BETHLÉN, IVAN, CONDE DE Político húngaro (Gérnyeszeg, 1874 - Siberia, ?). Miembro del Parlamento desde 1901, participó en el movimiento contrarrevolucionario que derribó al comunista Bela Kun (1918-19). Fue primer ministro (1921-31). A pesar de su oposición a Hitler durante la Segunda Guerra Mundial, en 1945 fue deportado a la URSS.

BETHMANN-HOLLWEGG, THEOBALD VON Estadista alemán (Hohenfinow, 1856 - Berlín, 1921). Presidente de Brandeburgo en 1901 y vicepresidente del Ministerio prusiano en 1907, el emperador le nombró en 1909 canciller y presidente del Consejo de ministros prusiano. Intervino en los acontecimientos que precedieron a la Primera Guerra Mundial.

BÉTHUNE Ciudad de Francia, en el departamento de Paso de Calais; 24.556 h. (259.888 en el área metropolitana).

BÉTICA Hist. Una de las grandes provincias en que los romanos dividieron el territorio español y que tomó su nombre del río Betis (Guadalquivir). Estaba subdividida en cuatro conventos jurídicos: Córdoba (Corduba), Écija (Astigi), Sevilla (Hispalis) y Cádiz (Gades).

BÉTICA, CORDILLERA Sistema montañoso del SE de España, dividido en tres sectores: sierras Subbéticas (Cazorla, Segura y Mágina), entre Tarifa y el cabo de La Nao; cordillera Penibética (Ronda, Sierra Nevada y Filabres), desde Málaga a Granada; sierras Subpenibéticas (Almijara, Contraviesa, Gádor y Gata), desde Granada a Almería.

BÉTICO, CA adj. y s. De la antigua Bética.

BETILO m. Arquit. Piedra, bruta o tallada, en forma de cono o de falo, tenida por sagrada en la antigüedad por pueblos del Mediterráneo.

BETIS (Baetis) Nombre que daban los romanos al río Guadalquivir.

BETLEMITA o **BETLEHEMITA** adj. y com. **1** De Belén. **2** Se dice del religioso profeso de la orden fundada en Guatemala en el siglo XVII por Pedro de Betencourt.

BETÓNICA f. Bot. **1** Planta de la familia labiadas, de nombre científico Stachys officinalis, cuyas hojas y raíces son medicinales. **2** Planta silvestre muy parecida a la anterior, de la que se hace agradable aromático. || **BETÓNICA CORONARIA** Bot. GARIOFILEA.

BETSABÉ Reina de Israel (s. XII a. C.). Hija de Eliam o Amiel y esposa de Urías, con la que David se casó tras enviar a aquél a una misión en la que pereció. Con David tuvo a Salomón.

BETTELHEIM, BRUNO Psicoanalista estadounidense de origen austríaco (Viena, 1903 - Silver Spring, Maryland, 1990). Destacó por sus investigaciones sobre el desarrollo y psicoanálisis infantil.

BETULÁCEO, A adj. y f. Bot. **1** Se dice de árboles o arbustos angiospermos dicotiledóneos, como el abedul, el aliso y el avellano. Se caracterizan por sus hojas provistas de estípulas y las semillas sin endosperma, y por ser plantas monoicas con flores femeninas dispuestas en amentos. || f. pl. Bot. **2** Familia de estas plantas.

BETÚN m. **1** Quím. Nombre genérico de varias sustancias, compuestas de carbono e hidrógeno, que se encuentran en la naturaleza. **2** Quím. Partículas no mineralizadas de la hulla, lignito, etc., y los residuos de su destilación. **3** Nombre genérico de los productos obtenidos en la destilación seca de los pinos. **4** Tecnol. ZULAQUE. **5** Mezcla que se usa para limpiar y abrillantar el calzado. || **BETÚN DE JUDEA** o **JUDAICO** ASFALTO.

BETXÍ BECHÍ.

BEUDANT, FRANÇOIS-SULPICE Mineralogista y físico francés (París, 1787 - íd., 1850). Propuso un sistema basado en las analogías químicas para clasificar los minerales.

BEUYS, JOSEPH Pintor y escultor alemán (Krefeld, 1921 - Düsseldorf, 1986). Representante del expresionismo alemán. En su obra denunció la pobreza interior del hombre y defendió la conjunción del arte y la política.

BEY m. Hist. **1** Gobernador del imperio turco. Hoy se emplea también como título honorífico. **2** Título que ostentaron los soberanos de Túnez desde la separación del imperio turco hasta la proclamación de la república.

BEYLE, HENRY STENDHAL.

BEZA o **BÈZE, THÉODORE DE** Teólogo francés (Vézelay, 1519 - Ginebra, 1605). Discípulo de Calvino, sucedió a

éste en la dirección de la Iglesia de Ginebra. Escribió numerosas obras contra el catolicismo.

BEZAR m. Med. BEZOAR.

BÉZIERS Ciudad del S de Francia, en el departamento de Hérault; 85.667 h. En 1209 fue arrasada e incendiada, y su población pasada a cuchillo por los cruzados capitaneados por Simón de Montfort, a fin de extirpar la herejía albigense.

BEZO m. **1** Anat. Labio grueso. **2** Anat. LABIO. **3** fig. Carne que se levanta alrededor de la herida enconada.

BEZOAR m. **1** Med. Concreción calculosa localizada en las vías digestivas y urinarias de algunos mamíferos, incluido el hombre. **2** Zool. Mamífero rumiante perteneciente a la familia caprínidos, de nombre científico Capra hircus. Vive en zonas de alta montaña del O de Asia.

BEZOÁRICO, CA o **BEZOÁRDICO, CA** adj. y m. Med. Se aplica a lo que contiene bezoar.

BEZOTE m. Adorno que usaban los indios de América en el labio inferior.

BÉZOUT, ÉTIENNE Matemático francés (Nemours, 1730 - Les Bases-Loges, 1783). Se le debe el teorema que lleva su nombre sobre la intersección de curvas.

BEZUDO, DA adj. De labios gruesos.

BEZWADA VIGAYAVADA.

BHATPARA Ciudad del O de la India, en el Estado de Bengala Occidental; 304.952 h. Produce yute y algodón. Industria textil y papelera.

BHAVNAGAR Ciudad de la India, en el Estado de Gujarat; 402.338 h. Industria. Aeropuerto.

BHILAINAGAR Ciudad del N de la India, en el Estado de Madhya Pradesh; 395.360 h.

BHIWANDI Ciudad del O de la India, en el Estado de Maharashtra; 379.070 h.

BHOPAL Ciudad del N de la India, capital del Estado de Madhya Pradesh; 1.062.771 h. Importante centro comercial. Industria.

BHUBANESWAR Ciudad del E de la India, capital del Estado de Orissa; 411.542 h.

BHUMIBOL ADULYADEJ Rey de Tailandia (Cambridge, 1927). Sucedió en el trono, con el nombre de Rama IX, a su hermano el rey Ananda Mahidol (1946). Fue coronado en 1950, año en que también contrajo matrimonio con la princesa Sirikit Kitiyakara.

BHUTAN (Druk Yul) Estado de Asia, en la vertiente meridional del Himalaya, situado entre China y la India.

GEOG. Es un país muy accidentado, de montañas abruptas, que comprende tres zonas: la planicie de bosques de los Duars al borde del Himalaya, la región montañosa media del Himalaya y el Gran Himalaya. El punto culminante es el Chomo Lhâri (7.319 m). Las temperaturas sufren grandes oscilaciones y las precipitaciones son escasas. La red fluvial está constituida por importantes afluentes del Brahmaputra: Manas, Amo y Ma. El clima es frío en las montañas y tropical monzónico con abundantes precipitaciones en la zona de los Duars. Su economía es agropastoril. Se cultiva arroz, cereales, patata, remolacha y agrios. Ganadería porcina y bovina. El turismo y la filatelia son dos de sus principales fuentes de ingresos. Los intercambios comerciales los realiza casi exclusivamente con Nepal y la India. Es uno de los países con la renta per cápita más baja del

mundo y tiene un alto índice de analfabetismo en adultos (38%). Su independencia con respecto a la India, que absorbe más del 95% de sus exportaciones y de quien recibe casi todos los productos importados, es más teórica que real. La moneda local tiene paridad con la rupia.

HIST. Constituido como reino en el siglo XVII, anteriormente había sido invadido por soldados tibetanos que se mezclaron con la población autóctona. Invadido por los ingleses en 1865, fue protectorado británico desde 1910 hasta 1949, año en que el país fue traspasado a la India. En 1952 subió al trono Jigme Dorji Wangchuk, que sucedió a su padre Jigme Ugyen Wangchuk, rey desde 1926. Murió en 1972, y le sucedió su hijo Jigme Singue Wangchuk. En abril de 1984 y 1985, Bhutan y China mantuvieron conversaciones con el fin de solucionar sus problemas fronterizos. Desde septiembre de 1990 se produjeron violentos enfrentamientos entre la comunidad de origen nepalí, mayoritaria en el S. Las tensiones se mantuvieron hasta 1994, a pesar del acuerdo firmado en julio de 1993, entre Bhutan y Nepal. Es miembro de la ONU (1971) y la UNESCO (1982). En 1998 el monarca renunció a los cargos de jefe del Consejo de ministros y ministro del Exterior, que recayeron en Lyompo Jigme Thinley, quien abandonó el cargo el año siguiente. Desde entonces han sido primeros ministros: Lyonpo Sangay Ngedup (1999-2000), Lyonpo Yeshey Zimba (2000-2001), Lyonpo Khandu Wangchuk (2001-2002), Lyonpo Kinzang Dorji (2002-2003), y de nuevo Lyonpo Jigme Thinley (desde agosto de 2003).

Superficie: 47.000 km².
Población: 667.000 h. (bhutaneses).
Densidad: 14,2 h./km².
Tasa de natalidad: 36,9‰.
Tasa de mortalidad: 9,4‰.
Capital: Thimbu (verano) y Punakha (invierno).
Grupos étnicos: bothia (50%), del grupo tibetano, y grupos nepaleses.
Religión: budismo (69,6%), hinduismo (24,6%), islamismo (5%).
Idioma: dzongkha (oficial), del grupo tibetano, e inglés.
Moneda: ngultrum, en paridad con la rupia india.
Forma de Estado: monarquía parlamentaria.
Producto Nacional Bruto: 354 millones de dólares.
Renta per cápita: 470 dólares.
División administrativa: 18 distritos, según cuadro.

BHUTAN

Distritos	Superficie (km²)	Capitales
Blumthang	2.990	Jakar
Chhukha		Chhukha
Chirang	800	Damphu
Dagana	1.400	Dagana
Gaylegphug	2.640	Gaylegphug
Ha	2.140	Ha
Lhuntshi	2.910	Lhuntshi
Mongar	1.830	Mongar
Paro	1.500	Paro
Pema Gatsel	380	Pema Gatsel
Punakha	6.040	Punakha
Samchi	2.140	Samchi
Samdrup Jongkhar	2.340	Samdrup Jongkhar
Shemgang	2.420	Shemgang
Tashigang	4.260	Tashigang
Thimbu	1.620	Thimbu
Tongsa	1.470	Tongsa
Wangdi Phodrang	3.000	Wangdi Phodrang

7.000 km² no se hallan incluidos en las áreas de los distritos. Del área de Chhukha no existen datos concretos.

BHUTTO, BENAZIR Política paquistaní (Karachi, 1953). Sucedió a su padre Zulfikar Ali Bhutto en la dirección del Partido Popular de Pakistán. En 1988 fue elegida primera ministra y en 1990 destituida, bajo la acusación de corrupción. En 1993 se la designó de nuevo para presidir el gobierno, pero fue destituida por segunda vez en 1996.

BHUTTO, ZULFIKAR ALI Político paquistaní (Larkana, 1928 - Rawalpindi, 1979). Fue ministro de Comercio (1958) y de Asuntos Exteriores (1963). En 1967 fundó el Partido Popular paquistaní. Detenido en 1968 por sus actividades como agitador popular, permaneció en prisión hasta febrero de 1969. Tras la escisión de Bangla Desh, asumió la presidencia del país de 1971 a 1973, año en que pasó a ocupar el cargo de primer ministro. Derrocado por un golpe militar en 1977, fue condenado a muerte y ejecutado.

BI-, -BI- pref. o inf. BIS-.

BI *Quím.* Símbolo del bismuto.

BIAFRA Denominación aplicada a la región SO de Nigeria, al proclamarse República independiente (1967), independencia que no llegó a consolidarse.

BIAJAIBA f. *Zool.* Pez marino de las Antillas muy apreciado por su carne.

BIALYSTOK Ciudad de Polonia, capital de la provincia de Podlaskie; 283.937 h. Industria textil y química.

BIANCHI, MICHELE Político italiano (Belmonte Calabro, 1883 - Roma, 1930). Fue primer secretario general político del Parlamento fascista y colaboró con Mussolini.

BIANUAL adj. y com. **1** Que ocurre dos veces al año. **2** *Bot.* Se dice de la planta que completa su ciclo vital en un periodo de dos años.

BIARROTA adj. y com. De Biarritz.

BIÁXICO, CA adj. *Geol.* Se dice del cristal que tiene dos ejes ópticos.

BIBERÓN m. **1** Utensilio para la lactancia artificial. **2** Alimento que contiene este frasco y que el niño toma cada vez.

BIBL- pref. BIBLIO-.

BIBLIA f. **1** Sagrada Escritura o colección de los libros sagrados. **[Encic.] 2** fig. Obra que reúne los conocimientos o ideas relativos a una materia y que es considerada por sus seguidores modelo ideal.

LIT. Y REL. La casi totalidad de los libros sagrados fueron admitidos por la iglesia, ya desde su aparición, como canónicos; otros, en cambio, fueron objeto de dudas y discusiones. Los primeros reciben el apelativo de *protocanónicos*, y los segundos, el de *deuterocanónicos*. Los deuterocanónicos son: Tobías, Judit, los dos de los Macabeos, Eclesiástico, Sabiduría, Baruc, algunos fragmentos de Ester y Daniel, Epístola a los hebreos, 2.ª de san Pedro, 2.ª y 3.ª de san Juan, la de Santiago, la de san Judas y el Apocalipsis. Los demás son protocanónicos. Por razón del tiempo en que fueron escritos se dividen en Antiguo y Nuevo Testamento. El Antiguo Testamento (AT) comprende 46 libros, escritos con anterioridad al nacimiento de Cristo, distribuidos en tres grupos: *históricos* (Pentateuco, Josué, Jueces, Rut, Samuel, Reyes, Crónicas o Paralipómenos, Esdras, Tobías, Judit, Ester y Macabeos), *doctrinales* (Job, Eclesiastés, Cantar de los Cantares, Salterio de David, Proverbios de Salomón, libro de la Sabiduría y el Eclesiástico) y *proféticos* (los de los profetas mayores y menores, los Trenos o Lamentaciones de Jeremías y el libro de Baruc). El Nuevo Testamento (NT) se compone de los 27 libros sagrados escritos después del nacimiento de Jesucristo. Se dividen en *históricos* (los cuatro libros de los evangelistas Mateo, Marcos, Lucas y Juan, y los Hechos de los Apóstoles), *doctrinales* (catorce cartas de san Pablo, una de Santiago, dos de san Pedro, tres de san Juan y una de san Judas) y *profético* (Apocalipsis de san Juan). Casi todos los libros del Antiguo Testamento se escribieron originariamente en hebreo, con algunas partes en arameo y griego, mientras que los del Nuevo Testamento fueron escritos en griego. Posteriores traducciones al latín y los trabajos de san Jerónimo formaron el texto de la *Vulgata*, que el concilio de Trento declaró auténtica y oficial. Entre 1947 y 1958 se descubrieron en QUMRAM los llamados manuscritos del mar Muerto, documento esencial para el estudio de la historia de los textos sagrados.

BIBLIA POLÍGLOTA DE AMBERES Edición políglota impresa por Plantin de 1569 a 1572, costeada por Felipe II y redactada bajo la dirección de Arias Montano. Consta de ocho tomos en los que se completan las paráfrasis caldaicas de la Complutense con su versión latina y la del texto hebreo, y se añade la antigua versión siriaca del Nuevo Testamento en caracteres sirios y hebreos, además de una interpretación latina de esta última.

BIBLIA POLÍGLOTA COMPLUTENSE La que se realizó en Alcalá por encargo del cardenal Cisneros. Consta de seis tomos (1514-17); está escrita en hebreo, griego, caldeo y latín, y de ella sólo se hicieron 600 ejemplares, impresos por Arnaldo Guillén del Brocar.

BIBLIO-, BIBL- prefs. que significan libro: *bibliófilo, biblioteca.*

BIBLIOBÚS m. *Bibl. y Doc.* Biblioteca pública móvil instalada en un autobús.

Biblia de Ávila. Siglo XII. Biblioteca Nacional (Madrid).

BIBLIOFILIA f. Pasión por los libros, especialmente por los raros y curiosos.

BIBLIÓFILO, LA m. y f. **1** Persona aficionada a las ediciones originales, más correctas o más raras de los libros. **2** Amante de los libros.

BIBLIOFOBIA f. Temor o repugnancia a los libros.

BIBLIOGRAFÍA f. **1** *Bibl. y Doc.* Descripción, conocimiento de libros, de sus ediciones, etc. **2** Relación de libros o escritos referentes a una materia determinada. **3** Relación ordenada de publicaciones de un determinado autor. **4** *Bibl. y Doc.* Relación de publicaciones ordenadas según un determinado criterio.

BIBLIÓGRAFO, FA m. y f. Persona versada en libros, en especial antiguos, dedicada a localizarlos, historiar sus vicisitudes y describirlos, con el fin de facilitar su estudio a los interesados.

BIBLIOLOGÍA f. *Bibl. y Doc.* Estudio general del libro en su aspecto histórico y técnico.

biblioteca del Real Monasterio de El Escorial (Madrid).

BIBLIOTECA f. **1** *Bibl. y Doc.* Local donde se tiene considerable número de libros ordenados para la lectura. **2** Mueble, estantería, etc., donde se colocan libros. **3** Conjunto de estos libros. **4** Colección de libros o tratados análogos o semejantes entre sí, ya por las materias de que tratan, ya por la época y nación o autores a que pertenecen. **5** *Inform.* Colección de rutinas y subrutinas de los ordenadores que pueden ser empleadas sin efectuar ninguna corrección. || **BIBLIOTECA CIRCULANTE** *Bibl. y Doc.* Aquélla cuyos libros pueden prestarse a los lectores bajo determinadas condiciones.

BIBLIOTECARIO, RIA m. y f. Persona que tiene a su cargo el cuidado, ordenación y servicio de una biblioteca.

BIBLIOTECOLOGÍA f. *Bibl. y Doc.* Ciencia que estudia las bibliotecas en todos sus aspectos.

BIBLIOTECONOMÍA f. *Bibl. y Doc.* Disciplina que estudia la forma de conservar, ordenar y administrar una biblioteca.

BIBLOS o **BYBLOS** *Geog. hist.* Ciudad de la antigua Fenicia (IV milenio a. C.). Primitivamente se llamó Gebal (en hebreo) o Gubla (en acadio). Su nombre deriva del gran comercio de papiros que tenía lugar en ella. Es la actual población libanesa de JUBAIL.

BÍBULO Cónsul romano (s. I a. C.). Colega de Julio César en el consulado del año 59 a. C. Sostuvo a Pompeyo en la guerra civil y fue procónsul en Siria.

BICAL m. *Zool.* Salmón macho.

BICAMERAL adj. **1** *Polít.* Se dice del poder legislativo compuesto de dos cámaras o asambleas parlamentarias. **2** *Biol.* Formado por dos cámaras, como el corazón de los peces.

BICARBONATO m. *Quím.* Sal formada por una base y ácido carbónico en doble cantidad que en los carbonatos neutros. Sus soluciones acuosas contienen el ion CO_3H^-. || **BICARBONATO SÓDICO** *Quím.* De fórmula $NaHCO_3$, se utiliza para neutralizar el ácido clorhídrico del jugo gástrico. || **BICARBONATO CÁLCICO** *Quím.* De fórmula $Ca(HCO_3)_2$, es el que da a las aguas, llamadas duras, el carácter de alcalinidad o dureza.

BICARPELADO adj. *Bot.* Se dice del gineceo formado por dos carpelos. También denominado *bicarpelario*.

BICÉFALO, LA adj. **1** Que tiene dos cabezas. **2** fig. Se dice de la organización o empresa que tiene dos jefes.

BÍCEPS adj. **1** De dos cabezas, dos puntas, dos cimas o cabos. **2** *Anat.* Se dice de los músculos pares que tienen por arriba dos porciones o cabezas y por abajo (en su extremo distal) una sola. **3** *Anat.* Gran músculo situado en la cara anterior y superior del brazo, que flexiona el antebrazo. ♦ Su pl. es *bíceps*.

BICERRA f. *Zool.* Especie de cabra montés.

BICHA f. **1** BICHO. **2** fam. Entre personas supersticiosas, culebra. **3** *Arquit.* Figura fantástica, en forma de mujer de medio cuerpo arriba y de pez u otro animal en la parte inferior.

BICHARRACO m. Despectivo de BICHO.

BICHAT, MARIE FRANÇOIS XAVIER Anatomista e histólogo francés (Thoirette, 1771 - París, 1802). Fundador de la histología, estudió los tejidos como elementos estructurales de diversos órganos. Contribuyó al desarrollo de la anatomía, la embriología y la organogénesis.

BICHERO m. *Mar.* Asta larga que en uno de los extremos tiene un hierro de punta y gancho.

BICHO m. **1** Término impreciso que se aplica generalmente con valor despectivo a cualquier animal pequeño o grande. **2** Toro de lidia. **3** fig. Persona mala. **4** Persona ridícula.

BICICLETA f. *Dep.* y *Mec.* Vehículo de dos ruedas de igual tamaño, directriz la delantera y motriz la trasera, a la que se transmite la fuerza que se ejerce sobre los pedales mediante una cadena. || **BICICLETA ESTÁTICA** *Dep.* Aparato estático, similar a una bicicleta que se usa para hacer ejercicio en interiores.

BICICLO m. BICICLETA.

BICOCA f. **1** fig. y fam. Cosa de poca estima y aprecio. **2** fig. y fam. Cosa apreciable que se consigue con poco trabajo.

BICOLOR adj. De dos colores.

BICÓNCAVO, VA adj. **1** *Geom.* Se dice del cuerpo que tiene dos superficies cóncavas opuestas. **2** *Fís.* Se dice de las lentes con ambas superficies cóncavas.

BICONDICIONAL adj. *Lóg.* Se dice de la conectiva binaria cuyo valor de verdad es verdadero siempre que el antecedente y el consecuente sean ambos verdaderos o ambos falsos.

BICONVEXO, XA adj. **1** *Geom.* Se dice del cuerpo con dos superficies convexas opuestas. **2** *Fís.* Se dice de las lentes con ambas caras convexas.

BICOQUETE o **BICOQUÍN** m. PAPALINA, gorra con dos puntas.

BICORNIO m. Sombrero de dos picos.

BICOS m. pl. Ciertas puntillas de oro que se ponían en los birretes de terciopelo.

BICROMÍA f. Impresión en dos colores.

BICULTURISMO m. *Sociol.* Coexistencia de dos culturas nacionales en un país.

BICÚSPIDE adj. **1** *Biol.* Que tiene dos cúspides, puntas o prominencias. **2** *Anat.* En el hombre, uno de los cuatro dientes premolares que tienen dos puntas. || **VÁLVULA BICÚSPIDE** *Anat.* VÁLVULA MITRAL.

BIDASOA Río de España; nace en Navarra, con el nombre de *Baztán* hasta Mugaire, y desemboca en el Cantábrico; 67 km.

BIDAULT, GEORGES Político francés (Moulins, 1899 - Cambo-Les-Bains, 1983). Sucedió a Jean Moulin como jefe del Consejo Nacional de la Resistencia. Al liberarse París, ocupó la cartera de Relaciones Exteriores con el gobierno De Gaulle y, después de la dimisión de éste, fue presidente del gobierno provisional y primer ministro (1946).

BIDÉ m. Lavabo bajo de forma ovalada empleado para la higiene íntima.

BIDÓN m. Recipiente de metal, mayor que el bote o lata, con cierre hermético, para transportar sustancias que requieren aislamiento.

BIEDERMEIER *Arte* y *Lit.* Movimiento literario y artístico que floreció entre la burguesía de Alemania, Austria, países escandinavos y N de Italia en la época de la Restauración (1815-48), caracterizado por el apoliticismo y el idealismo.

BIELA f. *Tecnol.* Barra que, en las máquinas, transforma el movimiento de vaivén en otro de rotación, o viceversa.

BIELA, WILHELM, BARÓN DE Astrónomo alemán (Rossla, 1782 - Venecia, 1856). En 1826 descubrió el cometa periódico que lleva su nombre y que reconoció como idéntico al visto en 1772 y 1805.

BIELDA f. *Agr.* Especie de bieldo que sirve para recoger, cargar y encerrar la paja. **2** Acción de beldar.

BIELDO o **BIELGO** m. *Agr.* Instrumento para beldar.

BIELGOROD BELGOROD.

BIELLA Provincia del NO de Italia, en la región del Piamonte; 913 km² y 190.811 h. Industria textil. Su capital es la ciudad homónima.

BIELORRUSIA (*Belarus*) Estado de Europa oriental que formó parte de la URSS hasta 1991, y limita al N, con Lituania y Letonia; al E, con la Federación de Rusia; al S, con Ucrania, y al O, con Polonia.

Geog. El país, también llamado *Rusia Blanca*, forma parte de la llanura oriental europea. Las colinas de Minsk separan las vastas extensiones forestales y pantanosas de las cuencas del Niemen y del Dvina Occidental, en el N, y de la Polesia, en el S, atravesada por el Priprat, afluente del Dniéper. Al NE, la meseta de Valdai separa los ríos bálticos rusos de la extensa red fluvial del mar Negro. Buena parte del territorio está ocupada por lagos, pantanos y bosques de abetos y abedules. El clima es continental húmedo. La economía está basada en la agricultura, la ganadería y la riqueza forestal (lino, patatas, producción de carne y leche, madera, turba). El tránsito hacia una economía de mercado, tras la independencia del país, ha conducido a éste a una situación económica crítica.

Superficie: 207.600 km².
Población: 9.989.000 h. (*bielorrusos*).
Densidad: 48,1 h./km².
Tasa de natalidad: 9,7‰.
Tasa de mortalidad: 13,5‰.
Capital: Minsk.
Ciudades principales: Gomel, Vitebsk, Grodno y Mogilev.
Grupos étnicos: bielorrusos (77,9%), rusos (13,5%), ucranianos (3%).
Religión: predomina el cristianismo ortodoxo; pequeña minoría católica.
Idioma: bielorruso y ruso.
Moneda: rublo bielorruso.
Forma de Estado: república.
Producto Nacional Bruto: 22.232 millones de dólares.
Renta per cápita: 2.180 dólares.
División administrativa: 6 provincias, según cuadro.

Hist. Existen restos arqueológicos de la cultura magdaleniense. Entre los siglos VI y VIII recibió la llegada de pueblos eslavos, pasando a formar parte del Estado de Kiev en el siglo IX. Tras la invasión mongola (siglo XIII), la mayor parte del territorio estuvo en poder de Lituania (siglos XIII y XIV), y más tarde de Polonia (siglo XVI). Con la primera partición de Polonia, Catalina la Grande adquirió la zona oriental de Bielorrusia (1772); la segunda partición dio a Rusia la zona central (1793), y con la tercera (1795), la totalidad del territorio pasó al imperio ruso. Región eminentemente agrícola, a partir del siglo XIX comenzó su industrialización. Tras la Primera Guerra Mundial se proclamó la república soviética (enero de 1919), que continuó los enfrentamientos con Polonia. La paz de Riga (marzo de 1921) puso fin a la contienda y originó la división de Bielorrusia entre la URSS y Polonia. En 1922 la República Socialista Soviética de Bielorrusia se integró en la URSS, y sólo tras la Segunda Guerra Mundial se establecieron las actuales fronteras con Polonia (1945). La *perestroika* de Gorbachov permitió la celebración de elecciones democráticas en marzo de 1990, en las que obtuvieron la victoria los reformistas radicales. Tras el golpe de Estado de la URSS (1991), se declaró República independiente. Como presidente del Soviet Supremo, o Parlamento Nacional, fue elegido Stanislav Shushkevich, quien nombró a Vetcheslav F. Kebitch jefe del Gobierno. Bielorrusia fue una de las promotoras de la creación de la CEI (1991). La difícil situación económica en el interior del país condujo a la disolución del Parlamento y a la convocatoria de elecciones (1994), que se resolvieron con la llegada al poder de Alexandr Lukashenko, quien en 1996 convocó un referéndum que le permitió modificar la constitución y obtener poderes absolutos. El país inició entonces un proceso de acercamiento a Rusia que culminó, en 1998, con la firma de un acuerdo de asociación, que abrió la posibilidad de una ciudadanía común. En las elecciones presidenciales de 2001, calificadas como «no democráticas» por la OSCE, Lukashenko renovó su cargo.

BIELORRUSO, SA adj. y s. **1** De Bielorrusia. || m. *Ling.* **2** Lengua oficial de Bielorrusia.

BIEN m. **1** Lo que en sí mismo tiene el complemento de la perfección, o lo que es objeto de la voluntad. **2**

BIELORRUSIA

Provincias	Superficie (km²)	Población (h.)	Capitales
Brest	32.800	1.501.200	Brest
Gomel	40.400	1.576.100	Gomel
Grodno	25.000	1.191.800	Grodno
Minsk	40.200	3.283.000	Minsk
Mogilev	29.100	1.241.400	Mogilov
Vitebsk	40.100	1.410.300	Vitebsk

Objeto que satisface una necesidad. **3** Lo que enseña la moral que se debe hacer, o lo que es conforme al deber. **4** Utilidad, beneficio. **5** *Filos.* En la teoría de los valores, la realidad que posee un valor positivo y por ello es estimable. || m. pl. **6** Hacienda, riqueza. || adv. m. **7** Perfecta o acertadamente, de buena manera. **8** Felizmente, de manera adecuada para algún fin. **9** Con gusto, de buena gana. **10** Con buena salud, sano. **11** Sin inconveniente o dificultad. **12** Ciertamente o seguramente. **13** Repetido, hace las veces de conjunción distributiva. || **BIENES DE CONSUMO** *Econ.* Todo bien dispuesto para satisfacer una necesidad humana. También se denomina bien de disfrute o de primer orden. || **BIENES GANANCIALES** *Econ.* Los adquiridos por uno de los cónyuges o por ambos, durante el matrimonio, en virtud de título que no los haga privativos del adquirente, sino partibles por mitad. || **BIENES INMUEBLES** O **RAÍCES** *Econ.* Los que no pueden ser trasladados de un lugar a otro; es decir, las tierras, edificios, caminos, construcciones que son objeto de transacciones en el mercado inmobiliario. || **BIENES MUEBLES** *Econ.* Los que pueden ser trasladados de un lugar a otro. || **a base de bien** loc. adv. fam. Mucho, en abundancia. || **no bien** loc. Apenas. || **si bien** AUNQUE. || **tener a bien** fr. Estimar conveniente.
BIENAL adj. **1** Que sucede o se repite cada dos años. También s. **2** Que dura un bienio. || f. **3** *Arte.* Exposición artística o cultural que se repite cada dos años.
BIENAVENTURADO, DA adj. **1** Que goza de la bienaventuranza eterna. También s. **2** *Rel.* Afortunado, feliz.
BIENAVENTURANZA f. **1** *Rel.* Vista y posesión de Dios en el cielo. **2** Prosperidad o felicidad humana. || f. pl. *Rel.* **3** Las ocho felicidades que manifestó Cristo a sus discípulos para que aspirasen a ellas.
BIENESTAR m. **1** Comodidad. **2** Vida holgada, riqueza. **3** Estado del ser humano, en el que se hace sensible el buen funcionamiento de su actividad somática y psíquica. || **ESTADO DEL BIENESTAR** *Econ.* y *Polít.* Sistema económico que busca garantizar la seguridad social y económica de sus ciudadanos por medio de la distribución de los recursos disponibles. Su principal objetivo es asegurar la extensión a toda la comunidad de servicios como la sanidad, la educación, la seguridad social y las pensiones, la vivienda, etc.
BIENHECHOR, RA adj. y s. Que hace bien a otro.
BIENINTENCIONADO, DA adj. Que tiene buena intención.
BIENIO m. Tiempo de dos años.
BIENMESABE m. **1** Dulce de huevo y azúcar. **2** Fritura de pescado en adobo.
BIENTEVEO m. **1** CANDELECHO. **2** *Zool. Arg.* y *Urug.* Nombre común de diversas aves paseriformes del género *Pitangus*, de lomo pardo y pecho y cola amarillos.
BIENVENIDA f. Saludo que se da a alguien por haber llegado con felicidad.
BIENVENIDO, DA adj. Se dice de la persona o cosa cuya venida se agrada o júbilo.
BIERCE, AMBROSE Escritor y periodista estadounidense (Meigs, 1842 - ¿México?, 1914). De estilo mordaz e irónico, escribió los libros de relatos *Cuentos de soldados y civiles* (1891) y *¿Pueden ocurrir cosas semejantes?* (1893), así como el célebre *The Cynic's Word Book* (1906).
BIES m. **1** Sesgo, oblicuidad. **2** Trozo de tela cortada al sesgo.
BIFACIAL adj. Que tiene dos caras o superficies.
BIFÁSICO, CA adj. *Fís.* Se dice de un sistema de dos corrientes eléctricas alternas iguales, procedentes del mismo generador y desplazadas en el tiempo, la una respecto de la otra, un semiperiodo.
BIFE m. *Arg., Chile* y *Urug.* **1** BISTÉ. **2** *Arg., Perú* y *Urug.* BOFETADA.
BÍFERO, RA adj. *Bot.* Se dice de la planta que fructifica dos veces al año.
BÍFIDO, DA adj. *Biol.* Hendido en dos partes.
BIFLAGELADO, DA adj. *Biol.* **1** Se dice del organismo u orgánulo que tiene dos flagelos. || m. pl. *Biol.* **2** Grupo de hongos con zoosporas biflageladas.
BIFOCAL adj. *Fís.* Se dice de lo que tiene dos focos.
BIFURCACIÓN f. **1** Acción y efecto de bifurcarse. **2** Lugar en que un río, camino, etc., se bifurca. **3** *Fís.* Otros modos de desintegración radiactiva.
BIFURCARSE prnl. Dividirse en dos ramales, brazos o puntas.
BIG-BANG (Expr. i. que significa *gran explosión.*) *Astron.* Hipótesis cosmológica según la cual el universo se originó hace unos 15.000 millones de años, por la violenta explosión de un átomo inicial o bola de fuego superdensa, comprimida en un mínimo espacio y a una temperatura de 10^{12} grados Kelvin, que contenía materia y energía.
BIGAMIA f. *Der.* Estado de un hombre casado con dos mujeres a un mismo tiempo, o de la mujer casada con dos hombres.
BÍGAMO, MA adj. Que practica la bigamia.

Philippe **Bigarny.** *Bautizo de moros.* Retablo de la capilla real de Granada.

BIGARDO, DA O **BIGARDÓN, NA** adj. y s. Vago, holgazán.
BIGARNY O **BIGUERNY, PHILIPPE** Escultor y arquitecto borgoñón (Langres, 1498 - Toledo, 1543). Obras principales: el retablo de la capilla real de Granada, el de la capilla del Condestable de la catedral de Burgos, en colaboración con Siloé, y el coro de la catedral de Toledo, en colaboración con Berruguete.
BÍGARO m. *Zool.* Molusco gasterópodo de la familia neogasterópodos, de nombre científico *Littorina littorea*. Es un caracol marino de concha cónica y oscura, con bandas claras. Vive en las zonas de marea en el Atlántico. Su carne es muy apreciada.
BIGASTRO Municipio y lugar de España, provincia de Alicante; 4.611 h.
BIGEMINADO, DA adj. **1** *Arquit.* Se dice del hueco dividido en cuatro partes iguales, reunidas dos a dos mediante una división menor que la central. **2** *Biol.* Se dice de lo que es doble o par.
BIGNONE, REYNALDO BENITO Militar y político argentino (Morón, 1928). En 1976 participó en el golpe de Estado que derrocó a María Estela Martínez de Perón. Sucedió al general Galtieri en la presidencia de la República, tras la derrota argentina en las Malvinas (1982) y se mantuvo en el cargo hasta 1983.
BIGNONIA f. *Bot.* Nombre de un grupo de más de 100 especies de pequeños árboles o arbustos pertenecientes a la familia bignoniáceas, género *Bignonia*. Tienen raíces tuberculosas, tallos trepadores y grandes flores encarnadas.
BIGNONIÁCEO, A adj. y s. *Bot.* **1** Se dice de ciertas plantas arbóreas o arbustivas, angiospermas, dicotiledóneas, con hojas opuestas o verticiladas, corola con cinco lóbulos, y semillas aladas que maduran sin endospermar o con poco. || f. pl. *Bot.* **2** Familia de estas plantas.
BIGORNIA f. Yunque con dos puntas opuestas.
BIGOTE m. **1** Pelo que nace sobre el labio superior. También en pl. **2** *A. gráf.* Línea horizontal, comúnmente de adorno, gruesa por en medio y delgada por los extremos. **3** *Zool.* VIBRISA. **4** *Min.* Abertura de los hornos de cuba para que salga la escoria. || m. pl. **5** *Min.* Llamas que salen por esta abertura.
BIGOTERA f. **1** Tira de gamuza o redecilla con que se cubren los bigotes para que no se descompongan. **2** Bocera que queda en el labio superior cuando se bebe. Más en pl. **3** Compás pequeño que se usa en dibujo técnico.
BIGOTUDO, DA adj. **1** Que tiene mucho bigote. || m. *Zool.* **2** Ave paseriforme de la familia páridos, de nombre científico *Panurus biarmicus*, leonado por el dorso y gris rosado en la parte inferior. El macho tiene una mancha negra a los lados del pico a modo de bigote. Come insectos acuáticos y vive en carrizales, anidando entre las cañas. Vive en el centro y S de Europa.
BIGUÁ m. *Zool.* En Argentina y Paraguay, cierta especie de cormorán.
BIGUDÍ m. Alfiler o pinza para ensortijar el cabello. ♦ Su pl. es *bigudíes* o *bigudís*.
BIHAR Estado del NE de la India; 173.877 km² y 93.080.000 h. Su capital es Patna.
BIJA f. **1** *Bot.* Pequeño árbol o arbusto perteneciente a la familia bixáceas, de nombre científico *Bixa orellana*. Se caracteriza por sus hojas persistentes, flores olorosas de color rojo, rosado o blanco, y fruto oval, capsular y oscuro. Originario de América tropical. **2** *Bot.* Fruto de este árbol, del que se extrae una bebida medicinal. **3** *Bot.* Semilla de este fruto, de la que se extrae una sustancia de color rojo que se usa en tintorería. **4** Pasta tintórea que se prepara con esta semilla y se emplea para colorear los alimentos. Antiguamente la empleaban los indios para teñir sus cuerpos durante las ceremonias guerreras.
BIJÁGUARA f. *Bot.* Árbol de la familia ramnáceas, nativo de Cuba, de madera rojiza muy resistente.
BIJOL (Marca industrial, derivada de *bija*.) m. *Cuba* Polvo que se obtiene de los granos de la bija. Se usa como condimento.
BIKANER Ciudad de la India, en el Estado de Rajasthan; 416.289 h. Industria lanera (alfombras).
BIKILA, ABEBE Atleta etíope (Mout, 1932 - Addis Abeba, 1973). Vencedor del maratón en los juegos olímpicos de Roma (1960) y Tokio (1964). En 1967 recibió, en Ginebra, el premio internacional del Deporte.
BIKINI m. BIQUINI.
BIKINI Atolón de Oceanía, en el archipiélago de las Marshall. Base estadounidense de experimentos atómicos desde 1946.
BILABIADO, DA adj. *Bot.* Se dice del cáliz o corola cuyo tubo se halla dividido por el extremo superior en dos partes.
BILABIAL adj. *Fon.* **1** Se dice del sonido en cuya pronunciación intervienen los dos labios; como la *b* y la *p*. **2** Se dice de la letra que representa este sonido. También f.
BILAC, OLAVO (OLAVO MARTINS DOS GUIMARÃES, llamado) Poeta y novelista brasileño (Río de Janeiro, 1865 - íd., 1918). Escribió poemas modernistas de gran perfección formal. Autor de *Poesías, Ironia e piedade* y *Patria brasileira*.
BILATERAL adj. **1** Relativo a ambos lados. **2** *Fon.* Se dice de la consonante cuya expulsión de aire se produce a ambos lados del lugar de articulación. **3** *Fon.* Se dice de la oposición cuya base de comparación es exclusiva de los dos fonemas que la constituyen, y no se produce entre otros términos del sistema.
BILATERALIDAD f. *Psicol.* Equivalencia morfológica y funcional de ambos hemisferios del cerebro. Es sinónimo de *ambidextrismo*.
BILBAÍNO, NA adj. y s. De Bilbao.
BILBAO (*Bilbo*) Municipio y lugar de España, capital de la provincia de Vizcaya y cabeza del partido judicial de su nombre; 358.875 h. Rodeada de montes y colinas, su clima es templado y húmedo. Importante puerto en el Cantábrico. Industria siderúrgica, de construcciones metálicas y navales, química, de la construcción y papeleras. Universidad. Aeropuerto.

Bilbao (Vizcaya). Museo Guggenheim.

BILBAO, FRANCISCO Político y escritor chileno (Santiago de Chile, 1823 - La Plata, 1865). Exiliado en Europa a causa de sus ideas liberales (1843), participó en París en la revolución de 1848. De vuelta en Chile, intervino en la revolución de 1851 y, en 1854, consiguió derribar al gobierno chileno, por lo que más tarde fue desterrado. Es autor de *La América en peligro* y *El evangelio americano*. Su doctrina influyó en toda Hispanoamérica.

BILBILITANO, NA adj. y s. De la antigua Bílbilis y de Calatayud.

BILBO BILBAO.

BILDT, CARL Político sueco (Hallanning, 1949). En 1986 fue elegido presidente del Partido Moderado Sueco, y ocupó el cargo de primer ministro de 1991 a 1994.

BILHARZIASIS f. *Pat.* Enfermedad parásita que sufren el hombre y los animales domésticos, causada por parásitos trematodos del género *Schistosoma*. Es endémico de los países tropicales.

BILIAR o **BILIARIO, RIA** adj. Relativo a la bilis.

BILINGA f. *Bot.* Árbol de gran tamaño perteneciente a la familia rubiáceas, de nombre científico *Nauclea diderrehii*. Es propio de los bosques tropicales de África occidental.

BILINGÜE adj. **1** Que habla dos lenguas. **2** Escrito en dos idiomas.

BILINGÜISMO m. *Ling.* **1** Capacidad que posee un individuo o una comunidad de poder usar normalmente dos idiomas. **2** Uso habitual de dos lenguas en un mismo país o región.

BILIOSO, SA adj. **1** *Med.* Abundante en bilis. **2** ATRABILIARIO, colérico.

BILIPROTEÍNA f. *Bot.* Nombre genérico de unos compuestos orgánicos presentes en ciertas algas, y formados por ficobilina y una proteína conjugada.

BILIRRUBINA f. *Fisiol.* Pigmento biliar rojo anaranjado que se forma por degradación del grupo hemo de la hemoglobina de los glóbulos rojos.

BILIRRUBINEMIA f. *Med.* Presencia de bilirrubina en la sangre.

BILIS f. **1** *Fisiol.* Humor amargo, de color amarillo o verdoso, y reacción alcalina en el hombre, segregado por el hígado y almacenado en la vesícula biliar, de donde fluye al duodeno para contribuir a la emulsión, digestión y absorción de las grasas. **2** fig. Cólera, enojo, irritabilidad.

BILÍTERO, RA adj. De dos letras.

BILIVERDINA f. **1** *Fisiol.* Pigmento cristalino verde que aparece en la bilis del hombre como producto de oxidación de la bilirrubina. **2** *Zool.* Pigmento verde que aparece en la bilis de anfibios y aves.

BILL, MAX Arquitecto, escultor y pintor suizo (Winterthur, 1908 - Berlín, 1994). Formado en la Bauhaus, desarrolló un arte abstracto fundado en teorías matemáticas.

BILLAR m. **1** Juego que se ejecuta impulsando con tacos bolas de marfil en una mesa rectangular forrada de paño, rodeada de barandas elásticas y con troneras o sin ellas. **2** Mesa en que se juega. **3** Local donde está el billar.

BILLETAJE m. Conjunto o totalidad de los billetes de un teatro, autobús, etc.

BILLETE m. **1** Tarjeta o cédula que da derecho para entrar u ocupar asiento en alguna parte o para viajar en un vehículo. **2** Cédula impresa o manuscrita que acredita participación en una rifa o lotería. **3** Cédula impresa o grabada que representa cantidades de dinero.

BILLETERO, RA m. y f. Cartera pequeña de bolsillo para llevar billetes de banco.

BILLINGHURST, GUILLERMO ENRIQUE Político peruano (Arica, 1851 - Lima, 1915). Vicepresidente de la República (1895-99), fue elegido presidente en 1912, pero un golpe militar encabezado lo derrocó dos años más tarde.

BILLITON BELITUNG.

BILLÓN m. **1** Un millón de millones, que se expresa por la unidad seguida de doce ceros. **2** En EE UU, Italia y algún otro país, un millar de millones.

BILLONÉSIMO, MA adj. y s. Se dice de cada una de las partes iguales de un todo dividido en un billón de ellas.

BILOCARSE prnl. Según ciertas creencias, hallarse alguien en dos lugares distintos a la vez.

BILOCULAR o **BILOCULADO, DA** adj. *Bot.* Se dice de cualquier parte del vegetal dividida en dos cavidades.

BILONGO m. *Cuba* Brujería, mal de ojo.

BIMANO, NA o **BÍMANO, NA** adj. **1** De dos manos. Se dice sólo del hombre. También s. || m. pl. *Zool.* **2** Grupo del orden de los primates, al cual sólo pertenece el hombre.

BIMBA f. fam. SOMBRERO DE COPA.

BIMEMBRE adj. De dos miembros o partes.

BIMENSUAL adj. Que se hace u ocurre dos veces al mes.

BIMESTRAL adj. **1** Que sucede o se repite cada bimestre. **2** Que dura un bimestre.

BIMESTRE adj. **1** BIMESTRAL. || m. **2** Tiempo de dos meses. **3** Renta, sueldo o pensión que se cobra o paga por cada bimestre.

BIMETALISMO m. *Econ.* Sistema monetario que admite como patrones el oro y la plata.

BIMOTOR m. Avión provisto de dos motores.

BIN LADEN, OSAMA Activista islámico saudí (Riyadh, 1957). En 1979 apoyó financieramente a los talibanes, el sector más radical del movimiento guerrillero afgano, en su lucha contra la URSS. En 1988 fundó el grupo Al Qaeda con el objetivo de emprender la guerra santa. Desde 1991 orientó sus actividades contra los intereses estadounidenses y estableció bases operativas en Sudán, Pakistán y Afganistán, país que convirtió en su lugar de residencia desde 1995. Implicado en varios atentados desde 1993, se le considera responsable de la organización de los atentados del 11 de septiembre de 2001 en EE UU y de los del 11 de marzo de 2004 en Madrid.

BINAR tr. *Agr.* **1** Desmoronar la capa superficial del suelo para aumentar su capacidad de aislamiento y disminuir la de evaporación del agua. **2** Dar segunda reja a las tierras de labor. || intr. **3** Celebrar un sacerdote dos misas en un mismo día.

BINARIO, RIA adj. **1** *Mat.* Compuesto de dos elementos, unidades o guarismos. **2** *Quím.* Referido a una aleación, la formada por dos metales. **3** *Mús.* Se dice del compás de un número par de tiempos. **4** Que tiene dos componentes. || **BINARIO CHINO** *Inform.* Sistema de codificación de tarjetas perforadas en que la lectura se realiza por columnas y no por filas.

BINGARROTE m. *Méx.* Aguardiente destilado del binguí.

BINGO m. **1** Juego de azar parecido a la lotería con cartones. **2** Premio que se da al ganador de este juego. **3** Sala donde se practica este juego.

BINGUÍ m. *Méx.* Bebida extraída del tronco del maguey.

BINISALEM *(Binissalem)* Municipio y lugar de España, provincia de Baleares, en la isla de Mallorca; 4.885 h.

BINNING, GERD KARL Físico alemán (Frankfurt am Main, 1947). Trabajó con H. Rohrer en la construcción del microscopio de efecto túnel. Compartió con E. Ruska el premio Nobel de Física en 1986.

BINNUNA, KHANATA BENNUNA, JANATA.

BINOCULAR adj. **1** Perteneciente, relativo o utilizado por ambos ojos. **2** *Fisiol.* Se dice de la visión con los dos ojos. **3** *Fís.* Aparato óptico con dos oculares.

BINÓCULO m. Anteojo con lentes para ambos ojos.

BINOMIAL, NOMENCLATURA *Biol.* Sistema creado por Linneo para nombrar los seres vivos (plantas y animales).

BINOMIO m. **1** *Mat.* Expresión compuesta de dos términos algebraicos (monomios) separados por los signos de suma o resta. **2** Conjunto de dos nombres de personalidades que desempeñan un importante papel en la vida política, deportiva, artística, etc. || **BINOMIO DE NEWTON** *Mat.* Fórmula para elevar a cualquier potencia un binomio. Su fórmula se expresa:

$$(a+b)^n = \binom{n}{0} a^n + \binom{n}{1} a^{n-1} b + \binom{n}{2} a^{n-2} b^2 + \ldots + \binom{n}{n-1} a b^{n-1} + \binom{n}{n} b^n$$

BINZA f. **1** Película que tiene la cebolla por la parte exterior. **2** *Zool.* FÁRFARA[2], telilla. **3** *Zool.* Cualquier telilla del cuerpo animal.

BIO-; -BIO-; -BIO, -BIOS, -BIOSIS, -BIÓTICO pref., in. o sufs. que significan vida, vitalidad.

BIOACÚSTICA f. *Biol.* Estudio de la relación que existe entre los organismos vivos y el sonido.

BIOASTRONÁUTICA f. *Astron.* Ciencia que estudia todos los aspectos tecnológicos necesarios para el mantenimiento de la vida en las especiales condiciones de los viajes espaciales. Es una ciencia complementaria de la medicina espacial.

BIOBÍO Río de Chile que nace en la provincia de Malleco y desemboca en el Pacífico; 370 km de curso.

BIOBÍO Región VIII de Chile que comprende las provincias de Ñuble, Biobío, Concepción y Arauco; 36.929 km^2 y 1.753.662 h. Su capital es Concepción. Yacimientos de carbón. Importantes recursos agropecuarios. Pesca.

BIOCATALIZADOR m. *Fisiol.* Grupo de sustancias orgánicas indispensables para las reacciones químicas que se producen en los seres vivos. Son las hormonas, vitaminas y enzimas.

BIOCENOSIS f. *Ecol.* Asociación local de especies distintas, animales y vegetales, libres, parásitos o simbióticas, todas indispensables para la supervivencia de la comunidad. También denominada *biocoenosis*. ♦ Su pl. es *biocenosis*.

BIOCICLO m. *Ecol.* Grupo de biotopos similares en que se divide la biosfera. Hay tres: terrestre, marino y de agua dulce.

BIOCIDA m. *Quím.* Sustancia química de amplio espectro capaz de destruir los organismos vivos.

BIOCLIMATOLOGÍA f. *Ecol.* Ciencia que estudia las influencias del clima sobre los seres vivos.

BIOCOMBUSTIBLE m. *Geol.* El que procede de órganos o tejidos vegetales, como la madera, paja, hojas, etc.

BIOCONVERSIÓN f. *Ecol.* Transformación de una forma de energía en otra, llevada a cabo por plantas o microorganismos.

BIOCORO m. *Ecol.* Grupo de biotopos semejantes.

BIOCRÓN m. **1** *Paleon.* Fósil con una distribución temporal relativamente corta. **2** *Biol.* y *Paleon.* Tiempo de existencia de una especie dada.

BIOCRONOLOGÍA f. *Biol.* y *Paleon.* Estudio de la flora y fauna existente en intervalos de tiempo geológico determinados.

BIODEGRADABLE adj. *Ecol.* Se dice de las sustancias que se descomponen más o menos rápidamente por un proceso natural biológico. Las sustancias que no lo son contaminan la biosfera.

BIODEGRADACIÓN f. *Ecol.* Proceso de descomposición realizado por los seres vivos.

BIOELECTRICIDAD f. *Biol.* Corriente eléctrica que se origina en los órganos vivos.

BIOELECTROQUÍMICA f. *Biol.* Estudio del control del crecimiento biológico y de los procesos de reparación mediante estimulación eléctrica.

BIOELEMENTO m. *Biol.* Cualquiera de los elementos químicos que son indispensables para el desarrollo normal de alguna especie vegetal o animal.

BIOENERGÉTICA f. **1** *Biol.* Parte de la biología que estudia las formas de transformación de la energía en los seres vivos. **2** *Ecol.* AGROENERGÉTICA.

BIOESTRATIGRAFÍA f. *Geol.* Estudio de las circunstancias de formación, sedimentación y antigüedad de los estratos, basado en los fósiles que contienen.

BIOFACIES f. *Geol.* Conjunto de características paleobiológicas que posee una formación sedimentaria.

BIÓFAGO, GA adj. *Ecol.* Se dice de los organismos que se alimentan de otros organismos vivos, animales (zoófagos) o vegetales (fitófagos).

BIOFÍSICA f. *Biol.* Estudio de los fenómenos biológicos y de las estructuras de los organismos vivos mediante los principios y métodos de la física.

BIÓFITO, TA adj. *Ecol.* Se dice de la planta que se alimenta de otros seres vivos, tanto de forma parásita como predadora.

BIOFOTOGÉNESIS f. *Biol.* BIOLUMINISCENCIA.

BIOGÉNESIS f. *Biol.* Teoría según la cual todo ser vivo procede de otro ser vivo similar a él; lo contrario de generación espontánea. ♦ Su pl. es *biogénesis*.

BIOGEOCENOSIS f. *Ecol.* Sistema interdependiente de organismos vivos y su ambiente físico y geográfico. También denominado *ecosistema*.

BIOGEOGRAFÍA f. *Biol.* Ciencia que estudia la distribución de los seres vivos sobre la Tierra y las variaciones de ésta en las diferentes épocas geológicas.

BIOGNOSIA o **BIOGNOSIS** f. *Biol.* Estudio o ciencia de la vida. ♦ El pl. de la segunda forma es *biognosis*.

BIOGRAFÍA f. Historia de la vida de una persona.

BIOGRAFIADO, DA m. y f. Persona cuya vida es el objeto de una biografía.

BIOGRAFIAR tr. Escribir la biografía de alguien.

BIOINDICADOR m. *Ecol.* Componente biótico o abiótico de un entorno que se utiliza para definir el carácter del medio a que pertenece.

BIOINGENIERÍA f. *Tecnol.* Aplicación de las técnicas de ingeniería en los campos de la medicina y biología.

BIOKO Isla de Guinea Ecuatorial; 2.017 km^2 y 67.920 h. Produce cacao, café y madera. Antes se llamó *Fernando Poo*.

BIOLISIS f. *Biol.* **1** Muerte de los tejidos seguida de su desintegración. **2** Descomposición de materiales orgánicos a cargo de los seres vivos.

BIOLOGÍA f. *Biol.* Ciencia que estudia los seres vivos, analizando sus aspectos morfológicos y fisiológicos, su sistemática, ecología, microbiología y paleontología. || **BIOLOGÍA MATEMÁTICA** *Biol.* Aplicación de las matemáticas, estadística e informática al estudio de los sistemas biológicos y los procesos que en ellos tienen lugar. || **BIOLOGÍA MOLECULAR** *Biol.* Rama que interpreta los hechos biológicos en función de las propiedades físicoquímicas de las moléculas en la célula.

BIOLOGISMO m. *Filos.* Doctrina que interpreta el conocimiento humano como resultado de un proceso biológico y de su evolución, con la consiguiente restricción de la validez objetiva de tal conocimiento.

BIÓLOGO, GA m. y f. *Biol.* Persona que profesa la biología o tiene en ella especiales conocimientos.

BIOLUMINISCENCIA f. *Biol.* **1** Propiedad que tienen algunos seres vivos de emitir luz: hongos, bacterias, luciénagas, peces, etc. **2** Emisión de luz por algunos seres vivos.

BIOMA m. *Ecol.* Conjunto de comunidades ecológicas de flora y fauna que se extienden por grandes regiones naturales, así como todas las fases del desarrollo de aquéllas. Dentro de los biomas terrestres, los más característicos son la tundra, la taiga, el bosque caducifolio templado, la estepa, el desierto, la sabana y el bosque tropical.

BIOMASA f. *Ecol.* Masa total de los organismos vivos, animales o vegetales, que viven en un medio determinado: estanque, bosque, mar, etc.

BIOMBO m. Mampara formada de varios bastidores articulados.

BIOMEDICINA f. *Med.* Ciencia que se ocupa del medio ambiente que precisan los astronautas dentro de los vehículos espaciales.

BIOMETEOROLOGÍA f. *Biol.* Estudio de las relaciones existentes entre los seres vivos y los fenómenos atmosféricos.

BIOMETRÍA f. *Mat.* Estudio matemático o estadístico de los fenómenos o procesos biológicos.

BIONAVEGACIÓN f. *Zool.* Capacidad que presentan algunos animales, como las aves, para encontrar el camino de vuelta a su lugar de origen.

BIÓN m. *Biol.* Organismo vivo considerado individual e independientemente. También denominado *bionte.*

BIÓNICA f. *Tecnol.* Ciencia que estudia los órganos especializados de los seres vivos para aplicar los principios de su funcionamiento a la fabricación de aparatos y sistemas electrónicos.

BIOPOYESIS f. *Biol.* Creación de materia viviente a partir de otra que no lo es.

BIOPSIA f. *Med.* Procedimiento de investigación clínica que consiste en separar del organismo vivo una porción de un órgano, tejido, células o fluidos corporales, para practicar su análisis y realizar un diagnóstico.

BIOQUÍMICA f. *Biol.* Ciencia que estudia la naturaleza de las sustancias que componen los organismos vivos, las transformaciones químicas que sufren a lo largo de su vida y las sustancias que elaboran para su mantenimiento.

BIOQUÍMICO, CA adj. *Biol.* **1** Relativo a la bioquímica o a la realidad que ésta estudia. || m. y f. **2** Persona especializada en bioquímica.

BIORRITMO m. *Biol.* Ciclo de tiempo variable al que están sometidos los seres vivos para realizar determinadas actividades.

BIOS m. *Quím.* Denominación genérica de un grupo de sustancias que actúan como factores de crecimiento en ciertas levaduras.

-BIOS suf. BIO-.

BIOSATÉLITE m. *Astron.* Satélite dedicado a la investigación de las reacciones fisiológicas y genéticas que tienen lugar en el organismo bajo las condiciones espaciales.

BIOSFERA f. *Ecol.* **1** Conjunto de los medios en que se desenvuelve la vida vegetal y animal. **2** Conjunto que forman los seres vivos con el medio en que se desarrollan. **3** Parte inferior de la atmósfera que constituye una envoltura terrestre en que la composición, estructura y energía están condicionadas por las actividades pasadas o presentes de los organismos vivos. Comprende la hidrosfera y la parte superior de la litosfera.

BIOSÍNTESIS f. *Biol.* Proceso por el que los organismos vivos elaboran sustancias complejas a expensas de otras más sencillas y de menor contenido energético. ♦ Su pl. es *biosíntesis.*

-BIOSIS suf. BIO-.

BIOSISTEMA m. ECOSISTEMA.

BIOSISTEMÁTICA f. *Biol.* Estudio de los parentescos entre los seres vivos con relación a las leyes de su clasificación.

BIOSOCIOLOGÍA f. *Biol.* Ciencia que relaciona la existencia biológica del hombre con su entorno sociocultural.

BIOSONAR m. *Zool.* Sistema utilizado por algunos animales, como los murciélagos, para guiarse en sus desplazamientos. Se basa en el proceso de reflexión que sufren las ondas sonoras cuando chocan contra algún obstáculo.

BIOSPORA f. *Biol.* Cualquier partícula de pequeño tamaño a la que se supone capacidad de crecimiento y reproducción.

BIOSTASIS f. *Biol.* Capacidad de adaptación de un organismo para soportar los cambios que se produzcan en su medio ambiente sin mostrar ningún tipo de adaptación especial.

BIOSTROMO m. *Geol.* ARRECIFE.

BIOT (Del apellido de Jean Baptiste *Biot.)* m. *Fís.* Unidad de corriente eléctrica en el sistema magnético CGS. Equivale a diez amperios.

BIOT, JEAN BAPTISTE Físico, matemático y astrónomo francés (París, 1774 - íd., 1862). En 1804, junto con Gay-Lussac, realizó la primera ascensión en globo para medir la composición de la alta atmósfera y el valor del campo magnético terrestre. Estudió la luz polarizada.

BIOTA f. **1** *Ecol.* Conjunto de todos los seres vivos de una región. **2** *Ecol.* Flora y fauna consideradas en conjunto.

BIOTERAPIA f. *Med.* Tratamiento de las enfermedades con sustancias biológicas producidas por los organismos vivos.

BIÓTICO, CA adj. *Ecol.* **1** Perteneciente o relativo a la biota. Por extensión, propio de la biología. **2** Se dice de cualquiera de los factores de influencia que los seres vivos ejercen entre sí. **3** Dotado de vida.

-BIÓTICO suf. BIO-.

BIOTINA f. *Quím.* Sustancia cristalina e incolora perteneciente al complejo vitamínico B. Es muy frecuente en la naturaleza, sobre todo en forma combinada.

BIOTIPO m. *Biol.* **1** Forma prototípica de cada uno de los seres vivos. **2** Conjunto de individuos que presentan los mismos caracteres hereditarios. **3** Conjunto de rasgos morfológicos y estructurales que caracterizan a un grupo de seres parecidos morfológica y fisiológicamente.

BIOTITA f. *Miner.* Variedad de la mica, que químicamente es un aluminosilicato de hierro y magnesio con potasio y grupos hidroxilo, de fórmula $K(Mg\ Fe)_3\ (Al\ Si_3O_{10})\ (OH)_{21}$.

BIOTOPO o **BIÓTOPO** m. *Ecol.* Ambiente físico de características uniformes, ocupado por una biocenosis determinada.

BIOY CASARES, ADOLFO Escritor argentino (Buenos Aires, 1914 - íd., 1999). A partir de la publicación de *La invención de Morel* (1940), se convirtió en uno de los maestros del relato fantástico. Con Borges escribió, bajo el seudónimo de *H. Bustos Domecq,* libros de relatos policiacos. Es autor de libros de cuentos como *Un modelo para la muerte* (1948), *Historia prodigiosa* (1956), *Una muñeca rusa* (1991); y de las novelas *Plan de evasión* (1945), *Dormir al sol* (1973) y *La aventura de un fotógrafo en La Plata* (1985). Entre sus últimas obras se encuentran *Memorias* (1994) y *Memoria sobre La Pampa y los gauchos* (1996). En 1990 recibió el premio Miguel de Cervantes.

BIOZONA f. *Paleon.* Lugar que se caracteriza por la presencia de restos fósiles comunes.

BÍPARO, RA adj. **1** *Bot.* Se dice de cualquier estructura integrada por dos partes o que se divide en ellas. **2** *Zool.* Se dice del individuo o especie que en cada parto da a luz dos crías.

BIPARTICIÓN f. *Biol.* Forma de reproducción asexual propia de las células y los organismos unicelulares.

BIPARTIDISMO m. *Polít.* Forma de gobierno basada en la existencia de dos partidos dominantes.

BIPARTIDO, DA o **BIPARTITO, TA** adj. Que consta de dos partes.

BIPECTINADO, DA adj. *Zool.* **1** Se dice de cualquier estructura que se ramifica a ambos lados a partir de un eje principal, como una pluma. **2** Se dice de las antenas de ciertas mariposas que tienen dos bordes con púas en forma de peine.

BÍPEDE adj. BÍPEDO.

BÍPEDO, DA adj. y m. *Zool.* **1** Se dice del animal que camina sobre dos patas o pies. || m. *Zool.* **2** En los animales de cuatro patas, conjunto de dos de ellas, especialmente de un mismo costado u opuestas en diagonal.

BIPELTADO, DA adj. **1** *Bot.* Que tiene dos partes en forma de escudo. **2** *Zool.* Que tiene una concha, o cualquier otra estructura protectora, o un doble escudo.

BIPINNADO, DA adj. *Bot.* Se dice de la hoja pinnada con ramificaciones primarias y secundarias.

BIPIRÁMIDE f. *Geol.* Cristal de un mineral en forma de dos pirámides con la base común. Cada una es imagen reflejada de la otra, sus caras son triangulares y se encuentran en número de tres, cuatro, seis, ocho o doce.

BIPLANO m. *Aviac.* Avión con cuatro alas que, dos a dos, forman planos paralelos.

BIPLAZA adj. y m. Se dice del vehículo de dos plazas.

BIPOLAR adj. **1** *Fís.* En electricidad, se dice del interruptor o conmutador que cierra o abre el circuito de dos polos simultáneamente. **2** *Tecnol.* Que tiene dos polos. **3** *Zool.* Se dice de la estructura dotada de dos polos o partes diferenciadas y opuestas.

BIPONTINO, NA adj. y s. **1** De Dos Puentes, ciudad alemana que hoy se llama Zweibrücken. **2** Relativo a esta ciudad alemana. Se dice especialmente de las ediciones de clásicos griegos y latinos publicadas en esta ciudad a partir de 1779.

BIQUINI m. Traje de baño femenino de dos piezas.

BIRD (Siglas de *Banco Internacional para la Reconstrucción y el Desarrollo.)* BANCO MUNDIAL.

BIRD, VERE CORNWALL Político de Antigua y Barbuda (Antigua, 1910 - íd., 1996). Jefe de Gobierno (1960-71 y 1976-81) al frente del Partido Laborista, en noviembre de 1981, tras la independencia del país, fue nombrado primer ministro. En 1994 fue sustituido en el cargo por su hijo Lester.

Adolfo **Bioy Casares**

BIRDIE (Voz i.) m. *Dep.* En el golf, jugada que consiste en meter la pelota en el hoyo con un golpe menos del par.

BIRENDRA BIR BIKRAM, SHA DEV Rey de Nepal (Katmandú, 1945 - íd., 2001). Subió al trono en 1972, a la muerte de su padre, el rey Mahendra, y fue coronado en 1975, siguiendo los consejos de los astrólogos. Murió asesinado en circunstancias poco claras.

BIRGER, MAGNUSSON Rey de Suecia (?, 1280 - Gotland, 1321). Subió al trono en 1290, bajo la regencia del mariscal Knutsson. El pueblo se sublevó contra él y tuvo que huir a Dinamarca.

BIRIMBAO m. *Mús.* Instrumento musical de hierro, en forma de herradura con una lengüeta de acero.

BIRLAR tr. fig. y fam. Quitar algo a alguien con engaños o maña.

BIRLIBIRLOQUE, POR ARTE DE loc. fam. con que se denota haberse hecho una cosa por medios ocultos y extraordinarios.

BIRLOCHA f. COMETA, juguete.

BIRMANIA MYANMAR.

BIRMANO, NA adj. y s. De Birmania.

BIRMINGHAM Ciudad del Reino Unido, en Inglaterra; 1.008.400 h. Principal centro siderometalúrgico del país. Industria textil, aeronáutica, del automóvil y de material ferroviario.

BIROBIJAN Ciudad de la Federación de Rusia, en la República Federada de Rusia, capital de la región autónoma de Yevreyskaya (Hebreos); 83.667 h.

BIRR m. *Econ.* Unidad monetaria de Etiopía.

BIRREFLEXIÓN f. *Fís.* Fenómeno óptico por el que las sustancias anisotrópicas reflejan la luz polarizada con distinta intensidad y color según la dirección.

BIRREFRINGENCIA f. **1** *Fís.* Propiedad óptica que poseen algunas sustancias anisótropas de originar dos rayos refractados por cada rayo incidente. **2** *Geol.* En algunos minerales cristalizados, propiedad de la doble refracción de la luz.

BIRRETE m. Gorro de forma prismática con una borla, que en algunos actos solemnes sirve de distintivo a los profesores de universidad, magistrados, jueces y abogados.

BIRRIA f. **1** Mamarracho, facha, adefesio. **2** Persona o cosa de poco valor o importancia.

BIS adv. c. Se emplea para dar a entender que una cosa debe repetirse o está repetida.

BIS-, BIZ-, BI-; -BI- prefs. o in. que significan dos, o dos veces.

BISABUELO, LA m. y f. Respecto de una persona, el padre o la madre de su abuelo o de su abuela.

BISAGRA f. Conjunto de dos láminas metálicas unidas por un eje común y sujetas a dos piezas movibles o una a una movible y otra a una fija, permitiendo girar a las piezas movibles.

BISANUAL m. BIANUAL.

BISAYAS o **VISAYAS** Archipiélago de Filipinas, entre Luzón y Mindanao; 56.606 km² y 14.673.000 h. Las principales islas son: Bohol, Cebú, Leyte, Masbate, Negros, Panay, Samar y otras menores.

BISAYO, YA adj. y s. **1** De las islas Bisayas. || m. **2** Lengua hablada en estas islas.

BISBÍS m. *Ocio.* **1** Juego de azar semejante a la ruleta. **2** Tablero que sirve para este juego.

BISBISAR o **BISBISEAR** tr. fam. MUSITAR.

BISBITA m. *Zool.* Nombre común de 40 especies de aves paseriformes pertenecientes a la familia motacílidas, del género *Anthus.* Se caracterizan por su pequeño tamaño, pico recto y delgado, patas finas terminadas en uñas curvadas, y hábitos migratorios. Viven en las zonas húmedas de todo el mundo.

BISCOTE m. Pan de molde tostado al fuego.

BISCUIT (Voz fr.) m. Bizcocho helado.

BISECAR tr. *Geom.* Dividir en dos partes iguales.

BISECCIÓN f. **1** *Bot.* Dibujo que señala el contorno de los brotes y raíces de las plantas que han crecido en su posición natural. **2** *Geom.* Acción y efecto de bisecar. Se aplica generalmente a la división de los ángulos.

BISECTOR, TRIZ adj. y s. *Geom.* **1** Que divide un ángulo diedro en dos partes iguales. Se aplica comúnmente a un plano o a una recta. || f. *Geom.* **2** Lugar geométrico de los puntos que equidistan de los lados del ángulo.

BISEL m. Corte oblicuo en el borde de una lámina o plancha.

BISEMANAL adj. Que se hace u ocurre dos veces por semana.

BISERIADO, DA adj. Se dice de lo dispuesto en dos hileras o series.

BISERRADO, DA adj. *Biol.* **1** Que posee estructuras doblemente aserradas o dentadas. **2** Serrado por ambos lados.

BISETUN BEHISTUN.

BISEXUAL adj. y com. **1** *Biol.* HERMAFRODITA. **2** *Biol.* Se dice de la persona que siente atracción por los dos sexos y mantiene relaciones sexuales con ambos. **3** *Med.* Se dice del individuo que tiene órganos sexuales indiferenciados de ambos sexos.

BISEXUALIDAD f. **1** Presencia de órganos o de caracteres sexuales de uno y otro sexo en un mismo individuo. **2** Atracción sexual hacia personas de ambos sexos.

BISFENOL A *Quím.* Sustancia plástica que se produce como intermedio en el proceso de fabricación de las resinas epóxido.

BISHKEK Ciudad capital de Kirguizistán, que constituye en sí misma una división administrativa; 597.000 h. Agricultura. Industria. Antiguamente se llamó *Frunze*.

BISHOP, MAURICE Político de Granada (Aruba, 1944 - Saint George, 1983). Primer ministro desde 1979, al encabezar la revolución que derrocó al gobierno de Eric Gairy. Fue asesinado durante el golpe de Estado de 1983.

BISIESTO adj. y m. AÑO BISIESTO.

BISÍLABO, BA o **BISILÁBICO, CA** adj. y s. *Ling.* De dos sílabas.

BISINOSIS f. *Med.* Forma de neumoconiosis causada por la inhalación de polvo de algodón.

BISITUN BEHISTUN.

BISKRA Vilaya de Argelia; 430.202 h. Su capital es la ciudad del mismo nombre. Turismo.

BISLAMA m. *Ling.* Lengua hablada en Vanuatu (Oceanía). Es una variedad de pidgin.

BISMALITO m. *Geol.* Variedad de lacolito, intrusión ígnea de base plana y techo convexo.

BISMARCK, ARCHIPIÉLAGO DE Grupo de islas volcánicas, integrantes de Papua-Nueva Guinea, en Oceanía, al NE de Nueva Guinea; 53.000 km^2 y 350.000 h. Sus principales islas son las del Almirantazgo, Nueva Bretaña, Nueva Irlanda y Lavongai. Fue protectorado alemán en 1884. Ocupado por las tropas australianas en la Primera Guerra Mundial, fue puesto bajo el mandato de Australia (1910) por la Sociedad de Naciones hasta la independencia de Papua-Nueva Guinea en 1975.

BISMARCK, OTTO-LEOPOLD VON, PRÍNCIPE DE Político y diplomático alemán (Schönhausen, 1815 - Friedrichsruh, 1898). Nombrado primer ministro por Guillermo I en 1862, reformó el ejército prusiano y estableció como objetivo de su actuación la unidad alemana, que desarrolló en tres fases: guerra de Prusia y Austria contra Dinamarca (1864); guerra austro-prusiana (1866), tras la que Prusia se convirtió en la primera potencia alemana, y guerra franco-prusiana (1870-71), con la que se consiguió la reunificación de todos los Estados alemanes. En 1871 Guillermo I fue proclamado emperador y Bismarck canciller del II Reich. Las diferencias con el nuevo *kaiser* Guillermo II le llevaron a dimitir en 1888.

BISMUTINA f. *Quím.* Nombre genérico de los compuestos orgánicos con fórmula BiH$_{3-n}$Rn, que resultan de sustituir uno o varios átomos de hidrógeno del grupo BiH$_3$ por radicales carbonados monovalentes.

BISMUTINITA f. *Miner.* Sulfuro de bismuto, rara vez cristalizado, de color gris plomo con manchas amarillentas. También denominado *bismuto brillante*.

BISMUTITA f. *Miner.* Variedad amorfa del carbonato de bismuto, que aparece muy raramente en la naturaleza.

BISMUTO m. **1** *Quím.* Elemento químico metálico del grupo V A del sistema periódico. Número atómico 83; masa atómica 208,9; punto de ebullición 268º C; símbolo *Bi*. Se emplea, junto con el plomo, en aleaciones fusibles y también en farmacia. **2** *Min.* Mineral que aparece en cristales romboédricos de color grisáceo, estructura hojosa, muy frágil y fácilmente fusible. **3** *Quím.* HIDRURO DE BISMUTO.

BISNIETO, TA m. y f. Respecto de una persona, hijo o hija de su nieto o nieta. ◆ También se dice *biznieto*.

BISO m. **1** *Bot.* Pedúnculo de algunos hongos. **2** *Zool.* Producto de secreción de muchos moluscos lamelibranquios, que se endurece en contacto con el agua y sirve para fijar el animal a las rocas.

BISOJO, JA adj. Se dice de la persona que padece estrabismo.

BISONTE m. *Zool.* Mamífero artiodáctilo rumiante perteneciente a la familia bóvidos, género *Bison*. Es un animal parecido al toro, con la cabeza grande, giba y cuernos pequeños curvos casi verticales. El pelaje áspero y de color pardo oscuro que le cubre la cabeza y el cuello forma una larga melena que se prolonga hasta la zona superior de las patas delanteras. Vive en manadas. El bisonte americano (*B. bison* o *B. americanus*) es el mayor mamífero terrestre del continente americano. En la actualidad sólo queda una pequeña manada en el parque de Yellowstone. El bisonte europeo (*B. bonasus* o *B. europaeus*), se encuentra al borde de la extinción.

BISOÑÉ m. Peluca que cubre sólo la parte anterior de la cabeza.

BISOÑO, ÑA adj. y s. **1** Se dice del soldado o tropa nuevos. **2** fig. y fam. Nuevo e inexperto en cualquier arte u oficio.

BISSAU Ciudad capital de Guinea-Bissau; 197.610 h. Importante puerto comercial. Se la conoce también como *San José de Bissau*.

BISTÉ o **BISTEC** m. Loncha de carne de vaca soasada en parrillas o frita. ◆ Su pl. es *bistés* o *bistecs*.

BISTORTA f. *Bot.* Nombre común de diversas plantas de la familia poligonáceas, género *Polygonum*, de raíz astringente, que crece en praderas húmedas.

BISTURÍ m. Instrumento en forma de cuchillo pequeño para realizar incisiones. ◆ Su pl. es *bisturís* o *bisturíes*.

BISULCO, CA adj. *Zool.* De pezuñas partidas.

BISULFATO m. *Quím.* Cualquiera de las sales ácidas del ácido sulfúrico.

BISULFITO m. *Quím.* Cualquiera de las sales ácidas del ácido sulfuroso, y en especial la de sodio. Se emplean como preservantes y fuente para la obtención de dióxido de azufre.

BISULFURO m. *Quím.* Sal derivada del sulfuro de hidrógeno, en el que una de sus dos moléculas de hidrógeno ha sido sustituida por un metal.

BISUTERÍA f. Joyería de imitación.

BIT (Del i. *binary digit*, dígito binario.) m. *Inform.* **1** Unidad de información, la más pequeña de representación en el sistema binario. Puede tomar dos valores: 0 ó 1. **2** Unidad de medida de la capacidad de memoria de un ordenador.

BITÁCORA f. *Mar.* Especie de armario, fijo a la cubierta e inmediato al timón, en que se pone la aguja de marear.

BÍTER m. Bebida amarga, que se obtiene macerando diversas sustancias en ginebra y se usa como aperitivo.

BITINIA *Geog. hist.* Antigua comarca de Asia Menor, limitada al O y al N, por la Propóntida (mar de Mármara) y el Ponto Euxino; al S, por Galacia y por Frigia; al E, por Paflagonia, y al O por Misia. Es montañosa, con extensos bosques, y está cruzada por el río Sangarius (hoy, Sakarya). Sus principales ciudades fueron Nicea y Nicomedia. Su primer rey, Nicomedes I, fundó Nicomedia (264 a. C.); pasó a ser provincia romana el año 74 a. C.

BITÍNICO, CA o **BITINIO, NIA** adj. y s. De Bitinia.

BITNERIÁCEO, A adj. *Bot.* ESTERCULIÁCEO.

BITOQUE m. **1** Tarugo de madera con que se cierra el agujero o piquera de los toneles. **2** *Méx.* GRIFO, llave de cañería.

BITOR m. *Zool.* REY DE CODORNICES.

BITOWNITA f. *Miner.* Variedad de feldespato plagioclasa que contiene gran proporción de anortita. Se localiza en rocas ígneas básicas.

BITUMEN m. *Quím.* BETÚN.

BITUMINOSO, SA adj. *Geol.* Que tiene betún o se parece a él.

BIUNÍVOCO, CA adj. *Mat.* CORRESPONDENCIA BIUNÍVOCA.

BIURET m. *Quím.* Compuesto de fórmula NH$_2$—CO—NH—CO—NH$_2$, que se presenta en agujas incoloras que cristalizan con una molécula de agua.

BIVALENTE adj. *Quím.* Que tiene dos valencias.

BIVALVO, VA adj. y m. *Zool.* **1** Que tiene dos valvas. **2** Se dice de ciertos grupos animales con simetría bilateral y el cuerpo blando encerrado en una doble concha calcárea. Incluye moluscos, crustáceos ostrácodos y braquiópodos. || m. pl. *Zool.* **3** Clase de moluscos, también conocidos como LAMELIBRANQUIOS.

BIXÁCEO, A o **BIXÍNEO, A** adj. y f. *Bot.* **1** Se dice de ciertos árboles y arbustos pertenecientes al grupo de las angiospermas dicotiledóneas. || f. pl. *Bot.* **2** Familia de estas plantas.

BIYA, PAUL Político camerunés (Mvomekaha, 1933). Ocupa la presidencia de la República desde la renuncia de Ahmadu Ahiyo (1982).

BIYECTIVO, VA adj. *Mat.* APLICACIÓN BIYECTIVA O BIUNÍVOCA.

BIZ- pref. BIS-.

BIZA f. *Zool.* BONITO[1].

BIZANCIO *Geog. hist.* Antigua ciudad griega, fundada hacia 660 a. C. Fue conquistada por Roma el año 196 y elegida capital del imperio de Oriente por Constantino en 330, por lo que se llamó Constantinopla. Fue conquistada por los turcos en 1453, que la hicieron su capital hasta 1922, en que ésta fue trasladada a Ankara. Es la actual ESTAMBUL.

BIZANTINO, NA adj. **1** De Bizancio, hoy Estambul, o del IMPERIO BIZANTINO. **2** fig. Se dice de las discusiones baldías, intempestivas o demasiado sutiles.

BIZANTINO, IMPERIO *Hist.* Antiguo Estado surgido en el oriente mediterráneo, llamado también imperio romano de Oriente, creado el año 395, al dividir Teodosio el imperio romano entre sus hijos Arcadio y Honorio,

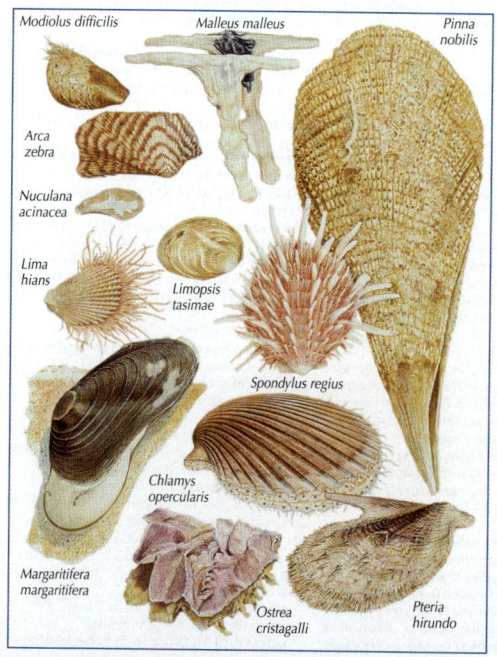

bivalvos

HIST. Comprendía aproximadamente la cuenca del Danubio, el S de Italia, la península Balcánica, el Mediterráneo oriental, Egipto y Asia occidental hasta el Éufrates y el golfo Pérsico, excepto Arabia. La capital era Bizancio. Su primer emperador fue Arcadio. El periodo de máximo florecimiento fue el de Justiniano, que con ayuda de sus generales Belisario y Narsés llevó sus dominios hasta la costa levantina española. A su dinastía siguieron la de Heraclio (610-717), que marcó la orientalización del Estado, y la isáurica (717-867). Con los emperadores macedónicos (867-1057) las fronteras se extendieron notablemente, en particular bajo el reinado de Basilio II (976-1025). Sin embargo, los conflictos religiosos (sobre todo la querella iconoclasta) debilitaron el imperio, que en 1054 rompió su unidad religiosa con Roma. Las dinastías de los Comneno (1057-59 y 1081-1261) y los Ducas (1059-81) tuvieron que afrontar crecientes problemas en el exterior. En el 1204 los barones de la cuarta cruzada tomaron Constantinopla, con lo que se originó una división: de una parte el llamado imperio latino; de otra el imperio de Nicea, fundado por Teodoro I Lascaris. Constantinopla fue recuperada en 1261, pero desde entonces sus soberanos no reinaron sino en una parte del antiguo imperio. La dinastía de los Paleólogo (1261-1453) gobernó un imperio cada vez más debilitado, que sucumbió, finalmente, ante el ataque de los turcos otomanos, que en 1453 tomaron Constantinopla. Constantino XI Paleólogo, abandonado por toda la Cristiandad, decidió resistir hasta el último momento. Murió en la lucha, y la ciudad cayó en poder del Islam. Este acontecimiento marca tradicionalmente el fin de la Edad Media.

CULT. El arte bizantino trató de adaptar las formas grecorromanas y orientales ya existentes a la concepción del cristianismo. Su apogeo llegó con el reinado de Justiniano (527-65), y su manifestación más esplendorosa fue la *arquitectura*, que se caracterizó por el empleo del ladrillo, la cúpula y por la rica ornamentación mural. La iglesia de Santa Sofía, en Constantinopla, comenzada en 532, es el modelo vivo de esta arquitectura junto con la de San Vital, en Ravena, y la de San Marcos, en Venecia. Tuvo gran influencia en los países eslavos y caucásicos, y con Carlomagno evolucionó en Europa hacia el románico. La *escultura* es escasa, pues se prefirió el mosaico y las tablas de marfil, y la *pintura* se caracterizó por la brillantez del colorido y el expresivo, aunque incorrecto, dibujo de las formas. La *literatura* utilizó como medio de expresión el griego antiguo y se cultivó la teología, la historia, la jurisprudencia y la filosofía. En *filosofía* surgió la controversia entre aristotélicos y platónicos, y sus ideas difirieron poco de la escolástica occidental. El *rito bizantino*, o constantinopolitano, es el principal de los ritos orientales. Se estructuró desde los siglos IV al X. Dogmáticamente sigue las directrices de los concilios de Nicea, Éfeso y Calcedonia. Lo practican católicos y ortodoxos.

BIZARRÍA f. **1** Gallardía, valor. **2** Generosidad.
BIZARRO, RRA adj. **1** VALIENTE. **2** Generoso, espléndido.
BIZCO, CA adj. y s. BISOJO.
BIZCOCHADA f. **1** Sopa de bizcochos. **2** Panecillo de masa sobada.
BIZCOCHO m. **1** Masa de harina, huevos y azúcar cocida al horno. **2** Pan sin levadura que se cuece dos veces para que se seque y dure mucho. **3** Objeto de loza o porcelana sin barnizar.

William **Blake**. Ilustración para la *Divina Comedia*, de Dante. El *Infierno*, canto XIX. Tate Gallery (Londres).

BIZERTA Gobernación de Tunicia; 3.685 km^2 y 482.250 h. Su capital es la ciudad del mismo nombre.
BIZET, GEORGES Compositor francés (París, 1838 - Bougival, 1875). Ha pasado a la posteridad por óperas como *Carmen*, *El pescador de perlas* y la música de escena para *La Arlesiana*, de Daudet. Dejó también varias obras sinfónicas, *chansons*, cinco cantatas, obras corales y su famoso *Te Deum*.
BIZKAIA VIZCAYA.
BIZMA f. **1** Emplasto para confortar. **2** Lienzo cubierto de emplasto.
BIZNA f. *Bot.* Membrana que separa las cuatro partes de la nuez.
BIZNAGA f. *Bot.* **1** Planta de la familia umbelíferas, de nombre científico *Ammi visnaga*, de flores pequeñas y blancas. **2** Cada uno de los piececillos de las flores de esta planta, que se emplean en algunas partes como mondadientes. **3** Planta de la familia cactáceas, nativa de México, de tallo muy corto, casi cilíndrico, y sin hojas.
BIZNIETO, TA m. y f. BISNIETO.
BIZQUEAR intr. **1** Padecer estrabismo o simularlo. || tr. **2** GUIÑAR.
BIZQUERA f. ESTRABISMO.
BJÖRNSON, BJÖRNSTJERNE Poeta, novelista y dramaturgo noruego (Kwikne, 1832 - París, 1910). Sus obras son realistas y apasionadas, y se caracterizan por su estilo conciso y enérgico. En 1903 le fue concedido el premio Nobel de Literatura.
BK *Quím.* Símbolo químico del berkelio.
BLACK, SIR JAMES WHYTE Farmacólogo británico (Uddingston, Escocia, 1924). Por sus trabajos sobre los receptores de las membranas de las células nerviosas, en 1988 recibió el premio Nobel de Fisiología y Medicina, junto a G. B. Elion y G. H. Hitchings.

BLACK, JOSEPH Químico y físico escocés (Burdeos, 1728 - Edimburgo, 1799). Descubrió la presencia del dióxido de carbono en las fermentaciones, en la respiración y en la combustión del carbón, y algunas de las propiedades de este gas.
BLACK HAWK (*Halcón Negro*) Jefe indio algonquino (Sauk Sautenuk, 1767 - Iowa, 1838). Al frente de su tribu, los sauk, y de los fox, se enfrentó a los colonos, pero fue derrotado (1832).
BLACK POWER PODER NEGRO.
BLACKBURN WITH DARWEN Consejo unitario del Reino Unido, en Inglaterra; 140.000 h.
BLACKETT, PATRICK MAYNARD STUART Físico inglés (Londres, 1897 - íd., 1974). Confirmó en 1933 el descubrimiento del positrón realizado un año antes por Carl Anderson. Premio Nobel de Física en 1948.
BLACKFOOT PIES NEGROS.
BLACKPOOL Ciudad del Reino Unido, en Inglaterra; 150.500 h. Constituye un Consejo unitario.
BLAENAU GWENT Distrito unitario del Reino Unido, en Gales; 72.000 h.
BLAIR, ANTHONY Político británico (Edimburgo, 1953). Tras la derrota electoral sufrida por el Partido Laborista en 1992, participó en su modernización y fue nombrado líder, en 1994, a la muerte de John Smith. Tras el triunfo de su partido en las elecciones de 1997, accedió a la jefatura del gobierno. Revalidó el cargo tras las elecciones de 2001.
BLAIZE, HERBERT Político de Granada (Carriacu, 1918 - Saint George's, 1989). Antes de que el país lograra su independencia, encabezó el gobierno (1960-61 y 1962-67). Tras el derrocamiento de Maurice Bishop y la invasión de la isla por EE UU (1983), en 1984 fue proclamado primer ministro.

María **Blanchard**. *Naturaleza muerta con bananas*. Centro de Arte Georges Pompidou (París).

BLAKE, WILLIAM Poeta, pintor y grabador inglés (Londres, 1757 - íd., 1827). Artista de tendencia visionaria, todas sus obras, tanto las artísticas como las literarias, están influidas por el esoterismo y el ocultismo. Son notables sus ilustraciones. Entre sus obras poéticas destacan *Cantos de inocencia* (1879), *Cantos de experiencia* (1794) e *Invenciones para el libro de Job*, que él mismo ilustró. Es considerado un precursor del surrealismo.
BLANC, LOUIS Escritor y político francés (Madrid, 1811 - Cannes, 1882). Desde muy joven se distinguió por sus ideas socialistas y en 1848 formó parte del gobierno provisional.
BLANCA f. *Num.* Moneda antigua de vellón. **2** *Mús.* MÍNIMA, nota. || **estar** uno **sin blanca** o **no tener** uno **blanca** frs. figs. y fams. No tener dinero.
BLANCA DE CASTILLA Reina de Francia (Palencia, 1188 - Maubuisson, 1252). Infanta de Castilla, hija de Alfonso VIII y de Leonor de Inglaterra, en 1200 se casó con el delfín de Francia, después Luis VIII, y fue madre de san Luis. Al quedar viuda ejerció la regencia en nombre de su hijo y de nuevo cuando éste marchó a la cruzada (1249).
BLANCHARD, MARÍA GUTIÉRREZ Pintora española (Santander, 1881 - París, 1932). Su pintura estuvo influida por el cubismo. Se especializó en temas relacionados con la familia, la infancia y la naturaleza muerta. Obras: *Maternidad y niño con pelota*, *Naturaleza muerta con bananas*, etc.
BLANCHOT, MAURICE Escritor francés (Quain, 1907 - Yvelines, 2003). En sus narraciones y ensayos están presentes temas como la muerte, el vacío, el silencio y la soledad. Su primera novela fue *Thomas l'Obscur* (1941), a la que siguieron *Le dernier homme* (1957), *La folie du jour* (1973) y *La sentencia de muerte* (1985).
BLANCO, CA adj. **1** De color de nieve o leche. **2** Se dice de lo que sin ser blanco tiene color más claro que otra cosa de la misma especie. **3** *Antrop.* Tratándose de la especie humana, se dice del color de la raza europea o caucásica. También s. **4** fam. Con los verbos *quedarse* o *ponerse*, se dice de la persona que se queda pálida por miedo o por un susto. || m. **5** Hueco o intermedio

Arte **bizantino**. Cúpula de la mezquita de Santa Sofía en Estambul (Turquía).

entre dos cosas. **6** Espacio que en los escritos se deja sin llenar. **7** Intermedio, entreacto. **8** *Fís.* Color de la luz solar, no descompuesta en los colores del espectro. **9** *Fís.* Cualquier electrodo o superficie sobre la que inciden electrones a alta velocidad. **10** *Fís.* Material irradiado por un haz de electrones procedente de un acelerador de partículas. **11** *Fís.* En un sistema de radar, objeto reflectante que devuelve al receptor una pequeña parte de la energía de impulsos radiada. **12** *Tecnol.* Placa del tubo de una cámara de televisión sobre la que se enfocan las escenas y son exploradas por un haz de electrones. **13** Objeto para ejercitarse en el tiro y puntería. **14** Por extensión, todo objeto sobre el cual se dispara un arma de fuego. **15** fig. Fin u objeto a que se dirigen nuestros deseos o acciones. || **blanco de plomo** *Quím.* ALBAYALDE. || **en blanco** loc. adj. Referido a un papel, que no está escrito o impreso. También, fig. y fam., sin recordar algo.

Blanco Cabo de la costa NO de África, que forma una península en el límite entre el Sahara y Mauritania.

Blanco Cabo de África, en Tunicia. Es el punto más septentrional del continente.

Blanco Río de Ecuador, afluente del Esmeraldas; 298 km de curso.

Blanco Mar al NO de la Federación de Rusia; 90.000 km^2 de extensión y 330 m de profundidad máxima. Constituye una especie de gran golfo del mar de Barents.

Blanco o **Kámuk** Pico del S de Costa Rica, en la cordillera de Talamanca; 3.563 m de altura.

Blanco, Andrés Eloy Escritor y político venezolano (Cumaná, 1897 - México, 1955). Fue diputado, presidente de la Asamblea Constituyente, senador y ministro de Relaciones Exteriores. En su poesía modernista destacan las obras *Tierras que me oyeron* (1921), *Barco de piedra* (1928) y *Giraluna* (1955). Es autor del ensayo *Navegación de altura* (1948).

Blanco, Hugo Sindicalista peruano (Cuzco, 1934). De tendencia trotskista, dirigió el movimiento campesino desde 1959. Capturado en 1963, fue condenado a 25 años de prisión (1966), pero fue amnistiado y se exilió en 1970. De vuelta a su país (1975), fue elegido diputado en las elecciones de 1978 y 1979.

Blanco, Jorge Salvador JORGE BLANCO, SALVADOR.

Blanco, Partido *Polít.* Organización política uruguaya fundada en 1835 durante las guerras civiles. También llamado Partido Nacionalista, estuvo constituido en su mayor parte por elementos rurales. Fue adversario tradicional del Partido Colorado. Se dividió en dos bandos enemigos en el conflicto político de 1933.

Blanco Encalada, Manuel Militar y político chileno (Buenos Aires, 1790 - Santiago, 1876). En 1818 organizó la escuadra chilena, en 1826 fue elegido presidente de la República, cargo del que dimitió a los pocos meses, y en 1837 mandó el ejército chileno en la guerra contra la Confederación Peruano-Boliviana de Santa Cruz.

Blanco Erenas, Ramón Militar español (San Sebastián, 1833 - Madrid, 1906). Dirigió la represión de la insurrección republicana de Badajoz (1883); participó en las campañas de Cuba (1858), Santo Domingo (1861), Filipinas (1893) y Cuba (1898), y en la segunda guerra civil carlista. Era gobernador militar de Cuba cuando se produjo la pérdida de la isla (1898).

Blanco Fombona, Rufino Escritor venezolano (Caracas, 1874 - Buenos Aires, 1944). Por su oposición al dictador Juan Vicente Gómez vivió gran parte de su vida exiliado. Destacó por sus estudios históricos y literarios: *Grandes escritores de América* (1919) y *Evolución política y social de Hispanoamérica* (1922). Autor también de poesía y novelas: *El hombre de hierro* (1907), *El hombre de oro* (1912) y *La mitra en la mano* (1925). En 1933 publicó su autobiografía *Camino de imperfección. Diario de mi vida (1906-1913).*

Blanco White, José María (JOSÉ MARÍA BLANCO Y CRESPO, llamado) Escritor español de ascendencia irlandesa (Sevilla, 1775 - Liverpool, 1841). Destacado autor de estilo neoclásico en lenguas inglesa y española, entre sus obras se encuentran *Cartas desde España* (1822), publicadas bajo seudónimo, *Vida del reverendo José Blanco White* (1845), y la novela inacabada *Luisa Bustamante o la huérfana española en Inglaterra.*

blancor m. BLANCURA.

blancura f. Calidad de blanco.

blancuzco, ca adj. Que tira a blanco, o es de color blanco sucio.

blandengue adj. **1** desp. Blando, con blandura poco grata. **2** desp. Se dice de la persona de excesiva debilidad de fuerzas o de ánimo. También com. || m. *Hist.* **3** Soldado de un cuerpo de caballería creado en el virreinato de Río de la Plata a finales del siglo XVIII. Se destinaba en tiempo de paz a la custodia de la frontera y a la persecución del bandolerismo y el contrabando.

blandense adj. y com. De Blanes.

blandir tr. Mover de un lado a otro un arma u otra cosa con tono amenazante. ♦ DEF. Se conjuga como ABOLIR.

blando, da adj. **1** Tierno, que cede fácilmente al tacto. **2** TEMPLADO. **3** fig. Suave, dulce. **4** Poco apto para el trabajo. **5** De poco carácter. **6** *Fís.* Se dice de las válvulas que llevan una envoltura con una presión de gas apreciable, como ocurre en las fotocélulas y los tubos de descarga gaseosa. || adv. m. **7** Con suavidad.

blandura f. **1** Calidad de blando. **2** Dulzura.

Blanes Municipio y lugar de España, provincia de Girona; 27.713 h. Turismo.

blanquear tr. **1** Poner blanca una cosa. **2** Dar de cal o yeso blanco a las paredes, techos, etc. **3** *Econ.* Introducir en la legalidad fiscal el dinero procedente de negocios ilícitos. || intr. **4** Mostrar una cosa la blancura que tiene. **5** Ir tomando una cosa color blanco.

blanquecer tr. **1** Limpiar y sacar su color a los metales preciosos. **2** BLANQUEAR. ♦ IRREG. Se conjuga como AGRADECER.

blanquecino, na adj. Que tira a blanco.

blanquete m. Sustancia para blanquecer.

blanquillo, lla adj. y s. **1** CANDEAL. || adj. **2** Se dice del azúcar semirrefinado que se vende en trozos pequeños o en terrones. || m. *Bot.* **3** Árbol perteneciente a la familia euforbiáceas, de nombre científico *Sebastiana brasiliensis.* Crece de forma natural en Argentina. || f. *Veter.* **4** Enfermedad de las perdices enjauladas.

Vicente **Blasco Ibáñez.** Ateneo de Madrid.

Blasco Ibáñez, Vicente Novelista español (Valencia, 1867 - Menton, 1928). De ideas republicanas, fundó el periódico *El Pueblo,* fue diputado a Cortes y fue perseguido por sus campañas contra la monarquía. Su narrativa, vinculada a una primera etapa naturalista, se caracteriza por el costumbrismo en la descripción de la Huerta valenciana. En ellas retrata y denuncia las condiciones de vida de la gente humilde: *Arroz y tartana* (1894), *La barraca* (1898), *Entre naranjos* (1900), *Cañas y barro* (1902), *Sangre y arena* (1908), *Los cuatro jinetes del Apocalipsis* (1916), *Mare nostrum* (1917), *Los enemigos de la mujer* (1919), *La vuelta al mundo de un novelista* (1924), *El Papa del mar* (1925), *En busca del Gran Kan* (1929; póstuma), etc.

blasfemar intr. **1** Decir blasfemias. **2** fig. Maldecir.

blasfemia f. **1** Palabra o expresión injuriosa contra Dios o las personas o cosas sagradas. **2** fig. Injuria grave contra una persona.

blasfemo, ma adj. **1** Que contiene blasfemia. **2** Que dice blasfemia. También s.

blasón m. **1** *Bl.* Arte de explicar y describir los escudos de armas de cada linaje, ciudad o persona. **2** *Bl.* Cada figura, señal o pieza de las que se ponen en un escudo. **3** *Bl.* ESCUDO DE ARMAS. **4** Honor o gloria.

blasonar tr. *Bl.* **1** Disponer el escudo de armas según las reglas del arte. || intr. **2** fig. Hacer ostentación de alguna cosa.

blasonería f. BALADRONADA.

-blast- in. BLASTO-.

blastema m. **1** *Bot.* Parte axial de un embrión, sin incluir los cotiledones. **2** *Biol.* Conjunto de células embrionarias que, mediante su proliferación, llegan a formar un órgano determinado. **3** *Zool.* Parte protoplasmática de un huevo, en contraposición con la yema.

blasto-; -blast-; -blástica, -blástico, -blasto pref., in. o sufs. que significan germen: *gimnoblástido, caliptoblástico.*

blastocárpico, ca adj. *Bot.* Que germina en el pericarpio.

blastocele m. *Biol.* **1** Cavidad interna y cerrada de la blástula. También denominada *cavidad de segmentación* o *arquicele.* **2** Cavidad interior de un óvulo segmentado.

blastocinesis f. *Zool.* Migración del embrión en el vitelo, que se produce en el huevo de algunos insectos.

blastocisto m. **1** *Biol.* BLASTÓMERO. **2** *Zool.* Blástula modificada, característica de los mamíferos placentarios. Consiste en una esfera hueca exterior y una masa sólida de células en el interior.

blastocito m. **1** *Biol.* Célula embrionaria indiferenciada. **2** *Zool.* En animales inferiores, célula indiferenciada capaz de reemplazar un tejido dañado.

blastocladial adj. y s. *Biol.* **1** Se dice de los hongos ficomicetes acuáticos, provistos de un verdadero micelio. Se reproducen asexualmente por zoosporas flageladas, y sexualmente por zoogametos anisógamos uniflagelados. || m. pl. *Biol.* **2** Orden de estos hongos.

blastodermo m. *Biol.* En los vertebrados, disco de células o blastodisco de una blástula completamente formada.

blastodisco m. *Biol.* Disco protoplásmico germinativo situado en la superficie de un huevo con vitelo. Es propio de reptiles, aves y algunos peces.

blastóforo m. **1** *Biol.* Citoplasma que se desprende de una espermátida al transformarse en espermatozoo. **2** *Zool.* En gusanos oligoquetos, centro amorfo de citoplasma que conecta las células de la mórula en el desarrollo del embrión.

blastogénesis f. *Biol.* Reproducción por gemación.

blastoideo, a adj. *Paleon.* **1** Se dice de los animales pertenecientes a un grupo de equinodermos extinguidos, parecidos a los crinoideos, presente en las rocas de los periodos devónico y carbonífero. Tenían el cuerpo ovoide, cubierto por trece placas, y simetría radial pentámera. || m. pl. *Paleon.* **2** Clase de equinodermos extintos, del subtipo crinoideos.

blastoma m. *Med.* **1** Tumor típico, con elementos no bien diferenciados, y de degeneración rápida. **2** Tumor cuyas células parenquimales tienen algunas características embrionarias.

blastómero m. *Biol.* Cada una de las células en que se divide el huevo para dar lugar a las primeras fases embrionarias.

blastomicosis f. *Med.* Nombre común utilizado para nombrar dos enfermedades cutáneas en el hombre, producidas por los hongos *Blastomices dermatiditis* y *B. brasiliensis.* ♦ Su pl. es *blastomicosis.*

blastóporo m. *Biol.* Comunicación de la cavidad de la gástrula con el exterior.

blastoquilo m. *Biol.* Fluido que llena el blastocele.

blastóspora f. *Bot.* Espora fúngica inmóvil que se forma por gemación.

blastostilo m. *Zool.* En los hidrozoos, zooide que carece de boca y tentáculos y especializado en la producción de las yemas que darán lugar a las medusas.

blastotomía f. *Biol.* Separación de las células en división, que se produce al comienzo del desarrollo embrionario.

blastozoide m. *Zool.* Zooide producido por gemación, típico de los urocordales.

blástula f. *Biol.* Esfera hueca de células que se produce en las primeras fases del desarrollo embrionario de los animales metazoos; la que sigue a la mórula.

blastulación f. *Biol.* Formación de la blástula a partir de una sólida esfera de células en división.

blátido, da adj. y s. *Zool.* **1** Se dice de los insectos del orden de los ortópteros, de cuerpo deprimido y régimen omnívoro, también llamados cucarachas. Se han aclimatado a las viviendas humanas. || m. pl. *Zool.* **2** Familia de estos insectos.

Blaue Reiter, Der *(El jinete azul) Pint.* Grupo de pintores expresionistas que surgió en Munich en 1911. Tomó su nombre de un cuadro de Kandinsky que sirvió para ilustrar la portada de la revista publicada por el grupo. Mantenía una actitud de rechazo hacia la estética tradicional y defendía la libertad creadora del artista. Liderado por Kandinsky, concentró a pintores como P. Klee, A. Macke, A. Kubin, Havlensky y Moillet. Se disolvió al estallar la Primera Guerra Mundial.

blazer (Voz i.) f. Chaqueta americana de estilo informal.

-ble, -able sufs. que significan posibilidad o capacidad.

bledo m. **1** *Bot.* Planta de la familia quenopodiáceas, de hojas triangulares de color verde y flores rojas. **2** fig. Cosa insignificante, de poco o ningún valor.

blefar-; -blefar-; -blefaria pref., in. o suf. BLEFARO-.

blefarismo m. *Med.* Espasmo de los párpados que provoca un movimiento de éstos rápido, repetitivo e intermitente.

blefaritis f. *Pat.* Inflamación de los párpados. ♦ Su pl. es *blefaritis.*

Louis **Blériot** en Barcelona con el aeroplano de su invención (1909).

BLEFARO-, BLEFAR-; -BLEFAR-; -BLEFARIA, -BLÉFARO prefs., in. o sufs. que significan párpado.
BLEFAROPLASTIA f. *Med.* Restauración del párpado por aproximación de la piel inmediata con técnicas de cirugía.
BLEFAROPLASTO m. *Biol.* Gránulo basal o centrosoma, conectado directamente con la base de un órgano locomotor, normalmente un flagelo.
BLEKINGE Condado del SE de Suecia; 2.941 km² y 151.414 h. Su capital es Karlskrona.
-BLEMA suf. -BOL-.
BLEN- pref. BLENO-.
BLENDA f. *Miner.* Mineral sulfuro de cinc de fórmula ZnS, que constituye la mena más importante de cinc.
-BLENIA suf. BLENO-.
BLÉNIDO, DA adj. y s. *Zool.* 1 Se dice de los peces osteíctios del orden perciformes, de cuerpo alargado, aletas abdominales en posición yugular y con vivos colores. Son de alimentación carnívora y viven en mares templados. || m. pl. *Zool.* 2 Familia de estos peces.
BLENO-, BLEN-; -BLENIA prefs. o suf. que significa moco, flujo mucoso.
BLENORRAGIA f. *Pat.* Inflamación contagiosa de la uretra, caracterizada por dolor, ardor y derrame mucopurulento. Se produce por el gonococo de Neisser y se contagia, casi exclusivamente, por contacto sexual.
BLENORREA f. *Pat.* Blenorragia crónica.
-BLEPO, -BLEPSIA sufs. que significan vista.
BLÉRIOT, LOUIS Ingeniero, constructor de aviones y aviador francés (Cambray, 1872 - París, 1936). En 1909 cruzó por primera vez el canal de la Mancha en un avión construido según sus propios planos. Es autor del libro *La gloire des ailes* (1928).
BLEST GANA, ALBERTO Escritor chileno (Santiago de Chile, 1830 - París, 1920). Influido por Balzac, está considerado el iniciador de la novela chilena. Autor de *Martín Rivas* (1862), *El ideal de un calavera* (1863), *Durante la reconquista* (1897), *Los trasplantados* (1904), *El loco Estero* (1910), etc.
BLEULER, EUGÈNE Psiquiatra suizo (Zollikon, 1857 - íd., 1939). Introdujo en psiquiatría términos como *autismo* o *ambivalencia* y sustituyó el término *demencia precoz* por el de *esquizofrenia*.
BLINA f. *Bot.* SAUCE blanco.
BLINDADO, DA adj. 1 Revestido con planchas metálicas para su protección. 2 Se aplica al contrato de trabajo cuya ruptura resulta extremadamente onerosa.
BLINDAJE m. 1 Acción y efecto de blindar. 2 Conjunto de materiales que se utilizan para blindar, normalmente planchas de hierro o acero. 3 *Fís.* Prevención en un circuito de las corrientes de interferencia debidas a campos eléctricos externos. 4 *Fís.* Empleo de un material permeable para proteger elementos sensibles a los campos magnéticos. 5 *Fís.* Pantalla empleada para proteger a las personas o al equipo de las radiaciones eléctricas, magnéticas, rayos X, neutrones, etc. 6 *Fís.* Electrodo que controla la intensidad de un haz de rayos catódicos.
BLINDAR tr. Proteger con blindaje.
BLOC m. Conjunto de hojas de papel superpuestas y pegadas por uno de sus cantos.
BLOCAR tr. *Dep.* 1 En el fútbol y otros deportes, detener el balón el portero sujetándolo contra el cuerpo. 2 En boxeo, parar un golpe con los brazos.
BLOCH, ERNST Filósofo alemán (Ludwigshafen, 1885 - Tubinga, 1977). Está considerado uno de los grandes pensadores marxistas, aunque sus planteamientos se alejan del materialismo histórico para aproximarse a una izquierda independiente. Autor de *El espíritu de la utopía* (1918), *El principio de la esperanza* (1954-59) y *El ateísmo en el cristianismo* (1968).
BLOCH, FELIX Físico estadounidense de origen suizo (Zurich, 1905 - íd., 1983). Trabajó en la producción de la bomba atómica, e ideó un método para separar un haz de neutrones según su orientación magnética, pudiendo así calcular el momento magnético de aquél. Basándose en estas investigaciones desarrolló el método de la *resonancia magnética nuclear*. Por este descubrimiento se le concedió en 1952 el premio Nobel de Física, compartido con E. M. Purcell.
BLOCH, KONRAD Bioquímico estadounidense (Neisse, 1912 - Burlington, 2000). Estudió la cadena de reacciones que conducen a la síntesis del colesterol. En 1964 compartió con F. Lynen el premio Nobel de Fisiología y Medicina.
BLOCH, MARC Historiador francés (Lyon, 1886 - íd., 1944). Intervino activamente en la Resistencia francesa durante la Segunda Guerra Mundial, tras lo cual fue fusilado por los alemanes. Junto con L. Febvre, promovió los estudios de historia económica y social en Francia, a través de la revista *Annales*, fundada en 1929 por ambos.
BLOEMBERGEN, NICOLAS Físico estadounidense de origen holandés (Dordrecht, 1920). Considerado uno de los pioneros del estudio de los fenómenos que resultan de la interacción de la materia sólida con la luz. En 1981 recibió el premio Nobel de Física, compartido con A. Schawlow y K. Siegbahn.
BLOIS Ciudad de Francia, capital del departamento de Loir-et-Cher, a orillas del Loira; 41.000 h. Castillo (siglos XIII-XV), residencia de los reyes de Francia.
BLOK, ALEXANDR ALEXANDROVICH Poeta ruso (Varsovia, 1880 - San Petersburgo, 1921). Considerado uno de los principales poetas simbolistas rusos e iniciador de la literatura posrevolucionaria. Escribió *La barraca de los saltimbanquis* (1906), obra de teatro, y los libros de poemas *Los escitas* y *Los doce*, ambos de 1918.

Ernst **Bloch**

BLOMBERG, BÁRBARA Dama alemana (Nuremberg, h. 1527 - Bárcena de Cicero, 1598). De familia burguesa, fue amante de Carlos V y madre de Juan de Austria.
BLONDEL, MAURICE Filósofo francés (Dijon, 1861 - Aix-en-Provence, 1949). Representante de la llamada *filosofía de la acción*, pretendió hallar una síntesis entre polos antagónicos como pensamiento y vida, idea y realidad. Entre sus obras destacan *El pensamiento* (1934) y *La acción* (1936-37).
BLONDO, DA adj. 1 RUBIO. || f. 2 Encaje de seda.
BLOOMFIELD, LEONARD Lingüista estadounidense (Chicago, 1887 - New Haven, 1949). Tras sus estudios de fonología y morfología indoeuropeas, escribió *Introducción al estudio del lenguaje* (1914) y estudió las lenguas amerindias. Convertido en uno de los principales seguidores de la psicología del comportamiento, publicó *El lenguaje* (1933), obra clásica de la lingüística descriptiva, inductiva y funcional desarrollada en EE UU en la primera mitad del siglo XX. Se opuso al mentalismo desde su consideración de la lingüística como una ciencia positiva a partir del estudio objetivo del comportamiento.
BLOOMFIELD, ROBERT Poeta inglés (Honington, 1766 - Shefford, 1823). Sus poemas tienen un sabor popular y describen la vida en el campo. Entre sus obras destacan *Cuentos aldeanos* (1802), *Flores silvestres* (1806) y *Márgenes del Wye* (1811).
BLOOMSBURY, GRUPO DE *Arte.* y *Lit.* Grupo de artistas y escritores británicos de principios del siglo XX. Practicaban una filosofía basada en la amistad y en la experiencia estética y creativa. Entre sus miembros destacaron Virginia Woolf, E. M. Forster y el economista J. M. Keynes.

Blois (Francia). Castillo real.

BLOQUE m. 1 Trozo grande de piedra u hormigón. 2 Agrupación ocasional de partidos políticos. 3 Manzana de casas. 4 Edificio que comprende varias casas, oficinas, etc., de características externas semejantes. 5 *Mec.* En los motores de explosión, pieza de fundición en cuyo interior se ha labrado el cuerpo de uno o varios cilindros. 6 *Polít.* Conjunto de países que, por sus afinidades ideológicas, políticas, militares o económicas, defienden una misma postura frente a otras opciones. 7 *Geol.* Masa rectangular de mineral, utilizada para análisis, muestreo o explotación. || **BLOQUE ERRÁTICO** *Geol.* Piedra de cualquier tamaño transportada por el hielo que, al fundir, la deja lejos de su lugar de origen. Proporciona información sobre los movimientos de la lengua de hielo. || **en bloque** loc. fig. En conjunto, sin distinción.
BLOQUEAR tr. 1 *Mil.* Cortar las comunicaciones de una ciudad, puerto, territorio, etc. 2 Detener, frenar el funcionamiento de un mecanismo o el desarrollo de un proceso con un obstáculo que lo paraliza. También en sentido figurado. 3 Interrumpir la prestación de un servicio por la interposición de un obstáculo o por el exceso de demanda. 4 *Com.* Inmovilizar la autoridad una cantidad o crédito, privando a su dueño de su uso. 5 *Geol.* En las minas, picar o romper grandes bloques de piedra por medio de explosivos.
BLOQUEO m. 1 Acción y efecto de bloquear. 2 Fuerza marítima que bloquea. 3 *Med.* Inhibición, total o parcial, temporal o irreversible, de un órgano del cuerpo. 4 Agarrotamiento de las ruedas de un automóvil por efecto de un frenazo brusco. 5 Detención de un mecanismo mediante un dispositivo que actúa en condiciones determinadas. 6 *Polít.* Acción de aislar a un país, decretada por una potencia, para arruinar su economía y provocar la caída del gobierno. 7 *Dep.* En baloncesto, acción de interponer el cuerpo ante un defensor contrario a fin de facilitar el paso a un compañero. || **BLOQUEO CONTINENTAL** *Hist.* Disposiciones adoptadas por Napoleón I (1806-07), que prohibían el acceso a los puertos franceses a las naves procedentes de Inglaterra o sus colonias. Se vino abajo con las derrotas de Napoleón en Rusia (1812-1813).

BLOY, LÉON Escritor francés (Périgueux, 1846 - Bourg-la-Reine, 1917). Católico ferviente, practicó un estilo visionario y agresivo, hacia las figuras más relevantes de su época. Entre sus obras destacan *El desesperado* (1886), *Juana de Arco y Alemania* (1915) y *Mi diario* (1898-1917).

BLUES (Voz i.) m. *Mús.* Canto popular afroamericano, de carácter nostálgico y sensual, relacionado con el jazz y basado en una estructura sencilla y cadenciosa. ♦ Su pl. es *blues.*

BLUFF (Voz i.) m. Falsa apariencia, aparatosidad, ficción.

BLUM, LÉON Político y escritor francés (París, 1872 - Jouy-en-Josas, 1955). De tendencia socialista moderada, fue uno de los fundadores del Frente Popular, cuyo gobierno presidió (1936-37). Después de ser procesado y deportado a Alemania, ocupó la presidencia del gobierno provisional de su país (1946-47).

BLUMBERG, BARUCH SAMUEL Microbiólogo estadounidense (Nueva York, 1925). Entre sus trabajos en el campo de la virología destaca el aislamiento del antígeno que sirvió de base para una vacuna experimental contra la hepatitis B. Premio Nobel de Medicina en 1976.

BLUMENBACH, JOHANN FRIEDRICH Médico y naturalista alemán (Gotha, 1752 - Gotinga, 1840). Sentó las bases de la anatomía comparada y destacó por sus investigaciones en antropología física (realizó la actual clasificación de razas).

BLUNT, ANTHONY FREDERICK Tratadista de arte y espía británico (Londres, 1907 - íd., 1983). En 1979 se hizo pública su implicación en una importante red de espionaje en favor de la URSS, por lo que fue apartado de toda actividad pública.

BLUSA f. Prenda de vestir exterior, con mangas, que cubre la parte superior del cuerpo.

BLUSÓN m. Blusa larga.

BLYTON, ENID Escritora británica (Londres, 1897 - íd., 1968). Se dedicó con gran éxito a la novela infantil y juvenil. De su amplia producción destacan los libros del *Club de los Cinco, Los Siete Secretos,* la serie *Misterios* y los relatos de cursos de instituciones femeninas *(Torres de Mallory,* etc.).

BOA f. **1** *Zool.* Nombre común de diversos reptiles ofidios escamosos de la familia boidos. Son serpientes de gran tamaño que en algunos casos alcanzan los 10 m de longitud. Su organización es la más primitiva dentro del grupo de los ofidios, ya que aún presentan rastros de cintura pélvica y unos apéndices muy reducidos. Se alimentan de animales de sangre caliente que matan por estrangulación, ya que no son venenosas. Son ovovivíparas. Tienen hábitos nocturnos y habitan en las regiones de selva del centro y S de América. Entre ellas destacan la boa constrictor *(Constrictor constrictor)* y la boa esmeralda *(Boa canina).* **2** Prenda femenina de piel o plumas y en forma de serpiente para abrigo o adorno del cuello.

BOABDIL EL CHICO (ABD ALLAH o ABU ABD ALLAH, llamado) Último rey nazarí de Granada (Granada, h. 1460 - Fez, 1527). Era hijo de Abu-l-Hasan y de la sultana Aisha la Horra, quien le convenció para que arrebatase el trono a su padre. Ante el avance castellano por Málaga, Abu-l-Hasan y su hijo les hicieron frente. Pero éste fue derrotado y hecho prisionero: sólo obtuvo la libertad bajo promesa de vasallaje a los Reyes Católicos y de libertad de paso por sus dominios a las tropas cristianas. Vuelto a Granada, guerreó otra vez contra su padre, y pudo establecerse como rey en Almería. Al abdicar Abu-l-Hasan en su hermano el Zagal, Boabdil combatió a su tío, hasta que ambos decidieron dividirse el reino granadino. Roto el pacto con los Reyes Católicos, éstos sitiaron Granada, que capituló el 2 de enero de 1492. Boabdil se retiró a Fez, donde, en defensa de su pariente Ahmed III, murió.

BOACO Departamento de Nicaragua; 4.244 km² y 136.949 h. Su capital es la ciudad del mismo nombre.

BOADILLA DEL MONTE Municipio y lugar de España, provincia de Madrid; 17.814 h.

BOARDILLA f. BUHARDILLA.

BOAS, FRANZ Antropólogo estadounidense, de origen alemán (Minden, 1858 - Nueva York, 1942). Estudió las lenguas amerindias; se opuso al evolucionismo y negó la concepción de la historia como un proceso lineal de progreso continuado. Obras: *La mente del hombre primitivo* (1911) y *La antropología y la vida moderna* (1928).

BOATO m. Ostentación en el porte exterior.

BOBADA f. BOBERÍA.

BOBADILLA, FRANCISCO DE Comendador español (? - ?, 1502). En 1500 llegó a Santo Domingo para poner fin a las disensiones entre los colonizadores y mandó presos a España a Cristóbal Colón y a su hermano Bartolomé. Su actuación fue duramente reprobada por los Reyes Católicos. Murió en un naufragio al regresar a España.

Giovanni **Boccaccio.** Retrato de Andrea del Castagno. Galería de los Uffizi (Florencia).

BOBALICÓN, NA adj. y s. Aumentativo de BOBO.

BOBBIO, NORBERTO Jurista y filósofo italiano (Turín, 1909 - Turín, 2004). Sus estudios se centran en los derechos civiles, las libertades individuales y políticas y la justicia social. Autor de *La filosofía del decadentismo* (1944),*Contribución a la teoría del Derecho* (1980), etc.

BOBERÍA o **BOBERA** f. Dicho o hecho necio.

BOBINA f. **1** Carrete para enrollar en él hilos, películas, etc. **2** Rollo de hilo, cable, papel, etc., con una ordenación determinada, montado o no sobre un soporte. **3** *Fís.* Arrollamiento de cable eléctrico, formado por una o más vueltas, que se emplea para crear campos magnéticos.

BOBINADO m. **1** Acción y efecto de bobinar. **2** *Fís.* Conjunto de bobinas que forman parte de un circuito electrónico.

BOBINAR tr. Arrollar hilo, cable, etc., en forma de bobina.

BOBO, BA adj. y s. **1** De muy poco entendimiento. **2** Extremadamente ingenuo. || m. *Teat.* **3** En el teatro español primitivo, personaje cuya simpleza provocaba efectos cómicos.

BOBO-DIOULASSO Ciudad de Burkina Faso; capital de la provincia de Houet; 300.000 h.

BOBONARO Distrito de Timor Oriental; 1.368 km² y 90.700 h. Su capital es Maliana.

BOBORÁS Municipio y lugar de España, provincia de Orense; 3.712 h.

BOBSLEIGH (Voz i.) m. *Dep.* Deporte de invierno que consiste en el descenso rápido en pista de hielo o nieve, con una especie de trineo también llamado bobsleigh. Desde 1924 está incluido en los Juegos Olímpicos de Invierno.

BOCA f. **1** *Biol.* Órgano o ensanchamiento del aparato digestivo de los animales, situado en su parte inicial, cuya función es recibir el alimento, deglutirlo y, en algunos, realizar las primeras fases de la digestión. En el hombre incluye la lengua, dientes y glándulas salivares. **2** *Geol.* Referido a la minería, parte superior de una galería o pozo de explotación. **3** Parte afilada de algunas herramientas. **4** *Zool.* Pinza de las patas delanteras de los crustáceos. **5** fig. Entrada o salida. **6** fig. Abertura, agujero. **7** fig. Hablando de vinos, gusto o sabor. **8** fig. Órgano de la palabra. **9** Persona o animal a quien se mantiene. || **BOCA A BOCA** *Med.* Sistema de reanimación que consiste en insuflar directamente aire a los pulmones de la persona afectada, apoyando el reanimador su boca en la de la víctima. || **BOCA DEL ESTÓMAGO** *Anat.* Parte central de la región epigástrica. || **a boca de jarro** loc. adv. A BOCAJARRO. || **abrir boca** fr. fig. Despertar el apetito con algún manjar o bebida. || **andar de boca en boca** fr. fig. Estar divulgada una noticia. || **a pedir de boca** loc. adv. fig. Según deseo de uno. || **boca abajo** loc. adv. Tendido con la cara hacia el suelo. || **boca arriba** loc. adv. Tendido de espaldas. || **cerrar** a uno **la boca** fr. fig. y fam. Hacerle callar. || **con la boca abierta** loc. adv. fig. y fam. Suspenso o admirado. || **hacer boca** fr. fig. y fam. Tomar algún alimento ligero. || **quitar** a uno alguna cosa **de la boca** fr. fig. y fam. Anticiparse a lo que iba a decir. || **tapar** a uno **la boca** fr. fig. y fam. Darle una razón tan concluyente que no tenga qué responder.

BOCABAJO adv. m. **1** BOCA ABAJO. || m. **2** *P. Rico.* Persona servil.

BOCACALLE f. **1** Entrada o embocadura de una calle. **2** Calle secundaria que afluye a otra.

BOCADILLO m. **1** Trozo de pan abierto longitudinalmente y relleno de algo comestible. **2** Palabras, pensamientos, etc., de los personajes de tebeos o cómics que se encierran en un globo que les sale de la boca. **3** *Teat.* Intervención de un actor en el diálogo cuando consiste sólo en pocas palabras.

BOCADO m. **1** Porción de comida que cabe de una vez en la boca. **2** Un poco de comida. **3** Mordedura hecha con los dientes. **4** Pedazo de cualquier cosa que se arranca con la boca o por cualquier otro medio. **5** Parte del freno que entra en la boca de las caballerías. || **BOCADO DE ADÁN** *Anat.* Bulto en forma de nuez, que se localiza en la garganta, originado por la protuberancia del cartílago tiroideo de la laringe.

BOCAJARRO, A loc. adv. **1** Tratándose del disparo de un arma de fuego, a quemarropa, desde muy cerca. **2** fig. De improviso, inopinadamente, sin preparación ninguna.

BOCAIRENTE *(Bocairent)* Municipio y lugar de España, provincia de Valencia; 4.627 h.

BOCALLAVE f. Ojo de la cerradura.

BOCAMANGA f. Parte de la manga que está más cerca de la muñeca.

BOCANA f. *Geog.* Paso estrecho de mar que sirve de salida o entrada a una bahía o fondeadero.

BOCANADA f. **1** Cantidad de aire, humo o líquido que se toma o se echa por la boca de una vez. **2** Por extensión, porción de humo que sale o entra de una abertura.

BOCARTE m. **1** *Tecnol.* En los procesos de minería, máquina especialmente diseñada para triturar los minerales. **2** *Zool.* BOQUERÓN, pez.

BOCAS DEL RÓDANO BOUCHES-DU-RHÔNE.

BOCAS DEL TORO Provincia de Panamá; 4.601 km² y 89.269 h. Su capital es la ciudad del mismo nombre. Café, caña de azúcar.

BOCAS DEL TORO Archipiélago de Panamá, en el mar de las Antillas, provincia de su nombre. Comprende las islas Drago o Colón, Provisión, San Cristóbal, Solarte, Popa y Cayo de Agua.

BOCATA m. fam. Bocadillo.

BOCATEJA f. Teja primera de cada canal de un tejado.

BOCAZAS com. fam. Que habla mucho y sin discreción. ♦ Su pl. es *bocazas.*

BOCAZO m. Explosión que sale por la boca del barreno sin producir efecto.

BOCCACCIO, GIOVANNI Escritor italiano (¿Florencia?, 1313 - Certaldo, Florencia, 1375). Fue gran amigo de Petrarca, frecuentó la corte del rey de Nápoles, Roberto de Anjou, y desempeñó importantes misiones diplomáticas. Influyó de manera definitiva en la literatura europea posterior. Narrador, poeta y ensayista, fue, además, el primer comentador de Dante. Su obra fundamental es *El Decamerón* (1353), obra constituida por cien cuentos. Sus magníficas dotes narrativas, su satírica visión de la realidad y su maestría en la descripción han contribuido a considerarlo como el primer narrador moderno. Otras obras: *Ninfale de Ameto* (1341-42) y *Ninfale fiesolano* (1343-46), que dieron origen a la literatura pastoril; *Corbaccio* o *Laberinto de amor* (1354-55); *Fiammetta,* que da origen a la novela sentimental; *La Teseida,* epopeya de inspiración clásica; además de numerosos sonetos, baladas y tratados en latín.

BOCANEGRA o **BOCCANEGRA, EGIDIO** Marino genovés (Génova, 1302 - Sevilla, 1367). Almirante al servicio de Alfonso XI de Castilla, tomó Algeciras en 1344, por lo que fue nombrado duque de Palma. En 1372 derrotó a los portugueses en la desembocadura del Tajo y a la escuadra inglesa cerca de La Rochelle.

BOCANEGRA o **BOCCANEGRA, SIMONE** Dux de Génova (? - Génova, 1363). Elegido en 1339, fue el primero que ocupó dicho cargo. Combatió a los musulmanes hispanos, rechazó a los tártaros de Jaffa y pactó con los aragoneses en Cerdeña y Córcega.

BOCCHERINI, LUIGI Músico italiano (Lucca, 1743 - Madrid, 1805). Excelente violonchelista, fue un intérprete del estilo galante. Compuso unas cuatrocientas obras entre piezas de cámara, cuartetos de cuerda,

Luigi **Boccherini**. Retrato anónimo. Instituto Boccherini (Lucca).

quintetos, tríos, sinfonías, etc. Dejó inéditas las óperas *Clementina* e *Inés de Castro*.

BOCCIONI, UMBERTO Pintor y escultor italiano (Reggio Calabria, 1882 - Verona, 1916). Junto a Marinetti, firmó el manifiesto futurista (1910). En escultura abordó la relación del tiempo y el espacio en la expresión del movimiento. Autor de *La ciudad se levanta*, *La fuerza de la calle* y *Dinamismo de un ciclista*, pinturas; *Forma única en su continuidad en el espacio*, escultura.

BOCEAR intr. BOCEZAR.

BOCEL m. *Arquit.* Moldura convexa, lisa, de forma cilíndrica. || **CUARTO BOCEL** *Arquit.* Moldura convexa, cuya sección es un cuarto de círculo. || **MEDIO BOCEL** *Arquit.* Moldura convexa, cuya sección es un semicírculo.

BOCELAR tr. Dar forma de bocel.

BOCERA f. **1** Suciedad que queda en la parte exterior de los labios después de comer o beber. **2** Herida en la comisura de los labios.

BOCERAS com. Hablador. ♦ Su pl. es *boceras*.

BOCETO m. **1** *Pint.* Apunte en colores previo a pintar un cuadro. **2** *Esc.* Modelado sin pormenor y en tamaño reducido de la figura o de la composición.

BOCEZAR intr. Mover los labios las bestias hacia uno y otro lado.

BOCHA f. *Ocio.* **1** Bola de madera, de mediano tamaño, que sirve para tirar en el juego de bochas. || f. pl. *Ocio.* **2** Juego que consiste en tirar a cierta distancia unas bolas medianas y otra más pequeña, y gana el que se arrima más a ésta con las otras.

BOCHAR tr. *Ocio.* En el juego de bochas, dar con una bola un golpe a otra para apartarla del sitio en que está.

BOCHE m. **1** Borrico recién nacido. **2** Hoyo que hacen los muchachos en el suelo para ciertos juegos.

BOCHICA *Antrop.* Principio del bien entre los chibchas de Colombia. Se le tributaba un culto sangriento.

BOCHINCHE m. Tumulto, barullo.

BOCHORNO m. **1** *Meteor.* Viento del sureste, caliente y molesto, que se levanta en el estío procedente del Mediterráneo. **2** Calor sofocante. **3** Encendimiento pasajero del rostro. **4** Sofocamiento producido por algo que ofende, molesta o avergüenza.

BOCHORNOSO, SA adj. Que causa o da bochorno.

BOCÍN m. **1** Pieza redonda que se pone por defensa alrededor de los cubos de las ruedas de los carros y galeras. **2** En los molinos de cubo, agujero estrecho por donde cae el agua al rodezno.

BOCINA f. **1** *Mús.* CUERNO, instrumento musical. **2** Instrumento de metal, en figura de trompeta, que se usa principalmente en los buques para hablar de lejos. **3** Instrumento que se hace sonar mecánicamente en los automóviles. **4** Pabellón con que se refuerza el sonido en los gramófonos. **5** CARACOLA para tocar a modo de trompa. **6** *Mar.* Revestimiento metálico con que se guarnece interiormente un orificio. **7** *Zool.* Molusco gasterópodo marino, de nombre científico *Tritonium nodiferum*. Es el mayor caracol del Mediterráneo.

BOCINAR intr. Tocar la bocina o usarla para hablar.

BOCINAZO m. Ruido fuerte producido con una bocina.

BOCIO m. *Med.* Tumoración o agrandamiento de toda o parte de la glándula tiroides, que se caracteriza por el abultamiento de la parte anterior del cuello, y puede ir acompañada de disfunción hormonal.

bodegón. *Naturaleza muerta con cebollas.* Paul Cézanne. Museo d'Orsay (París).

BOCK (Voz al.) m. Vaso con asa para beber cerveza.

BÖCKLIN, ARNOLD Pintor suizo (Basilea, 1827 - Fiesole, 1901). De formación romántica y estilo simbolista, destacó en la realización de escenas mitológicas, caracterizadas por la intensidad de color y por los contrastes. Entre sus obras se encuentran *Paisaje romano* (1851) y *Odiseo y Calipso* (1883).

BOCÓN, NA adj. y s. **1** fam. De boca grande. **2** fam. Que habla mucho y echa bravatas. || m. *Zool.* **3** Especie de sardina del mar de las Antillas.

BOCONADA f. Fanfarronería, bravata.

BOCONÓ Río de Venezuela, afluente del Guarare; 110 km de curso.

BODA f. Casamiento y fiesta con que se celebra. También en pl. || **BODAS DE ORO** Aniversario quincuagésimo. || **BODAS DE PLATA** Aniversario vigésimo quinto.

BODE m. *Zool.* MACHO CABRÍO.

BODE, JOHANN ELERT Astrónomo alemán (Hamburgo, 1747 - Berlín, 1826). Indicó la existencia de una relación numérica, empírica, útil para descubrir las distancias del Sol a los planetas.

BODEGA f. **1** Lugar donde se guarda y cría el vino. **2** Almacén o tienda de vinos. **3** Cosecha o mucha abundancia de vino. **4** DESPENSA. **5** *Agr.* Troj o granero. **6** En los puertos de mar, pieza o piezas bajas que sirven de almacén. **7** *Mar.* Espacio interior de los buques desde la cubierta inferior hasta la quilla.

BODEGÓN m. **1** Sitio o tienda donde se guisan o dan de comer viandas ordinarias. **2** TABERNA. **3** *Pint.* Pintura o cuadro donde se representan cosas comestibles, cacharros y utensilios rústicos.

BODEGUERO, RA m. y f. **1** Dueño de una bodega de vinos. **2** Persona que tiene a su cargo la bodega.

BODHI (Voz sánscrita). m. *Rel.* Supremo estado de perfección al que se puede llegar en el budismo y en el hinduismo.

BODHISATWA (Voz sánscrita). m. *Rel.* En el budismo y en el hinduismo, ser que ha llegado hasta el umbral de la redención, pero que renuncia a ella voluntariamente para permanecer en el mundo.

BODIN, JEAN Jurista, tratadista político y economista francés (Angers, 1530 - Laon, 1596). Anticipándose a Montesquieu, habló del condicionamiento del régimen político por el clima. Autor de *La république* (1576), sentó las bases de la moderna economía política con *Réponse aux paradoxes de M. de Malestroit* (1568).

BODLEY, THOMAS Diplomático inglés (Exeter, 1545 - Londres, 1612). Iniciador de la biblioteca llamada hoy *Bodleyana*, de la Universidad de Oxford.

BODÓN m. **1** *Ecol.* Charca de reducida extensión y que se seca en verano. **2** *Bot.* ESPADAÑAL.

BODONI, GIAMBATTISTA Tipógrafo italiano (Saluzzo, 1740 - Parma, 1813). Sus conocimientos de árabe y hebreo le hicieron crear los célebres tipos que han pasado a la historia de las artes gráficas con el nombre de *bodonianos*.

BODOQUE m. **1** Reborde con que se refuerzan los ojales del colchón. **2** Relieve que servía de adorno en algunos bordados. **3** fig. y fam. Persona de cortos alcances. También adj.

BODORRIO m. **1** fam. Boda ostentosa y de mal gusto. **2** fam. Boda desigual.

BODRIO m. **1** Cosa mal hecha. **2** Caldo con algunas sobras de sopa, mendrugos, verduras y legumbre.

BODY (Voz i.) m. **1** Prenda femenina que cubre todo el cuerpo excepto las extremidades. Puede ser interior o de vestir. **2** Prenda de vestir femenina que cubre la parte superior del cuerpo.

BOECIO, SEVERINO (ANICIO MANLIO TORCUATO SEVERINO BOECIO, llamado) Filósofo latino (Roma, 480 - Pavía, 525). Autor de *La consolación de la filosofía*, *De institutione arithmeticae* y de otros libros que, basados en obras griegas, tratan sobre los temas matemáticos del *Quadrivium* (aritmética, geometría, música y astronomía), utilizados durante la alta Edad Media como fuente para conocer la ciencia griega.

BÓER (Del neerl. *boer*, colono.) adj. **1** *Hist.* Se dice del habitante del África austral, al N de El Cabo, de origen holandés. La primera colonia que establecieron los bóers en África del Sur fue fundada en 1648, y durante dos siglos se extendieron hacia el N, entrando en contacto con los pueblos aborígenes. El descubrimiento de minas de oro en el Transvaal y la consiguiente llegada de colonos procedentes de Gran Bretaña fueron causa de la guerra

Arnold **Böcklin**. *Odiseo y Calipso.* Kunstmuseum (Basilea).

anglo-bóer (1899-1902), que terminó con la victoria de los británicos y la pérdida de independencia de los bóers. También com. **2** Relativo a esta región del S de África.

Boeto de Calcedonia Escultor griego (s. II a. C.). Se le atribuye el grupo escultórico *El niño de la oca*, perteneciente al periodo helenístico.

Boex-Borel, Joseph Henri Novelista francés (Bruselas, 1856 - París, 1940). En colaboración con su hermano Séraphin y bajo el seudónimo común de *J. H. Rosny*, escribió *Nell Horn* (1886), *Vamireh* (1891), *El crimen del doctor* (1903) y *La carga* (1906). Una vez interrumpida esa colaboración, siguió usando el seudónimo con el calificativo de *aîné* (primogénito) y publicó obras como *La conquista del fuego* (1911) y *Vida amorosa de Balzac* (1930).

Boex-Borel, Séraphin Justin Escritor francés (Bruselas, 1859 - Ploubazlanec, 1948). Hermano y colaborador de Joseph Henri hasta 1909. A partir de esta fecha siguió usando el seudónimo colectivo de *J. H. Rosny*, al que añadió el calificativo de *le jeune* (el joven), y publicó *El caparazón* (1914), *La cortesana apasionada* (1925), *Los bellos ojos de París* (1927), etc.

bofe m. PULMÓN. || **echar** uno **el bofe** fr. fig. y fam. Trabajar excesivamente.

bofetada f. **1** Golpe que se da en el carrillo con la mano abierta. **2** fig. Desaire, ofensa.

bofetón m. **1** Bofetada dada con fuerza. **2** *Teat.* En los teatros, tramoya giratoria que hace aparecer o desaparecer, ante los espectadores, personas u objetos.

Boff, Leonardo Teólogo brasileño (Concórdia, 1938). Franciscano defensor de la teología de la liberación, se enfrentó al Vaticano y en 1992 abandonó el sacerdocio. Autor de *Pasión de Cristo, pasión del mundo* (1977), *Iglesia: carisma y poder* (1982) y *Ecología, mundialización y espiritualidad* (1993).

bog (Voz i.) m. *Ecol.* Región húmeda y turbosa, poblada de musgo y brezo.

boga f. **1** *Zool.* Pez marino perciforme de la familia espáridos. Habita en el Atlántico y el Mediterráneo. **2** *Zool.* Pez de agua dulce de la familia ciprínidos y nombre científico *Chondrostoma polylepis.* Se caracteriza por la presencia en la boca de una laminilla córnea muy desarrollada. Especie endémica de los ríos de la península Ibérica. **3** Acción de bogar. **4** Buena aceptación, fortuna o felicidad creciente.

bogada f. Espacio que la embarcación navega por el impulso de un solo golpe de los remos.

bogar intr. REMAR en una embarcación.

Bogart, Humphrey Actor de cine estadounidense (Nueva York, 1900 - Hollywood, 1957). Una de las grandes estrellas de Hollywood, destacó por su sobriedad interpretativa. Sus principales películas son *El halcón maltés* (1941), *Casablanca* (1942), *Tener o no tener* (1944), *El sueño eterno* (1946), *El tesoro de Sierra Madre* (1947), *Cayo Largo* (1948), *La reina de África* (1951) y *La condesa descalza* (1954).

bogavante m. *Zool.* Nombre común de diversos crustáceos decápodos marinos, de la familia astácidos, género *Homarus.* Se caracterizan por su color pardo y la presencia de un primer par de patas muy desarrolladas y convertidas en grandes pinzas.

bogey (Voz i.) m. *Dep.* En el golf, jugada que consiste en meter la pelota en un hoyo utilizando un golpe más de los del par.

boghead (Voz i.) m. *Geol.* Carbón que se origina por la fosilización de algas microscópicas, muy rico en gases.

bogomilismo m. *Hist.* y *Rel.* Doctrina religiosa dualista y maniquea creada en el siglo X en Bulgaria por el pope Bogomil. Sostenía que el mundo material había sido creado por Satán.

Bogomoletz, Alexander Fisiólogo ruso (Kiev, 1881 - íd., 1946). Descubridor de un suero citotóxico antirreticular (SCA), destinado a combatir las enfermedades crónicas de la vejez.

Bogotá FUNZA, río de Colombia.

Bogotá, Santa Fe de Ciudad capital de Colombia y del departamento de Cundinamarca, que con los municipios de Bosa, Engativá, Fontibón, Suba, Usaquén y Usme, forma el distrito especial de su nombre; 1.605 km² y 7.185.889 h. En ella se concentra el 14% del total de la población del país. Importante sector terciario (gran centro de administración, finanzas, comercio, enseñanza, etc.). Asimismo, es el centro industrial más importante del país, con una gran diversificación de la producción: textil, química, alimenticia, papelera, de calzado, cervecera, de cerámica, de neumáticos, etc. Posee universidad, museo y biblioteca nacionales. Museo del Oro, único en el mundo. Conservatorio de música y observatorio astronómico.

Hist. Fundada en 1538 por Jiménez de Quesada sobre el antiguo emplazamiento denominado *Bacatá*, fue centro de la civilización de los indios chibchas. En ella se estableció la capital del virreinato español de Nueva Granada (1739-1819) antes de convertirse en la de la República colombiana. Primero se llamó *Santa Fe* y después *Santa Fe de Bogotá.*

bogotano, na adj. y s. De Bogotá.

Bohemia *Geog. hist.* Región occidental de la República Checa, rodeada de montañas y bañada por el Elba y su afluente el Moldava. Hasta 1545 constituyó un reino independiente; se incorporó a Austria en 1547. Al término de la Primera Guerra Mundial pasó a formar parte de Checoslovaquia. En 1939 fue ocupada por Alemania y declarada protectorado; recobrada su independencia en 1945, se reintegró en Checoslovaquia. En 1969 formó, con Moravia, una de las dos repúblicas federadas de Checoslovaquia, que en 1993 se independizó con el nombre de República Checa.

Bohemia, Selva de Cadena montañosa de Alemania y de la República Checa, entre Baviera y Bohemia, cubierta de espesos bosques de abetos.

Bohemia Central Provincia de la República Checa; 10.014 km² y 1.108.465 h. Capital, Praga.

Bohemia Meridional Provincia de la República Checa; 11.346 km² y 700.685 h. Capital, Ceské Budejovice.

Bohemia-Moravia Antiguo Estado federativo de Checoslovaquia, que se corresponde con la actual República Checa.

Bohemia Occidental Provincia de la República Checa; 10.875 km² y 857.384 h. Capital, Plzen.

Bohemia Oriental Provincia de la República Checa; 11.240 km² y 1.233.215 h. Capital, Hradec Králové.

Bohemia Septentrional Provincia de la República Checa; 7.799 km² y 1.180.389 h. Capital, Ustí nad Labem.

bohemio, mia adj. y s. **1** De Bohemia. **2** GITANO. **3** Se dice de la vida que se aparta de las normas y convenciones sociales, principalmente la de artistas y literatos. **4** Se dice de la persona que lleva este tipo de vida. || m. **5** Lengua checa.

Bohemundo Nombre de diversos príncipes cristianos de Antioquía.

Bohemundo I (Pouille, h. 1050 - Canosa, 1111). Príncipe de Tarento, tomó parte en la primera cruzada, se apoderó de Antioquía y fundó un principado que duró ciento noventa años.

Bohemundo II (?, 1108 - ?, 1130). Hijo del anterior, sucedió a su padre a los cuatro años de edad. En 1126 asumió el gobierno y murió en una batalla contra los musulmanes.

Bohemundo III (?, 1145 - ?, 1201). Sostuvo una prolongada guerra contra Nureddin, que le hizo prisionero, y en 1188 hubo de aceptar una paz humillante de Saladino, el cual había invadido todos sus Estados.

Bohemundo IV (?, 1175 - ?, 1233). Se apoderó del trono en 1201, expulsando a su sobrino Raimundo.

Bohemundo V (?, h. 1198 - ?, 1252). Príncipe de Antioquía en 1233, sostuvo guerras contra los mongoles y los turcos.

Bohemundo VI (?, h. 1235 - ?, 1275). Accedió al trono en 1251. En 1262, Bibars, sultán de Egipto, invadió sus Estados, pero lo rechazó con el auxilio de los mongoles. En 1268, Bibars reanudó las hostilidades y se apoderó de Antioquía.

Bohemundo VII (?, h. 1255 - ?, 1287). Hijo del anterior, no pudo recuperar sus Estados. Con él acabó la dinastía cristiana de Antioquía.

bohío m. *Amér.* Cabaña de madera y ramas o cañas.

Böhl de Faber, Cecilia FERNÁN CABALLERO.

Böhl von Guttenberg, María Josefa BERLEPSCH, BARONESA DE.

Böhm, Karl Director de orquesta austriaco (Graz, 1894 - Salzburgo, 1981). Director de la Ópera de Dresde (1934-42) y de la de Viena (1943-44 y 1954-56), se especializó en Wagner, Richard Strauss, Mozart y Beethoven.

Böhm-Bawerk, Eugen von Político y economista austriaco (Brno, 1851 - Viena, 1914). Fue uno de los principales representantes del MARGINALISMO. Autor de *Capital e interés* (1884-89) y *Elementos de una teoría del valor de los bienes económicos* (1886).

Böhme, Jacob Místico alemán (Görlitz, 1575 - íd., 1624). En 1612 publicó su libro *Aurora*, en el que exponía la unidad de la vida y la íntima relación del hombre con el mundo sobrenatural.

Bohol Isla y provincia de Filipinas, al N de Mindanao; 4.117 km² y 1.137.268 h. Capital, Tagbilarán.

bohordo m. **1** *Bot.* Junco de la espadaña. **2** *Bot.* Tallo herbáceo y sin hojas que sostiene las flores y el fruto de algunas plantas. **3** Lanza corta, usada en los juegos y fiestas de caballería.

Bohórquez, Pedro Soldado español (Arrabal, 1602 - Salta, 1667). Se hizo pasar por descendiente de un inca del Perú y fue proclamado rey por los calchaquíes (1657), que se levantaron contra los españoles.

Bohr, Aage Físico danés (Copenhague, 1922). Hijo de Niels, descubrió la conexión entre el movimiento colectivo y el de las partículas en el núcleo atómico. Recibió el premio Nobel de Física (1975), compartido con Ben R. Mottelson y James Rainwater.

Bohr, Niels Físico danés (Copenhague, 1885 - íd., 1962). Combinó la teoría de los cuantos de Planck con el modelo atómico de Rutherford, creando así la base de la moderna teoría atómica. En 1922 recibió el premio Nobel de Física.

Boiardo, Matteo Maria Poeta italiano (Scandiano, 1441 - Reggio Emilia, 1494). Compuso en latín la *Pastoralia* (1464). Su primera obra en lengua vulgar es el cancionero *Tres libros de amores* (1469-76). La obra que le dio la fama fue el poema inacabado *Orlando enamorado*, continuado por Ariosto en el *Orlando furioso.*

boicot o **boicoteo** m. Acción de boicotear. ♦ El pl. de la primera forma es *boicots.*

boicotear tr. Privar a una persona o a una entidad de toda relación social o comercial para obligarla a ceder en lo que de ella se exige.

boido adj. y s. *Zool.* **1** Nombre común de varios ofidios no venenosos, de gran tamaño, pertenecientes a la familia boidos. Suelen vivir en las regiones tropicales de América y Oceanía. || m. pl. **2** Familia de estos animales, a la que pertenecen la boa, anaconda, enigro y xifosoma.

Boieldieu, François Adrien Compositor francés (Rouen, 1775 - Jarcy, 1834). Fue uno de los creadores de la ópera cómica francesa, especialmente por *La dama blanca* (1825).

Boil, Bernardo de Religioso español (Tarazona, h. 1445 - Cuixà, h. 1505). Fue marino en su juventud y en 1481 se ordenó sacerdote. Acompañó a Colón en su segundo viaje a América (1493), de la que fue primer vicario apostólico.

Boileau-Despréaux, Nicolás Poeta y crítico francés (París, 1636 - íd., 1711). En 1677 Luis XIV le nombró historiógrafo de la corte. Entre sus obras destacan las *Sátiras* (1666) y el *Arte poética* (1674), manifiesto teórico del neoclasicismo.

boina f. Gorra sin visera, redonda y chata.

Boiro Municipio de España, provincia de A Coruña; 18.245 h. Su capital es el lugar de Cimadevilla.

boîte (Voz fr.) f. Sala de fiestas. ♦ Su pl. es *boîtes.*

boj

boj m. *Bot.* **1** Planta arbustiva de la familia buxáceas y nombre científico *Buxus sempervirens.* Su madera es dura, amarilla y compacta. Crece en el centro y S de Europa, N de África y SO de Asia. **2** Madera de este arbusto.

boja f. *Bot.* ABRÓTANO.

Bojador Cabo de África, en el Sahara Occidental.

bojar o **bojear** tr. *Mar.* **1** Medir el perímetro de una isla, cabo, etc. || intr. **2** Tener una isla, cabo, etc., tal o cual perímetro. **3** Navegar a lo largo de una costa.

Bojardo BOIARDO, MATTEO MARIA.

boje m. **1** *Bot.* BOJ. **2** *Bot. Cuba* Árbol de madera dura que se usa para hacer remos. **3** Conjunto de dos pares de ruedas montadas sobre dos ejes próximos, paralelos y solidarios entre sí, que se utilizan en ambos extremos de los vehículos de gran longitud destinados a circular sobre carriles.

bojedal m. *Bot.* Sitio poblado de bojes.

bojeo m. *Mar.* **1** Acción de bojear. **2** Perímetro o circuito de una isla o cabo.

bojiganga f. Compañía de farsantes que representaba comedias y autos en los pueblos pequeños.

Bokassa, Jean Bedel Político y militar centroafricano (Bobangui, 1921 - Bangui, 1996). Se hizo con la presidencia tras un golpe de Estado (1966) y se coronó emperador (1976). En 1979 fue derribado y se refugió en Zaire. En 1986 volvió del exilio y fue condenado a muerte (1987), pena que le fue conmutada por la de cadena perpetua (1988).

bol m. **1** PONCHERA. **2** Taza grande y sin asa.

-BOL-; -BOLA, -BOLE, -BOLIA, -BÓLICO, -BOLO, -BLEMA in. o sufs. que significan lanzar.

-BOLA suf. -BOL-.

BOLA f. **1** Cuerpo esférico de cualquier materia. **2** Juego que consiste en tirar con la mano una bola de hierro. **3** En algunos juegos de naipes, lance que consiste en hacer uno todas las bazas. **4** CANICA. Más en pl. **5** Armazón de dos discos negros que sirve para hacer señales en los buques. **6** BETÚN para el calzado. **7** fig. y fam. Embuste. **8** *Amér.* Arma ofensiva para cazar o sujetar animales. Más en pl. **9** *Perú* Rumor falso. Más en pl. **10** *Venez.* Tamal de figura esférica.

BOLADA f. **1** Tiro que se hace con la bola. **2** Caña del cañón de artillería. **3** *Arg., Par.* y *Urug.* Ocasión propicia, suerte favorable. **4** *Perú* BOLA, rumor.

BOLADO m. **1** AZUCARILLO. **2** *Hond.* En el billar, lance hecho con habilidad y destreza.

BOLANDISTA (De *Jean van Bolland,* fundador de la sociedad de este nombre.) m. *Lit.* y *Rel.* **1** Individuo de una sociedad formada, en su mayor parte, por miembros de la Compañía de Jesús, cuyo objetivo es la publicación depurada y crítica de los textos originales de las vidas de los santos. Desde el siglo XVII trabajan en la compilación hagiográfica *Acta sanctorum.* || m pl. **2** Nombre con que se conoce a la sociedad formada por estos individuos.

BOLANDO, JEAN VAN BOLLAND, JEAN VAN.

BOLAÑO m. Bola o pelota de piedra que disparaban las bombardas y pedreros.

BOLAÑOS DE CALATRAVA Municipio y lugar de España, provincia de Ciudad Real; 10.457 h.

BOLAÑOS GEYER, ENRIQUE Político nicaragüense (Masaya, 1928). Vicepresidente en el Gobierno de Arnoldo Alemán, fue elegido presidente del país en las elecciones de noviembre de 2001.

BOLAZO m. **1** Golpe de bola. **2** fig. *Arg., Par.* y *Urug.* DISPARATE, despropósito. **3** Mentira, embuste.

BOLCHEVIQUE adj. *Polít.* **1** Relativo al bolchevismo o a su doctrina. || com. **2** Partidario del bolchevismo. **3** Miembro del grupo mayoritario del partido socialdemócrata ruso.

BOLCHEVISMO m. *Polít.* e *Hist.* Doctrina política, económica y social que constituyó el sistema de gobierno que imperó en la URSS después de la revolución de octubre de 1917. El bolchevismo, bajo la dirección de Lenin, surgió como la facción mayoritaria del Partido Obrero Social-Demócrata Ruso frente a la minoría menchevique (Congreso de Bruselas, 1903). Los bolcheviques deseaban un partido centralizado, formado por revolucionarios profesionales, que, mediante la insurrección armada, impusiera la dictadura del proletariado. Fundaron, tras la toma del poder en 1917, el Partido Comunista (1918) e impulsaron la creación de la III Internacional.

BOLDO m. *Bot.* Arbolillo de la familia de las moniniáceas, originario de Chile. La infusión de sus hojas es medicinal.

-BOLE- suf. -BOL-.

BOLEADA f. **1** *Arg.* Acción y efecto de bolear. **2** *R. Plata.* Cacería en que se utilizaban las boleadoras como arma.

BOLEADORAS f. pl. Instrumento compuesto de dos o tres bolas de piedra u otra materia pesada, forradas de cuero y sujetas fuertemente a sendas guascas, usado en América del Sur para cazar animales.

BOLEAR intr. **1** Arrojar la bola en cualquier juego en que se la utiliza. **2** Derribar muchos bolos en el juego. || tr. **3** *Arg.* y *Urug.* Confundir, aturullar. También prnl. **4** *Arg.* y *Urug.* Echar o arrojar las boleadoras a un animal. **5** fig. *Arg.* y *Urug.* Envolver, enredar a uno; hacerle una mala jugada. También prnl.

BOLEIVOL BALONVOLEA.

BOLENA, ANA ANA BOLENA.

BOLERA f. Lugar destinado al juego de bolos.

BOLERO, RA adj. y s. **1** fig. y fam. Que dice muchas mentiras. || m. y f. **2** Persona que ejerce el arte de bailar el bolero. || m. **3** *C. Rica* BOLICHE, juguete. **4** *Mús.* Aire musical popular español, cantable y bailable en compás ternario y de movimiento majestuoso. **5** Chaquetilla corta de señora. **6** *Guat.* y *Hond.* SOMBRERO DE COPA.

BOLESLAO Nombre de diversos duques de Bohemia.

BOLESLAO I (?-?, 967). Subió al trono en el 936, después de haber dado muerte a su hermano, san Wenceslao. Organizó la administración económica y política del país.

BOLESLAO II EL PIADOSO (?-?, 999). Subió al trono en 967, a la muerte de su padre, Boleslao I. Creó la diócesis de Praga.

BOLESLAO III EL ROJO (?-?, 1003). Subió al trono en el 999, a la muerte de su padre, Boleslao el Piadoso. Mantuvo continuas guerras con Polonia.

BOLESLAO Nombre de varios duques y reyes de Polonia.

bolchevismo. Lenin presidiendo un soviet.

BOLESLAO I EL VALIENTE Duque y rey de Polonia (?, 967 - ?, 1025). Fundador de la independencia de su país, expulsó a sus hermanos del trono, conquistó Gdansk, Cracovia y Silesia. Arrebató Moravia a Bohemia y en sus luchas contra los príncipes rusos llegó hasta Kiev. A partir de 1005 utilizó el título de rey, si bien no fue coronado hasta 1024.

BOLESLAO II EL ATREVIDO Duque y rey de Polonia (?, 1039 - Hungría, 1083). Se hizo coronar en 1076. Durante la querella de las investiduras, apoyó al papa Gregorio VII contra el emperador; pero perdió el favor pontificio tras asesinar a san Estanislao, obispo de Cracovia. Fue excomulgado y despojado de la corona (1081).

BOLESLAO III BOCA TORCIDA Duque de Polonia (?, 1086 - Cracovia, 1139). Nombrado duque de Polonia en 1102, compartió el gobierno con su hermano Zbigniew y nunca ocupó el trono.

BOLESLAO IV EL CRESPO Duque de Polonia (?, 1127 - ?, 1173). Sólo le correspondió una pequeña parte de la herencia de su padre (Boleslao III), pero logró apoderarse de la de su hermano mayor Wladislao, con el cual, y después con sus hijos (ayudados por Federico Barbarroja), tuvo que sostener incesantes luchas.

BOLESLAO V EL CASTO Duque de Polonia (?, 1226 - ?, 1279). Accedió al trono en 1237. Se casó con Cunegunda, hija de Bela IV de Hungría. Durante su gobierno separó Silesia de Polonia y el reino fue invadido dos veces por los tártaros.

BOLETA f. **1** Papelillo con una corta porción de tabaco, que se vendía al por menor. **2** *Amér.* Cédula para votar o para otros usos.

BOLETAL adj. y s. *Biol.* **1** Se dice de los hongos basidiomicetos, de aspecto similar al champiñón, pero con poros en el revestimiento del himenio. || m. pl. *Biol.* **2** Orden de estos hongos.

BOLETERÍA f. *Amér.* Taquilla, casillero o despacho de billetes.

BOLETÍN m. **1** Publicación destinada a tratar de asuntos científicos, artísticos, históricos o literarios. **2** Periódico que contiene disposiciones oficiales. || **BOLETÍN INFORMATIVO** o **DE NOTICIAS** *Medios.* Conjunto de noticias que, a horas determinadas, transmiten la radio o la televisión.

BOLETO m. **1** Papeleta de rifa. **2** Billete, entrada. **3** *Biol.* Nombre común de varias especies de hongos basidiomicetos pertenecientes a la familia poliporáceos, género *Boletus.* Crecen en los bosques templados y de coníferas de los países templados y fríos.

-BOLIA, -BÓLICO sufs. -BOL-.

BOLICHE m. **1** Bola pequeña usada en el juego de las bochas. **2** Juego de bolos. **3** BOLERA. **4** Juguete que se compone de un palo terminado en punta por un extremo y con una cazoleta en el otro, y de una bola taladrada sujeta por un cordón al medio del palo y que, lanzada al aire, se procura recoger ya en la cazoleta ya acertando a meterle en el taladro la punta del palo. **5** Adorno de forma torneada en que rematan ciertas partes de algunos muebles. **6** *P. Rico* Tabaco de clase inferior. **7** *And., Arg., Par.* y *Urug.* Establecimiento comercial o industrial de poca importancia, especialmente el que se dedica al despacho y consumo de bebidas y comestibles.

BÓLIDO m. **1** *Astron.* Meteorito de dimensión apreciable a simple vista, que cruza rápidamente la atmósfera dejando una estela luminosa y cuya aparición va acompañada de un estampido. **2** Por extensión, vehículo automóvil que alcanza extraordinaria velocidad, especialmente el que participa en carreras.

BOLÍGRAFO m. Instrumento para escribir, inventado por Laszlo Biro, que tiene en su interior un tubo de tinta especial y, en la punta, una bolita metálica que gira libremente.

BOLILLA f. **1** *Arg., Bol., Par.* y *Urug.* Bola pequeña numerada que se usa en los sorteos. **2** *Arg., Par.* y *Urug.* Cada uno de los temas numerados en que se divide el programa de una materia para su enseñanza.

BOLILLERO m. *Arg., Par.* y *Urug.* BOMBO, caja esférica que contiene las bolillas numeradas que se usan en un sorteo.

BOLILLO m. **1** Palito torneado que sirve para hacer encajes y pasamanería. **2** *Veter.* Hueso a que está unido el casco de las caballerías. || m. pl. **3** Barritas de masa dulce.

BOLINA f. *Bot.* BOTONERA.

BOLINCHE o **BOLINDRE** m. **1** Bolita para jugar; canica. **2** Remate o adorno de algunos muebles en figura de bola.

BOLIO m. *Zool.* Ave piciforme sudamericana, de nombre científico *Malacoptila fusca.* De carácter extremadamente abúlico, vive en las selvas del centro y N de Sudamérica.

BOLITA f. *Zool.* Armadillo de nombre científico *Tolypeutes mataca.* Mide unos 50 cm de largo. El cuerpo aparece cubierto de placas córneas divididas en dos escudos que permiten al animal enroscarse y formar una bola. Vive en Sudamérica.

BOLÍVAR (Del nombre de *Simón Bolívar.*) m. Unidad monetaria de Venezuela.

BOLÍVAR Departamento de Colombia; 25.978 km^2 y 2.231.164 h. Su capital es Cartagena.

BOLÍVAR Provincia de Ecuador; 3.940 km^2 y 168.874 h. Su capital es Guaranda.

BOLÍVAR Estado de Venezuela; 240.528 km^2 y 1.481.482 h. Su capital es Ciudad Bolívar.

BOLÍVAR, SIMÓN Militar, político y ensayista venezolano (Caracas, 1783 - Santa Marta, 1830). Educado en el estudio de los enciclopedistas franceses, completó su formación en España. Viajó a Londres (1808) como representante de la Junta Gubernativa de Caracas. Fue partidario de la independencia de Venezuela, proclamada en 1811. Al ser ésta recuperada por España en 1812 después, huyó a Cartagena de Indias. Nombrado coronel del ejército de Nueva Granada, entró victorioso en Caracas (1813) pero tuvo que abandonarla un año des-

Simón **Bolívar**. Retrato de Andrés Hernández. Museo de Arte (Lima).

pués. Tras una estancia en Jamaica, inició una nueva campaña y en 1819 impulsó la aprobación del proyecto constitucional de la Gran Colombia en Angostura. Las victorias de Boyacá (1819), Carabobo (1821) y Pichincha (1822), permitieron la liberación de Nueva Granada, Venezuela y Ecuador respectivamente. En 1822 se reunió en Guayaquil con San Martín para tratar sobre la liberación de Perú. Decidida ésta en las batallas de Junín y Ayacucho, fundó la República de Alto Perú (1825), que cambió su nombre por el de República Bolívar. De su obra literaria, compuesta por cartas, discursos, arengas y proclamas, sobresalen la *Carta a Jamaica*, *Memoria a los ciudadanos de Nueva Granada* y *Discurso de Angostura*.

BOLIVARENSE adj. y com. De Bolívar (Colombia y Venezuela).

BOLIVARIANO, NA adj. Relativo a Simón Bolívar o a su historia, su política, etc.

BOLIVIA (*República de Bolivia*) Estado de América del Sur, en la región andina. Limita al N y E, con Brasil; al S, con Paraguay y Argentina, y al O, con Chile y Perú.

Geog. Geografía física. Bolivia es uno de los dos países sudamericanos sin salida al mar, y podría definirse como andino y amazónico. La mitad oriental forma parte de la cuenca amazónica, con los ríos Mamoré, Beni y Guaporé, que forman el río Madeira, o de la del Paraná, a través del río Pilcomayo. La mitad occidental está recorrida por los Andes (Sajama, 6.520 m). En esta zona del altiplano, los lagos Titicaca y Poopó están unidos por el río Desaguadero. El clima es de montaña, frío y seco, en los Andes, y ecuatorial en la cuenca amazónica. La vegetación, rala en la cordillera o el altiplano (la puna), es muy densa, ecuatorial, en la Amazonia.

Geografía humana y económica. La población está repartida por igual entre el ámbito urbano y rural; dos tercios de ella es amerindia o mestiza. La mayoría se concentra en el altiplano, mientras el territorio amazónico (Beni) está semidespoblado. Bolivia es uno de los países sudamericanos más pobres. La agricultura, muy atrasada, produce patata, maíz, mandioca, cebada, trigo, soja, arroz, etc. La coca, cultivo tradicional del país, es uno de los mayores problemas por ser la base de la cocaína. Posee una ganadería de subsistencia de bovinos, ovinos, caprinos, llamas y alpacas. Bolivia tiene una riqueza minera notable. Destacan el estaño, la plata, el cinc, antimonio, tungsteno y el gas natural. La industria está muy poco desarrollada. Los únicos productos exportables del país son los mineros, o la coca, casi siempre ilegalmente.

Hist. *El período precolombino.* Los restos arqueológicos muestran que el territorio boliviano ha estado ocupado desde hace más de 12.000 años (yacimiento de Viscachani). Hacia el año 1200 a. C., en el altiplano surgieron culturas sedentarias y agrícolas (Chiripa, Uancaraní). Desde el año 500 d. C. se desarrolló en el altiplano, junto al lago Titicaca, la cultura clásica de Tiahuanaco, que alcanzó su máximo esplendor entre los años 700 y 1100. Tras su desaparición, los diferentes grupos que habitaban la región (aimará, colla, lupaca y omasuyo) lucharon por la hegemonía. Los colla establecieron un reino que abarcaba Arequipa, Puna, La Paz, Oruro y Cochabamba, y que perduró hasta 1438, cuando el Pachacuti Inca derrotó a Chunchi Cápac, último de los reyes colla. Todo el reino colla se incorporó al *Tahuantinsuyu*, o reino de las cuatro regiones de los incas, con el nombre de *Collasuyu* (abarcaba el altiplano boliviano y el NO argentino). Los incas extendieron el quechua, aunque el aimará continuó hablándose, y levantaron fortificaciones en las fronteras orientales, que eran continuamente amenazadas por los indios chiriguanos.

Descubrimiento y primeras fundaciones. Alejo García, un portugués sobreviviente de la expedición de Díaz de Solís, fue el primer occidental que penetró en el territorio boliviano (h. 1521). El verdadero descubrimiento comenzó tras la conquista del Cuzco por las huestes de Pizarro. Éste envió una expedición en busca del gran lago sagrado, del *Collasuyu*, que según las leyendas guardaba la isla Titicaca. Diego de Agüero y Pedro Martín lo descubrieron llamándole Titicaca. Diego de Almagro, en su expedición hacia Chile, se adentró en el territorio boliviano, fundando sus primeras ciudades (Paria, 1535; Tupiza, 1536). Gonzalo Pizarro dirigió una expedición al Collao (el *Collasuyu* inca), y a partir de entonces los esfuerzos se dirigieron a la zona del altiplano boliviano. Pedro de Anzures fundó, en 1539, Chuquisaca (actual Sucre), y el virrey La Gasca mandó fundar La Paz en 1548.

El período colonial. En 1559 se creó la audiencia de Charcas, con sede en Chuquisaca y subordinada a la de Lima. Esta dependencia respecto a Perú fue una de las características de su historia colonial, hasta el punto de que el territorio se denominaba Alto Perú. Su jurisdicción abarcaba la actual Bolivia, los territorios de Puno, Atacama, Tucumán, Paraguay y Buenos Aires (hasta la creación de su propia audiencia). Desde el altiplano se comenzó la exploración de las tierras bajas, Andrés Manso por el Chaco, Álvarez Maldonado y Gómez de Tardoya el país de los chuncho (al N del actual departamento de La Paz) y Diego Alemán el país de los moxo (departamento de Beni). El Alto Perú representó un decisivo papel en la economía americana cuando en 1545 se descubrieron las minas de Potosí. Para abastecerse de mano de obra indígena los españoles utilizaron la institución inca de la *mita*, que fue reglamentada por el virrey Toledo. La evangelización comenzó en 1535. Los jesuitas pusieron en marcha la Universidad de San Francisco Javier en Chuquisaca, y a partir de 1671 fundaron misiones en Mojos y Chiquitos. Durante el siglo XVIII se sucedieron varias revueltas contra los privilegios de los españoles peninsulares y ante la explotación de los indios. A fines de siglo surgieron algunos movimientos emancipadores. La insurrección de Pedro Domingo Murillo en La Paz (1809) y la revolución de Cochabamba (1816), a la que se unieron otras provincias, ya estaban orientadas hacia la emancipación de Bolivia.

Independencia y creación de Bolivia. El Alto Perú fue uno de los últimos territorios en independizarse de España. En la victoria de Ayacucho (1824), el general Sucre, lugarteniente de Bolívar, consiguió abrir el camino para llegar a La Paz e independizar el territorio. En 1825 Bolívar aceptó la creación del Alto Perú como Estado independiente, por lo que se denominó Bolivia, en su honor, y se nombró presidente a Sucre. Pero la situación económica no era favorable. La producción minera estaba en decadencia y no se habían desarrollado otros sectores. En 1829 Andrés de Santa Cruz asumió la presidencia, proclamó una constitución liberal y creó, junto con Perú, la Confederación (1836-39), que provocó una guerra con Chile y Argentina. Tras vencer al general argentino Rosas, Santa Cruz fue derrotado por Chile en Yungay (1839). Esta derrota acabó con la Confederación y su gobierno. Le sustituyó José Miguel de Velasco, que promulgó otra constitución y trasladó la capital a Chuquisaca, a la que llamó Sucre. Tras un período de revueltas y guerra contra Perú, llegó al poder el primer civil desde la independencia, José María Linares (1857-61). Bajo los gobiernos de Achá, Melgarejo y Daza continuaron los desórdenes y se perdieron territorios en favor de Chile y Brasil. Entre 1860 y 1870, la actividad minera se reactivó gracias a las condiciones favorables del mercado internacional, la entrada de capitales extranjeros (chilenos y británicos) y la aplicación de nuevas tecnologías.

La guerra del Pacífico. Mediante el tratado de 1874, Chile renunció a los derechos generados por las exportaciones mineras de los territorios ubicados entre los paralelos 23 y 24, que irían en su totalidad a Bolivia, país que se comprometió a no alzar los impuestos sobre los capitales y empresas chilenas instaladas al N del paralelo 24. Bolivia no cumplió este tratado y el gobierno de Pinto acordó proteger a las salitreras chilenas y decretó la ocupación de Antofagasta. Posteriormente Bolivia declaró la guerra a Chile y dio a conocer la existencia de un acuerdo secreto con Perú. Ante esta situación, Chile declaró la guerra a ambos países. En la batalla de Tacna (1880) el ejército chileno derrotó a la fuerza peruano-boliviana y se adentró en territorio de Perú. De esta manera, Bolivia perdió su salida hacia el mar.

Conservadores y liberales. A partir del gobierno de Narciso Campero (1880-84) se inició el período de gobiernos civiles entre el Partido Liberal y el Conservador, que compartían el poder. Los conservadores (1880-99) se caracterizaron por el impulso a la producción minera. La producción de estaño, que había comenzado a tener importancia a fines del siglo XIX, desplazó a la de plata hacia 1900, convirtiéndose en el primer producto de la exportación. Los dueños de las minas de plata tradicionales, cercanos al Partido Conservador, algunos de los cuales habían llegado a presidentes (Gregorio Pacheco, 1884-88; Aniceto Arce, 1888-92), perdieron también su influencia política. La llamada Revolución Federal (1899) llevó al poder a los liberales, que lo tuvieron hasta 1920. Bajo el gobierno de Ismael Montes se firmó la paz con Chile (1904). Tras la Primera Guerra Mundial se fundó el Partido Republicano, formado, como los anteriores, por blancos de la clase alta y media. En 1920 los republicanos dieron un golpe de Estado que les llevó al poder. Sin embargo, el nuevo partido se vio sacudido por la rivalidad entre el presidente, Juan Bautista Saave-

---

Superficie: 1.098.581 km².
Población: 8.329.000 h. (*bolivianos*).
Densidad: 7,6 h./km².
Tasa de natalidad: 31,9‰.
Tasa de mortalidad: 8,6‰.
Capital: La Paz (administrativa) y Sucre (judicial).
Ciudades principales: Cochabamba, Oruro, Santa Cruz de la Sierra, Sucre y Potosí.
Grupos étnicos: mestizos (31,2%), quechuas (25,4%), aimarás (16,9%), blancos (14,5%).
Religión: catolicismo (85%), protestantismo (11%).
Idioma: español, quechua, aimará, tupí-guaraní.
Moneda: boliviano.
Forma de Estado: república presidencialista.
Producto Nacional Bruto: 8.013 millones de dólares.
Renta per cápita: 1.010 dólares.
División administrativa: 9 departamentos, según cuadro.

BOLIVIA

Departamentos	Superficie (km²)	Población (h.)	Capitales
Beni	213.564	336.047	Trinidad
Chuquisaca	51.524	589.948	Sucre
Cochabamba	55.631	1.524.724	Cochabamba
La Paz	133.985	2.406.377	La Paz
Oruro	53.588	393.991	Oruro
Pando	63.827	53.316	Cobija
Potosí	118.218	774.696	Potosí
Santa Cruz	370.621	1.812.522	Santa Cruz de la Sierra
Tarija	37.623	403.079	Tarija

dra (1921-25), y Daniel Salamanca, que formó el llamado Partido Republicano Genuino. En 1930 Salamanca accedió al poder; bajo su gobierno la Gran Depresión obligó a cerrar numerosas minas. La situación interna se agravó debido al conflicto con el Partido Liberal, con el que compartía el poder.

La guerra del Chaco (1932-35) y sus consecuencias. Desde mediados de la década de los veinte, Bolivia y Paraguay habían iniciado un programa de desarrollo de la región del Chaco. Cuando la situación nacional estaba más difícil, Salamanca intentó apelar al patriotismo y, aprovechando un conflicto fronterizo, inició una dura represión que llevó a la guerra. En tres años de conflicto, Bolivia perdió más de 100.000 hombres, y pasaron a Paraguay más territorios de los que había reclamado previamente a la guerra. En 1936 un grupo de jóvenes oficiales tomó el poder, instaurando un régimen socialista militar, bajo las presidencias de David Toro y Germán Busch, que confiscó la Standard Oil Company, y redactó una constitución. La oposición al régimen militar se agrupó en torno al Movimiento Nacionalista Revolucionario (MNR), de Víctor Paz Estenssoro, y el Partido de la Izquierda Revolucionaria (PIR). En 1943 un grupo de militares expulsaron al presidente Peñaranda y formaron un gobierno bajo el coronel Gualberto Villarroel, aliados con el MNR. En 1946, por medio de una sangrienta revolución, Villarroel fue ajusticiado en el palacio presidencial. Los intentos para gobernar realizados por el PIR resultaron nulos, y a comienzos de los cincuenta el PIR prácticamente desapareció, siendo sustituido por el Partido Comunista Boliviano.

La Revolución Nacional Boliviana. En 1952 se produjo la llamada Revolución Nacional Boliviana, que consiguió expulsar a los militares y llevar al poder al MNR. El gobierno de Paz Estenssoro (1952-56) estableció el monopolio en la exportación del estaño y nacionalizó las minas. En 1953 se produjo una reforma agraria, y se procedió a la parcelación de tierras, lo que convirtió al campesinado indígena en importante fuerza política. Estenssoro fue sustituido por Hernán Siles Zuazo (1956-60). La inflación amenazó a la clase media, y sólo pudo pararse con la ayuda de EE UU, pero los programas sociales fueron suspendidos. Las huelgas y los desórdenes se generalizaron al final de su mandato, y la vuelta de Estenssoro en 1960 no consiguió mejorar la situación.

Bolivia entre 1964 y 1985. Los desórdenes sociales motivaron en 1964 la intervención del ejército, encabezado por el vicepresidente René Barrientos, que recibió el poder de una Junta Militar. La agitación minera resurgió pronto y el gobierno disolvió la Confederación Obrera, dominada por la izquierda radical y expulsó del país a los principales dirigentes sindicales, entre ellos a Juan Lechín. En las elecciones generales de 1966, Barrientos resultó elegido presidente. Éste desarrolló una política populista y terminó con el movimiento guerrillero al dar muerte al «Che» Guevara en 1967. A su muerte, en 1969, se sucedieron una serie de gobiernos y juntas militares (Siles Salinas, Ovando Candía, general Miranda, Juan José Torres), hasta que el bloqueo económico de EE UU y la debilidad del gobierno provocó un nuevo golpe militar, que llevó a la presidencia a Hugo Bánzer (1971). Bánzer suspendió los derechos civiles, prohibió los sindicatos y se mantuvo en el poder hasta las elecciones de 1978, en las que resultó vencedor el general Juan Pereda Asbún. La Corte Electoral Nacional anuló el resultado por irregularidades, pero se produjo un golpe militar que entregó el poder al general Pereda. En noviembre de ese mismo año tuvo lugar otro golpe militar que nombró nuevo presidente al general David Padilla Arancibia. En agosto de 1979, el congreso nombró presidente para un año a Walter Guevara Arze, pero tres meses más tarde se produjo un nuevo golpe dirigido por el coronel Alberto Natusch Busch, que convocó elecciones para mayo de 1980. El país se vio envuelto en una crisis institucional que fue resuelta por el Congreso Nacional con la designación de Lydia Gueiler Tejada, presidenta del Senado, para ocupar interinamente la jefatura del Estado, hasta la celebración de elecciones. Éstas se llevaron a cabo en junio de 1980 y dieron la victoria a Hernán Siles Zuazo, candidato de la Unidad Democrática Popular, pero, antes de su investidura, nuevamente una junta militar se hizo con el poder. Por fin, en octubre de 1982 fue devuelto el poder al presidente electo, Hernán Siles Zuazo.

La vuelta a la normalidad democrática. Las elecciones de julio de 1985 dieron la victoria por minoría al candidato de Acción Democrática Nacional, Hugo Bánzer, pero el pacto posterior de la izquierda le impidió acceder a la presidencia del país, que asumió Víctor Paz Estenssoro. El gobierno continuó la cooperación con EE UU para acabar con el narcotráfico y trató de desvincular la economía de la producción de

Bolivia. Carlos Mesa, presidente del país desde 2003.

Bombay (India). Puerta de la India.

coca. En las elecciones de 1989 el triunfo fue para Gonzalo Sánchez de Lozada, del MNR. Al no conseguir la cantidad de votos necesaria, el Congreso nombró presidente a Paz Zamora. Gracias a su política de austeridad económica, el país entró en una fase de crecimiento económico. En 1993 accedió a la presidencia Sánchez de Lozada. El nuevo presidente siguió el plan de reformas económicas de su antecesor. En 1997 se produjo la victoria de Hugo Bánzer, candidato de Acción Democrática Nacional, en las elecciones presidenciales. A comienzos de 2000 una aguda crisis social provocó que el presidente Bánzer declarase el estado de sitio durante unos días en todo el país. En agosto de 2001 H. Bánzer renunció a la presidencia y asumió el cargo el vicepresidente, Jorge Quiroga, sustituido por Gonzalo Sánchez de Lozada tras las elecciones celebradas en junio del 2002. Sin embargo, en octubre del año siguiente, las protestas sociales, cuyo detonante fue la exportación del gas natural, provocaron su dimisión. Fue sustituido en la presidencia por Carlos Mesa Gisbert.

BOLIVIANO, NA adj. y s. **1** De Bolivia. || m. **2** *Econ.* Unidad monetaria de Bolivia.

BÖLL, HEINRICH Novelista alemán (Colonia, 1917 - íd., 1985). Autor de *El tren llegó puntual* (1949), *Opiniones de un payaso* (1963), *El honor perdido de Katharina Blum* (1974) y *Mujeres ante un paisaje fluvial* (1985). En 1972 obtuvo el premio Nobel de Literatura.

BOLLAND, JEAN VAN Hagiógrafo y jurista belga (Julémont, 1596 - Amberes, 1665). También conocido por *Bolando.* Dirigió las *Acta sanctorum* o vida de los santos, llamadas de los BOLANDISTAS, en honor suyo.

BOLLÉN m. *Bot.* **1** Árbol de la familia rosáceas, nativo de Chile, cuya madera se emplea para hacer mangos y en la construcción. Sus hojas son febrífugas. **2** Madera de este árbol.

BOLLERÍA f. **1** Establecimiento donde se hacen o venden bollos o panecillos. **2** Conjunto de bollos de diversas clases que se ofrecen para la venta o el consumo.

BOLLO m. **1** Pieza esponjosa de varias formas y tamaños, hecha con masa de harina y agua y cocida al horno; como ingredientes de dicha masa entran frecuentemente leche, manteca, huevos, etc. **2** fig. CHICHÓN. **3** Abolladura de una superficie. **4** fam. Lío, alboroto, confusión. || **no estar el horno para bollos** fr. fam. No estar alguien o alguna situación en una posición favorable.

BOLO 1 adj. y s. *Guat.* y *Méx.* Ebrio. || m. **2** Trozo de palo labrado de forma alargada, con base plana para que se sostenga derecho. **3** *Med.* Preparado medicinal en forma de píldora grande. **4** fig. Actuación de un artista fuera de su circuito habitual, generalmente en provincias y en tiempo veraniego. || m. pl. **5** *Dep.* Juego que consiste en poner derechos sobre el suelo cierto número de bolos y derribar cada jugador los que pueda, arrojándoles sucesivamente las bolas que correspondan por jugada. || **BOLO ALIMENTICIO** *Fisiol.* Masa de alimentos masticados e insalivados, que se deglute de una vez.

-BOLO suf. -BOL-.

BOLÓMETRO m. *Fís.* Instrumento ideado por S. P. Langley en 1884, para medir las radiaciones térmicas emitidas por un cuerpo, basado en la variación de la resistencia de un circuito eléctrico.

BOLONIA *(Bologna)* **1** Provincia de Italia, en la región de Emilia-Romagna; 3.702 km² y 904.123 h. **2** Ciudad del N de Italia, capital de la región de Emilia-Romagna y de la provincia de su nombre; 388.436 h. Célebre universidad (1200).

BOLONIA, ESTUDIO o **ESCUELA DE** *Hist.* y *Der.* Escuela jurídica surgida en el siglo X, que inició el estudio del derecho romano tomando como base el *Corpus Iuris* y el *Digesto*, y que alcanzó su mayor esplendor en los siglos XII y XIII. Su enseñanza se asimiló en un principio a las cátedras de gramática y retórica, y se desarrolló más tarde como estudio independiente. Su fundador fue Irmenio, al que le sucedieron Búlgaro, Martín, Jacobo y Hugo. El centro de estudio fue el *Digesto.*

BOLONIA, JUAN DE GIAMBOLOGNA.

BOLOÑÉS, SA adj. y s. De Bolonia.

BOLSA f. **1** Especie de saco que sirve para llevar o guardar algo. **2** Cierta arruga del vestido o de otras cosas. **3** Abultamiento de la piel debajo de los ojos. **4** Cavidad llena de pus, agua, petróleo, etc. **5** fig. Caudal o dinero de alguien. **6** *Econ.* Reunión oficial de los que compran o venden activos financieros, como acciones, obligaciones, etc. **7** Lugar donde se celebran estas reuniones. **8** *Geol.* Inclusión ígnea de forma cilíndrica y sección inferior a 40 m². **9** *Zool.* Cualquier estructura en forma de saco. **10** *Zool.* En los vertebrados, cavidad de tejido conjuntivo llena de un líquido viscoso y lubricante, que se sitúa en los puntos de fricción entre la piel y el hueso, o el músculo y el hueso. || **BOLSA DE TRABAJO** *Econ.* Organismo encargado de recibir ofertas y peticiones de trabajo y de ponerlas en conocimiento de los interesados.

BOLSEAR tr. *C. Rica, Guat., Hond.* y *Méx.* Quitarle a uno furtivamente del bolsillo el reloj o el dinero.

BOLSENA Lago de Italia, en la provincia de Roma, junto a la ciudad de su nombre; 15 km de longitud por 10 de anchura y 140 m de profundidad.

BOLSILLO m. **1** Saquillo cosido en los vestidos y que sirve para meter en él algunas cosas usuales. **2** Bolsa en que se guarda el dinero. **3** Dinero que uno tiene. || **aflojar el bolsillo** fr. fig. Pagar. || **de bolsillo** loc. adj. Se dice de lo que por su hechura y tamaño es adecuado para ser llevado en él. || **rascarse el bolsillo** fr. fig. y fam. Soltar dinero, comúnmente de mala gana. || **tener,** o **meterse** a uno **en el bolsillo** fr. fig. y fam. Contar con él con entera seguridad.

BOLSÍN m. Bolsa de comercio de menor dimensión que el resto.

BOLSO m. **1** Bolsa de mano generalmente pequeña y frecuentemente con asa, usada por las mujeres para llevar objetos de uso personal. **2** Bolsillo de la ropa.

BOLTRAFFIO, GIOVANNI ANTONIO Pintor italiano (Milán, 1467 - íd., 1516). Fue discípulo de Leonardo da Vinci. Sus obras destacan tanto por el dibujo como por el colorido.

BOLTZMANN, LUDWIG EDUARD Físico austriaco (Viena, 1844 - Duino, Italia, 1906). Se le considera el fundador de la mecánica estadística. Fundó la teoría cinética de los gases.

BOLZANO 1 Provincia de Italia, en la región de Trentino-Alto Adigio; 7.400 km² y 450.273 h. **2** Ciudad del N de Italia, capital de la provincia de su nombre, en la confluencia del Isarco con el Adigio; 97.294 h. Turismo.

BOMBA f. **1** Artefacto explosivo provisto del artificio necesario para que estalle en el momento conveniente. **2** Máquina para elevar un líquido y darle impulso en dirección determinada. **3** fig. Noticia inesperada que se suelta de improviso y causa estupor. || adv. m. **4** Muy bien, estupendamente. || **BOMBA ATÓMICA** *Fís.* Aquella cuyo gran poder explosivo (20.000 toneladas de TNT o más) se debe a la súbita liberación de energía como consecuencia de la FISIÓN de un núcleo pesado en núcleos más ligeros, produciendo una reacción nuclear en cadena. Los materiales fisionables utilizados son el uranio-235 y el plutonio-239. || **BOMBA DE COBALTO** *Med.* Aparato generador de rayos gamma producidos por el cobalto-60, isótopo del cobalto, utilizada en la radioterapia del cáncer. || **BOMBA DE HIDRÓGENO** *Fís.* Bomba atómica rodeada de deuterio de litio, que se convierte en helio por fusión termonuclear, con gran emisión de energía. || **BOMBA DE MANO** *Mil.* La explosiva de pequeño tamaño que se lanza con la mano. || **BOMBA NEUMÁTICA** *Tecnol.* La que se emplea para extraer el aire y a veces para comprimirlo. || **BOMBA TERMONUCLEAR** *Fís.* La que produce la transformación de núcleos atómicos ligeros (como el hidrógeno) en otros más pesados. || **BOMBA VOLCÁNICA** *Geol.* Masa volcánica esférica u ovoide, a veces cóncava, que se proyecta en las explosiones de un volcán activo, por la chimenea. || **caer como una bomba** fr. fig. y fam. que se dice de la persona que se presenta inopinadamente en una reunión o de la noticia inesperada que se comunica, y cuya respectiva aparición o referencia deja atónitos a los circunstantes.

BOMBACÁCEO, A adj. y s. *Bot.* **1** Se dice de los árboles y arbustos dicotiledóneos y de distribución tropical, pertenecientes al orden malvales. Por lo común presentan hojas palmeadas, flores en racimo o en panoja, fruto seco o carnoso y semilla frecuentemente cubierta de lana o de pulpa, como el baobab y la ceiba. || f. pl. *Bot.* **2** Familia de estas plantas.

BOMBACHO adj. y m. Se dice del pantalón ancho que se ajusta por debajo de la rodilla.

BOMBARDA f. **1** *Mil.* Cañón de gran calibre que se usaba antiguamente. **2** *Mús.* Antiguo instrumento musical de viento. **3** *Mús.* Registro del órgano, que produce sonidos muy fuertes y graves.

BOMBARDEAR tr. **1** Arrojar bombas desde una aeronave. **2** Hacer fuego violento y sostenido de artillería contra una población u otro recinto. **3** *Fís.* y *Med.* Someter un cuerpo a la acción de ciertas radiaciones o al impacto de neutrones u otros elementos del átomo.

BOMBARDEO m. **1** *Mil.* Acción de bombardear por medio de la artillería o aviones. **2** *Fís.* Proceso de dirigir un haz de neutrones o partículas de alta energía sobre un material para producir reacciones nucleares.

BOMBARDERO m. **1** *Mil.* Avión diseñado para transportar y arrojar bombas. **2** *Mil.* Artillero al servicio de las bombardas o del mortero.

BOMBARDINO m. *Mús.* Instrumento musical de viento con pistones o cilindros en vez de llaves.

BOMBAY Ciudad de la India, capital del Estado de Maharashtra, en la costa occidental del Decán; 9.925.891 h. Principal puerto de la India y el mayor centro comercial e industrial del país.

BOMBAZO m. **1** Golpe que da la bomba al caer. **2** Explosión y estallido de este proyectil. **3** Daño que causa. **4** Noticia inesperada y espectacular.

BOMBEAR tr. **1** Disparar bombas de artillería. **2** *Dep.* Lanzar por alto una pelota o balón haciendo que siga una trayectoria parabólica. **3** Elevar agua u otro líquido por medio de una bomba.

BOMBEO m. **1** Comba, convexidad. **2** Acción y efecto de bombear líquidos.

BOMBERO, RA m. y f. **1** Cada uno de los miembros de un cuerpo cuya función es extinguir los incendios y prestar auxilio en inundaciones y otras catástrofes. **2** Persona que tiene por oficio trabajar con la bomba hidráulica.

BOMBÍCIDO, DA adj. *Zool.* **1** Se dice de los insectos lepidópteros pertenecientes al superorden Heteroneuros, que incluye únicamente a los gusanos de seda. || m. pl. *Zool.* **2** Familia de estos animales.

BÓMBIDO, DA adj. *Zool.* **1** Se dice de los insectos pertenecientes a la superfamilia de himenópteros apoideos, de tamaño relativamente grande, con el cuerpo peludo y franjas alternantes negras y amarillas. || m. pl. *Zool.* **2** Familia de estos animales.

BOMBILLA f. **1** Aparato de iluminación consistente en un globo de cristal en el que se ha hecho el vacío y dentro del cual va colocado un hilo de platino, carbón, tungsteno, etc., que al paso de una corriente eléctrica se pone incandescente. **2** Caña delgada de que se sirven para sorber el mate en América.

BOMBILLO m. *Fís. Amér. C., Col., Dom., Méx.* y *P. Rico* BOMBILLA eléctrica.

BOMBÍN m. fam. Sombrero hongo.

BOMBO m. **1** *Mús.* Tambor muy grande que se toca con una maza y se emplea en las orquestas y en las bandas militares. **2** *Mús.* El que toca este instrumento. **3** Caja cilíndrica o esférica y giratoria que sirve para contener bolas numeradas o cualquier otro objeto que han de sacarse a la suerte. **4** Elogio exagerado y ruidoso con que se ensalza a alguien o se anuncia o publica algo. || **a bombo y platillo** loc. adv. con que se da a entender la extremada publicidad de una noticia o suceso que juzga favorable e importante quien lo difunde. || **dar** o **darse bombo** fr. fig. y fam. Elogiar con exageración.

BOMBÓN m. **1** Pieza pequeña de chocolate, que puede estar rellena de licor o crema. **2** fig. y fam. Persona guapa y atractiva.
BOMBONA f. **1** Vasija de vidrio, loza, plástico, etc., de boca estrecha, muy barriguda, que se usa para el transporte de ciertos líquidos. **2** *Tecnol.* Vasija metálica muy resistente, de forma cilíndrica o acampanada y cierre hermético. Sirve para contener gases a presión y líquidos muy volátiles.
BOMBONAJE m. *Bot. Amér.* Planta de la familia pandanáceas, de hojas alternas que, cortadas en tiras, sirven para fabricar objetos de jipijapa.
BOMBONERA f. Caja para bombones.
BOMÍLCAR General cartaginés (s. II a. C.). Sobrino de Asdrúbal. Trató de usurpar el poder durante la invasión de Agatocles, por lo que fue crucificado en el año 308.
BOMÍLCAR Almirante cartaginés (s. III a. C.). Llevó refuerzos a Aníbal después de la batalla de Cannas.
BON Cabo del NE de Tunicia. Es el *Ras Adar* de los indígenas.
BON VIVANT (De origen fr.) loc. con que se designa a la persona que vive bien y regaladamente. Se utiliza como s.
BONA ANNABA.
BONACHÓN, NA adj. y s. fam. De genio dócil, crédulo y amable.
BONAERENSE adj. y com. De Buenos Aires.
BONAIRE Isla del Caribe, en las Antillas Holandesas, grupo de Sotavento; 288 km² y 11.139 h. Capital, Kralendijk.
BONAMPAK *Arqueol.* Centro arqueológico maya, situado en México, Estado de Chiapas. Su descubrimiento en 1947 cambió la interpretación de la historia maya.
BONANCIBLE adj. Tranquilo, sereno, suave. Se dice del mar, del tiempo y del viento.
BONANZA f. **1** Tiempo tranquilo en el mar. **2** *Geol.* Masa rica de mineral. **3** fig. Bienestar, mejora social o económica.
BONAPARTE o **BUONAPARTE** *Geneal.* Familia francesa de origen lombardo, establecida en Córcega en el siglo XVI, a la que perteneció Napoleón.
BONAPARTE, CAROLINA (MARIE ANNUNZIATA BONAPARTE, llamada) Reina de Nápoles (Ajaccio, 1782 - Florencia, 1839). Hermana de Napoleón I, se casó con el general Murat (1800). Fue princesa de Clèves y Berg (1806) y reina de Nápoles (1808). Tras la muerte de su marido, se refugió en Trieste y en Frohsdorf, donde utilizaba el seudónimo de *condesa Lipona*.
BONAPARTE, ELISA (MARIE ANNE BONAPARTE, llamada) Gran duquesa de Toscana (Ajaccio, 1777 - Trieste, 1820). Hermana de Napoleón I, se casó con el capitán corso Bacciocchi, y recibió los principados de Lucca y Toscana (1805) y el gran ducado de Toscana (1809).
BONAPARTE, EUGÈNE LOUIS NAPOLEÓN Príncipe imperial francés (Ajaccio, 1856 - Ulundi, 1879). Hijo de Napoleón III y de la emperatriz Eugenia, tras la muerte de su padre partió para la campaña de Zululandia, como agregado al Estado Mayor del Ejército inglés, y fue muerto allí en un reconocimiento.
BONAPARTE, JERÓNIMO JERÓNIMO I, rey de Westfalia.
BONAPARTE, JOSÉ JOSÉ I BONAPARTE, rey de España.
BONAPARTE, LUCIANO Político francés (Ajaccio, 1775 - Viterbo, 1845). Hermano de Napoleón I, fue ministro del Interior (1799) y embajador en España (1803).
BONAPARTE, MARIE ANNE BONAPARTE, ELISA.
BONAPARTE, MARIE ANNUNZIATA BONAPARTE, CAROLINA.
BONAPARTE, MARIE PAULETTE (PAULINA BONAPARTE, llamada) Duquesa de Guastalla y princesa de Borghese (Ajaccio, 1780 - Florencia, 1825). Hermana de Napoleón I, fue esposa del general Leclerc y luego del príncipe italiano Camillo Borghese.
BONAPARTE, NAPOLEÓN NAPOLEÓN I, II y III, emperadores de Francia.
BONAPARTISMO m. *Hist.* Corriente política partidaria de Napoleón I o del imperio y dinastía fundados por él. También se denomina así cualquier gobierno que practica una política independiente de las clases a las que representa.
BONARES Municipio y lugar de España, provincia de Huelva; 5.056 h.
BONDAD f. **1** Calidad de bueno. **2** Natural inclinación a hacer el bien. **3** Suavidad de carácter.
BONE ANNABA.
BONÉLIDO, DA adj. y s. *Zool.* **1** Se dice de ciertos animales invertebrados con cuerpo vermiforme, pertenecientes al orden Equiuroineos. || m. pl. *Zool.* **2** Familia de estos invertebrados.
BONETE m. **1** Especie de gorra de varias hechuras y comúnmente de cuatro picos, usada por los eclesiásticos y seminaristas y antiguamente por los colegiales y graduados. **2** *Cuba, Dom.* y *P. Rico* CAPÓ. **3** *Zool.* Redecilla de los rumiantes.
BONETE Cerro volcánico de Argentina, de la cordillera de los Andes, en la provincia de La Rioja; 6.872 m.
BONETE Pico de los Andes bolivianos, en la cordillera Real, departamento de Potosí; 5.754 m.

bonetero

BONETERO m. *Bot.* Arbusto perteneciente a la familia celastráceas, de nombre científico *Euonymus europaeus*. Se caracteriza por sus hojas caducas de forma elíptica, las flores pequeñas y blancas y el fruto en cápsula. Crece en Europa y SO de Asia.
BONGO o **BONGÓ** m. *Mús.* Instrumento musical de percusión, usado en algunos países del Caribe, que consiste en un cilindro de madera cubierto en su extremo superior por un cuero de chivo bien tenso y descubierto en la parte inferior.
BONGO, OMAR Político gabonés (Lewai, 1935). Presidente del país desde 1967, en 1981 renunció a su cargo de primer ministro, pero mantuvo las funciones ejecutivas.
BONGOSERO, RA m. y f. Persona que toca el bongo.
BONIATO m. *Bot.* BATATA.
BONIFACIO Nombre de diversos papas y antipapas italianos.
BONIFACIO I, SAN (Roma, ? - íd., 422). Ocupó el solio pontificio de 418 a 422. Intervino en la organización de la iglesia de África y creó el primado de las Galias en Arles.
BONIFACIO II (Roma, ? - íd., 532). Ocupó el solio pontificio de 530 a 532. Era de origen godo. Luchó con fervor contra el semipelagianismo.
BONIFACIO III (Roma, ? - íd., 607). Ocupó el solio pontificio durante unos meses de 607. Estableció que la elección papal únicamente podría ser efectuada tres días después de la muerte del que debiera ser sucedido.
BONIFACIO IV, SAN (Valeria, Abruzos, 549 - Roma, 615). Ocupó el solio pontificio de 608 a 615. Solicitó de Focas, emperador de Oriente, el Panteón de Roma, que más tarde transformó en iglesia cristiana con el nombre de Santa María de los Mártires.
BONIFACIO V (Nápoles, ? - Roma, 625). Ocupó el solio pontificio de 619 a 625. Propagó el cristianismo en Inglaterra.
BONIFACIO VI (? - Roma, 896). Ocupó el solio pontificio durante 15 días del mes de abril de 896.

BONIFACIO VII Antipapa (Véase FRANCONE, BONIFACIO).
BONIFACIO VIII (Anagni, h. 1235 - Roma, 1303). Ocupó el solio pontificio de 1294 a 1303. Durante su pontificado se celebró el primer jubileo (1300). Fue famoso por sus disputas con Felipe IV de Francia, que le acusó de herejía y simonía. Como respuesta, publicó una bula en la que establecía la supremacía del poder pontificio sobre el regio.
BONIFACIO IX (Nápoles, ? - Roma, 1404). Ocupó el solio pontificio de 1389 a 1404. Aumentó el poder de la curia y la presión fiscal a través de la *annata*. Fortificó el Capitolio y el Vaticano.
BONIFACIO, ESTRECHO DE Paso marítimo, en el Mediterráneo occidental, que separa las islas de Córcega y Cerdeña.
BONIFICACIÓN f. **1** Acción y efecto de bonificar. **2** Descuento.
BONIFICAR tr. **1** Tomar en cuenta y asentar una partida en el haber. **2** Conceder, por algún concepto, un aumento, proporcional y reducido, en una cantidad que alguien ha de cobrar, o un descuento en la que ha de pagar.
BONILLA, MANUEL Militar y político hondureño (Juticalpa, 1849 - Tegucigalpa, 1913). Derribó al presidente Bonilla e impuso a Terencio Sierra. Fue presidente de la República (1903-07). Destituyó a Dávila y fue elegido de nuevo (1912).
BONILLA, POLICARPO Político y escritor hondureño (Tegucigalpa, 1858 - Nueva Orleans, 1926). Durante su mandato presidencial (1894-99) se creó la República Mayor de Centroamérica (formada por Honduras, El Salvador y Nicaragua), que se disolvió al poco tiempo.
BONÍSIMO, MA adj. Superlativo irregular de BUENO.
BONITAMENTE adv. m. Con tiento, maña o disimulo.
BONITERO, RA adj. **1** Relativo al bonito. **2** Se dice de la lancha destinada a la pesca del bonito. También f. || f. **3** Pesca del bonito y temporada que dura.
BONITO[1] m. *Zool.* Pez teleósteo de la familia escómbridos, de nombre científico *Sarda sarda*. Parecido al atún. Vive en las zonas templadas y tropicales de los océanos Atlántico e Índico. || **BONITO DEL NORTE** *Zool.* ATÚN.
BONITO[2]**, TA** adj. **1** Diminutivo irregular de BUENO. **2** Lindo, de cierta proporción y belleza.
BONITO Pico del N de Honduras, en el departamento de Atlántida; 2.451 m.
BONN Ciudad de Alemania, en el Land de Renania del Norte-Westfalia; 293.072 h. Fue la capital de la República Federal de Alemania. Antiguo castillo de los electores de Colonia.
BONNARD, PIERRE Pintor francés (Fontenay-aux-Roses, 1867 - Cannet, 1947). Influido por Gauguin, evolucionó hacia un estilo propio dentro de la corriente postimpresionista *Palacio de hielo* (1896), *Saint-Tropez* (1911), *Retrato de Misia Godebska* y la serie *Desnudos* (1907-1920).

Pierre **Bonnard**. *Retrato de Misia Godebska*. Colección Thyssen-Bornemisza (Madrid).

BONNEFOY, IVES Poeta y ensayista francés (Tours, 1923). Se dio a conocer con el libro de poemas *Du mouvement et de l'inmobilité de Douve* (1953), al que siguieron *Hier régnant désert* (1958), *Pierre écrite* (1959) y *Poèmes* (1978).

BONNER DURCHMUSTERUNG *Astron.* Nombre dado a un catálogo de estrellas con más de 324.000 posiciones estelares, observadas por Argelander en Bonn entre los años 1855 y 1862. Posteriormente fue ampliado por Schönfeld en otras 133.000 estrellas situadas más al S.

BONO m. **1** Tarjeta o vale que puede canjearse por comestibles u otros artículos de primera necesidad, y a veces por dinero. **2** Tarjeta de abono que da derecho a la utilización de un servicio durante un determinado número de veces. **3** *Econ.* Título de deuda emitido comúnmente por una tesorería pública, empresa industrial o comercial.

BONO, EMILIO DE DE BONO, EMILIO.

BONOLOTO f. Variedad de lotería estatal con sorteo diario.

BONONCINI, GIOVANNI Compositor italiano (Módena, 1670 - Viena, 1748). Autor de numerosas óperas, obras religiosas e instrumentales (*La fe pública, Polifemo y Astarté,* etc.).

BONPLAND Pico de Venezuela, en el monte La Corona de la Sierra Nevada de Mérida; 4.883 m.

BONPLAND, AIMÉ Naturalista francés (La Rochelle, 1773 - Unión, Uruguay, 1858). Realizó una importante labor en la recolección y descripción de más de 60.000 plantas y colecciones zoológicas, geológicas y etnográficas.

BONSAI (De origen japonés.) m. *Bot.* **1** Técnica japonesa de jardinería que altera el crecimiento natural de los árboles para obtener miniaturas vistosas. **2** Árbol obtenido por esta técnica.

BONTEMPELLI, MASSIMO Escritor italiano (Como, 1878 - Roma, 1960). Fundó la revista *Novecento* (1926). Expuso en *La aventura novecentista* (1938) la teoría del realismo mágico, que practicó. De su narrativa destacan *El ajedrez ante el espejo* (1922), *Gente nel tempo* (1937) y *L'amante fedele* (1953).

BONZO m. Sacerdote del culto de Buda en el Asia oriental.

BOÑIGA f. Excremento del ganado vacuno y el semejante de otros animales.

BOÑIGO m. Cada una de las porciones del excremento del ganado vacuno y otros animales.

BOOGIE-WOOGIE (Voz i.) m. *Danza.* Baile que se puso de moda en EE UU en los años cuarenta.

BOOLE, GEORGE Matemático inglés (Lincoln, 1815 - Cork, 1864). Fue el iniciador de la lógica formal simbólica, que representa los procesos del razonamiento mediante símbolos matemáticos, conocida como ÁLGEBRA DE BOOLE.

BOOM (Voz i.) m. fig. Crecimiento repentino de una actividad cultural, moda, etc.

BOOMERANG BUMERÁN.

BOONE, DANIEL Explorador estadounidense (Nueva Carolina, 1734 - Missouri, 1820). Recorrió Kentucky y fundó un fuerte que es la actual Boonesborough. Exploró Louisiana por cuenta de España.

BOOTES *Astron.* BOYERO.

BOOTH, JOHN WILKES Magnicida estadounidense (Bel-Air, 1838 - Bowling Green, 1865). En 1865 asesinó a Abraham Lincoln, presidente de EE UU, y fue muerto en la persecución.

BOOTH, WILLIAM Filántropo británico (Nottingham, 1828 - Londres, 1912). Creó una organización filantrópica llamada Ejército de Salvación (1878).

BOOTHIA Golfo del océano Glacial Ártico, en el N de Canadá, entre la península de su nombre y la Tierra de Baffin.

BOOZ Personaje bíblico, esposo de Ruth.

BOOZ, MATEO (MIGUEL ÁNGEL CORREAS, llamado) Escritor argentino (Rosario, 1881 - Santa Fe, 1943). Autor de novelas regionalistas, como *La tierra del agua y del sol* (1926), *Aleluyas del brigadier* (1936) y *Tres lagunas* (1953).

BOPHUTHATSWANA Antiguo bantustán del N de la República Sudafricana. En 1977 el gobierno sudafricano le concedió la independencia, no reconocida por la ONU. Desapareció, de hecho, a partir de la Constitución de 1994, que abolió el *apartheid.* Su capital era Mmabato.

BOPP, FRANZ Lingüista alemán (Maguncia, 1791 - Berlín, 1867). Uno de los fundadores de la filología comparada. Estudió el sánscrito y su relación con las restantes lenguas indoeuropeas.

BOPP, RAUL Diplomático y escritor brasileño, (Tupareceta, Rio Grande do Sul, 1898). Considerado como uno de los poetas más originales del Brasil. Autor de *Cabra Norato* (1928), *Urucungo* (1934), *Poesías* (1947) y *Sol e banana.*

BOQUEADA f. Acción de abrir la boca. Más en pl. || **dar las últimas boqueadas,** o **estar dando las últimas boqueadas** fr. fig. y fam. Estar acabándose una cosa.

BOQUEAR intr. **1** Abrir la boca. **2** Estar expirando. **3** fig. y fam. Estar algo acabándose. || tr. **4** Pronunciar una palabra o expresión.

BOQUEIJÓN (*Boqueixón*) Municipio de España, provincia de La Coruña; 4.314 h.

BOQUERA f. **1** Boca o puerta de piedra que se hace en el cauce para regar las tierras. **2** Ventana por donde se echa la paja o el heno en el pajar. || f. pl. *Med.* **3** Inflamación que se produce en los ángulos de la boca y provoca la aparición de fisuras.

BOQUERÓN m. **1** Aumentativo de BOQUERA. **2** Abertura grande. **3** *Zool.* Pez teleósteo fisóstomo de la familia engráulidos, de nombre científico *Engraulis encrasicholus.* Parecido a la sardina, tiene el cuerpo de forma alargada y comprimida. Vive formando grandes bancos en el Atlántico y Mediterráneo.

BOQUERÓN Departamento de Paraguay; 91.669 km² y 35.238 h. Su capital es Filadelfia.

BOQUETE m. **1** Entrada angosta de un lugar o paraje. **2** BRECHA, abertura hecha en una pared.

BOQUI m. *Bot.* Especie de enredadera de Chile. Su tallo se emplea en la fabricación de cestos.

BOQUIABIERTO, TA adj. **1** Que tiene la boca abierta. **2** fig. Que está embobado mirando algo.

BOQUIDULCE m. *Zool.* Pez elasmobranquio escualiforme de la familia exánquidos. Es un tiburón de color gris, dotado de siete aberturas branquiales a cada lado.

BOQUILLA f. **1** *Mús.* Pieza pequeña y hueca, y en general cónica, que se adapta al tubo de varios instrumentos de viento y sirve para producir el sonido, apoyando los labios en los bordes de ella. **2** Tubo pequeño, en cuya parte más ancha se pone el cigarro para fumarlo. También se llama así la parte de la pipa que se introduce en la boca. **3** Extremo anterior del cigarro puro, por el cual se enciende. **4** Portalámpara. **5** Rollito o pequeño cilindro que va en el extremo de ciertos cigarrillos. **6** *Fís.* Extremo de un guiaondas, que a veces tiene forma cónica. **7** *Ecuad.* Hablilla, rumor. || **de boquilla** loc. adv. De palabra, sin intención de hacer lo que se dice.

BORA f. *Meteor.* Viento frío y violento, con ráfagas de hasta 50 m/s, que sopla desde los Alpes hacia el Adriático y su litoral.

BORACITA f. *Miner.* Mineral cloroborato de magnesio, que contiene un 62% de ácido bórico. Cristaliza en forma cúbica o seudocúbica, y es de color azulado o incoloro.

BORAGINÁCEO, A adj. y s. **1** *Bot.* Se dice de las plantas fanerógamas, dicotiledóneas, la mayor parte herbáceas y algunas especies arbóreas; tienen flor de corola monopétala dividida en cinco partes y sus frutos son cariópsides, cápsulas o bayas con una sola semilla sin albumen. Propias de climas cálidos y templados. Ejemplos representativos son la borraja y el heliotropo. || f. pl. *Bot.* **2** Familia de estas plantas.

BORAL m. Material ligero de blindaje, que contiene carburo de boro y aluminio.

BORANO m. *Quím.* Nombre genérico dado a los compuestos de boro e hidrógeno.

BORATO m. *Quím.* Sal o éster del ácido bórico, resultado de la combinación de éste con una base.

BÓRAX m. **1** *Miner.* Mineral borato sódico hidratado, que se presenta en cristales monoclínicos o como eflorescencia en la superficie de los lagos alcalinos, y se forma por evaporación. **2** *Quím.* Sal blanca compuesta de ácido bórico, sosa y agua, que se emplea en análisis químico, en la medicina y en la industria.

BORBOLLA f. **1** Burbuja o glóbulo de aire que se forma en el interior del agua producido por la lluvia u otras causas. **2** Borbollón o borbotón.

BORBOLLAR o **BORBOLLEAR** intr. Hacer borbollones el agua.

BORBOLLÓN m. BORBOTÓN.

BORBÓN REUNIÓN, isla del océano Índico.

BORBÓN (En fr., *Bourbon.*) *Geneal.* Familia nobiliaria francesa cuyo primer representante fue Roberto de Clermont, hijo de Luis IX. El primer Borbón que reinó en Francia fue Enrique IV (1589), y el último Carlos X (1830). Las líneas colaterales dieron origen, entre otras, a la casa de Orleans, representada por Luis Felipe I de Francia, derrocado en 1848, y a la rama española de los Borbones, cuyo primer representante fue Felipe V (1700). Siglo y medio más tarde, tras la interrupción del ejercicio de la realeza por el destronamiento de Isabel II (1868), volvió a reanudarse con Alfonso XII (1874). Después del paréntesis de la II República (1931-39) y el régimen de Franco (1939-75), por designación directa de éste, se reinstauró la dinastía en la persona de Juan Carlos de Borbón, rey con el nombre de Juan Carlos I. Los Borbón-Dos Sicilias (Nápoles) descendían de Carlos III de España y dejaron de reinar en 1860, a consecuencia de la lucha por la unidad italiana. Los Borbón-Parma tenían su origen en Felipe, duque de Parma, hijo de Felipe V de España, y dejaron de reinar en 1859 por el mismo motivo que la rama anterior.

BORBÓN, CARLOS FERNANDO DE BERRY, CARLOS FERNANDO DE BORBÓN, DUQUE DE.

BORBÓN Y BATTENBERG, JUAN DE, CONDE DE BARCELONA Príncipe de Asturias, Viana y Girona, heredero de la corona de España (La Granja de San Ildefonso, 1913 - Pamplona, 1993). Fue el hijo tercero de Alfonso XIII y heredero al trono de España por renuncia de sus hermanos Alfonso y Jaime (1933), y abdicación de su padre en 1941. Por su talante liberal y democrático, no fue llamado al trono al final de la Guerra Civil, y residió en un exilio semiforzado en Londres y Estoril. Coronado su hijo Juan Carlos a la muerte de Franco (1975), abdicó en 1977 de sus derechos dinásticos y a la jefatura de la casa real.

Juan de **Borbón y Battenberg**

BORBÓN Y BORBÓN, JUAN CARLOS DE JUAN CARLOS I.

BORBÓN Y BORBÓN, MARÍA ISABEL FRANCISCA DE ASÍS DE Infanta de España (Madrid, 1851 - París, 1931). Hija primogénita de Isabel II, fue dos veces princesa de Asturias: la primera hasta el nacimiento de su hermano Alfonso XII y la segunda desde la ascensión de éste al trono, hasta el nacimiento de su sobrina María de las Mercedes (1881).

BORBÓN-CONDÉ, LOUIS HENRI DE, DUQUE DE BORBÓN Político francés (?, 1692 - ?, 1740). Primer ministro de Luis XV a la muerte del duque de Orleans, fue el artífice del matrimonio de este rey con María Leszcynska.

BORBÓN Y GRECIA, CRISTINA DE, DUQUESA DE PALMA DE MALLORCA Infanta de España (Madrid, 1965). Hija de Juan Carlos I y Sofía de Grecia. Es quinta en la línea sucesoria española. En 1997 contrajo matrimonio con el jugador de balonmano Iñaki Urdangarín. Sus hijos Juan, Pablo y Miguel son, respectivamente, sexto, séptimo y octavo en la línea de sucesión al trono.

BORBÓN Y GRECIA, ELENA DE, DUQUESA DE LUGO Infanta de España (Madrid, 1963). Hija de Juan Carlos I y Sofía de Grecia. Es segunda en la línea sucesoria al trono de España. Contrajo matrimonio en 1995 con Jaime de Marichalar. Su hijo Felipe Juan y su hija Victoria Federica ocupan el tercer y cuarto lugar, respectivamente, en la línea sucesoria.

BORBÓN Y GRECIA, FELIPE DE FELIPE DE BORBÓN Y GRECIA.

BORBONESADO *Geog. hist.* Región histórica del NE de Francia, correspondiente al actual departamento de Allier. En el siglo X aparece el señorío inicial de Borbón. A mediados del siglo XV surgieron diferencias entre el Borbonesado y la corona francesa, aunque consiguió mantener su autonomía hasta 1531, cuando Francisco I se anexionó todos los territorios de esta región.

BORBÓNICO, CA adj. Relativo a los Borbones.

BORBORIGMO m. Ruido de tripas producido por el movimiento de los gases en el abdomen. Más en pl.

BORBOTAR o **BORBOTEAR** intr. Manar o hervir el agua impetuosamente o haciendo ruido.

BORBOTÓN m. Erupción que hace el agua de abajo para arriba, elevándose sobre la superficie. || **a borbotones** loc. adv. Discontinuamente y con violencia. || **hablar** uno **a borbotones** fr. fig. y fam. Hablar acelerada y apresuradamente, queriendo decirlo todo de una vez.

BORCEGUÍ m. Calzado que llega hasta más arriba del tobillo, abierto por delante y que se ajusta por medio de correas o cordones. ♦ Su pl. es *borceguíes.*

BORDA f. *Mar.* Canto superior del costado de un buque. || **echar, o tirar, por la borda** fr. fig. y fam. Deshacerse inconsideradamente de una persona o cosa.

BORDABERRY AROCENA, JUAN MARÍA Político uruguayo (Montevideo, 1928). Fue ministro de Ganadería y Agricultura (1969-72), y ocupó la presidencia de la República (1972-76). En 1973 llevó a cabo un autogolpe de Estado que le convirtió en dictador.

BORDADA f. *Mar.* Recorrido que hace un barco sin cambiar la orientación de las velas.

BORDADO, DA adj. **1** Perfecto acabado. **2** Acción y efecto de bordar. || m. **3** Labor de relieve ejecutada en tela o piel con aguja y diversas clases de hilo.

BORDAR tr. **1** Adornar una tela o piel con bordadura. **2** fig. Ejecutar algo con arte y primor.

BORDE¹ m. **1** Extremo u orilla de algo. **2** En las vasijas, orilla o contorno que tienen alrededor de la boca. **3** *Geom.* Línea cerrada que delimita una figura. || **al borde de** loc. adv. A punto de.

BORDE² adj. **1** fam. Tosco, torpe, seco. También com. **2** *Bot.* Se dice de las plantas que no han sido injertadas todavía.

BORDEAR tr. **1** Ir por el borde, o cerca del borde u orilla de algo. **2** Hablando de una serie o fila de cosas, hallarse en el borde u orilla de otra. **3** Acercarse mucho a algo.

BORDELÉS, SA adj. y s. De Burdeos.

BORDERS Distrito unitario del Reino Unido, en Escocia; 106.300 h.

BORDET, JULES Fisiólogo, bacteriólogo y médico belga (Soignies, Henao, 1870 - Bruselas, 1961). Destacó por sus estudios sobre inmunología. En 1919 recibió el premio Nobel de Fisiología y Medicina.

BORDILLO m. Franja de piedras que forman el borde de una acera, andén, etc.

BORDO m. **1** *Mar.* Lado o costado exterior de la nave. **2** *Mar.* BORDADA de la nave. **3** *Méx.* Vallado de céspedes y estacas que sirve de embalse provisional. || **a bordo** loc. adv. En la embarcación.

BORDÓN m. **1** Bastón más alto que la estatura de un hombre, con una punta de hierro y en el medio de la cabeza unos botones que lo adornan. **2** *Métr.* Verso quebrado que se repite al fin de cada copla. **3** *Métr.* Conjunto de tres versos, normalmente un pentasílabo y dos heptasílabos, que se añade a una seguidilla. **4** *Mús.* En los instrumentos musicales de cuerda, cualquiera de las más gruesas que hacen el bajo.

BORDONCILLO m. Muletilla, frase que se repite en la conversación.

BORDONCILLO Volcán del SO de Colombia, en el departamento de Nariño; 3.800 m.

BORDONEAR intr. **1** Ir tentando o tocando la tierra con el bordón. **2** Dar palos con él. **3** *Mús.* Pulsar el bordón de la guitarra.

BORE m. Subida rápida del agua de los ríos por la marea entrante y el estrechamiento del estuario.

BOREAL adj. **1** Relativo al bóreas. **2** *Astron., Ecol.* y *Geog.* Septentrional.

BÓREAS m. *Meteor.* Viento norte, borrascoso y de invierno, que sopla sobre las costas del N del mar Egeo y del Adriático.

BORG, BJÖRN RUNE Tenista sueco (Södertälje, 1956). Fue cinco veces vencedor en Wimbledon (1976-80), seis de Roland Garros (1974-75 y 1978-81), una de la Copa Davis (1975) y dos del torneo Masters (1979-80). Se retiró en 1983.

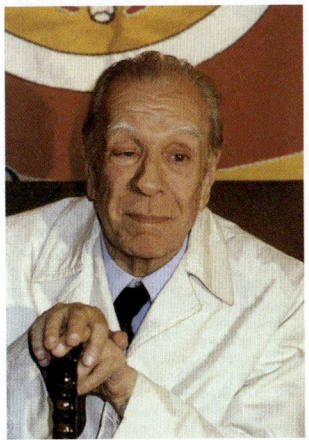

Jorge Luis **Borges**

BORGES, JORGE LUIS Escritor argentino (Buenos Aires, 1899 - Ginebra, 1986). Su prosa está llena de precisión, sutil ironía y belleza lírica. Es autor de ensayos como *Inquisiciones* (1925), *El tamaño de mi esperanza* (1926), *Evaristo Carriego* (1930), *Historia de la eternidad* (1936) y *Otras inquisiciones* (1937-52). En su producción poética destacan *La moneda de oro* (1976), *La moneda de hierro* (1977), *La cifra* (1981) y *Los conjurados* (1985). Pero fueron los relatos los que le proporcionaron fama universal: *Historia universal de la infamia* (1935), *El jardín de los senderos que se bifurcan* (1941), *Ficciones* (1944), *El Aleph* (1949), *El Hacedor* (1960), *El informe de Brodie* (1970), *El libro de arena* (1975) y *Rosa y azul* (1977). En 1979 compartió el premio Cervantes con Gerardo Diego.

BORGHESE Geneal. Familia italiana, uno de cuyos miembros, Camillo, fue elegido papa con el nombre de Pablo V (1605).

BORGIA Geneal. BORJA.

BORGIA o **BORJA, CÉSAR** Militar y político italiano de ascendencia española (Roma, h. 1475 - Mendavia, 1507). Hijo natural de Rodrigo Borgia, fue duque de Valentinois y de Romaña. Su padre le nombró cardenal; pero abandonó la carrera eclesiástica por la de las armas. Modelo de Maquiavelo en *El príncipe*.

BORGIA o **BORJA, LUCRECIA** Dama italiana de origen español (Roma, 1480 - Ferrara, 1519). Hermana de César Borgia, se casó sucesivamente con Giovanni Sforza, señor de Pesaro (1492); Alfonso de Aragón, hijo natural de Alfonso II de Nápoles (1498), y Alfonso d'Este, duque de Ferrara (1502).

BORGIA o **BORJA, RODRIGO** ALEJANDRO VI, papa.

BORGLUM, GUTZOM (JOHN GUTZON DE LA MOTHE BORGLUM, llamado) Pintor y escultor estadounidense (Idaho, 1871 - Chicago, 1941). Su obra más famosa son las cabezas de Washington, Jefferson, Lincoln y Roosevelt, talladas en la roca del monte Rushmore, en Dakota del Sur.

BORGO, LUCA DI PACIOLI, LUCA.

BORGOÑA m. Vino de Borgoña.

BORGOÑA Geneal. Casa ducal francesa que consta de tres ramas; la primera, fundada por Ricardo el Justiciero, conde de Autum (880), se extinguió con Roberto el Piadoso. Sus descendientes por su tercer hijo, Roberto I de Francia, los duques Capeto, constituyeron la segunda rama. Su último representante, el duque Felipe de Rouvres, murió sin herederos y el rey Juan el Bueno tomó posesión del ducado. Los descendientes Valois del rey Juan formaron la tercera rama, a la que pertenecieron Felipe el Atrevido, Juan Sin Miedo, Felipe el Bueno y Carlos el Temerario.

BORGOÑA (*Bourgogne*) Región centro-oriental de Francia, que comprende los departamentos de Yonne, Côte-d'Or, Nièvre y Saône-et-Loire; 31.582 km² y 1.610.067 h. Su capital es Dijon. Renombrados vinos. Su origen histórico es el reino germánico de los burgundios (siglo V). Durante la época merovingia constituyó un reino, fundado por Gontran; más tarde, un importante ducado confiado a Ricardo el Justiciero. Durante la guerra de los Cien Años, los duques de Borgoña Felipe el Atrevido, Juan Sin Miedo y Carlos el Temerario, ampliaron sus posesiones y se enfrentaron a la dinastía francesa de los Armagnac. Fue incorporado a la corona francesa por Luis XI, tras la derrota y muerte de Carlos el Temerario en Nancy (1477).

BORGOÑA, FELIPE DE BIGARNY, PHILIPPE.

BORGOÑA, JUAN DE Pintor español de origen borgoñón (?, h. 1465 - Toledo?, h. 1536). De formación florentina, destacan las obras murales que realizó para la catedral de Toledo.

BORGOÑA, RAIMUNDO DE Caballero franco (?, h. 1107 - ?). Al servicio de Alfonso VI de Castilla, combatió contra los musulmanes y se casó con doña Urraca, hija de aquél. El rey le concedió en feudo Galicia y Portugal.

BORGOÑÓN, NA o **BORGOÑÉS, SA** adj. y s. De Borgoña.

BÓRICO, ÁCIDO m. *Quím.* De fórmula H_3BO_3, se encuentra en forma de cristales tabulares triclínicos depositados cerca de fumarolas y en solución en algunos lagos.

BORINQUEÑO, ÑA adj. y s. PUERTORRIQUEÑO.

BORIS Nombre de diversos reyes de Bulgaria.

BORIS I (? - ?, 907). Reinó desde 851 hasta 889. Se convirtió al cristianismo, bautizándose con el nombre de Miguel (863). En el 889 dejó el gobierno a su primogénito Vladimir.

BORIS II (?, h. 933 - ?, h. 980). Fue hijo y sucesor del zar Pedro I y de la princesa María-Irene. Reinó desde 968 hasta 972.

BORIS III (Sofía, 1894 - íd., 1943). Hijo de Fernando I, subió al trono en 1908. Durante la Segunda Guerra Mundial colaboró con el Eje. Murió asesinado por los alemanes.

BORIS GODUNOV, FEDOROVICH Zar de Rusia (?, 1552 - Moscú, 1605). Gobernó con el nombre de Boris I. Venció a los suecos y luchó contra los movimientos campesinos. Sublevado el pueblo y abandonado por sus partidarios, se suicidó.

BORISTENES DNIÉPER.

BORJA Municipio y ciudad de España, provincia de Zaragoza; 4.131 h.

BORJA Geneal. Familia española establecida en Játiva, que a mediados del siglo XV se trasladó a Roma al ser elegido papa Alonso Borja, con el nombre de Calixto III. En italiano *Borgia*.

BORJA o **BORGIA, FRANCISCO DE, DUQUE DE GANDÍA** FRANCISCO DE BORJA, SAN.

Juan de **Borgoña**. *La última cena*. Sacristía de la catedral de Toledo.

Borja, Rodrigo Político y magistrado ecuatoriano (Quito, 1935). Derrotado en los comicios de 1979, posteriormente fue presidente de la República (1988-92).
Borja y Aragón, Francisco de Esquilache, Francisco de Borja y Aragón, príncipe de.
borla f. 1 Conjunto de hebras o cordoncillos que, sujetos y reunidos por su mitad o por uno de sus cabos en una especie de botón y sueltos por el otro o por ambos, penden en forma de cilindro o se esparcen en figura de media bola. 2 Insignia de los graduados de doctores y maestros en las universidades.
Borlaug, Norman Ernest Científico estadounidense (Cresco, Iowa, 1914). Creó varias especies de trigo de gran rendimiento, que se convirtieron en la base de la Revolución Verde. En 1970 fue galardonado con el premio Nobel de la Paz.
Bormann, Martin Político alemán (Halberstadt, 1900 - ?). Fue jefe de la cancillería del Partido Nacionalsocialista. Al finalizar la Segunda Guerra Mundial desapareció y fue condenado a muerte en rebeldía.
Bormujos Municipio y lugar de España, provincia de Sevilla; 5.593 h.
Born, Bertrán de Bertrán de Born.
Born, Max Físico alemán (Breslau, 1882 - Gotinga, 1970). Participó activamente en el desarrollo de la mecánica cuántica. En 1954 recibió el premio Nobel de Física, con Walter W. Bothe.
borne m. *Fís.* Cada uno de los botones de metal en que suelen terminar ciertas máquinas y aparatos eléctricos, y a los cuales se unen los hilos conductores.
bornear tr. 1 Dar vuelta, torcer o ladear. 2 Labrar en contorno las columnas. 3 *Arquit.* Disponer o mover oportunamente los sillares hasta dejarlos colocados en su debido lugar. || intr. *Mar.* 4 Girar el buque sobre sus amarras, estando fondeado. || prnl. 5 Hacer comba la madera.
Borneo (*Kalimantan*) Isla de Indonesia, situada entre Java y Filipinas; 539.460 km² y 10.520.600 h. Está dividida en las provincias de Borneo Central, Borneo Meridional, Borneo Occidental y Borneo Oriental. Caucho, algodón, copra y arroz. Oro y diamantes. Descubierta por los españoles en 1521, los ingleses se establecieron en ella en 1771 y los holandeses en 1778.
Borneo Central (*Kalimantan Tengah*) Provincia de Indonesia, en la isla de Borneo; 152.600 km² y 1.637.300 h. Su capital es Palangkaraya.
Borneo Meridional (*Kalimantan Selatan*) Provincia de Indonesia, en la isla de Borneo; 37.660 km² y 2.900.400 h. Su capital es Banjarmasin.
Borneo Occidental (*Kalimantan Barat*) Provincia de Indonesia, en la isla de Borneo; 146.760 km² y 3.651.800 h. Su capital es Pontianak.
Borneo Oriental (*Kalimantan Timur*) Provincia de Indonesia, en la isla de Borneo; 202.440 km² y 2.331.000 h. Su capital es Samarinda.
borní m. *Zool.* Ave rapaz diurna, de nombre científico *Falco biarmicus*, que habita en lugares pantanosos.
bornita f. *Miner.* Mineral sulfuro de hierro y cobre, de fórmula Cu_5FeS_4 y una de las menas más valiosas del cobre.
bornizo m. *Bot.* Nombre dado al primer corcho obtenido del alcornoque, de baja calidad.
boro m. *Quím.* Elemento químico perteneciente al grupo III A del sistema periódico. Peso atómico 10,81; número atómico 5; símbolo *B*; punto de ebullición 2550° C; peso específico 2,5. Es un semimetal amorfo, de color pardo amarillento oscuro, duro, frágil y mal conductor de la electricidad, aunque puede transformarse en conductor.
Borobudur *Arqueol.* Templo budista del siglo IX, situado en Java Central, cerca de la ciudad de Mageland, decorado con numerosos bajorrelieves.

Borobudur (Java). Templo budista.

Borodin, Aleksandr Porfirievich Compositor ruso (San Petersburgo, 1833 - íd., 1887). Su música posee fuertes cualidades melódicas. Autor de la ópera *El príncipe Igor* y de música instrumental y de cámara.
Borodino Aldea de la Federación de Rusia, en la región de Moscú. Victoria de Napoleón (1812) sobre el ejército ruso.
borona f. 1 *Bot.* mijo. 2 *Bot.* maíz. 3 *Amér.* migaja de pan.
bororó adj. *Etnol.* 1 Se dice de un grupo amerindio que habita en el Mato-Grosso y en el curso alto del río Paraguay. Más como m. pl. 2 Se dice también de sus individuos. También com. 3 Relativo a este grupo. || m. *Ling.* 4 Familia lingüística de los bororós.
Bórquez Solar, Antonio Escritor chileno, (Ancud, 1873 - Santiago, 1938). Publicó, entre otros libros, *Campo lírico* (1900), *Laudatorias heroicas* (1918) y *Oro del archipiélago* (1931).
borra f. 1 Cordera de un año. 2 Parte más grosera o corta de la lana. 3 Pelo de cabra con que se rellenan los cojines y otras cosas. 4 Pelusa polvorienta que se forma y reúne en los bolsillos, entre los muebles y sobre las alfombras cuando se retarda su limpieza.
borrachera f. 1 Efecto de emborracharse. 2 fig. y fam. Exaltación extremada en el modo de hacer o decir algo.
borracho, cha adj. 1 ebrio, embriagado por la bebida. También s. 2 Que se embriaga habitualmente. También s. 3 Se dice del pastel o bizcocho empapado en vino u otro licor. También m. 4 Se aplica a algunos frutos y flores de color morado. 5 fig. y fam. Vivamente poseído de alguna pasión.
borrachuela f. *Bot.* cizaña, planta.
borracina f. *Bot.* Planta herbácea perteneciente a la familia crasuláceas, de nombre científico *Sedum saxangulare*. Es un vegetal perenne, propio de terrenos áridos y pedregosos.
borrador m. 1 Escrito provisional en que se pueden hacer adiciones, supresiones o enmiendas. 2 Libro en que se anota algo que luego se pasa a otro definitivo. 3 goma de borrar. 4 Utensilio para borrar la pizarra.
borragináceo, a adj. y s. *Bot.* boragináceo.
borragíneo, a adj. *Bot.* boragíneo.
borraja f. *Bot.* Planta herbácea anual, perteneciente a la familia boragináceas, de nombre científico *Borago officinalis*. Presenta un tallo grueso y ramoso con pelos largos y tiesos, y flores azules o blancas. Procede de la región mediterránea.
borrajear tr. 1 Escribir sin asunto determinado, improvisando. 2 Hacer rúbricas, rasgos o figuras por mero entretenimiento.
borrajo m. 1 Rescoldo, brasa bajo la ceniza. 2 *Bot.* Hojarasca de los pinos.
borrar tr. 1 Hacer rayas sobre lo escrito, para que no pueda leerse o para dar a entender que no sirve. 2 Hacer desaparecer lo representado con tinta, lápiz, etc. También prnl. 3 fig. Desvanecer, hacer que desaparezca algo. También prnl. 4 Dar de baja, quitar de una lista.
borrasca f. 1 Tempestad, tormenta del mar. 2 *Meteor.* Centro de bajas presiones que origina una perturbación atmosférica caracterizada por fuertes vientos y precipitaciones. 3 fig. Temporal fuerte o tempestad que se levanta en tierra. 4 fig. Riesgo o contratiempo que se padece en algún negocio.
borrascoso, sa adj. 1 Que causa borrascas. 2 Propenso a ellas. 3 fig. Agitado, violento, dicho de reuniones, movimientos históricos o políticos, épocas, etc.
borrego, ga m. y f. 1 *Veter.* Cordero o cordera de uno a dos años. 2 Persona que se somete gregaria y dócilmente a la voluntad ajena. || m. 3 fig. Nubecilla blanca, redondeada.
borreguero, ra adj. 1 Se dice del coto, dehesa o terreno con buenos pastos para borregos. || m. y f. 2 Persona que cuida de los borregos.

Francesco **Borromini**. Cúpula de la iglesia San Carlos de las Cuatro Fuentes (Roma).

Borrero, Dulce María Poetisa cubana (Puentes Grandes, 1883 - La Habana, 1945). Escribió *Horas de mi vida* (1912), *El matrimonio en Cuba*, *La canción de las palmas*, etc.
Borrero, Juana Poetisa cubana (Puentes Grandes, 1877 - Cayo Hueso, 1896). Discípula de Julián de Casal, su obra está recopilada en *Rimas* (1895).
Borrero y Echevarría, Esteban Escritor cubano (Camagüey, 1849 - San Diego de Baños, 1906). Autor de *Arpas amigas* (1878) y *Alrededor del Quijote* (1905).
borrico, ca m. y f. 1 *Zool.* asno, mamífero équido. || m. 2 *Zool.* quimera, pez elasmobranquio. 3 borriqueta. 4 fig. y fam. asno, persona muy necia. También adj.
borriquero, ra adj. 1 *Zool.* Perteneciente al borrico.
2 *Bot.* cardo borriqueño.
borriqueta o **borriquete** f. o m. Armazón que sirve a los carpinteros para apoyar en ella la madera que labran.
borro m. Cordero que pasa de un año y no llega a dos.
Borromeas, islas Grupo de islas de Italia, situadas en el lago Mayor. Muy pintorescas.
Borromini, Francesco (Francesco Castelli, llamado) Arquitecto italiano (Bissone, Lombardía, 1599 - Roma, 1667). Uno de los maestros del arte barroco, es autor de la iglesia de Santa Inés en Roma, cuya planta y fachada son tomadas como ejemplo del Barroco del siglo XVII.
borrón m. 1 Gota de tinta que cae, o mancha de tinta que se hace en el papel. 2 fig. Imperfección que desluce o afea. 3 fig. Acción indigna que mancha y oscurece la reputación o fama. 4 *Pint.* Primera invención para un cuadro, hecha con colores o de claro y oscuro. || **borrón y cuenta nueva** fr. fig. y fam. con que se expresa la intención de disculpar abusos, errores o deudas pasados, para empezar como si no hubieran existido.
borroso, sa adj. 1 Se dice del escrito, dibujo o pintura cuyos trazos aparecen desvanecidos y confusos. 2 Que no se distingue con claridad.
bort m. *Tecnol.* Variedad de diamante utilizado en la industria para pulir o para máquinas de taladrar.
borujo m. *Bot.* burujo.
boruro m. *Quím.* Denominación genérica de cualquier sustancia obtenida por combinación del boro con un metal.
Bosanquet, Bernard Filósofo británico (Rock Hall, 1848 - Londres, 1923). Fue uno de los representantes de la escuela idealista de Oxford. Autor de *Knowledge and Reality* (1885).
bosatsu m. bodhisatwa en el budismo japonés.
boscaje m. 1 *Ecol.* Bosque de corta extensión. 2 *Pint.* Cuadro o tapiz que representa un país poblado de árboles, matorrales y animales.
Boscán y Almogáver, Juan Escritor español (Barcelona, h. 1492 - íd., 1542). Adaptó al español la métrica italiana, principalmente el endecasílabo. Tradujo *El cortesano*, de Castiglione, y escribió 92 sonetos; 10 canciones; *Epístola a Mendoza*, *Octava rima* e *Historia de Hero y Leandro*.
Bosch, Juan Escritor y político dominicano (La Vega, 1909 - Santo Domingo, 2001). Opuesto a la dictadura de Trujillo, sufrió el exilio. Fue elegido presidente de la República en 1963 y derrocado en el mismo año. Autor de la novela *La mañosa* (1936).
Bosch, Karl Químico alemán (Colonia, 1874 - Heidelberg, 1940). Recibió el premio Nobel de Química en 1931 por sus investigaciones sobre las reacciones catalíticas a muy altas presiones o temperaturas.

BOSNIA-HERZEGOVINA

El **Bosco**. El *Jardín de las delicias*. Museo del Prado (Madrid).

Bosco, El (Jeroen Anthoniszoon van Aeken o Aken, llamado Hieronymus Bosch y en español conocido como) Pintor y grabador flamenco (Hertogenbosch o Bois-le-Duc, Brabante Septentrional, h. 1450 - íd., 1516). Su obra revela, no obstante, la profunda inquietud religiosa de la época. Ello es patente en el *Tríptico del carro de heno*, el del *Jardín de las delicias*, *La nave de los locos*, *La operación de piedra*, *Las tentaciones de san Antonio*, etc.

Bosco, Henri Escritor francés (Aviñón, 1888 - Niza, 1976). Su carrera de escritor se inicia en 1924 con la novela *Pierre Lampédouze*. Entre sus obras posteriores figuran: *L'Âne culotte* (1936), *Le Mas Théotime* (1944) y *Le Jardin d'Hyacinthe* (1946).

boscoso, sa adj. *Ecol.* Se dice de lo abundante en bosques.

Bósforo Estrecho de Turquía, que separa Europa de Asia y comunica el mar Negro con el de Mármara.

Bosnia-Herzegovina (*Republika Bosna i Hercegovina*) República del SE de Europa, situada entre Croacia, Serbia y Montenegro, que antiguamente pertenecía a Yugoslavia, actual Serbia y Montenegro.

Geog. Está atravesada por numerosos cordones de los Alpes dináricos, que la dividen en estrechos valles y la aíslan del Adriático. El relieve se suaviza hacia el N y el NE, por donde discurre el Save, con sus afluentes Bosna y Drin, que con el Neretva forman la red hidrográfica del país. El clima es continental extremado en el N y mediterráneo en el S. La agricultura se basa en los cereales y en los cultivos del tabaco, hortalizas y frutales. Es importante la ganadería ovina. La explotación de los bosques, que ocupan alrededor del 40 por 100 del territorio, y de los recursos del subsuelo (mineral de hierro, carbón) constituyen su principal riqueza. Cuenta con industria siderúrgica, mecánica, química y textil (alfombras). La capital, Sarajevo, considerada su principal centro económico y cultural, sufrió graves daños durante el cerco a que se vio sometida durante la guerra civil de 1992-95.

Hist. Habitada en un principio por los ilirios, formó parte del imperio romano y luego del bizantino. Durante los siglos VI y VII, eslavos, serbios y croatas ocuparon el territorio. Herzegovina, conocida hasta el siglo XV como el *país de Hum* (montículo), fue ocupada por serbios y húngaros, con breves periodos de autogobierno hasta que en 1362 Tvrtko I la anexionó a Bosnia. Durante el siglo XV, las diferencias políticas y religiosas favorecieron la conquista de Bosnia por los turcos (1463), mientras que Herzegovina, ducado autónomo desde 1435, pudo resistir a su dominio hasta 1482. A partir de ese momento, ambos territorios se unieron definitivamente. Durante la dominación turca, muchos nobles y campesinos se convirtieron al islam, y hasta el siglo XVIII el país conoció un periodo de expansión. Pero desde principios del siglo XIX, tanto la nobleza islamizada como los campesinos fueron protagonistas de diversas revueltas. En 1875 estalló una insurrección en Herzegovina que se extendió a Bosnia y provocó la intervención rusa contra los turcos. El Congreso de Berlín de 1878 entregó la administración del territorio, todavía bajo soberanía turca, al imperio austro-húngaro, que en 1908 se anexionó Bosnia-Herzegovina oficialmente. Esta anexión provocó el malestar de croatas, serbios y musulmanes, aumentando sus aspiraciones nacionalistas, que culminarían con el asesinato en Sarajevo del archiduque Francisco Fernando en junio de 1914, detonante de la Primera Guerra Mundial. En 1918, Bosnia-Herzegovina proclamó su anexión a lo que desde 1921 sería el reino de Yugoslavia. Ocupada por los nazis durante la Segunda Guerra Mundial, formó parte del Estado independiente de Croacia (1941-45). Terminada la guerra, fue integrada en la Federación Yugoslava como una de las seis repúblicas autónomas hasta 1992, año en que se proclamó república independiente, presidida por el musulmán Alija Izetbegovic, e ingresó como tal en la ONU. Ese mismo año estalló una cruenta guerra civil de carácter étnico, en la que los serbios, liderados por Radovan Karadzik, proclamaron una República Serbia de Bosnia y comenzaron la ocupación de hasta un 70 por 100 del territorio, acompañada de una «limpieza étnica» contra musulmanes y croatas. Mientras, los bosnios musulmanes conservaban tan sólo unos enclaves (Sarajevo, Tuzla, Zepa, Gorazde, Srebrenica y Bihac), considerados zonas de seguridad bajo la protección de los *cascos azules* de la ONU. La comunidad internacional limitó su intervención al envío de ayuda humanitaria y al auspicio de varias conversaciones de paz (septiembre de 1992, enero y mayo de 1993), que pretendían un reparto más equitativo del territorio. En 1994, croatas y bosnios musulmanes alcanzaron un acuerdo y formaron una federación croata-musulmana presidida por Kresimir Kupack. Esta unión, junto con los ataques a las posiciones serbias de la OTAN y del ejército croata en 1995 permitieron que en noviembre de ese mismo año se celebrase, a instancias de EE UU, una nueva reunión en la base militar de Dayton (Ohio), a la que asistieron los presidentes de Bosnia, Croacia y la República Federal de Yugoslavia. En ella se alcanzó un acuerdo que establecía la existencia de un solo Estado dividido en dos entidades políticas distintas: la Federación Croata-musulmana (51% del territorio) y la República Serbobosnia (49%), con una presidencia colegiada de tres miembros, uno bosnio, otro croata y otro serbio, que rotan cada 8 meses; la presen-

Superficie: 51.129 km².
Población: 3.836.000 h. (*bosnios*).
Densidad: 75 h./km².
Tasa de natalidad: 13,2‰.
Tasa de mortalidad: 8,7‰.
Capital: Sarajevo.
Ciudades principales: Banja Luka, Mostar, Tuzla, Zenica.
Grupos étnicos: musulmanes (49,2%), serbios (31,3%), croatas (17,3%).
Religión: cristianismo ortodoxo, catolicismo e islamismo.
Idioma: serbocroata.
Moneda: marco convertible.
Forma de Estado: república.
Producto Nacional Bruto: 3.899 millones de dólares.
Renta per cápita: 1.110 dólares.
División administrativa: constituida por dos entidades confederadas, Federación de Bosnia-Herzegovina, subdividida en 10 cantones, y República Serbia de Bosnia o Sparska, según cuadro.

BOSNIA-HERZEGOVINA

Regiones autónomas / Cantones	Superficie (km²)	Población (h.)	Ciudades principales
Federación de Bosnia-Herzegovina	26.076	2.742.000	Sarajevo
Bosnia Central	3.200	305.000	Travnik
Bosnia Occidental	4.930	117.000	Livno
Gorazde	440	78.000	Gorazde
Herzegovina Occidental	1.160	60.000	Ljubuski
Neretva	4.360	253.000	Mostar
Posavina	240	61.000	Orasje
Sarajevo	460	526.000	Sarajevo
Tuzla-Podrinje	2.890	555.000	Tuzla
Una-Sava	4.390	358.000	Bihac
Zenica-Doboj	3.300	429.000	Zenica
República Serbia de Bosnia	25.053	1.628.000	Banja Luka

cia de una fuerza multinacional que velaría por el mantenimiento del acuerdo; la creación de un tribunal para juzgar los crímenes de guerra, y el inicio de un proceso democrático. En las elecciones celebradas en 1996 resultaron elegidos el bosnio Alija Izetbegovic; el serbio Moncillo Krajisnik y el croata Kresimir Zubak. Tras las elecciones de 1998 la tríada presidencial estaba formada por Zivko Radisic, serbio; Ante Jalevic, croata, y de nuevo Alija Itzetbegovic, que dimitió en 2000 siendo sustituido por Halid Genjac. En marzo de 2001 Jalevic fue destituido por declarar la autonomía croata. Le sustituyó Jozo Krizanovic y Beriz Belkic, a su vez, sustituyó a Genjac como representante bosnio. En las elecciones presidenciales celebradas en octubre de 2002 resultaron elegidos Dragan Cavic (croata), Mirko Sarovic (serbio), y Sulejman Tihic (bosnio). En abril de 2003 Sarovic dimitió tras verse envuelto en varios escándalos políticos. Le sucedió Borislav Paravac.

BOSNIO, NIA adj. y s. De Bosnia.

BOSÓN m. *Fís.* Partícula elemental, de spin nulo o entero (0, 1, 2, etc.), como los mesones y fotones. Su momento angular se expresa por el producto *nh*, donde *n* es un número entero y *h* la constante de Planck.

BOSÓN Duque de Lombardía y rey de Borgoña (? - ?, 887). En el 875, Carlos el Calvo le hizo duque y le cedió Italia (Lombardía), donde se casó con la hija de Luis II, Ermengarda. Se hizo proclamar rey de Arlés y de Provenza en el 879, siendo co-emperadores Luis III y Carlomán. Fue padre del emperador Luis el Ciego.

BOSQUE m. **1** *Ecol.* Extensión poblada de árboles y otras plantas leñosas, de tamaño superior a una arboleda e inferior a una selva. Existen varias condiciones esenciales que definen a un bosque como tal. En primer lugar, debe estar compuesto principalmente por árboles y especies leñosas cuyos troncos no superen los 5 m de altura. Además, las especies se deben situar tan próximas entre sí que cubran al menos 1/3 de la superficie del terreno. De este modo, se favorece la aparición de un microclima especial, con menor influencia del viento, humedad del aire elevada y temperaturas no muy extremas. Por último, el suelo debe tener un altísimo contenido en humus, sólo superable por las zonas pantanosas. Otros rasgos diferenciadores son la presencia de una flora y fauna características, adaptadas al microclima del bosque. **2** *Ecol.* Ecosistema compuesto por animales, vegetales y su medio ambiente, siendo los árboles las plantas dominantes. **3** fig. Abundancia desordenada de alguna cosa; confusión, cuestión intrincada.

BOSQUEJO m. **1** Traza primera y no definitiva de una obra pictórica, y en general de cualquier producción del ingenio. **2** fig. Idea vaga de algo.

BOSQUETE m. Bosque artificial de un jardín.

BOSQUIMÁN o **BOSQUIMANO, NA** adj. **1** *Etnol.* Se dice de una tribu de África meridional, de pequeña estatura y color negro-amarillento. Han sido muy perseguidos y viven en las estepas del desierto de Kalahari de la recolección y de la caza. Aplicado a personas, también s. || m. **2** *Ling.* Lengua de los bosquimanos, perteneciente a la familia khoisan, hablada en Namibia, Botswana y Sudáfrica.

BOSSA NOVA f. *Mús.* Estilo musical brasileño, basado en la samba, melodías populares y el jazz.

BOSSANO, JOHN JOSEPH Político gibraltareño de origen italiano (Gibraltar, 1940). En 1980 fundó el Partido Laborista de Gibraltar, al que representó en todas las legislaturas. Se opuso a los acuerdos de Bruselas de 1984 pactados por Londres y Madrid. Posteriormente elaboró la tesis del nacionalismo gibraltareño. Tras su victoria en las elecciones de 1988, asumió el cargo de ministro principal y la cartera de Economía en el Gobierno gibraltareño. Renovó el cargo en las elecciones de 1992, pero fue derrotado en las de 1996.

BOSSUET, JACQUES-BÉNIGNE Orador y escritor francés (Dijon, 1627 - París, 1704). Obispo de Meaux, sostuvo una polémica con Fenelón sobre el quietismo, defendió ardientemente la ortodoxia católica y fue uno de los hombres más notables del siglo XVII como renovador de la oratoria sacra en Francia. Autor de *Oraciones fúnebres* y *Discurso sobre la historia universal*.

BOSTA f. Excremento del ganado vacuno o caballar.

BOSTEZAR intr. Abrir involuntariamente la boca de una forma exagerada, haciendo primero una inspiración lenta y profunda y luego una espiración, también prolongada.

BOSTON Ciudad del NE de EE UU, capital del Estado de Massachusetts, y del condado de Suffolk, situada en la región de Nueva Inglaterra, en la bahía de su nombre; 574.725 h. Importante puerto comercial y pesquero. Centro financiero e industrial (maquinaria eléctrica, confección, comestibles, de equipos aeroespaciales y telecomunicaciones). Universidad.

BOSTONITA f. *Geol.* Roca ígnea intrusiva de grano fino y composición principalmente feldespática.

BOSWELL, JAMES Escritor británico (Edimburgo, 1740 - Londres, 1795). Autor de *La vida del doctor Samuel Johnson* (1791), considerada la biografía más importante de la lengua inglesa. Gracias a esta obra, Johnson se convirtió en el árbitro literario y moral del siglo XVIII. Escribió también un diario de viaje a las islas Hébridas.

BOSWORTH Ciudad del Reino Unido, en Inglaterra, al O de Leicester. En sus cercanías se libró en 1485 la célebre batalla que puso fin a la guerra de las Dos Rosas.

BOTA f. **1** Odre pequeño recubierto de pez por su parte interior, que remata en un cuello con boquilla por donde se llena de vino y se bebe. **2** Cuba para guardar vino y otros líquidos. **3** Calzado, generalmente de cuero, que resguarda el pie y parte de la pierna. || **ponerse** uno **las botas** fr. fig. y fam. Enriquecerse o lograr un provecho extraordinario. También, aprovecharse extremadamente y sin consideración de algo.

BOTADOR, RA adj. **1** Que bota. **2** *Amér. C., Chile, Ecuad., Méx.* y *P. Rico* Derrochador, manirroto. || m. **3** Instrumento de hierro para arrancar los clavos que no se pueden sacar con las tenazas, o para embutir sus cabezas. **4** Palo largo con que los barqueros hacen fuerza en la arena para desencallar o hacer andar los barcos.

BOTADURA f. Acto de echar al agua un buque.

BOTAFUMEIRO (De origen gallego. Por alusión al *Botafumeiro*, gran incensario de la catedral de Compostela.) m. **1** INCENSARIO. **2** fig. y fam. ADULACIÓN.

BOTALÓN m. **1** *Mar.* Palo largo que se saca hacia la parte exterior de la embarcación cuando conviene. **2** *Mar.* Bauprés de una embarcación pequeña. **3** *Mar.* Mastelero del bauprés en un velero grande. **4** *Col.* y *Venez.* Poste hincado en el suelo.

BOTÁNICA f. *Bot.* Rama de la biología que tiene por objeto el estudio de los vegetales, tanto vivos como fósiles, las interacciones que existen entre ellos, y sus relaciones con los animales y minerales. Se llama también *fitología*. **2** *P. Rico* Sitio donde se venden hierbas medicinales.

BOTAR tr. **1** Arrojar, tirar, echar fuera. **2** Echar al agua un buque haciéndolo resbalar por la grada después de construido o reparado. || intr. **3** Cambiar de dirección un cuerpo elástico por chocar con otro cuerpo duro. **4** Dar saltos repetidamente una persona o animal. **5** fig. y fam. Manifestar uno su ira o alegría de algún modo.

BOTARATE com. y adj. fam. Persona de poco juicio.

BOTAREL m. *Arquit.* CONTRAFUERTE.

BOTARETE adj. *Arquit.* ARBOTANTE.

BOTAVARA f. *Mar.* Palo horizontal que sirve para sujetar la vela cangreja.

BOTE[1] m. **1** Salto o brinco que da una persona o animal. **2** Salto que da cualquier cuerpo elástico al chocar contra una superficie dura. || **dar el bote** fr. fig. y fam. Despedir, echar fuera. || **darse el bote** fr. fig. y fam. Marcharse, escapar.

BOTE[2]. m. **1** Vasija pequeña, comúnmente cilíndrica, que sirve para guardar medicinas, aceites, tabaco, conservas, etc. **2** Cantidad de dinero que se juega en un sorteo o juego de azar que, al no haber sido asignado a nadie, queda para el siguiente juego o sorteo. || **chupar**

Bosnia-Herzegovina. Paisaje en los alrededores de Sarajevo.

Fernando **Botero**.
Niños ricos.
Colección
Aberbach Fine Art
(Nueva York).

del bote fr. fig. y fam. Aprovecharse, sacar ganancias sin esfuerzo. || **tener en el bote** fr. fig. y fam. Haber conseguido una cosa o conquistado a una persona.
BOTE[3] m. Barco pequeño, de remo y sin cubierta. || **BOTE SALVAVIDAS** El insumergible y acondicionado para abandono de un buque o salvamento de náufragos.
BOTE, DE BOTE EN fr. fig. y fam. que se dice de cualquier sitio o local completamente lleno de gente.
BOTELHO GOSÁLVEZ, RAÚL Escritor boliviano (La Paz, 1917). Autor de las novelas *Borrachera verde* (1939), *Altiplano* (1945), *Tierra chúcara* (1957) y *Tata Limachi* (1967).
BOTELHO DE MAGALHÃES, BENJAMIN CONSTANT Militar y político brasileño (Niterói, 1836 - íd., 1891). Fue el impulsor, desde la Escuela Militar de Rio de Janeiro, de la revolución que acabó con el régimen imperial, instaurándose el republicano.
BOTELLA f. **1** Vasija de cristal, vidrio o barro cocido, con el cuello estrecho, que sirve para contener líquidos. **2** Todo el líquido que cabe en una botella. || **BOTELLA DE LEIDEN** Fís. Tipo antiguo de condensador, que consiste en una botella de vidrio con electrodos de papel metálico en sus superficies interna y externa.
BOTELLERO, RA m. y f. **1** Persona que hace o vende botellas. || m. **2** Aparato para llevar o colocar botellas.
BOTERO, FERNANDO Pintor y escultor colombiano (Medellín, 1932). A través de sus obras, caracterizadas por la obesidad de sus personajes, intenta hacer crítica irónica y sutil de la sociedad de su tiempo. Entre sus cuadros figuran *La familia Pinzón* (1959), *La familia del presidente* (1967), *Las enanas* (1969), *Amantes* (1982) y *Tres músicos* (1983).
BOTEV Pico de Bulgaria, cima culminante de los Balcanes; 2.376 m.
BOTHA, LOUIS Militar y político sudafricano (Greytown, 1862 - Rusthol, 1919). Se distinguió en la guerra de los bóers contra los ingleses. Fue jefe del gobierno de la colonia del Transvaal (1907) y luego de la Unión Sudafricana (1910).
BOTHA, PIETER WILLEM Político sudafricano (Paul Roux, Orange, 1916). Ministro de Defensa en el gabinete de Vorster, al que sustituyó como primer ministro en 1978. En 1984 fue elegido jefe del Estado (1984-89).
BOTHE, WALTER WILHELM Físico alemán (Oranienburg, 1891 - Heidelberg, 1957). Por sus trabajos en el campo de la mecánica cuántica, le fue concedido en 1954 el premio Nobel de Física, compartido con Max Born.
BOTICA f. **1** FARMACIA. **2** En algunas partes, tienda de mercader. || **haber de todo como en botica** fr. fig. y fam. Haber mucha cantidad y variedad de cosas.
BOTICARIO, RIA m. y f. FARMACÉUTICO.
BOTIJA f. Vasija de barro mediana, de cuello corto y angosto.
BOTIJO m. Vasija de barro poroso, que se usa para refrescar el agua. Es de vientre abultado, con asa en la parte superior, a uno de los lados una boca proporcionada para echar el agua, y al opuesto un pitón para beber.
BOTÍN[1] m. **1** Calzado antiguo de cuero, que cubría todo el pie y parte de la pierna. **2** Calzado de cuero, paño o lienzo, que cubre la parte superior del pie y parte de la pierna, a la cual se ajusta con botones, hebillas o correas.
BOTÍN[2] m. **1** Conjunto de las armas, provisiones y demás efectos de una plaza o de un ejército vencido y

de los cuales se apodera el vencedor. **2** Producto de un robo, atraco, estafa, etc.
BOTIQUÍN m. **1** Mueble para guardar medicinas o para transportarlas a donde convenga. **2** Conjunto de estas medicinas. **3** En establecimientos públicos, instalaciones deportivas, etc., departamento médico dispuesto para una cura de emergencia.
BOTNIA, GOLFO DE Golfo del mar Báltico, entre Suecia y Finlandia; 117.000 km² y 294 m de profundidad máxima. Permanece casi totalmente helado en invierno.
BOTO, TA adj. **1** ROMO, obtuso y sin punta. **2** fig. Torpe.
BOTOCUDO, DA adj. *Etnol.* **1** Se dice de un grupo amerindio de Brasil; pertenece al grupo de la familia ge. Aplicado a personas, también s. **2** Relativo a este grupo.
BOTÓN m. **1** *Anat.* Ensanchamiento en el extremo de una fibra nerviosa. **2** *Bot.* YEMA de un vegetal. **3** *Bot.* Flor cerrada y cubierta por las hojas. **4** *Bot.* Conjunto de células capaz de separarse de la planta madre y originar un nuevo individuo. **5** Pieza pequeña, que se pone en los vestidos para abrocharlos. También se pone por adorno. **6** Resalto de forma cilíndrica o esférica que se atornilla en algún objeto, para que sirva de tirador, asidero, etc. **7** Pieza generalmente circular que, al accionarla, hace funcionar los aparatos a los que está conectada. **8** *Mús.* En los instrumentos musicales de pistones, pieza circular y metálica que recibe la presión del dedo para funcionar.
BOTONADURA f. Juego de botones para una prenda de vestir.
BOTONERA f. *Bot.* Pequeño arbusto perteneciente a la familia compuesta, de nombre científico *Santolina rosmarinifolia*. Se distingue por sus hojas lineares y flores amarillas reunidas en cabezuelas. Crece en la península Ibérica y S de Francia.
BOTONES m. y f. Empleado que sirve en hoteles y otros establecimientos para llevar los recados que se le encargan. ♦ Su pl. es *botones*.
BOTRIOCÉFALO m. *Zool.* Gusano platelminto cestodo parásito, de nombre científico *Diphyllobothrium latum*. Alcanza los 10 cm de longitud y el éscolex presenta forma de clavo. En el hombre origina trastornos graves, como anemia aguda.
BOTRIOIDAL adj. **1** *Geol.* Se dice de los agregados de minerales en forma de racimo. **2** *Zool.* Se dice de cualquier estructura con forma de racimo de uvas.
BOTRIOMICOSIS f. *Veter.* Enfermedad infecciosa de los caballos, causada por *Staphylococcus aureus*.
BOTSWANA *(Bechuanaland)* Estado de África meridional, que limita al O y N, con Namibia; al N, con Zambia; al E, con Zimbabwe y al SE y S, con la República Sudafricana.
GEOG. El relieve está constituido por una gran llanura árida, ocupada en gran parte por el desierto de Kalahari. Al N existe una zona de cuencas pantanosas (Okavango y Makarikari) y bosques. Tiene clima tropical senegalés, con lluvias muy escasas. Los ríos no presentan cursos permanentes de agua; los más importantes están en la periferia (Zambeze, Limpopo y Okavango). País tradicionalmente agrícola (sorgo, mijo y maíz) y ganadero, las permanentes sequías han influido en el gran dete-

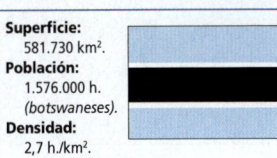

Superficie: 581.730 km².
Población: 1.576.000 h. *(botswaneses)*.
Densidad: 2,7 h./km².
Tasa de natalidad: 29,6‰.
Tasa de mortalidad: 22,1‰.
Capital: Gaborone.
Ciudades principales: Francistown, Serowe, Selebi-Pikwe y Molepolole.
Grupos étnicos: bantúes (mayoría), con minorías de bosquimanos, europeos y mestizos.
Religión: animismo o creencias tradicionales (49,2%), protestantismo (29%), catolicismo (9,4%).
Idioma: setswana (oficial) e inglés (comercial).
Moneda: pula.
Forma de Estado: república.
Producto Nacional Bruto: 4.795 millones de dólares.
Renta per cápita: 3.070 dólares.
División administrativa: 12 distritos y 7 municipalidades, según cuadro.

BOTSWANA

Distritos / Municipalidades	Superficie (km²)	Población (h.)	Capitales
Barolong	2.003	19.837	
Central	147.730	457.349	Serowe
Chobe	20.800	16.845	Kasane
Ghanzi	117.910	27.099	Ghanzi
Kgalagadi	106.940	34.537	Tshabong
Kgatleng	7.960	63.712	Mochudi
Kweneng	35.890	189.672	Molepolole
Ngamiland	86.400	104.090[1]	Maun
Ngwaketse	26.467	143.370	Kanye
Nord-oriental	5.120	47.312	Masunga
Okavango	22.730	–	Orapa
Sud-oriental	1.780	54.091	Ramotswa
Francistown	79	88.195	
Gaborone	169	183.487	
Jwaneng	100	14.866	
Lobatse	42	29.872	
Orapa	17	10.244	
Selebi-Pikwe	50	45.651	
Sowa	159	3.154	

[1] Incluye la población de Okavango.

rioro de estos sectores. A partir de los años setenta se puso en marcha la explotación de sus recursos mineros (diamantes, cobre, níquel). Su economía está supeditada a la República Sudafricana.

Hist. Fue protectorado desde 1885 hasta 1966, en que obtuvo la independencia. Desde entonces gobernó el país Seretse Khama, fundador y líder del Partido Democrático, reelegido presidente en 1969, 1974 y 1979, hasta su muerte en julio de 1980. Fue reemplazado por el vicepresidente Quett Masire que, en las elecciones de octubre de 1989 y de 1994, fue confirmado en su cargo. El país, que tradicionalmente acogió a miembros del Consejo Nacional Africano (ANC), apoyando así su lucha contra el *apartheid*, fue objeto de numerosas presiones y agresiones por parte del gobierno de la República Sudafricana. En 1998 el presidente Quett Masire se retiró de la vida política y fue sustituido en el cargo interinamente por Festus Mogae, quien sería ratificado en 1999.

Botticelli, Sandro (Alessandro di Mariano dei Filipepi, llamado) Pintor italiano (Florencia, 1445 - íd., 1510). En 1481 decoró los muros de la Capilla Sixtina, en los que realizó la *Vida de Cristo* y la *Vida de Moisés.* De su producción destacan *La primavera* (1477-78), *El nacimiento de Venus* (1486) y *La Virgen del Magníficat* o *Virgen de la granada* (1487).

Botulismo m. *Med.* Grave envenenamiento producido por el consumo de alimentos envasados en malas condiciones.

Botzaris, Márkos Patriota griego (Soulí, 1788 - Karpenisi, 1823). Uno de los héroes de la guerra de la independencia contra Turquía. Murió en el asalto a la guarnición Karpenisi.

Bouchard, Hipólito Marino argentino de origen francés (Saint-Tropez, 1783 - Palpa, 1843). Dio la vuelta al mundo con la fragata *La Argentina* y tomó parte en la expedición de San Martín a Perú.

Boucher, François Pintor y grabador francés (París, 1703 - íd., 1770). Destacado representante del rococó. Entre sus cuadros más sobresalientes están *Venus en el tocador* y *Diana en el baño.*

Boucher de Crèvecoeur de Perthes, Jacques Naturalista, arqueólogo y escritor francés (Rethel, 1788 - Abbeville, 1868). Fue uno de los fundadores de la arqueología prehistórica.

Bouches-du-Rhône Departamento del SE de Francia, en la región de Provenza-Alpes-Costa Azul; 5.087 km² y 1.835.719 h. Su capital es Marsella.

Bougainvillea f. *Bot.* Nombre dado a un grupo de arbustos trepadores pertenecientes a la familia nictagináceas, género *Bouganvillea*. Son plantas espinosas, de hojas alternas, y flores poco llamativas, pero recubiertas de unas brácteas de vivos colores. Son originarias de Sudamérica.

Bouillon Geneal. Ilustre familia francesa, cuyos orígenes se remontan al siglo VIII.

Boujdour Bojador.

Boulanger, Georges General francés (Rennes, 1837 - Ixelles, 1891). Ministro de la Guerra (1886), por sus iniciativas y reformas alcanzó gran popularidad. Se le acusó de tender a una dictadura y se le formó proceso por alta traición.

Boulé f. *Hist.* Institución política de la Grecia antigua. Durante la monarquía era un consejo de nobles nombrados por el rey para su asesoramiento. Posteriormente se convirtió en un consejo especial que decidía en los asuntos de mayor importancia de la ciudad.

Boulez, Pierre Compositor y director de orquesta francés (Montbrison, 1925). Se dedicó inicialmente al dodecafonismo, pasando a producir música concreta. Obras: *Le visage nuptial, Polyphonie, Explosantefixe, Notations,* etc.

Boulogne, Jean Giambologna.

Boulogne-sur-Mer Ciudad del N de Francia; 98.566 h. Primer puerto pesquero del país.

Bouquet (Voz fr.) m. buqué.

Bourbaki, Nicolas Nombre adoptado por un colectivo de matemáticos franceses (1935). Su idea es elaborar un tratado de matemáticas unificado, riguroso, moderno y didáctico.

Bourbon m. Whisky americano de maíz o centeno.

Bourbon, Charles Ferdinand Berry, Carlos Fernando de Borbón, duque de.

Bourbon, Henri de Chambord, Enrique de Borbón y Artois, conde de.

Bourbon, Louis Antoine de Angulema, Louis Antoine de Bourbon, duque de.

Bourbon, Louis Joseph de Vendôme, Louis-Joseph de Bourbon, duque de.

Bourbon de Montpensier, Charles de Militar francés (París, 1490 - Roma, 1527). Hijo del conde de Montpensier. Al servicio de España, derrotó varias veces a sus compatriotas y contribuyó al triunfo de la batalla de Pavía en 1525. Murió en el sitio de Roma.

Bourbon Orleans, Henri de, conde de París Pretendiente al trono de Francia por la rama de Orleans (Le Nouvion-en-Thiérache, 1908 - París, 1994). Era hijo de Jean de Bourbon Orleans, duque de Guisa. Contrajo matrimonio con Isabel de Orleans y Bragança (1931). Sus partidarios le designaban con el nombre de Enrique VI.

Bourbon Orleans, Jean de, duque de Guisa Pretendiente al trono de Francia por la rama de Orleans (París, 1874 - Larache, 1940). Adquirió los derechos al trono de Francia a la muerte de su primo Philippe d'Orleans (1926). Le sucedió como pretendiente su hijo Henri, conde de París.

Bourdeille, Pierre Brantôme, señor de.

Bourdelle, Antoine Escultor francés (Montauban, 1861 - Vésinet, 1929). Fue autor de la *Virgen de Alsacia* (1921), del monumento al general Alvear (1923), y de numerosos bustos.

Bourgeois, Léon Político francés (París, 1851-Marne, 1925). Presidente del Consejo de ministros (1895-96). Fue uno de los organizadores de la Sociedad de Naciones. Premio Nobel de la Paz en 1920.

Bourges Ciudad del centro de Francia, capital del departamento de Cher, en la región Centro; 75.609 h. Catedral gótica del siglo XIII.

Bourget Lago de Francia, en Saboya, a 9 km de Chambéry; 16 km de longitud.

Bourget, Paul Crítico y novelista francés (Amiens, 1852 - París, 1935). Entre sus obras figuran *La vida inquieta* (1874), *Edel* (1878), *Las confesiones* (1882) y *El discípulo* (1889).

Bourkina Fasso Burkina Faso.

Bournemouth Consejo unitario del Reino Unido, en Inglaterra; 162.400 h.

Bournonita f. *Miner.* Sulfuro mixto de fórmula general $CuPbSbS_3$. Cristaliza en el sistema ortorrómbico, tiene una dureza de 2,5 a 3 y un peso específico de 5,7 a 5,9.

Boutade (Voz fr.) f. Salida de tono, comentario excesivo que se introduce en la conversación a fin de asombrar o escandalizar al interlocutor.

Boutique (Del fr. *boutique.*) f. **1** Tienda de ropa de moda y de temporada. **2** Por extensión, tienda de productos selectos.

Boutroux, Émile Filósofo francés (Mountrouge, 1845 - París, 1921). Uno de los representantes más importantes de la filosofía de la discontinuidad, fue maestro de H. Bergson. Escribió *De la idea de la ley natural en la ciencia y en la filosofía* (1895).

Bouvard, Alexis Astrónomo francés (Les Houches, 1767 - París, 1843). Elaboró unas tablas astronómicas sobre Urano (1821) que facilitaron el descubrimiento de Neptuno.

Bouvines Ciudad de Francia, al SE de Lille. Importante victoria de Felipe II Augusto de Francia (1214) sobre Juan Sin Tierra y sus aliados en la Gran Guerra de Occidente.

Bóveda f. **1** *Arquit.* Construcción arquitectónica curvada que cubre un espacio entre muros o pilares. **2** *Anat.* Cualquier estructura arqueada o en forma de domo. **3** *Arg.* Panteón familiar. || **Bóveda de** o **en cañón** *Arquit.* La de superficie generalmente semicilíndrica que cubre el espacio comprendido entre dos muros paralelos. || **Bóveda celeste** *Astron.* Firmamento, esfera aparente que rodea a la Tierra. || **Bóveda craneal** *Anat.* Parte superior e interna del cráneo. || **Bóveda de crucería** *Arquit.* La sostenida por arcos ojivales. || **Bóveda esquifada** o **de arista** *Arquit.* Aquella cuyos dos cañones semicilíndricos se cortan el uno al otro. || **Bóveda vaída** *Arquit.* La formada de un hemisferio cortado por cuatro planos verticales y cada dos de ellos paralelos entre sí. || **Falsa bóveda** *Arquit.* Forma primitiva de bóveda, obtenida por aproximación de hiladas.

Bovedilla f. Bóveda pequeña entre viga y viga del techo de una habitación.

Boves, José Tomás Rodríguez Guerrillero y militar español (Gijón, 1783 - Urica, 1814). Ingresó en las tropas realistas de Venezuela en 1810 y organizó una partida de llaneros, con la que venció al ejército de la Independencia, mandado por Bolívar, en 1813 y en La Puerta (1814). Murió luchando en Urica.

Bovet, Daniel Farmacólogo italiano de origen suizo (Neuchâtel, 1907 - Roma, 1992). Descubrió la producción sintética del curare. En 1957 se le concedió el premio Nobel de Fisiología y Medicina.

Bóvido, da adj. y s. *Zool.* **1** Se dice de los mamíferos artiodáctilos rumiantes con cuernos óseos cubiertos por estuche córneo, desprovistos de incisivos en la mandíbula superior y que tienen ocho en la inferior. A este grupo pertenecen los antílopes, ovejas y cabras. || m. pl. *Zool.* **2** Familia de estos animales.

Bovino, na adj. *Zool.* **1** Se dice de los mamíferos artiodáctilos rumiantes, pertenecientes a la subfamilia bovinos, familia cavicornios, géneros *Ovibos* y *Bos.* Son animales robustos y de gran tamaño, con las patas relativamente cortas. Generalmente tienen papada y, muchas veces, giba. Viven en todo el mundo, excepto en Australia y América del Sur. También s. **2** Relativo al toro o a la vaca. || m. pl. *Zool.* **3** Grupo de estos animales.

Bow, Clara (Clara Beldam, llamada) Actriz estadounidense (Nueva York, 1905 - Los Ángeles, 1965). Llegó a convertirse en un símbolo social y sexual al final de la década de los veinte del siglo XX. Intervino en *Flor de capricho* (1926), *Ello* (1927), *La pelirroja* (1928) y *La loca orgía* (1929).

Bowditch, Henry Pickering Fisiólogo estadounidense (Boston, 1840 - íd., 1911). Formuló la ley de la respuesta muscular «todo o nada», que se refiere a la reacción de la fibra muscular cardíaca ante un estímulo nervioso.

Bowen, Ira Sprague Astrofísico estadounidense (Seneca Falls, 1898 - Los Ángeles, 1973). Realizó investigaciones sobre la radiación cósmica y contribuyó al conocimiento de la materia interestelar.

Bowie, David Cantante y actor inglés (Londres, 1947). En los años setenta y ochenta lanzó al mercado canciones de éxito en la línea del llamado *glam rock*. Entre sus discos destacan *Space Oddity*, *Let's dance* y *Heroes*. Ha intervenido asimismo en algunos filmes.

Bowles, Jane (Jane Auer, llamada) Escritora estadounidense (Nueva York, 1917 - Málaga, 1973). Casada con Paul Bowles, en su obra exploró los límites que separan la razón de la locura: *Dos damas serias* (1943), novela, y *Other Stories* (1969), relatos.

Bowles, Paul Compositor y escritor estadounidense (Nueva York, 1911 - Tánger, 1999). En su obra, marcada por su estancia en Tánger, destacan *El cielo protector* (1949), *Déjala que caiga* (1952), *La casa de la araña* (1955) y *Sin par* (1972), autobiografía.

Bowman, cápsula de *Zool.* Membrana conectiva que recubre el glomérulo de Malpighi.

Bowman, sir William Anatomista y oculista británico (Nautwich, 1816 - Dorking, 1892). Estudió la histología renal, descubriendo la cápsula que lleva su nombre y enunciando una ley sobre el proceso de filtración en este órgano.

Bowra, Cecil Maurice Crítico y educador británico (Kiukiang, 1898 - Oxford, 1971). Se interesó por las creaciones de los griegos clásicos. De sus obras destacan *Tradition and Design in the Illiad* (1930) y *On Greek Margins* (1970).

Box (Voz i.) m. **1** *Autom.* Recinto destinado en los circuitos de carreras para garaje y taller de cada uno de los automóviles participantes. **2** *Equit.* Cuadra individual. ♦ Su pl. es *boxes*.

Boxcalf o **Box calf** (Voz i.) m. Nombre de una especie de piel de becerro curtida con sales de cromo.

Boxeo m. *Dep.* Deporte que consiste en la lucha de dos púgiles que sólo pueden emplear los puños, enfundados en guantes especiales. La lucha se desarrolla en un cuadrilátero (*ring*) y se desarrolla en varios asaltos (*rounds*). Los boxeadores, según los pesos, se dividen en categorías, que establece el Consejo Mundial de Boxeo.

Bóxer adj. y com. **1** Se dice de una raza de perros de origen alemán. || m. *Hist.* **2** Nombre inglés dado a los miembros de la sociedad secreta china del *Yi Ho Chuan* o *Sociedad de los Puños Armoniosos*, fundada en los primeros años del siglo XIX, que atacaba a los europeos residentes en China.

Boy scout (Expresión i.) m. Miembro de una organización inglesa cuyos objetivos son fomentar el compañerismo entre los jóvenes. A los miembros femeninos se les llama *girl scout*. Véase ESCULTISMO ♦ Su pl. es *boy scouts*.

Boya f. **1** Cuerpo flotante sujeto al fondo del mar, de un lago, etc., que se coloca como señal para indicar un sitio peligroso o un objeto sumergido. **2** Corcho que se pone en la red para que las plomadas no la lleven al fondo, y para indicar su situación.

Boyacá Departamento de Colombia; 23.189 km² y 1.413.064 h. Su capital es Tunja. Minas de oro, esmeraldas, plata y cobre.

Boyacá, batalla Enfrentamiento armado (agosto de 1819), en el que Bolívar derrotó a las tropas realistas, dirigidas por el general Barreiros y aseguró la independencia de Nueva Granada.

Boyacense adj. y com. De Boyacá.

Boyada f. *Gan.* Manada de bueyes.

Boyal adj. *Gan.* Perteneciente al ganado vacuno.

Boyante adj. Se dice de la persona, cosa, negocio, situación, etc., que goza de buena fortuna o felicidad.

Boyar intr. Volver a flotar la embarcación que ha estado en seco.

Boyardo m. Señor ilustre, antiguo feudatario de Rusia o Transilvania.

Boycott, Charles Cunningham Funcionario británico (Saint Peters Burgh, 1832 - Flexton, 1897). Siendo agente en el condado de Mayo (Irlanda), dio motivo, con su severidad, a que la Liga agraria le excluyese de todo trato comercial y social (1880). Su apellido se convirtió en denominación común para designar esa acción.

Boyd Orr, John Fisiólogo y sociólogo británico (Kilmaurs, 1880 - Newton, 1971). Fue director general de la Organización de Alimentación y Agricultura de la ONU (1945-48). Obtuvo el premio Nobel de la Paz en 1949.

Boyer, Jean Pierre Político haitiano (Puerto Príncipe, 1776 - París, 1850). Tomó parte en la sublevación de Toussaint Louverture contra los franceses, y después con Pétion y Christophe. Presidente de la región Sur, se anexionó el Norte a la muerte de Christophe. Unificado el país, conquistó la parte dominicana de la isla. Gobernó de 1818 a 1843, año que fue derrocado y hubo de expatriarse.

Boyera o **Boyeriza** f. *Gan.* Corral o establo donde se recogen los bueyes.

Boyero, ra m. y f. **1** Persona que guarda bueyes o los conduce. || m. **2** *Zool.* En Argentina y Uruguay, pájaro pequeño de la familia ictéridos; es negro, con manchas de distinto color según la especie, y se caracteriza por hacer su nido en forma de bolsa alargada, tejida con cerda y fibras vegetales.

Boyero *Astron.* Gran constelación boreal próxima a la Osa Mayor y cuya estrella principal, de color rojizo, es Arturo. Su abreviatura es Boo.

Boyle, sir Robert Físico y químico británico de origen irlandés (Lismore, Irlanda, 1627 - Londres, 1691). Formuló la ley conocida como de Boyle y Mariotte, según la cual «la presión de una masa fija de un gas, por el volumen que ocupa, es una constante para cada valor de temperatura».

Bozal m. Especie de cestilla con la que se recubre el hocico de algunos animales para que no coman o muerdan.

Bozo m. **1** Vello que apunta sobre el labio superior antes de nacer la barba. **2** *Anat.* Parte exterior de la boca.

Bq *Quím.* Símbolo del becquerelio.

Br *Quím.* Símbolo del bromo.

Brabante *Geog. hist.* Antiguo ducado del imperio germánico, perteneciente en la actualidad a los reinos de Bélgica y Países Bajos. Formado en el siglo XI como consecuencia de la reunión de los condados de Bruselas y Lovaina, en el siglo XV fue incorporado a la casa de Borgoña y durante la primera mitad del XVI se mantuvo bajo dominación española. Tras la sublevación flamenca, la parte N quedó incorporada a los Países Bajos. El S se mantuvo bajo dominación española hasta su cesión al imperio austriaco en 1714. En 1815 el S de Brabante pasó al reino de Holanda, del que se separó en 1830 para integrarse en Bélgica.

Brabante Provincia de Bélgica, en la región de Flandes; 2.106 km² y 1.011.588 h.

Brabante Provincia de Bélgica, en la región de Valonia; 1.091 km² y 347.423 h.

Brabante, Siger de Filósofo francés (Bravante, h. 1235 - Orvieto, 1281). Se opuso a santo Tomás de Aquino y fue encarcelado por la Inquisición.

Brabante Septentrional Provincia del S de los Países Bajos, junto a la frontera belga; 4.938 km² y 2.337.700 h. Su capital es Hertogenbosch.

Brabanzón, na adj. y s. De Brabante.

Bracarense adj. y com. De Braga.

Braceada f. Movimiento de brazos ejecutado con esfuerzo y valentía.

Braceaje m. Profundidad del mar en un lugar determinado.

Bracear intr. **1** Mover repetidamente los brazos. **2** Nadar sacando los brazos fuera del agua y volteándolos hacia delante. **3** Doblar el caballo los brazos con soltura al andar.

Bracero, ra m. y f. PEÓN, jornalero no especializado.

Bracho Gavilán, Julio Director de teatro y cine mexicano (Durango, 1909 - Ciudad de México, 1978). Autor de la obra de teatro *El sueño de Quetzalcóatl* (1935), de su extensa filmografía destacan *Reto a la vida* (1954), *La sombra del caudillo* (1960) y *Cada voz lleva su angustia* (1965).

Bracknell Forest Consejo unitario del Reino Unido, en Inglaterra; 110.700 h.

Bracmán m. BRAHMÁN.

-braco suf. BRAQUI-.

Bráctea f. *Bot.* Hoja modificada que nace del pedúnculo de las flores de ciertas plantas o relacionada con los esporangios. La modificación puede afectar al tamaño, color, forma o consistencia.

Bracteola f. *Bot.* Bráctea pequeña, generalmente situada sobre el eje floral.

Bradbury, Ray Novelista estadounidense (Waukegan, 1920). Destacado autor de novelas de ciencia-ficción, entre las que sobresalen *Carnaval negro* (1947), *Crónicas marcianas* (1950), *Farenheit 451* (1953) y *Canto al cuerpo eléctrico* (1969).

Bradford Ciudad del Reino Unido, en Inglaterra, en Yorkshire Occidental; 457.344 h. Industria textil y metalúrgica.

Bradiartria f. *Med.* Torpeza en la articulación de las palabras.

Bradicardia f *Med.* Ritmo cardíaco anormalmente lento.

Bradicinesia f. *Med.* Torpeza anormal en los movimientos del cuerpo.

Bradifrenia f. *Med.* Lentitud exagerada en los procesos mentales.

Bradilalia f. *Med.* Emisión lenta de la palabra; se observa en algunas enfermedades nerviosas.

Bradiodonto, a adj. y s. *Zool.* **1** Se dice de los peces cartilaginosos fósiles, propios del paleozoico, probablemente derivados de los primitivos tiburones. || m. pl. *Zool.* **2** Orden de estos animales.

Bradipódido, a adj. y s. *Zool.* **1** Se dice de los mamíferos pertenecientes al orden Edentados, cuyos representantes más conocidos son los perezosos. || m. pl. *Zool.* **2** Familia de estos mamíferos.

Braditelia f. *Biol.* Cambio evolutivo que se produce a un ritmo muy lento, e incluso se detiene, a lo largo de periodos geológicos muy amplios.

Bradley, Francis Herbert Filósofo inglés (Glasbury, 1846 - Oxford, 1924). Fue el principal representante del idealismo anglosajón de tendencia hegeliana y monista. Su obra principal es *Principios de lógica* (1883).

Bradley, James Astrónomo inglés (Sherborne, 1693 - Chalford, 1762). Descubrió el fenómeno de aberración de la luz de las estrellas. Midiendo la posición de las estrellas, vio cambios a lo largo del tiempo, fenómeno al que llamó *nutación*.

Bradley, Omar Nelson Militar estadounidense (Clark, 1893 - Nueva York, 1981). Fue comandante de las fuerzas terrestres estadounidenses en Europa durante la Segunda Guerra Mundial y jefe del Estado Mayor del ejército.

Bradstreet, Ann Dudley Poetisa estadounidense (Northampton, 1612 - North Andover, 1672). Autora de los primeros versos escritos en la colonia: *La décima musa aparecida recientemente en América* (1650).

Braga f. Prenda interior, generalmente ceñida, que cubre desde la cintura hasta el arranque de las piernas, usada por las mujeres y los niños de corta edad. También en pl.

Braga 1 Distrito del NO de Portugal; 2.695 km² y 754.700 h. **2** Ciudad capital del mismo; 144.290 h. Catedral iniciada en el siglo XI (románica), con adiciones barrocas y góticas.

Braga (Portugal). Iglesia del Buen Jesús del Monte.

BRAGA, TEÓFILO Escritor y político portugués (Ponta Delgada, Azores, 1843 - Lisboa, 1924). Fue jefe del gobierno provisional de la República (1910-11) y presidente interino (1915). Autor de *Historia de la literatura portuguesa* (1870-73).

BRAGADO, DA adj. **1** *Zool.* Se aplica al buey y a otros animales que tienen la entrepierna de diferente color que el resto del cuerpo. **2** *Zool.* Se dice de las aves que tienen las patas cubiertas de plumas. **3** fig. y fam. Se aplica a la persona de resolución enérgica y firme.

BRAGANZA 1 Distrito del NE de Portugal; 6.597 km^2 y 154.700 h. **2** Ciudad capital del mismo; 16.600 h. Ayuntamiento románico.

BRAGANZA, CASA DE *Geneal.* Familia noble portuguesa, que reinó en Portugal desde 1640, con Juan IV, hasta 1910, en que fue destronado Manuel II. A esta casa pertenecieron también los emperadores de Brasil Pedro I y Pedro II (1822-89).

BRAGANZA, DUARTE NUNHO DE, DUQUE DE Príncipe portugués (Seebenst, 1907 - Lisboa, 1976). Era hijo de Miguel II. En 1932, al morir Manuel II, último miembro de la casa reinante, heredó los derechos a la corona portuguesa con el nombre de Duarte o Eduardo II, y a su vez los traspasó a su hijo Duarte (Eduardo III). En 1952 fue autorizado a vivir en el país.

BRAGANZA Y BORBÓN, BLANCA MARÍA DE LAS NIEVES CARLOTA Infanta portuguesa (Kleinkeuback, 1852 - Viena, 1941). Hija del rey Miguel I de Portugal, contrajo matrimonio con el infante y luego pretendiente al trono español Alfonso Carlos de Borbón y Austria-Este.

BRAGANZA Y BORBÓN, MARÍA FRANCISCA DE ASÍS DE Infanta española (Lisboa, 1800 - Gosport, 1834). Fue la primera esposa de Carlos María Isidro, hermano de Fernando VII, con quien contrajo matrimonio en 1816, a la vez que su hermana María Isabel lo hacía con el rey de España.

BRAGAZAS m. fig. y fam. Hombre que se deja dominar o persuadir con facilidad, especialmente por su mujer. También adj.

BRAGG, SIR WILLIAM HENRY Físico inglés (Wigton, 1862 - Londres, 1942). Diseñó el espectrómetro de ionización, que utiliza rayos X monocromáticos para deducir la estructura cristalina de un material, así como la posición de los átomos que lo forman. En colaboración con su hijo William Lawrence, realizó numerosos experimentos que le llevaron a descubrir la estructura de numerosos materiales, entre ellos el diamante. Por ello, a ambos se les concedió el premio Nobel de Física en 1915.

BRAGG, WILLIAM LAWRENCE Físico inglés, hijo del anterior (Adelaida, Australia, 1890 - Ipswich, 1971). Realizó numerosas investigaciones sobre los rayos X. Compartió con su padre el premio Nobel de Física (1915).

BRAGUERO m. *Med.* Instrumento ortopédico o vendaje para sujetar y corregir las hernias o quebraduras.

BRAGUETA f. Abertura de la parte delantera de los calzones o pantalones, que se ajusta con botones o cremallera.

BRAGUETAZO, DAR UN fr. fig. y fam. Casarse un hombre pobre con una mujer rica.

BRAHE, TYCHO Astrónomo danés (Knudstrup, 1546 - Praga, 1601). Creador del sistema ticónico, intermedio entre el copernicano y el de Ptolomeo, descubrió una supernova y demostró que los cometas no son fenómenos atmosféricos.

BRAHMA *Rel.* Divinidad hindú que, en la Trimurti, en un principio representó lo absoluto y posteriormente fue dotado de rasgos personales convirtiéndose en creador del universo.

BRAHMAGUPTA Matemático y astrónomo indio (?, h. 598 - ?, h. 660). Su obra científica fundamental se titula *Brahmasfuta-Siddhanta.* En la que desarrolla un sistema de representación de los números fraccionarios, origen del actual.

BRAHMÁN m. Cada uno de los individuos de la primera de las cuatro castas en que se hallaba dividida la población de la India.

BRAHMÁN o **BRACMÁN** *Mit.* Hijo mayor de Brahma, que nació de la boca de su padre, y a quien éste entregó los cuatro Vedas. Contrajo matrimonio con una mujer de la raza de los gigantes; de esta unión nació la casta de los brahmanes, intérpretes de los libros Veda y ministros de los sacrificios a los dioses.

BRAHMANISMO m. *Rel.* Religión de la India, hoy denominada oficialmente hinduismo. La palabra *brahmanismo* procede del nombre de la casta sacerdotal, los brahmanes. Es la segunda etapa religiosa y social del HINDUISMO que sigue al vedismo. Las fuentes del brahmanismo están constituidas por los libros sagrados de los indos, redactados entre 1500 y 1400 a. C., y sus grandes dioses son tres *(Trimurti),* que coexisten al mismo nivel: Brahma, el creador; Visnú, el conservador, y Siva, el destructor. El dogma central del brahmanismo es el de la transmigración de las almas, y sus prescripciones están estrechamente ligadas a concepciones sociales.

BRAHMAPUTRA Río de Asia meridional, que nace en la parte occidental del Tíbet, atraviesa el Himalaya y los estados indios de Assam y de Bangla Desh, formando con el Ganges un gran delta en el golfo de Bengala; 2.900 km.

BRAHMS, JOHANNES Compositor alemán (Hamburgo, 1833 - Viena, 1897). Su obra es una síntesis del romanticismo y del clasicismo, y de ella destacan 4 sinfonías (1876, 1877, 1883 y 1885), 2 conciertos para piano, 1 para violín, 1 para violín y violonchelo, su música de cámara, 265 *lieder* y algunas obras para solistas, coro y orquesta, como el *Réquiem alemán* (1857-68).

BRAILLE m. Método de lectura y escritura para ciegos a base de puntos en relieve.

BRAILLE, LOUIS Profesor francés (Coupvray, 1809 - París, 1852). Ciego desde los tres años, inventó el método de escritura para ciegos, a base de puntos en relieve, que lleva su nombre.

BRAMA f. *Zool.* Ruido o sonido producido por los ciervos y algunos otros animales salvajes durante la época de celo, y temporada en que lo tienen.

BRAMADERA f. Instrumento que usan los pastores para guiar el ganado.

BRAMAH, JOSEPH Mecánico e inventor británico (Stainborough, 1749 - Londres, 1814). Fue autor de una serie de inventos, como la cerradura de seguridad que llevó su nombre, máquinas de imprimir y la prensa hidráulica.

BRAMANTE m. Hilo gordo o cordel muy delgado hecho de cáñamo. También adj.

BRAMANTE (DONATO DI PASCUCCIO D'ANTONIO O D'ANGELO LAZZARI, llamado) Pintor y arquitecto italiano (Monte Asdruvaldo, 1444 - Roma, 1514). Destacada figura del Renacimiento. Se considera su obra maestra el templete de San Pedro in Montorio (1503).

BRAMANTINO (BARTOLOMMEO SUARDI, llamado) Pintor y arquitecto italiano (Milán, h. 1465 - íd., 1536). En Milán, trabajó en las obras del Duomo entre 1503 y 1519 y en la capilla Trivulzio en San Nazaro (1519).

BRAMAR intr. **1** Dar bramidos. **2** fig. Manifestar uno con gritos y con extraordinaria violencia la ira de que está poseído. **3** fig. Hacer ruido estrepitoso el viento, el mar, etc.

BRAMIDO m. **1** Voz del toro y de otros animales salvajes. **2** fig. Grito del hombre cuando está colérico y furioso. **3** fig. Ruido grande producido por el aire, el mar, etc.

BRAMÓN, FRANCISCO Escritor mexicano (Ciudad de México, ? - ?, h. 1654). Autor de *Los sirgueros de la Virgen sin original pecado* (1620), novela pastoril a lo divino.

BRANCATI, VITALIANO Escritor italiano (Pachino, 1907 - Turín, 1954). De su obra destacan sus novelas *El amigo del vencedor* (1939) y *Paolo el ardiente* (1955); los libros de relatos *El viejo de las botas* (1944) y *Diario romano* (1961).

BRANCO Río de Brasil, que nace al NE del Estado de Roraima y desemboca en el Negro; 650 km.

BRANCUSI, CONSTANTIN Escultor francés de origen rumano (Pestisani Gorj, 1876 - París, 1957). Influido por Rodin derivó hacia un estilo abstracto muy conciso y estilizado. Entre sus obras sobresalen *El beso* (1912) y *El hijo pródigo* (1914).

BRAND, HENNING Alquimista alemán (Hamburgo, 1625 - ?, h. 1692). Descubrió el fósforo, aunque su hallazgo no trascendió.

BRANDANO, SAN Religioso irlandés (proximidades de Tralea, 484 - Annaghdown, 577). Propagó la fe cristiana en el País de Gales y en Bretaña. La tradición le atribuye un supuesto viaje por mar para buscar la tierra de promisión o paraíso. El manuscrito más antiguo en que se relata este viaje, titulado *Navigatio Sancti Brendani,* es del siglo X o del XI.

BRANDAR intr. Inclinarse lateralmente un buque por causas ajenas al mar.

BRANDEMBURGO o **BRANDENBURGO** *Geog. hist.* Región histórica del N de Alemania comprendida entre los ríos Elba y Oder. Su capital era Berlín y constituyó el centro de la unidad de Prusia.

BRANDEMBURGO o **BRANDENBURGO 1** Land del NE de Alemania; 29.481 km^2 y 2.561.700 h. Su capital es Potsdam. Es una región básicamente agrícola. En 1952 quedó incorporado como región a la RDA. A partir de 1990 pasó a ser un Estado de la Alemania unificada. **2** Ciudad de Alemania, en el Estado de su nombre; 87.731 h. Catedral románica (siglo XIII).

BRANDES, GEORG Escritor y crítico danés (Copenhague, 1842 - íd., 1927). Autor de una importante obra crítica, entre la cual destacan *Las grandes corrientes de la literatura en el siglo XIX* (1872-90) y *La escuela romántica en Alemania* (1873).

BRANDO, MARLON Actor cinematográfico estadounidense (Omaha, 1924 - Los Ángeles, 2004). Dotado de una gran fuerza expresiva, entre sus películas figuran *Un tranvía llamado deseo* (1951), *¡Viva Zapata!* (1952), *Julio César* (1953), *La ley del silencio* (1954), por la que ganó un Oscar; *La jauría humana* (1966), *El padrino* (1972), por la que obtuvo un nuevo Oscar, *El último tango en París* (1972), *Apocalypse Now* (1977), *Una árida estación blanca* (1989) y *La isla del doctor Moreau* (1996).

BRANDT, GEORG Químico sueco (Riddarhyttan, 1694 - Estocolmo, 1768). Descubrió el cobalto, estudió el bismuto y el cinc.

BRANDT, WILLY (KARL HERBERT FRAHM, llamado) Político alemán (Lübeck, 1913 - Unker, 1992). Fue alcalde de Berlín (1957) y canciller de la RFA (1969-74). Fue elegido presidente de la Internacional Socialista (1976) y presidente del SPD en el Parlamento Europeo (1979). En 1987 se retiró definitivamente de la política. Premio Nobel de la Paz (1971).

BRANDY m. **1** Nombre que por razones legales se da al coñac elaborado fuera de Francia. **2** Licor alcohólico obtenido de mostos de diversas frutas.

BRANLY, ÉDOUARD Físico francés (Amiens, 1844 - París, 1940). Estudió las variaciones de la conductibilidad eléctrica e inventó el cohesor, primer receptor de telegrafía sin hilos.

BRANNON, CARMEN Poetisa salvadoreña (Sonsonate, 1899 - San Salvador, 1975). Ocasionalmente empleó el seudónimo de *Claudia Lars.* De tendencia antisimbolista, entre sus colecciones de poesía destacan *Romances de norte y sur* (1946), *Girasol* (1962) y *Poesía última* (1975).

-BRANQU- in. BRANQUI-.

BRANQUI-, BRANQUIO-; -BRANQU-; -BRANQUIAL, -BRANQUIO prefs., in. o sufs. que significan branquia o branquias.

BRANQUIA f. *Zool.* Órgano respiratorio de muchos animales acuáticos, como peces (en éstos también se llaman *agallas),* moluscos, cangrejos y gusanos, constituido por láminas o filamentos de origen tegumentario. Permiten la respiración en el agua aprovechando el oxígeno disuelto en ella. Más en pl. || **BRANQUIA EXTERNA** *Zool.* La situada fuera de la pared corporal. || **BRANQUIAS ABDOMINALES** *Zool.* Expansiones pares de la cutícula abdominal, presentes en las larvas acuáticas de algunos insectos. || **BRANQUIAS SANGUÍNEAS** *Zool.* Expansiones respiratorias de la pared del cuerpo, presentes en algunos insectos acuáticos, que contienen sangre.

BRANQUIAL adj. *Zool.* Relativo a las branquias.

-BRANQUIAL suf. BRANQUI-.

BRANQUIO-; -BRANQUIO pref. o suf. BRANQUI-.

BRANQUIÓPODO, DA adj. y s. *Zool.* **1** Se dice de los crustáceos, principalmente de agua dulce, de tamaño pequeño o medio, con numerosos pares de patas nadadoras que sirven también como órganos respiratorios. || m. pl. *Zool.* **2** Subclase de estos animales.

BRANQUIURO, RA adj. y s. *Zool.* **1** Se dice de ciertos crustáceos copépodos que viven como parásitos externos de peces, tienen ojos compuestos pareados y miembros torácicos a veces con flagelos. Incluye los piojos de mar. || m. pl. *Zool.* **2** Subclase de estos animales.

BRANS-DICKE, COSMOLOGÍA DE *Astron.* Modelo cosmológico evolutivo que considera la hipótesis de una variación temporal de las constantes gravitacionales.

BRANT, SEBASTIAN Poeta y humanista alemán (Estrasburgo, 1458 - íd., 1521). Autor del poema satírico *La nave de los locos* (1494).

BRANTING, HJALMAR Político sueco (Estocolmo, 1860 - íd., 1925). Contribuyó eficazmente a la adopción en Suecia de la idea de la Sociedad de Naciones. Recibió el premio Nobel de la Paz en 1921, que compartió con Ch. L. Lange.

BRANTÔME, SEÑOR DE (BOURDEILLE, PIERRE DE, llamado) Historiador francés (?, h. 1540 - ?, 1614). Autor de *Vida de las damas galantes* y *Vida de los grandes capitanes,* publicadas en 1665.

BRAÑA f. **1** *Ast.* y *Cantab.* Pasto de verano. **2** *Ast.* Prado para pasto. **3** *Ast.* Poblado, antes veraniego y hoy permanente, habitado por los vaqueiros de alzada.

BRAÑAS, CÉSAR Escritor guatemalteco (Antigua, 1900 - Guatemala, 1976). Autor de los libros de poemas *Viento negro* (1938) y *El lecho de Procusto* (1945), y de las novelas *Alba emérita* (1920) y *La vida enferma* (1926).

BRAQUE, GEORGES Pintor francés (Argenteuil, 1882 - París, 1963). En 1905, por influencia de Othon Friez, se convirtió al fauvismo y posteriormente realizó experiencias cubistas paralelas a las de Picasso, pero luego derivó hacia formas más clásicas. Fue también autor de esculturas, grabados y litografías. Su influencia sobre las vanguardias posteriores ha sido importante.

-BRÁQUEO suf. BRAQUIO-.

BRAQUI-; -BRAQUI-; -BRACO, -BRAQUIO pref., in. o sufs. que significan corto.

-**BRAQUIA** suf. BRAQUIO-.
BRAQUIADO, DA adj. y s. *Biol.* **1** Que tiene brazos o ramas desarrollados. || m. pl. *Zool.* **2** Grupo de animales marinos, deuteróstomos y sedentarios, que viven en los fondos y encajados en tubos.
BRAQUIAL adj. *Anat.* Relativo al brazo.
BRAQUICEFALIA f. Calidad de braquicéfalo.
BRAQUICÉFALO, LA adj. y s. *Anat.* Se dice de la persona cuyo cráneo tiene un diámetro anteroposterior relativamente corto comparándolo con el transversal.
BRAQUÍCERO adj. y m. *Zool.* **1** Se dice de los insectos dípteros que tienen cuerpo grueso, alas anchas y antenas cortas. A este grupo pertenecen las moscas, tábanos y moscardones. || m. pl. *Zool.* **2** Suborden de estos insectos.
BRAQUIGRAFÍA f. Estudio de las abreviaturas.
BRAQUIDACTILIA f. *Med.* Cortedad anormal de los dedos de la mano o del pie.
BRAQUILOGÍA f. *Gram.* Elipsis que consiste en suprimir, en una serie de oraciones con componentes idénticos, algunos de ellos tras la primera oración.
BRAQUIO-; -BRAQUIO-; -BRÁQUEO, -BRAQUIO, -BRAQUIA pref., in. o sufs. que significan brazo, extremidad.
-**BRAQUIO** suf. BRAQUI-.
BRAQUIOCEFÁLICO, CA adj. *Anat.* Se dice de lo relativo a la cabeza y los brazos, como los *vasos braquiocefálicos.*
BRAQUIODONTO adj. *Zool.* Se dice de los mamíferos que tienen quebrada la corona inferior del diente, con lo que queda al descubierto la base de la envoltura del esmalte.
BRAQUIÓPODO, DA adj. y s. *Zool.* **1** Se dice de los animales marinos pertenecientes al tipo lofofóridos. Son metazoos triblásticos, celomados y protóstomos, con simetría bilateral. El cuerpo está encerrado en dos valvas calcáreas, y va provisto de tentáculos o lofóforos que el animal utiliza para remover el agua y atraer el alimento. Poseen aparato excretor y circulatorio abierto, pero no respiratorio, ya que el intercambio de gases se realiza por la piel. Muy bien representado antes del Terciario, en la actualidad se encuentra en regresión. Únicamente existen unas 150 especies vivas. El representante más conocido es la terebrátula. || m. pl. *Zool.* **2** Clase de estos animales.
BRAQUIPTERISMO m. *Zool.* Cualidad que presentan algunos insectos de tener las alas reducidas en longitud.
BRAQUISCLEREIDA f. *Bot.* Esclereida o célula vegetal lignificada y con membrana gruesa, que se encuentra en algunos frutos y en la médula y corteza de muchos tallos. También denominada *célula pétrea.*
BRAQUISMO m. *Bot.* Enanismo de las plantas que se evidencia por un acortamiento de los entrenudos.
BRAQUISTOCRONA f. *Astron.* Trayectoria de vuelo de una sonda espacial por la cual se alcanza, en el mínimo tiempo, un objetivo con una aceleración prefijada.
BRAQUÍSTOMO adj. *Zool.* Se dice del insecto que tiene la probóscide de longitud reducida.
BRAQUITERAPIA f. *Med.* Sistema terapéutico que consiste en la aplicación de radioelementos a una distancia corta, normalmente inferior a 10 cm.
BRAQUIURO, RA adj. y s. *Zool.* **1** Se dice de los crustáceos decápodos, parásitos temporales de peces y anfibios. Tienen el abdomen corto y normalmente cubierto por el tórax, y sus maxilares están transformados en ventosas que les permiten fijarse a sus víctimas. Algunos llevan glándulas venenosas. Incluye, entre otros, los denominados piojos de peces. || m. pl. *Zool.* **2** Suborden de estos animales.
BRASA f. Leña o carbón encendidos, rojos totalmente por incandescencia.
BRASCA f. *Met.* Mezcla de carbón y arcilla con que se forma la plaza y copela de algunos hornos metalúrgicos.
BRASERO m. **1** Pieza de metal, ordinariamente circular, en la cual se echa o hace lumbre para calentarse. **2** *Méx.* Hogar de la cocina.
BRÁSIDAS General espartano (? - ?, 422 a. C.). Se distinguió en las guerras del Peloponeso.
BRASIL m. **1** *Bot.* Árbol de la familia leguminosas cuya madera es el palo brasil. **2** *Bot.* PALO BRASIL. **3** Color encarnado que servía de afeite a las mujeres.
BRASIL (*República Federativa do Brasil*) Estado de América del Sur que limita al N, con Venezuela, Guyana, Surinam, Guayana francesa y el océano Atlántico; al E, con el océano Atlántico; al S, con Uruguay, Argentina, Paraguay y Bolivia; y al O, con Perú y Colombia.
GEOG. Es el país más grande de América del Sur y el quinto del mundo. Su zona occidental del país forma parte de la gran cuenca amazónica, mientras que en el E dominan las mesetas y en el SE existen sierras litorales. La cuenca del Amazonas ocupa casi dos terceras partes de Brasil. El S forma parte de la cuenca del Paraná, en tanto que el río San Francisco es el principal de la fachada oriental. La Amazonia tiene un clima ecua-

Superficie: 8.547.404 km².
Población: 166.113.000 h. (*brasileños*).
Densidad: 19,4 h./km².
Tasa de natalidad: 19,5‰.
Tasa de mortalidad: 9,1‰.
Capital: Brasilia.
Ciudades principales: São Paulo, Rio de Janeiro, Salvador, Brasilia, Belo Horizonte, Recife, Fortaleza, Porto Alegre, Belem, Manaus, Goiania.
Grupos étnicos: blancos (54%), mulatos y mestizos (39%), negros (5,9%), amerindios (0,2%).
Religión: catolicismo (70%), protestantismo (19%), otras (11%).
Idioma: portugués.
Moneda: real.
Forma de Estado: república federal.
Producto Nacional Bruto: 767.568 millones de dólares.
Renta per cápita: 4.630 dólares.
División administrativa: 5 regiones y éstas en 27 Estados, según cuadro.

torial; el resto presenta un clima tropical, con temperaturas siempre elevadas. Brasil es el quinto país del mundo en población, con un elevado índice de mestizaje, así como de población negra. La población se asienta preferentemente en la costa, donde están las grandes conurbaciones de São Paulo y Rio de Janeiro. La actividad económica se centra en la explotación de sus enormes recursos agrarios y mineros. Es el 7° país productor de madera del mundo. La cabaña ganadera ha cobrado gran auge: bovinos, caprinos, cerdos, caballos. Yacimientos de hierro, estaño, oro, cromo, alumi-

nio, manganeso, amianto, piedras preciosas, petróleo, etc. La actividad industrial ha tenido un rápido incremento, destacando la textil, siderúrgica, automovilística, química, papelera, alimentaria y tabaquera. Sus principales exportaciones las constituyen materias primas vegetales, animales o minerales.

HIST. Aunque se han descubierto restos arqueológicos de considerable antigüedad, no existió una gran civilización como la andina o mesoamericana. Vicente Yáñez Pinzón fue el primer europeo que arribó a las costas brasileñas en el 1500. Poco después, Pedro Álvares Cabral llegó a Brasil, tomando posesión de estas tierras en nombre de Portugal. Los nuevos territorios fueron designados como Terra de Santa Cruz. Aunque establecida por el tratado de Tordesillas (1494), la soberanía portuguesa no se aceptó por parte de España hasta que se firmó el tratado de Badajoz (1522). En 1531 llegó a Pernambuco Martín Alfonso de Sousa para organizar la colonización, que se vio favorecida por la unión de los colonos portugueses con los nativos. En 1549 arribó al país, como gobernador general, Tomé de Sousa, a quien sucedieron Duarte da Costa (1553) y Mem de Sá (1557), bajo cuyo mandato se fundó San Sebastián de Rio de Janeiro (1566), que fue más tarde capital del virreinato (1763) y de la República. A la muerte del rey Sebastián, Portugal pasó a la corona española (1580-1640) y, con ello, el dominio sobre su inmensa colonia. Una vez colonizada la costa, se inició, en la segunda mitad del siglo XVII, la expansión hacia el interior; esta labor fue llevada a cabo fundamentalmente por los *bandeirantes*, exploradores de las selvas vírgenes, a la caza de esclavos. En el siglo XVIII, la colonia experimentó un importante auge, debido en parte a la política practicada por el marqués de Pombal: se reorganizó la administración, se alentó la inmigración y se fomentó la minería y la agricultura. Al invadir Napoleón Portugal, la corte lusitana se trasladó a Brasil (1808-21). En 1817 se produjo una revolución en la costa, proclamándose la República de Pernambuco, pero pronto fue sofocada. Nuevos movimientos en Pará, Bahia y Rio de Janeiro (1821) forzaron al rey a aceptar la revolución, jurando respetar la futura Constitución, y antes de regresar a Portugal confió al príncipe Pedro la regencia. Éste tuvo que aceptar la independencia del país en septiembre de

BRASIL

Estados *Regiones*	Superficie (km²)	Población (h.)	Capitales
Acre	153.150	483.593	Rio Branco
Amapá	143.454	379.459	Macapá
Amazonas	1.577.820	2.389.279	Manaus
Pará	1.253.165	5.510.849	Belem
Rondônia	238.513	1.229.306	Porto Velho
Roraima	225.116	247.131	Boa Vista
Tocantins	278.421	1.048.642	Palmas de Tocantins
Norte	*3.869.239*	*11.288.259*	
Alagoas	27.933	2.633.251	Maceió
Bahia	567.295	12.541.675	Salvador
Ceará	146.348	6.809.290	Fortaleza
Maranhão	333.366	5.222.183	São Luis
Paraíba	56.585	3.305.616	João Pessoa
Pernambuco	98.938	7.399.071	Recife
Piauí	252.379	2.673.085	Teresina
Rio Grande do Norte	53.307	2.558.660	Natal
Sergipe	22.050	1.624.020	Aracaju
Nordeste	*1.558.261*	*44.766.851*	
Espírito Santo	46.194	2.802.707	Vitória
Minas Gerais	588.384	16.672.613	Belo Horizonte
Rio de Janeiro	43.910	13.406.308	Rio de Janeiro
São Paulo	248.809	34.119.110	São Paulo
Sudeste	*927.297*	*66.000.738*	
Paraná	199.709	9.003.804	Curitiba
Rio Grande do Sul	282.062	9.634.688	Porto Alegre
Santa Catarina	95.443	4.875.244	Florianópolis
Sur	*577.214*	*23.513.736*	
Goiás	341.289	4.514.967	Goiânia
Mato Grosso	906.807	2.235.832	Cuiabá
Mato Grosso do Sul	358.159	1.927.834	Campo Grande
Distrito Federal	5.822	1.821.946	Brasilia
Centro-Oeste	*1.612.077*	*10.500.579*	

BRASIL

1822. Brasil se convirtió en un imperio. El rey se hizo impopular y se vio obligado a abdicar en su hijo Pedro, de cinco años de edad (1831). Proclamado emperador con el nombre de Pedro II, su largo reinado (1840-89) estuvo marcado por un período de luchas civiles y otro de guerras externas contra Argentina, Uruguay y Paraguay. Con la abolición total de la esclavitud (1888), el trono perdió el apoyo de los grandes propietarios del S, y un movimiento militar encabezado por Manuel Deodoro da Fonseca puso fin al imperio (1889), proclamándose la República Federativa. Fue promulgada una nueva Constitución (1891) y confirmado como presidente Fonseca, pronto reemplazado por el vicepresidente Peixoto (1891-94). La normalidad en la sucesión a la presidencia constituyó el factor dominante hasta 1930, en que la crisis mundial precipitó la caída del precio del café. En 1930 una junta militar entregó el mando a Getulio Vargas (1930), quien promovió una nueva Constitución, e instituyó un régimen de gobierno en el que se ampliaba indefinidamente su mandato. Brasil declaró la guerra a Alemania y a Italia en 1942, y suministró una importante cantidad de materias primas a los aliados. Terminada la contienda, se produjo un golpe de Estado que obligó a Getulio Vargas a dimitir (1945), pero fue nuevamente elegido en 1950 y se mantuvo en el poder hasta que cometió suicidio en 1954. Vuelto el país al sistema democrático, que duró escasamente diez años, se sucedieron los gobiernos de Juscelino Kubits-

Brasil. Luiz Inázio, *Lula*, da Silva, presidente del país desde 2003.

chek, quien dispuso el traslado de la capital del país a Brasilia, y João Goulart, derrocado por un golpe militar en 1964. El ejército se mantuvo en el poder hasta 1984. El año siguiente se celebraron elecciones presidenciales en las que venció el candidato de Alianza Democrática, Tancredo Neves. Tras su repentina muerte, el vicepresidente José Sarney asumió la jefatura del Estado. En las elecciones de 1989 triunfó el populista y conservador Fernando Collor de Mello. Las acusaciones de corrupción contra él provocaron que, en 1992, la cámara de diputados votara la suspensión de la presidencia, quedando como presidente en funciones el vicepresidente Itamar Franco, quien no consiguió frenar el creciente deterioro social. En las elecciones presidenciales de 1994 y 1998 obtuvo la victoria el socialdemócrata

Brasil. Playa de Boa Viagem, en Recife.

Fernando Henrique Cardoso. En las elecciones presidenciales celebradas en octubre de 2002 resultó elegido Luiz Inázio, *Lula*, da Silva, del Partido de los Trabajadores, quien pronto se ganó el reconocimiento de la comunidad internacional por su fuerte concienciación social.

BRASILADO, DA adj. De color encarnado o de brasil.
BRASILEÑO, ÑA o **BRASILERO, RA** adj. y s. De Brasil.
BRASILETE m. *Bot.* Árbol perteneciente a la familia leguminosas, con la madera menos sólida y de color más bajo que el palo brasil.
BRASILIA Ciudad capital de Brasil y del Distrito Federal, enclavada en el Estado de Goiás; 1.692.248 h. Inaugurada oficialmente en 1960 como capital administrativa del país, constituye un modelo de urbanización moderna.
BRASSENS, GEORGES Compositor y cantante francés de música popular (Sète, 1921 - Saint-Gély-du-Fesc, 1981). De estilo sencillo, encomió en sus canciones el inconformismo, la ternura y la amistad: *La mauvaise réputation, Les bancs publics*, etc.
BRATIANU, ION Político rumano (Pitesti, 1821 - Florica, 1891). Jefe del Partido Liberal, fue nombrado presidente del gobierno en 1868 y 1876 e hizo proclamar al príncipe Carlos rey de Rumania (1881).
BRATIANU, ION CONSTANTIN Político rumano (Florica, 1864 - Bucarest, 1927). Hijo del anterior. Fue jefe del Partido Liberal y cinco veces presidente del Consejo de 1909 a 1919. En la Primera Guerra Mundial alineó a su país junto a los aliados. Ocupó de nuevo el poder en el periodo 1922-26.
BRATISLAVA Ciudad capital de Eslovaquia, en la frontera de Austria y Hungría, que constituye una entidad administrativa; 451.395 h. Primer puerto fluvial del país e importante nudo de comunicaciones. Gran centro industrial. Anteriormente se llamó *Presburgo*. Tratado de paz entre Francia y Austria (1805).
BRATSK Ciudad de la Federación de Rusia, en Siberia, región de Irkutsk; 255.000 h.
BRATTAIN, WALTER HAUSER Físico estadounidense (Amoy, China, 1902 - Washington, 1987). Estudió las propiedades y la estructura atómica de la superficie de los sólidos, especialmente de los semiconductores. Compartió el premio Nobel de Física (1956) con J. Bardeen y W. Shockley.
BRATTELI, TRYGVE MARTIN Político noruego (Notteroy, 1910 - Oslo, 1984). Líder laborista desde 1965, fue elegido primer ministro en 1971, cargo que abandonó al perder el plebiscito sobre el ingreso de Noruega en la CEE. Encabezó de nuevo el gobierno entre 1973 y 1976.
BRAUCHITSCH, WALTER VON Militar alemán (Berlín, 1882 - Hamburgo, 1948). Dirigió las tropas alemanas que entraron en Austria y en los Sudetes.
BRAUDEL, FERNAND Historiador francés (Lunéville-en-Ornois, 1902 - París, 1985). Destacado representante de la historiografía francesa, dirigió la revista *Annales*.
BRAUN, KARL FERDINAND Físico alemán (Fulda, 1850 - Nueva York, 1918). Sus investigaciones permitieron la construcción de receptores de radio simples y baratos. En 1909 compartió el premio Nobel de Física con Marconi.
BRAUN, WERNER VON Físico estadounidense de origen alemán (Wirsitz, 1912 - Alexandria, Virginia, 1977). Experimentó con cohetes, hasta desarrollar el misil balístico A-4. Ocupó la dirección del Centro de Vuelos Espaciales de Huntsville, en el que desarrolló los cohetes de la serie Saturno.
BRAUNITA f. *Miner.* Mineral de manganeso que aparece en estado vítreo o bien cristalizado. Se extrae en la India y Nueva Gales del Sur.
BRAUNSCHWEIG Nombre alemán de Brunswick.
BRAVATA f. Amenaza proferida con arrogancia.
BRAVEAR intr. Echar fieros o bravatas.
BRAVEZA f. 1 BRAVURA, fiereza. 2 Ímpetu de los elementos.
BRAVÍO, A adj. 1 Feroz, indómito. 2 fig. Se dice de los árboles y plantas silvestres. 3 fig. Se dice del que tiene costumbres rústicas. || m. 4 Hablando de los toros, BRAVURA.
BRAVO, VA adj. 1 Valiente, esforzado. 2 Bueno, excelente. 3 Hablando de animales, fiero o feroz. 4 Se dice del mar embravecido. 5 Áspero, inculto. 6 Enojado, violento. 7 Valentón o preciado de guapo. 8 fig. y fam. De genio áspero. 9 fig. y fam. Suntuoso, soberbio. || ¡bravo! interj. de aplauso.
BRAVO o **BRAVO DEL NORTE** Río de América del Norte; nace en los Montes de San Juan (Montañas Rocosas), sirve de límite entre EE UU y México y desemboca en el golfo de México; 3.034 km de curso. También es llamado *Grande*, o *Grande del Norte*.
BRAVO, JUAN Uno de los caudillos comuneros (Segovia, ? - Villalar, 1521). Derrotó a las tropas imperiales,

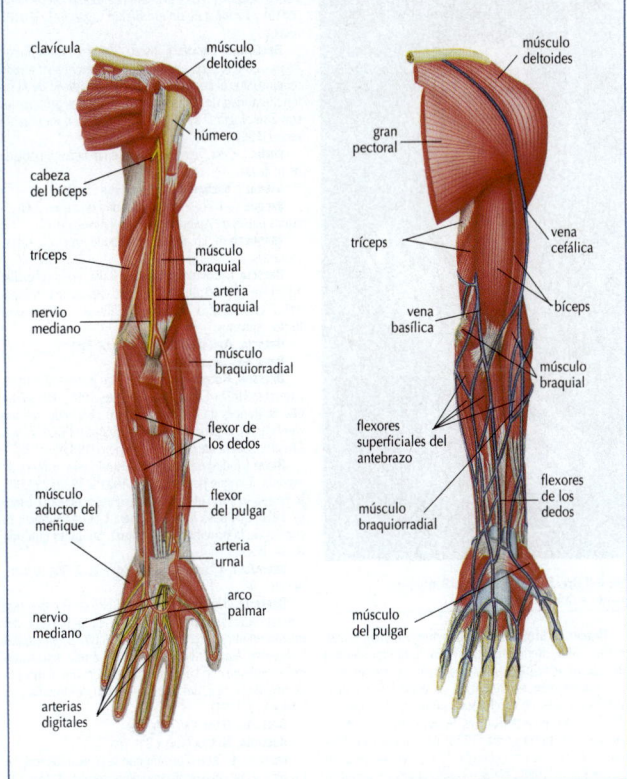

brazo. Músculos e irrigación sanguínea.

pero, vencido en Villalar, fue decapitado junto a Padilla y Maldonado.
BRAVO, NICOLÁS Militar mexicano (Chilpancingo, 1786 - íd., 1854). Destacado general de la guerra de la independencia de México, formó parte del poder ejecutivo que instituyó el Congreso en 1823. Tras ocupar la vicepresidencia en 1824, fue presidente de la República (1842-43 y 1846).
BRAVO DE ACUÑA, PEDRO ACUÑA, PEDRO BRAVO DE.
BRAVUCÓN, NA adj. y s. fam. Valiente sólo en apariencia.
BRAVUCONADA f. Dicho o hecho propio del bravucón.
BRAVUCONERÍA f. 1 Calidad de bravucón. 2 BRAVUCONADA.
BRAVURA f. 1 Fiereza de los animales. 2 Esfuerzo o valentía de las personas. 3 BRAVATA.
BRAZA f. 1 *Metrol.* Medida de longitud equivalente a 2 varas o 1,6718 m. 2 *Dep.* Estilo de natación en que los brazos se mueven alternativamente de delante a atrás, al mismo tiempo que las piernas se encogen y estiran. 3 *Mar.* Cabo que laborea por el penol de las vergas y sirve para mantenerlas fijas.
BRAZADA f. 1 Movimiento que se hace con los brazos, extendiéndolos y recogiéndolos. 2 *Col., Chile y Venez.* BRAZA, medida.
BRAZADO m. Lo que se puede llevar y abarcar de una vez con los brazos.
BRAZAJE m. BRACEAJE.
BRAZAL m. 1 Pieza de la armadura que cubría el brazo. 2 EMBRAZADURA del escudo. 3 Sangría que se saca de un río para regar. 4 Tira de tela que ciñe el brazo izquierdo y que sirve de distintivo.
BRAZALETE m. 1 Aro de metal que rodea el brazo hacia la muñeca y se usa como adorno. 2 BRAZAL de la armadura.
BRAZO m. 1 *Anat.* Extremidad superior del cuerpo humano. Se compone de brazo que abarca desde el hombro hasta el codo; y el antebrazo, que se extiende desde el codo hasta la mano. 2 *Anat.* Parte de este miembro desde el hombro hasta el codo. 3 *Zool.* Pata delantera de los cuadrúpedos. 4 Lo que tiene forma de brazo. 5 Pértiga articulada de una grúa. 6 Rama de árbol. 7 Valor, esfuerzo. 8 *Fís.* Distancia del punto de apoyo de la palanca a las direcciones de la poten-

cia y la resistencia. || m. pl. 9 fig. Protectores, valedores. 10 fig. Braceros, jornaleros. 11 *Geog.* Cada uno de los ríos secundarios que se forman cuando un cauce fluvial se ramifica.
BRAZOLARGO m. *Zool. Amér.* MONO ARAÑA.
BRAZOS Río de EE UU, en el Estado de Texas, tributario del golfo de México; 1.400 km.
BRAZUELO m. *Zool.* Parte de las patas delanteras de los mamíferos comprendida entre el codo y la rodilla.
BRAZZA, PIERRE SAVORGNAN DE Explorador francés (Castelgandolfo, 1852 - Dakar, 1905). Remontó el río Ogoué y exploró la región del Congo, que incorporó a Francia.
BRAZZAVILLE Ciudad capital del Congo; 937.579 h. Puerto fluvial sobre el río Congo. Centro industrial y comercial.
BREA f. 1 *Quím.* Fracción más pesada del alquitrán procedente de petróleos, carbones o maderas, que se obtiene como residuo sólido de su destilación a temperaturas superiores a 350°C. 2 *Quím.* Sustancia más o menos sólida, fusible y de color oscuro, insoluble en agua y soluble en compuestos orgánicos. 3 *Mar.* Mezcla de brea, pez, sebo y aceite de pescado que se usa para calafatear y pintar las maderas y jarcias.
BREAK (Voz i.) m. 1 Coche de cuatro ruedas. 2 *Dep.* En tenis, ruptura del servicio.
BREAR tr. 1 Maltratar, molestar. 2 fig. y fam. Zumbar, chasquear.
BREBAJE m. Bebida, en especial la compuesta de ingredientes desagradables.
BRECA f. *Zool.* 1 MÚJOL. 2 Variedad de pagel.
BRECCIA f. 1 *Astron.* Escombros pétreos solidificados, constituidos en su mayoría por fragmentos angulosos de un mineral unidos por un aglomerante. Son una parte constitutiva de la regolita lunar. 2 *Geol.* BRECHA, conglomerado de cantos angulosos.
BRECHA f. 1 Cualquier abertura hecha en una pared o edificio. 2 Abertura que hace en la muralla la artillería. 3 fig. Herida, especialmente en la cabeza. 4 *Geol.* Conglomerado formado por elementos angulosos. || **estar** uno **siempre en la brecha** fr. fig. Estar siempre preparado para defender un negocio o interés.

Bertolt **Brecht**. Retrato de R. Schlichter. Galería del Estado (Munich).

BRECHT, BERTOLT Poeta y dramaturgo alemán (Augsburgo, 1898 - Berlín oriental, 1956). Está considerado uno de los principales innovadores de las artes escénicas contemporáneas. Desarrolló un teatro épico, crítico y didáctico basado en el distanciamiento del espectador respecto de los personajes. Es autor de *Baal* (1922), *La ópera de perra gorda* (1928; con música de Kurt Weill), *La excepción y la regla* (1930), *Los fusiles de la madre Carrar* (1938), *Galileo Galilei* (1939), *Madre Coraje y sus hijos* (1941), *El círculo de tiza caucasiano* (1948), etc.

BRECINA f. *Bot.* Arbusto de pequeño tamaño perteneciente a la familia ericácea, de nombre científico *Calluna vulgaris*. Se caracteriza por sus hojas perennes y pequeñas flores agrupadas en ramilletes de color púrpura-rosado. Crece en las regiones templadas y alpinas de Eurasia.

BRÉCOL m. *Bot.* Variedad de COL, de nombre científico *Brassica oleraracea var. italica*, con hojas más oscuras y que no se apiñan. Semejante a la coliflor.

BRECOLERA f. *Bot.* Especie de brécol.

BREDA Ciudad del S de los Países Bajos, en la provincia de Brabante Septentrional; 129.957 h. Sublevada contra el dominio español, fue tomada por las tropas del general Spínola (1625).

BREGA f. **1** Acción y efecto de bregar. **2** fig. Chasco, burla. Se usa con el verbo *dar*.

BREGAR intr. **1** Luchar, reñir. **2** Trabajar afanosamente. **3** fig. Luchar con trabajos o dificultades.

BREGMA f. *Anat.* Espacio comprendido entre los dos huesos parietales y el frontal.

BREL, JACQUES Cantautor belga (Bruselas, 1929 - París, 1978). Autor de numerosas canciones de inspiración popular: *Ne me quitte pas*, *Ce plat pays qui est le mien*, etc.

BREMA f. *Zool.* Pez osteíctio cipriniforme, de nombre científico *Abramis brama*. Tiene el cuerpo alto y comprimido y, en la época de freza, el macho presenta en la parte anterior unos tubérculos de color blanco amarillento. Vive en ríos y lagos del centro de Europa.

BREMA BREMEN.

BREMEN 1 Land de Alemania; 404 km² y 676.200 h. **2** Ciudad capital del mismo, a orillas del Weser; 549.182 h. Puerto. Durante la Edad Media formó parte de la Hansa.

BRENAN, GERALD Escritor e hispanista inglés (Malta, 1894 - Alhaurín el Grande, Málaga, 1987). Próximo al grupo de Bloomsbury, residió en España desde 1919. Autor, entre otras obras, de *El laberinto español* (1943), *La faz de España* (1950) y *San Juan de la Cruz* (1973).

BRENO Caudillo galo (s. IV). Jefe de los galos, en 390 a. C. saqueó Roma. Pactó la paz por el pago de 1.000 libras de oro.

BRENTANO, CLEMENS Escritor alemán (Ehrenbreistein, 1778 - Aschaffenburg, 1842). Enmarcado en el romanticismo, escribió la novela *Godwi* (1801), la comedia *Ponce de León* (1804), el poema *La fundación de Praga* (1815) y *Crónica de un estudiante vagabundo* (1818), relatos.

BRENTANO, FRANZ Filósofo alemán (Marienberg, 1838 - Zurich, 1917). Dominico, renunció a su estado religioso tras el concilio Vaticano I. Estudioso de la intencionalidad de la conciencia, sus obras principales son *Psicología* (1874) y *El origen del conocimiento moral* (1889).

BREÑA f. *Geol.* Tierra quebrada entre peñas y poblada de malezas.

BREÑAL o **BREÑAR** m. *Geol.* Sitio de breñas.

BREQUE m. **1** *Zool.* BRECA, variedad de pagel. **2** En algunos países de América, freno del ferrocarril.

BREQUERO m. En algunos países de América, GUARDAFRENOS.

BRESCIA 1 Provincia del N de Italia, en Lombardía; 4.784 km² y 1.061.860 h. **2** Ciudad capital de la misma; 190.733 h. Centro industrial. Edificios renacentistas. Restos romanos.

BRESCIA, ARNALDO DE ARNALDO DE BRESCIA.

BRESLAU WROCLAW.

BRESSON, ROBERT Director de cine francés (Brémont-Lamothe, 1907 - Droue-sur-Drouette, 1999). Influyó en el cine francés de los años sesenta: *Diario de un cura rural* (1950), *El proceso de Juana de Arco* (1962), *El diablo probablemente* (1977) y *El dinero* (1983).

BREST Ciudad de Bielorrusia; junto a la frontera de Polonia, a la que perteneció de 1921 a 1939; 297.000 h. En ella se firmó el tratado de paz ruso-alemán (marzo de 1918) que puso fin a la Primera Guerra Mundial. Es capital de la provincia homónima. Se llamó también *Brest-Litovsk*.

BRETAÑA f. **1** Lienzo fino de Bretaña. **2** *Bot.* JACINTO, planta y flor.

BRETAÑA (Bretagne) Región del NO de Francia, que corresponde aproximadamente a la península del mismo nombre; 27.209 km² y 2.906.097 h. Su capital es Rennes. Agricultura y pesca. Convertida en ducado independiente con Ludovico Pío, quedó vinculado a la corona de Francia por la boda de Ana de Bretaña con Carlos VIII (1491).

BRETAÑA, GRAN GRAN BRETAÑA.

BRETAÑA, NUEVA NUEVA BRETAÑA.

BRETE m. **1** Cepo o prisión que se pone a los reos en los pies. **2** fig. Aprieto sin refugio o evasiva. **3** *Arg., Par.* y *Urug.* Sitio donde se marca o mata el ganado. **4** Plato culinario de la India.

BRETÓN, NA adj. y s. **1** De Bretaña. || m. **2** *Ling.* Lengua, derivada del celta, que hablan los bretones. **3** *Bot.* Variedad de col, cuyo troncho echa muchos tallos. **4** *Bot.* Tallo de esta planta.

BRETON, ANDRÉ Escritor francés (Tinchebray, Orne, 1896 - París, 1966). Fundador y teórico del surrealismo, trató de unirlo a la idea de revolución social. En 1924 escribió el primer *Manifiesto del surrealismo*, en el que asentó el principio de automatismo psíquico como medio de expresión artística, y en 1929 el *Segundo manifiesto*.

BRETÓN, TOMÁS Compositor español (Salamanca, 1850 - Madrid, 1923). Autor de óperas como *Los amantes de Teruel* (1889) y *La Dolores* (1893), y de 30 zarzuelas, entre las que destaca *La verbena de la Paloma* (1893).

BRETÓN DE LOS HERREROS, MANUEL Escritor español (Quel, 1796 - Madrid, 1873). Director de la Biblioteca Nacional, participó en la redacción de la *Gramática* y la novena edición del *Diccionario* de la Real Academia Española, en la que ingresó en 1837. Fue también crítico literario y articulista de costumbres. Obras: *A la vejez, viruelas* (1824), *Don Fernando el emplazado* (1837), *Muérete y verás* (1837), etc.

BRETÓNICA f. *Bot.* BETÓNICA.

BRETTON-WOODS Población de EE UU, en el Estado de New Hampshire, donde se celebró, en julio de 1944, la Conferencia Monetaria Internacional que sentó las bases del actual sistema monetario internacional.

BREUER, JOSEF Fisiólogo austriaco (Viena, 1842 - íd., 1925). Colaborador de Freud, fue pionero en el uso de la hipnosis para el tratamiento de la histeria.

BREUER, MARCEL Arquitecto estadounidense de origen húngaro (Pécs, 1902 - Nueva York, 1981). Estudió en la Bauhaus de Weimar con Gropius y colaboró con él en numerosos proyectos.

BREUGHEL BRUEGHEL o BRUEGEL.

BREVA f. **1** *Bot.* Primer fruto que anualmente da la higuera, mayor que el higo. **2** Bellota temprana. **3** Cigarro puro algo aplastado. **4** Provecho logrado sin esfuerzo.

BREVAL adj. y m. *Bot.* HIGUERA.

BREVE adj. **1** De corta duración o extensión. **2** Aplicado a palabra, GRAVE, que lleva el acento en la penúltima sílaba. || m. **3** Documento pontificio menos solemne que la bula. **4** Noticia de corta extensión publicada en columna o en bloque con otras semejantes. || f. *Mús.* **5** Nota antigua equivalente en duración al doble de la redonda. || **en breve** loc. adv. Dentro de poco.

BREVEDAD f. Corta extensión o duración.

BREVI- pref. que significa breve.

BREVIARIO m. **1** Libro que contiene el rezo eclesiástico de todo el año. **2** Epítome o compendio.

BREVIPENNE adj. y f. *Zool.* **1** CORREDOR, aplicado a las aves. || f. pl. *Zool.* **2** CORREDORAS, antiguo orden de aves.

BREWSTER, SIR DAVID Físico escocés (Jedburgh, 1781 - Allerby, 1868). Formuló la llamada ley de Brewster, según la cual el rayo de luz reflejado en una superficie y el que atraviesa el cuerpo por refracción, son perpendiculares entre sí.

BREZAL m. Sitio poblado de brezos.

BREZHNEV, LEONID ILICH Político soviético (Dneprodzerzhinsk, Ucrania, 1906 - Moscú, 1982). Secretario general del Partido Comunista Soviético desde 1964, fue también presidente del Presidium del Soviet Supremo (1960-64 y 1977-82). Ordenó la entrada de tropas del Pacto de Varsovia en Checoslovaquia (1968), Afganistán (1979) y Polonia (1981).

BREZO m. *Bot.* Nombre común de diferentes arbustos de la familia ericáceas, del género *Erica*. Se caracterizan por sus hojas aciculares persistentes, flores blancas o rosadas y frutos capsulares. Suelen crecer formando grandes matorrales, que constituyen la etapa de sustitución de las formaciones arbóreas cuando éstas se degradan.

BRIAL m. **1** Vestido de tela rica que usaban las mujeres. **2** Falda de tela que antiguamente vestían los hombres de armas desde la cintura hasta las rodillas.

BRIALES *Biol.* Orden de los musgos que se caracteriza porque la cápsula aparece al extremo de un pedúnculo, como si de una seta se tratase, y lleva una orla de dientes adelgazados.

BRIAN BORU Rey de Irlanda (Thomond, 941 - Clontarf, 1014). Venció a daneses, suecos y noruegos y dio unidad al reino. En 1001 tomó el título de rey.

BRIAND, ARISTIDE Político francés (Nantes, 1862 - París, 1932). Ministro de Justicia y Cultos, de Instrucción Pública, de Negocios Extranjeros y presidente del Consejo. Fue uno de los impulsores de los pactos de Locarno (1925) y Briand-Kellog (1929). Compartió el premio Nobel de la Paz (1926) con Gustav Stresemann.

BRIANSK 1 Región de la Federación de Rusia; 34.900 km² y 1.480.000 h. **2** Ciudad capital de la misma, al SO de Moscú; 462.000 h. Centro industrial.

BRIÁREO *Mit.* Uno de los HECATONQUIROS.

BRIBÓN, NA adj. y s. **1** Haragán. **2** Pícaro, bellaco.

BRIBONADA f. Picardía, bellaquería.

BRICBARCA m. Buque de tres o más palos sin vergas de cruz en la mesana.

BRICHO m. Hoja angosta y sutil de plata u oro que sirve para bordados.

BRICOLAJE m. Conjunto de trabajos manuales que, de manera no profesional, se realizan para arreglar o decorar una casa.

BRIDA f. **1** Freno del caballo con las riendas y todo el correaje. **2** Reborde circular en el extremo de los tubos metálicos para acoplar unos a otros. || f. pl. *Med.* **3** Filamentos membranosos que se forman en los labios de las heridas y abscesos.

BRIDGE (Voz i.) m. Juego de naipes.

BRIDGEND Distrito unitario del Reino Unido, en Gales; 131.400 h.

BRIDGETOWN Ciudad capital de Barbados; en las Pequeñas Antillas; 6.070 h. (85.000 en la aglomeración urbana). Puerto. Centro turístico.

Manuel **Bretón de los Herreros**. Retrato de Antonio Gómez Cros. Museo Romántico (Madrid).

BRIDGMAN, PERCY WILLIAMS Físico estadounidense (Cambridge, 1882 - Randolph, 1961). Estudió las propiedades de los cuerpos sometidos a temperaturas y presiones muy elevadas. Fue premio Nobel de Física en 1946.

BRIDÓN m. **1** El que va montado a la brida. **2** Brida pequeña que se pone a los caballos por si falta la grande. **3** Varilla de hierro, compuesta regularmente de tres pedazos, que se pone a los caballos debajo del bocado. **4** Caballo ensillado a la brida.

BRIE Comarca de Francia, al E de París, entre el Marne y el Sena. Famosos quesos.

BRIGADA f. **1** *Mil.* Gran unidad homogénea, integrada por dos o más regimientos de un arma determinada. **2** *Mil.* Categoría superior dentro de la clase de suboficial. **3** Cierto número de bestias con sus tiros y conductores. **4** Conjunto de personas reunidas para ciertos trabajos.

BRIGADAS INTERNACIONALES *Hist.* Unidades de voluntarios extranjeros que combatieron junto al ejército republicano en la Guerra Civil. Participaron en la defensa de Madrid y en las batallas del Jarama, Guadalajara, Brunete, Belchite y del Ebro. Se retiraron en 1938. A lo largo del conflicto ingresaron en ellas unos 40.000 hombres.

BRIGADAS ROJAS *Hist.* Grupo terrorista italiano, creado en 1969 por un sector de la extrema izquierda escindido del Partido Comunista Italiano. Su líder más visible fue Renato Curcio. Reaccionó a la presencia de éste en 1975 con una escalada de atentados que culminaron en el secuestro y asesinato de Aldo Moro (1978). Desapareció a finales de los años ochenta.

BRIGADIER m. *Mil.* Oficial general cuya categoría equivalía a la del hoy general de brigada en el ejército y contraalmirante en la marina.

BRIGADISTA adj. y com. Se dice del miembro o partidario de las Brigadas Rojas y de las Brigadas Internacionales.

BRIGANTINA f. Coraza en forma de jubón.

BRIGANTINO, NA adj. y s. De A Coruña.

BRIGGS, HENRY Matemático inglés (Warley Wood, 1561 - Oxford, 1630). Inventó los logaritmos vulgares o de Briggs, que utilizan la base 10. En 1624 publicó un trabajo que contenía los logaritmos de 30.000 números naturales. También calculó tablas trigonométricas de senos, tangentes y secantes.

BRIGHAM YOUNG Segundo profeta de los mormones (Whitingron, 1801 - Salt Lake City, 1877). Se estableció con sus partidarios en el valle del lago Salado, base del Estado de Utah, del que fue nombrado primer gobernador.

BRIGHT, SIR CHARLES TILSTON Ingeniero inglés (Wanstead, 1832 - Abbey Wood, 1888). Dirigió la colocación del primer cable telegráfico submarino, entre Irlanda y Escocia (1853), y después la del primer trasatlántico, entre Irlanda y Canadá (1858).

BRIGHT, JOHN Político inglés (Rochdale, 1811 - íd., 1889). De ideología liberal, fue ministro de Comercio con Gladstone (1868-70). Defendió la reforma constitucional de 1838.

BRIGHT, RICHARD Médico inglés (Bristol, 1789 - Londres, 1858). Publicó notables trabajos sobre la nefritis. A él se debe la utilización del análisis de orina como método de diagnóstico.

BRIGHTON Ciudad del Reino Unido, en el SE de Inglaterra; 150.000 h. Puerto pesquero. Turismo.

BRIGHTON AND HOVE Consejo unitario del Reino Unido, en Inglaterra; 255.800 h.

BRIHUEGA Municipio y lugar de España, provincia de Guadalajara; 3.100 h. Destacado conjunto monumental.

BRILLANTE adj. **1** Que brilla. **2** fig. Admirable o sobresaliente en su línea. || m. **3** DIAMANTE BRILLANTE.

BRILLANTEZ f. BRILLO.

BRILLANTINA f. Cosmético para dar brillo al cabello.

BRILLAR intr. **1** Resplandecer. **2** fig. Lucir o sobresalir en talento, hermosura, etc.

BRILLAT-SAVARIN, ANTHELME Escritor francés (Belley, 1755 - París, 1826). Autor de *Fisiología del gusto* (1825), obra maestra en el arte culinario.

BRILLO m. **1** Lustre o resplandor. **2** *Fís.* Referido a una superficie, cociente entre la intensidad luminosa emitida por dicha superficie en una dirección dada y el área aparente en esa misma dirección. **3** *Geol.* Cantidad de luz reflejada por la superficie de un mineral. **4** fig. Lucimiento, gloria.

BRIN m. Tela ordinaria y gruesa de lino.

BRINCAR intr. **1** Dar brincos o saltos. **2** fig. y fam. Omitir con cuidado una cosa pasando a otra. **3** fig. y fam. Resentirse y alterarse demasiado. || tr. **4** Subir y bajar un niño por juego como si lo brincara.

BRINCO m. **1** Movimiento que se hace levantando los pies del suelo con ligereza. **2** Joyel pequeño que usaron las mujeres.

BRINDAR intr. **1** Manifestar, al ir a beber, el bien que se desea a personas o cosas. **2** Ofrecer voluntariamente

Brighton (Reino Unido). Pabellón real.

a uno alguna cosa. También tr. **3** fig. Invitar las cosas a que alguien se aproveche de ellas o las goce. || prnl. **4** Ofrecerse voluntariamente a hacer alguna cosa.

BRINDIS m. **1** Acción de brindar antes de beber. **2** Lo que se dice al brindar. ◆ Su pl. es *brindis*.

BRINDIS BRINDISI.

BRINDIS DE SALAS, CLAUDIO JOSÉ DOMINGO Violinista cubano (La Habana, 1852 - Buenos Aires, 1912). Fundó el conservatorio de Haití (1875). Autor de la opereta *Las congojas matrimoniales*.

BRINDISI 1 Provincia del SE de Italia, en Apulia; 1.838 km² y 413.334 h. **2** Ciudad capital de la misma; 94.429 h. Puerto.

BRINELL, JOHANN AUGUST Ingeniero sueco (Bringetofta, 1849 - Estocolmo, 1925). Ideó un procedimiento para determinar la dureza de los metales, midiendo la huella que una bola de acero duro deja en aquél. Se expresa como el cociente entre la carga sobre la bola en kilos y el área de la huella en milímetros cuadrados.

BRINQUIÑO o **BRINQUILLO** m. **1** Alhaja pequeña. **2** Dulce menudo que se hace en Portugal.

BRINZAL *Bot.* Planta o vástago que procede directamente de una semilla.

BRIO-; -BRIÓN pref. o suf. que significa musgo o algo semejante: *embrión*.

BRÍO m. **1** PUJANZA. **2** fig. Espíritu, resolución. **3** fig. Garbo, gallardía, gentileza.

BRIOCENSE adj. y com. De Brihuega.

BRIOCHE m. Panecillo de harina, manteca y huevos.

BRIOFITO, TA adj. y s. *Bot.* **1** Se dice de las plantas criptógamas que carecen de verdaderos vasos y raíces, con una organización vegetativa intermedia entre el talo de las algas y el cormo de las plantas superiores. Incluye los musgos y las hepáticas. || m. pl. *Bot.* **2** Tipo de estas plantas.

BRIOL m. *Mar.* Cada uno de los cabos que sirven para cargar las relingas de las velas de cruz.

BRIOLOGÍA f. *Bot.* Parte de la botánica dedicada al estudio de los briofitos.

BRIÓN Municipio de España, provincia de A Coruña; 6.347 h.

-BRIÓN suf. BRIO-.

BRIONIA f. *Bot.* NUEZA.

BRIOSCHI, FRANCESCO Matemático italiano (Milán, 1824 - íd., 1897). Introdujo en su país la teoría de las funciones abelianas y de las funciones elípticas.

BRIOSO, SA adj. **1** Que tiene brío. **2** Aplicado a personas o a caballos, que se mueve con gracia y elegancia.

BRIOZOO adj. y s. *Zool.* **1** Se dice de los animales invertebrados acuáticos, pertenecientes al tipo lofoforidos. Son metazoos triblásticos, celomados y protóstomos, que carecen de segmentación. Presentan una corona de tentáculos ciliados y huecos alrededor de la boca. El tubo digestivo tiene forma de U. Carecen de aparatos circulatorio, respiratorio y excretor. Viven formando colonias con un esqueleto común de quitina o en las que cada individuo se especializa en una función. Son hermafroditas y la reproducción puede ser sexual o asexual por gemación. Incluye muchas formas fósiles y algunas actuales, como el falso coral. || m. pl. *Zool.* **2** Clase de estos animales.

BRIQUETA f. Conglomerado de polvo de carbón en forma de ladrillo.

BRISA f. **1** Viento fresco y suave de las costas. **2** Viento suave de alcance local y régimen alternativo diurno-nocturno. Se produce por las diferencias térmicas entre la tierra y el mar o entre las montañas y los valles.

BRISBANE Ciudad de Australia, capital del Estado de Queensland; 898.380 h. (1.653.365 h. en el área metropolitana). Centro industrial. Puerto.

BRISCA f. Juego de naipes.

BRISCADO, DA adj. **1** Se dice del hilo de oro y plata. || m. **2** Labor hecha con este hilo.

BRISCAR tr. Tejer o hacer labores con hilo briscado.

BRISEIDA *Mit.* Esclava favorita de Aquiles, a quien se la arrebató Agamenón, provocando la retirada de aquél de la guerra de Troya.

BRISGOVIA (*Breisgau*) Región del SO de Alemania, junto al alto Rhin, en el Land de Baden-Württemberg. Desde 1340 hasta 1805 perteneció a los Habsburgo de Austria.

BRISOTE m. Brisa fuerte que aparece en las costas del N de América, generalmente acompañada de chubascos.

BRISSOT DE WARVILLE (JACQUES PIERRE BRISSOT, llamado) Político y periodista francés (Chartres, 1754 - París, 1793). Fue uno de los jefes del partido girondino durante la Convención. Se opuso a Robespierre y murió guillotinado.

BRISTOL Ciudad del Reino Unido, en el SO de Inglaterra; 402.300 h. Constituye un Consejo unitario. Puerto. Fundada por los sajones hacia el año 1000.

BRISTOL, CANAL DE Golfo del Atlántico, en la costa SO de Gran Bretaña, entre Gales y la península de Cornualles, que constituye una prolongación del estuario del Severn.

BRITANIA *Geog. hist.* La antigua Inglaterra, en tiempos de la dominación romana.

BRITÁNICAS, ISLAS Archipiélago de la costa occidental de Europa, al que pertenecen las dos grandes islas de Gran Bretaña e Irlanda y las de Shetland, Orcadas, Hébridas, Sorlingas, Man y Anglesey; 315.000 km². (Véase REINO UNIDO.)

BRITÁNICO, CA adj. y s. De Gran Bretaña.

BRITÁNICO (CLAUDIO TIBERIO GERMÁNICO, llamado) Noble romano (?, 41 - ?, 55). Hijo de Claudio y Mesalina. Debería haber sucedido a su padre, pero al casarse Claudio con Agripina, ésta consiguió que Claudio designase a Nerón como sucesor. Fue envenenado por orden de Nerón.

BRITO CAPELLO, HERMENEGILDO CARLOS Explorador portugués (Lisboa, 1839 - ?, 1922). En 1884 se le encargó que buscase una vía de comunicación entre Angola y Mozambique; en esta expedición descubrió el río Cabompo y llegó a las fuentes del Zambeze.

BRITÓNICO m. *Ling.* Lengua celta hablada en Inglaterra antes de la invasión romana.

BRITTEN, BENJAMIN Compositor inglés (Lowestoft, 1913 - Aldeburg, 1976). Destacado representante de la vanguardia musical británica, alcanzó gran fama como compositor de obras sinfónicas y de óperas: *Sinfonía simple* (1925), *A Ceremony of Carols* (1942), *The Prince of the Pagodas* (1956), *A Midsummer Nights Dream* (1960) y *A War Requiem* (1963).

BRIUSOV, VALERI YAKOVLEVICH Poeta y crítico literario ruso (Moscú, 1873 - íd., 1924). Popularizó el decadentismo y el simbolismo europeos a través de sus tra-

ducciones de P. Verlaine y otros poetas. De su obra destacan las poesías: *Tertia vigilia* (1900), *Urbi et orbi* (1903), y las novelas: *El ángel del fuego* (1908) y *El altar de la victoria* (1913).
Briviesca Municipio y lugar de España, provincia de Burgos; 6.101 h.
Brix *Quím.* Escala de densidades, dividida en grados, que se emplea en la industria azucarera. La medida se puede realizar en peso o volumen.
Briza f. Nombre común dado a diferentes plantas, pertenecientes a la familia gramíneas, alguna de las cuales se utilizan como pasto. Al grupo pertenecen, entre otras, el cedacillo y la tembladera.
Brizna f. **1** Filamento o hebra. **2** Parte delgada de alguna cosa.
Brizo m. Cuna para mecer al niño.
Brno Ciudad de la República Checa, capital de la provincia de Moravia Meridional; 389.576 h. Centro comercial, industrial y cultural. Conjunto monumental.
Broadway Gran avenida de la ciudad de Nueva York, en Manhattan, famosa por sus cines y teatros.
Broca f. **1** Barrena cónica que se usa con las máquinas de taladrar. **2** Clavo redondo y de cabeza cuadrada con que los zapateros afianzan la suela en la horma.
Brocado m. **1** Tela de seda entretejida con oro o plata. **2** Tejido fuerte, todo de seda, con dibujo de distinto color que el del fondo.
Brocal m. **1** Antepecho alrededor de la boca de un pozo. **2** Boquilla de la vaina de las armas blancas. **3** Cerco de madera o de cuerno que se pone a la boca de la bota para beber más fácilmente. **4** Ribete de acero del escudo. **5** *Mil.* Moldura que refuerza la boca de las piezas de artillería. **6** *Min.* Boca de un pozo.
Brocar, Arnaldo Guillén del Impresor español (s. xv-xvi). El cardenal Cisneros le encargó la impresión de la *Biblia políglota complutense.*
Brocatel adj. y m. **1** *Geol.* Se dice del mármol que presenta manchas y vetas de colores variados. || m. **2** Tejido de cáñamo y seda, a modo de damasco, que se emplea en muebles y colgaduras.
Brocense adj. y com. De Brozas, patria del humanista Francisco Sánchez.
Brocense, El Sánchez de las Brozas, Francisco.
Brocha f. Escobilla de cerda con mango que sirve para extender una sustancia, como la pintura, sobre una superficie. || **de brocha gorda** expr. fig. Se dice del pintor y de la pintura de puertas, ventanas, etc. También se dice del mal artista y de sus obras.
Brochado, da adj. Se dice de los tejidos de seda que tienen alguna labor de oro o plata.
Brochal m. Madero atravesado entre otros dos de un suelo y ensamblado en ellos.
Brochazo m. Cada una de las veces que se pasa la brocha sobre la superficie donde se extiende un producto, como la pintura.
Broche m. Conjunto de dos piezas, por lo común de metal, una de las cuales encaja o engancha en la otra. || **broche de oro** loc. fig. Final feliz de un acto público o de una serie de ellos.
Brocheta f. Varilla en la que se ensartan pedazos de carne u otros alimentos, para asarlos.
Brockhouse, Bertram Físico canadiense (Lethbridge, Alberta, 1918). Ha perfeccionado la espectroscopia de neutrones, midiendo su dirección y energía. Premio Nobel de Física en 1994 compartido con Clifford Shull.
Brócoli o **brócul** m. *Bot.* brécol.
Brod, Max Escritor judío de origen checoslovaco (Praga, 1884 - Tel Aviv, 1968). Editor de las obras póstumas de Kafka, escribió *Paganismo, cristianismo y judaísmo* (1921) y *Galileo cautivo* (1948).
Brodsky, Joseph Josip Poeta y ensayista estadounidense de origen soviético (Leningrado, 1940 - Nueva York, 1996). Pertenece a la tradición clásica rusa y es considerado un renovador del lenguaje y de las formas de expresión poética. Obras: *Parada en el desierto* (1970), *Poemas escogidos* (1973), *Elegías romanas* (1982), *Historia del siglo xx* (1986) y *Aire del mar* (1994). Premio Nobel de Literatura en 1987.
Broglie, Louis de, príncipe de Físico francés (Dieppe, 1892 - París, 1987). Creador de la mecánica ondulatoria, en la que puso de manifiesto el carácter ondulatorio de las partículas elementales. En 1929 obtuvo el premio Nobel de Física.
Broker (Voz i.) m. Agente financiero y bursátil.
Broma f. **1** Burla o engaño hecho con el propósito de divertirse pero sin intención de ofender o perjudicar. **2** Bulla, diversión. **3** *Zool.* Molusco lamelibranquio marino, de nombre científico *Teredo navalis.* Tiene el cuerpo alargado y recubierto sólo en su parte anterior por sus valvas. Vive en el Atlántico y Mediterráneo.
-**Broma** suf. bromato-.

Joseph Josip
Brodsky

Bromato-; -brosis, -brosia, -bromo, -broma pref. o sufs. que significan alimento.
Bromatología f. Ciencia que trata de los alimentos.
Bromberg Bydgoszcz.
Bromear intr. y prnl. Estar de broma.
Bromeliáceo, a adj. y s. *Bot.* **1** Se dice de las hierbas y matas monocotiledóneas, que crecen en América tropical, e incluyen xerófitos terrestres y muchas epífitas. Un ejemplo es el ananás. || f. *Bot.* **2** Familia de estas plantas.
Bromhídrico adj. *Quím.* Se dice del ácido hidrácido formado por un átomo de hidrógeno y otro de bromo (HBr).
Bromismo m. *Med.* Intoxicación debida al uso prolongado o a una sobredosis de compuestos de bromo.
Bromley Municipio del Reino Unido, en Inglaterra, uno de los que constituyen el Gran Londres; 290.609 h.
Bromo[1] m. *Quím.* Elemento químico no metálico, perteneciente al grupo de los halógenos del sistema periódico. Peso atómico 79,92; número atómico 35; punto de fusión 7,2° C; punto de ebullición 58°-78° C; peso específico 3,12; símbolo Br, valencias 1, 3, 5 y 7.
Bromo[2] m. *Bot.* Planta de la familia gramíneas que sirve para forraje.
-**Bromo** suf. bromato-.
Bromo-; -bromo- pref. o in. que indican la presencia o acción del bromo: *tetrabromofluoresceína*.
Bromouracilo m. *Quím.* Compuesto análogo de la timina que puede reaccionar con el ácido desoxirribonucleico, produciendo un polímero con gran susceptibilidad a la mutación.
Bromuro m. *Quím.* Cualquiera de las sales o ésteres del ácido bromhídrico, combinación del bromo con un radical simple o compuesto.
Bronca f. **1** Disputa ruidosa. **2** Represión áspera. **3** Manifestación colectiva y ruidosa de desagrado. **4** *Arg., Par.* y *Urug.* Enojo, enfado, rabia.
Bronce m. **1** *Quím.* Originalmente, aleación de cobre y estaño de color amarillo rojizo, muy tenaz y sonoro. En la actualidad, también se aplica este nombre a las aleaciones que no llevan estaño, pero sí aluminio, manganeso, berilio y otros. **2** fig. Escultura de bronce. **3** fig. poét. El cañón, la campana, el clarín o la trompeta. **4** Moneda de cobre.
Bronce, Edad del *Prehist.* Periodo de la prehistoria caracterizado por la metalurgia del bronce para la fabricación de armas, herramientas y adornos, iniciado en Armenia y Kurdistán entre el iv y el ii milenio a. C. Siguió a la edad del cobre y precedió a la del hierro. La fabricación de objetos de bronce, aleación de cobre y estaño, fue posible por la existencia de importantes intercambios comerciales de ambas materias primas. La industria del bronce favoreció la aparición de los primeros grandes Estados de la historia: Sumer, Egipto, Minos, Micenas y la dinastía Chang en China. En Occidente también surgieron importantes culturas: Wessex, Armórica, Europa central (cultura de los campos de urnas), y ya hacia el año 1000 a. C., la cultura de palafitos en Suiza y la de las turberas en Escandinavia. En la península Ibérica tuvo dos relevantes manifestaciones: Los Millares y El Argar.
Broncear tr. **1** Dar color de bronce. || prnl. **2** Tomar color de bronce.
Broncíneo, a adj. De bronce o parecido a él.
Broncita f. *Miner.* Silicato natural de hierro y magnesio que cristaliza en el sistema rómbico.
Bronco, ca adj. **1** Tosco, áspero. **2** Se dice de los metales quebradizos. **3** fig. Se dice de la voz desagradable y áspera. **4** fig. De genio y trato ásperos.
Bronco-, bronqui- prefs. que significan garganta, bronquios, etc.
Broncodilatador m. *Farm.* Cualquier fármaco que aumente el calibre de los conductos pulmonares.
Broncofonía f. *Med.* Aumento que se produce en la transmisión de las vibraciones de la voz cuando se efectúa una auscultación con el estetoscopio.

Broncografía f. *Med.* Visualización por rayos X de la tráquea y los bronquios.
Bronconeumonía f. *Pat.* Inflamación de los pulmones y bronquios, provocada por diferentes tipos de gérmenes.
Broncorrea f. *Pat.* Secreción excesiva de moco por los bronquios.
Broncoscopio m. *Med.* Instrumento que se utiliza para visualizar el interior de los bronquios.
Broncospasmo m. *Med.* Contracción involuntaria y violenta de los músculos bronquiales que se produce por un estrechamiento en el calibre normal de los bronquios.
Brondal, Viggo Lingüista danés (Copenhague, 1887 - íd., 1942). Se especializó en las categorías lingüísticas y su definición: *Las partes del discurso* (1928), *Morfología y sintaxis* (1932) y *Teoría de las preposiciones* (1940).
Brongniart, Alexandre Naturalista y geólogo francés (París, 1770 - íd., 1847). Dividió por primera vez en órdenes cronológicos las formaciones geológicas del periodo terciario. *Clasificación natural de los reptiles* (1805).
Bronqui- pref. bronco-.
Bronquiectasia f. *Pat.* Dilatación de los bronquios o bronquiolos que se produce tras un proceso inflamatorio o una infección acompañada de pus.
Bronquio m. *Anat.* Cada uno de los dos conductos principales en que se bifurca la tráquea y que entran en los pulmones. Sus paredes son de cartílago. Más en pl.
Bronquiolitis f. *Pat.* Inflamación de los bronquiolos seguida de un endurecimiento de aquéllos.
Bronquiolo o **bronquíolo** m. *Anat.* Cada una de las últimas ramificaciones de los bronquios, pequeñas y muy finas, que terminan en los alvéolos. Más en pl.
Bronquitis f. *Pat.* Inflamación aguda o crónica de la mucosa de los bronquios. ♦ Su pl. es *bronquitis*.
Brontë, Anne Escritora británica (Thornton, 1820 - Scarborough, 1849). Hermana menor de Emily y Charlotte. Bajo el seudónimo de *Acton Bell*, publicó la novela *Agnes Grey* (1847).
Brontë, Charlotte Escritora británica (Thornton, 1816 - Haworth, 1855). Hermana mayor de Emily y Anne. Su obra se centra en la descripción del mundo psicológico y social que rodeaba a las mujeres del siglo xix. Autora de *Jane Eyre* (1847), *Shirley* (1849), *Villete* (1853) y *El profesor* (1857).
Brontë, Emily Escritora británica (Thornton, 1818 - Haworth, 1848). Hermana de Charlotte y Anne. De aguda sensibilidad poética, a ella pertenecen la mayoría de los poemas recogidos en el volumen colectivo *Poemas* (1846), preparado por las Brontë y publicado bajo los seudónimos de *Ellis, Currer* y *Acton Bell*. Su obra principal es la novela *Cumbres borrascosas* (1847).
Brontosaurio m. *Paleon.* Género de dinosaurios herbívoros fósiles, cuyos restos se han encontrado en el jurásico de América del Norte. Tenían tronco muy voluminoso, terminado en una gran cola, y sobrepasaban los 30 m de longitud.
Bronx Distrito N de la ciudad de Nueva York; 1.500.000 h. Un tercio de la población es de origen hispano.
Bronzino, il (Agnolo di Cosimo di Mariano, llamado) Pintor italiano (Monticelli, 1503 - Florencia, 1572). De estilo manierista. En sus retratos aristocráticos reflejó la sociedad florentina de su tiempo y, sobre todo, la corte de los Médicis.

Il **Bronzino**. *Retrato de Giuliano de Médicis*. Galería de los Uffizi (Florencia).

BROOKE, ALAN FRANCIS, VIZCONDE DE ALANBROOKE Militar británico (Bagnères de Bigorre, 1883 - Hartley Wintney, 1963). Durante la Segunda Guerra Mundial mandó el II cuerpo de ejército en Francia (1939-40), fue comandante en jefe de las Fuerzas Metropolitanas (1940-41) y jefe del Estado Mayor Imperial (1941-46).

BROOKE, RUPERT Poeta inglés (Rugby, 1887 - Los Dardanelos, durante la Primera Guerra Mundial, 1915). Sus poesías manifiestan una gran exaltación patriótica. Autor de *John Webster y el drama elizabethiano* (1916), *Poemas* (1911) y *Letters from America* (1915).

BROOKE, SIR JAMES Militar inglés (Benarés, 1803 - Barraton, Devonshire, 1868). Participó en la campaña de Birmania, ayudando después al sultán de Brunei, quien le hizo rajá de Sarawak (1842).

BROOKITA f. *Miner.* Dióxido de titanio cristalizado en el sistema ortorrómbico, en formas planas de color pardo rojizo.

BROOKLYN Uno de los distritos que forman la ciudad de Nueva York; 2.743.000 h. Puente colgante sobre el río Hudson. Zona industrial y portuaria.

BROOKS, LOUISE Actriz estadounidense (Wichita, 1906 - Rochester, Nueva York, 1985). Considerada un mito del erotismo cinematográfico, desarrolló su carrera entre 1925 y 1932. Interpretó *Una novia en cada puerto* (1928), *La caja de Pandora* (1928) y *Tres páginas de un diario* (1929).

BROOKS, RICHARD Director de cine estadounidense (Filadelfia, 1912 - Beverly Hills, 1992). Se especializó en adaptaciones literarias: *Los hermanos Karamazov* (1958), *La gata sobre el tejado de cinc* (1958), *Dulce pájaro de juventud* (1962), etc.

BROQUA, ALFONSO Compositor uruguayo (Montevideo, 1877 - París, 1946). Con gran dominio de la técnica, empleó en sus composiciones temas populares del Río de la Plata. Obras principales: *Tabaré*, poema sinfónico; y *La Cruz del Sur*, ópera.

BROQUEL m. **1** Escudo pequeño de madera o corcho. **2** fig. Defensa o amparo.

BROQUETA f. BROCHETA.

-BROSIA, -BROSIS sufs. BROMATO-.

BROSMIO m. *Zool.* Pez osteíctio gadiforme, de nombre científico *Brosme brosme*. Animal de hasta 1 m de longitud y 10 kg de peso, con una aleta dorsal única que empalma con la caudal. Vive en el Atlántico norte.

BROTAR intr. **1** Salir la planta de la tierra. **2** Salir en la planta renuevos, flores, hojas, etc. **3** Echar la planta hojas o renuevos. **4** Manar el agua de los manantiales. **5** fig. Tratándose de viruelas, sarampión, etc., salir al cutis. **6** fig. Empezar a manifestarse alguna cosa. || tr. **7** Echar la tierra plantas, flores, etc. **8** fig. Arrojar, producir, causar.

BROTE m. **1** *Bot.* Renuevo de una planta. **2** Acción de brotar.

BROTIÓN m. *Ecol.* Sucesión ecológica que surge como consecuencia de actividades humanas.

BRÓTOLA f. *Zool.* Pez osteíctio gadiforme, de nombre científico *Urophycis blennioides*. Normalmente no supera los 40 ó 50 cm. Se distingue por sus aletas ventrales muy finas y largas, y un barbillón bajo el mentón. Abunda en el Mediterráneo.

BROUSSAIS, FRANÇOIS-JOSEPH-VICTOR Médico francés (Saint-Malo, 1772 - Vitry, 1832). Autoridad médica en la sociedad parisina de principios del siglo XIX, sostuvo que todas las enfermedades tenían su origen en una inflamación gastrointestinal.

BROUWER o **BRAWER, ADRIAEN** Pintor y grabador flamenco (Oudenarde, 1605 - Amberes, 1638). Discípulo de F. Hals, pintó cuadros satíricos de ambiente popular: *La taberna*, *La música en la cocina*, etc.

BROUWER, LUITZEN EGBERTUS JAN Matemático y filósofo holandés (Overschie, 1881 - Blaricum, 1966). Fue uno de los creadores de la topología moderna y figura principal del intuicionismo. Entre sus obras destaca *Vida, arte y misticismo* (1905).

BROWN, FORD MADOX Pintor inglés (Calais, 1821 - Londres, 1893). Mantuvo una estrecha relación con el prerrafaelismo: *La joven madre*, *El adiós a Inglaterra*, *El trabajo* y *Romeo y Julieta*.

BROWN, FREDRIC Escritor estadounidense (Cincinnati, 1906 - Tucson, 1972). Autor de ciencia ficción y novelas policíacas. Sobresalió en el relato muy breve: *El ratón estelar*.

BROWN, GUILLERMO Almirante argentino de origen irlandés (Foxford, 1777 - Buenos Aires, 1857). Se unió a las fuerzas independentistas argentinas y en 1814 organizó una flota con la que derrotó a los españoles. Luchó en las costas del Pacífico (1815-16) y tuvo el mando de la escuadra republicana contra el imperio de Brasil, al que venció.

BROWN, HERBERT CHARLES Químico estadounidense de origen británico (Londres, 1912). Investigó el desarrollo de los organoboranos, que intervienen en la síntesis química. En 1979 recibió el premio Nobel de Química, compartido con G. Wittig.

BROWN, JOHN Abolicionista estadounidense (Torrington, 1800 - Charlestown, 1859). Organizó una banda armada para luchar contra los terratenientes del S. Murió ahorcado. Su muerte fue una de las causas de la guerra de Secesión.

BROWN, MICHAEL Médico estadounidense (Nueva York, 1941). Investigó sobre las enfermedades producidas por un exceso de colesterol en la sangre. En 1985 compartió el premio Nobel de Medicina con J. L. Goldstein.

BROWN, ROBERT Médico y botánico escocés (Montrose, 1773 - Londres, 1858). De su expedición científica a Australia regresó con cerca de 4.000 especies de plantas, que describió en *Prodromus Florae Novae Hollandiae et insulae Van Diemen* (1810). Describió el llamado movimiento browniano.

BROWN-SÉQUARD, CHARLES Médico y fisiólogo francés (Port Louis, 1817 - Sceaux, 1894). Precursor de la endocrinología, realizó ensayos de rejuvenecimiento mediante extractos de glándulas sexuales.

BROWNING, ELIZABETH BARRETT Poetisa británica (Coxhoe Hall, Durham, 1806 - Florencia, 1861). Considerada una de las mejores poetisas inglesas. Esposa del poeta Robert Browning, tradujo del griego *Prometeo encadenado* (1835), de Esquilo, y escribió, entre otras obras, *El lamento de los niños* (1841), *Las ventanas de la casa Guidi* (1851) y *Poemas ante un congreso* (1860).

BROWNING, ROBERT Poeta inglés (Camberwell, 1812 - Venecia, 1889). Logró una fórmula poética personalísima: el *monólogo dramático*, alarde de refinamiento verbal, vasta cultura y penetración psicológica. Obras: *Paracelsus* (1835), *Pippa* (1841), *Hombres y mujeres* (1855), *Dramatis personae* (1864) y *El anillo y el libro* (1868-69).

BROZ o **BROZOVICH, JOSIP** TITO.

BROZA f. **1** Conjunto de restos de las plantas. **2** Desecho de alguna cosa. **3** Maleza. **4** fig. Cosas inútiles que se dicen de palabra o por escrito.

BRUCE, JAMES Explorador escocés (Kinnaird House, 1730 - Londres, 1794). Viajó a Egipto y descubrió las fuentes del Nilo Azul. Publicó: *Travels to Discover the Source of the Nile* (1790).

BRUCE, ROBERTO ROBERTO I BRUCE, rey de Escocia.

BRUCE, WILLIAM SPEIRS Explorador y oceanógrafo escocés (Edimburgo, 1867 - ?, 1921). Fue uno de los principales exploradores polares. Tomó parte en las expediciones al Antártico (1892, 1896, 1908).

BRUCELOSIS f. *Med.* Enfermedad infecciosa producida por bacterias del género *Brucella*, y que se adquiere por consumo de leche o queso de animales infectados o por contacto con ellos. También denominada *fiebre de Malta*. ♦ Su pl. es *brucelosis*.

BRUCES, DE loc. adv. **1** Boca abajo. **2** De frente.

BRUCH, MAX Compositor alemán (Colonia, 1838 - Berlín, 1920). Cultivó todos los géneros y se especializó en obras para coro y orquesta. Son célebres sus dos conciertos de violín y la melodía hebraica *Kol Nidrei*, para violonchelo y orquesta.

BRUCINA f. *Quím.* Alcaloide básico de la estricnina cuya acción es menor que la de ésta.

BRUCITA f. *Miner.* Magnesia hidratada y cristalizada que se presenta formando masas fibrosas en las serpentinas. Se emplea en medicina.

BRÜCKE, DIE (*El puente*) *Arte.* Nombre que se dio a la asociación de pintores expresionistas alemanes constituida en Dresde en 1905. Entre sus miembros estaban Kirchner, Schmidt-Rottluff y Pechstein y Nolde. Estos artistas pretendían con sus producciones, de marcado carácter social y político, establecer un puente o nexo con el arte del futuro, así como hacer accesibles las obras artísticas a todos los hombres. Junto con DER BLAUE REITER (El Jinete Azul), forman los dos grupos más importantes del expresionismo alemán. Se disolvió en 1913.

BRUCKNER, ANTON Compositor austriaco (Ansfelden, 1824 - Viena, 1896). Su obra está marcada por un ferviente sentimiento religioso. Es autor de 11 monumentales sinfonías muy innovadoras. También compuso música vocal: *Requiem* (1849), *Magnificat* (1852) y varias misas.

BRUEGHEL o **BRUEGEL, JAN** Pintor flamenco (Bruselas, 1568 - Amberes, 1625). Hijo de Brueghel el Viejo. Practicó una pintura preciosista y de gran suavidad cromática, lo que le valió el sobrenombre de *Velours* (de terciopelo). Autor de *El jardín del Edén* y *Batalla de Arbela*.

BRUEGHEL o **BRUEGEL EL JOVEN, PIETER** Pintor flamenco (Bruselas, 1564 - Amberes, 1638). Hijo de Brueghel el Viejo y hermano de Jan. Se le dio el sobrenombre *d'Enfer* (del Infierno) por la violencia de sus composiciones. Es autor de *La torre de Babel*, *Incendio de Troya*, *Eneas en los infiernos*, etc.

BRUEGHEL o **BRUEGEL EL VIEJO, PIETER** Pintor flamenco (?, 1525 - Bruselas, 1569). Pintor costumbrista, en sus obras se mezcla cierto tono humorístico con un hondo patetismo. Obras principales: *Combate de Carnaval y Cuaresma*, *La cosecha de heno*, *La siega*, etc.

BRUËNN BRNO.

BRUGGHEN, HENDRIK TER Pintor holandés (Deventer, 1588 - Utrecht, 1629). Sobresalió en la pintura religiosa y de género. Autor de *Cristo ante Pilatos* y *La incredulidad de santo Tomás*.

BRUGHETTI, FAUSTINO Pintor argentino (Dolores, 1877 - La Plata, 1956). Primera medalla en las exposiciones internacionales de Roma (1909) y Nápoles (1910). Alternó la pintura con la música y la literatura.

BRUGO m. *Zool.* **1** Larva de un lepidóptero que devora los encinares y robledales. **2** Larva de una especie de pulgón.

BRUJAS (*Brugge*) Ciudad de Bélgica, capital de Flandes Occidental; 116.273 h. Puerto unido al mar del Norte y a otros centros de la nación por una densa red de canales. Ciudad de tradición comercial desde el siglo XII, es centro del tráfico escandinavo, inglés e italiano. Importante conjunto monumental. Catedral del siglo X, iglesias de la Santísima Sangre (siglo XII) y de Santa Ana (siglo XVII).

Brujas (Bélgica). Ayuntamiento.

BRUJERÍA f. Conjunto de prácticas mágicas o supersticiosas que ejercen los brujos.

BRUJO, JA m. y f. **1** Persona de la que se dice que tiene pacto con el diablo y, por medio de éste, hace cosas extraordinarias. || adj. **2** Cautivador, encantador. || f. **3** Mujer fea y vieja. **4** Mujer mala, arpía. **5** LECHUZA, ave. || **caza de brujas** expr. fig. Persecución por motivos ideológicos o políticos.

BRÚJULA f. **1** *Astron.* Nombre castellano de la constelación de Pyxis, en el hemisferio S, que antiguamente formaba parte de la constelación de Argo. Su abreviatura es Pyx. **2** *Tecnol.* Instrumento para determinar las direcciones de la superficie terrestre, provisto de una línea de referencia. Su funcionamiento se basa en la propiedad de la aguja magnética, que obliga a dicha línea a tomar su dirección N-S. **3** *Mar.* Instrumento que indica el rumbo de la nave. **4** fig. Lo que sirve de guía.

|| **BRÚJULA CELESTE** *Astron*. La que aprovecha la polarización de la luz del Sol, y el acimut solar, para determinar una dirección de referencia. || **BRÚJULA MAGNÉTICA** *Topog*. La que consiste en una o varias agujas imantadas que giran libremente sobre un pivote vertical y marcan los polos magnéticos de la Tierra.

BRUJULEAR intr. Vagar, vagabundear, zascandilear.

BRULL, MARIANO Poeta cubano (Camagüey, 1891 - Marianao, 1956). Influido por Juan Ramón Jiménez y las estéticas vanguardistas. Autor de *La casa del silencio* (1916), *Poemas en menguante* (1928), *Sólo de rosas* (1941) y *Tiempo en pena* (1950).

BRUM, BALTASAR Político uruguayo (Artigas, 1883 - Montevideo, 1933). Principal colaborador de Batlle y Ordóñez, ocupó altos cargos públicos. Fue presidente de la República (1919-23) y murió en el conflicto de 1933. Orientó su actividad política hacia la democracia y el desarrollo industrial.

BRUMA f. *Meteor*. Niebla de poca densidad, especialmente la que se forma sobre el mar.

BRUMARIO m. *Hist*. Segundo mes del calendario republicano francés.

BRUMEL, ANTOINE Compositor franco-flamenco (?, h. 1475 - Ferrara, h. 1520). Destacado representante de la escuela franco-flamenca. Su estilo posee una gran expresividad, con atención especial para el desarrollo de los textos. Compuso misas, motetes, canciones y para órgano.

BRUMMELL, GEORGE BRYAN Dandi inglés (Londres, 1778 - Caen, 1840). Protegido por Jorge IV de Inglaterra, durante muchos años dictó la moda en Europa. Murió en la miseria.

BRUN, CHARLES LE LE BRUN, CHARLES.

BRUNDTLAND, GRO HARLEM Política noruega (Oslo, 1939). Jefa del Partido Laborista, asumió la presidencia del Consejo de Ministros en 1981, 1986, 1990 y 1993. Dimitió en octubre de 1996. En 1998 fue nombrada directora general de la OMS.

BRUNEI (*Negara Brunei Darussalam*) Estado de Asia situado en el NO de la isla de Borneo, junto al mar de China Meridional.

GEOG. En el país se distinguen dos zonas diferenciadas, una montañosa y escarpada, en el interior, y otra llana y pantanosa, que se extiende por el litoral. La mayor parte del territorio está ocupado por bosque y selva. Sus principales ríos son el Tutong y el Belait. El clima, dominado por los monzones ecuatoriales, es tropical de tipo marítimo muy húmedo. Su economía se basa principalmente en la producción y exportación de petróleo y gas natural. Los principales problemas del país son la escasez de alimentos (importa el 80% de los productos que consume), y la falta de mano de obra, por lo que recibe inmigrantes para la explotación de sus yacimientos.

HIST. El sultanato de Brunei fue un poderoso Estado en el siglo XVI. Perdió su influencia durante el XIX, y en 1888 se convirtió en protectorado británico. Tras un tratado de cooperación firmado en 1979 entre el Reino Unido y Brunei, éste proclamó su total independencia en 1983, con el sultán sir Muda Hassanal Bolkiah como primer mandatario de la nueva nación, que se integró en la Commonwealth. El sultán rechazó cualquier iniciativa dirigida hacia el aperturismo y la creación de partidos políticos. En marzo de 1994, junto a Filipinas, Malasia e Indonesia, Brunei participó en la fundación del Área de Desarrollo del Este Asiático, mercado común regional en el que asumió la responsabilidad de coordinar el tráfico aéreo.

Filippo **Brunelleschi**. Cúpula de Santa Maria dei Fiore (Florencia).

Superficie: 5.765 km².
Población: 336.000 h. (*bruneyenses*).
Densidad: 58,3 h./km².
Tasa de natalidad: 21,1‰.
Tasa de mortalidad: 3,1‰.
Capital: Bandar Seri Begawan.
Ciudades principales: Seria, Muara y Kuala Belait.
Grupos étnicos: malayos (67,1%), chinos (15,4%), indios y otros (11,5%).
Religión: islamismo (67,2%), budismo (12,8%), cristianismo (10%).
Idioma: malayo (oficial) e inglés.
Moneda: dólar de Brunei.
Forma de Estado: sultanato.
Producto Nacional Bruto: 7.209 millones de dólares.
Renta per cápita: 22.278 dólares.
División administrativa: 4 distritos, según cuadro.

BRUNEI

Distritos	Superficie (km²)	Población (h.)	Capitales
Belait	2.724	65.300	Kuala Belait
Brunei-Muara	571	213.800	Bandar Seri Begawa
Temburong	1.304	9.300	Bangar
Tutong	1.166	35.200	Tutong

BRUNEL, ISAMBARD KINGDOM Ingeniero británico (Portsmouth, 1806 - Westminster, 1859). Construyó varias líneas férreas e intentó sustituir el vapor por el aire comprimido en las locomotoras. Se dedicó a la ingeniería naval y construyó el primer transatlántico de hélices (*Great Britain*).

BRUNELLESCHI O **BRUNELLESCO, FILIPPO** Arquitecto y escultor italiano (Florencia, 1377 - íd., 1446). Destacado arquitecto del Renacimiento, ejerció una decisiva influencia en la arquitectura posterior. Construyó la cúpula de la catedral de Florencia, uno de los principales logros de la arquitectura del *quattrocento*. En la misma ciudad proyectó las basílicas de San Lorenzo y del Santo Espíritu, y el palacio Pitti, entre otras obras.

BRUNEQUILDA, BRUNEGILDA, BRUNHILDA O **BRUNILDA** Reina de los francos de Austrasia (Hispania, 534 - Renève, Borgoña, 613). Esposa del rey Sigiberto I de Metz e hija de Atanagildo, rey visigodo de Toledo. Sostuvo una lucha implacable con Fredegunda, reina de Neustria.

BRUNET, MARTA Escritora chilena (Chillán, 1901 - Montevideo, 1967). Comenzó escribiendo relatos de temática criollista y posteriormente se decantó hacia la novela psicológica: *Bienvenido* (1929), *Aguas abajo* (1943) y *María Nadie* (1957), novelas; *Don Florisondo* (1925) y *Raíz de sueños* (1949), cuentos.

BRUNHES, JEAN Geógrafo francés (Toulouse, 1869 - Boulogne-sur-Seine, 1930). Con Vidal de La Blache, fue el creador de la Geografía Humana.

BRUNI, LEONARDO (llamado EL ARETINO) Escritor italiano (Arezzo, 1370 - Florencia, 1444). Entre sus obras figuran: *Vida de Dante y de Petrarca* e *Historia de Florencia*. Tradujo varios textos de Aristóteles, Plotino y Demóstenes.

BRUNILDA Heroína de las leyendas escandinavas y germánicas, conocida por su trágico amor a Sigfrido, relatado en la *Canción de los Nibelungos*.

BRUNILDA BRUNEQUILDA.

BRÜNING, HEINRICH Político alemán (Munstery, 1885 - Norwich, 1970). Fue canciller del Reich (1931-32) y decretó la disolución de las SA y las SS. En 1934 se exilió en EE UU.

BRUNO, NA adj. 1 De color negro u oscuro. || m. *Bot.* 2 Ciruela negra, y el árbol que la da.

BRUNO, GIORDANO Filósofo y escritor italiano (Nola, 1548 - Roma, 1600). Defendió con entusiasmo el sistema de Copérnico, que utilizó como arma dialéctica para combatir el aristotelismo. Fue acusado de herejía por la Inquisición y murió en la hoguera. Autor de *La cena de las cenizas* (1584), *De la causa, principio y uno* (1584), etc.

BRUNO, SAN Monje italiano (Colonia, h. 1030 - Della Torre, 1101). Fundador de la Orden de los Cartujos, antes de abrazar el estado monástico fue profesor de la Universidad de París.

BRUNOT, FERDINAND Filólogo y gramático francés (Saint-Dié, 1860 - París, 1938). Realizó estudios filológicos orientados hacia la sociología del lenguaje. Autor de *Historia de la lengua francesa, desde los orígenes a 1900*, obra que comenzó a publicar en 1905 y dejó inconclusa con diez volúmenes.

BRUNSWICK *(Braunschweig)* 1 Distrito de Alemania en el Land de Baja Sajonia; 8.097 km^2 y 1.678.700 h. Antiguo ducado, quedó incorporado al Land de Baja Sajonia en 1946. 2 Ciudad de Alemania en el Land de Baja Sajonia, capital del distrito homónimo; 254.130 h. Centro industrial (material óptico). Catedral gótica.

BRUNSWICK, KARL WILHELM FERDINAND, DUQUE DE Militar prusiano (Wolfenbüttel, 1735 - Ottensen, 1806). Como general, combatió al servicio de Prusia en la guerra de los Siete Años; participó en la guerra de Sucesión de Baviera y en la campaña de Holanda. Generalísimo de los ejércitos de la coalición contra la primera República francesa, invadió Francia, pero fue derrotado en Valmy.

BRUNSWICK, WILHELM FRIEDRICH, DUQUE DE Militar alemán (Wolfenbüttel, 1771 - Ottensen, 1815). Hijo del anterior. Irreconciliable enemigo de Napoleón, estuvo durante la guerra de la Independencia en España y Portugal al servicio de Inglaterra. Tomó parte en las invasiones de Francia (1814-15) y murió en la batalla de Quatre-Bras (Bélgica).

BRUÑIR tr. 1 Dar lustre a una cosa. 2 fig. y fam. Aplicar cosméticos a la cara. 3 fig. *C. Rica, Guat.* y *Nic.* Molestar, fastidiar. ♦ IRREG. Se conjuga como CEÑIR.

BRUSA o **BRUSSA** Antiguo nombre de la ciudad turca de BURSA.

BRUSCO, CA adj. 1 Áspero, desapacible. 2 Rápido, repentino. || m. 3 *Bot.* Planta herbácea perenne, perteneciente a la familia liliáceas, de nombre científico *Ruscus aculeatus*. Es una especie originaria de Europa y Asia. 4 Lo que se desperdicia en las cosechas por muy menudo.

BRUSELAS *(Bruxelles)* Ciudad capital de Bélgica que constituye por sí misma una región; 161 km^2 y 954.460 h. Centro de comunicaciones e industrial. Catedral gótica (siglo XV). Es sede de la Unión Europea y de otros organismos internacionales. Fundada en el siglo VII, Bruselas se convirtió en el centro económico de los Países Bajos austriacos en el XI y, entre 1566 y 1585, destacó en la sublevación de los Países Bajos contra España. De 1697 a 1794 estuvo bajo dominación austriaca. Entre 1815 y 1830, alternó con La Haya en la capitalidad de los Países Bajos y, en 1830, al proclamarse la independencia de Bélgica, pasó a ser la capital. Fue ocupada por los alemanes en las dos guerras mundiales.

BRUSELENSE adj. y com. De Bruselas.

BRUSQUEDAD f. 1 Calidad de brusco. 2 Acción brusca.

BRUT, ART ART BRUT.

BRUTAL adj. 1 Que imita o se parece a los brutos. 2 fig. y fam. Colosal, genial.

BRUTALIDAD f. 1 Calidad de bruto. 2 fig. Falta de razón. 3 fig. Acción grosera y cruel. 4 fig. y fam. Gran cantidad.

BRUTALISMO m. *Arquit.* Tendencia arquitectónica surgida en los años cincuenta que deja al descubierto en los edificios tanto los materiales de construcción como los elementos constructivos (cables eléctricos, cañerías, conductos de ventilación, etc.).

BRUTO, TA adj. 1 Necio, incapaz. También s. 2 Vicioso. 3 Se dice de las cosas toscas. 4 *Fís.* PESO BRUTO. || m. 5 Animal irracional. || **en bruto** loc. adj. Sin pulir.

BRUTO, LUCIO JUNIO Jefe de los plebeyos romanos (? - Roma, 507 a. C.). Luchó por abolir la monarquía y por la fundación de la república. Fue uno de los primeros cónsules de Roma (509 a. C.).

BRUTO, LUCIO JULIO DAMASIPO Político romano (? - Módena, 79 a. C.). Pretor romano y tribuno de la plebe, fue partidario de Mario, y en el año 82 a. C. mandó asesinar a todos los senadores partidarios de Sila. Llegó a gobernar la Galia Cisalpina. Se suicidó durante el asedio de la plaza de Módena por Pompeyo el Grande.

BRUTO, MARCO JUNIO General romano, sobrino de Catón de Útica (?, h. 85 - ?, 42 a. C.). Abrazó el partido de Pompeyo y, tras la derrota de éste, fue perdonado por César, que le nombró gobernador de la Galia Cisalpina. En el año 44 encabezó con Casio una conspiración contra César, siendo uno de sus asesinos. Organizó con Casio un ejército en Macedonia, pero fueron derrotados por Octavio y Antonio en Filipos (42 a. C.). Bruto se suicidó en el campo de batalla.

BRUXISMO m. *Med.* Acto de rechinar los dientes de forma inconsciente.

BRUYÈRE, JEAN DE LA LA BRUYÈRE, JEAN DE.

BRYAN, WILLIAM JENNINGS Político estadounidense (Salem, 1860 - Dayton, 1925). Siendo secretario de Estado (1913-15), ratificó el tratado Bryan-Chamorro (1914) con Nicaragua, que otorgaba ciertas concesiones territoriales a EE UU.

BRYANSK 1 Región de la Federación de Rusia; 34.900 km^2 y 1.480.000 h. 2 Ciudad capital de la región del mismo nombre; 462.000 h.

BRYANT, WILLIAM CULLEN Poeta estadounidense (Cummington, 1794 - Nueva York, 1878). Abordó temas como la fugacidad de la vida y la correlación entre la naturaleza y el hombre. Autor de *Thanatopsis* (1817) y *Poems* (1821 y 1842).

BRYAXIS Escultor griego (s. IV a. C.). Fue uno de los cuatro grandes escultores que trabajaron en el mausoleo de Halicarnaso, hacia el año 350 a. C.

Alfredo **Bryce Echenique**

BRYCE ECHENIQUE, ALFREDO Escritor hispanoperuano (Lima, 1939). En su estilo se combina la agilidad narrativa con grandes dosis de humor. Es autor de las novelas *Un mundo para Julius* (1970), *Tantas veces Pedro* (1978), *La vida exagerada de Martín Romaña* (1981), *El hombre que hablaba de Octavia de Cádiz* (1985), *La última mudanza de Felipe Carrillo* (1988), *Dos señoras conversan* (1990), *No me esperen en abril* (1995), *Reo de nocturnidad* (1997; Premio Nacional de Narrativa 1998), *La amigdalitis de Tarzán* (1999) y *El huerto de mi amada* (2002); y de colecciones de relatos, como *La felicidad, ja, ja* (1974), *Todos los cuentos* (1981) y *Magdalena peruana y otros cuentos* (1986).

BRYNNER, YUL Actor de cine estadounidense de ascendencia mongola (Sajalin, Siberia Oriental, 1917 - Nueva York, 1985). Interpretó personajes de gran agilidad y fuerza dramática, o de procedencia oriental. Películas principales: *Anastasia* (1956), *El rey y yo* (Oscar al mejor actor en 1956), *Los hermanos Karamazov* (1958) y *Los siete magníficos* (1960).

BUBA f. *Med.* Tumor blando producido por la inflamación de un nódulo linfático, que se presenta en la región inguinal, y a veces en las axilas y en el cuello, como consecuencia de una enfermedad venérea, un chancro blando o la peste.

BÚBALO, LA m. y f. *Zool.* Antílope africano.

BUBER, MARTIN Filósofo israelí de origen austriaco (Viena, 1878 - Jerusalén, 1965). Es autor de *Yo y tú* (1922), *Realeza de Dios* (1936), *Moisés* (1948) y *Culpa y sentido de la culpabilidad* (1958).

BUBI adj. *Etnol.* 1 Se dice de un pueblo negro que habita en la isla de Bioko, perteneciente al tronco lingüístico bantú. Se dedican a la agricultura y la caza. La población bubi actual es muy escasa. También com. 2 Relativo a los bubis.

BUBKA, SERGEI Atleta ucraniano (Voroshilovgrad, 1963). Campeón del mundo en seis ocasiones consecutivas (1983-1997), obtuvo la medalla de oro en los juegos olímpicos de Seúl (1988). Premio Príncipe de Asturias del Deporte en 1991.

BUBÓN m. *Med.* BUBA.

BUBÓNICO, CA adj. 1 Relativo al bubón. 2 *Med.* PESTE BUBÓNICA.

BUCAL adj. Relativo a la boca.

BUCANERO m. *Hist.* Pirata que en los siglos XVII y XVIII saqueaba las posesiones españolas de ultramar.

BUCARAMANGA Ciudad de Colombia, capital del departamento de Santander; 520.874 h. Café, tabaco, algodón y cerveza. Es uno de los principales centros culturales e industriales del país (industrias textiles y metalúrgicas).

BUCARDO m. *Zool.* Macho de la cabra de los Pirineos.

BUCARE o **BÚCARE** m. *Bot.* Árbol americano de la familia leguminosas, que sirve en Venezuela para defender los plantíos de café y cacao contra el rigor del sol.

BUCARELI Y URSÚA, ANTONIO MARÍA Militar y político español (Sevilla, 1717 - Ciudad de México, 1779). Gobernador y capitán general de Cuba, y virrey de Nueva España (1771-79), organizó la Comandancia general de las provincias internas, para defender su virreinato de los indios norteños.

BUCARELI Y URSÚA, FRANCISCO DE PAULA Militar y político español (Sevilla, 1720 - La Plata, 1785). Como gobernador del Río de la Plata (1766-70) y cumpliendo disposiciones de Carlos III, expulsó a los jesuitas de aquella zona y recuperó las islas Malvinas, que los ingleses habían tomado a España.

BUCAREST Ciudad capital de Rumania; 2.027.512 h. Principal centro industrial, comercial y cultural del país. Fábricas de maquinarias, tejidos, productos químicos y farmacéuticos, cemento, calzado. Ciudad importante en la Edad Media con el nombre de *Cetatea Dombovitei*, ostentó la capitalidad de la Valaquia en 1659. Saqueada por los serbios en 1716, cayó en poder de Turquía varias veces, de Rusia (1769), de Austria (1789) y de Rusia de nuevo (1828 y 1853) antes de ser designada capital rumana (1862). Durante las dos Guerras Mundiales estuvo ocupada por los alemanes. Fue conquistada por las tropas soviéticas en 1944.

BÚCARO m. 1 FLORERO, vaso para poner flores. 2 Tierra roja arcillosa traída de Portugal para hacer vasijas. 3 Vasija hecha con esta arcilla, usada como jarra para servir algo.

BUCCHERO m. *Arte.* Tipo de cerámica etrusca, negra y lustrosa, característica de la Italia prerromana de los siglos VII y V a. C.

BUCCINADOR adj. y m. *Anat.* Se dice del músculo par, plano y delgado, situado en la mejilla entre el maxilar superior y el inferior y que interviene en el soplo y en la masticación.

BUCCINO m. *Zool.* Nombre común de diversos moluscos marinos gasterópodos de la familia buccínidos, género *Buccinum*. Antiguamente se mezclaba su tinta con las de las púrpuras.

BUCEAR intr. 1 Nadar bajo del agua. 2 fig. Explorar en un tema.

BUCÉFALO Nombre del caballo de Alejandro Magno.

BUCELARIO m. *Hist.* 1 Soldado de ciertas milicias bizantinas. 2 Entre los visigodos, hombre libre que voluntariamente se sometía al patrocinio de un magnate, a quien prestaba determinados servicios y del que recibía el disfrute de alguna propiedad.

BUCENTAURO m. *Mit.* Especie de centauro con cuerpo de toro.

BUCENTAURO Nave insignia de Venecia, desde la que el dux lanzaba su anillo, lo que simbolizaba los desposorios de la ciudad con el Adriático.

BUCEO *Hist.* Golfo de la costa N del Río de la Plata, cerca de Montevideo. En él tuvo lugar el desembarco de los ingleses (1807) y la victoria de Brown sobre los españoles (1814).

BUCERÓTIDO, DA adj. *Zool.* 1 Se dice de las aves del orden coraciformes, que viven en las regiones tropicales. Incluye los cálaos. || m. pl. *Zool.* 2 Familia de estas aves.

BUCHANAN, GEORGE Historiador y poeta escocés (Killearn, 1506 - Edimburgo, 1582). Fue preceptor de Jacobo VI de Escocia. Entre sus obras destaca *Somnium* (1535).

BUCHANAN, JAMES Político estadounidense (Stony Better, 1791 - Wheatland, 1868). Como ministro de Estado preparó la guerra con México (1846-48), que acabó con la anexión de Texas. Ocupó la presidencia de la República (1857-61).

BUCHANAN, JAMES MCGILL Economista estadounidense (Murfreesboro, Tennessee, 1919). Premio Nobel de Economía en 1986 por su contribución al desarrollo de la nueva política económica.

BUCHE m. 1 *Zool.* Bolsa membranosa extensible que comunica con el esófago de las aves, en la cual se almacena y reblandece el alimento antes de pasar al estómago. 2 *Zool.* ESTÓMAGO de los cuadrúpedos. 3 *Zool.* Cavidad de reserva en el tubo digestivo de un insecto. 4 *Anat.* Tipo de huella dactilar en que una o varias líneas entran por cualquier lado de la huella y, después de incurvarse, terminan en el lado de entrada. 5 Líquido que cabe en la boca. 6 BOLSA, arruga del vestido.

BUCHNER, EDUARD Químico alemán (Munich, 1860 - Focsami, 1917). Se le considera el padre de la química enzimática, que utiliza enzimas como catalizadores de

Budapest (Hungría). Parlamento.

reacciones orgánicas. Por este descubrimiento recibió en 1907 el premio Nobel de Química.

BÜCHNER, GEORG Escritor alemán (Godelau, 1813 - Zurich, 1837). Escribió la tragedia *La muerte de Danton* (1835), la comedia *Leoncio y Lena* (1836) y el drama inacabado *Woyzeck* (1879, póstuma), su obra maestra.

BÜCHNER, LUDWIG Filósofo alemán (Darmstadt, 1824 - íd., 1899). Hermano de Georg, su pensamiento está vinculado al materialismo. Su obra principal es *Fuerza y materia* (1855).

BUCHÓN, NA adj. *Zool.* Se dice del palomo o paloma que infla el buche de modo que parece más voluminoso que el resto del cuerpo.

BUCK, PEARL SYDENSTRIKER Novelista estadounidense (Hillsboro, 1892 - Danby, 1973). La finalidad fundamental de sus novelas, influidas por las sagas chinas, era entretener y educar a sus lectores. Destacan: *Viento del este, viento del oeste* (1926), *La buena tierra* (1931; premio Pulitzer) y *La promesa* (1943). En 1938 recibió el premio Nobel de Literatura.

BUCKINGHAM, GEORGE VILLIERS, DUQUE DE Político inglés (Brooksby, 1592 - Portsmouth, 1628). Fue favorito y ministro de Jacobo I y Carlos I. Diplomático poco hábil, arrastró a su país a conflictos con España y Francia. Murió asesinado.

BUCKINGHAM, PALACIO DE Edificio de Londres, en el parque de Saint James, cuya construcción se inició en 1703. Es residencia real desde 1837.

BUCKINGHAMSHIRE Condado del Reino Unido, en Inglaterra, al NO de Londres; 478.700 h. Zona agrícola y ganadera.

BUCLE m. **1** Rizo del cabello en forma de espiral. **2** *Fís.* Gráfico de función cerrado, con la forma que indica su nombre. **3** *Fís.* En telecomunicaciones, sistema de control con realimentación. **4** *Geom.* Grado formado por un arco que tiene el mismo vértice como extremo inicial y final. **5** *Inform.* Secuencia de instrucciones que se repite hasta que se cumple una condición prescrita.

BUCÓLICO, CA adj. *Lit.* **1** Se dice del género de poesía en que se trata de cosas concernientes a los pastores o a la vida campestre. **2** Relativo a este género. **3** Se dice del poeta que lo cultiva. También s.

BUCOVINA *Hist.* Región de Europa del E, en los Cárpatos Orientales. Formó parte de Austria-Hungría y en 1920 pasó íntegramente a Rumania. Tras la Segunda Guerra Mundial quedó dividida en Bucovina del Norte o región de Chernovitz (Ucrania) y Bucovina del Sur (Rumania).

BUDA (Voz sánscrita). m. *Rel.* Nombre dado por el budismo al que llega, por la abstención de todo deseo, al estado de conocimiento perfecto.

BUDA (SIDDHARTA GAUTAMA, llamado) Príncipe indio fundador del budismo (Kapilavastu, h. 560 - Kusinagara, h. 480 a. C.). Miembro del clan de los Zakyas (*Zakyamuni*), su vida acomodada se vio de pronto interrumpida por una visión de las enfermedades, la muerte, la miseria, ante lo cual decidió abandonar su hogar y consagrarse a la vida ascética con el fin de encontrar la Verdad. Decidió instruirse en el brahmanismo, pero sus enseñanzas no le parecieron suficientes; sin embargo, un día, orando, alcanzó el conocimiento de las cuatro nobles verdades que se convirtieron en fundamento de su teoría moral y religiosa: el sufrimiento, su origen, su supresión y el camino hacia el nirvana. De esta manera se convirtió en *Buda* (el Iluminado). Durante más de 40 años viajó por el NE de la India predicando sus doctrinas, que hoy son seguidas por más de 500 millones de adeptos (véase BUDISMO).

BUDAPEST Ciudad capital de Hungría y del condado de Pest, que constituye en sí misma un condado; 525 km² y 1.909.000 h. Principal centro comercial, industrial y cultural del país. Importante puerto fluvial. Emplazamiento celta, fue la *Aquincum* romana, capital de la Panonia inferior hasta que, en 376, cayó en poder de los bárbaros. Recuperó su importancia en el siglo XIV, cuando se estableció en ella la corte húngara. Centro cultural durante el Renacimiento, fue tomada por los turcos en el siglo XVI. En 1848 Pest fue el centro intelectual y político de la revolución y, en 1873, surgió la actual Budapest por la unión de Buda, en la orilla derecha del Danubio, y Pest, en la izquierda. Sufrió grandes daños a causa de la represión de la URSS en la sublevación antisoviética de octubre de 1956.

BUDDLEJA f. *Bot.* Nombre común de unas 70 especies de plantas arbóreas o arbustivas, de la familia estricnáceas, género *Buddleja*. Tienen hojas opuestas, flores en inflorescencias terminales o axilares, y fruto capsular con semillas provistas de albumen.

BUDÉ o **BUDDEO, GUILLAUME** Filólogo y erudito francés (París, 1467 - íd., 1540). Tradujo a los clásicos griegos, diversas obras de derecho, filosofía, matemáticas, y el libro *De asse* (1514), sobre el sistema monetario de los romanos.

BUDEJOVICE CHESKÉ BUDEJOVICE.

BUDIENNY o **BUDIONNY, SEMYON MIJAILOVICH** Mariscal soviético (Kozyurin, 1883 - Moscú, 1973). Ingresó en el Partido Comunista, en el que desempeñó importantes cargos, y fue jefe del I Ejército de Caballería. En 1947, formó parte del Presidium Supremo y, en 1952, del Comité Central del Partido Comunista.

BUDÍN m. Dulce que se prepara con bizcocho o pan deshecho en leche y azúcar y frutas secas, cocido al baño María.

BUDISMO m. *Rel.* Doctrina filosófica, religiosa y moral, derivada del brahmanismo, fundada en la India en el siglo VI a. C. por BUDA. Parte de la idea de que toda existencia es dolorosa, porque es transitoria. El sufrimiento sólo desaparece si las pasiones que arrastran a la reencarnación son abolidas; tarea que únicamente es posible realizar en el transcurso de numerosas reencarnaciones, en cada una de las cuales se produce un mayor perfeccionamiento de los individuos. Una vez que las taras morales así como la pasión son eliminadas, finaliza la cadena de transmigraciones del alma y el espíritu liberado entra en el nirvana. El budismo sólo reconoce la realidad supratemporal del nirvana y la de personalidades llenas de sabiduría y santidad (budas).

BUEN adj. apóc. de BUENO. Se usa precediendo a un sustantivo o a un verbo en infinitivo.

BUENA ESPERANZA Cabo de la República Sudafricana, situado en el extremo S de África; 50 km de largo y 30 km de ancho. Fue descubierto por el portugués Bartolomeu Dias en 1486, quien le llamó *cabo de las Tormentas*.

BUENAVENTURA f. **1** Buena suerte. **2** Adivinación que hacen las gitanas de la suerte de las personas.

BUENAVENTURA Ciudad de Colombia, departamento de Valle del Cauca; 201.249 h. Principal puerto del país. Minas de plata, oro y platino. Fue fundada por Pascual de Andagoya en 1540.

BUENAVENTURA, SAN Teólogo y filósofo italiano (Bagnoregio, 1217 - Lyon, 1274). Perteneciente a la orden de los franciscanos, obispo de Albano y cardenal, su obra principal es *Itinerarium mentis in Deum*.

BUENAZO, ZA adj. **1** Aumentativo de BUENO. **2** fam. Se dice de la persona pacífica y de buen natural. También s.

BUENO, NA adj. **1** Que es superior a lo que es normal en su género. **2** Apropiado para alguna cosa. **3** Gustoso, divertido. **4** SANO. **5** Se dice irónicamente de la persona simple o bonachona. **6** Bastante. **7** No deteriorado, que puede servir. **8** Se dice de la persona de gran atractivo físico. || adv. **9** De acuerdo.

BUENO Río de Chile, que nace en la provincia de Valdivia y desemboca en el Pacífico; 200 km de curso.

BUENOS AIRES Lago de Argentina, provincia de Santa Cruz. La parte occidental pertenece a Chile, donde recibe el nombre de lago *General Carrera*; 2.240 km² y 214 m de profundidad.

BUENOS AIRES 1 Provincia de la Argentina; 307.571 km² y 14.047.483 h. Su capital es La Plata. Su clima es templado y lluvioso. Produce cereales. Ganadería. Refinerías de petróleo, destilerías, altos hornos, industria pesquera. **2** Ciudad capital de la Argentina, que constituye por sí misma un distrito federal; 200 km² y 3.043.431 h. Fue declarada distrito federal en 1880, segregándola de la provincia de su nombre. Situada en el Río de la Plata, es una de las más grandes y bellas ciudades del mundo, con notables monumentos, anchas avenidas y amplios parques y plazas. Centro comercial, industrial, financiero y administrativo, en el plano cultural destaca su Universidad, fundada en 1821. Grandes museos, academias e institutos nacionales, centros de investigación y más de doscientas bibliotecas. El *Gran Buenos Aires* está formado por los partidos de la pro-

Buenos Aires (Argentina). Palacio del Congreso.

vincia de Buenos Aires, que rodean el distrito federal. En esta extensa zona se concentra gran parte de la industria argentina.

HIST. Fundada en 1536 por Pedro de Mendoza, fue destruida y su población tuvo que trasladarse a Asunción. En 1580 Juan de Garay la reconstruyó. Se convirtió en una gran ciudad con la creación del virreinato del Río de la Plata en 1776, y sobre todo, con la revalorización de las llanuras argentinas, las pampas, en el siglo XIX. La llegada de inmigrantes en esa época, la concentración de los negocios y del poder, en detrimento del federalismo, han convertido a Buenos Aires en una ciudad muy influyente en todo el ámbito latinoamericano.

BUERO VALLEJO, ANTONIO Dramaturgo español (Guadalajara, 1916 - Madrid, 2000). Representante de un teatro de hondura trágica, en el que los problemas del hombre se plantean con grandeza y esperanza. Es autor de *Historia de una escalera* (1949), *En la ardiente oscuridad* (1950), *La tejedora de sueños* (1952), *Un soñador para un pueblo* (1958), *Las meninas* (1960), *El concierto de San Ovidio* (1962), *El tragaluz* (1967), *El sueño de la razón* (1970), *La Fundación* (1974), *Lázaro en el laberinto* (1986) y *Las trampas del azar* (1994). Miembro de la Real Academia de la Lengua desde 1971, obtuvo el Premio Nacional de Teatro en 1981, y en 1986 el premio Cervantes y el Nacional de las Letras.

BUEU Municipio y lugar de España, provincia de Pontevedra; 12.599 h.

BUEY m. *Zool.* Macho adulto y castrado, perteneciente a la subfamilia bovinos, de nombre científico *Bos taurus.* || **BUEY DE MAR** *Zool.* Crustáceo braquiópodo marino, de nombre científico *Cancer pagurus.* De aspecto semejante al centollo, pero con caparazón liso.

BUFA f. Burla, bufonada.

BÚFALO, LA m. y f. *Zool.* **1** Nombre que, inapropiadamente, dieron los colonos al bisonte de América del Norte. **2** Nombre común de las especies de mamíferos artiodáctilos rumiantes, pertenecientes a la familia cavicornios, género *Bos.* Se caracterizan por su cuerpo robusto, la cabeza ancha y los cuernos largos y curvados. Viven en África, India e Indonesia. Entre las principales especies se encuentra el búfalo asiático *(Bubalus bubalis),* que vive en India e Indonesia, y el búfalo cafre *(Syncerus caffer),* originario del centro y S de África.

BUFANDA f. Prenda, generalmente de lana, con que se abriga el cuello y la boca.

BUFANO, ALFREDO R. Escritor argentino (Guaymallén, 1895 - Mendoza, 1950). Publicó obras de poesía en tono elegíaco y de carácter descriptivo. Obras: *Canciones de mi casa* (1919), *Poemas de provincia* (1922), *Poemas de Cuyo* (1925) y *Romancero* (1932).

BUFAR intr. **1** Resoplar con furor un animal. **2** fig. y fam. Manifestar ira o extremo enojo de algún modo.

BUFÉ m. **1** Comida compuesta por alimentos calientes y fríos, expuestos en una mesa para que los comensales se sirvan solos. **2** Local destinado a reuniones o espectáculos públicos donde se sirven dichos alimentos.

BUFEO m. *Zool.* DELFÍN[1], cetáceo.

BUFETE m. **1** Mesa de escribir con cajones. **2** fig. Estudio o despacho de un abogado. **3** fig. Clientela del abogado.

BUFFALO Ciudad de EE UU, Estado de Nueva York; 312.965 h. Centro industrial.

BUFFALO BILL (WILLIAM FREDERICK CODY, llamado) Aventurero y militar estadounidense (Scott, 1845 - Denver, 1917). Participó en la guerra de Secesión como explorador al servicio de las filas nordistas. Se hizo célebre con un circo que recorrió América, en el que trabajó como tirador y caballista.

BUFFET, BERNARD Pintor francés (París, 1928). Posee un estilo propio, fuera de toda clasificación ortodoxa, y está considerado uno de los pintores más representativos de su generación.

BUFFON, GEORGES-LOUIS LECLERC, CONDE DE Naturalista y escritor francés (Montbard, 1707 - París, 1788). Supervisor del Jardin du Roi, comenzó una enciclopedia que llamó *Historia Natural, general y particular,* en 44 volúmenes.

BUFIDO m. **1** Sonido que emite el animal cuando bufa. **2** fig. y fam. Demostración de enfado. **3** Voz alta y descompuesta.

BUFO, FA adj. **1** Cómico, casi grotesco. **2** BUFÓN, chocarrero. **3** Se dice de un tipo de ópera cómica italiana del siglo XVIII. || m. y f. **4** Persona que hace el papel de gracioso en la ópera italiana.

BUFÓN, NA adj. y s. **1** Que tiene por costumbre decir chistes groseros. || m. *Hist.* **2** Personaje grotesco que en las cortes medievales y renacentistas tenía por oficio hacer reír.

BUFONADA f. **1** Dicho o hecho propio de bufón. **2** Chanza satírica.

BUG m. *Inform.* **1** Error o fallo en el funcionamiento de un programa. **2** Defecto en una pieza del ordenador.

Antonio
Buero Vallejo

BUG o **BUG SEPTENTRIONAL** Río de Polonia, que nace en Ucrania, traza la frontera entre ambos países y desemboca en el Vístula; 800 km de curso.

BUG MERIDIONAL Río de Ucrania, que nace en la meseta de Volinia y Podolia y desemboca en el mar Negro; 750 km de curso.

BUGALLA f. *Bot.* Agalla del roble y otros árboles que sirve para tintes o tinta.

BUGANVILLA f. *Bot.* BOUGANVILLEA.

BUGATTI, ETTORE Constructor de automóviles de carreras francés, de origen italiano (Milán, 1887 - París, 1947). Sus modelos obtuvieron el segundo puesto en el Gran Premio de Francia (1919) y el primero en las 24 horas de Le Mans.

BUGGY m. *Autom.* Vehículo todoterreno construido a partir del chasis de un automóvil de serie, provisto de carrocería baja y neumáticos anchos.

BUGLE m. *Mús.* Instrumento musical de viento formado por un largo tubo cónico de metal, arrollado de distintas maneras y provisto de pistones en número variable.

BUGUI-BUGUI (Del i. *boogie-woogie.)* m. **1** *Danza.* Baile popular americano de los años cuarenta. **2** *Mús.* Estilo musical y artístico, derivado del *blues,* que se interpreta al piano.

BUHARDILLA f. **1** Piso más alto de un edificio, generalmente con el techo inclinado aprovechando el hueco del tejado. **2** Ventana en el tejado de una casa que da luz a los desvanes.

BUHARI, MOHAMED Militar y político nigeriano (Daura, 1942). Encabezó el golpe de Estado de 1983 que derrocó al gobierno de Shehu Shagari. En 1985 fue derrocado a su vez por el general I. Babandiga.

BUHARRO m. *Zool.* CORNEJA, ave rapaz.

BÜHLER, KARL Psicólogo y lingüista alemán (Meckensheim, 1879 - Los Ángeles, 1963). Siguió las teorías de la escuela de la Gestalt, y contribuyó al estudio del pensamiento y del lenguaje. Centró sus trabajos lingüísticos en el estudio de las FUNCIONES DEL LENGUAJE.

BÚHO m. **1** *Zool.* Nombre común de varias aves rapaces nocturnas, pertenecientes a la familia estrígidos. Se caracterizan por sus ojos grandes, situados en la parte anterior de la cabeza. El pico es corto y curvo, y las garras fuertes y afiladas. Son cazadores nocturnos de vuelo silencioso. Se alimentan de ratones y otros pequeños vertebrados, aves e insectos. Viven casi en todo el mundo, excepto en Australia. **2** fig. y fam. Persona huraña. **3** Autobús urbano que circula durante la noche.

BUHONERO m. Comerciante itinerante que lleva o vende cosas de poco valor y variadas.

BUIN *Hist.* Ciudad de Chile, región Metropolitana de Santiago. En su término tuvo lugar una batalla entre las tropas chilenas de Bulnes y las de la Confederación Peruboliviana de Santa Cruz (1839), que concluyó con la victoria chilena.

BUITENZORG BOGOR.

BUITRAGO DEL LOZOYA Municipio y lugar de España, provincia de Madrid; 1.403 h. Castillo mudéjar del siglo XIV.

BUITRE m. *Zool.* Nombre común de diversas aves falconiformes, rapaces y carroñeras, de la familia accipítridos. Se caracterizan por su gran tamaño, pico fuerte, largo y ganchudo, y cabeza desnuda o cubierta de un escaso plumón. Se alimentan de carroña y suelen vivir en sociedad. Viven en las zonas templadas y cálidas del globo, excepto en Oceanía.

BUITRERA f. **1** Lugar en que los cazadores ponían antiguamente el cebo al buitre. **2** Lugar en el que viven los buitres.

BUITRÓN m. **1** Arte de pesca en forma de cono prolongado, en cuya boca hay otro más corto, dirigido hacia adentro y abierto por el vértice para que entren los peces y no puedan salir. **2** Cierta red para cazar perdices. **3** *Zool.* Ave paseriforme perteneciente a la familia sílvidos, de nombre científico *Cisticola iuncidis.* De tamaño reducido, tiene el pico curvado y construye nidos en forma de bolsa, en las cañas de las plantas herbáceas y palustres. Vive en el S de Europa.

BUJARA BUKHARA.

BUJARASOL adj. y m. *Agr.* Se dice de una variedad de higo.

BUJARIN, NICOLAI IVANOVICH Político soviético (Moscú, 1888 - íd., 1938). Miembro del Politburó (1918-29), dirigente de la III Internacional (1929) y director del periódico *Pravda.* Expulsado del partido fue condenado a muerte, acusado de defender las ideas de Trotski y de organizar el grupo de oposición a Stalin.

BUJE m. *Tecnol.* Pieza cilíndrica de hierro o cobre, que guarnece el interior de ciertas piezas de maquinarias y ruedas de carruajes, para disminuir el rozamiento de los ejes.

BUJEDA, BUJEDAL o **BUJEDO** f. o m. *Bot.* BOJEDAL.

BUJETA f. **1** Caja de madera. **2** Pomo para perfumes. **3** Cajita en que se guarda este pomo.

BUJÍA f. **1** Vela de cera blanca, de esperma o estearina. **2** Candelero en que se pone. **3** *Fís.* Antigua unidad de intensidad luminosa. **4** *Tecnol.* Pieza que en los motores de combustión sirve para que salte la chispa eléctrica.

BUJÍA BÉJAÏA.

BUJUMBURA Ciudad capital de Burundi y de la provincia de su nombre; 300.000 h. Industria alimentaria, textil y de construcciones mecánicas. Antiguamente se llamó *Usumbura.*

BUKHARA o **BUJARA** Ciudad de Uzbekistán, capital de la provincia del mismo nombre; 236.000 h. Centro comercial (alfombras, tapices, pieles) y religioso.

BUKOWSKI, CHARLES Escritor estadounidense de origen alemán (Andernach, 1920 - San Diego, 1994). Su obra está influida por el inconformismo y la rebeldía de la generación *beat,* y presenta una realidad opuesta a todo convencionalismo moral. Autor de los poemarios *Mi corazón está cogido en sus manos* (1963), *El amor es un perro en el infierno* (1977) y *Guerra sin tregua: poemas 1981-1984* (1986); y de las narraciones *Escritos de un viejo indecente* (1969) y *Erecciones, eyaculaciones, exhibiciones y demás relatos de la locura cotidiana* (1972).

BULA f. **1** Medalla que en la antigua Roma llevaban los hijos de familias nobles hasta que vestían la toga. **2** Sello de plomo que va pendiente de ciertos documentos pontificios. **3** *Rel.* Documento pontificio relativo a materia de fe o de interés general, concesión de gracias o privilegios o asuntos judiciales o administrativos, expedido por la cancillería apostólica y autorizado por el sello de su nombre. || **BULA DE LA SANTA CRUZADA** *Hist.* Bula que los papas concedían a los que iban a la guerra contra infieles o sufragaban sus gastos con limosnas. || **tener bula** para algo fr. fig. y fam. Contar con facilidades negadas a los demás para conseguir cosas.

BULARIO m. Colección de bulas.

BULAWAYO Ciudad de Zimbabwe que por sí misma constituye una provincia; 479 km^2 y 620.936 h. Centro industrial, minero y metalúrgico.

BULBAR adj. *Anat.* Relativo al bulbo raquídeo.

BULBILLO m. **1** *Bot.* Brote modificado e integrado por pequeñas hojitas que contienen sustancias alimenticias. Separado del tallo de la planta principal puede dar lugar a una nueva planta. **2** *Zool.* Pequeña estructura de forma bulbar.

BULBO m. *Bot.* Tallo subterráneo de algunas plantas. Está integrado por escamas o bases de hojas carnosas superpuestas, que contienen gran cantidad de sustancias alimenticias de reserva. || **BULBO DENTARIO** *Anat.* Parte blanda en el interior de los dientes. || **BULBO PILOSO** *Zool.* Abultamiento ovoideo compuesto por células epidérmicas, en que termina la raíz del pelo de los mamíferos. || **BULBO RAQUÍDEO** *Zool.* Abultamiento de la médula espinal en su parte superior.

BULBUL m. *Zool.* Nombre común de diversas aves paseriformes.

BULÉ m. *Hist.* Especie de senado que existía en las antiguas ciudades griegas junto a la asamblea popular, para proponer a ésta los proyectos de ley.

BULERÍAS f. pl. **1** *Mús.* Cante popular andaluz de ritmo vivo. **2** *Danza.* Baile que se ejecuta al son de ese cante.

BULEVAR m. Nombre de ciertas calles generalmente anchas, con paseos y árboles.

BULGÁKOV, MIJAIL AFANASIEVICH Escritor soviético (Kiev, 1891 - Moscú, 1940). Alcanzó fama por su humor sarcástico y el empleo de la fantasía en una literatura política. Su nombre estuvo incluido en el «índice» estalinista, aunque fue rehabilitado después de muerto.

BULGANIN, NIKOLAI ALEKSANDROVICH Político soviético (Nijni-Novgorod, 1895 - Moscú, 1975). A la muerte de Stalin ocupó la vicepresidencia de Defensa (1953-55). Al cesar Malenkov en la presidencia del gobierno, le sucedió en este cargo (1955-58). En 1960 se retiró de la vida política.

BULGARIA

Superficie: 110.994 km².
Población: 8.172.000 h. (búlgaros).
Densidad: 73,6 h./km².
Tasa de natalidad: 7,9‰.
Tasa de mortalidad: 14,3‰.
Capital: Sofía.
Ciudades principales: Burgas, Plovdiv, Ruse y Varna.
Grupos étnicos: búlgaros (85,7%), turcos (9,4%), cíngaros (3,6%), otros (1,3%).
Religión: cristianismo ortodoxo (87%), islamismo (13,1%), otra (1,2%).
Idioma: búlgaro (oficial).
Moneda: lev.
Forma de Estado: república.
Producto Nacional Bruto: 10.085 millones de dólares.
Renta per cápita: 2.220 dólares.
División administrativa: 8 provincias y 1 distrito urbano, según cuadro.

HIST. Habitada primitivamente por los tracios, Bulgaria fue ocupada por macedonios y romanos, y fundada como Estado autónomo en el año 681. Formó parte del imperio otomano entre los siglos XV y XIX y se constituyó en reino independiente en 1908. Ocupada durante la Segunda Guerra Mundial por la URSS, en 1946 fue abolida la monarquía, tras un referéndum, erigiéndose en República Popular y quedando incorporada, desde 1948, al bloque de países del Este. A partir de 1987, influida por la *perestroika*, Bulgaria inició su apertura, que culminaría con la convocatoria de elecciones libres en 1990. Las elecciones presidenciales, celebradas en 1992, dieron el triunfo al reformista Yeliu Yelev, de la Unión de Fuerzas Democráticas, que ocupaba interinamente la presidencia de la República. En las elecciones de 1994 el Partido Socialista de Bulgaria, encabezado por Zhan Videnov, consiguió la mayoría absoluta; en las presidenciales de 1996 triunfó Petar Stoyanov, líder de la alianza anticomunista Unión de Fuerza Democrática. Ese mismo año dimitió Videnov y, debido a la presión popular, Stoyanov se vio obligado a nombrar un gobierno provisional dirigido por Stefan Dofianski, que convocó nuevos comicios para 1997. En ellos venció la UFD, liderada por Ivan Kostov, que reemprendió la política liberalizadora iniciada en 1992. En las elecciones legislativas celebradas en 2001 obtuvo la victoria el Movimiento Nacional Simeón II, encabezado por el ex rey Simeón, mientras que en las presidenciales se alzó con el triunfo el socialista Georgi Purvanov.

BÚLGARO, RA adj. y s. **1** De Bulgaria. || m. *Ling.* **2** Lengua hablada en Bulgaria.

BULIMIA f. *Med.* Enfermedad psicológica caracterizada por el hambre exagerada y la ingestión desordenada de alimentos. Suele ir asociada a la anorexia, alternándose periodos de una y otra. Puede aparecer como síntoma de la diabetes mellitus y de ciertas lesiones cerebrales.

BULL, JOHN JOHN BULL.

BULLA f. **1** Gritería o ruido que hacen una o varias personas. **2** Concurrencia de mucha gente. **3** Prisa, apresuramiento.

BULLABESA f. Salsa de pescados y crustáceos, sazonada con especias, vino y aceite.

BULLANGA f. Tumulto.

BULLANGUERO, RA adj. y s. Alborotador.

BULLDOG (Voz i.) m. *Veter.* Raza de perros de origen inglés, creada en el siglo XIX para luchar con los toros.

BULLDOZER (Voz i.) m. *Tecnol.* Tractor sobre orugas provisto de una pala frontal para labores de desmonte y nivelación de terrenos.

BULLICIO m. **1** Ruido y rumor de mucha gente. **2** Alboroto.

BULLICIOSO, SA adj. **1** Se dice de lo que causa bullicio o que lo tiene. **2** Inquieto, desasosegado. **3** Alborotador. También s.

BULLIR intr. **1** Hervir un líquido. **2** Agitarse una masa de personas, animales u objetos, o una cosa sola, a semejanza del agua que hierve. **3** fig. Moverse una persona, no estarse quieta. **4** fig. Moverse como dando señal de vida. También prnl. || tr. **5** fig. Mover, menear. ♦ IRREG. Se conjuga como MULLIR.

BULLONISMO o **BULLIONISMO** m. *Econ.* **1** Sistema monetario, aparecido en Inglaterra en la primera mitad del

BULGARIA

Provincias / Distrito urbano	Superficie (km²)	Población (h.)	Capitales
Burgas	14.657	849.627	Burgas
Haskovo	13.892	882.051	Haskovo
Lovec	15.150	960.082	Lovec
Montana	10.607	593.546	Milhajlovgrad
Plovdiv	13.628	1.194.044	Plovdiv
Ruse	10.842	741.759	Ruse
Sofía	18.978	942.037	Sofía
Varna	11.929	887.517	Varna
Sofía	*1.311*	*1.199.708*	

BULGARIA (*Republika Bălgarija*) Estado de Europa sudoriental, en la península de los Balcanes, que limita al N, con Rumania; al E, con el mar Negro; al S, con Grecia y Turquía, y al O, con Macedonia y Serbia.
GEOG. El territorio búlgaro está atravesado de O a E por los Balcanes, que dividen el país en dos vertientes, la septentrional, que desciende hasta el Danubio, y la meridional, en brusca pendiente, con la depresión del Maritza y el macizo de Rhodope. Sus costas son abruptas. Los ríos principales son el Ogosta, Iskur y Yantra, que afluyen al Danubio y, en la parte S, el Struma y el Maritza. El clima es continental, con lluvias estivales, salvo al S de los Balcanes y al E, junto al mar Negro, donde es mediterráneo. Producción agrícola (cereales, algodón, tabaco, rosas y fresas). Ganadería ovina. Industria minera (lignito, hierro, cinc, petróleo, gas natural, molibdeno, plomo, manganeso y cobre), y de producción de electricidad. Exporta tabaco, maquinaria y bienes de consumo.

siglo XIX, en el que el papel moneda tenía necesariamente un respaldo metálico. **2** Doctrina que preconizaba la aplicación de este sistema.

BULNES PRIETO, MANUEL Militar y político chileno (Concepción, 1799 - Santiago, 1866). Vencedor en la batalla de Yungay de la Confederación Peruboliviana y presidente de la República (1841-46 y 1846-51).

BULO m. Noticia falsa propagada con algún fin.

BÜLOW, BERNHARD, PRÍNCIPE VON Político alemán (Klein-Flottbek, 1849 - Roma, 1929). Canciller del imperio (1900-09), realizó una política de aislamiento del Reich con respecto a los demás países europeos, que supuso una fragmentación en Europa que favorecería el inicio de la Primera Guerra Mundial.

BULTO m. **1** Volumen de cualquier cosa. **2** Cuerpo indistinguible por alguna circunstancia. **3** Elevación causada por cualquier hinchazón. **4** Busto o estatua. **5** Fardo, maleta, baúl, etc., hablando de transportes o viajes. **6** Almohada, colchoncillo. || **BULTO REDONDO** *Esc.* Obra escultórica aislada, y por tanto visible por todo su contorno. || **a bulto** loc. adv. fig. Sin examinar bien las cosas. || **de bulto** loc. adv. fig. De importancia. || **escurrir** uno **el bulto** fr. fig. y fam. Eludir o esquivar un trabajo o compromiso.

BUMANGUÉS, SA adj. y s. De Bucaramanga.

BUMEDIAN, HUARI (MUHAMMAD BOUKHAROUBA, llamado) Político y militar argelino (Guelma, 1927 - Argel, 1978). Luchó por la independencia de su país y fue ministro de Defensa en el primer gobierno de la Argelia independiente. En 1965 dio un golpe de Estado que derrocó a Ben Bella, y se hizo con el poder. En las elecciones de 1976 fue reelegido presidente de la República.

BUMERÁN m. Arma arrojadiza que, lanzada con movimiento giratorio, vuelve al punto de partida.

BUNCHE, RALPH JOHNSON Sociólogo y político estadounidense (Detroit, 1906 - Nueva York, 1971). Mediador de la ONU en el conflicto de Palestina, consiguió la firma del armisticio entre Israel y los países árabes (1948-49), por lo que obtuvo el premio Nobel de la Paz (1950).

BUNDESLAND m. División administrativa primaria de Austria.

BUNDESRAT m. *Polít.* Consejo federal de Alemania que con el Bundestag constituye el poder legislativo.

BUNDESTAG m. *Polít.* Cámara federal de Alemania que con el Bundesrat constituye el poder legislativo.

BUNGALOW (Voz i.) m. Casa de campo o playa de construcción ligera.

BUNGE, MARIO Filósofo argentino (Buenos Aires, 1919). Se ha especializado en el análisis de los supuestos epistemológicos del método científico. Autor de *Materialismo y ciencia* (1980), *Intuición y razón* (1986) y *Mente y sociedad* (1989).

BUNIN, IVÁN ALEXEIEVICH Escritor ruso nacionalizado francés (Voronezh, 1870 - París, 1953). Tradujo a Longfellow y lord Byron. Sus obras se caracterizan por una prosa rica, cuidada y lírica. Destacan *Una aldea* (1909), novela; las colecciones de cuentos *La copa de la vida* (1914) y *Hermanos* (1914); y el relato *El caballero de San Francisco* (1915). En París publicó *El amor de Mitia* (1925) y *Oscuras avenidas* (1943). En 1933 obtuvo el premio Nobel de Literatura.

BUNKER[1] o **BÚNKER** (Voz al.) m. **1** *Mil.* Fortificación, a menudo subterránea, para defenderse de los bombardeos. **2** *Polít.* Sector político o económico inmovilista de una sociedad.

BUNKER[2] (Voz i.) *Dep.* En golf, obstáculo artificial, generalmente una fosa con arena, que dificulta el recorrido de la pelota.

BUNOLOFODONTO, TA adj. *Zool.* **1** Se dice del diente que tiene las cúspides exteriores en forma de conos romos y las interiores como pliegues trasversales. **2** Se dice del animal que tiene los dientes como el tapir.

BUNOSELENODONTO, TA adj. *Zool.* **1** Se dice del diente que tiene las cúspides internas en forma de conos romos y las externas como crestas longitudinales curvadas. **2** Se dice del animal que tiene los dientes como los titanoterios extinguidos.

BUNSEN, MECHERO DE *Quím.* Instrumento utilizado como fuente de calor en trabajos de laboratorio y, provisto de una camisa incandescente, como mechero de gas para alumbrado.

BUNYA-BUNYA m. *Bot.* Árbol de gran tamaño perteneciente a la familia araucariáceas, de nombre científico *Araucaria bidwilli.* Las hojas son aciculares y las piñas grandes, con piñones comestibles. Originario del litoral E de Australia.

BUNYAN, JOHN Escritor y predicador inglés (Elstow, 1628 - Londres, 1688). Tras una grave crisis moral ingresó en una congregación baptista. Una vez restaurada la monarquía fue acusado de predicar sin permiso y encarcelado de 1660 a 1672. Durante su encierro escribió *Conducta cristiana* (1663) y *La resurrección de la muerte* (1665). También es autor de *El viaje del peregrino* (1678-84).

Luis **Buñuel.** Escena de *Viridiana,* con Silvia Pinal.

BUÑOLERÍA f. Tienda en que se hacen y venden buñuelos.

BUÑOLERO, RA m. y f. Persona que hace o vende buñuelos.

BUÑUEL, LUIS Director de cine español (Calanda, 1900 - Ciudad de México, 1983). Fue el iniciador del surrealismo en el cine, con los cortometrajes *Un perro andaluz* (1928) y *L'Âge d'or* (1930). Sus obras entroncan con la tradición cultural española y exponen las inquietudes del autor, con un estilo realista teñido de un humor amargo y un espíritu crítico hacia la religión, el poder y la burguesía. Entre sus filmes destacan *Las Hurdes, tierra sin pan* (1932), *Nazarín* (1959), *Viridiana* (1961), *El ángel exterminador* (1962), *La vía láctea* (1968), *Belle de jour* (1966), *Tristana* (1970), *El discreto encanto de la burguesía* (1972) y *Ese oscuro objeto de deseo* (1977).

BUÑUELO m. **1** Masa de harina frita en forma de bola **2** fig. y fam. Cosa hecha mal y atropelladamente.

BUONAPARTE BONAPARTE.

BUONARROTI, MIGUEL ÁNGEL MIGUEL ÁNGEL.

BUONARROTI, PHILIPPE Revolucionario francés de origen italiano (Pisa, 1761 - París, 1837). Colaboró con Babeuf en la llamada Conspiración de los Iguales, por la que fue condenado y deportado. Amnistiado por Napoleón, conspiró contra su régimen, por lo que hubo de huir a Suiza.

BUPLEIRO m. *Bot.* Nombre dado a unas 75 especies de plantas herbáceas pertenecientes a la familia umbelíferas, género *Bupleurum.* Crecen en las regiones boreales extratropicales, en el S de África y en Socotora.

BUQUE m. *Mar.* Barco con cubierta y medios de propulsión propios que por su tamaño, solidez y fuerza, es adecuado para navegaciones o empresas marítimas de importancia. || **BUQUE ESCUELA** *Mil.* Aquel en el que realizan prácticas los alumnos de las escuelas navales militares. || **BUQUE FACTORÍA** *Mar.* El que está dotado de lo necesario para transformar y conservar las capturas de los barcos pesqueros. || **BUQUE DE GUERRA** *Mil.* El acondicionado especialmente para acciones bélicas; se distinguen numerosos tipos según su misión y los elementos de combate con los que están dotados (crucero, destructor, fragata, corbeta). || **BUQUE INSIGNIA** *Mar.* Aquel que transporta al jefe de una escuadra y lleva su enseña. || **BUQUE MERCANTE** *Mar.* El destinado al transporte de carga o pasajeros.

BUQUÉ m. Aroma del vino.

BURAN m. *Meteor.* Viento frecuente en invierno, que sopla desde el NO en Asia central y Rusia.

BURATO m. **1** Tejido de lana o seda que sirve para alivio de luto. **2** Cendal o manto transparente.

BURBUJA f. Glóbulo de aire que se forma en los líquidos.

BURBUJEAR intr. Hacer burbujas.

BURBUJEO m. *Fís.* **1** Desprendimiento de gas en un acumulador al final de su periodo de carga. **2** Desprendimiento de gas de los electrodos de un voltámetro o de los tubos de alto vacío.

BURCKHARDT, JAKOB CHRISTOPH Historiador suizo (Basilea, 1818 - íd., 1897). Defendió la idea de que el individualismo es el motor de la historia. Su obra más notable es *La cultura del Renacimiento en Italia* (1860).

BURDÉGANO m. *Zool.* Híbrido obtenido al cruzar un caballo y una burra.

BURDEL m. PROSTÍBULO.

BURDEOS m. fig. Vino de gran calidad que se elabora en la región francesa de Burdeos.

BURDEOS *(Bordeaux)* Ciudad de Francia, capital de la región de Aquitania y del departamento de Gironde; 213.274 h. Industrias alimentarias y petroquímicas. Puerto exportador de vinos.

BURDO, DA adj. Tosco, grosero.

BUREL m. *Bl.* Pieza que consiste en una faja cuyo ancho es la novena parte del escudo.

BUREO m. fig. Entretenimiento, diversión.

BURETA f. *Quím.* Recipiente de vidrio en forma de tubo graduado para análisis químicos.

BURGA f. *Geol.* Manantial de agua caliente.

BURGADO m. *Zool.* Caracol terrestre.

BURGALÉS, SA adj. y s. De Burgos.

BURGENLAND Estado del E de Austria, lindante con Hungría; 3.965 km^2 y 279.752 h. Su capital es Eisenstadt.

BURGESS, ANTHONY Escritor británico (Manchester, 1917 - Londres, 1993). Autor de *La naranja mecánica* (1962), llevada al cine por S. Kubrick, *La semilla del deseo* (1962), *Nada bajo el sol* (1964), *Sinfonía napoleónica* (1974), *Poderes terrenales* (1980), *Has tenido tu época* (1990) y *A Dead Man in Deptford* (1993).

BURGO m. *Hist.* Fortaleza en las proximidades de la ciudad medieval, construida por los señores feudales para vigilar la comarca. El incremento de las actividades comerciales a partir del siglo XI, llenó los caminos de mercaderes, que buscaron el amparo de estos burgos o fortalezas. El número de éstos creció, dando lugar a la creación de nuevos barrios *(burgos nuevos).* La composición de su población, comerciantes y artesanos, se diferenciaba de la de las ciudades próximas, nobles y clero, con los que no tardaron en enfrentarse. Estas luchas acabaron por convertir a los burgos en independientes, con estatuto propio.

BURGO DE OSMA-CIUDAD DE OSMA Municipio y lugar de España, provincia de Soria; 5.011 h. Catedral del siglo XIII.

BURGOMAESTRE m. Primer magistrado municipal de algunas ciudades de Alemania, Países Bajos, Suiza, etc.

BURGOS 1 Provincia de España, en la comunidad autónoma de Castilla y León; 14.269 km^2 y 347.218 h. Bordeada por la cordillera Cantábrica, la depresión vasca y los montes Ibéricos, al N y al E, se abre al S y al O el valle regado por el Duero y sus afluentes. El clima es continental. Produce cereales, legumbres, hortalizas, frutas y vid. Ganado lanar y cabrío. Minería. **2** Ciudad capital de la misma; 163.156 h. Industria textil, mecánica, química, metalúrgica, del papel y alimentaria.

BURGUÉS, SA adj. **1** Perteneciente al antiguo burgo. **2** Perteneciente o relativo al ciudadano de la clase media. **3** Vulgar, mediocre, que carece de ideales. También s. || m. y f. **4** Ciudadano de la clase media acomodada.

BURGUESÍA f. *Hist.* y *Sociol.* Conjunto de burgueses, ciudadanos de las clases medias y acomodadas. La burguesía es la clase social poseedora del capital en el modo de producción capitalista. La posesión de los medios de producción y la explotación del trabajo asalariado por esta clase, determina un enfrentamiento de intereses con la clase obrera, que el marxismo denomina lucha de clases. El origen de la burguesía se encuentra en el interior de la sociedad feudal, como nuevo grupo social especializado en los intercambios y localizado en los nuevos núcleos urbanos, que acapararon la representación del estamento popular en las cámaras feudales (Cortes). Durante los siglos XVI y XVII, el desarrollo del comercio colonial fortaleció su posición y, junto a las nuevas ideas del Renacimiento y la Reforma, provocaron los primeros intentos de acceso al poder, alcanzado por primera vez en la revolución inglesa de 1648, que fortaleció el parlamentarismo frente a la monarquía absoluta. La revolución industrial iniciada en el siglo XVIII trajo consigo la consolidación del poder económico de la burguesía y su enfrentamiento con la clase obrera. Mediante las revoluciones burguesas de los siglos XVIII y XIX acabó con el Antiguo Régimen, lo que supuso la aparición del estado liberal burgués. El advenimiento de un tipo nuevo de sociedad en los países desarrollados ha difuminado los perfiles de la burguesía.

BURGUIBA, HABIB BEN ALI Político tunecino (Monastir, 1903 - íd., 2000). Contribuyó decisivamente a la independencia de su país, del que fue nombrado presidente de la República (1957). Reelegido en varias ocasiones, la última lo fue de forma vitalicia (1974). En 1987 fue declarado incapaz para gobernar y sustituido, como jefe del Estado, por Zine el Abidin Ben Ali.

BURGUNDIO, DIA adj. **1** *Hist.* Se dice de un pueblo germánico que, derrotado por los hunos, se estableció en la zona centro-oriental de Francia, en la moderna Borgoña. También m. pl. **2** Se dice también de sus individuos. También s. **3** Relativo a los miembros de este pueblo. || m. *Ling.* **4** Lengua de este pueblo.

BURIATOS República federada de la Federación de Rusia, en Siberia; 351.300 km² y 1.053.000 h. Su capital es Ulan-Ude. Agricultura, minería, bosques.

BURIDAN, JEAN Filósofo y científico francés (Béthune, 1300 - ?, 1358). Se le atribuye el argumento del *asno de Buridan*, paradoja que ilustra el problema del libre albedrío.

BURIEL adj. De color rojo, entre negro y leonado.

BURIL m. Instrumento puntiagudo de acero para grabar sobre metal y otras materias.

BURILAR tr. Grabar con el buril.

BURJACA m. Bolsa grande de cuero en donde los peregrinos llevan lo que les dan de limosna.

BURJASOT (*Burjassot*) Municipio y lugar de España, provincia de Valencia; 34.061 h.

BURKE, EDMUND Filósofo y político irlandés (Dublín, 1729 - Beaconsfield, 1797). Se declaró hostil a la Revolución Francesa y a cualquier otra abstracción doctrinal, por considerar que los regímenes políticos se han de conformar a las circunstancias de cada país. Obras principales: *Indagación sobre el origen de nuestras ideas sobre lo sublime y lo bello* (1756) y *Reflexiones sobre la Revolución Francesa* (1790).

BURKINA FASO Estado de África centrooccidental, que hasta el 4 de agosto de 1984 se denominó *Alto Volta*. Limita al N y O con Malí, al E con Níger y Benín y al S con Togo, Ghana y Costa de Marfil.

Geog. El territorio está constituido por una vasta meseta interior poco accidentada, atravesada de N a S por los valles del río Volta. El clima es tropical senegalés. Su economía está basada en la agricultura y la ganadería. La población es rural en un 91%. Sus principales productos son el azúcar, los cereales y el algodón. Oro, manganeso y antimonio. La industria se reduce prácticamente a la transformación de sus productos agrícolas.

Hist. El país actual coincide casi exactamente con los límites del antiguo imperio de Moro Naba. Este soberano estableció una monarquía de carácter sagrado con una administración jerarquizada, que dio cohesión a un pueblo de campesinos, los mossi. Los franceses convirtieron el territorio en protectorado en 1896. Desde 1947 formó parte del África Occidental Francesa con el nombre de Alto Volta; en 1958 optó por la autonomía dentro de la comunidad francesa, y en 1960 obtuvo la independencia. En 1984 cambió el nombre de Alto Volta por Burkina Faso. Los gobiernos militares se fueron sucediendo en el país, a partir de 1966, mediante golpes de Estado. En 1991 se formó un gobierno de transición, que convocó elecciones multipartidistas para acabar con el sistema de partido único. Las elecciones de 1992 supusieron el nacimiento de la IV República del país, con Compaoré como jefe del Estado y Yusuf Medraogo al frente del gobierno. En 1994, este último fue sustituido por Marc Christian Roch Kaboré. Tras la dimisión de éste en 1996, Kadné Désiré Ouedraogo se ocupó del gobierno. En 1998 Compaoré fue reelegido presidente. Paramajna Ernest Yonli fue nombrado primer ministro en 2000 y ratificado tras las legislativas de 2002.

BURLA f. **1** Acción o palabras con que se procura poner en ridículo a personas o cosas. **2** CHANZA. **3** ENGAÑO.

BURLADERO m. *Taurom.* Trozo de valla que se pone delante de las barreras de las plazas de toros para que se refugie el torero.

BURLADOR, RA adj. y s. **1** Que burla. || m. **2** Libertino habitador que hacía gala de deshonrar a las mujeres.

BURLAR tr. **1** Esquivar algo o a alguien. **2** ENGAÑAR, mentir. || prnl. **3** Hacer burla de personas o cosas. También intr.

BURLESCO, CA adj. fam. Festivo, jocoso.

BURLETE m. **1** Vaina plástica rellena de estopa o crin que se pone al canto de las hojas de puertas, balcones o ventanas para que no pueda pasar el viento. **2** Cualquier tira de tejido o materia análoga con la misma finalidad.

BURLÓN, NA adj. **1** Inclinado a decir o hacer burlas. También s. **2** Que implica burla.

BURNE-JONES, EDWARD Pintor inglés (Birmingham, 1833 - Londres, 1898). Destacado representante de la escuela prerrafaelista, los temas de sus cuadros están extraídos de las leyendas medievales y de la mitología. El gusto por el claroscuro, las formas sinuosas y el carácter decorativo de sus obras preludian el *art nouveau*.

BURNET, FRANK MACFARLANE Médico australiano (Traralgon, Victoria, 1899 - Melbourne, 1985). Descubrió la inmunidad adquirida. Premio Nobel de Medicina (1960), compartido con P. B. Medawar, por sus experimentos sobre la tolerancia a la inmunización.

BURNHAM, LINDEN FORBES SAMPSON Político guyanés (Kitty, 1923 - Georgetown, 1985). Fue uno de los fun-

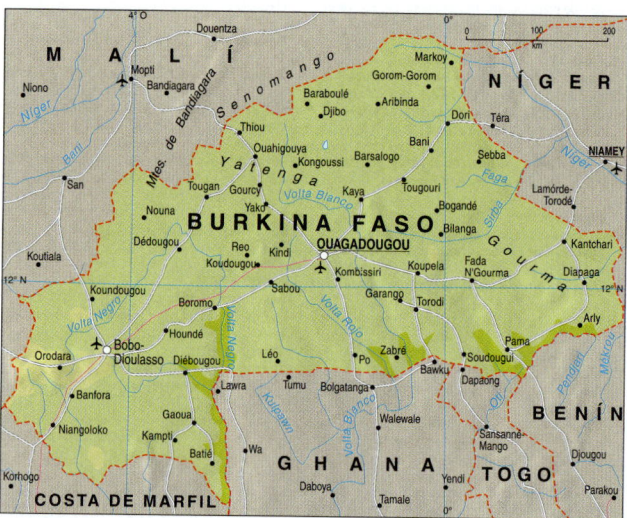

Superficie:
274.400 km².
Población:
11.946.000 h.
(voltenses).
Densidad:
43,5 h./km².
Tasa de natalidad: 45,7‰.
Tasa de mortalidad: 17,2‰.
Capital: Ouagadougou.
Ciudades principales: Banfora, Bobo-Dioulasso, Koudougou y Ouahigouya.
Grupos étnicos: mossi (47,9%), fulbé (8,3%), lobi (6,9%), mandinga (8,8%), bobo (6,8%), senufo (5,3%), grosi (5,1%), gurma (4,8%), tuareg (3,3%).
Religión: animismo (44,8%), islamismo (43%), catolicismo (9,8%) y protestantismo (2,4%).
Idioma: francés (oficial), mossi y varios dialectos.
Moneda: franco CFA.
Forma de Estado: república.
Producto Nacional Bruto: 2.575 millones de dólares.
Renta per cápita: 240 dólares.
División administrativa: 30 provincias, según cuadro.

BURKINA FASO

Provincias	Superficie (km²)	Población (h.)	Capitales
Bam	4.017	173.516	Kongoussi
Bazega	5.313	352.104	Kombissiri
Bougouriba	7.087	242.986	Diébougou
Boulgou	9.033	465.845	Tenkodogo
Boulkiemde	4.138	393.900	Koudougou
Comoé	18.393	296.083	Banfora
Ganzourgou	4.087	223.555	Zorgho
Gnagna	8.600	272.203	Bogandé
Gourma	26.613	350.336	Fada N'Gourma
Houet	16.672	724.803	Bobo-Dioulasso
Kadiogo	1.169	652.377	Ouagadougou
Kénédougou	8.307	162.010	Orodara
Kossi	13.177	389.360	Nouna
Kouritenga	1.627	227.060	Koupela
Mouhoun	10.442	329.115	Dédougou
Nahouri	3.843	119.154	Po
Namentenga	7.755	214.564	Boulsa
Oubritenga	4.693	328.682	Ziniare
Oudalan	10.046	123.495	Gorom Gorom
Passoré	4.078	232.278	Yako
Poni	10.361	258.647	Gaoua
Sanguie	5.165	234.079	Reo
Sanmatenga	9.213	404.563	Kaya
Seno	13.473	269.892	Dori
Sissili	13.736	297.598	Léo
Soum	13.350	217.972	Djibo
Sourou	9.487	313.355	Tougan
Tapoa	14.780	187.785	Diapaga
Yatenga	12.292	558.318	Ouahigouya
Zoundwéogo	3.453	175.166	Manga

dadores del Partido Popular Progresista (1949), del que se separó en 1955 para fundar el Congreso Nacional del Pueblo (PNC). En 1964, aliado con Peter d'Aguiar, líder de la minoría probritánica, formó un gobierno de coalición y, como primer ministro, negoció la independencia (1966) y proclamó la República de Guyana (1970). Permaneció en este cargo hasta 1980, en que fue nombrado presidente del país.

Burns, Arthur Frank Economista estadounidense de origen austriaco (Stanislau, 1904 - Nueva York, 1987). Desempeñó los cargos de consejero del presidente (1969-70); director del Federal Reserve System (1970-78) y embajador en la RFA (1980-85).

Burns, Robert Poeta escocés (Alloway, 1759 - Dumfries, 1796). Su espíritu nacionalista le hizo precursor de la corriente romántica. Destacan *La belleza de Nell*, *El sábado por la noche de Cottar*, *Poemas escritos principalmente en dialecto* y el poema burlesco *Tam O'Shanter*.

Buró m. 1 Mueble para escribir, a manera de cómoda. 2 *Polít.* Órgano dirigente de determinadas asociaciones políticas.

Burocracia f. 1 Conjunto de normas, papeles y trámites necesarios para gestionar un asunto en una oficina. 2 Complicación y lentitud excesiva en la realización de estas gestiones, particularmente las que dependen de la administración de un Estado. 3 Conjunto de funcionarios públicos. 4 Influencia excesiva de los funcionarios públicos en los asuntos del Estado.

Burócrata com. Persona que pertenece a la burocracia.

Burótica f. *Inform.* Término que designa la informatización en los trabajos realizados en una oficina. También se emplea a veces como sinónimo de OFIMÁTICA.

Burrada f. 1 Manada de burros. 2 fig. y fam. Dicho o hecho necio o brutal.

Burreño m. *Zool.* BURDÉGANO.

Burri, Alberto Pintor italiano (Città di Castello, 1915 - Niza, 1955). Precursor del *arte pobre* por su utilización de materiales viejos o quemados. Autor de *Madera quemada* (1957) y *Hierro grande* (1958).

Burriana Municipio y ciudad de España, provincia de Castellón; 26.211 h.

Burro, rra m. y f. 1 *Zool.* ASNO, animal. 2 fig. Persona necia o ignorante. También adj. 3 fig. y fam. Persona laboriosa y de mucho aguante. || m. 4 Armazón para sujetar y tener en alto una de las cabezas del madero que se ha de aserrar. 5 Rueda central dentada del torno de la seda. 6 *Ocio.* Juego de naipes. 7 Instrumento de gimnasia. 8 *Méx.* ESCALERA DE TIJERA. 9 En argot, heroína, droga. 10 En argot, traficante de heroína.

Burro, Sexto Afranio Militar romano (? - ?, 62). Preceptor de Nerón, utilizó su influencia cerca de la guardia pretoriana para asegurarle la sucesión al trono a la muerte de Claudio.

Burroughs, Edgar Rice Novelista estadounidense (Chicago, 1875 - Encino, 1950). Autor de libros de aventuras como *Tarzán de los monos* (1914), que inicia una serie de más de veinte novelas, traducidas a todos los idiomas y llevadas al cine.

Burroughs, William S. Escritor estadounidense (San Luis, 1914 - Kansas City, 1997). Ligado a la generación *beat*, entre sus obras destacan *Yonqui* (1953), *Nova express* (1964), *Muchachos salvajes* (1971), *Ciudades de la noche roja* (1981), *El fantasma accidental* (1991) y *My Education: A Book of Dreams* (1995).

Burst m. *Astron.* Erupción de radiaciones que se produce en el Sol dentro del dominio de las ondas de radio.

Bursa f. *Anat.* Cavidad simple en forma de saco y con paredes lisas, que contiene un fluido ligeramente viscoso que se interpone entre dos superficies móviles del cuerpo para reducir las fricciones durante el movimiento.

Bursa Ciudad de Turquía, capital de la provincia de su nombre, región de Mármara y Costas del Egeo; 1.066.559 h. Industria textil y alimentaria. Capital del imperio otomano (1327-1413).

Bursátil adj. Concerniente a la bolsa, y a sus operaciones y valores cotizables.

Burseráceo, a adj. y s. *Bot.* 1 Se dice de las plantas angiospermas dicotiledóneas caracterizadas por tener conductos resinosos en la corteza y la madera, que exudan resinas y bálsamos, como el arbolito que produce el incienso. || f. pl. *Bot.* 2 Familia de estas plantas.

Bursitis f. *Med.* Inflamación de una bolsa.

Burton, Richard (RICHARD WALTER JENKINS, llamado) Actor británico (Pontrhydfen, 1925 - Ginebra, 1984). Aunque obtuvo éxitos teatrales interpretando personajes de Shakespeare, es sobre todo conocido por sus filmes *La túnica sagrada* (1953), *Mirando hacia atrás con ira* (1959), *Cleopatra* (1963), *Becket* (1964), *El espía que surgió del frío* (1965), *¿Quién teme a Virginia Woolf?* (1966), *Ana de los mil días* (1970), etc.

Burton, sir Richard Francis Orientalista y explorador inglés (Torquay, 1821 - Trieste, 1890). En un viaje en busca de las fuentes del Nilo, descubrió el lago Tanganika (1858).

Burton, Robert Escritor inglés (Lindley, 1577 - Oxford, 1640). Su estilo, irónico, imaginativo y elocuente, está lleno de alusiones a los autores clásicos y refleja una enorme erudición. Su obra principal es *Anatomy of Melancholy* (1621), publicada bajo el pseudónimo *Democritus Junior*, fuente de gran valor para el estudio de las ideas filosóficas y psicológicas de la época.

Burujo m. 1 Bulto pequeño que se forma apretándose unas con otras las partes que debían estar sueltas. 2 *Agr.* Masa y hueso de la aceituna. 3 *Agr.* ORUJO, hollejo de la uva.

Burundi (*République du Burundi / Republika y'u Burundi*) Estado de África central que limita al N con Ruanda, al E y S con Tanzania y al O con el lago Tanganika y con la República Democrática del Congo.

Superficie: 27.816 km².
Población: 6.055.000 h. (burundianos).
Densidad: 217,7 h./km².
Tasa de natalidad: 40,8‰.
Tasa de mortalidad: 16,6‰.
Capital: Bujumbura.
Ciudades principales: Bururi, Cibitoke, Gitega, Ngozi.
Grupos étnicos: hutus (81,9%), tutsis (13,5%), twas y pigmeos (1%).
Religión: catolicismo (65,1%), islamismo (1,6%) y protestantismo (13,8%).
Idioma: francés y kirundi (oficiales).
Moneda: franco burundiano.
Forma de Estado: república.
Producto Nacional Bruto: 911 millones de dólares.
Renta per cápita: 140 dólares.
División administrativa: 15 provincias, según cuadro.

GEOG. El relieve de Burundi es muy montañoso en la zona occidental y sirve de divisoria de las aguas entre los ríos Nilo y Congo. En el centro y E predominan las mesetas y llanuras. Comprende la parte NE del lago Tanganika. Los ríos son tributarios del Kagera. Los más importantes son el Ruvuvu y el Ruzizi. El clima es tropical de montaña. Es uno de los países más pobres del mundo. La agricultura constituye la base de su economía. Se cultivan bananas, mandioca, batatas, maíz, cacahuetes, arroz, mijo y sorgo. La población es rural en un 93,7%. La mayor parte de los ingresos provienen de la exportación de café, té y algodón. Los tutsi ejercían el papel dominante en el país frente a la etnia mayoritaria, los hutu.

HIST. El reino de Burundi fue fundado en el siglo XVII y adquirió sus fronteras actuales en el XIX. Las expediciones alemanas culminaron con la conquista del territorio en 1903, y en 1919 quedó bajo la administración de Bélgica. Comenzaron entonces los enfrentamientos entre las etnias tutsi y hutu. El país alcanzó su independencia en 1962 con un régimen monárquico que fue abolido en 1966, cuando se proclamó la República. La inestabilidad política provocada por los sucesivos golpes de Estado militares se incrementó con las luchas étnicas, mientras que la Constitución de 1981 estableció un sistema de partido único. El sistema multipartidista fue implantado en 1992, pero al año siguiente el presidente electo de origen hutu, Melchior Ndadaya, fue asesinado en un golpe militar llevado a cabo por los tutsis. Esto dio origen a una gran inestabilidad social entre las dos etnias, con la muerte y el exilio de un importante sector hutu. En 1993 fue elegido presidente Ciprien Ntaryamira, quien murió en 1994 junto con el presidente de Ruanda en un atentado. El magnicidio provocó el estallido de una nueva oleada de violencia étnica, cuyos enfrentamientos crecieron en 1995 y 1996. Ocupó la presidencia Sylvester Ntibantunganya, de la etnia hutu, pero en 1996 un golpe de Estado del ejército, mayoritariamente tutsi, llevó a la presidencia a Pierre Buyoya, mientras que del gobierno se encargó Pascal-Firmin Ndimira. El nuevo presidente relanzó el proceso de reapertura política y en 2000 llegó a un acuerdo con las milicias hutus, que entró en vigor al año siguiente. En 2003 Domitien Ndayizeye fue nombrado presidente del país.

Bus m. 1 fam. Autobús. 2 *Inform.* Vía a la cual pueden estar conectados en paralelo varios elementos de una computadora, de tal forma que pueden intercambiarse señales entre sí.

Busarda f. *Mar.* BUZARDA.

Busca f. 1 Acción de buscar. 2 Tropa de cazadores y perros que corre el monte para levantar la caza. 3 Recogida, entre los desperdicios, de objetos aprovechables. || m. 4 Aparato que permite localizar a la persona que lo lleva encima y darle un mensaje.

Buscador, ra adj. y s. 1 Que busca. || m. 2 *Astron.* Anteojo pequeño que acompaña al telescopio y sirve para buscar el objeto y centrarlo en el campo visual. 3 *Inform.* Herramienta de Internet que permite al usuario explorar los contenidos de la red para localizar todo tipo de documentos relacionados con un tema.

Buscapiés m. Cohete sin varilla que corre por la tierra. ♦ Su pl. es *buscapiés*.

Buscapleitos com. *Amér.* PICAPLEITOS. ♦ Su pl. es *buscapleitos*.

Buscar tr. Hacer algo para encontrar alguna persona o cosa. || **buscársela** fam. Ingeniarse para hallar medios de subsistencia.

Buscarla com. *Zool.* Nombre de diversas aves paseriformes, de la familia sílvidos, género *Locustella*. De alimentación insectívora, anidan cerca del agua. Viven en el centro y S de Europa.

BURUNDI			
Provincias	Superficie (km²)	Población (h.)	Capitales
Bubanza	1.089	222.953	Bubanza
Bujumbura	1.319	608.931	Bujumbura
Bururi	2.465	385.490	Bururi
Cankuzo	1.965	142.707	Cankuzo
Cibitoke	1.636	279.843	Cibitoke
Gitega	1.979	565.774	Gitega
Karuzi	1.457	287.905	Karuzi
Kayanza	1.233	443.116	Kayanza
Kirundo	1.703	401.103	Kirundo
Makamba	1.960	223.799	Makamba
Muramvya	1.535	441.653	Muramvya
Muyinga	1.836	373.382	Muyinga
Ngozi	1.474	482.246	Ngozi
Rutana	1.959	195.834	Rutana
Ruyigi	2.339	238.567	Ruyigi

George W. **Bush**

BUSCARRUIDOS com. fig. y fam. Persona inquieta y provocadora. ♦ Su pl. es *buscarruidos*.

BUSCAVIDAS com. Persona diligente en buscarse el medio de vivir con métodos irregulares. ♦ Su pl. es *buscavidas*.

BUSCH, GERMÁN Militar y político boliviano (San Javier, 1904 - La Paz, 1939). Elegido presidente de la República (1937-39), estableció una dictadura personal.

BUSCO m. Umbral de una puerta de esclusa.

BUSCÓN, NA adj. **1** Que busca. También s. **2** Ladrón, ratero. || f. **3** PROSTITUTA.

BUSH, GEORGE Político estadounidense (Milton, 1924). Embajador ante la ONU (1970-72) y director de la CIA (1975), tras el triunfo electoral de R. Reagan en 1980, fue nombrado vicepresidente del gobierno. Ocupó el cargo hasta 1988, en que fue elegido presidente. Intervino en la crisis del golfo Pérsico (1991), declarando la guerra a Irak. En 1992 perdió las elecciones ante B. Clinton.

BUSH, GEORGE WALKER Político estadounidense (New Haven, 1946). Hijo del anterior, entró en la vida política en 1988 ayudando a su padre en la carrera presidencial. Gobernador republicano de Tejas desde 1994, venció en las elecciones presidenciales de noviembre de 2000.

BUSH, VANNEVAR Ingeniero estadounidense, (Everett, 1890 - Belmont, 1974). Construyó la primera computadora analógica.

BUSILIS m. fam. Punto en que estriba la dificultad de un asunto.

BUSIRIS *Mit.* Rey de Egipto, que sacrificaba a los dioses a los extranjeros que penetraban en sus Estados. Capturó a Heracles, con intención de sacrificarle, pero éste le mató.

BUSKERUD Condado del S de Noruega; 14.927 km^2 y 235.018 h. Su capital es Drammen.

BUSONI, FERRUCCIO BENVENUTO Pianista, director de orquesta y compositor italiano (Empoli, 1866 - Berlín, 1924). Revisó las obras de Liszt e hizo importantes arreglos y transcripciones de las de Bach y Mozart.

BÚSQUEDA f. **1** BUSCA, acción de buscar. **2** *Inform.* Examen continuado de datos hasta que se localiza el requerido.

BUSSER, HENRI PAUL Compositor francés (Toulouse, 1872 - París, 1974). Fue director de orquesta del Théâtre du Château d'Eau (1900), de la Ópera Cómica (1902) y de la Ópera de París (1905).

BUSSOLE m. *Astron.* Brújula con un dispositivo visor para determinar la dirección.

BUSTAMANTE, SIR ALEXANDER Político jamaicano (Blenheim, 1884 - Iris Town, 1977). Presidente del Partido Laborista (1943) y ministro de Comunicaciones del gobierno autónomo (1944-1953), ocupó el cargo de primer ministro (1962) al obtener Jamaica la independencia. En 1967 se retiró de la política.

BUSTAMANTE, ANASTASIO Militar y político mexicano (Jiquilpan, 1780 - San Miguel Allende, 1853). Se incorporó al ejército del Centro. Fue presidente de la nación (1830-32 y 1837-41). Se retiró del ejército y de la política en 1848.

BUSTAMANTE, CALIXTO CARLOS INCA CONCOLORCORVO.

BUSTAMANTE Y RIVERO, JOSÉ LUIS Político peruano (Arequipa, 1894 - Lima 1989). Presidente de la República (1945-48). De 1967 a 1970 fue presidente de la Corte Internacional de Justicia de La Haya.

BUSTIER m. Prenda femenina, interior o de vestir, que sujeta el pecho y llega hasta la cintura.

BUSTO m. **1** Parte superior del cuerpo humano. **2** Pecho de la mujer. **3** *Arte.* Escultura o pintura de la cabeza y parte superior del tórax.

BUTACA f. **1** Silla de brazos con el respaldo inclinado hacia atrás. **2** Entrada para ocupar una luneta o butaca en el teatro.

BUTACROMO m. *Fís.* Grupos de átomos de los compuestos orgánicos que tienen el efecto de bajar la frecuencia de las radiaciones absorbidas por estos mismos compuestos.

BUTADIENO m. *Quím.* Gas incoloro que se emplea para producir el caucho sintético.

BUTALDEHIDO m. *Quím.* Compuesto de fórmula CH_3–CH_2–CH_2–CHO, con un punto de ebullición de 76° C, que se obtiene por deshidrogenación catalítica del n-butil alcohol con cobre.

BUTÁN BHUTAN.

BUTANO m. *Quím.* Hidrocarburo saturado del grupo de los alcanos, cuya fórmula es CH_3–CH_2–CH_2–CH_3. Es un gas incoloro, inodoro y fácilmente licuable, con un punto de ebullición de 1° C, y un peso específico (a 0° C) de 0,6. Se encuentra en el gas natural y se obtiene en la destilación de éste. Se emplea como combustible doméstico e industrial, envasado a presión.

BUTANOL m. *Quím.* Alcohol butílico normal.

BUTEN, DE loc. vulg. Excelente.

BUTENANDT, ADOLF FRIEDRICH HANS Químico alemán (Bremerhaven, 1903 - Munich, 1995). Aisló la estrona o foliculina, hormona femenina; la androsterona, derivada de la testosterona, y la progesterona. En 1939 se le concedió el premio Nobel de Química, que compartió con L. Ruzicka, pero que rechazó por imposición del gobierno nacionalsocialista; pudo aceptarlo en 1949.

BUTIFARRA f. **1** Embutido con mucho tocino que se hace principalmente en Cataluña, las Baleares y Valencia. **2** *Perú* Pan dentro del cual se pone jamón y ensalada.

BUTILENO m. *Quím.* Hidrocarburo alicíclico de cuatro átomos de carbono con un solo doble enlace. Son posibles tres isómeros, normalmente gaseosos. Su punto de ebullición se encuentra entre –0° y 3° C.

BUTÍLICO, CA adj. *Quím.* Se dice del alcohol de cuatro átomos de carbono en su molécula. Su fórmula es CH_3–CH_2– CH_2–CH_2OH. Son líquidos de volatilidad media, parcialmente solubles en agua y muy solubles en disolventes orgánicos.

BUTILO m. **1** *Quím.* Radical de la serie acíclica, de fórmula C_4H_9, que no se encuentra libre. **2** *Tecnol.* Caucho sintético, impermeable al aire. Se usa mezclado con caucho natural.

BUTÍRICO, CA adj. *Quím.* Se dice del ácido en forma de líquido medianamente volátil, de olor desagradable, cuya fórmula es CH_3–CH_2–CH_2–COOH, con punto de fusión de –8° C y de ebullición de 162° C. Se obtiene por fermentación especial de líquidos azucarados, y sus sales reciben el nombre de butiratos.

BUTIRÓMETRO m. *Tecnol.* Instrumento para determinar la manteca o crema de la leche.

BUTIROSPERMO m. *Bot.* Árbol perteneciente a la familia sapotáceas, de nombre científico *Butyrospermum parkii*. Crece en las regiones tropicales de África oriental. De las semillas se obtiene una grasa que se emplea como sustitutivo de la manteca de cacao o para cocinar, transformada en margarina.

BUTLER, JOSEPH Teólogo y filósofo británico (Wantage, 1692 - Bath, 1752). Autor de *The Analogy of Religion, Natural and Revealed, to the Constitution and Course of Nature* (1736).

BUTLER, NICHOLAS MURRAY Escritor y pedagogo estadounidense (Elizabeth, 1862 - Nueva York, 1947). Premio Nobel de la Paz 1931. Escribió *El significado de la educación* (1898) y *Libertad, igualdad, fraternidad* (1941).

BUTLER, SAMUEL Escritor británico (Langar, 1835 - Londres, 1902). Fue un severo crítico de la vida moderna, especialmente de la Inglaterra puritana. Sus obras literarias principales son *Erewhon* (1872), *Regreso a Erewhon* (1901) y *El camino de toda carne* (1903).

BUTLER, SAMUEL Escritor inglés (Strensham, 1612 - Londres, 1680). Debe su fama al poema satírico en pareados octosilábicos titulado *Hudibras* (1663-78).

BUTOMÁCEO, A o **BUTOMEO, A** adj. y s. *Bot.* **1** Se dice de las plantas herbáceas angiospermas monocotiledóneas, con hojas lineales y conductos secretores, cuyo tipo es el junco florido. || f. pl. *Bot.* **2** Familia de estas plantas.

BUTOR, MICHEL Escritor francés (Mons-en-Baroeul, 1926). Cercano al *nouveau roman,* ha escrito novelas como *El empleo del tiempo* (1956), *La rosa de los vientos* (1970) y *Boomerang* (1978).

BUTRINO m. BUITRÓN, arte de pesca.

BUTRÓN m. **1** BUITRÓN, arte de pesca. **2** Agujero que los ladrones hacen en techos o paredes para robar.

BUTTIGIEG, ANTON Político maltés (Gozo, 1912 - ?, 1983). Presidente del Partido Laborista Maltés (1959-61), ocupó la presidencia de la República de 1976 a 1982.

BUTZER, MARTIN Teólogo alemán (Schlettstadt, 1491 - Cambridge, 1551). Destacado propagador de la Reforma protestante, medió entre los luteranos y los partidarios de Zwinglio. Autor de *De regno Christi* (1557).

BUXÁCEO, A adj. y f. *Bot.* **1** Se dice de las plantas angiospermas dicotiledóneas, cuyo tipo es el boj. || f. pl. *Bot.* **2** Familia de estas plantas.

BUYO m. Mixtura hecha con el fruto de la areca, hojas de betel y cal de conchas, que mascan los naturales de Extremo Oriente.

BUZAMIENTO m. *Geol.* **1** Inclinación de un estrato o de una capa del terreno. **2** Ángulo de inclinación de un plano de falla con respecto a la vertical. **3** Inclinación con respecto a la vertical de una veta o filón.

BUZAR intr. *Geol.* Inclinarse hacia abajo los filones o las capas del terreno.

BUZARDA f. *Mar.* Cada una de las piezas curvas con que se fortalece la proa de un barco.

BUZAU Ciudad de Rumania, capital del distrito de su nombre; 149.032 h. Refinería de petróleo.

BUZO m. **1** El que tiene por oficio trabajar sumergido en el agua. **2** Prenda apropiada, con el cuerpo y perneras en una sola pieza, que emplean estos trabajadores. **3** Traje de los niños pequeños de una sola pieza.

BUZÓN m. **1** Abertura por donde se echan las cartas para el correo. **2** Caja preparada para este fin. **3** Conducto por donde desaguan los estanques. **4** Tapón de cualquier agujero para dar entrada o salida a un líquido. || **BUZÓN ELECTRÓNICO** *Inform.* Espacio virtual existente en la memoria del ordenador que, mediante la gestión de un programa de correo electrónico, sirve para almacenar los mensajes que se envían o reciben.

BUZZATI, DINO Escritor italiano (Belluno, 1906 - Milán, 1972). Influido por el surrealismo, escribió obras narrativas como *Bernabé de las montañas* (1933), *El desierto de los tártaros* (1940) y *Sesenta cuentos* (1958).

BY-PASS (Voz i.) m. *Med.* **1** Anastomosis quirúrgica realizada para evitar un segmento vascular que se halle obturado o estenosado. **2** Desviación temporal de la corriente sanguínea de un vaso durante una intervención quirúrgica.

BYBLOS BIBLOS.

BYDGOSZCZ Ciudad de Polonia; 386.855 h. Capital, junto con Torun, de la provincia de Kujalsko-Pomoroskie.

BYLINAS f. pl. *Lit.* Cantos épicos de la antigua Rusia, compuestos entre los siglos XI y XIV, conservados por tradición oral y recopilados desde el siglo XVIII.

BYRD, WILLIAM Organista y compositor inglés (Lincoln, 1543 - Stondon, 1623). Destacó como compositor de música religiosa y ejerció una gran influencia en la generación posterior. Son célebres sus motetes y sus *Misas* para tres, cuatro y cinco voces.

BYRON, GEORGE GORDON, LORD Poeta inglés (Londres, 1788 - Missolonghi, 1824). Artista apasionado, delineó el tipo de héroe romántico y ejerció una notable influencia sobre la literatura europea. Como fruto de sus viajes por Europa publicó *Peregrinación de Childe-Harold* (1812). Los poemas escritos en los años siguientes supusieron su definitiva consagración: *El corsario, La desposada de Abydos, El infiel,* entre otros. Tras su fracaso matrimonial con Ann Isabella Milbanke, viajó por Europa; en Suiza terminó el tercer canto de *Childe-Harold* (1816). En ésta época, en la que el poeta atraviesa una profunda crisis moral, compuso varios dramas: *Manfredo* (1817), *Marino Faliero* (1821), *Los dos Foscari* (1821), *Sardanápalo* (1821) y *Caín* (1821), en los que refleja la rebeldía del autor contra los convencionalismos sociales y el poder. En Italia redactó el cuarto y último canto de *Childe-Harold* (1818), el relato *Beppo* y el poema burlesco *Don Juan* (1818-24). En 1823 tomó parte en la guerra de la independencia de Grecia, donde murió.

BYRON, JOHN Marino y explorador inglés (Newstead Abbey, 1723 - Londres, 1786). Abuelo de lord Byron, fue almirante de la Armada inglesa, tomó posesión de las Malvinas, que llamó Falkland, y descubrió nuevas islas en el Pacífico sur.

BYTE m. *Inform.* Conjunto formado generalmente por 4, 6 u 8 bites, que funciona como una unidad.

BYTOM Ciudad del S de Polonia en la provincia de Slaskie; 205.560 h. Importante centro siderúrgico.

BYTOWNITA f. *Miner.* Mineral de origen magmático, perteneciente al grupo de los feldespatos plagioclasas que, químicamente, es un aluminosilicato sódico-cálcico, muy rico en este último elemento. Es de color claro y su presencia va asociada a la de las rocas ígneas.

Lord **Byron.** Retrato de Thomas Phillips. Galería Nacional de Retratos (Londres).

C

c f. **1** Tercera letra del abecedario español y segunda de sus consonantes. Su nombre es *ce*. Ante las vocales *e, i* (*cena, cifra*) representa un sonido interdental como el de la *z*. En cualquier otra posición se pronuncia con articulación velar, oclusiva y sorda (*cama, crema*). **2** Letra numeral que tiene el valor de cien en la numeración romana.

C 1 *Fís.* Abreviatura de centígrado en las indicaciones de temperatura de esta escala. **2** *Fís.* En electricidad, símbolo de la capacidad. **3** *Fís.* En radio, capa reflectora o dispersora de las ondas, situada entre los 35 y 70 km de altura, y cuya existencia se supone para explicar el retorno de ciertas señales cuando se radian ondas verticales. **4** *Fís.* Símbolo de la velocidad de la luz en el vacío. Su valor es de (2,99796 ± 0,00004) 10¹⁰ cm por segundo. **5** *Quím.* Símbolo químico del carbono. **6** *Quím.* Abreviatura de culombio. **7** *Quím.* Si aparece acompañada de un subíndice, símbolo del calor molecular específico.

CA Abreviatura de centiárea.

¡CA! interj. fam. ¡QUIA!

Ca *Quím.* Símbolo químico del calcio.

CAÁ f. *Bot.* **1** Arbusto de la familia aquilofoliáceas que crece en el S de Brasil. **2** Hojas de este arbusto.

CAACUPÉ Ciudad de Paraguay, capital del departamento de Cordillera; 9.105 h. Fundada en 1770.

CAAGUAZÚ Cordillera de Paraguay, en el departamento de su mismo nombre; 150 km de longitud.

CAAGUAZÚ Departamento de Paraguay; 11.474 km² y 442.161 h. Capital, Coronel Oviedo.

CAAMAÑO, JOSÉ MARÍA PLÁCIDO Político ecuatoriano (Guayaquil, 1838 - Sevilla, España, 1901). Encabezó la revolución que derrocó a Veintemilla. Fue presidente de la República (1884-88). En 1895 emigró a España.

CAAMAÑO DEÑÓ, FRANCISCO Militar y político dominicano (Santo Domingo, 1918 - sierra de Ocoa, 1973). En 1965 depuso al triunvirato presidido por Reid Cabral. Tras la formación del gobierno de García Godoy, fue nombrado agregado militar en Londres (1966). Murió en un enfrentamiento con el ejército cuando se encontraba al frente de un comando guerrillero.

CAATINGÁ f. *Ecol.* Bosque raquítico que se localiza en las áreas lluviosas del NE de Brasil, compuesto por árboles que pierden la hoja en la estación seca.

CAAZAPÁ 1 Departamento de Paraguay; 9.496 km² y 141.559 h. **2** Ciudad capital del mismo; 2.948 h. Industria textil. Fundada en 1607.

CABAL adj. **1** Ajustado a peso o medida. **2** Justo, íntegro. **3** fig. Completo, perfecto. **4** Excelente en su clase. || **no estar uno en sus cabales** fr. fig. Estar loco.

CABAL, JOSÉ MARÍA Naturalista y patriota colombiano (Buga, 1770 - Bogotá, 1816). Acompañó a Mutis en su expedición científica. Se sumó a la causa de la independencia en 1811. Hizo las campañas de 1813 y 1814 con Nariño y recuperó Popayán (1815). Hecho prisionero por los realistas, fue ejecutado.

CÁBALA f. **1** *Rel.* fig. Conjunto de doctrinas filosófico-religiosas que surgieron en el siglo IV entre los judíos, para explicar e interpretar el sentido de los libros del Antiguo Testamento. **2** fig. y fam. Intriga, maquinación. **3** fig. Conjetura, suposición. Más en pl.

CABALGADA f. **1** Tropa de gente a caballo que salía a correr el campo. **2** Jornada larga a caballo.

CABALGADURA f. Bestia para cabalgar o de carga.

CABALGAMIENTO m. **1** *Geol.* Superposición de una masa rocosa sobre otra a lo largo de un plano inclinado, debida a presiones tangenciales. El ángulo de buzamiento es inferior a 45°. **2** HIPERMETRÍA.

CABALGAR intr. **1** Andar a caballito. **2** Ir una cosa sobre otra.

CABALGATA f. **1** Reunión de muchas personas que van cabalgando. **2** Desfile de jinetes, carrozas, bandas de música, etc.

CABALLA f. *Zool.* Pez teleósteo acantopterigio, del orden perciformes, familia escómbridos, de nombre científico *Scomber scombrus*. Tiene el cuerpo alargado, de unos 50 cm de longitud y coloración verde azulada. Habita en el Atlántico N y el Mediterráneo.

CABALLAR adj. *Zool.* **1** Relativo al caballo. **2** Parecido a él.

CABALLÉ, MONTSERRAT Soprano española (Barcelona, 1933). Considerada la mejor soprano de su generación, su debut se produjo en 1956. En 1991 recibió, junto a otros cantantes líricos españoles, el premio Príncipe de Asturias de las Artes.

CABALLERESCO, CA adj. **1** Propio de caballero. **2** Relativo a la caballería de la Edad Media.

CABALLERETE m. **1** Diminutivo de CABALLERO. **2** fam. Caballero joven y presumido.

CABALLERÍA f. **1** Cualquier animal solípedo que sirve para cabalgar en él. Si es mula o caballo se le llama mayor, y si es asno, menor. **2** *Mil.* Cuerpo del ejército formado por soldados a caballo. **3** Institución medieval de caballeros armados. **4** Cualquiera de las órdenes militares de España, como las de Santiago, Calatrava, Alcántara, Montesa, etc. **5** Medida agraria que equivale: en España a 3.863 áreas, en Cuba a 1.343 y en Puerto Rico a 7.858. || **CABALLERÍA ANDANTE** Profesión, regla u orden de los caballeros andantes.

CABALLERIZA f. **1** Sitio destinado para estancia de los caballos y bestias de carga. **2** Conjunto de caballos o mulas de una caballeriza. **3** Conjunto de los criados que la sirven.

CABALLERO, RA adj. **1** Que cabalga. **2** fig. Seguido de nombres regidos por la preposición en, que expresen actos de voluntad, o de inteligencia, obstinado. || m. **3** Hidalgo de calificada nobleza. **4** *Hist.* El que pertenecía a alguna de las órdenes de caballería. **5** El que se porta con nobleza y generosidad. **6** Persona de consideración o de buen porte. **7** Señor, término de cortesía. || **CABALLERO ANDANTE** Personaje de los libros de caballerías que recorría el mundo buscando aventuras. || **armar caballero** fr. Conferir la dignidad de caballero mediante una ceremonia en la que el rey u otro caballero le entregaba las armas y le ceñía la espada. || **de caballero a caballero** fr. Entre caballeros, a estilo de caballeros.

CABALLERO, BERNARDINO Político paraguayo (Ibicuy, 1839 - Asunción, 1912). Se distinguió en la guerra contra la Triple Alianza. Ocupó la presidencia provisional en 1880 y fue elegido presidente de la República (1880-86).

CABALLERO, FERNÁN FERNÁN CABALLERO.

CABALLERO, JOSÉ Pintor español (Huelva, 1915 - Madrid, 1991). Su obra evolucionó desde el surrealismo a una pintura no figurativa. Entre sus obras destacan *La divina proporción* (1950), *Mesa con hierros españoles* (1958) y *Color y configuraciones de España* (1964).

CABALLERO, PEDRO JUAN Patriota paraguayo (?, 1786 - Asunción, 1821). Fue uno de los jefes del movimiento revolucionario que depuso al gobernador Velasco y participó en la Junta de gobierno que se implantó. Conspiró contra el dictador Francia, fue encarcelado y se suicidó en la prisión.

CABALLERO BONALD, JOSÉ MANUEL Escritor español (Jerez de la Frontera, 1926). Es autor de las novelas *Dos días de septiembre* (1962), *Ágata ojo de gato* (1974), *En la casa del padre* (1988) y *Campo de Agramante* (1992), y de los libros de poemas *Las adivinaciones* (1952), *Las horas muertas* (1957) y *Descrédito del héroe* (1977). En 1995 y 2001 publicó *Tiempo de guerras perdidas* y *La costumbre de vivir*, memorias.

CABALLERO CALDERÓN, EDUARDO Escritor colombiano (Bogotá, 1910 - íd., 1993). De su obra narrativa destacan *El Cristo de espaldas* (1950), *El buen salvaje* (1965), *Historia de dos hermanos* (1977) y *El almirante niño y otros cuentos*.

CABALLERO Y GÓNGORA, ANTONIO Prelado y gobernante español (Priego, Córdoba, s. XVIII - ?). Designado para la sede de Santa Fe de Bogotá (1778-87), al morir el virrey Díaz de Pimienta fue nombrado su sustituto (1782-88). Organizó la expedición botánica de Mutis.

CABALLEROSO, SA adj. **1** Propio de caballeros. **2** Que tiene acciones propias de caballero.

CABALLETE m. **1** Armazón de madera con tres pies para sostener un cuadro, una pizarra, etc. **2** Línea en que confluyen las vertientes de un tejado. **3** Potro de madera, en que se daba tormento. **4** Pieza de los guadarneses que sirve para tener las sillas de montar. **5** Soporte formado por una pieza horizontal apoyada en cada extremo en dos maderos. **6** *Anat.* Prominencia curva del cartílago de la nariz. **7** *Fís.* Estante sobre el que se sitúan elementos acumuladores. **8** *Geol.* Masa de roca estéril que se sitúa intercalada en un filón o capa mineral. **9** *Quím.* Pesa corrediza que se utiliza en la balanza para realizar el ajuste final.

CABALLETE DEL PINTOR *Astron.* Constelación austral situada al N del Fénix.

CABALLISTA com. El que entiende de caballos y monta bien.

CABALLITO m. **1** Diminutivo de CABALLO. || m. pl. **2** TIOVIVO. || **CABALLITO DEL DIABLO** *Zool.* Nombre común de varias especies de insectos del suborden zigópteros, con cuatro alas largas de vivos colores, parecidos a la libélula, aunque de cuerpo más delgado. || **CABALLITO DE MAR** *Zool.* Nombre común de diversos peces teleósteos, pertenecientes a la familia signátidos, del género *Hippocampus*. De unos 15 cm de longitud, se caracterizan por la forma alargada de la cabeza y el hocico, que recuerdan a los del caballo, la cola prensil y el cuerpo cubierto de escamas dispuestas en anillos. Nada y se mantiene en posición vertical. || **hacer el caballito** expr. Indica la acción de avanzar una bicicleta o motocicleta con la rueda delantera levantada del suelo.

CABALLO m. **1** *Zool.* Mamífero perisodáctilo de la familia équidos, perteneciente al género *Equus*. Tiene el cuerpo esbelto, con patas largas y cuello prominente y provisto de crines. A lo largo de su proceso evolutivo los dedos de las patas han quedado reducidos a uno sólo, el tercero, muy desarrollado y protegido con un casco o pezuña que evita el desgaste. Domesticado desde la prehistoria, de este animal se han desarrollado numerosas razas. **2** Pieza del juego de ajedrez. **3** Naipe que representa un caballo con su jinete. **4** BURRO, armazón para sujetar un madero que se asierra. **5** Aparato gim-

Montserrat **Caballé** interpretando la ópera *Hérodiade*, de Jules Massenet.

nástico formado por cuatro patas y un cuerpo superior, muy alargado y terminado en punta por uno de sus extremos. 6 En argot, heroína, droga. || **caballo de batalla** Punto principal de una controversia. || **caballo doméstico** *Zool.* De nombre científico *Equus caballus*, de él se conocen numerosas razas adaptadas a muy distintas funciones. Basándose en la forma de su cuerpo, se pueden clasificar en: dolicomorfas, con cuerpo largo y estrecho (purasangre inglés, trotador francés, árabe); mesomorfas, de proporciones medias (raza inglesa Cleveland, la francesa anglonormanda, la italiana lippizana); y braquimorfas, con cuerpo ancho y macizo (la bretona y la austriaca Pinzgau). || **caballo marino** *Zool.* Pez teleósteo, lofobranquio, que habita en los mares de España. || **caballo de Przewalski** *Zool.* De nombre científico *E. caballus przewalskii*, se supone una de las formas de las que derivan los actuales caballos domésticos. Aunque antiguamente estaba muy extendido por toda Europa, en la actualidad solamente se localiza en una pequeña área de los montes Altai. || **caballo de vapor** *Fís.* Unidad de potencia británica, que equivale a 550 pie-libra por segundo o 745,7 vatios. Su abreviatura es *hp.* || **caballo de vapor internacional** o **métrico** *Fís.* Unidad que expresa la potencia de una máquina y representa el esfuerzo necesario para levantar a 1 m de altura, en 1 s, 75 kg de peso, lo cual equivale a 75 kg/s (753,49875 vatios). Su abreviatura es *CV.* || **a caballo** loc. adv. Montado uno en una caballería. También, en sentido figurado, apoyándose en dos cosas contiguas o participando de ambas. || **a mata caballo** loc. adv. Atropelladamente, muy deprisa.

caballón m. *Agr.* Lomo de tierra entre surco y surco.

caballuno, na adj. Perteneciente o semejante al caballo.

Cabanatuán Ciudad de Filipinas, en la isla de Luzón, capital de la provincia de Nueva Écija; 185.728 h.

Cabanel, Alexandre Pintor francés (Montpellier, 1823 - París, 1889). Especializado en temas alegóricos e históricos, realizó numerosos retratos de Napoleón III.

Cabanis, Pierre-Jean-Georges Médico y filósofo francés (Cosnac, 1757 - Rueil, 1808). Destacado representante de la corriente de los ideólogos, escribió *Diario de la enfermedad y muerte de Mirabeau* (1791), *Tratado de física y moral del hombre* (1802), etc.

cabaña f. 1 Casa pequeña y tosca hecha en el campo. 2 Conjunto de cabezas de ganado de una región, provincia, etc. 3 Recua de caballerías que se emplea en portear granos.

Cabañas Departamento de El Salvador; 1.104 km^2 y 138.426 h. Su capital es Sensuntepeque.

Cabañas, José Trinidad Militar y político hondureño (?, 1805 - ?, 1871). Luchó a las órdenes de Morazán para unificar los territorios centroamericanos. Fue presidente de la República (1853-55).

cabañuela f. 1 Diminutivo de CABAÑA. || f. pl. 2 Cálculo popular que, observando las variaciones atmosféricas en los primeros días de enero o de agosto, pronostica el tiempo para el año siguiente.

Cabardia-Balcaria República federada de la Federación de Rusia; 12.500 km^2 y 790.000 h. Capital, Nalcik.

cabaré o **cabaret** m. Nombre que se da a grandes salas donde se baila y se dan espectáculos variados, especialmente nocturnos.

cabaretera adj. y f. Se dice de la mujer que trabaja en un cabaret.

Cabarrús, Francisco, conde de Hacendista y político español de origen francés (Bayona, 1752 - Madrid, 1810). Tuvo gran influencia durante el reinado de Carlos III, quien le apoyó en su idea de fundar el Banco de San Carlos (1782). Fue ministro de Hacienda con José Bonaparte.

cabás m. Especie de cartera con asas, en forma de maleta pequeña o de caja, que usan los niños para llevar al colegio sus utensilios escolares o su almuerzo.

cabecear intr. 1 Mover la cabeza. 2 Negar moviendo la cabeza. 3 Dar cabezadas cuando uno se va durmiendo. 4 *Mar.* Moverse la embarcación bajando y subiendo la proa. 5 Inclinarse a una parte o a otra lo que debía estar en equilibrio. 6 *Dep.* En el fútbol, golpear la pelota con la cabeza.

cabecera f. 1 Principio o parte principal de algunas cosas. 2 Parte superior o principal de un sitio en que se juntan varias personas. 3 Parte de la cama donde se ponen las almohadas. 4 Tabla o barandilla que se suele poner en la cama para que no se caigan las almohadas. 5 Origen de un río. 6 Capital o población principal de un territorio o distrito. 7 Adorno que se pone a la cabeza de una página, capítulo o parte de un impreso. 8 Cada uno de los dos extremos del lomo de un libro. 9 Parte superior de la portada de un periódico en la que constan el nombre, la fecha y otras referencias técnicas. || **estar a la cabecera** de un enfermo fr. Asistirle continuamente para todo lo que necesite.

cabecero m. CABECERA, pieza alta de la cama.

cabecilla com. 1 fig. y fam. Persona que dirige o está al frente de una banda de delincuentes. 2 Persona que capitanea o está a la cabeza de cualquier movimiento o grupo cultural, político, etc.

cabellera f. 1 *Anat.* El pelo de la cabeza. 2 Pelo postizo. 3 *Astron.* Cola luminosa de un cometa.

Cabellera de Berenice *Astron.* Constelación boreal situada debajo de los Lebreles y al E del Boyero.

cabello m. 1 *Anat.* Cada uno de los pelos que nacen en la cabeza. 2 *Anat.* Conjunto de todos ellos. || **cabello de ángel** *Bot.* Planta herbácea perteneciente a la familia cucurbitáceas, de nombre científico *Cucurbita ficifolia*. Con sus frutos se elabora un dulce muy característico.

Cabello, Mercedes Escritora peruana (Lima, 1849 - íd., 1909). Iniciadora del movimiento naturalista en Perú, entre sus obras figuran *Blanca Sol* (1889) y *El conspirador* (1892).

caber intr. 1 Poder contenerse una cosa dentro de otra. 2 Tener lugar o entrada. 3 Tocarle a uno o pertenecerle alguna cosa. 4 Ser posible. || tr. 5 Tener capacidad. 6 ADMITIR. || **no caber** una cosa **en la cabeza** fr. fig. y fam. Ser inconcebible. ♦ IRREG. Véase cuadro.

CABER

INDICATIVO
Pres.: quepo, cabes, etc.
Pret. imperf.: cabía, cabías, etc.
Pret. indef.: cupe, cupiste, cupo, cupimos, cupisteis, cupieron.
Fut. imperf.: cabré, cabrás, etc.
Condic.: cabría, cabrías, etc.
SUBJUNTIVO
Pres.: quepa, quepas, etc.
Pret. imperf.: cupiera, cupieras, etc., o cupiese, cupieses, etc.
Fut. imperf.: cupiere, cupieres, etc.
IMPERATIVO: cabe, quepa, quepamos, cabed, quepan.
PARTICIPIO: cabido.
GERUNDIO: cabiendo.

cabestrante m. CABRESTANTE.

cabestrillo m. Banda pendiente del hombro para sostener la mano o el brazo lastimados.

cabestro m. 1 Buey manso que sirve de guía en las toradas. 2 Cuerda que se ata a la cabeza o al cuello de la caballería.

cabeza f. 1 *Anat.* Parte superior del cuerpo del hombre, constituida por el cráneo, su contenido y las estructuras relacionadas con él. 2 *Anat.* Parte superior y posterior de ella. 3 *Bot.* CABEZUELA, inflorescencia. 4 *Fís.* Elemento de grabación o reproducción de una cinta magnética. 5 Principio o parte extrema de una cosa. 6 Parte opuesta a la punta de un clavo. 7 Parte superior del corte de un libro. 8 Parte más elevada de un monte. 9 fig. Origen, principio. 10 fig. Juicio, talento, capacidad. 11 fig. Persona. 12 fig. RES. || m. 13 Jefe que gobierna una comunidad. 14 Jefe de una familia. 15 *Méx.* Corona del reloj. || **cabeza de ajo** *Bot.* Conjunto de dientes que forman el bulbo de la planta llamada ajo. || **cabeza de banda** *Fís.* Punto a partir del cual comienza a disminuir la intensidad de la luz en un espectro de bandas. || **cabeza de chorlito** fig. y fam. Persona de poco juicio. || **cabeza de ciervo** *Bot.* Enfermedad de las plantas que origina una agrupación anormal de las ramitas de un árbol o arbusto, debida al ataque de hongos, virus o insectos. También denominada *enfermedad de la escoba de la bruja*. || **cabeza magnética** *Tecnol.* Dispositivo utilizado para registrar y leer la información de un medio magnético en movimiento. || **cabeza de Medusa** *Zool.* Denominación dada a varias especies de equinodermos ofiuroideos pertenecientes a la familia gorgonocefálidos. || **cabeza nuclear** *Mil.* Sección de un arma nuclear que contiene la carga y el mecanismo de explosión. || **cabeza a pájaros** fig. y fam. Persona atolondrada, ilusa o ligera. || **cabeza de partido** Ciudad o villa que comprende distintos pueblos dependientes de ella en lo judicial. || **cabeza rapada** SKINHEAD. || **cabeza de serie** *Dep.* En algunas competiciones deportivas, jugadores o equipos teóricamente superiores al resto. || **cabeza de turco** Persona a quien se suele inculpar por cualquier motivo. || **a la cabeza** loc. adv. DELANTE, en primer lugar. || **abrir la cabeza** fr. fig. y fam. Herir en la cabeza. || **bajar** uno **la cabeza** fr. fig. y fam. Obedecer sin réplica, conformarse. || **cabeza abajo** loc. adv. Al revés o vuelto lo de arriba abajo. || **calentarse** uno **la cabeza** fr. fig. y fam. Fatigarse en el trabajo mental. || **de cabeza** loc. adv. Con muchos quehaceres urgentes. || **en cabeza** loc. adv. A LA CABEZA, delante, en primer lugar. || **escarmentar en cabeza ajena** fr. Tener presente el suceso adverso ajeno para evitar la misma suerte. || **írsele** a uno **la cabeza** fr. fig. Sentir un mareo. || **meterse** uno **de cabeza** fr. fig. y fam. Entrar de lleno en un negocio. || **metérsele** a uno **en la cabeza** alguna cosa fr. fig. y fam. Figurársela con poco fundamento y obstinarse en considerarla cierta. También, perseverar en un propósito o capricho. || **no levantar** uno **cabeza** fr. fig. Estar muy atareado. También, no acabar de convalecer de una enfermedad. También, no poder salir de la pobreza. || **pasarle** a uno una cosa **por la cabeza** fr. fig. y fam. Antojársele, imaginarla. || **quitar** a uno **de la cabeza** alguna cosa fr. fig. fam. Disuadirle del concepto que tenía. || **romperse** uno **la cabeza** fr. fig. y fam. Meditar mucho en una cosa. || **sentar** uno **la cabeza** fr. fig. y fam. Hacerse juicioso. || **subirse** una cosa **a la cabeza** fr. Ocasionar aturdimiento alguna cosa material o inmaterial, como el vino, la vanagloria, etc. || **tener la cabeza en su sitio** fr. fig. Ser muy juicioso. || **traer de cabeza** fr. fig. Provocar molestias.

Cabeza de Tigre *Hist.* Población de Argentina, provincia de Córdoba, en la que en 1810 fue fusilado Liniers y otros jefes realistas por orden de la Junta Gubernativa de Buenos Aires.

Cabeza de Vaca, Álvar Núñez Conquistador español (Jerez de la Frontera, 1507 - Sevilla, 1559). Formó parte de la expedición de Pánfilo de Narváez a La Florida (1527). Tras permanecer cautivo seis años con la tribu de Mariames, atravesó con tres supervivientes América septentrional. Relató sus aventuras en *Naufragios y comentarios*.

cabezada f. 1 Golpe dado con la cabeza. 2 El que se recibe en ella. 3 Cada movimiento que hace con la cabeza el que, sin estar acostado, se va durmiendo. 4 Inclinación de cabeza, como saludo de cortesía. 5 Acción de cabecear una embarcación. 6 Correaje que sujeta la cabeza de una caballería.

cabezal m. 1 Almohada pequeña. 2 Almohada larga que ocupa toda la cabecera de la cama. 3 Dispositivo que tienen los sillones de las peluquerías y otros servicios para sujetar la cabeza. 4 *Mec.* Pieza fija del torno en la que gira el árbol. 5 *Mec.* Pieza, generalmente móvil, de algunos aparatos, que va colocada en uno de sus extremos. 6 *Tecnol.* En los magnetófonos y otros aparatos similares, pieza que sirve para grabar, reproducir o borrar lo grabado en una cinta.

cabezazo m. 1 Golpe dado con la cabeza. 2 *Dep.* En fútbol, remate con la cabeza.

cabezo m. *Geol.* 1 Cerro alto o cumbre de una montaña. 2 Montecillo aislado. 3 Roca de cima redonda que sobresale del agua.

cabezón, na adj. 1 fam. Que tiene grande la cabeza. 2 Terco, obstinado. También s. 3 Se dice de las bebidas de alta graduación, que se suben a la cabeza con facilidad. || m. 4 *Zool.* Pez cótido, de nombre científico *corpaenichthys marmoratus*.

cabezonada o **cabezonería** f. fam. Acción propia de una persona terca u obstinada.

cabezota m. 1 Aumentativo de cabeza. || com. 2 fam. Persona que tiene la cabeza muy grande. 3 fig. y fam. Persona terca, testaruda. También adj.

cabezote m. *And., Can.* y *Cuba* Piedra sin labrar y de buen tamaño empleada en mampostería.

cabezudo, da adj. 1 Que tiene grande la cabeza. 2 fig. y fam. Terco, obstinado. 3 fig. y fam. Se dice del vino de alta graduación. || m. 4 Figura de enano de gran cabeza que en algunas fiestas suele llevarse con los gigantones. 5 *Zool.* MÚJOL.

cabezuela f. 1 Diminutivo de CABEZA. 2 Harina más gruesa del trigo después de sacada la flor. 3 *Bot.* Inflorescencia integrada por flores sentadas, que se sitúan sobre un eje abultado y dilatado, de superficie cóncava, plana o convexa. También denominada *capítulo*. Inflorescencia de este tipo es la margarita. 4 *Bot.* Planta de la familia compuestas, de nombre científico *Microlonchus clasii*, que se emplea para hacer escobas. 5 *Bot.* Botón de la rosa. || com. 6 fig. y fam. Persona de poco juicio.

cabida f. 1 Espacio o capacidad que tiene una cosa. 2 Extensión superficial de un terreno.

cabila f. Tribu de beduinos o de bereberes.

cabildada f. fam. Resolución atropellada o imprudente de una comunidad o cabildo.

cabildear intr. Gestionar con maña para ganar voluntades en un cuerpo colegiado o corporación.

cabildo m. 1 Comunidad de eclesiásticos capitulares de una iglesia. 2 AYUNTAMIENTO, corporación. 3 Junta celebrada por un cabildo. 4 Sala donde se celebra. 5 Corporación que en Canarias representa a los pueblos de cada isla.

Cabilia Región montañosa del N de Argelia, habitada por bereberes.

cabillo m. *Bot.* PEZÓN de las plantas.

CABO VERDE

cabo de Gata (Almería).

CABIMAS Ciudad de Venezuela, Estado de Zulia; 214.000 h. Puerto en el lago Maracaibo.
CABIMIENTO m. CABIDA, espacio para contener.
CABINA f. **1** LOCUTORIO, departamento para el individual del teléfono. **2** En los cines, recinto aislado donde están los aparatos de proyección. **3** En aeronaves, camiones y otros vehículos automóviles, espacio reservado para el conductor y personal técnico. **4** En instalaciones deportivas, recinto para mudarse de ropa.
CABIO m. **1** Listón que se atraviesa a las vigas para formar suelos y techos. **2** *Arquit.* Madero de suelo que cierra de cada lado el hueco de una chimenea y lleva ensamblado en el brochal. **3** *Arquit.* Travesaño superior e inferior que con los largueros forman el marco de las puertas o ventanas.
CABIROS *Mit.* Divinidades adoradas por los fenicios, egipcios y griegos, en misterios que se celebraban particularmente en Samotracia, Lemos, Macedonia y Beocia.
CABIZBAJO, JA adj. Se dice de la persona que tiene la cabeza inclinada hacia abajo por abatimiento o tristeza.
CABLE m. **1** Maroma gruesa. **2** CABLEGRAMA. **3** *Fís.* Cordón formado por uno o varios hilos de cobre, que sirve para la conducción de la electricidad, para establecer líneas telegráficas o telefónicas, etc. **4** fig. Ayuda que se presta al que está en una situación comprometida. Se usa más con el verbo *echar*. || **CABLE COAXIAL** *Fís.* Aquel cuyo conductor central está envuelto por otro tubular, y el aire es el principal dieléctrico con un mínimo de material aislante sólido. || **CABLE ÓPTICO** *Fís.* Conjunto de fibras ópticas ensambladas. Se utiliza para la transmisión de señales a cortas, medias y largas distancias. || **cruzársele** a uno **los cables** fr. fig. Perder el control sobre los propios actos o realizar acciones aparentemente ilógicas.
CABLEADO m. Operación de establecer conexiones eléctricas mediante cables.
CABLEAR tr. Unir mediante cables las distintas partes de un dispositivo eléctrico.
CABLEDIFUSIÓN f. *Tecnol.* Sistema de televisión que distribuye las señales por cable en vez de por ondas.
CABLEGRAFIAR tr. Transmitir noticias por cable submarino.
CABLEGRAMA m. Telegrama transmitido por cable submarino.
CABO m. **1** Cualquiera de los extremos de las cosas. **2** Extremo o parte pequeña que queda de alguna cosa. **3** Hilo o hebra. **4** *Geog.* Lengua o porción de tierra que penetra en el mar. **5** Fin, término o límite de una cosa. **6** CUERDA. **7** *Mil.* Individuo de la clase de tropa inmediatamente superior al soldado. || **CABO DE AÑO** Oficio, misa en sufragio de un difunto. || **CABO DE LABOR** *Mar.* Cada una de las cuerdas que sirven para manejar el aparejo. || **CABO SUELTO** fig. y fam. Circunstancia imprevista o que ha quedado pendiente en algún negocio. || **al cabo de** loc. prepos. Después de. || **atar cabos** fr. fig. Reunir antecedentes para sacar una consecuencia. || **de cabo a rabo** loc. adv. Del principio al fin. || **echar al-**

guien un cabo fr. fig. Ayudarle en situación comprometida o dificultosa. || **estar** uno **al cabo de la calle** fr. fig. y fam. Haber entendido bien alguna cosa y comprendido todas sus circunstancias. || **llevar** uno **a cabo** una cosa fr. Ejecutarla, concluirla.
CABO, EL CIUDAD DEL CABO.
CABO BRETÓN Isla de Canadá, provincia de Nueva Escocia, situada a la entrada del golfo de San Lorenzo; 10.300 km² y 110.000 h. Su capital es Sydney. Fue descubierta por Juan Sebastián Caboto en 1497.
CABO CAÑAVERAL Zona triangular de tierra arenosa, en la costa occidental del Estado de Florida (EE UU), en la que está instalada una base de lanzamiento de cohetes. De 1963 a 1973 se llamó *Cabo Kennedy*.
CABO GRACIAS A DIOS, COMARCA DEL Región natural de Nicaragua, que forma parte del departamento de Zelaya.
CABO JUBY Antiguo protectorado español, al N del Sahara Occidental y entre éste e Ifni, delimitado por el río Draa, al N, y el paralelo 27° 40', al S. En 1958 su soberanía fue transferida a Marruecos.
CABO KENNEDY CABO CAÑAVERAL.
CABO OCCIDENTAL Provincia de la República Sudafricana; 129.370 km² y 3.721.000 h. Su capital es Ciudad del Cabo.
CABO ORIENTAL Provincia de la República Sudafricana; 169.580 km² y 6.481.000 h. Su capital es Bisho.
CABO SEPTENTRIONAL Provincia de la República Sudafricana; 361.830 km² y 740.000 h. Su capital es Kimberley.
CABO VERDE (*República de Cabo Verde*) Estado insular de África occidental, compuesto por el archipiélago de su nombre, situado en el océano Atlántico, a 620 km de la costa de Senegal.

Superficie: 4.033 km².
Población: 401.000 h. (caboverdianos).
Densidad: 99,4 h./km².
Tasa de natalidad: 30,8‰.
Tasa de mortalidad: 7,6‰.
Capital: Praia, en la isla de Santiago.
Grupos étnicos: mestizos (71%), negros (28%) y blancos (1%).
Religión: catolicismo (93,2%).
Idioma: portugués.
Moneda: escudo de Cabo Verde.
Forma de Estado: república.
Producto Nacional Bruto: 499 millones de dólares.
Renta per cápita: 1.200 dólares.
División administrativa: en dos grupos de islas, y éstas a su vez en 16 islas/condado y condados, según cuadro.

GEOG. El archipiélago de Cabo Verde está formado por dos grupos de islas, en general montañosas, de origen volcánico: al N el de *Barlovento*, y al S el de *Sotavento*. Su clima es seco y cálido, influido por los vientos alisios del NE. La economía es básicamente agrícola (maíz, batata, mandioca y plátanos). La pesca tiene cierta importancia (crustáceos), así como la explotación de sal y la industria del cemento. Existe un turismo muy selectivo. Cuenta con los puertos de Mindelo (isla de San Vicente) y de Praia (isla de Santiago).
HIST. El archipiélago fue descubierto hacia 1457 por navegantes portugueses. A partir de 1460 comenzaron los asentamientos de colonos, y fue incorporado a la corona portuguesa en 1495. Durante siglos su economía se basó en las plantaciones y en el tráfico de esclavos. El 1 de junio de 1951 se transformó en provincia portuguesa de ultramar, con autonomía administrativa y financiera. La constitución en 1956 del PAIGC (Partido Africano para la Independencia de Guinea y Cabo Verde) y el inicio de la actividad guerrillera en 1961, impulsaron la lucha por la independencia. El 5 de julio de 1975 fue proclamada república independiente, con Arístides Pereira como primer presidente. Las Asambleas de Guinea-Bissau y Cabo Verde establecieron un Consejo de la Unión para efectuar los primeros pasos de una federación entre ambos países. Tras la reelección en 1981 como presidente de A. Pereira, las disposiciones constitucionales que tendían a la unión con Guinea-Bissau fueron anuladas y se cambió el nombre del PAIGC por el de Partido Africano para la Independencia de

Cabo Cañaveral (Estados Unidos). Centro espacial.

CABO VERDE

Grupos de islas Islas/condado Condados	Superficie (km²)	Población (h.)	Capitales
Barlovento	2.230	119.954	
Buena Vista	620	3.452	Sal Rei
Sal	216	7.715	Santa Maria
San Antonio	779	43.845	
Paúl	54	8.121	Pombas
Porto Novo	558	14.873	Porto Novo
Ribeira Grande	167	20.851	Ponta do Sol
San Nicolás	388	13.665	Ribeira Brava
San Vicente	227	51.277	Mindelo
Sotavento	1.803	221.537	
Brava	67	6.975	Nova Sintra
Fuego	476	33.902	São Felipe
Mayo	269	4.969	Porto Inglés
Santiago	991	175.691	
Praia	396	82.802	Praia
Santa Catarina	243	41.584	Assomada
Santa Cruz	149	25.892	Pedra Badejo
Tarrafal	203	25.413	Tarrafal

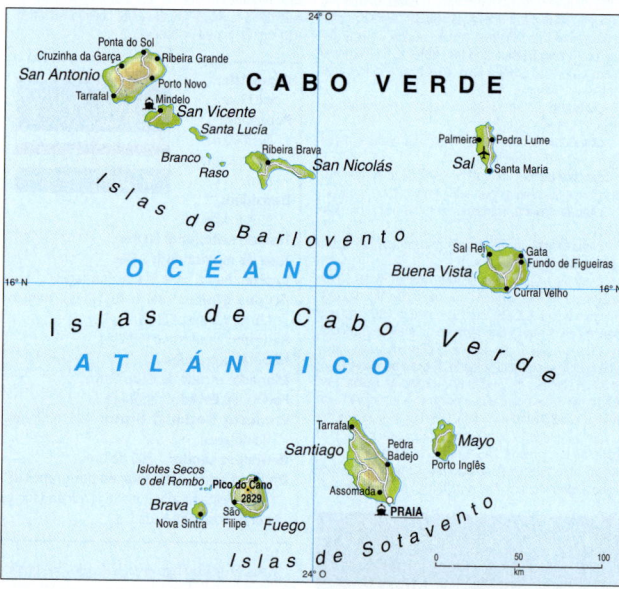

Cabo Verde (PAICV). Pereira convocó en 1990 las primeras elecciones libres en la historia del país, que se celebraron un año después. Venció el Movimiento para la Democracia (MPD), liderado por Carlos Veiga, que fue nombrado primer ministro. En 1991 fue elegido presidente Antonio Mascarenhas Monteiro, también del MPD, que renovó su mandato en 1996. En septiembre de 2000 Gualberto de Rosario sustituyó a Veiga como primer ministro. En las legislativas de 2001 venció el PAICV, liderado por Jose Maria Neves, y en las presidenciales de ese año, Pedro Pires, del Partido Africano para la Independencia de Cabo Verde.

CABOTAJE m. **1** Navegación o tráfico que hacen los buques entre los puertos de su nación sin perder de vista la costa. **2** Tráfico marítimo en las costas de un país determinado.

CABOTO, GIOVANNI Navegante y explorador italiano (Génova, 1450 - Londres, 1498). Descubrió la isla de Cabo Bretón, el sureste de Terranova y las costas de la Florida y El Salvador.

CABOTO, JUAN SEBASTIÁN Navegante italiano (Venecia, h. 1480 - Londres, 1557). Era hijo de Giovanni Caboto. Exploró el Río de la Plata y remontó los ríos Paraná, Uruguay y Paraguay. Publicó un Mapa Mundi.

CABRA f. *Zool.* Mamífero artiodáctilo rumiante de la familia bóvidos, género *Capra*. Son animales de tamaño medio, provistos de cuernos, y la mayoría de las especies presenta un mechón de pelos en la barbilla. Existen varias especies salvajes, entre ellas la cabra montés de los Pirineos (*Capra pyrenaica*), el íbex de los Alpes (*C. ibex*), el marjor (*C. falconeri*), el pasano (*C. aegarus*) y el tur (*C. ibex caucásica*). || **CABRA DOMÉSTICA** *Zool.* De nombre científico *C. hircus*, esta especie tiene los cuernos huecos y vueltos hacia atrás, pelo fuerte, orejas rectas y cola corta. || **CABRA MONTÉS ALPINA** *Zool.* De nombre científico *C. ibex*, se caracteriza por su pelaje gris rojizo, con una corta crin y barba en el mentón. Los cuernos son nudosos y en forma de cimitarra. Vive en la alta montaña europea. || **CABRA MONTÉS IBÉRICA** *Zool.* Mamífero artiodáctilo de nombre científico *C. pyrenaica*. Se caracteriza por su cuerpo robusto, con el cuello musculoso, las patas cortas y la cola roma. El macho se distingue por presentar barba y unos cuernos de hasta 90 cm curvados hacia arriba y hacia afuera. Esta especie es un endemismo de la península Ibérica. || **estar como una cabra** fr. fig. Estar chiflado, loco. || **la cabra siempre tira al monte** expr. con que se significa que se obra según el origen o natural de cada uno.

CABRA *Astron.* Estrella de primera magnitud en la constelación del Cochero.

CABRACHO *Zool.* Pez teleósteo de la especie *Scorpaena scrofa*, común en el Atlántico oriental y el Mediterráneo.

CABRAHÍGO m. *Bot.* **1** Planta de la familia de las moráceas, de nombre científico *Ficus carica caproficus*. Tipo de higuera silvestre cuyos frutos no son comestibles. **2** Fruto de este árbol.

CABRAL, AMÍLCAR Político de Guinea-Bissau (Bafatá, 1925 - Konakry, 1973). En 1956 fundó el Partido Africano para la Independencia de Guinea y Cabo Verde (PAIGC) y, con Agostinho Neto, el Movimiento Popular para la Liberación de Angola (MPLA). Murió asesinado.

CABRAL, JOSÉ MARÍA Político dominicano (?, 1819 - Santo Domingo, 1899). Tomó parte en la campaña contra Haití, que condujo a la independencia de Santo Domingo. Volvió a luchar por la independencia, al proclamar Santana la anexión a España. Asumió la presidencia de la República en 1865 y 1866-68.

CABRAL, LUIS DE ALMEIDA Político de Guinea-Bissau (Bafatá, 1931). Hermano de Amílcar Cabral, colaboró con él en la creación del PAIGC. Al proclamarse la independencia fue jefe del Consejo de Estado y presidente de la República de Guinea-Bissau (1974-80). Fue derrocado por un golpe de Estado.

CABRAL, MANUEL DEL Poeta dominicano (Santiago, 1907 - Ciudad de Santo Domingo, 1996). Sus obras tienen carácter modernista con notas de vanguardismo. Autor de *Biografía de un silencio* (1940) y *La isla ofendida* (1965).

CABRAL DE MELO NETO, JOÃO Poeta brasileño (Recife, 1920). Su poesía busca el rigor formal junto a una dimensión social. Obras: *Piedra del sueño* (1942), *El ingeniero* (1945), *Paisaje con figuras* (1955), *La escuela de los cuchillos* (1980) y *Sevilla andando* (1989).

CABREAR tr. fig. y fam. ENFADAR. Más como prnl.

CABRERA Río de Colombia, afluente del Magdalena.

CABRERA Isla de España, en el archipiélago de Baleares, situada a unos 9 km al S de Mallorca; 17 km². Parque nacional.

CABRERA, JERÓNIMO LUIS DE Conquistador español (Sevilla, 1528 - Santiago del Estero, 1574). Fue gobernador de Tucumán (1572) y fundó la ciudad argentina de Córdoba (1573).

CABRERA, LUIS Político y escritor mexicano (Zacatlán, 1876 - Ciudad de México, 1954). Tuvo una participación importante en la política desde la propaganda democrática de Madero (1909) hasta la caída del gobierno de Carranza (1920), en el cual fue ministro de Hacienda y uno de los principales orientadores.

CABRERA, LYDIA Escritora cubana (La Habana, 1899 - Miami, 1991). Asociada al realismo mágico, su obra narrativa se centró en la recuperación de la cultura afroantillana.

CABRERA, MIGUEL Pintor mexicano (Antequera, 1695 - Ciudad de México, 1768). Autor de un retrato de sor Juana Inés de la Cruz y de los lienzos *Vía Crucis* (catedral de Puebla), *San Bernardo* y *San Buenaventura*.

CABRERA, PABLO Sacerdote, historiador y etnólogo argentino (San Juan de Cuyo, 1857 - Córdoba, 1936). Entre sus obras de investigación figuran: *Ensayos sobre etnología argentina*, *Los Iules* (1910) e *Introducción a la historia eclesiástica del Tucumán, 1535-1590* (1934-35).

CABRERA BOSCH, RAIMUNDO Escritor cubano (La Habana, 1852 - íd., 1923). Tomó parte en el movimiento revolucionario de 1869 y contribuyó a formar el partido autonomista cubano.

CABRERA INFANTE, GUILLERMO Escritor cubano (Gibara, 1929). Crítico de cine bajo el seudónimo de *G. Cain* y fundador y director de la revista cultural *Lunes de la Revolución*, en 1965 rompió con la política cubana. Es autor de *Así en la paz como en la guerra* (1960), *Tres tristes tigres* (1968), *O* (1975), *La Habana para un infante difunto* (1979), *Delito por bailar el chachachá* (1995), *Cine o sardina* (1997) y *Todo está hecho con espejos* (1999). Premio Cervantes en 1997.

CABRERA LATORRE, ÁNGEL Naturalista argentino de origen español (Madrid, 1879 - La Plata, 1960). Escribió *Fauna ibérica* (1914), *Genera mammalium* (1919-25) y *El pensamiento vivo de Ameghino* (1944).

CABRERIZO, ZA adj. **1** Relativo a las cabras. || m. **2** CABRERO, pastor de cabras.

CABRERO, RA m. y f. **1** Pastor de cabras. || m. *Zool.* **2** Ave paseriforme de mediano tamaño que abunda en Cuba.

Guillermo Cabrera Infante

CABRESTANTE m. Torno colocado verticalmente que se emplea para mover grandes pesos.
CABRIA f. Máquina para levantar grandes pesos.
CABRIEL Río de España, afluente del Júcar; 218 km.
CABRILLA f. **1** *Zool.* Pez teleósteo del orden perciformes, familia acantopterigios, de nombre científico *Serranus cabrilla*. Habita en el Atlántico y el Mediterráneo. **2** Trípode de madera en que los carpinteros sujetan los maderos para labrarlos. || f. pl. **3** Manchas que se hacen en las piernas por permanecer mucho tiempo cerca del fuego. **4** Juego de muchachos, que consiste en tirar piedras planas sobre la superficie del agua y de modo que corran largo trecho rebotando. **5** Pequeñas olas blancas del mar.
CABRILLAS *Astron.* PLÉYADES.
CABRIO m. Madero colocado paralelamente a los pares de una armadura de tejado para recibir la tablazón.
CABRÍO, A adj. *Zool.* **1** Perteneciente a las cabras. || m. **2** Ganado cabrío; rebaño de cabras.
CABRIOLA f. **1** Brinco que dan los que danzan, cruzando varias veces los pies en el aire. **2** fig. Voltereta en el aire. **3** fig. Salto que da el caballo, soltando un par de coces mientras se mantiene en el aire.
CABRIOLÉ m. **1** Carruaje sin cubierta, de cuatro ruedas y cuatro asientos, abierto por los costados y sin portezuelas. **2** Coche con capota que se usaba antiguamente, con aberturas en los lados.
CABRITILLA f. Piel curtida de cualquier animal pequeño, como cabrito, cordero, etc.
CABRITO m. **1** *Zool.* Cría de la cabra. **2** vulg. CABRÓN.
CABRÓN, NA adj. **1** fig. y vulg. Se dice de la persona malintencionada. También s. || m. *Zool.* **2** Macho de la cabra.
CABRONADA f. Acción propia del cabrón.
CABUL KABUL.
CÁBULA f. *Amér.* CÁBALA, intriga, maquinación.
CABURÉ m. *Zool.* Ave rapaz nocturna perteneciente a la familia estrigiformes, de nombre científico *Glaucidium brasilianum*. Vive en las selvas de Paraguay y Argentina.
CABUYA f. **1** *Bot.* PITA. **2** Fibra de la pita, con que se fabrican cuerdas y tejidos. **3** *Mar.* CABUYERÍA.
CABUYERÍA f. *Mar.* Conjunto de cabos menudos.
CACA f. **1** fam. Excremento humano. **2** fig. y fam. Defecto o vicio. **3** fig. y fam. Suciedad, inmundicia. **4** Cosa de poco valor o mal hecha.
CACA-ACA o **HUAYNA POTOSÍ** Cumbre de Bolivia, en el departamento de Oruro; 6.220 m.
CACAHUAL m. *Bot.* Terreno poblado de cacaos.
CACAHUAMILPA Población de México, Estado de Guerrero, cerca de Cuernavaca, notable por las cavernas de su término.
CACAHUATE m. *Bot.* CACAHUETE.
CACAHUATERO, RA m. y f. *Méx.* Persona que vende cacahuetes.
CACAHUÉ m. *Bot.* CACAHUETE.
CACAHUERO m. *Amér.* Propietario de huertas de cacao, y por extensión, individuo que se ocupa especialmente en esta semilla, ya como cultivador, zarandero, cargador de sacos de ella o negociante exportador.
CACAHUETE m. *Bot.* **1** Planta herbácea anual perteneciente a la familia leguminosas, de nombre científico *Arachis hypogea*. Las semillas constituyen un alimento importante y de ellas también se extrae un aceite de múltiples aplicaciones. Originaria probablemente de América del Sur. **2** Fruto de esta planta.
CACAHUEY m. *Bot.* CACAHUETE.
CACALOTE m. **1** *Zool. Méx.* CUERVO, ave de plumaje negro. **2** *Agr. Amér. C.* y *Méx.* Rosetas de maíz.
CACAMATZIN Rey de Texcoco (?, 1494 - México, 1520). Accedió al trono en 1516. Aconsejó a Moctezuma II que recibiera a los españoles amistosamente. Cuando aquél cayó prisionero, Cacamatzin fue atormentado por Alvarado, que le pedía la entrega de oro. Poco tiempo después de la muerte del emperador azteca, fue asesinado por orden de Cortés.
CACAO m. **1** *Bot.* Árbol de la familia byttneriáceas, de nombre científico *Theobroma cacao*. Con sus semillas se prepara el cacao y el chocolate. Especie originaria de América Central y del Sur. **2** *Bot.* Semilla de este árbol. **3** En Nicaragua, moneda feble de los nahuas, que consistía en granos de cacao. **4** fig. Jaleo, follón, escándalo.
CACAOTAL m. *Bot.* CACAHUAL.
CACAREAR intr. **1** Dar voces repetidas el gallo o la gallina. || tr. **2** fig. y fam. Exagerar las cosas propias.
CACATÚA f. *Zool.* Nombre común de diversas aves tropicales psitaciformes, de la familia cacatuináceas. De medio metro de altura, se caracterizan por su plumaje vistoso, pico muy curvado y robusto y una cresta de plumas eréctiles en la cabeza. Son originarias de Australia, Tasmania, Nueva Guinea y otras islas de Oceanía.
CACAXTLE m. *Méx.* Armazón de madera, de una u otra forma, para llevar algo a cuestas.

cachalote. 1. Común. 2. Pigmeo.

CACCIA f. *Mús.* Denominación de una de las nuevas formas musicales adoptada por los maestros del Renacimiento florentino a comienzos del siglo XIV.
CACCINI, GIULIO Compositor italiano (Roma, h. 1546 - Florencia, 1618). Se le considera uno de los creadores de la ópera moderna.
CACERA f. Canal para regar.
CACEREÑO, ÑA adj. y s. De Cáceres.
CÁCERES **1** Provincia de España, en la comunidad autónoma de Extremadura; 19.945 km² y 408.949 h. Comprende dos áreas montañosas (sierras de Gata y Gredos al N, y los Montes de Toledo al S), separadas por la cuenca del Tajo, que recibe como afluentes al Tiétar y al Alagón por la margen derecha y al Salor y al Almonte por la izquierda. El clima es continental. Produce cereales, olivo, vid, hortalizas, tabaco y algodón. Ganado ovino y de cerda. Explotación de corcho. La actividad industrial (alimentación, tabaco, cuero, etc.) se concentra en Plasencia y Cáceres. **2** Ciudad capital de la misma, situada al S del Tajo; 77.768 h. Centro comercial agropecuario. Industria alimentaria. Fábricas de tejidos, muebles y tapones de corcho.
CÁCERES, ANDRÉS AVELINO Militar y político peruano (Ayacucho, 1833 - Lima, 1924). Ascendió a general después de haber tomado parte en la guerra contra Chile (1879-83). Fue elegido presidente de la República (1886-90). Reelegido en 1894, fue derrocado por el golpe de Estado de Piérola.
CÁCERES, FELIPE DE Conquistador español (? - Madrid, 1585). Viajó a Paraguay con Cabeza de Vaca, contra el que tramó un complot en 1544. Acompañó a Martínez de Irala en varias expediciones y fue gobernador del Paraguay (1569-72).
CÁCERES, RAMÓN General y político dominicano (Moca, 1868 - Santo Domingo, 1911). Nombrado vicepresidente en 1904, fue designado presidente de la República (1906-11) tras el golpe de Estado que derrocó a Morales Languasco. Murió asesinado.
CÁCERES DE ARISMENDI, LUISA Heroína de la independencia venezolana (Caracas, 1799 - íd., 1866). Detenida por Morillo, fue enviada a Cádiz (1816), donde rechazó la libertad que se le ofrecía a cambio de renegar de su patriotismo. En 1818 logró evadirse y volvió a América.
CACERÍA f. **1** Partida de caza. **2** Conjunto de animales muertos en la caza.
CACERINA f. Bolsa para llevar cartuchos y balas.
CACEROLA f. **1** Vasija con asas o mango para guisar. **2** *Zool.* Crustáceo decápodo marino del género *Limulus*. Vive en la costa atlántica de México, mar de las Antillas y Asia sudoriental. También llamada *cangrejo bayoneta*.
CACEROLADA f. **1** Lo que cabe de una vez en una cacerola. **2** Protesta social o política que se hace golpeando cacerolas.
CACHA[1] f. **1** Cada una de las dos piezas que forman el mango de las navajas y de algunos cuchillos. Más en pl. **2** Cada una de las ancas de la caza menor. **3** *Anat.* CACHETE, carrillo de la cara. **4** *Anat.* NALGA.
CACHA[2] f. *Zool.* En Colombia CACHO[3], cuerna o aliara.
CACHACO, CA m. **1** *Col.* Hombre joven y elegante. **2** *Col., Ecuad.* y *Venez.* Petimetre. **3** desp. Policía; militar en general. || m. y f. **4** *P. Rico* Nombre que se da a los españoles de buena posición económica.

CACHADA[1] f. Golpe que se da con el trompo en la cabeza de otro trompo.
CACHADA[2] f. *Col., Ecuad., El Salv., Hond., Nicar.* y *Urug.* CORNADA de un animal.
CACHADA[3] *Arg., Par.* y *Urug.* Acción y efecto de CACHAR[3], hacer objeto de una broma a una persona.
CACHADOR, RA adj. m. y f. Individuo que toma el pelo a otro que es aficionado a ello.
CACHALOTE m. *Zool.* Mamífero cetáceo marino, perteneciente a la familia fisetéridos, de nombre científico *Physeter macrocephalus*. Animal de gran tamaño (los machos alcanzan 100 toneladas de peso), que se caracteriza por una enorme cabeza rectangular.
CACHANO m. fam. El diablo.
CACHAR[1] tr. **1** Hacer cachos o pedazos una cosa. **2** Rajar madera en el sentido de las fibras. **3** Arar una tierra alomada llevando la reja por el medio de cada uno de los lomos.
CACHAR[2] tr. *Ast.* y *Amér.* CORNEAR, dar cornadas.
CACHAR[3] tr. **1** *Arg., Nic.* y *Urug.* Agarrar, asir. **2** *Amér.* Hurtar. **3** *Arg.* y *Chile* Sorprender a alguien, descubrirlo. **4** *Chile* Sospechar. || prnl. **5** *Amér.* Burlarse de una persona.
CACHAR[4] tr. *Amér.* Coger al vuelo una pelota u otro objeto que una persona arroja a otra por el aire.
CACHAPARRI m. **1** *Perú* Convite que se ofrece al que va a emprender un viaje. **2** *Perú* Baile que se celebra con este motivo.
CACHARPAS f. pl. *Amér. m.* Trastos de poco valor.
CACHARRAZO m. **1** Golpe dado con un cacharro. **2** fam. *Amér.* Trago de licor fuerte.
CACHARRERÍA f. Tienda de cacharros o loza ordinaria.
CACHARRERO, RA m. y f. Persona que vende cacharros o loza ordinaria.
CACHARRO m. **1** Vasija tosca. **2** Pedazo de ella en que se puede echar alguna cosa. **3** fam. Aparato viejo.
CACHAS adj. y com. Persona fuerte, musculosa.
CACHAVA f. **1** Juego de niños, que consiste en hacer entrar con un palo una pelota en hoyuelos abiertos en la tierra. **2** Palo que sirve para este juego. **3** CAYADO.
CACHAZA f. **1** fam. Lentitud y sosiego en el modo de hablar o de obrar. **2** Aguardiente de melaza de caña. **3** Primera espuma que arroja el zumo de la caña al cocerse.
CACHAZUDO, DA adj. y s. Que tiene cachaza, lentitud.
CACHÉ m. Cotización de un artista, cantidad que cobra por sus actuaciones públicas.
CACHEAR tr. Registrar a gente sospechosa para quitarle las armas que pueda llevar ocultas.
CACHELOS m. pl. En Galicia, trozos de patata cocida que se sirven acompañando a carne o pescado fritos o guisados.
CACHEMARÍN m. QUECHEMARÍN.
CACHEMIRA o **CACHEMIR** (De *Kashmir, Cachemira*, país al oeste del Himalaya.) f. o m. Tela muy fina de lana.
CACHEMIRA (*Kashmir*) Región de Asia, en el Himalaya occidental; 22.236 km² y 6.000.000 h. Está dividida entre la India, Pakistán, países que han mantenido litigio por la posesión de la zona desde la marcha de los británicos en 1947, y China. Muy montañosa, su clima es benigno, y su suelo, muy fértil. Goza de fama en la industria textil artesanal (chales, tapices).

CACHEO[1] m. Acción y efecto de cachear.

CACHEO[2] m. 1 *Bot. Dom.* Palma de cuya médula se prepara una bebida. 2 *Dom.* Bebida que se saca de esta planta.

CACHERÍA f. 1 *Amér.* Negocio pequeño. 2 *Amér.* Comercio o tienda al por menor.

CACHETADA f. BOFETADA.

CACHETE m. 1 Golpe que se da con la mano en la cabeza o en la cara. 2 *Anat.* Carrillo de la cara, y especialmente el abultado. 3 CACHETERO, puñal.

CACHETEAR tr. *And.* y *Amér.* Golpear a uno en la cara con la mano abierta.

CACHETERO m. 1 Especie de puñal corto y agudo. 2 Puñal de forma semejante con que se remata a las reses. 3 Hombre que mata con el puñal cachetero. 4 fig. y fam. El último entre los que causan un daño a una persona o cosa.

CACHI- pref. que significa casi: *cachinegro, cachimarido.*

CACHI Nevado de Argentina, que forma parte de los Andes, provincia de Salta; 6.700 m.

CACHICAMO m. *Zool.* ARMADILLO.

CACHICÁN m. 1 Capataz de una hacienda de labranza. 2 fig. y fam. Hombre astuto. También adj.

CACHILA f. *Zool. Arg.* y *Urug.* Pájaro motacílido que anda siempre rastreando por el suelo.

CACHIMBA f. 1 Pipa para fumar, de boquilla curvada. 2 *Arg.* CACIMBA, hoyo para buscar agua potable.

CACHIMBO m. 1 *Amér.* Pipa para fumar. 2 *Bot.* En Colombia, BUCARE, árbol. 3 desp. *Perú* Guardia nacional. 4 *Perú* Músico de banda militar o pueblerina. 5 Estudiante de enseñanza superior que cursa el primer año.

CACHIPAMBA *Hist.* Lugar de Perú, departamento de Cuzco, donde las tropas de Hernando y Gonzalo Pizarro derrotaron a las de Diego de Almagro en la batalla de las Salinas (1538).

CACHIPOLLA f. *Zool.* Nombre común de diversos insectos efemerópteros del género *Ephemera,* que habitan en las orillas del agua.

CACHIPORRA f. Palo corto, más grueso por el extremo opuesto a la empuñadura, que se usa como arma de mano.

CACHIPORRAZO m. Golpe dado con una cachiporra.

CACHIQUEL adj. CAKCHIQUEL.

CACHIRÍ m. Licor que hacen los indios de Venezuela con cazabe y batatas.

CACHIRULO m. 1 Vasija en que se suele guardar el aguardiente. 2 Embarcación muy pequeña de tres palos. 3 Adorno que las mujeres usaban en la cabeza a fines del siglo XVIII. 4 Pañuelo que los hombres de Aragón llevan atado a la cabeza como complemento del traje regional.

CACHIVACHE m. 1 desp. Vasija, utensilio. Más en pl. 2 desp. Cosa de este género arrinconada por inútil. Más en pl. 3 fig. y fam. Hombre ridículo y embustero.

CACHIYUYO m. *Bot.* Arbusto de la familia quenopodiáceas, útil como forraje.

CACHO[1] m. 1 Pedazo pequeño de alguna cosa. 2 Juego de naipes. 3 *Bot.* En Argentina, Paraguay y Uruguay, racimo de bananas.

CACHO[2] m. *Zool.* Pez teleósteo, fisóstomo, de agua dulce, perteneciente a la familia ciprínidos, de nombre científico *Leuciscus cephalus.* Muy común en la mayoría de los ríos de España, excepto en la cornisa cantábrica.

CACHO[3] m. 1 *Zool. Amér.* Cuerno de un animal. 2 *Zool. Chile* y *Guat.* Cuerna o aliara. 3 *Chile* y *Perú* CUBILETE.

CACHOLA f. *Mar.* 1 Cada una de las dos curvas con que se forma el cuello de un palo. 2 Cada uno de los pedazos de tablón colocados a uno y otro lado de la cabeza del bauprés.

CACHÓN m. *Zool.* SEPIA.

CACHONDEARSE prnl. vulg. Burlarse.

CACHONDEO m. 1 vulg. Acción y efecto de cachondearse. 2 vulg. Por extensión, desbarajuste, desorden, guirigay.

CACHONDO, DA adj. 1 vulg. Excitado sexualmente. 2 fig. y fam. Burlón, divertido. También m. y f.

CACHORRILLO m. Pistola pequeña.

CACHORRO, RRA m. y f. 1 Perro de poco tiempo. 2 Cría de otros mamíferos. || m. 3 CACHORRILLO.

CACHUA f. *Danza.* Baile de los indios de Perú, Ecuador y Bolivia.

CACHUCHA f. 1 Bote o lanchilla. 2 Especie de gorra. 3 Baile popular de Andalucía. 4 Canción y tañido de este baile.

CACHUCHO m. *Zool. Amér.* Pez teleósteo común en el Atlántico oriental, de unos 40 cm de longitud.

CACHUDO, DA adj. Se dice del animal que tiene los cuernos grandes.

CACHUELA f. 1 Guisado que hacen en Extremadura de la asadura del puerco. 2 Guisado que hacen los cazadores con hígados, corazones y riñones de conejo. 3 Molleja de las aves.

CACHUELO m. *Zool.* Pez teleósteo fisóstomo, perteneciente a la familia ciprínidos, de nombre científico *Leuciscus cephalus pyrenaicus.* Abunda en los ríos situados al S del Duero y Ebro.

CACHUMBA f. *Bot.* Planta de la familia compuestas, del mismo género que el alazor, propia de Filipinas.

CACHUNDE f. 1 Pasta compuesta de almizcle, ámbar y cato. 2 CATO[1].

CACHUPÍN, NA m. y f. GACHUPÍN.

CACHUPINADA f. fig. y fam. Reunión festiva de gente cursi.

-CACIA suf. CACO-.

CACICADA f. Acción arbitraria propia de un cacique o de quien se comporta de igual modo.

CACICATO o **CACICAZGO** m. 1 Dignidad de cacique o de cacica. 2 Territorio que gobiernan. 3 fam. Autoridad o poder del cacique.

CACILLO m. Cazo pequeño.

CACIMBA f. 1 Hoyo que se hace en la playa para buscar agua potable y también oquedad natural de las rocas en que se deposita el agua de lluvia. 2 BALDE.

CACIQUE, CA m. y f. 1 Señor de vasallos en alguna provincia o pueblo de indios. 2 fig. y fam. Persona que en un pueblo o comarca ejerce excesiva influencia en asuntos políticos o administrativos. 3 fig. Déspota.

CACIQUE GORDO Señor de los totonacas, llamado así por los españoles debido a su obesidad (s. XV - XVI). Cortés le liberó del tributo a los aztecas. Se convirtió en aliado de los conquistadores, a quienes ayudó en su marcha hacia el interior de México (1519).

CACIQUEAR intr. 1 Intervenir en asuntos usando indebidamente de autoridad o influencia. 2 fam. MANGONEAR.

CACIQUIL adj. Relativo al cacique.

CACIQUISMO m. 1 Dominación o influencia de los caciques. 2 Por extensión, intromisión abusiva de una persona en determinados asuntos, valiéndose de autoridad o influencia. 3 Sistema político en el que una oligarquía ejerce un poder político extralegal, es decir, no investido jurídicamente.

CACO m. 1 fig. Ladrón que roba con destreza. 2 fig. y fam. Hombre muy tímido.

CACO-, CAQUI-; -CACIA prefs. o suf. que significan malo.

CACO *Mit.* Hijo de Vulcano, personifica el robo.

CACODILATO m. *Quím.* Nombre genérico de las sales formadas por el ácido cacodílico.

CACODILO m. *Quím.* Arseniuro de metilo.

CACOFAGIA f. *Pat.* Desviación del gusto que induce a ingerir los productos más variados y extraños: madera, cal, tiza, tierra, etc.

CACOFONÍA f. Vicio del lenguaje, que consiste en la repetición frecuente de unas mismas sílabas o letras.

CACOGRAFÍA f. Escritura viciosa contra las normas de la ortografía.

CACOLOGÍA f. Locución viciosa, incorrección de estilo.

CACOMITE m. *Bot.* Planta de la familia iridáceas, de raíz comestible.

CACOMIZTLE m. *Zool. Méx.* BASÁRIDE.

CACOQUIMIA 1 f. *Med.* Depravación de los humores normales. 2 *Pat.* CAQUEXIA, estado de extrema desnutrición.

CACOQUIMIO, MIA m. y f. Persona que padece tristeza que le ocasiona estar pálida y melancólica.

CACOSMIA f. 1 *Med.* Olor fétido. 2 *Pat.* Perversión del sentido del olfato, que hace agradables los olores repugnantes.

CACTÁCEO, A adj. y f. *Bot.* 1 Se dice de las plantas angiospermas dicotiledóneas del orden cariofilales, originarias de América, con el tallo suculento, espinoso y un follaje reducido, como la chumbera y el cacto. || f. pl. *Bot.* 2 Familia de estas plantas.

CACTO o **CACTUS** m. *Bot.* Nombre común de diversas plantas xerófilas de la familia cactáceas. También se incluyen algunas plantas pertenecientes a otras familias, pero de parecida morfología. Tienen el tallo grueso, carnoso y acostillado, capaz de almacenar agua en su interior; las hojas se transforman en espinas y casi han desaparecido. Las flores, grandes, muy vistosas y solitarias, aparecen en la época del año más propicia y tienen una duración muy corta. Abunda en las zonas desérticas de América tropical y, sobre todo, en México.

CACUMEN m. fig. y fam. Agudeza, perspicacia.

CACUMINAL adj. *Ecol.* Relativo a las cumbres de los montes.

CACUY m. *Zool.* En Argentina, ave nocturna, cuyo canto se asemeja a un lamento.

CAD (Siglas de *Computer Aided Design)* DISEÑO ASISTIDO POR ORDENADOR.

CADA[1] m. *Bot.* ENEBRO.

CADA[2] adj. distrib. 1 Establece una correspondencia distributiva entre los miembros numerables de una serie, cuyo nombre singular precede, y los miembros de otra. Puede construirse con nombres en plural precedidos de un numeral cardinal. 2 Precede a un nombre numerable singular individualizándolo dentro de la serie a que pertenece. 3 Se usa como adjetivo ponderativo en ciertas frases generalmente elípticas. || **cada cual** Cada persona, todas las personas. || **cada quisque** loc. fam. CADA CUAL. || **cada uno** CADA CUAL.

CADAHALSO m. Cobertizo o barraca de tablas.

CADALSO m. 1 Tablado que se levanta para un acto solemne. 2 El que se levanta para la ejecución de la pena de muerte.

CADALSO, JOSÉ Militar y escritor español (Cádiz, 1741 - Gibraltar, 1782). Cultivó la poesía anacreóntica y fue un notable escritor satírico. Autor de *Solaya o los circasianos* (1770), *Don Sancho García* (1771), *Los eruditos a la violeta* (1772), *Ocios de mi juventud* (1773), *La numantina* (1774-83); *Cartas marruecas* (1789) y *Noches lúgubres* (1789).

CADAMOSTO o **CA'DA MOSTO, ALVISE** Explorador y navegante veneciano (Venecia, 1432 - ?, 1488). Al servicio de Enrique el Navegante, realizó diversas exploraciones por la costa occidental africana, Islas Canarias y Cabo Verde.

CADAÑEGO, GA adj. *Bot.* Se aplica a las plantas que dan fruto abundante todos los años.

CADAÑERO, RA adj. *Biol.* 1 Que dura un año. 2 ANUAL. 3 Que pare cada año. También f.

CADÁVER m. 1 Cuerpo muerto, sea de un hombre o de un animal. 2 fig. Persona que ha perdido la posición pública de la que antes disfrutaba.

CADAVÉRICO, CA adj. 1 Perteneciente o relativo al cadáver. 2 fig. Pálido y desfigurado.

CADDIE (Voz i.) com. *Dep.* Persona que lleva los bastones y pelotas del jugador de golf.

CADEJO m. 1 Parte del cabello muy enredada que se separa para desenredarla y peinarla. 2 Madeja pequeña de hilo o seda. 3 Conjunto de muchos hilos para hacer obras de cordonería.

CADENA f. 1 Serie de muchos eslabones enlazados entre sí. 2 Cuerda de galeotes o presidiarios que iban encadenados a cumplir la pena. 3 Conjunto de personas que se enlazan cogiéndose de las manos. 4 *Mar.* Serie de perchas, masteleros, etc., unidos entre sí, que sirve para cerrar la boca de un puerto, de una dársena o de un río. 5 fig. Conjunto de establecimientos pertenecientes a una sola empresa o sometidos a una sola dirección. 6 fig. Conjunto de instalaciones destinadas a la fabricación de un producto industrial. 7 fig. Sujeción que causa una pasión vehemente o una obligación. 8 fig. Sucesión de hechos relacionados entre sí. 9 *Arquit.* Bastidor de maderos sobre el cual se levanta una estructura. 10 *Arquit.* Madero o barra que resguarda la arista horizontal de un fogón de cocina. 11 *Der.* Pena aflictiva, llamada así porque antiguamente los condenados a ella llevaban sujeta al cuerpo una cadena. 12 *Fís.* Grupo de transmisores y receptores de televisión que radiodifunden el mismo programa. 13 *Quím.* Conjunto de átomos enlazados linealmente unos con otros, presentes generalmente en una molécula orgánica. || **CADENA ALIMENTARIA** *Ecol.* Relaciones alimentarias por niveles tróficos que unen a las especies de una comunidad biológica. || **CADENA FÓNICA** o **HABLADA** *Fonol.* Realización del habla hecha de forma material y ordenada linealmente || **CADENA DE MÚSICA, MUSICAL,** o **DE SONIDO** Equipo estereofónico compuesto por diversos aparatos de reproducción de sonido, independientes uno de otro. || **CADENA PERPETUA** *Der.* La pena máxima de prisión. || **CADENA TRÓFICA** *Ecol.* Relación lineal que se establece entre los distintos niveles tróficos de un ecosistema.

CADENAS, RAFAEL Poeta venezolano (Barquisimeto, 1930). De su obra destaca *Cantos iniciales* (1946), *Los cuadernos del destierro* (1960), *Falsas maniobras* (1966), *Memorial* (1977), *Amante* (1983) y *Gestiones* (1992).

CADENCIA f. 1 Serie de sonidos o movimientos que se suceden de un modo regular. 2 *Lit.* Proporcionada distribución de los acentos y de los cortes y pausas, así en la prosa como en el verso. 3 *Metr.* Efecto de tener un verso la acentuación que le corresponde. 4 *Danza.* Medida del sonido, que regula el movimiento de la persona que danza. 5 *Mús.* Ritmo que caracteriza una pieza musical.

CADENCIOSO, SA adj. Que tiene cadencia.

CADENETA f. 1 Labor o randa en figura de cadena muy delgada. 2 Labor hecha por los encuadernadores en las cabeceras de los libros. 3 Adorno de tiras de papel que se usa en las fiestas.

CADENILLA f. Cadena estrecha que se pone por adorno en las guarniciones.

CADENTE adj. 1 Que amenaza ruina o está para caer o destruirse. 2 CADENCIOSO.

CADERA f. 1 *Anat.* Cada una de las dos partes salientes formadas por los huesos superiores de la pelvis. 2 Zona de unión del muslo con el tronco. 3 Primera pieza de las patas de los insectos. || f. pl. 4 CADERILLAS.

CADERAMEN m. fam. Caderas de mujer, por lo general, voluminosas.

caderillas f. pl. Tontillo pequeño que servía para ahuecar la falda por las caderas.

cadetada f. fam. Acción irreflexiva o ligereza impropia de gente formal.

cadete m. **1** Alumno de una academia militar. **2** *Amer.* Aprendiz de un comercio.

cadi m. *Bot.* Especie de palmera de Ecuador.

cadí m. Entre musulmanes, juez civil. ♦ Su pl. es *cadís* o *cadíes.*

cadiazgo m. Cargo de cadí.

cadillo m. **1** *Bot.* Planta de la familia umbelíferas muy común en los campos cultivados. **2** *Bot.* Planta de la familia compuestas, muy común entre los escombros y en los campos áridos. **3** *Bot.* Fruto de esta planta. **4** Verruga de la piel. || m. pl. **5** Primeros hilos de la urdimbre de la tela.

Cádiz 1 Provincia de España, perteneciente a la comunidad autónoma de Andalucía; 7.385 km^2 y 1.119.802 h. La mitad oriental está accidentada por las estribaciones de la cordillera Bética, mientras al NO y S se extienden amplias llanuras regadas por los ríos Guadalquivir, Guadalete y Barbate. De clima templado, se cultivan cereales, olivos, vid (vinos de Jerez), frutas y leguminosas. Ganadería vacuna y caballar. Pesca. Industrias siderometalúrgicas. Sanlúcar de Barrameda y El Puerto de Santa María constituyen un gran centro bodeguero. **2** Ciudad capital de la provincia, situada en la isla de León, en el Atlántico, unida a la península por un estrecho istmo; 145.595 h. Puerto. Importante centro comercial e industrial.

Cádiz, Cortes de *Hist.* Denominación que recibe la Asamblea política que se reunió en Cádiz durante la guerra de la Independencia española, convocada por el Consejo de Regencia en 1810. Su obra presenta dos dimensiones: una acción legislativa que liquida las bases jurídicas del Antiguo Régimen, y la Constitución de 1812, que sentaba los principios liberales de la monarquía española.

Cádiz, golfo de Golfo de España, al SO de la península Ibérica, entre el cabo de Santa María (Portugal) y el de Trafalgar (España).

cadmía f. *Quím.* **1** Óxido de cinc sublimado. **2** Por extensión, cualquier sublimado metálico.

cadmio m. *Quím.* Elemento químico del grupo II B del sistema periódico. Masa atómica, 112,41; número atómico, 48; peso específico (a 20° C), 8,648; punto de fusión, 321° C; símbolo, *Cd.*

Cadmo *Mit.* Hijo de Agenor, rey de Fenicia, que fundó en Beocia (Grecia) la ciudad de Tebas.

cado, da o **caddo, da** adj. **1** *Etnol.* Se dice de un grupo amerindio de la familia cadoana, que habitó en las Grandes Llanuras de los EE UU, y en la actualidad en Oklahoma. Más como m. pl. **2** Se dice también de sus individuos. **3** Relativo a este grupo. || m. *Ling.* **4** Lengua de este grupo.

cadoano, na adj. y m. *Ling.* Se dice de la familia lingüística amerindia que comprende el cado, el wichita y el pawnee.

cadoce m. *Zool.* GOBIO.

caducar intr. **1** Perder su validez o efectividad una ley, testamento, contrato, etc. **2** Extinguirse un derecho, una facultad, una instancia o recurso. **3** fig. Arruinarse o acabarse alguna cosa.

caduceo m. Vara delgada, lisa y cilíndrica, rodeada de dos culebras, atributo de Mercurio. Hoy suele emplearse como símbolo del comercio.

caducidad f. **1** Acción y efecto de caducar. **2** Calidad de caduco.

caducifolio, lia adj. *Bot.* Se dice de los árboles y plantas de hoja caduca, es decir, que permanecen sin hojas durante la época del año en que se detiene el crecimiento, generalmente el invierno.

caduco, ca adj. **1** Decrépito, muy anciano. **2** Perecedero, que dura poco. **3** *Bot.* CADUCIFOLIO. **4** *Bot.* Que permanece en la planta durante un corto periodo de tiempo.

caduquez f. Caducidad, calidad de caduco.

caduveo adj. **1** *Etnol.* Se dice del individuo de un pueblo indígena del interior del Chaco, perteneciente al gran grupo guaycuru. Se subdividen en mbayás, payaguás y agaces. También s. || m. pl. **2** Grupo de estos amerindios.

caedizo, za adj. **1** Que cae fácilmente, que amenaza caerse. **2** *Bot.* CADUCIFOLIO.

Caen Ciudad del NO de Francia, capital de la región de baja Normandía y del departamento de Calvados; 113.987 h. Puerto.

caer intr. **1** Desplazarse un cuerpo de arriba abajo por su propio peso. También prnl. **2** Perder un cuerpo el equilibrio hasta dar en tierra o cosa firme que lo detenga. También prnl. **3** Desprenderse una cosa del lugar u objeto a que estaba adherida. También prnl., y sólo como tal cuando se trata de cosas pertenecientes a un cuerpo animado. **4** Seguido de la preposición *de* y del nombre de alguna parte del cuerpo, venir al suelo. **5** Venir a dar un animal o una persona en una trampa dispuesta contra él o ella. **6** fig. Sucumbir inesperadamente ante alguna desgracia o peligro. **7** fig. Dejar de ser o de existir, desaparecer. **8** fig. Con la preposición *en,* incurrir en algún error o ignorancia o en algún daño o peligro. **9** fig. Con la preposición *en,* tratándose de operaciones del entendimiento, llegar a comprender. **10** fig. Minorarse, debilitarse alguna cosa. **11** fig. Ir a parar a distinta parte de aquella que uno se propuso al principio. **12** fig. Cumplirse los plazos en que empiezan a devengarse o deberse algunos frutos o réditos. **13** fig. Tocar o corresponder a alguno una alhaja, empleo, carga o suerte. **14** fig. Estar situado en alguna parte o cerca de ella. **15** fig. Quedar incluido en alguna denominación o categoría, o sujeto a una regla. **16** fig. Corresponder un suceso a determinada época del año. **17** fig. Venir o sentar bien o mal. **18** fig. Acercarse a su ocaso el sol, el día, etc. **19** fig. SOBREVENIR. **20** fig. y fam. MORIR. || prnl. **21** fig. Desconsolarse, afligirse, descaecer. **22** fig. Desaparecer inesperadamente de una lista o relación. || **caer bien,** o **mal,** una persona fr. fig. y fam. Obtener buena, o mala, acogida. || **caerle** a uno **gordo** fr. fig. Serle antipático, desagradable. || **estar al caer** fr. fig. Tratándose de personas o cosas, estar a punto de llegar o suceder. ♦ IRREG. Véase cuadro.

CAER

INDICATIVO
Pres.: caigo, caes, cae, etc.
Pret. imperf.: caía, caías, etc.
Pret. indef.: caí, caíste, cayó, caímos, caísteis, cayeron.
Fut. imperf.: caeré, caerás, etc.
Condic.: caería, caerías, etc.
SUBJUNTIVO
Pres.: caiga, caigas, etc.
Pret. imperf.: cayera, cayeras, etc., o cayese, cayeses, etc.
Fut. imperf.: cayere, cayeres, etc.
IMPERATIVO: cae, caiga, caigamos, caed, caigan.
PARTICIPIO: caído.
GERUNDIO: cayendo.

Caerphilly Distrito unitario del Reino Unido, en Gales; 169.600 h.

Cafarnaum *Geog. hist.* Antigua ciudad de Palestina, en Galilea, junto al lago Tiberíades. Fue la residencia principal de Jesús durante su vida pública. Sus ruinas se encuentran cerca de Tellhum.

café m. **1** *Bot.* CAFETO. **2** *Bot.* Semilla del cafeto. **3** Bebida que se hace por infusión con esta semilla tostada y molida. **4** Casa o sitio público donde se vende y toma esta bebida. **5** fig. y fam. *Chile* y *R. Plata* REPRIMENDA. || **café cortado** Café con pequeña cantidad de leche. || **café descafeinado** Aquel al que se ha extraído la cafeína. || **café teatro** Sala donde se despachan café y otras bebidas, y se representa una obra teatral corta. || **café torrefacto** Café tostado con algo de azúcar que le da color más oscuro que el natural. || **mal café** expr. fig. y fam. Mal humor, mal talante.

Café Filho, João Político brasileño (Natal, 1899 - Rio de Janeiro, 1970). Secundó a G. Vargas en la revolución de 1930 y le sucedió en la presidencia de la República (1954-55).

cafeína f. *Quím.* Alcaloide blanco que cristaliza en largas agujas sedosas, poco soluble en agua, y algo más en alcohol, que se extrae del café, té, cola, mate, cacao y otros vegetales. Es un estimulante nervioso y cardiaco, además de diurético, que actúa con enorme rapidez. También denominada *teína.*

cafetal m. **1** Sitio poblado de cafetos. **2** Vivienda que ocupan los encargados de su cultivo.

cafetería f. Establecimiento donde se despacha café y otras bebidas y comidas.

cafetero, ra adj. **1** Perteneciente o relativo al café. **2** Se dice de la persona aficionada a tomar café. También s. || m. y f. **3** Persona que recoge la cosecha del café o negocia con él o lo vende. || f. **4** Vasija en que se hace o se sirve café. **5** Aparato, por lo general eléctrico, con las mismas funciones.

cafetín m. Diminutivo de CAFÉ, local donde se bebe.

cafeto m. *Bot.* Arbusto o pequeño árbol de la familia rubiáceas, de nombre científico *Coffea arabica.* Con sus semillas se prepara el café.

cáfila f. fam. Conjunto o multitud de gentes, animales o cosas.

cafiroleta f. *Cuba* Dulce compuesto de boniato, coco rallado y azúcar.

cafre adj. y com. **1** Habitante de la antigua colonia inglesa de Cafrería, en Sudáfrica. **2** fig. Bárbaro y cruel. **3** fig. Zafio y rústico.

caftán m. Vestimenta usada por los musulmanes que cubre el cuerpo desde el cuello hasta la mitad de la pierna, abierta por delante y con mangas cortas.

cagaaceite m. *Zool.* Nombre que reciben en algunas zonas de España los zorzales.

cagachín m. *Zool.* Mosquito mucho más pequeño que el común y de color rojizo.

cagada f. **1** Excremento que sale cada vez que se evacua el vientre. **2** fig. y fam. Acción que resulta de una torpeza.

cagado, da adj. fig. y fam. Cobarde, miedoso, sin espíritu.

cagajón m. Cada una de las porciones del excremento de las caballerías.

cagalera o **cagaleta** f. fam. Diarrea.

caganido o **caganidos** m. **1** El último pájaro nacido en la pollada. **2** fig. El hijo último de una familia. **3** fig. Persona enclenque o raquítica.

cagar intr. **1** EVACUAR el vientre. || tr. **2** fig. y fam. Manchar, deslucir, echar a perder alguna cosa o asunto. || prnl. **3** Acobardarse.

cagarria f. **1** COLMENILLA. **2** DIARREA. **3** Persona cobarde, pusilánime.

cagarropa m. *Zool.* CAGACHÍN, mosquito.

cagarruta f. Cada una de las porciones del excremento del ganado menor y de ciervos, gamos, corzos, conejos y liebres.

Cagatay *Geneal.* Dinastía mongol que tomó el nombre de Cagatay Khan, segundo hijo de Gengis Khan. Gobernó la parte central del imperio desde 1227 hasta 1369.

Cagayán Río de Filipinas, en la isla de Luzón. Tiene un curso de 300 km y es navegable hasta Tuguegarao.

Cagayán Provincia de Filipinas, en la isla de Luzón; 9.003 km^2 y 711.476 h. Su capital es Tuguegarao. Tabaco, maíz y arroz.

Cage, John Compositor estadounidense (Los Ángeles, 1912 - Nueva York, 1992). Discípulo de Schönberg, fue el creador del *piano preparado* y uno de los iniciadores de la música aleatoria.

Cage, Nicolas (NICOLAS COPPOLA, llamado) Actor de cine estadounidense (Long Beach, 1964). En su filmografía destacan, entre otras, *Cotton Club* (1984), *Hechizo de luna* (1987), *Corazón salvaje* (1990), *La roca* (1996), *Cara a cara* (1997), *Ojos de serpiente* (1998) y *Asesinato en 8 mm* (1999).

Cagigal y Martínez, Juan Manuel de Militar español (Hoz de Anero, ? - Guanabacoa, 1829). Capitán general de Venezuela, fue derrotado por Bolívar en Carabobo (1814). Nombrado capitán general de Cuba (1819-21), un motín militar le obligó a jurar la constitución (1820).

Cagigal y Montserrat, Juan Manuel de Militar español (Santiago de Cuba, 1738 - Valencia, 1808). Hijo de Cagigal de la Vega. Capitán general de Cuba (1782), cedió la administración a Francisco de Miranda y conquistó a los ingleses las Bahamas.

Cagigal de la Vega, Francisco de Militar español (Ribamontán al Monte, Cantabria, 1691 - íd., 1777). Fue gobernador de Santiago de Cuba y, desde 1747, capitán general de la isla. Como virrey interino de Nueva España (1760), ordenó la liberalización del comercio del hierro y del acero.

Cagliari 1 Provincia de Italia, en Cerdeña; 6.895 km^2 y 769.165 h. **2** Ciudad capital de la misma; 175.181 h. Puerto.

Cagney, James Actor estadounidense (Nueva York, 1899 - íd., 1986). Especializado en papeles de gángster, intervino en *El enemigo público número 1* (1931), *Yanqui dandy* (1942), que le valió un Oscar, y *Uno, dos, tres* (1961).

cagón, na adj. y s. **1** Que hace de vientre muchas veces. **2** fig. y fam. Se dice de la persona muy medrosa y cobarde.

caguama f. **1** *Zool.* Tortuga marina, algo mayor que el carey. **2** Materia córnea de esta tortuga.

Caguán Río de Colombia, departamento de Caquetá, afluente del Caquetá; 400 km.

cagueta adj. y com. Se dice de la persona pusilánime.

Cahiers du cinéma *Cin.* Revista cinematográfica francesa, fundada en 1951 por André Bazin. Entre sus colaboradores iniciales figuraron F. Truffaut, E. Rohmer, J. L. Godard, C. Chabrol, etc. Sentó los principios de la NOUVELLE VAGUE.

cahíz m. **1** *Agr.* Medida de capacidad para áridos. La de Castilla tiene 12 fanegas. **2** *Agr.* CAHIZADA. **3** Medida de peso, usada en la provincia de Madrid para el yeso, equivalente a 690 kg.

cahizada f. *Agr.* Porción de terreno que se puede sembrar con un cahíz de grano.

Gustave **Caillebotte.** *Los alisadores de parquet.* Museo d'Orsay (París).

CAHORS Ciudad del S de Francia, capital del departamento de Lot; 19.735 h.

CAÍ m. *Zool.* Nombre común de diversas especies de monos platirrinos del género *Cebus*, de talla media, cuerpo robusto y cola prensil, que habita en Sudamérica.

CAICEDO, DOMINGO General y político colombiano (Bogotá, 1783 - íd., 1843). Por renuncia de Bolívar se hizo cargo del poder ejecutivo (1830), y como vicepresidente de la República asumió interinamente la presidencia en 1840 y 1842.

CAICEDO Y CUERVO, JOAQUÍN Patriota colombiano (Cali, 1773 - Pasto, 1813). Presidió la junta de Cali, pero fue vencido y fusilado.

CAICO m. *Cuba* Bajo o arrecife grande que llega a veces a formar isletas.

CAICOS Grupo de islas situado al SE de las Bahamas, que constituye, junto con las islas Turks, la colonia del Reino Unido de TURKS y CAICOS.

CAÍD m. Especie de juez o gobernador en algunos países musulmanes.

CAÍDA f. **1** Acción y efecto de caer. **2** Declive o pendiente de alguna cosa. **3** Manera de plegarse o de caer los paños o ropajes. **4** Acción de cometer una falta. **5** Conquista, derrota. **6** Salto de agua. **7** fig. y fam. Dichos oportunos, ocurrencias. Más en pl. ‖ **CAÍDA LIBRE** *Fís.* Descenso vertical de un cuerpo sometido exclusivamente a la fuerza de atracción de la Tierra o gravedad. También, modalidad del paracaidismo en la que se retrasa voluntariamente la apertura del paracaídas. ‖ **a la caída de la tarde** loc. adv. Al concluirse la tarde. ‖ **a la caída del sol** loc. adv. Al ir a ponerse.

CAÍDO, DA adj. **1** fig. Desfallecido, amilanado. **2** Se dice del muerto en defensa de una causa. También s. **3** Seguido de la preposición *de* y el nombre de una parte del cuerpo, se dice de la persona o animal que tiene demasiado declive en dicha parte. ‖ m. **4** Cada una de las líneas oblicuas del papel pautado en que se aprende a escribir.

CAIFÁS Sumo sacerdote de los judíos (?, 18 - ?, 36). Condujo el proceso de Jesucristo y le declaró reo de muerte. Persiguió a los apóstoles.

CAIGUA f. *Bot.* Planta de la familia cucurbitáceas, indígena del Perú.

CAIGUÁ adj. y com. Se dice del indio que habitaba en los montes de Uruguay, Paraná y Paraguay.

CAILLEBOTTE, GUSTAVE Pintor impresionista francés (París, 1848 - Gennevilliers, 1894). Su obra más conocida es *Los alisadores de parquet*.

CAILLET-BOIS, HORACIO Escritor, poeta y crítico de arte argentino (Buenos Aires, 1898 - íd., 1979). Escribió *Sesgos del arte español* (1938) y *Las urnas de ébano* (1922).

CAILLETET, LOUIS PAUL Físico francés (Châtillon-sur-Seine, 1832 - París, 1913). Fue el primero en licuar los gases que, como el oxígeno, nitrógeno y aire, se consideraban permanentes.

CAILLOIS, ROGER Escritor francés (Reims, 1913 - París, 1978). Su obra ensayística abarca la sociología y la crítica literaria: *Le mythe et l'homme* (1938), *Pierres* (1966) y *Pierres réfléchies* (1975).

CAIMACÁN m. **1** Lugarteniente del gran visir. **2** *Col.* Persona de autoridad.

CAIMÁN m. **1** *Zool.* Nombre común de varias especies de reptiles crocodilianos de la familia aligatóridos, pertenecientes a distintos géneros. Se diferencian de los aligatores por tener armadura ventral y el hocico más afilado. Son propios de las regiones cálidas de América Central y meridional. **2** fig. Persona que con astucia y disimulo procura salir airoso de sus intentos.

CAIMÁN *(Cayman)* Grupo de tres islas del mar de las Antillas, al S de Cuba, que constituyen una colonia del Reino Unido; 259 km^2 y 28.000 h. Su capital es George Town. Fueron descubiertas por Colón, en 1503, que las llamó *islas Tortugas*.

CAIMIENTO m. **1** CAÍDA, acción y efecto de caer. **2** fig. Desfallecimiento de ánimo o de fuerzas.

CAIMITO m. *Bot.* **1** Árbol de la familia sapotáceas, de fruto redondo y pulpa azucarada, mucilaginosa y refrigerante. **2** Árbol de Perú de la misma familia que el anterior, pero de distinta especie. **3** Fruto de estos árboles.

CAIN, JAMES MALLAHAM Escritor estadounidense (Annapolis, Maryland, 1892 - University Park, Maryland, 1977). Destacó por sus novelas de género negro. Entre ellas sobresalen *El cartero siempre llama dos veces* (1934), *Pacto de sangre* (1936), *Una serenata* (1937) y *Mignon* (1962).

CAÍN Personaje bíblico, primogénito de Adán y Eva y hermano de Abel, al que, según la Biblia, mató por envidia.

CAINE, MICHAEL (JOSEPH MICKLEWHITE, llamado) Actor británico (Bermondsey, Inglaterra, 1933). Entre sus películas destacan *La huella* (1972), *Vestida para matar* (1981), *Hannah y sus hermanas* (1985), *Sangre y vino* (1996) y *Las normas de la casa de la sidra* (1999, Oscar al mejor actor secundario).

CAINITA[1] f. *Miner.* Mineral sulfato de magnesio y cloruro de potasio hidratados, de fórmula $SO_4ClMgK \cdot 3H_2O$, que cristaliza en el sistema monoclínico. Sirve para preparar los compuestos de potasio y se utiliza como abono.

CAINITA[2] (De *Caín*.) adj. **1** Perteneciente o relativo a Caín. **2** Dícese especialmente del odio o enemistad contra allegados o afines, o de quien se deja llevar por tal impulso.

CAIQUE m. *Mar.* Barca muy ligera que se usa en los mares de Levante.

CAIREL m. **1** Cerco de cabellera postiza. **2** Adorno de pasamanería que cuelga de los extremos de algunas ropas. Más en pl. **3** Trozo de cristal que adorna candelabros, arañas, etc.

CAIRNES, JOHN ELLIOT Economista irlandés (Castle Bellingham, 1823 - Blackheath, cerca de Londres, 1875). Fue uno de los últimos representantes de la escuela de economía clásica.

CAIRO, EL 1 Gobernación de Egipto; 214 km^2 y 6.955.000 h. **2** Ciudad capital de Egipto y de la gobernación de su nombre, en el valle del Nilo; 6.849.000 h. En la aglomeración urbana se concentran 14.000.000 de h. Centro industrial y comercial.

CAIROTA adj. y com. De El Cairo.

CAJA f. **1** Pieza hueca de varias formas y tamaños que sirve para meter o guardar en ella alguna cosa. Se suele cubrir con una tapa. **2** Mueble para guardar con seguridad dinero y objetos de valor. **3** ATAÚD. **4** *Autom.* Parte del coche en la que van los asientos. **5** TAMBOR, instrumento musical. **6** *Mús.* Parte exterior de madera que cubre y resguarda algunos instrumentos, o que forma parte principal de ellos. **7** Oficina pública de correos situada en un pueblo. **8** Pieza, sitio o dependencia destinada en las tesorerías, bancos y casas de comercio para recibir o guardar dinero o valores equivalentes y para hacer pagos. **9** *Teat.* En los escenarios, espacio comprendido entre cada dos bastidores. **10** *Bot.* CÁPSULA, fruto seco, dehiscente. **11** *Geol.* Espacio comprendido entre dos superficies de roca estéril, que limita un filón. **12** *A. gráf.* Cajón con varias separaciones o cajetines, en cada uno de los cuales se ponen las letras o signos tipográficos. **13** *A. gráf.* Espacio de la página lleno por la composición impresa. ‖ **CAJA DE AHORROS** *Econ.* En origen, establecimiento, casi siempre benéfico, destinado a recibir cantidades pequeñas que vayan formando un capital a sus dueños, devengando réditos en favor de los mismos. ‖ **CAJA DE CAMBIOS** *Autom.* Mecanismo que permite el cambio de velocidad en un automóvil. ‖ **CAJA DE CAUDALES** Caja de hierro para guardar dinero y cosas de valor. ‖ **CAJA CRANEANA** *Anat.* CRÁNEO. ‖ **CAJA FUERTE** CAJA DE CAUDALES. ‖ **CAJA DE HOCKETT** *Ling.* Representación de una estructura oracional, según F. Hockett. ‖ **CAJA NEGRA** *Tecnol.* Dispositivo que registra todos los movimientos y maniobras de un avión en vuelo o cualquier otro vehículo de transporte público terrestre. ‖ **CAJA DE RECLUTAMIENTO** *Mil.* Organismo militar encar-

El Cairo (Egipto). Vista de la ciudad desde el minarete de Quait Bay.

gado de la inscripción, clasificación y destino a cuerpo activo de los reclutas. || **CAJA REGISTRADORA** La que se usa en el comercio, y que señala y suma el importe de las ventas. || **despedir,** o **echar,** a uno **con cajas destempladas** fr. fig. y fam. Despedirlo o echarlo de alguna parte con gran aspereza o enojo.

CAJAL, SANTIAGO RAMÓN Y RAMÓN Y CAJAL, SANTIAGO.

CAJAMARCA Río de Perú, departamento de Cajamarca, que con el Condebamba forma el Crisnejas.

CAJAMARCA 1 Departamento de Perú; 33.318 km^2 y 1.377.297 h. 2 Ciudad capital del mismo; 99.600 h.

CAJAS Paso de los Andes, en Ecuador, entre las provincias de Pichincha e Imbabura; 3.099 m.

CAJEME CIUDAD OBREGÓN.

CAJERO, RA m. y f. Persona que en las casas de comercio, banca, etc., está encargada de la caja. || **CAJERO AUTOMÁTICO** Máquina de una entidad bancaria, que manejan los clientes mediante una tarjeta y claves personales, para realizar operaciones sobre sus cuentas.

CAJETA f. 1 *Amer. C.* y *Méx.* Dulce de leche cuajada y con frutas 2 *C. Rica, Guat.* y *Méx.* Caja con tapa que se usa para poner postres, y el dulce que contiene.

CAJETILLA f. Paquete de tabaco.

CAJETÍN m. 1 Sello con que se estampan diversas anotaciones en determinados papeles, títulos y valores. 2 Cada una de estas anotaciones. 3 Caja metálica que usaban los cobradores del tranvía. 4 *Fís.* Listón de madera que tiene dos ranuras en las que se alojan por separado los conductores eléctricos. 5 *A. gráf.* Cada uno de los compartimientos de la caja.

CAJÍ m. *Zool.* Nombre dado en Cuba a un pez que se cría en el mar de las Antillas.

CAJILLA f. 1 *Bot.* CÁPSULA, fruto seco, dehiscente. || f. pl. 2 *Anat.* MANDÍBULA.

CAJISTA com. *A. gráf.* Oficial de imprenta que compone lo que se ha de imprimir.

CAJO m. Pestaña que forma el encuadernador en el lomo de un libro.

CAJÓN m. 1 Caja grande. 2 Cualquiera de los receptáculos que se pueden sacar y meter en ciertos huecos. 3 Espacio que media entre tabla y tabla en una estantería. 4 Casilla o garita de madera que sirve de tienda o de obrador. 5 *Chile* Cañada larga por cuyo fondo corre algún río o arroyo. 6 En algunos lugares de América, comercio, tienda de abacería. 7 *Amér.* ATAÚD. 8 *Arquit.* Cada uno de los espacios en que queda dividida una tapia o pared por los machones. || **cajón de sastre** fig. y fam. Conjunto de cosas diversas y desordenadas. || ser **de cajón** una cosa fr. fig. y fam. Ser evidente.

CAJÓN Sierra de Argentina, provincia de Catamarca. Máxima altura en el Cerro Quilmes (4.200 m).

CAJONADA f. Encasillado para guardar las maletas de los marineros.

CAJONERA f. 1 Cajón situado debajo de los pupitres de los niños para guardar el material escolar. 2 Mueble formado por cajones.

CAJONERÍA f. Conjunto de cajones.

CAJONERO m. 1 Mozo que cuidaba de las acémilas y de su carga. 2 En algunos lugares de América, dueño de un cajón o tienda. 3 *Min.* Operario que recibe las vasijas en que se extraen las aguas.

CAJONGA f. *Hond.* Tortilla grande de maíz mal molido.

CAJUELA f. 1 *Zool.* Nombre dado en Cuba a un árbol silvestre de la familia euforbiáceas. 2 *Amér.* Maletero de un automóvil.

CAJUIL m. *Bot.* MARAÑÓN.

CAKCHIQUEL adj. 1 *Etnol.* Se dice de una tribu amerindia del grupo quiché, de la familia lingüística maya, que habita en las orillas del lago Atitlán y en la ciudad de Antigua Guatemala. Más como m. pl. 2 Se dice también de sus individuos. También com. 3 Relativo a los cakchiqueles.

CAL[1] f. *Quím.* 1 Cualquier óxido metálico 2 Sustancia producida por calentamiento de la piedra caliza a 825° C. Se utiliza en construcción. || **CAL HIDRÁULICA** *Quím.* La que se produce por la calcinación de piedras calizas con una proporción de arcilla del 12 al 22%, la cual se endurece al contacto con el agua. || **CAL VIVA** *Quím.* Óxido de calcio, de fórmula CaO, sólido blanco que se obtiene como residuo al calcinar carbonato de cal. || **a cal y canto** loc. adv. con la cual se expresa que la acción de cerrar, encerrar o encerrarse en un local se realiza con intención de que nadie pueda entrar ni salir. || **una de cal y otra de arena** loc. fig. y fam. Alternar cosas diversas o contrarias.

CAL[2] *Quím.* Símbolo de la caloría.

CAL-; -CAL- pref. o in. CALI-[1], bello.

CALA f. 1 Acción y efecto de calar un melón u otras frutas semejantes. 2 Pedazo cortado de una fruta para probarla. 3 Agujero practicado en algún sitio para examinar su interior. 4 Rompimiento hecho en una pared o en un pavimento. 5 Ensenada pequeña. 6 fam. Peseta. 7

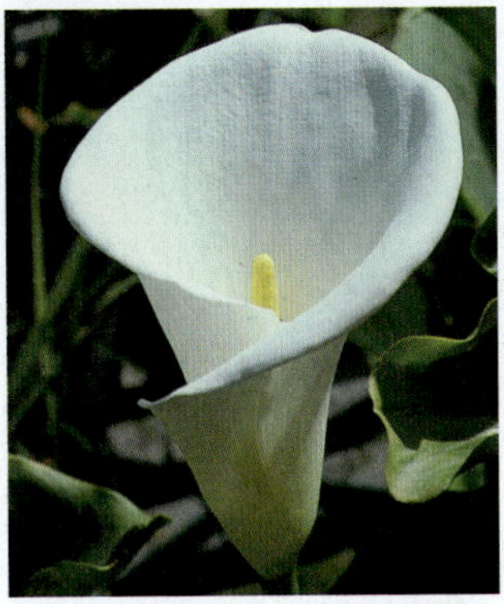

cala

Bot. Planta acuática, herbácea y rizomatosa, perteneciente a la familia aráceas, de nombre científico *Zantedeschia aethiopica.* Se caracteriza por su espata grande y blanca. Procede de África tropical. 8 *Mar.* Parte más baja en el interior de un buque. 9 Paraje distante de la costa, propio para pescar con anzuelo. 10 Plomo que hace hundirse a la sonda o al anzuelo. 11 Investigación en un campo de estudio reducido. 12 *A. gráf.* Pieza que, en las linotipias, regula la anchura de la caja y el largo de las líneas.

CALABA m. *Bot.* CALAMBUCO.

CALABACEAR tr. fig. y fam. DAR CALABAZAS.

CALABACERA f. 1 Mujer que vende calabazas. 2 *Bot.* Planta herbácea anual de la familia cucurbitáceas, de nombre científico *Cucurbita pepo.* Presenta grandes hojas lobuladas y flores amarillas. Su fruto es la calabaza.

CALABACERO m. 1 El que vende calabazas. 2 *Bot.* GÜIRA.

CALABACÍN m. 1 *Bot.* Planta anual de la familia cucurbitáceas. 2 *Bot.* Fruto de esta planta. 3 fig. y fam. CALABAZA, persona inepta.

CALABACINO m. *Bot.* Calabaza seca y hueca.

CALABAR Ciudad de Nigeria, capital del Estado de Cross River, 170.000 h. Puerto.

CALABAZA f. 1 *Bot.* CALABACERA, planta. 2 *Bot.* Fruto de la calabacera. Es un pepónide grande, de color naranja, con forma abultada, corteza dura y pulpa carnosa comestible. 3 *Bot.* CALABACINO. 4 fig. y fam. Persona inepta y muy ignorante. 5 fig. y fam. Buque pesado y de malas condiciones náuticas. 6 *Germ.* GANZÚA. || **dar calabazas** fr. fig. y fam. Reprobar a uno en exámenes. También desairar o rechazar la mujer al que la pretende.

CALABAZADA f. 1 CABEZADA, golpe dado en la cabeza. 2 CABEZADA, el que se recibe en ella.

CALABAZAR m. Sitio sembrado de calabazas.

CALABAZATE m. 1 Dulce seco de calabaza. 2 Cascos de calabaza en miel o arrope.

CALABAZAZO m. 1 Golpe dado con una calabaza. 2 fam. Golpe que uno recibe en la cabeza.

CALABAZO m. 1 *Bot.* CALABAZA, fruto. 2 *Bot.* CALABACINO. 3 *Cuba* GÜIRO[1]. 4 CALABAZA, buque pesado.

CALABOBOS m. fam. *Meteor.* Lluvia menuda y continua.

CALABOZO m. 1 Lugar donde se encierra a determinados presos o arrestados. 2 Instrumento para podar y rozar.

CALABOZO Río de México, en el Estado de Veracruz; 280 km. Victoria de las tropas mexicanas del general Francisco Garay sobre las estadounidenses en 1847.

CALABRÉS, SA adj. y s. De Calabria.

CALABRIA Región meridional de Italia; 15.080 km^2 y 2.075.375 h. Su capital es Catanzaro. Comprende las provincias de Catanzaro, Cosenza, Crotone, Reggio di Calabria y Vibo Valentia.

CALABRIA, FERNANDO DE ARAGÓN, DUQUE DE Príncipe heredero de Nápoles (?, 1488 - ?, 1539). Cayó prisionero al rendirse Tarento (1502). Enviado a España, donde casó con Germana de Foix (1526), fue nombrado virrey de Valencia.

CALABRIADA f. 1 Mezcla de vinos. 2 fig. Mezcla de cosas diversas.

CALABUR m. *Bot.* ZAPÁN.

CALADA f. 1 Acción y efecto de CALAR[2], penetrar un líquido. 2 Vuelo rápido del ave de rapiña. 3 Chupada que se da a un cigarro, puro, etc.

CALADERO m. Sitio para calar las redes de pesca.

CALADO m. 1 Labor que se hace con aguja en alguna tela, imitando la randa o encaje. 2 Labor que consiste en taladrar el papel, tela, etc., con sujeción a un dibujo. 3 *Germ.* Hurto que ha aparecido. 4 *Mar.* Parte sumergida de un barco. || adj. y m. 5 Importancia de un asunto, decisión, iniciativa, etc. || m. pl. 6 Encajes que adornaban los vestidos de las mujeres.

CALADOR, RA m. y f. 1 El que cala. || m. 2 Tienta del cirujano. 3 *Mar.* Hierro con que los calafates carenaban las embarcaciones. 4 *Arg.* y *Méx.* Barrena acanalada para sacar muestras de las mercancías sin abrir los bultos.

CALADRE f. *Zool.* CALANDRIA, ave.

CALADURA f. CALA, de melón u otra fruta.

CALAFATE o **CALAFATEADOR** m. El que calafatea las embarcaciones.

CALAFATEAR tr. 1 Cerrar las junturas de las maderas de las naves con estopa y brea para que no entre agua. 2 Por extensión, cerrar otras junturas.

CALAFATEO m. Acción y efecto de calafatear.

CALAGRAÑA f. Variedad de uva de mala calidad.

CALAGUALA f. *Bot.* En Perú, denominación que reciben ciertos helechos polipodiáceos de rizoma medicinal.

CALAIS Ciudad del N de Francia, en el departamento de Paso de Calais; 75.309 h. Puerto.

CALAIS, PASO DE Estrecho que separa Francia del Reino Unido y comunica el canal de la Mancha con el mar del Norte; 31 km de ancho. Bajo sus aguas se halla el Eurotúnel, abierto al tráfico en 1994. Los ingleses lo denominan *Dover.*

CALALASTE Sierra de Argentina, entre las provincias de Salta y Catamarca.

CALALÚ m. 1 *Cuba* Potaje compuesto de hojas de la planta de su nombre, verdolaga, calabaza, bledo y otros vegetales. 2 *Bot.* Planta de la familia amarantáceas. Produce una legumbre que sirve para aderezar el potaje calalú, típico de la isla de Cuba.

CALAMA Ciudad de Chile, región de Antofagasta; 120.602 h.

CALAMACO m. 1 Tela de lana, que se parece al droguete. 2 *Bot. Méx.* FRÍJOL. 3 *Méx.* MEZCAL.

CALAMAR m. *Zool.* Nombre común de varias especies de moluscos cefalópodos del género *Loligo.* Tienen el cuerpo alargado, con la concha interna, y provisto de diez tentáculos con ventosas, que les sirven para capturar a sus presas. Posee una bolsa de tinta que segrega un líquido negro cuando el animal se siente perseguido.

CALAMATA Ciudad del S de Grecia, en el Peloponeso, capital del nomo de Mesenia; 42.075 h. Puerto pesquero.

CALAMBAC m. *Bot.* Árbol de la familia leguminosas, originario de Extremo Oriente, cuya madera es el palo áloe.

CALAMBRE m. 1 Contracción espasmódica, involuntaria, dolorosa y poco durable de ciertos músculos. 2 Estremecimiento producido por una descarga eléctrica de baja intensidad.

CALAMBREÑA f. *Bot.* En Cuba y Puerto Rico, árbol silvestre que se cría en los terrenos pobres.

CALAMBUCO m. *Bot.* Árbol gutífero americano, cuya resina es el bálsamo de María.

CALAMBUR m. *Ret.* Efecto fonético-gramatical que se produce al usar palabras agrupadas de distinto modo, pero con el mismo sonido.

CALAMENTO m. *Bot.* Planta vivaz de la familia labiadas, que despide olor agradable.

CALAMIANES Grupo de islas de Filipinas, provincia de Palawan. Está constituido por 180 islas e islotes, de las cuales la mayor es la de Busuanga (1.374 km^2). Pesca de perlas.

CALAMIDAD f. 1 Desgracia o infortunio que alcanza a muchas personas. 2 Persona incapaz, inútil o molesta.

CALAMINA f. 1 *Miner.* Mineral silicato de cinc hidratado, de fórmula $Zn_4(Si_2O_7)(OH)_2 \cdot H_2O$. Es la mena de que generalmente se extrae el cinc. También se llama *hemimorfita.* 2 *Miner.* Denominación genérica de varios minerales de alteración. 3 *Med.* Mezcla en polvo de óxidos de cinc y férrico, que se emplea en farmacia para preparar lociones cutáneas y ungüentos. 4 *Met.* Cinc fundido. 5 *Met.* Aleación de cinc, plomo y estaño.

CALAMINTA f. *Bot.* CALAMENTO.

CALAMITA[1] o **CALAMITE** f. *Zool.* Anfibio anuro de nombre científico *Bufo calamita.* También se llama sapo corredor.

CALAMITA[2] f. 1 *Geol.* IMÁN, mineral. 2 *Fís.* BRÚJULA, flechilla imanada al Norte.

CALAMITAL m. *Bot.* Helecho equiseto fósil, de porte arbóreo, que se desarrolló durante los periodos devónico y pérmico.

CALAMITOSO, SA adj. 1 Que causa calamidades o es propio de ellas. 2 Infeliz, desdichado.

CÁLAMO m. 1 Especie de flauta antigua. 2 Pluma de ave o de metal para escribir. 3 *Anat.* Surco que recorre el suelo del cuarto ventrículo. 4 *Poet.* CAÑA, tallo hueco de gramínea. 5 Cañón hueco de una pluma de ave. || **CÁLAMO AROMÁTICO** *Bot.* Raíz medicinal del ácoro.

CALAMOCHA f. Ocre amarillo de color muy bajo.

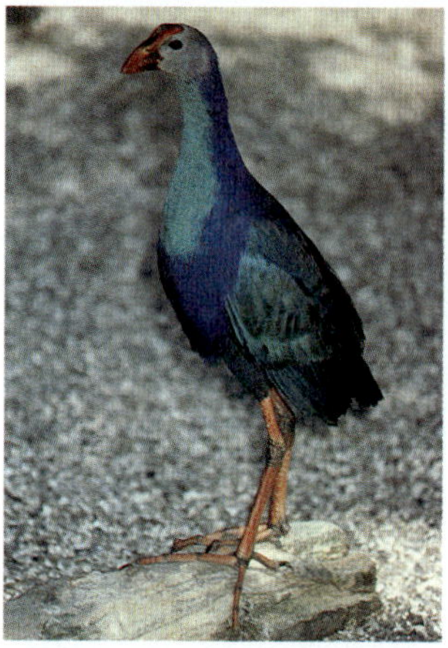

calamón

CALAMÓN m. **1** *Zool.* Ave fasianiforme perteneciente a la familia rálidas, de nombre científico *Porphyrio porphyrio.* Vive en marismas y zonas pantanosas del antiguo continente. **2** Clavo de cabeza en forma de botón que se usa para tapizar o adornar. **3** Cada uno de los dos palos con que se sujeta la viga en el lagar y en el molino de aceite. **4** Parte superior de la balanza, donde se sujeta el vástago del garabato.

CALAMORRA adj. **1** Se dice de la oveja que tiene lana en la cara. || f. **2** fam. Cabeza del hombre.

CALANDINO m. *Zool.* Pez de agua dulce perteneciente a la familia ciprínidos, de nombre científico *Tropidophoxinellus alburnoides.* Es una especie exclusiva de España y Grecia.

CALANDRAJO m. fam. **1** Pedazo de tela grande, rota y desgarrada, que cuelga del vestido. **2** fam. Trapo viejo. **3** fig. y fam. Persona ridícula y despreciable.

CALANDRAR tr. Pasar el papel o la tela por la CALANDRIA^{2}.

CALANDRIA f. **1** *Zool.* Ave paseriforme de la familia aláudidos, de nombre científico *Melanocorypha calandra.* Vive en regiones esteparias del S de Europa, N de África y Asia Menor. **2** Máquina que sirve para prensar y satinar ciertas telas o el papel. || com. **3** fam. Persona que se finge enferma para tener vivienda y comida en un hospital.

CALAÑA f. **1** Muestra, modelo, patrón, forma. **2** Naturaleza de una persona o cosa.

CALAÑAS Municipio y lugar de España, provincia de Huelva; 5.043 h.

CÁLAO m. *Zool.* Nombre común de varias especies de aves coraciformes de la familia bucerótidos, que viven en las regiones tropicales de África, S de Asia y Oceanía y se caracterizan por tener un pico desproporcionadamente grande con una protuberancia córnea de varios colores sobre él.

CALAPÉ m. *Amér.* Tortuga asada en su concha.

CALAR^{1} adj. *Geol.* **1** CALIZO. || m. **2** Lugar en que abunda la piedra caliza.

CALAR^{2} tr. **1** *Fís.* Penetrar un líquido en un cuerpo permeable. **2** Atravesar un cuerpo con una espada, barrena, etc. **3** Imitar la labor de la randa o encaje en las telas. **4** Agujerear tela, papel, etc., de forma que resulte un dibujo parecido al de la randa o encaje. **5** Cortar de un melón o de otras frutas un pedazo con el fin de probarlas. **6** Dicho de la gorra, el sombrero, etc., ponérselos, haciéndolos entrar mucho en la cabeza. También prnl. **7** *Mil.* Hablando de picas, bayonetas y otras armas, inclinarlas hacia adelante en disposición de herir. **8** fig. y fam. Tratándose de personas, conocer sus cualidades o intenciones. **9** *Méx.* Sacar con el calador una muestra de un fardo. **10** *Mar.* Arriar un objeto resbalando sobre otro. **11** Disponer en el agua un arte de pesca. || intr. **12** *Mar.* Alcanzar un buque en el agua determinada profundidad por la parte más baja de su casco. || prnl. **13** Mojarse una persona. **14** Pararse bruscamente un motor de explosión por producir una potencia inferior a la que el vehículo necesita. **15** *Zool.* Abalanzarse las aves sobre algo.

CALASANCIO, CIA adj. ESCOLAPIO.

CALATAFIMI Población de Italia en la provincia de Trapani. Es la antigua *Segesta.*

CALATIFORME adj. En forma de copa, casi hemisférica.

CALATO, TA adj. *Perú* Desnudo.

CÁLATO m. **1** Cesto de juncos o de mimbres entrelazados. **2** *Arquit.* Tambor del capitel del orden corintio.

CALATRAVA, ORDEN DE *Hist.* Orden militar española, fundada en 1158 por fray Raimundo Sierra, abad del monasterio de Santa María de Fitero, para defender de los musulmanes la comarca de Calatrava.

CALATRAVA, SANTIAGO Arquitecto e ingeniero español (Benimamet, Valencia, 1951). Entre sus obras destacan el puente del Alamillo y el viaducto de La Cartuja, de Sevilla, las estaciones de trenes de Zurich y Lyon, el Puente de la Alameda en Valencia, la Estación de Oriente en Lisboa, el Museo de las Ciencias en Valencia, etc. En 1999 obtuvo el premio Príncipe de Asturias de las Artes.

CALATRAVEÑO, ÑA adj. y s. Del Campo de Calatrava.

CALATRAVO, VA adj. y s. Se dice de los caballeros, freires y personas de la orden de Calatrava.

CALAURIA POROS.

CALAVERA f. **1** *Anat.* Conjunto de los huesos de la cabeza mientras permanecen unidos, pero despojados de la carne y de la piel. **2** *Zool.* Mariposa que tiene sobre el dorso un dibujo que semeja a una calavera. || m. **3** fig. Hombre de poco juicio. **4** fig. Hombre libertino.

CALAZA f. *Bot.* Región situada en la base del núcleo de un primordio seminal o semilla. Posteriormente da lugar a los tegumentos.

CALAZOGAMIA f. *Bot.* Tipo especial de fecundación en que el tubo polínico atraviesa la calaza para llegar al saco embrionario.

CALBUCO Volcán de Chile, provincia de Llanquihue; 2.015 m.

CALBUCO Isla de Chile, provincia de Llanquihue.

CALC-^{1} pref. CALCO^{2}- .

CALC-^{2}; -CALC- pref. o in. CALI-^{2} , de cal.

CALCADO, DA adj. **1** Semejante, igual. || m. **2** Acción de calcar.

CALCÁNEO m. **1** *Anat.* Uno de los huesos del tarso. **2** *Zool.* En las aves, protuberancia del metatarso.

CALCANTE *Mit.* Adivino que acompañó a los griegos a Troya. Aconsejó el sacrificio de Ifigenia y la construcción del caballo de madera.

CALCAÑAR, CALCAÑAL O **CALCAÑO** m. *Anat.* Parte posterior de la planta del pie o talón.

CALCAR^{1} tr. **1** Sacar copia de un dibujo, inscripción o relieve por contacto con el original. **2** fig. Imitar, copiar o reproducir algo con exactitud.

CALCAR^{2} m. *Zool.* Espolón o estructura similar, especialmente en un apéndice o dedo.

CALCARENITA f. *Geol.* Psammita con más del 20% de carbonato cálcico.

CALCÁREO, A adj. **1** *Geol.* Que tiene cal o que abunda en él la calcita o el aragonito. **2** *Zool.* Se dice de una clase de esponjas.

CALCE m. **1** Llanta de rueda. **2** Porción de hierro o acero que se añade a las herramientas gastadas. **3** Cuña para ensanchar el espacio entre dos cuerpos. **4** CALZA, cuña. **5** *Guat., Méx.* y *P. Rico* Pie de un documento.

CALCEATENSE adj. y com. De Santo Domingo de la Calzada.

CALCEDONIA f. *Miner.* Mineral variedad de cuarzo criptocristalino. Sus variedades principales son: ágata, ónice, ojo de tigre, crisoprasa, cornalina, sardónice, etc.

CALCEDONIA *Geog. hist.* Antigua ciudad de Asia, en Bitinia, a la entrada del Bósforo. Sede de importantes concilios.

CALCEDONIO, NIA O **CALCEDONENSE** adj. y s. De Calcedonia.

CALCEMIA f. *Pat.* Presencia de calcio en la sangre en niveles superiores al normal.

CÁLCEO m. Calzado alto y cerrado que usaban los romanos.

CALCEOLARIA f. *Bot.* Denominación de varias plantas anuales escrofulariáceas, propias de Perú y Chile.

CALCETA f. **1** Media del pie y pierna. **2** Tejido de punto. **3** fig. Grillete que se ponía al forzado.

CALCETERÍA f. **1** Oficio de calcetero. **2** Tienda donde se vendían calzas y calcetas.

CALCETERO, RA adj. **1** Se dice de la res vacuna de capa oscura y extremidades blancas. || m. y f. **2** Persona que hace y compone medias y calcetas. || m. **3** Maestro sastre que hacía las calzas de paño.

CALCETÍN m. Calceta o media que cubre el tobillo y parte de la pierna.

CALCETO adj. y m. Se dice del pollo calzado.

CALCHA f. **1** En Chile, CERNEJA. Más en pl. **2** *Chile* Pelusa o pluma que tienen algunas aves en los tarsos. **3** *Arg.* y *Chile* Conjunto de las ropas de vestir y camas de los trabajadores.

CALCHACURA f. *Zool. Chile* Liquen semejante al islándico.

CALCHAQUÍ adj. **1** *Etnol.* Se dice de una tribu amerindia del pueblo diaguita que habitaba en el valle de Calchaquí y al S del Chaco. Más como m. pl. **2** Se dice también de sus individuos. También com. **3** Relativo a esta tribu.

CALCHAQUÍ SALADO O SALADO DEL NORTE.

CALCHAQUÍ Sierra de Argentina, entre las provincias de Tucumán y Salta.

CALCHÍN, NA adj. y s. *Etnol.* Se dice del indio de origen guaraní que habita el Rincón de San José.

CALCI- pref. CALI-^{2}, de cal.

CÁLCICO, CA adj. *Quím.* Perteneciente o relativo al calcio.

CALCÍCOLA adj. f. *Bot.* Se aplica a la planta que se desarrolla mejor en suelos alcalinos, es decir, en los que contienen carbonatos o yesos.

CALCICOSIS f. *Med.* Neumoconiosis debida a la inhalación de polvo de mármol o carbonato cálcico. También denominada *tisis de los marmolistas.*

CALCÍDICA Península del NE de Grecia, en la región de Macedonia, que corresponde en gran parte al nomo de su nombre.

CALCÍDICA Nomo de Grecia, en Macedonia, al S de la península de su nombre; 2.918 km^2 y 91.654 h. Su capital es Polygyros.

CALCÍDICO m. Galería perpendicular al eje de un edificio.

CALCIDIO Filósofo neoplatónico (s. IV). Se supone que nació en España. Escribió un comentario al *Timeo,* de Platón, de gran influencia en el pensamiento medieval.

CALCIFEROL m. *Quím.* Uno de los nombres que recibe la vitamina D, de la que constituye el subgrupo D_2.

CALCIFICACIÓN f. **1** Acción y efecto de calcificar o calcificarse. **2** *Fisiol.* Proceso fisiológico consistente en la deposición de sales de calcio sobre los tejidos vivos, que se produce en el transcurso de la osificación. **3** *Geol.* Deposición de carbonato cálcico en el horizonte superficial del suelo, debida a la evaporación del agua capilar. **4** *Geol.* Proceso de petrificación debido al depósito de sales de calcio. **5** *Med.* Degeneración de los tejidos orgánicos por deposición de sales de cal.

CALCIFICAR tr. **1** Dar a un tejido orgánico propiedades calcáreas mediante la adición de sales de calcio. **2** *Quím.* Producir por medios artificiales carbonato de cal. || prnl. *Med.* **3** Modificarse o degenerar en esta forma un tejido orgánico.

CALCÍMETRO m. Aparato para determinar los niveles de cal de las tierras.

CALCINA f. *Tecnol.* HORMIGÓN.

CALCINAR tr. *Quím.* **1** Reducir a cal viva los minerales calcáreos, eliminando el agua y el dióxido de carbono. **2** Someter al efecto prolongado del calor los minerales de cualquier clase.

CALCINOSIS f. *Med.* Depósitos de sales de calcio en la piel, tejidos subcutáneos, muscular, y otras partes del organismo. ♦ Su pl. es *calcinosis.*

CALCIO m. *Quím.* **1** Elemento químico del grupo II A del sistema periódico. Masa atómica, 40,1; número atómico, 20; peso específico (a 20° C), 1,55; punto de fusión, 840° C; punto de ebullición, 1.484° C; símbolo, *Ca.* Metal blanco, brillante y muy blando (se corta con un cuchillo) que, combinado con el oxígeno, forma la cal. No se encuentra libre en la naturaleza, pero es muy abundante en forma de sulfatos (yeso), carbonatos (piedra caliza y mármol), fluoruros (fluorita), y fosfatos. Se obtiene por electrolisis del cloruro cálcico fundido. Es indispensable para los seres vivos. **2** CARBURO, FLUORURO DE CALCIO.

CALCIS Ciudad de Grecia, capital de la isla y nomo de Eubea; 44.867 h. Importante centro cultural y del comercial en la Antigüedad.

CALCITA f. *Miner.* Mineral carbonato de calcio, de fórmula $CaCO_3$, muy abundante en la superficie terrestre como principal componente de las rocas carbonatadas más comunes.

CALCITONITA f. *Biol.* Hormona polipeptídica segregada por el tiroides, cuya función es reducir la presencia de calcio en la sangre.

CALCITRAPA f. *Bot.* CARDO ESTRELLADO.

CALCO m. **1** Acción y efecto de calcar, copiar o imitar. **2** Copia que se obtiene calcando. **3** Plagio o reproducción idéntica o muy próxima al original. **4** *Ling.* Adaptación de una palabra extranjera, traduciendo su significado completo o el de cada uno de sus elementos formantes.

CALCO-^{1} pref. CALI-^{2}, de cal.

CALCO-^{2}, CALC-; -CALCO prefs. o suf. que significan cobre, o bronce: *auricalco.*

CALCÓFILO, LA adj. **1** *Bot.* Se dice de las plantas que precisan o toleran suelos calizos. **2** *Quím.* Se dice de los elementos químicos que, a semejanza del cobre, presentan afinidad por el azufre, como la plata, cinc, mercurio, etc.

CALCOGRAFÍA f. *A. gráf.* **1** Arte de estampar con láminas metálicas grabadas en hueco. **2** Oficina donde se hace dicha estampación.

CALCOGRAFIAR tr. *A. gráf.* Estampar con calcografía.

CALCOLÍTICO ENEOLÍTICO.

CALCOMANÍA f. **1** Entretenimiento que consiste en pasar de un papel a objetos diversos imágenes coloreadas preparadas con trementina. **2** Imagen obtenida por este medio. **3** El papel o cartulina que tiene la figura.

CALCOPIRITA f. *Miner.* Mineral sulfuro natural de cobre y hierro, de fórmula S_2CuFe, que cristaliza en el sistema tetragonal. También denominado *pirita de cobre.*

CALCOSINA f. *Miner.* Mineral sulfuro de cobre de fórmula Cu_2S, que se emplea como mena de cobre.

CALCOTIPIA f. *A. gráf.* Procedimiento de grabado en cobre para reproducir en relieve sobre una plancha sólida una composición tipográfica de caracteres movibles.

CALCULADOR, RA adj. y s. **1** Que calcula. || m. y f. *Mat.* **2** Aparato o máquina que obtiene el resultado de cálculos matemáticos.

CALCULAR tr. **1** Hacer cálculos. **2** Realizar los cálculos necesarios para obtener el resultado de un problema.

CÁLCULO m. **1** CONJETURA. **2** *Anat.* Cualquier estructura pequeña y cupuliforme. **3** Cómputo de alguna cosa con operaciones matemáticas. Según el sistema empleado, el cálculo se considera mental, escrito, etc. **4** *Med.* Acumulación anormal y sólida de minerales y sales, que se forma alrededor de materiales orgánicos y se localiza en la vejiga de la orina, en la de la bilis, en los riñones y en las glándulas salivares. **5** *Med.* MAL DE PIEDRA. || **CÁLCULO BILIAR** *Med.* Nódulo de calcio, colesterol, bilirrubina o una combinación de éstos, que se forma en la vesícula biliar o en los conductos biliares. || **CÁLCULO DIFERENCIAL** *Mat.* Parte de las matemáticas que trata de las diferencias infinitamente pequeñas de las cantidades variables. Estudia la forma en la que cambia el valor de una función a medida que también cambia el valor de la variable independiente. || **CÁLCULO INTEGRAL** *Mat.* Parte de las matemáticas que enseña a determinar las cantidades variables, conocidas sus diferencias infinitamente pequeñas. Su finalidad es encontrar el valor de la función de una variable cuando se conoce su cociente diferencial o derivada. Este tipo de cálculo es el inverso del diferencial. || **CÁLCULO LÓGICO** *Lóg.* Sistema de signos no interpretados que se define por estar constituido de los siguientes elementos: un conjunto de signos; unas reglas de formación a partir de las que se forman fórmulas del cálculo o expresiones bien formadas; y reglas de transformación, que permiten el paso de una fórmula (combinación correcta de signos) a otra. Los cálculos más relevantes para la lógica son el cálculo de enunciados y el cálculo de predicados. El cálculo constituye el objeto de estudio de la sintaxis, parte de la metalógica. || **CÁLCULO DE PROBABILIDADES** *Mat.* Determinación de las regularidades que se observan en la serie de frecuencias correspondientes a los fenómenos aleatorios. || **CÁLCULO RENAL** *Med.* Concreción dura que se forma en el riñón.

CALCULOSO, SA adj. *Med.* **1** Perteneciente o relativo al mal de piedra. **2** Que padece esta enfermedad. También s.

CALCUTA Ciudad de India, capital del Estado de Bengala Occidental, en el delta del Ganges; 4.399.819 h. Centro comercial y financiero. Puerto.

CALDA f. **1** Acción y efecto de caldear. **2** *Hist.* Ordalía en que el acusado introducía la mano o el brazo en agua hirviendo y si al cabo de determinados días no tenía quemaduras quedaba libre de la acusación. **3** *Met.* Acción de introducir combustible en los hornos de fundición. || f. pl. *Med.* **4** Baños de aguas minerales calientes.

CALDAICO, CA adj. Perteneciente a Caldea.

CALDARIO m. *Arqueol.* Sala donde los antiguos romanos tomaban los baños de vapor.

CALDAS Departamento del centro de Colombia; 7.888 km^2 y 1.172.510 h. Su capital es Manizales.

CALDEA *Geog. hist.* Antigua región de Asia, situada al NO del golfo Pérsico, atravesada por el río Éufrates, que coincide parcialmente con la Baja Mesopotamia y hoy forma parte de Irak. El nombre proviene de la tribu de los hadu o caldeos, de la familia de los arameos. Los caldeos llegaron a la Baja Mesopotamia a principios del I milenio a. C. Hacia la mitad del siglo IX a. C., formaron seis principados: Larak, Bit-Dakkuri, Bit-Amukkani, Bit-Silani, Bit-Sa'alli y Bit-Yakin, donde tuvo lugar el renacimiento de Babilonia, en estos momentos sometida a Asiria. Nabopolasar (625-605 a. C.) conquistó Nínive (612 a. C.) y se apoderó de gran parte del imperio asirio. Su hijo Nabucodonosor II (605-562 a. C.) extendió el poder de Caldea y Babilonia. El último rey caldeo fue Nabonido (556-539 a. C.), que fue perdiendo territorios en favor de los medos. En 539 a. C. Babilonia cayó en manos de Ciro II de Persia. En 331 a. C., la región fue conquistada por Alejandro Magno y posteriormente se mantuvo bajo la influencia de partos, romanos y sasánidas.

CALDEAR tr. **1** Hacer que algo que antes estaba frío, aumente perceptiblemente de temperatura. También prnl. **2** Excitar, apasionar el ánimo de quien estaba tranquilo o indiferente. También prnl. **3** Animar, estimular el ánimo de un auditorio, de un ambiente, etc. **4** *Met.* Hacer ascua el hierro. También prnl.

CALDÉN m. *Bot.* Árbol de la familia leguminosas, de nombre científico *Prosopis caldenia.* Abunda en la pampa argentina.

CALDENSE adj. y com. De Caldas.

CALDEO, A adj. **1** De Caldea. También s. **2** CALDAICO. || m. *Ling.* **3** Lengua de los caldeos, perteneciente a la rama semítica.

CALDER, ALEXANDER Escultor estadounidense (Filadelfia, 1898 - Nueva York, 1976). Se especializó en la construcción de *móviles,* estructuras abstractas muy ligeras pensadas para que el viento las mueva y *stabiles,* esculturas estáticas de tipo monumental.

CALDERA f. **1** Vasija de metal, grande y redonda, que normalmente se utiliza para poner a calentar o cocer algo dentro de ella. **2** CALDERADA. **3** *Mús.* Caja del timbal hecha con latón o cobre. **4** *R. Plata* Recipiente en que se calentaba el agua para cebar mate. **5** *Geol.* Depresión topográfica de forma más o menos circular, de grandes dimensiones y bordes abruptos. **6** *Min.* Parte más baja de un pozo o galería, donde se recoge el agua.

CALDERA RODRÍGUEZ, RAFAEL Político venezolano (San Felipe, 1916). Presidente del Partido Cristiano-demócrata desde 1964. Fue presidente de la República en dos ocasiones (1969-74 y 1994-99).

CALDERADA f. Lo que cabe en una caldera.

CALDERERÍA f. **1** Oficio de calderero. **2** Tienda y barrio en que se hacen o venden obras de calderero. **3** *Met.* Parte o sección de los talleres de metalurgia donde se trabajan las barras y planchas de hierro o acero.

CALDERERO, RA m. y f. **1** Persona que hace o vende obras de calderería. **2** Operario que cuida de una caldera.

CALDERETA f. **1** Guisado de pescado. **2** Guisado que hacen los pastores con carne de cordero o cabrito. **3** *Mar.* Pequeña caldera para suministrar vapor en las faenas de carga y descarga.

CALDERILLA f. **1** Caldera pequeña para llevar el agua bendita. **2** Moneda de metal no precioso, que tiene limitada por ley su fuerza liberatoria. **3** Por extensión, monedas de metal de valores bajos. **4** *Bot.* Arbustillo de la familia saxifragáceas, de uno a dos metros de altura.

CALDERO m. Caldera pequeña de base casi semiesférica. || **CALDERO DE COLADA** *Met.* Recipiente revestido de material refractario, que se usa para transportar el metal fundido desde el horno al molde en el que se tiene que vaciar.

CALDERÓN m. **1** *Gram.* Signo ortográfico (¶) usado antiguamente como el párrafo (§). Lo empleaban también los impresores como signatura de los pliegos secundarios. **2** Signo con que se denotaban abreviadamente los millares. **3** *Mús.* Signo (𝄐) que representa la suspensión del movimiento del compás. **4** *Mús.* Esta suspensión y floreo que a veces hace el cantor en ella. **5** *Zool.* Mamífero cetáceo perteneciente a la familia delfínidos, de nombre científico *Globicephala melaena.* Su área natural de distribución es el océano Glacial Ártico.

CALDERÓN, ABDÓN Militar ecuatoriano (Cuenca, 1804 - Pichincha, 1822). Al frente de la infantería, decidió la batalla de PICHINCHA.

CALDERÓN, BATALLA DEL PUENTE DE *Hist.* Episodio de la guerra de la Independencia de México, que tuvo lugar en el puente de Calderón, cerca de Guadalajara, donde el cura Hidalgo fue derrotado por el general realista Calleja del Rey, en 1811.

CALDERÓN, CLÍMACO Político colombiano (Santa Rosa de Viterbo, 1852 - Bogotá, 1913). En 1882 desempeñó interinamente la presidencia de la República.

CALDERÓN DE LA BARCA, PEDRO Escritor español (Madrid, 1600 - íd., 1681). Ordenado sacerdote en 1651, fue nombrado capellán real en 1663. Su teatro refleja una gran preocupación por el tema del honor, la autoridad real, la religión; y se caracteriza por las escenografías complejas, la importancia de la música y el verso culterano. Su obra es muy variada: dramas históricos *(La niña de Gómez Arias; El cisma de Inglaterra),* religiosos *(El príncipe constante,* 1629; *La devoción de la cruz,* 1633; *El mágico prodigioso,* 1637), filosóficos *(La vida es sueño,* 1632-35), de honor o de celos *(El médico de su honra,* 1635; *El alcalde de Zalamea,* 1640), comedias mitológicas *(La estatua de Prometeo,* 1670), de capa y espada y enredo *(La dama duende,* 1629; *Casa con dos puertas, mala es de guardar,* 1629; *Guárdate del agua mansa,* 1649), autos sacramentales, divididos a su vez en: filosóficos y teológicos *(El gran teatro del mundo,* 1635; *El gran mercado del mundo,* 1636), mitológicos *(El divino Orfeo,* 1635 y 1663; *Los encantos de la culpa,* 1645), bíblicos *(La cena del rey Baltasar,* 1634; *Sueños hay que verdad son,* 1670), históricos y legendarios *(La devoción de la misa,* 1658), y de la Virgen *(La hidalga del valle,* anterior a 1634); entremeses *(La casa de los linajes).* Es también autor del libreto de la ópera española más antigua que se conoce: *Celos aun del aire matan.*

CALDERÓN FOURNIER, RAFAEL ÁNGEL Político y abogado costarricense (Diriamba, Nicaragua, 1949). Ministro de Asuntos Exteriores (1978-83), fue presidente de la República (1990-94).

CALDERÓN GUARDIA, RAFAEL ÁNGEL Político costarricense (San José, 1900 - íd., 1970). Fue presidente de la República (1940-44).

CALDERÓN SOL, ARMANDO Político salvadoreño (San Salvador, 1949). Candidato de la formación Alianza Republicana Nacionalista (ARENA), logró la victoria en las elecciones presidenciales de 1994. Francisco Flores le sustituyó en 1999.

CALDERONIANO, NA adj. Propio y característico de la obra de Pedro Calderón de la Barca.

CALDERUELA f. Vasija en que los cazadores nocturnos llevan la luz para deslumbrar a las perdices.

CALDO m. **1** Líquido que resulta de cocer en agua distintos alimentos, como carne, verduras, etc. **2** Aderezo de la ensalada o del gazpacho. **3** *And., Can.* y *Méx.* Jugo o guarapa de la caña. **4** *Agr.* Cualquiera de los jugos vegetales destinados a la alimentación. Más en pl. **5** *Bot. Méx.* Maravilla o flor de muerto. || **CALDO BORDELÉS** *Agr.* Preparado antifúngico utilizado para combatir el mildiu de la vid. || **CALDO DE CULTIVO** *Biol.* Medio de cultivo utilizado en microbiología, de composición muy variada, tanto en el elemento líquido (agua, glicerina, etc.) como en el sólido (carne, pescado, albúmina de huevo, sales biliares, etc.). También en sentido figurado, medio propicio para el desarrollo de algo. || **al que no quiere caldo, la taza llena,** o **taza y media,** o **tres tazas** fr. fig. y fam. que se dice cuando uno es obligado a hacer o padecer con exceso lo mismo que repugnaba.

CALDWELL, ERSKINE Novelista estadounidense (White Oak, 1903 - Paradise Valley, Arizona, 1987). Autor de las novelas *El camino del tabaco* (1932) y *Muerte lenta* (1960).

CALE m. Apabullo, golpe dado con la mano y sin gran violencia.

CALÉ m. **1** Gitano de raza. **2** Moneda de cobre que valía un cuarto, es decir cuatro maravedís. **3** *Col.* y *Ecuad.* Moneda de cuartillo de real.

CALEDONIA Comarca septentrional del Reino Unido, en Escocia, al N del istmo comprendido entre los estuarios del Clyde y del Forth.

CALEDONIA, NUEVA NUEVA CALEDONIA.

CALEDONIANO, PLEGAMIENTO *Geol.* Movimiento orogénico que tuvo lugar en los periodos cámbrico, ordovícico y silúrico, y que abarcó grandes zonas de la Tierra, especialmente Escandinavia, Escocia y Groenlandia.

CALEDONIO, NIA adj. y s. De Caledonia.

CALEFACCIÓN f. **1** *Fís.* Acción y efecto de calentar. **2** Conjunto de aparatos destinados a calentar un edificio.

CALEFACTOR, RA m. y f. **1** Persona que construye, instala o repara aparatos de calefacción. || m. **2** Aparato de calefacción. **3** *Fís.* Conductor que lleva la corriente para caldear un cátodo equipotencial.

CALEFACTORIO m. Lugar que en algunos conventos se destina para calentarse.

CALEFÓN m. *Arg.* Calentador de agua.

CALEIDOSCOPIO m. CALIDOSCOPIO.

CALELLA Municipio y ciudad de España, provincia de Barcelona; 11.943 h. Turismo.

CALENDA f. **1** Lección del martirologio romano, con los nombres y hechos de los santos de cada día. || f. pl. **2** *Astron.* En el antiguo cómputo romano y en el ecle-

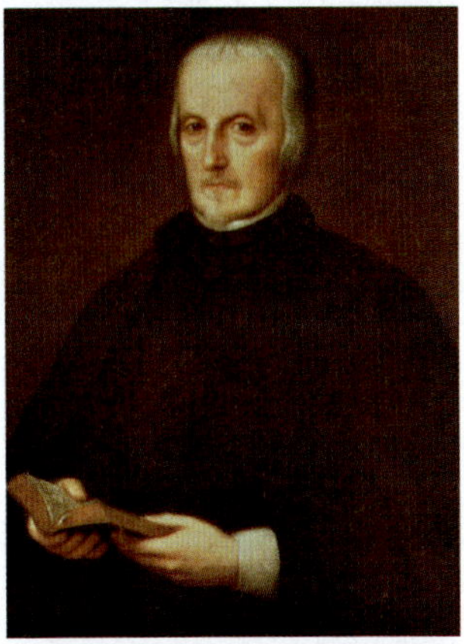

Pedro **Calderón de la Barca.** Retrato anónimo del siglo XVII.

siástico, el primer día de cada mes. **3** fam. Época o tiempo pasado. || **las calendas griegas** expr. irón. que denota un tiempo que no ha de llegar, pues los griegos no tenían calendas.

calendario m. ALMANAQUE. || **calendario escolar** *Pedag.* El que establece, para un país, los días lectivos, festivos y de vacaciones del curso escolar. || **calendario gregoriano** *Astron.* El que no cuenta como bisiestos los años que terminan siglo, excepto cuando caen en decena de siglo. || **calendario juliano** *Astron.* El que cuenta como bisiestos todos los años que sean múltiplos de cuatro, aunque terminen siglo. Fue establecido por Julio César. || **calendario litúrgico** *Rel.* El que contiene las festividades religiosas de la iglesia católica. || **calendario lunar** *Astron.* El que toma como base para la medida del tiempo los ciclos de la Luna. Consta de 354 días divididos en 12 meses. || **calendario maya** *Astron.* Sistema de gran complejidad que constaba de dos series cronográficas distintas: el año sagrado o ritual, *tzolkin,* de 260 días (20 periodos de 13 días), y el año civil, *haab,* de 360 días (18 meses de 20 días cada uno, a los que se añadían 5 días complementarios). || **calendario perpetuo** El formado por unas tablas que permiten calcular los días de la semana de cualquier año. || **calendario republicano** *Hist.* El que se aprobó en Francia en octubre de 1793. El año constaba de 360 días divididos en 12 meses de 30 días cada uno, a los que se añadían 5 complementarios en el último mes, y un sexto si el año era bisiesto. Estuvo en vigor hasta 1806. || **calendario solar** *Astron.* El que toma como base para la medida del tiempo el periodo de rotación de la Tierra en torno al Sol.

Calendario azteca *Arte.* Piedra basáltica circular, de 3,35 m de diámetro, en cuyo centro se encuentra la imagen del Sol rodeado de diversos signos. También se le conoce por *Piedra del Sol.*

caléndula f. *Bot.* Planta herbácea anual perteneciente a la familia compuestas, de nombre científico *Calendula officinalis.* También denominada *maravilla.*

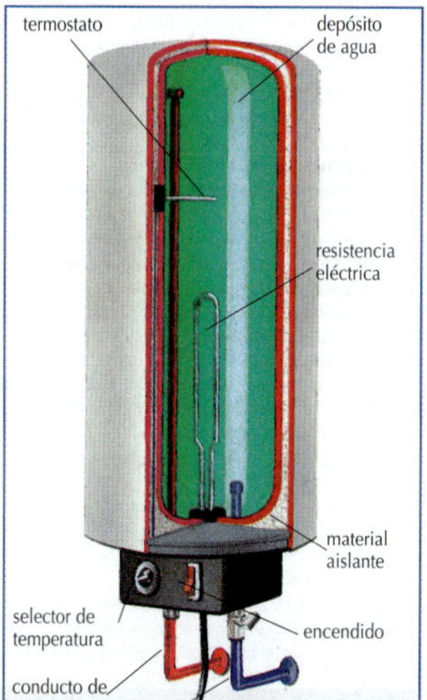

calentador, ra adj. **1** Que calienta. || m. **2** Recipiente que sirve para calentar la cama, el baño, etc. **3** Aparato electrodoméstico que sirve para calentar el agua mediante la energía calorífica generada por la combustión de gas natural, butano o propano, fuel oil, electricidad, paneles solares, etc.

calentamiento m. **1** Acción de calentar. **2** *Fís.* Diferencia entre la temperatura de un máquina eléctrica que ha estado funcionando durante un tiempo, y la del aire que la rodea. **3** *Veter.* Enfermedad que padecen las caballerías. **4** *Dep.* Ejercicios que hacen los deportistas antes de una competición o entrenamiento para desentumecer los músculos.

calentano, na adj. y s. *Amér.* De Tierra Caliente.

calentar tr. **1** Comunicar calor a un cuerpo. También prnl. **2** fam. Azotar. **3** fig. Avivar una cosa, para que se haga con más celeridad. **4** Excitar el apetito sexual. También prnl. || intr. *Dep.* **5** Realizar ejercicios físicos inmediatamente antes de la competición. || prnl. **6** fig. Enfervorizarse en una disputa o discusión. || **calentar motores** loc. Ponerse en condiciones de realizar una acción determinada. ♦ IRREG. Se conjuga como ACERTAR.

calentito, ta adj. **1** fig. y fam. Recién hecho. || m. **2** Forma de hablar popular, típica de los madrileños castizos.

calentón m. fam. Acto de calentarse deprisa o fugazmente.

calentura f. FIEBRE.

calenturiento, ta adj. **1** Se dice del que tiene indicios de calentura. También s. **2** *Chile* TÍSICO.

caleño[1], ña adj. **1** *Geol.* CALIZO. **2** *Quím.* Que puede dar cal.

caleño[2], ña adj. y s. De Cali.

calera f. **1** *Geol.* Cantera que da la piedra para hacer cal. **2** *Tecnol.* Horno donde se calcina la piedra caliza.

calería f. Sitio donde se muele y vende cal.

calero, ra adj. **1** *Quím.* Perteneciente a la cal, o que participa de ella. || m. **2** El que saca la piedra y la calcina en la calera. **3** El que vende cal.

calesa f. Carruaje de dos o cuatro ruedas y asientos y capota de vaqueta.

calesero, ra m. y f. **1** Persona que conduce calesas. || f. **2** Chaqueta con adornos, al estilo de la que usan los caleseros andaluces. **3** *Mús.* Cante popular andaluz que solían entonar los caleseros.

calesita f. *And., Arg., Bol., Par.* y *Urug.* TIOVIVO.

caleta f. **1** *Geog.* Diminutivo de CALA, ensenada pequeña. **2** *Amér.* Se dice del barco que va tocando en las calas o caletas.

caletre m. fam. Tino, capacidad, talento.

Calgary Ciudad del SO de Canadá, provincia de Alberta; 710.677 h. Sede de los Juegos Olímpicos de invierno de 1988.

Calhoum, John Caldwell Político estadounidense (Calhoun Creek, 1782 - Washington, 1850). Fue vicepresidente con Adams (1824) y con Jackson (1828).

cali m. *Quím.* ÁLCALI.

cali-[1], cal-, calo-; -cal- prefs. o in. que significan bello: *calófilo.*

cali-[2], calc-, calco-, calic-, calico-, calci-, calio-; -calc- prefs. o in. que significan cal, cal-cio, etc.: *caliza, calcificar.*

Cali Ciudad del SO de Colombia, capital del departamento de Valle del Cauca y del municipio de su nombre; 1.783.546 h. Es el centro de una importante región agrícola (café, leche, caña de azúcar). Importante industria textil, agropecuaria (refinerías de azúcar), de electrodomésticos y química. Turismo. Fundada en 1536 por Sebastián de Benalcázar.

Cali, cártel de Organización colombiana de narcotraficantes que pasó a ostentar la hegemonía en el tráfico de drogas en el país desde la muerte en 1993 de Pablo Escobar, máximo dirigente del llamado cártel de Medellín.

cálibe adj. y com. *Etnol.* Se dice de un pueblo que habitaba en el Ponto en la Antigüedad, y de sus individuos. Más en pl.

calibrado m. *Tecnol.* Conjunto de operaciones realizadas para determinar el valor de los errores de un patrón, instrumento o equipo de medida.

calibrar tr. **1** Medir el calibre de las armas de fuego o el de otros tubos, el de los proyectiles, o el de los alambres, chapas, etc. **2** Dar el calibre que se desea. **3** fig. Apreciar la valía, cualidades o importancia de alguien o de algo.

calibre m. **1** Diámetro interior de las armas de fuego o de objetos huecos, como un tubo. **2** Por extensión, diámetro del proyectil o de un alambre. **3** Instrumento que sirve para comprobar las medidas de las piezas, tanto interior, si es hueca, como el contorno exterior. **4** fig. Tamaño, importancia, clase.

calic- pref. CALI-[2], de cal.

calicantáceo, a adj. y f. *Bot.* **1** Se dice de las plantas dicotiledóneas, arbustivas y leñosas, con hojas enteras y opuestas y fruto en aquenio. || f. pl. *Bot.* **2** Familia de estas plantas.

calicanto m. Obra de mampostería.

calicata f. **1** *Geol.* Perforación o excavación que se hace en un terreno para determinar la existencia de minerales o la naturaleza del subsuelo. **2** Exploración que se hace en los edificios para determinar los materiales empleados.

caliche m. **1** Piedrecilla que se calcina al cocer el barro. **2** Costrilla de cal que suele desprenderse del enlucido de las paredes. **3** *Bot.* En los melones y otras frutas, MACA. **4** *Geol.* Sustancia arenosa muy abundante en las zonas áridas, principalmente en el desierto de Atacama (Chile).

calichera f. *Geol. Bol., Chile* y *Perú* Yacimiento de caliche; terreno en que hay caliche.

caliciflora adj. y f. *Bot.* Se dice de la flor cuyos pétalos y estambres parecen insertarse en el cáliz.

caliciforme adj. *Bot.* Que tiene forma de cáliz.

calicillo m. *Bot.* Verticilo de apéndices foliáceos.

calico- pref. CALI-[2], de cal.

calicó m. Tela delgada de algodón.

Calícrates Arquitecto ateniense (s. v a. C.). Colaboró con Ictino en la construcción del Partenón.

Calicrátidas General espartano (Esparta, 463 a. C. - Arginusas, 406 a. C.). Consiguió algunos triunfos en la guerra del Peloponeso, pero fue vencido y muerto por los atenienses en la batalla de las Arginusas.

calículo m. *Bot.* Conjunto de brácteas que simulan un cáliz alrededor del verdadero cáliz o del involucro.

Calicut *(Kozhikode)* Ciudad de la India, en el Estado de Kerala; 419.831 h. Puerto.

calidad f. **1** Propiedad o conjunto de propiedades inherentes a una cosa. **2** En sentido absoluto, superioridad o excelencia. **3** Carácter, genio o índole. **4** Condición o requisito que se pone en un contrato. **5** Estado que se requiere en una persona para un cargo o dignidad. **6** Nobleza del linaje. **7** fig. Importancia o gravedad de alguna cosa. **8** Función o papel de una persona. **9** Referida al sonido, grado en que su reproducción se parece al original. || f. pl. **10** Condiciones que se ponen en algunos juegos de naipes. || **calidad de vida** Grado de bienestar de las personas en una determinada sociedad. || **en calidad de** loc. Con el carácter o la investidura de.

cálido, da adj. **1** Que da calor. **2** CALUROSO. **3** *Pint.* Se dice del colorido en que predominan los matices dorados o rojizos.

calidoscopio m. *Fís.* Tubo que encierra dos o tres espejos inclinados y en un extremo dos láminas de vidrio, entre las cuales hay varios objetos de figura irregular, cuyas imágenes se ven simétricas.

calientaplatos m. Caja de hierro con una lámpara encendida en su interior para conservar calientes los platos. ♦ Su pl. es *calientaplatos.*

caliente adj. **1** Que tiene o produce calor. **2** fig. Acalorado, vivo, si se trata de riñas, disputas, etc. **3** *Pint.* CÁLIDO. || **¡caliente!** interj. que se usa para advertir a una persona que está cerca de encontrar un objeto escondido o de acertar algo. || **en caliente** loc. adv. fig. Inmediatamente, al instante. || **estar caliente** fr. fig. Sentir apetito sexual.

califa m. Título de los soberanos del Islam en Asia, África y al-Andalus.

califal adj. *Hist.* Se dice de la época en que reinaron los califas, o de lo perteneciente o relativo a ellos.

califato m. **1** Dignidad de califa. **2** Tiempo que duraba el gobierno de un califa. Los califatos del periodo clásico del islam fueron: el *califato ortodoxo* (632-660), con sede en Medina, que comprende a Mahoma y sus más inmediatos seguidores; el *califato omeya* (660-750), bajo la dinastía de este nombre instaurada por Muhawiya, con sede en Damasco; y el *califato abasí* (750-1258), bajo la dinastía del mismo nombre, instaurada por Abu-l-Abbas, con sede en Bagdad. En época abasida comenzaron a surgir diversos califatos independientes del poder central; los principales fueron: el *califato fatimí* de Egipto (905-1171), el *califato aglabí* de Ifriquiya (800-909), y el *califato omeya* de Córdoba (929-1031). **3** Territorio gobernado por el califa. **4** Periodo en que hubo califas.

califero, ra adj. *Quím.* Que contiene cal.

calificación f. Acción y efecto de calificar.

calificado, da adj. **1** Se dice de la persona de autoridad, mérito y respeto. **2** Se dice de la cosa que tiene todos los requisitos necesarios. **3** Cualificado, trabajador especializado.

calificar tr. **1** Apreciar o determinar las cualidades o circunstancias de una persona o cosa. **2** Expresar o declarar este juicio. **3** Juzgar el grado de suficiencia de un alumno u opositor en un examen o ejercicio. **4** fig. Ennoblecer, ilustrar, acreditar una persona o cosa. || prnl. **5** fig. Probar uno legalmente su nobleza.

calificativo, va adj. **1** Que califica. **2** *Gram.* ADJETIVO CALIFICATIVO. También m.

California Estado del SO de EE UU; 410.895 km^2 y 33.871.648 h. Su capital es Sacramento. Lo recorren las cadenas montañosas de Sierra Nevada y Cordillera de la Costa. Está bañado por los ríos Sacramento y San Joaquín, y recorrido por la célebre falla de San Antonio. Su clima es mediterráneo, excepto en el SE, donde se halla el desierto de Mohave. Cultivos de regadío (frutas, hortalizas, vid). Pesca. Explotación forestal. Oro, plata, cobre, plomo, mercurio, bórax, petróleo y gas natural. Industria alimentaria, aeronáutica, naval, material electrónico, cinematográfica. Perteneció a México hasta 1846 (tratado Guadalupe-Hidalgo).

California **1** Golfo de México, en el litoral del Pacífico. También se le llama *mar de Cortés,* en honor a su descubridor, y *mar Bermejo,* por su semejanza con el mar Rojo. **2** Península de América del N, en el sector meridional de la costa del Pacífico; 143.396 km^2.

California, Baja BAJA CALIFORNIA.

californiano, na adj. y s. De California.

californio m. *Quím.* Elemento químico perteneciente al grupo de los transuránidos. Masa atómica 249; número atómico 98; símbolo *Cf.*

CÁLIGA f. *Hist.* **1** Especie de sandalias que usaban los soldados romanos. **2** Cada una de las polainas que usaron los monjes en la Edad Media y posteriormente los obispos. Más en pl.
CALIGINE f. Niebla, oscuridad.
CALIGRAFÍA f. **1** Arte de escribir a mano con letra bien hecha. **2** Conjunto de rasgos que caracterizan la escritura de una persona, escrito, etc.
CALÍGRAFO, FA m. y f. **1** Persona que escribe a mano con letra excelente. **2** Persona que tiene especiales conocimientos de caligrafía.
CALIGRAMA m. *Poét.* Denominación que se da a los poemas en cuya línea escrita el verso adopta una disposición tipográfica especial para dar una sensación visual coherente con la composición. Utilizado desde muy antiguo, tomó de nuevo vigor con Guillaume Apollinaire a principios del siglo XX.

Calígula. Escultura romana. Museo Nacional (Nápoles).

CALÍGULA, CAYO JULIO CÉSAR GERMÁNICO Emperador romano (Antium, 12 - Roma, 41). Hijo de Germánico y Agripina. Sucedió a Tiberio, que le había adoptado, y gobernó en colaboración con Gemelo, al que luego hizo asesinar. Presa de la megalomanía quiso imponer en Roma una teocracia al estilo oriental. Murió apuñalado en una conspiración y fue sucedido por su tío Claudio.
CALIMA f. **1** Fila de corchos que a veces sirve de boya. **2** *Zool.* En ciertos radiolarios, capa externa vacuolar del protoplasma.
CALÍMACO m. CALAMACO, tela.
CALÍMACO Escultor griego (s. III a. C.). Se le atribuye la invención del capitel corintio y los bajorrelieves de la balaustrada del templo de la Victoria Áptera, de la acrópolis de Atenas.
CALÍMACO Poeta griego (Cirene, 305 - Alejandría, 240 a. C.). Escribió más de ochocientas obras, la mayor parte de ellas desaparecidas. La principal es *Orígenes* (Aetia), colección de elegías de tema mitológico e histórico-cultural.
CALIMICO m. *Zool.* Mamífero primate, de nombre científico *Callimico goeldii*. Mono platirrino de unos 50 cm de longitud, de los que más de la mitad corresponden a la cola, cuyo cuerpo es de coloración pardo oscura y las uñas tienen forma de garra. Vive en los árboles del alto Amazonas.
CALIMOCHO m. fam. Bebida refrescante que se compone de vino y un refresco de cola.
CALIMOTE m. El corcho del medio de los tres que se pone a la entrada del copo para pescar.
CALINDA f. *Cuba* Baile de los antiguos esclavos, que se ejecutaba al son de tambores.
CALINO Orador y poeta griego (Éfeso, siglo VII a. C.). Escribió, influido por la obra de Homero, elegías guerreras.

CALIO- pref. CALI-[2], de cal.
CALÍOPE *Mit.* Musa de la antigua Grecia, representación de la poesía épica.
CALÍPICO adj. *Astron.* Se dice del ciclo lunar equivalente a un período de 76 años.
-CALIPSIS suf. CALIPTO-.
CALIPSO *Mit.* Ninfa griega que habitaba en la isla de Ogiga. Acogió a Ulises tras uno de sus naufragios y le retuvo a su lado diez años.
CALIPSO *Astron.* Satélite de Saturno descubierto en 1980, que gravita a una distancia del planeta de 294.660 km, con un período de 1.887 días.
CALIPTO-; -CALIPTO, -CALIPSIS pref. o sufs. que significan oculto, ocultamiento.
CALISAYA adj. y f. *Bot.* Se dice de una especie de quina muy estimada.
CALISTENIA f. Ejercicio físico para desarrollar las fuerzas.
CALISTO *Mit.* Hija de Licaón, rey de Arcadia. Hera la metamorfoseó en osa, y Zeus la colocó en el cielo, donde formó la Osa Mayor.
CALISTO *Astron.* Satélite de Saturno descubierto por Galileo en 1610, que gravita a una distancia del planeta de 1.883.000 km, con un período de 16.689 días.
CALÍSTRATO Orador ateniense, hijo de Calícrates (s. IV a. C.). Fue el más célebre orador de su tiempo.
CALITA f. *Zool.* Ave de la familia psitácidos, amarilla con manchas verdes, que vive en la región tropical americana.
CALITIPIA f. Procedimiento fotográfico que da imágenes de color sepia o violado.
CALIXTO Nombre de diversos papas y antipapas.
CALIXTO I, SAN (Roma, h. 155 - íd., 222). Ocupó el solio pontificio de 217 a 222. Hizo construir el cementerio de la Vía Apia que lleva su nombre. Fue martirizado en tiempos de Alejandro Severo.
CALIXTO II (Roma, h. 1060 - íd., 1124). De nombre Guy de Borgoña. Ocupó el solio pontificio de 1119 a 1124. Durante su pontificado se celebró el concordato de Worms (1122), que puso fin a la querella de las investiduras.
CALIXTO III (Játiva, 1378 - Roma, 1458). De nombre Alfonso de Borja o Borgia. Ocupó el solio pontificio de 1455 a 1458. Predicó la cruzada contra los turcos y mandó revisar el proceso de Juana de Arco.
CÁLIZ m. **1** Vaso sagrado donde se consagra el vino en la misa. **2** *Bot.* Cubierta externa de las flores completas, generalmente verde, formada por la reunión de estructuras parecidas a las hojas y denominadas sépalos. **3** *poét.* Copa o vaso. **4** fig. Con los verbos *beber*, *apurar* y otros análogos, amarguras, aflicciones o trabajos.
CALIZO, ZA adj. *Geol.* **1** Que tiene cal. || f. Roca sedimentaria compuesta mayoritariamente de carbonato de calcio o de magnesia en una proporción del 50%.
CALLA f. *Agr. Amér.* Palo puntiagudo usado para sacar plantas con sus raíces y abrir hoyos para sembrar.
CALLADA f. **1** Silencio o efecto de callar. **2** *Mar.* Intermisión de la fuerza del viento o de la agitación de las olas. || **dar la callada por respuesta** fr. fam. Dejar intencionadamente de contestar.
CALLADO, DA adj. **1** Silencioso, reservado. **2** Se dice de lo hecho con silencio o reserva.
CALLAGHAN, JAMES Político británico (Portsmouth, 1912). Tras la dimisión de Wilson fue elegido jefe del Partido Laborista y primer ministro (1976-79). En 1980 dimitió también como jefe del Partido Laborista.
CALLAMPA f. *Bot. Chile* SETA, hongo. **2** fig. y fam. *Chile* Sombrero de fieltro.
CALLANA f. *Amér.* Vasija tosca que usan los indios para tostar maíz o trigo.
CALLAO m. **1** Guijo, peladilla de río. **2** *Can.* Terreno llano y cubierto de cantos rodados.
CALLAO Bahía de Perú, frente a la ciudad de su nombre.
CALLAO **1** Provincia constitucional de Perú; 147 km² y 736.243 h. **2** Ciudad capital de la misma; 637.800 h. Centro industrial (siderurgia, astilleros, maderas) y comercial. Puerto exportador y pesquero. Astilleros y refinería de petróleo. Exportación de harina de pescado y caña de azúcar. Fue fundada por los españoles; h. 1540. En 1746 fue asolada por un gran maremoto. Fue el último reducto español en América del Sur, puesto resistió a los independentistas hasta 1826. Bombardeada por la escuadra española, al mando de Casto Méndez Núñez, el 2 de mayo de 1866.
CALLAQUEN o **CALLAQUI** Volcán de Chile, provincia de Biobío; 3.100 m.
CALLAR intr. y prnl. **1** No hablar, guardar silencio. **2** Cesar de hablar, de gritar, de cantar, de hacer ruido, etc. **3** Abstenerse de manifestar lo que se siente. **4** *Zool.* Cesar los animales en sus voces. **5** Dejar de hacer ruido el mar, el viento, etc. **6** fig. Cesar de sonar un instrumento musical. || tr. y prnl. **7** Tener reservada una cosa, no decirla.

María **Callas**. Retrato de U. Surtini. Museo de la Scala (Milán).

CALLAS, MARÍA (MARÍA KALOGEROPOULOS, llamada) Soprano estadounidense, de origen griego (Nueva York, 1923 - París, 1977). Su extraordinaria voz le permitió adaptarse tanto a los papeles de soprano dramática como a los de soprano lírica, o de coloratura.
CALLE f. **1** Vía en poblado. **2** *Bot.* Camino entre dos hileras de árboles o de otras plantas. **3** En los juegos de damas y ajedrez, serie de casillas en línea diagonal en el primero, y diagonal y paralela a las orillas del tablero en el segundo. **4** fig. La gente, el público en general. **5** *Méx.* y *Perú* Tramo de una vía urbana comprendido entre dos esquinas. **6** *Dep.* En ciertas competiciones de atletismo y natación, franja o vía por la que ha de desplazarse cada deportista. **7** *Dep.* En golf, camino ancho de hierba por el que se desplaza la pelota. **8** *A. gráf.* Línea de espacios vertical u oblicua que se forma en una composición y la afea. || **dejar en la calle** fr. fig. y fam. Quitarle la hacienda o empleo con que se mantenía. || **echar** a alguien **a la calle** fr. fig. y fam. Expulsarlo de casa, de un cargo o trabajo, etc. || **echarse a la calle** fr. Amotinarse. || **llevar**, o **llevarse**, a uno **de calle** fr. fig. y fam. Superar, arrollar, dominar. || **tirar** uno **por la calle de en medio** fr. fig. y fam. Atropellarlo todo.
CALLEJA f. CALLEJUELA.
CALLEJA DEL REY, FÉLIX MARÍA, CONDE DE CALDERÓN Militar español (Medina del Campo, 1765 - Valencia, 1828). Pasó a Nueva España en 1789 con grado de capitán. Se distinguió en la revolución de la independencia de México y fue nombrado virrey de Nueva España (1813-16).
CALLEJAS, RAFAEL LEONARDO Político hondureño (Tegucigalpa, 1943). Líder del Partido Nacional, fue ministro de Agricultura y Recursos Naturales (1977-81) y presidente de la República (1990-93).
CALLEJEAR intr. Pasear por las calles sin rumbo fijo por ocio o por turismo.
CALLEJERO, RA adj. **1** Relativo a la calle. **2** Que gusta de callejear. || m. **3** Lista de las calles de una ciudad.
CALLEJÓN m. **1** Aumentativo de CALLEJA. **2** Paso estrecho y largo entre paredes, casas o elevaciones del terreno. **3** Calle corta. **4** *Taurom.* En una plaza de toros, espacio entre la valla o barrera y el muro en que comienza el tendido. || **callejón sin salida** Conflicto de muy difícil o imposible resolución.
CALLEJÓN DE HUAYLAS Recuay.
CALLEJUELA f. **1** Diminutivo despectivo de calleja. **2** Calle estrecha y tortuosa.
CALLES, PLUTARCO ELÍAS ELÍAS CALLES, PLUTARCO.
CALLICIDA amb. Sustancia para extirpar los callos.
CALLISTA com. *Med.* Persona que se dedica a extirpar y curar callos.
CALLO m. **1** *Bot.* Depósito engrosado de calosa que se sitúa en las placas cribosas. **2** *Bot.* Tejido parenquimático resistente que se forma sobre o alrededor de una superficie vegetal lesionada. **3** *Med.* Hiperqueratinización o dureza que por roce o presión se forma en la capa córnea de la piel de los pies, manos, rodillas, etc. **4** *Med.* Cicatriz que se forma en la unión de un hueso fracturado. **5** *Zool.* Cualquiera de los dos extremos de la herradura. || m. pl. **6** Pedazos de estómago de la vaca, ternera o carnero, que se comen guisados. || **dar el callo** fr. fig. y fam. Trabajar mucho.
CALLOSIDAD f. **1** *Bot.* Área engrosada o endurecida sobre la corteza de un tallo. **2** *Med.* Endurecimiento local de la piel, semejante a un callo, que provoca hipertrofia de la capa córnea y es debida a irritación o roce. || f. pl. *Med.* **3** Durezas en algunas úlceras crónicas.
CALLOT, JACQUES Pintor francés (Nancy, 1592 - íd., 1635). Junto con Rembrandt, elevó el aguafuerte a la dignidad de un arte independiente.
CALLOWAY, CAB (CABEL CALLOWAY, llamado) Compositor y cantante de jazz estadounidense (Rochester, 1907 - Hockessin, 1994). Hizo muy popular su estilo de interpretación, basado en una vocalización muy marcada. Consiguió reunir una de las bandas de jazz de mayor éxito del momento.

CALMA f. **1** Estado de la atmósfera cuando no hay viento. **2** fig. Cesación o suspensión de algunas cosas. **3** fig. Paz, tranquilidad. **4** fig. y fam. Lentitud y sosiego en el modo de hablar o de actuar. || **CALMA CHICHA** Se dice, especialmente en la mar, cuando el aire está en completa quietud. || **en calma** loc. adv. Se dice del mar cuando no levanta olas.

CALMANTE adj. y m. *Farm.* Se dice de los medicamentos que disminuyen o hacen desaparecer una molestia.

CALMAR tr. **1** Sosegar, adormecer, templar. También prnl. || intr. **2** Estar en calma o tender a ella.

CALMAR KALMAR.

CALMETTE, ALBERT LÉON CHARLES Médico y bacteriólogo francés (Niza, 1863 - París, 1933). Desarrolló la vacuna BCG contra la tuberculosis, hallada en colaboración con Camille Guérin.

CALMO, MA adj. **1** Se dice del terreno erial. **2** Que está en descanso.

CALMOSO, SA adj. **1** Que está en calma. **2** fam. Se aplica a la persona lenta y perezosa.

CALMUCOS República federada de la Federación de Rusia, al NO del mar Caspio; 76.100 km^2 y 320.000 h. Su capital es Elista.

CALO- pref. CALI-[1], bello.

CALOBIÓTICA f. Arte de vivir bien.

CALOCÉFALO, LA adj. *Zool.* Que tiene hermosa cabeza.

CALOFILO, LA adj. *Bot.* Que tiene hermosas hojas.

CALOGERO, GUIDO Filósofo italiano (Roma, 1904 - íd., 1996). Destacado historiador del pensamiento, defendió el movimiento liberal-socialista. Entre sus obras sobresalen *La filosofía y la vida* (1936), *El origen de la lógica clásica* (1948) y *Logos y diálogo* (1950).

CALOLOGÍA f. ESTÉTICA.

CALOMARDE, FRANCISCO TADEO Político español (Villel, Teruel, 1773 - Toulouse, 1842). Adalid del Partido Absolutista, fue secretario de la Regencia en 1823, y ministro de Gracia y Justicia de Fernando VII. Fue el alma del gobierno en la llamada «década ominosa». Desempeñó un papel ambiguo en la conspiración de La Granja (1832). A causa de ello fue destituido y desterrado.

CALOMELANOS o **CALOMEL** m. *Quím.* Sal mercuriosa del ácido clorhídrico que se prepara por reacción del cloruro mercúrico con mercurio y posterior sublimación del compuesto obtenido.

CALÓN m. **1** Palo que sirve para mantener extendidas las redes. **2** Pértiga con que se puede medir la profundidad de un río, canal o puerto.

CALONNE, CHARLES ALEXANDRE DE Político y hacendista francés (Douai, 1734 - París, 1802). Al servicio de Luis XVI controló las finanzas e intentó una reforma en la gestión de los fondos públicos. Ante el fracaso de dicha reforma cayó en desgracia y tuvo que abandonar el país.

CALOOCÁN Ciudad de Filipinas, junto a Manila; 642.670 h. Importante centro industrial.

CALOR m. **1** *Fís.* Energía producida por la vibración acelerada de las moléculas, que pasa de un cuerpo a otro cuando ambos están en contacto y es causa de que se equilibren sus temperaturas. Esta energía se manifiesta elevando la temperatura y dilatando los cuerpos y llega a fundir los sólidos y a evaporar los líquidos. **2** Sensación que experimenta un cuerpo ante otro de temperatura más elevada. **3** Aumento de la temperatura del cuerpo. **4** fig. Ardimiento, actividad, ligereza. **5** fig. Favor, buena acogida. **6** fig. Lo más fuerte y vivo de una acción. || **CALOR ATÓMICO** *Quím.* Cantidad de calor necesaria para aumentar en un grado kelvin la temperatura de un átomo-gramo de una sustancia. Es igual al producto del calor específico y el peso atómico en gramos. || **CALOR ESPECÍFICO** *Fís.* Cantidad de calor que por unidad de masa necesita un cuerpo para elevar su temperatura en un grado centígrado. || **CALOR MOLAR** *Quím.* Cantidad de calor que debe absorver 1 mol de una sustancia para aumentar un grado centígrado. || **CALOR DE REACCIÓN** *Quím.* Valor negativo del cambio de la entalpía que acompaña a una reacción química, a presión o volumen constantes.

CALORÍA f. *Fís.* Unidad de energía térmica equivalente al calor necesario para elevar un grado centígrado (más exactamente de 14,5° a 15,5° C) la temperatura de un gramo de agua a la presión atmosférica normal. Su símbolo es *cal* y equivale a 4,1868 julios. También denominada *caloría gramo* o *caloría pequeña.* Se usa también como unidad de medida del poder energético de los alimentos y en biología se utiliza con este nombre su múltiplo, la kilocaloría o caloría-kilogramo. || **CALORÍA-KILOGRAMO** *Fís.* Unidad de energía que se emplea en termodinámica y equivale a 1.000 calorías-gramo. Su símbolo es *kcal.*

CALORIAMPERÍMETRO m. *Fís.* Aparato para medir la intensidad de una corriente eléctrica por el método calorimétrico.

CALORICIDAD f. *Zool.* Propiedad vital por la que los animales de sangre caliente conservan un calor independiente del ambiente en que viven.

CALÓRICO m. **1** Principio o agente hipotético de los fenómenos del calor. **2** Sensación de calor.

CALORÍFERO, RA adj. **1** Que conduce y propaga el calor. || m. *Tecnol.* **2** Aparato con que se calientan las habitaciones.

CALORÍFICO, CA adj. **1** Que produce o distribuye calor. **2** Relativo al calor.

CALORÍFUGO, GA adj. **1** Que se opone a la transmisión del calor. **2** INCOMBUSTIBLE.

CALORIMETRÍA f. *Fís.* **1** Medición del calor que se desprende o absorbe en los procesos biológicos, físicos o químicos. **2** Medición de las constantes térmicas, tales como el calor específico o la potencia calorífica.

CALORÍMETRO m. *Fís.* Instrumento con que se mide el calor generado o emitido en cualquier proceso.

CALOSTRO m. *Biol.* Leche segregada por las glándulas mamarias de las hembras durante los primeros días siguientes al parto.

CALPE En la Antigüedad, Gibraltar. Era una de las columnas de Hércules.

CALPE *Econ.* Siglas de *Compañía Anónima de Librería, Publicaciones y Ediciones.* Editorial fundada por Nicolás María Urgoiti en 1918, que se fusionó en 1926 con la antigua casa Hijos de J. Espasa, de Barcelona, creándose así la Editorial Espasa Calpe.

CALPENSE adj. y com. De Gibraltar, antigua Calpe.

CALPULALPAN o **SAN MIGUEL DE CALPULALPAN** Población de México, donde se libró en 1869 una batalla en la que las fuerzas liberales de González Ortega vencieron a las conservadoras del presidente Miramón.

CALPULLI m. *Hist.* Entre los nahuas, institución que gozaba de cierta autonomía para el cultivo de las tierras en común, formada a veces por un clan familiar.

CALQUÍN m. *Zool. Arg.* Variedad de águila que vive en los Andes patagónicos.

CALTA f. *Bot.* Planta de la familia ranunculáceas, de flores grandes y amarillas.

CALTABELLOTA Villa de Italia, provincia de Agrigento, en Sicilia, donde se firmó (1302) un tratado de paz que adjudicaba la posesión de la isla de Sicilia a la casa de Aragón, poniendo fin a la larga contienda que ésta había mantenido con la casa de Anjou.

CALTANISSETA **1** Provincia de Italia, en Sicilia; 2.128 km^2 y 282.454 h. **2** Ciudad capital de la misma; 62.565 h.

CALUMBRE f. *Bot.* Moho del pan.

CALUMET m. Pipa grande que utilizaban los indios norteamericanos en sus ceremonias.

CALUMNIA f. **1** Acusación falsa, hecha maliciosamente contra alguien para causar daño. **2** *Der.* Imputación falsa de un delito de los que dan lugar a procedimiento de oficio.

CALURO m. *Zool. Amér.* QUETZAL.

CALUROSO, SA adj. **1** Que siente o causa calor. **2** fig. Vivo, ardiente.

CALUYO m. *Bol.* Baile indio.

CALVA f. **1** Parte de la cabeza de la que se ha caído el pelo. **2** Parte de una piel o tejido pelada por el uso. **3** *Ecol.* Sitio en los sembrados o arbolados donde falta la vegetación.

CALVADOS m. Aguardiente de sidra que se elabora en el departamento francés de Calvados.

CALVADOS Departamento del NO de Francia, en la región de Baja Normandía; 5.548 km^2 y 648.385 h. Su capital es Caen. Turismo.

CALVAK m. Prenda que utilizan los árabes para cubrirse la cabeza, en forma de paño que se ciñe a la frente con una cinta.

CALVAR, MANUEL DE JESÚS Patriota cubano (La Habana, 1827 - íd., 1895). Fue el último presidente de la República en armas y no reconoció el Pacto del Zanjón (1878).

CALVARIO m. **1** VÍA CRUCIS. **2** HUMILLADERO. **3** *Anat.* Bóveda del cráneo situada encima de las orejas, los ojos y la protuberancia occipital. **4** fig. y fam. Serie o sucesión de adversidades y pesadumbres.

CALVARIO o **GÓLGOTA** Monte al NO de Jerusalén donde fue crucificado Jesucristo. Sobre él se levanta la basílica del Santo Sepulcro.

CALVERO m. **1** Paraje sin árboles, o con pocos ejemplares, en el interior de un bosque. **2** GREDAL.

CALVEZ f. CALVICIE.

CALVIÁ *(Calvià)* Municipio y lugar de España, provincia de Baleares, en la isla de Mallorca; 27.956 h. Turismo.

CALVICIE o **CALVEZ** f. *Med.* Falta de pelo en la cabeza.

CALVIJAR m. *Ecol.* CALVERO.

CALVIN, MELVIN Bioquímico estadounidense (Saint Paul, Minnesota, 1911 - Los Ángeles, 1996). Premio Nobel de Química en 1961 por sus descubrimientos sobre la asimilación del dióxido de carbono por las plantas.

CALVINISMO m. *Rel.* **1** Doctrina religiosa cristiana predicada por Calvino, que profundizó y radicalizó el mensaje del luteranismo. Llevó al extremo el concepto de la predestinación y negó que el libre albedrío fuese un factor determinante en la salvación del hombre. Estableció la existencia de dos sacramentos, el bautismo y la eucaristía (en la que no hay presencia de Cristo); dio a la Biblia el carácter de única regla en materia de fe; negó cualquier autoridad al papado y al clero; calificó de idolatría el culto de santos, reliquias e imágenes y rechazó el celibato sacerdotal, el purgatorio, las indulgencias y la misa. El calvinismo dio origen a diversas corrientes religiosas (presbiterianos, hugonotes, puritanos). Acentuó las virtudes de la sobriedad, el ahorro y el trabajo al considerar el éxito económico uno de los signos de Dios que muestran al predestinado. **2** Iglesia que practica esta doctrina. Preconiza que el Estado debe ser religioso y estar totalmente unido a la Iglesia.

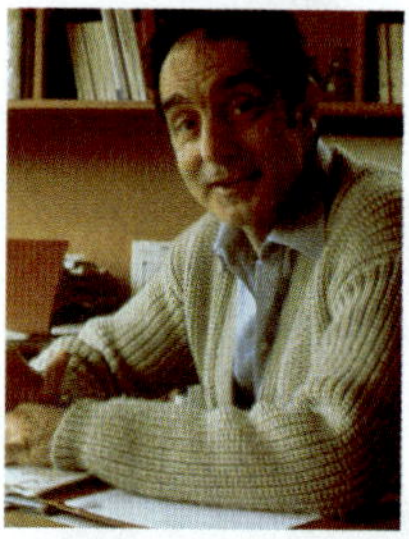

Italo **Calvino**

CALVINO, ITALO Escritor italiano (Santiago de las Vegas, Cuba, 1923 - Siena, 1985). Autor de la trilogía *Nuestros antepasados,* compuesta por *El vizconde demediado* (1952), *El barón rampante* (1957) y *El caballero inexistente* (1959); *El castillo de los destinos cruzados* (1973) y *Palomar* (1983).

CALVINO, JUAN (JEAN CAUVIN, llamado) Teólogo y reformador religioso francés (Noyon, 1509 - Ginebra, 1564). Realizó estudios eclesiásticos y se adhirió a la reforma luterana, que propagó principalmente en Ginebra, donde organizó un estado teocrático. Sus doctrinas dieron lugar al calvinismo, y se hallan expuestas en la obra *Institutio christianae religionis* (1536).

CALVO, VA adj. **1** Que ha perdido el pelo de la cabeza. También s. **2** Pelado, sin vegetación.

CALVO, BARTOLOMÉ Político colombiano (Cartagena, 1815 - Quito, 1889). Procurador general de la República, sucedió en 1861 a Ospina, al no poder reunirse el congreso por la guerra civil desatada tras el golpe del general Mosquera.

CALVO, CARLOS Jurista y diplomático argentino (Montevideo, 1822 - París, 1902). Es célebre por haber formulado el principio que lleva su nombre, llamado también *doctrina de Drago,* según la cual las reclamaciones pecuniarias del ciudadano de una nación contra el gobierno de otra no deben ser nunca sostenidas con las armas por la patria del reclamante.

CALVO, DANIEL Político y escritor boliviano (Sucre, 1835 - La Paz, 1880). Presidente de la Convención Nacional. Autor de la leyenda *Ana Dorset,* y de *Rimas* y *Melancolías.*

CALVO-SOTELO, JOSÉ Político español (Tuy, 1893 - Madrid, 1936). Próximo al maurismo, fue ministro de Hacienda con Primo de Rivera (1925-30). Fundó el Bloque Nacional y se convirtió en el líder principal de la derecha. Murió asesinado el 13 de julio de 1936, en vísperas del comienzo de la Guerra Civil.

CALVO-SOTELO Y BUSTELO, LEOPOLDO Político español (Madrid, 1926). Ministro de Comercio en el primer gobierno de la monarquía (1975-76), posteriormente desempeñó las carteras de Obras Públicas (1976-77), de Relaciones con la Comunidad Europea (1978-80) y la vicepresidencia segunda de Asuntos Económicos (1980-81). Tras la dimisión de Suárez, ocupó la presidencia del gobierno (1981-82).

CALZA f. **1** Cuña empleada para calzar. **2** Prenda de vestir que cubría el muslo y la pierna, o sólo el muslo o la mayor parte de él. Más en pl. || **MEDIAS CALZAS** Las que sólo subían hasta la rodilla.

CALZADA f. **1** Camino empedrado y ancho. **2** Parte de la calle comprendida entre dos aceras. || **CALZADA ROMANA** *Arqueol.* Cualquiera de las grandes vías construidas por los romanos, generalmente empedradas con una técnica muy sofisticada. Quedan numerosos restos en España.

CALZADO, DA adj. **1** Se dice de algunos religiosos que usan zapatos, en contraposición a los descalzos. **2** *Bot.* Se dice del hongo agárico que tiene la parte inferior del estípite o pedicelo cubierta por una volva o velo. **3** *Zool.*

Se dice del cuadrúpedo cuyas patas tienen en su parte inferior color distinto del resto. **4** *Zool.* Se dice de las aves que tienen el pie protegido por escamas córneas. || **5** Todo género de prendas que sirven para cubrir y resguardar los pies.

CALZADOR m. Utensilio de forma acanalada, que sirve para calzar. || **entrar** una cosa **con calzador** fr. fig. y fam. Ser dificultosa o estar forzada.

CALZAR tr. **1** Cubrir el pie y algunas veces la pierna con el calzado. También prnl. **2** Poner una cuña entre el piso y alguna rueda de un vehículo para inmovilizarlo, o debajo de un mueble para que no cojee.

CALZO m. **1** Cuña que se introduce para calzar un cuerpo. || m. pl. **2** Extremidades de una caballería.

CALZÓN m. **1** Prenda de vestir masculina con dos perneras y que cubre desde la cintura hasta las rodillas. **2** TRESILLO, juego de naipes.

CALZONAZOS m. fig. y fam. Hombre que se deja dominar. ♦ Su pl. es *calzonazos.*

CALZONCILLO m. Prenda de la ropa interior masculina, cuyas perneras pueden ser de longitud variable. Más en pl.

CAM Hijo de Noé. Se burló de la embriaguez de su padre, y a causa de ello fue maldecido su hijo Canaán. Se le considera padre de los habitantes de los países de África y Asia Occidental.

CAM, DIOGO CAO o CAM, DIOGO.

CAMA f. **1** Mueble compuesto por un armazón y un soporte donde se colocan colchones, sábanas, mantas, colcha y almohadas, que sirve para dormir y descansar. **2** Plaza para un enfermo en el hospital o sanatorio o para un alumno interno en un colegio. **3** fig. Sitio donde se echan los animales para su descanso. **4** Cada una de las barretas del freno, a cuyos extremos interiores van sujetas las riendas. Más en pl. **5** *Agr.* En el arado, pieza encorvada de madera o hierro, en la cual encajan por la parte inferior delantera el dental y la reja, y por detrás la esteva; por el otro extremo está afianzada en el timón. || **CAMA TURCA** Especie de sofá ancho, sin respaldo ni brazos, que puede servir para dormir en él. || **caer** uno **en la cama,** o **en cama** fr. Caer enfermo. || **hacerle** a alguien **la cama** fr. fig. Trabajar en secreto para perjudicarlo.

CAMACERO m. *Bot.* Árbol tropical americano de la familia solanáceas que da un fruto parecido a la totuna.

CAMACHO, SALVADOR Político colombiano (Nunchía, 1827 - Bogotá, 1900). Ocupó el Ministerio de Hacienda y Fomento (1870 y 1871), y fue presidente interino de la República en 1868.

CAMACHUELO m. *Zool.* Nombre común de varias especies de aves paseriformes de la familia de los fringílidos, pertenecientes a varios géneros.

CAMADA f. **1** *Zool.* Todos los hijuelos que paren de una vez las hembras de ciertos animales. **2** Conjunto o serie de cosas extendidas horizontalmente. **3** fig. y fam. Cuadrilla de ladrones o de pícaros.

CAMAFEO m. **1** Figura tallada de relieve en una piedra preciosa. **2** La misma piedra labrada.

CAMAGUA adj. **1** *Agr. C. Rica, Salv., Hond.* y *Méx.* Se dice del maíz que empieza a madurar. || f. *Bot.* **2** *Cuba* Árbol silvestre de tronco recto y madera blanca y fuerte.

CAMAGÜEY 1 Provincia de Cuba; 15.990 km² y 780.762 h. **2** Ciudad capital de la provincia homónima. Fundada en 1514 por Diego Velázquez de Cuéllar. Se llamó *Santa María del Puerto Príncipe* hasta 1889.

CAMAGÜEYANO, NA adj. y s. De Camagüey.

CAMAGUIRA f. *Bot. Cuba* Árbol silvestre de madera dura de color amarillo veteado.

CAMAÏEU m. *Pint.* Sistema de pintura basado en combinación de diferentes tonos de un mismo color sobre un fondo de coloración distinta.

CAMALARA f. *Bot. Cuba* Árbol silvestre de madera amarilla verdosa.

CAMÁLDULA Hist. Orden monástica fundada por san Romualdo en el siglo XI, bajo la regla de san Benito, en Camáldoli (Toscana, Italia). Sus miembros tienen como norma el silencio.

CAMALEÓN m. **1** *Zool.* Nombre común de unas 80 especies de reptiles escamosos saurios, pertenecientes a la familia camaleóntidos. Pueden modificar el color del cuerpo, e incluso el dibujo de la piel, para asemejarse al ambiente en que se encuentran. Su área de distribución abarca África, especialmente Madagascar, S de Asia y Europa meridional. **2** *Zool. Bol.* IGUANA. **3** *C. Rica* Pequeña ave de rapiña. **4** *Cuba* Lagarto grande, de color verde. **5** fig. y fam. Persona que cambia con facilidad de pareceres o doctrinas.

CAMALEÓNICO, CA adj. **1** Relativo al camaleón. **2** fig. Voluble, cambiante.

CAMALOTE m. *Bot.* **1** *Amér.* Planta de las gramíneas, forrajera acuática o propia de lugares pantanosos; zacate. **2** *Arg., Par.* y *Urug.* JACINTO DE AGUA.

CAMAMBÚ m. *Bot. Amér.* Planta de la familia solanáceas, de flor amarilla y fruto muy dulce.

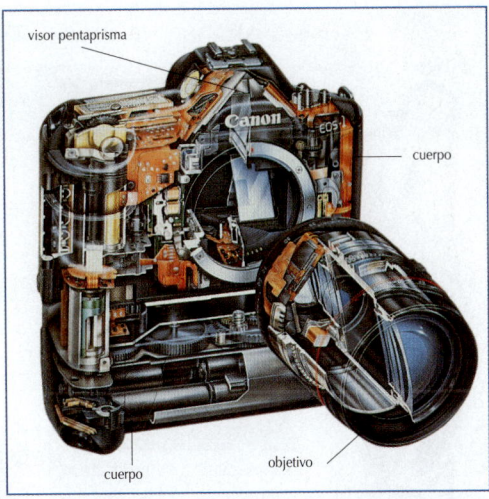

visor pentaprisma
cuerpo
cámara fotográfica
cuerpo
objetivo

CAMAMILA f. *Bot.* CAMOMILA.

CAMÁNDULA f. fig. y fam. Hipocresía, astucia. Más en la frase *tener muchas camándulas.*

CAMAO m. *Zool. Cuba* Paloma pequeña, silvestre, de color pardo.

CÁMARA f. **1** Sala o pieza principal de una casa. **2** Junta, asociación. **3** Nombre de ciertos cuerpos legislativos. **4** En el palacio real, pieza en la que sólo tienen entrada ciertas personas. **5** *Hist.* En determinados reinos cristianos, consejo privado del monarca. **6** En casas de labranza, granero. **7** *Mar.* En los buques de guerra, departamento destinado a alojamiento de los generales, jefes y oficiales, y en los mercantes, a la oficialidad o al pasaje. **8** *Met.* Compartimento que tiene comunicación con los hornos metalúrgicos, para condensar o transformar las sustancias volatilizadas. **9** En las armas de fuego, espacio que ocupa la carga. **10** Anillo tubular de goma que forma parte de los neumáticos. **11** *Cin.* En la filmación de películas, voz con que se advierte al equipo que esté listo para realizar la toma. || com. **12** Persona que manipula la cámara de filmar o de televisar. || **CÁMARA DE COMBUSTIÓN** *Tecnol.* En los motores de explosión, espacio libre entre la cabeza del pistón y la culata, donde se produce la ignición de los gases. || **CÁMARA FOTOGRÁFICA** *Fot.* Aparato que consta principalmente de una cámara oscura en cuyo fondo se coloca una película sensible a los rayos luminosos y en la que se proyecta una imagen a través del objetivo y queda grabada. Destinada a registrar imágenes fijas o animadas para el cine o la televisión. || **CÁMARA FRIGORÍFICA** *Tecnol.* Recinto dotado de instalaciones en frío artificial, que se destina a conservar alimentos u otros productos. || **CÁMARA DE GAS** Recinto hermético destinado a producir la muerte por medio de gases tóxicos. || **CÁMARA LENTA** *Cin.* Sistema de rodaje acelerado de la película para producir un efecto de lentitud al proyectar la imagen a la velocidad normal. || **CÁMARA OSCURA** *Fís.* Aparato óptico en los que los objetos exteriores se reproducen en el fondo de una caja oscura mediante lentes convergentes de gran distancia focal. || **CÁMARA DE VÍDEO** *Tecnol.* Aparato que transforma imágenes o señales ópticas y sonidos en señales electromagnéticas, que a su vez son registradas en una cinta magnética y reproducidas en un aparato de televisión.

CÁMARA, HÉLDER PESSÔA Prelado brasileño (Fortaleza, 1909 - Recife, 1999). Arzobispo de Olinda y Recife desde 1964, ha estado en continuo contacto con las clases pobres y el mundo del subdesarrollo.

CÁMARA DE LOS COMUNES *Polít.* Asamblea parlamentaria y legislativa en el Reino Unido.

CÁMARA DE INDIAS *Hist.* Tribunal creado en 1600 y compuesto de ministros del Consejo de Indias, cuyas atribuciones en relación con los asuntos de Ultramar eran análogas a las de la Cámara de Castilla respecto de la Península.

CÁMARA DE LOS LORES *Polít.* Asamblea de nobles que, juntamente con la Cámara de los Comunes, constituye el parlamento del Reino Unido.

CAMARADA com. **1** Persona que anda en compañía de otros, tratándose con amistad y confianza. **2** En ciertos partidos políticos y sindicatos, correligionario o compañero. **3** Amigo.

CAMARANCHÓN m. desp. Desván de la casa donde suelen guardar trastos viejos.

CAMARERO, RA m. y f. **1** Persona que atiende y sirve a los clientes en los restaurantes, bares, cafeterías, hoteles, etc. || m. **2** Oficial de la cámara del papa. **3** En la casa real de Castilla, jefe de cámara del rey.

CAMARETA f. **1** *Mar.* Cámara de los buques pequeños. **2** Mortero para fuegos artificiales.

CAMARETO m. *Bot. Cuba* Planta parecida al aje, que tiene el sarmiento morado.

CAMARGO, SERGIO Militar y diplomático colombiano (Iza, 1833 - Miraflores, 1907). Fue presidente de la República (1877-78).

CAMARGUE, LA Región del S de Francia, entre los dos brazos principales del delta del Ródano. Ganadería y arroz.

CAMARILLA f. **1** Conjunto de personas que subrepticiamente influyen en las decisiones de alguna autoridad superior o personaje importante. **2** Grupo de familiares, amigos o colegas que acaparan un asunto sin dejar participar a los demás.

CAMARÍN m. **1** Capilla pequeña colocada algo detrás del altar en la que se venera una imagen. **2** Pieza en la que se guardan las alhajas y vestidos de una imagen. **3** CAMERINO. **4** TOCADOR, aposento.

CAMARINA f. *Bot.* Mata perteneciente a la familia empetráceas, de nombre científico *Corema album.* Crece en dunas y zonas arenosas del litoral atlántico europeo.

CAMARINES NORTE Provincia de Filipinas, en la isla de Luzón; 2.113 km² y 308.007 h. Su capital es Daet. Oro y manganeso.

CAMARINES SUR Provincia de Filipinas, en la isla de Luzón; 5.267 km² y 1.099.346 h. Su capital es Pili. Oro y cromo.

CAMARLENGO m. Título del cardenal presidente de la Cámara Apostólica que gobierna la iglesia romana desde que muere un papa hasta que se elige el siguiente.

CÁMARO m. *Zool.* CAMARÓN.

CAMARÓN m. **1** *Zool.* Denominación común a varias especies de crustáceos decápodos macruros, pertenecientes a los géneros *Palaemon* y *Leander.* **2** *Zool.* QUISQUILLA. **3** *C. Rica* Propina o gratificación. **4** *Dom.* y *P. Rico* ESPÍA. **5** *Perú* CAMALEÓN, persona voluble.

CAMAROTE m. Aposento pequeño para poner la cama en los barcos.

CAMARROYA f. *Bot.* Achicoria silvestre.

CAMARTHEN Ciudad de Reino Unido, en Gales; 12.302 h.

CAMARÚ m. *Bot. Amér.* Especie de roble.

CAMASTRO m. desp. Cama incómoda y desordenada.

CAMASTRÓN, NA adj. y s. Persona disimulada y doble, taimada.

CAMBA, JULIO Periodista y escritor español (Villanueva de Arosa, 1882 - Madrid, 1962). Cultivó la literatura humorística de corte intelectual. Autor de *Londres* (1916), *Aventuras de una peseta* (1923), *Sobre casi nada* y *Sobre casi todo* (1928), *La ciudad automática* (1932), *Esto, lo otro y lo de más allá* (1945) y *Millones al horno* (1958).

CAMBACERES, EUGENIO Escritor y político argentino (Buenos Aires, 1843 - París, 1888). Escribió las novelas naturalistas *Potpourri* (1881), *Música sentimental* (1884), *Sin rumbo* (1885) y *En la sangre* (1887).

CAMBACÉRÈS, JEAN-JACQUES DE Jurista y político francés (Montpellier, 1753 - París, 1824). Intervino en el proyecto de código civil. En 1793 pidió la creación del Tri-

Luca **Cambiaso**. Frescos del palacio del marqués de Santa Cruz en Viso del Marqués (Ciudad Real).

bunal revolucionario, contribuyendo luego a la caída de los girondinos. Fue presidente del Consejo de los Quinientos, cónsul con Napoleón, archicanciller del imperio (1804) y, en 1808, nombrado duque de Parma, príncipe y presidente del Senado.

CAMBALACHE m. **1** fam. Trueque de objetos de poco valor. **2** fam. Cambio malicioso o con afán de ganancia.

CAMBARÁ m. *Bot. Amér.* m. Árbol frondoso, de hoja verde y blanca y flor blanca diminuta.

CÁMBARO m. *Zool.* Nombre de diversas especies de crustáceos decápodos, braquiuros, marinos, con el caparazón verde.

CAMBIANTE adj. **1** Que cambia. || m. **2** Variedad de colores o visos que hace la luz en algunos cuerpos.

CAMBIAR tr. **1** Dar o recibir una cosa por otra que la sustituya. También intr. y prnl. **2** Convertir en otra cosa. También prnl. **3** Dar o tomar monedas o valores por sus equivalentes. **4** Intercambiar. || intr. **5** Mudar o alterar una persona o cosa su condición o apariencia física o moral. También prnl. **6** *Mar.* Bracear el aparejo, cuando se navega ciñendo por una banda, a fin de orientarlo por la contraria. **7** *Mar.* Virar, cambiar de rumbo. **8** *Mec.* En los vehículos de motor, pasar de una marcha o velocidad a otra superior o inferior. **9** *Meteor.* Variar la dirección del viento. También prnl. **10** *Zool.* Hacer que galope con distinto pie y mano por el caballo.

CAMBIASO, LUCA Pintor italiano (Moneglia, 1527 - El Escorial, 1585). De estilo manierista, trabajó en la corte de Felipe II. Pintó la cúpula de la iglesia de El Escorial y varios palacios e iglesias en Italia.

CAMBIAZO m. Aumentativo de CAMBIO. || **dar el cambiazo** fr. Cambiar fraudulentamente una cosa por otra.

CAMBIO m. **1** Acción y efecto de cambiar. **2** Dinero menudo. **3** *Econ.* Tanto que se abona o cobra, según los casos, sobre el valor de una letra de cambio. **4** *Econ.* Precio de cotización de los valores mercantiles. **5** *Econ.* Valor relativo de las monedas de países diferentes o de las de distinta especie de un mismo país. **6** *Tecnol.* Mecanismo para dirigir los trenes por una u otra de las vías que concurren en un punto. **7** *Der.* PERMUTA. **8** *Autom.* CAJA DE CAMBIOS || **CAMBIO DE ESTADO** *Fís.* Paso de una sustancia de un estado a otro, variando por lo menos dos de las siguientes magnitudes: temperatura, presión y volumen. || **CAMBIO FONÉTICO** *Fon.* Modificación que sufre un sonido en la evolución de una lengua. Puede producirse mediante un salto *(mutación)* o por evolución gradual. || **CAMBIO SEMÁNTICO** *Ling.* Cambio de significación de una palabra, por *restricción* del significado primitivo; por su *extensión* o por su *desplazamiento*. || **LIBRE CAMBIO** *Econ.* LIBRECAMBIO. || **en cambio** loc. adv. En lugar de; en vez de.

CAMBISES Rey de Persia (? - Agbatana, 521 a. C.). Hijo y sucesor de Ciro el Grande, ocupó el trono entre 528 y 522 a. C. Conquistó Egipto, apresó al faraón Psamético (525) y inauguró la XXVII dinastía. Abandonó Egipto en 522 a. C.

CAMBISTA com. **1** Persona que cambia moneda. **2** BANQUERO.

CÁMBIUM m. *Bot.* Meristemo secundario originado por división de unas células meristemáticas situadas entre los haces leñosos y los liberianos.

CAMBON, JOSEPH Político francés (Montpellier, 1756 - Saint-Josse-ten-Noode, 1820). Especializado en cuestiones financieras, organizó la explotación de los territorios anexionados, para transformar la guerra de liberación en guerra de conquista.

CAMBOYA *(Preah Reach Ana Pak Kampuchea)* Estado del SE de Asia, en Indochina. Se denominó *República Khmer* (1970-75) y *Kampuchea Democrática* (1976-89). Limita al N con Tailandia y Laos; al E, con Vietnam; al S, con Vietnam y el golfo de Siam, y al O, con el mismo golfo y Tailandia.

GEOG. El relieve de Camboya está formado por una llanura central, atravesada de N a S por el Mekong y su afluente el Tonle Sap, que forma el gran lago de su mismo nombre, y bordeada por varias alineaciones montañosas de escasa altitud. Destacan extensas mesetas, con vegetación de sabana y bosque, en la parte NE. El clima es tropical, influido por los monzones; el S es casi ecuatorial. Hay dos formaciones vegetales dominantes: la jungla tropical y el arrozal, en las zonas deltaicas. País básicamente agrícola, también tienen importancia la ganadería, la explotación forestal y sobre todo la pesca (en el lago Tonle Sap). La industria artesanal ha dado paso en los últimos años a otros sectores (automóviles, química, conservas, papel, tabaco). Actualmente su economía sigue dependiendo de la ayuda exterior.

HIST. Formó parte del reino de Fou Nam, subyugado en el siglo VI por los khmers. Tras interminables guerras con los países limítrofes, en 1836 Francia estableció un protectorado que permaneció hasta el comienzo de la Segunda Guerra Mundial, en que el país fue invadido por los japoneses. Monarquía constitucional desde 1947, y estado asociado a la Unión Francesa desde 1949, fue reconocido como país independiente mediante los acuerdos de Ginebra de 1954. El príncipe Norodom Sihanuk abdicó en su padre, Norodom Suramárit, convirtiéndose en primer ministro y jefe del Partido Popular Socialista. Al morir el monarca, en 1960, el príncipe Norodom Sihanuk fue nombrado jefe de Estado, sin la dignidad de rey. En marzo de 1970, Sihanuk, que veía con simpatía la lucha de Vietnam del Norte, fue derrocado por el general Lon Nol, con el apoyo de EE UU. Sihanuk, apoyado por los khmers rojos de Pol Pot, recuperó el poder en 1975, iniciándose un régimen de terror organizado. Sihanuk dimitió un año después; fue sustituido por el hasta entonces viceprimer ministro, y comandante en jefe de las Fuerzas Armadas, Khieu Samphan. La invasión vietnamita puso fin a esta represión proclamando la República Popular de Kampuchea en 1979. Sin embargo, continuó la oposición armada de los khmers rojos fieles a Sihanuk. En septiembre

Superficie: 181.916 km².
Población: 12.371.000 h. *(camboyanos).*
Densidad: 69,5 h./km².
Tasa de natalidad: 34,9‰.
Tasa de mortalidad: 11,3‰.
Capital: Phnom Penh.
Ciudades principales: Battambang, Kompong Cham, Pursat, Siem Reap, Kampot, Kratie.
Grupos étnicos: khmers (88,6%), vietnamitas (5,5%), chinos (3,1%).
Religión: budismo (95%), islamismo (2%), otras (3%).
Idioma: khmer (oficial), francés.
Moneda: riel.
Forma de Estado: monarquía constitucional.
Producto Nacional Bruto: 2.945 millones de dólares.
Renta per cápita: 260 dólares.
División administrativa: 20 provincias y 2 municipalidades, según cuadro.

CAMBOYA

Municipalidades Provincias	Superficie (km²)	Población (h.)	Capitales
Phnom Penh	46	564.000	
Sihanoukville/			
Kompong Som	69	61.000	
Banteay Mean Cheay	—	—	
Battambang	19.004	837.000	Battambang
Kampot	9.862	412.000	Kampot
Kandal	3.813	838.000	Takhmau
Koh Kong	11.140	30.000	Koh Kong
Kompong Cham	10.498	1.244.000	Kompong Cham
Kompong Chhnang	5.520	257.000	Kompong Chhnang
Kompong Speu	7.016	396.000	Kompong Speu
Kompong Thom	12.251	441.000	Kompong Thom
Kratie	11.094	182.000	Kratie
Mondolkiri	14.288	18.000	Senmonorom
Oddar Meanchey			Samrong
Preah Vihear	14.350	80.000	Preah Vihear
Prey Veng	4.883	782.000	Prey Veng
Pursat	12.692	204.000	Pursat
Ratanakiri	10.782	52.000	Lomphat
Siem Reap	10.897	555.000	Siem Reap
Stung Treng	11.209	46.000	Stung Treng
Svay Rieng	2.966	340.000	Svay Rieng
Takeo	3.818	618.000	Takeo

de 1989 Vietnam inició la fase final de su retirada de Kampuchea. La ONU elaboró un plan de paz en 1990, que fue aceptado un año más tarde por todas las facciones en conflicto, en el cual preveía el establecimiento de un sistema democrático. A partir de las elecciones celebradas en 1993 boicoteadas por los khmers rojos, se reinstauró la monarquía, en la persona de Norodom Sihanuk, y se constituyó un gobierno de coalición, formado por el comunista Partido del Pueblo Camboyano (liderado por Hun Sen) y el realista Funcinpec (encabezado por el príncipe Ranariddh, hijo del monarca). Dicha coalición se rompió a mediados de 1997. Hun Sen se hizo con el poder tras dar un golpe de Estado y anunció elecciones libres para el año siguiente. En sustitución del depuesto príncipe Ranariddh, el parlamento nombró a Ung Huot copriper ministro. En las elecciones generales de 1998 venció el PPC, liderado por Hun Sen. Paralelamente, los khmers rojos entraron en un proceso de desintegración tras la muerte ese mismo año de su líder histórico, Pol Pot, y la entrega voluntaria al gobierno de dos de sus principales dirigentes: Khien Shampan y Muon Chea, quienes fueron puestos en libertad poco después. Finalmente, en 2001, y debido a la presión internacional, fue aprobada una ley que permitía la creación de un tribunal encargado de juzgar los crímenes cometidos durante el mandato de los khmeres rojos. En las legislativas de 2003 Hun Sen fue revalidado como primer ministro.

Camboyano, na adj. y s. **1** De Camboya. || m. *Ling.* **2** Lengua de la familia lingüística mon-khemer, hablada por unos tres millones de personas.

Cambray (*Cambrai*) Ciudad de Francia, departamento del Norte; 36.618 h. En ella se firmó la paz de Cambray o de las Damas (1529), entre Margarita de Austria, en representación de su sobrino Carlos V, y Luisa de Saboya, en nombre de su hijo Francisco I de Francia, por la cual éste renunciaba a sus derechos sobre Italia, Flandes y Artois, a cambio del ducado de Borgoña.

Cámbrico, ca o **Cambriano, na** adj. y m. *Geol.* Se dice del primero de los periodos geológicos en que se divide la era primaria o paleozoica, así como del terreno y fósiles pertenecientes a él. Dura aproximadamente cien millones de años. No existe vida terrestre y todos los seres vivos que pueblan el planeta son marinos: algas calcáreas, trilobites, braquiópodos y arqueociátidos. El cámbrico se divide en: *cámbrico inferior* (finalizó hace 540 millones de años), *cámbrico medio* (periodo intermedio) y *cámbrico superior* (empezó hace 510 millones de años).

Cambridge Ciudad del Reino Unido, en el SE de Inglaterra; 113.800 h. Universidad fundada en 1229.

Cambridge Ciudad de EE UU, en Massachusetts; 93.352 h. Sede de la Universidad de Harvard.

Cambridge, escuela de *Filos.* Conjunto de filósofos relacionados con la Universidad de Cambridge que han desarrollado sus trabajos en el marco de la filosofía analítica. La escuela surgió a partir de la docencia en esta universidad de B. Russell, G. E. Moore y L. Wittgenstein.

Cambridge, escuela de o **escuela platónica de Cambridge** *Filos.* Corriente filosófica del siglo XVII desarrollada por un grupo de filósofos vinculados a la Universidad de Cambridge. Principales representantes: R. Cudworth y H. More.

Cambridgeshire Condado del Reino Unido, en Inglaterra, situado al SE del país; 563.500 h.

Cambrinus Gambrinus.

Cambrón m. *Bot.* **1** Arbusto de la familia ramnáceas, con ramas torcidas, enmarañadas y espinosas. **2** Arbusto de la familia solanáceas, de nombre científico *Lycium europaeum*, con ramas mimbreñas, corvas y espinosas. **3** Zarza.

Cambronal m. *Bot.* Lugar poblado de cambrones.

Cambronera f. *Bot.* Cambrón.

Cambroño m. *Bot.* Planta de la familia leguminosas, de flores amarillas, propia de las montañas del centro de España.

Cambuí m. *Bot.* **1** R. Plata Árbol semejante al guayabo. **2** Fruto de este árbol.

Cambur m. *Bot.* Planta de la familia musáceas, parecida al plátano, pero con la hoja más ovalada y el fruto más redondeado.

Cambute m. *Bot.* **1** Planta tropical de la familia gramíneas. **2** *Cuba* Cambutera. **3** *Cuba* Fruto y flor de la cambutera.

Cambutera f. *Bot.* Planta de la familia convolvuláceas, de nombre científico *Quamoclit pennata*, bejuco silvestre que crece en Cuba.

Camedrio o **Camedris** m. *Bot.* Planta de la familia labiadas, de hojas parecidas a las del roble y flores purpúreas. ♦ El pl. de la segunda forma es *camedris*.

Camel- pref. camelo-.

Camelar tr. **1** fam. Galantear, requebrar. **2** fam. Seducir, engañar adulando. **3** fam. Amar, querer.

Camelia f. *Bot.* **1** Nombre común a varios arbustos pertenecientes a la familia teáceas, género *Camellia*. Vegetales originarios de Japón y China, de hojas perennes y flores blancas, rojas o rosadas. **2** Flor de este arbusto. **3** *Cuba* Amapola.

Camélido adj. y m. *Zool.* **1** Se dice de los rumiantes artiodáctilos que carecen de cuernos y tienen en la cara inferior del pie una excrecencia callosa que comprende los dos dedos. Son camélidos el camello, el dromedario, la llama, la vicuña, la alpaca y el guanaco. || m. pl. *Zool.* **2** Familia de estos animales.

Camelina f. *Bot.* Planta de la familia crucíferas de flores amarillas y semillas oleaginosas.

Camello, lla m. y f. *Zool.* **1** Mamífero artiodáctilo rumiante de la familia camélidos, de nombre científico *Camelus bactrianus*. Animal corpulento y más alto que el caballo (unos 2,5 m), con el cuello largo, la cabeza proporcionalmente pequeña, las patas largas y dos gibas en el dorso, formadas por acumulación de tejido adi-

poso. Puede resistir la sed durante muchos días. Es originario de las regiones desérticas de Asia central. || m. **2** fig. Traficante de droga al por menor.

Camellón m. *Gan.* Artesa en la que se da de comer al ganado vacuno.

Camelo m. **1** fam. galanteo. **2** fam. Chasco, burla. **3** Noticia falsa. **4** Dicho o discurso desprovisto de sentido. **5** Simulación, fingimiento. **6** *Bot. Cuba* Malva roja y sin olor.

Camelo-, camel- prefs. que significan camello.

Camelote m. *Bot.* Planta tropical de la familia gramíneas.

Camembert (Marca comercial registrada.) m. Queso de vaca, de forma circular y unos 3 cm de espesor, fabricado originariamente en Camembert (Orne).

Cameo m. *Cin.* Pequeño papel interpretado por algún actor estrella en una película protagonizada por otro.

Cameralismo m. *Polít.* Predominio de las asambleas, que integran un sistema parlamentario, sobre el poder ejecutivo en la dirección política de un país.

Cameraman m. Cámara, persona que manipula una cámara de filmar.

Camerata Florentina *Mús.* Grupo de poetas y músicos que, en la segunda mitad del siglo XVI, formaron una academia en Florencia, bajo la dirección de Giovanni Bardi, en la que se sentaron las bases del género de la ópera.

Camerino m. En los teatros, cuarto donde los actores se visten, maquillan, etc.

Camero, ra adj. **1** Se dice de la cama grande, en contraposición a la más estrecha o catre. **2** Lo relativo a ella. || m. y f. **3** Persona que hace camas o las alquila.

Cameron, Richard Reformador religioso escocés (Falkland, 1648 - Aird's Moss, 1680). Fundó la secta de los *cameronianos*, quienes proclamaron la República en 1678, asesinaron al primado de Escocia y finalmente fueron rendidos por Aboumouth, en Bothwell Bridge. Murió en una escaramuza popular.

Camerún Cordillera del SO de Camerún, junto a la costa del golfo de Guinea; 4.000 m de altura.

Camerún (*République Unie du Cameroun* /*United Republic of Cameroon*) República de África central, junto al golfo de Guinea, que limita al N, con Nigeria y Chad; al E, con la República Centroafricana y Congo; al S, con Congo, Gabón y Guinea Ecuatorial, y al O, con el golfo de Guinea y Nigeria.

Geog. El elemento dominante de su relieve lo constituyen las mesetas bajas, que ocupan toda la zona centromeridional del país. En la franja litoral se extiende una limitada llanura aluvial, interrumpida al SO por el cono volcánico del monte Camerún (4.070 m); la región centrooccidental se caracteriza por las mesetas del macizo de Adamaoua; más al N se abre una cuenca que desciende hacia la depresión del lago Chad. El eje hidrográfico es el río Sanaga, que fluye desde el centro hasta el Atlántico. Las vertientes occidental y oriental desembocan respectivamente en la cuenca del Níger y del Congo. Otros ríos importantes son los Camarones, el Bénoué y el Logone. El clima en la costa es ecuatorial; la parte septentrional

---

Superficie: 475.442 km².
Población: 15.422.000 h. (*cameruneses*).
Densidad: 32,4 h./km².
Tasa de natalidad: 36,9‰.
Tasa de mortalidad: 11,8‰.
Capital: Yaoundé.
Ciudades principales: Douala, Garoua, Maroua, Bafoussam, Nkongsamba, Foumban, Kumba y Bamenda.
Grupos étnicos: sudaneses en el N y centro, y bantúes en el S.
Religión: catolicismo (34,7%), animismo (26%), islamismo (21,8%), protestantismo (17,5%).
Idioma: francés e inglés (oficiales) y dialectos bantúes y sudaneses.
Moneda: franco CFA.
Forma de Estado: república.
Producto Nacional Bruto: 8.736 millones de dólares.
Renta per cápita: 610 dólares.
División administrativa: 10 provincias, según cuadro.

CAMERÚN

Provincias	Superficie (km²)	Población (h.)	Capitales
Adamaoua	63.691	495.200	Ngaoundére
Centro	68.926	1.651.600	Yaoundé
Este	109.011	517.200	Bertoua
Extremo-Norte	34.246	1.855.700	Maroua
Litoral	20.800	1.354.800	Douala
Noroeste	17.810	1.237.400	Bamenda
Norte	65.576	832.200	Garoua
Oeste	13.872	1.339.800	Bafoussam
Sur	47.110	373.800	Ebolowa
Suroeste	24.471	838.000	Buéa

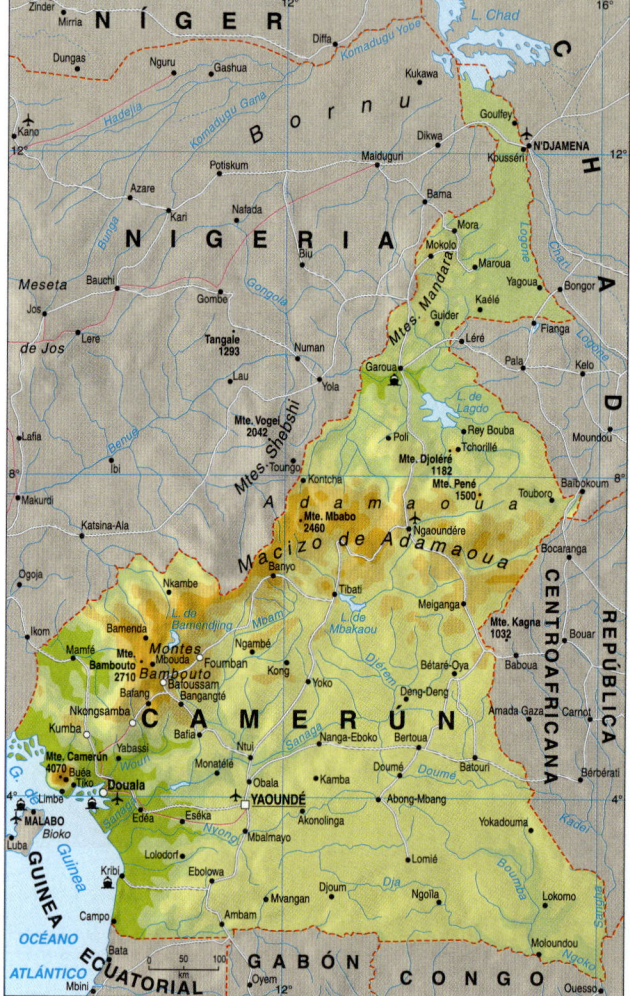

está dominada por el tropical sudanés y senegalés. La selva densa del S continúa en sabana, y después en una vegetación pobre de matorrales espinosos. Su economía está basada en la ganadería extensiva; la agricultura; y en la producción de maderas de ébano, okumé y caoba, y caucho. Reservas de bauxita, hierro y petróleo. La economía agraria subdesarrollada ha dado paso a un incipiente proceso de industrialización.

HIST. Los primeros pobladores de esta región fueron, seguramente, los pigmeos, a quienes siguieron los bantúes, los filanes y los musulmanes de la cuenca del Níger. El litoral de Camerún fue explorado, en el siglo XV, por Jaime Ferrer. Los portugueses visitaron las costas del país en 1472, pero fueron los británicos quienes, a finales del siglo XVIII, establecieron misiones y contratos comerciales. Alemania se anexionó el territorio costero en 1884, pero tropas francobritánicas conquistaron y establecieron la división de Camerún (1916), confirmado por la Sociedad de Naciones tras la Primera Guerra Mundial. El Camerún actual nació como país independiente con estructura federal en 1961. Fue elegido presidente Ahmadu Ahidjo, que en 1970, 1975 y 1980 resultó ratificado en su cargo. En 1972 una nueva constitución convirtió al país en la República Unitaria de Camerún, con un régimen presidencialista. En noviembre de 1982 Ahidjo renunció a su cargo y cedió el poder al primer ministro, Paul Biya, aunque mantuvo la presidencia del partido único de Camerún, la Unión Nacional Camerunesa hasta 1983. En 1991 la oposición forzó al gobierno a convocar elecciones libres en 1992, en las que Biya salió reelegido. Camerún mantiene un conflicto con Nigeria, después de que en enero de 1994 tropas de este país invadieran las islas de Diamond y Djabane. En las elecciones presidenciales de 1997, Biya fue confirmado en su cargo.

CAMERUNÉS, SA adj. y s. De Camerún.
CAMI FAGNANO.
CAMILLA f. **1** Cama estrecha y portátil para trasladar enfermos o heridos. **2** Mesa cubierta por un tapete, debajo de la cual hay un enrejado y una tarima en la que se coloca el brasero.
CAMILLERO, RA adj. Persona que en los hospitales, ambulancias, etc., transporta las camillas. También s.
CAMILO FURIO CAMILO, MARCO.
CAMINAR tr. **1** Andar determinada distancia. **2** Dirigirse a un lugar o meta, avanzar hacia él. || intr. **3** Ir andando de un lugar a otro. **4** fig. Seguir su curso las cosas inanimadas.
CAMINATA f. fam. Paseo o recorrido largo y fatigoso.
CAMINO m. **1** Franja de terreno apisonada por el uso o preparada para transitar. **2** fig. Dirección que ha de seguirse para llegar a un lugar. **3** Medio o arbitrio para hacer o conseguir alguna cosa. || **abrir, o abrirse, camino** fr. fig. Facilitar el medio de vencer una dificultad o mejorar de fortuna. || **camino de** loc. Hacia, en dirección a. || **cruzarse en el camino** fr. fig. Entorpecer el cumplimiento de los propósitos de alguien. || **ponerse uno en camino** fr. Emprender viaje. || **quedarse** uno a **medio camino** fr. fig. y fam. No acabar la cosa o el discurso comenzado.
CAMINO Y GALICIA, LEÓN FELIPE FELIPE, LEÓN.
CAMINO DE SANTIAGO Astron. VÍA LÁCTEA.
CAMINO DE SANTIAGO Hist. y Rel. Vía de peregrinación al sepulcro del apóstol Santiago, en Santiago de Compostela, establecida en la alta Edad Media, desde esta ciudad hasta los pasos de Somport y Roncesvalles, en los Pirineos. Frecuentada por peregrinos de toda Europa, desde mediados del siglo IX se convirtió en una importante vía de penetración cultural y económica en los reinos hispánicos medievales.
CAMIÓN m. Vehículo automóvil destinado al transporte de mercancías pesadas.
CAMIONETA f. **1** Camión pequeño. **2** Autobús, sobre todo el interurbano.
CAMISA f. **1** Prenda de vestir con cuello, botones y puños, que cubre el torso. **2** Revestimiento interior o envoltura exterior de ciertas cosas, como el del interior de una pieza mecánica o la cubierta de un libro. **3** Zool. Epidermis de los ofidios, de la que el animal se desprende periódicamente. || **CAMISA DE FUERZA** Especie de camisa fuerte abierta por detrás, con mangas cerradas en su extremidad, propia para sujetar los brazos de quien padece demencia o delirio violento. || **CAMISA NEGRA** Hist. Miembro del Partido Fascista Italiano fundado por Mussolini. || **CAMISA PARDA** Hist. Miembro de las organizaciones hitlerianas. || **CAMISA ROJA** Hist. Miembro de los cuerpos voluntarios que acompañaron a Garibaldi en la conquista de Nápoles y Sicilia. También llamados *cazadores de los Alpes*. || **CAMISA VIEJA** Hist. Afiliado a la Comunión Tradicionalista y a Falange Española y de las JONS, antes de la Guerra Civil. || **cambiar de camisa** fr. fig. Cambiar interesadamente de partido o de ideas políticas. || **dejar** a uno **sin camisa** fr. fig. y fam. Arruinarlo totalmente. || **no llegarle** a uno **la camisa al cuerpo** fr. fig. y fam. Estar atemorizado.
CAMISARDOS m. pl. Hist. Nombre que reciben los protestantes que se levantaron en armas en Cévennes (Francia) entre 1702 y 1705, a consecuencia de la revocación del edicto de Nantes (1685).
CAMISETA f. **1** Prenda interior, ajustada y sin cuello, que se pone directamente sobre el cuerpo, debajo de la camisa. **2** La misma prenda más ancha y de colores variados que se lleva externamente.
CAMISOLA f. **1** Camisa fina que se ponía sobre la camiseta y solía llevar puntillas o encajes en la abertura del pecho y en los puños. **2** Camisón corto de estilo camisero.
CAMISÓN m. Prenda que usan las mujeres para dormir; puede tener corte de vestido o de camisa amplia y larga.
CAMITA adj. y s. Descendiente de Cam, hijo de Noé.
CAMÍTICO, CA adj. **1** Relativo a los camitas. **2** CAMITO-SEMÍTICO.
CAMITO-SEMÍTICO, CA adj. y m. Ling. Se dice de una familia de lenguas habladas en la península de Arabia y gran parte del N de África. Comprende el semítico, el egipcio, el cusita y el líbico-bereber.
CAMOATÍ m. Zool. **1** R. Plata Insecto himenóptero de la familia metopídidos, de nombre científico *Melipona interrupta*. Es un tipo de avispa que elabora miel. **2** R. Plata Panal que fabrica este insecto.

Camoens o **Camões, Luís Vaz de** Poeta portugués (¿Lisboa?, h. 1524 - íd., 1580). Su viaje a las Indias le inspiró su más genial creación, *Os Lusiadas* (1572).

camomila f. *Bot.* MANZANILLA, hierba y flor.

camón m. **1** Trono real portátil. **2** MIRADOR, balcón acristalado. **3** Cada una de las piezas curvas que componen los anillos de las ruedas hidráulicas. **4** Pina de la rueda del carro. **5** *Arquit.* Armazón de cañas o listones con que se forman las bóvedas encamonadas. || m. pl. **6** Maderos de encina con que se forran las pinas de las ruedas de las carretas.

camorra f. fam. Riña o trifulca ruidosa.

Camorra, la *Hist.* Asociación secreta napolitana organizada en 1820. Se encargaba del control del contrabando, de la prostitución, del juego, etc. Perdió influencia a finales del siglo XIX y se mezcló con la mafia siciliana.

camorrero, ra o **camorrista** adj. y s. fam. Que arma camorras fácilmente.

camotal m. *Bot. Amér.* Terreno plantado de camotes.

camote m. **1** *Bot. Amér.* BATATA. **2** *Bot. Amér.* BULBO. **3** fig. *Amér.* ENAMORAMIENTO. **4** fig. *Amér.* Amante, querida.

camp (Voz i.) adj. Se dice de la revitalización nostálgica de gustos estéticos (plásticos, musicales, literarios, etc.) que se consideran pasados de moda.

Camp David, acuerdos de *Hist.* Conversaciones entre el presidente de Egipto, Annuar el Sadat, y el jefe del Gobierno de Israel, Menahem Begin, que, auspiciadas por el presidente de EE UU, James Carter, tuvieron lugar en la ciudad de Camp David (1978). Fruto de estas conversaciones sería el tratado de paz egipcio-israelí firmado en Washington (1979), que significó un primer paso importante para la pacificación de Oriente Medio.

campal adj. BATALLA CAMPAL.

campamento m. **1** Acción de acampar o acamparse. **2** Lugar al aire libre especialmente dispuesto para albergar viajeros, turistas, personas en vacaciones, etc. **3** *Mil.* Lugar en despoblado donde se establecen temporalmente fuerzas del ejército. **4** *Mil.* Tropa acampada.

campana f. **1** Instrumento de metal, en forma de copa invertida, que suena al golpearlo el badajo. Se suele colocar en las torres de las iglesias. **2** Cualquier cosa que tiene forma semejante a la campana. || **echar las campanas al vuelo** fr. fig. y fam. Dar publicidad con júbilo a alguna cosa.

campanada f. **1** Golpe que da el badajo en la campana. **2** Sonido que hace. **3** fig. Escándalo o novedad ruidosa.

campanario m. Torre, espadaña o armadura donde se colocan las campanas.

Campanario Municipio y lugar de España, provincia de Badajoz; 5.915 h. Minas de volframio.

campanear intr. **1** Tocar insistentemente las campanas. **2** Oscilar, balancear, contonear. También prnl. **3** Divulgar al instante un suceso real. **4** Girar anormalmente un proyectil durante la trayectoria.

Campanella, Tommaso Filósofo y poeta italiano (Stilo, Calabria, 1568 - París, 1639). Crítico del aristotelismo escolástico, fue acusado de herejía, y condenado a prisión durante 27 años. Su pensamiento participa del sensualismo y del animismo, y propugna la exaltación de la ley natural. Obras principales: *La ciudad del Sol* y *La filosofía racional.*

campanero, ra m. y f. **1** Que tiene por oficio tocar las campanas. **2** Artífice que vacía y funde las campanas. || m. *Zool.* **3** *Venez.* Pájaro con apéndice carnoso largo y delgado en la cara. **4** MANTIS RELIGIOSA.

Campania Región meridional de Italia, junto a la costa del mar Tirreno; 13.595 km^2 y 5.762.518 h. Su capital es Nápoles. Comprende las provincias de Avellino, Benevento, Caserta, Nápoles y Salerno. Producción agrícola. Turismo.

campaniforme adj. **1** De forma de campana. **2** *Arqueol.* Se dice de una cultura prehistórica, de origen ibérico (2200-1900 a. C.), en la que aparece un tipo de vasija en forma de campana invertida con una peculiar decoración incisa, a veces rellena de pasta blanca.

campanil m. CAMPANARIO.

campanilla f. **1** Campana pequeña que se agita con la mano. **2** BURBUJA. **3** *Anat.* ÚVULA. **4** Adorno de figura de campana. **5** *Bot.* Flor cuya corola es de una pieza, y de figura de campana, característica de la enredadera y otras plantas. **6** *Bot.* Nombre común de diversas plantas, algunas trepadoras, pertenecientes a las familias convolvuláceas y amarilidáceas.

campanillero, ra m. y f. Persona que tiene por oficio tocar la campanilla.

campano m. **1** CENCERRO. **2** ESQUILA, campana de los conventos. **3** *Bot. Amér.* Árbol cuya madera se emplea en la construcción de buques.

campanólogo, ga m. y f. *Mús.* Persona que toca piezas musicales haciendo sonar campanas o vasos de cristal.

campante adj. fam. Ufano, satisfecho.

campanudo, da adj. **1** Que tiene forma de campana. **2** Altisonante, afectado.

campánula f. *Bot.* **1** Planta herbácea perteneciente a la familia campanuláceas, de nombre científico *Campanula trachelium.* Las flores, de corola acampanada, son de color azul. **2** FAROLILLO, planta.

campanuláceo, a adj. y f. *Bot.* **1** Se dice de las plantas angiospermas dicotiledóneas, con flores de corola gamopétala y fruto capsular. Presentan un sistema de tubos laticíferos muy desarrollado. || f. pl. *Bot.* **2** Familia de estas plantas.

campaña f. **1** Campo llano sin montes ni aspereza. **2** Conjunto de actos que se dirigen a conseguir un fin determinado. **3** Periodo en que una persona ejerce un cargo o profesión. **4** fig. *Econ.* Cada ejercicio industrial o mercantil que corresponde a uno de los periodos que en él se consideran. **5** *Bl.* Pieza de honor, en forma de faja, que ocupa en la parte inferior del escudo todo lo ancho de él y la cuarta parte de su altura. **6** *Amér.* Campo, terreno fuera de poblado. **7** *Mar.* Periodo de operaciones de un buque o de una escuadra. **8** *Mil.* Expedición militar.

campañol m. *Zool.* Ratón de campo.

campar intr. Sobresalir, aventajarse. || **campar** alguien **por sus respetos** loc. Actuar por su cuenta, sin someterse a ninguna norma.

Campbell *Geneal.* Familia escocesa, originariamente clan de Argyllshire, que poseyó importantes territorios de las Highlands y que destacó en la historia de Inglaterra, después del siglo XVIII.

Campbell, Henry Estadista británico (Glasgow, 1836 - Londres, 1908). Diputado del Partido Liberal desde 1868 hasta su muerte. Sucedió a sir William Harcourt en la jefatura del partido (1899) y fue primer ministro (1906-08).

Campbell, Thomas Poeta escocés (Glasgow, 1777 - Boulogne-sur-Mer, 1844). Autor de *The Pleasures of Hope* (1799), y de cantos patrióticos como *La batalla del Báltico* (1801).

Campbell, William Wallace Astrónomo estadounidense (Hancock County, 1862 - Mount Hamilton, 1938). Fue el primero en aplicar el principio Doppler-Fizeau y confirmó el efecto Einstein.

campear intr. **1** Salir los animales al campo. **2** *Agr.* Verdear las sementeras. **3** CAMPAR, sobresalir. **4** *Mil.* Salir el ejército a combatir en campo raso. **5** Vivir de manera independiente.

campechano, na adj. y s. **1** fam. Que se comporta con llaneza y cordialidad. **2** fam. Afable, sencillo.

campeche m. *Bot.* PALO DE CAMPECHE.

Campeche 1 Estado de México, en la región del Golfo de México; 51.812 km^2 y 668.715 h. Maderas preciosas. **2** Ciudad capital del mismo; 150.518 h. Puerto. Fue fundada en 1540.

campeón, na m. y f. Persona que obtiene la primacía en un campeonato.

campeonato m. **1** Certamen o competición en que se disputa un premio en ciertos juegos o deportes. **2** *Dep.* Preeminencia o primacía obtenida en las competiciones deportivas.

camper m. Especie de furgoneta acondicionada para poder vivir en su interior y de un tamaño menor que la autocaravana.

campero, ra adj. **1** Relativo al campo. **2** Descubierto en el campo y expuesto a todos los vientos. **3** Se dice del ganado y de otros animales que duermen en el campo. **4** *Méx.* Se dice de cierto andar del caballo, a manera de trote muy suave.

Campero, Narciso Militar y político boliviano (Tarija, 1815 - Potosí, 1896). Desempeñó la cartera de Guerra y la presidencia de la República (1880-84) durante la guerra de Bolivia con Chile.

campesinado m. Conjunto o clase social formada por los campesinos.

campesino, na adj. **1** Se dice de lo que es propio del campo o perteneciente a él. || adj. y s. **2** Se dice de la persona que vive y trabaja en el campo. **3** Labrador. También s.

Campesino, el GONZÁLEZ, VALENTÍN.

Campesinos, guerra de los *Hist.* Sublevación de los campesinos del centro y S de Alemania contra el feudalismo (1524). Fueron derrotados en Frankenhausen (1525).

campestre adj. **1** CAMPESINO, del campo. **2** Se dice de las fiestas, reuniones, comidas, etc., que se celebran en el campo.

Campillo y Cossío, José del Político y economista español (Peñaranda de Duero, 1693 - Madrid, 1743). Fue intendente del ejército en Italia, y secretario de Hacienda, Guerra, Marina e Indias (1741). Escribió *Nuevo sistema de gobierno económico para América* (1789).

Campillos Municipio y lugar de España, provincia de Málaga; 8.046 h.

Luís Vaz de **Camoens.** Miniatura del siglo XVI. Museo de Historia (Lisboa).

campilo-, campto-; -campo, -campsia prefs. o sufs. que significan curvatura: *hipocampo.*

Campin, Robert Pintor flamenco (Valenciennes, h. 1378 - Tournai, 1444). Maestro de Van der Weyden. Pintó el tríptico de la *Anunciación,* y las tablas de *Santa Bárbara* y *Desposorios de la Virgen.*

Campina Grande Ciudad del NE de Brasil, en el Estado de Paraíba; 298.331 h.

Campinas Ciudad del SE de Brasil, Estado de São Paulo; 748.076 h. Centro industrial.

camping (Voz i.) m. Lugar al aire libre para acampar, generalmente dotado de diversas instalaciones y servicios.

campiña f. Espacio grande y llano de tierra labrantía.

campista com. Que hace camping.

Campisteguy, Juan Político uruguayo (Montevideo, 1859 - íd., 1937). Fue ministro de Hacienda, de Interior, presidente de la Asamblea Nacional Constituyente (1916-33) y presidente de la República (1927-31).

campizal m. Terreno cubierto a trechos de césped.

campo m. **1** Terreno extenso fuera de poblado. **2** Tierra laborable. **3** Sembrados, árboles y demás cultivos. **4** En contraposición a monte o sierra, CAMPIÑA. **5** Terreno contiguo a una población. **6** fig. Ámbito real o imaginario propio de una actividad. **7** Conjunto determinado de materias, ideas o conocimientos. **8** *Bl.* Superficie total e interior del escudo. **9** *Dep.* Terreno de juego, localidades e instalaciones anejas, donde se practican y se ven ciertos deportes. **10** *Fís.* Espacio en que se manifiestan diversas interacciones físicas entre las partículas magnéticas, eléctricas, gravitatorias, etc. **11** *Fís.* Vector que representa el cociente entre una fuerza y una carga en un campo eléctrico o magnético y que posee la dirección de la fuerza. También denominado *intensidad de campo.* || **campo de concentración** Recinto cercado dotado de diversas instalaciones en que se recluye a personas por razones políticas, sanitarias, militares, etc. Los campos de concentración, durante la Segunda Guerra Mundial, fueron utilizados por los nazis como lugar de detención y exterminio, donde murieron alrededor de 6.000.000 de judíos. Los más importantes fueron los de Dachau (Alemania), Auschwitz (Polonia) y Mauthausen (Austria). || **campo eléctrico** *Fís.* El causante de que un cuerpo cargado sea atraído o repelido por otros cuerpos cargados. Va asociado con una onda o un campo magnético. || **campo de fuerza** *Fís.* El definido por la magnitud y la dirección de una fuerza en cada punto del espacio. || **campo magnético** *Fís.* El de fuerzas engendrado por corrientes eléctricas o por cambios eléctricos variables con el tiempo. || **campo de refugiados** *Polít.* Lugar en el que habitan personas extranjeras que se han visto obligadas a huir de su país por motivos políticos. || **campo santo** Cementerio de los católicos. || **campo semántico** *Ling.* Sector del vocabulario que comprende términos ligados entre sí por referirse a un mismo orden de realidades o ideas. || **campo de tiro** *Mil.* Terreno para prácticas de tiro con armas de fuego. También, sector de terreno que puede ser batido por las armas de fuego. || **campo vectorial** *Mat.* Región del espacio en cada uno de cuyos puntos existe un vector. || **campo visual** *Fisiol.* Porción de espacio que el ojo fijo puede ver.

-CAMPO suf. CAMPILO-.
Campo, Ángel de Escritor mexicano (Ciudad de México, 1868 - íd., 1908). Autor costumbrista, escribió *Ocios y apuntes* (1890), *Cosas vistas* (1894) y *Cartones* (1897).
Campo, Estanislao del Poeta argentino (Buenos Aires, 1834 - íd., 1880). Utilizó el seudónimo Anastasio *el Pollo*. Publicó *Fausto* (1866), poesía gauchesca humorística; y *Poesías* (1870), conjunto de poemas románticos.
Campo, Rafael Político salvadoreño (?, 1813 - ?, 1890). Siendo presidente de la República (1856-58) colaboró con Guatemala para expulsar de Nicaragua a W. Walker.
Campo Grande Ciudad de Brasil, capital del Estado de Mato Grosso do Sul, en la región Centro-oeste; 516.403 h. Centro ganadero. Aeropuerto.
Campoamor, Ramón de Escritor español (Navia, 1817 - Madrid, 1901). Fue diputado, senador, consejero de Estado y miembro de la Real Academia Española. Debe su fama sobre todo a su obra poética: *Doloras* (1846), *Pequeños poemas* (1872) y *Humoradas* (1886-88).
Campobasso 1 Provincia de Italia, en la región de Molise; 2.909 km² y 239.434 h. **2** Ciudad del SE de Italia, capital de la región de Molise y de la provincia de su nombre; 51.888 h. Centro agrícola.
Campoformio Población de Italia (Udine). En ella se firmó el tratado de paz entre Francia y Austria en 1797.
Cámpora, Héctor José Médico y político argentino (Mercedes, Buenos Aires, 1909 - Cuernavaca, 1980). Candidato del Partido Justicialista, asumió la presidencia de la República en 1973, renunciando al cargo unos meses más tarde, tras el regreso de Perón. Se opuso al golpe de Estado que derrocó a Isabel Perón (1976). Murió en el exilio.
Campos Elíseos o **Elisios** ELÍSEOS o ELISIOS, CAMPOS.
Campos Salles, Manuel Ferraz de Político brasileño (Campinas, 1846 - Rio de Janeiro, 1913). Fue presidente de la República (1898-02). Luchó contra la esclavitud.
Campos de Urnas *Prehist.* Cultura prehistórica de Europa central en la edad de bronce (siglo XII a. C.), caracterizada por la cremación de los muertos y la inhumación de las cenizas en vasijas en forma de urna.
Camposanto m. CAMPO SANTO.
-**Campsia; Campto-** suf. o pref. CAMPILO-.
Campus m. Espacio, terrenos, jardines, etc., adjuntos a una ciudad universitaria.
Camuatí m. *Zool. R. Plata* CAMOATÍ.
Camuesa f. *Bot.* Fruto del camueso.
Camueso m. **1** Especie de manzano, de fruto sabroso. **2** fig. y fam. Hombre necio e ignorante.
Camuflaje m. Acción y efecto de camuflar.
Camuflar tr. **1** Disimular la presencia de armas, tropas, etc. **2** Por extensión, disimular dando a una cosa el aspecto de otra.
Camuñas Personaje imaginario con que se asusta a los niños.
Camus, Albert Escritor francés (Mondovi, Argelia, 1913 - Villeblevin, Yonne, 1960). Junto con Jean-Paul Sartre es el máximo representante del existencialismo francés. Escribió ensayos: *El derecho y el revés* (1937), *El mito de Sísifo* (1942) y *El hombre en rebeldía* (1951); novelas y relatos: *El extranjero* (1942), *La peste* (1947) y *La caída* (1956); y obras teatrales: *Calígula* (1945) y *Los justos* (1949). Premio Nobel de Literatura en 1957.
Camus, Marcel Director de cine francés (Chappes, 1912 - París, 1982). El gran triunfo de su carrera lo logró con *Orfeo Negro* (1958; palma de oro en el Festival de Cannes en 1959 y Oscar de Hollywood en 1960). Otras películas: *Mort en fraude* (1956), *Los bandeirantes* (1960), *El último Edén* (1962) y *Otalia de Bahía* (1976).
Can¹ m. **1** PERRO¹, animal. **2** GATILLO de las armas de fuego. **3** *Arquit.* Cabeza de una viga del techo que sobresale del muro. **4** MODILLÓN.
Can² m. KHAN.
Can Mayor *Astron.* Constelación austral, entre la de la Popa y la de la Liebre. De ella forma parte Sirio, la estrella más brillante del firmamento.
Can Menor *Astron.* Constelación boreal, situada al S de la de los Gemelos.
Cana f. Cabello que se vuelve blanco. Más en pl.
Caná Antigua ciudad de Palestina, en Galilea, donde, según el Nuevo Testamento, Jesús hizo su primer milagro, convirtiendo el agua en vino.
Canaán Denominación geográfica con la que se alude en la Biblia a una franja de terreno situada al O del Jordán, que constituía la tierra prometida por Dios a los israelitas.
Canaán Personaje bíblico. Hijo de Cam y nieto de Noé, maldecido por éste a causa de haberse burlado Cam de la embriaguez de Noé. Es el ascendiente de los cananeos.

Canaca m. *Chile* **1** Individuo de raza amarilla. **2** Dueño de un burdel.
Canaco, ca m. y f. Nombre que se da a los indígenas de algunas islas de Oceanía.
Canacuate m. *Zool. Méx.* Serpiente acuática de gran tamaño.
Canadá *(Dominion of Canada)* Estado de América del Norte, en el extremo septentrional del continente americano. Limita al N con el océano Glacial Ártico; al E, con el Atlántico; al S, con EE UU, y al O, con el océano Pacífico y Alaska.

Superficie:
9.970.610 km².
Población:
30.770.000 h.
(canadienses).
Densidad:
3,3 h./km².
Tasa de natalidad: 11,4‰.
Tasa de mortalidad: 7,2‰.
Capital: Ottawa.
Ciudades principales: Toronto, Montreal, Vancouver, Edmonton, Calgary, Winnipeg, Quebec, Hamilton.
Grupos étnicos: de origen inglés (20,8%) y francés (22,8%), otras razas europeas (7,5%), indios, esquimales.
Religión: catolicismo (45,7%), protestantismo (36,3%), ateísmo (12,4%).
Idioma: inglés y francés.
Moneda: dólar canadiense.
Forma de Estado: Estado federal; el jefe de Estado es el monarca británico.
Producto Nacional Bruto: 580.872 millones de dólares.
Renta per cápita: 19.170 dólares.
División administrativa: 10 provincias y 3 territorios, según cuadro.

GEOG. *Geog. física.* Gran parte del territorio está ocupado por las regiones subárticas y polares. Se distinguen cuatro grandes regiones naturales: el llamado *escudo canadiense*, amplia llanura central, que se extiende desde la península del Labrador hasta los Territorios del Noroeste; las *praderas*, entre el Escudo y las Montañas Rocosas; *las tierras del Este*, de suave relieve, continuación de los montes Apalaches; y la *zona del Oeste*, accidentada por las Montañas Rocosas y la cordillera de la Costa, donde se encuentran las mayores alturas de Canadá (Logan, 6.050 m.). Su litoral es el más articulado de América. La red hidrográfica es muy amplia (ríos Mackenzie, Peace, Fraser, Yukon, Nelson), pero sólo el San Lorenzo, en la vertiente atlántica, tiene gran importancia para la navegación. Abundan los lagos, algunos de enorme extensión, como el Superior, Hurón, Erie, Ontario (compartidos con EE UU), de los Osos, de los Esclavos y Winnipeg. El clima es continental, a excepción del extremo SO, donde es oceánico. Toda la zona N, tiene vegetación de tundra y está prácticamente deshabitada.
Geografía humana y económica. La población se concentra en una estrecha franja boscosa entre el Atlántico y el Pacífico, a lo largo de la frontera con EE UU, y principalmente en los Grandes Lagos y en la cuenca del San Lorenzo. La agricultura, en las regiones del S y SE, produce cereales, trigo, cebada, centeno, avena, lino, soja, remolacha azucarera, patatas y frutas. Los bosques ocupan el 35,2% del territorio (abeto, pino, cedro). La ganadería bovina y porcina, la pesca (salmón, bacalao, arenque, langosta) y la minería (carbón, hierro, níquel, cinc, cobre, petróleo, gas, oro, etc.) son también actividades de máxima importancia. Gran desarrollo industrial, basado principalmente en los sectores metalúrgico, textil, químico, automovilístico, aeronáutico, de la madera y del papel.
HIST. Canadá fue descubierto en 1497 por Cabot, pero los primeros intentos de colonización se debieron a los franceses Cartier y Champlain (1603). En 1623, los ingleses se establecieron en Acadia, región que ocuparon, junto con Terranova y los territorios de la bahía de Hudson, en virtud del tratado de Utrecht (1713). Los franceses se establecieron en el Bajo Canadá, mientras el Alto Canadá u Ontario era colonizado por ingleses. Francia tuvo que reconocer la dominación inglesa, a consecuencia del tratado de París (1763); pero en 1774 la Ley Quebec *(Quebec Act)* ensanchó la provincia y concedió los privilegios de que gozaban los habitantes franceses en relación a la libre práctica de la religión católica, la conservación del derecho civil francés y el sistema de propiedad territorial. El antagonismo entre las poblaciones de habla francesa e inglesa se zanjó mediante la concesión a los territorios de Quebec y Ontario de un gobierno representativo (1791), con un teniente gobernador y una asamblea legislativa, quedando el país dividido desde entonces en las provincias de Alto y Bajo Canadá. El Acta de Unión (1840) las volvió a unificar. En 1867 se redactó el Acta de América del Norte Británica *(British North America Act)*, que desempeñó el papel de Ley Fundamental hasta 1982; en virtud de ella se constituía la Confederación de Canadá, con autonomía de gobierno, uso del inglés y del francés como idiomas oficiales, y se distribuyeron las competencias entre el gobierno federal y las distintas provincias. Entre 1931 y 1945 se planteó la modificación del estatuto de Canadá frente al de la Commonwealth y se determinó que la coordinación con ésta se realizara a través de la simbólica función del monarca y no con el gobierno inglés. La Constitución de 1982, que sustituía al *British North America Act*, unificaba las leyes de las diez provincias confederadas (con la oposición de la francófona Quebec) y desvinculaba a Canadá del control británico, aunque seguía perteneciendo a la Commonwealth. Tras más de veinte años de gobiernos liberales, en los que Pierre Elliot Trudeau se mantuvo como primer ministro de 1968 a 1984, salvo un breve paréntesis del conservador Joe Clark (1979), en las elecciones legislativas de septiembre de 1984 el Partido Conservador Progresista de Brian Mulroney logró una aplastante victoria que repitió en 1988. En 1993, Mulroney dimitió como primer ministro y fue sustituido por su compañera de partido Kim Campbell. En las elecciones de noviembre del mismo año resultó ganador el liberal Jean Chrétien, que renovó su cargo en los comicios de 1997. En 1994 se celebraron elecciones al parlamento local en la provincia francófona de Quebec, en las que el Bloque Quebequés se alzó con la victoria. En el referéndum de 1995 para votar la secesión de Quebec, los contrarios a la autodeterminación ganaron por un estrecho margen. En noviembre de 2000, Chrétien resultó reelegido pero dimitió en 2003 y fue sustituido en el cargo por Paul Martin, reelegido tras las elecciones de 2004.
Canadiense adj. y com. **1** De Canadá. || f. **2** Especie de cazadora o chaquetón de piel con el pelo hacia el interior.

CANADÁ

Provincias Territorios	Superficie (km²)	Población (h.)	Capitales
Alberta	661.190	2.968.992	Edmonton
Columbia Británica	947.800	4.029.253	Victoria
Isla Príncipe Eduardo	5.660	137.796	Charlottetown
Manitoba	649.950	1.143.391	Winnipeg
Nueva Brunswick	73.440	754.741	Fredericton
Nueva Escocia	55.490	940.825	Halifax
Ontario	1.068.580	11.560.899	Toronto
Quebec	1.540.680	7.363.282	Quebec
Saskatchewan	652.330	1.028.137	Regina
Terranova	405.720	541.164	Saint John's
Nunavut	2.201.400	27.668	*Iqaluit*
Territorio del Noroeste	1.224.920	41.668	*Yellowknife*
Yukon	483.450	30.688	*Whitehorse*

CANADILLO m. *Bot.* BELCHO.

CANAL m. **1** *Geog.* Estrecho marítimo, natural o artificial. **2** *Bot.* Espacio intercelular alargado que frecuentemente contiene resinas, aceites, etc. **3** *Fís.* Circuito de transmisión eléctrica que permite una comunicación libre de interferencias. **4** *Fís.* Cada una de las bandas de frecuencia en que puede emitir una estación de televisión y radio. **5** *Inform.* Cada una de las pistas para la transmisión de datos. || amb. **6** Cauce artificial por donde se conduce el agua. **7** Parte más profunda y limpia de la entrada de un puerto. **8** *Agr.* Cáñamo que se saca limpio de la primera operación en el rastrillo. **9** *Biol.* Cualquier conducto tubular de los huesos o tejidos blandos del cuerpo. **10** *Geog.* Corriente de agua navegable que discurre entre bancos de arena, fango o piedras. **11** *Geol.* Cualquiera de las vías por donde las aguas o los gases circulan en el seno de la Tierra. **12** *Geol.* Llanura larga y estrecha entre dos montañas. **13** Res muerta y abierta, sin despojos. **14** Teja delgada y combada que, en los tejados, forma los conductos por donde corre el agua. **15** Cada uno de estos conductos. **16** CAMELLÓN, artesa. **17** Corte delantero y acanalado de un libro encuadernado. || **CANAL ALIMENTICIO** *Anat.* Aquel a cuyo través pasan los alimentos. En el hombre incluye boca, faringe, esófago, estómago e intestino. || **CANAL AUDITIVO** *Anat.* Conducto externo del oído que llega hasta la membrana timpánica. Presente en reptiles, aves y mamíferos. También denominado *meato auditivo externo*. || **CANAL DE COMUNICACIÓN** *Ling.* Medio a través del cual se produce la transmisión de mensajes y el flujo de información entre el emisor y receptor. || **abrir en canal** loc. adv. Abrir de arriba abajo.

CANAL, ISLAS DEL (*Channel Islands*) Archipiélago del océano Atlántico, en el canal de la Mancha, que constituye un territorio autónomo del Reino Unido. Está formado por dos entidades administrativas, Jersey y Guernsey; 195 km² y 142.949 h. Capital, Saint Peter Port, en la isla de Guernsey. Turismo.

CANAL FEIJOO, BERNARDO Escritor argentino (Santiago del Estero, 1897 - Buenos Aires, 1982). Autor de poemarios: *La rana ciega* (1941); ensayos: *La expresión popular dramática* (1942); y obras dramáticas: *Pasión y muerte de Silverio Leguizamón* (1937).

CANALADURA f. *Arquit.* Moldura hueca vertical.

CANALÉ m. Tejido de punto que forma canales.

CANALEJA f. Pieza de madera unida a la tolva del molino, por donde pasa el grano a la muela.

CANALEJAS Y MÉNDEZ, JOSÉ Político y escritor español (Ferrol, 1854 - Madrid, 1912). Como miembro del Partido Liberal de Sagasta ocupó las carteras de Fomento en 1888, de Hacienda en 1894 y de Agricultura, Industria y Comercio en 1902. Accedió a la presidencia del Congreso y del Consejo de Ministros en 1910. Murió asesinado por un anarquista.

CANALETE m. Remo de pala muy ancha y palo corto.

CANALETO m. MEDIACAÑA de la columna.

CANALETTO, IL (GIOVANNI ANTONIO CANAL, llamado) Pintor y grabador italiano (Venecia, 1697 - íd., 1768). Destacado representante de la escuela paisajista veneciana y precursor del paisajismo moderno. Son célebres sus vistas de Venecia.

CANALICULADO, DA adj. *Biol.* Se dice de lo que presenta pequeños conductos o ranuras.

CANALÍCULO m. *Biol.* **1** Cualquier conducto de pequeño tamaño. **2** Cada uno de los conductos que parten del canal de Havers y conecta las distintas lagunas entre sí. **3** Paso entre las células integrantes de los cordones hepáticos.

CANALIZAR tr. **1** Abrir canales. **2** Regularizar el cauce o la corriente de un río. **3** Encauzar. **4** fig. Recoger corrientes de opinión, iniciativas, etc., y orientarlas eficazmente.

CANALIZO m. *Mar.* Canal estrecho entre islas o bajos.

CANALIZO, VALENTÍN Militar y político mexicano (Monterrey, 1794 - Ciudad de México, 1850). Luchó con Santa Anna contra Iturbide (1823). Presidente interino del país (1843-44).

CANALLA f. **1** Gente baja, ruin. || com. **2** Persona despreciable y de malos procederes.

CANALLADA f. Acción o dicho propios de un canalla.

CANALÓN m. **1** Conducto que recibe y vierte el agua de los tejados. **2** Sombrero de teja.

CANANA f. Cinto para llevar cartuchos.

CANANEO, A adj. y s. **1** De Canaán. || m. *Ling.* **2** Grupo de lenguas semíticas que comprende el antiguo cananeo, hebreo, fenicio y moabita.

CANAPÉ m. **1** Diván o sofá con el asiento y el respaldo acolchados. **2** Aperitivo que consta de una rebanadita de pan con otros alimentos.

CANARIAS Archipiélago de España, en el océano Atlántico, que constituye la COMUNIDAD AUTÓNOMA DE CANARIAS.

CANARIAS, COMUNIDAD AUTÓNOMA DE Comunidad autónoma de España, constituida por el archipiélago del mismo nombre, en el océano Atlántico y frente al Sahara, que consta de las provincias de Santa Cruz de Tenerife y Las Palmas; 7.447 km² y 1.672.689 h. La capitalidad es compartida por las ciudades de Santa Cruz de Tenerife y Las Palmas de Gran Canaria. Sus principales islas son Lanzarote, Fuerteventura, Gran Canaria, Tenerife, La Palma, Gomera y Hierro. El origen volcánico de estas islas determina sus características geológicas: abundan en ellas los volcanes, malpaíses, barrancos y acantilados. La vegetación canaria se caracteriza por la existencia de una flora antigua, en la que destaca el bosque de laurisilvas. Entre las producciones importantes figuran los plátanos, los tomates y el tabaco. Abundante pesca. Industrias. Turismo.

CANARICULTURA f. Arte de criar canarios.

CANARIO, RIA adj. y s. **1** De Canarias. || m. y f. **2** *Zool.* Ave paseriforme perteneciente a la familia fringílidos, de nombre científico *Serinus canarius*. El canario salvaje es un pequeño pájaro originario de las islas

José **Canalejas**. Retrato de Joaquín Sorolla. Congreso de los Diputados (Madrid).

Canarias y de Madeira, de cola larga y ahorquillada, pico cónico y delgado y plumaje verde pálido en el macho y grisáceo en la hembra. Desde hace siglos se cría en cautividad, lo que ha dado lugar, mediante cruces, a una gran variedad de colorido en los plumajes. || m. 3 fig. *Chile* Vasija de barro. 4 *Bot. C. Rica* Planta de flores amarillas que crece en los terrenos pantanosos.

Canaris Kanaris, Konstantinos.

Canas Cannas.

canasta f. 1 Cesto de mimbres, ancho de boca, que suele tener dos asas. 2 Juego de naipes con dos o más barajas francesas entre dos bandos de jugadores. 3 En este juego, reunión de siete naipes del mismo número. 4 *Dep.* En baloncesto, aro de hierro fijado a un tablero por el que hay que introducir el balón. 5 *Dep.* Tanto en este juego. 6 *Mar.* Conjunto de vueltas de cabo.

canastero, ra m. y f. 1 Persona que hace o vende canastas. 2 *Chile* Vendedor ambulante de frutas y legumbres que lleva en canastos. 3 *Chile* Mozo de las panaderías, que traslada el pan en un canasto. || m. 4 *Zool. Chile* Ave indígena, que hace su nido en forma de canasto alargado. || f. *Zool.* 5 Ave caradriforme de la familia glareólidos, de nombre científico *Glareola pratincola.* Se caracteriza por sus alas largas y puntiagudas y cola ahorquillada. Se distribuye por Europa meridional y SO de Asia.

canastilla f. 1 Cestilla de mimbre. 2 Ropa para el niño que va a nacer.

canastillo m. Cesto pequeño de mimbre.

canastita f. *Zool. Arg.* Avecita de laguna, más pequeña que el chorlito, fina y bien proporcionada.

canasto m. Canasta de boca estrecha.

Canberra Ciudad capital de Australia y del territorio del Distrito Federal; 306.000 h. Sede del parlamento.

cancagua f. En Chile y otros países de América, arenilla consistente, usada para ladrillos, hornos, braseros y como cemento en las construcciones.

cáncamo m. *Mar.* Tornillo de hierro con una anilla en vez de cabeza, que, clavada en la cubierta o costado del buque, sirve para enganchar motones, amarrar cabos, etc.

cancán m. 1 *Danza.* Danza muy movida, que se importó de Francia en la segunda mitad del siglo xix. 2 Prenda interior femenina para mantener holgada la falda.

cáncana f. *Zool.* Araña gruesa, de color oscuro y patas cortas.

cancanear intr. 1 fam. Errar, vagar o pasear sin objeto determinado. 2 fam. *Col., C. Rica* y *Méx.* Tartamudear. 3 fam. *Cuba* Trepidar con un ruido especial el motor que empieza a fallar.

cáncano m. *Zool.* piojo.

cancel m. 1 Contrapuerta generalmente de tres hojas, una de frente y dos laterales, ajustadas éstas a las jambas de una puerta de entrada, y cerrado todo por un techo. 2 Reja, generalmente baja, que en una iglesia separa el presbiterio de la nave. 3 Armazón vertical de madera u otra materia, que divide espacios en una sala o habitación. 4 *Arg.* Cancela, verja que separa del zaguán el vestíbulo o el patio.

cancela f. 1 Rejilla que se pone en el umbral de algunas casas para reservar el portal o zaguán del libre acceso del público. 2 Verja, comúnmente de hierro y muy labrada, que en muchas casas de Andalucía sustituye a la puerta divisoria del portal y el recibimiento o pieza que antecede al patio, de modo que las macetas y otros adornos de éste se vean desde la calle.

cancelar tr. 1 Anular, dejar sin validez. 2 Suspender lo que se tenía previsto. 3 Saldar una deuda.

cancelaría o **cancelería** f. *Rel.* Tribunal romano por donde se despachaban las gracias apostólicas.

cáncer m. 1 *Pat.* Tumor maligno, generalmente formado por células epiteliales, que invade y destruye los tejidos. **[Encic.]** 2 fig. Mal moral que arraiga en la sociedad sin que se le pueda poner remedio.

Pat. A pesar de ser una enfermedad muy antigua, no se conoce con exactitud el mecanismo que desencadena la transformación de células normales en otras con propiedades anómalas. Estas características anómalas de las células cancerosas malignas se transmiten a las células hijas, y se manifiestan por una alteración en el control de crecimiento y la función celular, que a la larga conducen a una serie de fenómenos adversos en el huésped: crecimiento masivo debido a una alta tasa de reproducción celular, que lleva a las células cancerígenas a invadir por completo los tejidos afectados e incluso emigrar, a través de la sangre o de la linfa, a tejidos vecinos y a otras partes del organismo (metástasis). Su curación se intenta con la cirugía, la radioterapia y la quimioterapia. Los cánceres se dividen en dos grandes categorías: carcinomas y sarcomas. Sus localizaciones más frecuentes son: en los hombres, pulmón, próstata, intestino grueso, tracto urinario, sangre y linfáticos; en las mujeres, mama, intestino grueso, útero, pulmón, sangre y linfáticos.

Cáncer 1 *Astrol.* Cuarto signo del Zodiaco, de 30° de amplitud, que el Sol recorre aparentemente al comenzar el verano. 2 *Astron.* Cangrejo, constelación zodiacal.

Cáncer, trópico de *Astron.* trópico de Cáncer.

cancerar intr. 1 *Pat.* Padecer de cáncer o degenerar en cancerosa alguna úlcera. También prnl. || tr. 2 fig. Consumir, enflaquecer, destruir. 3 fig. Mortificar, castigar, reprender.

cancerbero m. 1 Portero o guarda severo e incorruptible o de bruscos modales. 2 fig. Portero de fútbol.

Cancerbero Cerbero.

cancerígeno, na adj. *Pat.* Que causa o favorece el desarrollo del cáncer.

canceroso, sa adj. *Pat.* Afectado de cáncer o que participa de su naturaleza.

cancha f. 1 *Dep.* Local destinado a la práctica de diversos deportes. 2 Local destinado a juego de pelota, peleas de gallos u otros usos análogos. 3 Suelo del frontón o trinquete con pavimento de piedra o cemento y del mismo ancho que el frontis. 4 *Amér.* En general, terreno, espacio, local o sitio llano y despejado. 5 *Amér.* Corral o cercado espacioso donde se depositan ciertos objetos. 6 *Amér.* hipódromo. 7 *Amér.* Paraje en que el cauce de un río es más ancho y despejado. 8 *Arg., C. Rica, Chile, Par.* y *Urug.* Habilidad que se adquiere con la experiencia. 9 *Col.* Lo que cobra el dueño de una casa de juego. 10 *R. Plata* Campo de fútbol. 11 *Urug.* Senda o camino. 12 Maíz o habas tostadas que se comen en América del Sur. 13 *Perú* Maíz tostado. || **dar cancha** a alguien fr. fam. Dar a una persona una oportunidad o la confianza necesaria para que intervenga en algún asunto.

Cancha Rayada *Hist.* Nombre de dos batallas libradas en la llanura del N de Talca durante la guerra de independencia chilena. En la primera, las tropas realistas vencieron a las de Blanco Escalada (1814), y en la segunda, a las del general San Martín (1818).

canchal m. Peñascal o sitio de acumulación de grandes piedras que afloran por encima del suelo.

canchalagua f. *Bot.* Nombre común de diversas plantas de la familia gencianáceas, género *Centarium.*

canchero, ra adj. 1 *Arg., Par.* y *Urug.* Ducho o experto en una actividad. || adj. y s. 2 *Chile* Persona que posee o cuida una cancha de juego.

cancho m. *Geol.* Peñasco grande.

cancilla f. Puerta a manera de verja que cierra huertos, corrales o jardines.

canciller m. 1 Empleado auxiliar en las embajadas, legaciones, consulados y agencias diplomáticas y consulares. 2 Magistrado supremo en algunos países. 3 En muchos países, ministro de Asuntos Exteriores. 4 Título asignado, en algunos Estados de Europa, a un alto funcionario que es a veces jefe del gobierno. 5 *Hist.* Secretario encargado del sello real, con el que autorizaba los privilegios y cartas reales. Dicho cargo desapareció en España en 1530.

cancillería f. 1 Oficio de canciller. 2 Oficina especial en las embajadas, legaciones, consulados y agencias diplomáticas y consulares. 3 Alto centro diplomático en el cual se dirige la política exterior. Más en pl.

cancín, na adj. y s. *Gan.* Se dice de la res lanar que tiene más de un año y no llega a dos.

canción f. 1 *Mús.* Composición en verso, que se canta, o hecha a propósito para que se pueda poner en música. 2 *Mús.* Música con que se canta esta composición. 3 *Métr.* Composición poética de origen italiano en endecasílabos o heptasílabos, que se cultivó sobre todo en el siglo xvi. 4 fig. Cosa dicha con repetición insistente o pesada. 5 fig. Noticia, pretexto, etc., sin fundamento. Más en pl. || **canción de cuna** Cantar con que se procura hacer dormir a los niños, generalmente al mecerlos en la cuna. || **canción de gesta** cantar de gesta.

Canción de los Nibelungos Nibelungos, Canción de los.

cancioneril adj. *Lit.* 1 Se dice del estilo propio de las antiguas canciones poéticas. 2 Relativo a los tipos de poesía culta que se observan en los cancioneros del siglo xv, especialmente la escrita en metros menores.

cancionero m. *Lit.* y *Mús.* Recopilación de diversos textos poéticos, ligados a la tradición de la lírica provenzal, que en varios casos suele ir acompañada de la notación musical correspondiente. Los más antiguos son los de poesía galaicoportuguesa de los siglos xiii y xiv *(Cancionero de Ajuda, de la Vaticana* y *de Colocci-Brancutti).* El primer cancionero castellano es el de *Baena* (1445-54), recopilado por Juan Alfonso de Baena. El de *Stúñiga* (después de 1458), llamado así por el primero de los poetas, recoge producciones de los poetas de la corte de Alfonso V de Aragón en Nápoles; sus composiciones están en latín, italiano, catalán y castellano. Otros cancioneros conocidos son el *del duque de Híjar* (xv y xvi), *de Herberay des Essarts* (h. 1460) y *Cancionero General* (1511), compilado por Hernando del Castillo. Desde el punto de vista musical destacan el *Cancionero de la Colombina,* el *Cancionero de Palacio,* el *Cancionero de Upsala* y el *Cancionero de Medinaceli,* por ir desde un principio acompañados de notación musical.

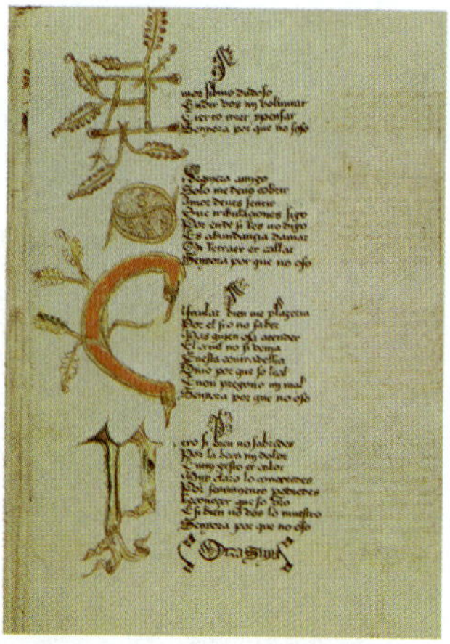

***Cancionero** de Palacio,* manuscrito del siglo xv. Biblioteca de la Universidad de Salamanca.

cancionista com. *Mús.* Persona que compone o canta canciones.

cancro m. 1 *Bot.* Enfermedad de los árboles que se manifiesta por áreas necrosadas en los tallos leñosos, que aparecen rodeadas de un tejido calloso que acaba matando el tallo. Está producida por hongos. 2 *Pat.* cáncer.

cancroide m. *Pat.* Tumor de células epiteliales que se localiza en la piel y suele ser relativamente benigno, con tendencia a la cornificación.

Cancún Ciudad de México en el Estado de Quintana Roo, al NE de la península de Yucatán; 167.730 h. Turismo.

Candace Reina de Etiopía (s. i a. C.). Organizó un ataque contra los romanos (25-22 a. C.). Éstos tomaron Napata, capital de Etiopía, y Augusto unió Nubia al Alto Egipto.

candado m. 1 Cerradura suelta contenida en una caja de metal, que por medio de armellas asegura puertas, tapas de cofres, etc. 2 *Col.* Perilla de la barba. 3 fig. y fam. Cláusula de un proyecto. || m. pl. 4 Las dos concavidades inmediatas a las ranillas que tienen las caballerías en las patas.

Candamo, Manuel Político peruano (Lima, 1842 - Yura, 1904). Presidente de la Junta que gobernó a la caída de Cáceres (1895), ocupó la presidencia de la República en 1903-04.

Candanchú Canfranc.

candar tr. Cerrar con llave.

cande adj. *Quím.* azúcar cande o candi.

candeal adj. 1 pan candeal. 2 trigo candeal.

candela f. 1 vela[1] de encender. 2 fam. lumbre. 3 *Bot.* Flor del castaño. 4 *Bot.* Seta comestible de la familia agaricáceas. 5 *Fís.* Unidad de intensidad luminosa en el sistema internacional (SI); se define como una intensidad tal que la luminancia de un radiador de cuerpo negro a la temperatura de solidificación del platino (2.024 K), es de 60 cd/cm^2. Su símbolo es *cd.*

Candela, Félix Arquitecto mexicano de origen español (Madrid, 1910 - Nueva York, 1997). Especialista en la utilización del hormigón armado, proyectó la Bolsa de México (1954), la iglesia de San José Obrero de Monterrey (1969) y el Palacio de los Deportes para la Olimpiada de México (1968).

candelabro m. 1 Candelero de dos o más brazos, que se sustenta sobre su pie o sujeto en la pared. 2 *Bot.* Planta cactácea cuyos frutos se llaman tunas, peladas o chulas. Alcanza una altura de más de 6 m y crece en Argentina. || **candelabro de siete brazos** menorah.

candelaria f. *Bot.* 1 gordolobo. 2 *Perú* Flor de la candelaria o gordolobo.

Candelaria Festividad en que la iglesia católica celebra la Purificación de la Virgen.

candelecho m. Choza levantada sobre estacas, desde donde el viñador otea y guarda toda la viña.

candelero m. 1 Utensilio que sirve para mantener derecha la vela o candela, y consiste en un cilindro hueco unido a un pie por una barreta o columnilla. 2 velón, lámpara de aceite. || **en candelero** o **en el can-**

delero loc. fig. Con los verbos *estar, poner,* etc., gozar de popularidad, prestigio o autoridad.

CANDELILLA f. **1** *Bot.* Planta de la familia euforbiáceas, de importancia comercial por la cera que produce. **2** *C. Rica, Chile* y *Hond.* Luciérnaga, gusano de luz. **3** *Cuba* Costura, especie de hilván. **4** *Chile* FUEGO FATUO. Más en pl.

CANDENTE adj. **1** Se dice del cuerpo, generalmente metal, cuando se enrojece o blanquea por la acción del calor. **2** fig. Apasionante, de mucha actualidad o interés.

CANDI adj. *Quím.* AZÚCAR CANDE O CANDI.

CANDÍA *(Iraklion)* **1** Nomo de Grecia, en Creta; 2.641 km^2 y 263.868 h. **2** Ciudad capital del nomo del mismo nombre y de la región de Creta; 102.398 h. Centro agrícola (vid, olivo, tabaco). Puerto.

CANDÍA Nombre antiguo de CRETA.

CANDIDA *Bot.* Género de hongos imperfectos patógenos parecidos a las levaduras.

CANDIDACIÓN f. *Quím.* Acción de cristalizarse el azúcar.

CANDIDATO, TA m. y f. **1** Persona que pretende alguna dignidad, honor o cargo. **2** Persona propuesta o indicada para una dignidad o un cargo, aunque no lo solicite.

CANDIDATURA f. **1** Reunión de candidatos a un empleo. **2** Aspiración a cualquier honor o cargo. **3** Papeleta en que va escrito o impreso el nombre de uno o varios candidatos. **4** Propuesta de persona para una dignidad o un cargo.

CANDIDEZ f. Calidad de cándido.

CANDIDIASIS f. *Pat.* Infección producida en el hombre por el hongo *Candida albicans,* que puede afectar a la piel, pulmones, mucosas o vísceras. También denominada *moniliasis.*

candil árabe del siglo XI. Museo Arqueológico Nacional (Madrid).

CÁNDIDO, DA adj. **1** De color BLANCO. **2** Sencillo, sin malicia ni doblez. **3** Simple, poco advertido.

CANDIL m. **1** Utensilio para alumbrar, formado por dos recipientes de metal superpuestos, cada uno con su pico; en el superior se ponen el aceite y la torcida, y en el inferior una varilla con garfio para colgarlo. **2** Lamparilla manual de aceite usada antiguamente, en forma de taza cubierta, que tenía en su borde superior, por un lado, la piquera o mechero, y por el otro el asa. **3** *Méx.* ARAÑA, especie de candelabro colgado y sin pie. **4** *Zool.* Punta alta de las cuernas de los venados. **5** *Zool. Cuba* Pez teleósteo acantopterigio, con grandes escamas que, al igual que sus ojos, brillan en la oscuridad. || m. pl. *Bot.* **6** Planta aristoloquiácea trepadora que crece en Andalucía. **7** ARÍSARO.

CANDILEJA f. **1** *Bot.* LUCÉRNULA. || f. pl. **2** *Teat.* Línea de luces en el proscenio del teatro.

CANDILERA f. *Bot.* Mata de la familia labiadas.

CANDILILLO m. *Bot.* ARÍSARO. Más en pl.

CANDIOTA adj. y com. **1** De Candía. || f. **2** Cubeta o barril para llevar o tener vino. **3** Vasija de barro, con espita en la parte inferior y colocada generalmente sobre un pie, que sirve para contener vino.

CANDIOTERA f. **1** Lugar donde están los envases en que se cría y conserva el vino. **2** Conjunto de estos envases.

CANDISH, THOMAS CAVENDISH O CANDISH, THOMAS.

CANDOMBE m. **1** *Danza.* Baile africano de los negros de América del S. **2** Casa o sitio donde se ejecuta este baile. **3** Tambor que lo acompaña.

CANDONGO, GA adj. y s. **1** fam. Zalamero y astuto. **2** fam. Que tiene maña para huir del trabajo.

CANDOR m. **1** Sinceridad, sencillez, ingenuidad. **2** Blancura.

CANÉ, LUIS Poeta argentino (Mercedes, 1897 - íd., 1957). De su producción poética destacan *Mal estudiante* (1925) y *Cancionero de Buenos Aires* (1937).

CANEA, LA Nomo de Grecia, en Creta; 2.376 km^2 y 133.060 h. Su capital es la ciudad homónima.

CANECILLO m. *Arquit.* Saliente que sostiene elementos arquitectónicos voladizos en la fachada.

CANECO, CA adj. **1** *Bol.* Que está ebrio, achispado. || m. **2** Frasco de barro vidriado.

CANEFORIAS f. pl. Fiestas griegas en honor de la diosa Diana.

CANELA f. *Bot.* Corteza del canelo, de color rojo amarillento y de olor muy aromático y sabor agradable. || **CANELA NEGRA** *Bot.* LAUREL NEGRO. || **canela fina** o **canela en rama** expr. fig. y fam. Se utiliza para encarecer la valía de algo o de alguien.

CANELÁCEO, A adj. y f. *Bot.* **1** Se dice de las plantas angiospermas dicotiledóneas, parecidas a las miristicáceas, propias de países tropicales, y que se caracterizan por lo aromático de sus cortezas. Ejemplos son la cúrbana o canelo blanco *(Canella alba),* de Cuba y *Cinnamosma fragrans,* de Madagascar. || f. pl. *Bot.* **2** Familia de estas plantas.

CANELO, LA adj. **1** De color de canela. **2** Tonto, primo. También s. || m. *Bot.* **3** Árbol aromático perteneciente a la familia lauráceas, de nombre científico *Cinnamomum zeylanicum,* originario de India y Ceilán. De su corteza se obtiene la canela. **4** Árbol chileno perteneciente a la familia magnoliáceas, de nombre científico *Drimys winteri,* cuyo tronco alcanza los 15 m; su aromática corteza se emplea como sucedáneo de la canela. **5** *C. Rica* Planta de la familia lauráceas, de nombre científico *Nectandra cinnamonoides.* Su madera se utiliza en ebanistería.

CANELÓN m. **1** CANALÓN de tejados. **2** Carámbano largo y puntiagudo que cuelga de las canales cuando se hiela el agua de lluvia o se derrite la nieve. **3** *Bot.* Árbol perteneciente a la familia lauráceas, de nombre científico *Ocotea wrigthii.* Procede de los bosques húmedos de las Antillas. **4** Confite alargado que contiene un dulce, generalmente de cidra. **5** *Gastron.* Pasta de harina de trigo, cortada de forma rectangular, con la que se envuelve un relleno de carne, pescado, verduras, etc. Más en pl.

CANELONES Departamento de Uruguay; 4.536 km^2 y 410.524 h. Agricultura y ganadería. Su capital es la ciudad homónima, fundada en 1774 por Juan Miguel Laguna.

CANESÚ m. **1** Cuerpo de vestido de mujer corto y sin mangas. **2** Pieza superior de la camisa o blusa a la que se pegan el cuello, las mangas y el resto de la prenda. ♦ Su pl. es *canesús.*

CANET DE MAR Municipio y lugar de España, provincia de Barcelona; 9.214 h.

CANETTI, ELIAS Escritor británico en lengua alemana de origen búlgaro (Rushchuk, actual Ruse, Bulgaria, 1905 - Zurich, 1994). Su obra constituye una aguda reflexión sobre las circunstancias de su entorno y sobre la propia personalidad. Autor, entre otras obras, de *Auto de fe* (1935), *Masa y poder* (1960), *Poder y supervivencia* (1962), *Las voces de Marrakech* (1968), *El futuro escindido* (1972), *El testigo de oídas* (1974), *Hampstead* (1994) y los tres volúmenes de memorias *La lengua absuelta* (1977), *La antorcha al oído* (1980) y *Juego de ojos* (1985). Premio Nobel de Literatura en 1981.

CANEY m. **1** *Cuba* Recodo de un río. **2** *Cuba* Especie de bohío cónico con garita en su cumbre. **3** *Venez.* Choza sin paredes hecha con palos y cañas. ♦ Su pl. es *caneyes.*

CANEY Población de Cuba, provincia de Santiago de Cuba. En ella tuvo lugar la derrota del general español Vara del Rey (1898) ante las tropas de EE UU y Cuba, lideradas por el general Lawton.

CANGA f. Instrumento de suplicio chino. Es una tabla con tres agujeros en los que se aprisionan el cuello y muñecas del reo.

CANGILÓN m. **1** Vaso grande de barro o metal, en forma de cántaro, para traer o tener líquidos, y a veces para medirlos. **2** Vasija de barro o metal, que sirve para sacar agua de los pozos y ríos. **3** Cada uno de los pliegues hechos con molde y forma de cañón en los cuellos apanalados o escarolados.

CANGREJA adj. y f. *Mar.* Se dice de la vela de cuchillo, de forma trapezoidal, que va sujeta por dos relingas en el pico y palo correspondientes.

CANGREJERA f. **1** Nido de cangrejos. **2** Red para pescarlos.

CANGREJO m. **1** *Zool.* Nombre común de varios géneros de crustáceos decápodos marinos del grupo braquiuros y crustáceos decápodos de agua dulce. Se caracterizan por su caparazón de forma más o menos cuadrangular, el abdomen reducido y pegado al tórax por la cara ventral, y cinco pares de patas marchadoras de las cuales el primer par aparece modificado como quelíceros. **2** *Mar.* Verga que tiene en uno de sus extremos una boca semicircular por donde ajusta con el palo del buque. || **CANGREJO ERMITAÑO** *Zool.* Nombre común de varias especies de crustáceos decápodos anomuros, del género *Pagurus.* Suelen introducirse en conchas vacías de moluscos gasterópodos marinos para proteger su abdomen. || **CANGREJO DE MAR** *Zool.* Crustáceo perteneciente al orden de los decápodos braquiuros, de nombre científico *Carcinus maenas.* Tiene coloración pardoverdosa, el cefalotórax deprimido y frecuentemente más ancho que largo, y las patas anteriores fuertes, robustas y terminadas en un par de pinzas que le sirven para cazar a sus presas. || **CANGREJO DE RÍO** *Zool.* Nombre de diferentes crustáceos decápodos macruros, pertenecientes a la familia astácidos, género *Astacus.* Pueden medir hasta 20 cm de largo, con el cuerpo casi cilíndrico, el abdomen alargado y terminado en un abanico caudal, y coloración pardo-verdosa.

1

2

cangrejo. 1. De mar. 2. De río.

CANGREJO *Astron.* Constelación boreal del Zodiaco, situada entre las del León y los Gemelos.

CANGUELO m. fam. Miedo, temor.

CANGÜESO m. *Zool.* Pez marino teleósteo acantopterigio.

CANGUIS m. fam. CANGUELO.

CANGURO m. **1** *Zool.* Nombre común de unas 50 especies de mamíferos marsupiales de la familia macropódidos, pertenecientes a varios géneros, que habitan en Australia, Nueva Guinea e islas próximas. Las patas anteriores son cortas y apenas sin función locomotriz, mientras que las posteriores son largas, fuertes y adaptadas al salto. La cola, larga y gruesa, la emplean como órgano equilibrador en los saltos. Característica común de todos ellos es que el embrión, a los pocos días de formarse, se desplaza por sus propios medios hasta la bolsa marsupial, donde se fija a las glándulas mamarias y completa su desarrollo a lo largo de varios meses. Las especies más comunes son: canguro arborícola *(Dendrolagus ursinus),* canguro gris *(Macropus giganteus)* y canguro rojo *(Macropus rufus).* || com. **2** Persona, generalmente joven, que se encarga de atender a niños pequeños en ausencia corta de los padres, a cambio de una compensación económica. También se llama *baby-sitter.*

CANÍBAL adj. y com. **1** Se dice del nativo de las Antillas, que era tenido por antropófago. **2** ANTROPÓFAGO. **3** fig. Se dice de la persona cruel y feroz. **4** *Zool.* Dícese del animal que come carne de otros de su misma especie.

CANIBALISMO m. *Ecol.* Tipo de depredación consistente en comer animales de la propia especie.

CANICA f. **1** Juego de niños en el que se usan bolitas de vidrio u otra materia dura. Más en pl. **2** Cada una de estas bolitas.

CANICHE adj. y com. Se dice de una raza de perros descendiente del barbet, de pelo rizado, ensortijado y lanoso.

CANICIE f. Color gris o blanco del pelo.

CANÍCULA f. Periodo del año en que es más fuerte el calor.

CANÍCULA *Astron.* Antiguo nombre de la estrella Sirio, de la constelación del Can Mayor.

CÁNIDO, DA adj. y s. *Zool.* **1** Se dice de los mamíferos carnívoros digitígrados cuyo tipo es el perro. Otros ejemplos son los lobos, chacales, zorros, hienas, etc. Todos poseen un tamaño medio, con el hocico alargado, y las uñas no retráctiles. Son básicamente terrestres y grandes corredores. || m. pl. *Zool.* **2** Familia de estos animales.

Alonso **Cano**. *San Jerónimo penitente*. Museo del Prado (Madrid).

CANIJO, JA adj. y s. **1** fam. Débil y enfermizo. **2** Pequeño, bajo.

CANILLA f. **1** Cualquiera de los huesos largos de la pierna o del brazo y especialmente la tibia. **2** Parte más delgada de la pierna. **3** Cualquiera de los huesos principales del ala del ave. **4** Caño pequeño que se pone en la parte inferior de la cuba o tinaja para dar salida al líquido. **5** Carrete metálico en que se devana la seda o el hilo y que va dentro de la lanzadera en las máquinas de tejer y coser. **6** Pierna, especialmente si es muy delgada. **7** *Col.* y *Perú* PANTORRILLA.

CANIME m. *Bot.* Árbol de Colombia y Perú, de la familia gutíferas del que se obtiene un aceite medicinal.

CANINDIYÚ Departamento de Paraguay, en la región Oriental; 14.667 km² y 133.075 h. Capital, Salto del Guairá. Actividad agropecuaria y forestal.

CANINO, NA adj. **1** Relativo al perro. **2** Se aplica a las propiedades que tienen semejanza con las del perro. || adj. y m. *Anat.* **3** Cada uno de los cuatro dientes, de forma cónica, terminados en punta y de raíz simple, situados entre los incisivos laterales y el primer premolar, cuya principal función es desgarrar. Presentes en el hombre y los mamíferos; en los carnívoros están muy desarrollados. También se denominan *colmillos*. **4** Músculo unido a la piel en el ángulo de la boca. Aumenta la expresión facial.

CANISTEL m. *Bot.* Cuba **1** Árbol de la familia sapotáceas original de América insular. Su fruto, de figura oblonga, semejante al mango, es comestible. **2** Fruto de este árbol.

CANJE m. Cambio, trueque o sustitución. Se usa en la diplomacia, la milicia y el comercio.

CANJEAR tr. Hacer canje.

CANNABÁCEO, A adj. y f. *Bot.* **1** Se dice de las plantas dicotiledóneas, herbáceas, carentes de látex, con fruto en cariópside o aquenio y semillas sin albumen; como el cáñamo y el lúpulo. || f. pl. *Bot.* **2** Familia de estas plantas.

CANNABINA f. *Quím.* Sustancia resinosa pulverulenta, parda, obtenida del cáñamo de la India (*Cannabis indica*). Se ha usado en medicina como sedante e hipnótico.

CANNABIS INDICA *Bot.* CÁÑAMO ÍNDICO.

CANNÁCEO, A adj. y f. *Bot.* **1** Se dice de las plantas monocotiledóneas, perennes; flores, con frecuencia vistosas, irregulares, en racimo o en panoja, y fruto en cápsula; como el cañacoro o platanillo. || f. pl. *Bot.* **2** Familia de estas plantas.

CANNAS Pequeña ciudad de Italia, en Apulia. Junto a ella Aníbal venció a los cónsules Emilio Paulo y Terencio Varrón en 216 a. C.

CANNES Ciudad y puerto del SE de Francia, en el departamento de Alpes Marítimos, en la Costa Azul; 68.676 h. Festival internacional de cine celebrado anualmente desde 1948.

CANNING, GEORGE Político inglés (Londres, 1770 - Chiswich, 1827). Ministro de Asuntos Exteriores (1807-09 y 1822-27).

CANNIZZARO, STANISLAO Químico italiano (Palermo, 1826 - Roma, 1910). Descubrió la reacción que lleva su nombre y distinguió entre el peso atómico y el molecular de los gases y compuestos volátiles.

CANO, NA adj. **1** Que tiene blanco todo o la mayor parte del pelo o de la barba. **2** fig. Anciano o antiguo. **3** fig. y poét. De color blanco.

CANO, ALONSO Pintor, escultor y arquitecto español (Granada, 1601 - íd., 1667). Destacado representante del Barroco sobresalió en el campo de la escultura: tallas de *San Antonio*, *San Juan de Dios* y la *Inmaculada*. Sus mejores obras pictóricas se encuentran en el presbiterio de la catedral de Granada, particularmente la *Anunciación* y la *Visitación*. Proyectó la fachada de la catedral de Granada.

CANOA f. **1** Embarcación de remo muy estrecha, ordinariamente de una pieza, sin quilla y sin diferencia de forma entre proa y popa. **2** *Amér.* Canal de madera u otra materia para conducir el agua. **3** *Amér.* Especie de cajón de forma oblonga que sirve para dar de comer a los animales. **4** *C. Rica* y *Chile* Canal del tejado, que generalmente es de cinc. **5** *Chile Bot.* Vaina grande y ancha de los coquitos de la palmera.

CANÓDROMO m. Terreno convenientemente preparado para las carreras de galgos y dotado de diversas instalaciones para su celebración.

CANOGAR, RAFAEL (RAFAEL GARCÍA GÓMEZ, llamado) Pintor español (Toledo, 1934). Miembro fundador del grupo *El Paso* (1957), su pintura, informalista en sus orígenes, evolucionó después hacia la figuración o suprarrealismo, para retornar, a partir de 1976, al arte abstracto. Entre sus cuadros principales están *El orador* (1969) y *Tiro al blanco* (1971).

CANON m. **1** Regla o precepto. **2** *Rel.* Catálogo de los libros tenidos por la iglesia católica como auténticamente sagrados. El canon de la Biblia divide a sus libros en PROTOCANÓNICOS y DEUTEROCANÓNICOS. **3** *Rel.* Parte de la misa que empieza después del prefacio y termina antes de la recitación del padre nuestro. **4** *Esc.* Regla de las proporciones de la figura humana, conforme al tipo ideal aceptado por los escultores egipcios y griegos. **5** Modelo de características perfectas. **6** *Der.* Prestación pecuniaria periódica que grava una concesión gubernativa o un disfrute en el dominio público. **7** Precio que se paga por el disfrute de una cosa. **8** *Mús.* Composición de contrapunto en que sucesivamente van entrando las voces, repitiendo o imitando cada una el canto de la que antecede. **9** *Der.* Cada uno de los apartados o artículos del código de derecho canónico. || m. pl. *Der.* **10** DERECHO CANÓNICO. || **los cánones** expr. fam. Lo mandado, lo legal.

CANÓNICO, CA adj. **1** *Rel.* Arreglado a los sagrados cánones y demás disposiciones eclesiásticas. **2** *Rel.* Se aplica a los libros y epístolas que se contienen en el canon de los libros auténticos de la Sagrada Escritura. Se opone a *apócrifo*. **3** Que se ajusta exactamente a las características de un canon de normalidad o perfección. **4** *Der.* DERECHO CANÓNICO.

CANÓNIGO m. *Rel.* Sacerdote que pertenece a la comunidad eclesiástica de una catedral.

CANONISTA com. *Der.* Persona que profesa el derecho canónico o versada en él.

CANONIZAR tr. **1** *Rel.* Declarar solemnemente santo y poner el papa en el catálogo de ellos a un venerable, ya beatificado. **2** fig. Calificar de buena a una persona o cosa, aun cuando no lo sean. **3** fig. Aprobar y aplaudir alguna cosa.

CANONJÍA f. **1** Prebenda por la que se pertenece al cabildo de iglesia catedral o colegial. **2** fig. y fam. Empleo de poco trabajo y bastante provecho.

CANOPE o **CANOPO** adj. y m. *Arqueol.* Vaso que se encuentra en las antiguas tumbas de Egipto y estaba destinado a contener las vísceras de los cadáveres momificados.

CANOPIA f. *Bot.* Conjunto de ramas, hojas y tallos leñosos que constituyen la capa más alta en un bosque.

CANOPO *Geog. hist.* Antigua ciudad de Egipto, en el delta del Nilo. Templo dedicado a Serapis.

CANOPUS *Astron.* Estrella principal de la constelación Quilla, Nave de Argos o Carina, la segunda estrella fija más brillante del firmamento, después de Sirio.

CANORO, RA adj. **1** *Zool.* Se dice del ave de canto grato y melodioso. Más en poesía. **2** Grato y melodioso, hablando de la voz de las aves y de las personas, y en sentido figurado, de la poesía, instrumentos musicales, etc.

CANOSO, SA adj. Que tiene muchas canas.

CANOSSA Lugar de Italia, provincia de Reggio Emilia. Famoso castillo en el que, en 1077, el papa Gregorio VII levantó, *sub conditione*, la excomunión al emperador de Alemania, Enrique IV.

CANOTIER (Voz fr.) m. Sombrero de paja, de alas rectas y copa baja.

CANOVA, ANTONIO Escultor italiano (Possagno, 1757 - Venecia, 1822). Figura relevante del neoclasicismo. Entre sus numerosas obras destacan los bustos de la madre de Napoleón, de Francisco I de Austria y del papa Pío VII, así como la estatua de Paulina Bonaparte, conocida como *Venus Victoriosa*.

CÁNOVAS DEL CASTILLO, ANTONIO Político y escritor español (Málaga, 1828 - Mondragón, 1897). Afiliado al Partido Moderado, fue diputado en las Constituyentes de 1854, ministro de la Gobernación (1864) y ministro de Ultramar (1865-66). Fundamentó las bases de la RESTAURACIÓN borbónica. Ocupó la presidencia del gobierno en los periodos 1875-81, 1884-85, 1890-92 y 1895-97. Murió asesinado por el anarquista italiano Miguel Angiolillo. Publicó *Historia de la decadencia española* (1854), *Estudios del reinado de Felipe IV* (1888-89) y la novela *La campana de Huesca* (1851).

CANSADO, DA adj. **1** Se dice de las cosas que han perdido fuerza o facultades. **2** Se aplica a la persona o cosa que produce cansancio.

CANSANCIO m. **1** Falta de fuerzas que resulta de haberse fatigado. **2** Aburrimiento, tedio.

CANSAR tr. y prnl. **1** Causar cansancio. **2** *Agr.* Quitar fertilidad a la tierra, bien por la continuidad o la índole de la cosecha, o bien por la clase de los abonos. **3** Enfadar, molestar.

CANSERA f. **1** fam. Molestia y enojo causados por la importunación. **2** *Amér.* Tiempo perdido en algún empeño.

CANSINO, NA adj. **1** Se aplica al hombre o al animal cuya capacidad de trabajo está disminuida por el cansancio. **2** Que revela cansancio. **3** *And.* Cansado, pesado.

CANSINO, MARGARITA CARMEN HAYWORTH, RITA.

CANSINOS-ASSENS, RAFAEL Escritor español (Sevilla, 1883 - Madrid, 1964). Propulsor de los movimientos vanguardistas, en especial del ultraísmo. Autor de *Cervantes y los israelitas españoles* (1916), *Poetas y prosistas del novecientos* (1919), *El amor en el «Cantar de los cantares»* (1925), *La nueva literatura* (1925-27), etc.

CANTABILE (Voz it.) m. *Mús.* Pasaje musical que debe ser interpretado de forma que destaque la melodía principal.

CANTABLE adj. *Mús.* **1** Que se puede cantar. **2** Que se canta despacio. **3** Parte del libreto de una zarzuela escrito en versos, debidamente acentuados, para que puedan ponerse en música. **4** Escena de la zarzuela en que se canta, para diferenciarla de aquella en que se habla.

CANTABRIA Comunidad autónoma uniprovincial del N de España, constituida por la provincia de su nombre; 5.289 km² y 528.478 h. Su capital es Santander. El interior es montañoso y está accidentado, sobre todo en el S, por la cordillera Cantábrica; destacan alturas superiores a 2.000 m, como Peña Sagra, Peña Labra y Peña Vieja, ya rebajada por el E con las montañas vascas. Al N de la provincia se sitúa la planicie costera, y entre ésta y la cordillera Cantábrica, La Montaña, formada por valles. Sus principales ríos, que desembocan en el mar Cantábrico, son el Deva, Pas, Nansa, Saja y Besaya. En la parte meridional discurre el curso alto del Ebro. El clima es de tipo oceánico. Los bosques (roble, haya, castaño, eucalipto, pino) y los prados naturales cubren la mayor parte de la comunidad. Produce maíz, judías, patatas, pimientos, nabos y plantas forrajeras. Ganadería bovina. Puertos pesqueros en Santander y Santoña. Industria alimentaria, metalúrgica, química, astilleros y electrodomésticos. Turismo.

CANTÁBRICA, CORDILLERA Cadena montañosa de España que se extiende paralela a la costa del mar Cantábrico, en una longitud de más de 300 km, desde la depresión vasca hasta el macizo Galaico. Su punto más elevado es la Torre de Cerredo (2.648 m), en los Picos de Europa.

CANTÁBRICO, CA adj. Relativo a Cantabria.

CANTÁBRICO, MAR Mar del océano Atlántico entre la costa N de España y la O de Francia. La costa francesa es baja y rectilínea y la española abrupta, con rías y la bahía de Santander.

CÁNTABRO, BRA adj. y s. **1** De Cantabria. **2** *Etnol.* e *Hist.* Se aplica a un pueblo de la Hispania prerromana que ocupaba la actual Cantabria y parte de Asturias, León, Palencia y Burgos. Se sublevaron contra la dominación romana y no fueron sometidos hasta el año 25 a. C.

CÁNTABROS, MONTES CANTÁBRICA, CORDILLERA.

CANTACUCENO *Geneal.* Familia bizantina de origen griego, cuyos miembros ocuparon cargos destacados en el imperio bizantino, Mistra (Morea) y Valaquia (en la actual Rumania).

CANTAL m. *Geol.* **1** Canto de piedra. **2** CANTIZAL.

CANTAL Macizo montañoso de Francia, en Auvernia cuyo pico principal es el Plomb du Cantal (1.858 m). Volcán extinguido.

CANTAL Departamento de Francia, región de Auvernia; 5.726 km² y 154.778 h. Su capital es Aurillac.

CANTALINOSO, SA adj. *Geol.* Se dice de la tierra o terreno en que abundan los cantos de piedra.

CANTAMAÑANAS com. fam. Persona informal, fantasiosa, irresponsable, que no merece crédito.

CANTAOR, RA m. y f. Persona que se dedica a cantar cante flamenco o jondo.

CANTAR[1] m. *Mús.* Copla o breve composición poética puesta en música para cantarse, o adaptable a alguno de los aires populares, como el fandango, la jota, etc. || **CANTAR DE GESTA** *Lit.* Epopeya románica medieval, de origen popular y anónimo. Se componían para ser recitados por los juglares. Poseen un fondo histórico que va desde la pura fábula hasta la crónica rimada. Sus héroes suelen ser personajes históricos, cuyas hazañas provocan admiración, como es el caso de Carlomagno, el Cid y Fernán González. Los cantares de gesta más sobresalientes son el de *Mio Cid* y la *Chanson de Roland*. || **ser** una cosa **otro cantar** expr. fig. y fam. Ser distinta.

CANTAR[2] intr. **1** Formar con la voz las personas y, por extensión, algunos animales como las aves, sonidos melodiosos y variados. También tr. **2** Producir algunos insectos sonidos estridentes haciendo vibrar ciertas partes de su cuerpo, como hacen los grillos. **3** fig. Componer o recitar alguna poesía. También tr. **4** *Ocio.* En ciertos juegos de naipes, decir el punto o una combinación especial. **5** fig. y fam. Rechinar y sonar los ejes y otras piezas de los carruajes cuando se mueven. **6** fig. y fam. Declarar, descubrir o confesar lo secreto. **7** fig. Oler mal.

CANTAR DE LOS CANTARES Libro canónico de la Biblia, perteneciente al Antiguo Testamento. Aunque atribuido a Salomón, su estilo y lenguaje indican que es de época posterior (en torno al siglo III a. C.).

CANTAR DE MIO CID Cantar de gesta castellano que constituye el primer poema épico de la literatura española. Fue compuesto hacia 1140, para celebrar las hazañas del Cid, y copiado hacia 1307 por Per Abbat. Consta de 3.730 versos de rima asonante y metro irregular, divididos en dos hemistiquios. Se divide en tres partes: cantar del destierro, de las bodas y de la afrenta de Corpes.

CÁNTARA f. **1** Medida de capacidad para líquidos que equivale a 1.613 centilitros aproximadamente. **2** CÁNTARO.

CANTARELA f. *Mús.* Nombre de la cuerda prima del violín o de la guitarra.

CANTÁRIDA f. *Zool.* Insecto coleóptero de la familia meloidos, de nombre científico *Lytta vesicatoria*, que vive en las ramas de los tilos y, sobre todo, de los fresnos.

CANTARÍN, NA adj. **1** Que canta. **2** Que emite o produce un sonido agradable.

CÁNTARO m. **1** Vasija grande de barro o metal, angosta de boca, ancha por la barriga y estrecha por el pie y por lo común con una o dos asas. **2** Todo el líquido que cabe en esta vasija. **3** *Metrol.* Medida de vino, de diferente cabida según las distintas regiones de España. || **a cántaros** loc. adv. En abundancia, con mucha fuerza. Se usa con los verbos *llover, caer, echar*, etc.

CANTATA f. *Mús.* **1** Composición poética de alguna extensión, escrita para que se ponga en música y se cante. **2** Género musical para solo de voz, coro e instrumentos. Generalmente consta de varios movimientos que incluyen recitativos, arias y números de conjunto.

CANTAUTOR, RA m. y f. *Mús.* Persona que compone las canciones que canta.

CANTE m. **1** Acción y efecto de cantar. **2** *Mús.* Cualquier género de canto popular. || **CANTE JONDO** u **HONDO** *Mús.* Cante flamenco.

CANTEAR tr. **1** Labrar los cantos de una tabla, piedra u otro material. **2** Poner de canto los ladrillos. **3** Chile Labrar la piedra de sillería para las construcciones.

CANTEMIR Nombre de dos príncipes de Moldavia.

CANTEMIR, CONSTANTIN (? - ?, 1693). Reinó de 1685 a 1693 y, en su tiempo, los tártaros invadieron el país.

CANTEMIR, DIMITRIE (Iasi, 1673 - Jarkov, 1723). Hijo de Constantin, accedió al trono a la muerte de su padre y fue arrojado de él tres semanas más tarde.

CANTERA f. **1** *Min.* Sitio al aire libre de donde se saca piedra u otro material análogo para la construcción. **2** fig. Lugar, institución, etc., que proporciona personas con una capacidad específica para una determinada actividad.

CANTERANO m. *Dep.* Deportista, y en especial jugador de fútbol, que pertenece a la cantera de un equipo.

CANTERBURY Ciudad del Reino Unido, en el SE de Inglaterra; 132.400 h. Sede primada de la iglesia anglicana. Célebre catedral (siglos XI-XV).

CANTERO m. **1** El que labra las piedras para las construcciones. **2** Extremo de algunas cosas duras que se parten con facilidad. **3** *Agr.* Cada una de las porciones, generalmente bien delimitadas, en que se divide una tierra de labor para facilitar su riego.

CÁNTICO m. **1** *Mús.* Canto religioso de acción de gracias o alabanza a Dios; como el *Tedéum* o el *Magníficat*. **2** *Lit.* Ciertas poesías profanas.

CANTIDAD f. **1** Propiedad de lo que puede ser contado o medido y capaz de aumentar o disminuir. **2** *Mat.* Cierto número de unidades, especialmente si es indeterminado. **3** *Mat.* Objetos de una clase entre los que se puede definir la igualdad y la suma. **4** Porción grande o abundante de algo. **5** Porción indeterminada de dinero. **6** *Gram.* Tiempo que se invierte en la pronunciación de una sílaba. || **CANTIDAD EXPONENCIAL** *Mat.* La que está elevada a una potencia cuyo exponente es desconocido. || **CANTIDAD DE MOVIMIENTO** *Fís.* Producto de la masa de un punto material por su velocidad.

Mario Moreno **Cantinflas**. Escena de *La vuelta al mundo en ochenta días*.

CANTIGA O **CÁNTIGA** f. *Lit.* y *Mús.* Composición poética de la lírica medieval española destinada al canto. El término *cantiga* se aplicó en la lírica galaicoportuguesa a una serie de composiciones, temática y formalmente variadas, cuya finalidad primaria era el canto. Se manifestaron en cuatro modalidades distintas: las *cantigas*, propiamente dichas, también llamadas *sacras*; las *cantigas de amigo*, de tema amoroso y puestas en boca de la enamorada; las *cantigas de amor*, en boca de un hombre, que se queja de la pasión amorosa; y las *cantigas de escarnio y mal decir*, de carácter burlesco y satírico. Son célebres las *Cantigas de santa María* de Alfonso X el Sabio.

CANTIL m. **1** *Geol.* Sitio o lugar que forma escalón en la costa o en el fondo del mar. **2** *Zool. Guat.* Especie de culebra grande.

CANTILENA f. CANTINELA.

CANTILLON, RICHARD Banquero y economista irlandés (Dublín, 1680 - Londres, 1734). Influyó en la economía fisiócrata y en la obra de Adam Smith. Su obra más importante es *Ensayo sobre la naturaleza del comercio en general*.

CANTIMPLORA f. Frasco aplanado y revestido de cuero, paja o bejuco, para llevar la bebida, especialmente agua, en viajes y excursiones.

CANTINA f. **1** Puesto público en que se venden bebidas y algunos comestibles. **2** Sótano donde se guarda el vino para el consumo de la casa. **3** *Amér.* TABERNA.

CANTINELA f. **1** *Mús.* Cantar, copla, composición poética breve, hecha generalmente para que se cante. **2** fig. y fam. Repetición molesta e inoportuna de algo.

CANTINFLAS (MARIO MORENO, llamado) Actor de cine mexicano (Ciudad de México, 1911 - íd., 1993). Fue el creador de un tipo humano cómico, pobre y humanitario que le dio gran popularidad. Su prestigio internacional le llevó a participar en la superproducción de Hollywood *La vuelta al mundo en ochenta días* (1956).

CANTIZAL m. *Geol.* Terreno en el que abundan los cantos y guijarros.

CANTO[1] m. **1** Acción y efecto de cantar. **2** *Mús.* Arte y técnica del canto musical. **3** *Lit.* Poema corto del género heroico, llamado así por su semejanza con cada una de las divisiones del poema épico a que se da este mismo nombre. **4** *Lit.* Composiciones de distinto género, como cantos fúnebres, nupciales, etc. **5** *Lit.* Composición lírica. **6** *Lit.* Cada una de las partes en que se divide el poema épico. **7** *Mús.* Composición musical destinada a la voz humana. **8** *Mús.* Algunas formas especiales de música vocal. **9** *Mús.* Parte melódica que da carácter a una composición instrumental. || **CANTO AMBROSIANO** *Mús.* AMBROSIANO. || **CANTO DEL CISNE** fig. Última obra o actuación de una persona. || **CANTO GREGORIANO** O **LLANO** *Mús.* GREGORIANO.

CANTO[2] m. **1** Extremidad, borde, esquina o remate de algo. **2** En el cuchillo o en el sable, lado opuesto al filo. **3** Corte del libro opuesto al lomo. **4** Grueso de alguna cosa. **5** *Anat.* Cualquiera de los dos ángulos formados por la unión de ambos párpados. Reciben los nombres de externo o lateral, e interno o medial. **6** Trozo de piedra. || **CANTO RODADO** *Geol.* Piedra alisada y redondeada a fuerza de rodar impulsada por las aguas. || **darse uno con un canto en los dientes** fr. fig. y fam. Darse por contento cuando lo que ocurre es más favorable o menos adverso de lo que podía esperarse. || **de canto** loc. adv. De lado, no de plano. || **el canto de un duro** fig. y fam. Muy poco.

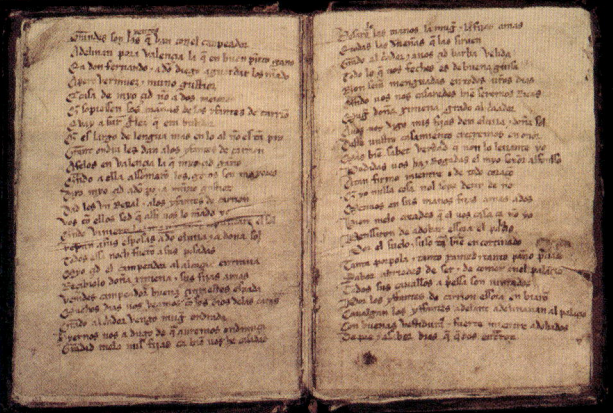

Manuscrito del **Cantar de Mio Cid**. Biblioteca Nacional (Madrid).

CANTÓN m. 1 Esquina de un edificio. 2 *Geog.* División administrativa de algunos territorios. 3 *Geog.* Cada uno de los Estados que forman la Confederación de Suiza. 4 *Mil.* Lugar despoblado con instalaciones militares. 5 *Bl.* Cada uno de los cuatro ángulos que pueden considerarse en el escudo, y sirven para designar el lugar de algunas piezas. 6 *Hist.* Cada una de las ciudades o demarcaciones territoriales españolas que se proclamaron autónomas en la sublevación cantonalista de 1873.

CANTÓN GUANGZHOU.

CANTON Y ENDERBURY Atolones coralinos de Oceanía, al N de las islas Fénix. Fue condominio estadounidense entre 1938 y 1979, año en que se incorporaron a Kiribati.

CANTONALISMO m. *Polít.* Sistema político que aspira a sustituir el poder central del Estado por una confederación de Cantones soberanos. Es una variante radical del federalismo.

CANTONERA f. 1 Pieza que se pone en la esquina de libros, muebles u otros objetos como refuerzo o adorno. 2 Pieza que en los álbumes sujeta las fotografías por sus esquinas. 3 Mesilla que se pone en un rincón.

CANTONÉS, SA adj. y s. 1 Natural de Guangzhou (Cantón). || m. *Ling.* 2 Lengua del grupo chino hablada en la región de Guangzhou (Cantón).

CANTOR, RA adj. y s. 1 Que canta, especialmente por oficio. 2 *Zool.* Se dice de las aves que, por tener la siringe muy desarrollada, son capaces de emitir sonidos melodiosos y variados; como el mirlo y el ruiseñor. || f. pl. *Zool.* 3 Antiguo orden de aves.

CANTOR, GEORG Matemático y filósofo alemán (San Petersburgo, 1845 - Halle, 1918). Fue el fundador de la teoría de los conjuntos y desarrolló la teoría de los números transfinitos.

CANTORAL m. *Liturg.* Libro de coro.

CANTORBERY CANTERBURY.

CANTUARIENSE adj. y com. De Canterbury, ciudad de Inglaterra.

CANTUESO m. *Bot.* Planta perenne perteneciente a la familia labiadas, de nombre científico *Lavandula stoechas,* semejante al espliego, con flores olorosas y moradas.

CANTURREAR intr. fam. Cantar a media voz y de forma monótona.

CÁNULA f. 1 *Bot.* Caña pequeña. 2 *Med.* Tubo corto que se emplea para inyectar o extraer líquidos o gases del cuerpo, también en diferentes operaciones de cirugía, o que forma parte de aparatos físicos o quirúrgicos. 3 *Med.* Tubo terminal o extremo de la jeringa donde se encaja la aguja.

CANUTAS, PASARLAS loc. fam. Estar en una situación difícil o de mucho sufrimiento.

CANUTO m. 1 *Bot.* Parte de una caña comprendida entre dos nudos. 2 Tubo de cristal, metal u otra materia, corto y no muy grueso, que sirve para diferentes usos. 3 Pastel de hojaldre en forma de rollo relleno de crema, nata, etc. 4 *Amér. C.* y *Venez.* Mango de la pluma de escribir. 5 *Méx.* Sorbete de leche, huevo y azúcar, cuajado en moldes que tienen forma de canuto. 6 PORRO.

CANUTO KNUT.

CAÑA f. 1 *Anat.* Hueso largo del brazo o de la pierna y tuétano que contiene. 2 *Bot.* Tallo herbáceo, típico de las plantas gramíneas, generalmente hueco y con nudos macizos y entrenudos huecos. Es el que poseen la caña común y el bambú. 3 *Bot.* Cualquier gramínea alta con un tallo fino y articulado. 4 Parte de la bota o de la media que cubre la pierna. 5 Vaso de forma cilíndrica o ligeramente cónica, alto y estrecho, que se usa para beber vino o cerveza. 6 Líquido contenido en uno de estos vasos. 7 *Arquit.* Fuste de la columna. || **CAÑA DE AZÚCAR** *Bot.* Planta perteneciente a la familia gramíneas, de nombre científico *Saccharum officinarum.* Es una especie herbácea, rizomatosa, con el tallo leñoso, cilíndrico y hueco, de hasta 4 m de altura; interiormente se encuentra tapizado de un tejido esponjoso y dulce, del que se extrae el azúcar. También denominada *caña dulce.* || **CAÑA COMÚN** *Bot.* Planta perteneciente a la familia gramíneas, de nombre científico *Arundo donax.* Con tallo leñoso, hueco y flexible, que puede llegar a alcanzar los 6 m de altura, hojas anchas, un tanto ásperas, y flores en panojas muy ramosas. También denominada *cañavera.* || **CAÑA DE PESCAR** Instrumento utilizado para la práctica de la pesca.

CAÑACORO m. *Bot.* Planta herbácea de la familia cannáceas, cuyo fruto es una caja dividida en tres celdas llenas de muchas semillas globosas sin albumen.

CAÑADA f. 1 *Geol.* Espacio de la tierra entre dos alturas poco distantes entre sí. 2 Camino por donde circulan los ganados trashumantes. Su anchura debía ser de 90 varas castellanas.

CAÑADILLA f. *Zool.* Molusco gasterópodo de nombre científico *Murex brandaris.* Especie común en el Atlántico y el Mediterráneo.

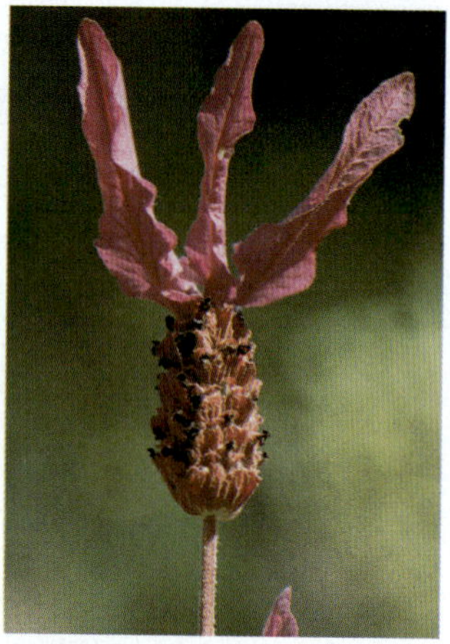

cantueso

CAÑADUZ f. *Bot. And.* y *Col.* CAÑA DE AZÚCAR.

CAÑAFÍSTULA f. *Bot.* 1 Árbol propio de países intertropicales, de unos 10 m de altura. 2 Fruto de este árbol.

CAÑAHEJA f. *Bot.* 1 Planta de la familia umbelíferas, de unos 2 m de altura, tallo recto, cilíndrico y hueco, y flores amarillas. 2 Tallo de esta planta una vez cortado y seco.

CAÑAHUA f. *Perú* Especie de mijo que sirve de alimento a los indios y con el cual, fermentado, se hace chicha.

CAÑAHUATE m. *Bot.* Árbol de Colombia, especie de guayaco.

CAÑAL m. 1 CAÑAVERAL. 2 Cerco de cañas que se hace en los ríos para pescar. 3 Canal pequeño que se construye al lado de algún río para que entre la pesca y se pueda recoger con facilidad y abundancia.

CAÑAMAR m. *Agr.* Sitio sembrado de cáñamo.

CAÑAMAZO m. 1 Estopa de cáñamo. 2 Tela tosca de cáñamo. 3 Tela de tejido ralo, dispuesta para bordar. 4 Tela de hilos muy separados que se aplica sobre otra para que sirva de guía para bordar. 5 *Bot. Cuba* Planta silvestre, gramínea, permanente y muy común, que comen los animales.

CAÑAMELAR m. *Agr.* Plantío de cañas de azúcar.

CÁÑAMO m. 1 *Bot.* Planta anual perteneciente a la familia urticáceas, de nombre científico *Cannabis sativa.* Especie de unos 2 m de altura, con tallo hueco, y cuya semilla es el cañamón. La fibra textil se separa de la caña, y con ella se hacen tejidos, cuerdas, alpargatas y otros objetos. 2 Filamento textil de esta planta. 3 Lienzo de cáñamo. || **CÁÑAMO ÍNDICO** *Bot.* Variedad del cáñamo común, de nombre científico *Cannabis sativa ssp. indica.* De menor talla y peor calidad textil, se distingue por la mayor concentración del alcaloide que contiene la planta. De las flores femeninas se obtiene el hachís, y de las hojas, la grifa o marihuana.

CAÑAMÓN m. *Bot.* Simiente del cáñamo, que se usa principalmente para alimentar pájaros.

CAÑAMONCILLO m. Arena fina que sirve para mezclar en tierras y argamasas.

CAÑAR Provincia de Ecuador en la región de la Sierra; 3.122 km² y 206.953 h. Su capital es Azogues.

CAÑARIBAMBA Población de Ecuador, provincia de Azuay, cerca de la cual se encuentran las ruinas de lo que se cree que fue *Tomebamba,* ciudad de los cañaris, pueblo indígena.

CAÑAS, ANTONIO Político salvadoreño (San Salvador, 1768 - íd., 1844). Miembro del Partido Conservador, ocupó la presidencia de la República (1840) e intervino en el pacto de Chinandega del 27 de julio de 1842.

CAÑAS, JUAN MANUEL DE Militar español (s. XVIII - XIX). Como gobernador de Costa Rica proclamó la independencia del país (1821).

CAÑAVERA f. *Bot.* CAÑA COMÚN, planta.

CAÑAVERAL m. 1 Sitio poblado de cañas silvestres o cañaveras. 2 Plantío de cañas.

CAÑEAR tr. Beber cañas de manzanilla o cerveza.

CAÑERÍA f. 1 Conducto formado de caños por donde se distribuyen las aguas o el gas. 2 fig. En argot, vena donde se inyecta la droga.

CAÑETA f. *Bot.* CARRIZO, planta.

CAÑÍ com. De raza gitana. También adj. ♦ Su pl. es *cañís.*

CAÑINQUE adj. *Amér.* ENCLENQUE.

CAÑIZAL m. CAÑAVERAL.

CAÑIZO m. 1 Tejido hecho con cañas y bramante, que se utiliza como armazón en los toldos y cubiertas, como soporte del yeso en los cielos rasos, etc. 2 Timón del trillo.

CAÑO m. 1 Tubo corto de metal, vidrio o barro. 2 Tubo por donde sale un chorro de agua. 3 Albañal de aguas inmundas. 4 CHORRO de agua que cae por una parte estrecha. 5 Cueva donde se enfría el agua. 6 Subterráneo donde están las cubas. 7 *Geog.* Canal angosto, aunque navegable, que se localiza en la salida de un puerto o bahía. 8 *Min.* Galería de una mina. 9 *Mús.* En el órgano, conducto del aire que produce el sonido.

CAÑÓN m. 1 Pieza hueca y larga, a modo de caña. 2 *Geol.* Valle fluvial de paredes verticales y altura mayor que anchura. 3 *Zool.* Parte córnea y hueca de la pluma del ave. 4 *Zool.* Pluma del ave cuando empieza a nacer. 5 Pluma de ave con que se escribía. 6 Lo más recio, inmediato a la raíz, del pelo de la barba. 7 *Mil.* Pieza de artillería, de gran longitud respecto a su calibre, destinada a lanzar balas, metralla o proyectiles huecos. 8 *Teat.* Foco luminoso de gran potencia que se usa para iluminar una zona pequeña del escenario. 9 *Bot. Col.* Tronco de un árbol. 10 *Perú* CAMINO, tierra por donde se transita y vía construida para transitar. || adv. 11 Muy bien, estupendo, fenomenal.

CAÑÓN DEL COLORADO, GRAN Gigantesca garganta de EE UU, en el NO de Arizona, excavada por las aguas del río Colorado a lo largo de 350 km, con una anchura entre 6 y 28 km y una profundidad máxima de 1.738 m en Yavapao Point. Parque nacional desde 1919.

CAÑONAZO m. 1 Disparo hecho con cañón. 2 Ruido originado por el mismo. 3 Herida y daño que produce el disparo del cañón. 4 *Dep.* Disparo potente del balón a la portería.

CAÑONEAR tr. y prnl. Batir a cañonazos.

CAÑONERA f. 1 *Mil.* TRONERA para disparar los cañones. 2 *Mil.* Espacio en las baterías para colocar la artillería. 3 *Mil.* Tienda de campaña para soldados. 4 *Amér.* PISTOLERA.

CAÑONERÍA f. 1 *Mil.* Conjunto de cañones de una pieza de artillería. 2 *Mús.* Conjunto de los tubos de un órgano.

CAÑONERO, RA adj. y s. *Mar.* Se aplica a los barcos o lanchas que llevan algún cañón.

CAÑOTA f. *Bot.* Planta leñosa perteneciente a la familia gramíneas, de nombre científico *Arundo plinii.* Crece en los bosques de galería y bordes de cursos de agua en el Mediterráneo.

CAÑUTERO m. ALFILETERO.

CAÑUTILLO m. 1 Tubito de vidrio que se emplea en trabajos de pasamanería. 2 Hilo de oro o plata rizado para bordar. 3 *Bot.* Planta commelinácea, de hojas pequeñas y flores de color azul celeste. 4 *Zool.* Zurrón en que la langosta guarda su simiente.

CAO m. *Zool. Cuba* Córvido algo menor que el cuervo común. Se conocen dos especies, el montero y el pinatero.

CAO o **CAM, DIOGO** (llamado por los españoles DIEGO CANO) Navegante portugués (s. XV). Exploró las costas occidentales de África y descubrió la desembocadura del río Congo (1484).

CAO PEI Emperador y poeta chino (?, 187 - ?, 266). Se proclamó emperador en el 220 y fundó la dinastía Wei.

CAOBA f. 1 *Bot.* Nombre común de diversos árboles tropicales pertenecientes a la familia meliáceas. 2 Madera dura de este árbol. 3 Color rojizo de esta madera. También adj.

CAOBILLA f. *Bot.* 1 Árbol de hoja caduca perteneciente a la familia meliáceas, de nombre científico *Swietenia mahogany.* Crece en las Antillas y S de Florida. 2 Árbol silvestre de las Antillas, de la familia euforbiáceas, cuya madera es parecida a la caoba, y a la del cedro por su color amarillento.

CAOBO m. *Bot.* CAOBA, árbol.

CAOLÍN m. *Geol.* Arcilla blanca muy pura que se emplea en la fabricación de la porcelana y del papel.

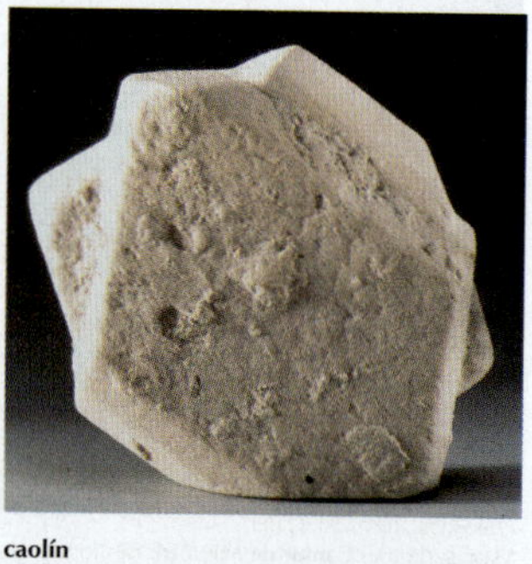

caolín

CAOLINITA f. *Miner.* Mineral silicato de aluminio hidratado, principal del grupo de las arcillas, de fórmula $Al_2Si_2O_5(OH)_4$. Se presenta en minúsculos cristales monoclínicos escamosos. Procede de la alteración hidrotermal de los feldespatos.

CAONABÓ Cacique indio de La Española (? - ?, 1496). Se opuso a los españoles y destruyó el primer fuerte español del Nuevo Mundo. Hecho prisionero por Ojeda, murió en la travesía hacia España.

CAOS m. **1** Estado de desorden e indeterminación absoluta que según ciertas teorías o creencias religiosas precedió a la constitución del universo o cosmos. **2** fig. Confusión, desorden. ‖ **TEORÍA DEL CAOS** *Fís. y Mat.* La que trata de definir una estructura matemática que describa la evolución de los sistemas caóticos.

CAOS *Mit.* Vacío primordial anterior a la creación del cosmos. En él coexistían Erebo (las Tinieblas) y Nicte (la Noche), que al separarse entre sí y ambas del Caos dieron lugar al nacimiento de Urano (el Cielo) y Gea (la Tierra).

CAÓTICO, CA adj. Relativo al caos.

CAP m. CUP.

CAPA f. **1** Prenda de abrigo larga y suelta, sin mangas, que se usa sobre el vestido. Es estrecha por el cuello, ancha y redonda por abajo y abierta por delante. **2** Sustancia que cubre o baña a otra. **3** Zona superpuesta a otra u otras, con las que forma un todo. **4** Cubierta con que se protege algo. **5** *Sociol.* CLASE social. **6** *Biol.* Estrato de espesor uniforme, plano y extenso. **7** *Fís.* Conjunto de estados de los electrones orbitales con el mismo número cuántico principal. Todos tienen aproximadamente el mismo nivel de energía y distan por igual del núcleo. **8** *Geol.* Estrato de los terrenos. **9** fig. Pretexto con que se encubre un designio. ‖ **CAPA ELECTRÓNICA** *Quím.* Cada uno de los niveles de energía que pueden ocupar los electrones en el átomo, siguiendo el modelo del campo central. ‖ **CAPA DE OZONO** *Meteor.* OZONO. ‖ **andar** uno **de capa caída** fr. fig. y fam. Flojear, decaer sus bienes, fortuna o salud. ‖ **de capa y espada** loc. adv. COMEDIA DE CAPA Y ESPADA. ‖ **defender** a una persona o cosa **a capa y espada** fr. fig. Apoyarla a todo trance. ‖ **hacer** uno **de su capa un sayo** fr. fig. y fam. Obrar uno según su propio albedrío y con libertad en cosas o asuntos que a él sólo pertenecen o atañen.

CAPÁ m. *Bot.* Árbol de las Antillas, de la familia borragináceas. Es parecido al roble, y su madera se utiliza mucho en la construcción de buques.

CAPA, ROBERT (ANDREI FRIEDMAN, llamado) Fotógrafo estadounidense de origen húngaro (Budapest, 1913 - Thai Binh, 1954). Trabajó como reportero gráfico en la Guerra Civil española y en la Segunda Guerra Mundial. Murió cuando trabajaba como reportero en Vietnam.

CÁPAC URCU ALTAR, volcán de los Andes.

CÁPAC YUPANQUI Inca de Perú (principios del s. XII). Sucedió a su padre Mayta Cápac como jefe militar. Extendió sus dominios hasta el río Apurimac.

CAPACHA f. **1** CAPACHO, media sera de esparto. **2** Esportilla de palma para llevar fruta y otras cosas menudas.

CAPACHO m. **1** Espuerta de juncos o mimbres que suele servir para llevar fruta. **2** Media sera de esparto con que se cubren los cestos de frutas y las seras del carbón y donde suelen comer los bueyes. **3** Especie de espuerta de cuero o de estopa muy recia, donde los albañiles llevan la mezcla de cal y arena desde el montón hasta la obra. **4** *Bot. Venez.* Planta cannácea cuya raíz es comestible y de uso en medicina. **5** *Bot. Venez.* Raíz de esta planta.

CAPACIDAD f. **1** Espacio hueco de alguna cosa, suficiente para contener otra u otras. **2** Extensión o espacio de algún sitio o local. **3** Aptitud o suficiencia para algo. **4** Oportunidad, lugar o medio para ejecutar algo. **5** *Der.* Aptitud legal para ser sujeto de derechos y obligaciones, o facultad más o menos amplia de realizar actos válidos y eficaces en derecho. **6** *Fís.* Relación constante que existe entre la carga estática de un cuerpo y su potencial, suponiendo que los cuerpos que rodean a aquél estén al potencial cero. Su unidad es el faradio. **7** *Inform.* Número máximo de bits que pueden almacenarse en un dispositivo de memoria. **8** *Mat.* Número de unidades de volumen que puede contener un recipiente. **9** fig. Talento y disposición para comprender bien las cosas.

CAPACITANCIA f. *Fís.* Reactancia que ofrece un condensador al paso de la corriente alterna.

CAPACITAR tr. y prnl. **1** Hacer a uno apto, habilitarlo para alguna cosa. **2** Facultar a una persona para hacer algo.

CAPADOCIA *Hist.* Antigua región de Asia Menor, separada de Armenia por el río Éufrates. Poblada desde el Paleolítico, fue habitada por indoeuropeos y asirios, y formó parte sucesivamente de los imperios hitita, persa

Capadocia (Turquía). Las chimeneas de Zelve.

y macedónico. Tiberio la convirtió en provincia romana del imperio de Oriente. Su ciudad más importante fue Cesarea (antigua Mazaka).

CAPADOCIO, CIA adj. y s. De Capadocia.

CAPADOR m. El que tiene el oficio de capar a los animales domésticos y de granja.

CAPADURA f. **1** Acción y efecto de capar. **2** Cicatriz que queda al castrado. **3** Hoja de tabaco de calidad inferior, que se emplea para picadura o alguna vez para tripas.

CAPAR tr. **1** Extirpar o inutilizar los órganos genitales. **2** fig. y fam. Disminuir o cercenar.

CAPARÁCEO, A adj. *Bot.* **1** Se dice de las plantas herbáceas anuales o perennes, bejucos, arbustos y árboles angiospermos, con hojas digitadas o simples, flores generalmente hermafroditas, y fruto en baya, cápsula o drupa, que encierra semillas con endospermo escaso o sin él. ‖ f. pl. *Bot.* **2** Familia de estas plantas.

CAPARAROCH m. *Zool.* Ave de presa nocturna que vive en América.

CAPARAZÓN m. **1** *Zool.* Cubierta quitinosa incrustada por sales calizas que se extiende por encima del tórax y a veces por todo el dorso de muchos artrópodos. **2** *Zool.* Esqueleto torácico del ave. **3** *Zool.* Cutícula de los protozoos. **4** *Zool.* Coraza dura, generalmente calcárea, que protege el cuerpo de los bivalvos y quelonios. **5** Cubierta que se pone al caballo para protegerlo. **6** Cubierta que se pone sobre algunas cosas para su protección.

CAPARIDÁCEO, A adj. y f. *Bot.* **1** Se dice de las plantas angiospermas dicotiledóneas, herbáceas, arbustivas o arbóreas, como la alcaparra. ‖ f. pl. *Bot.* **2** Familia de estas plantas.

CAPARO o **CAPARRO** Río de Venezuela, afluente del Apure; 370 km de curso.

CAPARRÓN m. *Bot.* Botón que sale de la yema de la vid o del árbol y de la alcaparra.

CAPARROSA f. *Geol.* VITRIOLO, nombre común a varios sulfatos nativos de cobre, hierro o cinc.

CAPASURÍ m. *Zool. C. Rica* Venado que tiene los cuernos cubiertos por la piel.

CAPATAZ, ZA m. y f. **1** Persona que gobierna y vigila a cierto número de trabajadores. **2** Persona a cuyo cargo está la labranza y la administración de las haciendas de campo.

CAPAZ adj. **1** Que tiene ámbito o espacio suficiente para recibir o contener en sí otra cosa. **2** Grande o espacioso. **3** Apto, proporcionado, suficiente para alguna cosa determinada. **4** fig. De buen talento, diestro. **5** *Der.* Apto legalmente para una cosa.

CAPAZO m. Espuerta grande de esparto o de palma.

CAPCIOSO, SA adj. **1** Se dice de las palabras, doctrinas, etc., falaces o engañosas. **2** Se dice de las preguntas que se hacen para arrancar a otro una respuesta que pueda comprometerlo.

CAPDEVILA, ARTURO Escritor y periodista argentino (Córdoba, 1889 - Buenos Aires, 1967). En poesía destacan sus obras *Melpómene* (1912), *El poema de Nenúfar* (1915) y *Córdoba azul* (1940). Se le deben también ensayos históricos y filológicos como *Babel y el castellano* (1928) y *Despeñaderos del habla* (1953).

CAPE TOWN CIUDAD DEL CABO.

CAPEA f. **1** Acción de capear al toro. **2** Lidia de becerros por aficionados.

CAPEADOR, RA adj. y s. **1** Que capea o roba la capa. **2** Se dice de la persona diestra en dar lances de capa.

CAPEAR tr. **1** Robar a uno la capa. **2** Torear a un toro con la capa. **3** fig. y fam. Entretener a uno con engaños o evasivas. **4** fig. y fam. Eludir mañosamente un compromiso o un trabajo desagradable. **5** *Guat.* Entre estudiantes, faltar a sus clases sin motivo justificado. **6** *Mar.* Mantenerse una embarcación sin retroceder más de lo inevitable cuando el viento es duro.

CAPEK, KAREL Escritor checo (Malé-Svatoňovice, 1890 - Praga, 1938). Autor de relatos y de la trilogía de novelas psicológicas *Hordubal* (1933), *Meteoro* (1934) y *Una vida ordinaria* (1934).

CAPELA f. *Astron.* CABRA, estrella.

CAPELÁN m. *Zool.* Pez salmónido que se utiliza como cebo para la pesca del abadejo.

CAPELINA f. *Med.* CAPELLINA, vendaje.

CAPELLA *Astron.* Estrella principal y más brillante de la constelación del Auriga o Cochero.

CAPELLADES Municipio y lugar de España, provincia de Barcelona; 5.048 h.

CAPELLÁN m. **1** El que obtiene alguna capellanía. **2** Cualquier eclesiástico. **3** Sacerdote que dice misa en un oratorio privado.

CAPELLANÍA f. Fundación en la cual ciertos bienes quedan sujetos al cumplimiento de misas y otros actos religiosos.

CAPELLINA f. **1** Pieza de la armadura que cubre la parte superior de la cabeza. **2** Capucha que se usa para resguardar la cabeza de la lluvia y el viento. **3** Vendaje en forma de gorro.

CAPELO m. **1** *Rel.* Cierto derecho que los obispos percibían del estado eclesiástico. **2** *Rel.* Dignidad de cardenal. **3** *Rel.* Sombrero rojo, insignia de los cardenales. **4** *Amér.* FANAL, campana de cristal.

CAPEÓN m. Novillo que se capea.

CAPERO m. Percha para capas o abrigos. También se llama *cuelgacapas*.

CAPERUZA f. **1** Bonete que remata en punta inclinada hacia atrás. **2** Pieza que cubre la parte superior de la chimenea. **3** Cualquier pieza que cubre o protege el extremo de algo.

CAPETO *Geneal.* Dinastía que reinó en Francia entre los años 987 y 1328, continuada desde entonces a través de las ramas de los Valois y los Borbones hasta la Revolución Francesa (1789). El nombre viene de Hugo

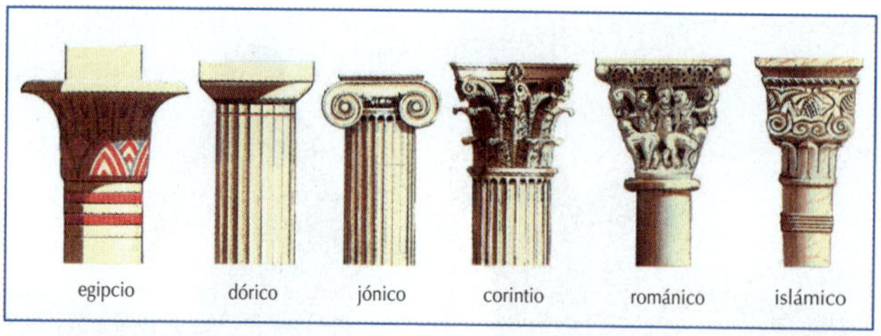
egipcio
dórico
jónico
corintio
románico
islámico

Tipos de **capitel.**

Capeto (987-996), fundador de la dinastía al suceder a los reyes carolingios. El último de sus monarcas fue Carlos IV (1322-28), quien murió sin descendencia.

CAPI m. *Bot.* **1** *Amér.* MAÍZ. **2** *Chile* Vaina de simiente, como el frijol tierno.

CAPIA f. *Amér.* Maíz blanco y muy dulce.

CAPIALZADO adj. y m. *Arquit.* Se dice del arco más levantado por uno de sus frentes para formar declive.

CAPIALZO m. *Arquit.* Pendiente o derrame del intradós de una bóveda.

CAPIATÍ m. *Bot. Arg.* Planta de hojas medicinales.

CAPIBARA m. *Zool.* Mamífero roedor de nombre científico *Hydrochoerus capibara.* Vive en las proximidades de las zonas húmedas de América tropical.

CAPICATÍ m. *Bot.* Planta de la familia cepiráceas, nativa de América, cuya raíz sirve para fabricar un licor especial.

CAPICÚA m. **1** *Mat.* Cifra que es igual leída de izquierda a derecha que de derecha a izquierda. **2** *Ocio.* En el dominó, modo de ganar con una ficha que puede colocarse en cualquiera de los dos extremos.

CAPIGUARA m. *Zool.* CAPIBARA.

CAPILAR adj. **1** *Anat.* Se dice de los vasos sanguíneos y linfáticos muy finos, cuyas paredes se componen de una sola capa de células. **2** *Biol.* Relativo al cabello. **3** *Fís.* Se dice de los fenómenos producidos por la capilaridad. **4** fig. Se aplica a los tubos muy angostos, comparables al cabello.

CAPILARIDAD f. **1** Calidad de capilar. **2** *Fís.* Propiedad de atraer un cuerpo sólido y hacer subir por sus paredes, hasta cierto límite, el líquido que las moja, como el agua, y repeler el que no las moja, como el mercurio. **3** Elevación de cualquier fluido por poros o conductos estrechos, debido a la tensión superficial.

CAPILLA f. **1** Capucha sujeta al cuello de las capas, gabanes o hábitos. **2** Edificio contiguo a una iglesia o parte integrante de ella, con altar y advocación particular. **3** Comunidad de capellanes, ministros y dependientes de ella. **4** *Mús.* Cuerpo de músicos asalariados de alguna iglesia. **5** Oratorio portátil de los regimientos. **6** Oratorio privado. **7** fig. Pequeño grupo de adictos a una persona o a una idea. **8** *A. gráf.* Pliego que se entrega suelto durante la impresión de una obra. || **CAPILLA ARDIENTE** fig. La que se levanta para velar un cadáver o tributarle honras fúnebres. || **estar en capilla** fr. Estar el condenado a muerte esperando la ejecución.

CAPILLANA Princesa peruana (? - ?, 1549). Fue amante de Francisco Pizarro, al que ayudó en la conquista de Perú.

CAPILLITAS Sierra y distrito minero de Argentina, provincia de Catamarca; 3.750 m de altura.

CAPILLO m. **1** Gorrito que se pone a los niños de pecho. **2** Tela blanca que se pone en la cabeza de los niños al bautizarlos. **3** CAPIROTE, caperuza de cuero que se ponía a las aves. **4** Refuerzo con que se ahueca la punta del zapato. **5** ROCADERO, envoltura del copo de la rueca. **6** Red para cazar conejos. **7** Manga para colar la cera. **8** *Bot.* CAPULLO.

CAPÍN m. *Bot. Amér. m.* Planta forrajera de la familia gramíneas.

CAPIO m. *Col. Bot.* CAPIA.

CAPIROTADA f. **1** Aderezo hecho con hierbas, huevos, ajos y otros adherentes. **2** *Amér.* Plato criollo.

CAPIROTAZO m. Golpe que se da, haciendo resbalar con violencia, sobre la yema del pulgar, la uña de otro dedo de la misma mano.

CAPIROTE adj. **1** *Veter.* Se dice de la res que tiene la cabeza de distinto color que el cuerpo. || m. **2** Capucho antiguo. **3** Muceta con capillo, del color respectivo de cada facultad, que usan los doctores en ciertos actos. **4** Cucurucho de cartón cubierto de tela que llevan algunos de los que van en las procesiones. **5** Caperuza de cuero que se pone a las aves de cetrería. **6** CAPOTA de algunos carruajes. **7** CAPIROTAZO.

CAPIROTERO adj. Se dice del azor o halcón hecho al capirote.

CAPISAYO m. **1** Vestidura corta que sirve de capa y sayo. **2** Vestidura común de los obispos. **3** *Col.* CAMISETA.

CAPITACIÓN f. Repartimiento de tributos por cabezas.

CAPITAL adj. **1** *Rel.* Se aplica a los siete pecados que son origen de otros. **2** *Geog.* Se dice de la población principal y cabeza de un Estado o provincia. También f. **3** fig. Principal o muy grande. || m. **4** Hacienda, caudal, patrimonio. **5** *Econ.* Valor de lo que, de manera periódica o accidental, rinde u ocasiona rentas, intereses o frutos. **6** *Econ.* Elemento o factor de la producción constituido por inmuebles, maquinaria o instalaciones, que, en colaboración con otros factores, se dedica con carácter permanente a la obtención de un producto. || f. **7** Línea imaginaria que es bisectriz en un ángulo saliente en el trazado de una fortificación. || **CAPITAL CIRCULANTE** *Econ.* El destinado a la producción que cambia sucesivamente de forma, siendo materia prima, producto elaborado, numerario, etc. || **CAPITAL FIJO** *Econ.* El destinado de forma estable a la producción, constituido por inmuebles, maquinaria, instalaciones, etc. || **CAPITAL SOCIAL** *Econ.* Conjunto de los bienes que aportan los socios a una sociedad.

CAPITALIDAD f. Calidad de ser una población capital de un país, una provincia, etc.

CAPITALINO, NA adj. Relativo a la capital del Estado.

CAPITALISMO m. *Econ.* **1** Régimen económico fundado en el predominio del capital como elemento de producción y creador de riqueza. **2** Conjunto de capitales o capitalistas.

CAPITALISTA adj. **1** Propio del capital o del capitalismo. || com. **2** Persona acaudalada o que invierte su capital en uno o más negocios.

CAPITALIZAR tr. **1** *Econ.* Fijar el capital que corresponde a determinado interés, según un tipo dado. **2** *Econ.* Agregar al capital el importe de los intereses devengados, para computar sobre la suma los réditos ulteriores, que se denominan a interés compuesto. **3** fig. Aprovechar determinadas acciones en beneficio propio, aunque sean ajenas.

CAPITÁN, NA adj. **1** *Mar.* Se aplica a la nave en la que va el jefe de una escuadra. || m. y f. **2** Persona que está al mando de un equipo, grupo, etc. **3** *Mil.* Oficial del ejército que manda una compañía, escuadrón o batería. **4** *Mar.* Persona que manda un buque mercante de cierta importancia. || **CAPITÁN GENERAL** *Mil.* Grado supremo del ejército español. También mando militar supremo en las regiones terrestres y en los departamentos marítimos.

CAPITANEAR tr. **1** Mandar tropa haciendo oficio de capitán. **2** fig. Dirigir un grupo de gente o una acción.

CAPITANEJA f. *Bot. Amér.* Planta medicinal de la familia compuestas.

CAPITANÍA f. **1** Empleo de capitán. **2** Compañía mandada por un capitán. **3** ANCLAJE, tributo por fondear en un puerto. || **CAPITANÍA GENERAL** *Mil.* e *Hist.* Cargo de un capitán general, territorio y edificio con oficinas militares donde reside. También en América, durante la dominación española, demarcación territorial gobernada con cierta independencia del virreinato al que pertenecía.

CAPITEL m. Parte superior de la columna.

CAPITOLINO, NA adj. **1** Relativo al Capitolio. || m. **2** Cada una de las puntas de piedras preciosas que se usan para adorno de ciertos objetos.

CAPITOLINO *Geog. hist.* Una de las siete colinas comprendidas dentro del recinto de la antigua Roma.

CAPITOLIO m. **1** fig. Edificio majestuoso y elevado. **2** ACRÓPOLIS.

CAPITOLIO *Hist.* Gran templo de la antigua Roma, dedicado a Júpiter. Estaba situado en la cima meridional del monte Capitolino, próximo a la roca Tarpeya. Fue destruido por los vándalos.

CAPITÓN m. *Zool.* Mújol o cabezudo.

CAPITONÉ adj. y m. Galicismo por ACOLCHADO; se dice principalmente de los vehículos destinados al transporte de muebles.

CAPITOSTE m. Persona con influencia, mando, etc. Se usa con sentido despectivo.

CAPITULACIÓN f. **1** Concierto o pacto. **2** Convenio en que se estipula la rendición de un ejército o plaza. || f. pl. **3** Concierto que para el régimen económico de su matrimonio hacen los futuros esposos.

CAPITULAR[1] adj. Relativo a un cabildo o al capítulo de una orden.

CAPITULAR[2] intr. **1** Pactar. **2** Entregarse una plaza o cuerpo de tropas bajo determinadas condiciones. **3** Ceder, someter uno su voluntad.

CAPITULARIO m. *Rel.* Libro de coro que contiene los pasajes bíblicos que se rezan después de los salmos.

CAPÍTULO m. **1** Junta que hacen los religiosos y clérigos regulares. **2** En las órdenes militares, junta de los caballeros. **3** Cabildo secular. **4** Reprensión que se da a un religioso en presencia de su comunidad. **5** Cargo que se hace a quien ejerció un empleo. **6** Cada división de un libro u otro escrito. **7** fig. Determinación, resolución. **8** Asignación presupuestaria para un negocio u otra actividad. **9** *Bot.* CABEZUELA, inflorescencia. || **llamar** a uno **a capítulo** fr. fig. Obligarle a que dé cuenta de su conducta. || **ser capítulo aparte** loc. Merecer alguien o algo un tratamiento distinto.

CAPNO-; -CAPNIA, -CÁPNICO pref. o sufs. que significan humo: *acapnia.*

CAPO m. Jefe de una organización delictiva de tipo mafioso, especialmente de aquellas que se dedican al tráfico de drogas.

CAPÓ m. Cubierta del motor del automóvil.

CAPO D'ISTRIA o **CAPODISTRIA, IOANNIS, CONDE DE** Estadista griego (Corfú, 1776 - Nauplia, 1831). Apoyado en la amistad de Rusia, luchó por la independencia griega frente a Francia y Turquía. Ocupó la presidencia de Grecia en 1827. Murió asesinado al reunirse el Congreso de Nauplia.

CAPOMO m. *Bot.* Árbol perteneciente a la familia moráceas, de nombre científico *Brosimum alicastrum.* Crece en México y América Central.

CAPÓN adj. y m. **1** Castrado. || m. **2** Pollo que se castra de joven y se ceba para comerlo. **3** *Agr.* Haz de sarmientos. **4** *Mar.* Cabo grueso que sirve para tener suspendida el ancla. **5** fam. Golpe dado en la cabeza con los nudillos de los dedos, especialmente con el dedo medio.

CAPONAR tr. *Agr.* Atar los sarmientos en la vid para que no molesten al labrar la tierra.

CAPONE, AL (ALFONSO CAPONE, llamado) Contrabandista y gángster estadounidense (Nápoles, 1899 - Miami, 1947). Durante la época de la ley seca dirigió una red de contrabando de bebidas alcohólicas y, al frente de un grupo de mafiosos, organizó un sindicato dedicado al robo, al crimen y a la extorsión de políticos y financieros.

CAPONERA f. **1** Jaula de madera en que se pone a los capones para cebarlos. **2** Galería colocada en sitios diversos para flanquear un foso. **3** fig. y fam. Sitio o casa en que uno recibe buen trato sin ningún coste. **4** fig. y fam. CÁRCEL.

CAPORAL m. **1** Persona que encabeza y manda un grupo de gente. **2** *Amér.* Persona que se encarga del ganado que se emplea en la labranza.

CAPORETTO KOBARID.

CAPOROROCA m. *Bot. R. Plata* Árbol de la familia mirsináceas.

CAPOTA f. **1** Cubierta plegadiza de algunos vehículos. **2** Tocado femenino. **3** *Bot.* Cabeza de la cardencha. **4** Capa corta.

CAPOTAR intr. Volcar un vehículo automóvil quedando en posición invertida o dar con la proa en tierra un aparato de aviación.

CAPOTAZO m. *Taurom.* Suerte del toreo hecha con el capote.

CAPOTE m. **1** Capa de abrigo hecha con mangas. **2** fig. y fam. CEÑO del rostro. **3** *Meteor.* fig. y fam. CARGAZÓN, aglomeración de nubes. || **CAPOTE DE BREGA** *Taurom.* Capa de color vivo usada por los toreros para la lidia. || **echar un capote** fr. fig. y fam. Ayudar a alguien en una situación apurada.

CAPOTE, TRUMAN Novelista estadounidense (Nueva Orleans, 1924 - Los Ángeles, 1984). Influido por un estilo periodístico y virtuosista en sus comienzos, evolucionó hacia el realismo de la «novela-reportaje» o «novela-documento» (*A sangre fría,* 1966). Entre sus obras se encuentran *Otras voces, otros ámbitos* (1948), *El árbol de la noche* (1949), *Color local* (1950), *El arpa de hierba* (1951), *Desayuno en Tiffany's* (1958), *Memorias de Navidad* (1960) *Escritos escogidos* (1963), *Los perros ladran* (1974) y *Música para camaleones* (1980).

CAPOTEAR tr. **1** *Taurom.* Capear al toro. **2** fig. CAPEAR, entretener a uno con engaños. **3** fig. Evadir mañosamente los compromisos.

CAPOTERA f. *Amér.* Percha para la ropa.

CAPOTILLO m. Prenda a manera de capote que llegaba hasta la cintura.

CAPRA, FRANK Director de cine estadounidense, de origen italiano (Palermo, 1897 - California, 1991). Obtuvo tres Oscar de Hollywood a lo largo de una carrera en la que dirigió películas como *Sucedió una noche* (1934), *Vive como quieras* (1938), *¡Qué bello es vivir!*

(1946), *Un gángster para un milagro* (1961) y *Ángeles con pistola* (1962).

Capri Isla de Italia, en el mar Tirreno, provincia de Nápoles; 10 km² y 12.500 h. Entre sus poblaciones se encuentran Capri y Anacapri. Turismo.

capricho m. **1** Idea o propósito que uno forma sin razón aparente. **2** Obra de arte en que el ingenio rompe, con buen gusto, la observancia de las reglas. **3** Antojo, deseo vehemente. **4** Persona, animal o cosa que es objeto de tal antojo.

caprichoso, sa adj. **1** Que obra por capricho. **2** Que se hace por capricho.

Capricornio **1** *Astrol.* Décimo signo del Zodiaco. **2** *Astron.* Constelación zodiacal situada al S del ecuador celeste, entre las de Sagitario y Acuario.

caprifoliáceo, a adj. y s. *Bot.* **1** Se dice de las matas y arbustos angiospermos, como el saúco y la madreselva. || f. pl. *Bot.* **2** Familia de estas plantas.

caprimulgiforme adj. y f. *Zool.* **1** Se dice de las aves de cabeza ancha y aplanada, pico corto y plano, boca muy grande con cerdas duras a modo de bigote, y patas muy cortas. Ejemplos son los chotacabras y el guácharo. || f. pl. *Zool.* **2** Orden de estas aves.

caprino, na adj. *Zool.* Relativo a la cabra.

caprípede o **caprípedo, da** adj. De pies de cabra.

caprolactama f. *Quím.* Compuesto a partir del cual se obtiene una fibra sintética del tipo del nailon.

cápside f. *Biol.* Cubierta proteica de un virus, constituida por capsómeros, que rodean y protegen su ácido nucleico.

capsómero m. *Biol.* Cada una de las subunidades proteicas que constituyen la cápside de un virus.

cápsula f. **1** Cajita cilíndrica de metal con que se cierran algunas botellas. **2** Cilindro de cobre, en cuyo fondo está el fulminante que comunica el fuego a la carga explosiva. **3** *Anat.* Estructura fibrosa o membranosa que envuelve parte de un cuerpo u órgano. **4** *Biol.* Revestimiento mucilaginoso exterior de algunas bacterias, compuesto de polipéptidos o carbohidratos. **5** *Bot.* Fruto seco y dehiscente, procedente de la soldadura de varios carpelos, que en su interior contiene las semillas, como el de la amapola. **6** *Bot.* Parte del esporangio de las briofitas que contiene las esporas. **7** *Farm.* Envoltura soluble de ciertos medicamentos para facilitar su administración oral, y por extensión, conjunto de cápsula y el medicamento en ella incluido. **8** *Fís.* Vasija de bordes bajos que se emplea para evaporar líquidos. || **cápsula espacial** *Astron.* La que se acopla a los proyectiles espaciales y en la que van los tripulantes y los aparatos de observación y transmisión. || **cápsula sinovial** *Anat.* Membrana en forma de saco cerrado, que tapiza las superficies articulares de los huesos.

capsular[1] adj. Perteneciente o semejante a la cápsula.

capsular[2] tr. **1** Cerrar las botellas con cápsula. **2** *Farm.* Preparar medicamentos en cápsulas.

captador m. *Fís.* Dispositivo que genera señales eléctricas a partir de magnitudes físicas. Se utiliza en instrumentos de medida.

captar tr. **1** Tratándose de aguas, recoger convenientemente las de un manantial. **2** Percibir por medio de los sentidos. **3** Recibir, recoger sonidos o imágenes. **4** Percatarse de algo. **5** Atraer a una persona.

captor, ra adj. y s. **1** Que capta. **2** Que captura. || m. y f. **3** *Amér.* Persona que hace una presa marítima.

captura f. **1** Acción y efecto de capturar. **2** *Fís.* Proceso por el que el núcleo de un átomo retiene una partícula adicional.

capturar tr. Aprehender, apoderarse de alguien o de algo.

Capua *Hist.* Población de Italia, provincia de Caserta, situada a 4 km de la antigua Capua, en la que Aníbal estableció sus cuarteles después de la victoria de Cannas.

Capuana, Luigi Escritor italiano (Mineo, 1839 - Catania, 1915). Figura clave del naturalismo, especialmente por su novela *Jacinta* (1879).

capucha f. **1** Pieza de una prenda de vestir que sirve para cubrir la cabeza y que se puede echar a la espalda. **2** Cubierta que protege el extremo de algo.

capuchina f. **1** *Bot.* Planta herbácea perteneciente a la familia tropeoláceas, de nombre científico *Tropaeolum majus.* Originaria de los Andes, hoy está muy difundida como ornamental. También denominada *mastuerzo de Indias* y *espuela de galán.* **2** Lamparilla con apagador en forma de capucha. **3** Dulce de yema. **4** Cometa de papel en forma de capucha.

capuchino, na adj. **1** *Rel.* Se dice del religioso o religiosa descalzo de la Orden de Hermanos Menores Capuchinos. También s. **2** *Rel.* Relativo a la orden de los capuchinos. **3** *Chile* Se aplica a la fruta muy pequeña. || m. **4** Café con leche espumoso. **5** *Zool.* Mamífero primate antropoide, de nombre científico *Cebus capucinus.* Se extiende desde Costa Rica a Brasil.

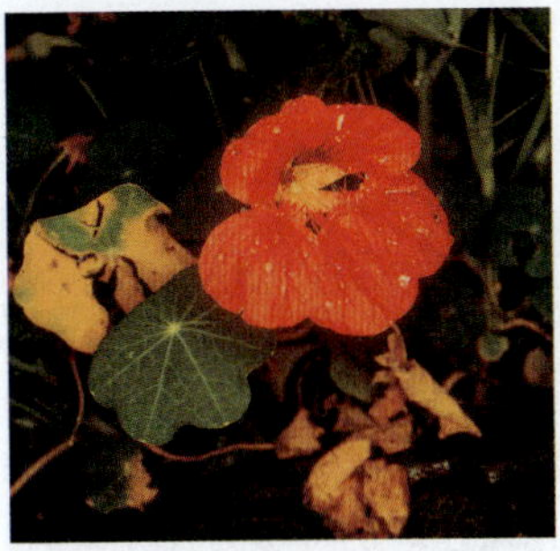

capuchina

capuchón m. **1** Dominó corto. **2** Cubierta de plumas, bolígrafos, etc.

capuera f. *Ecol.* Parte de la selva que se ha talado y limpiado para destinarla al cultivo.

Capuleto *Geneal.* Familia legendaria de Verona, perteneciente a la facción gibelina, rival de la de los Montesco. La leyenda cuenta que a ella perteneció Julieta, cuyos desgraciados amores con Romeo fueron inmortalizados por Shakespeare en *Romeo y Julieta.*

capulí m. *Bot.* **1** Árbol de la familia rosáceas originario de América. **2** Fruta de este árbol. **3** *Perú* Fruto de una planta de la familia solanáceas parecido a una uva.

capúlido adj. y m. *Zool.* **1** Se dice de los moluscos gasterópodos cuya concha tiene forma de bonete cónico. || m. pl. *Zool.* **2** Familia de estos animales.

capulina f. **1** *Bot. Amér.* Cereza que produce el capulí. **2** *Bot. Cuba* Árbol tiliáceo de madera dura. **3** *Zool. Méx.* Araña negra muy venenosa.

capullo m. **1** *Bot.* Botón de las flores. **2** *Bot.* Cascabillo de la bellota. **3** *Zool.* Envoltura con la forma y tamaño de un huevo de paloma, dentro de la cual se encierra el gusano de seda y otros invertebrados. **4** *Zool.* Envoltura análoga de las larvas de otros insectos, dentro de la cual pasan el estado de pupa. **5** Tela basta hecha de seda de capullos. **6** glande. **7** vulg. Persona que hace malas pasadas. **8** vulg. Torpe, inocentón, bobo.

capultamal m. *Méx.* Tamal o torta de capulí.

capuz m. **1** capucha, pieza de una prenda de vestir que cubre la cabeza. **2** Vestidura de luto larga y con capucha.

Caquetá japurá.

Caquetá Departamento de Colombia; 88.965 km² y 465.078 h. Su capital es Florencia.

caquexia f. **1** *Bot.* Decoloración de las partes verdes de las plantas. **2** *Med.* Estado de extrema desnutrición producido por diversas enfermedades o en procesos terminales.

caqui m. **1** *Bot.* Árbol perteneciente a la familia ebenáceas, de nombre científico *Diospyros kaki.* Originario de Japón y China. **2** *Bot.* Fruto de este árbol. **3** Tela cuyo color varía desde el amarillo de ocre al verde gris. **4** Color de esta tela.

cara f. **1** *Anat.* Parte anterior de la cabeza humana desde el principio de la frente hasta la punta de la barbilla. Se dice, por extensión, de algunos animales. **2** Aspecto o apariencia. **3** *Biol.* Lado anterior de un órgano. **4** Fachada o frente de alguna cosa. **5** Superficie de alguna cosa. **6** Anverso de las monedas. **7** *Mat.* Cada una de las superficies que forman o limitan un poliedro. **8** *Mat.* Cada plano de un ángulo diedro o poliedro. **9** fig. y fam. Descaro. || adv. l. **10** Hacia, en dirección a. || **cara larga** fig. y fam. La que expresa tristeza o enfado. || **cara de perro** o **de pocos amigos** fig. y fam. La que tiene el aspecto adusto. || **caérsele** a uno **la cara de vergüenza** fr. fig. y fam. Sonrojarse. || **cara a cara** loc. adv. En presencia de otro y descubiertamente. || **cruzar** a uno **la cara** fr. Dar una bofetada. || **dar la cara** fr. fig. Responder de los propios actos y afrontar las consecuencias. || **dar** uno **la cara por** otro fr. fig. y fam. Salir en su defensa. || **echar** a uno alguna cosa **en cara** fr. fig. Reprochar, recordarle algún favor que se le ha hecho. || **romperse** uno **la cara** por alguien o por algo fr. fig. Defender a uno o alguna cosa con vehemencia.

cará-cará adj. *Etnol.* **1** Se dice de un pueblo amerindio que habitaba en la margen derecha del río Paraná, y de otro que habitaba en las inmediaciones de la laguna Iberá. También com. **2** Perteneciente o relativo a estos pueblos.

cáraba f. *Mar.* Cierta embarcación grande usada en Levante.

carabao m. *Zool.* Mamífero artiodáctilo rumiante perteneciente a la familia cavicornios, de nombre científico *Bubalus bubalis.* Animal con cuerpo en forma de tonel, de hasta 1,80 m de alzada, y cuernos largos y curvados hacia atrás y arriba.

Carabaya Nombre que recibe la cordillera Oriental de los Andes al S de Perú, en el departamento de Puno; 5.210 m de altura.

cárabe m. ámbar, resina fósil.

carabela f. *Mar.* Antigua embarcación muy ligera, larga y angosta, con tres palos.

carábido, da adj. y m. *Zool.* **1** Se dice de los insectos coleópteros carnívoros que, por su voracidad, son beneficiosos para la agricultura al destruir orugas e insectos dañinos. || m. pl. *Zool.* **2** Familia de estos insectos.

carabina f. **1** Arma de fuego de menor longitud que el fusil. **2** fig. y fam. Mujer que acompañaba a ciertas señoritas cuando salían de paseo. **3** Por extensión, cualquier persona que acompaña a una pareja.

carabinero m. **1** *Mil.* Soldado que usaba carabina. **2** *Mil.* Soldado destinado a la persecución del contrabando. **3** *Zool.* Crustáceo decápodo de la familia peneidos, semejante a la gamba, de color rojo oscuro y con las antenas muy largas.

carablanca m. *Zool. Col.* y *C. Rica* Mono platirrino del género *Cebus.*

cárabo m. **1** *Mar.* Embarcación pequeña de vela y remo, usada por los moros. **2** *Zool.* Nombre común de varios insectos coleópteros, del tipo de los carábidos, género *Carabus.* Algunas especies carecen de alas o las tienen atrofiadas, y generalmente son de color negro. De hábitos nocturnos y magníficos corredores, se alimentan de gusanos, caracoles y otros insectos. **3** *Zool.* Ave de presa nocturna perteneciente a la familia estrígidas, de nombre científico *Strix aluco.* Especie originaria de Europa y O de Asia.

Carabobo Estado de Venezuela; 4.650 km² y 2.401.753 h. Su capital es Valencia. Café, cocoteros, cacao y caña de azúcar. Minas de oro, cobre, plata y hierro. Industria petroquímica, textil, mecánica y alimentaria. A unos 25 km al SO de la capital se encuentra el emplazamiento de las dos batallas de Carabobo ganadas por Simón Bolívar. La segunda (1821) decidió la independencia de Venezuela.

caraca f. *Cuba* Especie de bollo de maíz.

caracal m. *Zool.* Mamífero carnívoro perteneciente a la familia félidos, de nombre científico *Lynx caracal.* Especie de lince africano con el pelaje pardo claro uniforme en el adulto y manchado en el joven. Vive en África y el O de Asia.

caracalla f. **1** Prenda de vestir de origen galo, utilizada por los romanos. **2** Peinado del siglo xviii.

Caracalla (Marco Aurelio Antonino Basiano, llamado) Emperador romano (Lyon, 188 - Edesa, 217). Hijo de Septimio Severo, inició su reinado en 211 asociado a su hermano Geta, al que hizo asesinar un año después. Concedió la ciudadanía a todos los habitantes libres del imperio. Fue asesinado por Macrino durante una expedición contra los partos.

caracará m. *Zool. R. Plata* carancho.

caracas m. **1** *Bot.* Cacao de Caracas. **2** fig. y fam. *Méx.* chocolate.

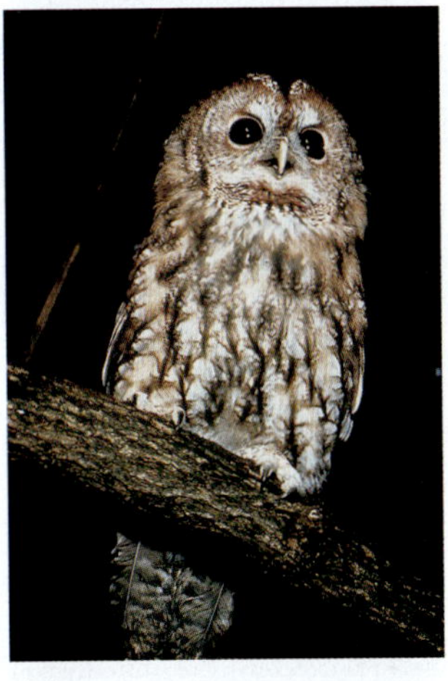

cárabo

Caracas (Venezuela). Panorámica de la ciudad.

Caracas Ciudad capital de Venezuela y del Distrito Federal; 1.975.787 h. La ciudad y el puerto concentran el 34% de las actividades del sector terciario del país. Los recursos vinculados al petróleo han favorecido el crecimiento de la ciudad y el desarrollo de su equipamiento (centros comerciales, autopistas, metro). Magníficos edificios, como el Palacio Presidencial y el de Justicia, la Academia Militar, el Panteón Nacional y la Catedral. Está unida al puerto de La Guaira por un ferrocarril y una autopista. Cuna de Simón Bolívar.

Hist. Fue fundada en 1567 por Diego de Losada con el nombre de *Santiago de León de Caracas*. La constitución de la Compañía Guipuzcoana de Caracas impulsó un notable crecimiento de la ciudad en el siglo XVIII. En ella se produjo, en 1811, la primera proclamación de independencia de Venezuela. Bolívar se instaló en ella tras la victoria de Carabobo (1821) y tres años después se convirtió en la capital del departamento de Venezuela, integrado en la República de la Gran Colombia. Tras la independencia de Colombia, se convirtió en la capital de la nueva nación (1830).

Caracas, Distrito Federal de Demarcación administrativa de Venezuela; 1.930 km^2 y 3.061.699 h. Su capital es Caracas.

Caracatey m. *Zool. Cuba* Ave crepuscular de color ceniciento.

Caracho, cha adj. De color violáceo.

Carachupa f. *Zool. Perú* ZARIGÜEYA.

Caracol m. **1** *Zool.* Nombre común de los moluscos gasterópodos de la familia helícidos, provistos de concha univalva helicoidal. El cuerpo aparece diferenciado en: cabeza, con dos pares de tentáculos y boca con rádula; pie musculoso con una glándula que segrega una baba, y permite el desplazamiento por reptación; y masa visceral, que se halla recubierta por la concha. En invierno se protege de la sequedad y las bajas temperaturas introduciendo su cuerpo dentro de la concha y cerrando el orificio de ésta con una sustancia especial que se solidifica al contacto con el aire. **2** *Zool.* Concha de caracol. **3** *Anat.* Cavidad del oído interno de los vertebrados, en forma de conducto espiral. También se denomina *cóclea.* **4** Rizo del pelo. **5** *Mat.* Curva en forma de corazón con un bucle interior en su vértice. || **¡caracoles!** interj. ¡CARAMBA!

Caracola f. Concha de un gran caracol marino.

Caracolear intr. Hacer movimientos en redondo el caballo.

Caracolí m. *Bot. Col.* ANACARDO, árbol.

Caracolillo m. *Bot.* **1** Planta de jardín de la familia leguminosas, con flores aromáticas. **2** Flor de esta planta. **3** Café cuyo grano es más pequeño que el común. **4** Caoba que tiene muchas vetas.

Carácter m. **1** Conjunto de cualidades psíquicas y afectivas que condicionan la conducta de cada persona. **2** *Biol.* Propiedad de un organismo según la cual se pueden apreciar semejanzas o diferencias hereditarias entre los seres vivos. **3** *Biol.* Cualquier rasgo que sirve para distinguir una especie de otra. **4** Cualidades moralmente diferenciadoras de otro a un conjunto de personas a todo un pueblo. **5** Marca que se imprime, pinta o esculpe en alguna cosa. **6** Signo de escritura. Más en pl. **7** Conjunto de cualidades que distinguen una cosa de las demás. **8** Elevación de ánimo, firmeza, energía. **9** En las obras literarias y artísticas, originalidad y estilo. || **Carácter adquirido** *Biol.* Modificación individual morfológica o fisiológica, que se desarrolla durante la vida de un organismo animal o vegetal. || **Carácter dominante** *Biol.* Según las leyes de Mendel, el que puede desarrollarse por la acción de un solo gen y aparece en la primera generación filial y en las tres cuartas partes de la segunda. || **Carácter recesivo** *Biol.* Según las leyes de Mendel, el que requiere para desarrollarse la acción de dos genes y, a menudo, no aparece en la primera generación filial pero sí en la segunda. || **Carácter sexual primario** *Biol.* El que se encuentra en conexión directa con la reproducción sexual, como puede ser la existencia de testículos u ovarios. || **Carácter sexual secundario** *Biol.* El que se encuentra en conexión indirecta con la reproducción sexual, como puede ser la barba. || **imprimir carácter** fr. Dar o dotar de ciertas condiciones esenciales y permanentes a una persona o, por extensión, a una cosa. ♦ Su pl. es *caracteres.*

Característico, ca adj. **1** Relativo al carácter. **2** Se aplica a la cualidad que sirve para distinguir a una persona o cosa de sus semejantes. También f. || **Fís. 3** Gráfico que indica el funcionamiento de un dispositivo en condiciones específicas. || m. y f. *Cin.* y *Teat.* **4** Actor secundario.

Caracterización f. Acción y efecto de caracterizar o caracterizarse.

Caracterizador, ra adj. **1** Que caracteriza. || m. y f. **2** MAQUILLADOR.

Caracterizar tr. **1** Determinar los atributos peculiares de una persona o cosa. También prnl. **2** *Cin.* y *Teat.* Representar un actor su papel con la fidelidad necesaria para reconocer al personaje representado. || prnl. *Cin.* y *Teat.* **3** Pintarse o vestirse el actor conforme al personaje que ha de representar.

Caracterología o **caracteriología** f. *Psicol.* Parte de la psicología que estudia el carácter y personalidad del hombre. Algunos de sus representantes son H. Rorschach, L. Szondi y R. Le Senne. **2** Conjunto de peculiaridades que forman el carácter de una persona.

Caracú m. *Amér.* Hueso con tuétano que se echa en algunos guisos.

Caracul adj. *Zool.* **1** Se dice de una variedad de ganado ovino procedente de Asia, de cola ancha y pelo rizado. || m. **2** Piel de los corderos de esta raza.

Carado, da adj. Con los adverbios *bien* o *mal,* que tiene buena o mala cara.

Caradriforme o **caradriiforme** adj. y f. *Zool.* **1** Se dice de las aves ligadas a los hábitats marinos y las regiones pantanosas. Carecen de buche. A este grupo pertenecen chorlitos, andarríos, gaviotas, charranes, archibebes, etc. || f. pl. *Zool.* **2** Orden de estas aves.

Caradura m. Persona descarada, sinvergüenza.

Carafa *Geneal.* Familia noble italiana, originaria de Nápoles, que tuvo su máximo esplendor en el siglo XVI al ser elevado uno de sus miembros *(Gian Pietro)* al trono pontificio, con el nombre de Pablo IV.

Caraguatá f. *Bot. Amér.* Especie de pita.

Caraguay m. *Zool. Bol.* Lagarto grande.

Caraira f. *Zool. Cuba* Ave de presa diurna.

Caraísmo m. Doctrina de los caraítas.

Caraíta adj. y com. *Hist.* Se dice del individuo de una secta judaica que admite sólo la Escritura y rechaza la tradición; y de lo relativo a esa secta. Nacida en Mesopotamia en el siglo VIII, fue fundada por Anán.

Carajillo m. Café caliente al que se le ha añadido algún licor alcohólico fuerte.

Carajo m. *Anat.* PENE, miembro viril. || **irse al carajo** fr. fam. Echarse algo a perder, tener mal fin. || **mandar** a alguien **al carajo** fr. fam. Rechazarle con insolencia y desdén.

Caramanchel m. **1** *Mar.* Cubierta con que se cierran las escotillas de algunos buques. **2** Tugurio, desván. **3** CANTINA. **4** *Ecuad.* Caja de vendedor ambulante. **5** *Perú* COBERTIZO.

¡Caramba! interj. con que se denota extrañeza o enfado.

Carámbano m. **1** Pedazo de hielo más o menos largo y puntiagudo. **2** *Bot. Nic.* CARAO.

Carambola f. **1** *Bot.* Fruto del carambolo. **2** *Ocio.* Jugada de billar que consiste en conseguir que una de las bolas toque a las otras dos. **3** fig. y fam. Doble resultado que se alcanza mediante una sola acción. **4** fig. y fam. Enredo.

Carambolista com. Persona que juega bien a las carambolas.

Carambolo m. *Bot.* Árbol de la familia oxalidáceas, originario de la India.

Carambuco m. *Bot.* AROMA.

Caramel m. *Zool.* Variedad de sardina.

Caramelizar tr. y prnl. ACARAMELAR.

Caramelo m. **1** Pasta de azúcar hecho almíbar al fuego y endurecido al enfriarse. **2** *Quím.* Sustancia del azúcar, de color oscuro, sabor y olor característicos, que se forma al calentarlo hasta 200° C. Se utiliza como aromático en cocina, para recubrir placas en fotografía, y como agente colorante y aromático en farmacia. **3** *Filip.* AZUCARILLO.

Caramillo m. **1** Flautilla de caña. **2** ZAMPOÑA. **3** *Bot.* Planta del mismo género y usos de la barrilla. **4** Montón mal hecho. **5** fig. Chisme, enredo.

Caramujo m. **1** *Bot.* Rosal silvestre. **2** *Zool.* Caracol pequeño.

Caramuzal m. *Mar.* Buque mercante turco.

Carancho m. *Zool.* **1** Ave perteneciente a la familia falcónidas de nombre científico *Polyborus plancus,* que se distingue por el moño de plumas eréctiles que presenta en la cabeza. **2** *Perú* BÚHO.

Caranday o **carandaí** m. *Bot. Arg.* Especie de palmera alta de cuyas hojas se extrae una cera excelente.

Carantoña f. Halago y caricia que se hacen a alguien para conseguir de él alguna cosa. Más en pl.

Carao m. **1** *Bot.* Resina medicinal de ciertos árboles gutíferos americanos. **2** *C. Rica* Nombre de estos árboles.

Carao m. **1** *Bot. Amér. C.* Árbol de la familia leguminosas cuyo fruto posee propiedades tónicas. **2** *Zool.* Ave gruiforme de nombre científico *Aramus guarauna.* Habita desde el S de Norteamérica hasta Argentina.

Caraota f. *Bot. Venez.* Alubia o judía.

Carapa f. *Bot.* Planta de la familia meliáceas, nativa de las Antillas.

Carapacho m. *Zool.* Caparazón que cubre las tortugas, los cangrejos y otros animales.

Carapato m. *Quím.* Aceite de ricino.

Carapé Sierra de Uruguay, en el departamento de Lavalleja. Su punto culminante es el Cerro Catedral (512 m de altura).

Carapopela m. *Zool.* Lagarto muy venenoso de Brasil.

Carapulca f. Cierto guiso criollo, hecho de carne, papa seca y ají.

Caraqueño, ña adj. y s. De Caracas.

Carare o **Minero** Río de Colombia, que riega los departamentos de Boyacá y Santander, y desemboca en el Magdalena; 450 km de curso.

Caratasca, laguna de Albufera de Honduras, departamento de Gracias a Dios; 650 km^2. Formada por el mar de las Antillas, contiene varias islas.

Carato m. *Bot. Amér.* JAGUA.

Carátula f. **1** Máscara para ocultar la cara. **2** fig. Profesión de comediante. **3** Portada de un libro o de los estuches de discos, casetes, cintas de vídeo, etc.

CARAU m. *Zool.* Ave gruiforme perteneciente a la familia arámidas, de nombre científico *Aramus guarauna*, que mide unos 35 cm de longitud. Vive en carrizales de Argentina, Paraguay y Uruguay.

CARAVAGGIO, IL (MICHELANGELO MERISI o AMERIGHI, llamado) Pintor italiano (Caravaggio, 1573 - Porto Ercole, 1610). Fue uno de los grandes maestros del tenebrismo barroco italiano. Sus primeras obras fueron bodegones y escenas de género. En una segunda etapa, representada por su grupo de obras *Historias de san Mateo*, se hace patente su preocupación por la luz y por el naturalismo en sus figuras. Finalmente, desarrolló la técnica tenebrista, con obras como *La muerte de la Virgen*, *La Virgen del rosario*, *La resurrección de Lázaro* y *La adoración de los pastores*.

CARAVANA f. **1** Grupo de gentes que en Asia y África se juntan para hacer un viaje con seguridad. **2** Conjunto de vehículos que, por ser la circulación muy densa o por otras razones, van uno detrás de otro y poco distanciados entre sí. **3** fig. y fam. Gran número de personas que se reúnen para ir al campo. **4** Semirremolque habitable. Se llama también *roulotte*.

CARAVANERO m. Conductor de una caravana.

¡CARAY! interj. ¡CARAMBA!

CARAYÁ m. *Zool. Arg., Col.* y *Par.* Mono grande aullador.

CARAZO Departamento de Nicaragua; 1.050 km² y 141.831 h. Su capital es Jinotepe.

CARAZO, EVARISTO Militar y político nicaragüense (Granada, 1822 - Managua, 1889). Presidente de la República (1887-89).

CARAZO ODIO, RODRIGO Político costarricense (Cartago, 1926). Miembro del Partido de Liberación Nacional (1969), formación que abandonó para fundar Renovación Democrática, con la que ganó las elecciones presidenciales en 1978. Le sucedió, en 1982, Luis Alberto Monge.

CARBALLIDO, EMILIO Escritor mexicano (Córdoba, Veracruz, 1925). Es autor de *Rosalba y los llaveros* (1950), *Un pequeño día de ira* (1962) y *Acapulco, los lunes* (1969).

CARBALLIÑO (O Carballiño) Municipio y lugar de España, provincia de Orense; 12.146 h.

CARBALLO m. *Bot.* ROBLE.

CARBALLO Municipio y lugar de España, provincia de La Coruña; 27.287 h.

CARBAMIDA f. *Quím.* UREA.

CARBENO m. *Quím.* Nombre que reciben los compuestos de carbono en que éste actúa con dos valencias y no con cuatro. Aunque algunos son estables, la mayoría aparece como productos intermedios en diversas reacciones químicas.

CARBINOL m. *Quím.* ALCOHOL METÍLICO.

CARBODINAMITA f. *Quím.* Materia explosiva derivada de la nitroglicerina.

CARBÓGENO m. *Quím.* Polvo que sirve para preparar el agua de Seltz.

CARBOHIDRASA f. *Quím.* Enzima que cataliza la hidrólisis de los disacáridos y carbohidratos más complejos.

CARBOHIDRATO m. *Quím.* GLÚCIDO.

CARBOL m. *Quím.* FENOL.

CARBOLÍNEO m. *Quím.* Sustancia líquida que sirve para hacer impermeable la madera.

CARBÓN m. **1** *Geol.* Roca sedimentaria formada por carbono y sus compuestos, con pequeñas cantidades de oxígeno, hidrógeno, nitrógeno o azufre. Es de color pardo o negro, e incluye los minerales antracita, hulla y lignito. Procede de la descomposición de grandes masas vegetales depositadas en aguas poco profundas, mediante la CARBONIFICACIÓN. El carbón ha sido siempre la fuente de energía clásica, pero en la actualidad tiende a reducirse su uso. **2** *Quím.* Materia sólida, negra o marrón y muy combustible, que resulta de la combustión incompleta de la leña. **3** Brasa o ascua después de apagada. **4** Carboncillo de dibujar. **5** *Biol.* Denominación común de una serie de hongos pertenecientes al orden ustilaginales, productores todos ellos de enfermedades en las gramíneas. || **CARBÓN ACTIVO** o **ACTIVADO** *Quím.* Carbón vegetal obtenido por procesos anaerobios, que se presenta en forma de granos o polvo, de gran porosidad, que se utiliza como absorbente en máscaras antigás, medicina, etc. || **CARBÓN ANIMAL** *Quím.* El que se obtiene por calcinación de los huesos o cualquier otra materia orgánica animal. || **CARBÓN MINERAL** *Geol.* Nombre común de varios compuestos que se originan por transformación anaerobia de los restos vegetales (CARBONIFICACIÓN). Según el contenido en carbono del depósito y de la época de formación, se distinguen varios tipos: turba, lignito, hulla, antracita y grafito. || **CARBÓN DE PIEDRA** *Geol.* Sustancia fósil que resulta de la descomposición de la materia leñosa. Se utiliza en la fabricación de electrodos. || **CARBÓN VEGETAL** o **DE LEÑA** *Geol.* CARBÓN ACTIVO o ACTIVADO.

CARBONADA f. **1** Carbón que se echa de una vez en la hornilla. **2** Carne cocida picada y después asada en ascuas o parrillas. **3** *Amér.* Guisado compuesto de carne en trozos, choclos, zapallo, patatas, arroz y, en ocasiones, durazno.

CARBONARIO, RIA adj. *Hist.* **1** Se dice de ciertas sociedades secretas revolucionarias activas durante la primera mitad del siglo XIX, principalmente en Italia y Francia. **2** Perteneciente o relativo al carbonarismo. || m. y f. *Hist.* **3** Individuo afiliado a alguna de estas sociedades.

CARBONARISMO m. *Hist.* Ideología de ciertas sociedades secretas, análogas a la masonería, que nacieron en Italia a principios del siglo XIX y posteriormente se extendieron a Francia. Pretendían implantar los principios de la Revolución Francesa.

CARBONATADO, A adj. **1** *Quím.* Se dice del líquido saturado con anhídrido carbónico o de la sustancia sólida convertida en carbonato por la acción del mismo gas. **2** *Geol.* Se dice de la roca originada por precipitación del carbonato cálcico (casi siempre en forma de calcita) y del carbonato magnésico. Incluye la creta, todos los tipos de calizas y las dolomías.

CARBONATAR tr. y prnl. *Quím.* Convertir en carbonato.

CARBONATO m. **1** *Geol.* Mineral o roca en cuya composición aparece el ion CO_3^{2-} combinado con un metal. Generalmente su dureza oscila entre 3 y 5 y puede formarse por muy diversos mecanismos. **2** *Quím.* Sal o éster del ácido carbónico, resultante de la combinación de éste con un radical. **3** *Quím.* Compuesto que contiene el radical CO_3^{2-}.

CARBONCILLO m. **1** Palillo que, carbonizado, sirve para dibujar. **2** *Biol.* TIZÓN, hongo.

CARBONEAR tr. **1** Hacer carbón de leña. **2** Embarcar carbón en un buque.

CARBONERO, RA adj. **1** *Geol.* Relativo al carbón. || m. y f. **2** Persona que hace o vende carbón. || m. **3** *Bot.* Cuba y P. Rico Árbol de la familia mimosáceas. **4** *Zool.* Nombre común de diversas aves canoras de la familia páridos, género *Parus*. Son de pequeño tamaño, pico fino y alas cortas. Viven en la región mediterránea y Europa central.

CARBÓNICO, CA adj. *Quím.* **1** Se aplica a muchos compuestos químicos en cuya fórmula entra el carbono, como el ácido carbónico H_2CO_3 o el anhídrido carbónico CO_2. **2** ÁCIDO, ANHÍDRIDO CARBÓNICO.

CARBÓNIDOS m. pl. *Quím.* Grupo de sustancias que comprenden los cuerpos formados de carbono puro o combinado.

CARBONÍFERO, RA adj. *Geol.* **1** Se dice del terreno que contiene carbón mineral. **2** Se dice del cuarto periodo de la era primaria, que sigue al devónico y precede al pérmico. Se remonta a unos 345 millones de años. Su duración fue aproximadamente de 65 millones de años y los materiales característicos son las areniscas, pizarras y calizas, en las facies marinas, y estratos con secuencias bien definidas separadas por capas de hulla, en las facies continentales. En cuanto a la flora, existe un gran desarrollo en las zonas pantanosas, donde se forman grandes bosques cuyos restos son los que han dado lugar a los actuales yacimientos de carbón. La fauna carbonífera estuvo integrada principalmente por goniatites, corales, crinoideos y fusulinas, en el mar, mientras que en los continentes abundaban los insectos, arácnidos, miriápodos y anfibios.

CARBONIFICACIÓN f. *Geol.* Proceso de formación del carbón a partir de restos vegetales acumulados en zonas acuáticas. Estos restos, sumergidos y aislados de la atmósfera, sufren una transformación por efecto de bacterias anaerobias, que aumentan la concentración de carbono de los azúcares y desprenden gases, como metano y anhídrido carbónico. Así se forma una masa gelatinosa de turba. Posteriormente, ésta se hunde y sobre ella se van depositando nuevas capas. Las más inferiores pueden sufrir transformaciones metamórficas debido a la elevada presión y temperatura que soportan, convirtiéndose en grafito. Los yacimientos de carbón más antiguos proceden del devónico y los más modernos del cuaternario inferior.

CARBONILLA f. *Min.* **1** Residuos de carbón que suelen quedar al trasladar el grueso. **2** Trozos menudos de carbón a medio quemar.

CARBONILO m. *Quím.* Radical orgánico divalente formado por un átomo de carbono y otro de oxígeno unidos por un doble enlace, que constituye el grupo característico de aldehídos y cetonas.

CARBONITA f. *Quím.* Sustancia explosiva.

CARBONIZAR tr. y prnl. *Quím.* Reducir a carbón un cuerpo orgánico.

CARBONO m. *Quím.* Elemento químico del grupo IV A del sistema periódico, no metálico. Masa atómica, 12; número atómico, 6; punto de fusión, superior a 3.500° C; punto de ebullición, 4.200° C, y símbolo, *C*. Su abundancia relativa es del 0,2% y se encuentra libre en la naturaleza en dos formas cristalinas, diamante y grafito, una forma amorfa, negro de humo, y formando parte de las distintas variedades de carbón, en los carbonatos metálicos, además de como componente de todos los compuestos orgánicos y algunos inorgánicos (dióxido y monóxido de carbono). Es imprescindible para la vida, y por medio de la fotosíntesis el dióxido de carbono se transforma en hidratos de carbono. || **CARBONO-14** o **RADIOCARBONO** *Quím.* Isótopo radiactivo del carbono, de número de masa 14, que bajo la acción de los rayos solares se produce en las capas más altas de la atmósfera. Rápidamente se oxida a anhídrido carbónico y en esta forma se dispersa. Su vida media es de 5.400 años. Su absorción por los seres vivos ha permitido aplicarlo para datar la Antigüedad de restos orgánicos y arqueológicos.

CARBORANO m. *Quím.* Cualquiera de los compuestos de fórmula general $C_2B_nH_{n+2}$. Se obtienen al reaccionar decaborano, pentaborano, acetileno e hidrógeno a 22° C durante 48 horas. Se utilizan en lubricantes, polímeros y determinados productos farmacéuticos.

|| **Caravaggio.** *Músicos.* Metropolitan Museum (Nueva York).

CARBORUNDO m. *Quím.* Nombre comercial del carburo de silicio, de fórmula SiC, sólido de gran dureza, cristalino y transparente.

CARBOXILO m. *Quím.* Radical orgánico monovalente formado por un átomo de carbono, dos de oxígeno y uno de hidrógeno (–COOH), propio de los ácidos orgánicos.

CARBUNCLO m. **1** *Geol.* CARBÚNCULO. **2** *Veter.* CARBUNCO.

CARBUNCO m. *Veter.* Enfermedad virulenta y contagiosa, frecuente en el ganado ovino y bovino y transmisible al hombre, causada por la bacteria *Bacillus anthracis.* También denominado *ántrax.*

CARBÚNCULO m. *Miner.* Granate noble de color intensamente rojo. Es un silicato de hierro y aluminio cristalizado en el sistema cúbico.

CARBURACIÓN f. **1** *Quím.* Acto por el que se combinan el carbono y el hierro para producir el acero. **2** *Mec.* Acción y efecto de carburar.

CARBURADOR m. *Mec.* **1** Aparato que sirve para carburar. **2** Dispositivo de los automóviles, donde se mezcla el líquido carburante con aire para prepararlo para la combustión.

CARBURANTE m. *Mec.* Mezcla de hidrocarburos que se emplea en los motores de explosión y de combustión interna.

CARBURAR tr. **1** *Mec.* Mezclar los gases o el aire atmosférico con los carburantes gaseosos o con los vapores de los carburantes líquidos, para hacerlos combustibles o detonantes. **2** fig. y fam. Funcionar bien, dar una persona o una cosa su correcto rendimiento.

CARBURO m. *Quím.* Combinación binaria del carbono con un metal. || **CARBURO DE CALCIO** *Quím.* Compuesto de fórmula CaC_2, que se obtiene por fusión de caliza y antracita en hornos eléctricos.

CARCA[1] adj. y com. Se dice de la persona con ideas retrógradas o anticuadas.

CARCA[2] f. *Amér.* Olla en que se cuece la chicha, bebida autóctona.

CARCAJ m. **1** Caja portátil para llevar flechas, ancha y abierta por arriba y estrecha por abajo; generalmente se llevaba colgada del hombro. **2** Funda de cuero pendiente de un cinturón en que los sacristanes meten el palo de la cruz durante la procesión.

CARCAJADA f. Risa impetuosa y ruidosa.

CARCAMAL adj. y m. fam. Se dice de la persona decrépita y achacosa. Suele tener valor despectivo.

CARCAMÁN, NA m. y f. *Arg.* y *Perú* Persona de muchas pretensiones y poco mérito.

CARCARAÑÁ Río de Argentina, que cruza las provincias de Córdoba y Santa Fe, y desemboca en el río Paraná; 200 km de curso.

CARCASA f. **1** Armazón o soporte sobre el que se montan otras piezas. **2** Cierta bomba incendiaria.

CÁRCAVA f. **1** *Geol.* Zanja grande que se forma en un terreno arcilloso por las avenidas de aguas torrenciales. **2** Foso. **3** Hoyo para enterrar un cadáver.

CÁRCEL f. **1** Edificio destinado para la custodia de los presos. **2** Ranura por donde corre una compuerta. **3** Barra de madera con dos salientes, entre los cuales se colocan y comprimen dos piezas de madera encoladas, para que se peguen.

CARCELARIO, RIA adj. Relativo a la cárcel.

CARCELERO, RA adj. **1** CARCELARIO. || m. y f. **2** Persona que tiene cuidado de la cárcel. || f. **3** Canto popular andaluz.

CARCHI Provincia de Ecuador; 3.605 km^2 y 152.304 h. Su capital es Tulcán.

CARCINO-, CARCIN-; -CARCINIA prefs. o suf. que significan cáncer o cangrejo: *dermocarcinia.*

CARCINÓGENO, NA adj. *Med.* Se dice del agente que induce el desarrollo de un cáncer.

CARCINOMA m. *Pat.* Tumor maligno formado por la proliferación masiva de células del tejido epitelial.

CARCINOMATOSIS f. *Pat.* Metástasis de un carcinoma primario a varias zonas del organismo. También denominado *carcinosis.*

CARCOMA f. **1** *Zool.* Nombre común de diversos insectos coleópteros xilófagos de la familia anóbidos. Miden entre 4 y 8 mm de longitud, tienen forma cilíndrica y tanto los adultos como las larvas excavan galerías en la madera seca, alimentándose de ella. **2** Polvo que producen estos insectos al roer la madera. **3** fig. Preocupación que consume a una persona. **4** fig. Persona o cosa que poco a poco va gastando su patrimonio.

CARCOMER tr. **1** Roer la carcoma la madera. **2** fig. Consumir poco a poco alguna cosa. También prnl. || prnl. **3** Llenarse de carcoma alguna cosa.

CARCUNDA adj. **1** Se decía de los carlistas. También com. **2** Reaccionario, retrógrado.

CARD- pref. CARDIO-.

CARDA f. **1** Acción y efecto de cardar. **2** Cepillo con puntas de alambre para cardar la lana.

CARDADOR, RA m. y f. **1** Persona que carda la lana. || m. *Zool.* **2** Nombre común de varios insectos miriápodos del género *Julus,* que tienen el cuerpo negro, semicilíndrico y formado por entre 45 y 55 anillos; en cada uno de ellos se articula un par de patas. Cuando se encuentran en peligro, enrollan el cuerpo en forma de bola.

CARDAMINA f. *Bot.* MASTUERZO, planta hortense.

CARDAMOMO m. *Bot.* Planta herbácea perenne perteneciente a la familia zingiberáceas, de nombre científico *Elettaria cardamomum.* Originaria de las regiones tropicales del S de Asia.

CARDÁN m. *Mec.* **1** Articulación para transmitir un movimiento de rotación en direcciones distintas. **2** Suspensión que consiste en dos circuitos concéntricos, cuyos ejes forman ángulo recto.

CARDANO o **CARDAN, GEROLAMO** Médico, matemático y físico italiano (Pavía, 1501 - Roma, 1576). En matemáticas dio a conocer la fórmula para la resolución de una ecuación de tercer grado y se anticipó al cálculo de probabilidades. En mecánica inventó la articulación y la suspensión que llevan su nombre.

CARDAR tr. **1** Preparar con la carda una materia textil para el hilado. **2** Sacar suavemente el pelo con la carda a algunos tejidos.

CARDARIO m. *Zool.* Pez selacio.

CARDEDEU Municipio y lugar de España, provincia de Barcelona; 10.805 h.

CARDELINA f. *Zool.* JILGUERO.

CARDENAL m. **1** *Rel.* Cada uno de los prelados que componen el sacro colegio o consejo del Papa, le asesoran en el gobierno de la iglesia y forman el cónclave para la elección del Sumo Pontífice. Su distintivo es capelo, birreta y vestido de color púrpura. En 1059, Nicolás II les otorgó un papel preponderante aunque no exclusivo en la elección del Papa, y en el tercer concilio de Letrán (1179) se decretó que dicha elección recayera plenamente sobre ellos. Desde entonces el colegio de cardenales acrecentó su poder e influencia, llegando incluso a entrar en conflicto con el propio Papa en numerosas ocasiones. **2** *Zool.* Nombre común de diversas aves paseriformes de la familia fringílidos. Suelen tener unos 20 cm de longitud y coloración negra en la cabeza y cuello. **3** Mancha amoratada que se produce en el cuerpo por efecto de un golpe.

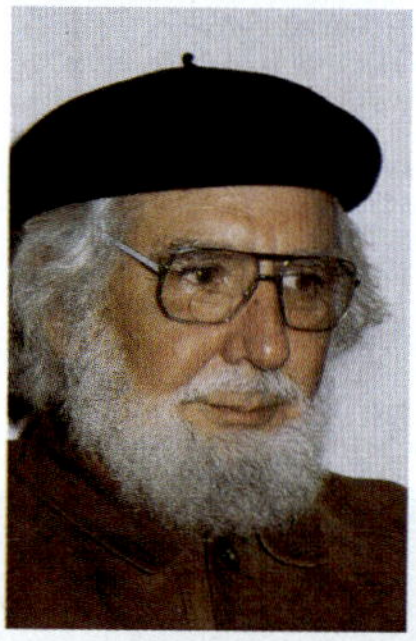

Ernesto **Cardenal**

CARDENAL, ERNESTO Poeta y político nicaragüense (Granada, 1925). Fue novicio en la Trapa de Gethsemaní (Kentucky), que abandonó para ordenarse sacerdote (1965). Ministro de Cultura con el Frente Sandinista, en 1984 el Vaticano le apartó del sacerdocio. Renunció a su militancia en 1994. En su poesía confluyen el cristianismo y el marxismo.

CARDENALATO m. Dignidad de cardenal.

CARDENALICIO, CIA adj. Perteneciente al cardenal del sacro colegio.

CÁRDENAS, CUAUHTÉMOC Político mexicano (Ciudad de México, 1934). Hijo de L. Cárdenas, ocupó el cargo de gobernador de Michoacán (1980-86). Fundador del Partido de la Revolución Democrática (PRD), fue alcalde de Ciudad de México de 1997 a 1999.

CÁRDENAS, LÁZARO Militar y político mexicano (Jiquilpan, Michoacán, 1895 - Ciudad de México, 1970). Fue gobernador de Michoacán (1928-32) y secretario de Guerra y Marina (1933). Presidente de México (1934-40), intensificó la reforma agraria y llevó a cabo la expropiación de los bienes de las compañías petroleras. En 1944 fue ministro de la Defensa Nacional.

CARDENCHA f. **1** *Bot.* Nombre común de diversas plantas pertenecientes a la familia dipsacáceas, género *Dipsacus.* **2** CARDA, instrumento para cardar la lana.

CARDENILLA f. Variedad de uva menuda.

CARDENILLO m. **1** *Quím.* Mezcla venenosa de acetatos básicos de cobre. **2** Acetato de cobre que se emplea en la pintura. **3** Color verde claro.

CÁRDENO, NA adj. **1** De color amoratado. **2** Se dice del toro cuyo pelo tiene mezcla de negro y blanco. **3** Se dice del agua de color opalino.

CARDI- pref. CARDIO-.

-CARDIA suf. CARDIO-.

CARDIACO, CA o **CARDÍACO, CA** adj. **1** *Biol.* Relativo al corazón. **2** Que padece del corazón. También s.

CARDIALGIA f. *Pat.* Dolor agudo o sensación molesta en el cardias del estómago.

CARDIAS m. **1** *Anat.* Orificio que sirve de comunicación entre el estómago y el esófago de los animales vertebrados. **2** *Anat.* Gran divertículo ciego del estómago adjunto al anterior orificio. **3** *Zool.* Ensanchamiento anterior del ventrículo, presente en algunos insectos.

CARDIFF Ciudad del Reino Unido, capital de Gales; 320.900 h. Constituye un Distrito unitario.

CÁRDIGAN m. Chaqueta de punto con escote en pico.

CARDILLO m. *Bot.* Planta herbácea bianual perteneciente a la familia compuestas, de nombre científico *Scolymus hispanicus.* Procede del S de Europa.

CARDINAL adj. **1** Principal, fundamental. **2** *Astrol.* Se aplica a los signos Aries, Cáncer, Libra y Capricornio. **3** *Gram.* Se dice del adjetivo numeral que expresa cuántas son las personas o cosas que pertenecen a un determinado conjunto, como *uno, diez.* **4** NÚMERO NATURAL.

CARDIO-, CARD-, CARDI-; -CARDIO-; -CARDIA, -CARDIO prefs., in. o sufs. que significan corazón; ejemplo de sufs.: *taquicardia, endocardio.*

CARDIOGRAFÍA f. *Med.* Estudio y descripción de los movimientos del corazón durante el ciclo cardiaco.

CARDIOGRAMA m. *Med.* Gráfico que representa los movimientos del corazón.

CARDIOLOGÍA f. *Med.* Parte de la medicina que estudia el corazón y las enfermedades que le afectan.

CARDIOPATÍA f. *Pat.* Término general que sirve para designar las enfermedades del corazón.

CARDIORRESPIRATORIO, RIA adj. Perteneciente o relativo al corazón y al aparato respiratorio.

CARDIOVASCULAR adj. Perteneciente o relativo al corazón y a los vasos sanguíneos.

CARDITIS f. *Pat.* Inflamación de los tejidos del corazón. ♦ Su pl. es *carditis.*

CARDO m. **1** *Bot.* Nombre común de diversas plantas espinosas pertenecientes la mayoría a la familia compuestas, aunque algunas son especies dipsacáceas y umbelíferas. Se caracterizan porque el tallo, las hojas y las flores aparecen cubiertos de espinas. **2** *Zool.* Charnela que une las dos valvas de un molusco bivalvo. **3** *Zool.* Referido a los insectos, esclerito basal de la maxila. **4** fig. Persona arisca. || **CARDO BORRIQUEÑO** o **BORRIQUERO** *Bot.* Cardo de nombre científico *Onopordum acanthium,* tiene flores purpúreas. || **CARDO CORREDOR** *Bot.* Cardo que se caracteriza por sus hojas espinosas por el borde y flores blancas. || **CARDO ESTRELLADO** *Bot.* Cardo de nombre científico *Centaurea calcitrapa,* con tallo peloso y flores blancas o purpúreas.

CARDÓN m. *Bot.* **1** CARDENCHA, planta. **2** ACEBO.

CARDONA f. *Bot. Cuba* Especie de cacto.

CARDONA Municipio y lugar de España, provincia de Barcelona; 5.882 h.

CARDONA, ALFREDO Poeta y escritor costarricense (San José, 1917 - Ciudad de México, 1996). Autor de *El mundo que tú eres* (1944), *Primer paraíso* (1955) y *Cosecha mayor* (1964).

CARDOSO, FERNANDO HENRIQUE Sociólogo, economista y político brasileño (São Paulo, 1931). Ocupó los cargos de ministro de Asuntos Exteriores (1993) y de Hacienda (1993-94). Fue elegido presidente de la República en 1994 y reelegido en 1998. En 2000 fue galardonado con el premio Príncipe de Asturias de Cooperación Internacional. Tras las elecciones de 2002 fue sustituido por Luiz Inázio, *Lula,* da Silva.

CARDOSO, ORNELIO JORGE Escritor cubano (Calabazar de Sagua, 1914 - La Habana, 1988). Autor de *Taita, diga usted cómo* (1945), *El perro* (1965), *Abrir y cerrar los ojos* (1969), etc.

CARDOSO PIRES, JOSE Escritor portugués (Peso, 1925 - Lisboa, 1998). De su obra cabe destacar *Juegos de azar* (1963), cuentos; las novelas *El huésped de Job* (1963), *El delfín* (1968) y *Balada de la playa de los perros* (1982); y la sátira política *Dinosaurio excelentísimo* (1972).

CARDOZA Y ARAGÓN, LUIS Escritor guatemalteco (Antigua Guatemala, 1904 - Ciudad de Guatemala, 1992). Su poesía está influida por el surrealismo y por García Lorca. Autor de *Luna Park* (1923), *La torre de Babel* (1930), *El sonámbulo* (1937) y *Quinta estación* (1972).

CARDUCCI, GIOSUÈ Poeta italiano (Valdicastello, 1835 - Bolonia, 1907). Escribió *Juvenilia* (1860), *Himno a Satanás* (1863), *Laevia gravia* (1868), *Yambos y épodas* (1879), *Rimas nuevas* (1861-87), *Odas bárbaras* (1877-89) y *Rimas y ritmos* (1890). En 1906 obtuvo el premio Nobel de Literatura.

Bartolomé **Carduccio**. *Descendimiento*. Museo del Prado (Madrid).

Carduccio, Bartolomé Pintor italiano (Florencia, 1560 - El Pardo, 1608). Entre sus obras, de estilo italianizante, figuran *Descendimiento* (1595) y *Última Cena* (1605).

Carduccio, Vicente Pintor italiano (Florencia, 1578 - Madrid, 1638). Hermano del anterior, fue pintor de cámara de Felipe III. Se le considera precursor del realismo español del siglo XVII.

Cardume o **Cardumen** m. BANCO de peces.

Carear tr. **1** *Der.* Poner a una o varias personas en presencia de otra u otras e interrogarlas juntas, con objeto de averiguar la verdad. **2** Pacer o pastar el ganado cuando va de camino. || prnl. **3** Verse las personas para algún negocio.

Carecer intr. Tener falta de alguna cosa. ♦ IRREG. Se conjuga como AGRADECER. Su participio activo es *carente*.

Carel m. *Mar.* Borde superior de una embarcación pequeña.

Carelia República federada de la Federación de Rusia, entre Finlandia y el mar Blanco; 172.400 km² y 788.000 h. Su capital es Petrosavodsk. Perteneció a Finlandia hasta 1947.

Carena f. **1** *Biol.* Estructura anatómica en forma de loma o aquillada. **2** *Zool.* QUILLA. **3** *Mar.* Parte de un buque que va debajo de la línea de flotación. **4** *Mar.* Reparación que se hace en el casco de la nave.

Carenado, da adj. **1** *Mar.* Se dice del casco de la nave que ha sido reparado. || m. **2** Acción y efecto de carenar. **3** Estructura secundaria que se añade a la carrocería de un vehículo para mejorar su perfil aerodinámico.

Carenar tr. *Mar.* Reparar el casco de la nave.

Carencia f. Falta o privación de alguna cosa.

Carenóstilo m. *Zool.* Insecto de la familia carábidos.

Carestía f. **1** Falta o escasez de alguna cosa. **2** Precio elevado de las cosas de uso común.

Careta f. **1** Máscara para cubrir la cara. **2** Mascarilla con que se protegen los colmeneros, los que practican esgrima, etc. **3** Máscara, fingimiento, disimulo. **4** *Zool.* Parte delantera de la cabeza del cerdo.

Careto, ta adj. *Zool.* Se aplica al animal que tiene la cara blanca y la frente y el resto de la cabeza de color oscuro.

Carey m. **1** *Zool.* Reptil quelonio perteneciente a la familia quelónidos, de nombre científico *Eretmochelys imbricata*. Es una tortuga marina grande cuyo caparazón puede medir hasta 90 cm de longitud, de color amarillo jaspeado de negro. **2** Materia córnea, susceptible de pulimento, que se obtiene calentando por debajo las escamas de la concha de la tortuga carey. ♦ Su pl. es *careyes*.

Carga f. **1** Acción y efecto de cargar. **2** Cosa que hace peso sobre otra. **3** Cosa transportada o sostenida. **4** Unidad de medida de algunos productos forestales, como leñas, carbones, etc. **5** Cantidad de explosivo que se echa en el cañón o en las municiones de un arma de fuego, o en un barreno o mina. **6** Medida de pólvora que corresponde a cada disparo. **7** *Dep.* Acción de desplazar un jugador a un contrario, mediante un choque. **8** Tributo, impuesto u otras obligaciones que pesan sobre una propiedad. **9** Embestida o ataque directo al enemigo. **10** Recambio de una materia que se gasta con el uso. **11** *Fís.* Cantidad de energía eléctrica acumulada en un cuerpo. Se mide en culombios (C). **12** *Fís.* Cantidad de electricidad no compensada en un cuerpo, es decir, su exceso o defecto en electrones. **13** *Fís.* Potencia dada a uno o varios transformadores o máquinas eléctricas. **14** *Fís.* Material colocado entre los electrodos para su calentamiento. **15** *Quím.* Energía eléctrica almacenada en forma química en una pila. || **llevar una carga** fr. fig. Asumir trabajo o cuidado de algo. || **volver a la carga** fr. fig. Insistir en un empeño o tema.

Cargadero m. Sitio donde se cargan y descargan las mercancías.

Cargado, da adj. **1** Se dice del tiempo o de la atmósfera bochornosos. **2** Totalmente lleno. **3** Fuerte, espeso. **4** Borracho.

Cargador, ra adj. **1** Que carga. || m. y f. **2** Persona que embarca las mercancías o que conduce cargas.

Cargados Carajos Grupo de islas de Mauricio, que constituyen una dependencia, administrada directamente por la capital, Port Louis; 71 km² y 170 h.

Cargamento m. Conjunto de mercancías que carga una embarcación.

Cargante adj. Que molesta o incomoda.

Cargar tr. **1** Echar peso sobre una persona o animal. **2** Embarcar en un vehículo mercancías para transportarlas. **3** Introducir la carga en un arma de fuego. **4** Proveer a un aparato de lo que necesita para funcionar. **5** *Fís.* Acumular energía eléctrica en un aparato. **6** *Fís.* Hacer pasar a un acumulador una corriente opuesta a la que éste suministra. **7** *Dep.* En algunos deportes, desplazar su sitio un jugador a otro mediante un choque violento con el cuerpo. **8** Acopiar con abundancia algunas cosas. **9** Incomodar, cansar. También prnl. **10** Anotar en las cuentas corrientes las partidas que corresponden al debe. **11** Recoger, cerrar las velas de un barco. **12** fig. Aumentar el peso de alguna cosa. **13** fig. Gravar a las personas. **14** fig. Achacar, imputar. || intr. **15** Acometer con fuerza contra los enemigos. **16** Inclinarse una cosa. También prnl. **17** Tomar sobre sí algún peso. **18** Descansar una cosa sobre otra. **19** En sastrería, llevar los hombres a uno u otro lado del tiro del pantalón los genitales. **20** *Bot.* Tener los árboles fruto en gran abundancia. **21** *Gram.* Tener una sílaba más valor prosódico que otra de la misma palabra. **22** fig. Concurrir mucha gente a un paraje. **23** fig. Tomar o tener sobre sí alguna obligación o cuidado. **24** fig. Hacer a uno responsable de culpas o defectos ajenos. **25** fig. Importunar a uno para que condescienda con algo. || prnl. **26** Echar el cuerpo hacia alguna parte. **27** *Meteor.* Irse aglomerando las nubes. **28** fig. Llenarse o tener abundancia. || **cargarse** a uno fr. fig. y fam. Matarle. Suspenderle en un examen. || **cargarse** alguna cosa fr. fig. y fam. Estropearla.

Cargazón f. **1** Abundancia de frutos en los árboles. **2** Pesadez de cabeza, estómago, etc. **3** Aglomeración de nubes espesas.

Cargo m. **1** Dignidad, empleo, oficio y persona que lo desempeña. **2** Gobierno, dirección, custodia. **3** Pago que se hace o debe hacerse con dinero de una cuenta, y apunte que de él se hace. **4** Falta que se imputa a uno en su comportamiento. || **CARGO DE CONCIENCIA** Lo que la grava. || **a cargo de** loc. para indicar que algo está al cuidado de una persona. También a expensas, a cuenta de. || **con cargo a** loc. A CARGO DE, a expensas. || **hacerse** uno **cargo** de alguna cosa fr. Formarse un concepto de ella y considerarla.

Carguero, ra adj. y s. **1** Que lleva carga. || m. **2** Buque, tren, etc., de carga.

Cari adj. *Arg.* y *Chile* De color pardo o plomizo.

-caria suf. CARIO-.

Caria f. *Bot.* Nombre común de diversas plantas pertenecientes al orden Fagales, género *Carya*. Son árboles caducifolios, de gran altura, hojas compuestas y pinnadas, y yemas terminales que aparecen en invierno.

Caria *Geog. hist.* Antigua región de Asia Menor, en la costa del Egeo. Sus principales ciudades eran Mileto y Halicarnaso.

Cariacontecido, da adj. fam. Que muestra en el semblante pena o turbación.

Cariaquito m. *Bot.* Arbusto de la familia verbenáceas, propio de lugares cálidos y secos, que despide un olor agradable.

Cariar tr. y prnl. *Pat.* Producir caries.

Carías Andino, Tiburcio Militar y político hondureño (Tegucigalpa, 1876 - íd., 1969). Ascendido a general en la guerra con Nicaragua, fundó el Partido Nacional (1918). Elegido presidente de la República (1933-49), gobernó de manera autoritaria.

Cariátide f. *Escult.* Estatua de mujer con traje talar y, por extensión, cualquier figura humana que sirve de columna o pilastra.

Caribana Nombre primitivo de la costa de Venezuela, por estar habitada por caribes.

Caribdis 1 Remolino frente al escollo de ESCILA, en el estrecho de Mesina. **2** *Mit.* Hija de Neptuno y la Tierra, que fue aniquilada por el rayo de Júpiter, por haber robado los bueyes de Hércules, y convertida en un abismo y torbellino que se supone ser el que existe en las cercanías de Sicilia, frente al escollo de Escila.

Caribe adj. **1** *Etnol.* Se dice de un pueblo amerindio extendido por las Antillas menores y la zona tropical del N de Sudamérica. También s. **2** Relativo a los caribes. || m. **3** *Ling.* Lengua hablada por los caribes. Se habla del N del Amazonas a las Guayanas, Venezuela y las tierras bajas de Colombia. **4** *Zool.* Pez teleósteo de nombre científico *Serrasalmo rhombeus*; es una de las numerosas especies conocidas como pirañas. **5** fig. Hombre cruel e inhumano.

Caribe o **Costa** Cordillera de Venezuela, entre la región de Los Llanos y el Caribe, que se extiende desde el O de Barquisimeto hasta la península de Paria. Su mayor altura es el pico Naiguatá, de 2.765 m.

Caribe, islas del o **islas Caribes** ANTILLAS.

Caribe, mar o **mar del** ANTILLAS, mar de las.

Caribeño, ña adj. **1** Se dice del habitante de la región del Caribe. También s. **2** Perteneciente o relativo al mar Caribe o a los territorios que baña.

Caribú m. *Zool.* Mamífero artiodáctilo rumiante perteneciente a la familia cérvidos, de nombre científico *Rangifer caribu*. Vive en América septentrional. También denominado *reno de los bosques*.

cariátides del Erecteion (Atenas).

guerras carlistas. Don Carlos María Isidro de Borbón pasa revista a sus tropas en Amurrio. Litografía de la época.

CARICÁCEO, A adj. y f. *Bot.* **1** Se dice de los árboles angiospermos dicotiledóneos con tallo poco ramificado, como el papayo. || f. pl. *Bot.* **2** Familia de estas plantas.

CARICATO m. **1** Cantante que en la ópera hace los papeles de bufo. **2** *Amér.* CARICATURA.

CARICATURA f. **1** Figura en que se deforma el aspecto de una persona. **2** Obra de arte en que se ridiculiza a una persona o cosa.

CARICIA f. **1** Demostración cariñosa que consiste en rozar suavemente con la mano. **2** Halago, demostración amorosa.

CARICOCHA Laguna de Ecuador, provincia de Imbabura, en el cráter o caldera del Mojanda, a una altura de 3.711 m.

CARIDAD f. **1** *Rel.* En la religión cristiana, una de las tres virtudes teologales, que consiste en amar a Dios y al prójimo. **2** Limosna o auxilio que se presta a los necesitados.

CARIES f. *Pat.* Infección de un hueso, particularmente de muelas o dientes, que acaba destruyéndolo. ♦ Su pl. es *caries.*

CARIHUAIRAZO Volcán de los Andes Ecuatorianos, en la cordillera Occidental; 5.020 m.

CARILANCO m. *Zool.* Mamífero artiodáctilo de nombre científico *Tayassu pecari.* Muy similar al pécari, vive en las selvas tropicales americanas.

CARILLA f. Plana o página.

CARILLÓN m. **1** Grupo de campanas que producen un sonido armónico. **2** Juego de tubos o planchas de acero que producen un sonido musical.

CARIMBO m. *Bol., Perú, P. Rico, Arg.* y *Urug.* Hierro que se utiliza para marcar el ganado.

CARINA f. **1** *Bot.* Estructura naviforme integrada por los dos pétalos inferiores de la flor del guisante y plantas afines. Encierra los estambres y carpelos y desempeña un importante papel en la fecundación. **2** QUILLA.

CARINA *Astron.* Constelación del hemisferio Sur celeste, cuya estrella más luminosa es Canopus. También denominada *Quilla del Barco* o *Nave de Argos.*

CARINO, MARCO AURELIO Emperador romano (? - ?, 285). Reinó entre 283 y 285. Hijo mayor de Marco Aurelio Caro, a la muerte de su padre, reinó en Occidente, mientras que su hermano Numeriano lo hacía en Oriente. Muerto éste, se enfrentó a Diocleciano, que había sido proclamado emperador (284). Fue asesinado por sus propios soldados.

CARINTIA Estado meridional de Austria, lindante con Eslovenia e Italia; 9.533 km² y 564.431 h. Su capital es Klagenfurt.

CARIÑENA m. Vino tinto de Cariñena, muy dulce y oloroso.

CARIÑENA Municipio y lugar de España, provincia de Zaragoza; 2.928 h. Famosos vinos.

CARIÑO m. **1** Inclinación de afecto que se siente hacia una persona o cosa. **2** Expresión de dicho sentimiento. Más en pl. **3** fig. Esmero con que se hace una cosa.

CARIO, RIA adj. y s. De la Caria.

CARIO-; -CARIO-; -CARIA, -CARIO, -CARIÓTICO pref., in. o sufs. que significan nuez, núcleo: *astrocario.*

CARIOCA adj. y com. De Rio de Janeiro.

CARIOCINESIS f. *Biol.* División del núcleo de la célula durante la mitosis.

CARIOFILÁCEO, A adj. y f. *Bot.* **1** Se dice de las plantas herbáceas o arbustivas angiospermas dicotiledóneas, como el clavel. || f. pl. *Bot.* **2** Familia de estas plantas.

CARIOFÍLEO, A adj. *Bot.* CARIOFILÁCEO.

CARIOGRAMA m. *Biol.* Representación gráfica de la clasificación numérica y morfológica de los cromosomas de un individuo.

CARIOLINFA f. *Biol.* Fluido acuoso incoloro que constituye la sustancia fundamental de un núcleo celular.

CARIÓPSIDE f. *Bot.* Fruto seco e indehiscente, como el grano de trigo.

CARIORREXIS f. *Biol.* Fragmentación del núcleo con dispersión de los fragmentos en el citoplasma. La cromatina se desintegra formando gránulos que se tiñen de oscuro.

CARIOSOMA m. *Biol.* **1** CROMOSOMA. **2** Masa esférica de cromatina en el núcleo celular en reposo.

-CARIÓTICO suf. CARIO-.

CARIOTIPO m. *Biol.* Conjunto de los cromosomas presentes en la dotación genética de una especie determinada, con un número y morfología típicos durante la reproducción celular.

CARISMA m. Cualidad que tienen algunas personas para atraer a las muchedumbres.

CARISSIMI, GIACOMO Compositor italiano (Marino, 1605 - Roma, 1674). Maestro de A. Scarlatti, es uno de los primeros grandes representantes en el género del oratorio.

CARISTIO, TIA adj. *Etnol.* e *Hist.* **1** Se dice del individuo de un pueblo hispánico prerromano que habitaba al O del río Deva. Tambien s. **2** Relativo a los caristios.

CARITATIVO, VA adj. **1** Que ejercita la caridad. **2** Relativo a la caridad.

CARITE m. *Zool. Cuba* Pez parecido al pez sierra.

CÁRITES Nombre griego de las *Gracias.*

CARIZ m. **1** Aspecto de la atmósfera. **2** fig. y fam. Aspecto de un asunto.

CARLANCA f. **1** Collar erizado de puntas de hierro que preserva a los mastines de las mordeduras. **2** *Col.* y *C. Rica* GRILLETE. **3** *Chile* y *Hond.* Molestia causada por alguna persona machacona y fastidiosa.

CARLÍN m. *Num.* Moneda de plata, que circuló en España desde el siglo XVI.

CARLINA f. *Bot.* CARDO.

CARLINGA f. **1** *Aviac.* Espacio destinado en los aviones para la tripulación. **2** *Mar.* En un barco, sitio donde se encaja el mástil.

CARLISLE Ciudad del Reino Unido, en el NO de Inglaterra, a orillas del río Eden; 73.233 h. Restos romanos. Catedral.

CARLISMO m. *Hist.* Movimiento político español surgido en el siglo XIX, que agrupó a los partidarios del infante Carlos María Isidro de Borbón, hermano de Fernando VII, frente a la hija de éste, Isabel, en la lucha dinástica que provocó la muerte del rey sin descendencia masculina (1833). Su ideología se basó en la defensa de la monarquía y la sociedad tradicionales. A partir de 1876, el movimiento comenzó a debilitarse por la escisión del integrismo y por el desarrollo de los nacionalismos vasco y catalán. La llegada de la II República (1931) creó un ambiente propicio para la reunificación bajo el nombre de Partido Tradicionalista Carlista, que dio su apoyo a la sublevación militar de 1936. Durante la Guerra Civil su unión con Falange Española dio origen a la Falange Española Tradicionalista y de las JONS (1937).

CARLISTA adj. y com. Partidario del carlismo, o del moderno Partido Carlista.

CARLISTAS, GUERRAS *Hist.* Conjunto de contiendas civiles que mantuvieron carlistas y liberales en España, como consecuencia del pleito sucesorio planteado a la muerte de Fernando VII. La *primera guerra carlista* (1833-40) se desarrolló principalmente en el país vasconavarro y en el Maestrazgo, donde los carlistas obtuvieron algunas victorias. Sin embargo, fracasaron en su intento de conquistar Bilbao (sitiada en 1835 y 1836), donde murió el general Zumalacárregui. En 1837 una expedición dirigida por don Carlos llegó a las inmediaciones de Madrid, pero fue rechazada por las tropas de Espartero. Este revés provocó la aparición de divisiones internas que Maroto, jefe del ejército carlista, aprovechó para concluir una paz con Espartero en el llamado Convenio de Vergara (1839). La *segunda guerra carlista* (1846-49) estalló en vísperas de la boda de la reina con su primo Francisco de Asís. Se formaron nuevas partidas carlistas que aclamaron a Carlos Luis, conde de Montemolín, con el nombre de Carlos VI. La lucha fue breve y negativa para las pretensiones carlistas. La *tercera guerra carlista* (1872-76) se dirigió sucesivamente contra la monarquía de Amadeo, la I República y Alfonso XII. Las primeras derrotas (Oroquieta, 1872) no desanimaron al ejército carlista, que consiguió varias victorias (Estella, Montejurra, Portugalete) antes de intentar, sin éxito, la conquista de Bilbao (1874). La restauración de Alfonso XII provocó nuevas divisiones en el carlismo, lo que favoreció la victoria de Martínez Campos en Seo de Urgel (1875), que puso fin a la guerra en Cataluña, y de Fernando Primo de Rivera (1876) en Estella, obligando a Carlos VII a salir de España.

CARLOMAGNO o **CARLOS I EL GRANDE** Rey de los francos y emperador de Occidente (?, 742 - Aix-la-Chapelle, 814). Sucedió a su padre, Pipino el Breve, en 768, y compartió el trono con su hermano Carlomán hasta 771. Se esforzó en crear un imperio romanogermánico

Carlomagno y su corte. Grabado de *Les grandes chroniques des rois de France,* de Robert Gaguin. París, 1514.

en Europa occidental presidido por la idea cristiana. Conquistó el reino lombardo en el 774, sometió a vasallaje Benevento y Baviera, tomó el reino sajón (799), ocupó Frisia (785) y conquistó Panonia a los ávaros. Intentó la conquista de la Zaragoza musulmana, pero hubo de retirarse y fue derrotado por los vascones en Roncesvalles, tras lo cual se limitó a crear la llamada Marca Hispánica. En la Navidad del año 800 fue coronado por el papa León III como emperador de Occidente.

Carlomán Rey de Baviera y de Italia (?, 828 - ?, 880). Hijo de Luis el Germánico, heredó Baviera (876) y sucedió a su primo Luis II en Italia (877).

Carlomán Rey de Francia (? - ?, 884). Era hijo de Luis el Tartamudo. Le correspondió Aquitania y Borgoña y, a la muerte de su hermano, Luis III, quedó como único rey de Francia.

Carlomán Rey de Francia (?, 751 - Samoussy, Aisne, 771). Era hijo de Pipino el Breve y hermano de Carlomagno. Obtuvo en el reparto Austrasia, Borgoña, Aquitania oriental, Provenza y Septimania. Reinó del 768 al 771.

Carlomán Rey de Austrasia (?, 715 - Vienne, 754). Era hijo primogénito de Carlos Martel y hermano de Pipino el Breve. En compañía de su hermano gobernó Austrasia y las provincias germanas dependientes de este Estado. En el 747 abdicó a favor de Pipino y se retiró al monasterio de Montecassino.

Carlos Nombre de siete emperadores carolingios, del Sacro Romano Germánico y de Alemania.

Carlos I Carlomagno.

Carlos II Carlos II, rey de Francia.

Carlos III el Gordo (Neidingen, 839 - íd., 888). Hijo menor de Luis el Germánico, fue rey de Germania (876-882), rey de Italia (879-882), emperador (881-887) y de Francia (885-887).

Carlos IV de Luxemburgo (Praga, 1316 - íd., 1378). Aliado del papa Clemente VI, fue elegido rey de romanos en 1346 y ese mismo año sucedió a su padre en el trono de Bohemia. En 1355 se hizo coronar rey de los lombardos en Milán y emperador en Roma. Promulgó en 1356 la Bula de Oro.

Carlos V Carlos I de España y V de Alemania.

Carlos VI (Viena, 1685 - íd., 1740). Segundo hijo de Leopoldo I y archiduque de Austria. A la muerte de Carlos II defendió su derecho a la corona española. Desembarcó en Barcelona y fue aclamado como rey (1705). Por dos veces llegó a entrar en Madrid; pero la derrota de sus tropas y la muerte de su hermano el emperador José I (1711), de quien heredó la corona de Alemania, cambiaron el curso de los acontecimientos. Aseguró la sucesión a la corona a su hija María Teresa de Austria por la *Pragmática Sanción* (1713) y renunció al trono español (1714).

Carlos VII (Bruselas, 1697 - Munich, 1745). Elector de Baviera y casado con María Amelia, hija del emperador José I. A la muerte de Carlos VI (1740), participó en la guerra de Sucesión austriaca contra María Teresa. En 1741 fue coronado rey de Bohemia y en 1742 emperador germánico.

Carlos Nombre de cuatro reyes de España.

Carlos I de España y V de Alemania Rey de España y de Nápoles y emperador de Alemania (Gante, 1500 - Yuste, 1558). Hijo de Felipe I el Hermoso y de Juana de Castilla, fue educado en los Países Bajos. Como nieto, por línea materna, de los Reyes Católicos, y por incapacidad de su madre, heredó el trono de España (1516), y poco después, al fallecer su abuelo paterno, Maximiliano I de Alemania, fue elegido emperador (1519). Heredero, por tanto, de las casas de Aragón, Austria, Borgoña y Castilla, se convirtió en el soberano más poderoso de Europa. Mantuvo seis guerras con Francia, luchó contra los turcos y trató por todos los medios de frenar el avance de los protestantes en Alemania. Logró derrotarlos en la batalla de Mühlberg (1547), aunque finalmente se vio obligado a firmar la paz de Augsburgo (1555). En 1556 renunció a la corona de España en su hijo Felipe II y al imperio de Alemania en favor de su hermano Fernando, y se retiró al monasterio de Yuste, en Cáceres, donde murió.

Carlos II el Hechizado Rey de España y de Nápoles (Madrid, 1661 - íd., 1699). Hijo de Felipe IV y de Mariana de Austria, ciñó la corona a los cinco años de edad, bajo la regencia de su madre. De naturaleza débil y enfermiza, durante su reinado el país fue víctima de las divisiones y bandos. Casado por dos veces, no tuvo descendencia y testó a favor de Felipe de Anjou, nieto de Luis XIV de Francia. Fue el último monarca de la casa de Austria en España y a su muerte se desencadenó la llamada guerra de Sucesión (1701-14).

Carlos III (Madrid, 1716 - íd., 1788). Tercer hijo de Felipe V y de Isabel de Farnesio, en el tratado de La Haya le fueron reconocidos sus derechos a los ducados de Parma, Piacenza y Toscana. Se apoderó, con el auxilio de un ejército español, de Nápoles y Sicilia, y fue coronado rey en Palermo (1734). A la muerte de Fernando VI, fue proclamado rey de España (1759) y renunció a la corona de Nápoles en su hijo Fernando. Su política exterior ligó la suerte de España a la de Francia, con el *Pacto de Familia* de 1761. En el interior, sus ministros y consejeros impulsaron el desarrollo económico del país.

Carlos III. Retrato de Mariano Salvador Maella. Palacio Real (Madrid).

Carlos IV. Retrato de Francisco de Goya. Palacio Real (Madrid).

Carlos IV (Nápoles, 1748 - Roma, 1819). Hijo de Carlos III, sucedió a su padre en 1778 y se rodeó de políticos importantes, como los condes de Floridablanca y de Aranda, hasta el encumbramiento de Godoy. Enfrentado a la Francia revolucionaria, en 1797 firmó un tratado de alianza con el Directorio francés, lo que desencadenó la guerra con Inglaterra. En 1807 se concertó entre Francia y España el tratado de Fontainebleau, por el cual se convino la invasión de Portugal. Con este pretexto Napoleón introdujo en España un ejército de 100.000 hombres. Godoy quiso hacer frente a los franceses y dispuso la marcha de los reyes a Andalucía, pero Fernando, príncipe de Asturias, provocó el motín de Aranjuez, que obligó a Carlos IV a abdicar en su hijo. El rey se acogió a la protección de Napoleón, quien atrajo a Fernando VII a Bayona, donde el nuevo rey devolvió la corona a su padre, y éste se la cedió a Napoleón. A partir de entonces Carlos IV vivió desterrado en Francia e Italia, donde murió.

Carlos Nombre de diez reyes de Francia.

Carlos I el Grande Carlomagno o Carlos I.

Carlos II el Calvo (Frankfurt del Mein, 823 - Avrieux, Saboya, 877). Hijo menor de Ludovico Pío. Por el tratado de Verdún (843) le fue reconocida su soberanía sobre Francia occidental. Se hizo coronar emperador de Occidente por el papa Juan VIII (875).

Carlos III el Simple (?, 879 - Peronne, Somme, 929). Hijo de Luis el Tartamudo, accedió al trono en 893. Durante su minoría de edad ocuparon la regencia Carlos el Gordo y, posteriormente, Eudes, conde de París. Cedió al normando Rollon una parte de lo que luego fue Normandía (911). El final de su reinado se vio amenazado por varias revueltas nobiliarias y fue hecho prisionero por Heriberto, conde de Vardemandois.

Carlos IV (?, 1294 - Vincennes, 1328). Sucedió a su hermano Felipe V en 1322. Muerto sin descendencia masculina, fue el último de los Capetos directos, pues la corona pasó, en virtud de la ley Sálica, a la rama colateral de los Valois.

Carlos V el Sabio (Vincennes, 1338 - castillo de Beauté-sur-Marne, París, 1380). Hijo de Juan II, ejerció la regencia desde 1356. En 1364 accedió al trono. Ayudado por la marina castellana, venció a los ingleses en La Rochelle (1372) y los expulsó de casi todas sus posesiones francesas.

Carlos VI (París, 1368 - íd., 1422). Sucedió a Carlos V en 1380. Sus ataques de locura y las querellas entre los seguidores del duque de Orleans (Armagnac) y del de Borgoña (borgoñones) permitieron que casi todo el país cayera en poder de los ingleses, después de la batalla de Azincourt (1415).

Carlos VII (París, 1403 - Mehun-sur- Yèvre, Cher, 1461). Debido a la locura de su padre, Carlos VI, tuvo que ocuparse muy joven de los asuntos públicos. A la muerte de su padre, fue coronado en Poitiers, pero no fue reconocido por todo el país ya que por el tratado de Troyes (1420) había sido desheredado en favor de Enrique V de Inglaterra. La influencia de Juana de Arco y su reconciliación con los borgoñones en el tratado de Arras (1435) hicieron posible la expulsión de los ingleses de la mayor parte del país.

Carlos VIII (Amboise, Indre-et-Loire, 1470 - íd., 1498). Fue proclamado rey en 1483. Cedió a Fernando el Católico el Rosellón y la Cerdaña en 1492 y, un año después, el Franco Condado y Artois a Maximiliano de Austria. En 1495 incorporó Bretaña a la corona.

Carlos IX (Saint-Germain-en-Laye, Yvelines, 1550 - Vincennes, 1574). Hijo de Enrique II, en 1560 sucedió a su hermano, Francisco II, aunque fue su madre, Catalina de Médicis, quien reinó de hecho hasta 1570. Influido por su madre, ordenó las matanzas de protestantes de la noche de San Bartolomé (1572).

Carlos X (Versalles, 1757 - Goritz, 1836). Hermano de Luis XVI y de Luis XVIII, emigró al ser tomada la Bastilla. Volvió a París con los aliados en 1814 y en 1824 sucedió en el trono a Luis XVIII. Gobernó como un monarca absoluto. Fue destronado en la Revolución de 1830.

Carlos Nombre de dos reyes de Inglaterra, Escocia e Irlanda.

Carlos I (Dunfermline, 1600 - Whitehall, 1649). Hijo de Jacobo I, le sucedió en 1625. Los gastos ocasionados por su política exterior le enfrentaron al Parlamento y gobernó despóticamente. Al final de su reinado se desarrollaron dos guerras civiles, ambas de resultado contrario a su causa. Hecho prisionero, fue entregado a los partidarios de Cromwell. El nuevo Parlamento mandó juzgarle. Fue condenado a muerte y ejecutado.

Carlos II (Londres, 1630 - íd., 1685). Hijo de Carlos I, marchó a Francia a la muerte de su padre. En 1651 fue coronado rey de Escocia, aunque fue derrotado ese mismo año por Cromwell en Worcester. Fue restable-

Carlos II. Rey de Inglaterra. Retrato de Joseph Wright. Royal Collection (Londres).

cido en el trono por el general Monk en 1660. Enfrentado al Parlamento, las derrotas en las guerras contra las Provincias Unidas le obligaron a reconocer sus derechos y a sentar las bases de la monarquía constitucional inglesa.

CARLOS Nombre de tres reyes de Navarra.

CARLOS I DE NAVARRA CARLOS IV, rey de Francia.

CARLOS II EL MALO (?, 1332 - ?, 1387). Hijo de Felipe de Évreux y de Juana II, subió al trono en 1350. Participó, aliado con los ingleses, en la guerra de los Cien Años.

CARLOS III EL NOBLE (Nantes, 1361 - Olite, 1425). Subió al trono en 1390. Construyó el castillo de Olite. Dejó como heredera a Blanca, madre del príncipe de Viana.

CARLOS o **CAROL** Nombre de dos reyes de Rumania.

CARLOS o **CAROL I** (Sigmaringen, 1839 - Sinaia, 1914). Pertenecía a la familia imperial de Alemania. Con el apoyo de Napoleón, fue elegido príncipe de Rumania en 1866 para suceder al depuesto Alejandro Cuza. Consolidó la estabilidad interna del principado y en 1877 proclamó su independencia. Cuatro años después se proclamó rey.

CARLOS o **CAROL II** (Sinaia, 1893 - Estoril, 1953). Hijo de Fernando I. Enamorado de Magda Lupescu, renunció a los derechos a la corona en favor de su hijo Miguel (1926) y se estableció en París. En 1930 recuperó la corona. En 1938 estableció una dictadura y dos años después delegó en su hijo Miguel y se exilió.

CARLOS Nombre de dieciséis reyes de Suecia.

CARLOS I a **VI** Reyes legendarios de Suecia, acerca de los cuales no se conoce ningún hecho histórico.

CARLOS VII (? - Visingsö, 1167). Sometió a todos los prelados a la jurisdicción del arzobispado de Upsala, creado por él en 1164. Fue asesinado por Knut Ericsson, hijo de Eric el Santo.

CARLOS VIII (?, 1409 - ?, 1470). Fue elegido rey de Suecia (1448) y de Noruega (1149). Estuvo en guerra continua con los daneses.

CARLOS IX (Estocolmo, 1550 - Nyköping, 1611). Hijo de Gustavo I Vasa, se rebeló contra Segismundo III y se hizo proclamar rey en 1600, aunque no ocupó el trono hasta 1607.

CARLOS X (Nyköping, 1622 - Göteborg, 1660). Sucedió a su prima Cristina en 1654. Un año después conquistó Polonia, aunque tuvo que abandonarla en 1657 tras la formación de una coalición formada por Austria, Rusia, Holanda, Dinamarca y algunos príncipes alemanes. Firmada la paz en 1658, invadió Dinamarca un año después, pero no pudo tomar Copenhague y fue derrotado en la batalla de Nyborge.

CARLOS XI (Estocolmo, 1655 - íd., 1697). Hijo del anterior, subió al trono en 1660. En 1675 entró en guerra con Holanda, Brandemburgo y Dinamarca. Por el tratado de Saint-German-en-Laye, en 1679, perdió sus posesiones de Pomerania a Brandemburgo.

CARLOS XII (Estocolmo, 1682 - Fredrikshald, 1718). Hijo de Carlos XI. Derrotado por los rusos en Poltava (1709), huyó a Turquía, donde permaneció tres años. Regresó a Suecia e inició una campaña contra Noruega, en la que murió.

CARLOS XIII Rey de Suecia y de Noruega (Estocolmo, 1748 - íd., 1818). Era hijo segundo de Adolfo Federico, y a la muerte de su hermano Gustavo (1792) ejerció la regencia en nombre de su sobrino Gustavo IV, siendo elegido rey a la caída de aquél (1809). En 1814 obtuvo la corona de Noruega, gracias a la intervención del mariscal Bernadotte, al que nombró sucesor.

CARLOS XIV (JEAN BAPTISTE JULES BERNADOTTE, conocido como) (Pau, 1764 - Estocolmo, 1844). Al servicio de Napoleón, se distinguió en Ulm y Austerlitz. Adoptado por Carlos XIII, volvió sus armas contra Napoleón. Subió al trono en 1818 y fue el fundador de la actual dinastía reinante en Suecia.

CARLOS XV Rey de Suecia y Noruega (Estocolmo, 1826 - Malmö, 1872). Hijo de Óscar I, subió al trono en 1859. Impulsó la constitución en 1866 de un Parlamento de dos cámaras.

CARLOS XVI GUSTAVO (Estocolmo, 1946). Nieto de Gustavo VI Adolfo, le sucedió en 1973. Tras la reforma de la constitución que entró en vigor en 1975, sus poderes quedaron muy reducidos.

CARLOS Nombre de tres duques de Saboya.

CARLOS I EL GUERRERO (Carignano, 1468 - Pinerolo, 1490). Cuarto hijo de Amadeo IX, sucedió a su hermano Filiberto en 1482. Sujeto a la tutela francesa, heredó los derechos a la soberanía de Chipre, Armenia y Jerusalén.

CARLOS II (?, 1488 - ?, 1496). Hijo del anterior, le sucedió en 1490 bajo la tutela de su madre. Ésta se vio obligada a luchar contra el arzobispo de Auch y los condes de Ginebra y Bressa.

CARLOS III EL BUENO (Chazey, 1486 - Vercelli, 1553). Gobernó de 1504 a 1536. Hijo de Juan Sin Tierra, sucedió a su hermano Filiberto II en 1504. Tío de Francisco I de Francia y cuñado de Carlos V, tan pronto peleó en favor del uno como del otro, aunque se decantó por el emperador, de quien recibió en 1530 el condado de Asti.

CARLOS, PRÍNCIPE DE VIANA VIANA, CARLOS, PRÍNCIPE DE.

CARLOS I Emperador de Austria y rey de Hungría (Persenbeud, 1887 - Funchal, 1922). Sucedió a su tío abuelo Francisco José I en 1916 y abdicó en 1918.

CARLOS I Rey de Portugal (Lisboa, 1863 - íd., 1908). Sucedió a su padre Luis I en 1889. En mayo de 1906 suspendió la constitución y dio el poder a João Franco Castelo Branco. Fue asesinado en Lisboa con su hijo Luis Felipe.

CARLOS I DE ANJOU Rey de Sicilia (?, 1226 - Foggia, 1285). Fue conde de Anjou, Maine, Forcalquier y Provenza. Acompañó a su hermano Luis IX de Francia a la séptima cruzada. Reinó entre 1266 y 1285. Sufrió la derrota de las Vísperas Sicilianas.

CARLOS III, ORDEN DE Orden honorífica fundada por Carlos III en 1771 para distinguir a las personas de relevantes méritos o de probada fidelidad al monarca.

CARLOS ALBERTO Rey de Cerdeña (Turín, 1798 - Oporto, 1849). Reinó brevemente en 1821, pero fue desautorizado por Carlos Félix a causa de su política liberal. Volvió al poder en 1831 y reinó hasta 1849, en que abdicó en su hijo Víctor Manuel II. Fue derrotado por Austria en Custozza y Novara.

CARLOS DE AUSTRIA Príncipe de Asturias (Valladolid, 1545 - Madrid, 1568). Hijo de Felipe II. De cuerpo deforme, enfermizo y de carácter desequilibrado, tuvo malas relaciones con su padre, quien le encarceló en su palacio, donde murió. La leyenda negra achaca la muerte del príncipe a la voluntad de su padre.

CARLOS BORROMEO, SAN Cardenal italiano (Azona, 1538 - Milán, 1584). Arzobispo de Milán, se distinguió especialmente por su celo apostólico y su caridad, en particular durante la peste que asoló Milán en 1567. Fue canonizado en 1610.

CARLOS EDUARDO ESTUARDO Pretendiente al trono británico (Roma, 1720 - Florencia, 1788). Nieto de Jacobo II y sobrino de la reina Ana, era por derecho de sucesión heredero de ambos soberanos, pero el Parlamento inglés anuló estos derechos. Con el auxilio de Francia y de los escoceses, llevó a cabo varias expediciones contra Inglaterra, pero en 1746 fue derrotado por el duque de Cumberland en Culloden Moor.

CARLOS FÉLIX Rey de Cerdeña (Turín, 1765 - íd., 1831). Sucedió a su hermano Víctor Manuel en 1821. Con él se extinguió la línea masculina de la casa de Saboya.

CARLOS DE FLANDES Conde de Flandes (Bruselas, 1903 - íd., 1983). Era hijo segundo de Alberto I de Bélgica y hermano de Leopoldo III. Participó en la lucha clandestina contra la ocupación alemana. Reunido el Parlamento (1944), fue nombrado regente. Cesó el 20 de julio de 1950, tras la celebración del plebiscito favorable al retorno de Leopoldo III.

CARLOS DE HABSBURGO Archiduque de Austria (Florencia, 1771 - Viena, 1847). Hijo de Leopoldo II. Fue derrotado por Napoleón en Wagram (1809).

CARLOS DE INGLATERRA Príncipe heredero del Reino Unido (Londres, 1948). Hijo de la reina Isabel II y del príncipe consorte Felipe de Edimburgo, la ceremonia de investidura como príncipe de Gales se efectuó en 1969. En julio de 1981 se casó con Diana Spencer, de la que se divorció oficialmente en 1996.

CARLOS MANUEL Nombre de cuatro duques de Saboya.

CARLOS MANUEL I EL GRANDE (?, 1562 - ?, 1630). Gobernó de 1580 a 1630. Se casó con Catalina, hija de Felipe II. Su política de alianzas osciló entre el apoyo a España y a Francia.

CARLOS MANUEL II (?, 1634 - ?, 1675). Gobernó de 1638 a 1675. Hijo de Víctor Amadeo y de Cristina de Borbón, hermana de Luis XIII, sucedió a su hermano Francisco Jacinto.

CARLOS MANUEL III Duque de Saboya y rey de Cerdeña (Turín, 1701 - íd., 1773). En 1730 sucedió a su padre, Víctor Amadeo II. En 1733 se apoderó del Milanesado.

CARLOS MANUEL IV Duque de Saboya y rey de Cerdeña (Turín, 1751 - Roma, 1819). Hijo de Víctor Amadeo III. En 1797 firmó una alianza con Francia. A la muerte de su esposa (1802), se retiró a un monasterio, en el que falleció.

CARLOS MARTEL Príncipe franco (Toulouse, 688 - Quierzy, 741). Era hijo de Pipino de Heristal y abuelo de Carlomagno. Fue el personaje que más influencia tuvo en la corte durante varios reinados. Derrotó a los musulmanes en Poitiers (732).

CARLOS EL TEMERARIO Duque de Borgoña (Dijon, 1433 - Nancy, 1477). Fue uno de los príncipes más notables de su época y sostuvo victoriosas guerras contra Luis XI de Francia y el emperador Federico de Alemania.

CARLOTA f. Torta de huevos, leche, azúcar, cola de pescado y vainilla.

CARLOTA, LA Municipio y lugar de España, provincia de Córdoba; 10.023 h.

CARLOTA AMALIA Emperatriz de México (Laeken, 1840 - Bouchot, Bruselas, 1927). Hija de Leopoldo I de Bélgica, casó con Maximiliano de Austria, luego Maximiliano I de México.

CARLOTA JOAQUINA DE BORBÓN Reina de Portugal (Aranjuez, 1755 - Queluz, 1830). Hija de Carlos IV de España, casó con Juan VI.

CARLOTA DE SABOYA Reina de Francia (?, 1445 - ?, 1483). Fue la segunda esposa de Luis XI y madre de Carlos VIII.

CARLOVINGIOS CAROLINGIOS.

CARLOW **1** Condado de Irlanda, en Leinster; 896 km^2 y 42.000 h. **2** Ciudad capital del mismo; 11.502 h.

CARLOWITZ o **KARLOWITZ** SREMSKI KARLOVCI.

CARLSBAD KARLOVY VARY.

CARLSSON, INGVAR Político sueco (Göteborg, 1934). Tras el asesinato de O. Palme le sucedió en la jefatura del Partido Socialdemócrata y como primer ministro (1986-91 y 1994-96).

CARLYLE, THOMAS Historiador escocés (Ecclefecham, 1795 - Londres, 1881). Autor de *Historia de la Revolución Francesa* (1837) y *Sobre los héroes* (1841).

CARMAÑOLA f. **1** Chaqueta de cuello estrecho. **2** Canción revolucionaria francesa de la época del Terror (1793).

CARMARTHEN Ciudad del Reino Unido, en Gales; 12.302 h.

CARMARTHENSHIRE Distrito unitario del Reino Unido, en Gales; 169.000 h.

CARMELINA f. Lana de la vicuña.

CARMELITA (Del monte *Carmelo.)* adj. **1** Se dice del religioso de la Orden de Hermanos de la Bienaventurada Virgen María del Monte Carmelo o, con el calificativo *descalzo,* del de la Orden de Hermanos Descalzos de la Bienaventurada Virgen María del Monte Carmelo. También s. **2** CARMELITANO. **3** *Cuba* y *Chile* Se dice del color pardo o castaño claro. || f. *Bot.* **4**. Flor de la capuchina.

CARMELITANO, NA adj. Relativo a la Orden de Hermanos de la Bienaventurada Virgen María del Monte Carmelo.

CARMELO m. Convento de la Orden de Hermanos de la Bienaventurada Virgen María del Monte Carmelo.

CARMELO o **SAN ELÍAS, MONTE** Pequeña cordillera de Palestina, nombrada y aludida varias veces en el Antiguo Testamento. A él acudía el pueblo judaico para celebrar los novilunios y los sábados. Fue residencia de los profetas Elías y Eliseo.

CARMEN m. En Granada, quinta con huerto o jardín.

CARMEN, EL Río de México, Estado de Chihuahua, que desemboca en la laguna de Patos; 250 km.

CARMENAR tr. **1** Desenredar y limpiar el cabello. También prnl. **2** fig. y fam. REPELAR, tirar del pelo. **3** fig. y fam. Quitar cosas de valor.

CARMENTINA f. *Bot.* Planta de la familia acantáceas, usada en medicina como pectoral.

CARMESÍ adj. **1** Se dice del color parecido al de la grana dado por el quermes animal. También m. **2** De ese color. || m. **3** Polvo de color de la grana quermes. **4** Tela de seda roja. ♦ Su pl. es *carmesí* o *carmesíes.*

CARMÍN adj. **1** De color rojo encendido. **2** Materia de ese color que se saca de la cochinilla. **3** Ese mismo color. **4** Pintalabios. **5** *Bot.* Rosal silvestre. **6** *Bot.* Flor de esta planta.

CARMINATIVO, VA adj. y s. *Farm.* Se dice del medicamento que favorece la expulsión de los gases.

CARMONA, ANTÓNIO ÓSCAR DE FRAGOSO Militar y político portugués (Lisboa, 1869 - íd., 1951). En 1926 encabezó el golpe de Estado que terminó con la república parlamentaria y fue nombrado presidente del Consejo de Ministros. Elegido presidente en 1928, se mantuvo en el cargo hasta su muerte.

CARNAC Población de Francia, departamento de Morbihan. Interesantes alineamientos y tumbas megalíticas.

CARNACIÓN f. Color natural y no heráldico que se da en el escudo a varias partes del cuerpo humano.

CARNADA f. **1** Cebo animal para pescar o cazar. **2** fig. y fam. AÑAGAZA, engaño.

CARNADURA f. **1** *Biol.* Musculatura, abundancia de carnes. **2** *Med.* ENCARNADURA, disposición de los tejidos para cicatrizar.

CARNAL adj. **1** Relativo a la carne. **2** Lascivo, lujurioso. **3** Relativo a la lujuria. **4** fig. Terrenal. || m. **5** Tiempo del año que no es cuaresma.

CARNALITA f. *Miner.* Mineral oxicloruro de potasio y magnesio hidratado, de fórmula $KMgCl_3 \cdot 6H_2O$, que cristaliza en el sistema ortorrómbico. Se utiliza como

Carnap, Rudolf Filósofo y lógico alemán nacionalizado estadounidense (Ronsdorf, 1891 - Santa Mónica, California, 1970). Fue uno de los miembros más importantes del Círculo de Viena. Autor de *La construcción lógica del mundo* (1928) e *Introducción a la semántica* (1942).

carnauba f. *Bot. Amér.* CARANDAY.

carnaval m. **1** Los tres días que preceden al miércoles de ceniza. **2** Tiempo que media entre la fiesta de Epifanía y el miércoles de ceniza. **3** Fiesta popular que se celebra en carnaval. Más en pl.

carnavalesco, ca adj. Relativo al carnaval.

Carnarvon, George Herbert, conde de Egiptólogo británico (Highclere, 1866 - El Cairo, 1923). En 1922 descubrió la tumba de Tutankhamón.

carnaza f. **1** Cara interior de las pieles. **2** CARNADA, cebo. **3** fam. Abundancia de carnes en una persona. **4** fig. El que sufre el daño al que otro le expone por librarse.

carne f. **1** *Zool.* Parte muscular del cuerpo de los animales. **2** Carne de vaca, ternera, cerdo y de cualquier otro animal comestible. **3** Alimento que se contrapone al pescado o aire, en contraposición a la comida de pescados y mariscos. **4** *Bot.* Parte mollar de la fruta. **5** *Bot. Amér.* CERNE. **6** Parte de la naturaleza humana, considerada en oposición al espíritu. ‖ **carne de cañón** fig. Tropa expuesta inconsideradamente a peligro de muerte. También persona utilizada con riesgo para servir intereses ajenos. ‖ **carne de gallina** fig. Espasmo a causa de ciertas emociones, que da a la epidermis del cuerpo humano la apariencia de la piel de gallinas desplumadas. ‖ **carne de membrillo** Dulce elaborado con membrillo. También se llama *codoñate*. ‖ **abrírsele** a uno **las carnes** fr. fig. y fam. Estremecerse de horror. ‖ **metido en carnes** loc. adj. Se dice de la persona algo gruesa, sin llegar a la obesidad. ‖ **no ser** uno **carne ni pescado** fr. fig. y fam. Carecer de carácter. ‖ **poner** uno **toda la carne en el asador** fr. fig. y fam. Arriesgarlo todo de una vez. ‖ **ser** uno **de carne y hueso** fr. fig. y fam. Sentir como los demás las incomodidades y trabajos.

carné o **carnet** m. Documento que se expide a favor de una persona que acredita su identidad, su pertenencia a una agrupación, o la faculta para ejercer ciertas actividades.

Carné, Marcel Director de cine francés (París, 1909 - íd., 1996). Considerado uno de los directores más representativos del naturalismo francés, entre sus películas destacan *Jenny* (1936), *Quai des brumes* (1938), *Los tramposos* (1958), *La merveilleuse visite* (1973) y *Mouche* (1991).

Carnéades Filósofo griego (?, 214 - ?, 129 a. C.). Hacia el 180 a. C. fundó la Academia Nueva. Su viaje a Roma junto a Diógenes y Critolao supuso el inicio del influjo griego sobre el mundo romano. Perteneciente a la escuela escéptica, consideró la verosimilitud y la probabilidad como únicas posibilidades de aproximarse al conocimiento.

carnear tr. *Amér.* Matar y descuartizar las reses.

carneiro m. *Zool.* Molusco bivalvo de nombre científico *Cardium echinatum*. Es muy común en los fondos fangosos del Atlántico y Mediterráneo.

Carneiro de Sousa Bandeira, Manuel BANDEIRA, MANUEL.

carnero m. **1** *Zool.* Macho de la oveja. **2** *Zool.* Mamífero artiodáctilo de la familia bóvidos, de nombre científico *Ovis aries*, rumiante de cuernos huecos, arrugados y en espiral. **3** *Zool. Arg., Bol.* y *Perú* LLAMA². **4** Lugar donde se echan los cadáveres. **5** OSARIO.

carnestolendas f. pl. CARNAVAL.

carnet m. CARNÉ.

carnicería f. **1** Sitio donde se vende al por menor la carne. **2** Destrozo y mortandad grande. **3** Herida, lesión con efusión de sangre. **4** *Ecuad.* Matadero, rastro.

carnicero, ra adj. **1** Se dice de los dientes molares o premolares especializados en cortar y cizallar. **2** *Zool.* Se dice del animal que mata a otros para devorarlos. También s. **3** Se dice del pasto del ganado dedicado al abasto público. **4** fam. Se dice de la persona que come mucha carne. **5** fig. Cruel, sanguinario. ‖ m. y f. **6** Persona que vende carne.

cárnico, ca adj. Relativo a las carnes dedicadas al consumo.

carnificación f. *Biol.* Modificación del tejido de ciertos órganos, como el del pulmón, que toma una apariencia carnosa.

carnina f. *Quím.* Principio amargo contenido en el extracto de carne.

Carniola *Geog. hist.* Antigua región de Austria, dividida después de la Primera Guerra Mundial entre Italia y Yugoslavia. Por el tratado de París (1947), pasó a la antigua Yugoslavia, actual Serbia y Montenegro.

Julio **Caro Baroja**

carnitina f. *Quím.* Ácido orgánico componente del músculo estriado y el hígado, idéntico a la vitamina B_T.

carnívoro, ra adj. *Zool.* **1** Se dice del animal que se alimenta de carne. En el grupo se incluyen desde especies planctónicas hasta mamíferos predadores. También m. **2** Se dice de los mamíferos terrestres cuyo elemento diferenciador es la dentadura, formada por incisivos pequeños, caninos fuertes y molares cortantes. A este grupo pertenecen, entre otros, el oso, lobo y marta. También s. ‖ m. pl. *Zool.* **3** Orden de estos animales.

carnivorofito, a adj. *Bot.* Se dice de ciertas plantas droseráceas que poseen dispositivos especiales que les permiten capturar insectos para su nutrición.

carnosaurio m. *Paleon.* Dinosaurio carnívoro, muy corpulento, caracterizado por su locomoción bípeda, con las extremidades anteriores reducidas. Propio del jurásico y cretácico.

carnosidad f. **1** Carne superflua que crece en una herida, o que sobresale en una parte del cuerpo. **2** Gordura excesiva.

carnoso, sa adj. **1** Que tiene muchas carnes. **2** Se dice de los órganos vegetales formados por parénquima blando. **3** De carne de animal. **4** Se dice de lo que tiene mucho meollo.

Carnot, Lazare Militar y político francés (Nolay, Borgoña, 1753 - Magdeburgo, 1823). Fue miembro de la Convención Nacional y formó parte del Directorio hasta su huida a Suiza en 1797. A su regreso a Francia fue ministro de la Guerra (1800) y ministro del Interior durante los Cien Días.

Carnot, Marie-François-Sadi Político francés (Limoges, 1837 - Lyon, 1894). Nieto de Lazare Carnot, fue ministro de Obras Públicas (1880-81) y de Finanzas (1885). Fue presidente de la República (1887-94). Murió asesinado por un anarquista italiano.

Carnot, Nicolas Léonard Sadi Físico francés (París, 1796 - íd., 1832). Hijo de Lazare Carnot. Su principal contribución la realizó en el campo de la termodinámica por la invención del ciclo que lleva su nombre (1824).

Carnota Municipio y lugar de España, provincia de La Coruña; 6.704 h.

caro¹, ra adj. **1** De precio elevado. **2** Amado, querido. ‖ adv. m. **3** A precio alto.

caro² m. *Cuba* Comida de huevas de cangrejo y cazabe.

Caro, Annibale Escritor italiano (Civitanova, 1507 - Roma, 1566). Autor de *Rimas* (1569), *Las cosas pastorales* (1786) y *Lettere* (1791).

Caro, José Eusebio Escritor y político colombiano (Ocaña, 1817 - Santa Marta, 1853). Opuesto al gobierno del general López, partió al exilio en 1849. Escribió poesías patrióticas y filosóficas, reunidas en *Obras escogidas en prosa y en verso de don José Eusebio Caro* (1873).

Caro, Marco Aurelio Emperador romano (? - ?, 283). Prefecto del pretorio, fue proclamado emperador en 282 a la muerte de Probo.

Caro, Miguel Antonio Político y escritor colombiano (Bogotá, 1843 - íd., 1909). Hijo de José Eusebio Caro. Elegido vicepresidente de la República, desempeñó la presidencia por renuncia de Rafael Núñez (1892-98). Autor de *Horas de amor* (1871) y *Bolívar y los incas* (1888).

Caro, Rodrigo Escritor y arqueólogo español (Utrera, 1573 - Sevilla, 1647). Como poeta se incluye dentro de la escuela clasicista sevillana. Entre sus poesías destaca la elegía *A las ruinas de Itálica*.

Caro Baroja, Julio Etnólogo e historiador español (Madrid, 1914 - Vera de Bidasoa, 1995). Sobrino de Pío Baroja. Sus investigaciones se caracterizaron por su erudición y rigor científico: *Los pueblos de España* (1946), *Los vascos* (1949), *Los moriscos del reino de Granada* (1957), *Los judíos en la España moderna y contemporánea* (1963), *El Señor Inquisidor* (1968), *Los Baroja* (1972) y *Las formas complejas de la vida religiosa* (1978). En 1983 recibió el premio Príncipe de Asturias de Ciencias Sociales.

caroba f. *Bot.* Arbusto o pequeño árbol perteneciente a la familia bignoniáceas, de nombre científico *Jacaranda semiserrata*, característico por sus flores rosadas. Crece en las zonas tropicales de Sudamérica.

Carol I y II Reyes de Rumania. CARLOS O CAROL I y II.

Carolina, La Municipio y ciudad de España, provincia de Jaén; 15.205 h.

Carolina del Norte Estado oriental de EE UU, en el Atlántico; 136.420 km² y 8.049.313 h. Su capital es Raleigh. Se extiende por la vertiente atlántica de los montes Apalaches. Está regado por los ríos Pamlico, Chowan, Cashic y por varios afluentes del Mississippi. Agricultura, pesca, explotación forestal y minería (litio).

Carolina del Sur Estado oriental de EE UU, en la costa atlántica; 80.593 km² y 4.012.012 h. Su capital es Columbia. Bañado por el río Santee. Se cultivan arroz, algodón, maíz, tabaco y soja. Industrias textiles, químicas y mecánicas.

Carolinas Archipiélago de Oceanía, en Micronesia; 1.194 km² y 126.122 h. Está formado por 600 islas e islotes. Se dividen en: Carolinas occidentales, subdivididas éstas a su vez en dos grupos, el de Palaos (Estado soberano desde 1994) y el de Yap; y Carolinas orientales, cuyos principales grupos son Ponape, Truk y la isla de Kusaie, que junto con Yap forman los Estados Federados de Micronesia. Su origen es volcánico. Producción de copra. Fueron descubiertas en 1526 por el español Alonso de Salazar. España las vendió a Alemania en 1898, que las perdió tras su derrota en la Primera Guerra Mundial, pasando a poder de Japón en forma de mandato. (Véase PALAOS y MICRONESIA, ESTADOS FEDERADOS DE.)

carolingio, gia adj. y s. *Arte.* Relativo a Carlomagno, a su dinastía o tiempo. Se aplica fundamentalmente al arte que se desarrolló entre mediados del siglo VIII y finales del X en la corte de Carlomagno y sus sucesores. Destacó fundamentalmente en la arquitectura religiosa: la Capilla Palatina de Aquisgrán y las basílicas de Saint Denis y San Emerán de Ratisbona. Son también característicos de los códices miniados, con encuadernaciones de orfebrería, placas de marfil y piedras preciosas.

Arte **carolingio.** Relicario de Pipino el Breve. Tesoro de la Abadía de Sainte Foy (Conques).

Cárpatos.
Vista del pico Lomnicry en los Altos Tatra (Eslovaquia).

CAROLINGIO, IMPERIO *Hist.* Nombre dado al imperio creado por Carlomagno tras su coronación en Roma en el año 800. Formado a partir del reino de los francos, pretendió ser una renovación del imperio romano de Occidente. Carlomagno fue sucedido por Ludovico Pío, a cuya muerte, en virtud del Reparto de Verdún (843) el imperio se desintegró, aunque volvió a resurgir de manos de Otón I (936) con la formación del SACRO IMPERIO ROMANO GERMÁNICO.

CAROLINGIOS o **CAROLVINGIOS** *Hist.* Segunda dinastía nacional francesa, sucesora de los merovingios. Su ascensión al poder comienza con el mayordomo de palacio Pipino de Heristal (681-714) y con el predominio de Austrasia sobre Neustria tras la batalla de Testry (687). Su hijo bastardo Carlos Martel reanudó las conquistas y venció a los árabes en Poitiers. El verdadero creador del imperio carolingio fue Carlomagno, quien se hizo proclamar emperador en Roma (800), restableciendo así el Imperio de Occidente. La dinastía carolingia llegó a su fin con Luis V y fue sucedida por la de los Capeto.

CAROLINO, NA adj. **1** Del archipiélago de Carolinas. También s. **2** Relativo a Carlos I. **3** *Paleog.* LETRA CAROLINA.

CARONA f. **1** Pedazo de tela gruesa acolchada que en las caballerías se pone tras la silla o albarda. **2** Parte interior de la albarda. **3** Parte del lomo sobre la cual recae la carona de la albarda.

CARONÍ Río de Venezuela, que nace en el monte Roraima con el nombre de Cuquemán y desemboca en el Orinoco; 925 km.

CARONTE *Mit.* Hijo de Erebo y de la Noche y barquero de los infiernos. Conducía las almas de los muertos a través del Aqueronte o de la laguna Estigia.

CARONTE *Astron.* Satélite de Plutón situado a una distancia de 19.600 km del planeta, con un período de revolución de 6.387 días.

CAROTA m. fam. CARADURA.

CAROTENO o **CAROTINA** f. *Quím.* Nombre genérico de un grupo de hidrocarburos cristalinos, rojo anaranjados, de fórmula $C_{40}H_{56}$, que forman parte de la clorofila y de las células coloreadas de ciertos órganos vegetales. Los organismos animales pueden transformarlos en vitamina A.

CAROTENOIDE m. *Quím.* Grupo de pigmentos naturales compuesto de hidrocarburos fácilmente oxidables, de color amarillo, rojo, anaranjado o púrpura, que se descomponen en el hígado de los animales superiores para formar vitamina A.

CARÓTIDA adj. y f. *Anat.* Se dice de cada una de las dos arterias (externa e interna) del cuello que llevan la sangre a la cabeza.

CAROTO m. *Bot.* Ecuad. Árbol de madera pesada.

CAROZO m. *Bot.* **1** Raspa de la panoja del maíz. **2** *Amér.* Hueso de varias frutas.

-**CARP**- in. CARPO-.

CARPA f. **1** *Zool.* Pez teleósteo fisóstomo perteneciente a la familia ciprínidos, de nombre científico *Cyprinus carpio*, con cuatro pequeñas barbas junto a la boca. **2** Gajo de uvas. **3** Gran toldo que cubre un circo o cualquier otro recinto amplio. **4** *Amér.* TIENDA DE CAMPAÑA. **5** *Arg.* y *Urug.* Tienda de playa.

CARPACCIO, VITTORE Pintor italiano (Venecia, 1455 - íd., 1522). Representante de la pintura renacentista veneciana. Autor de las series de cuadros sobre la vida de santa Úrsula (1488-91).

-**CARPAL** suf. CARPO-.

CARPANEL adj. ARCO CARPANEL.

CARPANTA f. **1** fam. Hambre violenta. **2** *Méx.* Pandilla de gente alegre o maleante.

CÁRPATOS Sistema montañoso de Europa central. Se inician en Eslovaquia, donde sirven de límite con Polonia, penetran en Ucrania y finalmente atraviesan Rumania. Tienen una longitud de 1.500 km y sus mayores alturas se encuentran en los Altos Tatra (2.655 m), en los Cárpatos occidentales, y en los montes Fagaras (2.544 m), en los meridionales, también llamados *Alpes de Transilvania*.

CARPE m. *Bot.* **1** Planta leñosa perteneciente a la familia betuláceas, de nombre científico *Carpinus betulus*. Alcanza entre 10 y 20 m de altura, con hojas caducas y flores unisexuales reunidas en amentos. Crece desde el S de Europa hasta Asia Menor y N de Irán. **2** *Cuba* Árbol silvestre cuya madera, muy dura y resistente, se utiliza para entramados y empalizadas.

CARPEAUX, JEAN-BAPTISTE Escultor francés (Valenciennes, 1827 - Courbevois, 1875). De estilo realista, modeló, entre otras obras, los grupos *La danza* (1869) y *Las cuatro partes del mundo* (1872).

CARPELO m. *Bot.* Hoja básica, transformada y especializada que, sola o en combinación con otros carpelos, forma el gineceo de la flor en las angiospermas.

CARPENTARIA Golfo del N de Australia, entre la península de Cabo York y la Tierra de Arnhem. Forma parte del mar de Arafura.

CARPENTIER, ALEJO Escritor cubano (La Habana, 1904 - París, 1980). En su obra se encuentran influencias de la literatura barroca española, de la tradición afrocubana y de la cultura francesa. Novelas: *Ecué-Yamba-O* (1933), *Los pasos perdidos* (1953), *El acoso* (1958), *El siglo de las luces* (1962), *Concierto barroco* (1974), *El recurso del método* (1974), *La consagración de la primavera* (1978) y *El arpa y la sombra* (1979). En 1977 recibió el premio Cervantes.

CARPETA f. **1** Cubierta para mesas y arcas. **2** Cartera grande para escribir sobre ella y guardar papeles. **3** Par de cubiertas para guardar papeles, documentos, etc. **4** Factura o relación detallada de valores o efectos públicos o comerciales que se presentan al cobro, al canje o a la amortización. **5** *Arg.* y *Urug.* Tapete verde que cubre la mesa de juego.

CARPETANO, NA adj. **1** *Etnol.* e *Hist.* Se dice de un pueblo prerromano que ocupaba la actual provincia de Madrid y parte de las de Guadalajara, Toledo y Ciudad Real. También s. **2** Relativo a los carpetanos. **3** Del reino de Toledo. También s.

CARPETAZO, DAR fr. **1** fig. Dejar sin curso ni resolución una solicitud o expediente. **2** fig. Dar por terminado un asunto.

CARPETOVETÓNICA, CORDILLERA CENTRAL, SISTEMA.

-**CARPIA** suf. CARPO-.

-**CÁRPICO** suf. CARPO-.

CARPÍN m. *Zool.* Pez teleósteo dulceacuícola perteneciente a la familia ciprínidos, de nombre científico *Carassius carassius*.

CARPINCHO m. *Zool. Amér.* CAPIBARA.

CARPINTERÍA f. **1** Taller o tienda en donde trabaja el carpintero. **2** Oficio de carpintero. **3** Obras de madera de un edificio.

CARPINTERO, RA m. y f. Persona que por oficio trabaja madera ordinariamente común.

-**CARPIO** suf. CARPO-.

CARPIR tr. Dejar a uno pasmado. También prnl.

CARPO m. **1** *Anat.* Conjunto de huesos que forman la muñeca en el hombre. **2** *Zool.* En los otros vertebrados, parte que corresponde a la muñeca en el hombre. **3** *Zool.* El quinto segmento, contado desde la base, del apéndice típico de los crustáceos.

CARPO-; -**CARP**-; -**CARPAL**, -**CARPIA**, -**CÁRPICO**, -**CARPIO**, -**CARPO** pref., in. o sufs. que significan fruto o, en anatomía, muñeca.

CARPOGONIO m. *Bot.* Porción basal del órgano reproductor femenino, portadora de la ovocélula, en algunas talofitas, especialmente en las algas rojas.

CARPOLOGÍA f. *Bot.* Parte de la botánica que estudia la estructura y morfología de los frutos y semillas de las plantas.

CARPOSPORA f. *Biol.* En algas rojas, espora diploide, uninucleada e inmóvil, que se forma después de la fecundación.

CARPOSPORANGIO m. *Biol.* En algas rojas, esporangio que contiene carposporas.

CARPOSPOROFITO m. *Biol.* Generación diploide de algas rojas.

CARQUESIA f. *Bot.* Mata leñosa de la familia leguminosas, que se utiliza en medicina.

CARR, EDWARD HALLET Historiador británico (Londres, 1892 - Cambridge, 1982). Investigó la revolución bolchevique de 1917 y la formación del Estado soviético. Autor de *La revolución bolchevique, 1917-1923* (1953), *El interregno, 1923-1924* (1954) y *Socialismo en un solo país, 1924-1926* (1958-64).

CARR, RAYMOND Historiador británico (Bath, 1919). Fundador del centro de estudios hispánicos en la Universidad de Oxford, es autor de *España, 1808-1939* (1968), *La Guerra Civil española* (1971) y *De la dictadura a la democracia* (1979), en colaboración con Juan Pablo Fusi. En 1999 fue galardonado con el premio Príncipe de Asturias de las Ciencias Sociales.

CARRÀ, CARLO Pintor italiano (Quargnento, Alessandria, 1881 - Milán, 1966). En 1910 se unió al movimiento futurista. Maestro del claroscuro, colaboró con De Chirico en la fundación de la escuela de pintura metafísica.

CARRACA f. **1** Antigua nave de transporte. **2** desp. Barco viejo y pesado y, por extensión, cualquier artefacto deteriorado o antiguo. **3** Sitio que se construían los bajeles. **4** Instrumento de madera, de sonido seco y desapacible. **5** *Zool.* Ave coraciforme perteneciente a la familia corácidos, de nombre científico *Coracias garrulus*. Originario del SE de Europa, N de África y O de Asia.

CARRACCI, AGOSTINO Pintor y grabador italiano (Bolonia, 1557 - Parma, 1602). Entre sus obras figuran *Comunión de san Jerónimo*, *El triunfo de Galatea*, *San Francisco de Asís*, etc.

CARRACCI, ANNIBALE Pintor italiano (Bolonia, 1560 - Roma, 1609). Hermano de Agustino, pintó los frescos de la Galería Farnesio y, en colaboración con Ludovico y Agostino, las escenas alegóricas y mitológicas del palacio de Fava.

CARRACCI, LUDOVICO Pintor italiano (Bolonia, 1555 - íd., 1619). Hermano de los anteriores, entre sus obras se encuentran: *Conversión de san Pablo*, *Madona de san Jacinto* y *Predicación del san Juan Bautista*.

CARRACO, CA adj. y s. **1** Achacoso. || m. **2** *Zool.* Col. AURA, ave. **3** *Zool. C. Rica* Ánade pequeño.

Alejo **Carpentier**

CARRACUCA, ESTAR MÁS PERDIDO QUE fr. con que se expresa la situación angustiosa o comprometida de una persona.
CARRAL m. Tonel para acarrear vino.
CARRALEJA f. *Zool.* Insecto coleóptero heterómero parecido a la cantárida.
CARRANZA f. Cada una de las puntas de hierro de la carlanca.
CARRANZA VALLE DE CARRANZA.
CARRANZA, EDUARDO Escritor colombiano (Apiay, 1913 - Bogotá, 1985). Promotor del grupo poético Piedra y Cielo, escribió *Canciones para iniciar una fiesta* (1936), *Ellos, los días y las nubes* (1941), *El olvidado y la Alhambra* (1957), *Leyendas del corazón y otras páginas abandonadas* (1976) y *Hablar soñando. Antología poética* (1983).
CARRANZA, VENUSTIANO Político mexicano (Cuatrociénegas, Coahuila, 1859 - Tlaxcalantongo, Puebla, 1920). Senador durante el gobierno de P. Díaz, fue gobernador del Estado de Coahuila. En 1913, tras el asesinato del presidente constitucional, organizó y dirigió una revolución, con carácter de primer jefe del ejército constitucionalista. Bajo su mandato se promulgó la Constitución de 1917. En 1920 estalló una revolución contra su gobierno, capitaneada por Obregón, y fue asesinado.
CARRAO m. *Zool. Venez.* Ave acuática.
CARRAO Río de Venezuela, afluente del Caroní.
CARRARA Ciudad de Italia, provincia de Massa-Carrara; 66.721 h. Mármoles. Catedral.
CARRASCA f. *Bot.* Encina pequeña o mata de ella.
CARRASCAL m. **1** *Ecol.* Sitio poblado de carrascas. **2** *Geol. Chile* PEDREGAL.
CARRASCO Cerro de Chile, provincia de Tarapacá; 1.833 m.
CARRASPADA f. Bebida compuesta de vino tinto aguado, o del poso de este vino con miel y especias.
CARRASPEAR intr. **1** Sentir o padecer carraspera. **2** Emitir una tosecilla repetidas veces a fin de aclarar la garganta y evitar el enronquecimiento de la voz.
CARRASPERA f. **1** fam. Aspereza de la garganta que obliga a toser. **2** Acción y efecto de carraspear.
CARRASPIQUE m. *Bot.* Planta de jardín, herbácea, perteneciente a la familia crucíferas, con hojas lanceoladas y flores moradas o blancas en corimbos.
CARRASPOSA f. *Bot. Col.* Planta de hojas ásperas.
CARRASPOSO, SA adj. **1** Se dice del que padece carraspera crónica. También s. **2** *Col.* y *Venez.* Se dice de lo que es áspero al tacto.
CARRASQUEÑO, ÑA adj. **1** *Bot.* Relativo o semejante a la carrasca. **2** fig. y fam. Áspero y duro.
CARRASQUILLA, TOMÁS Escritor colombiano (Santo Domingo, 1858 - Medellín, 1940). En su obra, de carácter costumbrista, destacan la serie *Hace tiempo...*, iniciada en 1933; *Frutos de mi tierra* (1896), *El zarco* (1925), *La marquesa de Yolombó* (1928) y *Cuentos de tejas arriba* (1936).
CARRÉ, JOHN LE LE CARRÉ, J.
CARREFOUR Ciudad de Haití, situada en el área metropolitana de la capital, Puerto Príncipe; 306.037 h.
CARREL, ALEXIS Biólogo, médico y escritor francés (Sainte-Foy-lès-Lyon, 1873 - París, 1944). Se dedicó al estudio de los ligamentos vasculares y al injerto de conductos sanguíneos y de órganos, por lo que obtuvo el premio Nobel de Fisiología y Medicina en 1912.
CARRENLEUFU Río de Argentina, departamento de Chubut; 260 km.
CARREÑO Municipio de España, provincia de Asturias; 10.533 h.
CARREÑO DE MIRANDA, JUAN Pintor español (Avilés, 1614 - Madrid, 1685). Pintor de cámara de Felipe IV y Carlos II, fue el más destacado representante de la escuela madrileña. Autor de gran número de retratos y de obras de asunto religioso.
CARRERA f. **1** Acción de correr. **2** *Astron.* Curso de los astros. **3** Camino real, o calle que fue antes camino. **4** Recorrido señalado para una comitiva. **5** Competición de velocidad o resistencia entre personas, animales o vehículos. **6** Recorrido de un vehículo de alquiler, que transporta clientes de un punto a otro de la ciudad, según una tarifa establecida. **7** Puntos que se sueltan en una media o panty. **8** Conjunto de cursos que constituyen cualquier estudio universitario. **9** Profesión.
CARRERA, JOSÉ MIGUEL Político chileno (Santiago, 1785 - Mendoza, 1821). Luchó en España contra los franceses y, de regreso a su patria, acaudilló la revolución. Se erigió en dictador (1812-13), pero a causa de sus diferencias con O'Higgins, reavivadas después de la derrota de Rancagua (1814), se exilió a Argentina.
CARRERA, RAFAEL General y político guatemalteco (Guatemala, 1814 - íd., 1865). Luchó contra Morazán y contribuyó a la disolución del pacto federal de las Provincias Unidas del Centro de América. Ejerció la presi-

Juan **Carreño de Miranda**. *La monstrua vestida*. Museo del Prado (Madrid).

dencia de la República de 1844 a 1848. Elegido de nuevo presidente en 1851 y proclamado jefe supremo y perpetuo en 1854, gobernó hasta su muerte.
CARRERA ANDRADE, JORGE Escritor y político ecuatoriano (Quito, 1903 - íd., 1978). De su obra poética destacan *Estanque inefable* (1922), *Microgramas* (1940), *Hombre planetario* (1959) y *Floresta de los guacamayos* (1964).
CARRERA DE LAS INDIAS *Hist.* Término que se aplicó durante el siglo XVI al comercio realizado entre Sevilla y América, a través del sistema de flotas.
CARRERE, EMILIO Escritor español (Madrid, 1880 - íd., 1947). Escribió poesía modernista y en sus narraciones y crónicas retrató los tipos de la bohemia madrileña.
CARRERILLA f. *Mús.* **1** Cierto paso de la danza española. **2** Subida o bajada rápida de un tono, pasando ligeramente por los puntos intermedios. **3** Notas que expresan la carrerilla. || **de carrerilla** loc. adv. fam. De memoria y de corrido, sin enterarse mucho de lo que se ha estudiado. || **tomar carrerilla** fr. Retroceder para tomar impulso y saltar. También, prepararse para hacer algo dificultoso.
CARRERISTA com. **1** Persona aficionada a las carreras, o el que apuesta en ellas. || m. **2** Caballerizo que iba delante del coche que ocupaban las personas reales.
CARRERO BLANCO, LUIS Almirante y político español (Santoña, 1903 - Madrid, 1973). Jefe del Estado Mayor de destructores durante la Guerra Civil, fue nombrado consejero nacional (1941), vicepresidente de las Cortes (1943), ministro subsecretario de la presidencia del gobierno (1951), vicepresidente del gobierno (1967) y presidente del gobierno (1973). Murió víctima de un atentado terrorista de ETA.
CARRETA f. **1** Carro de dos ruedas, con un madero largo, que sirve de lanza, donde se sujeta el yugo. **2** Carro cerrado por los lados, que no tiene las ruedas herradas.
CARRETADA f. **1** Carga de una carreta o de un carro. **2** *Méx.* Medida que se utiliza para negociar con cal. Consta de doce cargas de diez arrobas cada una. **3** fig. y fam. Gran cantidad de algo.
CARRETE m. **1** Cilindro taladrado por el eje, que sirve para devanar y mantener enrollados en él hilos, alambres, cordeles, cintas, cables, etc. **2** Rueda unida a la caña de pescar donde va enrollado el sedal. **3** Rollo de película fotográfica. **4** *Fís.* Alambre aislado eléctricamente y devanado en torno de un cilindro, que sirve para crear campos magnéticos mediante una corriente eléctrica, o para aumentar la autoinducción de los circuitos. || **dar carrete** a uno fr. fig. Entretenerle con estudiadas dilatorias.
CARRETELA f. **1** Coche de cuatro asientos con cubierta plegable. **2** *Chile* Ómnibus, diligencia.
CARRETERA f. Vía pública destinada a la circulación de vehículos.
CARRETERÍA f. **1** Conjunto de carretas. **2** Taller en que se fabrican y reparan carros y carretas. **3** Lugar en que abundan estos talleres.
CARRETERO, RA m. y f. **1** Persona que guía las caballerías o bueyes que tiran de carros y carretas. || m. **2** Que fabrica estos vehículos. || **jurar como un carretero** fr. fig. y fam. Blasfemar, o echar muchas maldiciones.
CARRETILLA f. **1** Carro pequeño de mano, con una rueda y dos pies para descansarlo. **2** Bastidor de madera para aprender a andar los niños. **3** BUSCAPIÉS. **4** Utensi-

lio para cortar la masa de las empanadillas. **5** *Anat. Arg.* y *Chile* Quijada, mandíbula.
CARRETILLERO, RA m. y f. **1** Persona que conduce una carretilla.
CARRETÓN m. **1** Carro pequeño. **2** Carrito del afilador. **3** Taburete sobre cuatro ruedas para niños en mantillas.
CARRIC m. Gabán o levitón muy holgado con varias esclavinas. Estuvo en uso en la primera mitad del siglo XIX.
CARRICERA f. *Bot.* Planta perenne de la familia gramíneas, de flores blancas.
CARRICERO m. *Zool.* Nombre común de varias aves paseriformes pertenecientes a la familia sílvidos, género *Acrocephalus*. Son de distribución euroasiática y africana.
CARRICKFERGUS Ciudad de Irlanda del Norte, capital del distrito de su nombre; 35.700 h.
CARRICOCHE m. **1** Carro cubierto como un coche. **2** desp. Coche viejo o malo.
CARRIEGO, EVARISTO Poeta argentino (Paraná, 1883 - Buenos Aires, 1912). Autor de *Misas herejes* (1908) y *La canción del barrio* (1913) y del libro de relatos *Flor de arrabal* (1927).
CARRIL m. **1** Huella que dejan en el suelo las ruedas del carruaje. **2** Surco del arado. **3** Camino estrecho. **4** Cada una de las barras de acero laminado o hierro de las vías férreas. **5** En las vías públicas, banda longitudinal destinada al tránsito de una sola fila de vehículos. || **CARRIL BUS** Parte de la calzada destinada exclusivamente a la circulación de los autobuses de transporte público.
CARRILERO m. *Dep.* En el fútbol, defensa lateral que se incorpora con frecuencia al ataque.
CARRILLADA f. **1** Tirito que hace temblar y chocar las mandíbulas. Más en pl. **2** Parte grasa de la cara del puerco.
CARRILLERA f. **1** *Zool.* Quijada de ciertos animales. **2** Cada una de las dos correas que forman el barboquejo del casco o chacó.
CARRILLO m. **1** *Anat.* Parte carnosa de la cara. **2** GARRUCHA, polea.
CARRILLO, ALONSO Prelado y político español (Cuenca, 1410 - Alcalá de Henares, 1482). Arzobispo de Toledo y consejero de Enrique IV. Rompió con el rey, fue el principal promotor de la deposición de Ávila (1465) y apoyó sucesivamente al infante Alfonso y a Isabel la Católica, pero, despechado por no haber sido promovido a cardenal, se alió a doña Juana la Beltraneja.
CARRILLO, BRAULIO Político costarricense (Cartago, 1800 - cerca de San Miguel, El Salvador, 1845). Presidente de la República entre 1835 y 1837, al no lograr su reelección, encabezó un golpe de Estado y se adueñó del poder de 1838 a 1842. Decidió la separación del país de las Provincias Unidas del Centro de América. Vencido por Morazán, murió asesinado.
CARRILLO, FRANCISCO Militar cubano (Remedios, 1851 - La Habana, 1926). Tomó parte en el levantamiento de 1868. En la guerra de 1895-98 operó como general en Las Villas. Fue vicepresidente de la República de 1921 a 1925.
CARRILLO, JULIÁN Compositor mexicano (Ahualulco, 1875 - Ciudad de México, 1965). Creó el *microtonalismo*.

carricero

Lewis **Carroll**. Retrato de Laura Dodgson.

CARRILLO SOLARES, SANTIAGO Político español (Gijón, 1915). Miembro de las Juventudes Socialistas, participó en la unificación de las juventudes socialistas y comunistas. Al terminar la Guerra Civil se exilió. Elegido secretario general del PCE (1960), regresó a España en 1976. Dimitió en 1982 y en 1985 abandonó el partido.

CARRINGTON, PETER ALEXANDER RUPERT SMITH, LORD Político británico (Londres, 1919). Fue ministro de Asuntos Exteriores (1979-82) y secretario general de la OTAN (1984-88).

CARRIÓ DE LA VANDERA, ALONSO Escritor español (Gijón, h. 1715 - Lima, 1783). Autor de *El lazarillo de ciegos caminantes*, libro de viajes por tierras americanas. En el libro figura como autor CONCOLORCORVO, en realidad amanuense de Carrió.

CARRIOLA f. **1** Cama baja o tarima con ruedas. **2** Carro pequeño con tres ruedas en que solían pasearse las personas reales.

CARRIÓN, ALEJANDRO Escritor y político ecuatoriano (Loja, 1915 - Quito, 1992). En su obra poética destaca *Luz del nuevo paisaje* (1937) y *El tiempo que pasa* (1963). También escribió las novelas *La manzana dañada* (1948) y *Muerte en la isla* (1969). Lideró junto a R. C. Huerta la coalición política Frente Democrático.

CARRIÓN, BENJAMÍN Escritor y político ecuatoriano (Loja, 1898 - Quito, 1980). Ministro de Educación (1932-33). Autor de las novelas *El desencanto de Miguel García* (1929) y *Por qué Jesús no vuelve* (1963).

CARRIÓN, INFANTES o **CONDES DE** Nobles castellanos que casaron con doña Elvira y doña Sol, hijas del Cid.

CARRIÓN, JERÓNIMO Político ecuatoriano (Loja, 1812 - ?, 1873). Entre los años 1859 y 1861, formó parte del triunvirato que asumió el gobierno tras la caída del presidente Robles. Presidente de la República (1865-67).

CARRIÓN, MIGUEL Escritor cubano (La Habana, 1875 - íd., 1929). Autor naturalista, escribió *El milagro* (1903) y *Las impuras* (1919).

CARRIQUÍ m. *Zool. Col.* Ave paseriforme de nombre científico *Xanthoura yncas*.

CARRIZAL m. *Bot.* Sitio poblado de carrizos.

CARRIZO m. *Bot.* Planta herbácea perenne perteneciente a la familia gramíneas, de nombre científico *Phagmites australis*. De distribución cosmopolita, se cría cerca del agua y en zonas húmedas. **2** *Venez.* Planta gramínea.

CARRO m. **1** Carruaje de dos ruedas, con lanza o varas para enganchar el tiro y un bastidor con listones o cuerdas, y tablas, para sostener la carga. **2** Carga de un carro. **3** *Amér.* Automóvil. **4** *A. gráf.* Pieza móvil de impresión planas, plancha de hierro en la que se coloca la forma para imprimir. **5** Pieza móvil de algunas máquinas, como las de escribir. || **CARRO DE COMBATE** *Mil.* Vehículo acorazado que se desplaza sobre orugas, posee una frente giratoria en la parte superior, donde lleva un cañón. || **carros y carretas** loc. fig. y fam. Contratiempos o incomodidades graves. || **parar** uno el **carro** fr. fig. y fam. Contenerse o moderarse. || **tirar del carro** fr. fig. y fam. Pesar sobre una o más personas exclusivamente el trabajo de otras.

CARRO MAYOR *Astron.* OSA MAYOR.
CARRO MENOR *Astron.* OSA MENOR.

CARROCERÍA f. **1** Parte de los vehículos asentada sobre el bastidor y en cuyo interior se acomodan los viajeros o la carga. **2** Taller del carrocero.

CARROCERO, RA adj. **1** Relativo a la carrocería. || m. y f. **2** Persona que fabrica, monta o repara carrocerías. **3** Diseñador de automóviles.

CARROCHA f. Huevecillo del pulgón o de otros insectos.

CARROCHAR intr. Poner sus huevecillos los insectos.

CARROLL, LEWIS (CHARLES LUTWIDGE DODGSON, llamado) Escritor y matemático inglés (Daresbury, 1832 - Guilford, 1898). Debe su fama al relato *Alicia en el país de las maravillas* (1865), uno de los clásicos de la literatura infantil. Otras obras: *Alicia a través del espejo* (1871), *La caza del Snark* (1876) y *Silvia y Bruno* (1889). Escribió también *El juego de la lógica*, así como numerosas obras sobre matemáticas.

CARROMATO m. Carro grande de dos ruedas, con toldo y bolsas de cuerda para la carga.

CARROÑA f. **1** Carne corrompida. **2** fig. Persona, idea o cosa ruin y despreciable.

CARROÑERO, RA adj. **1** Se aplica al animal que se alimenta de cadáveres. **2** fig. Se dice de la persona que se aprovecha de la debilidad ajena en su propio beneficio. También s.

CARROZA¹ f. **1** Coche grande adornado. **2** Por extensión, la que se construye para funciones públicas. **3** *Mar.* Armazón de hierro o madera que sirve para defender de la intemperie la popa del buque. **4** Coche fúnebre.

CARROZA² adj. y com. pop. Refiriéndose a personas, viejo, antiguo, anticuado.

CARRUAJE m. Vehículo montado sobre ruedas.

CARRUCHA f. *Fís.* POLEA.

CARRUJO m. *Bot.* Copa de un árbol.

CARRUSEL m. **1** TIOVIVO. **2** Espectáculo ecuestre. **3** fig. Concurso de manifestaciones de una actividad.

CARST m. *Geol.* KARST.

CARSTENS, KARL Político alemán (Bremen, 1914 - Meckenheim, 1992). Líder del Partido Cristiano-Demócrata (1972-76), presidente del Bundestag (1976-79) y presidente de la República (1979-84).

CARSTENSZ YAJA.

CÁRSTICO, CA o **KÁRSTICO, CA** adj. *Geol.* Se aplica a los relieves y paisajes de KARST.

CARTA f. **1** Papel escrito que se envía a una persona para comunicarse con ella. **2** Despacho o provisión expedidos por los tribunales superiores. **3** Naipe de la baraja. **4** *Polít.* Constitución escrita de un Estado, y especialmente la otorgada por el soberano. **5** Lista de comidas y bebidas que se pueden elegir en un restaurante o establecimiento parecido. **6** *Geog.* Mapa de la Tierra o parte de ella. || **CARTA DE AJUSTE** Imagen televisiva de diferentes formas y colores que se emite antes de iniciar la programación para ajustar los receptores. || **CARTA BLANCA** Facultad que se da a una persona para que obre discrecionalmente en un asunto determinado. || **CARTA CELESTE** *Astron.* Mapa del cielo elaborado de forma ordenada y sistemática, en el que se fijan las posiciones de las estrellas según sus coordenadas ecuatoriales. || **CARTA CREDENCIAL** *Rel.* La que contiene exhortaciones o instrucciones de un prelado a sus diocesanos. || **CARTA PASTORAL** *Rel.* La que contiene exhortaciones o instrucciones de un prelado a sus diocesanos. || **CARTA PUEBLA** *Hist.* En la España medieval, documento otorgado por el rey o señor por el que se concedían privilegios y franquicias a los pobladores de un lugar. || **a carta cabal** loc. adj. Intachable, completo. || **jugarse** uno **todo a una carta** fr. fig. Hacer depender de un solo recurso la solución de un grave problema. || **no saber** uno **a qué carta quedarse** loc. fam. Estar indeciso en la resolución que se ha de tomar. || **poner** las **cartas boca arriba** fr. fig. Poner de manifiesto propósitos, opiniones, etc., propios o ajenos.

CARTA ATLÁNTICA *Hist.* Declaración formulada el 14 de agosto de 1941, en el curso de la Segunda Guerra Mundial, por el presidente de EE UU F. D. Roosevelt y el primer ministro inglés W. Churchill. Condenó las alteraciones de fronteras realizadas por la fuerza, propugnó los gobiernos libremente elegidos y la libertad de comercio y de navegación. La declaración inspiró la Carta fundacional de la ORGANIZACIÓN DE LAS NACIONES UNIDAS.

CARTA MAGNA *Hist.* Documento promulgado por el rey inglés Juan sin Tierra en 1215. Reconocía la libertad de la iglesia y los derechos señoriales, y establecía un Consejo del Reino para controlar la recaudación de impuestos. En el siglo XVII, el Parlamento la adoptó como un símbolo de las libertades inglesas en su lucha contra el rey.

CARTA MERCATORIA *Hist.* Estatuto inglés publicado en 1303, en el que se contenían medidas contra el comerciante extranjero a fin de proteger la producción nacional.

CARTABÓN m. *Dib.* Instrumento en forma de triángulo rectángulo, que se emplea en dibujo. **2** *Arquit.* Ángulo que forman las dos vertientes de un tejado. **3** Instrumento topográfico para dirigir visuales que formen entre sí ángulos rectos.

CARTAGENA Ciudad de Colombia, capital del departamento de Bolívar; 877.238 h. Industria química, de cemento, textil y alimentaria. Universidad. Puerto. Fue fundada por Pedro de Heredia en 1533. Constituyó el punto de llegada de las flotas y galeones que realizaban el comercio con España. Durante el periodo hispano se denominó *Cartagena de Indias*. Fue la primera ciudad que proclamó su independencia absoluta de España en 1811. Ocupada por las tropas de Bolívar en 1815 fue reconquistada por tropas realistas, hasta que en 1821 pasó definitivamente a manos republicanas.

CARTAGENA Municipio y ciudad de España, provincia de Murcia; 170.483 h. Puerto. Se atribuye su fundación a los mesenios. Fue la *Cartago Nova* romana.

CARTAGENERO, RA adj. y s. De alguna de las ciudades que, en España o América, se llaman Cartagena.

CARTAGINÉS adj. y com. CARTAGINENSE.

CARTAGINENSE *Hist.* División administrativa de la Hispania romana, creada por Diocleciano en 293, como división de la Tarraconense. Su capital era Cartago Nova, la actual Cartagena.

CARTAGINÉS, SA adj. y s. **1** De Cartago. **2** CARTAGENERO.

CARTAGO *Geog. hist.* Antigua ciudad del NO de África, en Tunicia. Fundada como colonia en torno al 814 a. C. por navegantes fenicios, procedentes de Tiro o de Chipre. Pronto se destacó como potencia mercantil y naval, sustituyendo a Tiro en su condición de metrópoli. Cartago llegó a constituir un imperio naval en el Mediterráneo occidental, fundó colonias en las costas de España, Baleares, Cerdeña y Sicilia. En el 535 a. C., aliada con los etruscos, derrotó a los griegos focenses en la batalla de Alalia. El auge de Roma provocó la aparición de conflictos entre ambas potencias, que desembocaron en tres largos enfrentamientos armados que se conocen como GUERRAS PÚNICAS. La ciudad vivió un nuevo florecimiento en tiempos de Augusto. En 698 fue destruida por los árabes.

CARTAGO Ciudad de Colombia, departamento de Valle del Cauca; 130.988 h.

CARTAGO 1 Provincia de Costa Rica; 3.125 km² y 398.687 h. **2** Ciudad capital de la misma; 23.884 h. Fundada en 1563.

CARTAGO NOVA CARTAGENA (España).

CÁRTAMA f. *Bot.* ALAZOR.

CÁRTAMO m. *Bot.* **1** ALAZOR. **2** Planta herbácea anual perteneciente a la familia compuestas, de nombre científico *Carthamus tinctorius*. Su cultivo se extendió desde la Antigüedad para la obtención de un colorante rojo y amarillo a partir de las flores.

CARTAPACIO m. **1** Cuaderno de apuntes. **2** Funda o bolsa en la que se llevan libros y papeles. **3** Conjunto de papeles contenidos en una carpeta.

CARTEAR intr. **1** *Ocio.* Jugar las cartas falsas para tantear el juego. || prnl. **2** Corresponderse por carta.

CARTEL m. **1** Escrito o pintura que se exhibe en sitio público con fines informativos o publicitarios. **2** Red para la pesca de la sardina. **3** PASQUÍN. || **tener cartel** fr. fig. Tener buena reputación en el asunto de que se

CÁRTEL o **CARTEL** m. 1 *Econ.* Convenio entre varias empresas similares para evitar la mutua competencia y regular la producción, la venta y los precios en determinado campo industrial. 2 Agrupación de personas que persigue fines ilícitos. Se utiliza especialmente para nombrar a los grupos de narcotraficantes colombianos.

CARTELA f. 1 Tarjeta para anotaciones. 2 *Arquit.* Pieza de cualquier material que sujeta un alero, una repisa, etc. 3 *Bl.* Cada una de las piezas pequeñas y rectangulares que se ponen en la parte superior del escudo.

CARTELERA f. 1 Armazón para fijar carteles. 2 Cartel anunciador de espectáculos. 3 Sección de los periódicos donde se anuncian espectáculos.

CÁRTER m. *Mec.* 1 Envoltura rígida que protege ciertos mecanismos. 2 Depósito del lubricante en los motores de explosión.

CARTER, BENNY (BENNET LESTER, llamado) Compositor y músico de jazz estadounidense (Nueva York, 1907 - Los Ángeles, 2003). Maestro del *swing*, inició su carrera musical como instrumentista de saxo, clarinete y trompeta. Se dedicó a la composición desde 1935.

CARTER, JIMMY (JAMES EARL CARTER, llamado) Político estadounidense (Plains, 1924). Alcanzó la presidencia de la República como candidato demócrata (1977-80). Su gestión se caracterizó por la defensa a ultranza de la paz y de los derechos humanos. Fue sucedido por R. Reagan. En 2002 recibió el premio Nobel de la Paz.

CARTERA f. 1 Objeto rectangular, plegado por su mitad, con divisiones internas, que se lleva en el bolsillo y sirve para contener documentos, tarjetas, billetes, etc. 2 Objeto algo mayor que la cartera de bolsillo para meter libros, papeles y documentos. 3 BILLETERO. 4 Tira de tela que cubre la abertura del bolsillo. 5 *Econ.* Valores o efectos comerciales de curso legal que forman parte del activo. 6 fig. Empleo de ministro. 7 fig. Ejercicio de un ministerio. 8 *Amér.* Bolso de las mujeres. || **tener** una cosa **en cartera** fr. fig. Tenerla preparada o en estudio para su próxima ejecución.

CARTERÍA f. 1 Empleo de cartero. 2 Oficina de correos donde se despacha la correspondencia.

CARTERISTA com. Ladrón de carteras de bolsillo.

CARTERO, RA m. y f. Persona que tiene por oficio repartir las cartas del correo.

CARTESIANISMO m. *Filos.* Filosofía de Descartes y de sus discípulos. También se emplea este término para designar las tendencias filosóficas influidas por la doctrina de Descartes y todas las opiniones expresadas a través de la historia de la filosofía desde el siglo XVII en torno a su pensamiento.

CARTESIANO, NA adj. 1 Partidario del cartesianismo o relativo a él. Aplicado a personas, también s. 2 Excesivamente lógico y racional. 3 COORDENADAS CARTESIANAS.

CARTIER, JACQUES Navegante francés (Saint-Malo, 1491 - íd., 1557). Enviado por Francisco I para buscar un paso al mar del Sur por el N de América, reconoció la isla de Terranova y la costa de Labrador. En un segundo viaje remontó el San Lorenzo y descubrió Canadá en 1534.

CARTIER-BRESSON, HENRI Fotógrafo francés (Chanteloup, Seine-et-Marne, 1908 - Cereste, 2004). Especialista en la fotografía de reportaje, destaca sobre todo por su estilo realista y de gran poder de comunicación y una cuidada estética en las composiciones.

CARTILAGÍNEO, A adj. *Zool.* Se dice de los peces de esqueleto cartilaginoso.

CARTILAGINOSO, SA adj. *Biol.* 1 Relativo a los cartílagos. 2 Semejante a ellos, o de su naturaleza. 3 TEJIDO CARTILAGINOSO.

CARTÍLAGO m. *Anat.* Tejido conectivo elástico adherido a ciertas articulaciones óseas de los animales vertebrados, que realiza funciones esqueléticas de sostén.

CARTILLA f. 1 Cuaderno pequeño que contiene el alfabeto y los primeros rudimentos para aprender a leer. 2 Tratado elemental de algún oficio o arte. 3 Libreta o cuaderno donde se anotan ciertas circunstancias que afectan a su titular. 4 AÑALEJO. || **leerle** a uno **la cartilla** fr. fig. y fam. Reprenderle advirtiéndole lo que debe hacer.

CARTISMO m. *Hist.* Movimiento político obrero del Reino Unido, activo entre 1837 y 1848, cuyo origen se sitúa en el descontento provocado por la reforma electoral de 1832 y la crisis económica. Apoyado por la burguesía radical, sus partidarios pedían la concesión de una Constitución democrática, y plasmaron sus reivindicaciones en la llamada *Carta del Pueblo* (1838).

CARTIVANA f. Tira de papel o tela que se pega en las láminas u hojas sueltas para encuadernarlas.

CARTO- pref. que significa papel, carta, etc.

CARTOGRAFÍA f. *Geog.* 1 Conjunto de operaciones que intervienen en la elaboración de mapas geográficos, geológicos o de vegetación, que incluyen desde topografiar el terreno hasta imprimir el mapa. 2 Ciencia que las estudia.

CARTOGRAFIAR tr. *Geog.* Trazar la carta geográfica de una porción de superficie terrestre.

CARTOMANCIA o **CARTOMANCÍA** f. Arte de adivinar el futuro por los naipes.

CARTOMETRÍA f. *Geog.* Medición de las líneas de las cartas geográficas.

CARTÓMETRO m. *Geog.* Curvímetro para medir las líneas trazadas en las cartas geográficas.

CARTÓN m. 1 Conjunto de varias hojas de papel húmedas, fuertemente comprimidas y secadas después por evaporación. 2 Hoja hecha de pasta de trapo, papel viejo y otras materias. 3 *Pint.* Dibujo previo a una obra de pintura, mosaico, tapicería o vidriería, a la que sirve de modelo. || **CARTÓN DE TABACO** Envase de cartón en el que van incluidas normalmente diez cajetillas. || **CARTÓN PIEDRA** Pasta de cartón o papel, yeso y aceite secante, tan dura como la piedra. || **ser** algo o alguien **de cartón piedra** fr. fig. Ser falso, artificial.

CARTONAJE m. Obras de cartón.

CARTONÉ m. *A. gráf.* Encuadernación con tapas de cartón y forro de papel.

CARTONERA f. *Zool. Amér.* Avispa cuyo nido semeja una caja de cartulina.

CARTONERO, RA adj. 1 Perteneciente o relativo al cartón. || m. y f. 2 Persona que lo trabaja.

CARTOON (Voz i.) m. DIBUJOS ANIMADOS.

CARTUCHERA f. 1 Caja para llevar cartuchos. 2 CANANA. || f. pl. 3 Acumulación de grasa en los muslos.

CARTUCHO m. 1 Carga de pólvora contenida en un tubo metálico, correspondiente a cada disparo de un arma de fuego. 2 Envoltorio cilíndrico de monedas de una misma clase. 3 Dispositivo intercambiable, de forma, tamaño y material variables, provisto de lo necesario para que funcionen ciertas máquinas, aparatos e instrumentos. 4 Bolsa de dulces. 5 CUCURUCHO. || **quemar** uno **el último cartucho** fr. fig. Emplear el último recurso.

CARTUJA f. Monasterio o convento de dicha orden.

CARTUJA, ORDEN DE LA ORDEN DE LA CARTUJA.

CARTUJANO, NA adj. 1 Relativo a la Orden de la Cartuja. 2 CARTUJO. Aplicado a personas, también s. 3 Se dice del caballo o yegua más característico de la raza andaluza.

CARTUJO adj. y m. 1 Se dice del religioso de la Orden de la Cartuja. || m. 2 fig. y fam. Hombre taciturno.

CARTULARIO m. Libro manuscrito, también llamado *becerro* o *tumbo*, en el que se copiaban las escrituras de las propiedades y derechos de una institución civil o eclesiástica.

CARTULINA f. Cartón delgado y terso.

CARTWRIGHT, EDMUND Industrial inglés (Marnham, 1743 - Hastings, 1823). Inventó diversas máquinas para la industria textil.

CARÚNCULA f. 1 *Anat.* Crecimiento carnoso, normal o anormal, en alguna parte del organismo humano. 2 *Zool.* Carnosidad roja y eréctil de la cabeza de algunos animales, como el gallo y el pavo. 3 *Zool.* Lóbulo o excrecencia similar a una faldilla, como la barba de un pájaro. || **CARÚNCULA LAGRIMAL** *Anat.* Pequeña masa rojiza situada en el ángulo interno del ojo.

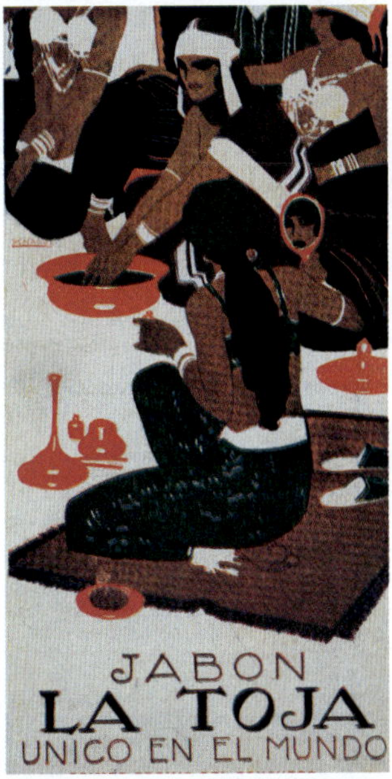

cartel. *Jabón La Toja.* Rafael de Penagos, 1919. Colección particular (Madrid).

CARURÚ m. *Bot.* Planta americana de la familia amarantáceas.

CARUSO, ENRICO Tenor italiano (Nápoles, 1873 - íd., 1921). Se presentó en Nápoles, con *L'amico Fritz* (1896). Debe su fama a la belleza y la variedad de los registros de su voz, y a sus excepcionales dotes de interpretación.

CARUTO m. *Bot.* Planta de la familia rubiáceas que crece en la región del Orinoco.

CARVAJAL, FRANCISCO DE Militar español (¿Arévalo?, 1464 - Jaquijaguana, 1548). Fue compañero de Pizarro en Perú e intervino en las luchas civiles. Murió ajusticiado.

CARVALHO, OTELO SARAIVA DE Militar y político portugués (Mozambique, 1936). Encabezó el Movimiento de las Fuerzas Armadas que acabó con la dictadura salazarista. En 1984 fue acusado de estar implicado en las actividades de la organización terrorista Fuerzas Populares Veinticinco de Abril, detenido y condenado a 15 años de prisión (1987).

CARVALHO Y MELO, SEBASTIÃO JOSÉ DE POMBAL, SEBASTIÃO JOSÉ DE CARVALHO E MELO, MARQUÉS DE.

CARVALLO m. *Bot.* ROBLE, árbol.

CARVER, RAYMOND Escritor estadounidense (Clatskanie, 1938 - Washington, 1988). Considerado uno de los grandes renovadores del género del relato breve, es autor de las colecciones de cuentos *Will you Please Be Quiet, Please?* (1967), *Put Yourself on My Shoes* (1974), *What we Talk About When we Talk About Love* (1981), *Short Cuts*, llevada al cine por Robert Altman, y *Where I'm Calling from* (1988).

CARVI m. *Bot.* Simiente de la alcaravea.

CASA f. 1 Edificio para habitar. 2 Piso o parte de una casa, en que vive un individuo o una familia. 3 Edificio, mobiliario, régimen de vida, etc., de alguien. 4 Descendencia o linaje que tiene un mismo apellido y viene del mismo origen. 5 Establecimiento industrial o mercantil. 6 Personas de la misma familia que viven juntas. 7 *Astrol.* Cada una de las subdivisiones fijas del Zodiaco en 12 partes determinadas. || **CASA DE CAMPO** La que está fuera de poblado y sirve para cuidar del cultivo o para recrearse. || **CASA DE CITAS** Aquella en que se facilita, clandestinamente y por precio, habitación para mantener relaciones sexuales. || **CASA CONSISTORIAL** Ayuntamiento. || **CASA CUNA** INCLUSA. || **CASA DE EMPEÑOS** Establecimiento en el que se presta dinero con interés, tomando en prenda algún bien mueble del deudor, alhajas, relojes, etc. || **CASA DE HUÉSPEDES** Aquella en la que, por cierto precio, se da alojamiento y comida, o sólo alojamiento. || **CASA DE LABOR** o **DE LABRANZA** Aquella en que habitan los labradores y en que tienen sus ganados y aperos. || **CASA DE LA MONEDA** La destinada para fundir, fabricar y acuñar moneda. || **CASA DEL PUEBLO** *Hist.* Local donde se reúnen las clases populares, especialmente las afiliadas al Partido Socialista. || **CASA REAL** Palacio real. También, personas reales y conjunto de sus familias. || **CASA DE SOCORRO** Establecimiento benéfico donde se prestan servicios médicos de urgencia. || **CASA DE VECINDAD** o **DE VECINOS** Aquella en la que habitan varias familias en distintos pisos o apartamentos. || **caérsele** a alguien **la casa encima** fr. fig. y fam. Hacerse insoportable la permanencia en ella. También, sobrevenirle grave contrariedad o contratiempo. || **de la casa** loc. adj. Se dice, en los establecimientos que sirven o venden comidas y bebidas, de aquellas que preparan o sirven habitualmente o constituyen su especialidad. || **echar** uno **la casa por la ventana** fr. fig. y fam. Hacer un gasto importante por cualquier motivo. || **para** o **de andar por casa** loc. adj. que, por metáfora de la indumentaria casera, se aplica a procedimientos, soluciones, explicaciones, etc., de poco valor, hechos sin rigor, etc. || **ser** alguien **de la casa**, o **como de la casa** fr. Ser muy amigo de la familia y merecer de ella un trato llano y desinhibido.

CASA DE CONTRATACIÓN *Hist.* Organismo creado por los Reyes Católicos en 1503, que se ocupaba de los negocios del tráfico con las Indias y cuya sede se encontraba en Sevilla. En 1717 fue trasladada a Cádiz y suprimida definitivamente en 1790.

CASABE m. *Zool. Cuba* Pez teleósteo de la especie *Seriola cosmopolita*, del mar de las Antillas, que tiene forma de media luna y color amarillento.

CASABLANCA *(Dar-el-Beida)* 1 Prefectura de Marruecos; 1.615 km^2 y 3.212.000 h. 2 Ciudad capital de la misma; 2.943.000 h. Centro comercial.

CASABLANCA, CONFERENCIA DE *Hist.* Reunión celebrada en dicha ciudad del 14 al 24 de enero de 1943, durante la Segunda Guerra Mundial, entre el presidente de EE UU, Roosevelt; el jefe del Gobierno inglés, Churchill, y los generales franceses De Gaulle y Giraud. En

José **Casado del Alisal**. *Últimos momentos de Fernando IV el Emplazado*. Palacio del Senado (Madrid).

ella se decidió la creación de un Comité francés de Liberación y se convino el aplazamiento de la invasión de la Europa occidental hasta 1944 y saltar, en 1943, de la conquistada África nordoccidental a Sicilia e Italia.

Casaca f. Prenda ceñida al cuerpo, con manga larga y faldones hasta detrás de las rodillas.

Casaccia, Gabriel Escritor paraguayo (Asunción, 1907 - Buenos Aires, 1980). Autor de *Hombres, mujeres y fantoches* (1928), *La babosa* (1952), *Los exiliados* (1966) y *Los herederos* (1975), entre otras obras.

Casación f. *Der.* Acción de casar o anular.

Casadero, ra adj. Que está en edad de casarse.

Casado, da adj. y s. Que ha contraído matrimonio.

Casado, Segismundo Militar español (Nava de la Asunción, 1893 - Madrid, 1968). Comandante en jefe del Ejército del Centro republicano (1938), presidió un consejo nacional de defensa en contra del gobierno Negrín, desde el que intentó negociar la paz con los nacionalistas (1939).

Casado del Alisal, José Pintor español (Villada, 1832 - Madrid, 1886). Discípulo de F. de Madrazo, son famosas sus pinturas históricas como *Últimos momentos de Fernando IV el Emplazado*, *Las Cortes de Cádiz* y *La campana de Huesca*.

Casaguala o **Casahuela** Volcán de Ecuador, en la cordillera de Angamarca; 5.000 m de altura.

Casal, Julián del Escritor cubano (La Habana, 1863 - íd., 1893). Destacado poeta modernista, publicó los libros de poemas *Hojas al viento* (1890) y *Nieve* (1892), y la colección de poemas y cuentos *Bustos y rimas* (1893).

Casals, Pau Músico español (Vendrell, 1876 - San Juan de Puerto Rico, 1973). Violonchelista conocido mundialmente y compositor de música de cámara, lieder, sardanas, etc. Salvó del olvido las obras de Bach para violoncelo, sin acompañamiento.

Casamance Río del S de Senegal, que nace al O de Hamdallahi, pasa por Ziguinchor y desemboca en el océano Atlántico; 321 km de curso.

Casamata f. Bóveda muy resistente para instalar una o más piezas de artillería.

Casamentero, ra adj. y s. Que es aficionado a arreglar bodas.

Casampulga f. *Zool. Hond.* y *Salv.* Araña venenosa del tamaño de un guisante, patas cortas y abdomen de color rojo.

Casanare Río de Colombia, afluente del Meta; 515 km de curso.

Casanare Departamento de Colombia; 44.640 km^2 y 325.389 h. Su capital es Yopal.

Casanarense o **Casanareño, ña** adj. y s. De Casanare.

Casandra *Mit.* Hija de Príamo y Hécuba. Apolo prometió enseñarle el arte de la adivinación si accedía a entregarse después a él. Casandra aceptó, pero luego se negó a cumplir su parte del trato, por lo que Apolo la condenó a que sus vaticinios no fuesen creídos. Por ello, cuando predijo a los troyanos la destrucción de su ciudad, no fue escuchada.

Casandro Rey de Macedonia (s. IV-III a. C.). Hijo de Antípatro, reinó del 316 al 297 a. C. Condenó a muerte a Olimpia, madre de Alejandro Magno, y a la esposa e hijo de éste. Mantuvo varias guerras contra Demetrio I y Antígono I, hasta conseguir el dominio en Grecia y Macedonia.

Casanova de Seingalt, Giovanni Giacomo Aventurero italiano (Venecia, 1725 - Dux, Bohemia, 1798). Fue clérigo y militar. Fue encarcelado por su agitada vida, en la que las conquistas amorosas y las intrigas ocuparon un lugar preeminente. Escribió unas célebres *Memorias* (1822-28) y una *Historia de Polonia*.

Casar^1 m. Conjunto de casas que no llegan a formar un pueblo.

Casar^2 intr. **1** Contraer matrimonio. Más como prnl. **2** Corresponder, conformarse, cuadrar una cosa con otra. || tr. **3** Autorizar el párroco, u otro sacerdote con licencia suya, el sacramento del matrimonio. **4** fam. Dar por casada con la intención a una pareja. **5** Presenciar una boda. **6** fig. Unir o juntar una cosa con otra. **7** fig. Disponer y ordenar algunas cosas de suerte que hagan juego o tengan correspondencia entre sí. También intr. **8** *Der.* Anular, abrogar, derogar. || **no casarse** uno **con nadie** fr. fig. y fam. Conservar la independencia de su opinión o actitud.

Casares, Julio Lexicógrafo y crítico literario español (Granada, 1877 - Madrid, 1964). Académico de la Española desde 1919 y secretario perpetuo de la misma desde 1936. Entre sus obras figuran *Crítica profana* (1915), *Crítica efímera* (1918), *Diccionario ideológico de la lengua española* (1943), *Cosas del lenguaje* (1943), etc.

Casares Quiroga, Santiago Político español (La Coruña, 1884 - París, 1950). Fue miembro de la Organización Republicana Gallega Autónoma, que más tarde se unió con Acción Republicana para formar el Partido Izquierda Republicana. Ministro durante la II República, fue nombrado jefe del gobierno con Azaña (1936). No consiguió mantener el orden público y adoptó una actitud pasiva ante la rebelión militar de 1936, lo que provocó su dimisión.

Casas, Bartolomé de Las Religioso español (Sevilla, 1474 - Madrid, 1566). Sacerdote dominico desde 1512, se dedicó de lleno a defender los derechos de los indios. Se le debe la promulgación de las Nuevas Leyes de Indias (1542). En 1546 se trasladó a México, tras ser nombrado obispo en Chiapas, y allí difundió sus *Avisos y reglas para los confesores*, que le ganaron la enemistad entre los colonos y provocó su regreso definitivo a España (1547). Como autor, dejó inconclusa la *Historia general de las Indias*. Escribió también la *Apologética historia sumaria* y en 1552 vio la luz su obra cumbre *Brevísima relación de la destrucción de las Indias*.

Casas Carbó, Ramón Pintor español (Barcelona, 1866 - íd., 1932). Representante del modernismo, en sus obras destacan *Pena capital*, *Barcelona 1902* y *Bal du Moulin de la Galette*.

Casaya Isla de Panamá, en el golfo de Panamá, que forma parte del archipiélago de Las Perlas.

Casbah f. ALCAZABA.

Casca f. Cáscara de huevos, frutas, etc.

Cascabel m. **1** Bola hueca de metal, con asa y una abertura debajo rematada en dos agujeros. Lleva dentro un pedacito de hierro o latón para que, moviéndolo, suene. **2** *Zool.* Conjunto de anillos córneos situado en la punta de la cola de las serpientes de cascabel, que al chocar unos contra otros producen un sonido muy especial.

Cascabela f. *Zool. C. Rica* CRÓTALO.

Cascabelada f. **1** Fiesta ruidosa. **2** fig. y fam. Dicho o hecho que denota poco juicio.

Cascabelero, ra adj. y s. Se dice de la persona de poco seso y especialmente alegre.

Cascabelillo m. *Agr.* Variedad de ciruela, de color purpúreo oscuro y de sabor dulce.

Cascabillo m. *Bot.* **1** Cascarilla del grano de cereales. **2** Cúpula de la bellota.

Cascadas, cordillera de las Cadena montañosa de EE UU y Canadá, que se extiende desde las Montañas Rocosas hasta Sierra Nevada. Su altura máxima es el monte Rainier (4.394 m).

Cascado, da adj. **1** fig. Se dice de la voz que carece de sonoridad. **2** fig. y fam. Se dice de la persona o cosa muy gastada. || f. **3** *Fís.* Conexión de un determinado número de dispositivos, de tal forma que cada uno actúa sobre el inmediato. **4** *Geol.* Caída de agua en un río o arroyo, debida a un desnivel del terreno en el que hay piedras como escalones en las que choca el líquido. **5**

Pau **Casals**

Cascais (Portugal).

fig. Conjunto de acciones o acontecimientos que se producen de manera intensa y continuada.

CASCAIS o **CASCAES** Ciudad de Portugal, en el distrito de Lisboa; 10.558 h. Turismo.

CASCAJO m. **1** Fragmentos sueltos de piedra de grano más grueso que la grava y más fino que los cantos rodados. **2** Conjunto de frutas de cáscaras secas, como nueces, avellanas, etc. **3** fam. Vasija u objeto roto e inútil.

CASCALOTE m. *Bot.* Árbol americano de la familia mimosáceas, cuyo fruto abunda en tanino y se emplea para curtir.

CASCANUECES m. **1** Instrumento a modo de tenaza para partir nueces. **2** *Zool.* Ave paseriforme perteneciente a la familia córvidos, de nombre científico *Nucifraga caryocatactes*. Vive en Europa y Asia. ♦ Su pl. es *cascanueces*.

CASCAR tr. **1** Quebrantar o romper algo quebradizo. También prnl. **2** fam. Golpear. || intr. **3** fig. y fam. MORIR. **4** fam. Charlar.

CÁSCARA f. **1** Cubierta exterior de los huevos, de varias frutas y de otras cosas. En sentido amplio, parte externa. || ¡**cáscaras!** interj. fam. que denota sorpresa.

CASCARILLA f. *Bot.* Corteza del cascarillo, llamada también *quina aromática*.

CASCARILLAL m. *Ecol.* Perú Lugar poblado de árboles de quina.

CASCARILLO m. *Bot.* Arbusto de la familia euforbiáceas nativo de las Antillas, cuya corteza es la cascarilla.

CASCARÓN m. **1** Cáscara de huevo de cualquier ave, y más especialmente la rota por el pollo al salir de él. **2** *Bot. Urug.* Árbol parecido al alcornoque.

CASCARRABIAS com. Persona que se enoja fácilmente. ♦ Su pl. es *cascarrabias*.

CASCARRIA o **CAZCARRIA** f. Salpicadura de barro que se seca en la parte de la ropa que está próxima al suelo.

CASCÁS m. *Zool.* Chile Insecto coleóptero, notable por sus mandíbulas en forma de gancho.

CASCO m. **1** Pieza de metal o de otra materia usada para protección de la cabeza. **2** Recipiente, generalmente de metal, que sirve para contener líquidos. **3** Cuerpo de la nave o del avión sin el aparejo y las máquinas. **4** *Bot.* Cada uno de los gajos en que están divididas internamente algunas frutas. **5** Cada una de las capas gruesas de la cebolla. **6** Uña de las patas de las caballerías. **7** Núcleo de una ciudad. **8** Cada una de los pedazos de una vasija o un vaso cuando se rompen. || m. pl. **9** Cabeza. || **CASCO HISTÓRICO** Conjunto de los edificios más antiguos de una población. || **CASCO URBANO** o **DE POBLACIÓN** Conjunto de edificios de una población, hasta donde termina su agrupación (véase CONURBACIÓN.) || **alegre**, o **ligero, de cascos** loc. fam. Irreflexivo.

CASCORRO, HÉROE DE GONZALO GARCÍA, ELOY.

CASCOS AZULES *Hist.* y *Mil.* Nombre de las tropas de la ONU, integradas por militares de los ejércitos de sus países miembros, que actúan en escenarios de conflictos armados como observadores no armados y como fuerzas para el mantenimiento de la paz. Fueron galardonados con el premio Nobel de la Paz en 1988, y con el Príncipe de Asturias de Cooperación Internacional en 1993.

CASCOTE m. **1** Fragmento de alguna construcción derribada o arruinada. **2** Conjunto de escombros, usado para obras nuevas.

CASCUÉ m. Especie de esturión que vive en el río Nilo.

CASEÍNA f. *Quím.* Sustancia albuminoidea de la leche, donde se encuentra en forma de sal cálcica, que por la acción de enzimas se transforma en paracaseína insoluble (queso).

CÁSEO, A adj. Relativo al queso.

CASERÍO m. **1** Conjunto de casas que no llegan a constituir un pueblo. **2** *P. Vasc.* Casa agropastoril situada en el campo como vivienda aislada.

CASERO, RA adj. **1** Que se hace o cría en casa. **2** fam. Se dice de quien está mucho en casa. **3** *Dep.* Se dice del juez deportivo o del arbitraje que favorece al equipo en cuyo campo se juega. || m. y f. **4** Dueño de alguna casa, que la alquila a otro. **5** *Chile* Parroquiano, cliente.

CASERÓN m. **1** Aumentativo de CASA. **2** Casa muy grande y destartalada.

CASEROS *Hist.* Lugar de Argentina, provincia de Buenos Aires, en cuyas cercanías se libró, en 1852, la batalla en que Urquiza venció a Rosas, quien se vio obligado a renunciar al poder.

CASERTA Provincia de Italia, en Campania; 2.639 km² y 838.677 h. Su capital es la ciudad del mismo nombre.

CASETA f. En ciertos balnearios, casilla o garita donde se desnudan los bañistas.

CASETE amb. Cajita de material plástico que contiene una cinta magnetofónica para el registro y reproducción del sonido.

CASETÓN m. *Arquit.* ARTESÓN, adorno que se pone en los techos y en el interior de las bóvedas.

CASH (Voz i.) m. Dinero en efectivo.

CASH-FLOW (Voz i.) m. *Econ.* Liquidez económica de una empresa en un periodo de tiempo determinado. Designa la diferencia entre los cobros y los pagos corrientes de la empresa.

CASI adv. c. Cerca de, poco menos de, aproximadamente, con corta diferencia, por poco.

CASIA f. *Bot.* Nombre común de varias plantas de la familia leguminosas que crecen en países cálidos.

CASIDA f. *Lit.* Composición poética árabe y persa, monorrima, de asuntos variados, y con un número indeterminado de versos.

CASILLA f. **1** Casa pequeña. **2** Escaque del ajedrez o damas. **3** Cada una de las divisiones del papel rayado verticalmente o en cuadrículas. **4** División del casillero. || **CASILLA POSTAL** *Amér.* Apartado de correos. || **sacar a uno de sus casillas** fr. fig. y fam. Alterar su método de vida. También, hacerle perder la paciencia. || **salir uno de sus casillas** fr. fig. y fam. Excederse.

CASILLERO m. Mueble con varias divisiones, para clasificar papeles u otras cosas.

CASIMIR-PERIER, JEAN Político francés (París, 1847 - íd., 1907). Presidió la Cámara en 1893, fue jefe de gobierno tres veces, y presidente de la República (1894-95).

CASIMIRO Nombre de cinco reyes de Polonia.

CASIMIRO I (Cracovia, 1015 - íd., 1058). Ocupó el trono en 1034. Luchó contra el paganismo y sus esfuerzos para el desarrollo de la instrucción le valieron el sobrenombre de *el Restaurador*.

CASIMIRO II EL JUSTO (Cracovia, 1138 - íd., 1194). Subió al trono en 1157. Arrebató Cracovia a su hermano Micislao y luchó contra los prusianos.

CASIMIRO III EL GRANDE (Cracovia, 1310 - Grodno, 1370). Subió al trono en 1333. Fundó la Universidad de Cracovia, e hizo compilar las leyes del derecho polaco y ponerlas por escrito.

CASIMIRO IV JAGELLÓN (Cracovia, 1427 - Grodno, 1492). Subió al trono en 1445. Arrebató a los caballeros teutónicos los territorios de la desembocadura del Vístula y aseguró a Ladislao II, su hijo mayor, la sucesión de Bohemia (1471) y de Hungría (1490).

CASIMIRO V (Cracovia, 1609 - Nevers, 1672). Abandonó la carrera religiosa para ser nombrado rey a la muerte de su hermano Ladislao VII, en 1649. Tuvo que luchar contra rusos, cosacos, tártaros y suecos; estos últimos le vencieron y se hicieron dueños de Polonia. Con el apoyo de Brandemburgo y Austria, pudo imponer a su enemigo el tratado de Oliva (1660), y recuperar sus Estados. Abdicó en 1667.

CASINO m. **1** Casa de juego. **2** Club, sociedad de recreo. **3** Edificio de sus reuniones. En él es común que haya juegos de azar.

CASINO CASSINO.

CASIO LONGINO, CAYO Cuestor romano (? - ?, 44 a. C.). Formaba parte de las tropas de Craso y fue uno de los asesinos de César. Fue derrotado en Filipos (42 a. C.) y ordenó a uno de sus servidores que le diese muerte.

CASIODORO, FLAVIO MAGNO Escritor y político latino (Scylacium, h. 480 - Vivarium, h. 575). Compuso panegíricos de los soberanos godos; una *Crónica* e historia universal, hoy desaparecida, y tratados de derecho, música, etc.

CASIOPEA *Astron.* Constelación boreal, situada entre las de Andrómeda y Cefeo.

CASIOPEA *Mit.* Reina de Etiopía, esposa de Cefeo y madre de Andrómeda. Era muy hermosa, y por castigarla por su vanidad, Poseidón envió contra su país un monstruo, al que Perseo dio muerte cuando iba a devorar a Andrómeda. Júpiter colocó a Casiopea entre las constelaciones.

CASIOPIRRI m. *Bot.* Arbusto que se cría en toda la India, y se cultiva en los jardines europeos.

CASIQUIARE Río de Venezuela, en el territorio federal de Amazonas. Está formado por bifurcación del Alto Orinoco; 326 km de curso.

CASIS f. *Bot.* **1** Planta parecida al grosellero. || m. *Zool.* **2** Molusco gasterópodo, con concha enrollada en espiral. ♦ Su pl. es *casis*.

CASITA adj. *Hist.* Se aplica a un pueblo que en la Antigüedad habitaba la región de los montes Zagros, y que tras conquistar Babilonia (1531 a. C.), constituyó la tercera dinastía de Babilonia, caída en 1160 a. C. a manos de los elamitas. También com.

CASITÉRIDES *Geog. hist.* Nombre que se daba en la Antigüedad a un grupo de islas, situadas al SO de la isla de Britania, de donde se extraía el estaño. Probablemente se trata de las islas Scilly.

CASITÉRIDOS m. pl. *Quím.* Grupo de elementos que comprende el estaño, antimonio, cinc y cadmio.

Caserta (Italia). Vista de la ciudad vieja.

CASITERITA f. *Miner.* Mineral bióxido de estaño, de fórmula SnO_2, que cristaliza en el sistema tetragonal. Tiene color pardo y brillo diamantino. Constituye la principal mena para la extracción de estaño.

CASO m. **1** Suceso, acontecimiento. **2** Ocasión o conjunto de circunstancias posibles. **3** Cuestión, asunto. **4** *Gram.* Relación sintáctica que una palabra de carácter nominal mantiene con una oración con su contexto, según la función que desempeñe. En muchas lenguas, la palabra varía de forma, recibiendo determinados morfemas para expresar dichas relaciones. Cada una de estas formas se llama también caso, y la serie ordenada de las mismas constituye la declinación del vocablo. En otros idiomas (como el español, en el cual sólo se declinan los pronombres personales), aquellas relaciones sintácticas se expresan por medio de preposiciones o de otros recursos gramaticales. || **CASO CLÍNICO** *Med.* Proceso de una enfermedad en su manifestación concreta en un paciente. También, proceso morboso poco habitual o extraño. || **en caso de que** loc. adv. Si sucede tal o tal cosa. || **en todo caso** loc. adv. Como quiera que sea. || **hacer caso** fr. Atender a alguien o a algo. || **hacer caso omiso** fr. Prescindir de alguna cosa, no hacer hincapié en ella. || **poner caso, o por caso** fr. Poner por ejemplo. || **ser** una **un caso** fr. fig. y fam. Distinguirse para mal o para bien. || **venir** algo **al caso** fr. fam. Venir a propósito.

casiterita

CASORIO m. fam. Casamiento hecho sin juicio ni consideración, o de poco lucimiento.

CASPA f. Escamilla sebácea y seca que se forma en el cuero cabelludo seborreico.

CASPIO, PIA adj. y s. *Hist.* **1** Se dice de un antiguo pueblo de Hircania. Aplicado a personas, también s. **2** Relativo a este pueblo.

CASPIO Mar interior entre Europa y Asia, que baña las costas de Azerbaiyán, Federación de Rusia, Kazajstán, Turkmenistán e Irán; 371.000 km². Es el mayor mar interior del mundo y vestigio de un mar común de la época terciaria. A pesar de la enorme aportación del río Volga, su principal tributario, la evaporación sigue reduciendo el nivel de sus aguas. El puerto principal es Astracán. En él se dan más de cincuenta especies de peces que no se conocen en ningún otro mar.

CASPIROLETA f. *Amér.* Bebida compuesta de leche caliente, huevos, canela, aguardiente, azúcar y algún otro ingrediente.

¡CÁSPITA! interj. con que se denota extrañeza.

CASPOLINO, NA adj. y s. De Caspe.

CASQUERO, RA m. y f. Persona que vende vísceras y otras partes comestibles de la res que no son carne.

CASQUETE m. **1** Estructura protectora en forma de gorra o cofia. **2** *Mil.* Pieza de la armadura que protegía el casco de la cabeza. **3** Cubierta de tela, cuero, papel, etc., que se ajusta al casco de la cabeza. || **CASQUETE ESFÉRICO** *Geom.* Parte de la superficie de la esfera cortada por un plano que no pasa por su centro. || **CASQUETE POLAR** *Geol.* Cada una de las dos inmensas capas de hielo que ocupan las áreas cercanas y correspondientes a los polos. También denominados *inlandsis*.

CASQUIJO m. Multitud de piedra menuda que sirve para hacer hormigón y, como grava, para afirmar los caminos.

CASQUILLO m. **1** Cartucho vacío. **2** *Fís.* Parte metálica fijada en la bombilla de una lámpara eléctrica, que permite conectar ésta con el circuito. **3** *Fís.* Parte metálica de la bombilla eléctrica que se ajusta o enrosca al portalámparas. **4** *Veter. Amér. C.* Herradura de las caballerías.

CASQUIVANO, NA adj. y s. fam. Se dice de la persona irreflexiva.

CASSANO Ciudad de Italia, provincia de Milán, en Lombardía; 9.986 h. En ella fue derrotado Eugenio de Saboya por Vendôme en 1705, y tuvo lugar la *batalla de Cassano* entre franceses y austrorrusos en 1799.

CASSAVETES, JOHN Actor y director de cine estadounidense (Nueva York, 1929 - íd., 1988). Fue uno de los creadores del *New American Cinema Group*. Ha intervenido como actor en las películas *Doce del patíbulo* (1967), *La semilla del diablo* (1968), *Objetivo: Patton* (1978) y *Mi vida es mía* (1982). Ha dirigido *Shadows* (1960), *Faces* (1968), *Husbands* (1970), *Una mujer bajo la influencia* (1974) y *Corrientes de amor* (1983).

CASSEL Kassel.

CASSIN, RENÉ Jurista francés (Bayona, 1887 - París, 1976). Fue miembro y presidente de la Comisión de los Derechos Humanos de la ONU. En 1968 le fue concedido el premio Nobel de la Paz.

CASSINI, DIVISIÓN DE *Astron.* Faja oscura concéntrica e interior al anillo de Saturno, que lo separa en dos subanillos, A y B. Fue observada por Jean Dominique Cassini en 1675.

CASSINI, JEAN DOMINIQUE Astrónomo francés de origen italiano (Perinaldo, 1625 - París, 1712). Investigó el Sol, la Luna (de la que hizo un mapa detallado) y los planetas conocidos; midió los periodos de rotación de Marte y Júpiter, y compiló una tabla con las posiciones de los satélites de este último; descubrió la división de Saturno que lleva su nombre (véase DIVISIÓN DE CASSINI).

CASSINO o **CASINO** Ciudad de Italia, provincia de Frosinone, en Lacio; 34.565 h. En ella se firmó en 1230 la paz entre el emperador de Alemania, Federico II, y el papa Gregorio IX. Es la antigua *Casinum* romana. Desde la alta Edad Media hasta 1871 se denominó *San Germano*.

CASSIRER, ERNST Filósofo alemán (Breslau, 1874 - Princeton, 1945). Especializado en historia de la filosofía, su obra se mantuvo en una línea de pensamiento idealista. Entre sus obras se encuentran *El problema del conocimiento en la filosofía y en la ciencia moderna* (1906-57), *Kant. Vida y doctrina* (1918), *Filosofía de las formas simbólicas* (1923-29), *Filosofía de la Ilustración* (1932), *Antropología filosófica* (1945) y *El mito del Estado* (1947).

CASSOLA, CARLO Escritor italiano (Roma, 1917 - Montecarlo, 1987). Influido inicialmente por Joyce, evolucionó posteriormente hacia el neorrealismo. Obras: *La visita* (1942), *La chica de Bube* (1960), *El cazador* (1964), *Vida de artista* (1979) y *El rebelde* (1980).

CASTA f. **1** Generación o linaje. **2** *Zool.* Variedad en una especie animal. **3** *Zool.* Organización social de los animales en la que cada nivel desempeña una función específica. **4** Parte de los habitantes de un país que forman un grupo especial. **5** fig. Calidad de algo. **6** *Antrop.* Clase o minoría autocerrada que constituye un grupo de filiación estratificado y endógamo.

CASTAGNINO, JUAN CARLOS Pintor, muralista y arquitecto argentino (Buenos Aires, 1908 - íd., 1972). Está considerado uno de los primeros representantes de la corriente realista: *Tierra adentro* (1943), *Mujer del páramo* (1944), *El hombre del río* (1948).

CASTAGNO, ANDREA DEL Pintor italiano (San Martino a Corella, 1423 - Florencia, 1457). Destacado representante del *quattrocento*. Su estilo realista influyó en los pintores florentinos, desde los Pollaiuoli hasta Botticelli. Pintó los retratos de Dante, Petrarca y Boccaccio, los frescos de la iglesia de Santa María Annunziata (Florencia) y *La última cena, Crucifixión, Entierro y Resurrección*, en el refectorio de Santa Apolonia (Florencia), considerados sus obras maestras.

CASTALIA *Mit.* Ninfa que, perseguida por Apolo, se ahogó en una fuente a la que dio su nombre. De esta fuente bebían poetas y artistas en busca de la inspiración.

CASTÁLIDAS f. pl. *Mit.* Las musas.

CASTALIO, LIA adj. *Mit.* **1** Relativo a la fuente del Parnaso llamada Castalia. **2** Relativo a las musas.

CASTAÑA f. **1** *Bot.* Fruto del castaño, del tamaño de la nuez, cubierto con una cáscara gruesa y correosa, de color pardo oscuro. **2** fig. y fam. Borrachera. **3** fig. y fam. Bofetada, cachete. **4** fig. y fam. Golpe, trompazo, choque. **5** fig. y fam. Persona o cosa aburrida o fastidiosa. || **CASTAÑA PILONGA** La que se ha secado al humo y se guarda todo el año.

CASTAÑAR m. *Ecol.* Bosque en que la especie dominante es el castaño.

CASTAÑAZO m. fam. Golpetazo, puñetazo.

CASTAÑETA f. **1** Sonido que resulta de juntar la yema del dedo medio con la del pulgar, y hacerla resbalar con fuerza y rapidez para que choque en el pulpejo. **2** *Zool.* Pez chileno, azul apizarrado por el dorso y plateado por el vientre.

CASTAÑETEAR intr. **1** Tocar las castañuelas. **2** Sonarle a uno los dientes, dando los de una mandíbula contra los de la otra.

CASTAÑO, ÑA adj. **1** Se dice del color de la cáscara de la castaña. También s. **2** Que tiene este color. || m. *Bot.* **3** Árbol perteneciente a la familia fagáceas, de nombre científico *Castanea sativa*. Puede medir más de

castaño de Indias. Árbol, hoja, flor y fruto.

25 m de altura, tiene hojas caducas, dentadas, brillantes por la cara superior y más pálidas por la inferior. Las flores masculinas se agrupan en cilindros de color amarillo pálido, en la base de los cuales crecen las flores femeninas. La madera se emplea en construcción, carpintería y ebanistería, y el fruto como alimento humano y del ganado. **4** Madera de este árbol. || f. *Bot.* **5** Fruto de este árbol. || **CASTAÑO DE INDIAS** *Bot.* Árbol perteneciente a la familia hipocastanáceas, de nombre científico *Aesculus hippocastanum*. El fruto, parecido al castaño, es globoso y erizado de espinas; en su interior contiene tres castañas.

CASTAÑO Río de Argentina, afluente del San Juan; 100 km de curso.

CASTAÑOLA f. *Zool.* Pez teleósteo acantopterigio. Abunda en el Mediterráneo y es comestible.

CASTAÑOS Y ARAGNONI, FRANCISCO JAVIER Militar español (Madrid, 1758 - íd., 1852). Capitán general de Andalucía, mandaba las fuerzas españolas en la batalla de Bailén, en la que por primera vez fueron derrotados los soldados de Napoleón. Fue presidente del Consejo de la regencia y tutor de la reina Isabel y de la infanta Luisa Fernanda.

CASTAÑUELA f. *Mús.* Instrumento de percusión, de madera y compuesto por dos mitades cóncavas que, juntas, tienen figura de castaña; por medio de unos cordones se sujetan al dedo pulgar o al de en medio y se repica con los demás dedos.

CASTEL GANDOLFO o **CASTELGANDOLFO** Población de Italia, a 20 km de Roma y junto al lago Albano. En ella se encuentra un palacio pontificio del siglo XVII, residencia veraniega de los papas.

CASTELAO, ALFONSO DANIEL RODRÍGUEZ Escritor, político, dibujante y pintor español (Rianxo, 1886 - Buenos Aires, 1950). Figura destacada del galleguismo, fue diputado durante la República y ministro del gobierno en el exilio. Su obra literaria, escrita en gallego y castellano, se caracteriza por la pureza del lenguaje y el sutil humorismo, a veces cargado de rasgos macabros. Escribió *Cousas da vida* (1926) y *Retrincos* (1934), relatos.

Francisco **Castaños**. Retrato anónimo. Instituto de España (Madrid).

Os dous de sempre (1934), novela; y *Os vellos non deben de namorarse* (1941), teatro.

CASTELAR, EMILIO Político, orador y escritor español (Cádiz, 1832 - San Pedro del Pinatar, 1899). Se dedicó inicialmente al periodismo y, tras tomar parte en la revolución de 1866, fue condenado a muerte, pero logró huir y refugiarse en París donde permaneció hasta la revolución de 1868. Proclamada la República, fue ministro de Estado y presidente del poder ejecutivo; se erigió en dictador y, durante su mandato, debió sofocar la rebelión de carlistas y cantonalistas. Tras su destitución en 1874 por el golpe militar de Pavía, se refugió en el extranjero. Destacado orador, sus escritos se caracterizaron por su brillantez y por la elegancia de la forma, más que por su profundidad.

CASTELFRANCO, GIORGIO DA GIORGIONE.

CASTELLAMMARE DI STABIA Ciudad de Italia, provincia de Nápoles; 68.478 h. Es la antigua *Stabiae*, destruida por la erupción del Vesubio en el año 79.

CASTELLANO, NA adj. y s. **1** De Castilla. || m. **2** *Ling.* Dialecto romámico nacido en Castilla la Vieja, del que tuvo su origen la lengua española. Con la hegemonía del reino de Castilla y la unificación con Aragón, se hizo lengua nacional de España. Comenzó a hablarse en Cantabria y avanzó hacia el S, con caracteres originales e innovadores. En las provincias que comprendían Castilla la Vieja, donde nació, se ha mantenido sin cambios esenciales. En las regiones del S han tenido lugar desarrollos fonéticos peculiares, sin constituir por ello dialectos especiales. Es frecuente hablar del *andaluz, murciano, extremeño* y *canario* como subdialectos del castellano. Este nombre alterna con el de ESPAÑOL para designar esta lengua. **3** *Núm.* Moneda de oro castellana de la Edad Media. **4** *Meteor.* Viento sur.

CASTELLANOHABLANTE adj. Que habla castellano sin dificultad, bien por ser ésta su lengua materna, bien por tener gran dominio de ella. También s.

CASTELLANOLEONÉS, SA adj. y s. De la comunidad autónoma de Castilla y León.

CASTELLANOMANCHEGO,GA adj. y s. De la comunidad autónoma de Castilla-La Mancha.

CASTELLANOPARLANTE adj. y s. CASTELLANOHABLANTE.

CASTELLANOS, ROSARIO Escritora mexicana (Ciudad de México, 1925 - Tel Aviv, 1974). Ha escrito preferentemente poesía lírica: *Trayectoria del polvo* (1948), *De la vigilia estéril* (1950), *El rescate del mundo* (1952). Tras el éxito de su primera novela, *Balún-Canán* (1957), escribió *Los convidados de agosto* (1964).

CASTELLI, JUAN JOSÉ Jurista y político argentino (Buenos Aires, 1764 - íd., 1812). Fue uno de los patriotas que prepararon la revolución de 1810. A él se debe el cumplimiento de la orden de fusilar a Liniers y sus compañeros en Córdoba. Llevó un ejército triunfante a Potosí, Chuquisaca y La Paz. Fue derrotado en Huaqui.

CASTELLÓ CASTELLÓN.

CASTELLÓN *(Castelló)* Provincia del E de España, situada en la costa oriental de la península Ibérica, en la Comunidad Valenciana; 6.679 km² y 467.895 h. Su capital es Castellón de la Plana. Montañosa en el interior, tiene una estrecha zona costera en la que se encuentran la península de Peñíscola, el cabo de Oropesa y el entrante de Almenara. Los dos ríos más importantes son el Mijares y el Palancia. El clima es mediterráneo. Produce arroz, almendros, agrios, cereales, algarrobos y olivos. Industria de productos de cáñamo, cerámica (Alcora) y calzado. Turismo.

CASTELLÓN DE LA PLANA *(Castelló de la Plana)* Municipio y ciudad de España, capital de la provincia de Castellón; 135.729 h. Puerto (El Grao). Centro agrícola e industrial. Turismo.

CASTELLONENSE adj. y com. De Castellón.

CASTELO BRANCO Distrito de Portugal; 6.616 km² y 211.800 h. Su capital es la ciudad del mismo nombre.

CASTELO BRANCO, CAMILO Novelista portugués (Lisboa, 1825 - San Miguel de Ceide, 1890). De tendencia romántica y cultivador de la llamada novela pasional, escribió las novelas *Anatema* (1851), *Amor de perdición* (1862), *Amor de salvación* (1864) y *Eusebio Macario* (1875).

CASTELO BRANCO, HUMBERTO DE ALENCAR Militar y político brasileño (Fortaleza, 1900 - íd., 1967). Intervino en la crisis que derrocó a Goulart y fue elegido por el Congreso presidente de la República (1964-67). Gobernó bajo tutela militar.

CASTELROSSO KASTELLORIZON.

CASTICISMO m. **1** Amor a lo castizo en las costumbres, usos y modales. **2** Actitud de los que al hablar o escribir evitan los extranjerismos y prefieren el empleo de voces y giros de su propia lengua, aunque estén desusados.

CASTIDAD f. **1** Calidad de casto. **2** Condición del que se abstiene de mantener relaciones sexuales, considerada virtud en determinados ámbitos religiosos.

CASTIGADOR, RA adj. **1** Que castiga. **2** fam. Que tiene éxito o gusta de enamorar a personas del sexo opuesto. También s.

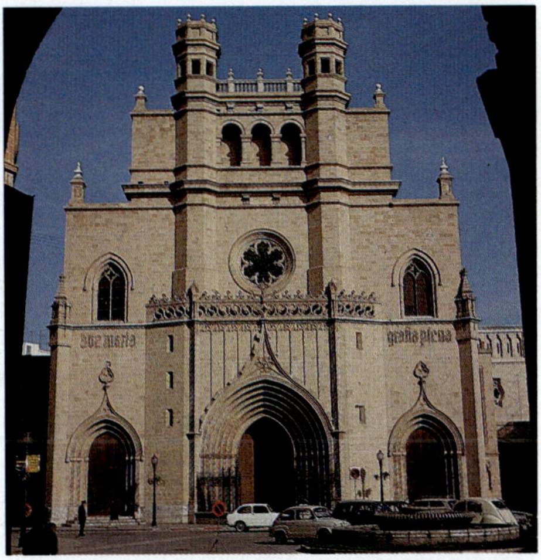

Castellón de la Plana (Castellón). Catedral de Santa María.

CASTIGAR tr. **1** Ejecutar algún castigo en un culpado. **2** Mortificar. **3** fig. Enamorar por pasatiempo.

CASTIGLIONE, BALTASAR DE Escritor y hombre de Estado italiano (Casatico, 1478 - Toledo, 1529). Es autor de unas *Rime*, escritas en latín y en italiano, y del diálogo conocido como *El cortesano* (1528), en el que traza la figura ideal de lo que debe ser el caballero renacentista.

CASTIGO m. **1** Pena que se impone al que ha cometido una falta o delito. **2** fig. y fam. Persona o cosa que da mucho sufrimiento o trabajo.

CASTILLA *Geog. hist.* Punta de Honduras, en el Caribe, departamento de Colón, junto al puerto de Trujillo, donde desembarcó Colón con su hijo Fernando y su hermano Bartolomé.

CASTILLA *Geog. hist.* Región histórica de España, constituida por los territorios de las actuales comunidades autónomas de Castilla y León, Castilla-La Mancha, La Rioja, Cantabria y Madrid. Poblada desde la prehistoria, los pueblos prerromanos que habitaron en esta zona —celtíberos, arévacos, carpetanos y vaccios, fundamentalmente—, fueron romanizados de manera rápida e intensa. Los visigodos establecieron en el territorio el núcleo central de su reino, con Toledo como capital del mismo. Vinculado al reino de Asturias, las fortalezas o *castillos* construidos por los señores desde el siglo VIII fueron el origen de su nombre, que aparece por primera vez en un documento árabe del siglo IX. El proceso de reconquista de los territorios castellanos a los musulmanes fue el origen de las diferencias desde entonces existentes entre las zonas N y S del sistema montañoso Central. El N fue repoblado por el sistema de presura, lo que originó la existencia de pequeñas propiedades pertenecientes a hombres libres; mientras que en el S, repoblado por inmigrantes, se constituyeron grandes latifundios regidos por señores feudales. El poder de éstos, unido a la debilidad de los lazos de unión entre el territorio castellano y el reino astur-leonés, propiciaron las ansias independentistas, plasmadas en la creación de un condado independiente (véase CASTILLA, CONDADO Y REINO DE). La unión definitiva de los reinos de Castilla y Aragón en la persona de Carlos I inició un proceso de centralización. La nueva forma de gobierno contaba en Castilla con la oposición de la nobleza, celosa de sus privilegios, y de los municipios, que vieron mermadas sus libertades. El malestar estalló, finalmente, en la GUERRA DE LAS COMUNIDADES (1520-21). Felipe II, convirtió a Castilla en el centro de gobierno, pero esta situación no culminó hasta que, en el siglo XVII, durante el reinado de Felipe III, se estableció la Corte en Madrid. La división del reino en merindades y adelantamientos, realizada en el siglo XIII, se mantuvo hasta la reforma borbónica, tras la cual comenzaron a delimitarse las provincias. En 1833 se aplicó la división provincial en torno a las regiones históricas. Castilla quedó entonces dividida en CASTILLA LA NUEVA y CASTILLA LA VIEJA, división que se mantuvo hasta la década de 1980, en que tuvo lugar una nueva reestructuración administrativa que originó las actuales comunidades autónomas.

CASTILLA, CONDADO Y REINO DE *Hist.* Entidades políticas de la España medieval. El primer documento en que aparece el nombre de Castilla es árabe, del año 759. Los territorios conquistados inicialmente a los musulmanes se organizaron en condados dependientes del reino astur-leonés. Con Fernán González (923-970) se produjo la unificación de todos los condados y su independencia del reino de León. Tras la muerte de García Sánchez (1029), Castilla pasó a depender del rey de Navarra, Sancho III. En 1035, con Fernando I, se constituyó en reino. Unido al reino de León de 1035 a 1474, se separó de él en tiempos de Alfonso VII (1157), para volverse a unir, de manera definitiva, con Fernando III (1230). Alfon-so VI conquistó Toledo (1085) e incrementó la presión de las parias que pagaban los reinos musulmanes, lo que provocó la llegada de los almorávides a la Península. Alfonso VII (1126-57) ensanchó sus fronteras hasta Almería y éstas fueron confiadas a las órdenes militares de Alcántara, Calatrava y Santiago, que tuvieron que hacer frente al peligro almohade. Alfonso VIII (1158-1214), en unión de navarros y aragoneses, obtuvo el triunfo de las Navas de Tolosa (1212). Fernando III ocupó, entre 1236 y 1246, Córdoba, Jaén, Murcia y Sevilla. Su hijo Alfonso X el Sabio (1252-84) optó a la corona del imperio germánico e hizo frente a los benimerines. Sancho IV (1284-95) debió combatir a sus rivales, los infantes de la Cerda. Durante el reinado de Alfonso XI (1325-50), en la batalla del Salado (1340), se destruyó la amenaza benimerina. En el reinado de su hijo Pedro I (1350-69) estalló la guerra civil, que llevó al trono a Enrique II (1369-79), con quien dio comienzo la dinastía Trastámara. Juan I (1379-90), derrotado en Aljubarrota (1385), tuvo que renunciar a sus pretensiones sobre Portugal. En el reinado de Enrique III (1390-1406), Fernando de Antequera venció a los musulmanes de Granada y, por el compromiso de Caspe, se convirtió en rey de Aragón. Con Juan II (1419-54) las luchas nobiliarias se intensificaron, sobre todo en el gobierno de Álvaro de Luna. A la muerte de Enrique IV (1454-74), los nobles lograron imponer que fuera sucedido por su hermanastra Isabel. Con el matrimonio de ésta con Fernando II de Aragón (1469) se unieron las dos coronas, dando origen al reino de España.

CASTILLA, RAMÓN Militar y político peruano (Tarapacá, 1796 - Tiviliche, 1867). Intervino en la guerra de la Independencia y se opuso a la confederación peruanoboliviana de Santa Cruz. Fue presidente de la República (1845-51 y 1855-62).

CASTILLA Y LEÓN Comunidad autónoma del centro y N de España, constituida por las provincias de Ávila, Burgos, León, Palencia, Salamanca, Segovia, Soria, Valladolid y Zamora; 94.147 km² y 2.488.062 h. Ocupa la submeseta Norte y está delimitada por la cordillera cantábrica al N, los Montes de León al NO, la cordillera Ibérica al E y el sistema Central al S. Comprende la cuenca del Duero con sus afluentes Adaja, Cega, Tormes, Águeda, Esla y Pisuerga. El clima es mediterráneo de interior. Produce cereales, hortalizas, remolacha, patatas, frutas, legumbres, olivo y vid. Ganadería vacuna. Industrias textil, alimentaria y agropecuaria. Yacimientos carboníferos, minas de cinc, hierro y lignito.

CASTILLA-LA MANCHA Comunidad autónoma del centro de España, constituida por las provincias de Albacete, Ciudad Real, Cuenca, Guadalajara y Toledo; 79.226 km² y 1.726.199 h. Su capital es Toledo. Al N está accidentada por el sistema Ibérico, en el centro por los Montes de Toledo y al S por Sierra Morena y la sierra de Alcaraz. El resto del territorio es predominantemente llano, y en él destacan tres grandes zonas: *La Mancha, La Alcarria* y la *Fosa del Tajo*. Los Montes de Toledo determinan las cuencas fluviales del Tajo, al N, con sus afluentes Jarama, Guadarrama, Tiétar y Alberche; y al S, la del Guadiana, con el Záncara y Jabalón como principales afluentes. En las zonas montañosas predomina el clima frío continental; en la llanura, continental templado, y en las zonas próximas a Levante el clima es de tipo mediterráneo. Se cultivan cereales, frutas, remolacha, girasol, mimbre, azafrán, cebollas, olivo y vid. Producción de miel. Ganado lanar, cabrío y porcino. Industria de construcciones mecánicas, petroquímica, de cuchillería (Albacete), cerámica (Talavera de la Reina) y damasquinados y armas blancas (Toledo).

CASTILLA DEL ORO *Geog. hist.* Nombre que se dio a la región del istmo centroamericano comprendida entre el golfo de Urabá y el cabo Gracias a Dios, durante la época colonial española.

CASTILLEJO, CRISTÓBAL DE Poeta español (Ciudad Rodrigo, h. 1490 - Viena, 1550). Autor de poesía cancioneril, destaca sobre todo en los géneros festivo y satírico. Opuesto a la innovación italianizante, utilizó en su obra el octosílabo de pie quebrado. Obras: *Sermón de amores* (1542), *Diálogo de las condiciones de las mujeres* (1544) y las póstumas *Obras de amores, Obras de conversación y pasatiempo* (que incluyen el *Diálogo entre el autor y su pluma* y la *Reprehensión contra los poetas españoles que escriben en verso italiano*) y *Obras morales y de devoción,* las tres publicadas en 1573.

CASTILLETE m. Armazón para sostener algo.

CASTILLO m. **1** Lugar fuerte, cercado de murallas, baluartes, fosos y otras fortificaciones. **2** *Mar.* Parte de la cubierta alta o principal del buque, comprendida entre el palo trinquete y la proa. **3** *Mar.* Cubierta parcial que, en la misma sección, tienen algunos buques a la altura de la borda.

CASTILLO, HERNANDO DEL Poeta español (s. XV). Recopiló el *Cancionero general* (1511).

CASTILLO, RAMÓN Político argentino (Catamarca, 1873 - Buenos Aires, 1944). Fue ministro de Justicia e Instrucción Pública e Interior, vicepresidente de la República desde 1938 y presidente de 1942 a 1943. Fue derrocado por una revolución militar.

CASTILLO ARMAS, CARLOS Militar y político guatemalteco (Santa María Cotzumalguapa, 1914 - Guatemala, 1957). Participó en el movimiento que derrocó a Arbenz Guzmán y asumió la presidencia de la República (1954-57).

CASTILLO SOLÓRZANO, ALONSO DE Escritor español (Tordesillas, 1584 - ?, h. 1648). Su producción poética está reunida en *Donaires del Parnaso* (1624). Las novelas de costumbres describen el ambiente cortesano; a este género pertenecen *Tardes entretenidas* (1625) y *Noches de placer* (1631). Entre las novelas picarescas se encuentran *Las harpías de Madrid* (1631), *Teresa de Manzanares* (1632) y *La garduña de Sevilla* (1642).

CASTING (Voz i. que significa *reparto.*) m. *Cin.* y *Teat.* En el mundo del teatro, del cine y de la publicidad, al proceso de selección de los actores y, más concretamente, prueba o pruebas a que son sometidos los distintos candidatos.

CASTIZO, ZA adj. y s. **1** Se dice de lo típico y genuino de cualquier país o región, como personas, costumbres, etc. **2** *Ling.* Se aplica al lenguaje puro y sin mezcla de voces ni giros extraños. **3** Se dice de la persona simpática, graciosa y ocurrente.

CASTLEREAGH, ROBERT STEWART, VIZCONDE DE Político inglés (Dublín, 1769 - North Cray, 1822). Construyó la gran alianza que derrotó a Napoleón y participó en la redacción de los dos tratados de París (1814 y 1815), en los que, respectivamente, se fijó las fronteras de Francia y se impidió las represalias de los vencedores.

CASTO, TA adj. Puro, que no mantiene relaciones sexuales.

CASTOR m. *Zool.* Nombre común de los mamíferos roedores pertenecientes a la familia castóridos, género *Castor.* Tienen 1 m de longitud, pelaje espeso y cola aplanada y adaptada a la natación. Su área de distribución abarca el N de Europa, América y Asia, aunque su número ha ido reduciéndose progresivamente debido a la caza a la que se les ha sometido para obtener sus pieles.

CÁSTOR *Astron.* Estrella de magnitud 1,6 situada a 46 años luz y, junto con Pollux, la más luminosa de la constelación de Géminis.

CÁSTOR *Mit.* Hijo de Zeus y Leda, y hermano gemelo de Pólux. A ambos hermanos se les conocía como los DIÓSCUROS.

CASTRAR tr. **1** CAPAR, extirpar o inutilizar los órganos genitales. **2** Quitar a las colmenas panales con miel. **3** Debilitar.

CASTRENSE adj. Se aplica a algunas cosas relativas al ejército y al estado o profesión militar.

CASTRIES Ciudad capital de Santa Lucía y del distrito de su nombre; 16.187 h.

CASTRINO, NA adj. y s. De Castro, Chile.

CASTRO m. Antiguo emplazamiento fortificado de un ejército.

CASTRO, AMÉRICO Ensayista español nacionalizado estadounidense (Cantagallo, 1885 - Lloret de Mar, 1972). Su personal concepto de la historia de España le llevó a considerar la Edad Media como una época de influjo decisivo, dominada por la pugna entre cristianos, judíos y musulmanes. Entre sus ensayos destacan *La realidad histórica de España* (1954), obra que suscitó una importante controversia con Claudio Sánchez-Albornoz, *La Celestina como contienda literaria* (1965), *El pensamiento de Cervantes* (1925) y *Cervantes y los casticismos españoles* (1967).

CASTRO, CIPRIANO Militar y político venezolano (Capacho, 1858 - Puerto Rico, 1924). Tras la caída del presidente Andueza Palacio, organizó una revolución contra Crespo, y se hizo con la presidencia de la República (1899-1908). En 1908 fue derrocado por un golpe de Estado dirigido por su vicepresidente Juan Vicente Gómez.

CASTRO, CRISTÓBAL VACA DE VACA DE CASTRO, CRISTÓBAL.

CASTRO, FIDEL Político cubano (Biran, Mayarí, 1926). Comenzó su lucha contra el régimen de F. Batista con el asalto al cuartel Moncada (1953). Condenado a 15 años de prisión, fue indultado y marchó a México, de donde volvió en 1956. Se estableció en Sierra Maestra y desde allí dirigió la ofensiva contra Batista que terminó con la victoria de la guerrilla en 1959. Fue nombrado comandante jefe de las fuerzas armadas y, unos meses más tarde, se hizo cargo de la jefatura del gobierno. En 1976 fue elegido presidente del consejo de Estado, cargo que lleva inherentes las jefaturas del Estado y del gobierno. Defendió la ortodoxia marxista leninista frente a la línea reformista de la *perestroika,* y únicamente asumió una tímida liberalización económica. La reforma de la Constitución aprobada en 1992 amplió sus poderes. En 1998 fue confirmado como presidente del reelegido Consejo de Estado.

CASTRO, GUILLÉN DE Escritor español (Valencia, 1569 - Madrid, 1631). Dramaturgo perteneciente a la escuela de Lope de Vega, se decantó en sus obras por los temas histórico-populares. Autor de *El conde Alarcos, Los malcasados de Valencia* y *Las mocedades del Cid,* publicadas en 1618; *El Narciso en su opinión* y *La fuerza de la sangre,* publicadas en 1625.

CASTRO, INÉS DE Dama castellana (?, h. 1320 - Coimbra, 1355). Marchó a Portugal acompañando a doña Constanza, hija de don Juan Manuel y prometida al infante don Pedro. Éste se enamoró de doña Inés y, muerta su esposa (1345), contrajeron matrimonio secreto. Alfonso IV no aprobó el casamiento e hizo asesinar a doña Inés. El infante se vengó levantándose contra su padre y, ya como rey, hizo sentar en el trono el cadáver de Inés y obligó a los nobles a rendirle homenaje. A los asesinos les hizo arrancar el corazón.

CASTRO, RAÚL Militar y político cubano (Mayarí, 1932). Hermano de Fidel Castro, tuvo una destacada actuación en las guerrillas de Sierra Maestra. Tras la instauración del régimen castrista, fue nombrado ministro de Defensa y de las Fuerzas Armadas.

CASTRO, ROSALÍA DE Escritora española en lenguas gallega y castellana (Santiago de Compostela, 1837 - Padrón, 1885). Su obra, de carácter romántico, se caracteriza por la expresión sencilla, el carácter simbólico y el tratamiento de temas como la denuncia social, la nostalgia por la tierra gallega, el descontento vital y los amores desgraciados. Entre sus libros en castellano destacan los poemas de *La flor* (1857) y *En las orillas del Sar* (1884), y las novelas *La hija del mar* (1859) y *Flavio* (1867). En gallego publicó los libros de versos *Cantares galegos* (1863) y *Follas novas* (1880).

CASTRO MADRIZ, JOSÉ MARÍA Político costarricense (San José, 1818 - íd., 1892). Jefe del Estado de 1847 a 1849, proclamó la República en 1848, consolidando definitivamente la independencia del país. Fue nuevamente presidente de la República desde 1866 hasta 1868.

CASTROS, CULTURA DE LOS *Prehist.* Cultura prehistórica que floreció en la meseta Central y el NO de la península Ibérica entre la edad del bronce y la edad del hierro. Constituida por pueblos celtíberos que construyeron recintos fortificados y crearon una escultura votiva de estilo zoomórfico cuya representación más célebre son los *toros de Guisando.*

CÁSTULA f. *Hist.* Túnica larga que usaban las mujeres romanas.

CASUAL adj. Que sucede por casualidad.

CASUALIDAD f. Acontecimiento no previsto cuya causa se desconoce.

CASUÁRIDO, DA adj. *Zool.* **1** Se dice de las aves corredoras propias de Australasia, cuya especie típica es el casuario. || m. pl. *Zool.* **2** Familia de estas aves.

CASUARIFORME adj. y com. *Zool.* **1** Se dice de las aves de gran tamaño, incapaces de volar, pero bien adaptadas a la carrera. Son propias de Australia y Nueva Guinea. Incluye los emúes y casuarios. || m. pl. *Zool.* **2** Orden de estas aves.

CASUARINA f. *Bot.* Nombre de diversos árboles de la familia casuarináceas con aspecto de coníferas. Alcanzan los 20 m de altura. Aunque son originarios de Australia, su cultivo se ha extendido por numerosos lugares del mundo.

CASUARINÁCEO, A adj. y f. *Bot.* **1** Se dice de las plantas angiospermas dicotiledóneas, arbóreas o arbustivas, de tallos y ramas verdes articuladas, con verticilos de hojas reducidas y escuamiformes, flores unisexuales y reducidas, fruto en sámara o aquenio y semilla sin endospermo. || f. pl. *Bot.* **2** Familia de estas plantas que únicamente incluye el género *Casuarina.*

CASUARIO m. *Zool.* Ave casuariforme perteneciente a la familia casuáridos, de nombre científico *Casuarius bicarunculatus.* De gran tamaño y con alas reducidas impropias para el vuelo, su principal característica es un yelmo óseo en la cabeza, con el que se abre paso en su carrera a través de los bosques. Es originario de Australia y Nueva Guinea.

CASUISTA adj. y com. **1** Se dice del autor que expone casos prácticos de teología moral. **2** Por extensión, se aplica al que expone casos de ciencias morales o jurídicas.

CASUÍSTICA f. **1** Parte de la teología moral que trata de los casos de conciencia. **2** Consideración de los diversos casos particulares que se pueden prever en determinada materia.

CASULLA f. Vestidura sagrada que se pone el sacerdote sobre las demás que se usan para decir misa.

CASUS BELLI expr. lat. Caso o motivo de guerra.

CAT- pref. CATA-.

CAT ISLAND GATO.

CATA f. **1** Acción y efecto de catar. **2** *Zool.* Cotorra, perico. **3** *Zool. Bol.* CATITA. **4** *Zool. Cuba* PERIQUITO.

CATA-, CAT-, CATI-, CATO-; -CATA- prefs. o in. que significan hacia abajo, debajo, descenso, etc.: *catacumba.* Otras veces, significan enteramente: *cataclismo.*

CATABOLISMO m. *Biol.* Fase del metabolismo celular, opuesta al anabolismo, en la que se degradan las sustancias complejas en otras más sencillas, produciendo una liberación de energía.

CATABOLITO m. *Biol.* Cualquier producto del catabolismo, como la urea o el anhídrido carbónico.

CATACALDOS com. **1** fig. y fam. Persona que emprende muchas cosas sin fijarse en ninguna. **2** fig. y fam. Persona entremetida. ♦ Su pl. es *catacaldos.*

CATACLISMO m. **1** Catástrofe en la Tierra producida por agentes naturales, como terremotos, maremotos, ciclones, etc. **2** fig. Gran trastorno en el orden social o político.

CATACRESIS f. *Ret.* Aplicación del nombre de una cosa a otra que carece del suyo propio. ♦ Su pl. es *catacresis.*

CATACUMBA f. Subterráneo en el que los primitivos cristianos enterraban a sus muertos y practicaban ceremonias del culto funerario. Las más importantes se hallan en Roma y son las de Calixto, Domitila, san Sebastián y santa Inés.

CATADIÓPTRICO, CA adj. Se dice del aparato compuesto de espejos y lentes.

CATADOR, RA m. y f. **1** Persona que cata. **2** CATAVINOS, persona que tiene por oficio catar vinos.

CATADROMO, MA adj. *Zool.* Se dice del pez que vive en aguas dulces, pero que se dirige a desovar al mar. Este es el caso de las anguilas.

CATADURA f. Gesto o semblante. Se usa generalmente con los calificativos de *mala, fea,* etc.

CATAFALCO m. Túmulo adornado con magnificencia, que suele ponerse en los templos para las exequias solemnes.

CATÁFORA f. *Ling.* Deixis de una palabra que asume el significado de otra posterior.

CATAFORESIS f. *Quím.* ELECTROFORESIS.

CATAGÉNESIS f. *Biol.* Evolución regresiva.

CATAGLACIAL o **CATAGLACIAR** adj. *Geol.* Se dice de la fase climática intermedia entre los periodos glaciar e interglaciar en la que se produce un descenso de las temperaturas o un aumento del volumen de hielo global.

CATALÁN, NA adj. y s. **1** De Cataluña. || m. *Ling.* **2** Lengua romance hablada en Cataluña, la Comunidad de Valencia, Andorra, las islas Baleares, Rosellón (Francia) y Alguer (Cerdeña). Su límite con el aragonés es muy poco preciso. Frente a las dos lenguas románicas más cercanas a su área de distribución, el castellano y el francés, el catalán ha mantenido con mayor fidelidad el carácter y las formas latinas. Es lengua oficial, junto con el castellano, el gallego y el eusquera, del Estado español.

CATALANISMO m. **1** Amor por Cataluña o por las características propias y específicas catalanas. **2** Cualidad de catalán. **3** Movimiento que propugna el reconocimiento de la personalidad política de Cataluña y de sus valores históricos y culturales. [**Encic.**] **4** *Ling.* Término o expresión del catalán que se utiliza en otro idioma.

Hist. La industrialización de Cataluña (siglo XIX) y el Romanticismo favorecieron el catalanismo, al que contribuyó también el movimiento literario de la RENAIXENÇA. Creado el partido de la LLIGA REGIONALISTA (1901), su conservadurismo le hizo perder influencia entre las masas trabajadoras. Agrupaciones más radicales, como Solidaridad Catalana, controlaron el movimiento hasta el triunfo de Esquerra Republicana en las elecciones de 1931. En la clandestinidad durante el régimen de Franco, tras las elecciones de 1977 el catalanismo resurgió con fuerza y gran parte de la población catalana apoyó la alternativa autonómica propuesta por varios partidos, especialmente la coalición CONVERGÈNCIA I UNIÓ y ESQUERRA REPUBLICANA DE CATALUNYA (véase CATALUÑA, *Hist.* y ESPAÑA, *Hist.*).

CATALANIZACIÓN f. Imposición de la lengua catalana y de las características propias de Cataluña.

CATALANOPARLANTE adj. y com. Que habla catalán sin dificultad, pero sin ser ésta su lengua materna, bien por tener gran dominio de ella.

CATALASA f. *Quím.* Enzima presente en ciertos tejidos animales y vegetales, que cataliza dos procesos: la descomposición del peróxido de hidrógeno (agua oxigenada) en oxígeno y agua, y la oxidación de los alcoholes a aldehídos por el mismo peróxido.

CATALÁUNICO, CA adj. Relativo a la antigua *Catalaunia*, hoy Chalons-sur-Marne (Francia).

CATALÁUNICOS, CAMPOS *Hist.* Vasta llanura de la Galia, que actualmente constituye los alrededores de la ciudad francesa de Chalons-sur-Marne (departamento de Marne), donde Atila fue derrotado en 451 por una coalición de visigodos, burgundios y francos al mando del general romano Aecio.

CATALÉCTICO, CA adj. VERSO CATALÉCTICO. También m.

CATALEJO m. *Fís.* Anteojo que sirve para ver a larga distancia.

CATALEPSIA f. **1** *Med.* Accidente nervioso repentino que suspende las sensaciones y provoca la pérdida del movimiento voluntario del cuerpo. **2** *Zool.* Actitud que adoptan algunos animales ante la presencia de un peligro súbito. También denominada *muerte fingida*.

CATALEXIA f. *Psicol.* Trastorno de la lectura de tipo disléxico que lleva a la repetición de frases o párrafos ya leídos.

CATALINA Nombre de dos emperatrices de Rusia.

CATALINA I (Jacobstadt, 1684 - San Petersburgo, 1727). Campesina de origen polaco, fue la segunda esposa de Pedro el Grande. A la muerte de su marido se la proclamó heredera, como indicaba el testamento, pero tuvo que luchar contra la oposición del clero, los boyardos y el pueblo.

CATALINA II LA GRANDE (Stettin, 1729 - San Petersburgo, 1796). Reinó sola después del asesinato de su esposo, Pedro III, en 1762. Su política interior estuvo influida por los principios de la Ilustración francesa, en especial de Voltaire. Intervino en las particiones de Polonia y mantuvo largas luchas contra los turcos, anexionándose Crimea. Le sucedió su hijo Pablo I.

CATALINA DE ALEJANDRÍA, SANTA Filósofa y mártir cristiana egipcia (? - Alejandría, 307). Es patrona de los filósofos.

Catalina II la Grande. Retrato de Fedor Stepanovic Rokotov. Museo Histórico (Moscú).

Cataluña. Paisaje de la Costa Brava, en Aigua Blava (Girona).

CATALINA DE ARAGÓN Reina de Inglaterra (Alcalá de Henares, 1485 - Kimbolton, 1536). Hija de los Reyes Católicos, en 1501 se casó con Arturo, príncipe de Gales, y, tras enviudar, contrajo matrimonio con su cuñado Enrique VIII (1509). Al no darle heredero, éste solicitó al papado la anulación del matrimonio. La negativa de Clemente VII, en 1534, produjo el cisma de Inglaterra. Fue la madre de María Tudor. Murió, al parecer, envenenada por orden del rey.

CATALINA DE AUSTRIA Reina de Portugal (Toledo, 1507 - Lisboa, 1578). Infanta de España, era hija de Felipe el Hermoso y Juana la Loca, y hermana de Carlos I. Se casó con Juan III de Portugal en 1525 y, al morir éste, quedó como regente del reino en nombre de su nieto don Sebastián.

CATALINA DE BRAGANZA Reina de Inglaterra y regente de Portugal (Vila Viçosa, 1638 - Lisboa, 1705). Infanta de Portugal, hija de Juan IV, se casó en 1663 con el rey de Inglaterra Carlos II; abandonada por su esposo, regresó a Portugal y llevó la regencia del reino en ausencia de su hermano Pedro II.

CATALINA HOWARD Reina de Inglaterra (?,1522 - Londres, 1542). Quinta esposa de Enrique VIII, fue repudiada por su esposo y decapitada.

CATALINA DE MÉDICIS Reina de Francia (Florencia, 1519 - Blois, 1589). Hija de Lorenzo II de Médicis, se casó en 1533 con Enrique II de Francia. Fue regente durante la minoría de Carlos IX, al que se dice que incitó a la matanza de la noche de San Bartolomé.

CATALINA PARR Reina de Inglaterra (Kendal Castle, 1512 - Sudeley Castle, 1548). Fue la sexta y última mujer de Enrique VIII. A la muerte del rey, contrajo matrimonio con Thomas Seymour (1547).

CATALINA DE SIENA, SANTA Religiosa, escritora y política italiana (Siena, 1347 - Roma, 1380). Perteneció a la Orden de Santo Domingo y se distinguió por su talento y religiosidad. Representó en Francia a los papas Gregorio XI y Urbano VI, cuando en 1376 se produjo el Gran Cisma de Occidente. En 1970, Pablo VI la proclamó doctora de la Iglesia.

CATALINETA f. *Zool. Cuba* Pez amarillo con fajas oscuras y de unos 30 cm de longitud. Se cría en el mar de las Antillas.

CATÁLISIS f. *Quím.* Fenómeno por el cual una cantidad relativamente pequeña de una sustancia acelera o disminuye la velocidad de una reacción, permaneciendo inalterable, en forma y cantidad, durante la misma o recuperándose cuando ha finalizado el proceso. ♦ Su pl. es *catálisis*.

CATALIZADOR m. *Quím.* Cuerpo capaz de producir la transformación catalítica.

CATALNICA f. *Chil.* COTORRA, papagayo pequeño.

CATALOGACIÓN f. **1** Acción y efecto de catalogar. **2** *Astron.* Registro ordenado de las estrellas de todo el firmamento, o de determinadas partes de él, según su posición, magnitud, tipo espectral, etc.

CATALOGAR tr. Apuntar, registrar ordenadamente libros, manuscritos, etc., formando catálogo de ellos. También en sentido figurado.

CATÁLOGO m. *Bibl.* y *Doc.* Relación ordenada en la que se incluyen o describen de forma individual libros, documentos, personas, objetos, etc., que están relacionados entre sí. También en sentido figurado.

CATALPA f. *Bot.* Nombre común de diversos árboles y arbustos pertenecientes a la familia bignoniáceas, género *Catalpa*.

CATALUFA o **CATALUJA** f. *Zool. Cuba* CATALINETA.

CATALUÑA (*Catalunya*) Comunidad autónoma del NE de España, constituida por las provincias de Barcelona, Girona, Lleida y Tarragona; 31.929 km^2 y 6.207.533 h. Su capital es Barcelona. Se extiende entre Francia al N, el Mediterráneo al E, Aragón al O y Castellón al S. En gran parte montañosa, al N los Pirineos presentan alturas como Coma Pedrosa (3.115 m), Estats (3.070 m), Puigmale (2.913 m) y Cadí (2.561 m), a la que sucede la Prepirenaica, con alturas superiores a los 2.000 m. Siguiendo la costa se elevan las dos cordilleras costeras catalanas: la litoral, con los montes Gavarras, Montnegre, Tibidabo y Garraf, y la prelitoral, constituida por los macizos de Montseny (2.881 m), Monserrat (1.224 m), San Llorenç de Munt y Montsant, entre otros. Intercaladas entre las sierras litorales y pirenaicas se extienden fértiles llanuras que dan lugar a excelentes comarcas agrícolas, como el Ampurdán, la Cerdaña, el Penedés, Plana de Vic, el Vallés y el Campo de Tarragona. Sus ríos principales son el Ebro y su afluente el Segre, engrosado por el Noguera Ribagorzana y el Noguera Pallaresa. Desembocan en el Mediterráneo el Fluvià, Ter, Besós, Llobregat y Gayá. El clima es mediterráneo en la costa e interior, y riguroso en las zonas más altas. Produce cereales, arroz, olivo, vid, patatas, hortalizas, frutas. Ganadería vacuna, lanar y caprina. Son importantes la avicultura y la producción de corcho. El subsuelo contiene lignito, plomo, hulla, sal gema y aguas minerales. Poderosa industria textil, de maquinaria, automóviles, curtidos, muebles, construcciones navales y aeronáuticas, artes gráficas y vinos espumosos.

CATAMARÁN m. *Mar.* Embarcación compuesta por dos cascos simétricos unidos por una armadura.

CATAMARCA Provincia de NO de Argentina, región Andina; 102.602 km^2 y 287.567 h.

CATAMARCA, SAN FERNANDO DEL VALLE DE Ciudad de Argentina, capital de la provincia de Catamarca; 110.269 h.

CATAMARQUEÑO, ÑA adj. y s. De Catamarca.

CATANA f. *Zool. Venez.* Loro verde y azul de nombre científico *Amazona versicolor*.

CATANGA f. **1** *Zool. Arg.* ESCARABAJO, insecto coleóptero. **2** *Zool. Chile* Escarabajo pelotero de color verde. **3** *Bol.* Carrito tirado por un caballo, para transportar fruta. **4** *Col.* NASA, arte de pesca.

CATANIA 1 Provincia de Italia, en Sicilia; 3.552 km^2 y 1.085.587 h. **2** Ciudad capital de la misma, en Sicilia; 341.684 h. Centro comercial e industrial.

CATANZARO Provincia de Italia, en Calabria; 2.391 km^2 y 384.150 h. Su capital es la ciudad del mismo nombre.

Sección de la **catedral** gótica de Amiens.

CATAPLASMA f. Tópico de consistencia blanda, que se aplica como calmante o emoliente.
CATAPLEXIA f. *Med.* 1 Pérdida repentina del tono muscular debida a una emoción violenta. 2 Estado de postración debido al ataque repentino de una enfermedad. 3 Sueño hipnótico.
CATAPULTA f. 1 *Mil.* Máquina militar antigua para arrojar piedras o saetas. 2 *Tecnol.* Mecanismo lanzador de aviones para facilitar su despegue en espacios reducidos.
CATAPULTAR tr. 1 Lanzar con catapulta los aviones. 2 fig. Dar impulso decisivo a una actividad, empeño o empresa.
CATAR tr. 1 Probar algo para examinar su sabor o sazón. 2 Ver, examinar, registrar.
CATARAÑA f. *Zool.* Lagarto de las Antillas.
CATARATA f. 1 Cascada de agua de gran tamaño y caudal. 2 *Med.* Opacidad del cristalino del ojo, o de su cápsula, o del humor que hay entre ellos.
CATARINITA f. *Zool.* 1 *Méx.* COTORRA, papagayo pequeño. 2 *Méx.* Coleóptero de color rojo.
CÁTARO, RA adj. *Hist.* Relativo a una secta cristiana, considerada herética por la iglesia católica, de los siglos XII y XIII que combinaba influencias dualistas orientales recibidas a través del bogomilismo con la concepción maniquea que persistía en Occidente desde el siglo IV. Rechazaban los sacramentos, vivían en castidad, abstinencia y pobreza y estaban sujetos a una rígida jerarquía. Sus adictos fueron llamados *albigenses* en Francia. El papa Inocencio III predicó la cruzada contra ellos. Dirigida por Simón de Monfort (1209-29), acabó con el movimiento, logrando al tiempo la sumisión de los grandes señoríos de Francia meridional a los Capeto. Aplicado a personas, también s.
CATARRINO, NA adj. y m. *Zool.* 1 Se dice de los simios cuyas fosas nasales están separadas por un tabique tan estrecho que las ventanas de la nariz quedan muy juntas y dirigidas hacia abajo. La mayoría de las especies lleva una vida arborícola. Son los simios del Viejo Mundo. || m. pl. *Zool.* 2 Grupo de estos animales que incluye las familias cercopitécidos, póngidos y homínidos.
CATARRO m. 1 Flujo o destilación procedente de las membranas mucosas. 2 Inflamación aguda o crónica de estas membranas.
CATARSIS f. 1 Para los antiguos griegos, purificación ritual de personas o cosas afectadas de alguna impureza. 2 *Teat.* Efecto de purificación que, entre los antiguos griegos, se pretendía causara en los espectadores la representación de las tragedias.
CATÁRTICO, A adj. *Farm.* Se dice de la sustancia laxante, como el aceite de ricino.
CATÁSTASIS f. *Ret.* Punto culminante del asunto de un drama, tragedia o poema épico. ♦ Su pl. es *catástasis*.
CATASTRO m. Censo y padrón estadístico de las fincas rústicas y urbanas.
CATÁSTROFE f. 1 *Ret.* Desenlace del poema dramático, sobre todo si es doloroso. 2 fig. Suceso desastroso. 3 Cosa de mala calidad o mal hecha.
CATASTRÓFICO, CA adj. 1 Relativo a una catástrofe. 2 fig. Desastroso, muy malo.
CATASTROFISTA adj. 1 Partidario del catastrofismo. También s. 2 Que predice catástrofes.
CATATIPIA f. *Fot.* Procedimiento fotográfico para obtener pruebas por medio de la catálisis.
CATATONÍA f. *Med.* Estado esquizofrénico caracterizado por la presencia de trastornos en la movilidad y voluntad del paciente.
CATATUMBO Río de Colombia y Venezuela, que nace en los Andes orientales de Venezuela y desemboca en el lago Maracaibo; 209 km.
CATAURO m. Especie de cesto formado de yaguas, y muy usado para transportar frutas, carne y otros efectos.
CATAVINO m. 1 Jarrillo o taza utilizado para dar a probar el vino de las cubas o tinajas. 2 Copa de cristal fino con la que se examinan, huelen y prueban los mostos y los vinos.
CATAVINOS com. Persona que tiene por oficio catar los vinos para informar de su calidad y sazón. ♦ Su pl. es *catavinos*.
CATAY *Geog. hist.* Denominación que daban a China los autores de la Edad Media.
CATAZONA f. *Geol.* Región en que los fenómenos de metamorfismo tienen lugar con mayor intensidad, a temperaturas y presiones muy elevadas.
CATCH (Voz i.) m. Deporte espectáculo derivado de la lucha libre.
CATCHUP o **KETCHUP** m. *Gastron.* Salsa muy espesa hecha con tomate, vinagre, azúcar y especias.
CATE m. 1 Golpe, bofetada. 2 Nota de suspenso en los exámenes.
CATÉ Río de Panamá, que desemboca en el golfo de Montijo.

CATEAR tr. 1 *Min. Amér.* Explorar terrenos en busca de alguna veta minera. 2 *Amér.* Allanar la casa de alguien. 3 fam. Suspender en los exámenes.
CATECISMO m. *Rel.* 1 Libro en que se contiene la explicación resumida de la doctrina cristiana. El último *Catecismo* de la iglesia católica fue publicado en 1992. 2 CATEQUESIS.
CATECOL m. *Quím.* Pirocatequina u ortodihidroxibenceno, de fórmula $C_6H_4(OH)_2$, que se presenta en cristales incoloros.
CATECOLAMINA f. *Quím.* Nombre común de diversas aminas simpaticomiméticas, que presentan en su estructura un anillo bencénico y una cadena lateral de etilamina, como la adrenalina, la dopamina, etc.
CATECÚ m. *Bot.* Árbol perteneciente a la familia leguminosas, de nombre científico *Acacia catechu.* Originario del E de la India.
CATECÚMENO, NA m. y f. *Rel.* Persona que se está instruyendo en la doctrina católica con el fin de recibir el bautismo.
CÁTEDRA f. 1 Aula en que se enseña una asignatura en las enseñanzas media y universitaria. 2 fig. Empleo y ejercicio del catedrático. 3 fig. Facultad o materia particular que enseña un catedrático. || **CÁTEDRA DE SAN PEDRO** *Rel.* En la iglesia católica, dignidad del sumo pontífice. || **sentar cátedra** fr. Creerse infalible.
CATEDRAL f. *Arquit.* y *Rel.* Iglesia principal, sede de la diócesis en que reside el obispo.
CATEDRÁTICO, CA m. y f. Profesor o profesora titular de una cátedra.
CATEGOREMA f. *Lóg.* Cualidad por la que un objeto se clasifica en una u otra categoría.
CATEGORÍA f. 1 *Filos.* En la lógica aristotélica, cada una de las 10 nociones abstractas y generales siguientes: sustancia, cantidad, calidad, relación, acción, pasión, lugar, tiempo, situación y hábito. 2 *Filos.* En la crítica de Kant, cada una de las formas del entendimiento que hacen posible el conocimiento objetivo de la realidad. 3 fig. Condición social de unas personas respecto de las demás. 4 *Ling.* Unidad de clasificación gramatical que se corresponde a la noción de clase (categoría del nombre, del verbo, etc.) o a la de constituyente (categoría del sintagma nominal, verbal, etc.). || **CATEGORÍA FORMAL** o **GRAMATICAL** *Ling.* Es el accidente de la gramática tradicional. || **CATEGORÍA FUNCIONAL** o **SINTÁCTICA** *Ling.* Son las llamadas partes de la oración o partes del discurso, teniendo en cuenta la función que desempeña en él. || **CATEGORÍA LÉXICA** o **SEMÁNTICA** *Ling.* La parte del discurso que tiene autonomía significativa, independientemente del contexto. || **CATEGORÍA LEXICOLÓGICA** *Ling.* Conjunto de palabras que tienen un mismo origen léxico.
CATEGÓRICO, CA adj. 1 *Filos.* Se dice del discurso o proposición en que explícita o absolutamente se afirma o niega algo. 2 Que afirma o niega de modo absoluto y claro.
CATENARIA adj. y f. En los ferrocarriles eléctricos, se dice de un sistema de suspensión que mantiene el cable conductor a una altura sensiblemente constante.
CATEQUESIS f. *Rel.* Ejercicio de instruir en cosas pertenecientes a la religión. ♦ Su pl. es *catequesis*.
CATEQUIZAR tr. *Rel.* Instruir en la doctrina de la fe católica.
CATÉRESIS f. *Med.* 1 Extenuación independiente de toda evacuación artificial. 2 Debilitación producida por un medicamento. 3 Acción cáustica moderada. ♦ Su pl. es *catéresis*.
CATERÉTICO, CA adj. *Farm.* Se aplica a la sustancia que cicatriza superficialmente los tejidos.
CATERING (Voz i.) m. Actividad empresarial que consiste en la comercialización de alimentos cocinados.
CATERVA f. Multitud de personas o cosas consideradas en grupo, pero sin concierto, o de poco valor e importancia.
CATÉTER m. *Med.* Sonda.
CATETERISMO m. *Med.* Acto quirúrgico o exploratorio que consiste en introducir un catéter en un conducto o cavidad.
CATETO[1] m. *Geom.* Cada uno de los dos lados que forman el ángulo recto en el triángulo rectángulo.
CATETO[2], TA m. y f. desp. Persona poco instruida y tosca.
CATEY m. 1 *Bot. Ant.* Cierta palmera. 2 *Zool.* PERICO, ave psitaciforme.
CATGUT (Voz i.) m. *Med.* Hilo de suturar.
CATHER, WILLA Escritora estadounidense (Virginia, 1876 - Nueva York, 1947). Entre sus obras destacan *Los colonos* (1913), *Uno de los nuestros* (1922), relatos, *La muerte llega al arzobispo* (1927) y *No antes de los cuarenta años* (1936), ensayos.
CATI- pref. CATA-.
CATIA LA MAR Ciudad de Venezuela, departamento de Vargas; 118.466 h.
CATIBÍA f. *Bot. Cuba* Raíz de la yuca, rallada, prensada y exprimido el anaiboa.

catibo m. *Zool. Cuba* Pez parecido a la anguila.

Catilina, Lucio Sergio Político romano (Roma, 109 - Pistoya, 62 a. C.). Organizó una conspiración contra el Senado que Cicerón puso al descubierto. Catilina se retiró a Etruria con 20.000 hombres y pereció en la batalla de Pistoya.

catilinaria f. Por alusión a las intervenciones de Cicerón contra Catilina, discurso duro o agresivo dirigido contra alguien.

catinga f. *Amér.* **1** *Zool.* Olor desagradable de algunos animales y plantas. **2** Por extensión, olor no grato de aglomeraciones de gente o de animales.

catión m. *Fís.* Ion con carga eléctrica positiva que en la electrólisis es atraído por el cátodo.

catire, ra adj. y s. *Amér.* Se dice del individuo rubio, hijo de blanco y mulata o viceversa.

catirrino, na adj. y m. *Zool.* CATARRINO.

catita f. *Zool.* Especie de loro, de color verde claro y remeras azules. Vive en Sudamérica.

cativo m. *Bot. C. Rica* y *Nic.* Árbol perteneciente a la familia leguminosas, de gran altura, que crece en las llanuras atlánticas.

cato m. **1** Sustancia medicinal extraída de una especie de acacia. **2** *Bol.* Medida agraria equivalente a 40 varas en cuadro.

cato- pref. CATA-.

Catoche Cabo de México, en el extremo NE de la península de Yucatán. Primer lugar del territorio mexicano al que llegaron los españoles.

catódico, ca adj. *Fís.* Perteneciente o relativo al cátodo.

cátodo m. *Fís.* Polo negativo de un generador de electricidad o de una batería eléctrica.

catolicismo m. *Rel.* **1** Comunidad y gremio universal de aquellos que viven en la religión católica. El catolicismo actual se considera heredero directo de las primitivas comunidades cristianas, que, centradas en la ciudad de Roma, tuvieron a san Pedro como primer obispo. La característica esencial del catolicismo es la obediencia al sumo pontífice. A este aspecto se unen otros como la importancia de la tradición y el magisterio, la observancia de los siete sacramentos, el sacerdocio jerárquico y el culto a los santos y, en especial, a la Virgen María. **2** Creencia de la iglesia católica.

católico, ca adj. **1** *Rel.* Que profesa la religión católica. Aplicado a personas, también s. **2** fig. y fam. Recto, ortodoxo, sano, perfecto.

catolizar tr. Convertir a la fe católica; predicarla, propagarla.

catón[1] m. fig. Censor severo.

catón[2] m. Libro compuesto de frases y periodos cortos y graduados para ejercitar en la lectura a los principiantes.

Catón, Marco Porcio Político romano (?, 95 - Útica, 46 a. C.). Era llamado *Catón de Útica* para distinguirlo de su bisabuelo *Catón el Viejo.* Se opuso a la causa de César, uniéndose al ejército de Pompeyo. Se suicidó en Útica, tras intentar defender la plaza.

Catón, Marco Porcio Político y escritor latino (Túsculo, 232 - ?, 147 a. C.). Era llamado *Catón el Viejo* o *el Censor.* Fue célebre por su severidad y austeridad. Fue cónsul, en España, y censor. Como escritor se le debe *Orígenes,* historia de Roma, y *De re rustica,* obra didáctica.

catóptrica f. *Fís.* Parte de la óptica que trata de las propiedades de la luz refleja.

catoptromancia o **catoptromancía** f. Arte supuesto de adivinar por medio del espejo.

catorce adj. **1** Diez más cuatro. **2** DECIMOCUARTO, también aplicado a los días del mes. || m. **3** Signo con que se representa ese número.

catorceavo, va adj. y m. Se dice de cada una de las catorce partes iguales en que se divide un todo.

catraca f. *Zool. Méx.* Ave semejante al faisán.

catre m. Cama ligera para una sola persona.

catrecillo m. Silla pequeña de tijera.

catrín, na adj. y s. *Guat.* y *Méx.* Elegante, engalanado.

Catulo, Cayo Valerio Poeta romano (Verona, h. 87 - Roma, h. 54 a. C.). Su poesía amorosa está centrada en la figura de Lesbia, nombre literario de su amada. Entre sus mejores composiciones figuran *Epitalamio, Elogio de Manlio,* las *Odas* y *Bodas de Tetis y Peleo.*

cauba f. *Bot. Arg.* Arbolito espinoso que sirve de adorno y su madera se usa en ebanistería.

Cauca Río de Colombia, principal afluente del Magdalena. Nace en la cordillera Central y desemboca en el Magdalena después de 1.350 km, 500 de los cuales son navegables.

Cauca Departamento de Colombia; 29.308 km^2 y 1.367.496 h. Su capital es Popayán.

caucano, na adj. y s. De Cauca.

Caucasia Región de Eurasia, entre el mar Negro y el Caspio, accidentada por el Cáucaso. Comprende la *Transcaucasia* al S y la *Ciscaucasia* al N.

caucasiano, na adj. y s. Relativo al Cáucaso.

caucásico, ca adj. y s. *Etnol.* Se aplica a la raza blanca o indoeuropea, por suponerla oriunda del Cáucaso.

Cáucaso Cadena de montañas, situada en los límites de Europa y Asia, en el istmo existente entre los mares Negro y Caspio. Su longitud es de 1.280 km, con alturas superiores a 5.000 m (Elbruz, 5.633 m, es el punto culminante de Europa).

cauce m. **1** Lecho de los ríos y arroyos. **2** Modo, procedimiento o norma.

caucel m. *Zool. C. Rica, Hond.* y *Nic.* Gato montés cuya piel se parece a la del jaguar.

caucense adj. y com. De Coca.

caucha f. *Bot. Chile* Especie de cardo.

cauchal m. *Bot.* Sitio que abunda en plantas de caucho.

cauchero, ra adj. **1** *Quím.* Relativo al caucho. || m. y f. **2** Persona que busca o trabaja el caucho. || f. *Bot.* **3** Planta de la cual se extrae el caucho.

caucho m. **1** *Bot.* Árbol perteneciente a la familia euforbiáceas, de nombre científico *Hevea brasiliensis.* Crece en las zonas húmedas e inundadas de los ríos Amazonas y Orinoco, pero puede encontrarse en otros lugares, como Sri Lanka y el archipiélago malayo. Se emplea como productor de goma natural y las semillas son comestibles. **2** *Quím.* Sustancia impermeable, elástica, no conductora y tenaz, que se obtiene, de forma natural, por coagulación y secado del látex (jugo lechoso) de distintas plantas, sobre todo de la euforbiácea *Hevea brasiliensis,* o bien artificialmente por síntesis.

Cauchy, Augustin Louis, barón de Matemático francés (París, 1789 - Sceaux, 1857). Desarrolló la teoría de límites y continuidad; definió la convergencia y divergencia de las series sumables; realizó avances en teoría de números y errores, en cálculo diferencial e integral. Destaca como creador de la teoría de funciones de variable compleja.

caución f. Prevención, cautela.

caucos m. pl. *Hist.* Antiguo pueblo del NE de Germania.

caucus m. *Polít.* En EE UU, asamblea de carácter local en la que se eligen los candidatos por el sistema de votación a mano alzada. ♦ Su pl. es *caucus.*

cauda f. Falda o cola de la capa magna o consistorial.

caudal[1] m. **1** Hacienda, bienes. **2** *Geog.* Cantidad de agua por unidad de tiempo que lleva un curso de agua en un punto determinado. **3** fig. Abundancia de cosas que no sean dinero o hacienda.

caudal[2] adj. *Zool.* Relativo a la cola o al extremo posterior.

caudaloso, sa adj. De mucha agua.

caudillaje m. **1** Mando. **2** *Arg.* y *Chile* Conjunto o sucesión de caudillos.

caudillismo m. *Polít.* Sistema de caudillaje o gobierno de un caudillo.

caudillo m. **1** El que como cabeza guía y manda la gente de guerra. **2** El que dirige algún gremio, comunidad o cuerpo. **3** *Hist.* En España, apelativo que se dio al general Franco durante su dictadura.

caudimano o **caudímano** adj. *Zool.* Se dice del animal que tiene cola prensil, como los primates americanos.

Caudinas, Horcas HORCAS CAUDINAS.

caudino, na adj. y s. De Caudio.

Caudio *Geog. hist.* Antigua ciudad de Italia, en Samnio, cerca del desfiladero de las Horcas Caudinas en que tuvo lugar la derrota de los romanos ante los samnitas.

caujazo m. *Bot.* Planta de la familia borragináceas americana.

cauje m. *Bot. Ecuad.* Árbol de la familia ebenáceas cuyo fruto es semejante al caqui de Japón.

-caule, -caulo sufs. que significan tallo.

caulescente adj. *Bot.* Se dice de la planta cuyo tallo aéreo se distingue bien de la raíz.

caulícolo, la adj. **1** *Bot.* Se dice de la planta que crece sobre el tallo de otra planta, como algunos líquenes y hongos. **2** *Zool.* Se dice del animal que utiliza los troncos vivos para su vivienda.

caulículo m. *Arquit.* Cada uno de los vástagos que nacen del interior de las hojas que adornan el capitel corintio.

caulinar adj. *Bot.* Relativo al tallo.

-caulo suf. -CAULE.

caulote m. *Bot. Hond.* Árbol de la familia malváceas semejante al moral.

caum-, caus-, cauter-; -cauma, -causto, -causia, -caustia, -cáustica, -cauterio prefs. o sufs. que significan quemadura: *hipocausto, termocauterio.*

-cauma suf. CAUM-.

Caunao Río de Cuba, provincia de Las Villas, que desemboca en la bahía de Cienfuegos; 85 km.

Caupolicán Caudillo araucano (Palmaiquén, Chile, ? - Cañete, Concepción, 1558). Junto a Lautaro y Colocolo venció a los españoles en Tucapel (1553), y sacrificó a todos los vencidos, incluido a Valdivia; perseguido por Hurtado de Mendoza, fue derrotado en Monte Pinto, cerca de Concepción (1557), y murió empalado en Cañete. Cantado por Ercilla en *La Araucana.*

cauquenino, na adj. y s. De Cauquenes.

Caura Río de Venezuela, que nace en la sierra de Pacaraina y desemboca en el Orinoco; 723 km, 600 de ellos navegables.

caurí m. *Zool.* Molusco gasterópodo, cuya concha sirvió de moneda en la India y costas africanas.

cauriense adj. y com. De Coria.

caus- pref. CAUM-.

Caus, Salomon de Inventor francés (Caux, 1576 - París, 1626). Se le considera como uno de los precursores de la máquina de vapor.

causa f. **1** Lo que se considera como fundamento u origen de algo. **2** Razón para obrar. **3** Empresa o doctrina en que se toma interés o partido. **4** LITIGIO, pleito judicial. **5** fam. *Perú* Puré de papas, aderezado con lechuga, queso fresco, aceitunas, choclo y ají. || **causa eficiente** *Filos.* Primer principio productivo del efecto. || **causa final** Fin con que se hace algo. || **causa primera** *Filos.* La que con independencia absoluta produce el efecto. || **causa segunda** *Filos.* La que produce su efecto con dependencia de la primera.

causal adj. **1** Que se refiere a la causa o se relaciona con ella. **2** CONJUNCIÓN CAUSAL.

causalidad f. **1** Causa, origen, principio. **2** *Filos.* Ley por la que se producen efectos. **3** *Fís.* Principio relativo a la elevada temperatura de un sistema físico, con el único requisito de que la energía no puede propagarse más deprisa que la luz en el vacío.

causante adj. y com. **1** Que causa. || com. **2** *Der.* Persona de quien proviene el derecho que alguien tiene.

causar tr. **1** Producir la causa su efecto. **2** Ser causa, razón y motivo de que suceda una cosa. También prnl. **3** Por extensión, ser ocasión o darla para que suceda alguna cosa. También prnl.

causativo, va adj. Que es origen o causa de alguna cosa.

causeta f. *Bot. Chile* Hierba que nace entre el lino.

-causia suf. CAUM-.

-caustia, -cáustica sufs. CAUM-.

cáustico, ca adj. **1** *Med.* Se dice del medicamento que desorganiza los tejidos como si los quemase, produciendo una escara. Más como m. **2** *Quím.* Se dice de lo que quema y desorganiza los tejidos animales. **3** fig. Mordaz, agresivo. || m. *Med.* **4** VEJIGATORIO.

-causto suf. CAUM-.

causuelo m. *Zool. Nic.* CAUCEL.

cautela f. **1** Precaución y reserva con que se procede. **2** Astucia, sutileza para engañar.

cautelar[1] tr. **1** Prevenir, precaver. || prnl. **2** Precaverse, recelarse.

cautelar[2] adj. **1** Preventivo, precautorio. También en sentido figurado. **2** Se dice de las medidas o reglas para prevenir o dificultar la consecución de algo.

cauter- pref. CAUM-.

cauterio m. **1** *Med.* CAUTERIZACIÓN. **2** Instrumento terapéutico que permite aplicar calor intenso a fin de cauterizar un tejido. **3** fig. Lo que corrige o ataja eficazmente algún mal.

-cauterio suf. CAUM-.

cauterización f. Acción y efecto de cauterizar.

cauterizar tr. **1** Restañar la sangre y las heridas, o curar otras enfermedades con el cauterio. **2** fig. Corregir con aspereza o rigor.

Cautín Río de Chile, en la provincia de su nombre, que, al unirse al Cholchol, forma el Imperial.

cautivar tr. **1** Aprisionar. **2** fig. Atraer, ganar. **3** fig. Ejercer influencia.

cautiverio m. **1** Privación de libertad en manos de un enemigo. **2** Por extensión, ENCARCELAMIENTO, vida en la cárcel. **3** Privación de libertad a los animales domésticos.

cautividad f. CAUTIVERIO.

Cautividad de Babilonia *Hist.* y *Rel.* Denominación que recibe el periodo en que los israelitas vivieron exiliados en Babilonia. Nabucodonosor II se apoderó de Jerusalén entre los años 597 y 586 a. C. y deportó a Babilonia a gran parte del pueblo judío. En 538 a. C., Ciro les permitió volver a Palestina.

cautivo, va adj. y s. **1** Apresado en la guerra. || adj. **2** Retenido, inmovilizado.

Guido **Cavalcanti**. Retrato anónimo. Galería de los Uffizi (Florencia).

Cauto, ta adj. Que obra con sagacidad o precaución.

Cauto Río de Cuba, que nace en Sierra Maestra y desemboca en el golfo de Guacanayabo; 241 km.

Cauz m. Agr. CAZ.

Cava f. 1 Acción de cavar. 2 Dependencia subterránea donde se elabora y conserva el vino. ‖ m. 3 Vino espumoso que se cría en la misma botella en que luego se consume.

Cava, la FLORINDA LA CAVA.

Cavaco Silva, Aníbal Político portugués (Loulé, 1939). Líder del Partido Social Demócrata desde mayo de 1985, fue primer ministro (1985-95). Fue derrotado en las elecciones presidenciales de 1996 por Jorge Sampaio.

Cavador, ra adj. Zool. Se dice del animal o del órgano adaptado para cavar.

Cavafis, Constantin KAVAFIS o CAVAFIS, CONSTANTIN.

Cavalcanti, Emiliano de Pintor brasileño (Río de Janeiro, 1897 - íd., 1976). Precursor del arte moderno en su país. En 1921 publicó su álbum de sketches Fantoches da meia noite.

Cavalcanti, Guido Poeta italiano (Florencia, 1255 - íd., 1300). Fue uno de los primeros líricos del dolce stil nuovo. Contemporáneo y amigo de Dante, quien le dedicó su Vita nuova. Entre sus obras merecen especial mención las canciones Donna mi prega y Al cor gentil.

Cavalieri, Emilio dei Compositor italiano (Roma, 1550 - íd., 1602). Junto con otros miembros de la CAMERATA FLORENTINA, instauró un nuevo estilo monódico, que puso fin a la polifonía renacentista y sentó las bases para el nacimiento de la ópera.

Cavalli, Pier Francesco Compositor italiano (Crema, 1602 - Venecia, 1676). Discípulo de Monteverdi, es junto con éste un miembro destacado de la primera época de la ópera veneciana. Autor de Le Nozze di Teli e di Peleo (1639), Il Giasone (1649) y L'Ercole amante (1662).

Cavallini, Pietro Pintor italiano (?, h. 1240 - ?, h. 1330). Influido por la pintura bizantina, fue autor de mosaicos (Historias de la vida de la Virgen en Santa Maria in Trastevere) y frescos (El Juicio Final en Santa Cecilia in Trastevere).

Cavan 1 Condado de Irlanda, en Ulster; 1.891 km² y 52.796 h. 2 Ciudad capital del mismo; 3.341 h.

Cavar tr. 1 Levantar y mover la tierra. 2 Ahondar, penetrar.

Cavaria f. Zool. Ave americana que defiende a las demás de ciertas aves de rapiña.

Cavaro, ra adj. y s. Etnol. e Hist. Se dice de un antiguo pueblo de la Galia céltica.

Cavatina f. Mús. Aria de corta duración.

Cavendish, Henry Físico y químico británico (Niza, 1731 - Londres, 1810). Aisló el hidrógeno y descubrió que era el más ligero de los gases; demostró que el agua es un cuerpo compuesto; descubrió la presencia de gases nobles en el aire y comprobó la del dióxido de carbono.

Cavendish o **Candish, Thomas** Navegante británico (Trimley Saint Martin, 1555 - Estrecho de Magallanes, 1592). Fue el tercero que dio la vuelta al mundo (1586-88).

Caventou, Joseph-Bienaimé Químico y farmacéutico francés (Saint Omer, 1795 - París, 1877). En 1820 descubrió, con Pelletier, el sulfato de quinina.

Caverna f. 1 Concavidad profunda en la roca. 2 Med. Hueco que resulta en algunos tejidos orgánicos después de extirpar los tejidos destruidos.

Cavernícola adj. 1 Que vive en las cavernas. También s. 2 desp. fig. y fam. RETRÓGRADO.

Cavernoso, sa adj. 1 Relativo a la caverna. 2 Se dice del sonido sordo y bronco. 3 Que tiene muchas cavernas.

Caveto m. Arquit. Moldura cóncava, cuyo perfil es un cuarto de círculo.

Caví m. Raíz seca y guisada de la oca de Perú.

Caviar o **Cavial** m. Alimento muy estimado de huevas de esturión frescas y aderezadas.

Cavicornio, nia adj. y m. Zool. 1 Se dice de los rumiantes de la familia bóvidos que tienen huecos los cuernos. ‖ m. pl. Zool. 2 Grupo de estos animales.

Cavidad f. Espacio hueco dentro de un cuerpo, órgano o tejido cualquiera.

Cavilar tr. Fijar tenazmente la atención en una cosa.

Caviloso, sa adj. Que se deja preocupar de alguna idea, dándole excesiva importancia.

Cavite Provincia de Filipinas en la isla de Luzón; 1.288 km² y 771.320 h. Capital, Trece Mártires. Derrota de la armada española por la estadounidense en 1898.

Cavo m. Zool. Huronera o madriguera.

Cavo, Andrés Historiador y jesuita mexicano (Guadalajara, 1739 - Roma, 1803). Se secularizó antes de la extinción de la Compañía de Jesús por Clemente XIV. Autor de Los tres siglos de México (1836-38).

Cavour, Camilo Benso, conde de Político italiano (Turín, 1810 - íd., 1861). Artífice, junto a Garibaldi, de la unidad italiana. Fundó junto con Cesare Balbo el periódico Il Resorgimento, desde donde defendió la unidad italiana. Fue varias veces ministro en el gabinete de Azeglio y jefe del gobierno (1852). Buscó la alianza con Francia para recuperar el dominio de Lombardía y el Piamonte, en manos de Austria, lo que consiguió tras las batallas de Magenta y Solferino (1859). Negoció con Francia la anexión al Piamonte de Emilia y Toscana a cambio de la cesión de Niza y Saboya (1860). Se anexionó al reino de Nápoles y ocupó los Estados pontificios, excepto Roma (1861).

Caxés, Patricio Pintor y arquitecto italiano (Arezzo, 1544 - Madrid, 1611). Trabajó al servicio del rey Felipe II y Felipe III. Una de sus mejores obras es La historia de José pintada al fresco en una de las galerías del palacio de El Pardo.

Caxias, Luis Alves de Lima e Silva, duque de Mariscal y político brasileño (Río de Janeiro, 1803 - Santa Mónica, 1880). Pedro II le nombró presidente del consejo de ministros. Estuvo a cargo de las fuerzas brasileñas, argentinas y uruguayas en la guerra contra Paraguay (1865-70) y contuvo el movimiento insurreccional del Partido Liberal.

Caxias do Sul Ciudad de Brasil, en el Estado de Río Grande do Sul; 262.983 h. Centro comercial.

Caxton, William Impresor inglés (Kent, 1422 - Londres, 1491). De sus prensas salió el primer libro publicado en Inglaterra: The Recuyell of the Historyes of Troye (1477).

Cayada f. CAYADO, bastón.

Cayadilla f. Instrumento que usan los forjadores para agrupar el carbón en el centro del hogar.

Cayado m. 1 Palo o bastón corvo por la parte superior. 2 Báculo pastoral de los obispos. ‖ CAYADO DE LA AORTA Anat. Arco que describe esta arteria después de su nacimiento en el ventrículo izquierdo.

Cayama f. Zool. Cuba Ave acuática, especie de cigüeña.

Cayambe Volcán de los Andes Ecuatorianos, provincia de Napo; 5.790 m. Se le llama también Cerroblanco.

Cayana f. CALLANA, vasija.

Cayapona f. Bot. Amér. Planta de la familia cucurbitáceas.

Cayarí m. Zool. Cuba Cangrejo de agua dulce, pequeño y de color rojo.

Cayaya f. 1 Bot. Cuba Arbusto de la familia borragináceas. 2 Zool. Guat. Especie de chachalaca.

Cayena f. Especia muy picante extraída del guindillo de Indias.

Cayena (Cayenne) Ciudad capital de la Guayana Francesa, en el N de la isla de su nombre; 41.067 h. Fue colonia penal.

Cayeputi m. Bot. Árbol de la familia mirtáceas, nativo de la India Oriental y de Oceanía.

Cayes, Les Ciudad del S de Haití, capital del departamento de Sud; 36.549 h. Puerto exportador en el mar de las Antillas.

Cayetano de Thiene, san Religioso italiano (Vicenza, h. 1480 - Nápoles, 1547). Junto con Gian Pietro Carafa, que posteriormente fue papa con el nombre de Pablo IV, fue fundador de los clérigos regulares, llamados después teatinos.

Cayman CAIMÁN.

Cayo m. Geol. Isla rasa, arenosa y de pequeña extensión, cubierta en gran parte de mangle.

Cayo de Agua Isla de Panamá, en el Caribe, al N de la laguna de Ciriquí.

Cayo Hueso KEY WEST.

Cayo Romano Isla del N de Cuba, provincia de Camagüey.

Cayota f. Bot. Arg. CHAYOTE.

Cayote m. 1 Bot. CHAYOTE. 2 Zool. COYOTE.

Cayuco[1] m. Embarcación india de una pieza.

Cayuco[2]**, ca** m. y f. Cuba Persona de cabeza grande.

Cayumbo m. Bot. Cuba Especie de junco.

Caz m. Canal para tomar y conducir el agua a las zonas de cultivo.

Caza f. 1 Acción de cazar. 2 Animales salvajes, antes y después de cazados. 3 Seguimiento, persecución. 4 Avión de guerra de pequeño tamaño y gran maniobrabilidad destinado al combate aéreo contra otros aviones. ‖ **CAZA MAYOR** La de jabalíes, lobos, ciervos, etc. ‖ **CAZA MENOR** La de liebres, conejos, perdices, palomas, etc. ‖ **andar a la caza de** una cosa fr. fig. y fam. Procurarla o solicitarla. ‖ **levantar** uno **la caza** fr. fig. y fam. Llamar la atención sobre algún asunto dando lugar a que otro se entremeta en él.

Cazabombardero adj. Mil. Se aplica al avión de combate capaz de realizar funciones de caza (interceptación, apoyo a las fuerzas de tierra) y de bombardeo.

Cazador, ra adj. y s. 1 Que caza. ‖ m. Mil. 2 Soldado que hace el servicio en tropas ligeras. ‖ **CAZADOR FURTIVO** El que caza en terreno vedado, sin autorización.

Cazadora f. 1 Especie de americana con trabilla y bolsillos de parche, que se ajusta a la cadera. 2 C. Rica Zool. Avecilla muy vivaz, con plumaje de color amarillo. 3 Col. Zool. Serpiente de gran tamaño no venenosa.

Cazadotes m. El que trata de casarse con una mujer rica. ♦ Su pl. es cazadotes.

Cazaguate m. Bot. Méx. Planta semejante a la pasionaria.

Cazajo, ja adj. y s. KAZAJO.

Cazalla f. Aguardiente fabricado en Cazalla de la Sierra.

cazabombardero F-117 del ejército estadounidense.

Cazals, Felipe Director de cine mexicano (Guatari, 1937). Entre sus trabajos figuran *Emiliano Zapata* (1970), *El jardín de tía Isabel* (1971), *Canoa* (1975), *El año de la peste* (1978) y *Lo del César* (1987).

cazar tr. **1** Coger o matar animales. **2** fig. y fam. Adquirir con destreza alguna cosa. **3** fig. y fam. Prender, cautivar la voluntad de alguien con halagos o engaños. **4** fig. y fam. Sorprender a alguien en un descuido, error o acción que desearía ocultar. **5** *Dep.* En fútbol, cometer una falta sobre un jugador contrario, con violencia y sin voluntad de jugar el balón. **6** *Mar.* Poner tirante la escota de una vela.

cazatalentos com. Agente especializado en descubrir personas que puedan constituir nuevos valores para las empresas, el espectáculo, etc.

cazatorpedero m. *Mil.* Buque de guerra destinado a la persecución de los torpederos enemigos.

cazcarria f. CASCARRIA.

cazo m. **1** Recipiente de cocina, metálico, más ancho por la boca que por el fondo y a veces cilíndrico, con mango y, generalmente, con pico para verter. **2** CAZOLETA, pieza de la espada.

cazolada f. Cantidad de comida que se prepara de una vez en la cazuela.

cazoleta f. **1** Pieza semiesférica de las armas de chispa, donde se colocaba la pólvora. **2** Pieza redonda de acero para cubrir la empuñadura del escudo. **3** Pieza de hierro u otro metal, que se pone debajo del puño de la espada y del sable, y sirve para resguardo de la mano. **4** Especie de perfume. **5** Receptáculo pequeño de algunos objetos.

cazón m. *Zool.* Nombre con el que popularmente se designan diversas especies de peces selacios, pertenecientes al género *Galeorhinus*.

Cazones Río de México, en los Estados de Puebla y Veracruz, que desemboca en el golfo de México.

cazonete m. *Mar.* Muletilla cilíndrica de la extremidad de un cabo.

Cazorla, sierra de Macizo de España, al E de la provincia de Jaén, que pertenece a la cordillera Subbética y forma parte de la cuenca del Guadalquivir.

Cazotte, Jacques Escritor francés (Dijon, 1720 - París, 1792). Escribió poemas, cuentos y libretos de ópera. Su obra más célebre es el relato *El diablo enamorado* (1772). Por sus ideas antirrevolucionarias fue condenado a morir en la guillotina.

cazuela f. **1** Vasija más ancha que honda, generalmente redonda y de barro. **2** Recipiente de cocina, de metal, más ancho que alto, con dos asas y tapa. **3** Guisado que se hace en ella. **4** *Teat.* Sitio del teatro al que sólo podían asistir las mujeres. **5** *Teat.* Galería alta o asientos de la parte superior de los teatros. **6** fig. CAZOLADA. **7** *A. Gráf.* Componedor ancho que puede contener varias líneas. || **cazuela mojí** o **mojina** MOJÍ[1].

cazumbre m. Cordel de estopa poco torcida, con que se unen las tablas y duelas de las cubas de vino.

cazurro, rra adj. fam. **1** Malicioso, reservado y de pocas palabras. También s. **2** Tosco, basto, zafio.

cazuz m. *Bot.* HIEDRA.

cazuzo, za adj. *Chile* HAMBRIENTO.

Cb *Fís.* Símbolo del culombio.

cc *Fís.* Símbolo del centímetro cúbico.

CC OO Siglas de COMISIONES OBRERAS.

cd *Fís.* Símbolo de la candela.

Cd *Quím.* Símbolo del cadmio.

CD (Del i. *compact disc.*) Siglas de DISCO COMPACTO.

CDC Siglas de CONVERGÈNCIA DEMOCRÀTICA DE CATALUNYA.

CD-Rom (Del i. CD, siglas de *compact disc*, y ROM, siglas de *read only memory.*) *Inform.* Sistema de conexión a la memoria de un ordenador de un disco óptico, capaz de acceder a información digitalizada.

ce f. Nombre de la letra *c*. || **ce por be,** o **ce por ce** loc. adv. fig. y fam. Minuciosamente, con todo detalle. || **por ce** o **por be** loc. adv. fig. y fam. De un modo u otro.

Ce *Quím.* Símbolo del cerio.

CE Siglas de Comunidad Europea. (Véase UNIÓN EUROPEA.)

ceanoto m. *Bot.* Planta de la familia ramnáceas que crece en América y Oceanía.

Ceará Estado del NE de Brasil; 146.348 km^2 y 6.809.290 h. Capital, Fortaleza.

cearina f. *Farm.* Pomada que sirve de excipiente de otras.

Ceaucescu, Nicolae Político rumano (Scornicesti, 1918 - Bucarest, 1989). Miembro del Politburó (1955) y secretario general del Partido Comunista (1965), fue elegido presidente del Consejo de Estado (1967) y presidente de la República (1974), cargo que desempeñó hasta la caída de su gobierno (1989). Dos días más tarde fueron ejecutados él y su esposa.

ceba f. **1** Alimento abundante que se da al ganado para que engorde. **2** fig. Acción de alimentar los hornos con combustible.

Cébaco Isla de Panamá, en el Pacífico, provincia de Veraguas, a la entrada del golfo de Montijo; 100 km^2.

cebada f. *Bot.* **1** Planta herbácea anual, perteneciente a la familia gramíneas, género *Hordeum*. Cereal parecido al trigo, con espigas prolongadas y semilla ventruda, puntiaguda por ambas extremidades. Destinado fundamentalmente a la alimentación del ganado y a la fabricación de cerveza. **2** Conjunto de granos de esta planta.

cebadal m. *Agr.* Terreno sembrado de cebada.

cebadera f. **1** Morral o manta para dar cebada al ganado en el campo. **2** *Agr.* Arca o cajón para la cebada. **3** *Mar.* Vela que se enverga bajo el bauprés. **4** *Min.* Caja de palastro para introducir la carga en el horno a través del cebadero.

cebadero m. **1** El que vende cebada. **2** Caballería que lleva la cebada para dar de comer a la recua. **3** El que cebaba y adiestraba las aves de cetrería. **4** Lugar destinado a cebar animales. **5** *Min.* Abertura por donde se introduce mineral en el horno.

cebadilla f. *Bot.* **1** Especie de cebada que crece espontánea en las paredes y caminos. **2** Semilla tóxica de una planta mexicana de nombre científico *Sabadilla officinalis*, cuyo polvo se usa como estornutatorio, irritante, vermífugo e insecticida. **3** Raíz del eléboro blanco, cuyo polvo tiene los mismos usos.

cebador, ra adj. **1** Que ceba. || m. **2** Frasquito en que se lleva la pólvora para cebar las armas de fuego. **3** *Fís.* Pequeño dispositivo empleado para el encendido de algunas lámparas de iluminación de descarga gaseosa, como los tubos fluorescentes. || m. y f. **4** *R. Plata* Persona que ceba el mate.

Ceballos, Pedro Antonio de CEVALLOS, PEDRO ANTONIO DE.

cebar tr. **1** Dar o echar cebo a los animales. **2** Poner alimentos a disposición de los animales salvajes para estimular su concentración en ese lugar. **3** fig. Alimentar, fomentar. **4** fig. Poner cebo a cualquier objeto destinado a hacer explosión. **5** fig. Poner las máquinas o aparatos en condiciones de empezar a funcionar. **6** fig. Fomentar o alimentar un afecto o pasión. También prnl. **7** *Amér.* Preparar el mate para tomarlo. || intr. **8** fig. Penetrar, prender. También tr. || prnl. **9** fig. Entregarse con mucha eficacia e intención a una cosa. **10** fig. Encarnizarse, ensañarse.

cebellina adj. y f. *Zool.* MARTA CEBELLINA.

cebiche m. *Ecuad., Pan.* y *Perú* Plato de pescado o marisco crudo preparado en un adobo de jugo de limón o naranja agria, cebolla, sal y ají.

cebil m. *Bot. R. Plata* Árbol de la familia leguminosas, alto y corpulento, cuya corteza es un enérgico curtiente.

cebo m. **1** *Zool.* Comida que se da a los animales para alimentarlos, engordarlos o atraerlos. **2** Alimento que utiliza el pescador para atraer a los peces. **3** Materia explosiva que en las armas, barrenos, etc., produce la explosión de la carga. **4** fig. Persona o cosa que induce a hacer algo.

cebolla f. **1** *Bot.* Planta bulbosa perteneciente a la familia liliáceas, de nombre científico *Allium cepa*. Tiene el tallo hueco e hinchado hacia la base y raíz fibrosa que nace de un bulbo esferoidal comestible. **2** *Bot.* Bulbo de esta planta. **3** fig. Parte redonda del velón, en la cual se echa el aceite. **4** fig. Pieza esférica, metálica y con agujeros que se pone en las cañerías para que no pase la broza. || **cebolla albarrana** *Bot.* Planta perteneciente a la familia liliáceas, género *Scilla*, de uso medicinal.

cebollada f. Guiso con cebollas.

cebollana f. *Bot.* Planta muy parecida a la cebolla, con uno o varios bulbos pequeños de sabor dulce.

Cebollatí Río de Uruguay, que nace en la Cuchilla Grande y desemboca en la laguna Merín; 230 km.

cebolleta f. *Bot.* **1** Planta bulbosa perteneciente a la familia liliáceas, de nombre científico *Allium fistulosum*. Muy parecida a la cebolla y también comestible. **2** Cebolla común que se come tierna, antes de florecer. **3** *Cuba* Especie de juncia.

cebollino m. **1** *Bot.* Sementero o simiente de cebollas. **2** *Bot.* CEBOLLANA. **3** *Bot.* Planta bulbosa de la familia liliáceas, de nombre científico *Allium schoenoprasum*, parecida a la cebolla y también comestible. **4** Hombre torpe e ignorante.

cebollón m. **1** Aumentativo de CEBOLLA. **2** *Bot.* Variedad de cebolla menos picante y acre que la común.

cebolludo, da adj. *Bot.* Se dice de las plantas y flores que son de cebolla o nacen de ella.

cebón, na adj. y s. *Zool.* **1** Se dice del animal que está cebado. || m. **2** PUERCO.

ceborrincha f. *Bot.* Cebolla silvestre y cáustica.

cebra f. *Zool.* Nombre común de diversos mamíferos perisodáctilos pertenecientes a la familia équidos, género *Equus*. Se caracterizan por su pelaje rayado de negro sobre un fondo blanco. La mayoría habita en las sabanas y estepas de África.

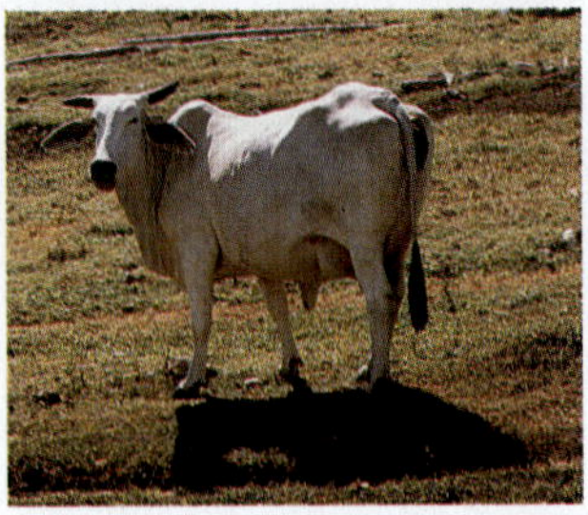
cebú

cebrado, da adj. *Zool.* Se dice del animal que tiene manchas negras transversales.

Cebreros Municipio y lugar de España, provincia de Ávila; 3.656 h.

cebrión m. *Zool.* Insecto coleóptero.

cebruno, na adj. *Zool.* CERVUNO, dicho del color parecido al del ciervo.

cebú m. *Zool.* Mamífero artiodáctilo rumiante, perteneciente a la familia bóvidos, de nombre científico *Bos indicus*. Especie propia de la India. ♦ Su pl. es *cebúes* o *cebús*.

Cebú **1** Provincia e isla de Filipinas; 5.088 km^2 y 2.091.602 h. **2** Ciudad capital de la provincia e isla de su nombre; 688.196 h. Primer establecimiento español en el archipiélago y capital de la colonia.

cebuano, na adj. y s. **1** De Cebú. || m. **2** *Ling.* Lengua cebuana.

ceburro adj. *Agr.* Se dice del trigo candeal.

ceca f. Casa donde se labra moneda.

CECA Siglas de COMUNIDAD EUROPEA DEL CARBÓN Y DEL ACERO.

cecal adj. *Biol.* Relativo al intestino ciego.

cecear intr. Pronunciar la *s* con articulación igual o semejante a la de *c*, ante *e, i*, o la de *z*.

ceceo m. Acción y efecto de cecear.

cecesmil m. *Agr. Hond.* Plantío de maíz temprano.

Cech, Thomas Químico estadounidense (Chicago, 1947). Recibió el premio Nobel de Química en 1989, junto con Sidney Altman, por sus descubrimientos sobre las propiedades catalíticas del ácido ribonucleico (ARN).

cecial m. Pescado seco y curado al aire. También adj.

cecias m. *Meteor.* Viento del NE.

Cecil, Lord Robert (EDGAR ALGERNON ROBERT GASCOYNE-CECIL, PRIMER VIZCONDE DE CECIL DE CHELWOOD, llamado) Político británico (Londres, 1864 - Tumbridge Wells, 1958). Representó a su país en la Comisión de Desarme de Ginebra (1926-27) y fue presidente de la Sociedad de Naciones (1919-45). Premio Nobel de La Paz en 1937.

Cecil, William, lord Burghley Político inglés (Bournje, 1520 - Londres, 1598). Principal consejero de la reina Isabel I, en 1558 fue nombrado secretario de Estado y en 1572, lord tesorero. Fue el responsable de la ejecución de María Estuardo y de los preparativos militares que supusieron la derrota de la Armada Invencible.

Cecilia, santa Doncella romana (? - ?, 232). Es patrona de los músicos.

cecina f. **1** Carne salada y seca. **2** *Arg.* y *Par.* Tira de carne de vacuno delgada, seca y sin sal. **3** *Chile* Embutido de carne.

cecografía f. Escritura y modo de escribir de los ciegos.

cecógrafo m. Aparato con que escriben los ciegos.

ceda f. *Zool.* CERDA, pelo grueso.

cedacear intr. Disminuir, oscurecerse o nublarse la vista.

cedacería f. **1** Sitio donde se hacen cedazos. **2** Tienda donde se venden.

cedacero m. El que hace o vende cedazos.

cedacillo m. *Bot.* Planta de la familia gramíneas parecida a la tembladera.

cedazo m. **1** Criba muy tupida. **2** Cierta red grande para pescar.

Cedeira Municipio y lugar de España, provincia de A Coruña; 7.772 h.

ceder tr. **1** Dar, transferir a otro una cosa, acción o derecho. || intr. **2** Rendirse, sujetarse. **3** Mitigarse, disminuirse la fuerza o resistencia de alguna cosa. **4** Ser inferior una persona o cosa a otra.

cedi m. *Econ.* Unidad monetaria de Ghana.

cedilla f. **1** Letra de la antigua escritura española, que es una *c* con una virgulilla debajo (ç). **2** Esta misma virgulilla.

CEDOARIA f. *Bot.* Raíz medicinal, de sabor acre y olor aromático.
CEDRAS f. pl. Alforjas de pellejo.
CEDRENO m. *Quím.* Parte líquida de la esencia de cedro.
CEDRIA f. *Bot.* Resina que destila el cedro.
CÉDRIDE f. *Bot.* Fruto del cedro.
CEDRITO m. Bebida de vino dulce y resina de cedro.
CEDRO m. *Bot.* **1** Nombre común de diversas especies arbóreas pertenecientes a la familia pináceas, género *Cedrus*. Se caracterizan por su tronco grueso y derecho, ramas horizontales, hojas aciculares persistentes agrupadas en fascículos y piñas erectas con escamas caedizas. **2** Madera de este árbol.
CEDRÓLEO m. *Quím.* Aceite esencial extraído del cedro.
CEDRÓN m. *Bot.* **1** *Amér.* Planta de la familia verbenáceas, olorosa y medicinal. **2** Árbol tropical americano de nombre científico *Simaba cedron*, cuyas semillas se emplean contra las calenturas y el veneno de las serpientes.
CEDRÓN Torrente de Palestina, que baja de los montes de Judá, recorre el valle de Josafat, pasa entre Jerusalén y el monte de los Olivos y desemboca en el mar Muerto.
CEDROS Isla de México, en el Pacífico, frente a la costa occidental de la península de Baja California, en la entrada de la bahía Sebastián Vizcaíno; 343 km².
CÉDULA f. **1** Pedazo de papel o pergamino escrito o para escribir en él. **2** Documento en el que se reconoce una deuda u otra obligación.
CEDULARIO m. Colección de cédulas reales.
CEDULÓN m. **1** Edicto que se fija en sitios públicos. **2** fig. PASQUÍN.
CEE Municipio y lugar de España, provincia de La Coruña; 7.655 h. Puerto.
CEE Siglas de Comunidad Económica Europea. (Véase UNIÓN EUROPEA.)
CEEA *Fís.* Siglas de COMUNIDAD EUROPEA DE ENERGÍA ATÓMICA.
CEFAL-, -CEFAL- pref. o in. CEFALO-.
CEFALALGIA f. *Med.* Dolor de cabeza.

CEFALÁLGICO, CA adj. Relativo a la cefalalgia.
CEFALEA f. *Med.* Cefalalgia violenta y tenaz.
-CEFALIA suf. CEFALO-.
CEFÁLICO, CA adj. *Biol.* Perteneciente a la cabeza o extremidad anterior del cuerpo.
CEFALITIS f. *Med.* Inflamación de la cabeza.
CÉFALO-, CEFAL-; -CEFAL-, -CÉFALO, -CEFALIA prefs., in. o sufs. que significan cabeza: *autocéfalo, hidrocefalia*.
CÉFALO *Mit.* Personaje mitológico que se casó con la princesa ateniense Procris. Un día que estaba cazando confundió a su esposa con una fiera y la mató. Según unas versiones se suicidó desesperado. En otras, fue desterrado por el Areópago a la isla que por él se llamó Cefalonia.
CEFALOCORDADO adj. y m. *Zool.* **1** Se aplica a los animales marinos, de simetría bilateral y organización metamérica, con el cuerpo alargado y pisciforme, que presentan un cordón dorsal llamado notocordio a lo largo del cuerpo, para proteger la médula espinal, y además carecen de cráneo y extremidades. A lo largo del dorso se extiende una aleta. El aparato circulatorio es cerrado, el sistema respiratorio incluye hendiduras branquiales y el sistema nervioso es tubular. Los sexos están separados, la fecundación es externa y las larvas tienen un desarrollo indirecto. Viven en mares templados y cálidos, siempre a poca profundidad. A este grupo pertenece el anfioxo. || m. pl. *Zool.* **2** Subtipo de estos animales, los vertebrados más primitivos.
CEFALONIA Isla y nomo de Grecia, frente al golfo de Patras, grupo de las Jónicas, que junto con la de Ítaca constituye el nomo de su nombre; 904 km² y 32.314 h. Capital, Argostolia. Restos micénicos.
CEFALÓPODO, DA adj. y m. *Zool.* **1** Se dice de los moluscos depredadores marinos, que tienen la cavidad paleal en forma de saco con una abertura por la que sale la cabeza, rodeada de tentáculos con ventosas, como la sepia, el pulpo y el calamar. || m. pl. *Zool.* **2** Clase de estos animales.
CEFALORRAQUÍDEO, A adj. *Anat.* **1** Se dice del sistema nervioso cerebroespinal. **2** Se dice del líquido incoloro y transparente en el que están sumergidos los centros nerviosos de los vertebrados y que llena también los ventrículos del encéfalo.

CEFALOTÓRAX m. *Zool.* Parte del cuerpo de los arácnidos y ciertos crustáceos superiores, formada por la unión de la cabeza y el tórax. ♦ Su pl. es *cefalotórax*.
CEFEIDO, DA adj. y f. *Astron.* **1** Se dice de las estrellas pertenecientes a la constelación de Cefeo. || f. pl. *Astron.* **2** Clase de estrellas variables periódicas, cuyo brillo cambia periódica y específicamente.
CEFEO *Astron.* Constelación boreal situada cerca de la Osa Mayor.
CÉFIRO m. **1** PONIENTE, viento cálido del O que sopla en el Mediterráneo. **2** poét. Viento suave y apacible. **3** Tela de algodón casi transparente.
CÉFIRO *Mit.* Hijo de la Aurora. Dios del viento del Oeste. Fue llamado Favonio por los romanos.
CEFISO Nombre de varios ríos de Grecia. Los más conocidos son el de Ática y el de Beocia.
CEFO m. *Zool.* Mamífero primate perteneciente a la familia cercopitécidos, de nombre científico *Cercopithecus cephus*, originario de Nubia.
CEGADOR, RA adj. Que ciega o deslumbra.
CEGAJOSO, SA adj. y s. Que tiene los ojos cargados y llorosos.
CEGAR intr. **1** Perder completamente la vista. || tr. **2** Quitar la vista a alguien. **3** fig. Ofuscar el entendimiento. También intr. **4** fig. Cerrar. ♦ IRREG. Se conjuga como ACERTAR.
CEGATO, TA adj. y s. fam. Corto de vista.
CEGESIMAL adj. *Mat.* SISTEMA CEGESIMAL.
CEGRÍ o **ZEGRÍ** adj. *Hist.* **1** Se dice de una familia del reino nazarí de Granada. Enemigos de los ABENCERRAJES, las luchas que mantuvieron con éstos contribuyeron decisivamente al debilitamiento del reino y a la caída del mismo en manos de los Reyes Católicos. Más com m. pl. **2** Se dice también de sus individuos. También com. **3** Relativo a esta familia o bando.
CEGUEDAD f. **1** Total privación de la vista. **2** fig. Alucinación.
CEGUERA f. **1** CEGUEDAD. **2** *Med.* Especie de oftalmía que suele dejar ciego al que la padece. **3** Condición de una persona que tiene menos de la décima parte de la visión normal. || **CEGUERA VERBAL** *Med.* ALEXIA.
CEHEGÍN Municipio y lugar de España, provincia de Murcia; 14.085 h.
CEI Siglas de COMUNIDAD DE ESTADOS INDEPENDIENTES.
CEIBA f. *Bot.* *Amér.* Árbol robusto perteneciente a la familia bombacáceas, de nombre científico *Ceiba pentandra*. Tiene una gran altura (hasta 60 m). Crece en las regiones tropicales.
CEIBA, LA Ciudad de Honduras, capital del departamento de Atlántida; 86.000 h. Puerto.
CEIBAL m. Lugar plantado de ceibas o ceibos.
CEIBO m. *Bot.* *Amér.* Árbol de la familia leguminosas, con flores de cinco pétalos, rojas y brillantes.
CEILÁN Isla de Asia, en el océano Índico, que constituye el Estado de SRI LANKA.
CEÍNA f. *Quím.* Sustancia extraída del maíz.
CEISATITA f. *Miner.* Mineral variedad de ópalo.
CEJA f. **1** *Anat.* Parte prominente y curvilínea cubierta de pelo sobre la cuenca del ojo. **2** *Anat.* Pelo que la cubre. **3** fig. Parte que sobresale un poco de alguna cosa. **4** fig. Banda de nubes sobre las cumbres de los montes. **5** fig. Cumbre del monte o sierra. **6** *Bol.* y *R. Plata* Sección de bosque cortado por un camino. **7** *Cuba* Camino estrecho. **8** *Mús.* Listón de los instrumentos de cuerda entre el clavijero y el mástil. **9** *Mús.* CEJUELA.
CEJADERO o **CEJADOR** m. En los carruajes, tirante para cejar.
CEJAR intr. **1** Retroceder, andar hacia atrás. **2** fig. Desistir o ceder.
CEJIJUNTO, TA adj. **1** Que tiene las cejas muy pobladas y casi juntas. **2** fig. CEÑUDO.
CEJILLA f. *Mús.* **1** Ceja de los instrumentos de cuerda. **2** Abrazadera que se pone en el mástil de la guitarra para subir la entonación de todas las cuerdas.
CEJO m. **1** Niebla que se levanta en los ríos después de salir el sol. **2** Atadura de esparto.
CEJUDO, DA adj. Que tiene las cejas muy pobladas.
CEJUELA f. **1** Diminutivo de CEJA. **2** *Mús.* CEJILLA.
CEL- pref. CELO-.
CELA TRULOCK, Camilo José Escritor español (Iria Flavia, 1916 - Madrid, 2002). Su extensa producción literaria abarca todos los géneros. En 1956, fundó la revista literaria *Papeles de Son Armadans*. Fue miembro de la Real Academia Española desde 1957. Obras: *La familia de Pascual Duarte* (1942), *Viaje a la Alcarria* (1948), *La colmena* (1951), *Del Miño al Bidasoa* (1953), *Judíos, moros y cristianos* (1956), *La catira* (1955), *Los viejos amigos* (1961), *Diccionario secreto* (1968 y 1971), *Vísperas, festividad y octava de San Camilo del año 1936 en Madrid* (1969), *Oficio de tinieblas 5* (1973), *Barcelona* (1975), *Mazurca para dos muertos* (1983), *Cristo versus Arizona* (1987), *La cruz de San Andrés* (1994) y *Madera de boj* (1999). En 1987 obtuvo el premio Príncipe de Asturias de las Letras, en 1989 el

cefalópodos

Camilo José **Cela** recibiendo el premio Nobel de Literatura de manos del rey Carlos XVI Gustavo de Suecia.

premio Nobel de Literatura y en 1995 el premio Cervantes.

CELADA f. **1** Pieza de la armadura para cubrir la cabeza. **2** Parte de la llave de la ballesta. **3** Soldado que usaba celada. **4** Emboscada de gente armada. **5** Engaño o fraude.

CELADOR, RA adj. **1** Que cela o vigila. || m. y f. **2** Vigilante.

CELAJE m. **1** Aspecto que presenta el cielo cuando hay nubes tenues y de varios matices. Más en pl. **2** Claraboya o ventana. **3** fig. Presagio, anuncio. **4** Mar. Conjunto de nubes.

CELÁN m. Zool. Especie de arenque.

CELAN, PAUL (PAUL ANTSCHEL, llamado) Poeta austriaco de origen rumano y nacionalizado francés (Chernovtsky, Bucovina, 1920 - París, 1970). Su poesía está influida por el expresionismo y el surrealismo. Obras: *Adormidera y memoria* (1952), *De umbral en umbral* (1955), *Rejas de lenguaje* (1959), *La rosa de nadie* (1963) y *Hacienda del tiempo* (1976). Se suicidó.

CELANDÉS, SA adj. y s. ZELANDÉS.

CELANO, TOMMASO DA Religioso franciscano italiano (Celano, ? - Tagliacozzo, h. 1250). Autor de la secuencia de la misa de difuntos, *Dies irae dies illa* (Día de la ira aquél).

CELAR tr. **1** Procurar el cumplimiento de las leyes, estatutos, etc. **2** Observar los movimientos y acciones de una persona. **3** Vigilar. **4** Observar a la persona amada, por tener celos de ella. **5** Grabar en láminas de metal o madera. **6** Cortar con buril o cinceles metal, piedra o madera. || tr. y prnl. **7** ENCUBRIR.

CELASTRÁCEO, A o **CELASTRÍNEO, A** adj. Bot. **1** Se dice de diversos árboles y arbustos angiospermos dicotiledóneos, por primordios seminales basales y erectos, disco floral que rodea la base del ovario y hojas normalmente opuestas, a veces alternas. También f. || f. pl. Bot. **2** Familia de estas plantas.

CELAYA Ciudad de México, Estado de Guanajuato; 214.856 h.

CELAYA, GABRIEL (RAFAEL GABRIEL MÚGICA CELAYA, llamado) Escritor español (Hernani, 1911 - Madrid, 1991). En su producción poética destacan *Marea del silencio* (1935), *Tranquilamente hablando* (1947) *Las cosas como son* (1949), *Las cartas boca arriba* (1951), *De claro en claro* (1956), *Poesía urgente* (1960), *Campos semánticos* (1971) y *El mundo abierto* (1986). Escribió novelas, como *Lázaro calla* (1949); y ensayos, como *Exploración de la poesía* (1964) y *Memorias inmemoriales* (1981). Premio Nacional de Literatura (1987).

CELDA f. **1** Aposento del religioso en su convento. **2** Aposento individual en colegios. **3** Cada uno de los aposentos donde se encierra a los presos en las cárceles celulares. **4** Zool. CELDILLA.

CELDILLA f. **1** Bot. Hueco que ocupa la simiente. **2** Zool. Cada una de las casillas que componen los panales de las abejas, avispas y otros insectos. **3** fig. NICHO. **4** CÉLULA, cavidad.

CELE-; -CELE pref. o suf. CELO-, cavidad.

-CELE suf. CELO-, tumor.

CELEBÉRRIMO, MA adj. superlativo de CÉLEBRE.

CÉLEBES o **SULAWESI 1** Archipiélago de Indonesia, en el mar de su nombre; 194.441 km² y 12.520.711 h. Está formado por la isla homónima, que es la mayor del grupo, las de Kabia, Kabaena, Muna, Butung, Wowomi, Paleng y otras menores. Administrativamente está dividido en cuatro provincias: Célebes Central, Célebes Meridional, Célebes Septentrional y Célebes Sudoriental. Su población es de origen malayo. **2** Isla de Indonesia, situada en el centro del archipiélago de su nombre, al E de Borneo. Arroz, maíz y copra. Maderas. Al N se encuentra el mar de su nombre.

CÉLEBES, MAR DE Mar del océano Pacífico, limitado por Filipinas al N, la isla de Célebes al S y la de Borneo al O. 435.000 km² y 5.000 m de profundidad media.

CELEBRACIÓN f. **1** Acción de celebrar. **2** Aplauso, aclamación.

CELEBRANTE adj. **1** Que celebra. || m. **2** Sacerdote que está diciendo misa.

CELEBRAR tr. **1** Alabar, aplaudir. **2** Reverenciar, venerar solemnemente. **3** Alegrarse de una cosa buena para alguien. **4** Conmemorar o festejar algún acontecimiento o fecha importante. También prnl. **5** Realizar un acto, una reunión, un espectáculo, etc. También prnl. **6** Rel. Decir misa. También intr.

CÉLEBRE adj. FAMOSO.

CELEBRIDAD f. **1** Fama, renombre. **2** Persona famosa.

CELEMÍN m. Agr. **1** Medida de capacidad para áridos, equivalente en Castilla a 4.625 mililitros. **2** Cantidad de grano que contiene.

CELENTÉREO, A adj. y m. Zool. **1** Se dice de los animales invertebrados acuáticos, generalmente marinos, de simetría radiada y organización muy sencilla, cuyo cuerpo contiene una sola cavidad o gástrula, que comunica con el exterior a través de un único orificio. [Encic.] || m. pl. Zool. **2** Tipo de estos animales. También denominados *cnidarios*.

Zool. En los celentéreos el cuerpo está formado por una doble capa de células: la externa o ectodermo y la interna o endodermo. Entre ambas se intercala una materia gelatinosa o mesoglea. En la capa exterior del cuerpo se localiza el sistema sensitivo, en la intermedia el nervioso y en la interior, el digestivo. Alrededor del orificio buco-anal se desarrollan una serie de largos tentáculos revestidos de células urticantes llamadas nematocistos o cnidoblastos. Cada una de ellas está formada por una cavidad llena de líquido venenoso y un filamento enrollado. Pueden presentar durante su ciclo vital dos formas biológicas diferentes: de pólipo (sedentario) y de medusa (de vida libre).

Gabriel **Celaya**

CELÉNTERON m. Zool. Cavidad interna de los celentéreos.

CÉLERE adj. **1** Pronto, rápido. || m. Hist. **2** Individuo del orden ecuestre en los primeros tiempos de la historia de Roma. || f. pl. Mit. **3** Las horas.

CELERIDAD f. Prontitud, rapidez, velocidad.

CELESCOPIO m. Med. Aparato para iluminar las cavidades de un cuerpo orgánico.

CELESTA f. Mús. Instrumento musical de teclado, de timbre agudo y dulce.

CELESTE adj. Perteneciente al cielo.

CELESTES, MONTES TIAN SHAN.

CELESTIAL adj. **1** Perteneciente al cielo o paraíso. **2** fig. Perfecto, delicioso.

CELESTINA[1] (Por alusión al personaje de la *Tragicomedia de Calisto y Melibea*.) f. fig. ALCAHUETA.

CELESTINA[2] f. Miner. Mineral sulfato de estroncio, de fórmula SO_4Sr, cristalizado en el sistema ortorrómbico. Aparece asociado con sal gema, yeso, en depósitos de azufre y piedra caliza.

CELESTINA[3] f. Zool. Ave canora de Tucumán.

CELESTINESCO, CA adj. Relativo a la celestina o alcahueta.

CELESTINO, NA adj. Rel. **1** Se dice del religioso de la orden fundada por el papa Celestino V en 1251. También s. **2** Relativo a esta orden.

CELESTINO Nombre de varios papas italianos.

CELESTINO I, SAN (Campania, ? - Roma, 492). Ocupó el solio pontificio de 482 a 492. Durante su pontificado se celebró el concilio de Éfeso (431). Condenó el nestorianismo y el pelagianismo.

CELESTINO II (Macerata, ? - Roma, 1144). De nombre Guido di Città di Castello, ocupó el solio pontificio de septiembre de 1143 a marzo de 1144. Fue discípulo de Pedro Abelardo. Levantó la excomunión al rey francés Luis VII.

CELESTINO III (Roma, 1106 - íd., 1198). De nombre Giacinto di Pietro di Bobone-Orsini, ocupó el solio pontificio de 1191 a 1198. Discípulo de Abelardo. Se enfrentó al emperador Enrique VI por el dominio de Sicilia.

CELESTINO IV (Milán, ? - Roma, 1241). De nombre Goffredo Castiglioni, ocupó el solio pontificio en 1241 y murió a los 15 días.

CELESTINO V, SAN (Isernia, 1215 - Castello di Fumone, 1296). De nombre Pietro Angeleri o Pietro da Morrone, ocupó el solio pontificio en 1294. Renunció a los seis meses. También conocido como san Pedro Celestino.

CELI- pref. CELO-, cavidad.

CELIA-; -CELIA pref. o suf. CELO- , cavidad.

CELIACO, CA o **CELÍACO, CA** adj. Anat. Relativo a la cavidad abdominal, el vientre o los intestinos.

CELIBATO m. SOLTERÍA.

CÉLIBE adj. y com. SOLTERO.

CELIBIDACHE, SERGIU Director de orquesta y compositor alemán, de origen rumano (Roman, 1912-París, 1996). Fue director de la Filarmónica de Munich y de la de Berlín.

-CELICO suf. CELO-, cavidad.

CELIDONIA f. Bot. Hierba de la familia papaveráceas que segrega un jugo amarillo y cáustico.

CELINDRATE m. Guisado compuesto con cilantro.

CÉLINE, LOUIS-FERDINAND (LOUIS-FERDINAND DESTOUCHES, llamado) Escritor francés (Courbevoie, 1894 - Meudon, 1961). Sus obras se caracterizan por la crudeza del estilo y la originalidad. Es autor de *Viaje al fin de la noche* (1932), *Muerte a crédito* (1936), *Bagatela para una masacre* (1937), *Mea culpa* (1937), *De un castillo al otro* (1957), *Norte* (1960), *El puente de Londres* (1964) y *Rigodón* (1969).

CELIO-; -CELIO pref. o suf. CELO-, cavidad.

CELIO Una de las siete colinas de la antigua Roma, situada al S del Capitolio.

CELLA f. Arquit. Espacio interior que constituye el núcleo de la construcción en los templos griegos y romanos.

CELLENCO, CA adj. **1** fam. Se dice de la persona achacosa. || f. **2** Mujer pública.

CELLINI, BENVENUTO Escultor y orfebre italiano (Florencia, 1500 - íd., 1571). Trabajó en la corte de Francisco I de Francia y en Florencia. Entre sus obras se citan *La Ninfa de Fontainebleau* (1545) y *Perseo* (1545-53). Autor de la autobiografía *Vida* (1728).

CELLISCA f. Temporal de agua y nieve.

CELO m. **1** Cuidado, diligencia, esmero en el cumplimiento del deber. **2** Fervor. **3** Envidia, recelo. **4** Zool. Época en la que aparece un deseo sexual más intenso en los animales. **5** PAPEL CELO. || m. pl. **6** Sospecha, inquietud de que la persona amada ponga su cariño en otra. || **dar celos** fr. Dar una persona motivos para que otra los sienta.

CELO-, CEL-, CELE-, CELI- CELIO-, CELIA-; -CELE, -CELIO, -CELIA, -CÉLICO, -CELO prefs. o sufs. que significan cavidad.

Cultura **celta**. Castro de Santa Tecla en La Guardia (Pontevedra).

CELO-; -CELE pref. o suf. que significan tumor: *hidrocele.*

CELOFÁN m. Nombre comercial registrado de un tipo de papel transparente y flexible.

CELOIDINA f. *Fot.* Preparación aplicada a los papeles fotográficos, que los hace sensibles a la luz.

CELOMA m. *Zool.* Cavidad mesodérmica de los animales metazoos superiores que contiene los órganos principales del cuerpo.

CELOMADO, DA adj. *Zool.* **1** Se dice de los animales provistos de celoma. También s. || m. pl. *Zool.* **2** Grupo de estos animales.

CELOSA f. *Bot. Cuba* Arbusto de la familia verbenáceas, de nombre científico *Durantea repens,* con flores azuladas en espiga.

CELOSÍA f. **1** *Arquit.* Enrejado de listoncillos que se pone en las ventanas de los edificios y otros huecos análogos, para que las personas que están en el interior vean sin ser vistas. **2** *Bot.* CRESTA DE GALLO. **3** CELOTIPIA

CELOSO, SA adj. **1** Que tiene celo, o celos. **2** RECELOSO. **3** *Mar.* Se dice de la embarcación que aguanta poca vela.

CELOTE O **CELOTA** com. *Hist.* y *Rel.* Individuo de un movimiento religioso y nacionalista judío, activo en la época de la dominación romana, caracterizado por la rigidez de su integrismo religioso. Los celotes se sublevaron contra Roma en el año 66 y resistieron hasta el 70. También se escribe *zelote* o *zelota.*

CELOTIPIA f. Delirio de celos.

CELSIO O **CELSIUS, ANDERS** Astrónomo sueco (Upsala, 1701 - íd., 1744). Tomó parte en la expedición encargada de comprobar el achatamiento polar terrestre, y propuso una escala para la medida de temperaturas que lleva su nombre.

CELSITUD f. Elevación, grandeza.

CELSIUS adj. y m. *Fís.* Se aplica a los grados de la escala del mismo nombre. || **ESCALA CELSIUS** *Fís.* Escala termométrica dividida en cien grados iguales, desde la temperatura de fusión del hielo (0°), hasta la de ebullición del agua (100°). En un principio, estos valores estaban invertidos, es decir, 0° para la temperatura de ebullición del agua y 100° para la de congelación. También denominada *centígrada.*

CELSO Filósofo romano (s. II). Desde un planteamiento platónico, escribió *Doctrina verdadera,* célebre crítica al cristianismo. Algunos fragmentos de la misma nos han llegado a través de la obra de Orígenes *Contra Celso.*

CELSO, AURELIO CORNELIO Erudito romano (Roma, s. I). Autor de una enciclopedia de la que sólo se conserva la sección sobre Medicina titulada *De re medica* o *De Medicina.*

CELTA adj. **1** *Hist.* y *Etnol.* Se dice de un antiguo grupo de pueblos indoeuropeos que habitaban en el centro y O de Europa. Más como m. [**Encic.**] **2** Se dice también de sus individuos. También com. **3** Relativo a ese grupo de pueblos. || m. *Ling.* **4** Idioma de los celtas. Los dialectos célticos que hoy perviven son el gaélico, el galés y el bretón.

Hist. y *Etnol.* Los orígenes celtas se desarrollaron en la cultura de *Hallstatt,* entre el Rhin y el Danubio. Entre el 2000 y el 1700 a. C. comenzaron los primeros movimientos migratorios, que llegaron a la Galia y a Gran Bretaña. La cultura de *La Tène,* en el siglo VI a. C., representa el auge y expansión de su civilización. Ocuparon la región de la Champagne y el valle del Ródano, dominando así toda la Galia, penetraron en la península Ibérica, y más tarde llegaron hasta los reinos helenísticos y Rusia meridional. En el siglo III a. C., la dominación celta abarcaba desde Gran Bretaña y la península Ibérica, por el O, hasta los Balcanes, por el E. En los siglos II y I a. C. comenzaron a edificar castros fortificados, que los romanos llamaron *oppida.* Los pueblos celtas se vieron presionados al S por Roma, y al NE por los pueblos germánicos, que habiendo ocupado la zona entre el Rhin y el Danubio, sometieron a los celtas que permanecían fuera de la dominación romana. A partir del siglo VI a. C. la presencia celta en la península Ibérica se documenta por los hallazgos arqueológicos y por las fuentes clásicas. La cultura celta tuvo aquí una especial evolución, coetánea de la de *La Tène,* que ha sido llamada *poshallstáttica.* Se conocen diferentes tribus, y en la parte oriental de la península se mezclaron con los íberos, dando origen a los celtíberos. La estructura social celta se basaba en la tribu, compuesta por varios clanes y familias con sus clientelas, que formaban los ejércitos tribales. Fueron hábiles trabajadores de la madera, la metalurgia, la tonelería y el arte de construir carros. Practicaban una religión animista y de culto a la Naturaleza, con una clase sacerdotal cuyos miembros se llamaban druidas. Se asentaron en poblados, más tarde ciudades, situados en lugares de fácil defensa. Desarrollaron un arte caracterizado por la abstracción curvilínea y los temas animalísticos muy estilizados, con manifestaciones en la escultura (santuarios de Entremont y Roqueperteuse, dioses de Euffigneux y de Bouray), la cerámica, la metalurgia, etc.

CELTIBERIA *Geog. hist.* Región histórica que abarcaba las actuales provincias de Zaragoza, Teruel, Soria, Cuenca y Guadalajara. En época romana se dividió en *Celtiberia citerior* y *ulterior.*

CELTIBÉRICO, CA adj. **1** CELTÍBERO. También s. **2** Relativo a los celtíberos o a Celtiberia.

CELTÍBERO, RA O **CELTIBERO, RA** adj. y s. *Hist.* y *Etnol.* Se dice del individuo de un pueblo hispánico, prerromano, fruto de la unión entre tribus CELTAS e IBERAS, establecido en la CELTIBERIA. Las principales tribus celtíberas que se conocen son los *arévacos,* emparentados con los vacceos, que se extendieron por el alto Duero y fueron los habitantes de Numancia; los *pelendones,* que habitaban las montañas del sistema Ibérico en el alto Duero; los *bellos* y *littos,* que ocupaban el valle del Jalón hacia el S; y los *lusones,* asentados en la confluencia de los ríos Jalón y Jiloca, que fueron los primeros en tener contacto con los romanos y en someterse.

CÉLTICA *Hist.* División de la antigua Galia, que se extendía entre el Sena y el Garona.

CÉLTICO, CA adj. **1** Perteneciente a los celtas. **2** *Hist.* y *Etnol.* Se dice de ciertos pueblos que en la Antigüedad se establecieron en el sur de Lusitania y norte de la Bética en territorios que hoy corresponderían al sur de Portugal y a parte de las provincias de Badajoz, Sevilla y Córdoba. || adj. y s. **3** Se aplica a los individuos que componían estos pueblos.

CELTÍDEO, A adj. *Bot.* ULMÁCEO.

CELTISMO m. **1** *Ling.* Doctrina que supone a la lengua céltica como el origen de la mayoría de las modernas. **2** Amor al estudio de lo relativo a los celtas.

CELTISTA com. Persona que cultiva la lengua y literatura célticas.

CELTOHISPÁNICO, CA O **CELTOHISPANO, NA** adj. Se dice de los restos de la cultura céltica en España.

CELTOLATINO, NA adj. *Ling.* Se dice de las palabras de origen céltico incorporadas al latín.

CÉLULA f. **1** Pequeña celda o cavidad. **2** *Biol.* Unidad elemental, anatómica y funcional de los seres vivos. [**Encic.**] **3** *Fís.* Unidad de reactividad homogénea en el núcleo de un reactor nuclear. **4** Grupo reducido de personas que funciona de modo independiente dentro de una organización política, religiosa, etc. || **CÉLULA ANIMAL** *Biol.* La que está limitada por una membrana plasmática y se caracteriza por la presencia de lisosomas, citocentro y abundantes mitocondrias. Contiene colesterol y carece de plastos. || **CÉLULA FOTOELÉCTRICA** *Fís.* Dispositivo que transforma las variaciones de intensidad de la luz que incide sobre un cátodo, en variaciones de intensidad de una corriente eléctrica. || **CÉLULA VEGETAL** *Bot.* La que además de membrana plasmática, posee una pared celular. Se caracteriza por la presencia de plastos y grandes vacuolas que contienen las sustancias de reserva, y la ausencia de lisosomas y citocentro.

Biol. De tamaño generalmente microscópico, la célula se compone de una membrana que envuelve el citoplasma, en el cual se incluye el núcleo. En el citoplasma se encuentran diversos orgánulos, como mitocondrias, ribosomas, retículo endoplásmico, aparato de Golgi, centrosoma o citocentro y lisosomas. En el núcleo se pueden distinguir la membrana nuclear, la cromatina y el nucleolo. Por su parte, la célula vegetal presenta además una pared celular, rígida o semirrígida, que rodea la membrana, y en el citoplasma, numerosos plastos y grandes vacuolas. En cuanto a las principales funciones de la célula hay que distinguir tres: de nutrición, relación y reproducción. La primera consiste en la captura de nutrientes del medio externo y su posterior transformación en sustancias constituyentes de la propia célula. Durante este proceso se libera energía y se generan sustancias de desecho que es necesario eliminar. En todos los casos, la energía se almacena en la célula en forma de compuestos químicos, generalmente glucosa; parte de ella se libera durante los procesos respiratorios y otra parte se emplea en las reacciones metabólicas que lo precisen. Las funciones de relación permiten la comunicación de la célula con el medio y con otras células por medio del movimiento y de la irritabilidad o excitabilidad. El primero trae consigo un desplazamiento o simplemente una deformación del cuerpo celular. La irritabilidad o excitabilidad se manifiesta de muy diversas formas, siempre dependientes del tipo de cambio físico-químico que haya tenido lugar en el

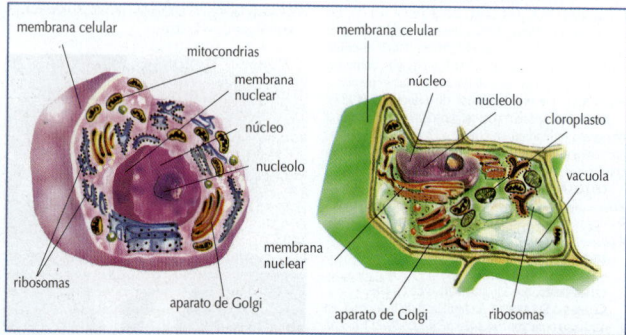

célula. Estructura de las células animal (izquierda) y vegetal (derecha).

medio. La función de reproducción es la propiedad de originar seres vivos semejantes a quien los produce. La reproducción puede efectuarse sexual o asexualmente, dependiendo de la formación o no de células especiales que intercambien su material genético.

celulado, da adj. *Biol.* Provisto de células o dispuesto en forma de ellas.

celular adj. **1** *Biol.* Relativo a las células. **2** Se dice del establecimiento carcelario donde los reclusos están incomunicados.

celulita f. *Quím.* Pasta que se obtiene de la fibra leñosa y sustancias minerales.

celulitis f. *Pat.* Inflamación del tejido celular, especialmente del tejido adiposo subcutáneo de los muslos. ♦ Su pl. es *celulitis.*

celuloide m. **1** *Quím.* Nitrocelulosa flexible plastificada con alcohol y alcanfor. Es un material elástico y muy consistente, que puede fabricarse en hojas muy delgadas. **2** Por extensión, película cinematográfica, ya que antiguamente se fabricaban con este material.

celulosa f. *Quím.* Hidrato de carbono, de fórmula $(C_6H_{10}O_5)_n$, formado por una cadena lineal, no ramificada, de 2.000 a 4.000 unidades de b-D-glucosa con enlaces 1-4. Cuerpo sólido insoluble en agua, alcohol y éter. Es el constituyente principal de las paredes de las células vegetales. Este compuesto es importante en la alimentación, pues da cuerpo a las heces fecales y favorece su expulsión. Se emplea para fabricar papel, barnices, explosivos, etc. || **xantato de celulosa** *Quím.* viscosa.

cementación f. **1** Acción y efecto de cementar. **2** *Geol.* Proceso que da lugar a un precipitado o depósito en los huecos entre granos detríticos.

cementar tr. Calentar una pieza de metal en contacto con otra materia en polvo o en pasta, para modificar su composición.

cementerio m. Lugar destinado a enterrar cadáveres.

cementero, ra adj. **1** Relativo al cemento. || f. **2** Fábrica de cemento.

cemento m. **1** *Tecnol.* Mezcla de arcilla molida con materiales calcáreos que en contacto con el agua se solidifica y endurece. Se utiliza para unir los elementos de la construcción. **2** *Biol.* Tejido calcificado que cubre el marfil en la raíz de los dientes. || **cemento aluminoso** Cemento elaborado con bauxita y caliza o cal, de rápido endurecimiento y gran resistencia. Puede degradarse en el proceso de aluminosis. || **cemento armado** hormigón armado. || **cemento de Portland** El hidráulico, así llamado por su color semejante al de la piedra de Portland.

cemita f. *Nic.* y *Salv.* Pastel de pan de salvado relleno de dulce, hecho con alguna fruta.

cempoal m. *Bot. Méx.* Clavel de las Indias.

Cempoala Antiguo poblado de México y centro ceremonial en el Estado de Veracruz, cuyo cacique se alió con Hernán Cortés contra Moctezuma (1520) en la conquista de México. Importante centro arqueológico de la cultura totoneca.

cen-; -cen- pref. o in. ceno-, común.

-cen- in. ceno-, vacío.

cena f. **1** Última comida del día, que se hace al atardecer o por la noche. **2** Acción de cenar. **3** Por antonomasia, última cena de Cristo con sus apóstoles.

cenacho m. Espuerta de esparto o palma para llevar carne, pescado, etc.

cenacle m. *Bot. Méx.* Mazorca del maíz.

cenáculo m. **1** Sala en que Cristo celebró la última cena. **2** fig. Reunión de literatos o artistas.

cenador, ra adj. y s. **1** Que cena. || m. *Bot.* **2** En los jardines, lugar, generalmente de planta circular, cercado de plantas.

cenaduría f. *Méx.* Fonda o figón.

cenagal m. **1** *Ecol.* pantano, lugar cenagoso. **2** fig. y fam. Asunto de difícil salida, apuro.

cenagoso, sa adj. *Ecol.* Lleno de cieno.

cenar intr. **1** Tomar la cena. || tr. **2** Comer en la cena tal o cual cosa.

cenata f. *Col.* Cena copiosa y alegre.

cenca f. *Zool. Perú* Cresta de las aves.

cencapa f. *Perú* Jáquima que se pone a la llama.

cenceño, ña adj. Delgado o enjuto.

cencerra f. cencerro.

cencerrada f. fam. Ruido desapacible que se hace con cencerros, cuernos, etc.

cencerrear intr. **1** Tocar o sonar insistentemente cencerros. **2** fig. y fam. Tocar un instrumento destemplado o tocarlo mal. **3** fig. y fam. Hacer ruido desapacible las aldabas, cerrojos, puertas, etc.

cencerreo m. Acción y efecto de cencerrear.

cencerro m. Campana pequeña que se ata al pescuezo de las reses. || **estar como un cencerro** fr. fig. y fam. Estar loco o chiflado.

cencerrón m. *Bot.* redrojo, racimo.

cencha f. Traviesa en la que se fijan los pies de las butacas, camas, etc.

Cenci *Geneal.* Familia romana que pretendía descender del tirano Crescencio. Entre sus miembros figuran el papa Juan X, los antipapas Bonifacio VI y Juan XIV y Beatriz Cenci, llamada la *Hermosa parricida* (?, 1577 - ?, 1599), que fue violada por su padre Francesco, a quien posteriormente hizo matar.

cencido, da adj. Se dice de la hierba, dehesa o terreno, antes de ser segado.

cenco m. *Zool.* Reptil ofidio de América.

cencuate m. *Zool. Méx.* Culebra venenosa.

cendal m. **1** Tela de seda o lino delgada y transparente. **2** humeral, paño litúrgico. **3** *Zool.* Barbas de la pluma. || m. pl. **4** Algodones que se ponen en el fondo del tintero.

Cendé Páramos de Venezuela en la cordillera de Mérida, entre los Estados de Lara y Trujillo; 3.630 m de altura.

cendra o **cendrada** f. Pasta de ceniza de huesos con que se preparan las copelas para afinar el oro y la plata.

cendradilla f. *Met.* Horno pequeño de afinación para metales ricos.

cendrar tr. acendrar.

Cendrars, Blaise (Frédéric Sauser Halle, llamado) Escritor francés de origen suizo (La Chaux-de-Fonds, 1887 - París, 1961). Precursor de los surrealistas, escribió las novelas *Moravagine* (1926), *La vida peligrosa* (1938) y *El hombre fulminado* (1945).

cendrazo m. *Ling.* Parte de la copela que se arranca con los pallones de la plata.

cenefa f. **1** Banda de adorno sobrepuesta o tejida en los bordes de las cortinas, doseles, etc. **2** Dibujo de ornamentación de los muros, pavimentos y techos. **3** *Mar.* Madero grueso que rodea una cofa.

cenema m. *Ling.* En glosemática, unidades mínimas del plano de la expresión.

cenematema m. *Ling.* En glosemática, conjunto de cenemas y prosodemas.

cenemática f. *Ling.* **1** Ciencia que tiene por objeto el estudio de los cenematemas. Se divide en prosedémica y cenémica. **2** En glosemática, plano de la expresión o del significante.

cenémica f. *Ling.* Parte de la cenemática que estudia los cenemas.

cenestesia f. *Psicol.* Conjunto de sensaciones indiferenciadas, independientes de los sentidos, por las que el individuo tiene conciencia de la existencia del propio cuerpo y de su estado.

cenestésico, ca adj. Relativo a la cenestesia.

cenete adj. *Etnol.* e *Hist.* **1** Se dice del individuo de la tribu berberisca de Zeneta, una de las más antiguas de África septentrional. Más como com. y en pl. **2** Perteneciente a esta tribu.

cenhegí adj. *Etnol.* e *Hist.* **1** Se dice del individuo de la tribu berberisca de Zanhaga, en el N de África, de la que procedían los almorávides. Más como com. y en pl. **2** Perteneciente a esta tribu.

cení m. Latón o azófar fino.

Cenia *(La Sènia)* Municipio y lugar de España, provincia de Tarragona; 5.057 h.

cenicero m. **1** Sitio del hogar donde se recoge la ceniza. **2** Platillo donde se deja la ceniza y los residuos del cigarro.

Cenicero Municipio y ciudad de España, provincia de La Rioja; 2.126 h. Producción de vinos.

cenícero m. *Bot. Amér. m.* cenízaro.

cenicienta f. Persona o cosa injustamente postergada o despreciada.

ceniciento, ta adj. De color de ceniza.

cenicilla f. *Bot.* oídio.

Cenis *(Cenisio)* Monte de los Alpes, atravesado por el túnel de su nombre, que une Modane, Francia, con Bardonnecchia, Italia, abierto en 1871.

cenismo m. *Ling.* Mezcla de dialectos o lenguas en un mismo texto.

cenit m. *Astron.* El punto más alto del hemisferio celeste, superior al horizonte, que corresponde verticalmente a un lugar de la Tierra.

cenital adj. *Astron.* Relativo al cenit.

ceniza f. **1** *Bot.* oídio. **2** *Geol.* Piroclasto de tamaño inferior a 2 mm. **3** *Quím.* Polvo de color gris que queda después de una combustión completa. **4** fig. Residuos de un cadáver. Más en pl.

Ceniza, Bocas de Desembocadura del río Magdalena en el Caribe, a la entrada del puerto de Barranquilla (Colombia).

cenizal m. cenicero, sitio del hogar.

cenízaro m. *Bot. C. Rica* Árbol perteneciente a la familia mimosáceas, de nombre científico *Pithecellobium inga,* originario de América tropical.

cenizo, za adj. **1** De color de ceniza. || m. **2** *Bot.* Planta herbácea silvestre, perteneciente a la familia quenopodiáceas, de nombre científico *Chenopodium album.* Aunque se considera una mala hierba, puede consumirse como verdura. **3** *Bot.* oídio. **4** fam. Aguafiestas, persona de mala suerte.

centaura

cenizoso, sa adj. **1** Que tiene ceniza. **2** Cubierto de ceniza. **3** De color de ceniza.

ceno-, cen-; -cen-; -ceno prefs., in. o suf. que significan común: *biocenosis.*

ceno-; -cen- pref. o in. que significan vacío: *hipercenosis.*

ceno-; -ceno pref. o suf. que significan nuevo: *plioceno.*

cenobial adj. Perteneciente al cenobio.

cenobio m. monasterio.

cenobita com. Persona que profesa la vida monástica.

cenotafio m. Monumento funerario en el cual no está el cadáver del personaje a quien se dedica.

cenote m. *Amér.* Depósito de agua a gran profundidad. Entre los mayas yucatecos tenía un carácter sagrado porque realizaban en ellos sacrificios a los dioses del agua. El más famoso es el de Chichén Itzá, donde, al dragarlo, se han encontrado importantes tesoros y restos arqueológicos.

cenotipo m. *Biol.* Organismo que tiene la estructura característica del grupo al que pertenece.

cenozoico, ca adj. y m. *Geol.* Se dice de lo perteneciente a la tercera era geológica del eón fanerozoico, que comprende los periodos terciario y cuaternario, los más recientes o próximos al actual. Su antigüedad es de 65 millones de años. Comprende las épocas paleoceno, eoceno, oligoceno, mioceno, plioceno, pleistoceno y holoceno.

censal adj. **1** censual. || m. **2** censo, contrato.

censar tr. **1** Incluir o registrar en el censo. || intr. **2** Hacer el censo o empadronamiento.

censatario m. El obligado a pagar los réditos de un censo.

censo m. **1** *Hist.* Padrón o lista que los censores romanos hacían de las personas y haciendas. **2** *Geog.* Padrón o lista de la población o riqueza de una nación o pueblo. **3** *Der.* Contrato por el cual se sujeta un inmueble al pago de una pensión anual. || **censo electoral** Registro general de ciudadanos con derecho de sufragio activo.

censor m. **1** *Hist.* Magistrado de la república romana encargado del censo. **2** En determinados gobiernos, funcionario encargado de revisar todo tipo de publicaciones, películas, informativos, mensajes publicitarios, etc., y de proponer, en su caso, que se modifiquen o prohíban. **3** En las academias, individuo encargado de velar por la observancia de estatutos y reglamentos.

censorio, ria adj. Relativo al censor o a la censura.

censual adj. Perteneciente al censo.

censualista com. Persona que percibe los réditos de un censo.

censura f. **1** *Hist.* Entre los antiguos romanos, oficio y dignidad de censor. **2** Dictamen y juicio de una obra o escrito. **3** Nota, corrección o reprobación de alguna cosa. **4** Murmuración, detracción. **5** Intervención que ejerce el censor gubernativo en las comunicaciones de carácter público. **6** *Der. can.* pena canónica.

censurable adj. Digno de censura.

censurador, ra adj. y s. Que censura.

censurar tr. **1** Formar juicio de una obra u otra cosa. **2** Corregir, reprobar por mala alguna cosa. **3** Murmurar, vituperar.

cent-; -centesis pref. o suf. que significan punta, punzada, etc.

centaura o **centaurea** f. *Bot.* Nombre común de diversas plantas perennes de la familia compuestas, género *Centaurea.*

centaurina f. *Quím.* Sustancia de ciertas plantas amargas.

CENTAURO m. *Mit.* Monstruo fabuloso, con tronco de hombre y cuerpo de caballo.

CENTAURO *Astron.* Constelación austral, situada al occidente del Lobo y debajo de Virgo.

CENTAVO, VA adj. **1** *Mat.* CENTÉSIMO, cada una de las cien partes de un todo. También m. **2** Moneda americana de bronce, cobre o níquel, que vale un céntimo.

CENTCELLES *Arquit.* Mausoleo romano cristiano (siglo IV), situado en el término municipal de Constantí (Tarragona).

CENTELLA f. **1** RAYO, chispa eléctrica. **2** Chispa que salta del pedernal. **3** Persona o cosa muy rápida. **4** *Bot. Chile* RANÚNCULO.

CENTELLAR intr. CENTELLEAR.

CENTELLEAR intr. Despedir centellas.

CENTELLEO m. **1** Acción y efecto de centellear. **2** *Astron.* Movimiento de vibración de las estrellas observado, sobre todo, en la proximidad del horizonte. **3** *Astron.* RADIOCENTELLEO.

CENTÉN m. *Num.* Moneda española de oro que valía cien reales.

CENTENA o **CENTENADA** f. Conjunto de cien unidades.

CENTENAL m. **1** CENTENAR. **2** *Agr.* Sitio sembrado de centeno.

CENTENAR m. **1** *Mat.* CENTENA. **2** *Agr.* CENTENAL.

CENTENARIO, RIA adj. **1** Perteneciente a la centena. **2** Que tiene cien años de edad. También s. || m. **3** Tiempo de cien años. **4** Día en que se cumplen una o más centenas de años de algún acontecimiento. **5** Fiesta que se celebra con este motivo.

CENTENILLA f. *Bot. Amér.* Género de plantas de la familia primuláceas, originarias de América.

CENTENO[1] m. *Bot.* Planta herbácea perteneciente a la familia gramíneas, de nombre científico *Secale cereale.* Muy parecida al trigo, pero con los granos de figura oblonga.

CENTENO[2], **NA** adj. CENTÉSIMO, ordinal.

CENTESIMAL adj. Se dice de cada uno de los números del uno al noventa y nueve inclusive.

CENTÉSIMO, MA adj. **1** Que sigue inmediatamente en orden al 99 o a lo nonagésimo nono. **2** Se dice de cada una de las cien partes iguales en que se divide un todo. También s. **3** Unidad decimal de denominador 100.

-CENTESIS suf. CENT-, punta.

CENTI- pref. que significa la centésima parte de un todo.

CENTIÁREA f. *Mat.* Medida de superficie que equivale a la centésima parte de un área, es decir, un metro cuadrado. Símbolo, *ca.*

CENTÍGRADO, DA adj. *Metrol.* **1** GRADO CENTÍGRADO. **2** Se dice de la escala en grados centígrados o celsius.

CENTÍGRAMO m. Medida de peso que equivale a la centésima parte de un gramo. Símbolo, *cg.*

CENTIL m. *Mat.* En estadística, cada uno de los 99 valores ponderados al medir una distribución en cien partes iguales de frecuencia.

CENTILA f. *Metrol.* Unidad que equivale a una centésima parte de un conjunto de datos ordenados.

CENTILITRO m. *Metrol.* Medida de capacidad que equivale a la centésima parte de un litro. Símbolo, *cl.*

CENTILLERO m. Candelabro de siete luces.

CENTÍMETRO m. *Metrol.* Medida de longitud que equivale a la centésima parte de un metro. Símbolo, *cm.* || **CENTÍMETRO CUADRADO** *Metrol.* Medida de superficie que equivale a un cuadrado de 1 cm de lado. Símbolo, cm^2. || **CENTÍMETRO CÚBICO** *Metrol.* Medida de volumen que equivale a un cubo que tiene 1 cm de arista. Símbolos, cm^3 y *cc.*

CÉNTIMO, MA adj. **1** CENTÉSIMO, cada una de las cien partes de un todo. || m. **2** Moneda que vale la centésima parte de la unidad monetaria.

CENTINELA amb. **1** Soldado que vigila un puesto. **2** fig. Persona que observa o vigila alguna cosa.

CENTINODIA f. *Bot.* Planta de la familia poligonáceas.

CENTIPLICADO, DA adj. Que está centuplicado.

CENTOLLA o **CENTOLA** f. *Zool.* Crustáceo decápodo marino, perteneciente a la familia máyidos, de nombre científico *Maja squinado.*

CENTOLLO m. *Zool.* CENTOLLA.

CENTÓN m. **1** Manta hecha de piececitas de distintos colores. **2** *Lit.* Obra literaria compuesta de fragmentos y expresiones ajenas.

CENTR- pref. CENTRO-.

CENTRADO, DA adj. *Geom.* Se dice de lo que tiene su centro en la posición que debe ocupar.

CENTRAL adj. **1** Perteneciente al centro. **2** Que está en el centro o entre dos extremos. **3** Esencial, importante. || m. *Dep.* **4** En fútbol, jugador que ocupa la posición del centro de la defensa. || f. **5** Oficina donde están centralizados varios servicios. **6** Casa o establecimiento principal de algunas empresas. **7** Instalación dedicada a la transformación de las distintas energías que existen en la naturaleza en energía útil para el hombre. **8** *Amér.* Ingenio o fábrica de azúcar. || **CENTRAL EÓLICA** *Fís.* La que aprovecha la fuerza del viento para generar electricidad. || **CENTRAL HIDROELÉCTRICA** *Fís.* La que aprovecha la energía cinética de una masa de agua que cae desde cierta altura, para generar electricidad. || **CENTRAL MAREMOTRIZ** *Fís.* La que aprovecha el desnivel del agua producido por las mareas para generar electricidad. || **CENTRAL NUCLEAR** *Fís.* Instalación térmica que utiliza como fuente de calor el generado en la fisión de elementos químicos radiactivos. || **CENTRAL SINDICAL** SINDICATO. || **CENTRAL SOLAR** *Fís.* La que aprovecha la radiación del Sol para generar electricidad. También denominada *central heliotérmica.* || **CENTRAL TÉRMICA** *Fís.* La que utiliza como fuente de calor el generado en la combustión del carbón, un combustible nuclear o de cualquier otro tipo.

CENTRAL Departamento de Paraguay, en la región Oriental; 2.582 km^2 y 1.724.272 h. Capital, Asunción.

CENTRAL, CORDILLERA Cadena andina de Colombia, que parte del nudo de Pasto hasta el departamento de Antioquia.

CENTRAL, CORDILLERA Cadena volcánica del NO de Costa Rica.

CENTRAL, CORDILLERA Sistema montañoso de Puerto Rico, que se extiende de E a O de la isla. Su punto culminante es Cerro Punta (1.338 m).

CENTRAL, SISTEMA Cordillera de España, que se extiende de NE a SO y divide en dos partes la meseta Central: la submeseta del Norte, o de Castilla y León, y la del Sur, o de Castilla-La Mancha y Extremadura. Algunos de sus macizos más importantes son: la sierra de Gata, Gredos, Somosierra y Guadarrama.

CENTRAL o **CIBAO, CORDILLERA** Cadena montañosa que se extiende desde el NO de Haití hasta el SE de la República Dominicana. Su cumbre máxima es el pico Duarte (3.175 m).

CENTRAL, ZONA Región de El Salvador, dividida en los departamentos de Cabañas, Chalatenango, Cuscatlán, La Libertad, La Paz, San Salvador y San Vicente; 8.824 km^2 y 2.909.157 h.

CENTRALISMO m. *Polít.* Doctrina política partidaria de concentrar la acción política y administrativa de un país en un poder central.

CENTRALISTA adj. y com. **1** Partidario de la centralización política o administrativa de un país. || com. **2** Encargado de una red de comunicaciones. **3** *P. Rico.* Dueño de una central azucarera.

CENTRALITA f. **1** Aparato que conecta una o varias líneas telefónicas. **2** Lugar en el que está instalado este aparato.

CENTRALIZACIÓN f. Acción y efecto de centralizar o centralizarse.

CENTRALIZADOR, RA adj. Que centraliza.

CENTRALIZAR tr. **1** Reunir varias cosas en un centro común. También prnl. **2** Asumir el poder público facultades atribuidas a organismos locales.

CENTRAR tr. **1** Determinar el punto céntrico de una cosa. **2** Colocar una cosa de modo que su centro coincida con el de otra. **3** Hacer que se reúnan en el lugar conveniente proyectiles, rayos luminosos, etc. **4** *Dep.* En el fútbol, lanzar un jugador el balón hacia la parte central próxima a la portería contraria, o desplazarlo para hacerlo llegar a un compañero.

CENTRARCO m. *Zool. Amér.* PERCA.

CENTRE Departamento de Haití; 3.675 km^2 y 490.790 h. Capital, Hinche.

CENTRI- pref. CENTRO-.

CÉNTRICO, CA adj. Que pertenece al centro o está en él.

CENTRIFUGACIÓN f. Acción de centrifugar.

CENTRIFUGADOR, RA adj. y s. Que centrifuga.

CENTRIFUGAR tr. **1** *Fís.* Separar, mediante la acción de la fuerza centrífuga, los componentes de una masa o mezcla, según sus distintas densidades. **2** Escurrir la ropa por medio de la centrifugación.

CENTRÍFUGO, GA adj. **1** Que aleja del centro. **2** FUERZA CENTRÍFUGA.

CENTRINA f. *Zool.* MIELGA[2], pez selacio.

CENTRÍOLO o **CENTRIOLO** m. *Biol.* Corpúsculo central del centrosoma. Se sitúa normalmente cerca del núcleo en interfase y en los polos del huso cromático durante la mitosis.

CENTRÍPETO, TA adj. **1** Que atrae, dirige o impele hacia el centro. **2** FUERZA CENTRÍPETA.

CENTRIS m. *Zool. Amér. m.* Insecto himenóptero de América del Sur.

CENTRISCO m. *Zool.* TROMPETERO, pez.

CENTRISTA adj. y com. *Polít.* Partidario de una política de centro.

CENTRO m. **1** *Geom.* Punto situado en el interior del círculo y del cual equidistan todos los de la circunferencia. **2** *Geom.* Punto situado en el interior de la esfera y del cual equidistan todos los puntos de la superficie esférica. **3** *Geom.* En los polígonos y poliedros regulares, punto en que todas las diagonales que pasan por él quedan divididas en dos partes iguales. **4** Lo que está en medio o más alejado de los límites, extremos, etc. **5** Lugar de donde parten o donde convergen acciones particulares coordenadas. **6** Institución educativa, científica, social, etc. **7** Parte central de una ciudad. **8** Lugar en que se desarrolla más intensamente una actividad determinada. **9** *Polít.* Tendencia o espacio político en el que se sitúan los partidos cuya ideología es intermedia entre la derecha y la izquierda. **10** *Dep.* En el fútbol, acción y efecto de centrar. **11** *Cuba* Saya que se trasluce debajo de otra ropa. **12** *Ecuad.* Traje de bayeta que usan las mestizas y las indias. || **CENTRO DE GRAVEDAD** *Fís.* Punto en donde, aplicando una sola fuerza vertical, se podrían equilibrar todas las de la gravedad que actúan sobre un cuerpo. || **CENTRO NERVIOSO** *Anat.* Parte del sistema nervioso donde se integran los impulsos nerviosos y se originan las respuestas sensitivas correspondientes.

CENTRO-, CENTR-, CENTRI- prefs. que significan centro, aguijón, punto.

CENTRO Región de Argentina, que comprende las provincias de Córdoba, La Pampa y San Luis; 385.509 km^2 y 3.515.957 h.

CENTRO Región central de Francia, regada por el curso medio del Loira, que comprende los departamentos de Cher, Eure-et-Loir, Indre, Indre-et-Loire, Loir-et-Cher y Loiret; 39.151 km^2 y 2.440.329 h. Capital, Orleans.

CENTRO Región de México, que comprende diez Estados además del Distrito Federal; 274.906 km^2 y 46.860.564 h.

CENTRO AMÉRICA o **CENTROAMÉRICA** Nombre con que también se conoce *América Central.* (Véase AMÉRICA.)

CENTRO DE AMÉRICA, PROVINCIAS UNIDAS DEL PROVINCIAS UNIDAS DEL CENTRO DE AMÉRICA.

CENTRO-SUR Provincia de Guinea Ecuatorial; 9.931 km^2 y 55.970 h. Capital, Evinayong.

CENTROAFRICANA, REPÚBLICA *(République Centrafricaine)* Estado de África central. Limita al N, con Chad; al E, con Sudán; al S, con la República Democrática del Congo y Congo, y al O, con Camerún.

GEOG. El relieve está constituido por una meseta muy erosionada y de poca altura, que sólo se eleva a 1.400 m al E, en macizos aislados. Está regado por dos ríos importantes: el Chari y el Ubangui. La vegetación es propia de un clima tropical y ecuatorial. Se distinguen dos regiones claramente diferenciadas: la parte sudoccidental, cubierta por selva ecuatorial, y el resto por la sabana. Su economía está basada en una agricultura de subsistencia (café, mandioca, mijo, cacahuetes y plátanos), en la explotación forestal y en la exportación de diamantes. Cuenta también con reservas de uranio y de hierro.

HIST. Durante varios siglos el país fue asolado por la caza de esclavos, que se intensificó en el siglo XIX. Los franceses iniciaron en 1885 la conquista del territorio y crearon la colonia de *Ubangui-Chari,* que se integró en el África Ecuatorial Francesa en 1910. Fue en

Superficie: 622.436 km^2.
Población: 3.513.000 h. *(centroafricanos).*
Densidad: 5,6 h./km^2.
Tasa de natalidad: 38‰.
Tasa de mortalidad: 18,3‰.
Capital: Bangui.
Ciudades principales: Bambari, Bouar, Bérbérati.
Grupos étnicos: banda (23,4%), baya (23,7%), ngbandi (10,6%), azande, sara y otros.
Religión: protestantismo (25%), catolicismo (28%), animismo y creencias tradicionales (24%), islamismo (15%).
Idioma: francés (oficial), sango (nacional) y dialectos sudaneses.
Moneda: franco CFA.
Forma de Estado: república.
Producto Nacional Bruto: 1.053 millones de dólares.
Renta per cápita: 300 dólares.
División administrativa: 17 prefecturas, según cuadro.

REPÚBLICA CENTROAFRICANA

Prefecturas	Superficie (km²)	Población (h.)	Capitales
Bamingui-Bangoran	58.200	28.643	Ndélé
Bangui (capital)	67	451.690	
Basse-Kotto	17.604	194.750	Mobaye
Haute-Kotto	86.650	58.838	Bria
Haut-M'Bomou	55.530	27.113	Obo
Kemo	17.204	82.884	Sibut
Lobaye	19.235	169.554	Mbaïki
M'Bomou	61.150	119.252	Bangassou
Nana-Mambéré	26.600	191.970	Bouar
Ombella-Mpoko	31.835	180.857	Bimbo
Ouaka	49.900	208.332	Bambari
Ouham	50.250	262.950	Bossangoa
Ouham-Pendé	32.100	287.653	Bozoum
Sangha-Mbaeré	19.412	65.961	Nola
Vakaga	46.500	32.118	Birao

1958 cuando se convirtió en república autónoma y tomó el nombre de República Centroafricana. Obtuvo la independencia en 1960, con David Dacko como presidente. Dacko fue derrocado en 1966 por Jean Bedel Bokassa, que ocupó la presidencia hasta 1976, en que se proclamó emperador. Bokassa fue depuesto en 1979 por un nuevo golpe de Estado que reinstauró la república, y Dacko ocupó de nuevo la presidencia. Aunque fue confirmado en las elecciones de 1981, la fuerte oposición política a su gobierno desembocó ese año en un golpe de Estado encabezado por el general André Kolingba, que le sustituyó en la presidencia. En 1986 entró en vigor una nueva constitución que instauraba un régimen de partido único. En 1990 se creó un gobierno de unidad nacional para convocar elecciones multipartidistas. Se celebraron en 1993 y en ellas se alzó con el triunfo del representante del Movimiento de Liberación del Pueblo Centroafricano, Ange-Félix Patassé. En 1996 el país se vio sacudido por una serie de motines de soldados. En 1997 se formó un gobierno de unidad nacional que logró un año después un compromiso entre las diferentes fuerzas políticas para lograr la estabilidad. En 1999 se celebraron elecciones presidenciales y legislativas, supervisadas por la ONU, en las que Patassé venció por un escaso margen al general Kolingba. En marzo de 2003, el general François Bozizé encabezó un golpe de Estado que depuso al presidente Patassé y se autoproclamó nuevo jefe de Estado.

Centroamérica, Provincias Unidas de Provincias Unidas del Centro de América.

centroamericano, na adj. y s. De América Central.

centrobárico, ca adj. *Fís.* Relativo al centro de gravedad.

centrocampista adj. y com. *Dep.* En fútbol y otros deportes, jugador que se sitúa en el centro del campo y actúa como enlace entre la defensa y la delantera.

centroderecha m. *Polít.* Tendencia o espacio político en el que se sitúan los partidos cuya ideología combina la del centro y la de la derecha.

centroeuropeo, a adj. Se dice de los países de Europa central y de lo perteneciente a ellos.

centroizquierda *Polít.* Tendencia o espacio político en el que se sitúan los partidos cuya ideología combina la del centro y la de la izquierda.

centrómero m. *Biol.* Punto por donde enlazan el cromosoma y las fibras del huso durante la mitosis o división celular.

centrosfera f. *Biol.* Pequeña porción diferenciada del citoplasma que rodea el centriolo.

centunviro m. *Hist.* Cada uno de los cien ciudadanos que en la antigua Roma asistían al pretor urbano en los juicios.

centuplicar tr. **1** Hacer cien veces mayor una cosa. También prnl. **2** Multiplicar una cantidad por ciento.

céntuplo, pla adj. y m. Se dice del producto de la multiplicación por cien de una cantidad cualquiera.

centuria f. **1** siglo. **2** *Hist.* En la milicia romana, compañía de cien hombres.

centurión m. Jefe de una centuria.

cenutrio, tria adj. fam. Torpe, desmañado, estúpido. También s.

cénzalo m. *Zool.* mosquito¹, insecto díptero.

ceñido, da adj. **1** Apretado, ajustado. **2** fig. Moderado y reducido en sus gastos.

ceñidor m. Faja, cinta, correa o cordel con que se ciñe el cuerpo por la cintura.

ceñiglo m. *Bot.* cenizo, planta.

ceñir tr. **1** Rodear, ajustar o apretar la cintura, el cuerpo, el vestido u otra cosa. || prnl. **2** fig. Moderarse, limitarse, amoldarse. ♦ IRREG. Véase cuadro.

ceño m. Gesto de enfado o enojo que se hace arrugando la frente o el entrecejo.

ceñudo, da adj. **1** Que tiene ceño. **2** De aspecto amenazador.

ceo m. *Zool.* gallo, pez acantopterigio.

ceoán m. *Zool. Méx.* Ave parecida al tordo.

CEOE Siglas de Confederación Española de Organizaciones Empresariales.

Ceos Kea.

cepa f. **1** *Bot.* Tronco de la vid, del cual brotan los sarmientos, y, por extensión, toda la planta. **2** fig. Tronco de una familia. **3** *Bot. Hond.* Conjunto de varias plantas que tienen una raíz común. **4** *Méx.* Foso, hoyo casi siempre grande. || **de buena cepa** loc. adj. De calidad.

CEPAL Siglas de Comisión Económica Para América Latina.

cepeda f. *Ecol.* Terreno en el que crecen árboles que se regeneran por brotes de cepa.

Cepeda *Hist.* Cañada de Argentina, provincia de Buenos Aires, cerca de la ciudad de San Nicolás de los Arroyos, célebre por dos batallas: la librada el 1 de febrero de 1820, en la que triunfaron las fuerzas federales sobre el general Rondeau, y el 23 de octubre de 1859, donde las fuerzas de la Confederación Argentina, mandadas por Urquiza, vencieron a las de Buenos Aires, dirigidas por Mitre.

Cepeda y Ahumada, Teresa de Teresa de Jesús, Santa.

cepejón m. *Bot.* Raíz gruesa.

cepellón m. *Bot.* Pella de tierra que se deja adherida a las raíces de las vegetales para trasplantarlos.

cepillar tr. **1** Alisar la madera o los metales con cepillo. **2** Limpiar el polvo con un cepillo. **3** fig. y fam. Pulir, alisar una cosa; instruir a alguien.

cepillo m. **1** Arquilla para recoger donativos; cerrada con llave, va provista de una ranura para echar monedas. **2** Instrumento para cepillar o labrar maderas. **3** Instrumento para quitar el polvo a la ropa, peinarse, etc.

cepita f. *Miner.* Especie de ágata formada de capas concéntricas, como una cebolla.

cepo m. **1** Madero grueso en que se fijan el yunque, tornillos y otros instrumentos de herreros, cerrajeros y operarios de otros oficios. **2** Maderos con unos agujeros que fijaban cabeza y pies del reo. **3** Trampa para cazar lobos u otros animales. **4** Dispositivo para sujetar o aprisionar algo. **5** Trampa, engaño.

cepola f. *Zool.* Pez teleósteo fisóstomo, del género *Cepola*, que vive en el Mediterráneo y en el Atlántico.

ceporro m. **1** Cepa vieja que se arranca para la lumbre. **2** fig. Persona torpe de entendimiento.

-ceptor suf. que significa el que capta o coge: receptor.

cequí m. *Num.* Moneda antigua de oro acuñada en varios Estados de Europa y que se admitió en África. ♦ Su pl. es *cequíes* o *cequís*.

cer- o **quer-** pref. cero-.

cera f. *Zool.* Sustancia sólida y plástica, de color blanquecino o amarillo, que segregan las abejas para formar las celdillas de los panales. Se emplea en la fabricación y para otros fines. || **cera virgen** *Zool.* Entre cirineros, la que no está aún melada. || **no hay más cera que la que arde** expr. fig. y fam. con que se nota que uno no tiene más que lo que se ve de aquella especie de que se trata.

cera- o **quera-**; **-cera-**; **-cera** pref., in. o suf. cero-.

-cerado suf. cero-.

cerafolio m. *Bot.* perifollo, planta.

ceragallo m. *Bot. C. Rica* Planta herbácea de la familia lobeliáceas, con flores rojas y amarillas.

Ceram Isla de Indonesia, en las Molucas; 17.150 km².

cerámica f. **1** Arte de fabricar vasijas y otros objetos de barro, loza o porcelana. **2** Conjunto de estos objetos. **3** Conocimiento científico de ellos desde el punto de vista arqueológico.

CEÑIR

INDICATIVO
Pres.: ciño, ciñes, ciñe, ceñimos, ceñís, ciñen.
Pret. imperf.: ceñía, ceñías, etc.
Pret. indef.: ceñí, ceñiste, ciñó, ceñimos, ceñisteis, ciñeron.
Fut. imperf.: ceñiré, ceñirás, etc.
Condic.: ceñiría, ceñirías, etc.
SUBJUNTIVO
Pres.: ciña, ciñas, etc.
Pret. imperf.: ciñera, ciñeras, etc., o ciñese, ciñeses, etc.
Fut. imperf.: ciñere, ciñeres, etc.
IMPERATIVO: ciñe, ceñid.
PARTICIPIO: ceñido.
GERUNDIO: ciñendo.

cerceta. 1. Macho. 2. Hembra.

CERAMITA f. 1 *Geol.* Especie de piedra preciosa. 2 Ladrillo de resistencia superior a la del granito.
CERAPIO m. En el lenguaje estudiantil, cero en las calificaciones.
-CERAS suf. CERO-.
CERASITA f. *Miner.* Mineral silicato de alúmina y magnesia.
CERASTA f. *Zool.* Reptil ofidio de la familia vipéridos, de nombre científico *Cerastes cerastes*, que tiene una especie de cuernecillos encima de los ojos.
CERÁSTIDE m. *Zool.* Insecto lepidóptero noc-turno.
CERAT- o **QUERAT-**; **-CERAT-** o **-QUERAT-** pref. o in. CERO-.
CERATE m. Pesa usada antiguamente en España.
CERATIAS f. *Astron.* Cometa de dos colas.
CERATO m. *Farm.* Composición que tiene por base una mezcla de cera y aceite, y se diferencia del ungüento en no contener resinas.
CERATO- o **QUERATO-**; **-CERATO** o suf. CERATO-.
CERAUNOMANCIA o **CERAUNOMANCÍA** f. Adivinación por medio de las tempestades.
CERAUNÓMETRO m. *Fís.* Aparato para medir la intensidad de los relámpagos.
CERBAS m. *Bot.* Árbol muy corpulento de la India.
CERBATANA f. 1 Tubo que se usa para arrojar dardos u otras cosas, soplando por uno de sus extremos. 2 Instrumento parecido al anterior usado como arma por algunas tribus indias americanas. 3 Culebrina de muy poco calibre.
CERBÈRE *Cervera*, cabo.
CERBERO m. CANCERBERO.
CERBERO *Mit.* Perro monstruoso de tres cabezas y cola de serpiente. Era uno de los guardianes del Hades.
CERCA¹ f. Vallado, tapia o muro que se pone alrededor de algún sitio.
CERCA² adv. l. y t. Próxima o inmediatamente. Antecediendo a nombre o pronombre va seguido de la preposición *de*. || **cerca de** loc. adv. Poco menos de. || **de cerca** loc. adv. A corta distancia.
-CERCA suf. CERCO-.
CERCADO, DA m. 1 Huerto, prado u otro sitio rodeado de valla, tapia u otra cosa para su resguardo. 2 *Perú* División territorial que comprende la capital de un Estado o provincia y los pueblos que de aquélla dependen.
CERCANÍA f. 1 Calidad de cercano. 2 Lugar cercano o circundante.
CERCANO ORIENTE ORIENTE.
CERCAR tr. 1 Rodear un sitio con vallado, tapia o muro. 2 *Mil.* Poner cerco a una plaza. 3 Rodear mucha gente a una persona o cosa.
CERCARIA f. *Zool.* Larva con cola de algunos gusanos trematodos.
CERCEDA Municipio de España, provincia de La Coruña; 5.654 h. Capital, la aldea de Antemil.
CERCEDILLA Municipio y lugar de España, provincia de Madrid; 5.051 h.
CERCÉN, A loc. adv. Enteramente y en redondo.
CERCENAR tr. 1 Cortar las extremidades de algo. 2 Disminuir, limitar, restringir.
CERCERA f. *Meteor.* Cierzo fuerte.
CERCETA f. *Zool.* Nombre común de diversas aves anseriformes palmípedas, pertenecientes a la familia anátidas, género *Anas*.
CERCHA f. Listón, palo o tabla curvada.
CERCIORAR tr. y prnl. Asegurar a alguien la verdad de una cosa.
CERCO m. 1 Lo que ciñe o rodea. 2 CERCA¹, vallado, tapia o muro. 3 Asedio, sitio a una plaza fuerte. 4 HALO. 5 MARCO.
CERCO- o **-CERCO, -CERCA** pref. o sufs. que significan cola: *cisticerco*.
CERCOPITÉCIDO, DA adj. y m. *Zool.* 1 Se dice de ciertos mamíferos primates; son monos catarrinos, con brazos más cortos que las piernas y pelaje denso. Propios de las regiones cálidas del Viejo Mundo. || m. pl. *Zool.* 2 Familia de estos primates.
CERCOPITECO m. *Zool.* Nombre común de varios monos catarrinos de la familia cercopitécidos, género *Cercopithecus*. De vida arbórea, habitan el África subsahariana.
CÉRCOPO m. *Zool.* Insecto hemíptero.
CERDA f. *Biol.* Pelo grueso, duro y largo que tienen las plantas o algunos animales, como las caballerías en la cola y en la crin. También se llama así el pelo de otros animales, como el jabalí, puerco, etc., que, aunque más corto, es recio.
CERDA, INFANTES DE LA Denominación con que son conocidos los hermanos Alfonso y Fernando, hijos de Fernando de la Cerda, primogénito de Alfonso X el Sabio. Fueron despojados de sus derechos al trono por su tío Sancho IV.
CERDA, MANUEL ANTONIO DE LA Político nicaragüense (? - ?, 1828). Participó en un intento revolucionario en 1811, por lo que fue condenado a cadena perpetua en Ceuta. Una vez liberado ocupó la presidencia de Nicaragua (1825-26). Fue depuesto por Juan Argüello, quien le hizo fusilar.
CERDA Y ARAGÓN, TOMÁS ANTONIO DE LA, CONDE DE PAREDES Y MARQUÉS DE LA LAGUNA Administrador español (?, 1638 - El Puerto de Santa María, 1692). Fue virrey de Nueva España (1680-86).
CERDA SANDOVAL, GASPAR DE LA, CONDE DE GALVE Administrador español (?, 1653 - El Puerto de Santa María, 1697). Virrey de Nueva España (1688-96), sometió la provincia de Texas y fundó Pensacola.
CERDADA f. 1 Acción sucia e indecorosa. 2 Acción malintencionada, mala pasada.
CERDAÑA Comarca de España y Francia, que se extiende a ambos lados de los Pirineos Orientales y forma un ancho valle regado por el Segre en España y el Tet en Francia.
CERDEÑA (*Sardegna*) Isla y región de Italia, separada al N de Córcega por el estrecho de Bonifacio, que comprende las provincias de Cagliari, Nuoro, Oristano y Sassari; 24.090 km² y 1.660.701 h. (*sardos*). Capital, Cagliari. Turismo. Junto con los ducados de Saboya, Monferrato y Génova, el Piamonte y Niza, recibió el nombre de reino de Cerdeña de 1718 a 1860.
CERDO, DA m. y f. 1 *Zool.* Mamífero artiodáctilo perteneciente a la familia suidos, género *Sus*. El cerdo doméstico desciende del jabalí (*Sus scrofa*), y se cría para aprovechar su carne. Es un animal omnívoro. 2 fam. Persona sucia o de malas intenciones. También adj. ||
CERDO MARINO *Zool.* MARSOPA.
CEREAL adj. 1 Relativo a Ceres. 2 *Agr.* Se aplica a las plantas herbáceas perennes, pertenecientes a la familia gramíneas, como el trigo, el centeno y la cebada. 3 *Agr.* Frutos de estas plantas.
CEREBELO m. *Anat.* Órgano del sistema nervioso central, que junto al cerebro y al bulbo raquídeo constituye el encéfalo, y ocupa la parte posterior de la cavidad craneana, por detrás del puente de Valorio.
CEREBRAL adj. 1 Relativo al cerebro. 2 Intelectual, en oposición a emocional, apasionado, vital, etc. También com., aplicado a persona.
CEREBRO m. 1 *Anat.* Órgano del sistema nervioso central, que junto al cerebelo y al bulbo raquídeo constituye el encéfalo, y que en el hombre y en muchos mamíferos está situado delante y encima del cerebelo. [**Encic.**] 2 fig. CABEZA, juicio, talento. 3 fig. Persona que concibe o dirige un plan de acción. 4 fig. Persona sobresaliente en actividades intelectuales, científicas o técnicas.

ANAT. En el cerebro se pueden distinguir dos partes principales: el diencéfalo y el telencéfalo. El primero

cercopitécidos

se encuentra a continuación del mesencéfalo y su interior forma una estrecha hendidura comunicada por delante con los ventrículos telencefálicos y por detrás con el acueducto de Silvio. A su vez, está constituido por el tálamo, hipotálamo y techo, donde se localiza la epífisis o glándula pineal. El telencéfalo es la parte anterior y más desarrollada. Está formado por los lóbulos olfatorios, dos estructuras ovales en las que se localizan los centros olfativos conectados con la mucosa nasal, y los hemisferios cerebrales. Éstos son dos expansiones situadas lateralmente, que recubren casi todo el encéfalo y separadas por una fisura longitudinal. Su superficie aparece surcada por multitud de circunvoluciones separadas por depresiones o surcos, que dividen el cerebro en cuatro lóbulos: frontal, occipital, parietal y temporal. En los hemisferios cerebrales la sustancia gris se sitúa por fuera, dando lugar a la corteza cerebral. En ella se distinguen multitud de áreas con distintas actividades, unas motoras, otras sensitivas, otras vegetativas y otras de asociación. En definitiva, es el centro de las funciones de aprendizaje, memoria, lenguaje y demás actividades mentales. También en la corteza se sitúan centros vegetativos que regulan los ritmos biológicos, la conducta sexual, las sensaciones de temor y agresividad, y las emociones. La sustancia blanca se sitúa por debajo de la gris y en ella aparecen núcleos que regulan la expresión de las emociones. También aparecen gran cantidad de fibras que ponen en relación ambos hemisferios.

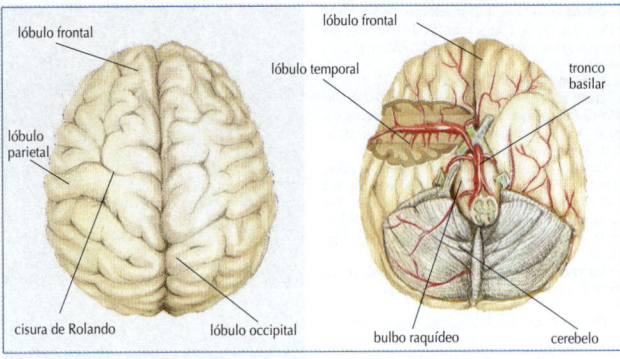

cerebro

Cerecilla f. *Bot.* GUINDILLA, pimiento pequeño muy picante.

Ceredigion Distrito unitario del Reino Unido, en Gales; 70.700 h.

Ceremonia f. **1** Acto público celebrado con solemnidad y según ciertas normas o ritos. **2** Conjunto de adornos o acciones con que se da solemnidad a algo. **3** Ademán afectado.

Ceremonial adj. **1** Relativo al uso de las ceremonias. || m. **2** Serie o conjunto de formalidades para cualquier acto público o solemne.

Céreo, a adj. De cera.

Ceres 1 *Astron.* El mayor de los pequeños planetas o planetoides, con un diámetro de 1.025 km. Fue descubierto en 1801. **2** *Mit.* Nombre latino de DEMÉTER.

Ceretano, na adj. *Hist.* y *Etnol.* **1** Se dice del pueblo hispánico prerromano que habitaba la Ceretania, hoy Cerdaña, así como de los individuos que formaban este pueblo. También s. **2** Perteneciente o relativo a la ceretanos o a la Ceretania.

Cerevisina f. *Quím.* Levadura de la cerveza. Se usa como medicina.

Cereza f. **1** *Bot.* Fruto del cerezo. Es una drupa carnosa y comestible. **2** *Bot. C. Rica* Fruta empalagosa y muy diferente de la europea. || adj. **3** De color rojo oscuro.

Cerezo m. *Bot.* **1** Nombre común de cualquiera de los árboles pertenecientes a la familia rosáceas, género *Prunus*. Su fruto es la cereza, y las flores, blancas, se presentan en racimos umbelíferos. **2** Madera de este árbol. **3** *Amér.* CHAPARRO.

Cerezo, Vinicio Político guatemalteco (Guatemala, 1943). Fue el primer presidente civil, tras 15 años de gobiernos militares (1986-91). Inició conversaciones con la guerrilla.

Cergy-Pontoise Ciudad de Francia, capital del departamento de Val-d'Oise, al NO de París; 159.152 h.

Ceriflor f. *Bot.* **1** Planta de la familia borragináceas, de flores algo amarillentas. **2** Flor de la misma planta.

Cerilla f. **1** Vela de cera, muy delgada y larga, que se enrolla en varias figuras, y más comúnmente en la de librillo. **2** Trozo de cerilla, madera, cartón, etc., con cabeza de fósforo. **3** *Fisiol.* CERA DE LOS OÍDOS.

Cerillero, ra m. y f. Persona que vende cerillas y tabaco, en cafés, bares, etc.

Cerillo m. *Bot.* **1** *Cuba* Árbol silvestre de la familia rubiáceas. **2** *C. Rica* Planta gutífera de cuya corteza mana una goma amarilla que al cuajarse parece cera. **3** Planta que en México se llama *cafetillo*.

Ceriñola (*Cerignola*) Ciudad de Italia, provincia de Foggia; 55.052 h. Victoria de Gonzalo Fernández de Córdoba sobre los franceses en 1503.

Cerio m. *Quím.* Elemento químico perteneciente al grupo de los lantánidos o tierras raras. Es un metal de color gris acero. Masa atómica, 140,13; número atómico, 58; peso específico (a 20° C), 6,9; punto de fusión, 635° C; símbolo, *Ce.*

Cerita f. *Miner.* Mineral silicato hidratado de cerio y hierro.

Cermeño m. **1** *Bot.* Especie de peral, con las hojas en figura de corazón. **2** fig. Hombre tosco, sucio, necio. También adj.

Cern (Siglas francesas de *Centre Européen pour la Recherche Nucléaire*) ORGANIZACIÓN EUROPEA DE INVESTIGACIÓN NUCLEAR.

Cerne adj. **1** Sólido, fuerte. || m. **2** *Bot.* Parte más dura del tronco de los árboles.

Cerneja f. Mechón de pelo que tienen las caballerías detrás del menudillo.

Cerner tr. **1** Separar con el cedazo la harina del salvado, o cualquier otra materia reducida a polvo. **2** fig. Depurar, perfilar los pensamientos y las acciones. || intr. **3** Hablando de la vid, del olivo, del trigo y de otras plantas, caer el polen de la flor. || prnl. **4** *Zool.* Aletear un ave en el aire, sin moverse del sitio en que está. **5** fig. Amenazar de cerca algún mal. ♦ IRREG. Se conjuga como ENTENDER.

Cernícalo m. **1** *Zool.* Nombre común de diversas aves falconiformes pertenecientes a la familia falcónidos, género *Falco*. No suelen superar los 35 cm de longitud, pero tiene una envergadura de hasta 80 cm. Viven en el centro y S de Europa. **2** fig. y fam. Hombre ignorante y rudo. También adj.

Cernir tr. CERNER. ♦ IRREG. Se conjuga como SENTIR.

Cernuda, Luis Poeta español (Sevilla, 1902 - Ciudad de México, 1963). Una de las más destacadas figuras de la Generación del 27, en su obra destacan *Perfil del aire* (1927), *La realidad y el deseo* (1936), *Las nubes* (1936-38), *Como quien espera el alba* (1947), *Con las horas contadas* (1958) y *Desolación de la quimera* (1962). En prosa destacan *Ocnos* (1942) y *Poesía y literatura* (1960-64).

Cero m. **1** *Mat.* Signo sin valor propio, que en la numeración arábiga sirve para ocupar los lugares donde no debe haber cifra significativa. Se escribe 0. **2** *Ling.* Ausencia de un rasgo formal o semántico en un sistema en el que la presencia o ausencia de dicho rasgo es fundamental. Su símbolo es Ø. || **cero absoluto** *Fís.* Temperatura mínima que pueden alcanzar los cuerpos, que aproximadamente corresponde a –273 °C.

Cero-, cer- o **quer-, cera-** o **quera-, cerat-** o **querat-, cerato-** o **querato-, -cera-, -cerat-** o **-querat-, -cera, -cerado, -ceras, -cerato, -cero, -cerote, -ceronte, -ceros, -cerotasia** prefs., ins. o sufs. que significan cuerno: *aceraterio, criptocerátido, quelícero, rinoceronte.*

Ceromancia o **Ceromancía** f. Método adivinatorio que consiste en ir echando gotas de cera derretida en una vasija llena de agua, para hacer deducciones según las figuras que se forman.

Luis **Cernuda**

Cerón m. *Quím.* Residuo, escoria o heces de los panales de la cera.

-Ceronte suf. CERO-.

Ceroplástica Arte de modelar la cera.

Cerorrinco m. *Zool.* Ave de rapiña parecida al halcón, que vive en América.

-Ceros suf. CERO-.

-Cerotasia suf. CERO-.

Cerote m. Mezcla de pez y cera de que usan los zapateros para encerar los hilos con que cosen el calzado.

-Cerote suf. CERO-.

Cerrado, da adj. fig. **1** Incomprensible, oculto y oscuro. **2** Se dice del acento o pronunciación que presentan rasgos locales muy marcados. **3** Se dice de la persona que habla con tal acento o pronunciación. **4** Se dice del cielo o de la atmósfera si están muy nubosos. **5** Abundante. **6** fam. Se dice de la persona callada o torpe. **7** *Fon.* Se dice del fonema que se pronuncia mediante un estrechamiento del canal bucal. || m. **8** CERCADO, huerto con valla y tapia.

Cerradura f. **1** Acción y efecto de cerrar. **2** Mecanismo de metal que se fija en puertas, cofres, etc., y sirve para cerrarlos por medio de uno o más pestillos que se accionan con la llave.

Cerraja f. CERRADURA, mecanismo para cerrar.

Cerrajería f. **1** Oficio de cerrajero. **2** Tienda o taller donde se fabrican o venden cerraduras y otros instrumentos de hierro.

Cerrajero, ra m. y f. Persona que tiene por oficio hacer cerraduras, llaves, candados, cerrojos y otros objetos de metal.

Cerralvo Isla de México, en el golfo de California.

Cerramiento m. **1** Acción y efecto de cerrar. **2** Cosa que cierra o tapa cualquier abertura, conducto o paso. **3** Lo que cierra y termina el edificio por la parte superior.

Cerrar tr. **1** Asegurar con cerradura, pasador, etc., una puerta, ventana, etc., para que no se abra. También intr. y prnl. **2** Encajar en su marco la hoja u hojas de una puerta, ventana, etc. **3** Hacer que un edificio, recinto, etc., quede incomunicado con el exterior. **4** Juntar los extremos de dos partes del cuerpo o de dos partes de algo articuladas. **5** *Fon.* Hacer que se aproximen entre sí los órganos articulatorios al emitir un sonido, estrechando el paso del aire. También prnl. **6** Tratándose de libros, cuadernos, etc., juntar todas sus hojas. **7** Tratándose de los cajones de un mueble, de los cuales se haya tirado hacia afuera sin sacarlos del todo, volver a hacerlos entrar en su hueco. **8** Estorbar el paso por un camino o vía. **9** Cercar, vallar. **10** Tapar aberturas, huecos, etc. También prnl. **11** Poner el mecanismo de una llave de paso de forma que impida la salida o circulación de un fluido al que afecte. **12** *Arquit.* Hablando de arcos o bóvedas, formar la clave de ellos. **13** Completar un perfil o figura uniendo el final del trazado con el principio de él. **14** Cicatrizar heridas. También prnl. **15** Encoger lo que estaba extendido. **16** Agrupar estrechamente. También prnl. **17** Disponer cartas, paquetes, etc., de modo que no sea posible abrirlos sin despegarlos o romperlos por algún sitio. **18** fig. Poner término a ciertas cosas. **19** Declarar concluido el plazo de concurso en oposiciones, empréstitos financieros, etc. **20** Dar por firme un contrato. **21** Ir en los últimos puestos de una hilera o lista. **22** ENCERRAR. || intr. **23** En el dominó, poner una ficha que impida seguir colocando las demás que aún tengan los jugadores. **24** Llegar la noche a su plenitud. También prnl. **25** fig. Trabar batalla. || prnl. **26** *Bot.* Juntarse los pétalos de una flor. **27** *Meteor.* Encapotarse el cielo. **28** En una curva, ceñirse un vehículo o su conductor al lado de mayor curvatura. **29** fig. Mantenerse firme en un propósito. ♦ IRREG. Se conjuga como ACERTAR.

CERRAZÓN f. **1** Oscuridad grande que suele preceder a las tempestades. **2** fig. Incapacidad de comprender algo por ignorancia o prejuicio. **3** fig. Obstinación, obcecación.

CERREDO, TORRE DE TORRE DE CERREDO.

CERRIL adj. **1** Se aplica al terreno áspero y escabroso. **2** Se dice del ganado mular, caballar o vacuno no domado. **3** fig. y fam. Grosero. **4** fig. Se dice del que se obstina en una actitud o parecer.

CERRITO, EL Lugar de las cercanías de Montevideo, donde en 1812 el general argentino Rondeau venció a las fuerzas españolas y decidió la caída de Montevideo.

CERRO m. **1** Geol. Elevación del terreno aislada y de menor altura que el monte o la montaña. **2** Zool. Espinazo o lomo del animal.

CERRO DE LOS ÁNGELES Elevación de España, centro geográfico peninsular del país, en el término de Getafe (Madrid).

CERRO CORÁ Lugar de Paraguay, departamento de Amambay, donde se libró el último combate de la resistencia paraguaya contra Brasil, Argentina y Uruguay (1870).

CERRO HERMOSO Volcán de Ecuador, en las provincias de Tungurahua y Pastaza; 4.639 m.

CERRO LARGO Departamento de Uruguay; 13.648 km^2 y 81.218 h. Su capital es Melo.

CERRO DE LAS MESAS Centro arqueológico situado en el Estado mexicano de Veracruz, con restos de la cultura olmeca y del período clásico.

CERRO DE PASCO Ciudad de Perú, capital del departamento de Pasco; 66.800 h.

CERRO PUNTA Punto culminante de Puerto Rico, en la cordillera Central; 1.338 m.

CERRO TOLOLO Lugar de Chile, al SE de la ciudad de La Serena, donde está emplazado el mayor observatorio astronómico del hemisferio Sur.

CERROBLANCO CAYAMBE.

CERROJAZO m. **1** Acción de echar el cerrojo recia y bruscamente. **2** Clausura o final brusco de cualquier actividad, reunión, charla.

CERROJO m. **1** Barra de hierro sostenida horizontalmente por dos anillas, que sirve para cerrar puertas o ventanas. **2** En los fusiles y otras armas ligeras, cilindro metálico que contiene los elementos de percusión, de obturación y de extracción del casquillo.

CERRUTO, ÓSCAR Escritor boliviano (La Paz, 1907 - íd., 1981). Es uno de los primeros poetas vanguardistas de Bolivia. Autor de *Aluvión de fuego* (1935), novela ambientada en la guerra del Chaco, de *Cifra de las rosas* (1957), etc.

CERTAMEN m. **1** Función literaria en que se argumenta o disputa sobre algún asunto, comúnmente poético. **2** Concurso abierto para estimular con premios determinadas actividades.

CERTERO, RA adj. Seguro, acertado.

CERTEZA f. **1** Conocimiento seguro y claro de alguna cosa. **2** Firme adhesión de la mente a algo conocible, sin temor de errar.

CERTIDUMBRE f. CERTEZA.

CERTIFICADO, DA adj. **1** Se dice de la carta o paquete que se certifica. También m. || m. **2** Documento en que se certifica.

CERTIFICAR tr. **1** Afirmar algo. También prnl. **2** Obtener un certificado que acredite haber enviado algo por correo. **3** Der. Hacer cierto algo por instrumento público.

CERULARIO, MIGUEL Patriarca de Constantinopla (Constantinopla, h. 1000 - Proconesa, 1058). Excomulgado en 1054, consumó la separación entre las iglesias griega y latina, llamada Cisma de Oriente.

CERÚLEO, A adj. Se dice del azul del cielo despejado, alta mar o grandes lagos.

CERUMEN m. *Fisiol.* CERA DE LOS OÍDOS.

CERVAL adj. **1** Relativo al ciervo. **2** MIEDO CERVAL.

CERVANTES, INSTITUTO Organismo español cuya finalidad es difundir la lengua y la cultura españolas en otros países. Constituido en 1990. Ha sido dirigido por Nicolás Sánchez-Albornoz (1991-96), Santiago de Mora Figueroa (1996-1999), Fernando Rodríguez Lafuente (1999-2001) y Jon Juaristi, desde 2001.

CERVANTES, MIGUEL DE Escritor español (Alcalá de Henares, 1547 - Madrid, 1616). Hijo de un modesto cirujano, estudió en Valladolid y Sevilla. En Madrid fue discípulo de López de Hoyos, y paje del cardenal Acquaviva en Italia. Luchó en la batalla de Lepanto, donde fue herido y perdió el uso de la mano izquierda. Hecho prisionero por los turcos (1575), pasó cinco años cautivo en Argel, hasta ser rescatado por los frailes trinitarios. Se cree que durante el cautiverio compuso algunas de sus comedias y entremeses (*Batalla naval, Los tratos de Argel, La Gran Turquesa* y *La Gran Sultana*). De nuevo en Madrid, se dedicó a la literatura; casi simultáneamente a la publicación de *La Galatea*, novela pastoril, se representaron con éxito sus comedias *Los tratos de Argel, Numancia* y

Miguel de **Cervantes**. Retrato de Juan de Jáuregui. Real Academia Española (Madrid).

La confusa (1584). Hasta 1587 siguió escribiendo para el teatro, pero éste, tras la aparición de Lope de Vega, no le daba para vivir y marchó a Sevilla; fue comisario para el acopio de víveres destinados a la armada y flota de las Indias y alcabalero. Cuestiones relacionadas con la rendición de cuentas le acarrearon por tres o cuatro veces la prisión. En esta época pudo dar fin al *Quijote*, impreso en 1605 por Juan de la Cuesta. En 1613 aparecieron las *Novelas ejemplares*. En 1614 publicó el *Viaje del Parnaso*, y asimismo, en esta fecha salió a luz el falso *Quijote*, llamado de *Avellaneda*, segunda parte y continuación del de Cervantes, cuyo autor, ignorado, se encubrió bajo un seudónimo. Como respuesta, Cervantes escribió la *Segunda parte de Don Quijote* (1615). En este año se publicaron sus comedias: *Los baños de Argel, La Gran Sultana Doña Catalina de Oviedo, El gallardo español, El laberinto de amor, La casa de los celos, El rufián dichoso, Cristóbal de Lugo* y *La comedia entretenida*; y sus entremeses: *La elección de los alcaldes de Daganzo, El rufián viudo, El juez de los divorcios, El retablo de las maravillas, La cueva de Salamanca, El vizcaíno fingido, La guarda cuidadosa* y *El viejo celoso*. En 1616 concluyó *Los trabajos de Persiles y Sigismunda*, novela bizantina.

CERVANTES, PREMIO MIGUEL DE Premio que se destina a galardonar, en su conjunto, la obra literaria de un autor en lengua española. Se concede a propuesta de las Academias de la Lengua de los países de habla española.

CERVANTES DE SALAZAR, FRANCISCO Escritor y humanista español (Toledo, 1514 - Ciudad de México, 1575). Autor de *Commentaria in Ludovici Vives* (1554) y *Crónica de la nueva España* (incompleta).

CERVANTINO, NA adj. Perteneciente o relativo a Miguel de Cervantes y a su obra.

CERVARIENSE adj. y com. De Cervera.

CERVATO m. *Zool.* Ciervo menor de seis meses.

CERVECERÍA f. Bar especializado en vender o servir cerveza.

CERVECERO, RA adj. **1** Perteneciente o relativo a la cerveza. **2** fam. Se dice de la persona aficionada al consumo de cerveza. || m. y f. **3** Persona que hace cerveza. **4** Dueño de una cervecería.

CERVERA Cabo del litoral Mediterráneo, en la frontera de España y Francia.

CERVERA Y TOPETE, PASCUAL Marino español (San Fernando, 1839 - Puerto Real, 1909). Ministro de Marina en el gobierno de Sagasta (1892-93), al estallar la guerra con EE UU (1898), se le dio el mando de la escuadra enviada a América, que fue destrozada en Santiago de Cuba.

CERVERANO, NA adj. y s. De Cervera.

CERVETRI (*Cerveteri*) Ciudad de Italia, cerca de Roma. Restos de la ciudad etrusca. (Véase VEYES.)

CERVEZA f. Bebida hecha con granos germinados de cebada u otros cereales fermentados en agua, y aromatizada con lúpulo, boj, etc.

CERVICAL adj. *Anat.* Relativo a la cerviz.

CÉRVIDO, DA adj. y m. *Zool.* **1** Se dice de los mamíferos artiodáctilos rumiantes cuyos machos tienen cuernos ramificados que se renuevan periódicamente, como el ciervo, reno y alce. || m. pl. *Zool.* **2** Familia de estos mamíferos.

CERVINO, NA adj. CERVAL, relativo al ciervo.

CERVINO o **MATTERHORN** Cumbre de los Alpes Peninos, entre Italia y Suiza; 4.479 m.

CERVIZ f. *Zool.* Parte dorsal y posterior del cuello, que en el hombre y en la mayoría de los mamíferos consta de siete vértebras, varios músculos y piel.

CERVO Municipio de España, provincia de Lugo; 5.143 h.

CERVUNO, NA adj. CERVAL, relativo al ciervo.

CÉSAIRE, AIMÉ Escritor y político martiniqués (Basse-Pointe, 1913). Acuñó el término «negritud». De influencia surrealista, escribió libros de poemas: *Diario de un retorno al país natal* (1943).

CESALPINO o **CESALPINUS, ANDREA** Botánico, filósofo y médico italiano (Arezzo, h. 1519 - Roma, 1603). Contribuyó al estudio de la circulación de la sangre.

PREMIO MIGUEL DE CERVANTES

Año	Autor	Nacionalidad
1976	Jorge Guillén	español
1977	Alejo Carpentier	cubano
1978	Dámaso Alonso	español
1979	Jorge Luis Borges y Gerardo Diego	argentino y español
1980	Juan Carlos Onetti	uruguayo
1981	Octavio Paz	mexicano
1982	Luis Rosales	español
1983	Rafael Alberti	español
1984	Ernesto Sábato	argentino
1985	Gonzalo Torrente Ballester	español
1986	Antonio Buero Vallejo	español
1987	Carlos Fuentes	mexicano
1988	María Zambrano	española
1989	Augusto Roa Bastos	paraguayo
1990	Adolfo Bioy Casares	argentino
1991	Francisco Ayala	español
1992	Dulce María Loynaz	cubana
1993	Miguel Delibes	español
1994	Mario Vargas Llosa	peruano
1995	Camilo José Cela	español
1996	José García Nieto	español
1997	Guillermo Cabrera Infante	cubano
1998	José Hierro	español
1999	Jorge Edwards	chileno
2000	Francisco Umbral	español
2001	Álvaro Mutis	colombiano
2002	José Jiménez Lozano	español
2003	Gonzalo Rojas	chileno

CESANTE adj. y com. **1** Se dice de la persona empleada, especialmente de la administración pública, a quien se priva de su empleo. **2** *Chile* Se dice de la persona que ha quedado sin trabajo.

CESAR intr. **1** Suspenderse o acabarse algo. **2** Dejar de desempeñar algún empleo o cargo. **3** Dejar de hacer lo que se está haciendo.

CÉSAR m. HIST. EMPERADOR, título de los soberanos del imperio romano.

CESAR Departamento de Colombia; 22.905 km^2 y 1.053.123 h. Su capital es Valledupar.

CÉSAR, CAYO JULIO Dictador, general e historiador romano (Roma, 100 - íd., 44 a. C.). Miembro de la familia patricia Julia. Partidario de Mario en su juventud, Sila le desterró a Asia (82 a. C.). En 75 a. C. fue nombrado tribuno militar, cuestor en 68 a. C. y edil curul (65 a. C.). Intervino en la conspiración de Catilina y fue pretor en Hispania (62 a. C.). Formó con Pompeyo y Craso el primer triunvirato (60 a. C.) y fue elegido cónsul con Bíbulo (59 a. C.). Se le concedió el gobierno de la Galia, a la que sometió tras diversas campañas. Al morir Craso (53 a. C.), se desató la guerra civil entre César y Pompeyo. César derrotó a su rival en Italia e Hispania, y en el año 48 a. C. marchó al Epiro, donde derrotó a Pompeyo en Farsalia. Conquistó Alejandría y sometió al rey del Ponto. Derrotó a los partidarios de Pompeyo en Tapso (46 a. C.) y a los hijos de éste en Munda (45 a. C.). Vuelto a Roma, obtuvo el poder absoluto. Entre tanto, el partido aristocrático preparó una conspiración contra él y el 15 de marzo del año 44 a. C. fue asesinado en el Senado. Autor de *Comentarios de la guerra de las Galias* (*De bello Gallico*) y los *Comentarios de la guerra civil* (*De bello civili*).

CESARAUGUSTANO, NA adj. y s. De Cesaraugusta, hoy Zaragoza.

CESAREA Ciudad de la antigua Palestina, en la Samaria. Fue capital de Judea.

CESAREA DI CAPADOCIA KAYSERI.

CESÁREO, A adj. **1** Relativo al imperio o a la majestad imperial. || f. *Med.* **2** Operación que consiste en abrir la pared abdominal y el útero de la madre para extraer el feto.

CESÁREO, SAN Obispo de Arles (Charles-sur-Saone, 470 - Arles, 542). Se opuso al arrianismo.

CESARIENSE adj. y com. De cualquiera de las ciudades que se llamaron Cesarea.

CESARINO, NA adj. **1** Relativo a Julio César. **2** Partidario de este emperador. También s. **3** Relativo al césar.

CESARISMO m. *Polít.* Sistema de gobierno en el que una sola persona ejerce los poderes públicos.

CESAROPAPISMO m. *Hist.* Tendencia a la intervención de los poderes civiles en los asuntos eclesiásticos.

CESE m. **1** Acción de cesar algunas cosas. **2** Orden por la que un funcionario deja de desempeñar el cargo que ejercía.

CESIO m. *Quím.* Elemento químico perteneciente al grupo I A del sistema periódico. Masa atómica, 132,81; número atómico, 55; símbolo, Cs. Es un metal, el más electropositivo de los cuerpos simples, muy utilizado para la fabricación de células fotoeléctricas.

CESIÓN f. Renuncia de algo que una persona hace a favor de otra.

CESKE BUDEJOVICE CHESKÉ BUDEJOVICE.

CÉSPED m. **1** Hierba menuda y tupida que cubre el suelo. **2** *Dep.* En algunos deportes, terreno de juego.

CÉSPEDES, AUGUSTO Novelista boliviano (Cochabamba, 1904 - La Paz, 1997). Autor de *Sangre de mestizos* (1936) y *Metal del diablo* (1946).

CÉSPEDES, CARLOS MANUEL DE Patriota y político cubano (Bayamo, 1819 - San Lorenzo, 1874). Inició la lucha por la independencia con el llamado grito de Yara (1868). Fue presidente de la República en Armas (1869-73).

CÉSPEDES Y QUESADA, CARLOS MANUEL DE Político cubano (Nueva York, 1871 - La Habana, 1939). Hijo de Carlos Manuel de Céspedes, fue ministro de Estado (1922-25) y asumió la presidencia interina al ser depuesto Machado (1933).

CESTA f. **1** Recipiente que se hace tejiendo con mimbres, juncos, u otra madera flexible, que sirve para recoger o llevar ropas, frutas, etc. **2** Especie de pala de tiras de madera de castaño entretejidas, cóncava y en figura de uña, que, sujeta a la mano, sirve para jugar a la pelota.

CESTERÍA f. **1** Sitio o paraje donde se hacen cestos o cestas. **2** Tienda donde se venden. **3** Arte del cestero.

CESTI, PIETRO ANTONIO Músico italiano (Arezzo, 1623 - Florencia, 1669). Autor de las óperas *L'Orontea* (1650), *Semiramide* (1667) y *La Germania esultante* (1667).

CESTO m. Cesta grande y más alta que ancha, formada a veces con mimbres, tiras de caña o varas de sauce sin pulir.

CESTODO, DA adj. y m. *Zool.* **1** Se dice de los gusanos platelmintos parásitos internos, de cuerpo semejante a

Paul **Cézanne**. *Jugadores de cartas*. Museo d'Orsay (París).

una cinta. Ejemplo característico es la tenia o solitaria del hombre. || m. pl. *Zool.* **2** Orden de estos animales.

CESURA f. *Métr.* **1** En la poesía moderna, pausa que se hace en el verso después de cada uno de los acentos métricos. **2** En la poesía griega y latina, pausa motivada por finalizar una palabra en medio de un pie.

CET-; -CETO pref. o suf. que significan ballena; ejemplo de suf.: *odontoceto*.

CETA f. ZETA.

CETÁCEO, A adj. y m. *Zool.* **1** Se dice de los mamíferos euterios adaptados a la vida acuática, con el cuerpo pisciforme, como la ballena y el delfín. || m. pl. *Zool.* **2** Orden de estos animales.

CETARIA o **CETÁREA** f. Vivero de langostas y otros crustáceos destinados al consumo.

CÉTICO, CA adj. Se dice de un ácido extraído de la cetina.

CETINA f. *Zool.* Esperma de ballena.

CETINA, GUTIERRE DE Escritor español (Sevilla, 1520 - México, 1557). Su obra consta de sonetos, madrigales, canciones, estancias, epístolas y una oda. Son populares sus madrigales «Ojos claros, serenos» y «Cubrir los bellos ojos».

CETINJE o **CETINIA** Ciudad de Serbia y Montenegro, en la república de Montenegro. Fue capital del antiguo reino de Montenegro. Fundada en el siglo XV.

-CETO suf. CET- .

CETONA f. *Quím.* Nombre común de una serie de compuestos orgánicos en cuya molécula el grupo –CO– (grupo cetónico o carbonilo) está unido a dos radicales hidrocarburados alquilo o heterocíclicos. El miembro más sencillo de la serie es la acetona o propanona.

CETONIA f. *Zool.* Insecto coleóptero pentámero, cuya larva vive en las colmenas y se alimenta de la miel.

CETOSA f. *Quím.* Nombre común dado a todos los monosacáridos que poseen un grupo cetónico.

CETRERÍA f. **1** Arte de criar, domesticar y enseñar los halcones y otras aves rapaces para la caza de volatería. **2** Caza de aves y algunos cuadrúpedos que se hacía con halcones, azores y otros pájaros que perseguían la presa hasta herirla o matarla.

CETRINO, NA adj. **1** Se dice del color amarillo verdoso. **2** fig. Melancólico y adusto.

CETRO m. **1** Vara de oro u otra materia preciosa, profusamente labrada, que usan los emperadores y reyes como insignia de su poder. **2** Vara larga labrada y adornada que llevan los mayordomos y diputados de cofradías y congregaciones en los actos públicos. **3** fig. Reinado de un príncipe. **4** Dignidad de tal.

CEUGMA m. ZEUGMA.

CEUTA 1 Comunidad autónoma de España, situada en el Mediterráneo, en la costa septentrional de África; 19 km^2 y 73.704 h. **2** Ciudad capital del municipio que constituye la comunidad autónoma del mismo nombre. Puerto franco. Activa pesca. Turismo.

CEUTÍ adj. y com. De Ceuta.

-CEUXIS pref. CIGO-.

CEVALLOS, PEDRO ANTONIO DE Militar y administrador español (Cádiz, 1715 - Córdoba, 1778). Como gobernador de Buenos Aires, conquistó la Colonia del Sacramento. Primer virrey del Río de la Plata (1776).

CEVALLOS, PEDRO FERMÍN Historiador y político ecuatoriano (Ambato, 1812 - Quito, 1893). Fue ministro de Estado del general Urbina. Autor de *Resumen de la Historia del Ecuador* (1870).

CÉVENNES Cordillera de Francia, que forma el reborde sudoriental del Macizo Central. El monte Lozère (1.699 m) es su cumbre más alta.

CÉZANNE, PAUL Pintor francés (Aix-en-Provence, 1839 - íd., 1906). Destacado representante del postimpresionismo. Entre sus obras destacan *La casa del ahorcado* (1873), *Paisaje en Auvers* (1874), *La montaña de Santa Victoria* (1887), *Jugadores de cartas* (1890), *El lago de Annecy* (1896) y la serie *Bañistas* (1895-1905).

Cf *Quím.* Símbolo del californio.

CFC *Quím.* CLOROFLUOROCARBURO.

cg *Fís.* Símbolo del centigramo.

cgs Abreviatura de cegesimal.

CGT Siglas de CONFEDERACIÓN GENERAL DEL TRABAJO.

CH Antigua letra del alfabeto español que corresponde al fonema palatal africado sordo y cuyo nombre es *che*. En la actualidad, la Real Academia la considera como la combinación de los dos letras, *c* y *h*, ordenadas independientemente, según el orden de alfabetización internacional.

CHA m. Nombre del té en Filipinas y en algunos países hispanoamericanos.

CHABACANERÍA o **CHABACANADA** f. **1** Falta de arte y gusto. **2** Dicho grosero o insustancial.

CHABACANO, NA adj. **1** Sin arte o grosero y de mal gusto. || m. *Ling.* **2** Lengua mixta de español y un dialecto indígena hablada en Zamboanga y sus inmediaciones (Filipinas).

CHABAN-DELMAS, JACQUES Político francés (París, 1915 - Burdeos, 2000). Alcalde de Burdeos (1947-95) y principal representante del ala izquierda del gaullismo, fue jefe del gobierno (1969-72) y presidente de la Asamblea Nacional (1958-69, 1978-81 y 1986-88).

CHABELA f. *Bol.* Bebida de vino y chicha.

CHABOLA f. **1** Choza o caseta, generalmente la construida en el campo. **2** Barraca mísera en los suburbios de los grandes núcleos urbanos.

CHABOLISMO m. *Sociol.* Abundancia de chabolas en los suburbios, síntoma de miseria social.

CHABRIER, EMMANUEL Compositor francés (Ambert, 1841 - París, 1894). Autor de varias óperas, *Gwendoline* (1886), *Le roi malgré lui* (1887) y la rapsodia *España* (1883).

CHABROL, CLAUDE Director de cine francés (París, 1930). Perteneciente a la *nouvelle vague*, en su filmografía destacan *Le beau Serge* (1958), *El carnicero* (1970), *Los fantasmas del Chapelier* (1982), *El infierno* (1994) y *En el corazón de la mentira* (1999).

CHAC *Mit.* Dios maya de la lluvia y de los fenómenos naturales relacionados con ella (viento, rayo, trueno, etc.).

CHAC-MOOL *Mit.* y *Arte.* Representación escultórica de una divinidad tolteca o maya.

CHACABUCO Hist. Sierra transversal de los Andes de Chile, que une la cordillera principal con la de la costa. Triunfo de las fuerzas combinadas argentinas y chilenas, dirigidas por O'Higgins y San Martín, sobre las fuerzas realistas. Esta batalla aseguró la independencia de Chile (12 de febrero de 1817).

CHACAHUA Volcán de México, en la Sierra Madre del Sur, Estado de Guerrero.

CHACAL m. Zool. Nombre común de diversos mamíferos carnívoros de la familia cánidos, género Canis.

CHACALÍN m. Zool. CAMARÓN, crustáceo.

CHACANEAR tr. Chile Espolear.

CHACAO, CANAL DE Estrecho que separa el continente sudamericano de la isla de Chiloé (Chile).

CHÁCARA f. 1 Amér. CHACRA, granja. 2 Col. Monedero.

CHACARERA f. 1 Baile popular argentino. 2 Música y letra de este baile.

CHACARERO, RA adj. y s. Amér. Dueño o trabajador de una CHÁCARA, granja.

CHACARRACHACA f. fam. Ruido molesto de disputa o algazara.

CHACEL, ROSA Escritora española (Valladolid, 1898 - Madrid, 1994). Autora de Estación. Ida y vuelta (1930), Teresa (1941), Memorias de Leticia Valle (1945), La sinrazón (1960), Desde el amanecer (1972) y la trilogía compuesta por Barrio de Maravillas (1976), Acrópolis (1984) y Ciencias naturales (1988). Premio Nacional de las Letras Españolas en 1987.

CHACHA f. 1 fam. NIÑERA. 2 Por extensión, SIRVIENTA. 3 Zool. Guat. CHACHALACA.

CHACHACOMA f. Bot. Chile y Perú Nombre de dos plantas de la familia saxifragáceas, de nombres científicos Senecio eriophyton y Escallonia resinosa, que crecen en la cordillera andina y tienen uso medicinal.

CHACHAFRUTO m. Bot. Col. Árbol de la familia leguminosas de fruto comestible.

CHACHALACA f. Amér. m. y Méx. 1 Zool. Ave galliforme de nombre científico Ortalis wagleri. Mide unos 60 cm de longitud y su plumaje es oliváceo. 2 fig. Persona locuaz. También adj.

CHACHANI Pico volcánico de Perú, en la cordillera Occidental, departamento de Arequipa; 6.084 m.

CHACHAPOYAS Ciudad de Perú, capital del departamento de Amazonas; 15.400 h. Fundada en 1536.

CHÁCHARA f. 1 fam. Abundancia de palabras inútiles. 2 Conversación frívola. || f. pl. 3 Baratijas, cachivaches.

CHACHI adj. 1 fam. Estupendo. || adv. m. 2 Estupendamente.

CHACHO, CHA m. y f. fam. MUCHACHO.

CHACINA f. 1 CECINA. 2 Carne de cerdo adobada.

CHACINERÍA f. Tienda en la que se vende chacina.

CHACÓ m. Morrión de la caballería ligera.

CHACO Región natural de América del S, comprendida entre los Andes Bolivianos, al O; la meseta de Mato Grosso, al N; la línea hidrográfica del Paraguay-Paraná, al E, y el río Salado, al S. Se divide en tres zonas: Chaco Boreal, al N del río Pilcomayo; Chaco Central, situada entre los ríos Pilcomayo y Bermejo, y Chaco Austral, entre los ríos Bermejo y Salado. La primera zona corresponde a Bolivia y Paraguay, y las dos siguientes a Argentina. De clima seco, es rica por sus recursos agrícolas, ganaderos y forestales. Habitada por varias tribus amerindias. Las respectivas jurisdicciones fueron determinadas por el tratado de paz de Buenos Aires (1938), firmado tras la llamada guerra del Chaco entre Paraguay y Bolivia (1932-35).

CHACO Provincia nordoriental de Argentina, en la región Litoral; 99.633 km² y 890.548 h. Capital, Resistencia.

CHACOLÍ m. Vino ligero y algo agrio que se elabora en el País Vasco y en Santander, y en Chile. ♦ Su pl. es chacolís o chacolíes.

CHACOLOTEAR intr. Hacer ruido la herradura por estar floja o faltarle clavos.

CHACÓN m. Zool. Reptil, parecido a la salamanquesa, que vive en Filipinas.

CHACONA f. 1 Danza. Baile de los siglos XVI y XVII, con acompañamiento de castañuelas y de coplas. 2 Música y letra de este baile.

CHACOTA f. 1 Bulla, alegría mezclada de chanzas y carcajadas, con que se celebra alguna cosa. 2 Broma, burla.

CHACOTEAR intr. Burlarse, chancearse, divertirse.

CHACRA f. Amér. Alquería o granja.

CHACUACO m. Min. Horno de manga para fundir minerales de plata.

CHAD Lago de África central, al O de la República de Chad, que comprende partes de Nigeria, Níger y Camerún; 27.000 km² de superficie media. Su principal tributario es el Chari.

CHAD (République du Tchad) Estado de África central que limita al N con Libia; al E, con Sudán; al S, con la República Centroafricana, y al O, con Camerún, Nigeria y Níger.

Superficie:
1.284.000 km².
Población:
8.425.000 h.
(chadianos).
Densidad:
6,6 h./km².
Tasa de natalidad: 43,1‰.
Tasa de mortalidad: 16,6‰.
Capital: N'Djamena, antes Fort Lamy.
Ciudades principales: Sarh, Moundou, Abéché.
Grupos étnicos: sara, bagirmi y kreish (30,5%), árabes sudaneses (26,1%), tubu (7,3%), mbum (6,5%), otros (28,6%).
Religión: islamismo (53,9%), cristianismo (34,7%), creencias tradicionales (7,4%).
Idioma: francés (oficial), sara y dialectos africanos.
Moneda: franco CFA.
Forma de Estado: república.
Producto Nacional Bruto: 1.658 millones de dólares.
Renta per cápita: 230 dólares.
División administrativa: 14 prefecturas, según cuadro.

Geog. El país se divide en dos grandes regiones: la parte N, desértica, en la que destaca el macizo montañoso del Tibesti y el resto, que constituye una gran meseta, cuyas aguas vierten en el lago Chad. De S a N se suceden todos los tipos de clima tropical de tendencia seca: sudanés, senegalés, saheliense, desértico. Su economía es de subsistencia, basada en la agricultura (mijo, arroz, dátiles y batatas; sólo el algodón es producto de exportación. La mayoría de la población se dedica a la ganadería.

Hist. La actual República del Chad procede de la unión de un gran número de grupos étnicos cuyos reinos más importantes, Ouadaï y Baguirmi, se convirtieron al islamismo en el siglo XVII. Dividida la región en el siglo XIX en sultanatos y ciudades-Estado, fue objeto de las ambiciones coloniales de Reino Unido y de Francia, que se aseguró el dominio sobre el territorio. En 1920 pasó a formar parte del África Ecuatorial Francesa; en 1944 recibió el estatuto de territorio de ultramar; en 1958 se pronunció por la autonomía interna, y en 1960 obtuvo la total independencia. François Tombalbaye, su primer presidente, concentró amplios poderes y prohibió los partidos de la oposición. Las tradicionales diferencias étnicas y religiosas entre el N y el S, se concretaron en 1966 en una rebelión armada en el N del país (de población musulmana) dirigida por el Frente de Liberación Nacional (FROLINAT), sofocada por la intervención francesa en 1969. En 1975, un pronunciamiento militar derrocó a Tombalbaye, quien fue asesinado, a la vez que la guerrilla del N se dividía en dos facciones: una dirigida por Hissène Habré y otra por Goukouni Oueddei. El nuevo presidente, F. Malloum, integró en su gobierno a la facción de Habré, al que nombró primer ministro. Pero los enfrentamientos continuaron, Malloum dimitió y Oueddei fue designado presidente en 1979. En 1980, estalló de nuevo el conflicto entre ambas facciones; Habré se hizo con la capital, N'Djamena, y Oueddei siguió luchando en el N. En 1984 Francia, que apoyaba a Habré, y Libia, colaboradora de Oueddei, se comprometieron a retirar sus tropas. Sin embargo, Libia no cumplió el acuerdo, lo que prolongó la guerra hasta 1986. En 1990 las fuerzas del general Idriss Déby, jefe del Movimiento de Salvación Popular, consiguieron hacerse con el poder. En 1993, Déby abrió un periodo de transición que concluyó en 1996 con su elección como presidente, cargo en el que fue revalidado en 2001.

CHADLI BENJEDID Militar y político argelino (Boutledja, Annaba, 1929). Sucedió a Bumedián en la presidencia de la República (1979). Tras la victoria del Frente Islámico de Salvación (FIS) en las elecciones de 1991 se produjo un golpe de Estado militar que provocó su dimisión (1992).

CHADWICK, SIR JAMES Físico británico (Manchester, 1891 - Cambridge, 1974). En 1932 descubrió la existencia del neutrón. Premio Nobel de Física (1935).

CHAFAR tr. 1 Aplastar. También prnl. 2 Arrugar la ropa. 3 fig. y fam. Confundir a alguien en una conversación o concurrencia.

CHAFARIZ m. 1 Pila de fuente. 2 Fuente con caños.

CHAFAROTE m. 1 Alfanje corto y ancho. 2 fig. y fam. Sable o espada ancha o muy larga.

CHAFARRINADA f. Borrón o mancha que desluce una cosa.

CHAFARRIÑÓN m. CHAFARRINADA.

CHAFLÁN m. 1 Cara que resulta en un sólido de cortar por un plano con su esquina o ángulo diedro. 2 Arquit. Plano largo y estrecho que, en lugar de esquina, une dos paramentos o superficies planas, que forman ángulo.

CHAFLANAR tr. ACHAFLANAR.

CHAGALL, MARC Pintor francés de origen ruso (Vitebsk, 1887 - Saint-Paul-de-Vence, 1985). Entre sus pinturas destacan Autorretrato con siete dedos (1912-13), Doble retrato con vaso de vino (1917-18) y A mi mujer (1933-34). Asimismo destacan los frescos realizados en la Ópera de París (1963-64) y en la Metropolitan Opera House de Nueva York (1965).

CHAGAS, CARLOS JUSTINIANO RIBEIRO DAS Médico brasileño (Oliveira, 1879 - Rio de Janeiro, 1934). Descubrió la enfermedad llamada tripanosomiasis americana o enfermedad de Chagas.

CHAD

Prefecturas	Superficie (km²)	Población (h.)	Capitales
Batha	88.800	288.458	Ati
Biltine	46.850	184.807	Biltine
Borkou-Ennedi-Tibesti	600.350	73.185	Faya Largeau
Chari-Baguirmi	82.910	1.251.906	N'Djamena
Guéra	58.950	306.253	Mongo
Kanem	114.520	279.927	Mao
Lac	22.320	252.932	Bol
Logone Occidental	8.695	455.489	Moundou
Logone Oriental	28.035	441.064	Doba
Mayo-Kébbi	30.105	825.158	Bongor
Moyen-Chari	45.180	738.595	Sarh
Ouaddaï	76.240	543.900	Abéché
Salamat	63.000	184.403	Am-Timan
Tandjile	18.045	453.854	Laï

Chagos Archipiélago que constituye el Territorio Británico del Océano Índico, situado al NE de Madagascar; 46 km². Carece de población estable. Su principal isla es la de Diego García. Otras menores son Peros, Banhos, Salomon Islands, Three Brothers, Six Islands y Egmont Islands.

Chagra m. 1 *Ecuad.* Campesino. 2 *Col.* CHACRA.

Chagres Río del centro de Panamá que, tras cruzar el lago Gatún, desemboca en el mar de las Antillas; 150 km.

Chagual m. *Bot.* 1 *Arg., Chile* y *Perú* Planta de la familia bromeliáceas, de nombre científico *Tillandsia rubra*, de tronco escamoso y flores verdosas. 2 *Chile* Fruto del cardón.

Chagualo m. *Bot. Col.* Árbol de la familia araliáceas.

Chagualón m. *Bot. Col.* Árbol del incienso.

Cháguar m. *Bot. Amér.* CARAGUATÁ.

Chaguarama f. *Bot. Amér. C.* Especie de palma gigantesca.

Chaguaramo m. *Bot. Amér.* CHAGUARAMA.

Cháhuar adj. y m. 1 *Amér.* Se dice de la caballería de color bayo. || m. 2 *Bot. Amér.* CHÁGUAR.

Chahuistle f. *Bot.* 1 ROYA, hongo. || m. 2 *Méx.* Cualquier plaga dañina.

Chaikovski, Piotr Ilich Compositor ruso (Votkinsk, 1840 - San Petersburgo, 1893). Mantuvo buenas relaciones con el grupo nacionalista de *Los cinco*. Compuso óperas: *Eugenio Oneguin* (1877-78) y *La dama de picas* (1890); ballets: *El lago de los cisnes* (1876), *La bella durmiente del bosque* (1889) y *Cascanueces* (1891-92); oberturas: *Romeo y Julieta, Marcha eslava, Capricho italiano;* poemas sinfónicos, como *Manfredo*.

Chaima adj. 1 *Etnol.* Se dice de una tribu amerindia que habita en el NO de Venezuela. Más como m. pl. 2 Se dice también de sus individuos. También com. 3 Relativo a esta tribu. || m. *Ling.* 4 Lengua caribe de los chaimas.

Chain, sir Ernst Boris Científico británico de origen alemán (Berlín, 1906 - Dublín, 1979). Su trabajo fundamental fue el aislamiento y purificación de la penicilina. En 1945 compartió con Fleming y Florey el premio Nobel de Fisiología y Medicina.

Chaira f. 1 Cuchilla de zapatero. 2 Cilindro de acero que usan los carniceros para afilar las cuchillas. 3 Cilindro de acero que usan los carpinteros para sacar rebaba a las cuchillas de raspar.

Chaise-longue (Voz fr.) f. Sofá de formas alargadas y sin brazos.

Chaitén Brazo de mar del Golfo Corcovado, en Chile, que penetra 9 km hacia la base del monte Michimávida.

Chajá m. *Zool. Arg., Par.* y *Urug.* Ave zancuda de la familia anímidos, de nombre científico *Chauna chavaria*, que abunda en lagos y ríos.

Chajal m. *Ecuad.* CRIADO, sirviente.

Chajuán m. *Col.* Bochorno, calor.

Chal m. Paño de seda o lana que, puesto en los hombros, sirve a las mujeres como abrigo o adorno.

Chala f. 1 *Bot. Amér. m.* Espata del maíz. 2 *Chile* Chalala, sandalia de cuero crudo.

Chalado, da adj. 1 fam. Alelado, falto de seso o juicio. 2 fam. Muy enamorado.

Chalán adj. y m. 1 Que trata con maña en compras y ventas, especialmente de animales. || m. 2 *Col.* y *Perú* PICADOR.

Chalana f. *Mar.* Embarcación menor, de fondo plano, proa aguda y popa cuadrada.

Chalanear tr. 1 Negociar con maña y destreza. 2 *Col.* y *Perú* Adiestrar caballos.

Chalar tr. y prnl. 1 Enloquecer, alelar. 2 ENAMORAR.

Chalate m. *Méx.* Caballejo matalón.

Chalatenango 1 Departamento de El Salvador; 2.017 km² y 177.320 h. 2 Ciudad capital del mismo; 27.600 h.

Chalaza f. *Zool.* Cada uno de los dos ligamentos que sostienen la yema del huevo en medio de la clara.

Chalchal m. *Bot. R. Plata* Árbol de la familia abietáceas.

Chalchihuite m. 1 *Miner. Méx.* Especie de esmeralda basta. 2 *Guat.* y *Salv.* Cachivache, baratija.

Chalchiuhtlicue *Mit.* Diosa azteca del agua, esposa de Tlaloc. Su representación más famosa la constituye una monumental escultura, hallada en Teotihuacán.

Chalé o **chalet** m. 1 Casa de madera y tabique estilo suizo. 2 Casa de recreo de no grandes dimensiones.

Chaleco m. 1 Prenda de vestir, sin mangas, que se pone encima de la camisa. 2 JALECO. || m. **CHALECO SALVAVIDAS** Prenda destinada a mantenerse a flote en el agua.

Chalina f. Corbata de caídas largas.

Challenger Fosa oceánica, situada al SO de la isla de Guam, en el océano Pacífico. Es la mayor profundidad marina del mundo; 10.911 m.

Transbordador espacial **Challenger**.

Challenger *Astron.* Nombre de uno de los transbordadores espaciales de la NASA. Explotó durante su décimo lanzamiento, en 1986.

Challulla f. *Zool. Perú* Cierto pez fluvial sin escamas.

Châlons-en-Champagne Ciudad del NE de Francia, capital del departamento de Marne, a orillas del Marne; 51.533 h. Catedral del siglo XIII.

Chalote m. y adj. *Bot.* Planta herbácea perteneciente a la familia liliáceas, de nombre científico *Allium escalonicum*.

Chalupa[1] f. 1 *Mar.* Embarcación pequeña. 2 LANCHA, bote. 3 *Méx.* Canoa para navegar entre las chinampas. 4 *Méx.* Torta de maíz.

Chalupa[2] adj. fam. Chalado.

Chama f. Entre chamarileros y en ambientes populares, cambio, permuta.

Chama Río de Venezuela, que atraviesa los Estados de Mérida y Zulia y desemboca en el lago Maracaibo.

Chamaco, ca m. y f. *Méx.* Niño, muchacho.

Chamada f. CHAMARASCA.

Chamagoso, sa adj. 1 *Méx.* Mugriento, astroso. 2 Mal pergeñado. 3 Bajo, deslucido.

Chamal m. *Arg.* y *Chile* Manta de bayeta que usan los indios araucanos de cintura para abajo y las mujeres desde los hombros.

Chamán m. *Rel.* Especie de sacerdote o hechicero al que se supone dotado de poderes sobrenaturales para sanar a los enfermos, adivinar, invocar a los espíritus.

Chamanismo m. *Rel.* Forma de actividad religiosa propia de muchas tribus primitivas, propia de las tribus de Siberia y NE de Asia, en la que sus dioses o espíritus son susceptibles de dejarse influir por los hechizos y poderes mágicos y sobrenaturales del chamán que, mediante la técnica del éxtasis, actúa como intermediario entre la divinidad y el pueblo.

Chamanto m. *Chile* Manto que usan los campesinos.

Chamarasca o **chámara** f. Leña menuda, hojas y palillos delgados que levantan mucha llama.

Chamarilero, ra m. y f. Persona que se dedica a comprar y vender trastos viejos.

Chamariz m. *Zool.* Ave paseriforme, un poco más pequeña que el jilguero.

Chamarón m. *Zool.* Ave paseriforme de pequeño tamaño y pico cónico.

Chamarra f. Vestidura parecida a la zamarra.

Chamarreta f. Casaquilla larga hasta poco más abajo de la cintura y con mangas.

Chamarro m. *Hond.* y *Méx.* ZAMARRO, prenda.

Chamba f. fam. CHIRIPA.

Chambado m. *Arg.* Cuerna, vaso rústico.

Chambelán m. Noble que acompañaba al rey.

Chambergo, ga adj. 1 Se dice de cierto regimiento que se creó en Madrid para guardia personal de Carlos II durante su minoría de edad. 2 Se dice del individuo de dicho cuerpo. También m. 3 Se dice de ciertas prendas del uniforme de dicho cuerpo, sobre todo del sombrero de ala ancha levantado por un lado. También s.

Chamberlain, Arthur Neville Político inglés (Edgbaston, 1869 - Heckfield, 1940). Hijo de Joseph. Elegido diputado (1918) y canciller del Exchequer (1931-37), fue presidente del Consejo (1937-40). Firmó el pacto de Munich (1938).

Chamberlain, Houston Stewart Escritor alemán de origen británico (Portsmouth, 1855 - Bayreuth, 1927). Su obra *Los fundamentos del siglo XIX* (1899), influyó posteriormente en el nacionalsocialismo.

Chamberlain, Joseph Político inglés (Londres, 1836 - Birmingham, 1914). Diputado en 1876, fue ministro de Comercio en el gabinete Gladstone (1880), pero se separó de éste por discrepancias en la cuestión de Irlanda. Pasó a dirigir de hecho el nuevo Partido Liberal-Unionista y fue ministro de las Colonias (1895-1903).

Chamberlain, Joseph Austen Político inglés (Birmingham, 1863 - Londres, 1937). Hijo de Joseph. Representante del Partido Liberal-Unionista, fue canciller del Exchequer en los gobiernos de Balfour (1903-05) y Lloyd George (1919-21), secretario de la India (1915-17) y ministro de Negocios Extranjeros (1924-29). Compartió el premio Nobel de la Paz (1925) con Charles Dawes.

Chamberlain, Owen Físico estadounidense (San Francisco, 1920). Junto a Emilio Segrè demostró la existencia del antiprotón y el antineutrón. En 1959 obtuvo el premio Nobel de Física, junto con Emilio Segrè.

Chambers, sir William Arquitecto inglés de origen sueco (Göteborg, 1723 - Londres, 1796). Profundo conocedor del arte y estilo chinos, fue arquitecto de cámara de Jorge III. Construyó el observatorio del parque de Richmond, el palacio de Somerset, etc., y trazó numerosos jardines, entre los que sobresale el de Kew.

Chambéry Ciudad del SE de Francia, capital del departamento de Saboya; 54.120 h. Antigua capital del ducado de Saboya.

Chambo Río de Ecuador; al unirse con el Cutuchi da origen al Pastaza.

Chambón, na adj. y s. 1 Torpe, poco hábil. 2 fam. Que consigue por chiripa alguna cosa.

Chambonnières, Jacques Champion de Músico francés (Chambonnières, h. 1601 - París o Chambonnières, 1672). Su obra *Pièces de clavecin* ha servido como modelo durante muchas generaciones.

Chambord Población de Francia, en el departamento de Loir-et-Cher; 260 h. Castillo de estilo renacentista, edificado por Francisco I.

Chambord, Enrique de Borbón y Artois, conde de Príncipe francés (París, 1820 - castillo de Frohsdorf, 1883). Nieto de Carlos X, a la muerte de éste se proclamó pretendiente al trono de Francia con el nombre de Enrique V.

Chamborote adj. 1 *Bot. Ecuad.* Se dice del pimiento blanco. 2 fig. Se dice de la persona de nariz larga.

Chambra f. Vestidura corta, a modo de blusa, que usan las mujeres sobre la camisa.

Chambrana f. 1 Adorno de piedra o madera alrededor de las puertas, ventanas, etc. 2 Listón que une las patas de un mueble.

Chamburo m. *Bot. Amér. m.* Árbol de la familia caricáceas.

Chamelecón Río del NO de Honduras, afluente izquierdo del Ulúa; 175 km.

Chamelo m. Variedad del juego de dominó.

Chamero m. *Bot.* PALMITO[1].

Chamfort, Nicolas-Sébastien Roch Escritor francés (Clermont, 1741 - París, 1794). Es conocido, sobre todo, por su obra *Máximas y pensamientos, Caracteres y* *anécdotas* (1803). Autor además de las obras teatrales *El mercader de Esmirna* (1770) y *Mustafá y Zeangir* (1776).

CHAMICERA f. Monte quemado.

CHAMICERO, RA adj. **1** Relativo al chamizo. **2** *Col.* Lugar donde abunda la chamiza, leña menuda.

CHAMICO m. *Bot. Amér. m.* y *Cuba* Arbusto de la familia solanáceas, de nombre científico *Datura stramonium.*

CHAMINADE, GUILLAUME-JOSEPH Sacerdote francés (Périgueux, 1761 - Burdeos, 1850). Fundó, en 1817, la Compañía de María (marianistas), dedicada a la enseñanza.

CHAMISSO DE BONCOURT, ADALBERT VON Escritor alemán de origen francés (castillo de Boncourt, 1781 - Berlín, 1838). Su obra más conocida es *La maravillosa historia de Peter Schlemihl* (1814).

CHAMIZA f. **1** Hierba de la familia gramíneas, usada para techar cabañas o chozas. **2** Leña menuda que sirve para los hornos.

CHAMIZO m. **1** Árbol o leño medio quemado. **2** Choza cubierta de chamiza, hierba. **3** fig. y fam. Tugurio.

CHAMONIX-MONT-BLANC Población de Francia, departamento de Alta Saboya, al pie del Mont-Blanc; 8.000 h. Turismo.

CHAMORRO, RRA adj. **1** *Etnol.* Se dice de un pueblo indígena de las islas Marianas. También s. **2** Perteneciente o relativo a este pueblo. || m. *Ling.* **3** Lengua hablada por los chamorros, perteneciente a la familia malayopolinesia. Se habla principalmente en la isla de Guam.

CHAMORRO, DIEGO MANUEL Político nicaragüense (? - ?, 1923). Ministro de Instrucción Pública durante el mandato de su tío Emiliano Chamorro Vargas, le sucedió en la presidencia de la República (1921-23).

CHAMORRO, FRUTOS Militar y político nicaragüense (Guatemala, 1806 - Granada, 1855). Al confederarse Honduras, Nicaragua y El Salvador, fue nombrado delegado supremo del poder ejecutivo (1843-44); en 1845, fue gobernador de Nicaragua, y en 1846, ministro de Hacienda, cartera que volvió a desempeñar en 1851. Entre 1853 y 1855 fue jefe del poder ejecutivo y posteriormente presidente de la República.

CHAMORRO, PEDRO JOAQUÍN Periodista nicaragüense (Managua, 1925 - íd., 1978). Fundó y dirigió el diario *La Prensa,* en torno al que se agrupó la oposición democrática al régimen de Somoza. Murió asesinado. Su viuda, VIOLETA CHAMORRO, se hizo cargo de la dirección del periódico.

CHAMORRO, VIOLETA BARRIOS DE Política nicaragüense (Rivas, 1929). Sucedió a su marido en la dirección del periódico *La Prensa* (1979-80) y participó en la primera junta revolucionaria (1979-80). Posteriormente se convirtió en una de las principales opositoras del sandinismo. Candidata presidencial por la Unión Nacional Opositora, fue presidenta de la República (1990-96).

CHAMORRO ALFARO, PEDRO JOAQUÍN Militar y político nicaragüense (Granada, 1818 - íd., 1890). Jefe del Partido Conservador, participó en la lucha contra el filibustero Walker y en las guerras civiles de 1863, 1865 y 1869. Elegido presidente de la República (1875-79).

CHAMORRO VARGAS, EMILIANO Militar y político nicaragüense (Acopaya, 1871 - Managua, 1966). Tío de Diego Manuel Chamorro. Ministro plenipotenciario en EE UU, ratificó con Bryan un tratado (1916) que otorgaba ciertas concesiones a EE UU. Presidente de la República (1917-21), ocupó de nuevo el cargo durante algunos meses en 1926.

CHAMOUN, CAMILLE Político libanés (Deir el-Qamer, 1899 - Beirut, 1987). Miembro del Partido Cristiano Maronita, fue ministro de Economía y Finanzas (1938), del Interior (1943-44) y presidente de la República (1952-58). Posteriormente fue ministro de Finanzas (1975) y de Asuntos Exteriores y de Defensa (1976).

CHAMPAGNE (Voz fr.) m. CHAMPÁN.

CHAMPAIGNE, PHILIPPE DE Pintor francés, de origen flamenco (Bruselas, 1602 - París, 1674). Autor de *El voto de Luis XIII* (1638), y de los retratos del cardenal Richelieu (1635) y Colbert (1655).

CHAMPAIGNE-ARDENNE CHAMPAÑA-ARDENAS.

CHAMPÁN o **CHAMPAÑA** m. Vino blanco espumoso, originario de Champagne, comarca francesa.

CHAMPAÑA-ARDENAS *(Champagne-Ardennes)* Región del NE de Francia, que comprende los departamentos de Ardenas, Aube, Marne y Alto Marne; 25.606 km² y 1.342.363 h. Su capital es Reims. Vid (famosos vinos espumosos).

CHAMPAQUÍ Cerro de Argentina, provincia de Córdoba, en la sierra de Córdoba; 2.880 m de altura.

CHAMPIÑÓN m. *Biol.* Hongo basidiomiceto perteneciente a la familia agaricáceas, de nombre científico *Agaricus campestris.*

CHAMPLAIN Lago de América del N; 1.982 km². Forma la frontera entre los Estados de Vermont y Nueva York, en EE UU, y Canadá.

CHAMPLAIN, SAMUEL DE Marino francés (Brouage, h. 1567 - Quebec, 1635). En 1603 exploró Canadá y fundó la ciudad de Quebec; descubrió el lago llamado Champlain y se estableció en el país como gobernador del rey de Francia.

CHAMPOLLION, JEAN FRANÇOIS Egiptólogo francés (Figeac, 1790 - París, 1832). Considerado el fundador de la egiptología, fue el primero en descifrar la escritura jeroglífica (1821), al comparar el texto en griego, demótico y jeroglífico de la piedra Rosetta. Autor de *Compendio del sistema jeroglífico de los antiguos egipcios* (1823).

CHAMPÚ m. Producto para el lavado del cabello de la cabeza. ♦ Su pl. es *champús* o *champúes.*

CHAMPUZ m. *Ecuad.* y *Perú* Gachas de harina de maíz o de maíz cocido, azúcar y zumo de naranjilla.

CHAMULLAR intr. fam. Hablar de forma incomprensible.

CHAMUSCADO, DA adj. fig. y fam. Tocado de un vicio o pasión.

CHAMUSCAR tr. **1** Quemar una cosa por la parte exterior. También prnl. || prnl. **2** fig. y fam. Escamarse, desconfiar.

CHAMUSQUINA f. **1** Acción y efecto de chamuscar o chamuscarse. **2** fig. y fam. CAMORRA, riña. || **oler a chamusquina** fr. fig. y fam. Barruntar un peligro.

CHANÁ adj. **1** *Etnol.* Se dice de un pueblo amerindio, ya extinguido, que habitaba en las cuencas del Paraná y del Uruguay, y en Entre Ríos y Buenos Aires. Más como m. pl. **2** Se dice también de sus individuos. También com. **3** Relativo a este pueblo.

CHANADA f. fam. Chasco, supercherías.

CHANCA[1] f. CHANCLA.

CHANCA[2] adj. **1** Se dice de una tribu amerindia del pueblo aimará o colla, que derrotó a los quechuas, pero fue al final absorbido por los incas. Más como m. pl. **2** Se dice también de sus individuos. También com. **3** Relativo a este pueblo.

CHANCAR tr. **1** *Amér.* Triturar, machacar. **2** *Chile* y *Perú* Apalear, golpear. **3** fig. *Chile* y *Perú* Apabullar, sobrepujar. **4** fig. *Chile* y *Ecuad.* Ejecutar mal o a medias una cosa. **5** fig. *Perú* Empollar, estudiar con ahínco.

CHANCAY Río de Perú, tributario del Pacífico; 113 km.

CHANCEAR intr. y prnl. Bromear.

CHANCHAMAYO Río de Perú, en el departamento de Junín, que se une al Paucartambo para formar el Perené; 32 km.

CHANCHÁN Montes de la cordillera Occidental de los Andes Ecuatorianos; 4.095 m.

CHANCHÁN Antigua ciudad de la costa NO de Perú, en el departamento de La Libertad, cerca de Trujillo. Fue capital del reino preincaico de Chimú (siglos XIII-XIV). No muy lejos se encuentran las pirámides truncadas del Sol y de la Luna.

CHÁNCHARRAS MÁNCHARRAS f. pl. fam. Rodeos o pretextos para dejar de hacer alguna cosa.

CHANCHI adj. fam. CHACHI.

CHANCHO, CHA adj. y s. **1** *Amér.* Sucio, desaseado. || m. y f. *Zool.* **2** CERDO.

CHANCHULLERO, RA adj. y s. Que gusta de andar en chanchullos.

Philippe de **Champaigne.** Retrato del cardenal Mazzarino. Museo Condé (Chantilly).

CHANCHULLO m. fam. Manejo ilícito para conseguir un fin, y especialmente para lucrarse.

CHANCILLERÍA f. **1** *Hist.* En España, antiguo tribunal superior de justicia donde, además de los pleitos que en él se dirimían, se conocía, por apelación, de todas las causas de los jueces de las provincias. Había dos chancillerías en la corona de Castilla: una en Valladolid y otra en Ciudad Real, trasladada en 1505 a Granada. **2** Importe de los derechos del canciller.

CHANCLA f. **1** Zapato viejo. **2** CHANCLETA.

CHANCLETA f. **1** Chinela sin talón, o con el talón doblado. **2** fam. y desp. Mujer, especialmente la recién nacida. || com. **3** fig. y fam. Persona inepta.

CHANCLO m. **1** Sandalia de madera o suela gruesa que se pone debajo del calzado para preservarse de la humedad. **2** Zapato de materia elástica en que entra el pie calzado. **3** Parte inferior de algunos calzados, en forma de chanclo.

CHANCRO m. *Med.* Úlcera contagiosa de origen venéreo o sifilítico.

CHÁNDAL m. Traje deportivo que consta de un pantalón y de una chaqueta que cubre el torso.

CHANDIGARH **1** Territorio de la India; 114 km² y 725.000 h. Fue creado en 1966 al dividirse la provincia de Punjab Oriental. **2** Ciudad del NO de la India, capital de los Estados de Haryana y Punjab y del territorio de su nombre; 504.094 h. Fue construida de nueva planta a principios de los años cincuenta, según un proyecto de Le Corbusier (1950).

CHANDLER, RAYMOND Novelista estadounidense (Chicago, 1888 - La Jolla, 1959). Destacado representante de la *novela negra,* creó el personaje del detective Philip Marlowe, encarnado en el cine por los actores Humphrey Bogart y Robert Mitchum. Escribió guiones para el cine y novelas como *El sueño eterno* (1939), *Adiós muñeca* (1940), *La dama del lago* (1943) y *El largo adiós* (1954).

CHANDRAGUPTA MAURYA Rey de la India (? - ?, h. 296 a. C.). Accedió al trono h. 321 a. C. Combatió contra Alejandro Magno y después contra Seleuco I. Fundador del primer imperio de la India.

CHANDRASEKHAR, SUBRAHMANYAN Astrofísico estadounidense de origen hindú (Lahore, 1910 - Chicago, 1995). Estudió la dinámica de los sistemas estelares y desarrolló la teoría de las estrellas enanas blancas. En 1983 compartió con Fowler el premio Nobel de Física.

CHANEL, COCO (GABRIELLE BONHEUR, llamada) Modista francesa (Saumur, 1883 - París, 1971). A partir de los años veinte, renovó la indumentaria femenina.

CHANFAINA f. **1** Guiso hecho de bofes o livianos picados. **2** *Col.* Guiso de carne de oveja o cordero. **3** fig. y fam. *Col.* ENCHUFE, cargo o empleo.

CHANFLÓN, NA adj. **1** Se dice de la moneda falsa. **2** Despreciable. || m. **3** Disco de metal para jugar al chito.

CHANG SHANG.

CHANG CHING-KUO CHIANG CHING-KUO.

CHANG KAI-SHEK CHIANG KAI-SHEK.

CHANGA f. **1** fam. Trueque o negocio de poca importancia. **2** *Amér.* Chanza, burla. **3** *Arg., Bol.* y *Urug.* Ocupación y servicio que presta el changador. **4** *Zool.* Insecto dañino para las plantas. **5** fig. Persona perversa.

CHANGADOR m. *Arg., Bol.* y *Urug.* MOZO DE CUERDA.

CHANGAI SHANGHAI.

CHANGAR tr. Romper, destrozar.

CHANGCHUN *(Ch'ang-ch'un)* Ciudad del NE de China, en la región Nordoriental, capital de la provincia de Jilin; 2.110.000 h. Antes se llamó *Hsinking* y fue capital del Manchukuo durante la etapa de dominación japonesa.

CHANGJIAN YANGTSE.

CHANGLE m. *Bot. Chile* Hongo parásito de algunos árboles.

CHANGO, GA adj. *Etnol.* **1** Se dice de un pueblo amerindio casi extinguido que habitaba en las costas septentrionales de Chile. Más como m. pl. **2** Se dice también de sus individuos. También s. **3** Relativo a los changos.

CHANGSHA *(Ch'ang-sha)* Ciudad del SE de China, en la región Centroriental, capital de la provincia de Hunan; 1.330.000 h. Centro industrial y comercial. Puerto fluvial.

CHANGÜÍ m. fam. Chasco, engaño.

CHANGURRO m. *Gastron.* Plato popular vasco hecho con centollo cocido y desmenuzado en su caparazón.

CHANQUETE m. *Zool.* Pez teleósteo perteneciente a la familia góbidos, de nombre científico *Aphia minuta.* Tiene el cuerpo traslúcido y cristalino, con la primera aleta dorsal con cinco radios espinosos.

CHANSON DE ROLAND Cantar de gesta francés, escrito en el siglo XI, que narra fabulosamente los acontecimientos acaecidos a finales del siglo VIII en el desfiladero de Roncesvalles, donde la retaguardia del ejército de Carlomagno fue aniquilada por los vascos o gascones en una emboscada. Consta de 3.998 versos en rima

asonante. Constituye uno de los primeros ejemplos de la literatura épica occidental.
CHANSONNIER (Voz fr.) m. Cantante que interpreta en los *cabarets*, generalmente, sus propias canciones.
CHANTAJE m. **1** Amenaza de pública difamación o daño para obtener algún provecho. **2** Presión que, mediante amenazas, se ejerce sobre alguien para obligarle a hacer algo.
CHANTAJEAR tr. Hacer chantaje.
CHANTAJISTA com. Persona que hace chantaje.
CHANTAR tr. **1** Vestir o poner. **2** Clavar, hincar. **3** fam. Decir a una cosa sin reparo ni miramiento.
CHANTILLÓN m. ESCANTILLÓN.
CHANTILLY o **CHANTILLÍ** m. Crema de nata batida.
CHANTILLY Ciudad de Francia, en el departamento de Oise, al N de París; 8.324 h. Famosos encajes. Castillo de la Edad Media.
CHANTRE m. Dignidad de las iglesias catedrales, a cuyo cargo estuvo el canto del coro.
CHANZA f. **1** Dicho festivo y gracioso. **2** Burla, broma.
CHAÑAR m. *Bot. Amér.* m. **1** Árbol de la familia leguminosas, de corteza amarilla. **2** Fruto de este árbol.
CHAÑO m. *Chile* Frazada de lana burda.
¡CHAO! interj. Adiós, hasta luego.
CHAPA f. **1** Hoja o lámina de metal, madera u otra materia. **2** Tapón metálico que cierra herméticamente las botellas. **3** Piel con que los zapateros aseguran las últimas puntadas en las uniones de unas piezas con otras. **4** *Zool.* Caracol terrestre de gran tamaño, común en Valencia. **5** fig. y fam. Seso, formalidad. **6** Moneda estropeada que se usa como tejo. **7** Dinero. **8** *Amér.* CERRADURA. || f. pl. **9** Juego que se realiza con dos monedas. **10** Juego infantil que consiste con tapones metálicos de botellas, que recorren un circuito trazado en la arena impulsadas a golpes del dedo índice.
CHAPADO, DA adj. **1** CHAPEADO. **2** fig. Hermoso, gentil, gallardo. || **chapado a la antigua** expr. fig. Se dice de la persona muy apegada a los hábitos y costumbres tradicionales.
CHAPALA Lago de México, el mayor del país, en los Estados de Michoacán y Jalisco; 1.109 km² y una longitud máxima de 84 km. Centro turístico.
CHAPALEAR intr. **1** CHAPOTEAR, sonar el agua. **2** CHACOLOTEAR.
CHAPALETA f. Válvula de la bomba de sacar agua.
CHAPALETEAR intr. Chapotear, sonar el agua.
CHAPAPOTE m. *Geol.* Asfalto más o menos espeso que se halla en las Antillas.
CHAPAR tr. **1** CHAPEAR, cubrir con chapas. **2** Asentar, encajar. **3** fam. Trabajar duro y con ahínco.
CHAPARRADA f. CHAPARRÓN.
CHAPARRAL m. **1** Sitio poblado de chaparros. **2** Matorral de renuevos de encina. **3** *Ecol.* Formación vegetal caracterizada por plantas leñosas de poca altura, con hojas gruesas y perennes, e impenetrable.
CHAPARREAR intr. Llover reciamente.
CHAPARRO, RRA adj. y s. **1** Persona rechoncha. || s. *Bot.* **2** Mata de encina o roble, de muchas ramas y poca altura. **3** *Amér. C.* Arbusto de la familia malpigiáceas que crece en lugares llanos y secos.
CHAPARRÓN m. **1** Lluvia recia de corta duración. **2** fig. Copia o abundancia de cosas. **3** Riña, reprimenda.
CHAPE m. **1** *Arg.* y *Chile* Trenza de pelo. **2** *Zool. Chile* Molusco comestible.
CHAPEADO, DA adj. Cubierto de chapa.
CHAPEAR tr. **1** Cubrir o adornar con chapas. **2** *Agr. Cuba* Limpiar la tierra de malezas y hierbas. || intr. **3** CHACOLOTEAR. || prnl. **4** *Chile* Medrar.
CHAPELA f. Boina vasca.
CHAPERA f. Plano inclinado hecho con maderos que se usa en las obras como escalera.
CHAPERO m. vulg. Muchacho que se dedica a la prostitución homosexual masculina.
CHAPERÓN m. Alero de madera que se suele poner en los patios para apoyar en él los canalones.
CHAPETA f. Mancha de color encendido en las mejillas. Puede ser debida al calor o manifestación de alguna enfermedad, como la tuberculosis.
CHAPETÓN, NA adj. **1** Se dice del español recién llegado a América, y por extensión, del europeo en las mismas condiciones. También s. **2** Inexperto, bisoño, novicio.
CHAPÍ, RUPERTO Compositor español (Villena, 1851 - Madrid, 1909). Considerado uno de los principales representantes del género chico. Compuso 155 zarzuelas, entre ellas *La tempestad* (1882), *El tambor de granaderos* (1894), *La Revoltosa* (1897) o *El puñao de rosas* (1902). Escribió también algunas óperas, composiciones sinfónicas y música de cámara.
CHAPICO m. *Bot. Chile* Arbusto de la familia desfontaineáceas, de nombre científico *Desfontainia spinosa*. Sus hojas se usan para teñir de amarillo.
CHAPÍN¹ (Voz onomatopéyica.) m. **1** Chanclo de corcho, forrado de cordobán. **2** *Zool.* Pez de los mares tro-

Charles **Chaplin**. Escena de *Luces de la ciudad*, con Virginia Cherrill.

picales, parecido al cofre. || **CHAPÍN DE LA REINA** o **DE LAS INFANTAS** *Hist.* Tributo que pagaba el pueblo de Castilla, a modo de dote o regalo popular, para contribuir a la boda de la reina o de las infantas.
CHAPÍN², NA adj. **1** *Amér. C.* De Guatemala. También s. **2** *Col.* y *Hond.* PATOJO.
CHAPITEL m. **1** Remate de las torres que se levanta en figura piramidal. **2** Capitel de la columna. **3** Cono hueco de ágata u otra sustancia dura, que, encajado en el centro de la aguja imanada, sirve para que ésta se apoye y gire sobre el extremo del estilete.
CHAPLIN, CHARLES SPENCER (llamado CHARLOT) Actor y director de cine británico (Londres, 1889 - Vevey, Suiza, 1977). Excepcional actor de cine mudo, creó el personaje *Charlot*, caracterizado por su gran comicidad y penetración psicológica. Entre sus realizaciones sobresalen *El chico* (1920), *La quimera del oro* (1925), *Luces de la ciudad* (1931), primera en que empleó el sonoro, *Tiempos modernos* (1936), *El gran dictador* (1940), *Candilejas* (1952), *La condesa de Hong Kong* (1966), etc. En 1971, obtuvo un Oscar especial por el conjunto de su obra.
CHAPMAN, GEORGE Poeta y dramaturgo inglés (Hitchin, h. 1559 - Londres, 1634). Tradujo la *Ilíada* (1611) y la *Odisea* (1616). Entre sus composiciones dramáticas sobresalen *Bussy d'Amboise* (1597), *Eastward Hoe* (1605) y *All Fools* (1605).
CHAPÓ m. Juego de billar que se desarrolla en mesa grande, con troneras y con cinco palillos que se colocan en el centro de la mesa y que tienen diverso valor para el tanteo. || **¡chapó!** interj. Se emplea para expresar admiración.
CHAPODAR tr. **1** Cortar ramas de los árboles, aclarándolos, para que no se envicien. **2** fig. CERCENAR.
CHAPOLA f. *Zool. Col.* MARIPOSA, insecto.
CHAPOTEAR intr. **1** Sonar el agua batida por los pies o las manos. **2** Producir ruido al mover las manos o los pies en el agua o en el lodo, o al pisar éstos. También tr.
CHAPPE, CLAUDE Físico e ingeniero francés (Brulon, 1763 - París, 1805). Inventor del telégrafo óptico, en 1973 dirigió su instalación de París a Lille.
CHAPTAL, JEAN ANTOINE, CONDE DE CHANTELOUP Químico y político francés (Nogaret, 1756 - París, 1832). Desarrolló los procedimientos para el teñido del algodón en rojo de Andrinópolis. Introdujo en Francia el sistema métrico. Fue ministro del Interior (1800-04).
CHAPUCEAR tr. Hacer pronto y mal una cosa.
CHAPUCERÍA f. **1** Tosquedad, imperfección. **2** Obra mal hecha. **3** EMBUSTE.
CHAPUCERO, RA adj. **1** Hecho tosca y groseramente. **2** Se dice de la persona que trabaja de este modo. También s. **3** EMBUSTERO. También s. || m. **4** Herrero que fabrica cosas bastas de hierro. **5** Vendedor de hierro viejo.
CHAPUL m. *Zool. Amér.* Especie de langosta o saltamontes. **2** *Col.* LIBÉLULA.
CHAPULÍN m. *Zool. Amér.* Langosta, cigarrón.

CHAPULTEPEC *Hist.* Cerro y parque de Ciudad de México. En el siglo XIII se establecieron en él los aztecas, para quienes llegó a tener carácter sagrado. En el siglo XVIII se construyó un castillo, convertido después en Colegio Militar (1842), que fue tomado por las tropas estadounidenses en 1847, y más tarde utilizado como residencia del emperador Maximiliano y de algunos presidentes de la República. Fue sede de la Conferencia Panamericana donde se firmó el ACTA DE CHAPULTEPEC. Actualmente es el Museo Arqueológico Nacional.
CHAPULTEPEC, ACTA DE *Hist.* Acuerdo entre las naciones de América, firmado en 1945, en la XII Conferencia Panamericana, celebrada en Chapultepec. Fueron bases del mismo el respeto mutuo, la integridad territorial y política y la ayuda económica, así como la defensa común ante un enemigo no americano. El Salvador y Argentina suscribieron posteriormente el acuerdo.
CHAPURREAR o **CHAPURRAR** tr. e intr. Hablar con dificultad un idioma.
CHAPUZ m. CHAPUZA.
CHAPUZA f. Obra poco importante o mal hecha.
CHAPUZAR tr., intr. y prnl. Meter a uno de cabeza en el agua.
CHAPUZÓN m. Acción y efecto de chapuzar.
CHAQUÉ m. Prenda exterior de hombre, de etiqueta, a modo de chaqueta, que a partir de la cintura se abre hacia atrás formando dos faldones.
CHAQUEÑO, ÑA adj. y s. De Chaco, región sudamericana o provincia argentina.
CHAQUETA f. Prenda exterior de vestir, que se ajusta al cuerpo y pasa poco de la cintura. || **cambiar de chaqueta, cambiar la chaqueta, volver la chaqueta** frs. figs. y fams. Cambiar de opinión, sobre todo en cuestiones políticas, buscando el interés personal.
CHAQUETEAR intr. **1** Huir ante el enemigo. **2** CAMBIAR DE CHAQUETA.
CHAQUETERO, RA adj. **1** fam. Que chaquetea, que cambia de opinión o de partido por conveniencia personal. **2** fam. Adulador, pelotillero.
CHAQUETILLA f. Chaqueta más corta que la ordinaria.
CHAQUETÓN m. Prenda exterior de más abrigo y algo más larga que la chaqueta.
CHAQUIRA f. **1** Cuentas, abalorios, etc., que llevaban los españoles para vender a los indígenas americanos. **2** Sarta, collar, brazalete hecho con abalorios.
CHAR, RENÉ Poeta francés (L'Isle-sur-la-Sorgue, 1907 - París, 1988). Destacado representante del surrealismo. Obras principales: *El martillo sin dueño* (1934), *Solos permanecen* (1945), *Las hojas de Hipnos* (1946), *Poemas de dos años* (1955), *La palabra en archipel* (1962) y *Cantos de la Balandrane* (1977).
CHARABÁN m. Coche descubierto, con dos o más filas de asientos.
CHARABASCA f. *Bot.* RAMOJO.
CHARADA f. Pasatiempo que consiste en adivinar una palabra a partir de ciertas pistas y de distintas palabras

Chartres (Francia). Vista aérea.

que se pueden formar alterando el orden de todas o alguna de sus sílabas.

Charal m. *Zool.* Pez teleósteo fisóstomo, de nombre científico *Chirostoma jordani*, nativo de México.

Charamusca f. 1 Leña menuda con que se hace el fuego en el campo. 2 *Méx.* Confitura en forma de tirabuzón, hecha de azúcar.

Charanga f. 1 Música militar que consta sólo de instrumentos de viento. 2 Por extensión, cualquier otra música de igual composición. 3 Grupo musical de carácter jocoso.

Charango m. *Mús.* Instrumento musical de cinco cuerdas dobles, de forma parecida a la bandurria; su caja se construye con un caparazón de armadillo o quirquincho.

Charapa f. *Zool.* Perú Tortuga pequeña y comestible.

Charape m. *Méx.* Bebida fermentada hecha con pulque, panocha, miel, clavo y canela.

Charata f. *Zool. Arg.* Ave gallinácea, especie de pavo salvaje.

Charca f. Depósito de agua detenida en el terreno, natural o artificialmente.

Charcal m. Sitio en el que abundan los charcos.

Charcas Antiguo nombre de la ciudad boliviana de SUCRE.

Charco m. 1 Agua u otro líquido detenido en un hoyo o cavidad de la tierra o del piso. 2 *Col.* Remanso de un río. || **pasar el charco** fr. fig. y fam. Cruzar el mar, por lo general el Atlántico.

Charcón adj. *Arg.* y *Bol.* Se dice de la persona de complexión enjuta. También se aplica a ciertos animales.

Charcot, Jean-Baptiste Explorador francés (Neuilly-sur-Seine, 1867 - costas de Islandia, 1936). Realizó dos expediciones polares a las regiones antárticas (1903-05 y 1908-10).

Charcot, Jean Martin Médico francés (París, 1825 - Morvan, 1893). Maestro de Freud, fue uno de los fundadores de la neurología moderna. Describió la ataxia locomotora descubrió los aneurismas miliares e investigó sobre el alma y el envejecimiento.

Charcutería f. Establecimiento en el que se venden fiambres, embutidos y quesos.

Chardin, Jean-Baptiste-Siméon Pintor francés (París, 1699 - íd., 1779). Sobresalió en cuadros de género y en los interiores domésticos. Obras principales: *El niño con la perinola*, *La pompa de jabón*, *La proveedora* y *El benedicite*.

Chardonnet, Hilaire Berniggaud, conde de Físico francés (Besançon, 1839 - París, 1924). Realizó investigaciones sobre los efectos de la radiación ultravioleta en el organismo humano y en 1884 descubrió el rayón.

Charente Departamento del O de Francia, en la región de Poitou-Charentes; 5.956 km² y 339.628 h. Su capital es Angulema. Atravesado por el río de su nombre, produce trigo, cebada y maíz. Vinos y coñac. Industrias mecánicas y papeleras.

Charente-Maritime Departamento del O de Francia, en la región de Poitou-Charentes, junto al Atlántico; 6.864 km² y 557.024 h. Su capital es La Rochelle. Frutales y vid. Industrias químicas. Pesca.

Chari Río de África central, que nace en los montes Ndelé, en la República Centroafricana, y desemboca en el lago Chad; 1.400 km. Afluentes principales: el Bahr Salamat y el Logone.

Charisse, Cyd (Tula Ellice Finklea, llamada) Bailarina y actriz de cine estadounidense (Amarillo, Texas, 1923). Pareja habitual de Gene Kelly y Fred Astaire. Películas principales: *Cantando bajo la lluvia* (1952), *La bella de Moscú* (1957) y *Dos semanas en otra ciudad* (1962).

Charla f. 1 fam. Acción de charlar. 2 Disertación oral ante un público, sin solemnidad ni excesivas preocupaciones formales.

Charlar intr. 1 fam. Hablar mucho, sin sustancia o fuera de propósito. 2 fam. Conversar, platicar sin objeto determinado y sólo por mero pasatiempo.

Charlatán, na adj. y s. 1 Que habla mucho y sin sustancia. 2 Hablador indiscreto. 3 Embaucador.

Charleroi Ciudad de Bélgica, provincia de Hainaut, a orillas del Sambre; 205.591 h. En 1666 cambió su antiguo nombre de Charnoy por el actual en honor de Carlos II de España. Victoria de los alemanes sobre los franceses en la Primera Guerra Mundial (agosto de 1915).

Charles o **Chaston** m. *Mús.* Instrumento de percusión, parte integrante de la batería, que consta de dos platillos o platos enfrentados y unidos a un eje, el inferior fijo y el superior móvil, y que se hace sonar moviendo el vástago del eje mediante un pedal o golpeándolos con los palillos.

Charles, Jacques Alexandre Físico francés (Beaugency, 1746 - París, 1823). Estudió la dilatabilidad de los gases, la electricidad y la acústica. Se anticipó a la invención de la fotografía al obtener siluetas, proyectando la sombra de un objeto sobre un papel recubierto con sales de plata. Enunció la ley que lleva su nombre, conocida también como *ley de Charles-Gay-Lussac*.

Charles, Ray Cantante, pianista y compositor estadounidense (Albany, 1932 - Los Ángeles, 2004). Ciego a los 6 años, a los 15 inició su carrera profesional. En 1954 creó su propio grupo, llamado *Rhythm & Blues*. Su estilo abarca el soul, el blues, el jazz y el rock and roll.

Charles d'Orleans Poeta y príncipe francés (París, 1394 - Amboise, 1465). Padre de Luis XII. Prisionero en Azincourt, pasó 25 años cautivo en Inglaterra, donde escribió *Libro de la prisión*. Cultivó la balada y el *rondeau*.

Charlestón m. *Danza.* Danza originaria de los negros americanos. Alcanzó gran éxito en Europa durante los años veinte.

Charleston Ciudad de EE UU, capital del Estado de Virginia Occidental, situada a orillas del río Kanawha; 76.854 h. Yacimientos de carbón. Industria siderometalúrgica y química.

Charleville-Mézières Ciudad del NE de Francia, capital del departamento de Ardenas, a orillas del Mosa; 57.008 h. Iglesia del siglo XVI y casa consistorial del siglo XVII.

Charlois, Auguste Astrónomo francés (La Cadière, 1864 - Niza, 1910). Director del Observatorio de Niza, aplicó por primera vez la fotografía al estudio astronómico y descubrió 112 asteroides. Realizó numerosos estudios de posiciones, cálculos de órbitas y medidas de estrellas dúplices.

Charlot Chaplin, Charles Spencer.

Charlotada f. 1 Festejo taurino bufo. 2 Actuación pública, colectiva, grotesca o ridícula.

Charlotte Ciudad de EE UU, en el Estado de Carolina del Norte; 441.297 h. Industria papelera y textil.

Charlton, Bobby (Robert Charlton, llamado) Futbolista británico (Ashington, 1937). Fue el mejor jugador europeo en 1966, cuando Inglaterra conquistó el campeonato del mundo. Ganó para su equipo, el Manchester United, la Copa de Europa en 1968. Se retiró en 1972.

Charnela f. 1 BISAGRA. 2 GOZNE. 3 *Geol.* Línea que une los puntos de máxima curvatura de un pliegue. Es la zona de máxima flexión de los estratos, es decir, donde éstos cambian de buzamiento. 4 *Zool.* Articulación de las dos piezas componentes de la concha de los moluscos.

Charneta f. fam. CHARNELA.

Charol m. 1 Barniz muy lustroso y permanente. 2 Cuero con este barniz.

Charpak, Georges Físico e ingeniero francés de origen polaco (Davrobica, 1924). Inventó el primer detector electrónico de partículas conectado directamente a un ordenador; una de sus variantes, que detecta los rayos X, se utiliza para el análisis de la estructura de sustancias cristalinas, la detección de formación de moléculas biológicas y para análisis de radiografías médicas. Premio Nobel de Física en 1992.

Charpentier, Gustave Compositor francés (Dieuze, 1860 - París, 1956). Autor de óperas y obras orquestales de carácter descriptivo. Entre las primeras figuran *Louise* (1900) y *Julien* (1913) y, entre las segundas, *Impressions d'Italie* (1889).

Charpentier, Marc Antoine Compositor francés (París, 1635 - íd., 1704). Destacado representante del barroco francés, compuso algunas óperas y abundante música religiosa: *Te Deum* (1687) y el oratorio *El juicio de Salomón* (1702).

Charque o **Charqui** m. *Gastron. Amér.* Carne salada.

Charquicán m. *Gastron. Amér.* Guiso hecho con charqui, ají, patatas, judías y otros ingredientes.

Charrada f. 1 Dicho o hecho propio de un charro. 2 fig. y fam. Obra o adorno impropio, sobrecargado o de mal gusto.

Charrán adj. y m. Pillo, tunante.

Charretera f. 1 Divisa militar en forma de pala, que se sujeta al hombro por una presilla de la cual pende un fleco. 2 JARRETERA. 3 Hebilla de jarretera.

Charro, rra adj. 1 Campesino de Salamanca. También s. 2 Relativo a ellos. 3 *Méx.* Jinete que viste un traje de chaqueta con bordados, pantalón ajustado, camisa blanca y sombrero de ala ancha y alta copa cónica. También adj.

Charron, Pierre Filósofo francés (París, 1541 - íd., 1603). Su pensamiento escéptico ejerció una notable influencia en los escritores del siglo XVII. Autor de *Discursos cristianos* (1589) y *La sabiduría* (1601).

Charrúa adj. *Etnol.* 1 Se dice de un pueblo amerindio que habitaba la costa septentrional del Río de la Plata. También com. 2 Relativo a este pueblo 3 Individuo de este pueblo.

Chart o **Chartista** (Voz i.) m. Analista de mercados.

Chárter adj. 1 Se dice de las compañías aéreas que realizan vuelos no regulares con tarifas inferiores a las establecidas. 2 Se dice de estos vuelos. También m. || m. 3 Avión que realiza estos vuelos. ♦ Su pl. es *chárter*.

Chartier, Alain Escritor francés (Bayeux, h. 1385 - Aviñón, h. 1433). Entre sus obras de carácter político destacan *La epístola a la Universidad de París*, en latín, y, en francés, *El tratado de la esperanza* (1428). Autor del poema titulado *El libro de las cuatro damas*.

Chartres Ciudad de Francia, capital del departamento de Eure-et-Loire, al SO de París; 39.595 h. Célebre catedral de estilo gótico, acabada a mediados del siglo XIII.

CHARTREUSE m. Licor verde o amarillo de hierbas aromáticas fabricado por los monjes cartujos.

CHASCA f. **1** Leña menuda. **2** Ramaje que se coloca sobre la leña dispuesta para hacer carbón. **3** *Amér.* Cabello enmarañado.

CHASCAR intr. **1** Dar chasquidos. **2** Hacer ruido al masticar. **3** ENGULLIR. También tr. || tr. **4** Triturar.

CHASCARRILLO m. fam. Anécdota ligera y picante, cuentecillo agudo o frase de sentido equívoco y gracioso.

CHASCO m. **1** Burla o engaño. **2** fig. Decepción que causa un suceso contrario a lo que se esperaba.

CHASCONEAR tr. **1** *Chile* Enredar, enmarañar. **2** REPELAR.

CHASIS f. **1** fam. ESQUELETO. **2** *Fís.* Montaje para los componentes de circuito de un equipo eléctrico o electrónico. **3** *Fot.* Bastidor donde se colocan las placas fotográficas. **4** *Mec.* Armazón, caja del coche.

CHASQUE f. **1** *Amér. m.* Indio que sirve de correo. **2** Mensajero, emisario.

CHASQUEAR tr. **1** Dar un chasco o sorpresa a alguien. **2** Sacudir con fuerza el látigo o la lengua produciendo un chasquido. || intr. **3** Decepcionar. **4** Dar chasquidos.

CHASQUIDO m. **1** Sonido que se hace con el látigo o la honda cuando se sacuden en el aire. **2** Ruido que se produce al romperse alguna cosa. **3** Ruido que resulta de separar súbitamente la lengua del paladar.

CHASSERIAU, THÉODORE Pintor y grabador francés (Samaná, 1819 - París, 1856). Discípulo de Ingres, se distinguió en la pintura decorativa de temática religiosa e histórica. Autor de *Adela* (1836), *Venus marina* (1838) y *Macbeth* (1855).

CHASTON CHARLES.

CHATARRA f. **1** Escoria que deja el mineral de hierro. **2** Conjunto de trozos de metal viejo o de desecho, especialmente el hierro. **3** Calderilla, conjunto de monedas metálicas de poco valor. **4** Cosa de poco valor. **5** Aparato viejo o inservible.

CHATASCA f. *R. Plata* CHARQUICÁN.

CHATEAR intr. fam. Salir de chateo.

CHATEAUBRIAND, FRANÇOIS RENÉ, VIZCONDE DE Escritor francés (Saint-Malo, 1768 - París, 1848). Es una de las figuras más representativas del Romanticismo. Se opuso a la Revolución Francesa de 1789 y se exilió en Londres de 1793 a 1800. Ocupó cargos de importancia con Napoleón y fue ministro de Asuntos Exteriores (1823) en la restauración borbónica. Autor de *Ensayo histórico sobre las revoluciones* (1797), *El genio del cristianismo* (1802), *René* (1805), *Atala* (1809), *El último abencerraje* (1826), *Memorias de ultratumba* (1848).

CHÂTELET, MARQUESA DE (ÉMILIE LE TONNELIER DE BREUIL, llamada) Matemática, física y filósofa francesa (París, 1706 - Lunéville, 1749). Defensora de las teorías newtonianas, durante 15 años mantuvo una relación afectiva e intelectual con Voltaire, en cuya obra ejerció gran influencia.

CHÂTELIER, HENRY-LOUIS LE LE CHÂTELIER, HENRY-LOUIS.

CHATEO m. fam. Acción de beber chatos.

CHATHAM Archipiélago de Oceanía, al E de Nueva Zelanda; 963 km² y 760 h.

CHATO, TA adj. **1** Que tiene la nariz poco prominente y como aplastada. También s. **2** Se dice de la nariz que tiene esta figura. **3** Romo, plano, corto. || m. **4** fig. y fam. Vaso bajo y ancho de vino o de otra bebida. || m. y f. **5** Apelativo cariñoso.

CHATRIA m. *Sociol.* Individuo de la segunda casta india, la de los nobles o guerreros.

CHATTANOOGA Ciudad del SE de EE UU, en el Estado de Tennessee; 150.425 h. Victoria de Ulisses Grant frente a los sudistas en 1863.

CHATTERJI, BANKIN CHANDRA Escritor hindú (Bengala, 1838 - Calcuta, 1894). Considerado el mejor novelista hindú del siglo XIX, transformó el bengalí en lenguaje literario. Entre sus novelas figuran *El árbol envenenado* (1873) y *Ananda Math* (1882).

¡CHAU! interj. *R. Plata* ¡CHAO!

CHAUCER, GEOFFREY Escritor inglés (Londres, 1340 - íd., 1400). Es la figura más importante de la literatura inglesa en la Edad Media. Con él, el inglés alcanzó la categoría de lengua literaria. Entre sus obras figuran canciones, himnos, baladas y poemas alegóricos, como *La casa de la fama* y *El parlamento de los pájaros*, pero su creación más famosa son los *Cuentos de Canterbury*, iniciados en 1385.

CHAUCHA f. **1** *Chile* y *Ecuad.* Moneda chica de plata o níquel. **2** *Bot. Arg.* Judía verde. **3** *Agr. Chile* Patata temprana o menuda que se deja para simiente.

CHAÜL m. Tela de seda de China, comúnmente azul, semejante al gro en el tejido.

CHAUTEMPS, CAMILLE Político francés (París, 1885 - Washington, 1963). Fue diputado (1919) y senador (1934) por el Partido Radicalsocialista; ministro del Interior y de Justicia (1924), y presidente del Consejo de Ministros (1930, 1933, 1937 y 1938).

CHAUVINISMO m. Galicismo por CHOVINISMO.

El vizconde de **Chateaubriand**. Grabado del siglo XIX. Biblioteca de Artes Decorativas (París).

CHAVAL, LA m. y f. Popularmente, niño o joven.

CHAVEA m. fam. Rapazuelo, muchacho.

CHAVES, NUFLO DE Explorador español (Trujillo, h. 1518 - Charcas, 1568). Llegó a Paraguay con Álvar Núñez Cabeza de Vaca en 1542. Remontó el río Paraguay (1558), y fundó Nueva Asunción (1559) y Santa Cruz de la Sierra (1561).

CHAVETA f. **1** Clavo que se remacha separando las dos mitades de su punta. **2** Clavija o pasador que se pone en el agujero de una barra e impide que se salgan las piezas que la barra sujeta. || *estar* alguien *mal de la chaveta* fr. fig. y fam. Haber perdido el juicio. || *perder uno la chaveta* fr. fig. y fam. Perder el juicio.

CHÁVEZ, CARLOS Compositor y director de orquesta mexicano (Ciudad de México, 1899 - íd., 1978). Fundó y dirigió la Orquesta Sinfónica de México (1928-48). Escribió la ópera *Amor propiciado* (1959).

CHÁVEZ, CORONADO Político hondureño (?, 1807 - ?, 1881). Presidente de la República (1845-47), ayudó al general Malespín en su tentativa de recuperar el poder en El Salvador, lo que originó una guerra con este país.

CHÁVEZ, FEDERICO Político paraguayo (Asunción, 1875 - íd., 1978). Líder del Partido Colorado, fue presidente de la Cámara de Representantes (1949). Ocupó la presidencia provisional de la República (1949), cargo que ejerció de forma efectiva de 1950 a 1954.

CHÁVEZ, HUGO Político venezolano (Sabaneta de Barinas, 1954). De formación militar, llegó a ser teniente coronel del Ejército. Fundador del Movimiento Bolivariano Revolucionario (1982), al frente del cuerpo de Paracaidistas intentó, sin éxito, tomar el poder durante el gobierno de C. A. Pérez (1992). La crítica situación económica del país, el descontento general y su programa populista al frente del Movimiento V República (MVR), facilitaron su acceso al poder tras las elecciones de 1998. En julio de 2000 fue revalidado en su cargo.

CHAVÍN DE HUANTAR Arqueol. Distrito de Perú, departamento de Ancash. Importante centro arqueológico donde se desarrolló la cultura Chavín (900-250 a. C.). En el conjunto arquitectónico destaca el *Castillo*, donde han aparecido las principales piezas talladas, el *Lanzón*, la *estela Raimondi* y el *friso de los cóndores*.

CHAVO m. fam. OCHAVO.

CHAYO m. *Bot. Cuba* Arbusto de la familia euforbiáceas que segrega una especie de resina.

CHAYOTE m. *Bot.* **1** Fruto de la chayotera. Tiene forma de pera y es comestible. **2** CHAYOTERA.

CHAYOTERA f. *Bot.* Planta americana de la familia cucurbitáceas, cuyo fruto es el chayote.

CHE f. Nombre de la letra *ch*.

¡CHE! interj. con que se llama, se hace detener o se pide atención a una persona.

CHEBOKSARI Ciudad de la Federación de Rusia, capital de la república federada de Chuvash; 450.000 h.

CHECA f. **1** Organismo de la policía política creado por Lenin en 1918 en sustitución de la policía secreta zarista. En 1922 fue sustituida por la GPU. **2** Organismo semejante que ha funcionado en otros países y que sometía a los detenidos a crueles torturas. **3** Local de detención y tortura en que actuaban estos organismos.

CHECA, REPÚBLICA o **CHEQUIA** (*Česká Republika*) Estado de Europa central formado por Bohemia y Moravia que hasta 1993 fue una de las dos repúblicas federadas que constituían Checoslovaquia. Limita al N con Polonia; al E, con Eslovaquia; al S, con Austria y Alemania, y al O, con Alemania.

GEOG. El territorio checo está centrado por los montes Sudetes al N, la selva de Bohemia al S, los montes Metálicos al O y el río Morava al E. Tiene clima continental. El río Elba, con sus afluentes Voltava y Ohre, lleva las aguas de Bohemia hacia el mar del Norte, y el Morava hacia el Danubio. Produce cereales, remolacha, lino, girasol, colza y patatas. Importante ganadería estabulada, vacuna y porcina. Destacan la minería de carbón, plata, mercurio y antimonio, y la industria textil, metalúrgica, mecánica, automovilística, cervecera y la artesanía de porcelana y cristal.

HIST. Desde el siglo V llegaron a la región de Bohemia varias tribus eslavas; dos de ellas, los checos y los moravos, fueron sometidas a finales del siglo VIII por Carlomagno. Hacia el año 830, los moravos formaron el primer Estado unificado de la región, formándose posteriormente la Gran Moravia, que englobaba partes de la actual Chequia y los eslovacos occidentales. Las invasiones húngaras del siglo X provocaron el hundimiento de la Gran Moravia, desplazándose el poder a Bohemia. A lo largo del siglo X se definió su carácter de Estado organizado, pero en el siglo siguiente fue sometido por el imperio germánico. Tanto Bohemia como Moravia obtuvieron importantes prerrogativas del emperador a lo largo de los siglos XI y XII, llegando a su máximo esplendor con el rey Otakar II (1253-78). Posteriormente, Bohemia conoció una época de apogeo durante el reinado del emperador Carlos IV (1346-78), que hizo de Praga el centro de su gobierno. Sin embargo, la llegada de población alemana provocó la reacción nacionalista checa, que al principio tuvo un cariz religioso (movimiento reformista de Jan Hus). La crisis terminó a mediados del siglo XV y, por presiones de la nobleza, a partir de 1471 gobernó la dinastía polaca de los Jagellón. Con Luis II (1516-26) se unieron las coronas de Bohemia y Hungría, y en 1526 fue elegido rey

Superficie:
78.866 km².
Población:
10.273.000 h.
(checos).
Densidad:
130,3 h./km².
Tasa de natalidad: 9‰.
Tasa de mortalidad: 10,9‰.
Capital: Praga.
Ciudades principales: Brno, Ostrava, Plzen.
Grupos étnicos: checos (81,2%), moravos (13,2%), eslovacos (3,1%).
Religión: catolicismo (39,2%), protestantismo (4,3%).
Idioma: checo.
Moneda: corona checa.
Forma de Estado: república parlamentaria.
Producto Nacional Bruto: 53.034 millones de dólares.
Renta per cápita: 5.150 dólares.
División administrativa: 7 provincias y 1 distrito central, según cuadro.

REPÚBLICA CHECA

Provincias / Distrito central	Superficie (km²)	Población (h.)	Capitales
Bohemia Central	11.014	1.108.465	Praga
Bohemia Meridional	11.346	700.685	Cheské Budejovice
Bohemia Occidental	10.875	857.384	Plzen
Bohemia Oriental	11.240	1.233.215	Hradec Králové
Bohemia Septentrional	7.799	1.180.389	Usti nad Labem
Moravia Meridional	15.028	2.051.832	Brno
Moravia Septentrional	11.068	1.964.888	Ostrava
Praga (capital)	*496*	*1.193.270*	

Fernando de Habsburgo, esposo de Ana Jagellón. Desde entonces permaneció unida a los Habsburgo austriacos. La Constitución de diciembre de 1867, que daba a Hungría la igualdad con Austria, no reconocía las reivindicaciones checas. Posteriormente, los checos lograron participar en el gobierno (1879), pero tuvieron que esperar al final de la Primera Guerra Mundial (1918) para ser reconocidos como independientes y formar junto a los eslovacos la República de Checoslovaquia. La creación de un Estado federal en 1969 implicó que Bohemia-Moravia constituyeran la República Socialista Checa, que, tras el proceso democratizador desarrollado desde finales de la década de los ochenta, se convirtió en 1993 en un Estado independiente con el nombre de República Checa. Ese mismo año fue designado presidente Václav Havel. Václav Klaus, líder del Partido Cívico Democrático, formó un gobierno de coalición, que inició el proceso de incorporación del país a la UE y a la OTAN. Klaus dimitió en 1997. Ocupó el cargo interinamente Josef Tosovsky hasta junio de 1998 en que Milos Zeman fue elegido primer ministro. Ese mismo año Havel fue reelegido presidente. Zeman continuó la política neoliberal de su antecesor, lo que dio lugar a diversas manifestaciones populares de protesta. Tras las legislativas celebradas en 2002, Vladmir Spidla, del Partido Socialdemócrata (CSSD), fue nombrado nuevo primer ministro. En enero de 2003 el presidente Havel terminó su mandato sin que el Parlamento hubiera elegido sustituto. El cargo fue ocupado interinamente por Vladimir Spidla, hasta que en febrero fue elegido presidente Václav Klaus. En mayo de 2004 la República Checa ingresó en la UE. En junio, Spidla presentó la dimisión y fue sustituido como primer ministro por Stanislav Gross.

Chechang Sheshonk.

Chechenia República autónoma de la Federación de Rusia, en la vertiente S del Cáucaso (para datos de superficie y población, véase Chechenia-Ingushetia). Capital, Grozni. Petróleo. Se constituyó en 1936 por la unión de los territorios autónomos de los chechenos y de los ingushes y aunque se disolvió en 1944 volvió a reconstituirse en 1957. En 1991 el general Dhzoiar Dudáiev, con la oposición de Moscú, proclamó la independencia de la República. En 1994, tropas rusas ocuparon la capital, mientras las tropas de Dudáiev resistían en diversos puntos de la República. Muerto Dudáiev en 1996 fue sustituido por Zelimjan Yandarbiev. Éste firmó un nuevo alto el fuego con Boris Yeltsin. En las elecciones de 1997 venció el líder independentista Aslan Masjadov, quien ocupó la presidencia y firmó un acuerdo de paz con Moscú, en el que el gobierno ruso aceptaba su denominación como República chechena de Ichkeria. En 1998, tras la dimisión del primer ministro Kamil Basaiev, Masjadov asumió también la jefatura del gobierno. Algunos atentados perpetrados en Moscú por independentistas chechenos en septiembre de 1999 dieron origen a nuevos y cruentos enfrentamientos armados, que, pese a la toma de Grozni por las tropas rusas en febrero de 2000, continuaron en 2001 y 2002. En octubre de 2003, el jefe de la Administración chechena pro rusa Ajmad Kadirov ganó las elecciones presidenciales en Chechenia y confirmó al primer ministro Anatoli Popov en el cargo, sustituido en marzo siguiente por Sergy Abramov. Asesinado Kadirov en mayo de 2004 en un atentado, Abramov asumió la presidencia interina.

Chechenia-Ingushetia Antigua República Autónoma de la Federación de Rusia; 19.300 km² y 1.185.000 h. El 4 de junio de 1992 se dividió, dando lugar a Chechenia e Ingushetia.

checheno, na adj. y s. **1** Natural de Chechenia. || adj. **2** Perteneciente o relativo a esta república caucásica.

chécheres m. pl. *Col.* y *C. Rica* Baratijas.

Chechev, Pafnutij Lvovic Matemático ruso (Okatovo, 1821 - San Petersburgo, 1894). Estudió la teoría de los números, la aproximación de las funciones y la teoría de las probabilidades. Introdujo los polinomios que llevan su nombre.

checo, ca adj. y s. **1** De la República Checa o de Bohemia. || m. *Ling.* **2** Lengua eslava hablada por los checos.

checoslovaco, ca o **checoeslovaco, ca** adj. y s. De Checoslovaquia.

Checoslovaquia (*Československá Socialistická Republik*) Antiguo Estado de Europa central que en 1993 se dividió en dos Estados independientes: República Checa (Bohemia-Moravia) y Eslovaquia.

Hist. La construcción de la República de Checoslovaquia tiene lugar en 1918 como resultado de la desintegración de imperio austro-húngaro. El nuevo Estado comprendía Bohemia, Moravia, Eslovaquia, la Silesia checa y la Rutenia subcarpática. La región de los Sudetes, de población alemana en su mayoría, fue anexionada a Alemania por Hitler en 1938, que al año siguiente invadió todo el país, reconociendo la independencia de Eslovaquia y declarando protectorados a Bohemia y Moravia. Liberada por las tropas soviéticas en su avance hacia Berlín (1945), Checoslovaquia se proclamó república popular en 1948. Los intentos de democratización, propugnados por el primer secretario del Partido Comunista checo, Alexander Dubcek, conocidos como «primavera de Praga», motivaron la ocupación del país por las tropas del Pacto de Varsovia (agosto de 1968). En 1969, y bajo presión soviética, Dubcek fue reemplazado por Gustav Husák, que accedió a la presidencia de la República en 1975. En la década de los ochenta, la *perestroika* produjo efectos importantes en la economía, pero los planteamientos políticos se mantuvieron inflexibles. Sin embargo, en el seno del Partido Comunista el sector reformista consiguió una victoria parcial con la dimisión de Husák como secretario del partido (1987). Ante las demandas populares de democratización, el presidente de gobierno (Adamec) y el de la República (Husák) dimitieron a finales de 1989. En junio de 1990, ocupando ya la presidencia Václav Havel, se celebraron las primeras elecciones libres, que dieron la victoria al Foro Cívico. Los enfrentamientos entre checos y eslovacos, que apoyaban la creación de dos Estados independientes, provocaron la dimisión de Václav Havel en 1992. En enero de 1993 Checoslovaquia dejó de existir y dio lugar a dos nuevos Estados: la República Checa y Eslovaquia.

Chedid, Andrée Escritora egipcia en lengua francesa (El Cairo, 1942). Autora de *Le Corps et Le Temps* (1978) y *La Maison sans Racines* (1985).

Cheever, John Escritor estadounidense (Quincy, 1912 - Nueva York, 1982). Autor de narraciones cortas (*Relatos de John Cheever;* premio Pulitzer en 1978) y de novelas: *La crónica de Wapshot* (1957) y *En la cárcel de Falconer* (1977).

chef (Voz fr.) m. Primer cocinero de un restaurante, hotel, etc.

Chefchaouen Provincia de Marruecos; 4.350 km² y 439.000 h. Su capital es la ciudad homónima.

Chefren Kefrén.

chefú Yantai.

Chehab Fuad Político y militar libanés (Ghazir, 1902 - Beirut, 1973). De 1952 a 1956 ocupó diversos Ministerios y fue presidente del país (1958-64).

Chéjov, Anton Pavlovich Escritor ruso (Taganrog, 1860 - Badenweiler, 1904). Entre sus obras teatrales figuran *La gaviota* (1896), *El tío Vania* (1899) y *El jardín de los cerezos* (1904). De su producción narrativa sobresalen *Los perjuicios del tabaco* (1886), *La estepa* (1888), *La isla de Sajalín* (1893), *Historia de mi vida* (1896), *Los campesinos* (1897) y *La señora del perrito* (1898).

Cheju Isla de la República de Corea, separada del continente por el estrecho del mismo nombre; 1.280 km². Su capital es la ciudad homónima.

Chekiang Zhejiang.

chelense adj. abevillense.

cheli m. Jerga que contiene elementos castizos, marginales y contraculturales.

Cheliabinsk 1 Región de la Federación de Rusia, al SO de Siberia; 87.900 km² y 3.700.000 h. **2** Ciudad capital de la misma; 1.100.000 h.

chelín m. *Econ.* **1** Unidad monetaria fraccionaria inglesa, desaparecida con motivo de la reducción del sistema monetario inglés al sistema decimal. El chelín tenía 12 peniques, y la libra, 20 chelines. **2** Unidad monetaria de Kenia, Somalia, Tanzania y Uganda. **3** Unidad monetaria de Austria, sustituida en 2001 por el euro.

Chelinogrado Nombre que hasta 1991 tuvo la ciudad de Astana.

Chelyabinsk Cheliabinsk.

Chemnitz Ciudad de Alemania, en el Land de Sajonia, capital del antiguo distrito de la RDA de Karl-Marx-Stadt; 259.126 h. En 1953 cambió su nombre por el de *Karl-Marx-Stadt*. Tras la caída del régimen comunista recuperó su antigua denominación.

Chemulpo Inchon.

Chen Kaige Director de cine chino (Pekín, 1952). Películas: *Tierra amarilla* (1984), *El rey de los niños* (1987), *Adiós a mi concubina* (1993), *Luna tentadora* (1996) y *Together* (2002).

chenes m. *Arte.* Estilo artístico maya desarrollado desde fines del periodo clásico en la zona yucateca, al N del Petén, caracterizado por el desarrollo de la ornamentación.

Chengchou Zhengzhou.

Anton Pavlovich **Chéjov** leyendo su comedia *La gaviota* a los actores del teatro de Moscú en 1898.

Chengdu (*Ch'eng-tu*) Ciudad del SO de China, capital de la provincia de Sichuan; 2.146.126 h.

Chengtu Chengdu.

Chénier, André de Poeta francés (Constantinopla, 1762 - París, 1794). Partidario de la monarquía constitucional, fue condenado a muerte y guillotinado. Su obra (*Odas, Yámbicos*, etc.), publicada en 1819, ejerció una notable influencia en románticos y parnasianos.

Chéops Kéops.

Chepa f. **1** fam. Corcova, joroba. || adj. y m. **2** Jorobado.

Cheque m. *Econ.* Orden escrita de pago, para cobrar una cantidad determinada de los fondos que quien lo expide tiene disponibles en un banco. || **cheque en blanco** *Econ.* El que extiende el expedidor sin señalar la cantidad que cobrará el destinatario. || **cheque cruzado** *Econ.* Aquel en cuyo anverso se indica, entre dos líneas diagonales paralelas, el nombre del banquero o sociedad por medio de los cuales ha de hacerse efectivo. En algunos países bastan, en ciertos casos, las dos líneas diagonales paralelas sin otra indicación. || **cheque nominativo** *Econ.* El que lleva el nombre de la persona autorizada para cobrarlo. || **cheque al portador** *Econ.* El que se paga sin más requisito que su presentación en la entidad bancaria emisora. || **cheque de viaje** *Econ.* El que extiende un banco u otra entidad a nombre de una persona y va provisto de la firma de ésta.

Chequear tr. **1** Examinar, verificar, controlar. **2** *Amér. C.* Expedir cheques. **3** *Amér.* Facturar un equipaje. || prnl. **4** Hacerse un chequeo.

Chequeo m. Reconocimiento médico general, completo y periódico, al que se somete una persona.

Chequera f. **1** Cartera para guardar el talonario. **2** *Amér.* Talonario de cheques.

Cher Departamento de Francia, en la región Centro, regado por el río de su nombre; 7.235 km² y 314.428 h. Su capital es Bourges. Industria metalúrgica y textil. Fábricas de cemento, vidrio y porcelana.

Chercán m. *Zool.* Chile Ave paseriforme de pequeño tamaño, semejante al ruiseñor.

Chercassy Cherkassy.

Cherchar intr. Burlar, bromear.

Cherenkov, Pavel Alexeievich Físico soviético (Voronezh, 1904 - Moscú, 1990). En 1934 descubrió el efecto que lleva su nombre, que consiste en una radiación azul que aparece en el interior de un líquido transparente cuando lo atraviesan partículas elementales cargadas que se mueven a una velocidad mayor que la de la luz. Premio Nobel de Física en 1958, junto con I. M. Frank y I. Y. Tamm.

Cherepovets Ciudad de la Federación de Rusia, en la República federada de Rusia; 321.000 h.

Cherkasov, Nicolai Actor de cine soviético (San Petersburgo 1903 - Leningrado 1966). Intervino en *Pedro el Grande* (1937), *Alejandro Nevski* (1938), *Lenin en octubre* (1939), *Ivan el Terrible* (1943-45), *Rimski-Korsakov* (1952) y *Don Quijote* (1956).

Cherkassy 1 Provincia de Ucrania; 20.900 km² y 1.478.700 h. **2** Capital de la misma, a orillas del Dniéper; 310.600 h. Comercio de la madera.

Cherkés, sa o **Cherqués, sa** adj. *Etnol.* **1** Se dice de un grupo de pueblos del NO del Cáucaso, llamados así por los turcos, y *circasianos* por los occidentales, pero cuyo nombre indígena es *adighe*. La mayor parte emigró en 1864 a Asia Menor, Balcanes y Siria. Más como m. pl. **2** Se dice también de sus individuos. También s. **3** Relativo a este grupo de pueblos.

Cherna f. *Zool.* mero¹.

Chernenko, Konstantin Ustinovich Político soviético (Bolshaya Tes, Krasnoiarsk, Siberia central, 1911 - Moscú, 1985). Miembro del Comité Central del Partido Comunista de la Unión Soviética desde 1971 y del Politburó (1978), heredó de Suslov la dirección ideológica del partido (1982). A la muerte de Andrópov (1984) fue nombrado secretario general del Partido Comunista de la URSS y, dos meses después, presidente del presidium del Soviet Supremo. Le sucedió Gorbachov.

Chernigov 1 Provincia de Ucrania; 31.900 km² y 1.318.500 h. **2** Capital de la misma; 310.800 h.

Chernóbil Ciudad de Ucrania, situada a 130 km al N de Kiev. En abril de 1986 se produjo en esta población un grave accidente nuclear, que provocó entre 8.000 y 10.000 víctimas. A finales de 2000 se cerró su central nuclear.

Chernoziom adj. *Geol.* Se aplica a un tipo de suelo característico de Ucrania y el S de Rusia, rico en humus y muy fértil. También m.

Cherokee Cheroqui.

Cheroqui o **Cherokee** adj. *Etnol.* **1** Se dice de un grupo de pueblos amerindios de la familia iroquesa que, establecido originariamente al E de Tennessee y al O de Carolina del Norte y del Sur, se extendió hacia el S por Alabama y Georgia y hacia el O por Texas y Oklahoma. Participó en la guerra civil a favor de la Confederación.

Luigi **Cherubini** *inspirado por la musa de la poesía lírica. Cuadro de Ingres. Museo del Louvre (París).*

En 1906 se puso fin a su autonomía. Actualmente su población ronda los 40.000 individuos. Más como m. pl. **2** Se dice también de sus individuos. También com. **3** Relativo a este grupo. || m. *Ling.* **4** Lengua de los cheroquis.

Cherubini, Luigi Músico italiano (Florencia, 1760 - París, 1842). Gran renovador del lenguaje teatral, creó numerosas óperas, entre ellas *Medea* (1797) y *Pigmalión* (1809). Compuso también música religiosa e instrumental. Fue director del Conservatorio de París.

Cheshire Condado del Reino Unido, en el NO de Inglaterra; 672.400 h. Industria láctea y textil.

Cheské Budejovice Ciudad de la República Checa, capital de la provincia de Bohemia Meridional; 99.820 h. Centro comercial. Nudo ferroviario.

Chéster m. Variedad de queso inglés semejante al manchego.

Chester Ciudad del Reino Unido, en Inglaterra; 58.436 h. Centro comercial e industrial. Central nuclear. Restos romanos y medievales.

Chesterfield Ciudad del Reino Unido, en Inglaterra; 70.546 h.

Chesterton, Gilbert Keith Escritor británico (Londres, 1874 - íd., 1936). En su obra, de carácter polémico matizado por la ironía y el sentido del humor, destacan *El club de los negocios raros* (1908), *El hombre que fue jueves* (1908), *El candor del padre Brown* (1911) y *El secreto del padre Brown* (1927), las dos últimas protagonizadas por el sacerdote-detective padre Brown, su personaje más conocido.

Chetnik m. y adj. *Hist.* **1** Nombre con el que se denominan las guerrillas serbias que operaron en diversos conflictos bélicos de la antigua Yugoslavia. El nombre procede de las guerrillas serbias que lucharon contra la dominación otomana durante el siglo XIX. Posteriormente, participaron en las guerras Balcánicas y en la Primera Guerra Mundial. Organizadas bajo el mando del general Mihailovic en 1941, recibieron el apoyo británico en su lucha contra el Estado títere croata de Ante Pavelic. Su oposición al comunismo llevó a algunos de sus dirigentes a colaborar con italianos y alemanes en contra de Tito. Organizadas de nuevo tras el estallido de la guerra civil en la antigua Yugoslavia, llevaron a cabo numerosas acciones de limpieza étnica. || adj. y com. **2** Miembro de dichas guerrillas. ♦ Su pl. es *chetnic*.

Chetumal Ciudad de México, capital del Estado de Quintana Roo; 115.152 h. Puerto en la bahía de su nombre. Hasta 1936 se llamó *Payo Obispo*.

Chevalier, Maurice Actor de cine y cantante francés (París, 1888 - íd., 1972). En 1909 fue compañero de la *Mistinguett* en los *Folies Bergères* y alcanzó la consagración con la opereta *Dedé* (1923). Películas principales: *El desfile del amor* (1929), *El teniente seductor* (1931), *La viuda alegre* (1934), *El caballero de los Folies Bergères* (1936) y *El silencio es oro* (1947).

Chévere adj. **1** *Amér.* Bonito, agradable. **2** *Amér.* Excelente.

Chevió o **Cheviot** m. **1** Lana del cordero de Escocia. **2** Tela que se hace con ella u otra semejante. ♦ Su pl. es *cheviós* o *cheviots*.

Cheviot, Montes Cordillera del Reino Unido, que se extiende en dirección NE-SO entre Inglaterra y Escocia. Cría de ganado ovino que lleva su nombre.

Chevreul, Eugène Químico francés (Angers, 1786 - París, 1889). Escribió *Investigaciones químicas sobre las grasas* (1823).

Cheyenne adj. *Etnol.* **1** Se dice de una tribu amerindia de la familia algonquina que originariamente habitaba en Minnesota. Su primaria condición agrícola se tornó pronto en el nomadismo propio de los cazadores de búfalos, que le llevó a ocupar en el siglo XVIII las amplias llanuras entre los ríos Arkansas y Missouri. Más como m. pl. **2** Se dice también de sus individuos. También com. **3** Relativo a esta tribu. || m. *Ling.* **4** Idioma de la misma tribu, de la familia lingüística algonquina.

Cheyney, Peter Escritor británico (Londres, 1896 - íd., 1951). Autor de novelas policiacas, protagonizadas por el detective Lemmy Caution: *This Man is Dangerous* (1936) y *Dark Duet* (1942).

Chiang Ching-kuo Político de Taiwan (Zhejiang, 1910 - Taipeh, 1988). Hijo primogénito de Chiang Kai-shek, fue ministro de Defensa Nacional (1965-69), viceprimer ministro (1969-72) y primer ministro (1972-78). Cuando falleció su padre, se convirtió en presidente del Kuomintang. En marzo de 1978 fue elegido presidente de la República y reelegido en 1984.

Chiang Kai-shek (Chiang Chung-cheng, llamado) Político y mariscal chino (Fenghwa, 1886 - Taipeh, 1975). Tras la revolución de 1911, se afilió al movimiento republicano impulsado por el Kuomintang y reorganizó el ejército, con el que conquistó el S del país. Estableció un gobierno provisional en Nanjing (1927) y logró reunir bajo su mandato a toda China (1928-31). Combatió la invasión japonesa durante la Segunda Guerra Mundial. Nombrado director general del Kuomintang en 1945, rechazó la colaboración con los comunistas y la guerra civil se recrudeció (1946). Hundido su gobierno, se retiró a Formosa en 1949, donde formó un gobierno anticomunista sostenido por EE UU.

Chianti Comarca montañosa del centro de Italia, en Toscana, famosa por sus vinos.

Chiapaneco, ca adj. y s. De Chiapas.

Chiapas Estado meridional de México; 73.887 km² y 3.637.142 h. Su capital es Tuxtla Gutiérrez. Ruinas mayas. La injusticia social y la desigualdad política de los indígenas ha provocado, desde 1994, numerosos enfrentamientos entre el Ejército Zapatista de Liberación Nacional y los militares.

Chiari, Roberto Francisco Político panameño (Panamá, 1905 - íd., 1981). Jefe del Partido Conservador, fue vicepresidente de la República bajo el mandato de Arosemena y, a su muerte, ocupó la presidencia interina en 1949. Posteriormente, fue elegido presidente (1960-64).

Chiari, Rodolfo Político panameño (Aguadulce, 1869 - Los Ángeles, 1937). Dirigente del Partido Liberal, en 1912 ejerció interinamente el poder ejecutivo. Presidente de la República (1924-28), durante su mandato denunció la intervención de EE UU en las eleccio-

Cultura **chibcha.** Adorno pectoral de oro. Museo del Oro (Bogotá).

nes panameñas y consiguió la correspondiente reforma constitucional.

Chiba 1 Prefectura de Japón, en el SE de la isla de Honshu; 5.151 km² y 5.920.437 h. **2** Ciudad capital de la misma; 856.878 h. Algodón, papel y pesca.

chibcha adj. *Etnol.* e *Hist.* **1** Se dice de un pueblo amerindio, también llamado *muisca, muysca* o *mosca,* que, a la llegada de los españoles, se asentaba en la región montañosa compuesta por las tres cadenas (Occidental, Central y Oriental) en que se ramifica la cordillera de los Andes en el territorio de la actual Colombia. Contaban con una organización política de carácter militar y teocrático. Practicaban la agricultura. Sobresalieron en la elaboración de algodón, así como en la fabricación de joyas y figuras de oro y cobre. También m. pl. **2** Se dice también de sus individuos. También com. **3** Relativo a los chibchas. || m. *Ling.* **4** Idioma o grupo lingüístico que se extendía por gran parte de los actuales territorios de Colombia, Costa Rica y Panamá.

chibuquí m. Pipa turca para fumar, de tubo largo y recto.

chic (Voz fr.) m. adj. Elegante, estiloso.

Chicago Ciudad de EE UU, en el Estado de Illinois, en la orilla SO del lago Michigan; 2.802.079 h. Es la segunda ciudad del país por su actividad comercial, industrial y financiera. Importante nudo de comunicaciones. Su situación, punto de paso hacia el O, propició su desarrollo como centro agrícola y de comunicaciones.

Chicago, Escuela de *Arquit.* Escuela arquitectónica formada en Chicago hacia el año 1880, que se caracterizó por las grandes construcciones de acero laminado y el funcionalismo. Sus principales representantes fueron William Le Baron Jenney, William Holabird, Louis Henry Sullivan y Frank Lloyd Wright.

Chicago, Escuela de *Econ.* Corriente económica de carácter conservador surgida en Chicago en la segunda mitad del siglo XX. Sostiene que el mercado y la libertad de empresa son los pilares de la actividad económica, propugna políticas monetaristas y rechaza la intervención del Estado. Principales representantes: Milton Friedman, George Stigler y Robert Lucas.

Chicamocha SOGAMOSO.

chicane f. *Dep.* En los circuitos de automovilismo y motociclismo, punto en el que aparecen curvas cerradas y sucesivas, que obligan a reducir la velocidad de los vehículos.

chicano, na adj. y s. Se dice del individuo perteneciente a la minoría de origen mexicano residente en EE UU.

chicarrón, na adj. y s. fam. Se dice del niño o del adolescente muy crecido y desarrollado.

chicha f. fam. **1** Carne comestible. **2** Bebida alcohólica que resulta de la fermentación del maíz en agua azucarada, y que se consume en algunos países de América. **3** *Chile* Bebida que se obtiene de la fermentación del zumo de la uva o de la manzana. || **de chicha y nabo** loc. adj. fig. y fam. De poca importancia, despreciable. || **no ser** uno, o una cosa, **ni chicha ni limonada** fr. fig. y fam. No valer para nada.

chícharo m. Guisante, garbanzo, judía.

chicharra f. **1** Timbre eléctrico de sonido sordo. **2** *Zool.* CIGARRA. **3** Juguete que hace un ruido desapacible. **4** fig. y fam. Persona muy habladora. **5** Calor excesivo. **6** Colilla del porro.

chicharrero m. fig. y fam. Sitio muy caluroso.

chicharro m. *Zool.* JUREL.

chicharrón m. **1** Residuo de las pellas del cerdo, después de derretida la manteca. **2** *Bot.* ALMORTA. **3** fig. Carne u otro alimento requemado. **4** fig. y fam. Persona muy tostada por el sol. **5** *Bot. Cuba* Árbol de la familia cobretáceas, de madera dura. || m. pl. **6** Fiambre formado por trozos de carne de distintas partes del cerdo, prensado en moldes.

chiche adj. y m. **1** *Amér.* Pecho de la mujer. **2** *Amér.* Cosa pequeña, delicada y, por extensión, juguete. **3** *Ecuad.* CHICHA, carne comestible.

Chichén Itzá *Arqueol.* Ciudad maya situada en la península del Yucatán, junto con Uxmal, la más representativa del periodo maya posclásico. En torno al año 1000 llegó a Chichén el grupo tolteca de los *itzáes,* que se incorporaron a la cultura maya, aportando sus peculiaridades. En Chichén Itzá destacan el edificio de Las Monjas, y La Iglesia, de la época antigua de Chichén. El área más importante está formada por un impresionante conjunto ceremonial, en el que se encuentra El Castillo o pirámide de Kukulkán, construida sobre nueve plataformas superpuestas, con escaleras con cabezas de serpientes. Asimismo destaca la construcción de el Juego de Pelota, en uno de cuyos laterales se sitúa el templo de los Tigres. La ciudad está cruzada por varias calzadas.

Chichester de Belfast, Arthur Político y militar inglés (Raleigh, 1563 - ?, 1625). Lord diputado de Irlanda (1604-14), puso fin a la rebelión del Ulster de 1601-07.

chichicaste m. *Bot. Amér. C.* Arbusto silvestre perteneciente a la familia urticáceas, de nombre científico *Urtica baccifera,* semejante a la ortiga.

chichico m. *Zool.* Tití enano.

chichicuilote m. *Zool. Méx.* Ave acuática, semejante al zarapito, pero más pequeña.

chichilasa f. *Méx.* **1** *Zool.* Hormiga de color rojo muy voraz. **2** fig. Mujer hermosa, pero arisca.

chichilo m. *Zool. Bol.* Especie de tití o mono.

chichimeca adj. *Etnol.* e *Hist.* **1** Se dice del individuo de un pueblo que se estableció en Tezcuco y, mezclado con otros que habitaban el territorio mexicano, fundó el reino de Acolhuacán. Los chichimecas se clasifican en tres grupos: los teochichimecas o chichimecas de Xolotl; los tepanecas, colhúas y otomíes; y los mexica o aztecas (hombres de Aztlán). El término chichimeca no designa propiamente a ningún pueblo en particular, sino a un conjunto de ellos con una cultura y un género de vida similar. La facilidad con la que derrotaron a los pueblos anteriores se debió a la supremacía de sus armas, el arco y la flecha, frente a la lanzadera, y a la organización y religión centradas en torno a la actividad guerrera. Más como m. y en pl. **2** Se dice de las tribus

que habitaban al O y N de México. Más como m. y en pl. **3** Perteneciente a los chichimecas.

Chichimeco, ca adj. y s. *Etnol.* CHICHIMECA.

chichinabo, de loc. fig. y fam. DE CHICHA Y NABO.

chicho m. fam. Rulo para rizar el cabello.

chichón m. Hematoma subcutáneo o bulto que se forma en la cabeza a consecuencia de un golpe.

chichonera f. Gorro con armadura adecuada para preservar a los niños de golpes en la cabeza.

chickasaw adj. y s. *Etnol.* Se dice de un grupo amerindio de la familia muscogui que habitó en la zona del SE de EE UU. En la actualidad residen en el Estado de Oklahoma.

chiclán adj. *Anat.* CICLÁN, de un solo testículo.

Chiclana, Feliciano Abogado y político argentino (Buenos Aires, 1761 - íd., 1826). Miembro del primer triunvirato (1811). Desterrado por Pueyrredón, emigró a EE UU.

Chiclayo Ciudad de Perú, capital del departamento de Lambayeque; 411.536 h. Centro de una importante región agrícola (caña de azúcar, arroz y cría de ganado), cuya influencia, a través de su mercado agrícola, se extiende por toda la zona andina. Industrias agroalimentarias.

chicle m. **1** Goma de mascar aromatizada. **2** *Bot.* Gomorresina que fluye de la corteza del chicozapote.

chico, ca adj. **1** Pequeño o de poco tamaño. **2** Niño, muchacho. También s. || m. **3** Medida de capacidad para el vino, igual a un tercio de cuartillo. **4** Recadero, aprendiz. || f. **5** Criada, asistenta. **6** En el juego del mus, conjunto de cartas de baja numeración.

chicoleo m. fam. Dicho o donaire a las mujeres por galantería.

chicoria f. *Bot.* ACHICORIA.

chicote, ta m. y f. **1** fam. CHICARRÓN. || m. **2** fig. y fam. CIGARRO PURO. **3** Cabo o punta de un cigarro puro ya fumado. **4** *Amér.* LÁTIGO. **5** *Mar.* Extremo, remate o punta de cuerda.

chicozapote m. *Bot.* ZAPOTE, árbol.

chicuelina f. *Taurom.* Lance de capa por delante dado con los brazos a la altura del pecho y rematado como la navarra.

Chieti Provincia del E de Italia, en la región de Abruzos; 2.587 km² y 388.276 h. Su capital es la ciudad homónima.

Chièvres, Guillaume de Croy, señor de Noble flamenco (Chièvres, 1458 - Worms, 1521). Nombrado tutor del futuro Carlos V, fue uno de los principales consejeros de éste. Su codicia y las diversas medidas impopulares que implantó favorecieron la aparición del movimiento comunero. Intervino como hábil diplomático en la designación de Carlos como emperador. Desempeñó un papel destacado en la dieta de Worms.

Chifeng (Ch'ih-feng) Ciudad de China, en la región autónoma de Mongolia Interior; 350.077 h.

chiffon (Voz fr.) m. Tejido de seda brillante y traslúcida.

chiffonnier (Voz fr.) m. Cómoda alta y estrecha, con cajones.

chifla f. **1** Acción y efecto de chiflar. **2** Especie de silbato. **3** Cuchilla de corte curvo para raspar y adelgazar las pieles.

chiflado, da adj. y s. fam. CHALADO.

chiflar intr. **1** Silbar con la chifla o con la boca. **2** Encantarle a uno algo o alguien. || prnl. **3** fam. Perder uno las facultades mentales. **4** fam. Tener sorbido el seso por una persona o cosa.

chiflato m. SILBATO.

chifle m. **1** Silbato. **2** Frasco de cuerno para guardar la pólvora.

chiflido m. Silbido.

chiflo m. Silbato.

chiflón m. *Amér.* Viento o corriente ligera de aire.

chigre m. *Ast.* Sidrería, tienda donde se vende sidra.

chigua f. *Chile* Serón o cesto de forma oval y boca de madera.

chihuahua adj. Se dice de un perro de tamaño muy pequeño, originario de México, de cabeza redonda, hocico corto y orejas grandes. También m.

Chihuahua 1 Estado de México; 244.938 km² y 2.895.672 h. Importante centro de cría de ganado y minero (plomo, cinc, cobre, plata). En las zonas occidentales (sierra Madre) habitan los indios tarahumaras. El N, cerca de la frontera con EE UU, destaca por su desarrollo industrial. **2** Ciudad capital del Estado de su nombre; 516.153 h. Centro industrial y agrícola.

chihuahuense adj. y com. De Chihuahua.

chiísmo o **shiísmo** m. *Rel.* Nombre de una de las dos grandes divisiones doctrinales del Islam (la otra es el sunnismo). El chiísmo rechaza la *sunna* (costumbre) y a los tres primeros califas y reconoce a Alí, yerno de Mahoma, como sucesor directo de éste. Considera que tras la desaparición de la línea directa, en 940, comenzó la era de la Gran Ocultación que acabará cuando el imán que se ha mantenido oculto, única autoridad legítima de la comunidad islámica, regrese para implantar la justicia y la paz. De doctrina muy rigurosa y antieuropea, constituye la base de los movimientos integristas islámicos. Actualmente la comunidad chiíta cuenta con unos cien millones de creyentes.

CHIITA, CHIÍ o **SHIÍ** adj. **1** Se dice de la parte del mundo islámico que cree y practica el chiísmo. Más com. m. pl. **2** Se dice también de los creyentes en esta doctrina. También com. **3** Relativo a esta división del mundo islámico. ♦ Su pl. es *chiítas, chiíes* o *shiíes*.

CHIKAMATSU MONZAEMON (SUGIMORI NOBUMORI, llamado) Dramaturgo japonés (Hagi, 1653 - Osaka, 1724). Destacado representante del teatro *kabuki*, es autor de *Los combates de Koxinga* (1715) y *La venganza de los Soga* (1718).

CHILABA f. Túnica con capucha que usan los árabes.

CHILCA f. *Bot., Col.* y *Guat.* Arbusto resinoso compuesto.

CHILCO m. *Bot. Chile* Fucsia silvestre.

CHILDE, VERE GORDON Historiador y antropólogo australiano (Sydney, 1892 - Mount Victoria, Gales del Sur, 1957). Gran conocedor del Oriente Próximo primitivo, estudió especialmente las sociedades europeas del neolítico y la Edad del Bronce. Autor de *Migraciones prehistóricas en Europa* (1950) y *El amanecer de la cultura europea* (1957).

CHILDEBERTO Nombre de diversos reyes francos.

CHILDEBERTO I Rey franco de París (?, h. 495 - París, 558). De la dinastía de los merovingios, fue segundo hijo y heredero de Clodoveo. Accedió al trono en 511. Junto con sus hermanos venció a Amalarico en 531 y conquistó la Borgoña.

CHILDEBERTO II Rey franco de Austrasia, hijo de Sigeberto I y de Brunequilda (?, h. 570 - ?, 595). Accedió al trono en 575. En virtud del tratado de Andelot, tomó posesión de la Borgoña y de Orleans al morir su tío Gontrán.

CHILDEBERTO III Rey franco de Neustria y de Borgoña (?, h. 683 - ?, 711). Sucedió a su hermano Clodoveo III en 695, el verdadero soberano fue el mayordomo de palacio Pipino de Heristal.

CHILDERICO Nombre de diversos reyes francos.

CHILDERICO I Rey de los francos salios (?, h. 436 - Tournai, 481). Accedió al trono en 457. Luchó junto con los romanos contra los visigodos (463) y sajones (469).

CHILDERICO II Rey franco de Austrasia (?, 653 - ?, 675). Hijo de Clodoveo II, accedió al trono en 663. Muerto Clotario III, Ebroín, entonces mayordomo de palacio, colocó en el trono a Thierry III, lo que se aceptó en Neustria, pero Austrasia y Borgoña se sublevaron y tuvieron que retirarse, con lo cual Childerico reunió en sus manos los tres reinos (673).

CHILDERICO III Rey franco de Neustria (?, 734 - ?, 755). Hijo de Thierry IV, accedió al trono en 743. Último rey merovingio, tras reinar ocho años fue depuesto del trono por Pipino el Breve (751).

CHILDERS, ERSKINE HAMILTON Político irlandés (Londres, 1905 - Dublín, 1974). Miembro del Fianna Fail, fue vicepimer ministro (1969-72) y presidente de la República (1973-74).

CHILE m. *Aif*, pimiento muy picante.

CHILE (*República de Chile*) Estado de América del Sur, que limita al N con Perú; al E, con Bolivia y Argentina; al O, con el océano Pacífico y al S, con el Polo Sur.

GEOG. Geografía física. El territorio de Chile forma una estrecha franja de 200 km de anchura y 4.000 km de longitud. La cordillera de los Andes, que señala su límite oriental, domina todo el paisaje y alcanza aquí sus máximas alturas (Ojos del Salado, 6.879 m, en la frontera con Argentina). A continuación aparecen una depresión prelitoral y una serie de sierras costeras. En la zona intermedia se distinguen, en la parte N, una meseta desértica y, al S de Santiago, un largo valle longitudinal; la cordillera costera se reduce a un cordón de islas que se suceden paralelas a la cordillera andina. Las costas son rectilíneas en la zona septentrional y muy recortadas en la meridional, con numerosos golfos, fiordos, estrechos e islas (archipiélagos de Chiloé, Chonos, Wellington, Madre de Dios y Reina Adelaida). Se dan climas desérticos en el N (desierto de Atacama), mediterráneo en el centro, oceánico en el S y polar en el estrecho de Magallanes.

Geografía humana y económica. La población se concentra en la zona central, especialmente en el área de Santiago-Valparaíso-Viña del Mar. Dentro del sector agrícola destacan el trigo, maíz, avena, patata, remolacha, vino y frutas. Ganadería ovina, bovina y caballar. Gran importancia de la pesca. La minería es otro de sus recursos principales: cobre, plata, hierro, oro, molibdeno, azufre, manganeso, titanio, vanadio y nitratos. Industria diversificada, pero básicamente destinada al autoabastecimiento. Los productos minerales, especialmente el cobre, constituyen la base de sus ex-portaciones. A partir de finales de los ochenta, la economía chilena experimentó un crecimiento espectacular. Tiene su origen en los últimos años del mandato del general Pinochet, en los que el gobierno, de acuerdo con el Fondo Monetario Internacional (FMI), emprendió una serie de medidas de carácter neoliberal. En noviembre de 1994 pasó a ser miembro de pleno derecho de la Cooperación Económica en Asia Pacífico (APEC) y en mayo de 1996 ingresó en MERCOSUR. Al mismo tiempo, negociaba su acceso al Acuerdo de Libre Comercio en América del Norte (TLC).

HIST. Durante el imperio inca, el territorio estaba habitado por diversos pueblos autóctonos (atacameños, diaguitas, changos, alacalufes, onas, tehuelches, araucanos, etc). A mediados del siglo XV, los incas, bajo el reinado del Inca Túpac Yupanqui, comenzaron la conquista de Chile, penetrando hasta el valle de Coquimbo. Huayna Cápac intentó proseguir la conquista, pero fue derrotado por los araucanos a orillas del río Maule. En 1520, Magallanes descubrió y cruzó el estrecho que hoy lleva su nombre. Posteriormente, en 1536, Diego de Almagro, saliendo de Cuzco, llegó al valle de Copiapó y combatió contra los araucanos. Pedro de Valdivia reemprendió, en 1540, la conquista de Chile, desde el Cuzco, y en 1541 fundó la ciudad de Santiago del Nuevo Extremo. Exploró luego el país hasta el río Biobío y retornó a Perú en 1547. En su segunda expedición a Chile, en 1549, Valdivia fundó las ciudades de La Serena, Concepción, La Imperial, Valdivia y Los Confines. Derrotado por los araucanos, al mando del indio Lautaro, en la batalla de Tucapel, cayó prisionero y fue muerto en diciembre de 1553. De 1557 a 1561, García Hurtado de Mendoza, sucesor de Valdivia, consolidó la conquista avanzando hasta Chiloé. La lucha entre españoles y araucanos sólo empezó a aplacarse cuando Felipe III ordenó que se hiciese la paz con los indios y se señalase el río Biobío como límite entre españoles e indígenas. Entre tanto, la colonización progresaba, y durante el gobierno de Rodrigo de Quiroga se fundó la Real Audiencia de Chile (1565). Durante el siglo XVII, destacaron gobernadores como José Antonio Manso de Velasco, Ambrosio O'Higgins, Ortiz de Rozas y Luis Muñoz de Guzmán. Los sucesos de Buenos Aires en mayo de 1810 repercutieron de forma directa en Chile. El capitán general Antonio García Carrasco procedió a efectuar algunas detenciones; pero el pueblo pidió que se suspendieran. La Audiencia apoyó a las autoridades legales, mientras que el Cabildo de Santiago simpatizaba con los criollos. El 11 de julio de 1810, con motivo de la disposición del capitán general de trasladar a Perú a unos presos políticos, el pueblo se sublevó y logró que la orden fuese revocada; pero a los pocos días se supo que los presos habían sido embarcados, y entonces se reanudaron las manifestaciones hostiles, hasta que García Carrasco, por consejo de la Audiencia, tuvo que renunciar. Le sucedió el brigadier Mateo de Toro y Zambrano; pero el pueblo no abandonó sus ideas revolucionarias. Cuando se supo que había sido designado capitán general Francisco Javier de Elío, la indignación aumentó, y el 18 de septiembre de 1810, en un Cabildo abierto, se constituyó una junta de patriotas que asumió el poder en nombre de la corona. Al año siguiente se sublevó José Miguel Carrera, adueñándose del poder. Carrera, al que se había unido Bernardo O'Higgins, hizo frente a un ejército enviado por el virrey de Perú, pero fue hecho prisionero por los españoles. Le sucedió en el mando O'Higgins, en agosto de 1813. La lucha por la emancipación culminó con la llegada de un ejército al mando del general San Martín, que, unido a O'Higgins, venció a los españoles en las batallas de Chacabuco (1817) y Maipú (1818), lo que puso fin a la dominación española en Chile. O'Higgins fue nombrado presidente del país. Aunque gobernó de forma progresista, la Constitución que promulgó en 1822 provocó una gran oposición y se vio obligado a dimitir. Le sustituyó el general Ramón Freire en el período 1823-26. Tras su renuncia, el país fue organizado en forma federal. Fueron nombrados con carácter interino presidente y vicepresidente de la República Manuel Blanco Encalada y Agustín de Eyzaguirre. Una revolución, iniciada en Santiago el 25 de enero de 1827, volvió a poner en la presidencia al general Freire. Se abolió el sistema federal y Freire fue sustituido por el vicepresidente, general Francisco Antonio Pinto. En 1828 hubo elecciones, que dieron el triunfo a los liberales y federalistas. Ese mismo año fue promulgada una nueva Constitución que propendía a una descentralización política y administrativa. En 1829, otras elecciones confirmaron en la presidencia al general Pinto. Una revolución elevó al cargo de presidente a Francisco Ramón Vicuña. Nuevas luchas pusieron el gobierno en manos del general Freire, pero pronto la Asamblea eligió presidente a Francisco Ruiz Tagle. Éste renunció y lo sustituyó José Joaquín Ovalle. En 1831 el general Prieto fue proclamado presidente y Diego Portales, vicepre-

Superficie: 756.626 km².
Población: 15.000.000 h. (chilenos).
Densidad: 19,3 h./km².
Tasa de natalidad: 19,7‰.
Tasa de mortalidad: 5,5‰.
Capital: Santiago.
Ciudades principales: Concepción, Viña del Mar, Valparaíso, Osorno, Antofagasta, Iquique.
Grupos étnicos: mestizos (91,6%), indios (6,8%).
Religión: catolicismo (76,7%), protestantismo (13,2%).
Idioma: español.
Moneda: peso.
Forma de Estado: república parlamentaria.
Producto Nacional Bruto: 59.151 millones de dólares.
Renta per cápita: 5.000 dólares.
División administrativa: 12 regiones, subdivididas en provincias, y una región metropolitana (Santiago), según cuadro.

CHILE

Regiones	Superficie (km²)	Población (h.)	Capitales
I Tarapacá	58.698	410.343	Iquique
II Antofagasta	126.444	415.487	Antofagasta
III Atacama	75.573	202.810	Copiapó
IV Coquimbo	40.656	525.432	La Serena
V Valparaíso	16.396	1.478.281	Valparaíso
VI Libertador General Bernardo O'Higgins	16.365	684.179	Rancagua
VII Maule	30.302	902.646	Talca
VIII Biobío	36.929	1.753.662	Concepción
IX La Araucanía	31.858	853.187	Temuco
X Los Lagos	66.997	957.212	Puerto Montt
XI Aisén del General Carlos Ibáñez del Campo	108.494	88.782	Coihaique
XII Magallanes y de la Antártica Chilena	132.034	181.551	Punta Arenas
Región Metropolitana de Santiago	15.349	5.783.703	Santiago

sidente. Dos años más tarde fue aprobada la Constitución, que se mantuvo vigente hasta 1925. El país entró en un largo periodo de prosperidad, sólo interrumpido por la Guerra contra la confederación Peruano Boliviana en la que Chile venció a Bolivia y Perú. En 1841 el general Bulnes fue elegido presidente e inició una política de conciliación. En 1851, Manuel Montt fue elegido presidente. Tras sofocar varias rebeliones y motines, impulsó la colonización, inició un programa de obras públicas y promulgó un código civil redactado por Andrés Bello. Tras su segundo mandato, fue sustituido en 1861 por José Joaquín Pérez. Durante su gobierno tuvo lugar la guerra con España (1865-66). Pérez fue sustituido en 1871 por Federico Errázuriz Zañartu. Aníbal Pinto, su sucesor, favoreció la instrucción pública y discutió los límites con Argentina. Mediante el tratado de 1874, Chile renunció a los derechos generados por las exportaciones mineras de los territorios ubicados entre los paralelos 23 y 24, los que irían en su totalidad a Bolivia. Este país, al no cumplir los acuerdos y tratados, desencadenó la guerra del Pacífico (1879-1884). En 1881 fue elegido presidente Domingo Santa María, candidato de los liberales y radicales. Promulgó el tratado de límites con Argentina, fijando como línea divisoria entre ambos países la cordillera de los Andes y dejando a Chile la región del estrecho de Magallanes. La guerra con Perú tuvo el desenlace que impuso el gobierno chileno. Bolivia perdió su costa sobre el Pacífico, y Perú las provincias de Arica y Tarapacá. José Manuel Balmaceda ocupó la presidencia de Chile de 1886 a 1891. Ese año, la marina, al mando del capitán de navío Jorge Montt, se sublevó, derrotando a las fuerzas del presidente, quien tuvo que dimitir, estableciéndose un régimen de oligarquía parlamentaria que duró hasta 1925. En 1920, Alessandri asumió la presidencia. Sus proyectos de reforma social encontraron una fuerte resistencia en el Senado y en 1924 dimitió. Asumió de nuevo el poder un año después y promulgó una nueva Constitución de carácter presidencialista. Sin embargo, se vio obligado a dimitir de nuevo y el país se internó en una crisis social y política. En las elecciones de 1927, el coronel Ibáñez obtuvo la presidencia. Resueltas diversas crisis políticas, el país eligió nuevamente presidente a Arturo Alessandri, en 1932. En 1938, el pueblo votó, por mayoría, la candidatura presidencial de Pedro Aguirre Cerda, quien falleció en 1941, siendo sustituido por Juan Antonio Ríos. A finales de 1945, el presidente Ríos fue sustituido por Alfredo Duhalde durante la enfermedad de aquél, y al morir, en 1946, fue elegido presidente de la República Gabriel González Videla, candidato del ala izquierda republicana. Las elecciones de 1952, en las que por primera vez participaban las mujeres, dieron el triunfo a Carlos Ibáñez del Campo. A éste le sucedieron Jorge Alessandri Rodríguez, de 1958 a 1964, y el líder del Partido Demócrata Cristiano Eduardo Frei Montalva, en 1964. En 1970 obtuvo el triunfo para la presidencia el socialista Salvador Allende Gossens, quien nacionalizó la minería, la banca y los grandes monopolios industriales. El 11 de septiembre de 1973 una junta militar, presidida por el general Augusto Pinochet, dio un golpe de Estado y derrocó al presidente Allende. En junio de 1974, la junta de gobierno promulgó un decreto-ley en el que se establecían las bases institucionales del régimen chileno, según el cual dicha junta asumía los poderes legislativo y constituyente y se nombraba al general Augusto Pinochet presidente de la nación, cargo que renovó por ocho años más en marzo de 1981, al entrar en vigor una nueva Constitución. En octubre de 1984, Chile y Argentina firmaron un acuerdo sobre el canal de Beagle, mediante el cual se concedió a Chile la soberanía de las islas Picton, Lennox y Nueva, y a Argentina garantías para la navegación y explotación de las aguas de la zona. En septiembre de 1986, tras un atentado frustrado contra Pinochet, se implantó de nuevo el estado de sitio en todo el país. El creciente aislamiento internacional y la inestabilidad interna forzaron a Pinochet a convocar un referéndum en 1988 para respaldar su permanencia en el poder, que arrojó un resultado contrario a su continuidad. El 14 de diciembre de 1989 se celebraron elecciones presidenciales, en las que resultó elegido el cristianodemócrata Patricio Aylwin, que lideraba la Concertación de los Partidos para la Democracia, una coalición de 17 partidos opuestos al régimen. Aylwin inició un proceso de transición, obstaculizado a veces por Pinochet desde su puesto de jefe de las fuerzas armadas. En las elecciones presidenciales de diciembre de 1993 resultó vencedor el democristiano Eduardo Frei, hijo de Eduardo Frei Montalva. En marzo de 1998, Pinochet abandonó el mando del Ejército y pasó a ocupar un escaño vitalicio en el Senado. En octubre, la detención en Londres del ex general a instancias del juez español B. Garzón y la petición de extradición de la justicia española provocaron disturbios en el país. Tras un largo proceso, la justicia británica rechazó en enero de 2000 la extradición del ex general a España basándose en su estado de salud. Ese mismo mes, el candidato socialista, Ricardo Lagos, fue vencedor en las elecciones presidenciales. En marzo Pinochet regresó a Chile. En mayo la justicia chilena decidió retirarle la inmunidad, abriendo camino con ello a la celebración de un juicio contra el ex general; sin embargo, en 2001 la Corte de Apelaciones de Santiago decidió sobreseer la causa debido a la demencia senil del acusado.

Chile. Ricardo Lagos, presidente del país desde 2000.

CHILENO, NA adj. y s. De Chile.

CHILERO, RA m. y f. **1** *Guat.* y *Méx.* Persona que cultiva o comercia con chile. **2** *Guat.* Persona mentirosa. También adj.

CHILES Volcán de los Andes Ecuatorianos, en la cordillera Occidental; 4.768 m de altura.

CHILINDRINA f. **1** fam. Cosa de poca importancia. **2** fam. Anécdota, chiste.

CHILINDRÓN m. Salsa hecha a base de pimiento, tomate y otros ingredientes.

CHILLA f. **1** Instrumento que sirve a los cazadores para imitar el chillido del zorro, la liebre, el conejo, etc. **2** Tabla delgada de mala calidad. **3** *Zool.* Chile Zorro de pequeño tamaño.

CHILLÁN Ciudad de Chile, en la región VIII de Biobío, capital de la provincia de Ñuble; 157.063 h.

CHILLÁN, NEVADOS DE Macizo volcánico de Chile, en la provincia de Ñuble; 3.219 m de altura.

CHILLANENSE adj. y com. De Chillán.

CHILLAR intr. **1** Dar chillidos. **2** Imitar con la chilla el chillido de los animales de caza. **3** CHIRRIAR. **4** fig. Hablando de colores, destacarse con demasiada viveza o estar mal combinados.

CHILLIDA, EDUARDO Escultor español (San Sebastián, 1924 - San Sebastián, 2002). Obras principales: el monumento a *Fleming* en San Sebastián (1955), *El Peine de los Vientos* (1956-68), el proyecto de la casa *Goethe* (1982) y *De música* en Dallas (1990). En 1985 recibió el premio Príncipe de Asturias.

CHILLIDO m. Sonido inarticulado de la voz, agudo y desapacible.

CHILLO m. CHILLA, tabla de mala calidad.

CHILLÓN, NA adj. **1** fam. Que chilla mucho. **2** Se dice de todo sonido agudo y desagradable. **3** fig. Se dice de los colores demasiado vivos o mal combinados. || m. **4** Clavo que sirve para tablas de chilla.

CHILMOLE m. *Méx.* Salsa de chile con tomate u otra legumbre.

CHILOÉ, ISLA GRANDE DE Isla de Chile, la más grande del país, que forma parte de la provincia de su nombre, junto con las islas Guaitecas y la parte N del archipiélago de Chonos, en la X Región (Los Lagos); 9.000 km². Explotación forestal. Pesca. Industria alimentaria. Fue descubierta en 1558 por García Hurtado de Mendoza.

CHILOTE, TA adj. y s. De Chiloé.

CHILPANCINGO DE LOS BRAVOS Ciudad de México, capital del Estado de Guerrero; 67.498 h. En ella se instaló el primer congreso constituyente de México, convocado por Morelos, que proclamó el acta de independencia el 13 de septiembre de 1813.

CHILPANCINGUEÑO, ÑA adj. y s. De Chilpancingo.

CHILPAYATE, TA m. y f. *Méx.* Niño pequeño.

CHILPERICO Nombre de dos reyes francos de Neustria.

CHILPERICO I (?, 539 - Chelles, Seine y Marne, 584). Hijo de Clotario I. Accedió al trono en 561. En el reparto del reino a la muerte de su padre, le correspondió Soissons y Neustria.

CHILPERICO II (?, h. 670 - ?, 721). Hijo de Childerico II. Accedió al trono en 715, a la muerte de Dagoberto II. Su reinado se caracterizó por las luchas con Austrasia y con Carlos Martel.

CHILTEPE m. *Bot. Guat.* Chile silvestre de color rojo.

CHILTIPIQUÍN m. *Bot. Ají*, pimiento.

CHILTOTE m. *Zool. Guat.* Nombre común de dos pequeñas aves de la familia paseriformes.

CHILUBA, FREDERICK Político de Zambia (Luanda, 1943). Obtuvo la victoria en las elecciones presidenciales celebradas en 1991. Renovó su cargo en 1996. En 2002 fue sustituido por L. Mwanawasa.

CHIMALPOPOCA Rey de México-Tenochtitlán (? - México, h. 1427). Tercer rey azteca. Se enfrentó a Maxtla, rey de Azcapotzalco. Según cuenta la leyenda las tropas del monarca enemigo le apresaron, exponiéndolo públicamente en una jaula, donde se ahorcó. Es posible que fuera eliminado por sus súbditos para colocarse en su lugar a Izcóatl.

CHIMALTENANGO 1 Departamento de Guatemala; 1.979 km² y 427.602 h. **2** Ciudad capital del mismo; 14.967 h. Ruinas prehistóricas.

CHIMANAS, ISLAS Grupo de islas de Venezuela, en el Caribe, frente a la boca del río Aragua.

CHIMANGO o **CHIMACHIMA** m. *Zool. Arg.* y *R. Plata* Ave rapaz diurna perteneciente a la familia falconiformes, de nombre científico *Milvago chimango*.

CHIMBORAZO Volcán de los Andes Ecuatorianos, en la cordillera Occidental; 6.310 m de altura.

CHIMBORAZO Provincia de Ecuador, en la región de Sierra; 6.072 km² y 403.185 h. Su capital es Riobamba. Agricultura, explotación forestal y minera. Industria agropecuaria y textil.

CHIMBOTE Ciudad de Perú, departamento de Ancash; 298.800 h. Su puerto es el segundo en importancia del país por la pesca. Fabricación de harina de pescado. Centro siderúrgico nacional, creado en 1956. Fue una de las ciudades más afectadas por el seísmo que asoló Perú en junio de 1970. Tras su reconstrucción, conoció una etapa de extraordinario desarrollo.

CHIMENEA f. **1** Conducto para dar salida al humo que resulta de la combustión. **2** Hogar o fogón de las viviendas, usado para guisar o calentarse, con un conducto por donde sale el humo. **3** En las armas de fuego de pistón, cañoncito de la recámara en el que se encaja la cápsula. **4** Conducto vertical de madera por donde, en los teatros, suben y bajan los contrapesos para las maniobras de la maquinaria. **5** *Min.* Pozo de ventilación de una mina.

CHIMICHURRI m. *Arg.* y *Urug.* Salsa picante y aromática con que se acompañan los asados.

CHIMINANGO m. *Bot. Col.* Árbol leguminoso corpulento de la familia de las mimosáceas, cuya corteza se usa para curtir.

CHIMKENT Ciudad de Kazajstán, capital de la provincia de Kazajstán Meridional; 397.600 h.

CHIMPANCÉ m. *Zool.* Mamífero primate antropoide, perteneciente a la familia antropomorfos, de nombre científico *Pan troglodytes*. Mide hasta 1,5 m de altura, tiene el cuerpo robusto y cubierto de pelo de color oscuro, cabeza grande, barba y cejas prominentes, nariz aplastada, brazos largos, y manos y pies prensiles. Vive en familias de 10 a 20 individuos que se comunican mediante una amplia variedad de sonidos y muecas. Es muy sociable y posee una gran capacidad de aprendizaje e imitación. Habita en las selvas de África ecuatorial.

CHIMÚ adj. y com. *Hist.* y *Etnol.* Se dice de un pueblo preincaico que se desarrolló entre 1000 y 1470 en la costa N del Perú, y cuya cultura sustituyó a la mochica. Se caracterizó por sus grandes ciudades amuralladas, como la capital Chanchán. Contaba con una avanzada organización social, militar y política. Su economía se basaba en una agricultura de irrigación, en la producción textil, cerámica y de objetos de orfebrería. Fue sometido por los incas a finales del siglo XV.

CHINA f. **1** Piedra pequeña. **2** Juego de muchachos que consiste en acertar en cuál de las dos manos oculta uno de ellos una piedrecita. **3** fig. y fam. DINERO. **4** fig. y fam. En el argot de la droga, pequeña cantidad de hachís, de forma parecida a una china de piedra, suficiente para hacer un porro o cigarrillo de esta droga. **5** *Bot.* Raíz medicinal de una hierba del mismo nombre. **6** PORCELANA, loza fina. **7** Tejido de seda o lienzo de China. **8** *Amér. C.* y *m.* India o mestiza que se dedica al cuidado doméstico. || **poner chinas** a alguien. fr. fig. y fam. Suscitarle dificultades. || **tocarle a alguien la china** fr. fig. Corresponderle por azar algo desafortunado.

CHINA (República Popular China; *Changhwa Jenmin Kungho Kuo*) Estado central de Asia. Limita al N con Rusia y Mongolia; al E, con Corea del Norte y el océano Pacífico; al S, con Vietnam, Laos, Myanmar, India, Bhután y Nepal; y al O, con la India, Pakistán, Afganistán, Kazajstán, Kirguizistán y Tayikistán.

Geog. Geografía física. Es el tercer país del mundo por su extensión. Se pueden distinguir varias unidades geográficas: al N, la meseta de Mongolia, con el desierto de Gobi, y la cuenca de Manchuria; el centro y SE de China no presenta relieves importantes y aparece regado por grandes ríos; en el O, hay dos zonas bien diferenciadas: la meridional, constituida por los montes Kuen-Lun, la meseta del Tíbet y el Himalaya, y la septentrional, con las cuencas de Zungaria y Tarim, separadas por los montes Tien-Shan. En la hidrografía destacan los ríos Amur, Hoang-Ho o río Amarillo y el Yangtse o río Azul. El Mekong y el Saluen tienen su curso alto y medio en China. El clima varía desde el desértico, en el N y NO, hasta el continental del interior, templado en la costa del mar Amarillo, tropical monzónico en el SE y el clima de grandes alturas en el Tíbet y en el Himalaya.

Superficie: 9.572.900 km².
Población: 1.265.207.000 h. *(chinos)*.
Densidad: 132,2 h./km².
Tasa de natalidad: 15,4‰.
Tasa de mortalidad: 7‰.
Capital: Pekín (Beijing).
Ciudades principales: Shanghai, Tianjin, Shenyang, Wuhan, Cantón, Harbin, Chongqing, Nanjing, Xi'an, Chengdu.
Grupos étnicos: chinos (91,96%) y numerosas minorías (tibetanos, manchúes, kuan, uigures).
Religión: taoísmo (20,1%), budismo (6%), islamismo (2,4%), sin filiación religiosa (59,2%).
Idioma: chino mandarín (oficial), tibetano, mongol, uigur.
Moneda: yuan.
Forma de Estado: república popular.
Producto Nacional Bruto: 923.560 millones de dólares.
Renta per cápita: 750 dólares.
División administrativa: 22 provincias, 5 regiones autónomas y 3 municipalidades, agrupadas en regiones, según cuadro.

Geografía humana y económica. China es el país con más población del mundo. Ésta se concentra en la zona oriental y en Manchuria. Sus gigantescas proporciones han llevado a controles severos de la natalidad para evitar su incremento. La actividad económica tiene como base la agricultura, en la que destacan los cereales (arroz, trigo, mijo, sorgo, maíz, centeno), patatas, remolacha, algodón, cáñamo, soja, tabaco, té, lino y seda. También posee un importante sector ganadero y es el primer país del mundo en capturas pesqueras. China cuenta con ricos yacimientos minerales (carbón, hierro, petróleo, antimonio, tungsteno, mercurio, cinc, estaño, plomo, oro, fosfatos, manganeso, cobre). La industria siderúrgica es uno de los pilares de su economía. Otras industrias pesadas importantes son la del cemento, la mecánica y la química. Entre las industrias ligeras destacan la textil, de fibras artificiales, la alimentaria y otras de tecnología. Desde la década de los ochenta, una serie de reformas concretadas en un nuevo sistema de gestión y la creación de numerosas empresas con participación de capital extranjero han generado unos espectaculares índices de crecimiento económico.

Hist. China parece ser una de las regiones más antiguamente pobladas por el hombre. Los restos del célebre *sinántropo* u *hombre de Pekín* y numerosos restos arqueológicos demuestran la existencia humana desde el paleolítico superior, en asentamientos situados en el valle del Hoang-Ho o río Amarillo. Las leyendas hablan de emperadores anteriores a la dinastía Shang o Yin (siglos XVIII-XI a. C.), de cuya civilización hay testimonios arqueológicos en la región de la actual Anyang. Esta dinastía fue sustituida por los Chou (1050-221 a. C.), procedentes del O, con los que la cultura china se exten-

CHINA

Provincias Regiones autónomas* Municipalidades** *Regiones*	Superficie (km²)	Población (h.)	Capitales
Guangxi Zhuang *	220.400	47.130.000	Nanning
Guangdong	197.100	72.700.000	Guangzhou
Hainan	34.300	7.620.000	Haikou
Henan	167.000	93.870.000	Zhengzhou
Hunan	210.500	65.320.000	Changsha
Hubei	187.500	59.380.000	Wuhan
Jiangxi	164.800	42.310.000	Nanchang
Centromeridional	*1.181.600*	*388.330.000*	*Wuhan*
Gansu	366.500	25.430.000	Lanzhou
Ningxia Hui *	66.400	5.430.000	Yinchuan
Qinghai	721.000	5.100.000	Xining
Shaanxi	195.800	36.180.000	Xi'an
Xinjiang Uygur *	1.646.900	17.740.000	Urumqi
Nordoccidental	*2.996.600*	*89.880.000*	*Xi'an*
Heilongjiang	463.600	37.920.000	Harbin
Jilin	187.000	26.580.000	Changchun
Liaoning	151.000	41.710.000	Shenyang
Mongolia Interior*	1.177.500	23.620.000	Hohhot
Nororiental	*1.979.100*	*129.830.000*	*Shenyang*
Anhui	139.900	62.370.000	Hefei
Fujian	123.100	33.160.000	Fuzhou
Jiangsu	102.600	72.130.000	Nanjing
Shanghai**	6.200	14.740.000	Shanghai
Shandong	153.300	88.830.000	Jinan
Zhejiang	101.800	44.750.000	Hangzhou
Oriental	*626.900*	*315.980.000*	*Shanghai*
Hebei	202.700	66.140.000	Sihjiazhuang
Pekín**	16.800	12.570.000	Pekín
Shanxi	157.100	32.040.000	Taiyuan
Tianjin**	11.300	9.590.000	Tianjin
Septentrional	*387.900*	*120.340.000*	*Pekín*
Chongqing**	23.000	30.750.000	Chongqing
Guizhou	74.000	37.100.000	Guiyang
Sycchuan	569.000	85.500.000	Chengdu
Xizang* (Tíbet)	1.221.600	2.560.000	Lhasa
Yunnan	436.200	41.920.000	Kunming
Sudoccidental	*2.400.800*	*197.830.000*	*Chongqing*

CHINA

dió hacia el S (valle del Yangtse) y por el E hacia el mar. En 481 a. C. se inició el periodo de los Reinos Guerreros, caracterizado por la debilidad del poder real y las anexiones de territorios por parte de los principados más fuertes; en esta época surgieron varias religiones y filosofías de gran importancia posterior (taoísmo, confucianismo). De las luchas entre los príncipes surgió la dinastía Chin (221-206 a. C.). Durante este breve periodo, se formó un Estado unitario centralizado bajo el gobierno de Shi-Huang Ti, que se hizo proclamar primer emperador y mandó construir la Gran Muralla (214 a. C.). La resistencia interna a la centralización desembocó en un periodo de anarquía al que puso fin la dinastía Han occidental (206 a. C.-220 d. C.). El emperador más importante fue Wu Ti (140-87 a. C.). A su muerte comenzaron las luchas entre las grandes familias nobles. Wang Mang, miembro de una de ellas, emperador entre el 9 a. C. y el 23 d. C., impuso un rígido programa de reformas que provocó el levantamiento de los campesinos y el restablecimiento de la dinastía Han (Han oriental) entre los años 25 y 220. En 184 un nuevo levantamiento popular (revuelta de los turbantes amarillos), dio lugar a la división del imperio en tres reinos (220-316). De 316 a 581 se sucederon seis dinastías; entre 581 y 617 la dinastía Sui reunificó el imperio y, aprovechando las discordias turcas en Asia central, logró imponer su dominio sobre esta zona. Le sucedió la dinastía Tang (618-907), con la que China conoció una época de esplendor. Finalizó con un nuevo levantamiento campesino (874) que permitió a los príncipes recuperar sus feudos (907-960) hasta el establecimiento de la dinastía Song (960-1279). El imperio, nuevamente unificado, conoció una estabilidad política que permitió el desarrollo cultural e invenciones técnicas y científicas: aplicación de la pólvora para fines militares e invención de la brújula (1000), primer reloj hidráulico con escape (1088), etc. A partir de 1122 comenzaron las invasiones de tribus bárbaras del N y, ya en el siglo XIII, los mongoles de Gengis Khan tomaron Pekín (1215) y ocuparon gran parte del N de China. Kublai Khan, nieto de Gengis Khan, incorporó China al imperio mongol y fundó la dinastía de los Yuan, que gobernaría entre 1279 y 1368. La gran extensión de sus dominios permitió establecer contactos comerciales con otras culturas; de esta época datan los viajes de Marco Polo (1275 y 1292). La mala situación económica fue motivo de los levantamientos populares de 1325 y 1351; finalmente, un campesino, Chu Yuang-chan, se hizo con el poder e instauró la dinastía Ming (1368-1644). A principios del siglo XVI llegaron a China los primeros europeos (portugueses), que obtuvieron del emperador permisos para establecerse en sus costas (Macao), y algunos misioneros jesuitas. Una nueva tribu del N, los manchúes, comenzó a penetrar en China a principios del siglo XVII. En 1644 llegaron hasta Pekín y fundaron la dinastía Ching, cuyos más importantes emperadores fueron Kang Hsi (1661-1722) y Kien Lung (1736-96). La muerte de Kien Lung, en 1796, inició una nueva etapa de decadencia; los jesuitas fueron expulsados (1830) y el país permaneció cerrado al exterior. Se mantuvieron los intercambios comerciales, especialmente en Macao (colonia portuguesa) y en el puerto de Cantón, donde los británicos cambiaban opio de la India por té y algodón chinos. Los esfuerzos del gobierno chino por suprimir este comercio dieron lugar a la guerra del Opio (1839-42), por la cual el Reino Unido obtuvo la posesión de Hong Kong y se abrieron al comercio Cantón y otros puertos chinos. En 1856 estalló un nuevo enfrentamiento con el Reino Unido y Francia, por el que ambos países consiguieron nuevas ventajas y concesiones, y en 1894-95 la guerra chino-japonesa dio a Japón la soberanía sobre la península de Corea. Entre 1896 y 1898, Rusia, Alemania y Francia se hicieron con puntos geográficos estratégicos y con amplios privilegios que incrementaron el malestar social. Las sociedades secretas, especialmente los *bóxers*, empezaron a organizar la oposición; estallaron motines xenófobos incluso en Pekín, donde se asedió a las legaciones extranjeras (1899-1900). Tras la muerte del emperador, en 1908, comenzaron a surgir las ideas republicanas en los medios intelectuales, y en 1911, el Kuomintang, partido nacionalista fundado por Sun Yat-sen, provocó agitaciones que llevaron a la proclamación de la república. Sun Yat-sen cedió la presidencia a Yuan Shi-kai (1912). Su muerte, en 1915, inició los enfrentamientos entre republicanos y militares. En 1921 se estableció un gobierno republicano en Cantón dirigido por Sun Yat-sen, a la vez que se organizaba el Partido Comunista chino. En 1925, la muerte de Sun Yat-sen provocó la escisión del Kuomintang entre radicales y moderados, liderados éstos por Chiang Kai-shek. En 1928, Chiang tomó Pekín, fue nombrado presidente y trasladó la capital a Nanjing; los comunistas, fuertemente reprimidos, iniciaron la Larga Marcha hacia Yenan y las regiones circundantes. Entre 1931 y 1932 Japón se apoderó de Manchuria y logró establecer un gobierno en Pekín (1937). De esta forma, el país quedó dividido en dos sectores: el de Nanjin, al N, supeditado a Japón, y el del Kuomintang, al S, cuyo gobierno se estableció en Chongqing. Al rendirse Japón en la Segunda Guerra Mundial (1945), las discrepancias entre el gobierno nacionalista de Chiang Kai-shek y los comunistas provocaron una nueva guerra civil. El ejército comunista chino, acaudillado por Mao Tse-tung, conquistó la China continental, se proclamó la República Popular China y, en 1949, Chiang Kai-shek se trasladó a la isla de Formosa. La oposición interior a Mao, que ya se había manifestado en los años cincuenta (primavera de Pekín de 1957), siguió en aumento durante la década siguiente, incidiendo en ello el fracaso de las reformas económicas y la retirada de la ayuda soviética. Mao se lanzó a una campaña educacional de las jóvenes generaciones que culminó en la revolución cultural (1966) y supuso la depuración de políticos, militares e intelectuales. A partir de 1970 se restableció la vida política, y en 1971 China fue admitida como miembro de las Naciones Unidas. Con la muerte de Chou En-lai (1975), primer ministro desde 1949, comenzó una nueva crisis política que provocó la destitución de Deng Xiaoping, viceprimer ministro y vicepresidente del partido. A la muerte de Mao (septiembre de 1976), la lucha por el poder entre radicales y moderados culminó con el triunfo de éstos, encabezados por Hua Kuo-feng, y Deng Xiaoping, que fue rehabilitado en 1977 y pasó a ocupar el cargo de viceprimer ministro. La nueva Constitución de 1982 supuso una cierta apertura respecto a los excesos de la revolución cultural, y una política de acercamiento a Occidente. A finales de la década, las manifestaciones estudiantiles en demanda de una mayor democratización provocaron una crisis en la dirección del partido, que reaccionó duramente durante los sucesos de la plaza de Tiananmen, en 1989. El gobierno chino declaró su intención de mantener con firmeza la organización política socialista y el proceso de reformas económicas. Sin embargo, se mantuvo una situación de crisis larvada, debido a las tensiones entre el gobierno central y las autoridades provinciales y al problema planteado por la sucesión de Deng Xiaoping. A su muerte, en 1997, asumió el liderazgo político el presidente de la República, Jiang Zemin. Ese mismo año, China recuperó la soberanía sobre Hong Kong. En 1998 Zemin fue ratificado en su cargo. Ese mismo año Zhu Rongji fue elegido primer ministro. En 1999 se llevó a cabo una reforma de la constitución que pasó a reconocer la propiedad privada como base del desarrollo del país. A finales de ese año Portugal le devolvió a China el control de Macao. En 2003 Hu Jintao fue nombrado presidente y Wen Jiabao, primer ministro. En 2004 se hicieron enmiendas a la Constitución para ampliar el derecho a la propiedad privada.

China, mar de la Sector del océano Pacífico, junto a la costa SE de Asia, cuyos límites comprenden la parte sudeste de China al N, las Filipinas y Borneo al E y SE, e Indochina y Malaca al O divido, por el estrecho de Formosa, en Oriental y Meridional; 4.199.000 km².
China Nacionalista Taiwan.
Chinama f. Guat. Choza.
Chinameca Población de México, Estado de Morelos, donde fue asesinado Zapata (1919).
Chinandega 1 Departamento de Nicaragua; 4.926 km² y 350.212 h. **2** Ciudad capital del mismo; 101.605 h.
Chinapo m. Geol. Méx. obsidiana.
Chinarro m. Piedra mayor que la china.
Chinato, ta adj. y. s. De Malpartida de Plasencia (Cáceres).
Chincalé m. Bot. Col. Árbol de la familia leguminosas, de frondoso follaje.
Chincha, islas de Nombre de tres pequeñas islas de Perú, situadas frente a la costa del departamento de Ica. En 1864 España ocupó las islas en represalia por el ataque de Perú a una de sus colonias. Fueron devueltas a Perú en 1865.
Chinchar tr. **1** fam. Molestar, fastidiar. || prnl. **2** fam. Fastidiarse, aguantarse.
Chinchasuyu tahuantinsuyu.
Chinchaycocha junín.
Chinche f. **1** Zool. Nombre común a varios insectos hemípteros pertenecientes a la familia cimícidos. **2** chincheta. || com. y adj. **3** fig. y fam. Persona impertinente. || **caer, o morir, como chinches** fr. fig. y fam. Haber gran mortandad.
Chinchemolle m. Zool. Chile Insecto sin alas, de olor nauseabundo.
Chincheta f. Clavito metálico de cabeza circular y chata y punta acerada, que sirve para asegurar el papel al tablero en que se dibuja o calca, o para otros fines parecidos.
Chinchilla f. **1** Zool. Cualquiera de los mamíferos roedores pertenecientes a la familia chinchíllidos, de varios géneros. Viven en las regiones andinas. **2** Piel de este animal.
Chinchón m. Bebida alcohólica anisada fabricada en Chinchón (Madrid).
Chinchón, Luis Jerónimo Fernández de Cabrera, conde de Noble español (Madrid, 1589 - Chinchón, 1647). Fue virrey de Perú (1629-39). Durante su mandato se introdujo en Europa desde Perú el uso de la quinina.
Chinchorrear intr. **1** Traer y llevar chismes. || tr. **2** Molestar, fastidiar.
Chinchorro m. **1** Red pequeña semejante a la jábega. **2** Embarcación de remos muy pequeña. **3** Venez. Hamaca de cordeles.
Chinchulín m. Ecuad. y R. Plata Yeyuno de ovino o vacuno, trenzado y asado. Más en pl.
Chincual m. Méx. sarampión.
Chindasvinto Rey visigodo de Toledo (Toledo, 587 - íd., 653). Accedió al trono en 642. Durante su reinado se celebró el VII concilio de Toledo (646). Comenzó la compilación del *Fuero Juzgo*.
Chiné adj. Se dice de ciertas telas rameadas o coloreadas.
Chinear tr. **1** Amér. C. Llevar en brazos o a cuestas. **2** C. Rica y Guat. Cuidar niños como china o niñera. **3** fig. Guat. Preocuparse mucho.
Chinela f. Calzado a modo de zapatilla.
Chinero m. Armario o alacena en que se guardan piezas de china o porcelana, cristal, etc.

chinche

Chinesco, ca adj. **1** chino², de China. || m. Mús. **2** Instrumento compuesto de una armadura metálica de la que cuelgan campanillas y cascabeles.
Chingada f. Méx. Nombre que se da popularmente a la muerte. || **hijo de la chingada** expr. vulg. Hijo de perra.
Chingana f. Arg., Bol., Chile, Ecuad., Perú y Urug. Taberna con cante y baile.
Chingar tr. **1** fam. Beber con frecuencia. **2** Amér. C. Cortar el rabo a un animal. **3** Importunar. **4** Practicar el coito. || intr. **5** Arg. y Urug. Colgar un vestido más de un lado que de otro. || prnl. **6** Embriagarse. **7** Arg., Chile y Perú Fracasar, fallar.
Chingo, ga adj. **1** Zool. Amér. C. Se dice del animal rabón. **2** Amér. C. y Venez. Chato, romo. **3** Amér. C. Corto, hablando de vestidos. **4** C. Rica Desnudo. **5** Venez. Deseoso, ávido. **6** Col. y Cuba Pequeño. **7** Nic. Bajo de estatura.
Chingolo m. Zool. Arg. Pequeña ave paseriforme de la familia fringílidos.
Chingue m. Zool. Chile mofeta.
Chino¹ m. **1** china, piedrecita. **2** Colador, pasapurés.
Chino², na adj. y s. **1** De China. || m. Ling. **2** Idioma de los chinos, perteneciente al grupo de los monosilábicos. Las palabras son invariables y pueden ser empleadas como verbo, sustantivo o adjetivo, por lo que su valor gramatical viene determinado por su posición en la frase. La escritura china es ideográfica, es decir, cada signo representa o sugiere una idea y no el fonema. Existen en el alfabeto chino unos 40.000 signos. En 1958 se adoptó el sistema de transcripción pinyin.
Chino³, na adj. y s. **1** Arg., Chile, Par., Urug. y Venez. Se dice de la persona aindiada. **2** Col. Se dice del indio no civilizado. **3** Cuba Se dice del descendiente de negro y mulata, o de mulato y negra. || m. y f. **4** Col., Chile, Ecuad. y Venez. Persona del pueblo bajo. **5** Col., Chile, Ecuad. y Venez. Criado. Más en dim. **6** Designación afectiva o despectiva de la persona. || **chino cholo** adj. Perú Se dice del descendiente de indio y negra, o de negro e india. También s.
Chinorri com. Niño pequeño.
Chintila Rey visigodo de Toledo (? - ?, 639). Sucedió a Sisenando en 636. Por medio de los concilios V y VI de Toledo, consiguió el reforzamiento del poder real y la protección de la iglesia. Poco antes de su muerte asoció al trono a su hijo Tulga, su sucesor.
Chip (Voz i.) m. Tecnol. Diminuto circuito integrado capaz de efectuar por sí mismo una función específica; consta de una placa de silicio con diversos componentes.
Chipe m. Chile Dinero. Más en pl. || **tener o dar chipe libre** fig. y fam. Chile Dar libertad para hacer algo.
Chipén adj. Estupendo. También adv. m.
Chipichipi m. Meteor. Méx. llovizna.
Chipile m. Bot. Méx. Planta herbácea.
Chipilo m. Bol. Rodajas de plátano fritas.
Chipiona Municipio y lugar de España, provincia de Cádiz; 15.518 h. Turismo.
Chipirón m. **1** Forma juvenil del calamar. **2** En las costas del Cantábrico, calamar.
Chipojo m. Zool. Cuba camaleón.

Chippendale (Voz i.) adj. A. dec. Se aplica al estilo de muebles creado por Thomas Chippendale en el siglo XVIII.
Chipre (Kypriaki Dimokratia, en griego; Kibris Cumhuriyeti, en turco) Estado insular del Mediterráneo oriental, situado frente a las costas de Turquía y Siria.
Geog. La isla de Chipre es muy montañosa. Dos cordilleras, una al N, de naturaleza calcárea (montes Kyrenia), que se prolonga hasta la península de Karpas, y otra al S, de material volcánico (montes Tróodos), que ocupa casi la mitad del territorio y alcanza su máxima altura en el monte Olimpo (1.953 m), encierran una depresión central, la llanura de Mesaria, en la que se incluyen las zonas más áridas del país. El clima es mediterráneo y la red hidrográfica, muy reducida. La población es rural. Se concentra sobre todo en el E y cultiva los viñedos y las huertas de las vertientes y los valles. Al S predominan los cultivos tradicionales (cereales, olivares, algarrobos) y el histórico viñedo de Encomienda. El subsuelo es rico en cobre, cromo, amianto y piritas de hierro. El turismo y el sector servicios constituyen las principales bases de su economía.
Hist. Colonizada sucesivamente por hititas, fenicios y griegos, fue después egipcia, romana, bizantina y árabe. Reino independiente en el siglo XII, fue adquirida por Venecia en 1489 y conquistada por los turcos en 1570; éstos la cedieron (1878) al Reino Unido, que se la anexionó en 1914, convirtiéndola en colonia en 1925. En el seno de la comunidad grecochipriota se desarrolló un movimiento a favor de su unión con Grecia, llamado *enosis*, y en 1931 estallaron los primeros levantamientos. En 1959 se firmó un acuerdo entre los gobiernos inglés, turco y griego, concediendo a la isla su independencia. La participación proporcional de las dos comunidades étnicas en los órganos de gobierno, establecida por la Constitución, no fue garantía suficiente para evitar las tensiones entre grecochipriotas y turcochipriotas. Elegido presidente de la república el arzobispo ortodoxo Makarios (1960), intentó la conciliación nacional, pero en 1963 estalló la violencia entre las dos comunidades, lo que determinó la intervención de las fuerzas de la ONU. En 1974, un golpe de Estado favorable a la *enosis* depuso a Makarios, quien reasumió su cargo a finales de ese año hasta su muerte en 1977. En

Superficie: 9.251 km².
Población: 762.000 h. (chipriotas).
Densidad: 82,4 h./km².
Tasa de natalidad: 13,4‰.
Tasa de mortalidad: 8,2‰.
Capital: Nicosia.
Ciudades principales: Limassol, Famagusta, Lárnaca.
Grupos étnicos: griegos (99,25%).
Religión: cristianismo ortodoxo (92%), catolicismo e islamismo.
Idioma: griego y turco (oficiales).
Moneda: libra chipriota.
Forma de Estado: república.
Producto Nacional Bruto: 8.983 millones de dólares.
Renta per cápita: 11.920 dólares.
División administrativa: De hecho, la isla está dividida en dos Estados: la República de Chipre, de mayoría griega y reconocida por la comunidad internacional, y la República Turca de Chipre Norte, sólo reconocida por Turquía. La República de Chipre está dividida en 6 distritos, según cuadro.

CHIPRE			
Distritos	Superficie (km²)	Población (h.)	Capitales
Famagusta	1.971	123.856	Famagusta
Kyrenia	640	32.586	Kyreneia
Lárnaca	1.126	60.714	Lárnaca
Limassol	1.391	124.855	Limassol
Nicosia	2.727	232.702	Nicosia
Páfos	1.396	57.065	Páfos

1974 las tropas turcas ocuparon el tercio N de la isla y la parte N de la capital, y en 1983 la asamblea turco-chipriota proclamó unilateralmente su independencia, con el nombre de República Turca de Chipre Norte, presidida por Rauf Denktas. La independencia no fue reconocida por la ONU. Con todo, Denktas fue ratificado como presidente de la comunidad turcochipriota en los comicios de junio de 1985. En enero de 1988, la comunidad griega de la isla eligió a George Vassilion como presidente, iniciándose un periodo de conversaciones entre los gobiernos turco y griego con vistas a la reunificación de la isla. En las elecciones de febrero de 1993 resultó elegido presidente Glafcos Clerides, candidato del partido conservador Agrupación Democrática (DISY), que revalidó su mayoría en los comicios de 1996. En 1997, Chipre fue invitada a participar, junto con otros países del Centro y del Este de Europa, en el proceso de ampliación de la UE. En 1998, fue reelegido Clerides. El presidente chipriota y Denktas, que se confirmaron en su cargo una vez más en 2000, se reunieron a finales de 2001 en Nicosia, y decidieron entablar negociaciones directas para buscar una solución a la división de la isla. Tras vencer en las elecciones celebradas en 2003, Tassos Papadopoulos sustituyó a Clerides en la presidencia del país. En abril de 2004 se celebró un referéndum para la reunificación de la isla, que fue rechazado por la parte griega, por lo que en mayo de ese año únicamente este sector ingresó en la UE.

CHIPRIOTA adj. y com. De Chipre.
CHIQUERO m. **1** POCILGA, establo. **2** TORIL.
CHIQUILICUATRO m. fam. CHISGARABÍS.
CHIQUILÍN, NA m. y f. Niño o niña pequeños.
CHIQUILLADA f. Acción propia de chiquillos.
CHIQUILLO, LLA adj. y s. CHICO, niño.
CHIQUIMULA 1 Departamento de Guatemala; 2.376 km² y 313.150 h. **2** Ciudad capital del mismo; 18.965 h.
CHIQUIRRITÍN, NA o **CHIQUITÍN, NA** adj. y s. fam. Se dice del niño o niña que no ha salido de la infancia.
CHIQUITO¹, TA adj. **1** Diminutivo de CHICO. Aplicado a personas, también s. || m. **2** Vaso pequeño de vino. || **no andarse** uno **con chiquitas** fr. fam. No usar de contemplaciones o pretextos.
CHIQUITO², TA adj. **1** Etnol. Se dice de un pueblo amerindio que habitaba la zona oriental de la actual Bolivia. Más como m. pl. **2** Se dice también de sus individuos. También s. **3** Relativo a este pueblo. || m. Ling. **4** Lengua hablada por los chiquitos, muy relacionada con el guaicurú.
CHIQUITOS, MISIONES JESUÍTICAS DE Misiones fundadas por los jesuitas entre 1691 y 1760 en el territorio de los chiquitos. Declaradas patrimonio cultural de la humanidad por la Unesco (1990).
CHIRA f. **1** Bot. C. Rica Espata del plátano. **2** Col. JIRÓN. **3** Med. Salv. LLAGA.
CHIRA Isla de Costa Rica, provincia de Puntarenas, en el golfo de Nicoya; 45 km².
CHIRAC, JACQUES Político francés (París, 1932). Ministro del Interior (1974) y alcalde de París (1977), fue primer ministro bajo las presidencias de Giscard d'Estaing (1974-76) y Mitterrand (1986-88). En 1995 asumió la presidencia de la República, cargo que revalidó en 2002.
CHIRCA f. Bot. Amér. C. y m. Árbol de la familia euforbiáceas.
CHIRIBICO m. Zool. **1** Cuba Pez pequeño. **2** Col. Arácnido.
CHIRIBITA f. **1** CHISPA. Más en pl. **2** Zool. Cuba Pez acantopterigio. || pl. **3** fam. Partículas flotantes en los ojos que dificultan la visión.
CHIRICO, GIORGIO DE Pintor italiano de origen griego (Volo, 1888 - Roma, 1978). En sus cuadros crea atmósferas angustiosas: Marina (1908), El centauro herido (1909) y Autorretrato (1966).
CHIRICOTE m. Zool. Arg. y Par. Ave que vive a orillas de lagunas y esteros.
CHIRIGOTA f. **1** fam. CUCHUFLETA. **2** Grupo de personas disfrazadas que cantan coplas en las fiestas de carnaval.
CHIRIGUANO, NA adj. **1** Etnol. Se dice de una tribu amerindia de origen guaraní que a partir del siglo XV emigró desde la costa de Brasil hasta las laderas orientales de los Andes Bolivianos. Más como m. pl. **2** Se dice también de sus individuos. También s. **3** Relativo a esta tribu.
CHIRIGUARE m. Zool. Venez. Ave de rapiña muy voraz.
CHIRIGÜE m. Zool. Chile Avecilla común.
CHIRIMBOLO m. fam. Utensilio.
CHIRIMÍA f. Mús. **1** Instrumento musical de viento parecido al clarinete. || m. Mús. **2** El que toca dicho instrumento. || f. **3** Guat. Persona que habla mucho y con voz desagradable.
CHIRIMIRI m. SIRIMIRI.
CHIRIMOYA f. Bot. Fruto del chirimoyo.
CHIRIMOYO m. Bot. Árbol perteneciente a la familia anonáceas, de nombre científico Annona cherimolia. Originario de las zonas andinas tropicales.
CHIRINGUITO m. Quiosco o puesto de bebidas al aire libre.
CHIRIPA f. **1** En el juego del billar, suerte favorable que se gana por casualidad. **2** fig. y fam. Casualidad favorable.
CHIRIPÁ m. **1** Arg., Par. y Urug. Prenda exterior de vestir usada por los gauchos. **2** Arg. Pañal parecido al chiripá gaucho.
CHIRIQUÍ Golfo del O de Panamá, situado en la provincia de Chiriquí, en el Pacífico.
CHIRIQUÍ Laguna de Panamá, en la costa de la provincia de Bocas del Toro.
CHIRIQUÍ Provincia de Panamá; 6.477 km² y 368.790 h. Su capital es David.
CHIRIQUÍ Río de Panamá, que desemboca en la bahía de Charco Azul; 80 km. También llamado Chiriquí Viejo.
CHIRIQUÍ Sierra de Panamá, en la provincia de su nombre. En ella se encuentra el volcán Barú.
CHIRIVÍA f. Bot. Planta perteneciente a la familia umbelíferas, de nombre científico Pastinaca sativa var. edulis.
CHIRLA f. Zool. Molusco bivalvo perteneciente a la familia venéridos, de nombre científico Venus gallina.
CHIRLE adj. **1** fam. Insípido, insustancial. || m. **2** SIRLE.
CHIRLEAR intr. Zool. Chirriar los pájaros.
CHIRLO m. **1** Herida prolongada en la cara, hecha con un instrumento cortante. **2** Cicatriz que deja una vez curada.
CHIRMOL m. Gastron. Ecuad. Plato de chile o pimiento, tomate, cebolla y otros condimentos.
CHIROLA f. Arg. Antigua moneda de níquel, de cinco, diez o veinte centavos.
CHIRONA f. fam. Cárcel, prisión.
CHIRRIAR intr. **1** Emitir un sonido agudo. **2** Zool. Chillar algunos pájaros. **3** fig. y fam. Cantar desentonadamente.
CHIRRIDO m. Sonido de algo que chirría, o chillido de algunos animales.
CHIRRIÓN m. **1** Carro fuerte de dos ruedas. **2** Amér. Látigo.
CHIRRIPÓ Río de Costa Rica, que nace en la cordillera Central y desemboca en el mar de las Antillas; 100 km.
CHIRRIPÓ GRANDE Cerro de Costa Rica, en la cordillera de Talamanca; 3.820 m. Es la cumbre más alta del país.
CHIRUCA f. Bota de lona muy resistente y ligera.
CHIRULA f. Mús. Flautilla del País Vasco.
CHIRULÍ m. Zool. Venez. Avecilla de canto dulce.
CHIRUSA o **CHIRUZA** f. Arg. y Urug. Mujer de origen humilde, por lo común mestiza o descendiente de mestizos.
CHIRVECHES, ARMANDO Escritor boliviano (La Paz, 1881 - París, 1926). Autor de los libros de poemas Lilí (1901), Noche estiva (1904) y Añoranzas (1912). De su obra narrativa destacan Celeste (1905), La candidatura de Rojas (1909), La virgen del lago (1920) y Flor del trópico (1926).
CHIS o **CHIST** expr. fam. **1** CHITÓN. **2** Voz para llamar a alguien. **3** Guat. Voz para indicar que hay algo sucio, torpe, que provoca náuseas.
CHISA f. Zool. Col. Larva de un género de escarabajos.

Giorgio de **Chirico.** Maniquíes en la playa. Galería de Arte Moderno (Milán).

CHISCAR tr. Sacar chispas del eslabón chocándolo con el pedernal.

CHISCARRA f. *Geol.* Roca caliza de poca coherencia.

CHISCÓN m. TABUCO.

CHISGARABÍS m. fam. Zascandil, mequetrefe.

CHISGUETE m. **1** Trago de vino. **2** fam. Chorrillo violento de un líquido.

CHISINAU Ciudad capital de Moldavia, situada a orillas del río Byk; 657.775 h. Perteneció a Rumania (1920-40).

CHISME m. **1** Noticia verdadera o falsa, o comentario con que generalmente se pretende indisponer a unas personas con otras o se murmura de alguna. **2** Baratija o trasto pequeño.

CHISMORREAR intr. Contarse chismes mutuamente.

CHISMOSO, SA adj. y s. Que chismorrea.

CHISPA f. **1** Partícula encendida que salta de la lumbre, de golpear el hierro con el pedernal, etc. **2** *Fís.* Descarga eléctrica que se propaga por el aire u otro medio aislante. **3** Diamante muy pequeño. **4** Gota de lluvia menuda y escasa. **5** Partícula de cualquier cosa. **6** Porción mínima. **7** fig. Viveza de ingenio. **8** fam. BORRACHERA, embriaguez. || **echar chispas** expr. fam. Estar muy enfadado.

CHISPAZO m. **1** Acción de saltar la chispa del fuego. **2** Daño que hace. **3** fig. Suceso aislado y de poca entidad que precede o sigue a otros de mayor importancia. Más en pl. **4** fig. y fam. Cuento o chisme.

CHISPEANTE adj. **1** Que chispea. **2** fig. Agudo, ingenioso.

CHISPEAR intr. **1** Echar chispas. **2** Brillar mucho. **3** Llover muy poco.

CHISPO, PA adj. **1** Achispado, bebido. || m. **2** fam. CHISGUETE, trago de vino.

CHISPORROTEAR intr. fam. Despedir chispas reiteradamente.

CHISQUE m. Eslabón para encender la yesca con el pedernal.

CHISQUERO m. **1** ESQUERO. **2** Mechero, encendedor.

CHISSANO, JOAQUIM ALBERTO Político mozambiqueño (Chibuto, Gaza, 1939). Miembro fundador del Frente de Liberación de Mozambique (FRELIMO), tras la independencia de su país dirigió el gobierno provisional (1974-75). Fue después ministro de Asuntos Exteriores (1975-86), y desde 1986 presidente de la República.

CHIST m. CHIS.

CHISTAR intr. Hablar o hacer ademán de hacerlo. Se usa más con negación.

CHISTE m. **1** Dicho agudo y gracioso. **2** Suceso gracioso y festivo. **3** Burla o chanza.

CHISTERA f. **1** Cestilla de los pescadores. **2** CESTA del pelotari. **3** fig. y fam. SOMBRERO DE COPA.

CHISTOSO, SA adj. **1** Que usa de chistes. **2** Gracioso.

CHISTU m. *Mús.* Flauta recta de madera con embocadura de pico que se usa en el País Vasco.

CHISTULARI com. *Mús.* Músico del País Vasco que en las fiestas populares toca el chistu y el tamboril.

CHITA f. **1** *Anat.* ASTRÁGALO, hueso. **2** Juego que consiste en poner en el suelo una chita o taba y tirar sobre ella con tejos. **3** *Méx.* Redecilla para el cabello. || **a la chita callando** expr. fam. Calladamente, sin llamar la atención.

CHITA **1** Región de la Federación de Rusia; 431.500 km^2 y 1.299.000 h. **2** Ciudad capital de la misma; 320.000 h.

CHITAR intr. CHISTAR.

CHITE m. *Bot. Col.* Arbusto de cuya madera se obtiene carboncillo para dibujar.

CHITO m. **1** Juego que consiste en arrojar tejos o discos de hierro contra un pequeño cilindro de madera. **2** Tejo usado en el juego.

CHITÓN Voz familiar para imponer silencio.

CHITTAGONG Ciudad de Bangla Desh, capital de la provincia de su nombre; 1.599.000 h.

CHIUSI Ciudad de Italia, provincia de Siena; 9.200 h. Antiguamente se llamó *Clusium*.

CHIVARSE prnl. fam. Delatar, irse de la lengua; decir algo que perjudica a otro.

CHIVATAZO m. vulg. Denuncia de un chivato.

CHIVATO, TA adj. y s. **1** SOPLÓN, delator. || m. **2** *Zool.* Chivo que pasa de seis meses y no llega al año. **3** fig. En ciertas máquinas, dispositivo sonoro, visual o de otra clase que advierte de una anormalidad o que llama la atención sobre algo.

CHIVILLO m. *Zool. Perú* Especie de estornino.

CHIVO, VA m. y f. *Zool.* Cría de la cabra. || **CHIVO EXPIATORIO** Macho cabrío que el sumo sacerdote sacrificaba por los pecados de los israelitas. También CABEZA DE TURCO.

CHIXOY USUMACINTA.

CHIZA f. *Col.* CHISA.

CHLADNI, ERNST FLORENS FRIEDRICH Físico alemán de origen húngaro (Wittenberg, 1756 - Breslau, 1827). Sus estudios sobre las vibraciones y la velocidad del sonido en los gases contribuyeron a la formación de acústica moderna.

CHOAPA Río de Chile, en la región IV de Coquimbo; 160 km de curso.

CHOCANO, JOSÉ SANTOS Escritor peruano (Lima, 1875 - Santiago de Chile, 1934). Es una de las figuras más importantes del modernismo poético americano. Autor de *En la aldea* (1893), *Alma América* (1906), *El Dorado* (1908), *Primicia de «Oro de Indias»* (1934) y *Poemas de amor doliente* (1937).

CHOCANTE adj. **1** Que choca. **2** Que causa extrañeza. **3** Gracioso, chocarrero. **4** *Col., C. Rica, Ecuad., Méx.* y *Perú* Fastidioso, empalagoso.

CHOCAR intr. **1** Dar violentamente una cosa con otra. **2** fig. Pelear. **3** fig. Indisponerse con alguien. **4** Causar extrañeza o enfado. **5** Darse las manos en señal de saludo. También intr. **6** Juntar las copas los que brindan.

CHOCARRERÍA f. Chiste grosero.

CHOCARRERO, RA adj. **1** Que tiene chocarrería. **2** Que tiene por costumbre decir chocarrerías. También s.

CHOCHA f. *Zool.* Ave caradriforme perteneciente a la familia carádridos, de nombre científico *Scolopax rusticola*. Anida en los bosques de Europa y es migradora.

CHOCHEAR intr. **1** Tener debilitadas las facultades mentales por la edad. **2** fig. y fam. Extremar el cariño a personas o cosas.

CHOCHO[1] m. **1** *Bot.* ALTRAMUZ, fruto. **2** CANELÓN, confite. *Bot.* **3** *Col.* Árbol de la familia leguminosas. || m. pl. **4** Nombre de diversos dulces.

CHOCHO[2]**, CHA** adj. **1** Que chochea. **2** fig. y fam. Lelo de puro cariño.

CHOCHO[3] m. vulg. Coño, parte exterior del aparato genital de la hembra. Es voz malsonante.

CHOCHOCOL m. *Méx.* TINAJA, vasija.

CHOCLO m. *Agr. Amér. m.* Mazorca tierna de maíz.

CHOCO, CA adj. **1** *Bol.* De color rojo oscuro. **2** *Col.* Se dice de la persona de tez muy morena. **3** *Chile* Se dice del que le falta una pierna o una oreja. || m. *Zool.* **4** SEPIA. **5** *Amér. m.* PERRO DE AGUAS.

CHOCÓ Departamento de Colombia; 46.530 km^2 y 416.318 h. Su capital es Quibdó.

CHOCOLATE m. **1** Pasta comestible, mezcla de cacao y azúcar molidos, a la que ordinariamente se incorporan vainilla y canela. Antes de la conquista española, era conocido por los mexicanos. En 1520 se introdujo el chocolate en España y su uso se extendió en Europa en los siglos siguientes. **2** Bebida que se hace con esta pasta junto con agua o leche. **3** fig. Hachís. || **el chocolate del loro** loc. fam. Ahorro insignificante en relación con la economía que se busca.

CHOCOLATERÍA f. Casa donde se fabrica y vende chocolate.

CHOCOLATERO, RA adj. y s. **1** Muy aficionado a tomar chocolate. || m. y f. **2** Persona que fabrica o vende chocolate.

CHOCOLATÍN o **CHOCOLATINA** m. o f. Tableta delgada de chocolate.

CHOCRÓN, ISAAC Escritor venezolano (Maracay, 1933). Autor de las obras teatrales *El quinto infierno* (1961), *Animales feroces* (1963) y *La máxima felicidad* (1975).

CHÓFER o **CHOFER** com. CONDUCTOR de automóviles.

CHOISEUL, ÉTIENNE FRANÇOIS, DUQUE DE Político francés (?, 1719 - París, 1785). Mariscal de campo en 1748, dirigió la política exterior francesa entre 1758 y 1770, año en que fue desterrado.

CHOLA o **CHOLLA** f. **1** fam. CABEZA, parte del cuerpo. **2** fig. Entendimiento, juicio.

CHOLILLA Lago de Argentina, en los Andes Patagónicos. Recibe las aguas del río Tigre.

CHOLLO m. fam. GANGA[2], trabajo o negocio que produce beneficio con muy poco esfuerzo.

CHOLO, LA adj. *Amér.* **1** Mestizo de sangre europea e indígena. También s. **2** Se dice del indio que adopta los usos occidentales.

CHOLULA DE RIVADABIA Ciudad de México, Estado de Puebla, capital del municipio de San Pedro de Cholula; 15.500 h. Importante centro azteca, del que se conserva una gran pirámide.

CHOLUTECA Río de Honduras, nace en la sierra de Lapeterique y desemboca en el Pacífico; 350 km.

CHOLUTECA **1** Departamento de Honduras; 4.211 km^2 y 309.000 h. **2** Ciudad capital del mismo; 72.800 h. Fundada en 1535.

CHOMBA o **CHOMPA** f. *Chile* Especie de chaleco de lana cerrado.

CHOMSKY, NOAM Lingüista estadounidense (Filadelfia, 1928). Sus teorías han revolucionado la lingüística del siglo XX. Autor de *Estructura lógica de la teoría lingüística* (1955-75), en la que formuló los principios de la gramática generativa transformacional, *Estructuras sintácticas* (1957), *Aspectos de la teoría de la sintaxis* (1965), *Lingüística cartesiana* (1966) y *Reflexiones sobre el lenguaje* (1976).

CH'ONGJIN Ciudad de la República Democrática Popular de Corea, capital de la provincia de Hamgyong Septentrional; 582.480 h. Puerto.

CHONGJU Ciudad de la República de Corea, capital de la provincia de Chungchong Septentrional; 531.376 h. Industria textil.

CHONGQING *(Chungking)* Ciudad de China, capital de la región Sudoccidental, a orillas del Yangtse; 3.193.889 h. Fue sede del gobierno nacionalista de Chiang Kaishek (1938-46).

CHONJU Ciudad de la República de Corea, capital de la provincia de Cholla Septentrional; 531.376 h.

CHONO, NA adj. **1** *Etnol.* Se dice de un pueblo amerindio que vive en la costa meridional de Chile. Más como m. pl. **2** Se dice también de sus individuos. También s. **3** Relativo a este pueblo.

CHONOS Archipiélago de Chile, en el océano Pacífico, entre el de Chiloé y la península de Taitao. Está formado por los grupos de las Chonos y de las Guaytecas.

CHONTA f. *Bot.* Especie americana de palma espinosa de madera dura.

CHONTAL[1] adj. y com. *Amér.* Se dice de la persona rústica e inculta.

CHONTAL[2] adj. **1** *Etnol.* Se dice de una tribu amerindia de América Central, producto del cruzamiento de aztecas y mayas. Más como m. pl. **2** Se dice también de sus individuos. También com. **3** Relativo a esta tribu.

CHONTALES Departamento de Nicaragua; 6.378 km^2 y 144.635 h. Capital, Juigalpa.

CHOPA f. *Zool.* Pez teleósteo marino acantopterigio, semejante a la dorada.

CHOPED m. Embutido grueso parecido a la mortadela.

Frédéric **Chopin.** Retrato de Ivan Boxel. Museo Chopin (Varsovia).

CHOPIN, FRÉDÉRIC Compositor y pianista polaco (Zelazowa Wola, 1810 - París, 1849). Ejecutante de sorprendente técnica, sus obras están marcadas por una sensibilidad plenamente romántica y por el nostálgico recuerdo de la música popular de su país. Salvo algunas obras para piano y orquesta, casi toda su producción está escrita para piano. Obras principales: 56 mazurcas, 25 preludios, 15 valses, 4 scherzos, 4 baladas, 4 impromptus, 19 nocturnos, 27 estudios y 12 polonesas.

CHOPITO m. *Zool.* SEPIA.

CHOPO m. **1** *Bot.* ÁLAMO. **2** fam. FUSIL.

CHOQUE[1] m. **1** Encuentro violento de una cosa con otra. **2** fig. Contienda, riña. **3** Combate entre un pequeño número de tropas, o de poca duración. **4** *Dep.* En determinados deportes, encuentro, partido.

CHOQUE[2] m *Pat.* Estado de profundo desequilibrio nervioso.

CHOQUEZUELA f. *Anat.* RÓTULA de la rodilla.

CHORBO, BA m. y f. **1** vulg. Individuo, por lo común joven. **2** vulg. Acompañante habitual de una persona.

CHORICEAR tr. fam. Robar.

CHORIZAR tr. vulg. Robar.

CHORIZO m. **1** Pedazo de tripa llena de carne de puerco, picada y adobada, el cual se cura al humo. **2** vulg. Ratero, ladronzuelo.

CHORLITO m. **1** *Zool.* Nombre de diversas aves pertenecientes a la familia carádridos. **2** fig. y fam. CABEZA DE CHORLITO.

CHORO m. *Zool. Chile* MEJILLÓN.

CHOROLQUE Nevado de los Andes Bolivianos, en la cordillera Oriental (Potosí); 5.603 m.

Cultura **chorotega**. Vasija antropomorfa.

CHOROTEGA adj. 1 *Etnol.* Se dice de un pueblo amerindio actualmente extinguido, que habitaba en la costa del Pacífico, desde la bahía de Fonseca hasta la península de Nicoya. Es posible que fueran los primeros pobladores de Nicaragua. Más com. m. pl. 2 Se dice también de sus individuos. También com. 3 Relativo a este pueblo.
CHOROY m. *Zool. Chile* Especie de papagayo.
CHORRA f. 1 vulg. Suerte, casualidad. 2 vulg. Miembro viril. || m. 3 Hombre tonto, estúpido.
CHORRADA f. 1 Porción de líquido que se suele echar de propina después de dar la medida. 2 vulg. Tontería.
CHORREAR intr. 1 Caer un líquido formando chorro. 2 Salir el líquido lentamente y gotenado. 3 fig. y fam. Se dice de algunas cosas que van viniendo poco a poco y sin intermisión. || tr. 4 Soltar un objeto el líquido que ha empapado o que contiene, o un ser vivo sus secreciones, humores, sangre, etc.
CHORREÓN m. 1 CHORRO, que cae o salpica de algún recipiente. 2 Mancha que deja ese chorro.
CHORRERA f. 1 Lugar por donde chorrea un líquido y señal que deja al chorrear. 2 Trecho corto de río en que el agua corre con mucha velocidad. 3 Adorno de encaje que se pone en la pechera de la camisa.
CHORRILLO m. fig. y fam. Acción continua de recibir o gastar.
CHORRO m. 1 Porción de líquido o gas que sale por una parte estrecha. 2 Caída sucesiva de cosas iguales o menudas. || **a chorros** loc. adv. Con abundancia. || **estar**, o **ser**, **una cosa limpia como los chorros del oro** fr. fig. y fam. Estar, o ser, muy limpia.
CHORTAL m. Lagunilla formada por un manantial que brota en el fondo de ella.
CHOSEN Nombre japonés de Corea.
CHOTA-NAGPUR Región de la India, que ocupa la parte meridional del Estado de Bihar.
CHOTACABRAS amb. *Zool.* Nombre común de diversas aves caprimulgiformes, de la familia caprimúlgidos, insectívoras, con un gran pico. Habitan en todo el mundo.
CHOTEO m. vulg. Burla, pitorreo.
CHOTIS m. 1 *Danza.* Baile lento por parejas, típico de Madrid. 2 *Mús.* Música de este baile. ♦ Su pl. es *chotis*.
CHOTO, TA m. y f. *Zool.* 1 Cría de la vaca cuando mama. 2 Cabrito. || **estar como una chota** Estar chiflado.
CHOTT m. *Geol.* Nombre de ciertos lagos salados del N de África.
CHOTUNO, NA adj. *Veter.* Se dice del ganado cabrío mientras está mamando.
CHOU EN-LAI Político chino (Houaian, 1898 - Pekín, 1976). Proclamada la primera república comunista, fue comisario de Asuntos Exteriores (1931-34). Fue ministro de Asuntos Exteriores (1949-58) y primer ministro desde 1959 hasta su muerte.
CHOUAN, m. (Voz fr.) *Hist.* Nombre con que se designó, en tiempos de la Revolución Francesa, a los guerrilleros realistas de Bretaña y Vendée.
CHOVA f. *Zool.* Nombre común de diversas aves paseriformes pertenecientes a la familia córvidos, género *Pyrrhocorax*.
CHOVINISMO m. Exaltación desmesurada de lo nacional frente a lo extranjero.
CHOW o **CHOW-CHOW** adj. y com. Se dice de una raza de perros de lucha originaria de China. ♦ Su pl. es *chow* o *chow-chow*.
CHOWDHURY, ABU SAYEED Jurista y político de Bangla Desh (Tangail, 1921 - Londres, 1987). Considerado uno de los fundadores del Estado de Bangla Desh, fue presidente de la República (1972-73).
CHOZA f. 1 Cabaña cubierta de ramas o paja. 2 Casa tosca y pobre.
CHOZO m. Choza pequeña.
CHRÉTIEN, JEAN Político canadiense (Shawinigan, 1934). Líder del Partido Liberal, consiguió ganar por mayoría las elecciones legislativas de 1993 y fue nombrado primer ministro. Fue revalidado en el cargo tras los comicios de 1997 y 2000. Dimitió en 2003 y fue sustituido en el cargo por Paul Martin, nuevo líder del Partido Liberal.
CHRÉTIEN DE TROYES TROYES, CHRÉTIEN DE.
CHRISTCHURCH Ciudad de Nueva Zelanda, en la isla del Sur, capital de la región de Canterbury; 313.969 h. Centro industrial.
CHRISTIAN SCIENCE *Rel.* Asociación religiosa fundada en 1879 en Boston (EE UU) por Mary Baker Eddy. Sostiene la irrealidad de la materia y cree en el poder curativo por la sola fuerza del espíritu.
CHRISTIE, AGATHA Novelista británica (Torquay, 1891 - Wellingford, 1976). Considerada una de las máximas exponentes de la novela policiaca, entre su producción destacan *El asesinato de Rogelio Ackroyd* (1926), *Asesinato en el Orient Express* (1934), *Diez negritos* (1939) y *Muerte en el Nilo*, y su obra teatral *La ratonera* (1952). Publicó varias novelas psicológicas bajo el seudónimo de Mary Westmacott.
CHRISTMAS (Voz i.) m. CRISMA².
CHRISTMAS Isla de Australia, en el océano Índico, al S de la isla de Java; 135 km² y 1.275 h. Capital, Flying Fish Cove. En 1984 pasó a formar parte del Territorio del Norte de Australia.
CHRISTO, JAVACHEFF VLADIMIROV Escultor estadounidense de origen búlgaro (Gabrova, 1935). Destaca por sus empaquetados con papeles, telas o materiales plásticos, de objetos, monumentos o edificios (Museum of Contemporary Art, Chicago, 1969) y paisajes naturales (Valley Curtain, Colorado). En 1995 realizó el empaquetado del edificio del Reichstag, en Berlín.
CHRISTOFF, BORIS Cantante de ópera búlgaro (Plovdiv, 1919 - Roma, 1993). En 1946 debutó profesionalmente con *La Bohème*. Participó, como bajo, en numerosos coros de cantos populares ruso-eslavos.
CHRISTOPHE, HENRI Gobernante haitiano (isla de Granada, 1767 - Puerto Príncipe, 1820). Esclavo liberto, participó en las primeras sublevaciones protagonizadas por los negros de Santo Domingo. Fue nombrado presidente de la República en 1807, y en 1811 se proclamó rey con el nombre de Enrique I. La crueldad de su gobierno hizo que se levantara una insurrección contra él y se suicidó.
CHU EN-LAI CHOU EN-LAI.
CHUACÚS Sierra de Guatemala, departamento de Baja Verapaz; 2.650 m de altura máxima.
CHUBASCO m. 1 *Meteor.* Chaparrón o aguacero con mucho viento. 2 fig. Adversidad o contratiempo transitorios.
CHUBASQUERO m. IMPERMEABLE, prenda.
CHUBUT Río de Argentina, en Patagonia, que desemboca en el Atlántico; 810 km.
CHUBUT Provincia meridional de Argentina, en la región de Patagonia; 224.686 km² y 396.800 h. Capital, Rawson.
CHUBUTENSE adj. y com. De Chubut, Argentina.
CHÚCARO, RA adj. *Amér.* Arisco, bravío.
CHUCHERÍA f. 1 Cosa de poca importancia, pero bonita. 2 Alimento ligero, pero apetitoso.
CHUCHO, CHA m. 1 *Med. Amér.* Fiebre palúdica intermitente. 2 Escalofrío. 3 Miedo. || m. y f. 4 fam. Perro que no es de raza. || f. 5 fam. Pereza. 6 Borrachera. 7 Peseta. || **¡chucho!** Voz que se usa para contener y espantar al perro.
CHUCHURRIDO, DA adj. fam. *And.* Marchito, ajado.
CHUCUITO Nombre que recibe la parte noroccidental del lago Titicaca.
CHUCUNAQUE Río de Panamá, afluente del Tuira; 150 km.
CHUECA, FEDERICO Compositor español (Madrid, 1846 - íd., 1908). Maestro del sainete y del género chico, entre sus zarzuelas más populares figuran *La Gran Vía* (1886), *Cádiz* (1886), *El año pasado por agua* (1889), *Agua, azucarillos y aguardiente* (1897), *La alegría de la huerta* (1900) y *El bateo* (1901).
CHUETA com. Nombre que se da en las islas Baleares a los descendientes de judíos conversos.
CHUFA f. *Bot.* Planta vivaz perteneciente a la familia ciperáceas, de nombre científico *Cyperus esculentus*. Procede de Asia y África. Con sus tubérculos se elabora la horchata.
CHUFLA f. CUCHUFLETA.
CHUKCHI Distrito autónomo de la Federación de Rusia; 737.700 km² y 99.700 h. Su capital es Anadir.
CHULADA f. CHULERÍA.
CHULALONGKORN o **RAMA V** Rey de Siam (Bangkok, 1853 - íd., 1910). Accedió al trono en 1868. Creó un ejército moderno, abolió la esclavitud, realizó importantes obras públicas y trazó los primeros ferrocarriles. Se vio obligado a ceder parte de sus territorios a Francia y el Reino Unido.
CHULAPO, PA m. y f. CHULO, individuo castizo de Madrid.
CHULEAR tr. 1 Burlar con gracia. También prnl. || intr. 2 Presumir, pavonearse, jactarse. También prnl.
CHULERÍA f. 1 Gracia, donaire. 2 Dicho o hecho jactancioso. 3 Reunión de chulos.
CHULETA f. 1 Costilla de ternera, carnero o puerco. 2 fig. Pieza que se añade a alguna obra de manos para rellenar un hueco. 3 fam. BOFETADA. 4 Entre estudiantes, papelito que se lleva oculto para consultarlo disimuladamente en los exámenes. 5 Pieza delgada de madera que usan los carpinteros para tapar grietas. || m. 6 fam. Chulo, presumido. || f. pl. 7 fam. PATILLAS.

chumbera

CHULLO, LLA m. y f. 1 *Bol., Ecuad.* y *Perú* Persona de clase media. || adj. y f. 2 *Bol., Col., Ecuad.* y *Perú* Se dice del objeto que, usándose en número par, se queda solo.
CHULO, LA adj. 1 Se dice del que toma una actitud insolente o de desafío. También s. 2 Orgulloso, presumido. 3 Bonito, gracioso. || m. 4 Hombre que explota a las prostitutas y vive a sus expensas. || m. y f. 5 Individuo castizo de Madrid, afectado en el traje y el modo de comportarse.
CHUMACERA f. 1 Pieza en que descansa y gira un eje de maquinaria. 2 *Mar.* Tablita en cuyo medio está el tolete.
CHUMACERO, ALÍ Poeta mexicano (Nayarit, 1918). Fue uno de los principales promotores de las revistas *Letras de México* y *El Hijo Pródigo*. En su poesía, hermética y formalista, destacan *Páramo de sueños* (1944) y *Palabras en reposo* (1956).
CHUMBERA f. *Bot.* Planta crasa perteneciente a la familia cactáceas, de nombre científico *Opuntia ficus indica*. Sus frutos, denominados higos chumbos o tunas, son comestibles y de alto valor nutritivo. 2 NOPAL.
CHUMBO, BA adj. *Bot.* CHUMBERA, HIGO CHUMBO.
CHUMINADA f. fam. Tontería.
CHUN DOO-HWAN Político y militar coreano (Naechonri, 1931). Asumió la presidencia de la República (1980-88). En 1996 fue condenado a muerte por su responsabilidad en el golpe de Estado de 1979. Fue amnistiado un año después.
CHUNCHO, CHA adj. y s. 1 *Perú* Se dice de los naturales de la selva escasamente incorporados a la civilización occidental. 2 fig. y fam. Rústico.
CH'UNCH'ON Ciudad de la República de Corea, capital de la provincia de Kangwon; 235.067 h.

Federico **Chueca**

CHUNDACHUNDA m. Voz onomatopéyica que designa un tipo de música fuerte y machacona, generalmente festiva y verbenera.
CHUNGKING CHONGQING.
CHUNGO, GA adj. **1** pop. Se dice de una cosa que carece de una cualidad que le es propia. **2** Malo, enfermo. **3** Complicado, difícil de resolver. **4** Se dice de la persona que no es muy de fiar. || f. **5** fam. Broma, burla graciosa.
CHUPA f. Chaqueta, chaquetilla, cazadora. || **poner** a uno **como chupa de dómine** fr. fig. y fam. Criticarle agria y enconadamente.
CHUPADO, DA adj. **1** fig. y fam. Muy flaco y extenuado. **2** fig. y fam. Fácil.
CHUPADOR, RA adj. y s. **1** Que chupa. || m. **2** Pieza redondeada que se da a los niños en la época de la primera dentición para que chupen.
CHUPAFLOR m. Zool. Colibrí.
CHUPALLA f. **1** Bot. Chile Planta de la familia bromeliáceas. **2** Sombrero de paja hecho con las hojas de esta planta.
CHUPAR tr. **1** Extraer con los labios el jugo de una cosa. También intr. **2** Embeber los vegetales el agua o la humedad. **3** fig. y fam. Absorber, tragar. **4** fig. y fam. Ir consumiendo los bienes de uno con pretextos y engaños. **5** En deportes de equipo, abusar de la posesión del balón y asumir excesivo protagonismo en el juego. || prnl. **6** Irse enflaqueciendo. || **chupar banquillo** loc. fig. Dep. En ciertos deportes de equipo, ser suplente. || **chupar del bote** loc. fam. Aprovecharse de alguien o algo.
CHUPARRUEDAS m. desp. Dep. Ciclista que siempre va siguiendo a sus rivales para aprovecharse del esfuerzo ajeno.
CHUPAS Hist. Lugar cerca de Ayacucho en el que las tropas de Almagro el Mozo fueron derrotadas por las del gobernador Vaca de Castro (1542). Esta batalla puso fin a las luchas entre los españoles en Perú.
CHUPATINTAS com. desp. Oficinista de poca categoría.
CHUPETE m. **1** Pieza de goma en forma de pezón que se pone en el biberón. **2** CHUPADOR de los niños.
CHUPETEAR tr. e intr. Chupar poco y con frecuencia.
CHUPETÓN m. Chupada fuerte.
CHUPI adj. fam. Estupendo, excelente. También interjección.
CHUPINAZO m. Disparo hecho con mortero en los fuegos artificiales.
CHUPITO m. Sorbito de vino u otro licor.
CHUPÓN, NA adj. **1** Que chupa. **2** Que saca dinero con engaño. También s. || m. **3** Bot. Vástago que se desarrolla a partir de la base de la planta, generalmente en los árboles, debilitándola en muchas ocasiones. **4** Bot. Brote de cepa. **5** Zool. Cada una de las plumas no consolidadas de las aves. **6** Émbolo de las bombas de desagüe. **7** Cañón de chimenea. **8** Med. Chile Divieso. **9** Bot. Chile Planta de la familia bromeliáceas y fruto de la misma.
CHUPÓPTERO, RA m. y f. fam. Persona que sin prestar servicios efectivos disfruta de uno o más sueldos u otros beneficios.
CHUQUICAMATA Ciudad de Chile, región de Antofagasta; 21.000 h. Importante centro de la minería del cobre.
CHUQUISACA Nombre antiguo de la ciudad de Sucre, donde en 1826 fue firmado el tratado del mismo nombre, creador de la CONFEDERACIÓN PERUANO-BOLIVIANA.
CHUQUISACA Departamento meridional de Bolivia; 51.524 km² y 589.948 h. Su capital es Sucre.
CHURCHILL Río de Canadá, tributario de la bahía de Hudson; 1.500 km.
CHURCHILL, SIR WINSTON LEONARD SPENCER Político británico (Blenheim Castle, Oxfordshire, 1874 - Londres, 1965). Luchó al servicio de España en Cuba (1898); pasó dos años con su regimiento en India y Egipto; y presenció la guerra anglobóer como corresponsal del diario londinense *Morning Post*. En 1901 entró en el Parlamento por el Partido Conservador, que abandonó en 1904 para unirse a los liberales. Ocupó, entre otros, los cargos de primer Lord del Almirantazgo (1911-15), ministro de Armamentos (1917-18) y ministro de Colonias (1921-22). Unido de nuevo a los conservadores (1924), fue canciller del Exchequer (1924-29). En 1940 sustituyó a Chamberlain como primer ministro. Fue derrotado por los laboristas en 1945. Ocupó de nuevo la jefatura del gobierno en 1951-55. Autor de *El liberalismo y el problema social* (1909), *La crisis mundial* (1923-29), *Paso a paso* (1939), la novela *Savrola* (1900) y sus *Memorias* (1948-54). Premio Nobel de Literatura en 1953.
CHURRASCO m. Carne asada a la plancha o a la parrilla.
CHURRE m. **1** Pringue gruesa y sucia. **2** fig. y fam. Mugre.
CHURRERO, RA m. y f. Persona que hace o vende churros.

José Benito **Churriguera.** Retablo mayor del convento de San Esteban (Salamanca).

CHURRETE m. Mancha que ensucia una parte visible del cuerpo.
CHURRETOSO, SA adj. Lleno de churretes.
CHURRIGUERA, ALBERTO Arquitecto español (Madrid, 1676 - Orgaz, 1740). Hermano de José Benito y de Joaquín, en 1729 proyectó y construyó la fachada de la catedral de Valladolid, modificando discretamente el proyecto de Herrera. Proyectó la plaza Mayor de Salamanca y construyó parte de la misma, con el Arco del Toro. También realizó el proyecto para la reforma de la sillería del coro de la catedral de Salamanca.
CHURRIGUERA, JOAQUÍN Arquitecto español (Madrid, 1674 - Salamanca, 1724). Hermano de José Benito y de Alberto, proyectó la cúpula del crucero de la catedral nueva de Salamanca, luego semidestruida por un terremoto (1755). Realizó el colegio de Calatrava en Salamanca y terminó la torre de las Campanas de la catedral de León. Intentó resucitar el estilo plateresco.
CHURRIGUERA, JOSÉ BENITO Arquitecto español (Madrid, 1665 - íd., 1735). Hermano de los anteriores, fue uno de los representantes más destacados de la arquitectura barroca española, que dio nombre al estilo CHURRIGUERESCO. Sus primeras obras, realizadas en Salamanca, fueron la terminación de la torre y sacristía de la catedral. Su creación más notable fue el complejo urbanístico del Nuevo Bazán. Proyectó, entre otras obras, el palacio de Goyeneche, actualmente sede de la Real Academia de San Fernando; la iglesia de San Cayetano, en Madrid, y las Casas Consistoriales, en la plaza Mayor de Salamanca.
CHURRIGUERESCO, CA adj. **1** Arquit. Se aplica al estilo arquitectónico barroco español que toma su nombre de José Benito Churriguera. Prevaleció en España y sus colonias desde mediados del siglo XVII a mediados del XVIII. Se caracteriza por la proyección de obras complejas, caracterizadas por el movimiento representado en diferentes planos, y con un amplio empleo de estípites y columnas salomónicas, así como por una ornamentación muy recargada. Entre sus artistas más representativos figuran, además del propio J. B. Churriguera, Jerónimo García de Quiñones, Pedro Ribera y Narciso Tomé. También m. **2** desp. Con exceso de ornamentación.
CHURRO¹ m. **1** Fritura de masa de harina con forma cilíndrica estriada. **2** fam. CHAPUZA, cosa mal hecha.
CHURRO², **RRA** adj. **1** Se dice del carnero de pelo grueso, corto y rígido. También s. **2** Se dice de su lana.
CHURRO³, **RRA** adj. y s. De Villanueva de Córdoba.
CHURRUCA Y ELORZA, COSME DAMIÁN Marino español (Motrico, 1761 - Trafalgar, 1805). En 1788 formó parte de la expedición que había de estudiar el estrecho de Magallanes. En 1792 se embarcó en otra expedición destinada a levantar el mapa marítimo de América del Norte. Vuelto a España, se hizo cargo (1805) del buque *San Juan Nepomuceno*. Tomó parte en la batalla de Trafalgar, donde murió.
CHURRUSCAR tr. y prnl. Tostar demasiado una cosa.
CHURRUSCO m. Pedazo de pan demasiado tostado.
CHURUMBEL (Voz caló.) m. Niño, muchacho.
CHURÚN Río de Venezuela, afluente del Carrao. En su curso, y en el Estado de Bolívar, se encuentra la catarata más alta del mundo (unos 1.000 m de desnivel), llamada Salto Ángel.
CHUSCO, CA adj. **1** Que tiene gracia y picardía. || m. **2** Pedazo de pan, panecillo.
CHUSMA f. **1** Conjunto de gente baja y soez. **2** Hist. Conjunto de galeotes que servían en las galeras reales. **3** Muchedumbre de gente.
CHUSPA f. Amér. m. Bolsa, morral.
CHUSQUERO m. fig. y fam. Mando del ejército que ha ascendido desde soldado raso. También adj.
CHUT m. Dep. Acción y efecto de chutar, en el fútbol.
CHUTA f. En el lenguaje de la droga, jeringuilla.
CHUTAR tr. **1** Dep. En el fútbol, lanzar fuertemente el balón con el pie en dirección a la portería. || prnl. **2** En el lenguaje de la droga, inyectarse.
CHUTE m. **1** En el lenguaje de la droga, acto de inyectarse droga. **2** Inyección de heroína.
CHUVASH República federada de la Federación de Rusia; 18.300 km² y 1.361.000 h. Su capital es Cheboksari.
CHUZAR tr. Col. Pinchar, herir.
CHUZO m. **1** Palo armado con un pincho de hierro que usaban los serenos. **2** Pedazo de hielo. || **caer chuzos de punta** fr. fig. y fam. Granizar, llover o nevar con mucha fuerza.
CÍA f. Anat. Hueso de la cadera.
CIA (Siglas de *Central Intelligence Agency*) Polít. Servicio secreto de información de EE UU. Fue creado por Truman al inicio de la guerra fría (1946) para sustituir al Office of Strategic Services (OSS), fundado en 1942.
CIABOGA f. **1** Vuelta que se da a una embarcación bogando hacia delante los remos de una banda y al revés o para atrás los de la otra. También puede hacerse manejando un solo remo. **2** Por analogía, hacer igual maniobra un buque de vapor sirviéndose del timón y la máquina.
CIÁJARES o **CIAXARES** Rey de Media (?, 634 - ?, 594 a. C.). Reorganizó el ejército medo y combatió al imperio asirio con ayuda de Nabopolasar. En 614 se apoderó de Asur y en 612 destruyó Nínive.
CIAMPI, CARLO AZEGLIO Político italiano (Livorno, 1921.) Gobernador del Banco de Italia, en 1993 fue nombrado primer ministro. Sustituido por S. Berlusconi en 1994, fue ministro del Tesoro desde 1998 hasta mayo de 1999 en que resultó elegido presidente de la República.

CIAN- o **QUIAN-**; **-CIAN-** pref. o in. CIANO-.
-CIANA suf. CIANO-.
CIANATO m. *Quím.* Sal resultante de la combinación del ácido ciánico con una base o con un radical alcohólico.
CIANHÍDRICO, ÁCIDO *Quím.* ÁCIDO CIANHÍDRICO.
CIÁNICO, CA adj. *Quím.* Se dice de un ácido resultante de la oxidación e hidratación del cianógeno.
-CIÁNICO suf. CIANO-.
CIANÍDRICO adj. *Quím.* ÁCIDO CIANHÍDRICO.
CIANO-, **CIAN-** o **QUIAN-**; **-CIAN-**, **-CIANO-**; **-CIANA**, **-CIÁNICO**, **-CIANO** prefs., ins. o sufs. que significan azul: *antocianina, acianoblepsia, antociana.*
CIANO, GALEAZZO Político italiano (Livorno, 1903 - Verona, 1944). Yerno de Mussolini, ocupó altos cargos políticos, entre ellos, el de ministro de Exteriores (1936-43). En 1943 votó la moción de Grandi que determinó la caída del régimen. Fue detenido por los fascistas, en agosto de ese año, y fusilado.
CIANOBACTERIA adj. y f. *Biol.* **1** Bacteria que forma un pigmento azul. **2** Se dice de los organismos unicelulares procariotas, semejantes a las bacterias y de vida acuática, que se encuentran entre los seres vivos más antiguos que se conocen. || f. pl. *Biol.* **3** Clase de estos seres vivos.
CIANOFÍCEO, A adj. y f. CIANOBACTERIA.
CIANÓGENO m. *Quím.* Gas incoloro, venenoso, compuesto de carbono y nitrógeno.
CIANOSIS f. *Med.* Coloración azul, negruzca o lívida de la piel y las mucosas, procedente de un nivel deficitario de oxígeno en la sangre. ♦ Su pl. es *cianosis*.
CIANURO m. *Quím.* **1** Cada una de las sales resultantes de la combinación del ácido cianhídrico con un radical simple o compuesto. Son extraordinariamente venenosos, sobre todo los alcalinos y alcalinotérreos. **2** Anión CN⁻ resultante de la disociación del ácido cianhídrico y de sus sales. **3** Cianoderivados de materia orgánica.
CIAR intr. **1** Andar hacia atrás, retroceder. **2** *Mar.* Remar hacia atrás.
CIÁTICA f. *Pat.* Neuralgia que afecta a las extremidades inferiores, caderas y espalda, producida por inflamación o lesión del nervio ciático.
CIÁTICO, CA adj. *Anat.* **1** Relativo a la cadera. **2** NERVIO CIÁTICO. También m.
CIATIO m. *Bot.* Inflorescencia caracterizada porque las flores nacen en la base de un involucro globoso.
CIATO m. *Arqueol.* Vaso que usaron griegos y romanos para trasegar líquidos.
CIBAL adj. Se dice de lo relativo a la alimentación.
CIBAO CENTRAL o CIBAO, CORDILLERA.
CIBAO o **LA VEGA REAL** Fértil valle del N de la República Dominicana, que se extiende entre las cordilleras Septentrional y Central.
CIBELES *Mit.* Divinidad frigia de la fertilidad, asimilada por griegos y romanos a *Rea*.
CIBELINA adj. *Zool.* MARTA CEBELLINA.
CIBERA f. **1** *Agr.* Porción de trigo que se echa en la tolva del molino para que vaya cebando la rueda. **2** *Agr.* Todo género de simiente que puede servir para mantenimiento y cebo. **3** Residuo de los frutos después de exprimidos.
CIBERARTISTA com. *Arte* e *Inform.* Persona que realiza obras de arte valiéndose de los medios cibernéticos.
CIBERESPACIO m. *Inform.* Neologismo que designa el conjunto de servicios de información y espacios virtuales de comunicación accesibles a través de las redes digitales de transmisión de datos (véase INTERNET).
CIBERNAUTA com. *Inform.* Usuario de las diferentes redes digitales de transmisión de datos.
CIBERNÉTICA f. **1** *Biol.* Ciencia que estudia el funcionamiento de las conexiones nerviosas en los seres vivos, controlando el mecanismo de la transmisión de mensajes. **2** *Fís.* Ciencia que estudia comparativamente los sistemas de comunicación y regulación automática de los seres vivos con sistemas electrónicos y mecánicos semejantes a aquéllos. Entre sus aplicaciones está el arte de construir y manejar aparatos y máquinas que, mediante procedimientos electrónicos, efectúan automáticamente cálculos complicados y otras operaciones similares.
CIBERPUNK m. *Arte.* Movimiento artístico caracterizado por combinar la estética pop con el mundo de los ordenadores y la cibernética. Surgió en la década de los ochenta.
CIBÍ m. *Zool.* Cuba Pez parecido al chicharro.
CÍBOLA *Geog. hist.* Región fabulosa de América, al N de México, de la que se dijo que contaba con siete ciudades. Las expediciones de Narváez y Marcos de Niza, la buscaron sin éxito, hasta que la de Vázquez Coronado (1540) acabó con la leyenda al hallar sólo pequeñas aldeas en el lugar señalado.
CÍBOLO m. *Zool.* BISONTE.

CIBONEY adj. *Etnol.* Se dice de uno de los pueblos primitivos de Cuba y de otros países antillanos y del mar Caribe. También com.
CIBORIO m. *Arquit.* Baldaquino que corona un altar.
CICADÁCEO, A adj. y f. *Bot.* **1** Se aplica a ciertas plantas gimnospermas cuyo aspecto externo recuerda a las palmeras o los helechos arborescentes. || f. pl. *Bot.* **2** Familia de estas plantas.
CICÁDIDO, DA adj. y m. *Zool.* **1** Se dice de los insectos hemípteros homópteros, cuyas ninfas llevan vida subterránea, como la cigarra. || m. pl. *Zool.* **2** Familia de estos insectos.
CICADOFITINA adj. *Bot.* **1** Se aplica a las plantas gimnospermas con especies muy diferentes unas de otras, pero todas ellas con hojas dispuestas pinnadamente, transformándose en estructuras con forma de cintas o de escamas. || f. pl. *Bot.* **2** Grupo de estas plantas.
CICARDINA adj. *Bot.* **1** Se aplica a las plantas gimnospermas que presentan aspecto de palmera, con el tronco bien diferenciado y que muestran en su base las cicatrices de las hojas caídas; el resto de ellas se agrupan formando un penacho en la parte superior del tallo. Crecen en las regiones tropicales y subtropicales. A este grupo pertenecen las cicas. || f. pl. *Bot.* **2** Clase de estas plantas.
CICATERO, RA adj. y s. **1** Mezquino, ruin, miserable, que escatima lo que debe dar. **2** Que da importancia a pequeñas cosas o se ofende por ellas.
CICATRIZ f. **1** Señal que queda en los tejidos orgánicos después de curada una herida o llaga. **2** Marca de tejido conjuntivo que se forma en la cicatrización de una herida. **3** *Med.* Marca permanente en la piel u otro tejido, constituida por tejido conjuntivo que reemplaza al destruido por herida u otro proceso patológico. **4** fig. Impresión que queda en el ánimo por algún sentimiento pasado.
CÍCERO m. *A. gráf.* Unidad de medida usada generalmente en tipografía para la justificación de líneas, páginas, etc. Tiene 12 puntos y equivale a poco más de cuatro milímetros y medio.
CICERÓN, MARCO TULIO Político, filósofo, escritor y orador romano (Arpino, 106 a. C. - Formias, 43 a. C.). Su carrera política que culminó en el año 64 con su elección para el consulado. En su actividad política, destacan sus dos series de discursos políticos: las *Catilinarias* y las *Filípicas*, catorce oraciones contra Marco Antonio. Entre sus obras más notables, sobre todo, los dos *Diálogos* acerca de la amistad y de la vejez —*Laelius, sive De amicitia* y *Cato maior, sive De senectute*—, un tratado sobre los deberes morales (*De officiis*), otro de oratoria (*De oratore*), las cartas (*Ad familiares, Ad T. Pomponium Atticum, Ad Quintum fratrem* y *Ad Brutum*).
CICERONE com. Persona que explica y enseña las curiosidades de una localidad, edificio, etc.
CICINDELA f. *Zool.* Insecto coleóptero, de nombre científico *Cicindela campestris*. Tiene el cuerpo de color verde metálico con puntos blancos.
CÍCLADAS Islas y nomo del SE de Grecia, en el Egeo; 2.572 km² y 95.083 h. Su capital es Hermópolis, en la isla de Siros. Está compuesto por 211 islas (Andros, Paros, Naxos, Tinos, Delos, Kea, Milo, etc.). Turismo.

CICLAMATO m. *Quím.* Cualquiera de los compuestos cristalinos derivados del ácido ciclohexilsulfámico, carentes de poder nutritivo, pero con una capacidad edulcorante 30 veces superior a la del azúcar. Su uso está prohibido por su carácter cancerígeno.
CICLAMEN m. *Bot.* Planta herbácea tuberosa angiosperma, perteneciente a la familia primuláceas, de nombre científico *Cyclamen persicum*. Tiene hojas acorazonadas y flores grandes y bellamente coloreadas.
CICLAMOR m. *Bot.* Especie leñosa ornamental de la familia leguminosas, y de nombre científico *Cercis siliquastrum*.
CICLÁN adj. y m. *Anat.* Que tiene un solo testículo, o los tiene ocultos replegados en el cuerpo.
CÍCLICO, CA adj. **1** Relativo al ciclo; que se repite cada cierto tiempo. **2** *Pedag.* Se dice de la enseñanza o instrucción gradual de una o varias materias.
-CÍCLICO suf. CICLO-.
CICLISMO m. *Dep.* Deporte que se practica sobre bicicleta. Existen dos grandes modalidades: carreras sobre pista, con las modalidades de velocidad, persecución, medio fondo, tras moto, etc., y en ruta, que se practica contrarreloj y en una o varias etapas. Entre las grandes pruebas por etapas destacan el Tour de Francia, el Giro de Italia y la Vuelta a España. Otras competiciones importantes son el Campeonato del mundo de fondo en carretera y carreras clásicas como la París-Roubaix o la Milán-San Remo (desde 1906).
CICLO m. **1** Periodo de tiempo o cierto número de años, que, acabados, se vuelven a contar de nuevo. **2** Periodo de tiempo en que se repite el mismo fenómeno o las mismas circunstancias. **3** Conjunto de una serie de fenómenos o agrupaciones que se repiten ordenadamente en el tiempo. **4** Serie de conferencias u otros actos de carácter cultural relacionados entre sí, generalmente por el tema. **5** *Lit.* Conjunto de tradiciones épicas concernientes a determinado periodo de tiempo, a un grupo de sucesos o a un personaje heroico. **6** *Fís.* Variación completa en el movimiento de las partículas acústicas o en la presión del sonido en una onda sonora de frecuencia determinada o una onda estable repetida continuamente. || **CICLO BIOLÓGICO** *Biol.* CICLO VITAL. || **CICLO DEL CARBONO** *Biol.* Conjunto de reacciones bioquímicas por las que los organismos fotosintéticos reducen el anhídrido carbónico a hidratos de carbono, y éstos son oxidados de nuevo a anhídrido carbónico por los organismos heterótrofos. || **CICLO GEOLÓGICO** *Geol.* Sucesión de procesos geodinámicos que tienen lugar en el conjunto de la Tierra. Comienza con la formación y levantamiento de las montañas (orogénesis), a la que sigue la destrucción total o parcial de las mismas (gliptogénesis) y, por último, la formación de nuevos materiales a partir de los restos de la destrucción y de elementos del interior de la Tierra (litogénesis). || **CICLO HIDROLÓGICO** *Geol.* Proceso continuo y cerrado que representa el intercambio de agua entre las distintas partes de la Tierra. El agua se evapora de los mares, ríos y lagos; se almacena en la atmósfera y cae en forma de lluvia; por último, se vuelve a almacenar en lagos, ríos, mares y subsuelo. || **CICLO LUNAR** *Astron.* Espacio de tiempo de 6.140 días o 19 años solares, aproximadamente igual a 235 meses lunares. Fue definido por

ciclismo.
Etapa de la vuelta ciclista a España.

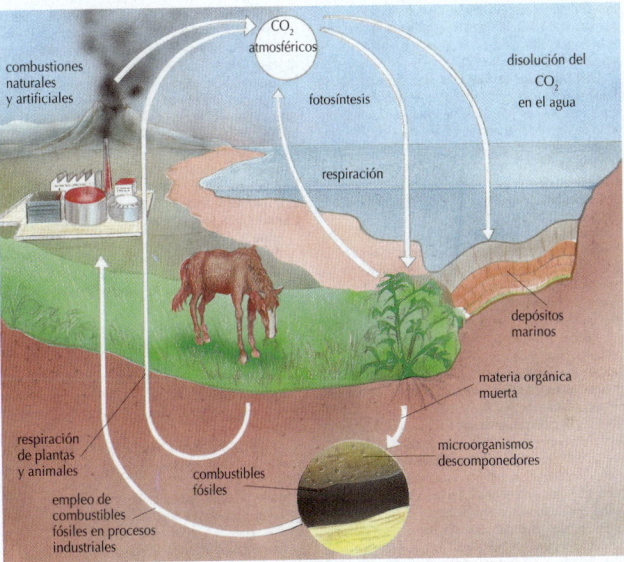

ciclo del carbono

Meton en el 432 a. C. y se convirtió en la base del calendario lunisolar griego. Este ciclo también se denomina *metónico*. || **CICLO MENSTRUAL** *Fisiol.* Cambios periódicos que aparecen asociados a la menstruación y ciclo intermenstrual. || **CICLO SOLAR** *Astron.* Espacio de tiempo de 28 años después del cual los días de la semana vuelven a coincidir en el mismo día del mes en el calendario juliano. || **CICLO VITAL** *Biol.* Serie de estados morfológicos y funcionales por los que pasa un organismo durante su existencia.

CICLO-, **-CICLO-**, **-CÍCLICO**, **-CICLO** pref., in. o sufs. que significan círculo, rueda, etc.: *enciclopedia, hemiciclo.*

CICLOALCANO m. *Quím.* Nombre común de los hidrocarburos alcanos de fórmula genérica C_nH_{2n}.

CICLOCROSS (Voz i.) m. *Dep.* Competición deportiva de bicicletas a través del campo.

CICLOIDE f. *Geom.* Curva plana descrita por un punto de una circunferencia cuando ésta rueda sobre una línea recta u otra circunferencia.

CICLOMORFOSIS f. *Biol.* Cambios periódicos que sufren los organismos.

CICLOMOTOR m. Bicicleta dotada de pedales practicables y provista de un motor cuya cilindrada es inferior a 50 cm³.

CICLÓN m. **1** *Meteor.* Centro de bajas presiones con vientos superficiales convergentes. **2** fig. Persona muy impetuosa. || **CICLÓN TROPICAL** *Meteor.* HURACÁN.

CÍCLOPE o **CICLOPE** m. *Mit.* Cada uno de los gigantes que, según la mitología griega, eran hijos del Cielo (Urano) y de la Tierra (Gea), y de los cuales se decía que tenían sólo un ojo en medio de la frente. Se les suponía ocupados en fabricar rayos para Zeus en la fragua de Hefesto, bajo el monte Etna.

CICLÓPEO, A adj. **1** Relativo a los cíclopes. **2** *Arquit.* Se aplica a ciertas construcciones antiguas que se distinguen por el tamaño enorme de las piedras que se utilizan en su construcción, por lo común sin argamasa. **3** fig. GIGANTESCO, excesivo o muy sobresaliente.

CICLORAMA m. PANORAMA, vista pintada en un cilindro.

CICLOSILICATO m. *Miner.* Cada uno de los silicatos cuya estructura cristalina está formada por la unión de tres, cuatro o seis tetraedros. En este grupo se incluyen el berilo, cordierita, crisocola y turmalina.

CICLOSTIL o **CICLOSTILO** m. MULTICOPISTA.

CICLÓSTOMO, MA adj. y s. *Zool.* **1** Se dice de los peces de cuerpo largo y cilíndrico, sin mandíbulas, con esqueleto cartilaginoso, piel sin escamas y boca chupadora circular, como la lamprea. || m. pl. *Zool.* **2** Grupo de estos peces, los vertebrados vivientes más antiguos que se conocen.

CICLOTIMIA f. *Psiquiat.* PSICOSIS MANIACO-DEPRESIVA.

CICLOTRÓN m. *Fís.* Aparato acelerador de los iones de un campo eléctrico, a los cuales comunica energías considerables haciéndoles describir una trayectoria espiral. Se usa para producir artificialmente elementos radiactivos.

CICLOTURISMO m. *Dep.* Actividad deportiva y de ocio en la que se emplea la bicicleta como vehículo para recorrer zonas de interés turístico.

CICNO *Mit.* Rey de Liguria, amigo de Faetón. Después de la muerte de éste fue metamorfoseado en cisne.

CICUTA f. *Bot.* Nombre común de varias plantas de la familia umbelíferas, que contienen alcaloides venenosos usados en medicina.

CICUTINA f. *Quím.* Alcaloide contenido en la cicuta.

CID m. fig. Hombre fuerte y muy valeroso.

-CID-, **-CIDA**, **-CIDIO** in. o sufs. que significan matador o asesinato: *gramicidina, homicida, infanticidio.*

CID CAMPEADOR DÍAZ DE VIVAR, RODRIGO.

-CIDA suf. -CID-.

CIDE HAMETE BENENGELI *Lit.* Supuesto personaje morisco a quien Cervantes cita en el *Quijote* como autor de esta novela.

-CIDIO suf. -CID-.

CIDRA f. *Bot.* Fruto del cidro. Hesperidio semejante al limón aunque mayor, de corteza amarilla, gruesa y rugosa, y zumo de sabor ácido que se emplea como aromatizante. También denominado *toronja*.

CIDRERA f. *Bot.* CIDRO.

CIDRO m. *Bot.* Árbol perteneciente a la familia rutáceas, de nombre científico *Citrus medica.* Las hojas son persistentes y los frutos oblongos o esféricos. Es originario de Asia. También denominado *cidrera* y *poncil.*

CIDRONELA f. TORONJIL.

CIECHANÓW Ciudad de Polonia; 45.900 h. Industrias alimentarias. Ruinas de un castillo del s. XV.

CIEGO, GA adj. **1** Privado de la vista. También s. **2** Extremo sin luz de un conducto, cavidad o tubo, especialmente el saco del comienzo del intestino grueso. **3** fig. Poseído con vehemencia de alguna pasión. **4** fig. Ofuscado, alucinado. **5** fig. Se dice de cualquier conducto lleno de tierra o broza, de forma que no se puede usar. **6** *Zool. Ecuad.* Pez que habita en los ríos de Ecuador. || **a ciegas** loc. adv. Irreflexivamente, sin saber bien qué va a pasar. También, fig., sin conocimiento, sin reflexión.

CIEGO DE ÁVILA 1 Provincia de Cuba; 6.910 km² y 403.134 h. **2** Ciudad capital de la misma; 95.641 h.

CIELITO m. *Danza* y *Mús. Arg.* Baile y tonada de los gauchos, que ejecutan varias parejas, generalmente seis, asidas de las manos, alternando hombres y mujeres, y quedando una pareja en el centro del corro.

CIELO m. **1** *Astron.* Semiesfera aparente, azul y diáfana, delimitada por el horizonte, que rodea a la Tierra, y en la cual parece que se mueven los astros. **2** *Rel.* Lugar en que los ángeles y los bienaventurados, según la religión católica, gozan de la presencia de Dios. También pl. **3** fig. Parte superior que cubre algunas cosas. **4** Apelativo cariñoso que se aplica a algunas personas. || **CIELO DE LA BOCA** *Anat.* PALADAR. || **a cielo abierto** loc. adv. Sin techo ni cobertura alguna. || **bajado del cielo** expr. fig. y fam. Prodigioso, excelente. || **clamar** una cosa **al cielo** fr. fig. Ser una cosa manifiesta o indignamente injusta o disparatada. || **ganar** uno **el cielo** fr. fig. Conseguirlo con buenas obras. || **juntársele** a uno **el cielo con la tierra** loc. fam. Verse impensadamente en un trance grave. || **llovido del cielo** loc. fig. y fam. que denota la oportunidad con que llega una persona u ocurre alguna cosa donde o cuando más convenía. || **mover** uno **cielo y tierra** fr. fig. y fam. Hacer con suma diligencia todas las gestiones posibles para el logro de algo. || **ver** uno **el cielo abierto** fr. fig. y fam. Presentársele ocasión favorable para salir de un apuro o conseguir lo que deseaba.

CIEMPIÉS m. **1** *Zool.* Nombre vulgar de los artrópodos de la clase quilópodos, y en particular los de los géneros *Scolopendra* y *Litobio.* Se caracterizan por su cuerpo alargado dividido en muchos segmentos, cada uno con un par de patas. Incluye los ciempiés y escolopendras. **2** fig. y fam. Obra o trabajo desatinado o incoherente. ♦ Su pl. es *ciempiés.*

CIEN adj. **1** Apócope de CIENTO. Se usa siempre antes de sustantivo. **2** Expresa con sentido ponderativo una cantidad indeterminada equivalente a *muchos, muchas.* || **a cien** loc. adv. fam. En o con un alto grado de excitación. Se usa con los verbos *poner* e *ir.* || **cien por cien** loc. adv. En su totalidad, del principio al fin.

CIEN AÑOS, GUERRA DE LOS *Hist.* Conflicto bélico que enfrentó a Francia e Inglaterra entre 1339 y 1453, aunque con treguas y períodos de paz. La causa inmediata fue la sucesión al trono de Francia, al morir Carlos IV, entre los pretendientes Felipe VI Valois y el rey inglés Eduardo III. También existían causas económicas: el comercio que abastecía de lanas inglesas los telares de Flandes, cuyos burgueses y artesanos eran partidarios de Inglaterra, mientras la corona francesa apoyaba a la nobleza feudal flamenca. La primera etapa, entre la batalla de L'Escluse (1340) y la paz de Bretigny (1360) estuvo marcada por las victorias inglesas (Crécy, 1346, y

ciempiés del género *Scolopendra.*

Poitiers, 1356), la figura del *Príncipe Negro,* hijo del rey de Inglaterra, y la peste negra y revueltas populares en Francia. En la segunda etapa, Francia, con el apoyo de Castilla, venció en La Rochelle (1372) y fue recuperando territorios. En 1375 los ingleses sólo conservaban Burdeos, Bayona, Calais y Cherburgo. La flota franco-castellana asoló las costas inglesas y en 1383 se firmó la tregua de Leulingham. El siguiente periodo se caracterizó por los conflictos internos de ambos países y el cambio de actitud de Castilla, que dejó de apoyar a Francia. La cuestión sucesoria en Francia enfrentó a borgoñones, que se aliaron con Inglaterra, y armagnacs, agrupados bajo el delfín Carlos. La suerte del delfín parecía echada al vencer en Azincourt Enrique V de Inglaterra, en 1415, y firmarse en 1420 el tratado de Troyes, que le desheredaba. La muerte de Enrique V deshizo los planes sucesorios del tratado y reavivó la guerra. Las ciudades clave se hallaban en manos inglesas, hasta que en el asedio de Orleans surgió la figura de Juana de Arco que venció a los ingleses, librando la ciudad, y consagró, en Reims, a Carlos VII como rey (1429). Fue hecha prisionera por los borgoñones y vendida a los ingleses, que la condenaron a morir en la hoguera acusada de brujería. Pero el signo de la guerra había cambiado, y Carlos VII fue recuperando territorios: París (1436), Normandía (1450) y Burdeos (1453), lo que significó el fin de la guerra. Únicamente Calais permaneció en manos inglesas hasta 1475. La guerra tuvo como consecuencia el desarrollo de un poder centralizador, característico de las monarquías modernas y la crisis de la nobleza feudal; la expansión comercial inglesa por su desarrollo textil y la monopolización castellana del mercado lanero de Flandes, y el desplazamiento hacia el Atlántico del eje marítimo básico de la economía europea.

Cien Días, los *Hist.* Periodo de la historia de Francia y segundo del reinado de Napoleón I, que comprende desde el regreso de éste de la isla de Elba, el 20 de marzo de 1815, hasta el 8 de julio del mismo año, fecha en que, tras la derrota en Waterloo, abdicó y tomó posesión del trono Luis XVIII.

Cien Mil Hijos de San Luis *Hist.* Nombre que se dio al ejército francés mandado por el duque de Angulema, que, en cumplimiento de los acuerdos del congreso de Verona, intervino en España para restablecer el régimen absolutista (1823).

ciénaga f. *Geol.* Lugar o paraje lleno de agua o humedad, con cieno y pantanoso.

Ciénaga Ciudad de Colombia, departamento de Magdalena; 144.340 h. Puerto.

ciencia f. **1** Disposición ordenada de los conocimientos comprobados, que incluye además los métodos por los que se adquiere tal conocimiento y los criterios con los que se comprueba su certeza. **2** Cuerpo de doctrina metódicamente formado y ordenado, que constituye un ramo particular del saber humano. **3** fig. Saber o erudición. **4** Maestría, conjunto de conocimientos en cualquier cosa. || f. pl. **5** Conjunto de conocimientos relativos a las ciencias exactas, fisicoquímicas y naturales. || **ciencias exactas** Las que sólo admiten principios, consecuencias y hechos demostrables a través de la matemática. || **ciencias humanas** Las que, como la psicología, antropología, historia, etc., se ocupan de los aspectos del hombre. || **ciencias naturales** Las que tienen por objeto el estudio de la naturaleza: geología, botánica, etc. || **ciencias ocultas** Conocimientos y prácticas misteriosas, como la magia, la alquimia, etc., que pretenden penetrar y dominar los secretos de la naturaleza. || **ciencias sociales** Las que estudian a los seres humanos, su organización, conducta, economía, etc., desde un plano individual y colectivo. || GAYA CIENCIA Arte de la poesía. || **a ciencia cierta** loc. adv. Con toda seguridad, sin duda alguna. Se usa generalmente con el verbo *saber.*

ciencia-ficción *Lit.* Género narrativo de especulación que relata acontecimientos posibles desarrollados en un marco espacio-temporal puramente imaginario, cuya verosimilitud se fundamenta narrativamente en los campos de las ciencias físicas, naturales y sociales. El origen del género está en la *novela de anticipación* europea desarrollada desde el siglo XVIII, y cultivada por J. Swift, J. Verne o H. G. Wells; aunque su configuración como tal tiene lugar en EE UU en el siglo XX. Algunos de los autores que han cultivado este género son: I. Asimov, R. Bradbury, A. C. Clarke, T. Sturgeon, F. Brown, C. Kornbluth, N. Spinrad, G. Bedford, D. Brin, V. Vinge, J. Brunner y O. Scott.

ciénega f. CIÉNAGA.

Cienfuegos 1 Provincia de Cuba; 4.178 km^2 y 391.666 h. **2** Ciudad capital de la misma; 132.038 h.

Cienfuegos, Nicasio Álvarez de ÁLVAREZ DE CIENFUEGOS, NICASIO.

cienmilésimo, ma adj. y s. Se dice de cada una de las cien mil partes iguales en que se divide un todo.

cienmilímetro m. Centésima parte de un milímetro.

cienmillonésimo, ma adj. y s. Se dice de cada una de las cien millones de partes iguales en que se divide un todo.

cienmilmillonésimo, ma adj. y s. Se dice de cada una de las cien mil millones de partes iguales en que se divide un todo.

cieno m. *Geol.* Lodo blando constituido por materiales finos, que forma depósito en ríos, y sobre todo en lagunas o en sitios bajos y húmedos.

cientificismo n. *Filos.* Teoría según la cual las cosas se pueden conocer mediante la ciencia como son realmente, y la investigación científica basta para satisfacer las necesidades de la inteligencia humana.

científico, ca adj. **1** Relativo a la ciencia. **2** Que domina o ejerce una o más ciencias. También s.

Juan de la **Cierva** a bordo del prototipo del autogiro.

CIENTO adj. **1** Diez veces diez. **2** CENTÉSIMO, ordinal. || m. **3** Signo o conjunto de signos con que se representa el número ciento. **4** Centena. || **ciento y la madre** loc. fig. y fam. Muchedumbre de personas.

CIERNES, EN loc. adv. Estar algo en sus principios, comenzando.

CIERRE m. **1** Acción y efecto de cerrar o cerrarse. **2** Lo que sirve para cerrar. **3** Clausura diaria, temporal o definitiva de una tienda o un establecimiento mercantil. **4** Tratándose de publicaciones periódicas, acción de dar por terminada la admisión de originales para la edición que está en prensa. || **CIERRE CENTRALIZADO** Mecanismo que cierra o abre todas las puertas de un coche al mismo tiempo. || **CIERRE METÁLICO** Cortina metálica plegable que cierra y defiende la puerta de una tienda u otro establecimiento.

CIERTO, TA adj. **1** Conocido como verdadero, seguro, indubable. **2** Se utiliza para referirse a algo o alguien indeterminado. **3** Seguro de la verdad de algo. || adv. afirm. **4** Sí, con certeza. || **por cierto** loc. Con certeza.

CIERVA Y CODORNIU, JUAN DE LA Ingeniero español (Murcia, 1896 - aeródromo de Croydon, Londres, 1936). En 1923 inventó el AUTOGIRO. Murió en accidente de aviación.

CIERVO, VA m. y f. *Zool.* Nombre común de diversos mamíferos artiodáctilos de la familia cérvidos, con diversos géneros. El ciervo común o venado europeo (*Cervus elaphus*) tiene pelo de color pardo rojizo en verano y grisáceo en invierno. El macho está armado de astas. Vive en masas forestales formando rebaños de hembras y crías, con los machos adultos aparte. Su área de distribución abarca España y Centroeuropa.

CIERZO m. *Meteor.* Viento septentrional más o menos inclinado a levante o a poniente según la situación geográfica de la región en que sopla.

CÍES Nombre de dos islas y varios islotes de España, que forman un pequeño archipiélago en la costa de la provincia de Pontevedra, a la entrada de la ría de Vigo. Parque natural desde 1980. Son refugio de colonias de aves marinas.

CIESZYN *Hist.* Ciudad de Polonia, voivodato de Katowice, fronteriza con la República Checa. Repartida entre estos dos países según el estatuto de 1920, la parte checoslovaca fue anexionada por Polonia en 1938, y entregada a los alemanes en 1939. Después de la Segunda Guerra Mundial se restableció la situación de 1920.

CIEZA Municipio y ciudad de España, provincia de Murcia; 32.165 h. Industria textil y de conservas vegetales.

CIEZA DE LEÓN, PEDRO Historiador español (Llerena, 1518 - Sevilla, 1560). Vivió en América y escribió *Crónica del Perú* y una *Historia de Nueva España*.

CIFELA f. *Bot.* Hongo que crece y vive entre el musgo de los tejados.

CIFOSIS f. *Med.* Curvatura angular defectuosa de la columna vertebral, de convexidad posterior. ♦ Su pl. es *cifosis*.

CIFRA f. **1** NÚMERO, signo con que se representa. **2** Escritura que sólo puede comprenderse sabiendo la clave. **3** *Mús.* Modo vulgar de escribir música por números. **4** fig. Suma, compendio.

CIFRADO, DA adj. *Mús.* BAJO CIFRADO.

CIFRAR tr. **1** Escribir en cifra. **2** fig. Compendiar, reducir muchas cosas a una. También prnl. **3** fig. Valorar cuantitativamente, en especial pérdidas y ganancias. **4** Seguido de la preposición *en*, reducir a algo o a alguien lo que ordinariamente procede de varias causas.

CIGALA f. *Zool.* Crustáceo decápodo macruro perteneciente a la familia nefrótidos, de nombre científico *Nephrops norvegicus*. Tiene el caparazón duro y rosado, y las patas anteriores son más grandes que el resto y terminan en fuertes pinzas. Es una especie comestible que habita en el Atlántico y Mediterráneo.

CIGARRA f. *Zool.* Nombre común de diversos insectos hemípteros homópteros, de la familia cicádidos. Los machos poseen un aparato dotado de membranas llamadas tímbalos, con las que producen un ruido estridente y monótono.

CIGARRAL m. Huerta cercada, fuera de la ciudad, con árboles frutales y casa para recreo.

CIGARRERO, RA m. y f. **1** Persona que hace o vende cigarros. || f. **2** Caja o mueblecillo en que se tienen a la vista cigarros puros. **3** PETACA para llevar cigarros o cigarrillos.

CIGARRILLO m. Cigarro pequeño de picadura envuelta en un papel de fumar.

CIGARRO m. **1** Rollo de hojas de tabaco, que se enciende por un extremo y cuyo humo se aspira o fuma por el opuesto. **2** CIGARRILLO. || **CIGARRO PURO** CIGARRO, rollo de hojas de tabaco.

CIGARRÓN m. *Zool.* SALTAMONTES.

CIGO- o ZIGO-; -CEUXIS o -ZEUXIS, -CIGOS pref. o sufs. que significan unión: *azeuxis, ácigos*.

CIGOFILÁCEO, A adj. y f. *Bot.* **1** Se dice de las plantas leñosas, angiospermas dicotiledóneas, con hojas compuestas y fruto en cápsula, drupa o baya, como el abrojo. || f. pl. *Bot.* **2** Familia de estas plantas.

CIGOÑAL m. Pértiga sostenida sobre un pie en horquilla, y dispuesta de modo que atando una vasija a un extremo y tirando del otro puede sacarse agua de pozos poco profundos.

CIGOÑINO m. Pollo de la cigüeña.

-CIGOS suf. CIGO-.

CIGOTO m. *Biol.* Célula formada por la fusión de dos gametos en animales y plantas. También se escribe *zigoto*.

CIGUA f. **1** *Bot.* Árbol de la familia lauráceas, nativo de las Antillas. **2** *Zool. Cuba* Caracol de mar.

CIGUAPA f. *Zool.* **1** *Cuba* Ave rapaz nocturna semejante a la lechuza. || m. *Bot.* **2** *C. Rica* y *Cuba* Árbol de la familia sapotáceas, de semilla semejante a la del mamey.

CIGUAYO, YA adj. **1** *Etnol.* Se dice de un pueblo formado por la unión de los dos grandes grupos indígenas, arahuaco y caribe, que habitaban las islas de Santo Domingo y Cuba. Más como m. pl. **2** Se dice también de sus individuos. También s. **3** Relativo a estos individuos.

CIGÜEÑA f. **1** *Zool.* Nombre común de varias aves ciconiformes pertenecientes a la familia cicónidos, género *Ciconia*. Anida en las torres y árboles elevados de Europa, pero al llegar el otoño migra hacia África. **2** Hierro de la campana, donde se asegura la cuerda para tocarla. **3** Codo que tienen los tornos y otros instrumentos para hacerlos girar.

CIGÜEÑAL m. **1** CIGOÑAL. **2** *Mec.* Doble codo en el eje de ciertas máquinas, que transforma el movimiento rectilíneo en rotatorio y viceversa. Constituye el árbol principal de un motor.

CIGÜEÑUELA f. **1** CIGÜEÑA, codo. **2** *Zool.* Ave caradriforme de nombre científico *Himantopus himantopus*. Es más pequeña que la cigüeña. Vive en Europa y Asia.

CILANTRO m. *Bot.* Planta herbácea perenne perteneciente a la familia umbelíferas, de nombre científico *Coriandrum sativum*; es aromática y también se usa para afecciones estomacales.

CILIADO, DA adj. y m. *Biol.* **1** Se dice de la célula o microorganismo que tiene cilios. || m. pl. *Biol.* **2** Tipo de protozoos unicelulares provistos de cilios o pestañas vibrátiles para su locomoción. Son acuáticos y poseen una boca rodeada de cilios, vacuolas pulsátiles y dos núcleos, uno encargado de las funciones de nutrición y otro de las de reproducción. Ésta se efectúa asexualmente por bipartición y sexualmente por conjugación. Al grupo pertenecen el paramecio y la vorticela. También se llaman *infusorios*.

CILICIA *Geog. hist.* Antigua región del SE de Asia Menor, entre la cadena del Tauro y el Mediterráneo.

CILICIO m. **1** Saco o vestidura áspera, para hacer penitencia. **2** Especie de faja con pinchos que se ciñe al cuerpo para mortificarlo en actos de penitencia.

CILINDRADA f. *Mec.* Capacidad del cilindro o cilindros de un motor.

CILÍNDRICO, CA adj. **1** Perteneciente al cilindro. **2** En forma de cilindro.

CILINDRO m. **1** *Geom.* Sólido limitado por una superficie curva cerrada y dos planos circulares. **2** *A. gráf.* Pieza de la máquina que hace la impresión. **3** *A. gráf.* Pieza que por su movimiento de rotación bate y toma la tinta con que los rodillos han de bañar el molde. **4** *Mec.* Tubo en que se mueve el émbolo de una máquina. **5** Tambor de la máquina del reloj, sobre el cual se enrosca la cuerda. **6** Bombona que se usa para contener gases.

CILIO m. *Biol.* Filamento protoplasmático con un centriolo de base, presente en los protozoos ciliados y algunas otras células.

CILLA f. *Agr.* Casa o cámara donde se recogían los granos.

CILLER, TANSU Política turca (Estambul, 1946). Afiliada al Partido de la Recta Vía (PRV) desde 1989, fue ministra de Economía (1991-93), primera ministra (1993-95) y ministra de Asuntos Exteriores (1996-97) en el gobierno de coalición de N. Erbakan.

CIM- pref. CIMO-.

CIMA f. **1** *Geol.* Parte más alta de los montes, cerros y collados. **2** *Bot.* Inflorescencia en la que cada eje principal termina en una flor. **3** *Bot.* La parte más alta de los árboles. **4** *Bot.* Tallo del cardo y de otras verduras. **5** fig. Remate o perfección de alguna cosa. **6** fig. Culminación que alcanza algo.

-CIMA suf. CIMO-.

CIMA DA CONEGLIANO, GIOVANNI BATTISTA Pintor italiano (Conegliano, h. 1459 - íd., h. 1517). Discípulo de B. Montagna en su primera época, tras su traslado a Venecia en 1492, recibió la influencia de G. Bellini. Sus obras son de temática principalmente religiosa. Destacan: *La virgen del naranjo, Presentación de la Virgen, La adoración de los pastores*, etc.

CIMABUE, GIOVANNI Pintor italiano (Florencia, h. 1240 - Pisa, h. 1302). Maestro de Giotto, se le considera el renovador de la pintura italiana, a la que aportó su técnica y un soplo de vida y de humanidad. Obras: *Madona de los ángeles con san Francisco, Escenas del Apocalipsis, Vida de la Virgen*, etc.

CIMAROSA, DOMENICO Compositor italiano (Aversa, 1749 - Venecia, 1801). Maestro de capilla de Catalina de Rusia y Leopoldo de Baviera, debe su fama a las nu-

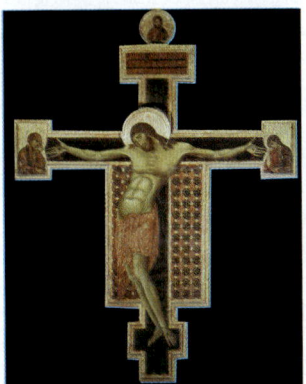

Giovanni **Cimabue**. *Crucifixión*.
Iglesia de Santo Domingo (Arezzo).

Michael **Cimino**. Escena de la película *El siciliano*, protagonizada por Christopher Lambert.

merosas óperas que compuso, entre las que se encuentran *La extravagancia del conde* (1772) y *El matrimonio secreto* (1792).

CIMARRÓN, NA adj. 1 *Amer.* Se decía del esclavo que se refugiaba en los montes buscando la libertad. También s. 2 *Bot.* Se dice de la planta de cultivo que aparece espontáneamente en otro lugar. 3 *Zool.* Se dice del caballo domesticado que vuelve de nuevo al estado salvaje. 4 *Amér.* Se dice del animal doméstico que huye al campo y se hace montaraz. 5 *Amér.* Se dice del animal salvaje. 6 *Amér.* Se aplica a la planta silvestre de cuyo nombre o especie hay otra cultivada. 7 *R. Plata* Se dice del mate sin azúcar. También m.

CIMATARIO Cerro de México, en el Estado de Querétaro; 2.447 m de altura. En él tuvo lugar la victoria de Miramón sobre R. Corona en 1887.

CIMATE m. *Bot. Méx.* Planta cuyas raíces se usan como condimento.

CIMBALARIA f. *Bot.* Planta herbácea perteneciente a la familia escrofulariáceas, que se cría en las peñas y murallas, con una mancha amarilla en las hojas.

CIMBALILLO m. Campana pequeña.

CÍMBALO m. 1 Campana pequeña. 2 *Mús.* Instrumento musical de época griega y romana muy parecido a los platillos.

CIMBEL m. 1 Ave o figura de ella que se emplea como señuelo. 2 Cordel para atarla.

CIMBORRIO o **CIMBORIO** m. *Arquit.* 1 Construcción elevada sobre el crucero, que habitualmente tiene forma de torre de planta cuadrada u octogonal, rematada en chapitel. 2 CÚPULA.

CIMBRA f. 1 *Arquit.* Armazón que sostiene el peso de un arco o bóveda. 2 *Arquit.* Vuelta o curvatura de la superficie interior de un arco o bóveda. 3 *Mar.* Vuelta o curvatura que se obliga a tomar a las tablas de un casco.

CIMBRADO f. *Danza.* Paso de baile que se hace doblando rápidamente el cuerpo.

CIMBRE m. Galería subterránea.

CIMBREAR o **CIMBRAR** tr. 1 Mover una vara larga a otra cosa flexible, asiéndola por un extremo. También prnl. 2 fig. y fam. Dar a uno con una vara o palo, de modo que le haga doblar el cuerpo. 3 Mover con garbo el cuerpo al andar. Más como prnl. 4 *Arquit.* Colocar las cimbras en una obra.

CIMBREÑO, ÑA adj. Se aplica a la vara y a la persona que se cimbrean fácilmente.

CIMBRIA f. 1 FILETE, lista de una moldura. 2 *Arquit.* CIMBRA, armazón que sostiene un arco.

CIMBRO, BRA o **CIMBRIO, BRIA** adj. y s. *Hist.* 1 Se dice de un pueblo germánico que habitó en Jutlandia en la Antigüedad y que, en el siglo I, estaba instalado en Schleswig-Holstein. Asociado al pueblo teutón, en el año 113 a. C. invadió por el E los territorios romanos. Varios ejércitos romanos fueron derrotados por los invasores, que penetraron en Hispania y en la Galia. Cuando se dirigían a Roma, el Senado encomendó a Mario la misión de detenerlos. Salió a su encuentro en el valle del Po, aniquiló a los teutones en Aquae Sextiae, y a los cimbrios cerca de Vercellae, en el año 101 a. C. Más en pl. || m. *Ling.* 2 Lengua de este pueblo, uno de los dialectos célticos.

CIMBRÓN m. 1 *Ecuad.* Punzada, dolor lancinante. 2 *Arg., Col.* y *C. Rica* Sacudida violenta.

CIMBRONAZO m. 1 CINTARAZO. 2 *Arg., Col.* y *C. Rica* Espasmo nervioso.

CIMENTAR tr. 1 Echar o poner los cimientos. 2 Afinar el oro con cimiento real. 3 FUNDAR, edificar. 4 fig. Establecer los principios de algunas cosas espirituales, como virtudes, arte, etc. ♦ IRREG. Se conjuga como ACERTAR, aunque actualmente es más normal su uso como regular.

CIMERA f. 1 Parte superior del morrión, yelmo o casco. 2 *Bl.* Cualquier adorno que en las armas se pone sobre la cima del yelmo.

CIMERIO, RIA adj. y s. *Hist.* 1 Se dice de un pueblo que habitó largo tiempo en la margen oriental del mar de Azov, e invadió Lidia en el siglo VII a. C. 2 Relativo a este pueblo.

CIMERO, RA adj. Se dice de lo que remata por lo alto alguna cosa elevada.

CIMICARIA f. *Bot.* YEZGO.

CIMIENTO m. 1 Parte del edificio que está debajo de tierra. Más en pl. 2 Terreno sobre el que descansa el mismo edificio. 3 fig. Principio y raíz de alguna cosa, como virtudes y vicios.

CIMINO, MICHAEL Director y guionista de cine estadounidense (Los Ángeles, 1943). En su filmografía destacan *El cazador* (1978), *La puerta del cielo* (1980), *El siciliano* (1986), *37 horas desesperadas* (1990) y *Sunchaser* (1996).

CIMITARRA f. Especie de sable curvo usado por turcos y persas.

CIMO- o **ZIMO-**, **CIM-** o **ZIM-**; **-ZEO-**; **-CIMA** o **-ZIMA**, **-CIMO** prefs. o sufs. que significan fermento: *enzima*.

CIMÓGENO, NA adj. *Biol.* Se dice de las bacterias que obtienen energía por procesos fermentativos.

CIMÓN Militar y político ateniense (Atenas, 512 - Citium, 449 a. C.). Hijo de Milcíades, sucedió a Temístocles como jefe del ejército ateniense que se apoderó de Bizancio; con la Liga de Delos, derrotó a los persas en la desembocadura del río Eurimedonte (468 a. C.), y aseguró la hegemonía de Atenas.

CIMPA f. *Perú* CRIZNEJA.

CIN- pref. 1 CINE-. 2 CINO-, perro.

CINA f. *Bot. Ecuad.* Cierta especie de planta de la familia gramíneas.

CINABRIO m. 1 *Miner.* Mineral sulfuro de mercurio, de fórmula HgS. Constituye una importante mena del mercurio. 2 BERMELLÓN.

CINACINA f. *Bot. Arg.* Árbol de la familia leguminosas que se emplea en setos vivos, de semilla medicinal.

CINÁMICO, CA adj. *Bot.* Perteneciente o relativo a la canela.

CINAMOMO m. *Bot.* 1 Nombre común de diversos árboles de la familia lauráceas, género *Cinnamomum*, exóticos y de uso aromático. 2 Sustancia aromática que, según unos, es la mirra, y según otros, la canela. 3 *Filip.* ALHEÑA, arbusto de la familia oleáceas y su flor.

CINC m. *Quím.* Elemento químico del grupo II B del sistema periódico. Masa atómica 65,38; número atómico 30; peso específico a 20° C 7,14; punto de fusión 419,4° C; símbolo Zn. Es un metal de color blanco azulado y brillo intenso, bastante blando y de estructura laminosa. Por su resistencia a la corrosión atmosférica se emplea para proteger el hierro y el acero. También se escribe *zinc*.

CINCA f. *Ocio.* En el juego de los bolos, cualquier falta que se hace, por la que se pierden cinco rayas.

CINCEL m. Herramienta de 20 a 30 centímetros de largo, con boca acerada y recta de doble bisel, que sirve para labrar a golpe de martillo piedras y metales.

CINCELAR tr. Labrar, grabar con cincel en piedras y metales.

CINCHA f. Faja con que se asegura la silla o albarda sobre la cabalgadura.

CINCHAR tr. 1 Asegurar la silla con la cincha. 2 Asegurar con cinchos. || intr. 3 *Arg.* y *Urug.* Procurar con empeño que una cosa se realice como uno desea. 4 *Arg.* y *Urug.* Trabajar esforzadamente.

CINCHERA f. Parte del cuerpo de las caballerías en que se pone la cincha.

CINCHO m. 1 Faja con que se suele ceñir y abrigar el estómago. 2 Cinturón de vestir o para llevar colgado algo. 3 Aro de hierro con que se asegura o refuerza algo. 4 *Méx.* Cincha de las caballerías. 5 *Arquit.* Porción de arco saliente en el intradós de una bóveda de cañón.

CINCHUELO m. Cincha de adorno de las caballerías.

CINCINNATI Ciudad del NE de EE UU, Estado de Ohio; 345.858 h. Centro industrial.

CINCO adj. 1 Cuatro y uno. 2 QUINTO, ordinal. || m. 3 Signo o cifra con que se representa el número cinco. 4 *Ocio.* En el juego de bolos, el que ponen separado de los otros. 5 *Ocio.* Naipe que vale cinco puntos, representado por cinco elementos del palo al que pertenezca. 6 *C. Rica* y *Chile* Moneda de plata que vale cinco centavos.

CINCO, GRUPO DE LOS *Mús.* Grupo formado por los compositores rusos Balakírev, C. Cui, Mussorgski, Borodin y Rimski-Korsakov, representantes destacados del nacionalismo musical ruso.

CINCOENRAMA f. *Bot.* Planta herbácea de la familia rosáceas, con tallos rastreros, y cuya raíz se usa en medicina.

CINCOGRAFÍA f. Arte de dibujar o grabar una plancha de cinc.

CINCOLLAGAS m. *Bot. Cuba* Planta parecida al ajonjolí.

CINCOMESINO, NA adj. De cinco meses.

CINCONEGRITOS m. *Bot. C. Rica* y *Nic.* Arbustillo de la familia verbenáceas, con flores amarillas que luego se vuelven rojas.

CINCUENTA adj. 1 Cinco veces diez. 2 QUINCUAGÉSIMO, ordinal. || m. 3 Signo o conjunto de signos con que se representa el número cincuenta.

CINCUENTAVO, VA adj. y s. Se dice de cada una de las cincuenta partes iguales en que se divide un todo.

CINCUENTENA f. Conjunto de cincuenta unidades homogéneas.

CINCUENTENARIO m. Conmemoración del día en que se cumplen cincuenta años de algún suceso.

CINCUENTEÑO, ÑA adj. 1 QUINCUAGÉSIMO. 2 *Col.* CINCUENTÓN.

CINCUENTÓN, NA adj. y s. Se dice de la persona que tiene cincuenta años cumplidos.

CINE m. *Cin.* 1 Apócope de CINEMATÓGRAFO, lugar donde se exhiben películas. 2 Apócope de CINEMATOGRAFÍA. || **CINE DE AUTOR** *Cin.* Tipo de cine cuyo argumento revela preferentemente la idea o criterio de su director ante un problema determinado; por extensión, se aplica al no comercial. || **CINE MUDO** *Cin.* El que carece de banda sonora, y cuya proyección se acompañaba únicamente con música. || **CINE SONORO** *Cin.* Aquel cuyas imágenes van acompañadas de sonido (voces, ruidos, música, etc.), incorporado en la banda sonora. || **DE CINE** loc. adv. Impresionante, grandioso. También increíble, fantástico.

CINE-, **CIN-**, **CINEMA-**, **CINEMATO-**, **CINEMO-**, **CINESI-**, **KINESI-** o **QUINESI-**, **CINET-**, **CINETO-**, **QUINESIO-**, **QUINO-**, **-CINESIA** o **-QUINESIA**, **-CINESIS**, **-CÍNEO**, **-CINO** prefs. o sufs. que significan movimiento: *cariocinesis*.

-CINE pref. CINO-.

CINE-CLUB o **CINECLUB** m. *Cin.* Círculo o asociación interesado en el progreso y la divulgación de la cultura cinematográfica.

CINE-FÓRUM m. *Cin.* Proyección de una película, previamente presentada, a la que sigue un coloquio entre los espectadores sobre sus valores morales o artísticos.

CINEAS Político y orador griego (Tesalia, ? - ?, 280 a. C.). Ministro y consejero de Pirro, negoció la paz con Roma, después de ser derrotado el rey en Heraclea, pero no pudo convencer al Senado.

CINEASTA com. *Cin.* Persona que se dedica a la realización de películas cinematográficas en cualquiera de sus especialidades, sobre todo en la dirección.

CINECITTÀ *Cin.* Estudios de cine situados en Roma, fundados por B. Mussolini en 1937. Han constituido uno de los principales núcleos de la cinematografía italiana.

CINÉFILO, LA adj. *Cin.* Aficionado al cine. También s.

CINEGÉTICA f. Arte de la caza.

CINEMA m. CINE.

CINEMA- pref. CINE-.

CINÉMA-VÉRITÉ *Cin.* Tendencia del cine documental que trata de registrar la realidad de la manera más espontánea, directa e inmediata. Se desarrolló en la década de los sesenta y entre sus principales realizadores se cuentan J. Rouch, E. Morin, R. Leacock, R. Drew y A. Maysles. También es conocido como *cine-verdad*, *cinéma direct* o *candid camera*.

CINEMASCOPE (Nombre comercial registrado.) m. *Cin.* Técnica cinematográfica que consiste en captar las imágenes de forma comprimida o deformada en sentido lateral mediante la llamada *lente hypergonar*, para que, al proyectarlas sobre pantallas panorámicas que presentan cierta concavidad hacia el espectador, den sensación de perspectiva; unido todo ello a la utilización del sonido estereofónico.
CINEMATECA f. *Cin.* FILMOTECA.
CINEMÁTICA f. *Mec.* Parte de la mecánica que estudia el movimiento de los cuerpos prescindiendo de las fuerzas que lo producen.
CINEMATO- pref. CINE-.

CINEMATOGRAFÍA f. *Cin.* Arte de representar imágenes en movimiento por medio del cinematógrafo.
   CIN. La historia de la cinematografía tiene como base la fotografía y sus antecedentes. La tesis de P. M. Roget sobre la persistencia de imágenes en la retina (1824), fue aprovechada para desarrollar una labor paralela en Inglaterra (F. Greene y Leprince), y EE UU (T. A. Edison), que culminó con la presentación del cinematógrafo en París por los hermanos Lumière (1895). Un año más tarde, en el hotel Rusia de Madrid, se celebraba la primera proyección en España. La técnica cinematográfica se desarrolló con rapidez, gracias a G. Méliès en Francia y a R. W. Paul y W. Friese-Greene en Inglaterra. El cine, como industria, tuvo sus pioneros en Ch. Pathé y L. Gaumont. Paralelamente, en EE UU se crearon las primeras compañías cinematográficas (Biograph, Vitagraph y Edison Co.). En 1908, Edison creó la Motion Pictures Patents Company, que agrupaba a las tres grandes firmas estadounidenses. La primera gran película americana fue *El nacimiento de una nación* (1915), de Griffith, que creó nuevos procedimientos de expresión. Por entonces, en Hollywood crecían los mayores estudios del mundo. EE UU impuso sus filmes gracias al prestigio de sus estrellas y a la sencillez de su estilo narrativo. La vitalidad de su industria atrajo a los mejores técnicos, directores y actores europeos. El llamado *star system* elevaba a los

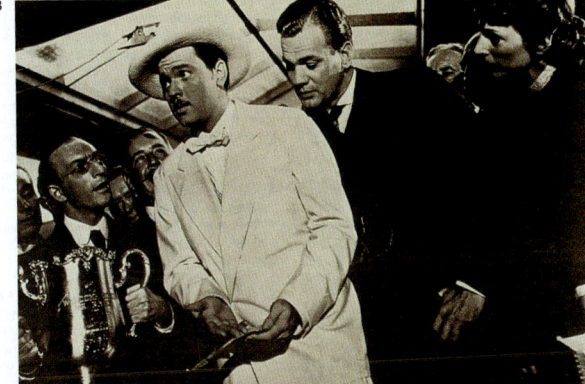

cinematografía:
1. *El nacimiento de una nación,* dirigida por David Wark Griffith.
2. *Tiempos modernos,* dirigida y protagonizada por Charles Chaplin.
3. *Ciudadano Kane,* dirigida y protagonizada por Orson Welles, con Joseph Cotten en la escena.
4. *El profesor chiflado,* dirigida y protagonizada por Jerry Lewis, con Stella Stevens en la fotografía.
5. *Parque Jurásico,* dirigida por Steven Spielberg.

protagonistas de las películas a la categoría de mitos vivientes. En el periodo del cine mudo brillaron en EE UU los directores R. Flaherty, C. B. de Mille, B. Keaton, E. Lubitsch, J. von Sternberg y Ch. Chaplin; y en Europa, C. Th. Dreyer, L. Delluc, A. Gance, L. Buñuel, V. Pudovkin, F. Lang, R. Wiene y F. W. Murnau. En 1925, como broche a la etapa del cine mudo, Eisenstein realizó *El acorazado Potemkin*. En 1927, A. Crosland dirigió la primera película sonora: *El cantante de jazz*, y en 1928, Walt Disney sonorizó el primer filme animado. En Hollywood, el desastre de 1929 generó una necesidad de evasión, que explica que esta industria fuera una de las pocas en alza. Pese a ello, fueron muchos los realizadores que optaron por ofrecer vigorosos testimonios sociales: L. Milestone; M. Le Roy; Ch. Chaplin; F. Lang y W. Wyler. Otros directores, sin embargo, prefirieron la comedia (E. Lubitsch, F. Capra, H. Hawks, G. Cukor), el musical (el mismo Lubitsch y B. Berkeley), o las grandes recreaciones históricas (V. Fleming). Nacieron en esta época el género terrorífico y fantástico (J. Whale, M. C. Cooper, etc.), las películas de gángsters y el cine cómico (S. Laurel y O. Hardy, y los hermanos Marx). El rodaje en 1935 de la primera película en color (*La feria de las vanidades*, 1935, de R. Mamoulian) supuso el comienzo de una serie de innovaciones técnicas (cinemascope, cinerama, cine en tres dimensiones, sonido estereofónico, etc.), que se desarrollaron sobre todo a partir de 1949, en que apareció la televisión como gran competidora. En esta época tiene lugar en EE UU el gran auge del *cine negro* (J. Huston, H. Hawks, etc.) y el *western* (J. Ford; H. Hawks, etc.). Tras la Segunda Guerra Mundial, y con el tema social como base, surge el neorrealismo italiano (V. de Sica, L. Visconti y R. Rossellini). Posteriormente, los nuevos grupos independientes propugnaron el CINE DE AUTOR frente a las potentes productoras. En EE UU, al empezar la década de los cincuenta, estaba en auge la «caza de brujas» impulsada por el *maccarthismo*. Fue el momento en que surgió una nueva generación formada en parte por la vanguardia teatral de Broadway y, especialmente, por el ACTOR'S STUDIO. Nuevos directores, como B. Wilder, J. Huston, E. Kazan, V. Minnelli, R. Aldrich, etc,. tomaron el relevo a las viejas glorias de Hollywood. La competencia de la televisión obligó a la industria del cine a adoptar dos posturas: la creación de filmes intelectuales, de ensayo o experimentales, y la potenciación de las superproducciones. En Francia apareció la NOUVELLE VAGUE (F. Truffaut, E. Rohmer, J. P. Godard, C. Chabrol y A. Resnais); en Inglaterra, el FREE-CINEMA (L. Anderson, T. Richardson y K. Reisz), en EE UU el cine *underground*, y en Brasil, el *cinema novo*. A partir de los sesenta el cine diversificó su temática y desarrolló nuevas técnicas. En EE UU la figura del director pierde progresivamente protagonismo en favor de los agentes artísticos, y los actores o actrices estrella. Aún así destacan B. Edwards, S. Kubrick, G. Lucas, F. F. Coppola, R. Scott, S. Spielberg, M. Scorsese, J. Huston, S. Pollack, W. Allen, D. Lynch, R. Altman, Q. Tarantino, etc. Dentro de las cinematografías orientales destacan: en Japón, K. Mizoguchi, Y. Ozu, N. Oshima, y A. Kurosawa; en China, Z. Yimou; y en Vietnam, T. A. Hung. En Europa alcanzaron gran celebridad F. Fellini, P. P. Pasolini, M. Antonioni, L. Visconti, B. Bertolucci, E. Scola, S. Leone y G. Tornatore, en Italia; N. Mikhalkov, en Rusia; I. Bergman, en Suecia; M. Forman, en la República Checa; R. Polanski y L. Malle, en Francia; W. Wenders y R. W. Fassbinder, en Alemania; K. Kieslowski, en Polonia; S. Frears, K. Loach, K. Branagh y N. Jordan, en el Reino Unido; L. García Berlanga, J. A. Bardem, L. Buñuel, C. Saura, P. Almodóvar y F. Trueba, en España; entre muchos otros. En América Latina son célebres realizadores L. Bemberg, A. Aristaráin y L. Puenzo, en Argentina; H. Babenco, en Brasil; T. Gutiérrez Alea, en Cuba; A. Arau, en México; S. Cabrera, en Colombia; etc. Por lo que se refiere a los premios, los Oscar que concede anualmente la Academia de Hollywood desde 1928, constituyen el galardón más codiciado de la industria mundial. Asimismo, en Europa destacan los premios César (Francia) y Goya, que desde 1984 concede la Academia de Cine Español. Entre los principales festivales de cine se encuentran los de Cannes (desde 1946), Venecia (desde 1932), Berlín (desde 1951) y San Sebastián (desde 1953). En España tienen importacia también la Mostra de Valencia y la Semana de Cine de Valladolid.

CINEMATOGRAFIAR tr. FILMAR.

CINEMATÓGRAFO m. *Cin.* **1** Aparato óptico en el cual, haciendo pasar rápidamente muchas imágenes fotográficas que representan otros tantos momentos consecutivos de una acción determinada, se produce la ilusión de un cuadro cuyas figuras se mueven gracias a la persistencia de las imágenes en la retina. **2** Local público donde se proyectan películas.

CINEMO- pref. CINE-.

-CÍNEO suf. CINE-.

CINERAMA (Nombre comercial registrado.) m. *Cin.* Procedimiento cinematográfico basado en la yuxtaposición de tres imágenes proyectadas desde tres cinematógrafos diferentes. Fue inventado por el estadounidense Fred Waller, y estrenado en Nueva York en 1952.

CINERARIA f. *Bot.* Nombre de diversas plantas pertenecientes a la familia compuestas, bianuales, de unos 50 cm de altura, con flores vistosas de diversos colores, cuya especie principal es la cineraria común *(Senecia cineraria)*.

CINERARIO, RIA adj. **1** CENICIENTO. **2** Destinado a contener cenizas de cadáveres.

CINESCOPIO m. *Tecnol.* Tubo catódico empleado en televisión para la recepción de imágenes. Fue perfeccionado por Zworykin en 1924.

CINESI-, KINESI- o **-QUINESI** pref. CINE-.

-CINESIA o **-QUINESIA** suf. CINE-.

-CINESIS suf. CINE-.

CINESITERAPIA f. *Med.* KINESITERAPIA.

CINET- pref. CINE-.

CINÉTICO, CA adj. *Fís.* **1** Perteneciente o relativo al movimiento. || f. **2** *Fís.* Teoría de la materia y del calor, según la cual, los cuerpos, en sus tres estados físicos, están compuestos de moléculas o átomos, cuya energía de movimiento constituye el calor. **3** *Quím.* Estudio de las reacciones químicas en lo que se refiere a sus velocidades.

CINETO- pref. CINE-.

CINETOSCOPIO m. *Cin.* Aparato inventado por Edison (1891), que sirvió de base al cinematógrafo, en el que las imágenes no se proyectaban, sino que se veían a través de un ocular apropiado.

CINGALÉS, SA adj. y s. De Ceilán.

CÍNGARO, RA adj. y s. Gitano de raza.

CINGIBERÁCEO, A adj. y f. *Bot.* **1** Se dice de plantas angiospermas monocotiledóneas, herbáceas, con rizoma rastrero o tuberoso, como el jengibre. || f. pl. *Bot.* **2** Familia de estas plantas.

CINGLAR tr. **1** *Mar.* Remar con un solo remo puesto a popa. **2** *Met.* Forjar el hierro para limpiarlo de escorias.

CÍNGULO m. **1** *Rel.* Cordón para ceñirse el sacerdote el alba. **2** *Mil.* Cordón que usaban por insignia los soldados. **3** *Biol.* Cualquier estructura en forma de anillo o corona, presente en animales o vegetales.

CÍNICO, CA adj. **1** Se dice de quien defiende o practica con descaro y deshonestidad acciones o doctrinas vituperables. **2** *Filos.* Se aplica a los filósofos pertenecientes a una escuela de la Grecia clásica, nacida tras la muerte de Sócrates (siglo IV a. C.) y desaparecida en el siglo VI d. C. Fundada por Antístenes y Diógenes, defendían un ideal de libertad radical del individuo. Otros miembros fueron Crates de Tebas, Bión de Borístenes, Salustio *el Filósofo* y Máximo de Alejandría. También s. **3** *Filos.* Perteneciente a esta escuela.

CÍNIFE m. *Zool.* MOSQUITO[1], insecto.

CINISMO m. **1** Desvergüenza en defender o practicar acciones o doctrinas vituperables. **2** *Filos.* Doctrina de los cínicos.

CINNA, LUCIO CORNELIO Político romano (? - ?, 84 a. C.). En 87 a. C. fue elegido cónsul con Cneo Octavio. Su partidismo por Mario contra Sila le hizo ser depuesto y expulsado de Roma, a la que más tarde sitió y tomó. Cónsul con Mario en el año 86, desterró a numerosos dirigentes del partido de Sila. Fue asesinado en una revuelta.

CINO-, CIN-; -CINE prefs. o suf. que significan perro: *acantocine*.

-CINO suf. CINE-.

CINO DA PISTOIA (GUITTONCINO DA PISTOIA, llamado) Poeta y jurisconsulto italiano (Pistoia, 1270 - íd., 1336). Amigo de Dante, quien le representa como el poeta del amor, y precursor de Petrarca, es autor de un libro de *Rimas*, en el que se muestra cultivador del *dolce stil nuovo*.

CINOCÉFALO, LA adj. *Zool.* Se aplica a diversos mamíferos primates de la familia cercopitécidos, nativos de África, como el babuino y el papión.

CINOGLOSA f. *Bot.* Hierba de la familia borragináceas, de mal olor; la corteza de su raíz se emplea en medicina.

CINOSCÉFALOS *Geog. hist.* Pequeña cordillera de Grecia, en Tesalia, célebre por la victoria de Pelópidas sobre Alejandro de Feras (364 a. C.), y por la derrota de Filipo V ante el ejército romano (197 a. C.), tras la cual Macedonia perdió su supremacía en Grecia.

CINOSURA *Astron.* OSA MENOR.

CINQUECENTO *Arte* y *Lit.* Nombre con que se conoce el segundo periodo del Renacimiento, uno de los más florecientes de las letras y las artes en Italia. Comprende el siglo XVI, especialmente en su primera mitad. Entre los artistas quinientistas sobresalieron Bramante, Miguel Ángel, Rafael, Palladio, Leonardo da Vinci, Correggio, Tiziano y Veronés; Ariosto y Tasso, poetas, y Maquiavelo y Guicciardini, prosistas.

CINTA f. **1** Tejido largo y angosto que sirve para atar, ceñir o adornar. **2** Por extensión, tira de otros materiales flexibles. **3** La impregnada de tinta que se usa en las máquinas de escribir. **4** Red de cáñamo fuerte, para pescar atunes. **5** Banda de diferentes materiales, que, movida automáticamente, traslada mercancías, equipajes, etc. **6** Hilera de baldosas arrimada a las paredes. **7** *Cuba* Listoncito plano de madera que cubre las junturas de las tablas en cierta clase de tejados. **8** *Arquit.* Filete de la moldura **9** *Arquit.* Adorno a manera de tira estrecha que se pliega y repliega en diferentes formas. **10** *Bl.* DIVISA, faja estrecha. **11** *Bot.* Planta perenne de la familia gramíneas, de uso ornamental. **12** *Mar.* Maderos que van por fuera del costado del buque desde proa a popa, y sirven de refuerzo a la tablazón. **13** *Topog.* Tira dividida en metros y centímetros o de otra manera, que sirve para medir distancias cortas. **14** *Zool.* CEPOLA, pez fisóstomo. || **CINTA MAGNÉTICA** *Fís.* La que sirve para registrar sonido o imagen en forma de señales magnéticas. En los ordenadores se utiliza como soporte de información alfabética o numérica.

CINTARAZO m. Golpe que se da en la espalda con un cinto.

CINTAREAR tr. fam. Dar cintarazos.

CINTILLO m. **1** Cordoncillo para ceñir la copa de los sombreros. **2** Sortija pequeña de oro o plata.

CINTO m. **1** Faja con la que se ciñe la cintura. **2** *Anat.* CINTURA, parte del cuerpo.

CINTRA f. *Arquit.* Curvatura de una bóveda o de un arco.

CINTRA SINTRA.

CINTREL m. Cuerda o regla que señala la oblicuidad de las hiladas de un arco o bóveda.

CINTRUÉNIGO Municipio y lugar de España, provincia de Navarra; 5.432 h.

CINTURA f. **1** *Anat.* Parte más estrecha del tronco del cuerpo humano, por encima de las caderas. **2** Cinta con que las damas solían apretar esta parte del cuerpo. || **meter** a uno **en cintura** fr. fig. y fam. Hacerle entrar en razón.

CINTURÓN m. **1** Cinto que sujeta el pantalón a la cintura. **2** Correa o cordón que se usa sobre el vestido para ajustarlo al cuerpo. **3** Cinto del que cuelga la espada o el sable. **4** fig. Serie de cosas que rodean a otra. **5** Carretera de circunvalación que rodea una ciudad. **6** *Dep.* Parte de la indumentaria del judoca que, según el color, indica la categoría a que pertenece. || **CINTURÓN DE CASTIDAD** *Hist.* Artificio metálico que en la Edad Media se colocaba a las damas alrededor de la pelvis para preservar su castidad. || **CINTURÓN INDUSTRIAL** *Indus.* Área circunscrita a las grandes ciudades en que se concentran las actividades industriales. || **CINTURÓN DE SEGURIDAD** El que sujeta al viajero a su asiento en los vehículos, para reducir los daños físicos en caso de accidente. || **apretarse el cinturón** fr. Reducir los gastos por escasez de medios.

CINTURÓN DE ESTRELLAS o **DE ORIÓN** *Astron.* Serie formada por las estrellas delta, epsilón y zeta de la constelación de Orión, muy próximas entre sí y situadas a distancias iguales.

CIORAN, ÉMILE MICHEL Escritor francés, de origen rumano (Rasinari, 1911 - París, 1995). En su obra, escrita en francés, ha desarrollado una profunda reflexión en torno a lo absurdo y al vacío del hombre. Obras: *Breviario de podredumbre* (1949), *La tentación de existir* (1956), *El aciago demiurgo* (1969), *Del inconveniente de haber nacido* (1973) y *Ensayo sobre el pensamiento reaccionario* (1985).

CIPANGO *Hist.* Nombre dado por Marco Polo al Japón, país del que, aunque no llegó a visitarlo, dio las primeras noticias. El nombre parece provenir del chino *Ji-pen-kue* (reino del sol naciente), en lugar del nombre indígena *Nippon*. Toscanelli lo cita como un país abundante en oro y piedras preciosas, a una distancia de 2.500 millas de la mítica *Antilia* del Atlántico. Colón lo buscó en su primer viaje, creyendo en un principio que se trataba de Cuba, y más tarde de La Española, idea que desechó en posteriores viajes. Los primeros europeos que llegaron a Cipango fueron marinos portugueses, en 1541.

CIPAYO m. **1** *Hist.* Soldado indio de los siglos XVIII y XIX al servicio de Francia, Portugal y el Reino Unido. **2** fig. desp. Nombre que se da en determinados círculos abertzales a los miembros de la ertzanza, policía autónoma del País Vasco.

CIPAYOS, REBELIÓN DE LOS *Hist.* Denominación que se da a la revolución india de 1857 contra la dominación inglesa.

CIPE adj. **1** *C. Rica, Salv.* y *Hond.* Se dice del niño encanijado durante la lactancia. || m. *Quím.* **2** *Salv.* RESINA.

CIPERÁCEO, A adj. y f. *Bot.* **1** Se dice de las plantas angiospermas monocotiledóneas, herbáceas, de tallos triangulares y sin nudos, flores en espiral sobre una espiga y frutos en cariópside, como la juncia. || f. pl. *Bot.* **2** Familia de estas plantas.

CIPO m. **1** Pilastra erigida en memoria de algún difunto. **2** Poste en los caminos, para indicar la dirección o distancia. **3** Hito, mojón.

CIPOLINO, NA adj. y m. *Geol.* Se dice de una especie de mármol micáceo.

CIPOTE m. **1** Mojón de piedra. **2** Hombre torpe. **3** Hombre grueso. **4** PORRA, cachiporra. **5** Palillo del tambor. **6** vulg. PENE.

CIPRÉS m. *Bot.* **1** Nombre común de diversos árboles y arbustos pertenecientes a la familia cupresáceas, género *Cupressus*. Las hojas son escamiformes, a veces aciculares, con dimorfismo acentuado entre las más jóvenes y las adultas. Las piñas son pequeñas, de forma más o menos globosa, y cubiertas de escamas leñosas. **2** Madera de cualquiera de las especies de este árbol.

CIPRÍNIDO, DA adj. y m. *Zool.* **1** Se dice de los peces osteíctios teleósteos de cuerpo oval y alargado, boca pequeña y sin dientes en las mandíbulas, pero con ellos en la faringe, y vejiga natatoria bilobulada. Al grupo pertenecen barbos, carpas, tencas, etc. || m. pl. *Zool.* **2** Familia de estos peces.

CIQUITRAQUE m. TRIQUITRAQUE, fuego de artificio.

CIR- pref. QUIR-.

CIRCASIA *Geog. hist.* Antigua región del Cáucaso, llamada también de los cherkeses o circasianos.

CIRCASIANO, NA adj. y s. CHERKÉS.

CIRCE *Mit.* Hechicera griega, hija de Helio y de la ninfa Perse, que convirtió a los compañeros de Ulises en cerdos a la llegada de éstos a la isla de Eea, donde habita. Ulises engañó a Circe y la obligó a devolverles su forma.

CIRCENSE adj. **1** Se dice de lo relativo al circo, lugar de espectáculos. **2** *Hist.* Se aplica a los juegos o espectáculos que hacían los romanos en el circo.

CIRCINUS *Astron.* La constelación del Compás, en el hemisferio Sur.

CIRCO m. **1** *Hist.* Lugar destinado entre los romanos para algunos espectáculos. **2** *Espect.* Edificio o carpa con graderías y una o varias pistas donde actúan malabaristas, payasos, animales amaestrados, etc. **3** *Espect.* Este mismo espectáculo. **4** Conjunto de asientos puestos en cierto orden para los que van convidados a alguna función. **5** fig. Conjunto de las personas que ocupan estos asientos. || **CIRCO GLACIAR** *Geol.* Depresión semicircular de paredes abruptas y fondo cóncavo formada por la erosión de la nieve y el hielo.

CIRCÓN m. *Miner.* Mineral silicato de circonio, de fórmula $ZrSiO_4$, que aparece como accesorio en rocas ígneas y sedimentarias detríticas. Se usa como piedra fina, con el nombre de jacinto.

CIRCONA f. *Quím.* Óxido de circonio.

CIRCONIO m. *Quím.* Elemento químico del grupo IV B del sistema periódico. Masa atómica 91,22; número atómico 40; punto de fusión 1.850° C; punto de ebullición 4.377° C; símbolo Zr. Metal muy raro que se presenta en forma de polvo coherente y negro. Se utiliza en la fabricación de válvulas electrónicas, aceros de aleación y en la construcción de reactores nucleares.

CIRCONITA f. *Miner.* Variedad del circón de color gris o pardo.

CIRCUITO m. **1** Terreno comprendido dentro de un perímetro cualquiera. **2** Contorno. **3** *Dep.* Trayecto en curva cerrada, previamente fijado para diversas carreras. **4** *Dep.* Conjunto de pruebas por las que se obtiene una puntuación en un campeonato o clasificación. **5** *Fís.* Movimiento de conductores que recorren una corriente eléctrica. || **CIRCUITO CERRADO** *Tecnol.* Instalación para la transmisión de imágenes de televisión en la que la señal recogida por la cámara es enviada al equipo receptor mediante conductores eléctricos en lugar de a través del aire. || **CIRCUITO IMPRESO** *Fís.* Placa o plancha constituida por una materia aislante en la que van reunidas las conexiones de un aparato y a la cual se unen las terminales de sus distintos elementos. || **CIRCUITO INTEGRADO** *Inform.* Aquel de pequeño tamaño, cuyos componentes se hallan formados por medios químicos sobre una pieza llamada superconductor.

CIRCULACIÓN f. **1** Acción de circular. **2** Tránsito por las vías públicas. **3** *Econ.* Movimiento de los productos, monedas y riquezas en general. **4** *Econ.* Parte de la economía política que estudia estos fenómenos o hechos. **5** *Fisiol.* Movimiento de la sangre a través de canales y espacios determinados. Forma un circuito cerrado en vertebrados y algunos invertebrados. || **CIRCULACIÓN ATMOSFÉRICA** *Meteor.* Movimiento de las masas de aire en la atmósfera motivado por las variaciones térmicas, mediante corrientes verticales de ascenso y descenso, y corrientes horizontales.

CIRCULAR[1] adj. **1** Perteneciente al círculo. **2** De figura de círculo. || f. **3** Orden que una autoridad superior dirige a sus subalternos. **4** Cada una de las cartas o avisos iguales dirigidos a diversas personas.

CIRCULAR[2] intr. **1** Andar o moverse en un circuito. **2** Ir y venir. **3** Correr o pasar alguna cosa de unas perso-

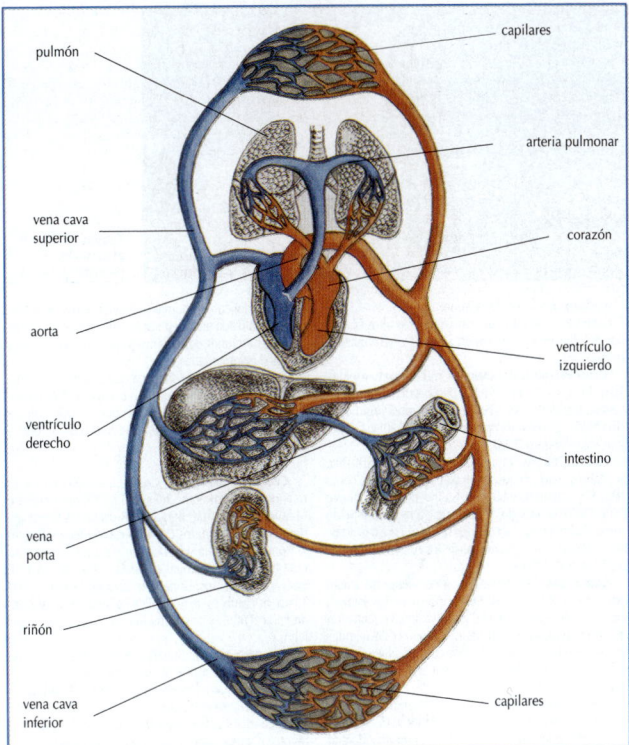

circulación sanguínea en el hombre.

nas a otras. **4** Partir de un centro órdenes dirigidas en iguales términos a varias personas. También tr. **5** Salir alguna cosa por una vía y volver por otra. **6** *Econ.* Pasar los valores de una a otra persona mediante trueque o cambio.

CÍRCULO m. **1** *Geom.* Área o superficie plana contenida dentro de la circunferencia. Su área es πr^2, siendo *r* el radio de la circunferencia y π una constante igual a 3,1416. **2** *Geom.* CIRCUNFERENCIA. **3** Circuito, distrito, corro. **4** Sociedad recreativa o política, y edificio en que está instalada. || **CÍRCULO POLAR** *Geog.* Cada uno de los dos círculos menores o paralelos de 66,5° de latitud N y S, que se consideran en la esfera celeste paralelos al ecuador. El del hemisferio boreal se llama ártico, y el del austral, antártico. || **CÍRCULO VICIOSO** Vicio del discurso que se comete cuando dos cosas se explican una por otra recíprocamente, y ambas quedan sin explicación. También, situación repetitiva que no conduce a buen efecto.

CIRCUM-, CIRCUN- prefs. que significan alrededor de: *circumestelar, circunvalación.*

CIRCUMPOLAR adj. *Astron.* Que está alrededor del polo.

CIRCUN- pref. CIRCUM-.

CIRCUNCENTRO m. *Geom.* Centro de la circunferencia circunscrita a un polígono, o punto donde se cortan las mediatrices de un triángulo.

CIRCUNCIDAR tr. *Med.* Cortar circularmente una porción del prepucio. ♦ Doble participio: *circunciso* (irregular) y *circuncidado* (regular).

CIRCUNCISIÓN f. Acción y efecto de circuncidar.

CIRCUNDAR tr. Cercar, rodear.

CIRCUNFERENCIA f. **1** *Geom.* Curva plana, cerrada, cuyos puntos son equidistantes de otro, que se llama centro, situado en el mismo plano. **2** *Geom.* Línea que forma el borde del círculo o lugar geométrico de los puntos del plano que equidistan de un punto fijo interior llamado centro. **3** Contorno de una superficie, territorio, mar, etc.

CIRCUNFERIR tr. Circunscribir, limitar. ♦ IRREG. Se conjuga como SENTIR.

CIRCUNFLEJO, JA adj. **1** *Gram.* Se dice de un tipo de ACENTO. **2** *Anat.* Se dice de la arteria que sigue un trayecto sinuoso.

CIRCUNLOCUCIÓN f. *Ret.* Figura retórica que consiste en expresar algo por medio de un rodeo de palabras.

CIRCUNLOQUIO m. Rodeo de palabras para expresar algo.

CIRCUNMUTACIÓN f. *Bot.* Movimiento rotativo de algunos órganos vegetales, como los zarcillos.

CIRCUNNAVEGAR tr. *Mar.* **1** Navegar alrededor. **2** Dar un buque la vuelta al mundo.

CIRCUNSCRIBIR tr. **1** Reducir a ciertos límites o términos alguna cosa. **2** *Geom.* Formar una figura de modo que ésta quede dentro de ella, tocando todas las líneas o superficies que la limitan, o teniendo en ellas todos sus vértices. || prnl. **3** CEÑIRSE, limitarse. ♦ Su p. p. es irregular: *circunscripto*.

CIRCUNSCRIPCIÓN f. **1** Acción y efecto de circunscribir. **2** División administrativa, militar, etc., de un territorio.

CIRCUNSCRITO, TA adj. *Geom.* Se aplica a la figura que circunscribe a otra.

CIRCUNSPECCIÓN f. **1** Prudencia ante las circunstancias, para comportarse comedidamente. **2** Seriedad, decoro y gravedad en acciones y palabras.

CIRCUNSPECTO, TA adj. **1** Que se conduce con circunspección. **2** Serio, grave, respetable.

CIRCUNSTANCIA f. **1** Accidente de tiempo, lugar, modo, etc., que está unido a la sustancia de algún hecho o dicho. **2** Calidad o requisito. **3** Conjunto de lo que está en torno a uno.

CIRCUNSTANCIAL adj. **1** Que implica o denota alguna circunstancia o depende de ella. **2** *Gram.* Se dice del *complemento* del verbo que indica alguna circunstancia de la acción (lugar, tiempo, causa, finalidad, instrumento, modo, etc.).

CIRCUNVALACIÓN f. **1** Acción de circunvalar. **2** Vía de tránsito rodado que circunda un núcleo urbano al que se puede acceder por diferentes entradas.

CIRCUNVALAR tr. Cercar, rodear una ciudad, fortaleza, etc.

CIRCUNVOLUCIÓN f. **1** Vuelta o rodeo de alguna cosa. **2** *Anat.* Cualquier repliegue o elevación en la superficie de un órgano, especialmente del cerebro.

CIRENAICA *Geog. hist.* Región de África en el NE de Libia, antigua posesión de Italia.

CIRENAICO, CA adj. y s. **1** De Cirene. **2** *Filos.* Se aplica a la escuela filosófica fundada hacia el 390 a. C. por Aristipo de Cirene. Afirmaba que el bien reside fundamentalmente en los placeres sensibles, regulables por la razón y preferibles a los espirituales. Se les considera precursores del epicureísmo. Fueron cirenaicos Aniceris, Heguesías y Teodoro el Ateo.

CIRENE *Geog. hist.* Capital del antiguo territorio de Cirenaica. Ruinas de suntuosos templos y otros monumentos.

Tumba de **Ciro II el Grande** en Pasargades (Irán).

CIRENEO, A adj. y s. De Cirene.
CIRIAL m. Cada uno de los candeleros altos con cirios que llevan los acólitos en algunas ceremonias de iglesia.
CIRICI PELLICER, Alexandre Crítico de arte español (Barcelona, 1914 - íd., 1982). Entre sus obras figuran *Picasso antes de Picasso* (1946), *El arte modernista catalán* (1951), *L'art català contemporani* (1970) y *Els museus d'art catalans* (1982).
CIRÍLICO, CA adj. y m. *Ling.* Perteneciente o relativo al alfabeto usado en ruso y otras lenguas eslavas, como el serbio, ucraniano y búlgaro. Su invención se atribuyó a san Cirilo, en el siglo IX. En el siglo XVIII fue adoptado como alfabeto civil ruso, en oposición al eslavo (sólo de uso religioso). Un siglo más tarde los rumanos lo reemplazaron por el latino.
CIRILO, SAN (llamado EL FILÓSOFO) Religioso griego (Salónica, h. 827 - Roma, 869). Apóstol de los eslavos, predicó el Evangelio a los búlgaros y moravos junto con su hermano Metodio. Introdujo la lengua eslava en las funciones religiosas, todavía utilizada con el nombre de eslavo eclesiástico. Se le atribuye la invención del alfabeto cirílico.
CIRILO, SAN Religioso egipcio (Alejandría, h. 376 - íd., 444). Patriarca de Alejandría, condenó el nestorianismo en el concilio de Éfeso del 431. Está considerado uno de los grandes escritores eclesiásticos.
CIRINEO, A m. y f. Persona que ayuda a otra.
CIRINEO o **CIRENEO** SIMÓN EL CIRENEO.
CIRIO m. 1 Vela de cera de un pabilo, larga y gruesa. 2 fig. y fam. Jaleo, trifulca.
CIRO Nombre de dos soberanos persas.
CIRO EL JOVEN Príncipe persa (Persépolis, 424 - Cunaxa, 401 a. C.). Hijo de Darío II, a la muerte de éste disputó el trono a su hermano Artajerjes, con la ayuda de 10.000 mercenarios griegos que pasaron a Asia. Fueron derrotados en la batalla de Cunaxa (401 a. C.), en la que Ciro encontró la muerte.
CIRO II EL GRANDE Rey persa (?, h. 579 - ?, h. 529 a. C.). Perteneciente a la dinastía de los aqueménidas, era hijo de Cambises I. Destronó a su abuelo Astiages, rey de los medos (h. 550 a. C.), y fundó el imperio persa. Venció al rey de Lidia, Creso (546 a. C.). En 538 se apoderó de Babilonia, poniendo fin a la cautividad de los judíos. Extendió sus dominios hasta el mar Caspio y el Indo, y fue sucedido por su hijo Cambises II.
CIRRÍPEDO, DA o **CIRRÓPODO, DA** adj. y m. *Zool.* 1 Se dice de los crustáceos marinos, hermafroditas y sin ojos, que viven libres durante la fase larvaria, y parásitos o fijos sobre objetos sumergidos en la adulta. A este grupo pertenecen el percebe y la bellota de mar. || m. pl. *Zool.* 2 Subclase de estos animales.
CIRRO m. 1 *Meteor.* Nube blanca, ligera y aislada, en forma de lana cardada, formada por cristales de hielo, que se encuentra entre los 6.000 y los 12.000 m de altura. 2 *Bot.* ZARCILLO. 3 *Zool.* Cada una de las patas de los cirrípedos. 4 *Med.* Tumor duro, sin dolor continuo y de naturaleza particular.
CIRRÓPODO, DA adj. *Zool.* CIRRÍPEDO.
CIRROSIS f. *Med.* Enfermedad hepática caracterizada por un aumento del tejido conjuntivo en el hígado y atrofia general del mismo. ♦ Su pl. es *cirrosis*.
CIRROSTRATO m. *Meteor.* Nube blanquecina en forma de capa delgada, constituida por cristales de hielo, que a veces cubre completamente el cielo.
CIRTA CONSTANTINA, vilaya de Argelia.
CIRU- pref. QUIR-.
CIRUELA f. *Bot.* Fruto del ciruelo.
CIRUELO m. *Bot.* Árbol frutal perteneciente a la familia rosáceas, de nombre científico *Prunus domestica*. Desde la Antigüedad se cultiva en todo el mundo por su fruto comestible, la ciruela.
CIRUGÍA f. *Med.* Parte de la medicina que tiene por objeto curar las enfermedades por medio de operaciones hechas con la mano o con instrumentos, generalmente cortantes. || **CIRUGÍA ESTÉTICA** *Med.* Rama de la cirugía plástica cuyo único fin es el embellecimiento de una parte del cuerpo humano. || **CIRUGÍA PLÁSTICA** *Med.* La especializada en la reparación de heridas y restauración de porciones del organismo perdidas por traumatismos o enfermedades.
CIRUJANO, NA m. y f. Persona que practica la cirugía.
CIS- pref. 1 Del lado de acá: *cisalpina*. 2 *Quím.* Indica los compuestos isómeros en que los dos radicales están situados al mismo lado del plano de un enlace doble o un anillo alicíclico.
CISALPINA, GALIA GALIA.
CISALPINA, REPÚBLICA *Geog. hist.* Estado formado en el N de Italia por Napoleón en 1797. Comprendía el Milanesado, Mantua, Bérgamo, Brescia, las tierras a la derecha del Adigio, los ducados de Módena y Reggio, la Romaña, Bolonia y Ferrara. Se regía por la Constitución francesa y su capital era Milán. Anulada en 1799 por los austrorrusos, Bonaparte la restableció en 1800. Tomó los nombres de República Italiana (1802) y Reino de Italia (1805), y desapareció con la caída de Napoleón.
CISALPINO, NA adj. Situado entre los Alpes y Roma.
CISCA f. *Bot.* CARRIZO, planta gramínea.
CISCAR tr. 1 fam. Ensuciar alguna cosa. || prnl. 2 Soltarse o evacuarse el vientre.
CISCO m. 1 Carbón vegetal menudo. 2 fig. y fam. Alboroto. || **hacer cisco** fr. fig. y fam. HACER TRIZAS.
CISJORDANIA Territorio de Palestina, ocupado por Israel. Situado al O del río Jordán, está formado por Judea y Samaria, y Jerusalén; 5.600 km² y 1.084.000 h. Antigua región de Jordania, Israel lo administra, junto con Gaza, desde 1967. Los palestinos que la habitaban se alzaron en 1987 contra las tropas israelíes y organizaron la resistencia (*intifada*). El reconocimiento mutuo entre Israel y la OLP, efectivo desde 1993, dio paso al establecimiento del Régimen de Autonomía Limitada como primer paso hacia la constitución del Estado palestino. Tras un proceso negociado, en 1995 Arafat y Rabin firmaron el plan que preveía el repliegue israelí de la zona. Paralizada por el gobierno israelí cuando llegó el Likud al poder en mayo de 1996, se reanudó tras los acuerdos de Wye Plantation (1998), que establecieron un nuevo calendario que tampoco se llevó a término (véase ISRAEL y PALESTINA).

CISKEI Antiguo bantustán de la República Sudafricana. En 1981 el gobierno sudafricano le concedió la independencia, pero no fue reconocida por la ONU. En abril de 1994 se reincorporó de nuevo a Sudáfrica. Su capital era Bisho.
CISLEITANIA *Geog. hist.* Nombre con que se designaron los países más occidentales del imperio austrohúngaro, correspondientes a Austria, por oposición a los de Hungría o *Transleitania*.
CISMA m. 1 División o separación entre dos individuos de un cuerpo o comunidad. 2 *Rel.* Separación espontánea de la unidad de la iglesia, en cuanto que dicha unidad consiste en la comunión de los fieles entre sí y en la debida sumisión al romano pontífice. Al contrario de la herejía, no supone la negación del dogma.
CISMA DE OCCIDENTE o **GRAN CISMA** *Hist.* Período de la historia de la iglesia católica (1378-1417) durante el cual hubo dos papas a la vez, o tres en su etapa final (1409-17). Tuvo su origen en la elección de Urbano VI bajo la presión de un tumulto popular, que pedía un papa italiano y romano. Los mismos cardenales que habían participado en la elección se reunieron en Anagni y le dieron por nula. Procedieron a la designación de Roberto de Ginebra, quien tomó el nombre de Clemente VII (1378) y se estableció en Aviñón. Fue reconocido por los reyes de Francia, Castilla y Aragón, mientras que Inglaterra, Alemania e Italia eran adeptos a Urbano VI. A la muerte de éste, le sucedió en Roma Bonifacio IX (1389), y al ocurrir la de Clemente VII (1394), fue elegido en Aviñón Benedicto XIII. A Bonifacio IX le sucedió Inocencio III (1404), y a éste Gregorio XII (1406). El concilio de Pisa (1409) decretó la deposición de los dos papas (Gregorio XII y Benedicto XIII) y eligió a Alejandro V, que a su muerte fue sustituido por Juan XXIII. Éste quedó como tercer papa en litigio hasta que en el concilio de Constanza (1414-17) fue depuesto; Gregorio XII abdicó voluntariamente y Benedicto XIII se refugió en Peñíscola. La unidad fue restablecida con la elección de Martín V, aunque el cisma no llegó a resolverse definitivamente hasta la abdicación de Clemente VIII (1429), que había sucedido a Benedicto XIII en Peñíscola.
CISMA DE ORIENTE *Hist.* Separación de la iglesia oriental bizantina de la occidental romana. Comenzó en el siglo IX con Focio, patriarca de Constantinopla, y se consumó en 1054 con el también patriarca Miguel Cerulario. La rama oriental recibió el nombre de iglesia ortodoxa griega. El papa Pablo VI levantó la excomunión lanzada en 1054 por León IX.
CISNE m. *Zool.* Nombre común de varias aves anseriformes de la familia anátidas, género *Cygnus*. Se caracterizan por su largo cuello, esbelto y flexible, y sus alas de gran tamaño. Su área de distribución abarca el N de Asia y Europa, Australia y Tasmania.
CISNE *Astron.* Constelación boreal, situada en la Vía Láctea, entre las de Pegaso, Zorro, Lira y Dragón.
CISNE Nevado de Colombia, en los Andes, departamento de Tolima; 5.200 m de altura.
CISNEROS, FRANCISCO JIMÉNEZ DE Prelado y político español (Torrelaguna, 1436 - Roa, 1517). Perteneciente a la orden franciscana, fue cardenal, confesor de Isabel

El cardenal **Cisneros** en el cortejo de los Reyes Católicos durante la toma de Granada.

la Católica, y regente de Castilla y de España tras la muerte de Felipe el Hermoso en ausencia de Fernando el Católico (1506-10). A su llegada a España, el rey le nombró inquisidor general y participó en las campañas africanas en las que se apoderó de plazas como Orán, Bujía y Trípoli. Volvió a ocupar la regencia desde la muerte de Fernando el Católico hasta la llegada de Carlos V (1516-17). Reformó las órdenes religiosas, fundó la Universidad de Alcalá y encargó la publicación de la *Biblia políglota complutense.*

Cisneros Betancourt, Salvador, marqués de Santa Lucía Político cubano (Camagüey, 1828 - La Habana, 1914). Afiliado al partido de la independencia cubana, formó parte de varias juntas y comités revolucionarios. Sucedió a Céspedes como presidente de la República en armas (1873-75). Fue nuevamente presidente de 1895 a 1898.

Cispadana, Galia *Geog. hist.* Nombre que daban los romanos a la parte de la Galia Cisalpina situada al S del Po.

Cispadana, República *Geog. hist.* Estado formado por Napoleón en 1796, durante la primera campaña de Italia. La constituían los ducados de Módena y Reggio, Ferrara y Bolonia. En 1797 se unió con la República Cisalpina.

Cisplatina, Provincia *Geog. hist.* Nombre que dio Brasil a la República Oriental de Uruguay durante el tiempo que estuvo bajo su dominio (1821-28). La expedición de los Treinta y Tres orientales logró separar esta provincia de Brasil.

cist-; -cist- pref. o in. CISTI-.

cistáceo, a adj. y f. *Bot.* **1** Se dice de las matas o arbustos angiospermos dicotiledóneos, con semillas de albumen amiláceo, como la jara. || f. pl. *Bot.* **2** Familia de estas plantas.

-ciste suf. CISTI-.

Císter o **Cister** *(Cîteaux) Hist.* Aldea de Francia, departamento de Côte-d'Or, donde, en 1098, se fundó el monasterio cabeza de la orden CISTERCIENSE. Destruido en 1791 durante la Revolución Francesa, fue recuperado en 1898 por los trapenses.

cisterciense adj. **1** Se dice de la orden Cisterciense o del Císter. Más como m. pl. **[Encic.]** **2** Se dice de sus religiosos o religiosas. También com. **3** Relativo a esta orden. **4** *Arquit.* Se dice de la arquitectura difundida por la orden del Císter, caracterizada por su austeridad y búsqueda de mayor luminosidad, que marcó la transición del estilo románico al gótico.

Hist. La orden cisterciense fue fundada en 1098 por san Roberto, abad de Molesmes, en Cîteaux, cerca de Dijon, con el propósito de recuperar la antigua austeridad de los benedictinos, perdida en la época de Cluny. Su mayor auge se produjo en tiempos del abad Esteban Harding, con la fundación de las abadías de Clairvaux (Claraval), encabezada por san Bernardo de Claraval, La Ferté, Pontigny y Morimond, y la promulgación de la regla *(Carta de caridad)*, que sancionaba la pobreza absoluta. En España se introdujo en 1133, con la fundación del monasterio de Moreruela, en Zamora; posteriormente surgieron Fitero, Las Huelgas, Poblet, etc. También influyó en la creación de órdenes militares como Calatrava, Alcántara y Aviz. La orden fue reformada en 1335 por Benedicto XII.

cisterna f. **1** Depósito para el agua de lluvia o para la retenida en un retrete. **2** En aposición tras un nombre de vehículo o nave, significa que éstos están construidos para transportar líquidos. **3** *Anat.* Cualquier estructura orgánica o celular en forma de saco cerrado lleno de fluido.

cisti- o **quisti-, cist-, cisto-, quist-; -cist-, -cisti-; -ciste, -cistis, -cisto, -cistia** prefs., infs. o sufs. que significan vejiga, vesícula, etc.; *cistitis, cistología.*

-cistia suf. CISTI-.

cisticerco m. *Zool.* Larva de la tenia, enquistada en los animales.

-cistis suf. CISTI-.

cistitis f. *Pat.* Inflamación de la vejiga. ♦ Su pl. es *cistitis.*

cisto-; -cisto pref. o suf. CISTI-.

cistoscopio m. *Med.* Endoscopio para explorar la vejiga urinaria, los uréteres y riñones.

cistotomía f. *Med.* Incisión de la vejiga para operar en su interior.

cisura f. Rotura o abertura sutil que se hace en cualquier cosa.

cit-; -cit- pref. o in. CITO-.

cita f. **1** Día, hora y lugar para encontrarse dos o más personas. **2** Repetición de palabras dichas o escritas con las que se intenta dar autoridad o justificar lo que se está diciendo.

citania f. *Arqueol.* Nombre con que se designa en el N de Portugal a los restos de poblaciones fortificadas prerromanas. Son de origen celta y se asemejan a los castros gallegos.

citar tr. **1** Convocar a alguien señalándole día, hora y lugar. **2** Alegar, mencionar autores o textos para probar o justificar lo que se dice o escribe **3** *Der.* Notificar mediante llamamiento judicial. **4** *Taurom.* En las corridas de toros, provocar la embestida del animal presentándole la capa o muleta.

cítara f. *Mús.* Instrumento musical antiguo semejante a la lira, pero con caja de resonancia de madera.

Cité, Île de La Isla del Sena, enclavada en el centro de París y origen de esta ciudad. Antiguamente se llamó *Lutecia.*

Cîteaux CÍSTER.

citereo, a adj. poét. Relativo a Venus.

citerior adj. Situado de la parte de acá, en contraposición a lo ulterior. Los romanos llamaron Hispania Citerior a la provincia Tarraconense, y Ulterior a la Lusitana y a la Bética.

Citerón Cadena montañosa de Grecia, entre Beocia y Ática, donde, según la leyenda, fue abandonado Edipo.

-citio suf. CITO-.

Citlaltépec ORIZABA.

cito-, cit-, citos-; -cit-; -citio, -cito prefs., in. o sufs. que significan célula: *fagocito, fagocitosis.*

citocentro m. *Biol.* CENTROSOMA.

citocinas f. pl. *Biol.* Sustancias solubles producidas por el sistema inmunitario como reacción a un antígeno o como respuesta a procesos infecciosos o inflamatorios.

citocinesis f. *Biol.* División del citoplasma después de la división nuclear.

citodiagnosis f. *Med.* Diagnóstico basado en el examen de las células.

citología f. *Biol.* **1** Parte de la biología que estudia la célula: su estructura, comportamiento, desarrollo, reproducción y función. **2** Análisis de las células, secreciones, etc., para dar un diagnóstico.

citomegalovirosis f. *Pat.* Estado patológico que resulta de la infección por un citomegalovirus.

citomegalovirus m. *Biol.* Grupo de virus de la familia herpesvíridos, que en el ser humano producen citomegalovirosis.

citopenia f. *Pat.* Patología caracterizada por un número de células sanguíneas inferior al normal.

citoplasma m. *Biol.* Parte del protoplasma que en la célula eucariota, animal o vegetal, rodea al núcleo. Está compuesto por una parte indiferenciada o hialoplasma y una serie de estructuras, como mitocondrias, ribosomas, aparato de Golgi, plastos, etc.

citoprocto m. *Biol.* Abertura o punto por donde los protozoos expulsan sus residuos celulares.

citoquinina f. *Bot.* Cada una de las hormonas vegetales que provocan el crecimiento y desarrollo en las plantas, induciendo sobre todo la división celular.

citos- pref. CITO-.

citosina f. *Quím.* Pirimidina, base fundamental de los ácidos nucleicos.

citostoma m. *Zool.* Especie de embudo que poseen los ciliados, apto para la penetración del alimento sólido.

citotaxis f. *Biol.* Movimiento de las células por estímulos específicos procedentes de otras células.

citrato m. *Quím.* Sal formada por la combinación del ácido cítrico con una base.

cítrico, ca adj. **1** Perteneciente o relativo al limón. **2** ÁCIDO CÍTRICO. || m. pl. *Agr.* **3** Agrios, frutas agrias o agridulces. **4** Plantas que producen agrios, como el limonero, etc.

citrino, na adj. De color amarillo verdoso.

Citröen, André Ingeniero francés (París, 1878 - íd., 1935). Fabricante de municiones durante la Primera Guerra Mundial, al finalizar ésta se dedicó a la construcción de automóviles. En 1919 fabricó su primer modelo popular en serie, un 10 CV. A partir de 1922 extendió sus fábricas y talleres, y fundó sucursales en otros países europeos.

citrón m. *Bot.* LIMÓN.

city (Voz i.) f. En el mundo anglosajón, barrio central de una ciudad, donde se concentra la actividad bancaria y comercial, y por antonomasia, la de Londres.

ciudad f. **1** Forma de población, mayor que una villa, habitada por una comunidad que desarrolla una forma de vida urbana. **[Encic.]** **2** Conjunto de calles y edificios que componen la ciudad.

Hist. La aparición de la ciudad está vinculada a la sedentarización. La aldea neolítica surgió, probablemente, en Mesopotamia y el valle del Nilo, entre el 9000 y el 4000 a. C. Hacia el III milenio a. C. aparecieron las ciudades en las culturas desarrolladas. La egipcia se basaba en una estructura cuadrangular, cada barrio albergaba un tipo social y tenía una significación religiosa. En el Próximo Oriente la estructura era circular y amurallada, y diferenciaba los espacios urbanos: el mercado, el templo, el palacio. En Grecia se desarrolló la POLIS. La ciudad romana se caracterizaba por la estructura del campamento romano, con dos ejes, en cuya intersección solía emplazarse el FORO. Este modelo se extendió a lo largo de todo el imperio, salvo en la ciudad de Roma, que había ido creciendo sobre la base de un asentamiento previo. En la ciudad medieval occidental la muralla alcanzó su máximo esplendor. Dentro del recinto amurallado aparecieron los gremios, la ciudad fue adquiriendo fueros que reglamentaban la relación entre los señores o reyes y los habitantes, liberando a estos últimos de la servidumbre. El desarrollo de las ferias impulsó este desarrollo, que culminó con el surgimiento de las universidades. La ciudad atraía mano de obra del campo. En ciertas zonas las ciudades alcanzaron gran independencia política, como las hanseáticas de Alemania central, o las italianas del N. En la ciudad renacentista se aplicaron nuevos esquemas que sustituyeron las construcciones anárquicas de la ciudad medieval, se concedió importancia a la perspectiva, las plazas, las fuentes, el palacio. Con el Barroco la ciudad transformó en esplendor los conceptos renacentistas basados en el servicio. El Neoclasicismo fue un intento de volver a los planteamientos renacentistas, pero los nuevos avances técnicos variaron completamente el paisaje urbano y social de la ciudad. Llegaron nuevos contingentes de población, procedentes del ámbito rural, y se estableció una diferenciación social de los espacios urbanos basada en la capacidad económica. Surgieron los problemas de contaminación por el uso de la hulla en las calefacciones y fábricas, aumentados con los vehículos de motor de explosión. La superpoblación ha hecho aparecer en los últimos tiempos auténticas megápolis, con varios millones de personas.

Ciudad Bolívar Ciudad de Venezuela, capital del Estado de Bolívar; 608.531 h. (en su aglomeración urbana). Importante centro industrial. Fue fundada en 1764 con el nombre de *Angostura.*

Ciudad del Cabo *(Cape Town)* Ciudad de la República Sudafricana, capital legislativa del país y de la provincia de Cabo Occidental; 854.616 h. Fue fundada en 1652 por los holandeses. En 1806 pasó a poder del Reino Unido.

Ciudad Dolores Hidalgo *Hist.* Ciudad de México, en el Estado de Guanajuato, donde Miguel Hidalgo dio el grito de independencia (1810).

Ciudad Eterna Nombre que se da a Roma.

Ciudad Guayana o **San Félix de la Guayana** Ciudad de Venezuela, Estado de Bolívar; 453.047 h. Fue fundada en 1961 con el nombre de *Santo Tomé de Guayana.*

Ciudad de Ho Chi Minh HO CHI MINH.

Ciudad Juárez JUÁREZ.

Ciudad Madero Ciudad de México, Estado de Tamaulipas; 160.331 h. Yacimientos y refinerías de petróleo. Turismo.

Ciudad de México MÉXICO, CIUDAD DE.

Ciudad Obregón Ciudad de México, Estado de Sonora; 219.980 h. Antiguamente se llamó *Cajeme.*

Ciudad Real **1** Provincia de España, en la comunidad autónoma de Castilla-La Mancha; 19.749 km^2 y 479.087 h. La mayor parte de su territorio está integrado por las tierras llanas de La Mancha, limitadas al NO por los Montes de Toledo y al SO por Sierra Morena. Pertenece a la cuenca del Guadiana, con sus afluentes Záncara, Cigüela, etc. Su clima es continental. Se distinguen dos comarcas naturales: LA MANCHA y Campo de Calatrava. Produce cereales, aceite, legumbres, patatas y vinos (Valdepeñas, Tomelloso, Manzanares). Minas de mercurio en Almadén y de hulla y lignito en Puertollano, donde se encuentra también una gran refinería de petróleo. **2** Ciudad capital de la provincia de su nombre; 59.392 h. Centro comercial agrícola.

Ciudad de los Reyes LIMA.

Ciudad Trujillo SANTO DOMINGO.

Ciudad del Vaticano VATICANO, CIUDAD DEL.

Ciudad Victoria Ciudad de México, capital del Estado de Tamaulipas; 230.304 h.

ciudadanía f. **1** Calidad y derecho de ciudadano. **2** Conjunto de los ciudadanos de un pueblo o nación. **3** *Der.* Vínculo político que une a un individuo con la organización estatal. Implica una sumisión a la autoridad y a la ley, por una parte, y, por otra, el ejercicio de los derechos. No debe confundirse con nacionalidad.

ciudadano, na adj. y s. **1** De una ciudad. || m. *Der.* **2** Habitante de las ciudades antiguas o de Estados modernos como sujeto de derechos políticos, que interviene, ejerciéndolos, en el gobierno del país y que, recíprocamente, está obligado al cumplimiento de ciertos deberes.

ciudadela f. Recinto de fortificación permanente en el interior de una plaza.

ciudadrealeño, ña adj. y s. De Ciudad Real.

civeta f. *Zool.* Nombre común de diversos mamíferos carnívoros de la familia vivérridos, de alimentación omnívora. Vive en África al S del Sáhara.

René **Clair**. Escena de la película *Todo el oro del mundo*.

CÍVICO, CA adj. **1** CIVIL, perteneciente a la ciudad o a los ciudadanos. **2** Perteneciente o relativo al civismo.

CIVIL adj. **1** Perteneciente a la ciudad o a los ciudadanos. **2** Que no es militar o eclesiástico. **3** *Der.* De las relaciones privadas entre los ciudadanos. || adj. y m. **4** GUARDIA CIVIL.

CIVILISTA adj. *Der.* **1** Se dice del abogado que preferentemente defiende asuntos civiles. || com. *Der.* **2** El que practica el derecho civil o tiene de él especiales conocimientos.

CIVILIZACIÓN f. *Cult.* Conjunto de ideas, creencias religiosas, ciencias, artes y costumbres propias de un determinado pueblo. **2** Acción y efecto de civilizar. **3** Perfeccionamiento de las condiciones materiales y sociales de una persona o pueblo. **4** *Econ.* Estado ideal de desarrollo económico, político y social alcanzado por una determinada cultura.

CIVILIZAR tr. y prnl. **1** Sacar del estado primitivo a pueblos o personas. **2** Educar, ilustrar.

CIVISMO m. **1** Cualidad del ciudadano que cumple con sus obligaciones para con la comunidad. **2** Cortesía, educación.

CIZALLA f. **1** Herramienta parecida a unas tijeras grandes para cortar metal. Más en pl. **2** Guillotina para cortar cartones.

CIZAÑA f. **1** *Bot.* Planta perteneciente a la familia gramíneas, de nombre científico *Lollium temulentum*, que se cría en los sembrados de trigo y avena como hierba parásita. **2** fig. Cualquier cosa que hace daño a otra, maleándola y echándola a perder. **3** fig. Discordia o enemistad. Se usa más con los verbos *meter* y *sembrar*.

CIZAÑAR o **CIZAÑEAR** tr. Enemistar.

CL *Quím.* Símbolo del cloro.

CLAC m. **1** Sombrero que puede plegarse, de copa alta de tres picos. || f. **2** Claque de teatro.

CLACKMANNANSHIRE Distrito unitario del Reino Unido, en Escocia; 48.600 h.

CLAD-, CLADO-; -CLADA, -CLADIA, -CLADIAS, -CLADIO, -CLADO prefs. o sufs. que significan rama.

CLADÓCERO adj. y m. *Zool.* **1** Se dice de los crustáceos que constituyen el plancton, de pequeño tamaño, que utilizan sus largas antenas para nadar. Son partenogenéticos y la mayoría de agua dulce. Al grupo pertenece la pulga de agua. || m. pl. *Zool.* **2** Orden de estos animales.

CLADOGÉNESIS f. *Bot.* Proceso de producción de una descendencia diversificada.

CLAIR, RENÉ (RENÉ CHOMETTE, llamado) Director de cine francés (París, 1898 - íd., 1981). Su filmografía se caracteriza por la fusión de lo real y lo fantástico, y por su humanidad y fino humor. Autor de *Un sombrero de paja de Italia* (1927), *Viva la libertad* (1932), *Me casé con una bruja* (1944), *Todo el oro del mundo* (1961) y *Fiestas galantes* (1965).

CLAIRVAUX CLARAVAL.

CLAMAR intr. **1** Quejarse a voces pidiendo algo. **2** fig. Hablando de cosas inanimadas, manifestar, tener necesidad de algo.

CLÁMIDE f. Capa corta y ligera que usaron los griegos y romanos.

CLAMÍDEO, A adj. *Bot.* **1** Se dice de todo lo relativo al perianto. **2** Se dice de la flor que tiene perianto.

CLAMIDOSAURIO m. *Zool.* Nombre común de varios reptiles saurios de la familia agámidos. Presentan una larga cola y se caracterizan por un repliegue cutáneo situado detrás de la cabeza, que despliegan bruscamente cuando se sienten en peligro. Se alimentan de insectos y viven en las áreas desérticas de Australia.

CLAMOR m. **1** Grito fuerte. **2** Griterío confuso de una multitud. **3** Grito lastimero de queja o de dolor.

CLAMOROSO, SA adj. **1** Se dice del rumor entusiasta de mucha gente reunida.

CLAN m. **1** Nombre que en Escocia designaba tribu o familia, y que por extensión se emplea con carácter general en sociología para aplicarlo a esos tipos de agrupación humana. **2** desp. Grupo restringido de personas unidas por vínculos o intereses comunes. **3** *Antrop.* Grupo de parentesco cuyos miembros postulan su filiación desde un antepasado común generalmente legendario o mítico. Normalmente está subdividido en linajes.

CLANDESTINO, NA adj. **1** Secreto, oculto. **2** Que no está permitido por la ley.

CLAPEYRON, ÉMILE Ingeniero y físico francés (París, 1799 - íd., 1864). Se le debe el desarrollo de la termodinámica.

CLAPTON, ERIC Cantante, guitarrista y compositor británico de música rock y blues (Ripley, 1945). Junto a G. Baker y J. Bruce, fundó, en 1966, la banda Cream. Con *Layla and Other Assorted Love Songs* (1970), grabado con *Derek and the Dominoes*, se consagró como cantante de blues. En 1974 impregnó de *reggae* y *gospel* las canciones de *461 Ocean Boulevard*. Posteriormente han aparecido *Behind the Sun* (1985), *24 Nights* (1991), *Unplugged* (1992) y *One More Car, One More Rider* (2002), entre otras grabaciones.

CLAQUE f. *Teat.* Conjunto de personas que aplauden en los teatros, por asistir sin pagar o por cualquier otra recompensa.

CLAQUÉ m. *Danza.* Baile de origen afroamericano que acompaña los movimientos con un sonido rítmico que producen la punta y tacón de los zapatos.

CLAQUETA f. *Cin.* Instrumento compuesto de dos trozos de madera, unidos por un gozne, en el que se anota el título de la película y el número de plano que se va a rodar, y se filma al principio del mismo para facilitar su posterior identificación tras ser revelado.

CLARA f. **1** Materia blanca y transparente que rodea la yema del huevo. **2** Parte de la cabeza con escaso pelo y que deja ver la piel. **3** Interrupción breve de la lluvia y aparición de alguna claridad. **4** Cerveza con gaseosa.

CLARA, SANTA Religiosa italiana (Asís, 1193 - íd., 1253). Fundó la Orden de las damas pobres o clarisas, rama femenina de los franciscanos. San Francisco de Asís redactó para ella una *Forma de Vida*, base de la regla compuesta por la santa para su primer convento, San Damián.

CLARÀ AYATS, JOSEP Escultor español (Olot, 1878 - Barcelona, 1958). En París gozó de gran prestigio en la escuela posrodiniana. Entre sus obras destacan *Éxtasis* (1903), *Crepúsculo* (1908), *Serenidad* (1928), *Reposo* (1929), etc.

CLARABOYA f. Ventana abierta en el techo o en la parte alta de las paredes.

CLARAVAL (*Clairvaux*) *Hist.* Aldea de Francia, departamento de Aube, célebre por la abadía cisterciense fundada en 1115, de la que fue primer abad san Bernardo de Claraval, que en 1808 fue convertida en reformatorio.

CLARE Condado de Irlanda, en la provincia de Munster; 3.188 km² y 94.000 h. Su capital es Ennis. Yacimientos de carbón.

CLAREAR impers. **1** Empezar a amanecer. También intr. **2** Irse disipando el nublado. || prnl. **3** Transparentarse algo por el uso o por su propia constitución.

CLARENDON o **CLARENDON PARK** *Hist.* Lugar del Reino Unido, en Inglaterra, cerca de Salisbury, donde Enrique II proclamó las *Constituciones de Clarendon* (1164), definiendo y limitando los derechos del clero.

CLARENDON, EDUARDO HYDE, CONDE DE Político inglés (Dinton, 1609 - Rouan, 1674). Miembro del Partido Realista moderado, sirvió a Carlos I y fue primer ministro de Carlos II. Tras la derrota en la guerra contra los Países Bajos (1665-67), cayó en desgracia y abandonó el país. Es autor de *Historia de la rebelión y de las guerras civiles en Inglaterra* (1702-04).

CLAREO m. *Ecol.* Procedimiento utilizado en los bosques, consistente en eliminar parte de la masa forestal repoblada, para disminuir la competencia entre las especies y el peligro de plagas e incendios, así como favorecer su desarrollo armónico.

CLARET, ANTONIO MARÍA ANTONIO MARÍA CLARET, SAN.

CLARETE adj. y m. VINO CLARETE.

CLARETIANO, NA adj. **1** Perteneciente o relativo a san Antonio María Claret. || m. *Rel.* **2** Religioso de la Congregación de Hijos del Corazón de María, fundada en 1849 por san Antonio María Claret. || f. *Rel.* **3** Religiosa de la Congregación de Misioneras de María Inmaculada.

CLARIDAD f. **1** Cualidad de claro. **2** Luz, resplandor. **3** *Rel.* Una de las cuatro dotes de los cuerpos gloriosos.

CLARIFICAR tr. **1** Aclarar alguna cosa. **2** Poner claro, menos denso.

CLARÍN m. *Mús.* **1** Instrumento musical de viento, de metal, semejante a la trompeta pero más pequeño y de sonidos más agudos. **2** Registro del órgano cuyos sonidos son una octava más agudos que los del registro análogo llamado trompeta. || com. *Mús.* **3** Persona que toca el clarín.

CLARÍN (LEOPOLDO ALAS, llamado) Escritor español (Zamora, 1852 - Oviedo, 1901). Formado en el krausismo, fue un autor de arraigada moralidad, amplias miras intelectuales y postura anticlerical. Se hizo temible por sus artículos de crítica literaria que publicó en varios periódicos y revistas nacionales entre 1879 y 1898. Su primera incursión en la narrativa es la colección de cuentos *Pipá* (1879), ya influido por el naturalismo, pero su obra magistral es *La Regenta* (1885). Escribió también la novela *Su único hijo* (1890), las novelas cortas *Doña Berta, Cuervo* y *Superchería*, (1892), y los libros de cuentos *El Señor y lo demás son cuentos*

Josep **Clarà Ayats**. *La diosa*. Museo Nacional Centro de Arte Reina Sofía (Madrid).

(1893), *Cuentos morales* (1896) y *El gallo de Sócrates* (1901). Su crítica se halla reunida en *Solos de Clarín* (1881) y *La literatura en 1881* (1882), escrito en colaboración con A. Palacio Valdés.

CLARINETE m. *Mús.* **1** Instrumento musical de viento compuesto por una boquilla de lengüeta de caña y un tubo formado por varias piezas de madera dura con agujeros que se tapan con los dedos o se cierran con llave. Alcanza cerca de cuatro octavas. || com. *Mús.* **2** Persona que toca este instrumento.

CLARIÓN m. Pasta hecha de yeso, mate y greda, que se usa para dibujar en lienzos imprimados y para escribir en los encerados.

CLARISA adj. y f. *Rel.* Se dice de la religiosa que pertenece a la segunda orden de San Francisco, fundada por santa Clara en el siglo XIII.

CLARIVIDENCIA f. **1** Facultad de comprender y discernir claramente las cosas. **2** Penetración, perspicacia.

CLARK, JOHN BATES Economista estadounidense (Providence, 1847 - Nueva York, 1938). Representante de la llamada escuela marginalista americana, dirigió la revista *Political Science Quarterly*. Obras: *Distribución de la riqueza* (1899) y *Fundamentos de teoría económica* (1907).

CLARKE, ARTHUR CHARLES Científico y escritor británico (Minehead, Somerset, 1917). Cultivador y estudioso de la ciencia-ficción, ha publicado *Las arenas de Marte* (1951), *2001: odisea en el espacio* (1968), *Cita con Rama* (1953), *Fuentes del paraíso* (1979), *2010: odisea 2* (1982), *2061: odisea 3* (1988), *Rama II* (1989), etc.

CLARKE, SAMUEL Filósofo inglés (Norwich, 1675 - Londres, 1729). Perteneciente a la escuela de Cambridge, sostuvo una polémica con Leibniz sobre las relaciones entre religión y física. Es autor de *A Demonstration of the Being and Attributes of God* (1705), *A Discourse Concerning the Unchangeable Obligations of Natural Religion* (1706), etc.

CLARO, RA adj. **1** Con mucha luz. **2** Evidente, patente. **3** Limpio, puro, cristalino, diáfano. **4** Inteligible. **5** Sincero, franco. **6** Poco denso, ralo. || m. **7** Espacio del cielo sin nubes. **8** Espacio sin árboles en el interior de un bosque. || adv. m. **9** Con claridad. || interj. **10** Se utiliza para afirmar o dar por cierto una cosa. || **a las claras** loc. adv. Manifiesta, públicamente.

CLARÓS *Geog. hist.* Antigua ciudad de Asia Menor, en la Lidia jónica. Era famosa por un bosque dedicado a Apolo y por un templo erigido en honor de este dios, sede de un oráculo.

CLAROSCURO m. *Pint.* Conveniente distribución de la luz y de las sombras en un cuadro o dibujo.

-CLASA suf. CLAST-.

CLASE f. **1** Orden o grupo de personas, animales o cosas de las mismas características. **2** Categoría. **3** Grupo de estudiantes que asisten a una misma aula. **4** AULA. **5** Lección impartida por el profesor. **6** *Bot.* y *Zool.* Grupo taxonómico en que se dividen los seres vivos, perteneciente a un *filum* o tipo, y que a su vez comprende varios órdenes. **7** *Mat.* Colección de objetos que tiene por lo menos una característica común. **8** *Sociol.* Conjunto de personas que pertenecen al mismo nivel social y que presentan cierta afinidad de costumbres, medios económicos, intereses, etc. || **CLASE DE EQUIVALENCIA** *Mat.* Cada una de las clases en que queda dividido un conjunto al introducir una relación de equivalencia en el mismo. || **CLASE MEDIA** *Sociol.* La que se halla entre las nobles y ricas, y la de los que viven de salario. || **CLASES PASIVAS** *Sociol.* Denominación oficial bajo la que se comprende a las personas que gozan de una pensión del Estado sin trabajar. || **de primera clase** loc. Superior, excelente.

-CLASIA suf. CLAST-.

CLASICISMO m. *B. Art.* y *Lit.* Sistema o tendencia literaria o artística fundada en la imitación de los modelos de la Antigüedad clásica griega o romana. Floreció en el periodo del Renacimiento (siglos XV y XVI) y en el neoclásico (segunda mitad del siglo XVIII).

CLÁSICO, CA adj. **1** *B. Art.* y *Lit.* Se dice del autor o de la obra que se tiene por modelo a imitar en cualquier literatura o arte. Aplicado a personas, también s. **2** Principal o notable en algún concepto **3** *B. Art.* y *Lit.* Perteneciente a la literatura o al arte de la Antigüedad griega y romana, y a los que en los tiempos modernos los han imitado. Aplicado a personas, también s. **4** Partidario del clasicismo. También s. **5** *Mús.* Se aplica a la música de tradición culta y a otras artes relacionadas con ella.

CLASIFICACIÓN f. **1** Acción y efecto de clasificar. **2** *Biol.* Ordenación sistemática de animales y plantas en categorías definidas por unos factores preestablecidos.

CLASIFICADOR, RA adj. y s. **1** Que clasifica. || m. **2** Mueble para clasificar y archivar papeles y documentos.

CLASIFICAR tr. **1** Ordenar o disponer por clases. || prnl. **2** Obtener determinado puesto en una competición. **3** Conseguir un puesto que permite continuar en una competición o torneo deportivo.

CLASIFICATORIO, RIA adj. Que clasifica para una competición.

Leopoldo Alas, **Clarín**. Dibujo de P. Vicente. Colección particular (Madrid).

-CLASIS suf. CLAST-.

CLASISTA adj. y com. Se dice de la persona, ideología, etc., que mantiene las diferencias entre las clases sociales, valorando a las personas según la clase a la que pertenecen y despreciando a los de las más desfavorecidas.

CLAST-; -CLAST-, -CLASTO-; -CLASA, -CLASIA, -CLASIS, -CLASTA, -CLASTIA, -CLÁSTICO, -CLASTO pref., ins. o sufs. que significan roto, rotura, etc.: *iconoclasta*.

CLASTO m. *Geol.* Fragmento de mineral o roca derivado de desmenuzamiento, seguido a veces de transporte.

CLASTOMANÍA f. *Psicol.* Tendencia patológica a destruir objetos.

CLAUDE, ALBERT Biólogo belga (Louglier, 1898 - Bruselas, 1983). Especialista en citología, en 1974 recibió el premio Nobel de Fisiología y Medicina, compartido con Palade y C. de Duve, por sus descubrimientos sobre la organización estructural y funcional de las células.

CLAUDE, GEORGES Químico y físico francés (París, 1870 - Saint Cloud, 1960). Fue el primero en aislar el oxígeno y el nitrógeno del aire líquido con una pureza de 99,9%, organizó la síntesis del amoníaco y de los nitratos, inventó el procedimiento de iluminación a base de tubos de cristal llenos de neón y estudió el aprovechamiento de la energía térmica del mar.

CLAUDEL, PAUL Escritor y diplomático francés (Villeneuve-sur-Fère, 1868 - París, 1955). Influido por Rimbaud y Mallarmé, y por sus convicciones religiosas católicas, escribió obras de teatro (*Una muerte prematura*, 1888; *La anunciación a María*, 1912; y *El zapato de raso*, 1924), poesía (*Cinco grandes odas*, 1910; *Corona benignitatis anni Dei*, 1915) y ensayo (*Arte poética*, 1903-04; *Amo la Biblia*, 1955).

CLAUDICAR intr. **1** Ceder, transigir, rendirse. **2** Dejar de seguir los propios principios o normas, por flaqueza.

CLAUDIO, APIO (llamado CECO) Censor y general romano (?, 321 a.C. - ?). Hizo construir la *Vía Apia* y el primer acueducto de Roma.

CLAUDIO, MARCO AURELIO FLAVIO (llamado EL GÓTICO) Emperador romano (Iliria, 214 - Sirmio, 270). Militar en tiempos de Decio, Valeriano y Galieno, rechazó el ataque de los bárbaros en las Termópilas. Sucedió en 268 a Galieno. Obtuvo la victoria sobre los godos en Margus (hoy Serbia).

CLAUDIO, TIBERIO Emperador romano (Lyon, 10 a. C. - Roma, 54 d. C.). Hijo de Claudio Druso Nerón y Antonia fue elegido emperador por los pretorianos (41), tras el asesinato de Calígula. Consolidó las fronteras del imperio, con la conversión de Tracia en provincia romana (46) y la conquista de la Britania meridional (43-47). Cansado de los excesos de su esposa Mesalina, la hizo matar y se casó con Agripina, que influyó en su política y acabó envenenándole. Fue sucedido por Nerón, hijo de Agripina, en detrimento de su primogénito Británico.

CLAUSEWITZ, KARL VON Militar alemán (Burg, 1780 - Breslau, 1831). Como general, tomó parte en las campañas contra Napoleón. Es autor de libros sobre materias militares, entre los que se encuentra *De la guerra*.

CLAUSIUS, RUDOLF JULIUS EMANUEL Físico alemán (Köslin, Pomerania, 1822 - Bonn, 1888). Definió la entropía y formuló el segundo principio de la termodinámica (el calor no puede pasar por sí mismo de un cuerpo más frío a otro más caliente).

CLAUSTRO m. **1** *Arquit.* Galería que cerca el patio principal de una iglesia o convento. **2** Junta de un centro docente, formada por el director y el profesorado. **3** Reunión de esta junta. **4** *Anat.* Capa fina de materia gris situada en cada hemisferio cerebral. || **CLAUSTRO MATERNO** *Anat.* MATRIZ, donde se desarrolla el feto.

CLAUSTROFOBIA f. *Med.* Sensación morbosa de angustia, producida por la permanencia en lugares cerrados.

CLÁUSULA f. **1** Cada una de las disposiciones de un contrato, tratado, etc. **2** *Gram.* Conjunto de palabras que, con sentido completo, encierran una sola proposición o varias relacionadas entre sí.

CLAUSURA f. **1** Acción de clausurar. **2** Acto solemne con que se termina un congreso, un tribunal, etc. **3** En los conventos religiosos, recinto interior donde no pueden entrar seglares, y vida que se hace en él.

CLAUSURAR tr. **1** Poner fin solemnemente a la actividad de organismos, establecimientos, etc. **2** Cerrar un local por mandato oficial. **3** Cerrar físicamente algo.

CLAVADO, DA adj. **1** fam. Muy parecido, casi igual. **2** Fijo, puntual. **3** Perfecto, muy adecuado.

CLAVAR tr. **1** Introducir un clavo u otra cosa aguda, a fuerza de golpes o por presión, en un cuerpo. También prnl. **2** Asegurar con clavos una cosa en otra. **3** Fijar. **4** fam. Cobrar a uno más de lo justo. **5** fam. Inmovilizar, dejar atónito.

CLAVE m. *Mús.* **1** Instrumento musical de cuerdas y teclado, antecesor, con la espineta y el clavicordio, del piano. Las cuerdas eran punteadas al pulsar las teclas. Existe desde finales de la Edad Media. Se dice también *clavicémbalo* y *clavecín*. || f. **2** Explicación de los signos convenidos para escribir en cifra. **3** Conjunto de estos signos. **4** Noticia o idea por la cual se hace comprensible algo. **5** Razón, fundamento. **6** *Arquit.* Piedra central que cierra el arco o bóveda. **7** *Mús.* Signo que se pone al principio del pentagrama para determinar el nombre de las notas. || adj. **8** Esencial, básico.

CLAVECÍN m. *Mús.* CLAVICÉMBALO.

CLAVEL m. *Bot.* **1** Nombre común de diversas plantas pertenecientes a la familia cariofiláceas, género *Dianthus*. Son herbáceas perennes cultivadas por la hermosura y variedad de sus flores. **2** Flor de esta planta.

CLAVELLINA f. **1** *Bot.* CLAVEL. **2** *Bot.* Planta variedad del clavel común, de menor tamaño. **3** *Zool.* Equinodermo crinoideo perteneciente al género *Antedon*. Su cuerpo tiene un diámetro de 15 cm y de él salen los brazos. Vive fijo sobre las rocas en el Atlántico y Mediterráneo.

CLAVER, PEDRO PEDRO CLAVER, SAN.

CLAVERO m. *Bot.* Árbol perteneciente a la familia mirtáceas, de nombre científico *Sygyzium aromaticum*, nativo de las Molucas y que se cultiva en regiones tropicales. Tiene flores róseas en corimbo, cuyos capullos son los clavos de especia.

CLAVETEAR tr. Adornar con clavos.

CLAVICÉMBALO m. *Mús.* Instrumento musical de cuerdas y teclado, antecesor, con la espineta y el clavicordio, del piano.

CLAVICORDIO m. *Mús.* Instrumento musical de cuerdas y teclado, antecesor, con el clave y la espineta, del piano. En su disposición más moderna parece que es de origen alemán, y estuvo muy en boga en los siglos XV y XVI. Sus cuerdas eran golpeadas por una lámina de metal llamada tangente.

CLAVÍCULA f. *Anat.* Cada uno de los dos huesos situados transversalmente en uno y otro lado de la parte superior del pecho, y articulados por el interior con el esternón y por el exterior con la escápula.

CLAVIJA f. **1** Trozo cilíndrico o ligeramente cónico de madera, metal, etc., que sirve para asegurar, etc. **2** *Mús.* Cada una de las llaves que tienen los instrumentos musicales de cuerda, donde se sujetan éstas y sirven para afinarlos. **3** *Tecnol.* Cada uno de los terminales metálicos que tienen los enchufes eléctricos para conectar con la red. || **apretarle** a uno **las clavijas** fr. fig. y fam. Presionarle para que actúe de determinada manera.

CLAVIJERO m. *Mús.* Pieza donde están dispuestas las clavijas de los instrumentos musicales.

CLAVIJERO, FRANCISCO JAVIER Historiador y religioso mexicano (Veracruz, 1731 - Bolonia, 1787). Perteneciente a la Compañía de Jesús desde 1748, tras la disolución de la orden se trasladó a Italia. Es autor de *Historia antigua de México*, en la que da noticias de la civilización azteca.

CLAVIJO Municipio y lugar de España, provincia de La Rioja; 154 h. Castillo medieval. En sus cercanías, según la leyenda, las huestes de Ramiro I de Asturias vencieron, con la ayuda del apóstol Santiago, a las de Abderramán II, emir de Córdoba. En realidad, allí tuvo lugar una batalla (h. 859), en la que el rey asturiano Ordoño II atacó la ciudad de Albelda tomada por los árabes, y los venció.

CLAVILLO m. Pasador que sujeta dos partes de algo.

CLAVILLO DE ACONQUIJA Pico de Argentina, donde comienza la sierra de Aconquija; 5.550 m de altura.

CLAVO m. **1** Pieza metálica, larga y delgada, con cabeza y punta, que sirve para fijarla en alguna parte, para asegurar una cosa a otra. **2** *Bot.* Especia aromática y picante que se obtiene del capullo seco y no abierto de la flor del clavero). **3** *Bot.* Bulbo pequeño desarrollado dentro de otro más grande. **4** *Zool.* Prolongación redondeada en forma de maza, presente en las antenas y élitros de algunos insectos. **5** Daño o perjuicio que uno recibe. || **agarrarse** uno **a,** o **de, un clavo ardiendo** fr. fig. y fam. Valerse de cualquier recurso para conseguir algo. || **dar** un **en el clavo** fr. fig. y fam. Acertar en lo que hace o dice.

CLAXON m. Bocina de los automóviles.

CLAY, CASSIUS MARCELLUS ALI, MUHAMMAD.

CLAY, HENRY Político estadounidense (Hanover County, 1777 - Washington, 1852). Fue presidente del Congreso y promovió el proteccionismo. Defensor de la guerra de EE UU contra el Reino Unido, fue, a su fin, uno de los encargados de la firma del tratado de Gante (1814). Optó a la presidencia de la República.

CLEANTES Filósofo estoico griego (Assos, h. 330 - ?, h. 232 a. C.). Discípulo de Zenón, escribió los tratados *Dialéctica, Tiempo, Dioses* y *Fisiología,* así como un *Himno a Júpiter.* Fue maestro de Crisipo.

CLEARCO General espartano (s. v a. C.). Gobernador de Bizancio en 408 a. C., estuvo al mando de la expedición de mercenarios griegos que, con Ciro el Joven, fueron a combatir a Artajerjes. En la batalla de Cunaxa (401) fue apresado por Artajerjes, que lo condenó a muerte.

CLEARING (Voz i.) m. *Econ.* Sistema de comercio entre dos o más países sin que haya intercambio de divisas. La balanza de pagos se equilibra mediante las importaciones y las exportaciones.

-CLEIDE suf. CLIDO-.

CLEISTOTECIO m. *Bot.* Asco cerrado en que las esporas son proyectadas violentamente al exterior al volverse cada vez más turgente durante la maduración.

clemátide

CLEMÁTIDE f. *Bot.* Nombre común de diversas plantas medicinales de la familia ranunculáceas, género *Clematis.* Crecen en el S de Europa.

CLEMBUTEROL m. *Farm.* Producto químico que se utiliza para el tratamiento de la bronquitis crónica y fraudulentamente para engordar ganado y como dóping de atletas.

CLEMENCEAU, GEORGES Político francés (Mouillo-en-Pareds, 1841 - París, 1929). De ideas republicanas, fue jefe del partido radical, ministro del Interior y presidente del Gobierno (1906-09 y 1917-20). Contribuyó a la victoria aliada en la Primera Guerra Mundial.

CLEMENCIA f. Virtud que modera el rigor de la justicia.

CLEMENTE Nombre de diversos papas y antipapas.

CLEMENTE I, SAN Papa italiano (? - Roma, h. 97). Ocupó el solio pontificio de 88 a 97. Escribió *Primera carta a los corintios* (h. 96). Sufrió martirio en tiempos del emperador Trajano.

CLEMENTE II Papa alemán (Morsleben Hornburg, 989 - Pesaro, 1047). De nombre Suidger von Bamberg, ocupó el solio pontificio de 1046 a 1047. Fue obispo de Bamberg y combatió la simonía.

CLEMENTE III Papa italiano (Roma, ? - íd., 1191). De nombre Paolo Scolari, ocupó el solio pontificio de 1187 a 1191. Durante su pontificado tuvo lugar la tercera cruzada.

CLEMENTE IV Papa francés (Saint-Gilles, 1202 - Viterbo, 1268). De nombre Guy Foulquois, ocupó el solio pontificio de 1265 a 1268. Confirmó la donación de Nápoles hecha por su antecesor a Carlos de Anjou.

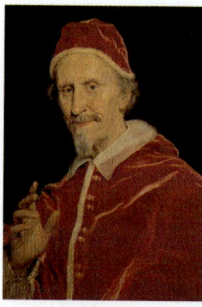

Clemente IX. Retrato de Giovanni Battista Gaulli. Palacio Barberini (Roma).

CLEMENTE V Papa francés (Villandraut, 1259 - Aviñón, 1314). De nombre Bertrand de Got, ocupó el solio pontificio de 1305 a 1314. En 1309 estableció la corte papal en Aviñón. Hizo compilar la serie de decretales conocidas como *Clementinas* y estableció las medidas fiscales que dieron impopularidad al papado de Aviñón.

CLEMENTE VI Papa francés (Maumont, 1291 - Aviñón, 1352). De nombre Pierre Roger de Rosière, ocupó el solio pontificio de 1342 a 1352. Protegió las artes, inició la reforma del calendario (1345) y creó la primera cátedra de griego en Occidente.

CLEMENTE VII Papa italiano (Florencia, 1478 - Roma, 1534). De nombre Giulio de Médicis, ocupó el solio pontificio de 1523 a 1534. En su tiempo se produjo el saqueo de Roma y se consolidaron las doctrinas de Lutero y Zwinglio. Gracias a su mecenazgo Miguel Ángel pudo finalizar las obras de la Capilla Sixtina. Excomulgó a Enrique VIII de Inglaterra (1533).

CLEMENTE VIII Papa italiano (Fano, 1536 - Roma, 1605). De nombre Ippolito Aldobrandini, ocupó el solio pontificio de 1592 a 1605. Absolvió a Enrique IV (1595), adquirió Ferrara para los Estados Pontificios (1597) y aplicó las reformas adoptadas en el concilio de Trento. En su tiempo finalizó la construcción del palacio del Vaticano (1596) y fueron construidas la capilla clementina y la sala del Consistorio.

CLEMENTE VIII Antipapa español (Teruel, h. 1380 - Mallorca, 1446). De nombre Gil Sánchez Muñoz, sucedió al antipapa Benedicto XIII (1423). Se estableció en Peñíscola. En 1429 renunció a sus pretensiones y juró obediencia al papa Martín V, quien le nombró, el mismo año, obispo de Mallorca.

CLEMENTE IX Papa italiano (Pistoia, 1600 - Roma, 1669). De nombre Giulio Rospigliosi, ocupó el solio pontificio de 1667 a 1669. Combatió el nepotismo y durante su pontificado se produjo la toma de Creta por los turcos.

CLEMENTE X Papa italiano (Roma, 1590 - íd., 1676). De nombre Emilio Bonaventura Altieri, ocupó el solio pontificio de 1670 a 1676. Se enfrentó a Luis XIV de Francia por el asunto de las regalías.

CLEMENTE XI Papa italiano (Urbino, 1649 - Roma, 1721). De nombre Giovanni Francesco Albani, ocupó el solio pontificio de 1700 a 1721. Defendió la jurisdicción eclesiástica contra Víctor Amadeo II, instituyó la fiesta de la Inmaculada Concepción (1708), canonizó a Pío V (1712) y promulgó la bula *Unigenitus* (1713), en la que condenaba como heréticas 101 proposiciones jansenistas.

CLEMENTE XII Papa italiano (Florencia, 1652 - Roma, 1740). De nombre Lorenzo Corsini, ocupó el solio pontificio de 1730 a 1740. Condenó la masonería (1738), realizó obras en Rávena, inauguró el Museo del Capitolio (Roma), y mandó construir la fachada y la capilla Corsini, de la basílica de Letrán, y la fontana de Trevi.

CLEMENTE XIII Papa italiano (Venecia, 1693 - Roma, 1769). De nombre Carlo della Torre Rezzonico, ocupó el solio pontificio de 1758 a 1769. Defendió a los jesuitas de las persecuciones que eran objeto y se enfrentó al regalismo borbónico.

CLEMENTE XIV Papa italiano (Sant'Arcangelo di Romagna, 1705 - Roma, 1774). De nombre Giovanni Vicenzo Antonio Ganganelli, ocupó el solio pontificio de 1769 a 1774. Instigado por gobiernos europeos promulgó el breve *Dominus ac Redemptor* (1773), con el que disolvió la Compañía de Jesús.

CLEMENTE DE ALEJANDRÍA, SAN Escritor cristiano, padre de la iglesia griega (Atenas, h. 150 - Capadocia, h. 215). De familia gentil, se convirtió muy joven al cristianismo y entró en relación con san Panteno, quien le confió la dirección de su Academia. Concilió la filosofía griega y el cristianismo. Obras: *Protréptico,* el *Pedagogo* y los *Stromata.*

CLEMENTINA adj. y f. Se dice de una variedad de naranja mandarina de piel más roja que se desprende con facilidad, sin pepitas y muy dulce.

CLEÓBULO Uno de los Siete Sabios de Grecia (s. VI a. C.). Según Diógenes Laercio, escribió varias composiciones poéticas que no se han conservado.

CLEÓMENES o **CLEÓMENES** *Geneal.* Nombre de una familia de escultores griegos que vivieron entre los siglos I a. C. y I d. C. Al primero de ellos se le atribuye la *Afrodita de Médicis;* al hijo de éste, el *Germánico,* reelaboración del modelo del *Hermes Logios;* el tercero es autor de una estatua encontrada en Piacenza y de un ara con el sacrificio de Ifigenia.

CLEÓMENES o **CLEÓMENES** Nombre de diversos reyes de Esparta.

CLEÓMENES I (? - Esparta, h. 490 a. C.). Hijo y sucesor de Anaxándrides, ocupó el trono de 520 a 490 a. C. Combatió a los argivos, apoyó la caída de la tiranía en Atenas, defendiendo al partido aristocrático contra Clístenes, y arrebató Egina a los persas. Al final de su vida perdió el juicio y se suicidó.

CLEÓMENES III (? - h. 219 a. C.). Hijo y sucesor de Leónidas II, reinó entre 235 y 222 a. C. Venció en varias ocasiones a la Liga Aquea, pero la alianza entre Arato, jefe de la misma y Antígono Dosón, rey de Macedonia, supuso su derrota definitiva (Selasia, 221 a. C.). Se refugió en Egipto y acabó suicidándose.

CLEOPATRA VII Reina de Egipto (Alejandría, 69 - íd., 30 a. C.). Hija mayor de Tolomeo XIII, reinó entre 51 y 49 con su hermano y esposo Tolomeo XIV, y en solitario de 48 a 30 a. C. Por haber pretendido acaparar el poder, los nobles levantaron al pueblo contra ella y, para poner paz, intervino César (46 a. C.), quien la restableció en el trono y con quien tuvo un hijo, Cesarión. Con la ayuda de los romanos, intentó restablecer la supremacía del Egipto de los lágidas en el Mediterráneo. A la muerte de César se casó con Marco Antonio (37 a. C.), que gobernaba en Oriente. La política expansionista de ambos, sin embargo, amenazaba la hegemonía de Roma en el Mediterráneo, por lo que Octavio se enfrentó a ellos en la batalla de Accio (31 a. C.), en la que les venció. Marco Antonio se atravesó con su espada y Cleopatra se suicidó haciéndose picar por un áspid.

CLEPS-, -CLEPSIA pref. y suf. CLEPTO-.

CLEPSIDRA f. RELOJ DE AGUA.

CLEPTO-, CLEPS-; **-CLEPSIA** prefs. o suf. que significan robo.

CLEPTOMANÍA f. *Pat.* Inclinación patológica a robar lo ajeno.

CLERECÍA f. **1** *Rel.* Conjunto de personas eclesiásticas que componen el clero. **2** *Rel.* Oficio u ocupación de clérigos. **3** *Lit.* MESTER DE CLERECÍA.

CLERGYMAN (Voz i.) m. Traje de paisano de los sacerdotes que se lleva con alzacuellos y que sustituye a la sotana.

CLERICALISMO m. **1** Influencia del clero en los asuntos políticos. **2** Marcada sumisión al clero y a sus directrices.

CLERIDES, GLAFCOS Abogado y político chipriota (Nicosia, 1919). Presidente de la conservadora Agrupación Democrática, logró la victoria en las elecciones presidenciales de 1993. Fue reelegido en 1996 y 1998.

CLÉRIGO m. **1** *Rel.* El que ha recibido las órdenes sagradas. **2** En la Edad Media, hombre de estudios.

Cleopatra VII y su hijo Tolomeo XIV Cesarión. Estela en granito rosa. Museo Egipcio (Turín).

Clermont-Ferrand Ciudad de Francia, capital de la región de Auvernia y del departamento de Puy-de-Dôme; 140.167 h. Industria del caucho. Catedral gótica. Universidad. Obispado. En el concilio convocado en esta ciudad en 1095 por el papa Urbano II, se decidió la primera cruzada.

clero m. *Rel.* **1** Conjunto de los clérigos. **2** Clase sacerdotal en la iglesia católica. || **clero regular** *Rel.* El que pertenece a una orden religiosa y hace votos de pobreza, castidad y obediencia. || **clero secular** *Rel.* Sacerdote que no pertenece a una orden religiosa.

clerofobia f. Odio manifiesto al clero.

cleuasmo m. *Ret.* Figura retórica que consiste en atribuir el hablante sus buenas acciones o cualidades a otro, o en atribuirse a sí mismo las malas de otro.

Cleveland Ciudad de EE UU, Estado de Ohio, junto al lago Erie; 498.246 h. Refinería de petróleo. Industria naval, de manufacturas de hierro y acero, automovilísticas, químicas, y derivadas del petróleo.

Cleveland, Stephen Grover Político estadounidense (Caldwell, 1837 - Princeton, 1908). Miembro del Partido Demócrata, fue alcalde de Buffalo (1881), gobernador de Nueva York (1882-85) y presidente de la República (1885-89 y 1893-97).

clic m. *Ling.* Sonido propio de ciertas lenguas africanas, realizado mediante dos oclusiones, una posterior, velar, y otra anterior, labial, dental o palatal.

clica m. *Zool.* Molusco lamelibranquio marino, comestible, abundante en las costas españolas.

cliché m. **1** *A. gráf.* Plancha de metal o parafina de la cual se sacan las copias de imprenta o de ciclostil. **2** *Fot.* Imagen en negativo obtenida por una cámara fotográfica. **3** fig. Idea o expresión demasiado repetida o formularia.

clido-; -cleide, -clido, -clisis, -clisto pref. o sufs. que significan llave, cierre, etc.

cliente, ta m. y f. **1** Persona o entidad que suele utilizar los servicios de un profesional o empresa. **2** Persona o entidad que compra en un establecimiento.

clientelismo m. *Polít.* Fenómeno consistente en la captación de voluntades por parte del gobierno o de cualquier autoridad pública o privada mediante la concesión de beneficios económicos o de otro tipo.

Clift, Montgomery Actor de cine estadounidense (Omaha, 1920 - Nueva York, 1966). Se formó en el Actor's Studio y destacó como intérprete de personajes complejos, atormentados y conflictivos. Películas: *Río Rojo* (1948), *La heredera* (1949), *Un lugar en el sol* (1951), *Estación Termini* (1953), *De aquí a la eternidad* (1953), *El baile de los malditos* (1958), *De repente... el último verano* (1959), *Río salvaje* (1960), *Vidas rebeldes* (1960) y *El desertor* (1966).

clima m. **1** *Meteor.* Conjunto de condiciones atmosféricas (temperatura, presión barométrica, humedad, vientos, precipitaciones) que caracteriza una zona geográfica. **2** ambiente, circunstancias de un lugar o situación. || **clima continental** *Meteor.* El de las zonas continentales, sin influencia del mar, caracterizado por variaciones extremas de temperatura entre verano e invierno, poca pluviosidad y baja humedad. || **clima desértico** *Meteor.* El caracterizado por la aridez del terreno, falta de precipitaciones regulares, intensa radiación solar y bruscos cambios de temperatura entre el día y la noche. || **clima mediterráneo** *Meteor.* El caracterizado por veranos secos y cálidos e inviernos húmedos y templados. || **clima de montaña** *Meteor.* El influido por la altitud y el relieve, con corrientes de aire que ascienden y se enfrían rápidamente, produciendo precipitaciones en la vertiente de barlovento y vientos cálidos y secos en la de sotavento. || **clima monzónico** *Meteor.* El caracterizado por una inversión de las estaciones marcada por la dirección de los vientos dominantes.

clima- pref. clin-.

Clímaco, san Juan Juan Clímaco, san.

climaterio m. *Fisiol.* Periodo de la edad madura en el que cesa la función de los órganos reproductores. En la mujer coincide con la menopausia y en el hombre con la andropausia.

climatizar tr. Dar a un recinto las condiciones necesarias de temperatura, humedad del aire, etc., convenientes para la salud o la comodidad de sus ocupantes.

climatología f. *Meteor.* Ciencia que tiene como objeto el análisis de los climas.

clímax m. **1** *Ret.* Gradación retórica ascendente, y su término más alto. **2** Punto más alto de un proceso. **3** *Cin. Lit.* y *Teat.* Momento culminante de un poema, una acción dramática o una película.

clin-, clino-, clima-; -clina, -clinal, -clínico, -clino prefs. o sufs. que significan inclinación, acostamiento.

-clina suf. clin-.

-clinal suf. clin-.

clinch (Voz i.) m. *Dep.* Breve espacio de tiempo en que los boxeadores se encuentran entrelazados, golpeándose confusamente.

Bill **Clinton** con su esposa, Hillary.

clinic (Voz i.) m. *Dep.* Reunión de entrenadores o deportistas que tiene por objeto el intercambio de conocimientos, el aprendizaje de nuevas técnicas, etc.

clínica f. **1** Hospital privado. **2** Enseñanza práctica de la medicina. **3** Departamento de los hospitales destinados a dar esta enseñanza.

clínico, ca adj. y s. **1** Relativo a la clínica. || m. y f. **2** Persona dedicada al ejercicio de la medicina.

-clínico suf. clin-.

clino-, -clino pref. o suf. clin-.

Clinton, Bill (William Jefferson Clinton, llamado) Político estadounidense (Hope, 1946). Gobernador de Arkansas (1972-80 y 1982-92), tras las elecciones de 1992 accedió a la presidencia de EE UU, como representante del Partido Demócrata. Trató de poner en práctica un programa de reformas internas. Reelegido en 1996, su segundo mandato se vio obstaculizado por varios escándalos financieros y sexuales. Uno de ellos, el caso Lewinsky, supuso el inicio de un proceso de *impeachment* contra él del que salió absuelto en 1999. Ocupó la presidencia hasta enero de 2001, en que le sustituyó George W. Bush.

Clío *Mit.* Musa de la historia.

clip (Voz i.) m. **1** Barrita de metal o plástico, doblada sobre sí misma, que sirve para sujetar papeles. **2** Vídeo corto, generalmente musical, que se utiliza como propaganda. **3** Horquilla del pelo.

clípeo m. **1** *Biol.* En ciertos hongos ascomicetos, disco de tejido negro situado alrededor de la boca del peritecio. **2** *Zool.* Placa media anterior de la cabeza de un insecto.

clíper m. *Mar.* Buque de vela, fino y ligero.

Clipperton o **Isla de la Pasión** Isla del Pacífico, a 2.900 km al O de Panamá, en la Polinesia Francesa; 7,2 km². Objeto de disputa entre México y Francia, pertenece a este último país desde 1930.

clisar tr. *A. gráf.* Reproducir en planchas de metal la composición de imprenta o los grabados.

clisé m. **1** *A. gráf.* Plancha clisada. **2** *Fot.* cliché fotográfico. **3** cliché, idea o expresión.

cliserie f. *Ecol.* Sucesión de diversas asociaciones vegetales correspondientes con las variaciones de clima derivadas de gradientes altitudinales o latitudinales.

-clisis suf. clido-.

Clístenes Estadista ateniense (s. vi a. C.). Jefe del partido democrático, puso en práctica las reformas de Solón. Fue nombrado arconte y recibió el encargo de dar a Atenas una nueva Constitución. Se le considera creador del ostracismo, institución de la que fue la primera víctima.

-clisto suf. clido-.

clitelo m. *Zool.* Parte engrosada y en forma de saco de la pared del cuerpo de algunos gusanos anélidos, que aparece en la región de los anillos correspondientes a los órganos reproductores.

Clitemnestra *Mit.* Hija de Tindáreo y Leda. De su matrimonio con Agamenón nacieron Orestes, Ifigenia y Electra. Asesinó a Agamenón, para vengar la muerte de Ifigenia, que había sido sacrificada por su padre. Fue asesinada por su hijo.

clítoris m. *Anat.* Órgano carnoso eréctil del aparato genital femenino, situado en el ángulo anterior de la vulva, que se estimula durante el acto sexual. ♦ Su pl. es *clítoris*.

Clive, Robert Militar y estadista británico (Styche, 1725 - Londres, 1774). Venció al nabab de Bengala en Plassey, e impuso la dominación británica en las Indias orientales. Acusado de concusión, fue absuelto; pero perdió la razón y se suicidó.

cloaca f. **1** Conducto para las aguas residuales de las poblaciones. **2** *Zool.* Cámara que recibe el material proveniente del intestino, tracto urinario y reproductor, en monotremas, anfibios, reptiles, aves y muchos peces.

clocar intr. cloquear. ♦ irreg. Se conjuga como contar.

Clodomiro Rey franco (?, h. 495 - Vézeronce, Isère, 524). Hijo de Clodoveo I y de santa Clotilde, reinó en la Aquitania oriental (Orleans, Burdeos y Poitiers). Luchó contra los burgundios, quienes le apresaron y ejecutaron.

Clodoveo o **Clovis** Nombre de tres reyes francos merovingios.

Clodoveo I (?, h. 466 - París, 511). Considerado fundador de la monarquía nacional francesa, accedió al trono en 481 y amplió sus dominios a costa del romano Siagrio en la batalla de Soissons (486), de los alamanes, a quienes venció en Tolbiac (496), y del rey visigodo Alarico II, al que derrotó en Vouillé (507). En 496, por influencia de su esposa, santa Clotilde, se convirtió al cristianismo y reorganizó la iglesia de las Galias en el concilio de Orleans. A su muerte el reino se repartió entre sus cuatro hijos: Thierry, Clodomiro, Childeberto y Clotario.

Clodoveo II (?, 635 - ?, 657). Subió al trono de Neustria y Borgoña en 639, tras la muerte de su padre, Dagoberto I, y bajo la tutela de su madre, Nautilda. Durante su reinado, Austrasia adquirió la autonomía que había tenido anteriormente.

Clodoveo III (s. vii). Hijo presunto de Clotario III, ocupó el trono de Austrasia desde el año 691 hasta su muerte en 695. Sustituyó en el trono a Thierry III, quien fue despojado del mismo por su mayordomo, Ebroín.

clon m. *Biol.* Estirpe celular o individuos pluricelulares que poseen la misma información genética por descender asexualmente de un antepasado común.

clonación f. **1** *Biol.* Sistema de reproducción que permite obtener familias de individuos prácticamente iguales, llamados clones. Este proceso ha sido ensayado en seres humanos por los estadounidenses J. Hall y R. Stillman (1993). Aunque investigaron el crecimiento *in vitro* de células hasta unos estadios muy elementales de desarrollo, las posibilidades que se abrieron han generado una polémica en los campos científico, jurídico y ético. **2** *Inform.* Proceso de fabricación de ordenadores compatibles con un modelo dado, es decir, susceptibles de manejar el mismo *software* que un modelo determinado. || **clonación molecular** *Biol.* Proceso descubierto en 1973 en el cual, introduciendo en una bacteria un segmento de ADN extraño a ella, se logra que ésta se reproduzca rápidamente dando lugar en poco tiempo a familias de bacterias idénticas.

clonar tr. *Biol.* Producir clones.

clónico, ca adj. Perteneciente o relativo a la clonación.

cloque m. Bichero, gancho de hierro con que se izan los peces a bordo de la barca.

cloquear intr. Cacarear la gallina clueca.

clor- pref. cloro-.

clorato m. *Quím.* Cualquiera de las sales del ácido clórico. Son potentes oxidantes y explosivos cuando están molidos o se hacen detonar junto a materia orgánica.

clorhidrato m. *Quím.* Sal de ácido clorhídrico.

clorhídrico, ca adj. *Quím.* **1** Relativo a las combinaciones del cloro y del hidrógeno. **2** ácido clorhídrico.

clorita f. *Miner.* Mineral silicato hidratado de aluminio, hierro y manganeso, de fórmula $(Mg, Fe)_5 (Fe, Al)_2 Si_3O_{10} (OH)_8$, presente en rocas con bajo grado de metamorfismo, procedente de la transformación de las arcillas.

cloro m. *Quím.* Elemento químico del grupo VII A del sistema periódico. Masa atómica, 35; número atómico, 17; punto de fusión, -101° C; punto de ebullición, -34,6° C; símbolo, *Cl*. Es un gas verde amarillento, de olor fuerte e irritante, sabor cáustico, y venenoso. Se emplea como desinfectante, decolorante y para fabricar productos orgánicos.

cloro-, clor-; -cloro- prefs. o in. que indican que un compuesto lleva cloro en su molécula: *cloroformo, clorofila*.

clorofíceo, a adj. y f. *Biol.* **1** Se dice de las algas verdes unicelulares o pluricelulares, con clorofila no

clorita

François **Clouet**. *Diana de Poitiers en el baño*. National Gallery (Washington).

asociada a otros pigmentos, como la lechuga de mar. Incluye formas muy variadas (filamentosas, coloniales, laminares) que habitan en aguas dulces y saladas. || f. pl. *Biol.* 2 Clase de estas algas.

Clorofila f. *Bot.* Nombre genérico de un grupo de pigmentos verdes liposolubles presentes en los cloroplastos de los vegetales que, durante la fotosíntesis, transforman la energía luminosa en química.

Clorofita adj. y f. ALGAS VERDES.

Clorofluorocarburo (CFC) m. *Quím.* Producto resultante de sustituir en un hidrocarburo saturado los átomos de hidrógeno por otros de flúor o cloro. Se cree que su acumulación en la troposfera está ligada a la destrucción de la capa de ozono.

Cloroformo m. *Quím.* Líquido incoloro, de olor dulce, parecido al de la camuesa, que se obtiene al tratar el etanol o la acetona con cloro y un álcali. Se usa como anestésico y disolvente de gran variedad de sustancias.

Cloroplasto m. *Bot.* Estructura celular semejante a las mitocondrias, aunque de mayor tamaño y poseedora de un pigmento verde o clorofila. Es el corpúsculo en que se produce la fotosíntesis y también interviene en la conversión de hidratos de carbono simples en sustancias de reserva. Existen en las células verdes de los vegetales que contienen clorofila.

Clorosis f. 1 *Bot.* Estado patológico de las plantas que se debe a una síntesis deficiente de clorofila y se manifiesta por una coloración amarillenta de tallos y hojas. 2 *Pat.* Tipo de anemia caracterizada por una disminución en la cantidad de hierro contenida en los glóbulos rojos y la aparición de un color verdoso en la piel.

Cloruro m. *Quím.* Sal del ácido clorhídrico, combinación del cloro con un metal u un radical orgánico. || **Cloruro sódico** *Quím.* SAL.

Close, Glenn Actriz de cine estadounidense (Greenwich, Connecticut, 1947). Actriz versátil y de amplios recursos, entre sus películas destacan *Al filo de la sospecha* (1985), *Atracción fatal* (1987), *Las amistades peligrosas* (1988), *El misterio Von Bülow* (1990), *La casa de los espíritus* (1993), *Mary Reilly* (1996), *Camino al paraíso* (1996) y *Cookie's Fortune* (1999).

Clostridium *Biol.* Género de bacterias anaerobias, con forma de huso u ovoides, responsables de multitud de enfermedades e intoxicaciones graves en el hombre y animales, como el botulismo, tétanos, ántrax, etc.

Clotario Nombre de varios reyes francos.

Clotario I (Tours, 497 - Compiègne, 561). Hijo menor de Clodoveo I y santa Clotilde, del reparto hecho por su padre (511) obtuvo el sector septentrional del reino. Sobrevivió a sus hermanos y reunió bajo su cetro todo el reino franco. A su muerte lo dividió entre sus hijos Cariberto, Gontrán, Sigeberto y Chilperico.

Clotario II (Tours, 584 - íd., 629). Hijo de Chilperico I y de Fredegunda, reinó primero sobre Neustria, hasta que, en 613, reunió bajo su cetro todo el reino franco, tras hacer concesiones a los nobles. Le sucedió su hijo Dagoberto.

Clotario III (Tours, 598 - íd., 673). Hijo de Clodoveo II y de Batilde, reinó en Neustria (657-673) bajo la tutela de su madre y, después, influido por su mayordomo de palacio Ebroín.

Clotario IV (Tours, 663 - íd., 720). Reinó en Neustria de 718 a 720. Fue entronizado por Carlos Martel, quien le enfrentó a Chilperico II.

Clotilde, santa Reina de los francos (?, 475 - Tours, 545). Princesa burgundia católica, se casó con Clodoveo I y consiguió que éste se convirtiera al catolicismo, lo que supuso la conversión de todos los francos.

Cloto *Mit.* Una de las tres MOIRAS, cuyo nombre significa *hilandera*. Se la representa coronada de siete estrellas y con la rueca y el huso.

Clouet, François Pintor francés (Tours, h. 1522 - París, 1570). Sucedió a su padre, Jean, como pintor de corte. Se distinguió por la pintura de retratos, entre los que destacan el de Isabel de Austria y el de Carlos IX.

Clouet, Jean Pintor francés de origen flamenco (Bruselas, h. 1475 - París, 1541). Pintor de cámara de Francisco I, ilustró el manuscrito *La Guerre Gallique* (1519). Es autor de retratos al carboncillo, de gran valor histórico y artístico.

Clown (Voz i.) m. Payaso.

Club (Del i. *club.*) m. 1 Sociedad creada con fines deportivos, culturales, políticos, etc. 2 Lugar de reunión donde se desarrollan estas actividades. 3 Bar, principalmente nocturno, donde se bebe y se baila. ♦ Su pl. es *clubes*.

Clueco, ca adj. 1 Se dice del ave que quiere empollar. También s. 2 fig. y fam. Se dice de la persona muy débil e impedida por la vejez.

Cluj-Napoca Ciudad de Rumania, capital del distrito de Cluj; 326.017.

Clunia *Geog. hist.* Antigua ciudad de la Hispania romana, en el término de Coruña del Conde (Burgos).

Cluniacense adj. y s. Relativo al monasterio o congregación de benedictinos de Cluny.

Cluniense adj. y com. De Coruña del Conde.

Cluny Villa de Francia, departamento de Saona y Loira; 4.724 h.

Clusium CHIUSI.

cm Abreviatura del centímetro.

Cm Símbolo del curio.

Cneoráceo, a adj. y f. *Bot.* 1 Se dice de las plantas angiospermas dicotiledóneas, como el olivillo. || f. pl. *Bot.* 2 Familia de estas plantas.

Cnidario, a adj. y m. *Zool.* CELENTÉREO.

Cnido- o **Nido-**, **Cnid-** o **Nid-**; **-Cnido-** prefs. o in. que significan ortiga: *acnidosporidio*.

Cnido o **Gnido** *Geog. hist.* Antigua ciudad de Asia Menor, en Caria. Poseía un templo dedicado a Afrodita, con una estatua de esta diosa, obra de Praxíteles.

CNN (Siglas de *Cable News Networks*) *Econ.* y *Telev.* Cadena de televisión estadounidense creada por Ted Turner en 1980, en Atlanta. Fue la primera que se especializó en ofrecer exclusivamente noticias durante las veinticuatro horas del día. En 1997 recibió el premio Príncipe de Asturias de Humanidades.

Cnosos *Geog. hist.* Ciudad capital de la antigua Creta. Fundada con anterioridad al año 2000 a. C., se encontraba situada muy cerca de la actual Iraklion. Fue residencia del legendario rey Minos. Centro arqueológico de la civilización cretomicénica, se conservan ruinas de sus célebres palacios.

CNT Siglas de CONFEDERACIÓN NACIONAL DEL TRABAJO.

co- pref. CON-.

Co *Quím.* Símbolo del cobalto.

Coacción f. 1 Violencia hacia una persona para que diga o haga algo contra su voluntad. 2 *Ecol.* Interacción entre organismos vivos de una comunidad.

Coadaptación f. *Biol.* Variación que sufren organismos mutuamente dependientes para adaptarse el uno al otro.

Coadjutor, ra m. y f. Persona que ayuda o acompaña a otra en ciertas cosas.

Coadyuvante adj. 1 Que coadyuva. || m. *Quím.* 2 Sustancia que agregada a un aditivo aumenta la eficacia de éste.

Coadyuvar tr. Contribuir a la consecución de alguna cosa.

Coagulación f. 1 *Biol.* Espesamiento irreversible del protoplasma celular por exposición al calor o a ciertos reactivos. 2 *Med.* Conversión del fibrinógeno del plasma en fibrina, debido a la acción de la trombina. Es básica en el taponamiento de las heridas abiertas en un vaso sanguíneo. 3 *Quím.* Precipitación de los coloides de una solución, especialmente de proteínas.

Coagulante adj. 1 Que coagula. || m. *Quím.* 2 Sustancia química que se añade para desestabilizar, agre-

Cnosos (Creta). Ruinas del palacio.

gar y ligar coloides y emulsiones con el fin de mejorar su capacidad de sedimentación, filtración y drenaje.
coagular tr. y prnl. Cuajar, solidificar un líquido.
coágulo m. Masa de sustancia coagulada, particularmente de sangre o linfa.
Coahuayama Río de México, en el Estado de Jalisco, que desemboca en el Pacífico; 225 km de curso.
Coahuila Estado de México; 149.982 km^2 y 2.227.305 h. Su capital es Saltillo. Cereales, algodón y azúcar. Minas de cobre, carbón y cinc.
coaita m. *Zool.* Mono araña.
coala m. *Zool.* KOALA.
coalescencia f. *Biol.* Propiedad de varios organismos para crecer juntos, sobre todo por unión de las membranas.
coalición f. Confederación, liga, unión.
coana f. *Anat.* Cada uno de los orificios por los que se comunica el conducto nasal con la porción superior de la faringe.
coano-, coan- prefs. que significan embudo.
coanocito m. *Zool.* Célula especial en forma de botella que tapiza los tubos radiales de las esponjas.
coartada f. 1 *Der.* Argumento de inculpabilidad de un reo por hallarse en el momento del crimen en otro lugar. 2 Pretexto.
coartar tr. Limitar, obligar.
Coase, Ronald Economista estadounidense de origen británico (Londres, 1910). En 1991 recibió el premio Nobel de Economía por el descubrimiento y la clarificación de los costes de transacción y de los derechos de propiedad en el funcionamiento de la economía.
Coatepeque Lago de El Salvador, en el departamento de Santa Ana; 40 km^2. Turismo.

coatí

coatí (Voz guaraní.) m. *Zool.* Nombre común de varias especies de mamíferos carnívoros de la familia prociónidos, género *Nasua*, de hocico largo y estrecho y cola larga.
Coati Islote de Bolivia, en el lago Titicaca, también llamado de *La Luna*. Palacio inca de las Vírgenes del Sol.
Coatlicue *Mit.* En la mitología azteca, diosa de la muerte.
Coatzacoalcos Río de México; nace en el Estado de Chiapas y desemboca en el golfo de Campeche; 300 km de curso.
Coatzacoalcos Ciudad de México, Estado de Veracruz; 198.817 h.
coautor, ra m. y f. Autor o autora con otro u otros.
coaxial adj. *Fís.* Se dice de los cables, conducciones, etc., dispuestos longitudinalmente en torno a un eje común.
coba f. fam. Adulación. Se usa en la frase *dar coba*.
cobaltina f. *Miner.* Mineral de fórmula CoAsS, empleado como mena de cobalto.
cobalto m. *Quím.* Elemento químico del grupo VIII B del sistema periódico; masa atómica 58,94; número atómico 27; punto de fusión 1480° C; símbolo *Co*. Metal blanco rojizo, duro y tan difícil de fundir como el hierro, que, mezclado con el oxígeno, forma la base azul de muchas pinturas y esmaltes. También se emplea en aleaciones.
Cobán Ciudad de Guatemala, capital del departamento de Alta Verapaz; 14.152 h. Centro de la cultura maya.
cobarde adj. 1 Pusilánime, miedoso. También com. 2 Hecho con cobardía.
cobardía f. Falta de ánimo y valor.
cobaya o **cobayo** f. o m. *Zool.* CONEJILLO DE INDIAS.

COBE (Acrónimo de *Cosmic Background Explorer*) *Astron.* Satélite científico lanzado por Estados Unidos en 1989 para estudiar galaxias lejanas.
cobertera adj. y f. *Zool.* Se aplica a las plumas de las aves que se hallan en la intersección de las plumas remeras y las timoneras.
cobertizo m. 1 Tejado saledizo para guarecerse de la lluvia. 2 Sitio cubierto para resguardarse de la intemperie.
cobertor m. 1 Colcha. 2 Manta.
cobertura f. 1 Cubierta. 2 *Econ.* Garantía en operaciones financieras o mercantiles.
cobijar tr. y prnl. 1 Cubrir, tapar. 2 Albergar.
cobijo m. 1 Acción y efecto de cobijar o cobijarse. 2 Lugar donde se resguarda alguien o algo.
cobista com. fam. Persona aduladora.
Coblenza (*Koblenz*) Ciudad de Alemania, en el Land de Renania-Palatinado; 109.219 h. Iglesia de San Cástor (siglo IX). Palacio de los Electores.
Cobo, Bernabé Religioso e historiador español (Lopera, 1579 - Lima, 1657). Miembro de la Compañía de Jesús, participó en la expedición que recorrió las Antillas y Venezuela, y en la búsqueda de El Dorado (1595). Es autor de *Historia del Nuevo Mundo* (1653) y de *Fundación de Lima*.
COBOL (Acrónimo de *Common Bussines Oriented Language*) *Inform.* Lenguaje de alto nivel de programación informática, que se usa para resolver problemas de gestión o negocios.
Cobos, Francisco de los Político español (Úbeda, h. 1477 - íd., 1547). Secretario y consejero de Carlos I, ostentó un importante poder político.
cobra f. 1 *Zool.* Nombre común de diversos reptiles ofidios escamosos del género *Naja*. Serpientes venenosas, su mordedura provoca la muerte en pocos instantes. Se extienden por África y el S de Asia. 2 Coyunda para uncir bueyes.
CoBrA, grupo *Arte.* Nombre formado por las primeras letras de Copenhague, Bruselas y Amsterdam con el que se conoce al grupo de artistas y escritores vanguardistas procedentes de estas ciudades, que ejercieron su labor en diferentes países europeos entre 1948 y 1951. Daba prioridad a lo espontáneo, por intentar superar la separación existente entre abstracción y figuración, y por oponer a las reglas académicas la riqueza de los mitos, el arte popular o la creación infantil. Entre sus representantes más destacados figuran Alechinsky y K. Appel.
cobrar tr. 1 Percibir una cantidad adeudada. 2 Recuperar. 3 Tomar o sentir ciertos movimientos de ánimo o afectos. 4 Adquirir. 5 Recibir golpes.
cobre m. *Quím.* 1 Elemento químico del grupo I B del sistema periódico; masa atómica, 63,57; número atómico, 29; peso específico, 8,96; punto de fusión, 1.083° C; punto de ebullición, 2.595° C; símbolo, *Cu*. Metal rojizo, maleable, dúctil, con alta conductividad eléctrica y térmica, y resistente a la corrosión. Se encuentra libre en la naturaleza (cobre nativo) en lavas basálticas, areniscas y conglomerados; combinado con el oxígeno, aparece en cantidades variables en los minerales de plata, hierro, antimonio, etc. Es la base del latón, bronce y otras aleaciones. || m. pl. *Mús.* 2 Instrumentos metálicos de viento de una orquesta. || **batirse el cobre** fr. fig. y fam. Trabajar mucho.
Cobre, El Pico de Chile, en la provincia de Atacama; 5.548 m de altura.
Cobre, El Pico de Venezuela, en el Estado de Táchira; 3.613 m de altura.
Cobre, Edad del ENEOLÍTICO.
cobrizo, za adj. 1 *Quím.* Se dice del mineral que contiene cobre. 2 De color de cobre.
Coburgo Ciudad de Alemania, Land de Baviera; 46.500 h. Antigua capital del ducado de su nombre y del gran ducado de Sajonia-Coburgo-Gotha.
-coc- pref. o in. COCO-.
coca f. 1 *Bot.* Arbusto perteneciente a la familia eritroxiláceas, de nombre científico *Erythroxylum coca*. Originario de los Andes de Perú y Bolivia, de sus hojas se extrae la cocaína. 2 *Bot.* Hoja de este arbusto. 3 COCAÍNA. 4 *Mar.* Antigua embarcación de casco redondo y gran capacidad de carga, originaria del mar Báltico, de la que derivan la nao y la carabela.
Coca Río de Ecuador, afluente del Napo; 274 km de curso.
cocaína f. *Farm.* Alcaloide de las hojas de la coca que se usa como anestésico local, tónico digestivo y nervioso, así como droga y estupefaciente de efectos estimulantes.
cocainómano, na adj. y s. Adicto a la cocaína.
cocc-; -cocc- pref. o in. COCO-.
coccidio adj. y m. *Biol.* 1 Se dice de los protozoos esporozoos parásitos intracelulares del tejido epitelial de vertebrados e invertebrados. || m. pl. *Biol.* 2 Orden de estos animales.

coccígeo, a adj. *Anat.* Relativo al cóccix.
coccinélido, da adj. y s. *Zool.* 1 Se dice de los insectos coleópteros trímeros, como la mariquita, útiles a la agricultura. || m. pl. *Zool.* 2 Familia de estos animales.
cocción f. Acción y efecto de cocer.
cóccix m. *Anat.* Hueso que constituye el extremo caudal de la columna vertebral en el hombre y ciertos primates, y que proviene de la fusión de las vértebras caudales.
cocear intr. Dar coces los animales cuadrúpedos.
cocer tr. 1 Hacer que un alimento crudo llegue a estar en disposición de poderse comer, introduciéndolo en un líquido puesto al fuego. 2 Someter a la acción del calor del horno pan, cerámica, piedra caliza, etc. || intr. 3 Hervir un líquido. 4 fam. Experimentar excesivo calor. || prnl. 5 Prepararse algo en secreto. ♦ IRREG. Se conjuga como MOVER.
Cochabamba 1 Departamento de Bolivia; 55.631 km^2 y 1.524.724 h. 2 Ciudad capital del mismo; 607.129 h.
Cochabamba Cordillera del centro de Bolivia, en la cordillera Real. Su pico culminante es el Tunari (5.206 m de altura).
cochambre amb. fam. Suciedad, cosa grasienta y de mal olor.
coche m. 1 *Mec.* Automóvil de pequeño tamaño para el transporte de nueve personas o menos. 2 Vagón de ferrocarril o del metro que transporta viajeros. 3 Carruaje de cuatro ruedas de tracción animal. || **COCHE CAMA** Vagón de ferrocarril preparado para dormir. || **COCHE CELULAR** Vehículo acondicionado para el traslado de presos. || **COCHE ESCOBA** *Dep.* El que va recogiendo a los corredores que abandonan una carrera ciclista. || **COCHE FÚNEBRE** El construido para la conducción de cadáveres. || **COCHE DE LÍNEA** El que hace el servicio regular entre dos poblaciones.
cochera f. Lugar donde se encierran los coches. Más en pl.
cochero m. Persona que guía un coche de caballos.
Cochero *Astron.* Constelación boreal situada entre las de Perseo, Tauro y Gemelos. También denominada *Auriga*.
cochifrito m. Guisado de cabrito o cordero.
Cochin Ciudad del S de la India, Estado de Kerala; 564.589 h.
cochinada f. 1 fig. y fam. Porquería, suciedad. 2 fig. y fam. Acción grosera.
Cochinchina Región natural del S de Vietnam. Arroz. Fue colonia francesa desde 1861 hasta la independencia de Vietnam (1949); durante el tiempo que estuvo dividido el país, perteneció a Vietnam del Sur.
cochinería f. fig. y fam. COCHINADA.
cochinilla f. *Zool.* Nombre común de diversos insectos hemípteros de la superfamilia cocoideos, de pequeño tamaño y dimorfismo sexual. Muchos de ellos constituyen plagas para la agricultura, como la cochinilla del naranjo. Otros son útiles, como la cochinilla mexicana, que vive sobre el nopal y, reducido a polvo, suministra color de grana a sedas, lana y otras cosas. 2 *Quím.* Materia colorante soluble en agua y alcohol, procedente del cuerpo desecado de la hembra de este insecto.
cochinillo m. Cerdo de leche.
cochino, na m. y f. 1 CERDO. 2 Cerdo cebado para la matanza. 3 fig. y fam. Persona muy sucia. También adj. 4 fig. y fam. Persona cicatera.
Cochinos *Hist.* Bahía centromeridional de Cuba, provincia de Las Villas. Victoria de las fuerzas castristas sobre los invasores contrarrevolucionarios organizados por EE UU (1961).
cochiquera f. fam. POCILGA.
cochitril m. 1 fam. POCILGA. 2 fam. CUCHITRIL.
Cochrane Lago de Chile, en la región Aisén del General Carlos Ibáñez del Campo; 271 km^2. Su parte oriental pertenece a Argentina, donde toma el nombre de Pueyrredón.
Cochrane, Thomas Alexander Marino inglés (Annsfield, 1775 - Kensington, 1860). Tomó parte en la guerra de la independencia de Chile y Perú a las órdenes de San Martín (1818-21). Sirvió luego a Brasil y, de regreso a Europa, reprimió la piratería en los mares de Grecia.
cochura f. 1 COCCIÓN. 2 Masa de pan que se ha amasado para cocer.
-cocia suf. COCO-.
cocido m. *Gastron.* Guiso de carne, tocino, hortalizas y garbanzos, muy común en España.
cociente m. *Mat.* Resultado que se obtiene de la división de una cantidad por otra. || **COCIENTE INTELECTUAL** *Psicol.* Índice cuantitativo para determinar el grado de madurez mental de un individuo.
cocimiento m. 1 Acción y efecto de cocer. 2 *Med.* Líquido cocido con sustancias medicinales.

COCINA f. **1** Lugar en que se guisa. **2** Aparato para cocinar. **3** fig. Arte de guisar.

COCINAR tr. e intr. **1** GUISAR. **2** fam. Meterse uno en cosas que no le incumben.

COCINILLA m. **1** fam. Hombre aficionado a las tareas del hogar, y sobre todo a la cocina. || f. **2** Hornillo.

COCKCROFT, SIR JOHN DOUGLAS Físico inglés (Todmorden, 1897 - Cambridge, 1967). Intervino en los trabajos previos para la obtención de la bomba atómica y construyó el primer acelerador de partículas. Compartió con E. T. S. Walton el premio Nobel de Física en 1951 por sus investigaciones sobre transmutaciones del núcleo atómico.

COCKER (Voz i.) adj. y com. SPANIEL.

COCKNEY m. *Ling.* Forma popular del inglés, característico de ciertos barrios de Londres habitados por la clase baja.

COCKTAIL (Voz i.) m. CÓCTEL.

COCLÉ Provincia de Panamá; 4.927 km² y 202.461 h. Su capital es Penonomé. Riqueza agrícola y ganadera. Pesca.

COCLEARIA f. *Bot.* Hierba medicinal de la familia crucíferas.

COCO m. **1** *Bot.* COCOTERO. **2** *Bot.* Fruto comestible del cocotero, una drupa grande de forma y tamaño de un melón regular, cubierto de dos cortezas, una dura y otra fibrosa, y por dentro una pulpa blanca de la que se hacen dulces y se extrae aceite. **3** *Bot.* Cualquiera de las partes o capas que constituyen este fruto. **4** fig. y fam. Cabeza humana. **5** *Biol.* Tipo de bacteria de forma más o menos esférica, e inmóvil. Puede presentarse aislada o en grupos, recibiendo en este último caso las denominaciones de diplococo, estreptococo, estafilococo o sarcina, dependiendo del número de unidades que se agreguen. **6** *Zool.* GORGOJO, insecto coleóptero. **7** Ser imaginario con el que se mete miedo a los niños. || **ser uno un coco** fr. fig. y fam. Ser muy feo.

COCO-, COCC-; -COC-, -COCC-; -COCIA prefs., infs. o suf. que significan objeto esférico pequeño.

COCO Isla de Costa Rica, en el Pacífico, también llamada isla del Tesoro, a unos 500 km de la península de Osa; 27 km².

COCO Río fronterizo, en casi todo su recorrido, entre Honduras y Nicaragua, que desemboca en el cabo Gracias a Dios; 725 km de curso. También se llama *Segovia*.

COCOBOLO m. *Bot.* Árbol de la familia poligonáceas que crece en América tropical y cuya madera rojiza se emplea en ebanistería. **2** Madera de este árbol.

COCOCHA f. *Zool.* Protuberancia carnosa de la parte inferior de la cabeza de la merluza y del bacalao.

COCODRILO m. *Zool.* Nombre común de diversas especies de reptiles escamosos de la familia crocodílidos, género *Crocodylus*. De gran tamaño, con el cuerpo de forma deprimida y alargada, su piel está recubierta de placas córneas. Las patas son cortas y robustas, y la cola, larga y musculosa. Tanto los ojos como los orificios nasales se sitúan en posición superior, de forma que sobresalen del agua al nadar medio sumergido. Vive en África, Asia y América. Las principales especies son el cocodrilo africano o del Nilo (*C. niloticus*), cocodrilo marino (*C. porosus*), cocodrilo de Guinea (*C. cataphractus*) y cocodrilo palustre (*C. palustris*).

COCOLICHE m. **1** *Arg.* y *Urug.* Jerga de ciertos inmigrantes italianos que mezclan su habla con el español. **2** *Arg.* y *Urug.* Italiano que habla de este modo.

COCOM *Geneal.* Nombre de una dinastía maya, señores de Mayapán, en Yucatán, México, que extendieron su dominio hasta la América Central y Chiapas, donde aún se conservan ruinas de sus ciudades y oratorios. Las más célebres son las de Copán.

COCONUCOS Grupo de nevados de Colombia, en la cordillera Central, con alturas superiores a 4.000 m.

COCOROTA f. **1** fam. Cabeza humana. **2** fam. Parte más elevada de algo.

COCOS o **KEELING** Grupo de islas dependientes de Australia, en el Índico, al S de Sumatra; 14,2 km² y 596 h. En 1984 se incorporó a Australia, en la región del Territorio Septentrional.

COCOTA f. fam. Cabeza humana.

COCOTAL m. *Ecol.* Sitio poblado de cocoteros.

COCOTE m. *Anat.* **1** COGOTE. **2** Parte del cuerpo que forma la unión de la cabeza y el cuello por detrás.

COCOTERO m. *Bot.* Árbol perteneciente a la familia palmáceas, de nombre científico *Cocos nucifera*. Palmera de unos 25 m de altura, que crece en las tierras bajas tropicales próximas al mar. Su fruto comestible es el coco.

COCTEAU, JEAN Escritor y director de cine francés (Maisons-Laffitte, 1889 - Milly-la-Fôret, 1963). Cercano al simbolismo y al surrealismo, dirigió las películas *La sangre del poeta* (1931), *La bella y la bestia* (1945), *Orfeo* (1949) y *El testamento de Orfeo* (1960). Entre sus obras figuran los poemas recogidos en *Poesías* (1916-1923) (1924); las novelas *Los muchachos terribles*

Jean Cocteau en el jardín de Offranville.
Cuadro de Jacques-Émile Blanche.
Museo Carnavalet (París).

(1929) y *Opio* (1930); las piezas teatrales *Romeo y Julieta* (1924), *Antígona* (1927), *Edipo, rey* (1928) y *Baco* (1952); y el libro de crónicas *La corrida del primero de mayo* (1957).

CÓCTEL o **COCTEL** (Del i. *cocktail*.) m. **1** Bebida compuesta por una mezcla de licores a los que se añaden otros ingredientes, como bebidas carbónicas, azúcar, rodajas o corteza de limón o naranja, etc. **2** Mezcla de cosas diversas. **3** Reunión o fiesta en la que se sirven bebidas y aperitivos. || **CÓCTEL MOLOTOV** Bomba incendiaria de fabricación casera, hecha con una botella de cristal llena de un líquido inflamable y provista de un trapo o mecha para encenderla.

COCTELERA f. Recipiente donde se mezclan los ingredientes del cóctel batiéndolos.

COCTELERÍA m. Establecimiento en el que se sirven bebidas, que está especializado en la preparación de cócteles.

COCUY NEVADA DE CHITA.

COCUYO m. **1** *Bot.* *Cuba* Árbol silvestre cuya dura madera se emplea en construcciones. **2** *Zool.* Insecto coleóptero de América tropical, que despide de noche una luz azulada.

CODA f. **1** *Mús.* Parte final de una pieza musical, que se añade a la misma con el objetivo de concluirla. **2** Prisma de madera que se encola en el ángulo entrante formado por dos tablas.

CODAZO m. Golpe dado con el codo.

CODAZZI Pico del N de Venezuela, en el estado de Aragua; 2.422 m de altura.

CODEAR intr. **1** Mover los codos o dar golpes con ellos. || prnl. **2** fig. Tratarse de igual a igual una persona con otra.

CODEÍNA f. *Quím.* Alcaloide de la familia de la morfina, que se extrae del opio y se usa como calmante, sobre todo de la tos.

CODERA f. **1** Deformación o desgaste en las prendas de vestir por la parte del codo. **2** Remiendo o adorno que se pone en los codos de algunas prendas.

CODESO m. *Bot.* Mata de la familia leguminosas, de nombre científico *Laburnum anagyroides*. Planta ramosa, con hojas caedizas, flores amarillas en racimos colgantes, y fruto en legumbre.

CODEX CÓDICE.

CÓDICE m. *Hist.* Manuscrito antiguo de importancia artística, literaria o histórica y, en sentido estricto, aquel que es anterior a la invención de la imprenta. Por su texto, puede ser bíblico, patrístico, litúrgico, hagiográfico, literario, histórico, científico, legal, diplomático o documental y misceláneo. Además, los códices pueden clasificarse según criterios cronológicos, geográficos, paleográficos, históricos, por los nombres de los centros o particulares que los poseen, por los de sus calígrafos o miniaturistas y por los de las personas para quienes fueron hechos.

CODICIA f. **1** Ambición exagerada de riquezas. **2** fig. Deseo vehemente. **3** *Taurom.* Acometividad del toro.

CODICILO m. *Der.* Documento o cláusula adicional que revoca, modifica o aclara lo dispuesto en un testamento.

CODICIOSO, SA adj. Que tiene codicia. También s.

CODIFICACIÓN f. Acción y efecto de codificar.

CODIFICADO, DA adj. *Telev.* Se dice de las emisiones televisivas, cuya recepción en un aparato de televisión sólo es posible mediante un dispositivo adicional.

CODIFICAR tr. **1** Transformar una información en una serie de signos gráficos o eléctricos según las reglas de un código. **2** *Inform.* Traducir la información al lenguaje del ordenador.

CÓDIGO m. **1** *Der.* Recopilación de leyes o estatutos que tratan sobre materias que constituyen una rama de la actividad social. **2** *Der.* Conjunto de leyes sobre una materia determinada. **3** fig. Conjunto de reglas y signos que permite formular y comprender un mensaje. || **CÓDIGO DE BARRAS** Sistema internacional de identificación de productos comerciales, consistente en un conjunto de barras negras de diversa anchura sobre una serie de números, que identifican el país, el fabricante, el producto, etc. Pueden ser leídos por medios ópticos. || **CÓDIGO DE DERECHO CANÓNICO** *Der.* Conjunto de leyes generales de la iglesia. Se divide en cinco libros sobre las normas de derecho, las personas, las cosas, los procesos y los delitos y las penas. || **CÓDIGO GENÉTICO** *Biol.* Conjunto de regularidades o principios de coordinación según los cuales la información genética codificada en el ADN o ARN se transcribe a un ARNm y se traduce en proteínas con secuencias específicas de aminoácidos.

códice. Libro de Horas de María de Borgoña. Biblioteca Nacional (Viena).

Presenta las siguientes características: cada grupo de tres bases (triplete o codón) de ARNm codifica un aminoácido; en todos los organismos los mismos tripletes codifican los mismos aminoácidos; no tiene superposiciones, ya que cada base pertenece a un triplete distinto pero nunca a varios; la lectura de los tripletes del ARNm se efectúa sin pausas (no dejando partes sin leer) desde el punto de comienzo; y, por último, es degenerado, ya que los 64 tripletes diferentes que se pueden formar codifican únicamente 20 aminoácidos, de donde se deduce que un mismo aminoácido puede ser codificado por tripletes distintos. || **CÓDIGO POSTAL** Relación de números que funcionan como clave de zonas, poblaciones y distritos a efectos de la clasificación y distribución del correo.

CODILLO m. 1 *Zool*. En los animales, coyuntura del brazo próxima al pecho. 2 *Zool*. Parte comprendida desde esta coyuntura hasta la rodilla. 3 *Bot*. Parte de la rama que queda unida al tronco por el nudo al ser cortada. 4 Tubo doblado en ángulo.

CODO m. 1 *Anat*. Parte exterior de la articulación del brazo con el antebrazo. 2 *Zool*. Codillo de los cuadrúpedos. 3 Trozo de tubo, doblado en ángulo o en arco, usado en cañerías. 4 *Metrol*. Antigua medida de longitud, igual a 42 cm. || **codo con codo** loc. adv. Unas personas junto a otras. || **empinar el codo** fr. fig. y fam. Beber mucho. || **hablar por los codos** fr. fig. y fam. Hablar demasiado.

CODÓN m. *Biol*. Unidad básica del código genético, que consta de secuencias de tres nucleótidos del ARNm.

CODORNIZ f. *Zool*. Ave galliforme de la familia faisánidos, de nombre científico *Coturnix coturnix*, de pequeño tamaño (unos 17 cm), vive en amplias regiones de Europa, Asia y N de África.

CODY, WILLIAM FREDERICK BUFFALO BILL.

COE, SEBASTIAN Atleta británico (Londres, 1956). Ostentó los récords mundiales de 800 y 1.500 m. En los Juegos Olímpicos de Los Ángeles (1984) consiguió la medalla de plata en 800 m y la de oro en 1.500 m. En 1987 recibió el premio Príncipe de Asturias de Deportes.

COEDITAR tr. Editar una obra entre dos o más editoriales.

COEDUCACIÓN f. Educación conjunta de jóvenes de ambos sexos.

COEFICIENCIA f. Acción de dos o más causas para producir un efecto.

COEFICIENTE m. 1 *Mat*. Número o, en general, factor que, escrito a la izquierda de un monomio, hace oficio de multiplicador. 2 *Mat*. Valor numérico o factor que caracteriza una propiedad específica. 3 *Mat*. Relación entre una variable significativa y cierta base arbitraria dentro de un tiempo y lugar determinados.

COELLO, ALONSO SÁNCHEZ SÁNCHEZ COELLO, ALONSO.

COELLO, CLAUDIO Pintor español de origen portugués (Madrid, 1624 - íd., 1693). Es uno de los principales representantes de la escuela barroca madrileña, discípulo de F. Ricci. La producción de su primera época es de tema religioso: *Anunciación*, *San Pedro de Alcántara*, etc. En colaboración con J. Jiménez Donoso, realizó los frescos de la catedral de Toledo y del convento del Paular (Madrid), e individualmente los del convento de agustinas de Mantería (Zaragoza) y los de la Casa de la Panadería (plaza Mayor de Madrid). Fue pintor del rey (1683) y, a la muerte de Carreño (1686), pintor de cámara. Su obra maestra es *La Sagrada Forma* (El Escorial).

COEN, JOEL Director de cine estadounidense (Minneapolis, 1954). Entre sus filmes, realizados con su hermano Ethan, se encuentran *Sangre fácil* (1984), *Arizona Baby* (1987), *Muerte entre las flores* (1990), *Barton Fink* (1991), *El gran salto* (1993), *Fargo* (1995) y *El gran Lebowski* (1998).

COENDÚ m. *Zool*. PUERCO ESPÍN.

COERCER tr. Contener, refrenar, sujetar.

COETÁNEO, A adj. y s. 1 De la misma edad. 2 Contemporáneo.

COETZEE, JOHN MAXWELL Novelista sudafricano (Ciudad del Cabo, 1940). Autor de complejas y desgarradoras novelas sobre la Sudáfrica posterior al *apartheid*, obras suyas son: *Esperando a los bárbaros* (1980), *Vida y tiempo de Michael K.* (1983), *La edad de hierro* (1990), *Vergüenza* (1999), *En medio de ninguna parte* (2003) y *Elizabeth Castello* (2004). En 2003 recibió el premio Nobel de Literatura.

COEVO, VA adj. y s. Se dice de las cosas que existieron en un mismo tiempo.

COEXISTENCIA f. Existencia simultánea. || **COEXISTENCIA PACÍFICA** *Polít*. Principio según el cual Estados con sistemas antagónicos conviven aceptándose mutuamente.

COEXISTIR intr. Existir una persona o cosa a la vez que otra.

COFA f. *Mar*. Meseta en lo alto de los palos de un barco a modo de puesto de observación.

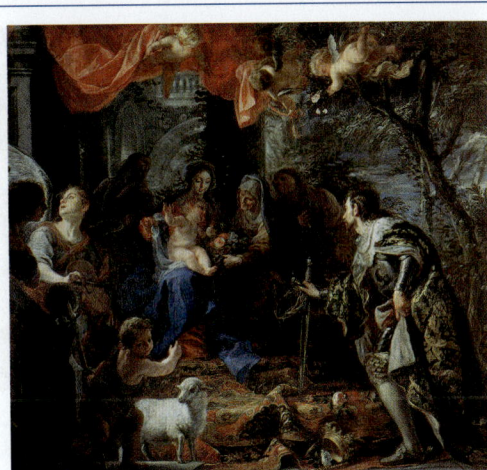

Claudio **Coello.** *San Luis adorando a la Virgen y al Niño.* Museo del Prado (Madrid).

COFIA f. 1 Red de seda o hilo que se ajusta a la cabeza, que se usaba para recogerse el pelo. 2 Gorro de mujer, que forma parte del uniforme de algunas profesiones. 3 *Bot*. Envoltura en forma de dedal que protege el extremo de la raíz. 4 *Bot*. Cubierta membranosa de algunas semillas.

COFRADE com. Persona que pertenece a una cofradía.

COFRADÍA f. 1 *Rel*. Congregación o hermandad de devotos. 2 Gremio o asociación.

COFRE m. 1 Caja para guardar objetos de valor. 2 *Zool*. Pez teleósteo pletognato con el cuerpo cubierto de escudetes.

COFRE DE PEROTE Pico volcánico de México, en la cordillera Neovolcánica; 4.282 m de altura. También llamado *Naucampatépetl*.

COGEDOR m. 1 Cajón con mango por detrás para recoger la basura. 2 Utensilio similar para coger el carbón y la ceniza.

COGER tr. 1 Agarrar, tomar. También prnl. 2 Recoger. 3 Comprender. 4 Atrapar. 5 Descubrir una mentira. 6 Ocupar un sitio. 7 Encontrar. 8 Sorprender. 9 Alcanzar. 10 Atropellar. 11 Contraer una enfermedad. 12 Enganchar el toro a alguien. || intr. 13 Hallarse, estar situado. 14 vulg. *Amér*. Realizar el acto sexual.

COGESTIÓN f. Participación del personal en la gestión de una empresa.

COGIDA f. Acción de coger el toro a un torero.

COGNAC Ciudad de Francia, departamento de Charente; 27.468 h. Producción de coñac.

COGNACIÓN f. Parentesco de consanguinidad por línea femenina y, por extensión, cualquier parentesco.

COGNICIÓN f. 1 CONOCIMIENTO. 2 *Psicol*. Término que designa los procesos relacionados con el acto de conocer: la percepción, el descubrimiento, el reconocimiento, el juicio, la imaginación, la memoria, el aprendizaje, el lenguaje y el pensamiento.

COGNITIVO, VA adj. Perteneciente o relativo al conocimiento.

COGNOMEN m. Nombre usado en la antigua Roma para destacar rasgos físicos o acciones de una persona y que luego se extendía a su familia o gentes afines.

COGNOMENTO m. Sobrenombre puesto por causa de virtudes, defectos o acontecimientos, como por ejemplo el de Alejandro Magno.

COGNOSCITIVO, VA adj. Se dice de lo que es capaz de conocer.

COGOLLO m. 1 Parte interior de algunas hortalizas. 2 *Bot*. Brote que arrojan los árboles y otras plantas. 3 fig. Lo escogido, lo mejor.

COGORZA f. BORRACHERA.

COGOTE m. 1 *Anat*. Parte del cuero cabelludo situada por debajo de la protuberancia occipital. 2 Parte superior y posterior del cuello.

COGOTERA f. Trozo de tela que, sujeto a una gorra, sirve para resguardar la nuca del sol.

COGOTUDO, DA adj. 1 Se dice de la persona de cogote grueso. 2 fig. y fam. Altivo y orgulloso. || m. y f. 3 *Amér*. Nuevo rico.

COGUJADA f. *Zool*. Nombre común de dos especies de aves paseriformes de la familia aláudidos, género *Galerida*. La cogujada común (*G. cristata*) es parecida a una alondra, pero más rechoncha y con una cresta en la cabeza.

COGULLA f. Hábito de ciertos religiosos monacales.

COHABITACIÓN f. 1 Acción de cohabitar. 2 *Polít*. Simultaneidad en el ejercicio del poder de un jefe de Estado y un jefe de gobierno de tendencia política opuesta.

COHABITAR tr. 1 Habitar con otro u otros. 2 Hacer vida marital el hombre y la mujer. 3 *Polít*. Ejercer simultáneamente el poder político dos o más personas u organizaciones de distinta tendencia.

COHECHAR tr. 1 *Der*. Sobornar a un funcionario público. 2 Arar el barbecho.

COHECHO m. Acción y efecto de cohechar.

COHEN, HERMANN Filósofo alemán (Coswig, 1842 - Berlín, 1918). Fundador de la escuela de Marburgo, fue uno de los principales representantes del movimiento neokantiano. Autor de *La teoría kantiana de la experiencia* (1871), *La fundamentación de la ética por Kant* (1877) y *Sistema de filosofía* (1902).

COHEN, LEONARD Cantante y escritor canadiense (Montreal, 1934). En sus temas, de carácter intimista, se funden elementos bíblicos con aspectos de la vida cotidiana; algunos de los más célebres son *Suzanne*, *Chelsea Hotel* y *The Partisan*. En el terreno literario, su obra, influida por la generación *beat*, incluye libros de poemas y novelas.

COHEN, STANLEY Biólogo estadounidense (Nueva York, 1922). En 1986 fue galardonado, junto con R. Levi-Montalcini, con el Nobel de Fisiología y Medicina por sus descubrimientos sobre los factores del crecimiento celular.

COHERENCIA f. 1 Conexión, enlace lógico de una cosa con otra. 2 *Ling*. Estado de un sistema lingüístico cuando sus componentes aparecen en conjuntos solidarios.

COHESIÓN f. 1 Acción y efecto de adherirse las cosas entre sí. 2 fig. Unión. 3 *Fís*. Adherencia o fuerza de atracción entre las moléculas de un cuerpo o las partículas de una suspensión.

COHETE m. 1 Artificio de pólvora que se eleva en el aire, donde estalla con fuerte estampido o produciendo formas diversas. 2 *Tecnol*. Aparato de vuelo que se mueve en el espacio por propulsión a chorro y agentes propulsores (combustibles) que se queman con el oxígeno introducido. 3 *Méx*. BARRENO, agujero relleno de pólvora.

COHIBIR tr. y prnl. Refrenar, reprimir, contener.

COHOMBRO m. *Bot*. 1 Planta de huerta de la familia cucurbitáceas, género *Cucumis*, variedad de pepino. 2 Fruto de esta planta. || **COHOMBRO DE MAR** *Zool*. Nombre de diversas especies de equinodermos de la familia

cogujada

holotúridos, géneros *Holothuria, Leptosynapta*, etc., de forma cilíndrica y piel coriácea, que habitan en todos los mares.

COHORTE f. 1 *Hist.* y *Mil.* Antigua unidad del ejército romano, formada por varias centurias. 2 fig. Conjunto, serie.

COI Siglas de COMITÉ OLÍMPICO INTERNACIONAL.

COIBA Isla de Panamá, provincia de Veraguas, en el Pacífico; 500 km². Observatorio astronómico.

COIHUE m. *Bot.* Variedad de pequeña jara argentina.

COIHUÉ (Voz araucana.) m. *Bot. Arg., Chile* y *Perú* Árbol de la familia fagáceas, de madera semejante a la del roble.

COILONIQUIA f. *Med.* Deformación de las uñas de las manos, que adquieren forma de cuchara.

COIMA f. 1 CONCUBINA. 2 Comisión o beneficio que obtiene el que atiende un garito. 3 *Arg.* y *Chile* Gratificación, dádiva con que se soborna.

COIMBATORE Ciudad de la India en el Estado de Tamil Nadu; 816.321 h. Tejidos e hilados de algodón. Café y azúcar.

COIMBRA f. 1 Distrito de Portugal; 3.971 km² y 425.400 h. 2 Ciudad capital del mismo; 147.000 h. Industria textil y de la cerámica. Catedral vieja, románica (siglo XII), y nueva (siglos XVI-XVII). Universidad fundada en 1290.

COIMBRANO, NA adj. y s. De Coimbra.

COINCIDIR intr. 1 Estar de acuerdo. 2 Ocurrir dos cosas al mismo tiempo. 3 Concurrir simultáneamente dos personas en el mismo lugar. 4 Ajustarse una cosa con otra.

COINÉ O **KOINÉ** f. *Ling.* 1 Lengua común adoptada por los griegos como fusión de los distintos dialectos a finales del siglo IV a. C. 2 Por extensión, toda lengua que resulta de la unión de variedades dialectales o regionales.

COIPO m. *Zool.* Mamífero roedor sudamericano de nombre científico *Myocastor coypys*, de hábitos anfibios y unos 80 cm de longitud.

COIRÓN m. *Bot. Bol., Chile* y *Perú* Planta de la familia gramíneas.

COITO m. Cópula, unión sexual.

COJATE m. *Bot. Cuba* Planta silvestre de la familia cingiberáceas.

COJEAR intr. 1 Andar desigualmente por no poder asentar con regularidad ambos pies. 2 Moverse un mueble por no descansar bien sus patas en el suelo. 3 fig. y fam. Adolecer de algún vicio o defecto.

COJEDES Río de Venezuela, afluente del Portuguesa; 334 km de curso.

COJEDES Estado de Venezuela; 14.800 km² y 298.020 h. Su capital es San Carlos.

COJERA f. Accidente o enfermedad que impide andar con regularidad.

COJÍN m. Almohadón.

COJINETE m. 1 Almohadilla. 2 Pieza de hierro con que se sujetan los carriles a las traviesas del ferrocarril. 3 *Mec.* Pieza en que se apoya y gira el eje de una rueda o máquina.

COJITRANCO, CA adj. y s. desp. Cojo.

COJO, JA adj. 1 Se dice de la persona o animal que cojea o que le falta un pie o una pierna. También s. 2 fig. Se dice de cosas inanimadas, como del banco, o la mesa cuando se balancean a un lado y a otro.

COJÓN m. TESTÍCULO. Es voz malsonante.

COJONUDO, DA adj. vulg. Magnífico, estupendo.

COK m. *Geol.* COQUE.

COL f. *Bot.* Planta hortense de la familia crucíferas, de nombre científico *Brassica oleracea*. Es una herbácea anual o bianual de la que se cultivan muchas variedades, todas comestibles. || **COL DE BRUSELAS** *Bot.* Variedad de col, de nombre científico *B. o. var. gemmifera*. Es de pequeño tamaño y sabor ligeramente amargo.

COL-¹ pref. COLA-.

COL-², **-COL-** pref. o in. COLE-.

COLA f. 1 *Zool.* Extremidad posterior de la columna vertebral de algunos animales. 2 *Zool.* Conjunto de plumas que tienen las aves en la rabadilla. 3 *Zool.* Aleta caudal de un pez o mamífero acuático. 4 Porción que en algunas ropas talares se prolonga por detrás. 5 Apéndice prolongado. 6 Hilera de personas que esperan turno. 7 fig. Secuela, consecuencia que trae consigo una acción o suceso. 8 Pasta fuerte, translúcida y pegajosa hecha con raeduras y retazos de pieles que, disuelta en agua caliente, sirve para pegar. 9 *Bot.* Nombre común de varios árboles pertenecientes a la familia esterculiáceas, género *Cola*, originarios de México, Brasil y Antillas. De los frutos de *C. nitida* y *C. acuminata* se obtiene un extracto empleado en la elaboración de bebidas refrescantes. || **COLA DE CABALLO** *Bot.* Planta de la familia equisetáceas, género *Equisetum*, helecho que crece en lugares umbrosos y húmedos de toda Europa. También COLETA. || **a la cola** loc. adv. fig. y fam. DETRÁS. || **hacer cola** fr. fig. y fam. Esperar turno formando una hilera. || **no pegar ni con cola** fr. fig. y fam. Ser una cosa incongruente con otra; no venir algo a cuento. || **traer cola** una cosa fr. fig. y fam. Traer consecuencias graves.

col

COLA-, COLO-, COL-; -COLA prefs. o suf. que significan cola, pasta.

-COLA suf. que significa habitante o cultivador: *cavernícola*.

COLA DI RIENZO (NICOLA DI LORENZO, llamado) Político romano (Roma, 1313 - íd., 1354). Como dictador de la ciudad de Roma, adoptó medidas de control sobre la nobleza. Se enfrentó a los papas de Aviñón y al emperador y llegó a ser excomulgado (1348). Expulsado de su ciudad, fue llamado por Inocencio IV para restablecer el orden en ella.

COLABORACIONISMO m. *Polít.* Participación activa en un régimen político impuesto por los enemigos de un país o en connivencia con ellos.

COLABORADOR, RA m. y f. 1 El que colabora. 2 Persona que escribe habitualmente en un periódico, revista, etc., sin pertenecer a la plantilla de redactores.

COLABORAR intr. 1 Trabajar con otra u otras personas para lograr un fin. 2 Escribir habitualmente en un periódico o contribuir a la edición de un libro, sin pertenecer a la plantilla.

COLACIÓN f. 1 Acto de conferir un beneficio eclesiástico, un grado universitario, etc. 2 Alimento ligero en días de ayuno. 3 Cotejo. || **sacar** o **traer a colación** fr. fig. y fam. Hacer mención. || **traer a colación** fr. fig. y fam. Aducir pruebas.

COLACTÁNEO, A m. y f. HERMANO DE LECHE.

COLADA f. 1 Acción y efecto de colar. 2 Lavado periódico de la ropa. 3 Ropa lavada. 4 *Geol.* Corriente de lava que se desliza sobre la superficie terrestre para luego consolidarse y formar mantos rocosos que varían de composición según las lavas que los originaron. 5 Paso estrecho entre montañas, difícil de cruzar.

COLADA Nombre de una de las espadas del Cid.

COLADERO m. 1 COLADOR. 2 Camino o paso estrecho. 3 fig. Profesor, examen o centro de enseñanza caracterizado por su extrema benevolencia al corregir exámenes.

COLADOR m. Utensilio formado por una tela o una laminilla agujereada que se utiliza para colar los líquidos.

COLÁGENO m. *Quím.* Sustancia albuminoidea, de estructura fibrosa, presente en tejidos orgánicos, como los cartílagos y el tejido conjuntivo, que se transforma en gelatina por efecto de la cocción.

COLAPEZ o **COLAPISCIS** f. COLA DE PESCADO.

COLAPSO m. 1 *Med.* Postración o debilitamiento brusco de las energías vitales con fallo de las funciones cardíacas. 2 Paralización del tráfico o de otras actividades. 3 Destrucción, ruina de una institución, sistema, estructura, etc.

COLAR tr. 1 Pasar un líquido por una tela, filtro o utensilio que retenga las sustancias en suspensión. 2 Blanquear la ropa después de lavada. 3 fam. Pasar una cosa con engaño o artificio. || intr. 4 Pasar por un lugar estrecho. También prnl. 5 Intentar dar apariencia de verdad a lo que es un engaño. || prnl. 6 fam. Introducirse a escondidas. 7 Saltarse el turno. 8 fig. y fam. Cometer equivocaciones. 9 fig. y fam. Estar muy enamorado. ♦ IRREG. Se conjuga como CONTAR.

COLATERAL adj. 1 Se dice de lo que está a ambos lados de algo. 2 Se dice del pariente que no lo es por línea directa.

COLAY Monte de la cordillera central de los Andes, en Ecuador; 4.654 m de altura.

COLBERT, CLAUDETTE (CLAUDETTE LILY CHAUCHOIN, llamada) Actriz cinematográfica estadounidense de origen francés (París, 1905 - Barbados, 1996). Obtuvo sus primeros éxitos en superproducciones como *El signo de la cruz* (1932) o *Cleopatra* (1934), pero destacó sobre todo como intérprete de comedias. En 1934 consiguió el Oscar a la mejor actriz por *Sucedió una noche*.

COLBERT, JEAN-BAPTISTE Estadista francés (Reims, 1619 - París, 1683). Protegido de Mazarino y ministro de Luis XIV, tuvo en sus manos la economía francesa, que convirtió en una de las más prósperas de la época. Fue partidario del mercantilismo, impulsó la industria y la creación de manufacturas, desarrolló el comercio y normalizó la hacienda.

COLCHA f. Cobertura de cama.

COLCHAR tr. ACOLCHAR.

COLCHÓN m. Especie de saco rectangular de tela fuerte, cerrado por todos sus lados y relleno de lana, pluma, cerda, etc., que sirve para dormir sobre él. || **COLCHÓN DE AIRE** *Mec.* Sistema de sustentación de algunos vehículos basado en la insuflación de gases contra el suelo o el agua.

COLCHONERO, RA m. y f. Persona que fabrica o vende colchones.

COLCHONETA f. 1 Colchón más estrecho que los ordinarios. 2 Colchón neumático que se utiliza en la playa.

COLCÓTAR m. *Quím.* Peróxido de hierro pulverizado.

COLE m. fam. Apócope de COLEGIO.

COLE-, COL-, COLEO-; -COL-, -COLIA, -COLÍA prefs., in. o sufs. que significan bilis: *melancolía*.

COLE, NAT KING (NATHANIEL COLE, llamado) Cantante y pianista estadounidense (Montgomery, 1919 - Santa Mónica, 1965). Su estilo popular le convirtió en uno de los cantantes más conocidos de los años cuarenta y cincuenta. En 1937 creó el *Trío King Cole*.

COLE, THOMAS Pintor estadounidense de origen británico (Bolton-le-Moors, 1801 - Catskill, 1848). Trabajó como grabador en su país hasta 1819, en que emigró a EE UU y se convirtió en el primer paisajista romántico. Entre sus obras destacan una serie de cinco paisajes titulada *El curso del Imperio* (1836), sobre la evolución del Imperio romano, *Viaje de la vida, El vado de la montaña* y *Paraíso perdido*.

COLEAR intr. 1 Mover con frecuencia la cola. 2 No haberse concluido todavía un negocio, o no ser todavía conocidas todas sus consecuencias. || tr. *Taurom.* 3 En las corridas de toros, sujetar la res por la cola.

COLECCIÓN f. 1 Conjunto de cosas, generalmente de una misma clase. 2 Gran cantidad de ciertas cosas.

COLECCIONISTA com. Persona que colecciona.

COLECISTITIS f. *Pat.* Inflamación de la vesícula biliar.

COLECTA f. Recaudación de donativos hechos con un mismo fin.

Thomas **Cole.** *El vado de la montaña.* Museo Metropolitano (Nueva York).

COLECTIVIDAD f. Conjunto de individuos que forman un grupo.
COLECTIVISMO m. *Econ.* y *Polít.* Sistema que propugna la transferencia de los medios de producción al conjunto social.
COLECTIVIZAR tr. **1** Convertir lo individual en colectivo. **2** Agruparse, reunirse un grupo de personas que tienen los mismos intereses o necesidades.
COLECTIVO, VA adj. **1** Relativo a cualquier agrupación de individuos. **2** *Gram.* Se dice del nombre que en singular expresa número determinado de cosas de una misma especie, o muchedumbre o conjunto, como *docena*, *enjambre* o *rebaño*. ‖ m. **3** Conjunto de personas unidas por los mismos intereses. **4** *Arg.*, *Bol.* y *Perú* Ómnibus urbano pequeño.
COLECTOMÍA f. *Med.* Extirpación de una parte o de todo el colon.
COLECTOR, RA adj. **1** Que recoge, que recauda. También s. ‖ m. **2** Conducto en el que vierten las alcantarillas sus aguas.
COLÉDOCO adj. y m. *Anat.* Se dice del conducto bilioso que se forma por la unión de los conductos cístico y hepático, y desemboca en el duodeno.
COLEGA com. **1** Compañero en un colegio, corporación o ejercicio. **2** fam. Compañero, amigo.
COLEGIADO, DA adj. **1** Se dice del individuo que pertenece a un colegio profesional. ‖ m. y f. *Dep.* **2** En el fútbol y otros deportes, árbitro.
COLEGIAL, LA adj. **1** Perteneciente al colegio. ‖ m. y f. **2** Estudiante que asiste a un colegio
COLEGIARSE prnl. **1** Reunirse en colegio los individuos de una misma profesión. **2** Inscribirse en un colegio profesional.
COLEGIATA f. IGLESIA COLEGIAL.
COLEGIO m. **1** Establecimiento de enseñanza. **2** Sociedad o corporación de personas de la misma profesión. ‖ **COLEGIO ELECTORAL** *Polít.* Grupo de electores de un mismo distrito, y lugar donde votan. ‖ **COLEGIO MAYOR** Residencia de estudiantes universitarios en la que están sometidos a cierto régimen.
COLEGIR tr. **1** Juntar. **2** Inferir, deducir una cosa de otra. ♦ IRREG. Se conjuga como REGIR.
COLELITIASIS f. *Pat.* Producción de cálculos biliares en la vesícula o los conductos biliares.
COLEMAN, BILL Trompetista de jazz estadounidense (París, Kentucky, 1904 - Toulouse, 1981). Influido por Armstrong en sus comienzos, llegó a conseguir un estilo personal gracias a sus expresivas modulaciones.
COLÉMBOLO, LA adj. y m. *Zool.* **1** Se dice de los insectos apterigotos, caracterizados por ser los más primitivos de los actuales. ‖ m. pl. *Zool.* **2** Orden de estos insectos.
COLEMIA f. *Pat.* Presencia de bilis en la sangre.
COLÉNQUIMA m. *Bot.* Tejido de sostén formado por células vivas, isodiamétricas o alargadas, con membrana fina, intermitente unidas y sin meatos. **2** *Zool.* Mesénquima localizado en la pared del cuerpo de muchos invertebrados, como las esponjas, formado por células estrelladas en un plasma gelatinoso.
CÓLEO m. *Bot.* Nombre de varias plantas herbáceas de la familia labiadas, género *Coleus*, con hojas dentadas y flores pequeñas en racimo que se cultivan para ornamento.
COLEO- pref. **1** COLE-. **2** Significa vaina, estuche.

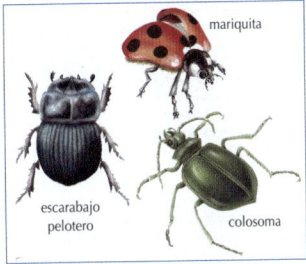

mariquita
escarabajo pelotero
colosoma

coleópteros

COLEÓPTERO, RA adj. y m. *Zool.* **1** Se dice de los insectos que tienen caparazón consistente y el primer par de alas (élitros) endurecido, formando una especie de estuche que protege al segundo par de alas membranoso (en algunos casos, este par desaparece). Pertenecen a este grupo los escarabajos, mariquita, gorgojo y luciérnaga. ‖ m. pl. *Zool.* **2** Orden de estos insectos.
CÓLERA f. **1** Enojo. ‖ m. *Med.* **2** Enfermedad aguda infectocontagiosa que afecta al hombre, provocada por la bacteria *Vibrio comma*, y caracterizada por vómitos repetidos, abundantes deposiciones, delirio, estupor y coma. Se transmite por agua y alimentos contaminados.

coliseo. Anfiteatro Flavio (Roma).

COLÉRICO, CA adj. **1** Perteneciente a la cólera o al cólera. **2** Que se enfada fácilmente. **3** *Med.* Se dice de uno de los cuatro tipos humanos establecidos por Hipócrates. También m.
COLERIDGE, SAMUEL TAYLOR Poeta, crítico y filósofo británico (Ottery Saint Mary, 1772 - Highgate, Londres, 1834). Teórico y crítico del Romanticismo inglés, con algunos de sus poemas inició este movimiento en su país. Es autor de los libros de poemas *Baladas líricas* (1798), escrito en colaboración con Wordsworth; *Christabel* (1800); *Kubla Khan* (1816), y *Hojas sibilinas* (1817). De sus obras en prosa destacan *El manual del estadista* (1816), *Biografía literaria* (1817) y *Ayudas para la reflexión* (1825).
COLESTEREMIA f. *Pat.* Niveles altos de colesterol en sangre.
COLESTEROL m. *Quím.* Sustancia grasa que producen todas las células de vertebrados, especialmente las del hígado, piel e intestino, y que se localiza, sobre todo, en el tejido nervioso. Es importante para el buen funcionamiento del organismo, pero su acumulación puede originar enfermedades.
COLETA f. **1** Mechones de pelo recogidos a partir de la nuca, con una cinta o pasador, que tiene forma de cola. ‖ **cortarse la coleta** fr. *Taurom.* Dejar su oficio el torero. También, apartarse uno de alguna afición.
COLETAZO m. **1** Golpe dado con la cola. **2** Última manifestación de una actividad próxima a extinguirse.
COLETILLA f. **1** Añadidura al final de un escrito o discurso. **2** Palabra o palabras que se repiten constantemente durante la conversación.
COLETO m. **1** fig. y fam. Cuerpo humano. **2** fig. y fam. Interior de una persona.
COLETTE (SIDONIE GABRIELLE, llamada) Escritora francesa (Yonne, 1873 - París, 1954). Sus primeras novelas, la serie *Claudine* (1900-03), aparecieron publicadas bajo el nombre de *Willy*, pseudónimo de su marido, H. Gauthiers-Villars. Sus obra explora dos universos contradictorios: uno tranquilo, natural, basado en sus recuerdos de infancia y en la exaltación del amor maternal (*La casa de Claudina*, 1922; *Al rayar el día*, 1928; y *Sido*, 1929); y otro doloroso y marginal (*La vagabunda*, 1911; *Chérie*, 1920; y *La gata*, 1933).
COLGADO, DA adj. fig. y fam. **1** Se dice de la persona burlada o frustrada en sus esperanzas. **2** Totalmente pendiente de algo. **3** Aturdido, atontado por los efectos del alcohol y las drogas.
COLGADOR m. Utensilio para colgar ropa.
COLGADURA f. Tela con que se cubre y adorna una pared, un balcón, etc., con motivo de alguna celebración. Más en pl.
COLGAJO m. **1** Cualquier trapo que cuelga. **2** Frutas que se cuelgan para conservarlas.
COLGANTE adj. y m. **1** Que cuelga. ‖ m. **2** Joya que pende o cuelga.
COLGAR tr. **1** Poner una cosa pendiente de otra, sin que llegue al suelo. **2** Adornar con tapices o telas. **3** fig. y fam. AHORCAR. **4** fig. Imputar, achacar. **5** Abandonar una profesión o actividad. ‖ intr. **6** Estar una cosa en el aire pendiente de otra, como las campanas. **7** Aplicado a vestidos, tapices, etc., bajar una parte de sus bordes más que la otra. **8** Interrumpir una conversación telefónica. ‖ prnl. **9** Hacerse adicto a una droga. ♦ IRREG. Se conjuga como CONTAR.
COLHUÉ HUAPÍ Lago de Argentina, provincia de Chubut; 803 km².
-COLIA, -COLÍA sufs. COLE-.
COLIBACILO m. *Biol.* Bacteria en forma de bastón (*Escherichia coli*), que vive en el intestino del hombre y de los animales.
COLIBRÍ m. *Zool.* Nombre común de un numeroso grupo de aves apodiformes de la familia troquílidos. Por lo general, tienen brillante colorido, tamaño muy pequeño, y pico largo y fino. Vuelan haciendo vibrar las alas a gran velocidad. Son nativos de América.
CÓLICO, CA adj. **1** *Anat.* Perteneciente al intestino colon. ‖ m. **2** *Pat.* Dolor agudo, localizado en los intestinos y caracterizado por violentos retortijones, sudores y vómitos. ‖ **CÓLICO BILIAR** *Pat.* COLELITIASIS. ‖ **CÓLICO MISERERE** *Pat.* Oclusión intestinal que determina un estado gravísimo. ‖ **CÓLICO NEFRÍTICO** o **RENAL** *Pat.* Dolor muy violento producido por el paso de un cálculo del riñón a las vías urinarias.
COLICUAR tr. y prnl. Derretir o desleír.
COLÍDER m. Persona que es líder junto con otra u otras.
COLIFLOR f. *Bot.* Variedad de COL, de nombre científico *B. o. var. botrytis*. Presenta una inflorescencia carnosa, de color blanco, apreciada como alimento.
COLIGARSE prnl. y tr. Unirse unos con otros para algún fin.
COLIGNY, GASPAR DE Almirante francés (Chatillon-sur-Loing, 1519 - París, 1572). Nombrado almirante (1552), destacó su actuación en la batalla de San Quintín (1557), pese a ser derrotado y apresado por los españoles. Abrazó el calvinismo y se convirtió en jefe militar de los hugonotes. Catalina de Medicis lo hizo asesinar en la Noche de San Bartolomé.
COLIGÜE m. *Bot. Arg.* y *Chile* Planta de la familia gramíneas, muy ramosa y trepadora.
COLILLA f. Resto del cigarro que se tira.
COLIMA 1 Estado de México; 5.191 km² y 515.313 h. **2** Ciudad capital del Estado de su nombre; 106.967 h. Fundada en 1522.
COLIMA, NEVADO DE Pico volcánico de México, en el Estado de Jalisco; 4.330 m.
COLIMADOR m. *Astron.* Anteojo montado sobre los grandes telescopios astronómicos para obtener un haz de rayos paralelos. **2** *Fís.* En ciertos aparatos ópticos, la parte que tiene por misión colimar los rayos luminosos.
COLIMAR tr. Obtener un haz de rayos paralelos a partir de un foco luminoso.
COLIMBIFORME adj. y m. *Zool.* **1** Se dice de las aves con el pico alargado y cónico, alas y cola reducidas, y pies palmeados. Pertenecen al grupo del somormujo y el zampullín. ‖ m. pl. *Zool.* **2** Orden de estas aves.
COLIMBO m. *Zool.* Nombre común de varias aves de la familia gávidos, género *Gavia*.
COLIMENSE o **COLIMEÑO, ÑA** adj. y s. De Colima, México.
COLÍN, NA adj. **1** Se dice del animal que tiene la cola cortada. ‖ m. **2** Barrita de pan larga y del grueso de un dedo.
COLINA f. **1** Elevación menor del terreno. **2** *Quím.* Sustancia de carácter básico que constituye una de las vitaminas del complejo B.
COLINABO m. *Bot.* Berza de nombre científico *Brassica napobrassica* de hojas sueltas, sin repollar, y raíz comestible, carnosa y amarillenta.
COLINDAR intr. Lindar entre sí dos o más fincas.
COLINEAL adj. *Geom.* Se dice de cada uno de los puntos de una misma recta.
COLIRIO m. *Farm.* Líquido medicamentoso que se emplea en las enfermedades de los ojos.
COLIRROJO m. *Zool.* Nombre de varias aves paseriformes de diferentes géneros, pequeño tamaño y con la cola de color castaño rojizo.
COLISEO m. Edificio o sala construida para espectáculos públicos. Dicho nombre proviene del anfiteatro Flavio, de Roma, que vino a llamarse de esta manera por existir frente a él una estatua *colosal* del emperador Domiciano.

COLISIÓN f. **1** Choque de dos cuerpos. **2** Encuentro con lucha entre dos grupos de personas. **3** fig. Oposición y pugna de ideas, principios o intereses.

COLISTA adj. y com. *Dep.* Jugador o equipo que ocupa el último lugar en una competición.

COLITIS f. *Pat.* Inflamación del intestino grueso o colon. ♦ Su pl. es *colitis*.

COLLADO m. *Geol.* **1** Cerro pequeño. **2** Depresión suave por donde se puede pasar fácilmente de un lado a otro de una sierra.

COLLAGE m. *Arte.* **1** Composición pictórica sobre cuyo lienzo o tabla se pegan elementos heterogéneos (recortes de papel, trozos de tela, mármol, fotografías, vidrio). Fue empleada por cubistas, dadaístas, surrealistas y otros movimientos. **2** Obra pictórica realizada con esta técnica.

COLLAR m. **1** Adorno que rodea el cuello. **2** Insignia de algunas magistraturas, dignidades y órdenes de caballería. **3** Aro que se ciñe al pescuezo de los animales domésticos para adorno, sujeción o defensa. **4** *Mec.* Anillo que abraza cualquier pieza circular de una máquina. **5** *Zool.* Faja de plumas que ciertas aves tienen alrededor del cuello.

COLLAREJA f. *Zool.* **1** *Col.* Especie de paloma silvestre. **2** *C. Rica* y *Méx.* COMADREJA.

COLLARÍN m. **1** *Med.* Aparato ortopédico que rodea el cuello y se emplea para inmovilizar las vértebras cervicales. **2** Alzacuello de los eclesiásticos.

COLLARINO m. *Arquit.* Parte inferior del capitel, entre el astrágalo y el tambor.

COLLASUYU TAHUANTINSUYU.

COLLAZO, ZA m. y f. **1** HERMANO DE LECHE. **2** Compañero o compañera de servicio en una casa. || m. **3** Palo con que se recogen las gavillas.

COLLEJA f. *Bot.* Planta herbácea perenne perteneciente a la familia cariofiláceas, de nombre científico *Silene inflata*. Muy común en toda Europa.

COLLEONI, BARTOLOMEO Condotiero italiano (Solza, Bergamo, 1400 - Malpaga, 1475). De familia ilustre, se dedicó a la carrera de las armas contratado por Milán y Venecia alternativamente. Al final de su vida se retiró al castillo de Malpaga.

COLLERA f. **1** Collar de cuero o lona, relleno de borra o paja, que se pone en el cuello de las caballerías. **2** fig. Cadena de presidiarios. **3** *Col.* y *Chile* Gemelos de camisa.

COLLERÓN m. Collera de lujo para los caballos de los coches.

COLLIGUAY m. *Bot.* Chile Arbusto de la familia euforbiáceas cuya raíz tiene un jugo venenoso.

COLLINGWOOD, CUTHBERT, BARÓN DE Almirante inglés (Newcastle-upon-Tyne, 1750 - cerca de Menorca, 1810). Se distinguió en la batalla de Gibraltar y, después de la muerte de Nelson, tomó el mando de la escuadra del Mediterráneo (1805).

COLLINS, MICHAEL Político irlandés (Clonakilty, 1890 - Bandon, 1922). Miembro del movimiento feniano, participó en la rebelión de Pascua (1916). Participó en las negociaciones con los ingleses que condujeron al acuerdo sobre el reconocimiento del Estado Libre de Irlanda (1921). Asumió la presidencia del gobierno. Murió en una emboscada durante la guerra civil.

COLLINS, PHIL Cantante británico (Londres, 1951). En 1970 entró en el grupo *Genesis* como batería y cinco años más tarde se convirtió en su cantante solista. En 1981 decidió continuar su carrera en solitario. De sus trabajos destacan *Face Value*, *No Jacket Required*, *But Seriously* o *Serious Hits Live*.

COLLINS, WILLIAM Poeta británico (Chichester, 1721 - íd., 1759). En sus *Odas sobre diversos temas alegóricos y descriptivos* (1747) se reveló como precursor del romanticismo.

COLLINS, WILLIAM WILKIE Escritor británico (Londres, 1824 - íd., 1889). Está considerado uno de los creadores de la novela policiaca. Obras: *La reina de corazones* (1859), *La piedra lunar* (1868) y *Yo digo que no* (1884).

COLLODI, CARLO (CARLO LORENZINI, llamado) Escritor italiano (Florencia, 1826 - íd., 1890). Alcanzó celebridad con el relato infantil *Pinocho* (1880-83). Autor además de *Cuentos de hadas* (1876), *El viaje por Italia de Giannettino* (1876), *Minuzzolo* (1878) e *Historias alegres* (1887).

COLLOR DE MELLO, FERNANDO Político brasileño (Río de Janeiro, 1949). Ocupó la presidencia de la República (1990-92). Perdió el cargo al verse implicado en un escándalo político y financiero.

COLMADO, DA adj. **1** Abundante, copioso. || m. **2** Establecimiento donde se sirven comidas especiales. **3** Tienda de comestibles.

COLMAN, RONALD Actor de cine estadounidense de origen inglés (Richmond, 1891 - Santa Bárbara, 1958). Se consagró en *La hermana blanca* (1922). Sus mayores triunfos vinieron con el cine sonoro: *Historia de dos ciudades* (1935), *El prisionero de Zenda* (1937) y *Doble vida* (1948).

COLMAR tr. **1** Llenar una medida de modo que lo que se echa rebose los bordes. **2** fig. Dar con abundancia. **3** fig. Satisfacer los deseos plenamente.

COLMAR Ciudad de Francia, capital del departamento de Alto Rhin; 63.498 h. Centro vinícola.

COLMENA f. **1** *Zool.* Lugar natural o recipiente de corcho, madera, mimbre, embarrados, etc., que sirve de habitación a las abejas, para que depositen los panales que fabrican. **2** fig. Lugar donde vive mucha gente apiñada.

COLMENILLA f. *Biol.* Hongo de color amarillento oscuro. Es comestible.

COLMILLO m. **1** *Anat.* Diente agudo y fuerte, colocado entre el más lateral de los incisivos y la primera muela. **2** *Zool.* Cada uno de los dos dientes en forma de cuerno que tienen los elefantes. || **tener** uno **el colmillo retorcido** fr. fig. y fam. Ser astuto y difícil de engañar.

COLMO m. **1** Porción de materia árida que sobresale por encima de los bordes del vaso que la contiene. **2** fig. Complemento o término de alguna cosa. || **ser** una cosa **el colmo** fr. fig. y fam. Ser desmesurada, sorprendente o intolerable.

COLO- pref. COLA-.

COLOCACIÓN f. **1** Acción y efecto de colocar. **2** Empleo u destino.

COLOCAR tr. y prnl. **1** Poner a una persona o cosa en su debido lugar. **2** Poner a uno en un empleo. || tr. **3** Hablando de dinero, invertirlo. || prnl. **4** Ponerse a tono con la bebida o con la droga; estar bajo sus efectos.

COLOCASIA f. *Bot.* Hierba perteneciente a la familia aráceas originaria de la India.

COLOCOLO m. *Zool. Chile* Especie de gato montés.

COLOCOLO Cacique araucano (Antofagasta, 1515 - Lomaco, 1561). Sucesor de Caupolicán, venció a Valdivia en la batalla de Tucapel y después a Villagrán. Sufrió luego varias derrotas y se vio obligado a firmar el primer tratado de paz entre españoles y araucanos (1559). Alzado en armas nuevamente, murió en el combate de Lomaco.

COLODIÓN m. *Quím.* Nitrocelulosa disuelta en una mezcla 1:7 de alcohol y éter.

COLODRA f. **1** Vasija o vaso de madera. **2** Vaso rústico de cuerno.

COLODRILLO m. *Anat.* Parte posterior de la cabeza.

COLOFÓN m. **1** Anotación al final de los libros, que expresa el nombre del impresor y el lugar y fecha de la impresión. **2** Frase, actitud, decisión complementaria que pone término a una cosa.

COLOFÓN *Geog. hist.* Antigua ciudad jónica de Asia Menor, al NO de Éfeso, que floreció en los siglos VII y VI a. C.

COLOFONIA o **COLOFONÍA** f. *Quím.* Resina sólida, residuo de la destilación de la trementina.

COLOFONITA f. *Miner.* Granate de color verde claro.

COLOIDE adj. *Quím.* **1** Se dice del cuerpo que al disgregarse en un líquido aparece como disuelto. || m. *Quím.* **2** Partícula con diámetro inferior a dos micras (0,002 mm).

COLOLO Nevado de los Andes, en Bolivia, departamento de La Paz; 5.915 m.

COLOMA, LUIS Escritor y jesuita español (Jerez de la Frontera, 1851 - Madrid, 1914). Escribió algunos cuentos, novelas cortas e históricas, como *La reina mártir* (1902) y *Jeromín* (1905-07). Su novela más conocida es *Pequeñeces* (1891).

COLOMBANO, SAN COLUMBANO, SAN.

COLOMBI- pref. COLOMBO-.

COLOMBIA (República de Colombia) Estado de América del Sur. Limita al N con Panamá y el mar Caribe; al E, con Venezuela; al S, con Ecuador, Perú y Brasil, y al O, con el océano Pacífico.

Superficie: 1.141.748 km².
Población: 40.214.723 h. (colombianos).
Densidad: 37,1 h./km².
Tasa de natalidad: 23,4‰.
Tasa de mortalidad: 5,8‰.
Capital: Bogotá.
Ciudades principales: Cali, Medellín, Barranquilla, Cartagena, Bucaramanga, Manizales.
Grupos étnicos: mestizos (57%), blancos (26%), indígenas (9,1%), negros (7,9%).
Religión: catolicismo (85%).
Idioma: español.
Moneda: peso colombiano.
Forma de Estado: república presidencialista con dos Cámaras legislativas.
Producto Nacional Bruto: 100.667 millones de dólares.
Renta per cápita: 2.470 dólares.
División administrativa: 32 departamentos y el distrito especial de Bogotá, según cuadro.

GEOG. *Geografía física.* Es el único país sudamericano con fachada a dos océanos, el Atlántico y el Pacífico. En su sector occidental dominan las montañas, debido a la presencia de los Andes, que forman tres alineaciones (Occidental, Central y Oriental), separadas por los valles del Cauca y del Magdalena. Aquí se alcanzan las máximas alturas (Huila, 5.750 m), junto con las de Sierra Nevada de Santa Marta, en el N (Cristóbal Colón, 5.775 m). El sector oriental no presenta elevaciones de interés, y está formado por los Llanos y la Amazonia, que pertenecen hidrográficamente a las cuencas del Orinoco y Amazonas, respectivamente. El clima es ecuatorial en la Amazonia y tropical húmedo en el resto. La vegetación pasa de la selva ecuatorial al bosque claro y la sabana, hasta llegar a la vegetación de montaña en los Andes.

Geografía humana y económica. La población se asienta en los valles fluviales, las cordilleras y la costa del mar Caribe. Algo más de la mitad de ésta es mestiza, y los indígenas, muy escasos, se asientan en la Amazonía y los departamentos de Cauca y La Guajira. Su economía es fundamentalmente agraria. Los cultivos más importantes son los de banano, caña de azúcar, café, algodón, etc. Cría del ganado vacuno en forma extensiva en el Caribe y los Llanos Orientales. Posee una gran riqueza maderera. Poseé más del 40% de las reservas de carbón de América Latina en El Cerrejón (La Guajira). Asimismo cuenta con petróleo, níquel, hierro, oro, platino, esmeraldas y sal. Industria textil, de alimentos procesados, metalmecánica y petroquímica. Exporta café, petróleo, y sus derivados, carbón, azúcar, flores y textiles.

Colmar (Francia). Viviendas típicas en la calle de los Agustinos.

COLOMBIA

Departamentos / Distrito capital	Superficie (km²)	Población (h.)	Capital
Amazonas	109.655	80.487	Leticia
Antioquia	63.612	5.761.175	Medellín
Arauca	23.812	281.435	Arauca
Atlántico	3.388	2.370.753	Barranquilla
Bolívar	25.987	2.231.164	Cartagena
Boyacá	23.189	1.413.064	Tunja
Caldas	7.888	1.172.510	Manizales
Caquetá	88.965	465.078	Florencia
Casanare	44.640	325.389	Yopal
Cauca	29.308	1.367.496	Popayán
Cesar	22.905	1.053.123	Valledupar
Chocó	46.530	416.318	Quibdó
Córdoba	25.020	1.369.764	Montería
Cundinamarca	24.210	2.340.894	Bogotá
Guainía	72.238	43.194	Puerto Inírida
Guaviare	42.327	133.411	San José del Guaviare
Huila	19.890	996.617	Neiva
La Guajira	20.848	526.148	Riohacha
Magdalena	23.188	1.406.126	Santa Marta
Meta	85.635	772.853	Villavicencio
Nariño	33.268	1.775.973	Pasto
Norte de Santander	21.658	1.494.219	Cúcuta
Putumayo	24.885	378.790	Mocoa
Quindío	1.845	612.719	Armenia
Risaralda	4.140	1.025.539	Pereira
San Andrés y Providencia	52,5	83.403	San Andrés
Santander	30.537	2.086.649	Bucaramanga
Sucre	10.917	870.219	Sincelejo
Tolima	23.582	1.316.053	Ibagué
Valle del Cauca	22.140	4.532.378	Cali
Vaupés	54.135	33.142	Mitú
Vichada	100.242	96.138	Puerto Carreño
Bogotá	*1.605*	*7.185.889*	

HIST. **Periodo precolombino.** En este territorio confluyeron en la etapa precolombina varias influencias culturales procedentes de Mesoamérica, de la zona andina central, de las Antillas y del área amazónica. Los restos más antiguos son la cultura megalítica de San Agustín, desarrollada al pie del Macizo colombiano. La cultura tairona se desarrolló en la Sierra Nevada de Santa Marta. Esta cultura fue invadida por los caribes. En el altiplano se desarrolló la cultura chibcha o muisca. Poseían una excelente metalurgia y desarrollaron una agricultura del maíz, la patata y el algodón. En las tierras bajas atlánticas los caribes desplazaron a anteriores comunidades chibchas y arahuacas.

Colonización española. Los primeros europeos que exploraron las costas del norte fueron los españoles Alonso de Ojeda y Juan de la Cosa (1499). En 1509, Ojeda y Diego de Nicuesa fueron enviados por Fernando el Católico a colonizar el territorio de Tierra Firme. En 1522, una expedición, al mando de Pascual de Andagoya, llegó a la actual Buenaventura, y Francisco Pizarro con Diego de Almagro, siguiendo la ruta de Andagoya, exploraron el resto del litoral colombiano del Pacífico (1524-26). La primera ciudad fundada en Colombia fue Santa María la Antigua del Darién (1510), a la que siguieron Santa Marta (1525), por Rodrigo de Bastidas, Cartagena (1533), Popayán y Cali (1536). En 1538, Gonzalo Jiménez de Quesada fundó Santa Fe de Bogotá, y el territorio pasó a denominarse Nuevo Reino de Granada. En 1544, llegó el visitador Díaz de Armendáriz con la instrucción de hacer cumplir las Leyes Nuevas, y el reino fue incorporado a la audiencia de Santo Domingo, hasta que en 1549 se creó la audiencia de Santa Fe de Bogotá, dependiente del virreinato de Lima. Con las reformas borbónicas, se creó el virreinato del mismo nombre (1718), suspendido en 1724, y vuelto a restaurar en 1739.

Primeros movimientos independentistas. A finales del siglo XVIII se produjeron varios movimientos precursores de la independencia, como el levantamiento de los comuneros del Socorro (1781). La llegada de las noticias sobre la situación en España espoleó los movimientos emancipadores. La rebelión de Quito (1809), que estaba incluida en el virreinato de Nueva Granada, fue duramente reprimida por el virrey Amar y Borbón, lo que provocó una serie de insurrecciones. En 1810 el virrey fue depuesto y sustituido (20 de julio) por una junta suprema del Nuevo Reino de Granada. En marzo de 1811 se proclamó la república de Cundinamarca, con sede en Bogotá y presidida por José Tadeo Lozano, de tendencia federalista, depuesto por Antonio Nariño, centralista. Pero la división entre centralistas y federalistas motivó la creación de la Federación de las Provincias Unidas, con sede en Tunja. Nariño se hizo proclamar dictador perpetuo y, en 1813, proclamó la independencia. Los realistas, partidarios de España, aprovecharon estas diferencias y se hicieron fuertes en Pasto y Popayán, tomaron Santa Marta y sitiaron Cartagena. Nariño fue hecho prisionero y enviado a España. El levantamiento también fue sofocado en Venezuela, y Simón Bolívar llegó a Nueva Granada, donde fue nombrado jefe del ejército de la Federación, pero las diferencias internas le obligaron a marchar a Jamaica, y el país fue reconquistado por Morillo para el bando realista (1816).

Bolívar y la liberación de Nueva Granada. En 1818, Bolívar, tras avanzar en Venezuela, envió a Francisco de Paula Santander a luchar contra Morillo, y tras la victoria de Santander en Casanare (1819), Bolívar comenzó la liberación de Nueva Granada. Cruzó los Andes, venció en la batalla del puente de Boyacá (1819) y entró triunfante en Bogotá. En diciembre de 1819 se constituyó en Angostura la república de la Gran Colombia. Pese a las tensiones entre federalistas y centralistas, el congreso de Cúcuta dividió la república en tres departamentos (Colombia, Ecuador y Venezuela), con el gobierno en Bogotá. Pero el proyecto de Bolívar no fue unánimemente aceptado: en 1826, Páez se rebeló en Venezuela, mientras que las diferencias entre Santander y Bolívar se iban agrandando. En 1828, Bolívar depuso a Santander, pero no pudo evitar la escisión de Venezuela (1829) y Ecuador (1830).

De la República de Nueva Granada a la República de Colombia. En noviembre de 1831 se proclamó la república de Nueva Granada, se aprobó una constitución (1832) y Santander fue proclamado presidente. Su actuación liberal fue seguida por una serie de gobiernos conservadores. En 1843, bajo el presidente Herrán se aprobó una nueva constitución que establecía un sistema centralista. En 1849 resultó elegido José Hilario López, que inició una reforma liberal en España y en la economía colombiana. En 1853, gracias al apoyo de estos grupos, resultó elegido presidente José María Obando. Se aprobó una nueva constitución de carácter federalista, pero la reacción de los conservadores y los liberales moderados destituyó a Obando, a la vez que se deportaban numerosos artesanos a Panamá. Apoyándose en la constitución federalista, Panamá y otros Estados (Antioquia, Santander, Cauca, etc.) se proclamaron soberanos, y en 1858 se constituyó la Confederación Granadina, que pasó a denominarse Estados Unidos de Colombia en 1861. Finalmente, en 1886 un nuevo texto constitucional confería el carácter unitario al país, que desde entonces recibe el nombre actual de República de Colombia.

Siglo XX. En 1899 estalló la llamada *guerra de los mil días,* entre liberales y conservadores, y en 1903 se produjo la secesión de Panamá, apoyada por EE UU. La economía colombiana comenzó a reactivarse con la producción del café, especialmente tras la Primera Guerra Mundial. La crisis económica mundial de 1929 provocó la llegada al poder de los liberales bajo Enrique Olaya. Pero nuevamente la división entre los liberales provocó que en las elecciones de 1946 resultara elegido el conservador Mariano Ospina. El asesinato del líder liberal Jorge Eliecer Gaitán, en abril de 1948, provocó una revuelta popular conocida como el *bogotazo.* La represión de la revuelta significó el surgimiento del movimiento guerrillero colombiano. Entre 1953 y 1957 los militares dirigieron el gobierno colombiano. Liberales y conservadores formaron en 1958 un Frente Nacional que estuvo vigente hasta 1974, por el que ambos partidos se turnarían pacíficamente en el ejercicio del poder. Convocadas por el liberal Carlos Lleras Restrepo, las elecciones de 1970 dieron el triunfo a Misael Pastrana, conservador, que debió hacer frente a un auge importante de la actividad guerrillera. En este momento surgió un nuevo grupo guerrillero, el M-19 (Movimiento 19 de abril). Julio César Turbay Ayala (1978-82) trató de iniciar un movimiento de pacificación con la guerrilla, pero la oposición del ejército le hizo adoptar un plan de lucha armada. Su sucesor, el conservador Belisario Betancur (1982-86), potenció el papel de la comisión nacional de la paz, y aprobó una ley de amnistía. Los principales grupos guerrilleros, EPL, Fuerzas Armadas Revolucionarias de Colombia (FARC) y M-19, firmaron una tregua. Pero la situación entre el M-19 y el gobierno empeoró, y el 6 de noviembre de 1985 fuerzas del M-19 tomaron el tribunal supremo de justicia en Bogotá, que fue violentamente recuperado por el ejército. En las elecciones de 1986 resultó elegido el liberal Virgilio Barco, cuyo gobierno debió hacer frente al creciente poder de los narcotraficantes de cocaína. En 1990 se celebraron elecciones presidenciales, en las que triunfó el candidato del Partido Liberal, César Gaviria Trujillo. Un año después, fue aprobada la reforma constitucional. En las elecciones presidenciales de 1994 resultó vencedor el liberal Ernesto Samper. Su mandato se vio empañado por escándalos relacionados con el narcotráfico. En 1998, el Partido Conservador, liderado por Andrés Pastrana, venció en las elecciones presidenciales. Poco después, Pastrana abrió un proceso de negociaciones con el ELN y las FARC, pese a que ambos grupos mantuvieron las acciones armadas. Poco después, Pastrana inició un proceso de negociaciones con las FARC. Para ello se creó una zona de despeje en San Vicente del Caguán. Al mismo tiempo, sostuvo conversaciones con el ELN sin llegar a un acuerdo. En junio de 2000, Estados Unidos aprobó una ayuda de 990 millones de dólares para el país, denominada Plan Colombia. En enero de 2002, a raíz del rechazo de las FARC a los controles impues-

Colombia. Álvaro Uribe, presidente del país desde 2002.

tos por el ejército en los alrededores de la zona de distensión, Pastrana anunció su decisión de levantar la zona, lo que equivalía al fin de las negociaciones de paz. Pese a los intentos negociadores para salvar el proceso, en febrero las FARC secuestraron al senador Jorge Eduardo Gechem Turbay y Pastrana anunció el cese definitivo de los diálogos de paz. El ejército inició una ofensiva militar con el fin de recuperar la antigua zona de despeje, al tiempo que la guerrilla intensificó su escalada terrorista. Tras las elecciones presidenciales de 2002, Álvaro Uribe, de la formación Primero Colombia, se hizo cargo de la presidencia del país. Días después de asumir la presidencia, Uribe decretó el estado de excepción ante el recrudecimiento de la violencia en el país.

COLOMBIANO, NA adj. y s. De Colombia.

COLOMBICULTURA f. *Zool.* **1** Arte de criar palomas y fomentar su reproducción. **2** COLOMBOFILIA.

COLOMBINO, NA adj. Relativo a Cristóbal Colón o a su familia.

COLOMBO m. *Bot.* Planta de la familia menispermáceas, cuya raíz se emplea en medicina como astringente.

COLOMBO-, COLOMBI- prefs. que significan paloma.

COLOMBO Ciudad capital de Sri Lanka, de la provincia Occidental y del distrito de su nombre; 800.982 h. Puerto.

COLOMBO, EMILIO Político italiano (Potenza, 1920). Miembro de la Democracia Cristiana, fue primer ministro (1970-72) y ocupó diversas carteras y la presidencia del Parlamento europeo (1977-79).

COLOMBOFILIA f. *Zool.* Técnica de la cría de palomas, en especial mensajeras.

COLOMÍN, NA adj. y s. De Santa Coloma de Queralt, Tarragona.

COLON m. *Anat.* Parte inferior del intestino de los vertebrados.

COLÓN m. Unidad monetaria de Costa Rica y El Salvador.

COLÓN Departamento de Honduras; 8.875 km² y 164.000 h. Su capital es Trujillo.

COLÓN 1 Provincia de Panamá; 4.891 km² y 204.208 h. Minas de oro y manganeso. **2** Ciudad capital de la misma; 59.800 h.

COLÓN o **GALÁPAGOS** Archipiélago y provincia de Ecuador, región Insular, en el océano Pacífico, a 1.120 km de la costa; 8.010 km² y 18.555 h. Capital, Puerto Baquerizo Moreno. Descubierto por Tomás de Berlanga (1535), lo bautizó con el nombre de *islas Encantadas*.

COLÓN, ARCHIPIÉLAGO COLÓN o GALÁPAGOS.

COLÓN, BARTOLOMÉ Marino español de probable origen genovés (¿Génova?, 1437 - Santo Domingo, 1514). Marchó, comisionado por su hermano Cristóbal, a solicitar el apoyo del rey de Inglaterra, pero retornó cuando éste ya había regresado triunfante del primer viaje a América. En 1494 partió hacia el Nuevo Mundo en busca de su hermano, quien le nombró su adelantado y gobernador civil y militar de La Española (1496). Enviado preso a España (1500), acompañó a su hermano en su último viaje.

COLÓN, CRISTÓBAL Navegante español de probable origen genovés (¿Génova?, h. 1451 - Valladolid, 1506). Residió en Portugal (1476-84), donde contrajo matrimonio con Felipa Moniz Perestrelo. Pretendía llegar a Oriente por el Occidente y para ello solicitó sin éxito la ayuda de Juan II de Portugal. Llegó a España hacia 1484 e intentó atraer la atención de los Reyes Católicos, pero, preocupados éstos por la Reconquista, hubo de desistir y volvió a Portugal. También trató de interesar en su proyecto a Génova, Venecia, Francia e Inglaterra. Fracasadas estas gestiones, regresó a España y, con la protección de Juan Pérez, prior de La Rábida, consiguió la firma de las *Capitulaciones de Santa Fe*, según las cuales Colón recibió los títulos de almirante, virrey y gobernador de las tierras que descubriese. *Primer viaje* (1492-93): salió del puerto de Palos el 3 de agosto, al mando de las carabelas *Pinta*, *Niña* y *Santa María*, y llegó a la isla de Guanahaní (12 de octubre). Descubrió Cuba y La Española, donde fundó el fuerte de Navidad. Regresó a España y fue recibido triunfalmente en Barcelona. *Segundo viaje* (1493-96): salió de Cádiz y descubrió las islas Dominica, Guadalupe, Antigua y Puerto Rico. Regresó a Cádiz. *Tercer viaje* (1498-1500): salió de Sanlúcar de Barrameda y descubrió las islas de Trinidad, Tobago y Granada, y llegó al continente. En La Española fue apresado por Francisco Bobadilla, enviado por los reyes para investigar ciertas irregularidades. *Cuarto viaje* (1502-04): salió de Sanlúcar de Barrameda. Tocó en la Dominica y Puerto Rico, y llegó a Honduras y Panamá. Inició la historiografía americana con las *Cartas* que dirigió a los reyes y el *Diario* de sus viajes, donde además da noticias de sus impresiones sobre los habitantes y tierras descubiertos.

COLÓN, DIEGO Navegante español de probable origen genovés (¿Génova?, h. 1445 - Sevilla, 1515). Acompañó a su hermano Cristóbal en su segundo viaje al Nuevo Mundo. Fue gobernador de La Española (1494). Al igual que sus hermanos, regresó a España como prisionero.

COLÓN, DIEGO Marino español (Porto Santo, 1476 - Puebla de Montalbán, 1526). Hijo mayor de Cristóbal, heredó los derechos de su padre y desde 1509 hasta su muerte fue almirante y virrey de las Indias, con asiento en Santo Domingo.

COLÓN, FERNANDO o **HERNANDO** Bibliógrafo y cosmógrafo español (Córdoba, 1488 - Sevilla, 1539). Hijo de Cristóbal y de Beatriz Enríquez, acompañó a Carlos I en algunas expediciones y a su padre en su último viaje a América. Reunió una biblioteca de más de quince mil volúmenes que constituyeron la llamada Biblioteca Colombina. Escribió una *Vida del almirante don Cristóbal Colón* (1571).

COLONATO m. Sistema de explotación de las tierras por medio de colonos.

COLONIA¹ f. **1** Conjunto de personas que van de un territorio a otro, nacional o extranjero, para establecerse en él, y lugar donde se establecen. **2** *Hist. y Polít.* Territorio poseído y administrado por un país, situado fuera de sus fronteras y ordinariamente regido por leyes especiales. **3** *Biol.* Agrupación de microorganismos celulares, sobre todo bacterias. **4** *Ecol.* Agrupación de animales de la misma especie, muy frecuente entre los invertebrados, cuyos miembros desarrollan funciones especializadas.

COLONIA² f. AGUA DE COLONIA.

COLONIA Departamento de Uruguay; 6.106 km² y 117.380 h. Su capital es Colonia del Sacramento.

COLONIA (Köln) Ciudad de Alemania, Land de Renania del Norte-Westfalia; 965.697 h.

COLONIA, JUAN DE Arquitecto español de origen alemán (Colonia, 1408 - Burgos, 1481). Representante, junto a Enrique Egas, del estilo gótico flamígero en España, su obra más notables son las flechas terminales de la fachada de la catedral de Burgos. También inició la cartuja de Miraflores (1454), obra que continuó su hijo Simón.

COLONIA, SIMÓN DE Arquitecto y escultor español (Burgos, h. 1450 - ?, h. 1511). Hijo de Juan. Añadió el elemento mudéjar al estilo gótico flamígero imperante en la catedral burgalesa, la capilla del Condestable (1482), en la catedral burgalesa. Maestro mayor de la catedral de Sevilla, construyó en ella el cimborrio hundido en 1511 a causa de un seísmo. En la parte baja de la fachada de San Pablo de Valladolid dejó buena muestra de sus cualidades como escultor.

COLONIA DEL SACRAMENTO Ciudad de Uruguay, capital del departamento de Colonia; 19.077 h. Puerto en el Río de la Plata.

COLONIAJE m. *Amér.* Nombre que algunas repúblicas dan al período histórico en que formaron parte de la nación española.

Cristóbal **Colón**. Retrato de Joaquín Domínguez Bécquer. Monasterio de La Rábida (Huelva).

COLONIAL adj. **1** Relativo a la colonia. **2** ULTRAMARINO. **3** *Arte.* Se dice de cualquiera de las modalidades artísticas seguidas en los territorios colonizados por las potencias europeas. El arte colonial por excelencia es el surgido en las antiguas colonias españolas en América, desde la llegada de los españoles hasta la independencia americana. **4** IMPERIO COLONIAL.

COLONIALISMO m. *Hist.* y *Polít.* Sistema de relaciones internacionales basado en el dominio político y económico de unos pueblos sobre otros. El término colonialismo suele aplicarse a la expansión territorial iniciada por Europa en los siglos XV y XVI, época de los grandes descubrimientos geográficos, que se caracterizó fundamentalmente por la explotación económica y la dependencia política de la colonia con respecto a la metrópoli. En el siglo XIX, el expansionismo europeo, condujo a la creación de nuevas colonias en África, Asia y Oceanía.

COLONIZAR tr. **1** Establecer colonia en un país. **2** Invadir una especie un nuevo hábitat.

COLONNA Geneal. Familia romana, a la que pertenecieron personajes importantes, principalmente entre los siglos XII y XIV, como Colone Colonna, papa; Prospero Colonna, condotiero; Fabrizio Colonna, condotiero; y Marcantonio Colonna, que mandó la escuadra pontificia en la batalla de Lepanto.

COLONNA, VITTORIA Poetisa italiana (Marino, 1492 - Roma, 1547). Hija de Fabrizo Colonna, contrajo matrimonio con el español marqués de Pescara. Su poesía amorosa, neoplatónica, se publicó en *Rimas* (1536-46).

COLONO m. **1** El que habita en una colonia. **2** Labrador que cultiva, mediante un contrato de arrendamiento, las tierras de otra persona que es propietaria.

COLONO Geog. hist. Ciudad de la antigua Grecia, cerca de Atenas. Fue patria de Sófocles.

COLOQUIAL adj. Relativo a voces, frases, etc., usadas normalmente en la conversación.

COLOQUÍNTIDA f. *Bot.* Planta herbácea perteneciente a la familia cucurbitáceas, de nombre científico *Citrullus colochynthis*. Procede de los desiertos del N de África. **2** Fruto de esta planta.

COLOQUIO m. **1** Conversación entre dos o más personas. **2** Reunión en que se convoca a un número limitado de personas para que debatan un problema.

COLOR m. **1** *Fís.* Impresión que los rayos de luz reflejados por un cuerpo producen en el sensorio común por medio de la retina del ojo. **2** Color natural de la tez humana. **3** Sustancia preparada para pintar. **4** Colorido de una pintura. **5** fig. Carácter peculiar de algunas cosas. **6** Matiz de opinión o facción política. || **de color** loc. adj. y adv. Hablando de vestidos y telas, se dice de los que no son negros, blancos ni grises. También se aplica a las personas que no pertenecen a la raza blanca, especialmente a los negros. || **mudar uno de color** fr. fam. Alterarse una persona mostrándolo en un cambio del rostro. || **sacarle** a uno **los colores** fr. fig. Sonrojarle, avergonzarle. || **ver uno de color de rosa** las cosas fr. fig. y fam. Considerarlas de un modo halagüeño.

COLORACIÓN f. Estado o apariencia de un cuerpo que tiene color.

COLORADA GRANDE Laguna de Argentina, en la provincia de La Pampa; 135 km².

COLORADILLA f. *Zool. C. Rica* y *Hond.* Garrapatilla de color rojizo.

COLORADO, DA adj. **1** Que tiene color. **2** Que tiene color más o menos rojo.

COLORADO Monte de Bolivia, provincia de Potosí; 5.405 m.

COLORADO Río de Argentina; nace en la vertiente oriental de los Andes y desemboca en el océano Atlántico; 1.300 km.

COLORADO Río del SO de EE UU, que nace en las Montañas Rocosas, atraviesa la gran meseta del Colorado y desemboca en el golfo de California, tras 120 km de curso en territorio mexicano; 2.334 km. El gran poder erosivo de sus aguas dio lugar a profundos cañones, como el GRAN CAÑÓN DEL COLORADO.

COLORADO Estado central de EE UU; 269.619 km² y 4.301.261 h. Su capital es Denver. Gran riqueza mineral. Agricultura y ganadería.

COLORADO, MESETA DEL Región natural del SO de EE UU, de clima continental árido, constituida por un conjunto de altiplanicies cortadas por profundos cañones. Comprende parte de los Estados de Colorado, Utah, Arizona y Nuevo México.

COLORADO, PARTIDO o **ASOCIACIÓN NACIONAL REPUBLICANA** *Hist.* y *Polít.* Organización política de Paraguay de carácter conservador, nacionalista y anticomunista. Fue fundada en 1887 por el general Bernardino Caballero. Consiguió mantenerse en el poder desde su fundación hasta 1904.

COLORADO SPRINGS Ciudad de EE UU, en el Estado de Colorado, 345.127 h.

COLORADO DE TEXAS Río de EE UU, en el Estado de Texas, tributario del golfo de México; 1.400 km. Es navegable 500 km.

COLORANTE adj. y m. Que colora.
COLORAR tr. Dar de color o teñir alguna cosa.
COLORATURA f. *Mús.* Término que designa la ornamentación escrita de una melodía cantada.
COLOREAR tr. **1** Dar color. **2** fig. Dar alguna razón aparente para hacer una cosa poco justa. || intr. **3** Mostrar una cosa el color colorado que en sí tiene. **4** Tirar a colorado. También prnl.
COLORETE m. ARREBOL, afeite de color rojo.
COLORIDO m. **1** Disposición e intensidad de los diversos colores de una pintura. **2** fig. Pretexto o razón aparente para hacer una cosa.
COLORIMETRÍA f. *Quím.* Procedimiento de análisis químico fundado en la intensidad del color de las disoluciones.
COLORÍN adj. **1** *Chile* Pelirrojo. || m. **2** *Zool.* JILGUERO. **3** Color vivo y sobresaliente.
COLORISMO m. **1** *Pint.* Tendencia a dar exagerada preferencia al color sobre el dibujo. **2** *Lit.* Propensión a recargar el estilo con calificativos vigorosos o redundantes.
COLOSAL adj. **1** Relativo al coloso. **2** fig. De estatura mayor que la natural. **3** fig. Extraordinario, excelente.
COLOSIO MURRIETA, LUIS DONALDO Político mexicano (Magdalena del Kino, 1949 - Tijuana, 1994). Fue presidente del PRI (1988) y ministro de Desarrollo Social (1992). Candidato a las elecciones presidenciales de 1994, murió asesinado.
COLOSO m. **1** Estatua que excede mucho al tamaño natural. **2** fig. Persona o cosa que por sus cualidades sobresale muchísimo.
COLPA f. *Met.* Colcótar que se emplea para beneficiar la plata en algunos procedimientos de amalgamación.
COLPITIS f. *Pat.* Inflamación de la vagina.
COLPO-, **-COLPO** pref. o suf. que significan vagina.
COLPOSCOPIO m. *Med.* Instrumento empleado en el examen visual de la vagina y cérvix.
COLQUICÁCEO, A adj. y f. *Bot.* **1** Se dice de hierbas de la familia liliáceas, perennes, como el cólquico. || f. pl. *Bot.* **2** Subfamilia de estas plantas.
CÓLQUICO m. *Bot.* Hierba de la familia liliáceas, cuya raíz se emplea en medicina contra el reúma.
CÓLQUIDA *Geog. hist.* Antigua comarca de Asia, al E del Ponto Euxino y al S del Cáucaso. Se encuentra actualmente en la república de Georgia. Según la leyenda, los argonautas fueron a ella para la conquista del vellocino de oro.
COLT (Voz i.) m. Revólver de cilindro giratorio inventado por Samuel Colt en 1830.
COLT, SAMUEL Industrial e inventor estadounidense (Hartford, 1814 - íd., 1862). Inventó el revólver de su nombre, la batería submarina y el cable submarino aislado.
COLTRANE, JOHN Saxofonista de jazz estadounidense (Hamlet, 1926 - Huntington, 1967). Contribuyó decisivamente al nacimiento del *free-jazz*. Entre sus grabaciones destacan *Blue Train* (1957), *África* (1961) y *Ascension* (1965).
COLÚBRIDO adj. y m. *Zool.* **1** Se aplica a los reptiles escamosos, terrestres, arbóreos o acuáticos, llamados vulgarmente culebras. || m. pl. *Zool.* **2** Familia de estos reptiles.
COLUMBA *Astron.* La constelación Paloma, del hemisferio Sur.
COLUMBANO, SAN Religioso irlandés (Leinster, h. 540 - Bobbio, Italia, 615). Fundador de una regla monástica que concedía importancia a las prácticas ascéticas y que tuvo un gran auge en la Europa altomedieval.
COLUMBARIO m. **1** En los cementerios, conjunto de nichos. **2** *Arqueol.* Conjunto de nichos, donde los antiguos romanos colocaban las urnas cinerarias.
COLUMBIA Río del NO de EE UU, fronterizo entre los Estados de Washington y Oregón, que nace en las Montañas Rocosas (Canadá) y desemboca en el Pacífico; 2.044 km.
COLUMBIA Distrito federal de EE UU, a orillas del río Potomac, entre los Estados de Virginia y Maryland, donde se encuentra la capital, Washington; 176 km² y 572.059 h.
COLUMBIA Ciudad de EE UU, capital del Estado de Carolina del Sur; 110.840 h.
COLUMBIA BRITÁNICA Provincia del O de Canadá; 947.800 km² y 4.029.253 h. Su capital es Victoria.
COLUMBIFORME adj. y f. *Zool.* **1** Se dice de las aves de mediano tamaño, con el pico débil y las patas cortas. Pertenecen al grupo las palomas, tórtolas, gangas y ortegas. || f. pl. *Zool.* **2** Orden de estas aves.
COLUMBINO, NA adj. *Zool.* Perteneciente o semejante a la paloma.
COLUMBRAR tr. **1** Divisar. **2** fig. Conjeturar por indicios una cosa.
COLUMBRETE m. Mogote poco elevado en medio del mar.
COLUMBUS Ciudad de EE UU, Estado de Georgia; 182.219 h.

cólquico

COLUMBUS Ciudad de EE UU, capital del Estado de Ohio; 670.234 h. Centro agrícola y minero.
COLUMELA, LUCIO JUNIO MODERATO Escritor romano de origen español (Cádiz, 3 a. C. - Roma, 71 d. C.). Escribió la obra *De re rustica*, dividida en 13 libros, de los cuales el décimo, *De cultu hortorum*, está escrito en verso, si bien luego lo redactó en prosa.
COLUMNA f. **1** *Arquit.* Apoyo sensiblemente cilíndrico, compuesto por lo general de basa, fuste y capitel, y que sirve para sostener techumbres o adornar edificios. **2** *A. gráf.* En impresos, cualquiera de las partes en que suelen dividirse las planas de arriba abajo. **3** *Biol.* Cualquier estructura de un organismo que adopte forma vertical, como la columna vertebral. **4** *Fís.* Forma cilíndrica que toman algunos fluidos. **5** *Mat.* Disposición vertical que adoptan los números en la operación de adición. **6** fig. Persona o cosa que sirve de amparo o protección. **7** *Mil.* Conjunto de soldados o de unidades que se sitúan unos detrás de otros, cubriendo iguales frentes. || **COLUMNA ADOSADA** *Arquit.* La que está pegada a un muro u otro cuerpo de la edificación. || **COLUMNA COMPUESTA** *Arquit.* La perteneciente al orden compuesto. Sus proporciones son las de la corintia, y su capitel tiene las hojas de acanto del corintio con las volutas del jónico en lugar de caulículos. || **COLUMNA EXENTA** *Arquit.* La que está sin adosar a los muros ni a otra parte del edificio. || **COLUMNA SALOMÓNICA** *Arquit.* La que tiene el fuste contorneado en espiral, característica del arte barroco. || **COLUMNA VERTEBRAL** *Anat.* Serie articulada de vértebras que constituye la estructura característica de los vertebrados. En el hombre, la columna vertebral se compone de 7 vértebras cervicales, 12 dorsales, 5 lumbares, 5 sacras fundidas en el hueso sacro,

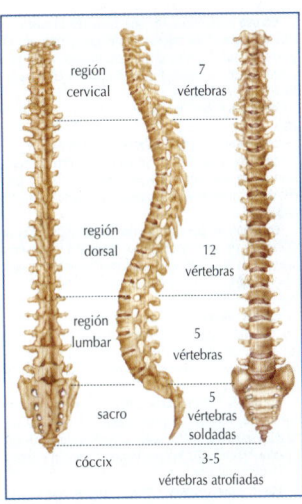

columna vertebral

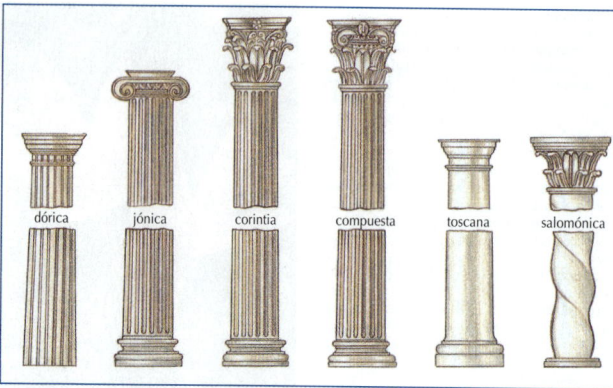

Tipos de **columna**.

y unas vértebras caudales degeneradas que forman una estructura ósea llamada cóccix. || **QUINTA COLUMNA** Polít. e Hist. Nombre dado por el general Mola, en los primeros meses de la Guerra Civil, a los partidarios de la causa nacionalista que se encontraban en la zona republicana.

COLUMNA, LA Pico de los Andes Venezolanos, en la cordillera de Mérida; 5.002 m. También es conocido por pico Bolívar.

COLUMNARIO, RIA adj. Num. Se dice de la moneda de plata acuñada en América durante el siglo XVIII con un sello en el que están esculpidas dos columnas y la inscripción plus ultra.

COLUMNAS DE HÉRCULES Hist. y Mit. Nombre que griegos y romanos dieron a los promontorios de Gibraltar (antigua Calpe), S de España y Abila, N de Marruecos, situados a ambos lados del estrecho de Gibraltar y que, según la leyenda, Hércules separó para comunicar el Mediterráneo con el Atlántico.

COLUMNATA f. Serie de columnas de un edificio.

COLUMNISTA com. Redactor o colaborador de un periódico, que escribe regularmente una columna.

COLUMPIAR tr. y prnl. **1** Impeler al que está puesto en un columpio. **2** fig. y fam. Mover el cuerpo de un lado a otro cuando se anda. || prnl. **3** fig. y fam. Equivocarse, errar ostentosamente.

COLUMPIO m. Cuerda fuerte atada en alto por sus dos extremos y en cuyo centro pende una tabla u objeto similar, donde puede sentarse y balancearse una persona.

COLUNGA Municipio y lugar de España, provincia de Asturias; 4.681 h. Turismo.

COLUNGE, GIL Político y escritor panameño (Ciudad de Panamá, 1831 - Tabio, Colombia, 1899). Formó parte de la primera asamblea del Estado federal de Panamá (1856). Luego fue diputado (1859) y presidente del país (1865-67). Autor de La virtud triunfante (1850) y la oda 28 de diciembre (1852).

COLURIA f. Med. Presencia de pigmentos biliares en la orina.

COLURO m. Astron. Cada una de las dos circunferencias máximas de la esfera celeste, que pasan por los polos del mundo, son normales al ecuador celeste, y cortan a éste y a la eclíptica en los puntos equinocciales o en los solsticiales.

COLUSIÓN f. Acción y efecto de pactar para causar daño a un tercero.

COLUTORIO m. Farm. Enjuagatorio medicinal.

COLUVIO m. Geol. Acumulación de materiales rocosos fragmentados, que se depositan en la base de taludes debido a arrastres provocados por agentes atmosféricos.

COLUVIÓN m. Geol. Acumulación de fragmentos de diferentes tamaños y composición que se mueven a favor de las pendientes. No se presentan estratificados, pero sí con una cierta ordenación. Son frecuentes en zonas montañosas.

COLVÍN, MARTA Escultora chilena (Chillán, 1917 - Santiago de Chile, 1994). Entre sus obras más importantes figuran Humus (1954), Signo solar (1962) y el Monumento a Sucre en la plaza del mismo nombre en Santiago.

COLZA f. Bot. Planta de la familia crucíferas, de nombre científico Brassica napus oleifera, del tipo de la col, de cuya semilla se extrae aceite usado en alimentación.

COM-[1] Forma que adopta el pref. CON- ante b o p: combatir, compadre.

COM-[2], **-COMO**, **-COMA**, **-COMIA** o **-COMÍA**, **-COMIO** pref. o sufs. que significan cabellera, cuidado, etc.: cromacomo, auricoma, gerocomía.

COMA[1] f. **1** Gram. Signo ortográfico (,) que sirve para indicar la división de las frases o miembros más cortos de la oración. **2** Mús. Parte en que se considera dividido el tono, y que corresponde a la diferencia entre uno mayor y otro menor.

COMA[2] m. Pat. Sopor profundo o estado de inconsciencia del que el paciente no puede despertarse, originado por ciertas enfermedades o traumatismos graves.

-COMA suf. COM-, de cabello.

COMA BERENICE Astron. Constelación del hemisferio Norte, pequeña y poco llamativa.

COMADRE f. **1** PARTERA. **2** Se llaman así recíprocamente la madrina y la madre de un niño y, por extensión, el padre y el padrino llaman así a la madrina. **3** fam. ALCAHUETA. **4** fam. Vecina y amiga de otra mujer.

COMADREAR intr. fam. Chismear, murmurar.

COMADREJA f. Zool. Mamífero carnívoro perteneciente a la familia mustélidos, de nombre científico Mustela nivalis. Mide unos 25 cm de longitud, tiene el cuerpo delgado, el hocico romo con grandes bigotes, las patas robustas y cortas, y los dedos con uñas. Vive en Europa, Asia y Norteamérica.

COMADRONA f. PARTERA.

COMAGENE Geog. hist. Antigua región de Siria, situada al NE de Alepo y atravesada por el Éufrates. Su capital fue Samosata. En la actualidad forma parte de Turquía asiática.

COMAL m. Amér. C. y Méx. Recipiente circular de piedra o barro sin vidriar, ligeramente cóncavo, que se utiliza para cocer tortillas de maíz o para tostar granos de café.

COMALIA f. Veter. Enfermedad que afecta al ganado lanar y consiste en una hidropesía general.

COMANCHE adj. **1** Etnol. e Hist. Se dice de un grupo amerindio que habitó en los actuales Estados de Texas, Oklahoma, Nuevo México, Colorado, Kansas, Nebraska y Wyoming. Sometidos por el general español Anza (1783), volvieron a la lucha y fueron el terror de las fronteras de México y EE UU durante todo el siglo XIX. En la actualidad habitan en el Estado de Oklahoma. Aplicado a personas, también com. **2** Relativo a este grupo. || m. Ling. **3** Lengua hablada por los comanches, perteneciente a la familia lingüística utoazteca.

COMANDANCIA f. **1** Empleo de comandante. **2** Comarca que está sujeta en lo militar a un comandante. **3** Edificio donde se hallan las oficinas de aquel cargo.

COMANDANTE m. Mil. Militar de categoría comprendida entre las de capitán y teniente coronel.

COMANDAR tr. Mandar un ejército, una plaza, un destacamento, una flota, etc.

comadreja

COMANDITA f. SOCIEDAD EN COMANDITA. || **en comandita** loc. adv. En grupo.

COMANDITAR tr. Econ. Aportar los fondos necesarios para una empresa comercial o industrial, sin contraer obligación mercantil alguna.

COMANDO m. **1** Mando militar. **2** Pequeño grupo de tropas de choque. **3** Tecnol. e Inform. Instrucción dada a un dispositivo electrónico para que ejecute una acción. Se usa sobre todo referido a ordenadores.

COMANECI, NADIA Gimnasta rumana (Gheorghe Gheorghiu-Dej, 1961). En los Juegos Olímpicos de Montreal (1976) consiguió el título olímpico en el concurso general y la medalla de oro en los aparatos de barra de equilibrio y paralelas asimétricas. En los Juegos Olímpicos de Moscú (1980) ganó la medalla de oro en ejercicios libres y barra fija, y con su equipo logró la medalla de plata en el completo.

COMARCA f. Geog. División de territorio que comprende varias poblaciones.

COMARCA DE SAN BLAS Provincia de Panamá; 2.357 km^2 y 35.000 h. Su capital es El Porvenir.

COMARCAR intr. **1** Lindar. || tr. **2** Plantar los árboles de modo que formen calles en todas direcciones.

COMATOSO, SA adj. Relativo al coma.

COMÁTULA f. Zool. Nombre común de varias especies de equinodermos crinoideos de vida libre.

COMAYAGUA Río de Honduras, afluente del Ulúa; 160 km.

COMAYAGUA 1 Departamento de Honduras; 5.196 km^2 y 257.000 h. **2** Ciudad capital del mismo; 37.226 h. Fundada en 1537, por A. de Cáceres. Fue capital de la república hasta 1880.

COMBA f. **1** Inflexión que toman algunos cuerpos sólidos cuando se encorvan. **2** Juego de niños que consiste en saltar por encima de una cuerda. **3** Esta misma cuerda. || **no perder comba** loc. fig. y fam. No desaprovechar ninguna ocasión favorable.

COMBAR tr. y prnl. Torcer, encorvar una cosa, como madera, hierro, etc.

COMBATE m. **1** Pelea entre personas o animales. **2** Mil. Acción bélica en la que intervienen fuerzas militares. **3** fig. Lucha interior del ánimo. **4** fig. Contradicción, pugna. || **fuera de combate** Dep. Locución que se aplica en boxeo cuando el árbitro cuenta los diez segundos reglamentarios a uno de los púgiles, que se encuentra en el suelo o incapacitado para proseguir la pelea, y es declarado perdedor. También m.

COMBATIENTE adj. **1** Que combate. Más como com. || com. Mil. **2** Cada uno de los soldados que componen un ejército. || m. Zool. **3** Ave caradriforme de nombre científico Philomachus pugnax. Se distribuye por el centro y N de Europa, e inverna en África y S de Asia.

COMBATIR intr. **1** PELEAR. También prnl. || tr. **2** Acometer, embestir. **3** fig. Tratándose de algunas cosas inanimadas, batir, sacudir. **4** fig. Atacar, reprimir. **5** fig. Contradecir, impugnar.

COMBATIVO, VA adj. Dispuesto o inclinado al combate.

COMBAZO m. Chile Puñetazo.

COMBE m. Geol. Valle erosivo excavado en la charnela de un anticlinal, dispuesto longitudinalmente al eje del pliegue y generado por un curso de agua.

COMBÉS m. **1** Espacio descubierto, ámbito. **2** Mar. Espacio en la cubierta de los barcos, desde el palo mayor hasta el castillo de proa.

COMBES, ÉMILE Político francés (Roquecourbe, 1835 - Pons, 1921). Dirigente del Partido Radical, fue ministro de Instrucción Pública, Bellas Artes y Cultos (1895-96) y presidente del gobierno (1902-05). Prohibió en 1904 a las congregaciones religiosas el ejercicio de la enseñanza, anuló el concordato de 1801 y planteó la separación de la iglesia y el Estado.

COMBI m. Electrodoméstico compuesto por un frigorífico y un congelador que pueden funcionar conjuntamente o por separado.

COMBINACIÓN f. **1** Acción y efecto de combinar. **2** Unión de dos cosas en un mismo sujeto. **3** Prenda interior que usan las mujeres. **4** Bebida compuesta de varios licores y bebidas. **5** Quím. Formación de un compuesto químico. || f. pl. **6** Agrupaciones diferentes que pueden formarse con un número dado de objetos, siendo indiferente la ordenación de los mismos.

COMBINADO, DA adj. y s. Compuesto de cosas diversas.

COMBINAR tr. **1** Unir cosas diversas, de manera que formen un conjunto. **2** fig. CONCERTAR, traer a identidad de fines. **3** Quím. Unir dos o más cuerpos en proporciones determinadas para formar un compuesto. También prnl. || prnl. **4** Ponerse de acuerdo dos o más personas para una acción conjunta.

COMBO, BA adj. **1** Se dice de lo que está combado. || m. **2** Tronco o piedra grande sobre la que se asientan las cubas. **3** Amér. Mazo, almadana. **4** Chile Puñetazo.

COMBRETÁCEO, A adj. y f. *Bot.* **1** Se dice de los árboles angiospermos dicotiledóneos, como el mirobálano. || f. pl. *Bot.* **2** Familia de estas plantas.

COMBURENTE adj. y m. *Quím.* Que hace entrar en combustión o la activa. Un ejemplo típico es el oxígeno.

COMBUSTIBLE adj. **1** Que puede arder. **2** Que arde con facilidad. || m. **3** Sustancia o materia que se quema para producir energía (leña, carbón, petróleo).

COMBUSTIÓN f. **1** Acción o efecto de arder o quemar. **2** *Quím.* Reacción química entre una sustancia combustible y otra comburente, acompañada de desprendimiento de energía (luz y calor).

COMECHINGÓN, NA adj. **1** *Etnol.* Se dice de un pueblo habitante de la sierra de Córdoba, Argentina, en la época de la conquista española. Aplicado a personas, también s. **2** Relativo a este pueblo. || m. *Ling.* **3** Idioma hablado por este pueblo.

COMECHINGONES, SIERRA DE LOS Sierra de Argentina, que recorre de N a S la provincia de Córdoba. Su punto culminante es el pico Champaquí.

COMECOCOS com. **1** fam. Persona o cosa alienante. **2** fam. Cosa que absorbe totalmente la atención y dedicación de alguien. ♦ Su pl. es *comecocos*.

COMECOME m. **1** COMEZÓN, picazón en el cuerpo. **2** fig. Desazón, preocupación.

COMECON Siglas del inglés *Council for Mutual Economic Assistance*. CONSEJO DE ASISTENCIA ECONÓMICA MUTUA.

COMEDERO, RA adj. **1** Que se puede comer. || m. **2** Recipiente donde se echa la comida a los animales. **3** COMEDOR, habitación destinada para comer.

COMEDIA f. **1** *Teat.* Poema dramático de enredo y desenlace festivos o placenteros. **[Encic.] 2** *Teat.* Poema dramático de cualquier género. **3** Género cómico. **4** TEATRO, edificio o lugar para representaciones escénicas. **5** fig. Suceso cómico de la vida real. **6** fig. Farsa o fingimiento. || **COMEDIA DE CAPA Y ESPADA** *Teat.* La de costumbres caballerescas. || **COMEDIA DE ENREDO** *Teat.* La de trama ingeniosa y complicada. || **COMEDIA DE FIGURÓN** *Teat.* Aquella en cuyo protagonista se pinta algún carácter o vicio ridículo y extravagante. || **COMEDIA MUSICAL** *Mús.* Denominación actual genérica, para las obras llamadas en otro tiempo opereta o zarzuela. || **COMEDIA PALLIATA** *Teat.* e *Hist.* En la Roma antigua, comedia hecha a imitación de la griega, en que los personajes vestían el *pallio* o manto griego. Fue sustituida por la comedia togada (*togata*). || **COMEDIA TOGADA** *Teat.* e *Hist.* En la Roma antigua, la inspirada en temas puramente romanos, cuyos personajes, al menos inicialmente, vestían la toga.

CINE., HIST., LIT. Y TEAT. La comedia griega, como la tragedia, nació de las fiestas dionisiacas. La nota dominante en la antigua comedia era la sátira personal o caricatura; pero esta forma fue abolida por Aristófanes, y desde entonces surgió la comedia crítica, que dio paso a la de costumbres. Después, tuvo Atenas la gran figura de Menandro. La comedia en Roma fue semejante a la griega, y en ella se distinguieron Plauto y Terencio. En el siglo XV, las representaciones semiprofanas, introducidas en las casas de los magnates, fueron adquiriendo carácter laico, y de allí trascendieron al pueblo. Así surgió en Italia, por calles y plazas, la llamada *Commedia dell' arte*, de inspiración particularmente veneciana. Desarrolló tipos convencionales que han perdurado como símbolos de valor universal: *Arlequín, Polichinela, Colombina, Pierrot*, etc. También en España, mediado el siglo XVI, era extraordinaria la afición por la comedia, que fue subrayando su sentido nacional, y culminó en el siglo XVII con Lope de Vega, Ruiz de Alarcón, Tirso de Molina y Calderón de la Barca. En Francia tuvo lugar un proceso semejante que alcanzó su cenit en el siglo XVII con Molière. La comedia contemporánea ofrece dos aspectos: teatral y cinematográfico. En aquél, destacan figuras como T. Bernard, M. Achard, L. Pirandello, B. Shaw, A. Adamov y E. Ionesco, y los españoles S. y J. Álvarez Quintero, J. Benavente, C. Arniches y M. Mihura. En su aspecto cinematográfico, han brillado directores como H. Hawks, F. Capra, E. Lubitsch, G. Cukor, B. Wilder, R. Clair y W. Allen, así como los actores B. Keaton, H. Lloyd, Ch. Chaplin, en el cine mudo, Laurel y Hardy, los hermanos Marx, W. Matthau, J. Lewis, M. Mastroianni y M. Moreno *Cantinflas*. En España destacan los directores L. García Berlanga, P. Almodóvar y F. Trueba, y los actores J. Isbert, M. Morán, G. Morales, A. Landa y A. Resines.

COMEDIANTE, TA m. y f. **1** ACTOR y ACTRIZ. **2** fig. y fam. Persona que aparenta lo que no siente.

COMEDIDO, DA adj. Cortés, prudente, moderado.

COMÉDIE FRANÇAISE Sociedad teatral y, por extensión, teatro oficial francés fundado en 1680, que aún permanece activo. Tiene su sede en París, en el teatro de su nombre.

COMEDIMIENTO m. Cortesía, moderación, urbanidad.

COMEDIÓGRAFO, FA m. y f. Persona que escribe comedias.

Corral de **comedias** de Almagro (Ciudad Real).

COMEDIRSE prnl. **1** Arreglarse, contenerse. **2** Disponerse para alguna cosa.

COMEDÓN m. *Med.* ESPINILLA, punto negro.

COMEDOR, RA adj. **1** Que come mucho. || m. **2** Habitación destinada en las casas para comer. **3** Mobiliario de esta habitación. **4** Establecimiento destinado a servir comidas.

COMEJÉN m. *Zool.* TERMITA.

COMEJENERA f. **1** Lugar donde se cría comején. **2** fig. y fam. *Venez.* Paraje donde se reúnen gentes de mal vivir.

COMENCINI, LUIGI Director de cine italiano (Salò, 1916). Especializado en películas de humor, ha dirigido *Prohibido robar* (1948), *Pan, amor y fantasía* (1953), *Pan, amor y celos* (1954), *Todos a casa* (1960), *El incomprendido* (1967), *El gran atasco* (1978) y *Marcelino, pan y vino* (1991).

COMENDADOR, RA m. y f. **1** Superior o superiora de algunas órdenes religiosas. **2** Caballero que tiene encomienda en alguna orden militar.

COMENDATORIO, RIA adj. Se dice de los papeles y cartas de recomendación.

COMENIUS (JOHANN AMOS KOMENSKY, llamado) Pedagogo checo (Nivnice, 1593 - Amsterdam, 1670). Miembro de la Unión de los hermanos bohemios, propugnó la igualdad de todos los hombres y la enseñanza directa. Autor de *Didáctica magna* (1632), *Laberinto del mundo y paraíso del corazón* (1632) y *El mundo ilustrado de los sentidos* (1658).

COMENSAL com. **1** Persona que vive a expensas de otra, en cuya casa habita. **2** Cada una de las personas que comen en una misma mesa.

COMENSALISMO m. *Ecol.* Asociación entre animales de distinta especie, en la cual uno de ellos vive a expensas del otro sin causarle daño alguno.

COMENTAR tr. **1** Explanar, declarar el contenido de un escrito, para que se entienda con más facilidad. **2** fam. Hacer comentarios.

COMENTARIO m. **1** Escrito que sirve de explicación de una obra. **2** Juicio emitido oralmente o por escrito, sobre personas, asuntos, cosas, etc.

COMENTARISTA com. **1** Persona que escribe comentarios. **2** Locutor de radio o televisión que transmite un acontecimiento.

COMENZAR tr. **1** Empezar, dar principio a una cosa. || intr. **2** Empezar, tener una cosa principio. ♦ IRREG. Se conjuga como ACERTAR.

COMER intr. **1** Masticar el alimento en la boca y pasarlo al estómago. También tr. **2** Tomar alimento. **3** Tomar la comida principal del día. || tr. **4** Tomar por alimento una u otra cosa. **5** fig. Gastar, consumir. **6** fig. Producir comezón física o moral algo. **7** fig. Gastar, corroer. **8** fig. En los juegos del ajedrez, de las damas, etc., ganar una pieza al contrario. **9** fig. Hablando del color, ponerlo la luz desvaído. || prnl. **10** Cuando se habla o escribe, omitir alguna cosa. **11** fig. Llevar uno encogidas prendas como calcetines, medias, etc., de modo que se van metiendo dentro de los zapatos. || **SIN COMERLO NI BEBERLO** loc. fig. y fam. Sin haber tenido parte en la causa o motivo del daño o provecho que se sigue.

COMERCIAL adj. **1** Perteneciente al comercio o a los comerciantes. **2** Se dice de aquello que tiene fácil aceptación en el mercado. || com. **3** Persona encargada de la venta de un producto.

COMERCIALIZADORA adj. y f. Empresa dedicada a comercializar productos.

COMERCIALIZAR tr. Dar a un producto condiciones y organización comerciales para su venta.

COMERCIANTE adj. y s. **1** Que comercia. || com. **2** Persona a quien son aplicables las especiales leyes mercantiles.

COMERCIAR intr. **1** Negociar comprando y vendiendo o permutando géneros. **2** fig. Tener trato y comunicación unas personas con otras.

COMERCIO m. **1** Acción y efecto de comerciar. **2** En algunas poblaciones, lugar en el que abundan las tiendas. **3** Establecimiento comercial. **4** Cierto juego de naipes. **5** fig. Conjunto o la clase de comerciantes.

COMES, JUAN BAUTISTA Compositor español (Valencia, 1568 - íd., 1643). En 1619 fue nombrado segundo maestro de la Real Capilla. Sus obras más importantes son la misa *Exultet caelum, Alleluya*, a 8 voces, y numerosos motetes.

COMESTIBLE adj. **1** Que se puede comer. || m. **2** Alimento. Más en pl.

COMETA m. *Astron.* **1** Cuerpo celeste perteneciente al sistema solar, que aparece como un núcleo brillante acompañado de un rastro luminoso llamado cola y que

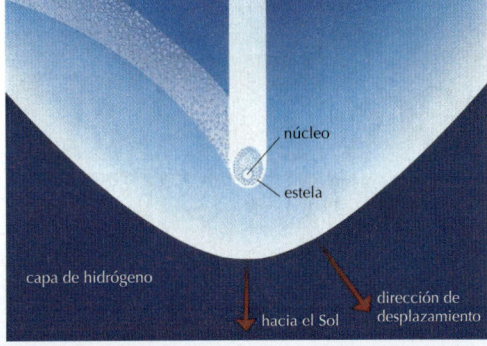

Estructura y movimiento de un **cometa**.

núcleo
estela
capa de hidrógeno
hacia el Sol
dirección de desplazamiento

sigue órbitas elípticas muy excéntricas alrededor del Sol. Resulta visible cuando se acerca al Sol. || f. **2** Armazón plana de cañas o varas ligeras, sobre la cual se pega papel o tela y que, por juego o afición, se arroja al aire sujeta por un hilo largo, para que se sostenga en lo alto impulsada por el viento. **3** Juego de naipes. || **Cometa Halley** *Astron.* Cometa con un periodo de 76 años, llamado así en honor a E. Halley, que determinó su órbita.
Cometer tr. **1** Hablando de faltas, incurrir en ellas. **2** Hablando de figuras retóricas o gramaticales, usarlas.
Cometido m. **1** Comisión, encargo. **2** Por extensión, obligación moral.
Cometo *Mit.* Hija de Terelao. Cortó la cabellera rubia de Anfitrión, y la mató.
Comezón f. **1** Picazón intensa en alguna parte del cuerpo. **2** fig. Desazón moral.
Comfort, Alex Escritor y médico británico (Londres, 1920). Es autor de las novelas *La sede del poder* (1944), *Nada a este lado* (1948) y *The Philosophers* (1989); y los ensayos *Arte y responsabilidad social* (1947), *Los fabricantes de angustia* (1967) y *Writings Against Power and Death* (1993).
-comia o **-comía** suf. com-.
Comible adj. fam. Se aplica a las cosas de comer que no son enteramente desagradables al paladar.
Cómic m. **1** Secuencia de viñetas o representaciones gráficas que reproduce a un personaje en distintas circunstancias o situaciones. Suele presentarse bajo la forma de larga historia en imágenes, publicada en tiras de tres o cuatro viñetas en periódicos y revistas. **2** Revista o cuaderno con una o varias historietas gráficas completas.
Comicios m. pl. **1** Junta que tenían los romanos para tratar de los negocios públicos. **2** Reuniones y actos electorales.
Cómico, ca adj. **1** Relativo a la comedia. **2** Se aplica al actor que representa papeles jocosos. **3** Que divierte y hace reír. || m. y f. **4** comediante. || **Cómico de la Legua** *Teat.* El que anda representando en poblaciones pequeñas.
Comida f. **1** alimento. **2** Acción de tomar habitualmente alimentos a una hora. **3** Alimento que se toma al mediodía o primeras horas de la tarde. **4** Cena. **5** Acción de comer. || **comida basura** Alimentos de escasa calidad y bajo precio. || **reposar** una **la comida** fr. Descansar después de haber comido.
Comidilla f. **1** fig. y fam. Gusto, complacencia especial que uno tiene en cosas de su genio o inclinación. **2** fig. y fam. Tema preferido en alguna murmuración.
Comido, da adj. Se dice del que ha comido. || **lo comido por lo servido** expr. que se usa para dar a entender el corto producto de un negocio.
Comienzo m. Principio de una cosa.

Comillas f. pl. Signo ortográfico ("..." o «...») que se pone al principio y al fin de las frases incluidas como citas o ejemplos. También se usan para destacar alguna palabra o expresión que se usa en sentido figurado, o por otras razones.
Comilón, na adj. y s. fam. **1** Que come mucho. || f. **2** fam. Comida en que hay abundancia y diversidad de manjares.
Caminería f. Minuciosidad exagerada. Más en pl.
Comino m. **1** *Bot.* Planta herbácea anual perteneciente a la familia umbelíferas, de nombre científico *Cuminum cyminum*. Es propia de la región mediterránea. **2** *Bot.* Semilla de esta planta. **3** fig. Cosa insignificante, de poco valor. **4** fig. Persona de pequeño tamaño.
Comino Isla de Malta, situada entre ésta y la de Gozo, con la que forma la región de Gozo y Comino; 69,9 km².
-comio suf. com-.
Comisar tr. decomisar.
Comisaría f. **1** Empleo del comisario. **2** Oficina del comisario. || **comisaría de policía** Cada una de las dependencias policiales que, con función permanente, existen en las poblaciones importantes.
Comisario, ria m. y f. **1** Persona que tiene poder y facultad de otro para ejercer alguna orden o entender en algún negocio. **2** Agente de policía que tiene a su cargo un distrito.
Comiscar tr. comisquear.
Comisión f. **1** Acción de cometer. **2** Facultad que una persona da por escrito a otra para que ejecute algún encargo. **3** Encargo. **4** Conjunto de personas encargadas por una corporación o autoridad para entender en algún asunto, o designadas por sus iguales para representarles ante una autoridad. **5** Porcentaje que, sobre lo que vende, cobra un vendedor de cosas ajenas.
Comisión *Polít.* Órgano ejecutivo de la Unión Europea, compuesto por 20 miembros designados, de mutuo acuerdo, por los Estados miembros de la Unión.
Comisión Económica Para América Latina (CEPAL) *Econ.* y *Polít.* Órgano del consejo económico y social de la ONU, creado en 1948 y con sede en Santiago de Chile. Su tarea principal es atender los problemas que plantea el desarrollo iberoamericano.
Comisión Nacional del Mercado de Valores (CNMV) *Econ.* Organismo encargado del control de la Bolsa en España.
Comisionado, da m. y f. Persona encargada de una comisión.
Comisionar tr. Dar comisión a una o más personas para entender en algún negocio.

Comisiones Obreras (CC OO) *Econ.* y *Polít.* Central sindical española, que surgió de las huelgas de 1962-1963 en la cuenca minera asturiana. Vinculada desde el principio al Partido Comunista de España (PCE) fue perseguida, y sus fundadores y dirigentes (Camacho, Sartorius, García-Salve, Saborido), condenados en el llamado *proceso 1.001*. Con la legalización de 1977 terminó su etapa clandestina. Actualmente es, junto a la UGT, el sindicato mayoritario en España. En 1987, M. Camacho, secretario general desde 1976, fue sustituido por A. Gutiérrez, y éste, en abril de 2000, por José María Fidalgo.
Comisionista com. Persona que se emplea en desempeñar comisiones mercantiles.
Comiso m. decomiso.
Comisquear tr. Comer a menudo de varias cosas en pequeñas cantidades.
Comistrajo m. fam. Mezcla irregular y extravagante de alimentos. También, plato mal cocinado.
Comisura f. *Biol.* Punto de unión de ciertas partes similares del cuerpo, como los labios y los párpados.
Comité m. Comisión de personas encargadas para un asunto.
Comité de Actividades Antinorteamericanas *Hist.* Comisión permanente del Congreso estadounidense, constituida en 1938, para investigar la actividad de grupos izquierdistas en EE UU. Entre 1947 y 1953 llevó a cabo una violenta purga entre guionistas, actores y directores de cine de Hollywood.
Comité de no Intervención *Hist.* Organismo internacional, creado en Londres en octubre de 1936, destinado a garantizar la neutralidad de las grandes potencias en la Guerra Civil española (1936-39). Estuvo constituido por Francia, Reino Unido, Italia, Alemania, la URSS, EE UU, Bélgica, Polonia, Checoslovaquia y Países Bajos.
Comité Olímpico Internacional (COI) *Dep.* Organismo internacional rector de los Juegos Olímpicos, creado en 1894 por el barón Pierre de Coubertin, con sede central en Lausana, está constituido por 196 comités nacionales de todo el mundo. De 1980 a 2001 su presidente fue Juan Antonio Samaranch.
Comité de Salvación Pública *Hist.* Órgano gubernamental colegiado que rigió la Francia revolucionaria (1793). Tras la ejecución de Robespierre, perdió parte de sus atribuciones, y al desaparecer la Convención (1795) fue disuelto.
Comitiva f. acompañamiento, gente que acompaña a alguien.
Cómitre m. **1** *Hist.* Persona que en las galeras vigilaba y dirigía a los remeros o galeotes. **2** *Mar.* Capitán de mar bajo las órdenes del almirante. **3** fig. Por extensión, el que ejerce su autoridad con excesivo rigor o dureza.
Commellináceo, a adj. y f. *Bot.* **1** Se dice de las plantas angiospermas monocotiledóneas, caracterizadas por sus hojas en las que claramente se diferencia una vaina cerrada y un limbo generalmente suculento, como el cañutillo. || f. pl. *Bot.* **2** Familia de estas plantas.
Commonwealth *Polít.* Organización política y económica formada por 54 Estados soberanos (2001), constituida por la Conferencia Imperial de Londres de 1926 y definida jurídicamente por el Estatuto de Westminster de 1931. Es una asociación política y económica del Reino Unido con sus ex colonias, sin ninguna subordinación entre sus miembros. La soberana británica es, en algunos países, el jefe de Estado.
Commune, La Comuna de París.
Commynes, Philippe de Político e historiador francés (Renescure, 1447 - Argenton, 1511). Fue consejero y confidente de Luis XI. Autor de *Memorias*, que constituyen uno de los documentos más notables de la época.
Comneno *Geneal.* Familia aristocrática del imperio bizantino, que se dio a conocer a fines del siglo x en el reinado de Basilio II. *Isaac Comneno*, en 1057, fue proclamado emperador por algunos generales descontentos de Miguel VI, y aunque abdicó dos años después, facilitó a su familia el acceso al trono. Durante cien años los *Comnenos* detentaron el poder, reinando: *Alejo I* (1081-1118), *Juan* (1118-43), *Manuel* (1143-80), *Alejo II* (1180-83) y *Andrónico* (1183-85). El nieto de Andrónico, *Alejo*, fundó en Trebisonda una dinastía de soberanos que tomaron el título de emperadores. El último de ellos, *David*, fue muerto con toda su familia en 1462.
Como adv. m. **1** Del modo o la manera que. **2** En sentido comparativo denota idea de equivalencia. **3** según, conforme. **4** así que. || conj. coord. **5** si. || conj. causal **6** puesto que, porque. || prep. **7** en calidad de.
-como suf. com-.
Como Lago de Italia, provincia de Como, en Lombardía, atravesado por el río Adda; 146 km².

cómic. Página de *El tesoro de Rackham el Rojo*, aventura de Tintín.

Lago de **Como** (Italia).

COMO 1 Provincia de Italia, en Lombardía; 1.288 km² y 531.160 h. **2** Ciudad de Italia, capital de la provincia de su nombre, junto al lago Como; 85.177 h. Centro turístico.
CÓMO adv. m. interr. y excl. **1** Equivale a de qué modo o manera. **2** Por qué motivo. **3** Se usa a veces con carácter de sustantivo. || **¡cómo!** interj. con que se denota extrañeza o enfado.
CÓMODA f. Mueble con tablero de mesa y cajones que ocupan todo el frente y sirven para guardar ropa.
COMODATO m. Contrato por el cual se da o recibe prestada una cosa con la obligación de restituirla.
COMODIDAD f. **1** Calidad de cómodo. **2** Buena disposición de las cosas para el uso que se ha de hacer con ellas. **3** Utilidad, interés.
COMODÍN m. **1** En algunos juegos de naipes, carta que se puede aplicar a cualquier suerte favorable **2** fig. Por extensión, lo que se hace servir para fines diversos. **3** fig. Pretexto habitual y poco justificado.
CÓMODO, DA adj. Conveniente, oportuno, acomodado, fácil, proporcionado.
CÓMODO, LUCIO AURELIO Emperador romano (Lanuvium, 161 - Roma, 192). Hijo de Marco Aurelio, gobernó del 180 al 192. Sus excentricidades y despotismo le hicieron impopular. Murió asesinado.
COMODÓN, NA adj. fam. Se dice del que es amante de la comodidad.
COMODORO m. Nombre que en Inglaterra y otras naciones se le da al capitán de navío cuando manda más de tres buques.
Comodoro Rivadavia Ciudad de Argentina, provincia de Chubut; 124.104 h. Centro petrolífero. Puerto. Fundada en 1901.
COMÓFILO, LA adj. Bot. Se dice del vegetal que se desarrolla en las plataformas y paredes rocosas.
COMONFORT, IGNACIO Militar y político mexicano (Puebla, 1812 - Chamacuero, hoy Comonfort, 1863). Acaudilló con el general Juan Álvarez la revolución de Ayutla y éste le nombró presidente provisional de la República (1855-57). El 1 de diciembre de 1857 fue elegido presidente constitucional pero, al pretender derogar la Constitución liberal, fue depuesto y el 19 de ese mismo mes marchó a EE UU. Volvió para tomar parte en la lucha contra los franceses y murió en una emboscada.
COMOQUIERA adv. m. De cualquier manera.
COMORES (République Fédérale Islamique des Comores) Estado de África oriental, formado por el archipiélago de su nombre, en el océano Índico, entre Mozambique y Madagascar.
GEOG. El archipiélago de las Comores está formado por cuatro islas principales: Grand Comore, Mohéli, Anjouan y Mayotte (esta última optó por seguir unida a Francia, por referéndum en 1976). De origen volcánico, el relieve es muy accidentado, con su mayor altitud en el volcán Kartala (2.361 m), en Grand Comore. El clima y la vegetación son tropicales. La economía está basada en la agricultura, con fines comerciales (vainilla, clavo, sisal y copra) y de subsistencia (arroz, maíz, mandioca y bananas), y en la ganadería caprina y bovina.
HIST. Frecuentado desde el siglo XI por navegantes árabes, posteriormente llegaron al archipiélago mercaderes persas (siglo XV) y expediciones portuguesas (siglo XVI), pero fueron los franceses quienes colonizaron las islas: Anjouan en 1816 y Mayotte en 1843. Entre 1886 y 1909 fue un protectorado que se convirtió en colonia en 1912. Desde 1914 hasta 1946, las Comores estuvieron unidas a Madagascar, obteniendo después la autonomía administrativa (1946), el estatuto de territorio de

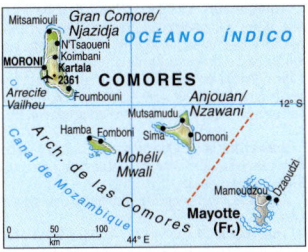

Superficie:
1.862 km².
Población:
578.000 h. (comorenses).
Densidad:
310,4 h./km².
Tasa de natalidad: 40,2‰.
Tasa de mortalidad: 9,8‰.
Capital: Moroni, en la isla de Grand Comore.
Ciudades principales: Mutsamudu, Fomboni, Mitsamiouli, Mitsouyé.
Grupos étnicos: árabes mestizados con africanos y asiáticos.
Religión: islamismo.
Idioma: francés y árabe (oficiales).
Moneda: franco de Comores.
Forma de Estado: república federal.
Producto Nacional Bruto: 197 millones de dólares.
Renta per cápita: 370 dólares.
División administrativa: 3 gobernaciones/islas, según cuadro.

ultramar (1958) y la plena autonomía interna (1961). En 1975 accedió unilateralmente a la independencia, de la que se excluyó, por referéndum (1976), la isla de Mayotte. Su primer presidente, Ahmad Abdallah, fue derrocado en 1975 en un golpe de Estado que estableció un Consejo Revolucionario Nacional, cuyos poderes fueron transferidos posteriormente a un Consejo Ejecutivo Nacional, presidido por el príncipe Said Muhammad Jafar. En 1976 Ali Soilih asumió la presidencia, en la que permaneció hasta 1978, en que fue sustituido por un directorio militar. Ese año se aprobó una nueva constitución de tipo federal y fue elegido de nuevo presidente Ahmad Abdallah. En 1979 la Asamblea Federal estableció un régimen de partido único. Abdallah fue reelegido en 1984 y 1987, aunque su poder dependía cada vez más de su guardia personal, dirigida por el mercenario de origen francés Bob Denard y del apoyo de la República Sudafricana. En noviembre de 1989, Abdallah fue asesinado en un golpe militar atribuido a Denard. Asumió la jefatura del Estado de forma interina Said Mohammed Djohar, quien pactó con la oposición la celebración de elecciones presidenciales en 1990, en las que él mismo resultó vencedor. En las elecciones presidenciales celebradas en 1996 venció Mohamed Taki Abdulkarim, líder de la Unión Nacional para la Democracia en Comores (UNCD). En 1997 estalló una rebelión separatista en la isla de Anjouan, ante la cual Taki disolvió el gobierno y asumió plenos poderes. En 1998, los independentistas aprobaron su separación del país y nombraron presidente a Said Omar Chamasi. En noviembre de ese año Taki fue brutalmente asesinado. Se formó entonces un consejo supremo presidido por Tadjid-dine ben daid Nassounde. En 1999, el coronel Assoumani Azzali se hizo con el poder mediante un golpe de Estado. En 2001, gracias a la presión de la OUA, representantes de todas las islas pactaron la elaboración de una nueva Constitución que otorgara mayor grado de autogobierno a cada una de ellas. Ésta fue aprobada en referéndum en diciembre de ese mismo año. Azali Assoumani fue reelegido presidente del país en las elecciones celebradas en abril de 2002.
COMORÍN Cabo de la India, en el Estado de Tamil Nadu.
COMPACT DISC m. Tecnol. DISCO COMPACTO.
COMPACTAR tr. Hacer compacta una cosa.
COMPACTO, TA adj. **1** Se dice de los cuerpos de textura apretada y poco porosa. **2** Tecnol. Se dice del equipo estereofónico que reúne en una sola pieza diversos aparatos para la reproducción del sonido. También m. **3** fig. Denso, condensado. || m. **4** DISCO COMPACTO.
COMPADECER tr. **1** Compartir la desgracia ajena, sentirla. **2** Sentir lástima o pena por la desgracia o el sufrimiento ajenos. También prnl. ♦ IRREG. Se conjuga como AGRADECER.
COMPADRAR intr. **1** Contraer compadrazgo. **2** Hacerse compadre o amigo.
COMPADRAZGO m. Parentesco que contrae con los padres de una criatura el padrino de su bautizo.
COMPADRE m. **1** Se llaman así recíprocamente el padrino y el padre de un niño y, por extensión, la madre y la madrina llaman así al padrino. **2** Amigo, conocido.
COMPADREAR intr. **1** Hacer amistad con fines poco lícitos. **2** Arg., Par. y Urug. Jactarse.
COMPAGINAR tr. **1** Ordenar cosas que tienen alguna conexión. También prnl. **2** A. gráf. Ajustar las galeradas. || prnl. **3** fig. Corresponder una cosa con otra.
COMPANAJE o **COMPANGO** m. Alimento fiambre que se toma con pan.
COMPAÑERISMO m. **1** Vínculo que existe entre compañeros. **2** Armonía entre ellos.
COMPAÑERO, RA m. y f. **1** Persona que se acompaña con otra para algún fin. **2** En los cuerpos y comunidades, cada uno de los individuos que los componen.
COMPAÑÍA f. **1** Efecto de acompañar. **2** Persona o personas que acompañan a otra u otras. **3** Sociedad de hombres de negocios. **4** Mil. Unidad militar integrada en un batallón y compuesta a su vez por secciones.
COMPAÑÍA DE JESÚS Rel. e Hist. Orden religiosa de clérigos regulares, cuyos miembros son conocidos por

COMORES

Gobernaciones/Islas*	Superficie (km²)	Población (h.)	Capital
Anjouan (Nzawani)	424	219.500	Mutsamudu
Mohéli (Mwali)	290	28.600	Fomboni
Grand Comore (Njazidja)	1.148	261.100	Moroni

* Nombres en francés y (comorés).

Compiègne (Francia). Palacio.

jesuitas. Fue fundada por san Ignacio de Loyola en 1534 y aprobada por Paulo III en 1540. La orden establece una jerarquía centralizadora y es gobernada por un *prepósito general* vitalicio, elegido por la *Congregación General*. Su principal finalidad es la acción apostólica universal. La Compañía alcanzó una gran expansión. Diversas circunstancias motivaron una abierta campaña antijesuítica que culminó con su expulsión en Portugal (1761), Francia (1764), España (1767), Sicilia y Parma (1768), y su supresión, decretada por Clemente XIV en 1773. Pío VII la restableció en 1814.

Compañías Blancas *Hist*. Tropas de mercenarios franceses, organizadas por Bertrand Duguesclin para participar en la guerra de los Cien Años, durante el gobierno de Carlos V de Francia. Intervinieron en Castilla en apoyo de Enrique de Trastámara frente a Pedro I el Cruel.

Compaoré, Blaise Militar y político de Burkina Faso (Ougadougou, 1925). Colaboró en el golpe de Estado que elevó a la presidencia al coronel T. Sankara (1983). Derrocó a éste (1987) y se proclamó presidente de una Junta Militar. Candidato único en las elecciones presidenciales de 1991 y 1998, fue confirmado en el cargo.

Comparación f. 1 Acción y efecto de comparar. 2 Símil retórico.

Comparar tr. 1 Fijar la atención en dos o más objetos para descubrir sus diferencias o semejanzas. 2 cotejar.

Comparativo, va adj. 1 Se dice de lo que sirve para hacer comparación de una cosa con otra. 2 adjetivo comparativo.

Comparecencia f. Acción y efecto de comparecer.

Comparecer intr. Presentarse uno en algún lugar, llamado o convocado por otra persona o autoridad, o de acuerdo con ella. ♦ irreg. Se conjuga como agradecer.

Comparsa f. 1 acompañamiento. 2 Conjunto de personas que en fiestas populares van vestidas con trajes de una misma clase. || com. 3 Persona que forma parte del acompañamiento en las representaciones teatrales. 4 Persona o entidad de importancia secundaria.

Comparte com. Persona que es parte con otra en algún negocio civil o criminal.

Compartidor, ra m. y f. Persona que comparte en unión con otra u otras.

Compartimentar tr. 1 Proyectar o efectuar la subdivisión estanca de un buque. 2 Dividir o distribuir un espacio, tarea, etc.

Compartimento o **compartimiento** m. 1 Acción y efecto de compartir. 2 Cada parte en que se divide un territorio, edificio, caja, buque, etc.

Compartir tr. 1 Repartir, distribuir las cosas en partes. 2 Participar.

Compás m. 1 Instrumento formado por dos piernas articuladas que sirve para trazar curvas regulares, tomar distancias y efectuar distintas composiciones geométricas. 2 Territorio o distrito señalado a un monasterio o casa de religión. 3 Resortes de metal para levantar o bajar la capota de los coches. 4 tamaño de una cosa. 5 *fig.* Regla o medida de algunas cosas. 6 Movimiento que hace el cuerpo cuando deja un lugar para ocupar otro. 7 *Mar.* y *Mín.* brújula. 8 *Mús.* Cada uno de los periodos de tiempo iguales en que se marca el ritmo de una fase musical. 9 *Mús.* Espacio del pentagrama en que se escriben todas las notas de un compás.

Compás *Astron.* Constelación pequeña del hemisferio Sur, situada al lado del Triángulo austral.

Compasillo m. *Mús.* Compás de cuatro tiempos ocupados por una nota negra (4/4).

Compasión f. Sentimiento de conmiseración y lástima hacia quienes sufren desgracias.

Compasivo, va adj. Que tiene o siente compasión.

Compatibilidad f. 1 Calidad de compatible. 2 *Inform.* Grado o medida en que dos o más ordenadores pueden utilizar los mismos programas.

Compatibilizar tr. Hacer compatible.

Compatible adj. Que tiene aptitud o proporción para unirse o concurrir en un mismo lugar o sujeto.

Compatriota com. Persona de la misma patria que otra.

Compay Segundo (Francisco Repilao, llamado) Cantante cubano (Siboney, 1907 - La Habana, 2003). La fama mundial le llegó en 1997 con el álbum *Buena Vista Social Club*, de Ry Cooder. Revitalizó el son cubano con sus canciones, entre ellas «Chan Chan» y «Macusa», y diseñó su propio instrumento, el armónico.

Compeler tr. Obligar a uno a que haga lo que no quiere.

Compendiar tr. Reducir a compendio.

Compendio m. Breve y sumaria exposición, oral o escrita, de lo más sustancial de una materia ya expuesta extensamente.

Compenetrarse rec. 1 Penetrar las partículas de una sustancia entre las de otra, o recíprocamente. 2 *fig.* Influirse, identificarse.

Compensación f. 1 Acción y efecto de compensar. 2 Indemnizar. 3 Entre banqueros, liquidación de créditos. 4 *Der.* Extinción de obligaciones vencidas entre personas que son recíprocamente acreedoras y deudoras. 5 *Med.* Mecanismo de regulación por el cual un órgano enfermo se adapta para cumplir las exigencias orgánicas habituales.

Compensador, ra adj. 1 Que compensa. || m. 2 Péndulo de reloj en el que un armazón de barritas corrige los efectos de las variaciones de temperatura.

Compensar tr. y prnl. 1 Igualar en sentido opuesto el efecto de una cosa con el de otra. También intr. 2 Resarcir, indemnizar.

Competencia f. 1 Disputa o contienda entre dos o más sujetos. 2 Rivalidad. 3 incumbencia. 4 Aptitud, idoneidad. 5 *Der.* Atribución legítima a un juez u otra autoridad para el conocimiento de un asunto. 6 *Arg., Col. y Par.* Competición deportiva. 7 *Ling.* En gramática generativa, capacidad que tiene el hablante para formar y comprender un número infinito de estructuras oracionales.

Competente adj. 1 Oportuno, adecuado. 2 Se dice de la persona a quien compete o incumbe alguna cosa. 3 Apto, idóneo, eficaz.

Competer intr. Pertenecer, incumbir a uno alguna cosa.

Competición f. 1 competencia, rivalidad. 2 Acción y efecto de competir, y más propiamente en materia de deportes.

Competir intr. 1 Contender entre sí dos o más personas. También rec. 2 Igualar una cosa a otra análoga. ♦ irreg. Se conjuga como pedir.

Competitivo, va adj. 1 Relativo a la competición. 2 Capaz de competir.

Compiègne Ciudad de Francia, en el departamento de Oise; 44.411 h. En su bosque se firmó en 1918 el armisticio que puso fin a la Primera Guerra Mundial. El 21 de junio de 1940, Hitler recibió al general Hutzinger, plenipotenciario francés encargado por el mariscal Pétain de acordar la suspensión de hostilidades entre Francia y Alemania.

Compilador m. *Inform.* Traductor de lenguaje de alto nivel a otro de bajo nivel o a lenguaje de máquina.

Compilar tr. 1 Reunir, en un solo cuerpo de obra, extractos o fragmentos de otras. 2 *Inform.* Traducir en lenguaje máquina un programa escrito en lenguaje simbólico.

Compinche com. *fam.* 1 Amigo, camarada. 2 amigote. 3 Socio en actividades ilegales.

Compitales f. pl. Fiestas que los romanos celebraban en honor de sus lares protectores de las encrucijadas.

Complacencia f. Satisfacción, placer y contento que resulta de alguna cosa.

Complacer tr. 1 Causar a otro satisfacción o placer, agradarle. 2 Acceder uno a lo que otro desea. || prnl. 3 Alegrarse. ♦ irreg. Se conjuga como agradecer.

Complaciente adj. Que complace o se complace.

Complejidad f. Calidad de complejo.

Complejo, ja adj. 1 Se dice de lo que se compone de elementos diversos. 2 complicado, enmarañado, difícil. || m. 3 Conjunto o unión de dos o más cosas. 4 *Econ.* Conjunto de industrias básicas, derivadas o complementarias. 5 *Psicol.* Conjunto de tendencias, ideas y emociones, generalmente inconscientes y adquiridas durante la infancia, que influyen en la personalidad y conducta de un individuo. || **complejo de Edipo** *Psicol.* Atracción erótica del hijo hacia la madre combinada con una actitud hostil hacia el padre. || **complejo de Electra** *Psicol.* Atracción erótica de la hija hacia el padre combinada con una actitud hostil hacia la madre.

Complementar tr. Dar complemento a una cosa.

Complementario, ria adj. Que complementa.

Complemento m. 1 Lo que se añade a otra cosa para hacerla íntegra o perfecta. 2 Perfección, colmo de alguna cosa. 3 *Biol.* Sustancia existente en el plasma sanguíneo y en la linfa. 4 *Geom.* Ángulo que sumado con otro completa uno recto. 5 *Ling.* Palabra, sintagma o proposición que, en una oración, completa el significado de uno o de varios componentes de la misma e, incluso, de la oración entera. 6 *Gram.* En la terminología de E. Alarcos Llorach, el complemento indirecto de la gramática tradicional. || **complemento circunstancial** *Gram.* El que expresa circunstancias de la acción verbal (lugar, tiempo, modo, instrumento, etc.). || **complemento directo** *Gram.* Nombre, sintagma o proposición en función nominal, que completa el significado de un verbo transitivo. || **complemento indirecto** *Gram.* Nombre, sintagma o proposición en función nominal que completa el significado de un verbo transitivo o intransitivo, expresando el destinatario o beneficiario de la acción.

Completar tr. 1 Añadir a una magnitud o cantidad las partes que le faltan, para su terminación o conclusión a una cosa o a un proceso. 2 Hacerla perfecta en su clase.

Completas f. pl. *Rel.* Última parte del oficio divino, con que se terminan las horas canónicas del día.

Completivo, va adj. 1 Se dice de lo que completa y llena. 2 *Gram.* Se dice de la oración subordinada sustantiva. También f. 3 *Gram.* Se dice de la conjunción que introduce esta clase de oraciones.

Completo, ta adj. 1 Lleno, cabal. 2 Acabado, perfecto. || **por completo** loc. adv. De manera completa.

Complexión f. constitución, naturaleza.

Complicación f. 1 Acción y efecto de complicar. 2 Dificultad o enredo. 3 Complejidad.

Complicado, da adj. 1 Enmarañado, de difícil comprensión. 2 Compuesto de gran número de piezas. 3 Se dice de la persona cuyo carácter y conducta no son fáciles de entender.

Complicar tr. 1 Mezclar, unir entre sí cosas diversas. 2 *fig.* Enredar, dificultar, confundir. También prnl.

Cómplice com. 1 *Der.* Participante o asociado en crimen o culpa imputable a dos o más personas. 2 *Der.* Persona que sin ser autora de un delito coopera a su perpetración. 3 *fig.* Persona que simpatiza con las ideas o los actos de otra, o que comparte con ella algo a lo que los demás son ajenos.

Complicidad f. Calidad de cómplice.

Complot m. 1 Conjuración o conspiración de carácter político o social. 2 *fam.* Confabulación. 3 *fam.* Trama, intriga.

Complutense adj. y com. De Alcalá de Henares.

Complutum *Geog. hist.* Antigua ciudad de la Hispania romana, que corresponde a la actual Alcalá de Henares.

Compluvio m. *Arquit.* Abertura en la techumbre de la casa romana.

Componedor, ra m. y f. 1 Persona que compone. 2 *Col.* y *Chile* cirujano. || m. A. gráf. 3 Regla en la que se colocan una a una las letras y signos que han de componer un renglón.

Componenda f. 1 Arreglo o composición censurable. 2 *fam.* Acción de componer o cortar algún daño que se teme.

Componente adj. y com. Que compone o entra en la composición de un todo.

COMPONER tr. 1 Formar de varias cosas una, juntándolas y colocándolas con orden. 2 Constituir, formar. 3 Aderezar, preparar el vino u otras bebidas con varios ingredientes. 4 Ordenar, concertar. 5 Adornar, ataviar, engalanar. También prnl. 6 Ajustar y concordar. También prnl. 7 Moderar, templar. 8 Hacer o producir obras científicas, literarias o artísticas. 9 Restaurar, restablecer. 10 *Amér.* Restituir a su lugar los huesos dislocados. 11 *A. gráf.* Formar las palabras, líneas y planas, juntando las letras y caracteres. || intr. 12 *Lit.* Hacer versos. 13 *Mús.* Producir obras musicales. || **componérselas** fr. fam. Ingeniarse para salir de un apuro o lograr algún fin. ♦ IRREG. Se conjuga como PONER.

COMPORTA f. 1 Especie de canasta para transportar las uvas en la vendimia. 2 *Perú* Molde para solidificar el azufre refinado.

COMPORTAMIENTO m. 1 CONDUCTA, manera de comportarse. 2 Conjunto de actividades observables en un organismo vivo, resultado de sus relaciones con el medio ambiente.

COMPORTAR tr. 1 fig. Implicar, conllevar. || prnl. 2 Portarse, conducirse.

COMPOSICIÓN f. 1 Acción y efecto de componer. 2 Obra científica, literaria o musical. 3 *Pedag.* Escrito en que el alumno desarrolla un tema. 4 *Gram.* Formación de palabras uniendo vocablos ya existentes. 5 *A. gráf.* Conjunto de líneas, galeradas y páginas, antes de la impresión. 6 *Mús.* Parte de la música que enseña las reglas para la formación del canto y del acompañamiento. 7 *Esc.* o *Pint.* Arte de disponer los elementos de una obra. 8 *Quím.* Relación de las sustancias que forman un determinado material, o proporción en la que se encuentran.

COMPOSITE m. Sustancia acrílica, con partículas de porcelana, utilizada en las prótesis dentales.

COMPOSITIVO, VA adj. *Gram.* Se dice de los elementos que forman voces compuestas.

COMPOSITOR, RA adj. y s. 1 Que compone. 2 *Mús.* Que hace composiciones musicales.

COMPOST m. *Agr.* Mezcla de materia orgánica descompuesta que se utiliza para fertilizar los suelos.

COMPOSTELANO, NA adj. y s. De Santiago de Compostela.

COMPOSTURA f. 1 Construcción de un todo que consta de varias partes. 2 Reparación de una cosa descompuesta o rota. 3 Aseo, arreglo del aspecto de una persona o cosa. 4 Modo de comportarse, buenos modales.

COMPOTA f. Dulce de fruta cocida con agua y azúcar.

COMPRA f. 1 Acción y efecto de comprar. 2 Conjunto de comestibles que se compran para el gasto de las casas. 3 Cualquier objeto comprado.

COMPRAR tr. 1 Adquirir algo por dinero. 2 SOBORNAR.

COMPRAVENTA f. 1 Contrato por el que una persona se obliga a entregar una cosa determinada, y la otra a pagar un precio por la misma. 2 Comercio de antigüedades o de cosas usadas.

COMPRENDER tr. 1 Contener, incluir en sí alguna cosa. También prnl. 2 Llegar al conocimiento de algo, entender su significado. 3 Encontrar justificados o naturales los actos o sentimientos de otro. || prnl. 4 Con valor recíproco, avenirse dos o más personas.

COMPRENSIÓN f. 1 Acción de comprender. 2 Facultad, capacidad o perspicacia para entender las cosas. 3 Actitud comprensiva y tolerante. 4 *Lóg.* Conjunto de cualidades que integran una idea.

COMPRENSIVO, VA adj. 1 Que tiene facultad o capacidad de comprender o entender una cosa. 2 Que comprende o contiene. 3 Se dice de la persona, tendencia o actitud tolerante.

COMPRESA f. 1 Lienzo fino o gasa doblada varias veces que se emplea para contener hemorragias, cubrir heridas, etc. 2 Pieza de gasa y materiales absorbentes que se usa para contener la hemorragia en la menstruación de la mujer.

COMPRESIBLE adj. *Fís.* Que se puede comprimir o reducir a menor volumen.

COMPRESIÓN f. 1 Acción y efecto de comprimir. 2 *Gram.* SINÉRESIS. 3 *Tecnol.* En los motores de explosión, tiempo del ciclo, en que se comprime el combustible para favorecer la ignición de la mezcla.

COMPRIMIDO, DA adj. 1 Apretado, reducido. || m. *Farm.* 2 Medicamento presentado en forma de pastilla o píldora.

COMPRIMIR tr. y prnl. 1 Oprimir, apretar, estrechar, reducir a menor volumen. 2 Reprimir y contener.

COMPROBAR tr. Verificar, confirmar la veracidad o exactitud de alguna cosa. ♦ IRREG. Se conjuga como CONTAR.

COMPROMETER tr. 1 Exponer a alguna persona o cosa a un riesgo. También prnl. 2 Hacer a uno responsable de alguna cosa. También prnl. || prnl. 3 Contraer un compromiso. 4 Darse promesa de matrimonio.

COMPROMETIDO, DA adj. 1 Que está en riesgo, apuro o situación dificultosa. 2 Que asume un compromiso.

COMPROMISARIO, RIA adj. y m. 1 Se dice de la persona en quien otras delegan. || m. 2 Representante de los electores primarios para votar en elecciones de segundo grado.

COMPROMISO m. 1 Obligación contraída, palabra dada, fe empeñada. 2 Dificultad, embarazo, empeño. 3 Delegación que hacen los electores en alguno de ellos para que les represente. 4 Convenio entre litigantes por el que se someten al dictamen de un tercero. 5 Escritura en que las partes otorgan este convenio.

COMPROMISO DE 1867 *Hist.* Nombre dado al acuerdo entre Francisco José de Austria y los nacionalistas húngaros por el que se proclamó la monarquía austrohúngara.

COMPTON, ARTHUR HOLLY Físico estadounidense (Wooster, 1892 - Berkeley, 1962). Descubrió la reflexión total de los rayos X, y obtuvo su espectro; halló la naturaleza eléctrica de los rayos cósmicos; y formuló el efecto que lleva su nombre, base de la moderna mecánica cuántica. Premio Nobel de Física, junto con Ch. T. R. Wilson, en 1927.

COMPTON-BURNETT, IVY Novelista británica (Londres, 1892 - íd., 1969). Su narrativa retrata las luchas de poder de la burguesía victoriana y eduardiana: *Hermanos y hermanas* (1929), *Madre e hijo* (1955) y *Los grandes y su ruina* (1961).

COMPUERTA f. 1 Media puerta, que cierra sólo la parte inferior de la entrada de algunas casas. 2 Plancha fuerte de madera o de hierro, que se desliza por carriles o correderas, y se coloca en los canales, diques, etc., para graduar o cortar el paso del agua.

COMPUESTO, TA adj. 1 fig. Que está formado por varias partes. 2 Arreglado o aseado, si se aplica a las personas. 3 *Arquit.* ORDEN COMPUESTO. 4 *Biol.* Que está integrado por dos o más elementos idénticos, como el ojo de algunos insectos. 5 *Bot.* Se dice de las plantas angiospermas, dicotiledóneas, de hojas simples o sencillas y flores en cabezuelas sobre un receptáculo común, como la dalia. También f. 6 *Ling.* Se dice del vocablo formado por composición de dos o más voces simples. || m. 7 Agregado de varias cosas que componen un todo. 8 *Quím.* Sustancia cuyas moléculas están integradas por átomos diferentes (en una proporción fija) y cuyos constituyentes no pueden separarse por métodos físicos. || f. pl. *Bot.* 9 Familia de las plantas compuestas.

COMPULSAR tr. 1 Examinar dos o más documentos, cotejándolos o comparándolos entre sí. 2 Legalizar la copia de un documento judicial o administrativo.

COMPULSIVO, VA adj. 1 Que tiene fuerza o poder para obligar. 2 Que muestra apremio.

COMPUNGIDO, DA adj. 1 Triste, dolorido.

COMPUTADOR, RA adj. y s. 1 Que computa o calcula. || m. y f. *Inform.* 2 ORDENADOR.

COMPUTAR tr. 1 Contar o calcular una cosa por números. 2 Tomar en cuenta.

COMPUTERIZACIÓN f. Acción y efecto de transformar un lugar o una actividad al uso de ordenadores.

COMPUTERIZAR o **COMPUTARIZAR** tr. Someter datos al tratamiento de un ordenador.

CÓMPUTO m. 1 Cuenta o cálculo. 2 Cálculo para determinar las fiestas movibles de la iglesia.

COMTE, AUGUSTE Filósofo francés (Montpellier, 1798 - París, 1857). Discípulo de Saint-Simon. Creador del positivismo, afirmó que sólo es legítimo el estudio de los hechos y las relaciones entre los diversos fenómenos. Desarrolló la ley de los tres estadios, según la cual el conocimiento humano parte, en su desarrollo, del estado

Auguste **Comte.** Retrato de Antoine Etex. Museo Comte (París).

teológico, pasa por el estadio metafísico y, finalmente, culmina en el estadio positivo. En sus últimos años intentó convertir su filosofía en una religión: el culto a la humanidad. Es considerado el padre de la sociología moderna. Sus obras principales son *Curso de Filosofía positiva* (1830-42), *Sistema de política positiva* (1851-54) y *Catecismo positivista* (1852).

COMULGAR intr. 1 Recibir o tomar la comunión. 2 fig. Coincidir en ideas o sentimientos con otra persona.

COMÚN adj. 1 Se dice de lo que, no siendo privativamente de ninguno, pertenece o se extiende a varios. 2 Corriente, admitido por todos o por la mayor parte. 3 Ordinario, frecuente. 4 Vulgar, de clase inferior. 5 *Gram.* Se aplica al sustantivo que designa una clase de objetos que poseen las mismas propiedades. 6 *Gram.* Se dice del género gramatical que presenta una misma forma para el masculino y el femenino. || m. 7 Comunidad; generalidad de personas. || **en común** loc. adv. Conjuntamente.

COMUNA f. 1 *Sociol.* Forma de organización social y económica basada en la propiedad colectiva y en la eliminación de las tradicionales valores familiares 2 *Amér. MUNICIPIO*, conjunto de los habitantes de un mismo término. || **COMUNA POPULAR** *Hist.* Organización económica, política y social de los campesinos que se impuso en China entre 1958 y 1982. Formada por varias aldeas, ejercía funciones de administración local, y estaba basada en la colectivización de la tierra y de los medios de producción.

COMUNA DE PARÍS *Hist.* Administración revolucionaria del municipio de París establecida en 1789. Transformada en *comuna insurreccional* en agosto de 1792, pasó enteramente a manos de los jacobinos, gobernando el país hasta el establecimiento de la Convención, en septiembre del mismo año. Desapareció al crearse el Directorio (1795).

COMUNA DE PARÍS *Hist.* Gobierno revolucionario que ejerció el poder en París frente al de la asamblea nacional de Versalles desde marzo a mayo de 1871. Carente de apoyo exterior, sus resoluciones (abolición de la propiedad privada, supresión del ejército y policía perma-

Comuna de París. Incendio de la ciudad el 24 de mayo de 1871. Museo Carnavalet (París).

nentes, separación de la iglesia y el Estado) se circunscribieron al ámbito parisiense. Las tropas gubernamentales, dirigidas por Thiers y Mac-Mahon, sitiaron los barrios comunales y, tras la llamada semana sangrienta, acabaron con la resistencia del movimiento.

COMUNAL adj. **1** COMÚN. **2** Se dice de los bienes que pertenecen a una comunidad de vecinos. **3** *Amér.* Perteneciente o relativo a la comuna.

COMUNERO, RA adj. *Hist.* **1** Perteneciente o relativo a las antiguas Comunidades de Castilla. || m. y f. **2** *Hist.* Seguidor de las Comunidades de Castilla. **3** El que participa con otro u otros en un inmueble, un derecho u otra cosa. || **COMUNERO DE PARAGUAY** *Hist.* Movimiento insurreccional contra las autoridades españolas promovido por la aristocracia criolla de Asunción, que se oponía a que los jesuitas ocupasen las mejores tierras cultivables. Fue combatido por el gobernador Zabala (1725) y sofocado definitivamente en 1735.

COMUNEROS DE CASTILLA COMUNIDADES, GUERRA DE LAS.

COMUNES CÁMARA DE LOS COMUNES.

COMUNICACIÓN f. **1** Acción y efecto de comunicar o comunicarse. **2** Trato, correspondencia entre dos o más personas. **3** Transmisión de señales mediante un código común al emisor y al receptor. **4** *Ling.* Conjunto de procedimientos que permiten transmitir mensajes cognitivos o afectivos, de forma consciente o inconsciente. **5** Unión y medio de unión entre cosas o lugares. **6** Papel escrito en que se comunica alguna cosa oficialmente. **7** Escrito sobre un tema determinado que el autor presenta a un congreso o reunión de especialistas para su conocimiento y discusión. || f. pl. **8** Correos, telégrafos, teléfonos, medios de transporte, etc. || **COMUNICACIÓN DE MASAS** *Medios.* La que, utilizando medios técnicos de gran potencia, se dirige a grandes masas de población (véase MASS MEDIA). || **MEDIOS DE COMUNICACIÓN** *Medios.* Órgano destinado a la información pública.

COMUNICADO, DA adj. **1** Dicho de lugares, con acceso a los medios de transporte. || m. **2** Nota, declaración que se comunica para conocimiento público. **3** Escrito firmado que se dirige a uno o varios periódicos para que lo publiquen.

COMUNICAR tr. **1** Hacer saber a uno alguna cosa. **2** Conversar, tratar con alguno de palabra o por escrito. También prnl. **3** Transmitir señales mediante un código común al emisor y al receptor. **4** Consultar con otro un asunto. || intr. **5** Dar un teléfono la señal de que la línea está ocupada. || prnl. **6** Tratándose de cosas inanimadas, tener correspondencia o paso con otras. **7** Extenderse, propagarse.

COMUNICATIVO, VA adj. Que tiene propensión natural a comunicar a otro sus sentimientos, ideas, etc.

COMUNIDAD f. **1** Calidad de común, que pertenece o se extiende a varios. **2** Común de algún pueblo, provincia o reino. **3** Junta o congregación de personas que viven unidas bajo ciertas constituciones o reglas. **4** Denominación de diversas asociaciones u organismos internacionales. **5** *Ecol.* Agrupación de organismos vivos caracterizada por la presencia de dos o más especies ecológicamente relacionadas. || f. pl. *Hist.* **6** Levantamientos populares, principalmente los de Castilla en tiempos de Carlos I. (Véase COMUNIDADES, GUERRA DE LAS.) || **COMUNIDAD AUTÓNOMA** *Der.* y *Polít.* Cada una de las 19 entidades territoriales que constituyen el Estado español. Están dotadas de autonomía legislativa y competencias ejecutivas, así como de la facultad de administrarse mediante sus propios representantes. || **COMUNIDAD DE BIENES** *Der.* Derecho de propiedad de varias personas sobre una misma cosa.

COMUNIDAD ANDINA ANDINO, PACTO.

COMUNIDAD DEL CARIBE (CARICOM) *Econ.* y *Polít.* Organización internacional, política y económica, creada por el tratado de Chaguaramas, firmado en 1973 por Barbados, Guyana, Jamaica y Trinidad y Tobago. Un año después se unieron el resto de los países pertenecientes a la Asociación de Libre Comercio del Caribe: Belice, Dominica, Granada, Santa Lucía, San Vicente y Granadinas, Montserrat, Antigua y Barbuda y, como miembros asociados, Saint Kitts y Nevis y Anguilla. Sus objetivos son la integración económica y la implantación de un régimen de comercio exterior frente a terceros países. Tiene su sede en Georgetown, Guyana. El órgano principal de la Comunidad es la Conferencia de Jefes de Estado.

COMUNIDAD ECONÓMICA AFRICANA (CEA) *Polít.* Organismo creado en 1991 con la finalidad de integrar a todos los Estados del continente africano en un marco de cooperación global para solventar los problemas producidos por la disgregación en diferentes asociaciones. Su objetivo es la instauración, en un plazo de treinta años, de una unidad económica que permita la desaparición total de aranceles.

COMUNIDAD ECONÓMICA EUROPEA UNIÓN EUROPEA.

COMUNIDAD DE ESTADOS INDEPENDIENTES (CEI) *Polít.* Organización creada a raíz de la disolución de la URSS en diciembre de 1991, tras la ratificación de los acuerdos de Minsk y Alma-Ata (Alma Aty) por Armenia, Azerbaiyán, Bielorrusia, Kazajstán, Kirguizistán, Moldavia, Federación de Rusia, Tayikistán, Turkmenistán, Ucrania y Uzbekistán. Dichos acuerdos sentaban las bases para crear una estructura común a todos sus integrantes, si bien implicaban el reconocimiento de soberanía y fijaban sus relaciones en principios de igualdad y no injerencia. No obstante, la Federación de Rusia impuso su hegemonía y se convirtió en mediadora de los conflictos étnicos y territoriales en otras repúblicas; su intervención militar fue legitimada por el tratado de Seguridad firmado en mayo de 1992. Georgia formalizó su ingreso en la CEI en 1993.

COMUNIDAD EUROPEA UNIÓN EUROPEA.

COMUNIDAD EUROPEA DEL CARBÓN Y DEL ACERO (CECA) *Polít.* y *Econ.* Organización supranacional europea que, basada en la propuesta del ministro francés de Asuntos Exteriores, R. Schuman, se estableció el 18 de abril de 1951 por Bélgica, Francia, Países Bajos, Italia, Luxemburgo y la República Federal de Alemania, y a la cual se asoció el Reino Unido en 1954. Pretendió sustituir las viejas rivalidades por una identidad de intereses, que constituyera la base de una Europa unida, así como la creación de un mercado común para el carbón, el hierro y el acero. En 1967 sus órganos de gobierno se unificaron con los de la CEE.

COMUNIDAD EUROPEA DE ENERGÍA ATÓMICA (CEEA) *Polít.* y *Econ.* Organismo internacional, también conocido por EURATOM, integrado por Alemania, Bélgica, Francia, Países Bajos, Italia y Luxemburgo. Creado en 1957, tiene por objeto trabajar mancomunadamente en materia de energía atómica, con vistas a un suministro general a los países miembros.

COMUNIDAD FRANCESA *Hist.* Asociación entre Francia y los Estados africanos de la antigua Unión Francesa. Creada en 1958.

COMUNIDAD VALENCIANA VALENCIANA, COMUNIDAD.

COMUNIDADES, GUERRA DE LAS *Hist.* Rebelión de las ciudades castellanas (1520-21) en contra de la política de Carlos I. Agrupó a sectores socialmente contradictorios: la nobleza que se resistía a la liquidación del feudalismo y a la pérdida de cargos en el gobierno; y los municipios castellanos que, además de las restricciones de sus libertades populares y de las repercusiones económicas y comerciales de un mercado común de Flandes, veían con recelo la elección de un rey de España como emperador de Alemania. La rebelión fue capitaneada por Juan de Padilla, Juan Bravo y Francisco Maldonado, quienes elevaron al rey un memorial de agravios, en el que le pedían que residiera habitualmente en España, que todos los cargos fuesen servidos por españoles, y la igualdad en el pago de tributos para plebeyos y señores. Los comuneros fueron derrotados en Villalar (23 de abril de 1521), por un ejército realista al mando del conde Haro; sus dirigentes fueron ajusticiados.

COMUNIÓN f. **1** Participación en lo común. **2** Unión, conexión. **3** Grupo de personas que comparten principios, ideas, etc., o que profesan la misma fe religiosa. **4** *Rel.* En la iglesia católica, sacramento de la eucaristía y acto en que se da o se recibe este sacramento. **5** Congregación de personas que profesan la misma fe religiosa. **6** Partido político.

COMUNISMO m. **1** Doctrina política y económica que propugna la abolición de la propiedad privada y el establecimiento de la comunidad de bienes. **2** Sistema político basado en esta doctrina. **[Encic.]**

Polít. e *Hist.* La formulación sistemática y moderna de la doctrina comunista tiene su origen en la obra de K. Marx y F. Engels, en la que se superan las aportaciones teóricas precedentes de los socialistas utópicos (R. Owen, C. Fourier, etc.), dando paso al llamado socialismo científico. (Véase SOCIALISMO). Marx fundó la Liga Comunista (1847) y fue cofundador de la I Internacional (1864-76). Entre la Comuna de París y la Primera Guerra Mundial, la mayor parte de los marxistas optaron por una política evolucionista, interpretación a la que se opuso Lenin, que propugnó una táctica revolucionaria, que desembocó en la conquista del poder en Rusia por los bolcheviques (1917). La constitución de la Internacional Comunista o III Internacional (1919) supuso la lenta formación de partidos comunistas nacionales, desgajados de los socialistas (Alemania, 1919; Francia, 1920; España, 1921). Sin embargo, la evolución política en la URSS en los años veinte propició la teoría de la construcción del socialismo en un solo país y, de este modo, la III Internacional se convirtió en organismo de propaganda y defensa de los intereses del Estado soviético. En los años treinta, el creciente auge de los fascismos llevó a a la creación de los *frentes populares* en alianza con otras formaciones progresistas. Finalizada la Segunda Guerra Mundial, se produjo una espectacular expansión del movimiento al acceder al poder los partidos comunistas locales en la mitad de Europa ocupada por las tropas soviéticas y en China (1949). Sin embargo, la defección de Yugoslavia, y las sublevaciones en Alemania Oriental (1953) y Hungría (1956), así como el reconocimiento de los abusos de la era Stalin en el XX Congreso del PCUS (1956), debilitaron la unidad monolítica del movimiento comunista. En los años siguientes, el comunismo se adoptó como fórmula política en países no europeos (Cuba, 1959; Vietnam, 1975; Camboya, 1975; Laos, 1975), aunque permanecían las contradicciones en su seno: rivalidad chino-soviética, formación de un modelo alternativo en Checoslovaquia, aplastado en 1968, y surgimiento del *eurocomunismo*. En 1985, M. Gorbachov asumió la secretaría general del PCUS e inició una apertura que desembocó en la desaparición de las democracias populares en Europa Central y Oriental (1989), y en la desintegración de la URSS (1991).

COMUNISMO Pico de Tayikistán, en el Trans-Alai; 7.495 m. Es el más alto del país. Hasta 1961 se llamó *Stalin* y antes *Garmo*.

COMUNISTA DE ESPAÑA, PARTIDO *Polít.* e *Hist.* Partido político español formado en 1921 tras la fusión del Partido Comunista Español, surgido de la Federación de Juventudes Socialistas en 1920, y el Partido Comunista Obrero Español, constituido por un grupo minoritario del PSOE. Dirigido desde 1932 por J. Díaz, D. Ibárruri, V. Uribe, Mije, Delicado y J. Hernández, participó en las elecciones de 1933 y 1936, en la última formando

Guerra de las **Comunidades**. *Muerte de los Comuneros*, cuadro de Antonio Gisbert. Congreso de los Diputados (Madrid).

comunismo. *Lenin explica su estrategia.* Cuadro de A. Shmatkó.

parte del Frente Popular. La internacionalización de la Guerra Civil acrecentó su importancia político-militar y fue el principal soporte del gobierno de Negrín. En la clandestinidad, Santiago Carrillo fue designado su nuevo secretario general (1960). El partido se legalizó en 1977 y participó en las elecciones legislativas del mismo año, así como en las de 1979 y 1982. La apreciable disminución de votos obtenidos en la última y las disensiones internas propiciaron la dimisión de Carrillo y el nombramiento de Gerardo Iglesias como secretario general (1982). Para las elecciones generales de junio de 1986, el propio partido promovió la coalición IZQUIERDA UNIDA, cuya presidencia recayó en Julio Anguita, quien ocupó la secretaría general del partido de 1988 a 1999. En 2000 fue sustituido por Francisco Frutos.
CON prep. **1** Indica el medio, modo o instrumento que sirve para hacer alguna cosa. **2** Antepuesta al infinitivo, equivale a gerundio. **3** En ciertas locuciones, a pesar de. **4** Contrapone lo que se dice en una exclamación con una realidad expresa o implícita. **5** Denota contenido, posesión. **6** Juntamente y en compañía.
CON-, COM-, CO- prefs. que expresan reunión, cooperación o agregación: *convenir*.
CONAKRY Ciudad capital de la República de Guinea, en la costa atlántica; 1.508.000 h. Industria alimentaria y mecánica. Puerto.
CONAN DOYLE, ARTHUR DOYLE, SIR ARTHUR CONAN.
CONATO m. **1** Comienzo de una acción, especialmente si no llega a cumplirse. **2** Empeño y esfuerzo en la ejecución de una cosa.
CONCATENACIÓN f. Acción y efecto de concatenar.
CONCATENAR tr. fig. Unir o enlazar unas especies con otras. También prnl.
CONCAVIDAD f. **1** Calidad de cóncavo. **2** Parte o sitio cóncavo.
CÓNCAVO, VA adj. Se dice de la línea o superficie curvas que, desde el lado por el que se las mira, tienen su parte más deprimida en el centro.
CONCEBIR intr. y tr. **1** Quedar fecundada la hembra. **2** fig. Formar una idea, proyecto, etc. || tr. **3** fig. Comenzar a sentir algún sentimiento o afecto. **4** Comprender, pensar. ♦ IRREG. Se conjuga como PEDIR.
CONCEDER tr. **1** Dar, otorgar. **2** Asentir, convenir. **3** Atribuir una cualidad o condición.
CONCEJAL, LA m. y f. Persona que forma parte de un concejo o ayuntamiento.
CONCEJO m. **1** AYUNTAMIENTO, casa y corporación municipales. **2** MUNICIPIO. **3** Sesión celebrada por los individuos de un concejo.
CONCELEBRAR tr. Celebrar conjuntamente la misa varios sacerdotes.
CONCELLER com. Miembro o vocal del concejo municipal en Cataluña.
CONCENTRACIÓN f. **1** Acción y efecto de concentrar o concentrarse. **2** *Dep.* Reunión o aislamiento de un equipo en un lugar, hotel, residencia, antes de un partido. **3** *Quím.* Cantidad de soluto, en masa, volumen o número de moles, presente en una determinada cantidad de disolución. || **CONCENTRACIÓN PARCELARIA** *Agr.* Agrupación de diversas fincas rústicas de reducida extensión, para mejorar su producción.
CONCENTRAR tr. **1** Reunir en un centro o en un punto determinado lo que estaba separado. También prnl. **2** Reunir bajo un solo dominio la propiedad de diversas parcelas. **3** *Quím.* Aumentar la proporción entre la materia disuelta y el líquido de una disolución. También prnl. **4** Atraer la atención, las miradas, etc. || prnl. **5** Abstraerse, ensimismarse. **6** Atender o reflexionar profundamente.
CONCÉNTRICO, CA adj. *Geom.* Se dice de dos o más figuras o sólidos que tienen un mismo centro.
CONCEPCIÓN f. **1** Acción y efecto de concebir. **2** Por excelencia, la de la Virgen.
CONCEPCIÓN *Rel.* Fiesta con que la iglesia católica celebra anualmente el dogma de la Inmaculada Concepción de la Virgen María, el día 8 de diciembre.
CONCEPCIÓN 1 Provincia central de Chile, en la región VIII de Biobío. La bañan los ríos Biobío, Itata, Yumbel, Claro, Andalien, Coelemu, Laja y Polcura. Su principal riqueza la constituye la explotación de carbón y del hierro. Sus principales puertos son Coronel y Talcahuano. **2** Ciudad capital de la misma y de la región de Biobío; 350.268 h. Importante centro industrial. Refinería de petróleo. Está situada en el centro de una región agrícola (cereales, viñas, frutales) y minera. Universidad. Obispado. Fundada en 1550, en mayo de 1960 sufrió graves daños a consecuencia de un terremoto.
CONCEPCIÓN 1 Departamento de Paraguay; 18.051 km² y 185.496 h. **2** Ciudad capital del mismo; 22.866 h. Puerto fluvial sobre el río Paraguay. Fundada en 1773, anteriormente se llamó Villa Real de la Concepción.
CONCEPCIÓN DE LA VEGA Ciudad de la República Dominicana, capital de la provincia de La Vega; 189.000 h. Habitualmente suele llamarse sólo La Vega. Fundada por Bartolomé Colón en 1495.
CONCEPCIONISTA adj. y f. *Rel.* Se dice de la religiosa que pertenece a la tercera orden franciscana, llamada de la Inmaculada Concepción.
CONCEPTISMO m. *Lit.* Movimiento literario que se desarrolló en España durante el siglo XVII. Se caracterizó por la importancia que otorgaba a las ideas o conceptos, el uso de la antítesis, la asociación de ideas y alegorías, la sintaxis recortada y las frecuentes elipsis. Aunque generalmente se ha contrapuesto este movimiento al CULTERANISMO, suele haber entre ambos bastantes puntos de coincidencia. Se considera como primer autor conceptista a A. de Ledesma, a quien disputa la primacía M. Toledano. Otros autores conceptistas son A. J. de Salas Barbadillo, A. de Bonilla, J. de Cáncer y Velasco, P. de Quirós y, sobre todo, Francisco de Quevedo y Baltasar Gracián.
CONCEPTO m. **1** *Filos.* Idea que concibe o forma el entendimiento que puede ser generalizada a todos los objetos, fenómenos etc., de la misma categoría. **2** Pensamiento expresado por palabras. **3** Opinión, juicio. **4** Aspecto, calidad, título.
CONCEPTUAL adj. Perteneciente o relativo al concepto. || **ARTE CONCEPTUAL** *Arte.* Corriente artística surgida en los años sesenta que propugna un arte en el que la imagen es sustituida por una reflexión sobre los procesos de producción y consumo. Su máximo representante es Joseph Beuys.
CONCEPTUALISMO m. *Filos.* Doctrina filosófica que defiende la realidad y legítimo valor de las nociones universales y abstractas, en cuanto son conceptos de la mente, aunque no les conceda existencia positiva y separada fuera de ella.

CONCEPTUAR tr. **1** Formar concepto de una cosa. **2** Apreciar las cualidades de una persona.
CONCERNIR intr. ATAÑER. ♦ IRREG. y DEF. Se conjuga como DISCERNIR. Sólo se utiliza en infinitivo, gerundio y en las terceras personas del presente y pretérito imperfecto de indicativo y subjuntivo.
CONCERTACIÓN f. CONCIERTO, ajuste o convenio.
CONCERTAR tr. **1** Poner de acuerdo, decidir varias personas una cosa de común acuerdo. También prnl. **2** Ajustar el precio de una cosa. También prnl. **3** Armonizar personas o cosas para conseguir un mismo fin. También prnl. **4** *Mús.* Poner acordes entre sí voces o instrumentos musicales. **5** Estar de acuerdo una cosa con otra. || intr. *Gram.* **6** Concordar en los accidentes gramaticales dos o más palabras variables. ♦ IRREG. Se conjuga como ACERTAR.
CONCERTINA f. *Mús.* Acordeón de figura hexagonal u octogonal y de fuelle muy largo y teclados cantantes en ambas caras o cubiertas.
CONCERTINO com. *Mús.* **1** Primer violinista de una orquesta, encargado de la ejecución de los solos. || m. *Mús.* **2** En el *concerto grosso*, grupo formado por los solistas.
CONCERTISTA com. *Mús.* Músico que toma parte en la ejecución de un concierto en calidad de solista.
CONCERTO GROSSO m. *Mús.* Modalidad de concierto barroco en el que la orquesta está dividida en dos grupos bien diferenciados: uno de ellos es el *concertino*, formado por un pequeño número de solistas; y otro es el llamado *tutti* o *ripieno*, que lo integran el resto de los instrumentos. ♦ Su pl. es *concerti grossi*.
CONCESIÓN f. **1** Acción y efecto de conceder. **2** Cesión gubernativa a favor de particulares o de empresas de bienes o servicios de dominio público. **3** *Econ.* Derecho que una empresa concede a un particular o a otra empresa para vender o distribuir sus productos en una zona determinada. **4** Acción y efecto de ceder en una posición ideológica o en una actitud adoptada.
CONCESIONARIO, RIA adj. y s. **1** Se dice de la persona o entidad que tiene la exclusiva de distribución de un producto determinado en una zona. || m. y f. **2** Persona a quien se hace o transfiere una concesión. || m. **3** Local comercial en el que se ponen a la venta automóviles de una marca determinada.
CONCESIVO, VA adj. **1** Que se concede o puede concederse. **2** *Gram.* Se dice de la proposición subordinada que indica la razón que se opone a la principal, pero que no excluye su cumplimiento.
CONCHA f. **1** *Zool.* Cubierta que protege el cuerpo de los moluscos y, por extensión, caparazón de las tortugas, cladóceros y otros pequeños crustáceos. **2** CAREY, chapa delgada que se saca de la concha de estas tortugas. **3** Mueble que se coloca en la parte más cercana al público de un escenario del teatro para ocultar al apuntador.
CONCHA, JOSÉ GUTIÉRREZ DE LA, MARQUÉS DE LA HABANA General y político español (Córdoba de Tucumán, 1809 - Madrid, 1895). Fue capitán general de Cuba (1850-52 y 1854-59), ministro de la Guerra (1864) y presidente del consejo de ministros (1868). Tras la de-

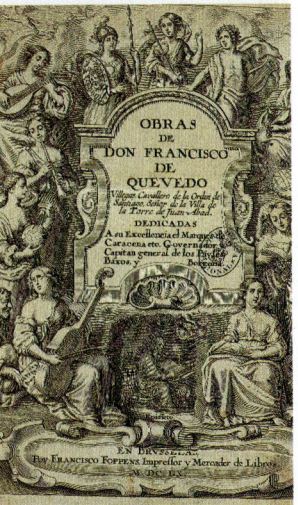

conceptismo. Portada de las *Obras* de Francisco de Quevedo editadas en Bruselas, en 1660.

José Gutiérrez de la **Concha**

rrota gubernamental en Alcolea, partió al exilio del que regresó al ser coronado Alfonso XII. Posteriormente fue presidente del Senado (1881-83).

Concha, José Vicente Político colombiano (Bogotá, 1867 - Roma, 1929). Presidente de la República (1914-18), durante su mandato solucionó el problema fronterizo con Ecuador.

Concha Riffo, Gilberto Valle, Juvencio.

conchabar tr. **1** Unir, mezclar, asociar. **2** *Amér. m.* Asalariar, contratar al servicio doméstico. También prnl. || prnl. **3** *fam.* Confabularse.

conchífero, ra adj. *Geol.* Se dice del terreno secundario en el que abundan conchas de moluscos.

Conchinchina vulg. por **Cochinchina**.

Conchos Río de México. Nace en Sierra Madre Occidental y desemboca en el Bravo del Norte; 700 km.

conchudo, da adj. **1** *Zool.* Se dice del animal cubierto de conchas. **2** *fig.* y *fam.* Astuto, cauteloso, sagaz.

conciencia f. **1** Propiedad del espíritu humano de reconocerse en sus atributos esenciales y en todas las modificaciones que en sí mismo experimenta. **2** Conocimiento interior del bien que debemos hacer y del mal que debemos evitar. **3** Conocimiento exacto y reflexivo de las cosas. || **a conciencia** loc. adv. Se dice de aquello que se hace con solidez, sin fraude.

concienciar tr. **1** Hacer que alguien sea consciente de algo. También prnl. || prnl. **2** Adquirir conciencia de algo y, especialmente de la necesidad de comprometerse políticamente.

concienzudo, da adj. **1** Se dice de la persona que estudia o hace las cosas con mucha atención o detenimiento. **2** Que está hecho a conciencia.

concierto m. **1** Buen orden y disposición de las cosas. **2** Ajuste o convenio entre dos o más personas o entidades sobre alguna cosa. **3** *Mús.* Función en la que se ejecutan composiciones musicales. **4** *Mús.* Composición musical para diversos instrumentos en la que uno o varios ejecutan la parte principal acompañados de una orquesta. Se considera a Torelli el inventor de esta forma musical, que rápidamente evolucionó hacia dos modalidades: el *concerto grosso* y el *concierto para instrumento solista.* Albinoni, Corelli, Vivaldi, Bach, Haendel, etc., escribieron numerosos conciertos, y dieron paso a la forma clásica de esta composición, representada por Haydn y Mozart.

conciliábulo m. **1** Concilio no convocado por autoridad legítima. **2** *fig.* Junta o reunión para tratar de algo que se quiere mantener oculto.

conciliación f. Acción y efecto de conciliar. || **acto de conciliación** *Der.* Acción previa al juicio en la que el juez intenta que las dos partes lleguen a un acuerdo para evitar la demanda judicial.

conciliar[1] adj. *Rel.* Relativo a los concilios. || m. **2** Persona que asiste a los concilios.

conciliar[2] (Del lat. *conciliāre.*) tr. **1** Componer, poner de acuerdo. **2** Granjear o ganar los ánimos y la benevolencia. También prnl.

concilio m. **1** Junta o congreso para tratar alguna cosa. **2** *Rel.* Colección de los decretos de un concilio. **3** *Rel.* Junta o congreso de los obispos y otros eclesiásticos de la iglesia católica, o de parte de ella, para deli-

berar y decidir sobre materias doctrinales y de disciplina, de acuerdo con el papa. || **concilio ecuménico** o **general** *Rel.* El celebrado por la iglesia católica con carácter general. Es convocado por el papa, presidido por él o por un delegado suyo, y deben estar representados la mayoría de los obispos de las provincias eclesiásticas. Sus decretos y conclusiones tienen la máxima autoridad tras ser refrendados por el papa. El primer concilio fue el convocado por san Pedro, en Jerusalén, hacia el año 50. Los posteriores se han numerado del 1 al 21. El último celebrado fue el concilio Vaticano II.

concilios de Toledo Toledo, concilios de.

Concini, Concino Aventurero italiano (Florencia, ? - París, 1617). Protegido de María de Médicis, desempeñó diversos cargos en la política francesa. Al hacerse cargo del poder Luis XIII, ordenó su detención. Murió asesinado.

concisión f. Brevedad y economía en el modo de expresar un concepto con exactitud.

conciso, sa adj. Que tiene concisión.

concitar tr. **1** Instigar a uno contra otro. **2** Excitar inquietudes y sediciones en el ánimo de los demás. También prnl.

conciudadano, na m. y f. Cada uno de los ciudadanos de una misma ciudad o nación, respecto de los demás.

cónclave. Grabado francés del siglo XIX que representa el cónclave reunido para la elección papal tras la muerte de León XIII.

cónclave o **conclave** m. **1** *Rel.* e *Hist.* Lugar en donde los cardenales se juntan y se encierran para elegir sumo pontífice. **2** La misma junta de los cardenales. **3** *fig.* Junta de personas para tratar algún asunto.

concluir tr. **1** Acabar o finalizar una cosa. También prnl. **2** Determinar y resolver sobre lo que se ha tratado. **3** Inferir, deducir una verdad de otras. **4** Rematar una obra. ♦ IRREG. Se conjuga como HUIR.

conclusión f. **1** Acción y efecto de concluir o concluirse. **2** Fin y terminación de una cosa. **3** Resolución que se ha tomado sobre una materia. **4** *Lóg.* Proposición que se pretende probar y que se deduce de las premisas. || **en conclusión** loc. adv. En suma, por último, finalmente.

concluyente adj. **1** Que concluye. **2** Terminante, resolutorio.

concoide o **concoideo, a** adj. *Geom.* Que tiene forma o aspecto de concha.

Concolorcorvo (Calixto Carlos Inca Bustamante, llamado) Supuesto escritor peruano del siglo XVIII, a quien se atribuyó *El lazarillo de ciegos caminantes.* La crítica ha demostrado que se trata del escribiente de Alonso Carrió de la Vandera, que es el verdadero autor de la obra.

concomerse prnl. **1** *fam.* Consumirse de impaciencia, pesar u otro sentimiento. **2** *fam.* Mover los hombros y espaldas por nerviosismo.

concomitancia f. Relación de simultaneidad entre varias acciones.

concomitante adj. Que acompaña a algo u obra con ello.

concomitar tr. Acompañar una cosa a otra, u obrar juntamente con ella.

concordancia f. **1** Correspondencia y conformidad de una cosa con otra. **2** *Gram.* Conformidad de accidentes entre palabras variables. **3** *Mús.* Justa proporción

concilio de Trento. Cuadro de Nicolo Dorigati. Museo Diocesano (Trento).

que guardan entre sí las voces de un coro. || f. pl. **4** Índice alfabético de las palabras de un libro, con las citas de los lugares en que se hallan.
CONCORDAR tr. **1** Poner de acuerdo lo que no lo está. || intr. **2** Coincidir, estar de acuerdo una cosa con otra. **3** *Gram.* Formar concordancia dos o más palabras variables. También tr.
CONCORDATO m. Tratado o convenio sobre asuntos eclesiásticos que el gobierno de un Estado hace con la Santa Sede.
CONCORDE adj. Conforme, de un mismo sentir y parecer.
CONCORDE *Aeron.* Avión supersónico de transporte de pasajeros, capaz de viajar a velocidades superiores a la del sonido, creado por la empresa francesa Aerospatiale y la británica British Aircraft Corporation. Comenzó a volar regularmente en 1976, y realizó su último viaje en 2003.
CONCORDIA f. **1** Conformidad, unión. **2** Ajuste o convenio entre personas.
CONCORDIA Ciudad de Argentina, provincia de Entre Ríos; 116.485 h. Puerto fluvial. Nudo de comunicaciones.
CONCRECIÓN f. **1** Acción y efecto de concretar. **2** *Geol.* Precipitación química y agregación de partículas sólidas. **3** *Med.* Masa compacta de materia inorgánica que se acumula en una cavidad o tejido del cuerpo.
CONCRESCENCIA f. *Biol.* Crecimiento simultáneo de varios órganos de un animal o vegetal, tan cercanos que se confunden en una sola masa.
CONCRETAR tr. **1** Combinar, concordar. **2** Reducir a lo más esencial. || prnl. **3** Reducirse a tratar o hablar de una sola cosa.
CONCRETO, TA adj. **1** Se dice de cualquier objeto considerado en sí mismo, con exclusión de cuanto pueda serle extraño o accesorio. **2** Se dice de lo que resulta como efecto de concreción. **3** Preciso, determinado, que excluye toda vaguedad. **4** *Mús.* MÚSICA CONCRETA. || m. **5** *Geol.* CONCRECIÓN. || **en concreto** loc. adv. En resumen, en conclusión.
CONCUBINA f. Mujer que cohabita con un hombre que no es su marido.
CONCULCAR tr. **1** Hollar algo con los pies. **2** Quebrantar una ley, obligación o principio.
CONCUÑADO, DA m. y f. Cónyuge de una persona respecto del cónyuge de otra persona hermana de aquélla.
CONCUPISCENCIA f. **1** Apetito y deseo de los bienes terrenos. **2** Apetito desordenado de placeres sexuales.
CONCURRENCIA f. **1** Acción y efecto de concurrir. **2** Conjunto de personas que asisten a un acto o reunión. **3** Acaecimiento o concurso de varios sucesos o cosas a un mismo tiempo. **4** Asistencia, ayuda, influjo.
CONCURRIR intr. **1** Juntarse en un mismo lugar o tiempo diferentes personas, sucesos o cosas. **2** Contribuir para determinado fin. **3** Convenir con otro en el parecer o dictamen. **4** Tomar parte en un concurso.
CONCURSAR tr. Tomar parte en un concurso, oposición, etc.
CONCURSO m. **1** Competición, prueba, entre varios participantes para conseguir un premio. **2** Oposición que, por medio de ejercicios o alegando méritos, se hace a una cátedra, a un empleo, etc. **3** Asistencia, participación, colaboración. **4** Competencia entre los que aspiran a ejecutar una obra o prestar un servicio. **5** Concurrencia, reunión de personas en un mismo lugar. **6** Asistencia o ayuda para una cosa.
CONCUSIÓN f. **1** *Med.* Conmoción violenta. **2** Cobro arbitrario hecho por un funcionario público en provecho propio.
CONDADO m. **1** Dignidad honorífica de conde. **2** Territorio sobre el que antiguamente ejercía su señorío un conde. **3** División administrativa de Canadá, EE UU, Reino Unido y otros países de tradición anglosajona.
CONDAMINE, CHARLES MARIE DE LA Científico francés (París, 1701 - íd., 1774). Participó en la expedición para medir la longitud del arco de un grado de meridiano. Su obra más conocida es *Viaje a la América meridional* (1748).
CONDE, SA m. y f. **1** Título nobiliario, situado en jerarquía después del marqués y antes que el vizconde. **2** Dignidad del bajo imperio romano. **3** Entre los visigodos, dignidad con cargo y funciones muy diversos. **4** Gobernador de una comarca o territorio en la alta Edad Media. **5** En la Edad Media, señor feudal que gobierna en un condado. || **CONDE DE BARCELONA** Título que tenían los reyes de España, de los más antiguos soberanos de Cataluña. Desde 1941 hasta su muerte, lo ostentó don Juan de Borbón y Battenberg, padre del rey Juan Carlos I.
CONDÉ *Geneal.* Familia nobiliaria francesa, rama menor de la casa de Borbón.
CONDÉ, EL GRAN (LUIS II, PRÍNCIPE DE CONDÉ, llamado) Noble francés (París, 1621 - Fontainebleau, 1686). Venció a los españoles en Rocroi (1643) y Leus (1648) y a los imperiales en Friburgo (1644) y Nordlingen (1645). Participó en los sucesos de la Fronda, obligando al Parlamento a negociar, aunque posteriormente fue encarcelado por Mazarino. Huyó a los Países Bajos y entre 1652 y 1659 sirvió al rey de España. Regresó a Francia cuando se firmó la paz de los Pirineos.
CONDÉ, PRIMER PRÍNCIPE DE (LUIS I DE BORBÓN, llamado) Noble francés (Vendôme, 1530 - Jarnac, 1569). Jefe del partido calvinista, fue condenado a muerte tras verse mezclado en la conjuración de Amboise pero consiguió salvarse por la muerte de Francisco II. Hecho prisionero en la batalla de Jarnac, fue asesinado por orden del duque de Anjou.
CONDECORACIÓN f. **1** Acción y efecto de condecorar. **2** Insignia de honor y distinción.
CONDECORAR tr. Conceder a alguien honores o imponerle una insignia en reconocimiento de sus méritos.
CONDENA f. **1** Castigo que se impone a quien comete una falta. **2** SENTENCIA judicial.
CONDENACIÓN f. **1** Acción y efecto de condenar o condenarse. **2** Entre los católicos, la pena eterna.
CONDENADO, DA adj. **1** RÉPROBO. También s. **2** fig. Endemoniado, perverso. **3** Se aplica a lo que causa molestia.
CONDENAR tr. **1** Pronunciar el juez sentencia, imponiendo al reo la pena correspondiente. **2** Forzar a uno a hacer algo penoso. **3** Reprobar una doctrina u opinión. **4** Tabicar o incomunicar una habitación, o tapiar o cerrar una puerta, ventana, etc. || prnl. **5** Culparse a sí mismo, confesarse culpado. **6** *Rel.* Incurrir en la pena eterna.
CONDENATORIO, RIA adj. **1** Que contiene condena o puede motivarla. **2** *Der.* Se dice del pronunciamiento judicial que castiga al reo.
CONDENSACIÓN f. Acción y efecto de condensar o condensarse.
CONDENSADOR, RA adj. **1** Que condensa. || m. **2** *Fís.* Aparato para reducir los gases a menor volumen. **3** *Mec.* Recipiente que tienen algunas máquinas de vapor para condensar éste después de haber actuado sobre el pistón. || **CONDENSADOR ELÉCTRICO** *Fís.* Sistema de dos conductores, llamados armaduras, que sirven para almacenar cargas eléctricas.
CONDENSAR tr. **1** *Fís.* Convertir un vapor en líquido o en sólido. También prnl. **2** *Fís.* Reducir una cosa a menor volumen, y darle más consistencia si es líquida. También prnl. **3** Espesar, unir. También prnl. **4** Concentrar lo disperso. También prnl. **5** fig. Sintetizar, resumir, compendiar.
CONDESAR tr. Ahorrar, economizar.
CONDESCENDENCIA f. Acción y efecto de condescender.
CONDESCENDER intr. Acomodarse por bondad al gusto y voluntad de otro. ♦ IRREG. Se conjuga como ENTENDER.
CONDESCENDIENTE adj. **1** Que condesciende. **2** Pronto y dispuesto a condescender.
CONDESTABLE m. **1** El que en la Edad Media obtenía y ejercía la primera dignidad de la milicia. **2** Sargento en las brigadas de artillería de marina. || **CONDESTABLE DE CASTILLA** *Hist.* El que ejercía ese cargo hasta que pasó a ser título honorífico.
CONDICIÓN f. **1** Índole, naturaleza o propiedad de las cosas. **2** Natural, carácter o genio de los hombres. **3** Estado, situación especial en que se halla una persona. **4** Calidad del nacimiento o estado social de los hombres. **5** Calidad o circunstancia con que se hace o promete una cosa. || f. pl. **6** Actitud o disposición. **7** Circunstancias que afectan a un proceso o al estado de una persona o cosa. || **CONDICIÓN SINE QUA NON** Aquella sin la cual no se hará una cosa o no se tendrá por no hecha. || **en condiciones** loc. adv. A punto, apto para el fin deseado.
CONDICIONADO, DA adj. **1** ACONDICIONADO. **2** CONDICIONAL, que implica una condición.
CONDICIONAL adj. **1** Que incluye y lleva consigo una condición o requisito. || m. **2** *Gram.* Tiempo que expresa acción futura en relación con el pasado del que se parte. Se divide en *simple*, que puede expresar pro-
babilidad referida al pasado, y *compuesto* o *perfecto*. **3** *Gram.* CONDICIONAL SIMPLE. || **CONDICIONAL COMPUESTO** o **PERFECTO** *Gram.* El que se forma con el verbo auxiliar *haber*. || **CONDICIONAL SIMPLE** *Gram.* El que se forma sin verbo auxiliar.
CONDICIONAMIENTO m. **1** Acción y efecto de condicionar. **2** Limitación, restricción. Más en pl.
CONDICIONAR intr. **1** Convenir una cosa con otra. || tr. **2** Hacer depender una cosa de alguna condición.
CONDIGNO, NA adj. Se dice de lo que corresponde a otra cosa o se deriva naturalmente de ella.
CONDILLAC, ÉTIENNE BONNOT DE Filósofo francés (Grenoble, 1715 - abadía de Flux, 1780). Influido por Locke, fue el introductor del sensualismo en la Ilustración francesa. Figura entre los fundadores de la ciencia económica burguesa. Obras principales: *Origen de los conocimientos humanos* (1746) y *Tratado de las sensaciones* (1754).
CÓNDILO m. *Anat.* Cabeza redondeada, en la extremidad de un hueso, que forma articulación encajando en el hueco correspondiente de otro hueso.
CONDIMENTAR tr. Sazonar los manjares.
CONDIMENTO m. Lo que sirve para sazonar la comida y darle buen sabor.
CONDISCÍPULO, LA m. y f. Persona que estudia o ha estudiado con otra u otras bajo la dirección de un mismo maestro.
CONDOLENCIA f. **1** Participación en el pesar ajeno. **2** PÉSAME.
CONDOLERSE prnl. Compadecerse de lo que otro siente o padece. ♦ IRREG. Se conjuga como MOVER.
CONDOMINIO m. **1** *Der.* Dominio de una cosa que pertenece en común a dos o más personas. **2** Edificio poseído en régimen de propiedad horizontal.
CONDÓN m. PRESERVATIVO, funda de goma.
CONDONAR tr. Perdonar, remitir.

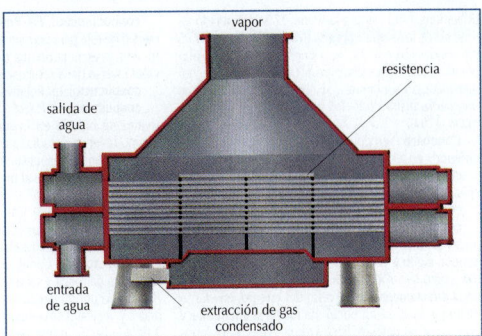

condensador térmico, usado para la compresión de gases.

cóndor de los Andes

CÓNDOR m. **1** *Zool.* Nombre común de varias especies de aves falconiformes de la familia catártidos, de gran tamaño y hábitos necrófagos. **2** Antigua moneda de oro de Chile y de Ecuador. || **CÓNDOR DE LOS ANDES** *Zool.* De nombre científico *Vultur gryphus*, esta rapaz es la mayor de las aves que vuelan. La cabeza y el cuello están desnudos, excepto por un collar de plumas blancas. Se alimenta de carroña y vive en la cordillera andina.
CÓNDOR, LEGIÓN *Hist.* Nombre del escuadrón aéreo alemán que luchó a favor de Franco durante la Guerra Civil española, constituido en noviembre de 1936. Participó en acciones de bombardeo masivo en el frente del Norte (Durango, Guernica), en Brunete, Belchite y la batalla del Ebro.
CONDORCANQUI, JOSÉ GABRIEL TÚPAC AMARU.
CONDORCET, MARQUÉS DE (MARIE-JEAN-ANTOINE DE CARITAT, llamado) Filósofo, matemático y político francés

(Ribemont, 1743 - Bourg-la-Reine, 1794). Diputado girondino de la Asamblea Legislativa y de la Convención, fue condenado en 1793 y se suicidó en prisión. Colaborador de la *Enciclopedia*, realizó notables trabajos en matemáticas y astronomía. Su obra capital es *Esbozo de un cuadro histórico de los progresos del espíritu humano* (1794).

CONDORIRI Pico de Bolivia, situado en la cordillera Oriental, en el departamento de La Paz; 6.109 m.

CONDOTIERO m. **1** General o cabeza de soldados mercenarios italianos. **2** Soldado mercenario.

CONDR-; -CONDR-; -CONDRIA pref., in. o suf. CONDRO-.

CONDRICTIO, A adj. y m. *Zool.* **1** Se aplica a los peces caracterizados por su esqueleto cartilaginoso, aunque algunas partes pueden encontrarse calcificadas, como las rayas y los tiburones. La cabeza se continúa directamente con el resto del cuerpo; en ella se distingue la abertura bucal, de forma semicircular y provista de numerosos dientes triangulares. A los lados de la faringe se abren las hendiduras branquiales, sobre cuyas paredes se sitúan las branquias en forma de lámina. Carecen de vejiga natatoria. Pueden ser ovíparos o vivíparos. Generalmente son carnívoros, depredadores y muy voraces. || m. pl. *Zool.* **2** Clase de estos peces.

CONDRILA f. *Bot.* Planta herbácea de la familia compuestas, de flores amarillas. De su raíz se saca liga.

CONDRÍN m. Medida de peso para metales preciosos usada en Filipinas, equivalente a 37 centigramos y 6 miligramos aproximadamente.

CONDRIO-; -CONDRIO pref. o suf. CONDRO-.

CONDRIOSOMA m. *Biol.* Cada uno de los diminutos corpúsculos lipoproteicos y autoperpetuables del citoplasma de las células. Pueden tener forma de granos, filamentos o bastones. Actúan en el metabolismo y secreción celular.

CONDRITIS f. *Pat.* Inflamación del tejido cartilaginoso. ♦ Su pl. es *condritis*.

CONDRO-, CONDR-, CONDRIO-; -CONDR-, -CONDRO-; -CONDRIA, -CONDRIO prefs., ins. o sufs. que significan cartílago: *acondroplasia, econdrosis, hipocondrio.*

CONDROMA m. *Pat.* Tumor benigno de tejido cartilaginoso.

CONDRÓSTEO adj. *Zool.* **1** Se aplica a los peces de mandíbulas con numerosos dientes, esqueleto cartilaginoso, escamas óseas y una línea lateral sensible a las diferencias de presión del agua, como los esturiones. La mayoría son fósiles. || m. pl. *Zool.* **2** Superorden de estos peces, los más primitivos del grupo.

CONDUCCIÓN f. **1** Acción y efecto de conducir o guiar alguna cosa. **2** Conjunto de conductos dispuestos para el paso de algún fluido. **3** *Fís.* Transmisión de energía o de electrones libres por conductores o semiconductores. **4** *Min.* Galería excavada a lo largo de un filón o una veta.

CONDUCHO m. **1** Comestibles que podían reclamar como derecho los señores a sus vasallos. **2** Comida, bastimento.

CONDUCIR tr. **1** Llevar, transportar de una parte a otra. **2** Guiar o dirigir hacia un paraje o sitio. **3** Guiar un vehículo automóvil. **4** Dirigir un negocio o la actuación de una colectividad. || intr. **5** Convenir, ser a propósito para algún fin. || prnl. **6** Comportarse, proceder de esta o la otra manera. ♦ IRREG. Véase cuadro.

CONDUCIR

INDICATIVO
Pres.: conduzco, conduces, conduce, conducimos, conducís, conducen.
Pret. imperf.: conducía, conducías, etc.
Pret. indef.: conduje, condujiste, etc.
Fut. imperf.: conduciré, conducirás, etc.
Condic.: conduciría, conducirías, etc.
SUBJUNTIVO
Pres.: conduzca, conduzcas, conduzca, conduzcamos, conduzcáis, conduzcan.
Pret. imperf.: condujera, condujeras, etc., o condujese, condujeses, etc.
Fut. imperf.: condujere, condujeres, etc.
IMPERATIVO: conduce, conducid.
PARTICIPIO: conducido.
GERUNDIO: conduciendo.

CONDUCTA f. **1** Manera de conducirse o comportarse una persona. **2** CONDUCCIÓN. **3** Recua o carros que transportaban la moneda de una parte a otra. **4** Gobierno, mando. **5** *Psicol.* Conjunto de actitudes y reacciones del individuo frente al medio en que se desenvuelve. Se encuentra determinada por la estructura biológica y la herencia sociocultural.

CONDUCTANCIA f. *Fís.* Referida a una sustancia, propiedad de ésta para permitir el paso de la corriente eléctrica en presencia de una diferencia de tensión. Es el valor inverso de la resistencia.

CONDUCTICIO adj. Relativo al canon, precio.

CONDUCTISMO m. *Psicol.* Doctrina psicológica exclusivamente basada en la observación del comportamiento objetivo. Estudia la conducta humana en términos de estímulo-respuesta; niega la existencia del inconsciente y se opone al mentalismo. Su fundador fue J. B. Watson.

CONDUCTIVIDAD f. **1** Calidad de conductivo. **2** *Fís.* Propiedad natural de los cuerpos, que consiste en transmitir el calor o la electricidad.

CONDUCTO m. **1** Canal, comúnmente cubierto, que sirve para dar paso y salida a las aguas y otras cosas. **2** *Biol.* Cada uno de los tubos o canales que en los animales y vegetales sirven para las funciones fisiológicas. **3** fig. Mediación o intervención de una persona para la solución de un negocio, obtención de noticias, etc. **4** fig. Medio o vía que se sigue en algún negocio.

CONDUCTOR, RA adj. y s. **1** Que conduce. || m. y f. **2** Persona que conduce un vehículo. || m. *Fís.* **3** Se dice de los cuerpos o materiales que conducen el calor y la electricidad. Son buenos conductores los metales, y malos, el vidrio, la madera, la lana y el aire.

CONDUCTUAL adj. Perteneciente o relativo a la conducta.

CONDUEÑO com. Dueño con otro de alguna cosa.

CONDUERMA f. *Venez.* Modorra, sueño pesado.

CONDUMIO m. fam. Alimento que se come con pan.

CONDURANGO m. *Bot.* Planta sarmentosa perteneciente a la familia asclepiadáceas, de nombre científico *Gonolobus condurango*, que crece en Ecuador y Colombia. Su corteza se utilizó antiguamente contra el cáncer.

CONDURIOTIS, PAVLOS Político griego (Hydra, 1855 - Atenas, 1935). Ejerció la regencia de su país desde la partida del rey Jorge y fue elevado a la presidencia de la República en 1924; depuesto por Pangalos al año siguiente, fue restablecido en 1926 y reelegido en 1929, año en que dimitió.

CONDUTAL m. Canal por donde se vacían de las casas las aguas pluviales.

CONDYLIS, GEORGIOS Militar y político griego (Trícala, 1879 - Atenas, 1936). Participó en el movimiento que obligó a Constantino I a abdicar en su hijo Jorge II (1922). Proclamada la República, fue ministro de la Guerra y del Interior. En 1926 derrocó a Pangalos y se mantuvo hasta finales de ese año. En 1935 hizo proclamar a la Asamblea nacional la abolición de la República, que le nombró regente hasta el regreso del rey Jorge II, quien, a su llegada, le apartó del poder.

CONECTAR tr., intr. y prnl. **1** *Fís.* Establecer contacto entre dos partes de un sistema mecánico o eléctrico. **2** Unir, enlazar, establecer relación, poner en comunicación.

CONECTIVIDAD f. *Inform.* Capacidad de un ordenador para comunicarse con otros mediante diferentes dispositivos.

CONEJAR o **CONEJAL** m. Sitio destinado para criar conejos.

CONEJERA f. **1** *Zool.* Madriguera donde nacen y se crían conejos. **2** CONEJAR. **3** fig. Cueva estrecha y larga. **4** fig. y fam. Casa donde se suele juntar mucha gente de mal vivir. **5** fig. y fam. Sótano, cueva o lugar estrecho donde se recogen muchas personas.

CONEJERO, RA adj. **1** Que caza conejos. || m. y f. **2** Persona que cría o vende conejos.

CONEJILLO m. Diminutivo de CONEJO. || **CONEJILLO DE INDIAS** *Zool.* Nombre común de varias especies de mamíferos roedores de la familia cávidos, género *Cavia*. Son de pequeño tamaño, cabeza grande, pelo corto, y desprovistos de cola. Se emplean en experimentos de medicina y bacteriología. También, persona o animal que es sometido a observación o experimentación.

CONEJITO m. *Bot.* Planta de la familia ranunculáceas que se cultiva en los jardines por sus flores.

CONEJO, JA m. y f. *Zool.* Mamífero lagomorfo perteneciente a la familia lepóridos, de nombre científico *Oryctolagus cuniculus*. Mide unos 40 cm de largo, tiene pelo espeso, orejas largas, patas posteriores más largas que las anteriores y cola muy corta y peluda. Vive en galerías que él mismo excava. Originario de la península Ibérica, ha sido introducido en todo el mundo. Se cría también como animal doméstico. || **CONEJO DE INDIAS** *Zool.* CONEJILLO DE INDIAS.

CONEXIÓN f. **1** Enlace, concatenación. || f. pl. **2** Amistades, mancomunidad de ideas o de intereses.

CONEXO, XA adj. **1** Enlazado, relacionado. **2** *Der.* Se dice de los delitos que por su relación deben ser objeto de un mismo proceso.

CONFABULACIÓN f. Acción o efecto de confabular o confabularse.

conejo

CONFABULAR intr. **1** Conferir, tratar una cosa entre dos o más personas. || prnl. **2** Ponerse de acuerdo dos o más personas sobre un negocio en el que no son ellas solas las interesadas.

CONFALÓN m. Bandera, estandarte.

CONFARREACIÓN f. *Antrop.* e *Hist.* Uno de los tres modos, reservado a los patricios, que tenían los antiguos romanos de contraer matrimonio.

CONFECCIÓN f. **1** Acción y efecto de confeccionar. **2** Hechura de prendas de vestir. || **de confección** loc. adj. Se dice de las prendas de vestir que se venden hechas, a diferencia de las que se encargan a medida.

CONFECCIONAR tr. Hacer determinadas cosas materiales, especialmente compuestas, como prendas de vestir, presupuestos, listas, etc.

CONFEDERACIÓN f. **1** Alianza, liga, unión o pacto entre personas, grupos o Estados. **2** Conjunto resultante de esta alianza.

CONFEDERACIÓN DE ALEMANIA DEL NORTE *Hist.* Organización política que sustituyó en 1866 a la Confederación Germánica después de la derrota austriaca en la guerra austroprusiana. Agrupó a los Landër alemanes del N; los del S se mantuvieron fuera hasta la derrota de Napoleón III (1870).

CONFEDERACIÓN ARGENTINA Denominación que se dio a la República Argentina de 1852 a 1861.

CONFEDERACIÓN CENTROAMERICANA *Hist.* Alianza firmada en Guatemala en 1842, entre El Salvador, Guatemala, Honduras y Nicaragua. Duró hasta 1845.

CONFEDERACIÓN ESPAÑOLA DE ORGANIZACIONES EMPRESARIALES (CEOE) *Econ.* y *Polít.* Asociación española de empresarios fundada en 1977. Tiene como objetivos la representación de los intereses empresariales ante la Administración, las organizaciones profesionales, los sindicatos y los organismos internacionales, y el fomento de la iniciativa privada y la economía de mercado. Han ocupado su presidencia C. Ferrer Salat (1977-84) y J. M. Cuevas (desde 1984).

CONFEDERACIÓN GENERAL DEL TRABAJO (CGT) *Econ.* y *Polít.* Organización obrera francesa, creada en 1895, que en la actualidad continúa siendo una de las principales fuerzas sindicales del país. Tras la Primera Guerra Mundial, su ala más radical constituyó la Confederación General del Trabajo Unitaria (CGTU). En 1948 sufrió una nueva escisión de grupos reformistas que constituyeron la CGT-Fuerza Obrera, encabezada por Léon Jouhaux, su primer secretario general.

CONFEDERACIÓN GERMÁNICA *Hist.* Unión de 39 Landër alemanes decretada en el congreso de Viena (1815), cuyo objetivo era preservar la seguridad de sus miembros. Su órgano de gobierno era la *Dieta*, compuesta por los delegados de los diferentes Estados y su presidencia era ocupada por el emperador austriaco. Se disolvió tras la guerra austroprusiana (1866).

CONFEDERACIÓN GRANADINA *Hist.* Denominación que se dio a Colombia, de 1858 a 1861, bajo la presidencia de Mariano Ospina.

CONFEDERACIÓN HELVÉTICA SUIZA.

CONFEDERACIÓN NACIONAL DEL TRABAJO (CNT) *Hist.* y *Polít.* Organización sindical española fundada en Barcelona (1910) por grupos anarcosindicalistas. Se mantuvo en la clandestinidad hasta julio de 1914. En 1918 se produjo una reorganización general basada en el rechazo a la política, formación de sindicatos únicos de ramo e industria, unificación obrera y creación de un Comité Nacional. Tras la Primera Guerra Mundial, se vio inmersa en un periodo de lucha terrorista. Ilegalizada durante la dictadura de Primo de Rivera, se profundizó la división entre su ala radical y la reformista. En la II República volvió a resurgir; preconizó la revolución social y el abstencionismo. Durante la Guerra Civil, algunos de sus miembros formaron parte de distintos gobiernos republicanos. En el periodo franquista actuó en la clandestinidad; fue legalizada en 1977.

CONFEDERACIÓN PERUANO-BOLIVIANA *Hist.* La constituida por el general Santa Cruz en 1836 entre Perú y Bolivia. Chile, temiendo el poder de Santa Cruz, le declaró la guerra y tras vencerle en YUNGAY (1839) se deshizo la federación.

CONFEDERACIÓN DEL RHIN *Hist.* Unión política de ciertos *Landër* alemanes de la orilla derecha del Rhin (1806-13). Se formó a instancias de Napoleón I, que se nombró protector de la misma, para contar con un instrumento que permitiese la penetración francesa en Alemania. Desapareció tras la derrota francesa en Leipzig (1813).

CONFEDERACIÓN SUDISTA *Hist.* Alianza política de carácter independentista formada en 1861 por los Estados del Sur de la Unión Americana partidarios de la esclavitud. Formada inicialmente por los Estados de Carolina del Sur, Alabama, Florida, Mississippi, Georgia, Louisiana y Texas, designó como su presidente a Jefferson Davis. Días después del comienzo de la guerra de Secesión (1861) se unieron a ella los Estados de Virginia, excepto su parte occidental, Arkansas, Tennessee y Carolina del Norte. Tras su derrota en 1865, fue disuelta.

CONFEDERADO, DA *adj.* y *s.* **1** Que entra o está en una confederación. **2** Se dice de los Estados y combatientes que pertenecían a la Confederación Sudista.

CONFEDERAR *tr.* y *prnl.* Hacer alianza, liga o unión o pacto entre varios.

CONFERENCIA f. **1** Disertación en público sobre algún punto doctrinal. **2** Reunión de representantes de gobiernos o Estados para tratar asuntos internacionales. **3** Comunicación telefónica interurbana. || **CONFERENCIA DE PRENSA** *Period.* Reunión convocada para comunicar una noticia importante a los medios de comunicación.

CONFERENCIA DE SEGURIDAD Y COOPERACIÓN EN EUROPA (CSCE) *Polít.* Organismo internacional creado en 1975 e integrado por todos los países europeos —excepto Albania—, EE UU y Canadá. Entre sus objetivos se encuentran la no injerencia en los asuntos internos de cada miembro y la promoción de la seguridad y el respeto a los derechos humanos. En 1992 ingresaron las repúblicas de la CEI. En 1994 dio origen a la ORGANIZACIÓN PARA LA SEGURIDAD Y LA COOPERACIÓN EN EUROPA (OSCE).

CONFERENCIANTE com. Persona que diserta en público sobre algún punto doctrinal.

CONFERIR *tr.* **1** Conceder, asignar a uno dignidad o derechos. **2** Atribuir o prestar una cualidad no física a una persona o cosa. ♦ IRREG. Se conjuga como SENTIR.

CONFESAR *tr.* **1** Manifestar uno sus hechos, ideas o sentimientos. También *prnl.* **2** Reconocer y declarar uno, obligado por la fuerza de la razón o por otro motivo, lo que sin ello no reconocería ni declararía. **3** *Rel.* Declarar el penitente al confesor en el sacramento de la penitencia los pecados que ha cometido. También *prnl.* **4** *Rel.* Oír el confesor al penitente en el sacramento de la penitencia. **5** *Der.* Declarar el reo o el litigante ante el juez. ♦ IRREG. Se conjuga como ACERTAR.

CONFESIÓN f. **1** Declaración que uno hace de lo que sabe. **2** *Rel.* Declaración al confesor de los pecados que uno ha cometido. **3** *Der.* Declaración del litigante o del reo en el juicio. **4** *Rel.* Credo religioso y conjunto de personas que lo profesan. || f. pl. **5** Relato que alguien hace de su propia vida para explicarla a los demás.

CONFESIONAL *adj.* Se aplica a la institución, y especialmente al Estado, que se declara oficialmente seguidor de una confesión religiosa.

CONFESIONARIO o **CONFESONARIO** m. Recinto aislado dentro del cual se coloca el sacerdote para oír las confesiones sacramentales en las iglesias.

CONFESO, SA *adj.* Que ha confesado su delito o culpa.

CONFESOR m. *Rel.* Sacerdote que, con licencia del ordinario, confiesa a los penitentes.

CONFETI m. Pedacitos de papel de varios colores, recortados en diversas formas, que se arrojan las personas unas a otras en días de celebración festiva.

CONFIADO, DA *adj.* Crédulo, imprevisor.

CONFIANZA f. **1** Esperanza firme que se tiene en una persona o cosa. **2** Seguridad en uno mismo. **3** Ánimo, aliento y vigor para obrar. **4** Familiaridad en el trato. **5** Familiaridad o libertad excesiva. Más en pl. || **de confianza** *loc. adj.* Se dice de la persona en quien se puede confiar y de las cosas que poseen las cualidades requeridas para el fin al que se destinan. || **en confianza** *loc. adv.* En secreto, con reserva.

CONFIAR *intr.* **1** Tener confianza en alguien o algo. También *prnl.* || *tr.* **2** Entregar algo a alguien o ponerlo bajo su cuidado. También *prnl.*

CONFIDENCIA f. Revelación secreta, noticia reservada.

CONFIDENCIAL *adj.* Que se hace o se dice en confianza o con seguridad recíproca entre dos o más personas.

CONFIDENTE *adj.* **1** Fiel, seguro, de confianza. || m. **2** Canapé de dos asientos. || com. **3** Persona a quien otra fía sus secretos o le encarga la ejecución de cosas reservadas. **4** Persona que sirve de espía, y trae noticias de lo que pasa en el campo enemigo o entre sospechosos.

CONFIGURACIÓN f. Disposición de las partes que componen un cuerpo y le dan su peculiar figura.

CONFIGURAR *tr.* y *prnl.* Dar determinada figura a una cosa.

CONFÍN *adj.* **1** CONFINANTE. || m. **2** Término o raya que divide las poblaciones, provincias, naciones, etc. **3** Último término al que alcanza la vista.

CONFINAMIENTO m. **1** Acción y efecto de confinar. **2** *Der.* Pena consistente en relegar al condenado a cierto lugar para que viva en libertad, pero bajo vigilancia de las autoridades.

CONFINANTE *adj.* Que confina con otro punto o lugar.

CONFINAR *intr.* **1** Lindar, estar contiguo a otro territorio, mar, río, etc. || *tr.* **2** Recluir obligatoriamente a alguien en un lugar. También *prnl.*

CONFIRMACIÓN f. **1** Acción y efecto de confirmar. **2** Nueva prueba de la certeza de algo. **3** *Rel.* Uno de los siete sacramentos de la iglesia católica por el cual el que ha recibido la fe del bautismo se confirma y corrobora en ella.

CONFIRMAR *tr.* **1** Corroborar la verdad de algo. **2** Asegurar. También *prnl.* **3** *Rel.* Administrar el sacramento de la confirmación.

CONFISCADO, DA *adj. fam. And., Can.* y *Venez.* Maldito, condenado, travieso.

CONFISCAR *tr.* Privar a alguien de sus bienes y entregarlos a la Hacienda pública o Tesoro.

CONFIT m. Carne guisada y posteriormente conservada en su propia grasa. ♦ Su pl. es *confits*.

CONFITAR *tr.* **1** Cubrir con baño de azúcar las frutas o semillas. **2** Cocer las frutas en almíbar.

CONFITE m. Pasta hecha de azúcar y otros ingredientes, generalmente en forma de bolillas de varios tamaños. Más en pl.

CONFITERÍA f. Tienda en que se venden dulces.

CONFITURA f. Fruta u otra cosa confitada.

CONFLAGRACIÓN f. GUERRA, lucha armada.

CONFLICTIVO, VA *adj.* **1** Que origina conflicto. **2** Relativo al conflicto.

CONFLICTO m. **1** Antagonismo, pugna, oposición entre personas o cosas. **2** Situación difícil.

CONFLUENCIA f. **1** Acción de confluir. **2** *Biol.* Flujo conjunto. **3** Paraje donde confluyen los caminos, los ríos y otras corrientes de agua.

CONFLUENTE *adj.* Qué confluye.

CONFLUIR *intr.* **1** Juntarse en un lugar varios caminos, corrientes de agua, personas, etc. **2** Concurrir diversos factores en un determinado hecho. ♦ IRREG. Se conjuga como HUIR.

CONFORMACIÓN f. Colocación, distribución de las partes que forman un conjunto.

CONFORMAR *tr., intr.* y *prnl.* **1** Concordar una cosa con otra. || *intr.* y *prnl.* **2** Convenir una persona con otra, ser de su misma opinión. || *prnl.* **3** Aceptar una situación no deseada.

CONFORME *adj.* **1** Igual, proporcionado, correspondiente. **2** Acorde con otro en un mismo dictamen. **3** Paciente en las adversidades. || *adv.* **4** Asentamiento que se pone al pie de un escrito. || *adv.* **5** Denota relaciones de conformidad.

CONFORMIDAD f. **1** Correspondencia o acuerdo entre personas o cosas. **2** Aprobación. **3** Tolerancia en las dificultades. || **de conformidad** o **en conformidad** *loc. adv.* De acuerdo con.

CONFORMISMO m. Práctica del que con demasiada facilidad se adapta a cualquier circunstancia.

CONFORT (Voz i.) m. COMODIDAD.

CONFORTABLE *adj.* **1** Que conforta, alienta o consuela. **2** Se dice de lo que produce comodidad.

CONFORTAR *tr.* y *prnl.* Dar vigor o animar.

CONFRATERNIDAD f. HERMANDAD de parentesco o de amistad.

CONFRATERNIZAR *intr.* **1** Tratarse con amistad. **2** Establecer trato o amistad personas separadas por alguna diferencia social, de intereses, etc.

CONFRONTACIÓN f. **1** Careo entre dos o más personas. **2** Cotejo de una cosa con otra.

CONFRONTAR *tr.* **1** Carear una persona con otra. **2** Cotejar una cosa con otra, y especialmente escritos.

CONFUCIANISMO m. *Filos.* y *Rel.* Doctrina religiosa y moral fundada por CONFUCIO, y profesada principalmente por chinos y japoneses. Comenzó a regir en China bajo la dinastía Han, en los siglos IV y III a. C., y persistió como religión oficial hasta 1912.

Confucio. Grabado chino del s. VI-V a. C. Biblioteca Nacional (París).

CONFUCIO (K'UNG FU-TZU, más conocido como) Filósofo chino (Chüeh-li, Shandong, h. 551 - íd., 479 a. C.). Fue funcionario del gobierno en Lu y, ascendido al rango de ministro, se convirtió en una figura muy popular. En el 487 abandonó Lu y durante más de diez años impartió sus enseñanzas de corte en corte acompañado por sus discípulos. Sus ideas ejercieron una enorme influencia en la vida, el arte, la política, la religión, la moral y las costumbres de China. No dejó escritos; fueron sus discípulos quienes compilaron su doctrina. Confucio pretendió reemplazar los antiguos preceptos religiosos por valores morales como base del orden social y político. Su doctrina se fundamenta en el culto a la tradición y a la familia, y resalta la importancia de las virtudes naturales.

CONFULGENCIA f. Brillo simultáneo.

CONFUNDIR *tr.* y *prnl.* **1** Mezclar dos o más cosas diversas, de modo que las partes de las unas se incorporen con las de las otras. **2** Desordenar una cosa. **3** fig. Equivocar, tomar una cosa por otra. **4** fig. Humillar, abatir, avergonzar. También *prnl.* **5** fig. Turbar a alguien de manera que no acierte a explicarse. También *prnl.*

CONFUSIÓN f. **1** Acción y efecto de confundir. **2** fig. Perplejidad, desasosiego. **3** fig. Equivocación, error. **4** Humillación.

CONFUSIONISMO m. Confusión y oscuridad en las ideas o en el lenguaje, producida por lo común deliberadamente.

CONFUSO, SA *adj.* **1** Mezclado, revuelto. **2** Oscuro, dudoso. **3** Poco perceptible. **4** fig. Turbado.

CONFUTAR *tr.* Impugnar la opinión contraria.

CONGA f. **1** *Danza.* Música y danza popular de Cuba, de origen africano, que consta de tres pasos, seguidos

Conferencia de Seguridad y Cooperación en Europa

Congar

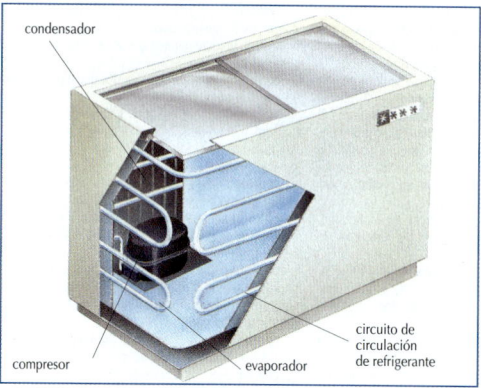

condensador · circuito de circulación de refrigerante · evaporador · compresor

congelador

de un sacudimiento de todo el cuerpo. **2** *Bot.* Planta herbácea perteneciente a la familia zingiberáceas, de nombre científico *Hedychium gardnerianum*. Originaria de la India, se cultiva como ornamental. **3** *Zool. Col.* Hormiga grande y venenosa.

CONGAR, YVES MARIE-JOSEPH Teólogo y religioso dominico francés (Sedán, 1904 - París, 1989). Destacado colaborador del concilio Vaticano II, escribió *Verdadera y falsa reforma de la Iglesia* (1950).

CONGELACIÓN f. *Fís.* Acción y efecto de congelar o congelarse.

CONGELADOR m. Compartimento especial, generalmente de los frigoríficos, donde se produce hielo y se guardan los alimentos.

CONGELAR tr. **1** *Fís.* Pasar un líquido a la forma sólida. Más como prnl. **2** Someter alimentos a muy bajas temperaturas para poder retrasar su consumo. **3** Dañar el frío los tejidos orgánicos. Más como prnl. **4** fig. Detenerse el curso o desarrollo de un proceso. **5** fig. *Econ.* Inmovilizar un gobierno fondos o créditos particulares prohibiendo toda clase de operaciones con ellos. **6** fig. *Econ.* Declarar inmodificables sueldos, precios, etc.

CONGÉNERE adj. y com. Del mismo género, origen o clase.

CONGENIAR intr. Tener dos o más personas genio, carácter o inclinaciones que concuerdan fácilmente.

CONGÉNITO, TA adj. **1** Que se engendra juntamente con otra cosa. **2** Connatural, que existe antes del nacimiento.

CONGESTIÓN f. **1** Concurrencia excesiva de personas, vehículos, etc., que ocasiona un entorpecimiento del tráfico en un paraje o vía públicos. **2** *Med.* Acumulación excesiva de un fluido corporal en alguna parte del cuerpo.

CONGESTIONAR tr. **1** *Med.* Producir congestión en una parte del cuerpo. **2** fig. Obstruir o entorpecer el paso, la circulación o el movimiento de algo. También prnl.

CONGLOBAR tr. y prnl. Unir, juntar cosas o partes, de modo que formen un conjunto o montón.

CONGLOMERACIÓN f. Acción y efecto de conglomerar o conglomerarse.

CONGLOMERADO m. **1** Efecto de conglomerar o conglomerarse. **2** Materia conglomerada. **3** *Geol.* Roca sedimentaria detrítica formada por fragmentos de diversas rocas o minerales de diámetro superior a 2 mm.

CONGLOMERAR tr. **1** AGLOMERAR. **2** Unir o agrupar fragmentos o corpúsculos de una misma o de diversas sustancias con tal coherencia que resulte una masa compacta. También prnl.

CONGLUTINAR tr. Unir, pegar una cosa con otra.

CONGO m. **1** *C. Rica y Salv.* Mono aullador. **2** *Zool. Hond.* Pez acantopterigio. **3** *Cuba* Antiguo baile popular en parejas.

CONGO Río de África ecuatorial. Es el segundo del mundo por su caudal y el segundo de África por su longitud (4.200 km). Nace en el SE de la República Democrática del Congo, pasa por Kolwezi, Kisangani, Brazzaville y Kinshasa y desemboca en el Atlántico. También es conocido por los nombres de Lualaba y Zaire.

CONGO *Geog. hist.* Denominación genérica con que antiguamente se designaba a todas las tierras comprendidas en la cuenca del río.

CONGO (République du Congo). Hasta 1969 se llamó *Congo-Brazzaville*, y desde entonces hasta 1991, *République Populaire du Congo*) República de África centrooccidental, que limita al N, con Camerún y la República Centroafricana; al E y S, con la República Democrática del Congo, y al O, con Cabinda (Angola), el océano Atlántico y Gabón.

GEOG. Su territorio constituye una gran meseta, cubierta en su mayor parte por selva tropical, que ocupa la cuenca de la vertiente derecha del río Congo y se comunica con el océano Atlántico a través de un pequeño pasillo. El clima es cálido y húmedo, con precipitaciones frecuentes, ecuatorial. Ríos principales: Congo, Ubangui y Nuari-Kuoilou. Su economía está basada en la agricultura, en los productos forestales y sobre todo en la minería (petróleo, gas natural, diamantes, cobre, oro, mineral de cobre, plomo y cinc). Cuenta con industrias alimentarias, textiles y madereras.

HIST. Estuvo habitado originariamente por pigmeos que fueron desplazados a partir del siglo XIV por otras tribus procedentes del Chad, entre las que destacaban los bateke y los vili. Estos últimos se extendieron y formaron el reino loango en el siglo XV. A mediados del siglo XIX, comenzaron a establecerse factorías francesas dedicadas a combatir el comercio de esclavos. En 1891 se creó la colonia del Congo francés, que en 1910 se integró en el África Ecuatorial Francesa y obtuvo la independencia en 1960 con el nombre de *Congo-Brazzaville*. En 1970 se promulgó una nueva constitución, que instituyó la *República Popular del Congo*, de partido único, el Congolés del Trabajo (PCT). Éste mantuvo su influencia en las constituciones de 1973 y de 1979, aprobada tras el golpe militar que llevó al poder a Sassou N'Guesso y en la que se ratificó la orientación socialista del gobierno. En enero de 1992 fue aprobada una nueva constitución multipartidista en referéndum; se convocaron elecciones legislativas libres que otorgaron la victoria a la Unión Panafricana para la Democracia Social, liderada por Pascal Lissouba, quien fue elegido presidente. En 1997 se produjo un enfrentamiento armado entre las fuerzas gubernamentales y los partidarios del ex presidente Sassou N'Guesso, que finalizó con la expulsión del presidente Lissouba y la toma del poder de su antecesor Sassou N'Guesso, revalidado en el cargo tras los comicios de 2002.

Superficie: 342.000 km².
Población: 2.831.000 h. (congoleños).
Densidad: 8,3 h./km².
Tasa de natalidad: 39‰.
Tasa de mortalidad: 16,3‰.
Capital: Brazzaville.
Ciudades principales: Pointe-Noire y Loubomo.
Grupos étnicos: bantúes (mayoría), sudaneses y, en la selva, pigmeos.
Religión: catolicismo (53,9%), protestantismo (24,9%), animismo (4,8%).
Idioma: francés (oficial) y dialectos bantúes.
Moneda: franco CFA.
Forma de Estado: república.
Producto Nacional Bruto: 1.899 millones de dólares.
Renta per cápita: 680 dólares.
División administrativa: 9 regiones, según cuadro.

CONGO

Regiones	Superficie (km²)	Población (h.)	Capitales
Bouenza	12.258	177.357	Madingou
Cuvette	74.850	151.839	Owando
Kouilou	13.650	89.296	Pointe-Noire
Lékoumou	20.950	74.420	Sibiti
Likouala	66.044	70.675	Impfondo
Niari	25.918	120.077	Loubomo
Plateaux	38.400	119.722	Djambala
Pool	33.955	182.671	Kinkala
Sangha	55.795	35.961	Ouesso

Congo. Cascada de Loufo Ulacari.

CONGO, REPÚBLICA DEMOCRÁTICA DEL (llamado hasta 1960 *Congo Belga*; de 1960 a 1967 *Congo-Kinshasa* o *Congo-Leopoldville*; de 1967 a 1971 *República Democrática del Congo*; de 1971 a 1997, *Zaire*; y, desde 1997, *República Democrática del Congo*). República de África central. Limita al N con la República Centroafricana y Sudán; al E, con Uganda, Ruanda, Burundi, Tanzania y Zambia; al S, con Zambia y Angola, y al O, con Angola, el océano Atlántico y Congo.

GEOG. Su territorio forma parte de la gran cuenca del río Congo. En sus límites orientales está bordeado por las estribaciones de la región de los lagos de la fosa de Rift Valley; al S se encuentran las montañas de Kundelungo, Kibara y Murungu; al O existe un reborde litoral y al SE se sitúan los picos de la meseta de Shaba. El sistema fluvial lo forman el río Congo y sus numerosos afluentes que dan al país un importante potencial hidroeléctrico. El clima es ecuatorial en el N y centro, y tropical en el S. La economía está centrada en la explotación de las riquezas mineras (cobre y cobalto) de la zona de Shaba, y en las actividades industriales y comerciales de la capital, Kinshasa y el Bajo Zaire. Cuenta con el 35% de la producción mundial de diamantes industriales.

HIST. El territorio estuvo inicialmente habitado por pigmeos y bantúes que no crearon Estados centralizados. Hacia los siglos XIV y XV, aparece el reino de Bakongo, cuyo rey, el Manicongo, ocupaba una posición preeminente entre los distintos jefes tribales cuando llegaron los portugueses de Diego Cao en 1483. Esta expedición portuguesa remontó el río Zaire e inició un periodo de buenas relaciones. A finales del siglo XVI los mercaderes de esclavos comenzaron a practicar una política de saqueos y destrucción de las estructuras tradicionales. Ya en el siglo XIX, Leopoldo II de Bélgica fundó la Asociación Internacional de África, que financió a Harry M. Stanley una expedición que llegó en 1879 a la desembocadura del río Congo. Las reclamaciones de otras naciones (Francia, Inglaterra, Portugal) realizaron sobre este territorio concluyeron en 1885 con el reconocimiento en la conferencia de Berlín de toda la región explorada por Stanley como «propiedad personal» de Leopoldo II con el nombre de Estado Independiente del Congo, del que fue nombrado jefe de Estado. En 1908, el Parlamento belga decidió desposeer al monarca de sus derechos sobre el Congo y confiar al gobierno la gestión del Estado libre, que tomaba el nombre de Congo Belga. Tras un periodo de movimientos anticolonialistas, el país, llamado ahora Congo-Kinshasa, obtuvo la independencia en 1960, con Joseph Kasavubu como presidente y Patrice Lumumba como primer ministro. La intervención de las tropas belgas permitió la secesión de las provincias de Katanga, presidida por Moïse Tshombé, y de Kasai del Sur. La destitución y posterior asesinato de Lumumba, y el golpe de Estado del coronel Mobutu Sese Seko desembocó en una guerra civil (1961) contra los territorios secesionistas, especialmente centrada en Katanga. Mientras tanto, Kasai del Sur se convirtió en reino con Alberto Kalondji como rey con el nombre de Alberto I. En 1963 y tras un largo proceso negociador, Tshombé accedió a la reincorporación de Katanga al gobierno central; el mismo proceso había tenido lugar en Kasai del Sur en 1962. Tras un periodo en el destierro, Tshombé formó un gobierno de reconciliación nacional en el que también participó Kalondji, pero los nuevos intentos secesionistas de Katanga (1964) obligaron a Kasavubu a destituir a Tshombé. En 1965 y tras un golpe de Estado, Mobutu Sese Seko asumió la presidencia, a la que sumó al año siguiente la jefatura del gobierno. Tras las elecciones presidenciales de 1970, fue instaurado un régimen de partido único, el Movimiento Popular de la Revolución, y el país adoptó el nombre de Zaire (1971). En la segunda mitad de la década de los setenta se reprodujeron las tensiones territoriales en Shaba, cuya insurrección (1977 y 1978), provocó la intervención extranjera en apoyo del gobierno de Mobutu. Presionado por la creciente oposición democrática a su política, en septiembre de 1992 Mobutu y la oposición llegaron a un acuerdo para formar un gobierno de unidad nacional dirigido por el líder de la oposición Etienne Tshisekedi, que fue depuesto en 1993. En 1996 diferentes movimientos guerrilleros se unieron en la Alianza de Fuerzas de Liberación Democrática de Congo-Zaire, liderada por Laurent Kabila. La Alianza comenzó una ofensiva contra el régimen de Mobutu desde el NE que concluyó con la toma de Kinshasa en 1997. Kabila se autoproclamó presidente y asumió plenos poderes, y el país pasó a denominarse República Democrática del Congo. En 1998, Kabila se vio obligado a hacer frente a la rebelión de sus antiguos aliados tutsis, en la que se vieron implicados varios países de la zona. Esto dificultó la pacificación del país. En enero de 2001 el presidente Laurent Kabila fue asesinado. Le sustituyó su hijo Joseph Kabila. En 2002 el presidente Kabila firmó sendos acuerdos de paz con los presidentes de Ruanda, Paul Kagame, y de Uganda, Museveni, que suponen el fin de la guerra entre estos países, y el año siguiente se ratificó el armisticio que ponía fin a la guerra civil mantenida desde 1998. El presidente Kabila promulgó una nueva Constitución, y pasó a encabezar un Gobierno de transición hasta la convocatoria de elecciones generales. Sin embargo, las luchas tribales continuaron en el país.

Superficie: 2.344.858 km².
Población: 51.965.000 h. *(congoleños).*
Densidad: 22,2 h./km².
Tasa de natalidad: 46,4‰.
Tasa de mortalidad: 15‰.
Capital: Kinshasa, antes Leopoldville.
Ciudades principales: Lubumbashi, Kananga, Mbuji-Mayi, Mbandaka, Bukavu y Kisangani.
Grupos étnicos: bantúes, sudaneses, nilóticos y, en la selva, pigmeos.
Religión: catolicismo (48,4%), protestantismo (29%), cristianismo indígena (17,1%), animismo (3,4%), islamismo (1,4%).
Idioma: francés (oficial), kisuahili, kiluba, lingala, kikongo y numerosos dialectos más.
Moneda: franco congoleño.
Forma de Estado: república.
Producto Nacional Bruto: 5.433 millones de dólares.
Renta per cápita: 110 dólares.
División administrativa: 10 provincias y una ciudad, según cuadro.

REPÚBLICA DEMOCRÁTICA DEL CONGO

Provincias Ciudad	Superficie (km²)	Población (h.)	Capitales
Bajo Congo	53.920	2.578.000	Matadi
Bandundu	295.658	4.907.000	Bandundu
Ecuador	403.292	4.789.000	Mbandaka
Kasai Occidental	154.742	3.117.000	Kananga
Kasai Oriental	170.302	3.778.000	Mbuji-Mayi
Katanga	496.877	5.602.000	Lubumbashi
Kivu Meridional	65.130	3.093.000	Bukavu
Kivu Septentrional	59.483	3.546.000	Goma
Maniema	132.250	1.048.000	Kindu
Oriental	503.239	5.432.000	Kisangani
Kinshasa	9.965	4.655.000	

Congo Belga Congo, República Democrática del.
Congo-Brazzaville Congo, república de África.
Congo-Kinshasa Congo, República Democrática del.
congoja f. Desmayo, angustia del ánimo.
congola f. *Col.* Pipa de fumar.
congoleño, ña o **congolés, sa** adj. y s. **1** Del Congo. **2** De la República Democrática del Congo (antiguo Zaire).
congolona f. *Zool. C. Rica* Gallina silvestre, algo mayor que la perdiz y de carne estimada.
congona f. *Bot. Chile* Planta piperácea.
congorocho m. *Zool. Venez.* Especie de ciempiés que se halla en terrenos húmedos.
congraciar tr. Conseguir la benevolencia de alguien. Más como prnl.
congratulación f. Acción y efecto de congratular o congratularse.
congratular tr. Manifestar alegría y satisfacción a la persona a quien ha acaecido un suceso feliz. También prnl.
congregación f. **1** Junta para tratar de uno o más negocios. **2** Hermandad autorizada de devotos. **3** Cuerpo o comunidad de sacerdotes seculares, dedicados al ejercicio de los ministerios eclesiásticos, bajo ciertas reglas. **4** En el Vaticano, junta para el despacho de varios asuntos: *Congregación para la Doctrina de la Fe, para el Culto Divino, y para la Evangelización de los Pueblos*.
Congregación para la Doctrina de la Fe *Der. can.* Institución de la iglesia católica que sustituyó en 1965 al *Santo Oficio*. Su misión es la defensa de la doctrina católica y sus costumbres. Pablo III, en 1542, creó la *Sagrada, Romana y Universal Inquisición*. En 1908 Pío X cambió este nombre por el de *Sagrada Congregación del Santo Oficio*, entre cuyos cometidos estaba confeccionar el *Índice de libros prohibidos*, que también quedó abolido en 1965.
Congregación de Misioneros Hijos del Inmaculado Corazón de María *Rel.* Instituto religioso fundado por san Antonio María Claret en 1849. A sus miembros se les llama claretianos.
Congregación del Santísimo Redentor *Rel.* Congregación fundada en 1732 por san Alfonso María de Ligorio, en Scala, cerca de Amalfi, y confirmada por el papa Benedicto XIV en 1749. Sus miembros se denominan redentoristas y se dedican preferentemente a la propagación del Evangelio en las zonas rurales.
congregar tr. y prnl. Juntar, reunir.
congresista com. Miembro de un congreso científico, económico, etc.
congreso m. **1** Junta de varias personas para deliberar sobre algún negocio, y más comúnmente la que se hace para tratar asuntos de gobierno. **2** Conferencia generalmente periódica en que los miembros de una asociación, cuerpo, organismo, profesión, etc., se reúnen para debatir cuestiones previamente fijadas. **3** Edificio donde los diputados a Cortes celebran sus sesiones. **4** En algunos países, asamblea nacional. || **Congreso de los Diputados** *Polít.* Con arreglo a algunas constituciones de España y Hispanoamérica, cuerpo legislativo compuesto de personas nombradas directamente por los electores. En España, según la Constitución de 1978, el Congreso está formado por 350 diputados que representan a la totalidad de las provincias del Estado. Es el órgano encargado de la elaboración de las leyes, junto con el Senado, y de su aprobación final. || **Congreso Eucarístico** *Rel.* Reunión periódica solemne de clérigos y fieles para estudiar asuntos relativos al sacramento de la eucaristía y darle culto público.
Congreso Nacional Africano (ANC) *Polít.* Organización política sudafricana fundada en 1912, con el objetivo de luchar contra la segregación racial y construir una sociedad pluriétnica. En 1960 fue declarada ilegal por el gobierno segregacionista del país, pero, bajo la dirección de Mandela, llevó a cabo una campaña de resistencia pacífica, hasta su legalización en 1990. Tras el inicio de la supresión del régimen de *apartheid* en 1991 y la aprobación de una nueva Constitución en 1993, tuvieron lugar las primeras elecciones multirraciales (abril de 1994), en las que el ANC resultó vencedor y su presidente, Nelson Mandela, fue elegido nuevo presidente de la República.
Congreve, William Dramaturgo inglés (Bardsey, 1670 - Londres, 1729). Algunas de sus obras se representaron con resonante éxito y constituyen obras maestras dentro del teatro de la Restauración. En ellas satiriza la alta sociedad londinense. Son célebres: *El solterón* (1693), *Amor por amor* (1695), *Camino de la vida, El tren del mundo* y *Así va el mundo* (1700).
congrio m. *Zool.* Nombre común de diversos peces osteíctios de la familia cóngridos, con varios géneros. || **congrio común** De nombre científico *Conger conger*, tiene el cuerpo cilíndrico, alargado y sin escamas. Es un animal predador que vive en los fondos marinos de casi todo el mundo. Su carne es blanca y comestible, pero con muchas espinas finas.
congruencia f. **1** Conveniencia, oportunidad. **2** *Mat.* Expresión algebraica que manifiesta que dos números enteros son congruentes, es decir, que al ser divididos por otro número entero dan el mismo resto. Suele representarse con tres rayas horizontales (≡) puestas entre dichos números.
congruismo m. *Teol.* Doctrina que defiende que la gracia es eficaz por su congruencia, es decir, porque Dios la da en aquellas circunstancias en que sabe que el hombre cooperará libremente con ella. Enunciada por Luis de Molina, también recibe el nombre de *molinismo*.
coni- pref. que significa cono: *conífera*.
cónico, ca adj. **1** Relativo al cono. **2** De forma de cono. || f. *Geom.* **3** Se dice de la curva obtenida al cortar un cono con una superficie cónica. Existen diversos tipos de cónicas dependiendo de la dirección del plano de corte: si se realiza con un plano perpendicular al eje, se obtiene una *circunferencia*; si el plano es oblicuo al eje, *elipse*; si la intersección se realiza con un plano paralelo a una de las generatrices, *parábola*; y si el plano es paralelo a dos generatrices o al eje, *hipérbola*.
conidio m. *Biol.* Espora asexual de muchos hongos, que se forma frecuentemente por gemación en el extremo de una hifa.
conidióforo m. *Biol.* Hifa simple o ramificada que tiene uno o más conidios.
conidiospora f. *Biol.* conidio.
conífero, ra adj. y f. *Bot.* **1** Se dice de las plantas fanerógamas gimnospermas, con hojas aciculares o escamosas, flores femeninas en inflorescencias que reciben el nombre de *cono, estróbilo* o *piña*, y flores masculinas. Las coníferas son plantas leñosas, muy ramificadas y de grandes dimensiones, cuya madera posee canales resiníferos, como los pinos, cipreses y abetos. Abundan particularmente en la zona templada septentrional, donde forman extensos bosques. || f. pl. *Bot.* **2** Subclase de estas plantas.
coimbricense adj. y com. De Coimbra.
conirrostro, tra adj. y s. *Zool.* **1** Se dice de los pájaros con el pico cónico, corto y robusto, propio de especies granívoras, como el gorrión. || m. pl. *Zool.* **2** Antiguo suborden de estos pájaros.
conivalvo, va adj. *Zool.* De concha cónica.
coniza f. *Bot.* Planta herbácea medicinal de la familia compuestas.
conjetura f. Juicio probable que se forma de algo por indicios o suposiciones.
conjetural adj. Fundado en conjeturas.
conjeturar tr. Formar juicio de algo por indicios.
conjugación f. **1** Acción y efecto de conjugar. **2** *Gram.* Serie ordenada de todas las voces de distinta inflexión con las que el verbo expresa sus diferentes modos, tiempos, números y personas. [**Encic.**] **3** *Biol.* Fusión en uno de los núcleos de las células reproductoras de los seres vivos. **4** *Biol.* Apareamiento de gametos en la fecundación. **5** *Biol.* En el comienzo de la profase meiótica, asociación lateral de cromosomas. **6** *Biol.* En algunas bacterias, reproducción con transferencia del material sexual a través de un tubo de conjugación que va desde la célula donante a la receptora. La donante se considera macho y la receptora, hembra. **7** *Biol.* En protozoos ciliados, reproducción sexual con asociación temporal de dos individuos durante la meiosis, seguida de fecundación cruzada. **8** *Biol.* En algunas algas, fusión de citoplasmas y núcleos de células yuxtapuestas.

Gram. En español existen tres clases distintas de conjugaciones, y pertenecen respectivamente a la primera, segunda y tercera los verbos cuyos infinitivos acaban en -*ar*, -*er* o -*ir*. A cada voz verbal corresponde un paradigma distinto en cada una de las conjugaciones. Hay verbos —los llamados irregulares— que presentan discrepancias con el paradigma de la conjugación a que pertenecen. [En cuadro aparte se desarrolla la conjugación de los verbos regulares, tomando como modelos los verbos *amar*, *temer* y *partir*. La conjugación de los verbos irregulares aparece reflejada en sus respectivas voces, aunque, para evitar la repetición innecesaria de las irregularidades que afectan a cada uno de ellos, se han establecido una serie de modelos a los cuales se remite desde cada caso particular.]
conjugal adj. y f. *Biol.* **1** Se dice de las algas verdes de agua dulce, pertenecientes a la clase clorofíceas. Se caracterizan por la producción de un tubo de conjugación y de gametos no flagelados durante la reproducción sexual. || f. pl. *Biol.* **2** Orden de estas algas, también denominadas conyugales.
conjugar tr. **1** Combinar varias cosas entre sí. **2** *Gram.* Poner o decir en serie ordenada las palabras de distinta inflexión con las que en el verbo se denotan sus diferentes modos, tiempos, números y personas.
conjunción f. **1** Junta, unión. **2** *Astron.* Situación relativa de dos astros cuando tienen la misma longitud geocéntrica aparente, o ascensión recta. **3** *Gram.* Parte invariable de la oración, que denota la relación que existe entre dos oraciones o entre miembros o vocablos de una de ellas, juntándolos o enlazándolos siempre gramaticalmente, aunque a veces signifique separación de sentido entre unos y otros. || **conjunción adversativa** *Gram.* La que denota oposición entre lo que enlaza, como *pero*. || **conjunción causal** *Gram.* La que precede a la oración en que se motiva lo manifestado antes, como *porque*. || **conjunción comparativa** *Gram.* La que da idea de comparación; por ejemplo, *como*. || **conjunción concesiva** *Gram.* La que precede a una oración subordinada que expresa una objeción o la que se dice en la oración principal, sin que ese obstáculo impida su realización, como *aunque, si bien, pese a*, etc. || **conjunción condicional** *Gram.* La que denota necesidad de que se verifique algo, como *si, con tal que*, etc.

CONJUGACIÓN DE LOS VERBOS REGULARES

PRIMERA CONJUGACIÓN: AMAR

FORMAS PERSONALES

INDICATIVO

Presente	Pretérito imperfecto	Pretérito perfecto simple o indefinido	Futuro	Condicional simple
amo	amaba	amé	amaré	amaría
amas	amabas	amaste	amarás	amarías
ama	amaba	amó	amará	amaría
amamos	amábamos	amamos	amaremos	amaríamos
amáis	amabais	amasteis	amaréis	amaríais
aman	amaban	amaron	amarán	amarían

Pretérito perfecto	Pretérito pluscuamperfecto	Pretérito anterior	Futuro perfecto	Condicional compuesto
he amado	había amado	hube amado	habré amado	habría amado
has amado	habías amado	hubiste amado	habrás amado	habrías amado
ha amado	había amado	hubo amado	habrá amado	habría amado
hemos amado	habíamos amado	hubimos amado	habremos amado	habríamos amado
habéis amado	habíais amado	hubisteis amado	habréis amado	habríais amado
han amado	habían amado	hubieron amado	habrán amado	habrían amado

SUBJUNTIVO

Presente	Pretérito imperfecto	Futuro
ame	amara o amase	amare
ames	amaras o amases	amares
ame	amara o amase	amare
amemos	amáramos o amásemos	amáremos
améis	amarais o amaseis	amareis
amen	amaran o amasen	amaren

Pretérito perfecto	Pretérito pluscuamperfecto	Futuro perfecto
haya amado	hubiera o hubiese amado	hubiere amado
hayas amado	hubieras o hubieses amado	hubieres amado
haya amado	hubiera o hubiese amado	hubiere amado
hayamos amado	hubiéramos o hubiésemos amado	hubiéremos amado
hayáis amado	hubierais o hubieseis amado	hubiereis amado
hayan amado	hubieran o hubiesen amado	hubieren amado

IMPERATIVO

Presente

ama tú   amad vosotros

FORMAS NO PERSONALES

INFINITIVO	GERUNDIO	PARTICIPIO
Simple amar	**Simple** amando	amado
Compuesto haber amado	**Compuesto** habiendo amado	

SEGUNDA CONJUGACIÓN: TEMER

FORMAS PERSONALES

INDICATIVO

Presente	Pretérito imperfecto	Pretérito perfecto simple o indefinido	Futuro	Condicional simple
temo	temía	temí	temeré	temería
temes	temías	temiste	temerás	temerías
teme	temía	temió	temerá	temería
tememos	temíamos	temimos	temeremos	temeríamos
teméis	temíais	temisteis	temeréis	temeríais
temen	temían	temieron	temerán	temerían

Pretérito perfecto	Pretérito pluscuamperfecto	Pretérito anterior	Futuro perfecto	Condicional compuesto
he temido	había temido	hube temido	habré temido	habría temido
has temido	habías temido	hubiste temido	habrás temido	habrías temido
ha temido	había temido	hubo temido	habrá temido	habría temido
hemos temido	habíamos temido	hubimos temido	habremos temido	habríamos temido
habéis temido	habíais temido	hubisteis temido	habréis temido	habríais temido
han temido	habían temido	hubieron temido	habrán temido	habrían temido

SUBJUNTIVO

Presente	Pretérito imperfecto	Futuro
tema	temiera o temiese	temiere
temas	temieras o temieses	temieres
tema	temiera o temiese	temiere
temamos	temiéramos o temiésemos	temiéremos
temáis	temierais o temieseis	temiereis
teman	temieran o temiesen	temieren

Pretérito perfecto	Pretérito pluscuamperfecto	Futuro perfecto
haya temido	hubiera o hubiese temido	hubiere temido
hayas temido	hubieras o hubieses temido	hubieres temido
haya temido	hubiera o hubiese temido	hubiere temido
hayamos temido	hubiéramos o hubiésemos temido	hubiéremos temido
hayáis temido	hubierais o hubieseis temido	hubiereis temido
hayan temido	hubieran o hubiesen temido	hubieren temido

IMPERATIVO

Presente

teme tú   temed vosotros

FORMAS NO PERSONALES

INFINITIVO	GERUNDIO	PARTICIPIO
Simple temer	**Simple** temiendo	temido
Compuesto haber temido	**Compuesto** habiendo temido	

TERCERA CONJUGACIÓN: PARTIR

FORMAS PERSONALES

INDICATIVO

Presente	Pretérito imperfecto	Pretérito perfecto simple o indefinido	Futuro	Condicional simple
parto	partía	partí	partiré	partiría
partes	partías	partiste	partirás	partirías
parte	partía	partió	partirá	partiría
partimos	partíamos	partimos	partiremos	partiríamos
partís	partíais	partisteis	partiréis	partiríais
parten	partían	partieron	partirán	partirían

Pretérito perfecto	Pretérito pluscuamperfecto	Pretérito anterior	Futuro perfecto	Condicional compuesto
he partido	había partido	hube partido	habré partido	habría partido
has partido	habías partido	hubiste partido	habrás partido	habrías partido
ha partido	había partido	hubo partido	habrá partido	habría partido
hemos partido	habíamos partido	hubimos partido	habremos partido	habríamos partido
habéis partido	habíais partido	hubisteis partido	habréis partido	habríais partido
han partido	habían partido	hubieron partido	habrán partido	habrían partido

SUBJUNTIVO

Presente	Pretérito imperfecto	Futuro
parta	partiera o partiese	partiere
partas	partieras o partieses	partieres
parta	partiera o partiese	partiere
partamos	partiéramos o partiésemos	partiéremos
partáis	partierais o partieseis	partiereis
partan	partieran o partiesen	partieren

Pretérito perfecto	Pretérito pluscuamperfecto	Futuro perfecto
haya partido	hubiera o hubiese partido	hubiere partido
hayas partido	hubieras o hubieses partido	hubieres partido
haya partido	hubiera o hubiese partido	hubiere partido
hayamos partido	hubiéramos o hubiésemos partido	hubiéremos partido
hayáis partido	hubierais o hubieseis partido	hubiereis partido
hayan partido	hubieran o hubiesen partido	hubieran partido

IMPERATIVO

Presente

parte tú   partid vosotros

FORMAS NO PERSONALES

INFINITIVO	GERUNDIO	PARTICIPIO
Simple partir	**Simple** partiendo	partido
Compuesto haber partido	**Compuesto** habiendo partido	

|| **conjunción copulativa** Gram. La que junta simplemente una oración con otra o elementos análogos de una misma oración, como *y, que*, etc. || **conjunción distributiva** Gram. La que se reitera aplicada a términos diversos, como *ora... ora, ya... ya*, etc. || **conjunción disyuntiva** Gram. La que denota separación, como *o*. || **conjunción final** Gram. La que denota el fin u objeto de lo manifestado antes, como *a fin de que*. || **conjunción ilativa** Gram. La que enuncia una ilación o consecuencia de lo que anteriormente se ha manifestado, como *conque*. || **conjunción temporal** Gram. La que denota idea de tiempo, como *cuando*.

conjuntar tr. y prnl. coordinar.

conjuntiva f. Anat. Membrana mucosa muy fina que tapiza exteriormente la córnea, e interiormente los párpados de los ojos de los vertebrados.

conjuntivitis f. Pat. Inflamación de la conjuntiva. ♦ Su pl. es *conjuntivitis*.

conjuntivo, va adj. 1 Que junta y une una cosa con otra. 2 Gram. Relativo a la conjunción. || m. Biol. Tejido formado por una serie de células y fibras inmersas en una sustancia fundamental amorfa. Se sitúa como elemento de relleno entre los otros tejidos y deriva del mesodermo.

conjunto, ta adj. 1 Unido o contiguo a otra cosa. 2 Mezclado, incorporado con otra cosa diversa. || m. 3 Agregado de varias cosas o personas. 4 Totalidad de algo en que no se consideran los detalles. 5 Mat. Grupo de elementos que cumplen una determinada condición característica o que gozan de una cierta propiedad. Cada objeto del conjunto se denomina *elemento* y se representa por una letra minúscula: *a, b, c...* El conjunto se representa por una letra mayúscula y puede determinarse por la lista de los elementos que lo forman, separados por comas y encerrados entre llaves; es decir, A = {a, b, c, d}. Para indicar que un elemento *a* pertenece a un conjunto A, se emplea el símbolo ∈, y se escribe: a ∈ A. Por el contrario, cuando se quiere indicar que un elemento no pertenece a un conjunto se escribe: a ∉ A. || **conjunto finito** Mat. El formado por un número finito de elementos. || **conjunto infinito** Mat. El formado por un número infinito de elementos. || **conjunto intersección** Mat. Entre dos o más conjuntos, el formado por todos los elementos comunes a ellos. Se representa por ∩ y se escribe A ∩ B. || **conjunto unión** Mat. Referido a dos conjuntos, el formado por todos los elementos que pertenecen al primero o al segundo, o a ambos. Se representa por ∪ y se escribe A ∪ B. El conjunto unión cumple las propiedades conmutativa, asociativa e idempotente. || **conjunto universal** Mat. El que contiene todos los elementos. Se representa con la letra mayúscula U. || **conjunto vacío** Mat. El que carece de elementos. Se representa por ∅. || **conjuntos disjuntos** Mat. Los que no tienen elementos comunes, por lo que su intersección es el vacío. || **conjuntos equivalentes** Mat. Los que tienen el mismo número de elementos. || **conjuntos iguales** o **idénticos** Mat. Aquellos en que los elementos de uno pertenecen al otro y viceversa.

conjura o **conjuración** f. Concierto o acuerdo hecho contra el Estado o una autoridad de éste.

conjurado, da adj. y s. Que entra en una conjuración.

conjurar intr. 1 Ligarse con otro, mediante juramento, para algún fin. También prnl. 2 Conspirar, uniéndose muchas personas o cosas contra uno, para hacerle daño o perderle. || tr. 3 exorcizar. 4 Rogar, pedir con instancia y con alguna especie de autoridad una cosa. 5 Impedir un daño.

conjuro m. 1 Acción y efecto de conjurar, exorcizar. 2 Fórmula mágica que se dice, recita o escribe para conseguir algo que se desea. 3 Ruego encarecido. || **al conjuro de** loc. adv. A instigación de algo que mueve como un hechizo.

Conlara Río de Argentina, provincia de San Luis, 180 km.

conllevar tr. 1 Llevar una cosa con otro u otros. 2 Aguantar a alguien sus impertinencias. 3 Ejercitar la paciencia en los casos adversos.

conmemoración f. Memoria o recuerdo que se hace de una persona o cosa.

conmemorar tr. Hacer memoria o conmemoración.

conmemorativo, va o **conmemoratorio, ria** adj. Que recuerda a una persona o cosa, o hace conmemoración de ella.

conmensurable adj. 1 Sujeto a medida o evaluación. 2 Se dice de cualquier cantidad que tenga con otra una medida común.

conmensurar tr. Medir con igualdad o debida proporción.

conmigo Forma especial, ablativo singular, masculino y femenino, del pronombre personal *mí*, cuando va precedido de la preposición *con*.

conminar tr. 1 amenazar, manifestar con actos o palabras que se quiere hacer algún mal a otro. 2 Amenazar la autoridad con penas y castigos.

conminatorio, ria adj. y s. Se dice del mandato o juramento que conmina.

conmiseración f. Compasión que uno tiene del mal de otro.

conmisto, ta adj. Mezclado o unido con otra persona o cosa.

conmoción f. 1 Movimiento o perturbación violenta del ánimo o del cuerpo, que sigue a una agresión traumática. 2 fig. Alteración de una multitud, ciudad, etc.

conmocionar tr. Producir conmoción.

conmover tr. y prnl. 1 Perturbar, inquietar, alterar. 2 enternecer, mover a compasión. ♦ irreg. Se conjuga como mover.

conmutación f. 1 Acción y efecto de conmutar. 2 Astron. Ángulo entre el Sol entre los rayos de visión a la Tierra y un planeta. 3 Ling. En glosemática, correlación de un plano, ya sea de la expresión o del contenido, que tiene relación con otra correlación del plano contrario. 4 Ling. Prueba que se utiliza para ver si una sustitución en el plano de la expresión equivale una modificación en el plano del contenido, o viceversa.

conmutador, ra adj. 1 Que conmuta. || m. 2 Amér. Centralita telefónica. 3 Fís. Pieza de aparatos eléctricos que sirve para que una corriente cambie de conductor.

conmutar tr. 1 Cambiar una cosa por otra. 2 Sustituir castigos impuestos por otros menos graves. 3 Sustituir obligaciones o trabajos compensándolos con otros más leves.

conmutativo, va adj. 1 Que conmuta. || f. 2 Mat. Se dice de la propiedad de ciertas operaciones cuyo resultado no varía cambiando el orden de sus términos o elementos.

conmutatriz f. Fís. Aparato que sirve para convertir la corriente alterna en continua, o viceversa. convertidor y rectificador son voces más usadas que ésta.

Connacht Provincia del O de Irlanda; 17.122 km² y 433.000 h. Comprende los condados de Galway, Leitrim, Mayo, Roscommon y Sligo. Su capital es Galway.

connacional adj. Perteneciente a la misma nación que otro u otros.

connatural adj. Biol. Propio o conforme a la naturaleza del ser viviente.

connaturalizar tr. 1 Hacer connatural. || prnl. 2 Acostumbrarse uno a aquellas cosas a que antes no estaba acostumbrado, como al trabajo, al clima, a los alimentos, etc.

Connecticut Río del NE de EE UU, que nace en el Estado de New Hampshire y desemboca en el Atlántico, por el estrecho de Long Island; 600 km.

Connecticut Estado del NE de EE UU, 12.966 km² y 3.405.565 h. Su capital es Hartford. Es una zona eminentemente industrial.

Connery, Sean (thomas connery, llamado) Actor de cine británico (Edimburgo, 1930). Alcanzó popularidad interpretando el personaje de James Bond (*Doctor No*, 1961; *Desde Rusia con amor*, 1963; *Goldfinger*, 1964, etc.). Intervino también en *El hombre que pudo reinar* (1975), *El nombre de la rosa* (1986), *Los intocables de Elliot Ness* (1987), *Indiana Jones y la última cruzada* (1989), *La roca* (1996), *La trampa* (1999) y *Buscando a Forrester* (2001).

connivencia f. 1 Disimulo o tolerancia en el superior acerca de las transgresiones que cometen sus subalternos contra las leyes. 2 Confabulación.

connivente adj. Biol. Que converge hasta encontrarse con otra parte, pero no se fusiona con ella para formar una pieza única.

Connolly, James Político irlandés (Condado de Monaghan, 1868 - Dublín, 1916). Dirigió la insurrección de Pascua de 1916 en Dublín. Cayó prisionero y fue ejecutado.

Connors, Jimmy Tenista estadounidense (East Saint Louis, 1952). Triunfador en Wimbledon (1974), Forest Hills (1974, 1976) y Flushing Meadows (1978, 1982 y 1983).

connotación f. 1 Acción y efecto de connotar. 2 Ling. Nota cualitativa que comporta la significación de una palabra. Es el valor secundario que rodea a una palabra o a un uso dentro del sistema de valores de una lengua.

connotar tr. 1 Hacer relación. 2 Ling. Conllevar la palabra, además del significado propio o específico, otro por asociación.

cono m. 1 Anat. Cualquier estructura de forma cónica. 2 Bot. Tipo de fruto propio de las coníferas. También denominado *piña* o *estróbilo*. 3 Anat. Prolongación de cada una de ciertas células de la retina de los vertebrados, que recibe las impresiones luminosas de color. 4 Geom. Volumen limitado por una superficie cónica, cuya directriz es una circunferencia, y por un plano que forma su base. 5 Geom. Superficie cónica. || **cono de deyección** Geol. Estructura de forma subcónica que se forma por sedimento a la salida de un canal torrencial. || **cono truncado** Geom. Sección del cono comprendida entre la base y otro plano, generalmente paralelo a la base, que corta todas sus generatrices. || **cono volcánico** Geol. Montículo de forma cónica que se origina por acumulación de los materiales arrojados por el volcán.

conocedor, ra adj. Avezado por práctica o estudio a penetrar y discernir la naturaleza y propiedades de algo. También s.

conocer tr. 1 Averiguar por el ejercicio de las facultades intelectuales, la naturaleza, cualidades y relaciones de las cosas. 2 Entender, advertir, saber. 3 Percibir el objeto como distinto de todo lo que no es él. 4 Tener trato y comunicación con alguno. También prnl. 5 Der. Entender en un asunto con facultad legítima para ello. 6 Experimentar, sentir. ♦ irreg. Se conjuga como agradecer.

conocido, da adj. 1 Distinguido, ilustre. || m. y f. 2 Persona con quien se tiene trato o comunicación, pero no amistad.

conocimiento m. 1 Acción y efecto de conocer. 2 Entendimiento, razón natural. 3 Filos. Aprehensión intelectual de un objeto. Es el objeto de estudio de la llamada teoría del conocimiento (véase gnoseología y epistemología). 4 conocido, persona con quien se tiene trato pero no amistad. || m. pl. 5 Noción, ciencia, sabiduría.

conoide m. Geom. 1 Sólido limitado por una superficie curva con punta o vértice a semejanza del cono. 2 Superficie engendrada por una recta que se mueve apoyándose en una curva o superficie y en otra recta llamada eje, que se conserva paralela a un plano, llamado plano director, el cual no debe ser paralelo al eje. 3 Cualquiera de las superficies curvas que están cerradas por una parte, y se prolongan sin fin por la opuesta, como el paraboloide de revolución.

conoideo, a adj. Que tiene figura cónica. Se aplica comúnmente a cierta especie de conchas.

conopeo m. Rel. Velo que cubre el sagrario en el que se guarda la eucaristía. Es blanco o del color litúrgico del día.

conopial adj. Arquit. arco conopial.

conoto m. Zool. Venez. Especie de gorrión, de mayor tamaño que el europeo, y que imita el canto de otras aves.

conque conj. il. con la cual se enuncia una consecuencia natural de lo que acaba de decirse. Se usa después de punto final, o refiriéndose a lo que se sabe o se ha expresado, o sólo para apoyar la frase o cláusula que sigue.

conquense adj. y com. De Cuenca (España).

conquiliología f. Zool. Parte de la zoología que trata de las conchas de los moluscos.

conquista f. 1 Acción y efecto de conquistar. 2 Cosa conquistada. 3 fig. Persona cuyo amor se ha logrado.

Sean **Connery**. Escena de *Indiana Jones y la última cruzada*, de Steven Spielberg.

Joseph **Conrad**. Retrato de Walter Tittle. Galería Nacional de Retratos (Londres).

CONQUISTABLE adj. **1** Que se puede conquistar o ganar. **2** fig. Fácil de obtener, asequible.
CONQUISTADOR, RA adj. y s. Que conquista.
CONQUISTAR tr. **1** Ganar mediante operación de guerra un territorio, población, posición, etc. **2** Ganar o conseguir algo, generalmente con esfuerzo, habilidad o venciendo algunas dificultades. **3** fig. Ganar la voluntad de una persona, o traerla uno a su partido. **4** fig. Lograr el amor de una persona.
CONRAD, JOSEPH (TEODOR JÓZEF KONRAD KORZENIOWSKI, llamado) Escritor inglés de origen polaco (Berdichev, 1857 - Bishopsbourne, 1924). Considerado uno de los grandes maestros de la narrativa inglesa, entre sus novelas destacan *El negro del Narcissus* (1897), *Lord Jim* (1900), *El corazón de las tinieblas* (1902), *Nostromo* (1904), *El agente secreto* (1907), *Bajo los ojos de Occidente* (1910) y *La flecha dorada* (1919). De carácter autobiográfico son *El espejo del mar* (1906) y *Una historia personal* (1909).
CONRADO Nombre de diversos soberanos de Alemania y del sacro imperio romano-germánico.
CONRADO I Rey de Germania (? - ?, 918). Hijo de Conrado, duque de Franconia, accedió al trono en 911.
CONRADO II EL SÁLICO Emperador del sacro imperio romano-germánico (?, 990 - Utrecht, 1039). Fundador de la dinastía de Franconia, fue elegido rey de Germania en 1024 y coronado emperador en 1027. Se anexionó Borgoña y dominó Bohemia.
CONRADO III Rey de Germania (Bamberg, 1093 - ?, 1152). Sucedió a Lotario III en 1137 y fue el fundador de la dinastía Hohenstaufen.
CONRADO IV Emperador germánico (Andria, 1228 - Lavello, 1254). Fue proclamado rey de Sicilia en 1237 y emperador en 1250. Su reinado no fue efectivo fuera del ducado de Suabia.
CONRADO V o **CONRADINO** Rey de Sicilia (Wolfstein, 1252 - Nápoles, 1268). Hijo de Conrado IV, es el último de la dinastía Hohenstaufen. Apoyado por los gibelinos armó un ejército para reconquistar Nápoles, pero fue derrotado por Carlos de Anjou, en Tagliacozzo, y ejecutado.
CONSABIDO, DA adj. **1** Que es sabido por cuantos intervienen en un acto de comunicación. **2** Conocido, habitual.
CONSABURENSE adj. y com. De Consuegra.
CONSAGRAR tr. **1** Hacer sagrada a una persona o cosa. **2** *Rel.* Pronunciar el sacerdote en la misa las palabras de la transubstanciación. **3** *Rel.* Dedicar, ofrecer a Dios por culto o voto una persona o cosa. También prnl. **4** Conferir a alguien fama o preeminencia en determinada actividad. También prnl. **5** fig. Dedicar con suma eficacia y ardor una cosa a determinado fin. También prnl.
CONSANGUÍNEO, A adj. y s. **1** Se dice de la persona que tiene parentesco de consanguinidad con otra. **2** Se dice de las rocas que tienen el mismo origen.
CONSANGUINIDAD f. Unión, por parentesco natural, de varias personas que descienden de una misma raíz o tronco.
CONSCIENCIA f. *Psicol.* CONCIENCIA.
CONSCIENTE adj. **1** Que siente, piensa, quiere y obra con conocimiento de lo que hace. **2** Lo que se hace en estas condiciones. ‖ m. *Psicol.* **3** Elemento racional de la personalidad humana que controla y reprime los impulsos del inconsciente, para desarrollar su capacidad de adaptación al mundo exterior.
CONSCRIPTO m. *Arg., Bol., Chile, Ecuad.* y *Par.* Mozo que hace el servicio militar.

CONSECUCIÓN f. Acción y efecto de conseguir.
CONSECUENCIA f. **1** Hecho o acontecimiento que se sigue o resulta de otro. **2** Correspondencia lógica entre la conducta de un individuo y los principios que profesa. **3** *Lóg.* Proposición que se deduce de otra o de otras, con enlace tan riguroso que, admitidas o negadas las premisas, es ineludible el admitirla o negarla. ‖ **a consecuencia** loc. conjunt. Por efecto, como resultado de.
CONSECUENTE adj. **1** Que sigue en orden respecto de una cosa, o está situado o colocado a su continuación. **2** Se dice de la persona cuya conducta guarda correspondencia lógica con los principios que profesa. ‖ m. **3** *Lóg.* Proposición que se deduce de otra que se llama antecedente. **4** *Mat.* Segundo término de una razón, ya sea por diferencia, ya por cociente, a distinción del primero, que se llama antecedente. **5** *Gram.* Segundo de los términos de la relación gramatical.
CONSECUTIVO, VA adj. **1** Se dice de las cosas que se siguen o suceden sin interrupción. **2** Que sigue inmediatamente a otra cosa o es consecuencia de ella. **3** *Gram.* Se dice de la oración gramatical que expresa consecuencia de lo indicado en otra u otras. **4** *Gram.* Se dice de la conjunción o locución conjuntiva que expresa relación de consecuencia; por ejemplo *luego, pues, conque, por tanto, así que, de modo que,* etc.
CONSEGUIR tr. Alcanzar, lograr lo que se desea. ♦ IRREG. Se conjuga como PEDIR.
CONSEJA f. **1** Cuento, fábula, patraña, ridículos y de sabor antiguo. **2** Junta para tratar de cosas ilícitas.
CONSEJERÍA f. **1** Establecimiento, oficina, etc., donde funciona un consejo. **2** Cargo de consejero. **3** *Polít.* En algunas comunidades autónomas españolas, cargo y organismo de gobierno que se corresponde con el ministerio de la administración central.
CONSEJERO, RA m. y f. **1** Persona que aconseja o sirve para aconsejar. **2** Persona que tiene plaza en algún consejo. **3** *Polít.* Titular de una consejería de comunidad autónoma.
CONSEJO m. **1** Parecer o dictamen que se da o toma para hacer o no hacer una cosa. **2** *Hist.* Tribunal supremo que se componía de diferentes ministros, con un presidente o gobernador, para los negocios de gobierno y la administración de la justicia. Tomaba nombre según el territorio o los asuntos de su jurisdicción: *consejo de Castilla, de Aragón, de Hacienda*. **3** Corporación consultiva. **4** Cuerpo administrativo y consultivo. Su nombre completo es *consejo de administración*. **5** Casa o sitio donde se juntan los consejos. **6** ACUERDO, resolución de una persona. ‖ **CONSEJO DE FAMILIA** *Der.* Institución que se constituye, según algunas legislaciones civiles, para atender a la persona y los bienes de los menores e incapacitados. ‖ **CONSEJO DE GUERRA** *Mil.* Tribunal militar que entiende en las causas propias del fuero castrense. ‖ **CONSEJO DE MINISTROS** *Polít.* Cuerpo de ministros del Estado. También reunión de los ministros para tratar de los negocios de Estado.
CONSEJO DE ASISTENCIA ECONÓMICA MUTUA (COMECON) *Econ.* Organización internacional de cooperación económica entre los países socialistas. Creado en 1949 por el tratado de Moscú, integraba a Albania (que lo abandonó en 1961), Bulgaria, Hungría, Checoslovaquia, Polonia, Rumanía y la URSS. En 1959 se adhirió la RDA y en 1962 Mongolia. También eran miembros Cuba (1972), Vietnam (1978) y Serbia y Montenegro, éste como asociado (1964). Se disolvió en 1991.
CONSEJO DE CIENTO (*Consell de Cent*) *Hist.* Consejo del municipio de la ciudad de Barcelona, integrado por cien prohombres o jurados, como asesores de los seis *consellers*. Fue establecido por Jaime I en 1265, y perduró hasta 1714.
CONSEJO ECONÓMICO Y SOCIAL DE LAS NACIONES UNIDAS ORGANIZACIÓN DE LAS NACIONES UNIDAS.
CONSEJO DE ESTADO *Polít.* Organismo político español creado por las Cortes de Cádiz en 1812, cuya función era el asesoramiento al soberano. Tras varios cambios en su composición y funciones, actualmente es considerado como el supremo órgano consultivo del gobierno por la constitución de 1978.
CONSEJO DE EUROPA *Polít.* Organismo internacional, cuyo origen se encuentra en los movimientos europeístas surgidos tras la Segunda Guerra Mundial. Fundado en 1949 en Londres, tiene su sede en Estrasburgo, y su objetivo es salvaguardar el desarrollo de los ideales comunes a la Europa democrática.

CONSEJO DE INDIAS *Hist.* Institución creada en 1524 como máximo organismo del gobierno del Nuevo Mundo. Tenía la jurisdicción suprema y la facultad de promulgar leyes. Tras la creación por Felipe V de una secretaría de despacho universal de Indias quedó relegado a la categoría de órgano consultivo hasta su desaparición a principios del siglo XIX.
CONSEJO DE SEGURIDAD DE LAS NACIONES UNIDAS ORGANIZACIÓN DE LAS NACIONES UNIDAS.
CONSELLERÍA f. *Polít.* Nombre que reciben las consejerías de las comunidades autónomas de Baleares, Cataluña, Valencia y Galicia.
CONSENSO m. *Polít.* Asenso, consentimiento, y más particularmente el de todas las personas que componen una corporación o el de varios partidos políticos en torno a un tema de interés general para un país.
CONSENSUAR tr. Llegar a un acuerdo entre varias partes en lo referente a una materia antes de ratificar la decisión mediante una votación.
CONSENTIDO, DA adj. **1** Se aplica a la persona mimada con exceso. **2** Se dice del marido que consiente la infidelidad de su mujer.
CONSENTIMIENTO m. **1** Acción y efecto de consentir. **2** *Der.* Conformidad de voluntades entre los contratantes, o sea, entre la oferta y su aceptación, que es el principal requisito de los contratos.
CONSENTIR tr. **1** Permitir algo o condescender en que se haga. También intr. **2** Mimar a los hijos, ser muy indulgente con los niños o con los inferiores. **3** *Der.* Otorgar, obligarse. ♦ IRREG. Se conjuga como SENTIR.
CONSERJE com. Persona que tiene a su cuidado la custodia, limpieza y llaves de un edificio o establecimiento público.
CONSERJERÍA f. **1** Oficio y empleo de conserje. **2** Habitación que el conserje ocupa en el edificio que está a su cuidado.
CONSERVA f. **1** Fruta hervida en agua con almíbar o miel, hasta el punto necesario para que se conserve. También se prepara de otros modos. **2** Alimento de origen vegetal o animal, envasado en recipientes de cierre hermético y esterilizado por el calor para su conservación. ‖ **en conserva** loc. adj. que, añadida a nombres de alimentos, indica que éstos han sido preparados para el consumo posterior.
CONSERVACIÓN f. Acción y efecto de conservar o conservarse.
CONSERVACIONISMO m. *Ecol.* Movimiento ecologista en pro de la conservación de la naturaleza.
CONSERVADOR, RA adj. y s. **1** Que conserva. **2** *Polít.* Se dice de personas, partidos, gobiernos, etc., especialmente favorables a la continuidad en las formas de vida colectiva y adversas a los cambios bruscos o radicales. **3** *Polít.* Se dice de los partidos políticos de derechas. ‖ m. y f. **4** Persona encargada de la conservación de las piezas de un museo.
CONSERVADOR, PARTIDO *Polít.* Partido político del Reino Unido, fundado en 1834 mediante un manifiesto redactado por sir Robert Peel, como continuación del partido «tory». Integró a la aristocracia, los grandes propietarios rurales y los empresarios. Desde el siglo XIX se ha alternado en el poder con el Partido Liberal: Disraeli

Conrado II el Sálico y su esposa Gisela a los pies de Cristo. Ilustración del *Codex Aureum*. Biblioteca del Monasterio de San Lorenzo de El Escorial (Madrid).

John **Constable.** *La catedral de Salisbury.* National Gallery (Londres).

(1868 y 1874-80), Churchill (1940-45 y 1951-55), Eden (1955-57), Heath (1970-74), Thatcher (1979-90) y Major (1990-97).

CONSERVADURÍA f. **1** Cargo de conservador en algunas dependencias públicas. **2** Oficina del mismo.

CONSERVADURISMO m. *Polít.* **1** Doctrina política de los partidos conservadores. **2** Actitud conservadora en política, ideología, etc.

CONSERVAR tr. **1** Mantener algo o cuidar de su permanencia. **2** Guardar con cuidado una cosa. **3** Hacer conservas. También prnl.

CONSERVATORIO, RIA adj. **1** Que contiene y conserva alguna o algunas cosas. || m. *Mús.* **2** Establecimiento, oficial por lo general, en el que se imparten enseñanzas de música, declamación y otras artes afines.

CONSERVERÍA f. Arte de hacer conservas.

CONSERVERO, RA adj. **1** Relativo a las conservas. || m. y f. **2** Persona que tiene por oficio hacer conservas o que sabe hacerlas. **3** Propietario de una industria conservera.

CONSIDERABLE adj. **1** Digno de consideración. **2** Grande, cuantioso.

CONSIDERACIÓN f. **1** Acción y efecto de considerar. **2** En los libros espirituales, asunto o materia sobre lo que se ha de considerar o meditar. **3** Urbanidad, respeto. || **en consideración** loc. adv. En atención a algo o a alguien. || **ser** una cosa **de consideración** fr. Ser importante, considerable.

CONSIDERADO, DA adj. **1** Que tiene por costumbre obrar con meditación y reflexión. **2** Que recibe de los demás muestras repetidas de atención y respeto.

CONSIDERANDO m. *Der.* Cada una de las razones esenciales que preceden y sirven de apoyo a un fallo o dictamen y empiezan con dicha palabra.

CONSIDÉRANT, VICTOR Político francés (Salins, 1808 - París, 1893). Discípulo de Fourier, se le debe la concreción del concepto de derecho del trabajo. Aplicó sus teorías socialistas fundando un falansterio en San Antonio (Texas).

CONSIDERAR tr. **1** PENSAR, reflexionar una cosa con cuidado. **2** Tratar a alguien con respeto. **3** Juzgar, estimar. También prnl.

CONSIGNA f. **1** *Polít.* Hablando de agrupaciones políticas, sindicales, etc., orden que una persona u organismo dirigente da a los subordinados o afiliados. **2** En las estaciones de ferrocarril, aeropuertos, etc., local o conjunto de armarios metálicos con llave en que los viajeros depositan temporalmente equipajes, paquetes, etc. **3** *Mil.* Órdenes que se dan al que manda un puesto, y las que éste manda observar al centinela.

CONSIGNACIÓN f. **1** Acción y efecto de consignar. **2** Cantidad consignada para atender a determinados gastos o servicios.

CONSIGNADOR, RA m. y f. *Econ.* Persona que consigna sus mercancías o naves a la disposición de un corresponsal suyo.

CONSIGNAR tr. **1** Señalar y destinar el rédito de una finca o efecto para el pago de una cantidad o renta que se debe o se constituye. **2** *Econ.* Asentar en un° presupuesto una partida para atender a determinados gastos o servicios. **3** Entregar por vía de depósito, poner en depósito una cosa. **4** Tratándose de opiniones, votos, doctrinas, hechos, circunstancias, datos, etc., asentarlos por escrito, a menudo con formalidad jurídica. **5** *Com.* Enviar, remitir las mercancías a cierto destinatario. **6** *Der.* Depositar judicialmente el precio de alguna cosa o alguna cantidad reclamada, para evitar el embargo, aun con reserva de negar o discutir la deuda.

CONSIGNATARIO m. *Com.* **1** Aquel para quien va destinado un buque, un cargamento o una partida de mercancías. **2** Persona que en los puertos de mar representa al armador de un buque para entender en los asuntos administrativos que se relacionan con su carga y pasaje.

CONSIGO Forma especial, ablativo singular y plural, masculino y femenino, del pronombre personal sí, cuando va precedido de la preposición *con.*

CONSIGUIENTE adj. **1** Que depende y se deduce de otra cosa. || m. *Lóg.* **2** Proposición que, admitidas las premisas, es innegable. || **por consiguiente** loc. conjunt. il. Por consecuencia, en fuerza o virtud de lo antecedente.

CONSILIARIO, RIA m. y f. CONSEJERO, persona que aconseja o sirve para aconsejar.

CONSISTENCIA f. **1** Duración, estabilidad, solidez. **2** Trabazón, coherencia entre las partículas de una masa.

CONSISTENTE adj. **1** Que consiste. **2** Que tiene consistencia.

CONSISTIR intr. **1** Estribar, estar fundada una cosa en otra. **2** Ser efecto de una causa.

CONSISTORIAL adj. **1** Relativo al consistorio. También m. **2** *Rel.* Se dice de la dignidad eclesiástica que se proclama en un consistorio papal.

CONSISTORIO m. **1** *Rel.* Junta que celebra el papa con asistencia de los cardenales. **2** En algunas ciudades y villas principales de España, ayuntamiento o cabildo secular.

CONSOLA f. **1** Mesa hecha para estar arrimada a la pared; se destina de ordinario a sostener adornos. **2** Dispositivo que, integrado o no en una máquina, contiene los instrumentos para su control y operación. **3** *Inform.* Conjunto de teclado y pantalla de un ordenador.

CONSOLADOR, RA adj. **1** Que consuela. También s. || m. **2** Instrumento en forma de pene utilizado para la estimulación sexual.

CONSOLAR tr. y prnl. Aliviar la pena o aflicción de uno. ♦ IRREG. Se conjuga como CONTAR.

CONSÓLIDA f. *Bot.* CONSUELDA.

CONSOLIDAR tr. **1** Dar firmeza y solidez a una cosa. **2** fig. Afianzar una cosa, como la amistad, la alianza, etc.

CONSOMÉ m. Caldo en el que se ha sacado la sustancia de la carne.

CONSONANCIA f. **1** *Poét.* Identidad de sonido en la terminación de dos palabras, desde la vocal que lleva el acento. **2** *Mús.* Cualidad de aquellos sonidos que, oídos simultáneamente, producen efecto agradable. **3** fig. Relación de igualdad o conformidad que tienen algunas cosas entre sí.

CONSONANTE adj. *Gram.* Se dice de la letra en cuya pronunciación los órganos de la palabra forman en algún punto del canal bucal un contacto que interrumpe el paso del aire aspirado *(p, t)* o una estrechez que le hace salir con fricación *(f, s, z).* || **CONSONANTE AFRICADA** La que se articula mediante una momentánea interrupción de la salida de aire. Pueden ser sordas *(ch)* y sonoras *(y).* || **CONSONANTE ALVEOLAR** La que se articula en los alveolos superiores. Puede ser fricativa *(s)*, lateral *(l)* y nasal *(n).* || **CONSONANTE ALVEOPALATAL** La que se articula entre los alveolos y el paladar duro. Se divide en vibrante simple *(r)* y vibrante múltiple *(rr).* || **CONSONANTE BILABIAL** La que se articula mediante una aproximación de los labios. Pueden ser oclusivas *(p, b, v)* y nasales *(m).* || **CONSONANTE DENTAL** La que se articula acercando la lengua a los incisivos superiores. Se dividen en propiamente dentales, que son oclusivas *(t, d)* e interdentales *(z).* || **CONSONANTE EXPLOSIVA** La que se encuentra ante una vocal. || **CONSONANTE FRICATIVA** La que se articula mediante una fricción debida a un estrechamiento del canal bucal. Puede ser labiodental *(f)*, interdental *(z y c* seguida de *e, i)*, alveolar *(s)*, velar *(j* y *g* seguida de *e, i).* || **CONSONANTE IMPLOSIVA** La oclusiva que se encuentra en final de sílaba. || **CONSONANTE INTERDENTAL** La que se pronuncia situando la lengua entre los incisivos *(z* y *c* seguida de *e, i).* || **CONSONANTE LABIAL** La que se pronuncia con los labios. Pueden ser bilabiales *(b)* y labiodentales *(f).* || **CONSONANTE LABIODENTAL** La que se pronuncia mediante un acercamiento del labio inferior y de los incisivos superiores *(f).* || **CONSONANTE LATERAL** Aquella en cuya articulación el aire sale por un lado o por los dos de la lengua *(l, ll).* || **CONSONANTE LÍQUIDA** Aquella en que se da una oclusión y una abertura del canal bucal. Pueden ser laterales *(l, ll)* y vibrantes *(r, rr).* || **CONSONANTE NASAL** Aquella en cuya pronunciación parte del aire sale por las fosas nasales. Puede ser bilabial *(m)*, alveolar *(n)* y prepalatal *(ñ).* || **CONSONANTE OCLUSIVA** La que se articula mediante una oclusión del canal bucal. Pueden ser sordas: bilabial *(p)*, dental *(t)*, velar *(k* y *c* seguida de *a, o, u)*, y sonoras: bilabial *(b)*, dental *(d)*, velar *(g* suave). || **CONSONANTE PALATAL** Aquella cuyo punto de articulación es el paladar. || **CONSONANTE PREPALATAL** La palatal que se articula en la parte anterior del paladar duro *(ll, ñ).* || **CONSONANTE POSPALATAL** La palatal que se articula acercando el dorso de la lengua hacia el límite del paladar duro y blando. || **CONSONANTE SIBILANTE** o **SILBANTE** La fricativa o africada en cuya articulación se produce una especie de silbido (las medievales *s, -ss-* y *ç).* || **CONSONANTE SONORA** Aquella en cuya pronunciación se da una vibración de las cuerdas vocales. || **CONSONANTE SORDA** La que se produce sin vibración de las cuerdas vocales. || **CONSONANTE VELAR** o **GUTURAL** La que se articula en la parte posterior del velo del paladar *(c* seguida de *a, o, u; j* y *g* seguidas de *e, i).* || **CONSONANTE VIBRANTE** La que se produce mediante el paso del aire libre interrumpido por una vibración. Puede ser simple *(r)* o múltiple *(rr).*

CONSONÁNTICO, CA adj. **1** Relativo a las consonantes. **2** Relativo a la consonancia.

CONSONANTIZAR tr. y prnl. *Fon.* Transformar en consonante una vocal, como la *u* de *Paulo* en la *b* de *Pablo.*

CONSONAR intr. **1** *Mús.* Formar consonancia. **2** Ser una palabra consonante de otra. **3** fig. Tener algunas cosas igualdad, conformidad o relación entre sí.

CONSORCIO m. Participación y comunicación de una misma suerte con uno o varios.

CONSORTE com. **1** Persona que es partícipe y compañera con otra u otras en la misma suerte. **2** Marido respecto de la mujer, y mujer respecto del marido.

CONSPICUO, CUA adj. Ilustre, visible, sobresaliente.

CONSPIRACIÓN f. Acción de conspirar; unirse contra un superior o un particular.

CONSPIRADOR, RA m. y f. Persona que conspira.

CONSPIRAR intr. **1** Unirse algunos contra su superior o soberano. **2** Unirse contra un particular para hacerle daño. **3** fig. Concurrir varias cosas a un mismo fin.

CONSTABLE, JOHN Pintor inglés (East Bergholt, 1776 - Londres, 1837). Notable paisajista, en sus lienzos combina el realismo con un romanticismo exaltado. Autor de *El molino de Flatford* (1817), *La carreta de heno* (1821), *La catedral de Salisbury* (1823), *El valle de Dedham* (1828) y *El cenotafio* (1836).

CONSTANCIA f. **1** Firmeza y perseverancia del ánimo en las resoluciones y en los propósitos. **2** Acción y efecto de hacer constar alguna cosa de manera fehaciente. **3** Certeza, exactitud de algún hecho o dicho.

CONSTANCIENSE adj. y com. De Constanza.

CONSTANCIO Nombre de diversos emperadores romanos.

CONSTANCIO I CLORO EL PÁLIDO (?, 225 - York, 306). Tras la muerte de Diocleciano, ocupó el trono de 305 a 306. Es el padre de Constantino el Grande.

CONSTANCIO II, FLAVIO JULIO (Sirmio, 317 - Tarso, 361). Hijo de Constantino el Grande, ocupó el trono de 353 a 361. Combatió a los persas.

CONSTANCIO III, FLAVIO CONSTANTINO (Nisch, ? - Rávena, 421). Muerto Ataúlfo, casó con Gala Placidia, hermana de Honorio, de quien era general. Ocupó el trono de Occidente en 421.

CONSTANT DE REBECQUE, BENJAMIN-HENRI Escritor y político francés de origen suizo (Lausana, 1767 - París, 1830). Conoció a madame de Staël, a cuya actividad político-literaria está unida su existencia. Autor de *Adolfo* (1816) y *La memoria sobre los Cien Días* (1820).

CONSTANTE adj. **1** Que tiene constancia. **2** Dicho de las cosas, persistente, durable. **3** *Ling.* Se dice de la oposición que se produce en cualquier posición de los fonemas. || f. *Lóg.* y *Mat.* **4** Valor fijo en un determinado proceso, cálculo, etc. || **CONSTANTE GRAVITACIONAL** *Fís.* Factor de proporcionalidad en la ley de gravitación universal de Newton. Su último valor, establecido en 1976, es de $6{,}672 \times 10^{-11}\ m^3\ kg^{-1}\ s^{-2}$. || **CONSTANTE SOLAR** *As-*

CONSTITUCIÓN

Constantina (Argelia).

tron. Cantidad de energía de radiación del Sol que llega a la Tierra por unidad de superficie y por segundo. Su valor es $1,34 \times 10^6$ erg s^{-1} cm^{-2}. || **CONSTANTES VITALES** *Med.* Conjunto de datos relativos a la composición y las funciones del organismo cuyo valor debe mantenerse dentro de unos límites para que la vida siga en condiciones normales.

CONSTANTE Nombre de dos emperadores romanos.
CONSTANTE, FLAVIO JULIO Emperador romano de Occidente (Rávena, 323 - Elna, 350). Era hijo de Constantino el Grande. Asociado con su padre, que le otorgó el título de César (333), gobernó los territorios de Italia, África e Iliria occidental que, a la muerte de aquél (337), heredó y a los cuales añadió Macedonia y Grecia, al morir asesinado su primo Dalmacio. Derrocó y dio muerte a su hermano Constantino II, que invadió Italia.
CONSTANTE II, FLAVIO HERACLIO Emperador romano de Oriente (Roma, 630 - Siracusa, 668). Hijo mayor de Constantino III, gobernó del 641 al 668. Durante su reinado se agudizó la disolución del imperio a causa de las invasiones árabes en Armenia y Asia Menor. Redujo a prisión y deportó al papa san Martín I.
CONSTANTEMENTE adv. m. **1** Con constancia. **2** Con frecuencia.
CONSTANTINA *(Qacentina)* **1** Vilaya de Argelia; 3.562 km^2 y 664.303 h. **2** Ciudad capital de la misma; 440.842 h. Situada a orillas del Mediterráneo. Los cartagineses la dieron el nombre de *Carta*, convertido en *Cirta* por los romanos.
CONSTANTINO Nombre de dos emperadores romanos.
CONSTANTINO I EL GRANDE, CAYO FLAVIO VALERIO (Nisch, 285 - Nicomedia, 337). Hijo de Constancio I Cloro, fue proclamado emperador en York en 306. Derrotó a Majencio, que se había proclamado emperador en Roma, en el puente Milvio (312). En 313 promulgó el edicto de Milán sobre tolerancia religiosa. En 330 convirtió a la antigua Bizancio en capital del imperio, con el nombre de Constantinopla. A su muerte dividió el imperio entre sus hijos Constantino II, Constante y Constancio II, y sus sobrinos Dalmacio y Anibaliano.
CONSTANTINO II EL JOVEN, CLAUDIO FLAVIO JULIO (Arles, 317 - Aquitania, 340). Hijo de Constantino el Grande, a la muerte de su padre le tocó en el reparto con sus hermanos las Galias, Hispania y Britania. Ocupó el trono de 337 a 340.
CONSTANTINO Nombre de diversos emperadores bizantinos.

Constantino I el Grande. Escultura romana. Museo Yorkshire (York).

CONSTANTINO III, FLAVIO HERACLIO (Constantinopla, 612 - íd., 641). Hijo de Heraclio I, accedió al trono en el 641 y compartió el trono con su hermano Heraclio II Constantino.
CONSTANTINO IV POGONATO (Constantinopla, 648 - íd., 685). Hijo de Constante II, ocupó el trono de 668 a 685. Tuvo que sofocar varias insurrecciones durante su reinado, como las de Sicilia y Asia Menor. Consiguió restablecer la unidad religiosa con Roma y resistió el asedio árabe a la ciudad.
CONSTANTINO V COPRÓNIMO (Constantinopla, 718 - íd., 775). Hijo de León III Isáurico, ocupó el trono de 741 a 775. Libró Constantinopla de los ataques de árabes y búlgaros. Rompió con Roma y fue tiránico y cruel en su política religiosa. Perdió sus posesiones en Italia frente a los lombardos y el papado.
CONSTANTINO VI (Constantinopla, 771 - íd., 797). Hijo de León IV, heredó el trono a los diez años bajo la tutela de su madre Irene, aunque no lo ocupó de manera efectiva hasta 790. Tras ser vencido por búlgaros y árabes en 797, fue depuesto a instancias de su madre.
CONSTANTINO VII PORFIROGENETA (Constantinopla, 905 - íd., 959). Hijo de León VI, heredó el trono en 912, bajo la tutela primero de su tío Alejandro, y luego de su madre. Gobernó de manera efectiva en el periodo 945-949.
CONSTANTINO VIII (Constantinopla, 961 - íd., 1028). Hijo de Romano II, ocupó el trono de 961 a 1028, asociado con su hermano Basilio II hasta el 1025, en quien delegó toda responsabilidad de gobierno.
CONSTANTINO IX MONÓMACO (Constantinopla, ? - íd., 1055). Ocupó el trono de 1042 a 1055. Su reinado se caracterizó por los problemas en la administración interna, los conflictos bélicos contra los enemigos del imperio y el cisma de Occidente en 1054.
CONSTANTINO X DUCAS (Constantinopla, ? - íd., 1067). Sucedió a Isaac Comneno. Ocupó el trono de 1059 a 1067. Restauró la posición dominante que tenía la nobleza funcionarial antes de 1057. En política exterior, perdió Bari, última posesión del imperio en Italia, ante los normandos.
CONSTANTINO XI PALEÓLOGO (Constantinopla, 1405 - íd., 1453). Hijo de Manuel II Paleólogo, fue el último emperador bizantino. Sitiada Constantinopla por los turcos y abandonada por los cristianos de Occidente, murió combatiendo.
CONSTANTINO Nombre de dos reyes de Grecia.
CONSTANTINO I (Atenas, 1868 - Palermo, 1923). Hijo de Jorge I de Grecia, al que sucedió en 1913. Al estallar la Primera Guerra Mundial proclamó la neutralidad de Grecia, lo que provocó su deposición en 1917. Repuesto en el trono en 1920, abdicó dos años más tarde en su hijo Jorge, tras la derrota de su país ante Turquía en los Balcanes.
CONSTANTINO II (Atenas, 1940). Sucedió a su padre, Pablo I, en 1964. Con motivo de la destitución del primer ministro Georgios Papandreu (1967), tuvo que aceptar un golpe de Estado por parte de los coroneles. Ese mismo año, apoyado por unos generales, intentó un contragolpe pero, fracasado éste, abandonó el país.
CONSTANTINOPLA ESTAMBUL.
CONSTANTINOPLA, ESTRECHO DE BÓSFORO.
CONSTANTINOPOLITANO, NA adj. y s. De Constantinopla.
CONSTANZA Ciudad de Rumania, capital del distrito de su nombre; 348.575 h. Centro turístico. Es la antigua *Tomis*.

Vista del lago Constanza, en Baden-Würtemberg (Alemania).

CONSTANZA Lago de Europa central, entre Suiza, Austria y Alemania, formado por el Rhin; 539 km^2.
CONSTANZA *(Konstanz)* Ciudad de Alemania, en el Land de Baden-Würtemberg, en la orilla S del lago de su nombre; 70.000 h. Centro turístico. Catedral (siglo XI y XVI).
CONSTAR intr. **1** Ser cierta y manifiesta alguna cosa. **2** Quedar registrada por escrito una cosa, o notificada oralmente a una o varias personas. **3** Tener un todo determinadas partes. **4** *Métr.* Tener un verso la medida y acentuación de los de su clase.
CONSTATAR tr. Comprobar un hecho, establecer su veracidad, dar constancia de él.
CONSTELACIÓN f. *Astron.* Conjunto de estrellas identificable a simple vista cuyo nombre alude a la configuración que adoptan.
CONSTERNAR tr. y prnl. Conturbar mucho y abatir el ánimo.
CONSTIPADO m. *Med.* **1** CATARRO. **2** RESFRIADO. **3** ESTREÑIMIENTO.
CONSTIPAR tr. **1** Cerrar y apretar los poros, impidiendo la transpiración. || prnl. **2** Acatarrarse, resfriarse.
CONSTITUCIÓN f. **1** Acción y efecto de constituir. **2** Esencia y calidades de una cosa que la constituyen como tal y la diferencian de las demás. **3** *Der.* Forma o sistema de gobierno que tiene cada Estado. **4** *Der.* Ley escrita fundamental de la organización de un Estado, ordenada sistemáticamente en secciones, títulos, artículos, etc. Las primeras constituciones estructuradas como «ley de leyes» fueron la estadounidense de 1787 y la francesa de 1791. A partir de ellas, se desarrollaron en Europa otros modelos, como las francesas de 1830 y

Jura de la **Constitución** por la reina María Cristina en 1876. Cuadro de Francisco Jover. Museo del Prado (Madrid).

1848, la belga de 1831; las de 1919 y 1924 de la URSS, etc. En España, la primera constitución con vigencia fue la promulgada en 1812, elaborada por las Cortes de Cádiz. La que en la actualidad está vigente fue promulgada en 1978. **5** Circunstancias de algunos reinos, cuerpos o familias. **6** Cada una de las ordenanzas o estatutos con que se gobierna una corporación. **7** *Biol.* Naturaleza y relación de los sistemas y aparatos orgánicos, cuyas funciones determinan el grado de fuerzas y vitalidad de cada individuo.

CONSTITUCIONAL adj. **1** *Der.* Relativo a la constitución de un Estado. **2** Relativo a la constitución de un individuo.

CONSTITUCIONALISTA adj. **1** Perteneciente o relativo a la constitución. || com. **2** *Der.* Persona especialista en la constitución.

CONSTITUIR tr. **1** Formar, componer. **2** Establecer, fundar. || prnl. **3** Seguido de una de las preposiciones *en* o *por*, asumir obligación, cargo o cuidado. ♦ IRREG. Se conjuga como HUIR.

CONSTITUTIVO, VA adj. y m. Se dice de lo que constituye una cosa en el ser de tal y la distingue de otras.

CONSTITUYENTE adj. **1** Que constituye o establece. **2** *Der.* Se dice de las cortes, asambleas, convenciones, congresos, etc., convocados para elaborar o reformar la constitución de un Estado. También f. || m. **3** Persona elegida como miembro de una asamblea constituyente. **4** *Ling.* En glosemática, uno de los miembros del plano cenemático y pleremático. || **CONSTITUYENTES INMEDIATOS** *Ling.* En la lingüística americana, los elementos que están formados por otros. || **CONSTITUYENTES ÚLTIMOS** *Ling.* Los que no admiten división.

CONSTREÑIMIENTO m. Apremio y compulsión que hace uno a otro para que ejecute alguna cosa.

CONSTREÑIR tr. **1** Obligar, compeler por fuerza a uno a que haga algo. **2** Apretar, cerrar. ♦ IRREG. Se conjuga como CEÑIR.

CONSTRICCIÓN f. **1** Acción y efecto de constreñir. **2** Cualquier estrechamiento natural o no en un órgano o parte del organismo.

CONSTRICTOR, RA adj. **1** Que produce constricción. **2** *Farm.* Se dice del medicamento que se emplea para constreñir. También m.

CONSTRUCCIÓN f. **1** Acción y efecto de construir. **2** Arte de construir. **3** Tratándose de edificios, obra construida. **4** *Gram.* Ordenamiento y disposición a que se han de someter las palabras, ya relacionadas por la concordancia y el régimen, para expresar con ellas todo linaje de conceptos. || f. pl. **5** Juguete infantil que consta de piezas de madera de distintas formas con las cuales se imitan edificios, puentes, etc.

CONSTRUCTIVISMO m. **1** *Arte.* Movimiento abstracto vanguardista ruso iniciado en Rusia, en 1913, por el artista V. E. Tatlin y los escultores Naum Gabo y Anton Pevsner. Defendía la necesidad de las formas abstractas y geométricas, relacionadas con la industria y la tecnología. Entre los representantes de este movimiento destacaron Kandinsky, Lissitzky y Rodchenko.

CONSTRUCTIVO, VA adj. Se dice de lo que construye o sirve para construir, por oposición a lo que destruye.

CONSTRUCTOR, RA adj. y s. Que construye.

CONSTRUIR tr. **1** Fabricar, edificar y hacer de nueva planta una cosa. **2** *Gram.* Ordenar las palabras, o unirlas entre sí con arreglo a las leyes de la construcción gramatical. ♦ IRREG. Se conjuga como HUIR.

CONSUBSTANCIACIÓN f. *Rel.* Presencia de Jesucristo en la eucaristía, en sentido luterano, es decir, conservando el pan y el vino su propia sustancia, que coexiste con el cuerpo y la sangre de Cristo.

CONSUBSTANCIAL adj. CONSUSTANCIAL.

CONSUEGRA Municipio y lugar de España, provincia de Toledo; 10.084 h.

CONSUEGRO, GRA m. y f. Padre o madre de una de las dos personas casadas, respecto del padre o madre de la otra.

CONSUELDA f. *Bot.* Planta herbácea de la familia de las borragináceas.

CONSUELO m. **1** Descanso y alivio de la pena, molestia o fatiga que aflige y oprime el ánimo. **2** Gozo, alegría.

CONSUETUDINARIO, RIA adj. Se dice de lo que es de costumbre.

CÓNSUL m. *Hist.* **1** Cada uno de los dos magistrados que tenían en la república romana la suprema autoridad durante un año. **2** Representante de un Estado en una ciudad extranjera para proteger las personas e intereses de los individuos de la nación que lo nombra. || **CÓNSUL GENERAL** Jefe del servicio consular de su nación en el país en que reside.

CONSULADO m. **1** Dignidad de cónsul. **2** Tiempo que duraba esta dignidad. **3** Casa y oficina en que despacha el cónsul. **4** *Polít.* Sistema político en que la máxima autoridad es ejercida por un cónsul.

Consulado *Hist.* Periodo de gobierno de Francia comprendido entre la caída del Directorio y el Imperio (10 de noviembre de 1799-18 de mayo de 1804). El gobierno estaba compuesto por tres cónsules, Cambacérès, Lebrun y Napoleón, que tenía todos los poderes. Terminó con la coronación de Napoleón como emperador en 1804.

CONSULTA f. **1** Acción y efecto de consultar. **2** Parecer o dictamen que por escrito o de palabra se pide o se da acerca de una cosa. **3** Conferencia entre profesionales para resolver alguna cosa. **4** *Med.* Examen o inspec-

constructivismo. *Composición lineal en el espacio 2,* por Naum Gabo. Colección particular.

ción que el médico hace a cada enfermo para descubrir su mal y curarle. **5** Local en que se efectúa este examen.

CONSULTAR tr. **1** Conferir, tratar y discurrir con una o varias personas sobre lo que se debe hacer en un negocio. **2** Pedir parecer, dictamen o consejo. **3** Someter una duda, caso o asunto a la consideración de otra persona.

CONSULTING (Voz i.) m. CONSULTORÍA.

CONSULTIVO, VA adj. **1** Se dice de las materias que deben someterse a consulta. **2** Se dice de las instituciones creadas para ser oídas y consultadas por los que gobiernan.

CONSULTOR, RA adj. y s. **1** Que da su parecer, consultado sobre algún asunto. **2** Persona que consulta. **3** *Econ.* Profesional independiente que asesora a las empresas en una materia concreta.

CONSULTORÍA f. **1** Actividad del consultor. **2** Despacho o local donde trabaja el consultor.

CONSULTORIO m. **1** Establecimiento privado donde se despachan informes o consultas sobre materias técnicas. **2** Local en que el médico recibe y atiende a sus pacientes. **3** Establecimiento sanitario en el que pasan consulta varios médicos de distintas especialidades. **4** Sección de los periódicos o emisoras de radio destinadas a contestar preguntas del público.

CONSUMADO, DA adj. **1** Terminado, acabado. **2** Perfecto en su línea.

CONSUMAR tr. **1** Llevar a cabo completamente una cosa, realizar totalmente. **2** Dar cumplimiento a un contrato o a otro acto jurídico.

CONSUMICIÓN f. **1** Acción y efecto de consumir o consumirse. **2** Lo que se consume en un café, bar o establecimiento público.

CONSUMIDO, DA adj. fig. y fam. Delgado, débil, agotado.

CONSUMIDOR, RA adj. y s. **1** Que consume. **2** *Sociol.* Se dice del individuo que adquiere mercancías para su uso, generadas en el proceso productivo.

CONSUMIR tr. **1** Destruir, extinguir. También prnl. **2** Gastar comestibles u otros géneros para satisfacer necesidades o gustos. **3** Gastar energía o un producto energético. **4** Debilitar, adelgazar. **5** fig. y fam. Desazonar, apurar, afligir. También prnl.

CONSUMISMO m. *Sociol.* Tendencia exagerada al consumo de bienes, en general materiales y no absolutamente necesarios.

CONSUMO m. **1** Acción y efecto de consumir, utilizar géneros para su sustento. **2** *Econ.* Etapa final del proceso económico en el que los bienes y servicios son utilizados para la satisfacción de necesidades.

CONSUNCIÓN f. **1** Acción y efecto de consumir o consumirse. **2** Extenuación, enflaquecimiento. **3** *Med.* TUBERCULOSIS.

CONSUNO, DE loc. adv. Juntamente, en unión, de común acuerdo.

CONSUNTIVO, VA adj. Que consume o puede consumir; se dice especialmente de las enfermedades.

CONSUSTANCIACIÓN f. CONSUBSTANCIACIÓN.

CONSUSTANCIAL adj. Que es de la misma sustancia o naturaleza que aquello de lo que forma parte.

CONTABILIDAD f. *Econ.* **1** Técnica utilizada para reflejar los datos económicos, administrativos y financieros de una empresa, sociedad o negocio. **2** Sistema y organización de los datos contables. **3** Servicio o departamento encargado de ejecutar esta función.

CONTABILIZAR tr. **1** Llevar la cuenta. **2** Anotar las cantidades en los libros de cuentas.

CONTABLE adj. **1** Que puede ser contado. **2** Relativo a la contabilidad. || com. *Econ.* **3** Persona que lleva la contabilidad de una empresa, sociedad, etc.

CONTACTAR tr. Establecer contacto o comunicación.

CONTACTO m. **1** Acción y efecto de tocarse dos o más cosas. **2** fig. Relación o trato que se establece entre dos o más personas o entidades. **3** Persona que sirve de enlace entre otras personas, instituciones, etc. **4** *Fís.* Conexión entre dos partes de un circuito eléctrico. **5** Artificio para establecer esta conexión. **6** *Fot.* Impresión positiva, obtenida por contacto, de un negativo fotográfico. Más en pl.

CONTADO, DA adj. **1** RARO, escaso. **2** *Mat.* Calculado, numerado. **3** Determinado, señalado. || **al contado** loc. adv. Con dinero contante.

CONTADOR, RA adj. y s. **1** Que cuenta o sirve para contar. || m. **2** *Mec.* Aparato que sirve para llevar cuenta del número de revoluciones de una rueda o de movimientos de otra pieza de una máquina. **3** *Fís.* Aparato destinado a medir el volumen de agua o de gas que pasa por una cañería, o la cantidad de electricidad que recorre un circuito en un tiempo determinado. || m. y f. **4** Persona que lleva la contabilidad.

CONTADORA, GRUPO DE Nombre con que se conocía al grupo de países integrado por Panamá, México, Colombia y Venezuela, cuya primera reunión se celebró en 1983. Trataron de servir de mediadores entre los países de Centroamérica con el fin de restablecer y garantizar la paz en esta zona y la democratización del continente.

CONTADURÍA f. **1** Contabilidad, oficio de contador. **2** Oficina que lleva contabilidades.

CONTAGIAR tr. **1** Transmitir por contacto directo o indirecto una enfermedad. **2** Comunicar a otro costumbres, gestos, vicios, etc. || prnl. **3** Adquirir por contagio una enfermedad.

CONTAGIO m. **1** Transmisión, por contacto inmediato o mediato, de una enfermedad infecciosa. **2** fig. Transmisión de sentimientos, actitudes, simpatías, etc., a consecuencia de influencias de uno u otro orden.

CONTAINER (Voz i.) m. CONTENEDOR.

CONTAMINACIÓN f. **1** Acción y efecto de contaminar o contaminarse. **2** Biol. Proceso de infectar algo con bacterias. **3** Ecol. Acumulación de sustancias sólidas, líquidas o gaseosas, o de energía (radiación, calor, ruido), que causa efectos adversos en el hombre o en el medio ambiente. **4** Pérdida de la pureza de una cosa por contacto o mezcla.

CONTAMINAR tr. **1** Alterar las condiciones y características del medio ambiente con sustancias o formas de energía nocivas. También prnl. **2** Alterar la pureza de alguna cosa, como los alimentos, las aguas, el aire, etc. **3** Transmitir una mala cualidad o un mal estado. **4** Convertir algo en impuro o despreciable. **5** Ling. Alterar la forma de una palabra o texto por influencia de otro.

CONTANTE adj. Se dice del dinero efectivo. Se dice también *contante y sonante*.

CONTAR tr. **1** Decir por orden los números. **2** Referir un suceso, ya sea verdadero o fabuloso. **3** Poner o meter en cuenta. **4** Tener en cuenta, considerar. **5** Poner a uno en el número, clase u opinión que le corresponde. **6** Hablando de años, tenerlos. || intr. **7** Hacer cuentas según reglas de aritmética. **8** Tener importancia. || **contar con** fr. Tener a uno en cuenta. || **contar** uno **con** una persona o cosa **para** fr. Confiar o tener por cierto que servirá para el logro de lo que se desea. ♦ IRREG. Véase cuadro.

CONTAR

INDICATIVO
Pres.: cuento, cuentas, cuenta, contamos, contáis, cuentan.
Pret. imperf.: contaba, contabas, etc.
Pret. indef.: conté, contaste, etc.
Fut. imperf.: contaré, contarás, etc.
Condic.: contaría, contarías, etc.
SUBJUNTIVO
Pres.: cuente, cuentes, cuente, contemos, contéis, cuenten.
Pret. imperf.: contara, contaras, etc., o contase, contases, etc.
Fut. imperf.: contare, contares, etc.
IMPERATIVO: cuenta, cuente, contemos, contad, cuenten.
PARTICIPIO: contado.
GERUNDIO: contando.

CONTÉ, LANSANA Militar y político guineano (Coyah, 1934). En 1984 encabezó el golpe militar que depuso a Louis Lansana Béavogui y lo convirtió en jefe de Estado. Las elecciones celebradas en diciembre de 1993 le confirmaron como presidente del país. En 1996 tuvo que hacer frente a un frustrado golpe de Estado y dos años más tarde resultó revalidado en su cargo.

CONTEMPLACIÓN f. **1** Acción de contemplar. **2** Consideración, atención o miramiento que se guarda a alguien. **3** Teol. Consideración de Dios y sus misterios sin esfuerzo por parte del alma. || f. pl. **4** Miramientos que cohíben de hacer algo.

CONTEMPLAR tr. **1** Poner la atención en alguna cosa material o espiritual. **2** Considerar, juzgar. **3** Complacer a una persona. **4** Teol. Ocuparse el alma con intención en pensar en Dios.

CONTEMPLATIVO, VA adj. **1** Perteneciente a la contemplación. **2** Que contempla. **3** Que acostumbra a meditar. **4** Teol. Muy dado a la contemplación. También s.

CONTEMPORÁNEO, A adj. y s. **1** Existente al tiempo que otra persona o cosa. **2** Actual.

CONTEMPORIZAR intr. **1** Acomodarse uno al gusto o dictamen ajeno para evitar algún conflicto. **2** Transigir ante ideas o pretensiones de otro.

CONTENCIÓN f. Acción y efecto de contener, sujetar el movimiento de un cuerpo, o el impulso de una pasión.

CONTENCIOSO, SA adj. *Der.* **1** Se dice de las materias sobre las que se contiende en juicio, o la forma en la que se litiga. **2** Se dice de los asuntos sometidos al fallo de los tribunales en forma de litigio.

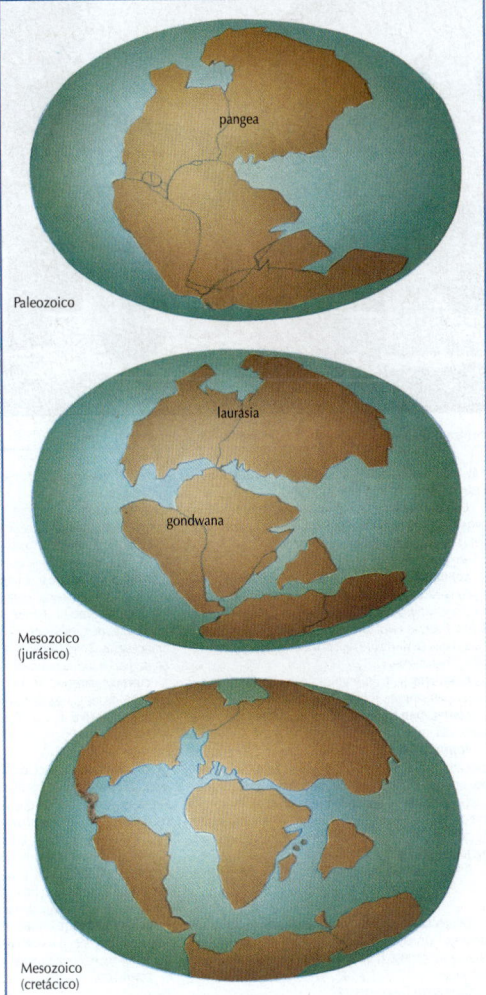

Formación de los **continentes** por el proceso de deriva continental.

CONTENDER intr. **1** Batallar. **2** fig. Disputar, discutir. ♦ IRREG. Se conjuga como ENTENDER.

CONTENEDOR, RA adj. **1** Que contiene. || m. **2** Embalaje metálico grande y recuperable, de dimensiones normalizadas internacionalmente.

CONTENENCIA f. *Zool.* Parada que hacen en el aire algunas aves.

CONTENER tr. y prnl. **1** Encerrar dentro de sí una cosa a otra. **2** Sujetar el impulso de un cuerpo. **3** fig. Reprimir o moderar una pasión. ♦ IRREG. Se conjuga como TENER.

CONTENIDO, DA adj. **1** fig. Que se conduce con moderación. || m. **2** Lo que se contiene dentro de una cosa. **3** *Ling.* En glosemática, significado.

CONTENTAR tr. **1** Satisfacer, alegrar a alguien. || prnl. **2** Darse por contento. **3** Reconciliarse los que estaban disgustados.

CONTENTO, TA adj. **1** Alegre, satisfecho. || m. **2** Alegría, satisfacción.

CONTEO m. **1** Cálculo. **2** *Col.* y *C. Rica* Recuento.

CONTERA f. Pieza de metal que se pone en el extremo del bastón, del paraguas, etc.

CONTERTULIANO, NA o **CONTERTULIO, A** m. y f. Persona que concurre con otras a una tertulia.

CONTESTA f. *Amér.* Contestación.

CONTESTACIÓN f. **1** Acción y efecto de contestar. **2** Discusión, disputa. **3** Oposición declarada, y a veces violenta, hacia el orden establecido.

CONTESTADOR, RA adj. Que contesta. También s. || **CONTESTADOR AUTOMÁTICO** Aparato que se adapta al teléfono y emite y graba mensajes.

CONTESTANO, NA adj. *Etnol.* **1** Se dice de un pueblo ibérico que habitó una región que comprendía el S de la actual provincia de Valencia, toda la de Alicante y parte de la de Murcia. También s. **2** Relativo o perteneciente a este pueblo.

CONTESTAR tr. **1** Responder a lo que se pregunta, se habla o se escribe. **2** Declarar, atestiguar. || intr. **3** Replicar, responder de malos modos. **4** Adoptar una actitud de rechazo de lo establecido.

CONTESTATARIO, RIA adj. y s. Que contesta, rechaza lo establecido.

CONTEXTO m. **1** *Ling.* Entorno lingüístico del cual depende el sentido y el valor de una palabra, frase o fragmento considerados. **2** Por extensión, entorno físico o de situación en el cual se considera un hecho.

CONTEXTUALIZACIÓN f. Acción de analizar un fenómeno en relación con su entorno.

CONTEXTURA f. **1** Unión de las partes de un todo. **2** fig. Configuración corporal de una persona.

CONTI, HAROLDO Escritor argentino (Buenos Aires, 1925 - ?). En su obra narrativa destacan *Todos los veranos* (1964), *En vida* (1971) y *La balada del álamo Carolina* (1975). Desapareció en 1976, tras ser secuestrado por un comando armado.

CONTIENDA f. **1** Pelea, batalla. **2** Disputa.

CONTIGO Forma especial, ablativo singular, masculino y femenino, del pronombre personal TI, cuando va precedido de la preposición *con*.

CONTIGUO, GUA adj. Que está tocando a otra cosa.

CONTINENCIA f. **1** Moderación en pasiones y afectos. **2** Abstención de toda actividad sexual. **3** Acción de contener.

CONTINENTE adj. **1** Que contiene. **2** Se dice de la persona que tiene continencia. || m. **3** Cosa que contiene en sí a otra. **4** Aire del semblante y compostura del cuerpo. **5** *Geog.* y *Geol.* Cada una de las grandes masas emergidas de la corteza terrestre (incluyendo las plataformas continentales). La Tierra ha sido dividida geográficamente en cinco continentes: Asia, América, África, Europa y Oceanía, o en seis si se considera a la

contrafuertes del claustro de la colegiata de Roncesvalles (Navarra).

Antártida. Su extensión representa un 29% de la superficie terrestre.
CONTINGENCIA f. **1** Posibilidad de que una cosa suceda o no; y esta misma cosa. **2** Cosa que puede suceder o no suceder. **3** RIESGO. **4** Filos. Posibilidad de ser o no ser, por oposición a necesidad.
CONTINGENTE adj. **1** Que puede suceder o no. || m. **2** CONTINGENCIA, COSA. **3** Parte que le corresponde aportar a cada miembro de un grupo para un determinado fin. **4** Mil. Fuerzas militares de que dispone el mando. **5** Grupo que se distingue de otros miembros en una reunión u organismo.
CONTINUAR tr. **1** Proseguir lo comenzado. || intr. **2** Durar, permanecer. || prnl. **3** Seguir, extenderse.
CONTINUIDAD f. **1**. Unión natural que tienen entre sí las partes del todo.
CONTINUO, NUA adj. **1** Que dura, obra, se hace o se extiende sin interrupción. **2** Se dice de las cosas que tienen unión entre sí. **3** Perseverante, que ocurre frecuente y repetidamente. **4** Mat. Se dice de un conjunto de números, cuando entre dos cualesquiera existen infinitos números más. **5** Mat. Se dice de una función f(x) respecto a un punto x_o cuando:

$$\lim f(x) = f(x_o) \text{ cuando } x \to x_o$$

La función es continua en un intervalo (a,b) cuando también lo es en cada punto de dicho intervalo. || adv. m. **6** DE CONTINUO. || **de continuo** loc. adv. De manera continua.
CONTISUYU TAHUANTINSUYU.
CONTONEARSE prnl. Mover afectadamente los hombros y las caderas al andar.
CONTORNEAR o **CONTORNAR** tr. **1** Dar vueltas alrededor de un sitio. **2** Pint. Perfilar.
CONTORNO m. **1** Territorio que rodea un lugar o población. Más en pl. **2** Geom. Conjunto de líneas o superficies que limitan una figura o composición.
CONTORSIÓN f. **1** Movimiento convulsivo de músculos o miembros. **2** Ademán grotesco, gesticulación ridícula.
CONTORSIONISTA com. Artista de circo que ejecuta flexiones y logra posturas muy difíciles e inusitadas.
CONTORTO, TA adj. Bot. Se aplica a la hoja cuyos márgenes se superponen a otra próxima.
CONTRA prep. **1** Denota oposición material o inmaterial, activa o pasiva. **2** Enfrente. **3** Expresa la posición de una cosa apoyada en otra vertical. **4** A cambio de. || m. **5** Concepto opuesto o contrario a otro. Se usa en contraposición a pro. || f. **6** fam. Dificultad, inconveniente. || com. **7** Nombre con el que se conocía a los miembros de la Contra nicaragüense. || **en contra** loc. adv. En oposición. || **llevar** a uno **la contra** fr. fam. Oponerse a lo que dice o intenta.
Contra Hist. Nombre que recibía el grupo guerrillero contrarrevolucionario opuesto al gobierno del Frente Sandinista nicaragüense.
CONTRAALISIO adj. Meteor. Se dice de la corriente de aire que circula por las capas altas de la atmósfera a 1.000 m o más) en dirección opuesta a los alisios. También m. y pl. como sust.
CONTRAALMIRANTE o **CONTRALMIRANTE** m. Mar. y Mil. Oficial general de la armada inmediatamente inferior al almirante.
CONTRAANÁLISIS m. Análisis realizado para contrastar los datos obtenidos en otro anterior.
CONTRAATAQUE m. **1** Mil. Reacción ofensiva contra el avance del enemigo. **2** Dep. Ataque posterior a una jugada del equipo contrario, ejecutado rápidamente para sorprenderle.
CONTRABAJO m. Mús. **1** Instrumento musical de cuerda y arco, el más grave y mayor de los de su clase. **2** Persona que toca este instrumento. **3** Voz más grave que la de bajo. **4** Persona que tiene esta voz.
CONTRABALANCEAR tr. **1** Lograr el equilibrio en la balanza. **2** fig. Compensar, contrapesar.
CONTRABANDO m. **1** Fabricación, exportación o introducción de géneros prohibidos o sujetos a derechos arancelarios. **2** fig. Géneros o mercancías introducidos en un país fraudulentamente. **3** Lo que parece ilícito.
CONTRABARRERA f. Segunda fila de asientos en los tendidos de las plazas de toros.
CONTRACAMPO m. Cin. Paso de un plano a otro, de encuadre similar pero con dirección opuesta, usado como recurso narrativo.
CONTRACCIÓN f. **1** Acción y efecto de contraer. **2** Fisiol. Acortamiento de las fibras del tejido muscular. **3** Gram. Figura de dicción que consiste en hacer una sola palabra de dos: al por a el; del por de el; esotro por eso otro. **4** Gram. SINÉRESIS.
CONTRACEPTIVO, VA adj. y s. Med. ANTICONCEPTIVO.
CONTRACHAPADO adj. y m. Se dice del tablero formado por varias capas finas de madera encoladas de modo que sus fibras queden entrecruzadas.
CONTRACORRIENTE f. Corriente opuesta a la principal de la que procede. || **a contracorriente** loc. adv. En contra de lo que es comúnmente admitido.
CONTRÁCTIL adj. Biol. Capaz de contraerse con facilidad.
CONTRACTUAL adj. Estipulado por contrato.
CONTRACTURA f. **1** Arquit. Estrechamiento del fuste de una columna en su parte superior. **2** Med. Contracción muscular que persiste después de desaparecer los estímulos que la han causado.
CONTRACULTURA f. Sociol. Fenómeno sociológico, especialmente juvenil, que supuso una reacción contra los valores y modos de vida propios de las sociedades capitalistas contemporáneas. Nació en 1950 en EE UU y a menudo se la relacionó con otros fenómenos de ese tiempo (generación beat, afirmación juvenil mediante el rock and roll, movimiento hippie). Sus características fundamentales son: predilección por la sociedad reducida frente a la global, retorno a la naturaleza, exaltación de los valores del cuerpo, vinculación a movimientos que favorecen la contestación social, etc.
CONTRADECIR tr. y prnl. Decir lo contrario de lo que otro dice o de lo que uno mismo ha dicho antes. ♦ IRREG. Se conjuga como DECIR, excepto en el futuro imperfecto de indicativo y en el potencial, que son regulares, y la segunda persona de singular del imperativo (contradice tú), en que no se apocopa la sílaba ce.
CONTRADICCIÓN f. **1** Acción y efecto de contradecir. **2** Afirmación y negación que se oponen una a otra y recíprocamente se destruyen. **3** Oposición, contrariedad.
CONTRAELECTROMOTRIZ adj. f. Fís. Se dice de la fuerza electromotriz que se desarrolla en un circuito cuando varía la corriente que circula por él.
CONTRAER tr. **1** Estrechar una cosa con otra. **2** Adquirir costumbres, vicios, enfermedades, etc. **3** Asumir compromisos, obligaciones. **4** fig. Reducir el discurso a una idea. También prnl. || prnl. **5** Reducirse a menor tamaño. También prnl. ♦ IRREG. Se conjuga como TRAER.
CONTRAESPIONAJE m. Servicio nacional encargado de descubrir la identidad de agentes extranjeros y reprimir su actividad.

CONTRAFILO m. Filo de las armas blancas por la parte opuesta al corte y junto a la punta.
CONTRAFUERO m. Der. Quebrantamiento, infracción de fuero.
CONTRAFUERTE m. **1** Arquit. Pilar adosado a un muro para fortalecerlo. **2** Correa de la silla de montar donde se afianza la silla. **3** Pieza de cuero con que se refuerza el calzado por la parte del talón. **4** Geol. Cadena secundaria de montañas.
CONTRAGOLPE m. **1** Repercusión de un golpe en un sitio distinto del que lo recibió. **2** Suceso que es consecuencia de otro. **3** Dep. CONTRAATAQUE.
CONTRAHECHO, CHA adj. y s. Que tiene torcido o concorvado el cuerpo.
CONTRAHÍLO, A loc. adv. En las telas, en dirección opuesta al hilo.
CONTRAINDICADO, DA adj. Farm. Se dice del medicamento, alimento o remedio perjudicial en determinados casos.
CONTRALTO m. Mús. **1** Voz media entre tiple y tenor. || com. Mús. **2** Persona que tiene esa voz.
CONTRALUZ com. **1** Vista desde el lado opuesto a la luz. **2** Fot. Fotografía tomada en esas condiciones. Más como m.
CONTRAMAESTRE m. **1** Mar. Oficial que dirige la marinería. **2** En algunas fábricas, vigilante de los trabajadores. **3** Jefe de uno o más talleres.
CONTRAMANO, A loc. adv. En dirección contraria a la corriente o a la establecida.
CONTRAMARCHA f. Retroceso que se hace del camino que se lleva.
CONTRAOFENSIVA f. Mil. Ofensiva para contrarrestar la del enemigo.
CONTRAOFERTA f. Com. Oferta que modifica otra realizada con anterioridad.
CONTRAORDEN f. Orden que revoca otra anterior.
CONTRAPARTIDA f. **1** Econ. Asiento para corregir algún error en la contabilidad. **2** Econ. Asiento del haber, compensado en el debe, y viceversa. **3** Cosa que produce efectos contrarios a otra, compensándola.
CONTRAPEAR tr. Aplicar unas piezas de madera contra otras, de manera que sus fibras estén cruzadas.
CONTRAPELO, A loc. adv. **1** Contra la dirección natural del pelo. **2** fig. y fam. Contra el curso natural de una cosa.
CONTRAPESO m. **1** Peso que se pone en la parte contraria de otro para que queden en equilibrio. **2** fig. Lo que equilibra una cosa.
CONTRAPONER tr. **1** Comparar una cosa con otra contraria o diversa. **2** Poner una cosa contra otra para impedir su acción. También prnl. ♦ IRREG. Se conjuga como PONER.
CONTRAPORTADA f. A. gráf. Página anterior a la portada y posterior a la portadilla de un libro.
CONTRAPRESTACIÓN f. Der. Prestación que debe una parte contratante por lo que ha recibido o debe recibir.
CONTRAPRODUCENTE adj. Se dice de lo de efectos opuestos a lo que se persigue.
CONTRAPROPOSICIÓN f. Proposición que contesta o impugna otra.
CONTRAPROPUESTA f. Propuesta que contesta o modifica una anterior.
CONTRAPROYECTO m. Proyecto diferente de otro.
CONTRAPUERTA f. **1** Portón. **2** Puerta detrás de otra. **3** Puerta interior de la fortaleza.
CONTRAPUNTEAR tr. **1** Cantar o tocar de contrapunto. **2** fig. Decir cosas mordaces. Más como prnl. || prnl. **3** fig. Resentirse entre sí dos o más personas.
CONTRAPUNTISTA com. Mús. Compositor que practica el contrapunto.
CONTRAPUNTO m. **1** Mús. Concordancia armoniosa de dos o más voces cada una con su línea melódica, de cuya superposición resulta la armonía de la obra musical. **2** Contraste entre dos cosas simultáneas.
CONTRARIAR tr. Contradecir, resistir las intenciones y propósitos; procurar que no se cumplan. También en sentido fig.
CONTRARIEDAD f. **1** Oposición de una cosa con otra. **2** Accidente que impide o retarda el logro de un deseo.
CONTRARIO, RIA adj. **1** Opuesto. También s. **2** fig. que daña o perjudica. || m. y f. **3** Persona que tiene enemistad, sigue pleito o contiende con otra. || m. **4** Impedimento, contradicción. || **al contrario** loc. adv. Al revés. || **de lo contrario** fr. fam. En caso contrario. || **llevar** a uno **la contraria** fr. fam. LLEVAR LA CONTRA. || **por el contrario** loc. adv. AL CONTRARIO.
CONTRARREFORMA f. Hist. y Rel. Movimiento de reacción católica del siglo XVI destinado a combatir los efectos de la reforma protestante, que tiene su origen en el concilio ecuménico de Trento (1545-63). El objetivo principal de la reforma católica fue afirmar el principio de unidad entre todos los creyentes bajo la suprema autoridad del Papa. La herramienta más efectiva de la Contrarreforma fue la COMPAÑÍA DE JESÚS. El movimiento con-

trarreformista trascendió al arte (auge del BARROCO) y a la ciencia, y tuvo importancia capital en el orden político, determinando una serie de guerras en Europa que confluyeron con la paz de Westfalia (1648).

CONTRARRELOJ adj. *Dep.* Se aplica a las pruebas, fundamentalmente ciclistas, en las que los participantes salen de uno en uno, o por equipos, y se cronometra el tiempo que invierten en completar el recorrido, ganando el que haya invertido menos.

CONTRARRÉPLICA f. **1** Contestación a una réplica. **2** *Der.* DÚPLICA.

CONTRARRESTAR tr. **1** Resistir. **2** *Dep.* En el tenis, volver la pelota desde el saque.

CONTRARREVOLUCIÓN f. *Polít.* Movimiento reaccionario que tiende a anular los resultados de una revolución precedente.

CONTRASENTIDO m. **1** Interpretación contraria al sentido natural de las palabras o expresiones. **2** Cosa absurda, ilógica.

CONTRASEÑA f. Seña convenida y reservada que se dan unas personas a otras para reconocerse o entenderse entre sí.

CONTRASTAR tr. **1** Resistir, hacer frente. **2** *Metrol.* Ensayar y fijar la ley de monedas y metales preciosos y la exactitud de las pesas y medidas. || intr. **3** Mostrar notable diferencia dos cosas cuando se comparan.

CONTRASTE m. **1** Acción y efecto de contrastar. **2** El que contrasta pesas y medidas. **3** Relación entre el brillo de las diferentes partes de una imagen. **4** Relación entre la iluminación máxima y mínima de un objeto. **5** *Med.* Sustancia que introducida en el organismo hace observables, por rayos X u otro medio exploratorio, órganos que sin ella no lo serían. **6** Marca que se graba en objetos de metal noble como garantía de haber sido contrastados.

CONTRATA f. **1** Escritura en que se asegura un contrato. **2** El mismo contrato. **3** Contrato para ejecutar una obra o prestar un servicio por un precio determinado.

CONTRATAR tr. **1** Pactar, hacer contratos o contratas. **2** Tomar a una persona para algún servicio.

CONTRATIEMPO m. **1** Accidente inesperado. **2** *Mús.* Articulación del sonido sobre el tiempo débil del compás.

CONTRATO m. **1** Pacto o convenio, oral o escrito, entre partes que se obligan sobre materia o cosa determinada. **2** Documento que lo acredita.

CONTRAVENENO m. *Farm.* Medicamento que contrarresta los efectos de un veneno.

CONTRAVENIR intr. Obrar en contra de lo que está mandado. Se usa menos como tr. ♦ IRREG. Se conjuga como VENIR.

CONTRAVENTANA f. **1** Puerta que interiormente cierra sobre la vidriera. **2** Puerta exterior para mayor resguardo de ventanas y vidrieras.

CONTRAVOLUTA f. *Arquit.* Voluta que duplica la principal.

CONTRAYENTE adj. y com. Que contrae, especialmente referido al matrimonio.

CONTRIBUCIÓN f. **1** Acción y efecto de contribuir. **2** Cuota o cantidad que se paga para algún fin. **3** IMPUESTO. || **CONTRIBUCIÓN TERRITORIAL RÚSTICA** o **URBANA** La que se impone a la propiedad rústica, o a la inmueble en poblaciones.

CONTRIBUIR tr. **1** Pagar cada uno la cuota que le corresponde por un impuesto. Más como intr. **2** Concurrir voluntariamente con una cantidad para determinado fin. **3** fig. Ayudar a otros al logro de un fin. ♦ IRREG. Se conjuga como HUIR.

CONTRIBUYENTE adj. y com. Que contribuye. Se usa más para designar al que paga contribución al Estado.

CONTRICIÓN f. *Rel.* Dolor de haber ofendido a Dios.

CONTRINCANTE com. El que pretende una cosa en competencia con otro u otros.

CONTRISTAR tr. y prnl. Afligir, entristecer, apenar.

CONTRITO, TA adj. Que siente contrición, arrepentido.

CONTROL m. **1** Comprobación, fiscalización, intervención de una cosa cuyo desarrollo interesa. **2** Dominio, mando. **3** Sitio donde se controla. || **CONTROL DE CALIDAD** Parte de un proceso de fabricación, en la que se verifica que se han obtenido los niveles de calidad requeridos para la comercialización del producto. || **CONTROL DE NATALIDAD** *Geog.* Regulación del número de nacimientos en una determinada comunidad, país, etc.

CONTROLADOR, RA m. y f. Persona que controla. || **CONTROLADOR AÉREO** *Aeron.* Técnico especializado que tiene a su cargo la orientación, regulación, vigilancia, etc., del despegue y aterrizaje de aviones en un aeropuerto.

CONTROVERSIA f. Discusión larga y reiterada, especialmente en materia de religión.

CONTROVERTIR intr. y tr. Discutir detenidamente sobre una materia. ♦ IRREG. Se conjuga como SENTIR.

CONTUBERNIO m. **1** Convivencia con otra persona. **2** fig. Alianza con fines ilegales.

CONTUMAZ adj. **1** Obstinado en el error. **2** *Der.* REBELDE.

CONTUNDENTE adj. **1** Se aplica al instrumento y al acto que producen contusión. **2** fig. Que convence.

CONTUNDIR tr. y prnl. Magullar, golpear.

CONTURBAR tr. y prnl. **1** Turbar, inquietar a alguien un acontecimiento desgraciado. **2** Intranquilizar el ánimo.

CONTUSIÓN f. Daño subcutáneo producido por un golpe que no causa herida.

CONTUSIONAR tr. y prnl. MAGULLAR.

CONURBACIÓN f. *Geog.* Aglomeración urbana producto de la fusión de dos o más ciudades.

CONVALECENCIA f. **1** Estado de una persona después de pasar una enfermedad y cuando está recuperándose de ella. **2** Tiempo que dura este periodo.

CONVALECER intr. **1** Recobrar las fuerzas perdidas por enfermedad. **2** fig. Fortalecer. ♦ IRREG. Se conjuga como AGRADECER.

CONVALIDAR tr. Revalidar lo ya aprobado.

CONVECCIÓN f. *Fís.* **1** Propagación del calor en los fluidos por los movimientos de las capas calentadas desigualmente. **2** Movimiento de ascenso de una masa de fluido, por transmisión de calor de un lugar a otro.

CONVECINO, NA adj. **1** Próximo, inmediato. **2** Que tiene vecindad con otro. También s.

CONVENCER tr. y prnl. **1** Conseguir con razones eficaces que alguien cambie de opinión o haga cierta cosa. **2** Probarle una cosa de manera que no la pueda negar.

CONVENCIMIENTO m. Acción y efecto de convencer o convencerse.

CONVENCIÓN f. **1** Ajuste, concierto, entre dos o más personas, entidades o Estados. **2** Reunión general de un partido o de una agrupación de otro carácter. **3** Práctica admitida fácilmente que responde a precedentes o a la costumbre.

Robespierre ante la **Convención Nacional** francesa. Litografía del siglo XIX.

CONVENCIÓN NACIONAL *Hist.* Asamblea constituyente francesa que sustituyó a la legislativa y estuvo en vigor desde el 20 de septiembre de 1792 hasta el 26 de octubre de 1795. La primera acción de esta asamblea, dirigida en principio por los girondinos, fue abolir la monarquía y proclamar la república. La ejecución de Luis XVI y la coalición europea contra Francia radicalizaron la Convención, que a partir de junio de 1793 estuvo dirigida por los jacobinos. Poco después se instauró el régimen del Terror (octubre, 1793 - julio, 1794) dirigido por Robespierre. La última fase de la Convención se inició con el golpe de Estado de Termidor y supuso el predominio de los moderados (Convención Termidoriana; julio, 1794 - septiembre, 1795), que aprobaron la constitución de 1795 e instauraron el Directorio.

CONVENCIONAL adj. **1** Relativo al convenio o acuerdo. **2** Que se establece en virtud de precedentes o de la costumbre.

CONVENCIONALISMO m. Conjunto de opiniones o procedimientos basados en ideas que, por comodidad o conveniencia social, se tienen como verdaderas.

CONVENIENCIA f. **1** Conformidad entre dos cosas. **2** Utilidad, provecho. **3** Ajuste, concierto.

CONVENIENTE adj. **1** Útil, provechoso. **2** Conforme. **3** Proporcionado.

CONVENIO m. **1** Ajuste, concierto entre personas, instituciones, etc. **2** Texto que contiene lo acordado. || **CONVENIO COLECTIVO** *Der.* y *Econ.* Acuerdo establecido entre los trabajadores y los empresarios que estipula las condiciones salariales y de trabajo.

CONVENIO DE VERGARA *Hist.* El celebrado entre los generales Espartero, isabelino, y Maroto, carlista, en 1839, que puso fin a la primera guerra carlista.

CONVENIR intr. **1** Ser de un mismo parecer. **2** Pactar, ponerse de acuerdo con otra u otras personas. **3** Ser conveniente, útil o provechoso. ♦ IRREG. Se conjuga como VENIR.

CONVENTO m. **1** Casa en que viven los religiosos o religiosas de una orden. **2** Comunidad de religiosos o religiosas que habitan en una misma casa.

CONVERGENCIA f. **1** Acción y efecto de converger. **2** Confluencia de dos cosas en un mismo punto o aspecto.

CONVERGER o **CONVERGIR** intr. **1** Dirigirse a un mismo punto. **2** fig. Concurrir varias cosas al mismo fin.

CONVERSACIÓN f. Acción de conversar. || **dar conversación** loc. Entretener a una persona hablando con ella.

CONVERSAR intr. **1** Hablar entre sí varias personas. **2** *Chile* y *Ecuad.* Contar, referir.

CONVERSIÓN f. **1** Acción de convertir o convertirse. **2** *Inform.* Traducción de caracteres de un código o un programa a otro. **3** *Ret.* Repetición de una misma palabra al final de varias oraciones.

CONVERSO, SA adj. **1** Convertido. **2** *Hist.* Se dice de los musulmanes y judíos convertidos al cristianismo, especialmente a los de la España medieval y moderna. También s.

CONVERTIDOR m. **1** *Met.* Aparato ideado en 1859 por el ingeniero inglés Bessemer para convertir la fundición de hierro en acero. **2** *Fís.* Circuito electrónico que se acopla a un receptor de radio o televisión que le permiten captar emisiones de longitud de onda distintas de aquellas para las que está preparado. **3** *Fís.* Máquina o aparato que sirve para transformar una corriente continua en alterna.

CONVERTIR tr. **1** Cambiar una cosa en otra. También prnl. **2** Convencer a alguien para que profese una religión o la practique. También prnl. || prnl. **3** Cambiar de religión, vida o ideario. ♦ IRREG. Se conjuga como SENTIR.

CONVEXO, XA adj. *Geom.* Se dice de la línea o superficie curva con su parte más prominente, respecto del que las mira, en el centro.

CONVICCIÓN f. **1** CONVENCIMIENTO. **2** Idea fuertemente arraigada.

CONVICTO, TA adj. Se dice del reo a quien legalmente se ha probado su delito.

CONVIDADO, DA m. y f. Persona que recibe un convite. || **CONVIDADO DE PIEDRA** Persona que en una reunión o conversación adopta una actitud pasiva.

CONVIDAR tr. **1** Invitar una persona a otra que le acompañe a comer, a una función o a cualquier otra cosa. **2** fig. Mover, incitar a alguien para que haga algo. || prnl. **3** Ofrecerse voluntariamente para alguna cosa.

CONVINCENTE adj. Que convence.

CONVITE m. **1** Acción y efecto de convidar. **2** Comida o banquete al que uno es convidado.

CONVIVIR intr. Vivir en compañía de unos u otros en la misma casa, en la misma población, etc.

CONVOCAR tr. Citar a varias personas para que concurran a un lugar o acto determinado.

CONVOCATORIA f. Anuncio o escrito con que se convoca.

CONVOLVULÁCEO, CEA adj. y f. *Bot.* **1** Se dice de los árboles, arbustos y hierbas angiospermas dicotiledóneas, caracterizadas por presentar floema interno, y tener dos primordios seminales por carpelo, como la batata, la maravilla y la cuscuta. || f. pl. *Bot.* **2** Familia de estas plantas.

CONVÓLVULO m. **1** *Bot.* ENREDADERA, planta convolvulácea, perteneciente al género *Convolvulus*. **2** *Zool.* Oruga muy dañina para la vid.

CONVOY m. **1** Escolta, guardia que se destina para llevar con seguridad alguna cosa por mar o por tierra. **2** Conjunto de buques, carruajes o efectos escoltados. **3** TREN, serie de vagones enlazados. ♦ Su pl. es *convoyes*.

CONVULSIÓN f. **1** *Med.* Contracción y estiramiento violento e involuntario de uno o más miembros o músculos del cuerpo. Aparece asociada con muchas enfermedades neurológicas. **2** fig. Agitación violenta. **3** Sacudida de la tierra o del mar.

CONVULSIONARIO, RIA adj. *Med.* **1** Que padece convulsiones. || m. pl. *Hist.* **2** Jansenistas franceses, que desde 1729 se congregaban ante la tumba del diácono jansenista François de Paris, en el cementerio de San Medardo, en París, al extenderse el rumor de que allí se producían hechos milagrosos.

CONVULSO, SA adj. **1** Atacado de convulsiones. **2** fig. Que se halla muy excitado.

CONWAY Distrito unitario del Reino Unido, en Gales; 111.900 h.

CONYUGAL *Biol.* CONJUGAL.

CÓNYUGE com. Marido respecto de la mujer y mujer respecto del marido.

COÑA f. vulg. **1** Guasa. **2** Cosa molesta.

COÑAC o **COÑÁ** (De *Cognac*, ciudad francesa.) m. Aguardiente de graduación alcohólica elevada, obtenido por destilación de vinos flojos y envejecido en barriles de roble.

COÑAZO m. Persona o cosa pesada o aburrida. ♦ Es voz malsonante.

COÑO m. vulg. Parte exterior del aparato genital femenino. Se usa también como interjección vulgar denotando enfado, extrañeza, sorpresa, alegría, etc.

COOFICIAL adj. Que es oficial junto con otros.

COOK Archipiélago de Oceanía, situado al S del Pacífico, E de Tonga y Samoa, que constituye un territorio de Nueva Zelanda con autonomía interna; 240,1 km² y 18.547 h. Se divide en dos grupos: Meridionales (Rarotonga, Aitutaki, Atiu, Mauke, Mitiaro, Manuae y Takutea), y Septentrionales (Tongareva, Manihiki, Pukapuka, Rakahanga, Nassau, Palmerston y Suwarrow). Su capital es Avarua, en Rarotonga. La mayor parte de la población es maorí. Exporta copra, madera y madreperlas.

COOK Estrecho de Nueva Zelanda, entre los grupos de las Cook meridional y septentrional. Descubierto por J. Cook en 1770.

COOK, JAMES Navegante inglés (Marton-in-Cleveland, 1728 - islas Sandwich, 1779). En 1768 emprendió una serie de viajes de carácter científico en los que exploró Tahití (1769), Nueva Zelanda (1770), el Antártico (1773) y Nueva Caledonia (1775). Fue atacado y asesinado por los indígenas en la bahía de Kealakekua, en las islas Sandwich. Autor de *Viaje hacia el Polo Sur y alrededor del mundo*.

James **Cook**. Retrato de Nathaniel Dance. Museo Marítimo Nacional (Greenwich).

COOL (Voz i.) adj. *Mús.* Se dice de un estilo de jazz desarrollado en los años cincuenta del siglo XX cuya principal característica es la preponderancia de la melodía sobre el ritmo.

COOLIDGE, CALVIN CARY Político estadounidense (Plymouth, 1872 - Northampton, 1933). Fue elegido vicepresidente por el Partido Republicano en la candidatura de W. G. Harding para las elecciones de 1920. Ejerció el cargo entre 1921 y 1923, y, muerto el presidente, le sucedió. En 1924 logró la victoria en las elecciones presidenciales. Durante su mandato (1925-29), coincidió con una fase de prosperidad económica bruscamente interrumpida en 1929, redujo la intervención estatal en la economía.

COOLIDGE, WILLIAM DAVID Físico estadounidense (Hudson, 1873 - Schenectody, 1975). Descubrió un procedimiento para hacer visibles las ondas cortas de radio y usarlas para medir las propiedades eléctricas de los líquidos; el filamento de tungsteno dúctil para lámparas eléctricas; y un tubo para producir rayos X que lleva su nombre.

COOPER, DAVID Psiquiatra británico (Ciudad de El Cabo, 1931 - Cambridge, 1986). Junto a R. D. Laing es considerado fundador de la antipsiquiatría. Obras: *Psiquiatría y antipsiquiatría* (1967) y *El lenguaje de la locura* (1978).

COOPER, GARY (FRANK JAMES COOPER, llamado) Actor de cine estadounidense (Helena, 1900 - Hollywood, 1961). Fue uno de los principales galanes del cine norteamericano desde los años treinta. Películas: *Marruecos* (1930); *Adiós a las armas* (1932); *Tres lanceros bengalíes* (1935); *El sargento York*, por la que obtuvo el Oscar en 1941; *Por quién doblan las campanas* (1943); *Solo ante el peligro*, por la que recibió un Oscar en 1952; *Vera Cruz* (1954); *El árbol del ahorcado* (1959), *Sombras de sospecha* (1960), etc. En 1960 recibió un Oscar en homenaje a su trayectoria profesional.

COOPER, JAMES FENIMORE Novelista estadounidense (Burlington, 1789 - Cooperstown, 1851). Debe la fama a sus relatos de aventuras ambientados en las luchas entre indios y pioneros americanos: *El espía* (1821), *El último mohicano* (1826), *El trampero* (1840) y *Conductas modernas* (1850).

Gary **Cooper**. Escena de la película *Solo ante el peligro*, de Fred Zinnemann.

COOPER, LEON Científico estadounidense (Nueva York, 1930). Se le concedió el premio Nobel de Física (1972), compartido con John Bardeen y John Robert Schrieffer, por sus estudios sobre la teoría de la superconductividad.

COOPERACIÓN f. Acción y efecto de cooperar.

COOPERAR intr. Obrar junto con otro u otros.

COOPERATIVA f. *Econ.* Asociación basada en el principio de la reciprocidad o mutualismo para fomentar los intereses económicos de sus miembros, que contribuyen a la empresa común con parte de su actividad económica individual y tienen en ella igual responsabilidad y derechos. || **COOPERATIVA DE CONSUMO** *Econ.* La formada para la compra en común de los artículos de uso doméstico. Suprime los intermediarios entre el productor y el consumidor. || **COOPERATIVA DE PRODUCCIÓN** *Econ.* La formada para desarrollar una actividad de producción industrial o agrícola. Su finalidad es convertir a los obreros en sus propios patronos y suprimir al empresario capitalista.

COOPERATIVISMO m. *Econ.* 1 Doctrina favorable a la cooperación en el orden económico y social, con el fin de mejorar las condiciones materiales mediante el desarrollo de cooperativas de todo tipo. Surgió, en la primera mitad del siglo XIX en Francia y el Reino Unido, como reacción de defensa contra el liberalismo económico. Propugna la libre asociación para la constitución de empresas en las que sus miembros tienen los mismos derechos y los beneficios se reparten de manera proporcional a la participación. 2 Régimen de las sociedades cooperativas.

COOPERATIVISTA adj. 1 Relativo a la cooperación. 2 Partidario del cooperativismo. También com. || com. 3 Miembro de una cooperativa.

COOPERATIVO, VA adj. Se dice de lo que coopera o puede cooperar.

COOPTAR tr. Cubrir las vacantes que se producen en el seno de una corporación mediante el voto de los integrantes de la misma.

COORDENADAS f. pl. pl. *Mat.* Sistemas de referencia empleados en distintas ciencias para fijar la posición de un punto: en un plano, en el espacio, en una esfera, en una recta, etc. 2 *Geog.* Fijación de la posición de un punto geográfico por su longitud y latitud sobre la Tierra. || **COORDENADAS CARTESIANAS** *Mat.* Par ordenado de números (x, y) mediante los cuales se representa un punto del plano. El primer componente se denomina *abscisa* y el segundo *ordenada*. Gráficamente, en el plano, se expresan en dos ejes concurrentes en los que se representa cada componente del par. || **COORDENADAS CELESTES** *Astron.* Las esféricas definidas en la esfera celeste.

COORDINACIÓN f. 1 Acción y efecto de coordinar. 2 *Ling.* Relación entre dos o más sintagmas u oraciones de la misma categoría y función sintáctica. ♦ Véase cuadro en CONJUNCIÓN. 3 *Dep.* Cualidad de los deportistas de movimientos armoniosos y acompasados.

COORDINADO, DA adj. *Ling.* Se dice de las oraciones, frases o términos entre los cuales hay coordinación.

COORDINAR tr. Ordenar metódicamente los elementos que intervienen en algún proceso.

COPA f. 1 Vaso con pie para beber. 2 Líquido que cabe en una copa. 3 *Bot.* Conjunto de ramas y hojas de la parte superior del árbol. 4 Parte hueca del sombrero. 5 *Ocio.* Carta del palo de copas de los naipes. 6 *Dep.* Premio de algunos certámenes deportivos. 7 *Dep.* Ese mismo certamen. || f. pl. *Ocio.* 8 Palo de la baraja española.

-COPA suf. COPTO-.

COPACABANA Península del SO del lago Titicaca, que se extiende entre el río Desaguadero hasta el estrecho de Tiquina; 85 km de largo y 32 de ancho.

COPACABANA Barrio de Río de Janeiro (Brasil). Zona residencial. Playas.

COPAHUE Volcán de los Andes, en el límite entre Chile y Argentina; 2.953 m de altura.

COPAL m. 1 *Bot.* Árbol perteneciente a la familia leguminosas, de nombre científico *Hymenaea courbaril*. Crece en el centro y S de América. || adj. *Quím.* 2 Resina extraída de la especie anterior y de otros árboles tropicales, que se emplea en barnices duros de buena calidad.

COPALILLO m. *Bot.* Cuba Árbol de la familia sapindáceas, apreciado por su madera.

COPÁN Departamento de Honduras; 3.203 km² y 226.000 h. Su capital es Santa Rosa de Copán.

COPÁN Arqueol. e Hist. Antigua ciudad maya, en Honduras, departamento de Copán, correspondiente al periodo clásico.

COPAR tr. 1 Hacer en ciertos juegos una apuesta equivalente a la de la banca. 2 fig. Conseguir en una elección todos los puestos. 3 Cortar la retirada a una fuerza militar. 4 Hacerse con todos los premios, ocupar por completo un lugar, etc.

COPARTÍCIPE com. Persona que participa con otra.

COPAYERO m. *Bot.* Árbol de la familia leguminosas, de nombre científico *Guibourtia tessmannii*. Su tronco suministra el bálsamo de copaiba. Crece en el O de África.

COPAZO m. 1 Aumentativo de COPA. 2 fam. Con los verbos *tomar, beber, atizar*, etc., beberse una copa de vino o de licor, a veces de un solo golpe.

-COPE suf. COPTO-.

COPEAR intr. 1 Vender por copas las bebidas. 2 Tomar copas de vino o licor.

COPEC m. *Econ.* Moneda rusa, centésima parte del rublo. También se escribe *kopec*.

COPENHAGUE (*København*) Ciudad capital de Dinamarca, de la región de Seeland y del condado de su nombre, que constituye en sí misma un condado urbano; 88 km² y 483.658 h. Primer puerto del país. Centro comercial e industrial. Restos de fortificaciones de los siglos XI y XII.

COPÉPODO adj. y m. *Zool.* 1 Se dice de los crustáceos de tamaño generalmente microscópico, sin caparazón y de vida libre, simbiótica o parásita según las especies.

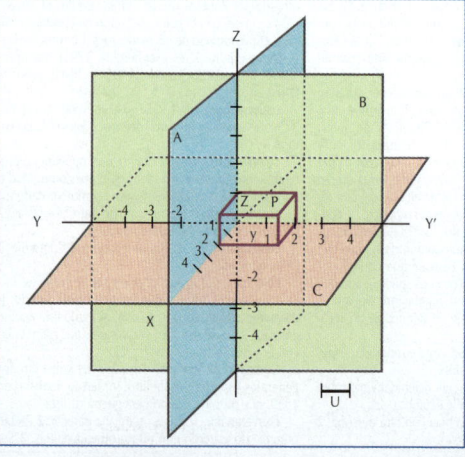

coordenadas cartesianas ortogonales.

Copán (Honduras). 1. Juego de la pelota. 2. Escultura maya.

Habitan en los océanos. || m. pl. *Zool.* **2** Subclase de estos animales.

COPERNICANO, NA adj. Relativo a Nicolás Copérnico y su doctrina científica. || **GIRO COPERNICANO** Transformación radical de una situación, planteamiento, idea, etc.

COPERNICANO o **HELIOCÉNTRICO, SISTEMA** *Astron.* Teoría planetaria heliocéntrica, dada a conocer por Copérnico en 1543, según la cual el Sol constituye el centro del sistema planetario.

COPÉRNICO, NICOLÁS Astrónomo polaco (Torun, 1473 - Frombork, 1543). Trató de buscar una alternativa a la teoría geocéntrica de Tolomeo, y, basándose en escritos de astrónomos griegos del siglo III a. C., propuso el SISTEMA COPERNICANO O HELIOCÉNTRICO; estableció el orden de los planetas entonces conocidos y supuso para ellos órbitas perfectamente circulares. Sus teorías revolucionaron la astronomía y se consideran el paso desde la Edad Media hacia la ciencia moderna.

COPETE m. **1** Pelo levantado sobre la frente. **2** *Zool.* Moño de plumas de algunas aves. **3** *Zool.* Mechón de crin que cae al caballo sobre la frente. **4** Adorno de algunos muebles. **5** fig. Atrevimiento. || **de alto copete** loc. adj. De importancia.

COPETÍN m. **1** *Amér.* Copita. **2** *Arg.* CÓCTEL.

COPEY Monte de Venezuela, en isla Margarita; 1.219 m de altura.

COPIA f. **1** Reproducción de un escrito. **2** Reproducción exacta de una obra artística. **3** Imitación de una persona. **4** *Fot.* Reproducción positiva sobre papel u otro material, del negativo. || **COPIA DE SEGURIDAD** *Inform.* BACK-UP.

COPIAPÓ Río de Chile, en la provincia de su nombre; 180 km de curso.

COPIAPÓ Volcán de Chile, en la provincia de su nombre, 6.080 m de altura. Llamado también *Azufre*.

COPIAR tr. **1** Hacer una copia. **2** Escribir lo que dice otro en un discurso o dictado. **3** Imitar. **4** Hacer un examen o parte de él valiéndose de un libro, apunte o examen de un compañero.

COPILOTO com. Auxiliar del piloto principal.

COPIÓN[1] adj. Se dice de la persona que copia o imita obras o conductas ajenas. También s. y en sentido despectivo.

COPIÓN[2] m. *Cin.* Copia de trabajo de un filme, revelada en blanco y negro, que se emplea para realizar el montaje.

COPIOSO, SA adj. Abundante.

COPISTA com. Persona que se dedica a copiar escritos u obras de arte.

COPLA f. **1** *Poét.* Estrofa formada por cuatro versos octosílabos con rima asonante en los pares. **2** *Poét.* Composición poética que consta sólo de una cuarteta de romance, de una seguidilla, de una redondilla o de otras combinaciones breves, y por lo común sirve de letra a canciones populares. || f. pl. **3** fam. Versos. **4** Cuentos, habladurías, impertinencias, evasivas. || **COPLA DE ARTE MAYOR** *Poét.* La que se compone de ocho versos de 12 sílabas cada uno, de los cuales riman entre sí el primero, cuarto, quinto y octavo; el segundo y tercero, y el sexto y séptimo. || **COPLA DE PIE QUEBRADO** *Poét.* La que alterna el verso corto de este nombre con otros más largos.

COPLANARIO, A adj. *Geom.* Se dice del punto o la recta situados en el mismo plano que otro.

COPLAND, AARON Pianista y compositor estadounidense (Nueva York, 1900 - íd., 1990). Sus composiciones muestran influencias del jazz, el folclore americano y Stravinsky. Obras: *Sonata para piano* (1941), *Rodeo* (1942), *Appalachian Spring* (1944) y *Fantasía para piano* (1957).

COPLERO, RA m. y f. **1** Persona que vende coplas. **2** fig. Mal poeta. **3** fig. Cuentista.

COPLEY, JOHN SINGLETON Pintor estadounidense (Boston, 1738 - Londres, 1815). Cultivó el retrato de estilo romántico y el género histórico: *Brook Watson y el tiburón* (1778), *Muerte del mayor Pierson* (1783).

COPO m. **1** Mechón de cáñamo, lana, lino, algodón, etc., dispuesto para hilarse. **2** Porción de nieve trabada que cae cuando nieva. **3** Grumo. **4** Acción de copar. **5** Bolsa de algunas redes de pesca. **6** Pesca con esa red.

COPÓN m. **1** Aumentativo de copa. **2** Copa grande de metal en que, en el sagrario, se guarda el santísimo sacramento.

COPPI, FAUSTO Ciclista italiano (Castellania, 1919 - Tortona, 1960). Ganador del Giro de Italia en 1940, 1947, 1950, 1952 y 1953; del Tour de Francia en 1949 y 1952, y campeón mundial de fondo en carretera (1953).

COPPOLA, FRANCIS FORD Director y guionista de cine estadounidense (Detroit, Michigan, 1939). En su filmografía destacan *Llueve sobre mi corazón* (1969), *El padrino* (Oscar a la mejor película, 1972), *El padrino II* (Oscar a la mejor película y a la mejor dirección, 1974), *Apocalypse now* (1979), *Corazonada* (1981), *La ley de la calle* (1983), *Cotton Club* (1984), *El padrino III* (1991), *Drácula* (1992) y *The Rain Maker* (1997).

COPRA f. *Bot.* Médula del coco. Parte carnosa y desecada de la que se extraen grasas y aceites de uso industrial y farmacéutico.

John Singleton **Copley**. *Retrato de Samuel Adams*. Museum of Fine Art (Boston).

COPRESIDENCIA f. Dignidad, empleo o cargo de presidente, compartida por dos o más personas.

COPRO- pref. que significa excremento.

COPRODUCCIÓN f. Producción que hacen conjuntamente varias personas o entidades.

COPROFAGIA f. Ingestión de excrementos o de estiércol.

COPRÓFAGO, GA adj. y s. Que ingiere excrementos o inmundicias.

COPROLITO m. **1** *Med.* Cálculos intestinales formados por excrementos endurecidos. **2** *Paleon.* Excremento fósil, sobre todo de vertebrados.

COPROPIETARIO, RIA adj. y s. Que tiene dominio sobre una cosa junto con otro u otros.

Arte **copto**. Estatua de caballo en bronce. Museo Egipcio (Turín).

COPTO, TA adj. **1** *Hist.* y *Rel.* Cristiano de Egipto que profesa el monofisismo. La iglesia copta se separó de la oriental en el siglo V. En la actualidad cuenta con unos 1.2000.000 creyentes y está dirigida por un patriarca con sede en El Cairo. También s. **2** Relativo a los coptos. || m. *Ling.* **3** Idioma antiguo de los egipcios que se conserva en la liturgia copta.

COPTO-; **-COPA**, **-COPE** pref. o sufs. que significan corte: *síncope*.

CÓPULA f. **1** Estructura que sirve de unión de una cosa con otra. **2** *Biol.* Unión sexual entre un macho y una hembra. **3** *Gram.* Término gramatical que sirve para unir dos oraciones o dos sintagmas, como las conjunciones y los verbos copulativos.

COPULAR intr. y prnl. Realizar el acto sexual.

COPULATIVO, VA adj. **1** Que junta una cosa con otra. **2** *Gram.* CONJUNCIÓN COPULATIVA.

COPYRIGHT (Voz i.) m. Propiedad intelectual de una obra; derechos de autor.

COQUE m. *Geol.* Combustible sólido que se obtiene de la destilación parcial de la hulla al eliminar la mayor parte de las sustancias volátiles. También se emplea en metalurgia.

COQUELUCHE f. *Med.* TOS FERINA.

COQUETEAR intr. **1** Obrar con coquetería. **2** Cortejarse mutuamente el hombre y la mujer. **3** Por extensión, tener alguien una relación o implicación pasajera en un asunto en el que no se compromete del todo o finge no hacerlo.

coral

COQUETERÍA f. **1** Acción y efecto de coquetear. **2** Estudiada afectación en los modales y adornos.
COQUETO, TA adj. **1** Se dice de la persona que cuida esmeradamente su aspecto exterior. También s. **2** fam. Gracioso, atractivo, agradable. || f. **3** Mueble de tocador con espejo y generalmente con cajones.
COQUETÓN, NA adj. **1** Atractivo, agradable. **2** Que le gusta coquetear.
COQUIMBO Región de Chile; 40.656 km² y 525.432 h. Su capital es La Serena. Cereales. Yacimientos de hierro, manganeso, mercurio y cobre.
COQUINA f. *Zool.* Molusco bivalvo eulamelibranquio, de nombre científico *Donax trunculus*. La concha es triangular, con la cara interna de las valvas de color violeta. Vive en los fondos arenosos del Atlántico y Mediterráneo. De carne muy apreciada.
COR- pref. CORE-.
-COR- in. CORO-².
COR PULMONALE *Pat.* Hipertrofia y dilatación del ventrículo derecho del corazón, que se produce después de la obstrucción del flujo sanguíneo pulmonar y consecuente hipertensión.
-CORA suf. CORO-².
CORÁCEO, A adj. CORIÁCEO.
CORACERO m. *Mil.* Soldado de caballería armado de coraza. **2** Cigarro puro muy fuerte y malo.
CORACIFORME adj. *Zool.* **1** Se aplica a las aves trepadoras, con el pico robusto y las alas cortas o largas según las especies, y adornadas con vistosos plumajes. Habitan las zonas cálidas de todo el mundo. Son coraciformes el abejaruco, el martín pescador, la abubilla, etc. || f. pl. *Zool.* **2** Orden de estas aves.
CORACOIDES adj. y f. *Anat.* Se dice de la apófisis de la cintura escapular en forma de pico de cuervo. En los mamíferos, su soldadura con la escápula da lugar al omóplato. ♦ Su pl. es *coracoides*.
CORAJE m. **1** Valor. **2** Irritación, ira.
CORAJINA f. fam. Arrebato de ira.
CORAL¹ m. *Zool.* Nombre común de diversas especies de celentéreos antozoos octocoralarios. La especie más conocida es el coral rojo (*Corallium rubrum*), cuyos individuos están unidos entre sí por un pólipero de color rojo o rosado. **2** *Zool.* Sustancia dura que segregan los pólipos del coral, que les sirve de esqueleto de sostén y habitación. Se emplea en joyería. || f. *Zool.* **3** CORALILLO. || m. pl. **4** Sartas de cuentas de coral.
CORAL² adj. **1** Relativo al coro. **2** *Mús.* Composición vocal armonizada a cuatro voces, de ritmo lento y solemne, ajustada a un texto de carácter religioso, y que se ejecuta principalmente en las iglesias protestantes. También m. **3** *Mús.* Se dice de la composición instrumental análoga a este canto. También m.
CORAL, MAR DEL Mar de Oceanía, entre Australia, Nueva Guinea, Salomón, Nuevas Hébridas y Nueva Caledonia. En él se encuentra la gran barrera de arrecifes coralinos. Victoria naval y aérea de los estadounidenses sobre los japoneses (1942).
CORALARIO m. *Zool.* ANTOZOO.
CORALÍFERO, RA adj. Que tiene corales.
CORALILLO m. *Zool.* Nombre de varios reptiles escamosos ofidios, del género *Micrurus*. Tienen el cuerpo recubierto de escamas brillantes de colores amarillo, negro y rojo combinados en franjas. Viven semierectados, se alimentan de otras serpientes y su veneno es muy potente. Se distribuyen por Asia y América del Sur.
CORALINA f. **1** *Bot.* Alga ramosa que se emplea como vermífugo. **2** *Zool.* CORAL¹, celentéreo.

CORÁN *Rel.* Libro sagrado de los musulmanes, que contiene las revelaciones de Alá a Mahoma, a través del arcángel Gabriel. Fue compilado hacia 650, durante el califato de Otmán. Está dividido en 30 partes y subdividido en 114 capítulos, llamados *suras*, a su vez divididos en versículos (*ayat*). Está escrito en prosa rimada y es el fundamento de la religión, la ley y la cultura musulmana.
CORAZA f. **1** Parte de la armadura que cubría el pecho y la espalda. **2** *Mil.* Blindaje de hierro o acero que llevan los barcos de guerra. **3** *Zool.* Cubierta del cuerpo de los quelonios.
CORAZÓN m. **1** *Anat.* Víscera muscular hueca, impulsora de la circulación de la sangre, que existe en muchos animales. En el hombre está situado en el tórax, y en su interior hay cuatro cavidades: dos superiores, llamadas aurículas, y dos inferiores, los ventrículos. Estas cavidades están separadas por dos válvulas: la mitral, entre la aurícula y el ventrículo izquierdos; y la tricúspide, entre la aurícula y el ventrículo derechos. De los ventrículos parten los grandes troncos arteriales que distribuyen la sangre por todo el cuerpo, y en las aurículas van a desembocar los dos grandes troncos venosos. **2** *Anat.* El tercero y más largo de los dedos de la mano. **3** *Bot.* Xilema de una angiosperma. **4** fig. Valor. **5** fig. Voluntad, amor. **6** fig. Centro de una cosa. **7** fig. Pedazo de algunas materias que se corta en forma de corazón. **8** Apelativo cariñoso. || m. pl. *Ocio.* **9** Palo de la baraja francesa. || **con el corazón en la mano** loc. adv. fig. Con toda franqueza. || **de corazón** loc. adv. Con verdad, seguridad y afecto. || **no tener un corazón** fr. fig. Ser insensible.
CORAZÓN Volcán de los Andes ecuatorianos, en la cordillera Occidental; 4.788 m de altura.
CORAZONADA f. **1** Impulso espontáneo que incita a alguien a hacer algo arriesgado y difícil. **2** PRESENTIMIENTO.
CORAZONCILLO m. *Bot.* Planta perteneciente a la familia hipericáceas, de nombre científico *Hypericum perforatum*. Tiene hojas elípticas y flores amarillas.
CORBATA f. **1** Tira de tela que, como adorno, se anuda al cuello. **2** Banda o cinta que se ata en las banderas y estandartes. **3** Insignia propia de las encomiendas de ciertas órdenes civiles. **4** *Ocio.* En el juego del billar, lance que consiste en que la bola de que juega pase ciñendo la contraria, sin tocarla, entre ella y las bandas que forman ángulo. **5** *Dep.* En el golf, recorrido que hace la pelota alrededor del hoyo sin caer en él.
CORBATÍN m. Corbata corta.
CORBETA f. *Mar.* Embarcación de guerra, con tres palos y vela cuadrada, semejante a la fragata, aunque más pequeña.
CORBIÈRE, TRISTAN Poeta francés (Coat-Congar, 1845 - Morlaix, 1875). Su obra, *Amours jaunes* (1873), de escaso éxito en vida del autor, supuso una reacción contra el parnasianismo.
CORBUSIER, LE LE CORBUSIER.
CÓRCEGA (*Corse*) Isla y región de Francia, en el Mediterráneo, dividida en los departamentos de Alta Córcega y Córcega del Sur; 8.680 km² y 260.196 h. Su capital es Ajaccio. Vid. olivo. Importante producción de leche de oveja destinada a la fabricación de quesos. Turismo. Ocupada desde el Neolítico, en la Antigüedad se establecieron sucesivamente en ella fenicios, cartagineses y etruscos. Los romanos la conquistaron y colonizaron (238-162 a. C.). Ocupada por los bizantinos (siglos VI-VII), fue conquistada por los lombardos a mediados del siglo VIII. En el siglo X fue considerada feudo del imperio germánico. Gregorio VII reclamó la soberanía de la isla en 1077 y Urbano II hizo valer sus derechos en favor del obispo Daimberto de Pisa. Los pisanos la cedieron a los genoveses (1299) tras ser derrotados por éstos en Meloria (1274). La República genovesa, cedió sus derechos a la sociedad la *Maona*, que sometió a la isla a una auténtica explotación. Disputada en la primera mitad del siglo XV por Francia, Aragón y Génova, pasó a manos de la Banca de San Jorge en 1453. Un siglo después, Francia la ocupó durante seis años (1553-59) y la cedió nuevamente a Génova. En el siglo XVIII, se sucedieron las rebeliones; la dirigida por Pasquale Paoli fue la que logró expulsar a los genoveses, que sólo mantuvieron el control de algunas plazas en la costa. Génova cedió sus derechos sobre la isla a Francia (1768), que un año después derrotó a Paoli en Pontenuovo. Fue declarada parte integrante de Francia en 1789. Tras la Segunda Guerra Mundial se produjo un auge de las demandas autonomistas, que fueron acompañadas de actos terroristas llevados a cabo por el Frente de Liberación Nacional de Córcega (FLNC). En 1981 le fue otorgado a la isla un estatuto de autonomía.
CÓRCEGA, ALTA Departamento de Francia, región de Córcega; 4.666 km² y 141.603 h. Su capital es Bastia.
CÓRCEGA DEL SUR Departamento de Francia, región de Córcega; 4.014 km² y 118.593 h. Su capital es Ajaccio.
CORCEL m. Caballo ligero y de mucha alzada.
CORCHEA f. *Mús.* Figura o nota musical cuyo valor es la mitad de una negra.
CORCHERO, RA adj. Relativo al corcho. || f. *Dep.* **2** Cuerda que separa las calles en una piscina de competición.
CORCHETE m. **1** Broche metálico que sirve para sujetar. **2** Signo ortográfico que puesto, ya vertical, ya horizontalmente, abraza dos o más guarismos, palabras o renglones en los escritos, o dos o más pentagramas en la música.
CORCHO m. **1** *Bot.* SÚBER, tejido vegetal protector e impermeable, formado por células muertas, que produce la zona periférica del tronco de árboles y arbustos, especialmente del alcornoque. Es muy empleado en la industria para fabricar tapones, suelas de calzado, embalajes, o como aislante térmico y acústico. **2** Tapón que se hace de este tejido.
¡CÓRCHOLIS! interj. ¡CARAMBA!
CORCIRA Corfú.
CORCOVA f. *Med.* Curvadura anómala de la columna vertebral o del pecho.
CORCOVADO Monte de Brasil, en los alrededores de Río de Janeiro, en cuya cumbre se levanta una colosal estatua de Cristo; 670 m de altura.
CORCOVADO Volcán de Chile, en la provincia de Chiloé; 2.300 m de altura.
CORCOVAR tr. Encorvar o hacer que una cosa tenga corcova.
CORCOVO m. **1** Salto que dan algunos animales encorvando el lomo. **2** fig. y fam. Desigualdad, torcimiento.
CORCUSIR tr. Zurcir con puntadas descuidadas.
CORD-, CORDO-; -CORDA, -CORDIO prefs. o sufs. que significan cuerda: *notocorda*.
-CORDA suf. CORD-.
CORDADO, DA adj. y s. **1** *Bot.* Se dice de cualquier estructura en forma de corazón; generalmente referido a

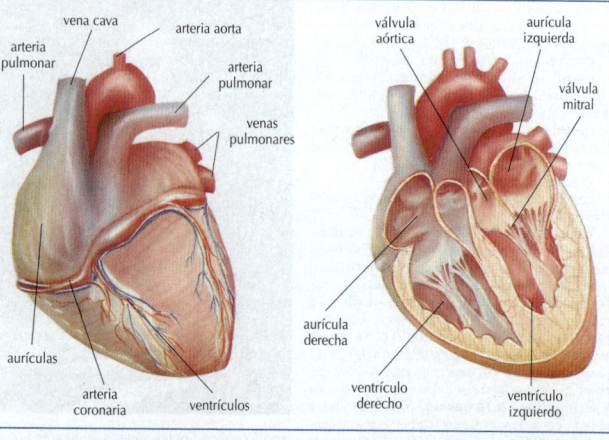

Anatomía del **corazón** humano.

la base de la hoja. **2** *Zool.* Se dice de los metazoos que tienen notocorda, es decir, una cuerda dorsal que constituye el eje de sostén de todo el cuerpo. Se caracterizan además por la simetría bilateral; el sistema nervioso presenta acúmulo de numerosos ganglios y fibras en la región de la cabeza; el tubo digestivo es abierto en su parte anterior y posterior; tienen faringe, que en los peces va provista de aberturas y aloja los órganos respiratorios o branquias; el aparato circulatorio es cerrado y está constituido por un corazón con varias cavidades y numerosos vasos sanguíneos; el aparato excretor posee un túbulo urinario que da lugar a los riñones; y el aparato reproductor consta de dos gónadas donde se producen óvulos o esperma, y un par de conductos que vierten los productos a la cavidad cloacal. || f. pl. *Zool.* **3** Tipo de estos animales que comprende los vertebrados y los procordados. || f. *Dep.* **4** Grupo de alpinistas sujetos por una misma cuerda.

CORDAJE m. Conjunto de cuerdas de un instrumento musical de cuerda, de una raqueta de tenis, etc.

CORDAL[1] m. *Mús.* Pieza en la parte inferior de los instrumentos de cuerda que sirve para atar éstas.

CORDAL[2] adj. y f. *Anat.* MUELA CORDAL, o del juicio.

CORDAY, CHARLOTTE Revolucionaria francesa (Saint-Saturnin-des-Ligneries, 1768 - París, 1793). De convicciones monárquicas, en julio de 1793 asesinó a Marat, por lo que fue guillotinada.

CORDEL m. **1** Cuerda delgada. **2** *Gan.* Vía pastoril para los ganados trashumantes, que, según la legislación de la Mesta, es de 45 varas de ancho. || LITERATURA DE CORDEL *Lit.* Conjunto de textos literarios que, desde el siglo XVI se publicaban en cuadernillos de cuatro u ocho folios.

CORDELIERS, CLUB DE LOS *Hist.* Asociación revolucionaria fundada en París en 1790 con el nombre de Sociedad de los Amigos de los Derechos del Hombre y del Ciudadano e integrada, entre otros, por Danton, Marat y Hébert. De ideas más radicales que los jacobinos, contribuyeron junto con éstos a la implantación de la República en 1792 y a la derrota girondina en 1793. Gran parte de sus miembros fueron guillotinados en 1794 y el club fue disuelto un año después.

CORDERÍA f. Conjunto de cuerdas.
CORDERIL adj. Relativo al cordero.
CORDERILLO m. Piel de cordero adobada con su lana.
CORDERINO, NA adj. Perteneciente al cordero.
CORDERO, RA m. **1** *Zool.* Cría de la oveja, que no pasa de un año. **2** Carne de este animal. || m. y f. **3** Persona mansa y dócil. || CORDERO DE DIOS fig. Jesucristo. || CORDERO LECHAL LECHAL. || CORDERO PASCUAL Cordero joven mayor que el lechal. También, el que entre los hebreos para celebrar su pascua. || CORDERO RECENTAL El que no ha pastado todavía.

CORDERO, JUAN Pintor mexicano (Teziutlán, 1822 - ?, 1884). Cultivó el mural, el retrato y las composiciones históricas. Entre sus obras figuran el retrato ecuestre del general Santa Anna, *Colón ante los Reyes Católicos* y *Cristo y la mujer adúltera*.

CORDERO, LUIS Político y escritor ecuatoriano (Déleg, 1833 - Cuenca, 1912). Miembro del Partido Liberal, fue nombrado presidente de la República en 1892. Abandonó el país al triunfar la sublevación de Alfaro (1895). Entre sus obras se encuentran *Recuerdos patrióticos* (1883) y *Salutación de Luis Cordero a Chile* (1910).

CORDIAL adj. **1** Afectuoso, de corazón. || m. **2** Bebida reconfortante.

CORDIERITA f. *Miner.* Mineral de fórmula $Mg_2Al_3(AlSi_5O_{18})$, es un ciclosilicato transparente que cristaliza en el sis-

Córdoba (España). Vista aérea.

tema ortorrómbico y aparece, sobre todo, en rocas metamórficas. Se utiliza en joyería.

CORDIFORME adj. *Biol.* ACORAZONADO.
CORDILA f. *Zool.* Atún recién nacido.
CORDILLERA f. *Geog.* Serie de montañas enlazadas entre sí.

CORDILLERA Departamento de Paraguay, región Oriental; 4.948 km² y 215.663 h. Su capital es Caacupé. Producción agropecuaria.

CORDILLERANO, NA adj. Relativo a la cordillera y especialmente a la de los Andes.

CORDILO m. *Zool.* Reptil saurio africano.
-CORDIO suf. CORD-.
CORDITIS f. *Pat.* Inflamación de las cuerdas vocales.
CORDO- pref. CORD-.
CÓRDOBA m. *Econ.* Unidad monetaria de Nicaragua.

CÓRDOBA 1 Provincia de Argentina, región Centro; 165.321 km² y 3.059.000 h. Riqueza agrícola y ganadera. Plata, cobre, plomo, cinc, hierro, oro y volframio. Turismo. **2** Ciudad capital de la misma; 1.275.585 h. Industria aeronáutica y espacial, de automóviles y de maquinaria agrícola. Observatorio nacional astronómico. Universidad. Una arquitectura de fuerte tono colonial define su parte antigua; destaca su notable catedral. Fue fundada en 1576 por Jerónimo Luis de Cabrera. Durante la época colonial tuvo una gran importancia debido a su situación estratégica entre los Andes y el Atlántico.

CÓRDOBA COMECHINGONES, SIERRA DE LOS.
CÓRDOBA Departamento de Colombia; 25.020 km² y 1.369.764 h. Su capital es Montería.

CÓRDOBA 1 Provincia de España, perteneciente a la comunidad autónoma de Andalucía; 13.718 km² y 768.676 h. Situada entre Sierra Morena, al N, y la cordillera Bética al S, su territorio pertenece a la cuenca del Guadalquivir. En las regiones montañosas el clima es extremado y seco; en el llano los inviernos son templados y los veranos calurosos, con lluvias escasas. Produce cereales, vid, olivos y leguminosas. Ganadería lanar, de cerda y caballar. Las regiones montañosas son ricas en minerales (Peñarroya-Pueblonuevo). Industrias siderúrgicas, de fabricación de aceites y de elaboración de vinos (Montilla) y aguardientes (Rute, Priego de Córdoba). **2** Ciudad capital de la misma; 306.248 h. Centro comercial agrícola. Industria metalúrgica, textil, química y alimentaria, bodegas y artesanía. Turismo. Mezquita, comenzada por Abderramán I; Alcázar cristiano. En sus cercanías, se conservan las ruinas de la ciudad de Medina Azahara, fundada en el siglo X por Abderramán III.

CÓRDOBA, EMIRATO Y CALIFATO DE *Hist.* En tiempos de la conquista musulmana de la península Ibérica, hubo en Córdoba una fase de emires dependientes (711-56) e independientes (756-929). El emirato dependiente comienza, establecida ya una base territorial, con el mandato de Abd al-Aziz ibn Musa (714-16), que condujo la expansión musulmana hasta las inmediaciones de los Pirineos y pacificó Andalucía oriental y Levante. En esta primera etapa los emires eran nombrados por el califa o su representante en el N de África. Fue un periodo de luchas intestinas en el que se sucedieron diecinueve emires hasta que Abderramán I, en 756, proclamó el emirato independiente, aunque manteniendo una sumisión espiritual a los califas de Bagdad, y adoptó

una serie de medidas para fortalecer la cohesión interna del emirato. Esta política fue continuada por Hixem I, Alhakem y, especialmente Abderramán II, que se reservó el monopolio de la acuñación de moneda y centralizó la actividad comercial. Tras los emiratos de Muhammad I, al-Mundir y Abd Allah, Abderramán III, que se proclamó califa en 929, inició la expansión por el N de África. Durante su reinado y el de su sucesor, al-Hakam II, la presencia musulmana en España alcanzó su mayor desarrollo económico y cultural. La decadencia del califato se inició a finales del siglo XI, durante el reinado de Hixem II, dominado por su ministro, Al-manzor. El califato fue abolido en 1031, tras veinte años de luchas civiles, cuando ya se había disgregado en los REINOS DE TAIFAS.

CÓRDOBA, GONZALO FERNÁNDEZ DE FERNÁNDEZ DE CÓRDOBA, GONZALO.

CÓRDOBA, JOSÉ MARÍA General colombiano (Concepción, 1799 - Santuario, 1829). Participó en la independencia americana y se distinguió en la batalla de Ayacucho (1824). Fue ministro de la Guerra, se sublevó contra Bolívar en 1829 en defensa de la constitución de Cúcuta y murió en lucha contra las fuerzas gubernamentales del general O'Leary.

CÓRDOBA Y VÁLOR, FERNANDO DE ABÉN HUMEYA.
CORDOBÁN m. Piel curtida de macho cabrío o de cabra.
CORDOBENSE adj. y com. De Córdoba (Colombia).
CORDOBÉS, SA adj. y s. De Córdoba (España, Argentina).

CORDÓN m. **1** Cuerda delgada. **2** Cuerda con que se ciñen el hábito los religiosos de algunas órdenes. **3** Conjunto de personas o elementos dispuestos para proteger o vigilar. **4** *Arg., Cuba y Chile* BORDILLO. **5** *Arquit.* Moldura de sección semicircular o elíptica, tanto cóncava como convexa. || CORDÓN LITORAL *Geol.* Acumulación de arena, limo o cantos rodados que se dispone paralelamente a la costa. || CORDÓN UMBILICAL *Anat.* Estructura larga y cilíndrica, que contiene los vasos sanguíneos que unen la placenta de la madre con el feto.

CORDÓN, RODOLFO Político salvadoreño (Juanyúa, 1899 - San Salvador, 1969). Presidente de la Asamblea Constituyente (1961), en 1962 ocupó de manera provisional la presidencia de la República.

CORDONCILLO m. **1** Lista o raya que forma el tejido en algunas telas. **2** Adorno en el canto de las monedas. **3** Línea de bordado. **4** *Bot.* Resalto que señala la juntura de las partes de algunos frutos.

CÓRDOVA, GONZALO DE Político ecuatoriano (Cuenca, ? - Valparaíso, 1928). Elegido presidente en 1924, por motivos de salud delegó el gobierno en el presidente del Senado, Guerrero Martínez. Poco después se enfrentó con él originándose una dualidad de poderes. Fue expulsado del poder por un golpe de Estado militar en 1925.

CÓRDOVA, JORGE Militar y político boliviano (La Paz, 1822 - Loreto, 1861). Presidente de la República de 1855 a 1857.

CORDURA f. Prudencia, juicio.
CORE-, COR-, CORO-, -CORO, -CORIA prefs. o sufs. que significan contracción, o niña del ojo: *anisocoria*.
-CORE suf. COREO-.
CORE PERSÉFONE.

cordierita

Corea. Templo de Songgwangsa.

COREA m. *Pat.* Enfermedad crónica o aguda del sistema nervioso central, que se caracteriza por movimientos irregulares e involuntarios del cuerpo.

COREA Estrecho del océano Pacífico, entre Corea y Japón; 175 km de anchura.

COREA Península de Asia oriental, separada del archipiélago japonés por el estrecho de Corea. Está dividida, por el paralelo 38, en dos países: República Democrática Popular de Corea (Corea del Norte) y República de Corea (Corea del Sur).

HIST. Estuvo habitada desde el IV milenio a. C. por tribus tungusas procedentes del N de China y Manchuria. Su origen se sitúa hacia el año 2333 a. C. cuando Tangun estableció el primer reino llamado Choson. En el siglo I a. C. surgieron sobre la península tres reinos, Koguryo (37 a. C.-668), Paekche (18 a. C.-660) y Shilla (57 a. C.-935). Desde que Shilla unificó por primera vez la península (668) Corea fue regida por un solo gobierno y mantuvo su independencia política y cultural. En el siglo X los pueblos nómadas derribaron a la dinastía Shilla y fundaron la dinastía de Koryo. Tras las invasiones mongolas del siglo XIII, se constituyó la dinastía Yi, que se mantuvo hasta 1910. Amenazados por los japoneses a lo largo del siglo XVI, los coreanos lograron con la ayuda de los Ming rechazar la gran invasión japonesa de 1592-93 y destruir su flota en 1598. Se mantuvo sometida a la influencia de China desde el siglo XVII, hasta que en la segunda mitad del siglo XIX se produjo una creciente presión japonesa. Tras el conflicto de 1894-95, China renunció a sus pretensiones sobre el país. En 1905 Japón concertó con Corea un tratado estableciendo su protectorado sobre ella. Poco después, en 1907, abdicó el emperador de Corea, y más tarde (1910) fue anexionada por Japón, estableciendo un gobierno colonial que acabó con la dinastía Yi y la Corea tradicional. A partir de 1919 los dirigentes nacionalistas coreanos en el exilio un movimiento de resistencia antijaponés muy activo. Después de la Segunda Guerra Mundial fue declarada independiente, pero, ocupada por los vencedores, quedó dividida en dos zonas: la URSS se hizo cargo de la parte situada al N del paralelo 38 y EE UU de la situada al S del mismo, donde se constituyeron en 1948 la REPÚBLICA DEMOCRÁTICA POPULAR DE COREA, y, en la zona estadounidense, la REPÚBLICA DE COREA. El estallido de la GUERRA DE COREA (1950-53) perpetuó esta división.

Superficie:
99.373 km².
Población:
47.275.000 h.
(surcoreanos).
Densidad:
475,7 h./km².
Tasa de natalidad: 15,3‰.
Tasa de mortalidad: 5,8‰.
Capital: Seúl.
Ciudades principales: Pusan, Taegu, Inchon y Taejon.
Grupos étnicos: coreanos (99,9%).
Religión: budismo (27,6%), protestantismo (18,6%), catolicismo (5,7%), confucianismo (1%).
Idioma: coreano.
Moneda: won.
Forma de Estado: república.
Producto Nacional Bruto: 398.825 millones de dólares.
Renta per cápita: 8.600 dólares.
División administrativa: 9 provincias y 6 distritos urbanos, según cuadro.

COREA, GUERRA DE *Hist.* Conflicto armado (1950-53) que tuvo lugar en la península de su nombre como consecuencia de la división del país en dos zonas. Corea del Norte recibió ayuda de la URSS y China; Corea del Sur contó con el apoyo de EE UU y de las Naciones Unidas. El inicio del conflicto se produjo cuando tropas norcoreanas atravesaron la línea divisoria del paralelo 38 en junio de 1950, y en menos de tres meses ocuparon la casi totalidad del territorio. La ONU envió una fuerza internacional dirigida por el general estadounidense Mac Arthur. La intervención occidental hizo retroceder a las fuerzas norcoreanas, hasta atravesar nuevamente el paralelo 38. En noviembre de 1950, China entró abiertamente en el conflicto. Las fuerzas de la ONU recibieron refuerzos estadounidenses y recuperaron Seúl tres meses después. Se estableció entonces una guerra de posiciones que culminó en la firma de un armisticio (julio de 1953), que reconocía el *statu quo* anterior a la guerra. No se llegó a firmar un tratado de paz.

COREA, REPÚBLICA DE *(Dehan Minkuk)* Estado de Asia oriental que ocupa la parte meridional de la península de Corea, y que limita al N con la República Democrática Popular de Corea; al E, con el mar del Japón; al S, con el mar de China Oriental y al O, con el mar Amarillo.

GEOG. Corea del Sur ocupa el 40% de la península de su nombre. Su relieve está accidentado al E por los montes Taebaek. El clima es templado con influencias monzónicas. El país ha conocido un rápido proceso de industrialización y modernización. Arroz, maíz, patatas, cebada, sésamo, seda natural, frutas, algodón y tabaco.

REPÚBLICA DE COREA

Provincias Distritos urbanos	Superficie (km²)	Población (h.)	Capitales
Cheju	1.845	505.442	Cheju
Chungchong Meridional	8.547	1.767.105	Taejon
Chungchong Septentrional	7.433	1.396.481	Chongju
Cholla Meridional	11.911	2.066.865	Kwangju
Cholla Septentrional	8.059	1.902.205	Chonju
Kangwon	16.534	1.466.794	Chunchon
Kyonggy	10.115	7.649.914	Suwon
Kyongsang Meridional	11.566	3.845.569	Masan
Kyongsang Septentrional	19.022	2.676.344	Taegu
Seúl	606	10.229.262	
Pusan	749	3.813.814	
Taegu	886	2.449.139	
Inchon	955	2.307.618	
Kwangju	501	1.257.504	
Taejon	540	1.272.143	

Minería: carbón, tungsteno, oro, molibdeno, cobre, plomo, grafito, hierro y cinc. Flota pesquera de alta mar. Industria siderometalúrgica, de construcción naval, automovilística, del papel, del cemento, textil y de productos electrónicos y mecánicos.

Hist. La República de Corea se constituyó en Estado independiente el 13 de agosto de 1948 (para la historia anterior, véase Corea). Previamente, en mayo de ese año, se habían celebrado unas elecciones en las que resultó ganador Syngman Rhee, quien en 1954 logró su nombramiento como presidente vitalicio. No obstante, en 1960, el descontento generalizado le obligó a abandonar el cargo y marchar al exilio. Ese año fue elegido un gobierno presidido por M. Chang, derribado por un golpe militar dirigido por el general Park Chung Hee, quien, tras su elección como presidente en 1962, instauró un régimen autoritario. Reelegido en 1967, 1971 y 1972, fue asesinado en 1979. Las esperanzas de liberalización en el país fueron truncadas con la destitución, en 1980, del presidente Choi Kyu Hah y la implantación de un gobierno militar, encabezado por el general Chun Doo Hawn. En 1987 se produjo una ola de manifestaciones populares que pedían elecciones directas para la presidencia de la República. Celebradas éstas en diciembre de ese año, venció el candidato gubernamental, Roh Tae Woo. El presidente impulsó el diálogo para la reunificación de las dos Coreas, lo que condujo al ingreso simultáneo de ambos Estados en la ONU y a la firma de un tratado de no agresión (1991). En las elecciones de 1992, fue elegido presidente Kim Young Sam, del Partido Democrático. El presidente Chun Doo Hawn fue condenado a muerte en 1997 por sus responsabilidades en el golpe de Estado de 1979. Un año después, fue investido presidente Kim Dae-Jung. En las elecciones legislativas de 2000 el conservador Gran Partido Nacional fue la formación más votada. Ese mismo año, el presidente Kim viajó a Pyongyang para entrevistarse con el líder norcoreano, Kim Jong Il, dando inicio a una serie de conversaciones que tienen como objetivo la reconciliación de las dos Coreas. En 2002 Roh Moo Hyun fue elegido presidente del país; destituido por el Parlamento en 2004, volvió a asumir el cargo tras la victoria de su partido en las legislativas celebradas ese mismo año.

Corea, República Democrática Popular de (Chosun Minchun - chui Inmin Konghwa - gup) Estado de Asia oriental, en el N de la península de Corea. Limita al N con la República Popular China y con la Federación de Rusia; al E, con el mar del Japón; al S, con la República de Corea, y al O, con el mar Amarillo.

Superficie:
122.762 km².
Población:
21.688.000 h.
(norcoreanos).
Densidad:
176,7 h./km².
Tasa de natalidad: 18,3‰.
Tasa de mortalidad: 15,8‰.
Capital: Pyongyang.
Ciudades principales: Hamhung, Ch'ongjin, Namp'o, Sunch'on.
Grupos étnicos: coreanos (99,8%).
Religión: ateísmo (67,9%), creencias tradicionales (15,6%), chondogyo (13,9%), budismo (1,7%).
Idioma: coreano.
Moneda: won.
Forma de Estado: república.
Producto Nacional Bruto: 17.700 millones de dólares.
Renta per cápita: 740 dólares.
División administrativa: 9 provincias, 3 ciudades administrativas y un distrito urbano, según cuadro.

Geog. Su territorio es abrupto, con una elevada altitud media y costas recortadas. El clima tiene influencias tropicales en verano y rasgos continentales en invierno. Produce arroz, cebada, maíz, mijo, patatas, cáñamo, seda, frutas. Minería. La base de su economía es la industria siderúrgica, reforzada por sus potentes fuentes de energía. Importante flota pesquera de alta mar. Corea del Norte es un país socialista, que reserva al Estado la propiedad de la tierra y de los medios de producción. Los cambios en la Europa del Este, de donde procedía la ayuda técnica, así como su elevada deuda exterior, explican el actual estancamiento de su economía.

Hist. Después de la Segunda Guerra Mundial, la península de Corea quedó dividida, por el paralelo 38, en dos partes: Norte y Sur (para la historia anterior, véase Corea). La URSS se hizo cargo de la zona N, que en 1948 se proclamó República independiente, eligiendo presidente a Kim Il Sung. El régimen comunista, que logró reconstruir espectacularmente el país después de la guerra, se caracterizó por su rigidez ideológica y el culto a la personalidad de Kim Il Sung. A partir de 1989 se mantuvieron conversaciones con Corea del Sur para negociar la unificación, a la vez que el país intentaba salir de su aislamiento internacional. El proceso negociador condujo al ingreso simultáneo de ambos Estados en la ONU, la firma de un tratado de no agresión y la prohibición de fabricar armas nucleares en toda la península (1991). El país se vio sometido a la presión de la comunidad internacional como consecuencia de la negativa del gobierno coreano a que la Agencia Internacional de la Energía Atómica inspeccionase algunas de sus bases secretas y su decisión de retirarse del Tratado de No Proliferación de Armas Nucleares en 1993. A la muerte de Kim Il Sung (1994) le sucedió su hijo Kim Jong Il, quien asumió el poder en una situación de aislamiento internacional y de crisis económica, que se convirtió en catastrófica a lo largo de 1997 y 1998. La visita en 2000 del presidente de Corea del Sur, Kim Dae Jung, dio inicio a una serie de conversaciones que tienen como objetivo la reconciliación de las dos Coreas. Tras el ataque terrorista contra EE UU del 11 de septiembre, el Gobierno norcoreano condenó los atentados, pero posteriormente manifestó su oposición a la guerra contra Afganistán. Esto provocó que el Gobierno estadounidense considerase a la República Democrática de Corea como uno de los países del llamado «eje del mal», formado por los Estados que apoyan al terrorismo internacional, como Irak o Irán. A finales de 2002 el gobierno de Pyongyang anunció su intención de reactivar su programa nuclear y su retirada del Tratado de No Proliferación de armas nucleares (TNP), lo que intensificó la crisis diplomática con EE UU.

Corea del Norte Corea, República Democrática Popular de.
Corea del Sur Corea, República de.
coreano, na adj. y s. De Corea.
corear tr. 1 Aclamar, aplaudir. 2 Acompañar con coros una composición musical. 3 fig. Asentir sumisamente al parecer ajeno. 4 Repetir una muchedumbre

REPÚBLICA DEMOCRÁTICA POPULAR DE COREA

Provincias Ciudades administrativas *Distrito urbano	Superficie (km²)	Población (h.)	Capitales
Chagang	16.968	1.156.000	Kanggye
Hamgyong Meridional	18.970	2.547.000	Hamhung
Hamgyong Septentrional	17.570	2.003.000	Ch'ongjin
Hwanghae Meridional	8.002	1.914.000	Haeju
Hwanghae Septentrional	8.007	1.409.000	Sariwon
Kangwon	11.152	1.227.000	Wonsan
Pyongan Meridional	11.577	2.653.000	P'yengsan
Pyongan Septentrional	12.191[1]	2.380.000	Sinuiju
Yanggang	14.317	628.000	Hyesan
Kaesong	1.255	331.000	
Namp'o	753	715.000	
Pyongyang	2.000	2.355.000	
*Hyangsan-chigu[1]		28.000	

[1] Los datos de superficie de Hyangsan-chigu se incluyen dentro de los de Pyongan Septentrional.

Corfú (Grecia).

canciones o frases de un cantante u orador, como si se tratase de un coro.

CORELLI, ARCANGELO Compositor y violinista italiano (Fusignano, 1653 - Roma, 1713). Sus *Concerti grossi* (1714) fueron esenciales para la aparición del concierto clásico.

COREO-, CORO-; -CORE prefs. o suf. que significan danza, baile, etc.

COREOGRAFÍA f. **1** *Danza.* Arte de la danza. **2** Arte de representar en el papel un baile por medio de signos.

COREY, ELIAS JAMES Químico estadounidense (Methuen, Massachusetts, 1928). Utilizando métodos como el de la síntesis retrosintética, ha obtenido sustancias orgánicas de aplicación en el tratamiento de la artritis reumatoide y las enfermedades cardiacas, y otras sustancias químicas sencillas que aceleran las reacciones de síntesis y actúan de una forma semejante a las enzimas biológicas. En 1990 se le concedió el premio Nobel de Química.

CORFÚ (*Kérkyra*) Isla y nomo de Grecia, en las Islas Jónicas; 641 km² y 105.043 h. Su capital es la ciudad homónima. Es la antigua *Corcira*.

CORFÚ, DECLARACIÓN DE *Hist.* Documento firmado por un comité de refugiados políticos eslavos, encabezados por el croata Ante Trumbic, con el gobierno serbio en el exilio, en 1917. En él se manifestaba que los serbios, croatas y eslovenos eran un solo pueblo y debían formar un único Estado.

CORI- pref. CORO-, región.

CORI, CARL FERDINAND Bioquímico estadounidense de origen checo (Praga, 1896 - Cambridge, EE UU, 1984). Compartió el premio Nobel de Medicina en 1947 con su esposa, G. T. Cori, y B. A. Houssay por el descubrimiento del metabolismo catalítico del glucógeno. También descubrieron la enzima que cataliza esta reacción y ayuda en la síntesis del glucógeno.

CORI, GERTY THERESA Bioquímica estadounidense de origen checo (Praga, 1896 - Saint Louis, 1957). Compartió con su esposa, C. F. Cori y B. A. Houssay, el premio Nobel de Medicina de 1947 por el descubrimiento del metabolismo catalítico del glucógeno.

-CORIA suf. CORE-.

CORIÁCEO, A adj. **1** Del cuero. **2** *Biol.* Parecido a él.

CORIACOS, DISTRITO NACIONAL DE LOS KORYAK.

CORIANO¹, NA adj. y s. De Coria.

CORIANO², NA adj. y s. De Coro, Venezuela.

CORIARIÁCEO, A adj. y f. *Bot.* **1** Se dice de las plantas angiospermas dicotiledóneas, como la emborrachacabras. || f. pl. *Bot.* **2** Familia de estas plantas.

CORIBANTE m. Sacerdote de Cibeles.

CORIFEO m. **1** El que guiaba el coro en las tragedias antiguas griegas y romanas. **2** fig. El que es seguido por otros en una opinión o partido.

CORILÁCEO, A adj. y s. *Bot.* **1** Se dice de los árboles y arbustos betuláceos, como el avellano y el carpe. || f. pl. *Bot.* **2** Familia de estas plantas.

CORIMBO m. *Bot.* Inflorescencia en la que los pedúnculos nacen en distintos puntos del eje y terminan aproximadamente a la misma altura.

CORINA Poetisa griega (s. v a. C.). Rival de Píndaro en los concursos de odas corales, no se conserva ninguna obra suya completa.

CORINDÓN m. *Miner.* Mineral óxido de aluminio, de fórmula Al$_2$O$_3$, que cristaliza en el sistema trigonal. Piedra muy dura (9 en la escala de Mohs) y de diversos colores y formas. Las variedades coloreadas y traslúcidas se consideran piedras preciosas: rubí (rojo), zafiro (azul), amatista oriental (violeta), topacio oriental (amarillo) y esmeralda oriental (verde).

CORINTIO, INA adj. **1** De Corinto. Aplicado a personas, también s. **2** *Arquit.* ORDEN CORINTIO.

CORINTO adj. y m. Color rojo oscuro.

CORINTO 1 Nomo de Grecia, en el Peloponeso; 2.290 km² y 142.365 h. **2** Ciudad capital del mismo; 22.658 h. Célebres uvas pasas y vinos. Sometida en un principio a la ciudad de Argos, se independizó en el siglo VIII a. C., dirigida por el clan de los Balquiades. Vivió su apogeo durante la época de los Cipsélidas (657-582 a. C.) y posteriormente decayó. Destruida en 146 a. C. por los romanos, fue reedificada por Julio César. Posteriormente, fue conquistada por los francos, por los bizantinos y los turcos entre 1458 y 1821. La actual Corinto fue reedificada tras los terremotos de 1858 y 1928.

CORINTO o **LEPANTO, GOLFO DE** Golfo de Grecia, entre el Peloponeso y la Grecia central.

CORINTO, ISTMO DE Lengua de tierra que unía el Peloponeso y la Grecia central, entre los golfos de Egina y de Corinto. El canal de su nombre permite la navegación marítima entre el mar Jónico y el Egeo.

CORIOLANO, CAYO MARCIO Héroe legendario romano (s. v a. C.). Su valor contra los volscos en el sitio de Corioli (493 a. C.) le valió el sobrenombre de Coriolano. Opuesto al tribunado de la plebe, fue expulsado de Roma y condenado por los comicios (491 a. C.). Se refugió entre los volscos, al mando de los cuales sitió Roma (488-86 a. C.). Sólo tras la intervención de su madre, Veturia, y su esposa, Volumnia, aceptó levantar el sitio.

CORIOLIS, FUERZA DE *Fís.* Inercia que experimentan todos los cuerpos en movimiento sobre la superficie de la Tierra, debido al movimiento de rotación de ésta.

CORIOLIS, GUSTAVE GASPARD Físico y matemático francés (París, 1792 - íd., 1843). Descubridor de la fuerza que lleva su nombre (véase CORIOLIS, FUERZA DE).

CORION m. *Zool.* Membrana que envuelve al embrión o feto de los reptiles, aves y mamíferos; es la más externa, situada fuera del amnios.

CORISCO Isla de Guinea Ecuatorial, en el golfo de Guinea, provincia de Mbini; 15 km².

CORISTA f. **1** Mujer que forma parte del coro de revistas musicales o espectáculos semejantes. || com. **2** Persona que en óperas, zarzuelas u otras funciones musicales canta formando parte del coro. || m. **3** Religioso destinado al coro.

CORIZA f. *Pat.* Inflamación de las mucosas nasales, acompañada de estornudos y secreción acuosa.

CORK 1 Condado del S de Irlanda, provincia de Munster; 7.460 km² y 420.000 h. **2** Ciudad capital de la provincia de Munster; 127.092 h. Industria química, textil, del papel, cerveza. Puerto.

CORMACK, ALLAN MACLEOD Físico estadounidense, de origen sudafricano (Johannesburgo, 1924). En 1979 compartió el premio Nobel de Medicina con G. N. Hounsfield, por el desarrollo de la tomografía axial por ordenador y del aparato con que se lleva a cabo, escáner o tomógrafo de rayos X.

CORMO m. *Bot.* **1** Complejo morfológico de las plantas más diversificadas, en las cuales se completa la diferenciación de la raíz, tallo y hojas. Tienen cormo los helechos y las fanerógamas (gimnospermas y angiospermas). **2** Tipo especial de tallo subterráneo, corto y engrosado, en el que se almacenan sustancias de reserva.

CORMÓFITO, TA adj. *Bot.* **1** Se dice de las plantas que poseen un aparato vegetativo de tipo cormo. || f. pl. *Bot.* **2** Clase de estas plantas.

CORMORÁN m. *Zool.* Nombre común de varias especies de aves pelecaniformes de la familia falacrocorácidos, género *Phalacrocorax*. Miden de 60 a 80 cm de altura, tienen el cuello largo y las patas palmeadas. Viven en los acantilados marinos e islotes próximos a la costa. Las especies más comunes son el cormorán grande (*P. carbo*), de plumaje oscuro y que anida en Europa, y el cormorán moñudo (*P. aristotelis*).

CORN ISLANDS Municipio insular de Nicaragua, en el Atlántico, departamento de Zelaya; 1.896 h. Comprende las islas Great Corn (8,7 km²) y Little Corn (2,1 km²), también llamadas Mangle grande y Mangle chico. En 1914 fueron arrendadas a EE UU por 99 años, pero Nicaragua las recuperó tras la firma de un nuevo convenio en 1971.

CORNÁCEO, A adj. y f. *Bot.* **1** Se dice de ciertas plantas angiospermas dicotiledóneas, caracterizadas por tener hojas opuestas, el mismo número de estambres que de pétalos, y una sola semilla en cada lóculo. || f. pl. *Bot.* **2** Familia de estas plantas.

CORNADA f. Golpe dado por un animal con el cuerno y herida que produce.

CORNALINA f. *Miner.* Ágata traslúcida de color naranja.

CORNAMENTA f. Cuernos de algunos cuadrúpedos.

CORNAMUSA f. **1** *Mús.* Trompeta larga de metal, con pabellón muy ancho, que en el medio de su longitud hace una rosca muy grande. **2** *Mús.* Especie de gaita gallega rústica. **3** *Mar.* Pieza para amarrar los cabos.

CÓRNEA f. *Anat.* Parte transparente y no vascularizada, situada en la parte anterior del globo del ojo.

CORNEAR tr. Dar cornadas.

CORNEILLE, PIERRE Dramaturgo francés (Rouen, 1606 - París, 1684). Creador de la gran tragedia francesa, sus obras destacan por el carácter heroico de sus personajes y la elegancia de su estilo. En su producción figuran las tragedias *Medea* (1635); *El Cid* (1636), basada en *Las mocedades del Cid*, de Guillén de Castro; *Horacio* (1639); *Nicomedes* (1650); *Poliuto* (1640); y las comedias *El mentiroso* (1642), adaptación de *La verdad sospechosa* de Ruiz de Alarcón; *La continuación de El mentiroso* (1645), inspirada, en parte, en *Amar sin saber a quién*, de Lope de Vega, y *Andrómeda* (1650).

CORNEILLE, THOMAS Comediógrafo francés (Rouen, 1625 - Les Andelys, 1709). Hermano del anterior, escribió varias comedias basadas en temas españoles (*El carcelero de sí mismo*, 1655). También escribió las tragedias *Timócrates* (1656), *Aníbal* (1669) y *El conde de Essex* (1678).

CORNEJA f. *Zool.* Ave paseriforme de la familia córvidos, género *Corvus*. Tiene un tamaño medio, el pico fuerte y las alas largas. Habita en Europa y Asia, y emite un graznido característico.

CORNEJAL m. Paraje poblado de cornejos.

CORNEJO m. *Bot.* Arbusto de la familia cornáceas, de nombre científico *Cornus sanguinea*. Es muy ramoso, con hojas caedizas, flores blancas y frutos globosos y negros. Crece en Europa y O de Asia.

CORNELIO NEPOTE NEPOTE, CORNELIO.

CORNELISZ VAN HAARLEM, CORNELIS Pintor neerlandés (Haarlem, 1562 - íd., 1638). Recibió la influencia italiana, que se observa en grandes grupos desnudos, con rigor anatómico. Destacan entre sus obras *Matanza de los inocentes* (1591), *Betsabé en el baño* (1594), *Adán y Eva* (1620), *El pecado original* (1622), etc.

CORNELIUS, PETER VON Pintor alemán (Düsseldorf, 1783 - Berlín, 1867). Fue uno de los principales artistas de la escuela nazarena y autor, entre otras, de una vasta obra que representa el *Juicio final*. Realizó además varios proyectos para la decoración de la nueva catedral de Berlín.

CÓRNEO, A adj. De cuerno, o de consistencia parecida a él.

CÓRNER m. *Dep.* En el fútbol, saque que realiza un jugador del equipo atacante desde una esquina del campo por haber salido el balón por la línea de fondo impulsado por un contrario.

CORNETA f. *Mús.* **1** Instrumento musical de viento, semejante al clarín que se utiliza en el ejército para dar

cormorán

Cornelis **Cornelisz**. *Matanza de los inocentes*. Museo Franz Hals (Haarlem, Países Bajos).

a los pies de la nave mayor, y también puede estar elevado (coro alto). **8** *Rel.* Según la iglesia católica, número de espíritus angélicos que componen un orden. ‖ **a coro** loc. adv. Cantando o diciendo varias personas simultáneamente una misma cosa.
CORO-[1] pref. COREO-.
CORO-[2], **CORI-**; **-COR-**; **-CORA**, **-CORO** prefs., in. o sufs. que significan lugar, región, separación: *gonocorismo*.
CORO-[3]; **-CORO** pref. o suf. CORE-.
CORO Golfo de Venezuela, Estado de Falcón, en el mar de las Antillas.
CORO Ciudad de Venezuela, capital del Estado de Falcón; 147.571 h. Petróleo. Fundada en 1527 por Juan de Ampués.
COROCHA f. *Zool.* Larva del escarabajuelo.
COROGRAFÍA f. *Geog.* Parte de la geografía que describe un país, una región o una provincia.
COROIDES f. *Anat.* Capa del ojo muy vascularizada y pigmentada, situada entre la esclerótica y la retina de los vertebrados. ♦ Su pl. es *coroides*.
COROLA f. *Bot.* Segundo verticilo de las flores completas, generalmente de colores brillantes, compuesto por los pétalos. Puede ser dialipétala o gamopétala.
COROLARIO m. *Mat.* Proposición que no necesita prueba particular, sino que se deduce fácilmente de lo demostrado antes.
COROLIFLORA adj. y f. *Bot.* Se dice de la planta que tiene los estambres soldados con la corola.
COROMANDEL, COSTA DE Nombre que recibe el sector sudoriental de la costa de la India, en el golfo de Bengala.

los toques reglamentarios, y en las bandas. ‖ com. *Mús.* **2** Persona que toca la corneta.
CORNETE m. **1** Diminutivo de cuerno. **2** *Anat.* Cada una de las pequeñas láminas óseas de las fosas nasales.
CORNETÍN m. *Mús.* **1** Diminutivo de corneta. **2** Instrumento musical de viento, que tiene casi la misma extensión que el clarín.
CORNEZUELO m. **1** Diminutivo de cuerno. **2** *Biol.* Hongo ascomiceto perteneciente a la familia clavicipitáceas, de nombre científico *Claviceps purpurea*, parásito de la espiga del centeno, con aspecto de un pequeño cuerno negruzco.
CORNFORTH, SIR JOHN WARCUP Científico inglés de origen australiano (Sydney, 1917). Trabajó sobre la estructura de la penicilina, las enzimas y su estereoquímica. En 1975 recibió el premio Nobel de Química, compartido con V. Prelog.
CORNICABRA m. *Bot.* Pequeño árbol o arbusto de la familia anacardiáceas, de nombre científico *Pistacia terebinthus*. Tiene hojas caedizas, flores unisexuales y frutos en drupas pardo-rojizas. Crece en casi toda Europa. También denominado *terebinto*.
-CORNIO suf. que significa cuerno.
CORNISA f. **1** *Arquit.* Coronamiento compuesto de molduras, o cuerpo voladizo con molduras, que sirve de remate a otro. **2** *Geol.* Saliente rocoso propio de acantilados o escarpes. **3** *Geol.* Masa de nieve acumulada por la acción del viento en zonas culminantes.
CORNISAMENTO m. Conjunto de molduras que coronan un edificio.
CORNO m. *Mús.* Instrumento musical de la familia del oboe.
CORNUALLES Españolización del nombre de CORNWALL.
CORNUCOPIA f. **1** Vaso de figura de cuerno, del que rebosan flores y frutas, que representa la abundancia. **2** Espejo de marco tallado con brazos para poner luces.
CORNUDILLA f. *Zool.* PEZ MARTILLO.
CORNUDO, DA adj. **1** Que tiene cuernos. **2** fig. Se dice del marido de mujer adúltera. También m.
CORNÚPETA adj. y com. **1** Se dice del animal dotado de cuernos. ‖ m. **2** Toro de lidia.
CORNWALL Condado del Reino Unido, en el SO de Inglaterra; 490.400 h. Turismo. Yacimientos de estaño.
CORNWALLIS, CHARLES General inglés (Londres, 1738 - Ghazipur, India, 1805). Participó en la guerra de Independencia de EE UU, y fue derrotado en Yorktown (1781). Asimismo, fue gobernador de la India (1786-93) y virrey de Irlanda (1798).
CORO m. **1** *Mús.* Conjunto de personas reunidas para cantar, especialmente si son profesionales. **2** *Lit.* En la dramaturgia grecolatina, conjunto de actores que recitan la parte lírica destinada a comentar la acción. **3** *Mús.* Composición musical para varias voces. **4** *Mús.* Conjunto de personas que cantan simultáneamente una pieza concertada. **5** *Rel.* Conjunto de eclesiásticos congregados en el templo para cantar o rezar los oficios divinos. **6** *Rel.* Rezo y canto de las horas canónicas, asistencia a ellas y tiempo que duran. **7** *Arquit.* Recinto del templo, donde se junta el clero para cantar los oficios divinos. Su ubicación cambió de sitio dentro del templo a lo largo de los siglos. Se suele localizar en el centro o

	actinomorfas		zigomorfas
dialipétalas	cruciforme	cariofilácea	papilionada
	aclavelada	rosácea	
gamopétalas	rotácea	tubulosa	bilabiada
	infundibuliforme	hipocraterimorfa	gibosa
	urceolada	acampanada	semiflósculo

Tipos de **corola**.

Camille **Corot**. *Catedral de Chartres*. Museo d'Orsay (París).

Corona f. 1 Cerco de ramas o flores, o de metal precioso, con que se ciñe la cabeza. 2 Conjunto ornamental de flores y hojas dispuestas en círculo. 3 *Anat.* Coronilla o parte más elevada de la cabeza. 4 *Anat.* Porción del diente situada por encima de la encía. 5 *Astron.* Resplandor o círculo luminoso que suele aparecer alrededor de un astro. 6 *Bot.* Apéndice o serie de apéndices unidos que se sitúan entre la corola y los estambres de algunas flores. 7 *Bot.* Zona de la semilla de la que emergen el tallo y la raíz. 8 Aureola de las imágenes. 9 *Mec.* Engranaje tallado en una pieza metálica con forma de corona geométrica, que es parte del diferencial del automóvil. 10 *Zool.* En los equinodermos, concha o tegumento. 11 *Zool.* Parte del pólipo en la que se sitúan la boca y los tentáculos. 12 Corte de pelo en redondo que se hacían los eclesiásticos en la coronilla. 13 *Num.* Nombre de monedas antiguas de Castilla, Alemania y Austria-Hungría. 14 *Econ.* Unidad monetaria de Eslovaquia, República Checa, Dinamarca, Islandia, Noruega y Suecia. 15 fig. Dignidad real. 16 fig. Reino. 17 fig. Cima de una altura. 18 Rueda dentada que suelen llevar los relojes para darles cuerda y ponerlos en hora. 19 ARANDELA, pieza para evitar el roce entre dos partes de una máquina. || **CORONA CIRCULAR** *Geom.* Figura plana comprendida entre dos circunferencias concéntricas. || **CORONA SOLAR** *Astron.* Cerco de radiación alrededor del Sol.

Corona *Astron.* Nombre de dos constelaciones de los hemisferios celestes Norte y Sur, respectivamente: Corona Boreal y Corona Austral.

Coronación f. 1 Acto de coronar o coronarse un soberano. 2 CORONAMIENTO.

Coronación Isla del Reino Unido, la mayor del archipiélago de Orcadas del Sur; 1.064 km².

Coronado Bahía de Costa Rica, en la costa del Pacífico, provincia de Puntarenas. En ella se encuentra Puerto Quepos y desembocan los ríos Grande de Térraba y Naranjito.

Coronado, Francisco Vázquez de VÁZQUEZ DE CORONADO, FRANCISCO.

Coronamiento m. 1 Fin de una obra. 2 Adorno que se pone en la parte superior de un edificio. 3 *Mar.* La parte de borda que corresponde a la popa del buque.

Coronar tr. 1 Poner la corona en la cabeza. También prnl. 2 Investir de autoridad soberana. También prnl. 3 *Ocio.* En el juego de las damas, poner un peón sobre otro cuando éste llega a ser dama. 4 fig. Perfeccionar, completar una obra. 5 fig. Poner o ponerse en la parte superior de una altura.

Coronario, ria adj. 1 Perteneciente a la corona. 2 De figura de corona. || m. *Zool.* 3 En los reptiles, hueso pequeño y cónico situado en la mandíbula inferior. || **ARTERIA CORONARIA** *Anat.* Cada una de las dos que nacen en los senos aórticos e irrigan el corazón.

Coronea *Geog. hist.* Antigua ciudad de Beocia, en cuyas proximidades Agesilao, rey de Esparta, venció a los tebanos y atenienses, mandados por Epaminondas (394 a. C.).

Coronel m. *Mil.* Jefe militar que manda un regimiento y es el mando intermedio entre el general y el teniente coronel.

Coronel Urtecho, José Escritor nicaragüense (Granada, 1906 - Managua, 1994). De tendencia vanguardista, destacan entre sus obras *Rápido tránsito* (1959), ensayo autobiográfico; *Pol-lá d'ananta katanta paranta* (1970), poesía; *Chinfonía burguesa* (1957), teatro, y *Prosa de José Coronel Urtecho* (1972).

Coroneo TIGRE.

Coronilla f. 1 Parte superior de la cabeza. 2 *Bot.* Nombre común de diversas plantas arbustivas o herbáceas de la familia leguminosas, género *Coronilla*. Crecen en el centro y S de Europa. 3 TONSURA. || **estar hasta la coronilla** fr. fig. y fam. Estar harto de alguna cosa.

Coronio m. *Astron.* Hierro fuertemente ionizado que se detectó por primera vez en la corona solar.

Coronis f. *Gram.* Signo gráfico en el griego clásico (véase CRASIS). ♦ Su pl. es *coronis*.

Coropuna Pico volcánico de Perú, en la cordillera Occidental, departamento de Arequipa; 6.425 m de altura.

Corosol m. *Bot.* Variedad de anona.

Corot, Camille Pintor francés (París, 1796 - íd., 1875). Perteneció al grupo de paisajistas de la Escuela de Barbizon y se hizo famoso por sus paisajes ligeramente brumosos. Obras principales: *Catedral de Chartres* (1830), *Vista de Tívoli* (1826) y *Marietta* (1843) y *Cristo en el Huerto de los Olivos* (1849).

Corotos m. pl. *Amér.* Trastos, bártulos.

Corpachón m. fam. Aumentativo de CUERPO.

Corpanchón 1 CORPACHÓN. 2 Cuerpo de ave despojado de las pechugas y piernas.

Corpiño m. Prenda de vestir femenina ajustada al cuerpo, sin mangas y hasta la cintura.

Corporación f. Agrupación o comunidad, generalmente de interés público, y a veces reconocida por la autoridad.

Corporal adj. 1 *Anat.* Relativo al cuerpo. || m. 2 Lienzo que se extiende en el altar para poner sobre él la hostia y el cáliz. Más en pl.

Corporativismo m. 1 *Polít.* Doctrina y sistema socioeconómico caracterizado por la rígida intervención del Estado en las relaciones productivas a través de la constitución de asociaciones profesionales de empresarios y trabajadores, en contra del sindicalismo de clase, marxista y anarquista. Promovido por el movimiento social católico del siglo XIX, contó con el respaldo de las encíclicas sociales *Rerum Novarum* (1891) y *Quadragesimo Anno* (1931). Institucionalizado por el fascismo y el na-

zismo, quedó relegado, después de la Segunda Guerra Mundial, al Portugal de Oliveira Salazar y a la España de Franco. 2 fig. Tendencia al apoyo y auxilio mutuo que se produce entre los miembros de cuerpos profesionales.

Corpóreo, a adj. 1 Que tiene cuerpo o consistencia. 2 Relativo al cuerpo.

Corps m. Voz que se introdujo en España para nombrar algunos empleos palatinos, como, por ejemplo, la *guardia de corps*.

Corpulento, ta adj. Que tiene el cuerpo grande y robusto. Se aplica a personas y animales.

Corpus m. 1 Conjunto de datos, textos u otros materiales científicos que pueden servir de base a la investigación. 2 Conjunto de las obras de un autor. ♦ Su pl. es *corpus*.

Corpus o **Corpus Christi** m. *Rel.* e *Hist.* Festividad con que la iglesia católica conmemora la institución de la eucaristía desde 1264. Se celebra el jueves, sexagésimo día después del domingo de Pascua de Resurrección. En España alcanzó un gran esplendor durante los siglos XVII y XVIII. Tenía tres manifestaciones fundamentales: la procesión del Santísimo, los autos sacramentales y los festejos populares. La más notable de las procesiones del Corpus es la de Toledo.

Corpus Barga (ANDRÉS GARCÍA DE LA BARGA Y GÓMEZ DE LA SERNA, llamado) Escritor español (Madrid, 1888 - Lima, 1975). Fue director de *El Sol* y de la escuela de periodismo de la Universidad de San Marcos, en Lima. Obras: *La vida rota* (1908-10), *Pasión y muerte, Apocalipsis* (1930) y *La baraja de los desatinos* (1968). Publicó sus memorias en una serie de novelas con el título de *Los pasos contados: una vida española a caballo entre dos siglos* (1963-73).

Corpus Hermeticum Conjunto de escritos anónimos atribuidos al dios egipcio Tot, asimilado al Hermes Trimegisto griego. Tratan temas filosóficos, médicos, de astronomía, de magia, etc. Ejerció una considerable influencia en la Antigüedad, en la ciencia medieval y en determinados autores renacentistas.

Corpus Iuris Canonici *Rel.* Designación dada por Gregorio XIII, a fines del siglo XVI, a la colección de los principales textos jurídico-eclesiásticos medievales.

Corpus Iuris Civilis *Der.* e *Hist.* Nombre dado en el siglo XIII a la compilación de derecho romano llevada a cabo por orden de Justiniano (siglo VI). Comprende 4 partes: *Instituciones, Digesto* o *Pandectas, Codex repetitae praelectionis* y *Novellas* o leyes nuevas.

Corpuscular adj. 1 Que tiene corpúsculos. 2 *Fís.* Teoría desarrollada por Newton, según la cual la luz consiste en la emisión de partículas materiales (corpúsculos) a una velocidad muy elevada. 3 *Filos.* Se dice de la teoría filosófica que admite por materia elemental los corpúsculos. Entre sus representantes se encuentran Anaximandro, los alquimistas medievales y Guillermo de Conches.

Corpúsculo m. 1 Cuerpo muy pequeño. 2 *Anat.* Órgano sensorial terminal encapsulado. 3 *Biol.* Nombre genérico de diversos elementos o estructuras de las células.

Corral m. 1 Lugar cerrado y descubierto, adosado o no a las casas de campo, donde por lo general se guardan los animales. 2 Cerco que se hace en los ríos o en la costa del mar con la red, para encerrar la pesca y cogerla. 3 Casa, patio o teatro donde se representaban las comedias. 4 Recinto en las plazas de toros para facilitar el apartado de las reses.

Corrales *Hist.* Rancho de México, en el Estado de Jalisco, donde las fuerzas realistas de Arango fueron derrotadas (1814) por los insurgentes del Salgado.

Corralones *Prehist.* Lugar de Perú, a 45 km de Arequipa, con interesantes jeroglíficos y figuras humanas y geométricas grabadas en roca, que se suponen anteriores a los incas.

Corrasión f. *Geol.* Acción erosiva producida sobre un material sólido cualquiera por el choque de partículas transportadas por cualquier agente geológico.

Correa f. 1 Tira de cuero, larga y estrecha, que se utiliza especialmente para sujetar algo. 2 Cinta de cuero u otro material que, enganchada a dos poleas de una máquina, transmite un movimiento rotatorio de una a la otra. 3 Aguante, paciencia.

Correaje m. Conjunto de correas.

Correas, Miguel Ángel BOOZ, MATEO.

Correcaminos m. *Zool.* Ave cuculiforme de nombre científico *Geococcyx californiana*. Su cuerpo es negro y ocre por el dorso, claro por el vientre y en la cabeza presenta una cresta o moño. Sus alas son muy cortas, lo que prácticamente le imposibilita el vuelo. En contrapartida, es un magnífico corredor. Vive en el S de EE UU y México.

Corrección f. 1 Acción y efecto de corregir. 2 Calidad de correcto. 3 Represión, censura. 4 Alteración o cambio que se hace en las obras escritas o de otro gé-

Il **Correggio**. *Llanto por Cristo muerto*. Galería Nacional (Parma).

nero. **5** *Ret.* Rectificación o aclaración que se hace de algo que se acaba de decir.
CORRECCIONAL adj. **1** Que conduce a la corrección. || m. **2** Establecimiento penitenciario para menores.
CORRECTIVO, VA adj. y m. **1** Se dice de lo que corrige, atenúa o subsana. || m. **2** Castigo o sanción generalmente leve.
CORRECTO, TA adj. **1** Libre de errores o defectos. **2** Se dice de la persona cuya conducta es irreprochable.
CORRECTOR, RA adj. y s. **1** Que corrige. || m. y f. A. gráf. **2** Profesional encargado de la corrección de textos.
CORREDERA f. **1** Ranura o carril por donde resbala otra pieza en ciertas máquinas o artefactos. **2** Tabla que corre de una parte a otra para abrir o cerrar. **3** Nombre que suele darse a algunas calles que fueron antes lugares donde se practicaban carreras de caballos. || **de corredera** loc. adj. Se dice de las puertas o ventanas que se abren deslizándose vertical o lateralmente por carriles o ranuras.
CORREDIZO, ZA adj. Que se desata o corre con facilidad.
CORREDOR, RA adj. y s. **1** Que corre mucho. **2** *Zool.* Se dice de las aves de gran tamaño, con patas fuertes, alas inhábiles para el vuelo y sin quilla en el esternón, como el avestruz y el casuario. También f. || f. pl. *Zool.* **3** Antiguo orden de estas aves, sin valor taxonómico en la actualidad. || m. **4** El que por oficio interviene en compras y ventas de cualquier clase. **5** Pasillo de una casa o edificio. **6** Galería corrida alrededor del patio de algunas casas. **7** Vía de comunicación rápida. || m. y f. **8** Persona que practica la carrera en competiciones deportivas.
CORREDURÍA f. **1** Oficio o ejercicio de corredor. **2** CORRETAJE.
CORREGENTE adj. y com. Que ejerce la regencia juntamente con otro.
CORREGGIO, IL (ANTONIO ALLEGRI, llamado) Pintor italiano (Correggio, h. 1489 - íd., 1534). Su estilo constituye el punto de unión entre Mantegna, Leonardo y el Barroco. En 1518, realizó los frescos de tema mitológico del monasterio de San Pablo de Parma; posteriormente decoró la iglesia de San Juan de los benedictinos de Parma (1520-25); otra de sus grandes obras es *La Asunción de la Virgen*, en la cúpula de la catedral de Parma, que terminó en 1530. De sus obras mitológicas destacan *Dánae* y *Rapto de Ganimedes*.
CORREGIDOR, RA adj. **1** Que corrige. || m. **2** Magistrado que ejercía la jurisdicción real en su territorio. **3** Alcalde que el rey nombraba en algunas poblaciones importantes. || f. **4** Mujer del corregidor.
CORREGIDOR Isla rocosa de Filipinas, en la bahía de Manila, de forma irregular y alargada; 500 h.
CORREGIR tr. **1** Enmendar lo equivocado. **2** Repasar un profesor los ejercicios o exámenes de los alumnos para darles una calificación. **3** Advertir, reprender. **4** fig. Moderar la actividad de una cosa. ♦ IRREG. Se conjuga como REGIR.

CORREHUELA o **CORREGÜELA** f. *Bot.* Arbusto de la familia convolvuláceas, de tallos largos y rastreros que se enroscan en los objetos que encuentran.
CORREIA DA ROCHA, ADOLFO TORGA, MIGUEL.
CORREINAR intr. Reinar con otro en un mismo reino.
CORRELACIÓN f. **1** Relación mutua entre dos o más cosas o series de cosas. **2** *Ling.* Conjunto de dos series de fonemas opuestas por un mismo rasgo distintivo. **3** *Ling.* Relación que se establece entre ellas. **4** *Mat.* Medida de la mayor o menor dependencia existentes entre variables aleatorias.
CORRELACIONAR tr. y prnl. RELACIONAR.
CORRELATIVO, VA adj. Se dice de personas o cosas que tienen entre sí correlación o sucesión inmediata.
CORRELATO m. Término que corresponde a otro en una correlación.
CORRELIGIONARIO, RIA adj. y s. **1** Que profesa la misma religión que otro. **2** Por extensión, se dice del que tiene la misma opinión política que otro.
CORRENTADA f. *Amér.* Corriente impetuosa de agua.
CORRENTOSO, SA adj. *Amér.* Torrencial.
CORREO m. **1** El que tiene por oficio llevar y traer la correspondencia. **2** Servicio público que transporta la correspondencia. También pl. **3** Tren, coche, etc., que lleva correspondencia. **4** Casa, oficina donde se recibe y se da la correspondencia. **5** Buzón donde se deposita. **6** Correspondencia que se despacha o recibe. || **CORREO ELECTRÓNICO** *Inform.* Sistema de mensajería informática que permite el intercambio instantáneo de mensajes textuales y gráficos.
CORREOSO, SA adj. **1** Que se estira y se dobla sin romperse. **2** Dúctil, maleable. **3** Se dice del pan y otros alimentos que se ponen blandos pero son difíciles de partir. **4** Se dice de la persona de mucha resistencia física.

CORRER intr. **1** Caminar deprisa. **2** Hacer algo con rapidez. **3** Moverse los fluidos y líquidos. **4** Soplar el viento. **5** Discurrir los ríos. **6** Ir, pasar, extenderse. **7** Transcurrir el tiempo. **8** Difundirse las noticias, rumores, etc. También tr. **9** Estar a cargo de algo. **10** Ir devengándose las pagas o salarios. || tr. **11** Sacar a carrera abierta el animal en que se cabalga. **12** Perseguir, acosar. **13** Lidiar los toros. **14** Cambiar de sitio. También prnl. **15** Echar el cerrojo, la llave, etc. **16** Hablando de velos, cortinas, etc., tenderlos o recogerlos. **17** Desatar el nudo o la lazada de una cinta o cordón. **18** Estar expuesto a ciertas contingencias. **19** Visitar lugares. **20** fig. Avergonzar y confundir. También prnl. || prnl. **21** Apartarse. **22** Derretirse las velas o bujías. **23** Hablando de colores, tintas, etc., extenderse. **24** fig. y fam. Llegar al orgasmo. || **a todo correr** loc. adv. Con la máxima rapidez posible.
CORRERÍA f. **1** Hostilidad que hace la gente de guerra, saqueando el país. **2** Viaje corto. || f. pl. **3** Aventuras.
CORRESPONDENCIA f. **1** Acción y efecto de corresponder o corresponderse. **2** Trato recíproco entre personas. **3** Conjunto de cartas que se envían o reciben. **4** *Mat.* Relación que existe o se establece entre elementos de distintos conjuntos o colecciones. **5** *Mat.* Relación entre términos de distintas series o sistemas que tienen en cada uno igual significado, caracteres o función. **6** *Ling.* Sinonimia. **7** Comunicación entre estancias, habitaciones o ámbitos. || **CORRESPONDENCIA BIUNÍVOCA** *Mat.* La que existe o se establece entre cada uno de los elementos de un conjunto con uno, y sólo uno, de los del otro conjunto, y viceversa. || **CORRESPONDENCIA UNÍVOCA** *Mat.* Aquella en que la imagen de cada elemento del primer conjunto es otro conjunto unitario o vacío.
CORRESPONDER intr. **1** Compensar con igualdad afectos o agasajos. También tr. **2** Tocar, pertenecer. **3** Tener proporción o relación una cosa con otra. También prnl. || prnl. **4** Comunicarse. **5** Atenderse o amarse recíprocamente.
CORRESPONDIENTE adj. **1** Proporcionado, conveniente, oportuno. **2** Que satisface las condiciones de una relación. **3** Que tiene correspondencia con una persona o corporación. También com. **4** Se dice de los miembros no numerarios de una corporación, que por lo general residen fuera de la sede de ésta y colaboran con ella por correspondencia. También com.
CORRESPONSABILIDAD f. Responsabilidad compartida por dos o más personas, instituciones, organismos, etc.
CORRESPONSAL adj. **1** Se dice de la persona que mantiene correspondencia con otra. **2** Se aplica a la persona encargada de las relaciones comerciales de una empresa en otro país o lugar. || com. *Medios*. **3** Informador que suministra periódicamente noticias y reportajes a un medio de comunicación desde una localidad nacional o extranjera.
CORRETAJE m. **1** Trabajo del corredor. **2** Remuneración que recibe por su servicio.
CORRETEAR intr. **1** fam. Correr en varias direcciones dentro de un espacio limitado. **2** fam. Andar vagando de un lado a otro sin rumbo fijo.
CORREVEIDILE com. **1** fig. y fam. Persona que trae y lleva cuentos y chismes. **2** fig. y fam. ALCAHUETE.
CORREVEDILE m. CORREVEIDILE.
CORRÈZE Departamento de Francia, región de Limousin; 5.857 km² y 232.576 h. Su capital es Tulle.
CORRIDA f. **1** Carrera, acción de correr cierto espacio. **2** *Taurom.* Lidia de toros en una plaza cerrada.
CORRIDO, DA adj. **1** Que excede del peso o de la medida de que se trata. **2** fig. Avergonzado, confundido. **3** fam. Experimentado, astuto. **4** Se aplica al alero o balcón que va de un lado a otro del edificio.

Corrida *de toros en un pueblo*. Cuadro de Eugenio Lucas. Colección particular (Madrid).

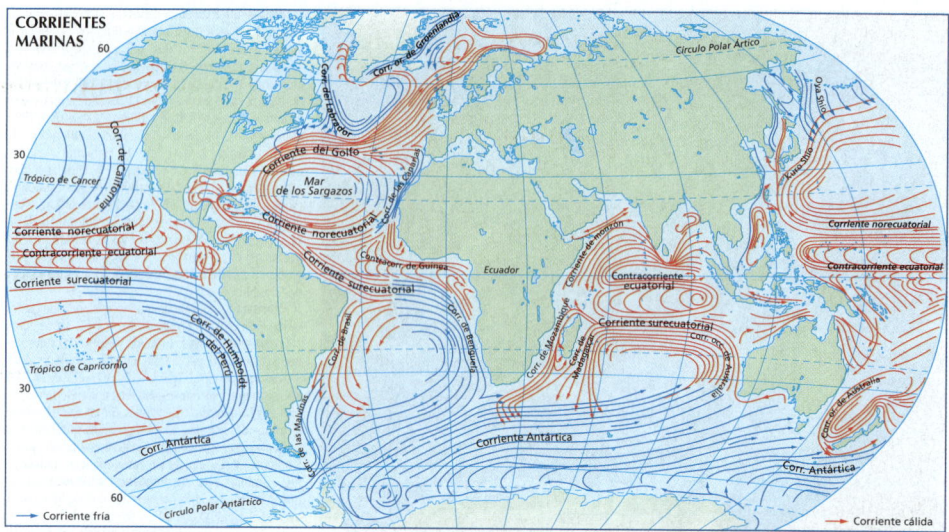

CORRIENTE adj. **1** Que corre. **2** Se dice del mes, año, etc., actual o que va transcurriendo. **3** Que está en uso. **4** Recibo, publicación periódica, etc., en vigor. **5** Sabido, admitido comúnmente. **6** Que sucede con frecuencia. **7** Común, no extraordinario; ni bueno, ni malo. **8** Fluido, suelto. || f. **9** *Fís.* Movimiento de traslación continuado a través de una masa de materia fluida, como el agua o el aire, en una dirección determinada. **10** *Fís.* Paso de la electricidad a través de un cuerpo. Se mide en amperios. **11** Curso, movimiento o tendencia de los sentimientos, ideas, modas. || **CORRIENTE ALTERNA** *Fís.* La eléctrica cuyo sentido de circulación es variable. Es la que suministran los alternadores y osciladores de lámpara. || **CORRIENTE CONTINUA** *Fís.* La eléctrica cuyo sentido de circulación no varía. || **CORRIENTE ELÉCTRICA** *Fís.* Flujo de electrones a lo largo de un conductor. || **CORRIENTE MARINA** *Geog.* Movimiento de traslación, tanto vertical como horizontal, que se produce en la superficie y en el interior de las aguas marinas. Las más importantes son el Gulf Stream (corriente del Golfo) y el Kuro-Sivo. || **al corriente** loc. adv. Sin atraso, con exactitud. || **corriente y moliente** expr. fig. y fam. Que se aplica a las cosas llanas y usuales y cumplidas. || **dejarse llevar por la corriente** fr. fig. Conformarse con la opinión de los demás. || **estar al corriente** fr. Estar enterado. || **ir contra corriente** fr. fig. Pugnar contra el común sentir o la costumbre, o esforzarse por lograr una cosa, luchando con graves dificultades o inconvenientes. || **llevarle,** o **seguirle, a** uno **la corriente** fr. fig. y fam. Mostrarse fingidamente conforme con lo que dice o hace.

CORRIENTES 1 Provincia de Argentina, región Litoral; 88.199 km² y 852.685 h. Produce cítricos, algodón, té, arroz, mandioca y tabaco. Industria derivada de los productos agropecuarios. **2** Ciudad capital de la misma; 258.103 h. Centro comercial con activo puerto en el río Paraná. Universidad. Fue fundada por Alonso de Vera y Aragón, en 1588, con el nombre de *San Juan de Vera de las Siete Corrientes*.

CORRIGAN, MAIREAD Pacifista irlandesa (Belfast, 1944). Recibió el premio Nobel de la Paz en 1976, junto con B. Williams, con quien fundó la asociación Community of Peace People, para promover la pacificación en Irlanda del Norte.

CORRIGENDO, DA adj. y s. **1** Que sufre pena o corrección en algún establecimiento. || f. **2** Lo que debe ser corregido en un escrito, fe de erratas.

CORRILLO m. Corro donde se apartan algunos para hablar.

CORRIMIENTO m. **1** Acción y efecto de correr o correrse. **2** *Geol.* Deslizamiento de capas de terreno. **3** fig. Vergüenza.

CORRO m. **1** Cerco que forma la gente para hablar, etc. **2** Espacio circular o casi circular. **3** Juego de niños que forman un círculo cogidos de la mano. **4** *Econ.* Reunión de agentes y apoderados en el salón de sesiones de la bolsa para intercambiar ofertas y demandas de valores.

CORROBORACIÓN f. Acción y efecto de corroborar.
CORROBORAR tr. y prnl. Ratificar una opinión, teoría, etc., con nuevos argumentos o datos.

CORROER tr. **1** Desgastar lentamente una cosa la acción de un fenómeno físico o químico. También prnl. **2** fig. Sentir los efectos de una gran pena o remordimiento. ♦ IRREG. Se conj. como ROER.

CORROMPER tr. **1** Descomponer, echar a perder una cosa. También prnl. **2** Viciar, pervertir, depravar. También prnl. **3** Sobornar o cohechar. || intr **4** Oler mal. ♦ Doble participio: *corrupto* (irregular) y *corrompido* (regular).

CORROSIÓN f. *Fís.* y *Quím.* Destrucción progresiva de la superficie de un cuerpo por la acción de fenómenos fisicoquímicos.

CORROSIVO, VA adj. **1** Que corroe. **2** Aplicado a personas y a su lenguaje y estilo, incisivo, mordaz, irónico o hiriente.

CORRUPCIÓN f. **1** Acción y efecto de corromper o corromperse. **2** fig. Vicio o abuso introducido en las cosas no materiales.

CORRUPTELA f. **1** CORRUPCIÓN. **2** Mala costumbre o abuso, especialmente los que van en contra de la ley.
CORRUPTO, TA adj. Que está corrompido.
CORRUSCO m. fam. Trozo de pan duro.

CORSARIO, RIA adj. **1** *Mar.* Se dice de la embarcación de propiedad particular con autorización del gobierno de su nación (patente de corso) para atacar a las de otro país, de su capitán y de sus tripulantes. || m. **2** PIRATA.

CORSÉ m. Prenda interior femenina para ceñir el cuerpo.

CORSE CÓRCEGA.

CORSO[1] m. *Mar.* Campaña que hacían los buques mercantes con patente de su gobierno para perseguir a los piratas o a las embarcaciones enemigas.
CORSO[2], **SA** adj. y s. De Córcega.

CORTA f. Acción de cortar árboles.
CORTACÉSPED f. Máquina para recortar el césped.
CORTACIGARROS m. CORTAPUROS. ♦ Su pl. es *cortacigarros*.

CORTACIRCUITOS m. *Tecnol.* Aparato que automáticamente interrumpe la corriente eléctrica cuando es excesiva o peligrosa. ♦ Su pl. es *cortacircuitos*.

CORTACORRIENTES m. *Autom.* Dispositivo de seguridad de los automóviles que impide la llegada de corriente al motor de arranque. ♦ Su pl. es *cortacorrientes*.

CORTADILLO m. Vaso pequeño cilíndrico.
CORTADO, DA adj. **1** Tímido, apocado. **2** Se dice del estilo del escritor que expresa los conceptos en cláusulas breves y sueltas. || m. **3** Taza o vaso de café con algo de leche.

CORTADURA f. **1** Incisión hecha con un instrumento cortante. **2** *Geol.* Paso entre dos montañas. || m. pl. **3** Recortes o sobrantes de una cosa.

CORTAFRÍO m. Cincel fuerte para cortar hierro frío a golpes de martillo.

CORTAFUEGO m. **1** *Ecol.* Vereda ancha que se deja en los sembrados y montes para que no se propaguen los incendios. **2** Pared gruesa de fábrica que se construye en los edificios con el mismo fin.

CORTAPICOS m. *Zool.* TIJERETA.
CORTAPISA f. Condición, limitación con que se concede o se posee una cosa. Más en pl.

CORTAPLUMAS m. Navaja pequeña. ♦ Su pl. es *cortaplumas*.

CORTAPUROS m. Utensilio para cortar la punta de los cigarros puros. ♦ Su pl. es *cortapuros*.

CORTAR tr. **1** Dividir una cosa o separar sus partes con algún instrumento cortante. **2** Dar la forma conveniente a las piezas de que se ha de componer una prenda de vestir o calzar. **3** Atravesar un fluido o líquido. **4** Separar o dividir algo en dos porciones. **5** Dividir en dos partes el mazo de cartas. **6** Agrietar la piel o el aire o el frío. También prnl. **7** Acortar distancia. **8** Atajar, detener, impedir el curso o el paso. **9** Dejar de decir algo, o señalar lo que no ha de decirse, en un discurso, etc. **10** Castrar las colmenas. **11** Mezclar un líquido con otro para

Corrientes (Argentina).

modificar su fuerza o sabor. **12** fig. Suspender, interrumpir. **13** Adulterar la droga mezclándola con otras sustancias. ‖ intr. **14** Tomar el camino más corto. ‖ prnl. **15** Turbarse. **16** Tratándose de la leche, separarse la parte mantecosa de la serosa. También tr. **17** Tratándose de salsas, natillas, etc., separarse los ingredientes. **18** Herirse o hacerse un corte. **19** *Geom.* Tratándose de dos líneas, superficies o cuerpos que tienen algún elemento común, pasar cada uno de ellos al otro lado del otro.

CORTAUÑAS m. Utensilio para cortarse las uñas. ♦ Su pl. es *cortaúñas*.

CORTÁZAR, JULIO Escritor argentino, nacionalizado francés (Bruselas, 1914 - París, 1984). Considerado uno de los principales exponentes de la literatura fantástica hispanoamericana, entre sus obras se encuentran *Los reyes* (1949), *Bestiario* (1951), *Las armas secretas* (1959), *Historias de cronopios y famas* (1962), *Final del juego* (1964), *Todos los fuegos el fuego* (1966), *Último round* (1972) y *Octaedro* (1974), cuentos; *Los premios* (1960), *Rayuela* (1963), en la que presenta una nueva y original concepción de la novela; *62, modelo para armar* (1968), y *Libro de Manuel* (1973), novelas; *Pameos y meopas* (1971), poemas; *La vuelta al día en ochenta mundos* (1968), ensayo. Más adelante publicó las recopilaciones de cuentos *Alguien que anda por ahí* (1977) y *Queremos tanto a Glenda* (1981), el libro de viajes *Los autonautas de la cosmopista* (1983), etc.

Julio **Cortázar**

CORTE[1] m. **1** Filo del instrumento con que se corta o taja. **2** Acción y efecto de cortar o cortarse. **3** Arte y acción de cortar las diferentes piezas que requieren la hechura de un vestido, de un calzado, etc. **4** Cantidad de tela u otro material necesario para confeccionar un vestido, un calzado, etc. **5** Concepción, estilo. **6** *Arquit.* SECCIÓN de un edificio. **7** fig. y fam. Réplica ingeniosa e inesperada. **8** fig. y fam. Timidez, apocamiento. ‖ **dar o hacer un corte de mangas** fr. fig. y vulg. Ademán despectivo que se hace extendiendo el dedo corazón a la vez que se flexiona el brazo y se golpea en él con la otra mano.

CORTE[2] f. **1** Población donde habitualmente reside el soberano en las monarquías. **2** Familia y comitiva del rey. **3** Por extensión, séquito, acompañamiento. **4** *Amér.* Tribunal de justicia. ‖ m. pl. **5** CORTES. ‖ **CORTE CELESTIAL** CIELO. ‖ **hacer la corte** fr. CORTEJAR, galantear.

CORTE REAL *Geneal.* Familia de navegantes portugueses de los siglos XV y XVI. Gaspar descubrió Terranova en 1500. Realizó un nuevo viaje un año después, en el que recorrió las costas de Terranova, Labrador y Groenlandia. En 1502, su hermano Miguel partió en su busca. Recorrió las costas de Terranova y del golfo de San Lorenzo, pero su navío naufragó. Un tercer hermano, Vasqueanes, realizó una nueva expedición en 1503 sin encontrar a sus hermanos.

CORTEDAD f. **1** Pequeñez, poca extensión. **2** fig. Falta o escasez de talento, de valor, etc. **3** fig. Encogimiento, poquedad de ánimo.

CORTEJAR tr. **1** Asistir, acompañar a uno. **2** GALANTEAR, requebrar.

CORTEJO m. **1** Acción de cortejar. **2** Acompañamiento del rey o de un personaje. **3** Conjunto de personas que desfilan en una ceremonia.

CORTENUOVA *Hist.* Ciudad de Italia, en Bérgamo (Lombardía). En ella fueron derrotadas las tropas de la II Liga lombarda por el ejército imperial de Federico II (1237).

CORTES f. pl. *Polít.* e *Hist.* **1** En el antiguo régimen, asambleas convocadas por el rey para su asesoramiento en tareas legislativas, o para que votaran la concesión de impuestos y subsidios. **2** Nombre dado, por analogía, a las asambleas parlamentarias españolas del siglo XIX. **3** Durante el régimen franquista, institución legislativa de representatividad limitada y poderes ambiguos. **4** Asamblea legislativa de ciertas comunidades autónomas de España (Aragón, Castilla-La Mancha, Castilla y León, y Comunidad Valenciana). ‖ **CORTES GENERALES** *Polít.* Institución política suprema del Estado español. Está formada por dos cámaras, el Congreso de los diputados y el Senado. Ostentan la función legislativa y controlan al gobierno.

CORTÉS adj. Atento, comedido, afable.

CORTÉS Departamento de Honduras; 3.954 km²; 706.000 h. Su capital es San Pedro Sula.

CORTÉS, HERNÁN Conquistador español (Medellín, 1485 - Castilleja de la Cuesta, 1547). En 1504 marchó a América y participó en la conquista y colonización de Cuba a las órdenes de Diego Velázquez, quien le encargó una expedición a México. Partió de Santiago de Cuba (noviembre de 1518), y pese a las órdenes de Velázquez de que suspendiese la expedición, decidió continuar. Venció a los indios en Tabasco (marzo de 1519), y fundó las ciudades de Villa Rica y Vera Cruz. En su marcha hacia México venció a los tlaxcaltecas, que se convirtieron en sus aliados contra los aztecas. En 1519 llegó a México, donde fue recibido por Moctezuma, a quien hizo prisionero. Tras vencer a una fuerza enviada por Velázquez y mandada por Pánfilo de Narváez, hubo de volver inmediatamente a México, donde los aztecas se habían sublevado contra P. de Alvarado. Los españoles se vieron obligados a emprender una peligrosa retirada (*Noche triste*, 1 de julio de 1520). Al año siguiente

*Apertura de las **Cortes** generales por el rey Alfonso XIII en 1919. Cuadro de Asterio Mañanos. Palacio del Senado (Madrid).*

volvió a México, sitió la ciudad, hizo prisionero a Cuauhtémoc y consiguió su rendición. Carlos I le nombró capitán general de Nueva España y le concedió el título de marqués del Valle de Oaxaca. Organizó expediciones a California. Vuelto a España, tomó parte en la desgraciada expedición a Argel (1541) y murió desatendido por Carlos I.

CORTÉS, MAR DE CALIFORNIA, golfo de México.

CORTÉS, MARTÍN, SEGUNDO MARQUÉS DEL VALLE DE OAXACA Aventurero español (Cuernavaca, 1535 - Madrid, 1589). Único hijo legítimo de Hernán Cortés, encabezó en México la llamada conjuración del marqués del Valle (1565-68). Condenado al destierro de por vida en Orán, en 1574 le fue conmutada la pena, pero se le prohibió volver a México.

CORTÉS CASTRO, LEÓN Político costarricense (Alajuela, 1882 - Santa Ana, 1946). Miembro del partido Republicano Nacional, fue presidente de la República (1936-40).

CORTESANO, NA adj. **1** Perteneciente o relativo a la corte. ‖ m. **2** Persona que sirve al rey y a la familia real en la corte. ‖ f. **3** Antiguamente, prostituta refinada y culta.

CORTESÍA f. **1** Demostración o acto con que se manifiesta atención, respeto o afecto. **2** Regalo. **3** Tiempo que se concede a las personas citadas en un lugar después de la hora fijada. **4** Plazo o prórroga que se concede en el cumplimiento de algo. **5** Hoja, página o parte de ella que se deja en blanco, en los libros y otros impresos.

CÓRTEX m. *Anat.* Capa más externa de cualquier órgano, especialmente el cerebro.

CORTEZA f. **1** *Bot.* Parte externa de las raíces y tallos de las plantas fanerógamas. **2** Parte exterior y dura de algunas frutas y otras cosas. **3** fig. Apariencia de una cosa no material. ‖ **CORTEZA CEREBRAL** *Anat.* Capa más superficial del cerebro, constituida por sustancia gris, y relacionada con la coordinación de la actividad nerviosa superior. ‖ **CORTEZA TERRESTRE** *Geol.* Parte exterior sólida de la Tierra, separada del manto por la discontinuidad de Mohorovicic. Está formada por un conjunto de materiales sólidos delimitados por la hidrosfera en las zonas oceánicas y por la atmósfera en las continentales. Su espesor varía desde los 6 km bajo los océanos a los 70 km bajo las grandes cadenas montañosas.

CORTI, ÓRGANO DE *Zool.* En los mamíferos, epitelio modificado perceptor de las ondas sonoras. Está situado en el caracol del oído.

CORTIC-, CORTICI-, CORTICO- prefs. que significan corteza.

CORTICAL adj. *Biol.* Relativo a la corteza.

CORTICI- pref. CORTIC-.

CORTICO- pref. CORTIC-.

CORTICOIDE o **CORTICOSTEROIDE** adj. y m. *Biol.* Se dice de las hormonas esteroideas segregadas por la corteza suprarrenal o conseguidas sintéticamente.

CORTICOSTERONA f. *Biol.* Hormona esteroidea que estimula la síntesis de carbohidratos y la degradación de proteínas. Su acción es antagónica a la de la insulina.

CORTIJO m. Finca rústica y casa de labor, típico de Andalucía.

CORTINA f. **1** Paño grande con que se cubren y adornan las puertas, ventanas, etc. **2** fig. Lo que encubre y oculta algo. **3** Parte de muralla que está entre dos baluartes. ‖ **CORTINA DE HUMO** fig. Se dice de cuanto tiene por finalidad ocultar las verdaderas intenciones, proyectos, ideas, etc.

CORTINA D'AMPEZZO Municipio de Italia, provincia de Belluno, en Véneto; 7.000 h. Turismo. Estación de deportes de invierno.

Hernán **Cortés**. Escena de la conquista de México. Museo de América (Madrid).

A Coruña. Vista aérea.

CORTINAJE m. Juego de cortinas.

CORTISONA f. *Biol.* Esteroide extraído de la corteza de las glándulas suprarrenales, que tiene aplicación terapéutica como antiinflamatorio.

CORTO, TA adj. **1** De poca longitud, tamaño o duración. **2** Escaso o defectuoso. **3** Que no alcanza al punto de su destino. **4** fig. Tímido. **5** fig. De escaso talento o poca instrucción. **6** fig. Falto de palabras para explicarse. ‖ m. *Cin.* **7** CORTOMETRAJE.

CORTOCIRCUITO m. *Fís.* Contacto accidental entre dos conductores eléctricos que suele determinar una descarga.

CORTOMETRAJE m. *Cin.* Película cuya duración no es mayor de treinta minutos ni menor de ocho.

CORTÓN m. *Zool.* Insecto ortóptero semejante al grillo, pero bastante mayor y muy dañino para las plantas.

CORTOT, ALFRED Pianista suizo (Nyon, 1877 - Lausana, 1962). En 1905 fundó un trío con Pau Casals y Jacques Thibaut. Fue un magistral intérprete de las obras de Schumann y Chopin.

CORUJA f. *Zool.* LECHUZA, ave.

CORUÑA, A 1 Provincia del NO de España, en la Comunidad Autónoma de Galicia, que hasta 1997 se llamó *La Coruña;* 7.876 km² y 1.108.980 h. El interior es muy montañoso, pero de relieve suave. Comprende una zona litoral muy recortada, donde se encuentran las rías altas y las bajas. Los ríos más notables son el Tambre, el Ulla, el Eume, el Mandeo, que se junta con el Mendo cerca de Betanzos, y el Allones. Expuesta a los vientos atlánticos, el ambiente es de gran humedad, con lluvias regulares y uniformes. Importante ganadería vacuna. Pesca de altura y bajura. Extensos bosques. Industrias de conservas de pescado, salazón de carnes y de la construcción. Refinerías de petróleo. Importantes astilleros en Ferrol. Ciudades principales: Santiago de Compostela, Ferrol. **2** Ciudad capital de la provincia de su nombre; 243.785 h. Importante puerto pesquero. Industria conservera y de la construcción. Mercado agrícola. Entre sus monumentos destacan la Torre de Hércules, único faro romano conservado en el mundo, colegiata románica de Santa María del Campo (siglos XII-XIII), iglesia románico-gótica de Santiago y el convento de Santo Domingo.

CORUÑA, LA CORUÑA, A.

CORUÑÉS, SA adj. y s. De A Coruña.

CORVALLO m. *Zool.* Pez perteneciente a la familia esciénidos, de nombre científico *Corvina nigra.* De color pardo-amarillenta, es frecuente en las costas españolas.

CORVEJÓN[1] m. *Veter.* Articulación situada en la parte inferior de la pierna y superior de la caña, de las extremidades posteriores, en los cuadrúpedos.

CORVEJÓN[2] m. *Zool.* CUERVO MARINO.

CORVETA f. Movimiento que se enseña al caballo, obligándole a ir sobre las patas traseras con los brazos en el aire. ♦ HOMÓF. *corbeta.*

CÓRVIDO, DA adj. y m. *Zool.* **1** Se dice de las aves paseriformes robustas, de pico fuerte, y alimentación omnívora, como el cuervo, la corneja, la urraca, etc. ‖ m. pl. *Zool.* **2** Familia de estas aves.

CORVINA f. *Zool.* Pez teleósteo acantopterigio marino, perteneciente a la familia esciénidos, de nombre científico *Sciaena aquila.* De coloración gris plateada, vive en los mares cálidos.

CORVO, VA adj. **1** Arqueado o combado. ‖ m. **2** GARFIO. **3** *Amér.* Machete curvo utilizado en la labranza y, por extensión, cuchillo que se usa como arma. ‖ f. *Anat.* **4** Parte de la pierna opuesta a la rodilla.

CORZO, ZA m. y f. *Zool.* Mamífero artiodáctilo perteneciente a la familia cérvidos, de nombre científico *Capreolus capreolus.* Vive formando pequeños grupos en los bosques y matorrales altos de Eurasia.

COS o **KOS** Isla de Grecia, en el Dodecaneso; 286 km² y 19.100 h. Su capital es Cos, patria de Hipócrates y Apeles.

COSA f. **1** Todo lo que tiene entidad. **2** Ser inanimado, en contraposición con los animados. **3** En oraciones negativas, NADA. **4** Seguido de la preposición *de* y un numeral cardinal, indica que la cantidad expresada por éste es aproximada. ‖ **como quien no quiere la cosa** loc. adv. fig. y fam. Con disimulo, suavemente. ‖ **como si tal cosa** fr. fig. y fam. Como si no hubiera pasado nada. ‖ **cosa de** loc. adv. fam. Cerca de, o poco más o menos. ‖ **cosa mala** fig. y fam. Mucho, en cantidad. ‖ **cosa no vista** o **nunca vista** fig. y fam. Cosa muy extraña y sorprendente. ‖ **no ser una cosa del otro jueves** o **del otro mundo** fr. fig. y fam. Hecho o dicho insignificante y vulgar. ‖ **ser cosa de** fr. Seguida de un infinitivo, haber de hacer lo que éste significa.

COSA, JUAN DE LA Marino y cartógrafo español (Santoña, h. 1460 - Turbaco, 1510). Acompañó a Colón en sus dos primeros viajes y a Alonso de Ojeda en 1499, tras lo cual realizó su *Carta de marear* o *Mapamundi* (1500), de gran valor cartográfico.

COSACO, CA adj. y s. **1** Se dice del habitante de varios distritos del S de la antigua Rusia. ‖ m. **2** Soldado ruso de tropa ligera. ‖ m. pl. *Etnol.* e *Hist.* **3** Pueblo ruso, de origen turcotártaro, aparecido en el siglo XIV en hordas errantes que se fueron convir-

tiendo en guerreras y que, con esta denominación, se distinguieron por el nombre de la región en que se asentaron.

COSCARSE prnl. fam. CONCOMERSE.

COSCOJA f. **1** *Bot.* Arbusto perteneciente a la familia fagáceas, de nombre científico *Quercus coccifera,* semejante a la encina. Es una especie típica del bosque mediterráneo. **2** *Bot.* Hoja seca de esta planta. **3** Chapa de hierro enrollada en forma de cañuto.

COSCOJO m. **1** *Bot.* Agalla producida por el quermes en la coscoja. **2** *Mec.* Piezas del freno, a modo de cuentas.

COSCORRÓN m. Golpe en la cabeza.

COSCURRO m. MENDRUGO, pedazo de pan duro.

COSECANTE f. *Geom.* Razón goniométrica inversa del seno. Abreviadamente se escribe *cosec.*

COSECHA f. **1** *Agr.* Conjunto de frutos que se recogen en la tierra cuando están maduros o en sazón. **2** *Agr.* Producto que se obtiene de dichos frutos mediante el tratamiento adecuado. **3** *Agr.* Temporada en que se recogen. **4** fig. Conjunto de lo que uno obtiene como resultado de sus actos. ‖ **ser** una cosa **de la cosecha** de uno fr. fig. y fam. Ser de su propio ingenio.

COSECHADORA f. *Agr.* Máquina que siega la mies, limpia y envasa el grano.

COSECHAR intr. y tr. **1** Hacer la cosecha. **2** fig. Atraerse simpatías, odios, etc.

COSENO m. *Geom.* **1** Función gonométrica equivalente al cociente del valor del cateto adyacente al ángulo y el de la hipotenusa. Abreviadamente se escribe *cos.* **2** Seno del complemento de un ángulo o de un arco.

COSENZA 1 Provincia del S de Italia, en Calabria; 6.650 km² y 753.815 h. **2** Ciudad capital de la misma; 76.628 h.

COSER tr. **1** Unir con hilo enhebrado en la aguja. **2** Hacer labores de aguja. **3** Grapar. **4** fig. Unir una cosa con otra, de forma que queden muy juntas. **5** Producir a uno varias heridas en el cuerpo con arma punzante. ‖ **coser y cantar** fr. fig. y fam. que denota la facilidad de algo.

COSERIU, EUGENIO Lingüista uruguayo de origen rumano (Mihaileni, 1921 - Tübingen, 2002). Sus investigaciones han permitido establecer nuevas bases para la lingüística histórica y también ha contribuido en la formulación de la lingüística textual. Autor de *Sistema, norma y habla* (1952), *Sincronía, diacronía e historia* (1958), *Teoría del lenguaje y lingüística general* (1962), *Lengua, estructura y función* (1970), *Estudios de lingüística románica* (1977) y *Lingüística del texto* (1980).

COSETANO, NA adj. y s. De la Cosetania, región de la Hispania Tarraconense.

COSGRAVE, WILLIAM THOMAS Político irlandés (Dublín, 1880 - íd., 1960). Fue miembro del Parlamento irlandés desde su fundación, ministro del gobierno provisional (1921) del Estado libre de Irlanda y jefe del gobierno y del Estado (1922-32). Pasó entonces a la oposición al frente del Fine Gael.

COSIDO m. **1** Acción y efecto de coser. **2** Calidad de la costura.

COSIFICAR tr. **1** Convertir algo en cosa. **2** Considerar como cosa algo que no lo es.

COSIGÜINA Volcán de Nicaragua, departamento de Chinandega; 1.170 m.

COSIJO m. Inquietud, desazón.

COSÍO VILLEGAS, DANIEL Economista y diplomático mexicano (Ciudad de México, 1900 - íd., 1976). Autor de *Historia Moderna de México* (1954-65) y *El estilo personal de gobernar* (1974).

COSM-; -COSM- pref. o in. COSMO-.

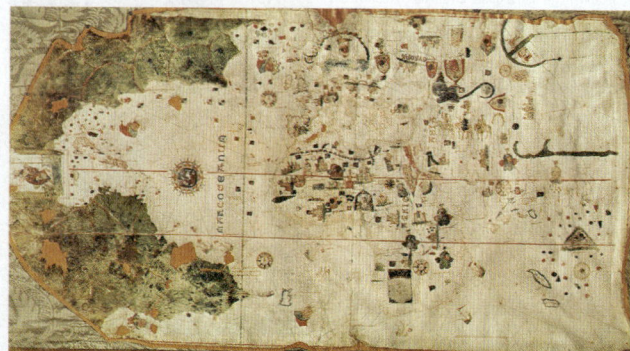

Juan de la **Cosa.** Mapamundi. Museo Naval (Madrid).

Milagro de san Cosme. Cuadro del taller de Lluís Borrasà. Museo del Prado (Madrid).

Cosme y Damián, santos Cristianos del siglo III, que ejercieron la medicina gratuitamente. Eran hermanos y sufrieron martirio en tiempo de Diocleciano. Son patronos de los médicos y cirujanos.

cosmético, ca adj. y m. **1** Se dice de los productos que se emplean para la higiene, cuidado y belleza del cuerpo humano. || f. **2** Arte de preparar y aplicar estos productos. **3** fig. Acción destinada a guardar las apariencias.

-cosmia suf. cosmo-.

cósmico, ca adj. *Astron.* **1** Perteneciente al cosmos. **2** Se aplica al orto u ocaso de un astro, que coincide con la salida del Sol.

cosmo-, cosm-; -cosmo-, -cosmo, -cosmia prefs., in. o sufs. que significan mundo: *macrocosmo.*

cosmogonía f. **1** *Astron.* Ciencia que trata de la formación del universo y los cuerpos celestes. **2** *Antrop.* En las culturas de la Antigüedad y en las no industriales, parte de la mitología que trata del nacimiento del mundo. **3** *Filos.* Parte de una teoría o corriente filosófica que contiene la concepción sobre el origen del mundo.

cosmografía f. *Astron.* Descripción astronómica del mundo.

cosmología f. *Astron.* Parte de la astronomía que estudia el origen del universo y las leyes que rigen su evolución.

cosmonauta com. *Astron.* Astronauta.

cosmonáutica f. *Astron.* Ciencia o arte de navegar más allá de la atmósfera terrestre.

cosmonave f. *Astron.* Vehículo capaz de navegar más allá de la atmósfera terrestre.

cosmopolita adj. **1** Se dice de la persona que considera a todo el mundo como patria suya. También com. **2** Se dice de lo que es común a todos los países. **3** Se aplica a la persona, ciudad, etc. abierta a todas las influencias y que acepta con facilidad las novedades, costumbres ajenas, etc. **4** *Biol.* Se aplica a las especies cuya área de distribución abarca la mayor parte de la superficie terrestre.

cosmorama m. **1** *Fís.* Artificio óptico que sirve para ver aumentados los objetos mediante una cámara oscura. **2** Sitio donde se ven representados de este modo pueblos, edificios, etc.

cosmos m. *Astron.* **1** mundo, conjunto de todas las cosas creadas. **2** El universo concebido como un todo ordenado, en oposición al caos.

cosmovisión f. Manera de ver e interpretar el mundo.

coso m. **1** *Taurom.* Plaza donde se lidian toros y se celebran otras fiestas. **2** Calle principal en algunas poblaciones.

cosque o **cosqui** m. fam. coscorrón.

cosquillas f. pl. Sensación de hormigueo en la piel o las membranas mucosas que se experimenta por un estímulo táctil suave y que provoca involuntariamente la risa. || **buscarle** a uno **las cosquillas** fr. fig. y fam. Emplear, para impacientarle, los medios que al efecto se consideran más a propósito.

cosquilleo m. Sensación semejante a la que producen las cosquillas.

cosroes Nombre de dos reyes persas de la dinastía sasánida.

Cosroes I (? - ?, 579). Accedió al trono en 531. Declaró la guerra a Justiniano en 540 y llevó las fronteras del imperio hasta Etiopía pero, derrotado por los bizantinos, perdió parte de la Armenia persa.

Cosroes II (? - ?, 628). Accedió al trono en 590. A costa del imperio bizantino, llegó a Calcedonia y ocupó Damasco, Antioquía, Jerusalén (614) y Alejandría (616), pero el nuevo emperador Heraclio reconquistó estos territorios y lo derrotó en Nínive (628).

Cossa, Baldassare Juan XXIII, antipapa.

Cossa, Francesco del Pintor italiano (Ferrara, h. 1436 - Bolonia, 1478). Influido por Mantegna y Piero della Francesca. Intervino en la decoración del palacio Schifanoia, en Ferrara (1470). Autor, asimismo, del políptico para la capilla Grifoni, en San Petronio (1474).

Cossiga, Francesco Político italiano (Sassari, 1928). Miembro de la Democracia Cristiana desde 1945, ocupó la jefatura del gobierno (1979-80) y la presidencia de la República (1986-92).

Cossío, José María de Escritor español (Valladolid, 1893 - íd., 1977). Publicó *Los toros en la poesía castellana* (1931), *Los toros* (1943-1947), obra continuada a partir del tomo IV por Antonio Díaz Cañabate, Francisco de Cossío y la editorial Espasa Calpe; *Fábulas mitológicas en España* (1952) y *Cincuenta años de poesía española* (1960).

Cossío, Pancho (Francisco Gutiérrez Cossío, llamado) Pintor español (Pinar del Río, 1898 - Alicante, 1970). Influido por el cubismo, posteriormente evolucionó hacia un estilo realista. Entre sus obras figuran *Retrato de mi madre* y *Naturaleza muerta.*

cost-, costo- prefs. que significan costilla.

costa f. **1** Orilla del mar, de los ríos, lagos, etc., y tierra que está cerca de ella. **2** Cantidad que se paga por una cosa. **3** Costilla o estructura similar. **4** Instrumento que usan los zapateros para alisar los cantos de la suela. || f. pl. **5** Gastos judiciales. || **a costa de** adv. A fuerza de, mediante. || **a toda costa** loc. adv. Sin limitación en el gasto o en el trabajo.

Costa Cordillera de Chile, que se extiende entre las estribaciones de los Andes y la costa, desde Arica hasta Valdivia, y de la frontera norte del país a la Patagonia. Sus alturas máximas rara vez superan los 2.000 m.

Costa Caribe, cordillera de Venezuela.

Costa Región de Ecuador que comprende las provincias de El Oro, Esmeraldas, Guayas, Los Ríos y Manabí; 67.646 km² y 6.346.000 h.

Costa, Antonio Bernardo da Político portugués (Fornos Algodres, 1803 - Foz do Douro, 1889). Ministro de Justicia en 1839, preparó el movimiento revolucionario de 1842, que restableció la Carta reformada de don Pedro. En 1846 fue a su vez derribado por otra revolución. En 1848 se encargó de la presidencia, pero un nuevo movimiento revolucionario le hizo abandonar el poder en 1861.

Costa, Joaquín Jurista, historiador y erudito español (Monzón, 1844 - Graus, 1911). Fue uno de los principales impulsores del regeneracionismo. Con la fundación de la Liga de Contribuyentes de Ribagorza (1891) y la Liga Nacional de Productores (1899), trató de organizar a las clases productoras. Posteriormente fue diputado republicano. Entre sus numerosas obras destacan *El colectivismo agrario* (1898) y *Oligarquía y caciquismo* (1901).

Costa, Lucio Arquitecto brasileño (Toulon, Francia, 1902 - Rio de Janeiro, 1998). Fue autor del plan de urbanización de Brasilia y creador del llamado estilo brasileño.

Costa Azul Sector de la costa oriental de Francia, en el Mediterráneo, desde la frontera italiana hasta el E de Marsella. Turismo internacional.

Costa del Bálsamo Zona costera de El Salvador, en el departamento de Sonsonate, cubierta de bosques.

Costa de los Esclavos Región costera de África, entre las desembocaduras de los ríos Níger y Volta. Fue el centro del comercio de esclavos hasta mediados del siglo XIX.

Costa Firme Denominación que se dio a las primeras tierras continentales descubiertas por Colón.

Pancho Cossío. *Bodegón de las sandías.* Colección particular.

Constantin **Costa-Gavras**. Escena de la película *Desaparecido*, con Jack Lemmon y Sissi Spacek.

COSTA-GAVRAS, CONSTANTIN Director de cine francés de origen griego (Atenas, 1933). Autor de películas como *Z* (Oscar a la mejor película extranjera, 1968), *La confesión* (1970), *Estado de sitio* (1972), *Desaparecido* (1982), *La caja de música* (1989) y *Mad City* (1997).

COSTA E GOMES, FRANCISCO DA Militar y político portugués (Chaves, 1914 - Lisboa, 2001). General en jefe de las fuerzas militares en Mozambique (1965-68) y Angola (1970-72), en Portugal desempeñó el cargo de jefe del estado mayor (1972-74). Tras la revolución de 1974 fue presidente del consejo de la revolución y de la República (1974-76).

COSTA INGLESA DE LOS SOMALÍES SOMALIA.
COSTA ITALIANA DE LOS SOMALÍES SOMALIA.
COSTA I LLOBERA, MIQUEL Sacerdote y poeta español en lengua catalana (Pollensa, 1854 - Palma, 1922). Adscrito al romanticismo catalán es autor de *Poesies catalanes* (1885), *De l'agre de la terra* (1895), *Tradicions i fantasies* (1903) y *Horacianes* (1906).

COSTA DE MARFIL (*République de Côte-d'Ivoire*) Estado de África occidental. Limita al N con Malí y Burkina Faso; al E, con Ghana; al S, con el océano Atlántico, y al O, con Liberia y Guinea.

GEOG. El relieve es llano y arenoso en el litoral y se va elevando hacia el interior para formar una meseta, con montañas al O que no sobrepasan los 1.300 m, a excepción del monte Nimba. Cuatro grandes ríos atraviesan el país de N a S: Cavally, Sassandra, Bandama y Komoe. El clima es ecuatorial en el S y tropical en el N. Su economía está basada en la producción agrícola de exportación: cacao, tabaco, aceite de palma, café, caucho, plátanos y piña. En el sector minero destacan los diamantes, el manganeso y el oro. Las industrias principales son la de la madera, alimentaria, tabaco, química y textil.

HIST. La población indígena permaneció aislada hasta que en el siglo XV comerciantes portugueses se dedicaron al tráfico de marfil y esclavos en las costas. En el siglo XVII se crearon algunos Estados negros, como el baulé, y se establecieron factorías comerciales. El proceso culminó en el siglo XIX con la formación de una colonia que ocupaba la zona litoral. A partir de 1887, los franceses comenzaron la penetración al interior, y en 1898 la región quedó integrada en el África Occidental Francesa. Después de la Segunda Guerra Mundial, votó por la autonomía en el seno de la Comunidad francesa (1958); constituyó, con las también nuevas repúblicas de Dahomey, Níger y Volta, la Unión Sahel-Benin (Consejo de la Entente), de carácter aduanero (1959), y obtuvo la total independencia en 1960. El país fue gobernado durante más de treinta años por el francófilo y moderado Félix Houphouët-Boigny, apoyado en un sistema de partido único, el Partido Democrático de Costa de Marfil (PDC). En 1990, el Gobierno restableció el multipartidismo y convocó elecciones presidenciales, en las que venció el presidente F. Houphouët-Boigny, que falleció en 1993. Se hizo cargo interinamente de la presidencia Henri Konan Bédié, presidente de la Asamblea Nacional. Revalidó su cargo en 1995 en unas elecciones boicoteadas por la oposición. En las elecciones legislativas de 1996 venció el Partido Democrático de Costa de Marfil, del que Bédié era líder. En diciembre de 1999, un golpe de Estado encabezado por el general Robert Gueï destituyó a Bédié. Ante la victoria del socialista Laurent Gbagbo en las presidenciales de octubre de 2000, Gueï disolvió la Comisión Electoral y anunció su victoria, lo que ocasionó una revuelta popular que provocó la caída del régimen militar y dio el poder a Gbagbo. Affi N'Guessan fue nombrado primer ministro. En 2002 estallaron de nuevo los conflictos cuando un grupo de militares rebeldes se alzó en armas con el fin de deponer al presidente Gbagbo. En 2003 Seydou Diarra fue nombrado primer ministro. En julio de ese año, los rebeldes y el Ejército anunciaron el fin de la guerra.

Superficie: 320.763 km².
Población: 15.981.000 h. (*marfileños*).
Densidad: 49,6 h./km².
Tasa de natalidad: 41,8‰.
Tasa de mortalidad: 16,2‰.
Capital: Abidjan (legislativa; sede del gobierno) y Yamoussoukro (administrativa).
Ciudades principales: Bouaké, Gagnoa, Abengourou, Sassandra y Man.
Grupos étnicos: agni, kru, malinké, senufu, lagunari, mande, etc.
Religión: islamismo (38%), catolicismo (20,8%), animismo (17%), ateísmo (13,4%), protestantismo (5,3%).
Idioma: francés (oficial), kwa, en la zona litoral, y dialectos sudaneses en el interior.
Moneda: franco CFA.
Forma de Estado: república.
Producto Nacional Bruto: 10.190 millones de dólares.
Renta per cápita: 700 dólares.
División administrativa: 50 departamentos, según cuadro.

COSTA DE MARFIL

Departamentos	Superficie (km²)	Población (h.)	Capitales
Abengourou	5.200	216.058	Abengourou
Abidjan	8.550	2.485.847	Abidjan
Aboisso	6.250	225.895	Aboisso
Adzopé	5.230	237.870	Adzopé
Agboville	3.850	203.493	Agboville
Agnibilékrou	1.700	84.349	
Bangolo	2.060	79.979	
Béoumi	2.820	90.327	
Biankouma	4.950	98.236	Biankouma
Bondoukou	10.040	174.251	Bondoukou
Bongouanou	5.570	224.958	Bongouanou
Bouaflé	3.980	165.822	Bouaflé
Bouaké	4.700	450.594	Bouaké
Bouna	21.470	135.813	Bouna
Boundiali	7.895	127.847	Boundiali
Dabakala	9.670	81.820	Dabakala
Daloa	5.450	359.753	Daloa
Danané	4.600	222.839	Danané
Daoukro	3.610	86.494	
Dimbokro	4.920	141.968	Dimbokro
Divo	7.920	387.106	Divo
Duékoué	2.930	102.168	
Ferkéssédougou	17.728	172.893	Ferkéssédougou
Gagnoa	4.500	276.217	Gagnoa
Grand-Lahou	2.280	52.559	
Guiglo	11.200	170.321	Guiglo
Issia	3.590	195.663	Issia
Katiola	9.420	130.635	Katiola
Korhogo	12.500	390.229	Korhogo
Lakota	2.730	116.771	Lakota
Man	4.990	294.724	Man
Mankono	10.660	123.362	Mankono
M'bahiakro	5.460	102.531	
Odienné	20.600	169.764	Odienné
Oumé	2.400	141.268	Oumé
Sakassou	1.880	59.362	
San-Pédro	6.900	170.669	
Sassandra	5.190	108.090	Sassandra
Séguéla	11.240	121.235	Séguéla
Sinfra	1.690	121.903	
Soubré	8.270	310.790	Soubré
Tabou	5.440	58.147	
Tanda	6.490	204.070	
Tiassalé	3.370	133.708	
Tingréla	2.200	54.847	Tingréla
Touba	8.720	107.886	Touba
Toumodi	2.780	80.802	
Vavoua	6.160	168.292	
Yamoussoukro	6.160	281.442	
Zuénoula	2.830	115.027	Zuénoula

COSTA RICA

Costa de Marfil. Mezquita de Dabou.

cabe destacar la ganadería bovina, los bosques y los minerales. Es importante la pesca de atún en el Pacífico. Industrias elaboradoras de café, cacao, cerveza y azúcar; destilerías de alcohol; fabricación de cigarrillos.

Hist. Periodo precolombino, descubrimiento y conquista. Costa Rica fue el primer territorio de América Central descubierto por los españoles. A su llegada, estaba poblado por varias tribus, entre ellas los chorotegas, huetares y brucas. Colón recorrió la costa atlántica oriental en el cuarto viaje (1502), y Diego de Nicuesa lo hizo en 1510. Otras expediciones, como las de Hernán Ponce (1516), Gaspar de Espinosa (1520), Gil González Dávila (1523) y Hernández de Córdoba (1524), recorrieron el litoral pacífico costarricense. En 1539 la audiencia de Panamá encomendó a Hernán Sánchez una expedición, pero surgió el conflicto con el gobernador de Nicaragua, Rodrigo de Contreras, que consideraba que Costa Rica estaba bajo su jurisdicción. La corona decidió entonces que fuera Diego Gutiérrez el encargado de realizar la conquista. Tras varios problemas y enfrentamientos con Contreras, partió por fin en 1543. Fundó la ciudad de Santiago, y dio al territorio el nombre de Cartago o Costa Rica, en lugar de la tradicional denominación de Veragua. Sus excesos frente a los indios provocaron que éstos le mataran en 1544. En 1560 partió la expedición de Juan de Cavallón que fundó varias ciudades (Garcimuñoz, Los Reyes, Puerto Landecho), pero su trato a los indios causó que éstos se levantaran, y fuera reclamado en 1562. La audiencia nombró entonces a Juan Vázquez de Coronado, que partió en 1562. Dominó a los indios quepos y cotos, y fundó Cartago, en el valle de Guarco. Posteriormente marchó a España, donde Felipe II le nombró adelantado de Costa Rica, pero su barco desapareció en una tormenta. Mientras, en Cartago, la escasez de víveres y la prohibición de repartir indios en encomienda provocó la marcha de muchos colonos. La situación se agravó con la rebelión del cacique Turichiqui. Perafán de Ribera fue nombrado gobernador de Costa Rica, consiguió sofocar la revuelta. Requerido por el cabildo, Perafán realizó repartimientos de indios, pese a la prohibición. En 1575 regresó a Guatemala, cansado y decepcionado. A su marcha sólo quedaban dos ciudades en Costa Rica: Cartago y Aranjuez. Costa Rica quedó convertida en el confín del territorio de la audiencia de Guatemala, a la que se incorporó definitivamente. La población de los indios de los repartimientos se fue reduciendo hasta

Superficie: 51.100 km².
Población: 3.644.000 h. *(costarricenses).*
Densidad: 71,3 h./km².
Tasa de natalidad: 21,8‰.
Tasa de mortalidad: 4,2‰.
Capital: San José.
Ciudades principales: Heredia, Limón, Alajuela, Puntarenas y Liberia.
Grupos étnicos: de origen europeo (85%), mestizos (8%).
Religión: catolicismo (81,3%), protestantismo (5%).
Idioma: español.
Moneda: colón.
Forma de Estado: república.
Producto Nacional Bruto: 9.771 millones de dólares.
Renta per cápita: 2.770 dólares.
División administrativa: 7 provincias, según cuadro.

Costa de Oro Nombre con que se designa la zona costera de Ghana, en el golfo de Guinea.

Costa de la Pimienta Zona costera de Liberia y S de Sierra Leona, en el océano Atlántico.

Costa Rica *(República de Costa Rica)* Estado de América Central. Limita al N con Nicaragua; al E, con el mar de las Antillas; al O, con el océano Pacífico, y al SE, con Panamá.

Geog. *Geografía física.* El país presenta una alta meseta central rodeada de montañas, que desciende hacia el mar de las Antillas por el valle del río Reventazón, y hacia el Pacífico por el río Grande de Tárcoles. De esta meseta parten los Andes centroamericanos, que recorren el país de NO a SE, dividido en tres cordilleras principales: la de Guanacaste, que alcanza sus cimas más altas en los volcanes Miravalles (2.020 m.) y Tenorio (1.920 m.); la Central, con los volcanes Irazú (3.432 m.) y Turrialba (3.328 m.), y la de Talamanca, con el cerro de Chirripó Grande (3.820 m.), punto culminante del país. Los ríos principales son el Sapoá y Frío, emisarios del lago Nicaragua; el Tortuguero, Reventazón, Pacuare, Chirripó, Estrella y Sixaola, en la vertiente del mar de las Antillas; y el Tempisque, Bebedero, Grande de Tárcoles,

Pirris, Grande de Térraba y Coto, que vierten sus aguas en el Pacífico. Clima tropical húmedo.

Geografía humana y económica. La agricultura constituye la base de la economía del país. El azúcar ocupa el primer lugar entre los productos de exportación, junto con el café, los plátanos y el cacao. Entre otros recursos

COSTA RICA

Provincias	Superficie (km²)	Población (h.)	Capitales
Alajuela	9.753	638.173	Alajuela
Cartago	3.125	398.687	Cartago
Guanacaste	10.141	279.264	Liberia
Heredia	2.657	286.112	Heredia
Limón	9.188	275.819	Limón
Puntarenas	11.277	396.149	Puntarenas
San José	4.959	1.284.493	San José

prácticamente extinguirse en el siglo XVIII, mientras que el aislamiento tradicional del país, con los españoles en el interior, permitió que sobrevivieran descendientes puros de los indígenas: los gautusos, al S del lago Nicaragua, los talamancas, en la frontera panameña, y los bruncas, en el golfo Dulce. A mediados del siglo XVII comenzó el cultivo de cacao en la costa atlántica. Este crecimiento económico se vio amenazado por las incursiones de los indios mosquitos o misquitos (negros zambos huidos y mezclados con indios) y los ataques piratas (como el de Mansfield y Morgan en 1666). Las negociaciones con los mosquitos duraron de 1776 a 1784 y terminaron con el reconocimiento de la soberanía e independencia de su territorio.

Proceso de independencia. El 13 de octubre de 1821 llegó la noticia de que en Guatemala se había proclamado la independencia por Gaínza. Se formó entonces una junta en Cartago, presidida por el gobernador Cañas, rápidamente sustituida por otra que promulgó el estatuto conocido como Pacto de Concordia. Cuando, en 1822, Iturbide pretendió la incorporación de América Central al imperio mexicano, Costa Rica se dividió en imperialistas y republicanos, partidarios de la incorporación a la Gran Colombia de Bolívar o de la independencia total. Al frente de los imperialistas se encontraba Cartago, y de los republicanos, San José y Alajuela. En la batalla de los Altos de la Laguna (1823) vencieron los republicanos, trasladándose la capital a San José, y Costa Rica se englobó en la federación de las Provincias Unidas de Centroamérica. En 1825 la provincia nicaragüense de Nicoya se unió a Costa Rica. En 1829 Costa Rica se separó de la federación de las Provincias Unidas, pero volvió en 1831. Cuando el gobierno de Braulio Carrillo (1835-37) intentó tomar medidas anticlericales (supresión del diezmo y las fiestas), se produjo una guerra civil que, aunque ganó Carrillo, provocó la supresión de las medidas. En 1838 quedó definitivamente rota la federación de las Provincias Unidas de Centroamérica y Costa Rica se declaró plenamente independiente.

Consolidación como república independiente. En 1842 Morazán derrocó a Carrillo e intentó reconstruir la federación, pero surgió una revuelta y acabó fusilado en San José (1842). En 1844 se promulgó una constitución. En 1848, José María Castro declaró a Costa Rica república representativa y estableció las bases de la democracia costarricense en una nueva constitución. En 1849 Juan Rafael Mora fue nombrado el primer presidente constitucional. En 1856 la guerra civil de Nicaragua y la intervención del pirata estadounidense Walker llevaron a Costa Rica a levantarse en armas. En diciembre de 1859 se promulgó otra constitución, a la que siguió otra en 1869. En 1870 subió al poder Tomás Guardia, que gobernó como dictador hasta 1876, y retornó al año siguiente, ocupando la presidencia hasta su muerte en 1882. Se inició entonces un periodo constitucional de 35 años donde se sucedieron presidentes del Partido Liberal y del Conservador. La introducción del café en el siglo XIX supuso la transformación de la sociedad y la economía del país. También fue decisiva la creación, en 1899, por la familia estadounidense Keith, de la United Fruit Company, conocida en Costa Rica como *Mamita Yunai*, que fomentó el cultivo del plátano.

Primera mitad del siglo XX. Bajo la presidencia de González Flores se produjo un golpe de Estado por Federico Tinoco Granados (1917), que fue derrocado por una revolución en 1919, en la que estuvieron involucrados los EE UU. Le sucedió Acosta García. En 1929 se organizó el Partido Comunista, que alcanzó varios escaños y aumentó su presencia en las áreas bananeras. La transformación del Partido Comunista en la Vanguardia Popular, que incluía a otras formaciones, representó una serie de mejoras sociales como la implantación de la seguridad social en 1943. La normalidad constitucional de Costa Rica se vio momentáneamente turbada en 1948 al calificar el congreso de fraudulentas las elecciones que dieron como vencedor a Otilio Ulate Blanco. Esto provocó una breve guerra civil en la que José Figueres, jefe del Partido Socialdemócrata, al frente de la Legión del Caribe y con el apoyo estadounidense, venció a las tropas gubernamentales.

La estabilidad democrática. Tras la victoria de Figueres, se nombró una junta que elaboró una nueva constitución que prohibía el ejército permanente y nacionalizó el sistema bancario. Una vez disuelta la junta, en 1949, Otilio Ulate asumió la presidencia hasta 1952 en que dimitió, ocupando provisionalmente su cargo Alberto Oreamuno Flores. Celebradas nuevas elecciones en 1953, resultó elegido José Figueres Ferrer al frente del Partido de Liberación Nacional (PLN). Entre 1970 y 1974 volvió Figueres a la presidencia, y le sucedió Oduber Quirós. En 1978 venció el candidato de la oposición Rodrigo Carazo Odio. Le sucedió en 1982 el socialdemócrata Luis Alberto Monge. En febrero de 1986 fue elegido presidente Óscar Arias. En junio de 1987, el presidente Arias propuso un plan de paz para Centroamérica que incluía un alto el fuego en los países de la zona que sufrían luchas armadas. Posteriormente, ocuparon la presidencia Angel Calderón (1990-94), José María Figueres (1994-98), Miguel Ángel Rodríguez (1998-2002) y, desde 2002, Abel Pacheco.

Costa Rica. Abel Pacheco, presidente del país desde 2002.

COSTA E SILVA, ARTHUR DA Militar y político brasileño (Taquari, 1902 - Rio de Janeiro, 1969). Participó en la revolución de 1964, fue ministro de la Guerra y presidente de la República (1967-69).

COSTADO m. **1** Cada una de las dos partes laterales del cuerpo humano. **2** Lado derecho o izquierdo de un ejército. **3** LADO. || m. pl. *Geneal.* **4** Líneas de los abuelos paternos y maternos.

COSTAL adj. **1** Perteneciente a las costillas. || m. **2** Saco grande.

COSTALADA f. Golpe que uno da al caer de espaldas o de costado.

COSTALAZO m. COSTALADA.

COSTALERO m. Esportillero o mozo de cordel. Hoy se aplica a los que llevan a hombros los pasos de las procesiones.

COSTANERA f. **1** CUESTA. || f. pl. **2** Vigas transversales que se apoyan en la central de un edificio.

COSTANERO, RA adj. **1** Que está en cuesta. **2** Relativo a la costa.

COSTANILLA f. Calle empinada y estrecha.

COSTAR intr. **1** Ser comprada una cosa por determinado precio. **2** Estar en venta una cosa a determinado precio. **3** fig. Causar una cosa dificultad. ♦ IRREG. Se conjuga como CONTAR.

COSTARRICENSE o **COSTARRIQUEÑO, ÑA** adj. y s. De Costa Rica.

COSTAS DEL MAR NEGRO Región de Turquía asiática; 81.295 km² y 6.827.304 h.

COSTAS DEL MEDITERRÁNEO Región de Turquía asiática; 59.395 km² y 5.443.867 h.

COSTE m. **1** COSTA. **2** Gasto realizado para la obtención o adquisición de una cosa o servicio.

COSTEAR tr. **1** Pagar los gastos de alguna cosa. **2** Ir navegando sin perder de vista la costa. **3** fig. Soslayar una

Costa Rica. Granja de ganado vacuno en Guanacastle.

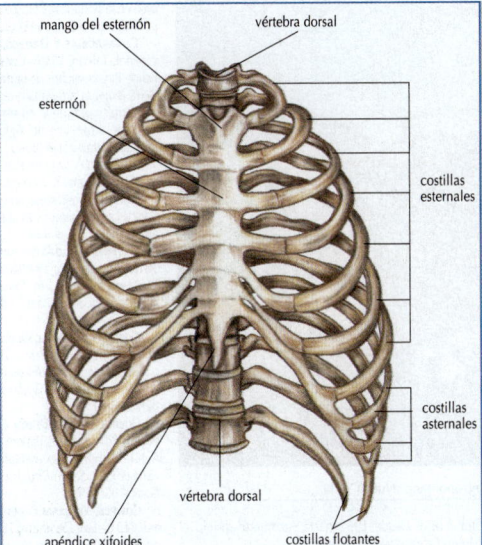

costillas del esqueleto humano.

Labels: mango del esternón, vértebra dorsal, esternón, costillas esternales, costillas asternales, vértebra dorsal, apéndice xifoides, costillas flotantes.

dificultad. || prnl. **4** Producir una cosa lo suficiente para cubrir los gastos que ocasiona.

COSTELLO, JOHN ALOYSIUS Político irlandés (Dublín, 1891 - íd., 1976). Fue uno de los promotores del estatuto de Westminster. Ocupó la jefatura del gobierno (1948-51 y 1954-57).

COSTEÑO, ÑA adj. **1** Relativo a la costa. **2** Natural de la costa de un país. También s.

COSTER (LAURENS JANSZOON, llamado) Tipógrafo holandés (Haarlem, h. 1370 - íd., h. 1440). Se le ha atribuido la invención de los tipos móviles de imprenta.

COSTERMANSVILLE BUKAVU.

COSTERO, RA adj. **1** Relativo a la costa, próximo a ella. **2** Pendiente, situado en cuesta. || f. **3** Temporada de pesca de una especie.

COSTILLA f. **1** *Anat.* Cada uno de los huesos largos y encorvados que se articulan dorsalmente con las vértebras torácicas y ventralmente con el esternón a través de los cartílagos costales. **2** *Bot.* Cualquiera de los nervios mayores de una hoja. **3** fig. Cualquier objeto en forma de costilla y que forma la estructura o armazón de alguna cosa. **4** fig. y fam. Esposa. || f. pl. **5** fam. Espalda del cuerpo humano. || **medirle** a uno **las costillas** fam. Apalearle.

COSTILLAR m. **1** Conjunto de costillas. **2** Parte del cuerpo en la cual están.

COSTIPARSE prnl. CONSTIPARSE.

COSTO m. **1** COSTA, cantidad que se paga. **2** *Bot.* Hierba vivaz de la familia compuestas, propia de la zona tropical, cuya raíz es tónica y diurética. **3** *Bot.* Esta misma raíz. **4** HACHÍS.

COSTO- pref. COST-.

COSTOSO, SA adj. **1** Que cuesta mucho. **2** fig. Que acarrea daño o sentimiento.

COSTRA f. **1** Cubierta o corteza exterior que se endurece o seca sobre una cosa húmeda o blanda. **2** Placa dura que se forma sobre las heridas cuando se secan.

COSTUMBRE f. **1** Hábito, modo habitual de proceder o conducirse. **2** Práctica muy usada que ha adquirido fuerza de precepto. || f. pl. **3** Conjunto de cualidades o inclinaciones y usos que forman el carácter distintivo de una nación o persona. || **de costumbre** loc. Usual, ordinario.

COSTUMBRISMO m. *Lit.* En las obras literarias, atención especial que se presta al reflejo de las costumbres típicas de un país o región. En la literatura española, género narrativo que comenzó a proliferar en el primer tercio del siglo XIX, bajo un signo romántico. Los autores costumbristas más notables son Mariano José de Larra, Ramón de Mesonero Romanos y Serafín Estébanez Calderón. En la América hispana hay que citar, entre otros, a Ricardo Palma y Ciro Alegría.

COSTURA f. **1** Acción y efecto de coser. **2** Toda labor que está cosiéndose y no se ha terminado. **3** Oficio de coser. **4** Serie de puntadas que une dos piezas cosidas.

COSTURERA f. Mujer que tiene por oficio coser o cortar.

COSTURERO m. **1** Caja o canastilla para guardar los útiles de costura. **2** Mesita, con cajón y almohadilla, que utilizaban las mujeres para la costura.

COSTURÓN m. **1** Costura mal hecha. **2** fig. Cicatriz muy visible de una herida.

COTA f. **1** Coraza defensiva del cuerpo que se usaba antiguamente. **2** *Topog.* Número que en los planos topográficos indica la altitud de un punto. **3** *Topog.* Esta misma altura. **4** Nivel, categoría.

COTA, RODRIGO DE Escritor español (Toledo, h. 1405 - íd., 1470). Autor de *Diálogo entre el Amor y un Viejo*, escrito hacia 1470 e incluido en el *Cancionero general* de Hernando del Castillo (1511).

COTACACHI Volcán de los Andes Ecuatorianos, en la cordillera Occidental; 4.939 m.

COTACAJES Río de Bolivia, fronterizo entre los departamentos de La Paz y Beni, afluente del Beni.

COTANGENTE f. *Geom.* **1** Función trigonométrica. Tangente del complemento de un ángulo o de un arco. **2** Inversa de la tangente de un ángulo.

COTARRO m. fig. y fam. Colectividad en estado de agitación o inquietud. || **dirigir el cotarro** fr. fig. y fam. Llevar la voz cantante en un asunto.

CÔTE-D'OR Departamento de Francia, en la región de Borgoña; 8.763 km² y 506.755 h. Su capital es Dijon. Cultivos de vid y remolacha.

COTEJAR tr. Confrontar una cosa con otra u otras.

COTERO m. *Geol.* Cerro de baja altura pero con fuerte pendiente.

CÔTES-D'ARMOR Departamento del NO de Francia, en la región de Bretaña, junto al golfo de Saint-Malo; 6.878 km² y 542.273 h. Su capital es Saint-Brieuc.

COTIDIANO, NA adj. Se dice de lo que se hace o sucede diariamente.

COTILEDÓN m. *Bot.* **1** Parte de la semilla de las plantas angiospermas que rodea al embrión y le suministra alimento. **2** Cada una de las primeras hojas de la planta.

COTILEDÓNEO, A adj. *Bot.* **1** Relativo al cotiledón. **2** Se dice de las plantas que tienen cotiledones. También f. ||

f. pl. *Bot.* **3** Uno de los dos grandes grupos en que se dividía el reino vegetal.

COTILLA com. fig. Persona amiga de chismes. También adj.

COTILLEAR intr. fam. CHISMORREAR.

COTILLEO m. fam. Acción y efecto de cotillear.

COTILLO m. En algunos instrumentos de corte, parte opuesta al filo.

COTILLÓN m. Baile y fiesta con que se celebra algún día señalado.

COTIZAR tr. **1** Pagar una cuota. **2** Publicar en voz alta en la bolsa el precio de los valores que tienen curso público. **3** fig. Gozar de mayor o menor estimación pública una persona o cosa. También prnl. **4** Pagar una persona la parte correspondiente de gastos colectivos, afiliaciones, etc. **5** Poner precio, valorar.

COTO m. **1** Terreno reservado para un uso determinado, generalmente para la caza o la pesca. **2** Precio, tasa oficial. **3** Medida lineal equivalente a medio palmo. **4** *Zool.* Pez teleósteo acantopterigio que vive en los ríos y es comestible. **5** *Amér. m.* Bocio o papera. || **poner coto** Impedir que continúe un abuso, desorden, etc.

COTÓN m. Tela de algodón estampada.

COTONA f. *Amér.* **1** Camiseta fuerte. **2** *Méx.* Chaqueta de gamuza.

COTONOU Ciudad de Benín, en el Atlántico; 533.212 h. Centro industrial y comercial. Puerto.

COTOPAXI Volcán de los Andes Ecuatorianos, en la provincia de su nombre; 5.897 m.

COTOPAXI Provincia de Ecuador; 6.569 km² y 350.450 h. Su capital es Latacunga.

COTORRA f. **1** *Zool.* Nombre común de diversas aves psitaciformes de la familia psitácidos, con diversos géneros. Son aves prensoras de origen americano, con cola y alas largas y puntiagudas y plumaje de colores variados y brillantes. **2** *Zool.* URRACA. **3** *Zool.* Ave prensora americana, parecida al papagayo. **4** fig. y fam. Persona habladora.

COTORREAR intr. Hablar con exceso sin decir nada de importancia.

COTTE, ROBERT DE Arquitecto francés (París, 1656 - íd., 1735). Discípulo de Hardouin-Mansart, trabajó en las obras de la capilla de Versalles, en la plaza de la Vendôme, en las de la cúpula de los Inválidos y en el palacio de la Vrillière. En España trabajó en el Palacio Real y en el del Buen Retiro.

COTTEN, JOSEPH Actor de cine estadounidense (Petersburg, Virginia, 1905 - Los Ángeles, 1994). Entre sus mejores películas cabe mencionar *Ciudadano Kane* (1941), *El cuarto mandamiento* (1942), *La sombra de una duda* (1943), *Luz que agoniza* (1944), *Duelo al sol* (1946), *El tercer hombre* (1949), *Niágara* (1953) y *La puerta del cielo* (1981).

COTTON, AIMÉ-AUGUSTE Físico francés (Bourg-en-Bresse, 1869 - Sèvres, 1951). Inventó un ultramicroscopio en colaboración con Mouton, y una balanza para comprobar la ley de Laplace.

COTUFA f. **1** *Bot.* Chufa. **2** Golosina. **3** Palomita de maíz.

COTURNO m. **1** Calzado que cubría el pie y la pierna hasta la pantorrilla. **2** Calzado de suela sumamente gruesa que, con objeto de parecer más altos, usaban en las tragedias los actores griegos.

COTY, RENÉ Político francés (El Havre, 1882 - íd., 1962). Fue el último presidente de la IV República (1954-59). En 1958 nombró primer ministro a De Gau-

El volcán **Cotopaxi** (Ecuador).

Gustave **Courbet**. *Las señoritas de pueblo*. Museo Metropolitano (Nueva York).

lle y en 1959 le transfirió todos los poderes presidenciales.

COUBERTIN, PIERRE, BARÓN DE Pedagogo y deportista francés (París, 1863 - Ginebra, 1937). Fue pionero del movimiento olímpico y presidió el Comité Olímpico Internacional desde su fundación en 1896 hasta 1925.

COULOMB m. *Fís.* CULOMBIO.

COULOMB, CHARLES AUGUSTIN DE Físico francés (Angulema, 1736 - París, 1806). Investigó la fricción o rozamiento en la maquinaria, la elasticidad y torsión de los materiales. Enunció la ley de las fuerzas magnéticas o LEY DE COULOMB.

COULOMB, LEY DE *Fís.* Dos polos magnéticos de la misma o distinta polaridad, se repelen o atraen, respectivamente, con una fuerza directamente proporcional al producto de sus cargas magnéticas e inversamente porcional al cuadrado de la distancia que los separa.

COUNTRY (Voz i.) m. *Mús.* Estilo musical folclórico que surgió en ambientes rurales del SE de EE UU y alcanzó gran difusión a principios de los años veinte del siglo XX.

COUPERIN *Geneal.* Familia francesa de organistas y compositores, cuyo miembro más importante fue François, llamado Couperin el Grande (1668-1733) que influyó notablemente en el arte de tocar este instrumento. Realizó una exposición de sus enseñanzas en *L'Art de toucher le clavecin* (1715-16). Escribió cuatro colecciones de *Pièces de clavecin*, varias suites, sonatas y numerosas piezas vocales.

COURBET, GUSTAVE Pintor francés (Ornans, 1819 - La Tour-de-Peilz, 1877). Principal exponente de la escuela realista del siglo XIX, entre sus obras destacan *Autorretrato con el perro negro* (1842), *Los picapedreros* (1849), *El entierro de Ornans* (1850), *Las señoritas de pueblo* (1852), *Buenos días, señor Courbet* (1854), *El taller del artista* (1854) y *La mujer del papagayo* (1866).

COURNAND, ANDRÉ FRÉDERIC Médico estadounidense de origen francés (París, 1895 - Great Barrington, 1988). En 1956 compartió el premio Nobel de Fisiología y Medicina con D. W. Richards y W. Forssmann, por sus trabajos sobre el uso del catéter en el corazón.

COURTELINE, GEORGES (GEORGES MOINAUX, llamado) Escritor francés (Tours, 1858 - París, 1929). Autor de narraciones de tipo satírico sobre la burguesía y las instituciones. *Les gaîtés de l'escadron* (1886), *Lidoire et la biscotte* (1892) y *Boubouroche* (1892).

COURTENAY *Geneal.* Una de las más ilustres familias del feudalismo francés, que tomó su nombre de la calidad de Courtenay. Sus miembros lucharon en Tierra Santa y dieron tres emperadores a Constantinopla, un rey a Jerusalén y varios condes a Odessa. Los Courtenay pasaron después a Inglaterra y fueron el tronco de los condes de Devonshire.

COURTRAI KORTRIJK.

COUSIN, VICTOR Filósofo francés (París, 1792 - Cannes, 1867). Introdujo en Francia la filosofía alemana y trató de conciliar la doctrina de Descartes y la de la escuela escocesa con la de Kant, Schelling y Hegel, en un sistema que llamó *eclecticismo*.

COUSTEAU, JACQUES-YVES Oceanógrafo francés (Saint-André-de-Cubzac, 1910 - París, 1997). Adalid de la exploración submarina por buceo, realizó numerosas filmaciones y publicaciones con las que contribuyó de forma decisiva a la divulgación ecológica y del mundo submarino. Desde 1957 hasta su muerte dirigió el Museo Oceanográfico de Mónaco.

COUSTOU *Geneal.* Familia de escultores franceses: Nicolas (1658-1733). Discípulo de su tío Coysevox, es autor de la *Piedad*, de Notre-Dame de París, y de la fuente de *Los tritones*, de Versalles; Guillaume (1677-1746). Hermano del anterior y también discípulo de Coysevox, su obra más destacada es *Los caballos de Marly* (1745); y Guillaume II (1716-77). Hijo de Guillaume, realizó el *Mausoleo del Delfín y de su esposa*, para los padres de Luis XVI.

COUTHON, GEORGES Político francés (Orcet, cerca de Clermont-Ferrand, 1755 - París, 1794). Durante el período revolucionario, formó parte de la Asamblea Legislativa (1791), de la Convención (1792) y del Comité de Salvación Pública (1793). Sus ideas evolucionaron desde posturas moderadas hasta un jacobinismo radical. Amigo de Robespierre, fue guillotinado con él.

COUTO, DIOGO DO Historiador portugués (Lisboa, 1542 - Goa, 1616). Felipe II de España le nombró cronista de la India para suceder a Juan Barros, que, después de escribir tres *Décadas*, había fallecido. Couto continuó esta tarea y escribió nueve más.

COVA LIMA Distrito de Timor Oriental; 1.226 km² y 63.900 h. Su capital es Suai.

COVACHA f. 1 Cueva pequeña. 2 Vivienda pobre, insalubre e incómoda.

COVALENCIA f. *Quím.* Unión entre dos átomos que comparten un par de electrones.

COVARIANZA f. *Mat.* Medida de la tendencia de dos variables aleatorias para variar conjuntamente.

COVARRUBIAS, ALONSO DE Arquitecto español (Torrijos, 1488 - Toledo, 1570). Máximo representante del estilo plateresco. Trabajó en Salamanca, en Sigüenza, en Guadalajara, en Alcalá de Henares y, sobre todo, en Toledo. En la catedral de esta ciudad construyó la capilla de los Reyes Nuevos (1531-34) y la del Tesoro (1537). Trabajó en la portada del Hospital de Santa Cruz y construyó el Hospital Tavera (1541) y la Puerta de Bisagra (1559).

COVARRUBIAS Y OROZCO, SEBASTIÁN DE Lexicógrafo español (Toledo, 1539 - Cuenca, 1613). Fue capellán de Felipe III y consultor de la Inquisición. Publicó el *Tesoro de la lengua castellana o española* (1611), primer diccionario monolingüe en español y verdadera enciclopedia del castellano del siglo XVII. También escribió *Emblemas morales* (1610).

COVENANT (Voz i.) m. Pacto, acuerdo. Se aplica, sobre todo, al *National Covenant*, mediante el cual la iglesia presbiteriana escocesa se opuso (1638) al intento de Carlos I de Inglaterra y el arzobispo Laud de imponer el anglicanismo en el país.

COVENTRY Ciudad del Reino Unido, en Inglaterra, al SE de Birmingham; 294.387 h. Centro industrial.

COW-BOY (Voz i.) m. Pastor a caballo de ganado bovino en los campos del O de EE UU ♦ Su pl. es *cow-boys*.

COWARD, SIR NOEL Dramaturgo inglés (Teddington, 1899 - Kingston, Jamaica, 1973). Es uno de los principales representantes del teatro inglés del siglo XX. Autor de *El vórtice* (1924), *Vidas privadas* (1930) y *Canción para un atardecer*.

COWELL, HENRY DIXON Compositor y pianista estadounidense (Menlo Park, 1897 - Nueva York, 1965). Autor de obras experimentales y vanguardistas: *Rhytmicana* (1931), *Seven Rituals of Music* (1953-54) y *Antiphony* (1958-59).

COWPER, WILLIAM Poeta británico (Great Berktamsted, 1731 - East Dereham, 1800). Entre sus muchas producciones sobresalen las *Sátiras morales* (1782) y el largo poema descriptivo titulado *La tarea* (1785).

COX-, COXO- prefs. que significan cadera.

COXA f. *Zool.* Artejo basal de la pata de los insectos y otros artrópodos, que se articula con el cuerpo.

COXAL m. *Anat.* 1 Gran hueso que compone la mitad lateral de la pelvis en los mamíferos. Está dividido en tres partes: ilion, isquion y pubis. || adj. *Anat.* 2 Relativo a la cadera.

COXIS m. *Anat.* CÓCCIX.

COXO- pref. COX-.

COY m. *Mar.* Trozo de lona o tejido de malla que sirve de cama en un barco. ♦ Su pl. es *coyes* o *cois*.

COYA f. Entre los antiguos peruanos, mujer del emperador, señora soberana o princesa.

COYLE Río de Argentina, en la provincia de Santa Cruz. Nace en el monte Stokes y desemboca en el océano Atlántico; 420 km.

COYOACÁN Villa de México, en el Distrito Federal; 64.000 h. Residencia de Hernán Cortés mientras sitiaba Tenochtitlán. Restos arqueológicos y coloniales.

COYOL m. *Bot.* 1 *Amér. C.* y *Méx.* Palmera de cuyo tronco se extrae una bebida agradable. 2 Fruto de este árbol.

COYOTE m. *Zool.* Mamífero carnívoro perteneciente a la familia cánidos, de nombre científico *Canis latrans*. Semejante al lobo, pero más pequeño, con pelaje denso de color gris amarillento. Se distribuye por las llanuras y campos abiertos de América, desde Alaska hasta América Central.

COYSEVOX, ANTOINE CHARLES Escultor francés (Lyon, 1640 - París, 1720). Trabajó para Luis XIV en Versalles y en distintas mansiones reales, bajo la dirección de Le Brun. Realizó los monumentos funerarios de Mazarino, Colbert y Le Brun. Entre sus bustos destacan el que hizo a Colbert y el del Gran Condé.

COYUNDA f. 1 Correa o soga con que se uncen los bueyes. 2 Correa para atar las abarcas. 3 *Nic.* Látigo. 4 fig. Unión conyugal. 5 fig. Sujeción o dominio.

COYUNTURA f. 1 Oportunidad para alguna cosa. 2 fig. Combinación de factores y circunstancias que constituyen una situación determinada para decidir sobre un asunto importante. 3 Articulación móvil de un hueso con otro.

COZ f. 1 Patada violenta que dan las caballerías. 2 Golpe que da una persona moviendo el pie con violencia hacia atrás. 3 Retroceso que hace cualquier arma de fuego al dispararla. 4 fig. y fam. Acción o palabra injuriosa o grosera.

COZUMEL Isla de México, en el mar de las Antillas, Estado de Quintana Roo; 426 km². Fue descubierta por Juan de Grijalba en 1518. Ruinas mayas.

CPL *Inform.* Abreviatura que indica los caracteres por línea que imprime una impresora.

CPU *Inform.* Siglas de la expresión inglesa *Central Processing Unit*. Con ellas se designa la unidad operativa de un ordenador, que es la encargada de realizar el tratamiento necesario de la información.

Cr *Quím.* Símbolo del cromo.

CRAC m. 1 Ruido que produce una cosa al quebrarse. 2 CRACK, quiebra comercial. 3 fam. Caída brusca de cualquier actividad.

Antoine Charles **Coysevox**. Busto de Luis XIV. Palacio de Versalles.

Cracovia (Polonia). Plaza del Mercado.

-CRACIA, -CRATA, -CRÁTICO sufs. que significan mando: *democracia, plutócrata*.

CRACK (Voz i.) m. **1** *Econ.* Caída brusca de las cotizaciones bursátiles. También recibe los nombres de *crac* y *crash*. **2** Tipo de droga de cuya composición forma parte la cocaína. **3** *Dep.* Futbolista que destaca por sus buenas cualidades en el juego.

CRACKING (Voz i.) m. *Quím.* Proceso químico industrial usado para transformar los hidrocarburos saturados del petróleo en otros más ligeros que se puedan usar como carburantes o intermediarios químicos.

CRACOVIA *(Krakow)* Ciudad de Polonia, capital de la provincia de Malopolskie, a orillas del Vístula; 740.666 h. Centro industrial. Después de Varsovia, principal foro cultural y científico del país.

CRACOVIANO, NA adj. y s. De Cracovia, Polonia.

CRAIGAVON Distrito del Reino Unido, en Irlanda del Norte; 388 km² y 79.100 h.

CRAIOVA Ciudad del SO de Rumania, capital del distrito de Dolj, a orillas del Jiu; 312.891 h. Centro comercial agrícola e industrial. Universidad.

CRAM, DONALD Químico estadounidense (Vermont, 1919 - Palm Desert, California, 2001). En 1987 recibió el premio Nobel de Química, compartido con Pedersen y Lehn por sus investigaciones en el campo de la química supramolecular.

CRAMER, GABRIEL Matemático suizo (Ginebra, 1704 - Bagnols-sur-Cèze, 1752). Continuó el estudio de los determinantes, iniciado por Leibniz y formuló la regla que lleva su nombre y que sirve para resolver un sistema de ecuaciones lineales (de primer grado), con tantas ecuaciones como incógnitas. Autor de *Introducción al análisis de las curvas integrales* (1750).

CRAMER, JOHANN BAPTIST Pianista y compositor alemán (Mannheim, 1771 - Londres, 1858). Discípulo de Clementi y Abel, se distinguió como virtuoso instrumentista. Compuso sonatas, variaciones, conciertos, y, sobre todo, un célebre método para la enseñanza del piano.

CRAMPÓN m. Pieza de metal que se fija a la suela de los zapatos para evitar resbalar en hielo o nieve.

CRANACH EL JOVEN, LUCAS Pintor y grabador alemán (Wittenberg, 1515 - Weimar, 1586). Discípulo y colaborador de su padre, Lucas Cranach el Viejo, entre sus obras más importantes se cuentan *La Crucifixión, La fuente de la vida* y *Retrato de mujer*.

CRANACH EL VIEJO, LUCAS Pintor y grabador alemán (Kronach, 1472 - Weimar, 1553). Trabajó en la corte de Federico el Sabio, en Wittenberg. Cultivó el retrato con gran maestría —como puede apreciarse en los que hizo a Lutero y a Melanchthon— así como los temas mitológicos y religiosos. Entre sus obras más célebres figuran *Crucifixión, Descanso en la huida a Egipto, Martirio de Santa Catalina, Adán y Eva, Diana descansando, Amor senil*, etc.

CRANE, HART (HAROLD CRANE, llamado) Poeta estadounidense (Garrettsville, Ohio, 1889 - golfo de México, 1932). Considerado uno de los representantes más notables de la poesía estadounidense del siglo XX, escribió *Edificios blancos* (1926) y *El puente* (1930).

CRANE, STEPHEN Escritor estadounidense (Newark, Nueva Jersey, 1873 - Badenweiler, Alemania, 1900). Escribió cuentos, como los de *El bote abierto* (1898), y novelas, entre las que se distinguen *Maggie: una chica de la calle* (1893) y *La roja insignia del valor* (1895).

CRÁNEO m. *Anat.* **1** Caja ósea que encierra el encéfalo. **2** Estructura integrada por huesos y cartílagos, que forma el cráneo y la cara en vertebrados. ‖ **ir de cráneo** fr. fig. y fam. Ir mal en un asunto, tener muchas dificultades.

-CRANIA suf. que significa cráneo.

CRANIOTA m. *Zool.* VERTEBRADO.

CRANMER, THOMAS Prelado inglés (Aslacton, 1489 - Oxford, 1556). Se puso incondicionalmente al servicio de Enrique VIII, que le nombró capellán real y arzobispo de Canterbury (1533). Fue uno de los principales promotores de la creación de la iglesia anglicana. Al subir al trono María Tudor fue procesado y condenado a muerte.

CRÁPULA f. **1** Embriaguez o borrachera. **2** fig. Disipación, libertinaje. ‖ m. **3** Hombre de vida licenciosa.

CRAQUEO m. *Quím.* CRACKING.
-CRASA suf. CRASIO-.
CRASCITAR intr. *Zool.* Graznar el cuervo.
CRASH m. *Econ.* CRACK.
CRASHAW, RICHARD Poeta barroco inglés (Londres, h. 1613 - Loreto, 1649). Su obra, de inspiración religiosa, está enormemente influida por el Barroco continental. Autor de *Peldaños al templo* (1652) y *Carmen Deo nostro* (1652).
-CRASIA suf. CRASIO-.
CRASIO-; -CRASA, -CRASIA pref. o sufs. que significan mezcla o temperamento: *idiosincrasia*.
CRASIS f. *Gram.* En griego clásico, contracción o formación de diptongo entre la vocal final de una voz y la inicial de la siguiente, voces que quedan unidas. Se expresa con el signo llamado coronis (').
CRASITUD f. Abundancia de carnes y grasas.
CRASO, SA adj. **1** Grueso, gordo o espeso. **2** fig. Unido con los sustantivos *error, engaño* y otros semejantes, indisculpable. ‖ m. **3** CRASITUD.
CRASO, MARCO LICINIO Político romano (Roma, h. 115 - Carres, 53 a. C.). Partidario de Sila, amasó una gran fortuna. Pretor en el año 71, derrotó a Espartaco. En el año 60 formó con César y Pompeyo el primer triunvirato y en 54 marchó a Siria como gobernador. Pereció en el curso de una campaña contra los partos.
CRASULÁCEO, A adj. y s. *Bot.* **1** Se dice de las hierbas y arbustos angiospermos dicotiledóneos, caracterizados por sus hojas suculentas y su resistencia a la desecación. ‖ f. pl. *Bot.* **2** Familia de estas plantas.
-CRATA suf. -CRACIA.
CRÁTER m. **1** *Astron.* Depresión en la superficie de la Tierra o de cualquier otro cuerpo celeste, causada por el impacto de un meteorito. **2** *Geol.* Parte superior de la chimenea volcánica, en forma de embudo, caldera o pozo, por donde el volcán arroja lava y otras sustancias en sus fases de actividad.
CRATERA o **CRÁTERA** f. Vasija donde se mezclaba el vino con agua antes de servirlo en Grecia y Roma.

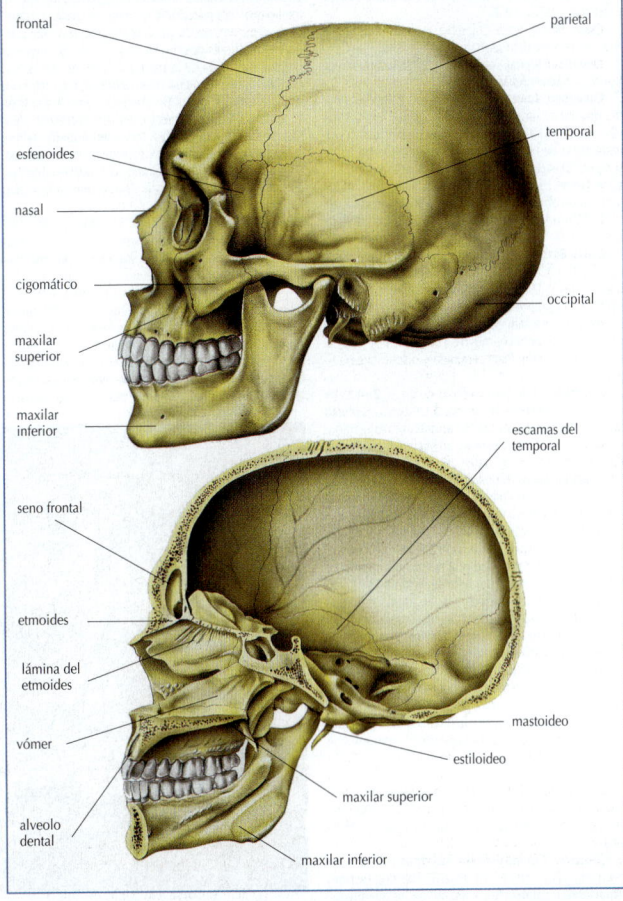

cráneo humano. Huesos y estructura interna.

cráter. Isla de Vulcano (Italia).

-CRÁTICO suf. -CRACIA.
CRATILO Filósofo griego (s. v a. C.). Seguidor de las doctrinas de Heráclito, cuyas reflexiones sobre el lenguaje nos han llegado a través del diálogo *Cratilo* que escribió Platón.
CRATINO DE ATENAS Poeta griego (Atenas, 519 - íd., 422 a.C.). Figura entre los representantes más notables de la llamada *comedia antigua*, y su mejor obra es la titulada *La botella*.
CRATO, ANTONIO, PRIOR DE ANTONIO, príncipe portugués.
CRAVEIRO, FRANCISCO HIGINIO Militar y político portugués (Lisboa, 1895 - íd., 1964). Presidente de la República de 1951 a 1958.
CRAVO NORTE Río de Colombia, en la intendencia de Arauca, afluente del Casanare.
CRAVO SUR Río de Colombia, en el departamento de Boyacá, afluente del Meta.
CRAWFORD, JOAN (LUCILLE FAY LE SUEUR, llamada) Actriz de cine estadounidense (San Antonio, Texas, 1904 - Nueva York, 1977). Considerada en su época la primera actriz de Hollywood junto a Greta Garbo, entre sus películas sobresalen *Vírgenes modernas* (1928), *Gran Hotel* (1932), *Mujeres* (1939), *Alma en suplicio* (por la que obtuvo el Oscar a la mejor interpretación en 1945), *Johnny Guitar* (1953) y *¿Qué fue de Baby Jane?* (1962).
CRAXI, BETTINO Político italiano (Milán, 1934 - Hammamet, 2000). Secretario general del Partido Socialista Italiano desde 1976, fue primer ministro entre 1983 y 1987. Procesado en 1992 por corrupción, encubrimiento y quebrantamiento de la ley sobre financiación de los partidos políticos, huyó a Túnez.
CRAZADA f. *Min.* Plata cendrada y dispuesta para ligarla.
CREACIÓN f. **1** Acción y efecto de crear. **2** Acto de crear Dios el universo de la nada. **3** Universo, conjunto de todas las cosas creadas. **4** Fundación, realización, constitución. **5** Obra literaria o artística. **6** Producción, obra, invención.
CREACIONISMO m. **1** *Lit.* Movimiento literario fundado en París por el poeta chileno Vicente Huidobro y vinculado a las corrientes vanguardistas y experimentales europeas de comienzos del siglo XX. Entre sus seguidores están los poetas españoles Gerardo Diego y Juan Larrea. **2** *Filos.* y *Rel.* Doctrina que sostiene que el mundo ha sido creado de la nada por la libre voluntad de Dios.
CREADOR, RA adj. **1** Que crea. Se aplica especialmente a artistas plásticos, músicos, modistas, científicos, etc. **2** *Rel.* Se dice de Dios, que creó todas las cosas de la nada. Más como s.
CREAR tr. **1** Producir algo de la nada. **2** fig. Establecer, fundar. **3** fig. Producir una obra artística, literaria o científica. **4** Representar un personaje en la escena. **5** Instituir un nuevo empleo o dignidad. **6** fig. Hacer por elección o nombramiento a una persona lo que antes no era.
-CREAS suf. CREO-.
CREATIVO, VA adj. **1** Que posee o estimula la capacidad de creación, invención, etc. || m. y f. **2** Profesional encargado de la concepción de una campaña publicitaria.
CRÉBILLON, CLAUDE-PROSPER JOLYOT DE Escritor francés (París, 1707 - íd., 1777). Hijo de Prosper, escribió narraciones de ambiente cortesano, en las que predominan los temas sexuales y libertinos. Autor de *L'écu-*

moire (1733), *Le Sopha* (1742) y *La nuit et le moment* (1755).
CRÉBILLON, PROSPER JOLYOT DE Poeta y autor dramático francés (Dijon, 1674 - París, 1762). Entre sus tragedias destacan *Atreo y Tiestes* (1707), *Electra* (1708), *Radamisto y Zenobia* (1711) y *Catilina* (1749).
CRECAL m. Pieza heráldica en forma de candelabro.
CRECEDERO, RA adj. **1** Que tiene aptitud para crecer. **2** Se aplica al vestido que se hace a un niño de modo que le sirva cuando crezca.
CRECENTE CRECIENTE.
CRECER intr. **1** Desarrollarse, aumentar de tamaño, especialmente en altura, los seres orgánicos. **2** Recibir aumento alguna cosa por añadírsele nueva materia. **3** Adquirir aumento algunas cosas. **4** Añadir gradualmente puntos en las labores de punto o de ganchillo. **5** Aumentar la parte iluminada de la Luna visible desde la Tierra. || prnl. **6** Adquirir alguien mayor autoridad, importancia o atrevimiento. ♦ IRREG. Se conjuga como AGRADECER.
CRECES f. pl. fig. Aumento, ventaja, exceso en algunas cosas. || **con creces** loc. adv. Sobradamente.
CRECIDA f. Aumento del cauce de los ríos y arroyos.
CRECIDO, DA adj. **1** fig. Grande o extenso. || m. pl. **2** Puntos que se aumentan en alguna parte de la media, calceta, etc.
CRECIENTE adj. **1** Que crece. **2** *Astron.* CUARTO CRECIENTE. **3** *Mat.* Función o polinomio que crece ordenadamente. || m. *Bl.* **4** Figura heráldica que representa una luna en su primer cuarto, y con las puntas hacia arriba. || f. *Geol.* **5** CRECIDA. || **CRECIENTE DE LA LUNA** *Astron.* Intervalo que media entre el novilunio y el plenilunio.
CRECIMIENTO m. **1** Acción y efecto de crecer. **2** *Econ.* Aumento del producto interior bruto y del valor intrínseco de la moneda. **3** *Fisiol.* Proceso de desarrollo de un órgano. || **CRECIMIENTO VEGETATIVO** o **NATURAL** *Geog.* Diferencia entre los nacimientos y muertes en un espacio geográfico concreto durante un periodo de tiempo determinado.
CREDENCIAL adj. **1** Que acredita. || f. **2** Documento en que consta el nombramiento de un funcionario y sirve para que éste pueda tomar posesión de su plaza. **3** CARTA CREDENCIAL.
CRÉDITO m. **1** *Econ.* Derecho de uno que tiene a recibir dinero de otro. **2** *Econ.* Plazo que se concede para pagar una deuda. **3** *Econ.* Préstamo, dinero que se pide prestado a un banco o a otra entidad financiera a cambio de garantizar su devolución y de pagar un precio por disfrutarlo. **4** Reputación, prestigio, fama. **5** Opinión que goza una persona de que cumplirá los compromisos que contraiga. || **a crédito** adv. Fiado, a plazos.
CREDO m. *Rel.* **1** Oración en la que se contienen los principales artículos de la fe enseñada por los apóstoles. **2** fig. Conjunto de doctrinas comunes a una colectividad.
CRÉDULO, LA adj. Que cree fácilmente.
CREE o **CRI** adj. *Etnol.* **1** Se dice de un grupo amerindio que habitó en el área subártica, en los actuales Estados canadienses de Saskatchewan, Alberta, Manitoba y Ontario. En la actualidad se hallan extendidos por esos Estados más los de Quebec y Montana (EE UU). También s. **2** Relativo a los cree. || m. *Ling.* **3** Lengua hablada por este grupo, perteneciente a la familia lingüística algonquina.
CREEK adj. y com. *Etnol.* Se dice del grupo amerindio de la familia muscogui que habitó en la zona del SE de EE UU. En la actualidad residen en los Estados de Oklahoma y Alabama.
CREENCIA f. **1** Firme asentimiento y conformidad con alguna cosa. **2** Completo crédito que se presta a un hecho. **3** Religión, secta.
CREER tr. **1** Tener por cierta una cosa que no está comprobada. **2** Estimar, suponer una cosa. También prnl. **3** Dar crédito, considerar que una cosa es buena o eficaz. **4** Tener una cosa por verosímil o probable. También prnl.
CREÍDO, DA adj. **1** fam. Se dice de la persona vanidosa, orgullosa. **2** Crédulo, confiado.
CREMA f. **1** Sustancia grasa contenida en la leche. **2** Nata de la leche. **3** Natillas espesas. **4** fig. Lo más distinguido de un grupo social. **5** *Farm.* Pasta untuosa de aplicación terapéutica. **6** Confección cosmética para suavizar el cutis. **7** Pasta untuosa para dar brillo al calzado. **8** Sopa espesa. || **9** DIÉRESIS, signo de puntuación.
CREMACIÓN f. Acción de quemar.
CREMALLERA f. **1** Cierre que consiste en dos tiras flexibles provistas de dientes por las que se desliza una corredera que los encaja. **2** *Mec.* Barra metálica con dientes en uno de sus cantos, para engranar con un piñón.
CREMATÍSTICO, CA adj. **1** Relativo a la crematística o al dinero. || f. **2** Economía política, ciencia que estudia la producción y distribución de la riqueza. **3** Interés pecuniario de un negocio.
CREMATORIO, RIA adj. **1** Relativo a la cremación de los cadáveres. || m. **2** Dependencia donde se realiza la cremación de los cadáveres. **3** Lugar donde se queman las basuras.
CREMER, WILLIAM RANDAL Político británico (Farcham, 1828 - Londres, 1908). Fue secretario de la Liga del Tribunal de Arbitraje Internacional. Obtuvo el premio Nobel de la Paz en 1903.

Cremona (Italia).

CREMONA 1 Provincia del N de Italia, en Lombardía; 1.771 km² y 330.946 h. **2** Ciudad capital de la misma; 72.799 h. Catedral del siglo XII.

CREMONA, LUIGI Matemático italiano (Pavía, 1830 - Roma, 1903). Creador de un sistema gráfico de cálculo utilizado para proyectar estructuras metálicas reticuladas.

CREMONÉS, SA adj. y s. De Cremona, Italia.

CREMOSO, SA adj. **1** De la naturaleza o aspecto de la crema. **2** Que tiene mucha crema.

CRENCHA f. **1** Raya que divide el cabello en dos partes. **2** Cada una de estas partes.

CREO-, CREOS-; -CREAS prefs. o suf. que significan carne: *páncreas*.

CREOLINA f. *Farm.* Preparación líquida de creosota de hulla y jabones resinosos; es desinfectante.

CREONTE o **CREON** *Mit.* Rey de Tebas, hermano de Yocasta. Tras la lucha fratricida de Eteocles y Polinices, hijos de Edipo, prohibió que al segundo se le diera sepultura. Enterado de que Antígona, hermana de aquéllos, había enterrado a Polinices, mandó matarla.

CREOSOTA f. *Geol.* Sustancia líquida, oleaginosa, incolora, de sabor urente y cáustico, que se obtiene del alquitrán de la madera o hulla. Se emplea como protector de la madera y como desinfectante.

CREP m. CRÊPE.

CREPÉ m. **1** *Quím.* Caucho en bruto para muy diversos usos. **2** Tejido de lino, algodón, etc., semejante al crespón. **3** Postizo para el pelo.

CRÊPE (Voz fr.) f. Torta muy fina hecha con harina, agua o leche, azúcar, huevos, con la posibilidad de añadir manteca, licores, queso o mermelada.

CREPITACIÓN f. Acción de crepitar.

CREPITAR intr. Producir un ruido parecido al del chisporroteo de la leña al arder.

CREPUSCULAR o **CREPUSCULINO, NA** adj. **1** Perteneciente al crepúsculo. **2** *Etol.* Se dice del organismo activo durante las horas del crepúsculo. **3** Se dice del estado de ánimo, intermedio entre la conciencia y la inconsciencia.

CREPÚSCULO m. *Astron.* **1** Claridad que hay desde que raya el día hasta que sale el Sol, y desde que éste se pone hasta que es de noche. **2** Tiempo que dura esta claridad.

CRÉPY-EN-LAONNAIS Población de Francia (Aisne). Aquí se firmó el tratado entre Carlos I de España y Francisco I de Francia (1544), por el que Francia renunciaba a Borgoña, Flandes, Artois y sus territorios italianos, comprometiéndose a ayudar al emperador contra los protestantes y los turcos.

CRESCENCIO, GIOVANNI Patricio romano (? - Roma, 998). Intervino en la muerte del papa Juan XIV y restauró al antipapa Bonifacio VII. Poco después se deshizo de éste y contribuyó al entronamiento de Juan XV. Fue proclamado cónsul. Vencido por Otón III, fue condenado a muerte.

CRESCENDO (Voz it.) m. *Mús.* Palabra que indica que debe intensificarse el sonido paulatinamente.

CRESILAS Escultor griego (Cidonia, h. 487 - Atenas, h. 420 a. C.). Contemporáneo de Fidias, se le considera el primer representante del idealismo en el retrato. Autor del célebre retrato de Pericles y un retrato de Anacreonte.

CRESO m. fig. El que posee grandes riquezas.

CRESO Último rey de Lidia (h. 560 - h. 546 a. C.). Su mandato marcó el momento de mayor esplendor de Lidia y fue famoso en la Antigüedad por sus riquezas. Resultó vencido por Ciro el Grande en Timbrea (546 a. C.) por lo que su reino pasó a manos de Persia.

CRESPI, GIOVANNI BATTISTA (llamado IL CERANO) Pintor italiano (Cerano, 1576 - Milán, 1632). Considerado una de las figuras más destacadas del manierismo lombardo tardío, entre sus obras destacan *Bautismo de Cristo* (1601), *Escenas de la vida de san Carlos* (1602) en la catedral de Milán y *Descendimiento* (1610).

CRESPI, GIUSEPPE MARIA Pintor italiano, llamado *lo Spagnolo* (Bolonia, 1665 - íd., 1747). Su obra recibió influencia de Tiziano, Veronés y Caravaggio. Autor de obras religiosas, mitológicas y de género. Entre ellas destacan los murales del palacio Pepoli de Bolonia (1691), la serie *La feria de Poggio a Caiano* (1709) y *Los sacramentos* (1712).

CRESPILLA f. *Bot.* CAGARRIA, carraspina.

CRESPILLO m. *Bot. Hond.* CLEMÁTIDE.

CRESPO, PA adj. **1** Ensortijado o rizado. **2** *Bot.* Se dice de las hojas cuando están retorcidas. **3** fig. Se aplica al estilo artificioso y difícil de entender. **4** fig. Irritado o alterado. || m. **5** RIZO[1].

CRESPO, JOAQUÍN Militar y político venezolano (San Franscisco de Cara, 1841 - Mata Carmelera, 1898). Ministro de Guerra y Marina en el gobierno de Guzmán Blanco, fue elegido presidente de la República (1884-86). Acaudilló el movimiento que depuso a Anduez Palacio y volvió a ocupar la presidencia (1892-98). Murió durante la revolución del general Hernández.

CRESPÓN m. **1** Gasa en que la urdimbre está más retorcida que la trama. **2** Gasa negra que se usa en señal de luto.

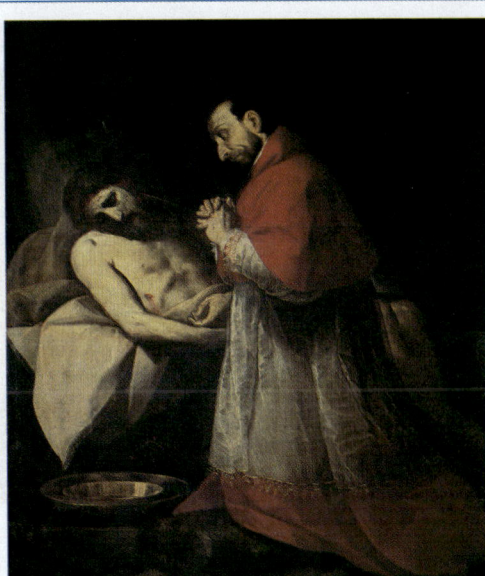

Giovanni Battista **Crespi.** *San Carlos Borromeo.* Museo del Prado (Madrid).

CRESSON, EDITH Política y economista francesa (Boulogne-Billancourt, 1934). Dirigente socialista, ocupó las carteras de Agricultura (1981-83), Comercio Exterior y Turismo (1983-84), Reestructuración Industrial y Comercio Exterior (1984-86) y Asuntos Europeos (1988-90). De 1991 a 1992 fue primera ministra. En 1994 fue designada comisaria europea.

CRESTA f. **1** *Zool.* Espolón óseo, carnoso o de otros tejidos. **2** *Fís.* Magnitud de un máximo localizado. **3** *Geol.* Línea de cumbres rocosas y abruptas. **4** *Geol.* Pequeña elevación aguda del terreno. **5** *Geol.* Referido a un pliegue, el punto más elevado del mismo. **6** *Min.* Filón. **7** *Zool.* Carnosidad roja que tienen sobre la cabeza algunas aves. **8** *Zool.* COPETE, moño de plumas de ciertas aves. **9** Cima de una ola. || **CRESTA DE GALLO** *Bot.* Planta herbácea perteneciente a la familia amarantácea, de nombre científico *Celosia cristata*. Procede de Asia tropical.

CRESTADO, DA adj. *Biol.* Que tiene cresta.

CRESTERÍA f. *Arquit.* **1** Adorno de labores caladas que se usó mucho en el estilo ojival. **2** Almenaje o coronamiento de las antiguas fortificaciones.

CRESTOMATÍA f. Colección de escritos selectos para la enseñanza.

CRESTÓN m. **1** Parte de la celada en la que se ponen las plumas. **2** *Min.* Parte superior de un filón cuando sobresale en la superficie.

CRET DE LA NEIGE Cumbre de Francia, la más alta del Jura, en el departamento de Ain; 1.723 m.

CRETA f. *Geol.* Roca caliza sedimentaria, de color blanco y poco compacta, de origen orgánico, formada por caparazones de foraminíferos, y restos de moluscos y equinodermos.

CRETA (En it. *Candia*; en gr. moderno *Kríte*) Isla y región de Grecia, en el Mediterráneo oriental; 8.336 km² y 536.980 h. Su capital es Candía. Comprende los nomos de La Canea, Candía, Lasithi y Retimo. Muy montañosa. Poblada desde el neolítico, fue el centro de la civilización minoica, que alcanzó un gran desarrollo a la par que una extraordinaria influencia política. Ocupada por los dorios en 1100 a. C., la isla vivió del comercio de productos artesanos. Más tarde estuvo en poder, sucesivamente, de romanos, árabes, bizantinos, venecianos, egipcios y turcos, volviendo a Grecia en 1913.

CRETÁCICO, A adj. y m. *Geol.* **1** Se aplica al tercer y último periodo de la era mesozoica, inmediatamente posterior al jurásico, que comenzó hace 135 millones de años y se extendió unos 75 millones de años. En este periodo se inició la orogenia alpina, comenzaron a desarrollarse las plantas angiospermas y, al ir extendiéndose el clima, acabaron por extinguirse los dinosaurios. También se llama *cretáceo*. || adj. *Geol.* **2** Perteneciente a este periodo.

CRETENSE adj. y com. De la isla de Creta.

CRETINISMO m. *Pat.* Enfermedad congénita caracterizada por retraso de la inteligencia y del desarrollo orgánico.

CRETINO, NA adj. y s. **1** Que padece cretinismo **2** fig. Estúpido, necio.

CRETONA f. **1** Tela de algodón, blanca o estampada. **2** *Bot.* Planta herbácea perteneciente a la familia labiadas, de nombre científico *Coleus blumei*. Originaria de Java, se emplea como ornamental.

CREUS Cabo del NE de España, en la provincia de Girona. Es el punto más oriental de la costa peninsular de España.

CREÚSA *Mit.* Hija de Príamo y Hécuba, fue la primera esposa de Eneas y la madre de Ascanio.

CREUSE Departamento de Francia, en el Limousin, en el extremo NO del Macizo Central; 5.565 km² y 124.470 h. Su capital es Guéret.

CREUTZFELDT-JACKOB, ENFERMEDAD DE ENCEFALOPATÍA ESPONGIFORME.

CREVAUX, JULES Médico y explorador francés (Lorquín, Meurthe, 1847 - Gran Chaco, 1882). Exploró la Guayana francesa, los afluentes del alto y bajo Amazonas y alcanzó el Orinoco. La narración de sus viajes se publicó con el título de *Viajes en América del Sur* (1883).

CREVEL, RENÉ Ensayista francés (París, 1900 - íd., 1935). Destacada figura del surrealismo y miembro del Partido Comunista, fracasó en su intento de conciliar ambas tendencias. En su producción destacan *Mon corps et moi* (1926), *La muerte difícil* (1926), *El clavicordio de Diderot* (1932) y *Les pieds dans le plat* (1933).

CREYENTE adj. y com. Que cree.

CREZNEJA f. *Vulg.* CRIZNEJA.

CRI adj. CRÉE.

CRÍA f. *Biol.* **1** Acción y efecto de criar a los hombres y a los animales. **2** Niño o animal mientras se está criando. **3** Conjunto de hijos que tienen de un parto, o en un nido, los animales.

CRIADERO, RA adj. **1** *Biol.* Fecundo en criar. || m. **2** Lugar donde se trasplantan los árboles. **3** *Min.* Agregado de sustancias inorgánicas que se halla entre las masas de un terreno. **4** Lugar destinado para la cría de animales.

CRIADILLA f. **1** En los animales de matadero, TESTÍCULO. **2** Panecillo que pesaba un cuarterón. || **CRIADILLA DE TIERRA** *Biol.* Hongo carnoso que se cría bajo tierra y guisado es muy sabroso. Más en pl.

CRIADO, DA adj. **1** Con los adverbios *bien* o *mal*, se aplica a la persona de buena o mala crianza. || m. y f. **2** Persona que sirve por un salario, especialmente en el servicio doméstico.

CRIADOR, RA adj. **1** Que nutre y alimenta. || m. y f. **2** Persona que tiene por oficio criar animales. **3** VINICULTOR. || f. **4** NODRIZA.

CRIANZA f. **1** Acción y efecto de criar. **2** *Biol.* Época de la lactancia. **3** Urbanidad, atención, cortesía. **4** *Chile* Conjunto de animales nacidos en una hacienda y destinados a ella.

CRIAR tr. **1** Alimentar la madre a su hijo o las hembras de los animales a sus cachorros. **2** Alimentar, cuidar y cebar a los animales. **3** Instruir, educar a los niños. **4** Producir algo de nada; dar ser a lo que antes no lo tenía, lo que sólo es propio de Dios. **5** Cultivar algunas plantas. **6** Someter un vino, después de la fermentación, a ciertas operaciones y cuidados. || prnl. **7** Desarrollarse, crecer.

Guerra de **Crimea.** Campamento turco. Museo de la Armada (París).

CRIATURA f. 1 *Teol.* Toda cosa criada. 2 Niño de poco tiempo.
CRIBA f. 1 Cuero ordenadamente agujereado y fijo en un aro de madera, que sirve para cribar. 2 Cualquier aparato mecánico que se emplea para cribar. 3 fig. Selección de lo mejor o más conveniente.
CRIBADO m. Acción y efecto de cribar.
CRIBAR tr. Pasar una semilla, un mineral u otra materia por la criba para limpiarlos o separar las partes menudas de las gruesas.
CRIBOSO adj. *Bot.* Se aplica a los vasos que tienen cribas y sirven para conducir la savia descendente de los vegetales.
CRIC m. GATO, máquina para levantar pesos.
CRICAMOLA Río de Panamá, provincia de Bocas del Toro, que desemboca en la laguna de Chiriquí.
CRICK, FRANCIS HARRY COMPTON Biólogo inglés (Northampton, 1916 - San Diego, 2004). En 1962 recibió el premio Nobel de Fisiología y Medicina, compartido con Wilkins y Watson, por sus estudios sobre el ácido desoxirribonucleico (ADN).
CRICKET (Voz i.) m. CRÍQUET.
CRICOIDES adj. y m. *Anat.* Se dice del cartílago anular inferior de la laringe cú cu de los mamíferos. ♦ Su pl. es *cricoides.*
-CRIFO suf. CRIPTO-.
CRILLON, LOUIS DES BALBES DE BERTON DE QUIERS, DUQUE DE MAHÓN Y DE Militar francés (Aviñón, 1719 - Madrid, 1796). En 1762 entró al servicio de la corona española. Obligó a capitular a los ingleses en Menorca (1781-82) y dirigió las operaciones del sitio de Gibraltar (1782-83), que fracasaron.
CRIMEA Península de Europa, situada entre los mares Negro y Azov, que constituye una República autónoma de Ucrania; 27.000 km² y 2.205.600 h. Capital, Simferopol. En 1854-56 tuvo lugar la llamada *guerra de Crimea,* en la que Turquía, aliada con Inglaterra, Francia y Piamonte, sostuvo un sangriento conflicto contra Rusia. Tomada Sebastopol por los aliados (1855), Rusia se vio obligada a firmar la paz de París (1856), que garantizaba la neutralidad del mar Negro y la integridad del imperio otomano. Crimea fue República autónoma de 1918 a 1946 y se incorporó a Ucrania en 1954.
CRIMEN m. *Der.* 1 Delito grave. 2 Acción voluntaria que consiste en matar o herir gravemente a una persona.
CRIMINAL adj. 1 Perteneciente al crimen. 2 Se dice de las leyes, acciones, etc., que castigan los crímenes. 3 Que ha cometido un crimen. También com.
CRIMINALIDAD f. 1 Calidad o circunstancia que hace que una cosa sea criminal. 2 Número proporcional de crímenes cometidos en un territorio y tiempo determinados.
CRIMINALISTA adj. y com. 1 *Der.* Se dice del abogado especializado en derecho penal. 2 Se dice de la persona especializada en el estudio del crimen, y también este mismo estudio.
CRIMINALIZAR tr. Atribuir actitudes o características propias del crimen.
CRIMINOLOGÍA f. *Der.* Tratado acerca del delito, sus causas y su repercusión.
CRIMNO m. Harina gruesa de espelta y de trigo.
CRIN f. *Zool.* Conjunto de cerdas que tienen algunos animales en la parte superior del cuello. Más en pl.

CRINERA f. *Zool.* Parte superior del cuello de las caballerías donde nace la crin.
CRINO-; -CRINIA, -CRINO, -CRISIS, -CRISIA, -CRÍTICO, -CRITO pref. o sufs. que significan juicio, secreción (en medicina), cambio, etc.: *hipocrinia, epicrítico, hematócrito.*
CRINOIDEO, A adj. y m. *Zool.* 1 Se aplica a los equinodermos marinos de simetría radial, caracterizados por tener el cuerpo en forma de cáliz, la boca y el ano en posición superior, y cinco brazos muy ramificados y cubiertos de púas o pínnulas. Viven fijos y adheridos al fondo marino por medio de un pedúnculo de naturaleza calcárea. || m. pl. *Zool.* 2 Clase de estos animales.
CRÍO, A m. y f. Niño o niña que se está criando.
CRIOLITA f. *Miner.* Mineral fluoruro de aluminio y sodio que cristaliza en el sistema monoclínico y se presenta formando venas en las rocas graníticas. Se emplea en la producción de aluminio y para proporcionar opacidad al vidrio.
CRIOLLAJE m. *Arg.* Conjunto de criollos.
CRIOLLISMO m. 1 Carácter de lo que es criollo. 2 Tendencia a exaltar las cualidades del criollo.
CRIOLLO, LLA adj. 1 Se dice del hijo y, en general, del descendiente de padres europeos nacido en los antiguos territorios españoles de América y en algunas colonias europeas de dicho continente. También s. 2 Se aplica al negro nacido en tales territorios, por oposición al que había sido llevado de África como esclavo. También s. 3 Se dice de la persona nacida en un país hispanoamericano. También s. 4 Autóctono, propio, distintivo de un país hispanoamericano. 5 *Ling.* Se dice de los idiomas que han surgido en comunidades que han convivido con otras de lengua diversa y que están constituidos por elementos procedentes de ambas. Se aplica especialmente a los idiomas que han formado, sobre base española, francesa, inglesa, holandesa o portuguesa, las comunidades africanas o indígenas de ciertos territorios originariamente coloniales. || f. *Mús.* y *Danza.* 6 Cierta canción y danza popular cubana.
CRIOSCOPÍA f. *Fís.* y *Quím.* 1 Estudio de los cambios físicos y químicos producidos a bajas temperaturas, especialmente el descenso del punto de congelación. 2 Descenso que experimenta la temperatura de congelación en una disolución respecto a la del disolvente puro.
CRIPT-; -CRIPT- pref. o in. CRIPTO-.
CRIPTA f. 1 Lugar subterráneo en que se acostumbraba enterrar a los muertos. 2 Piso subterráneo destinado al culto en una iglesia. 3 *Anat.* Cualquier cavidad orgánica parecida a un hoyo.
CRIPTICISMO m. Cualidad de críptico, oscuro.
CRÍPTICO, CA adj. 1 Relativo a la criptografía. 2 Oscuro, enigmático.
CRIPTO-, CRIPT-; -CRIPTO-, -CRIPT-; -CRIFO prefs., in. o suf. que significan escondido: *onicocriptosis, apócrifo.*
CRIPTÓGAMO, MA adj. y f. *Bot.* 1 Se dice de la planta con órganos de reproducción no visibles. 2 ACOTILEDÓNEO. || f. pl. *Bot.* 3 Antiguo grupo taxonómico constituido por las plantas desprovistas de flores. || **CRIPTÓGAMA VASCULAR** *Bot.* PTERIDOFITA.
CRIPTOGRAFÍA f. Arte de escribir con clave secreta.
CRIPTOGRAMA m. Documento cifrado.
CRIPTOMERIA f. *Bot.* Árbol de gran tamaño perteneciente a la familia taxodiáceas, de nombre científico *Cryptomeria japonica.* Mide hasta 60 m de altura, con la copa redondeada y las piñas pequeñas y de maduración anual. Crece en China y Japón.
CRIPTÓN m. *Quím.* Elemento químico perteneciente al grupo VIII A o grupo de los gases nobles del sistema periódico. Masa atómica 83,8; número atómico 36; punto de fusión -169° C; punto de ebullición -151,7° C; símbolo *Kr.* Es un gas inerte e incoloro, inodoro e insípido, que se halla presente en la atmósfera en proporciones muy pequeñas. Se emplea para llenar tubos eléctricos luminiscentes.
CRIPTORQUIDIA f. *Med.* Ausencia de uno o los dos testículos en el escroto, por no haber descendido desde el abdomen o los canales inguinales.
CRÍQUET m. *Dep.* Juego de pelota de muy antiguo origen que se practica en el Reino Unido y en algunos países de la Commonwealth. Antecesor del béisbol, se juega por dos equipos de 11 jugadores. El campo de juego, más pequeño que el del béisbol, cuenta con dos porterías formadas por palos.
CRIS m. Arma blanca, de uso en Filipinas.
CRIS- pref. CRISO-.
CRISÁLIDA f. *Zool.* 1 Ninfa o pupa de algunos insectos, especialmente los lepidópteros. Es una forma in-

Partido de **críquet.**

crisantemo

móvil. **2** Capullo de la ninfa de los lepidópteros.
CRISANTEMA f. *Bot.* CRISANTEMO.
CRISANTEMO m. *Bot.* Nombre común de diversas plantas herbáceas, dicotiledóneas, de la familia de las compuestas, género *Chrysanthemum*. Procedentes de China y Japón, se cultivan en todo el mundo como ornamentales.
-CRISIA[1] suf. CRISO-.
-CRISIA[2], **-CRISIS** sufs. CRINO-.
CRISIPO Filósofo estoico griego (?, h. 280 - ?, h. 207 a. C.). Destacado representante de la escuela estoica, fue discípulo de Zenón de Citio y se interesó fundamentalmente por cuestiones dialécticas.
CRISIS f. **1** Proceso agudo en el curso de una enfermedad, después del cual se produce una mejoría o un empeoramiento. **2** Cambio importante en el desarrollo de otros procesos, que ocasiona inestabilidad o incertidumbre. **3** Situación de un asunto o proceso cuando está en duda la continuación, modificación o cese. **4** *Econ.* Ruptura del equilibrio entre la oferta y la demanda de bienes y servicios, que genera una fase depresiva de la coyuntura económica. **5** *Polit.* Cambio total o parcial de un gobierno. **6** Situación dificultosa o complicada. **7** Escasez, penuria. ♦ Su pl. es *crisis*.
CRISIS DE 1929 *Hist.* Depresión económica mundial iniciada en Estados Unidos, que se produjo entre 1929 y 1934. Tuvo su origen en una superproducción industrial y agrícola que la débil capacidad adquisitiva de la sociedad no pudo absorber y que no se correspondía con el movimiento bursátil al alza. Entre 1925 y 1929 surgió una ola de especulación sobre los valores de cotización en la bolsa, que provocó su hundimiento (24 de octubre de 1929). Esta situación del mercado estadounidense se transmitió a Europa y a algunos países de América Latina y de Asia. Las consecuencias fueron múltiples: ascenso de los regímenes totalitarios, descenso de la población, tensiones entre las potencias, etc.
CRISMA[1] amb. **1** *Rel.* Aceite y bálsamo mezclados, que una vez consagrado se usa para unciones sacramentales. || f. *Germ.* **2** CABEZA. || **romper la crisma** a uno fr. fig. y fam. Herir a uno en la cabeza.
CRISMA[2] m. Tarjeta de felicitación de Navidad.
CRISMÓN m. Monograma del nombre de Cristo, compuesto por las letras P y X.
CRISNEJA f. CRIZNEJA.
CRISO-, **CRIS-**; **-CRISIA** prefs. o suf. que significan oro.
CRISOBALANÁCEO, A adj. y f. *Bot.* **1** Se dice de plantas leñosas angiospermas, dicotiledóneas, de hojas simples y alternas, flores generalmente hermafroditas, y fruto en drupa o baya. || f. pl. *Bot.* **2** Familia de estas plantas, pertenecientes al orden rosales.
CRISOBERILO m. *Miner.* Mineral óxido de berilo y aluminio, de fórmula $BeAl_2O_4$. Aparece formando cristales de aspecto estrellado. Piedra preciosa de color verde amarillento, que se conoce comercialmente como *crisolita de Ceilán*.
CRISOFÍCEO, A adj. *Biol.* **1** Se dice de las algas formadas por células diminutas, que constituyen el nanoplancton. || f. pl. *Biol.* **2** Clase de estas algas.
CRISOFITA adj. *Biol.* ALGAS DORADAS.
CRISOL m. *Met.* **1** Vaso que se hace de barro refractario, porcelana, grafito, hierro, plata o platino, y se emplea para fundir metales. **2** Cavidad inferior de los hornos que sirve para recibir el metal fundido.
CRISÓLITO m. *Miner.* **1** Variedad de olivino. **2** Nombre dado a varias piedras preciosas.
CRISOMÉLIDO adj. y m. *Zool.* **1** Se dice de los insectos coleópteros, tetrámeros, que, en general, son perjudiciales a las plantas. Este grupo incluye a las mariquitas. || m. pl. *Zool.* **2** Familia de estos insectos.
CRISOPEYA f. Arte con que se pretendía transmutar los metales en oro.
CRISOPRASA f. *Miner.* Ágata, variedad de calcedonia de color verde manzana.
CRISÓSTOMO JUAN CRISÓSTOMO, SAN.

CRISPAR tr. y prnl. **1** Causar contracción repentina y pasajera en un músculo. **2** fig. Irritar, exasperar.
CRISPI, FRANCESCO Político italiano (Ribera, Sicilia, 1818 - Nápoles, 1901). Participó en la liberación de Sicilia (1860). Diputado radical en 1861, evolucionó hasta apoyar a la monarquía. En 1876 fue nombrado presidente de la Cámara y formó parte del gabinete Depretis (1878). En 1887 accedió a la presidencia del Consejo de Ministros y se mantuvo en el cargo, con un breve intervalo (1891-93), hasta que el desastre de Adua (1896) le obligó a dimitir.
CRISTAL m. **1** Vidrio incoloro y muy transparente. **2** Pieza de vidrio u otra sustancia semejante que cubre el hueco de una ventana, vitrina, etc. **3** fig. ESPEJO, utensilio para mirarse. **4** *Miner.* Cualquier cuerpo sólido y homogéneo, que naturalmente tiene forma poliédrica más o menos regular. || **CRISTAL DE ROCA** *Miner.* Cuarzo cristalizado, incoloro y transparente, el más valioso por su pureza y rareza.
CRISTALERA f. **1** Armario con cristales. **2** Cierre o puerta de cristales.
CRISTALERÍA f. **1** Establecimiento donde se fabrican o venden objetos de cristal. **2** Conjunto de estos objetos. **3** Parte de la vajilla que consiste en vasos, copas y jarras de cristal.
CRISTALINO, NA adj. **1** De cristal. **2** Parecido al cristal. || m. *Anat.* **3** Estructura de forma esférica lenticular, transparente y encapsulada, situada detrás de la pupila del ojo de los vertebrados y en el ojo compuesto de muchos invertebrados. Su misión es enfocar los rayos de luz sobre la retina.
CRISTALIZAR intr. **1** *Quím.* Tomar forma cristalina. También prnl. **2** fig. Tomar forma clara y precisa las ideas, sentimientos o deseos. || tr. *Quím.* **3** Hacer tomar la forma cristalina a ciertas sustancias que se encuentran en estado líquido, gaseoso o en disolución.
CRISTALOGRAFÍA f. *Fís.* y *Geol.* Descripción de la geometría y estructura interna que toman los cuerpos al cristalizar.
CRISTALOIDE adj. *Quím.* Se dice de la sustancia cristalina capaz de atravesar fácilmente una membrana de pergamino.
CRISTERA, REVOLUCIÓN *Hist.* Alzamiento conservador mexicano promovido por el clero y sectores católicos intransigentes contra las reformas del presidente Plutarco Elías Calles (1926-29). Éste llevó a cabo una serie de medidas encaminadas a la supresión de la iglesia católica, a la suspensión del culto y a la incautación de los bienes eclesiásticos por parte del gobierno.
CRISTIÁN o **CHRISTIAN** Nombre de varios reyes escandinavos.
CRISTIÁN I (?, 1426 - Copenhague, 1481). Rey de Dinamarca (1448-81), Noruega (1450-81) y Suecia (1457-64). Primer monarca danés de la dinastía Oldenburg, realizó la unión de Dinamarca y Noruega, pero Suecia se declaró independiente.
CRISTIÁN II (Nyborg, 1481 - Kalundborg, 1559). Rey de Dinamarca, Noruega (1513-23) y Suecia (1520-23). Sucedió a su padre Juan en los tronos de Dinamarca y Noruega, y tras varios años de guerra conquistó la corona de Suecia. Intentó crear un vasto imperio báltico, pero, destronado por los nobles, se refugió en Alemania.
CRISTIÁN III (Gottorp, 1503 - Koldinghus, 1559). Rey de Dinamarca y Noruega (1534-59). Hijo de Federico I, introdujo en sus Estados la Reforma religiosa.
CRISTIÁN IV (Frederiksborg, 1577 - Copenhague, 1648). Rey de Dinamarca y Noruega (1588-1648). Sucedió a su padre Federico II. Embarcó a su pueblo en la

Cristián IV. Retrato de Karel van Mander. Castillo de Rosenborg (Copenhague).

guerra de los Treinta Años, en la que perdió Jutlandia. Reedificó la ciudad de Oslo, a la que llamó Cristianía.
CRISTIÁN V (Flensborg, 1646 - Copenhague, 1699). Rey de Dinamarca y Noruega (1670-99). Fue el primer rey hereditario de Dinamarca. Durante su reinado se consolidó el absolutismo.
CRISTIÁN VI (Copenhague, 1699 - Hirschholm, 1746). Rey de Dinamarca y Noruega (1730-46). Hijo de Federico IV. Impulsó el comercio y la industria, siguiendo criterios mercantilistas.
CRISTIÁN VII (Copenhague, 1749 - Rendsborg, 1808). Rey de Dinamarca y Noruega (1766-1808). Sucedió a su padre, Federico V. Al poco tiempo de ocupar el trono perdió la razón.
CRISTIÁN VIII (Copenhague, 1786 - íd., 1848). Rey de Dinamarca (1839-48). Proclamado rey de Noruega en 1814, tuvo que abdicar ese mismo año y ceder el país

Cristián VIII. Retrato de Christian Horneman. Castillo de Rosenborg (Copenhague).

al rey de Suecia. Realizó una serie de reformas para establecer en sus dominios un gobierno constitucional.
CRISTIÁN IX (Gottorp, 1818 - Copenhague, 1906). Rey de Dinamarca (1863-1906). Merced a los derechos de su esposa Luisa de Hesse, prima y heredera de Federico VII, fue nombrado sucesor de éste.
CRISTIÁN X (Charlottenlund, 1870 - Amalienborg, 1947). Rey de Dinamarca (1912-47). Sucedió a su padre, Federico VIII. Defensor del constitucionalismo, durante su reinado Islandia se convirtió en República independiente y se concedió el derecho de voto a las mujeres. En la Segunda Guerra Mundial promovió la resistencia pasiva durante la ocupación del país por los nazis.
CRISTIANAR tr. fam. *Rel.* BAUTIZAR.
CRISTIANDAD f. *Rel.* **1** Conjunto de los fieles que profesan la religión cristiana. **2** Observancia de la ley de Cristo.
CRISTIANI, ALFREDO Político salvadoreño (San Salvador, 1948). Empresario cafetalero, en 1984 se convirtió en dirigente de la Alianza Republicana Nacionalista (ARENA), al frente de la cual, y tras ganar las elecciones de 1989, accedió a la presidencia del país. En 1992 firmó un acuerdo de paz con los dirigentes de la guerrilla del Frente Farabundo Martí de Liberación Nacional (FMLN). Fue sustituido en 1994 por Armando Calderón.
CRISTIANÍA OSLO.
CRISTIANISMO m. *Rel.* **1** Religión cristiana. **[Encic.]** **2** Conjunto de los fieles cristianos. **3** BAUTIZO.
Rel. e *Hist.* Religión fundada por Cristo y basada en las sagradas escrituras. Los evangelios, junto con los demás libros del Nuevo Testamento constituyen la fuente esencial del cristianismo, cuyas bases fueron establecidas por Jesucristo durante su vida. San Pedro fue el primer papa, y san Pablo, uno de los más activos propagadores del cristianismo, extendió la religión cristiana por Asia Menor, Grecia y Roma. Ya desde el siglo I se desataron una serie de persecuciones contra los cristianos que llegaron a su mayor intensidad en tiempos de Diocleciano. Pese a dichas persecuciones, la religión se consolidó hasta ser reconocida por Constantino, en 313, con el edicto de Milán, y declarada religión oficial del imperio por Teodosio, a finales del siglo IV. Durante la Edad Media el cristianismo se difundió por toda Europa. Ya desde sus comienzos, aparecieron frecuentes disputas doctrinales, que en ocasiones tomaron la forma de

Cristina, reina de Suecia. Retrato de Jacob Henrik Elbfas. Galería de retratos del castillo de Gripsholm (Estocolmo).

herejías: arrianismo, nestorianismo, maniqueísmo, etc. Fueron golpes duros para el cristianismo las CISMAS DE ORIENTE (siglo IX) y DE OCCIDENTE (1378). A principios del siglo XVI tuvo su inicio la REFORMA protestante, en la que destacaron Lutero y Calvino; la reacción de la iglesia de Roma dio origen a la CONTRARREFORMA, que culminó en el concilio de Trento (1545-63). En la actualidad el cristianismo comprende tres ramas principales: la iglesia católica, apostólica y romana; la iglesia protestante y la iglesia oriental u ortodoxa.

CRISTIANIZAR tr. y prnl. *Rel.* Conformar una cosa con el dogma cristiano.

CRISTIANO, NA adj. *Rel.* **1** Perteneciente a la religión de Cristo. **2** Que profesa la fe de Cristo. También s. || m. **3** fam. Persona o alma viviente. || **hablar en cristiano** fr. fig. y fam. Expresarse en términos fácilmente comprensibles.

CRISTIANSAND KRISTIANSTAD.

CRISTINA Reina de Suecia (Estocolmo, 1626 - Roma, 1689). Hija de Gustavo Adolfo II, le sucedió en el trono de Suecia a la edad de 6 años, bajo la tutela del canciller del reino. Abdicó en 1654 en favor de su primo Carlos Gustavo, y se convirtió al catolicismo.

CRISTINO, NA adj. y s. *Hist.* Partidario de Isabel II de España, durante la regencia de su madre doña María Cristina de Borbón, contra el pretendiente don Carlos.

CRISTO m. **1** JESUCRISTO. **2** CRUCIFIJO.

CRISTO, ORDEN DE *Hist.* y *Rel.* Orden militar portuguesa, instituida en 1319 por el rey don Dionís y aprobada por el papa Juan XXII en sustitución de la Orden de los Templarios. En 1789 pasó a ser meramente honorífica.

CRISTÓBAL Nombre de diversos reyes de Dinamarca.
CRISTÓBAL I (Riben, 1219 - íd., 1259). Hijo de Valdemar II, accedió al trono en 1252. Pasó su reinado en conflicto continuo con el alto clero.
CRISTÓBAL II (?, 1276 - Nyköping, 1332). Se convirtió en rey en 1320, cuando destronó a su hermano Erik Menved. La nobleza le expulsó del trono en 1325 y nombró para sustituirle a Valdemar III. Consiguió reunir un ejército y recuperar la corona (1330-32).
CRISTÓBAL III (?, 1418 - Helsingborg, 1448). Príncipe de Baviera, fue elegido rey de Dinamarca y Suecia en 1440 y de Noruega en 1441.

CRISTÓBAL COLÓN Pico de Colombia (Magdalena), el más elevado del país (5.800 m), en la Sierra Nevada de Santa Marta.

CRISTOFORI, BARTOLOMEO Constructor de instrumentos de música italiano (Padua, 1665 - Florencia, 1731). Dedicado a construir claves, ideó (1698) el *pianoforte* o piano.

CRISTOFUÉ m. *Zool.* Ave paseriforme de nombre científico *Saurophagus sulphuratus*, de color entre amarillo y verde, propia de Venezuela.

CRISTOLOGÍA f. Tratado de lo referente a Cristo.

CRISTUS m. **1** Cruz que precedía al abecedario o alfabeto en la cartilla. **2** ABECEDARIO, alfabeto. **3** Librito para empezar a leer.

CRITERIO m. **1** Norma para conocer la verdad. **2** Juicio o discernimiento.

CRITERIOLOGÍA f. *Lóg.* Parte de la lógica que estudia los criterios de verdad.

CRITÉRIUM m. *Dep.* **1** Competición de alto nivel celebrada sin carácter oficial. **2** En hípica, carrera en la que participan caballos nacidos el mismo año, para determinar el mejor de cada generación.

CRITIAS Político ateniense (?, h. 460 - ?, h. 403 a. C.). Discípulo de Gorgias y de Sócrates. Fue uno de los Treinta Tiranos impuestos por Esparta para gobernar Atenas en 404 a. C.

CRÍTICA f. **1** Arte de juzgar de la bondad, verdad y belleza de las cosas. **2** Cualquier juicio o conjunto de juicios sobre una obra literaria, artística, etc. **3** Censura. **4** Conjunto de opiniones sobre cualquier asunto. **5** Con el artículo *la*, conjunto de críticos de literatura, arte, cine, etc. **6** MURMURACIÓN.

CRITICAR tr. **1** Juzgar las cosas, fundándose en una serie de principios. **2** Censurar.

CRITICISMO m. *Filos.* **1** Método de investigación según el cual a todo trabajo científico debe preceder el examen de la posibilidad del conocimiento de que se trata y de las fuentes y límites de éste. **2** Sistema filosófico de Kant.

CRÍTICO, CA adj. **1** Perteneciente a la crítica. **2** Relativo a la crisis. **3** Hablando del tiempo, decisivo, oportuno. || m. y f. **4** Persona que ejerce la crítica.

CRITICÓN, NA adj. y s. Que todo lo censura.

CRIVELLI, CARLO Pintor italiano (Venecia, h. 1430 - Ascoli, h. 1494). Representante de la escuela veneciana, en sus cuadros se mezclan los nuevos recursos renacentistas con la decoración característica del gótico tardío.

CRIVILLÉ, ÁLEX Motociclista español (Seva, 1970). En 1996 y 1997 quedó segundo en el Mundial en la modalidad de 500 cc, y en 1999 se proclamó campeón del mundo.

CRIZNEJA f. **1** Trenza de cabellos. **2** Soga de esparto.

CRO-; -CRO- pref. o in. CROMO-.

CROACIA (*Hrvatska*) Estado de Europa que hasta enero de 1992 formó parte de Yugoslavia, actual Serbia y Montenegro. Limita al N con Eslovenia y Hungría; al E, con Voivodina (Serbia); al S, con Bosnia-Herzegovina y el mar Adriático; y al O, con el mar Adriático.
GEOG. Su relieve es montañoso, recorrido en gran parte por las estribaciones de los Alpes Dináricos, que separan la Croacia interior del extenso litoral del mar Adriático. Los principales ríos son el Danubio, el Drava y el Sava. La agricultura (viñedos, cítricos) adolece de escasez de superficies cultivables, salvo la zona del Eslavonia. Posee abundantes recursos naturales (bauxita, hulla, lignito, plomo, petróleo), extensas zonas de bosques (robles, pinos, castaños) y abundantes pastos para el ganado. El país ha experimentado un gran crecimiento económico, basado en la actividad comercial de sus puertos (Rijeka, Split), la modernización de su industria y el turismo de sus costas (Dubrovnik, Split).
HIST. Las regiones habitadas por los ilirios fueron incorporadas a las provincias romanas de Dalmacia y Panonia; formaron después un reino ostrogodo y luego lombardo (siglo VII), instalándose entonces los croatas. Existió como unidad política independiente (con el nombre de Croacia) entre los siglos X y XI, y en 1097 se incorporó a Hungría. En el siglo XVI el territorio se dividió entre el imperio otomano y los Habsburgo, hasta 1699, en que los turcos devolvieron las tierras que habían ocupado en Croacia. Entre 1805 y 1813, Croacia y Eslovenia constituyeron las Provincias Ilirias, y en 1822 Croacia recuperó su autonomía bajo la soberanía húngara, situación que perduró con la creación del imperio austrohúngaro (1867). En 1881, Croacia y Eslovenia se fusionaron en una sola administración, y en 1918 ambos territorios se unieron a Serbia en el reino de los Serbios, Croatas y Eslovenos, germen de lo que, a partir de 1929, se denominó reino de Yugoslavia. En 1939 le fue concedida la autonomía y con la invasión de tropas alemanas e italianas declaró su independencia (abril de 1941). Liberada Yugoslavia por Tito en 1945, pasó a ser un Estado federado de la misma. El acusado sentimiento nacionalista latente brotó con fuerza en 1990, promovido por los cambios políticos desarrollados en los países del Este. Se celebraron elecciones democráticas en mayo de ese año y fue nombrado presidente Franjo Tudjman. Comenzó entonces una crisis entre las comunidades croata y serbia de la república. El problema trascendió las fronteras croatas cuando, junto a Eslovenia, Croacia propuso un proyecto de confederación yugoslava como única salida a la convivencia con Serbia. Las tensiones aumentaron a lo largo de 1991, y poco después de que Croacia proclamara su independencia (junio), estalló un conflicto armado entre ambas repúblicas. En enero de 1992, sin concluir el enfrentamiento, Croacia era reconocida como Estado independiente por la comunidad internacional. En agosto de ese mismo año se volvieron a celebrar elecciones en las que el partido Comunidad Democrática Croata (HDZ) del presidente Tudjman consiguió una aplastante mayoría. En 1992 se produjo un alto el fuego que sólo duraría brevemente: una cuarta parte del país, la autoproclamada república de Krajina, se hallaba ocupada por fuerzas serbias y Croacia se encontraba partida en dos por la costa dálmata.

Superficie: 56.542 km².
Población: 4.282.000 h. (croatas).
Densidad: 75,7 h./km².
Tasa de natalidad: 12,1‰
Tasa de mortalidad: 11,4‰
Capital: Zagreb.
Ciudades importantes: Split, Rijeka, Osijek, Karlovac, Pula y Dubrovnik.
Grupos étnicos: croatas (78,1%), serbios (12,2%) y bosnios (0,9%).
Religión: catolicismo (76,5%), cristianismo ortodoxo (11,1%), islamismo (1,2%).
Idioma: croata.
Moneda: kuna.
Forma de Estado: república.
Producto Nacional Bruto: 20.786 millones de dólares.
Renta per cápita: 4.620 dólares.
División administrativa: 20 condados, según cuadro.

CROACIA

Condados	Superficie (km²)	Población (h.)	Capital
Bjelovar-Bilogora	2.640	144.042	Bjelovar
Dubrovnik-Neretva	1.784	126.329	Dubrovnikvn
Istria	2.815	204.346	Pazin
Karlovac	3.311	174.105	Karlovac
Koprivnica-Kricevci	1.783	129.907	Koprimica
Kaprina-Zagorje	1.235	149.534	Kaprina
Lika-Senj	3.748	71.215	Gospic
Medimurje	730	119.866	Cakovec
Osijek-Baranja	3.619	331.979	Osijek
Pozega-Slavonija	2.374	134.548	Pozega
Primorje-Gorski Kotar	3.578	323.130	Rijeka
Sibenik	1.871	109.171	Sibenik
Sisak-Moslavina	5.117	287.002	Sisak
Slavonski Brod-Posavina	2.026	174.998	Slavonski Brod
Split-Dalmatia	4.520	474.019	Split
Varazdin	1.238	187.343	Varazdin
Virovitica-Podravina	2.068	104.625	Virovitica
Vukovar-Srijem	2.442	231.241	Vukovar
Zadar-Knin	6.352	272.003	Zadar
Zagreb	2.071	167.145	Zagreb

Croacia. Vista del puerto de Dubrovnic.

El 22 de enero de 1993, las fuerzas croatas lanzaron una ofensiva para reconquistar el estrecho de Malsenica y la presa de Peruca, en la retaguardia de Zadar, dos objetivos económicamente vitales. En abril de 1994 Croacia firmó un alto el fuego con los serbios de Krajina, pero, en 1995, desató una ofensiva militar en esta región y la ocupó en pocos días. La presión de la ONU y el resto de la comunidad internacional logró que se estableciera un alto el fuego. Según el plan de pacificación diseñado, Croacia recuperaba la región de Krajina y Serbia retenía Eslavonia oriental, región originalmente croata pero habitada fundamentalmente por serbios. En octubre de 1995 serbios, musulmanes y croatas firmaron un acuerdo de paz, poniendo fin a la guerra. Franjo Tudjman fue reelegido en las elecciones de 1995 y 1997. En 1998, Croacia recuperó la región de Eslavonia. La muerte del presidente Tudjman en diciembre de 1999 creó un vacío de poder que se prolongó hasta las elecciones de enero de 2000, en las que venció Stipe Mesic, del Partido Popular.

CROAR intr. *Zool.* Cantar la rana.
CROATA adj. y com. **1** De Croacia, país europeo. || m. *Ling.* **2** Idioma croata, variedad del serbocroata.
CROCANTE o **CROCANTI** adj. **1** Se dice de ciertas pastas que crujen al mascarlas. || m. **2** GUIRLACHE. **3** Se aplica al helado cubierto de almendra picada.
CROCE, BENEDETTO Filósofo y crítico italiano (Pescasseroli, 1866 - Nápoles, 1952). Su pensamiento influyó en la cultura italiana de la primera mitad del siglo XX. Fue dos veces ministro, la última (1944) en el gobierno antifascista de liberación. Autor de *El materialismo histórico y la economía marxista* (1900), *Estética como ciencia de la expresión y lingüística general* (1902), *Ética y política* (1931), etc.
CROCHÉ m. **1** Gancho, ganchillo. **2** Labor que se hace con ellos.
CROCHET (Voz fr.) m. *Dep.* En boxeo, GANCHO.
CROCKETT, DAVID o **DAVY** Político estadounidense (Greene County, 1786 - El Álamo, 1836). Participó en la revuelta de Texas contra México y murió en la defensa de El Álamo.
CROCO m. *Bot.* **1** Nombre de varias plantas herbáceas de la familia iridáceas, género *Crocus*. Son vegetales perennes, bulbosos, propios del S de Europa. Algunas especies se utilizan como ornamentales. **2** AZAFRÁN.
CROCODILIANO adj. y m. *Zool.* **1** Se aplica a los reptiles de gran tamaño, adaptados a la vida acuática y muy voraces, como los cocodrilos, caimanes, aligatores y el gavial. || m. pl. *Zool.* **2** Orden de estos reptiles.
-CROÍSMO suf. CROMO-.
CROISSANT (Voz fr.) m. Bollo de origen húngaro de pasta algo hojaldrada en forma de cuarto creciente.
CROIX, CHARLES FRANÇOIS, MARQUÉS DE Aristócrata flamenco (Lille, 1699 - Valencia, 1786). Nombrado virrey de México, gobernó entre 1766 y 1771. Durante su mandato se cumplió la orden de expulsión de los jesuitas (1767).
CROL m. *Dep.* Forma de natación en que la cabeza va sumergida salvo para respirar, y los brazos se proyectan hacia adelante alternativamente para dar brazadas paralelas al sentido de la marcha.
CROM-, CROMA-; -CROM- prefs. o in. CROMO-.
CROMADO m. *Met.* Acción y efecto de cromar.
CROMAÑÓN (Cro-Magnon) Abrigo rocoso de Francia, en la localidad de Les Eyzies (Dordoña), donde, en 1868, se encontraron restos fósiles humanos, a los que se dio el nombre de hombre de Cromañón.
CROMAR tr. Dar un baño de cromo a los objetos metálicos.
-CROMASIA suf. CROMO-.
CROMAT-; -CROMAT- pref. o in. CROMO-.
CROMÁTICO, CA adj. **1** Relativo a los colores. **2** *Fís.* Se dice del instrumento óptico que presenta al ojo los objetos contorneados con los visos y colores del arco iris. **3** *Mús.* Se dice de la armonía o melodía elaborada a partir de los doce semitonos de la escala y, en general, del pasaje, intervalo o acorde que introduce notas que no forman parte de la tonalidad de la obra.
CROMÁTIDA f. *Biol.* Filamento más o menos espirilizado que se halla en el cromosoma.
CROMATIDIO m. *Biol.* CROMÁTIDA.
CROMATINA f. *Biol.* Sustancia que existe en el núcleo de las células, compuesta por ácido desoxirribonucleico (ADN), que es el portador de la información genética, histonas (proteínas estructurales de carácter básico), otras proteínas ácidas o neutras que también pueden desempeñar un papel estructural, y cantidades variables de ARN. Se tiñe intensamente por el carmín y los colorantes básicos de anilina.
CROMATISMO m. *Fís.* Calidad de cromático.
CROMATO-; -CRÓMATO pref. o suf. CROMO-.
CROMATÓFORO m. **1** *Biol.* Referido a ciertas bacterias, sistema membranoso que contiene bacterioclorofila, carotenoides y transportadores de electrones implicados en el proceso de fotosíntesis. **2** *Bot.* Corpúsculo portador de pigmentos, excepto los cloroplastos. **3** *Zool.* Célula pigmentaria que contiene gránulos coloreados capaces de dispersarse o concentrarse y cuya acción está regulada por el sistema nervioso simple.
CROMATOGRAFÍA f. *Quím.* Método empleado para separar y analizar mezclas de sustancias químicas por distribución entre dos fases, una estacionaria (sólido, líquido sobre soporte sólido, o gel) y otra móvil (líquido o gas). Normalmente, esta técnica se lleva a cabo en columnas cerradas que contienen un adsorbente granular envuelto por una capa fina de solvente de alto punto de ebullición (líquido de separación); o en columnas tubulares abiertas que contienen una capa fina de líquido de separación en las paredes y un orificio por donde puede pasar la mezcla a lo largo del centro de la columna. La cromatografía puede ser *ascendente* o *descendente*, según que la mezcla suba o baje por la columna de separación.
CROMATÓGRAFO m. *Quím.* Instrumento empleado en los procesos cromatográficos.
CROMATOGRAMA m. *Quím.* Muestra resultante de un proceso cromatográfico, formada por zonas de pigmentos separados y de sustancias incoloras.
-CROMIA, -CROMÍA sufs. CROMO-.
-CROMIO suf. CROMO-.
CROMITA f. *Miner.* Mineral óxido de hierro y cromo, de fórmula $FeCr_2O_4$, de color negro o pardo oscuro brillante, principal mena del cromo. Se presenta en rocas básicas y ultrabásicas, cristalizado en el sistema cúbico en forma de octaedros. También se emplea como material refractario.
CROMLECH m. *Arqueol.* Monumento megalítico formado por menhires, dispuestos en forma elíptica o circular.
CROMMELYNCK, FERNAND Dramaturgo belga en lengua francesa (París, 1886 - íd., 1970). Autor de *Le cocu magnifique* (1921), *Les amants pueriles* (1921) y *Chaud et troid* (1936).
CROMO[1] (Del fr. *chrome*.) m. *Quím.* Elemento químico del grupo VI B del sistema periódico. Masa atómica 52; número atómico 24; punto de fusión 1830° C; símbolo *Cr*. Se obtiene de la cromita. Metal duro y quebradizo, de color blanco azulado, que se emplea en aleaciones para fabricar instrumentos y herramientas.
CROMO[2] m. CROMOLITOGRAFÍA, estampa.
CROMO-, CRO-, CROM-, CROMA-, CROMAT-, CROMATO-; -CROM-, -CRO-, -CROMAT-; -CROMIO, -CROMIA, -CRÓMATO, -CROMASIA, -CROÍSMO, -CROMO prefs., ins. o sufs. que significan coloración: *dicroíta, acromatopsia, dicromía, anisocromasia, dicroísmo, policromo.*

Vista aérea del **cromlech** de Stonehenge (Reino Unido).

cromolitografía f. *A. gráf.* **1** Técnica de litografiar con varios colores que se obtienen por impresiones sucesivas. **2** Estampa obtenida por medio de este sistema.

cromoproteido m. *Quím.* Proteido cuyo grupo prostético es un pigmento, como la clorofila o la hemoglobina.

cromosfera f. *Astron.* Zona superior de la envoltura gaseosa del Sol, de color rojo. Es visible unos segundos antes y después de la totalidad, en los eclipses totales de Sol.

cromosoma m. *Biol.* Estructura lineal compleja que contiene el material hereditario de los seres vivos y que solamente es visible durante la mitosis. En organismos eucariotas cada cromosoma es un complejo de ADN y proteínas, localizado en el núcleo celular; su número y estructura es constante durante toda la vida de la célula y se duplica cuando lo hace ésta (en el hombre son 46, agrupados en 23 pares, el último de los cuales es el de diferenciación sexual: XX para el sexo femenino, XY para el masculino). En organismos procariotas y en virus, el cromosoma es una molécula de ácido nucleico. Cada especie presenta un número fijo de cromosomas, que constituyen el cariotipo.

cromotipia f. *A. gráf.* **1** Impresión en colores. **2** Lámina así obtenida.

cromotipografía f. *A. gráf.* **1** Arte de imprimir en colores. **2** Obra hecha por este procedimiento.

Oliver **Cromwell.** Retrato de Charles Lucy. Museo Victoria y Alberto (Londres).

Cromwell, Oliver Político inglés (Huntingdon, 1599 - Londres, 1658). De convicciones religiosas profundas, desde un principio manifestó sus posiciones antimonárquicas en el Parlamento. Cuando estalló la guerra civil entre el rey y el Parlamento (1642), tomó parte a favor del último y alcanzó el grado de teniente general. Venció al ejército realista, pero hubo de enfrentarse con una seria oposición dentro del grupo parlamentario, que dio lugar a una nueva guerra civil. Una vez tomado Londres y depurado el Parlamento, hizo condenar a muerte a Carlos I (1649) y proclamó la república. Disolvió el antiguo Parlamento y convocó otro, que le reconoció jefe de Estado con el título de *lord Protector.* Durante su mandato concedió representación parlamentaria a Escocia y a Irlanda, arrebató Jamaica y Dunkerke a España, y reorganizó la iglesia nacional, convirtiendo a Inglaterra en la cabeza del protestantismo europeo.

Cromwell, Richard Lord Protector de Inglaterra, Escocia e Irlanda (Huntingdon, 1626 - Cheshunt, 1712). Hijo de Oliver, sucedió a éste en el protectorado, pero incapaz de hacer frente a los conflictos existentes entre el poder civil y el ejército, dimitió en 1659.

Cromwell, Thomas, conde de Essex Político inglés (Putney, 1485 - Londres, 1540). Trabajó para el cardenal Wolsey hasta la caída de éste en 1529. En 1530 entró al servicio del rey Enrique VIII, formó parte de su consejo privado y llegó a ser su secretario en 1534. Apoyó incondicionalmente la política del monarca e inspiró la legislación antipapista que culminó con la ruptura con Roma. Acusado de alta traición por la nobleza, murió decapitado.

-crona suf. CRONO-.

Cronaca, il (Simone del Pollaiolo, llamado) Arquitecto italiano (Florencia, 1457 - íd., 1508). Influido por Brunelleschi, su obra representa la plasmación del ideal arquitectónico renacentista. Trabajó sobre todo en Florencia, donde construyó la cornisa y el patio interior del palacio Strozzi y la iglesia de San Salvatore al Monte.

-cronía suf. CRONO-.

crónica f. **1** *Hist.* Relaciones de acontecimientos históricos en que se observa el orden de los tiempos, cuyo objeto es la simple consignación. Constituyen importantes documentos para el estudio de la Edad Media, época en que se escribieron. En España destacan entre otras muchas: la *Albeldense* (siglo IX), la de Alfonso II (siglo IX), la del moro Rasis (siglo X), la *Najerense* o *Leonesa* (siglo XII), la *Silense* (siglo XII), la *General* (siglo XIII), la de Jaime I (siglo XIII), la *Crónica Latina de los Reyes de Castilla* (siglo XIII), la de Muntaner (siglos XIII y XIV) y la de Alfonso XI (siglo XIV). **2** *Medios.* Artículo periodístico sobre temas de actualidad.

Crónicas, Libros de las Título de dos libros de la Biblia, también llamados Paralipómenos, que son como el suplemento de los cuatro de los Reyes.

crónico, ca adj. **1** *Med.* Se aplica a las enfermedades largas o dolencias habituales. **2** Que viene de tiempo atrás. || m. **3** CRÓNICA.

-crónico suf. CRONO-.

cronicón m. Breve narración histórica.

Cronin, Archibald Joseph Escritor escocés (Cardross, Dumbartonshire, 1896 - Montreux, Suiza, 1981). Escritor de novelas populares, algunos de sus títulos se convirtieron en best-sellers. Obras: *Los verdes años* (1945), *El jardinero español* (1950), *El árbol de Judas* (1961) y *La dama de los claveles* (1976).

Cronin, James Watson Físico estadounidense (Chicago, 1931). En colaboración con V. L. Fitch, J. H. Christenson y R. Turlay, descubrió en 1964 una reacción que viola los principios fundamentales de simetría en la desintegración de los mesones neutros de vida media-larga. Premio Nobel de Física, junto con V. L. Fitch, en 1980.

-cronismo suf. CRONO-.

cronista com. Autor de una crónica.

crónlech m. CROMLECH.

crono-; -crono, -crona, -cronía, -crónico, -cronismo pref. o sufs. que significan tiempo: *isócrono, diacronía.*

Crono o **Cronos** *Mit.* Divinidad griega, hijo de Urano y Gea. Casado con Rea, devoraba a sus hijos al nacer para que no le disputaran el dominio del universo. De ellos, Zeus consiguió salvarse gracias a una estratagema de su madre, que le entregó a Cronos una piedra envuelta en pañales, en lugar del cuerpo del recién nacido. Es el Saturno de la mitología romana.

cronoescalada f. *Dep.* En ciclismo, prueba contrarreloj en terreno montañoso.

cronografía f. CRONOLOGÍA.

cronógrafo, fa m. y f. **1** Persona que profesa la cronografía o tiene en ella especiales conocimientos. || m. **2** *Fís.* Aparato que sirve para registrar gráficamente el tiempo transcurrido entre dos sucesos. **3** Aparato para medir tiempos muy pequeños.

cronología f. **1** Ciencia que determina el orden y fechas de los sucesos históricos. **2** Serie de personas o sucesos históricos por orden de fechas. **3** Manera de computar los tiempos.

cronometraje f. Acción y efecto de crono-metrar.

cronometrar tr. Medir con el cronómetro.

cronometría f. Medida exacta del tiempo.

cronómetro m. Reloj de precisión, insensible a las influencias externas.

Cronstadt KRONSTADT.

Cronstedt, Axel Fredrik, barón de Químico y mineralogista sueco (Södermanland, 1722 - Estocolmo, 1765). Descubrió el níquel y las zeolitas. Escribió *Ensayo de clasificación del reino mineral.*

Crookes, William Físico y químico inglés (Londres, 1832 - íd., 1919). Descubrió y aisló el talio. Su aportación más importante fue el tubo de rayos catódicos que lleva su nombre.

croque m. **1** CLOQUE, gancho de hierro. **2** Golpe que se da en la cabeza o con ella.

croquet (Voz i.) m. *Dep.* Juego de origen inglés que consiste en hacer pasar, impulsándolas con un mazo, unas bolas de madera a través de los arcos clavados en el suelo a lo largo de un itinerario establecido.

croqueta f. *Gastron.* Fritura de besamel con trocitos de carne, pescado, etc., rebozada con huevo y pan rallado.

croquis m. **1** Esquema o plano poco detallado de un terreno o lugar. **2** Diseño o dibujo ligero. ♦ Su pl. es *croquis.*

Crosby, Bing (Harry Lillis, llamado) Cantante y actor de cine estadounidense (Tacoma, Washington, 1904 - Madrid, 1977). Fue uno de los intérpretes de canciones melódicas más estimados de los años cuarenta. Películas principales: *Siguiendo mi camino* (Oscar de interpretación en 1934), *Las campanas de Santa María* (1947) y *Cuatro gángsters de Chicago* (1966).

croscitar intr. CRASCITAR.

crosopterigio, gia adj. y m. *Zool.* **1** Se aplica a los peces teleósteos de organización primitiva, con grandes aletas pectorales. La mayoría de las especies son fósiles; el único representante vivo es el celacanto. || m. pl. *Zool.* **2** Orden de estos peces.

cross m. *Dep.* Carrera de resistencia que se realiza a través del campo salvando obstáculos.

crótalo m. **1** *Mús.* Instrumento musical de percusión usado antiguamente y parecido a la castañuela. **2** *Zool.* Nombre común de un grupo de reptiles escamosos de la familia vipéridos, género *Crotalus.* Son serpientes muy venenosas, de aproximadamente 1,5 m de longitud y con unos anillos córneos (cascabel o crótalo) en el extremo posterior del cuerpo, que emiten un sonido característico. Viven en el N y centro de América. **3** poét. CASTAÑUELA.

crotón m. *Bot.* RICINO.

Crotona 1 Provincia de Italia en la región de Calabria; 1.716 km^2 y 179.336 h. **2** Ciudad capital de la misma junto al mar Jónico; 59.492 h. Fue sede de la escuela pitagórica.

crotorar intr. *Zool.* Producir la cigüeña un sonido peculiar entrechocando el pico.

croupier (Voz fr.) com. Persona que, en las casas de juego y casinos, dirige las partidas, promueve las apuestas, etc., a sueldo y por cuenta de la empresa.

crow adj. **1** *Etnol.* Se dice de un grupo amerindio que habitó en la zona de las Grandes Llanuras, en los Estados de Montana y Wyoming (EE UU), y que en la actualidad residen en Montana. También com. **2** Relativo a este grupo. || m. *Ling.* **3** Lengua hablada por los crow, perteneciente a la familia lingüística sioux.

cruce m. **1** Acción de cruzar o poner dos cosas en forma de cruz. **2** Paso destinado a los peatones. **3** *Gram.* Acción y efecto de cruzarse dos palabras o formas gramaticales generalmente sinónimas. **4** Interferencia telefónica o de emisiones radiadas. **5** *Geom.* Punto donde se cortan mutuamente dos líneas. **6** *Gan.* Acción de cruzar los animales para mejorar la raza.

cruceño, ña adj. y s. De algunos de los pueblos que llevan el nombre de Cruz o Cruces.

crucera f. Nacimiento de las costillas del cuarto delantero de las caballerías.

crucería f. *Arquit.* Sistema constructivo propio del estilo gótico, en el cual la forma de bóveda se logra mediante el cruce de arcos diagonales, llamados también ojivas o nervios.

crucero m. **1** El que tiene el oficio de llevar la cruz delante de los arzobispos en las procesiones y otras funciones sagradas. **2** ENCRUCIJADA, cruce de calles. **3** Cruz de piedra que se coloca en el cruce de caminos y en los atrios. **4** *Arquit.* Espacio en que se cruzan la nave mayor de una iglesia y la que la atraviesa. **5** Vigueta. **6** *A. gráf.* Línea por donde se ha doblado el pliego de papel al ponerlo en resmas. **7** *Mil.* Buque de guerra de gran velocidad y radio de acción. **8** Viaje de recreo en barco con distintas escalas. **9** *Arquit.* ARCO CRUCERO.

cruceta f. **1** Cada una de las cruces o de las aspas que resultan de la intersección de dos series de líneas paralelas. **2** *Mar.* Meseta que, en la cabeza de los masteleros, sirve para los mismos fines que la cofa en los palos mayores.

crucial adj. **1** Se dice del momento o trance crítico en que se decide una cosa. **2** En forma de cruz.

crucífero, ra adj. **1** poét. Que lleva o tiene la insignia de la cruz. **2** *Bot.* Se aplica a las plantas herbáceas angiospermas dicotiledóneas, que tienen hojas alternas, corola en forma de cruz, generalmente regular, y ovario bilocular con las semillas unidas a los bordes del tabique, como la col. También f. || f. pl. *Bot.* **3** Familia de estas plantas.

crucificar tr. **1** Fijar o clavar en una cruz a una persona. **2** fig. y fam. Sacrificar, perjudicar.

crucifijo m. Imagen de Cristo crucificado.

crucifixión f. Acción y efecto de crucificar.

cruciforme adj. De forma de cruz.

crucigrama m. **1** Pasatiempo que consiste en colocar, en un casillero, palabras, vertical y horizontalmente, cuyas letras comunes coincidan. **2** Este mismo casillero.

crudeza f. **1** Calidad de lo que no tiene la suavidad o sazón necesaria. **2** fig. Rigor o aspereza. || f. pl. **3** Alimentos que no se digieren bien.

crudillo m. Tela áspera y dura.

crudo, da adj. **1** Se dice de los comestibles que no están bien cocidos. **2** Se dice de algunos alimentos que son de difícil digestión. **3** Se aplica a algunas cosas cuando no están preparadas o curadas. **4** Se aplica a la fruta que no está madura. **5** fig. Cruel, áspero, despiadado. **6** *Geol.* Se dice de la mezcla natural de hidrocarburos de las series parafínica, nafténica y bencénica que, una vez refinado, proporciona petróleo, asfalto y otros productos. También m. **7** fig. Se aplica al tiempo muy frío.

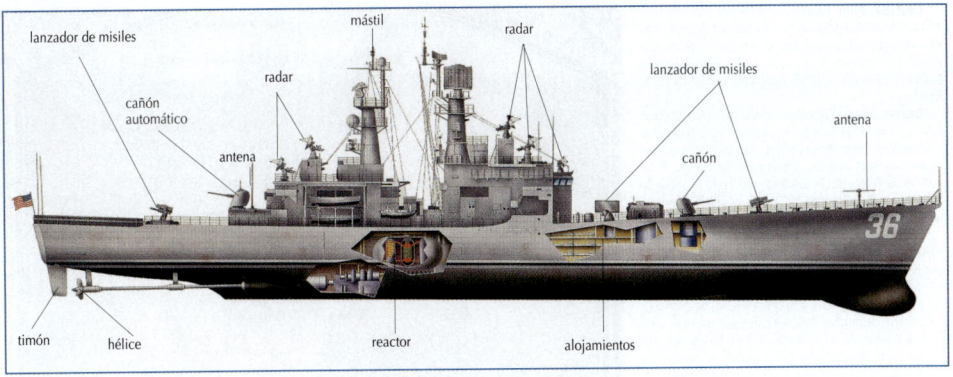

crucero

CRUEL adj. **1** Que se deleita en hacer mal. **2** Que se complace en los padecimientos ajenos. **3** fig. Insufrible, excesivo. **4** fig. Sangriento, duro.

CRUELDAD f. **1** Inhumanidad, fiereza de ánimo, impiedad. **2** Acción cruel e inhumana.

CRUENTO, TA adj. SANGRIENTO.

CRUIKSHANK Geneal. Familia de caricaturistas e ilustradores británicos, integrada por Isaac (Edimburgo, 1756 - Londres, 1810) y su hijo George (Londres, 1792 - id., 1878), que satirizaron la sociedad de su época. El segundo ilustró las obras de Dickens.

CRUILLES, MARQUÉS DE MONTSERRAT, JOAQUÍN, MARQUÉS DE CRUILLES.

CRUISE, TOM Actor de cine estadounidense (Siracusa, Nueva York, 1962). Considerado uno de los galanes más reputados del cine estadounidense, en su filmografía destacan *El color del dinero* (1986), *Rain Man* (1988), *Nacido el cuatro de julio* (1989), *Algunos hombres buenos* (1992), *La tapadera* (1993), *Entrevista con el vampiro* (1994), *Misión imposible* (1996), *Eyes Wide Shut* (1999), *Magnolia* (1999), *Misión imposible 2* (2000) y *El último samurái* (2003).

CRUJÍA f. **1** Tránsito largo de algunos edificios, pasillo. **2** En los hospitales, sala larga con camas a ambos lados. **3** *Arquit.* En algunas catedrales, paso cerrado con verjas o barandillas, desde el coro al presbiterio. **4** *Arquit.* Espacio entre dos muros de carga. **5** *Mar.* Espacio de popa a proa en medio de la cubierta del buque.

CRUJIDERO, RA adj. **1** Que cruje. || m. **2** Trencilla que se empalma al látigo.

CRUJIDO m. **1** Acción y efecto de crujir. **2** Pelo que tienen las hojas de espada en el sentido de su longitud.

CRUJIR intr. Hacer cierto ruido algunos cuerpos cuando rozan unos con otros o se rompen.

CRÚOR m. **1** Coágulo sanguíneo. **2** *Med.* En la medicina antigua se daba este nombre a la hemoglobina y a los glóbulos sanguíneos. **3** poét. SANGRE.

CRUP m. *Med.* DIFTERIA, garrotillo.

CRURAL adj. *Anat.* Perteneciente o relativo al muslo.

CRUSTÁCEO, A adj. **1** Que tiene costra. También s. **2** *Biol.* Se dice del liquen con un talo delgado en forma de costra, que crece fuertemente adherido a un sustrato rocoso, a las cortezas de los árboles o al suelo. **3** *Zool.* Se aplica a los animales artrópodos, con dos pares de antenas y respiración generalmente branquial, como los cangrejos. También m. **[Encic.]** || m. pl. *Zool.* **4** Clase de estos animales.

ZOOL. Animales generalmente acuáticos (marinos o dulceacuícolas) o terrestres, con patas articuladas y el cuerpo dividido en tres segmentos (cefalotórax, abdomen y aleta caudal o telson) y cubiertos de un caparazón externo quitinoso, en ocasiones endurecido con carbonato cálcico. Los denominados *crustáceos inferiores* tienen pequeño tamaño, los segmentos del cuerpo muy variables y el abdomen sin apéndices; incluye, entre otros, a percebes y copépodos. Los denominados *crustáceos superiores* o *decápodos* son animales preferentemente marinos, de hábitos carnívoros y con el caparazón muy desarrollado. En el cefalotórax se sitúan dos ojos compuestos y pedunculados, dos pares de antenas, dos pares de maxilas, un par de mandíbulas terminadas en un palpo y tres pares de patas que reciben el nombre de maxilípedos. Todos ellos, antes de alcanzar el estado adulto, pasan por una o varias fases larvarias. Ejemplos de decápodos son la cigala, la gamba, la langosta, etc.

crustáceos

CRUTZEN, PAUL Científico holandés (Amsterdam, 1934). En 1970 descubrió que los óxidos de nitrógeno se comportan en la atmósfera como catalizadores que reducen la presencia de ozono. Recibió el premio Nobel de Química en 1995, junto con M. Molina y F. S. Rowland.

CRUYFF, JOHAN Futbolista neerlandés (Amsterdam, 1947). Militó en el Ajax de Amsterdam, F. C. Barcelona y Feyenoord, entre otros equipos, con los que consiguió numerosas ligas y varios campeonatos de Europa. Participó en la selección holandesa que logró el segundo lugar en los Mundiales de 1974. Tras su retirada, entrenó al Ajax y al F. C. Barcelona.

CRUZ f. **1** Figura formada por dos líneas que se atraviesan o cortan perpendicularmente. **2** Patíbulo formado por un madero hincado verticalmente y atravesado en su parte superior por otro más corto. **3** Imagen o figura de este antiguo suplicio. **4** Insignia y señal de cristiano. **5** Distintivo de muchas órdenes religiosas, militares y civiles. **6** Reverso de las monedas. **7** *Zool.* En algunos animales, parte más alta del lomo, donde se cruzan los huesos de las extremidades anteriores con el espinazo. **8** *Bot.* Parte del árbol en que termina el tronco y empiezan las ramas. **9** fig. Peso, carga o trabajo. **10** *Bl.* Pieza de honor que se forma con el palo y la faja. **11** *Mar.* Punto medio de la verga de figura simétrica. **12** *Mar.* Unión de la caña del ancla con los brazos. || **CRUZ DE SAN ANDRÉS** ASPA, conjunto de los palos que forman una X. || **CRUZ GAMADA** La que tiene cuatro brazos acodados como la letra gamma mayúscula del alfabeto griego. Se ha adoptado como símbolo político, religioso o racista. || **CRUZ GRIEGA** La que se compone de un palo y un travesaño de igual longitud, que se cortan en los puntos medios. || **CRUZ LATINA** La de figura ordinaria, cuyo travesaño divide al palo en partes desiguales. || **cruz y raya** expr. fig. y fam. con que se expresa el firme propósito de no volver a entender en un asunto o de no tratar más con alguna persona. || **hacerse** uno **cruces** fr. fig. y fam. Demostrar la admiración o extrañeza por causa alguna cosa.

CRUZ, CARLOS Pintor venezolano (Caracas, 1923). Distinguido representante del arte cinético, en 1959 ejecutó su primera *Fisicromía*, partiendo de combinaciones de colores y de un lenguaje estrictamente formal. En 1968 realizó su *Cromosaturación*.

CRUZ, CELIA Cantante cubana (La Habana, 1924 - Fort Lee, Nueva Jersey, 2003). Se inició en la radio de La Habana y en 1950 se incorporó como solista a La Sonora Matancera. Tras la revolución castrista de 1959 el grupo se trasladó a EE UU, país en el que la cantante fijó su residencia. En 1965 comenzó una carrera de solista en la que consiguió algunos de los éxitos más importantes de la música latina y la salsa, como «Maní picao», «Sopa en botella», «Isadora» y, especialmente, «Bemba colorá».

CRUZ, SOR JUANA INÉS DE LA (JUANA DE ASBAJE RAMÍREZ, llamada) Escritora mexicana (San Miguel de Nepantla, 1651 - Ciudad de México, 1695). Entró en un convento de carmelitas en 1667 que abandonó en 1669 para profesar la orden jerónima. Su producción literaria se sitúa en la cumbre del barroco hispanoamericano y español. Es autora de una serie de opúsculos filosóficos, como la *Carta Athenagórica*; morales: *El equilibrio moral*; musicales: *El caracol*; o teatrales y literarios, como las comedias y autos *Los empeños de una casa*, *El mártir del Sacramento* y *El divino Narciso*, así como de una importante producción poética.

Sor Juana Inés de la **Cruz**. Retrato anónimo. Museo de América (Madrid).

cruzadas. Asalto a un castillo. Ilustración de *Historia de las Cruzadas*. Biblioteca Pública y Universitaria (Ginebra).

CRUZ, RAMÓN DE LA Escritor español (Madrid, 1731 - íd., 1794). Sus sainetes (escribió unos cuatrocientos) constituyen un verdadero modelo del género. Entre ellos figuran *La pradera de san Isidro*, *Las tertulias de Madrid*, *La casa de tócame Roque* y *Manolo*. Gozó de extraordinaria popularidad.

CRUZ ROJA, ORGANIZACIÓN INTERNACIONAL DE LA Organismo internacional de carácter semipúblico fundado en Ginebra en 1864 para auxiliar a las víctimas de la guerra, objetivo que posteriormente fue ampliado al socorro, en cualquier tiempo, en caso de catástrofe, cataclismo, etc., de las personas y los pueblos que los padezcan. Su emblema es una cruz roja sobre fondo blanco, excepto en los países musulmanes, donde el distintivo es una media luna roja sobre fondo blanco.

CRUZ E SOUZA, JOÃO Poeta brasileño (Florianópolis, 1863 - Estação de Sítio, 1898). Fue el iniciador del movimiento simbolista en su país. Entre sus mejores obras figuran *Broquéis* (1893), *Missal* (1895) y *Últimos sonetos* (1905).

CRUZ DEL SUR *Astron.* Constelación austral, situada en la Vía Láctea, visible únicamente en latitudes por debajo de los 30° N. Está formada por cuatro estrellas que forman una cruz, cuya rama mayor está orientada hacia el polo Sur.

CRUZ VARELA, JUAN VARELA, JUAN CRUZ.

CRUZADA f. **1** Expedición militar de los reinos cristianos contra un país de infieles, y más específicamente las que tuvieron lugar en la Edad Media contra los musulmanes. [Encic.] **2** Tropa que iba a esta expedición. **3** Concesión de indulgencias otorgadas por el Papa a los que iban a esta expedición. **4** ENCRUCIJADA. **5** fig. Campaña en pro de algún fin.

HIST. Las cruzadas fueron expediciones religioso-militares, organizadas durante los siglos XI al XIII por los cristianos contra el Islam, para reconquistar los Santos Lugares. Fueron ocho: *Primera cruzada* (1096-99). Organizada por Pedro de Amiens y aprobada por el papa Urbano II en el concilio de Clermont-Ferrand. Los cruzados conquistaron Jerusalén (1099), proclamándose primer rey a Godofredo de Bouillon. *Segunda cruzada* (1145-48). Predicada por San Bernardo y organizada por Luis VII de Francia y Conrado III de Alemania, que sitiaron inútilmente Damasco y regresaron sin éxito. *Tercera cruzada* (1189-92). Predicada por Gregorio VIII y organizada por Federico I Barbarroja de Alemania, Felipe Augusto de Francia y Ricardo Corazón de León, de Inglaterra. Fracasó por la muerte de Federico I y las disensiones entre los reyes de Francia e Inglaterra. *Cuarta cruzada* (1202-04). Organizada por Enrique VI de Alemania, quien envió un ejército a Palestina a las órdenes de Conrado, arzobispo de Maguncia. Las victorias obtenidas por los cruzados se malograron por la muerte de Enrique VI y la falta de unión entre sus participantes. Los cruzados se desviaron de su objetivo principal, al tratar de fundar un imperio latino en Constantinopla. *Quinta cruzada* (1217-21). Organizada por Inocencio III. Se pretendió conquistar Egipto, pero tuvieron que retirarse debido a las derrotas militares y al desbordamiento del Nilo. *Sexta cruzada* (1227-29). Organizada por Honorio III y su sucesor Gregorio IX, y dirigida por Federico II de Alemania, quien obtuvo del sultán la cesión de Jerusalén, Belén y Nazaret, así como el salvoconducto de los peregrinos hasta dichas ciudades. *Séptima cruzada* (1248-54). Organizada por Inocencio IV y dirigida por san Luis, rey de Francia. Se conquistó Damieta, pero después los cruzados fueron derrotados y el mismo rey cayó prisionero. *Octava cruzada* (1270). Emprendida también por san Luis, terminó con la muerte de éste en el sitio de Túnez. Las últimas posiciones cristianas en Palestina se mantuvieron hasta 1291.

CRUZADO, DA adj. **1** Se dice de la prenda de vestir en la que se sobrepone un delantero sobre otro. **2** Se dice del que combatía en una cruzada. También s. **3** Se dice del caballero de una orden militar. También s. **4** Se dice del animal nacido de padres de distintas castas. **5** *Bl.* Se dice de las piezas que llevan cruz sobrepuesta. || m. **6** *Num.* Nombre de diferentes monedas de Castilla y Portugal. **7** *Danza.* Mudanza que hacen los que bailan, formando una cruz y volviendo a ocupar el lugar que antes tenían.

CRUZAMIENTO m. **1** Acción y efecto de cruzar, poner a uno la cruz de alguna orden. **2** Acción de cruzar los animales. **3** *Biol.* CRUCE.

CRUZAR tr. **1** Atravesar una cosa sobre otra en forma de cruz. **2** Atravesar un camino, campo, calle, etc. **3** Investir a una persona con la cruz y el hábito de una de las órdenes militares o de otro instituto semejante. Usado como prnl., recibir esta investidura. **4** *Biol.* Obtener nuevos individuos mediante procreación de dos variedades de una especie. || prnl. **5** Alistarse en una cruzada. **6** Pasar por un punto o camino dos personas o cosas en dirección opuesta. **7** ATRAVESARSE, interponerse en una cosa a otra.

CRUZEIRO m. Antigua unidad monetaria de Brasil. Fue sustituida por el real en 1994.

Cs *Quím.* Símbolo de cesio.

CSCE Siglas de CONFERENCIA DE SEGURIDAD Y COOPERACIÓN EN EUROPA.

CTENÓFORO, RA adj. y m. *Zool.* **1** Se aplica a los metazoos invertebrados marinos de cuerpo gelatinoso y transparente, con simetría birradial y cuya estructura locomotriz principal está integrada por 8 bandas de láminas pectiniformes. También poseen unas células especiales, los coloblastos, que segregan una sustancia pegajosa con la que atrapan a sus víctimas. Son hermafroditas, con fecundación externa y desarrollo indirecto. Un ejemplo es la bellota de mar. || m. pl. *Zool.* **2** Filum o tipo de estos animales.

CTESIAS Historiador y médico griego (s. VI a. C.). Autor de una *Historia de Persia*, en 23 tomos y una obra sobre la India.

CTESIFONTE *Geog. hist.* Antigua ciudad de Asia, en el imperio persa, situada frente a Seleucia y cerca de Bagdad. Fue capital de los partos y sasánidas.

-CTONÍA, -CTONO sufs. que significan tierra: *autoctonía, autóctono.*

CU[1] f. Nombre de la letra *q*.

CU[2] (De origen maya.) m. Templo de los antiguos mexicanos.

Cu *Quím.* Símbolo del cobre.

CUABA f. *Bot. Cuba* Árbol de la familia rutáceas, silvestre, cuya madera se utiliza para antorchas.

CUACO m. Harina de la raíz de la yuca.

CUADERNA f. **1** Doble pareja en el juego de tablas. **2**

Moneda de ocho maravedís. **3** *Mar.* Cada una de las piezas curvas que encajan en la quilla del buque, formando como las costillas del casco. || **CUADERNA VÍA** *Métr.* Estrofa usada principalmente en los siglos XIII y XIV, por los cultivadores del mester de clerecía, que se componía de cuatro versos alejandrinos o de catorce sílabas con una sola rima (tetrástrofo monorrimo).

CUADERNAL m. *Mar.* Conjunto de dos o tres poleas dentro de una misma armadura.

CUADERNILLO m. **1** *A. gráf.* Conjunto de cinco pliegos de papel. **2** AÑALEJO.

CUADERNO m. **1** Conjunto o agregado de algunos pliegos de papel, doblados y cosidos en forma de libro. **2** Libro pequeño para anotar algo. **3** *A. gráf.* Compuesto de cuatro pliegos metidos uno dentro de otro.

CUADRA f. **1** CABALLERIZA, lugar para estancia de caballos. **2** Conjunto de caballos, generalmente de carreras. **3** fig. Lugar muy sucio. **4** Sala de un cuartel, hospital o prisión, en que duermen muchos. **5** Cuarta parte de una milla. **6** GRUPA. **7** *Amér.* Manzana de casas. **8** fig. Grupo de personas relacionadas entre sí por algún tipo de afinidad.

CUADRA, JOSÉ Escritor ecuatoriano (Guayaquil, 1903 - Quito, 1941). En sus obras combina lo testimonial con cierto lirismo: *Los Sangurimas* (1934 y 1939), *Guasinton* (1938) y *Horno* (1932 y 1940).

CUADRA, PABLO ANTONIO Escritor nicaragüense (Managua, 1912- íd., 2002). De tendencia vanguardista, cultivó la novela, el teatro, el ensayo, pero destacó sobre todo por su producción poética: *Poemas nicaragüenses* (1934), *El jaguar y la luna* (1959) y *Cantos de Cifar* (1971).

CUADRADILLO m. **1** Pieza de tela que se añade para aumentar la anchura de una prenda de vestir. **2** Azúcar de pilón, en cuadrados. **3** CUADRADO, regla.

CUADRADO, DA adj. **1** Que se aplica a lo que tiene forma o se asemeja a un cuadrado. También m. **2** *Metrol.* Se dice de las medidas de superficie. || m. **3** *Geom.* Figura plana cerrada por cuatro líneas rectas iguales que forman otros tantos ángulos rectos. Sus diagonales son iguales. **4** *A. gráf.* Pieza de metal del cuerpo de las letras, que se pone entre ellas para formar espacios o para afirmar y sostener las letras. **6** *Mat.* Potencia de exponente 2, o segunda potencia, resultado de multiplicar un número por sí mismo.

CUADRAFONÍA f. *Tecnol.* Sistema de grabación y reproducción del sonido, en el que intervienen cuatro canales, cuatro altavoces y cuatro micrófonos.

CUADRAGENARIO, RIA adj. y s. De cuarenta años.

CUADRAGÉSIMO, MA adj. **1** Que sigue inmediatamente en orden al o a la trigésimo noveno. **2** Se dice de las cuarenta partes iguales en que se divide un todo. También s.

CUADRAL m. *Arquit.* Madero que atraviesa oblicuamente de una carrera a otra en los ángulos entrantes.

CUADRANGULAR adj. *Geom.* Que tiene forma cuatro ángulos.

CUADRÁNGULO, LA adj. y m. *Geom.* Que tiene cuatro ángulos.

CUADRANTE m. **1** *Num.* Moneda romana de cobre. **2** CUADRAL. **3** *Astrol.* Cada una de las cuatro porciones en que la media esfera del cielo queda dividida por el meridiano y el primer vertical. **4** *Astron.* Instrumento antiguo compuesto de un cuarto de círculo graduado, con pínulas o anteojos, para medir ángulos y la altura de un astro sobre el horizonte. **5** *Geom.* Cuarta parte de la circunferencia, comprendida entre dos radios perpendiculares. **6** *Geom.* Cada una de las cuatro partes en que queda dividido un plano por los ejes de coordenadas cartesianas rectangulares. **7** Reloj solar trazado en un plano.

CUADRAR tr. **1** Hacer que coincidan los totales de una cuenta, balance, etc. También intr. **2** Dar a una cosa figura de cuadrado. **3** *Pint.* CUADRICULAR. || intr. **4** Conformarse una cosa con otra. **5** Agradar o convenir una cosa con el intento o deseo. || prnl. **6** Quedarse parada una persona con los pies en escuadra y el cuerpo erguido. Es práctica común en el ejército. **7** Pararse el caballo, quedando con los cuatro remos en firme. **8** *Chile* Suscribirse con una importante cantidad de dinero.

CUADRATÍN m. *A. gráf.* CUADRADO, pieza de metal.

CUADRATURA f. **1** *Astron.* Situación de dos cuerpos celestes, que distan entre sí respectivamente uno o tres cuartos de círculo. **2** *Geom.* Acción y efecto de cuadrar una figura. **3** *Geom.* Construir un cuadrado de igual área que el de una figura dada. || **la cuadratura del círculo** expr. fam. con que se indica la imposibilidad de una cosa.

CUADRI- pref. CUATRI-.

CUADRICENAL adj. Que se produce cada cuarenta años.

CUÁDRICEPS m. *Anat.* Músculo del muslo que interviene en la flexión y extensión de la pierna. ◆ Su pl. es *cuádriceps*.

cuadrante que utilizó Jorge Juan para medir el arco meridiano en Perú. Museo Naval (Madrid).

CUADRÍCULA f. Conjunto de los cuadrados que resultan de cortarse perpendicularmente dos series de rectas paralelas.

CUADRICULAR tr. Trazar líneas que formen una cuadrícula.

CUADRIFORME adj. **1** Que tiene cuatro formas o cuatro caras. **2** De figura de cuadro.

CUADRIGA f. **1** Tiro de cuatro caballos enganchados de frente. **2** Carro tirado por cuatro caballos de frente.

CUADRIL m. **1** *Anat.* Hueso que sale de la cía, de entre las dos últimas costillas. **2** *Anat.* Cadera de las personas. **3** *Zool.* Anca de las caballerías y otros animales.

CUADRILÁTERO, RA adj. *Geom.* **1** Que tiene cuatro lados. || m. **2** *Geom.* Polígono de cuatro lados o ángulos. **3** *Dep.* En boxeo, plataforma cuadrada donde tienen lugar los combates.

CUADRILLA f. **1** Reunión de personas para el desempeño de algunos oficios. **2** Pandilla, grupo de amigos que se reúnen habitualmente.

CUADRIMANO, A m. *Zool.* Que tiene los pies anteriores y los posteriores con forma de mano, como los primates.

CUADRINGENTÉSIMO, MA adj. **1** Que sigue inmediatamente en orden al o a la tricentésimo nonagésimo nono. **2** Se dice de cada una de las cuatrocientas partes iguales en que se divide un todo. También s.

CUADRINOMIO m. *Mat.* Expresión algebraica que consta de cuatro términos.

CUADRIPLEJIA f. *Pat.* TETRAPLEJIA.

CUADRIPLICAR tr. CUADRUPLICAR.

CUADRIVIO m. **1** Lugar donde concurren cuatro caminos. **2** *Hist.* En la Edad Media, conjunto de las cuatro artes matemáticas: aritmética, música, geometría y astrología o astronomía.

CUADRO m. **1** *Geom.* Cuadrado de superficie plana cerrada de cuatro rectas iguales que forman cuatro ángulos rectos. **2** *Geom.* RECTÁNGULO, paralelogramo. **3** *Arte.* Lienzo, lámina, etc., de pintura. **4** MARCO, cerco que guarnece algunas cosas. **5** *Bot.* En los jardines, parte de tierra labrada regularmente en cuadro. **6** *Teat.* Cada una de las partes en que se dividen los actos de ciertas obras dramáticas. **7** *Teat.* Agrupación de personajes que durante algunos momentos de los espectáculos teatrales permanecen en determinada actitud a la vista del público. **8** Descripción viva, por escrito o de palabra, de un espectáculo o suceso. **9** Conjunto de nombre, cifras u otros datos presentados gráficamente, de manera que se advierta la relación existente entre ellos. **10** fig. Escena, espectáculo. || **CUADRO CLÍNICO** *Med.* Conjunto de síntomas que presenta un enfermo o que caracterizan una enfermedad. || **estar**, o **quedarse en cuadro** fr. fig. Dicho de una corporación o familia, quedar reducida a un corto número de miembros.

CUADRUMANO, NA o **CUADRÚMANO, NA** adj. y s. *Zool.* CUADRIMANO.

CUADRÚPEDO, DA adj. y m. *Zool.* Se aplica al animal de cuatro patas.

CUÁDRUPLE adj. **1** *Mat.* Que contiene un número cuatro veces exactamente. También m. **2** Se dice de la serie de cuatro cosas iguales o semejantes.

CUÁDRUPLE ALIANZA *Hist.* Alianza formada en 1718 entre Austria, Francia, el Reino Unido y Holanda, que sustituyó a la Triple Alianza tras la inclusión en ella de Austria, para asegurar que España respetara el tratado de UTRECHT, firmado en 1713.

CUÁDRUPLE ALIANZA *Hist.* Tratado acordado en 1815, que sustituyó a la Santa Alianza, entre Rusia, Prusia, Austria y el Reino Unido para impedir cualquier brote revolucionario. En virtud de este tratado se produjo la intervención contra el régimen constitucional español (1823), con la llegada de los Cien Mil Hijos de San Luis.

CUÁDRUPLE ALIANZA *Hist.* Tratado firmado en Londres en 1834, entre Francia, el Reino Unido, España y Portugal, para expulsar España a los pretendientes absolutistas, Carlos y Miguel, con objeto de pacificar la península Ibérica.

CUADRUPLICAR tr. Hacer cuádruple una cosa.

CUÁDRUPLO, PLA adj. *Mat.* CUÁDRUPLE.

CUAIMA f. *Zool.* Serpiente venenosa de Venezuela.

CUAJADA f. **1** Parte coagulada de la leche cortada o tratada con un ácido o enzima. **2** Producto semisólido que se hace con leche y cuajo de oveja parturienta. Su aspecto es similar al del requesón.

CUAJADO, DA adj. **1** fig. y fam. Inmóvil y como paralizado por el asombro que le produce alguna cosa. **2** fig. y fam. Se dice del que está o se ha quedado dor-

cuadriga. Mosaico romano del siglo III. Museo Arqueológico (Madrid).

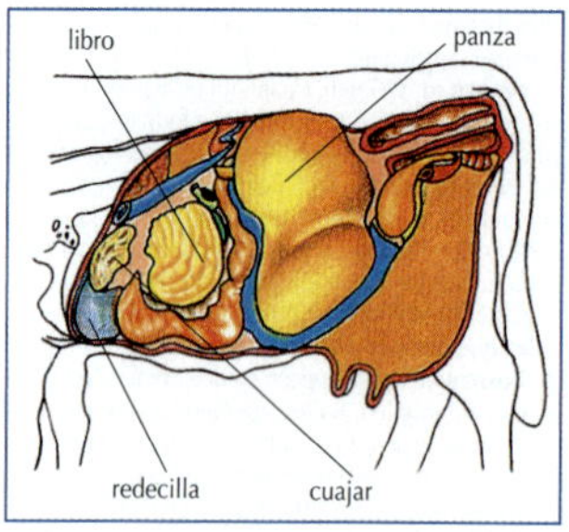

cuajar. Estructura del estómago de un rumiante.

mido. || m. **3** Vianda que se hace de carne picada, huevos y azúcar.

CUAJANÍ m. *Bot. Cuba* Árbol de la familia rosáceas, que produce semillas venenosas.

CUAJAR[1] m. *Zool.* Última de las cuatro cavidades en que se divide el estómago de los rumiantes.

CUAJAR[2] tr. **1** *Quím.* Unir y trabar las partes de un líquido, para convertirlo en sólido. También prnl. **2** Recargar de adornos una cosa. || intr. **3** fig. y fam. Lograrse, tener efecto una cosa. También prnl. **4** fig. y fam. Gustar, agradar, cuadrar. || prnl. **5** fig. y fam. Llenarse, poblarse.

CUAJARÓN m. Porción de sangre, linfa o de otro líquido que se ha cuajado.

CUAJILOTE m. *Bot. Méx.* Planta de la familia bignoniáceas.

CUAJIOTE m. *Bot. Amér. C.* Planta que produce una goma que se usa en medicina.

CUAJO m. **1** *Quím.* Fermento que existe principalmente en la mucosa del estómago de los mamíferos en el periodo de la lactancia y sirve para coagular la caseína de la leche. **2** *Quím.* Efecto de cuajar. **3** *Quím.* Sustancia con que se cuaja un líquido. **4** *Zool.* CUAJAR[1]. **5** fig. y fam. Calma, pachorra. || **de cuajo** loc. adv. De raíz.

CUÁKERO, RA m. y f. CUÁQUERO.

CUAL pron. relat. **1** Es palabra átona y no tiene otra variación que la de número. **2** Forma con el artículo el pronombre relativo compuesto *el cual, la cual, los cuales, las cuales, lo cual,* con variación de género y número, señalada por el artículo. || pron. correlat. **3** Se usa en función de sustantivo o de adjetivo, en correlación con *tal, tales.* Hoy se emplea más como sustantivo y con elipsis del demostrativo. || pron. interr. **4** Se emplea como sustantivo y menos veces, con el valor de *qué,* como adjetivo. Tiene acento prosódico y ortográfico. || pron. excl. **5** Se emplea en la ponderación, con acento prosódico y ortográfico. **6** Se usa en disyunciones con el valor de *uno... otro; éste, aquél, el de más allá,* etc., y lleva acento prosódico y ortográfico. || adv. relat. **7** El singular *cual,* inacentuado, se emplea con el mismo valor de *como.* Hoy es uso literario. || adv. excl. **8** Se emplea con el valor de *cómo,* con acento prosódico y ortográfico. || adv. m. **9** ASÍ COMO, denotando comparación o equivalencia.

CUALIDAD f. **1** Cada una de las circunstancias o caracteres, naturales o adquiridos, que distinguen a las personas, organismos vivos, cosas o fenómenos. **2** Manera de ser de una persona o cosa.

CUALIFICADO, DA adj. **1** De buena calidad o de buenas cualidades. **2** Se dice del trabajador que está especialmente preparado para una tarea determinada. **3** CALIFICADO, que posee autoridad y merece cualidades.

CUALIFICAR tr. Atribuir o apreciar cualidades.

CUALITATIVO, VA adj. **1** Que denota cualidad. **2** Se dice del dato que posee valor descriptivo, pero no indica magnitud.

CUALQUIER pron. indef. CUALQUIERA. Se emplea siempre antepuesto al nombre. ♦ Su pl. es *cualesquier.*

CUALQUIERA pron. indef. Una persona, animal o cosa indeterminada, sea el que fuere. ♦ Su pl. es *cualesquiera.*

CUAN adv. correlat. **1** Junto con TAN, se emplea en comparaciones de equivalencia o igualdad. Carece de acento prosódico y ortográfico. || adv. c. excl. **2** Se emplea para encarecer el grado o la intensidad. Tiene acento prosódico y ortográfico.

CUANDO conj. t. **1** En el tiempo, en el punto, en la ocasión en que. || adv. t. **2** En el momento de. En sentido interrogativo y exclamativo y con acento prosódico y ortográfico, equivale a *en qué tiempo.* Se usa a veces con carácter de sustantivo, precedido del artículo *el.* || conj. **3** En caso de que, o SI. **4** Toma asimismo carácter de conjunción continuativa, equivaliendo a PUESTO QUE. || **cuando más** loc. adv. A LO MÁS. || **cuando menos** loc. adv. A LO MENOS. || **cuando no** expr. De otra suerte, en caso contrario. || **de cuando en cuando** loc. adv. Algunas veces, de tiempo en tiempo.

CUANLOTE m. *Bot. Méx.* CAULOTE.

CUANTÍA f. **1** *Mat.* CANTIDAD. **2** Suma de cualidades o circunstancias que enaltecen a una persona. **3** *Der.* Valor de la materia litigiosa.

CUÁNTICO, CA adj. *Fís.* Perteneciente o relativo a los cuantos de energía y a su teoría.

CUANTIFICADOR m. *Ling.* Modificador lingüístico que indica cantidad.

CUANTIFICAR tr. **1** *Mat.* Expresar numéricamente una magnitud. **2** *Lóg.* Explicitar la cantidad en los enunciados o juicios.

CUANTIOSO, SA adj. Grande en cantidad o número.

CUANTITATIVO, VA adj. **1** Perteneciente o relativo a la cantidad. **2** Se dice del dato cuyo valor puede ordenarse según su magnitud.

CUANTO[1] m. *Fís.* Salto que experimenta la energía de un corpúsculo cuando absorbe o emite radiación. Se considera la unidad básica. || **CUANTO DE LUZ** *Fís.* FOTÓN.

CUANTO[2], **TA** pron. relat. c. m. pl. **1** Todas las personas que. || pron. relat. c. m. y f. pl. **2** Todos los que, todas las que. Se emplea con referencia a un nombre expreso o sobrentendido. **3** Todos los... que, todas las... que. Se agrupa con un nombre. Se usa menos en singular. || pron. relat. c. n. **4** Todo lo que. || pron. correlat. c. **5** Se emplea en todas sus formas en correlación con *tanto(s), tanta(s)* y agrupado con *más* y *menos.* Puede faltar el término de la correlación. Algunas veces equivale a *como.* || adv. relat. c. **6** Se emplea en correlación con *tanto* y *tan* y agrupado con *más, menos, mayor* y *menor.* Falta a veces el término de la correlación. || pron. interr. y excl. **7** Se emplea en todos sus géneros y números, solo o agrupado con un nombre sustantivo, para inquirir o ponderar el número, la cantidad, el precio, el tiempo, el grado, etc., de algo. Tiene acento prosódico y ortográfico. || **cuanto antes** loc. adv. Con diligencia, con premura, lo más pronto posible. || **cuanto más** loc. adv. y conjunt. con que se contrapone a lo que ya se ha dicho lo que se va a decir, denotando en este segundo miembro de la frase idea de encarecimiento o ponderación. || **en cuanto** loc. adv. MIENTRAS. También, al punto que, tan pronto como. || **en cuanto a** loc. adv. Por lo que toca o corresponde a. || **por cuanto** loc. adv. que se usa como causal para notar la razón que se va a dar de alguna cosa.

CUÁQUERO, RA m. y f. *Rel.* Individuo perteneciente a una secta religiosa fundada en 1648 por George Fox, como reacción contra el estado latente de guerra civil existente en Inglaterra desde el cisma religioso. Los cuáqueros se trasladaron a EE UU, dirigidos por William Penn, fundador de Pensilvania (1681). No tienen culto externo ni jerarquía eclesiástica. Rechazan el bautismo, la comunión, los juramentos, en parte el servicio militar, todas las distracciones, etc. En 1947 recibieron el premio Nobel de la Paz por sus servicios caritativos durante la Primera y Segunda Guerra Mundial.

CUARANGO m. *Bot.* Árbol de la familia rubiáceas, nativo de Perú.

CUARCITA f. *Geol.* Roca metamórfica o sedimentaria formada, principalmente, por cuarzo. Es muy compacta y presenta gran resistencia a la meteorización física y química.

CUARENTA adj. **1** Cuatro veces diez. También m. **2** Que sigue en orden al trigésimo nono. || m. **3** Conjunto de signos con que se representa el número cuarenta. || **cantar** las **cuarenta** loc. En el tute, ligar y mostrar después de ganar una baza el rey y el caballo del palo que pinta, jugada que vale cuarenta tantos. También fig. y fam. Reprender o regañar a alguien.

CUARENTAVO, VA adj. y m. Cada una de las cuarenta partes en que se puede dividir un todo.

CUARENTENA f. **1** Conjunto de cuarenta unidades. **2** Tiempo de cuarenta días, meses o años. **3** *Rel.* CUARESMA. **4** *Med.* Periodo de tiempo que individuos sospechosos de algún mal contagioso deben estar privados de comunicación, para evitar la infección del resto. **5** fig. y fam. Observación a la que se somete algo dudoso hasta estar seguro de ello.

CUARENTÓN, NA adj. y s. Se dice de la persona que tiene cuarenta años cumplidos.

CUARESMA f. *Rel.* **1** En la iglesia católica tiempo que va desde el miércoles de ceniza al domingo de Resurrección. **2** Conjunto de sermones para las domínicas y ferias de cuaresma. **3** Libro que contiene los de un autor sobre este mismo asunto.

CUARK o **QUARK** m. *Fís.* Cada una de las tres partículas elementales teóricas, y sus antipartículas (anticuarks), cuya energía eléctrica sería 1/3 ó 2/3 de la del electrón o de la del protón.

CUARTA f. **1** Cada una de las cuatro partes iguales en que se divide un todo. **2** PALMO. **3** *Mús.* En la guitarra y otros instrumentos semejantes, cuerda que está en cuarto lugar empezando por la primera. **4** *Mús.* Intervalo entre una nota y la cuarta anterior o posterior de la escala. **5** *Méx.* Látigo corto para las caballerías. **6** *Cuba* y *P. Rico* DISCIPLINA, instrumento para azotar.

CUARTAGO m. **1** Caballo de cuerpo mediano. **2** JACA.

CUARTANA f. *Pat.* **1** Accesos de fiebre que se presentan cada 4 días (a intervalos de 72 horas), acompañados de un intenso frío. **2** PALUDISMO.

CUARTAZO m. *Cuba, Méx.* y *P. Rico* Golpe dado con la cuarta, látigo o disciplina.

CUARTEAR tr. **1** Partir o dividir una cosa en cuartas partes. **2** Por extensión, dividir en más o menos partes. **3** DESCUARTIZAR. **4** En las cuestas, dirigir los carruajes de derecha a izquierda, y viceversa, en vez de seguir la línea recta. **5** *Méx.* Azotar repetidas veces con la cuarta. || intr. y prnl. **6** *Taurom.* Hacer el torero un movimiento en curva, al ir a poner banderillas, a fin de evitar el derrote. || prnl. **7** Hendirse, rajarse, agrietarse una pared, un techo, un cuadro, etc.

CUARTEL m. **1** *Mil.* Cada uno de los puestos o sitios en que se reparte y acuartela el ejército. **2** *Mil.* Edificio destinado para alojamiento de la tropa. **3** *Mil.* Consideración para con el enemigo vencido. Más con el verbo *dar.* También en sentido figurado. **4** *Bl.* Cada una de las cuatro partes de un escudo dividido en cruz. || **CUARTEL GENERAL** *Mil.* Lugar donde se establece con su estado mayor el jefe de un ejército o de una división. También, en sentido figurado, lugar donde se centraliza una actividad.

CUARTELADA f. **1** *Mil.* Comisión de jefes y oficiales de un ejército en el cuartel para impedir un pronunciamiento. **2** *Mil.* Pronunciamiento militar.

CUARTELAR tr. *Bl.* Dividir el escudo en cuarteles.

CUARTELAZO m. *Mil. Amér.* CUARTELADA, sublevación militar.

CUARTELILLO m. *Mil.* **1** Lugar o edificio en que se aloja una sección de tropa. **2** Cuartel de la Guardia Civil.

CUARTERÓN, NA adj. y s. **1** Nacido en América de mestizo y española, o de español y mestiza. || m. **2** *Mat.* CUARTA, parte igual de un todo. **3** Cuarta parte de una libra. **4** POSTIGO, puerta de algunas ventanas. **5** Cada uno de los cuadros que hay entre los peinazos de las puertas y ventanas.

CUARTETA f. *Métr.* **1** REDONDILLA, estrofa. **2** Combinación métrica que consta de cuatro versos octosílabos, de los cuales asonantan el segundo y el último. **3** Cualquier estrofa de cuatro versos.

CUARTETO m. **1** *Métr.* Combinación métrica de cuatro versos endecasílabos o de arte mayor, que conciertan en consonantes o asonantes. Cuando son aconsonantados pueden rimar el primero con el último y el segundo con el tercero. **2** *Mús.* Composición para cantarse a cuatro voces o para tocarse por cuatro instrumentos distintos. **3** *Mús.* Conjunto de estas cuatro voces o instrumentos.

CUARTILLA f. **1** Hoja de papel para escribir cuyo tamaño es el de la cuarta parte de un pliego. **2** *Metrol.* Medida de capacidad para áridos, cuarta parte de una fanega. **3** *Metrol.* Cuarta parte de una arroba. **4** *Metrol.* Medida de capacidad para líquidos, cuarta parte de la cántara.

CUARTILLO m. **1** *Metrol.* Medida de capacidad para áridos, cuarta parte de un celemín. **2** *Metrol.* Medida de líquidos, cuarta parte de una azumbre. **3** Cuarta parte de un real.

CUARTO, TA adj. **1** Que sigue inmediatamente en orden al o a lo tercero. **2** Se dice de cada una de las cuatro partes iguales en que se divide un todo. También m. || m. **3** HABITACIÓN, aposento. **4** *Num.* Moneda de cobre española, cuyo valor era el de cuatro maravedís de vellón. **5** Cada una de las cuatro partes en que se considera dividido el cuerpo de los cuadrúpedos y aves. **6** *Astron.* Término aplicado a cada una de las cuatro posiciones de la Luna cuando se encuentra en cuadratura. || m. pl. **7** *Zool.* Miembros del cuerpo del animal robusto y fornido. **8** fig. y fam. DINERO, moneda. || **CUARTO CRECIENTE** *Astron.* CUARTO DE LUNA. || **CUARTO DE LUNA** *Astron.* Cuarta parte del tiempo que tarda desde una conjunción a otra con el Sol; y con más precisión se llaman así la segunda y cuarta de las dichas cuatro partes, añadiendo *creciente* y *menguante* para distinguirlas. || **CUARTO MENGUANTE** *Astron.* CUARTO DE LUNA. || **de tres al cuarto** loc. adj. con que se denota y pondera la poca estimación, aprecio y valor de una cosa. || **tres cuartos de lo mismo,** o **de lo propio** loc. fam. con que se afirma que lo dicho de una persona o cosa es igualmente aplicable a otra.

CUARTÓN m. **1** Madero cortado al hilo. **2** *Agr.* Pieza de tierra de labor, por lo general de figura cuadrangular. **3** *Metrol.* Cierta medida de líquidos.

CUARTUCHO m. desp. Vivienda o cuarto malo y pequeño.

CUARZO m. *Miner.* Mineral dióxido de silicio, de fórmula SiO_2, que se presenta en prismas coronados por un romboedro o en cristales hexagonales bipiramidales. Es transparente y casi siempre incoloro, aunque también puede presentarse coloreado en diversas tonalidades debido a la presencia de impurezas. No exfoliable y tan duro que raya el acero; también es muy resistente al desgaste físico y la alteración química.

CUÁSAR o **QUASAR** (Acrónimo del i. *Quasi-stellar radio source*.) m. *Astron.* Objeto celeste, de apariencia estelar, color azulado y luminosidad variable, cuyo espectro está caracterizado por líneas de emisión anchas y muy desplazadas hacia el rojo. Asociado general-

cuarzo

mente a una radiofuente. Los cuásars fueron descubiertos en 1963. (Véase RADIOASTRONOMÍA.)

CUASI adv. c. CASI.

CUASIA f. *Bot.* Planta de la familia simarubáceas, medicinal, notable por el amargor de su corteza y raíz.

CUASICONTRATO m. *Der.* Hecho lícito del cual, por equidad, derivan nexos jurídicos.

CUASIDELITO m. *Der.* Acción perjudicial para otro, que uno ejecuta sin ánimo de hacer mal, o de la que, siendo ajena, debe uno responder por algún motivo.

CUASIUSUFRUCTO m. *Der.* El derecho usufructuario que recae sobre cosa fungible.

CUASPUD Municipio de Colombia, departamento de Nariño; 5.628 h. Victoria del general Mosquera sobre las tropas ecuatorianas invasoras (1863).

CUATE, TA adj. 1 *Biol. Méx.* Gemelo de un parto. También s. 2 *Méx.* Igual o semejante. 3 *Méx.* Camarada, compinche, amigo íntimo.

CUATEQUIL m. *Bot. Méx.* MAÍZ.

CUATERNARIO, RIA adj. y m. 1 Que consta de cuatro unidades, números o elementos. 2 *Geol.* Se dice del segundo y último de los periodos en que se divide la era cenozoica y cuya duración abarca los 2-3 últimos millones de años. Comprende el pleistoceno, o época de las glaciaciones, y el holoceno, o época actual. La era cuaternaria, en general, se caracteriza por un profundo cambio del clima que da lugar a la alternancia de épocas muy frías (glaciares) con otras cálidas (interglaciares), la presencia de una fauna precursora de la actual y la aparición del hombre. 3 Perteneciente o relativo a este periodo.

CUATERNO, NA adj. Que consta de cuatro números.

CUATÍ m. *Zool. Amér.* COATÍ.

CUATITLÁN PÁNUCO.

CUATORVIRO m. *Hist.* Cada uno de los cuatro magistrados romanos que presidían el gobierno de la ciudad.

CUATREÑO, ÑA adj. *Gan.* Se dice del novillo o novilla que tiene cuatro años.

CUATRERO, RA adj. y s. Se dice del ladrón de ganado.

CUATRI-, CUADRI- prefs. que significan cuatro.

CUATRICROMÍA f. *A. gráf.* Impresión de un grabado a cuatro colores.

CUATRIENIO m. Tiempo y espacio de cuatro años.

CUATRILLIZO, ZA adj. y s. *Biol.* Se dice de cada uno de los hermanos nacidos de un parto cuádruple.

CUATRILLÓN m. Un millón de trillones.

CUATRIMESTRE adj. 1 Que dura cuatro meses. || m. 2 Espacio de cuatro meses.

CUATRIMOTOR m. *Aviac.* Avión provisto de cuatro motores.

CUATRO adj. 1 Tres y uno. 2 CUARTO, que sigue al tercero. Aplicado a los días del mes, también s. 3 Con ciertas voces se usa con valor indeterminado para indicar escasa cantidad. || m. 4 Signo que se representa el número cuatro. 5 Naipe que tiene cuatro elementos y vale cuatro tantos.

CUATRO CANTONES, LAGO DE LOS Lago de Suiza central, llamado así por estar situado entre los cantones de Schwyz, Uri, Unterwalden y Lucerna; 115 km². Se llama también *Lucerna*.

CUATROCENTISTA adj. QUATTROCENTISTA.

CUATROCIENTOS, TAS adj. 1 Cuatro veces cien. También m. 2 CUADRINGENTÉSIMO. || m. 3 Conjunto de signos con que se representa el número cuatrocientos.

CUATROPEA f. 1 Animal de cuatro pies. 2 Lugar de una feria donde se vende el ganado.

CUAUHTÉMOC Último emperador azteca de México (México, 1497 - Teotitlac, 1525). Era sobrino y yerno de Moctezuma II, y fue llamado por los españoles *Guatimozín*. Se erigió en caudillo de la resistencia contra los españoles y obtuvo la victoria en la famosa retirada de la «Noche triste». En 1520, a la muerte de Cuitláhuac, ocupó el trono. Fue hecho prisionero por Hernán Cortés y murió ejecutado.

CUAUTLA DE MORELOS Ciudad de México, Estado de Morelos; 13.946 h. Fue sitiada en 1812 por el general español Calleja y defendida por el cura José María Morelos y Pavón, durante tres meses.

CUBA f. 1 Recipiente de madera, que sirve para contener líquidos. 2 fig. Líquido que cabe en una cuba. 3 fig. y fam. Persona que tiene gran vientre. 4 fig. y fam. Persona que bebe mucho.

CUBA (República de Cuba) Estado insular de América, entre el océano Atlántico y el Caribe. Comprende la isla de su nombre, la de Pinos, otras islas más pequeñas y unos 1.600 cayos adyacentes. Limita al N con el estrecho de Florida y el canal Viejo de Bahamas; al E, con el canal del Viento; al S, con el mar Caribe o de las Antillas; al O, con el canal de Yucatán, y al NO, con el golfo de México.

GEOG. La isla de Cuba se extiende en forma de arco de NO a SE, en una longitud de 1.255 km, desde el cabo San Antonio hasta la punta Maisí. El relieve es predominantemente llano o ligeramente ondulado, a excepción de Sierra Maestra, al SE, donde destacan el pico Turquino (1.974 m), punto culminante de la isla, y La Gran Piedra (1.219 m), y otros pequeños enclaves montañosos como la sierra del Escambray en el centro (pico de San Juan, 1.056 m) y las cordilleras del O, en su conjunto denominadas de los Órganos, que apenas superan los 690 m en el Pan de Guajaibón. Las costas están flanqueadas por gran número de islas y cayos que emer-

Superficie: 110.861 km².
Población: 11.148.000 h. *(cubanos).*
Densidad: 100,6 h./km².
Tasa de natalidad: 13,6‰.
Tasa de mortalidad: 7‰.
Capital: La Habana.
Ciudades principales: Santiago de Cuba, Camagüey, Guantánamo, Holguín y Santa Clara.
Grupos étnicos: mestizos (51%), blancos (37%), negros (11%), otros (1%).
Religión: sin religión (48,7%), catolicismo (39,6%), ateísmo (6,4%), protestantismo (3,3%), otras (2%).
Idioma: español.
Moneda: peso cubano.
Forma de Estado: república socialista.
Producto Nacional Bruto: 18.600 millones de dólares.
Renta per cápita: 1.700 dólares.
División administrativa: 14 provincias y una municipalidad especial, según cuadro.

gen hasta distancias considerables del litoral. La isla cuenta con más de 200 ríos, en general cortos, pero de corriente impetuosa. Entre ellos están el Cauto, Cuyaguateje, Sagua la Grande, Sagua la Chica, Aguabama, etc. El clima es tropical, suavizado por las brisas marinas. Es un país predominantemente agrícola. Sus productos básicos son tres: la caña de azúcar, que constituye la mayor fuente de riqueza del país, el tabaco, y el café. Ganadería vacuna. Yacimientos de antimonio, cobre, azufre, cromo, cobalto y níquel. La actividad industrial gira en torno a los productos agrícolas, sobre todo en las refinerías de azúcar, la manufactura del tabaco y las destilerías de ron.

Hist. Desde mucho antes de la llegada de los españoles, la isla de Cuba estaba poblada por tres tribus indias: los *ciboneyes*, que vivían en cuevas dedicándose a la caza y a la pesca; los *taínos*, que se destacaban en la alfarería y practicaban la agricultura, y los *guanajatabeyes*, que eran nómadas y poblaban las costas occidentales. El 27 de octubre de 1492, Cristóbal Colón, en su primer viaje, divisó Cuba. Al día siguiente desembarcó, bautizando con el nombre de *San Salvador* al puerto en que tocó tierra y *Juana* a la isla, que él creía continente. Entre 1508 y 1509, Sebastián de Ocampo navegó alrededor de la isla y en 1511, Diego Velázquez de Cuéllar inició la conquista de la misma. En 1512 fue fundada la ciudad de Baracoa, en 1513 la de Bayamo, en 1514 las de Trinidad, Sancti Spíritus, Santa María del Puerto Príncipe, Santiago de Cuba y La Habana. La población indígena de la isla fue repartida a los encomenderos, pero pronto el trabajo abusivo y las enfermedades fueron diezmándola, lo que motivó la introducción de mano de obra negra y esclava. La conquista de México y la creación del virreinato de la Nueva España originaron la salida de multitud de colonos al continente, dejando la isla prácticamente despoblada. En 1549 y debido a su estratégica posición defensiva, La Habana pasó a ser la capital, desplazando a Santiago de Cuba y convirtiéndose en el centro de reunión de las flotas que cruzaban el Atlántico. Se introdujo la caña de azúcar, para lo cual aumentó el número de esclavos, que constituyeron la base de la población. Durante el siglo XVII Cuba comenzó a producir tabaco, bajo el monopolio de la corona. Durante la guerra de los Siete Años, los ingleses tomaron La Habana (1762-63). La actividad cultural en Cuba había comenzado con la fundación del colegio habanero de San Antonio (1589), y en el siglo XVII de la escuela de gramática de Santiago, continuada en 1712 la fundación de la Universidad de San Ambrosio. Una serie de figuras de finales del siglo XVIII y principios del XIX (don Luis de las Casas, el conde de Santa Clara, el obispo Juan José Díaz), crearon unos organismos (Real Consulado, Real Sociedad Patriótica), que, junto a periódicos como *Papel de La Havana*, *El Duende* y *La Aurora*, impulsaron el desarrollo cultural y político de Cuba. Los colonos concretaron sus aspiraciones respecto a España en los siguientes puntos: libre comercio de esclavos, libre comercio con otros países y fin de los monopolios del azúcar. Durante la invasión napoleónica de la península, Cuba envió su representación a las cortes de Cádiz, que aceptó todas las reivindicaciones excepto la del libre comercio, que no se con-

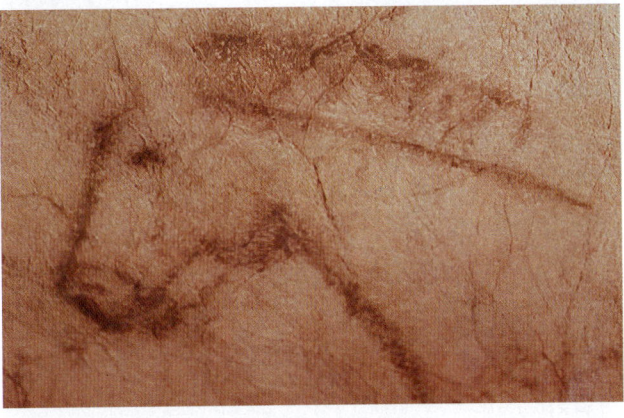

cuaternario. Pintura rupestre de la cueva de Peña Candamo (Asturias).

CUBA

CUBA

Provincias Municipalidad especial	Superficie (km²)	Población (h.)	Capitales
Camagüey	15.990	780.762	Camagüey
Ciego de Ávila	6.910	403.134	Ciego de Ávila
Cienfuegos	4.178	391.666	Cienfuegos
Ciudad de La Habana	727	2.198.392	
Granma	8.372	824.897	Bayamo
Guantánamo	6.186	508.864	Guantánamo
Habana, La	5.731	693.889	La Habana
Holguín	9.301	1.020.660	Holguín
Matanzas	11.978	654.516	Matanzas
Pinar del Río	10.925	729.330	Pinar del Río
Sancti Spíritus	6.744	457.921	Sancti Spíritus
Santiago de Cuba	6.170	1.023.293	Santiago de Cuba
Tunas, Las	6.589	523.810	Las Tunas
Villa Clara	8.662	832.356	Santa Clara
Isla de la Juventud	*2.398*	*78.818*	*Nueva Gerona*

cedería hasta 1818. El movimiento emancipador que recorría el continente no llegó a cuajar en la isla debido a su prosperidad económica, pero propició la creación de numerosas sociedades de carácter independentista, cuyas actuaciones fueron reprimidas (1822, la de la sociedad *Soles y rayos*, 1826, la *Legión del Águila Negra*). Los levantamientos de esclavos y la limitación de su comercio llevaron a los propietarios de los trapiches a contemplar la anexión a EE UU. A partir de 1868 las aspiraciones independentistas tomaron forma de insurrecciones entre las clases acomodadas cubanas. Una junta aprobó la abolición progresiva de la esclavitud, aparte de exigir el libre comercio con EE UU. La postura intransigente del gobierno español provocó el comienzo de la *guerra de los Diez Años* (1868-78). En un principio, los insurrectos lograron algunas victorias; pero su propia división interna y el fin de la guerra carlista española permitieron al general Martínez Campos poner fin a la guerra con el compromiso de Zanjón (1878). Al año siguiente estalló en la zona oriental de la isla la llamada *guerra chiquita*, pero fue controlada rápidamente. Con la abolición definitiva de la esclavitud (1886) crecieron las organizaciones obreras, y el problema racial se unió al social. Los líderes independentistas exiliados (Antonio Maceo, Máximo Gómez y José Martí) volvieron a la isla, y Martí fundó en 1892 el Partido Revolucionario Cubano. En febrero de 1895, José Martí inició el levantamiento armado, comenzando la *guerra de la Independencia*. Tras la caída de varios prestigiosos jefes de los independentistas (Moncada), Martí fue nombrado jefe supremo de la revolución. En mayo de 1895 fue muerto en un combate, lo que supuso un golpe a la causa independentista. En septiembre, la asamblea constituyente aprobó una constitución y nombró presidente a Salvador Cisneros Betancourt. En 1896 Weyler sustituyó a Martínez Campos al frente del ejército en Cuba e implantó un duro sistema de represión que no sirvió para atajar la rebelión. Tras el asesinato de Cánovas (1897), Sagasta formó gobierno y dio autonomía a la isla (1897), pero ya era una medida tardía. Ante la debilidad española, aumentó la presión de los EE UU, que envió al puerto de La Habana el acorazado Maine como respuesta a unos incidentes ocurridos en dicha ciudad. La voladura del barco (febrero de 1898), provocada probablemente por EE UU, fue el detonante que hizo estallar la guerra hispano-norteamericana en abril de 1898. La guerra finalizó con la victoria estadounidense sobre los españoles en agosto. Bajo el dominio estadounidense aumentó el control de la producción, y se elaboró una constitución en la que se incluyó la enmienda Platt, que establecía el control estadounidense de los tratados firmados por Cuba, daba a EE UU el derecho de intervenir militarmente en la isla y le concedía bases en la costa cubana (Guantánamo y la isla de Pinos). Pese a la oposición popular, la enmienda se aceptó ante la amenaza de perpetuar la ocupación estadounidense. En 1902 entregaron el poder al primer presidente cubano, Tomás Estrada Palma. Su reelección en 1906 provocó un alzamiento, por lo que Estrada solicitó la intervención estadounidense, iniciándose la segunda ocupación. En las elecciones presidenciales de 1909 resultó elegido José Miguel Gómez, durante cuyo mandato finalizó la ocupación de los EE UU que, sin embargo, volverían a intervenir en 1912 debido a un levantamiento de los negros cubanos. En 1921 fue elegido presidente Alfredo Zayas y, tras sofocar una revuelta en 1924, le sucedió el general Gerardo Machado, que gobernó de una manera dictatorial. En 1933 estalló una revolución que obligó a Machado a exiliarse, y tras un periodo de gobierno provisional liderado por Manuel de Céspedes, en noviembre de 1933 se produjo un golpe militar promovido por el sargento Fulgencio Batista, que colocó en el poder a Ramón Grau. Un año después Batista, ya coronel, derrocó a Grau y puso en su lugar a Carlos Mendieta. A Mendieta le sucedió José Barnet (1935), y en las elecciones de 1936 resultó elegido Mariano Gómez Arias, que proclamó una amnistía y derogó la enmienda Platt. En 1940 las elecciones llevaron por primera vez al coronel Batista a la presidencia. Cuatro años después fue sustituido por Ramón Grau. En marzo de 1952, el general Batista protagonizó un golpe de Estado que derrocó al presidente Prío Socarrás, e instauró una férrea dictadura. En marzo de 1953 un grupo de revolucionarios, dirigidos por Fidel Castro, asaltaron el cuartel de Moncada. El intento no tuvo éxito y fueron detenidos y encarcelados. En 1955, Castro fue amnistiado y se exilió en México, donde creó, junto con Ernesto *Che* Guevara, el Movimiento 26 de Julio. En 1956 desembarcaron en la isla e iniciaron una lucha de guerrillas contra la dictadura de Batista. Tras dos años de lucha, Batista huyó del país y Castro entró triunfante en La Habana (1959). Manuel Urrutia fue nombrado presidente, aunque el poder real lo manejaba Fidel Castro. Con las celebraciones de juicios masivos y ejecuciones de los implicados en la dictadura de Batista, el primer ministro Miró Cardona dimitió y Castro asumió la presidencia del gobierno. Se expropiaron tierras (muchas pertenecientes a EE UU), se realizó una reforma agraria entregándolas a los campesinos, y Urrutia fue sustituido en la presidencia de la nación por Osvaldo Dorticós. Las relaciones con EE UU empeoraron cuando éstos dejaron de comprar el azúcar cubano. Castro nacionalizó las compañías de los EE UU y rompió relaciones con Washington. En abril de 1961 fracasó un intento de ocupación de la isla en bahía Cochinos, por parte de fuerzas anticastristas apoyadas por la CIA. En 1962, tras ser ex-

Cuba. Avenida de la Independencia.

Cuba. Fidel Castro, presidente del país desde 1959.

pulsada Cuba de la Organización de Estados Americanos, Castro proclamó la República Democrática y Socialista de Cuba e inició un acercamiento a la URSS. En 1962 estalló la llamada *crisis de los misiles*, al ordenar Kennedy el bloqueo a Cuba por la instalación de misiles soviéticos. La crisis finalizó cuando Kruschev se comprometió a retirar los misiles a cambio de que los EE UU no invadieran la isla. En 1965 se creó el Partido Comunista Cubano, de orientación marxista-leninista. En 1975 se entró en la fase de institucionalización del régimen, con la aprobación en el I Congreso del Partido Comunista de Cuba de la nueva constitución, y en diciembre de 1976 Fidel Castro fue elegido por unanimidad presidente del Consejo de Estado. En esta década, y durante parte de la siguiente, Cuba asumió un importante papel político en el desarrollo de los conflictos que afectaban a algunos países de África y Centroamérica, que agudizó las tensiones con EE UU. La disolución de la URSS afectó considerablemente a la economía cubana, al no renovarse el acuerdo que garantizaba el suministro a Cuba de petróleo soviético. Ante la crisis económica y la presión internacional, el gobierno adoptó algunas medidas simbólicas de apertura política e inició una tímida reforma económica. Las relaciones con EE UU parecieron mejorar al inicio de la administración Clinton, aunque volvieron a deteriorarse tras el estallido de la llamada *crisis de los balseros* (1994). En 1996 el Congreso estadounidense aprobó la ley Helms-Burton, que contempla sanciones a las empresas de terceros países que comerciaren con Cuba. Posteriormente, el régimen cubano mantuvo su negativa a cualquier proceso de liberalización política, aunque se dieron algunos signos de apertura, tras la visita del Papa al país en 1998. Ese mismo año, Castro fue reelegido presidente por un periodo de cinco años. En 1999 EE UU suavizó las medidas de embargo impuestas a Cuba. La relación entre ambos países volvió a tensarse a lo largo del 2000 con motivo de la llegada a Miami del niño balsero Elián González que acabó convirtiéndose en un asunto político.

Cubagua Isla de Venezuela, en el mar de las Antillas, Estado de Nueva Esparta, al S de la de Margarita. Fue descubierta por Colón en 1498. Los españoles fundaron en ella, en 1515, la primera colonia de Venezuela con el nombre de Nueva Cádiz, desaparecida en 1543. Actualmente está deshabitada.

CUBALIBRE o **CUBA LIBRE** m. Bebida a base de zumo de lima, ron y un refresco de cola.

CUBANICÚ m. *Bot. Cuba* Planta silvestre de la familia eritroxiláceas.

CUBANO, NA adj. y s. De Cuba.

CUBATA m. pop. CUBALIBRE.

CUBEBA f. *Bot.* **1** Arbusto perteneciente a la familia piperáceas, de nombre científico *Pipper cubeba*. Es trepador, con fruto en baya y originario de Java. **2** Fruto casi maduro y desecado de este arbusto.

CUBERA f. *Zool. Cuba* Pez de la misma familia que la perca.

CUBERO m. El que hace o vende cubas. || **a ojo de buen cubero** expr. fig. y fam. Sin medida o sin peso, a bulto.

CUBERTERÍA f. Conjunto de cucharas, tenedores y utensilios semejantes para el servicio de mesa.

CUBETA f. **1** Herrada con asa hecha de tablas endebles. **2** Cuba manual que usaban los aguadores. **3** *Fís.* Depósito de mercurio, en la parte inferior del barómetro. **4** *Quím.* Recipiente muy usado en operaciones químicas, y especialmente en las fotográficas. **5** *Geol.* Depresión del terreno que puede estar ocupada por aguas permanentes o temporales y, a menudo, se halla repleta de sedimentos. **6** *Mús.* Parte inferior del arpa.

CUBETO m. Vasija de madera, más pequeña que la cubeta.

CUBICAR tr. **1** Elevar un monomio, o un polinomio o un número a la tercera potencia, o sea multiplicarlo dos veces por sí mismo. **2** Medir el volumen de un cuerpo o la capacidad de un hueco, para apreciarlos en unidades cúbicas.

CÚBICO, CA adj. **1** Perteneciente al cubo. **2** De figura de cubo geométrico o parecido a él. **3** *Mat.* RAÍZ CÚBICA. || **SISTEMA CÚBICO** *Geol.* El cristalino, cuyas formas holoédricas se caracterizan por tener tres ejes perpendiculares y equivalentes entre sí.

CUBÍCULO m. Aposento, alcoba.

CUBIERTA f. **1** Lo que se pone encima de una cosa para taparla o resguardarla. **2** Sobre en el que se incluye un escrito. **3** Forro de papel del libro en rústica. **4** *Autom.* Banda que protege exteriormente la cámara de los neumáticos. **5** fig. Pretexto, simulación. **6** Parte exterior de la cubierta de un edificio. **7** *Mar.* Cada uno de los pisos de un navío, especialmente el superior.

CUBIERTO, TA **1** p. p. irregular de CUBRIR. || m. **2** Servicio de mesa que se pone a cada uno de los que han de comer. **3** Juego compuesto de cuchara, tenedor y cuchillo. **4** Conjunto de viandas que se ponen a un mismo tiempo en la mesa. **5** Comida que en los restaurantes se da por un precio fijo. || **a cubierto** loc. adv. Resguardado.

CUBIL m. *Zool.* Guarida de las fieras.

CUBILETE m. **1** Recipiente parecido a un vaso, hecho de muy diversas materias y con múltiples usos. **2** Vianda de carne picada aderezada en un cubilete. **3** Pastel de figura de cubilete.

CUBILETEAR intr. **1** Manejar los cubiletes. **2** fig. Valerse de artificios para lograr un propósito.

CUBILLA m. **1** *Zool.* CARRALEJA, insecto. **2** Pieza de vajilla para mantener el agua fría.

CUBILLÍN Quilimas.

CUBISMO m. *Arte.* y *Lit.* Escuela y teoría estética desarrollada especialmente en Francia entre 1907 y 1914. Sus figuras más representativas fueron P. Picasso, G. Braque, J. Gris, F. Léger y R. Delaunay. Se caracteriza por la destrucción de la perspectiva, como forma de reflejar la idea de relatividad del conocimiento. La primera etapa, llamada cubismo *primitivo*, está representada por el lienzo *Las señoritas de Aviñón* (1907), de Picasso. Hacia 1909 se puede hablar ya de cubismo *analítico*, en el que los objetos se desmembran y el color queda reducido a la gama de los grises y tierras. Más tarde (1912-13), en el cubismo *sintético*, los objetos se reconstruyen y, a través de la introducción del color y diferentes materiales, se recupera la realidad, pero no para imitarla sino para dar vida propia al objeto dentro del espacio real y libre que constituye el cuadro. En escultura destacaron Archipenko, Duchamp-Villon, Zadkin, etc. En literatura, el cubismo es una tendencia poética aparecida en París y acaudillada por G. Apollinaire. Se basó en la destrucción de lo narrativo para atender únicamente a la reunión de los elementos poéticos conjuntados por un impulso lírico.

CUBITAL adj. **1** *Anat.* Perteneciente o relativo al codo o a la ulna. **2** Que tiene un codo de longitud.

CÚBITO m. **1** *Anat.* Ulna, hueso más grueso y largo de los dos que forman el antebrazo. **2** *Anat.* Antebrazo. **3** *Zool.* Vena primaria del ala de los insectos.

CUBO m. **1** *Geom.* Sólido regular limitado por seis cuadrados iguales y que, por tanto, tienen también iguales sus tres dimensiones y todos los ángulos iguales y rectos. El cubo tiene 6 caras, 12 aristas y 8 vértices. **2** *Mat.* Tercera potencia de un número, que se obtiene multiplicando éste tres veces por sí mismo. **3** Recipiente de figura de cono truncado, con asa en la circunferencia mayor.

CUBOIDES adj. y m. *Anat.* En vertebrados, hueso más distal del tarso.

CUBRECAMA m. COLCHA.

CUBRIR tr. **1** Ocultar y tapar una cosa con otra. También prnl. **2** Tapar completa o incompletamente la superficie de algo También prnl. **3** Juntarse el macho con la hembra para fecundarla. **4** Poner el techo a un edificio. **5** Defender un puesto militar. **6** Proteger la acción arriesgada de otra u otras personas. **7** Proteger. **8** Ocupar, completar. **9** Disponer de personal para cubrir un servicio. **10** fig. Pagar o satisfacer una deuda o alcance, gastos, etc. **11** Recorrer una distancia. **12** *Dep.* En algunos deportes, vigilar a un jugador del bando contrario o una zona del campo. || prnl. **13** Ponerse el sombrero, la gorra, etc. **14** Nublarse. **15** fig. Protegerse de cualquier responsabilidad, riesgo o perjuicio. **16** *Mil.* Colocarse en hileras los soldados, alargando el brazo derecho hasta tocar con los dedos el hombro del soldado situado en la fila anterior. ♦ Su p. p. es irregular: *cubierto.*

CUCA f. **1** *Bot.* CHUFA, tubérculo. **2** *Zool.* CUCO, oruga. **3** *Zool. Chile.* Ave acuática semejante a la garza europea. || f. pl. **4** Nueces, avellanas y otros frutos y golosinas análogos.

CUCAMONAS f. pl. fam. CARANTOÑAS.

CUCAÑA f. **1** Palo largo, untado de jabón o de grasa, por el cual se ha de trepar o andar para coger como premio un objeto atado a su extremidad. **2** Diversión de ver trepar o avanzar por dicho palo. **3** fig. y fam. Medio de alcanzar algo rápida y cómodamente. **4** fig. y fam. Lo que se consigue con poco trabajo o a costa ajena.

Cucaña Jauja.

CUCAÑERO, RA adj. y s. fig. y fam. Que tiene maña para lograr las cosas con poco trabajo o a costa ajena.

CUCAR tr. **1** Guiñar el ojo. **2** Hacer burla. **3** Entre cazadores, avisarse de la proximidad de una pieza. || intr. **4** Salir corriendo el ganado cuando le pica el tábano.

CUCARACHA f. *Zool.* Nombre común de diversos insectos dictiópteros de la familia blátidos. Son nocturnos y corredores, miden unos 3 cm de largo y tienen alas y élitros rudimentarios en las hembras.

CUCARDA f. ESCARAPELA, divisa de cintas.

CUCAYO m. *Bol.* y *Ecuad.* Provisiones para viajar.

CUCHARA f. **1** Instrumento que se compone de una palita cóncava y un mango, y que sirve para llevar a la boca alimentos líquidos o blandos. **2** Cualquiera de los utensilios que tienen forma semejante a la de la cuchara común. **3** *Amér. C.* y m., *Can., Cuba* y *Méx.* Llana del albañil. **4** *Mar.* ACHICADOR, de agua.

CUCHARADA f. Porción que cabe en una cuchara.

CUCHARILLA f. Cuchara pequeña.

CUCHARÓN m. Cacillo con mango, o cuchara grande, que sirve para repartir ciertos manjares en la mesa y para varios usos culinarios.

CUCHÉ adj. PAPEL CUCHÉ.

CUCHÍ m. *Perú* COCHINO, animal doméstico.

CUCHICHEAR intr. Hablar en voz baja o al oído a uno, de modo que otros no se enteren.

cubismo: 1. Georges Braque. *Naturaleza muerta y guitarra sobre una mesa*. Colección particular. 2. Juan Gris. *Retrato de Jossette Gris*. Museo Nacional Centro de Arte Reina Sofía (Madrid).

CUCHICHÍ m. *Zool.* Canto de la perdiz.
CUCHILLA f. **1** Instrumento compuesto de una hoja muy ancha de hierro acerado, de un solo corte, con su mango para manejarlo. **2** Hoja de cualquier arma blanca de corte. **3** HOJA DE AFEITAR. **4** *Agr.* Pieza del arado que sirve para cortar verticalmente la tierra. **5** *Geol.* fig. Montaña escarpada en forma de cuchilla, o, también, cara lisa de aquélla. **6** poét. ESPADA, arma recta con guarnición y empuñadura. **7** *Geol. Arg., Cuba* y *Urug.* Eminencia muy prolongada, cuyas pendientes se extienden suavemente hasta la tierra llana.
CUCHILLADA f. **1** Golpe de cuchilla, cuchillo, espada u otra arma de corte. **2** Herida que resulta de este golpe.
CUCHILLAR adj. **1** Relativo al cuchillo. || m. *Geol.* **2** Montaña con varias elevaciones escarpadas o cuchillas.
CUCHILLAZO m. *And., Cuba* y *P. Rico* CUCHILLADA.
CUCHILLERÍA f. **1** Oficio de cuchillero. **2** Taller en donde se hacen cuchillos. **3** Tienda en donde se venden.
CUCHILLERO, RA m. y f. **1** Persona que hace o vende cuchillos. || m. **2** Abrazadera que ciñe o sujeta alguna cosa.
CUCHILLO m. **1** Instrumento formado por una hoja de hierro acerado y de un corte solo, con mango. **2** *Zool.* Cada uno de los colmillos inferiores del jabalí. **3** fig. Añadidura que se hace en algunas prendas de vestir para darles más vuelo. Más en pl. **4** *Arquit.* Armadura de cubierta. || **pasar a cuchillo** fr. Dar muerte. Se usa cuando se habla de una plaza tomada por asalto.
CUCHIPANDA f. fam. Comida que toman juntas y regocijadamente varias personas.

cuco

CUCHITRIL m. fig. y fam. Habitación estrecha y desaseada.
CUCHIVANO Cerro de Venezuela, en el Estado de Sucre; 1.562 m.
CUCHIVERO Río de Venezuela, en el Estado de Bolívar, afluente del Orinoco; 340 km.
CUCHO m. **1** *Chile* Nombre familiar del gato, especialmente para llamarlo. || m. y f. **2** *Salv.* Jorobado, corcovado.
CUCHUFLETA f. fam. Dicho o palabras de zumba o chanza.
CUCHUGO m. *Amér.* Cada una de las dos cajas de cuero que suelen llevarse en el arzón de la silla de montar. Más en pl.
CUCHUMATANES, SIERRA DE LOS Sistema montañoso de Guatemala, ramal de la Sierra Madre; 3.800 m de altura máxima.
CUCLILLAS, EN loc. adv. con que se explica la postura o acción de doblar el cuerpo de forma que las nalgas se acerquen al suelo o descansen en los talones.
CUCLILLO m. *Zool.* Ave cuculiforme perteneciente a la familia cucúlidos, de nombre científico *Cuculus canorus*. Mide unos 35 cm, la cola y las alas son largas, y el plumaje castaño, con el pecho barrado. Emite un canto repetitivo muy característico. Vive en los bosques europeos.
CUCO, CA adj. **1** fig. y fam. Pulido, mono. **2** fig. y fam. Taimado y astuto. También s. || m. **3** *Zool.* Oruga o larva de cierta mariposa nocturna. **4** *Zool.* CUCLILLO, ave. **5** fam. TAHÚR. **6** COCO, fantasma para meter miedo.
CUCÚ m. *Zool.* Canto del cuclillo.
CUCUBÁ m. *Zool. Cuba* Ave nocturna parecida a la lechuza.
CUCUBANO m. *Zool. P. Rico* Cocuyo, luciérnaga.
CUCULIFORME adj. y f. *Zool.* **1** Se dice de las aves trepadoras, con el pico largo y cuatro dedos largos y fuertes, como el cuco. || f. pl. *Zool.* **2** Orden de estas aves.

Cudillero (Asturias).

CUCURBITÁCEO, A adj. y f. *Bot.* **1** Se aplica a las plantas angiospermas dicotiledóneas de tallo sarmentoso, fruto carnoso y semilla sin albumen, como la calabaza. || f. pl. *Bot.* **2** Familia de estas plantas.
CUCURO m. *Zool. Chile* Mamífero roedor octodóntido, de color negro y muy dañino.
CUCURUCHO m. Papel, cartón o barquillo arrollado en forma cónica. También en sentido figurado.
CUCURUCHO Monte de la República Dominicana, en la cordillera Central; 2.254 m.
CÚCUTA Ciudad de Colombia, capital del departamento de Norte de Santander; 484.069 h. Fundada en 1733, fue reedificada después del terremoto de 1875. Su nombre completo es *San José de Cúcuta*.
CUCUTEÑO, ÑA adj. y s. De Cúcuta.
CUCUY o **CUCUYO** m. *Zool.* COCUYO.
CUDILLERO Municipio y lugar de España, provincia de Asturias; 6.557 h. Puerto. Turismo.
CUDWORTH, RALPH Filósofo inglés (Aller, 1617 - Cambridge, 1688). Jefe de la escuela filosófica de Cambridge y autor de *El verdadero sistema intelectual del Universo* (1678).
CUECA f. *Amér.* Baile de pareja suelta, en el que se representa el asedio amoroso de una mujer por un hombre. Bailado en el O de América del Sur, desde Colombia hasta Argentina y Bolivia, tiene distintas variedades según las regiones y las épocas.
CUELGAMUROS Puerto de España, en la sierra de Guadarrama, provincia de Madrid, en cuya vertiente oriental se erigió la basílica de la Santa Cruz del VALLE DE LOS CAÍDOS.
CUELGUE m. fig. Estado de estupor producido por la droga.
CUÉLLAR, JOSÉ TOMÁS FACUNDO.
CUELLO m. **1** *Anat.* En los vertebrados, parte del cuerpo más estrecha que la cabeza, que une a ésta con el tronco. **2** Cualquier estructura angosta y larga que sirve de unión entre dos partes diferentes. **3** Parte superior y más angosta de una vasija. **4** Tira de una tela unida a la parte superior de los vestidos, para cubrir más o menos el cuello.
CUENCA f. **1** *Anat.* Cavidad en que está cada uno de los ojos. **2** *Geol.* Territorio rodeado de alturas. **3** *Geol.* Formación geológica en que los estratos se inclinan hacia el centro. **4** *Geog.* CUENCA HIDROGRÁFICA || **CUENCA HIDROGRÁFICA** *Geog.* Territorio cuyas aguas afluyen a un mismo río, lago o mar.
CUENCA 1 Provincia de España, en Castilla-La Mancha; 17.061 km² y 200.963 h. Su capital es la ciudad de Cuenca y algunas de las poblaciones importantes son Belmonte, Mota del Cuervo, Motilla del Palancar y Tarancón. Su territorio se extiende entre el sistema Ibérico (Serranía de Cuenca), al N, y La Mancha, al S. Con predominio de clima continental, frío y seco, está regada por los ríos Guadiela, Cigüela, Záncara, Escabas, Huécar, Júcar y Cabriel. Produce cereales, vid, olivos, frutas y legumbres. Ganadería ovina. Importante explotación forestal. En las cercanías de la capital de la provincia se encuentra la llamada *Ciudad encantada*, constituida por caprichosas formaciones calizas. Turismo. **2** Ciudad capital de la misma y del municipio de su nombre, situada entre los ríos Júcar y Huécar; 44.094 h. Centro comercial. Industria textil y maderera. Catedral gótica del siglo XIII. Torre de Mangana, perteneciente a una antigua fortaleza árabe. Museo de Arte Abstracto Español, enclavado en las famosas Casas Colgadas, que fueron edificadas en el siglo XV sobre la hoz del río Huécar.
CUENCA Ciudad de Ecuador, capital de la provincia de Azuay; 255.028 h. Centro comercial agrícola y ganadero. Industria alimentaria y textil. Universidad. Sede episcopal desde 1786. Importante turismo. Su nombre completo es Santa Ana de Cuenca. Fue fundada por Gil Ramírez Dávalos en 1557 con el nombre de Santa Ana de los Ríos de Cuenca.

Cuenca (Ecuador). Catedral.

Cuenca, Gran Vasta meseta semisedértica del O de EE UU, entre Sierra Nevada y los montes Wasatch, formada por una serie de cuencas y montañas, generalmente orientadas de N a S. Región rica en minerales (cobre, plomo, cinc, oro).

cuencano, na adj. y s. De Cuenca, Ecuador.

cuenco m. **1** Vaso de barro, hondo y ancho, y sin borde. **2** CONCAVIDAD, sitio cóncavo.

cuenta f. **1** Acción y efecto de contar. **2** Cálculo u operación aritmética. **3** *Econ.* En contabilidad, registro de gastos e ingresos de una actividad económica. **4** CUENTA CORRIENTE. **5** Razón, satisfacción de alguna cosa. **6** Cada una de las bolitas ensartadas que componen los collares, rosarios, etc.; y, por semejanza, cualquier bolilla ensartada o taladrada para serlo. **7** Cuidado, incumbencia, cargo, obligación, deber. **8** Consideración o atención. **9** Beneficio. || **CUENTA CORRIENTE** *Econ.* Cada una de las que, para ir asentando las partidas de debe y haber, se llevan a las personas o entidades a cuyo nombre están abiertas y permite al titular de la cuenta retirar a la vista o a plazo los saldos a su favor. || **a cuenta** loc. adv. Se dice del anticipo o préstamo que serán deducidos a quien los recibe cuando se proceda a la liquidación de su cuenta. || **a cuenta de** loc. prepos. Como compensación o cambio de alguna cosa. || **ajustar cuentas** fr. fam. que se usa por amenaza. || **caer en la cuenta** fr. fig. y fam. Venir en conocimiento de algo que no lograba comprender o en lo que no había reparado. || **dar cuenta de** fr. fig. y fam. Dar fin a una cosa. || **darse cuenta de** fr. fig. y fam. Comprender o entender algo. || **echar cuentas** fr. ECHAR LA CUENTA. También, reflexionar sobre el pro y el contra de algún asunto. || **echar la cuenta** fr. Hacer cómputo del importe, gasto o utilidad de algo. || **estar fuera de cuentas** fr. Haber cumplido ya la mujer los nueve meses de embarazo. || **la cuenta de la vieja** expr. fig. y fam. La que se hace por los dedos. || **las cuentas del Gran Capitán** expr. fig. y fam. Las formadas arbitrariamente y sin debida justificación. || **llevar la cuenta** fr. Tener el cuidado de asentar y anotar las partidas que la han de componer. || **no querer cuentas con** fr. No querer tratarse con alguien. || **no salirle a uno la cuenta** fr. fig. Fallarle sus cálculos. || **pedir cuentas** Pedir la razón de lo que se hace o dice. || **perder la cuenta** fr. con que se explica ser muy difícil acordarse de las cosas o reducirlas a un número concreto, a causa de su antigüedad o cantidad. || **por cuenta de** fr. fig. En nombre o al costo de alguien. || **tener en cuenta** fr. Tener presente, considerar. || **tomar en cuenta** fr. fig. Apreciar, recordar un favor o una circunstancia peculiar. También, tomar en consideración, TENER EN CUENTA. || **vivir** uno **a cuenta de** fr. Depender de otro, especialmente en la manutención.

cuentagotas m. Utensilio para verter un líquido gota a gota. || **con cuentagotas** loc. adv. fig. y fam. Poco a poco, lentamente y con escasez. ♦ Su pl. es *cuentagotas*.

cuentahílos m. *A. gráf.* Especie de lupa pequeña para ver detalles muy pequeños de impresos, fotografías, etc. ♦ Su pl. es *cuentahílos*.

cuentakilómetros m. *Autom.* Aparato que registra los kilómetros recorridos por un vehículo de motor. ♦ Su pl. es *cuentakilómetros*.

cuentapasos m. PODÓMETRO. ♦ Su pl. es *cuentapasos*.

cuentarrevoluciones m. TACÓMETRO. ♦ Su pl. es *cuentarrevoluciones*.

cuentavueltas m. TACÓMETRO. ♦ Su pl. es *cuentavueltas*.

cuentista adj. y s. **1** fam. Persona que propala cuentos, chismes, infundios, etc. || com. **2** Persona que suele narrar o escribir cuentos. **3** fig. Persona que por vanidad u otro motivo falsea o exagera la realidad.

cuento m. **1** Relación de un suceso. **2** Relación, de palabra o por escrito, de un suceso falso o inventado. **3** Breve narración de sucesos ficticios y de carácter sencillo, hecha con fines morales o recreativos. **4** CÓMPUTO. **5** Falsa apariencia, embuste. **6** fam. Chiste o cuento que se cuenta a una persona para indisponerla con otra. || **a cuento** loc. adv. Al caso, al propósito. || **dejarse de cuentos** fr. fig. y fam. Omitir los rodeos e ir a lo esencial de algo. || **el cuento de nunca acabar** fig. y fam. Asunto o negocio que se dilata y embrolla de modo que nunca se le ve el fin. || **sin cuento** loc. fig. Sin cuenta, o sin número.

cuerda f. **1** Conjunto de hilos de lino, cáñamo, cerda u otra materia semejante, que torcidos forman un solo cuerpo más o menos grueso, largo y flexible. **2** Hilo hecho con una tira retorcida de tripa de carnero, con seda envuelta por alambre en hélice o con un alambre sencillo, que se emplea en muchos instrumentos musicales para producir los sonidos por su vibración. **3** *Metrol.* Medida de ocho varas y media. **4** *Metrol.* Medida agraria de algunas provincias equivalente a una fanega, o algo más, de sembradura. **5** *Metrol. P. Rico* Medida equivalente a 3.929 centiáreas. **6** Cadenita que en los relojes de bolsillo o de sobremesa, de antiguo sistema, se fija y enrolla por un extremo en el cubo, y por el otro en el tambor que contiene el muelle, para comunicar el movimiento de éste a toda la máquina. **7** Cada una de las cuerdas o cadenas que sostienen las pesas en los relojes de este nombre, y enrolladas en poleas o cilindros imprimen el movimiento a toda la máquina. **8** Conjunto de penados que van atados a cumplir en los presidios su condena. **9** CORDEL. **10** *Arquit.* Línea de arranque de una bóveda o arco. **11** *Geom.* Línea recta tirada de un punto a otro de un arco o porción de curva. **12** *Mús.* Cada una de las cuatro voces fundamentales de bajo, tenor, contralto y tiple. || **CUERDAS VOCALES** *Anat.* Ligamentos que van de delante hacia atrás en la laringe, capaces de adquirir más o menos tensión y de producir vibraciones, que constituyen un elemento fundamental del aparato fonador. || **bajo cuerda** loc. adv. fig. Reservadamente, por medios ocultos.

cuerdo, da adj. y s. **1** Que está en su juicio. **2** Prudente, que reflexiona antes de decidir.

cuerna f. **1** Vaso rústico, hecho con un cuerno de res vacuna, quitada la parte maciza y tapado en el fondo con un taco de madera. **2** *Zool.* Cuerno macizo que algunos animales, como el ciervo, mudan todos los años. **3** *Zool.* CORNAMENTA. **4** Trompa de forma parecida al cuerno bovino, usada por guardas y otras gentes campesinas para comunicarse.

CUERNAVACA Ciudad de México, capital del Estado de Morelos; 279.187 h. Produce azúcar, maíz, plátano, mango, aguacate, jitomate y guayaba. Industrias del cemento, papel, tejidos y alimentarias. Universidad. Centro turístico. Antigua capital de los tlahuicas; en 1521 fue tomada por Cortés, quien edificó el palacio que hoy es residencia del gobierno actual. En 1855 llegó a ser capital de México tras el triunfo de la revolución de Ayutla.

cuernavaquense adj. y com. De Cuernavaca.

cuerno m. **1** *Zool.* Prolongación ósea, queratinosa o de pelo fusionado, cubierta por una capa epidérmica o por una vaina dura y consistente, que tienen algunos animales en la región frontal. **2** *Zool.* Protuberancia dura y puntiaguda que el rinoceronte tiene sobre la mandíbula superior. **3** *Zool.* ANTENA o tentáculo de los animales articulados. **4** *Mús.* Instrumento musical de viento. **5** fig. Cada una de las dos puntas que se ven en la Luna en cuarto creciente y cuarto menguante. **6** fig. Voz con que irónicamente se alude a la infidelidad conyugal. Más en pl. y con los verbos *poner, llevar*, etc. || **CUERNO DE LA ABUNDANCIA** CORNUCOPIA. || **CUERNO DE CAZA** Trompa que se usa en las monterías.

cuero m. **1** Pellejo que cubre la carne de los animales. **2** Este mismo pellejo después de curtido y preparado para los diferentes usos a que se aplica en la industria. **3** ODRE que sirve para contener líquidos. || **CUERO CABELLUDO** *Anat.* Piel que recubre el cráneo, de donde nace el cabello. || **en cueros**, o **en cueros vivos** loc. adv. Desnudo, sin vestido alguno.

Cuero, José Sacerdote ecuatoriano (Popayán, 1735 - Lima, 1815). Siendo obispo de Quito apoyó el movimiento de independencia y fue vicepresidente, y luego presidente, de la Junta Suprema de Gobierno (1811); presidió el Congreso que promulgó la primera Constitución del Estado de Quito (1812). Fue capturado y desterrado a España, pero falleció en Lima cuando se preparaba para embarcar.

cuerpo m. **1** Lo que tiene extensión limitada y produce impresión en nuestros sentidos por calidades que le son propias. **2** En el hombre y en los animales, conjunto de las partes materiales que componen su organismo. **3** *Geom.* Objeto material en que pueden apreciarse las tres dimensiones principales, longitud, altura y profundidad. **4** *A. gráf.* Tamaño de los caracteres de cada fundición. **5** CADÁVER. **6** *Der.* Colección oficial de leyes. **7** Parte principal de un libro, prescindiendo de prólogo, apéndices, etc. **8** Grueso de los tejidos, papel, chapas, etc. **9** Tamaño de las cosas. **10** Conjunto de personas que desempeñan una misma profesión. **11** Cada una de las partes, que pueden ser independientes, cuando se las considera unidas a otra principal. **12** *Mil.* Cierto número de soldados con sus respectivos oficiales. || **CUERPO AMARILLO** *Anat.* Formación amarilla que se desarrolla en el ovario a partir de un folículo de Graaf, después de roto éste y expulsado el óvulo. Posee una importante misión hormonal, ya que segrega progesterona o luteína, hormona necesaria para el desarrollo del embarazo. También denominado *cuerpo lúteo*. || **CUERPO CALLOSO** *Anat.* Lámina de tejido nervioso que sirve de unión a los dos hemisferios cerebrales en el hombre y mamíferos superiores. || **CUERPO CELESTE** *Astron.* Cualquiera de los que se localizan en el firmamento. || **CUERPO COMPUESTO** *Quím.* El que puede descomponerse en otros de naturaleza diferente. || **CUERPO DEL DELITO** *Der.* Cosa en la, o con la que, se ha cometido un delito, o en la cual existen señales de él. || **CUERPO DE EJÉRCITO** *Mil.* Gran unidad integrada por dos o más divisiones, así como por unidades homogéneas y servicios auxiliares. || **CUERPO ESTRIADO** *Anat.* Masa de sustancia gris situada en la base del cerebro, delante del hipotálamo, y formada por los núcleos caudado y lenticular, junto con la cápsula interna que los separa. || **CUERPO DE GUARDIA** *Mil.* Cierto número de soldados destinado a hacer la guardia en algún paraje. || **CUERPO LÚTEO** *Anat.* CUERPO AMARILLO. || **CUERPO SIMPLE** *Quím.* ELEMENTO. || **a cuerpo** loc. adv. Sin gabán, ni otro abrigo exterior. || **a cuerpo de rey** loc. adv. Con todo regalo y comodidad. || **a cuerpo gentil** loc. adv. fam. A CUERPO. || **cuerpo a cuerpo** loc. adj. y adv. que se aplica al enfrentamiento entre dos personas, sin armas o con armas blancas, en el que se produce un contacto físico directo entre los adversarios. También fig. a enfrentamientos no físicos. || **de cuerpo presente** loc. adv. Tratándose de un cadáver, dispuesto para ser conducido al enterramiento. || **en cuerpo y en alma** loc. adv. fig. Totalmente, sin dejar nada. || **tomar cuerpo una cosa** fr. Aumentarse de poco a mucho.

cuervo m. *Zool.* **1** Ave paseriforme perteneciente a la familia córvidos, de nombre científico *Corvus corax*.

Cuernavaca (México). Palacio de Hernán Cortés.

cuervo

De tamaño grande, con plumaje negro y pico fuerte. Vive en Europa, Asia y América. **2** *Urug.* Especie de buitre. || **cuervo marino** *Zool.* Nombre común de diversas aves acuáticas del orden pelicaniformes, del tamaño de un ganso; así se denominan varias especies de cormorán.

Cuervo, Rufino José Filólogo colombiano (Bogotá, 1844 - París, 1911). Continuador de la obra de A. Bello, entre sus obras destacan *Diccionario de construcción y régimen de la lengua castellana* (1886-93), que dejó inconcluso y fue concluido por el Instituto Caro y Cuervo en 1995; *Notas a la gramática castellana de Andrés Bello* (1874) y *El castellano en América* (1901-03).

cuesco m. **1** *Bot.* Hueso de la fruta. **2** fam. Pedo ruidoso.

cuesta f. Terreno en pendiente. || **a cuestas** loc. adv. Sobre los hombros o las espaldas.También, a su cargo, sobre sí.

cuestación f. Petición o demanda de limosnas para un objeto piadoso o benéfico.

Cuestas, Juan Lindolfo Político uruguayo (Paysandú, 1837 - París, 1905). Fue ministro de Hacienda (1881), Instrucción Pública, Culto y Justicia (1884 y 1886) y presidente de la República (1897-99 y 1899-1903).

cuestión f. **1** Pregunta que se hace o propone para averiguar la verdad de una cosa, discutiéndola. **2** disputa, riña. **3** Punto o materia dudosos o discutibles. **4** Asunto o materia en general. || **en cuestión de** loc. fam. Referido a tiempo, aproximadamente en el tiempo en que se produce.

cuestionar tr. Controvertir algo dudoso, proponiendo las razones, pruebas y fundamentos de una y otra parte.

cuestionario m. Lista de cuestiones o preguntas.

cuestor m. **1** *Hist.* Magistrado romano que en la ciudad y en los ejércitos tenía funciones principalmente de carácter fiscal. **2** El que demanda o pide limosna para llevar a cabo una obra benéfica.

cueto m. *Geol.* Colina generalmente rocosa, aislada y de forma cónica.

cueva f. **1** Cavidad subterránea más o menos extensa, natural o construida artificialmente. **2** sótano.

Cueva, Juan de la Escritor español (Sevilla, h. 1543 - íd., 1610). Escribió romances y algunos poemas épicos, como *Llanto de Venus en la muerte de Adonis* y *Conquista de la Bética* (1603), pero debe su fama a su labor como dramaturgo y, sobre todo, a la introducción de asuntos del romancero y de la historia española en el teatro de la época. Destacan entre sus obras *Los siete infantes de Lara, La muerte del rey don Sancho, El saco de Roma* y *Comedia del infamador.*

cuévano m. Cesto grande y hondo, algo más ancho por arriba que por abajo, tejido de mimbres, que sirve para llevar la uva en el tiempo de la vendimia, y para algunos otros usos.

cuezo m. Artesilla de madera, en la que amasan el yeso los albañiles. || **meter** uno **el cuezo** fr. fig. y fam. Introducirse indiscreta e imprudentemente en alguna conversación o negocio.

cúfico, ca adj. Se dice de ciertos caracteres empleados antiguamente en la escritura arábiga.

Cugnot, Nicolas-Joseph Ingeniero e inventor francés (Void, 1725 - París, 1804). Aprovechó por vez primera la fuerza motriz del vapor para mover vehículos.

Cui, César Compositor ruso (Vilna, 1835 - Petrogrado, 1918). Miembro del Grupo de los Cinco, es autor de las óperas *El prisionero del Cáucaso* (1857-58), *William Ratcliff* (1861-68), *Ángelo* (1871-75), *El filibustero* (1888-89), etc.

Cuiabá Ciudad de Brasil, capital del Estado de Mato Grosso; 252.784 h. Oro. Centro agropecuario.

cuica adj. **1** *Etnol.* Se dice de un pueblo amerindio sudamericano, afín al timote. Vivía en el actual estado venezolano de Trujillo. Más como m. pl. **2** Se dice también de sus individuos. También com. **3** Relativo a este pueblo.

cuico, ca adj. Voz con que en diversos puntos de América se designa a los naturales de otras regiones.

cuidado m. **1** Solicitud y atención para hacer bien algo. **2** Recelo, temor. || **de cuidado** loc. adj. Que ha de ser tratado con cautela, que es peligroso.

cuidadoso, sa adj. **1** Solícito y diligente en ejecutar con exactitud una cosa. **2** Atento, vigilante.

cuidar tr. **1** Poner diligencia en la ejecución de algo. **2** Asistir, guardar. Seguido de la prep. *de*, también intr. || prnl. **3** Mirar uno por su salud, darse buena vida. **4** Seguido de la prep. *de*, guardar advertencia respecto de una cosa.

Cuilapa Ciudad de Guatemala, capital del departamento de Santa Rosa; 5.669 h.

cuita f. Pena, tristeza.

cuitado, da adj. **1** Afligido, desventurado. **2** fig. Apocado, de poca resolución.

Cuitláhuac Emperador de México (? - ?, 1520). Sucesor de Moctezuma II, su hermano, quien lo nombró emperador antes de su muerte para luchar contra Hernán Cortés, a quien derrotó en la *Noche triste* (1520). Murió víctima de la viruela.

Cuitzeo Lago de México, en el Estado de Michoacán; 1.150 km^2. Turismo.

cují m. *Bot. Col.* y *Venez.* aromo.

Cujizal m. *Venez.* Terreno o sitio poblado de cujíes.

Cukor, George Director de cine estadounidense (Nueva York, 1899 - Hollywood, 1983). Entre sus filmes destacan *Historias de Filadelfia* (1940), *Luz que agoniza* (1947), *La costilla de Adán* (1950), *Nacida ayer* (1952), *My Fair Lady* (1964), y *Ricas y famosas* (1981).

culantrillo m. *Bot.* Especie de helecho que se cría en las paredes de los pozos y otros sitios húmedos.

culantro m. *Bot.* cilantro, planta.

cular adj. **1** *Anat.* Relativo al culo. **2** Se dice de la morcilla o chorizo hechos con la tripa más gruesa.

culata f. **1** Parte posterior de la caja de la escopeta, pistola o fusil, que sirve para asir y afianzar estas armas cuando se apunta y se disparan. **2** *Mec.* Pieza metálica que se ajusta al bloque de los motores de explosión y cierra el cuerpo de los cilindros. **3** *Veter.* Anca, parte posterior de una caballería.

Culata Pico de los Andes Venezolanos, en el Estado de Mérida. Sobrepasa los 4.000 m. También conocido como *Páramo de la Culata.*

culebra f. *Zool.* Nombre común de diversos reptiles escamosos del suborden ofidios, familia colúbridos, de tamaño no excesivamente grande y no venenosos, que habitan en todo el mundo. Entre ellos se encuentran la culebra de agua *(Nátrix natrix)*; la culebra bastarda *(Malpolon monspessulanus)*, de hasta 2,5 m de longitud, con dos dientes venenosos, que vive en zonas áridas del S de Europa, N de África y O de Asia; la culebra de Esculapio *(Elaphe longissima)*, que se distingue por una mancha en forma de V invertida en la nuca y vive en zonas abiertas del centro y S de Europa, y la culebra de herradura *(Coluber hippocrepis)*, que se asemeja a las víboras por las anchas escamas ventrales y vive en zonas áridas de la península Ibérica y NO de África.

Culebra Isla de Puerto Rico; 28 km^2 y 732 h. Pesca y turismo.

culebrear intr. Andar formando eses y pasándose de un lado a otro.

culebrilla f. **1** *Bot.* dragontea. **2** *Zool.* Culebra de agua de pequeño tamaño, de nombre científico *Tropidonotus viperinus.*

culebrina f. **1** *Mil.* Pieza de artillería, larga y de poco calibre, la de mayor alcance de su tiempo. Apareció en el siglo xv y desapareció en el xviii. **2** *Mil.* Arma de fuego portátil, constituida por un cañón más corto que el del fusil, unido a una caja. **3** *Meteor.* Meteoro eléctrico y luminoso con apariencia de línea ondulada.

culebrón m. fig. y fam. *Telev.* Serial de televisión de carácter melodramático y con muchos episodios.

culera f. Remiendo en los calzones o pantalones sobre la parte que cubre las asentaderas.

culero, ra adj. fam. Persona que transporta droga de un país a otro metida en un preservativo que se introduce en el recto, para no ser descubierta en las aduanas.

culi o **coolí** m. En la India, China y otros países de Oriente, trabajador o criado indígena.

Culiacán Río de México, en los Estados de Durango y Sinaloa, que desemboca en el Pacífico; 300 km.

Culiacán Ciudad de México, capital del Estado de Sinaloa; 415.046 h. Centro agrícola y forestal. Puerto. Fue fundada por Nuño de Guzmán en 1599 con el nombre de *San Miguel.*

culiacanense o **culiacano, na** adj. De Culiacán.

culícido, da adj. y m. *Zool.* **1** Se dice de los insectos dípteros del suborden de los nematóceros, de cuerpo estrecho y patas largas, y provistos de una probóscide que contiene cuatro o más cerdas fuertes. Son ejemplo el mosquito común y el anofeles. || m. pl. *Zool.* **2** Familia de estos insectos.

culinario, ria adj. **1** Relativo a la cocina. **2** Arte de guisar.

culle m. *Bot. Chile* y *Perú* Hierba de la familia oxalidáceas, cuyo zumo se usa como bebida refrescante.

Cullen, Countee Poeta estadounidense (Nueva York, 1903 - íd., 1946). Influido por Keats, entre sus obras destacan *Sol de cobre* (1927), *El Cristo negro* (1929) y *Aquí me quedo* (1947).

Culma Cerro volcánico de Guatemala, cerca de Jutiapa; 1.060 m.

culminación f. **1** Acción y efecto de culminar. **2** *Astron.* Altura máxima o mínima que alcanza un astro en su paso por el meridiano del lugar de observación.

culminante adj. **1** Se dice de lo más elevado de un monte, edificio, etc. **2** fig. Superior, sobresaliente, principal.

culminar intr. **1** Llegar algo al grado más elevado o significativo que pueda tener. || tr. **2** Dar fin o cima a una tarea.

culo m. **1** *Anat.* Nalgas, carne mollar que, en las personas y en ciertos animales, está situada entre la parte final del espinazo y el nacimiento de los muslos. **2** ano. **3** Zona carnosa que, en los animales, rodea el ano. **4** fig. Extremidad inferior o posterior de algo. **5** fig. y fam. Escasa porción de líquido que queda en el fondo de un vaso. || **ir de culo** fr. fig. y fam. Ir de mal en peor. || **lamer el culo** fr. Adular, comportarse de modo servil. || **ser** uno **culo de mal asiento** fr. fig. y fam. Persona inquieta que no está a gusto en ninguna parte.

culombímetro *Fís.* Voltímetro adaptado para medir la cantidad de electricidad.

culombio m. *Fís.* Unidad de carga eléctrica en el Sistema Internacional. Es la cantidad de electricidad que atraviesa en 1 segundo la sección de un conductor, cuando la corriente es de 1 amperio de intensidad e invariable con el tiempo. Su símbolo es *C.*

culón, na adj. Que tiene mucho culo.

culote m. *Dep.* Pantalón corto usado por los ciclistas.

culpa f. **1** Falta más o menos grave cometida voluntariamente. **2** Responsabilidad, causa de un suceso o acción imputable a una persona. Puede ser voluntaria o involuntaria.

culpabilizar tr. culpar.

culpable adj. **1** Se dice de aquel a quien se puede echar o se echa la culpa. También com. **2** Se dice también de las acciones y de las cosas inanimadas. **3** Delincuente responsable de un delito. También com.

culpar tr. y prnl. **1** Atribuir la culpa a alguien. **2** Acusar a alguien. También prnl.

culposo, sa adj. *Der.* Se dice del acto u omisión imprudente o negligente que origina responsabilidades.

culteranismo. Portada de *Soledades,* obra de Luis de Góngora. Madrid, 1636.

culteranismo m. **1** *Lit.* Tendencia literaria que surgió a finales del siglo xvi y se desarrolló durante el siglo xvii. Deliberadamente culto y elitista, buscó el artificio y la oscuridad en la expresión. Desde un punto de vista formal se caracterizó por una latinización del lenguaje, el uso constante de alusiones clásicas y la creación de una poética distintiva que se aleja del estilo llano. Lejos de ser un movimiento literario opuesto al conceptismo, es en realidad un refinamiento de éste. El principal representante del movimiento es Góngora, por lo que frecuentemente se le conoce también como *gongorismo.* También son culteranos Villamediana, P. Soto de Rojas, J. de Jáuregui, Tirso de Molina y H. F. de Paravicino. No es un fenómeno privativo de España, y así se consideran culteranos a J. Lilly en Inglaterra y a J. B. Marino en Italia, entre otros. **2** Afectación.

cultismo m. *Ling.* Palabra procedente de una lengua clásica, principalmente del latín, que penetra por vía culta en la lengua, y que, al contrario de las voces populares, no ha experimentado apenas transformaciones fonéticas.

cultivar tr. **1** Dar a la tierra y las plantas las labores necesarias para que fructifiquen. **2** fig. Hablando del conocimiento, del trato o de la amistad, poner todos los medios necesarios para mantenerlos y estrecharlos. **3** fig. Con las palabras *talento, ingenio, memoria*, etc., desenvolver estas facultades. **4** Con las voces *artes, cien-*

Cuneo (Italia).

cias, lenguas, etc., ejercitarse en ellas. **5** Sembrar y hacer producir, en materiales apropiados, microbios o sus gérmenes.

CULTIVO m. **1** *Agr.* Acción y efecto de cultivar la tierra. **2** Acción y efecto de fomentar algo. **3** Explotación y cría de seres vivos con fines científicos o comerciales. **4** *Biol.* Microorganismos o masa de células vivas que se hacen crecer en un medio adecuado.

CULTO, TA adj. **1** Se dice de las tierras y plantas cultivadas. **2** fig. Dotado de las calidades que provienen de la cultura o instrucción. || m. **3** *Rel.* Homenaje externo de respeto y amor que el hombre tributa a Dios, a la Virgen, a los ángeles, a los santos o a ciertas cosas consideradas divinas o sagradas. **4** *Rel.* Conjunto de actos con que el hombre tributa este homenaje. **5** Por extensión, admiración afectuosa de que son objeto algunas cosas.

-**CULTOR** suf. -CULTURA.

CULTURA f. **1** Conjunto de conocimientos adquiridos por una persona mediante el estudio, la lectura, los medios de comunicación, las relaciones sociales, etc. **2** *Antrop.* Conjunto de modos de vida y costumbres, conocimientos, grados de desarrollo artístico, científico, industrial, etc., de una época o grupo social. || **CULTURA DE MASAS** *Sociol.* La que pertenece a gran número de personas y es producto de los medios de comunicación.

-**CULTURA, -CULTOR** sufs. que significan cultivo, cuidado, o cuidador: *cunicultura, puericultor*.

CULTURISMO m. *Dep.* Actividad que busca desarrollar los músculos del cuerpo mediante gimnasia, pesas, etc.

CULTURISTA com. *Dep.* Persona que practica el culturismo.

CULTURIZAR tr. Civilizar, incluir en una cultura.

CUMANÁ Ciudad de Venezuela, capital del Estado de Sucre; 286.347 h. Fue fundada en 1520 por Gonzalo de Ocampo, con el nombre de *Nueva Toledo;* más tarde se llamó *Nueva Córdoba.*

CUMANAGOTO, TA adj. **1** De Cumaná, antigua provincia de Venezuela. Aplicado a personas, también s. **2** *Etnol.* Se dice de un pueblo amerindio del grupo caribe, que ocupó la parte más septentrional de la costa de Venezuela desde la península de Paria hasta el cabo Codera; hoy está prácticamente extinguido. Aplicado a personas, también s. **3** Relativo a este pueblo. || m. *Ling.* **4** Lengua caribe de los cumanagotos.

CUMANÉS, SA adj. y s. De Cumaná, ciudad de Venezuela.

CUMARÚ m. *Bot. Amér. C.* Árbol de la familia leguminosas, de tamaño gigantesco, cuyo fruto (haba tonka) es una almendra grande, utilizada en perfumería y de la que también se hace una bebida.

CUMAS *Geog. hist.* Antigua ciudad de Italia, en Campania, cerca de Nápoles.

CUMBAL Volcán de Colombia, departamento de Nariño, próximo a la frontera con Ecuador; 4.764 m.

CUMBERLAND Península de Canadá, en los Territorios del Noroeste, que forma parte de la Tierra de Baffin, en el océano Glacial Ártico.

CUMBERLAND Río de EE UU, que nace en la vertiente O de los montes de su nombre y desemboca en la orilla izquierda del Ohio; 1.150 km.

CUMBERLAND, WILLIAM AUGUSTUS, DUQUE DE Príncipe inglés (Londres, 1721 - íd., 1765). Tercer hijo de Jorge II, se distinguió en la batalla de Culloden, donde obtuvo una importante victoria.

CUMBIA f. *Col.* y *Pan. Danza.* y *Mús.* Danza popular, una de cuyas figuras se caracteriza por llevar los danzantes una vela encendida en la mano. También f. música con que se acompaña esta danza.

CUMBRE f. **1** *Geol.* Cima o parte superior de un monte. **2** fig. La mayor elevación de algo o último grado a que puede llegar. **3** *Polít.* Reunión de los máximos dignatarios nacionales o internacionales.

CUMBRE Paso de los Andes, entre Argentina, en la provincia de Mendoza, y Chile, por el que cruza la carretera y el ferrocarril transandino.

CUMBRIA Condado del Reino Unido, en el NO de Inglaterra; 492.900 h.

CÚMEL m. Bebida alcohólica muy dulce, que tiene por base el comino.

CUMMINGS, EDWARD ESTLIN Escritor estadounidense (Cambridge, Massachusetts, 1894 - North Conway, New Hampshire, 1962). Su obra se caracteriza por la experimentación formal y tipográfica. Autor de la novela *La habitación enorme* (1920) y de los libros de poemas *Tulipanes y chimeneas* (1923), *XLI poemas* (1925), *Vi Va* (1931) y la edición póstuma *73 poemas* (1963).

CUMPLEAÑOS m. Aniversario del nacimiento de una persona. ◆ Su pl. es *cumpleaños.*

CUMPLIDO, DA adj. **1** Lleno, cabal. **2** Acabado, perfecto. **3** Hablando de ciertas cosas, largo o abundante. **4** Exacto en todas las muestras de urbanidad. || m. **5** Acción obsequiosa o muestra de urbanidad.

CUMPLIDOR, RA adj. y s. Que cumple o da cumplimiento.

CUMPLIMENTAR tr. **1** Dar parabién o hacer visita de cumplimiento a alguien con motivo de algún acaecimiento próspero o adverso. **2** Poner en ejecución los despachos u órdenes superiores.

CUMPLIMIENTO m. **1** Acción y efecto de cumplir o cumplirse. **2** CUMPLIDO, obsequio. **3** Oferta que se hace por pura urbanidad o ceremonia.

CUMPLIR tr. **1** Ejecutar, llevar a efecto. **2** Dicho de la edad, llegar a tener aquella que se indica o un número cabal de años o meses. || intr. **3** Hacer uno aquello que debe o a que está obligado. **4** Ser el tiempo o día en que termina una obligación, empeño o plazo. También prnl. || prnl. **5** Verificarse, realizarse. || **por cumplir** loc. Por mera cortesía o solamente por no caer en falta.

CÚMULO m. **1** Montón, conjunto de muchas cosas puestas unas sobre otras. **2** fig. Suma de muchas cosas aunque no sean materiales. **3** *Meteor.* Tipo de nube gruesa, con la parte superior bien definida en forma de cúpula con protuberancias, base plana y evolución rápida. || **CÚMULO ESTELAR** *Astron.* Agrupación, muy espesa a la vista, de estrellas de magnitud aparentemente pequeñísima, como la Vía Láctea.

CUNA[1] f. **1** Cama para niños, con bordes altos y barandillas laterales. **2** fig. Patria o lugar de nacimiento de alguien. **3** fig. Estirpe, linaje. **4** fig. Origen de algo.

CUNA[2] adj. **1** *Etnol.* Se dice de una parcialidad de indios que habita en algunas regiones de Colombia y Panamá. También m. y en pl. || m. *Ling.* **2** Lengua de estos indios.

CUNAGUARO m. *Zool.* Mamífero carnívoro perteneciente a la familia félidos, de nombre científico *Felis tigrina,* de 1 m de longitud aproximadamente, y piel roja con manchas sobre el lomo y los costados. Es propio de Venezuela.

CUNAXA *Geog. hist.* Antigua ciudad de Mesopotamia, situada entre los ríos Tigris y Éufrates, al N de Babilonia, en la que tuvo lugar la batalla entre Artajerjes II, rey de Persia y su hermano Ciro el Joven, sublevado contra él, en 401 a. C.

CUNDIAMOR m. *Bot. Cuba, P. Rico* y *Venez.* Planta de la familia cucurbitáceas, trepadora, de flores en forma de jazmines y frutos amarillos que contienen semillas muy rojas.

CUNDINAMARCA Departamento de Colombia; 23.415 km^2 y 2.340.894 h., sin Bogotá. Su capital es Santa Fe de Bogotá. Es la región más industrializada de Colombia.

CUNDINAMARQUÉS, SA adj. y s. De Cundinamarca.

CUNDIR intr. **1** Extenderse, propagarse. **2** Dar mucho de sí una cosa, aumentarse su volumen. **3** fig. Hablando de trabajos, adelantar, progresar.

CUNEGUNDA, SANTA Emperatriz germánica (?, h. 978 - abadía de Kaufungen, 1040). Hija de Sigfrido de Luxemburgo, casó con el emperador germánico Enrique II.

CUNEIFORME adj. **1** De forma de cuña. **2** ESCRITURA CUNEIFORME. **3** *Anat.* Cualquiera de los tres huesos del tarso con forma de cuña. **4** *Anat.* Uno de los dos cartílagos situados dorsalmente al cartílago tiroides de la laringe. **5** *Biol.* Cualquier estructura en forma de cuña y con el ángulo agudo cerca de la base.

CUNEO[1] Provincia del NO de Italia, en Piamonte; 6.903 km^2 y 551.373 h. **2** Ciudad capital de la misma; 54.930 h.

CUNETA f. Zanja en cada uno de los lados de un camino, para recibir las aguas de lluvia.

CUNHA, EUCLIDES DA Escritor brasileño (Santa Rita do Rio Negro, 1866 - Rio de Janeiro, 1909). Entre sus obras destacan *Os Sertões* (1902), *Contrastes y confrontaciones* (1907) y *Al margen de la historia,* publicado póstumamente.

CUNHA, NUNO DA Navegante portugués (?, 1487 - ?, 1539). Fue virrey de las Indias portuguesas (1528).

CUNHA, TRISTÃO DA Navegante portugués (Lisboa, 1460 - íd., 1540). En 1506, mientras dirigía una flota destinada a la India, se desvió al sur para doblar el cabo de Buena Esperanza y descubrió el archipiélago que lleva su nombre.

CUNHAL, ÁLVARO Político portugués (Coimbra, 1913). Secretario general del Partido Comunista Portugués entre 1961 y 1992, tras el golpe revolucionario del 25 de abril de 1974 fue ministro sin cartera hasta septiembre de 1975.

CUNICULTOR, RA adj. y s. Que cría conejos.

CUNICULTURA f. Arte de criar conejos para aprovechar su carne y sus productos.

CUNIT Municipio y ciudad de España, provincia de Tarragona, partido judicial de Vendrell; 3.669 h.

CUNQUEIRO, ÁLVARO Escritor español (Mondoñedo, 1911 - Vigo, 1981). Escribió en castellano y en gallego. Mezcló en sus novelas temas clásicos y medievales, con un gran dominio del lenguaje y sentido del humor. Obras: *Cantiga nova que se chama riveira* (1934), *Elegías y canciones* (1940), *El caballero, la muerte y el diablo* (1947), *Merlín y familia* (1958), *Un hombre que se parecía a Orestes* (1968), *Las mocedades de Ulises* (1970).

CUÑA f. **1** Pieza de madera o metal que tiene dos caras y termina en ángulo muy agudo. Sirve para rajar o dividir cuerpos sólidos, para ajustar o asentar uno con otro, para calzarlo o para llenar alguna raja o hueco. **2** Cualquier objeto usado para estos fines. **3** *Anat.* Circunvolución del lóbulo occipital del cerebro que adopta esta forma. **4** *Med.* Recipiente para recoger la orina y los excrementos del enfermo que no puede abandonar la cama. **5** Brevísimo espacio publicitario en medio de una transmisión por radio o televisión.

CUÑADO, DA m. y f. Hermano o hermana del marido respecto de la mujer, y hermano o hermana de la mujer respecto del marido.

CUÑO m. **1** Troquel, ordinariamente de acero, con que se sellan la moneda, las medallas y otras cosas análogas. **2** Impresión o señal que deja este sello.

CUOTA f. **1** Cantidad fija con que se contribuye a los fines y sostenimiento de un club, sociedad deportiva, etc. **2** *Hist.* Pago en metálico mediante el cual se per-

Álvaro Cunqueiro

mitía a los reclutas gozar de ciertas ventajas y reducción de plazo en el servicio militar.

CUP (Voz i.) m. Bebida consistente en diversos zumos, bebidas alcohólicas y espumosas, junto con trocitos de frutas.

CUPÉ m. *Autom.* Automóvil de turismo de dos puertas y dos plazas, aunque frecuentemente existe atrás un espacio-asiento en que sin gran dificultad pueden acomodarse dos personas.

CUPIDO *Mit.* Dios del amor entre los romanos. Era hijo de Venus, diosa del amor. Se le representa como un hermoso joven o como un niño con alas. Sus atributos son el arco y las flechas. Es el *Eros* griego.

CUPLÉ m. Canción corta y ligera, que se canta en teatros y otros locales de espectáculo.

CUPLETISTA f. **1** Artista que canta cuplés. || com. **2** Persona que los compone.

CUPO m. **1** Parte asignada o repartida a una persona o colectividad. **2** *Mil.* Número de reclutas que entran en cada quinta en un lugar. **3** *Col.*, *Méx.* y *Pan.* Cabida.

CUPÓN m. **1** Parte que se corta de un anuncio, invitación, bono, etc., y que da derecho a tomar parte en concursos, sorteos, a obtener una rebaja en las compras. **2** Participación de un número determinado en sorteos, loterías, etc.

CUPR-, CUPRI-, CUPRO- prefs. que significan cobre.

CUPRESÁCEO, A adj. y s. *Bot.* **1** Se dice de las plantas fanerógamas gimnospermas cuyas especies, árboles o arbustos, tienen el fruto en gálbula y hojas pequeñas escuamiformes, y las juveniles aciculares, como el ciprés, el enebro, el alerce de Chile y el cedro rojo de los americanos. || f. pl. *Bot.* **2** Familia de estas plantas.

CUPRI- pref. CUPR-.

CÚPRICO, CA adj. *Quím.* Que contiene cobre divalente. Las sales cúpricas son de color azul o verde al estar hidratadas y poseen gran estabilidad.

CUPRÍFERO, RA adj. *Geol.* Que contiene cobre.

cuprita

CUPRITA f. *Miner.* Mineral óxido de cobre, de fórmula Cu_2O, que cristaliza en el sistema cúbico. Tiene color rojo, es pesado y frágil. Normalmente aparece asociado al cobre nativo. Utilizado principalmente como mena del cobre, los cristales más transparentes se tallan como piedras semipreciosas.

CUPRO- pref. CUPR-.

CUPRONÍQUEL m. **1** *Met.* Aleación de cobre y níquel de elevada resistencia a la corrosión, empleada en la fabricación de monedas, para tubos de condensador y paletas de turbina. **2** *Num.* Moneda española que valía 25 céntimos de peseta.

CUPROSO, SA adj. *Quím.* Se dice de los compuestos de cobre en los que éste actúa como monovalente.

CÚPULA f. **1** *Arquit.* Bóveda en forma de una media esfera u otra aproximada, con que se cubre un edificio o parte de él. **2** *Bot.* Involucro rugoso o espinoso que envuelve parcialmente a un fruto, como el cascabillo de la bellota, o totalmente a varios, como en las castañas. **3** fig. Grupo dirigente de una empresa, institución, entidad, etc.

CUPULÍFERO, RA adj. *Bot.* FAGÁCEO.

CUPULINO m. *Arquit.* Cuerpo superior, algunas veces a modo de linterna, que se añade a la cúpula o media naranja.

CUQUILLO m. *Zool.* CUCLILLO, ave.

CURA m. **1** Sacerdote encargado de una parroquia. **2** fam. Sacerdote católico. **3** Aplicación de material estéril a una herida o parte infectada. **4** Este mismo material. || f. **5** Acción y efecto de curar o sanar. **6** fam. *Chile* Borrachera.

CURA-MALAL Sierra de Argentina, en el SO de la provincia de Buenos Aires, que forma con otras la cadena de la Ventana.

CURACA m. *Amér.* m. Cacique, potentado o gobernador.

CURAÇAO, CURASAO o **CURAZAO** Isla del mar Caribe, frente a las costas de Venezuela, que forma parte de las Antillas Holandesas; 444 km² y 144.097 h. Su capital es Willemstad. Maíz, yuca, caña de azúcar y naranjas. Fosfatos. Refinería de petróleo.

CURACIÓN f. **1** Restablecimiento de la salud o restauración de las partes heridas. **2** Conjunto de procedimientos utilizados para tratar una enfermedad.

CURADO, DA adj. fig. Endurecido, seco, fortalecido o curtido.

CURAGUA f. *Agr. Amér.* m. Maíz de grano muy duro y hojas dentadas.

CURAMAGÜEY m. *Bot. Cuba* Planta de la familia asclepiadáceas, especie de enredadera.

CURANDERO, RA m. y f. Persona que se dedica al arte de curar sin título oficial de médico, mediante procedimientos naturales.

CURAR intr. y prnl. **1** Sanar, recobrar la salud. || tr. **2** Aplicar el enfermo los remedios correspondientes a su enfermedad. También prnl. **3** Hablando de carnes, pescados, embutidos, etc., prepararlos por medio de la sal, el humo, el frío seco, etc., para que, perdiendo la humedad, se conserven por mucho tiempo. || prnl. **4** fam. *Chile* Embriagarse.

CURARAY Río de América del Sur que nace en Ecuador, penetra en Perú y desemboca en el Napo; 600 km.

CURARE m. *Bot. Amér.* m. Sustancia que se extrae de varias plantas, entre ellas *Strychnos toxifera*, que contiene alcaloides que actúan sobre el sistema nervioso central, paralizando los músculos voluntarios. Los indígenas sudamericanos lo utilizan para envenenar las flechas, y en medicina se emplea como relajante muscular y elemento adicional de la anestesia.

CURASAO m. Licor fabricado con corteza de naranja y otros ingredientes.

CURASAO CURAÇAO.

CURATELLA MANES, PABLO Escultor argentino (La Plata, 1891 - Buenos Aires, 1962). Discípulo de Lucio Correa, se adhirió a la escuela cubista durante su estancia en Francia. Entre sus obras figuran *El dragón*, *Sirenas*, *Motivo criollo*, *La santa* y *El drama*.

CURATIVO, VA adj. Que sirve para curar.

CURATO m. Cargo espiritual del cura de almas, parroquia.

CURAZAO CURAÇAO.

CURAZOLEÑO, ÑA adj. y s. De Curaçao.

CÚRBANA f. *Bot. Cuba* Arbusto de la familia canaláceas, silvestre, del que se obtiene la canela blanca.

CURBARIL m. *Bot.* Árbol leguminoso de América tropical.

CURCIO, RUFO QUINTO RUFO, QUINTO CURCIO.

CURCULIÓNIDO, DA adj. y m. *Zool.* **1** Se aplica a los insectos coleópteros caracterizados por tener la cabeza prolongada en una trompa, como los gorgojos. || m. pl. *Zool.* **2** Familia de estos insectos.

CÚRCUMA f. *Bot.* Planta perteneciente a la familia zingiberáceas, de nombre científico *Curcuma lunga*, originaria de la India. Posee rizomas gruesos y cortos, similares al jengibre. De ellos se extrae una especia algo amarga y picante.

CURCUSÍ m. *Zool. Bol.* Especie de cocuyo menos luminoso.

CURCUSILLA f. *Anat.* RABADILLA.

CURDA f. fam. BORRACHERA, embriaguez.

CURDELA f. **1** fam. BORRACHERA. || m. **2** fam. BORRACHO.

CURDISTÁN KURDISTÁN.

CURDO, DA adj. y s. KURDO.

CUREÑA f. *Mil.* Armazón con ruedas o sobre correderas, en la cual se monta el cañón de artillería.

CURETA f. CUCHARILLA.

CURETUÍ m. *Zool. R. Plata* Ave paseriforme, de color blanco y negro y de fligura agraciada.

CURÍ m. *Bot. Amér.* m. Árbol gimnospermo conífero cuyos piñones son parecidos a castañas.

CURIA f. **1** Tribunal donde se tratan los negocios contenciosos. **2** *Hist.* Una de las divisiones del antiguo pueblo romano. **3** Servicios u oficina administrativa eclesiástica o religiosa. **4** Conjunto de personas eclesiásticas que atienden a estos servicios. || **CURIA REGIA** *Hist.* Asamblea política que colaboraba con el soberano en las tareas de gobierno y administración, constituida por el *Palatium* o corte real, al que pertenecían los distintos magistrados y oficiales del *oficio palatino*. Su origen es hispano-godo. || **CURIA ROMANA** *Rel.* Conjunto de organismos e instituciones de los cuales el Vaticano se vale para llevar adelante la organización externa de la iglesia.

CURIACIOS HORACIOS.

CURIAL adj. Relativo a la curia.

CURIANA f. *Zool.* CUCARACHA.

CURIARA f. *Mar. Amér.* m. Embarcación de vela y remo usada por indios; es menor y más ligera que la canoa, aunque más larga.

CURIBAY m. *Bot. R. Plata* Cierta especie de pino, de fruto muy purgante.

CURICANO, NA adj. y s. De Curicó.

CURICHE m. **1** *Bol.* Pantano o laguna. **2** *Chile* Persona de color oscuro o negro.

CURICÓ Ciudad de Chile, en la región VII de Maule; 103.909 h.

CURIE m. *Fís.* Unidad de radiactividad, equivalente a la radiación de 1 g de radio, fijada en $3,7.10^{10}$ desintegraciones por segundo.

CURIE, IRÈNE JOLIOT-CURIE, IRÈNE.

CURIE, MARIE (MARYA SKLODOWSKA, llamada) Científica francesa, de origen polaco (Varsovia, 1867 - Sallanches, Alta Saboya, 1934). Recibió el premio Nobel de Física, juntamente con su esposo Pierre, y el de Química (1911), por la determinación de la naturaleza del radio, su aislamiento en estado metálico y el estudio de sus compuestos.

Marie y Pierre **Curie**

CURIE, PIERRE Físico y químico francés (París, 1859 - íd., 1906). Consiguió aislar el polonio y el radio, juntamente con su esposa, Marie, por lo que recibieron, compartido con H. Becquerel, el premio Nobel de Física (1903). Descubrió, junto a su hermano Paul-Jacques, la piezoelectricidad.

CURIEL m. *Zool. Cuba* CONEJILLO DE INDIAS.

CURIO m. *Quím.* Elemento químico perteneciente al grupo de los transuránidos del sistema periódico, que se obtuvo por primera vez bombardeando el plutonio 239 con iones helio acelerados; sus propiedades son parecidas a las de los demás elementos transuránidos. Masa atómica 243; número atómico 96; símbolo *Cm*. Tiene dos isótopos radiactivos, de pesos atómicos 240 y 242. **2** CURIE.

CURIO DENTATO, MANIO Cónsul romano (? - ?, 270 a. C.). Fue tres veces cónsul. Venció a los samnitas y sabinos y derrotó a Pirro en la batalla de Benevento. Estableció colonias en la zona de los Apeninos, que reforzaron la influencia latina en el Adriático.

CURIOSAMENTE adv. m. **1** Con curiosidad. **2** Con aseo o limpieza.

CURIOSEAR intr. y tr. Ocuparse en averiguar algo, a veces inoportunamente.

CURIOSEO m. Acción y efecto de curiosear.

CURIOSIDAD f. **1** Deseo de saber y averiguar algo. **2** Vicio que nos lleva a inquirir lo que no debiera importarnos. **3** Aseo, limpieza. **4** Cuidado de hacer algo con primor. **5** Cosa curiosa o primorosa.

CURIOSO[1], SA adj. **1** Que tiene curiosidad. También s. **2** Que excita curiosidad. **3** Limpio y aseado. **4** Que trata una cosa con particular cuidado.

CURIOSO[2] m. *Amér.* CURANDERO.

CURIQUINGUE m. *Zool. Ecuad.* Ave que se asemeja al buitre por su rostro desnudo, y que entre los incas se consideraba sagrada; es una especie del género *Polyborus*.

CURITIBA Ciudad de Brasil, capital del Estado de Paraná; 841.882 h. Centro agrícola, comercial e industrial.

CURIÚ m. *Arg. y Par.* Canacuate que tiene hasta 7 m de largo, del grueso de una persona y de color negro con pintas rojas.

CURL, ROBERT F. Químico estadounidense (Alice, Texas, 1933). En 1985, junto a su colega Richard Smalley, en coordinación con Harold Kroto, descubrió la tercera estructura del carbono, llamada fulereno. En 1996 los tres fueron galardonados con el premio Nobel de Química.

CURLANDÉS, SA adj. y s. De Curlandia.

CURLANDIA LIVONIA.

CURLING (Voz i.) m. *Dep.* Juego de origen escocés parecido al de los bolos, que se practica sobre superficies heladas.

-CURO suf. que significa el que tiene cuidado de: *pedicuro*.

curruca

CURRANTE p. a. fam. de CURRAR. El que trabaja. Más como com.

CURRAR tr. **1** fam. Pegar a alguien. || intr. **2** fam. Trabajar.

CURRE m. fam. Trabajo, actividad laboral.

CURRICÁN m. Aparejo de pesca de un solo anzuelo, que suele largarse por la popa de los buques cuando navegan.

CURRÍCULO m. **1** *Pedag.* Plan de estudios. **2** CURRICULUM VITAE.

CURRICULUM VITAE (Expresión lat.) m. Relación de méritos que pueden calificar a alguien para obtener un empleo o cargo. También se dice simplemente *currículum*. ♦ Su pl. es *currícula*, aunque es frecuente el uso de la forma *currículum*.

CURRITO, TA m. y f. Trabajador.

CURRO m. CURRE.

CURRUCA f. *Zool.* Nombre común de varias especies de aves paseriformes de pequeño tamaño de la familia muscicápidos, género *Sylvia*, que habitan en África, Asia y Europa. Tienen el pico delgado y estrecho y plumaje de tonalidades pálidas.

CURRUTACO, CA adj. y s. fam. Muy afectado en el uso riguroso de las modas.

CURRY m. Condimento hindú hecho de diversas especies.

CURSADO, DA adj. Acostumbrado, versado en alguna cosa.

CURSANTE adj. y com. Que cursa.

CURSAR tr. **1** Estudiar una materia, asistiendo a las explicaciones del profesor, en una universidad o en cualquier otro establecimiento de enseñanza. **2** Dar curso a una solicitud, instancia, etc.

CURSERÍA f. CURSILERÍA.

CURSI adj. **1** fam. Se dice de la persona que presume de fina y elegante sin serlo. También com. **2** fam. Se dice de lo que, con apariencia de elegancia o riqueza, es ridículo o de mal gusto.

CURSILADA f. Acción o cosa cursi.

CURSILERÍA f. **1** Calidad de cursi. **2** Acto o cosa cursi.

CURSILLISTA com. Persona que interviene en un cursillo.

CURSILLO m. Curso breve de alguna materia del saber humano. Puede consistir, por ejemplo, en una serie de conferencias.

CURSILÓN, NA adj. y s. fam. Aumentativo de CURSI.

CURSIVO, VA adj. y s. LETRA CURSIVA.

CURSO m. **1** Dirección o carrera. **2** *Pedag.* En las universidades y escuelas públicas, tiempo señalado en cada año para asistir a oír las lecciones. **3** Serie de informes, consultas, etc., que precede a la resolución de un expediente. **4** Serie o continuación. **5** Circulación, difusión entre las gentes.

CURSOR m. **1** Pieza pequeña que se desliza a lo largo de otra mayor en algunos aparatos. **2** *Inform.* Marca móvil que se desplaza por la pantalla del ordenador e indica el lugar del documento en el que actúa la orden o comando que se activa.

CURTIDO m. **1** Acción y efecto de curtir. **2** Cuero curtido. Más en pl.

CURTIDOR, RA m. y f. Persona que tiene por oficio curtir pieles.

CURTIDURÍA f. Sitio o taller donde se curten y trabajan las pieles.

CURTIENTE adj. y m. Se aplica a la sustancia que sirve para curtir.

CURTIMBRE f. Acción y efecto de curtir.

CURTIMIENTO m. Acción y efecto de curtir o curtirse.

CURTIR tr. **1** Adobar, aderezar las pieles. **2** fig. Endurecer o tostar el sol o al aire el cutis de las personas que andan a la intemperie. Más como prnl. **3** fig. Acostumbrar a uno a la vida dura y a sufrir las inclemencias del tiempo. También prnl. **4** fig. *Arg. y Urug.* Castigar azotando. || **estar curtido** en fr. fig. y fam. Estar acostumbrado a una cosa o ser diestro en hacerla.

CURTIS, TONY (BERNARD SCHWARTZ, llamado) Actor estadounidense (Nueva York, 1925). Ha realizado papeles de galán de corte cómico y películas de aventuras: *El gran Houdini* (1953), *Con faldas y a lo loco* (1959), *Espartaco* (1960), *El gran impostor* (1961) y *Naked in New York* (1993).

CURTIUS, ERNST Historiador, arqueólogo y filólogo alemán (Lübeck, 1814 - Berlín, 1896). Proyectó y dirigió las excavaciones de Olimpia (1875-81). Es autor de una *Historia de los griegos* (1857-61).

CURTIUS, ERNST ROBERT Historiador de la literatura alemán (Thann, 1886 - Roma, 1956). Es autor de varios estudios sobre literatura europea entre los que destacan *Literatura europea y Edad Media latina* (1948) y *Ensayos críticos de literatura europea* (1950).

CURTIZ, MICHAEL (KERTÉSZ, MICHAEL, llamado) Director de cine estadounidense, de origen húngaro (Budapest, 1888 - Los Ángeles, 1962). En su filmografía destacan *Los crímenes del museo de cera* (1933), *La carga de la brigada ligera* (1936), *Casablanca* (1943), y *Sinuhé el egipcio* (1954).

CURÚ m. *Zool. Perú* Larva de la polilla.

CURUBO m. *Bot. Col.* Especie de enredadera cuyo fruto es comestible.

CURUCÚ m. *Zool. Amér. C.* QUETZAL.

CURUGUÁ m. *Bot. Amér. m.* Enredadera que da un fruto amarillo y negro semejante a la calabaza.

CURUJA f. *Zool.* LECHUZA, ave nocturna.

CURUJEY m. *Bot. Cuba* Planta parásita silvestre. Tiene hojas cortantes o punzantes.

CURUPAY m. *Bot. R. Plata* Árbol de la familia mimosáceas, de buena madera, cuya corteza se usa para curtir porque contiene mucho tanino.

CURUPAYTÍ Población de Paraguay, departamento de Ñeembucú. Batalla ganada por Paraguay frente a las tropas de la Triple Alianza (1866).

CURURO m. *Zool. Chile* Especie de rata campestre.

CURURÚ m. *Zool.* Anfibio anuro americano que tiene los dedos libres en las extremidades torácicas y palmeadas las abdominales.

CURUVICA f. *Arg. y Par.* Fragmento diminuto que resulta de la trituración de una piedra y, por extensión, de cualquier otro material sólido.

CURUZÚ CUATIÁ Localidad de Argentina, provincia de Corrientes. En el cercano arroyo de Bacacuá, victoria de las fuerzas federales de Jacinto Andrade sobre las de Francisco Maciel (1839).

CURVA f. **1** *Geom.* LÍNEA CURVA, conjunto formado por una sucesión ininterrumpida de puntos. **2** *Mat.* Representación esquemática de las fases sucesivas de un fenómeno por medio de una línea cuyos puntos van indicando valores variables. **3** Tramo curvo de una carretera, camino, línea férrea, etc. || f. pl. **4** fam. Formas pronunciadas del cuerpo femenino. || **CURVA DE NIVEL** *Topog.* Línea que resulta de la intersección del terreno con un plano horizontal. Se emplea para figurar el relieve del terreno en los mapas.

CURVADO, DA adj. Que tiene forma de curva.

CURVAR tr. y prnl. Doblar y torcer una cosa poniéndola corva.

CURVATURA f. Calidad de curvo.

CURVILÍNEO, A adj. Que se compone de líneas curvas.

CURVÍMETRO m. Instrumento para medir la longitud de líneas curvas en un dibujo o mapa.

CURVO, VA adj. y s. Que se aparta de la dirección recta sin formar ángulos.

CURWOOD, JAMES OLIVER Escritor estadounidense (Owosso, 1879 - íd., 1927). Autor de novelas de aventuras de gran popularidad: *El corage del capitan Plum* (1908), *Flor del norte* (1912), *Kazan* (1914) y *Vida de sir William Osler* (1925).

CURZON, GEORGE NATHANIEL, MARQUÉS DE CURZON OF KEDLESTON Político y administrador británico (Kedleston, 1859 - Londres, 1925). Fue virrey y gobernador general de la India (1898-1905) y secretario del *Foreign Office* (1919-24). En la conferencia de paz de París propuso la línea divisoria de Polonia que lleva su nombre.

CUSA, NICOLÁS DE (NIKOLAUS KREBS, llamado) Teólogo y filósofo alemán (Cusa, 1401 - Todi, 1464). Participó en el concilio de Basilea y fue legado de Nicolás V en Alemania y vicario general de Pío II en Roma. Sus estudios suponen un cruce entre el platonismo medieval y el racionalismo moderno. En astronomía se anticipó a Copérnico al anunciar el movimiento de rotación de la Tierra alrededor del Sol. Escribió *De docta ignorantia, De concordantia catholica, De visione Dei, De ludo globi*, etc.

CUSCATLÁN Departamento central de El Salvador; 756 km² y 178.502 h. Su capital es Cojutepeque.

CUSCO m. *Amér.* CUZCO.

CUSCUNGO m. *Zool. Ecuad.* Especie de búho.

CUSCURRO m. Cantero de pan.

CUSCÚS m. Plato árabe elaborado con sémola de trigo, carne, pollo y verduras.

CUSCUTA f. *Bot.* Nombre de varias especies de plantas de la familia convolvuláceas, género *Cuscuta*, parásita del cáñamo, la alfalfa y otras.

CUSHING, HARVEY WILLIAM Cirujano estadounidense (Cleveland, 1869 - New Haven, 1939). Especialista en neurocirugía, investigó la hipófisis y en 1932 describió el síndrome que lleva su nombre.

CUSHING, PETER Actor de cine inglés (Kenley, Surrey, 1913 - Canterbury, 1994). Alcanzó gran popularidad interpretando al personaje positivo que se enfrenta a las fuerzas del Mal en películas de terror: *La maldición de Frankenstein* (1957), *Drácula* (1959), *El perro de Baskerville* (1960), *La mansión de los crímenes* (1969) y *Biggles* (1986).

Peter **Cushing**. Escena de la película *La maldición de Frankenstein*.

CUSIR tr. fam. CORCUSIR.
CUSITA adj. y com. Descendiente de Cus, hijo de Cam y nieto de Noé.
CUSMA f. *Perú* Camisa que usan los indios.
CUSPA f. *Bot. Venez.* Arbusto semejante a la palmera.
CÚSPIDE f. **1** Remate superior de alguna cosa. **2** *Anat.* Proyección puntiaguda o redondeada en la superficie masticadora de los dientes. **3** *Anat.* Una de las hojas de una válvula del corazón. **4** *Geol.* Cumbre puntiaguda de los montes. **5** *Geom.* Punto donde concurren los vértices de todos los triángulos que forman las caras de la pirámide, o las generatrices del cono. || f. pl. *Astron.* **6** Cuernos de la Luna o de un planeta en su fase creciente.

Cuzco (Perú). Murallas de la fortaleza inca de Sacsahuamán.

George Armstrong **Custer**

CUSTER, GEORGE ARMSTRONG General estadounidense (New Rumley, 1839 - cerca de Hardin, 1876). Se distinguió en la caballería nordista durante la guerra de Secesión. Fue vencido y muerto por los cheyennes y sioux de Sitting Bull en la batalla de Little Big Horn River.
CUSTODIA f. **1** Acción y efecto de custodiar. **2** Escolta de un preso. **3** Pieza de oro, plata u otro metal, en que se expone la eucaristía. **4** Templete o trono donde se coloca la custodia. **5** *Chile* Consigna de una estación o aeropuerto.
CUSTODIAR tr. Guardar con cuidado y vigilancia.
CUSTODIO adj. y s. Que custodia.
CUSTOZA Lugar de Italia, en Verona, donde las tropas piamontesas fueron derrotadas (1848 y 1866) por las austriacas.
CUSUBÉ m. *Cuba* Dulce seco hecho con almidón de yuca, agua y azúcar.
CUSUMBE o **CUSUMBO** m. *Zool. Col.* y *Ecuad.* COATÍ.
CUSUSA f. *Amér. C.* AGUARDIENTE DE CAÑA.
CUTÁNEO, A adj. *Anat.* Perteneciente a la piel.
CÚTER m. *Mar.* Embarcación con velas al tercio, una cangreja o mesana en un palo chico colocado hacia popa, y varios foques.
CUTETE m. *Zool. Guat.* Reptil iguánido.
CUTÍ m. Tela de lienzo que se usa para cubiertas de colchones.
CUTÍCULA f. **1** *Anat.* Capa córnea de la uña. **2** *Biol.* PELÍCULA, piel delgada y delicada. **3** *Biol.* EPIDERMIS. **4** *Zool.* Capa externa de la concha de los moluscos.
CUTICULAR adj. *Biol.* Relativo a la cutícula.
CUTIS m. *Zool.* **1** Piel que cubre el cuerpo humano, principalmente la del rostro. También se usa t. c. pl. es *cutis*. ♦ U. m. c. DERMIS. ♦ U. pl. es *cutis*.
CUTO, TA adj. *Salv.* **1** Rabón. **2** Manco. **3** Se dice del vestido corto.
CUTRE adj. y s. fam. **1** Tacaño, miserable. **2** Por extensión, pobre, descuidado, sucio o de mala calidad.
CUTTACK Ciudad de la India, Estado de Orissa; 403.418 h. Puerto.
CUTUCHI Río de Ecuador que al unirse con el Chambo da origen al Pastaza. En su curso inferior se llama *Patate*.
CUTUSA f. *Zool. Col.* Especie de tórtola.
CUVIER, GEORGES LÉOPOLD, BARÓN DE Naturalista francés (Montbéliard, 1769 - París, 1832). Fundador de la anatomía comparada y la paleontología, propuso la *teoría de las catástrofes*, según la cual la fauna de cada periodo habría sido aniquilada totalmente por una catástrofe universal, creándose después otra nueva.
CUVILLIÉS, JEAN-FRANÇOIS DE Arquitecto y decorador francés (Soignies, Bélgica, 1695 - Munich, 1768). Destacado representante del estilo rococó. Construyó el pabellón de caza de Amalienburg, en el parque del castillo de Nymphemburg (Munich) y el teatro de la corte (1750-53), destruido durante la Segunda Guerra Mundial.
CUY m. *Zool. Amér.* m. CONEJILLO DE INDIAS. ♦ Su pl. es *cuyes*.
CUYÁ f. *Bot. Cuba* Árbol de la familia sapotáceas.
CUYAGUATEJE Río de Cuba, que desemboca en la ensenada de Cortés; 79 km.
CUYAMEL m. *Zool. Hond.* Pez acantopterigio.
CUYANO, NA adj. y s. De Cuyo.
CUYO¹, YA pron. relat. y pos. De quien, del cual, de lo cual. Concierta en género y número, no con el nombre del poseedor o antecedente, sino con el de la persona o cosa poseída.
CUYO², YA m. y f. *Zool. Salv.* CONEJILLO DE INDIAS.
CUYO Antigua provincia centro-occidental de Argentina, que comprende las actuales de Mendoza, San Luis y San Juan. En 1812 se creó la intendencia de Cuyo, con Mendoza como capital y se disolvió en 1820, quedando dividida en las tres provincias citadas.
CUYUJI m. *Geol. Cuba* Especie de pedernal.
CUYUNÍ Río de Venezuela y Guyana, que nace en las cumbres de Camurán y desemboca en el estuario del Esequibo; 618 km.
CUZ interj. Voz con que se llama a los perros. Se usa repetida.
CUZA, ALEJANDRO JUAN Príncipe de Rumania (Husi, 1820 - Heidelberg, 1873). Accedió a los principados unidos de Moldavia y Valaquia en 1859 y al de Rumania en 1862. Fue obligado a abdicar en 1866 por una conjuración de la clase aristocrática.
CUZCATLECO, CA adj. y s. SALVADOREÑO.
CUZCO m. *Zool.* Perro pequeño.
CUZCO 1 Departamento meridional de Perú; 72.104 km² y 1.131.061 h. Economía agropecuaria. **2** Ciudad capital del mismo; 255.568 h. Centro comercial y turístico. Universidad fundada en 1692. Sede arzobispal. Según la leyenda, la ciudad fue fundada por Manco Cápac, el primer inca, clavando su bastón de oro y dando así fin al peregrinaje de su pueblo. Fue la ciudad más grandiosa y rica del imperio. Capital del Tahuantinsuyu, de ella partían los caminos hacia las cuatro partes del Incario. En el siglo XVI estaba dividido en dos partes, el *Hanan Cuzco*, o Cuzco de arriba, donde residían los primitivos pobladores, descendientes del fundador, y el *Hurin Cuzco*, o Cuzco de abajo, residencia de la dinastía regente de Pachacutec Inca Yupanqui. Pizarro entró en Cuzco en 1533, y un año después se produjo la fundación española de la ciudad, que respetó la estructura incaica y conservó gran parte de los templos, a la vez que construían la ciudad española aprovechando los cimientos y muros primitivos. En los primeros tiempos de la conquista continuó siendo la capital del nuevo Perú, pero, progresivamente, fue perdiendo su importancia en favor de Lima. Se conservan numerosos restos incas, como los del Sunturhuasi, y la fortaleza de Sacsahuamán, en las cercanías de Cuzco. Iglesia de Santo Domingo, construida sobre los sillares que albergaban el Coricancha o «Templo del Sol». Catedral e iglesia de la Compañía de Jesús, ambas barrocas.
CUZCUZ m. CUSCÚS.

CYDNO TARSO.
CYNEWULF Poeta anglosajón (s. VIII o IX). Sus poemas, adaptaciones de leyendas milagrosas, se conservan en los códices de Exeter y de Vercelli.
CYRANKIEWICZ, JÓZEF Político polaco (Tarnow, 1911 - Varsovia, 1989). Secretario general del Partido Obrero Unificado polaco (1948), fue jefe del gobierno (1947-52 y 1954-70) y presidente del consejo de Estado (1970-72).
CYRANO DE BERGERAC, SAVINIEN DE Escritor francés (París, 1619 - íd., 1655). Sirvió en el ejército, donde adquirió fama de espadachín. Practicó el género satírico (*Carta contra los frondistas*, 1654) y escribió dos novelas burlescas, tituladas *Historia cómica de los Estados e Imperios de la Luna* (1657) e *Historia cómica de los Estados e Imperios del Sol* (1662). Debe su fama a la tragicomedia en verso sobre su vida de Edmond Rostand.
CZACZKES, SEMUEL YOSEF AGNON, SHMUEL YOSEF.
CZARNIECKI, STEFAN Militar polaco (Czarnca, 1599 - Sokolówka, 1665). Combatió contra los rusos y los cosacos tras la invasión de Polonia (1632-52) y, en el ejército danés, contra los suecos (1655-58). Fue voivoda de Kiev.
CZERNY, KARL Pianista y compositor austriaco (Viena, 1791 - íd., 1857). Maestro de Liszt y de Döhler, en su extensa producción destacan los *Estudios* y la *Escuela para piano*.
CZESTOCHOVA Ciudad de Polonia a orillas del Warta; 259.500 h. Célebre santuario de la Virgen Negra, patrona de Polonia, fundado por Ladislao, duque de Opole, en 1382.

Cyrano de Bergerac. Grabado del siglo XVII. Museo Carnavalet (París).

D

D f. Cuarta letra del abecedario español, y tercera de sus consonantes. Su nombre es *de*.
D 1 *Mat.* Letra numeral romana que, generalmente mayúscula, tiene el valor de quinientos. **2** *Quím.* Símbolo del deuterio, isótopo pesado del hidrógeno.
DA Símbolo de deciárea.
DA o **DAA** Símbolos de decárea.
DA NANG Ciudad de Vietnam, capital de la provincia de Quang Nam-Da Nang; 382.674 h. Industria textil y de maquinaria.
DABROWSKI o **DOMBROWSKI, JAROSLAV** Revolucionario polaco (Jitomir, 1838 - París, 1871). Miembro del cuerpo de cadetes del ejército ruso, participó en la revolución polaca de 1863 contra Rusia. Condenado a Siberia, pudo emigrar a París, donde formó parte del comité central de la Comuna.
DABUTEN o **DABUTI** adj. **1** vulg. Estupendo. || adv. **2** BUTEN, DE.
DACA Contracción de *da acá* o *dame acá*.
DACCA DHAKA.
DACHA f. En Rusia, casa campestre de recreo.
DACHAU Ciudad del S de Alemania, en el Land de Baviera; 33.200 h. En ella se estableció el primer campo de concentración alemán en 1933, donde fueron exterminadas más de 100.000 personas.
DACIA *Hist.* Antigua región de Europa, situada entre el río Tisza, el Ponto Euxino y el Dniéster, que se corresponde con la actual Rumania. Trajano sometió el territorio y lo convirtió en una provincia romana tras una serie de campañas conocidas como las *guerras dacias* (101-102 y 105-107). En 271, el emperador Aureliano cedió el país a los godos.
DACIO, CIA adj. y s. De Dacia.
DACITA f. *Geol.* Roca volcánica compuesta de plagioclasa, cuarzo, piroxenos y anfíboles.
DACKO, DAVID Político centroafricano (Bouchia, 1930). Primer jefe de Estado de la República Centroafricana (1960), fue derrocado por un golpe militar (1966). Asumió otra vez la presidencia tras el destronamiento de Bokassa (1979). Otro golpe de Estado (1981) le apartó definitivamente del poder.
DACRI-, DACRIO- prefs. que significan lágrima.
DACTIL-, DACTILI-, DACTILO-; -DACTILIA, -DÁCTILO prefs. o sufs. que significan dedo: *perisodáctilo*.
DACTILAR adj. DIGITAL, perteneciente o relativo a los dedos.
DACTILI-; -DACTILIA pref. y suf. DACTIL-.
DACTÍLICO, CA adj. **1** VERSO DACTÍLICO. **2** Se dice de la composición escrita en versos de esta clase.
DACTILO-; -DÁCTILO pref. y suf. DACTIL-.
DÁCTILO m. *Métr.* Pie de la poesía clásica compuesto de tres sílabas: la primera larga y las otras dos, breves.
DACTILOGRAFÍA f. MECANOGRAFÍA.
DACTILOLOGÍA f. Sistema de comunicación no oral, mediante signos realizados con las manos, utilizado por los sordomudos.
DACTILOSCOPIA f. Estudio de las impresiones digitales para la identificación de las personas.
DADÁ adj. y s. Palabra elegida al azar por Tristan Tzara en un diccionario de francés, de la que procede el nombre del DADAÍSMO.
DADAÍSMO m. *Arte.* y *Lit.* Movimiento artístico e intelectual surgido en Europa en 1916, que pretendió mediante la ironía y el irracionalismo, el azar y la intuición, acabar con la cultura y el arte tradicionales. Sus orígenes se remontan a las reuniones en el cabaret Voltaire de Zurich que en 1916 celebraba un grupo de escritores refugiados de diversas nacionalidades (Tristan Tzara, Hans Arp, Richard Huelsenbeck, Hugo Ball), a los que en 1918 se unieron los artistas plásticos Duchamp y Francis Picabia. El movimiento se extendió por Europa y EE UU.
DÁDIVA f. Cosa que se da gratuitamente.
DADIVOSO, SA adj. y s. Generoso.

DADO, DA adj. **1** Determinado. || m. **2** Pieza cúbica en cuyas caras hay señalados puntos desde uno hasta seis, y que sirve para varios juegos de fortuna o de azar. **3** Pieza cúbica que en las máquinas sirve de apoyo a los tornillos, ejes, etc. **4** *Arquit.* NETO, pedestal. || **dado que** loc. conjunt. Siempre que. También, loc. conjunt. causal, PUESTO QUE. || **ser muy dado** a algo fr. Ser muy aficionado, tener tendencia.
DADOR, RA adj. y s. **1** Que da. || m. **2** Portador de una carta. || m. y f. *Com.* **3** Persona que libra la letra de cambio.
DADRA Y NAGAR HAVELI Territorio del O de India, situado entre los Estados de Gujarat y Maharashtra; 491 km² y 153.000 h. Su capital es Silvassa.
DAEVAS *Rel.* En el pensamiento indio, seres celestes o dioses.
DAFNE *Mit.* Hija del río Peneo, de quien se enamoró Apolo. Al verse perseguida por éste pidió ayuda a su padre, quien la convirtió en laurel.
DAFNIS *Mit.* Semidiós hijo de Mercurio y de una ninfa, a quien el dios Pan enseñó a tocar la flauta. En la Antigüedad se le atribuía la invención de la poesía bucólica.
DAG Símbolo de decagramo.
DAGA f. Arma blanca antigua, de hoja corta.
DAGDA *Mit.* Antigua divinidad irlandesa.
DAGESTÁN República federada de la Federación de Rusia, en la costa occidental del Caspio; 50.300 km² y 2.098.000 h. Su capital es Makhakala. Producción agrícola. Centro petrolífero.
DAGOBERTO Nombre de tres reyes francos merovingios.
DAGOBERTO I Rey de los francos (SaintDenis, 577 - íd., h. 639). Hijo de Clotario II, fue reconocido por éste rey de Austrasia en 623. Al morir Clotario, restituyó la unidad del *regnum Francorum*. Durante su reinado (629-639), contuvo la sublevación de los gascones (638).
DAGOBERTO II EL JOVEN Rey de Austrasia (? - Stenay, 679). Era hijo de Sigiberto III. A la muerte de su padre (656), Grimoaldo, mayordomo de palacio, intentó apartarlo del trono. Fue rey de Austrasia (676-79). Pereció en una conspiración.

dadaísmo. Marcel Duchamp. *Rueda de bicicleta.* Colección privada.

Dagoberto III recibe a los representantes de la Iglesia. Códice del siglo XII. Biblioteca Municipal (Valenciennes).

DAGOBERTO III Rey de Neustria y Borgoña (?-715). Hijo y sucesor de Childeberto III (711). Dejó el gobierno en manos de Pipino de Heristal.
DAGÓN o **DAGÁN** *Mit.* Antiguo dios semita occidental de la fertilidad.
DAGUERRE, LOUIS JACQUES Decorador teatral y físico francés (Cormeilles, 1787 - Bry-sur-Marne, 1851). Inventor del *diorama*, se asoció con Niepce en 1829 y diez años después anunciaron la invención de la DAGUERROTIPIA.
DAGUERROTIPIA f. *Fís.* Método de revelado de imágenes al vapor de mercurio del yoduro y bromuro de plata contenidos en una plancha de cobre, fijándose la combinación con cianuro o hiposulfito.
DAGUERROTIPO m. *Fís.* **1** DAGUERROTIPIA. **2** Aparato que se empleaba en este método. **3** Imagen obtenida por daguerrotipia.
DAHL, ROALD Escritor británico (Llandaff, País de Gales, 1916 - Oxford, 1990). Adquirió fama con sus narraciones para niños: *James y el melocotón gigante* (1961), *Todas las aventuras de Charlie y el señor Willy Wonka* (1978).
DAHNA o **RUBA AL-KHALI** Extenso desierto del SE de la península de Arabia; 300.000 km².
DAHOMEY BENÍN.
DAHRENDORF, RALF Sociólogo alemán (Hamburgo, 1929). Autor de *Las clases sociales y su conflicto en la sociedad industrial* (1957), *Conflicto y libertad* (1972) y *Ley y orden* (1985).
DAIGO II TENNOL o **GO-DAIGO** Emperador de Japón (? - ?, 1338). Accedió al trono en 1319 e intentó restaurar el prestigio imperial apoyándose en los señores feudales. Uno de ellos, el general Takauji, le destronó (1336).
DAIKIRI m. Cóctel hecho con ron, zumo de lima, almíbar y marrasquino.
DAIMIO m. Señor feudal en el antiguo régimen japonés.
DAIMLER, GOTTLIEB Ingeniero alemán (Schorndorf, 1834 - Cannstatt, 1900). Construyó uno de los primeros motores de explosión.

Daimon *Rel.* En la antigua Grecia, espíritu benéfico protector de cada individuo.

Dairi m. *Hist.* Título de los jefes espirituales de Japón, que en sus orígenes fueron también generales y legisladores. En el siglo XII perdieron sus atribuciones temporales.

Dajabón Provincia de la República Dominicana; 1.021 km² y 68.606 h. Su capital es la ciudad homónima.

Dakar 1 Región de Senegal; 550 km² y 1.869.000 h. **2** Ciudad capital de Senegal y de la región de su nombre, en el océano Atlántico; 1.500.000 h. Puerto y aeropuerto.

dakhma *Rel.* Denominación de las torres funerarias en las que los parsis exponen a sus muertos para que sean devorados por los buitres, evitando así que la tierra sea profanada por el cadáver.

Dakota adj. *Etnol.* **1** Se dice de una tribu amerindia perteneciente a la gran familia sioux que habitaba en el Mississippi superior. Actualmente viven en reservas de Dakota del Norte, Dakota del Sur, Montana, Nebraska y Alberta. **2** Se dice de los miembros de esta tribu. También com.

Dakota del Norte Estado septentrional de EE UU; 183.123 km² y 642.200 h. Su capital es Bismarck. Sus principales fuentes de riqueza son la agricultura y la ganadería.

Dakota del Sur Estado de EE UU; 199.743 km² y 738.171 h. Su capital es Pierre. Agricultura (cereales) y ganadería. Minas de oro.

dal *Fís.* Símbolo de decalitro.

Daladier, Édouard Político francés (Carpentras, 1884 - París, 1970). Presidió tres veces el Consejo de ministros (1933, 1934 y 1938-40), y fue vicepresidente del Partido Radical Socialista (1936), encarcelado (1940) y deportado a Alemania (1943).

Dalai Lama *Rel.* Título del jefe religioso del lamaísmo tibetano, considerado como reencarnación de Buda. Hasta la ocupación china del Tíbet residía en Lhasa y compartía el poder con el jefe espiritual llamado Panchen Lama. En 1989 le fue concedido el premio Nobel de la Paz al Dalai Lama actual, Tenzin Giatso.

Dalarna Condado de Suecia; 28.193 km² y 282.898 h. Su capital es Falun.

dalasi m. *Econ.* Unidad monetaria de Gambia.

Dale, sir Henry Hallet Médico inglés (Londres, 1875 - Cambridge, 1968). Descubrió la histamina y la acetilcolina. En 1936 compartió el premio Nobel de Medicina con Otto Loewi por sus descubrimientos sobre la transmisión química de los impulsos nerviosos.

Dalecarlia Antigua región de Suecia, actualmente comprendida en el condado de Dalarna.

D'Alema, Massimo Periodista y político italiano (Roma, 1949). Director de *L'Unità*, órgano del Partido Comunista Italiano (PCI), resultó elegido diputado por este partido en 1987. Secretario general del Partido Democrático de la Izquierda (PDS), sustituto del PCI, desde 1994, en 1998 fue nombrado primer ministro, cargo del que dimitió en 2000, siendo sustituido por Giuliano Amato.

D'Alembert, Jean le Rond Alembert, Jean le Rond d'.

Dalen, Gustav Ingeniero sueco (Stentorp, 1869 - Estocolmo, 1937). Sintetizó una substancia (agamassan) que permite transportar el acetileno sin riesgo de explosión, e inventó varias máquinas: una turbina de aire caliente, un aparato de pasteurización y un encendedor de gas automático (Solventil). Recibió el premio Nobel de Física en 1912.

Dalhousie, James Ramsay, marqués de Político británico (Dalhousie Castle, Escocia, 1812 - íd., 1860). Gobernador de la India (1848-56), incorporó el Punjab al imperio británico.

Dalí, Salvador Pintor español (Figueras, 1904 - íd., 1989). Influido por el cubismo y la pintura metafísica, en 1927 se adscribió al surrealismo y en 1929 ingresó en el grupo surrealista parisino. Considerado uno de sus miembros más renovadores, desarrolló su *método paranoicocrítico*, inspirado en un mundo de fantasía onírica y delirante. Entre sus obras figuran *La cesta del pan* (1926), *El gran masturbador* (1929), *Premonición de la guerra civil* (1936), *Cristo de San Juan de la Cruz* (1951), *Última cena* (1955), etc. En 1928 colaboró con Buñuel en la película *Un perro andaluz*.

Dalia f. *Bot.* **1** Nombre común de diversas plantas herbáceas de la familia compuestas, género *Dahlia*, de hermosas flores con variada coloración. **2** Flor de estas plantas.

Dalian *(Ta-lien)* Ciudad de China, en la provincia de Liaoning; 2.400.000 h.

Dalila *Rel.* Personaje bíblico. Cortesana filistea de Gaza, amante de Sansón. De ella se valieron los filisteos para averiguar en qué consistía la fuerza del juez israelita Sansón. Éste, enamorado de Dalila, le reveló que el secreto de su fuerza se hallaba en sus cabellos. Ella lo traicionó, cortándoselos mientras dormía.

Dallapiccola, Luigi Compositor italiano (Pisino d'Istria, 1904 - Florencia, 1975). Adscrito al dodecafonismo, es autor de *Laudi* (1937), *Liriche greche* (1942-45), y la ópera *Il Prigioniero* (1950).

Dallas Ciudad de EE UU, en el Estado de Texas; 1.053.292 h. (3.885.415 en su aglomeración urbana). Gran centro industrial, comercial y financiero. Universidad.

dalle f. Guadaña.

Dalmacia Región del SE de Europa, entre los Alpes Dináricos y el mar Adriático, que corresponde a parte de las Repúblicas de Croacia, Bosnia-Herzegovina y Montenegro.

dálmata adj. y com. **1** De Dalmacia. **2** Se dice del perro de una raza de tamaño mediano o algo grande y pelaje blanco con numerosas manchas negras o pardo oscuras. || m. *Ling.* **3** Lengua románica extinguida que se habló en las costas orientales del Adriático, entre Segna y Cattaro (Dalmacia).

dalmática f. **1** Túnica blanca con mangas anchas y cortas y adornada de púrpura, que tomaron los dálmatas los antiguos romanos. **2** Vestidura sagrada de mangas anchas y abiertas que cubre el cuerpo. **3** Túnica abierta por los lados usada por los reyes de armas y maceros.

Dalton, John Físico y químico inglés (Eaglesfield, 1766 - Manchester, 1844). En meteorología estudió las auroras boreales y concluyó que su origen era el magnetismo terrestre. Formuló la ley de las presiones parciales y la de las proporciones múltiples. Estableció, además, la teoría atómica moderna y describió el daltonismo.

Dalton, ley de las presiones parciales de *Quím.* La que afirma que la presión de un gas en una mezcla es igual a la suma de las presiones parciales que ejercería cada uno de ellos si ocupara por sí solo el mismo volumen a la misma temperatura. Sólo es exacta para los gases ideales.

Dalton, ley de las proporciones múltiples de *Quím.* La que afirma que al combinarse dos elementos para formar más de un compuesto, las cantidades de uno de ellos muestran una relación simple con respecto a la cantidad fija del otro.

daltónico, ca o **daltoniano, na** adj. **1** Se dice del que padece daltonismo. También s. **2** Relativo al daltonismo.

daltonismo m. *Pat.* Enfermedad de la vista que impide distinguir determinados colores, sobre todo el rojo.

dam Símbolo de decámetro.

Dam, Carl Peter Henrik Bioquímico danés (Copenhague, 1895 - íd., 1976). Premio Nobel de Medicina en 1943, compartido con E. A. Doisy, por el descubrimiento, aislamiento y determinación de la composición química de la vitamina K o filoquinona.

dama f. **1** Mujer noble o distinguida. **2** Señora que acompañaba o servía a la reina o a las princesas. **3** Criada primera que en las casas de los grandes servía personalmente a su ama. **4** *Teat.* Por antonomasia, actriz que hace los papeles principales. **5** En el juego de damas, pieza coronada. **6** En el juego del ajedrez, reina. **7** Murete que cierra el crisol de un horno por delante. || f. pl. *Ocio.* **8** Juego que se practica en un tablero ajedrezado con 24 piezas redondas. || **dama de noche** *Bot.* Planta enredadera perteneciente a la familia convolvuláceas, de nombre científico *Ipomoea alba*. Crece en los trópicos y se emplea como ornamental.

damajuana f. Vasija de vidrio, loza, plástico, etc., de boca estrecha, muy barriguda, protegida a veces por un tejido de mimbre, que se usa para el transporte de ciertos líquidos.

damán m. *Zool.* Nombre de varias especies de mamíferos hiracoideos de la familia procávidos, de distintos géneros. Su tamaño y forma son similares a los de la marmota y presentan incisivos superiores de crecimiento continuo. Viven en el centro de África.

Daman Ciudad de la India, capital del territorio de Daman y Diu; 26.895 h.

Daman y Diu Territorio de la India, situado en el SE del Estado de Gujarat; 112 km² y 111.000 h. Su capital es Daman.

Damas, Léon Gontran Poeta guayanés en lengua francesa (Cayena, 1912 - Washington, 1978). Impulsor del movimiento de la «negritud», escribió *Pigmentos* (1937) y *Black-Label* (1956).

Salvador **Dalí.** *Sueño causado por el vuelo de una abeja alrededor de una granada un segundo antes del despertar.* Colección Thyssen-Bornemisza (Madrid).

Dante Alighieri. Fresco de Luca Signorelli. Catedral de Orvieto.

Damas, paz de las Cambray.
Damasceno, na adj. y s. De Damasco.
Damasco (De *Damasco*, ciudad de Siria, de donde procede.) m. **1** Tela de seda o lana con dibujos formados con el tejido. **2** *Bot.* Especie de albaricoquero, y su fruto.
Damasco 1 Gobernación de Siria; 18.032 km² y 1.730.000 h. **2** Ciudad capital de Siria y de la gobernación de su nombre, que constituye por sí mismo una municipalidad; 1.549.000 h. Centro comercial y nudo de comunicaciones. Industria de curtidos y tejidos. Restos romanos. Gran mezquita omeya (siglo VIII), mausoleo de Saladino. Antigua capital del califato omeya de su nombre.
Dámaso Nombre de diversos papas.
Dámaso I, san Papa de origen hispano (? - Roma, 384). Ocupó el solio pontificio de 366 a 384. Sucesor de Liberio. Convocó varios concilios y condenó a los apolinaristas y los macedonianos.
Dámaso II Papa de origen bávaro (? - Palestrina, 1048). Impuesto por el emperador Enrique II, ocupó el solio pontificio en 1048.
Damasquillo m. **1** Tejido de lana o seda parecido al damasco, pero menos fuerte. **2** *Bot.* ALBARICOQUE, fruto del albaricoquero.
Damasquina f. *Bot.* Planta de la familia compuestas.
Damasquinado m. Embutido de metales finos sobre hierro o acero.
Damasquino adj. **1** DAMASCENO, perteneciente a Damasco. Se aplica comúnmente a las armas blancas de temple muy fino. **2** Se dice de la ropa u objeto hecho con la tela llamada damasco.
Damero m. **1** Tablero del juego de damas. **2** Por extensión, plano de ciudades, urbanizaciones, etc., constituidas por cuadrados o rectángulos.
Damerograma m. CRIPTOGRAMA.
Damián, Padre (JOSEPH DE VEUSTER, llamado) Misionero belga (Tremelo, 1840 - Molokai, 1889). Desde 1873 consagró su vida a atender a los leprosos de la isla de Molokai (Hawai), donde contrajo y murió de dicha enfermedad.
Damián, san COSME Y DAMIÁN, SANTOS.
Damián Pedro, san PEDRO DAMIÁN, SAN.
Damietta Gobernación de Egipto; 589 km² y 898.000 h. Su capital es la ciudad homónima. Industria textil. Puerto.
Damisela f. Moza que presume de dama.
Damnación f. CONDENACIÓN.
Damnificado, da adj. y s. Se dice de la persona o cosa que ha sufrido grave daño de carácter colectivo.
Damnificar tr. Causar daño.
Damocles Cortesano de Dionisio el Viejo, tirano de Siracusa (s. v a. C.). Según la tradición, como envidiaba la fortuna del rey, éste le cedió por un día su trono, sobre el cual dispuso una espada pendiente de una crin de caballo como símbolo de los constantes peligros que le acechaban.
Damocles, la espada de Por alusión a la historia de Damocles, situación de peligro permanente a la que se halla expuesta una persona o cosa.
Damodar Río del NE de la India, en los Estados de Bihar y Bengala Occidental; 544 km.
Dampier, William Navegante inglés (East Coker, 1652 - Londres, 1715). Convertido en capitán de filibusteros en 1678, saqueó las factorías españolas de las Antillas y del golfo de México. Exploró las costas de Australia, Nueva Guinea y Nueva Bretaña. Publicó *Viaje alrededor del mundo* (1706).
Dan m. Cada uno de los diez grados superiores en las artes marciales tradicionales concedidas a partir del cinturón negro.
Dan Hijo del patriarca Jacob, cuyo nombre se dio a una de las doce tribus de Israel.
Dánae *Mit.* Hija de Acrisio, rey de Argos. Zeus, en forma de una lluvia de oro, penetró en la prisión en que la había encerrado su padre y la poseyó. De esta unión nació Perseo.
Danaides *Mit.* Nombre de las cincuenta hijas de Dánao. La noche de bodas mataron a sus maridos respectivos, excepto una de ellas. Fueron condenadas en los infiernos a llenar un tonel sin fondo.
Dánao *Mit.* Rey de Egipto y Argos. Padre de las Danaides.
Dancourt (FLORENT CARTON, SEÑOR D'ANCOURT, llamado) Actor cómico y comediógrafo francés (Fontainebleau, 1661 - Courcelles-le-Roi, 1725). Autor de comedias costumbristas en las que ridiculizaba la sociedad de su época: *El caballero a la moda* (1687), *Las burguesas de calidad* (1724), etc.
Dandara DENDERAH.
Dandi m. Hombre elegante, pero que presta una esmerada atención a su apariencia personal.
Dandolo *Geneal.* Familia veneciana, cuatro de cuyos miembros fueron dux. Enriquecida en el siglo XI, mantuvo su importancia hasta el siglo XV.
Dandolo, Enrico (Venecia, 1107 - Constantinopla, 1205). Confirmó la supremacía veneciana sobre el Adriático. Siguiendo su consejo, la cuarta cruzada varió su itinerario y sus caballeros conquistaron Constantinopla, fundando el imperio latino de Oriente (1204).
Dandong (*Tan-tung*) Ciudad de China, situada al E de la provincia de Liaoning; 523.699 h. Industria textil y química.
Dandy (Voz i.) m. DANDI.
Danés, sa adj. y s. **1** De Dinamarca. || m. *Ling.* **2** Lengua germánica que se habla en Dinamarca.
Daniel *Rel.* Personaje bíblico. Uno de los cuatro profetas mayores de la tribu de Judá, que vivió en el siglo VII a. C. Uno de los libros de la Biblia lleva su nombre.
Daniel, Aleksandrovic Príncipe de Moscú (?, 1263 - ?, 1303). Al frente del principado moscovita por designación de su padre Alejandro Nevski, en 1302 incorporó la región de Perejaslav-Zalevski, sentando las bases de su futura pujanza.
Daniel-Rops (HENRY PETIOT, llamado) Escritor francés (Épinal, 1901 - Chambéry, 1965). Apologista católico, su obra manifiesta una clara influencia de los místicos franceses. Obras: *Jesús en su tiempo* (1945) e *Historia de la Iglesia de Cristo* (1948-63).
Daniell, John Frederic Físico y químico inglés (Londres, 1790 - íd., 1845). Inventó un pirómetro, el higrómetro de condensación y la pila eléctrica que lleva su nombre.
Danilo I Príncipe de Montenegro (cerca de Kotor, 1826 - íd., 1860). A la muerte de su tío, Pedro II, fue nombrado príncipe. La secularización del poder y el intento de conseguir la independencia para su país le valieron enfrentamientos con los turcos (1852-53 y 1858), con resultados desiguales.
Daninos, Pierre Escritor francés (París, 1913). Autor de obras satíricas de estilo costumbrista, que alcanzaron gran popularidad: *Les carnets du Mayor Thompson* (1954) y *La galerie des glaces* (1983).
D'Annunzio, Gabriele Escritor italiano (Pescara, 1863 - Gardone Riviera, Brescia, 1938). Máximo exponente del decadentismo en Italia. Su obra se caracteriza por el preciosismo y la perfección formal. De su obra poética destacan *Primo vere* (1879), *Canto nuevo* (1882), *Elegías romanas* (1892), *Laudas del Cielo, del Mar, de la Tierra y de los Héroes* (1903) y *Nocturno* (1921). Sus principales novelas son *El placer* (1889), *Las vírgenes de las rocas* (1895), *El triunfo de la muerte* (1894), *El fuego* (1900). Obras dramáticas: *La ciudad muerta* (1897), *La hija de Jorio* (1904), etc.
Dante Alighieri Poeta italiano (Florencia, 1265 - Ravena, 1321). En la adolescencia conoció a Beatriz Portinari, quien le inspiró la primera de sus obras, la *Vida nueva* (1292-93), escrita en latín alternando verso y prosa, y las *Rimas*, influidas por el *dolce stil nuovo* y la lírica trovadoresca. Participó en las luchas políticas de su ciudad y, contrario al partido de los güelfos negros, fue desterrado en 1302 y luego condenado a muerte. En latín escribió el tratado *La lengua vulgar* (1304-07), acerca del origen del lenguaje, *La monarquía* (1310-14) y varias epístolas. Su obra principal es el poema alegórico la *Divina Comedia* (1307 y 1321). Escribió, además, *El convite* (1307), en prosa, utilizando la lengua vulgar y haciendo elogio de ella, y *Poesías*.
Dantesco, ca adj. **1** Propio y característico de Dante. **2** Por alusión al *Infierno*, canto de la *Divina Comedia* de Dante, se dice de las escenas o situaciones que causan espanto.
Danton, Georges-Jacques Político francés (?, 1759 - ?, 1794). Abogado en el consejo del rey (1785-91), fundó en París el club de los *Cordeliers* (1790). Miembro de la Comuna (1790) y del Directorio de París (1791), dirigió el levantamiento republicano tras la huida del rey. Fue nombrado por la Asamblea ministro de Justicia, y como miembro del Consejo y la Comuna, el jefe del gobierno de hecho. Diputado por París en la Convención, fue uno de los jefes del partido de la Montaña, instigador de la creación del tribunal revolucionario y del Comité de Salvación pública, cuya jefatura ostentó de abril a junio de 1793. Separado del Comité en favor de Robespierre, dirigió a los *indulgentes* que pedían el fin del Terror. El Comité lo detuvo el 29 de marzo de 1794; fue condenado a muerte y guillotinado.
Danubio Río de Europa, el mayor después del Volga; nace en la vertiente norte de la Selva Negra (Baden), riega el S de Alemania, Austria, Eslovaquia, Hungría, Serbia y Montenegro, Rumania y Bulgaria, y atraviesa las ciudades de Viena y Budapest. Tras recorrer 2.860 km, desemboca en el mar Negro formando un delta de 5.000 km². Afluentes principales: Drave y Save, por la derecha; y Tisza y Prut, por la izquierda.
Danza f. **1** BAILE[1], acción de bailar. **2** Cierto número de danzantes que se juntan para bailar. **3** HABANERA. **4** fam. Negocio o manejo poco limpio. **5** fam. Movimiento o trajín.
Danza de la Muerte *Arte.* y *Lit.* Representación simbólica del poder igualitario de la muerte, muy difundida en Europa durante los siglos XIV y XV.

Georges-Jacques **Danton**. Escuela francesa del siglo XVIII. Museo Carnavalet (París).

DANZANTE, TA m. y f. **1** Persona que baila en procesiones y bailes públicos. **2** Persona activa. **3** fig. y fam. Persona petulante y entremetida.

DANZAR tr. **1** Bailar. || intr. **2** Moverse una cosa con rapidez, bullendo y saltando. **3** fig. y fam. Mezclarse en algo.

DANZARÍN, NA m. y f. **1** Persona que danza con destreza. **2** fig. y fam. DANZANTE, persona petulante. También adj.

DANZIG GDANSK.

DANZÓN m. *Danza.* y *Mús.* **1** Baile cubano, semejante a la habanera. **2** Música de este baile.

DAÑAR tr. y prnl. **1** Causar perjuicio, dolor o molestia. **2** Echar a perder una cosa.

DAÑINO, NA adj. Que daña.

DAÑO m. Efecto de dañar.

DAOÍZ Y TORRES, LUIS Militar español (Sevilla, 1767 - Madrid, 1808). Destinado como capitán a la guarnición de Madrid, protagonizó, junto a Velarde y a Ruiz, la defensa del Parque de Artillería en el levantamiento del 2 de mayo contra la ocupación francesa, donde halló la muerte.

DAQING (*Ta-ch'ing*) Ciudad de China, en la provincia de Heilongjiang; 657.297 h. Petróleo.

DAR tr. **1** Hacer que pase a otro el dominio que tienen sobre alguna cosa. **2** ENTREGAR. **3** Proponer. **4** Conferir un empleo u oficio. **5** Aplicar. **6** Conceder. **7** Convenir en una proposición. **8** Seguido de la preposición *por*, considerar. **9** Producir. **10** Someter uno alguna cosa a la obediencia de otro. **11** Declarar o tratar. **12** En el juego de naipes, repartir las cartas. **13** Untar. **14** Soltar. **15** Tratándose de enhorabuenas, pésames, etc., comunicarlos. **16** Junto con algunos sustantivos, ejecutar la acción que éstos significan. **17** Con voces expresivas de golpes o daño, ejecutar la acción significada por estas voces. También, por extensión, sin objeto directo expreso, golpear, zurrar. **18** Causar, ocasionar, mover. **19** Sonar en el reloj las campanadas correspondientes a la hora que es. **20** Transferir el dominio. **21** Declarar. **22** Tratándose de bailes, banquetes, etc., obsequiar con ellos. || intr. **23** Importar, valer. **24** Empeñarse en ejecutar una cosa. **25** Sobrevenir. **26** Junto con algunos sustantivos repetidos por la preposición *en*, acertar, atinar. **27** Con la partícula *de* y algunos sustantivos, caer del modo que éstos indican. **28** Con la partícula *de* y los verbos *almorzar, comer*, etc., servir o costear el almuerzo, la comida. **29** Mirar una cosa hacia determinada parte. **30** fig. incurrir. **31** Presagiar. || prnl. **32** Entregarse. **33** Suceder, determinar alguna cosa. **34** Entregarse con ahínco. **35** Con los infinitivos *creer, imaginar*, ejecutar la acción significada por estos verbos. **36** Considerarse. || **dar de sí** fr. Extenderse, ensancharse. || **dar que decir** fr. Ofrecer ocasión para la murmuración. || **darle** uno **por algo** fr. Entrarle mucho interés por ello. || **darse** uno **por vencido** fr. Ceder, reconocer que se erraba. ♦ IRREG. Véase cuadro.

Dar es-Salaam (Tanzania). Puerto

DARDANISMO m. *Econ.* Destrucción voluntaria de excedentes, principalmente agrícolas, para evitar caídas inopinadas de precios.

DÁRDANO *Mit.* Hijo de Zeus y fundador legendario de Troya.

DARDO m. **1** Arma arrojadiza de pequeño tamaño, con la punta metálica y aguda, y plumas o aletas en la cola, que se tira con la mano. Se utiliza como juego de salón, haciendo puntería en una diana. **2** Arma semejante a la anterior que se dispara con fusil y se usa en estudios zoológicos para anestesiar o marcar a los animales. **3** *Zool.* MÚJOL. **4** fig. Dicho satírico y molesto.

DARGOMIJSKI, ALEXANDRE Compositor ruso (Dargomijs, 1813 - San Petersburgo, 1868). Integró el grupo de autores nacionalistas fundadores de la escuela musical de su país. En su obra destacan las óperas *Roussalka* y *El convidado de piedra*.

DARICO m. *Num.* Moneda persa de oro que hizo acuñar Darío.

DARIÉN Golfo del mar de las Antillas, entre las costas del NO de Colombia y las del E de Panamá. Tiene unos 235 km de longitud. Su extremo sur, en la costa colombiana, recibe el nombre de golfo de Urabá.

DARIÉN Provincia de Panamá; 11.091 km² y 40.284 h. Su capital es La Palma. Agricultura y ganadería vacuna. Explotaciones forestales. Oro.

DARIÉN, SERRANÍA DEL Sistema montañoso del NE de Panamá, que penetra en Colombia hasta desaparecer en el golfo de Urabá. Ocupa 750 km². Alcanza los 2.280 m en el cerro de Tacarcuma.

DARIENSE Cordillera del centro de Nicaragua; cerro Chimborazo (1.688 m). También se llama cordillera *Segoviana*.

DARÍO Nombre de tres reyes persas de la dinastía aqueménida.

DARÍO I (Hircania, 550 - Alejandría, 486 a. C.). Gobernó del 521 al 486 a. C. Venció a los nueve pretendientes al trono real y reconquistó Babilonia, Susa y Media. Luchó contra los escitas, y en el 512 a. C. cruzó el Bósforo llegando hasta la desembocadura del Danubio. Conquistó Tracia y Macedonia. El ataque de los griegos a Sardes provocó la primera guerra médica, en la que fue derrotado (batalla de Maratón, 490 a. C.).

DARÍO II OCOS o **NOTO** (llamado EL BASTARDO) (? - 404 a. C.). Reinó de 424 a 406 a. C. Hijo natural de Artajerjes I Longimano. Autorizó a los sátrapas Farnabaces y Tisafernes a que intervinieran en la guerra del Peloponeso apoyando alternativamente a los dos bandos (412) y reprimió una rebelión de los medos (408).

DARÍO III CODOMANO (h. 380 - Ecatompilo, 330 a. C.). Rey de Persia de 336 a 330 a. C. Último rey aqueménida, fue derrotado por Alejandro Magno en Gránico (334), Issos (333) y Gaugamela (331). En la huida fue asesinado por los sátrapas a instigación de Besso.

DARÍO, RUBÉN (FÉLIX RUBÉN GARCÍA SARMIENTO, llamado) Escritor nicaragüense (Metapa, hoy Ciudad Darío, 1867 - León, 1916). Se le atribuye haber sido el creador del término MODERNISMO. Es el poeta de mayor influencia en la lengua española a fines del siglo XIX y comienzos del XX. Obras principales: *Azul* (1888), *Prosas profanas* (1896), *Cantos de vida y esperanza* (1905), *El canto errante* (1907), *Poema de otoño y otros poemas* (1908) y *Canto a la Argentina y otros poemas* (1910). Entre su obra en prosa figuran *Los raros* (1896), *Peregrinaciones* (1901), *La caravana pasa* (1902), *Tierras solares* (1904), *Opiniones* (1906) y la autobiografía *La vida de Rubén Darío escrita por él mismo* (1915).

DARLAN, JEAN LOUIS FRANÇOIS Almirante francés (Nérac, 1881 - Argel, 1942). Fue ministro de Marina y vicepresidente en el gobierno de Petain. Dimitió al regresar Laval al gobierno (1942) y pasó a ser comandante en jefe de los ejércitos. Tras el desembarco de los aliados en Argel, firmó con EE UU los acuerdos Clark-Darlan. Murió asesinado.

DARLING Río de Australia, en el ángulo SO del Estado de Nueva Gales del Sur. Desemboca en el Murray junto a Wentworth; 2.738 km de curso.

DARLINGTON Consejo unitario del Reino Unido, en Inglaterra; 101.400 h.

DARMSTADT 1 Distrito de Alemania en el Land de Hesse; 7.445 km² y 3.670.000 h. **2** Ciudad capital del mismo; 137.876 h. Activo centro industrial y comercial.

DARNLEY, HENRY STUART o **STEWART, LORD** Príncipe escocés (Temple Newsan, 1545 - Edimburgo, 1567). Se casó con María Estuardo en 1565 y fue padre de Jacobo I de Inglaterra. Murió asesinado bajo una conspiración dirigida posiblemente por el conde de Bothwell.

DÁRSENA f. Parte resguardada de un puerto para carga y descarga de embarcaciones.

DART, RAYMOND ARTHUR Antropólogo sudafricano (Toowong, 1893 - Johannesburgo, 1988). En 1924 descubrió en Taung (República Sudafricana) los restos de un homínido al que denominó *Australopithecus africanus*. El hallazgo revolucionó las teorías vigentes sobre los orígenes del hombre.

DARVINISMO o **DARWINISMO** m. **1** *Biol.* Teoría biológica del naturalista inglés Charles R. Darwin, según la cual la transformación de las especies animales y vegetales se produce en virtud de una selección natural de individuos, debida a la lucha por la existencia y perpetuada por la herencia. **2** *Filos.* Doctrina político-social apoyada en el evolucionismo de Ch. Darwin y H. Spencer. Aplica categorías del análisis naturalista al mundo

---

DAR

INDICATIVO
Pres.: doy, das, da, damos, dais, dan.
Pret. imperf.: daba, dabas, etc.
Pret. indef.: di, diste, dio, dimos, disteis, dieron.
Fut. imperf.: daré, darás, etc.
Condic.: daría, darías, etc.

SUBJUNTIVO
Pres.: dé, des, dé, demos, deis, den.
Pret. imperf.: diera, dieras, etc., o diese, dieses, etc.
Fut. imperf.: diere, dieres, etc.

IMPERATIVO: da, dad.
PARTICIPIO: dado.
GERUNDIO: dando.

-DAR suf. -TAR.

DAR-EL-BEIDA CASABLANCA.

DAR ES-SALAAM Región de Tanzania, en Tanganika; 1.393 km² y 1.606.000 h. Constituye una región urbana, autónoma administrativamente aunque enclavada en la región de Costa, de la que es capital. La ciudad de Dar es-Salaam fue capital de Tanzania desde su independencia hasta 1983.

DARDANELOS, ESTRECHO DE LOS Paso marítimo al SE de Europa, que separa la península Balcánica y Asia Menor y comunica el mar Egeo con el de Mármara. Tiene 60 km de largo, su anchura máxima es de 7 km y la mínima de 1.250 m. Es el *Helesponto* de la Antigüedad.

DARDANIO, NIA adj. y s. Perteneciente a Dardania o Troya.

Darío I. Relieve en la Sala de las Cien Columnas de Persépolis (Irán).

de lo social y defiende que toda obstrucción de la competencia favorece a los más débiles y perjudica a la sociedad.

Darwin, Charles Robert Naturalista inglés (Shrewsbury, 1809 - Down, 1882). De 1831 a 1836 formó parte de la expedición del *Beagle* por América del Sur y las islas del Pacífico. En este viaje recopiló datos que le permitieron desarrollar su teoría. Darwin propuso dos ideas revolucionarias: que las especies descienden unas de otras y que la causa de su evolución es la selección natural, debida a la competencia por unos recursos que, a la larga, propician la supervivencia de los individuos más adaptados. Su obra principal es *El origen de las especies por medio de la selección natural* (1859). También escribió *Diario del viaje de un naturalista alrededor del mundo* (1840-43) y *El origen del hombre y la selección sexual* (1871).

Charles Robert **Darwin.** Retrato de Georges Richmond. Museo Down (Kent).

DARWINISMO *Biol.* DARVINISMO.

DASIÚRIDO, DA adj. y s. *Zool.* **1** Se dice de los mamíferos marsupiales, nocturnos y generalmente arborícolas, de tamaño variable, entre 6 y 130 cm, propios de Australia, Tasmania y Nueva Guinea. Insectívoros o carnívoros según el tamaño; cuando tienen bolsa marsupial, ésta se abre hacia atrás. || m. pl. *Zool.* **2** Familia de estos animales.

DASIURO m. *Zool.* Nombre de varios mamíferos marsupiales de la familia dasiúridos, género *Dasyurus*. Estos feroces depredadores tienen el tamaño de un gato, la cola larga y el pelaje manchado. Viven en Australia.

Dassin, Jules Director de cine estadounidense (Middletown, 1911). Miembro de la llamada «generación perdida», la persecución maccarthista le llevó a exiliarse en Europa. En su filmografía destacan *Fuerza bruta* (1947), *La ciudad desnuda* (1948) y *Mercado de ladrones* (1949), *Rififí* (1954), *Fedra* (1962) y *Círculo de dos* (1980).

DATA f. **1** Nota o indicación del lugar o tiempo en que se hace o sucede una cosa. **2** Partida de descargo. **3** Orificio que tienen los depósitos de agua.

DATACIÓN f. **1** Acción y efecto de datar. **2** Conjunto de técnicas empleadas para asignar fechas y determinar edades en biología, geología y arqueología. || **DATACIÓN RADIOMÉTRICA** *Fís.* Determinación de la edad de una muestra, basada en medir la proporción de la concentración de un radioisótopo con respecto a la de un isótopo estable en la muestra. Suele emplearse el carbono-14. Se usa sobre todo en paleontología y arqueología.

DATÁFONO m. *Tecnol.* Aparato electrónico utilizado para transmitir información digital por línea telefónica en conexión con un sistema informático.

DATAGLOVE (Voz i.) *Tecnol.* Guante cibernético equipado con sensores que transmiten a un programa informático de control información que permite comunicar al usuario sensaciones de posición, móviles y táctiles.

DATAR tr. **1** Fechar. **2** Determinar la fecha. || intr. **3** Haber tenido principio una cosa en el tiempo que se determina.

DÁTIL m. **1** *Bot.* Fruto de la palmera datilera. Es una baya oblonga, comestible, dulce y rica en vitamina C. **2** fam. DEDO. Más en pl. || **DÁTIL DE MAR** *Zool.* Nombre de varios moluscos lamelibranquios, del género *Lithophaga*, de unos 7 cm de longitud y forma cilíndrica. Son comestibles.

DATILERA adj. y f. *Bot.* Se aplica a la palmera cuyo fruto es el dátil.

DATIVO m. *Gram.* Uno de los casos de la declinación gramatical. Hace oficio de complemento indirecto, y en castellano va precedido de las preposiciones *a* o *para*.

DATO m. **1** Antecedente necesario para llegar al conocimiento exacto de una cosa. **2** Documento, testimonio, fundamento. **3** Título de alta dignidad en algunos países de Oriente.

Dato Iradier, Eduardo Político español (La Coruña, 1856 - Madrid, 1921). Sucedió a Maura como jefe del

Eduardo **Dato.** Retrato anónimo. Congreso de los Diputados (Madrid).

Partido Conservador y ocupó en tres ocasiones la jefatura del Gobierno. Durante su primer mandato (1913-15) aprobó el decreto que organizaba la Mancomunidad catalana y mantuvo la neutralidad española en la Primera Guerra Mundial. En 1917 ocupó de nuevo la presidencia del Gobierno. Se enfrentó al surgimiento de las Juntas de Defensa, a la Asamblea de parlamentarios y a una huelga general en agosto. Formó de nuevo gobierno en 1920. Apoyó a Martínez Anido en su actuación para controlar la situación en Barcelona. Murió en un atentado anarquista.

DATOLITA f. *Miner.* Mineral silicato de boro y calcio, de fórmula $CaBSiO_4(OH)$, incoloro o blanco amarillento. Principal mena del boro.

Datong (*Ta-t'ung*) Ciudad de China, en la provincia de Shanxi; 928.293 h.

DATURA f. *Bot.* Nombre de varias plantas de la familia solanáceas, género *Datura*, entre las que destaca el estramonio.

DATURINA f. *Quím.* Alcaloide extraído del estramonio.

Daubigny, Charles-François Pintor y grabador francés (París, 1817 - íd., 1878). Precursor del impresionismo, destacan sus paisajes de los alrededores de París y del Sena. Obras: *Notre-Dame de París* (1838), *Paisaje cerca de Pontoise* (1866).

DAUCO m. *Bot.* **1** BIZNAGA, planta. **2** Zanahoria silvestre.

Daud, Muhammad Militar y político afgano (Kabul, 1909 - íd., 1978). Jefe del Gobierno (1953-63), encabezó el golpe de Estado que derrocó a la monarquía (1973), convirtiéndose en el primer presidente de la República. Murió asesinado.

Daudet, Alphonse Escritor francés (Nîmes, 1840 - París, 1897). Destacó por sus narraciones inspiradas en paisajes y tipos de Provenza. Autor de la trilogía de *Tartarín de Tarascón* (1872), *Tartarín en los Alpes* (1885) y *Puerto Tarascón* (1890); de los libros de relatos *Cuentos del lunes* (1873) y *Jack* (1876), y del poemario *Las enamoradas* (1858).

Daudet, Léon Periodista y escritor francés (París, 1868 - Saint-Rémy-de-Provence, 1942). Hijo del anterior. Fundó con Charles Maurras *L'Action Française*. Autor de *Le stupide XIXᵉ siècle* (1921).

Daumier, Honoré Pintor, escultor y litógrafo francés (Marsella, 1808 - Valmondois, 1879). Fue uno de los mejores caricaturistas de su país. Entre sus creaciones destacan *Gargantúa* (1831) y *El miembro de todas las academias* (1842).

Dausset, Jean Médico francés (Toulouse, 1916). Premio Nobel de Medicina en 1980, junto con B. Benacerraf y G. D. Snell, por sus trabajos sobre los antígenos.

Davalagiri DHAWALAGIRI.

Davao Ciudad de Filipinas, provincia de Davao del Sur, en el SE de la isla de Mindanao; 960.910 h. Universidad. Puerto.

Davenant, William Dramaturgo inglés (Oxford, 1606 - Londres, 1668). Presunto hijo natural de Shakespeare, es autor de *Los ingeniosos* (1636), comedia, *Amor y honor* (1649), drama, y *Gondibert* (1651), poema épico.

David Ciudad de Panamá, capital de la provincia de Chiriquí; 50.600 h. Obispado.

David Rey de Israel (Belén, h. 1014 - ?, h. 970 a. C.). A la muerte de Saúl, fue proclamado rey de Judá y más tarde de todo Israel. Conquistó Jerusalén, ciudad a la que convirtió en capital política y a la que trasladó el arca de la alianza. Autor principal del libro de los *Salmos*, o *Salterio*.

David Nombre de dos reyes de Escocia.

David I (?, 1084 - Carlisle, 1153). Sucedió a su hermano Alejandro I en 1124. Consolidó el poder de su reino y se apoderó de los condados del norte. Bajo la influencia anglonormanda, sustituyó el sistema tribal por el feudalismo.

David II (Dumfermline, 1324 - Edimburgo, 1371). Hijo de Roberto I, a quien sucedió en 1329. En 1334 fue destronado por Eduardo I Baliol y los *Desheredados*, y se refugió en Francia. La revuelta de los barones escoceses y el apoyo francés le permitieron volver (1341). Prisionero de los ingleses en 1346, en 1357 fue liberado por el tratado de Berwick, que entregaba Escocia a la supremacía inglesa.

David, Gerard Pintor holandés (Oudewater, 1460 - Brujas, 1523). Influido por Memling, su pintura religiosa se caracteriza por la solemnidad, el recogimiento y la suavidad. Obras principales: *El desollamiento del juez prevaricador* (1498), *Virgen con santas* (1509), etc.

Gerard **David.** *Santa Bárbara y Santa Cecilia.* Museo de Bellas Artes (Rouen).

David, Jacques-Louis Pintor francés (París, 1748 - Bruselas, 1825). Fue el fundador de la escuela neoclásica y reflejó los principales acontecimientos de la Revolución Francesa. Fue el retratista oficial de Napoleón I. Entre sus obras destacan *El juramento de los Horacios* (1785), *El juramento del juego de pelota* (inacabado), *Marat asesinado en su bañera* (1793) y *La coronación de Napoleón* (1808).

David d'Angers, Pierre-Jean Escultor francés (Angers, 1788 - París, 1856). En 1811 consiguió la pensión de Roma. Realizó numerosas estatuas, bajorrelieves (frontón del Panteón de París), bustos (Goethe, Chateaubriand) y medallones con personajes del siglo xix.

Dávila, Pedrarias Pedrarias Dávila.

Davis, Bette Actriz de cine estadounidense (Lowell, 1908 - París, 1989). Sus excepcionales dotes dramáticas la permitieron interpretar personajes de gran complejidad psicológica. Intervino en películas como *El hombre que se acercó a Dios* (1932), *Peligrosa* (1935; por la que obtuvo el Oscar), *Jezabel* (1938; por la que volvió a recibir el Oscar), *La carta* (1940), *La loba* (1941), *Eva al desnudo* (1950), *¿Qué fue de Baby Jane?* (1962), *Madame Sin* (1972) y *Las ballenas de agosto* (1987).

Davis, Colin Director de orquesta británico (Weybridge, 1927). Ha dirigido, entre otras, la Orquesta Sinfónica de la BBC, la de la Ópera del Covent Garden, la orquesta de la Radio de Baviera, la Sinfónica de Londres y la Filarmónica de Nueva York.

Davis, copa Dep. Torneo internacional de tenis que se celebra anualmente y en el que participan equipos nacionales, con partidos individuales y de dobles. Fue creado en 1900.

Davis, Jefferson Político estadounidense (Christian County, 1808 - Nueva Orleans, 1889). Defensor del esclavismo, fue senador en 1847 y ministro de la Guerra en 1853. Sobrevenida la guerra de Secesión, ocupó la presidencia de la Confederación Sudista (1862).

Davis, John Navegante y explorador inglés (Sandridge, 1550 - estrecho de Malaca, 1605). Descubrió las costas occidentales de Groenlandia, el estrecho de su nombre, las islas Cumberland (1587) y las Malvinas (1592).

Davis, Miles Dewey Trompetista de jazz estadounidense (Alton, Illinois, 1926 - Santa Mónica, 1991). Creador del estilo *cool* en los años cincuenta, se convirtió en el mejor trompetista de su generación. Fue también pionero del jazz rock. De su discografía destacan *Birth of the Cool* (1950), *In a Silent Way* (1969) y *Bitches Brew* (1970).

Davisson, Clinton Joseph Físico estadounidense (Bloomington, 1881 - Charlottesville, 1958). Premio Nobel de Física en 1937 compartido con G. P. Thomson por su descubrimiento de la difracción eléctrica.

Davy, Sir Humphry Químico inglés (Penzance, 1778 - Ginebra, 1829). Fue pionero en electroquímica y desarrolló técnicas que le permitieron aislar nuevos elementos (sodio, potasio, calcio, magnesio, estroncio, bario y boro); dio nombre y reconoció como elemento el cloro; estudió el yodo; descubrió el arco eléctrico y las propiedades catalizadoras del platino. Inventó la lámpara de seguridad para mineros, usada antes del desarrollo de la luz eléctrica.

Dawes, Charles Gates Político y economista estadounidense (Marietta, 1865 - Chicago, 1951). Vicepresidente de EE UU con Coolidge (1925-29) y autor del Plan que lleva su nombre, relativo al pago de las deudas de Alemania a los aliados, compartió el premio Nobel de la Paz (1925) con J. A. Chamberlain.

Day, Doris (Doris von Kappelhoff, llamada) Cantante y actriz estadounidense (Ohio, 1924). Fue el prototipo cinematográfico de la mujer de clase media americana. Películas: *El hombre que sabía demasiado* (1956), *Un grito en la niebla* (1960), *El novio de mamá* (1967).

Dayan, Moshe Militar y político israelí (Degania, 1915 - Tel Aviv, 1981). Jefe del Estado Mayor en la campaña contra Egipto (1956), fue ministro de Agricultura (1959-64) y de Defensa (1967-74). Dirigió la ofensiva israelí contra los árabes en la guerra de los Seis Días. Ocupó la cartera de Asuntos Exteriores (1977-79).

Dayton Ciudad de EE UU, en el Estado de Ohio; 172.947 h. En 1995 se firmaron en una base militar cercana a esta ciudad los acuerdos de paz de Bosnia-Herzegovina.

daza f. *Bot.* zahína, planta.

Daza, Hilarión Militar y político boliviano (Sucre, 1840 - Uguní, 1894). Al morir el presidente Morales, asumió el poder interinamente hasta la designación de Frías, a quien derrocó en 1876. Fracasó en la guerra con Chile y fue destituido (1879). Murió asesinado.

DDI *Farm.* didanosina.

DDT *Quím.* dicloro-difenil-tricloroetano, insecticida.

de[1] f. Nombre de la letra *de*.

de[2] prep. **1** Denota posesión. **2** Explica el modo de hacer varias cosas. **3** Manifiesta de dónde son, vienen o salen las cosas o las personas. **4** Sirve para denotar la materia de que está hecha una cosa. **5** Demuestra lo contenido en una cosa. **6** Indica el asunto de que se trata. **7** Expresa las cualidades de una persona o cosa. **8** desde. **9** Sirve para determinar el tiempo en que sucede una cosa. **10** Se emplea también para intensificar un calificativo. **11** Algunas veces es nota de ilación. **12** con. **13** para. **14** por. **15** Tiene uso como prefijo de vocablos compuestos. (Véase de-).

de-; -de- pref. o in. que significa poner fuera, sin o privación, etc.

De Amicis, Edmondo Amicis, Edmondo de.

De Bary, Heinrich Anton Médico y botánico alemán (Frankfurt, 1831 - Estrasburgo, 1881). Se le considera el fundador de la micología. Son notables sus estudios sobre los parásitos de las plantas.

De Bono, Emilio Mariscal italiano (Cassano d'Adda, 1866 - Verona, 1944). Participó en la marcha sobre Roma y fue el primer comandante de las tropas enviadas a Abisinia. Ministro de Estado, votó desfavorablemente a Mussolini en el consejo fascista de 1943, por lo que, una vez liberado éste, fue condenado a muerte y ejecutado.

de facto loc. adv. lat. De hecho, efectivamente. Se contrapone a *de iure*, de derecho.

De Forest, Lee Forest, Lee de.

De Gasperi, Alcide Político italiano (Trento, 1881 - Valsugana, 1954). Organizó junto a Don Sturzo el Partido Popular Italiano (1919). Primer secretario de la Democracia Cristiana, encabezó siete gobiernos entre 1945 y 1953. En 1947 consiguió una revisión del tratado de paz firmado por Italia, del que se eliminaron las cláusulas más duras, y promovió la unidad europea.

De Gaulle, Charles Militar y político francés (Lille, 1890 - Colombey-les-deux-Églises, 1970). En 1940 se estableció en Londres, donde fundó el movimiento por la Francia libre. Liberada Francia, se hizo cargo de la presidencia del gobierno provisional de la República (1944-45). Entonces organizó el partido *Rassemblement du Peuple Français*, con el que colaboró con algún gobierno hasta su disolución en 1953. Se retiró de la política hasta que en 1958 fue llamado al poder en un momento de crisis de la IV República, ante la amenaza de guerra civil por la rebeldía de los jefes militares en Argelia. Formó un gobierno con la misión de solucionar el problema de Argelia y aprobar una nueva Constitución. Promulgada ésta, en 1959 fue elegido presidente de la V República, cargo desde el que impulsó el referéndum de autodeterminación para Argelia. En diciembre de 1965 fue reelegido. Tras la derrota en un referéndum para la reforma del Senado y la reorganización territorial, dimitió como presidente de la República.

De Havilland, Olivia Havilland, Olivia de.

de iure loc. adv. lat. **1** De derecho. Se contrapone a *de facto*, de hecho. **2** Por virtud o por mandato de la ley.

De la Roche, Mazo Novelista canadiense (Toronto, 1885 - íd., 1961). Autora de una serie de relatos de gran éxito sobre la familia de colonos Whiteoaks que inició en 1927 con la publicación de *Jalna*.

De la Rúa, Fernando Político argentino (Córdoba, 1937). Afiliado a la Unión Cívica Radical desde su juventud, formó parte del gabinete del Ministerio del Interior (1963-66), fue nombrado senador en 1973, presidente del Comité de la Capital Federal de la UCR (1991) y jefe de Gobierno de la ciudad de Buenos Aires. Tras los comicios presidenciales de octubre de 1999 sustituyó a Menem en la presidencia del país. Las protestas por sus medidas económicas forzaron su dimisión en diciembre de 2001.

De Laurentiis, Dino Productor de cine italiano (Torre Annunziata, 1919). Logró sus primeros éxitos asociado a Carlo Ponti, produciendo películas con directores como Fellini y actrices como Silvana Mangano: *Arroz amargo* (1948), *La strada* (1954), *Las noches de Cabiria* (1956), etc. Posteriormente ha producido *Dune* (1985), *Blue Velvet* (1986), etc.

De Marchi, Emilio Escritor italiano (Milán, 1851 - íd., 1901). Entre el realismo y el verismo, sus novelas están ambientadas en la sociedad media milanesa de su época: *Demetrio Pianelli* (1890) y *Giacomo Piedalista* (1897).

De Mille, Cecil Blount Mille, Cecil Blount de.

De Niro, Robert Niro, Robert de.

De Quincey, Thomas Escritor inglés (Manchester, 1785 - Edimburgo, 1859). Precursor del decadentismo, su afición juvenil por la droga le impulsó a escribir *Confesiones de un comedor de opio inglés* (1822), obra que influyó poderosamente en Baudelaire. Autor asimismo de *El asesinato considerado como una de las bellas artes* (1827) y de *Suspiria de profundis* (1845).

De Sanctis, Francesco Crítico literario, ensayista y político italiano (Morra Irpina, Avellino, 1817 - Nápoles, 1883). Nacionalista y progresista, fue ministro de Instrucción Pública (1878 y 1879-81) y dirigió el periódico *L'Italia*. Analizó la gramática desde un punto de vista científico e histórico. Su obra maestra es *Historia de la literatura italiana* (1870-71).

De Santis, Giuseppe Director de cine italiano (Fondi Latina, 1917 - Roma 1997). Representante del neorrealismo, logró su mayor éxito con *Arroz amargo* (1949). De su restante producción destacan *Roma ore 11* (1952) y *Un apprezzato professionista di sicuro avvenire* (1972).

De Sica, Vittorio Actor y director de cine italiano nacionalizado francés (Sora, 1902 - París, 1974). Máximo exponente del neorrealismo italiano, entre sus principales realizaciones figuran: *El limpiabotas* (1946), *Ladrón de bicicletas* (1948), *Umberto D* (1952), *Ayer, hoy y mañana* (1963) y *El jardín de los Finzi-Contini* (1971). Como actor destacó en *Roma città aperta* (1946), *Pan, amor y fantasía* (1955), *El general de la Rovere* (1959).

De Stijl Stijl, De.

De Valera, Eamon Valera, Eamon de.

De Vries, Hugo Marie Botánico holandés (Haarlem, 1848 - Lunteren, 1935). Descubrió el fenómeno de la mutación. Propuso una nueva teoría sobre el crecimiento de las plantas e investigó la influencia de la ósmosis en la fisiología vegetal.

dealer (Voz i.) m. Traficante de droga a gran escala.

deambular intr. Caminar sin dirección determinada; pasear.

deambulatorio adj. **1** Relativo a la acción de deambular. || m. *Arquit.* **2** Espacio transitable que hay en las iglesias detrás del altar mayor.

deán m. *Rel.* El que hace de cabeza del cabildo en las iglesias catedrales.

Dean, James (James Byron, llamado) Actor de cine estadounidense (Fairmont, 1931 - Paso Robles, 1955). Formado en el Actor's Studio, su interpretación en la película

Jacques-Louis **David**. *Madame Récamier*. Museo Carnavalet (París).

James **Dean** (a la derecha), Elizabeth Taylor y Rock Hudson en una escena de la película *Gigante*, dirigida por George Stevens.

de Elia Kazan *Al Este del Edén* (1954) le lanzó a la fama. Tras su siguiente película, *Rebelde sin causa* (1955), se convirtió en el símbolo del joven rebelde e incomprendido. Al finalizar el rodaje de su tercera película, *Gigante* (1955), falleció en un accidente de automóvil.

DEANATO o **DEANAZGO** m. *Rel.* Dignidad de deán.
DEATH VALLEY MUERTE, VALLE DE LA.
DEBACLE f. DESASTRE.
DEBAJO adv. 1. En lugar inferior. || **debajo de** loc. prepos. En lugar inferior a. También indica sometimiento a personas.
DEBATE m. 1 Controversia sobre una cosa. 2 Contienda, lucha, combate.
DEBATIR tr. 1 Discutir, disputar sobre una cosa. 2 Combatir, guerrear.
DEBE m. *Econ.* Una de las dos partes en que se dividen las cuentas corrientes. Bajo este epígrafe se asientan todas las cantidades que se cargan a la entidad a quien se abre la cuenta.
DEBENEDETTI, SALVADOR Arqueólogo argentino (Avellaneda, 1884 - en el mar a la altura de Rio de Janeiro, 1930). Se especializó en el estudio de las antigüedades de la Quebrada de Humahuaca. Obras principales: *Las ruinas de Pucará de Tilcara (Jujuy)* (1930) y *La antigua civilización de Bancales* (1931).
DEBER[1] m. 1 Aquello a que está obligado el hombre. 2 DEUDA. 3 Ejercicio que el alumno tiene que realizar fuera de clase, como complemento de lo aprendido en ella. Más en pl.
DEBER[2] tr. 1 Estar obligado a algo por la ley divina, natural o positiva. También prnl. 2 Tener obligación de corresponder a uno en lo moral. 3 Tener por causa, ser consecuencia de. También prnl. || intr. 4 Con la partícula *de* denota que quizá ha sucedido, sucede o sucederá una cosa.
DEBIDO, DA adj. 1 Necesario. 2 Conveniente, adecuado. || **como es debido** fr. Como corresponde o es lícito. || **debido a** loc. adv. A causa de.
DÉBIL adj. 1 De poco vigor o de poca fuerza. También com. 2 fig. Que cede indebidamente ante la resistencia. También s. 3 fig. Escaso o deficiente, en lo físico o en lo moral.
DEBILIDAD f. 1 Falta de vigor o fuerza física. 2 fig. Carencia de energía en las cualidades o resoluciones del ánimo.
DEBILITAR tr. prnl. Disminuir la fuerza de una persona o cosa.
DEBILUCHO, CHA adj. fam. Débil, enclenque. Se usa más en tono despectivo o cariñoso.
DÉBITO m. DEUDA.
DÉBORA Personaje bíblico. Profetisa y juez de los hebreos, cuyo nombre está unido a la victoria que Barac alcanzó contra Sisara, capitán de los ejércitos cananeos de Jabín.
DEBRAY, RÉGIS Escritor y político francés (París, 1941). En 1962 entró en contacto con los movimientos guerrilleros iberoamericanos y siguió al Che Guevara a Bolivia. Hecho prisionero en 1967, fue liberado en 1970. Entre 1981 y 1984 se convirtió en asesor del presidente Mitterrand. Es autor de ensayos como *¿Revolución en la revolución?* (1967), *La crítica de las armas* (1974).
DEBRÉ, MICHEL Político francés (París, 1912 - Montlouis-sur-Loire, París 1996). Participó en la Resistencia durante la Segunda Guerra Mundial. Con De Gaulle encabezó la cartera de Justicia del gobierno provisional (1958). Fue jefe de gobierno del primer gabinete de la V República (1959-62) y, posteriormente, ministro de Hacienda (1966-68), de Asuntos Exteriores (1968-69) y de Defensa Nacional (1969-73).
DEBRECEN Ciudad del E de Hungría, capital del condado de Hajdú-Bihar; 210.000 h. Centro industrial. Universidad.
DEBREU, GÉRARD Economista francés, nacionalizado estadounidense (Calais, 1921). En 1983 recibió el premio Nobel de Economía por sus trabajos en la investigación del equilibrio de mercado. Autor de *Teoría del valor* (1959).
DEBUG (Voz i.) *Inform.* Término con el que se designan las técnicas de búsqueda y corrección de errores de un programa.
DEBUSSY, CLAUDE Compositor francés (Saint-Germain-en-Laye, 1862 - París, 1918). Creador del impresionismo musical, sus composiciones se caracterizan por la libertad formal, así como por un lenguaje armónico ambiguo y una orquestación expresiva y llena de matices. Obras principales: el *Cuarteto* de cuerda (1893), el poema sinfónico *Preludio a la siesta de un fauno* (1894), los *Nocturnos* para orquesta (1899), la ópera *Peleas y Melisande* (1900-02) y el poema *El mar* (1903-05).
DEBUT m. Presentación o primera actuación en público en cualquier actividad.
DEBUTANTE adj. y com. Que debuta.
DEBUTAR intr. 1 Presentarse por primera vez ante el público. 2 Ser presentada en sociedad una joven.
DEBUTEN adj. y adv. DABUTEN.

Claude Debussy

DÉBY, IDRISS Militar y político de Chad (Fada, 1952). Comandante en jefe de las Fuerzas Armadas de su país, fue acusado de organizar un golpe de Estado en 1989. Se refugió en Libia, donde fundó el Movimiento de Salvación Popular (MPS). En 1990 sus tropas entraron en N'Djamena y se proclamó jefe del Estado, cargo en el que fue confirmado al vencer en las elecciones presidenciales de 1996.
DEBYE, PETER JOSEPH WILHELM Físico y químico holandés (Maastricht, 1884 - Ithaca, 1966). En 1936 recibió el premio Nobel de Química por su aportación al conocimiento de la estructura molecular.
DEC-, DECA- prefs. que significan diez.
DÉCADA f. 1 Serie de diez. 2 Periodo de diez días o años. 3 División compuesta de diez libros o diez capítulos en una obra histórica.
DECADENCIA f. Declinación, principio de debilidad o de ruina.
DECADENTE adj. 1 Que decae. 2 DECAÍDO. 3 Que pertenece a una época de decadencia o que gusta de los modos y estilos de la misma. Aplicado a personas, también com.
DECADENTISMO *Lit.* m. Término que se emplea para definir el estilo literario posterior al simbolismo francés y parte de la literatura europea de finales del siglo XIX. Se caracteriza por la tendencia hacia lo artificioso y exótico, la importancia dada a la forma y la repulsa de las costumbres de la sociedad. Se enmarcan en este estilo algunas de las obras de Baudelaire, Mallarmé, Verlaine, O. Wilde, Huysmans y G. D'Annunzio. Hoy se aplica a diversas manifestaciones de la literatura finisecular.
DECAEDRO m. *Geom.* Poliedro o sólido de diez caras.
DECAER intr. 1 Ir a menos; perder fuerza, importancia o valor. 2 Separarse la embarcación del rumbo que pretende seguir. ♦ IRREG. Se conjuga como CAER.
DECÁGONO m. *Geom.* Polígono de diez lados o ángulos.
DECAGRAMO m. *Fís.* Medida de masa que equivale a diez gramos. Símbolo *dag.*

Debrecen (Hungría). Catedral.

DECAÍDO, DA adj. **1** Que se halla en decadencia. **2** Deprimido, triste.

DECAIMIENTO m. **1** DECADENCIA. **2** Abatimiento, desaliento.

DECALITRO m. *Fís.* Medida de capacidad, que equivale a diez litros. Símbolo *dal*.

DECÁLOGO m. **1** *Rel.* Los diez mandamientos de la ley de Dios, que, según la Biblia, fueron entregados a Moisés en el Sinaí. **2** Conjunto de normas o consejos que, aunque no sean diez, son básicos para el desarrollo de cualquier actividad.

DECÁMETRO m. *Metrol.* Medida de longitud, que equivale a diez metros. Símbolo *dam*.

DECÁN Región meridional de la India, que forma una vasta meseta triangular en la península del Indostán.

DECANATO m. **1** Dignidad de decano. **2** Despacho destinado oficialmente al decano. **3** *Rel.* DEANATO.

DECANÍA f. Finca o iglesia rural propiedad de un monasterio.

DECANO, NA m. y f. **1** Miembro más antiguo de una comunidad. También adj. **2** Persona que es nombrada para presidir una corporación especialmente una facultad universitaria.

DECANTAR tr. **1** Inclinar suavemente una vasija sobre otra para que caiga el líquido sin que se salga el poso. **2** Ponderar, engrandecer. || prnl. **3** fig. Tomar partido por algo.

DECAPAR tr. *Tecnol.* Quitar por métodos fisicoquímicos la capa de óxido, pintura, etc., que cubre cualquier objeto metálico o de otro material.

DECAPITAR tr. **1** Cortar la cabeza. **2** Eliminar a los principales dirigentes de una organización, institución, etc.

DECÁPODO, DA adj. y s. *Zool.* **1** Se dice de los crustáceos malacostráceos que, como el cangrejo de río, la langosta, el langostino, el camarón, etc., tienen diez patas. Poseen caparazón, branquias desarrolladas y, algunas especies, maxilípedos. || m. pl. *Zool.* **2** Orden de estos animales. || adj. y s. *Zool.* **3** Se dice de los cefalópodos dibranquiales que, como el calamar y la jibia, tienen ocho brazos y dos largos tentáculos. || m. pl. *Zool.* **4** Antiguo orden de estos cefalópodos.

DECARBOXILACIÓN f. *Quím.* Proceso químico en el que desaparece el grupo carboxilo (–COOH) de los ácidos orgánicos, con desprendimiento de dióxido de carbono.

DECÁREA f. Medida de superficie que tiene diez áreas. Símbolo *daa*.

DECASÍLABO, BA adj. y s. De diez sílabas.

DECATLETA f. Atleta especializado en el decatlón.

DECATLÓN m. *Dep.* Especialidad de atletismo que comprende un conjunto de diez pruebas: cuatro carreras (de 100, 400, 1.500 m y 110 m vallas); tres saltos (de longitud, de altura y con pértiga); y tres lanzamientos (peso, disco y jabalina).

DECAZES, ÉLIE, DUQUE DE Político francés (Saint-Martin-de-Laye, cerca de Libourne, 1780 - Decazeville, 1860). Primero bonapartista, se unió a los Borbones en 1814 y llegó a gozar de la confianza de Luis XVIII. Fue ministro del Interior (1818-20) y embajador en Gran Bretaña (1820-21). En 1830 apoyó a Luis Felipe.

DECELERACIÓN f. *Fís.* Disminución de la velocidad de un móvil. Se mide en m.s².

DECEMBRISTA adj. *Hist.* **1** Se dice de los nobles rusos que, influidos por la revolución española de 1820, se propusieron destronar al absolutista Nicolás I, poniendo en su lugar a su hermano Constantino e introduciendo de esta manera el régimen constitucional en Rusia (1825). La conspiración fracasó y sus principales jefes fueron ahorcados o deportados a Siberia. También com. **2** Relativo a esta conspiración.

DECENA f. Conjunto de diez unidades.

DECENAL adj. **1** Que sucede o se repite cada decenio. **2** Que dura un decenio.

DECENCIA f. **1** Aseo. **2** Recato, honestidad, modestia. **3** fig. Dignidad en los actos y en las palabras.

DECENIO m. Periodo de diez años.

DECENTE adj. **1** Honesto, justo. **2** Conforme al estado o calidad de la persona. **3** Adornado con limpieza y aseo. **4** Digno. **5** Bien portado. **6** De buena calidad.

DECENTEMENTE adv. m. **1** Con honestidad, modestia y moderación. **2** Con la dignidad correspondiente al estado de la persona.

DECENVIRAL adj. **1** Empleo y dignidad de decenviro. **2** Tiempo que duraba este empleo.

DECENVIRO m. *Hist.* **1** Cualquiera de los diez magistrados superiores a quienes los antiguos romanos dieron el encargo de componer las leyes de las Doce Tablas. **2** Cualquiera de los magistrados menores que entre los antiguos romanos servían de consejeros a los pretores.

DECEPCIÓN f. **1** ENGAÑO. **2** Tristeza causada por un desengaño.

DECEPCIONAR tr. Desengañar, desilusionar.

DECESO m. Muerte.

DECHADO m. **1** Ejemplar, muestra que se tiene presente para imitar. **2** fig. Ejemplo y modelo de virtudes o de vicios.

DECI- pref. que significa décima parte.

DECIÁREA f. *Metrol.* Medida de superficie que tiene la décima parte de un área.

DECIBELIO m. *Metrol.* Unidad de intensidad sonora en acústica. Equivale a la décima parte del belio. Símbolo *dB*.

DECIDIDO, DA adj. **1** Que actúa con decisión. También s. **2** Aplicado a cosas, resuelto, determinante.

DECIDIR tr. **1** Formar juicio definitivo sobre algo dudoso. **2** RESOLVER. También prnl. **3** Convencer a alguien para que tome cierta determinación.

DECIDOR, RA adj. **1** Que dice. **2** Que habla con facilidad y gracia. También s.

DECIDUO, A adj. *Bot.* CADUCIFOLIO.

DECIGRAMO m. *Metrol.* Medida de masa que constituye la décima parte del gramo. Símbolo *dg*.

DECILITRO m. *Metrol.* Medida de capacidad que constituye la décima parte del litro. Símbolo *dl*.

DÉCIMA f. **1** Cada una de las diez partes iguales en que se divide un todo. **2** *Mat.* Unidad decimal de denominador diez. **3** *Diezmo.* **4** *Metr.* Combinación métrica de diez versos octosílabos, de los cuales, por regla general, rima el primero con el cuarto y el quinto; el segundo, con el tercero; el sexto, con el séptimo y el último, y el octavo, con el noveno. **5** *Med.* Décima parte de un grado del termómetro clínico.

DECIMAL adj. **1** *Mat.* Se aplica a cada una de las diez partes iguales en que se divide una cantidad. **2** *Mat.* Se aplica al sistema de numeración cuya base es diez. **3** *Fís.* Se dice del sistema métrico de pesas y medidas, cuyas unidades son múltiplos o divisores de diez. **4** Perteneciente al diezmo.

DECÍMETRO m. *Metrol.* Medida de longitud, que constituye la décima parte del metro. Símbolo *dm*.

DÉCIMO, MA adj. **1** Que sigue inmediatamente en orden a lo noveno. **2** Se dice de cada una de las diez partes iguales en que se divide un todo. También m. **3** Décima parte del billete de lotería. **4** Moneda de plata de Colombia y Ecuador.

DECIMOCTAVO, VA adj. Que sigue inmediatamente en orden a lo o a lo decimoséptimo.

DECIMOCUARTO, TA adj. Que sigue inmediatamente en orden a lo o a lo decimotercio.

DECIMONÓNICO, CA adj. Relativo al siglo XIX.

DECIMONOVENO, NA o DECIMONONO, NA adj. Que sigue inmediatamente en orden a lo o a lo decimoctavo.

DECIMOQUINTO, TA adj. Que sigue inmediatamente en orden a lo o a lo decimocuarto.

DECIMOSÉPTIMO, MA adj. Que sigue inmediatamente en orden a lo o a lo decimosexto.

DECIMOSEXTO, TA adj. Que sigue inmediatamente en orden a lo o a lo decimoquinto.

DECIMOTERCIO, CIA o DECIMOTERCERO, RA adj. Que sigue inmediatamente en orden al o a lo duodécimo.

DECIO, CAYO MESIO QUINTO TRAJANO Emperador romano (Bubalia, Panonia, h. 201 - Abryttos, Mesia, 251). Gobernó del 248 al 251. Tras vencer a los godos, fue proclamado emperador por las tropas que eliminaron a Filipo en la batalla de Verona (249). Persiguió encarnizadamente a los cristianos (edicto de 250), pero éstos se resistieron especialmente en África a las órdenes de Cipriano, obispo de Cartago. Traicionado por Treboniano Galo, fue muerto en Abryttos.

DECIR[1] m. **1** DICHO, palabra. **2** Dicho notable. Más en pl. || **es un decir** expr. fam. Como si dijéramos.

DECIR[2] tr. **1** Manifestar con palabras el pensamiento. También prnl. **2** Asegurar, opinar. **3** Nombrar o llamar. **4** fig. Denotar una cosa o dar muestras de ello. || **decir por decir** fr. Hablar sin fundamento. || **el qué dirán** expr. La opinión pública reflejada en murmuraciones que cohíben los actos. || **es decir** ES. ES. || **ni que decir tiene** loc. con que se da a entender que algo es evidente o sabido de todos. ♦ fr. fig. y fam. No despertar su interés, no importarle. || **no decir nada** una cosa a una persona fr. fig. y fam. No despertar su interés, no importarle. || **por decirlo así** fr. con que el hablante presenta la palabra que da como expresión aproximada de lo que pretende significar. || **¡quién lo diría!** fr. que indica incredulidad. || **y que lo digas** fr. de asentimiento. ♦ IRREG. Véase cuadro.

DECIR

INDICATIVO
Pres: digo, dices, dice, decimos, decís, dicen.
Pret imperf.: decía, decías, etc.
Pret indef.: dije, dijiste, dijo, dijimos, etc.
Fut imperf.: diré, dirás, etc.
Condic.: diría, dirías, etc.
SUBJUNTIVO
Pres.: diga, digas, etc.
Pret imperf.: dijera, dijeras, etc, o dijese, dijeses, etc.
Fut imperf.: dijere, dijeres, etc.
IMPERATIVO: di, decid.
PARTICIPIO: dicho.
GERUNDIO: diciendo.

DECISIÓN f. **1** Resolución que se toma en una cosa dudosa. **2** Firmeza de carácter.

DECISIVO, VA adj. Se dice de lo que decide o resuelve.

DECISORIO, RIA adj. Se dice de lo que tiene virtud para decidir.

DECLAMACIÓN f. **1** Acción de declamar. **2** Oración escrita o dicha con el fin de ejercitarse en las reglas de la retórica. **3** Por extensión, oración o discurso. **4** Discurso pronunciado con demasiada vehemencia. **5** Arte de representar en el teatro.

DECLAMAR intr. **1** Hablar en público. **2** Hablar con el fin de ejercitarse en las reglas de la retórica. **3** Recitar la prosa o el verso con la entonación y los ademanes convenientes. También tr. **4** Hablar con demasiado calor y vehemencia, y particularmente hacer alguna invectiva con aspereza.

DECLAMATORIO, RIA adj. Se aplica al estilo o tono enfático y exagerado.

DECLARACIÓN f. **1** Acción y efecto de declarar. **2** Explicación de lo que otros dudan o ignoran. **3** Manifestación del ánimo o de la intención. **4** *Der.* Exposición que, bajo juramento, hace el testigo o perito, y la que, sin prestar juramento, hace el reo.

DECLARACIÓN DE LOS DERECHOS DEL HOMBRE Y DEL CIUDADANO *Hist.* y *Polít.* Documento aprobado en Francia por la Asamblea Constituyente el 26 de agosto de 1789 y que sirvió de prefacio a la Constitución de 1791. Inspirado en la Declaración de Independencia americana de 1776, trató de recopilar principios de validez universal: derechos naturales, tales como la libertad (individual, de pensamiento, de credo, de prensa), el respeto a la propiedad, y la igualdad. Asimismo, estableció la soberanía nacional y la separación de poderes.

El emperador **Decio** con san Miniato. Códice del siglo XII. Museo Villani (Roma).

Declaración de los Derechos del Hombre y del Ciudadano. Museo Carnavalet (París).

Declaración Universal de los Derechos del Hombre *Polít.* Resolución fundamental que fue aprobada por la Asamblea General de la ONU en diciembre de 1948, en que se prescriben como derechos inalienables del individuo: la libertad de pensamiento, palabra y religión; la no discriminación racial; el derecho al trabajo, a la propiedad, a la educación y a la participación en la prosperidad de la nación. España se adhirió a la Declaración en 1976.

Declarar tr. **1** Manifestar o explicar lo que está oculto o no se entiende bien. **2** Decidir los juzgadores. **3** Manifestar en las aduanas la cantidad y la naturaleza de las mercancías y objetos sujetos a impuestos. || intr. *Der.* **4** Manifestar los testigos ante el juez, con juramento de decir la verdad, y el reo sin tal requisito, lo que saben acerca de los hechos que se están juzgando. || prnl. **5** Manifestar el ánimo, la intención o el afecto. **6** Manifestarse una cosa o empezar a advertirse su acción. **7** Reconocer uno su estado o calidad.

Declinable adj. *Ling.* **1** Se aplica a cada una de las partes de la oración que se declinan. **2** En las lenguas con flexión casual, se dice de la palabra que puede experimentar variaciones formales para expresar el caso.

Declinación f. **1** Caída, descenso. **2** fig. Decadencia o menoscabo. **3** *Astron.* Distancia angular de un astro al ecuador celeste, medida sobre un círculo máximo normal a él. **4** *Geog.* Ángulo formado por el meridiano magnético respecto al meridiano geográfico. **5** *Ling.* Acción y efecto de declinar. **6** *Ling.* En las lenguas con flexión casual, serie ordenada de todas las formas que presenta una palabra para desempeñar las funciones correspondientes a cada caso.

Declinar intr. **1** Inclinarse hacia abajo. **2** fig. Decaer. **3** fig. Aproximarse una cosa a su fin. **4** fig. Ir cambiando de costumbres hasta tocar en extremo contrario. || tr. **5** Rehusar. **6** *Ling.* En las lenguas con flexión casual, enunciar las formas que presenta una palabra para desempeñar las funciones correspondientes a cada caso.

Declinatorio m. *Geog.* Instrumento para medir la declinación geográfica de un plano.

Declive m. **1** *Geol.* Pendiente, cuesta o inclinación del terreno. **2** fig. DECADENCIA.

Decocción f. **1** Acción y efecto de cocer en agua sustancias vegetales o animales. **2** Producto líquido que se obtiene por medio de esta decocción.

Decodificar tr. DESCODIFICAR.

Decoloración f. Acción y efecto de decolorar.

Decolorante adj. y m. Que decolora.

Decolorar tr. y prnl. Eliminar las materias colorantes de una muestra por blanqueado o precipitación.

Decomisar tr. Confiscación que hacen las autoridades de géneros prohibidos o de contrabando.

Decomiso m. **1** Acción y efecto de decomisar. **2** Cosa decomisada.

Deconstrucción f. **1** *Filos.* Concepto central en la filosofía de Jacques Derrida con el que pretendió el desmontaje del aparato lógico-conceptual que modela el pensamiento occidental. **2** *Arquit.* Tendencia arquitectónica surgida en Nueva York a finales de los ochenta que propugna la desarticulación de los planos y líneas directrices de la obra constructiva mediante la contraposición de volúmenes y materiales abstractos. **3** *Lit.* En teoría literaria, concepto que subraya la presencia de elementos no discursivos subyacentes en el discurso.

Decoración f. **1** Acción y efecto de decorar. **2** Cosas que decoran.

Decorado m. **1** DECORACIÓN. **2** Conjunto de telones, bambalinas, construcciones y enseres con que se figura un lugar en la representación de un espectáculo teatral, o en el rodaje de un filme cinematográfico o un programa de televisión.

Decorador, ra adj. **1** Que decora. || m. y f. **2** Persona que se dedica a la decoración profesionalmente.

Decorar tr. **1** Adornar, hermosear una cosa o un sitio. **2** Realizar un decorado teatral, cinematográfico o televisivo. **3** CONDECORAR. Más en poesía.

Decorativo, va adj. Relativo a la decoración.

Decoro m. **1** Honor, respeto, reverencia que se debe a una persona. **2** Circunspección, gravedad. **3** Honestidad, recato. **4** Honra. **5** *Arquit.* Parte de la arquitectura que enseña a dar a los edificios el aspecto y propiedad que les corresponde según sus destinos.

Decoroso, sa adj. **1** Se dice de la persona que tiene decoro. **2** Se aplica también a las cosas en que se manifiesta decoro.

Decorticar tr. Extirpar la corteza de una formación orgánica normal o patológica.

Decrecer intr. Menguar, disminuir.

Decrecimiento m. DISMINUCIÓN.

Decremento m. DISMINUCIÓN.

Decrepitar intr. Crepitar por la acción del fuego.

Decrépito, ta adj. **1** Se aplica a la persona que por su vejez suele tener muy menguadas las potencias. También s. **2** fig. Se dice de las cosas que han llegado a su última decadencia.

Decrepitud f. **1** Suma vejez. **2** Extrema declinación de las facultades físicas a causa de la vejez. **3** fig. Decadencia extrema.

Decrescendo m. *Mús.* Debilitación gradual de la intensidad del sonido.

Decretal adj. *Rel.* **1** Perteneciente a las decretales. || f. **2** Epístola en la cual el Sumo Pontífice declara alguna duda. || f. pl. **3** Libro en que están recopiladas las decisiones pontificias.

Decretar tr. **1** Resolver, decidir la persona que tiene autoridad para ello. **2** Anotar marginalmente la respuesta que se ha de dar a un escrito. **3** *Der.* Decidir el juez acerca de las peticiones de las partes. **4** Promulgar decretos la autoridad competente.

Decreto m. **1** *Der.* y *Polít.* Resolución del jefe del Estado, de su gobierno o de un tribunal o juez sobre cualquier materia. **2** *Rel.* Constitución o establecimiento que ordena o forma el Papa. **3** Acción y efecto de decretar, anotar al margen. || **Decreto ley** *Der.* y *Polít.* Disposición de carácter legislativo que, sin ser sometida al órgano adecuado, se promulga por el poder ejecutivo.

Decroly, Ovide Médico y pedagogo belga (Renaix, 1871 - Uccle, 1932). Creó un método de aprendizaje basado en un programa de ideas asociadas frente a la separación tradicional de materias, en un ambiente de libertad y autodisciplina.

Decúbito m. Posición que toman las personas o los animales cuando se tumban en el suelo o en la cama, etc. || **Decúbito prono** Echado sobre el pecho y el vientre. || **Decúbito supino** Echado sobre la espalda.

Decuplicar o **decuplar** tr. **1** Hacer décupla una cosa. **2** Multiplicar por diez.

Décuplo, pla adj. y m. Que contiene un número diez veces.

Decuria f. *Hist.* **1** Cada una de las diez porciones en que se dividía la antigua curia romana. **2** En la antigua milicia romana, escuadra de diez soldados.

Decurión m. *Hist.* Jefe de una decuria.

Decurrente adj. *Bot.* Se dice de la hoja cuyo limbo se extiende a lo largo del tallo como si estuviera adherida a él.

Decurso m. **1** Sucesión o continuación del tiempo. **2** *Ling.* En GLOSEMÁTICA, texto.

Dedal m. **1** Utensilio de costura cuya forma se ajusta al extremo de un dedo, y que sirve para empujar la aguja cuando se cose. **2** DEDIL o funda de un dedo.

Dedalera f. *Bot.* DIGITAL.

Dédalo m. fig. LABERINTO, cosa o lugar confusos y enmarañados.

Dédalo *Mit.* Arquitecto ateniense que, por encargo de Minos, construyó en Creta el laberinto donde se encerró al Minotauro. Él mismo fue encerrado con su hijo Ícaro a fin de que no pudieran revelar su secreto; pero ambos consiguieron huir con unas alas de pluma, pegadas con cera, que Dédalo fabricó.

Dédalo e Ícaro. Escultura de Antonio Canova. Museo Correr (Venecia).

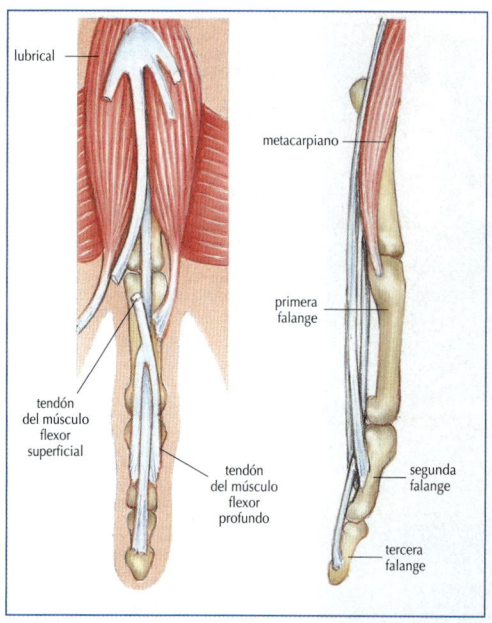

Anatomía del **dedo** humano.

DEDEKIND, JULIUS WILHELM RICHARD Matemático alemán (Brunswick, 1831 - íd., 1916). Sistematizó la teoría de los números irracionales.

DEDICACIÓN f. 1 Acción y efecto de dedicar. 2 *Rel.* Celebración del día en que se hace memoria de haberse consagrado un templo. 3 Inscripción de la dedicación de un templo o edificio. 4 Acción y efecto de dedicarse intensamente a una profesión o trabajo.

DEDICAR tr. 1 Consagrar, destinar una cosa al culto o también a un fin profano. 2 Dirigir a una persona, como obsequio, un objeto cualquiera. 3 Emplear, destinar, aplicar. También prnl.

DEDICATORIA f. Carta o nota dirigida a la persona a quien se dedica una obra.

DEDICATORIO adj. Que tiene o supone dedicación.

DEDIL m. Cada una de las fundas que se ponen en los dedos para que no se lastimen.

DEDILLO, AL loc. adv. fig. y fam. con que se indica que algo se sabe con detalle y perfecta seguridad.

DEDO m. 1 *Anat.* Cada una de las partes prolongadas en que terminan la mano y el pie del hombre y de muchos animales. 2 Medida de longitud, duodécima parte del palmo. 3 Porción de una cosa, el ancho de un dedo. || **DEDO ANULAR** *Anat.* El cuarto de la mano, menor que el de en medio y mayor que los otros tres. || **DEDO AURICULAR** *Anat.* El quinto y más pequeño de la mano. También llamado *meñique*. || **DEDO CORDIAL** o **DEL CORAZÓN** *Anat.* El tercero de la mano y más largo de los cinco. || **DEDO ÍNDICE** *Anat.* El segundo de la mano, que generalmente sirve para señalar. || **DEDO MEÑIQUE** *Anat.* DEDO AURICULAR. || **DEDO PULGAR** *Anat.* El primero y más gordo de la mano y del pie. || **a dedo** loc. adv. Por influencia o por enchufe. || **a dos dedos de** fr. fig. y fam. Muy cerca de. || **chuparse** uno **el dedo** fr. fig. y fam. Fingirse falto de capacidad para comprender una cosa. || **chuparse** uno **los dedos** fr. fig. y fam. Comer, decir, hacer u oír una cosa con mucho gusto. || **hacer dedo** loc. fig. y fam. hacer AUTO-STOP. || **no tener** uno **dos dedos de frente** fr. Ser de poco entendimiento. || **poner** uno **el dedo en la llaga** fr. fig. Conocer y señalar el verdadero origen de un mal.

DEDUCCIÓN f. 1 Acción y efecto de deducir. 2 DERIVACIÓN, acción de sacar una cosa de otra. 3 *Log.* Forma de razonar en la que se va de lo universal a lo particular, o de lo general a lo concreto.

DEDUCIBLE adj. Que puede ser deducido.

DEDUCIR tr. 1 Sacar consecuencias de un principio, proposición o supuesto. 2 INFERIR, sacar consecuencias de una cosa. 3 Rebajar, restar, descontar una cantidad. ◆ IRREG. Se conjuga como CONDUCIR.

DEDUCTIVO, VA adj. Que obra o procede por deducción.

DEFECAR tr. 1 Quitar las heces o impurezas. 2 Expeler los excrementos. También intr.

DEFECCIÓN f. Acción de separarse con deslealtad de una causa.

DEFECTIVO, VA adj. 1 DEFECTUOSO. 2 *Gram.* VERBO DEFECTIVO. También m.

DEFECTO m. 1 Carencia o falta de las cualidades propias y naturales de una cosa. 2 Imperfección natural o moral.

DEFECTUOSO, SA adj. Imperfecto.

DEFENDER tr. 1 Amparar, proteger. También prnl. 2 Mantener una cosa contra el dictamen ajeno. 3 Abogar, alegar en favor de uno. 4 *Dep.* En ciertos deportes, oponerse a la acción atacante de los adversarios. || prnl. 5 fig. Lograr con una determinada actividad una no muy amplia holgura económica. ◆ IRREG. Se conjuga como ENTENDER.

DEFENDIBLE adj. Se dice de lo que se puede defender.

DEFENDIDO, DA adj. y s. *Der.* Se dice de la persona a quien defiende un abogado.

DEFENESTRACIÓN DE PRAGA *Hist.* Nombre dado a dos actos de violencia cometidos en Bohemia: en 1419, cuando Ziska, jefe de los husitas, arrojó a siete consejeros católicos del rey Wenceslao IV por los balcones de la municipalidad, y en 1618, cuando el conde de Thurn hizo otro tanto con los representantes del emperador Fernando de Habsburgo, lo que ocasionó la guerra de los Treinta Años.

DEFENESTRAR tr. 1 Arrojar a alguien por una ventana o balcón. 2 Por extensión, despedir a alguien de un cargo o empleo.

DEFENSA f. 1 Acción y efecto de defender. 2 Instrumento con que uno se defiende. 3 Amparo, protección, socorro. 4 Obra de fortificación. Más en pl. 5 *Dep.* En el fútbol y otros deportes, línea de jugadores que se sitúa delante del portero. 6 *Der.* Razón que se alega en juicio para contradecir la acción del demandante. || com. *Dep.* 7 Cada uno de los jugadores que forman la línea de defensa. || f. pl. *Mar.* 8 Pedazos de cable viejos, rollo de esparto, etc., que se cuelgan del costado de la embarcación para que ésta no se lastime durante las faenas.

DEFENSIVO, VA adj. 1 Que sirve para defender. || m. 2 Defensa, resguardo. || f. 3 Estado del que sólo trata de defenderse.

DEFENSOR, RA adj. y s. 1 Que defiende o protege. || m. y f. *Der.* 2 Persona que en juicio está encargada de una defensa. || **DEFENSOR DEL PUEBLO** *Polit.* Funcionario designado por el parlamento para defender los derechos de los ciudadanos en lo tocante a sus relaciones con la administración.

DEFERENCIA f. 1 Adhesión al proceder ajeno por respeto. 2 fig. Muestra de respeto o cortesía.

DEFERENTE adj. 1 Que defiere al dictamen ajeno, sin querer sostener el suyo. 2 fig. Respetuoso, cortés.

DEFERIR intr. 1 Adherirse al dictamen de uno por respeto. || tr. 2 Comunicar, dar parte a la jurisdicción o poder. ◆ IRREG. Se conjuga como ADQUIRIR.

DEFICIENCIA f. Defecto o imperfección.

DEFICIENTE adj. Falto o incompleto.

DÉFICIT m. 1 *Econ.* Diferencia negativa que resulta de comparar el haber existente con el capital de una empresa, o los ingresos y los gastos en una cuenta, balance, etc. 2 Por extensión, falta o escasez de algo que se juzga necesario. ◆ Su pl. es *déficit* o *déficits*.

DEFICITARIO, RIA adj. Que presenta déficit.

DEFINICIÓN f. 1 Acción y efecto de definir. 2 Proposición que expone los caracteres genéricos y diferenciales de una cosa. 3 Decisión o determinación de una duda. 4 Explicación del significado de cada uno de los vocablos que contiene un diccionario. 5 *Fís.* Poder resolutivo o separador de un telescopio o de otros instrumentos ópticos, que determina la nitidez de sus imágenes. 6 *Tecnol.* Número de líneas y de puntos en que se divide la imagen transmitida por la televisión.

DEFINIR tr. 1 Fijar con claridad y precisión la significación de una palabra o naturaleza de una cosa. 2 Resolver una cosa dudosa. 3 Precisar, aclarar. También prnl.

DEFINITIVO, VA adj. Se dice de lo que decide, resuelve o concluye. || **en definitiva** loc. adv. En conclusión.

DEFINITORIO[1] m. *Rel.* Cuerpo que, con el general o provincial de una orden, componen para regirla los religiosos definidores.

DEFINITORIO[2]**, RIA** adj. Que sirve para definir o diferenciar.

DEFLACIÓN f. *Econ.* Situación de restricción de la demanda, que frena el alza o provoca la baja de los precios.

DEFLAGRADOR, RA adj. 1 Que deflagra. || m. *Min.* 2 Aparato eléctrico que sirve para dar fuego a los barrenos.

DEFLAGRAR intr. Arder una sustancia súbitamente con llama y sin explosión.

DEFLEGMAR tr. Separar un cuerpo de su parte acuosa.

DEFLUENTE adj. *Geol.* Se dice del flujo divergente de glaciares y ríos anastomosados.

DEFOE, DANIEL Escritor inglés (Londres, h. 1660 - Moorfields, 1731). Es uno de los grandes renovadores de la narrativa dieciochesca y el padre de la novela de aventuras. De su obra destacan *Robinson Crusoe* (1719), *Moll Flanders* (1722) y *Lady Roxana* (1724); y los libros de ensayo *Diario del año de la peste* (1722) e *Historia de Pedro el Grande* (1723).

DEFOLIACIÓN f. *Bot.* Caída de las hojas.

DEFOLIADOR m. *Quím.* Agente químico o biológico que provoca la caída de las hojas de las plantas.

DEFORESTACIÓN f. *Ecol.* Acción y efecto de deforestar.

DEFORESTAR tr. Despojar un terreno de plantas forestales.

DEFORMACIÓN f. 1 Acción y efecto de deformar o deformarse. 2 Alteración de las características morfológicas o anatómicas de un organismo.

DEFORMAR tr. 1 Hacer que algo pierda su forma regular o natural. También prnl. 2 Tergiversar.

DEFORME adj. 1 Desproporcionado o irregular en la forma. 2 Que ha sufrido deformación.

DEFORMIDAD f. 1 Calidad de deforme. 2 Cosa deforme. 3 fig. Error grosero.

DEFRAUDAR tr. 1 Privar a uno de lo que le toca de derecho. 2 Eludir el pago de los impuestos. 3 fig. Frustrar o dejar sin efecto una cosa en que se confiaba. 4 fig. Turbar, quitar, embarazar.

DEFUNCIÓN f. muerte.

DEGAS, EDGAR Pintor francés (París, 1834 - íd., 1917). En principio se inspiró en los maestros del Renacimiento italiano, pero pronto se sintió atraído por el modelado de la forma y la expresión del movimiento, que le llevó a la pintura postimpresionista. Entre sus obras principales figuran *La familia Bellelli* (1860), *En el*

Daniel **Defoe**. Grabado de M. V. de Gucht.

Edgar **Degas.** *La bailarina del ramo, saludando desde el escenario.* Museo d'Orsay (París).

hipódromo (1872), *Enfado* (1872), *Clase de baile* (1874), *La violación* (1875), *Ajenjo* (1877), *Dos planchadoras* (1884), etc.

DEGENERACIÓN f. **1** Acción y efecto de degenerar. **2** *Biol.* Alteración de los tejidos o elementos anatómicos.

DEGENERADO, DA adj. y s. Se dice del individuo de condición moral depravada.

DEGENERAR intr. Decaer, desdecir, declinar, no corresponder una persona o cosa a su calidad original.

DEGENERATIVO, VA adj. Que causa o produce degeneración.

DEGLUTIR tr. *Fisiol.* Tragar los alimentos.

DEGOLLACIÓN f. Acción y efecto de degollar. || **DEGOLLACIÓN DE LOS INOCENTES** *Rel.* La que, según los Evangelios, ordenó Herodes en Belén para asegurar la muerte del rey de los judíos que le habían anunciado los Reyes Magos.

DEGOLLADERO m. **1** *Zool.* Parte del cuello por donde se degüella al animal. **2** Sitio destinado para degollar las reses. **3** Tablado o cadalso que se levantaba para degollar a un condenado a muerte.

DEGOLLADO, SANTOS Militar y político mexicano (Guanajuato, 1811 - Salazar, 1861). En 1854 se incorporó a la revolución de Ayutla. Miembro del congreso constituyente de 1856-57, fue gobernador de Michoacán en 1857 y ministro de Guerra y Marina (1858). Tras el asesinato de Melchor Ocampo, gobernador de Michoacán, se puso al frente de una columna contra Márquez. Fue hecho prisionero y asesinado.

DEGOLLADOR, RA adj. y s. **1** Que degüella. || m. *Zool.* **2** ALCAUDÓN.

DEGOLLADURA f. **1** Herida que se hace en la garganta o el cuello. **2** Escote de un vestido. **3** GARGANTA, parte más estrecha de los balaustres. **4** LLAGA entre los ladrillos.

DEGOLLAR tr. **1** Cortar la garganta o el cuello a una persona o a un animal. **2** Escotar el cuello de un vestido. **3** fig. Destruir, arruinar. **4** fig. Representar los actores mal una obra dramática. **5** *Taurom.* Matar el espada al toro con una o más estocadas mal dirigidas. **6** fig. y fam. Ser o hacerse en extremo antipática una persona a otra. ♦ IRREG. Se conjuga como CONTAR.

DEGOLLINA f. **1** fam. MATANZA, mortandad. **2** fam. Abundancia de suspensos en un examen.

DEGRADACIÓN f. **1** Acción y efecto de degradar. **2** Humillación, bajeza. **3** *Pint.* Disminución de tamaño que, según las leyes de la perspectiva, deben tener los objetos que figuran en un cuadro. **4** Disminución en la calidad o utilidad del medio ambiente.

DEGRADAR tr. **1** Privar a una persona de las dignidades, empleos y privilegios que tiene. **2** Humillar. También prnl. **3** *Pint.* Disminuir el tamaño y viveza de los objetos representados en un cuadro, según la distancia a que se suponen situados.

DEGRELLE, LÉON Político belga (Bouillon, 1906 - Málaga, 1994). Fundó el movimiento rexista de inspiración nazi-fascista (1933) y, durante la Segunda Guerra Mundial, la Legión Valona, que combatió en la URSS al lado de los alemanes. Condenado en rebeldía por los tribunales, se exilió en España.

DEGÚ m. *Zool.* Chile y Perú Mamífero roedor perteneciente a la familia octodóntidos, de nombre científico *Octodon degu*, parecido al ratón, con pelaje rojizo.

DEGÜELLO m. **1** Acción de degollar. **2** Parte más delgada de un arma. || **tirar a degüello** fr. fig. y fam. Procurar con el mayor ahínco perjudicar a alguno.

DEGUSTAR tr. Probar o catar alimentos.

DEHAENE, JEAN-LUC Político belga (Montpellier, 1940). Militante del ala progresista del Partido Democristiano Flamenco (CVP), en 1992 formó gobierno con los cuatro principales partidos belgas e impulsó la reforma federal (1993).

DEHESA f. Terrenos destinados al cuidado de ganado.

DEHESAR tr. Hacer dehesa alguna tierra.

DEHESERO m. Guarda de una dehesa.

DEHISCENCIA f. *Bot.* Apertura espontánea de un órgano vegetal, vertiendo al exterior su contenido.

DEHISCENTE adj. *Bot.* Se dice del fruto cuyo pericarpio se abre naturalmente para que salga la semilla.

DEHMEL, RICHARD Poeta alemán (Wendisch-Hermsdorf, 1863 - Blankenese, cerca de Hamburgo, 1920). Asimiló las más variadas tendencias, desde el naturalismo al simbolismo francés. Autor de *Pero el amor* (1893), *Mujer y mundo* (1896) y *Entre el pueblo y la humanidad* (1919).

DEHMELT, HANS Físico estadounidense de origen alemán (Görlitz, 1922). En 1989 recibió el premio Nobel de Física, compartido con Paul y Norman F. Ramsey, por sus trabajos en el campo de la espectroscopia atómica de precisión.

DEICIDA adj. y com. Se dice de los que dieron muerte a Jesucristo o contribuyeron a ella de algún modo.

DEICIDIO m. Crimen del deicida.

DEÍCTICO, CA adj. *Ling.* **1** Perteneciente o relativo a la deixis. || m. *Ling.* **2** Elemento gramatical que realiza una deixis.

DEIDAD f. **1** *Rel.* Ser divino o esencia divina. **2** *Mit.* Cada uno de los dioses de la mitología.

DEIFICACIÓN f. *Rel.* Acción y efecto de deificar o deificarse.

DEIFICAR tr. **1** *Rel.* DIVINIZAR. **2** fig. Ensalzar excesivamente a una persona. || prnl. *Teol.* **3** En la teología mística, unirse el alma con dios en el éxtasis.

DEÍFICO, CA adj. *Rel.* Perteneciente a dios.

DEISENHOFER, JOHANN Químico alemán (Zusamaltheim, Baviera, 1943). Premio Nobel de Química en 1988, junto con R. Huber y H. Michel, por la determinación de la estructura de proteínas de membrana.

DEÍSMO m. *Teol.* y *Filos.* Doctrina, desarrollada sobre todo en el siglo XVIII en Inglaterra, que reconoce un dios como autor de la naturaleza, pero sin admitir revelación ni culto externo. Está representada, entre otros, por Lord Herbert de Cherbury, Matthew Tindal y Anthony Collins.

DEIXIS f. *Ling.* Función actualizadora de algunos elementos lingüísticos que consiste en indicar o señalar algo presente entre los hablantes o en el enunciado. ♦ Su pl. es *deixis*.

DEJA f. Parte que sobresale entre dos muescas.

DEJACIÓN f. **1** Acción y efecto de dejar. **2** Cesión, abandono de bienes, acciones, etc.

DEJADEZ f. Pereza, negligencia, abandono.

DEJADO, DA adj. **1** Flojo y negligente, que no cuida de su conveniencia o aseo. **2** Caído de ánimo.

DEJAMIENTO m. **1** Acción y efecto de dejar. **2** Flojedad, descuido. **3** Descaecimiento de fuerzas. **4** Desasimiento, desapego de una cosa.

DEJAR tr. **1** Soltar una cosa. **2** OMITIR. **3** Consentir, permitir. **4** Producir ganancia. **5** Desamparar, abandonar. **6** Encargar, encomendar. **7** Faltar, ausentarse. **8** No inquietar, perturbar, ni molestar. **9** Nombrar, designar. **10** Dar una cosa a otro el que se ausenta o hace testamento. **11** PRESTAR. **12** Faltar al cariño de una persona. **13** Cesar, no proseguir lo empezado. También prnl. || intr. **14** Seguido de la preposición *de*, y un infinitivo, interrumpir la acción expresada por éste. || prnl. **15** Descuidarse de sí mismo. **16** Entregarse, darse a una cosa. || **dejar atrás** a uno fr. fig. Adelantársele. || **dejar** una cosa **correr** fr. fig. Permitirla, tolerarla o disimularla. || **dejar mucho que desear** fr. Ser una cosa o una persona inferior a lo que se espera de ella. || **dejarse** uno **caer** fr. fig. y fam. Insinuar. También, presentarse inesperadamente. || **dejarse llevar** fr. Tener voluntad débil para seguir la propia opinión.

DEJE m. **1** Acción y efecto de dejar. **2** DEJO.

DEJO m. **1** Modo particular de pronunciación y de inflexión de la voz que acusa un estado de ánimo transitorio o peculiar del hablante. **2** Acento peculiar del habla de determinada región. **3** Inflexión descendente en el habla. **4** Gusto que queda de la comida o bebida. **5** fig. Placer o disgusto que queda después de una acción.

DEKKÁN DECÁN.

DEKKER, THOMAS Dramaturgo y panfletista inglés (Londres, h. 1572 - íd., h. 1632). Su obra retrata la sociedad londinense de su época: *El viejo Fortunato* (1600), *La fiesta del zapatero* (1600), comedias; *Los siete pecados capitales de Londres* (1606), *Abecedario del perfecto galán* (1609), panfletos.

DEL Contracción de la preposición DE y el artículo EL.

DEL RÍO, DOLORES RÍO, DOLORES DEL.

DELACIÓN f. Acusación, denuncia.

DELACROIX, EUGÈNE Pintor francés (Charenton-Saint-Maurice, 1798 - París, 1863). Máximo representante de la escuela romántica francesa, entre sus principales obras figuran *La matanza de Quíos* (1824), *La muerte de Sardanápalo* (1828), *La libertad guiando al pueblo* (1832), *Mujeres de Argel* (1834) y *Entrada de los cruzados en Constantinopla* (1841).

Eugène **Delacroix.** *La muerte de Sardanápalo.* Museo del Louvre (París).

Robert **Delaunay.** *El equipo de Cardiff.* Abbemuseum (Eindhoven).

Delagoa Bahía de la costa S de Mozambique.
Delalande, Michel Richard Compositor, organista y clavecinista francés (París, 1657 - Versalles, 1726). Destacado representante de la llamada escuela de Versalles, entre su producción destacan los ballets (*El ballet de la juventud;* 1686) y divertimentos (*Sinfonías para las cenas del rey*). También es autor de música sacra.
Delambre, Jean-Baptiste Astrónomo francés (Amiens, 1749 - París, 1822). En colaboración con Méchain midió el arco de meridiano comprendido entre Dunkerque y Barcelona, que sirvió de base para establecer el metro como unidad patrón de longitud y precisar el sistema métrico decimal.
delantal m. **1** Prenda de vestir que, atada a la cintura, se usa para cubrir la delantera del traje. **2** MANDIL. **3** Prenda exterior de tela ligera que llevan los colegiales, dependientes, etc., para proteger la ropa.
delante adv. l. **1** Con prioridad de lugar, en la parte anterior. **2** ENFRENTE. || **delante de** loc. prepos. A la vista, en presencia de.
delantera f. **1** Parte anterior de una cosa. **2** En locales de espectáculos, primera fila de asientos. **3** Cuarto delantero de una prenda de vestir. **4** Espacio o distancia con que uno se adelanta a otro. **5** *Dep.* En fútbol y otros deportes, línea de jugadores que, en posición avanzada, tienen como misión atacar la portería contraria. **6** vulg. Pecho de la mujer. || f. pl. **7** Zahones. || **coger,** o **tomar,** a uno **la delantera** fr. fig. y fam. Anticipársele en una acción. || **llevar la delantera** fr. Ir delante de otro en una carrera u otra cosa, en sentido material o no material.
delantero, ra adj. **1** Que está o va delante. || m. **2** Postillón que gobierna las caballerías delanteras o de guías. **3** Pieza que forma la parte anterior de una prenda de vestir. **4** *Dep.* En el fútbol y otros deportes, jugador que forma parte de la delantera.
delatar tr. **1** Revelar voluntariamente a la autoridad un delito, designando al autor para que sea castigado. **2** Descubrir, poner de manifiesto una cosa oculta. || prnl. **3** Dar uno a conocer involuntariamente su intención.
delator, ra adj. y s. Denunciador, acusador.
Delaunay, Robert Pintor francés (París, 1885 - Montpellier, 1941). Neoimpresionista, se orientó hacia el cubismo. El color y los contrastes luminosos caracterizan sus obras: *La ciudad de París* (1912), *Ventanas* (1912), *El equipo de Cardiff* (1912-13), etc.
Delaware o **Lenape** adj. y com. **1** *Etnol.* Se dice de una tribu amerindia de la familia lingüística algonquina. Habitaba en la costa atlántica. Trasladada a Oklahoma, hoy día vive distribuida en reservas. **2** Se dice de los miembros de esta tribu.
Delaware Río de EE UU, que nace en los Apalaches, Estado de Nueva York, pasa por Filadelfia y desemboca en el Atlántico, en la bahía de su nombre; 577 km.
Delaware Estado oriental de EE UU, junto a la costa atlántica; 5.247 km^2 y 754.844 h. Su capital es Dover. Agricultura de cereales y huerta. Industria automovilística, papelera, química y petroquímica.
Delbrück, Max Científico estadounidense, de origen alemán (Berlín, 1906 - Pasadena, 1981). En 1969 compartió el premio Nobel de Medicina con A. D. Hershey y S. E. Luria, por sus descubrimientos sobre el mecanismo de reproducción y estructura genética de los bacteriófagos.
Delco (Acrónimo de *Dayton Engineering Laboratories Company,* marca registrada.) m. *Tecnol.* En los motores de explosión, aparato distribuidor de la corriente de alto voltaje, que la hace llegar por turno a cada una de las bujías.
dele m. *A. gráf.* Signo con que el corrector indica al margen de las pruebas que ha de quitarse una palabra o letra.
delectación f. DELEITE.
Deledda, Grazia Escritora italiana (Nuoro, 1871 - Roma, 1936). Obtuvo el premio Nobel de Literatura en 1926. Su obra se suele enmarcar entre el «verismo» del naturalismo italiano y el decadentismo. Autora de *Narraciones sardas* (1893), *Cenizas* (1904), *Elías Portolu* (1906), *Cañas al viento* (1913), *La madre* (1920), *Annalena Bilsini* (1927) y *El país del viento* (1936).
delegación f. **1** Acción y efecto de delegar. **2** Cargo de delegado. **3** Oficina del delegado. **4** Reunión de delegados.
delegado, da adj. y s. Se dice de la persona en quien se delega una facultad o jurisdicción.
delegar tr. Dar una persona a otra la jurisdicción que tiene para que haga sus veces.
deleitable adj. DELEITOSO.
deleitar tr. y prnl. Producir deleite.
deleite m. **1** Placer del ánimo. **2** Placer sensual.
deleitoso, sa adj. Que causa deleite.
deletéreo adj. Mortífero, venenoso.
deletrear intr. **1** Pronunciar separadamente las letras de cada sílaba o las sílabas de cada palabra. **2** fig. Adivinar, interpretar lo dificultoso de entender.
deletreo m. **1** Acción de deletrear. **2** Procedimiento para enseñar a leer.
Deleuze, Gilles Filósofo francés (París, 1925 - íd., 1995). Su filosofía está influida por Nietzsche. Es autor de *Nietzsche y la filosofía* (1962), *Spinoza y el problema de la expresión* (1968), *El Antiedipo. Capitalismo y esquizofrenia* (1972), en colaboración con Felix Guattari y *Critique et clinique* (1993).
deleznable adj. **1** Que se rompe fácilmente. **2** Que se desliza y resbala con mucha facilidad. **3** fig. Poco durable, de poca resistencia. **4** fig. EXECRABLE.
délfico, ca adj. Perteneciente a Delfos.
delfín^1 m. *Zool.* Nombre de unas 33 especies de mamíferos cetáceos de la familia delfínidos. Poseen numerosos dientes aguzados en ambas mandíbulas, el hocico terminado en un pico estrecho, la aleta dorsal bien visible y un único espiráculo nasal encima de los ojos. Son veloces nadadores, muy gregarios y sociables y se alimentan de peces.
delfín^2 m. **1** *Hist.* Título que se daba al primogénito y heredero del rey de Francia. **2** fig. Presunto sucesor de algún cargo o personalidad.
Delfín *Astron.* Pequeña constelación boreal, situada al E de la del Águila, de extensión reducida.
delfina f. *Hist.* Mujer del delfín de Francia.
Delfinado *Geog. hist.* Antigua provincia del SE de Francia, que corresponde a los actuales departamentos de Altos Alpes, Isère y Drôme. Su capital era Grenoble.
delfinario m. Establecimiento destinado a la exhibición de delfines vivos.
delfínido, da adj. *Zool.* **1** Se aplica a los mamíferos cetáceos odontocetos de vida acuática, tamaño medio y con espiráculo único, como los delfines. || m. pl. *Zool.* **2** Familia de estos mamíferos.

delfín

Delfos (Grecia). El Tolos.

DELFOS *Geog. hist.* Ciudad de la antigua Grecia, situada al pie del monte Parnaso. En ella se encontraba el templo de Apolo, el cual anunciaba sus oráculos por mediación de la pitia o la sacerdotisa.

DELFT Ciudad de los Países Bajos, provincia de Holanda Meridional; 91.013 h. Célebres fábricas de porcelana de los siglos XVII y XVIII.

DELGA f. *Tecnol.* Cada una de las laminillas de cobre que forman el colector de una máquina de corriente continua.

DELGADEZ f. Calidad de delgado.

DELGADO, DA *adj.* **1** Flaco, de pocas carnes. **2** Tenue, de poco espesor. **3** Delicado, suave. **4** fig. Aplicado a tierra, de poca sustancia. **5** Fig. Agudo, sutil, ingenioso. || m. pl. **6** *Zool.* En los cuadrúpedos, partes inferiores del vientre, hacia las ijadas. **7** Falda de las canales o reses muertas.

DELGADO, CABO Saliente de la costa oriental de África, en el extremo NE de Mozambique, en la frontera con Tanzania.

DELGADO, JOSÉ MATÍAS Eclesiástico y político salvadoreño (San Salvador, 1768 - íd., 1833). Encabezó la primera rebelión armada contra España (1811). Después intervino en la proclamación de la independencia de Guatemala (1821). Intentó la resistencia a la anexión de las provincias centroamericanas al Imperio de Iturbide (1822), en El Salvador, pero tuvo que huir a EE UU al ser vencido por el general Filisola. Vuelto a su país, presidió la Asamblea Nacional Constituyente (1823).

DELGADO, RAFAEL Novelista mexicano (Córdoba, 1853 - Orizaba, 1914). Autor de *La Calandria* (1890), *Angelina* (1893) y *Los parientes ricos* (1901-02).

DELGADO CHALBAUD, CARLOS Militar y político venezolano (Caracas, 1910 - íd., 1950). Componente de la Junta Revolucionaria (1945), en la que fue ministro de Guerra, Marina y Defensa. Se encargó de manera interina de la presidencia de la República (1948), y desde noviembre de ese mismo año fue presidente de la Junta Militar de Gobierno.

DELGADO GUERRA, JOSÉ PEPE-HILLO.

DELGADO TRESIERRA, WASHINGTON Poeta peruano (Cuzco, 1927). Ha escrito *Formas de la ausencia* (1955), *Días del corazón* (1957), *Para vivir mañana* (1959), *Parque* (1965) y *Tierra extranjera* (1968).

DELGADUCHO, CHA *adj. desp.* Algo delgado.

DELHI 1 Territorio de la India, situado en la parte central del país; 1.483 km² y 10.865.000 h. **2** Ciudad capital del mismo, a orillas del Yamuna; 7.206.704 h. La aglomeración urbana (8.419.084 h.) está constituida por dos núcleos urbanos yuxtapuestos: la antigua Delhi y la capital reciente, NUEVA DELHI. Industria textil y artesanía tradicional.

DELIBERADO, DA *adj.* Voluntario, intencionado.

DELIBERAR *intr.* **1** Considerar detenidamente el pro y el contra de una decisión antes de adoptarla. || *tr.* **2** Resolver una cosa con premeditación.

DELIBES, LÉO Compositor francés (Saint-Germain-du-Val, 1836 - París, 1891). Escribió una veintena de óperas, óperas bufas y cómicas, y varios ballets. Destacan *Lakmé* (1883), ópera cómica, y los ballets *Coppélia* (1870) y *Sylvia* (1876).

DELIBES, MIGUEL Escritor español (Valladolid, 1920). Sus obras describen, con un realismo sobrio y eficaz, la vida y costumbres de Castilla la Vieja. Autor de *La sombra del ciprés es alargada* (1947), *El camino* (1950), *Mi idolatrado hijo Sisí* (1953), *Diario de un cazador* (1955), *La hoja roja* (1960), *Las ratas* (1962), *Cinco horas con Mario* (1966), *Parábola del náufrago* (1970), *El príncipe destronado* (1973), *Las guerras de nuestros antepasados* (1974), *El disputado voto del señor Cayo* (1978), *Los santos inocentes* (1981), *Señora de rojo sobre fondo gris* (1991), *Diario de un jubilado* (1995) y *El hereje* (Premio Nacional de Narrativa en 1999). Premio Príncipe de Asturias de las Letras (1982), Premio Nacional de las Letras (1991) y premio Cervantes (1993). Desde 1973 es miembro de número de la Real Academia Española.

Miguel **Delibes**

DELICADEZA f. **1** FINURA. **2** Atención y miramiento con las personas o las cosas, en las obras o en las palabras. **3** Ternura, suavidad. **4** ESCRUPULOSIDAD.

DELICADO, DA *adj.* **1** Fino, atento, suave. **2** Débil, enfermizo. **3** Quebradizo. **4** Sabroso, gustoso. **5** Difícil. **6** Fino, exquisito. **7** Bien parecido, agraciado. **8** Sutil, agudo, ingenioso. **9** Suspicaz. **10** Difícil de contentar. **11** Que procede con escrupulosidad.

DELICADUCHO, CHA *adj.* Se dice de la persona que se halla débil y enfermiza.

DELICIA f. **1** Placer muy intenso del ánimo. **2** Placer sensual muy vivo. **3** Aquello que causa delicia.

DELICIOSO, SA *adj.* Muy agradable o ameno.

DELICTIVO, VA o **DELICTUOSO, SA** *adj.* **1** Relativo al delito. **2** Que implica delito.

DELICUESCENCIA f. *Bot.* y *Quím.* Calidad de delicuescente.

DELICUESCENTE *adj.* **1** *Quím.* Que tiene la propiedad de absorber la humedad del aire y disolverse lentamente (licuarse) en el vapor de agua. **2** fig. Inconsistente, sin vigor, decadente.

DELIMITAR *tr.* Fijar con precisión los límites de una cosa.

DELINCUENCIA f. **1** Calidad de delincuente. **2** Conjunto de delitos referidos a un país, época o especialidad en ellos.

DELINCUENTE *adj. y com.* Que delinque.

DELINEANTE *adj.* **1** Que delinea. || *com.* **2** Persona que tiene por oficio trazar planos.

DELINEAR *tr.* Trazar las líneas de una figura.

DELINQUIR *intr.* Cometer delito.

DELIO, LIA *adj. y s.* De la isla de Delos.

DELIRANTE *adj.* Que delira.

DELIRAR *intr.* **1** Desvariar, tener perturbada la razón. **2** fig. Decir o hacer despropósitos.

DELIRIO m. **1** Acción y efecto de delirar. **2** *Med.* Desorden o perturbación de la razón o de la fantasía, originado por fiebre, intoxicación, fuertes traumatismos, enfermedad o pasión violenta. **3** fig. Despropósito, disparate.

DELÍRIUM TRÉMENS *Med.* Delirio con gran agitación, insomnio y temblor, acompañado de alucinaciones, taquicardia, deshidratación y otros síntomas, ocasionado en los estados de alcoholismo crónico.

DELITO m. *Der.* **1** Culpa, crimen, quebrantamiento de la ley. **2** Acción u omisión voluntaria, castigada por la ley con pena grave. || **DELITO COMÚN** *Der.* El que, sin ser político, está penado en el código ordinario. || **DELITO CONSUMADO** *Der.* El que con plena ejecución produce un resultado punible. || **DELITO ECOLÓGICO** *Der.* Acción que contraviene las leyes o reglamentos de protección del medio ambiente. || **DELITO FISCAL** *Der.* Defraudación a la Hacienda Pública, que exceda de una cantidad determinada y que varía según los países. || **DELITO FLAGRANTE** *Der.* Aquel en cuya comisión se sorprende al reo. || **DELITO DE LESA MAJESTAD** *Der.* El que, en régimen monárquico, se comete contra la vida del monarca, del inmediato sucesor a la corona o del regente del reino.

DELIUS, FREDERICK Compositor inglés de origen alemán (Bradford, 1863 - Grez-sur-Loing, 1934). Influido por el romanticismo de Grieg y las melodías populares inglesas, compuso numerosos conciertos (*Leyenda*), obras corales (*Appalachia*, 1902), poemas sinfónicos (*Summernight on the River*, 1912), y religiosas (*Requiem*, 1914-16) y óperas (*Un Romeo y una Julieta de aldea*, 1901).

DELL'ABATE, NICCOLÒ Pintor italiano (Modena, 1512 - Fontainebleau, 1571). Autor de frescos de tema mitológico, recibió la influencia de Parmigianino. Por encargo de Enrique II de Francia decoró diversas salas del palacio de Fontainebleau.

DELL'ORO MAINI, ATILIO ORO MAINI, ATILIO DELL'.

DELMAS Ciudad de Haití; 257.247 h.

DELON, ALAIN Actor de cine francés (Sceaux, 1935). Ha destacado como galán y en la interpretación de personajes inquietantes. Ha intervenido en *A pleno sol* (1960), *Rocco y sus hermanos* (1960), *El gatopardo* (1962), *El círculo rojo* (1970), *El amor de Swan* (1983) y *Las cien y una noches* (1995).

DELONEY, THOMAS Poeta y narrador inglés (Londres, h. 1543 - Norwich, h. 1607). Tejedor de oficio, destacó por el tratamiento en sus novelas de oficios artesanales. Es autor de la trilogía *Jack de Newbury* (1597), *El noble oficio* (1597-98), en la que se inspiró Dekker, y *Thomas de Reading* (1600). Autor asimismo de numerosas canciones populares de carácter satírico.

DELORME, PHILIBERT Arquitecto francés (Lyon, h. 1515 - París, 1570). Estudió en Roma los monumentos clásicos y regresó a Lyon, donde realizó sus primeros trabajos (Castillo de Saint-Maur-les-Fossés, 1541). Fue arquitecto del rey Enrique II. Autor del palacio de las Tullerías, el palacio de Meudon, la fachada de la capilla de Villiers-Cotterets, etc.

DELORS, JACQUES Político francés (París, 1925). Miembro del Partido Socialista desde 1974, fue ministro de Economía y Finanzas (1981-84) y presidente de la Comisión de las Comunidades Europeas (1985-94). En 1989 recibió el premio Príncipe de Asturias de Cooperación Internacional.

DELOS *Geog. hist.* Isla de Grecia, en el Egeo, que forma parte del archipiélago de las Cícladas, famosa por su santuario dedicado a Apolo. Según la leyenda es el lugar de nacimiento de Artemisa y Apolo.

Delos (Grecia). León en el templo de Apolo.

Paul **Delvaux**. *El espejo*. Colección privada (París).

Delos, Liga de *Hist.* Alianza de antiguas ciudades marítimas griegas bajo la supremacía de Atenas, organizada tras la segunda guerra médica para hacer frente común ante una futura amenaza persa (478 a. C.); a la postre se convirtió en un instrumento de Atenas para imponer su hegemonía política y comercial. Se disolvió tras la derrota ateniense en la guerra del Peloponeso (405 a. C.). También se la llamó *Confederación Ateniense.*

Delta f. **1** Cuarta letra del alfabeto griego (Δ, δ); corresponde a nuestra *d.* || m. *Geol.* **2** Depósito aluvial, generalmente de forma triangular, que se forma en la desembocadura de un río por sedimento de los materiales erosionados y arrastrados por las aguas en su avance.

Delta Amacuro Estado de Venezuela, situado al NO del país; 40.200 km² y 164.439 h. Su capital es Tucupita.

Delta del Paraná Región argentina en la desembocadura del Paraná, que se compone de un dédalo de riachuelos y canales que forman islas en las cuales abundan bosques de árboles frutales y maderas industriales.

Deltoides adj. **1** De figura de delta mayúscula. **2** *Anat.* Se dice del músculo de forma triangular situado en la parte superior del hombro. Se origina en la cintura escapular y se inserta en el húmero. También m. ♦ Su pl. es *deltoides.*

Delvaux, Paul Pintor belga (Antheit-les-Huis, 1897 - Furnes, 1994). Neoimpresionista y expresionista en sus comienzos, se orientó posteriormente hacia el surrealismo. Obras principales: *Los lazos rosas* (1936), *Fases de la luna* (1939), *El eco* (1943), *La estación forestal* (1960), *El diván azul* (1967), etc.

-dema suf. DESMO-.

Demacración f. Pérdida de carnes que se experimenta por la falta de nutrición, por enfermedades y por otras causas.

Demacrado, da adj. Que muestra demacración.

Demacrarse prnl. y tr. Perder carnes, enflaquecer.

Démades Político ateniense (Atenas, h. 384 - íd., 320 a.C.). Político sin escrúpulos, fue famoso por su oratoria áspera y directa. Hecho prisionero por Filipo en Queronea (338 a.C.), negoció la paz en Atenas. Tras la muerte de Alejandro consiguió que el pueblo votara la condena a muerte de Demóstenes, pero, acusado de traición por los macedonios, fue condenado a muerte junto con su hijo.

Demagogia f. **1** *Polít.* Gobierno ejercido de forma dictatorial con el apoyo popular. **2** En lenguaje corriente, acción de gobernar con la preocupación dominante de agradar a la plebe. **3** Acción de expresar en público opiniones, ideas, etc., utilizando argumentos falaces que se supone serán del agrado de los que escuchan.

Demagogo, ga m. y f. **1** Cabeza o caudillo de una facción popular. **2** Partidario de la demagogia. **3** Orador extremadamente revolucionario. || m. **4** *Hist.* En la Grecia clásica, el que ejercía el poder tiránico con el apoyo del pueblo. También adj. **5** Persona que se expresa con demagogia. También adj.

Demajagua, La Lugar de Cuba, en el golfo de Guacanabayo, donde Carlos Manuel de Céspedes inició la revolución cubana contra España (octubre de 1868).

Demanda f. **1** Súplica, petición. **2** Acción de buscar. **3** Acción o mercancía que una sociedad reclama como necesaria para su bienestar. **4** *Der.* Petición que un litigante sustenta en el juicio. **5** *Der.* Escrito en el que solicita entablar un juicio. || **curva de demanda** *Econ.* Curva estadística que indica las cantidades de un bien o servicio que los individuos están dispuestos a comprar en función de su precio y de la renta de que disponen.

Demandado, da m. y f. *Der.* Persona a quien se pide una cosa en juicio.

Demandante adj. y com. **1** Que demanda. || com. *Der.* **2** Persona que demanda o pide una cosa en juicio.

Demandar tr. **1** Pedir, rogar. **2** Apetecer, desear. **3** PREGUNTAR. **4** *Der.* Entablar demanda judicial.

Demarato Rey de Esparta (ss. VI-V a. C.). Hijo de Aristón, al que sucedió el 510 a. C. junto con Cleomenes, quien le desposeyó del trono (491 a. C.). Se refugió entonces en Persia y llegó a ser consejero influyente de Darío y de Jerjes.

Demarcación f. **1** Acción y efecto de demarcar. **2** Terreno demarcado.

Demarcar tr. **1** Delinear, señalar los límites. **2** *Mar.* MARCAR, determinar una marcación.

Demarcativo, va adj. *Ling.* SIGNO DEMARCATIVO.

Demás adj. **1** Precedido de los artículos *lo, la, los, las,* equivale a lo otro, la otra, los otros o los restantes, las otras. En plural se usa muchas veces sin artículo. También se dice solamente *y demás,* y otras personas o cosas; y en este caso equivale al *etcétera* latino, de frecuente uso en castellano. || adv. **2** ADEMÁS. || **por demás** loc. adv. En vano. EN DEMASÍA. || **por lo demás** loc. adv. Por lo que hace relación a otras consideraciones.

Demasía f. **1** EXCESO. **2** ATREVIMIENTO. **3** Insolencia, descortesía. **4** Maldad, delito. || **en demasía** loc. conjunt. EXCESIVAMENTE.

Demasiado, da adj. **1** Que es en demasía, o tiene demasía. || adv. c. **2** EXCESIVAMENTE.

Demavend Punto culminante de la cordillera de Elburz, en Irán; 5.673 m. Es de naturaleza volcánica.

Demediar tr. e intr. Partir, dividir en mitades.

Demencia f. **1** Locura, trastorno de la razón. **2** fig. y fam. Desatino, disparate. **3** Estado de debilidad de las facultades mentales. || **demencia senil** *Pat.* Enfermedad degenerativa del cerebro que se presenta a edades avanzadas.

Demencial adj. Perteneciente o relativo a la demencia.

Demente adj. y com. Que padece demencia.

Demerara Río de Guyana, que discurre de S a N y desemboca en el Atlántico junto a Georgetown; 370 km.

Demérito m. **1** Falta de mérito. **2** Acción, circunstancia o cualidad por la cual se desmerece.

Deméter *Mit.* Hija de Crono y Rea. Diosa de la agricultura, su nombre designa la Madre de la Tierra. Su nombre latino es *Ceres.*

Demetrio Nombre de dos reyes de Macedonia.

Demetrio I Poliorcetes (?, 336 - Siria, 282 a. C.). Reinó del 306 al 287 a. C. Hijo de Antígono I. Venció a Casandro cerca de las Termópilas. El resto de los generales de Alejandro se unieron contra él y le derrotaron en Ipso (301). Al morir Casandro, reconquistó Atenas, Grecia central y del norte, y Macedonia. Trató de conquistar las tierras asiáticas, pero fue vencido por Seleuco, que lo encerró hasta su muerte.

Demetrio II el Etólico (? h. 278 - ?, 229 a. C.). Hijo de Antígono Gonatas, gobernó desde 239 a. C. Venció a Alejandro del Epiro y más tarde a los etolios, pero no pudo contener la invasión de los dárdanos.

Demetrio Nombre de varios reyes seléucidas de Siria.

Demetrio I Soter (?, 198 - Tiro, 150 a. C.). Hijo de Seleuco IV, reinó entre el 162 y el 150 a. C. Venció a los macabeos en Judea, liberó a Babilonia de la tiranía del sátrapa Timarco y destronó al rey de Capadocia Ariartes.

Demetrio, VA Nikator (?, h. 161 - Tiro, 125 a. C.). Hijo de Demetrio I, reinó en los periodos 146-138 y 129-125 a. C.

Demetrio o **Dimitri** Nombre de varios príncipes y reyes de Rusia.

Demetrio I Alexandrovich (?, 1219 - Volok, 1294). Era hijo y sucesor de Alejandro Nevski, de quien heredó el principado de Novgorod (1276). Vencido por su hermano Andrés (1293), decidió ingresar en el convento de Volok, pero antes de conseguirlo le sorprendió la muerte.

Demetrio III Konstantinovich (Moscú, 1303 - íd., 1363). Reinó de 1359 a 1363. Hijo y sucesor de Juan II, accedió al trono gracias al consentimiento del khan de la Horda de Oro.

Demetrio IV Donskoi (Moscú, 1350 - íd., 1389). Hijo de Iván II el Dulce, gobernó del 1362 al 1389. Construyó la fortaleza del Kremlin y venció al khan Mamai en Kulikovo (1380).

Demetrio de Falero Orador y estadista griego (Falero, h. 350 - Egipto, h. 283 a. C.). Gobernó Atenas, impuesto por Casandro, del 317 al 307 a. C. Reverenciado por el pueblo, fue expulsado por Demetrio Poliorcetes y se refugió en la corte de Tolomeo Soter.

Demetrio el Falso Usurpador ruso (Riga, 1580 - Moscú, 1606). En 1603 se proclamó en Lituania legítimo zar de Rusia, haciéndose pasar por Demetrio Ivanovich, hijo de Iván el Terrible. Fue recibido como un libertador y legítimo zar a la muerte de Boris Godunov (1605) pero su vinculación a Polonia y su catolicismo le trajeron la enemistad del clero ruso y fue asesinado en 1606.

Demetrio Ivanovich Príncipe ruso (Moscú, 1583 - Uglich, 1591). Hijo menor de Iván IV el Terrible, se exilió con su madre durante el reinado de Boris Godunov en nombre de su hermano Fiodor. Fue muerto en circunstancias oscuras, puede que por orden de Godunov. Por haber ocultado éste la muerte del príncipe, aparecieron varios *falsos Demetrios*, que se hicieron pasar por él.

-demia, -démico sufs. DEMO-.

Demirel, Soliman Político turco (Islamkoy, 1924). Elegido primer ministro (1965-71), dimitió obligado por los militares. Ocupó de nuevo el cargo en los periodos 1975-77 y 1979-80. En las elecciones de 1991 resultó nuevamente triunfador. De 1993 a 2000 fue presidente de la República.

Deméter. Busto en terracota. Museo de la Siritide (Policoro).

DEMIURGO m. *Filos.* **1** Dios creador y ordenador del mundo, en la filosofía de los platónicos y alejandrinos. **2** Alma universal, principio activo del mundo, según los gnósticos.

DEMO-; -DEMIA, -DÉMICO pref. o sufs. que significan pueblo: *democracia, endémico, epidemia.*

DEMOCRACIA f. *Polít.* **1** Doctrina política favorable a la intervención del pueblo en el gobierno. **[Encic.]** **2** Predominio del pueblo en el gobierno político de un Estado. **[Encic.]** || **DEMOCRACIA REPRESENTATIVA** *Polít.* La que los ciudadanos ejercen de modo directo o indirecto, eligiendo, generalmente, por sufragio universal, representantes, en quienes delegan su soberanía para el ejercicio de funciones legislativas.

Hist. y *Polít.* Las bases del Estado democrático son la soberanía popular; la igualdad ante la ley, los derechos y deberes políticos; el sufragio universal; el constitucionalismo; la libertad individual y colectiva, que se concreta en los derechos de asociación, de expresión, de reunión, de prensa, etc. Tiene su origen en la forma de gobierno de las antiguas ciudades-Estado griegas, donde las decisiones principales eran adoptadas por una asamblea general de ciudadanos que encomendaba su ejecución a los magistrados. Roma aportó a esta concepción política los principios jurídicos de igualdad ante la ley y de la delegación o representación del poder. Durante la Edad Media, la *Carta Magna* otorgada por Juan Sin Tierra de Inglaterra (1215) proclamó por primera vez la exigencia de limitación del poder del monarca. En el siglo XVIII, Locke elaboró su teoría política basándose en el derecho del hombre a elegir y controlar a sus gobernantes y Montesquieu desarrolló una teoría de la división de poderes como garantía frente al abuso de la autoridad. Rousseau aportó el componente netamente democrático de la voluntad general como única fuente legítima del poder. En la práctica, la revolución inglesa de 1688-89 primero y las revoluciones americana y francesa más tarde, hicieron nacer la DEMOCRACIA REPRESENTATIVA. Pese al aumento de su base social (sufragio universal, voto femenino, aparición de los grandes partidos políticos), ésta se vio debilitada a partir de la crisis económica de 1929 y de la gestación de los regímenes totalitarios. Surgió entonces la llamada *democracia social,* que intentaba solventar los errores nacidos de la desigualdad económica. La caída del comunismo en los países de la Europa del Este favoreció la expansión total del concepto de democracia liberal.

DEMOCRACIA CRISTIANA *Hist.* y *Polít.* Movimiento político del siglo XX que trata de aunar los principios de la iglesia con las ideas democráticas. Su fundación teórica puede fecharse a partir de las discusiones suscitadas por la encíclica *Rerum novarum* (1891). Tras colaborar con socialistas y comunistas en la lucha contra el nazismo, después de la Segunda Guerra Mundial los partidos democratacristianos ocuparon los gobiernos de importantes países. Perdieron fuerza paulatinamente durante los años setenta, conociendo una cierta revitalización en la década siguiente.

DEMOCRACIA POPULAR *Polít.* Sistema político considerado previo a la dictadura del proletariado, adoptado por los países centroeuropeos que, tras la Segunda Guerra Mundial, pasaron a la órbita comunista. En la práctica, todos los resortes de poder estuvieron dominados por un partido único.

DEMÓCRATA adj. **1** Que practica la democracia. También com. **2** Partidario de la misma. También com.

DEMÓCRATA, PARTIDO *Hist.* y *Polít.* Partido político estadounidense. Constituido en 1832, se mantuvo en el poder, excepto durante los periodos de 1841-45 y 1849-53, hasta 1860. En el siglo XX alcanzó la presidencia con Wilson (1913-20), Roosevelt (1933-45), Truman (1945-52), Kennedy (1960-63), Johnson (1963-68), Carter (1976-80) y Clinton (1992-2000).

DEMOCRATACRISTIANO, NA o **DEMOCRISTIANO, NA** adj. *Polít.* **1** Se aplica a los partidarios o miembros de la democracia cristiana. **2** Relativo a los partidos que profesan esta ideología. || m. y f. **3** Persona que pertenece a estos partidos o comparte su ideología.

DEMOCRATIZAR tr. y prnl. Hacer democrático un país, una institución, etc.

DEMOCRISTIANO, NA adj. y s. DEMOCRATACRISTIANO.

DEMÓCRITO Filósofo griego (Abdera, h. 460 - ?, 370 a. C.). Hombre de vastos conocimientos, sus ideas influyeron en Epicuro, y en la física y química modernas. Su hallazgo fundamental fue el *atomismo,* con el que trató de explicar todo el universo y lo que en él ocurría, a través de la interacción de innumerables mónadas o partículas indestructibles, eternas e indivisibles, que se movían constantemente en el vacío, el espacio infinito.

DEMOGRAFÍA f. Estudio estadístico de una colectividad humana y de los diferentes fenómenos que influyen sobre su composición y evolución.

DEMOLER tr. Deshacer, derribar, arruinar. ♦ IRREG. Se conjuga como MOVER.

Demócrito. Escultura griega. Museo Nacional (Nápoles).

DEMONIACO, CA o **DEMONÍACO, CA** adj. **1** Perteneciente o relativo al demonio. **2** ENDEMONIADO, poseído. También s.

DEMONIO m. **1** Según el cristianismo, ángel arrojado del cielo por rebelarse contra Dios. (Véase DIABLO.) **2** Espíritu maligno. **3** Persona muy fea, muy mala o traviesa. || **llevársele** a uno **el demonio,** o **los demonios,** o **todos los demonios** fr. fig. Encolerizarse o irritarse demasiado. || **ser** uno **el demonio,** o **el mismísimo,** o **el mismo, demonio** fr. fig. y fam. Ser demasiado perverso, travieso o hábil.

DEMONIZAR tr. Dar carácter demoniaco, convertir en malvado.

DEMONOLATRÍA f. Culto supersticioso que se rinde al diablo.

DEMONOLOGÍA f. Estudio sobre la naturaleza y cualidades de los demonios.

DEMONOMANCIA o **DEMONOMANCÍA** f. Arte supersticiosa de adivinar lo por venir mediante la inspiración de los demonios.

DEMONOMANÍA f. Manía que padece el que se cree poseído por demonio.

DEMONTRE m. fam. DEMONIO, diablo. || **¡demontre!** interj. fam. con que se denota extrañeza, sorpresa, admiración o disgusto.

DEMORA f. **1** Tardanza, dilación. **2** Temporada de ocho meses que en América debían trabajar los indios en las minas. **3** *Der.* Tardanza en el cumplimiento de una obligación desde que es exigible.

DEMORAR tr. y prnl. **1** RETARDAR. || intr. y prnl. **2** Detenerse en alguna parte.

DEMOSCOPIA f. Estudio de las opiniones, aficiones y comportamiento humanos mediante sondeos de opinión.

DEMÓSTENES m. fig. Hombre muy elocuente.

DEMÓSTENES Orador y político griego (Atenas, 384 - Calauria, 322 a. C.). Ejerció una notable influencia en la política de su patria y pronunció las famosas arengas conocidas con el nombre de *Filípicas* (351-350 a. C.) y *Olintíacas* (349-348 a. C.), contra Filipo de Macedonia. Promovió la alianza con Tebas y dirigió la campaña hasta la derrota de Queronea (338). Condenado al exilio, tras la muerte de Alejandro regresó a Atenas. Atacada la ciudad por los macedonios, huyó a la isla de Calauria, donde se suicidó para no caer en poder de las tropas de Antípatro.

DEMOSTRACIÓN f. **1** Acción y efecto de demostrar. **2** Señalamiento, manifestación. **3** *Filos.* Razonamiento que, partiendo de verdades universales y evidentes, hace cierta y notoria otra verdad que antes no lo era. **4** *Lóg.* Comprobación de un principio o de una teoría. **5** *Lóg.* Fin y término del procedimiento deductivo. **6** Ostentación o manifestación pública de fuerza, poder, riqueza, etc.

DEMOSTRAR tr. **1** Manifestar, declarar. **2** Probar, sirviéndose de cualquier género de demostración. **3** ENSEÑAR. **4** *Lóg.* Mostrar, hacer ver que una verdad particular está comprendida en otra universal de la que se tiene entera certeza. ♦ IRREG. Se conjuga como CONTAR.

DEMOSTRATIVO, VA adj. **1** Se dice de lo que demuestra. **2** *Gram.* PRONOMBRE DEMOSTRATIVO. También m.

DEMÓTICO, CA adj. *Ling.* **1** Se aplica a lengua y escritura egipcias, que surgen a fines del siglo VI a. C., y corresponden al tiempo de las dominaciones persa, griega y romana, hasta la expansión del cristianismo. || m. *Ling.* **2** Griego moderno hablado, también llamado *romaico* o *romeico,* frente a la lengua escrita y purista, llamada *katharévousa.*

DEMPSEY, JACK (WILLIAM HARRISON, llamado) Boxeador estadounidense (Manassa, Colorado, 1895 - Nueva York, 1983). Campeón mundial de los pesos pesados entre 1919 y 1926.

DEMUDAR tr. **1** Mudar, variar. **2** Alterar, disfrazar, desfigurar. || prnl. **3** Cambiarse repentinamente el color, el gesto o la expresión.

DEMUTH, CHARLES Pintor estadounidense (Lancaster, 1883 - Nueva York, 1935). Adscrito al realismo, entre sus obras figuran *En el vaudeville* (1917), *Acróbatas* (1919), *Mi Egipto* (1927) y *Yo vi el número cinco en oro.*

DEMY, JACQUES Director de cine francés (Pont-Château, 1931 - París, 1990). En su filmografía destacan *Lola* (1960), *Los paraguas de Cherburgo* (1963), *Las señoritas de Rochefort* (1966), *Piel de asno* (1970), *Lady Oscar* (1978) y *Jacquot de Nantes* (1991), finalizada por su mujer, Agnès Varda.

DEN HAAG HAYA, LA.

DENAIN Ciudad del N de Francia, departamento Norte; 26.300 h. Victoria decisiva de Villars sobre los aliados imperiales y holandeses en la guerra de Sucesión española (1712).

DENARIO, RIA adj. **1** Que se refiere al número diez o lo contiene. También m. || m. *Núm.* **2** Moneda romana de plata, equivalente a cuatro sestercios. **3** Moneda romana de oro, que valía cien sestercios.

DENBIGHSHIRE Distrito unitario del Reino Unido, en Gales; 90.500 h.

DENDERAH o **DANDARA** *Geog. hist.* Ciudad del antiguo Egipto, en el Alto Egipto, a orillas del Nilo, entre Menfis y Tebas. Centro de veneración de la diosa Hator.

DENDRI- pref. DENDRO-.

DENDRITA f. **1** *Anat.* Prolongación protoplásmica corta y ramificada de la neurona. Transporta el impulso nervioso unidireccional hacia el cuerpo celular. **2** *Bot.* Árbol fósil. **3** *Geol.* Concreción mineral en forma de ramas de árbol. **4** *Met.* Cristal metálico producido por solidificación y caracterizado por una estructura parecida a la de un árbol de muchas ramas.

DENDRO-, DENDRI-; -DENDRO prefs. o suf. que significan árbol: *dendrófago, rododendro.*

DENDROCRONOLOGÍA f. *Bot.* Método de datación de los árboles y de estudio de los fenómenos climáticos del pasado, a través de los anillos de crecimiento del tronco.

DENDRÓFAGO, GA adj. *Ecol.* Que se alimenta de madera.

DENDROGRAFÍA f. *Bot.* Tratado de los árboles.

DENDROIDEO, A o **DENDROIDE** adj. *Bot.* ARBORESCENTE.

DENDRÓMETRO m. *Bot.* Instrumento que sirve para medir las dimensiones de los árboles en pie.

DENEGACIÓN f. Acción y efecto de denegar.

DENEGAR tr. No conceder lo que se pide o solicita. ♦ IRREG. Se conjuga como ACERTAR.

DENEUVE, CATHERINE (CATHERINE DORLÉAC, llamada) Actriz francesa (París, 1943). Adquirió gran fama en la década de los sesenta. Entre sus trabajos figuran *Los paraguas de Cherburgo* (1963), *Repulsión* (1964), *Belle de jour* (1967), *Tristana* (1969), *Indochina* (1992), *Mi estación preferida* (1997) y *Le temps retrouvé* (1999).

DENG XIAOPING o **TENG HSIAO-PING** Político chino (Kuang-yuan, Szechwan, 1904 - Pekín, 1997). Miembro del comité central del Partido Comunista Chino desde 1945, fue uno de los primeros responsables de la política del gobierno en calidad de viceprimer ministro (desde 1954). Fue destituido en la época de la revolución cultural (1966), pero recuperó su poder y, desde 1977, reorientó la evolución política de China. Autén-

denario de plata. Reverso con cuadriga. Colección Vinchon (París).

Maurice **Denis**. *Las musas*. Museo Nacional de Arte Moderno (París).

tico artífice de la modernización del país, dejó sus cargos en 1989, aunque conservó el poder hasta su muerte.

DENGUE m **1** Melindre que consiste en fingir delicadeza, un mal, y, a veces, remilgo exagerado. **2** Esclavina de paño, cuyas puntas se sujetan detrás del talle. Es prenda de mujer. **3** *Med.* Enfermedad tropical del hombre, epidémica y contagiosa, de origen vírico. Se caracteriza por fiebre, exantema, postración y linfoadenopatía. El vehículo de transmisión es el mosquito *Aedes aegypti*. **4** Planta herbácea, cuyas flores se marchitan al menor contacto. **5** Flor de esta planta.

DENIGRAR tr. **1** Ofender la opinión o fama de una persona. **2** INJURIAR, agraviar, ultrajar.

DENIKIN, ANTON IVANOVICH General ruso (Varsovia, 1872 - Ann Arbor, 1947). Luchó contra los bolcheviques como comandante en jefe del ejército blanco del sur, consiguiendo algunas victorias (1918-19). Abandonado por las tropas cosacas, en 1920 pasó el mando a Wrangel.

DENIS, MAURICE Pintor francés (Grandville, 1870 - París, 1943). Fue uno de los principales teóricos de la escuela de pintura *Nabis*. Entre sus obras destacan *Las musas* (1893), *La anunciación* (1913) y *Retrato del artista* (1923). Pintó el techo del teatro de los Campos Elíseos (1911) y una de las cúpulas del Petit Palais (1925).

DENKTAS, RAUF Político turcochipriota (Ktima, Pafos, 1924). Tras la invasión militar por Turquía de parte de la isla, se convirtió en presidente de ese territorio, cargo que mantuvo después de declarar unilateralmente la República turca del norte de Chipre en noviembre de 1983. Fue reelegido en 1995.

DENODADO, DA adj. Intrépido, atrevido.

DENOMINACIÓN f. Nombre, título o sobrenombre con que se distinguen las personas y las cosas. || **DENOMINACIÓN DE ORIGEN** Categoría otorgada a ciertos productos alimenticios por una junta reguladora, que certifica que han sido producidos en un área o región determinada, y que cumplen ciertos requisitos mínimos de calidad.

DENOMINADOR, RA adj. y s. **1** Que denomina. || m. *Mat.* **2** Término de una fracción que expresa las partes iguales en que se divide un todo o la unidad. Se sitúa debajo de la raya de la fracción. || **COMÚN DENOMINADOR** *Mat.* El de varias fracciones a la vez, o que es múltiplo de los denominadores de varias fracciones. Generalmente se emplea el mínimo común múltiplo de los denominadores.

DENOMINAR tr. y prnl. Nombrar, señalar o distinguir con un título particular a algunas personas o cosas.

DENOMINATIVO, VA adj. **1** Que implica o denota denominación. **2** *Gram.* Se dice de la palabra y en especial del verbo, derivados de un nombre.

DENOSTAR tr. Injuriar gravemente, infamar de palabra. ♦ IRREG. Se conjuga como CONTAR.

DENOTACIÓN f. **1** Acción y efecto de denotar. **2** *Filos.* Relación que se establece entre un signo lingüístico y una realidad o hecho. Se opone a connotación. **3** *Ling.* Extensión del concepto que constituye el significado de una unidad léxica. Frente a connotación, constituye el elemento estable, no subjetivo y analizable fuera del discurso, de la significación de una unidad léxica.

DENOTAR tr. **1** Indicar, anunciar. **2** *Ling.* Significar una palabra o expresión una realidad en la que coincide toda la comunidad lingüística.

DENOTATIVO, VA adj. Que denota.

DENPASAR Ciudad de Indonesia, capital de la provincia y de la isla de Bali; 435.000 h.

DENSIDAD f. **1** Calidad de denso. **2** *Fís.* Relación entre la masa y el volumen de un cuerpo. Sus unidades son el kg/m^3 y el g/cm^3. También se llama *densidad absoluta*. || **DENSIDAD DE POBLACIÓN** *Geog.* Relación entre el número de habitantes y una unidad de superficie en un determinado ámbito geográfico. Se calcula en habitantes por kilómetro cuadrado (h./km^2).

DENSIFICAR tr. y prnl. Hacer densa una cosa.

DENSÍMETRO m. *Fís.* Instrumento que sirve para determinar las densidades relativas o los pesos específicos de los líquidos, o de los sólidos por medio de los líquidos.

DENSO, SA adj. **1** Compacto, apretado, en contraposición a ralo o flojo. **2** Craso, espeso. **3** fig. Apiñado, apretado, unido, cerrado. **4** fig. Oscuro, confuso, difícil de comprender. **5** *Fon.* Se dice de los fonemas en cuya articulación se da una aproximación entre la faringe y la boca. Comprende las consonantes velares y palatales y las vocales abiertas.

DENT-, DENTI-; -DENT- prefs. o in. que significan *diente*: *paradentosis*.

DENTADO, DA adj. *Biol.* Que tiene dientes, o puntas parecidas a ellos.

DENTADURA f. Conjunto de dientes, muelas y colmillos que tiene en la boca una persona o un animal.

DENTAL[1] m. *Agr.* **1** Palo donde se encaja la reja del arado. **2** Cada una de las piedras o hierros del trillo, que sirven para cortar la paja.

DENTAL[2] adj. **1** Perteneciente o relativo a los dientes. **2** *Fon.* Se dice de la consonante cuya articulación requiere que la lengua toque en los dientes, como la *t*. **3** *Fon.* Se dice de la letra que representa este sonido. También s. f.

DENTAR tr. **1** Formar dientes a una cosa. || intr. **2** ENDENTECER. ♦ IRREG. Se conjuga como ACERTAR.

DENTARIO, RIA adj. *Biol.* Perteneciente o relativo a los dientes.

DENTELLADA f. **1** Acción de mover la quijada con alguna fuerza para morder, sin mascar nada. **2** Herida que dejan los dientes en la parte donde muerden.

DENTELLÓN m. **1** Pieza, con forma de diente grande, que se suele echar en las cerraduras maestras. **2** *Arquit.* DENTÍCULO. **3** *Arquit.* Parte de la adaraja que está entre dos vacíos.

DENTERA f. **1** Sensación desagradable que se experimenta en los dientes y encías al comer sustancias agrias, oír ciertos ruidos o tocar cuerpos con determinada textura. **2** fig. y fam. ENVIDIA. **3** fig. y fam. Ansia o deseo vehemente.

DENTI- pref. DENT-.

DENTICIÓN f. **1** Acción y efecto de endentecer. **2** Tiempo en que se echa la dentadura. **3** Clase y número de dientes que caracterizan a los animales vertebrados.

DENTICULACIÓN f. *Zool.* Conjunto de los dientecillos que ofrecen algunos órganos de ciertos animales.

DENTICULAR adj. De figura de dientes.

DENTÍCULO m. *Arquit.* Cada uno de los adornos de figura de paralelepípedo rectángulo que llevan algunos grupos arquitectónicos.

DENTÍFRICO, CA adj. y m. Se dice de los polvos, pastas, aguas, etc., que se usan para limpiar y mantener sana la dentadura.

DENTINA f. *Biol.* Marfil de los dientes.

DENTIRROSTRO adj. y m. *Zool.* **1** Se dice de las aves cuyo pico tiene un diente, más o menos visible, en el extremo de la mandíbula superior, como el cuervo y el tordo. || m. pl. *Zool.* **2** Antiguo suborden de estos animales.

DENTISTA adj. y com. *Med.* Se dice del médico especialista en conservar la dentadura, curar sus enfermedades y reponer artificialmente las piezas perdidas.

DENTISTERÍA f. **1** *Amér.* m. Consultorio del dentista. **2** *Amér.* m. Odontología.

DENTÓN, NA adj. y s. **1** fam. DENTUDO. || m. *Zool.* **2** Pez teleósteo marino perteneciente a la familia espáridos. El dentón común, de nombre científico *Dentex dentex*, vive en los fondos rocosos de los mares cálidos.

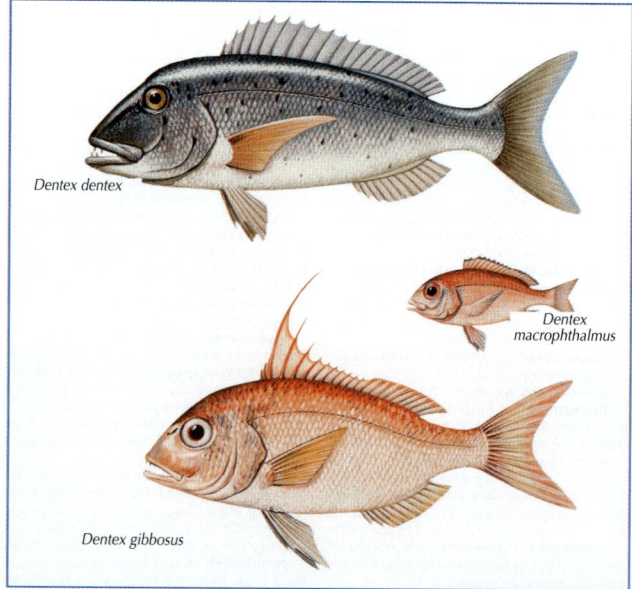

Dentex dentex

Dentex macrophthalmus

Dentex gibbosus

dentón

DENTRO adv. l. y t. A o en la parte interior de un espacio o plazo de tiempo. || **a dentro** loc. adv. ADENTRO.
DENTUDO, DA adj. y s. Que tiene dientes desproporcionados.
DENUDACIÓN f. Geol. Conjunto de procesos que intervienen en el desgaste y acarreo de la superficie de la tierra por diversos agentes naturales (agua, hielo, viento, etc.).
DENUEDO m. Brío, esfuerzo, valor, intrepidez.
DENUESTO m. Injuria grave.
DENUNCIA f. 1 Acción y efecto de denunciar. 2 Der. Noticia que se da a la autoridad competente de haberse cometido algún delito o falta. 3 Der. Documento en que consta dicha noticia.
DENUNCIANTE adj. 1 Que denuncia. || com. Der. 2 Persona que hace una denuncia ante los tribunales.
DENUNCIAR tr. 1 Notificar a la autoridad competente que se ha cometido un delito. 2 Der. Declarar públicamente el estado ilegal, irregular o inconveniente de una cosa. 3 Notificar una de las partes la rescisión de un contrato, la terminación de un tratado, etc.
DENVER Ciudad de EE UU, capital del Estado de Colorado; 497.840 h. Importante centro empresarial y de servicios.
DEONTOLOGÍA f. Ciencia o tratado de los deberes.
DEP Siglas de DESCANSE EN PAZ.
DEPARAR tr. 1 Suministrar, proporcionar, conceder. 2 Poner delante, presentar.
DEPARDIEU, GÉRARD Actor francés (Châteauroux, 1948). Ha intervenido en *Nathalie Grangier* (1970), *Novecento* (1975), *El gran atasco* (1978), *Danton* (1982), *Camille Claudel* (1989), *Cyrano de Bergerac* (1990), *Todas las mañanas del mundo* (1992), *Germinal* (1993), *Elisa* (1995), *La máscara de hierro* (1998) y *Astérix y Obélix* (1999).
DEPARTAMENTO m. 1 Cada una de las partes en que se divide un territorio cualquiera, un edificio, un vehículo, una caja, etc. 2 Ministerio o ramo de la administración pública. 3 Distrito a que se extiende la jurisdicción o mando de un capitán general de marina. 4 En las universidades, unidad de docencia e investigación. 5 *Arg., Chile, Perú* y *Urug.* APARTAMENTO. 6 *Urug.* PROVINCIA, división territorial.
DEPARTIR intr. Hablar, conversar.
DEPAUPERACIÓN f. 1 Acción y efecto de depauperar. 2 *Biol.* Debilidad del organismo, extenuación.
DEPAUPERAR tr. 1 EMPOBRECER. 2 *Biol.* Debilitar, extenuar. Más com prnl.
DEPENDENCIA f. 1 Subordinación a un poder mayor. 2 Relación de origen o conexión. 3 Adicción a una droga. 4 Sección o colectividad subordinada a un poder. 5 Oficina pública o privada, dependiente de otra superior. 6 En un comercio, conjunto de dependientes. 7 Cada habitación o espacio dedicados a los servicios de una casa.
DEPENDER intr. 1 Estar subordinado a una autoridad o jurisdicción. 2 Producirse o ser causado o condicionado por otro. 3 Estar o quedar al arbitrio de una voluntad. 4 Vivir de la protección de alguien.
DEPENDIENTE, TA adj. 1 Que depende de otro. || m. y f. 2 Persona empleada de comercio, encargada de atender a los clientes en las tiendas. ♦ Como adjetivo es invariable en cuanto al género, se usa únicamente *dependiente*.
DEPILACIÓN f. Acción y efecto de depilar.
DEPILAR tr. Quitar el pelo o vello de determinadas partes del cuerpo.
DEPILATORIO, RIA adj. y m. Se dice de la sustancia o método que se emplea para depilar.
DEPLORABLE adj. Lamentable.
DEPLORAR tr. Sentir viva y profundamente un suceso.
DEPONER tr. 1 Dejar, separar. 2 Privar a uno personalmente de su empleo, o degradarla. 3 Bajar o quitar una cosa del lugar en que está. 4 Der. Declarar ante una autoridad judicial. || intr. 5 EVACUAR el vientre. ♦ IRREG. Se conjuga como PONER.
DEPORTAR tr. Desterrar a uno a un punto determinado.
DEPORTE m. 1 Recreación, pasatiempo, diversión o ejercicio físico. 2 Actividad recreativa, con predominio del ejercicio físico, sujeta a determinadas reglas. || **hacer** algo **por deporte** fr. fig. Hacerlo por distracción, desinteresadamente.
DEPORTISTA com. y adj. Persona aficionada a los deportes o que los practica.
DEPORTIVIDAD f. Proceder deportivo, corrección en la práctica del deporte.
DEPORTIVO, VA adj. 1 Perteneciente o relativo al deporte. 2 Que se ajusta a las normas de corrección que la opinión general considera que deben seguirse en la práctica de los deportes. 3 Automóvil generalmente de pequeño tamaño y de dos plazas, diseñado para que alcance grandes velocidades y sea fácil de maniobrar. También m.

André **Derain.** *Cadaqués.* Galería Nacional (Praga).

DEPOSICIÓN f. 1 Exposición o declaración que se hace de una cosa. 2 Privación o degradación de empleo o dignidad. 3 *Der.* Declaración hecha verbalmente ante un juez o tribunal. 4 *Geol.* SEDIMENTACIÓN. 5 *Fisiol.* Evacuación de vientre.
DEPOSITAR tr. 1 Poner bienes o cosas de valor bajo la custodia de alguien que quede en la obligación de responder de ellos cuando se le pidan. 2 Entregar, confiar a alguien una cosa. 3 Poner a una persona en lugar donde libremente pueda manifestar su voluntad. 4 Encerrar, contener. 5 Colocar un cadáver interinamente en lugar apropiado hasta que se le dé sepultura. 6 Colocar algo en un sitio determinado y por tiempo indefinido. 7 *Fís.* SEDIMENTAR, dejar sedimento un líquido. 8 fig. Encomendar, confiar a uno alguna cosa, como la fama, la opinión, etc.
DEPOSITARÍA f. Sitio o paraje donde se hacen los depósitos.
DEPOSITARIO, RIA adj. 1 Perteneciente al depósito. 2 fig. Que contiene o encierra una cosa. || m. y f. 3 Persona en quien se deposita una cosa.
DEPÓSITO m. 1 Acción y efecto de depositar. 2 Cosa depositada. 3 Lugar, paraje o recipiente donde se deposita. 4 Recipiente para contener un líquido. 5 Hecho de situar en un banco una cantidad de dinero. 6 *Geol.* Sedimento. 7 *Mil.* Organismo adscrito a una zona de reclutamiento, en el cual quedan concentrados los reclutas que por diversas causas no pueden ir inmediatamente al servicio activo. || **DEPÓSITO DE CADÁVERES** Lugar donde permanecen los cadáveres que por motivo de investigación científica o judicial no pueden ser enterrados en el tiempo habitual. || **DEPÓSITO LEGAL** Acto de entrega de tres ejemplares de toda publicación que hace la empresa editora a las autoridades correspondientes. || **en depósito** loc. adv. Se dice de la mercancía que se entrega al detallista sin necesidad de su previo pago.
DEPRAVACIÓN f. Acción y efecto de depravar, conducta depravada.
DEPRAVADO, DA adj. y s. Muy viciado o corrompido en las costumbres.
DEPRAVAR tr. y prnl. Viciar, adulterar, corromper.
DEPRE adj. 1 fam. Deprimido. || f. 2 fam. Forma abreviada de DEPRESIÓN, tristeza.
DEPRECACIÓN f. Ruego, súplica, petición.
DEPRECAR tr. Rogar, pedir, suplicar.
DEPRECIACIÓN f. Disminución del valor o precio de una cosa.
DEPRECIAR tr. Disminuir o rebajar el valor o precio de una cosa.
DEPREDACIÓN f. 1 Pillaje. 2 Malversación o exacción injusta por abuso de autoridad o de confianza. 3 *Ecol.* Interacción entre dos poblaciones animales, en la que una de ellas ataca directa y violentamente a la otra para alimentarse.
DEPREDADOR, RA adj. y s. 1 Que depreda. 2 Animal que destruye alguna cosa considerada útil por el hombre.
DEPREDAR tr. 1 Robar, saquear con violencia y destrozo. 2 Cazar, para subsistir, unos animales a otros.
DEPRESIÓN f. 1 Acción y efecto de deprimir. 2 *Econ.* Periodo de baja actividad económica general, caracterizado por desempleo masivo, deflación, decreciente uso de recursos y bajo nivel de inversiones. 3 *Geol.* Concavidad en un terreno u otra superficie. 4 *Pat.* Síndrome caracterizado por una tristeza profunda e inmotivada y por la inhibición de todas las funciones psíquicas. 5 *Meteor.* BORRASCA.
DEPRESIVO, VA adj. 1 Se dice de lo que deprime el ánimo. 2 Se dice de la persona que tiene tendencia a la depresión.
DEPRESOR adj. *Fisiol.* Se dice del músculo que arrastra hacia abajo, baja o deprime un miembro u órgano del cuerpo.
DEPRETIS, AGOSTINO Político italiano (Mezzana Corti, 1813 - Stradella, 1887). Amigo de Mazzini y Garibaldi, fue uno de los jefes de los Mil. Representante de la izquierda parlamentaria, fue presidente del consejo entre 1876 y 1887, y desde 1881 hasta su muerte. Amplió el derecho de sufragio y comenzó la expansión colonial en Abisinia.
DEPRIMENTE adj. DEPRESIVO.
DEPRIMIDO, DA adj. 1 Que sufre depresión. 2 Aplastado frontalmente, como el cuerpo de la raya o el pez torpedo.
DEPRIMIR tr. 1 Disminuir el volumen de un cuerpo por medio de la presión. 2 Hundir alguna parte de un cuerpo. 3 fig. Humillar. También prnl. 4 Producir decaimiento del ánimo. También prnl. || prnl. 5 Sufrir un decaimiento del ánimo.
DEPRISA adv. m. Con celeridad o prontitud.
DEPRIVACIÓN f. Ausencia o carencia de estímulos sensoriales.
DEPUESTO, TA p. p. irreg. de DEPONER.
DEPURADO, DA adj. Pulido, trabajado, elaborado cuidadosamente.
DEPURADOR, RA adj. y s. 1 Que depura. || f. 2 Aparato o instalación que se utiliza para eliminar las impurezas de algo, como las depuradoras de agua.
DEPURAR tr. 1 Limpiar, purificar. También prnl. 2 Rehabilitar en el ejercicio de su cargo al que por causas políticas estaba separado o en suspenso. 3 Someter a un funcionario a expediente para sancionar su conducta política. 4 Eliminar de un cuerpo, organización, partido político, etc., a los miembros considerados como disidentes.
DEPURATIVO, VA adj. y m. Se dice del medicamento que purifica los humores.
DEQUEÍSMO m. *Ling.* m. Empleo indebido de la locución *de que* cuando el régimen verbal no lo admite.
DERAIN, ANDRÉ Pintor francés (Châtou, 1880 - Garches, 1954). Representante del fauvismo, evolucionó a partir de 1911 hacia un estilo rígido y hierático en su llamado «periodo gótico». Tras la Primera Guerra Mundial, retornó al arte figurativo. Entre sus obras destacan *El puente de Westminster* (1905), *Cadaqués* (1910) y *Arlequín y Pierrot* (1923).
DERBI m. DERBY.
DERBY (Voz i.) m. *Dep.* 1 Nombre de la carrera de caballos más importante del Reino Unido, instituida en 1780 por el XII conde de Derby. 2 Por extensión, se aplica, a veces, a cualquier competición deportiva de gran rivalidad.
DERBY Ciudad del Reino Unido, en el centro de Inglaterra; 235.800 h. Constituye un Consejo unitario. Importante centro industrial.

DERBY, EDWARD STANLEY, CONDE DE Político británico (Knowsley, 1799 - íd., 1869). Secretario para Irlanda y para las Colonias, y primer ministro en 1852, 1858 y 1867. Presentó la ley para la abolición de la esclavitud y realizó una reforma electoral. Dimitió en 1868.

DERBYSHIRE Condado del Reino Unido, en el centro de Inglaterra; 734.300 h.

DERECHA f. 1. En las asambleas parlamentarias, los representantes de los partidos conservadores. 2. Por extensión, conjunto de personas que profesan ideas conservadoras.

DERECHAZO m. 1. *Dep.* En boxeo, golpe dado con el puño derecho. 2. *Taurom.* Pase de muleta que se da con la mano derecha.

DERECHISTA adj. y com. Se dice de las personas, partidos, instituciones, etc., que comparten las ideas de la derecha política.

DERECHO, CHA adj. 1. Recto, igual, seguido, sin torcerse a un lado ni a otro. También adv. 2. MANO DERECHA. 3. Que cae o mira hacia la mano derecha. 4. Justo, fundado, razonable, legítimo. || m. 5. Facultad natural del hombre para hacer legítimamente lo que conduce a los fines de su vida. 6. Facultad de hacer o exigir todo lo que la ley o la autoridad establecen en nuestro favor. 7. Acción que se tiene sobre una persona o cosa. 8. Justicia, razón. 9. *Der.* Conjunto de principios, preceptos y reglas a que están sometidas las relaciones humanas en toda sociedad civil, y a cuya observancia pueden ser compelidos los individuos por la fuerza. 10. *Der.* Estudio sistemático de estos preceptos y reglas. 11. Exención, franquicia, privilegio. 12. Facultad universitaria que estudia e imparte docencia del derecho. 13. Lado de una tela, papel, tabla, etc., en el cual, por ser el que ha de verse, aparecen la labor y el color con la perfección conveniente. || **DERECHO ADMINISTRATIVO** *Der.* Conjunto de normas positivas concernientes a los órganos e institutos de la administración pública. || **DERECHO CANÓNICO** *Rel.* Conjunto de normas doctrinales y de disposiciones estatuidas por las autoridades de la iglesia. || **DERECHO CIVIL** *Der.* El que regula las relaciones privadas de los ciudadanos entre sí. || **DERECHO DIVINO** *Rel.* El que procede directamente de Dios. || **DERECHO INTERNACIONAL** *Der.* El que siguen los pueblos en sus relaciones recíprocas de nación a nación o de hombre a hombre. || **DERECHO MERCANTIL** *Der.* El que especialmente regula las relaciones comerciales. || **DERECHO NATURAL** *Der.* Primeros principios de lo justo y de lo injusto, impuestos por la razón. || **DERECHO POSITIVO** *Der.* El establecido por leyes, bien sean divinas, bien humanas. || **DERECHOS DE AUTOR** *Der.* Los que la ley reconoce al autor de una obra para participar en los beneficios que produzca la publicación, ejecución o reproducción de la misma. También cantidad que se cobra por este concepto. || **DERECHOS HUMANOS** *Polít.* Declaración de los Derechos del Hombre y del Ciudadano y Declaración Universal de los Derechos del Hombre.

DERECHOHABIENTE adj. y com. Se dice de la persona que deriva su derecho de otra.

DERIVA f. *Mar.* 1. Abatimiento o desvío de la nave de su verdadero rumbo. 2. Corriente marina local de velocidad inferior a 12 millas/día. || **DERIVA CONTINENTAL** *Geol.* Teoría orogénica, formulada por A. Wegener, según la cual los continentes se han formado de un único continente (Pangea), que se fragmentó, y fueron desplazándose sobre una capa viscosa de sima. || **a la deriva** loc. adv. Hablando de embarcaciones, a merced de la corriente o del viento. También, en sentido fig., sin propósito fijo, a merced de las circunstancias.

DERIVACIÓN f. 1. Descendencia, deducción. 2. Acción de sacar o separar una parte del todo, o de su origen y principio. 3. *Fís.* Pérdida de fluido que se produce en una línea eléctrica. 4. *Gram.* Proceso de formación de las unidades léxicas nuevas mediante la adición, supresión o intercambio de sufijos.

DERIVADA f. *Mat.* Referida a una función, límite hacia el cual tiende la razón entre el incremento de la función y el correspondiente a la variable cuando este último tiende a cero.

DERIVADO, DA adj. y m. 1. *Gram.* Se aplica al vocablo formado por derivación. 2. *Quím.* Se dice del producto que se obtiene de otro.

DERIVAR intr. y prnl. 1. Proceder su origen de alguna cosa. 2. ABATIR, desviarse el buque de su rumbo. 3. Formarse una palabra a partir de otra. También tr. || tr. 4. Separar parte de algo que va por un cauce para hacerlo ir por otro. 5. *Gram.* Traer una palabra de cierta raíz. 6. Obtener una derivada.

DERIVATIVO, VA adj. *Gram.* Que implica o denota derivación. Se aplica a la palabra que se origina de otra.

DERMA-, DERM-, DERMAT-, DERMATO-, DERMO-, -DERM-, -DERMA, -DERMIA, -DÉRMICO, -DERMIO, -DERMO prefs., in. o sufs. que significan piel.

DERMÁPTERO, RA adj. *Zool.* 1. Se aplica a los insectos esbeltos, con metamorfosis incompleta, piezas bucales masticadoras, alas anteriores y cortas, tenaza o tijera al final del abdomen, costumbres nocturnas y omnívoros. || m. pl. *Zool.* 2. Orden de estos insectos.

DERMAT- pref. DERMA-.

DERMATITIS f. *Pat.* Inflamación de la piel. ♦ Su pl. es *dermatitis*.

DERMATO- pref. DERMA-.

DERMATOESQUELETO m. *Zool.* Piel o parte de ella engrosada y muy endurecida de algunos animales, como los celentéreos, moluscos, etc.

DERMATOLOGÍA f. *Med.* Especialidad de la medicina que trata de las enfermedades de la piel.

DERMATÓLOGO, GA m. y f. *Med.* Médico especializado en las enfermedades de la piel.

DERMATOSIS f. *Pat.* Enfermedad de la piel. ♦ Su pl. es *dermatosis*.

DERMESTO m. *Zool.* Insecto coleóptero, particularmente dañino para las pieles.

-DERMIA, -DÉRMICO sufs. DERMA-.

DÉRMICO, CA adj. *Biol.* Perteneciente o relativo a la piel.

-DERMIO suf. DERMA-.

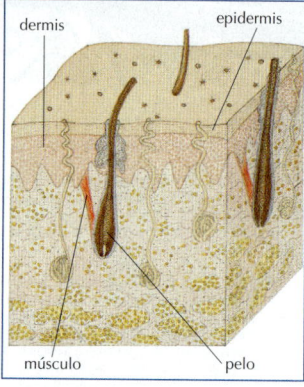

dermis — epidermis — músculo — pelo

dermis

DERMIS f. *Fisiol.* Capa intermedia de la piel, situada debajo de la epidermis y encima de la hipodermis. ♦ Su pl. es *dermis*.

DERMO-; -DERMO pref. o suf. DERMA-.

DERMÓPTERO, RA adj. *Zool.* 1. Se aplica a los mamíferos que presentan una membrana de piel extendida entre el cuello, las extremidades y la cola, que les permite planear entre un árbol y otro. || m. pl. *Zool.* 2. Orden de estos mamíferos.

DEROGACIÓN f. 1. Abolición, anulación. 2. DISMINUCIÓN, menoscabo.

DEROGADOR, RA adj. y s. Que deroga.

DEROGAR tr. 1. Abolir, anular una cosa establecida como ley o costumbre. 2. Destruir, reformar.

DERQUI, SANTIAGO Político argentino (Córdoba, 1810 - Corrientes, 1867). Luchó contra Rosas, fue ministro de Urquiza (1854) y ocupó la presidencia de la República (1860-61).

DERRAMA f. 1. Repartimiento de un gasto eventual o contribución. 2. Contribución temporal o extraordinaria.

DERRAMAR tr. 1. Verter, esparcir cosas líquidas o menudas. También prnl. 2. Repartir, distribuir entre los vecinos de un pueblo los tributos. 3. fig. Publicar, extender, divulgar una noticia. También prnl. 4. Esparcirse, desmandarse. 5. *Geol.* Desembocar un arroyo o río.

DERRAME m. 1. Acción y efecto de derramar. 2. Porción de líquido o semilla que se desperdicia cuando se miden. 3. Lo que sale y pierde de las especies líquidas. 4. Sesgo o corte oblicuo que se forma en los muros para que las puertas y ventanas abran más. 5. Declive de la tierra por el cual corre o puede correr el agua. 6. *Med.* Acumulación anormal de un líquido en una cavidad o salida del mismo fuera del cuerpo.

DERRAMO m. DERRAME, corte oblicuo de un muro.

DERRAPAR intr. Patinar un vehículo desviándose lateralmente de la dirección que llevaba.

DERREDOR m. Circuito o contorno de una cosa. || **al**, o **en, derredor** loc. adv. En circuito, en contorno.

DERRENGAR tr. y prnl. 1. Descaderar, lastimar gravemente el espinazo o los lomos de una persona o de un animal. 2. Torcer, inclinar a un lado más que a otro. ♦ IRREG. Se conjuga como ACERTAR. Se emplea también como regular, pero con menor frecuencia.

DERRETIDO, DA adj. 1. fig. Amartelado, enamorado. || m. 2. HORMIGÓN.

DERRETIR tr. 1. Liquidar, disolver por medio del calor una cosa sólida, congelada o pastosa. También prnl. 2. fig. Consumir, gastar, disipar la hacienda, el dinero, los muebles. || prnl. 3. fig. y fam. Enamorarse con prontitud y facilidad. 4. fig. y fam. Deshacerse, estar lleno de impaciencia o de inquietud. ♦ IRREG. Se conjuga como PEDIR.

DERRIBAR tr. 1. Arruinar, demoler. 2. Tirar contra la tierra. 3. Trastornar, echar a rodar lo que está levantado o puesto en alto. 4. Tratándose de toros, o vacas, hacerlos caer en tierra. 5. POSTRAR, enflaquecer. 6. fig. Malquistar a una persona.

DERRIBO m. 1. Demolición de construcciones. 2. Conjunto de materiales que se sacan de la demolición. 3. Acción de hacer caer en tierra a los toros y vacas.

DERRIDA, JACQUES Filósofo francés (El Biar, Argel, 1930). Desde la crítica a la omnipresencia de la metafísica en todas las teorías filosóficas, enunció el concepto de DECONSTRUCCIÓN: *La voz y el fenómeno* (1962), *La escritura y la diferencia* (1967) y *La deconstrucción en las fronteras de la filosofía* (1992).

DERROCADERO m. *Geol.* Sitio peñascoso, de donde hay peligro de caer.

DERROCAR tr. 1. Despeñar, precipitar desde una peña o roca. 2. Echar por tierra, deshacer, arruinar un edificio. 3. fig. Derribar, arrojar a uno del estado o fortuna que tiene. Se usa principalmente en política. 4. fig. Enervar, distraer, ocupar una cosa espiritual o intelectual. ♦ IRREG. Se conjuga como CONTAR.

DERROCHAR tr. 1. Malgastar uno su dinero. 2. Emplear uno extremosamente otras cosas que posee.

DERROCHE m. Acción y efecto de derrochar.

DERROTA f. 1. Acción y efecto de derrotar o ser derrotado. 2. Vencimiento por completo de tropas enemigas. 3. Camino, vereda o senda de tierra. 4. *Mar.* Rumbo o dirección que llevan en su navegación las embarcaciones.

DERROTAR tr. 1. Destruir, arruinar a uno en la salud o en los bienes. 2. Vencer y hacer huir con desorden al ejército contrario. 3. Por extensión, vencer, ganar a los contrarios en una discusión, campaña, pelea, etc. || intr. *Taurom.* 4. Dar derrotes.

DERROTE m. *Taurom.* Cornada que da el toro levantando la cabeza con un cambio brusco de dirección.

DERROTERO m. 1. *Mar.* Línea señalada en la carta de marear. 2. *Mar.* Dirección que se da por escrito para un viaje de mar. 3. *Mar.* DERROTA, rumbo. 4. fig. Camino, medio que uno toma para llegar al fin que se ha propuesto.

DERROTISMO m. Tendencia a propagar el desaliento con noticias o ideas pesimistas.

DERROTISTA adj. y com. Se dice de la persona que practica el derrotismo.

DERRUBIAR tr. y prnl. *Geol.* Erosionar lentamente un río, arroyo o cualquier humedad la tierra de las riberas o tapias.

DERRUBIO m. *Geol.* 1. Acción y efecto de derrubiar. 2. Fragmentos de material rocoso disgregados por la erosión de una vertiente y depositados normalmente al pie de ésta.

DERRUIR tr. Derribar, destruir un edificio. ♦ IRREG. Se conjuga como HUIR.

DERRUMBADERO m. 1. *Geol.* DERRUMBE, despeñadero. 2. fig. Riesgo, peligro.

DERRUMBAMIENTO m. Acción y efecto de derrumbar o derrumbarse.

DERRUMBAR tr. y prnl. Precipitar, despeñar.

DERRUMBE m. 1. DERRUMBAMIENTO. 2. *Geol.* Despeñadero, lugar en que es fácil caerse.

DERVICHE m. *Rel.* Miembro de las sectas místicas sufíes surgidas entre los musulmanes en el siglo XII. Sus rituales se acompañaban de danzas giratorias.

derviche danzante. Acuarela de Ferriel, 1723.

Derzhavin, Gavrila Románovich Poeta ruso (provincia de Kazán, 1743 - Zvanka, 1816). Es uno de los principales exponentes del neoclasicismo ruso: *Oda a Pedro el Grande* (1782), *Felitsa* (1782) y *La cascada* (1791).

des- Pref. que denota negación o inversión del significado del simple, como en *deshacer;* privación, como en *desabejar;* exceso o demasía, como en *deslenguado;* fuera de, como en *deshora.* A veces no implica negación, como en *despavorir.*

Des Moines Ciudad de EE UU, capital del Estado de Iowa; 193.422 h.

desabastecer tr. y prnl. Desproveer a una persona o a un pueblo de los bastimentos necesarios. ♦ IRREG. Se conjuga como AGRADECER.

desabollar tr. Quitar las abolladuras.

desaborido, da adj. **1** Sin sabor. **2** Sin sustancia. **3** fig. y fam. Se dice de la persona de carácter indiferente o sosa. También s.

desabotonar tr. **1** Sacar los botones de los ojales. También prnl. || intr. **2** fig. Abrirse las flores.

desabrido, da adj. **1** Se dice de la fruta u otro alimento que carece de gusto, o apenas lo tiene, o lo tiene malo. **2** Se dice de la ballesta y armas de fuego que son fuertes y duras al disparar. **3** Aplicado al tiempo, destemplado, desigual. **4** fig. Áspero y desapacible en el trato.

desabrigar tr. y prnl. Descubrir, desarropar.

desabrimiento m. **1** Falta de sabor. **2** En la ballesta y armas de fuego, dureza de su empuje al dispararse. **3** fig. Mal genio, aspereza en el trato. **4** fig. Disgusto, desazón interior.

desabrir tr. **1** Dar mal gusto a la comida. **2** fig. Disgustar, desazonar a alguien. También prnl.

desabrochar tr. Desasir los broches, corchetes, botones y otra cosa con que se ajusta la ropa. También prnl.

desacatar tr. y prnl. **1** Faltar a la reverencia o respeto que se debe a uno. **2** No acatar una norma, ley, orden, etc.

desacato m. **1** Irreverencia para con las cosas sagradas. **2** Falta del debido respeto a los superiores.

desaceitar tr. Quitar el aceite a los tejidos u otros productos de lana.

desaceleración f. Acción y efecto de desacelerar.

desacelerar tr. Retardar, retrasar, quitar celeridad.

desacerar tr. y prnl. Quitar o gastar la parte de acero que tiene una herramienta.

desacerbar tr. Templar, endulzar, quitar lo áspero y agrio a una cosa.

desacertado, da adj. Que yerra u obra sin acierto.

desacertar intr. No tener acierto, errar. ♦ IRREG. Se conjuga como ACERTAR.

desacierto m. **1** Acción y efecto de desacertar. **2** Dicho o hecho desacertado.

desacomodamiento m. Incomodidad, desconveniencia.

desacomodar tr. **1** Privar de la comodidad. **2** Quitar la conveniencia, empleo u ocupación. También prnl.

desacompañar tr. Excusar, dejar la compañía de uno.

desaconsejable adj. Que se desaconseja.

desaconsejado, da adj. y s. Que obra sin consejo ni prudencia y sólo por capricho.

desaconsejar tr. Disuadir, persuadir a alguien de lo contrario a lo que había pensado o decidido.

desacoplar tr. Separar lo que estaba acoplado.

desacordar tr. **1** Destemplar un instrumento musical o templarlo de modo que esté más alto o más bajo que el que da el tono. También prnl. || prnl. **2** Olvidarse, perder la memoria y acuerdo de las cosas. ♦ IRREG. Se conjuga como CONTAR.

desacorde adj. Se dice de lo que no iguala, conforma o concuerda con otra cosa.

desacorralar tr. Sacar el ganado de los corrales o cercados.

desacostumbrado, da adj. Fuera del uso y orden común.

desacostumbrar tr. y prnl. Hacer perder o dejar el uso y costumbre que uno tiene.

desacreditado, da adj. Que ha perdido la buena opinión de que gozaba.

desacreditar tr. Disminuir o quitar la reputación de una persona, o el valor y la estimación de una cosa.

desactivar tr. Anular cualquier potencia activa, como la de explosivos, procesos fisicoquímicos, planes económicos, etc.

desacuartelar tr. Sacar las tropas de los cuarteles.

desacuerdo m. **1** Discordia o disconformidad en los dictámenes o acciones. **2** Error, desacierto.

desafección f. Mala voluntad.

desafecto, ta adj. **1** Que no siente estima por algo o muestra indiferencia hacia ello. **2** Opuesto, contrario. || m. **3** MALQUERENCIA.

desaferrar tr. y prnl. **1** Desasir, soltar lo que está aferrado. **2** fig. Disuadir a alguien de la opinión que defiende con tenacidad.

desafiar tr. **1** Retar, provocar a combate, batalla o pelea. **2** Contender, competir con uno en cosas que requieren fuerza, agilidad o destreza. **3** fig. Competir, oponerse una cosa a otra. **4** Acometer una cosa peligrosa o difícil con valentía.

desafilar tr. y prnl. Embotar el filo de un arma o herramienta.

desafinar intr. **1** Desviarse algo la voz o el instrumento del punto de la perfecta entonación. También prnl. **2** fig. y fam. Decir en una conversación algo indiscreto o inoportuno.

desafío m. **1** Acción y efecto de desafiar. **2** Rivalidad, competencia.

desaforado, da adj. **1** Que obra sin ley ni fuero. **2** Que es o se expide contra fuero o privilegio. **3** fig. Grande con exceso, desmedido, fuera de lo común.

desaforar tr. **1** Quebrantar los fueros y privilegios que corresponden a uno. **2** Privar a uno del fuero o exención que goza. || prnl. **3** Descomponerse, atreverse, descomedirse. ♦ IRREG. Se conjuga como CONTAR.

desafortunado, da adj. **1** Sin fortuna. **2** Desacertado, inoportuno.

desafuero m. **1** Acto violento contra la ley. **2** Por extensión, acción contraria a las buenas costumbres o a los consejos de la sana razón. **3** *Der.* Hecho que priva de fuero al que lo tenía.

desagarrar tr. fam. Soltar, dejar libre lo que está preso o agarrado.

desagradable adj. Que desagrada o disgusta.

desagradar intr. y prnl. Disgustar, fastidiar, causar desagrado.

desagradecer tr. **1** No corresponder debidamente al beneficio recibido. **2** Desconocer el beneficio que se recibe. ♦ IRREG. Se conjuga como AGRADECER.

desagradecido, da adj. y s. **1** Que desagradece. **2** Se aplica a las tareas que llevan mucho trabajo pero no lucen.

desagradecimiento m. Acción y efecto de desagradecer.

desagrado m. **1** Disgusto, descontento. **2** Expresión del disgusto que nos causa una persona o cosa.

desagraviar tr. y prnl. **1** Borrar o reparar el agravio hecho. **2** Resarcir el perjuicio causado.

desagravio m. Acción y efecto de desagraviar.

desagregar tr. y prnl. Separar, apartar una cosa de otra.

Desaguadero Río de Bolivia, que nace en el lago Titicaca, y desemboca en el lago Poopó; 325 km.

Desaguadero Río de Argentina. (Véase SALADO.)

desaguar tr. **1** Extraer, echar el agua de un sitio o lugar. **2** fig. Disipar, consumir. || intr. **3** Desembocar los ríos en el mar. **4** Dar salida un recipiente o concavidad a las aguas que contiene. También prnl.

desaguazar tr. Quitar el agua de alguna parte.

desagüe, desaguadero o **desaguador** m. **1** Acción y efecto de desaguar. **2** Conducto por donde se da salida a las aguas.

desaguisado, da adj. **1** Hecho contra la ley o la razón. || m. **2** Agravio, acción descomedida. **3** fig. y fam. Destrozo.

desahijar tr. Apartar en el ganado las crías de las madres.

desahogado, da adj. **1** Descarado, descocado. **2** Se aplica al sitio despejado en el que no hay ni demasiadas personas ni cosas. **3** Se dice del que vive con desahogo. Se usa con el verbo *estar.*

desahogar tr. y prnl. **1** Expresar con violencia determinados estados de ánimo para aliviarlos. || prnl. **2** Repararse, recobrarse del calor y la fatiga. **3** Desempeñarse, salir del ahogo de las deudas contraídas. **4** Comunicar con franqueza una persona a otra el sentimiento, la pena o disgusto que le afligen.

desahogo m. **1** Alivio de la pena, trabajo o aflicción. **2** Ensanche, dilatación, esparcimiento. **3** Desembarazo, desenvoltura. **4** Descaro, frescura. || **vivir** uno **con desahogo** fr. fig. y fam. Tener bastantes recursos.

desahuciar tr. **1** Quitar a uno toda esperanza de conseguir lo que desea. También prnl. **2** Declarar los médicos incurable a un enfermo. **3** Echar al inquilino o arrendatario.

desahucio m. Acción y efecto de desahuciar.

desahumado, da adj. fig. Se aplica al licor que ha perdido fuerza por haberse evaporado parte de su sustancia.

desairado, da adj. **1** Que carece de gala, garbo y donaire. **2** fig. Se dice del que no queda airoso en lo que pretende o en lo que tiene a su cargo. **3** fig. Menospreciado, desatendido.

desairar tr. **1** Deslucir, desatender a una persona. **2** Desestimar una cosa.

desaire m. **1** Falta de garbo o de gracia. **2** Acción y efecto de desairar.

desamortización. Mendizábal. Retrato de Antonio Ortiz. Diputación Provincial (Cádiz).

desajustar tr. **1** Desigualar, desconcertar una cosa de otra. || prnl. **2** Desconvenirse, apartarse de un acuerdo.

desajuste m. Acción y efecto de desajustar.

desalar tr. Quitar la sal a una cosa.

desalentar tr. **1** Hacer dificultoso el aliento, la respiración. **2** fig. Quitar el ánimo, acobardar. También prnl. ♦ IRREG. Se conjuga como ACERTAR.

desalforjar tr. **1** Sacar de las alforjas alguna cosa. || prnl. **2** fig. y fam. Desabrocharse la ropa.

desaliento m. Decaimiento del ánimo, falta de vigor o de esfuerzo.

desalinear tr. y prnl. Hacer perder la línea recta.

desalinizador, ra adj. **1** *Quím.* Método empleado para eliminar la sal del agua de mar. || f. **2** Instalación industrial en la que se lleva a cabo este proceso.

desaliñado, da adj. Que adolece de desaliño.

desaliñar tr. y prnl. Descomponer el adorno o compostura.

desaliño m. **1** Desaseo, descompostura, falta de aliño. **2** fig. Negligencia, descuido.

desalmado, da adj. **1** Falto de conciencia. **2** Cruel, inhumano.

desalmar tr. y prnl. fig. Quitar la fuerza y virtud a una cosa.

desalojar tr. **1** Sacar o hacer salir de un lugar a una persona o cosa. **2** Abandonar un puesto o un lugar. **3** DESPLAZAR. || intr. **4** Dejar el hospedaje voluntariamente.

desalojo o **desalojamiento** m. Acción y efecto de desalojar.

desalquilar tr. **1** Dejar o hacer dejar algo que se tenía alquilado. || prnl. **2** Quedar sin inquilinos una vivienda u otro local.

desamar tr. **1** Dejar de amar. **2** Aborrecer.

desamarrar tr. **1** Quitar las amarras. También prnl. **2** fig. Desasir, desviar, apartar. **3** *Mar.* Dejar a un buque sobre una sola ancla o amarra.

desambientar tr. Sacar a alguien de un determinado ambiente o medio.

desamoldar tr. Deformar una cosa.

desamor m. **1** Falta de amor. **2** Falta del sentimiento y afecto que inspiran ciertas cosas. **3** Enemistad, aborrecimiento.

desamortización f. *Hist.* Acción y efecto de desamortizar. En España, las primeras medidas desamortizadoras se tomaron en las Cortes de Cádiz. Estas disposiciones fueron abolidas durante el periodo absolutista de Fernando VII (1814-20) y rehabilitadas por los liberales (1820-23). La desamortización se llevó finalmente a cabo con la legislación impulsada por Mendizábal (1835-37), que puso en venta los bienes eclesiásticos, y por la de Pascual Madoz (1855), que afectó a propiedades del clero secular y los propios de los municipios.

desamortizar tr. **1** Dejar libres los bienes amortizados. **2** Poner en estado de venta los bienes de manos muertas.

desamparar tr. **1** Abandonar, dejar sin amparo a alguien. **2** Ausentarse, abandonar un lugar.

desamparo m. Acción y efecto de DESAMPARAR.

desamueblado, da adj. Se dice de los pisos que se alquilan o venden sin muebles.

desamueblar tr. Dejar sin muebles un edificio o parte de él.

desanclar tr. *Mar.* Levar anclas.

desandar tr. Retroceder, volver atrás en el camino ya andado. También fig. ♦ IRREG. Se conjuga como ANDAR.

DESANGRAR tr. **1** Sacar la sangre a una persona o a un animal. **2** fig. Agotar o desaguar un lago, estanque, etc. **3** fig. Empobrecer a uno, gastándole y disipándole la hacienda insensiblemente. || prnl. **4** Perder mucha sangre o perderla toda.

DESANIMACIÓN f. **1** Acción y efecto de desanimar. **2** Falta de animación, poca concurrencia de gente.

DESANIMADO, DA adj. **1** Se dice del lugar de reunión donde concurre poca gente. **2** Deprimido, apático.

DESANIMAR tr. y prnl. Desalentar, quitar ánimos.

DESÁNIMO m. Desaliento, falta de ánimo.

DESANUDAR tr. **1** Deshacer o desatar el nudo. **2** fig. Aclarar lo que está enredado y enmarañado.

DESAOJADERA f. Mujer a quien se atribuía gracia para curar el mal de ojo.

DESAOJAR tr. Curar el mal de ojo.

DESAPACIBILIDAD f. Calidad de desapacible.

DESAPACIBLE adj. Que causa disgusto o enfado.

DESAPAREAR tr. Separar una de dos cosas que hacían par.

DESAPARECER tr. y prnl. **1** Ocultar, quitar de delante con rapidez una cosa. || intr. **2** Ocultarse, quitarse de la vista una persona o cosa. ♦ IRREG. Se conjuga como AGRADECER.

DESAPAREJAR tr. **1** Quitar el aparejo a una caballería. También prnl. **2** *Mar.* Quitar, descomponer, maltratar el aparejo de una embarcación.

DESAPARICIÓN f. Acción y efecto de desaparecer.

DESAPASIONADO, DA adj. Falto de pasión, imparcial.

DESAPASIONAR tr. y prnl. Quitar, desarraigar la pasión que se tiene a una persona o cosa.

DESAPEGAR tr. y prnl. **1** Despegar, apartar. || prnl. **2** fig. Apartarse, desprenderse del afecto o afición a una persona o cosa.

DESAPEGO m. fig. Falta de afición o interés.

DESAPERCIBIDO, DA adj. Desprevenido, desprovisto de lo necesario.

DESAPERCIBIMIENTO m. Desprevención, falta de apresto de lo necesario.

DESAPLICACIÓN f. Falta de aplicación, ociosidad.

DESAPLICADO, DA adj. y s. Que no se aplica.

DESAPLICAR tr. y prnl. Quitar o hacer perder la aplicación, afición o asiduidad en el estudio.

DESAPOLILLAR tr. **1** Quitar la polilla a la ropa o a otra cosa. || prnl. **2** fig. y fam. Salir de casa cuando hace tiempo que no se ha hecho.

DESAPORCAR tr. Quitar la tierra con que están cubiertas las plantas.

DESAPOSENTAR tr. **1** Echar de la habitación, privar a alguien de su aposento. **2** fig. Apartar, echar de sí.

DESAPOYAR tr. Quitar el apoyo con que se sostiene una cosa.

DESAPRECIAR tr. Desestimar, no hacer de una cosa el aprecio que merece.

DESAPRENSIÓN f. Falta de aprensión o de escrúpulos.

DESAPRENSIVO, VA adj. Que tiene desaprensión.

DESAPRETAR tr. y prnl. Aflojar lo que está apretado. ♦ IRREG. Se conjuga como ACERTAR.

DESAPRISIONAR tr. Quitar los grilletes a alguien o sacarle de la prisión.

DESAPROBACIÓN f. Acción y efecto de desaprobar.

DESAPROBAR tr. Reprobar, no asentir a una cosa. ♦ IRREG. Se conjuga como CONTAR.

DESAPROPIACIÓN f. DESAPROPIAMIENTO.

DESAPROPIAMIENTO o **DESAPROPIO** m. Acción y efecto de desapropiarse.

DESAPROPIARSE prnl. Desposeerse uno del dominio sobre lo propio.

DESAPROVECHADO, DA adj. **1** Se dice de quien ha tenido la oportunidad de mejorar moral o intelectualmente y no lo ha hecho. También s. **2** Se aplica a lo que no produce el fruto, provecho o utilidad que puede.

DESAPROVECHAMIENTO m. Desperdicio, mal uso.

DESAPROVECHAR tr. **1** Desperdiciar. || intr. **2** Perder lo que se había adelantado.

DESAPUNTALAR tr. Quitar a un edificio los puntales que lo sostenían.

DESARBOLAR tr. *Mar.* Destruir o derribar los árboles o palos de la embarcación.

DESARENAR tr. Quitar la arena de algún sitio.

DESARGUES, GÉRARD Ingeniero y matemático francés (Lyon, 1593 - íd., 1662). Formuló el teorema que lleva su nombre sobre involución de seis puntos, demostró la importancia de la perspectiva en geometría e introdujo la geometría proyectiva.

DESARMABLE adj. Que puede desarmarse.

DESARMAR tr. **1** Quitar las armas. **2** Separar las piezas de una cosa. **3** Reducir fuerzas militares o armamento. **4** fig. Templar, desvanecer, confundir, dejar sin posibilidad de actuar. **5** *Mar.* Quitar al buque la artillería o el aparejo. **6** *Taurom.* Arrancar el toro de las manos del torero la capa o la muleta.

DESARME m. **1** Acción y efecto de desarmar. **2** *Polít.* Arbitrio diplomático para mantener la paz mediante la reducción proporcionada de fuerzas militares acordada por cierto número de naciones.

DESARRAIGAR tr. **1** *Bot.* Arrancar de raíz. También prnl. **2** fig. Extirpar una pasión o un vicio. También prnl. **3** fig. Apartar a uno de su opinión. **4** fig. Echar, desterrar. También prnl.

DESARRAIGO m. Acción y efecto de desarraigar.

DESARREBUJAR tr. **1** Desenmarañar lo que está revuelto. **2** Desarropar. También prnl. **3** fig. Explicar, poner en claro.

DESARREGLADO, DA adj. Que se excede en el uso de algunas cosas.

DESARREGLAR tr. y prnl. Trastornar, desordenar.

DESARREGLO m. Desorden.

DESARRENDAR tr. Dejar lo que se tenía arrendado. ♦ IRREG. Se conjuga como ACERTAR.

DESARRIMAR tr. **1** Separar lo arrimado. **2** fig. Disuadir.

DESARRIMO m. Falta de apoyo o arrimo.

DESARROLLABLE adj. Que puede desarrollarse.

DESARROLLAR tr. **1** Deshacer un rollo. También prnl. **2** fig. Acrecentar una cosa. También prnl. **3** fig. Explicar una teoría o exponer cuestiones, ideas, lecciones, etc., con orden y amplitud. **4** Efectuar operaciones de cálculo para cambiar la forma de una expresión analítica. || prnl. **5** fig. Suceder, acontecer en un lugar. **6** fig. Progresar las comunidades humanas.

DESARROLLO m. Acción y efecto de desarrollar.

DESARROPAR tr. y prnl. Apartar la ropa.

DESARRUGAR tr. y prnl. Quitar las arrugas.

DESARTICULACIÓN f. Acción y efecto de desarticular.

DESARTICULAR tr. **1** Separar dos o más huesos articulados entre sí. También prnl. **2** fig. Separar las piezas de una máquina o artefacto. **3** fig. Desorganizar, descomponer.

DESASEADO, DA adj. Falto de aseo.

DESASEAR tr. Quitar el aseo.

DESASEGURAR tr. **1** Hacer perder la seguridad. **2** Rescindir un contrato de seguro.

DESASEO m. Falta de aseo.

DESASIMIENTO m. **1** Acción y efecto de desasir. **2** fig. Desprendimiento, desinterés.

DESASIMILACIÓN m. *Fisiol.* CATABOLISMO.

DESASIR tr. **1** Soltar lo asido. También prnl. || prnl. **2** fig. Desprenderse de una cosa. ♦ IRREG. Se conjuga como ASIR.

DESASISTENCIA f. Falta de asistencia.

DESASISTIR tr. Desamparar.

DESASNAR tr. y prnl. fig. y fam. Hacer perder la rudeza a una persona por medio de la enseñanza.

DESASOSEGAR tr. y prnl. Privar de sosiego. ♦ IRREG. Se conjuga como ACERTAR.

DESASOSIEGO m. Falta de sosiego.

DESASTILLAR tr. *And.* y *Amér.* Sacar astillas de la madera.

DESASTRADO, DA adj. **1** Infeliz. **2** Se dice de la persona desaseada o desaliñada. También s.

DESASTRE m. **1** Desgracia grande, fatalidad, gran derrota (en la guerra). **2** Hiperbólicamente se aplica a cosas de mala calidad, mal resultado, mala organización, mal aspecto, etc.

DESASTROSO, SA adj. **1** DESASTRADO, infeliz. **2** fig. Muy malo.

DESATACAR tr. **1** Soltar las cintas, botones o corchetes con que está atacada una cosa. También prnl. **2** Tratándose de armas de fuego, sacar de ellas los tacos. **3** Desabrocharse los pantalones.

DESATADO, DA adj. Que procede sin freno y desordenadamente.

DESATAR tr. **1** Deshacer una atadura. También prnl. **2** fig. Desleír, derretir. **3** fig. Deshacer un malentendido, aclarar un asunto. || prnl. **4** fig. Excederse en hablar. **5** fig. Proceder desordenadamente. **6** fig. Perder el encogimiento o temor. **7** fig. DESENCADENARSE.

DESATASCADOR adj. y m. Que desatasca.

DESATASCAR tr. **1** Salir del atascadero. **2** DESATRANCAR. **3** fig. Sacar a uno de la dificultad en que se halla.

DESATAVIAR tr. Quitar los atavíos.

DESATAVÍO m. Desaliño, descompostura de la persona.

DESATENCIÓN f. **1** Distracción, falta de atención. **2** Descortesía, falta de respeto.

DESATENDER tr. **1** No prestar atención. **2** No hacer aprecio. **3** No corresponder, no asistir con lo que es debido. ♦ IRREG. Se conjuga como ENTENDER.

DESATENTADO, DA adj. **1** Que habla u obra sin tino ni concierto. **2** Excesivo, desordenado.

DESATENTO, TA adj. **1** Se dice de la persona que aparta la atención que debía poner en una cosa. **2** Descortés. También s.

DESATINADO, DA adj. **1** Sin tino. **2** Sin juicio ni razón. También s.

DESATINAR tr. **1** Hacer perder el tino. || intr. **2** Decir o hacer desatinos. **3** Perder el tino.

DESATINO m. **1** Falta de tino, tiento o acierto. **2** Despropósito, error.

DESATORAR tr. Quitar los escombros de la galería de una mina.

DESATORNILLAR tr. DESTORNILLAR.

DESATRACAR tr. y prnl. *Mar.* **1** Soltar amarras un barco. || intr. *Mar.* **2** Separarse la nave de la costa cuando hay algún peligro.

DESATRAMPAR tr. DESATRANCAR, limpiar un conducto.

DESATRANCAR tr. **1** Quitar a la puerta la tranca. **2** Limpiar o desembarazar de cualquier impedimento un caño o conducto.

DESAUTORIZADO, DA adj. **1** Falto de autoridad, crédito o importancia. **2** Prohibido, explícitamente denegado.

DESAUTORIZAR tr. y prnl. Quitar a personas o cosas autoridad, poder, crédito o estimación.

DESAVENENCIA f. Discordia, contrariedad.

DESAVENIDO, DA adj. Discorde, no conforme.

DESAVENIR tr. y prnl. Desconcertar, desconvenir. ♦ IRREG. Se conjuga como VENIR.

DESAVENTAJADO, DA adj. Inferior y poco ventajoso.

DESAVIAR tr. y prnl. **1** Apartar a alguien, hacerle dejar, o errar, el camino o senda que debe seguir. **2** Quitar o no dar el avío que se necesita para una cosa.

DESAVÍO m. **1** Acción y efecto de desaviar o desaviarse. **2** *And.* Trastorno producido a alguien.

DESAVISADO, DA adj. y s. Inadvertido, ignorante.

DESAVISAR tr. Dar un aviso contrario a otro anterior.

DESAYUNAR intr. **1** Tomar el desayuno. También tr. y prnl. || prnl. **2** fig. Tener la primera noticia de un suceso.

DESAYUNO m. **1** Primer alimento que se toma por la mañana. **2** Acción de desayunar.

DESAZOGAR tr. Quitar el azogue.

DESAZÓN f. **1** Insipidez, falta de sabor y gusto. **2** *Agr.* Falta de sazón en las tierras cultivadas. **3** PICAZÓN, molestia por picor. **4** fig. Disgusto, pesadumbre. **5** fig. Molestia o inquietud interior, mala disposición en la salud.

DESAZONADO, DA adj. **1** Se dice de la tierra que está en mala disposición. **2** fig. Indispuesto, disgustado.

DESAZONAR tr. **1** Quitar la sazón a un manjar. **2** fig. Disgustar, enfadar. También prnl. || prnl. **3** fig. Sentirse indispuesto.

DESBABAR intr. y prnl. **1** Expeler las babas. || tr. **2** Hacer que el caracol suelte su baba.

DESBANCAR tr. **1** Desembarazar un sitio de los bancos que lo ocupan. **2** En el juego, ganar al banquero todo el fondo de dinero. **3** fig. Suplantar a uno en la amistad o cariño de otra persona. **4** fig. Usurpar, sustituir.

DESBANDADA f. Acción y efecto de desbandarse. || **a la desbandada** loc. adv. Confusamente y sin orden.

DESBANDARSE prnl. **1** Huir en desorden. **2** Apartarse de la compañía de otros. **3** DESERTAR.

DESBARAJUSTAR tr. DESORDENAR.

DESBARAJUSTE m. DESORDEN.

DESBARATAMIENTO m. Descomposición, desconcierto.

DESBARATAR tr. **1** Deshacer o arruinar una cosa. **2** Malgastar los bienes. **3** fig. Cortar, impedir, estorbar. **4** *Mil.* Desordenar a los contrarios. || intr. **5** DISPARATAR. || prnl. **6** fig. Hablar u obrar fuera de razón.

DESBARBADO, DA adj. **1** Que carece de barba. || m. **2** Acción de quitar las barbas al papel o a la ropa.

DESBARBAR tr. **1** Cortar de una cosa las hilachas o pelos que por semejanza se llaman barbas. **2** fam. Afeitar la barba. También prnl.

DESBARBILLAR tr. Desbarbar las raíces de las vides nuevas.

DESBARDAR tr. Quitar la barda a una tapia.

DESBARRAR intr. **1** Deslizarse, escurrirse. **2** fig. Errar en lo que se dice o hace. || intr. **3** Tirar la barra, en el juego de este nombre, lo más lejos posible.

DESBARRO m. Acción y efecto de desbarrar.

DESBASTADOR m. Herramienta que sirve para desbastar.

DESBASTADURA f. Efecto de desbastar.

DESBASTAR tr. **1** Quitar las partes más bastas a una cosa que se haya de labrar. **2** Gastar, disminuir, debilitar. **3** fig. Quitar la tosquedad a una persona. También prnl.

DESBASTE m. **1** Acción y efecto de desbastar. **2** Estado de cualquier materia destinada a labrarse, después de haber sido desbastada.

DESBAZADERO m. Sitio húmedo y resbaladizo.

DESBECERRAR tr. Destetar los becerros o separarlos de sus madres.

DESBLOQUEAR tr. Levantar el bloqueo.

DESBLOQUEO m. Acción y efecto de desbloquear.

DESBOCADO, DA adj. **1** Se dice de la pieza de artillería que tiene la boca más ancha que lo restante del ánima. **2** Se dice de cualquier instrumento (martillo, gubia, etc.) de boca gastada o mellada. **3** fig. y fam. Acostumbrado a decir palabras indecentes u ofensivas. También s.

descabello

DESBOCAMIENTO m. Acción y efecto de desbocar o desbocarse.

DESBOCAR. tr. **1** Quitar o romper la boca a una cosa. || intr. **2** DESEMBOCAR. || prnl. **3** Hacerse una caballería insensible a la acción del freno y dispararse. **4** Darse de sí el cuello o las mangas de una prenda de vestir. También intr. **5** fig. Prorrumpir en denuestos.

DESBOQUILLAR tr. Quitar o romper la boquilla.

DESBORDAMIENTO m. **1** Acción y efecto de desbordar o desbordarse. **2** Ocupación por el agua de territorios situados fuera de su canal habitual.

DESBORDANTE adj. **1** Que desborda. **2** Que sale de sus límites o medida.

DESBORDAR intr. **1** Salir de los bordes, derramarse. También tr. y prnl. **2** Estar lleno de un sentimiento muy intenso y manifestarlo. También tr. y prnl. || tr. **3** Sobrepasar una situación la capacidad intelectual o emocional de una persona. || prnl. **4** Exaltarse, desmandarse.

DESBORRAR tr. Quitar la borra a los paños.

DESBOTONAR tr. **1** *Cuba* Quitar los botones a la planta del tabaco. **2** *Dep.* En esgrima, hacer saltar el botón de un florete.

DESBRAGADO, DA adj. **1** fam. Sin bragas. **2** fig. y desp. DESCAMISADO, muy pobre. También s.

DESBRAGUETADO adj. fam. Que tiene desabotonada o mal ajustada la bragueta.

DESBRAVADOR m. Domador de potros.

DESBRAVAR tr. **1** Amansar el ganado. || intr. y prnl. **2** Perder parte de la braveza. **3** fig. Romperse, desahogarse el ímpetu de la cólera o de la corriente.

DESBRAVECER intr. **1** DESBRAVAR. **2** DESBRAVAR, desahogarse el ímpetu de la cólera.

DESBRAZARSE prnl. Extender mucho y violentamente los brazos, moverlos bruscamente.

DESBRIDAR tr. Escindir una herida para facilitar la salida de cuerpos extraños.

DESBRIZNAR tr. **1** Reducir a briznas. **2** Sacar briznas.

DESBROZADORA f. Máquina que se usa para desbrozar.

DESBROZAR tr. Quitar la broza, limpiar la superficie de un terreno.

DESBROZO o **DESBROCE** m. **1** Acción y efecto de desbrozar. **2** Broza.

DESBUCHAR tr. **1** DESEMBUCHAR. **2** Bajar el buche de las aves de rapiña.

DESBULLA f. Despojo de la ostra desbullada.

DESBULLADOR m. Tenedor para ostras.

DESBULLAR tr. Abrir las ostras para sacar su contenido.

DESCABALADO, DA adj. Incompleto.

DESCABALAMIENTO m. Acción y efecto de descabalar o descabalarse.

DESCABALAR tr. y prnl. Dejar incompleto algo, sobre todo si está compuesto por un número determinado de cosas.

DESCABALGADURA f. Acción de descabalgar de una caballería.

DESCABALGAR intr. **1** Desmontar de una caballería. || tr. *Mil.* **2** Desmontar de la cureña del cañón; quedar inutilizado éste al ser destruida la cureña por el fuego enemigo. También prnl.

DESCABELLADO, DA adj. fig. Se dice de lo fuera de orden, concierto o razón.

DESCABELLAR tr. *Taurom.* Matar instantáneamente al toro, hiriéndolo en la cerviz con la punta del estoque, el verduguillo o la puntilla.

DESCABELLO m. *Taurom.* **1** Acción y efecto de descabellar al toro de lidia. **2** Se dice impropiamente del estoque de cruceta.

DESCABEZADO, DA adj. y s. **1** Sin cabeza. **2** Alocado, irracional. **3** Distraído, desmemoriado.

Descabezado Grupo volcánico de Chile, provincia de Talca, en los Andes. El *Descabezado Grande* se eleva a 3.830 m y el *Descabezado Chico* a 3.330 m.

DESCABEZAMIENTO m. Acción y efecto de descabezar.

DESCABEZAR tr. **1** Cortar la cabeza. **2** Deshacer el encabezamiento o padrón que han hecho los pueblos. **3** fig. Cortar la parte superior de algunas cosas. **4** fig. y fam. Empezar a vencer la dificultad. **5** Echar un sueño corto. || intr. **6** Terminar una tierra en otra. || prnl. **7** fig. y fam. DESCALABAZARSE. **8** *Agr.* Desgranarse las espigas de las mieses.

DESCABULLIRSE prnl. **1** ESCABULLIRSE. **2** fig. Huir de una dificultad. **3** fig. Eludir la fuerza de las razones contrarias. ♦ IRREG. Se conjuga como MULLIR.

DESCACHARRAR tr. y prnl. ESCACHARRAR.

DESCACHAZAR tr. *Amér.* Quitar la cachaza al guarapo.

DESCADERAR tr. y prnl. Hacer a uno daño grave en las caderas.

DESCADILLAR tr. Quitar a la lana los cadillos, pajas y motas.

DESCAECER intr. Ir a menos, perder poco a poco la salud, el crédito, el caudal, etc. ♦ IRREG. Se conjuga como AGRADECER.

DESCAECIMIENTO m. Debilidad, falta de fuerzas.

DESCAFEINADO adj. **1** CAFÉ DESCAFEINADO. También m. **2** fig. Desvirtuado, privado de aspectos fundamentales u originarios.

DESCAFEINAR tr. **1** Eliminar la mayor parte de la cafeína contenida en el café. **2** fig. Mermar, atenuar.

DESCAFILAR tr. Quitar las desigualdades de los cantos de los ladrillos o baldosas o limpiarlos del mortero viejo.

DESCALABAZARSE prnl. fig. y fam. Romperse la cabeza para averiguar una cosa.

DESCALABRADO, DA adj. y s. fig. Mal parado.

DESCALABRADURA f. **1** Herida recibida en la cabeza. **2** Cicatriz que queda una vez curada.

DESCALABRAR tr. **1** Herir a uno en la cabeza. También prnl. **2** Por extensión, herir en otra parte del cuerpo. **3** fig. Causar daño o perjuicio.

DESCALABRO m. Contratiempo, infortunio.

DESCALCAR tr. *Mar.* Sacar las estopas viejas de las costuras de un buque.

DESCALCE m. SOCAVA.

DESCALCIFICACIÓN f. **1** *Geol.* Eliminación del carbonato cálcico del suelo por un proceso de lixiviación. **2** *Med.* Pérdida o reducción importante del calcio en los huesos o dientes.

DESCALCIFICAR tr. y prnl. *Geol.* y *Med.* Eliminar o disminuir el calcio del organismo o del suelo.

DESCALIFICACIÓN f. Acción y efecto de descalificar.

DESCALIFICAR tr. Desacreditar, desautorizar o incapacitar.

DESCALZAR tr. **1** Quitar el calzado. También prnl. **2** Quitar uno o más calzos. **3** SOCAVAR. || prnl. **4** Perder las caballerías una o más herraduras. **5** fig. Pasar un fraile calzado a descalzo.

DESCALZO, ZA adj. **1** Que lleva los pies sin calzado. **2** *Rel.* Se dice de las órdenes religiosas cuyos miembros van descalzos y de estos individuos. También s. **3** fig. DESNUDO, falto de recursos. ♦ Es el p. p. irreg. de DESCALZAR.

DESCAMACIÓN f. *Fisiol.* Desprendimiento de la epidermis seca en forma de escamillas.

DESCAMAR tr. **1** ESCAMAR, quitar las escamas a los peces. || prnl. **2** Caerse la piel en forma de escamillas.

DESCAMBIAR tr. **1** Deshacer un cambio. **2** fam. Devolver una compra recuperando el dinero o cambiándola por otro producto.

DESCAMINAR tr. y prnl. **1** Apartar a uno del camino que debe seguir. **2** fig. Apartar a uno de un buen propósito.

DESCAMINO m. **1** Acción y efecto de descaminar o descaminarse. **2** Cosa que se quiere introducir de contrabando. **3** fig. DESATINO.

DESCAMISADO, DA adj. **1** fam. Sin camisa. **2** fig. y desp. Muy pobre, desharrapado. **3** Trabajador de recursos muy escasos. || m. pl. *Hist.* **4** Nombre con que se designaba en Argentina a los partidarios del general Perón.

DESCAMPADO, DA adj. y s. Se dice del terreno o paraje desembarazado y descubierto de vegetación.

DESCAMPAR tr. ESCAMPAR.

DESCANSADERO m. Sitio donde se descansa.

DESCANSADO, DA adj. Tranquilo, sin trabajo.

DESCANSAR intr. **1** Cesar en el trabajo. **2** fig. Tener algún alivio en los males. **3** Desahogarse con una persona de confianza. **4** Reposar, dormir. **5** Estar tranquilo y sin cuidado confiando en los oficios y favor de otro. **6** Estar una cosa asentada o apoyada sobre otra. También tr. **7** Estar sin cultivo durante un tiempo la tierra de labor. **8** Estar enterrado. || tr. **9** Ayudar a aliviar a uno en el trabajo. || **descanse en paz** fr. que proviene de la latina *requiescat in pace* (RIP), que entre los cristianos significa morir en paz con la comunidad eclesiástica.

DESCANSILLO m. Meseta en que terminan los tramos de una escalera.

DESCANSO m. **1** Reposo o pausa en el trabajo o fatiga. **2** Causa de alivio. **3** DESCANSILLO. **4** Asiento sobre el que se apoya o asegura una cosa.

DESCANTILLAR tr. Quebrar las aristas o cantos de alguna cosa. También prnl.

DESCANTILLÓN m. ESCANTILLÓN.

DESCANTONAR tr. DESCANTILLAR.

DESCAÑONAR tr. **1** *Zool.* Quitar los cañones a las aves. **2** Pasar el barbero la navaja para cortar más de raíz las barbas, después del primer rape. **3** fig. y fam. DESPLUMAR en el juego.

DESCAPERUZAR tr. y prnl. Quitar de la cabeza la caperuza.

Descanso en la huida de Egipto. Cuadro de Joachim Patinir. Museo del Prado (Madrid).

DESCAPITALIZACIÓN f. Acción y efecto de descapitalizar o descapitalizarse.

DESCAPITALIZAR tr. y prnl. **1** Perder o hacer perder el capital. **2** fig. Hacer perder las riquezas históricas o culturales acumuladas por un país o grupo social.

DESCAPOTABLE adj. y m. Se dice del coche de capota plegable.

DESCAPOTAR tr. Plegar o bajar la capota de los coches.

DESCAPULLAR tr. **1** Quitar el capullo a una cosa. **2** vulg. Recoger la piel del prepucio para dejar descubierto el glande.

DESCARADO, DA adj. y s. Desvergonzado. || **¡descarado!** excl. fam. Con toda seguridad, de manera indiscutible.

DESCARARSE prnl. Hablar u obrar con descaro.

DESCARBONATAR tr. *Quím.* Quitar el ácido carbónico.

DESCARBURACIÓN f. *Quím.* Acción de separar parcial o totalmente de los carburos de hierro el carbono que entra en su composición.

DESCARBURAR tr. *Quím.* Hacer la descarburación.

DESCARGA f. **1** Acción y efecto de descargar. **2** *Arquit.* Aligeramiento de un cuerpo de construcción. **3** *Fís.* Anulación de la diferencia de potencial entre los terminales de un condensador. || **descarga cerrada** *Mil.* Fuego que se hace de una vez con todas las armas.

DESCARGADERO m. Sitio para descargar.

DESCARGADOR, RA m. y f. Persona que se dedica a descargar mercancías.

DESCARGADURA f. Parte de hueso que, cuando se corta para vender, se separa de la carne mollar.

DESCARGAR tr. **1** Quitar la carga. **2** Quitar a la carne la falda y parte del hueso. **3** Disparar las armas de fuego. **4** Extraer la carga a un arma de fuego. **5** *Fís.* Anular la tensión eléctrica de un cuerpo. También prnl. **6** Dar golpes con violencia. También intr. **7** fig. Exonerar a uno de su cargo u obligación. || intr. **8** *Geol.* Desembocar los ríos, desaguar. **9** Deshacerse una nube en lluvia o granizo. || prnl. **10** Dejar el cargo. **11** Eximirse uno de las obligaciones de su cargo.

DESCARGO m. **1** Acción de descargar. **2** *Com.* Partida de data o salida de las cuentas. **3** Satisfacción o excusa del cargo que se hace a uno. || **en descargo** loc. adv. En satisfacción de las obligaciones de conciencia.

DESCARGUE m. Descarga de un peso o transporte.

DESCARIÑARSE prnl. Perder el cariño.

DESCARNADAMENTE adv. m. Con franqueza, sin ambages ni atenuaciones.

DESCARNADO, DA adj. Se dice de los asuntos desagradables expuestos sin paliativos, y de las expresiones de igual condición.

DESCARNADOR m. *Med.* Instrumento de dentista para despegar la encía de la muela o diente.

DESCARNADURA f. Acción y efecto de descarnar o descarnarse.

DESCARNAR tr. y prnl. Quitar al hueso la carne.

DESCARO m. Desvergüenza, atrevimiento, insolencia, falta de respeto.

DESCAROZAR tr. *Amér.* Quitar el carozo a las frutas.

DESCARRIAR tr. **1** Apartar a uno del carril o camino. **2** Apartar del rebaño cierto número de reses. También prnl. || prnl. **3** Apartarse, perderse. **4** fig. Apartarse de lo justo y razonable.

DESCARRILAMIENTO m. **1** Acción y efecto de descarrilar. **2** fig. DESCARRÍO, desviación.

DESCARRILAR intr. Salir fuera del carril. Se usa referido a los trenes, tranvías, etc.

DESCARRÍO m. **1** Acción y efecto de descarriar o descarriarse. **2** Desvío de un ave de su ruta migratoria.

DESCARTAR tr. **1** fig. Excluir o prescindir de una persona o cosa. **2** fig. Rechazar, no admitir. || prnl. **3** En algunos juegos, dejar las cartas consideradas inútiles que se tienen en la mano, sustituyéndolas por otras tantas. **4** fig. p. us. Excusarse una persona de hacer alguna cosa.

DESCARTE m. **1** En varios juegos, cartas que se desechan. **2** Acción de descartarse. **3** fig. Excusa, evasiva.

DESCARTES, RENÉ Filósofo francés (La Haye, Turena, 1596 - Estocolmo, 1650). Fundador del racionalismo, al sentar como principio de certeza el pensamiento, su obra abrió el camino a una concepción moderna del mundo. Creó también la geometría analítica. Autor de *Discurso del método* (1637), *Dióptrica* (1637), *Geometría* (1637), *Meditaciones metafísicas* (1641), *Principios de la Filosofía* (1644), *Tratado de las pasiones* (1649) y *Reglas para la dirección del espíritu* (1701).

DESCASAR tr. **1** Separar a los casados; declarar por nulo el matrimonio. **2** fig. Descomponer cosas que casaban bien. También prnl. **3** *A. gráf.* Alterar la colocación de las planas para colocarlas de otro modo.

DESCASCAR tr. **1** DESCASCARAR. || prnl. **2** Romperse, hacerse cascos una cosa. **3** fig. Hablar mucho y sin comedimiento.

DESCASCARAR tr. **1** Quitar la cáscara. || prnl. **2** fig. Levantarse la cáscara de algunas cosas.

DESCASCARILLAR tr. y prnl. Quitar la cascarilla.

DESCASTADO, DA adj. **1** Que manifiesta poco cariño a los parientes. **2** Se dice del que no corresponde al cariño que le demuestran.

DESCATALOGADO, DA adj. Se dice de un libro, disco, etc., que ya no figura en catálogo.

DESCEBAR tr. Quitar el cebo a las armas de fuego.

DESCENDENCIA f. **1** Conjunto de hijos, nietos y demás generaciones sucesivas por línea directa. **2** Casta, linaje.

DESCENDENTE adj. Que desciende.

DESCENDER intr. **1** Bajar. **2** Caer, fluir. **3** Proceder de un mismo principio o persona común. **4** Disminuir algo o alguien en calidad o en cantidad. **5** Derivarse, proceder una cosa de otra. **6** BAJAR, poner bajo. ♦ IRREG. Se conjuga como ENTENDER.

DESCENDIENTE adj. **1** Que desciende. || com. **2** Persona que desciende de otra.

René **Descartes**. Retrato de Franz Hals. Museo del Louvre (París).

DESCENDIMIENTO m. **1** Acción de descender o bajar. **2** Por antonomasia, el de Cristo bajándole de la cruz. **3** *Esc.* y *Pint.* Composición en que se representa el descendimiento de Cristo.

DESCENSO m. **1** Acción y efecto de descender. **2** BAJADA. **3** fig. Caída de una dignidad o estado a otro inferior.

DESCENTRADO, DA adj. **1** Se dice del instrumento o de la pieza de máquina cuyo centro se halla fuera de la posición debida. **2** Que se encuentra fuera del estado o lugar de su natural acomodo.

DESCENTRALIZACIÓN f. Acción y efecto de descentralizar.

DESCENTRALIZAR tr. Transferir a diversas corporaciones parte de la autoridad que antes ejercía el gobierno del Estado.

DESCENTRAR tr. y prnl. Sacar a una persona o cosa de su centro, donde tienen su natural asiento y acomodo.

DESCEÑIR tr. y prnl. Aflojar o desatar lo que ciñe. ♦ IRREG. Se conjuga como CEÑIR.

DESCEPAR tr. Arrancar de raíz los árboles o plantas que tienen cepa.

DESCERCAR tr. **1** Derribar murallas o cercas. **2** Levantar el cerco de una plaza o fortaleza.

DESCERCO m. Acción y efecto de descercar.

DESCEREBRACIÓN f. *Med.* **1** Pérdida de la actividad funcional del cerebro. **2** Extirpación experimental del cerebro.

Descendimiento. Cuadro de Roger Van der Weyden. Museo del Prado (Madrid).

DESCEREBRADO, DA adj. y s. fig. y fam. Falto de entendimiento o razón.

DESCEREBRAR tr. **1** Provocar la inactividad funcional del cerebro. **2** Extirpar el cerebro.

DESCEREZAR tr. Quitar a la semilla del café la cereza en que está contenida.

DESCERRAJADO, DA fig. y fam. De vida perversa y mala índole.

DESCERRAJADURA f. Acción de descerrajar.

DESCERRAJAR tr. **1** Arrancar la cerradura. **2** fig. y fam. Disparar uno o más tiros.

DESCHAMPS, EUSTACHE Poeta francés (Vertus, Champagne, h. 1346 - ?, h. 1406). De su producción destacan el poema inacabado *El espejo del matrimonio,* así como el tratado en prosa *Arte poética* (1392).

DESCHANEL, PAUL Político francés (Schaerbeeck-les-Bruxelles, 1885 - París, 1922). Ocupó la presidencia de la República en 1920, cargo del que dimitió a los siete meses.

DESCHAVETADO, DA adj. *Amér.* Chiflado.

DESCIFRABLE adj. Que se puede descifrar.

DESCIFRAMIENTO m. Acción y efecto de descifrar.

DESCIFRAR tr. **1** Leer lo que está escrito en cifra o caracteres desconocidos. **2** fig. Penetrar lo oscuro e intrincado.

DESCIMBRAR tr. *Arquit.* Quitar la cimbra.

DESCIMENTAR tr. Deshacer los cimientos.

DESCINCHAR tr. Quitar o soltar las cinchas.

DESCINTO, TA p. p. irreg. de DESCEÑIR.

DESCLAVADOR m. Cincel que se usa para desclavar.

DESCLAVAR tr. **1** Arrancar los clavos. **2** Desprender una cosa del clavo o clavos con que está asegurada. **3** fig. Desengastar las piedras preciosas de la guarnición de metal.

DESCLORURAR tr. *Quím.* Eliminar el cloruro de sodio.

DESCOAGULAR tr. y prnl. *Quím.* Liquidar lo coagulado.

DESCOBIJAR tr. **1** Descubrir, destapar. **2** p. us. DESABRIGAR. También prnl.

DESCOCADO, DA adj. y s. **1** fam. Que muestra demasiada desenvoltura. || m. **2** *Chile* Melocotón secado al sol.

DESCOCAR tr. *Bot.* Quitar a los árboles los cocos o insectos.

DESCOCARSE prnl. fam. Manifestar demasiada desenvoltura.

DESCOCO m. fam. Demasiada osadía en palabras y acciones.

DESCODIFICAR tr. *Ling.* Aplicar inversamente a un mensaje codificado las reglas de un código para obtener la forma primitiva del mensaje.

DESCOGOLLAR tr. Quitar los cogollos.

DESCOGOTADO, DA adj. fam. Que lleva pelado el cogote.

DESCOJONARSE prnl. vulg. Reírse estrepitosamente, burlarse.

DESCOLAR tr. Cortar la cola.

DESCOLCHAR tr. y prnl. *Mar.* Desunir los cordones de los cabos.

DESCOLGAR tr. **1** Bajar lo que está colgado. **2** Dejar caer poco a poco una cosa pendiente. **3** Quitar las colgaduras. **4** *Dep.* En algunos deportes, dejar atrás un corredor a sus competidores. || prnl. **5** Echarse desde lo alto abajo, escurriéndose por una cuerda u otra cosa. **6** fig. Ir bajando por un sitio alto o por una pendiente. **7** fig. y fam. Decir o hacer una cosa inesperada. **8** fig. y fam. Aparecer inesperadamente una persona. ♦ IRREG. Se conjuga como CONTAR.

DESCOLIGADO, DA adj. Apartado de la liga o confederación.

DESCOLLAR intr. y prnl. SOBRESALIR. ♦ IRREG. Se conjuga como CONTAR.

DESCOLOCADO, DA adj. Sin colocación, fuera de su puesto.

DESCOLOCAR tr. y prnl. Quitar, separar algo de su sitio.

DESCOLONIZACIÓN f. *Hist.* Supresión de la condición colonial de un territorio.

DESCOLONIZAR tr. y prnl. Hacer que una colonia deje de serlo concediéndole o alcanzando la independencia.

DESCOLORAR tr. y prnl. **1** *Bot.* Perder las plantas verdes su color por no recibir la luz suficiente. **2** *Quím.* DECOLORAR.

DESCOLORIDO, DA adj. De color pálido.

DESCOMBRAR tr. **1** Desembarazar de escombros. **2** fig. Despejar, desembarazar.

DESCOMBRO m. Acción y efecto de descombrar.

DESCOMEDIDO, DA adj. **1** Excesivo, desproporcionado. **2** DESCORTÉS. También s.

DESCOMEDIMIENTO m. Falta de respeto, desatención, descortesía.

DESCOMEDIRSE prnl. Faltar al respeto. ♦ IRREG. Se conjuga como PEDIR.

DESCOMPAGINAR tr. Descomponer, desordenar.

DESCOMPASADO, DA adj. Descomedido, excesivo, desproporcionado.

DESCOMPASAR tr. Hacer perder el compás.

DESCOMPENSACIÓN f. *Med.* Incapacidad de un órgano, especialmente el corazón, para compensar las exigencias debidas a un defecto preexistente.

DESCOMPENSAR tr. **1** Hacer perder la compensación. También prnl. || prnl. **2** Llegar un órgano a un estado de descompensación.

DESCOMPONER tr. **1** Desordenar. También prnl. **2** Separar las diversas partes de un todo. **3** Degradar la materia orgánica en compuestos orgánicos o inorgánicos simples. **4** Dividir de forma más o menos permanente una molécula en otras más sencillas o en sus átomos. **5** fig. Indisponer los ánimos. || prnl. **6** Corromperse. **7** Desazonarse el cuerpo. **8** fig. Perder la serenidad. **9** Demudarse el rostro. ♦ IRREG. Se conjuga como PONER.

DESCOMPOSICIÓN f. **1** Acción y efecto de descomponer. **2** fam. DIARREA. **3** *Quím.* Reacción por la que un compuesto se descompone en sus elementos más simples.

DESCOMPOSTURA f. **1** DESCOMPOSICIÓN. **2** Desaseo, desaliño. **3** fig. Descaro, descomedimiento.

DESCOMPRESIÓN f. Reducción de la presión a que ha estado sometido un gas o un líquido.

DESCOMPRIMIR tr. Hacer cesar la compresión, o disminuirla.

DESCOMPUESTO, TA adj. fig. Inmodesto, atrevido, descortés. ♦ Es el p. p. irreg. de DESCOMPONER.

DESCOMUNAL adj. Extraordinario, monstruoso, enorme, muy distante de lo común en su línea.

DESCONCERTADO, DA adj. fig. De mala conducta, sin gobierno.

DESCONCERTANTE adj. Que desconcierta.

DESCONCERTAR tr. **1** Sorprender, confundir a alguien. También prnl. **2** Desordenar, alterar el orden y concierto de una cosa. También prnl. || prnl. **3** Perder la serenidad. ♦ IRREG. Se conjuga como ACERTAR.

DESCONCHABAR tr. y prnl. *Chile, Guat.* y *Méx.* Descoyuntar, descomponer.

DESCONCHADO m. **1** Parte en que una pared ha perdido su enlucido. **2** Parte en que una pieza de loza o porcelana ha perdido el vidriado.

DESCONCHADURA f. DESCONCHADO.

DESCONCHAR tr. y prnl. Quitar a una pared o a otra superficie parte de su enlucido o revestimiento.

DESCONCHINFLADO, DA adj. *Chile, Guat.* y *Méx.* Desarreglado, descuajaringado.

DESCONCHÓN m. Caída de un trozo pequeño del enlucido o de la pintura de una superficie.

DESCONCIERTO m. **1** Descomposición de las partes de un cuerpo o de una máquina. **2** fig. Desorden, desavenencia. **3** fig. Falta de medida en las acciones o palabras. **4** fig. Falta de gobierno y economía.

DESCONECTAR tr. **1** Interrumpir la comunicación eléctrica entre dos aparatos o con la línea general. También prnl. **2** Interrumpir la conexión entre dos o más cosas. || intr. **3** fig. Dejar de tener relación, comunicación, enlace, etc.

DESCONEXIÓN f. Acción y efecto de desconectar.

DESCONFIADO, DA adj. y s. Que desconfía, prudente en extremo.

DESCONFIANZA f. Falta de confianza.

DESCONFIAR intr. No confiar.

DESCONFORMAR intr. y prnl. Disentir, discordar, no convenir en una cosa.

DESCONGELACIÓN f. Acción y efecto de descongelar.

DESCONGELAR tr. **1** Hacer que cese la congelación de una cosa. **2** Quitar el hielo a las partes cubiertas por él en un refrigerador.

DESCONGESTIÓN f. Acción y efecto de descongestionar.

DESCONGESTIONAR tr. y prnl. Disminuir o quitar la congestión.

DESCONOCER tr. **1** Haber olvidado una cosa. **2** No conocer. **3** fig. Reconocer en algo un cambio notable. También prnl. ♦ IRREG. Se conjuga como AGRADECER.

DESCONOCIDO, DA adj. y s. **1** Ingrato, falto de reconocimiento o gratitud. **2** Muy cambiado.

DESCONOCIMIENTO m. **1** Acción y efecto de desconocer. **2** Ingratitud.

DESCONSIDERACIÓN f. Acción y efecto de desconsiderar.

DESCONSIDERADO, DA adj. Falto de consideración.

DESCONSIDERAR tr. No guardar la consideración debida.

DESCONSOLADO, DA adj. **1** Que no tiene consuelo. **2** Que muestra un carácter melancólico, triste y afligido.

DESCONSOLAR tr. y prnl. Privar de consuelo, afligir. ♦ IRREG. Se conjuga como CONTAR.

DESCONSUELO m. Angustia y aflicción profunda por falta de consuelo.

DESCONTADO, DA adj. Rebajado, deducido. || **dar por descontado** fr. fam. Contar con algo como seguro e indiscutible. || **por descontado** loc. fam. Sin duda alguna.

DESCONTAMINAR tr. Someter a tratamiento lo que está contaminado para que pierda sus propiedades nocivas.

DESCONTAR tr. **1** Rebajar una cantidad de una suma. **2** *Dep.* Añadir el árbitro al final de la duración reglamentaria de un partido, el tiempo que ha estado interrumpido. **3** fig. Rebajar algo del mérito o virtudes de una persona. **4** fig. Dar por cierto. **5** *Com.* Abonar un documento no vencido, rebajando de su valor la cantidad que se estipule, como intereses del dinero que se anticipa. ♦ IRREG. Se conjuga como CONTAR.

DESCONTENTAR tr. y prnl. Disgustar, desagradar.

DESCONTENTO, TA adj. **1** No contento, disgustado. || m. **2** Disgusto o desagrado. ♦ Es p. p. irreg. de DESCONTENTAR.

DESCONTEXTUALIZAR tr. Sacar algo de su contexto.

DESCONTROL m. Falta de control, de orden, de disciplina.

DESCONTROLARSE prnl. **1** Perder alguien el dominio de sí mismo. **2** Perder un aparato su ritmo normal.

DESCORAZONAMIENTO m. fig. Caimiento del ánimo.

DESCORAZONAR tr. **1** Sacar el corazón. **2** fig. Desanimar, acobardar.

DESCORCHADOR, RA m. y f. **1** Persona que descorcha. || m. **2** SACACORCHOS.

DESCORCHAR tr. **1** *Bot.* Quitar el corcho al alcornoque. **2** *Zool.* Romper el corcho de la colmena para sacar la miel. **3** Sacar el corcho a un envase.

DESCORCHE m. Acción y efecto de quitar el corcho al alcornoque.

DESCORDAR tr. **1** *Mús.* DESENCORDAR. **2** *Taurom.* Herir al toro en la médula espinal sin matarlo, pero causándole parálisis que lo deja inútil para la lidia. ♦ IRREG. Se conjuga como CONTAR.

DESCORNAR tr. y prnl. **1** Arrancar los cuernos a un animal. || prnl. **2** fig. y fam. Entregarse denodadamente a la consecución de algo. ♦ IRREG. Se conjuga como CONTAR.

DESCORONAR tr. Quitar la corona.

DESCORREAR tr. y prnl. *Zool.* Soltar el ciervo la piel que cubre sus astas cuando éstas van creciendo.

DESCORRER tr. **1** Volver a correr el espacio antes corrido. **2** Plegar lo que antes estaba estirado. || intr. **3** Escurrir un líquido. También prnl.

DESCORRIMIENTO m. Efecto de desprenderse y correr un líquido.

DESCORTÉS adj. y s. Falto de cortesía.

DESCORTESÍA f. Falta de cortesía.

DESCORTEZADURA f. **1** Corteza que se quita a una cosa. **2** Parte descortezada.

DESCORTEZAMIENTO o **DESCORTEZO** m. Acción de descortezar.

DESCORTEZAR tr. y prnl. **1** Quitar la corteza a una cosa. **2** fig. y fam. DESBASTAR, pulir a una persona.

DESCOSER tr. y prnl. **1** Desprender las puntadas de las cosas que estaban cosidas. || prnl. **2** fig. Descubrir indiscretamente lo que convenía callar.

DESCOSIDO, DA adj. **1** fig. Se dice del que habla lo que convenía callar. **2** fig. Desordenado. || m. **3** Parte descosida en un vestido.

DESCOSTILLAR tr. **1** Dar muchos golpes en las costillas. || prnl. **2** Caerse violentamente de espaldas.

DESCOYUNTAMIENTO m. **1** Acción y efecto de descoyuntar. **2** fig. Desazón grande en el cuerpo.

DESCOYUNTAR tr. y prnl. **1** Desencajar los huesos. **2** Dislocar algún tendón. **3** Desencajar una cosa articulada. **4** Agotar, cansar mucho.

DESCRÉDITO m. Disminución o pérdida de la reputación de las personas, o del valor de las cosas.

DESCREER tr. **1** Dejar de creer. **2** Negar el crédito a una persona.

DESCREÍDO, DA adj. Incrédulo, falto de fe.

DESCREIMIENTO m. Falta o abandono de la fe.

DESCREMAR tr. Quitar la crema o nata a la leche u otros líquidos.

DESCRIBIR tr. **1** Dibujar, delinear una cosa. **2** Representar a personas o cosas por medio del lenguaje, explicando sus distintas partes, cualidades o circunstancias. **3** Definir una cosa dando una idea general de ella. **4** TRAZAR. ♦ Su p. p. es irreg.: *descrito.*

DESCRIPCIÓN f. Acción y efecto de describir.

DESCRIPTIVO, VA adj. Se dice de lo que describe.

DESCRIPTOR, RA adj. y s. **1** Que describe. **2** En documentación, palabra o palabras extraídas de un texto que revelan su contenido y se utilizan con fines de catalogación. **3** *Inform.* Tipo de información contenida en la memoria del ordenador, cuya función es describir el modo o forma en que se encuentran almacenados determinados datos, y que se usa para su búsqueda automatizada.

DESCRISMAR tr. **1** Golpear con fuerza a alguien en la cabeza. También prnl. || prnl. **2** Cavilar, pensar mucho en algo para resolverlo.

DESCRISTIANIZAR tr. Apartar de la fe cristiana.

DESCRITO, TA p. p. irreg. de DESCRIBIR.

DESCUADERNAR tr. 1 DESENCUADERNAR. También prnl. 2 fig. Desbaratar, descomponer.

DESCUAJAR tr. 1 Transformar una sustancia sólida, cuajada o pastosa en líquida. También prnl. 2 fig. y fam. Hacer a uno desesperanzar. 3 Agr. Arrancar de cuajo las plantas.

DESCUAJARINGAR tr. y prnl. 1 Desvencijar, desunir. || prnl. 2 fam. Relajarse las partes del cuerpo por efecto del cansancio.

DESCUAJERINGAR tr. y prnl. DESCUAJARINGAR.

DESCUARTIZAR tr. 1 Dividir un cuerpo haciéndolo cuartos. 2 fam. Hacer pedazos alguna cosa.

DESCUBIERTA f. 1 Mar. Reconocimiento del horizonte por determinados buques. 2 Mar. Inspección del estado del aparejo del buque. 3 Mil. Reconocimiento que hace la tropa para inquirir la situación del enemigo.

DESCUBIERTO, TA adj. 1 Se dice del que lleva la cabeza destocada. 2 Se dice de parajes despejados o espaciosos. || m. 3 DÉFICIT. ♦ Es el p. p. irreg. de DESCUBRIR.

DESCUBRIDOR, RA adj. y s. 1 Que descubre, indaga y averigua. 2 Por antonomasia, se dice del que ha descubierto lugares desconocidos. || m. Mil. 3 Explorador, batidor del campo.

DESCUBRIMIENTO m. 1 Hallazgo, encuentro. 2 Por antonomasia, hallazgo de una tierra o mar desconocidos. 3 Cosa descubierta.

DESCUBRIR tr. 1 Manifestar, hacer patente. 2 Destapar. 3 Hallar lo escondido o ignorado. 4 Alcanzar a ver. 5 Llegar al conocimiento de una cosa que se ignoraba. || prnl. 6 Quitarse de la cabeza el sombrero, gorra, etc. 7 Darse a conocer una persona que por alguna razón, vestido, distancia, no había sido reconocida. ♦ Su p. p. es irreg.: *descubierto.*

DESCUENTO m. 1 Acción y efecto de descontar. 2 Rebaja. 3 Com. Operación de adquirir una letra de cambio antes de la fecha de cobro. 4 Com. Cantidad que se rebaja del importe para retribuir esta operación.

DESCUERAR tr. 1 Desollar, despellejar. Más en América. 2 fig. Desacreditar gravemente.

DESCUERNACABRAS m. Viento frío del norte.

DESCUIDADO, DA adj. 1 Negligente. También s. 2 Desaliñado. También s. 3 DESPREVENIDO.

DESCUIDAR tr. 1 Descargar del cuidado u obligación que debía tener. También intr. 2 Distraer la atención de alguien para pillarle desprevenido. 3 En imperativo, se dice para tranquilizar a alguien que tiene una preocupación o para librarle de una tarea. 4 No atender cosas o personas con la debida diligencia. También prnl.

DESCUIDERO, RA adj. y s. Se dice del ratero que hurta aprovechándose del descuido ajeno.

DESCUIDO m. 1 Omisión, negligencia. 2 Desatención. 3 Desliz.

DESDE prep. 1 Denota el punto, en tiempo y lugar, de que procede, se origina o ha de empezar a contarse una cosa. Por esta razón es parte de muchos modos adverbiales: *desde luego, desde allí, desde entonces.* 2 Después de.

DESDECIR intr. 1 fig. No corresponder una persona o cosa con su origen o clase. 2 fig. No convenir una cosa con otra. 3 Venir a menos. 4 DESMENTIR, cambiar el aspecto de una cosa. || prnl. 5 Retractarse de lo dicho. ♦ IRREG. Se conjuga como DECIR.

DESDÉN m. Indiferencia que denota menosprecio.

DESDENTADO, DA adj. y s. 1 Que ha perdido los dientes. 2 Zool. Se dice de los mamíferos que carecen de dientes incisivos, y a veces también de caninos y molares; aunque en la actualidad se prefiere el término *maldentados.* || m. pl. Zool. 3 Antiguo orden de estos animales.

DESDEÑABLE adj. Que merece ser desdeñado.

DESDEÑAR tr. Tratar con desdén.

DESDEÑOSO, SA adj. y s. Que manifiesta desdén por algo o alguien.

DESDIBUJADO, DA adj. Borroso, sin rasgos definidos.

DESDIBUJARSE prnl. Perder una cosa la precisión de sus contornos.

DESDICHA f. 1 Desgracia. 2 Miseria, necesidad.

DESDICHADO, DA adj. 1 Desgraciado. También s. 2 fig. y fam. Cuitado, sin malicia.

DESDICHO, CHA p. p. p. irreg. de DESDECIR.

DESDOBLAMIENTO m. 1 Acción y efecto de desdoblar. 2 Quím. Fraccionamiento de un compuesto en sus elementos. || **DESDOBLAMIENTO DE LA PERSONALIDAD** Psicol. Coexistencia en el mismo individuo de dos personalidades distintas.

DESDOBLAR tr. y prnl. 1 Extender lo que estaba doblado. 2 fig. Separar los elementos de un compuesto.

DESDORAR tr. y prnl. 1 Quitar el oro o lo dorado de una cosa. 2 fig. Deslucir, manchar la fama o reputación.

DESDORO m. Deslustre, mancha en la reputación o fama.

DESDRAMATIZAR tr. Quitar importancia, suprimir o atenuar el carácter dramático de una cosa.

DESEABLE adj. Digno de ser deseado.

DESEADA Isla de las Pequeñas Antillas, del grupo de Barlovento, dependencia del departamento francés de ultramar de Guadalupe; 21,1 km² y 1.610 h. Capital, Grande Anse.

DESEADO Río de Argentina, provincia de Santa Cruz, que desemboca en el océano Atlántico; 615 km.

DESEAR tr. 1 Aspirar al conocimiento, posesión o disfrute de una cosa. 2 Anhelar que acontezca o deje de acontecer algún suceso. 3 Sentir apetencia sexual hacia una persona.

DESECACIÓN f. Acción y efecto de desecar.

DESECAR tr. y prnl. Secar, extraer la humedad o el líquido contenido en un cuerpo o sustancia.

DESECHABLE adj. 1 Se dice de todo lo que se desecha o se puede o se debe desechar. 2 Se dice de los objetos destinados a ser usados sólo una vez.

DESECHAR tr. 1 Excluir, reprobar. 2 Menospreciar, desestimar. 3 Renunciar, no admitir. 4 Expeler, arrojar. 5 Apartar de sí. 6 Tirar un vestido u otra cosa de uso.

DESECHO m. 1 Lo que se desecha. 2 Cosa que, una vez usada, no sirve a la persona para quien se hizo.

DESEMBALAJE m. Acción de desembalar.

DESEMBALAR tr. Deshacer fardos, desempaquetar.

DESEMBALDOSAR tr. Quitar las baldosas.

DESEMBALSAR tr. Dar salida al agua contenida en un embalse.

DESEMBALSE m. Acción y efecto de desembalsar.

DESEMBARAZADO, DA adj. Despejado, libre.

DESEMBARAZAR tr. 1 Quitar el impedimento que se opone a una cosa. También prnl. 2 Evacuar, desocupar. || prnl. 3 fig. Apartar uno de sí lo que le estorba para conseguir un fin.

DESEMBARAZO m. Despejo, desenfado.

DESEMBARCADERO m. Lugar para desembarcar.

DESEMBARCAR tr. 1 Sacar de la nave y poner en tierra lo embarcado. || intr. 2 Salir de una embarcación. También prnl. 3 fig. y fam. Salir de un vehículo. 4 Mar. Dejar de pertenecer a la dotación de un buque. 5 fig. Tomar parte una persona, grupo o empresa en una actividad, negocio, etc.

DESEMBARCO m. 1 Acción de desembarcar. 2 Mar. Operación militar que realiza en tierra la dotación de un buque o de una escuadra, o las tropas que llevan.

DESEMBARGAR tr. 1 Quitar el impedimento o embarazo. 2 Der. Alzar el embargo.

DESEMBARGO m. Der. Acción y efecto de desembargar.

DESEMBARQUE m. Mar. Acción y efecto de desembarcar.

DESEMBARRANCAR tr. y prnl. Sacar a flote la nave.

DESEMBARRAR tr. Limpiar, quitar el barro.

DESEMBOCADERO m. DESEMBOCADURA.

DESEMBOCADURA f. 1 Paraje por donde un río o canal desemboca en otro, en el mar o en un lago. 2 Lugar por donde se sale de una calle o camino a otro.

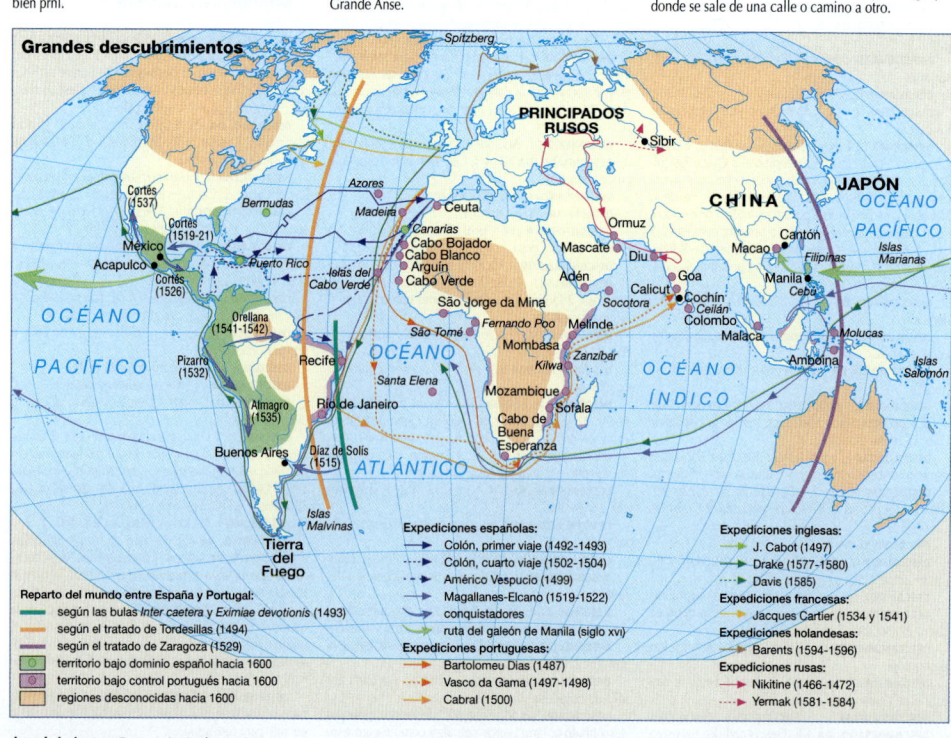

descubrimientos. Rutas principales.

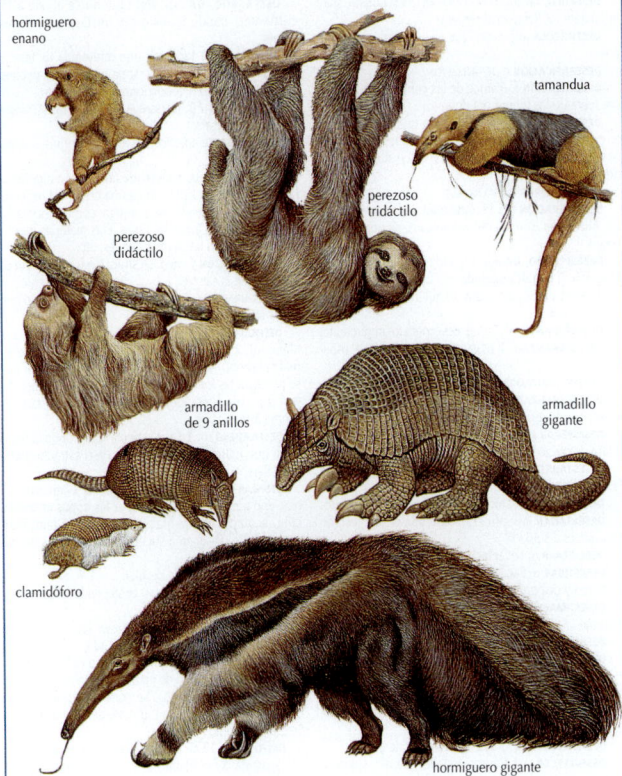

desdentados

DESEMBOCAR intr. **1** Salir por un sitio estrecho. **2** Desaguar un río o canal en otro, en el mar o en un lago. **3** Tener una calle salida.
DESEMBOLSAR tr. **1** Sacar lo que está en la bolsa. **2** fig. Pagar o entregar una cantidad de dinero.
DESEMBOLSO m. **1** Entrega de una cantidad de dinero determinada. **2** Gasto, coste.
DESEMBOQUE m. DESEMBOCADURA.
DESEMBOTAR tr. y prnl. fig. Avivar, despertar.
DESEMBOZADO, DA adj. Que se hace sin recato.
DESEMBOZAR tr. y prnl. Quitar el embozo a alguien para descubrir su rostro.
DESEMBRAGAR tr. Desconectar del eje motor un mecanismo.
DESEMBRIAGAR tr. y prnl. Quitar la embriaguez.
DESEMBRIDAR tr. Quitar a una cabalgadura las bridas.
DESEMBROLLAR tr. fam. Desenredar, aclarar.
DESEMBRUJAR tr. Deshacer el embrujamiento.
DESEMBUCHAR tr. **1** Zool. Echar las aves lo que tienen en el buche. **2** fig. y fam. Decir uno cuanto sabe y tenía callado.
DESEMEJANTE adj. DIFERENTE.
DESEMEJANZA f. Diferencia, diversidad.
DESEMEJAR intr. **1** No parecerse una cosa a otra. || tr. **2** Desfigurar, cambiar de aspecto.
DESEMPACAR tr. **1** Sacar las mercancías de las pacas. **2** Deshacer el equipaje o cualquier paquete.
DESEMPACHAR tr. **1** Quitar el empacho del estómago. || prnl. **2** fig. Desenvolverse con soltura, sin timidez.
DESEMPACHO m. fig. Desahogo, desenfado.
DESEMPALAGAR tr. y prnl. Quitar el empalago o hastío causados por la comida y bebida.
DESEMPAÑAR tr. y prnl. **1** Limpiar lo que estaba empañado. **2** Quitar los pañales al niño.
DESEMPAPELAR tr. Quitar a una cosa el papel en que estaba envuelta.
DESEMPAQUETAR tr. Desenvolver lo que está empaquetado o más paquetes.
DESEMPAREJAR tr. y prnl. Desigualar lo igual y parejo.
DESEMPARENTADO adj. Sin parientes.
DESEMPATAR tr. Deshacer un empate en una votación, en una competición deportiva, en un juego, etc. También prnl.
DESEMPATE m. Acción y efecto de desempatar.
DESEMPEDRAR tr. **1** Arrancar las piedras de un empedrado. **2** fig. Correr desenfrenadamente. ♦ IRREG. Se conjuga como ACERTAR.
DESEMPEGAR tr. Quitar la pez a una cosa.
DESEMPEÑAR tr. **1** Recuperar lo empeñado. **2** Dejar a alguien sin deudas o empeños pagando en su nombre o dándole el dinero para que pague él. También prnl. **3** Cumplir las obligaciones inherentes a una profesión, cargo u oficio; ejercerlos. **4** Teat. Representar un papel en una obra dramática.
DESEMPEÑO m. Acción y efecto de desempeñar.
DESEMPLEO m. Paro forzoso.
DESEMPOLVAR tr. **1** Quitar el polvo. También prnl. **2** Traer a la memoria lo olvidado.
DESEMPOTRAR tr. Sacar lo empotrado.
DESEMPUÑAR tr. Dejar de empuñar.
DESENAMORAR tr. y prnl. Hacer perder o perder el amor o afecto a una persona o cosa.
DESENCADENAR tr. **1** Quitar la cadena al encadenado. **2** fig. Romper el vínculo de las cosas inmateriales. **3** Producir movimientos impetuosos de fuerzas naturales. También prnl. **4** Originar o provocar hechos o movimientos de ánimo, por lo común, apasionados o violentos. También prnl.
DESENCAJAMIENTO m. Acción y efecto de desencajar.
DESENCAJAR tr. y prnl. **1** Sacar una cosa del encaje o trabazón que tenía con otra. || prnl. **2** Desfigurarse, descomponerse el semblante.
DESENCAJONAR tr. **1** Sacar algo de un cajón. **2** Taurom. Hacer salir a los toros de los cajones en que han sido transportados a la plaza.
DESENCALLAR tr. e intr. Poner a flote una embarcación encallada.
DESENCAMINAR tr. DESCAMINAR.
DESENCANTAR tr. **1** Deshacer el encanto. **2** Decepcionar, desilusionar.
DESENCANTO m. Acción y efecto de desencantar.
DESENCAPOTAR tr. **1** Quitar el capote. También prnl. **2** fig. y fam. Descubrir, manifestar. || prnl. **3** fig. Aclararse el cielo, horizonte, etc. **4** fig. Desenojarse.
DESENCARGAR tr. Revocar un encargo.
DESENCERRAR tr. **1** Sacar del encierro. **2** Abrir lo cerrado. **3** fig. Descubrir lo escondido, oculto o ignorado. ♦ IRREG. Se conjuga como ACERTAR.
DESENCHUFAR tr. Separar lo que está enchufado.

DESENCOFRAR tr. Quitar el encofrado.
DESENCOGER tr. **1** Estirar lo que estaba doblado o encogido. || prnl. **2** fig. Esparcirse, perder el encogimiento.
DESENCOGIMIENTO m. **1** Acción de desencoger. **2** Desembarazo, desenfado, despejo.
DESENCOLAR tr. y prnl. Despegar lo que estaba pegado con cola.
DESENCONAR tr. y prnl. **1** Hacer desaparecer la inflamación o la congestión. **2** fig. Desahogar el ánimo enconado. **3** fig. Moderar.
DESENCONO m. Acción y efecto de desenconar.
DESENCORDAR tr. Mús. Quitar las cuerdas a un instrumento. ♦ IRREG. Se conjuga como CONTAR.
DESENCORVAR tr. Enderezar lo que está encorvado o torcido.
DESENCUADERNAR tr. y prnl. Deshacer lo encuadernado.
DESENDEMONIAR tr. Expulsar los demonios.
DESENDIOSAR tr. y prnl. fig. Abatir la vanidad del que, por creerse superior a los demás, se hace intratable.
DESENFADADO, DA adj. Desembarazado, libre, con sentido del humor.
DESENFADAR tr. y prnl. Desenojar, quitar el enfado.
DESENFADO m. Desenvoltura, desparpajo, espontaneidad, sentido del humor.
DESENFILAR tr. y prnl. Mil. Poner las tropas a cubierto de los tiros directos del enemigo.
DESENFOCAR tr., intr. y prnl. Hacer perder el enfoque.
DESENFOQUE m. Falta de enfoque o enfoque defectuoso.
DESENFRENAR tr. **1** Quitar el freno a las caballerías. || prnl. **2** fig. Entregarse desordenadamente a vicios, pasiones, etc. **3** fig. Desencadenarse alguna fuerza bruta.
DESENFRENO m. fig. Acción y efecto de desenfrenarse.
DESENFUNDAR tr. Quitar la funda a una cosa.
DESENFURRUÑAR tr. y prnl. Desenfadar, desenojar.
DESENGANCHAR tr. **1** Soltar lo que está enganchado. También prnl. **2** Quitar de un carruaje las caballerías de tiro. || prnl. **3** fig. y fam. Dejar de tener un hábito, en especial el de consumir drogas.
DESENGANCHE m. Acción y efecto de desenganchar.
DESENGAÑADO, DA adj. **1** Desilusionado, falto de esperanza. **2** Experimentado o curtido por los desengaños.
DESENGAÑAR tr. **1** Hacer reconocer el error. También prnl. **2** Quitar esperanzas o ilusiones.
DESENGAÑO m. **1** Conocimiento de la verdad, con que se sale del engaño o error. **2** Efecto de ese conocimiento en el ánimo. **3** Palabra, juicio o expresión que se dice a uno echándole en cara alguna falta. || m. pl. **4** Lecciones recibidas por experiencia.
DESENGARZAR tr. y prnl. Deshacer el engarce.
DESENGASTAR tr. Sacar una cosa de su engaste.
DESENGAVETAR tr. Guat. Sacar algo que estaba guardado desde hacía tiempo en una gaveta.
DESENGRANAR tr. Soltar el engranaje de alguna cosa con otra.
DESENGRASAR tr. **1** Quitar la grasa. || intr. **2** fam. ENFLAQUECER, perder carnes. **3** fig. DESENSEBAR, quitar el sabor de la grasa.
DESENGRASE m. Acción y efecto de desengrasar.
DESENGROSAR tr. e intr. Adelgazar, enflaquecer. ♦ IRREG. Se conjuga como CONTAR.
DESENGRUDAR tr. Quitar el engrudo.
DESENHEBRAR tr. y prnl. Sacar la hebra de la aguja.
DESENJAULAR tr. Sacar de la jaula.
DESENLACE m. Acción y efecto de desenlazar.
DESENLADRILLAR tr. Quitar o arrancar los ladrillos del suelo.
DESENLAZAR tr. **1** Desatar los lazos y soltar lo que está atado con ellos. También prnl. **2** fig. Dar solución a un asunto. **3** fig. Resolver la trama de una obra dramática, narrativa o cinematográfica, hasta llegar a su final. También prnl.
DESENLODAR tr. Quitar el lodo a una cosa.
DESENLOSAR tr. Deshacer el enlosado.
DESENLUTAR tr. y prnl. Quitar el luto.
DESENMARAÑAR tr. **1** Desenredar, deshacer el enredo o maraña. **2** fig. Poner en claro una cosa que estaba oscura y enredada.
DESENMASCARAR tr. **1** Quitar la máscara. También prnl. **2** fig. Dar a conocer a una persona tal como es, descubriendo lo que procura ocultar.
DESENMOHECER tr. Limpiar, quitar el moho. ♦ IRREG. Se conjuga como AGRADECER.
DESENMUDECER intr. **1** Libertarse del impedimento natural que tenía uno para hablar. También prnl. **2** Romper el silencio que se había guardado mucho tiempo. ♦ IRREG. Se conjuga como AGRADECER.
DESENOJAR tr. y prnl. Aplacar, sosegar, hacer perder el enojo. También prnl.
DESENOJO m. Deposición del enojo.

DESENREDAR tr. 1 Deshacer el enredo. 2 fig. Poner en orden cosas que estaban desordenadas. || prnl. 3 Desenvolverse, salir de una dificultad.

DESENREDO m. 1 Acción y efecto de desenredar. 2 DESENLACE.

DESENROLLAR tr. y prnl. DESARROLLAR, soltar lo que está arrollado.

DESENROSCAR tr. 1 Extender lo que está enroscado. También prnl. 2 Sacar de su asiento lo que está introducido a vuelta de rosca.

DESENSAMBLAR tr. y prnl. Desunir las piezas de madera ensambladas.

DESENSAÑAR tr. y prnl. Hacer deponer la saña.

DESENSARTAR tr. Soltar lo ensartado.

DESENSEBAR tr. 1 Quitar el sebo. || intr. 2 fig. Variar de ocupación o ejercicio para hacer más llevadero el trabajo. 3 fig. Quitar el sabor de la grasa que se acaba de comer, tomando aceitunas, fruta, etc.

DESENSILLAR tr. Quitar la silla a una caballería.

DESENSOBERBECER tr. y prnl. Hacer deponer la soberbia. ♦ IRREG. Se conjuga como AGRADECER.

DESENSORTIJADO, DA adj. Se dice de los rizos del pelo cuando se deshacen.

DESENTABLAR tr. 1 Arrancar las tablas o deshacer el tablado. 2 fig. Alterar el orden de una cosa. 3 Deshacer, desconcertar un negocio, trato o amistad.

DESENTARIMAR tr. Quitar el entarimado.

DESENTENDERSE prnl. 1 Fingir que no se entiende una cosa, afectar ignorancia. 2 Prescindir de un asunto; no tomar parte en él. ♦ IRREG. Se conjuga como ENTENDER.

DESENTERRAMIENTO m. Acción y efecto de desenterrar.

DESENTERRAR tr. 1 Exhumar, sacar lo que está debajo de tierra. 2 fig. Traer a la memoria lo olvidado. ♦ IRREG. Se conjuga como ACERTAR.

DESENTOLDAR tr. 1 Quitar los toldos. 2 fig. Despojar de su adorno y compostura una cosa.

DESENTONAR intr. 1 *Mús.* Dar una nota más alta o más baja de lo que corresponde. También prnl. 2 Quedar mal dentro de un conjunto.

DESENTONO m. 1 Desproporción en el tono de la voz. 2 fig. Descompostura y descomedimiento en el tono de la voz.

DESENTORPECER tr. y prnl. 1 Quitar la torpeza o el pasmo. 2 Hacer capaz al que antes era torpe o rudo. ♦ IRREG. Se conjuga como AGRADECER.

DESENTRAMPAR tr. y prnl. fam. DESEMPEÑAR, liberar a alguien de sus empeños.

DESENTRAÑAR tr. 1 Sacar, arrancar las entrañas. 2 fig. Averiguar lo más recóndito de una materia. || prnl. 3 fig. Desapropiarse uno de cuanto tiene, dándoselo a otro.

DESENTRENAMIENTO m. Acción y efecto de desentrenarse.

DESENTRENAR tr. y prnl. Hacer perder el entrenamiento adquirido.

DESENTRONIZAR tr. 1 DESTRONAR. 2 fig. Deponer a uno de la autoridad que tenía.

DESENTUMECER tr. y prnl. Hacer que un miembro entorpecido recobre su agilidad y soltura. ♦ IRREG. Se conjuga como AGRADECER.

DESENTUMECIMIENTO m. Acción y efecto de desentumecer o desentumecerse.

DESENVAINAR tr. 1 Sacar de la vaina la espada u otra arma blanca. 2 fig. y fam. Sacar lo que está oculto o encubierto con alguna cosa.

DESENVERGAR tr. *Mar.* Desatar las velas que están envergadas.

DESENVOLTURA f. fig. Facilidad y gracia de movimientos o palabra.

DESENVOLVER tr. 1 Quitar la envoltura. 2 Extender lo que está enrollado. || prnl. 3 Funcionar, marchar. 4 Desarrollarse, transcurrir. 5 Manejarse bien, obrar con maña y habilidad. ♦ IRREG. Se conjuga como MOVER.

DESENVOLVIMIENTO m. Acción y efecto de desenvolver o desenvolverse.

DESENVUELTO, TA adj. Que tiene desenvoltura. ♦ Es el p. p. irreg. de DESENVOLVER.

DESENZARZAR tr. y prnl. 1 Sacar de las zarzas una cosa. 2 fig. y fam. Separar o aplacar a los que riñen.

DESEO m. 1 Movimiento enérgico de la voluntad hacia el conocimiento, posesión o disfrute de una cosa. 2 Acción y efecto de desear. 3 Cosa deseada.

DESEOSO, SA adj. Que desea o apetece.

DESEQUILIBRADO, DA adj. Falto de la sensatez y cordura que suele ser normal en la generalidad de los hombres, llegando a veces a parecer loco.

DESEQUILIBRAR tr. y prnl. Hacer perder el equilibrio.

DESEQUILIBRIO m. 1 Falta de equilibrio. 2 Alteración de la conducta. 3 *Econ.* Desajuste de las magnitudes económicas.

DESERCIÓN f. 1 Acción de desertar. 2 *Der.* Abandono de la apelación que se tenía interpuesta.

DESERTAR intr. 1 Abandonar un militar su puesto. 2 fig. y fam. Apartarse de una causa, idea o dejar de frecuentar un sitio.

DESÉRTICO, CA adj. *Ecol.* 1 DESIERTO, despoblado, solo, inhabitado. 2 Relativo al desierto.

DESERTÍCOLA adj. *Ecol.* Que vive en parajes desérticos.

DESERTIFICACIÓN f. DESERTIZACIÓN.

DESERTIZACIÓN f. Avance de las condiciones desérticas fuera de los límites del desierto.

DESERTOR, RA m. y f. 1 Soldado que abandona las armas y escapa de su unidad. 2 fig. y fam. Persona que se retira de una causa que servía o de un sitio que solía frecuentar.

DESESCOMBRAR tr. ESCOMBRAR.

DESESPERACIÓN f. 1 Pérdida total de la esperanza. 2 fig. Alteración extrema del ánimo causada por cólera o enojo.

DESESPERADO, DA adj. y s. Dominado por la desesperación. || **a la desesperada** loc. adv. Acudiendo a remedios extremos para lograr lo que no parece posible de otro modo.

DESESPERANTE adj. Que desespera o impacienta.

DESESPERANZA f. 1 DESESPERACIÓN. 2 Falta de esperanza.

DESESPERANZADOR, RA adj. Que quita la esperanza.

DESESPERANZAR tr. 1 Quitar la esperanza. || prnl. 2 Quedarse sin esperanza.

DESESPERAR tr. y prnl. 1 DESESPERANZAR. También intr. 2 fam. Impacientar, exasperar.

DESESTABILIZAR tr. y prnl. Comprometer o perturbar la estabilidad.

DESESTANCAR tr. Dejar libre lo que está estancado.

DESESTAÑAR tr. y prnl. Quitar a una cosa el estaño con que está soldada.

DESESTERAR tr. Levantar o quitar las esteras.

DESESTIBAR tr. Sacar el cargamento de la bodega de un barco y disponerlo para la descarga.

DESESTIMACIÓN o **DESESTIMA** f. Acción y efecto de desestimar.

DESESTIMAR tr. 1 Tener en poco. 2 Denegar, desechar.

DESFACHATEZ f. fam. Descaro, desvergüenza.

DESFAJAR tr. y prnl. Quitar la faja.

DESFALCAR tr. 1 Quitar parte de una cosa, descabalarla. 2 Tomar para sí un caudal que se tenía bajo obligación de custodia.

DESFALCO m. Acción y efecto de desfalcar.

DESFALLECER tr. 1 Causar desfallecimiento. || intr. 2 Desmayarse, decaer perdiendo el aliento, vigor y fuerzas. ♦ IRREG. Se conjuga como AGRADECER.

DESFALLECIMIENTO m. Disminución de ánimo, desmayo.

DESFASADO, DA adj. fig. Que no se ajusta a las corrientes, condiciones o circunstancias del momento.

DESFASAR tr. 1 Producir una diferencia de fase. || prnl. 2 No adaptarse una persona o cosa a las circunstancias, corrientes o condiciones del momento.

DESFASE m. 1 *Fís.* DIFERENCIA DE FASE. 2 fig. Acción y efecto de desfasarse.

DESFAVORABLE adj. Poco favorable, perjudicial, adverso.

DESFAVORECER tr. 1 Dejar de favorecer a alguien. 2 Contradecir, hacer oposición a una cosa, favoreciendo la contraria. ♦ IRREG. Se conjuga como AGRADECER.

DESFIBRAR tr. Quitar las fibras a las materias que las contienen, como las plantas textiles, etc.

DESFIBRINACIÓN f. *Med.* Destrucción o separación de la fibrina de la sangre.

DESFIGURACIÓN f. Acción y efecto de desfigurar o desfigurarse.

DESFIGURAR tr. 1 Desemejar, afear las facciones. También prnl. 2 Disfrazar y encubrir con apariencia diferente la propia semblante. 3 Oscurecer e impedir que se perciban las formas y figuras de las cosas. 4 fig. Referir una cosa alterando sus verdaderas circunstancias. || prnl. 5 Inmutarse.

DESFILADERO m. 1 Paso estrecho por donde la tropa tiene que marchar desfilando. 2 Paso estrecho entre montañas.

DESFILAR intr. 1 Marchar gente en fila. 2 fam. Salir varios, uno tras otro. 3 *Mil.* Marchar las tropas en formación, acompasadas y braceando. 4 fig. y fam. Marcharse. 5 fig. Pasar una sucesión de personas por un lugar.

DESFILE m. Acción de desfilar.

DESFLECAR tr. Sacar flecos, destejiendo las orillas de una tela.

DESFLEMAR intr. 1 Echar, expeler las flemas. || tr. *Quím.* 2 Separar la flema de un líquido.

DESFLORAR tr. 1 Ajar, quitar la flor o el lustre. 2 DESVIRGAR. 3 fig. Hablando de un asunto o materia, tratarlo superficialmente. ♦ IRREG. Se conjuga como CONTAR.

DESFLORECER intr. y prnl. *Bot.* Perder la flor. ♦ IRREG. Se conjuga como AGRADECER.

DESFOGAR tr. 1 Dar salida al fuego. 2 Hablando de la cal, apagarla. 3 fig. Manifestar con vehemencia una pasión. También prnl. || intr. 4 Resolverse una tempestad en viento, en agua o en ambas cosas a la vez. || prnl. 5 Aliviar o eliminar la tensión acumulada, el aburrimiento, etc., mediante el ejercicio físico o la diversión.

desfiladero del río Cares (Asturias).

DESFOGONAR tr. y prnl. Romper el fogón a las armas de fuego.
DESFOGUE m. Acción y efecto de desfogar o desfogarse.
DESFOLLONAR tr. Agr. Quitar a las plantas las hojas o vástagos inútiles.
DESFONDAR tr. 1 Quitar el fondo a un vaso o caja. También prnl. 2 Dar a la tierra labores profundas. 3 Mar. Agujerear el fondo de una nave. También prnl. 4 Dep. En competiciones deportivas, quitar fuerza o empuje. También prnl.
DESFONOLOGIZACIÓN f. Ling. Desaparición de una oposición fonológica.
DESFRUNCIR tr. Desplegar lo que está plegado o fruncido.
DESFRUTAR tr. e intr. Agr. Privar de fruto a una planta antes de que llegue a sazón.
DESGAIRE m. 1 Desaliño, desaire en el manejo del cuerpo y en las acciones. 2 Ademán con que se desprecia y desestima a una persona o cosa.
DESGAJADURA f. Bot. Rotura de la rama cuando lleva consigo parte de la corteza y aun del tronco a que está asida.
DESGAJAMIENTO o **DESGAJE** m. Acción y efecto de desgajar o desgajarse.
DESGAJAR tr. 1 Bot. Desgarrar, arrancar la rama del tronco de donde nace. También prnl. 2 Despedazar, romper. 3 Separar los gajos de una fruta, como de la naranja. || prnl. 4 fig. Desprenderse una cosa inmoble de otra a que está unida.
DESGALICHADO, DA adj. fam. Desaliñado, desgarbado.
DESGANA f. 1 Inapetencia, falta de gana de comer. 2 fig. Disgusto o repugnancia a una cosa.
DESGANAR tr. 1 Quitar el deseo, gusto o gana de hacer una cosa. || prnl. 2 Perder el apetito a la comida. 3 fig. Disgustarse, cansarse.
DESGANCHAR tr. y prnl. Arrancar las ramas o ganchos de los árboles.
DESGANO m. DESGANA.
DESGAÑITARSE prnl. 1 fam. Esforzarse uno violentamente gritando o voceando. 2 ENRONQUECERSE.
DESGARBADO, DA adj. Falto de garbo.
DESGARBO m. Falta de garbo.
DESGARGOLAR tr. 1 Sacudir el lino o el cáñamo para que despidan la linaza o el cañamón. 2 Sacar de los gárgoles una pieza de madera.
DESGARITAR intr. y prnl. Perder el rumbo.
DESGARRADO, DA adj. y s. Que procede licenciosamente y con escándalo.
DESGARRADOR, RA adj. Que desgarra o tiene fuerza para desgarrar.
DESGARRADURA f. DESGARRÓN.
DESGARRAR tr. 1 RASGAR, romper cosas. También prnl. 2 Causar algo gran pena o despertar mucha compasión. || prnl. 3 fig. Apartarse, separarse.
DESGARRO m. 1 Rotura o rompimiento. 2 fig. Arrojo, desvergüenza, descaro. 3 fig. Fanfarronada. 4 Amér. Acción y efecto de arrancar la flema.
DESGARRÓN m. 1 Rasgón o rotura grande del vestido. 2 Jirón o tira del vestido al desgarrarse la tela.
DESGASTAR tr. 1 Consumir poco a poco por el uso o el roce parte de una cosa. También prnl. 2 fig. Pervertir, viciar. || prnl. 3 fig. Perder fuerza, vigor o poder.
DESGASTE m. Acción y efecto de desgastar.
DESGLOSAR tr. 1 Quitar la glosa o nota a un escrito. 2 Separar un impreso de otros con los cuales está encuadernado. 3 Separar algo de un todo, para estudiarlo o considerarlo por separado.
DESGLOSE m. Acción y efecto de desglosar.
DESGOBERNADO, DA adj. Se aplica a la persona que se gobierna mal.
DESGOBERNAR tr. 1 Deshacer, perturbar y confundir el buen orden del gobierno. 2 Desencajar, dislocar, descoyuntar los huesos. 3 Mar. Descuidarse el timonero en el gobierno del timón. || prnl. 4 fig. Afectar movimientos de miembros desconcertados, como en bailes y mudanzas. ♦ IRREG. Se conjuga como ACERTAR.
DESGOBIERNO m. Desorden, falta de gobierno.
DESGOMAR tr. Quitar la goma o los tejidos.
DESGOZNAR tr. 1 Quitar o arrancar los goznes. || prnl. 2 fig. DESGOBERNARSE.
DESGRACIA f. 1 Suerte adversa. 2 Caso o acontecimiento adverso o funesto. 3 Pérdida de gracia, favor o valimiento. 4 Desagrado, aspereza en la condición o en el trato. 5 Falta de gracia o de maña.
DESGRACIADO, DA adj. 1 Que padece desgracias. También s. 2 DESAFORTUNADO. También s. 3 Falto de gracia y atractivo. 4 DESAGRADABLE. 5 Persona que inspira compasión o menosprecio. 6 En algunos países de América se usa como insulto grave.
DESGRACIAR tr. 1 Disgustar, desagradar. || prnl. 2 Malograrse. 3 Desavenirse, desviarse uno de un amigo; perder la gracia o favor de alguno.
DESGRANADO, DA adj. Que se dice de la rueda o piñón dentados que han perdido alguno de sus dientes.

DESGRANADOR, RA adj. y s. 1 Que desgrana. || f. 2 Máquina para desgranar productos agrícolas.
DESGRANAR tr. 1 Sacar el grano de una cosa. También prnl. || prnl. 2 Desgastarse el oído o el grano en las armas de fuego. 3 Soltarse las piezas ensartadas, como las cuentas de un collar, rosario, etc.
DESGRASAR tr. Quitar la grasa a las lanas o a los tejidos que se hacen con ellas.
DESGRAVACIÓN f. Acción y efecto de desgravar.
DESGRAVAR tr. Econ. 1 Rebajar los impuestos sobre determinados objetos o personas. || prnl. Econ. 2 Descontarse alguna cantidad en los impuestos personales que se deben pagar.
DESGREÑADO, DA adj. Despeinado, con el cabello en desorden.
DESGREÑAR tr. 1 Desordenar los cabellos. También prnl. || prnl. 2 ANDAR A LA GREÑA.
DESGUACE m. 1 Acción y efecto de desguazar. 2 Materiales que resultan de desguazar algo. 3 Lugar en que se desguaza.
DESGUAÑANGAR tr. Amér. Desvencijar, descuajaringar.
DESGUARNECER tr. 1 Quitar la guarnición que servía de adorno. 2 Quitar la fuerza o la fortaleza a una cosa. 3 Quitar todo aquello que es necesario para el uso de un instrumento mecánico; como el mango del martillo, etc. 4 Quitar las guarniciones a los animales de tiro. ♦ IRREG. Se conjuga como AGRADECER.
DESGUAZAR tr. 1 Desbastar con el hacha un madero. 2 Deshacer un buque total o parcialmente. 3 Desmontar o deshacer pieza a pieza cualquier estructura. También en sentido figurado.
DESGUINCE m. 1 Cuchillo con que se corta el trapo en el molino de papel. 2 ESGUINCE.
DESGUINDAR tr. 1 Mar. Bajar lo que está guindado. || prnl. 2 Descolgarse de lo alto.
DESGUINZAR tr. Cortar el trapo con el desguince.
DESHABITADO, DA adj. Se dice del edificio, lugar o paraje que estuvo habitado y ya no lo está.
DESHABITAR tr. 1 Dejar de vivir en un lugar o casa. 2 Dejar sin habitantes una población o un territorio.
DESHABITUACIÓN f. Acción y efecto de deshabituar.
DESHABITUAR tr. y prnl. Hacer perder a una persona o animal el hábito o la costumbre que tenía.
DESHACER tr. 1 Quitar la forma o figura a una cosa, descomponiéndola. También prnl. 2 Desgastar, atenuar. También prnl. 3 Derretir, liquidar. También prnl. 4 Dividir, despedazar. 5 Desleír una cosa líquida la que no lo es. 6 fig. Alterar, descomponer un tratado o negocio. || prnl. 7 Desbaratarse una cosa. 8 fig. Afligirse mucho, estar sumamente impaciente. 9 fig. Desaparecerse de la vista. 10 fig. Trabajar con mucho ahínco. 11 Con la preposición en y sustantivos que indiquen manifestaciones de aprecio, afecto o las contrarias, extremarlas. 12 fig. Estropearse gravemente. 13 fig. Enflaquecerse, extenuarse. ♦ IRREG. Se conjuga como HACER.
DESHARRAPADO, DA adj. y s. Andrajoso, roto y lleno de harapos.
DESHEBILLAR tr. Soltar la hebilla.
DESHEBRAR tr. 1 Sacar las hebras o hilos, destejiendo una tela. 2 fig. Deshacer una cosa en partes muy delgadas.
DESHECHA f. 1 Disimulo. 2 Despedida cortés. 3 Lit. Cierto género de cancioncita final de una composición poética. 4 Amér. DESECHO, atajo.

deshielo del lago Balatón (Hungría).

DESHECHO, CHA adj. 1 Hablando de lluvias, temporales, etc., impetuoso, fuerte, violento. || m. 2 Amér. ATAJO, senda. ♦ Es el p. p. irreg. de DESHACER.
DESHELAR tr. y prnl. Hacer desaparecer el hielo de lo que está helado. ♦ IRREG. Se conjuga como ACERTAR.
DESHERBAR tr. Quitar las hierbas perjudiciales. ♦ IRREG. Se conjuga como ACERTAR.
DESHEREDADO, DA adj. y s. Pobre, que carece de medios de vida.
DESHEREDAR tr. 1 Excluir a uno de la herencia forzosa. || prnl. 2 fig. Apartarse uno de su familia, obrando indigna y bajamente.
DESHERMANAR tr. 1 fig. Quitar la igualdad o semejanza de dos cosas. || prnl. 2 Faltar a la unión fraternal que un hermano debe profesar a otro.
DESHERRADURA f. Daño que padece en la palma una caballería, por haberla traído desherrada.
DESHERRAR tr. 1 Quitar los hierros o prisiones al que está aprisionado. 2 Quitar las herraduras a una caballería. ♦ IRREG. Se conjuga como ACERTAR.
DESHERRUMBRAR tr. Quím. Quitar la herrumbre.
DESHIDRATACIÓN f. Acción y efecto de deshidratar o deshidratarse.
DESHIDRATAR tr. y prnl. Privar a un cuerpo o a un organismo del agua que contiene.
DESHIDROGENACIÓN f. Quím. Proceso de eliminación del hidrógeno de un compuesto.
DESHIDROGENASA f. Quím. Nombre genérico de las enzimas oxidantes que catalizan reacciones bioquímicas con cesión de dos átomos de hidrógeno de un compuesto a otro distinto del oxígeno.
DESHIELO m. 1 Fís. Inicio del proceso de fusión de un sólido. 2 Geol. Acción y efecto de deshelar, especialmente los hielos y nieves de montañas en primavera. 3 Geol. Época en que se produce este proceso. 4 fig. Proceso de distensión en las relaciones entre países, instituciones, personas, que antes eran hostiles.
DESHILACHAR tr. y prnl. Sacar hilachas de una tela.
DESHILADO, DA adj. 1 Se aplica a los que van desfilando unos después de otros. || 2 Cierta labor que se hace en las telas, sacando varios hilos y formando calados, que se labran después con la aguja. Más en pl.
DESHILAR tr. 1 Sacar hilos de un tejido. 2 Cortar la fila de las abejas, mudando la colmena de un lugar a otro, para sacar un enjambre y pasarlo a vaso nuevo.
DESHILVANADO, DA adj. Sin enlace ni unión entre sus partes.
DESHILVANAR tr. y prnl. Quitar los hilvanes.
DESHINCAR tr. y prnl. Sacar lo que está hincado.
DESHINCHAR tr. 1 Quitar la hinchazón. 2 Desinflar, sacar el aire. 3 fig. Desahogar la cólera o el enojo. || prnl. 4 Deshacerse la hinchazón. 5 fig. y fam. Deponer la presunción.
DESHIPOTECAR tr. 1 Cancelar o suspender la hipoteca. 2 Levantar, en general, un gravamen.
DESHOJAR tr. y prnl. Quitar las hojas a una planta o los pétalos a una flor.
DESHOJE m. Bot. Caída de las hojas de las plantas.
DESHOLLEJAR tr. Quitar el hollejo.
DESHOLLINADERA f. DESHOLLINADOR, escoba.
DESHOLLINADOR, RA adj. y s. 1 Que deshollina. 2 fig. y fam. Que repara y mira con curiosidad. || m. 3 Utensilio para deshollinar chimeneas. 4 Escoba de palo muy largo para deshollinar.

DESHOLLINAR tr. **1** Limpiar las chimeneas, quitándoles el hollín. **2** Limpiar con el deshollinador techos y paredes.

DESHONESTIDAD f. **1** Calidad de deshonesto. **2** Dicho o hecho deshonesto.

DESHONESTO, TA adj. **1** Impúdico, falto de honestidad. **2** No conforme a razón ni a las ideas recibidas por buenas.

DESHONOR m. **1** Pérdida del honor. **2** Afrenta, deshonra.

DESHONRA f. **1** Pérdida de la honra. **2** Cosa deshonrosa.

DESHONRAR tr. y prnl. **1** Quitar la honra. **2** INJURIAR. **3** Escarnecer y despreciar a uno. **4** Desflorar, forzar o acometer sexualmente con torpeza a una mujer.

DESHONROSO, SA adj. Afrentoso, indecoroso.

DESHORA f. Tiempo inoportuno, no conveniente.

DESHUESADORA f. Máquina o instrumento para quitar el hueso a la aceituna u otros frutos.

DESHUESAR tr. Quitar los huesos a un animal o a la fruta.

DESHUEVARSE prnl. vulg. Partirse de risa, burlarse.

DESHUMANIZACIÓN f. Acción y efecto de deshumanizar.

DESHUMANIZAR tr. Privar de caracteres humanos alguna cosa.

DESHUMEDECER tr. y prnl. Desecar, quitar la humedad. ♦ IRREG. Se conjuga como AGRADECER.

DESIDEOLOGIZARSE prnl. fam. Perder la ideología.

DESIDERATIVO, VA adj. Que expresa o indica deseo.

DESIDERÁTUM m. **1** Objeto y fin de un intenso deseo. **2** Lo más digno de ser apetecido en su línea. ♦ Su pl. es *desiderata*.

DESIDERIO Rey lombardo (? - Lieja o Corbie, h. 774). Accedió al trono en 757. Carlomagno invadió sus dominios, destronándolo, lo que puso fin al reino lombardo de Italia.

Desiderio da Settignano. *Mujer joven.* Museo Bargello (Florencia).

DESIDERIO DA SETTIGNANO Escultor italiano (Settignano, h. 1430 - Florencia, 1464). Destacado representante del Renacimiento florentino. Entre sus obras destacan el mausoleo de Carlo Marsuppini (1453) y el tabernáculo del Sacramento (1461), ambos en Florencia.

DESIDIA f. Negligencia, abulia.

DESIERTO, TA adj. **1** Despoblado, solo, inhabitado. **2** Se aplica a la subasta, concurso o certamen en que nadie toma parte o en que ningún participante obtiene la adjudicación. || m. **3** Lugar, paraje, sitio despoblado de edificios y gentes. **4** *Ecol.* Territorio de extensión variable que, a consecuencia de unas condiciones climatológicas de extrema dureza, tiene escasísima vegetación o está desprovisto de ella. Las precipitaciones se distribuyen de forma irregular, sin superar nunca los 100 mm al año y los contrastes de temperatura entre el día y la noche son muy fuertes (más de 90° C de diferencia).

DESIGNACIÓN f. **1** Acción y efecto de designar una persona o cosa para cierto fin. **2** *Ling.* Función puramente denominativa que tiene la lengua.

DESIGNAR tr. **1** Señalar o destinar una persona o cosa para determinado fin. **2** Denominar, nombrar. **3** Representar algo con una palabra o símbolo.

DESIGNATIVO, VA adj. DENOMINATIVO.

DESIGNIO m. Pensamiento o propósito de hacer algo.

DESIGUAL adj. **1** Que no es igual. **2** Cubierto de asperezas. **3** Barrancoso, que tiene quiebras y cuestas. **4** Inconstante, variable.

DESIGUALAR tr. **1** Hacer a una persona o cosa desigual a otra. || prnl. **2** Preferirse, adelantarse, aventajarse.

desierto. Sahara argelino.

DESIGUALDAD f. **1** Calidad de desigual. **2** *Astron.* Cualquier desvío de la uniformidad en un movimiento orbital. **3** *Geol.* Cada una de las prominencias o depresiones de un terreno o de la superficie de un cuerpo. **4** *Mat.* Expresión que permite establecer la falta de igualdad entre dos cantidades o expresiones. Se expresa mediante los signos > (mayor que), < (menor que), ≠ (no igual).

DESILUSIÓN f. **1** Carencia o pérdida de las ilusiones. **2** DESENGAÑO.

DESILUSIONAR tr. **1** Hacer perder a uno las ilusiones. || prnl. **2** Perder las ilusiones. **3** DESENGAÑAR.

DESIMANTAR tr. y prnl. *Fís.* Hacer perder la imantación a un imán.

DESIMPRESIONAR tr. y prnl. Desengañar, sacar a uno del error en que estaba.

DESINCENTIVAR tr. Desanimar, no ofrecer incentivos.

DESINCLINAR tr. y prnl. Apartar a uno de la inclinación que tenía.

DESINCORPORAR tr. y prnl. Separar lo que estaba incorporado.

DESINCRUSTANTE adj. y m. *Quím.* Se dice de la sustancia que se emplea para eliminar el depósito de sales que se forma en las paredes interiores de las calderas de vapor, tuberías, etc.

DESINCRUSTAR tr. Quitar o suprimir incrustaciones.

DESINENCIA f. *Gram.* **1** TERMINACIÓN, dicho de las palabras. **2** Manera de terminar las cláusulas.

DESINFECCIÓN f. Acción y efecto de desinfectar.

DESINFECTANTE adj. y m. Que desinfecta o sirve para desinfectar.

DESINFECTAR tr. y prnl. Destruir o neutralizar las bacterias patógenas utilizando un desinfectante.

DESINFLAMAR tr. y prnl. Quitar la inflamación.

DESINFLAR tr. y prnl. **1** Sacar el aire u otra sustancia aeriforme al cuerpo flexible que lo contenía. **2** fig. Desanimar, desilusionar rápidamente. Más como prnl.

DESINFORMACIÓN f. **1** Acción y efecto de desinformar. **2** Falta de información, ignorancia.

DESINFORMAR intr. **1** Dar información intencionadamente manipulada al servicio de ciertos fines. **2** Dar información insuficiente u omitirla.

DESINSACULAR tr. Sacar del saco o bolsa las bolillas o cédulas en que se hallan los nombres de las personas insaculadas para ejercer un oficio de justicia.

DESINSECTADOR, RA adj. Que desinsecta.

DESINSECTAR tr. Limpiar de insectos.

DESINTEGRACIÓN f. **1** Acción y efecto de desintegrar. **2** *Fís.* Escisión radiactiva en isótopos naturales, que origina la emisión de partículas y radiaciones de alta velocidad.

DESINTEGRAR tr. Separar los distintos elementos que forman el todo de una cosa.

DESINTERÉS m. Desapego y desprendimiento de todo provecho personal.

DESINTERESADO, DA adj. Desprendido, apartado del interés.

DESINTERESARSE prnl. Perder el interés por algo.

DESINTOXICACIÓN f. **1** Acción y efecto de desintoxicar. **2** *Med.* Tratamiento para eliminar un veneno o combatir las propiedades tóxicas de algunas sustancias en el organismo.

DESINTOXICAR tr. y prnl. *Med.* **1** Combatir la intoxicación o sus efectos. **2** Curar la adicción a las drogas.

DÉSIRÉE (EUGÉNIE BERNARDINE DÉSIRÉE CLAY, llamada) Reina de Suecia (Marsella, 1777 - Estocolmo, 1860). Hija de un comerciante marsellés, contrajo matrimonio con el general Bernadotte en 1798, quien accedió al trono de Suecia en 1818.

-DESIS suf. DESMO-.

DESISTIR intr. **1** Apartarse de una empresa o intento que se había proyectado o empezado a ejecutar. **2** Hablando de un derecho, abdicarlo o abandonarlo.

DESJARRETADERA f. Utensilio para desjarretar toros o vacas.

DESJARRETAR tr. **1** Cortar las piernas por el jarrete. **2** fig. y fam. Debilitar y dejar sin fuerzas a uno.

DESJUGAR tr. y prnl. Sacar el jugo.

Desjarrete de la canalla con lanzas de medias lunas, banderillas y otras armas. Grabado de la serie *Tauromaquia*, de Francisco de Goya.

DESLABONAR tr. y prnl. **1** Soltar y desunir un eslabón de otro. **2** fig. Desunir y deshacer una cosa. || prnl. **3** fig. Apartarse de la compañía o trato de una persona.
DESLADRILLAR tr. DESENLADRILLAR.
DESLAMAR tr. Quitar la lama.
DESLASTRAR tr. Quitar el lastre.
DESLATERALIZAR tr. y prnl. *Fon.* Transformar una consonante lateral en otra que no lo es, como la segunda *l* del lat. *rebellis* en la *d* de *rebelde*.
DESLAVAR tr. **1** Limpiar y lavar una cosa muy por encima. **2** Desustanciar, quitar fuerza, color y vigor.
DESLAVAZADO, DA adj. **1** Insustancial, insulso. **2** Desordenado, mal compuesto.
DESLAVAZAR tr. DESLAVAR.
DESLEAL adj. y s. Que obra sin lealtad.
DESLEALTAD f. Falta de lealtad.
DESLECHUGAR tr. *Agr.* **1** Limpiar las viñas de lechuguillas y otras hierbas. **2** DESFOLLONAR.
DESLEGITIMAR tr. Quitar la legitimidad a algo.
DESLEÍR tr. **1** *Fís.* Disolver y desunir las partes sólidas de algunos cuerpos por medio de un líquido. También prnl. **2** fig. Tratándose de pensamientos, etc., expresarlos con sobreabundancia de palabras. ♦ IRREG. Se conjuga como REÍR.
DESLENGUADO, DA adj. fig. Desvergonzado, mal hablado.
DESLENGUAR tr. **1** Quitar o cortar la lengua. || prnl. **2** fig. y fam. Desbocarse, desvergonzarse.
DESLIAR tr. **1** Deshacer el lío, desatar lo liado. También prnl. **2** *Agr.* Separar las lías del mosto.
DESLIGADURA f. Acción y efecto de desligar.
DESLIGAR tr. **1** Desatar, soltar las ligaduras. También prnl. **2** fig. Desenredar una cosa no material. También prnl. **3** fig. Absolver de las censuras eclesiásticas. **4** fig. Dispensar de la obligación contraída. **5** *Mús.* PICAR, hacer sonar las notas con una breve pausa entre ellas.
DESLINDAR tr. **1** Señalar los términos de un lugar, provincia o heredad. **2** fig. Aclarar una cosa.
DESLINDE m. Acción y efecto de deslindar.
DESLIÑAR tr. y prnl. **1** Quitar al paño cualquier hilacha o cosa extraña, antes de llevarlo a la prensa.
DESLIZ m. **1** Acción y efecto de deslizar. **2** fig. Desacierto, descuido, indiscreción involuntaria.
DESLIZAMIENTO m. *Geol.* Proceso gravitacional caracterizado por la existencia de un plano sobre el que se produce el movimiento.
DESLIZANTE adj. Que desliza o se desliza.
DESLIZAR tr. **1** Incluir en un escrito o discurso, como al descuido, frases o palabras intencionadas. || intr. **2** Irse los pies por encima de una superficie lisa o mojada. Más como prnl. **3** fig. Decir o hacer una cosa con descuido. Más como prnl. || prnl. **4** fig. Escaparse, evadirse. **5** fig. Caer en una flaqueza, inadvertencia o error.
DESLOMAR tr. y prnl. **1** Quebrantar, romper o maltratar los lomos. || prnl. **2** Trabajar mucho.
DESLUCIDO, DA adj. Que carece de lucimiento.
DESLUCIMIENTO m. Falta de despejo y lucimiento.
DESLUCIR tr. y prnl. **1** Quitar la gracia, atractivo o lustre de una cosa. **2** fig. DESACREDITAR. ♦ IRREG. Se conjuga como LUCIR.
DESLUMBRAMIENTO m. **1** Acción y efecto de deslumbrar. **2** Turbación de la vista por luz demasiada o repentina. **3** fig. Falta de conocimiento por efecto de una pasión.
DESLUMBRANTE adj. Que deslumbra.
DESLUMBRAR tr. **1** *Fís.* Ofuscar la vista con demasiada luz. También prnl. **2** fig. Dejar a uno confuso o admirado. También prnl. **3** fig. Producir impresión con estudiado exceso de lujo.
DESLUSTRAR tr. **1** Quitar el lustre. **2** fig. DESLUCIR, difamar. **3** Hablando del vidrio, quitarle la transparencia.
DESLUSTRE m. **1** Deslucimiento, falta de lustre. **2** Acción de quitar el lustre. **3** fig. Descrédito y nota que causa una acción indecorosa.
DESLUSTROSO, SA adj. Deslucido, feo, indecoroso.
DESM-; -DESM- pref. o in. DESMO-.
DESMADEJADO, DA adj. fig. Se dice de la persona que se siente con flojedad.
DESMADEJAMIENTO m. fig. Flojedad, debilidad, decaimiento del cuerpo.
DESMADEJAR tr. y prnl. Causar flojedad en el cuerpo.
DESMADRADO, DA adj. **1** *Zool.* Se dice del animal abandonado por la madre. **2** Se aplica al comportamiento, persona, etc., excesivamente alocado.
DESMADRAR tr. **1** Separar de las madres las crías del ganado para que no mamen. || prnl. **2** fig. y fam. Actuar una persona sin inhibiciones, comportarse sin respeto ni medida. **3** *Med. Col.* Sufrir la hembra del descendimiento patológico de la matriz.
DESMADRE m. **1** Acción y efecto de desmadrarse. **2** Desbarajuste, caos, confusión. **3** Jolgorio.
DESMALAZADO o **DESMAZALADO, DA** adj. **1** Flojo, caído, dejado. **2** fig. Desdichado, abatido.
DESMALEZAR tr. *Amér.* Quitar la maleza.

desmán

DESMALLAR tr. Deshacer, cortar los puntos de una malla.
DESMÁN m. **1** Exceso, desorden, demasía en obras o palabras. **2** Desgracia. **3** *Zool.* Nombre común de diversos mamíferos insectívoros acuáticos, de la familia tálpidos. Viven en Europa y Asia.
DESMANAR tr. **1** Deshacer la manada del ganado. || prnl. *Gan.* **2** Apartarse o salirse el ganado de la manada o rebaño.
DESMANCHAR tr. *Amér.* Quitar las manchas de una cosa.
DESMANDADO, DA adj. DESOBEDIENTE, díscolo.
DESMANDAR tr. **1** Revocar la orden o mandato. || prnl. **2** Descomedirse, propasarse. **3** Apartarse de la compañía con que se va. **4** DESMANARSE.
DESMANEAR tr. y prnl. Quitar a las bestias las maneas o trabas.
DESMANGAR tr. y prnl. Quitar el mango a una herramienta.
DESMANO, A loc. adv. A TRASMANO.
DESMANOTADO, DA adj. y s. fig. y fam. Apocado, pusilánime.
DESMANTECAR tr. Quitar la manteca.
DESMANTELADO, DA adj. Se dice del lugar despojado de muebles.
DESMANTELAR tr. **1** Destruir las fortificaciones. **2** Clausurar o demoler un edificio u otro tipo de construcción con el fin de interrumpir o impedir una actividad. **3** Desarticular, desorganizar la autoridad. **4** fig. Abandonar o desabrigar una casa. **5** *Mar.* Desarmar y desaparejar una embarcación.
DESMAÑADO, DA adj. y s. Falto de maña, destreza y habilidad.
DESMARAÑAR tr. DESENMARAÑAR.
DESMARCARSE prnl. *Dep.* En algunos deportes, desplazarse un jugador para eludir el control del contrario que le marcan.
DESMAYADO, DA adj. Se aplica al color bajo y apagado.
DESMAYAR tr. **1** Causar desmayo. || intr. **2** fig. Perder el valor, desfallecer de ánimo, acobardarse. || prnl. **3** Perder el conocimiento.
DESMAYO m. **1** Desaliento. **2** Privación del sentido.
DESMEDIDO, DA adj. Desproporcionado, falto de medida, que no tiene término.
DESMEDIRSE prnl. Desmandarse, excederse.
DESMEDRADO, DA adj. Se dice de personas o cosas que no alcanzan el desarrollo normal.
DESMEDRAR tr. **1** DETERIORAR. También prnl. || intr. **2** Decaer, ir a menos.
DESMEJORA f. Deterioro, menoscabo.
DESMEJORAR tr. **1** Hacer perder el lustre y perfección. También prnl. || intr. **2** Ir perdiendo la salud. También prnl.
DESMELAR tr. Quitar la miel a la colmena. ♦ IRREG. Se conjuga como ACERTAR.
DESMELENADO, DA adj. y s. **1** Se dice de la persona desaliñada. **2** Airado, que se presenta sin la compostura debida.
DESMELENAMIENTO m. **1** Acción y efecto de desmelenar. **2** Acción de proceder con arrebato o de presentarse sin la debida compostura.
DESMELENAR tr. y prnl. **1** Descomponer y desordenar el cabello. || prnl. **2** fig. Enardecerse, enfurecerse. **3** Descontrolarse, comportarse sin inhibiciones.
DESMEMBRAR tr. **1** Dividir y apartar los miembros del cuerpo. **2** fig. Separar, dividir una cosa de otra. También prnl. ♦ IRREG. Se conjuga como ACERTAR.
DESMEMORIA f. Falta de memoria.

DESMEMORIADO, DA adj. y s. **1** Torpe de memoria. **2** Que la conserva sólo a intervalos. **3** Falto completamente de ella.
DESMEMORIARSE prnl. Olvidarse, no acordarse; faltar a uno la memoria.
DESMENTIR tr. **1** Decir a uno que miente. **2** Demostrar la falsedad de un dicho o hecho. **3** fig. Desvanecer o disimular una cosa para que no se conozca. **4** fig. Proceder uno distintamente de lo que se podía esperar de su educación y estado. || intr. **5** fig. Perder una cosa o la línea que le corresponde respecto de otra. ♦ IRREG. Se conjuga como SENTIR.
DESMENUZADORA f. Máquina que sirve para desmenuzar.
DESMENUZAR tr. **1** Deshacer una cosa dividiéndola en partes menudas. También prnl. **2** fig. Examinar algo con detalle.
DESMEOLLAR tr. Sacar el meollo o tuétano.
DESMERECER tr. **1** Hacerse indigno de premio, favor o alabanza. || intr. **2** Perder una cosa parte de su mérito. **3** Ser una cosa inferior a otra con la cual se compara. ♦ IRREG. Se conjuga como AGRADECER.
DESMERECIMIENTO m. DEMÉRITO.
DESMESURA f. Descomedimiento, falta de mesura.
DESMESURADO, DA adj. **1** Excesivo, mayor de lo común. **2** Descortés, insolente y atrevido. También s.
DESMESURAR tr. **1** Desarreglar, desordenar o descomponer. || prnl. **2** Descomedirse, perder la modestia, excederse.
-DESMIA suf. DESMO-.
-DÉSMICO, -DÉSMIDO sufs. DESMO-.
DESMIGAJAR tr. y prnl. Hacer migajas una cosa. También prnl.
DESMIGAR tr. Desmigajar o deshacer el pan para hacer migas.
DESMILITARIZAR tr. **1** Suprimir el carácter militar de una colectividad. **2** Reducir o suprimir el sometimiento a la disciplina militar. **3** Desmantelar las tropas e instalaciones militares en una zona determinada.
DESMINERALIZACIÓN f. *Med.* Disminución o pérdida de una cantidad anormal de principios minerales, como la que se observa en algunas enfermedades.
DESMIRRIADO, DA adj. fam. Flaco, extenuado, consumido.
DESMITIFICACIÓN f. Acción y efecto de desmitificar.
DESMITIFICAR tr. Disminuir o privar de los atributos míticos a aquello que los tenía o pretendía tenerlos.
DESMO-, DESM-; -DESM-, -DESMO-; -DEMA, -DESMIA, -DESIS, -DÉSMICO, -DÉSMIDO, -DESMO, -DETO prefs., ins. o sufs. que significan atadura.
DESMOCHAR tr. **1** Cortar la parte superior de una cosa, dejándola mocha. **2** fig. Eliminar parte de una obra artística o literaria.
DESMOCHE m. Acción y efecto de desmochar.
DESMOCHO m. Conjunto de las partes que se cortan de lo que se desmocha.
DESMOGAR intr. Mudar los cuernos el venado y otros animales.
DESMOLER tr. Desgastar, corromper, digerir. ♦ IRREG. Se conjuga como MOVER.
DESMONETIZAR tr. Abolir el empleo de un metal para la acuñación de moneda.
DESMONTABLE adj. **1** Que se puede desmontar o desarmar. || m. *Mec.* **2** Instrumento de hierro, a modo de palanca, para desmontar las cubiertas de los neumáticos.
DESMONTAR tr. **1** DESARMAR, desunir, separar las piezas de una cosa. **2** Deshacer un edificio o parte de él. **3**

Camille **Desmoulins**. Retrato de la Escuela francesa del siglo XVIII. Museo Carnavalet (París).

En algunas armas de fuego, poner el mecanismo de disparar en posición de que no funcione. **4** Bajar a uno de una caballería. También intr. y prnl. **5** Cortar en un monte o en parte de él los árboles o matas. **6** Cortar artificialmente un terreno dejando al descubierto el suelo. **7** Deshacer un montón.

DESMONTE m. **1** Acción y efecto de desmontar. **2** Fragmentos de lo desmontado. **3** Paraje de terreno desmontado. Más en pl. **4** Min. Mineral pobre amontonado en la boca de una mina.

DESMOÑAR tr. y prnl. fam. Quitar o descomponer el moño.

DESMORALIZAR tr. y prnl. **1** Corromper las costumbres con malos ejemplos o doctrinas perniciosas. **2** DESANIMAR.

DESMORECERSE prnl. Sentir con violencia una pasión o afecto. ◆ IRREG. Se conjuga como AGRADECER.

DESMORONADIZO, ZA adj. Que tiene facilidad de desmoronarse.

DESMORONAMIENTO m. Acción y efecto de desmoronar o desmoronarse.

DESMORONAR tr. y prnl. **1** Deshacer y arruinar poco a poco los edificios. || prnl. **2** Venir a menos, irse destruyendo los imperios, los caudales, el crédito, etc. **3** Decaer profundamente el ánimo de una persona. También tr.

DESMOSOMA m. Biol. Modificación que afecta a la superficie de un epitelio escamoso estratificado, debida a la adquisición de cortas prolongaciones citoplasmáticas de células vecinas.

DESMOSTARSE prnl. Agr. Perder mosto la uva.

DESMOTADOR, RA m. y f. **1** Persona que tiene por oficio quitar las motas a la lana o al paño, o las semillas al algodón. || f. **2** Máquina que sirve para estos fines.

DESMOTIVAR tr. Desalentar, disuadir.

DESMOULINS, CAMILLE Político francés (Guisa, 1760 - París, 1794). Secretario de Danton y diputado por París en la Convención Nacional, votó la muerte de Luis XVI y combatió a los girondinos. Calificado de indulgente por Robespierre, fue apresado y guillotinado junto con Danton.

DESMOVILIZACIÓN f. Acción y efecto de desmovilizar.

DESMOVILIZAR tr. Licenciar a las personas o a las tropas movilizadas.

DESMULTIPLICAR tr. Mec. Disminuir la velocidad o el giro de un mecanismo mediante una combinación de engranajes.

DESNACIONALIZAR tr. y prnl. **1** Quitar el carácter de nacional mediante la inclusión de elementos extranjeros. **2** PRIVATIZAR.

DESNARIGADO, DA adj. y s. Que no tiene nariz o la tiene muy pequeña.

DESNARIGAR tr. Quitar a uno las narices.

DESNATADORA f. Utensilio que sirve para desnatar.

DESNATAR tr. **1** Quitar la nata a la leche o a otros líquidos. **2** fig. Escoger lo mejor de una cosa.

DESNATURALIZADO, DA adj. y s. Que falta a los deberes que la naturaleza impone a padres, hijos, hermanos, etc.

DESNATURALIZAR tr. **1** Privar a uno del derecho de naturaleza y patria. También prnl. **2** Variar la forma, propiedades o condiciones de una cosa.

DESNEVAR intr. Deshacerse o derretirse la nieve. ◆ IRREG. Se conjuga como ACERTAR.

DESNIVEL m. **1** Falta de nivel. **2** Diferencia de alturas entre dos o más puntos.

DESNIVELAR tr. y prnl. **1** Alterar el nivel existente entre dos o más cosas. **2** Desequilibrar.

DESNOES, EDMUNDO Escritor cubano (La Habana, 1930). Destacado representante de la narrativa revolucionaria cubana, es autor de *No hay problemas* (1961) y *Memorias del subdesarrollo* (1974).

DESNOS, ROBERT Poeta francés (París, 1900 - Terezin, 1945). Participó en el movimiento surrealista y practicó la escritura automática: *Duelo por duelo* (1924) y *La libertad o el amor* (1927). A partir de 1930 su poesía se volvió más personal y humana: *Cuerpos y bienes* (1930), *Fortunas* (1942) y *Dominio público* (1953). Murió en un campo de concentración.

DESNUCAR tr. y prnl. **1** Romper los huesos de la nuca. **2** Causar la muerte por un golpe en la nuca.

DESNUCLEARIZACIÓN f. Acción y efecto de desnuclearizar.

DESNUCLEARIZAR tr. Reducir o eliminar las armas o instalaciones nucleares de un territorio.

DESNUDAR tr. **1** Quitar todo el vestido o parte de él. También prnl. **2** fig. Despojar una cosa de lo que la cubre o adorna. **3** fig. Desprenderse y apartarse de una cosa.

DESNUDEZ f. Calidad de desnudo.

DESNUDISMO m. NUDISMO.

DESNUDISTA adj. y com. NUDISTA.

DESNUDO, DA adj. **1** Sin vestido. **2** fig. Muy mal vestido. **3** fig. Despojado de lo que cubre o adorna. **4** fig. Falto de recursos, sin bienes de fortuna. **5** fig. Falto de una cosa no material. **6** fig. Patente, claro. || m. *Esc.* y *Pint.* **7** Figura humana desnuda o cuyas formas se perciben aunque esté vestida.

DESNUTRICIÓN f. Acción y efecto de desnutrirse.

DESNUTRIRSE prnl. Depauperarse el organismo por trastorno de la nutrición.

DESOBEDECER tr. No hacer uno lo que ordenan las leyes o la autoridad. ◆ IRREG. Se conjuga como AGRADECER.

DESOBEDIENCIA f. Acción y efecto de desobedecer. || **DESOBEDIENCIA CIVIL** *Polít.* Resistencia pasiva y pacífica a las decisiones del poder civil. Fue el sistema adoptado por Gandhi en la India.

DESOBEDIENTE adj. Que desobedece.

DESOBSTRUIR tr. Quitar las obstrucciones. ◆ Se conjuga como HUIR.

DESOCUPACIÓN f. **1** Falta de ocupación; ociosidad. **2** *Amér.* Paro forzoso, desempleo.

DESOCUPADO, DA adj. y s. **1** Sin ocupación, ocioso. **2** Vacío de personas o cosas.

DESOCUPAR tr. **1** Desembarazar un lugar, dejarlo libre. **2** Sacar lo que hay dentro de alguna cosa. || prnl. **3** Desembarazarse de un negocio u ocupación. **4** *Med. Arg., Hond.* y *Urug.* PARIR, dar a luz.

DESODORANTE adj. y m. Producto que destruye el mal olor, especialmente el corporal.

DESOÍR tr. Desatender, dejar de oír. ◆ IRREG. Se conjuga como OÍR.

DESOJAR tr. y prnl. **1** Romper el ojo de un instrumento, como el de la aguja, la azada, etc. || prnl. **2** Esforzar la vista mirando o buscando una cosa.

DESOLACIÓN f. Acción y efecto de desolar o desolarse.

DESOLADOR, RA adj. **1** ASOLADOR. **2** Que causa aflicción.

DESOLAR tr. **1** ASOLAR, destruir, arrasar. **2** fig. Afligir, angustiar con extremo. También prnl. ◆ IRREG. Se conjuga como CONTAR.

DESOLDAR tr. y prnl. Quitar la soldadura. ◆ IRREG. Se conjuga como CONTAR.

DESOLLADERO m. Sitio destinado para desollar las reses.

DESOLLADOR, RA adj. y s. **1** Que desuella. **2** fig. Que lleva precio exorbitante por una cosa. || m. *Zool.* **3** ALCAUDÓN.

DESOLLAR tr. **1** Quitar la piel del cuerpo de un animal. También prnl. **2** fig. Causar a uno grave daño en su persona, honra o hacienda. ◆ IRREG. Se conjuga como CONTAR.

DESOPILAR tr. y prnl. Curar la opilación.

DESOPRIMIR tr. Librar de la opresión y sujeción.

DESORBITAR tr. **1** *Astron.* Sacar un cuerpo de órbita. También prnl. y en sentido figurado. **2** fig. Exagerar.

DESORDEN m. **1** Confusión y alteración del concierto propio de una cosa. **2** Demasía, exceso. **3** Alboroto, motín. **4** Trastorno o alteración en el funcionamiento de un órgano.

DESORDENADO, DA adj. **1** Que no tiene orden. **2** Que actúa fuera de toda disciplina. **3** Se dice particularmente de lo que se sale del orden social o moral.

DESORDENAR tr. y prnl. **1** Turbar, confundir y alterar el buen concierto de una cosa. || prnl. **2** Salir de regla, excederse.

DESOREJADO, DA adj. **1** fig. y fam. Prostituido, infame, abyecto. También s. **2** *Arg.* y *Urug.* Irresponsable, desfachatado. **3** *Arg.* y *Urug.* Derrochador.

DESOREJAR tr. Cortar las orejas.

DESORGANIZACIÓN f. Acción y efecto de desorganizar o desorganizarse.

DESORGANIZAR tr. y prnl. Desordenar en sumo grado, deshacer la organización de algo.

DESORIENTAR tr. y prnl. **1** Hacer que una persona pierda el conocimiento de la posición que ocupa geográficamente. **2** fig. Confundir, ofuscar, extraviar.

DESORILLAR tr. Quitar las orillas a un tejido, un papel, etc.

DESORTIJAR tr. *Agr.* Dar la primera labor a las plantas después de nacidas y trasplantadas.

DESOVADERO m. *Zool.* Lugar a propósito para el desove.

DESOVAR intr. *Zool.* Depositar las hembras de los insectos, peces y anfibios sus huevos o huevas.

DESOVE m. *Zool.* **1** Acción y efecto de desovar. **2** Época en que desovan las hembras de los insectos, peces y anfibios.

DESOVILLAR tr. **1** Deshacer los ovillos. **2** fig. Desenredar y aclarar una cosa. También prnl. **3** fig. Dar ánimo.

DESOXIDANTE adj. y m. Que desoxida o sirve para desoxidar.

DESOXIDAR tr. **1** *Quím.* Quitar el oxígeno a una sustancia con la cual estaba combinado. También prnl. **2** *Quím.* Reducir desde el estado de óxido. **3** Limpiar un metal del óxido.

DESOXIGENANTE adj. y m. *Quím.* Que desoxigena.

DESOXIGENAR tr. y prnl. *Quím.* DESOXIDAR.

DESOXIRRIBONUCLEICO, CA adj. *Biol.* ADN.

DESOXIRRIBOSA f. *Quím.* Azúcar pentosa derivado de la ribosa por sustitución de un grupo hidroxilo por un hidrógeno.

El desolladero. Cuadro de José Gutiérrez Solana. Colección Domingo Ortega (Madrid).

desove del sapo corredor.

DESPABILADERAS f. pl. Tijeras con que se despabilan velas y candiles.

DESPABILADO, DA adj. 1 Se dice del que está libre de sueño en la hora que debía dormir. 2 fig. Vivo y despejado.

DESPABILADOR, RA adj. 1 Que despabila. || m. 2 El que en los antiguos teatros tenía el oficio de quitar el pabilo a las velas o candiles. 3 DESPABILADERAS.

DESPABILADURA f. Extremidad del pabilo que se quita a una luz artificial cuando se despabila.

DESPABILAR tr. 1 Quitar la pavesa o la parte ya quemada del pabilo. 2 fig. Despachar brevemente o acabar con presteza. 3 fig. Avivar y ejercitar el entendimiento o el ingenio de alguien, hacerle perder la timidez o la torpeza. También prnl. e intr. 4 fig. y fam. MATAR, quitar la vida. || prnl. 5 fig. Sacudirse el sueño o la pereza. También intr. 6 fig. Apresurarse, darse prisa en la realización de una cosa. También intr. Más en imperativo.

DESPACHADOR, RA adj. y s. 1 Que despacha con habilidad y rapidez. || m. Min. 2 En las minas de América, el operario que llena las vasijas de extracción en las cortaduras.

DESPACHAR tr. 1 Abreviar y concluir un negocio. 2 Resolver o tratar un asunto o negocio. 3 Enviar, hacer que una persona o cosa vaya a un determinado lugar. 4 Vender los géneros o mercaderías. 5 Despedir, apartar de sí a una persona. 6 fam. Vender en una tienda. 7 fig. y fam. Matar, quitar la vida. || intr. 8 Darse prisa. También prnl. 9 fam. Parir la mujer. También prnl. || prnl. 10 Desembarazarse de una cosa. 11 fam. Decir uno cuanto le viene en gana.

DESPACHO m. 1 Acción y efecto de despachar. 2 Aposento de una casa destinado para despachar los negocios o para el estudio. 3 Mobiliario de este aposento. 4 Tienda donde se venden determinados efectos. 5 Cualquiera de las comunicaciones escritas entre el gobierno de una nación y sus representantes en el extranjero. 6 Título que se dé a uno para algún empleo. 7 Comunicación transmitida por telégrafo o teléfono. 8 Min. En las minas de América, el ensanche contiguo a las cortaduras.

DESPACHURRAR tr. 1 fam. Aplastar una cosa despedazándola o apretándola con fuerza. También prnl. 2 fig. y fam. Embrollar una historia. 3 fig. y fam. Dejar a uno cortado sin tener que replicar.

DESPACIO adv. m. 1 Poco a poco, lentamente. || adv. t. 2 Por tiempo dilatado.

DESPACITO adv. m. fam. Muy poco a poco.

DESPAJAR tr. Agr. Apartar la paja del grano.

DESPALILLAR tr. Agr. 1 Quitar los palillos o venas gruesas de la hoja del tabaco. 2 Quitar los palillos a las pasas o el escobajo a la uva.

DESPALMADOR m. 1 Sitio donde se despalman las embarcaciones. 2 Cuchillo corvo que se utiliza para despalmar.

DESPALMAR tr. 1 Limpiar y dar sebo a los fondos de las embarcaciones. 2 Separar los herradores la palma córnea de la carnosa de los animales.

DESPALME m. 1 Acción de despalmar los cascos de algunos animales. 2 Corte dado en el tronco de un árbol para derribarlo.

DESPAMPANANTE adj. Que causa sensación o deja atónito.

DESPAMPANAR tr. 1 Agr. Quitar los pámpanos a las vides. 2 Agr. DESPIMPOLLAR. 3 fig. y fam. Desconcertar, dejar atónita a una persona. || intr. 4 fig. y fam. Desahogarse uno diciendo con libertad lo que siente. || prnl. 5 fam. Lastimarse como consecuencia de un golpe o caída.

DESPANZURRAR tr. y prnl. fam. Romper a uno la panza.

DESPAPAR intr. y tr. Llevar el caballo la cabeza demasiado levantada.

DESPAREJAR tr. y prnl. Deshacer una pareja.

DESPAREJO, JA adj. DISPAR.

DESPARPAJAR tr. 1 Deshacer y desbaratar una cosa. 2 Esparcir, desparramar. || intr. y prnl. 3 Hablar mucho y sin concierto.

DESPARPAJO m. 1 fam. Desenvoltura y desembarazo en el hablar o en las acciones. 2 fam. Amér. C. Caos, desbarajuste.

DESPARRAMADO, DA adj. Ancho, abierto.

DESPARRAMAR tr. 1 Esparcir, extender por muchas partes lo que estaba junto. 2 fig. Malbaratar, malgastar. || prnl. 3 Distraerse, divertirse desordenadamente.

DESPARRAMO m. 1 Arg., Cuba y Chile Acción y efecto de desparramar. 2 fig. Chile y Urug. Desbarajuste, desconcierto.

DESPARVAR tr. Agr. Levantar la parva, amontonando la mies trillada.

DESPASAR tr. Retirar una cinta, cordón, etc., que se había pasado o corrido por un ojal, jareta, etc.

DESPATARRAR tr. 1 fam. Abrir excesivamente las piernas a uno. También prnl. 2 fam. Llenar de miedo, asombro o espanto. || prnl. 3 Caerse al suelo, abierto de piernas.

DESPATILLAR tr. 1 Cortar en los maderos los rebajos necesarios para que puedan entrar en las muescas. 2 Cortar o afeitar las patillas. 3 Quitar las patas o patillas en las rejas, balcones y otras construcciones de hierro.

DESPAVESADERAS f. pl. DESPABILADERAS.

DESPAVESAR tr. 1 Quitar la pavesa del pabilo. 2 Quitar, soplando, la ceniza de la superficie de las brasas.

DESPAVONAR tr. Quitar el pavón con que se ha cubierto una superficie de hierro o acero.

DESPAVORIDO, DA adj. Lleno de pavor.

DESPAVORIR intr. y prnl. Sentir pavor. ♦ DEF. Se conjuga como ABOLIR, sólo en aquellas personas cuyas sinencias comienzan por i.

DESPECHAR tr. 1 Dar pesar, causar indignación, furor o desesperación. También prnl. 2 fam. Destetar a los niños.

DESPECHO m. 1 Resentimiento por algún desengaño o insulto. 2 DESESPERACIÓN. 3 fam. DESTETE.

DESPECHUGAR tr. 1 Quitar la pechuga a un ave. || prnl. y fam. 2 fam. Descubrirse el pecho.

DESPECTIVO, VA adj. 1 DESPRECIATIVO. 2 Gram. Se dice de la palabra que añade idea de burla, repugnancia,

menosprecio u hostilidad al significado de la voz de la que procede.

DESPEDAZAR tr. 1 Hacer pedazos un cuerpo. También prnl. 2 fig. Maltratar, destruir.

DESPEDIDA f. 1 Acción y efecto de despedir a uno o despedirse. 2 Copla final en ciertos cantos populares.

DESPEDIR tr. 1 Acompañar al que se va y decirle adiós. 2 Soltar, arrojar una cosa. 3 Echar a alguien de un trabajo. 4 fig. Apartar o arrojar de sí una cosa no material. 5 Prescindir de los servicios de algo o de alguien. 6 fig. Difundir o esparcir. || prnl. 7 Separarse una persona de otra con alguna expresión de cortesía. ♦ IRREG. Se conjuga como PEDIR.

DESPEGADO, DA adj. 1 fig. y fam. Áspero o desabrido en el trato. 2 fig. y fam. Poco cariñoso.

DESPEGAMIENTO o **DESPEGO** m. DESAPEGO.

DESPEGAR tr. 1 Desasir y desprender una cosa de otra. || intr. 2 Iniciar el vuelo un avión. || prnl. 3 fig. DESAPEGAR. 4 fig. Caer mal, desdecir.

DESPEGUE m. Acción y efecto de despegar el avión.

DESPEINAR tr. y prnl. 1 Deshacer el peinado. 2 Descomponer, enmarañar el pelo.

DESPEJADO, DA adj. 1 Que tiene desembarazo y soltura en su trato. 2 Se dice del entendimiento claro, o del de la persona que lo tiene. 3 Espacioso, dilatado, ancho.

DESPEJAR tr. 1 Desembarazar, desocupar. 2 fig. ACLARAR, poner en claro. 3 Mat. Separar por medio del cálculo una incógnita en una ecuación. || intr. Dep. 4 En algunos deportes, resolver una situación comprometida, alejando la pelota de la meta propia. También tr. || prnl. 5 Adquirir o mostrar soltura y esparcimiento en el trato. 6 Aclararse, serenarse el día, el tiempo, etc. 7 Dejar de tener fiebre un enfermo.

DESPEJE m. Dep. En algunos deportes, acción y efecto de despejar.

DESPELLEJAR tr. y prnl. 1 Quitar el pellejo, desollar. 2 fig. Criticar a alguien.

DESPELOTARSE prnl. 1 fam. Desnudarse. 2 fam. Robustecerse. 3 Desarrollarse, crecer, engordar los niños. 4 fam. Reírse con vehemencia.

DESPELOTE m. Acción y efecto de despelotarse, desnudarse o reírse. || **el despelote** loc. fam. El colmo.

DESPELUCAR tr. y prnl. And., Col., Chile, Méx. y Pan. DESPELUZAR, descomponer.

DESPELUZAR tr. 1 Descomponer, desordenar el pelo. 2 Erizar el cabello, generalmente por horror o miedo. Más como prnl.

DESPENALIZAR tr. Suprimir el carácter penal o delictivo de algún acto que hasta entonces constituía delito.

DESPENDER tr. 1 Gastar la hacienda, el dinero, etc. 2 fig. Emplear, gastar una cosa.

DESPENDOLARSE prnl. fam. Desmadrarse, conducirse alocadamente.

DESPENSA f. 1 Lugar donde se guardan las cosas comestibles. 2 Provisión de comestibles.

DESPEÑADERO, RA adj. 1 Se dice de lo que es a propósito para despeñar a uno o despeñarse. || m. 2 Precipicio, lugar elevado y escarpado, de difícil y peligroso acceso. 3 fig. Riesgo o peligro.

DESPEÑAPERROS Desfiladero de España, en Sierra Morena, provincia de Jaén, entre la meseta meridional (Castilla-La Mancha) y la depresión del Guadalquivir (Andalucía); 775 m de altura. Por él pasan la línea férrea y la autovía de Andalucía.

Despeñaperros (Jaén). Vista de Los Órganos.

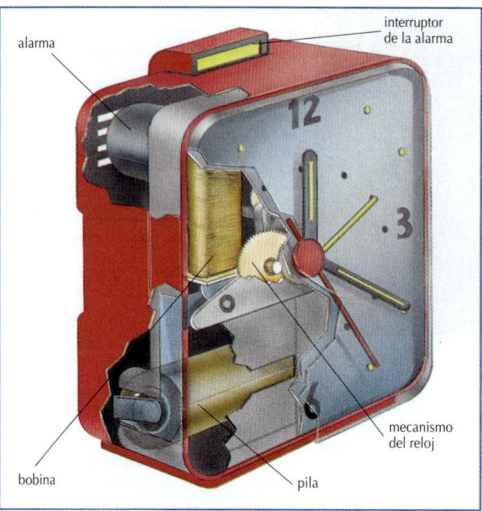

despertador — alarma, interruptor de la alarma, mecanismo del reloj, bobina, pila

DESPEÑAR tr. y prnl. **1** Precipitar a una persona o cosa desde un lugar alto. || prnl. **2** fig. Entregarse ciegamente a pasiones, vicios o maldades.
DESPEÑO m. **1** Acción y efecto de despeñar o despeñarse. **2** fig. Caída precipitada. **3** fig. Ruina y perdición.
DESPEPITAR tr. **1** Desembuchar. **2** Quitar las semillas o pepitas de algún fruto. || prnl. **3** Hablar o gritar con vehemencia o con enojo. **4** fig. Arrojarse sin consideración, hablando u obrando descomedidamente. **5** fig. Desear vehementemente alguna cosa.
DESPERDICIAR tr. **1** Malbaratar, gastar o emplear mal algo. **2** No aprovechar debidamente una cosa.
DESPERDICIO m. **1** Derroche de la hacienda o de otra cosa. **2** Residuo difícil de aprovechar.
DESPERDIGAR tr. y prnl. Separar, desunir, esparcir.
DESPEREZARSE prnl. Extender y estirar los miembros, para librarse de la pereza o desentumecerse.
DESPERFECTO m. **1** Leve deterioro que sufre algo. **2** Falta, defecto.
DESPERFILAR tr. *Pint.* **1** Suavizar los contornos de los objetos de un cuadro. || prnl. **2** Perder una cosa la postura de perfil.
DESPERSONALIZAR tr. **1** Quitar el carácter o atributos de personas. **2** Quitar carácter personal a una cuestión.
DESPERTADOR, RA adj. **1** Que despierta. || m. y f. **2** Persona que tiene el cuidado de despertar a otras. || m. **3** Reloj que, a la hora previamente fijada, hace sonar una campana o timbre, para despertar al que duerme o dar otro aviso. **4** fig. Aviso, estímulo.
DESPERTAR¹ m. Acción y efecto de despertar o despertarse.
DESPERTAR² tr. **1** Interrumpir el sueño al que está durmiendo. También prnl. **2** fig. Traer a la memoria una cosa ya olvidada. **3** fig. Hacer que uno recapacite. **4** fig. Mover, excitar. || intr. **5** Dejar de dormir. **6** fig. Hacerse más espabilado, más listo. ♦ IRREG. Se conjuga como ACERTAR. Doble participio: *despierto* (irregular) y *despertado* (regular).
DESPESCAR tr. Recoger los peces en las almadrabas y en los cuarteles y esteros de las salinas.
DESPESTAÑAR tr. **1** Quitar o arrancar las pestañas. || prnl. **2** fig. Desojarse por hallar algo.
DESPEZAR tr. **1** Adelgazar por un extremo un tubo para que enchufe en otro. **2** *Arquit.* Dividir los muros, arcos o bóvedas de sillería que componen un edificio, en las diferentes piezas que entran en su ejecución. ♦ IRREG. Se conjuga como ACERTAR.
DESPEZO m. **1** Acción y efecto de despezar. **2** ZOQUETE, trozo de madera.
DESPEZONAR tr. **1** Quitar el pezón. **2** fig. Separar, arrancar una cosa de otra violentamente. || prnl. **3** Quebrarse el pezón o pezonera a algunas cosas.
DESPEZUÑARSE prnl. **1** Inutilizarse la pezuña un animal. **2** fig. *Amér.* Caminar muy deprisa. **3** *Amér.* Desvivirse, poner mucho empeño en algo.
DESPIADADO, DA adj. Impío, cruel, inhumano.
DESPICHAR tr. **1** Despedir de sí el humor o la humedad. || intr. **2** fam. Espichar, morir.
DESPIDIENTE m. Palo de los andamios para mantenerlos separados de la pared. **2** VIERTEAGUAS.
DESPIDO m. **1** Acción y efecto de despedir o despedirse. **2** Acción de privar a un empleado de su puesto de trabajo. **3** Indemnización o finiquito que recibe el trabajador despedido.

DESPIERTO, TA adj. fig. Avisado, advertido, vivo. ♦ Es el p. p. irregular de DESPERTAR².
DESPIEZAR tr. **1** *Arquit.* DESPEZAR. **2** Separar una cosa en las piezas que la componen.
DESPILFARRADOR, RA adj. y s. Que despilfarra.
DESPILFARRAR tr. **1** Malgastar, malbaratar. || prnl. **2** Gastar profusamente.
DESPILFARRO m. **1** Destrozo de la ropa u otras cosas, por desidia o desaseo. **2** Gasto excesivo y superfluo; derroche.
DESPIMPOLLAR tr. *Agr.* Quitar a la vid los brotes viciosos o excesivos.
DESPINOCHAR tr. *Agr.* Quitar las hojas a las mazorcas de maíz.
DESPINTAR tr. **1** Borrar o raer lo pintado. También prnl. **2** fig. Desfigurar. || intr. **3** fig. Desdecir, degenerar. || prnl. **4** Borrarse fácilmente los colores de que están teñidas las cosas.
DESPINTE m. *Min.* Mineral de ley inferior a la que le corresponde.
DESPINZAR tr. Quitar con pinzas las motas y pelos a los paños, pieles, etc.
DESPINZAS f. pl. Pinzas para despinzar los paños.
DESPIOJAR tr. y prnl. **1** Quitar los piojos. **2** fig. y fam. Sacar a uno de la miseria.
DESPISTADO, DA adj. y s. Desorientado, distraído.
DESPISTAR tr. **1** Hacer perder la pista. || prnl. **2** Extraviarse, perderse. **3** fig. Andar desorientado en algún asunto o materia.
DESPISTE m. **1** Calidad, estado de despistado. **2** Desorientación, distracción o fallo, error.
DESPLANTADOR, RA adj. y s. **1** Que desplanta. || m. **2** Instrumento que sirve para arrancar plantas.
DESPLANTAR tr. **1** Desviar una cosa de la línea de la plomada.
DESPLANTE m. fig. Dicho o acto lleno de arrogancia, descaro o desabrimiento.
DESPLATAR tr. Separar la plata mezclada con otro metal.
DESPLAYAR intr. Retirarse el mar de la playa.
DESPLAZAMIENTO m. **1** Acción y efecto de desplazar. **2** *Mar.* Volumen y peso del agua que desaloja un buque; este peso coincide con el del buque y se expresa en toneladas métricas.
DESPLAZAR tr. **1** Mover a una persona o cosa del lugar en que está. También prnl. **2** *Mar.* Desalojar el buque un volumen de agua igual al de la parte de su casco sumergida, y cuyo peso es igual al peso total del buque.
DESPLEGADURA f. Acción y efecto de desplegar o desplegarse.
DESPLEGAR tr. **1** Desdoblar, extender lo que está plegado. También prnl. **2** fig. Aclarar y hacer patente lo que estaba oscuro o poco inteligible. **3** fig. Ejercitar, manifestar una cualidad. **4** *Mil.* Hacer pasar las tropas del orden cerrado al abierto. También prnl. ♦ IRREG. Se conjuga como ACERTAR.
DESPLIEGUE m. **1** Acción y efecto de desplegar. **2** Exhibición, demostración.
DESPLOMAR tr. **1** Hacer perder la posición vertical. || prnl. **2** Perder la posición vertical una cosa. **3** Caerse una pared. **4** fig. Caer a plomo una cosa de gran peso. **5** fig. Caerse sin vida o sin conocimiento una persona. **6** fig. Arruinarse, perderse.

DESPLOME m. **1** Acción y efecto de desplomar o desplomarse. **2** *Arquit.* Lo que sobresale de la línea de aplomo.
DESPLOMO m. Desviación de la posición vertical en un edificio, pared, etc.
DESPLUMAR tr. **1** Quitar las plumas al ave. También prnl. **2** fig. Pelar, quitar los bienes; dejar a alguien sin dinero.
DESPOBLACIÓN f. Falta total o parcial de la gente que poblaba un lugar, causada sobre todo por la emigración.
DESPOBLADO m. Desierto, yermo o sitio no poblado.
DESPOBLAR tr. **1** Reducir a desierto o disminuir considerablemente la población de un lugar. También prnl. **2** fig. Despojar un sitio de lo que hay en él. ♦ IRREG. Se conjuga como CONTAR.
DESPOJAR tr. **1** Privar a uno de lo que tiene. || prnl. **2** Desnudarse. **3** Desposeerse voluntariamente de una cosa.
DESPOJO m. **1** Acción y efecto de despojar o despojarse. **2** Presa, botín del vencedor. **3** Vientre, asadura, cabeza y manos de las reses muertas. Más en pl. **4** Alones, molleja, patas, pescuezo y cabeza de las aves muertas. Más en pl. **5** fig. Lo que se ha perdido por el tiempo, la muerte, etc. **6** *Min. Col.* Extracción de los minerales de una mina o filón. || m. pl. **7** Sobras o residuos. **8** *Min.* Minerales demasiado pobres para ser molidos. **9** Materiales que se pueden aprovechar de un edificio que se derriba. **10** Restos mortales, cadáver.
DESPOLARIZAR tr. *Fís.* Destruir o interrumpir el estado de polarización.
DESPOLITIZAR tr. y prnl. Quitar el carácter político a una persona, reunión, asunto, etc.
DESPOPULARIZAR tr. y prnl. Privar a una persona o cosa de la popularidad.
DESPORTES, ALEXANDRE FRANÇOIS Pintor francés (Champigneulles, 1661 - París, 1743). Pintor de cámara de Luis XIV y Luis XV, se le considera un precursor de la escuela de Barbizon.
DESPORTILLADURA f. **1** Fragmento que se separa del borde de una cosa. **2** Mella que queda en este borde.
DESPORTILLAR tr. y prnl. Quitar parte del canto o filo de una cosa.
DESPOSADO, DA adj. **1** Recién casado. También s. **2** Esposado, aprisionado con esposas.
DESPOSAR tr. **1** Unir en matrimonio. || prnl. **2** Contraer esponsales. **3** Contraer matrimonio.
DESPOSEER tr. **1** Privar a uno de lo que posee. || prnl. **2** Renunciar alguno a lo que posee. **3** DESAPROPIARSE.
DESPOSORIO m. Promesa mutua de contraer matrimonio. Más en pl.
DÉSPOTA m. **1** El que ejercía el mando supremo en algunos Estados antiguos. **2** Soberano que gobierna sin sujeción a ninguna ley. || com. **3** Persona que abusa de su poder o autoridad.
DESPÓTICO, CA adj. Absoluto, sin ley, tirano.
DESPOTISMO m. **1** Autoridad absoluta no limitada por las leyes. **2** Abuso de poder o fuerza. || **DESPOTISMO ILUSTRADO** *Hist.* Forma de gobierno característica de las monarquías absolutas europeas durante la segunda mitad del siglo XVIII, e inspirada en las ideas de la Ilustración. Se caracterizó por un reforzamiento de la autoridad real, por fomentar el desarrollo de la economía y la cultura, y, en general, por prestar gran atención a las necesidades del pueblo, siempre al margen de su colaboración política.

despotismo ilustrado. Federico II el Grande de Prusia. Retrato de Antoine Pesne. Gemäldegallerie (Berlín).

DESPOTIZAR tr. *Amér.* TIRANIZAR.
DESPOTRICAR intr. y prnl. fam. Hablar sin consideración ni reparo, generalmente criticando a los demás.
DESPRECIABLE adj. Digno de desprecio.
DESPRECIAR tr. **1** Tener poca estima por algo o alguien. **2** Desairar o desdeñar.
DESPRECIATIVO, VA adj. Que indica desprecio.
DESPRECIO m. **1** Desestimación, falta de aprecio. **2** Desaire, desdén.
DESPRENDER tr. **1** Desunir, desatar. **2** Echar de sí alguna cosa. También prnl. || prnl. **3** fig. Apartarse o desapropiarse de una cosa. **4** fig. Deducirse, inferirse.
DESPRENDIDO, DA adj. Desinteresado, generoso.
DESPRENDIMIENTO m. **1** Acción de desprenderse trozos de una cosa. **2** Desapego, desasimiento de las cosas. **3** fig. Largueza, desinterés. **4** *Geol.* Deslizamiento en sentido descendente de una masa de roca o de fragmentos de ella. **5** *Pint.* y *Esc.* Representación del descendimiento del cuerpo de Cristo. **6** *Med.* Separación de un órgano o de parte de él del lugar en que estaba.
DESPREOCUPACIÓN f. Estado de ánimo del que carece de preocupaciones.
DESPREOCUPADO, DA adj. Desentendido, indiferente.
DESPREOCUPARSE prnl. **1** Salir o librarse de una preocupación. **2** Desentenderse.
DESPRESTIGIAR tr. y prnl. Quitar el prestigio.
DESPRESTIGIO m. Acción y efecto de desprestigiar o desprestigiarse.
DESPRETZ, CÉSAR Físico francés (Lessines, 1791 - París, 1863). Estudió la compresibilidad de los gases y líquidos, y la volatilización de los sólidos; determinó el máximo de densidad del agua, el calor específico y la conductividad calorífica de los metales. Construyó el primer horno con arco eléctrico.
DESPREVENIDO, DA adj. **1** Desapercibido, desprovisto, falto de lo necesario. **2** No preparado para algo.
DESPREZ o **DES PREZ, JOSQUIN** Músico francés (¿Picardía?, h. 1440 - Condé-sur-Escaut, 1521). Al perfecto dominio del contrapunto y la polifonía, heredado de los grandes maestros flamencos, incorporó el lirismo y la claridad de la música italiana. En su obra destacan la *Misa Pange Lingua*, la *Misa de L'homme armé*, los motetes *Ave Maria gratia plena* y *Veni Sancte Spiritus*, y las canciones *Mille regrets* y *El grillo*.
DESPROPORCIÓN f. Falta de la proporción debida.
DESPROPORCIONADO, DA adj. Que no tiene la proporción conveniente o necesaria.
DESPROPORCIONAR tr. Quitar la proporción a una cosa; sacarla de regla y medida.
DESPROPÓSITO m. Dicho o hecho fuera de sentido o de conveniencia.
DESPROVEER tr. Despojar a uno de algo necesario. ♦ Doble participio: *desproveído* (regular, poco usado) y *desprovisto* (irregular).
DESPROVISTO, TA adj. Falto de lo necesario. ♦ Es el p. p. irregular de DESPROVEER.
DESPUÉS adv. t. y l. **1** Denota posterioridad de tiempo, lugar o situación. **2** Con la partícula *de*, denota asimismo posterioridad en el orden, jerarquía o preferencia. || conj. ad. **3** Expresa las relaciones propias de esta clase de conjunciones. || adj. **4** Precedido de un sustantivo que designa unidad de tiempo, equivale a *siguiente* o *posterior*.
DESPULPAR tr. Extraer la pulpa de algunos frutos.
DESPUNTADOR m. *Min. Méx.* Aparato y martillo para separar o romper minerales.
DESPUNTAR tr. **1** Quitar o gastar la punta. También prnl. **2** Cortar las ceras vanas de las colmenas. || intr. **3** Empezar a brotar y entallecer las plantas. **4** fig. Manifestar agudeza o ingenio. **5** fig. Adelantarse, descollar. **6** Empezar a amanecer.
DESPUNTE m. **1** Acción y efecto de despuntar. **2** *Arg.* y *Chile* Desmocho.
DESQUEJAR tr. Formar esquejes de los retoños de las plantas, para que prendan por trasplante.
DESQUICIAMIENTO m. Acción y efecto de desquiciar o desquiciarse.
DESQUICIAR tr. **1** Desencajar o sacar de quicio una puerta, ventana, etc. También prnl. **2** fig. Quitar a una cosa la firmeza con que se mantenía. También prnl. **3** fig. Trastornar, descomponer, exasperar a alguien. También prnl. **4** Derribar a uno de la privanza, o hacerle perder la amistad con otro.
DESQUIJARAR tr. y prnl. Dislocar las quijadas.
DESQUILATAR tr. **1** *Min.* Bajar de quilates el oro. **2** fig. Disminuir el valor intrínseco de una cosa.
DESQUITAR tr. y prnl. **1** Restaurar la pérdida. **2** fig. Tomar satisfacción, vengarse.
DESQUITE m. Acción y efecto de desquitar o desquitarse.
DESRABOTAR o **DESRABAR** tr. Cortar el rabo o cola, especialmente a las crías de las ovejas.

DESRAIZAR tr. Arrancar las raíces de un terreno.
DESRAMAR tr. Quitar las ramas del tronco de un árbol.
DESRANCHARSE prnl. **1** Desalojar, dejar el rancho. **2** *Mil.* Separarse los que están arranchados.
DESRASPAR tr. Quitar la raspa o escobajo de la uva pisada.
DESRATIZAR tr. Exterminar las ratas y ratones.
DESRIÑONAR tr. y prnl. DERRENGAR.
DESRISCAR tr. y prnl. Precipitar algo desde un risco o peña.
DESRIZAR tr. **1** Deshacer los rizos. También prnl. **2** *Mar.* Soltar los rizos de las velas.
DESSALINES, JEAN-JACQUES (llamado JACOBO I). Emperador de Haití (Guinea, h. 1758 - Jacmel, 1806). Antiguo esclavo en Santo Domingo, organizó la gran rebelión de los esclavos en 1791. Tras la proclamación de la independencia de Haití, se erigió en emperador (1804). Fue derrocado y murió asesinado.
DESSAU 1 Distrito de Alemania situado en el Land de Sajonia Anhalt; 4.254 km² y 577.300 h. **2** Ciudad capital del mismo; 92.535 h. Centro industrial. Edificios de la Bauhaus.
DESTACADO, DA adj. Notorio, relevante.
DESTACAMENTO m. *Mil.* Porción de tropa destacada.
DESTACAR tr. y prnl. **1** *Mil.* Separar del cuerpo principal una porción de tropa. **2** fig. Poner de relieve los méritos o cualidades. **3** *Pint.* Hacer resaltar los objetos de un cuadro. || intr. **4** Sobresalir, descollar. También prnl.
DESTACONAR tr. Gastar los tacones del calzado.
DESTAJADOR m. Martillo para forjar.
DESTAJAR tr. **1** Ajustar las condiciones con que se ha de hacer una cosa. **2** Cortar la baraja en el juego de naipes.
DESTAJERO, RA m. y f. DESTAJISTA.
DESTAJISTA com. Persona que trabaja a destajo.
DESTAJO m. Trabajo que se paga por la labor realizada y no por un jornal. || **a destajo** loc. adv. Por una cantidad determinada. También, con empeño, sin descanso, muy deprisa.
DESTALLAR tr. Quitar los tallos inútiles.
DESTALONAR tr. **1** Quitar o descomponer el talón al calzado. También prnl. **2** Cortar los documentos de los talonarios. **3** Quitar el talón a los documentos que lo tienen unido. **4** Rebajar el casco de una caballería.
DESTAPAR tr. **1** Quitar la tapa. **2** Descubrir lo tapado. También prnl. || prnl. **3** Dar uno a conocer habilidades, intenciones o sentimientos propios no manifiestos antes.
DESTAPE m. Desnudamiento, por lo general erótico y parcial, en lugares y espectáculos públicos y medios de comunicación.
DESTAPIAR tr. Derribar, deshacer las tapias.
DESTAPONAR tr. Quitar el tapón.
DESTARAR tr. Rebajar la tara del peso.
DESTARTALADO, DA adj. y s. Descompuesto, desordenado.

DESTAZADOR, RA m. y f. El que destaza las reses muertas.
DESTAZAR tr. Hacer piezas o pedazos.
DESTECHAR tr. Quitar el techo a un edificio.
DESTEJAR tr. **1** Quitar las tejas. **2** fig. Dejar sin reparo o defensa una cosa.
DESTEJER tr. **1** Deshacer lo tejido. **2** fig. Desbaratar lo que estaba dispuesto. También prnl.
DESTELLAR tr. Despedir o emitir destellos de luz.
DESTELLO m. **1** Acción de destellar. **2** Resplandor, ráfaga de luz. **3** fig. Atisbo, vislumbre.
DESTEMPLADO, DA adj. Se dice de la persona que tiene malestar físico; indispuesto.
DESTEMPLANZA f. **1** Intemperie, desigualdad del tiempo; exceso de calor, frío o humedad. **2** Exceso en los afectos o en el uso de algunas cosas. **3** Sensación general de malestar físico. **4** fig. Desorden, falta de moderación.
DESTEMPLAR tr. **1** Alterar la armonía, el orden y concierto de una cosa. **2** Poner en rebullicio. **3** Desafinar un instrumento musical. También prnl. **4** Producir malestar físico. También prnl. || prnl. **5** Perder el temple el acero u otros metales. También tr. **6** Descomponerse, alterarse.
DESTEMPLE m. **1** Disonancia de las cuerdas de un instrumento. **2** DESTEMPLANZA, malestar. **3** Acción y efecto de destemplarse los metales. **4** fig. Alteración, desconcierto.
DESTEÑIR tr. y prnl. **1** Quitar el tinte, borrar o apagar los colores. **2** Manchar con su color una cosa a otra. ♦ IRREG. Se conjuga como CEÑIR.
DESTERNILLARSE prnl. **1** Romperse las ternillas. **2** Reírse mucho.
DESTERRADO, DA adj. Que sufre pena de destierro.
DESTERRAR tr. **1** Echar a alguien de un territorio o lugar por mandato judicial o decisión gubernamental. **2** Quitar la tierra. **3** fig. Apartar de sí. || prnl. **3** EXPATRIARSE. ♦ IRREG. Se conjuga como ACERTAR.
DESTERRONADORA f. Máquina que sirve para desterronar.
DESTERRONAR tr. **1** Deshacer los terrones.
DESTETAR tr. y prnl. **1** Hacer que deje de mamar el niño o las crías de los animales. **2** fig. Hacer que los hijos se valgan por sí mismos. || prnl. **3** vulg. Enseñar los pechos en lugares y espectáculos públicos y medios de comunicación.
DESTETE m. Acción y efecto de destetar o destetarse.
DESTIEMPO, A loc. adv. Fuera de tiempo o del momento oportuno.
DESTIERRE m. *Min.* Acción de quitar la tierra a los minerales.
DESTIERRO m. **1** Acción y efecto de desterrar. **2** *Der.* Pena que consiste en expulsar a una persona de un lugar o territorio determinado. **3** Lugar en que vive el desterrado. **4** fig. Lugar muy distante de lo más céntrico y concurrido de una población.

Dessau (Alemania). Edificio de la Bauhaus.

DESTILACIÓN

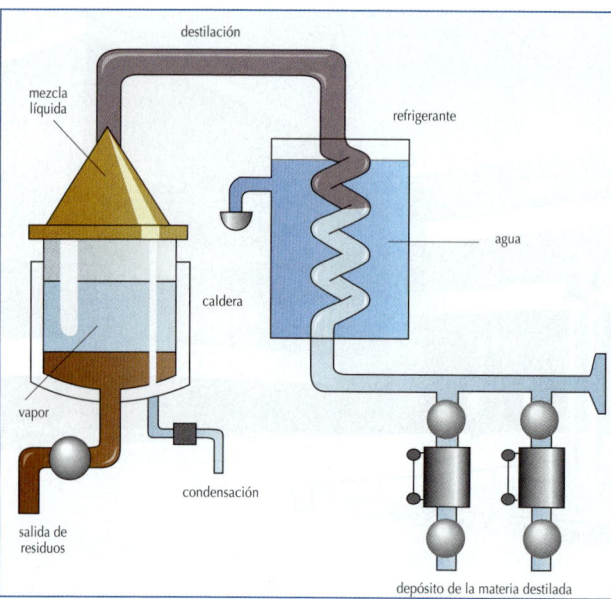

Esquema del proceso de **destilación**.

DESTILACIÓN f. **1** Acción y efecto de destilar. **2** *Med.* Flujo de humores serosos o mucosos. **3** *Quím.* Proceso de evaporación y recondensación empleado para separar los líquidos en distintas fracciones acordes a su punto de ebullición.
DESTILADERA f. **1** *Quím.* Instrumento para destilar. **2** fig. Medio sutil e ingenioso para dirigir y enderezar alguna pretensión o negocio. **3** *Amér.* Filtro para líquidos.
DESTILADOR, RA adj. **1** Que tiene por oficio destilar agua o licores. También s. **2** Se dice de lo que se destila. || m. **3** Filtro para líquidos. **4** *Quím.* ALAMBIQUE.
DESTILAR tr. **1** *Quím.* Separar por medio del calor, en alambiques u otros vasos, una sustancia volátil de otras menos volátiles, enfriando luego su vapor para reducirla nuevamente a líquido. También intr. **2** FILTRAR. También prnl. **3** fig. Revelar, hacer surgir lo contenido u oculto. || intr. **4** Correr lo líquido gota a gota. También tr.
DESTILATORIO, RIA adj. **1** *Quím.* Que sirve para la destilación. || m. **2** Local en que se destila. **3** ALAMBIQUE.
DESTILERÍA f. Local en que se destila.
DESTINAR tr. **1** Ordenar, señalar o determinar una cosa para algún fin o efecto. **2** Designar el punto o establecimiento en que un individuo ha de servir el empleo, cargo o comisión que se le ha conferido. **3** Designar la ocupación o empleo en que haya de servir una persona. **4** Dirigir un envío a determinada persona o a cierto lugar.
DESTINATARIO, RIA m. y f. Persona a quien va dirigida o destinada alguna cosa.
DESTINO m. **1** HADO. **2** Encadenamiento de los sucesos considerado como necesario y fatal. **3** Circunstancia de ser favorable o adversa esta supuesta manera de ocurrir los sucesos a personas o cosas. **4** Consignación, señalamiento o aplicación de algo para determinado fin. **5** Empleo, ocupación. **6** Lugar o establecimiento en que un individuo sirve un empleo. **7** Meta, punto de llegada.
DESTIÑO m. Parte del panal que carece de miel.
DESTITUIR tr. **1** Privar a uno de alguna cosa. **2** Separar a uno de su cargo como corrección o castigo. ♦ IRREG. Se conjuga como HUIR.
DESTOCAR tr. y prnl. **1** Quitar o deshacer el tocado. || prnl. **2** Descubrirse la cabeza.
DESTORCER tr. **1** Deshacer lo retorcido. También prnl. **2** fig. Enderezar o arreglar lo que estaba sin la debida rectitud. || prnl. *Mar.* **3** Descaminarse la embarcación. ♦ IRREG. Se conjuga como MOVER.
DESTORNILLADO, DA adj. y s. fig. Inconsiderado, precipitado.
DESTORNILLADOR m. Instrumento para destornillar y atornillar.
DESTORNILLAR tr. **1** Sacar un tornillo dándole vueltas. || prnl. **2** fig. Desconcertarse.
DESTRABAR tr. y prnl. **1** Quitar las trabas. **2** Desasir, desprender.
DESTRABAZÓN f. Acción y efecto de destrabar.
DESTRAL m. Hacha pequeña.
DESTRAMAR tr. Sacar la trama de la tela.
DESTRENZAR tr. y prnl. Deshacer la trenza.
DESTREZA f. Habilidad, pericia.
DESTRINCAR tr. y prnl. *Mar.* Deshacer la trinca.
DESTRIPACUENTOS com. fam. Persona que interrumpe inoportunamente la relación del que habla.
DESTRIPADOR, RA adj. y s. Que destripa.
DESTRIPAR tr. **1** Quitar o sacar las tripas. **2** fig. Sacar lo interior de una cosa. **3** fig. DESPACHURRAR. **4** fig. y fam. Anticipar el desenlace o la solución de un relato.
DESTRIPATERRONES m. fig., fam. y desp. Campesino que ara la tierra. ♦ Su pl. es *destripaterrones*.
DESTRIZAR tr. **1** Hacer trizas o pedazos. || prnl. **2** fig. Consumirse, deshacerse por un enfado.

DESTROCAR tr. Deshacer el trueque o cambio. ♦ IRREG. Se conjuga como CONTAR.
DESTRÓN m. Lazarillo o mozo de ciego.
DESTRONAR tr. **1** Deponer y privar del reino a uno; echarle del trono. **2** fig. Quitar a uno su preponderancia.
DESTRONCAR tr. **1** Cortar, tronchar un árbol por el tronco. **2** Descoyuntar el cuerpo o parte de él. **3** fig. Arruinar a uno, embarazarle sus negocios o pretensiones. **4** fig. Rendir de fatiga. También prnl. **5** fig. Cortar, interrumpir. **6** *Chile* y *Méx.* Descuajar, arrancar plantas o quebrarlas por el pie.
DESTROZAR tr. **1** Despedazar, destruir. También prnl. **2** fig. Estropear, maltratar, deteriorar. **3** fig. Aniquilar, causar gran quebranto moral. **4** fig. Derrotar, aplastar al enemigo o contrincante.
DESTROZO m. Acción y efecto de destrozar.
DESTROZÓN, NA adj. y s. **1** Que destroza demasiado la ropa, el calzado, etc. || f. **2** En el carnaval callejero, máscara vestida de mujer, con ropas sucias y grotescas.
DESTRUCCIÓN f. **1** Acción y efecto de destruir. **2** Ruina, asolamiento, pérdida grande.
DESTRUCTIVO, VA adj. Se dice de lo que destruye o tiene la capacidad de destruir.
DESTRUCTOR, RA adj. y s. **1** Que destruye. || m. *Mar.* **2** Barco ligero de guerra, de alta mar, armado con artillería de mediano calibre.
DESTRUIR tr. **1** Deshacer, arruinar o asolar una cosa. También prnl. **2** fig. Quitar a uno los medios con que se mantenía. **3** fig. Malgastar, malbaratar la hacienda. || prnl. *Mat.* **4** Anularse mutuamente dos cantidades iguales y de signo contrario. ♦ IRREG. Se conjuga como HUIR.
DESTUR *Hist.* Movimiento político tunecino creado en 1914 para combatir la dominación francesa. Los partidarios de vincular el movimiento independentista al socialismo y dirigidos por Habib Burguiba, fundaron en 1933 el Neo-Destur, que colaboró decisivamente en la creación de la República (1957). En 1965 tomó el nombre de Partido Socialista Desturiano.
DESTUTT DE TRACY, ANTOINE LOUIS CLAUDE Filósofo francés (París, 1754 - Paray-le-Frésil, 1836). Es uno de los más destacados representantes de la ESCUELA DE LOS IDEÓLOGOS y el primero en utilizar el término ideología para definir su doctrina. Su obra fundamental es *Éléments d'Idéologie* (1801-19).
DESUBSTANCIAR tr. DESUSTANCIAR.
DESUCAR tr. DESJUGAR.
DESUDAR tr. y prnl. *Fisiol.* Quitar el sudor.
DESUELLO m. **1** Acción y efecto de desollar o desollarse. **2** fig. Desvergüenza, descaro, osadía.
DESULFURACIÓN f. *Quím.* Eliminación del azufre de los hidrocarburos.
DESUNCIR tr. Quitar del yugo las bestias sujetas a él.
DESUNIÓN f. **1** Separación de las partes que componen un todo, o de las cosas que estaban juntas y unidas. **2** fig. Discordia, desavenencia.
DESUNIR tr. y prnl. **1** Apartar, separar una cosa de otra. **2** fig. Provocar discordia entre los que estaban unidos.
DESUÑAR tr. **1** Quitar o arrancar las uñas. **2** Arrancar las raíces viejas de las plantas. || prnl. **3** fig. y fam. Ocuparse con afán en un trabajo. **4** fig. y fam. Incurrir reiteradamente en un vicio.
DESUÑIR tr. *Arg.* DESUNCIR.
DESURCAR tr. Deshacer los surcos.
DESURDIR tr. **1** Deshacer una tela; quitar la urdimbre. **2** fig. Desbaratar una trama, una intriga.
DESUSADO, DA adj. **1** Desacostumbrado, insólito. **2** Que ha dejado de usarse.
DESUSAR tr. y prnl. Desacostumbrar, perder o dejar el uso.
DESUSO m. Falta de uso de una cosa.
DESUSTANCIAR tr. y prnl. Quitar la fuerza y vigor a una cosa.

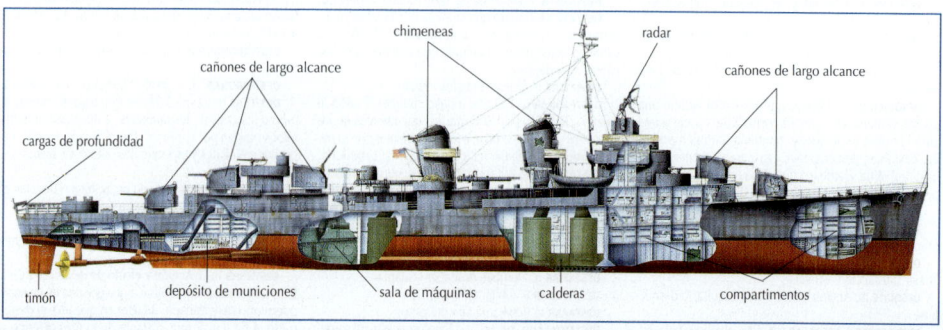

destructor

DESVAHAR tr. *Agr.* Quitar lo marchito o seco de una planta.

DESVAÍDO, DA adj. **1** Se dice del color bajo y apagado. **2** Que ha perdido la fuerza o el vigor; adelgazado, disminuido. **3** Vago, desdibujado, impreciso. **4** Se dice de la persona alta y desairada.

DESVAINAR tr. Sacar los granos de habas, guisantes y otras semillas, de las vainas.

DESVALIDO, DA adj. y s. Desamparado.

DESVALIJAMIENTO o **DESVALIJO** m. **1** Acción y efecto de desvalijar. **2** Desamparo, abandono.

DESVALIJAR tr. **1** Quitar o robar el contenido de una maleta o valija. **2** fig. Despojar a uno de todo o de la mayor parte del dinero o bienes.

DESVALORAR tr. DESVALORIZAR, quitar valor.

DESVALORIZAR tr. y prnl. **1** Quitar valor, consideración o prestigio a una persona o cosa. **2** Tratándose de moneda, devaluar.

DESVÁN m. Parte más alta de la casa, inmediatamente debajo del tejado.

DESVANECEDOR, RA adj. **1** Que desvanece. || m. *Fot.* **2** Aparato usado para desvanecer parte de una fotografía al sacar la positiva.

DESVANECER tr. **1** Disgregar o difundir las partículas de un cuerpo en otro. Se dice principalmente de los colores que se atenúan gradualmente. También prnl. **2** Inducir a presunción y vanidad. También prnl. **3** fig. Deshacer, anular. También prnl. **4** Quitar de la mente una idea, un recuerdo, etc. || prnl. **5** Evaporarse, exhalarse. **6** Turbarse la cabeza por un vahído; perder el sentido. También tr. ♦ IRREG. Se conjuga como AGRADECER.

DESVANECIMIENTO m. **1** Acción y efecto de desvanecerse. **2** Presunción, vanidad. **3** Debilidad, flaqueza, perturbación de la cabeza o del sentido.

DESVARAR tr. **1** Resbalar, deslizarse. También prnl. **2** *Mar.* Poner a flote la nave que estaba varada.

DESVARIADO, DA adj. **1** Que delira. **2** Fuera de regla, sin tino. **3** Se dice de las ramas largas y locas de los árboles.

DESVARIAR intr. Delirar, decir locuras o despropósitos.

DESVARÍO m. **1** Dicho o hecho disparatado. **2** Delirio, locura.

DESVASTIGAR tr. *Agr.* CHAPODAR, cortar ramas de los árboles, aclarándolos.

DESVEDAR tr. Revocar la prohibición que una cosa tenía.

DESVELAMIENTO o **DESVELO** m. Acción y efecto de desvelar.

DESVELAR tr. **1** Descubrir, revelar lo oculto o secreto. || tr. y prnl. **2** Quitar, impedir el sueño, no dejar dormir. || prnl. **3** fig. Poner gran cuidado y atención en lo que uno tiene a su cargo.

DESVENAR tr. **1** Quitar las venas a la carne. **2** *Min.* Sacar de la vena o filón el mineral. **3** *Agr.* Quitar las fibras a las hojas de las plantas. **4** En equitación, levantar los cañones del freno por el nudo, arqueándolos para que hagan la montada.

DESVENCIJAR tr. y prnl. **1** Aflojar, desunir las partes de una cosa que estaban y debían estar unidas. || prnl. **2** Quebrarse, herniarse.

DESVENDAR tr. y prnl. Quitar o desatar la venda con que estaba atada una cosa.

DESVENO m. En equitación, arco que en el centro de la embocadura del freno forma el hueco necesario para que se aloje en él la lengua del caballo.

DESVENTAJA f. **1** Mengua, perjuicio. **2** Inconveniente, impedimento.

DESVENTAJOSO, SA adj. Que acarrea desventaja.

DESVENTAR tr. Sacar el aire de una parte donde está encerrado. ♦ IRREG. Se conjuga como ACERTAR.

DESVENTURA f. DESGRACIA, suerte adversa.

DESVENTURADO, DA adj. **1** DESGRACIADO, desafortunado. **2** Cuitado, apocado, sin espíritu. También s. **3** Avariento, miserable. También s.

DESVERGONZADO, DA adj. Que habla u obra con desvergüenza.

DESVERGONZARSE prnl. Descomedirse, insolentarse faltando al respeto y hablando con descaro. ♦ IRREG. Se conjuga como CONTAR.

DESVERGÜENZA f. **1** Falta de vergüenza, insolencia. **2** Dicho o hecho impúdico o insolente.

DESVESTIR tr. y prnl. DESNUDAR. ♦ IRREG. Se conjuga como PEDIR.

DESVIACIÓN f. **1** Acción y efecto de desviar. **2** *Astron.* DECLINACIÓN. **3** *Fís.* Separación lateral de un cuerpo de su posición media. **4** *Fís.* Separación de la aguja imantada del plano del meridiano magnético, ocasionada por la atracción de una masa de hierro o de otro imán. **5** *Estad.* Diferencia de cada valor con el promedio. **6** *Med.* Cambio de la posición natural de los órganos, y en especial de los huesos. **7** Tramo de una carretera que se aparta de la general para unirse con ella después de haber rodeado un poblado. **8** Camino provisional por el que han de circular los vehículos mientras está en reparación un trozo de carretera. **9** Cosa anormal o aberrante, irregularidad, anomalía. || **DESVIACIÓN TÍPICA** *Mat.* Medida utilizada como indicador de las desviaciones en una distribución estadística. Se representa por *s* y su fórmula es:

$$s = \sqrt{\frac{\Sigma d^2}{n}}$$

donde Σd^2 representa la suma de todos los cuadrados de las desviaciones, y *n* el número de datos estadísticos.

DESVIACIONISMO m. Doctrina o práctica que se aparta de una ortodoxia determinada.

DESVIACIONISTA adj. y com. Perteneciente al desviacionismo.

DESVIAR tr. y prnl. **1** Apartar, alejar, separar de su lugar o camino una cosa. **2** fig. Disuadir o apartar a uno de la intención o propósito en que estaba.

DESVIEJAR tr. *Gan.* Separar del rebaño las ovejas o carneros viejos.

DESVINCULAR tr. Anular un vínculo, liberando lo que estaba sujeto a él.

DESVÍO m. **1** DESVIACIÓN, acción y efecto de desviar. **2** fig. Despego, frialdad. **3** Cambio provisional de trazado en un trecho de carretera o camino. **4** En albañilería, listón que se sujeta horizontalmente en los tablones de los andamios para evitar el movimiento de vaivén.

DESVIRAR tr. **1** Recortar el libro el encuadernador. **2** *Mar.* Dar vueltas al cilindro de los tornos y cabrestantes en sentido contrario a las que se dieron para virar el cable o el cabo de que se tira.

DESVIRGAR tr. Quitar la virginidad.

DESVIRTUAR tr. y prnl. Quitar a alguien o algo su virtud, sustancia o vigor.

DESVITRIFICAR tr. *Quím.* Hacer que el vidrio pierda su transparencia por la acción prolongada del calor.

DESVIVIRSE prnl. Mostrar vivo interés por una persona o cosa.

DESVOLVEDOR m. Instrumento que usan los herreros y cerrajeros para apretar y aflojar las tuercas.

DESVOLVER tr. *Agr.* Arar la tierra, mullirla y trabajarla. ♦ IRREG. Se conjuga como MOVER.

DESYEMAR tr. *Bot.* Quitar las yemas o brotes a las plantas.

DESYUGAR tr. DESUNCIR.

DESZAFRAR tr. *Min.* Separar de un sitio el mineral y la roca de la mina.

DESZOCAR tr. **1** Herir, maltratar el pie, de modo que quede impedido su uso. También prnl. **2** *Arquit.* Quitar el zócalo de alguna columna.

DESZULACAR tr. Quitar el zulaque.

DETALLAR tr. **1** Tratar, referir una cosa con todos sus pormenores. **2** Vender al por menor.

DETALLE m. **1** Parte pequeña que forma parte de otra mayor. **2** Circunstancia que aclara o completa un relato, suceso, etc. **3** Delicadeza.

DETALLISTA com. **1** Persona que se cuida mucho de los detalles. **2** Comerciante que vende al por menor.

DETASA f. Rectificación o rebaja en una tasa.

DETECCIÓN f. Acción y efecto de detectar.

DETECTAR tr. **1** Poner de manifiesto lo que no puede ser observado directamente. **2** Descubrir.

DETECTIVE com. Policía particular que practica investigaciones reservadas.

DETECTOR m. Aparato que sirve para detectar. || **DETECTOR DE MENTIRAS** Aparato que registra los cambios emocionales involuntarios que experimenta una persona sometida a interrogatorio.

DETENCIÓN f. **1** Acción y efecto de detener. **2** Dilación, tardanza, prolijidad. **3** Privación de la libertad; arresto provisional. || **DETENCIÓN PREVENTIVA** *Der.* La que se impone a un presunto culpable para evitar su fuga.

DETENER tr. **1** Suspender una cosa, impedir, estorbar que pase adelante. También prnl. **2** Arrestar, poner en prisión. **3** Retener, conservar. || prnl. **4** Retardarse o irse despacio. **5** fig. Suspenderse, pararse a considerar una cosa. ♦ IRREG. Se conjuga como TENER.

DETENIDO, DA adj. **1** MINUCIOSO. **2** Escaso, miserable. También s. **3** *Der.* Se dice de la persona que está privada provisionalmente de libertad por una autoridad competente. También s.

DETENIMIENTO m. DETENCIÓN.

DETENTADOR m. El que retiene la posesión de lo que no es suyo.

DETENTAR tr. **1** *Der.* Retener uno sin derecho lo que manifiestamente no le pertenece. **2** Retener y ejercer ilegítimamente algún poder o cargo público.

DETENTE m. Recorte de tela con la imagen del Corazón de Jesús y la leyenda: *Detente, bala.* Se usó en las guerras españolas de los siglos XIX y XX, prendido en la ropa sobre el pecho.

DETERGENTE adj. **1** Que deterge. || m. **2** Sustancia o producto que limpia químicamente.

DETERGER tr. **1** Limpiar una úlcera o herida. **2** *Quím.* Limpiar un objeto sin corroerlo.

DETERIORAR tr. y prnl. Estropear, menoscabar.

DETERIORO m. Acción y efecto de deteriorar o deteriorarse.

DETERMINABLE adj. Que se puede determinar.

DETERMINACIÓN f. **1** Acción y efecto de determinar. **2** Osadía, valor.

DETERMINADO, DA adj. **1** Osado, valeroso. También s. **2** En ciencia y técnica, se dice de lo que presenta límites definidos. **3** *Gram.* ARTÍCULO DETERMINADO.

DETERMINANTE adj. **1** Que determina. || f. *Mat.* **2** Polinomio que se forma a partir de los elementos de una matriz cuadrada, aplicando determinadas reglas. || m. *Gram.* **3** Palabra que determina al sustantivo.

DETERMINAR tr. **1** Fijar los términos de una cosa. **2** Distinguir, discernir. **3** Señalar, fijar. **4** Tomar una resolución. También prnl. **5** Hacer tomar una resolución. **6** *Der.* Sentenciar, definir.

DETERMINATIVO, VA adj. **1** Se dice de lo que determina o resuelve. **2** *Gram.* ADJETIVO DETERMINATIVO.

DETERMINISMO m. *Filos.* **1** Doctrina filosófica según la cual todos los acontecimientos, incluyendo las elecciones morales, están determinados por causas previas, lo que implica la negación de la casualidad y de la libertad humana. **2** Relación de causa a efecto que se establece entre fenómenos. **3** Corriente de pensamiento que supone que la libertad del hombre está dirigida por los factores del medio físico.

DETERMINISTA adj. **1** Relativo al determinismo. || com. **2** Persona partidaria del determinismo.

DETESTABLE adj. Abominable, execrable, pésimo.

DETESTAR tr. **1** Condenar, maldecir. **2** ABORRECER.

DETIENEBUEY m. *Bot.* GATUÑA.

DETMOLD **1** Distrito de Alemania, Land de Renania del Norte-Westfalia; 6.517 km² y 1.991.100 h. **2** Ciudad capital del mismo; 65.000 h.

-DETO suf. DESMO-.

DETONACIÓN f. **1** Acción y efecto de detonar. **2** *Mec.* En los motores de gasolina, combustión espontánea de una parte de la carga comprimida, después del paso de la chispa. **3** *Quím.* Explosión rápida capaz de iniciar la de un explosivo relativamente estable.

DETONADOR adj. **1** Que provoca o causa detonación. También s. || m. *Quím.* **2** Artificio con fulminante que sirve para hacer estallar una carga explosiva.

DETONANTE adj. **1** Que detona. || m. **2** *Quím.* Sustancia o mezcla que puede producir detonación. **3** fig. Motivo que desencadena una determinada acción o circunstancia.

DETONAR intr. **1** Dar estampido. || tr. **2** Iniciar una explosión o un estallido. **3** fig. Llamar la atención, causar asombro, admiración, etc.

DETORSIÓN f. Extensión violenta, torcedura.

DETRACTAR tr. Infamar, denigrar la honra ajena en la conversación o por escrito.

DETRACTOR, RA adj. y s. **1** Maldiciente, infamador. **2** Disconforme, adversario.

DETRAER tr. **1** Apartar, desviar. También prnl. **2** fig. DETRACTAR. ♦ IRREG. Se conjuga como TRAER.

DETRÁS adv. l. **1** En la parte posterior. **2** fig. En ausencia.

DETRIMENTO m. **1** Destrucción leve o parcial. **2** Pérdida, quebranto. **3** fig. Daño moral.

DETRÍTICO, CA adj. *Geol.* Se aplica a la roca compuesta de detritos, fragmentos de materiales más antiguos, erosionados o fragmentados.

DETRITO o **DETRITUS** m. *Biol.* Resultado de la descomposición de una masa sólida orgánica en partículas más simples.

DETROIT Ciudad de EE UU, Estado de Michigan, sobre el río Detroit, que comunica los lagos Saint Clair y Erie; 1.000.272 h. Primera ciudad productora de automóviles del mundo. Industria siderúrgica, metalúrgica, alimentaria, química y aeronáutica. Puerto. Universidad.

Detroit (Estados Unidos).

DEUCALIÓN *Mit.* Hijo de Prometeo y esposo de Pirra. Ante la decisión de Zeus de enviar un diluvio a la tierra para exterminar a los hombres, construyó un arca en la que se introdujo con su mujer. Tras nueve días y noches, el arca se posó en el monte Parnaso, y volvieron a poblar la tierra.

DEUCE m. *Dep.* En tenis, igualdad en el tanteo que se produce al final del juego, y que sólo se rompe ganando dos tantos consecutivos.

DEUCHER, ADOLPHE Político y médico suizo (Steckborn, 1831 - Berna, 1912). En 1886 ocupó la presidencia de la Confederación, cargo en el que volvió a ser elegido en 1897, 1903 y 1909.

DEUDA f. **1** Obligación que uno tiene de pagar, satisfacer o reintegrar a otro una cosa, por lo común dinero. **2** Obligación moral contraída con otro. || **DEUDA EXTERIOR** *Econ.* La pública que contrata la recogida de fondos en moneda extranjera o fuera del país. || **DEUDA PÚBLICA** *Econ.* Valor de renta fija acreditativo de un contrato de préstamo a un Estado que necesita recursos financieros.

DEUDOR, RA adj. **1** Que debe, o está obligado a satisfacer una deuda. También s. **2** *Econ.* Se dice de la cuenta en que se ha de anotar una cantidad en el debe.

DEUT-, DEUTER- prefs. DEUTERO-.

DEUTERAGONISTA com. *Lit.* Personaje que sigue en importancia al protagonista, en las obras literarias o análogas.

DEUTERGIA f. *Med.* Efecto secundario o colateral de los medicamentos.

DEUTERIO m. *Quím.* Isótopo del hidrógeno cuyo núcleo contiene un protón y un neutrón. Masa atómica 2,0144; símbolos *D, d,* H^2. Entra en la constitución del agua pesada.

DEUTERO-, DEUTER-, DEUTO-, DEUT- prefs. que significan segundo en orden, derivado de, o que contiene hidrógeno pesado (deuterio).

DEUTEROCANÓNICO, CA adj. *Rel.* Se dice de aquellos libros de la BIBLIA cuya categoría canónica fue puesta en duda, hasta que el magisterio de la iglesia los incluyó en el canon de las Sagradas Escrituras.

DEUTERÓN o **DEUTÓN** m. *Fís.* Núcleo del deuterio, constituido por un protón y un neutrón.

DEUTERONOMIO m. *Rel.* Quinto y último libro del PENTATEUCO. Narra las experiencias del pueblo de Israel en el desierto y presenta un elaborado y extenso código de leyes y deberes religiosos.

DEUTERÓSTOMO, MA m. *Zool.* **1** Se dice de los animales metazoos triblásticos en que el blastoporo de la gástrula da lugar al ano. La boca es de neoformación. || m. pl. *Zool.* **2** Grupo de estos animales.

DEUTO- pref. DEUTERO-.

DEUTÓXIDO m. *Quím.* Combinación del oxígeno con un cuerpo en su segundo grado de oxidación.

DEUTSCHER, ISAAC Político e historiador inglés, de origen polaco (Chrzánow, 1907 - Roma, 1967). Fue expulsado del Partido Comunista Polaco por su rechazo del estalinismo. Entre sus principales escritos destacan *Stalin, una biografía política* (1949-65) y la obra en tres volúmenes *Trotsky* (1954-63).

DEVA f. Divinidad inferior de la religión hinduista.

DEVA Ciudad de Rumania, capital del distrito de Hunedoara, en Transilvania, a orillas del Mures; 78.438 h. Centro turístico.

DEVALUACIÓN f. *Econ.* Operación financiera de carácter cualitativo que consiste en disminuir el valor de una moneda con relación al patrón metálico (generalmente oro) o a otra moneda extranjera.

DEVALUAR tr. Rebajar el valor de una moneda o de otra cosa, depreciarla.

DEVANADERA f. **1** Armazón para devanar. **2** Instrumento para hacer mutaciones rápidas en los teatros.

DEVANADO m. *Fís.* Hilo de cobre aislado y arrollado que forma parte de un circuito eléctrico.

DEVANADOR, RA adj. y s. **1** Que devana. || m. **2** Alma de cartón madera, etc., sobre la que se devana el hilo.

DEVANAR tr. Arrollar un hilo, alambre, etc., alrededor de un eje, carrete, etc.

DEVANEAR intr. Disparatar, delirar.

DEVANEO m. **1** Delirio, desatino, desconcierto. **2** Distracción o pasatiempo vano. **3** Amorío pasajero.

DEVASTADOR, RA adj. y s. Que devasta.

DEVASTAR tr. **1** Destruir un territorio, arrasando sus edificios y asolando sus campos. **2** fig. DESTRUIR, deshacer, arruinar.

DEVELAR tr. **1** Quitar o descorrer el velo que cubre alguna cosa. **2** DESVELAR, poner de manifiesto.

DEVENGAR tr. Adquirir derecho a alguna percepción o restricción por razón de trabajo, servicio u otro título.

DEVENGO m. Cantidad devengada.

DEVENIR[1] intr. **1** Sobrevenir, suceder, acaecer. **2** Llegar a ser. ♦ IRREG. Se conjuga como VENIR.

DEVENIR[2] m. *Filos.* Término que designa la realidad entendida como proceso o cambio.

DEVERBAL adj. y m. *Gram.* Se dice de la palabra, y en especial del nombre, derivados de un verbo, como *empuje,* de *empujar.*

DEVISA m. **1** Señorío solariego que se dividía entre hermanos coherederos. **2** Tierra sujeta a este señorío.

DEVOCIÓN f. **1** *Rel.* Amor, veneración y fervor religiosos. **2** fig. Inclinación, afición especial. **3** fig. Costumbre devota.

DEVOCIONARIO m. Libro de oraciones.

DEVOLUCIÓN, GUERRA DE *Hist.* Nombre con el que se conoce el conflicto bélico iniciado en 1667 por Luis XIV de Francia, quien reclamaba los Países Bajos en nombre de su esposa, María Teresa de Austria, hija mayor del primer matrimonio de Felipe IV de España. Finalizó con la paz de Aquisgrán en 1668. Francia tuvo que devolver el Franco-Condado, pero conservó un importante número de plazas fronterizas en el N.

DEVOLVER tr. **1** Volver una cosa al estado que tenía. **2** Restituirla a la persona que la poseía. **3** Corresponder a un favor o a un agravio. **4** fam. Vomitar. **5** Dar la vuelta a quien ha hecho un pago. || prnl. **6** *Amér.* Volverse, dar la vuelta. ♦ IRREG. Se conjuga como MOVER. Su p. p. es irregular: *devuelto.*

DEVON Condado del Reino Unido, en el SO de Inglaterra, entre el Canal de la Mancha y el de Bristol; 692.400 h. Pesca. Turismo. Los numerosos fósiles de animales y objetos prehistóricos que se descubrieron en su territorio dieron nombre a una división geológica, el DEVÓNICO.

DEVÓNICO, CA o **DEVONIANO, NA** adj. *Geol.* **1** Se dice del cuarto periodo de la era primaria, inmediatamente posterior al silúrico y anterior al carbonífero, que duró unos 60 millones de años. Los materiales característicos son las areniscas, calizas y pizarras arcillosas. En cuanto a la flora, aparecen las primeras selvas fósiles integradas por distintos grupos de pteridófitos y surgen las gimnospermas. Aparecen las arañas e insectos primitivos, los amminoideos, los tiburones y los anfibios. El grupo de los peces experimenta un gran desarrollo. También s. **2** Perteneciente o relativo a este periodo.

DEVORAR tr. **1** Tragar con ansia y apresuradamente. **2** fig. Consumir, destruir. **3** fig. Consagrar atención ávida a una cosa.

DEVOTO, TA adj. **1** Dedicado con fervor a obras de piedad y religión. También s. **2** Que mueve a devoción. **3** Aficionado a una persona. También s.

DEVUELTO, TA p. p. irregular de DEVOLVER.

DEWAR, SIR JAMES Físico y químico inglés (Kincardine-on-Forth, 1842 - Londres, 1923). En colaboración con F. Abel inventó la cordita, un explosivo sin humo. Asimismo descubrió un método que permitía licuar y solidificar el hidrógeno. Sus trabajos dieron lugar a la fabricación de botellas termo.

DEWEY, GEORGE Almirante estadounidense (Montpelier, Vermont, 1837 - Washington, 1917). Comandante en jefe de la flota estadounidense del Pacífico, destruyó la flota española en Cavite (1898) y ocupó Manila.

DEWEY, JOHN Filósofo y pedagogo estadounidense (Burlington, 1859 - Nueva York, 1952). Es uno de los fundadores del pragmatismo. Obras principales: *La escuela y la sociedad* (1899), *Democracia y educación* (1916).

DEXTRINA f. *Quím.* Sustancia sólida, amorfa, obtenida por transformación del almidón en maltosa y D-glucosa. Es de color blanco amarillento y sus disoluciones son dextrógiras.

DEXTRISMO m. Empleo preferente de la mano derecha.

DEXTRO m. **1** Espacio de terreno alrededor de una iglesia, en el cual se gozaba del derecho de asilo. **2** *Quím.* DEXTRÓGIRO.

DEXTRO- pref. que significa el lado derecho.

DEXTRÓGIRO, RA adj. y s. *Quím.* Se aplica a los compuestos que desvían a la derecha la luz polarizada. Es lo contrario de *levógiro.*

DEXTROSA f. *Quím.* Variedad dextrógira de la glucosa.

DEY m. Título del jefe o príncipe musulmán que gobernaba la regencia de Argel.

DEYANIRA *Mit.* Hija de Eneo, rey de Calidón, y esposa de Heracles, que la salvó de ser violada por el centauro Neso atravesándolo con una flecha.

DEYECCIÓN f. **1** Conjunto de materias arrojadas por un volcán o desprendidas de una montaña. **2** Defecación de los excrementos. **3** Los propios excrementos.

DEYOCES Primer rey de Media (?, 708 - Ecbatana, 655 a. C.). Estableció la capital de los persas en Ecbatana, donde fijó su residencia.

DG Símbolo de decigramo.

DG O DAG Símbolo de decagramo.

DHAKA o **DACCA** Ciudad de Bangla Desh, capital del país y de la provincia de su nombre; 3.839.000 h. Seda y algodón. Plata. Universidad.

D'HALMAR, AUGUSTO HALMAR, AUGUSTO D'.

DHARMA m. *Rel.* Término que designa varios conceptos esenciales de la religión hindú: ley, derecho, deber, bien, virtud, etc.

DHAWALAGIRI Monte de Nepal, en el Himalaya; 8.172 m de altura.

D'HONDT, LEY o **SISTEMA DE** HONDT, LEY D'.

DI-[1], **DIS-; -DIS-** prefs. o in. que denotan oposición, negación, dificultad o contrariedad, como en *disentir, psicodisléptico, disconforme;* origen, procedimiento o separación, como en *dimanar, distraer;* extensión o dilatación, como en *difundir.*

DI-[2]; **-DI-** pref. o in. que significan dos: *disílabo;* en química indica duplicidad de algún elemento en una sal, óxido, etc.

DI-[3] pref. DIA-.

DÍA m. **1** *Astron.* Tiempo que la Tierra emplea en dar una vuelta alrededor de su eje. Se divide en 24 horas. También denominado *día sidéreo.* **2** Tiempo que dura la claridad del Sol sobre el horizonte. **3** Tiempo que hace durante el día o gran parte de él. **4** CUMPLEAÑOS. **5** Momento, ocasión. || m. pl. **6** fig. Vida. || **DÍA ASTRONÓMICO** *Astron.* Tiempo comprendido entre dos pasos consecutivos del Sol por el meridiano superior. || **DÍA CIVIL** Tiempo comprendido entre dos medias noches consecutivas. || **DÍA D** *Hist.* El día 6 de junio de 1944, en el que las tropas aliadas iniciaron el desembarco en Normandía durante la Segunda Guerra Mundial. Por extensión, cualquier día de ataque o acción decisiva, muy esperado. || **DÍA FESTIVO** Fiesta oficial o religiosa. || **DÍA HÁBIL** Aquel en el que trabajan las oficinas públicas. || **DÍA DEL JUICIO** *Rel.* Último día de los tiempos, en que Jesucristo juzgará a los vivos y a los muertos. También, en sentido figurado, muy tarde. || **DÍA LECTIVO** *Ens.* Aquel en que se da clase en los establecimientos de enseñanza. || **DÍA DE PRECEPTO,** O **DE GUARDAR** *Rel.* Para los católicos, aquel en que manda la iglesia que se oiga misa y no se trabaje. || **DÍA SIDÉREO** *Astron.* Tiempo siempre igual que tarda la Tierra en dar una vuelta alrededor de su eje polar y durante el cual se efectúa una revolución aparente completa de las estrellas fijas. || **DÍA SOLAR** *Astron.* Tiempo que la Tierra emplea en dar una vuelta alrededor de su eje. || **DÍA DE VIGILIA** *Rel.* Para los católicos, aquel en que la iglesia prohíbe comer carne. || **al día** loc. adv. AL CORRIENTE. || **al otro día** loc. adv. Al día siguiente. || **buenos días** expr. que se emplea como salutación familiar durante la mañana. || **como el día y la noche** fr. que expresa la mucha diferencia que existe entre dos términos comparados. || **dar** a uno **el día** fr. irón. Causarle un gran pesar. || **de un día para otro** loc. adv. que explica la prontitud con que se espera un suceso. || **del día** loc. adv. De moda. También, fresco, reciente. || **día y noche** loc. adv. Constantemente, a todas horas. || **el día de mañana** loc. adv. En tiempo venidero. || **estar al día** fr. Estar al corriente en el conocimiento de una materia o en el cumplimiento de una obligación. || **hoy día,** u **hoy en día** loc. adv. Hoy, en el tiempo presente. || **poner al día** fr. Actualizar, poner al corriente. || **tener** uno **los días contados** fr. fig. Hallarse al fin de la vida.

DIA-, DI-; -DIA- prefs. o in. que significan separación, como en *diacrítico, diátesis;* a través de, como en *diámetro, coretomediálisis;* entre, como en *diatónico.*

DIABASA f. *Geol.* Roca volcánica de color pardo oscuro o verdoso y composición muy básica.

DIABELLI, ANTON Compositor austriaco (Mattsee, cerca de Salzburgo, 1781 - Viena, 1858). Autor de *lieder* y piezas para diversos instrumentos.

DIABETES f. *Pat.* Cualquiera de las enfermedades endocrinológicas caracterizadas por una excesiva secreción urinaria, sed y hambre. ♦ Su pl. es *diabetes.*

DIABÉTICO, CA adj. *Pat.* **1** Perteneciente o relativo a la diabetes. **2** Que la padece. También s.

DIABLA f. **1** Diablo hembra. **2** Máquina para cardar lana o algodón. **3** Vehículo de dos ruedas con toldo. **4** *Teatr.* Batería de luces que cuelga del peine, entre bambalinas, en los escenarios.

DIABLESA f. fam. DIABLA, diablo hembra.

DIABLITO m. *Cuba* El negro vestido de moharracho, que el día de Reyes andaba por las calles haciendo piruetas.

DIABLO m. **1** *Rel.* Nombre general de los ángeles arrojados al abismo, y de cada uno de ellos. Aparecen en la mayoría de las religiones y son espíritus malignos, normalmente masculinos, que están dirigidos por uno de ellos, el Diablo por antonomasia o Satán. **2** fig. Persona traviesa. **3** fig. Persona muy fea. || **DIABLO DE TASMANIA** *Zool.* Mamífero marsupial perteneciente a la familia dasiúridos, de nombre científico *Sarcophylus harrisii.* De larga cola y pelaje negro con el pecho blanco, tiene una fuerte dentadura y es muy feroz. Habita en Australia y Tasmania. || **POBRE DIABLO** fig. y fam. Hombre bonachón y de poca valía. || **llevárselo** a uno **los diablos** loc. fam. Montar en cólera, enfadarse. || **mandar** a alguien **al diablo.** loc. Enfadarse con él.

DIABLURA f. TRAVESURA.

DIABÓLICO, CA adj. **1** Relativo al diablo. **2** fig. Enrevesado, muy difícil.

DIABOLÍN m. Pastilla de chocolate cubierta de azúcar y envuelta en un papel con un mote.

DIÁBOLO m. Juguete que consiste en una especie de carrete formado por dos conos unidos por el vértice, al cual se imprime un movimiento de rotación por medio de una cuerda atada al extremo de dos varillas.

DIACLASA f. *Geol.* Grieta o hendidura de una roca, originada por empujes tangenciales en una serie de capas rígidas incurvadas de la superficie terrestre.

DIACONATO m. *Rel.* Orden sacra inmediata al sacerdocio.

DIACONÍA f. **1** Distrito y término en que antiguamente estaban divididas las iglesias para el socorro de los pobres, al cuidado de un diácono. **2** Casa en que vivía el diácono.

DIÁCONO m. *Rel.* Ministro eclesiástico de la iglesia católica, inmediatamente inferior al sacerdote.

DIACRÍTICO, CA adj. y m. **1** *Gram.* Se dice de los signos ortográficos que sirven para dar a una letra algún valor especial. Son, por ejemplo, puntos diacríticos los que lleva la *u* de la palabra vergüenza. ‖ f. *Ling.* **2** Estudio de la función tónica distintiva.

DIACRONÍA f. **1** Desarrollo o sucesión de hechos a través del tiempo. **2** *Ling.* Término propuesto por F. de Saussure para caracterizar uno de los puntos de vista que el lingüista puede escoger para analizar la lengua, en su sucesión y evolución. Se opone a SINCRONÍA.

DIADA (Voz cat.) f. Día señalado o marcado por la celebración de alguna fiesta popular (religiosa, cívica, etc.).

DÍADA f. *Psicol.* Conjunto de dos seres o individuos vinculados entre sí en estrecha interacción, como el de madre-hijo.

DIADELFIA f. *Bot.* Fenómeno que presentan ciertas plantas, consistente en que sus flores tienen los estambres soldados por sus filamentos en dos manojos.

DIADEMA f. **1** Faja o cinta blanca que antiguamente ceñía la cabeza de los reyes como insignia de su dignidad. **2** CORONA, sencilla o circular. **3** Adorno femenino de cabeza, en forma de media corona abierta por detrás.

DIADEMA Ciudad de Brasil, Estado de São Paulo; 305.068 h.

DIADOCO m. **1** Título del príncipe heredero en la Grecia moderna. **2** *Hist.* Nombre dado a cada uno de los generales de Alejandro Magno que se disputaron el Imperio después de su muerte (323 a. C.). Sus nombres eran Ptolomeo, Eumenes, Antígono y Lisímaco. Más en pl.

DIAFANIZAR tr. Hacer diáfana una cosa.

DIÁFANO, NA adj. **1** Se dice del cuerpo a través del cual pasa la luz casi en su totalidad. **2** fig. Claro, limpio.

DIÁFISIS f. *Anat.* Cuerpo o parte media de los huesos largos, comprendida entre los extremos o *epífisis.* ♦ Su pl. es *diáfisis.*

DIAFONÍA f. *Fís.* **1** Perturbación electromagnética producida en un canal de comunicación por el acoplamiento de éste con otro u otros vecinos. **2** Sonido indeseado producido en el receptor telefónico de un canal como consecuencia del acoplamiento de este canal con otros que den paso a señales del mismo origen acústico. **3** Transferencia indebida de energía de un circuito de transmisión perturbador a otro denominado perturbado.

DIAFRAGMA m. **1** *Anat.* Músculo ancho y circular que en el cuerpo de los mamíferos separa la cavidad torácica de la abdominal. **2** Membrana vibrante de un fonógrafo, auricular, etc. **3** *Fís.* Disco pequeño de láminas móviles que regula la cantidad de luz que penetra en cualquier instrumento óptico y así reduce aberraciones o aumenta la profundidad de foco. **4** *Med.* Dispositivo anticonceptivo que se coloca en el cuello del útero de la mujer e impide el paso de espermatozoides. **5** Separación, generalmente movible, que intercepta la comunicación entre dos partes de un aparato o de una máquina.

DIAGHILEV, SERGEI PAVLOVICH Empresario y maestro de baile ruso (Novgorod, 1872 - Venecia, 1929). Al frente de los ballets rusos contribuyó a difundir por todo el mundo esta modalidad artística.

diadema de oro procedente de Micenas. Museo Nacional (Atenas).

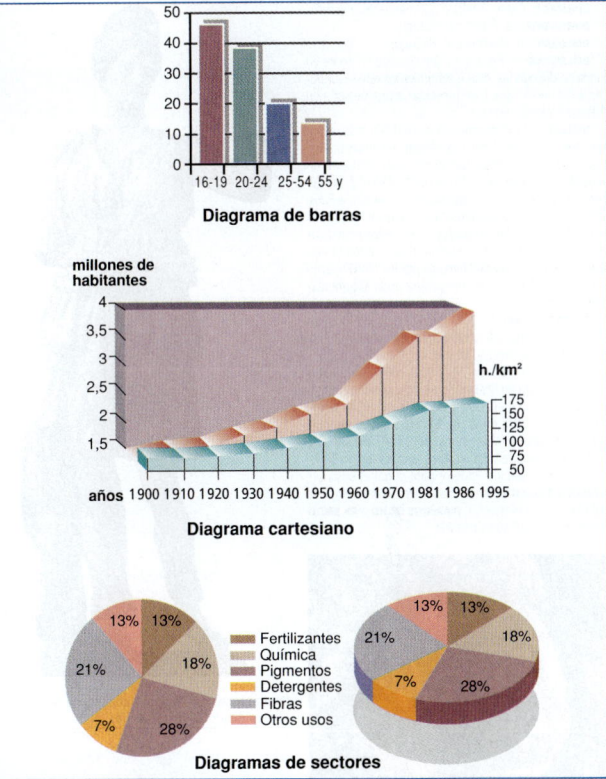

Diversos tipos de **diagrama**.

DIAGNOSIS f. **1** *Med.* Conocimiento diferencial de los signos de las enfermedades. **2** DIAGNÓSTICO. ♦ Su pl. es *diagnosis.*

DIAGNOSTICAR tr. **1** Determinar el carácter de una enfermedad mediante el examen de sus signos. **2** Examinar, evaluar.

DIAGNÓSTICO adj. **1** Perteneciente o relativo a la diagnosis. ‖ m. **2** *Med.* Técnica de determinar la naturaleza de una enfermedad mediante la observación de sus síntomas. También, resultado de dicho estudio. **3** Por extensión, conclusión que se obtiene del estudio de un problema.

DIAGONAL adj. y f. **1** *Geom.* Se dice de la línea recta que en un polígono va de un vértice a otro no inmediato, y en un poliedro une dos vértices cualesquiera no situados en la misma cara. **2** Se dice de las calles que cortan oblicuamente a otras paralelas entre sí.

DIÁGRAFO m. Instrumento para seguir los contornos de un objeto o de un dibujo y transmitirlos al mismo tiempo sobre el papel separado.

DIAGRAMA m. *Mat.* Representación gráfica o esquema que representa un fenómeno estadístico, físico, químico, matemático, informático, etc. ‖ **DIAGRAMA CARTESIANO** *Estad.* El que representa una variable mediante una línea que une diversos puntos de un plano de coordenadas cartesianas. ‖ **DIAGRAMA DE SECTORES** *Estad.* Aquel en que el valor de cada frecuencia se representa por un sector circular, generalmente de diferente color, cuya área es proporcional a dicha frecuencia. ‖ **DIAGRAMAS DE VENN-EULER** *Mat.* Los empleados para conjuntos y sus relaciones, y que se representan por un área plana delimitada, generalmente, por un círculo.

DIAGRAMADOR, RA m. y f. *A. gráf.* Persona que diagrama.

DIAGRAMAR tr. *A. gráf.* Preparar el esquema de una composición tipográfica, distribuyendo el texto y la ilustración.

DIAGUITA adj. *Etnol.* **1** Se dice de un antiguo pueblo amerindio de América del Sur que se dividía en varias tribus (quilmes, anchapas, famatinas, hualfines, andalgalás, tucumanos, tafís). Se extendieron por el N de Chile y el NO de Argentina. Más como m. pl. **2** Se dice también de sus individuos. También com. **3** Relativo a este pueblo.

DIAL m. **1** *Fís.* Superficie graduada, de forma variable, sobre la cual se mueve un indicador que mide o señala una determinada magnitud, como peso, voltaje, longitud de onda, velocidad, etc. **2** Barbarismo por disco del teléfono automático en el que están estampados los números para marcar.

DIÁLAGA f. *Miner.* Mineral silicato de magnesio, calcio y óxido de hierro, perteneciente al grupo de los piroxenos, y que suele aparecer acompañando a las serpentinas.

DIALDEHÍDO, DA adj. *Quím.* Se aplica al compuesto orgánico en cuya molécula existen dos grupos aldehído –CHO. También m.

DIALECTAL adj. *Ling.* **1** Se dice de una forma de la lengua considerada como una variedad regional y que carece del estatuto de la lengua general. **2** Se dice de las diferencias lingüísticas que surgen de la opción de variedades de una misma lengua.

DIALECTALISMO m. *Ling.* **1** Rasgo lingüístico perteneciente a un dialecto. **2** Carácter dialectal.

DIALÉCTICA f. *Filos.* **1** Rama de la filosofía que trata del razonamiento, de sus leyes, formas y modos de expresión. **2** Arte de argumentar.

DIALECTO m. *Ling.* **1** Forma de una lengua que tiene su sistema léxico, sintáctico y fonético propio y que se utiliza en un territorio más limitado que la lengua general, al no haber adquirido el estatuto cultural y social de ésta. **2** Cualquier lengua en relación al grupo de las varias derivadas de un tronco común.

DIALECTOLOGÍA f. *Ling.* Disciplina que describe y establece los límites de los diferentes dialectos.

DIALEFA f. *Fon.* Hiato o azeuxis, encuentro de dos vocales que se pronuncian en sílabas distintas.

DIALIPÉTALO, LA adj. *Bot.* **1** Se dice de la corola de la flor cuyos pétalos están libres, no soldados entre sí, y de la flor que tiene corola de esta clase. ‖ f. pl. *Bot.* **2** Grupo de plantas cuyas flores están provistas de cáliz y corola de pétalos libres. Actualmente sin valor taxonómico.

DIALISÉPALO, LA adj. *Bot.* Se dice de los cálices de flor cuyos sépalos están libres, no soldados entre sí, y de las flores que tienen cálices de esta clase.

DIÁLISIS f. **1** *Med.* Método terapéutico para eliminar sustancias de desecho contenidas en la sangre, mediante el riñón artificial. También se llama *hemodiálisis.* **2** *Quím.* Método de separación de los coloides y cristaloides cuando están juntamente disueltos, mediante membranas semipermeables. ♦ Su pl. es *diálisis.*

DIALIZAR tr. *Quím.* Analizar por medio de la diálisis.
DIALOGANTE adj. Abierto al diálogo.
DIALOGAR intr. Mantener un diálogo.
DIALOGISMO m. *Ret.* Figura que consiste en poner en forma de diálogo las ideas o sentimientos que se atribuyen a los personajes, o en presentar a una persona en diálogo consigo misma.
DIÁLOGO m. **1** Conversación entre dos o más personas, que alternativamente manifiestan sus ideas o afectos. **2** Discusión o negociación en busca de lograr un acuerdo entre grupos de intereses enfrentados. **3** *Lit.* Género literario en que se finge esa conversación. **4** *Filos.* Método filosófico que consiste en la exposición de distintas ideas mediante preguntas y respuestas realizadas por varios interlocutores con el fin de encontrar la verdad. Desarrollado preferentemente por los filósofos griegos, es la forma de expresión propia de la argumentación dialéctica.
DIAMAGNETISMO m. *Fís.* Propiedad de ciertas sustancias que, sometidas a la acción de un campo magnético, disminuyen la intensidad de éste.
DIAMANTE m. **1** *Miner.* Mineral carbono puro natural, que cristaliza en diversas formas del sistema cúbico, frecuentemente con caras curvas. Es el más duro de los minerales (10 de la escala de Mohs), aunque quebradizo. Tiene aplicaciones en joyería y en la industria. **2** Uno de los palos de la baraja francesa. Más en pl. **3** Instrumento que usan los vidrieros para cortar el cristal. || **DIAMANTE BRILLANTE** *Miner.* El que tiene labor completa por el haz y por el envés. || **DIAMANTE BRUTO** o **EN BRUTO** *Miner.* El que está aún sin labrar.

diamante bruto

DIAMANTÍFERO, RA adj. *Geol.* Se aplica a los terrenos ricos en diamantes.
DIAMANTINO, NA adj. **1** *Geol.* Relativo al diamante. **2** fig. y poét. Duro, persistente, inquebrantable.
DIAMETRALMENTE adv. m. **1** De un extremo hasta el opuesto. **2** fig. Enteramente, del todo.
DIÁMETRO m. *Geom.* **1** Segmento recto que pasa por el centro del círculo y une dos puntos opuestos de la circunferencia. Su longitud es dos veces la del radio. El diámetro es la razón entre la longitud de la circunferencia y el número π. **2** En otras curvas, línea recta o curva que pasa por el centro, cuando aquéllas lo tienen, y divide en dos partes iguales un sistema de cuerdas paralelas. **3** Eje de la esfera.
DIANA f. **1** *Mil.* Toque militar al romper el día, para que la tropa se levante. **2** *Dep.* y *Mil.* Punto central de un blanco de tiro.
DIANA *Mit.* Antigua divinidad itálica de la naturaleza en estado salvaje, asimilada pronto en la mitología romana a la ARTEMISA griega.
DIANA DE GALES (LADY DIANA SPENCER, llamada) Princesa británica (Londres, 1961 - París, 1997). En 1981 contrajo matrimonio con el príncipe Carlos, heredero de la corona británica, del que se divorció oficialmente en 1996. Murió en un accidente de tráfico.
DIANDRO, DRA adj. *Bot.* De dos estambres.
DIANENSE adj. y com. De Denia.
DIANIUM DENIA.
¡DIANTRE! interj. fam. con que se denota extrañeza, sorpresa, admiración o disgusto.
DIAPASÓN m. *Mús.* **1** Frecuencia asignada a un sonido para regular los restantes de un sistema musical. **2** Instrumento consistente en una lámina de acero doblada en forma de horquilla con pie, que cuando se hace sonar da la nota *la* en tercera, es utilizado como base para la afinación de instrumentos. **3** Instrumento para el mismo fin, aunque sea de otro material y forma; por ejemplo, una pequeña flautita que también da ese *la*. **4** Amplitud de la serie de notas musicales que abarca una voz o instrumento. **5** Plancha de madera que cubre el mástil de violines y otros instrumentos de cuerda.

Diana. Escultura romana procedente de Itálica. Museo Arqueológico (Sevilla).

DIAPORAMA m. *Fot.* Técnica audiovisual de proyección simultánea de diapositivas sobre una o varias pantallas.
DIAPOSITIVA f. *Fot.* Fotografía positiva sacada en cristal, celuloide u otra materia transparente, para ser proyectada con un aparato adecuado sobre una pantalla. Se llama también *transparencia.*
DIAPREA f. *Bot.* Variedad de ciruela.
DIARIO, RIA adj. **1** Correspondiente a todos los días. || m. **2** Relación histórica de lo que ha ido sucediendo día por día. También, libro o cuaderno personal en el que alguien apunta lo que le ha sucedido cada día, sus reflexiones, deseos, etc. **3** Periódico que se publica todos los días. || **DIARIO DE NAVEGACIÓN** *Mar.* El personal y obligatorio que llevan a bordo en la mar los oficiales de marina, donde registran los datos náuticos, meteorológicos, acaecimientos, etc., que constan en el cuaderno de bitácora. || **DIARIO DE OPERACIONES** *Mar.* y *Mil.* El colectivo de las unidades armadas y de los buques de guerra, en el que se registran las operaciones en que toman parte y sus vicisitudes más importantes. || **a diario** loc. adv. Todos los días, cada día. || **de diario** loc. adj. que se aplica al vestido que se usa ordinariamente, por oposición al de gala.
DIARQUÍA f. *Polít.* Gobierno simultáneo de dos reyes.
DIARREA f. *Med.* Anormalidad en la función del aparato digestivo consistente en la frecuencia y abundancia de las deposiciones y en la consistencia líquida de las mismas. || **DIARREA MENTAL** coloq. Confusión mental.
DIARREICO, CA adj. Relativo a la diarrea.
DIARTROSIS f. *Anat.* Articulación que se mueve libremente, caracterizada por la existencia de una cavidad sinovial entre los huesos. ♦ Su pl. es *diartrosis.*
DIAS, BARTOLOMEU Navegante portugués (Algarve, h. 1450 - cabo de Buena Esperanza, 1500). Juan II le encargó la búsqueda de un paso al sur del Congo hacia el reino del Preste Juan. En su viaje dobló el extremo S de África (1487) y descubrió el que llamó *Cabo de las Tormentas*, nombre que Juan II cambió por el de *Cabo de Buena Esperanza.*
DIASCOPIO m. *Ópt.* Aparato que permite proyectar sobre una pantalla la imagen fotográfica que se ha recogido en una diapositiva o película transparente.

Viajes de Bartolomeu **Dias.**

DIÁSPORA f. 1 *Hist.* Diseminación de los judíos por toda la extensión del mundo antiguo, fuera de la tierra de Israel. 2 Por extensión, dispersión de individuos humanos que anteriormente vivían juntos.

DIÁSPORO m. *Geol.* Piedra fina, de color gris perla o pardo amarillento, que se convierte en polvo a la llama fuerte del soplete.

DIASPRO m. *Geol.* Nombre de algunas variedades de jaspe.

DIASTASA f. *Biol.* Enzima, soluble en el agua, que hidroliza el almidón hasta maltosa. Por extensión, se da a veces el nombre de diastasas a todas las enzimas.

DIASTASIS f. 1 *Fisiol.* Fase final de la diástole, en que se produce el llenado lento del ventrículo. 2 *Med.* Separación de dos huesos normalmente unidos sin que haya dislocación. ♦ Su pl. es *diastasis*.

DIÁSTILO adj. *Arquit.* Se dice del monumento cuyos intercolumnios tienen de claro seis módulos.

DIÁSTOLE f. 1 *Fisiol.* Movimiento de dilatación rítmica del corazón y de las arterias. 2 *Poét.* Licencia poética que permite utilizar como larga una sílaba breve.

DIASTROFISMO m. *Geol.* Conjunto de las transformaciones de la corteza terrestre debidas a los fenómenos orogénicos y epirogénicos.

DIATERMIA f. *Med.* Método terapéutico consistente en la generación de calor en el cuerpo humano, mediante el paso de una corriente eléctrica de alta frecuencia.

DIÁTESIS f. 1 *Ling.* Voz del verbo. 2 *Med.* Predisposición orgánica a contraer una determinada enfermedad. ♦ Su pl. es *diátesis*.

DIATOMEO, A adj. y s. *Biol.* 1 BACILARIOFÍCEA. || f. pl. *Biol.* 2 Clase de estas algas.

DIATOMITA f. *Geol.* Roca silícea con proporciones variables de arcilla y carbonato cálcico y en la que entra a formar parte gran cantidad de caparazones de diatomeas. Las diatomitas típicas también se conocen como *trípoli* o *harina fósil*.

DIATÓNICO, CA adj. *Mús.* Se dice de uno de los tres géneros del sistema musical, cuya escala consta de cinco tonos y dos semitonos.

DIATRIBA f. Discurso o escrito violento e injurioso contra personas o cosas.

DÍAZ, ADOLFO Político nicaragüense (Managua, 1874 - San José de Costa Rica, 1964). Intervino en el movimiento que derrocó a Zelaya (1909), fue designado vicepresidente en 1910 y asumió provisionalmente el ejecutivo (1911-12). Elegido presidente (1912-16), aceptó la intervención estadounidense para mantenerse en el poder. Gracias a otra intervención norteamericana, derribó al presidente Solórzano y ocupó el poder (1926-28).

DÍAZ, CÉSAR Político y militar uruguayo (Montevideo, 1812 - Paso de Quinteros, 1858). Asumió de manera interina el ejecutivo en ausencia de Venancio Flores (1853-54). Derrotado en las elecciones de 1856 por Pereira, se sublevó, pero fue vencido en el Paso de Quinteros y fusilado.

DÍAZ, EUGENIO Escritor colombiano (Soacha, 1804 - Bogotá, 1865). De estilo costumbrista, entre sus obras destacan *Manuela* (1866), *El rejo de enlazar* (1873) y *Cuadros de costumbres* (1898).

DÍAZ, JORGE Dramaturgo chileno de origen argentino (Rosario, 1930). Influido inicialmente por el teatro del absurdo, es autor de *El cepillo de dientes* (1961), *El nudo ciego* (1965), *Vigilia de la degollación* (1972) y *Piel contra piel* (1982).

DÍAZ, JUAN MARTÍN EMPECINADO, EL.

DÍAZ, PORFIRIO Militar y político mexicano (Oaxaca, 1830 - París, 1915). Luchó contra las tropas francesas en la batalla de Puebla (1862) y contra las del emperador Maximiliano. Promovió un movimiento revolucionario contra Juárez primero y luego contra Lerdo de Tejada. Tras derrotar a éste, ocupó la presidencia de la nación en 1876 y en los períodos 1877-80 y 1884-1911. Su gobierno fue una dictadura afín ideológicamente al Partido

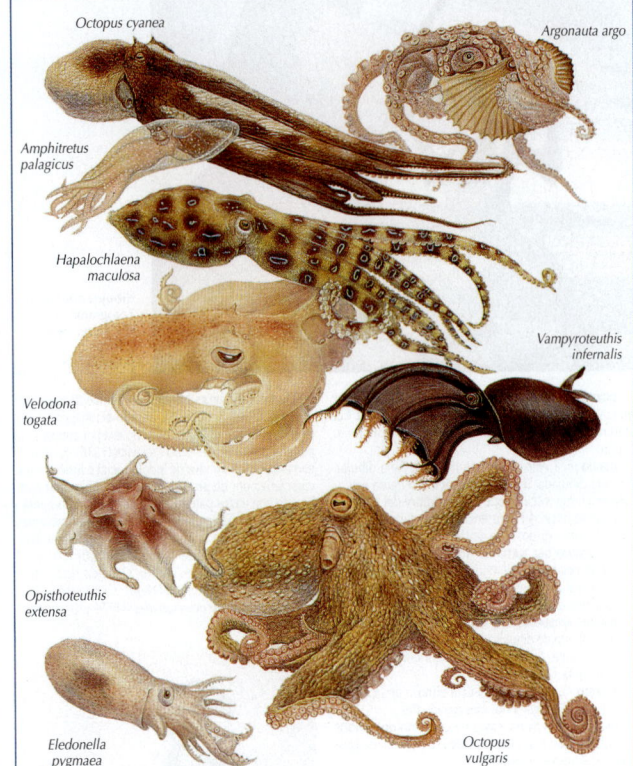

Octopus cyanea · Argonauta argo · Amphitretus palagicus · Hapalochlaena maculosa · Vampyroteuthis infernalis · Velodona togata · Opisthoteuthis extensa · Eledonella pygmaea · Octopus vulgaris

dibranquios

Porfirio **Díaz**

Liberal. En 1911, fue derrocado por una insurrección. Se exilió en Europa.

DÍAZ DE ARMENDÁRIZ, LOPE Militar español (Quito, h. 1575 - ?). Fue embajador de Alemania y virrey de Nueva España (1635-40).

DÍAZ AROSEMENA, DOMINGO Político panameño (Panamá City, 1875 - íd., 1949). Fue miembro del Partido Liberal, alcalde de la ciudad de Panamá (1910-12) y presidente interino (1933). Accedió a la presidencia en 1948 y dimitió al año siguiente por motivos de salud.

DÍAZ ARRIETA, HERNÁN Crítico literario chileno (Santiago, 1891 - íd., 1983). La mayoría de sus obras las escribió bajo el seudónimo *Alone*: *La sombra inquieta* (1915), *Panorama de la literatura chilena durante el siglo XX* (1931) y *La tentación de morir* (1954).

DÍAZ CASANUEVA, HUMBERTO Poeta chileno (Santiago de Chile, 1908 - íd., 1992). Influido por el irracionalismo surrealista y la filosofía de Nietzsche y Heidegger, escribió *El aventurero de Saba* (1926), *El blasfemo coronado* (1940), *Los penitenciales* (1960) y *El niño de Robben Island* (1985).

DÍAZ DEL CASTILLO, BERNAL Conquistador y cronista español (Medina del Campo, h. 1492 - Guatemala, h. 1580). Llegó a tierras americanas con Pedro Arias de Ávila en 1514. Participó en varias expediciones, entre otras las de Francisco Hernández de Córdoba (1517); Juan de Grijalba (1518), y Hernán Cortés (1519). Es autor de la crónica *Historia verdadera de la conquista de la Nueva España*. La obra permaneció inédita hasta 1632.

DÍAZ MACHICAO, PORFIRIO Escritor boliviano (La Paz, 1909 - íd., 1981). Es autor de *Cuentos de dos climas* (1936), *El estudiante enfermo* (1938) y *La bestia emocional* (1955).

DÍAZ MIRÓN, SALVADOR Poeta mexicano (Veracruz, 1853 - íd., 1928). Alcanzó gran fama con composiciones, de un romanticismo fogoso (*Voces interiores*, *A Víctor Hugo*). A partir de 1895 su poesía se aproximó a los cánones del parnasianismo (*Lascas*, 1901).

DÍAZ ORDAZ, GUSTAVO Político mexicano (San Andrés Chalchicomula, hoy Ciudad Serdán, 1911 - Ciudad de México, 1979). Secretario de Gobernación con el presidente López Mateos, fue presidente de la República (1964-70).

DÍAZ RAMOS, JOSÉ Político español (Sevilla, 1896 - Tiflis, 1942). Procedente de la CNT, ingresó en el Partido Comunista de España, del cual fue nombrado secretario general en 1932. Después de la Guerra Civil se exilió en la URSS.

DÍAZ RODRÍGUEZ, MANUEL Escritor venezolano (Chacao, 1871 - Nueva York, 1927). Fue una de las figuras destacadas del modernismo hispanoamericano. Autor de *Sensaciones de viaje* (1896), *Sermones líricos* (1918) y *Peregrina o El pozo encantado* (1922).

DÍAZ SÁNCHEZ, RAMÓN Escritor venezolano (Puerto Cabello, 1903 - Caracas, 1968). Es autor de *Cam* (1939), *Ámbito y acento* (1939) y *Caminos del amanecer* (1941).

DÍAZ DE SOLÍS, JUAN SOLÍS, JUAN DÍAZ DE.

DÍAZ DE VIVAR, RODRIGO o **RUY** (llamado EL CID CAMPEADOR) Caballero castellano (Burgos o Vivar, h. 1043 - Valencia, 1099). Tomó parte en las luchas de los reinados de Fernando I y Sancho II. Al lado de éste figuró en las guerras de Navarra, donde conquistó el título de *Campeador*, y asistió al cerco de Zamora, ante cuyas murallas murió asesinado el rey. Fue uno de los doce caballeros ante los cuales hubo de jurar Alfonso VI, en Santa Gadea (Burgos), no haber participado en la muerte de su hermano. Acusado de apropiarse de unos tributos cobrados al rey taifa de Sevilla, fue desterrado. Se puso entonces al servicio del rey moro de Zaragoza, aunque siempre consideró su señor a Alfonso VI. En 1094 se apoderó de Valencia, donde se mantuvo hasta su muerte. La personalidad del Cid ha quedado reflejada en la leyenda, los cantares de gesta y la poesía: *Cantar de Mio Cid*, el *Romancero*, *Las mocedades del Cid*, de Guillén de Castro, *El Cid*, de Corneille, etc.

DIAZO m. *Quím.* Grupo funcional que consta de dos átomos de nitrógeno unidos mediante doble enlace: —N=N—.

DIAZO- pref. utilizado en química para distinguir los compuestos que presentan el grupo funcional diazo.

DIBLÁSTICO, CA adj. *Zool.* Se dice del animal metazoo formado por dos hojas blastodérmicas (endodermo y ectodermo) que normalmente están separadas por la mesoglea.

DIBRANQUIO adj. y m. *Zool.* 1 Se dice de los moluscos cefalópodos de concha interna muy reducida (o sin ella), sifón tubular, ojos con cristalino y sólo dos branquias en la cavidad paleal, como los calamares, jibias, pulpos, etc. || m. pl. *Zool.* 2 Subclase de estos cefalópodos.

DIBUJANTE com. Persona que tiene como profesión el dibujo.

dibujos animados. Fotograma de *El rey León*, de Walt Disney Productions.

DIBUJAR tr. **1** Delinear en una superficie, y sombrear imitando la figura de un cuerpo. También prnl. **2** fig. Describir. || prnl. **3** Revelarse lo que estaba callado u oculto.

DIBUJO m. **1** Arte de dibujar y de enseñar a dibujar. **2** Figura dibujada. **3** *Arte*. Delineación o figura ejecutada en claro y oscuro, que toma nombre del material con que se hace. **4** En los encajes, bordados, tejidos, etc., la figura y disposición de las labores que los adornan. || **DIBUJO DEL NATURAL** *Arte*. El que se hace copiando directamente del modelo. || **DIBUJO LINEAL** *Arte*. El que se realiza con escuadra, cartabón, compás y otros instrumentos análogos.

DIBUJOS ANIMADOS *Cin.* Películas realizadas a partir de un conjunto de dibujos, dispuestos fotográficamente sobre una cinta, de tal manera que cobran vida al proyectarse en la pantalla.

DICASIO m. *Bot*. Inflorescencia cimosa en la que el eje primario da lugar a dos ejes principales.

DICCIÓN f. **1** PALABRA, sonido o conjunto de sonidos articulados que expresan una idea. **2** Manera de pronunciar. **3** FIGURA DE DICCIÓN.

DICCIONARIO m. **1** *Lex*. Libro en que por orden comúnmente alfabético se contienen y explican todas las dicciones de uno o más idiomas, o las de una ciencia, facultad o materia determinada. Véase LEXICOGRAFÍA. **2** Catálogo numeroso de noticias importantes de un mismo género, ordenado alfabéticamente. || **DICCIONARIO ELECTRÓNICO** *Lex*. El destinado a su consulta a través de un ordenador. || **DICCIONARIO ENCICLOPÉDICO** *Lex*. El que combina la descripción lingüística de las voces con la descripción enciclopédica de las mismas. || **DICCIONARIO ETIMOLÓGICO** *Lex*. El que explica la etimología de las palabras, agrupando, por lo general, las que derivan de un mismo étimo. || **DICCIONARIO HISTÓRICO** *Lex*. Aquel en que figuran todas las palabras que se han usado y usan en un idioma, consignando el origen y evolución de cada una. || **DICCIONARIO IDEOLÓGICO** *Lex*. El que agrupa las palabras, no por su orden alfabético, sino de acuerdo al grupo de ideas o campo semántico a que pertenecen. || **DICCIONARIO DE USO** *Lex*. Aquel en el que las palabras van acompañadas de indicaciones y ejemplos para su uso correcto.

DICCIONARIO DE AUTORIDADES *Lex*. Nombre por el que se conoce al *Diccionario de la lengua castellana* (1726-39), primer diccionario publicado por la REAL ACADEMIA ESPAÑOLA, en seis volúmenes.

DICEARCO Filósofo, historiador y geógrafo griego (s. IV a. C.). Fue discípulo de Aristóteles. Expuso su doctrina, de carácter materialista, en dos tratados, *Corintiacos* y *Lesbiacos*, de los que sólo se han conservado algunos fragmentos.

DICHA f. **1** FELICIDAD. **2** Suerte feliz.

DICHARACHERO, RA adj. y s. **1** fam. Que prodiga dichos agudos y oportunos. **2** fam. Que habla mucho.

DICHO, CHA m. **1** Palabra o conjunto de palabras con que se expresa oralmente un concepto cabal. **2** Ocurrencia chistosa y oportuna. || **dicho y hecho** expr. con que se explica la prontitud con que se hace algo. ♦ Es el p. p. irreg. de DECIR.

DICHOSO, SA adj. **1** FELIZ. **2** Se dice de lo que incluye o trae consigo dicha. **3** fam. Enfadoso, molesto.

DICIEMBRE m. Duodécimo y último mes del año. Tiene 31 días. Para los antiguos romanos era el décimo mes del año, de ahí su nombre.

DICK, PHILIP K. Escritor estadounidense (Chicago, 1928 - Santa Ana, California, 1982). Especializado en relatos y ciencia-ficción: *El hombre del castillo* (1962), *¿Sueñan los androides con ovejas eléctricas?* (1968) y *Ubik* (1969).

DICKENS, CHARLES Novelista británico (Portsmouth, 1812 - Gadshill, Kent, 1870). De formación autodidacta, tuvo su primer gran éxito con la novela por entregas *Los papeles póstumos del Club Pickwick* (1836). Su obra se enmarca en la narrativa de índole social e histórica y se caracteriza por un prodigioso sentido del humor combinado con trazos patéticos que llegan al melodrama y un pulso vigoroso para el retrato de tipos y ambientes. De su obra destacan *Las aventuras de Oliver Twist* (1838), *Las aventuras de Nicholas Nickelby* (1839), *Almacén de antigüedades* (1840), *Canción de Navidad* (1843), *David Copperfield* (1849), *La pequeña Dorrit* (1855), *Historia de dos ciudades* (1859) y *Grandes esperanzas* (1860).

Charles **Dickens**

DICKINSON, EMILY Poetisa estadounidense (Amherst, 1830 - íd., 1886). Creció en un ambiente puritano y pasó casi toda su vida confinada en su habitación. Allí redactó unos 1.750 poemas que reflejaron los principales conflictos morales e intelectuales de su tiempo. Su obra se publicó póstumamente en 1890.

DICKMANN, MAX Escritor y periodista argentino (Buenos Aires, 1902). Autor de las novelas *Madre América* (1935), *Los frutos amargos* (1941), *Esta generación perdida* (1945) y *El motín de los ilusos* (1949).

DICLAMÍDEO, A adj. *Bot*. Se dice de la flor que posee cáliz y corola.

DICLINO, NA adj. *Bot*. Se dice de la planta en que los estambres y pistilos se encuentran en flores diferentes.

DICLORO-DIFENIL-TRICLOROETANO m. *Quím*. Compuesto orgánico usado como insecticida, más conocido por *DDT*, cuyo uso ha sido últimamente prohibido o limitado a causa de sus efectos nocivos sobre el medio ambiente.

DICOREO m. *Métr*. Pie de la poesía griega y latina, compuesto de dos coreos, es decir, de cuatro sílabas: la primera y la tercera largas y las otras dos breves.

DICOTILEDÓNEO, A adj. y f. *Bot*. **1** De dos cotiledones. **2** Se dice de las plantas fanerógamas angiospermas cuyo embrión tiene dos cotiledones, opuestos por lo común; tallo con hacecillos liberoleñosos abiertos y formando un anillo; raíz por lo general con eje persistente; hojas con nerviación reticulada, pinnada o palmeada; capa verticilo floral integrado por cuatro o cinco piezas (flores tetrámeras o pentámeras, respectivamente); grano de polen con tres pliegues o surcos (tricolpado); y verdadero crecimiento secundario, tanto en la raíz como en el tallo, a partir del cambium vascular. Ejemplos son el roble, la encina, el rosal, la menta, etc. También f. || f. pl. *Bot*. **3** Clase de estas plantas, del subtipo de las angiospermas, con unas 190.000 especies.

DICOTOMÍA f. **1** *Bot*. Bifurcación o división de un tallo o rama en dos partes, formando un ahorquillado. **2** *Lóg*. Método de clasificación en que las divisiones y subdivisiones sólo tienen dos partes. **3** Aplicación de este método, división en dos.

DICÓTOMO, MA adj. Que se divide en dos.

DICROÍSMO m. *Fís*. Propiedad que tienen algunos cuerpos de presentar dos coloraciones diferentes según la dirección en que se los mire.

DICROMÁTICO, CA adj. Que tiene dos colores.

DICTADO m. **1** Acción de dictar para que otro escriba. **2** Texto escrito al dictado. || m. pl. **3** fig. Inspiraciones o preceptos de la razón o la conciencia. || **escribir al dictado** fr. Escribir lo que otro dicta.

DICTADOR, RA m. y f. **1** *Polít*. En algunos Estados modernos, persona que gobierna con poder absoluto. **2** fig. Persona que abusa de su autoridad y trata con dureza a los demás. || m. *Hist*. **3** Entre los antiguos romanos, magistrado supremo, nombrado por uno de los cónsules cuando peligraba la estabilidad de la República; tenía poder absoluto, pero la duración de su cargo estaba limitada a seis meses.

DICTADURA f. **1** Cargo de dictador. **2** Tiempo que dura este cargo. **3** *Polít*. Gobierno que, invocando el interés público, se ejerce fuera de las leyes constitutivas de un país. Bajo este concepto se engloban una serie de sistemas políticos en los que el pluralismo político es limitado o nulo, un líder o una élite reducida ejerce el poder sin responsabilidades ni controles democráticos, y las libertades individuales y colectivas y los derechos humanos no existen o se hallan restringidos. || **DICTADURA DEL PROLETARIADO** *Polít*. Según el pensamiento marxista-leninista, régimen político propio de la transición de la sociedad capitalista a la comunista. Implica la creación de un Estado en el que el poder y los medios de producción están en manos del proletariado.

DICTADURA DE PRIMO DE RIVERA *Hist*. Periodo de la historia contemporánea española (1923-30). El 13 de septiembre de 1923, el general Primo de Rivera, de acuerdo con el rey Alfonso XIII, dio un golpe de Estado tras el cual ocupó el poder y suspendió el régimen constitucional. El nuevo régimen se organizó en dos periodos: el DIRECTORIO MILITAR (1923-25) y el Directorio Civil (1935-30), que supuso un acercamiento del gobierno a la extrema derecha. Los logros más importantes de este periodo fueron el desarrollo de las obras públicas y la conclusión de la campaña de Marruecos (1924-27). Tras un periodo de crisis Primo de Rivera se vio obligado a dimitir el 28 de enero de 1930.

DICTÁFONO m. Aparato que grababa dictados, conversaciones, etc., y los reproducía por procedimientos fonográficos o magnetofónicos. Fue el primitivo MAGNETÓFONO.

DICTAMEN m. Opinión y juicio que se forma o emite sobre algo, especialmente el emitido por una autoridad o institución competente.

DICTAMINAR intr. Dar dictamen.

DÍCTAMO m. *Bot*. **1** Arbusto de la familia labiadas que se usa como planta de adorno y se usó en medicina como vulneraria. **2** *Cuba* Planta de la familia euforbiáceas que destila un jugo lechoso y purgante. || **DÍCTAMO BLANCO** *Bot*. Planta de la familia rutáceas que produce un aceite volátil de olor fragante, que se usa en perfumería y medicina.

díctamo blanco

DICTAR tr. **1** Decir uno algo con las pausas necesarias o convenientes para que otro lo vaya escribiendo. **2** Tratándose de leyes, fallos, preceptos, etc., darlos, expedirlos, pronunciarlos. **3** fig. Inspirar, sugerir.

DICTATORIAL adj. **1** Relativo al dictador. **2** fig. Dicho de poder, facultad, etc., absoluto, arbitrario, no sujeto a las leyes.

DICTERIO m. Dicho denigrativo que insulta y provoca.

-DÍCTICO, -DIGMA sufs. que significan muestra: *apodíctico, paradigma.*

DICTIÓPTERO, RA adj. y s. *Zool.* **1** Se dice de los insectos ortópteros masticadores, con alas anteriores elitroideas y las posteriores membranosas, cuyas hembras poseen oviscapto, como la mantis religiosa. || m. pl. *Zool.* **2** Suborden de estos insectos.

DIDACT-; -DIDACTA pref. o suf. que significan enseñanza: *didactismo, autodidacta.*

DIDÁCTICA f. **1** Arte de enseñar. **2** *Pedag.* Rama de la pedagogía que estudia las técnicas y métodos de enseñanza.

DIDÁCTICO, CA adj. **1** Perteneciente o relativo a la enseñanza; propio, adecuado para enseñar o instruir. **2** Relativo a la enseñanza o didáctica.

DIDÁCTILO, LA adj. *Zool.* Que tiene dos dedos.

DIDACTISMO m. **1** Calidad de didáctico. **2** Tendencia o propósito docente o didáctico.

DIDAJÉ DIDAKHÉ.

DIDAKHÉ o **DIDAJÉ** *Hist.* y *Rel.* Documento dirigido a la enseñanza de los catecúmenos (siglo I). Recoge los preceptos de la moral cristiana y describe el orden eclesiástico y las prácticas de los sacramentos por las primitivas comunidades.

DIDANOSINA (DDI) f. *Farm.* Fármaco empleado en el tratamiento del sida.

DIDASCALIA f. *Lit.* y *Teat.* **1** En la antigua Grecia, los catálogos de piezas teatrales representadas, con indicaciones de fecha, premio, etc., y en la literatura latina, las notas que a veces, al comienzo de una comedia, dan noticias sobre su representación. || f. pl. *Teat.* **2** Instrucciones de los poetas dramáticos griegos de la Antigüedad a los actores encargados de representar sus obras.

DIDASCALIA DE LOS APÓSTOLES Constitución eclesiástica, compuesta en lengua griega (siglo III), para una comunidad de paganos conversos de la Siria septentrional. Inspirada en la DIDAKHÉ, sólo contiene normas morales y disciplinares.

DIDELFO, FA adj. y s. *Zool.* **1** Se dice de los mamíferos caracterizados por tener las hembras una bolsa donde están contenidas las mamas y donde permanecen encerradas las crías durante el primer tiempo de su desarrollo; como la zarigüeya y el canguro. Hoy se emplea más la denominación *marsupiales.* || m. pl. *Zool.* **2** Antiguo orden de estos animales.

DIDEROT, DENIS Escritor y filósofo francés (Langres, 1713 - París, 1784). Se le considera la figura más representativa de la Ilustración francesa. Dirigió y trabajó en la edición de la *Enciclopedia*. Entre sus obras cabe destacar *Pensamientos filosóficos* (1746), *Carta sobre los ciegos* (1749) y *Pensamientos sobre la interpretación de la naturaleza* (1757). Gran parte de sus escritos apareció póstumamente; así las novelas *La religiosa* (1796), *El sobrino de Rameau* (1823), y el ensayo *La paradoja del comediante* (1830).

DÍDIMO, MA adj. *Biol.* **1** Se dice de todo órgano formado por dos lóbulos iguales y simétricamente colocados. || m. **2** TESTÍCULO.

DIDIO JULIANO, MARCO SEVERO Emperador romano (Milán, 133 - Roma, 193). Sucedió a Pertinax en 193, pero sólo gobernó 66 días. Fue mandado asesinar por el Senado cuando ya había sido proclamado Septimio Severo.

DIDO *Mit.* e *Hist.* Princesa fenicia (Tiro, s. VIII a. C.). Según la leyenda, fue hija de Muto, rey de Tiro, que, para sustraerse a la tiranía de su hermano Pigmalión, se trasladó a África, donde fundó Cartago.

DIECINUEVE adj. Diez y nueve.

DIECINUEVEAVO, VA adj. y m. Se dice de cada una de las diecinueve partes iguales en que se divide un todo.

DIECIOCHAVO, VA adj. y m. DIECIOCHOAVO.

DIECIOCHESCO, CA adj. Perteneciente o relativo al siglo XVIII.

DIECIOCHO adj. Diez y ocho.

DIECIOCHOAVO, VA adj. y m. Se dice de cada una de las dieciocho partes iguales en que se divide un todo.

DIECISÉIS adj. Diez y seis. ♦ Su pl. es *dieciséis.*

DIECISEISAVO, VA adj. y m. Se dice de cada una de las dieciséis partes iguales en que se divide un todo. || **en dieciseisavo** loc. adj. *A. gráf.* Se dice del libro, folleto, etc., de papel de tina, cuyas hojas corresponden a dieciséis por pliego. Se dice también de otros libros cuya altura mide de 12 a 15 centímetros.

DIECISIETE adj. Diez y siete.

DIECISIETEAVO, VA adj. y m. Se dice de cada una de las diecisiete partes iguales en que se divide un todo.

Dido y *Eneas en la tempestad.* Cuadro de Corrado Giaquinto. Palacio del Quirinal (Roma).

DIEDRO adj. y m. *Geom.* **1** ÁNGULO DIEDRO. **2** Cada una de las cuatro regiones del espacio que resultan de cortarse dos planos.

DIEGO m. *Bot.* DONDIEGO.

DIEGO, ELISEO Escritor cubano (La Habana, 1920 - Ciudad de México, 1994). De su obra en prosa destaca *Divertimentos* (1946) y *Noticias de la quimera* (1975); de su obra poética *En las oscuras manos del olvido* (1942), *Por los extraños pueblos* (1958) e *Inventario de asombros* (1982).

DIEGO, GERARDO Poeta y crítico español (Santander, 1896 - Madrid, 1987). Miembro de la Generación del 27, alternó la línea poética tradicional con la poesía de vanguardia. Entre sus obras figuran *El romancero de la novia* (1920), *Soria* (1923), *Versos humanos* (1925), *Vía Crucis* (1931), *Fábula de Equis y Zeda* (1932), *Alondra de verdad* (1941), *Poemas adrede* (1943), *Paisaje con figuras* (1957), *Canciones a Violante* (1960), *La suerte o la muerte* (1963), *Vuelta del peregrino* (1967), *Versos divinos* (1971), y *Carmen jubilar* (1975). El volumen *Crítica y poesía* (1984) recopila sus escritos críticos. Premio Cervantes en 1980, compartido con J. L. Borges.

DIEGO GARCÍA Isla del océano Índico, la más importante del archipiélago de Chagos, que forma parte del territorio británico del océano Índico; 200 h.

DIEGO DE OCAMPO Pico del N de la República Dominicana, en la provincia de Santiago; 1.220 m de altura.

Gerardo **Diego**

DIEGO RAMÍREZ Pequeño grupo de islotes de Chile, en el océano Pacífico, a 100 km al SO del cabo de Hornos.

DIEGUES, CARLOS Director de cine brasileño (Maceió, 1940). Es uno de los principales exponentes del *cinema novo* brasileño. Sus principales filmes son *Ganga Zumba* (1963), *La gran ciudad* (1966), *Os herdeiros* (1969), *Chuva de verão* (1978), *Orfeu negro* (1992) y *Tieta do Agreste* (1996).

DIELÉCTRICO, CA adj. *Fís.* Se dice del cuerpo mal conductor de la electricidad, como la porcelana, la madera, etc., que se usa como aislante o en las armaduras de los condensadores.

DIELS, OTTO PAUL HERMANN Químico alemán (Hamburgo, 1876 - Kiel, 1954). En 1950 recibió el premio Nobel de Química, compartido con K. Alder, por el descubrimiento de la síntesis diénica.

DIEN BIEN PHU *Geog.* e *Hist.* Localidad del NO de Vietnam, provincia de Lai Chafau, en el alto de Tonkin. Antigua posición militar de Francia, su ocupación por las tropas del Vietminh (1954) supuso el final de la dominación francesa sobre Indochina.

DIENCÉFALO m. *Anat.* Zona posterior del encéfalo anterior, situada a continuación del mesencéfalo y cuyo interior forma una estrecha hendidura comunicada, por delante, con los ventrículos telencefálicos y, por detrás, con el acueducto de Silvio. Incluye tálamo, hipotálamo y techo. Es el encargado de regular las actividades endocrinas y la vida vegetativa.

DIENO m. *Quím.* Hidrocarburo no saturado en cuya molécula hay dos dobles enlaces, de fórmula genérica C_nH_{2n-2}. Se usan en la fabricación de caucho artificial y otros polímeros.

DIENTE m. **1** *Anat.* Cada una de las piezas duras implantadas en los huesos maxilares de los vertebrados y destinadas a sujetar y, en su caso, a triturar el alimento. Se componen de una parte dura de marfil; de esmalte, que cubre la corona; y de cemento, que cubre la raíz. Los dientes son 32 en el hombre adulto y se dividen en *incisivos, caninos* o *colmillos, premolares* y *molares*. **2** *Zool.* En invertebrados, cualquiera de las prolongaciones afiladas, de naturaleza córnea, quitinosa o calcárea, que actúan de forma similar a los dientes de vertebrados. **3** Cada una de las puntas o resaltos que presentan algunas cosas y en especial los que tienen ciertos instrumentos o herramientas. || **DIENTE DE AJO** *Bot.* Cada una de las partes en que se divide la cabeza del ajo. || **DIENTE DE LECHE** *Anat.* Cada uno de los de primera dentición en mamíferos. || **DIENTE DE LEÓN** *Bot.* Planta herbácea perteneciente a la familia compuestas, de nombre científico *Taraxacum officinale*. Tiene las flores amarillas y las semillas muy menudas con vilano abundante y blanquecino. || **alargársele** a uno **los dientes** fr. fig. y fam. Desear con vehemencia algo. || **armado hasta los dientes** fr. fig. y fam. con que se encarece lo bien provisto de armas que va uno. || **decir** uno **algo entre dientes** fr. fig. HABLAR UNO ENTRE DIENTES. || **hablar** uno **entre dientes** fr. fig. y fam. Hablar de modo

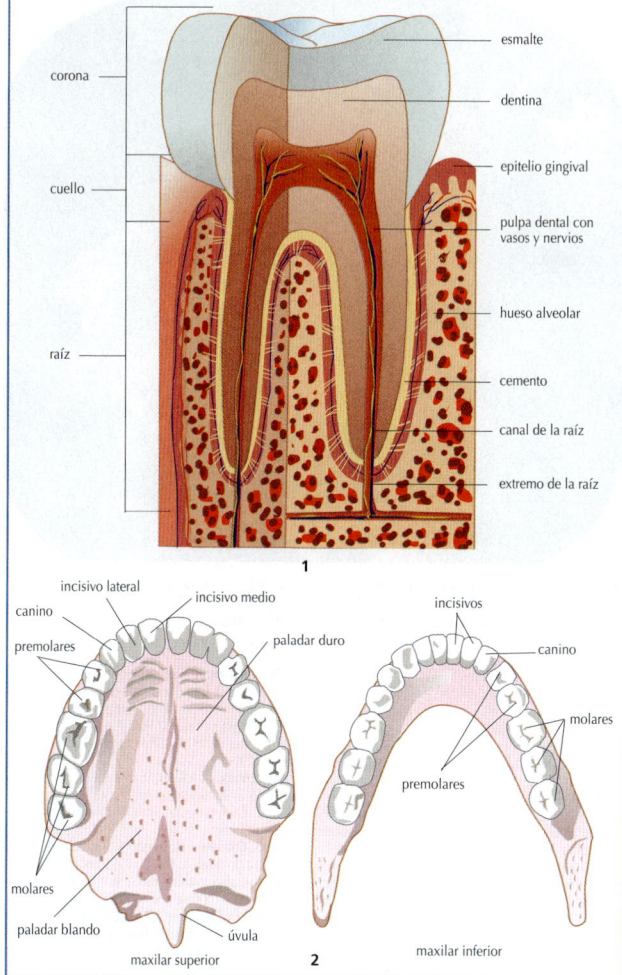

diente. 1. Estructura interna del diente. **2.** Dentadura humana.

que no se le entienda lo que dice. También, refunfuñar, murmurar. ‖ **pelar el diente** fr. fig. y fam. *Col.* y *Amér. C.* Sonreír mucho por coquetería. También, en *Méx., P. Rico* y *Venez.*, halagar y adular a uno.
DIÉRESIS f. **1** *Gram.* Signo ortográfico (¨) que se pone sobre la *u* de las sílabas *gue, gui,* para indicar que esta letra debe pronunciarse; como en *vergüenza, argüir.* **2** *Métr.* En la poesía griega y latina, la cesura de un verso, si coincidía con final de pie. **3** *Poét.* Licencia poética que permite, en un verso, deshacer un diptongo para obtener dos sílabas métricas. ♦ Su pl. es *diéresis.*
DIES IRAE m. *Lit.* y *Mús.* Secuencia de la liturgia católica que se rezaba o cantaba en la misa de difuntos y comenzaba por esas palabras. Su música más popular ha sido gregoriana y la letra se ha atribuido al Beato Tomás de Celano, franciscano del siglo XIII.
DIESEL adj. *Mec.* Se aplica a los motores de combustión interna en que la explosión del combustible no se produce por la acción de una bujía, sino mediante la compresión del aire para elevar su temperatura hasta 300°-500° C.
DIESEL, RUDOLF Ingeniero alemán (París, 1858 - Canal de la Mancha, 1913). En 1892 inventó y patentó el motor de combustión interna que lleva su nombre. El primer aparato funcionó en 1897.
DIESIS f. *Mús.* Signo musical que se antepone a una nota para elevarla un semitono.
DIESTRA f. *Anat.* Mano derecha.
DIESTRO, TRA adj. **1** DERECHO, lo que cae a mano derecha. **2** Se dice de la persona que usa preferentemente la mano derecha. Se emplea en oposición a zurdo. **3** Hábil. m. y f. **4** Torero de a pie. **5** Matador de toros. ‖ **a diestro y siniestro** loc. adv. fig. Sin tino, sin orden; sin discreción ni miramiento.

DIETA[1] f. **1** Alimento o bebida consumidos habitualmente. **2** *Med.* Régimen terapéutico que se manda observar a los enfermos o convalecientes en el comer y beber. **3** fam. Privación completa de comer.
DIETA[2] f. **1** *Hist.* Junta o congreso en que ciertos Estados que formaban confederación deliberaban sobre negocios que les eran comunes. **2** *Polít.* En Japón, parlamento o cámaras legislativas. **3** Cantidad que suele abonarse a un empleado o funcionario cuando viaja, para el pago de manutención y alojamiento.
DIETARIO m. **1** Libro en que se anotan los ingresos y gastos diarios de una casa. **2** AGENDA.
DIETÉTICA f. *Med.* Ciencia que trata de la influencia del régimen alimenticio en la salud.
DIETÉTICO, CA adj. Perteneciente a la DIETA[1].
DIETILAMIDA DEL ÁCIDO LISÉRGICO f. *Quím.* Droga alucinógena sintetizada a partir de compuestos derivados del cornezuelo del centeno, más conocida por *LSD.*
DIETRICH, MARLENE (MARIA MAGDALENE VON LOSCH FELSING, llamada) Actriz de cine estadounidense de origen alemán (Berlín, 1904 - París, 1991). Considerada una de las actrices más emblemáticas de la historia del cine, protagonizó *El ángel azul* (1930), *Marruecos* (1931), *Fatalidad* (1932), *El expreso de Shanghai* (1932), *Sed de mal* (1957) y *Vencedores o vencidos* (1961).
DIEZ adj. **1** Nueve y uno. **2** Décimo, que sigue en orden al noveno. Aplicado a los días del mes, también m. ‖ m. **3** Signo o conjunto de signos con que se representa el número diez. En números romanos se escribe X. **4** *Liturg.* Cada una de las partes en que se divide el rosario, compuesta de diez avemarías y un padrenuestro. **5** Cuenta más gruesa o señalada que se pone en el rosario para dividir las decenas. **6** Carta de la baraja francesa e inglesa.

DIEZ, FRIEDRICH Filólogo alemán (Giessen, 1794 - Bonn, 1876). Estudioso de la literatura provenzal y de las lenguas romances, escribió *La poesía de los trovadores* (1826) y *Diccionario etimológico de las lenguas románicas* (1853).
DIEZ AÑOS, GUERRA DE LOS *Hist.* Nombre que se da a la rebelión organizada en Cuba por Carlos Manuel de Céspedes contra la dominación española (1868-78), y que terminó sin resultado decisivo. (véase CUBA, HIST.).
DIEZ MIL, RETIRADA DE LOS *Hist.* Nombre con que se conoce en la historia la célebre retirada que, después de la batalla de Cunaxa (401 a. C.) en que fue muerto Ciro el Joven por su hermano Artajerjes II de Persia, efectuaron los mercenarios griegos del ejército de Ciro a través de Asia occidental hasta llegar a Tracia. Jenofonte narró estos hechos en su *Anábasis.*
DIEZ, LUIS MATEO Escritor español (Villablino, León, 1942). De su obra narrativa destacan *Memorial de hierbas* (1973), *Las estaciones provinciales* (1982), *La fuente de la edad* (1986), *Las horas completas* (1990), *El expediente del náufrago* (1992), *El paraíso de los mortales* (1998), *La ruina del cielo* (2000, Premio Nacional de Narrativa), *El diablo meridiano* (2001) y *Los males menores: microrrelatos* (2002), y la colección de artículos *El porvenir de la ficción* (1999). Miembro de la Real Academia Española desde 2000.
DÍEZ ARMENDÁRIZ, LOPE DÍAZ DE ARMENDÁRIZ, LOPE.
DIEZ CANSECO, JOSÉ Escritor peruano (Lima, 1905 - íd., 1949). Sus novelas revelan su preocupación por las poblaciones criollas de su país y por el proletariado. Es autor de *Estampas mulatas* (1930), *Duque* (1934) y *Lima, coplas y guitarras* (1949).
DÍEZ CANSECO, PEDRO Militar y político peruano (Arequipa, 1815 - íd., 1893). Presidente interino (1863), encabezó el golpe que derribó a Pezet (1865), pero no pudo ocupar la presidencia por la oposición de Prado. Fue nuevamente presidente interino entre 1867 y 1868.
DÍEZ DE MEDINA, EDUARDO Escritor y político boliviano (La Paz, 1891 - íd., 1955). Fue ministro de Relaciones Exteriores. Entre sus obras destacan *Mariposas* (1903), *La cuestión del Pacífico y la política internacional de Bolivia* (1923) y *De un siglo a otro* (1955), memorias.
DÍEZ DE MEDINA, FERNANDO Escritor y político boliviano (La Paz, 1908 - íd., 1980). Fue ministro de Educación con Paz Estenssoro y Siles Zuazo. Entre sus obras destacan *La clara senda* (1929), *Thunupa* (1947) y *La enmascarada* (1956).
DIEZMAR tr. **1** Sacar de diez uno. **2** *Hist.* Pagar el diezmo a la iglesia. **3** Castigar de cada diez uno. **4** fig. Causar gran mortandad en un país las enfermedades u otro mal.
DIEZMILÉSIMO, MA adj. y s. **1** Se dice de cada una de las diez mil partes iguales en que se divide un todo. **2** Unidad decimal de denominador 10.000.
DIEZMILÍMETRO m. Décima parte de un milímetro.
DIEZMILLONÉSIMO, MA adj. y s. Se dice de cada una de las partes iguales de un todo dividido en diez millones de ellas.
DIEZMILMILLONÉSIMO, MA adj. y s. Se dice de cada una de las partes iguales de un todo dividido en diez mil millones de ellas.
DIEZMO m. *Hist.* **1** Derecho de diez por ciento del valor de ciertas mercaderías que se pagaba al rey. **2** Parte de los frutos, regularmente la décima, que pagaban los fieles a la iglesia.
DIFAMAR tr. Desacreditar a uno, publicando cosas contra su buena opinión y fama.
DIFAMATORIO, RIA adj. Se dice de lo que difama.
DIFENIL- *Quím.* pref. que indica la presencia de dos radicales fenilo en un compuesto.
DIFERENCIA f. **1** Cualidad o accidente por el cual una cosa se distingue de otra. **2** Variedad entre cosas de una misma especie. **3** Controversia, disensión u oposición de dos o más personas entre sí. **4** *Mat.* Resto de una sustracción. **5** *Mat.* Cantidad que sumada al sustraendo da el minuendo. **6** *Mús.* y *Danza.* Diversa modulación, o movimiento, que se hace en el instrumento, o con el cuerpo, bajo un mismo compás. ‖ **DIFERENCIA DE FASE** *Fís.* En dos procesos periódicos, la diferencia entre los valores que, en un momento dado, tiene la respectiva fracción de periodo. ‖ **a diferencia de** loc. adj. que sirve para denotar la discrepancia que hay entre dos cosas semejantes, o comparadas entre sí.
DIFERENCIACIÓN f. **1** Acción y efecto de diferenciar. **2** *Biol.* Diversificación de estructuras o funciones durante el crecimiento de un organismo o la regeneración de una de sus partes. **3** Operación por la cual se determina la diferencial de una función.
DIFERENCIAL adj. **1** Relativo a la diferencia de las cosas. **2** *Fís.* Dispositivo o circuito cuyo funcionamiento depende de la diferencia entre dos efectos contrarios. **3** *Mat.* Se dice de la cantidad infinitamente pequeña. **4** *Mat.* CÁLCULO DIFERENCIAL. ‖ m. *Mec.* **5** Mecanismo que

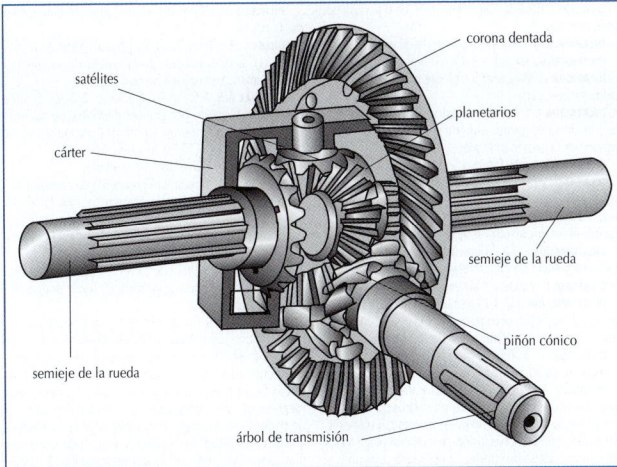

Esquema de funcionamiento del **diferencial** de un automóvil.

enlaza tres móviles, imponiendo entre sus velocidades simultáneas la condición de que cada una de ellas sea proporcional a la suma o a la diferencia de las otras dos. **6** Engranaje basado en este mecanismo, que se emplea en los vehículos automóviles. Permite el movimiento independiente de las dos ruedas del eje anterior, de manera que describan trayectorias de longitud desigual al trazar las curvas.

DIFERENCIAR tr. **1** Hacer distinción, conocer la diversidad de las cosas; dar a cada una su correspondiente y legítimo valor. **2** Hallar la diferencial de una cantidad variable. || prnl. **3** Diferir, distinguirse una cosa de otra. **4** Hacerse notable un sujeto por sus acciones o cualidades.
DIFERENTE adj. **1** Diverso, distinto. || adv. m. **2** De forma distinta.
DIFERIDO, EN loc. adj. y adv. Radio. y Telev. Emisión transmitida con posterioridad a su grabación, filmación o registro, por oposición a *en directo*.
DIFERIR tr. **1** Dilatar, retardar o suspender la ejecución de una cosa. || intr. **2** Distinguirse una cosa de otra o ser diferente y de distintas o contrarias cualidades. ♦ IRREG. Se conjuga como SENTIR.
DIFÍCIL adj. **1** Que no se logra, ejecuta o entiende sin mucho trabajo. **2** Se dice de la persona descontentadiza o poco tratable.
DIFICULTAD f. **1** Obstáculo, inconveniente, oposición o contrariedad que impide conseguir, ejecutar o entender bien pronto una cosa. **2** Duda, argumento y réplica propuesta contra una opinión.
DIFICULTAR tr. **1** Poner dificultades a las pretensiones de alguno, exponiendo los embarazos que a su logro se oponen. **2** Hacer difícil una cosa, introduciendo obstáculos o inconvenientes que antes no tenía.
DIFICULTOSO, SA adj. **1** Difícil, lleno de embarazos. **2** fig. y fam. Dicho del semblante, la cara, la figura, etc., extraño y defectuoso.
DÍFILO, LA adj. Bot. Que tiene dos hojas.
DÍFILO Dramaturgo griego (Sinope, 373 - Esmirna, 312 a. C.). Representante de la comedia nueva griega, compuso unas cien comedias, de las cuales sólo conocemos algunas a través de imitaciones de Plauto y Terencio.
DIFLUENTE adj. Que se esparce o derrama por todas partes.
DIFLUIR intr. **1** Difundirse. **2** Geog. Dividirse el río en varias ramas para desembocar en el mar. ♦ IRREG. Se conjuga como HUIR.
DIFRACCIÓN f. Fís. y Ópt. Fenómeno ondulatorio, desviación que se produce en la propagación rectilínea de las ondas de cualquier tipo cuando pasan por el borde de un objeto opaco. La difracción falsea la imagen del objeto.
DIFRACTAR tr. y prnl. Fís. y Ópt. Hacer sufrir difracción.
DIFTERIA f. Med. Enfermedad humana infecciosa provocada por el bacilo *Corynebacterium diphteriae*, caracterizada por la formación de falsas membranas en las mucosas, comúnmente de la garganta, y en la piel desnuda de epidermis. Recibía el nombre vulgar de *garrotillo*, porque los atacados del mal morían asfixiados, como los condenados a garrote vil.
DIFTERITIS f. Med. Inflamación diftérica. ♦ Su pl. es *difteritis*.

DIFUMINAR tr. **1** Dib. Desvanecer o esfumar las líneas o colores con el difumino. **2** fig. Hacer perder claridad o intensidad. Más como prnl.
DIFUMINO m. Dib. Rollito de papel estoposo o de piel suave, terminado en punta, que sirve para esfumar.
DIFUNDIR tr. y prnl. **1** Extender, esparcir, propagar físicamente. **2** Transformar los rayos procedentes de un foco luminoso en luz que se propaga en todas direcciones. **3** Quím. Introducir en un cuerpo corpúsculos extraños con tendencia a formar una mezcla homogénea. **4** fig. Propagar o divulgar conocimientos, noticias, actitudes, costumbres, modas, etc.
DIFUNTO, TA adj. y s. **1** Se dice de la persona muerta. || m. **2** CADÁVER.
DIFUNTOS, LAGUNA DE LOS NEGRA.

DIFUSIÓN f. **1** Acción y efecto de difundir. **2** Extensión, dilatación viciosa en lo hablado o escrito.
DIFUSO, SA adj. **1** Ancho, dilatado. **2** Excesivamente dilatado, superabundante en palabras. **3** Fon. Se dice de los fonemas en cuya articulación se da una separación extrema entre la boca y la faringe. Son fonemas difusos las consonantes dentales y labiales y las vocales cerradas.
DIFUSOR, RA adj. y s. Que difunde.
DIGAMMA f. Letra del primitivo alfabeto griego en forma de F, que tenía el sonido de f o v.
DIGERIR tr. **1** Transformar en el aparato digestivo los alimentos en sustancias más simples y absorbibles por el organismo. **2** fig. Sufrir o llevar con paciencia una desgracia o una ofensa. **3** fig. Meditar cuidadosamente una cosa para entenderla o ejecutarla. ♦ IRREG. Se conjuga como SENTIR.
DIGESTIBLE adj. Que puede ser digerido.
DIGESTIÓN f. Fisiol. Acción y efecto de digerir.
DIGESTIVO, VA adj. Fisiol. **1** Se dice de las operaciones y de las partes del organismo que atañen a la digestión. **2** Se dice de lo que es a propósito para ayudar a la digestión. También m. || **APARATO DIGESTIVO** Anat. Conjunto de órganos del cuerpo que participan en la digestión y asimilación de los alimentos. En el hombre forma un largo tubo que va desde la boca hasta el ano. También incluye las glándulas anejas a él. Sus distintas partes se originan de las tres hojas embrionarias: a partir del endodermo se forma el tubo intestinal y las glándulas; del ectodermo, el seno anal y el bucal; y del mesodermo, el tejido vascularizado, la capa serosa o peritoneo y el tejido muscular. Las distintas partes que forman el aparato digestivo son la boca, esófago, estómago, intestinos delgado y grueso, glándulas salivales, páncreas e hígado.
DIGESTO m. Der. Colección de textos escogidos de juristas romanos.
DIGESTO Der. Colección de textos escogidos de juristas romanos reunida por orden de Justiniano en el siglo VI, con el fin de elaborar un corpus completo de derecho. Se le denomina también *Pandectas*.
DIGESTOR m. Vasija fuerte de loza o metal, cerrada a tornillo, para separar en el baño de María la gelatina de los huesos y el jugo de la carne o de otra sustancia.
DIGITACIÓN f. Mús. Adiestramiento de las manos en la ejecución musical con ciertos instrumentos, especialmente los de teclado o cuerda.

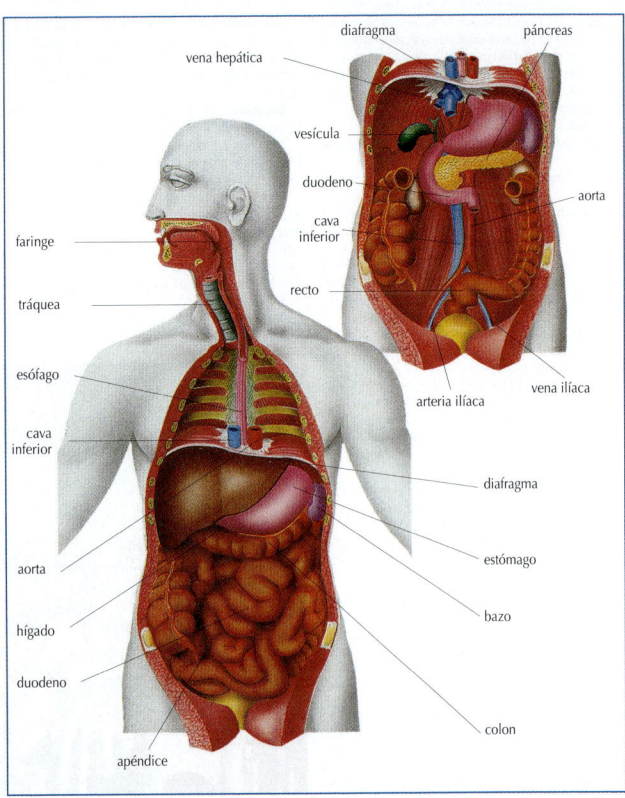

aparato digestivo

digital

DIGITADO, DA adj. *Zool.* Se dice del animal mamífero que tiene sueltos los dedos de los cuatro pies.

DIGITAL adj. **1** Relativo a los dedos. **2** Se dice del computador en que todas las magnitudes se traducen en números, con los cuales opera para realizar los cálculos. **3** *Mat.* Relativo a los dígitos. **4** *Metrol.* Se aplica a los instrumentos de medida que presentan los datos en forma de dígitos. || f. *Bot.* **5** Planta bianual o perenne perteneciente a la familia escrofulariáceas, de nombre científico *Digitalis purpurea*. Sus flores, de forma de dedal, son casi siempre purpúreas, rara vez blancas. **6** Flor de estas plantas.

DIGITALINA f. *Quím.* Glucósido contenido en las hojas de la hierba digital, de las cuales se extrae en forma pulverulenta, de sabor muy amargo.

DIGITALIZACIÓN f. *Inform.* Conversión de una señal analógica de cualquier tipo en otra digital que se puede tratar de forma común, independientemente de su origen.

DIGITALIZAR tr. *Inform.* Codificar una información en dígitos.

DIGITIFORME adj. Que tiene forma de dedo.

DIGITÍGRADO, DA adj. y s. *Zool.* Se dice del animal que al andar apoya sólo los dedos, como el gato.

DÍGITO adj. **1** *Anat.* Dedo de la mano o del pie. **2** *Inform.* Cada uno de los símbolos de una señal digital. **3** NÚMERO DÍGITO. También m.

DIGLOSIA f. *Ling.* Bilingüismo, en especial cuando una de las lenguas goza de privilegios sociales o políticos superiores.

-DIGMA suf. -DÍCTICO.

DIGNARSE prnl. Servirse o tener a bien hacer una cosa.

DIGNATARIO, RIA m. y f. Persona investida de una dignidad.

DIGNIDAD f. **1** Calidad de digno. **2** Excelencia, realce. **3** Gravedad y decoro de las personas en la manera de comportarse. **4** Cargo o empleo honorífico y de autoridad. **5** En las catedrales y colegiatas, cualquiera de las prebendas de que es propio un oficio honorífico y preeminente; como el deanato, el arcedianato, etc. **6** Persona que posee una de estas prebendas. También m. **7** Por antonomasia, la del arzobispo u obispo.

DIGNIFICAR tr. y prnl. Hacer digna o presentar como tal a una persona o cosa.

DIGNO, NA adj. **1** Que merece algo, en sentido favorable o adverso. Cuando se usa de una manera absoluta, indica siempre buen concepto y se usa siempre en contraposición de INDIGNO. **2** Proporcionado al mérito y condición de una persona o cosa. **3** Que tiene dignidad o se comporta con ella.

DÍGRAFO m. *Gram.* Signo ortográfico compuesto de dos letras (como en español *ll*, en francés *ou*, en catalán *ny*) para representar un fonema.

DIGRESIÓN f. *Ret.* Efecto de romper el hilo del discurso y de hablar en él de cosas que no tengan conexión o íntimo enlace con aquello de que se está tratando.

DIGUILLÍN Río del centro de Chile, afluente del Itata; 100 km.

DIHIDROXIFENILALANINA f. *Quím.* DOPA.

DIJE m. **1** Cualquier adorno de los que se ponían a los niños al cuello o pendientes de la cintura. **2** Cada una de las joyas, relicarios y otras alhajas pequeñas que suelen llevar por adorno las mujeres y los hombres.

DIJON Ciudad de Francia, capital de la región de Borgoña y del departamento de Côte-d'Or; 149.867 h. Centro comercial (vinos) e industrial.

DILACERAR tr. **1** Desgarrar, despedazar las carnes de personas o animales. También prnl. **2** fig. Lastimar, destrozar la honra, el orgullo, etc.

DILACIÓN f. Retardación o detención de una cosa por algún tiempo.

DILAPIDACIÓN f. Acción y efecto de dilapidar.

DILAPIDADOR, RA adj. y s. Que dilapida.

DILAPIDAR tr. Malgastar los bienes propios, o los que uno tiene a su cargo.

DILATACIÓN f. **1** Acción y efecto de dilatar. **2** *Fís.* Variación de la longitud, superficie o volumen de un cuerpo por la acción del calor.

DILATADO, DA adj. Extenso, vasto, numeroso.

DILATAR tr. y prnl. **1** Extender, alargar, y hacer mayor una cosa o que ocupe más lugar o tiempo. **2** Diferir, retardar. **3** fig. Propagar, extender. || prnl. **4** Extenderse mucho en un discurso o escrito.

DILATOMETRÍA f. *Fís.* Técnica para medir la contracción y expansión de un cuerpo.

DILATORIA f. DILACIÓN. Más en pl.

DILATORIO, RIA adj. **1** Que causa dilación o aplazamiento. **2** *Der.* Que sirve para prorrogar y extender un término judicial o la tramitación de un asunto.

DILECCIÓN f. Voluntad honesta, amor reflexivo.

DILECTO, TA adj. Amado con dilección.

DILEMA m. **1** *Filos.* Silogismo que consta de una premisa mayor disyuntiva, con dos miembros que son antecedentes de otras tantas premisas hipotéticas menores, terminando con una conclusión general que niega todos los extremos de la disyuntiva. **2** fig. Duda, disyuntiva.

DILENIÁCEO, A adj. y f. *Bot.* **1** Se dice de las plantas angiospermas dicotiledóneas, árboles, trepadoras leñosas o arbustos, que tienen el fruto en cápsula o baya, y las semillas con arilo; como el vacabuey. || f. pl. *Bot.* **2** Familia de estas plantas.

DILETANTE adj. y com. Que cultiva algún campo del saber, o se interesa por él, como aficionado y no como profesional. A veces se usa con sentido peyorativo.

DILETANTISMO m. Condición o comportamiento de diletante.

DILI Ciudad capital de Timor Oriental y del distrito de su nombre; 372 km^2 y 179.600 h.

DILIGENCIA f. **1** Cuidado y actividad en ejecutar una cosa. **2** Prontitud, agilidad, prisa. Se usa más con verbos de movimiento. **3** Trámite de un asunto administrativo, y constancia escrita de haberlo efectuado. **4** Coche grande, dividido en dos o tres departamentos, arrastrado por caballerías, y destinado al transporte de viajeros. **5** *Der.* Actuación del secretario judicial en un procedimiento criminal o civil.

DILIGENCIAR tr. **1** Poner los medios necesarios para el logro de una solicitud. **2** Tramitar un asunto administrativo con constancia escrita de que se hace. **3** *Der.* Despachar o tramitar un asunto mediante las oportunas diligencias.

DILIGENTE adj. **1** Cuidadoso, exacto y activo. **2** Pronto, presto, ligero en el obrar.

DILOGÍA f. **1** Ambigüedad, doble sentido, equívoco. **2** *Ret.* Uso de una palabra con dos significados distintos dentro del mismo enunciado.

DILTHEY, WILHELM Filósofo e historiador alemán (Biebrich, 1883 - Seis, 1911). Hizo una tajante distinción entre *ciencias de la naturaleza*, bajo el signo de las leyes causales, y *ciencias del espíritu*, basadas en la comprensión. Autor de *Introducción a las ciencias del espíritu* (1883) y *Teoría de las concepciones del mundo* (1911).

DILUCIDAR tr. Declarar y explicar un asunto, una proposición o una obra de ingenio.

DILÚCULO m. Última de las seis partes en que se dividía la noche.

DILUIR tr. **1** DESLEÍR. También prnl. **2** *Quím.* Añadir líquido en las disoluciones, disminuyendo su concentración. ♦ IRREG. Se conjuga como HUIR.

DILUVIAL adj. **1** Relativo al diluvio. **2** *Geol.* Se dice del terreno formado por grandes depósitos de materias sedimentarias que fueron arrastradas por corrientes de agua. También m. **3** Relativo a este terreno.

DILUVIAR intr. Llover torrencialmente.

DILUVIO m. **1** Inundación precedida de copiosas lluvias. **2** Por antonomasia, el universal con que Dios castigó a los hombres en tiempo de Noé. **3** fig. y fam. Lluvia copiosa. **4** fig. y fam. Excesiva abundancia de una cosa.

DIMANAR intr. **1** Proceder o venir el agua de sus manantiales. **2** fig. Provenir, proceder y tener origen una cosa de otra.

DIMENSIÓN f. **1** Cada una de las magnitudes de un conjunto que sirven para definir un fenómeno. **2** fig. Se aplica hiperbólicamente a cosas no espaciales, especialmente a sucesos de gran importancia. **3** *Fís.* Producto de las potencias de las unidades físicas fundamentales que sirve para definir otra unidad derivada. Las unidades fundamentales son: longitud, masa y tiempo. **4** *Geom.* Longitud, extensión o volumen de una línea, una superficie o un cuerpo respectivamente. **5** *Geom.* Extensión de un objeto en dirección determinada.

DIMES Y DIRETES loc. fam. Contestaciones, debates, altercaciones, réplicas entre dos o más personas.

DÍMETRO m. *Métr.* En la poesía clásica, verso que consta de dos metros o pies.

DIMIARIO, A adj. y m. *Zool.* Se dice de los moluscos bivalvos que tienen dos músculos aductores para cerrar las valvas de la concha, como las almejas de mar.

DIMINUTIVO, VA adj. **1** Que tiene cualidad de disminuir o reducir a menos una cosa. **2** *Gram.* Se dice del sufijo que reduce la magnitud del significado del vocablo al que se une; o que, sin reducirlo, presenta al objeto con intenciones emotivas por parte del hablante, o para influir a su favor en el oyente. || m. *Gram.* **3** Palabra formada con estos sufijos.

DIMINUTO, TA adj. **1** Excesivamente pequeño. **2** Defectuoso, falto de lo que sirve para complemento o perfección.

DIMISIÓN f. Renuncia a un cargo que se desempeña.

DIMISIONARIO, RIA adj. y s. Que ha hecho o presentado la dimisión.

DIMISORIAS f. pl. Letras o cartas que dan los prelados a sus súbditos para que puedan ir a recibir de un obispo extraño las sagradas órdenes.

DIMITIR tr. Renunciar a un cargo que se desempeña.

DIMITROV, FILIP Político búlgaro (Sofía, 1955). Se inició en la política tras la caída del comunismo en 1989. Dirigente de los Verdes, en 1990 fue elegido líder de la coalición Unión de Fuerzas Democráticas (UDF) y, tras la victoria en las elecciones legislativas de ese año, jefe del primer gobierno no comunista, cargo que ocupó hasta diciembre de 1992.

DIMITROV, GEORGI Político búlgaro (Radomir, 1882 - Moscú, 1949). Fundador del Partido Socialdemócrata de Trabajadores Búlgaros, luego Partido Comunista (1919). En 1933 fue acusado de incendiar el Reichstag de Berlín, lo que provocó el proceso de Leipzig. Proclamada la República (1946), fue designado primer ministro y secretario del Partido, cargo que ocupó hasta 1949.

Dijon (Francia). Vista general.

DIMORFISMO m. **1** *Geol.* Cualidad de ciertos minerales que presentan dos formas cristalinas pertenecientes a clases de simetría distintas. **2** *Zool.* Fenómeno en virtud del cual en una misma especie aparecen dos formas diferentes de individuos. El más general es el *dimorfismo sexual*.

DIN, GRADOS *Fot.* Escala que determina la sensibilidad de las películas fotográficas.

DIN, NORMAS (De las siglas de *Deutsche Industrie Normen.*) *Indus.* Conjunto de normas para la unificación de diversos conceptos industriales, como las medidas del papel de escribir.

DINA f. *Fís.* Unidad de fuerza en el sistema cegesimal, que equivale a la necesaria para comunicar a una masa de un gramo la aceleración de un centímetro por segundo cada segundo (gcm/s^2). Equivale a 10^{-5} newton. Símbolo *dyn*.

DINA- pref. DINAM-.

DINACHO m. *Bot.* Chile Hierba de la familia araliáceas. Es una variedad de pangue o panque.

DINAM-, DINAMO-, DINA-; -DINAMO-, -DINO-; -DINAMIA, -DINÁMICO, -DÍNAMO, -DINO prefs., infs. o sufs. que significan fuerza: *adinamofobia, termodinámico*.

DINAMARCA (*Kongeriget Danmark*) Estado del N de Europa, que abarca la mayor parte de la península de Jutlandia y un grupo de islas que separan el Báltico del mar del Norte. Limita al N con el estrecho de Skagerrak; al E, con el estrecho de Kattegat y el mar Báltico; al S, con Alemania, y al O, con el mar del Norte.

Superficie: 43.094 km^2.
Población: 5.339.000 h. *(daneses)*.
Densidad: 123,9 h./km^2.
Tasa de natalidad: 12,3‰.
Tasa de mortalidad: 11‰.
Capital: Copenhague.
Ciudades principales: Aalborg, Aarhus, Copenhague, Odense, Frederiksberg.
Grupos étnicos: daneses (96,5%), otros (0,5%).
Religión: luteranismo (88,2%).
Idioma: danés.
Moneda: corona.
Forma de Estado: monarquía constitucional.
Producto Nacional Bruto: 175.160 millones de dólares.
Renta per cápita: 33.040 dólares.
División administrativa: 5 regiones, 14 condados, 2 condados urbanos, según cuadro.

Geog. Dinamarca comprende dos unidades geográficas diferenciadas: la península de Jutlandia y un grupo de islas en el mar Báltico: Seeland, donde se encuentra la capital (Copenhague); Fionia; Laaland-Falster, y Bornholm. El relieve presenta escasa altura y las costas son llanas y arenosas al N y O de Jutlandia, salpicadas por fiordos, y más abruptas y recortadas en las islas. La punta más septentrional forma el cabo Skagen, que separa los pasos al Atlántico y Báltico del Skagerrak y Kattegat, entre Dinamarca y la península Escandinava. Las islas y los estrechos del Gran Belt y Pequeño Belt, multiplican las relaciones entre el Báltico y el mar del Norte. El río más importante es el Gudenaa. Numerosos lagos de origen glaciar, como el Arresö. El clima es oceánico. La agricultura se caracteriza por el alto grado de mecanización y la organización en cooperativas. Produce cereales, remolacha azucarera, patatas, productos hortícolas, frutas y colza. Ganadería porcina y bovina, que genera la mayor parte de las exportaciones (leche, mantequilla, carne). Pesca (arenque, bacalao), que ha desarrollado una importante industria de transformación (harina y aceite de pescado). La explotación de los yacimientos de petróleo y gas natural del mar del Norte han dado un impulso decisivo a la reactivación económica del país. Industria pesada (acero), naval, cervecera y turística. La población urbana representa el 85%.

Hist. Hacia el siglo VIII, los daneses (una de las tres ramas escandinavas), procedentes del N, invadieron las islas del Báltico, pasaron a la península de Jutlandia, y tomaron parte en los ataques a las costas de Europa occidental, en torno a los siglos VIII a XI. Con Knut el Grande (1017-35) se formó un gran reino anglo-escandinavo que a su muerte se vino abajo. Por la Unión de Kalmar (1397) quedaron unidos los tres reinos escandinavos; Noruega y Dinamarca permanecerían unidas hasta 1814, no así Suecia, que se separó en 1520. La dinastía de Oldemburgo empezó en Cristián I quien, además de conservar Noruega, reunió el Schleswig y el Holstein. Durante los reinados de Federico I y Cristián III, irrumpió en Dinamarca el luteranismo, por lo que intervino activamente en la guerra de los Treinta Años (1618-48). Los conflictos entre las potencias escandinavas por el dominio del Báltico dominaron los siglos XVI y XVII. La guerra contra Prusia y Austria (1863) acarreó la pérdida de Schleswig-Holstein, aunque en 1920 recuperaría la parte N. Invadida por Alemania en 1940, estuvo ocupada hasta el final de la Segunda Guerra Mundial. Tras ésta, se repuso la monarquía constitucional, que se había establecido en la primera mitad del siglo XIX y Dinamarca ingresó en la ONU y se adhirió a la OTAN (1949). En 1953, Groenlandia se convirtió en provincia danesa (la autonomía interna data de 1979). En 1960 se celebraron elecciones legislativas, y el socialdemócrata V. Kampmann formó un gobierno de coalición con los liberales. Kampmann dimitió en 1962 y fue sustituido por Jens Otto Krag. En las elecciones de 1968 fueron derrotados los socialdemócratas, y se formó un nuevo gobierno, presidido por H. Baungsgaard y compuesto por radicales, liberales y conservadores, que gobernó hasta 1971, en que entró en funcionamiento un gobierno minoritario, dirigido por el socialdemócrata Jens Otto Krag. A la muerte de Federico IX (1972), fue proclamada reina su hija Margarita II. El ingreso de Dinamarca en la Comunidad Europea en 1973 supuso la reestructuración de su economía y desató una fuerte po-

DINAMARCA

Condados CONDADOS URBANOS *Regiones*	Superficie (km^2)	Población (h.)	Capitales
Bornholm	588	45.018	Rønne
Bornholm	*588*	*45.018*	
Fionia	3.486	471.422	Odense
Fionia	*3.486*	*471.422*	
Aarhus	4.561	628.725	Aarhus
Nordjylland	6.173	492.155	Aalborg
Ribe	3.132	223.355	Ribe
Ringkøbing	4.853	271.483	Ringkøbing
Sønderjylland	3.938	253.539	Aabenraa
Vejle	2.997	342.597	Vejle
Viborg	4.122	232.630	Viborg
Jutlandia	*29.776*	*2.444.584*	
Storstrøm[1]	1.795	116.776	Nyköbing Falster
Laaland-Falster	*1.795*	*116.776*	
Copenhague	526	609.123	Copenhague
Frederiksborg	1.347	356.854	Hillerød
Roskilde	891	226.683	Roskilde
Storstrøm[1]	1.603	140.309	Nyköbing Falster
Vestselland	2.984	290.793	Sorø
FREDERIKSBERG	9	89.230	
COPENHAGUE	88	483.658	
Seeland	*7.448*	*2.196.650*	

[1] El condado de Storstrøm se extiende por las regiones de Seeland y Laaland-Falster.

Dinamarca. Puerto de Sonderborg.

lémica popular. Ese mismo año, tras la dimisión de Jens Otto Krag, se ocupó del gobierno A. Joergensen, que se mantuvo en el cargo hasta 1973, para ser sustituido por el liberal P. Hartling. El gobierno conservador de P. Schlüter, en el poder desde 1982, tuvo que enfrentarse al rechazo popular de los acuerdos de Maastricht, y, en 1993, dimitió por su implicación en un escándalo sobre denegación de visados a refugiados tamiles. Fue encargado de formar nuevo gobierno el socialdemócrata P. Nyrup Rasmussen, durante cuyo mandato se ratificó mediante referéndum el tratado de Maastricht. En las elecciones de 1994 y 1998 Rasmussen fue ratificado en su cargo. En 2000, tras un referéndum, Dinamarca rechazó adoptar el euro como moneda. Tras las legislativas de 2001 formó gobierno el liberal Andreas Fogh Rasmunssen.

DINAMARQUÉS, SA adj. y s. DANÉS.
DINAMIA f. *Fís.* Antigua unidad de medida de potencia, expresada como la fuerza capaz de elevar un kilogramo de peso a la altura de un metro en el tiempo de un segundo.
-DINAMIA suf. DINAM-.
DINÁMICA f. 1 *Fís.* Parte de la mecánica, que trata de las leyes del movimiento en relación con las fuerzas que lo producen. Está basada en las tres leyes de Newton, la segunda de las cuales, que constituye la ecuación fundamental de la dinámica y establece la proporcionalidad entre fuerzas y aceleraciones, se expresa: $F = m. a$. 2 *Fís.* Teoría de los signos que regulan los matices de intensidad del sonido. 3 fig. Sistema de fuerzas dirigidas a un fin.
DINÁMICO, CA adj. 1 *Fís.* Relativo a la fuerza cuando produce movimiento. 2 *Fís.* Relativo a la dinámica. 3 fig. y fam. Se dice de la persona notable por su energía y actividad.
-DINÁMICO suf. DINAM-.
DINAMISMO m. 1 Energía activa y propulsora. 2 *Filos.* Sistema que considera el mundo corpóreo como formado por agrupaciones de elementos simples cuyo fondo esencial es la fuerza.
DINAMITA f. *Quím.* Mezcla explosiva de nitroglicerina con combustibles orgánicos y en algunos casos ciertas sustancias oxidantes (nitrato sódico). Se utiliza como explosivo rompedor.
DINAMITAR tr. 1 Volar con dinamita alguna cosa. 2 fig. Hacer fracasar algún plan, proyecto, etc.
DINAMITERO, RA adj. y s. Se dice de la persona que destruye algo con dinamita.
DINAMO o **DÍNAMO** f. *Fís.* Máquina destinada a transformar la energía mecánica (movimiento) en energía eléctrica (corriente), o viceversa, por inducción electromagnética, debida generalmente a la rotación de cuerpos conductores en un campo magnético. Generalmente se designan de esta forma las máquinas que transforman el movimiento en corriente continua. También se llama *generador de corriente continua.*
DINAMO-; -DINAMO-; -DÍNAMO pref., in. o suf. DINAM-.
DINAMOMETRÍA f. *Fís.* Técnica de medir las fuerzas motrices.
DINAMÓMETRO m. *Fís.* Instrumento que sirve para medir fuerzas, basado en la deformación elástica que éstas producen en un muelle previamente calibrado.
DINAR m. *Econ.* Unidad monetaria de Argelia, Bahrein, Bosnia, Irak, Jordania, Kuwait, Libia, Tunicia y Serbia y Montenegro.

DINARCO Orador griego (Corinto, h. 360 a. C. - ?). Célebre por su elocuencia, escribió discursos que otros pronunciaban en las asambleas atenienses. Sólo se han conservado tres de ellos.
DINÁRICOS Sección de los Alpes Orientales, en la frontera de Bosnia. Formada por varias cadenas paralelas a la costa adriática, constituye el extremo SE de los Alpes. Sus mayores alturas son el Durmitor y el Proklettije, con más de 2.500 m.
DINASTA m. *Hist.* Príncipe o señor que reinaba con el consentimiento o bajo la dependencia de otro soberano.
DINASTÍA f. 1 *Geneal.* e *Hist.* Serie de príncipes soberanos en un determinado país, pertenecientes a una misma familia. 2 Familia en cuyos individuos se perpetúa el poder o la influencia política, económica, cultural, etc.
DINÁSTICO, CA adj. 1 Perteneciente o relativo a la dinastía. 2 Partidario de una dinastía.
DINE, JIM Pintor estadounidense (Cincinnati, 1935). Integrado en la tendencia del expresionismo abstracto, pronto se situó en el pop art, con la incorporación de objetos reales, que se contraponen a la superficie pictórica.
DINERAL m. Cantidad grande de dinero.
DINERARIO, RIA adj. Relativo al dinero como instrumento para facilitar los cambios.
DINERILLO m. 1 *Num.* Moneda antigua de vellón que se acuñó en Aragón y Valencia. 2 fam. Pequeña cantidad de dinero.
DINERO m. 1 MONEDA CORRIENTE. 2 *Econ.* Medio de cambio de general aceptación que puede ser declarado medio legal de pago, constituido por piezas metálicas acuñadas, billetes u otros instrumentos fiduciarios. 3 fig. y fam. CAUDAL[1], fortuna. 4 *Num.* Moneda de plata y cobre usada en Castilla en el siglo XIV. ‖ **DINERO CONTANTE,** o **CONTANTE Y SONANTE** El que se da o recibe pronto y en efectivo. ‖ **DINERO EN EFECTIVO** *Econ.* Cantidades de dinero en billetes y moneda metálica que pueden estar en manos de particulares o en depósitos de crédito. ‖ **DINERO ELECTRÓNICO** *Econ.* Concepto que recoge las transacciones de dinero sin utilización física del mismo. ‖ **DINERO EN METÁLICO** *Econ.* DINERO EN EFECTIVO. ‖ **DINERO NEGRO** *Econ.* El que circula sin control fiscal, producto generalmente de actividades delictivas. ‖ **DINERO DE PLÁSTICO** *Econ.* Tarjeta de crédito.
DINESEN, ISAK (KAREN BLIXEN, llamada) Escritora danesa (Rungsted, 1885 - íd., 1962). Su narrativa se caracteriza por un lenguaje simbólico con el que intentó reflejar las complejas relaciones entre lo natural y lo cultural. Entre sus títulos figuran *Siete cuentos góticos* (1934), *Lejos de África* (1937), *Cuentos de invierno* (1942), *El festín de Babette* (1950), *Sombras en la hierba* (1957) y *Anécdotas del destino* (1958).
DINGLER, HUGO Filósofo alemán (Munich, 1881 - íd., 1954). El tema central de su obra es la conexión entre ciencia y filosofía. Entre sus obras se encuentran *La metafísica como ciencia de lo último* (1929), *Del alma animal al alma humana* (1941) y *La imagen física del mundo* (1953).
DINGO m. *Zool.* Mamífero carnívoro perteneciente a la familia cánidos, de nombre científico *Canis dingo.* Tipo de perro asilvestrado, de pelo amarillento que vive en manadas en Australia.
DINIS, JÚLIO (JOAQUIM GUILHERME GOMES COELHO, llamado) Novelista portugués (Oporto, 1839 - íd., 1871). En su narrativa, costumbrista destacan, *As pupilas do Senhor Reitor* (1867), *Uma família inglesa* (1968) y *Serões de província* (1870).
-DINO-; -DINO in. o suf. DINAM-.
DINOFÍCEO, A adj. *Biol.* 1 Se dice de las algas pardodoradas cuyos flagelos se mueven a lo largo de dos surcos, uno transversal y otro perpendicular a él, y con la pared celulósica externa (teca) de consistencia rígida y dividida en placas. La mayoría de las especies se dividen asexualmente por bipartición. ‖ f. pl. *Biol.* 2 Clase de estas algas.
DINOFLAGELADO, DA adj. *Biol.* DINOFÍCEO, A.
DINORNIS m. *Zool.* Género de aves corredoras ya extinguidas, nativas de Nueva Zelanda y cuyo tamaño oscilaba entre 1 y 3,5 m. La mayor de estas aves fue la moa gigante, contemporánea del hombre.
DINOSAURIO, A adj. y m. *Zool.* Se dice de los grandes reptiles fósiles, bípedos o cuadrúpedos, de los órdenes Saurísquidos y Ornitísquidos. Tenían diferentes tamaños, desde algunos centímetros hasta 30 m de longitud, y eran carnívoros o herbívoros. Los primeros, como el tiranosaurio, avanzaban sobre las patas posteriores, grandes con respecto a las anteriores, tenían una cola grande y gruesa y se alimentaban de dinosaurios herbívoros. Éstos, como el brontosaurio y el diplodocus, tenían una cabeza muy pequeña y una mandíbula poco eficiente. Vivieron en la era mesozoica y desaparecieron a finales del cretácico por razones aún desconocidas.
DINOTERIO m. *Zool.* Mamífero proboscídeo fósil del género *Dinotherium*, que vivió en el periodo mioceno (era terciaria). Era similar a un elefante, pero con los incisivos de la mandíbula inferior curvados hacia abajo y hacia atrás.
DINTEL m. *Arquit.* Parte superior de puertas, ventanas y otros huecos que carga sobre las jambas.
DINTELAR tr. Hacer dinteles o construir algo en forma de dintel.
DINTORNO m. *Arquit.* y *Pint.* Delineación de las partes de una figura, contenidas dentro de su contorno, o de las contenidas en el interior de la planta o de la sección de un edificio.
DIÑAR tr. Dar, entregar. ‖ **diñarla** loc. MORIR.

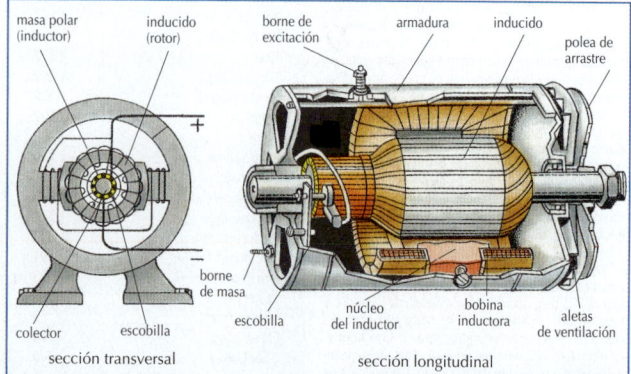

dinamo

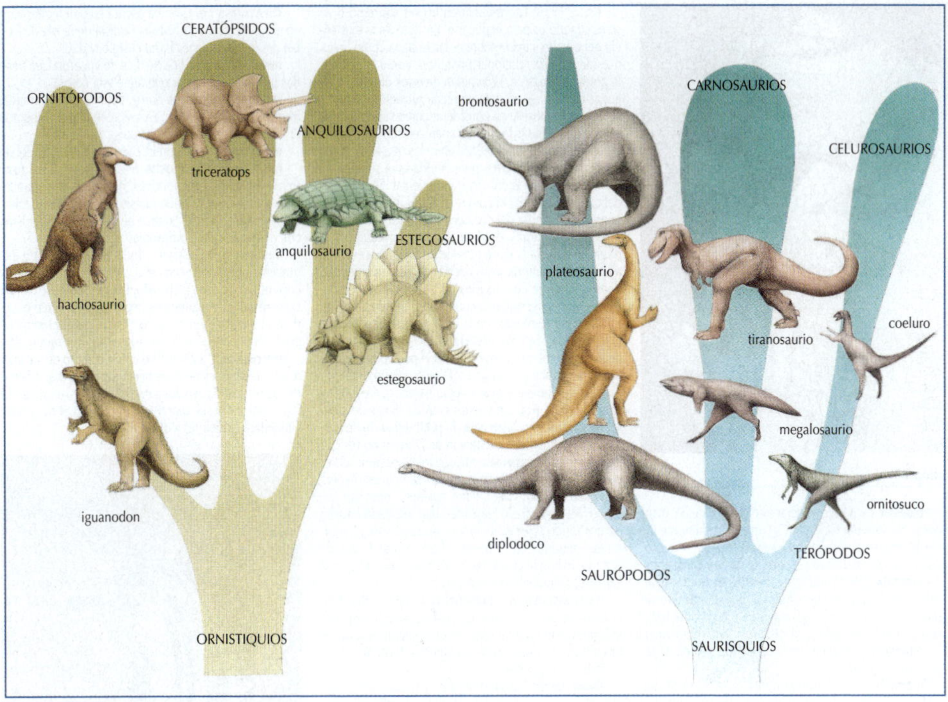

Clases de dinosaurio.

DIÓCESIS f. **1** Territorio sujeto a la jurisdicción de un obispo. **2** *Hist.* Circunscripción administrativa creada por Diocleciano en 297-298 d. C. Agrupaba varias provincias y a su frente se encontraba un vicario. ♦ Su pl. es *diócesis*.

DIOCLECIANO, CAYO VALERIO AURELIO Emperador romano (Dioclea, Dalmacia, 245 - Salona, 313). Hijo de un liberto oriundo de Iliria, realizó una brillante carrera bajo los emperadores Aureliano y Probo. Cónsul a la muerte de Numeriano, fue proclamado emperador por sus soldados en 284. Puso fin a la crisis del imperio conocida como *Anarquía Militar*. Organizó una tetrarquía (293) en la que el poder estaba en manos de dos augustos asistidos por dos césares. Él, como primer augusto, se ocupó de Oriente. Subdividió el imperio en doce diócesis y éstas en 101 provincias. Llevó a cabo persecuciones contra los maniqueos (297) y los cristianos (303-04). Abdicó el año 305 junto con Maximiano.

DIODO m. *Fís.* Tubo electrónico de dos electrodos (el más simple), cuya diferencia de potencial produce un flujo de electrones desde el cátodo hasta el ánodo. Se utiliza como rectificador de corriente.

DIODORO CRONOS Filósofo griego (s. IV a. C.). Miembro de la escuela de Megara, sus doctrinas fueron transmitidas por Diógenes Laercio.

DIODORO SÍCULO Historiador griego (Agirone, Sicilia, 90 a. C. - fines del s. I a. C.). Autor de *Biblioteca histórica*, una historia universal de la Antigüedad hasta la conquista de las Galias por César en cuarenta libros de la que sólo se conservan quince.

DIODORO DE TARSO Exégeta y obispo de Tarso (Antioquía, h. 330 - Tarso, 392). Obispo de Atenas, fundó en Antioquía una escuela de exégesis literal e histórica de las Escrituras. San Juan Crisóstomo y Teodoro de Mopsuestia fueron discípulos suyos. Defensor de la fe de Nicea y seguidor de la tradición teológica de Antioquía, muchos de sus escritos fueron destruidos por el sínodo de Constantinopla (499), que vio en ellos un precedente del nestorianismo.

DIOFANTO DE ALEJANDRÍA Matemático griego (Alejandría, 236 a.C. - íd., 152 a. C.). Introdujo el álgebra simbólica y un concepto abstracto del número, así como la incógnita, que llamó *aritmos*. Autor de una *Aritmética* en 13 libros, de los que sólo se conservan 6.

DIÓGENES DE APOLONIA Filósofo griego (Apolonia, h. 460 a. C. - ?, 390 a. C.). Discípulo de Anaxímenes, consideraba el aire como elemento primordial de todas las cosas. Escribió un tratado *Sobre la naturaleza*.

DIÓGENES EL CÍNICO Filósofo griego (Sínope, 413 - ?, 327 a. C.). Discípulo de Antístenes, es uno de los representantes de la escuela cínica. Su desprecio por las convenciones sociales le llevó a vivir en un tonel y su crítica se dirigió tanto contra los sofistas como contra los platónicos.

DIÓGENES LAERCIO Historiador griego (Laertes, Cilicia, s. III). Autor de *Vida y opiniones de los filósofos ilustres*, obra esencial para el conocimiento de la filosofía clásica.

DIOICO, CA adj. *Bot.* Se dice de las plantas fanerógamas que tienen los órganos sexuales masculinos en distinto pie que los femeninos; por ejemplo, los pinos y las palmeras. También se dice de esos órganos sexuales.

-DIOICO *Quím.* suf. que, aplicado a ácidos, indica que su molécula posee dos grupos –COOH.

-DIOL *Quím.* suf. que indica la presencia de dos grupos hidroxilos –OH reemplazando al hidrógeno.

DIOMEDES *Mit.* Rey legendario de Tracia. Tenía unas yeguas que devoraban a los extranjeros que llegaban a su país. Heracles, en uno de sus trabajos, lo mató arrojándolo entre ellas.

DIOMEDES *Mit.* Héroe legendario griego. Tomó parte en la expedición de los epígonos y en la guerra de Troya. Robó con Ulises el Paladión.

DIÓN CASIO Historiador griego (Nicea, h. 155 - íd., 235). Escribió en griego una biografía de Cómodo y una *Historia romana* en 80 libros, que comprendía desde la llegada de Eneas a Italia hasta el 229; no se conserva completa.

DIÓN DE SIRACUSA Político siracusano (h. 410 - 354 a. C.). Discípulo de Platón, gobernó con su sobrino Dionisio el Joven. Desterrado a Italia (366 a. C.), fue jefe de la oposición siracusana. En 357 desembarcó en Sicilia apoyado por Cartago y se hizo con el poder en 359. Fue asesinado en una conjura.

DIONE *Mit.* Hija de Urano y Gea, o de Océano y Tetis. Se le atribuye la maternidad de Afrodita.

DIONEA f. *Bot.* ATRAPAMOSCAS.

DIONÍS o **DIONISIO EL LIBERAL** Rey de Portugal (Lisboa, 1261 - Odivelas, 1325). Hijo de Alfonso III, llevó a cabo una gran labor en beneficio de la economía de su país. Fue uno de los mayores impulsores de la cultura portuguesa. Sus composiciones líricas fueron recopiladas en el *Cancionero de Dom Diniz*.

DIONISIA f. Piedra negra con manchas rojas, que, según los antiguos, podía dar sabor de vino al agua y ser un remedio contra la embriaguez.

DIONISIACO, CA o **DIONISÍACO, CA** adj. **1** Perteneciente o relativo a Dioniso. **2** En contraposición a apolíneo, se aplica a lo impulsivo, instintivo, etc. ‖ f. pl. *Hist.* **3** Fiestas dedicadas a Dioniso. Eran campestres, orgiásticas o místéricas. Las más famosas fueron las celebradas en Ática (s. V y IV a. C.). En Roma se denominaban *bacanales*.

DIONISIO Nombre de dos tiranos de Siracusa.

DIONISIO I EL VIEJO (?, 432 - ?, 367 a. C.). En 408 a. C. apoyó la tentativa de Hermócrates de suprimir la constitución establecida por el partido democrático de Diocles. Tres años después, se hizo con el poder apoyándose en las clases populares. Tras sofocar una rebelión en 404, sostuvo varias guerras contra los cartagineses y se adueñó de casi toda Sicilia.

DIONISIO II EL JOVEN (?, 367 - ?, 343 a. C.). Hijo del anterior, accedió al poder en 367. Sus excesos y despotismo provocaron que fuera arrojado del trono. En 346 volvió al poder, pero fue derrocado nuevamente dos años después y se retiró a Corinto.

DIONISIO EL AREOPAGITA, SAN Religioso cristiano griego (s. I d. C.). Fue el primer obispo de Atenas, tras ser convertido por san Pablo. Se le creyó durante un tiempo autor del *Corpus areopagiticum*, escrito, probablemente, a fines del siglo IV.

DIONISIO DE HALICARNASO Historiador griego (60 a. C. - 10 d. C.). Sus obra principal es *Antigüedad romana*, en 20 libros, que abarca desde la fundación de la ciudad hasta la primera guerra púnica. Es autor, además, de *Tratado de imitación*, *Estudio sobre los antiguos oradores* y de otras obras epistolares.

DIONISO o **DIONISOS** *Mit.* Dios griego, hijo de Zeus y Sémele, que simboliza la vida en toda su plenitud y la fecundidad de la naturaleza. Denominado Baco por los romanos, era el dios del vino y del delirio místico.

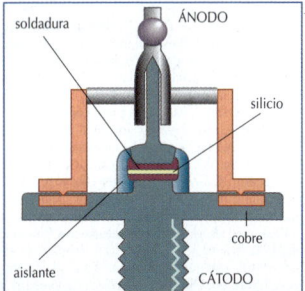

diodo. Sección de un diodo de silicio.

diópsido

DIÓPSIDO m. *Miner.* Mineral silicato de calcio y magnesio, de fórmula $CaMg(Si_2O_6)$, que normalmente incluye también cantidades variables de $Fe_2Si_2O_6$, de color verdoso, que pertenece al grupo de los piroxenos.
DIOPTRÍA f. *Fís.* Unidad de medida de potencia de una lente, usada por los oftalmólogos. El número de dioptrías de una lente convergente, o del ojo, se halla dividiendo la unidad por la distancia focal en metros.
DIÓPTRICA f. *Fís.* Rama de la óptica que estudia la refracción de la luz.
DIOPTRIO m. *Fís.* Sistema óptico formado por dos cuerpos de distinta refringencia separados por una superficie plana o esférica.
DIOR, CHRISTIAN Modisto francés (Granville, 1905 - Montecatini, 1957). En 1947 fundó junto a M. Boussac su firma de alta costura femenina.
DIORAMA m. **1** Panorama en que los lienzos que mira el espectador son transparentes y pintados por las dos caras, que al ser iluminados producen una sensación tridimensional. Fue inventado por Daguerre en 1822. **2** Sitio destinado a este recreo.
DIORI, HAMANI Político de Níger (Soundoré, 1916 - Rabat, 1989). Miembro del Ressemblement Démocratique Africain, fue primer ministro (1958) y presidente de la República de Níger (1960). En 1974 fue derrocado por un golpe militar, dirigido por el coronel Seyni Kountie.
DIORITA f. *Geol.* Roca ígnea intrusiva de origen volcánico, con textura granuda, que con frecuencia aparece asociada al granito. Está compuesta de plagioclasas y otros minerales, como piroxenos, feldespato potásico, anfíboles o biotita.
DIOS, SA m. y f. **1** *Rel.* Cualquiera de las deidades de las religiones politeístas. [**Encic.**] || m. *Rel.* **2** Según las religiones monoteístas, especialmente la cristiana, nombre sagrado del supremo ser, creador del universo. En esta acepción se escribe con mayúscula. [**Encic.**] || f. *Quím.* **3** Cualquiera de un grupo de monosacáridos que tiene dos átomos de carbono. || **a la buena de Dios** loc. fam. Sin artificio ni malicia. También, al azar, sin preparación. || **como Dios le da** a uno a entender fr. fam. Como buenamente se puede. || **cuando Dios quiera** fr. fam. Indica la realización de una cosa para un tiempo futuro indeterminado. || **Dios dirá** expr. Remite a la voluntad de Dios el éxito de lo que nos prometemos. || **Dios los cría y ellos se juntan** expr. fig y fam. Da a entender que los que son semejantes en las inclinaciones y en el genio se buscan unos a otros. || **Dios mediante** expr. Queriendo Dios. || **¡Dios mío!** expr. Se usa como interjección significando admiración, extrañeza, dolor o sobresalto. || **Dios y ayuda** expr. fam. Sumo esfuerzo que es necesario lograr algo. Se usa más con los verbos *costar* y *necesitar*. || **hacer** algo **como Dios manda** loc. fam. Hacer las cosas bien; con exactitud y acierto. || **la de Dios es Cristo** fr. fig. y fam. Gran disputa, riña o pendencia. Se usa más con los verbos *armarse, haber, ser*, etc. También, bulla, algazara. || **por Dios** expr. Usada para pedir limosna, o esforzar una súplica cualquiera. || **que venga Dios y lo vea** Invocación en la que se pone a Dios como testigo. || **sin encomendarse a Dios ni al diablo** loc. adv. fig. y fam. Manifiesta la intrepidez y falta de reflexión con que alguien se arroja a ejecutar una cosa. || **¡vaya por Dios!** expr. Manifiesta conformidad al recibir alguna noticia negativa. || **vaya usted con Dios** Fórmula con la que se despide a alguien.

REL. y *FILOS.* La creencia en un ser supremo o en seres superiores para explicar el misterio de la existencia del mundo y del hombre es tan antigua como la humanidad. En las religiones *politeístas*, como la egipcia, la griega o la azteca, se veneran diversos dioses. En algunas de ellas, se produjo una jerarquización, el *henoteísmo*, que consiste en considerar como supremo a un solo Dios, mientras los demás aparecen subordinados a él. Las religiones *monoteístas*, entre las que se incluyen el cristianismo, el islamismo y el judaísmo, profesan la creencia en un Dios único y trascendental. El *dualismo*, del que son ejemplo el zoroastrismo, el maniqueísmo y numerosas herejías del occidente medieval, contrapone dos entes superiores, de valor absoluto e irreducible. El *panteísmo* niega la existencia de un Dios trascendente a la realidad y afirma su identidad con las diferentes manifestaciones de ésta. La idea de Dios puede representar el orden universal, la fecundidad o la fuerza o materializarse en elementos de la naturaleza, como el rayo, el agua, plantas o animales. El monoteísmo propiamente dicho es el bíblico y comienza con el pueblo hebreo. La filosofía cristiana considera a Dios como un ente infinito, causa primera y motor del universo, que es en sí y se concibe por sí. Una de las grandes líneas del pensamiento cristiano ha negado la posibilidad de demostrar racionalmente la existencia de Dios, al no ser una realidad empíricamente comprobable. Los pensadores que han tratado de demostrar su existencia de manera racional, se han dividido entre quienes, como san Anselmo, Malebranche o Descartes, han intentado hacerlo demostrando su existencia a priori mediante el argumento ontológico, y quienes, como santo Tomás de Aquino, lo han hecho a través de causas segundas utilizando el argumento cosmológico.

DIOSCOREÁCEO, A o **DIOSCÓREO, A** adj. y f. *Bot.* **1** Se dice de las plantas herbáceas angiospermas monocotiledóneas, con tallo folioso, frecuentemente con raíces tuberosas o rizomas, como el ñame. || f. pl. *Bot.* **2** Familia de estas plantas.
DIOSCÓRIDES PEDANIO Médico y naturalista griego (Anazarbo, h. 40 - Roma, h. 90 d. C.). Escribió *De materia medica*, sobre botánica médica y farmacología. En él describe más de 600 plantas y un millar de remedios obtenidos de ellas.
DIÓSCUROS *Mit.* Sobrenombre que significa «Hijos de Zeus» y que se aplica a los gemelos Cástor y Pólux. Hijos de Zeus, que adoptó la forma de un cisne para unirse a Leda. Según otra versión, eran hermanos de madre (Leda), pero no de padre. Cástor era hijo de Tíndaro y hermano de Clitemnestra, y Pólux, hijo de Zeus y hermano de Elena. Ambos formaron parte de la expedición de los argonautas. A su muerte, fueron transformados por Zeus en la constelación de Géminis.
DIOSMA f. *Bot.* Planta de la familia rutáceas, nativa de Argentina.
DIOSTEDÉ m. *Zool. Col., Ecuad.* y *Venez.* TUCÁN.
DIOUF, ABDOU Político senegalés (Louga, 1935). Sucedió a Senghor en la jefatura del Partido Socialista y en la presidencia del país (1981), cargo en el que fue confirmado en las elecciones de 1983, 1988 y 1993. En 2000 fue sustituido en la presidencia por Abdulaye Wade.
DIÓXIDO m. *Quím.* Compuesto binario de un radical simple o compuesto con dos átomos de oxígeno. || **DIÓXIDO DE CARBONO** *Quím.* ANHÍDRIDO CARBÓNICO.

DIPAVAMSA *Lit.* Crónica escrita en pali, compuesta en el siglo V. Narra la historia budista de la isla de Ceilán desde sus orígenes hasta el siglo IV d. C.
DIPÉTALO, LA adj. *Bot.* Se dice de la corola que tiene dos pétalos, y de la flor que tiene esta corola.
DIPILTO, MONTES DE Sierra del NO de Nicaragua, fronteriza con Honduras. Culmina en el pico Mogotón (2.107 m), máxima altura del país.
DIPL-, DIPLO-; -DIPL- prefs. o in. que significan doble.
DIPLODOCO o **DIPLODOCUS** m. *Zool.* Reptil fósil, dinosaurio del género *Diplodocus*, herbívoro y de gran tamaño. Vivió en el periodo jurásico de la era mesozoica.
DIPLOIDE adj. *Biol.* Se dice de la célula u organismo con dos juegos de cromosomas.
DIPLOMA m. **1** Despacho, bula, privilegio u otro instrumento autorizado con sello y armas de un soberano, cuyo original queda archivado. Por extensión, se da este nombre a otros documentos importantes. **2** Título o credencial que expiden ciertas entidades para acreditar un grado académico, una prerrogativa, un premio, etc.
DIPLOMACIA f. **1** Ciencia o conocimiento de los intereses y relaciones de unas naciones con otras. **2** Servicio de los Estados en sus relaciones internacionales. **3** fig. y fam. Cortesía aparente e interesada. **4** fig. y fam. Habilidad, sagacidad y disimulo.

Dioscórides. Página del tratado *De materia medica*. Códice del siglo XIII. Museo Topkapi (Estambul).

DIPLOMADO, DA m. y f. **1** Persona que ha obtenido un diploma. **2** Persona que tiene estudios universitarios de primer ciclo.
DIPLOMAR tr. **1** Conceder a uno un diploma facultativo o de aptitud. || prnl. **2** Obtenerlo, graduarse.
DIPLOMÁTICA f. **1** Ciencia auxiliar de la historia que estudia los diplomas y otros documentos antiguos de naturaleza jurídica, tanto en sus caracteres internos como externos, principalmente para establecer su autenticidad o falsedad y su valor como fuente histórica. **2** DIPLOMACIA, ciencia o conocimiento de los intereses y relaciones de unas naciones con otras.

diplodoco

DIPLOMÁTICO, CA adj. **1** Perteneciente al diploma. **2** Perteneciente a la diplomacia. **3** Se aplica a los negocios de Estado y a las personas que intervienen en ellos. Aplicado a personas, también s. **4** fig. y fam. Circunspecto, sagaz, disimulado.
DIPLOPÍA f. *Med.* Alteración que consiste en ver dobles los objetos.
DIPLÓPODO, DA adj. *Zool.* **1** Se aplica a los artrópodos traqueados terrestres, de pequeño tamaño, ovíparos, cuerpo anillado cubierto por un caparazón quitinoso, y con un par de patas marchadoras en cada segmento (excepto en los tres primeros), también llamados cardadores o milpiés. || m. pl. *Zool.* **2** Clase de estos artrópodos.
DIPLURO, RA adj. *Zool.* **1** Se aplica a los insectos ápteros y sin ojos que habitan en la tierra y se alimentan de materia orgánica en putrefacción y tejidos vegetales blandos. Tienen distribución mundial. || m. pl. *Zool.* **2** Orden de estos insectos.
DIPNEO, A adj. y s. *Zool.* Que está dotado de respiración branquial y pulmonar.
DIPNOO, A adj. *Zool.* **1** Se aplica a los peces osteíctios dulceacuícolas, de cuerpo anguiliforme, con branquias y un saco vascularizado que pueden utilizar como pulmón. Pueden usar las aletas pectorales y ventrales para desplazarse sobre el fondo. De ellos derivan los vertebrados terrestres. La mayoría son fósiles; sólo existen en la actualidad tres géneros vivos en África tropical y ecuatorial, en Australia y en América del Sur. || m. pl. *Zool.* **2** Orden de estos peces.
DIPODIA f. *Métr.* En la métrica clásica, conjunto de dos pies.
DIPOLO m. *Fís.* Sistema de dos cargas eléctricas o magnéticas puntuales de igual magnitud, pero de carga eléctrica opuesta. El producto de la carga por la distancia se denomina *momento dipolar eléctrico*.
DIPPEL, JOHANNES KONRAD Médico y alquimista alemán (Frankenstein, cerca de Darmstadt, 1673 - Wittgenstein, Berleburg, 1734). Descubrió el prusiato de hierro o azul de Prusia y preparó el aceite animal que lleva su nombre.
DIPSACÁCEO, A o **DIPSÁCEO, A** adj. y f. *Bot.* **1** Se dice de las plantas angiospermas dicotiledóneas, herbáceas, como la cardencha. || f. pl. *Bot.* **2** Familia de estas plantas.
DIPSOMANÍA f. *Med.* Tendencia morbosa al abuso de la bebida.
DÍPTERO, RA adj. y s. **1** *Arquit.* y *Esc.* Se dice del edificio que tiene dos costados salientes, y de la estatua que tiene dos alas. **2** *Biol.* Que posee dos alas o estructuras parecidas. **3** *Zool.* Se dice de los insectos que tienen sólo dos alas membranosas funcionales, ya que el segundo par (cuando existe) se sustituye por dos pequeñas expansiones o balancines cuya misión es sensorial. El aparato bucal es chupador con probóscide en algunas especies, y picador en otras. Ejemplos son la mosca y el mosquito. || m. pl. *Zool.* **4** Orden de estos insectos.
DIPTEROCARPÁCEO, A adj. y f. *Bot.* **1** Se dice de plantas leñosas angiospermas, dicotiledóneas, con hojas alternas con estípulas y fruto capsular con una semilla, como el mangachapuy. || f. pl. *Bot.* **2** Familia de estas plantas.
DIPTEROCÁRPEO, A adj. *Bot.* DIPTEROCARPÁCEO.
DÍPTICO m. Cuadro o bajo relieve formado con dos tableros.
DIPTONGAR tr. **1** Unir dos vocales formando una sola sílaba. || intr. **2** Convertirse en diptongo una vocal.
DIPTONGO m. *Gram.* Conjunto de dos vocales diferentes, una fuerte (*a, e, o*) y otra débil (*i, u*), o de dos débiles, que se pronuncian en una sola sílaba. Si la débil va en primer lugar, el diptongo es creciente (*ia, ie, io, ua, ue, uo*); y si figura en segundo lugar, decreciente (*ai o ay, au, ei o ey, eu, oi u oy, ou*).
DIPUTACIÓN f. **1** Acción y efecto de diputar. **2** Conjunto de los diputados. **3** Ejercicio del cargo de diputado. **4** Duración de este cargo. **5** Negocio que se comete al diputado. **6** *Polít.* Nombre de distintas entidades de carácter político-administrativo. || **DIPUTACIÓN FORAL** *Polít.* Institución encargada de la administración en los territorios históricos forales de Álava, Guipúzcoa y Vizcaya. || **DIPUTACIÓN FORAL DE NAVARRA** *Polít.* Órgano del gobierno ejecutivo de la Comunidad Foral de Navarra. || **DIPUTACIÓN GENERAL DE ARAGÓN** *Polít.* Órgano del gobierno ejecutivo de la comunidad autónoma de Aragón. || **DIPUTACIÓN GENERAL DE LA RIOJA** *Polít.* Asamblea legislativa de la Comunidad Autónoma de La Rioja. || **DIPUTACIÓN PERMANENTE** *Polít.* Comisión representativa del Congreso de los Diputados que, según la Constitución española de 1978, ejerce las competencias de esta cámara cuando ha sido disuelta o expirado su mandato. || **DIPUTACIÓN PROVINCIAL** *Polít.* Corporación elegida para administrar los intereses de una provincia.
DIPUTADO, DA m. y f. **1** Persona nombrada por un cuerpo para representarlo. **2** *Polít.* Persona nombrada por elección popular como representante en la cámara legislativa de una nación o en la de origen más popular, si el sistema es bicameral.
DIPUTAR tr. **1** Destinar a alguien para una misión. **2** Elegir un colectivo a uno de sus miembros para que le represente.
DIQUE m. **1** Muro artificial hecho para contener las aguas. **2** Cavidad revestida de fábrica, situada en la orilla de una dársena u otro sitio abrigado y en la cual entran los buques para limpiar o carenar en seco. **3** fig. Cosa con que es contenida otra. **4** *Geol.* Forma de yacimiento correspondiente al relleno de una fisura en la corteza terrestre, por magma consolidado. **5** *Geog.* Cresta de arenas y limos que bordea un canal fluvial, originada por la corriente circulante. || **DIQUE SECO** *DIQUE*, cavidad revestida de fábrica.
DIQUÍS GRANDE DE TERRABA.
DIRAC, PAUL ADRIEN MAURICE Físico inglés (Bristol, 1902 - Tallahassee, 1984). En 1933, compartió el premio Nobel de Física con Erwin Schrödinger, por sus investigaciones sobre mecánica cuántica y la teoría atómica.
DIRCE *Mit.* Mujer del rey Lico, muerta por los hijos de Antíope, que la ataron a un toro.
DIRECCIÓN f. **1** Acción y efecto de dirigir. **2** Camino o rumbo que un cuerpo sigue en su movimiento. **3** Consejo, enseñanza y preceptos con que se encamina a uno. **4** Conjunto de personas encargadas de dirigir una sociedad, establecimiento, explotación, etc. **5** Cargo de director. **6** Oficina o casa en que despacha el director o los directivos. **7** Domicilio de una persona. **8** Señas escritas sobre una carta, fardo, caja o cualquier otro bulto, para indicar dónde y a quién se envía. **9** *Mec.* Mecanismo que sirve para guiar los vehículos automóviles. || **DIRECCIÓN ASISTIDA** *Autom.* Mecanismo del automóvil que facilita el movimiento del volante. || **DIRECCIÓN GENERAL** Cualquiera de las oficinas superiores que dirigen los diferentes ramos de la administración pública.
DIRECTIVO, VA adj. y s. **1** Que tiene facultad o virtud de dirigir. || f. **2** Mesa o junta de gobierno de una corporación, sociedad, etc. **3** DIRECTRIZ, conjunto de instrucciones.
DIRECTO, TA adj. **1** Derecho o en línea recta. **2** Se dice de lo que va de una parte a otra sin detenerse en los puntos intermedios. **3** Se aplica a lo que se encamina derechamente a una mira u objeto. || **en directo** expr. En televisión y radio, se dice de la emisión transmitida sin mediar grabación, filmación o registro.
DIRECTOR, RA adj. **1** Que dirige. También s. || m. y f. **2** Persona a cuyo cargo está el régimen o dirección de un negocio, cuerpo, etc. **3** Persona que, sola o acompañada de otras, está encargada de la dirección de los negocios de una compañía. || **DIRECTOR CINEMATOGRÁFICO** *Cin.* Persona responsable de la realización de una película. || **DIRECTOR GENERAL** Representante o gestor de los negocios en una compañía o sociedad de comercio. También el que tiene la dirección superior de un cuerpo u organismo de la administración pública. || **DIRECTOR DE ORQUESTA** El que dispone y guía la actuación de todos los componentes de ella.
DIRECTORIO, RIA adj. **1** Se dice de lo que es a propósito para dirigir. || m. **2** Lo que sirve para dirigir en alguna ciencia o negocio. **3** Instrucción para gobernarse en un negocio. **4** Junta directiva de ciertas asociaciones, partidos, etc. **5** Lista o guía de direcciones. **6** *Inform.* Parte de una estructura arborescente de organización del espacio físico de un medio de almacenamiento de datos o de la memoria de un ordenador. En él figuran los nombres de los ficheros almacenados y las instrucciones para acceder a ellos.
DIRECTORIO *Hist.* Periodo de gobierno de Francia comprendido entre la disolución de la Convención (26 de octubre de 1795) y el golpe de Estado de Napoleón del 18 Brumario (9 de noviembre de 1799), que dio paso al Consulado. Se constituyó como consecuencia de la aprobación de la Constitución del año III, votada por la Convención tras la caída de Robespierre. Reducía el número de electores a 20.000 y establecía un poder legislativo dividido en el Consejo de los Quinientos y en el Consejo de los Ancianos, que nombraba el poder ejecutivo, un directorio de cinco miembros, que se renovaba anualmente en sus quintas partes.
DIRECTORIO DE LAS PROVINCIAS UNIDAS DEL RÍO DE LA PLATA *Hist.* Organismo que gobernó el Río de la Plata de 1814 a 1820, bajo el cual fue proclamada la independencia (1816).
DIRECTRIZ f. **1** Conjunto de instrucciones o normas generales para la ejecución de alguna cosa. Más en pl. **2** *Geom.* Recta que, con el foco, define una cónica.
DIRHAM m. *Econ.* Unidad monetaria de Marruecos y de la Unión de Emiratos Árabes.
DIRHEM m. *Num.* Antigua moneda islámica de plata.
DIRIANGEN Cacique indio nicaragüense del siglo XVI. Fue derrotado por Gil González Dávila en 1523.
DIRICHLET, PETER GUSTAV LEJEUNE Matemático alemán (Düren, 1805 - Gotinga, 1859). Creó el concepto moderno de función, el desarrollo en serie de una función, estudió la suma de las series numéricas y demostró un teorema sobre progresiones aritméticas y números primos.
DIRIGENTE com. Persona que ejerce función o cargo directivo en una asociación, organismo o empresa.
DIRIGIBLE adj. **1** Que puede ser dirigido. **2** GLOBO DIRIGIBLE.
DIRIGIR tr. **1** Enderezar, llevar rectamente una cosa hacia un término o lugar señalado. También prnl. **2** Guiar, mostrando o dando las señales de un camino. **3** Poner a una carta, fardo, caja o cualquier otro bulto la dirección. **4** fig. Encaminar la intención y las operaciones a determinado fin. **5** Gobernar, regir, dar reglas para el manejo de una empresa o pretensión. **6** Aconsejar o gobernar la conciencia de una persona. **7** Dedicar una obra de ingenio. **8** Aplicar a determinada persona un dicho o un hecho.

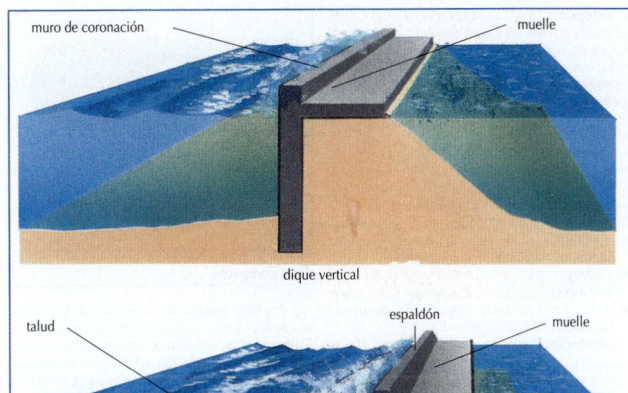

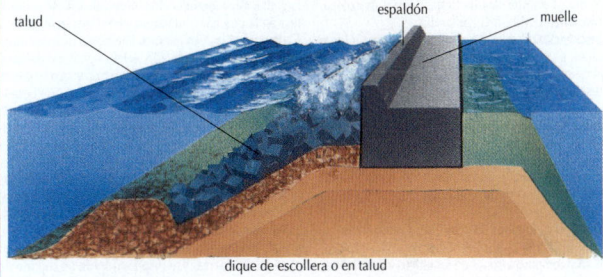

Principales tipos de **dique.**

DIRIGISMO m. Tendencia a la excesiva intervención del Estado, la dirección de una empresa o un colectivo, etc., en los asuntos comunes y diarios, limitando la libertad o autonomía de las entidades y personas.
DIRIMIR tr. 1 Deshacer, desunir. 2 Ajustar, fenecer, componer una controversia.
DIS- pref. 1 Significa negación o contrariedad. 2 Significa dificultad o anomalía.
DISACÁRIDO m. *Quím.* Nombre genérico de los hidratos de carbono formados por la unión de dos moléculas de monosacáridos a través de un puente de oxígeno (enlace denominado glucosídico). Responden a la fórmula general $C_{12}H_{22}O_{11}$. Son los azúcares propiamente dichos, como la maltosa, sacarosa y lactosa.
DISARTRIA f. *Med.* Dificultad para la articulación de las palabras.
DISC-JOCKEY (Voz i.) com. Persona que selecciona y pone discos en una sala de fiestas, pub o discoteca.
DISCANTE m. *Mús.* TIPLE, guitarrillo.
DISCAPACIDAD f. *Med.* Insuficiencia de carácter físico o psicológico que impide o dificulta el desenvolvimiento normal de la persona que lo padece.
DISCENTE adj. 1 Se dice de la persona que recibe enseñanza. || com. 2 ESTUDIANTE, que cursa estudios.
DISCÉPOLO, ARMANDO Dramaturgo argentino (Buenos Aires, 1887 - íd., 1971). Fue el creador del «grotesco criollo», género teatral que mezcla lo trágico con lo cómico. Obras: *Entre hierros* (1910), *El reverso* (1916), *El vértigo* (1919), *Babilonia* (1925), *Cremona* (1932) y *Relojero* (1934).
DISCÉPOLO, ENRIQUE SANTOS Compositor argentino (Buenos Aires, 1901 - íd., 1951). Hermano de Armando. Escribió y compuso algunos de los tangos más célebres, como *Esta noche me emborracho* (1928), *Confesión* (1931) y *Cambalache* (1935).
DISCERNIMIENTO m. 1 Juicio por cuyo medio percibimos y declaramos la diferencia que existe entre varias cosas. 2 *Der.* Apoderamiento judicial que habilita a una persona para ejercer un cargo.
DISCERNIR tr. 1 Distinguir una cosa de otra. 2 *Der.* Encargar de oficio el juez a uno la tutela de un menor, u otro cargo. ♦ IRREG. Véase cuadro.

DISCERNIR

INDICATIVO
Pres.: discierno, disciernes, discierne, discernimos, discernís, disciernen.
Pret. imperf.: discernía, etc.
Pret. indef.: discerní, etc.
Fut. imperf.: discerniré, etc.
Condic.: discerniría, etc.
SUBJUNTIVO
Pres.: discierna, disciernas, discierna, discernamos, discernáis, disciernan.
Pret. imperf.: discerniera, discernieras, etc., o discerniese, discernieses, etc.
Fut. imperf.: discerniere, etc.
IMPERATIVO: discierne, discernid.
PARTICIPIO: discernido.
GERUNDIO: discerniendo.

DISCINESIA f. *Med.* y *Psicol.* Trastorno de los movimientos voluntarios o aparición de movimientos anormales involuntarios propio de enfermedades nerviosas.
DISCIPLINA f. 1 Doctrina, instrucción de una persona, especialmente en lo moral. 2 Arte, facultad o ciencia. 3 Observancia de las leyes y ordenamientos de una profesión o instituto. 4 Instrumento que sirve para azotar. Más en pl. 5 Acción y efecto de disciplinar.
DISCIPLINADO, DA adj. Que observa la disciplina.
DISCIPLINANTE m. Penitente que se mortifica con la disciplina o azote.
DISCIPLINAR tr. 1 Instruir, enseñar a uno su profesión. 2 Azotar. 3 Imponer, hacer guardar la disciplina, observancia de las leyes.
DISCIPLINARIO, RIA adj. 1 Relativo o perteneciente a la disciplina. 2 Se aplica al régimen que establece subordinación y arreglo. 3 *Mil.* Se dice de los cuerpos militares formados con soldados condenados a alguna pena.
DISCÍPULO, LA m. y f. 1 Persona que aprende una doctrina, ciencia o arte bajo la dirección de un maestro. 2 Persona que sigue la opinión de una escuela.
DISCO m. 1 *Dep.* Objeto lenticular, generalmente de madera con un reborde metálico, que se lanza en determinadas pruebas atléticas. Pesa un kilo o dos, según sea lanzado por mujeres u hombres y se lanza desde un círculo de 2,50 m de diámetro. 2 *Geom.* Cuerpo cilíndrico cuya base es muy grande respecto de su altura. 3 Lámina circular de material termoplástico empleada en

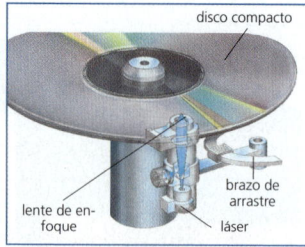

disco compacto

la grabación y reproducción fonográfica. 4 Pieza metálica en la que hay pintada una señal de circulación. 5 Cada uno de los tres círculos luminosos de que consta un semáforo de circulación. 6 Pieza giratoria del aparato telefónico para marcar el número con que se quiere comunicar. 7 fig. y fam. Discurso o explicación pesada y repetitiva. 8 Figura circular plana con que se presenta a nuestra vista el Sol, la Luna y los planetas. Por extensión, se dice de cualquier figura circular. 9 *Inform.* Placa magnética de forma circular que se utiliza como soporte de datos en los ordenadores. || **DISCO COMPACTO** *Tecnol.* El que utiliza la técnica de grabación digital del sonido. Un decodificador reconvierte la señal digital en sonora. La lectura del disco se realiza por medio de rayo láser. || **DISCO MAGNÉTICO** *Inform.* El que está fabricado con un material óxido metálico dispuesto sobre un soporte de acetato o de metal que, convenientemente magnetizado, permite grabar gran número de caracteres, y que se utiliza como memoria auxiliar de los ordenadores. || **DISCO ÓPTICO** *Inform.* El de material plástico grabado mediante un haz láser codificado, capaz de almacenar información óptica y sonora, de forma digital. Se lee mediante un dispositivo dotado de un rayo láser que descodifica la señal.
DISCÓBOLO m. Atleta que lanza el disco.
DISCOGRAFÍA f. Relación de discos fonográficos relativos a diversas materias, obras, autores o intérpretes.
DISCOGRÁFICO, CA adj. 1 Perteneciente o relativo al disco o a la discografía. || f. 2 Empresa dedicada a la producción y comercialización de trabajos musicales.
DÍSCOLO, LA adj. y s. Avieso, indócil, perturbador.
DISCONFORME adj. 1 No conforme. 2 Que manifiesta disconformidad. También s.
DISCONFORMIDAD f. 1 Diferencia de una cosa con otras en cuanto a su esencia, forma o fin. 2 Oposición, desunión, contrariedad en los dictámenes o en las voluntades.
DISCONTINUAR tr. Romper o interrumpir la continuación de una cosa.
DISCONTINUIDAD f. 1 Calidad de discontinuo. 2 *Geol.* Cada una de las capas del interior de la Tierra, caracterizadas por las modificaciones en la composición química o las propiedades físicas de los materiales, capaces de alterar la velocidad de las ondas sísmicas. Se pueden citar: la de *Mohorovicic*, a 30 km de profundidad, que separa la corteza del manto terrestre; la de *Repetti*, a 700 km de profundidad, que divide el manto en dos sectores, superior e inferior; la de *Gutemberg*, a 2.900 km de profundidad, que separa el manto del núcleo; y la de *Lehman*, a 5.000 km de profundidad, que divide el núcleo en dos sectores, externo e interno.
DISCONTINUO, NUA adj. Interrumpido, no continuo.
DISCOPUB m. Local que reúne las características de una discoteca y de un bar.
DISCORDANCIA f. Contrariedad, diversidad, disconformidad. || **DISCORDANCIA ESTRATIGRÁFICA** *Geol.* Disposición que presenta un conjunto estratigráfico cuando los estratos superiores no guardan paralelismo a los inferiores.
DISCORDAR intr. 1 Ser opuestas o diferentes entre sí dos o más cosas. 2 No convenir uno en opiniones con otro. 3 *Mús.* No estar acordes las voces o los instrumentos. ♦ IRREG. Se conjuga como CONTAR.
DISCORDE adj. 1 Disconforme, desavenido, opuesto. 2 *Mús.* Disonante, falto de consonancia.
DISCORDIA f. 1 Oposición, desavenencia de voluntades. 2 Diversidad y contrariedad de opiniones. 3 *Der.* Falta de mayoría para votar sentencia por división de pareceres en un tribunal colegiado.
DISCORDIA *Mit.* Divinidad perniciosa de la mitología grecorromana, hija de Nix. Su actuación más conocida tuvo lugar en las bodas de Tetis y Peleo (véase PARIS).
DISCOTECA f. 1 Colección de discos musicales formada con un fin especial. 2 Local o mueble en que se alojan esos discos debidamente ordenados. 3 Local público para escuchar música grabada, bailar y consumir bebidas.
DISCRECIÓN f. 1 Sensatez para formar juicio y tacto para hablar u obrar. 2 Don de expresarse con agudeza, ingenio u oportunidad. 3 Reserva, prudencia, circunspección. || **a discreción** loc. Al arbitrio o buen juicio de uno. También al antojo o voluntad de uno, sin tasa ni limitación.
DISCRECIONAL adj. 1 Que se hace libre y prudencialmente. 2 Se dice de la potestad gubernativa en las funciones de su competencia que no están regladas. 3 SERVICIO DISCRECIONAL.
DISCREPANCIA f. 1 Diferencia, desigualdad. 2 Disentimiento personal en opiniones o en conducta.
DISCREPAR intr. 1 Diferenciarse una cosa de otra. 2 Disentir una persona de otra.
DISCRETO, TA adj. 1 Dotado de discreción. También s. 2 Que incluye o denota discreción. 3 Separado, distinto. 4 Moderado, sin exceso. 5 *Med.* Se aplica a ciertas erupciones, principalmente a las viruelas, cuando los granos o pústulas están muy separados entre sí. || m. y f. 6 En algunas comunidades, persona elegida para asistir al superior como consiliario.
DISCRIMINACIÓN f. Acción y efecto de discriminar. || **DISCRIMINACIÓN POSITIVA** Trato de favor destinado a favorecer la integración social de grupos que históricamente han sido relegados por razones de raza, sexo, religión, etc. || **DISCRIMINACIÓN RACIAL** Desigual trato en cuanto a derecho y consideración social, que se basa en el racismo. || **DISCRIMINACIÓN SEXUAL** Trato de inferioridad en lo concerniente a derechos políticos, laborales, etc., por razones de sexo.
DISCRIMINAR tr. 1 Separar, distinguir, diferenciar una cosa de otra. 2 Dar trato de inferioridad a una persona o colectividad por motivos raciales, religiosos, políticos, etc.
DISCULPA f. Razón que se da o causa que se alega para excusarse y purgarse de una culpa.

La diosa Discordia. Cuadro de William Turner. Tate Gallery (Londres).

DISCULPABLE adj. **1** Que merece disculpa. **2** Que tiene razones en su favor.
DISCULPAR tr. **1** Dar razones o pruebas que descarguen de una culpa o delito. También prnl. **2** fam. No tomar en cuenta o perdonar las faltas y omisiones que otro comete. || prnl. **3** Pedir indulgencia por lo que ha causado o puede causar daño.
DISCURRIR intr. **1** Andar, caminar, correr por diversas partes y lugares. **2** CORRER, transcurrir el tiempo. **3** CORRER, fluir un líquido. **4** fig. Reflexionar acerca de una cosa. || tr. **5** Inventar una cosa. **6** Inferir, conjeturar.
DISCURSEAR intr. fam. Pronunciar discursos.
DISCURSO m. **1** Facultad racional con que se infieren unas cosas de otras. **2** Acto de la facultad discursiva. **3** USO DE RAZÓN. **4** Reflexión, raciocinio sobre algunos antecedentes o principios. **5** Serie de las palabras y frases empleadas para manifestar lo que se piensa o siente. **6** Razonamiento de alguna extensión dirigido por una persona a otra u otras. **7** Doctrina, ideología, tesis. **8** Palabra o conjunto de palabras con que se expresa un concepto cabal. **9** Ling. En el proceso de comunicación, unidad superior al enunciado o frase. **10** Escrito de no mucha extensión, o tratado, en que se discurre sobre una materia para enseñar o persuadir. **11** Espacio, duración de tiempo.
DISCUSIÓN f. Acción y efecto de discutir. || **sin discusión** loc. adv. Sin duda, con toda seguridad.
DISCUTIBLE adj. Que se puede o se debe discutir.
DISCUTIR tr. **1** Examinar atentamente una materia. **2** Contender y alegar razones contra el parecer de otro. También intr.
DISECAR tr. **1** Preparar los animales muertos para que conserven la apariencia de cuando estaban vivos. **2** Preparar una planta para que se conserve a fin de ser estudiada. **3** DISECCIONAR.
DISECCIÓN f. **1** Acción y efecto de diseccionar. **2** fig. Examen, análisis pormenorizado de alguna cosa.
DISECCIONAR tr. **1** Med. Abrir y dividir un cadáver en sus partes para su estudio. **2** fig. Analizar minuciosamente un problema o una cuestión.
DISEMINACIÓN f. Bot. DISPERSIÓN.
DISEMINAR tr. y prnl. SEMBRAR, esparcir.
DISENSIÓN f. **1** Oposición o contrariedad de varios sujetos en los pareceres o en los propósitos. **2** fig. Contienda, riña.
DISENTERÍA f. Med. Enfermedad infecciosa provocada por bacilos del género *Shigella* o protozoos del género *Entamoeba*, que se caracteriza por la provocación y posible ulceración del intestino, y que provoca fiebre, diarrea intensa y sanguinolenta.
DISENTIR intr. No estar de acuerdo con otra persona.
♦ IRREG. Se conjuga como SENTIR.
DISEÑADOR, RA m. y f. Persona que diseña.
DISEÑAR tr. Hacer un diseño.
DISEÑO m. **1** Traza, delineación de un edificio, de una figura, de un vestido o de un folleto, libro, encuadernación, etc. **2** Descripción o bosquejo de alguna cosa, hecho por palabras. || **DISEÑO ASISTIDO POR ORDENADOR** Inform. Técnica de realización de diseños gráficos o industriales mediante ordenadores dotados de programas de dibujo y cálculo, que pueden ser impresos mediante impresoras especiales, PLOTTER, o trasladarse mediante una conexión informática a los sistemas de fabricación. **3** **DISEÑO CURRICULAR** Pedag. Conjunto de objetivos generales de aprendizaje, establecidos de forma precisa, que deben alcanzarse en un ciclo, etapa o área del sistema educativo y, por extensión, en el conjunto de éste. || **DISEÑO GRÁFICO** Técnica artística para crear y disponer los distintos elementos gráficos de diversos objetos de consumo, como libros, revistas, portadas, impresos, anuncios, envases, etc. || **DISEÑO INDUSTRIAL** Técnica artística para la creación de objetos de consumo destinados a la producción industrial, como muebles, automóviles, aparatos eléctricos, etc., de forma que aúnen belleza y utilidad.
DISÉPALO, LA adj. Bot. Se dice del cáliz o de la flor que tiene dos sépalos.
DISERTACIÓN f. **1** Acción y efecto de disertar. **2** Escrito en que se diserta.
DISERTAR intr. Razonar, discurrir detenida y metódicamente sobre alguna materia, especialmente en público.
DISERTO, TA adj. Que habla con facilidad y con abundancia de argumentos.
DISFAGIA f. Med. Dificultad o imposibilidad de tragar.
DISFASIA f. Med. Anomalía en el lenguaje por lesión cerebral.
DISFAVOR m. **1** Desaire o desatención usada con alguno. **2** Suspensión del favor. **3** Acción o dicho no favorable que ocasiona alguna contrariedad o daño.
DISFEMISMO m. Modo de decir que consiste en nombrar una realidad con una expresión peyorativa o con intención de rebajarla de categoría. Se opone a EUFEMISMO.

1

2

diseño industrial: 1. Sillón Rood Blawe, de Gerrit Thomas Rietveld (1919). **2.** Lámpara Gatto Flos, de D. Castiglioni (1960).

DISFONÍA f. Med. Trastorno de la fonación.
DISFORME adj. **1** Que carece de forma regular. **2** Feo, horroroso. **3** Extraordinariamente grande y desproporcionado.
DISFÓTICO, CA adj. Ecol. Se dice de la zona intermedia de una masa de agua, entre la eufótica y la afótica, caracterizada por su luminosidad intermedia, insuficiente para que se lleve a cabo la fotosíntesis, pero suficiente para provocar respuestas en los organismos.
DISFRAZ m. **1** Artificio que se usa para desfigurar una cosa con el fin de que no sea conocida. **2** Por antonomasia, vestido de máscara. **3** fig. Simulación para dar a entender algo distinto de lo que se siente.
DISFRAZAR tr. **1** Desfigurar la forma natural de las personas o de las cosas para que no sean conocidas. También prnl. **2** fig. Disimular, desfigurar con palabras y expresiones lo que se siente. || prnl. **3** Vestirse de máscara.
DISFRUTAR tr. **1** Percibir o gozar los productos y utilidades de una cosa. || intr. **2** Con la preposición *de*, tener alguna condición buena. También tr. **3** Con la misma preposición, tener el favor, protección o amistad de alguno; aprovecharse de ellos. También tr. **4** GOZAR, sentir placer.
DISFUNCIÓN f. **1** Med. Alteración cuantitativa o cualitativa de una función orgánica. **2** fig. Desarreglo en el funcionamiento de algo, o en la función que le corresponde.
DISGLOSIA f. Med. Alteración del habla debida a causas orgánicas.
DISGREGAR tr. y prnl. Separar, desunir.
DISGUSTADO, DA adj. **1** Desazonado, desabrido, incomodado. **2** Apesadumbrado, pesaroso.
DISGUSTAR tr. **1** Causar disgusto y desabrimiento al paladar. **2** fig. Causar enfado o desazón. También prnl. || prnl. **3** Desazonarse uno con otro.
DISGUSTO m. **1** Desazón, desabrimiento causado en el paladar por una comida o bebida. **2** fig. Encuentro enfadoso con uno. **3** fig. Sentimiento, pesadumbre e inquietud causados por un accidente o una contrariedad. **4** fig. Fastidio, tedio o enfado que causa una persona o cosa. || **a disgusto** loc. adv. Contra la voluntad y gusto de uno.
DISIDENCIA f. **1** Acción y efecto de disidir. **2** Grave desacuerdo de opiniones.
DISIDENTE adj. y s. Que se enfrenta a la doctrina oficial o a la autoridad, sobre todo en materia política.
DISIDIR intr. Apartarse de las doctrinas, creencias o conductas generales.
DISÍLABO, BA adj. y m. BISÍLABO.
DISIMETRÍA f. Defecto de simetría.
DISÍMIL adj. Desemejante, diferente.
DISIMILAR tr., intr. o prnl. Alterar la articulación de un sonido del habla diferenciándolo de otro igual o semejante.
DISIMILITUD f. DESEMEJANZA.
DISIMULADO, DA adj. y s. Que por hábito o carácter disimula o no da a entender lo que siente.
DISIMULAR tr. **1** Encubrir con astucia la intención. **2** Desentenderse del conocimiento de una cosa. **3** Ocultar, encubrir algo que uno siente y padece. **4** Tolerar un desorden, simulando ignorarlo o no dándole importancia. **5** Desfigurar las cosas, para que aparezcan distintas de lo que son. **6** Ocultar una cosa, mezclándola con otra. **7** Dispensar.
DISIMULO m. **1** Arte con que se oculta lo que se siente, se sospecha o se sabe. **2** Indulgencia, tolerancia.
DISIPACIÓN f. **1** Acción y efecto de disipar. **2** Conducta de una persona entregada enteramente a las diversiones. **3** Fís. Pérdida de energía de los conductores, circuitos eléctricos, etc., al transformarse en parte en calor.
DISIPADO, DA adj. y s. Entregado a diversiones.
DISIPAR tr. **1** Esparcir y desvanecer las partes que forman por aglomeración un cuerpo. También prnl. **2** Desperdiciar, malgastar la hacienda y otra cosa. || prnl. **3** Evaporarse, resolverse en vapores. **4** fig. Desvanecerse, quedar en nada una cosa.
DISYUNCIÓN f. Ling. Oposición fonológica de dos unidades no correlativas.
DISJUNTO, TA adj. Mat. CONJUNTOS DISJUNTOS.
DISK-JOCKEY (Expresión i.) com. DISC-JOCKEY.
DISKETTE m. Inform. DISQUETE.
DISLALIA f. Med. Dificultad de articular las palabras.
DISLATE m. DISPARATE.
DISLEXIA f. Med. Trastorno del aprendizaje del lenguaje o de la capacidad de lectura, cuyas causas no son ni sensoriales ni intelectuales ni neurológicas.
DISLOCACIÓN f. **1** Acción y efecto de dislocar. **2** Geol. Discontinuidad en la estructura regular de un cristal. **3** Geol. Cambio de dirección, en sentido horizontal, de una capa o filón. **4** Med. Desplazamiento de uno o más huesos de una articulación.
DISLOCAR tr. **1** Sacar una cosa de su lugar. Más como prnl., hablando de huesos y articulaciones. **2** Torcer un argumento o razonamiento. **3** fig. Provocar entusiasmo o deseo vehemente.
DISLOQUE m. fam. El colmo, desbarajuste.
DISMENORREA f. Med. Menstruación dolorosa o difícil.
DISMINUCIÓN f. **1** Merma o menoscabo de una cosa. **2** Arquit. Cantidad en que el grueso de un muro es menor que su zarpa. **3** Veter. Cierta enfermedad que padecen las bestias en los cascos.
DISMINUIDO, DA adj. y s. Minusválido, impedido.
DISMINUIR tr., intr. y prnl. Hacer menor la extensión, la intensidad o el número de una cosa. ♦ IRREG. Se conjuga como HUIR.
DISNEA f. Med. Dificultad de respirar.
DISNEY, WALT (WALTER DISNEY, llamado) Dibujante, director y productor de cine estadounidense (Chicago, 1901 - Hollywood, 1966). Creador de dibujos anima-

Walt **Disney**

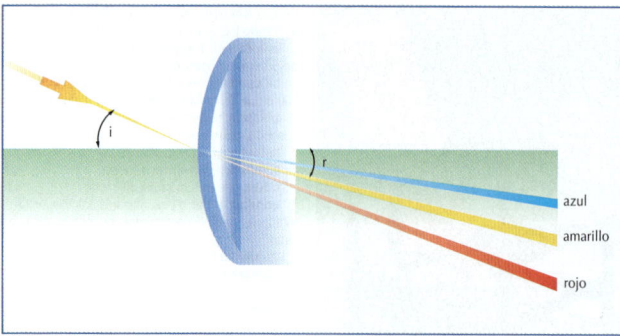

dispersión de la luz.

dos, como el ratón Mickey, el pato Donald, Bambi, Dumbo y Blancanieves, que se hicieron mundialmente famosos. Recibió en 31 ocasiones el Oscar de la Academia de Hollywood. Entre sus principales realizaciones figuran *Blancanieves y los siete enanitos* (1937), *Fantasía* (1940), *Dumbo* (1941), *Bambi* (1942), *La Cenicienta* (1950), *Peter Pan* (1953) y *La dama y el vagabundo* (1955).

DISNEYLANDIA Parque de atracciones situado en Anaheim, Los Ángeles. Fue fundado en 1955 por Walt Disney. Existen réplicas del mismo en Tokio y en París (Eurodisney).

DISNEYWORLD Parque de atracciones situado al S de Orlando, en el Estado de Florida (EE UU).

DISOCIACIÓN f. **1** Acción y efecto de disociar. **2** *Med.* Funcionamiento incoordinado e independiente de aurículas y ventrículos. **3** *Quím.* Separación de una molécula en dos o más fragmentos por colisión de un segundo cuerpo o por absorción de radiación electromagnética. **4** GRADO DE DISOCIACIÓN.

DISOCIAR tr. y prnl. **1** Separar una cosa de otra a la que estaba unida. **2** *Quím.* Separar los diversos componentes de una sustancia.

DISOLUCIÓN f. **1** Acción y efecto de disolver. **2** *Geol.* Proceso de erosión química de las rocas por medio de la acción del agua. **3** *Quím.* Incorporación de una sustancia, llamada *soluto*, en otra proporcionalmente mayor y generalmente líquida, llamada *disolvente*, con formación de una solución homogénea. **4** fig. Relajación de vida y costumbres. **5** fig. Rompimiento de los lazos o vínculos existentes entre varias personas.

DISOLUTIVO, VA adj. *Quím.* Se dice de lo que tiene virtud de disolver.

DISOLUTO, TA adj. y s. Licencioso, entregado a los vicios.

DISOLVENTE adj. y m. *Quím.* **1** Que disuelve. || m. *Quím.* **2** Parte de una disolución presente en mayor cantidad.

DISOLVER tr. y prnl. **1** *Quím.* Desunir, separar las partículas o moléculas de un cuerpo sólido o espeso, por medio de un líquido con el cual se incorporan. **2** Separar, desunir las cosas que estaban unidas de cualquier modo. **3** Deshacer, destruir, aniquilar. ♦ IRREG. Se conjuga como MOVER.

DISONANCIA f. **1** Sonido desagradable. **2** fig. Falta de la conformidad o proporción que deben tener algunas cosas. **3** *Mús.* Acorde no consonante.

DISONANTE adj. fig. Que no es regular o discrepa de aquello con que debiera ser conforme.

DISONAR intr. **1** Sonar desapaciblemente. **2** fig. Discrepar, carecer de conformidad y correspondencia algunas cosas o las partes de ellas entre sí cuando debieran tenerla. **3** fig. Ser repugnante, parecer mal o extraña una cosa. ♦ IRREG. Se conjuga como CONTAR.

DISPAR adj. Desigual, diferente.

DISPARADA f. *Arg.* y *Méx.* Acción de echar a correr de repente o de partir con precipitación. || **a la disparada** loc. adv. *Amér.* A todo correr, precipitada y atolondradamente.

DISPARADERO m. Disparador de un arma. || **poner a uno en el disparadero** fr. fig. Ponerle en el trance, apurando su paciencia o su reserva, de decir o hacer lo que de otra forma no haría.

DISPARADOR, RA m. y f. **1** Persona que dispara. || m. **2** *Arm.* Pieza donde se sujeta la llave de las armas portátiles de fuego al montarlas, y que, movida a su tiempo, sirve para dispararlas. **3** *Fot.* Pieza que sirve para hacer funcionar el obturador automático de una cámara fotográfica. **4** *Fís.* De los aparatos electrónicos, artificio que pone en acción determinada parte de los mismos. **5** *Mar.* Aparato que sirve para desprender el ancla de la serviola en el momento de dar fondo. **6** Escape de un reloj. **7** Nuez de la ballesta.

DISPARAR tr. **1** Hacer que una máquina despida el cuerpo arrojadizo. **2** Arrojar o despedir con violencia una cosa. También prnl. **3** Hacer funcionar un disparador. **4** *Dep.* En el fútbol y otros juegos, lanzar el balón con fuerza hacia la meta. || prnl. **5** Partir o correr sin dirección y precipitadamente lo que tiene movimiento natural o artificial. **6** fig. Dirigirse precipitadamente hacia un objeto. **7** Hablar u obrar con extraordinaria violencia y, por lo común, sin razón. **8** Crecer, incrementarse inmoderadamente alguna cosa.

DISPARATADO, DA adj. **1** Se dice del que disparata. **2** Contrario a la razón. **3** fam. ATROZ, desmesurado.

DISPARATAR intr. Decir o hacer una cosa fuera de razón.

DISPARATE m. **1** Hecho o dicho disparatado. **2** fam. ATROCIDAD, demasía.

DISPARIDAD f. Desemejanza, desigualdad y diferencia de unas cosas respecto de otras.

DISPARO m. Acción y efecto de disparar.

DISPENDIO m. **1** Gasto excesivo, por lo general innecesario. **2** fig. Uso o empleo excesivo de hacienda, tiempo o cualquier caudal.

DISPENSA f. **1** Privilegio, excepción graciosa de lo ordenado por las leyes generales; y más comúnmente el concedido por el Papa o por un obispo. **2** Instrumento o escrito que contiene la dispensa.

DISPENSACIÓN f. Acción y efecto de dispensar. **2** DISPENSA.

DISPENSAR tr. **1** Dar, conceder, otorgar. **2** Expender, despachar un medicamento. **3** Eximir de una obligación, o de lo que se quiere considerar como tal. También prnl. **4** Absolver de falta leve ya cometida, o de lo que se quiere considerar como tal.

DISPENSARIO m. Establecimiento destinado a prestar asistencia médica y farmacéutica a enfermos que no se alojan en él.

DISPEPSIA f. *Med.* Enfermedad crónica caracterizada por la digestión laboriosa e imperfecta.

DISPERSAR tr. **1** Separar y diseminar lo que estaba o solía estar reunido. También prnl. **2** fig. Dividir el esfuerzo, la atención o la actividad, aplicándolos desordenadamente en múltiples direcciones. **3** Romper, baratar al enemigo haciéndole huir. También prnl. **4** *Mil.* Desplegar en orden abierto de guerrilla una fuerza. Más como prnl.

DISPERSIÓN f. **1** Acción y efecto de dispersar. **2** *Fís.* Desviación irregular de una radiación óptica en todas las direcciones a su paso por materia, a causa de la dependencia del índice de refracción de la sustancia de la longitud de onda de la radiación. **3** *Fís.* Separación de los diversos colores espectrales de un rayo de luz. **4** *Mat.* Diferencia entre cada valor obtenido en una distribución estadística y la media aritmética. **5** *Quím.* Fluido que contiene uniformemente repartido en su masa un cuerpo en suspensión.

DISPERSO, SA adj. Que está dispersado. Aplicado a personas, también s.

DISPLAY (Voz i.) m. **1** En la técnica digital, indicador numérico utilizado para visualizar una determinada información variable o fija. **2** *Inform.* Terminal de salida de información de un ordenador, capaz de editar los resultados en algún medio físico.

DISPLICENCIA f. **1** Desagrado o indiferencia en el trato. **2** Desaliento en la ejecución de un hecho.

DISPLICENTE adj. **1** Se dice del que desagrada y disgusta. **2** Desdeñoso, desabrido o de mal humor. También com.

DISPONDEO m. *Metr.* Pie de la poesía griega y latina, que consta de dos espondeos, o sea de cuatro sílabas largas.

DISPONER tr. **1** Colocar, poner las cosas en orden y situación conveniente. También prnl. **2** Deliberar, determinar, mandar lo que ha de hacerse. **3** Preparar, prevenir. También prnl. || intr. **4** Ejercitar en las cosas facultades de dominio. **5** Valerse de una persona o cosa. || prnl. **6** Prepararse a morir. ♦ IRREG. Se conjuga como PONER.

DISPONIBILIDAD f. **1** Cualidad o condición de disponible. **2** Conjunto de fondos o bienes disponibles en un momento dado. Más en pl.

DISPONIBLE adj. **1** Se dice de todo aquello de que se puede disponer libremente. **2** *Mil.* Se aplica a la situación del militar o funcionario en servicio activo sin destino, pero que puede ser destinado inmediatamente.

DISPOSICIÓN f. **1** Acción y efecto de disponer. **2** Aptitud, proporción para algún fin. **3** Estado de la salud. **4** Gallardía y gentileza en la persona. **5** Desembarazo, soltura en preparar y despachar las cosas que uno tiene a su cargo. **6** Precepto legal o reglamentario, deliberación, orden y mandato del superior. **7** Cualquiera de los medios que se emplean para ejecutar un propósito, o para evitar o atenuar un mal. || **ÚLTIMA DISPOSICIÓN** TESTAMENTO, declaración que de su última voluntad hace una persona.

DISPOSITIVO, VA adj. **1** Se dice de lo que dispone. || m. **2** Mecanismo o artificio dispuesto para producir una acción prevista. || **DISPOSITIVO INTRAUTERINO** (DIU) *Med.* Pequeño objeto metálico o plástico que, situado en el interior del útero, impide que se produzca el embarazo. También denominado *esterilet* o *espiral*.

DISPROSIO m. *Quím.* Elemento químico perteneciente al grupo de los lantánidos o tierras raras del sistema periódico. Masa atómica 162,46; número atómico 66; símbolo Dy. Está dotado de propiedades magnéticas.

DISPUESTO, TA adj. **1** Apuesto, gallardo, bien proporcionado. **2** Hábil, despejado. || **bien**, o **mal**, **dispuesto** Con salud o sin ella. También, con ánimo favorable o adverso. ♦ Es el p. p. irreg. de DISPONER.

DISPUTA f. Acción y efecto de disputar.

DISPUTAR tr. **1** DEBATIR. **2** Porfiar y altercar con calor y vehemencia. También intr. con las partículas *de*, *sobre*, *acerca de*, etc. **3** Ejercitarse los estudiantes discutiendo. Más como intr. **4** Contender, emular con otro para alcanzar o defender alguna cosa. También prnl.

DISQUETE m. *Inform.* Disco magnético flexible que se usa en los microordenadores para almacenar y copiar información.

DISQUETERA f. *Inform.* Dispositivo donde se inserta el disquete para su grabación o lectura.

DISQUINESIA f. *Med.* DISCINESIA.

DISQUISICIÓN f. **1** Examen riguroso que se hace de alguna cosa. **2** Divagación, digresión.

DISRAELI, BENJAMIN Político inglés (Londres, 1804 - íd., 1881). Constituyó el grupo llamado *Joven Inglaterra*, cuyas aspiraciones eran fundar un partido *tory* rejuvenecido. Miembro de la Cámara de los Comunes desde 1837, por espacio de treinta años fue el jefe indiscutible del Partido Conservador (*tory*), alternando en el poder (1868 y 1874-80) con Gladstone, del Partido Liberal. Su gestión marcó el apogeo del Imperio británico, gracias a su estrategia diplomática.

DISRUPTOR m. *Fís.* Dispositivo que produce la apertura de un circuito eléctrico.

DISTAL (Voz i.) adj. *Anat.* Se dice de la parte de un miembro o de un órgano más separada de la línea media del organismo en cuestión.

Benjamin **Disraeli**. Galería Nacional de Retratos (Londres).

DIVERSIÓN

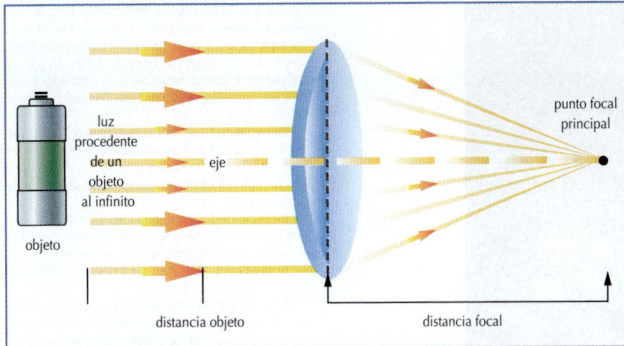

luz procedente de un objeto al infinito
objeto
eje
punto focal principal
distancia objeto
distancia focal

distancia focal y **distancia objeto**

dístico. Hojas de olmo.

DISTANCIA f. 1 Espacio o intervalo de lugar o de tiempo que media entre dos cosas o sucesos. 2 fig. Diferencia, desemejanza notable entre unas cosas y otras. 3 fig. Alejamiento, desvío, desafecto entre personas. || **DISTANCIA FOCAL** *Fís.* La existente desde el plano principal posterior de un sistema óptico al foco. Se simboliza por *f* o *f'*. Los rayos que inciden paralelamente al eje se cortan en el plano principal con los rayos focales. || **DISTANCIA OBJETO** *Fís.* La existente desde un objeto a observar hasta el punto principal anterior de un sistema de lentes. || **a distancia** loc. adv. Lejos, apartadamente. || **guardar las distancias** fr. fig. No permitir familiaridad en el trato.
DISTANCIAMIENTO m. 1 Acción y efecto de distanciar o distanciarse. 2 Enfriamiento en la relación amistosa y disminución de la frecuencia en el trato entre dos personas. 3 Alejamiento afectivo o intelectual de una persona en relación con un grupo humano, una institución, una ideología o una creencia. 4 *Teat.* Recurso artístico, principalmente teatral, mediante el cual se consigue que el espectador y el actor queden psíquicamente distantes de la acción representada, y puedan así adoptar ante ella una actitud claramente cognoscitiva y crítica.
DISTANCIAR tr. y prnl. 1 Separar, apartar, poner a distancia. 2 Desunir o separar moralmente a las personas por desafecto, diferencias de opinión, etc.
DISTANTE adj. 1 Que dista. 2 Apartado, remoto, lejano.
DISTAR intr. 1 Estar apartada una cosa de otra cierto espacio de lugar o de tiempo. 2 fig. Diferenciarse mucho una cosa de otra.
DISTENDER tr. 1 Aflojar, relajar. 2 *Med.* Causar una tensión violenta en los tejidos, membranas, etc. También prnl. ♦ IRREG. Se conjuga como ENTENDER.
DISTENSIÓN f. 1 Acción y efecto de distender. 2 *Med.* Lesión de los músculos o ligamentos de una articulación a consecuencia de un esfuerzo brusco.

Elevación sobre lo vulgar, especialmente en elegancia y buenas maneras. 6 Miramiento y consideración hacia una persona.
DISTINGO m. 1 *Lóg.* Distinción de dos sentidos en una proposición, uno afirmativo y otro negativo. 2 Reparo, restricción, limitación que se pone con cierta sutileza, meticulosidad o malicia.
DISTINGUIDO, DA adj. Ilustre, noble, esclarecido.
DISTINGUIR tr. 1 Conocer la diferencia que hay de unas cosas a otras. 2 Hacer que una cosa se diferencie de otra. También prnl. 3 Hablando de cualidades o procederes, caracterizar a una persona o cosa. 4 Manifestar la diferencia que hay entre una cosa y otra con la cual se puede confundir. 5 Ver un objeto, diferenciándolo de los demás. 6 fig. Hacer particular estimación de unas personas prefiriéndolas a otras. 7 Otorgar a uno alguna dignidad, prerrogativa, etc. || prnl. 8 Descollar, sobresalir entre otros.
DISTINTIVO, VA adj. 1 Que tiene facultad de distinguir. 2 Se dice de la cualidad que distingue o caracteriza esencialmente una cosa. También s. 3 *Ling.* OPOSICIÓN FONOLÓGICA. || m. 4 Insignia, señal, marca.
DISTINTO, TA adj. 1 Que no es lo mismo. 2 Que no es parecido. 3 Inteligible, claro, sin confusión.
DÍSTOMO m. *Zool.* DUELA, gusano.
DISTONÍA f. *Fisiol.* Alteración del tono de un tejido u órgano.
DISTORSIÓN f. 1 Torsión, torcedura. 2 Deformación de imágenes, sonidos, señales, etc., producida en su transmisión o reproducción. 3 *Med.* Torsión de una parte del cuerpo. 4 *Med.* ESGUINCE. 5 fig. Acción de torcer o desequilibrar la disposición de figuras en general o de elementos artísticos, o de presentar o interpretar hechos, intenciones, etc., deformándolos de modo intencionado.
DISTORSIONAR tr. 1 Torcer, tergiversar, deformar. 2 *Fís.* Alterarse el sonido o la imagen de un aparato electrónico.
DISTRACCIÓN f. Acción y efecto de distraer o distraerse; actividad que sirve para el descanso.
DISTRAER tr. 1 DIVERTIR, apartar; entretener, recrear. También prnl. 2 Apartar la atención de una persona del objeto a que la aplicaba o a que debía aplicarla. También prnl. 3 Apartar a uno de la vida virtuosa y honesta. También prnl. 4 Tratándose de fondos, malversarlos, defraudarlos. ♦ IRREG. Se conjuga como TRAER.
DISTRAÍDO, DA adj. y s. 1 Se dice de la persona que habla u obra sin darse cuenta cabal de sus palabras o de lo que pasa a su alrededor. 2 Entregado a la vida licenciosa y desordenada.
DISTRIBUCIÓN f. 1 Acción y efecto de distribuir o distribuirse. 2 Aquello que se reparte entre los asistentes a algún acto que tiene pensión señalada. Más en pl. 3 *Com.* Reparto de un producto a los locales en que debe comercializarse. 4 *Econ.* Repartición del valor del producto entre los factores de la producción. 5 *Ret.* Figura, especie de enumeración, en que ordenadamente se afirma o niega algo acerca de cada una de las cosas enumeradas. || **DISTRIBUCIÓN DE FRECUENCIAS** *Mat.* Resultado de ordenar los valores obtenidos al medir una variable.
DISTRIBUCIONALISMO m. *Ling.* Teoría lingüística creada por L. Bloomfield en los años treinta del siglo XX. Opuesta al MENTALISMO, defiende que las partes de una lengua no aparecen arbitrariamente, sino que cada elemento se encuentra en determinadas posiciones con relación a los demás.
DISTRIBUIDOR, RA adj. y s. 1 Que distribuye. || f. *Cin.* 2 Empresa dedicada a la comercialización de las películas cinematográficas en alquiler a las salas de exhibición. || m. 3 *Mec.* Mecanismo que en el automóvil distribuye la corriente producida en la bobina entre las bu-

jías. 4 En las viviendas, pequeña pieza en la que confluyen las puertas de diversas habitaciones.
DISTRIBUIR tr. 1 Dividir una cosa entre varios. 2 Dar a cada cosa su oportuna colocación o el destino conveniente. También prnl. 3 *Com.* Entregar una mercancía a vendedores y consumidores. 4 *A. gráf.* Deshacer los moldes, repartiendo las letras en los cajetines respectivos. ♦ IRREG. Se conjuga con HUIR.
DISTRIBUTIVO, VA adj. 1 Perteneciente o relativo a la distribución. 2 *Ling.* Se aplica a las conjunciones que introducen oraciones coordinadas disyuntivas, como *bien, ora,* etc. || **PROPIEDAD DISTRIBUTIVA** *Mat.* La referida a un conjunto de elementos en que se han definido dos operaciones (*, ⊥) tales que se cumple:

$$a * (b \perp c) = (a * b) \perp (a * c)$$
$$(b \perp c) * a = (b * a) \perp (c * a)$$

donde *a, b, c* son tres elementos cualesquiera del conjunto.
DISTRITO m. Cada una de las demarcaciones en que se subdivide un territorio.
DISTRITO CAPITAL Demarcación administrativa de Venezuela; 1.930 km^2 y 3.061.699 h. Su capital es Caracas.
DISTRITO FEDERAL Nombre que se da en determinadas repúblicas federales latinoamericanas a la entidad administrativa que engloba a la capital y su área metropolitana.
DISTRITO FEDERAL Territorio de Australia; 2.400 km^2 y 308.400 h. Su capital es Camberra.
DISTRITO FEDERAL Estado de Brasil, en la región Centro-Oeste del país; 5.822 km^2 y 1.821.946 h. Su capital es Brasilia.
DISTRITO FEDERAL MÉXICO, distrito federal.
DISTROFIA f. *Med.* Estado patológico que afecta a la nutrición y al crecimiento.
DISTURBIO m. Alteración de la paz y concordia.
DISUADIR tr. Inducir, convencer a alguien con razones para que cambie de opinión o desista de un propósito.
DISURIA f. *Med.* Expulsión difícil, dolorosa e incompleta de la orina.
DISYUNCIÓN f. 1 Acción y efecto de separar. 2 *Bot.* Ruptura de continuidad biogeográfica. 3 *Biol.* Separación de las cromátidas o cromosomas homólogos durante la anafase. 4 Separación de dos realidades, cada una de las cuales está referida intrínsecamente a la otra (masculino y femenino; izquierdo y derecho). 5 *Ret.* Figura que consiste en que cada oración lleve todas sus partes necesarias sin que precise de ninguna otra para su perfecto sentido.
DISYUNTIVA f. 1 Alternativa entre dos cosas por una de las cuales hay que optar. 2 *Gram.* CONJUNCIÓN DISYUNTIVA. || **ORACIONES COORDINADAS DISYUNTIVAS** *Gram.* Las que plantean elección entre dos posibilidades.
DITEÍSMO m. Sistema de religión que admite dos dioses.
DITIRAMBO m. 1 Composición poética en honor de Baco. 2 Composición poética, comúnmente de carácter laudatorio, a semejanza del ditirambo griego. 3 fig. Alabanza exagerada.
DIU m. *Med.* DISPOSITIVO INTRAUTERINO.
DIU DAMAN Y DIU.
DIUCA f. *Zool.* Ave paseriforme de la familia fringílidos, de nombre científico *Diuca diuca*. Habita en Sudamérica.
DIURÉTICO, CA adj. y m. *Farm.* Se dice de la sustancia que favorece la secreción y excreción de la orina.
DIURNO, NA adj. 1 Perteneciente al día. 2 *Ecol.* Se aplica a los animales que buscan el alimento durante el día, y a las plantas que sólo de día tienen abiertas sus flores. || m. 3 Libro de rezo eclesiástico, que contiene las horas menores.
DIVAGAR intr. 1 VAGAR[3]. 2 Separarse del asunto de que se trata. 3 Hablar o escribir sin concierto ni propósito fijo y determinado.
DIVÁN m. 1 Banco por lo común sin respaldo, y con almohadones sueltos. 2 Colección de poemas en determinadas literaturas islámicas como la persa. También se escribe *Diwan*. 3 Supremo consejo que entre los turcos determinaba los negocios del Estado y la justicia. 4 Sala en que se reunía este consejo.
DIVERGENCIA f. 1 Acción y efecto de divergir. 2 fig. Diversidad de opiniones o pareceres.
DIVERGIR intr. 1 Irse apartando sucesivamente unas de otras, dos o más líneas o superficies. 2 fig. Discordar, discrepar.
DIVERSIDAD f. 1 Variedad, desemejanza, diferencia. 2 Abundancia, copia, concurso de varias cosas distintas.
DIVERSIFICAR tr. y prnl. Hacer diversa una cosa de otra.
DIVERSIÓN f. 1 Acción y efecto de divertir o divertirse. 2 Recreo, pasatiempo, solaz. 3 *Mil.* Acción de distraer o desviar la atención y fuerzas del enemigo.

DÍSTICO[1] m. *Poet.* Composición de la poesía griega y latina que consta de dos versos, por lo común un hexámetro seguido de un pentámetro.
DÍSTICO[2], **CA** adj. *Bot.* Se dice de las hojas, flores y demás partes vegetales cuando están situadas en un mismo plano y miran alternativamente a uno y otro lado de un eje.
DISTINCIÓN f. 1 Acción y efecto de distinguir. 2 Diferencia en virtud de la cual una cosa no es otra, o no es semejante a otra. 3 Prerrogativa, excepción y honor concedido a uno, en cuya virtud se diferencia de otros sujetos. 4 Buen orden, claridad y precisión en las cosas. 5

Otto **Dix**. *Inválidos de guerra jugando a las cartas*. Colección privada (Constanza).

DIVERSO, SA adj. **1** De distinta naturaleza, especie, número, figura, etc. **2** DIFERENTE. || adj. pl. **3** Varios, muchos.

DIVERTÍCULO m. *Anat.* Apéndice hueco y cerrado que aparece en el esófago o en el intestino.

DIVERTIDO, DA adj. **1** Alegre, festivo y de buen humor. **2** Que divierte.

DIVERTIMENTO m. **1** DIVERTIMIENTO, diversión. **2** *Mús.* Conjunto de danzas compuestas para los intermedios de las óperas o ballets. **3** *Mús.* Composición instrumental que contiene una porción indeterminada de números musicales.

DIVERTIMIENTO m. **1** Diversión, acción de divertir. **2** Distracción momentánea de la atención.

DIVERTIR tr. **1** Apartar, desviar, alejar. También prnl. **2** Entretener, recrear. También prnl. **3** *Med.* Llamar hacia otra parte el humor. ♦ IRREG. Se conjuga como SENTIR.

DIVIDENDO m. **1** *Mat.* Cantidad que ha de dividirse por otra. **2** *Econ.* Parte de los beneficios de una sociedad de capitales atribuida a cada acción o a cada accionista.

DIVIDIR tr. **1** Partir, separar en partes. **2** Distribuir, repartir entre varios. **3** fig. Desunir los ánimos y voluntades introduciendo discordia. **4** *Mat.* Averiguar cuántas veces una cantidad, llamada divisor, está contenida en otra, llamada dividendo. || prnl. **5** Separarse de la compañía, amistad o confianza de alguien.

DIVIESO m. *Pat.* Tumor inflamatorio, pequeño, puntiagudo y doloroso, que se forma en el espesor de la dermis.

DIVINIDAD f. **1** Naturaleza divina y esencia del ser de Dios en cuanto Dios. **2** Ser divino. **3** fig. Persona o cosa dotada de gran beldad, hermosura, preciosidad.

DIVINIZAR tr. **1** Hacer o suponer divina a una persona o cosa. **2** fig. Hacer sagrada una cosa. **3** fig. Ensalzar desmedidamente.

DIVINO, NA adj. **1** Perteneciente a Dios. **2** Perteneciente a los dioses. **3** fig. Muy excelente.

DIVINO MORALES, EL MORALES, LUIS DE.

DIVISA f. **1** Señal exterior para distinguir personas, grados u otras cosas. **2** *Taurom.* Lazo de cintas de colores con que se distinguen en la lidia los toros de cada ganadero. **3** *Econ.* Moneda, billete o efecto mercantil extendido para su abono fuera del país emisor. **4** *Bl.* Faja que tiene la tercera parte de su anchura normal. **5** *Bl.* Lema o mote que aparece en el escudo.

DIVISAR tr. Ver, percibir, aunque confusamente, un objeto.

DIVISIBILIDAD f. **1** Calidad de divisible. **2** *Mat.* Conjunto de reglas que permiten saber si un número entero es divisible por otro, es decir, si lo contiene un número exacto de veces.

DIVISIBLE adj. **1** Que puede dividirse. **2** Cantidad que contiene a otra exactamente un cierto número de veces.

DIVISIÓN f. **1** Acción y efecto de dividir. **2** GUIÓN, signo de puntuación para dividir palabras. **3** fig. Discordia, desunión de los ánimos y opiniones. **4** *Bot.* Unidad taxonómica, inmediatamente superior a la *clase*. Es equivalente al *tipo* o *filum* de las clasificaciones zoológicas. **5** *Lóg.* Uno de los modos de conocer las cosas. **6** *Mat.* Operación de dividir. **7** *Mil.* Gran unidad, formada por dos o más brigadas o regimientos homogéneos y provista de servicios auxiliares, que puede actuar de forma autónoma. || **DIVISIÓN ACORAZADA** o **BLINDADA** La que está constituida por carros de combate y vehículos blindados. || **DIVISIÓN ADMINISTRATIVA** o **TERRITORIAL** Cada una de las partes en que se divide un país para los distintos aspectos de la administración. || **DIVISIÓN AZUL** *Hist.* Contingente de voluntarios españoles que participó en la Segunda Guerra Mundial reforzando los ejércitos de las potencias nazi-fascistas. Fue dirigida por el general Muñoz Grandes (1941-42) y posteriormente por el general Esteban-Infantes. En octubre de 1943 comenzó su retirada progresiva hasta quedar reducida a 1.800 voluntarios, que actuaron hasta marzo de 1944. || **DIVISIÓN DEL TRABAJO** *Econ.* Especialización de los trabajadores en determinadas actividades del proceso productivo.

DIVISIONISMO m. PUNTILLISMO.

DIVISOR, RA adj. *Mat.* **1** SUBMÚLTIPLO. También s. || m. *Mat.* **2** Cantidad por la cual ha de dividirse otra. Es un número que está contenido dentro de otro un número exacto de veces. || **COMÚN DIVISOR** *Mat.* Aquel por el cual dos o más cantidades son exactamente divisibles. || **MÁXIMO COMÚN DIVISOR** *Mat.* El mayor de los comunes divisores de dos o más cantidades.

DIVISORIO, RIA adj. **1** Se dice de lo que sirve para dividir o separar. **2** *Geog.* Se aplica a la línea que puede considerarse en un terreno, desde la cual las aguas corrientes fluyen en direcciones opuestas. Más como f.

DIVO, VA adj. **1** poét. DIVINO. Se aplica a deidades, emperadores romanos y a personajes ilustres. || adj. y s. **2** Cantante de ópera o de zarzuela, de sobresaliente mérito; por extensión, artista de fama. También s. **3** poét. DIOS.

DIVORCIAR tr. **1** Disolver el matrimonio la autoridad pública. **2** fig. Separar, apartar personas que vivían en estrecha relación, o cosas que estaban o debían estar juntas. || prnl. **3** Obtener una persona el divorcio legal de su cónyuge.

DIVORCIO m. **1** *Der.* Ruptura del vínculo conyugal con carácter voluntario por parte de uno o de ambos consortes. **2** fig. Divergencia, falta de acuerdo.

DIVULGAR tr. y prnl. Publicar, extender, poner al alcance del público una cosa.

DIX, OTTO Pintor alemán (Gera, Turingia, 1891 - Constanza, 1969). Adscrito al posexpresionismo, perteneció al grupo Der Blaue Reiter y figuró después entre los miembros de la Nueva Objetividad. Entre sus obras figuran *Inválidos de guerra jugando a las cartas* (1920), *Retrato de mis padres* (1921), *Silvia von Harden* (1926) y *La gran ciudad* (1927).

DIXIELAND m. *Mús.* Género de jazz interpretado por músicos blancos del S de EE UU, que imitaban el estilo de Nueva Orleans.

DIYÁMBICO, CA adj. Perteneciente o relativo al diyambo.

DIYAMBO m. Pie de la poesía griega y latina, compuesto de dos yambos, o sea de cuatro sílabas: la primera y la tercera, breves, y las otras dos, largas.

DJAKARTA YAKARTA.
DJAWA JAVA.
DJEBEL YEBEL.
DJIBUTI YIBUTI.

DJILAS, MILOVAN Político yugoslavo (Polya, 1911 - Belgrado, 1995). Durante la Segunda Guerra Mundial organizó la resistencia de Montenegro. Partidario de iniciar un proceso de democratización fue condenado a tres años de prisión (1956). Su obra *La nueva clase*, dio pie para una nueva condena de siete años (1957); puesto en libertad en 1962, en mayo se le condenó de nuevo a cinco años, por su obra *Conversaciones con Stalin* (1962).

DL Símbolo de decilitro.
DM Símbolo de decímetro.

DMOWSKI, ROMAN Político polaco (Varsovia, 1864 - Rozdowo, 1939). Fundó en 1897 el Partido Nacionaldemócrata. Representó a su país, junto a Paderewski, en la Conferencia de Paz de París (1919). Fue ministro de Asuntos Exteriores (1923).

DNA (Siglas del inglés *desoxyribonucleic acid*) *Biol.* ADN.

DNI Siglas de DOCUMENTO NACIONAL DE IDENTIDAD.

DNIÉPER Río de la Federación de Rusia, de Ucrania y de Bielorrusia, llamado antiguamente *Borístenes*. Nace al S de la meseta de Valdai, en la provincia de Smolensko. Tras atravesar ésta y la provincia bielorrusa de Mogilev, se une al Beresina y al Pripet, y atraviesa Ucrania. Desemboca en el mar Negro; 2.201 km. Importante vía de navegación fluvial.

DNIÉSTER Río de Ucrania y Moldavia, que nace en los Cárpatos Septentrionales, junto a la frontera polaca. Riega el SO de Ucrania, penetra en Moldavia y desemboca en el mar Negro cerca de Odessa; 1.352 km.

DNIPRODZERZHINSK Ciudad de Ucrania, situada en la provincia de Dnipropetrovsk; 281.000 h.

El río **Dniéper** en las cercanías de Kiev (Ucrania).

Dnipropetrovsk 1 Provincia de Ucrania, atravesada por el Dniéper; 31.900 km^2 y 3.852.600 h. 2 Ciudad capital de la misma, en la orilla derecha del Dniéper; 1.147.000 h. Centro industrial. Es la antigua *Ekaterinoslav* o *Yekaterinoslav*.

do m. *Mús.* Primera nota de la escala músical. || **do de pecho** Una de las notas más agudas a que alcanza la voz de tenor. También, en sentido figurado, el mayor esfuerzo y tesón que se puede poner para realizar un fin.

Dobb, Maurice Herbert Economista inglés (Londres, 1900 - Cambridge, 1976). Autor de *Estudios sobre el desarrollo del capitalismo* (1946) y *Teoría económica y socialismo* (1955).

Döbereiner, Johann Wolfgang Químico alemán (Hof, Baviera, 1780 - Jena, 1849). Elaboró el sistema de *tríadas* que lleva su nombre, agrupando los elementos químicos de tres en tres por sus semejanzas.

doberman adj. y com. Se dice de una raza de perros de guarda de origen alemán, fruto de una sucesión de diferentes cruces a mediados del siglo XIX.

dobla f. *Num.* Moneda castellana de oro, acuñada en la Edad Media, de ley, peso y valor variables.

dobladillo m. 1 Pliegue que como remate se hace a la ropa en los bordes. 2 Hilo fuerte que ordinariamente se usa para hacer calcetas.

doblado adj. 1 De pequeña o mediana estatura y recio y fuerte de miembros. 2 Aplicado a terreno, tierra, etc., desigual o quebrado. || m. 3 Accidente que acometía a los limpiadores de letrinas, cuando el tufo que se levantaba de éstas los dejaba sin sentido. También adj.

Doblado, Manuel Político mexicano (San Pedro Piedra Gorda, 1818 - Nueva York, 1865). Gobernador de Guanajuato, en 1857 renunció a su cargo para unirse a las filas de los liberales. En 1861 Juárez le nombró ministro de Relaciones Exteriores. Firmó el tratado de Soledad (1862) con España y Gran Bretaña, para evitar la guerra. Luchó contra la invasión francesa y fue nombrado gobernador de Jalisco.

doblaje m. *Cin.* Acción y efecto de doblar una película.

doblar tr. 1 Aumentar una cosa, haciéndola otro tanto más de lo que era. 2 ENDOBLAR. 3 Aplicar una sobre otra dos partes de una cosa flexible. 4 Volver una cosa sobre otra. También intr. y prnl. 5 Torcer una cosa encorvándola. También prnl. 6 En el juego de los trucos y billar, hacer que la bola herida por otra se traslade al extremo contrario de donde se hallaba. 7 fig. Inclinar, inducir a uno a que piense o haga lo contrario a su primer intento u opinión. 8 Tratándose de un cabo, promontorio, punta, etc., pasar la embarcación por delante y ponerse al otro lado. 9 Pasar a otro lado de una esquina, cerro, etc. También intr. 10 *Cin.* Sustituir la voz del actor que aparece en la pantalla, por la de otra persona. 11 En el juego de ajedrez, colocar un peón en columna donde existe ya otro peón del mismo jugador. 12 fig. y fam. Causarle a uno gran quebranto. || intr. 13 Tocar a muerto. 14 *Taurom.* Caer el toro agonizante al final de la lidia. || prnl. 15 fig. Ceder a la persuasión, a la fuerza o al interés. También intr.

doble adj. 1 *Mat.* DUPLO. También m. 2 Se dice de la cosa que va acompañada de otra semejante y que juntas sirven para el mismo fin. 3 En los tejidos y otras cosas, de más cuerpo que lo sencillo. 4 *Bot.* En las flores, de más hojas que las sencillas. 5 En el juego del dominó, se dice de la ficha que en los cuadrados de su anverso lleva igual número de puntos o no lleva ninguno, quedando en blanco. 6 fig. Simulado, artificioso, nada sincero. También s. || m. 7 DOBLEZ, parte que se dobla y señal que queda. 8 Toque de campanas por los difuntos. 9 Mudanza en la danza española. 10 Operación de bolsa que consiste en comprar o vender al contado un valor, y revenderlo o volverlo a comprar a corto plazo mediante una diferencia por interés. 11 Diferencia que se cobra o paga, según su caso, en la operación bursátil de este nombre. || com. 12 Sosia, persona muy parecida a otra. 13 *Cin.* Especialista que sustituye a los protagonistas en determinadas escenas que entrañan riesgo físico. || m. pl. *Dep.* 14 En el tenis, partido que se disputa por parejas.

doblegar tr. y prnl. 1 Doblar o torcer encorvando. 2 fig. Hacer a alguien que desista de un propósito y se preste a otro.

Dobles, Fabián Novelista costarricense (San Antonio de Belén, 1918 - San José, 1997). Miembro de la «generación de los cuarenta», es autor de las novelas *Ese que llaman el pueblo* (1942) y *Una burbuja en el limbo* (1946).

doblete adj. 1 Entre doble y sencillo. || m. 2 Piedra falsa que ordinariamente se hace con dos pedazos de cristal delgados. 3 *Ling.* Pareja de palabras que tienen una etimología común. || **hacer doblete** fr. En determinados espectáculos, repetir la actuación el mismo día. También, resultar vencedor de dos competiciones deportivas celebradas en la misma temporada.

doblez m. 1 Parte que se dobla o pliega en una cosa. 2 Señal que queda en la parte por donde se dobló. || amb. 3 fig. Astucia con que uno obra, dando a entender lo contrario de lo que siente.

Döblin, Alfred Novelista alemán (Stettin, 1878 - Emmendingen, 1957). Fue uno de los fundadores de la revista expresionista *Der Sturm* (1910). Autor de *Los tres saltos de Wang-lun* (1915), *Wallenstein* (1920), *Berlín Alexanderplatz* (1929), *El tigre azul* (1936) y *El hombre inmortal* (1946).

doblón m. *Núm.* Denominación de diferentes monedas de oro españolas entre 1497 y 1868.

dobra f. *Econ.* Unidad monetaria de Santo Tomé y Príncipe.

Dobruja o **Dobrudja** Región del sudeste de Europa, comprendida entre el curso inferior del Danubio y el mar Negro; 23.000 km^2. Se halla dividida en dos partes: la septentrional, que forma parte de Rumania, y la meridional, de Bulgaria.

Dobson, William Pintor inglés (Londres, 1610 - íd., 1646). Recibió la protección de Van Dick y fue pintor de cámara del Carlos I. Autor de numerosos retratos de nobles y miembros de la familia real.

Dobzhansky, Theodosius Biólogo estadounidense de origen ucraniano (Nemirov, 1900 - Davis, California, 1975). Fue uno de los padres de la moderna teoría sintética de la evolución.

doce adj. 1 Diez y dos. 2 DUODÉCIMO. Aplicado a los días del mes, también m. || m. 3 Conjunto de signos con que se representa el número doce.

Doce Río del E de Brasil, en el Estado de Mi-nas Gerais. Desemboca en el Atlántico; 750 km.

Doce, los Denominación informal de la UE hasta la ampliación de 1994.

Doce Años, tregua de los *Hist.* Tregua firmada en Amberes el 9 de abril de 1609 entre los archiduques Alberto e Isabel Clara Eugenia y los representantes de las Provincias Unidas. Con ella concluyó la guerra que mantenía España con los rebeldes de los Países Bajos desde 1566. Se prolongó hasta 1621. Supuso el mantenimiento de las posiciones alcanzadas por los contendientes durante el conflicto y la concesión a éstas del derecho de libre comercio en las Indias Occidentales.

doceañista adj. *Hist.* Partidario de la Constitución española de 1812.

doceavo, va adj. y s. DUODÉCIMO, cada una de las doce partes en que se divide un todo.

docena f. Conjunto de doce unidades.

docencia f. Práctica y actividad de las personas que se dedican a la enseñanza.

docente adj. 1 Que enseña. También com. 2 Perteneciente o relativo a la enseñanza.

docetismo m. *Rel.* Herejía de los primeros siglos cristianos según la cual el cuerpo humano de Cristo no era real, sino aparente e ilusivo.

dócil adj. 1 Suave, apacible, que recibe fácilmente la enseñanza. 2 OBEDIENTE. 3 *Min.* Se dice del metal, piedra u otra cosa que se deja labrar con facilidad.

dock (Voz i.) m. 1 Muelle dotado de almacenes. 2 Depósito comercial de mercancías.

-doco, -doque sufs. que significan receptivo, recepción.

docto, ta adj. y s. Erudito, sabio.

doctor, ra m. y f. 1 Persona que ha recibido el último y preeminente grado académico. 2 Persona que enseña una ciencia o arte. 3 Título que la iglesia da con particularidad a algunos santos. 4 En lenguaje usual, MÉDICO[1]. || **doctor honoris causa** Título honorífico que conceden las universidades a una persona eminente.

doctorado m. 1 Tercer ciclo de la enseñanza superior con el que se accede al título de doctor. 2 Grado de doctor, que se obtiene cursando diversas disciplinas y realizando un trabajo de investigación llamado *tesis doctoral.* 3 fig. Conocimiento acabado y pleno en alguna materia.

doctorando, da m. y f. Persona que está próxima a recibir el grado de doctor.

doctorar tr. y prnl. Graduar de doctor a alguien en una universidad.

doctrina f. 1 Enseñanza que se da a una persona sobre una materia determinada. 2 Conjunto de ideas u opiniones religiosas, filosóficas, políticas, etc., sustentadas por una persona o grupo. 3 En América, pueblo de indios recién convertidos, cuando todavía no se había establecido en él parroquialidad o curato.

doctrinal adj. 1 Relativo a la doctrina. || m. 2 Libro que contiene reglas y preceptos.

doctrinar tr. ADOCTRINAR.

doctrinario, ria adj. 1 Se dice del que, siguiendo la doctrina de un grupo de políticos y publicistas franceses de la época de la restauración borbónica (1815), hace radicar en la inteligencia humana el principio de la soberanía y aplica fórmulas abstractas y a priori a la gobernación de los pueblos. También s. 2 Que atiende más a la doctrina y teorías abstractas que a su aplicación práctica.

doberman

docudrama m. Género difundido en el cine, la radio y la televisión que trata, con técnicas dramáticas, hechos reales propios del género documental.

documentación f. 1 Conjunto de documentos que sirven para algún fin. 2 Documento o conjunto de documentos, que sirven para identificación personal o para acreditar alguna condición. 3 *Bibl. y Doc.* Disciplina de las ciencias de la información que se ocupa de la recogida de los documentos científicos y del tratamiento y almacenamiento de la información en ellos contenida para su posterior recuperación y difusión.

documental adj. 1 Que se funda en documentos. 2 *Cin.* Se dice de las películas cinematográficas tomadas de la realidad con propósitos meramente informativos. También m.

documentalista com. 1 *Cin.* Persona que se dedica a hacer cine documental. 2 *Bibl. y Doc.* Persona que tiene por oficio la preparación y elaboración de toda clase de datos y materiales bibliográficos, informes, noticias, etc.

documentar tr. 1 Probar una cosa con documentos. 2 Informar a uno acerca de un asunto. También prnl.

documento m. 1 Diploma, carta o escrito que ilustra acerca de un hecho. 2 fig. Cualquier cosa que sirve para comprobar algo. 3 *Der.* Escritura o papel autorizado con que se prueba o hace constar una cosa. 4 Información plasmada materialmente sobre diferentes soportes que puede ser utilizada como prueba y para su consulta y estudio. || **documento nacional de identidad** Tarjeta oficial que sirve para la identificación de los españoles.

dodec-, dodeca- prefs. que significan doce.

dodecaedro m. *Geom.* Sólido o poliedro de doce caras. || **dodecaedro regular** *Geom.* Aquel cuyas caras son pentágonos regulares.

dodecafónico, ca adj. Relativo a la música dodecafónica.

dodecafonismo m. *Mús.* Sistema musical atonal en el que se emplean indistintamente los doce intervalos cromáticos en que se divide la escala. Con ello, se evita el predominio de una tonalidad determinada según las leyes de la armonía clásica. Fue ideado por Arnold Schönberg, cuya labor continuaron Alban Berg y Anton Webern.

dodecágono, na adj. y m. *Geom.* Se dice del polígono de doce ángulos y doce lados.

Dodecaneso Archipiélago y nomo de Grecia, perteneciente a la región de Egeo Meridional; 2.714 km^2 y 162.439 h. Su capital es Rodas, en la isla del mismo nombre. Turismo.

dodecasílabo, ba adj. 1 De doce sílabas. 2 Verso dodecasílabo.

Doderer, Heimito von Novelista y ensayista austriaco (Weidlingau, cerca de Viena, 1896 - Viena, 1966). Personaje ultraconservador y polémico, entre sus obras destacan *Las ventanas iluminadas* (1951), *Los merovingios* (1962) y *Los demonios* (1956).

Dodgson, Charles Lutwidge CARROLL, LEWIS.

dodo m. *Paleon.* Ave columbiforme de la familia ráfidos, de nombre científico *Raphus cucullatus,* de gran tamaño, no voladora. Vivió en Mauricio, donde se extinguió a fines del siglo XIX.

Arte **dogon.** Talla de madera en la aldea de Kundu (Malí).

Dodoma Ciudad capital de Tanzania y de la región de su nombre; 203.833 h. Enclave comercial. Es capital de Tanzania desde 1983.

Dodona *Geog. hist.* Antigua ciudad de Epiro, célebre por los oráculos que daban las encinas de su bosque, en el cual había un templo de Zeus.

dodotis m. Pañal de celulosa desechable.

Doe, Samuel Militar y político liberiano (Tuzon, 1952 - Monrovia, 1990). En 1980 encabezó un golpe de Estado contra el presidente W. Tolbert. Jefe del Estado, en 1981 se convirtió en jefe de las Fuerzas Armadas. Fue asesinado por las tropas del Frente Nacional que tomaron Monrovia.

Doenitz, Karl Dönitz, Karl.

Doesburg, Theo van Van Doesburg, Theo.

dogal m. **1** Cuerda o soga con que se atan las caballerías por el cuello. **2** Cuerda para ahorcar a un reo.

Dogen Monje japonés (Kyoto, 1200 - íd., 1253). Fue el fundador de la escuela Soto del budismo zen japonés. Plasmó sus enseñanzas en el *Shobogenzo, tesoro del conocimiento de la verdadera ley.*

dogma m. **1** Principio innegable de una ciencia. **2** Verdad revelada por Dios, y declarada y propuesta por la iglesia para la creencia de los fieles. También se llama *dogma de fe.* **3** Punto fundamental de todo sistema, ciencia, doctrina y religión.

dogmatismo m. **1** Conjunto de proposiciones que se tienen por principios innegables en una ciencia. **2** Presunción de los que quieren que sus aseveraciones sean tenidas por verdades. **3** *Filos.* Escuela filosófica opuesta al escepticismo, la cual, considerando a la razón humana capaz del conocimiento de la verdad, afirma principios que estima evidentes y ciertos.

dogmatizar tr. **1** Enseñar los dogmas. También intr. **2** Afirmar como innegable alguna cosa.

dogo, ga adj. y s. perro dogo.

dogon adj. *Etnol.* **1** Se dice de un pueblo negro africano que habita en Malí. Desarrolló un célebre arte de estatuillas, máscaras de madera, copas, hierros esculpidos y artesas rectangulares. También com. **2** Perteneciente o relativo a este pueblo.

dogre m. Embarcación parecida al queche y destinada a la pesca en el mar del Norte.

Doha *(ad-Dawhah)* Ciudad capital de Qatar, a orillas del golfo Pérsico, que constituye a su vez una municipalidad; 339.471 h. Puerto. Centro financiero. Antiguamente se llamó *Bida.*

Doherty, Peter Bioquímico australiano (Sydney, 1940). Junto con Rolf Zinkernagel descubrió la existencia de ciertos linfocitos que actúan contra las infecciones víricas de forma selectiva, a los que llamaron *linfocitos T.* Ambos investigadores recibieron el premio Nobel de Medicina y Fisiología en 1996.

Doisy, Edward Adelbert Bioquímico estadounidense (Hume, 1893 - Saint Louis, 1986). En 1943 recibió y compartió con Henrik Dam el premio Nobel de Fisiología y Medicina por el descubrimiento de la vitamina K.

-doja suf. doxo-.

Dokoupil, Jirl Georg Artista alemán de origen checo (Krnou, 1954.) Cofundador del grupo Mülheimer Freiheit en 1980, su pintura ha ido evolucionando hacia el subjetivismo.

dolame m. *Veter.* Enfermedad oculta de las caballerías.

dólar m. *Econ.* Unidad monetaria de EE UU. Lo es, además, con un apelativo que indica su procedencia, de Australia, Bahamas, Barbados, Belice, Bermuda, Brunei, Canadá, Ecuador, El Salvador, Fidji, Guyana, Hong Kong, Jamaica, Liberia, Malasia, Nueva Zelanda, Salomón, Singapur, Taiwan (nuevo dólar), Trinidad y Tobago y Zimbabwe, etc. El dólar estadounidense es utilizado en Puerto Rico, Islas Vírgenes, Samoa estadounidense, Estados Federados de Micronesia, Guam y Belau. El dólar australiano lo es en Nauru y Kiribati. Su símbolo es $. || **dólar del Caribe** *Econ.* Unidad monetaria de Antigua y Barbuda, Dominica, Granada, Saint Kitts y Nevis y San Vicente y las Granadinas.

Dolby (Voz i.) m. *Tecnol.* Sistema de reducción de los ruidos de fondo en las señales electroacústicas, que se emplea sobre todo en casetes y magnetófonos.

dolce stil novo *Lit.* Escuela poética italiana, que se desarrolló en Florencia a fines del siglo xiii. Sus características son: la preferencia por la canción y el soneto, y la concepción del amor influida por las ideas neoplatónicas. Sus principales fueron Guido Cavalcanti, Guido Guinizelli, Cino da Pistoia y, en cierto aspecto, Dante.

dolencia f. Indisposición, achaque.

doler intr. **1** Padecer una parte del cuerpo. **2** Causar disgusto o repugnancia. || prnl. **3** Arrepentirse de una cosa. **4** Pesarle a uno algo. **5** Compadecerse del mal que otro padece. **6** Quejarse y explicar el dolor.

dolico-; -dolico- pref. o in. que significan largo.

dolicocéfalo, la adj. y s. Se dice del cráneo más largo que ancho y de las personas o razas que lo tienen.

doliente adj. **1** Que duele o se duele. **2** enfermo. También com. **3** Dolorido, afligido. || com. **4** En un duelo, pariente del difunto.

dolina f. *Geol.* Depresión circular u ovalada que se forma en terrenos calizos y kársticos.

Dollfuss, Engelbert Político austriaco (Texing, 1892 - Viena, 1934). Sucedió como canciller a Buresh (1932). En 1934 aplastó a las milicias obreras de Viena. Fue asesinado durante un intento de golpe de Estado fallido de los nacionalsocialistas.

Dolly Nombre de la primera oveja clónica obtenida en 1997 por técnicas de ingeniería genética a partir de una célula adulta de otra oveja. El experimento se llevó a cabo en el Instituto Roslin de Escocia.

dolmen m. *Arqueol.* y *Prehist.* Monumento megalítico formado por piedras grandes hincadas en tierra y dispuestas en planta poligonal, sobre las cuales descansa otra, a modo de techo, constituyendo así una cámara destinada a enterramiento colectivo. Se encuadra en el neolítico y el calcolítico fundamentalmente.

Dolnoslaskie Provincia de Polonia; 19.946 km² y 2.979.700 h. Su capital es Wroclaw.

dolo m. **1** Engaño, fraude, simulación. **2** *Der.* Voluntad intencional, propósito de cometer un delito. **3** *Der.* En los actos jurídicos, voluntad maliciosa de engañar a otro o de incumplir la obligación contraída.

dolomía f. *Geol.* Roca sedimentaria semejante a la caliza, formada por carbonato doble de calcio y magnesio (dolomita).

dolomita f. *Miner.* Mineral carbonato de calcio y magnesio, de fórmula $CaMg(CO_3)_2$, rosado o incoloro, transparente o traslúcido, que cristaliza en el sistema rómbico.

Dolomitas. Torre del Vajolet (Italia).

Dolomitas o **Alpes Dolomíticos** Macizo de los Alpes Orientales, en el NE de Italia, limitado por los valles del Piave y del Adigio. Posee un característico paisaje ruiniforme debido a sus componentes calcáreos. Sus principales alturas son la Marmolada (3.342 m) y el Sella (3.152 m). Importante zona turística.

dolor m. **1** *Med.* Sensación aflictiva de una parte del cuerpo. **2** Sentimiento, pena. **3** Pesar y arrepentimiento.

dolora f. *Lit.* Breve composición poética de espíritu dramático, que envuelve un pensamiento filosófico, inventada por el poeta Campoamor.

Dolores, grito de *Hist.* Proclamación de la independencia mexicana hecha por el cura Hidalgo en la ciudad de Dolores en 1810.

Dolores Hidalgo Ciudad de México, en el Estado de Guanajuato; 73.403 h. Fue cuna de la independencia nacional.

dolorosa f. **1** Imagen de María Santísima en actitud doliente por la muerte de Cristo. **2** fam. Cuenta, importe.

Dolorosa, la Virgen de los Dolores.

doma f. Acción y efecto de domar.

domador, ra m. y f. **1** Que doma. **2** Que maneja y exhibe fieras domadas.

Domagk, Gerhard Bioquímico alemán (Lagow, 1895 - Burgberg, 1964). Descubrió la primera de las sulfamidas. Asimismo, encontró una droga antituberculosa e investigó el cáncer. En 1939 recibió el premio Nobel de Fisiología y Medicina.

dolmen de Kermario en Bretaña (Francia).

Domenico Veneziano. *La Virgen y el Niño con san Francisco, san Juan Bautista, san Nicolás y santa Lucía.* Galería de los Uffizi (Florencia).

DOMAR tr. **1** Amansar y hacer dócil al animal. **2** fig. Sujetar, reprimir. **3** Dar flexibilidad y holgura a una cosa.

DOMENICHINO, IL (DOMENICO ZAMPIERI, llamado) Pintor italiano (Bolonia, 1581 - Nápoles, 1641). Discípulo de Carracci, entre sus obras destacan la serie de frescos de la abadía de Grotta Ferrata, *La comunión de San Jerónimo* (1614) y *La caza de Diana* (1616).

DOMENICO VENEZIANO (DOMENICO DE BARTOLOMEO, llamado) Pintor veneciano de la escuela florentina (Venecia, 1405 - Florencia, 1461). Su obra, de gran luminosidad, recibió influencias de Fra Angelico y Fra Filippo Lippi: *Adoración de los Magos, San Juan Bautista,* una central del altar de Santa Lucia dei Magnoli, *San Juan Bautista y San Francisco,* etc.

DOMEÑAR tr. Someter, sujetar y rendir.

DOMESTICAR tr. **1** Adaptar a los animales o plantas salvajes a vivir en asociación con el hombre. **2** fig. Moderar la aspereza de carácter de una persona. También prnl.

DOMÉSTICO, CA adj. **1** Relativo a la casa u hogar. **2** Se dice del animal criado para vivir con el hombre. **3** Se dice del criado que sirve en una casa. Más como s. || m. Dep. **4** Ciclista que tiene la misión de ayudar al corredor principal del equipo.

DOMICIA LONGINA Emperatriz romana (s. I). Casada con el futuro emperador Domiciano en el año 70. Repudiada por éste temporalmente, encabezó la conjura que le destronó.

DOMICIANO, TITO FLAVIO Emperador romano (Roma, 51 - íd., 96). Segundo hijo de Vespasiano, sucedió a su hermano Tito en el 81. Ejerció el poder absoluto, lo que le enemistó con el Senado. Terminó la conquista de Britania (77-84) y venció a los dacios (88). En los últimos años de su reinado, desencadenó algunas persecuciones. Murió víctima de una conspiración.

DOMICILIAR tr. **1** Dar domicilio. **2** Autorizar pagos o cobros con cargo o abono a una cuenta existente en una entidad bancaria. || prnl. **3** Establecer su domicilio en algún lugar.

DOMICILIO m. **1** Morada fija y permanente. **2** Lugar en que legalmente se considera establecida una persona. **3** Casa en que uno habita o se hospeda. **4** Sede de una entidad. || **a domicilio** loc. adv. En el domicilio del interesado.

DOMINACIÓN f. **1** Señorío o imperio sobre un territorio. || f. pl. Teol. **2** Espíritus angélicos que componen el cuarto coro.

DOMINANCIA f. Biol. Expresión de un carácter hereditario en un heterocigoto, de manera que su fenotipo no se distingue del homocigoto.

DOMINANTE adj. **1** Que domina. **2** Se dice de la persona que quiere avasallar a otras, y también de su genio o carácter. **3** Que sobresale, prevalece. **4** Biol. Se dice del carácter genético que en una célula, tejido u organismo diploide siempre se manifiesta en el fenotipo. || f. Mús. **5** En armonía, quinta nota de la escala diatónica.

DOMINAR tr. **1** Tener dominio. **2** Contener, reprimir. **3** fig. Conocer a fondo una ciencia o arte. **4** Divisar una extensión considerable de terreno desde una altura. || intr. **5** Sobresalir. || prnl. **6** Reprimirse.

DÓMINE m. fam. **1** Antiguo profesor de latín. **2** desp. Persona que adopta el tono de maestro sin serlo.

DOMINGO m. Primer día de la semana litúrgica y séptimo de la civil. Es generalmente festivo. || **DOMINGO DE ADVIENTO** Rel. Cada uno de los cuatro que preceden a la fiesta de Navidad. || **DOMINGO DE PENTECOSTÉS** Rel. PENTECOSTÉS. || **DOMINGO DE RAMOS** Rel. El último de la cuaresma, que da principio a la Semana Santa. || **DOMINGO DE RESURRECCIÓN** Rel. Aquel en que la iglesia celebra la Pascua de Resurrección del Señor.

DOMINGO, PLÁCIDO Tenor español (Madrid, 1941). Debutó en Monterrey (México) en 1961. Su voz, potente y dramática, le ha permitido especializarse en la gran ópera francesa e italiana del siglo XIX. En 1991 recibió el premio Príncipe de Asturias de las Artes.

Santo **Domingo de Guzmán.** Cuadro de Francisco Zurbarán. Museo de Bellas Artes (Sevilla).

DOMINGO DE LA CALZADA, SANTO Eremita castellano (Viloria de Rioja, ? - Santo Domingo de la Calzada, 1109). Vivió retirado en un bosque de La Rioja, donde dio cobijo a los peregrinos que iban a Santiago.

DOMINGO DE GUZMÁN, SANTO Religioso castellano (Caleruega, h. 1175 - Bolonia, 1221). Predicó contra los albigenses y los excesos de los cruzados. Fundó en Toulouse, en 1215, la Orden que lleva su nombre, dedicada especialmente a la predicación. Fue canonizado en 1244 por Gregorio IX.

DOMINGUERO, RA adj. **1** fam. Que se suele usar en domingo. **2** fam. Se dice de la persona que hace determinadas cosas solamente en domingo. También s.

DOMINICA *(Commonwealth of Dominica)* Estado de América, en el mar de las Antillas, constituido por la isla del mismo nombre, situada en el mar Caribe, al S de la isla de Guadalupe y al N de la de Martinica.

Superficie: 750 km².
Población: 76.300 h. *(dominicos).*
Densidad: 103,1 h./km².
Tasa de natalidad: 18,7‰.
Tasa de mortalidad: 7,4‰.
Capital: Roseau.
Grupos étnicos: negros (91,2%), mestizos (6%).
Religión: catolicismo (89,1%), otras (20,8%).
Idioma: inglés (oficial).
Moneda: dólar del Caribe oriental.
Forma de Estado: república.
Producto Nacional Bruto: 230 millones de dólares.
Renta per cápita: 3.150 dólares.
División administrativa: en 10 parroquias, según cuadro.

GEOG. De naturaleza volcánica, las mayores concentraciones montañosas se encuentran en el S aunque su punto culminante, el monte Diablotins (1.447 m) se halla en el N. El clima es cálido y húmedo y cuenta con una densa selva tropical. Su economía se basa en la explotación de productos agrícolas y en el turismo. Industria conservera. Extracción de piedra pómez. Pesca.

HIST. Descubierta por Colón el domingo 3 de noviembre de 1493, la denominó Dominica en consideración de este día de la semana. Durante más de dos siglos, y a causa de su posición estratégica, fue centro de conflictos entre Inglaterra y Francia. Finalmente, el tratado de París (1763) concedió a los británicos su posesión. Pese a todo, continuaron las luchas entre británicos y franceses hasta principios del siglo XIX. El predominio de las plantaciones supuso la introducción de muchos esclavos negros, cuyos descendientes constituyeron la base de la población actual. En 1898 se convirtió en colonia de la Corona, y en 1965 alcanzó el estatus de colonia autónoma, convirtiéndose en 1967 en Estado asociado de Gran Bretaña. El 3 de noviembre de 1978 se proclamó la independencia; Dominica se convirtió en una república parlamentaria, dentro de la Commonwealth. El primer gobierno estuvo en manos de los laboristas, pero en las elecciones de 1980 venció el conservador Dominica Freedom Party, que designó como primera ministra a Mary Eugenia Charles. Ésta fue reelegida en 1985 y 1990. En las elecciones presidenciales de 1983 y 1988 obtuvo la victoria sir

DOMINICA

Parroquias	Superficie (km²)	Población (h.)
Saint Andrew	179	11.106
Saint David	127	6.977
Saint George	54	20.365
Saint John	60	4.990
Saint Joseph	119	6.183
Saint Luke	10	1.552
Saint Mark	10	1.943
Saint Patrick	83	8.929
Saint Paul	67	7.495
Saint Peter	29	1.643

Clarence Augustus Seignoret, y en las de 1993, Crispin Sorhaindo. Edison James, líder del centrista Partido Unificado de los Trabajadores, fue nombrado primer ministro en 1995, tras ganar las elecciones legislativas. En los comicios presidenciales de 1998 venció Vernon Shaw, mientras que las elecciones legislativas de 2000 dieron la victoria a los laboristas, y Rosie Douglas fue elegido primer ministro. Fallecido en octubre, fue sustituido por Pierre Charles. En las elecciones presidenciales celebradas en 2003, resultó vencedor Nicholas Liverpool. En enero del año siguiente murió Pierre Charles. Roosevelt Skerrit fue nombrado nuevo primer ministro. En 2004 Leonel Fernández accedió nuevamente a la presidencia.

DOMINICANA, REPÚBLICA Estado de América en el Caribe, que comprende la parte oriental de la isla de La Española, en las Grandes Antillas. Limita al N con el océano Atlántico; al S, con el mar de las Antillas o Caribe; al E, con el canal de la Mona, que le separa de Puerto Rico, y al O, con Haití.

Superficie: 48.671 km² (incluidos 163 km² de las islas adyacentes).
Población: 8.443.000 h. (dominicanos).
Densidad: 173,5 h./km².
Tasa de natalidad: 25,6‰.
Tasa de mortalidad: 4,8‰.
Capital: Santo Domingo.
Ciudades principales: Santiago de los Caballeros, Puerto Plata, San Pedro de Macorís, San Juan de la Maguana, San Francisco de Macorís, Barahona.
Grupos étnicos: mulatos (73%), blancos (16%) y negros (11%).
Religión: catolicismo (91,3%), otras (8,7%).
Idioma: español.
Moneda: peso dominicano.
Forma de Estado: república.
Producto Nacional Bruto: 14.629 millones de dólares.
Renta per cápita: 1.770 dólares.
División administrativa: en 29 provincias y el Distrito Nacional de Santo Domingo, según cuadro.

GEOG. *Geografía física.* El país está dividido de NO a SE por cuatro ramales montañosos. La gran cordillera Central alcanza 3.175 m en el Pico Duarte. Al pie de esta cordillera se extiende el valle del Cibao o de Vega Real, limitado por la cordillera Septentrional, que discurre paralela y cercana a la costa atlántica. Al S se encuentran las sierras de Neiba y Bahoruco. Los dos ríos más importantes del país son el Yaque del Norte y el Yaque del Sur. El clima es tropical. Destaca la vegetación de bosque tropical en las zonas más húmedas, y el pino, la sabana y el chaparral en las áridas.

Geografía humana y económica. La población se concentra en la planicie del SE y en el valle del Cibao. El 22% de la población activa se dedica a la agricultura de subsistencia o de gran plantación (caña de azúcar, cacao, tabaco, algodón, plátano, maíz, mandioca, patata). La ganadería bovina es importante en los pastos de sabana. La industria forestal produce caoba, espinillo, guayacán, cedro y otras maderas preciosas, tintóreas y de construcción. La actividad minera se basa principalmente en la extracción de bauxita, petróleo, sal gema, hierro, níquel y oro. Industrias alimentarias. Progresiva importancia de las industrias ligadas al turismo.

HIST. Desde mucho antes de la llegada de los españoles, la isla, que llamaban *Quisqueya* o *Haití* estaba poblada por cuatro grupos indígenas: lucayos, taínos, ciguayos y caribes. El 5 de diciembre de 1492, Cristóbal Colón descubrió la isla, de la que tomó posesión el día 12, bautizándola con el nombre de La Española. A finales de 1493 fundó la ciudad de La Isabela, y al año siguiente la isla quedó dominada por los españoles. En 1496, Colón regresó a España, dejando a su hermano Bartolomé como gobernador de la colonia, quien fundó la ciudad de Nueva Isabela, más tarde Santo Domingo. Al llegar de nuevo Colón (1498), y encontrarse a la colonia sublevada, tuvo que contemporizar con los sublevados e implantar el sistema de repartimientos. Francisco de Bobadilla, enviado por España, redujo a prisión a Colón y a su familia y los embarcó hacia la Península. Durante el gobierno de Bobadilla, aumentaron los desórdenes y fue sustituido al año siguiente por Nicolás de Ovando, quien introdujo el cultivo de la caña de azúcar y, en 1502, trasladó la ciudad de Santo Domingo a su emplazamiento actual. En 1520 y durante el gobierno de Diego Colón, hijo del descubridor, negros e indios, capitaneados por Enriquillo, se hicieron fuertes en las regiones de Bahoruco hasta que Carlos I de España lo reconoció como cacique de la isla. En 1527 fue nombrado gobernador el obispo Sebastián Ramírez de Fuenleal, y se puede decir que con su gobierno se cerró la época de la conquista. En 1586, los corsarios ingleses, capitaneados por Drake, saquearon e incendiaron Santo Domingo. Piratas franceses, holandeses e ingleses se apoderaron de la isla Tortuga (1630), desde donde iniciaron la penetración en la zona occidental de La Española, obligando a España, en 1795, a ceder a Francia toda la isla. Santo Domingo continuó bajo el gobierno francés hasta 1809 en que el dominicano Sánchez Ramírez derrocó a los franceses y restableció la soberanía española. El 30 de noviembre de 1821, los dominicanos, encabezados por José Núñez de Cáceres, proclamaron la independencia. La nueva nación tomó el nombre de Estado independiente de Haití Español, pero al año siguiente el presidente de Haití, Jean Pierre Boyer, invadió el territorio dominicano y lo anexionó a este país, dominio que duró veintidós años. En febrero de 1844 los revolucionarios conducidos por Duarte, Ramón Mella y otros, proclamaron la segunda independencia establecida la República Dominicana, de la que fue elegido primer presidente el general Pedro Santana. Las luchas interiores y los continuos intentos de invasión haitiana hicieron que Santana, en 1861, solicitara y consiguiera de nuevo la anexión a España. Dos años más tarde estalló la revolución que condujo a la retirada de los españoles de la isla (julio de 1865), restableciéndose la independencia. Una serie de gobiernos republicanos se sucedieron entonces hasta que, en 1916, y a causa de la inestabilidad del país, EE UU implantó un régimen militar. En 1924, se celebraron nuevas elecciones y resultó elegido presidente Horacio Vázquez. En 1930 asumió la presidencia Rafael Leónidas Trujillo, quien estableció en el país un régimen personalista. Le sucedieron Jacinto B. Peynado, Manuel de Jesús Troncoso, el generalísimo Trujillo, el general Héctor Bienvenido Trujillo y Joaquín Balaguer. Al ser asesinado Trujillo, en 1961, cayó el gobierno de Balaguer. Las nuevas elecciones, celebradas en diciembre de 1962, dieron el triunfo a Juan Bosch. Un año después fue derrocado por un golpe militar, asumiendo la presidencia del país una Junta de Gobierno. Un estallido civil a favor del restablecimiento de Bosch en la presidencia, provocó la intervención de EE UU. En las elecciones de 1966 salió elegido presidente Joaquín Balaguer, quien fue reelegido en 1970 y 1974. En 1978 se celebraron elecciones presidenciales que dieron la victoria a Antonio Guzmán Fernández, líder del Partido Revolucionario Dominicano, quien se suicidó en julio de 1982. Sal-

REPÚBLICA DOMINICANA

Provincias / Distrito Nacional	Superficie (km²)	Población (h.)	Capitales
Altagracia, La	3.010	115.685	Salvaleón de Higüey
Azua	2.532	199.684	Azua de Compostela
Bahoruco	1.283	105.206	Neiba
Barahona	1.739	164.835	Barahona
Dajabón	1.021	68.606	Dajabón
Duarte	1.605	281.879	San Francisco de Macorís
Elías Piña	1.424	64.641	Comendador
Espaillat	838	202.376	Moca
Hato Mayor	1.330	80.074	Hato Mayor
Independencia	2.008	39.541	Jimaní
María Trinidad Sánchez	1.271	124.957	Nagua
Monseñor Nouel	992	149.318	Bonao
Monte Cristi	1.925	95.705	San Fernando de Monte Cristi
Monte Plata	2.633	167.148	Monte Plata
Pedernales	2.070	18.054	Pedernales
Peravia	1.648	201.851	Baní
Puerto Plata	1.857	261.485	San Felipe de Puerto Plata
Romana, La	654	166.550	La Romana
Salcedo	440	101.810	Salcedo
Samaná	854	75.253	Santa Bárbara de Samaná
San Cristóbal	1.265	420.820	San Cristóbal
San Juan	3.571	252.637	San Juan de la Maguana
San Pedro de Macorís	1.255	212.368	San Pedro de Macorís
Sánchez Ramírez	1.196	163.166	Cotuí
Santiago	2.836	710.803	Santiago de los Caballeros
Santiago Rodríguez	1.112	62.144	San Ignacio de Sabaneta
Seibo, El	1.786	96.770	Santa Cruz de El Seibo
Valverde	823	152.257	Mao
Vega, La	2.286	344.721	Concepción de la Vega
Santo Domingo	1.401	2.193.046	Santo Domingo

República **Dominicana**. Leonel Fernández, presidente del país desde 2004.

vador Jorge Blanco fue elegido en las generales de mayo del mismo año. En 1986 fue sustituido por Joaquín Balaguer, que fue reelegido, pese a las acusaciones de fraude, en 1990 y 1994. En los comicios celebrados en 1996, el populista Leonel Fernández accedió a la presidencia de la República. La dura política económica emprendida por éste dio lugar a huelgas y manifestaciones durante 1997 y 1998. Tras los comicios de mayo de 2000 ocupó la presidencia el socialdemócrata Hipólito Mejía. En 2004 Leonel Fernández accedió de nuevo a la presidencia del país, tras vencer en las elecciones presidenciales. Las violentas lluvias sufridas en la isla en mayo de 2004 produjeron centenares de muertos en el país.

DOMINICANO, NA adj. y s. De la República Dominicana o de su capital, Santo Domingo.

DOMÍNICI, PEDRO CÉSAR Novelista y diplomático venezolano (Carúpano, 1877 - Buenos Aires, 1954). Autor de *La tristeza voluptuosa* (1899), *El triunfo del ideal* (1901).

DOMINICO, CA adj. *Rel*. 1 Se dice del religioso o religiosa de la Orden de Santo Domingo, fundada por Santo Domingo en Italia en 1216. También s. 2 Relativo a esta orden.

DOMINIO m. 1 Poder que uno tiene de usar y disponer de lo suyo. 2 Poder o ascendiente que se ejerce sobre una u otras personas. 3 *Hist*. Territorio sometido a un Estado. Se usaba para designar los territorios del antiguo Imperio Británico que gozaban de autonomía plena y posteriormente pasaron a formar parte de la COMMONWEALTH. 4 Territorio donde se habla una lengua o dialecto. 5 Ámbito real o imaginario de una actividad. 6 Buen conocimiento de una ciencia, arte, idioma, etc. 7 *Der*. Derecho de la propiedad. 8 *Mat*. Referido a una función, conjunto de todos los valores que toma la variable indeterminada. || **ser del dominio público** una cosa fr. fig. Ser sabida por todo el mundo.

DOMINÓ m. 1 Juego que se practica con 28 fichas rectangulares, generalmente blancas y marcadas por puntos. 2 Conjunto de las fichas de este juego. 3 Traje talar con capucha que se usa en las funciones de máscara.

DOMO m. *Arquit*. CÚPULA.

-DOMO suf. que significa casa.

DOMUYO Volcán de Argentina, provincia de Neuquén; 4.709 m.

DON m. 1 Dádiva, regalo. 2 Gracia especial o habilidad para hacer una cosa. 3 Tratamiento de respeto que se antepone a los nombres masculinos de pila. 4 Unido a sustantivos y adjetivos empleados como denuesto, realzaba la intensidad de éstos. || **DON NADIE** Hombre sin valía, poco conocido.

DON Río de la Federación de Rusia, que nace en la meseta central, al S de Moscú, y desemboca en el mar de Azov; 1.870 km.

DON JUAN *Lit*. Personaje legendario de origen español, que constituye uno de los mitos de la literatura universal. La idea primitiva, basada en las crónicas sevillanas, sobre un caballero galanteador, libertino y desenfrenado que se burla de los muertos y termina hundiéndose en el infierno, fue desarrollada por primera vez entre 1625 y 1630 por Tirso de Molina en *El burlador de Sevilla y convidado de piedra*. Esta leyenda ha servido de inspiración fuera de España, a Molière, Pushkin, Mérimée, Dumas y Lenau, y a músicos como Mozart y Richard Strauss. En el *Don Juan Tenorio* de Zorrilla (1844), la versión moderna más popularizada de este personaje, se convierte en héroe dotado de cierto desenfado y simpatía.

DON QUIJOTE QUIJOTE, EL.

DONACIÓN f. 1 Acción y efecto de donar. 2 *Der*. Transmisión gratuita que una persona hace de una cosa que le pertenece, en favor de otra que la acepta.

DONADOR, RA adj. Que hace una donación o un presente. También s.

DONAIRE m. 1 Discreción y gracia en lo que se dice. 2 Gentileza, agilidad de movimientos.

DONANTE adj. 1 Que ha pagado o donado algo. También com. || com. 2 *Arte*. Persona que costeaba una obra de arte o arquitectónica, generalmente de tipo religioso, y cuya imagen solía aparecer en éstas representada en posición orante. 3 *Med*. Persona que voluntariamente cede un órgano, sangre, etc., con fines terapéuticos.

DONAR tr. Traspasar uno gratuitamente a otro alguna cosa.

DONATARIO, RIA m. y f. Persona a quien se hace la donación.

DONATELLO (DONATO DI NICCOLÒ DI BETTO BARDI, llamado) Escultor italiano (Florencia, 1386 - íd., 1466). Discípulo de Ghiberti, es uno de los más destacados representantes del arte renacentista. Entre sus obras destacan: *San Juan Evangelista; San Jorge; la Anunciación; David;* la *Tribuna de los cantores*, de la catedral de Florencia; el *Monumento a Gattamelata*, en Padua, etc.

DONATISMO m. *Rel*. Doctrina cismática de Donato, obispo de Cartago, extendida por los medios rurales del N de África (siglo IV), que sostenía la invalidez de los sacramentos administrados por ministros indignos, sospechosos de traición a la fe durante la persecución de Diocleciano.

DONATISTA adj. y s. *Rel*. Partidario del donatismo.

DONATIVO m. Dádiva, regalo, cesión, especialmente con fines benéficos o humanitarios.

DONATO Obispo de Cartago, jefe del cisma de los donatistas en el siglo IV.

DONATO, ELIO Gramático latino (s. IV). Fue maestro de san Jerónimo. Escribió un tratado de gramática, considerado uno de los más completos de la Antigüedad.

DONAU DANUBIO.

DONBASS Gran cuenca carbonífera de Ucrania, que ocupa parte de la cuenca del Donetz, en el SE de la República.

DONCEL, LLA m. y f. 1 En lenguaje literario, persona joven, en especial la que es virgen. || f. 2 Criada que sirve cerca de la señora. 3 *Zool*. Pez perteneciente a la familia lábridos, de nombre científico *Coris julis*. Tiene una coloración muy vistosa y es frecuente en el Mediterráneo. || m. 4 En la Edad Media, noble aún no armado caballero.

DONDE adv. relat. 1 Como los pronombres relativos, se construye con antecedente y equivale a *en que, en el que*, cuando va sin preposición, o al simple pronombre *que, el que, lo que*, cuando va precedido de preposición. Cuando en estos casos *a* antecede a *donde*, se escribe *adonde*. 2 Como algunos pronombres relativos, se emplea también sin antecedente y equivale a *en el sitio, lugar*, etc., cuando va sin preposición, o simplemente a *el sitio, lugar*, etc., cuando le precede preposición. Cuando en estos casos *a* antecede *donde*, se escribe algunas veces *adonde*. 3 Se emplea *en donde* con la significación de *donde*. 4 ADONDE. || adv. interrog. l. 5 Equivale a *en qué lugar, el lugar en que*, cuando va sin preposición, o simplemente a *qué lugar*, cuando va con ella. Se emplea siempre con acento fonético y ortográfico. Cuando le antecede a se escribe *adónde*. 6 Se emplea *en dónde* con la significación de *dónde*. 7 Adónde. || prep. 8 Usada en algunas regiones de España y América con la significación de *en casa de, a casa de*, o simplemente a o en. || conj. cond. 9 Equivale a *si*. || **donde no** loc. adv. De lo contrario. || **por donde** loc. conjunt. que introduce en la oración un hecho inesperado.

DONDEQUIERA adv. l. En cualquier parte.

DONDIEGO m. *Bot*. Planta herbácea perteneciente a la familia nictagináceas, de nombre científico *Mirabilis jalapa*, con fragantes flores que se abren al anochecer y se cierran al salir el sol. Es nativa de América tropical. || **DONDIEGO DE DÍA** *Bot*. Planta anual perteneciente a la familia convolvuláceas, de nombre científico *Convulvulus tricolor*, con flores azules que se abren con el día y se cierran al ponerse el sol. || **DONDIEGO DE NOCHE** *Bot*. DONDIEGO.

DONEGAL Condado de Irlanda situado al N del país, en la frontera del Ulster; 4.830 km² y 128.117 h. Capital, Lifford.

Donatello. *David*. Museo Bargello (Florencia).

Gaetano **Donizetti** (segundo por la izquierda) con un grupo de amigos. Pintura anónima del siglo XIX. Museo Donizetti.

Donen, Stanley Director de cine estadounidense (Columbia, 1924). Dirigió conjuntamente con el bailarín y coreógrafo Gene Kelly varios musicales como *Un día en Nueva York* (1949) y *Cantando bajo la lluvia* (1952), y en solitario, *Siete novias para siete hermanos* (1954) y *Una cara con ángel* (1956).

Donetz Río del E de Ucrania, el afluente más importante del Don; 1.053 km de curso.

Donetz 1 Provincia de Ucrania; 26.500 km² y 5.198.500 h. **2** Ciudad capital de la misma; 1.088.200 h. Principal centro administrativo e industrial de la zona del Donbass. Se llamó *Yusovka* y *Stalino*.

dong m. *Econ.* Unidad monetaria de Vietnam.

Dongen, Kees van Van Dongen, Kees.

Dönitz, Karl Almirante alemán (Grünau, junto a Berlín, 1891 - Aumühle, 1980). Dirigió la flota submarina alemana en la Segunda Guerra Mundial. Sustituyó a Hitler en la jefatura del Estado. Fue condenado a diez años de prisión en el proceso de Nuremberg.

Donizetti, Gaetano Compositor italiano (Bérgamo, 1797 - íd., 1848). En 1818 estrenó su primera ópera, *Enrique de Borgoña*. Rival de Bellini, en 1831 debutó en París con *Ana Bolena*. Escribió 74 óperas en su vida; entre ellas destacan *L'Elisir d'amore* (1832), *Lucrecia Borgia* (1833), *María Estuardo* (1834), *Lucia di Lammermoor* (1835), *Belisario* (1836), *La Favorita* (1840), *Don Pasquale* (1843), etc.

donjuán m. **1** TENORIO. **2** *Bot.* DONDIEGO.

Donleavy, James Patrick Novelista irlandés de origen estadounidense (Brooklyn, 1926). Su primera novela, *El hombre de jengibre* (1955), es precursora de la literatura *underground*.

Donne, John Poeta inglés (Londres, 1572 - íd., 1631). Figura clave del barroco inglés, es uno de los máximos exponentes de la poesía «metafísica». Entre sus composiciones destacan *Letanía* (1608), *Ciclo de los sonetos sacros* (1609-11) e *Himnos* (1620-23); y en la lírica o satírica *Elegías, canciones y sonetos* (1611).

donoso, sa adj. Que tiene donaire y gracia.

Donoso, José Escritor chileno (Santiago de Chile, 1924 - íd., 1996). En su producción narrativa destacan *Veraneo y otros cuentos* (1955), *El charlestón* (1960), *Este domingo* (1966), *El lugar sin límites* (1967), *El obsceno pájaro de la noche* (1970), *Casa de campo* (1978), *El jardín de al lado* (1981), *La desesperanza* (1986) y *Donde van a morir los elefantes* (1995).

Donostia SAN SEBASTIÁN.

donostiarra adj. y com. De San Sebastián.

donosura f. DONAIRE.

doña f. Tratamiento de respeto que se aplica a las mujeres y precede a su nombre de pila.

Doña Ana Sierra de Chile, que constituye un ramal de los Andes, en la región de Coquimbo; 5.690 m de altura.

Doña Inés Volcán de los Andes chilenos, en la región de Atacama; 5.070 m de altura.

Doña Juana Volcán de la Cordillera Central de los Andes de Colombia, en el departamento de Nariño; 4.200 m de altura.

Doñana, Parque Nacional de *Ecol.* Enclave protegido español situado en la zona de las marismas del Guadalquivir, al SO de España, en el término de Almonte, provincia de Huelva; su extensión es de unos 750 km². Gran riqueza faunística, sobre todo de aves, que utilizan el parque como lugar de invernada, cría y asiento en sus migraciones entre Europa y África. En 1998 su entorno natural se vio afectado por la rotura de una balsa de contención de residuos tóxicos en la vecina localidad de Aznalcóllar.

Doolittle, Hilda (también conocida por las iniciales de su nombre, H. D.) Escritora estadounidense (Pennsylvania, 1886 - Zurich, 1961). Junto con Ezra Pound creó el círculo de poetas imaginistas. Autora de *Jardín marino* (1916), *Himen* (1921), *Las paredes no se derrumban* (1944) y *Helena en Egipto* (1961).

dopa f. *Quím.* Dihidroxifenilalanina, aminoácido de fórmula $C_9H_{11}NO_4$, que se origina por oxidación de la tirosina. A su vez, él se transforma en melanina por la acción de la enzima dopa-oxidasa.

dopaje m. Acción y efecto de dopar o doparse.

dopamina f. *Quím.* Compuesto presente en el sistema nervioso central del hombre, que participa en el metabolismo de las tirosinas.

dopar tr. DROGAR.

dóping m. DOPAJE.

Doppler, Christian Físico y matemático austriaco (Salzburgo, 1803 - Viena, 1853). Descubrió el efecto que lleva su nombre, aplicado al sonido y la luz, que se relaciona con el cambio de frecuencia que experimentan las ondas cuando la fuente emisora tiene un movimiento relativo respecto al receptor.

-doque suf. -DOCO.

dorada f. *Zool.* Pez teleósteo marino acantopterigio, perteneciente a la familia espáridos, de nombre científico *Sparus auratus*, de dorso negro azulado y escamas doradas en los flancos. Vive en el Mediterráneo y en las costas del Atlántico.

dorado, da adj. **1** De color de oro o semejante a él. **2** fig. Esplendoroso, feliz.

Dorado, El o **Eldorado** *Hist.* y *Mit.* Supuesto país que, según la creencia extendida entre los conquistadores del Nuevo Mundo, existía en América del Sur. Se refería a una comarca fabulosa en la que abundaban el oro y las piedras preciosas, cuyo origen se basaba en la existencia de una leyenda de un poderoso cacique chibcha que se cubría de polvo de oro durante la ceremonia ritual del baño sagrado. Su ubicación variaba según las versiones de una y otra empresa de conquista, dentro del área geográfica que abarcaba las cuencas de los altos Amazonas y Orinoco y las regiones del Magdalena y del Cauca.

-doral suf. DOSI-.

dorar tr. **1** Cubrir con oro. **2** Dar color de oro. **3** fig. Encubrir con apariencia agradable acciones malas o noticias desagradables. **4** fig. Tostar ligeramente una cosa de comer. También prnl. || prnl. **5** Tomar color dorado.

Dordoña Río del SO de Francia, que nace en el Macizo Central, en el departamento de Puy-de-Dôme y se une al Garona para formar el gran estuario del Gironda; 490 km.

Dordoña (*Dordogne*) Departamento del SO de Francia, en la región de Aquitania. 9.060 km² y 388.293 h. Capital, Périgueux. Yacimientos prehistóricos. Turismo.

Dordrecht Ciudad de los Países Bajos, en la provincia de Holanda Meridional, al SE de Rotterdam, en la desembocadura del Waal; 119.462 h. Puerto. Durante la Edad Media fue el centro comercial más importante del país.

Parque Nacional de **Doñana:**
1. Acuíferos.
2. Dunas.

Gustave **Doré**. *El Quijote*. Ilustración del episodio de los galeotes. Biblioteca Nacional (París).

DORÉ, GUSTAVE Dibujante e ilustrador francés (Estrasburgo, 1832 - París, 1883). Ilustró más de ciento veinte libros en un estilo interpretativo y romántico. De sus ilustraciones sobresalen las ediciones de Rabelais (1851 y 1873), *El infierno* de Dante (1861), *El Quijote* (1863) y la *Biblia* (1866).

DORGELÈS, ROLAND (ROLAND LÉCAVELÉ, llamado) Escritor francés (Amiens, 1886 - París, 1973). Autor de la novela *Las cruces de madera* (1921).

DORIA Geneal. Familia genovesa, que encabezó la facción gibelina en su lucha contra los güelfos, a partir del siglo XII. Contó entre sus miembros con importantes personalidades, destacando, entre todos ellos, al almirante ANDREA DORIA.

DORIA, ANDREA Almirante genovés (Oneglia, 1466 - Génova, 1560). Después de estar al servicio de Francia con 12 galeras conquistadas a los corsarios africanos, pasó al del emperador Carlos V, liberando la ciudad de Génova de la dominación francesa. Consiguió de España el reconocimiento formal de la independencia de Génova. Tomó parte en destacadas acciones navales (expediciones a Túnez, en 1535, y Argel, en 1541).

DÓRICO, CA adj. 1 DORIO, relativo a este pueblo. 2 *Arquit.* ORDEN DÓRICO. 3 *Ling.* Se dice de uno de los cuatro principales dialectos del antiguo griego. También m. 4 *Mús.* Se dice del primer modo eclesiástico, que corresponde a la octava re-re.

DÓRIDE o **DÓRIDA** Geog. hist. Comarca de la antigua Grecia, al S de Tesalia, poblada por los antiguos dorios.

DORIO, RIA adj. *Hist.* 1 Se dice de un pueblo indoeuropeo que, junto a eolios y jonios, constituyó la base étnica de la antigua Grecia. Penetró en la península Balcánica en el siglo XII a. C., ocupó la mayor parte del Peloponeso (véase ESPARTA), algunas islas del mar Egeo y llegó hasta Creta, aunque la Dóride por excelencia, debido a la influencia del santuario de Delfos, fue una pequeña región cercana al monte Parnaso. Más en m. pl. 2 Se dice también de sus individuos. También s. 3 Relativo a este pueblo.

DORIS *Mit.* Hija de Océano y Tetis, y esposa de Nereo. Madre de las cincuenta Nereidas.

DORMILÓN, NA adj. y s. 1 fam. Muy inclinado a dormir. || m. *Zool.* 2 *Amér. m.* Especie de pajarillo.

DORMIR intr. 1 Descansar con el sueño. También prnl. y tr. 2 PERNOCTAR. 3 fig. Descuidarse. Más prnl. 4 Sosegarse, apaciguarse. || prnl. *Fisiol.* 5 Adormecerse un miembro. ♦ IRREG. Véase cuadro.

DORMIR

INDICATIVO
Pres.: duermo, duermes, duerme, dormimos, dormís, duermen.
Pret. imperf.: dormía, dormías, etc.
Pret. indef.: dormí, dormiste, durmió, dormimos, dormisteis, durmieron.
Fut. imperf.: dormiré, dormirás, etc.
Condic.: dormiría, dormirías, etc.
SUBJUNTIVO
Pres.: duerma, duermas, duerma, durmamos, durmáis, duerman.
Pret. imperf.: durmiera, durmieras, etc., o durmiese, durmieses, etc.
Fut. imperf.: durmiere, durmieres, etc.
IMPERATIVO: duerme, dormid.
PARTICIPIO: dormido.
GERUNDIO: durmiendo.

DORMITAR intr. Estar medio dormido.

DORMITORIO m. Habitación para dormir.

DORNAJO m. 1 Recipiente para dar de comer a los cerdos. 2 Depósito con agua para humedecer la parte inferior de la muela de afilar.

DORREGO, MANUEL Político y militar argentino (Buenos Aires, 1787 - Navarro, Buenos Aires, 1828). Participó en las campañas del Alto Perú y en el Ejército de los Andes. Diputado en el Congreso de 1826, defendió los principios federales. Opuesto a la administración unitaria de Rivadavia, tras su caída en 1827 fue elegido gobernador de la provincia de Buenos Aires. Al año siguiente fue derrocado por Lavalle, quien lo hizo fusilar.

D'ORS, EUGENIO ORS, EUGENIO D'.

DORSAL adj. 1 *Anat.* Relativo al dorso, espalda o lomo. 2 *Anat.* Arteria que suministra sangre a la parte dorsal de cualquier órgano. 3 *Fon.* Se dice de la consonante que se articula con el dorso de la lengua (ch, ñ, k). También f. || m. *Dep.* 4 Trozo de tela con un número que se suele coser en la camiseta de los atletas, futbolistas, etc., para identificarlos. || **DORSAL OCEÁNICA** *Geol.* Formación montañosa sumergida, con alturas medias de 3.000 m sobre el fondo oceánico. Las principales son la dorsal atlántica, la fosa tectónica de California, la dorsal surpacífica y la fosa tectónica del mar Rojo. || **ESPINA DORSAL** *Anat.* COLUMNA VERTEBRAL.

DORSET Condado del Reino Unido, en Inglaterra, junto al canal de la Mancha; 387.300 h.

DORSO m. 1 Revés o espalda de una cosa. 2 *Zool.* Toda la superficie dorsal del cuerpo de un animal.

DORTICÓS TORRADO, OSVALDO Político cubano (Cienfuegos, 1919 - La Habana, 1983). Ponencias al triunfar la revolución castrista, redactó las nuevas leyes del gobierno revolucionario. Fue nombrado presidente de la República (1959-76) y en 1961 se hizo cargo de la cartera de Economía. Tras abandonar la presidencia de la República, pasó a ocupar la vicepresidencia del Consejo de Ministros. En 1980 fue nombrado también ministro de Justicia.

DORTMUND Ciudad de Alemania, Land de Renania del Norte-Westfalia; 594.274 h. Importante centro carbonífero e industrial. Puerto fluvial. Palacio Municipal (1232), el más antiguo de Alemania.

DOS adj. 1 Uno y uno. 2 SEGUNDO. Aplicado a los días del mes, también m. || m. 3 Signo con que se representa el número dos. 4 Carta o naipe con dos señales. || **a cada dos por tres** loc. adv. Con frecuencia. || **como dos y dos son cuatro** expr. fig. y fam. con que se pondera la evidencia de alguna verdad. || **en un dos por tres** loc. adv. fig. y fam. En un momento.

DOS DE MAYO DE 1808 *Hist.* Levantamiento del pueblo de Madrid contra la invasión francesa, tras el destronamiento de la monarquía borbónica por Napoleón. El alzamiento fue duramente reprimido (fusilamientos de la noche del 2 de mayo) por las tropas francesas de Murat. La noticia produjo una reacción en todo el país que dio lugar al inicio de la guerra de la Independencia española.

DOS PASSOS, JOHN RODERIGO Escritor estadounidense (Chicago, 1896 - Baltimore, 1970). Figura clave de la llamada «generación perdida», de su obra narrativa destacan *Iniciación de un hombre* (1919), *Tres soldados* (1921), *Manhattan Transfer* (1925), y las trilogías *USA* (*El paralelo 42*, 1930; *1919*, 1932, y *El gran dinero*, 1936) y la integrada por *Aventuras de un joven* (1939), *Número uno* (1943) y *El gran plan* (1949). Escribió también una recopilación de ensayos sobre España: *Rocinante vuelve al camino* (1922) y su autobiografía *Años inolvidables* (1967).

DOS ROSAS, GUERRA DE LAS *Hist.* Guerra por la sucesión al trono de Inglaterra (1455-85) desatada entre las dos ramas de la dinastía Plantagenet: Lancaster y York. El nombre dado a la contienda tiene su origen en el hecho de que los Lancaster portaban una rosa roja en su emblema heráldico y los York una rosa blanca. Tras la deposición de Enrique VI de Lancaster, ocupó el trono Eduardo IV de York (1461), que fue depuesto por su tío Ricardo III (1483). La derrota de este último a manos de Enrique VII (1485) supuso el fin de la dinastía York y dio paso a la Tudor.

DOS SICILIAS *Hist.* Nombre dado al reino formado por Nápoles y Sicilia en los periodos 1442-58 y 1818-61, el primero durante el reinado de Alfonso V de Aragón, y el segundo bajo la dinastía borbónica. En 1861 fue invadido por Garibaldi y pasó a formar parte del reino de Italia.

DOSCIENTOS adj. pl. 1 Dos veces ciento. 2 DUCENTÉSIMO. || m. 3 Conjunto de signos con que se representa el número doscientos.

DOSEL m. 1 Mueble que a cierta altura cubre o resguarda el sitial o altar adelantándose en pabellón horizontal y cayendo detrás a modo de colgadura. 2 Antepuerta o tapiz.

DOSI-, -DOSIS; -DOTO, -DORAL pref. o sufs. que significan dosis: *apódosis*.

DOSIFICAR tr. 1 Dividir o graduar la dosis de un medicamento para administrar la correcta o prescrita para el tratamiento de una enfermedad. 2 Graduar la cantidad de otras cosas.

DOSIS f. 1 *Med.* Cantidad de medicina que se da al enfermo cada vez. 2 fig. Cantidad o porción. ♦ Su pl. es *dosis*.

-DOSIS suf. DOSI-.

DOSSIER m. EXPEDIENTE, informe.

DOSTOIEVSKI, FIODOR MIJAILOVICH Escritor ruso (Moscú, 1821 - San Petersburgo, 1881). Ingeniero militar de formación, tras ser acusado de conspiración en 1849, fue condenado a muerte, pero en el momento de la ejecución le fue conmutada la pena por la de trabajos forzados en Siberia. Esto, junto a sus frecuentes crisis epilépticas, configuraron en cierta manera su novelística. Sus personajes se mueven en situaciones límite y aparecen tratados con una gran profundidad psicológica. Obras: *Pobres gentes* (1846), *La patrona Joziaika* (1847), *Corazón débil* (1848), *Noches blancas* (1848), *El sueño del tío* (1859), *Recuerdos de la casa de los muertos* (1861), *Memorias del subsuelo* (1864), *Humillados y ofendidos* (1866), *Crimen y castigo* (1866), *El jugador* (1866), *El idiota* (1868), *El eterno marido* (1869), *Los endemoniados* (1870), *Diario de un escritor* (1873-80) y *Los hermanos Karamazov* (1879).

DOTACIÓN f. 1 Tripulación de un buque de guerra. 2 Personal de una oficina, taller, etc. 3 *Biol.* Número de genes con acción similar en la regulación de un determinado carácter.

DOTAR tr. 1 Dar a una persona o cosa alguna propiedad o cualidad ventajosa. 2 Señalar bienes para una fundación, institución benéfica, etc. 3 Dar, proveer. 4 Asignar a un barco, oficina, taller, etc., las personas y materiales necesarios. 5 Asignar sueldo a un empleo o cargo. 6 Dar dote.

DOTE amb. 1 Bienes que aporta la mujer cuando se casa. Más como f. 2 Patrimonio que se entrega al convento o institución religiosa en que va a ingresar una persona.

-DOTO suf. DOSI-.

DOU o **DOV, GERRIT** o **GÉRARD** Pintor holandés (Leiden, 1613 - íd., 1675). Cultivó el retrato y las escenas populares. Obras: *La mujer hidrópica*, *El dentista* y *Anciana rezando*.

DOUAI Ciudad de Francia, en el departamento de Nord, a orillas del Scarpe y el canal de Sensée; 44.500 h.

DOUALA Ciudad del SO de Camerún, capital de la provincia de Litoral y del departamento de Wouri; 1.200.000 h. Principal centro económico del país. Puerto.

DOUBS Río del E de Francia, que nace en el Jura, cerca de la frontera suiza, y desemboca en el Saona; 430 km. Está unido al Rhin por un canal.

DOUBS Departamento del E de Francia, en la región de Franco-Condado; 5.234 km² y 499.062 h. Su capital es Besançon.

Andrea **Doria**. Retrato del siglo XVI.

Kirk **Douglas**

Douglas Ciudad capital de la isla de Man; 22.214 h. Turismo. Puerto y aeropuerto.

Douglas, Donald Wills Ingeniero aeronáutico estadounidense (Brooklyn, 1892 - Palms Springs, 1981). Creador y director de la Douglas Aircraft Company, diseñó, en 1930, el primer monoplano metálico para transporte de pasajeros, conocido con el nombre de DC, al que siguió una serie de aviones, tanto militares como comerciales.

Douglas, Kirk (Issur Danielowich Demsky, llamado) Actor y director de cine estadounidense de ascendencia rusa (Nueva York, 1916). Actor carismático, ha intervenido en *El ídolo de barro* (1941), *Cautivos del mal* (1953), *El loco del pelo rojo* (1956), *Espartaco* (1959) y en 1996 se le otorgó un Oscar por el conjunto de su carrera.

Douglas-Home, sir Alexander Frederick Político inglés (Londres, 1903 - Berwickshire, 1995). Presidente de la Cámara de los Lores (1957-60) y primer ministro (1963-64), en 1965 renunció a la jefatura del Partido Conservador que desempeñaba desde 1963.

Doumer, Paul Político francés (Aurillac, 1857 - París, 1932). En mayo de 1931 accedió a la presidencia de la República. Murió asesinado por un fanático ruso (1932).

Doumergue, Gaston Político francés (Aigues-Vives, 1863 - íd., 1937). Fue ministro en varias ocasiones y presidente de la República (1924-31).

dovela f. *Arquit.* **1** Piedra labrada en forma de cuña, para formar arcos o bóvedas. **2** Cada una de las superficies de intradós o de trasdós de las piedras de un arco o bóveda.

dovelar tr. Labrar la piedra dándole forma de dovela.

Dover Ciudad de EE UU, capital del Estado de Delaware; 27.630 h.

Dover Ciudad del Reino Unido; 34.322 h. Es el principal puerto inglés para el transbordo de pasajeros con Francia, Bélgica y los Países Bajos.

Dover (Reino Unido). Los célebres acantilados blancos, con la ciudad al fondo.

Dover, estrecho de Calais, paso de.

Dovzhenko, Alexander Pietrovich Director de cine soviético (Sosnitsa, Ucrania, 1894 - Kiev, 1956). Autor de películas realistas y a la vez poéticas, entre las que destacan *Arsenal* (1929), *La tierra* (1930), *Iván* (1932) y *Michurin* (1948).

Dow Jones, índice *Econ.* Índice de valores de la bolsa de Nueva York.

Down, síndrome de *Med.* mongolismo.

doxo-; -doxo, -doxia, -doja pref. o sufs. que significan opinión, gloria, etc.: *ortodoxo, paradoja*.

doxología f. *Rel.* Fórmula de alabanza a la Divinidad, especialmente a la Santísima Trinidad en la liturgia católica.

Doyle, sir Arthur Conan Novelista escocés (Edimburgo, 1859 - Crowborough, Sussex, 1930). Alcanzó inmensa popularidad con su novela policíaca *Las aventuras de Sherlock Holmes* (1892). Escribió también novelas históricas y ensayos sobre fantasía pseudo-científica y escritos sobre espiritismo.

Dozy, Reinhart Hispanista y orientalista holandés (Leiden, 1820 - íd., 1883). Publicó *Investigaciones sobre la historia política y literaria de España en la Edad Media* (1849) e *Historia de los musulmanes de España* (1861).

Draa Uadi de Marruecos que nace al S de la zona central del Gran Atlas, forma gran parte de la frontera con Argelia y después de 1.126 km de curso desemboca en el Atlántico.

dracma f. **1** *Num.* Antigua moneda griega de plata, que tuvo uso también entre los romanos, que valía cuatro sestercios. **2** *Econ.* Unidad monetaria de Grecia hasta 2002, en que fue sustituida por el euro. **3** *Farm.* Unidad de masa farmacéutica, la octava parte de una onza, equivalente a 60 granos o 3,8879304 gramos.

Dracón Legislador ateniense (s. VII a. C.). Redactó un código de leyes, que sustituyó el derecho consuetudinario aplicado a la medida de sus intereses por los eupátridas (la nobleza ateniense) y se hizo célebre por el rigor de sus penas.

draconiano, na adj. **1** Relativo a Dracón. **2** fig. Se dice de las leyes excesivamente severas.

Drácula Personaje de ficción creado por el escritor escocés Bram Stoker, en su novela *Drácula*, publicada en 1897. Es un vampiro, en cuya creación su autor se inspiró en la figura histórica de Vlad Tepes, príncipe de Valaquia, por su crueldad llamado «el empalador» o «el diablo» («dracul»). Se ha convertido en un mito universal, que ha servido de inspiración a numerosos relatos y filmes.

draga f. **1** Máquina que se emplea para limpiar los puertos, ríos, etc. **2** Barco que lleva esta máquina. **3** Dispositivo para retirar las minas depositadas en época de guerra en las aguas navegables.

dragaminas f. Embarcación de guerra cuya finalidad es dragar las minas del agua. ♦ Su pl. es *dragaminas*.

dragar tr. Ahondar y limpiar con draga los puertos, ríos, etc.

drago m. *Bot.* Planta arboriforme perteneciente a la familia liliáceas, de nombre científico *Dracaena draco*, originario de Canarias. El tronco es fibroso y las hojas forman manojos terminales en forma de copa densa y oscura. Produce una resina, denominada sangre de dragón. En Icod de los Vinos (Tenerife) se conserva un ejemplar al que se atribuye una antigüedad de varios miles de años.

Drago, Luis María Político argentino (Buenos Aires, 1859 - íd., 1921). Era ministro de Asuntos Exteriores (1902) cuando formuló la llamada *Doctrina de Draco*, con motivo de la intervención de EE UU en Venezuela. En ella desarrolló la idea de que la deuda pública de un Estado no justifica la intervención armada por parte del Estado acreedor. Esta doctrina fue aprobada en la conferencia de La Haya (1907).

dragón m. **1** *Folk.* Animal fabuloso de figura de serpiente con pies y alas. **2** *Bot.* Planta perenne de la familia escrofulariáceas, con flores encarnadas y amarillas. **3** *Zool.* salamanquesa. **4** *Zool.* Mancha de las niñas de los ojos de los caballos. **5** *Hist.* Soldado francés del siglo XVI que se desplazaba a caballo y combatía a pie. **6** *Dep.* Embarcación de vela de 9 m de longitud como máximo, dotada de velas triangulares a proa, y trapezoidales a popa. **7** *Econ.* Cada uno de los países del SE asiático que constituyen el llamado Triángulo del Crecimiento. Al frente de ellos se sitúa Japón; en segundo lugar se hallan las llamadas Economías de Reciente Industrialización (Corea del Sur, Taiwan, Hong Kong y Singapur) y en un tercer nivel, las Economías Asiáticas Dinámicas (Filipinas, Indonesia, Malasia y Tailandia). Muchos de ellos se vieron seriamente afectados por el estallido de la llamada crisis de los mercados asiáticos en 1997. || **dragón marino** *Zool.* Pez teleósteo perciforme de la familia caliónimidos, de nombre científico *Callionymus lyra*, de cabeza grande, rojizo por el lomo y blanco amarillento con manchas azuladas en los costados.

drago milenario de Icod de los Vinos (Tenerife).

Dragón *Astron.* Constelación muy extensa del hemisferio boreal, que rodea en gran parte a la Osa Menor.

dragonear intr. **1** *Amér.* Ejercer un cargo sin tener título para ello. **2** *Amér.* Hacer alarde. || tr. **3** *Arg.* y *Urug.* Enamorar.

dragontea f. *Bot.* Planta herbácea vivaz de la familia aráceas, que se cultiva como adorno.

Dragún, Osvaldo Dramaturgo argentino (San Salvador, Entre Ríos, 1929). Entre sus obras destacan *La peste viene de Melos* (1956), *Túpac Amaru* (1957), *Amoretta* (1964), *Historias con cárcel* (1973), *Mi obelisco y yo* (1981), *Arriba, corazón* (1987) y *Volver a La Habana* (1990).

Dragut Corsario turco (? - Malta, 1565). Muerto Barbarroja, se convirtió en el más poderoso corsario. Estuvo al servicio del imperio turco y participó en la toma de Trípoli, cuyo gobierno ostentó de 1555 a 1565. Murió en el asedio de Malta.

Drake, sir Francis Navegante y corsario inglés (Tavistock, h. 1540 - frente a las costas de Portobelo, 1596). Durante muchos años atacó a las fuerzas españolas en las Indias occidentales. En su viaje de circunnavegación del mundo (1577-80), se apoderó de la costa de California y le dio el nombre de *Nueva Albión*. Más tarde atacó Santo Domingo (1583), la bahía de Cádiz (1587) y luchó contra la Armada Invencible (1588).

Drakensberg Macizo montañoso de la República Sudafricana; su mayor altura es el Thabana Ntlenyana con 3.482 m.

drama m. **1** *Cin.* y *Teat.* Obra de teatro o de cine en que se presentan acciones y situaciones infaustas o do-

Francis **Drake**. Galería Nacional de Retratos (Londres).

lorosas, atemperadas por otras más propias de la comedia, que no alcanza plenitud trágica. **[Encic.] 2** fig. Suceso conmovedor de la vida real. **3** *Lit.* Nombre genérico de cualquier obra perteneciente a la poesía dramática en sus múltiples variedades. **[Encic.] 4** *Lit.* y *Teat.* Composición literaria en prosa o verso, escrita para ser representada en un espacio escénico. **[Encic.] 5** *Lit.* y *Teat.* Género dramático. **[Encic.]** ‖ **DRAMA LITÚRGICO** *Lit.* y *Teat.* Texto literario dialogado, desarrollado durante la Edad Media, que dramatiza pasajes de los Evangelios, y que se representaba durante los oficios religiosos.

Lit. y *Teat.* En un sentido general, drama es toda obra escrita para ser representada, y así queda expresado desde la división de géneros de la poética aristotélica. El drama griego tuvo su origen en los ditirambos o himnos en honor de Dionisos. No es hasta el siglo XVIII cuando el término adopta un sentido particular, fruto de la síntesis entre los conceptos de TRAGEDIA y COMEDIA. Surge entonces como un género «serio» que puede incluir elementos cómicos y dar al argumento un desenlace venturoso o funesto. Como tal, tiene sus antecedentes en Shakespeare y los grandes dramaturgos europeos del Renacimiento y sus máximos exponentes en el drama burgués del siglo XVIII y el drama romántico del siglo XIX.

Drama 1 Nomo del NE de Grecia, región de Macedonia Oriental y Tracia; 3.468 km² y 96.978 h. **2** Ciudad capital del mismo; 37.118 h.

DRAMÁTICO, CA adj. **1** Relativo al drama. **2** Propio de la poesía dramática. **3** Se dice del autor o actor de obras dramáticas. También s. **4** fig. Capaz de conmover vivamente. **5** fig. Teatral, afectado.

DRAMATIZAR tr. **1** Dar forma dramática. **2** Exagerar con apariencias dramáticas o afectadas.

Drammen Ciudad del S de Noruega, capital del condado de Buskerud; 52.755 h. Puerto.

DRAPEAR tr. y prnl. Plegar los paños de la vestidura y darles la caída conveniente.

DRÁSTICO, CA adj. fig. Riguroso, enérgico, radical, draconiano.

Drave Río de Austria, Hungría y Croacia, que nace en Italia (Alpes Cárnicos), atraviesa el Tirol, Carintia, Eslovenia y Croacia, donde recibe a su principal afluente, el Mura, y desemboca en el Danubio; 720 km.

DRÁVIDA adj. *Etnol.* **1** Se dice de un grupo de pueblos no arios, de piel oscura, que se encuentra entre los que primitivamente poblaron la India. Más como m. pl. **2** Se dice también de sus individuos. También com. **3** Relativo a este grupo de pueblos.

DRAVÍDICO, CA adj. **1** Se dice de lo referente al arte de los drávidas y de este mismo arte. **2** *Ling.* Se dice de un grupo de lenguas habladas en la India y N de Ceilán por los pueblos drávidas (canara, malayan, tamil, telugu, toda, etc.).

Dreiser, Theodore Escritor estadounidense (Terre Haute, 1871 - Hollywood, 1945). Autor de *La hermana Carrie* (1901), *Jennie Gerhart* (1911), *El financiero* (1912), *El titán* (1914), *El genio* (1915), *Una tragedia americana* (1925), etc.

DRENAR tr. **1** Avenar, favorecer artificialmente la salida del agua en terrenos que se acumula en exceso. **2** *Geol.* Descargar naturalmente el agua un terreno mediante corrientes superficiales y conductos subterráneos. **3** *Med.* Asegurar la salida de líquidos de una herida, acceso o cavidad.

Drenthe Provincia del NE de los Países Bajos, junto a la frontera alemana; 2.652 km² y 467.100 h. Su capital es Assen.

DREPANOCITOSIS f. *Pat.* Enfermedad hereditaria grave, caracterizada por la aparición en sangre de glóbulos rojos falciformes; se presenta principalmente en individuos de raza negra. ♦ Su pl. es *drepanocitosis*.

Dresde Ciudad de Alemania, capital del Land de Sajonia; 474.443 h. Importante centro industrial.

Dreyer, Carl Theodor Director de cine danés (Copenhague, 1889 - íd., 1968). Sus películas reflejan su preocupación religiosa, enmarcada en un expresionismo lento y reflexivo. En su filmografía destacan *El presidente* (1918), *El cuarto casamiento de Margarita* (1920), *La pasión de Juana de Arco* (1928), *Dies irae* (1943), *Ordet* (1955) y *Gertrud* (1964).

Dreyfus, Alfred Militar francés (Mulhouse, 1859 - París, 1935). Hijo de un industrial alsaciano judío, entró como capitán en el estado mayor del ejército. Acusado del supuesto delito de alta traición, fue degradado y deportado a la isla del Diablo (1894). Su proceso, que apasionó a la opinión pública francesa, sugirió a Zola su célebre diatriba *Yo acuso* contra el tribunal que intervino en él. En un segundo proceso se le declaró culpable con circunstancias atenuantes (1899). No se le declaró inocente ni se le rehabilitó hasta 1906.

DRIBLAR tr. e intr. *Dep.* Anglicismo por REGATEAR[1].

DRIBLING (Voz i.) m. *Dep.* REGATE.

Drieu la Rochelle, Pierre Escritor francés (París, 1893 - íd., 1945). Escribió los libros de poemas *Interrogación* (1917) y *Fondo de cantina* (1920); los ensayos *Medida de Francia* (1923) y *Socialismo fascista* (1932); y las novelas *El hombre cubierto de mujeres* (1925), *Gilles* (1939) y *Un hombre a caballo* (1943). Se suicidó al verse acusado de colaboracionismo.

DRIL m. **1** Tela fuerte de hilo o algodón crudos. **2** *Zool.* Mamífero catarrino perteneciente a la familia cercopitécidos, de nombre científico *Mandrillus leucophaeus*. Simio parecido al mandril pero de menor tamaño y con el pelo gris pardo. Vive formando tribus de hasta 50 individuos en África occidental.

Drin Río de Albania, formado por el Drin Negro, que nace en el lago Ohrid (Macedonia), y el Drin Blanco, que nace en Serbia y Montenegro. Desemboca en el mar Adriático; 281 km de curso.

DRIVE (Voz i.) m. *Dep.* **1** En el tenis, golpe que se ejecuta golpeando la bola por el mismo lado en que se sostiene la raqueta. **2** En golf, golpe de larga distancia con que se juega la salida de cada hoyo. También, palo con que se ejecuta.

DRIZA f. Cuerda para izar y arriar las vergas.

Drobeta-Turnu Severin Ciudad de Rumania, capital del distrito de Mehenditi, a orillas del Danubio; 118.086 h. Industria.

DROGA f. **1** *Quím.* Nombre genérico de ciertas sustancias usadas en industria, medicina o química. **2** *Farm.* Sustancia estimulante, deprimente, narcótica o alucinógena. Su consumo puede producir dependencia y está penado por la ley en algunos países. En función de los daños que puedan ocasionar en el organismo, se distinguen las drogas *blandas* (hachís, marihuana) de las *duras* (heroína, cocaína, LSD, opio, etc.). **3** *Farm.* ESTUPEFACIENTE.

DROGADICTO, TA adj. y s. *Med.* Se dice de la persona adicta a las drogas, especialmente estupefacientes.

DROGAR tr. **1** Intoxicar con estupefacientes u otras drogas. **2** Administrar a personas y animales una droga para conseguir de ellos un rendimiento superior al esperado. También prnl.

DROGATA o **DROGOTA** com. fam. DROGADICTO.

DROGUERÍA f. Comercio o tienda en que se venden productos de limpieza, pinturas, etc.

Droguett, Carlos Escritor chileno (Santiago de Chile, 1912 - Lausana, 1992). Es autor de la crónica periodística *Los asesinados del Seguro Obrero* (1940) y las novelas *60 muertos en la escalera* (1953), *Eloy* (1960), *Patas de perro* (1965), *Todas esas muertes* (1971) y *El hombre que trasladaba las ciudades* (1973).

-DROME suf. DROMO-.

Drôme Departamento del SE de Francia, en la región de Rhône-Alpes; 6.530 km² y 437.778 h. Su capital es Valence.

Drôme Río de Francia, que nace en los Alpes y desemboca en el Ródano; 102 km de curso.

dromedario

DROMEDARIO m. *Zool.* Mamífero artiodáctilo rumiante perteneciente a la familia camélidos, de nombre científico *Camelus dromedarius*. Es muy semejante al camello, pero con sólo una giba adiposa en el dorso; habita en las zonas desérticas y subdesérticas del N de África, Asia Menor y Arabia.

DROMO-; **-DROMO, -DROMIA, -DROME, -DRÓMICO** pref. o sufs. que significan carrera: *hipódromo*.

DROSERA f. *Bot.* Nombre común de diversas plantas carnívoras de la familia droseráceas, género *Drosera*. Las hojas están dotadas de pelos terminados en cabezuelas glandulosas, que segregan una sustancia viscosa que aprisiona al insecto que se pose sobre ellas.

DROSÓFILA f. *Zool.* Nombre común de diversos insectos dípteros de la familia drosofílidos, género *Drosophila*, de los que la especie más conocida es *D. melanogaster* (mosca del vinagre y de la fruta).

Droste-Hülshoff, Annette, baronesa von Escritora alemana (Hülshoff, 1797 - Castillo de Meersburg, lago de Constanza, 1848). Poetisa de elevado lirismo, es autora de *El año litúrgico* (1851) y *Últimos dones* (1860). Además escribió novelas como *El haya del judío* (1842).

DRUGSTORE (Voz i.) m. **1** Establecimiento comercial en el que se expenden muchas clases de mercancías, y que permanece abierto más tiempo del ordinario. **2** En EE UU, farmacia.

DRUIDA m. *Antropol.* e *Hist.* Sacerdote de los antiguos galos y britanos.

DRUIDISMO m. Religión de los druidas.

Drummond de Andrade, Carlos Poeta brasileño (Dentro, 1902 - Rio de Janeiro, 1987). En su producción poética destacan títulos como *Brezo de almas* (1934), *Sentimientos del mundo* (1940), *Claro enigma* (1951), *Lección de las cosas* (1962) y *Los buenos tiempos* (1968).

DRUPA f. *Bot.* Fruto carnoso con una sola semilla incluida dentro del endocarpo leñoso (hueso). El exocarpo es fino o correoso y el mesocarpo jugoso. Ejemplos son el melocotón o la cereza.

DRUSA f. *Geol.* **1** Conjunto de cristales que cubren la superficie o la cavidad de una piedra. **2** GEODA.

DRUSO, SA adj. **1** *Etnog.* y *Rel.* Se dice de un pueblo sirio que habita las vertientes del Antilíbano, Líbano y Hermón, formado aproximadamente por unos 200.000 individuos. Probablemente son una amalgama de varias razas en la que domina el elemento árabe. Su religión, cuyos orígenes se remontan al siglo XI, es una mezcla de mahometismo, judaísmo y cristianismo. También s. **2** Relativo a los drusos.

Carl Theodor **Dreyer**. Escena de la película *Dies irae*.

Dublín (Irlanda). El puente Halfpenny sobre el río Liffey.

Druso Noble romano (Roma, 7 d.C. - íd., 33 d. C.). Hijo de Germánico y Agripina, fue cuestor, augur y prefecto de Roma. Adscrito al partido de su hermano y envidioso de su hermano Nerón, fue acusado en el senado por Tiberio, celoso de su popularidad. Condenado a cadena perpetua, murió en la cárcel.

Druso, Marco Livio Político romano (s. II a. C.). Fue tribuno de la plebe (122 a. C.) con Cayo Graco, a cuyas reformas se opuso. Posteriormente, ocupó el cargo de cónsul (112 a. C.) y gobernó Macedonia.

Druso, Marco Livio Político romano (s. I a. C.). Hijo del anterior, fue tribuno de la plebe en 91 a. C. Impulsó la reforma agraria y defendió la concesión de ciudadanía a los itálicos. Murió asesinado.

Druso, Nerón Claudio General romano (38 - 9 a. C.). Hijo de Livia y hermano de Tiberio, se casó con Antonia, hermana de Marco Antonio, con quien tuvo a Claudio y Germánico. Sus éxitos en Germania le valieron el sobrenombre de *Germánico*. Organizó Germania y fundó las ciudades de Augsburgo y Maguncia. Legado imperial en la Galia (12), fue nombrado procónsul (11).

Druso César Noble romano (s. I). Hijo de Tiberio. Envenenado por Seyano, amante de su esposa Livia, en el 23 a. C.

Dry Martini o **Martini Seco** Cóctel que se elabora con ginebra y unas gotas de vermut seco, aromatizado con aceite de cáscara de limón. Agitado, no batido.

Dryden, John Poeta y dramaturgo inglés (Londres, 1633 - Clapham, 1703). Es una de las figuras clave del clasicismo inglés. Destacan sus piezas teatrales *Las rivales* (1663), *El emperador indio* (1667), *Todo por el amor* (1678) y *Matrimonio a la moda* (1672). Pero su fama literaria se debe a las composiciones satírico-alegóricas recogidas en *Absalón y Ajitofel* (1682) y *La medalla* (1682). De su obra crítica destacan *Ensayo sobre la poesía dramática* (1668) y *Ensayo sobre la sátira* (1692).

dseta f. Sexta letra del alfabeto griego (Z, ζ), que equivale al sonido *ds* en castellano.

Du Bartas, Guillaume de Salluste, señor Poeta francés (Montfort, 1544 - París, 1590). Ocupó diversos cargos diplomáticos bajo Enrique IV. Entre sus obras, de una gran erudición, figuran *La semaine ou création du monde* (1578), *Le triomphe de la foi* (1583), *Judith* (1583), etc.

Du Bellay, Joachim Bellay, Joachim du.

Du Bois-Reymond, Emil Fisiólogo alemán (Berlín, 1818 - íd., 1896). Se le considera el fundador de la fisiología experimental. Con su obra *Investigaciones sobre la electricidad animal* (1849-84) inauguró la moderna electrofisiología científica.

Du Bos, Charles Escritor francés (París, 1882 - La Celle-Saint-Cloud, 1939). Autor de una extensa obra de crítica literaria en la que destacan *Aproximaciones* (1922-37), *Byron y la necesidad de la fatalidad* (1929) y *Diario* (1946-57).

Du Maurier, Daphne Maurier, Daphne du.

Du Vigneaud, Vincent Bioquímico estadounidense (Chicago, 1901 - White Plains, Nueva York, 1978). Premio Nobel de Química en 1955 por sus investigaciones para la determinación de las estructuras y la síntesis de las hormonas oxitocina y vasopresina.

dual adj. y m. Que reúne dos caracteres o fenómenos distintos.

Duala Douala.

dualidad f. 1 Reunión de dos caracteres distintos en una misma persona o cosa. 2 *Geol.* Facultad que tienen algunos cuerpos de cristalizar, según los casos, en dos figuras geométricas.

dualismo m. Sistema religioso y filosófico que explica el origen y la naturaleza del universo por la acción de dos principios diversos y contrarios.

Duarte Eduardo, rey de Portugal.

Duarte Provincia de la República Dominicana; 1.292 km² y 281.879 h. Su capital es San Francisco de Macorís.

Duarte Pico de la República Dominicana, en la Cordillera Central, punto culminante de las Antillas, 3.175 m.

Duarte, José Napoleón Político salvadoreño (San Salvador, 1925 - íd., 1990). Fundador del Partido de la Democracia Cristiana (1960), en 1972 fue elegido presidente de la República. Derrocado poco después, se exilió en Venezuela. Vuelto a El Salvador, presidió un gobierno de emergencia (1980-82). Posteriormente ocupó de nuevo la presidencia (1984-89).

Duarte, Juan Pablo Patriota dominicano (Santo Domingo, 1813 - Caracas, 1878). Considerado el fundador de la República Dominicana, en 1838 fundó la sociedad secreta *La Trinitaria*. Se expatrió a Curaçao, por la represión nacionalista. Tras su regreso en 1861, hubo de alejarse una vez más como consecuencia de la guerra de Restauración.

Duarte Frutos, Nicanor Político paraguayo (Coronel Oviedo, 1956). Militante del Partido Colorado desde 1971, fue ministro de Educación y Cultura (1993-97 y 1999-2001). En 2003 fue elegido presidente de Paraguay.

Duarte de Perón, María Eva Perón, María Eva Duarte de.

Duayen, César (Emma de la Barra, llamada) Novelista argentina (Rosario, 1861 - Buenos Aires, 1947). Es autora de *Stella* (1905), *Mecha Iturbe* (1906) y *Cartas materiales* (1917).

Dubai 1 Emirato de la Unión de Emiratos Árabes, al E de la península de Arabia; 3.900 km² y 548.000 h. **2** Ciudad capital del mismo; 585.189 h. Puerto e importante centro comercial.

Dubcek, Alexander Político checo (Uhrowec, 1921 - Praga, 1992). Miembro del Partido Comunista desde 1939, en 1968 sustituyó a Novotny como primer secretario del partido. Inició un proceso de democratización que finalizó con la invasión de Checoslovaquia ese mismo año. Expulsado del partido en 1970, en 1989 fue elegido presidente de la cámara legislativa.

dubitación f. **1** Duda. **2** *Ret.* Figura que consiste en manifestar el orador duda o perplejidad ante lo que debe decir.

Dublé Urrutia, Diego Poeta chileno (Abgol, 1877 - Santiago, 1967). Además de trabajos históricos sobre su país escribió *Veinte años* (1898), *Del mar a la montaña* (1903), *El caracol* (1903) y *Fontana cándida: 1895-1952* (poemas, 1953).

Dublín 1 Condado de Irlanda, en Leinster, 922 km² y 1.057.000 h. **2** Ciudad capital de Irlanda, de la provincia de Leinster, y del condado de su nombre; 480.996 h. Centro administrativo e industrial. Puerto.

Dubois, Eugène Médico y paleontólogo holandés (Eysden, 1858 - Haelen, 1940). En 1891 descubrió en la isla de Trinil una bóveda, dos molares y el fémur de un primate, al que dio el nombre de *Pithecanthropus erectus*; actualmente, se le llama *Homo erectus*.

Dubois, Guillaume Estadista y cardenal francés (Brive, 1656 - Versalles, 1723). Dirigió la política exterior francesa desde 1715 hasta su muerte, consiguiendo formar con los Países Bajos e Inglaterra la Triple Alianza frente a España (1717). Fue primer ministro (1722).

Dubrovnik Ciudad de Croacia, 49.728 h. Conocida como Ragusa, desde comienzos del siglo XIII hasta mediados del XIV perteneció a Venecia, luego a Hungría, y más tarde formó un Estado libre hasta principios del siglo XIX. Ocupada por los franceses (1806-13), pasó a poder de Austria por el tratado de Viena y, en 1918, de Yugoslavia. Turismo. En 1991 fue asediada durante el conflicto entre serbios y croatas.

Dubuffet, Jean Pintor y escultor francés (El Havre, 1901 - París, 1985). Es uno de los representantes del informalismo, creador del art brut. A través del empleo de materiales como periódicos, escorias, tierra, etc., realizó un arte primitivo y espontáneo. Autor de las series *Metro* (1943), *Mirobolus* (1944) y *Macadam y Cía* (1944).

Duby, Georges Historiador francés (París, 1919 - Aix-en-Provence, 1996). Autor de *L'économie rurale et la vie des campagnes dans l'Occident médiéval* (1962), *Guerreros y campesinos* (1973), *Los tres órdenes del imaginario feudal* (1978), *Guillermo el Mariscal* (1984) y *La historia continúa* (1991).

ducado m. **1** Dignidad de duque. **2** Territorio sobre el que recae este título. **3** Estado gobernado por un duque. **4** *Num.* Moneda de oro usada en España hasta fines del siglo XVI.

Ducasse, Isidore Lautréamont, conde de.

Ducasse, Jean-Baptiste Marino francés (Saubusse, cerca de Dax, 1646 - Bourbon-Archambault, 1715). Durante la guerra de Sucesión de España, aprovisionó Cartagena en 1703, y en 1714, como almirante de la escuadra francesa, bloqueó por mar Barcelona.

Duccio de Buoninsegna Pintor italiano (Siena, h. 1255 - íd., 1318). Su estilo se caracteriza por la prolongación de la tradición bizantina de Siena, la influencia de Cimabue, las búsquedas del primer Giotto y el gótico francés. Se le atribuyen La *Madonna Rucelai* (1285), la vidriera de la catedral de Siena (1287-88), *Madonna con tres franciscanos*, políptico de la *Virgen* (Siena), la *Maestà* de Berna y el retablo del altar mayor de la catedral de Siena.

Duce Título con que se distinguía al que fue jefe del gobierno fascista italiano, Benito Mussolini.

Dubrovnik (Croacia).

Duccio de Buoninsegna. *Maestà*.
Detalle de los funerales de la Virgen.
Museo de la catedral (Siena).

DUCENTÉSIMO, MA adj. **1** Que sigue al centésimo nonagésimo nono. **2** Se dice de cada una de las 200 partes iguales en que se divide un todo. También s.

DUCHA f. **1** Chorro de agua que se hace caer sobre el cuerpo para limpieza y refrescamiento. **2** Aparato para ducharse.

DUCHAMP, MARCEL Pintor y escultor estadounidense, de origen francés (Blainville, 1887 - Neuilly, 1968). Sus primeras pinturas presentan influencias impresionistas, fauvistas, cubistas y futuristas, como en su *Desnudo bajando la escalera n.º 2* (1912). A partir de 1915 puso su firma en los *ready-made*, objetos manufacturados de uso cotidiano: *Rueda de bicicleta* (1913) y *La fuente* (1917); y *ready-made* rectificados: *A bruit secret* (1916). De 1946 a 1966 trabajó su *Environment étant donnés*, conocida después de su muerte.

Marcel **Duchamp**. *Desnudo bajando una escalera*. Museo de Arte (Filadelfia).

DUCHAMP-VILLON, RAYMOND Escultor francés (Danville, 1876 - Cannes, 1918). Influido por sus hermanos M. Duchamp y J. Villon, se adhirió al cubismo. Obras: *Torso de mujer* (1907), *Atleta* (1910) y *Baudelaire* (1911).
DUCHAR tr. y prnl. Dar una ducha.
DUCHO, CHA adj. Experimentado, diestro.
DUCIS, JEAN-FRANÇOIS Escritor francés (Versalles, 1733 - íd., 1816). Adaptó a la escena francesa varios dramas de Shakespeare y publicó poesía. Autor de las tragedias *Edipo en casa de Admete* (1778) y *Abufar* (1795).
DUCLOS, JACQUES Político francés (Louey, 1896 - París, 1975). Secretario del buró político del mismo (1931-64), perteneció a la comisión ejecutiva de la Tercera Internacional. Durante la ocupación alemana dirigió la organización clandestina del Partido Comunista Francés. La línea ortodoxa que preconizaba perdió influencia tras su derrota en las elecciones presidenciales de 1969.
DUCOMMUN, ELIE Periodista suizo (Ginebra, 1833 - Berna, 1906). Director de la Liga Internacional de la Paz y la Libertad, fundada en 1867, publicó *El programa práctico de los amigos de la paz*. Compartió con Karl Albert Gobat el premio Nobel de la Paz (1902).
DÚCTIL adj. **1** Se dice de los metales que admiten grandes deformaciones mecánicas en frío sin llegar a romperse. **2** Se dice de los metales que mecánicamente se pueden extender en alambres o hilos. **3** fig. Acomodadizo, condescendiente.
-DUCTO, -DUCTOR sufs. que significan conducción: *acueducto*.
DUDA f. **1** Vacilación e indeterminación del ánimo. **2** Cuestión que se propone para resolverla. || **sin duda** loc. adv. Ciertamente. También, tal vez, acaso.
DUDAR intr. **1** Estar en duda, no estar seguro. También tr. **2** Desconfiar, sospechar de una cosa o de una persona. || tr. **3** Dar poco crédito a una cosa.
DUDINKA Ciudad de la Federación de Rusia, capital del Distrito autónomo de Taimyr; 32.325 h.
DUDLEY Ciudad del Reino Unido, en Inglaterra, al O de Birmingham, de cuya aglomeración forma parte; 312.000 h.
DUDLEY, JOHN NORTHUMBERLAND, DUQUE DE.
DUDOSO, SA adj. **1** Que ofrece duda. **2** Que tiene duda. **3** Poco probable.
DUELA f. **1** Cada una de las tablas curvadas de las pipas, cubas, barriles, etc. **2** Zool. Nombre común de diversos gusanos platelmintos trematodos parásitos.
DUELERO m. TONELERO.
DUELO m. **1** Combate entre dos a consecuencia de un desafío. **2** Dolor, aflicción. **3** Demostraciones para manifestar el sentimiento por la muerte de alguno. **4** Reunión de parientes o amigos que asisten a la casa mortuoria, al entierro, al funeral, etc. **5** Fatiga, trabajo.
DUENDE m. **1** *Folk*. Espíritu fantástico del que se dice que habita en algunas casas. **2** And. Encanto.
DUEÑA f. **1** Propietaria. **2** Monja o beata que vivía antiguamente en comunidad. **3** Viuda que para guarda de las demás criadas había en las casas principales. **4** Antiguamente, mujer principal casada.
DUEÑAS, FRANCISCO Político salvadoreño (San Salvador, 1811 - íd., 1884). Fraile mercedario, durante la guerra con Guatemala asumió el poder ejecutivo (1851) en ausencia de Vasconcelos. Electo después por el Congreso, desempeñó el cargo hasta 1854. Firmó un acuerdo de paz con Carrera, de Guatemala, y en 1856 ocupó nuevamente el Ejecutivo. De mentalidad conservadora, colaboró con Carrera y apoyado por éste desempeñó la presidencia de 1863 a 1871.
DUEÑO m. **1** El que tiene dominio sobre persona o cosa. **2** El amo de la casa respecto de sus criados. || ser uno **dueño de sí mismo** loc. Saber dominarse. || **ser** uno **muy dueño** de hacer una cosa fr. fam. Tener libertad para hacerla.
DUERMEVELA amb. **1** fam. Sueño ligero. **2** fam. Sueño frecuentemente interrumpido.
DUERNA f. **1** ARTESA. **2** Tronco hueco en forma de canal para dar de comer a los animales.
DUERO Río de la península Ibérica; nace en la Peña de Urbión, en los límites de la provincia de La Rioja con la de Soria, y desemboca en el Atlántico por Oporto; 913 km de curso. Sus principales afluentes son el Pisuerga y el Esla, por la derecha, y por la izquierda, el Eresma y el Tormes.
DUETO m. dim. de DÚO.
DUFY, RAOUL Pintor francés (El Havre, 1877 - Forcalquier, 1953). Es una de las figuras representativas del fauvismo. Entre sus principales obras figuran *Barcos en el puerto de Marsella* (1910), *Vista de Sainte-Adresse* (1924), etc. Cultivó además el grabado en madera, la litografía, la acuarela y la decoración arquitectónica.
DUGONGO m. *Zool*. Mamífero acuático sirenio perteneciente a la familia dugóngidos, de nombre científico *Dugong dugon*. Tiene una longitud de entre 3 y 5 m, la piel gris y el macho presenta dos pequeños colmillos. Vive en grupos reducidos en las costas del océano Índico.
DUGUAY-TROUIN, RENÉ Corsario francés (Saint-Malo, 1673 - París, 1736). Protagonizó importantes operaciones durante el reinado de Luis XIV.
DUGUESCLIN, BERTRAND GUESCLIN, BERTRAND DU.
DUHALDE MALDONADO, EDUARDO ALBERTO Abogado y político argentino (Lomas de Zamora, 1941). Miembro del Partido Justicialista, diputado nacional por la provincia de Buenos Aires (1987), vicepresidente con Menem (1989), gobernador de Buenos Aires (1991-1999) y senador (2001), en enero de 2002 fue elegido presidente del país por la asamblea legislativa, tras la dimisión primero de De la Rúa y después de Rodríguez Saá.
DUHAMEL, GEORGES Novelista francés (París, 1884 - cercanías de París, 1966). Fue uno de los fundadores del grupo de la abadía de Créteil, seguidores del unanimismo, basado en la conciencia de grupo. Obras: *Vida y aventuras de Salavín* (1920-32) y *Crónica de los Pasquiers* (1933-44).
DUHEM, PIERRE MAURICE Físico y filósofo francés (París, 1861 - Cabrespine, Aude, 1916). Investigó sobre la historia de las ciencias y de la cosmología desde una perspectiva continuista.
DUHESME, PHILIPPE GUILLAUME Militar francés (Bourgneuf, 1766 - Genappe, 1815). En 1800 fue nombrado comandante del ejército de los Alpes. Enviado a España en 1808, se apoderó de Barcelona y fue durante dos años gobernador de la ciudad, aunque fracasó en su intento de dominar el resto de Cataluña. Postergado por Napoleón, se unió, no obstante, a él a su regreso de Elba; murió asesinado cerca de Waterloo.
DÜHRING, KARL EUGEN Filósofo y economista alemán (Berlín, 1833 - íd., 1921). Partidario de un socialismo al modo del propugnado por Fourier, Engels escribió contra él el famoso *Anti-Dühring*. Obras: *Capital y trabajo* (1865) y *Economía política y socialismo* (1874).
DUILIO, CAYO NEPOTE General romano (s. III a. C.). Perteneciente a una familia plebeya, la gens Duilia, fue elegido cónsul en 261 a. C. junto a C. Cornelio Escipión. Durante la primera guerra púnica, obtuvo una importante victoria naval contra los cartagineses ante Milos, en la costa de Sicilia.
DUINA DVINA OCCIDENTAL y DVINA SEPTENTRIONAL.
DUISBURGO (*Duisburg*) Ciudad de Alemania, Land de Renania del Norte-Westfalia; 536.106 h. Situada en la confluencia del Rhur y del Rhin. Industria naval y de maquinaria.
DUJARDIN, EDOUARD Escritor francés (Saint-Gervais-la-Fôret, 1861 - París, 1949). Fundó *La Revue Indépendante*, punto de encuentro de los poetas simbolistas. Es autor de la novela *Han cortado los laureles* (1888) de los cuentos fantásticos de *La comedia de los amores* (1891) y *Mari Magno* (1921).
DUJARDIN, FÉLIX Naturalista francés (Tours, 1801 - Rennes, 1860). Se distinguió por sus estudios sobre infusorios. Autor de *Historia natural de los infusorios*.

Raoul **Dufy**. *Banda militar*. Museo Nuevo (El Havre).

Alejandro **Dumas** (padre). Retrato de Alphonse Bellay. Palacio de Versalles.

Dukas, Paul Compositor francés (París, 1865 - íd., 1935). Compuso, entre otras obras, *El aprendiz de brujo* (1897), *Ariana y Barba Azul* (1907), *Variaciones para pianos* y *La Peri* (1912).

dula f. **1** Turno de riego. **2** Cada una de las porciones del terreno comunal donde por turno pacen los ganados de los vecinos de un pueblo. **3** Conjunto de estas cabezas de ganado.

Dulbecco, Renato Científico estadounidense, de origen italiano (Catanzaro, 1914). En 1975 compartió el premio Nobel de Fisiología y Medicina con H. Temin y D. Baltimore, por sus investigaciones sobre los mecanismos productores del cáncer.

dulce adj. **1** De sabor agradable, como la miel, el azúcar. **2** *Mín.* Dúctil. **3** Se dice del manjar insulso, falto de sal. **4** fig. Grato, apacible. **5** fig. Afable, complaciente. **6** Se dice de la pintura de suave dibujo, o de hermoso colorido. || m. **7** Alimento compuesto con azúcar. || **dulce de almíbar** Fruta conservada en almíbar. || **a nadie le amarga un dulce** fr. fig. y fam. Denota que cualquier ventaja, por pequeña que sea, no es de despreciar.

Dulce Río de Argentina que nace en el N de Tucumán, donde se llama río Grande; al pasar por San Miguel de Tucumán se denomina Salí, tomando el nombre de Dulce en la provincia de Santiago del Estero; desemboca en la laguna Mar Chiquita; 632 km de curso.

dulceacuícola adj. Perteneciente o relativo a las aguas dulces.

dulcificar tr. **1** Volver dulce. También prnl. **2** fig. Mitigar la aspereza de una cosa.

Dulcinea f. **1** fig. y fam. Mujer querida. **2** fig. Aspiración ideal comúnmente fantástica.

Dulles, John Foster Político estadounidense (Washington, 1888 - íd., 1959). Acompañó al presidente Wilson en Versalles (1919), intervino en el plan Dawes sobre las reparaciones alemanas y estuvo presente en la conferencia de San Francisco (1945). Fue secretario de Estado en la administración Eisenhower desde 1953 hasta el año de su muerte.

Dulong, Pierre-Louis Físico y químico francés (Rouen, 1785 - París, 1838). Se dedicó al estudio de la medición y transmisión del calor entre los cuerpos. Enunció, junto con Alexis Thérèse Petit, la ley que lleva sus nombres.

dulzaina f. Instrumento musical de viento, parecido al oboe, de timbre agudo, característico del folclore castellano.

dulzura f. **1** Calidad de dulce. **2** fig. Suavidad, deleite. **3** fig. Afabilidad, bondad, docilidad. **4** Palabra cariñosa. Más en pl.

duma f. *Hist.* y *Polít.* Asamblea legislativa de la Rusia zarista. Creada como consecuencia del compromiso del zar Nicolás II con la oposición liberal implicada en la revolución de 1905, abrió sus sesiones en abril de 1906. Podía ser disuelta por decreto imperial, lo que restó en gran medida su efectividad política. Tras la disolución de la URSS, recibió ésta denominación la cámara legislativa de la Federación de Rusia.

Dumaguete Ciudad de Filipinas, capital de la provincia de Negros Oriental; 63.411 h.

Dumas, Alejandro Novelista y dramaturgo francés (Villers-Cotterets, 1802 - Puys, 1870). Escritor romántico, tanto sus dramas como sus 15 novelas son muy conocidos. Éstas, principalmente de argumento histórico, fueron decisivas para consolidar un nuevo género de novelas por entregas, más tarde llamadas «folletines». Entre ellas se encuentran *La torre de Nesle* (1832), *Los tres mosqueteros* (1844), *Veinte años después* (1845), *El vizconde de Bragelonne* (1848), *El conde de Montecristo* (1846) y *El collar de la reina* (1850).

Dumas, Alejandro Novelista y dramaturgo francés (París, 1824 - Marly-le-Roy, 1895). Hijo del anterior, alcanzó la fama con *La dama de las camelias* (1848). Después publicó otras novelas, como *El asunto Clemenceau* (1884), aunque se dedicó especialmente al teatro: *El medio mundo* (1855), *El hijo natural* (1858), *El amigo de las mujeres* (1864) y *La princesa de Bagdad* (1881).

Dumas, Georges Psicólogo francés (Lédignan, 1866 - íd., 1946). Obras: *Los estados intelectuales en la melancolía* (1894), *La tristeza y la alegría* (1900), etc.

Dumas, Jean-Baptiste Químico y botánico francés (Alès, 1800 - Cannes, 1884). Introdujo el uso del yodo en el tratamiento del bocio, calculó las masas atómicas de unos 30 elementos e ideó un método nuevo para obtener la composición del aire y del agua.

Dumbartonshire Occidental Distrito unitario del Reino Unido, en Escocia; 94.900 h.

Dumbartonshire Oriental Distrito unitario del Reino Unido, en Escocia; 109.600 h.

Dumézil, Georges Historiador francés (París, 1898 - íd., 1986). Estudió las culturas védica y prevédica, irania, romana y paleogermánica. Autor de *Ouranos-Varuna* (1934), *Los dioses de los indoeuropeos* (1952), *La religión romana arcaica* (1966) y *Mito y epopeya* (1968-71).

Dumfries Ciudad del Reino Unido, en Escocia, en el distrito unitario de Dumfries and Galloway; 32.804 h.

Dumfries and Galloway Distrito unitario del Reino Unido, en Escocia; 147.300 h.

Dumont, Carlota Matto de Turner, Clorinda.

Dumont d'Urville, Jules-Sébastien-César Navegante francés (Condé-sur-Noireau, 1790 - Meudon, 1842). Dio la vuelta al mundo (1822-25), recorrió la Polinesia en busca de La Pérouse y exploró la Antártida.

Dumouriez, Charles (Charles-François du Perier, llamado) Militar y político francés (Cambrai, 1739 - Tourbille Park, Reino Unido, 1823). Unido a los jacobinos en 1790, en marzo de 1792 recibió el nombramiento de ministro de Asuntos Exteriores. Al mando del ejército del Norte consiguió las victorias de Valmy y Jemmapes. Derrotado en Neerwinden, la Convención Nacional le retiró el mando y se pasó a los austriacos (1793).

dumping (Voz i.) m. *Econ.* Práctica de comercio internacional consistente en vender mercancías en los mercados extranjeros a precios inferiores a los del país importador respectivo, con el fin de dar salida a excedentes, adquirir divisas o abrirse paso en un nuevo mercado.

duna f. *Geol.* Elevación formada por un acúmulo de arena que, en su proceso de arrastre por el viento, encuentra un obstáculo y empieza a acumularse. Es propia de desiertos y costas. Más en pl.

Duna Danubio.

Dunant, Henri Filántropo suizo (Ginebra, 1828 - Heiden, 1910). Promovió la conferencia de Ginebra de 1864 de donde surgió la Cruz Roja Internacional. Compartió con Frédéric Passy el premio Nobel de la Paz (1901).

Dunas, batalla naval de las *Hist.* Derrota naval de la escuadra española dirigida por Antonio de Oquendo frente a la holandesa de Tromp en la rada de la costa inglesa de Kent (21 de octubre de 1639). La batalla supuso el cierre para los navíos españoles de la vía marítima a los Países Bajos.

Dunas, batallas de las *Hist.* Combates desarrollados entre las tropas españolas y holandesas en 1600 y españolas y anglofrancesas en 1658. En ambos fueron derrotados los españoles. En el primero, Mauricio de Nassau venció al archiduque Alberto en las cercanías de Nieuwport, al O de Brujas. En el segundo, las tropas francesas de Turena se impusieron a Juan de Austria y Condé en Dunkerque.

Dunaújváros Ciudad de Hungría situada en el condado de Fejér; 62.000 h.

Henri **Dunant**

Dunaway, Faye Actriz de cine estadounidense (Tallahassee, Florida, 1941). Ha intervenido en *Bonnie y Clyde* (1967), *Chinatown* (1974), *El cuento de la doncella* (1989), *Arizona Dream* (1992), *Don Juan de Marco* (1995), *Albino Alligator* (1997) y *La otra cara del crimen* (2000).

Duncan I Rey de Escocia (? - Pitgaveny, 1040). Nieto y sucesor de Malcolm II, gobernó de 1034 a 1040. Derrotado por los noruegos y los northumbrios, fue asesinado por Macbeth, conde de Moray.

Duncan, Isadora Bailarina estadounidense (San Francisco, 1878 - Niza, 1927). Considerada una de las renovadoras de la ideología y de la técnica de la danza clásica y una de las precursoras de la danza moderna, sus gestos estatuarios, rítmicos y sus túnicas evocaban las danzas de la antigua Grecia.

Dundalk Ciudad del NE de Irlanda, capital del condado de Louth, provincia de Leinster; 26.581 h. Puerto.

Faye **Dunaway**. Escena de la película *Bonnie y Clyde*.

Dundas Población de Groenlandia. Base aérea estadounidense, que antes se llamó Thule.

Dundee Distrito unitario del Reino Unido, en el E de Escocia; 146.700 h.

Dunedin Ciudad de Nueva Zelanda, en la isla del Sur, capital de la región de Otago; 119.612 h. Puerto.

Dungeness Punta de la costa patagónica argentinochilena, en la entrada occidental del estrecho de Magallanes.

dunita f. *Geol.* Roca magmática intrusiva, formada fundamentalmente por olivino.

Dunkerque Ciudad de Francia, en el departamento de Norte, en la costa del Paso de Calais; 70.331 h. Importante puerto. Centro industrial. En 1940 fue escenario de una batalla, con ocasión del embarque de las tropas aliadas en retirada tras ser derrotadas por el ejército alemán.

Dunlop, John Boyd Inventor escocés (Dreghorn, 1840 - Dublín, 1921). Ideó la cámara de aire para amortiguar las vibraciones de las ruedas con el suelo, precursora del neumático.

Dunoyer de Segonzac, André Pintor y grabador francés (Boussy-Saint-Antoine, 1884 - París, 1974). Prefirió los temas de figura y paisaje y cultivó también la acuarela, el aguafuerte, el grabado y la ilustración de libros. Obras: *Carmen* (1914) y *La primavera* (1920).

Duns Escoto, John Teólogo y filósofo escocés (Duns, 1274 - Colonia, 1308). Uno de los principales representantes de la filosofía escolástica, sometió a rigurosa crítica la doctrina tomista. Defendió la tesis del realismo de los universales. Obras: *Opus oxoniense*, *Reportata parisiensia* y *Quaestiones quodlibetales*.

Dunsany, lord Edward Escritor irlandés (Londres, 1878 - Dublín, 1957). Escribió dramas de asunto fantástico: *La puerta reluciente* (1909) y *La sombra de la fregona* (1926), y libros de relatos: *Cuentos de un soñador* (1910) y *Cuentos de maravilla* (1916).

Dunstable, John Compositor inglés (?, h. 1385 - Londres, 1453). Junto con Binchoys y Dufay subrayó la armonía: dio mayor plenitud a los acordes e introdujo en las sucesiones armónicas una mayor variedad. Escribió numerosas composiciones de música sacra.

dúo m. *Mús.* **1** Composición para dos ejecutantes, sean cantantes o instrumentistas. **2** Esos mismos ejecutantes.

duodécimo, ma adj. **1** Que sigue al undécimo. **2** Se dice de cada una de las doce partes iguales en que se divide un todo. También s.

DUODÉCUPLO, PLA adj. y m. Que contiene un número exactamente doce veces.
DUODENO, NA adj. **1** *Anat.* Primera porción del intestino delgado de los mamíferos, que comunica con el estómago a través del píloro y tiene su continuación en el yeyuno. En el hombre tiene unos doce dedos de largo y en él vierten sus jugos el hígado y el páncreas. **2** DUODÉCIMO.
DUPIN, AURORE SAND, GEORGE.
DUPLEIX, JOSEPH-FRANÇOIS Político y colonizador francés (Landrecies, 1697 - París, 1763). Comisario de guerra y director general de la Compañía de las Indias, aseguró para Francia unos territorios que la Compañía no supo conservar.
DÚPLEX adj. **1** *Fís.* Se dice de un sistema de radiotelefonía capaz de transmitir simultáneamente en los dos sentidos. || m. **2** Se dice de la vivienda de dos plantas unidas entre sí por una escalera interior.
DÚPLICA f. *Der.* Escrito en los juicios en que el demandado responde a la réplica del demandante.
DUPLICACIÓN f. **1** Acción y efecto de duplicar o duplicarse. **2** *Biol.* Proceso por el que se presenta en el genoma un fragmento extra de cromosoma, generalmente unido o insertado en otro cromosoma entero del juego.
DUPLICADO m. **1** Segundo documento o escrito que se expide, del mismo tenor que el primero. **2** Ejemplar repetido de una obra. || **por duplicado** loc. adv. En dos ejemplares.
DUPLICAR tr. **1** Hacer doble una cosa. También prnl. **2** Multiplicar por dos una cantidad. **3** *Der.* Contestar el demandado a la réplica del demandante.
DUPLO, PLA adj. y m. Que contiene un número exactamente dos veces.
DUPONT DE L'ÉTANG, PIERRE-ANTOINE, CONDE DE General francés (Chabanais, 1765 - París, 1840). Se distinguió en Austerlitz, Jena, Marengo y Ulm y fue comandante en España. Tras su capitulación en la batalla de Bailén ante el general Castaños, fue destituido y encerrado en el fuerte de Joux. En 1814 Luis XVIII lo rehabilitó, nombrándolo ministro de la Guerra.
DUPUYTREN, GUILLAUME Cirujano francés (Pierre-Buffière, 1777 - París, 1835). Describió la enfermedad que lleva su nombre, manifestada en la flexión progresiva de los dedos sobre la palma de la mano.
DUQUE, SA m. y f. **1** Título de la nobleza, superior al de marqués e inferior al de príncipe que, en España, representa la dignidad nobiliaria más alta. **2** El que posee este título. || f. **3** Mujer del duque.

Pedro **Duque**

DUQUE, PEDRO Astronauta español (Madrid, 1963). Miembro de la Agencia Europea del Espacio, en 1998 formó parte de la tripulación del *Discovery* como encargado de controlar los sistemas informáticos de la nave. En 1999 le fue concedido el premio Príncipe de Asturias de Cooperación Internacional junto con sus compañeros de tripulación del transbordador.
DUQUE DE CAXIAS Ciudad de Brasil, Estado de Rio de Janeiro; 325.903 h. Centro industrial.
DUQUE DE ESTRADA, DIEGO Soldado y escritor español (Toledo, 1589 - Caller, 1647). Autor de *Comentarios del desengañado de sí mismo* (1860), memorias, y del poema épico *Octavas rimas a la insigne victoria* (1622).
DUQUE JOB GUTIÉRREZ NÁJERA, MANUEL.
DURACIÓN f. **1** Tiempo que dura una cosa. **2** Tiempo que transcurre entre el principio y el fin de un proceso físico, biológico, etc.
DURADERO, RA adj. Se dice de lo que dura mucho.
DURALEX (Marca registrada.) m. Materia plástica transparente empleada en la fabricación de vajillas.

Hoces del río **Duratón**, cerca de Sepúlveda (Segovia).

DURALUMINIO m. *Met.* Aleación de aluminio (90-94%) con cobre (3-5%), y pequeñas proporciones de manganeso, magnesio, silicio y hierro, que tiene la dureza del acero.
DURAMADRE o **DURAMÁTER** f. *Anat.* Meninge más externa y dura de las tres que rodean el encéfalo y la médula espinal, separándolos de los huesos del cráneo y de la columna vertebral.
DURAMEN m. *Bot.* Parte más interna, seca, dura y oscura del tronco de los árboles.
DURAMICINA f. *Quím.* Antibiótico empleado en agricultura para combatir numerosas enfermedades.
DURÁN BALLÉN, SIXTO Político ecuatoriano (Boston, 1921). En 1991 fundó el Partido de la Unión Republicana (UR), al frente del cual logró la victoria en las elecciones presidenciales de 1992. Cuatro años después fue sustituido por A. Bucaram.
DURANGO 1 Estado de México; 123.181 km^2 y 1.449.036 h. **2** Ciudad capital del mismo; 348.036 h.
DURANGO Municipio y lugar de España, provincia de Vizcaya; 23.044 h. Torre de Muncharaz (siglo XIV).
DURANT, WILLIAM JAMES Historiador estadounidense (North Adams, 1885 - Los Ángeles, 1981). Autor de *La historia de la filosofía* (1926), *La vida de Grecia* (1939) y *La era de Napoleón* (1975).
DURANTE prep. Denota simultaneidad de un acontecimiento con otro.
DURÃO, FRAY JOSÉ DE SANTA RITA Religioso agustino brasileño (Cata Preta, h. 1718 - Lisboa, 1784). Es autor de *Caramuru* (1781), poema épico sobre la conquista de América.
DURAR intr. **1** Continuar siendo, obrando. **2** Subsistir, permanecer.
DURAS, MARGUERITE Novelista francesa (Giadinh, Indochina, 1914 - París, 1996). Perteneció a los círculos existencialistas y colaboró con la Resistencia. Miembro del «nouveau roman», escribió las novelas *Un dique contra el Pacífico* (1950), *El Square* (1952), *Moderato cantabile* (1958), *El amante* (1984), *La vida material* (1987) y *El amante de la China del Norte* (1991).
DURATÓN Río de España, que nace en Somosierra y desemboca en el Duero. Atraviesa las provincias de Madrid, Segovia y Valladolid; 115 km.
DURAZNERO m. *Bot.* MELOCOTONERO.
DURAZNILLO m. *Bot.* Planta de la familia poligonáceas, de nombre científico *Polygonum persicaria*, de flores rosáceas y fruto en nuez, que crece junto al agua en el hemisferio Norte.
DURAZNO m. *Bot.* **1** Melocotón. **2** *Amér.* Nombre genérico de varias especies de árboles: melocotonero, pérsico y durazno.
DURAZNO 1 Departamento de Uruguay; 11.643 km^2 y 56.986 h. **2** Ciudad capital del mismo, a orillas del río Yí; 27.602 h.
DURAZZO DURRËS.
DURBAN Ciudad de la República Sudafricana, provincia de Natal; 715.669 h. Centro industrial. Puerto. Antiguamente se llamó *Port Natal.*
DURERO, ALBERTO (ALBRECHT DÜRER, llamado en español) Pintor y grabador alemán (Nuremberg, 1471 - íd., 1528). Principal representante del Renacimiento alemán y uno de los más grandes grabadores en madera y cobre. Entre sus obras destacan *Adoración de los Magos, El Altar de Paumgartner, Adán y Eva* (1507), *la Adoración de la Trinidad* (1511); dentro del grabado sobresalen la *Vida de la Virgen, la Pasión Grande, El caballero, La muerte y el diablo, San Jerónimo* y *La Me-*

lancolía. Como retratista realizó los retratos de *Erasmo* y *Melanchton.*
DUREZA f. **1** Calidad de duro. **2** Tumor o callosidad. **3** *Geol.* Resistencia que opone un mineral a ser rayado por otro. Para determinarla se utiliza el esclerómetro, pero un método más sencillo, aunque menos preciso, es el basado en la escala de Mohs, que establece diez grados de dureza en otros tantos minerales tipo: 1 (talco), 2 (yeso), 3 (calcita), 4 (fluorita), 5 (apatito), 6 (ortosa), 7 (cuarzo), 8 (topacio), 9 (corindón) y 10 (diamante).
DURHAM f. *Veter.* Raza bovina especializada en la producción de carne.
DURHAM 1 Condado del Reino Unido, en Inglaterra; 506.400 h. Minas de plomo, carbón y mármol. **2** Ciudad del Reino Unido, en el condado de su nombre; 26.422 h. Castillo del siglo XI y catedral del XII.
DURICA Volcán de Costa Rica, en la sierra de Talamanca; 2.940 m.
DURIFRUTICETA f. *Bot.* Subtipo de formación vegetal durilignosa, propio de gran parte de la región mediterránea occidental y oriental, constituido por arbustos de hojas coriáceas.
DURIHERBOSA f. *Bot.* Formación vegetal típicamente continental, que corresponde con las praderas de estepa.
DURILIGNOSA f. *Bot.* Formación vegetal integrada por especies leñosas siempre verdes, propia de climas mediterráneos.
DURILLO m. *Bot.* **1** Arbusto perteneciente a la familia caprifoliáceas, de nombre científico *Viburnum tinus*, propio de la región mediterránea. Su madera, rojiza y dura, tiene aplicación en obras de taracea. **2** CORNEJO.
DURISILVA f. *Bot.* Subtipo de formación vegetal durilignosa constituido por bosques de árboles esclerófilos.
DURKHEIM, ÉMILE Sociólogo francés (Épinal, 1858 - París, 1917). Fundador de la revista *L'année Sociologique* (1896), su obra, junto a la de Max Weber, es un punto de referencia esencial en la sociología del siglo XX ya que enfocó el estudio de los hechos sociales como

Alberto **Durero.** *Virgen con el Niño.* Museo de Arte (Viena).

Düsseldorf (Alemania). Vista aérea.

algo objetivo, independiente de la conciencia individual. Entre sus obras figuran *La división del trabajo social* (1893), *Las reglas del método sociológico* (1894), *El sucidio* (1897) y *Las formas elementales de vida religiosa* (1912).

DURO, RA adj. **1** Se dice del cuerpo difícil de cortar, rayar, comprimir o desfigurar; y también del que no está todo lo blando que debe estar. **2** fig. Fuerte, que resiste la fatiga. **3** fig. Áspero, excesivamente severo. **4** fig. Ofensivo. **5** fig. Violento, cruel. **6** fig. Obstinado. **7** fig. No generoso. **8** fig. De natural bronco. **9** fig. De estilo áspero y falto de fluidez. **10** Se dice del dibujo o escultura con rasgos rígidos y de la pintura con bruscas transiciones de claroscuro. || m. **11** En España, moneda que vale cinco pesetas. || adv. m. **12** Con fuerza, violencia. || **estar a las duras y a las maduras** fr. fig. y fam. para significar que debe sobrellevar las dificultades de algo, el que tiene las utilidades y los provechos.

DURRELL, GERALD Escritor y naturalista británico (Jamshedpur, India, 1925 - Jersey, 1995). Sus obras combinan su experiencia autobiográfica con el encanto de los libros de aventuras o de historias de animales. Obras: *Mi familia y otros animales* (1956), *Un zoo en mi equipaje* (1960), *Bichos y demás parientes* (1969) y *El jardín de los dioses* (1978).

DURRELL, LAWRENCE Escritor británico (Darjeeling, 1912 - Sommières, 1990). Hermano del anterior, en sus ambientes mediterráneos prevalecen en gran parte de su obra, de inspiración impresionista. Autor de *El libro negro* (1938), *El cuarteto de Alejandría*, formada por *Justine* (1957), *Balthazar* (1958), *Mountolive* (1958) y *Clea* (1960); *Tunc* (1968) y *Nunquam* (1970); y el *Quinteto de Aviñón*, formado por *Monsieur* (1974), *Livia* (1978), *Constance* (1982), *Sebastián* (1983) y *Quinx* (1985). Es autor asimismo de las colecciones de poemas *Ciudades, llanos y gentes* (1946) y *Deus loci* (1950). Sus últimos libros fueron *El vasto fantasma de César* (1984) y *Antrobus completo* (1985).

DÜRRENMATT, FRIEDRICH Dramaturgo suizo (Konolfingen, 1921 - Neuchâtel, 1990). Su obra se orientó hacia la renovación de la expresión teatral. Las más representativas son *Proceso a la sombra de un burro* (radiocomedia), *El matrimonio del Sr. Mississippi* (1952), *La visita de la vieja dama* (1956), *Los físicos* (1962), *Los anabaptistas* (1967), *El participante* (1973), *El plazo* (1977) y *Justicia* (1985).

DURRËS Ciudad de Albania, en la región de Tirana-Durrës; 85.400 h. Puerto. Es la antigua *Dyrrhachium*.

DURRUTI, BUENAVENTURA Dirigente anarquista español (León, 1898 - Madrid, 1936). Fue uno de los fundadores del grupo terrorista *Los solidarios* (1920). Tras diversas persecuciones y exilios, se incorporó en Barcelona a la FAI y a la CNT. Al comienzo de la Guerra Civil, tuvo una intervención destacada en Barcelona y Aragón. Murió defendiendo la ciudad universitaria de Madrid.

DUSE, ELEONORA Actriz italiana (Vigevano, 1858 - Pennsylvania, 1924). Magnífica intérprete de las obras de A. Dumas, hijo (*La dama de las camelias*), y de Ibsen (*Casa de muñecas*), mantuvo una relación sentimental con D'Annunzio, quien escribió para ella las obras *La ciudad muerta* y *La Gioconda*.

DUSHANBE Ciudad capital de Tayikistán; 524.000 h. De 1929 a 1961 se llamó *Stalinabad*.

DÜSSELDORF Ciudad de Alemania capital del Land de Renania del Norte-Westfalia; 572.638 h. Centro industrial y comercial del Ruhr.

DUTRA, EURICO GASPAR Militar y político brasileño (Cuiabá, 1885 - Rio de Janeiro, 1974). Del arma de caballería, fue ministro de la Guerra (1936-45) y organizó el Cuerpo expedicionario enviado a Italia durante la Segunda Guerra Mundial. Elegido presidente de la República (1946-51), declaró ilegal al Partido Comunista y rompió relaciones con la URSS (1948).

DUTY-FREE (Expresión i. que significa *libre de tasas*) m. Comercios cuyos artículos no pagan aranceles o impuestos, como sucede con las tiendas de los aeropuertos internacionales.

DUUNVIRATO m. *Hist.* **1** Dignidad y cargo de duunviro. **2** Tiempo que duraba. **3** Régimen político de un gobierno de duunviros.

DUUNVIRO m. *Hist.* Nombre de diferentes magistrados de la antigua Roma, cuya función compartían con otro magistrado de igual título y responsabilidad.

DUVALIER, FRANÇOIS Médico y político haitiano (Puerto Príncipe, 1909 - íd., 1971). Conocido como *Papa Doc*, fue secretario de Estado para Trabajo y Salud Pública y miembro del Consejo del Gobierno militar (1956-57). Elegido presidente de la República en 1957 y reelegido en 1961 y 1964, esta última vez con carácter vitalicio, estableció un régimen dictatorial apoyado por el cuerpo parapolicial de los *tonton macoutes*.

DUVALIER, JEAN-CLAUDE Político haitiano (Puerto Príncipe, 1951). Hijo del anterior, también es conocido como *Baby Doc*. A la muerte de su padre, asumió la presidencia vitalicia de la República. En 1986, ante la presión popular, se vio obligado a abandonar el país.

DUVE, CHRISTIAN RENÉ DE Bioquímico belga (Thames-Ditton, 1917). En 1974 recibió, junto con A. Claude y G. Palade, el premio Nobel de Fisiología y Medicina, por su contribución al estudio de la biología celular.

DUVERGER, MAURICE Sociólogo francés (Angulema, 1917). Ha abordado el estudio de los fenómenos políticos desde una perspectiva sociológica. Es autor de *Les Régimes politiques* (1965), *Introducción a la política* (1970), *La monarchie républicaine* (1974), etc.

DUVIVIER, JULIEN Director de cine francés (Lille, 1896 - París, 1967). Su obra se encuadra en la corriente del realismo poético. Entre sus películas se encuentran *El huracán sobre la montaña* (1922), *María Chapdelaine* (1934), *Carnet de baile* y *Pépé le Moko* (1937), *Ana Karenina* (1947), *Don Camilo* (1951), *El diablo y los Diez Mandamientos* (1962), etc.

DUX m. *Hist.* Príncipe o magistrado supremo en las repúblicas de Venecia y Génova. ◆ Su pl. es *dux*.

DVD (Siglas de la expr. i. *Digital Video Disc*) m. Videodisco de doce centímetros de diámetro, similar a un CD-ROM.

DVINA OCCIDENTAL Río que nace en la Federación de Rusia, atraviesa Bielorrusia y Letonia y desemboca en el Báltico; 1.020 km.

DVINA SEPTENTRIONAL Río de la Federación de Rusia, que se forma en Kotlas por la unión del Sukhona y el Vychegda y desemboca en el mar Blanco, junto a Arkángel; 1.302 km. Unido por canales al Volga, constituye una excelente vía de navegación.

DVORÁK, ANTONIN Compositor e instrumentista checo (Nelahozeves, 1841 - Praga, 1904). De la escuela nacionalista, su obra está fuertemente impregnada del folclore eslavo. Protegido por Liszt, se dedicó al teatro, y logró representar con éxito varias óperas checas, entre ellas *Alfred* (1870), *Wanda* (1875), *Dimitri* (1881), *Jacobin* (1888), *Russalka* (1900) y *Armida* (1903). Compuso otras obras de diversos géneros, la más conocida de ellas la *Sinfonía del Nuevo Mundo* (1893). Son muy apreciadas sus danzas eslavas (*Dumky*).

DY *Quím.* Símbolo químico del disprosio.

DYCK, ANTOON VAN VAN DYCK, ANTOON.

DYLAN, BOB (ROBERT ZIMMERMAN, llamado) Cantante y compositor estadounidense (Duluth, Minnesota, 1941). Uno de los fundadores de la llamada «canción protesta», se reveló como uno de los cantautores *folk* más populares de los EE UU. Discos principales: *Blonde on Blonde*, *Blood on the Tracks*, *Infidels*, *Lyrics, 1962-1985* (1986), *Good As I Been To You* (1992) y *Unplugged* (1993).

DYN *Fís.* Apócope de dina, unidad de fuerza.

DYRRACHIUM DURRËS.

DZAOUDZI Ciudad capital de Mayotte, colectividad territorial francesa de ultramar en el archipiélago de las Comores; 5.865 h.

DZHAMBUL Ciudad de Kazajstán, capital de la provincia de su nombre; 310.600 h. Antes se llamó *Aulie Ata*.

DZHEZKAZGAN Ciudad de Kazajstán, capital de la provincia de su nombre; 108.700 h.

DZHOJAR-GHALA GROZNI.

DZIBICHALTÚN *Arqueol.* Antigua ciudad maya situada en la península de Yucatán, Estado del mismo nombre. Los restos más antiguos encontrados pueden datarse en el siglo XV a. C. Se conserva un templo, además de numerosas estelas y cerámicas.

DZIZAK Ciudad de Uzbekistán capital de la provincia de su nombre; 116.000 h.

DZONG-KHA m. *Ling.* Lengua oficial de Bhutan, perteneciente al grupo tibetano.

DZUNGARIA ZUNGARIA.

Antonin **Dvorák**. Museo Dvorák (Praga).

E

E¹ f. Quinta letra del abecedario español, y segunda de sus vocales. ♦ Su pl. es *es*.

E² conj. cop. Se usa en vez de la *y*, para evitar el hiato, antes de palabras que empiezan por *i* o *hi*. No puede reemplazar a la *y* en principio de interrogación o admiración, ni cuando la palabra siguiente empieza por *y* o por la sílaba *hie*.

E³ 1 *Fís.* Símbolo de la carga eléctrica del electrón. **2** *Mat.* Número base de los logaritmos neperianos; su valor es 2,7182.

E- pref. que denota origen o procedencia, como en *emanar*; extensión o dilatación, como en *efundir*; fuera de o más allá, como en *eliminar*.

E *Fís.* Símbolo de energía, fuerza electromotriz e intensidad de un campo eléctrico.

¡EA! interj. **1** Denota alguna resolución de la voluntad. **2** Se emplea para animar o estimular. Se usa también repetida.

EÁCIDAS m. pl. *Mit.* Nombre dado a los descendientes de Eaco.

EACO *Mit.* Rey legendario de Egina, hijo de Zeus. Solicitó a su padre que repoblara su reino y éste transformó las hormigas de la isla en seres humanos, originando el pueblo de los mirmidones. A su muerte, fue uno de los jueces del infierno, junto con Minos y Radamantis.

EAGLE (Voz i.) m. *Dep.* En el golf, jugada que consiste en meter la pelota en el hoyo con dos golpes menos del par.

EALING Uno de los municipios que forman el Gran Londres; 293.800 h. Centro industrial. Estudios cinematográficos.

EANES, ANTÓNIO DOS SANTOS RAMALHO RAMALHO EANES, ANTÓNIO DOS SANTOS.

EASO SAN SEBASTIÁN.

EASONENSE adj. y com. DONOSTIARRA.

EAST RIDING OF YORKSHIRE Consejo unitario del Reino Unido, en Inglaterra; 312.800 h.

EASTMAN, GEORGE Industrial estadounidense (Waterville, 1854 - Rochester, 1932). Inventor de la película de celulosa transparente para fotografía y cine (1884) y de la cámara *Kodak*.

EASTMANCOLOR m. *Fot.* y *Cin.* Sistema de fotografía en color, utilizado también en cinematografía, mediante el cual es posible la obtención de películas positivas. Fue creado en 1950 por la compañía Eastman Kodak.

EASTWOOD, CLINT Actor y director de cine estadounidense (San Francisco, 1930). Alcanzó celebridad en el *spaghetti-western* y en películas de acción con papeles de hombre duro: *Por un puñado de dólares* (1964), *El bueno, el feo y el malo* (1966), *La leyenda de la ciudad sin nombre* (1969), *Harry el sucio* (1971), etc. Otras películas: *Bird* (1988), *Cazador blanco, corazón negro* (1990), *Sin perdón* (1992), *Los puentes de Madison* (1995) y *Peligro inminente* (1999).

EBANISTA com. Carpintero que trabaja el ébano y otras maderas finas.

EBANISTERÍA f. **1** Oficio y arte del ebanista. **2** Taller de ebanista. **3** Conjunto de muebles y obras de ebanista.

ÉBANO m. *Bot.* Árbol perteneciente a la familia ebenáceas, de nombre científico *Dyospiros ebenum*. Originario de la India y Sri Lanka, su madera es muy valiosa, dura, pesada y de color negro, y se emplea en la fabricación de muebles.

EBBINGHAUS, HERMAN Psicólogo alemán (Barmen, 1850 - Halle, 1909). Fue uno de los pioneros en el estudio experimental de las propiedades de la memoria humana.

EBENÁCEO, A adj. y s. *Bot.* **1** Se dice de los árboles o arbustos intertropicales, angiospermos dicotiledóneos, sin conductos laticíferos y con flores generalmente unisexuales, como el ébano. || f. pl. *Bot.* **2** Familia de estas plantas.

EBERHARD, JOHANN AUGUST Filósofo alemán (Halberstadt, 1739 - Halle, 1809). Criticó la filosofía kantiana. Autor de *Nueva apología de Sócrates* (1772) y *Teoría general del pensar y del sentir* (1776).

EBERT, FRIEDRICH Político alemán (Heidelberg, 1871 - Berlín, 1925). Presidente del Partido Socialdemócrata desde 1913, durante la revolución de 1918 sucedió en el cargo de canciller al príncipe Max de Baden. En 1919 fue elegido primer presidente de la República alemana, cargo que ocupó hasta su muerte.

EBERTH, KARL JOSEPH Bacteriólogo y médico alemán (Wurzburgo, 1835 - Berlín, 1926). Descubrió el bacilo causante del tifus o bacilo de Eberth (*Eberthelia typhosa*).

-EBIA, -EBO sufs. HEB-.

EBLA *Arqueol.* e *Hist.* Antigua ciudad de Siria, la actual Tell Mardij. Capital de un importante reino entre el 2350 y el 2200 a. C. con influencias de Sumer y Acad, en ella se han hallado más de 15.000 tablillas en escritura cuneiforme. Fue destruida y saqueada el 2200 a. C. por Naram-Sim, rey de Acad. Entre los siglos XX y XVIII a. C., durante la III dinastía de Ur, se convirtió en capital de un reino amorrita hasta ser nuevamente saqueada.

EBNER-ESCHENBACH, MARIE VON Escritora austriaca (castillo Zdislavic, Moravia, 1830 - Viena, 1918). Obras: *Historias del castillo y de la aldea* (1883) y *El niño de la comunidad* (1887), novelas, y *María Estuardo en Escocia* (1860), obra teatral.

ÉBOLA m. *Med.* Virus patógeno, responsable de epidemias en varios países de África, descrito por primera vez en la década de los sesenta del siglo XX, cuyos efectos se hicieron patentes en 1976 en Zaire y Sudán. Por el momento, carece de tratamiento específico.

ÉBOLI, ANA MENDOZA DE LA CERDA, PRINCESA DE Dama española (Cifuentes, 1540 - Pastrana, 1592). Hija de Diego Hurtado de Mendoza, virrey del Perú, contrajo matrimonio con el príncipe de Éboli. Aunque la leyenda sostiene que fue amante del rey, parece que, tras la muerte de su marido, sostuvo relaciones amorosas con Antonio Pérez, secretario del soberano. En 1579, una vez descubiertas y confirmadas las intrigas políticas de ambos, Felipe II dispuso su detención. La princesa fue confinada en la fortaleza de San Torcaz hasta 1581, en que se le permitió trasladarse a Pastrana.

EBONITA f. *Quím.* Materia plástica obtenida del vulcanizar caucho puro con azufre, que sirve para hacer peines, aislantes eléctricos, etc.

EBRIEDAD f. EMBRIAGUEZ.

EBRIO, BRIA adj. **1** Embriagado, borracho. También s. **2** Que experimenta una fuerte pasión, una gran excitación, etc.

EBRO Río de España, que nace en el Pico Tres Mares, cerca de Reinosa, en el límite de las provincias de Cantabria y Burgos. Pasa por Miranda de Ebro, Logroño, Zaragoza, Tortosa y Amposta, y desemboca en el Mediterráneo por un delta llamado los Alfaques; 928 km de curso. Sus principales afluentes por la derecha son el Jalón, Huerva y Guadalope y, por la izquierda, el Ega, Aragón, Gállego y Segre.

EBRO, BATALLA DEL *Hist.* Acción bélica de la Guerra Civil española que se desarrolló en el periodo julio-noviembre de 1938. La ofensiva republicana para cruzar el Ebro tenía como objetivo detener la presión en Levante, diversificando el frente de la contienda. Una primera fase de éxitos gubernamentales fue seguida por diversos contraataques nacionalistas. El desenlace final, favorable al ejército del general Franco, determinó el éxito de la ofensiva sobre Cataluña.

EBROS Nomo de Grecia, en la región de Macedonia Oriental y Tracia; 4.242 km² y 143.791 h. Su capital es Alexandrúpolis.

EBULLICIÓN f. **1** *Fís.* Acción de hervir un líquido, que se manifiesta por la formación de burbujas de vapor en su interior. **2** *Fís.* Proceso de cambio de estado de la materia, del líquido al gaseoso, que sucede cuando la presión de vapor de un líquido es igual o superior a la que se ejerce sobre su superficie. Se produce a una temperatura distinta para cada líquido, llamada *punto de ebullición*. **3** fig. Agitación pasajera.

EBURNACIÓN f. *Med.* **1** Endurecimiento de un hueso hasta adquirir consistencia marfileña. **2** Osificación del cartílago de una articulación.

EBÚRNEO, A adj. poét. De marfil o parecido a él.

EÇA DE QUEIROZ, JOSÉ MARIA Novelista y diplomático portugués (Póvoa de Varzim, 1845 - París, 1900). Considerado el creador de la moderna novela portuguesa, entre sus novelas destacan *El crimen del padre Amaro* (1875), *El primo Basilio* (1878), *La reliquia* (1887), *Los mayas* (1888), *La correspondencia de Fadrique Mendes* (1890), *La ilustre casa de Ramires* (1900) y *La ciudad y las sierras* (1901), póstuma.

ECBATANA *Geog. hist.* Antigua capital del reino medo y del persa aqueménida. Posteriormente, se convirtió en residencia estival de los reyes partos y sasánidas. Fue conquistada por los árabes en 644. Sus ruinas se encuentran junto a la actual población de Hamadán (Irán).

ECCEHOMO o **ECCE HOMO** m. **1** Imagen de Jesucristo coronado de espinas. Su representación artística se hizo habitual a partir del siglo XV. **2** fig. Persona de aspecto lastimoso.

ECCEMA m. *Med.* Afección de la piel, caracterizada por vejiguillas, que forman manchas irregulares y rojizas. También se escribe *eczema*.

El río **Ebro** a su paso por Zaragoza.

Eccles, sir John Carew Psicólogo y fisiólogo australiano (Melbourne, 1903 - Sydney, 1995). Por sus descubrimientos sobre los mecanismos iónicos implicados en la transmisión del impulso nervioso entre las neuronas, recibió el premio Nobel de Fisiología y Medicina en 1963, compartido con Hodgkin y Huxley.

ecdisis f. *Zool.* Proceso de muda de la capa cuticular externa del cuerpo en los animales. ♦ Su pl. es *ecdisis.*

-ecer suf. de verbos derivados de adjetivos o de sustantivos, que denota acción incoativa, transformación o cambio de estado.

écesis f. *Ecol.* Establecimiento de un vegetal o animal en un área determinada.

Ecevit, Bülent Político y ensayista turco (Estambul, 1925). Secretario general (1966-71) y presidente (1972-80) del Partido Republicano del Pueblo, ha sido primer ministro en 1973-74, 1975 y 1978-79. Tras el golpe militar de los coroneles, fue encarcelado (1980-82). En 1998 volvió a formar gobierno. Revalidó el cargo en 1999, y se mantuvo en el poder hasta 2002.

Echandi Jiménez, Mario Político y diplomático costarricense (San José, 1915 - íd., 1996). Elegido en 1947 secretario general del Partido Unión Nacional, fue embajador en EE UU (1950-51) y ministro de Asuntos Exteriores con Otilio Ulate (1951-53). Accedió a la presidencia de la República en 1958.

Echandía, Darío Político colombiano (Chaparral, 1897 - Ibagué, 1990). Ministro de Interior (1934-35, 1937, 1942 y 1948-49), Asuntos Exteriores (1934-35) y Educación Nacional (1935-36). Durante el secuestro de Alfonso Pérez, se hizo cargo interinamente de la presidencia de la República (1943-44). Tras los sucesos de Bogotá de 1948, fue primer ministro en el gobierno de coalición de Ospina Pérez.

echar tr. **1** Hacer que una cosa vaya a alguna parte dándole impulso. También prnl. **2** Hacer que una cosa caiga en sitio determinado. **3** Dejar, caer, verter. **4** Despedir de sí una cosa. **5** Hacer salir a uno de algún lugar. **6** Brotar en las plantas sus raíces, hojas o frutos. **7** Tratándose de seres vivos, salir o aumentar alguna parte natural de su organismo. **8** Deponer a uno de su empleo o cargo. **9** Cerrar llaves, cerrojos, pestillos, etc. **10** Jugar dinero a alguna cosa. **11** Inclinar, mover, recostar. También prnl. **12** Remitir una cosa a la suerte. **13** Jugar, apostar. También intr. **14** Seguido de la preposición *de,* dar. **15** Experimentar un aumento notable en lo que se expresa. **16** Calcular el precio, la edad, etc. **17** Mostrar mucho enojo. **18** Repartir, distribuir. **19** Decir. **20** Junto con las voces *abajo, por tierra,* etc., derribar, asolar. **21** Imponer, aplicar. **22** Tratándose de películas, espectáculos, etc., representar, proyectar, ejecutar. **23** Seguido de la preposición *a* y un infinitivo, dar principio a la acción expresada, o ser causa o motivo de ella. También prnl. || prnl. **24** arrojarse, tirarse. **25** Acostarse, tumbarse. **26** Ponerse las aves sobre los huevos. **27** Entablar determinada relación con una persona. || **echar a perder** fr. Deteriorar, malograr un negocio, pervertir a uno. || **echar** algo **a perder** fr. fig. y fam. Desbaratar un negocio. También dejarse llevar de la cólera. || **echar de menos** loc. Advertir, notar la falta de una persona o cosa. También, tener sentimiento y pena por la falta de ésta. || **echarse a perder** fr. Perder su buen sabor y hacerse nociva una vianda, una bebida, etc. También decaer una persona de las virtudes que tenía.

echarpe m. Prenda femenina, larga y estrecha, que se lleva sobre los hombros.

Echegaray, José Dramaturgo, matemático y político español (Madrid, 1832 - íd., 1916). Diputado, ministro de Fomento (1869-72) y de Hacienda (1874 y 1904), fue el creador del Banco de España. Su teatro es una síntesis de las tendencias dramáticas del siglo xix, con predominio del carácter neorromántico y la tesis moralista. Obras principales: *En el puño de la espada* (1875), *O locura o santidad* (1877), *El gran galeoto* (1881), *Mancha que limpia* (1895), *Mariana* (1892) y *A fuerza de arrastrarse* (1905). En 1900 fue elegido miembro de la Real Academia Española, y en 1904 compartió el premio Nobel de Literatura con Frédéric Mistral.

Echenique, José Rufino Militar y político peruano (Puno, 1800 - ?, 1887). Presidente de la República (1851-55), fijó los límites con Brasil y se opuso a las pretensiones inglesas y estadounidenses sobre las islas guaneras de Lobos. Fue depuesto por una revolución liberal encabezada por el mariscal Castilla.

Echévarri Anteiglesia de San Esteban de Etxebarri.

Echeverría, José Esteban Escritor argentino (Buenos Aires, 1805 - Montevideo, 1851). Escribió los poemarios románticos *Elvira, o la novia de plata* (1832), *Los consuelos* (1834) y *Rimas* (1837). Su obra más conocida es el relato costumbrista *El matadero* (1838).

Echeverría Álvarez, Luis Político mexicano (Ciudad de México, 1922). Miembro del PRI desde 1945, se

José **Echegaray**

hizo cargo de la secretaría de Interior en el periodo 1964-70 y este último año ocupó la presidencia de la República. Durante su mandato llevó a cabo una intensa actividad en política exterior y nacionalizó algunos sectores, como el cobre. Ocupó el cargo hasta 1976.

echón, na adj. y s. *Méx.* y *Venez.* Fanfarrón, jactancioso.

echonería f. *Venez.* Jactancia, fanfarronada.

-ecia suf. eco-^{2}, casa.

ecidio m. *Biol.* Cuerpo fructífero o esporocarpo de los mohos, en forma de copa.

ecidiospora f. *Bot.* Espora producida por un ecidio.

-ecismo suf. eco-^{1}, resonancia.

Eckermann, Johann Peter Escritor alemán (Winsen, 1792 - Weimar, 1854). Secretario de Goethe entre 1823 y 1832, se encargó de la edición completa de sus obras. Publicó *Conversaciones con Goethe* (1836-48).

Eckhart, Johann Filósofo y místico alemán (Hochheim, 1260 - Colonia, 1327). Se le considera el creador de la terminología filosófica alemana. Su sistema es un panteísmo análogo al de los místicos alejandrinos, al de Plotino y al de Escoto Erígena. El principio fundamental de su doctrina es el de la identidad entre ser y pensar. Autor del *Libro del consuelo divino.*

eclampsia f. *Med.* Grave trastorno que aparece durante la segunda mitad de la gestación, caracterizado por elevación de la presión sanguínea, edema y convulsiones o coma.

eclecticismo m. **1** *Filos.* Escuela filosófica que procura conciliar las doctrinas de diversos sistemas. En el siglo iii a. C. surgió en Alejandría una célebre escuela de eclécticos fundada por Potamón. En nuestra época, también se puede considerar ecléctico a Victor Cousin. **2** fig. Modo de juzgar u obrar que tiende a adoptar posturas intermedias o conciliatorias.

eclesial adj. Perteneciente a la comunidad cristiana o iglesia de todos los fieles.

Eclesiastés m. Libro del Antiguo Testamento, posiblemente escrito hacia 250 a. C. por Qohelet, judío de Palestina, que la tradición rabínica atribuyó a Salomón.

eclesiástico, ca adj. **1** Perteneciente o relativo a la iglesia, y en particular a los clérigos. || m. **2** clérigo, el que ha recibido las órdenes sagradas.

Eclesiástico m. Libro deuterocanónico del Antiguo Testamento escrito en hebreo hacia el 200-180 a. C.

eclesiastizar tr. Espiritualizar bienes temporales.

eclímetro m. *Topog.* Instrumento que sirve para medir la inclinación de las pendientes.

eclipsar tr. **1** *Astron.* Causar un astro el eclipse de otro. **2** fig. Oscurecer, deslucir. También prnl. || prnl. **3** *Astron.* Ocurrir el eclipse de un astro. **4** fig. Evadirse, ausentarse, desaparecer.

eclipse m. **1** *Astron.* Ocultación transitoria, total o parcial, de un astro por interposición de otro. **2** fig. Ausencia, desaparición transitoria de una persona o cosa. || **eclipse anular** *Astron.* Eclipse parcial de Sol, en el que la Luna oculta el centro de éste, siendo visible un anillo luminoso exterior. || **eclipse lunar** *Astron.* Supresión temporal de la luz reflejada por la Luna al penetrar en el cono de sombra de la Tierra. || **eclipse solar** *Astron.* El que se produce cuando la Luna se interpone entre este astro y la Tierra.

eclíptica f. *Astron.* Trayectoria que describe la Tierra en su traslación en torno al Sol. El plano de la eclíptica forma un ángulo de 23° 27′ con el del ecuador terrestre. Los dos puntos de intersección son el de primavera y el de otoño. La eclíptica se considera dividida en 12 segmentos, de 30° de longitud cada uno, correspondientes a los 12 signos del zodiaco.

eclosión f. **1** En el lenguaje literario o técnico, acción de abrirse un capullo de flor o de crisálida. **2** *Fisiol.* Acción de abrirse el ovario al tiempo de la ovulación para dar salida al óvulo. **3** *Zool.* Apertura de un huevo. **4** *Zool.* Emergencia del insecto adulto del capullo de la pupa. **5** fig. Hablando de movimientos culturales o sociales, aparición súbita.

eco m. **1** *Fís.* Repetición de un sonido cuando las ondas sonoras chocan con un cuerpo duro, se reflejan en él y vuelven a desplazarse. **2** Sonido que se percibe débil y confusamente. **3** *Poét.* Composición poética en que se repite dentro o fuera del verso parte de un vocablo, o un vocablo entero, para formar una nueva palabra. **4** fig. El que, o lo que, imita o repite servilmente aquello que otro dice. **5** fig. Lo que está notablemente influido por un antecedente o procede de él.

eco-^{1}; -ecismo, -equesis, -ecúmeno pref. o sufs. que significan resonancia: *ecografía, catecismo, catequesis,* etc.

eco-^{2}, oico-; -ecia, -eco, -ócesis, -oico prefs. o sufs. que significan habitación, casa: *ecología, monoecia, perieco, diócesis, dioico.*

Eco *Mit.* Ninfa de las fuentes y los bosques que, ante la repulsa de Narciso, de quien estaba enamorada, se fue consumiendo poco a poco.

Eco, Umberto Escritor italiano (Alessandria, 1932). Catedrático de Semiótica en la Universidad de Bolonia. Ha realizado estudios sobre semiótica, lingüística, estética, sociología y sobre la cultura de la Edad Media: *Obra abierta* (1962), *Apocalípticos e integrados* (1965), etc. No obstante, alcanzó la fama con la novela *El nombre de la rosa* (1980), a la que siguieron *El péndulo de Foucault* (1988) y *La isla del día después* (1994). En 2000 recibió el premio Príncipe de Asturias de Comunicación y Humanidades.

ecografía f. *Med.* **1** Técnica de exploración del interior de un cuerpo orgánico mediante ondas electromagnéticas o acústicas. **2** Imagen que se obtiene por este método.

ecolalia f. *Psiquiat.* Perturbación del lenguaje, que consiste en repetir involuntariamente una palabra o frase que acaba de oír o pronunciar él mismo.

Ecolampadio (Johann Hausschein, llamado) Reformista religioso suizo (?, 1482 - ?, 1531). Teólogo de la Reforma, escribió una obra sobre la eucaristía, en la que negaba la presencia real de Jesucristo.

ecología f. *Ecol.* Ciencia que estudia las relaciones existentes entre los seres vivos y el medio que habitan. El conocimiento de estas interrelaciones permite obtener información sobre la naturaleza y forma de vida de las poblaciones de un determinado ecosistema, así como los mecanismos de su proceso evolutivo. El objetivo principal de esta ciencia es el estudio de los flujos de energía y de los ciclos de la materia que se dan en los ecosistemas. El término es un neologismo introducido por Haeckel en 1878 para significar las relaciones entre los animales y sus medios orgánicos e inorgánicos.

ecologismo m. *Ecol.* y *Sociol.* Conjunto de teorías, prácticas y organizaciones que tratan de sensibilizar a la opinión pública sobre los problemas ecológicos.

ecologista adj. y com. *Ecol.* **1** Perteneciente o relativo al ecologismo. **2** Que propugna la necesidad de

Umberto **Eco**

conservar la naturaleza evitando las perturbaciones derivadas de la industrialización y los excesos inherentes a muchos usos propios de la sociedad de consumo.

ECONOMATO m. **1** Almacén de carácter cooperativo o sindical donde se expenden géneros a precios más bajos que en las tiendas. **2** Cargo de ecónomo.

ECONOMETRÍA f. *Econ.* Parte de la ciencia económica que aplica las técnicas matemáticas y estadísticas a las teorías económicas para su verificación y solución de los problemas económicos mediante modelos. Nació como disciplina independiente en la década de los treinta en torno a la Sociedad Econométrica (1931), fundada por Ragnar Frisch, y la revista *Econométrica* (1933).

ECONOMÍA f. **1** Administración recta y prudente de los bienes. **2** *Econ.* Riqueza pública, conjunto de ejercicios y de intereses económicos. **3** *Econ.* Estructura o régimen de alguna organización o institución. **4** Escasez o miseria. **5** Buena distribución del tiempo y de otras cosas inmateriales. **6** Ahorro de trabajo, tiempo, dinero, etc. **7** *Econ.* Ciencia encaminada a determinar el mejor uso de los recursos del mundo por el hombre. **[Encic.]** || f. pl. **8** Ahorros, cantidad economizada. **9** Reducción de gastos en un presupuesto. || **ECONOMÍA DE MERCADO** *Econ.* Forma económica en la que las transacciones mercantiles se realizan en función del equilibrio entre la oferta y la demanda, de modo que el precio final se determine libremente. || **ECONOMÍA POLÍTICA** *Econ.* Ciencia que trata de la producción y distribución de la riqueza. || **ECONOMÍA DE SUBSISTENCIA** *Econ.* Aquella en la que un país consume todo lo que produce. || **ECONOMÍA SUMERGIDA** *Econ.* Conjunto de actividades económicas no contempladas en las estadísticas oficiales, dado que se desarrollan al margen de la legislación vigente.

ECON. Las primeras teorías económicas se desarrollaron en el siglo XVII, aunque el estudio sistemático y global de los fenómenos económicos no tuvo lugar hasta el siglo XVIII. Desde entonces se han desarrollado varias escuelas: *Escuela mercantilista.* Supuso que la posesión de los metales preciosos era la causa de la prosperidad de las naciones y propugnó una política aduanera que favoreciese las exportaciones y restringiese las importaciones. *Escuela fisiócrata.* Consideró la tierra como única fuente de la riqueza social. *Escuela clásica.* Iniciada por A. Smith, ofreció una exposición razonada y homogénea de los fenómenos económicos; muchos de sus principios perduran y son aceptados hoy en día. *Escuelas socialistas.* Señalan como causa del desorden social la concentración de los bienes en manos de un reducido número de individuos; propugnan un nuevo orden en el que la propiedad capitalista y el salario sean abolidos. *Escuela psicológica.* Se sujeta exclusivamente a la teoría del valor, que convierte en centro de toda la ciencia económica.

ECONÓMICO, CA adj. **1** Relativo a la economía. **2** Ahorrador. **3** MISERABLE, mezquino. **4** Poco costoso.

ECONOMIZAR tr. **1** AHORRAR, guardar. **2** Evitar, excusar algún trabajo, riesgo, etc.

ECÓNOMO m. **1** El que se nombra para administrar y cobrar las rentas de las sedes eclesiásticas que están vacantes o en depósito. **2** *Der.* El que administraba los bienes del demente o del pródigo. **3** El que sirve un oficio eclesiástico cuando está vacante.

ECOSISTEMA m. *Ecol.* Sistema funcional integrado por una comunidad de seres vivos (biocenosis) y el ambiente físico que ocupan (biotopo). Sus elementos constitutivos son: sustancias inorgánicas, que intervienen en los ciclos de materiales; sustancias orgánicas, que sirven de punto de unión entre los elementos bióticos y antibióticos; factores climáticos; organismos productores, capaces de producir alimentos orgánicos a partir de sustancias inorgánicas; organismos consumidores, los heterótrofos que consumen otros organismos o materia orgánica ya formada; y organismos descomponedores, que desintegran los organismos muertos.

ECOSONDA m. *Ocean.* Aparato para medir las profundidades del mar y detectar bancos de peces.

ECTASIA f. *Med.* Dilatación patológica de cualquier órgano del cuerpo.

ECTO- pref. que significa exterior a, fuera de.

ECTODERMO m. *Zool.* Capa externa de células, que forma la pared de la gástrula.

ECTOMÍA f. *Med.* Supresión de una parte del organismo por acto quirúrgico.

-ECTOMÍA suf. que significa supresión: *histerectomía.*

ECTOPARÁSITO, TA adj. y m. *Biol.* Se dice del parásito, animal o vegetal, que vive en el exterior del hospedador, como las pulgas, garrapatas, piojos, muérdago, hipocístide.

ECTOPLASMA m. **1** *Biol.* Capa más externa del citoplasma de una célula, de aspecto gelificado y no granular. **2** Supuesta emanación material de un médium, con la que se dice que se forman apariencias orgánicas, seres vivos o cosas.

ECTOTERMO, MA adj. *Biol.* Se dice del organismo que no dispone de mecanismos fisiológicos para mantener su temperatura corporal.

ECTROPIÓN m. *Med.* Inversión hacia fuera del párpado inferior.

ECU (Siglas del i. *European Currency Unit,* unidad monetaria europea) m. *Econ.* Unidad monetaria de cuenta europea. Comenzó a usarse el 13 de marzo de 1979, al entrar en vigor el Sistema Monetario Europeo (SME). En la conferencia de la UE celebrada en Madrid en diciembre de 1995 se acordó su desaparición. Fue sustituida por el EURO.

ECUABLE adj. *Fís.* Se dice del movimiento con que los cuerpos recorren espacios iguales en tiempos iguales.

ECUACIÓN f. **1** *Astron.* Diferencia entre la posición media y verdadera de un astro del sistema solar o del punto Aries. **2** *Mat.* Igualdad entre dos expresiones matemáticas que sólo se verifica para valores convenientes de determinadas cantidades que figuran en ellas, llamadas *incógnitas.* Atendiendo al mayor exponente que tenga la incógnita, la ecuación puede ser de *primer grado* o *lineal,* de *segundo grado* o *cuadrática,* de *tercer grado* o *cúbica,* etc. Las ecuaciones pueden tener una o más incógnitas.

ECUADOR m. **1** *Astron.* Círculo máximo ideal de la Tierra, perpendicular a su eje y equidistante de los polos. Su perímetro es de 40.076,59 km. También denominado *ecuador terrestre.* **2** *Geom.* Paralelo de mayor radio en una superficie de revolución. || **ECUADOR CELESTE** *Astron.* Línea de intersección del plano del ecuador terrestre con la esfera celeste. || **ECUADOR MAGNÉTICO** *Geog.* Círculo terrestre formado por los puntos en que la declinación magnética es nula, y que coincide, con ligeras variaciones, con el ecuador terrestre.

ECUADOR (*República del Ecuador*) Estado de América del Sur, que debe su nombre a la línea equinoccial que lo atraviesa. Limita al N con Colombia; al E y al S con Perú, y al O con el océano Pacífico.

GEOG. Los Andes, que ocupan la mayor parte del territorio, forman dos cadenas paralelas: las cordilleras Oriental y Occidental, unidas por una serie de ramales que dividen la región interandina o *Sierra* en trece *hoyas* de diferente extensión y relieve. Las otras dos regiones naturales son la del *Litoral* o de la *Costa,* estrecha faja de tierras bajas y llanas que se extienden desde los Andes hasta el Pacífico, y la *Oriental* o *Amazónica,* vasta llanura cubierta de selvas y accidentada por algunas ondulaciones. Entre las grandes alturas de los Andes ecuatorianos figuran: Chimborazo (6.310 m), Cotopaxi (5.897), Cayambe (5.790), Antisana (5.704), Altar (5.319), Illiniza (5.263), Sangay (5.230), Carihuairazo (5.020) y Tungurahua (5.016). La costa, irregular, se extiende a lo largo del Pacífico desde la bahía Ancón, al N, hasta la punta Malpelo, al S. Los accidentes más relevantes son el golfo de Guayaquil y las bahías de Ancón, Caráquez, Manta y Santa Elena. A lo largo del litoral se localizan la isla de Puná y el archipiélago de Colón o Galápagos, en el Pacífico. Los ríos de la región de la *Costa* desembocan en el Pacífico, mientras los de la región *Oriente* lo hacen en el Amazonas. En la región occidental los más importantes son el Mira, el Esmeraldas y el Guayas, con sus afluentes, Daule y Babahoyo. Los principales ríos orientales son: Aguarico, Napo, Tigre, Curaray, Pastaza, Morona y Santiago. La región costera es cálida; húmeda y calurosa en la sabana, y seca y fresca a orillas del mar, debido a la influencia que sobre ella ejerce la corriente fría de Humboldt. La región interandina es generalmente templada; los valles

Superficie:
256.370 km².
Población:
12.156.608 h.
(ecuatorianos).
Densidad:
46,5 h./km².
Tasa de natalidad: 22,3‰.
Tasa de mortalidad: 5,1‰.
Capital: Quito.
Ciudades principales: Cuenca, Guayaquil, Machala, Santo Domingo de los Colorados.
Grupos étnicos: amerindios, principalmente quichuas (51,5%), mestizos (40%), blancos (8%), otros (0,5%).
Religión: catolicismo (90%).
Idioma: español (más de un millón de amerindios hablan el quichua).
Moneda: dólar.
Forma de Estado: república.
Producto Nacional Bruto: 18.450 millones de dólares.
Renta per cápita: 1.399 dólares.
División administrativa: 4 regiones y 22 provincias, según cuadro.

ECUADOR

Provincias / Regiones	Superficie (km²)	Población (h.)	Capitales
El Oro	5.850	515.664	Machala
Esmeraldas	15.239	386.032	Esmeraldas
Guayas	20.503	3.256.763	Guayaquil
Los Ríos	7.175	650.709	Babahoyo
Manabí	18.879	1.180.375	Portoviejo
Costa	67.646	5.989.523	
Galápagos	8.010	18.555	Puerto Baquerizo
Insular	8.010	18.555	
Morona-Santiago	25.690	113.300	Macas
Napo	11.431	79.610	Tena
Orellana	22.500	85.771	Francisco de Orellana
Pastaza	29.774	61.412	Puyo
Sucumbíos	18.327	130.095	Nueva Loja
Zamora Chinchipe	23.111	76.414	Zamora
Oriente	130.833	546.602	
Azuay	8.125	598.504	Cuenca
Bolívar	3.940	168.874	Guaranda
Cañar	3.122	206.953	Azogues
Carchi	3.605	152.304	Tulcán
Chimborazo	6.072	403.185	Riobamba
Cotopaxi	6.569	350.450	Latacunga
Imbabura	4.559	345.781	Ibarra
Loja	11.026	404.085	Loja
Pichincha	12.915	2.392.409	Quito
Tungurahua	3.335	441.389	Ambato
Sierra	63.268	5.153.934	
Zonas no delimitadas	2.289	72.170	

dió la marcha hacia el Cuzco. Mientras, Sebastián de Belalcázar se dirigió hacia el N en busca de oro y una gobernación propia. Tras vencer la resistencia de Rumiñahui se adueñó del reino de Quito, donde fundó en 1534 la villa de San Francisco de Quito; también fundó Santiago de Guayaquil (1535). Gonzalo Pizarro, que había reemplazado a Belalcázar como gobernador de Quito, organizó una expedición hasta el río Coca (1539), y ordenó a Francisco de Orellana que siguiera el curso fluvial; éste llegó al Amazonas en 1542. En 1563 se estableció la Real Audiencia de Quito, dependiente del virreinato del Perú hasta 1739, año en que pasó a formar parte del virreinato de Nueva Granada. Durante la época colonial cabe reseñar dos hechos: la revolución de las *Alcabalas* (1592), protesta contra el impuesto del 2% sobre las ventas en los mercados públicos, y la de los *Estancos* (1765), a consecuencia del establecimiento del Estanco de Aguardientes. En los años 1809 y 1812 estallaron en Quito las primeras insurrecciones, que fueron reprimidas por las fuerzas reales; pero tras la victoria de Bolívar sobre los españoles en Carabobo, la junta revolucionaria de Quito solicitó su ayuda. Sucre, enviado por Bolívar, derrotó a las tropas realistas en la batalla de Pichincha (1822), con lo que se estableció la independencia de la colonia. La Audiencia de Quito entró a formar parte como provincia de la República de la Gran Colombia. La confederación duró poco y, en 1830, Quito se declaró independiente. Se estableció la capital en Quito y en 1835 el nuevo Estado adoptó el nombre de República del Ecuador. La lucha entre las tendencias conservadora (Quito) y libe-

bajos registran temperaturas subtropicales, los páramos son fríos y en la región de las nieves el clima es de tipo glacial. La región Oriente, selvática, es cálida y, en partes, muy húmeda. El archipiélago de Colón o Galápagos goza de un clima seco. Ecuador es país esencialmente agrícola y pesquero. En la región de la Costa se cultiva arroz, cacao, café, bananas, caña de azúcar, tabaco, algodón, piña, naranja y limón; la *Sierra* proporciona cebada, maíz y hortalizas. La región Amazónica produce el palo de balsa, tagua o marfil vegetal y plantas tintóreas y medicinales. Otras producciones significativas del país son los cultivos de flores, la palma africana, el atún, etc. Ganadería bovina, ovina, porcina, caprina y caballar. Petróleo, oro, plata, hierro y gas natural. Industria textil, alimentaria, química, de tabaco, cerveza, de cemento, etc. La primitiva población ecuatoriana se mezcló con los conquistadores del Cuzco, de iguales características étnicas. A esta población aborigen se sumó la población española, que se cruzó en proporción considerable con la primera.

HIST. Yacimientos arqueológicos como el de El Inca demuestran una antigua ocupación del territorio ecuatoriano. En el periodo formativo (1200 a. C.-comienzos de la era cristiana), el desarrollo cultural partió de la zona costera, donde surgieron las culturas de Guangala, Jambelí y Esmeraldas, que se fueron extendiendo a través de los cursos fluviales. En el interior se desarrollaron las culturas de Macají y Chorreras. En esta época aparece ya una de las características de la zona, la metalurgia: cobre, oro, tumbaga, platino. En el periodo clásico (1-900) destacan las culturas de Milagros, Atacames

y La Tolita. El periodo posclásico se caracteriza por la uniformidad cultural de los pueblos, por otra parte inmersos en situación de guerra e inestables alianzas. Cayapacolorados, quitus, panzaleos y caranquis o caras rivalizaron por la supremacía, que finalmente quedó en manos de los caras, quienes organizaron la Confederación Cara, con centro en Quito. En la región de Esmeraldas, en el valle del Guayas y en la actual provincia del Chimborazo se encontraba la Confederación Puruhá; la de los cañaris, en la región de Cañar; la Confederación Manta, en la costa, y la Puná, en la isla del mismo nombre. Mientras, por la zona oriental trataban de introducirse pueblos jíbaros, como los paltas, que se adentraron por el valle del Jubones. En esta situación, Tupac Inca Yupanqui, hijo del Pachacuti Inca, penetró en Ecuador. Ante la amenaza inca, la Confederación Cara se alió con la Cañari, a la que se unieron los jíbaros-paltas. Tras la derrota, el jefe quitu Hualcapo se retiró a Mocha, donde continuó la resistencia. Tupac Inca Yupanqui ocupó la abandonada ciudad de Quito. A su muerte le sucedió su hijo Huayna Cápac, quien derrotó a chachapoyas, tumbes, huencavilcas y punaes. A su muerte, dividió el imperio en dos y otorgó la zona de Quito a Atahualpa, en quien se unieron las dinastías de los shiris de Quito y los incas del Cuzco, pero a los pocos años dio comienzo la guerra civil. Los jefes quiteños Quizquiz y Calicuchima vencieron en Quipaián a las tropas cuzqueñas, proclamando la soberanía absoluta de Atahualpa. Ésta era la situación cuando Pizarro llegó a la isla de Puná y, desde allí, a Tumbes. Tras apresar y ajusticiar en Cajamarca a Atahualpa, empren-

Ecuador. Lucio Gutiérrez, presidente del país desde 2002.

ral (Guayaquil) llevó al gobierno a hombres como el general J. J. Flores, primer presidente, y el conservador G. García Moreno. Su régimen dictatorial provocó una oposición violenta, que dio lugar a su asesinato (1875). En 1878, durante el gobierno del general I. de Veintimilla, fue jurada una nueva Constitución. E. Alfaro se hizo cargo del poder de 1895 a 1906. En 1942 se firmó en Río de Janeiro un acuerdo, garantizado por Argentina, Brasil, Chile y EE UU, por el que se fijaban definitivamente los límites entre Perú y Ecuador. El partido liberal gobernó hasta 1944. El último de sus presidentes, C. A. Arroyo del Río, fue depuesto por una revolución que llevó al poder a J. M. Velasco Ibarra. Éste, en 1970, ante la crisis económica, asumió poderes extraordinarios, suspendió la Constitución y disolvió el Parlamento. En 1972, un golpe militar depuso a Velasco Ibarra; se hizo cargo de la jefatura de Estado el general G. Rodríguez Lara, quien, después de afrontar algunos problemas militares, dimitió en 1976. Fue sustituido por un triunvirato que adoptó el título de Consejo Superior de Gobierno, presidido por el vicealmirante A. Poveda Burbano. Entre 1978 y 1979 se celebraron elecciones generales. Resultó triunfador el socialdemócrata J. Roldós Aguilera; durante su mandato entró en vigor la nueva Constitución, votada por el pueblo. Tras su muerte en accidente de aviación (1981), asumió la presidencia interinamente el vicepresidente O. Hurtado Larrea. En las elecciones de 1984, fue elegido en segunda vuelta L. Febres Cordero, del derechista Frente de Reconstrucción Nacional. En 1987, el presidente fue secuestrado durante varias horas por un grupo de paracaidistas que exigía la liberación del general F. Vargas Pazzos, encarcelado desde el fracasado golpe de Estado de 1986. En 1988 fue elegido el socialdemócrata Ro-

Ecuador. Reserva natural de Cotacachi.

drigo Borja Cevallos, quien llevó a cabo un gobierno que no pudo doblegar la crisis económica, pero de respeto a las libertades ciudadanas. Fue sucedido en 1992 por Sixto Durán Ballén, representante de una coalición independiente de derecha. Este gobierno tuvo que enfrentar el conflicto fronterizo del Alto Cenepa con el Perú. En 1996 fue elegido el candidato del Partido Roldosista Ecuatoriano, Abdalá Bucaram Ortiz. Luego de una masiva y generalizada protesta ciudadana, en 1997 fue destituido por el Congreso Nacional por incapacidad mental de ejercer su cargo y, en su reemplazo, fue elegido presidente del Congreso Fabián Alarcón Ribera, con carácter interino, hasta las elecciones de 1998, en las que venció el cristianodemócrata Jamil Mahuad. Ese mismo año, el gobierno firmó con Perú un acuerdo que puso fin al conflicto fronterizo entre los dos países. Para atajar la inflación, Mahuad emprendió una serie de iniciativas, entre las que se encontraba la dolarización de la economía, medida con la que pretendía establecer un tipo de cambio fijo con el dólar. La impopularidad de su política económica originó, en enero de 2000, una insurrección popular y un golpe de Estado que provocaron su caída. Gustavo Noboa, antiguo vicepresidente, asumió el poder. Tras las elecciones celebradas en noviembre de 2002, Lucio Gutiérrez fue elegido presidente del país.

Ecuador *(Equateur)* Región de la República Democrática del Congo; 403.292 km^2 y 4.789.000 h. Su capital es Mbandaka.

ecualización f. *Fís.* Corrección de la respuesta de un amplificador.

ecualizador m. *Fís.* Circuito electrónico que modifica la respuesta de un amplificador respecto a la banda de frecuencia de los sonidos. Se utiliza para adaptar los aparatos a las condiciones acústicas del local donde se instalan.

ecuanimidad f. **1** Igualdad y constancia de ánimo. **2** Imparcialidad.

ecuatoguineano, na adj. y s. De Guinea Ecuatorial.

ecuatorial adj. **1** Relativo al ecuador. **2** *Astron.* Se dice del dispositivo con que pueden medirse coordenadas celestes. **3** *Geog.* Se dice de la zona y clima en torno al ecuador con abundantes precipitaciones, temperaturas uniformemente altas y humedad elevada constante. || m. Astron. 4 Telescopio, refractor o reflector, montado sobre un eje polar paralelo al de la Tierra.

ecuestre adj. **1** Relativo al caballero o la equitación. **2** Relativo al caballo. **3** *Esc.* y *Pint.* Se dice de la figura puesta a caballo.

ecumene o **ecúmene** f. *Ecol.* **1** Zona de la Tierra en la que existe vida animal o vegetal. **2** Parte de la Tierra adecuada al desarrollo de la vida humana.

ecuménico, ca adj. Universal, que se extiende a todo el orbe. se dice especialmente de los concilios cuando son generales.

ecumenismo m. *Rel.* Movimiento que intenta la restauración de la unidad entre todas las iglesias cristianas. Surgido en la conferencia misionera mundial de Edimburgo (1910), tiene como organismo más representativo al Consejo Mundial de las iglesias, creado en 1937.

-ecúmeno suf. ECO-^{1}, resonancia.

eczema m. *Med.* ECCEMA.

edad f. **1** Duración de las cosas materiales, a contar desde que empezaron a existir. **2** Tiempo que una persona ha vivido, a contar desde que nació. **3** *Biol.* Cada uno de los periodos en que se considera dividida la vida humana. **4** *Geol.* Cada una de las épocas de la historia de la Tierra, caracterizada por unas condiciones físicas y biológicas determinadas. **5** *Hist.* Cada uno de los periodos de tiempo en que se considera dividida la Historia. **[Encic.]** **6** Espacio de años que han corrido de tanto a tanto tiempo. || **edad adulta** Aquella en que el organismo humano alcanza su completo desarrollo. || **Edad del Bronce** *Prehist.* BRONCE, EDAD DEL. || **Edad del Cobre** *Prehist.* ENEOLÍTICO. || **Edad del Hierro** *Prehist.* HIERRO, EDAD DEL. || **edad mental** *Psicol.* La que corresponde a una persona, generalmente a un niño, atendiendo al grado de desarrollo de su inteligencia. || **edad de oro** Tiempo en que las letras, las artes, la política, etc., han tenido mayor incremento y esplendor en un pueblo o país. || **edad del pavo** fig. La del muchacho o muchacha que, al entrar en la adolescencia, muestra timidez y falta de aplomo. || **edad de plata** Época en que las letras, las artes, la política, etc., de un país o nación tienen florecimiento notable, pero inferior al que alcanzaron en la correspondiente edad de oro. || **mayoría de edad** *Der.* Aquella que, según la ley, ha de tener una persona para ejercer determinados derechos y asumir obligaciones civiles o políticas, como disponer de sí, gobernar su hacienda, votar, etc. En España está fijada en los dieciocho años. || **minoría de edad** *Der.* La de la persona que no ha alcanzado la mayoría de edad legal. || **tercera edad** Última etapa en la vida de una persona. || **mayor de edad** loc. adj. Se dice de la persona que ha

edelweiss

llegado a la mayoría de edad legal. || **menor de edad** loc. adj. Se dice de la persona que todavía se halla en su minoría de edad legal.

Hist. El concepto de edad se aplica tradicionalmente en el estudio cronológico de la Historia (en la Prehistoria propiamente dicha, la edad designa estadios sucesivos en la evolución de la humanidad; así, por ejemplo, la Edad de Piedra llega, en algunos lugares, hasta el siglo XX) para designar un periodo de tiempo durante el cual la civilización y la cultura presentan rasgos característicos semejantes. Los límites cronológicos de una edad no pueden determinarse con exactitud, ya que en la evolución de la humanidad no se dan cambios bruscos; sin embargo, un hecho histórico suele servir para señalar el comienzo de cada una de las edades. La *Prehistoria* comprende la *Edad de Piedra,* a su vez dividida en *paleolítico,* o edad de la piedra tallada y *neolítico,* o edad de la piedra pulimentada, y la *Edad de los Metales,* que incluye el *eneolítico* o *Edad del Cobre* (h. 4000 - h. 2500 a. C.), caracterizada por el uso de este metal con una aleación intencional para utensilios y objetos; la *Edad del Bronce* (h. 3000 - h. 800 a. C.), en la que aparece la utilización en armas y utensilios de esta aleación, y la *Edad del Hierro* (siglos XIV - III a. C.), en la que este metal es el material más representativo. En la *Historia* propiamente dicha se distinguen: la *Edad Antigua,* la *Media,* la *Moderna* y la *Contemporánea.* La invención de la escritura (3100 a. C. en Sumeria) señala el comienzo de la *Edad Antigua,* y la caída del Imperio Romano de Oriente (476 d. C.), su fin y el inicio de la *Edad Media.* Actualmente se tiende a considerar al periodo entre el 476 y el 800, año de la coronación imperial de Carlomagno, como una prolongación de la Edad Antigua, llamado comúnmente *Antigüedad tardía* o *Tardoantigüedad.* La *Edad Media,* que se considera a su vez dividida en *alta, plena* y *baja Edad Media,* se extiende hasta la toma de Constantinopla por los turcos (1453). La *Edad Moderna* tiene sus límites entre esta fecha y la Revolución Francesa (1789), acontecimiento que marca el comienzo de la *Edad Contemporánea.* Estas etapas han sido establecidas sobre la base de la historia de la civilización y de la cultura europea y occidental, y son difícilmente aplicables al resto de los continentes.

edáfico, ca adj. *Geol.* Relativo al suelo.

edafogénesis f. *Geol.* Conjunto de procesos para la formación del suelo.

edafología f. *Geol.* Rama de la geología, que trata de la naturaleza y condiciones del suelo.

edafon m. *Ecol.* Fauna y flora características del interior del suelo.

Edberg, Stefan Tenista sueco (Vastervik, 1966). Ganador de la Copa Davis (1984) con el equipo sueco, consiguió la medalla de bronce en los Juegos Olímpicos de Seúl (1988). Vencedor en el Open de Australia (1985 y 1987), Wimbledon (1988 y 1990) y Open de EE UU (1991 y 1992).

Edda *Lit.* Nombre de las dos colecciones poéticas más antiguas de la literatura islandesa; la *Edda antigua, poética* o *de Saemund,* atribuida por error a este autor, está formada por poemas sobre tradiciones mitológicas y leyendas épicas escandinavas, compuestos entre los años 800 y 1100, que fueron transmitidos por tradición oral y están contenidos en el *Codex Regius,* fechado en el siglo XIII. La *Edda en prosa,* especie de tratado poético, fue escrita por Snorri Sturluson hacia 1220.

Eddington, sir Arthur Stanley Astrónomo, físico y matemático inglés (Kendal, 1882 - Cambridge, 1944). Estudió la estructura de las estrellas y formuló la *ley de la masa-luminosidad absoluta,* en la que relacionó la potencia radiante y la masa de muchos astros. También investigó las estrellas pulsantes y las enanas blancas. Fue un gran divulgador científico y entre sus numerosas obras destacan: *The Mathematical Theory of Relativity* (1923), *Stars and Atoms* (1927), *The Expanding Universe* (1933), etc.

edecán m. **1** *Mil.* En el ejército, ayudante de campo. **2** fig. y fam. Auxiliar, ayudante personal.

Edelman, Gerald Maurice Biólogo estadounidense (Nueva York, 1929). Premio Nobel de Medicina en 1972, junto a R. R. Porter, por sus descubrimientos sobre la estructura química de los anticuerpos y los puntos exactos donde su molécula, formada por cuatro cadenas de aminoácidos, se une con el antígeno correspondiente.

edelweiss m. *Bot.* Planta herbácea perteneciente a la familia compuestas, de nombre científico *Leontopodium alpinum.* Crece en las grandes cordilleras de Europa y Asia, en alturas entre 1.500 y 3.000 m.

edema m. *Med.* Hinchazón blanda de una parte del cuerpo, ocasionada por la acumulación de líquidos serosos infiltrados en el tejido celular.

edén m. **1** *Rel.* Paraíso terrenal en el que, según el Génesis, Dios puso a Adán y Eva después de creados. **2** fig. Lugar ameno y delicioso.

Eden, sir Robert Anthony Político inglés (Windlestone, 1897 - Alvediston Manor, 1977). Diputado conservador desde 1923, fue ministro de Asuntos Exteriores (1935-38), secretario de los Dominios (1939-40) y, nuevamente, ministro de Exteriores (1940-45). Con el triunfo conservador (1951), se reintegró en el Foreign Office y, al abandonar la política Churchill (1955), asumió el cargo de primer ministro.

Edesa *Geog. hist.* Antigua ciudad de Mesopotamia, hoy *Urfa,* que después de la toma de Jerusalén en 1099 fue la capital de un condado cristiano fundado por Godofredo de Bouillon. Fue saqueada y conquistada por los turcos en 1144, hecho que motivó la segunda cruzada.

Edetania *Geog. hist.* Región de la Hispania Tarraconense que comprendía el N de la provincia de Valencia, parte de las de Castellón y Teruel y el SE de la de Zaragoza.

Edfú Ciudad de Egipto, gobernación de Assuan, situada junto al Nilo. Templo dedicado a Horus, construido entre 257 y 57 a. C., uno de los mejor conservados de Egipto.

Edgar Atheling Príncipe anglosajón (?, h. 1060 - ?, h. 1125). Designado heredero por Eduardo el Confesor, fue apartado del trono por Harold II y, posteriormente, por Guillermo el Conquistador, que se apoderó del reino en la batalla de Hastings (1066). En 1068 huyó a Escocia.

Edgar el Pacífico Rey de los anglosajones (?, 943 - ?, 975). Hijo de Edmundo I, accedió al trono en 959. Venció a los escoceses y a los irlandeses. Consolidó la unidad del país y la autoridad monárquica.

edición f. **1** *A. gráf.* Impresión o estampación de una obra o escrito para su publicación. **2** *A. gráf.* Conjunto de ejemplares de una obra impresos en una sola tirada. **3** Cada celebración de determinado certamen, exposición, festival, etc. **4** Texto de una obra preparado con criterios filológicos. || **edición anotada** El texto de la obra que va acompañado de notas aclaratorias. || **edición crítica** *Lit.* La establecida a base de diversas fuentes, manuscritas o impresas, y que consigna las variantes

Edfú (Egipto). Templo de Horus.

Thomas Alva **Edison** en su laboratorio.

existentes entre ellas. || **EDICIÓN ELECTRÓNICA** *Inform.* Conjunto de procesos informáticos y electrónicos que tienen como objetivo el diseño y la confección de textos destinados a la consulta o lectura por ordenador. También, obra obtenida por este procedimiento. || **EDICIÓN FACSÍMIL** Reproducción fotográfica de un texto manuscrito o impreso. || **EDICIÓN PRÍNCIPE** La primera, cuando se han hecho varias de una misma obra.

EDICTO m. **1** Mandato, decreto. **2** Escrito que se fija en lugares públicos y en ocasiones se publica en los periódicos.

EDICTO DE MILÁN MILÁN, EDICTO DE.

EDICTO DE NANTES NANTES.

EDICTO PERPETUO *Hist.* Pacto negociado en 1577 por Juan de Austria con los rebeldes flamencos, por el que se obligó a retirar de Flandes las tropas españolas y respetar las libertades y privilegios de cada una de las provincias; en contrapartida, los Estados Generales se comprometieron a mantener la fe católica.

EDÍCULO m. **1** Edificio pequeño. **2** Templete que sirve de tabernáculo, relicario, etc.

EDIFICAR tr. **1** Fabricar, hacer un edificio o mandarlo construir. **2** fig. Infundir en otros sentimientos de piedad o virtud.

EDIFICIO m. Obra o construcción destinada a servir de vivienda, templo, teatro, etc.

EDIL m. **1** *Hist.* Entre los antiguos romanos, magistrado a cuyo cargo estaban las obras públicas. || com. **2** Concejal.

EDIMBURGO (Edinburgh) Ciudad del Reino Unido, capital de Escocia, situada en el estuario del Forth; 450.200 h. Constituye un distrito unitario. Importante puerto. Centro industrial. Edición, encuadernación, industrias del papel. Entre sus museos se encuentra la National Gallery of Scotland. Castillo del siglo XI; palacio de Holyrood House (siglo XVII), iglesia de Saint Gilles (siglos XIV y XV). Festival internacional de música y teatro.

EDIMBURGO, DUQUE DE FELIPE MOUNTBATTEN, DUQUE DE EDIMBURGO.

EDIPO *Mit.* Hijo de Layo, rey de Tebas, y de Yocasta. Layo sabía por las predicciones de un oráculo que su hijo lo mataría y se casaría con su madre. Para evitarlo, al nacer Edipo lo abandonó en el monte Citerón. Educado en la corte de Corinto, una vez adulto, Edipo consultó al oráculo de Delfos sobre su auténtico origen, y éste le informó de su destino y le recomendó que se alejara de su patria. De camino al exilio, se encontró con Layo al que no conoció, discutieron, y Edipo acabó con su vida. Al llegar a Tebas, hubo de hacer frente a la Esfinge y resolvió los enigmas que le planteó, y el monstruo, enfurecido, murió despeñado. En agradecimiento, los tebanos le concedieron por esposa a su madre, Yocasta. Cuando la verdad fue revelada, Yocasta se ahorcó. Edipo, tras sacarse los ojos, abandonó Tebas guiado por su hija Antígona y se estableció en Colono, donde murió.

EDIPO, COMPLEJO DE *Psicol.* COMPLEJO DE EDIPO.

EDISON, EFECTO *Fís.* Fenómeno de conducción eléctrica debido al transporte de electrones, dentro de un tubo de vacío, desde un filamento incandescente a un electrodo positivo.

EDISON, THOMAS ALVA Físico e inventor estadounidense (Milan, Ohio, 1847 - West Orange, Nueva Jersey, 1931). Inventó la lámpara de incandescencia y, con ella, una dínamo movida por una máquina de vapor para producir corriente eléctrica y un nuevo sistema de conexión de lámparas en paralelo, y construyó la primera central de producción de energía eléctrica. Además, construyó el primer ferrocarril eléctrico e inventó el telégrafo cuádruplex, el micrófono de carbón, el fonógrafo, una máquina de dictar, el kinetoscopio (antecesor del cinematógrafo), las baterías alcalinas, nuevos tipos de cemento y hormigón, etc. Asimismo, descubrió el efecto que lleva su nombre (EDISON, EFECTO).

EDITAR tr. **1** Publicar por medio de cualquier medio de reproducción una obra, periódico, folleto, mapa, disco, etc. **2** Montar electrónicamente. **3** *Radio.* y *Telev.* Preparar definitivamente un programa para cuando llegue el turno de su emisión.

EDITOR, RA adj. **1** Que edita. || m. y f. **2** Persona que saca a la luz pública una obra, ajena por lo general, valiéndose de la imprenta o de otro medio de reproducción. **3** Persona encargada de preparar los libros para su publicación. || **EDITOR DE TEXTOS** *Inform.* Aplicación informática que tiene como finalidad la redacción y composición de textos.

EDITORIAL adj. **1** Relativo a editores o a ediciones. **2** *Period.* ARTÍCULO EDITORIAL. Más como m. || f. **3** Empresa destinada a editar libros, discos, etc.

EDITORIALISTA com. *Period.* Periodista que escribe editoriales.

EDMONTON Ciudad de Canadá, capital de la provincia de Alberta; 616.741 h. Refinerías de petróleo. Industrias siderúrgica, textil y alimentaria.

EDO *Geog. hist.* Capital de la dinastía japonesa TOKUGAWA; en 1868, cambió su denominación por Tokio.

EDO Lago de África Central, entre Uganda y la República Democrática del Congo; 3.900 km². Antes se llamó *Alberto-Eduardo*.

EDOM IDUMEA.

-EDRA suf. HEDRO-.

EDRAR tr. *Agr.* BINAR.

EDREDÓN m. **1** *Zool.* Plumón del eider. **2** Almohadón delgado y grande, relleno de esta clase de pluma, o de algodón, miraguano, etc., que se emplea como cobertor de la cama.

-EDRIA, -EDRO, -ÉDRICO sufs. HEDRO-.

EDUARDO Nombre de tres reyes anglosajones de Inglaterra.

EDUARDO I EL VIEJO (? - Farndon, Cheshire, 924). Hijo y sucesor de Alfredo el Grande, accedió al trono de Wessex y Mercia Occidental en 899. Rechazó el ataque de los daneses (910) y llevó las fronteras hasta el Humber. En 918 ocupó el resto de Mercia.

EDUARDO II EL MÁRTIR, SAN (York, h. 962 - Corfe Castle, 978). Hijo y sucesor de Edgar el Pacífico, accedió al trono en 975. Murió víctima de una sublevación de la nobleza.

EDUARDO III EL CONFESOR, SAN (Islip, h. 1000 - Westminster, 1066). Restaurador de la monarquía anglosajona, accedió al trono en 1042, aprovechando el caos imperante en el reino danés. A su muerte, Inglaterra fue invadida por Guillermo de Normandía.

EDUARDO Nombre de diversos reyes de Inglaterra y del Reino Unido.

EDUARDO I PLANTAGENET Rey de Inglaterra (Westminster, 1239 - Burgh-upon-Sands, 1307). Hijo y sucesor de Enrique III, accedió al trono en 1272. Sometió el País de Gales (1277-84) y consiguió imponer su autoridad en Escocia. La resistencia de los escoceses le llevó a conquistar el reino en 1296, pero no pudo hacer frente a los levantamientos dirigidos por Roberto I Bruce, que se hizo coronar rey de Escocia (1306).

EDUARDO II Rey de Inglaterra (Caernarvon, 1284 - Berkeley Castle, 1327). Hijo de Eduardo I y de Leonor de Castilla, sucedió a su padre en 1307. La debilidad del reino fue aprovechada por los escoceses para consolidar su independencia (batalla de Bannockburn, 1314). Obligado a abdicar en su hijo (1327) tras una revuelta nobiliaria.

EDUARDO III Rey de Inglaterra (Windsor, 1312 - Sheen, Richmond, 1377). Hijo y sucesor de Eduardo II, accedió al trono en 1327. Logró imponer su autoridad en Escocia y disputó la corona de Francia a Felipe VI Valois, causa inmediata de la GUERRA DE LOS CIEN AÑOS. Durante su reinado aumentó el papel del Parlamento y adquirió fuerza política a través de la Cámara de los Comunes. En sus últimos años abandonó el gobierno en manos de su hijo Juan de Gante.

EDUARDO IV DE YORK Rey de Inglaterra (Rouen, 1442 - Westminster, 1483). Hijo de Ricardo de York, pretendiente al trono de Enrique IV Lancaster durante la GUERRA DE LAS DOS ROSAS. Se hizo coronar en 1461 y, ese mismo año, venció a los partidarios de Lancaster en Towton. En 1465 capturó a Enrique IV. Su política, favorable a los borgoñones, lo enemistó con el conde de Warwick y desencadenó un nuevo enfrentamiento (1470-71). Tras lograr la paz, firmó con Francia el tratado de Picquigny, que puso fin a la guerra de los Cien Años (1475).

EDUARDO V Rey de Inglaterra (Westminster, 1470 - Londres, 1483). Hijo de Eduardo IV, accedió al trono en 1483; fue asesinado a los pocos meses por su tío, el futuro Ricardo III.

EDUARDO VI Rey de Inglaterra (Hampton Court, 1537 - Greenwich, 1553). Hijo de Enrique VIII y de Juana Seymour, accedió al trono en 1547. El gobierno estuvo en manos de su tío, duque de Somerset, y, posteriormente, de John Dudley, duque de Northumberland. Durante su reinado, la Reforma protestante, favorecida por el propio rey, se desarrolló de forma decisiva.

Eduardo VII de Inglaterra. Retrato de Luke Fildes. Galería Nacional de Retratos (Londres).

EDUARDO VII Rey de Gran Bretaña e Irlanda del Norte (Londres, 1841 - íd., 1910). Hijo de la reina Victoria, accedió al trono en 1901. Tuvo que hacer frente a la creciente preponderancia de los imperios centrales (Alemania y Austria-Hungría), para lo cual firmó la Entente Cordiale con Francia (1904).

EDUARDO VIII Rey de Gran Bretaña e Irlanda del Norte (Richmond upon Thames, Londres, 1894 - París, 1972). Hijo de Jorge V, ocupó el trono durante 1936. Abdicó en su hermano, el futuro Jorge VI, para contraer matrimonio morganático con Wallis Simpson (1937).

EDUARDO, EL PRÍNCIPE NEGRO Príncipe de Gales (Woodstock, 1330 - Westminster, 1376). Hijo de Eduardo III, durante la guerra de los Cien Años hizo prisionero a Juan II el Bueno en la batalla de Poitiers (1356). Fue nombrado príncipe de Aquitania en 1362. A partir de 1366 intervino en la guerra civil de Castilla en favor de Pedro el Cruel, por lo que recibió el señorío de Vizcaya. En 1367 derrotó a los partidarios de Enrique de Trastámara en Nájera. Su posterior alianza con Pedro IV el Ceremonioso facilitó el regreso al trono de Enrique II.

Eduardo I Rey de Portugal (Lisboa, 1391 - Tomar, 1438). Hijo de Juan I, accedió al trono el año 1433. Participó en la toma de Ceuta y en el asedio de Tánger. Favoreció las empresas descubridoras de Enrique el Navegante. Escribió las obras *El consejero leal* y *El arte de domar caballos*.

Eduardo de Lancaster Príncipe de Gales (?, 1453 - ?, 1471). Hijo de Enrique VI, fue asesinado por partidarios de Eduardo IV. Con él se extinguió la línea directa de los Lancaster.

educación f. **1** Crianza, enseñanza y doctrina que se da a los niños y jóvenes. **2** Cortesía, urbanidad. || **educación a distancia** *Pedag.* Sistema de enseñanza en el que no se establece una relación directa entre el profesor y el alumno. || **educación especial** *Pedag.* Enseñanza que reciben aquellas personas con alguna deficiencia física, psicológica o de adaptación. || **educación física** *Pedag.* y *Dep.* Conjunto de disciplinas y ejercicios encaminados a lograr el desarrollo y perfección corporales.

educar tr. **1** Dirigir, enseñar. **2** Desarrollar o perfeccionar las facultades intelectuales y morales del niño o del joven. **3** Desarrollar las fuerzas físicas. **4** Perfeccionar, afinar los sentidos. **5** Enseñar los buenos usos de urbanidad y cortesía.

educir tr. Sacar una cosa de otra, deducir. ♦ IRREG. Se conjuga como CONDUCIR.

edulcorar tr. Endulzar.

eduo, a adj. y s. *Hist.* Se dice de un pueblo galo que habitó en Borgoña, con capital en Bibracte. Pese a haber sido aliados de los romanos lucharon contra ellos junto a Vercingétorix.

Edwards, Blake (WILLIAM BLAKE McEDWARDS) Director de cine estadounidense (Tulsa, 1922). Autor de comedias y filmes de carácter comercial: *Desayuno con diamantes* (1961), *Días de vino y rosas* (1963), *La pantera rosa* (1964), *El guateque* (1968), *La semilla del tamarindo* (1974), *10, la mujer perfecta* (1979), *¿Víctor, o Victoria?* (1982), *Cita a ciegas* (1987) y *El hijo de la pantera rosa* (1993).

Edwards, Jorge Escritor chileno (Santiago de Chile, 1931). Su obra narrativa está centrada en la crítica de la alta burguesía chilena; destacan las novelas *El peso de la noche* (1964), *Persona non grata* (1973), *Los convidados de piedra* (1978), *El museo de cera* (1981), *El anfitrión* (1987), *Fantasmas de carne y hueso* (1993) y *El origen del mundo* (1996). Ha publicado también el libro autobiográfico *Adiós, poeta...* (1990), y colecciones de relatos. En 1999 le fue concedido el premio Cervantes.

Edwards Bello, Joaquín Escritor chileno (Valparaíso, 1887 - Santiago de Chile, 1968). Su obra narrativa, de carácter naturalista, se centra en el retrato de los ambientes urbanos chilenos: *El inútil* (1910), *El monstruo* (1912), *La tragedia del Titanic* (1912), *El roto* (1920), *Valparaíso, la ciudad del viento* (1931) y *Criollos en París* (1933). También escribió el libro autobiográfico *Memorias de Valparaíso* (1969).

Edzná *Arqueol.* Antigua ciudad maya, en el Estado mexicano de Yucatán. Restos del periodo clásico y posclásico, entre los que destaca la pirámide de los *cinco pisos*.

EE UU Siglas de ESTADOS UNIDOS DE AMÉRICA DEL NORTE.

ef- pref. EPI-.

efabilidad f. **1** Calidad del que se expresa con corrección. **2** Arte o facultad de expresar debidamente lo que se quiere.

efe f. Nombre de la letra *f*.

Efe *Period.* Agencia de prensa española, fundada en 1939. A partir de los sesenta se expandió hasta convertirse en un medio informativo de ámbito internacional.

efebo m. Mancebo, adolescente.

efectivo, va adj. **1** Real y verdadero. **2** Se dice del empleo o cargo de plantilla, en contraposición al interino o supernumerario o al honorífico. || m. *Econ.* **3** NUMERARIO, moneda acuñada o dinero efectivo. || m. pl. *Mil.* **4** En relación a fuerzas militares o similares, la totalidad de las que se hallan bajo un solo mando o reciben una misión conjunta. || **hacer efectivo** fr. LLEVAR A EFECTO. También tratándose de cantidades, créditos o documentos que los representan, pagarlos o cobrarlos. || **pagar en efectivo** Hacerlo con moneda contante.

efecto m. **1** Lo que surge como consecuencia de una causa. **2** Impresión producida en el ánimo. **3** Fin para el que se hace una cosa. **4** Artículo de comercio. **5** Documento o valor mercantil. **6** Movimiento giratorio que además de la traslación se le da a una bola, pelota, etc., al impulsarla. **7** En la técnica de algunos espectáculos, truco o artificio para provocar determinadas impresiones. Más pl. || m. pl. **8** Bienes muebles, enseres. || **efecto invernadero** *Ecol.* Elevación de la temperatura de la atmósfera próxima a la corteza terrestre, debido a la presencia de nubes, abundante vapor de agua y una capa de óxidos de carbono, sobre todo CO_2, procedentes de las combustiones industriales. || **efecto retroactivo** *Der.* El de una ley, disposición, etc., cuando su efecto se aplica a tiempos anteriores al de su promulgación. || **efecto Venturi** *Fís.* VENTURI, EFECTO. || **efecto Zeeman** *Fís.* ZEEMAN, EFECTO. || **efectos especiales** *Cin.* Técnicas de simulación que se emplean para que parezcan reales escenas que han sido rodadas con maquetas, trucajes, etc. || **a efectos de** loc. Con el fin de. || **con,** o **en, efecto** loc. adv. En realidad, de verdad. También, en conclusión. || **hacer efecto** fr. SURTIR EFECTO. También, parecer muy bien, deslumbrar. || **llevar a efecto; poner en efecto** frs. Ejecutar, emprender algo. || **surtir efecto** fr. Dar una cosa el resultado que se deseaba.

efectuar tr. **1** Emprender, ejecutar una cosa. || prnl. **2** Cumplirse, hacerse efectiva una cosa.

efedráceo, a adj. y s. *Bot.* **1** Se dice de las plantas gimnospermas leñosas. || f. pl. *Bot.* **2** Familia de estas plantas.

efeméride f. **1** Acontecimiento notable que se recuerda en los aniversarios del mismo. **2** Conmemoración de dicho aniversario. || f. pl. **3** Libro o comentario en que se refieren los hechos de cada día. **4** Sucesos notables ocurridos en diferentes épocas, pero un número exacto de años antes de un día determinado.

efendi m. Título honorífico usado entre los turcos para designar a los dignatarios religiosos y gentes de cultura, por oposición a los militares.

eferente adj. *Fisiol.* **1** Se dice de la formación anatómica que lleva o conduce hacia afuera. **2** Se dice de los estímulos y las sustancias que se transmiten así.

efervescencia f. **1** Desprendimiento de burbujas gaseosas a través de un líquido. **2** fig. Agitación, acaloramiento de los ánimos.

efervescente adj. Que experimenta efervescencia.

Edzná (México). Pirámide de los cinco pisos.

Éfeso *Geog. hist.* Antigua ciudad de Asia Menor, puerto natural de Sardes, capital de Lidia, fundada por los griegos el año 1000 a. C. Desde el siglo VIII a. C. fue el principal centro económico de Asia Menor. La ciudad tenía un templo consagrado a Artemisa, considerado una de las siete maravillas del mundo antiguo. En 431 fue sede de un concilio en el que se condenó el NESTORIANISMO. Restos arqueológicos helenísticos y romanos.

Efialtes Político ateniense (Atenas, h. 495 - íd., 457 a. C.). Jefe del partido democrático y aliado de Pericles. Se enfrentó a los poderes del Areópago, anulando sus atribuciones políticas y judiciales. Fue asesinado por orden de los oligarcas.

eficacia f. Virtud, actividad, fuerza y poder para obrar.

eficaz adj. **1** Activo, poderoso para obrar. **2** Que logra hacer efectivo.

eficiencia f. **1** Virtud y facultad para lograr un efecto. **2** Acción con que se logra este efecto.

efigie f. **1** Imagen, representación de una persona real. **2** fig. Personificación, representación viva de una cosa ideal.

efímero, ra adj. **1** Que tiene la duración de un solo día. **2** Pasajero, de corta duración.

florecerse prnl. *Quím.* Ponerse en eflorescencia un cuerpo. ♦ IRREG. Se conjuga como AGRADECER.

eflorescencia f. **1** *Bot.* Periodo o proceso de floración. **2** *Geol.* Fenómeno de formación de sales en los suelos debida a la evaporación, que se produce por la propiedad de ciertos compuestos de convertirse en polvo al perder el agua de cristalización. **3** *Med.* ECCEMA.

efluir intr. *Fís.* Fluir o escaparse un líquido o un gas hacia el exterior.

efluvio m. **1** Emisión de partículas sutilísimas. **2** Emanación, irradiación.

efod m. Vestidura de lino fino, corta y sin mangas, que usaban los sacerdotes israelitas.

Éfeso (Turquía). Teatro.

ÉFORO m. *Hist.* Cada uno de los cinco magistrados que anualmente elegía el pueblo en Esparta.

EFRAIM o **EFRAÍN** Personaje bíblico. Segundo hijo de José, jefe de una de las doce tribus de Israel.

EFRÉN, SAN Doctor de la iglesia y escritor sirio (Nisibés, h. 306 - Edesa, 373). Comentarista de la Sagrada Escritura y poeta, fue uno de los principales impulsores de la escuela de Edesa, ciudad donde se instaló en 363.

EFTA ASOCIACIÓN EUROPEA DE LIBRE COMERCIO.

EFUGIO m. Salida, recurso.

EFUSIÓN f. **1** Derramamiento de un líquido. **2** fig. Expansión e intensidad en los afectos generosos o alegres del ánimo.

EFUSIVO, VA adj. Que manifiesta sus sentimientos de manera viva e intensa.

EGABRENSE adj. y com. De Cabra.

EGAGRÓPILA f. *Zool.* Conjunto de restos no digeribles que regurgitan ciertas aves, sobre todo las rapaces, en forma de bolas.

EGAÑA, JUAN Político y escritor chileno (Lima, 1768 - Santiago de Chile, 1836). Miembro del gobierno autónomo bajo soberanía española (1810), fue encarcelado durante la Restauración (1814). Fue el primer autor teatral conocido de la escena chilena, aunque sus obras no han llegado hasta nuestros días. Escribió *Memoria política* (1825) y *El chileno consolado en los presidios o filosofía de la Religión* (1826).

EGAÑA, MARIANO Político chileno (Santiago, 1793 - íd., 1846). Deportado por los realistas en 1814, regresó a su país tras la victoria de Chacabuco (1817). Fue ministro de Gobierno y de Relaciones Exteriores (1823), de Hacienda, del Interior y de Relaciones Exteriores (1831) y presidente de la Convención (1831). Fue el principal redactor de la Constitución de 1833.

EGARENSE adj. y com. **1** De la antigua Egara, hoy Tarrasa. **2** TARRASENSE.

EGAS, ENRIQUE Arquitecto español de origen flamenco (¿Toledo?, h. 1455 - Toledo, h. 1534). Representante del gótico flamígero en España, realizó las obras de la iglesia toledana de San Juan de los Reyes (1496). Planificó el hospital de los Reyes Católicos de Santiago (1501) e intervino en el de la Santa Cruz de Toledo (1504-1515). En Granada dirigió la construcción de la Capilla Real (1505) y la catedral (1521-28).

EGAS MONIZ, ANTONIO CAETANO DE ABREU FREIRE Neurólogo portugués (Avanza, 1874 - Lisboa, 1955). Se le debe el método de la angiografía cerebral, que facilita el diagnóstico de tumores y ciertas intervenciones quirúrgicas. También fue el iniciador de la leucotomía o lobotomía prefrontal; el desarrollo de esta técnica le proporcionó, en 1949, el premio Nobel de Fisiología y Medicina, compartido con W. R. Hess.

EGBERTO EL GRANDE Rey de Wessex (? - ?, 839). Accedió al trono en 802. Tras derrotar al rey de Mercia (825), logró reunir bajo su mando toda la HEPTARQUÍA ANGLOSAJONA.

EGEO *Mit.* Rey de Atenas. Tras recibir la falsa noticia de la muerte de su hijo Teseo a manos del Minotauro, partió a Creta para combatir contra éste, pero se ahogó en el mar que lleva su nombre.

EGEO Mar del Mediterráneo oriental, entre Grecia y la península de Anatolia, comunicado con el de Mármara por el estrecho de los Dardanelos; 180.000 km². Alcanza su mayor profundidad al NO de Creta (2.250 m). Numerosas islas y algunos archipiélagos: Dodecaneso, Cícladas y Espóradas. Los puertos principales son El Pireo (Atenas), Tesalónica y Esmirna.

EGEO, ISLAS DEL Zona del SE de Grecia, que comprende las islas de Lesbos, Quíos y Samos y los archipiélagos de las Cícladas y del Dodecaneso.

EGEO MERIDIONAL Región de Grecia que comprende los nomos de las Cícladas y Dodecaneso; 5.286 km² y 257.481 h. Su capital es Hermópolis.

EGEO SEPTENTRIONAL Región de Grecia que comprende los nomos de Quíos, Lesbos y Samos; 3.836 km² y 199.231 h. Su capital es Mitilene.

EGERIA *Mit.* Ninfa del Lacio, diosa de las fuentes, ligada al culto de Diana.

-EGESIS, -EGETA sufs. HEGEMON-.

EGETANO, NA adj. y s. De Vélez Rubio.

-EGIA suf. HEGEMON-.

EGICA Rey visigodo de Toledo (?, 654 - ?, 702). Sobrino de Wamba, accedió al trono en 687. Hizo frente a una conjura nobiliaria encabezada por el arzobispo de Toledo, Sisberto, y confiscó los bienes de los judíos.

ÉGIDA o **EGIDA** f. **1** *Mit.* Piel de la cabra Amaltea, que es el atributo con que se representa a Júpiter y a Minerva. Solía servir como escudo. **2** ESCUDO. **3** fig. Protección, defensa.

EGIDIO General galorromano (? - ?, 464). Jefe del ejército romano en las Galias, expulsó al rey visigodo Teodorico II de Arles y creó un pequeño Estado independiente de Roma.

EGINA Isla de Grecia, en el golfo de su nombre; 83 km². Alcanzó un gran desarrollo comercial en el siglo VII a. C. Fue el primer Estado griego que acuñó moneda. Quedó sometida a Atenas en 455 a. C. Ruinas de los templos de Afea y Júpiter.

EGINARDO Cronista carolingio (Maingau, h. 770 - Seligenstadt, 840). Biógrafo de Carlomagno y preceptor de Lotario, fue uno de los impulsores del renacimiento carolingio. Su obra fundamental es *Vita Karoli Imperatoris* (hacia 1830). Como arquitecto participó en la construcción del palacio de Aquisgrán.

EGIPÁN m. *Folk.* Ser fabuloso, mitad cabra, mitad hombre.

EGIPCIO, CIA adj. y s. **1** De Egipto [**Encic.**]. || m. *Ling.* **2** Lengua hablada por los antiguos egipcios. Pertenece a la familia de las camitosemíticas. Es conocida por inscripciones, algunas de las cuales se remontan al VI milenio a. C., realizadas con distintos tipos de escrituras: la jeroglífica, documentada desde la I dinastía; la cursiva hierática, simplificación de la anterior, sustituida por la cursiva demótica desde fines del siglo VII a. C., y el alfabeto griego, desarrollado a partir del siglo III dando origen al COPTO.

ARTE. El arte egipcio tiene un carácter eminentemente religioso y funerario. En arquitectura, las construcciones principales son templos, tumbas y palacios. Tras un periodo inicial en que utilizaron ladrillo y madera, emplearon piedra caliza, arenisca y granito rosa o azul. Como elementos arquitectónicos esenciales usaron la columna, con capiteles en forma de flor de loto, o con la cabeza de HATOR, y el dintel. Se construyeron templos grandiosos, levantados sobre el nivel del suelo o excavados en la roca. Se componían esencialmente de una entrada monumental con dos o cuatro *estatuas colosales* y dos *obeliscos*, denominados *pilonos*; un *patio porticado*, donde se celebraban las procesiones; una *sala hipóstila* y un *santuario*, donde sólo podían entrar el faraón y los sacerdotes de servicio. Muros y columnas aparecían cubiertos de inscripciones y bajorrelieves pintados. Los templos se dedicaban bien al culto del faraón, muerto, o para adorar a un dios. Al primer tipo pertenecen los templos mortuorios adyacentes a las pirámides del Imperio Antiguo y Medio (por ejemplo, el de la pirámide de Kefrén). El único que se conoce separado de la pirámide es el de Mentuhotep I, de la XI dinastía, en Deir el-Bahari. Entre los excavados en la roca destacan los dos de ABU SIMBEL, del tiempo de Ramsés II. De los dedicados a los dioses, sobresalen los construidos durante el Imperio Nuevo, entre ellos los erigidos en honor de Amón y Konsu construidos por Ramsés III en Karnak, y el de la Tríada tebana, construido por Amenhotep III, en Luksor (Tebas). Las tumbas fueron fundamentalmente de tres tipos: MASTABAS (El Giza y Sakkara), durante el Imperio Antiguo; PIRÁMIDES (Kéops, Kefrén y Micerino, en El Giza), típicas del Imperio Medio, y HIPOGEOS (los del Valle de los Reyes), realizados durante el Imperio Nuevo. En cuanto a la arquitectura doméstica, se conservan las ruinas de Tell el-Amarna. De los palacios reales, contiguos a los templos mortuorios, hay que destacar el de Ramsés III, en Medinet Abú, y los de Horemheb y Ramsés II, en Tebas. Como complemento de la arquitectura, la escultura se utilizó para decorar templos y tumbas. En bulto redondo se esculpieron *colosos* (los de Ramsés II, en Abú Simbel; o los de Amenhotep III, en Tebas), ESFINGES, *estatuas decorativas* y *estatuas funerarias* (escriba sentado y Alcalde del pueblo, del Imperio Antiguo; y la reina Hatsepsut, Ramsés II, Nefertiti y Tutankamón, del Imperio Nuevo). Los bajorrelieves son de realce poco acusado, o *en hueco*, muchos coloreados. Representaban la vida de los dioses o hazañas de los faraones. La pintura fue un complemento de la arquitectura, con temas de la vida diaria, tratados con detalle. Las artes decorativas alcanzaron su mayor desarrollo en el Imperio Nuevo.

EGIPTO (al-*Jumhurya Hisr al-'Arabya*) Estado del E de África Septentrional, que limita al N con el mar Mediterráneo; al E, con Israel y el mar Rojo; al S, con Sudán; y al O, con Libia.

Superficie: 997.739 km².
Población: 65.871.000 h. *(egipcios)*.
Densidad: 66 h./km².
Tasa de natalidad: 25,4‰.
Tasa de mortalidad: 7,8‰.
Capital: El Cairo.
Ciudades principales: Alejandría, El-Giza.
Grupos étnicos: egipcios.
Religión: islamismo (90%), cristianismo (10%).
Idioma: árabe.
Moneda: libra egipcia.
Forma de Estado: república parlamentaria.
Producto Nacional Bruto: 79.185 millones de dólares.
Renta per cápita: 1.290 dólares.
División administrativa: 27 gobernaciones, según cuadro.

GEOG. El territorio egipcio, deshabitado en un 96,5%, está compuesto por un gran desierto al O, relativamente llano y con grandes depresiones; el valle del Nilo, en cuyo fértil delta se asienta la mayor parte de la población, y otro gran desierto, al E, bordeado por una cadena montañosa paralela al mar Rojo. El Nilo es el único río y recorre el país de S a N. Sus aguas están reguladas por la presa de Assuan, que forma el lago Nasser. El clima es desértico, salvo en una franja litoral, de clima mediterráneo extremo. La economía está basada en la agricultura, posible solamente en los lugares con regadío (frutas, vegetales y algodón), y en la minería (petróleo, fosfatos, gas natural, manganeso). Industria textil. En los últimos años el turismo ha sufrido un retroceso debido a las actividades de los grupos fundamentalistas islámicos.

HIST. Prehistoria (...-3000 a. C.). En el valle del Nilo se desarrollaron las culturas paleolítica, neolítica y cal-

EGIPTO

Gobernaciones	Superficie (km²)	Población (h.)	Capitales
Alejandría	2.679	3.328.196	Alejandría
Assuan	679	973.671	Assuan
Asyut	1.553	2.802.145	Asyut
Beheira	10.130	3.981.209	Damanhur
Bani Suwaif	1.322	1.860.180	Bani Suwaif
Damietta	589	914.614	Damietta
Daqahliya	3.471	4.223.655	al-Mansura
El Cairo	214	6.789.497	El Cairo
Fayum	1.827	1.989.881	El-Fayum
Gharbiya	1.942	3.404.827	Tanta
Giza	85.153	4.779.865	El-Giza
Ismailía	1.442	715.009	Ismailía
Kafr el-Sheikh	3.437	2.222.920	Kafr el-Sheikh
Luxor	—[1]	360.503	Luxor
Mar Rojo	203.685	155.695	Hurghada
Matruh	212.112	211.866	Marsa Matruth
Minufiya	1.532	2.758.499	Shibin el-Kom
Minya	2.262	3.308.875	El-Minya
New Valley	376.505	141.737	El-Kharga
Port Said	72	469.533	Port Said
Qaliubiya	1.001	3.302.860	Benha
Qena	1.851	2.441.420	Qena
Sharquiya	4.180	4.287.848	Zagazig
Sinaí Septentrional	27.574	252.750	El-Arish
Sinaí Meridional	33.140	54.495	Et-Toor
Sohag	1.547	3.125.000	Sohag
Suez	17.840	417.610	Suez

[1] El área de Luxor está comprendida en la de Qena.

colítica. Habitado desde la era cuaternaria, la población estaba constituida por camitas y semitas, que llegaron por el N.

Antigüedad. Egipto faraónico (3000-332 a. C.). Las pequeñas agrupaciones agrícolas y defensivas constituidas a lo largo del Nilo, pronto se deshicieron en luchas hegemónicas hasta quedar conformadas en dos Estados: el reino del Bajo Egipto, en el delta, y el del Alto Egipto, a S. El faraón, tenido por hijo de Ra, era considerado como un dios. Los faraones, soberanos egipcios, se han agrupado en 31 dinastías. Cada uno de los nomos en que se dividían los Estados estaban regidos por un gobernador, llamado nomarca. Las clases sociales existentes en el antiguo Egipto estaban determinadas por la diferencia de función. Las principales fueron la de los sacerdotes, que gozaron de gran influencia, dispusieron de las riquezas de los templos, y fueron los depositarios del saber, y la de los guerreros. Los escribas gozaron de alta estima como funcionarios o al servicio de particulares. Los esclavos, por último, carecían de todo derecho. Los extranjeros (fenicios, hebreos y griegos) eran despreciados y relegados. El periodo faraónico puede dividirse en varias etapas: *Dinastías tinitas (3000-2270 a. C.).* Se llama así a la I y la II dinastías, porque sus monarcas procedían de Tinis, en el Alto Egipto. Menes, príncipe del S, fue el primer faraón de todo Egipto y fundó Menfis, en el delta. *Imperio antiguo o menfita (2270-2200 a. C.).* Comprende las dinastías III a la X. La capital fue trasladada de Tinis a Menfis. En una etapa expansionista de tiempos de Zoser, de la III dinastía, y Esnefru, Kéops, Kefrén y Micerino, de la IV; le sucedió una etapa de decadencia, especialmente desde la VII dinastía, en la que los príncipes de Heracleópolis (2200-2166 a. C.) se adueñaron del poder y su ciudad pasó a ser la capital de Egipto (IX y X dinastías). Esta etapa de inestabilidad se considera como primer periodo intermedio. *Imperio medio o tebano (2160-1580 a. C.).* Comprende desde la dinastía XI hasta la XVII y tuvo por capital a Tebas, donde se rendía culto a Amón. Los monarcas de la XI restablecieron la unidad de Egipto, que con los príncipes de la XII dinastía alcanzó el más alto grado de civilización. A la muerte de Amenemhat III (1850-1800) sucedió un periodo en que los soberanos gobernaron sólo nominalmente sobre todo el país, lo que facilitó la invasión de los hicsos, que durante la XIII dinastía se establecieron en el Bajo y Medio Egipto. Esta etapa se considera como un segundo periodo intermedio. Su dominación (1730-1580), sin embargo, permitió soberanos indígenas, unos en Xois, en el delta central (XIV dinastía), y otros en Tebas (XVII dinastía). Los reyes hicsos se agruparon en las dinastías XV y XVI; ésta, paralela a la XVII. *Imperio nuevo o segunda época tebana (1580-1085 a.C.).* Comprende las dinastías XVIII a XX. Durante la XVIII Egipto se convirtió en potencia conquistadora en Asia y vehículo de civilizaciones con los países del Mediterráneo oriental. Los principales monarcas de dicha dinastía fueron Amosis I, Amenhotep I, Tutmosis I, Hatsepsut, Tutmosis II, Tutmosis III, Amenhotep II, Amenhotep III, Amenhotep IV, más conocido como Akenatón y fundador de una nueva capital, Tell el-Amarna; Tutankamón, y el general Horemheb. La dinastía XIX contó también con soberanos destacadísimos, como Seti I, Ramsés II y Meneptah. Durante la XX dinastía se produjo una gran anarquía política, con predominio de los mercenarios bárbaros y de los jefes militares libios investidos como sacerdotes. *Descomposición del Imperio (1085-663 a. C.).* Hacia el 1100 a. C., Egipto se dividió, y mientras Esmerdes, sucesor legítimo, se establecía en Tanis, el general Herihor, lo hacía en Tebas. Ambas ramas se incluyen en la dinastía XXI y perduraron hasta 950, en que el jefe libio Sheshonk (XXII dinastía) estableció el orden. Durante la dinastía XXIII, Egipto se dividió en reinos y principados rivales, por lo que fue presa fácil de los asirios, que se apoderaron del delta y de Menfis. *Reyes saítas (663-525 a. C.).* Necao I (663-609), príncipe de Sais, en el Bajo Egipto, y fundador de la dinastía XXVI, creó un ejército mercenario, formado, sobre todo, por griegos, con el que su hijo Samético I se proclamó rey y acabó con el feudalismo libio, expulsó a los asirios y llevó su autoridad hasta Tebas. Otros soberanos importantes de esta etapa son Necao II, Samético II, Amosis II y el persa Cambises II que destronó y mató a Samético III, se proclamó faraón y convirtió a Egipto en satrapía. *Dominación persa (525-332 a. C.).* Los soberanos persas aqueménidas, desde Cambises II a Darío II, constituyen la XXVII dinastía. Tras un breve periodo de independencia (dinastías XXVIII a XXX), con Neferites y Nectanebo I, de nuevo el persa Artajerjes destronó al último faraón independiente, Nectanebo II. La dinastía XXXI comprende los últimos aqueménidas: Artajerjes III y Darío III. *Egipto helenístico (332-31 a. C.).* Alejandro III el Magno, rey de Macedonia, liberó a Egipto del yugo persa, se proclamó rey y fundó Alejandría, a orillas del Mediterráneo, como nueva capital. En la lucha que, a su muerte, sostuvieron sus generales por repartirse el Imperio, correspondió Egipto a Tolomeo I Soter, fundador de la dinastía lágida (323-283). A la muerte de Tolomeo XIII heredó el trono su hija Cleopatra VII, durante cuyo reinado Egipto se convirtió en uno de los escenarios de las guerras civiles romanas en tiempos de la República. *Egipto romano (31 a. C. - 395 d. C.).* Declarado Egipto provincia imperial, los emperadores romanos, que mantuvieron la administración lágida, estaban representados por un prefecto, y fueron considerados como faraones, recibiendo culto divino. Cuando Constantino dispuso la igualdad de cultos (313), Egipto estaba ya cristianizado en gran parte.

Edad Media. Egipto bizantino (395-642). Al dividirse el imperio, Egipto pasó a depender del de Oriente. Desde el concilio de Constantinopla (381) fue reconocido el patriarca de Alejandría como primado de Egipto. El patriarca Dióscoro (444-454) propagó las teorías monofisitas del archimandrita Eutiques, y su destitución, por el concilio de Calcedonia (451), no fue aceptada, lo que motivó el cisma de la iglesia egipcia o copta. Del 617 al 629 hubo una breve dominación persa, tras lo cual el emperador Heraclio restableció la unidad. *Egipto árabe (642-1517).* La dominación musulmana, iniciada en 640, convirtió al país en provincia del califato de Bagdad. Un esclavo turco, Ahmed ben Tulun, con un cuerpo de mercenarios, llamados mamelucos, se hizo reconocer como gobernador de 879 a 905, año en que un ejército abasí reconquistó el país. En 969, los fatimíes conquistaron Egipto, fundando El Cairo, como capital. Luego el imperio se disgregó, y sus representantes, sólo nominales, estaban sometidos a los turcos selyúcidas. En 1171, Salah el-Din, hijo del emir kurdo Ayub, se proclamó sultán. Reconocido por el califa, extendió sus dominios por Egipto, Mesopotamia, Siria y Palestina, incluida Jerusalén (1187), y confirió al nuevo imperio una gran prosperidad y unión que se mantuvo durante las dinastías mamelucas (1250-1517).

Edad Moderna. Egipto turco (1517-1882). Gobernado por un bajá, vivió en continua anarquía. En 1798, Napoleón Bonaparte propuso al Directorio la conquista de Egipto. Aunque venció a los mamelucos, la derrota de la flota en Abukir y la contraofensiva turca apoyada por Inglaterra, obligaron a los franceses a evacuar el país en 1801. El jefe de las fuerzas albanesas enviadas por Constantinopla, Muhammad Alí, se proclamó bajá hereditario de Egipto (1805), que quedó reducido a los límites actuales tras la intervención de Inglaterra, Rusia y Prusia, que firmaron con Turquía el acuerdo de 1840, al que se adhirió Francia el mismo año. Durante el siglo XIX se realizaron grandes obras públicas (canal de Suez; 1869), pero la desastrosa situación económica provocó la intervención financiera de sus principales acreedores, Francia e Inglaterra (1876-82).

Edad contemporánea. La intervención europea provocó el movimiento nacionalista del coronel Arabi. En

Egipto. Inauguración del canal de Suez en 1869. Acuarela de Ríos. Castillo de Compiègne (Francia).

1882, una matanza de cristianos en Alejandría permitió la intervención armada británica que, tras la victoria de Tell el-Kebir ese mismo año, condujo a la conversión de Egipto en protectorado. El territorio se amplió con la reconquista de Sudán (1898) por el general Kitchener. La supresión de la soberanía otomana fue proclamada por los británicos en 1914, convirtiendo al jedive en sultán; pero al terminar la Primera Guerra Mundial, el sentimiento de independencia egipcio provocó el fin del protectorado (1922). En 1922 el sultán Ahmed Fuad fue proclamado rey con el nombre de Fuad I. En 1936, subió al trono egipcio Faruk I. Durante la Segunda Guerra Mundial, Egipto se convirtió en base de operaciones de los aliados; terminado el conflicto, mantuvo, junto a Líbano y Siria, una guerra con Israel (1948-49). El fracaso de ésta y la corrupción administrativa desprestigiaron la Monarquía. La abdicación del rey en su hijo Fuad II no detuvo los acontecimientos y, tras el golpe militar del general Naguib, fue proclamada la República en 1953, bajo la presidencia del mismo Naguib. En 1954, el teniente coronel Gamal Abdel Nasser, con el apoyo popular, asumió las funciones presidenciales, refrendadas por un plebiscito, que aprobó igualmente la nueva Constitución en 1956. De febrero de 1958 a septiembre de 1961, Egipto y Siria estuvieron fusionados adoptando la denominación de República Árabe Unida (RAU). En 1967 Nasser cerró el golfo de Aqaba a la navegación israelí. La guerra con este país estalló el 5 de junio, concluyendo el 11 con la ocupación por Israel de la península del Sinaí (GUERRA DE LOS SEIS DÍAS). A la muerte de Nasser (1970), fue elegido presidente, por sufragio popular, Anuar el-Sadat. En 1970 fue aprobada mediante referéndum una nueva Constitución, y la nación cambió el nombre de República Árabe Unida (RAU) por el de República Árabe de Egipto. En 1973 tuvo lugar la cuarta GUERRA ÁRABE-ISRAELÍ. En 1975 se abrió de nuevo a la navegación internacional el canal de Suez, cerrado desde 1967, y Anuar el-Sadat fue reelegido en su cargo. Las iniciativas de paz con Israel condujeron a la firma de los ACUERDOS DE CAMP DAVID (1979), por los cuales Egipto obtenía la devolución del territorio arrebatado en la guerra de los Seis Días. Dichos acuerdos provocaron la ruptura de relaciones con Argelia, Libia, Jordania, Siria y Yemen, y la expulsión del país de la Liga Árabe. En el referéndum celebrado en 1980, Anuar el-Sadat fue elegido para ocupar su cargo con carácter vitalicio. Un año después, fue asesinado en la capital por extremistas islámicos. Le sustituyó el vicepresidente Hosni Mubarak. Durante la crisis del Golfo, Egipto se unió a las resoluciones de la ONU. Desde 1992 ha crecido la actividad de los grupos fundamentalistas islámicos, autores de atentados contra intereses extranjeros y turísticos. El presidente H. Mubarak fue ratificado en su cargo en 1993, 1995 y 1999.

Egipto Mit. Héroe epónimo del país de su nombre. Sus 50 hijos se casaron con las DANAIDES.

Egiptología f. Hist. Rama de la historia que estudia el Egipto faraónico y su civilización.

Egisto Mit. Hijo de Tiestes y de su hija Pelopia. Sedujo a Clitemnestra y la ayudó a matar a Agamenón. Fue muerto por Orestes.

Égloga f. Lit. Composición poética del género bucólico.

Egmont, Lamoral, conde de General flamenco (La Hamaide, 1522 - Bruselas, 1568). Estuvo al servicio de Felipe II y venció a los franceses en San Quintín (1557) y Gravelinas (1558). Se mostró contrario a la política contrarreformista española en los Países Bajos y suscribió la carta de protesta que Guillermo de Orange envió a Felipe II en nombre de la alta nobleza flamenca. Pese a que no se sumó abiertamente a la rebelión armada (1566), fue arrestado y ejecutado.

Ego m. Psicol. YO.

Ego- pref. que significa yo.

Egocentrismo m. Psicol. Exagerada exaltación de la propia personalidad, hasta considerarla como centro de atención y actividad generales.

Egofonía f. Med. Variedad de broncofonía.

Egoísmo m. **1** Inmoderado y excesivo amor que uno tiene a sí mismo y que le hace atender desmedidamente a su propio interés. **2** Acto sugerido por esta condición personal.

Egoísta adj. y com. Que tiene egoísmo.

Egolatría f. Culto, adoración, amor excesivo a sí mismo.

Egotismo m. **1** Prurito de hablar de sí mismo. **2** Sentimiento exagerado de la propia personalidad.

Egregio, gia adj. Insigne, ilustre.

Egresar tr. Salir de alguna parte.

Egreso m. Salida, partida de descargo.

Eguren, José María Escritor peruano (Lima, 1882 - íd., 1942). Influido por el simbolismo, escribió los libros de poemas Simbólicas (1911), La canción de las figuras (1916), Rondinelas y Sombras (1920) y Motivos estéticos (1959).

Paul Ehrlich

Egusquiza, Juan Bautista Militar y político paraguayo (Asunción, 1845 - íd., 1910). Presidente de la República (1894-98), intentó llegar a un compromiso con los liberales.

¡eh! interj. Se emplea para preguntar, llamar, despreciar, reprender o advertir.

Ehecatl Mit. Antigua divinidad mesoamericana, que simbolizaba el dios del viento. Representada como un mono soplando o un hombre con pico de pato, fue asimilada a Quetzalcóatl.

Ehime Prefectura de Japón, región de Shikoku; 5.672 km^2 y 1.506.598 h. Su capital es Matsuyama.

Ehinger o **Alfinger** Geneal. Familia de comerciantes y exploradores alemanes del siglo XVI. Asociados con los Welser, desempeñaron un papel decisivo en la colonización de las Antillas y Venezuela.

Ehrenburg, Ilya Escritor soviético (Kiev, 1891 - Moscú, 1967). Afín a la revolución de octubre, sus obras, de estilo realista, poseen un tono combativo y militante: Las extraordinarias aventuras de Julio Jurenito (1922), Calle en Moscú (1927), Fábrica de sueños (1931) y España, república de trabajadores (1932) y El deshielo (1954).

Ehrlich, Paul Biólogo y médico alemán (Strehlen, 1854 - Bad Homburg, 1915). Estudió la inmunidad hereditaria y la adquirida y se le considera el fundador de la sueroterapia. Descubrió el medicamento llamado salvarsán contra la sífilis. Premio Nobel de Fisiología y Medicina en 1904.

Eibarrés, sa adj. y s. De Éibar.

Eichelbaum, Samuel Escritor argentino (Domínguez, 1894 - Buenos Aires, 1967). Autor de La mala sed (1920), El gato y su selva (1936), Pájaro de barro (1940), Vergüenza de querer (1941) y Dos brasas (1955).

Eichendorf, Joseph, barón de Escritor alemán (castillo de Lubowitz, Silesia, 1788 - Neisse, 1857). Perteneció al movimiento romántico. Escribió las novelas Presentimiento y presente (1815), La estatua de mármol (1817) y Episodios de la vida de un holgazán (1826) y Poesías (1837).

Eichmann, Adolf Político alemán (Solingen, 1906 - prisión de Ramleh, 1962). Coronel de las SS y principal colaborador de Himmler en el exterminio de judíos, después de la Segunda Guerra Mundial se trasladó a Argentina. En 1960 fue raptado en Buenos Aires por agentes israelíes y trasladado a Jerusalén, donde fue condenado a muerte y ahorcado.

-eico Quím. suf. equivalente a -ico, que se utiliza para designar a los ácidos grasos no saturados: ácido oleico.

-eiconía suf. ICON-.

-eideo suf. EIDO-.

Eider m. Zool. Ave anseriforme perteneciente a la familia anátidas, de nombre científico Somateria mollissima. Fundamentalmente marino, se le puede encontrar en todo el hemisferio boreal.

Eider Río de Alemania, que nace en la meseta de Holstein, cerca de Kiel, y desemboca en el mar del Norte; 185 km.

eido-, ideo-, ido-; -eido-, -ido-, -oid-; -eideo, -eido, -ida, -idas, -ide, -ideo o -ídeo, -ides, -idia, -idio, -odo, -ode, -odio, -odo, -oidal, -oide, -oideo, -oides, -oidia prefs., ins. o sufs. que significan semejanza, semejante a, idea, etc.: caleidoscopio, sifílide, nematodo.

Eiffel, Alexandre-Gustave Ingeniero francés (Dijon, 1832 - París, 1923). Especializado en puentes metálicos (Oporto, Burdeos), es autor de la estación ferroviaria de Staatsbahn (Budapest) y de la torre que lleva su nombre en París, realizada con motivo de la Exposición Universal de 1889.

Eigen, Manfred Químico y físico alemán (Bochum, 1927). Obtuvo el premio Nobel de Química en 1967, junto a G. Porter y R. G. W. Norrish, por sus investigaciones sobre las reacciones químicas a través de impulsos de energía.

Eijkman, Christiaan Médico y biólogo holandés (Nykerk, 1858 - Utrecht, 1930). Descubrió la primera de las vitaminas conocidas, la B_1. En 1929 se le concedió el premio Nobel de Fisiología y Medicina, compartido con F. G. Hopkins.

Eimert, Herbert Compositor y musicólogo alemán (Bad Kreuznach, 1897 - Düsseldorf, 1972). Fue uno de los iniciadores de la música electrónica. Entre sus com-

Alexandre-Gustave **Eiffel.** Torre Eiffel (París).

posiciones destacan *Estudios sobre mezclas de sonidos* (1954) y *Epitafio para Aikichi Kuboyama* (1962).

EINAUDI, LUIGI Político y economista italiano (Carrú, 1874 - Roma, 1961). Fue gobernador de la Banca de Italia, vicepresidente del Gobierno y ministro de Hacienda, antes de ocupar la presidencia de la República (1948-55), cargo desde el que impulsó la unidad europea.

EINDHOVEN Ciudad de los Países Bajos, provincia de Brabante Septentrional; 195.055 h.

EINSTEIN, ALBERT Físico y matemático estadounidense de origen alemán (Ulm, 1879 - Princeton, 1955). En 1905, publicó cuatro artículos que revolucionaron la física del momento. En ellos exponía una explicación teórica del movimiento browniano; una teoría cuántica de la luz, a partir de la cual explicó el efecto fotoeléctrico, ya descubierto por H. R. Hertz; y la teoría especial de la relatividad, que le llevó al descubrimiento de la relación entre masa y energía, que condensó en la ecuación: $E = m.c^2$, en la que E representa la energía, m la masa y c la velocidad de la luz, ecuación de enorme trascendencia para el desarrollo de la física energética del siglo XX. En 1916, publicó *Fundamentos de la teoría general de la relatividad*, obra en la que demostraba la equivalencia entre inercia y gravitación, y establecía las relaciones entre espacio, tiempo, materia, energía, gravitación e inercia. Realizó investigaciones sobre la teoría cinética de los gases y, durante sus últimos años, intentó construir una teoría unificada de todos los campos (especialmente el gravitatorio y el electromagnético), pero no consiguió llegar a ninguna conclusión válida. En 1921 recibió el premio Nobel de Física por su explicación del efecto fotoeléctrico.

EINSTENIO m. *Quím.* Elemento químico del grupo de los transuránidos del sistema periódico. Masa atómica 253; número atómico 99; símbolo *Es*. Elemento radiactivo artificial tiene corta vida, pues se transforma en berkelio, y no es fisionable.

EINTHOVEN, WILLEM Médico holandés (Samarang, Java, 1860 - Leiden, 1927). En 1924 se le concedió el premio Nobel de Fisiología y Medicina por la invención del electrocardiógrafo.

EIRE IRLANDA.

EISENACH Ciudad de Alemania, Land de Turingia; 49.237 h. Castillo de Wartburg, en el que residió Lutero.

EISENHOWER, DWIGHT DAVID Político y militar estadounidense (Denison, 1890 - Washington, 1969). Durante la Segunda Guerra Mundial, asumió la jefatura suprema de las fuerzas aliadas, cargo desde el que dirigió el desembarco en Normandía (junio de 1944). Del Partido Republicano, en 1953 fue elegido presidente de EE UU. Durante su mandato (1953-57 y 1957-61), estrechó las relaciones con sus aliados europeos y alentó la guerra fría.

EISENSTEIN, SERGEI MIJAILOVICH Director de cine soviético (Riga, 1898 - Moscú, 1948). Maestro del montaje, su producción aúna la fuerza expresiva y el valor formal de la imagen. En su filmografía destacan *La huelga* (1924), *El acorazado Potemkin* (1925), *Octubre* (1928), *La línea general* (1929), *¡Que viva México!* (1931), inconclusa, *Alejandro Nevski* (1938) e *Iván el Terrible* (1942-44).

EJE m. **1** Varilla que atraviesa un cuerpo giratorio y le sirve de sostén en el movimiento. **2** Barra horizontal que une ruedas opuestas de un vehículo o carruaje. **3** Línea que divide por la mitad el ancho de una cosa. **4** fig. Idea fundamental; tema predominante; base principal de una empresa. **5** fig. Persona, cosa o circunstancia a cuyo alrededor gira un asunto, una reunión, conversación, etc. **6** *Geom.* Recta imaginaria alrededor de la cual gira otra para engendrar una superficie de revolución. **7** *Mar.* Cada una de las tres rectas imaginarias trazadas por el centro de gravedad de un buque y que tienen la dirección de la eslora, de la manga y del puntal. **8** *Mec.* Pieza que transmite el movimiento de rotación a una máquina. || **EJE DE COORDENADAS** *Mat.* Cada una de las dos rectas perpendiculares que forman un sistema de coordenadas cartesianas. En el plano, el vertical es el *de ordenadas* o *Y*, y el horizontal el *de abscisas* o *X*. || **dividir, o partir, por el eje** fr. fig. y fam. Causar a uno un perjuicio.

EJE ROMA-BERLÍN o **EL EJE** *Hist.* Denominación dada por Mussolini al acuerdo de 1936 entre la Alemania nazi y la Italia fascista, al que se adhirieron más tarde Japón, Hungría, Rumania y Bulgaria.

EJECUCIÓN f. **1** Acción y efecto de ejecutar. **2** Manera de ejecutar una cosa. Se dice especialmente de las obras musicales o pictóricas. **3** *Der.* Procedimiento judicial con embargo y venta de bienes.

EJECUTAR tr. **1** Hacer, realizar una cosa. **2** AJUSTICIAR. **3** Desempeñar con arte y facilidad alguna cosa. **4** Tocar una pieza musical. **5** *Der.* Reclamar una deuda por procedimiento ejecutivo.

Albert **Einstein**

EJECUTIVO, VA adj. **1** Que no da espera. **2** Que ejecuta o hace una cosa. También s. **3** *Polít.* PODER EJECUTIVO. **4** *Der.* VÍA EJECUTIVA. || m. y f. **5** Persona que forma parte de una comisión ejecutiva o que desempeña cargo directivo en una empresa. || f. **6** Junta directiva de una corporación o sociedad. || m. **7** Gobierno de un Estado.

EJECUTORIA f. **1** Título que acredita la nobleza de una persona o familia. **2** fig. TIMBRE, acción que ennoblece. **3** *Der.* Sentencia que alcanzó la firmeza de cosa juzgada.

EJECUTORIAR tr. **1** *Der.* Dar firmeza a un pronunciamiento judicial. También prnl. **2** fig. Comprobar la certeza de una cosa.

EJECUTORIO, RIA adj. *Der.* Firme, invariable.

¡EJEM! interj. Denota duda o ironía.

EJEMPLAR adj. **1** Que da ejemplo. || m. **2** Prototipo. **3** Cada copia sacada de un mismo original o modelo. **4** *Biol.* Cada uno de los individuos de una especie o de un género. **5** Cada uno de los objetos de una colección científica.

EJEMPLIFICAR tr. Demostrar, ilustrar o autorizar con ejemplos.

EJEMPLO m. **1** Caso o hecho que sirve de modelo. **2** Acción o conducta que puede inclinar a que la imiten. **3** Hecho o texto que se cita para ilustrar o autorizar un aserto, doctrina u opinión. || **dar ejemplo** fr. Excitar la imitación de los demás. || **por ejemplo** expr. Ilustrar o autorizar una opinión.

EJERCER tr. **1** Practicar un oficio o facultad. También intr. **2** Realizar sobre alguien o algo una acción, influjo, etc.

EJERCICIO m. **1** Paseo o esfuerzo corporal para conservar la salud o recobrarla. **2** *Econ.* Tiempo durante el cual rige una ley de presupuestos. **3** Cada una de las pruebas que realiza el opositor. **4** Cada una de las pruebas que realizan los estudiantes en centros docentes para obtener un grado académico. **5** Trabajo práctico que sirve de complemento en el aprendizaje de ciertas disciplinas. **6** *Mil.* Movimientos con que los soldados se adiestran. || **EJERCICIOS ESPIRITUALES** *Rel.* Los de carácter religioso que se practican en grupo durante algunos días, bajo la dirección de un sacerdote, y dedicados a la oración y penitencia. || **en ejercicio** loc. adj. o adv. Que ejerce su profesión o cargo.

EJERCITAR tr. **1** Practicar un arte, oficio o profesión. También prnl. **2** Hacer que alguien aprenda una cosa mediante la práctica. || prnl. **3** Adiestrarse en la ejecución de una cosa.

EJÉRCITO m. **1** Conjunto de militares a las órdenes de un general. **2** Conjunto de fuerzas aéreas y terrestres de una nación. **3** Gran unidad formada por varios cuerpos de ejército. **4** fig. Colectividad numerosa.

EJÉRCITO REPUBLICANO IRLANDÉS IRA.

EJÉRCITO DE SALVACIÓN SALVATION ARMY.

EJÉRCITO ZAPATISTA DE LIBERACIÓN NACIONAL (EZLN) *Hist.* Organización político-militar mexicana, que se dio a conocer el 1 de enero de 1994 al iniciar un levantamiento armado en el Estado de Chiapas, liderada por un universitario conocido como subcomandante Marcos. Poco después inició un proceso de negociación con el gobierno que en 1996 quedó bloqueado, a pesar de que el presidente Ernesto Zedillo intentó reiniciar el diálogo. Vicente Fox, presidente del país desde 2000, retomó el proyecto de ley sobre derechos y culturas indígenas y ordenó un repliegue parcial de las tropas en Chiapas y la excarcelación de zapatistas. Sin embargo, algunas de estas medidas fueron paralizadas poco después, lo que dio lugar a una marcha hacia el Congreso de México, organizada por el EZLN (véase MÉXICO, *Hist.*).

EJIDO m. *Agr.* Campo común de todos los vecinos de un pueblo, donde se reúnen los ganados o se establecen las eras.

EJIDO, EL Municipio y ciudad de España, provincia de Almería; 47.610 h. Agricultura.

EJIÓN m. Zoquete que se asegura al andamio como apoyo de las piezas horizontales.

EKPWELE m. *Econ.* Antigua unidad monetaria de Guinea Ecuatorial.

EL Artículo determinado en género masculino y número singular. Se usa también delante de sustantivo femenino que empieza con *a* tónica, incluso si le precede *h* muda. Quedan exceptuados los nombres propios y los patronímicos, cuando designan mujer (uso popular), y las letras del alfabeto. La interposición de cualquier palabra entre el artículo y el sustantivo femenino impide el uso de *el*. Queda también fuera de la regla los adjetivos. Debe emplearse el artículo femenino *la* si se quiere distinguir el sexo.

ÉL Nombre del pronombre personal de 3.ª persona en género masculino y número singular. Con preposición, se emplea también en casos oblicuos.

EL AAIÚN AAIÚN, EL.
EL CAIRO CAIRO, EL.
EL-FAYUM FAYUM, EL-.
EL-GIZA GIZA, EL.
EL HAVRE HAVRE, EL.
EL-HOCEÏMAN ALHUCEMAS.
EL-JADIDA JADIDA, EL-.
EL-KELAA SRARHNA KELAA SRARHNA.
EL-MINYA o MINIEH MINYA, EL-.
EL ORO ORO, EL.
EL PASO Ciudad de EE UU, Estado de Texas, a orillas del río Grande; 579.307 h. Nudo de comunicaciones.

EL SALVADOR *(República de El Salvador)* Estado de América Central, que limita al N con Honduras y Guatemala; al E, con Honduras y el golfo de Fonseca; al S, con el océano Pacífico, y al O, con Guatemala.

Geog. Geog. física. El país está atravesado por dos cordilleras: la Cadena Septentrional, de E a O (sierras de Mita-Cameyaco, Metapán, Chalatenango y Cabañas, al NE, y las sierras de Apaneca y Tacuba, al O), y la Cadena Costera, paralela al Pacífico. En ésta se encuentran los principales volcanes: el Santa Ana (2.385 m), el Apaneca (1.841), el Izalco (1.830), el San Salvador (2.060), el Savet (2.181) y el Chaparrastique o San Miguel (2.129). Los ríos más importantes son el Lempa, el de la Paz, el Grande de San Miguel y el Goascorán. Clima templado. La estación lluviosa se extiende de mayo a octubre.

Superficie:
21.041 km².
Población:
6.123.000 h.
(salvadoreños).
Densidad:
291 h./km².
Tasa de natalidad: 29,4‰.
Tasa de mortalidad: 6,4‰.
Capital: San Salvador.
Ciudades principales: Santa Ana, San Miguel, Mejicanos, Nueva San Salvador, Delgado.
Grupos étnicos: mestizos (89%), amerindios (10%) y blancos (1%).
Religión: catolicismo (75%), protestantismo (25%).
Idioma: español.
Moneda: colón y dólar (desde 2001).
Forma de Estado: república presidencialista.
Producto Nacional Bruto: 11.207 millones de dólares.
Renta per cápita: 1.850 dólares.
División administrativa: 14 departamentos, comprendidos en tres regiones, según cuadro.

EL SALVADOR

Departamentos Regiones	Superficie (km²)	Población (h.)	Capitales
Cabañas	1.104	138.426	Sensuntepeque
Chalatenango	2.017	177.320	Chalatenango
Cuscatlán	756	178.502	Cojutepeque
Libertad, La	1.653	513.866	Nueva San Salvador
Paz, La	1.224	245.915	Zacatecoluca
San Salvador	886	1.512.125	San Salvador
San Vicente	1.184	143.003	San Vicente
Central	*8.824*	*2.909.157*	
Ahuachapán	1.240	286.140	Ahuachapán
Santa Ana	2.023	458.587	Santa Ana
Sonsonate	1.225	360.183	Sonsonate
Occidental	*4.488*	*1.104.910*	
Morazán	1.447	160.146	San Francisco Gotera
San Miguel	2.077	403.411	San Miguel
Unión, La	2.074	255.565	La Unión
Usulután	2.130	310.362	Usulután
Oriental	*7.728*	*1.129.484*	

Geog. humana y económica. La agricultura es la base de la economía salvadoreña. El cultivo más extendido es el maíz, aunque el café es su producto más rentable. También se cultiva caña de azúcar, arroz, tabaco y algodón. El Salvador constituye la principal fuente mundial de bálsamo. Intensa ganadería, especialmente vacuna y porcina, e importante producción de leche, manteca y queso. Existen grandes yacimientos de bauxita, explotándose en menor escala el oro y la plata. La industria cuenta con producción de cigarrillos, calzados y algodón.

Hist. La mayor parte del actual territorio de la República de El Salvador era conocido a la llegada de los españoles como Cuzcatlán, *tierra de riquezas*. Estaba habitado por pocomanes y chortíes en el NO; pipiles, en el centro; lencas y ulúas, en la zona oriental. La conquista de El Salvador fue llevada a cabo por Pedro de Alvarado, quien, a finales de junio de 1524, penetró en el territorio derrotando a los indios en Acaxual, Tacuaxcalco y Cuzcatlán. Al año siguiente, una segunda expedición, al mando de Diego de Alvarado, llegó hasta Cuzcatlán fundando San Salvador (1525). A esa fundación sucedieron las de San Miguel de la Frontera (1530) y Chalatenango (1536). Pese a todo, la pacificación del territorio fue lenta y no se completó hasta 1547. Cinco años antes, El Salvador se incorporó a la Real Audiencia y después a la capitanía general de Guatemala. La actividad económica del territorio durante el periodo virreinal se centró en la producción del añil, el cacao y la ganadería. La sociedad era la característica de la América virreinal; indios, mestizos, españoles, criollos y mulatos formaban la sociedad del territorio. La ciudad de San Salvador, el 5 de noviembre de 1811, encabezó la primera tentativa de independencia, que fracasó. Manuel José de Arce, Juan Manuel Rodríguez, Pedro Pablo Castillo y otros patriotas hicieron un nuevo esfuerzo en 1814 en favor de la causa. El 15 de septiembre de 1821 se proclamó la independencia en el Palacio Nacional de Guatemala, y el 22 del mismo mes, San Salvador se apresuró a ratificarla. Un año más tarde, Guatemala decidió incorporarse a la nueva República mexicana. El Salvador se opuso, por lo que fue sometido a la fuerza. En 1824 se constituyó la República Federal de América Central, con los cinco Estados federados de Guatemala, Honduras, Nicaragua, Costa Rica y El Salvador, designándose capital a San Salvador. Los antagonismos de unos y otros encendieron la guerra civil en 1829, que acabó con la Federación el 26 de octubre de 1838. El 31 de enero de 1841, la Asamblea Nacional de El Salvador proclamó su independencia y redactó su propia Constitución. Posteriormente, aunque varios presidentes trataron de recomponer la unidad de la Federación, como Juan José Guzmán en 1842 y Doroteo Vasconcelos en 1848, el país entró varias veces en conflicto con Guatemala, Honduras y Nicaragua. Se sucedieron sesenta años en que conservadores y liberales se disputaron el poder. Tras un periodo de relativa estabilidad política y desarrollo económico que culminó durante la presidencia de Francisco Dueñas, el país entró en un periodo en el que los cambios de gobierno se sucedieron como consecuencia de golpes militares. Entre 1913 y 1927 el gobierno fue controlado por dos familias de la oligarquía, los Meléndez y los Quiñones, a las que pertenecieron sucesivos presidentes. Tras el mandato de Pío Romero Bosque (1927-31), se produjo el triunfo electoral de Arturo Araujo. Sus intentos por democratizar el sistema fueron cortados violentamente por un golpe de Estado. Ocupó el poder el general Hernández Martínez, quien instauró una dictadura militar. En 1944, una revuelta popular condujo a la celebración de elecciones, que dieron la victoria a Salvador Castañeda Castro. Éste fue depuesto en 1948 por una junta militar, que se mantuvo en el poder dos años y estableció el oficialista Partido Revolucionario de Unificación Democrática. Este partido se mantuvo en el poder durante las presidencias de Óscar Osorio y José María Lemus. En 1962 fue elegido presidente el teniente coronel Julio Adalberto Rivera, a quien sucedió el coronel Fidel Sánchez Hernández. En 1969 estalló un conflicto bélico entre El Salvador y Honduras que se solucionó en 1970. En 1977 fue elegido el general Carlos Humberto Romero. Derrotado éste en 1979 por un golpe de Estado, fue sustituido por una junta cívico-militar. En 1980 fue asesinado el arzobispo de San Salvador, Arnulfo Romero. Ese mismo año accedió al poder José Napoleón Duarte. El 28 de marzo de 1982, y con un país envuelto en enfrentamientos violentos, se celebraron unas elecciones en las que sólo participaron los partidos de la derecha, asumiendo la presidencia de la nación Álvaro Magaña. El país se vio inmerso en una profunda crisis social, agravada por las acciones armadas del Frente Farabundo Martí de Liberación Nacional (FMLN) y de grupos paramilitares ultraderechistas. En enero de 1983, el gobierno tuvo que hacer frente a una nueva sublevación militar protagonizada por el teniente coronel Sigfrido Ochoa Pérez. En 1984 fue elegido presidente el democratacristiano José Napoleón Duarte. En 1989, Alfredo Cristiani, candidato de ARENA, venció en las elecciones presidenciales, y noviembre de ese año fueron asesinados seis jesuitas de la Universidad Centroamericana, entre los que se encontraba el sacerdote vasco Ignacio Ellacuría. El conflicto con la guerrilla se mantuvo hasta que el 31 de diciembre de 1991 se llegó a un acuerdo entre la guerrilla del FMLN y el Ejército que puso fin a la guerra civil. El FMLN abandonó las armas y se constituyó en partido político. En las elecciones presidenciales de 1994 fue elegido el candidato de ARENA, Armando Calderón. En las elecciones legislativas de 1997 se produjo un importante avance del FMLN. En 1998, el país tuvo que afrontar una situación catastrófica, originada por el paso del huracán Mitch. En las presidenciales de 1999 venció el candidato de ARENA, Francisco Flores,

El Salvador. Volcán San Vicente.

ELECTRODINÁMICA

El Salvador. Elías Antonio Saca, presidente del país desde 2004.

y tras las legislativas de 2000, el FMLN se convirtió en la primera fuerza política. A comienzos de 2001 el país sufrió los efectos devastadores de varios terremotos. En las elecciones presidenciales de 2004, venció Elías Antonio Saca, de ARENA.

ELABORADO, DA adj. Que ha sido preparado o dispuesto para una finalidad.
ELABORAR tr. Preparar un producto por medio de un trabajo adecuado.
ELACIÓN f. **1** Elevación, grandeza. **2** Hinchazón de estilo y lenguaje.
ELAM o **SUSIANA** Hist. Antigua región de Asia, al E de Babilonia y al N de Persia, donde se desarrolló una importante civilización cuyos orígenes se remontan al IV milenio. Se aglutinó en torno a la ciudad de Susa. La primera dinastía que logró la unificación del Elam, la de Awan (2425-2150 a. C.), fue derrotada en varias ocasiones por los reyes de Acad. En los siglos XIII y XII a. C., especialmente durante los reinados de Shutruk-Nahhunte y Kutir-Nahhunte, la zona de influencia de Elam se extendió hasta las orillas del Tigris por el O y Persépolis por el E. En el siglo VIII los diferentes reinos en que se encontraba dividida la región fueron sometidos a los asirios, hasta que Asurbanipal destruyó Susa en 646 a. C.
ELANIO AZUL Zool. Ave rapaz diurna perteneciente al orden falconiformes, de nombre científico Elanus caeruleus.
ELASMOBRANQUIO, QUIA adj. y s. Zool. **1** CONDRICTIO. || m. pl. Zool. **2** Subclase de estos peces.
ELASTICIDAD f. **1** Calidad de elástico. **2** Fís. Propiedad de los cuerpos en virtud de la cual recobran su extensión y figura primitivas, tan pronto como cesa la fuerza que los alteraba.
ELÁSTICO, CA adj. **1** Se dice del cuerpo que puede recobrar más o menos completamente su figura y extensión tan pronto como cesa la acción que las alteraba. **2** fig. Acomodaticio. || m. **3** Tejido que tiene elasticidad. **4** Cinta o cordón de goma flexible.
ELASTÓMERO, RA adj. y s. Quím. Se dice de la materia natural o sintética que, como el caucho, presenta gran elasticidad.
ELASTOSIS f. Med. Degeneración del tejido conjuntivo elástico.
ELATEA Antigua ciudad de Grecia, en la Fócida, junto al río Cefiso. Templo a Esculapio.
ELATO, TA adj. Altivo, presuntuoso.
ELAZIG Ciudad de Turquía, capital de la provincia de su nombre; 222.800 h.
ELBA Río de Europa Central, que nace en la vertiente meridional de los Sudetes (República Checa), riega Bohemia septentrional y Alemania y desemboca en el mar del Norte; 1.165 km, de curso, de los cuales 800 son navegables. Sus principales afluentes son el Voltava y el Saale.
ELBA Isla de Italia, en el mar Tirreno, provincia de Livorno, de la que está separada por el estrecho Piombino. En ella estuvo confinado Napoleón en 1814.
ELBASAN-BERAT Región de Albania que comprende los distritos de Berat, Elbasan, Fier, Gramsh, Librazhd, Lushnjë y Skrapar; 6.878 km² y 984.377 h.
ELBERFELDT WUPPERTAL.
ELBLAG Ciudad de Polonia, al E del delta del Vístula; 128.500 h. Puerto.
ELBRUZ Pico culminante del Cáucaso y de Europa, en la República de Georgia; 5.633 m.

ELBURZ Cordillera de Irán, de 850 km, paralela a la orilla meridional del mar Caspio. Su pico más alto es el Demavend (5.671 m), al NE de Teherán.
ELCANO, JUAN SEBASTIÁN Navegante español (Guetaria, 1476 - océano Pacífico, 1526). Tomó el mando de la expedición de Magallanes a la muerte de éste (1521), y a bordo de la nave Victoria llegó a Sanlúcar después de completar la primera vuelta al mundo (1519-22). Tomó parte en otro viaje a las Molucas como segundo jefe de García Jofre de Loaisa. Tras asumir el mando por la muerte de éste, 30 julio de 1526, murió ese mismo año.
ELCHE m. Morisco o renegado de la religión cristiana.
ELCHIBÉI, AULFAZ Político azerbaiyano (Bakú, 1938). En 1992 accedió a la presidencia de la República. Un año después, ante el avance del ejército armenio, huyó del país y fue sustituido por G. Aliev.
ELDORADO DORADO, EL.
ELE¹ f. Nombre de la letra l.
¡ELE²! interj. con la que se manifiesta asentimiento, a veces irónico, a algo o alguien.
ELEA Antigua ciudad de Lucania, a orillas del mar Tirreno, junto a la desembocadura del río Eles. Patria de Parménides y Zenón.
ELEAGNÁCEO, A adj. y f. Bot. **1** Se dice de las plantas angiospermas dicotiledóneas, como el árbol del Paraíso. || f. pl. Bot. **2** Familia de estas plantas.
ELEÁTICO, CA adj. **1** De Elea. **2** Filos. Se aplica a la escuela filosófica de Elea, surgida en esta ciudad en el siglo V a. C. Su idea fundamental era que el mundo visible es sólo una apariencia desordenada, detrás de la cual está el verdadero ser, que sólo puede ser alcanzado por el pensamiento. Sus principales representantes son Xenófanes, Meliso, Parménides y Zenón.
ELEATISMO m. Filos. Doctrina de Parménides de Elea y de los demás representantes de la escuela eleática.
ELEAZAR Sumo sacerdote, hijo de Onías (s. III a. C.). Envió a Tolomeo Filadelfo los 72 ancianos que hicieron la traducción griega de los libros sagrados, conocida con el nombre de Versión de los Setenta.
ELÉBORO m. Bot. Planta herbácea perteneciente a la familia ranunculáceas, de nombre científico Helleborus foetidus. Se caracteriza por sus hojas coriáceas profundamente divididas, flores verdosas y olor nauseabundo.
ELECCIÓN f. **1** Acción y efecto de elegir. **2** Nombramiento de una persona, que regularmente se hace por votos, para algún cargo, comisión, etc. **3** Deliberación, libertad para obrar. || **ELECCIONES LEGISLATIVAS** Polít. Las que se convocan para elegir los representantes parlamentarios o diputados. || **ELECCIONES MUNICIPALES** Polít. Las que se convocan para elegir a los concejales de los municipios.
ELECCIONARIO, RIA adj. Amér. Relativo a la elección o elecciones.
ELECTOR, RA adj. **1** Que elige o tiene potestad o derecho de elegir. También s. || m. Hist. **2** Cada uno de los príncipes de Alemania a quienes correspondía la elección de emperador. El colegio de electores se instituyó en 1138. En 1356, Enrique IV promulgó la Bula de Oro, que establecía los criterios para la elección imperial. Los electores desaparecieron con el fin del imperio alemán, en 1806.

ELECTORADO m. **1** Estado soberano de Alemania cuyo príncipe era elector. **2** Conjunto de electores de un país o circunscripción.
ELECTORAL adj. **1** Perteneciente a la dignidad o a la calidad de elector. **2** Relativo a electores o elecciones.
ELECTORALISMO m. Polít. Consideración de razones puramente electorales en la política de un partido.
ELECTORALISTA adj. Se dice de lo que tiene claros fines de propaganda electoral.
ELECTR-, ELECTRO- prefs. que significan electricidad.
ELECTRA Astron. Una de las estrellas más luminosas de las Pléyades.
ELECTRA Mit. Hija de Agamenón y Clitemnestra. Ayudó a su hermano Orestes en la venganza por la muerte de su padre.
ELECTRA, COMPLEJO DE COMPLEJO DE ELECTRA.
ELECTRICIDAD f. Fís. **1** Manifestación de una forma de energía debida al movimiento o separación de ciertas partes del átomo, los electrones. **2** Conjunto de las aplicaciones prácticas de esta propiedad. **3** Rama de la física que estudia esta propiedad y sus aplicaciones. **4** Corriente eléctrica. || **ELECTRICIDAD ESTÁTICA** o **DE FROTAMIENTO** Fís. La generada por rozamiento entre ciertas materias aislantes. || **ELECTRICIDAD NEGATIVA** Fís. La que se produce cuando los átomos ganan electrones y se cargan negativamente. || **ELECTRICIDAD POSITIVA** Fís. La que se produce cuando los átomos pierden electrones y se cargan positivamente.
ELECTRICISTA adj. **1** Se dice de la persona experta en aplicaciones técnicas y mecánicas de la electricidad. || com. **2** Obrero especializado en instalaciones eléctricas.
ELÉCTRICO, CA adj. **1** Que tiene o comunica electricidad. **2** Que funciona con electricidad. **3** Perteneciente a ella.
ELECTRIFICAR tr. Dotar de instalación eléctrica.
ELECTRIZAR tr. y prnl. **1** Comunicar o producir la electricidad en un cuerpo. **2** fig. Exaltar, avivar, inflamar el ánimo o los ánimos.
ELECTRO m. Geol. ÁMBAR.
ELECTRO- pref. ELECTR-.
ELECTROACÚSTICA f. Fís. Rama de la electrónica que tiene por objeto la relación entre las manifestaciones sonoras de la energía y sus manifestaciones eléctricas.
ELECTROCARDIÓGRAFO m. Med. Aparato que registra las corrientes eléctricas emanadas del músculo cardiaco.
ELECTROCARDIOGRAMA m. Med. Gráfico obtenido por el electrocardiógrafo. En abreviatura, ecg.
ELECTROCHOQUE o **ELECTROSHOCK** m. Med. Procedimiento terapéutico empleado en ciertos estados patológicos mentales, provocando el coma mediante la aplicación de una descarga eléctrica. ♦ La segunda forma es voz i.
ELECTROCINÉTICA f. Fís. Parte de la física que estudia los fenómenos que produce la electricidad en movimiento y su relación con los cambios magnéticos y eléctricos.
ELECTROCUTAR tr. y prnl. Matar o morir por medio de una corriente o descarga eléctrica.
ELECTRODINÁMICA f. Fís. Parte de la física que estudia la acción dinámica de las corrientes eléctricas.

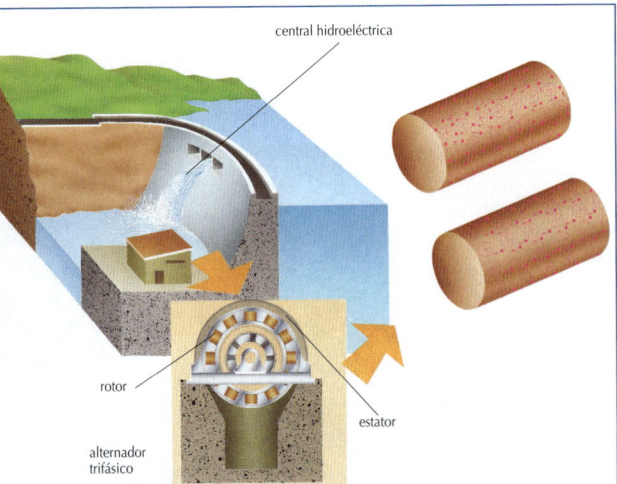

Producción de **electricidad** en una central hidroeléctrica.

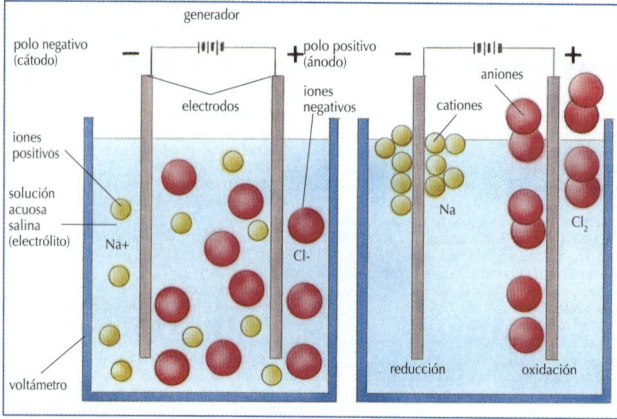

Esquema del proceso de **electrólisis**.

ELECTRODINÁMICO, CA adj. *Fís.* Perteneciente o relativo a la electrodinámica.

ELECTRODO o **ELÉCTRODO** m. *Fís.* **1** Cuerpo conductor por el que un flujo eléctrico entra o sale de un sistema. **2** Cada uno de los dos polos o terminales de una pila eléctrica, o una cuba electrolítica.

ELECTRODOMÉSTICO m. Cualquiera de los aparatos eléctricos que se utilizan en el hogar, como refrigeradores, calentadores de agua, planchas, cocinas eléctricas, etc. También adj.

ELECTROENCEFALÓGRAFO m. *Med.* Aparato que registra las descargas eléctricas producidas por la corteza cerebral durante su actividad.

ELECTROENCEFALOGRAMA m. *Med.* Gráfico obtenido por el electroencefalógrafo.

ELECTROESTRICCIÓN f. *Fís.* ELECTROSTRICCIÓN.

ELECTROFISIOLOGÍA f. *Fisiol.* Parte de la fisiología que estudia la actividad eléctrica de diferentes estructuras orgánicas (corazón, encéfalo), membrana celular, nervios, músculos, etc., y su respuesta ante los estímulos eléctricos.

ELECTROFORESIS f. *Quím.* Desplazamiento de las partículas que se encuentran en una suspensión, bajo la influencia de un campo eléctrico.

ELECTRÓFORO m. *Fís.* Aparato utilizado para efectuar experimentos electrostáticos sencillos.

ELECTRÓGENO, NA adj. *Fís.* **1** Que genera electricidad. || m. **2** Generador eléctrico.

ELECTROIMÁN m. *Fís.* Bobina de hilo conductor con núcleo de hierro dulce o acero, que se imanta cuando la corriente lo recorre, comportándose entonces como un imán.

ELECTRÓLISIS o **ELECTROLISIS** f. *Quím.* Método para efectuar reacciones químicas, generalmente descomposiciones, de determinadas sustancias fundidas o en solución, llamadas *electrólitos*, mediante el paso de una corriente eléctrica. || **ELECTRÓLISIS MÉDICA** *Med.* GALVANISMO. ♦ Su pl. es *electrólisis* o *electrolisis*.

ELECTRÓLITO o **ELECTROLITO** m. *Quím.* Compuesto químico que se somete a diversos cambios por acción de la electricidad.

ELECTROLIZAR tr. *Fís.* Descomponer por electrólisis.

ELECTROLOGÍA f. **1** Tratado sobre el ámbar amarillo. **2** *Fís.* Estudio de la electricidad y sus aplicaciones.

ELECTROLUMINISCENCIA f. *Fís.* Propiedad de determinados cuerpos que se iluminan cuando reciben corriente eléctrica.

ELECTROMAGNETISMO m. *Fís.* **1** Parte de la física que estudia las relaciones entre los campos eléctrico y magnético. **2** Magnetismo producido por una corriente eléctrica en lugar de por un imán permanente.

ELECTROMECÁNICO, CA adj. *Fís.* **1** Se dice de la instalación industrial en la que se utiliza la electricidad para producir trabajo mecánico. || **2** Técnica que trata de las aplicaciones de la electricidad a la mecánica.

ELECTROMETALURGIA f. *Quím.* Parte de la electroquímica que se propone obtener metales no férricos mediante la electricidad.

ELECTROMETRÍA f. *Fís.* Parte de la física que estudia la forma de medir las características de la corriente y de los elementos eléctricos.

ELECTRÓMETRO m. *Fís.* Aparato que sirve para medir magnitudes eléctricas, principalmente diferencias de potencial.

ELECTROMOTOR, RA adj. y m. *Fís.* Se dice de todo aparato o máquina que transforma la energía eléctrica en energía mecánica.

ELECTROMOTRIZ adj. *Fís.* Se dice de la fuerza que origina movimiento a partir de la electricidad.

ELECTRÓN m. *Fís.* Partícula elemental estable del grupo de los leptones que forma parte de la corteza exterior de los átomos y que posee la mínima carga de electricidad negativa detectada. El electrón tiene una masa en reposo de $9,11.10^{-28}$ g, aproximadamente 1.836 veces menor que la del protón, una carga de $1,60219.10^{-19}$ culombios, y un espín de 1/2. Su símbolo es e^-. Su antipartícula es el positrón. Los electrones se disponen en varias capas situadas alrededor del núcleo del átomo, pero también existen independientemente, produciendo los diferentes efectos eléctricos observados en distintos materiales.

ELECTRONEGATIVO, VA adj. *Quím.* Se aplica a los elementos químicos cuyos iones o radicales tienden a captar electrones y adquieren energía negativa; en la electrólisis se dirigen al polo positivo.

ELECTRÓNICA f. *Fís.* Rama de la física que estudia el movimiento de los electrones y otras partículas atómicas cargadas, en el vacío, en una atmósfera con un gas enrarecido o en un semiconductor.

ELECTRÓNICO, CA adj. *Fís.* Relativo a los electrones o a la electrónica.

ELECTROÓSMOSIS f. *Fís., Quím.* y *Tecnol.* Filtración de las moléculas de un líquido que contiene iones a través de una membrana porosa por la acción de un campo eléctrico.

ELECTROPOSITIVO, VA adj. *Quím.* Se aplica a los elementos químicos cuyos iones o radicales tienden a ceder o perder electrones y adquieren energía positiva; en la electrólisis se dirigen al polo negativo.

ELECTROQUÍMICA f. *Quím.* Parte de la química que estudia los cambios químicos que se producen al paso de una corriente eléctrica, o bien la producción de electricidad a partir de una reacción química.

ELECTROQUÍMICO, CA adj. *Quím.* Perteneciente a la electroquímica.

ELECTROSCOPIO m. *Fís.* Aparato que sirve para detectar la presencia de electricidad en un cuerpo o una diferencia de potencial.

ELECTROSHOCK m. *Med.* ELECTROCHOQUE.

ELECTROSTÁTICA f. *Fís.* Rama de la electricidad que estudia cómo se comportan las cargas eléctricas y sus potenciales.

ELECTROSTÁTICO, CA adj. *Fís.* Relativo a la electrostática.

ELECTROSTRICCIÓN f. *Fís.* Deformación de un cuerpo cuando está sometido a un campo eléctrico.

ELECTROTAXIA f. *Biol.* Movimiento de un organismo como respuesta a estímulos derivados de cargas eléctricas.

ELECTROTECNIA f. *Fís.* Estudio de las aplicaciones técnicas de la electricidad.

ELECTROTÉCNICO, CA adj. *Fís.* Relativo a la electrotecnia.

ELECTROTERAPIA f. *Med.* Empleo de corrientes eléctricas galvánicas o farádicas, o de radiaciones producidas eléctricamente, para el tratamiento de las enfermedades.

ELECTROTERÁPICO, CA adj. *Med.* Relativo a la electroterapia.

ELECTROTERMIA f. *Fís.* Parte de la electrología que estudia las relaciones entre los fenómenos caloríficos y eléctricos y las aplicaciones del calor producido por la energía eléctrica.

ELECTROTIPIA f. *A. gráf.* Arte de reproducir, por medio de la galvanoplastia, grabados, clisés, caracteres tipográficos, etc., tanto en hueco como en relieve.

ELECTROTÍPICO, CA adj. Relativo a la electrotipia.

ELECTROTIPO m. *A. gráf.* Aparato empleado en la electrotipia.

ELECTROTONO m. *Fisiol.* Cambio de condición de un nervio o un músculo durante el paso de la corriente eléctrica.

ELECTROTROPISMO m. *Biol.* Orientación de un organismo sésil, no dotado de movilidad, como respuesta a una estimulación por cargas eléctricas.

ELECTROVALENCIA f. *Quím.* **1** Número de electrones que gana o pierde un átomo al unirse a otro por enlace iónico. **2** Número de cargas positivas o negativas que tiene un ión en una solución.

ELECTUARIO m. *Farm.* Medicamento de consistencia líquida, pastosa o sólida, compuesto del agente curativo mezclado con varios ingredientes, casi siempre vegetales, y miel, jarabe o azúcar.

ELEFANCIA f. *Med.* ELEFANTIASIS.

ELEFANCIACO, CA o **ELEFANCÍACO, CA** adj. *Med.* ELEFANTIÁSICO.

ELEFANTE, TA m. y f. *Zool.* Nombre común de dos especies de mamíferos proboscídeos de la familia elefántidos. El elefante africano (*Elephas africanus*) es el mayor

elefante. 1. Africano. 2. Asiático.

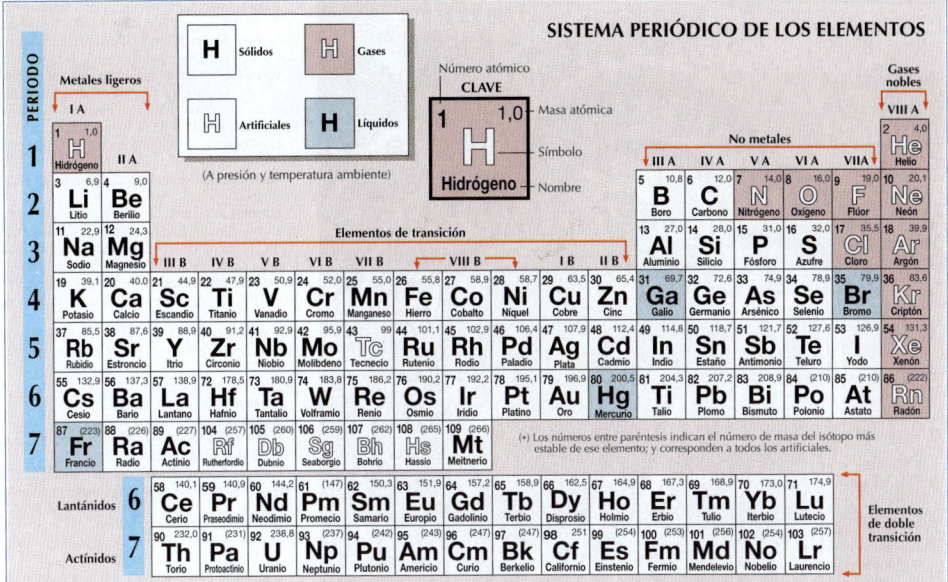

elementos químicos.

de los animales terrestres actuales (hasta 3,5 m de alto y unas 7 toneladas de peso). Vive en el África subsahariana. Posee una trompa de gran tamaño y movilidad, con dos lóbulos en el extremo, y orejas enormes. Los incisivos superiores crecen durante toda la vida y pueden llegar a alcanzar los 3 m de longitud. El intensísimo comercio del marfil ha dado lugar a la disminución de las poblaciones de forma alarmante. El *elefante asiático* o *indio* (*Elephas indicus*), es de menor tamaño, tiene orejas pequeñas y un solo lóbulo en la trompa. || **ELEFANTE MARINO** *Zool.* Mamífero pinnípedo perteneciente a la familia fócidos, de nombre científico *Mirounga leonina*. Es un animal de gran tamaño (unos 5 m de longitud), con el cuerpo muy grueso y cubierto de pelo. Su característica más llamativa es la enorme nariz, en forma de trompa, que posee el macho. Habita en el océano Glacial Antártico. || **ser** algo o alguien **un elefante blanco** fr. fig. Ser algo que cuesta mucho mantener y que no produce utilidad alguna.

ELEFANTIÁSICO 1 adj. Perteneciente o relativo a la elefantiasis. 2 Que la padece. También s.

ELEFANTIASIS f. *Med.* Edema, hipertrofia o crecimiento desmesurado de ciertas partes del cuerpo, como consecuencia de la obstrucción de los canales linfáticos. Se produce por la acción de un gusano parásito llamado *filaria*. ♦ Su pl. es *elefantiasis*.

ELEFANTINA Isla fluvial de Egipto, en el Nilo, frente a Assuan. Punto estratégico en la ruta hacia Nubia, fue fortificada por los antiguos egipcios. Restos arqueológicos.

ELEFANTINO, NA adj. *Zool.* Perteneciente o relativo al elefante.

ELEGANCIA f. 1 Cualidad de elegante. 2 Forma bella de expresar los pensamientos.

ELEGANTE adj. 1 Dotado de gracia, nobleza y sencillez. 2 Airoso, bien proporcionado, de buen gusto. 3 Que viste de acuerdo a la moda. También s.

ELEGANTIZAR tr. y prnl. Dotar de elegancia.

ELEGÍA f. *Lit.* Composición poética del género lírico, en que se lamenta la muerte de una persona o cualquier otro acontecimiento digno de ser llorado.

ELEGIACO, CA o **ELEGÍACO, CA** adj. 1 Relativo a la elegía. 2 Por extensión, lastimero, triste.

ELEGIDO, DA adj. 1 Escogido. || m. y f. 2 Por antonomasia, predestinado, escogido por Dios.

ELEGIR tr. 1 Escoger, preferir. 2 Nombrar por elección para un cargo o dignidad. ♦ IRREG. Se conjuga como REGIR.

ELEMENTO m. 1 Principio físico o químico que entra en la composición de los cuerpos. 2 *Fís.* Conjunto de dos cuerpos heterogéneos que pueden producir una corriente eléctrica. 3 *Mat.* En la teoría de conjuntos, cada uno de los objetos del mismo. 4 *Mat.* En el determinante de una matriz, cada uno de los números del dispositivo en cuadro que lo forma. 5 *Quím.* Cuerpo simple, formado por átomos de igual número atómico, que no puede descomponerse por medios químicos en

otros más sencillos. [**Encic.**] 6 En la filosofía natural antigua, cada uno de los cuatro principios fundamentales: la tierra, el agua, el aire y el fuego. 7 Fundamento, móvil o parte integrante de una cosa. 8 En la construcción, cualquier pieza o parte de una estructura. 9 Componente de una agrupación humana. 10 Individuo valorado positiva o negativamente para una acción conjunta. 11 Chile, Perú y P. Rico fig. y fam. Persona de cortos alcances. || m. pl. 12 Fundamentos y primeros principios de las ciencias y artes. 13 fig. Medios, recursos. || **ELEMENTO COMPOSITIVO** *Gram.* Morfema no flexivo que interviene en la formación de palabras compuestas, anteponiéndose o posponiéndose a otros. Se denomina más comúnmente prefijo o sufijo. || **estar** uno **en su elemento** fr. fig. Estar en la situación más cómoda y agradable.

QUÍM. En la naturaleza existen 92 elementos químicos, pero artificialmente se han descubierto hasta 109. Éstos, del 93 al 109 (elementos *transuránidos*), se han obtenido en pequeñas cantidades por bombardeo de neutrones sobre otros elementos. Del 57 al 71, los elementos reciben el nombre de *raros, tierras raras* o *lantánidos*; los elementos del 89 al 103 se llaman *actínidos*; del 92 al 103, *uránidos*; y del 93 al 109, como ya se ha indicado, *transuránidos*. Por su comportamiento químico, los elementos se pueden clasificar en *metales* o *no metales*, según cedan o capten electrones al combinarse; por su configuración electrónica, se dividen en *gases nobles*, que se caracterizan por tener el último nivel electrónico completo, con 8 electrones, salvo el helio; *metales*, con 1, 2 ó 3 electrones en el nivel más externo, pero con tendencia a perderlos; *no metales*, con 5, 6 ó 7 electrones en su capa externa; y otros *elementos sin denominación*, con 4 electrones en su nivel exterior, que adquieren estructura de gas noble, al compartir aquéllos con otros elementos: el carbono adquiere, al compartir sus electrones con el oxígeno, configuración de neón. En 1899, Mendeleiev y Lothar Meyer establecieron un sistema para la clasificación de los elementos, *sistema periódico* o *tabla periódica*, basándose en la teoría de que las propiedades físicas y químicas de un elemento y sus compuestos variaban de forma periódica con el número atómico de los mismos. Hoy se utiliza el sistema de Werner, llamado también *sistema periódico largo*, en el que los elementos naturales, del 1 (hidrógeno) al 92 (uranio), figuran en siete líneas horizontales, que corresponden a otros tantos periodos. En cuanto a las columnas verticales del sistema, corresponden a grupos o familias de cuerpos químicos, con el detalle siguiente: IA hidrógeno y metales alcalinos; IIA metales alcalinotérreos; IIIA boro y metales térreos o trivalentes; IVA carbono y metales cuatrivalentes; VA no metales trivalentes; VIA grupo del oxígeno; VIIA halógenos; VIIIA gases nobles; y los grupos IB, IIB, IIIB, IVB, VB, VIB, VIIB y VIIIB, que corresponden a los elementos de transición.

ELEMÍ m. *Bot.* Resina sólida, amarillenta, que se extrae de árboles burseráceos y se usa para hacer barnices.

ELENA, SANTA Emperatriz romana (Brapanum, 247 - Roma, 327). Madre del emperador Constantino el Grande y amante del tetrarca Constancio Cloro, del que luego fue esposa legítima. Ya reinando Constantino, se convirtió al cristianismo. Según la leyenda halló la cruz de Cristo.

ELENCO m. 1 Catálogo, índice. 2 Nómina de una compañía teatral.

ELEOTECNIA f. Arte e industria de fabricar aceites vegetales.

ELEPÉ m. LONG PLAY.

ELEUSIS Antigua ciudad de Grecia, en el Ática, situada 15 km al O de Atenas y frente a la isla de Salamina. Fue la ciudad sagrada de Ática, célebre por el santuario dedicado a Deméter, en el que se celebraban los llamados misterios de Eleusis.

ELEUTERIO, SAN Papa (Nicópoli, 116 - Roma, 189). Ocupó el solio pontificio del 175 al 189. Combatió el montanismo.

ELEUTHERA Isla del océano Atlántico, en el archipiélago de las Bahamas; 484 km² y 7.993 h.

ELEVACIÓN f. 1 Altura, encumbramiento en lo material o en lo moral. 2 fig. Acción de alzar el sacerdote en la misa. 3 fig. Suspensión, enajenamiento de los sentidos. 4 fig. Exaltación a un puesto, empleo o dignidad.

ELEVADOR, RA adj. 1 Que eleva. 2 *Fís.* Se dice de la máquina eléctrica cuya fuerza electromotriz se suma a la tensión de otra fuerza de energía eléctrica. También s. || m. 3 *Amér.* Ascensor o montacargas.

ELEVALUNAS ELÉCTRICO Mecanismo eléctrico acoplado en los automóviles para subir y bajar automáticamente los cristales de las ventanillas.

ELEVAR tr. 1 Alzar o levantar una cosa. También prnl. 2 fig. Mejorar a uno en su condición social o política. 3 fig. Dirigir un escrito o petición a una autoridad. || prnl. 4 fig. Transportarse, enajenarse. 5 fig. Envanecerse, engreírse.

ELFO m. *Mit.* En la mitología escandinava, genio, espíritu del aire.

ELGAR, SIR EDWARD Compositor inglés (Broadheath, 1857 - Worcester, 1934). Entre sus obras más destacadas figuran *Enigma* (1899), variaciones para orquesta; *La visión de Geroncio* (1900), oratorio; y *Falstaff* (1913), poema sinfónico.

ELGOIBAR Municipio y lugar de España, provincia de Guipúzcoa; 11.359 h.

ELIADE, MIRCEA Historiador, etnólogo y escritor rumano (Bucarest, 1907 - Chicago, 1986). Una de las máximas autoridades en la historia de las religiones, escribió *Yoga* (1936), *El chamanismo* (1951), *Herreros y alquimistas* (1956), *Mitos, sueños y misterios* (1959), *Mito y realidad* (1963), *La noche bengalí* (1965), *Historia de las creencias y de las ideas religiosas* (1976-79) y *Medianoche en Serampor* (1980).

El carro de **Elías**. Cuadro de Nicolás de Verdún. Monasterio de Klosterneuburg (Austria).

ELÍAS, SAN Profeta de Israel (?, 980 a. C. - ?). Famoso por sus milagros, fue llevado al cielo por un carro de fuego. La historia de su vida se relata en los libros de los Reyes (I y II).

ELÍAS, DOMINGO Político peruano (Ica, 1805 - Lima, 1867). Fue uno de los promotores del pronunciamiento civilista como medio de combatir a los caudillos militares. En 1844 accedió al cargo de presidente de la República y en 1855 fue nombrado ministro de Hacienda.

ELÍAS CALLES, PLUTARCO Militar y político mexicano (Guaymas, 1877 - Ciudad de México, 1945). Fue gobernador de su Estado natal y de 1919 a 1931 desempeñó diversos ministerios. Presidente de la República (1924-28), prosiguió la reforma agraria y reorganizó el ejército. Fue expulsado del país en 1936 y regresó en 1941.

ELÍAS PIÑA Provincia de la República Dominicana; 1.424 km² y 64.641 h. Su capital es Comendador, llamada antes Elías Piña.

ÉLIDE Nomo de Grecia, en la región de Grecia Occidental; 2.618 km² y 174.021 h. Su capital es Pirgo. En su territorio se encontraba el antiguo santuario panhelénico de Olimpia.

ELIDIR tr. **1** Frustrar, debilitar. **2** *Gram.* Suprimir la vocal con que acaba una palabra cuando la que sigue empieza con otra vocal; como *del* por *de el*, *al* por *a el*.

ELIMINAR tr. **1** Quitar, separar. **2** Alejar, excluir. También prnl. **3** Matar, asesinar. **4** Expeler el organismo una sustancia. **5** *Mat.* Hacer que, por medio del cálculo, desaparezca de un conjunto de ecuaciones con varias incógnitas una de ellas. **6** *Quím.* Separar una molécula simple (agua, etc.) de dos o más moléculas o de diferentes partes de una misma molécula.

ELIMINATORIO, RIA adj. **1** Que elimina, que sirve para eliminar. || f. **2** En campeonatos o concursos, competición selectiva anterior a los cuartos de final.

-ELIO suf. HELI-.

ELÍO, FRANCISCO JAVIER DE General español (Pamplona, 1767 - Valencia, 1822). Fue virrey de Río de la Plata en 1810, capitán general de Cataluña y de Valencia (1813). Combatió a los liberales, quienes, tras su triunfo en 1820, lo encarcelaron y ejecutaron.

ELÍO Y EZPELETA, JOAQUÍN Militar español (Pamplona, 1806 - Pau, 1876). Tomó parte como general en la primera guerra carlista. Condenado a muerte por haber tomado parte en la conspiración de San Carlos de la Rápita, fue indultado por Isabel II. Fue comandante supremo del ejército carlista en la campaña de 1873.

ELION, GERTRUDE BELLE Farmacóloga y bioquímica estadounidense (Nueva York, 1918 - íd., 1999). En 1988 recibió el premio Nobel de Fisiología y Medicina, compartido con Hitchings y J. W. Black, por la metodología utilizada para el desarrollo de diferentes medicamentos.

ELIOT, GEORGE (MARY ANN EVANS, llamada) Escritora inglesa (Chilvers Coton, 1819 - Londres, 1880). Considerada una de las más grandes novelistas inglesas, entre sus obras destacan *Adam Bede* (1859), *El molino junto al Floss* (1860), *Silas Marner* (1861), *Romola* (1863), *Felix Holt, el Radical* (1866), *Middlemarch* (1872) y *Daniel Deronda* (1876).

ELIOT, THOMAS STEARNS (llamado T. S. ELIOT) Poeta y ensayista inglés de origen estadounidense (Saint Louis, Missouri, 1888 - Londres, 1965). Es uno de los poetas y críticos más originales e influyentes de la lengua inglesa. De su obra poética destacan *Tierra baldía* (1922), *Los hombres huecos* (1925), *Miércoles de ceniza* (1930) y el ciclo *Cuatro cuartetos* (1935-43). Es autor, además, de las obras teatrales *Asesinato en la catedral* (1936), *El cóctel* (1949), *El empleado de confianza* (1954) y *El anciano estadista* (1959). Premio Nobel de Literatura en 1948.

George **Eliot**. Galería Nacional (Londres).

ELIPSE f. *Geom.* Curva cerrada y plana, simétrica respecto de dos ejes perpendiculares entre sí, con dos focos, y que resulta de cortar oblicuamente una superficie cilíndrica o una superficie cónica de revolución.

ELIPSIS f. *Gram.* Figura de construcción que consiste en omitir en la oración una o más palabras, necesarias para la construcción gramatical, pero no para que resulte claro el sentido. ♦ Su pl. es *elipsis*.

ELIPSÓGRAFO m. *Geom.* Instrumento para trazar elipses.

ELIPSOIDAL adj. *Geom.* De figura de elipsoide o parecido a él.

ELIPSOIDE m. *Geom.* Sólido limitado por una superficie curva cerrada, cuyas secciones planas son todas elipses o círculos. Tiene tres ejes perpendiculares entre sí que se cortan en un mismo punto llamado centro. || **ELIPSOIDE DE REVOLUCIÓN** *Geom.* El engendrado por la revolución completa de una semielipse alrededor de uno de sus ejes.

ELÍPTICO, CA adj. **1** Perteneciente a la elipse. **2** De figura de elipse o parecido a ella. **3** Perteneciente a la elipsis.

ELISA *Mit.* e *Hist.* DIDO.

ELISABETHVILLE LUBUMBASHI.

ELISANO, NA adj. y s. De Lucena.

ELISEO Profeta mayor de Israel, sucesor de Elías, que realizó numerosos milagros.

ELÍSEOS o **ELISIOS, CAMPOS** *Mit.* En la mitología grecorromana, lugar de descanso en que moraban los hombres justos.

ELISIÓN f. Acción y efecto de elidir.

ELISTA Ciudad de la Federación de Rusia, capital de la República federada de Calmucos; 94.000 h.

ÉLITE o **ELITE** f. Minoría selecta o rectora, conjunto de individuos que, por sus cualidades morales e intelectuales, ejercen una función directriz dentro de una actividad.

ELITISMO m. Sistema que favorece a las elites de una sociedad.

ÉLITRO m. *Zool.* Cada una de las alas del primer par, externas, duras y resistentes, que en los coleópteros cubren y protegen durante el reposo las alas membranosas del segundo par, únicas aptas para el vuelo. A veces se da este nombre a las alas del primer par en los orthópteros.

ELIXIR o **ELÍXIR** m. **1** *Farm.* Solución edulcorada y aromática, compuesta de diferentes sustancias medicinales, disueltas por lo regular en alcohol. **2** En alquimia, sustancia esencial de un cuerpo. **3** fig. Medicamento o remedio maravilloso. || **ELIXIR DE LA VIDA** PIEDRA FILOSOFAL.

ELIZONDO, SALVADOR Escritor mexicano (Ciudad de México, 1932). En su obra narrativa, de corte surrealista, destacan *Narda o el verano* (1964), *El hipogeo secreto* (1968), *Robinsón* (1971), *El grafógrafo* (1972), *Contextos* (1974), *Camera lucida* (1983) y *Elsinor* (1988).

ELLA 1 Nominativo del pronombre personal de 3ª persona en género femenino y número singular. Con preposición, se emplea también en los casos oblicuos. **2** Precedida del verbo *ser* con los adverbios temporales *aquí*, *allí*, *ahí*, u otra expresión de tiempo, alude al conflicto o situación grave o apurada que ocurrió o va a ocurrir en el tiempo indicado.

ELLACURÍA, JOSÉ IGNACIO Religioso jesuita y teólogo español (Portugalete, 1930 - San Salvador, 1989). Se dedicó a la enseñanza en El Salvador, donde fue nombrado rector de la Universidad José Simeón Cañas. Murió asesinado junto con otros compañeros durante un asalto perpetrado por los denominados *escuadrones de la muerte*.

ELLAURI, JOSÉ EUGENIO Político uruguayo (Montevideo, 1834 - íd., 1894). Ocupó el cargo de ministro de Asuntos Exteriores durante la presidencia de Batlle. Elegido por el Congreso presidente de la República (1873), fue depuesto por la guarnición montevideana (1875). En 1892 resultó electo nuevamente, pero renunció al cargo, por no contar con mayoría.

ELLE f. Nombre de la letra *ll*.

ELLESMERE Isla del archipiélago Ártico, en Canadá, provincia de Territorio del Noroeste, en el océano Ártico; 212.687 km².

ELLICE TUVALU.

ELLINGTON, DUKE (EDWARD KENNEDY ELLINGTON, llamado) Músico de jazz estadounidense (Washington, 1899 - Nueva York, 1974). Fue, con Louis Armstrong, la más destacada figura del jazz. Entre sus muchas grabaciones destacan *Mood Indigo* (1930), *Solitude* (1934), *Harlem* (1952) y *Such Sweet Thunder* (1957).

ELLIOTT, JOHN HUXTABLE Historiador británico (Reading, Berkshire, 1930). Entre sus obras destaca *La España Imperial 1469-1716* (1965) y *La revuelta de los catalanes: un estudio de la decadencia española 1598-1640* (1977). Premio Príncipe de Asturias de Ciencias Sociales en 1992.

Ely (Reino Unido). Catedral gótica.

ELLO Nominativo del pronombre personal de 3ª persona en género neutro. Con preposición, se emplea también en los casos oblicuos. **2** Precedido de algunas formas del verbo *ser* y de ciertos adverbios de tiempo o nombres que lo denoten, tiene la misma significación que *ella*. || m. **3** *Psicol.* En el psicoanálisis de Freud, la fuente inconsciente de toda energía psíquica, que contiene la totalidad de los instintos reprimidos y se rige sólo por el principio del placer. || **ello es que** fr. utilizada para iniciar la explicación de algo mencionado previamente. || **¡a ello!** fr. con que se anima a emprender algo.
ELLORA o **ELURA** *Arte.* Población de la India, Estado de Maharashtra, en los montes Chandor. Es célebre por sus hipogeos, sus edificios tallados en la roca y su templo monolítico de Kailasa.
ELLOS, ELLAS Nominativos masculino y femenino del pronombre personal de 3ª persona en número plural. Con preposición, se emplean también en los casos oblicuos. || **a ellas** loc. empleada en el juego para indicar que tienen igual número de tantos los contrincantes. || **¡a ellos!** fr. con que se incita a acometer.
-ELMINTO suf. HELMINT-.
ELOBEY Nombre de dos islotes de Guinea Ecuatorial, Elobey Grande (2,27 km^2) y Elobey Chico (0,19 km^2); región de Río Muni.
ELOCUCIÓN f. **1** Manera de hacer uso de la palabra para expresar los conceptos. **2** Modo de elegir y distribuir las palabras y los pensamientos en el discurso.
ELOCUENCIA f. **1** Facultad de hablar o escribir de modo eficaz para deleitar y conmover, y especialmente para persuadir a oyentes o lectores. **2** Fuerza de expresión, eficacia para persuadir y conmover que tienen las palabras y también los gestos o ademanes y cualquier otra acción o cosa capaz de dar a entender con viveza alguna idea o de ejercer así influencia en el ánimo.
ELOCUENTE adj. Se dice del que habla o escribe con elocuencia, o de aquello que la tiene.
ELOGIAR tr. Hacer elogios de una persona o cosa.
ELOGIO m. Alabanza, testimonio de las buenas prendas y mérito de una persona o cosa.
ELOHIM *Rel.* Uno de los nombres con que designaban los hebreos a la Divinidad.
ELOÍSA Dama francesa (París, 1101 - Paracleto, 1164). Fulberto, su tío, le dio por maestro de filosofía a ABELARDO, quien se enamoró de ella y fue correspondido. Tras la castración de Abelardo, Eloísa fundó el monasterio de Paracleto. Sus *Cartas a Abelardo* se han convertido en uno de los textos literarios más leídos de todos los tiempos.
ELONGACIÓN f. **1** *Astron.* Distancia angular entre un planeta y el Sol, o entre una luna y un planeta. **2** *Med.* Alargamiento accidental de un miembro o de un nervio.
ELOTE m. Mazorca tierna de maíz que, cocida o asada, se consume como alimento en México y otros países de América Central. || **pagar los elotes** fr. fig. y fam. *C. Rica*, *Guat.* y *Hond.* PAGAR uno EL PATO.
ELOTRÓPICO, CA adj. *Fís.* Se dice de lo que presenta propiedades físicas variables según la dirección o posición en que se midan.

ELQUI Río de Chile, que nace en los Andes, en la provincia de su nombre. Formado por los ríos Claro y Turbio, desemboca en la bahía de Coquimbo; 210 km.
ELSENOR o **ELSINORE** HELSINGØR.
ELSHEIMER, ADAM Pintor alemán (Frankfurt del Main, 1578 - Roma, 1610). Representó escenas bíblicas y mitológicas donde el paisaje tiene gran importancia. Obras principales: *Tobías y el ángel*, *El incendio de Troya*, *El buen samaritano* y *La huida a Egipto*.
ELSTER Río de Alemania, llamado Elster Blanco. Nace en los montes de su nombre, desemboca en el Saale, cerca de Halle; 149 km.
ELSTER Río de Alemania, llamado Elster Negro; nace en Sajonia, al pie del Sybillenstein, y desemboca en el Elba; 180 km.
ELSTER, JULIUS Físico alemán (Blankenburg, 1854 - Wolfenbüttel, 1920). Descubrió y explicó la electrificación de los gases por medio de cuerpos incandescentes.
ÉLUARD, PAUL (EUGÈNE GRINDEL, llamado) Poeta francés (Saint-Denis, 1895 - Charentos-le-Pont, 1952). Una de las figuras más representativas del surrealismo francés, es autor de *El deber y la inquietud* (1917), *Capital del dolor* (1926), *La Inmaculada Concepción* (1930), en colaboración con Breton, etc.
ELUCIDACIÓN f. Declaración, explicitación.
ELUCIDAR tr. Poner en claro, dilucidar.
ELUCIDARIO m. Libro que esclarece o explica cosas oscuras o difíciles de entender.
ELUCTABLE adj. Que se puede vencer luchando.
ELUCUBRACIÓN f. LUCUBRACIÓN.
ELUCUBRAR tr. LUCUBRAR.

ELUDIR tr. **1** Huir de la dificultad; esquivarla o salir de ella con habilidad. **2** Hacer vana, o hacer que no tenga efecto, una cosa por medio de algún artificio.
ELUSIÓN f. Acción y efecto de eludir.
ELUVIACIÓN f. *Geol.* Filtración del material del suelo que se encuentra en suspensión o solución, provocada por las aguas de percolación.
ELUVIÓN m. *Geol.* **1** Acumulación producida por desagregación y meteorización de las rocas. **2** Arena transportada por el viento.
ELVAS Ciudad de Portugal, distrito de Portalegre; 14.500 h. Acueducto de Amoreira.
ELVIRA ILÍBERIS.
ELY Ciudad del Reino Unido, en Inglaterra, al N de Cambridge, junto al río Ouse; 10.628 h. Catedral iniciada en el siglo XI.
ELYTIS, ODYSSEUS (ODYSSEUS ALEPOUDELIS, llamado) Poeta griego (Heraklion, 1911 - Atenas, 1996). Adscrito inicialmente al surrealismo, evolucionó hacia una poesía más comprometida con la realidad griega. Entre su producción lírica destacan *Clepsidras de lo desconocido* (1937), *Espóradas* (1938), *Orientaciones* (1940), *Sol supremo* (1945), *Dignum est* (1959), *El monograma* (1971), *Lo consanguíneo* (1974), *María Nefeli* (1979) y *Tres poemas en el pabellón de la complacencia* (1982). En prosa escribió *Cartas boca arriba* (1974). Premio Nobel de Literatura en 1979.
ELZEVIR o **ELZEVIER** *Geneal.* Familia de impresores holandeses de los siglos XVI y XVII, que se establecieron en Leiden, La Haya, Utrecht y Copenhague. El más destacado y fundador de la familia fue Louis Elzevir.
ELZEVIRIANO, NA adj. Perteneciente a los Elzevir. Se dice de las ediciones hechas por los célebres impresores o de las impresiones modernas en que se emplean tipos semejantes a los usados en aquellas obras.
EM- pref. EN-^{2}, dentro de.
-EMA suf. -EMO.
EMACIACIÓN f. **1** *Med.* Adelgazamiento patológico. **2** *Veter.* Tipo de tuberculosis en las aves.
EMANACIÓN f. **1** Acción y efecto de emanar. **2** EFLUVIO. **3** Desprendimiento de gases y vapores volcánicos. || pl. *Quím.* **4** Gases, químicamente inertes y radiactivos, del radón y sus isótopos, que resultan de la desintegración del radio, torio y actinio.
EMANANTE adj. Que emana.
EMANANTISMO m. Doctrina panteísta y neoplatónica que explica el origen de las cosas por emanación del Ser supremo.
EMANAR intr. **1** Proceder, derivar, tener algo su origen y principio en una cosa de cuya sustancia se participa. **2** Desprenderse de los cuerpos las sustancias volátiles. || tr. **3** Emitir, desprender de sí.
EMANCIPACIÓN f. **1** Acción de emancipar o emanciparse. Se aplica especialmente al proceso histórico que llevó a la formación de las naciones iberoamericanas. **2** *Der.* Acto jurídico por el cual el menor de edad puede disponer de su persona o bienes como si tuviera la mayoría de edad.
EMANCIPAR tr. y prnl. **1** Libertar de la patria potestad, de la tutela o de la servidumbre. || prnl. **2** fig. Salir de la sujeción en que se estaba.
EMASCULACIÓN f. **1** Acción y efecto de emascular. **2** *Med.* Eliminación de los testículos, o de éstos y el pene.
EMASCULAR tr. Castrar, capar.
EMAÚS Aldea de Jordania, llamada hoy Amwas o Imwas, situada a unos 30 km al O de Jerusalén, donde tradicionalmente se sitúa la aparición de Jesús a Cleofás y otro discípulo el día de su resurrección.

*La cena de **Emaús**.* Cuadro de Caravaggio. National Gallery (Londres).

EMBABIAMIENTO m. fam. Embobamiento, distracción.
EMBADURNADOR, RA adj. y s. Que embadurna.
EMBADURNAR tr. y prnl. Untar, embarrar, manchar, pintarrajear.
EMBAIDOR, RA adj. y s. Embaucador.
EMBAÍR tr. Ofuscar, embaucar. ♦ DEF. Véase cuadro.

EMBAÍR

INDICATIVO
Pres.: embaímos, embaís, etc.
Pret. imperf.: embaía, embaías, embaía, embaíamos, embaíais, embaían.
Pret. indef.: embaí, embaíste, embayó, embaímos, embaísteis, embayeron.
Fut. imperf.: embairé, embairás, etc.
Condic.: embairía, embairías, etc.
SUBJUNTIVO
Pret. imperf.: embayera, embayeras, etc., o embayese, embayeses, etc.
Fut. imperf.: embayere, embayeres, etc.
IMPERATIVO: embaíd.
PARTICIPIO: embaído.
GERUNDIO: embayendo.

EMBAJADA f. **1** Mensaje para tratar algún asunto de importancia. **2** Cargo de embajador. **3** Casa en que reside el embajador. **4** Oficinas del embajador. **5** Conjunto de los empleados que tienen a sus órdenes. **6** fam. Proposición o exigencia impertinente o molesta. Se usa con los verbos *salir* o *venir* seguidos de la preposición *con* y en frases exclamativas.
EMBAJADOR, RA m. y f. **1** Agente diplomático de primera clase que representa al Estado, al jefe del Estado y al gobierno que lo nombra cerca de otro Estado. **2** fig. EMISARIO, mensajero enviado para indagar o tratar algo. || f. **3** Fuera de usos oficiales, mujer del embajador.
EMBALADOR, RA m. y f. Persona que se dedica a embalar.
EMBALAJE m. **1** Acción y efecto de embalar objetos. **2** Caja o cubierta con que se embalan. **3** Coste de esta caja o cubierta.
EMBALAR tr. **1** Hacer balas o colocar convenientemente dentro de cubiertas los objetos que han de transportarse. **2** Espantar los peces para que se enmallen o entren en el copo. || intr. **3** Golpear con tal propósito el fondo de la barca o la superficie del mar. || tr. y prnl. **4** Hacer que adquiera gran velocidad un motor desprovisto de regulación automática, cuando se suprime la carga. || intr. y prnl. **5** Hablando de un corredor o un móvil, lanzarse a gran velocidad. || prnl. **6** fig. Dejarse llevar por un afán, deseo, sentimiento, etc.
EMBALDOSADO m. **1** Pavimento solado con baldosas. **2** Operación de embaldosar.
EMBALDOSAR tr. Solar con baldosas.
EMBALLENAR tr. Armar o fortalecer con barbas de ballena.
EMBALLESTADO, DA adj. *Veter.* **1** Se dice de la caballería afectada por una enfermedad que le provoca el encorvamiento hacia delante del menudillo de las manos. || m. *Veter.* **2** Esta enfermedad.
EMBALO m. **1** En la pesca, acción y efecto de embalar. **2** Cada uno de los objetos empleados en este modo de pesca.
EMBALSADERO m. Lugar hondo y pantanoso en donde se suelen recoger las aguas procedentes de lluvia o de ríos desbordados.
EMBALSAMAMIENTO m. Acción y efecto de embalsamar.
EMBALSAMAR tr. **1** Disponer con sustancias balsámicas o antisépticas los cadáveres para preservarlos de la corrupción o putrefacción. **2** Perfumar, aromatizar. También prnl.
EMBALSAR tr. **1** *Mar.* Colocar en un balso a una persona o cosa para izarla. || tr. y prnl. **2** Meter una cosa en balsa. **3** REBALSAR.
EMBALSE m. **1** Acción y efecto de embalsar o embalsarse. **2** Gran depósito artificial en el que se almacenan las aguas de un río o arroyo, mediante un dique o presa, para utilizarlas en el riego de terrenos, en el abastecimiento de poblaciones, en la producción de energía eléctrica, etc. **3** Cantidad de agua embalsada.
EMBALUMAR tr. **1** Cargar u ocupar algo con cosas de mucho bulto y embarazosas. **2** Hacinar, amontonar sin orden. || prnl. **3** fig. Cargarse de negocios o asuntos de gravedad.

EMBANASTAR tr. **1** Meter una cosa en la banasta. **2** fig. Meter en un espacio cerrado más gente de la que buenamente cabe. También prnl.
EMBANCARSE prnl. **1** *Min. Méx.* Pegarse a las paredes del horno los materiales escoriados. **2** *Geol. Chile* y *Ecuad.* Cegarse un río, lago, etc., por los terrenos de aluvión. **3** *Mar.* Varar la embarcación en un banco o fondo de arena.
EMBANDERAR tr. y prnl. Adornar con banderas.
EMBARAZADO, DA adj. **1** Impedido, lastrado. **2** Se dice de la mujer preñada. También f.
EMBARAZAR tr. **1** Impedir, estorbar, retardar una cosa. **2** Poner encinta a una mujer. Más como prnl. || prnl. **3** Hallarse impedido con cualquier embarazo.
EMBARAZO m. **1** Impedimento, dificultad, obstáculo. **2** *Med.* Estado de gravidez de la mujer, desde el momento de la concepción hasta el nacimiento. **3** *Med.* Tiempo que dura éste. **4** Encogimiento, falta de soltura. || **EMBARAZO ABDOMINAL** *Med.* Evolución que efectúa el óvulo fecundado en la cavidad abdominal. || **EMBARAZO ECTÓPICO** o **EXTRAUTERINO** *Med.* Desarrollo del óvulo fecundado fuera de la cavidad uterina.
EMBARAZOSO, SA adj. Que embaraza o incomoda.
EMBARBECER intr. Salir la barba. ♦ IRREG. Se conjuga como AGRADECER.
EMBARBILLAR tr. e intr. Ensamblar dos maderas a muesca y barbilla.
EMBARCACIÓN f. **1** BARCO. **2** Acción de embarcar o embarcarse personas. **3** Tiempo que dura la navegación.
EMBARCADERO m. Lugar o artefacto fijo, destinado para embarcar.
EMBARCAR tr. **1** Dar ingreso a personas, mercancías, etc., en una embarcación. También prnl. **2** Destinar a alguien a un buque. **3** Incluir a uno en una dependencia o negocio. También prnl. **4** fig. Hacer que uno intervenga en una empresa difícil o arriesgada. También prnl.
EMBARDAR tr. BARDAR.
EMBARGAR tr. **1** Embarazar, impedir, detener. **2** fig. Suspender, paralizar. **3** *Der.* Retener una cosa en virtud de mandamiento de juez competente.
EMBARGO m. **1** Indigestión, empacho del estómago. **2** *Der.* Retención, traba o secuestro de bienes por mandamiento de juez o autoridad competente. **3** Prohibición del comercio y transporte de armas u otros efectos útiles para la guerra, decretada por un gobierno. || **sin embargo** loc. conjunt. No obstante, sin que sirva de impedimento.

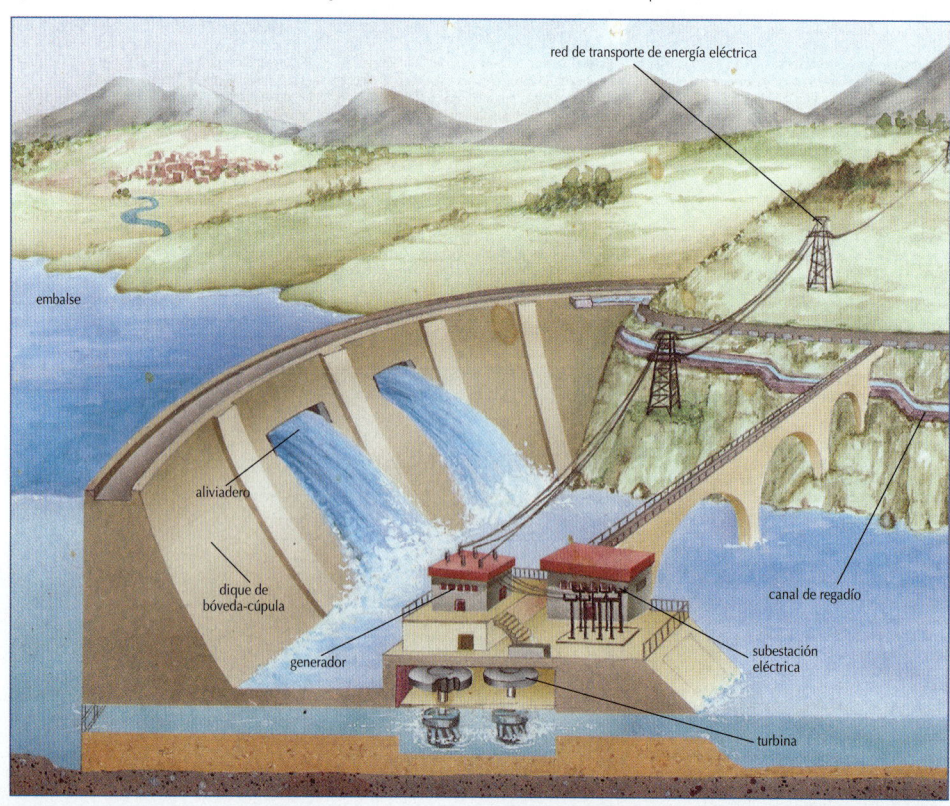

embalse

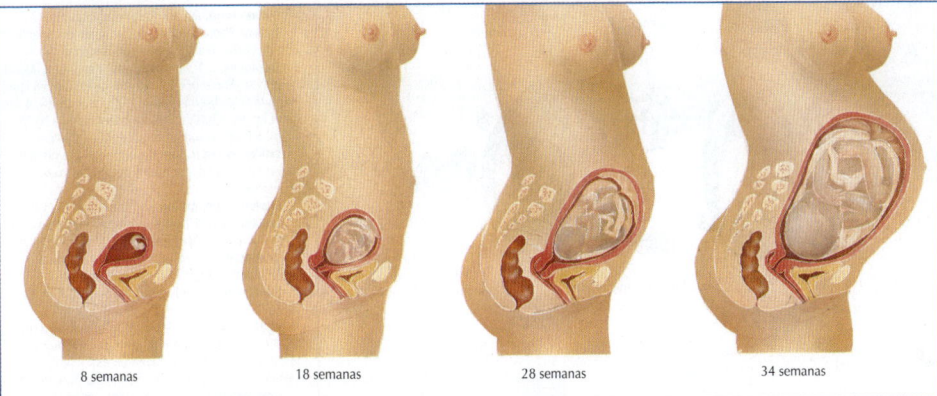

Fases del **embarazo**.

EMBARQUE m. **1** Acción de depositar mercancías o embarcarse personas en un barco o tren. **2** Acción y efecto de embarcar o embarcarse. **3** fig. Acción y efecto de obligar a alguien a intervenir en una empresa difícil o arriesgada.

EMBARRADILLA f. *Méx.* Especie de empanadilla de dulce.

EMBARRANCAR intr. y tr. **1** *Mar.* Varar con violencia, encallándose el buque en el fondo. || prnl. e intr. **2** Atascarse en un barranco o atolladero. **3** fig. Atascarse en una dificultad.

EMBARRAR tr. **1** Untar y cubrir con barro. **2** Manchar con barro. También prnl. **3** Embadurnar, manchar con cualquier sustancia viscosa. **4** Introducir el extremo de una barra o espeque entre un objeto firme y otro que se quiere mover. || prnl. tr. **5** Subirse las perdices a los árboles cuando se las persigue.

EMBARRILAR tr. Meter en barriles.

EMBARULLAR tr. **1** fam. Confundir, mezclar desordenadamente unas cosas con otras. **2** fam. Hacer las cosas atropelladamente, sin orden ni cuidado.

EMBASTAR tr. **1** Coser y asegurar con puntadas la tela que se ha de bordar en el bastidor. **2** Poner bastas a los colchones. **3** HILVANAR, apuntar o unir con hilvanes. **4** Poner bastos a las caballerías.

EMBASTE m. Costura a puntadas largas, hilván.

EMBASTECER intr. **1** ENGROSAR, engordar. || prnl. **2** Ponerse basto o tosco. ♦ IRREG. Se conjuga como AGRADECER.

EMBATE m. **1** *Mar.* Golpe impetuoso de mar. **2** Acometida impetuosa. **3** Viento fresco y suave que reina en el verano a la orilla del mar. || m. pl. **4** *Mar.* Vientos periódicos del Mediterráneo después de la canícula.

EMBAUCAR tr. Engañar con falsas promesas.

EMBAULADO, DA adj. fig. Apretado, metido en un espacio estrecho.

EMBAULAR tr. **1** Meter dentro de un baúl. **2** fig. fam. Comer con ansia, engullir.

EMBAZARSE prnl. En el juego de naipes, meterse en bazas.

EMBEBECER tr. **1** Entretener, divertir. || prnl. **2** Quedarse embelesado o pasmado. ♦ IRREG. Se conjuga como AGRADECER.

EMBEBER tr. **1** Absorber un cuerpo sólido otro en estado líquido. **2** Empapar. **3** Contener, encerrar una cosa dentro de sí a otra. **4** fig. Incorporar, incluir una cosa inmaterial dentro de sí a otra. **5** Encajar, embutir. **6** Reducir, acortar. || intr. **7** Encogerse, apretarse, tupirse. || prnl. **8** fig. Embebecerse, quedarse absorto. **9** fig. Instruirse con rigor y profundidad en una doctrina, teoría, etc. **10** fig. Entregarse con vivo interés a una tarea o negocio.

EMBELECO m. **1** Embuste, engaño. **2** fig. y fam. Persona o cosa fútil, molesta o enfadosa.

EMBELEÑAR tr. **1** Adormecer con beleño. **2** EMBELESAR.

EMBELESAR tr. y prnl. Suspender, arrebatar, cautivar.

EMBELESO m. **1** Efecto de embelesar. **2** Cosa que embelesa.

EMBELLECEDOR, RA adj. **1** Que embellece. || m. **2** Moldura cromada de los automóviles.

EMBELLECER tr. y prnl. Hacer o poner bella a una persona o cosa. ♦ IRREG. Se conjuga como AGRADECER.

EMBERÁ WOUNAN Comarca indígena de Panamá; 4.398 km² y 8.246 h. Su capital es Cirilo Guainora.

EMBERMEJECER o **EMBERMEJAR** tr. **1** Teñir o dar de color bermejo. **2** Poner colorado, avergonzar a uno. Más como prnl. || intr. **3** Ponerse una cosa de color bermejo. ♦ IRREG. Se conjuga como AGRADECER.

EMBESTIDA f. **1** Acción y efecto de embestir. **2** fig. y fam. Detención inoportuna que se hace a uno para hablar de cualquier negocio.

EMBESTIDOR, RA adj. **1** Que embiste. || m. **2** fig. y fam. El que pide, fingiendo grandes apuros y empeños.

EMBESTIR tr. **1** Venir con ímpetu sobre una persona o cosa. **2** fig. y fam. Acometer a uno pidiéndole limosna o prestado. **3** Venir un barco contra otros. **4** Atacar una plaza, una posición, etc. ♦ IRREG. Se conjuga como PEDIR.

EMBETUNAR tr. Cubrir una cosa con betún.

EMBICAR tr. *Mar.* Poner una verga en dirección oblicua respecto a la horizontal. **2** ORZAR.

EMBIJAR tr. **1** Teñir con bija. También prnl. **2** *Hond.* y *Méx.* Ensuciar.

EMBIZCAR intr. y prnl. Quedar uno bizco.

EMBLANDECER tr. y prnl. **1** ABLANDAR. prnl. || **2** fig. Enternecerse. ♦ IRREG. Se conjuga como AGRADECER.

EMBLANQUECER tr. **1** BLANQUEAR. || prnl. **2** Ponerse blanco lo que antes era de otro color. ♦ IRREG. Se conjuga como AGRADECER.

EMBLEMA m. **1** Jeroglífico, símbolo o empresa en que se representa alguna figura, y al pie de la cual se escribe algún verso o lema. También f. **2** Cualquier cosa que es representación simbólica de otra.

EMBLEMÁTICO, CA adj. **1** Relativo al emblema. **2** Que tiene valor de símbolo.

EMBOBAMIENTO m. Suspensión, embeleso.

EMBOBAR tr. **1** Entretener a uno; tenerle suspenso y admirado. || prnl. **2** Quedarse uno absorto y admirado.

EMBOCADERO m. Portillo o hueco.

EMBOCADURA f. **1** Acción y efecto de meter una cosa por una parte estrecha. **2** BOQUILLA de un instrumento musical. **3** *Veter.* Parte del BOCADO del freno que penetra en la boca del caballo. **4** Hablando de vinos, gusto, sabor. **5** Paraje por donde los buques pueden penetrar en los ríos que desaguan en el mar. **6** Boca del escenario de un teatro. **7** fig. *Col.* y *Nic.* MADERA, buena disposición.

EMBOCAR tr. **1** Meter por la boca una cosa. **2** Entrar por una parte estrecha. También prnl. **3** fig. Hacer creer a uno lo que no es cierto. **4** fam. Tragar y comer mucho y deprisa. **5** fam. Echar a uno algo que no ha de recibir con gusto. **6** Comenzar. **7** *Mús.* Aplicar los labios a la boquilla de un instrumento de viento. || intr. **8** Entrar por una parte estrecha. También prnl.

EMBOCHINCHAR tr. y prnl. *Amér.* Alborotar.

EMBOCINADO, DA adj. ABOCINADO.

EMBODEGAR tr. Guardar en la bodega una cosa.

EMBOJAR tr. Colocar ramas donde se crían los gusanos de seda para que suban a ellas y hagan los capullos.

EMBOJO m. Conjunto de ramas que se pone a los gusanos de seda para que hilen.

EMBOLADA f. Cada uno de los movimientos de vaivén que hace el émbolo cuando está funcionando dentro del cilindro.

EMBOLADO m. fig. **1** En el teatro, papel corto y desairado. **2** *Taurom.* Toro de lidia que lleva bolas en los cuernos. **3** fam. Problema, situación difícil.

EMBOLAR tr. **1** Poner bolas de madera en las puntas de los cuernos del toro. **2** Dar la última mano de bol a la pieza que se ha de dorar. **3** Dar bola o betún al calzado.

EMBOLIA f. **1** *Med.* Enfermedad ocasionada por la obstrucción de un vaso sanguíneo por un coágulo o glóbulo de grasa. **2** *Zool.* Invaginación, propiedad de crecer hacia dentro.

EMBOLISMO m. **1** Añadidura de ciertos días para igualar el año de una especie con el de otra; como el lunar y el civil con los solares. **2** fig. Confusión, enredo. **3** fig. Mezcla y confusión de muchas cosas. **4** fig. y fam. Embuste, chisme.

ÉMBOLO m. *Fís.* Disco que se ajusta y mueve alternativamente en el interior de un cuerpo de bomba o del cilindro de una máquina para enrarecer o comprimir un fluido o para recibir movimiento de él.

EMBOLSAR tr. **1** Guardar algo en una bolsa. **2** COBRAR, recibir dinero. || prnl. **3** Ganar dinero en un negocio, en el juego, etc.

EMBONAR tr. **1** Mejorar o hacer buena una cosa. **2** Rebozar, envolver en pan rallado o en harina un alimento para freírlo. **3** *And.*, *Ecuad.* y *Méx.* Empalmar, unir una cosa con otra. **4** *Mar.* Forrar exteriormente con tablones el casco de un buque, para ensanchar su manga.

EMBONO m. *Mar.* Forro de tablones con que se embona un buque.

EMBOÑIGAR tr. Untar o bañar con boñiga.

EMBOQUE m. **1** Paso de la bola por el aro, o de otra cosa por una parte estrecha. **2** fig. y fam. Engaño. **3** *Chile* BOLICHE, juguete.

EMBOQUILLADO adj. y s. Se dice del cigarrillo provisto de boquilla o filtro.

EMBOQUILLAR tr. **1** Poner boquillas a los cigarrillos de papel. **2** Labrar la boca de un barreno, o preparar la entrada de un túnel.

EMBORIADO, DA adj. *Meteor.* NEBLINOSO.

EMBORNAL m. *Mar.* IMBORNAL, agujero para salida de las aguas.

EMBORRACHACABRAS f. *Bot.* Arbusto perteneciente a la familia coriariáceas, de nombre científico *Coriaria myrtifolia*. Crece en la región mediterránea. ♦ Su pl. es *emborrachacabras*.

EMBORRACHAR tr. **1** Causar embriaguez. **2** Atontar, adormecer. También prnl. **3** Cebar con exceso de combustible líquido una mecha o mechero. **4** Empapar bizcochos o pasteles en vino, licor o almíbar. || prnl. **5** Beber vino u otra bebida alcohólica hasta trastornarse los sentidos.

EMBORRAR tr. **1** Llenar de borra una cosa. **2** Dar la segunda carda a la lana. **3** fig. y fam. EMBOCAR, engullir.

EMBORRASCAR tr. y prnl. **1** Irritar, alterar. || prnl. **2** Hacerse borrascoso. **3** fig. Echarse a perder un negocio. **4** *Min. Arg.*, *Hond.* y *Méx.* Tratándose de minas, perderse la veta.

EMBORRAZAR tr. Poner albardilla al ave para asarla.

EMBORRICARSE prnl. **1** fam. Quedarse como aturdido. **2** fam. Enamorarse perdidamente.

EMBORRIZAR tr. Dar la primera carda a la lana para hilarla.

EMBORRONAR tr. **1** Llenar de borrones un papel. **2** fig. Escribir deprisa, desaliñadamente o con poca meditación.

EMBOSCADA f. **1** Ocultación de una o varias personas para atacar por sorpresa a otra u otras. **2** fig. Asechanza, maquinación.

EMBOSCADO, DA m. y f. Persona que en tiempo de guerra elude sus obligaciones militares con excusas, influencias, etc.

EMBOSCAR tr. y prnl. **1** Poner encubierta una partida de gente para una operación militar. || prnl. **2** Ocultarse entre el ramaje. **3** fig. Escudarse con una ocupación cómoda para mantenerse alejado del cumplimiento de otra.

EMBOSTAR tr. Abonar una tierra con bosta.

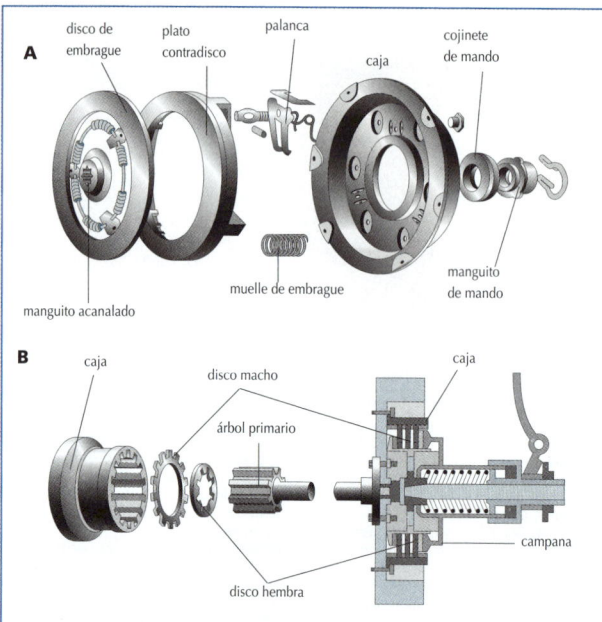

embrague. A. monodisco (descompuesto en cada una de sus partes); B. multidisco.

EMBOTAR tr. **1** Engrosar los filos y puntas de las armas y otros instrumentos cortantes. Más prnl. **2** Entorpecer los sentidos o la inteligencia. **3** fig. Enervar, debilitar. **4** Poner una cosa dentro de un bote.
EMBOTARSE prnl. fam. Ponerse botas.
EMBOTELLADO, DA adj. fig. **1** Se dice del discurso que, en vez de improvisarse, se lleva preparado. **2** fig. Se dice de la lección o materia aprendida a conciencia. || m. **3** Acción de embotellar.
EMBOTELLADOR, RA adj. **1** Que embotella. || m. y f. **2** Persona que tiene por oficio embotellar líquidos. || **3** f. Máquina que sirve para embotellar líquidos.
EMBOTELLAMIENTO m. **1** Acción y efecto de embotellar. **2** Congestión de vehículos.
EMBOTELLAR tr. **1** Echar el vino u otro líquido en botellas. **2** fig. Acorralar a una persona; inmovilizar un negocio, una mercancía, etc.
EMBOTIJAR tr. **1** Guardar algo en botijos. **2** Colocar en el suelo una tongada de botijas antes de embaldosar una habitación donde es de temer la humedad. || prnl. **3** fig. y fam. Hincharse, inflarse. **4** fig. y fam. Enojarse, encolerizarse.
EMBOVEDAR tr. **1** ABOVEDAR, cubrir con bóveda. **2** Encerrar alguna cosa en una bóveda.
EMBOZALAR tr. Poner el bozal a las caballerías o a los perros.
EMBOZAR tr. **1** Cubrir el rostro por la parte inferior hasta las narices o los ojos. Más prnl. **2** fig. Disfrazar.
EMBOZO m. **1** Parte de la capa, banda u otra cosa con que uno se cubre el rostro. **2** Doblez de la sábana de la cama por la parte que toca el rostro. **3** fig. Recato artificioso con que se dice o hace algo.
EMBRAGAR tr. **1** Abrazar un fardo, piedra, etc., con bragas o briagas. **2** Hacer que un eje participe del movimiento de otro.
EMBRAGUE m. Mec. **1** Acción de embragar. **2** Mecanismo dispuesto para que un eje participe o no, a voluntad o automáticamente, en el mecanismo de otro. **3** Pedal con que se acciona dicho mecanismo, cuando no es automático.
EMBRAVECER tr. **1** Irritar, enfurecer. También prnl. **2** fig. Robustecerse las plantas. ♦ IRREG. Se conjuga como AGRADECER.
EMBRAVECIMIENTO m. **1** Acción y efecto de embravecer o embravecerse. **2** Irritación, furor.
EMBRAZADURA f. **1** Acción y efecto de embrazar. **2** Asa por donde se toma y embraza el escudo.
EMBRAZAR tr. Meter el brazo izquierdo por la embrazadura del escudo.
EMBREAR tr. Untar con brea los costados de los buques, y también por los cables, maromas, sogas, etc.
EMBREGARSE prnl. Meterse en bregas y cuestiones.
EMBREÑARSE prnl. Meterse entre breñas.
EMBRIAGADOR, RA o **EMBRIAGANTE** adj. Que embriaga.
EMBRIAGAR tr. **1** Causar embriaguez. **2** Atontar, perturbar. También prnl. **3** fig. Enajenar, transportar. También prnl. || prnl. **4** Perder el dominio de sí por beber en exceso vino o licor.
EMBRIAGUEZ f. **1** Turbación pasajera de los sentidos, producida por el exceso con que se ha bebido vino u otro licor. **2** fig. Enajenamiento del ánimo a causa de un éxito, una alegría, etc.
EMBRIDAR tr. **1** Poner la brida a las caballerías. **2** Hacer que los caballos lleven y muevan bien la cabeza. **3** fig. Sujetar, refrenar.
EMBRIOGENIA o **EMBRIOGÉNESIS** f. Biol. Formación y desarrollo del embrión, conjunto de transformaciones sucesivas que experimenta desde la fecundación hasta el nacimiento del nuevo ser. ♦ El pl. de la segunda forma es embriogénesis.
EMBRIOGÉNICO, CA adj. Biol. Relativo a la embriogenia.
EMBRIOLOGÍA f. Biol. Ciencia que estudia la formación y desarrollo del embrión.
EMBRIOLÓGICO, CA adj. Biol. Relativo a la embriología.
EMBRIÓN m. Bot. Germen diferenciado de una planta, contenido en la semilla. **2** Zool. Organismo en desarrollo, desde su iniciación en el huevo (o en el óvulo si es partenogenético) hasta que se han diferenciado todos sus órganos. **3** fig. Principio, informe todavía, de una cosa.

EMBRIONARIO, RIA adj. Relativo al embrión.
EMBROCACIÓN f. Acción de derramar lentamente un líquido cualquiera sobre una parte enferma.
EMBROCAR tr. **1** Vaciar una vasija en otra. **2** Hond., Méx. y Sal. Poner boca abajo una vasija. También prnl. **3** Devanar los bordadores en la broca los hilos. **4** Asegurar los zapateros con brocas las suelas para hacer zapatos. **5** Coger el toro al lidiador entre las astas.
EMBROCHALAR tr. Sostener las vigas que no pueden cargar en la pared, por medio de un madero o brochal atravesado.
EMBROLLADOR, RA adj. y s. Que embrolla.
EMBROLLAR tr. **1** Enredar, confundir las cosas. También prnl. **2** Chile Apropiarse de algo mediante engaño.
EMBROLLO m. **1** Enredo, confusión, maraña. **2** Embuste, mentira. **3** fig. Situación embarazosa.
EMBROLLOSO, SA adj. fam. Que implica o causa embrollo.
EMBROMAR tr. **1** Meter broma. **2** Engañar a uno. **3** Usar de chanzas y bromas con uno. **4** Chile y Méx. Hacer perder el tiempo. También intr. y prnl. **5** Amér. Fastidiar, molestar. **6** Amér. Perjudicar. También prnl.
EMBRONCARSE prnl. Arg. Enojarse, enfadarse, airarse.
EMBRUJADOR, RA adj. Que embruja.
EMBRUJAR tr. HECHIZAR.
EMBRUTECER tr. y prnl. Entorpecer y casi privar a uno del uso de la razón. ♦ IRREG. Se conjuga como AGRADECER.
EMBUCHADO m. **1** Tripa rellena con carne de puerco picada. **2** Tripa con otra clase de relleno, y especialmente de lomo de cerdo. **3** fig. Asunto engañoso para ocultar algo de más gravedad e importancia. **4** fig. y fam. Enojo disimulado. **5** fig. Introducción fraudulenta de votos en una urna electoral.
EMBUCHADOR, RA m. y f. Persona que, en las imprentas, tiene como oficio embuchar hojas o cuadernillos.
EMBUCHAR tr. **1** Embutir carne picada en una tripa de animal. **2** Introducir comida en el buche de un ave. **3** fam. Comer mucho, deprisa y casi sin masticar. **4** Colocar hojas o cuadernillos impresos unos dentro de otros.
EMBUDADOR, RA m. y f. Persona que sostiene el embudo para llenar las vasijas.
EMBUDAR tr. **1** Poner el embudo en la boca del recipiente para introducir un líquido. **2** fig. Hacer embudos y enredos. **3** Hacer entrar la caza en paraje cercado para que vaya al sitio de espera.
EMBUDO m. **1** Instrumento hueco en figura de cono y rematado en una cánula, que sirve para trasvasar líquidos. **2** Geol. Depresión o excavación del terreno, en forma cónica, que se asemeja al utensilio del mismo nombre. **3** fig. Trampa, engaño, enredo.
EMBULLADOR, RA adj. y s. Que embulla.
EMBULLAR tr. y prnl. **1** Animar a uno para que tome parte en una diversión bulliciosa. También prnl. || intr. **2** Amér. Meter bulla, alborotar.
EMBULLO m. Amér. Bulla, broma, jarana.
EMBURUJAR tr. fam. **1** Aborujar, hacer que en una cosa se formen burujos. **2** fig. Amontonar y mezclar confusamente unas cosas con otras. || prnl. **3** Col., Méx., P. Rico y Venez. Arrebujarse.
EMBUSTE m. **1** Mentira disfrazada con artificio. || m. pl. **2** Bujerías, dijes y otras alhajitas curiosas, pero de poco valor.
EMBUSTERO, RA adj. y s. Que dice embustes.
EMBUTICIÓN f. Fabricación mecánica de piezas de diferentes formas embutiendo chapas metálicas.

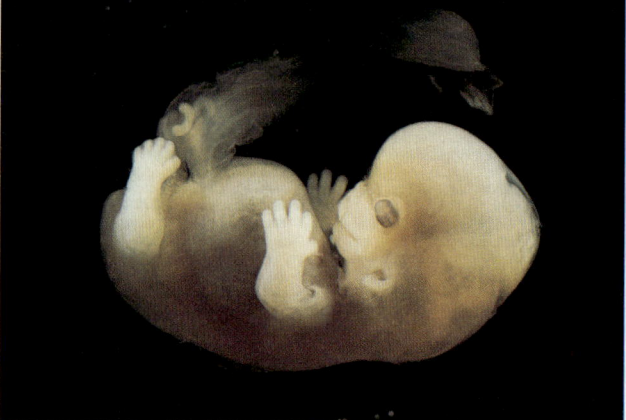

embrión humano en la octava semana de gestación.

EMBUTIDERA f. Tejo de hierro con que remachan los clavos los caldereros.

EMBUTIDO m. **1** Obra de madera, marfil, piedra o metal, que se hace encajando y ajustando bien unas piezas en otras, para que formen figuras. **2** Tripa rellena con carne picada. **3** *Amér.* Entredós.

EMBUTIR tr. **1** Hacer embutidos. **2** Llenar, meter una cosa dentro de otra. **3** fig. Imbuir, instruir. **4** fig. y fam. EMBOCAR, engullir. También prnl. **5** *A. gráf.* Intercalar grabados, letras, iniciales, en una composición.

EME f. Nombre de la letra *m.*

EMELGA f. *Agr.* AMELGA.

EMERGENCIA f. Ocurrencia, accidente que sobreviene.

EMERGER intr. Brotar, salir del agua u otro líquido.

-EMÉRIDES suf. HEMERA-.

EMÉRITA AUGUSTA MÉRIDA.

EMERITENSE adj. y com. De Mérida.

EMÉRITO, TA adj. **1** Se dice del que se ha retirado de un empleo y disfruta de una pensión. **2** Se dice especialmente del soldado licenciado, en la Roma antigua, que disfrutaba de una recompensa.

EMERSON, RALPH WALDO Poeta y filósofo estadounidense (Boston, 1803 - Concord, Massachusetts, 1882). Fue una de las figuras más representativas del trascendentalismo. Obras: *Naturaleza* (1836), *El erudito americano* (1837), *Hombres representativos* (1850), *Conducta de vida* (1860) y *Diario* (1820-76).

EMESA HOMS, ciudad de Siria.

EMESIS f. *Med.* Acción de vomitar.

EMET-, EMETO-; -ÉMESIS, -EMESIA, -EMÉTICO prefs. o sufs. que significan vómito.

EMÉTICO, CA adj. **1** *Med.* VOMITIVO. También m. || m. *Farm.* **2** Tartrato de potasa y de antimonio.

EMETINA f. *Quím.* Alcaloide de la ipecacuana.

-EMIA, -ÉMICO sufs. HEMA-.

EMICTORIO m. *Med.* Droga que excita la emisión de orina.

EMÍDIDO adj. y m. *Zool.* **1** Se dice de los reptiles quelonios que viven en las aguas dulces, como los galápagos. || m. pl. *Zool.* **2** Familia de estos animales.

EMIDOSAURIO adj. y s. *Zool.* **1** Se dice de los reptiles que, como el caimán y el cocodrilo, se asemejan mucho a los saurios. || m. pl. *Zool.* **2** Antiguo orden de estos animales.

EMIGRACIÓN f. **1** Conjunto de habitantes de un país que trasladan su domicilio a otro debido principalmente a motivos económicos (mejora del nivel de vida), políticos y religiosos. **2** *Zool.* MIGRACIÓN.

EMIGRANTE adj. y com. **1** Que emigra. **2** El que se traslada de su propio país a otro, generalmente con el fin de trabajar en él.

EMIGRAR intr. **1** Abandonar su propio país con ánimo de establecerse en otro extranjero. **2** Cambiar periódicamente de clima algunas especies animales.

EMILIA-ROMAGNA Región del NE de Italia; 22.124 km^2 y 3.920.815 h. Su capital es Bolonia. Comprende las provincias de Bolonia, Ferrara, Forli, Módena, Parma, Piacenza, Rávena, Reggio Emilia y Rímini.

EMILIANO, MARCO EMILIO Emperador romano (Mauritania, h. 206 - Spoleto, 253). Gobernador de Mesia, tras rechazar a los godos fue proclamado emperador por sus propios soldados.

EMIN BAJÁ MUHAMMAD SCHNITZER, EDUARD.

EMINENCIA f. **1** Elevación del terreno. **2** fig. Excelencia o sublimidad de ingenio o virtud. **3** Título de honor que se da a los cardenales. **4** Persona eminente en su línea. **5** Elevación o prominencia que presenta la superficie de un órgano o de una región anatómica cualquiera.

EMINENTE adj. **1** Alto, elevado, que destaca entre los demás. **2** fig. Que sobresale y se aventaja en mérito, precio, etc.

EMINESCU, MIHAIL Poeta rumano (Ipotesti, 1850 - Bucarest, 1889). Entre sus poemas destacan *Venus y la virgen* (1870), *Los epígonos* (1870) y *El lucero de la noche* (1883). Escribió además dos novelas y una colección de cuentos populares.

EMIR m. Título que en los primeros tiempos de la héjira se dio a los príncipes y grandes oficiales de la Corona. También se llama emir a toda persona revestida de autoridad entre los pueblos árabes.

EMIRATO m. **1** Dignidad de emir. **2** Tiempo que dura el gobierno de un emir. **3** Territorio que gobierna.

EMIRATOS ÁRABES UNIDOS UNIÓN DE EMIRATOS ÁRABES.

EMIRO KASTOS RESTREPO, JUAN DE DIOS.

EMISARIO, RIA m. y f. Mensajero que se envía para una misión generalmente secreta. || RÍO EMISARIO.

EMISIÓN f. **1** Acción y efecto de emitir. **2** Conjunto de títulos o valores, efectos públicos, de comercio o bancarios, que de una vez se ponen en circulación.

EMISOR, RA adj. y s. **1** Que emite. || m. **2** *Fís.* Aparato productor de las ondas hercianas en la estación de origen. || f. *Fís.* **3** Parte de un dispositivo electrónico, como

emir. Pintura de la Sala de Reyes, en la Alhambra de Granada.

es el transistor. **4** Esta misma estación. || m. y f. **5** Persona que emite el mensaje en un acto de comunicación.

EMITIR tr. **1** Echar hacia fuera una cosa. **2** Producir y poner en circulación papel moneda o valores. **3** Dar, manifestar por escrito o de viva voz, juicios, opiniones, etc. **4** *Fís.* Transmitir ondas hercianas para hacer oír señales, noticias, música, etc.

-EMO, -EMA *Bot.* sufs. derivados del g. ποιῶο, hacer: *meristemo.*

EMOCIÓN f. Conmoción afectiva de carácter intenso.

EMOCIONAR tr. y prnl. Conmover el ánimo, causar emoción.

EMOLIENTE adj. y m. *Farm.* Medicamento que ablanda los tumores y suaviza las mucosas y la piel.

EMOLUMENTO m. Cantidad que se percibe por el desempeño de un trabajo, generalmente liberal, cargo o empleo. Más en pl.

EMOTIVO, VA adj. **1** Relativo a la emoción. **2** Que produce emoción. **3** Sensible a las emociones. **4** *Ling.* Se dice de una de las funciones del lenguaje, según R. Jakobson.

EMPACAR tr. Empaquetar.

EMPACARSE prnl. **1** EMPERRARSE. **2** OBSTINARSE. **3** fig. Turbarse, cortarse. **4** *Amér.* Plantarse una bestia.

EMPACHAR tr. **1** Estorbar, embarazar. También prnl. **2** Ahitar, causar indigestión. Más prnl. **3** Disfrazar, encubrir. || prnl. **4** Avergonzarse, cortarse, turbarse.

EMPACHO m. **1** Vergüenza, turbación. **2** Embarazo, estorbo. **3** Indigestión de la comida.

EMPADRARSE prnl. Encariñarse con exceso el niño de su padre o sus padres.

EMPADRONAMIENTO m. **1** Acción y efecto de empadronar o empadronarse. **2** PADRÓN, lista de vecinos de una población.

EMPADRONAR tr. y prnl. Asentar o escribir a uno en el padrón.

EMPAJAR tr. **1** Cubrir o rellenar con paja. **2** *Chile* Mezclar con paja. || prnl. **3** *Can., P. Rico* y *Venez.* Hartarse, llenarse de comida.

EMPAJOLAR tr. Sahumar con una pajuela las botas y tinajas de vino después de lavadas.

EMPALAGAR tr. **1** Encharcar, embalsar. **2** Causar hastío un alimento o bebida, principalmente si es dulce. También prnl. **3** fig. Enfadar, fastidiar. También prnl.

EMPALAGOSO, SA adj. **1** Se dice de los alimentos o bebidas que empalagan. **2** fig. Se dice de la persona que causa fastidio por su zalamería. También s.

EMPALAR tr. **1** Atravesar a una persona con un palo introduciéndoselo por el ano, como suplicio. **2** En el juego de pelota, dar a ésta con la pala. || prnl. **3** *Chile* Encapricharse. **4** *Chile* Envararse, arrecirse.

EMPALIZADA f. ESTACADA.

EMPALIZAR tr. Rodear de empalizadas.

EMPALLETADO m. *Mar.* Defensa que se forma en el costado del buque con la ropa de los marineros metida en unas redes.

EMPALMAR tr. **1** Juntar dos cosas entrelazándolas de modo que queden en comunicación o a continuación unas de otras. **2** fig. Ligar o combinar planes. || intr. **3** Unir o combinar un tren con otro. También suele decirse de los caminos o de los coches de transporte. **4** Seguir o suceder una cosa a continuación de otra. **5** *Dep.* Rematar rápidamente y sin interrupción, un pase o una jugada efectuada por un compañero de equipo. || prnl. **6** vulg. Tener una erección.

EMPALME m. **1** Punto en que se empalma. **2** Cosa que empalma con otra. **3** Forma de hacer el empalme.

EMPALOMADO m. Murallón de piedra para represar el agua de un río.

EMPALOMADURA f. *Mar.* Ligada fuerte con que se une la relinga a su vela.

EMPALOMAR tr. *Mar.* Coser la relinga a su vela por medio de empalomaduras.

EMPAMPARSE prnl. *Amér. m.* Extraviarse.

EMPANADA f. Alimento encerrado y cubierto con pan o masa, y cocido después en el horno. || **EMPANADA MENTAL** fig. y fam. Confusión mental.

EMPANADILLA f. **1** Diminutivo de EMPANADA. **2** Pastel pequeño relleno de dulce, carne picada, pescado, etc.

EMPANAR tr. **1** Envolver un alimento en masa o pan, para cocerla en el horno. **2** Rebozar con pan rallado un alimento antes de freírlo. **3** *Agr.* Sembrar de trigo las tierras.

EMPANTANAR tr. y prnl. **1** Llenar de agua un terreno. **2** Meter a uno en un pantano. **3** fig. Detener el curso de un negocio.

EMPAÑADO, DA adj. **1** Se dice de la voz cuando no es sonora y clara. **2** Se dice del cristal o de cualquier otra superficie pulimentada cuando se le ha adherido el vapor de agua. También s.

EMPAÑAR tr. **1** Envolver a las criaturas en pañales. **2** Quitar el brillo o diafanidad. También prnl. **3** fig. Manchar u oscurecer la fama, el mérito, etc. También prnl.

EMPAPAR tr. y prnl. **1** Humedecer una cosa. **2** Absorber una cosa dentro de sus poros algún líquido. || prnl. **3** fig. Imbuirse de un afecto, idea o doctrina. **4** fam. Ahitarse, empacharse.

EMPAPELADO m. **1** Acción y efecto de empapelar. **2** Papel que cubre la superficie de una pared, baúl, etc.

EMPAPELAR tr. **1** Envolver en papel. **2** Forrar de papel una superficie. **3** fig. y fam. Formar causa criminal a alguien.

EMPAPIROTAR tr. y prnl. fam. EMPEREJILAR.

EMPAPUJAR tr. y prnl. fam. Hacer comer demasiado a uno.

EMPAQUE m. **1** Catadura, aire de una persona. **2** Seriedad, con algo de afectación. **3** *And., Chile, Perú* y *P. Rico* Desfachatez. **4** *Amér.* Acción y efecto de empacarse un animal. **5** Materiales que forman la envoltura de los paquetes.

EMPAQUETADO, DA adj. **1** Se dice de lo que tiene forma de paquete. || m. **2** Acción y efecto de empaquetar. **3** *Inform.* Conjunto de datos organizados de tal manera que conforman una unidad de actuación.

EMPAQUETAR tr. Hacer paquetes.

EMPARAMAR tr. y prnl. **1** *Col.* y *Venez.* Aterir, helar. **2** *Col.* y *Venez.* Mojar la lluviar, el relente, etc.

EMPAREDADO m. Porción pequeña de jamón u otra vianda, entre dos rebanadas de pan.

EMPAREDAR tr. **1** Encerrar a una persona entre paredes. También prnl. **2** Ocultar alguna cosa entre paredes.

EMPAREJAR tr. **1** Juntar o unir dos personas, animales o cosas formando pareja. También prnl. **2** Poner una cosa a nivel con otra. **3** Tratándose de puertas, ventanas, etc., juntarlas, pero sin cerrarlas. **4** Igualar la tierra, nivelándola. || intr. **5** fig. Ponerse al nivel de otro más avanzado.

EMPARENTAR intr. **1** Contraer parentesco por vía de casamiento. **2** Adquirir una cosa relación de afinidad o semejanza con otra. || tr. **3** Señalar o descubrir relaciones de parentesco, origen común o afinidad. ♦ IRREG. Se conjuga como ACERTAR.

EMPARRADO m. **1** Conjunto de los vástagos de las parras que, sostenidas con un armazón, forman cubierta. **2** Armazón que sostiene la parra.

EMPARRAR tr. *Agr.* Formar emparrado.

EMPARRILLADO m. **1** Conjunto de barras cruzadas para dar base firme a los cimientos de los edificios en terrenos flojos. **2** ZAMPEADO.

EMPASTADOR, RA adj. **1** Que empasta. **2** Se dice del pintor que da buena pasta de color a sus obras. Más como s. || m. **3** Pincel para empastar. || m. y f. **4** *Amér.* Encuadernador de libros.

EMPASTAR tr. **1** Cubrir de pasta una cosa. **2** Encuadernar en pasta los libros. **3** *Med.* Dicho de un diente o muela, rellenar con pasta el hueco producido por la caries. **4** *Pint.* Poner el color en bastante cantidad para que no deje ver el primer dibujo. || tr. y prnl. **5** *Agr. Chile, Méx.* y *Nic.* Convertir en prado un terreno. **6** *Veter. Arg.* y *Chile* Padecer meteorismo el animal. || prnl. *Agr.* **7** *Chile* Llenarse de maleza un sembrado.

EMPASTE m. **1** Acción y efecto de empastar. **2** *A. gráf.* Engrosamiento de los remates superior e inferior de los palos a modo de adorno, en un carácter de imprenta. **3** *Med.* Pasta con que se llena el hueco hecho por la caries de un diente. **4** Unión perfecta de los colores en las figuras.

EMPATAR tr. **1** Tratándose de votación, obtener dos o más contrincantes o partidos políticos un mismo número de puntos o votos. Más como intr. y prnl. **2** *Dep.* Obtener dos jugadores o equipos el mismo número de goles o tantos. **3** Suspender y embarazar el curso de una resolución. **4** *Amér.* Empalmar, juntar una cosa con otra. || prnl. **5** *Amér.* EMPAREJARSE dos personas.

EMPATE m. Acción y efecto de empatar o empatarse.

EMPATÍA f. *Psicol.* Participación afectiva, y por lo general emotiva, de un sujeto en una realidad ajena.

EMPAVESADA f. **1** *Mar.* Faja de paño azul o encarnado que sirve para adornar las bordas y las cofas de los buques. **2** *Mil.* Defensa que se hacía con los escudos para cubrirse la tropa.

EMPAVESADO, DA adj. **1** *Mil.* Armado de pavés. || m. **2** *Mil.* Soldado que llevaba arma defensiva. **3** *Mar.* Conjunto de banderas con que se empavesan los buques.

EMPAVESAR tr. **1** *Mil.* Formar empavesadas. **2** Ocultar a la vista las obras de algún monumento público hasta su inauguración. **3** *Mar.* Engalanar una embarcación cubriendo las bordas con empavesadas.

EMPAVONAR tr. **1** PAVONAR. **2** *Col.* y *P. Rico* Untar, pringar.

EMPECATADO, DA adj. **1** De extremada travesura, incorregible. **2** Se dice de la persona a quien salen mal las cosas.

EMPECER intr. Impedir, obstar. ♦ IRREG. Se conjuga como AGRADECER.

EMPECINADO, DA adj. **1** Obstinado, terco, pertinaz. || m. **2** PEGUERO.

EMPECINAR tr. Untar de pez alguna cosa.

EMPECINARSE prnl. Obstinarse, aferrarse, encapricharse.

EMPEDERNIDO, DA adj. **1** fig. Insensible, duro de corazón. **2** fig. Extremadamente duro, hablando de cosas. **3** fig. Obstinado, tenaz, que tiene una costumbre muy arraigada.

EMPÉDOCLES DE AGRIGENTO Filósofo griego (Agrigento, Sicilia, h. 490 - Peloponeso, h. 430 a. C.). Afirmó que el universo está constituido por cuatro elementos eternos: agua, fuego, tierra y aire. Sólo quedan 400 versos de su poema *De la naturaleza* y unos 100 de *Las purificaciones*.

EMPEDRADO, DA adj. **1** fig. Lleno, cubierto en su totalidad. **2** fig. Se aplica al cielo cubierto de nubes pequeñas que se tocan unas con otras. || m. **3** Pavimento construido con piedras.

EMPEDRAR tr. **1** Cubrir el suelo con piedras ajustadas unas con otras. **2** fig. Llenar de desigualdades una superficie con objetos extraños a ella. ♦ IRREG. Se conjuga como ACERTAR.

EMPEINE m. **1** *Anat.* Parte superior o arco en el lado medial o interno del pie. **2** Parte de la bota desde la caña a la pala. **3** *Anat.* Parte inferior del vientre. **4** *Med.* Enfermedad del cutis, que lo pone áspero y encarnado, causando picazón.

EMPELLÓN m. Empujón recio que se da para sacar de su lugar o asiento a una persona o cosa. || **a empellones** loc. adv. fig. y fam. Con violencia, bruscamente.

EMPELOTARSE prnl. **1** fam. Enredarse, confundirse. **2** *Amér.* Desnudarse, quedarse en pelota.

EMPENACHADO, DA adj. Que tiene penacho.

EMPENACHAR tr. Adornar con penachos.

EMPENTA f. Puntal o apoyo para sostener una cosa.

EMPENTAR tr. *Min.* Unir las excavaciones o las obras de fortificación de modo que queden bien seguidas.

EMPEÑAR tr. **1** Dejar una cosa en prenda para seguridad de pago. **2** Precisar, obligar. También prnl. **3** Poner a uno por medianero para conseguir una cosa. || prnl. **4** ENDEUDARSE, llenarse de deudas. **5** Insistir con tesón en una cosa. **6** Interceder, hacer uno el oficio de mediador.

EMPEÑO m. **1** Acción y efecto de empeñar. **2** Obligación de pagar una deuda. **3** Deseo vehemente de hacer o conseguir una cosa. **4** Objeto a que se dirige. **5** Tesón y constancia. **6** Intento, esfuerzo. **7** *And.* y *Méx.* CASA DE EMPEÑOS.

EMPEORAMIENTO m. Acción y efecto de empeorar o empeorarse.

EMPEORAR tr. Poner o volver peor. También intr. y prnl.

EMPEQUEÑECER tr. Aminorar una cosa, hacerla más pequeña. También intr. y prnl. ♦ IRREG. Se conjuga como AGRADECER.

EMPERADOR m. **1** Soberano de un imperio. **2** *Zool.* Pez marino perteneciente a la familia luváridos, de nombre científico *Luvarus imperialis*. Puede llegar a alcanzar los 2 m de longitud y 100 kg de peso. Vive solitario en aguas profundas del Atlántico y Mediterráneo. **3** PEZ ESPADA.

EMPERATRIZ f. **1** Soberana de un imperio. **2** Esposa del emperador.

EMPERCHADO m. Cerca formada por enrejados de maderas verdes.

EMPERCHAR tr. **1** Colgar en la percha. || prnl. **2** Prenderse la caza en la percha.

EMPERDIGAR tr. PERDIGAR.

EMPEREJILAR tr. y prnl. fam. Adornar a una persona con profusión y esmero.

EMPEREZAR tr. y prnl. **1** Dejarse dominar por la pereza. || tr. **2** fig. Retardar, dilatar.

EMPERGAMINAR tr. Cubrir o forrar con pergamino.

EMPERIFOLLAR tr. y prnl. EMPEREJILAR.

EMPERO conj. ad. **1** PERO[2]. **2** SIN EMBARGO.

EMPERRARSE prnl. fam. Obstinarse, empeñarse en no ceder.

EMPEZAR tr. **1** Dar principio a una cosa. || intr. **2** Tener principio una cosa. ♦ IRREG. Se conjuga como ACERTAR.

EMPIECE m. fam. COMIENZO.

EMPINADO, DA adj. **1** Muy alto. **2** De gran pendiente. **3** fig. Estirado, orgulloso.

EMPINAR tr. **1** Enderezar y levantar en alto. **2** Inclinar mucho una vasija para beber. **3** fig. y fam. Beber mucho. || prnl. **4** Ponerse uno sobre las puntas de los pies y erguirse. **5** Ponerse un cuadrúpedo sobre los dos pies levantando las manos.

EMPINGOROTADO, DA adj. Se dice de la persona elevada a posición social ventajosa, y que se engríe por ello.

EMPINGOROTAR tr. **1** fam. Levantar una cosa poniéndola sobre otra. **2** fam. Adquirir una posición social elevada y engreírse de ella.

EMPINO m. *Arquit.* Parte de la bóveda por arista, que está más alta que el plano horizontal que pasa por las claves de los arcos en que se apoya.

EMPIÑONADO m. PIÑONATE, pasta de piñones y azúcar.

EMPÍREO, A adj. y s. **1** *Rel.* Se dice del cielo de los creyentes. **2** Celestial, supremo, divino.

EMPIREUMA m. Olor y sabor particulares que toman las sustancias animales orgánicas sometidas a fuego violento.

EMPÍRICO, CA adj. **1** Relativo a la experiencia o fundado en ella. **2** Que procede empíricamente. También s. **3** *Filos.* Partidario del empirismo. También s.

empirismo. John Locke. Galería Nacional de Retratos (Londres).

EMPIRISMO m. *Filos.* Sistema filosófico que toma la experiencia sensible como única base de los conocimientos humanos. Desarrollado durante los siglos XVII y XVIII, el empirismo, en su forma más general, niega la posibilidad del conocimiento a priori. Sus principales representantes son LOCKE y HUME. || **EMPIRISMO LÓGICO** *Filos.* NEOPOSITIVISMO.

EMPITONAR tr. *Taurom.* Alcanzar la res al lidiador cogiéndolo con los pitones.

EMPIZARRADO, DA adj. **1** Cubierto con pizarras. || m. **2** Cubierta de un edificio formada con pizarras.

EMPIZARRAR tr. Cubrir con pizarras la superficie exterior del techo o de alguna otra parte de un edificio.

EMPLASTAR tr. **1** Poner emplastos. **2** fig. Componer con afeites y adornos. También prnl. **3** fam. Empantanar, entorpecer el curso de un negocio. || prnl. **4** Embadurnarse o ensuciarse con algo pegajoso.

EMPLASTECER tr. Llenar con el aparejo las desigualdades de una superficie para poder pintar sobre ella. ♦ IRREG. Se conjuga como AGRADECER.

EMPLÁSTICO, CA adj. **1** Pegajoso, glutinoso. **2** *Med.* Supurativo, disolutivo.

EMPLASTO m. **1** *Farm.* Preparado farmacéutico sólido, plástico y adhesivo. **2** fig. y fam. Componenda. **3** fig. y fam. PARCHE, pegote.

EMPLAZAMIENTO m. **1** Acción y efecto de emplazar. **2** Situación, colocación.

EMPLAZAR tr. **1** Dar a alguien un tiempo determinado para la ejecución de una cosa. **2** Citar a una persona en determinado tiempo y lugar. **3** *Der.* Citar al demandado. **4** Poner una cosa en determinado lugar.

EMPLEADO, DA m. y f. Persona que desempeña un empleo.

EMPLEAR tr. **1** Ocupar a alguien, encargándole un negocio, comisión o puesto. También prnl. **2** Destinar a alguien al servicio público. **3** Gastar el dinero en una compra. **4** Gastar, consumir. **5** USAR.

EMPLEITA f. PLEITA.

EMPLEO m. **1** Acción y efecto de emplear. **2** Destino, ocupación, oficio. **3** *Econ.* Elemento de la cadena productiva que se refiere a los puestos de trabajo y a lo relacionado con ellos. **4** *Mil.* En el ejército, puesto en la jerarquía militar.

EMPLOMADO, DA adj. **1** Cubierto o soldado con plomo. || m. **2** Conjunto de planchas de plomo que recubre una techumbre, o de plomos que sujetan los cristales de una vidriera.

Empédocles. Fresco de Luca Signorelli. Catedral de Orvieto.

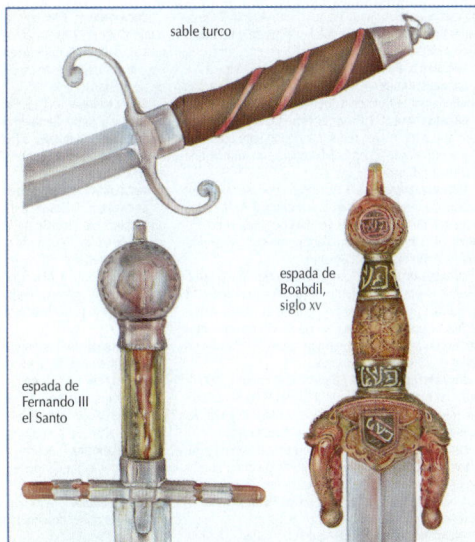

Diversos tipos de **empuñadura**.

sable turco
espada de Boabdil, siglo XV
espada de Fernando III el Santo

EMPLOMAR tr. **1** Cubrir, asegurar o soldar una cosa con plomo. **2** Poner sellos de plomo a los fardos o cajones cuando se precintan.

EMPLUMAR tr. **1** Poner plumas a algo. **2** *Ecuad.* y *Venez.* Enviar a uno a algún sitio de castigo. **3** fig. *Hond.* Zurrar, golpear. **4** fig. Sancionar, arrestar, procesar, condenar. || intr. **5** *Zool.* EMPLUMECER. **6** *Amér.* Fugarse, huir.

EMPLUMECER intr. *Zool.* Echar plumas las aves. ♦ IRREG. Se conjuga como AGRADECER.

EMPOBRECEDOR, RA adj. Que empobrece.

EMPOBRECER tr. **1** Hacer que alguien llegue al estado de pobreza. || intr. y prnl. **2** Llegar a estado de pobreza una persona. **3** Decaer, venir a menos. ♦ IRREG. Se conjuga como AGRADECER.

EMPOBRECIMIENTO m. Acción y efecto de empobrecer o empobrecerse.

EMPOLLADURA f. *Zool.* Cría o pollo que producen las abejas.

EMPOLLAR tr. **1** *Zool.* Incubar el ave los huevos. También prnl. **2** Entre estudiantes, estudiar mucho. || intr. *Zool.* **3** Producir las abejas pollo o cría.

EMPOLLÓN, NA adj. y s. Se dice del estudiante que estudia mucho. Suele utilizarse despectivamente.

EMPOLVAR tr. **1** Echar o poner polvos sobre algo. También prnl. || prnl. **2** Cubrirse de polvo.

EMPONZOÑAR tr. y prnl. **1** Dar ponzoña a uno. **2** fig. Inficionar, echar a perder.

EMPOPAR intr. *Mar.* **1** Calar mucho de popa un buque. **2** Volver la popa al viento. También prnl.

EMPORCAR tr. y prnl. Ensuciar, llenar de porquería. ♦ IRREG. Se conjuga como CONTAR.

EMPORIO m. **1** Lugar donde concurren para el comercio gentes de diversas naciones. **2** fig. Ciudad notable por el florecimiento del comercio, las ciencias, las artes, etc. **3** *Amér. C.* Gran establecimiento comercial donde se puede comprar todo lo necesario en una casa.

EMPORION AMPURIAS.

EMPORITANO, NA adj. y s. De Ampurias.

EMPORRADO, DA adj. Que está bajo los efectos del porro.

EMPORRARSE prnl. En el lenguaje de la droga, ponerse bajo los efectos del porro. También tr.

EMPOTRAR tr. Meter una cosa en la pared o en el suelo, asegurándola.

EMPOZAR tr. **1** Meter en un pozo. También prnl. **2** Poner el cáñamo o el lino en pozas para su maceración. || intr. **3** *Amér.* Quedar el agua detenida formando pozas. || prnl. **4** fig. y fam. Quedar sin curso un expediente.

EMPRENDEDOR, RA adj. **1** Que emprende con resolución acciones dificultosas. **2** Que lleva a la práctica las ideas propias o ajenas.

EMPRENDER tr. Acometer y comenzar una obra o empresa.

EMPREÑAR tr. **1** Hacer concebir a la hembra. **2** fig. y fam. Causar molestias. || prnl. **3** Quedar preñada la hembra.

EMPRESA f. **1** Acción ardua y dificultosa que valerosamente se comienza. **2** Cierto símbolo o figura enigmática. **3** Intento o designio de hacer alguna cosa. **4** Casa o sociedad mercantil o industrial fundada para emprender o llevar a cabo construcciones, negocios o proyectos de importancia. **5** *Econ.* Unidad económica que combina los factores de la producción (trabajo, tierra y capital) para la obtención de bienes o servicios. || **EMPRESA FILIAL** *Econ.* La fundada por otra (empresa matriz) respecto de la cual vive en situación de dependencia. || **EMPRESA MULTINACIONAL** o **TRANSNACIONAL** *Econ.* Aquella cuyos intereses y actividades se desarrollan en varios países. || **EMPRESA PRIVADA** *Econ.* Aquella que funciona con capital particular. || **EMPRESA PÚBLICA** *Econ.* Aquella cuya propiedad o control es ejercido por el Estado u otros organismos públicos.

EMPRESARIADO m. Conjunto de empresas o de empresarios.

EMPRESARIO, RIA m. y f. **1** Persona que, con responsabilidad propia, crea, toma a su cargo o dirige una empresa. **2** En el mundo del espectáculo, persona que contrata artistas y organiza espectáculos públicos.

EMPRÉSTITO m. **1** *Econ.* Préstamo que toma el Estado o una corporación o empresa. Atendiendo al tiempo de reembolso, pueden ser amortizables y perpetuos. **2** Cantidad así prestada.

EMPRIMAR tr. **1** Pasar la lana a una segunda carda. **2** fig. y fam. Abusar de la inexperiencia de uno para que pague algo indebidamente, o para divertirse. **3** *Pint.* IMPRIMAR.

EMPUJAR tr. **1** Hacer fuerza contra una cosa para moverla. **2** fig. Hacer que uno salga del puesto u oficio en que está. **3** fig. Hacer presión.

EMPUJE m. **1** Acción y efecto de empujar. **2** fig. Brío, arranque, fuerza, resolución con que se acomete una empresa. **3** *Fís.* Fuerza de sentido opuesto al peso a que están sometidos todos los cuerpos sumergidos o flotantes en un fluido.

EMPUJÓN m. **1** Impulso que se da con fuerza para apartar o mover a una persona o cosa. **2** Avance rápido que se da a una obra. || **a empujones** loc. adv. fig. y fam. A EMPELLONES. También, con intermitencias o con desigual intensidad en los impulsos o avances.

EMPUNTARSE prnl. *Venez.* Obstinarse uno en un tema.

EMPUÑADURA f. **1** Puño de la espada. **2** Parte de las armas y utensilios, por donde se empuñan. **3** fig. y fam. Principio de un discurso o un cuento.

EMPUÑAR tr. **1** Asir por el puño una cosa. **2** Agarrar una cosa con la mano. **3** fig. Alcanzar un empleo o puesto. **4** *Chile* Cerrar la mano para presentar el puño.

EMPUÑIDURA f. *Mar.* Cada uno de los cabos firmes que sirven para sujetar los puños a la verga.

EMPURAR tr. fam. Imponer una sanción.

EMS Río de Alemania; nace en la selva de Teutoburgo, y desemboca en el mar del Norte; 400 km.

EMÚ m. *Zool.* Ave casuariforme perteneciente a la familia dromiceidos, de nombre científico *Dromiceius novaehollandiae*. Ave corredora de gran tamaño (hasta 1,5 m de altura), la segunda ave viviente más grande. Tiene el plumaje bastante ralo, de colorido grisáceo o pardoamarillento. Vive en bosques de matorral y sabanas del S de Australia.

EMULAR tr. y prnl. Imitar las acciones de otro procurando igualarle y aun superarle.

ÉMULO, LA adj. y s. Competidor de una persona o cosa que procura igualarla o aventajarla.

EMULSIÓN f. **1** *Fot.* Suspensión coloidal de bromuro de plata en gelatina, que forma la capa del material fotográfico, sensible a la luz. **2** *Quím.* Dispersión coloidal estable de un líquido en otro inmiscible con él, por lo que aparecen pequeñas partículas en suspensión, sin llegar a constituir una disolución.

EMULSIONAR tr. *Quím.* Hacer que una sustancia adquiera el estado de emulsión.

EMUNCIÓN f. *Fisiol.* Evacuación de los humores y materias superfluas o nocivas.

EMUNTORIO m. *Anat.* Cualquier conducto, canal u órgano excretor del cuerpo de los animales.

EN prep. **1** Indica en qué lugar, tiempo o modo se determinan las acciones de los verbos a que se refiere. **2** SOBRE. **3** Indica a veces aquello en que se ocupa o sobresale una persona. **4** A veces, indica situación de tránsito. **5** Con verbos de percepción como conocer, descubrir, etc., y seguida de un sustantivo, POR. **6** Precediendo a un gerundio, después que. Es un uso anticuado. **7** Precediendo a sustantivos y adjetivos, forma locuciones adverbiales como *en confianza*.

EN-[1] pref. del mismo origen y significado que IN-, negativo: *enemigo*.

EN-[2], -EN- pref. o in. que significa dentro de: *encéfalo*. Ante *m* o *p* toma la forma *em-*. También significa, otras veces, *con* o *en*.

ENACEITAR tr. **1** Untar con aceite. || prnl. **2** Ponerse aceitosa o rancia una cosa.

ENAGUA f. **1** Prenda de vestir de la mujer, que se usa debajo de la falda. Más en pl. **2** Por extensión, prenda del mismo uso que cubre también el torso.

ENAGUACHAR tr. **1** Llenar de agua una cosa. **2** Causar en el estómago pesadez el beber mucho o el comer mucha fruta. También prnl.

ENAGÜILLAS f. pl. **1** Diminutivo de ENAGUA. **2** Especie de falda corta que se usa en algunos trajes de hombre, como el escocés o el griego.

ENAJENACIÓN f. **1** Acción y efecto de enajenar o enajenarse. **2** fig. Distracción, embelesamiento. || **ENAJE-**

emú

NACIÓN MENTAL Der. Alteración de las facultades de un individuo que le incapacita total o parcialmente para actuar jurídicamente y para ser considerado autor de un delito.

ENAJENAR tr. 1 Pasar a otro el dominio de una cosa. 2. fig. Sacar a uno fuera de sí, privarle de juicio. También prnl. || prnl. 3 Privarse de algo. 4 Apartarse, retraerse del trato o comunicación. También tr.

ENÁLAGE f. Ret. Figura de dicción que consiste en la utilización de una construcción gramatical no previsible lógicamente que viene a asumir, excepcionalmente, el valor de la forma gramatical esperada.

ENALBAR tr. Caldear y encender el hierro en la fragua, tanto que parezca blanco.

ENALBARDAR tr. 1 Echar o poner la albarda. 2 fig. Rebozar con huevo, harina, pan rallado, etc., lo que se ha de freír. 3 fig. EMBORRAZAR.

ENALTECER tr. ENSALZAR. También prnl. ♦ IRREG. Se conjuga como AGRADECER.

ENAMORADIZO, ZA adj. Propenso a enamorarse.

ENAMORADO, DA adj. 1 Que tiene amor. También s. 2 Muy aficionado a una cosa. || m. y f. 3 Persona amada.

ENAMORAMIENTO m. Acción y efecto de enamorar o enamorarse.

ENAMORAR tr. 1 Excitar en uno la pasión del amor. 2 Decir amores o requiebros. || prnl. 3 Prendarse de una persona, sentir amor por ella. 4 Aficionarse a una cosa, entusiasmarse.

ENANISMO m. Med. Trastorno del crecimiento caracterizado por una talla inferior a la normal.

enano. *El bufón Don Antonio el Inglés*. Cuadro de Diego Velázquez. Museo del Prado (Madrid).

ENANO, NA adj. 1 fig. Se dice de lo que es diminuto en su especie. 2 fig. y fam. Se usa como apelativo afectuoso dirigido a los niños. || m. y f. 3 Persona que padece enanismo. 4 Persona de baja estatura. 5 Personaje extraño y fantástico, de pequeña estatura, frecuente en cuentos infantiles. Suele usarse en diminutivo.

ENANTE f. Bot. Hierba acuática perteneciente a la familia umbelíferas, de pequeña estatura, de nombre científico *Oenanthe aquatica*. Es venenosa.

ENARBOLAR tr. 1 Levantar en alto estandarte, bandera o cosa semejante, o algo con lo que se amenaza a otro. || prnl. 2 ENCABRITARSE el caballo. 3 Enfadarse.

ENARCAR tr. 1 ARQUEAR, dar figura de arco. También prnl. 2 Echar cercos o arcos a las cubas. || prnl. 3 Encogerse, achicarse. 4 Méx. Encabritarse el caballo.

ENARDECER tr. y prnl. 1 Excitar o avivar una pasión del ánimo, una pugna o disputa, etc. || prnl. 2 Encenderse, requemarse una parte del cuerpo del animal por congestión o inflamación. ♦ IRREG. Se conjuga como AGRADECER.

ENARENAR tr. y prnl. 1 Echar arena; llenar o cubrir de ella. || prnl. Mar. 2 Encallar las embarcaciones.

ENARMONAR tr. Levantar una cosa.

ENARMONÍA f. Mús. Relación que se establece entre dos notas de tonalidades distintas, que aunque son denominadas con nombres diferentes tienen el mismo sonido, como por ejemplo *do* sostenido y *re* bemol.

ENARTROSIS f. Anat. Articulación libre y móvil, en la cual la cabeza esférica de un hueso encaja en una cavidad de otro. ♦ Su pl. es *enartrosis*.

ENCABALGAMIENTO m. 1 CUREÑA. 2 Armazón de maderos cruzados donde se apoya alguna cosa. 3 Métr. En poesía, separación en dos versos o hemistiquios de una unidad léxica o sintáctica.

ENCABALLAR tr. 1 Colocar una pieza de modo que en su unión con otra se sostenga sobre la extremidad de ésta como las tejas en un tejado. || intr. A. gráf. 2 Desarreglar un molde de modo que las letras de unas líneas pasen a otras. También prnl.

ENCABAR tr. Poner mango a una herramienta.

ENCABESTRADURA f. Veter. Herida producida a una caballería por el frote del cabestro.

ENCABESTRAR tr. 1 Poner el cabestro o rienda a los animales. 2 fig. Atraer, seducir a alguno para que haga lo que otro desea. || prnl. 3 Enredarse un animal una pata en el cabestro.

ENCABEZAMIENTO m. 1 Acción de encabezar o empadronar. 2 Registro, matrícula o padrón. 3 Ajuste de la cuota que deben pagar los vecinos por toda la contribución. 4 Conjunto de las palabras con que, según fórmula, se empieza un documento.

ENCABEZAR tr. 1 Iniciar una suscripción o lista. 2 Poner el encabezamiento de un libro o escrito. 3 Acaudillar, presidir, poner o ponerse al frente. 4 Aumentar la parte espiritosa de un vino con otro más fuerte, con aguardiente o con alcohol. 5 Unir dos tablones o vigas por sus extremos.

ENCABRITARSE prnl. 1 Empinarse el caballo, levantando las manos. También tr. 2 fig. Tratándose de embarcaciones, automóviles, etc., levantarse la parte delantera súbitamente. 3 fig. Enojarse, cabrearse.

ENCABRONAR tr. vulg. Enojar, enfadar. También prnl.

ENCACHADO m. 1 Revestimiento de piedra u hormigón con que se fortalece el cauce de una corriente de agua entre los estribos de un puente. 2 Pavimento irregular hecho con piedras.

ENCADENADO, DA adj. 1 Atado con cadena. 2. Métr. Se dice de la estrofa cuyo primer verso repite las palabras del último verso de la estrofa precedente. || m. 3 Arquit. CADENA. 4 Cin. Desaparición gradual de una imagen que es progresiva y simultáneamente sustituida por otra.

ENCADENAMIENTO m. 1 Conexión y trabazón de las cosas unas con otras. 2 Ling. En semántica, serie de cambios en el significado de una palabra, cada uno de los cuales se apoya en el anterior y explica el siguiente. 3 Mús. Sinónimo de *enlace*, se da este nombre a ciertos movimientos progresivos de la armonía, en los cuales uno o varios sonidos de un acorde continúan en el siguiente y sirven de enlace entre ambos.

ENCADENAR tr. 1 Ligar y atar con cadena. 2 fig. Trabar y unir unas cosas con otras. 3 fig. Dejar a uno sin libertad para actuar.

ENCAJAR tr. 1 Meter una cosa dentro de otra ajustadamente. 2 Unir ajustadamente una cosa con otra. También intr. 3 fig. y fam. Decir una cosa, que sea oportuna o inoportunamente. 4 fig. y fam. Disparar, dar o arrojar. 5 fig. y fam. Hacer oír a uno alguna cosa, causándole molestia. 6 fig. y fam. Hacer tomar o recibir una cosa, causándole molestia al que la recibe. 7 fig. y fam. Recibir, sufrir sin gran quebranto, un ataque, golpes, un resultado o tanteo adverso, etc. || prnl. 8 Meterse uno en parte estrecha. 9 fig. y fam. Ponerse una prenda.

ENCAJE m. 1 Sitio o hueco en que se encaja algo. 2 Ajuste de dos piezas que cierran o se adaptan entre sí. 3 Cierto tejido de mallas, lazadas o calados, con flores, figuras u otras labores, que se hacen con bolillos, agujas de coser o de gancho, etc., o bien a máquina. 4 Labor que llaman de taracea o embutidos, ya sea en madera, ya en piedras.

ENCAJERARSE prnl. Mar. Detenerse un cabo de labor entre la abertura y la roldana de una garrucha.

ENCAJONAR tr. 1 Meter y guardar algo dentro de uno o más cajones. 2 Meter en un sitio angosto. Más como prnl. 3 Taurom. Acción de encerrar a los toros en cajones para su traslado, en especial a las plazas donde han de ser lidiados.

ENCALABRINAR tr. 1 Llenar la cabeza de un vapor o hálito que la turbe. También prnl. 2 Hacer concebir a alguien falsas esperanzas. 3 Excitar, irritar. || prnl. 4 Enamorarse perdidamente. 5 Empeñarse en algo sin atender a razones.

ENCALADA f. Pieza de metal en el jaez del caballo.

ENCALAR tr. 1 Dar cal o blanquear algo. Se dice principalmente de las paredes. 2 Meter en cal o espolvorear con ella alguna cosa. 3 Poner o meter algo en una cala o cañón.

ENCALLAR intr. 1 Mar. Golpear la quilla de una embarcación en arena o piedra, quedando atascada en ellas. 2 fig. No poder salir adelante en un negocio o empresa.

ENCALLARSE prnl. Endurecerse algunos alimentos por quedar interrumpida su cocción.

ENCALLECER intr. y prnl. 1 Aparecer callos en la piel o endurecerse la carne a manera de callo. || prnl. 2 fig. Endurecerse con la costumbre en los trabajos o en los vicios. ♦ IRREG. Se conjuga como AGRADECER.

ENCALLEJONAR tr. y prnl. Meter una cosa por un callejón, o por cualquier parte estrecha y larga a modo de callejón.

ENCALMADURA f. Veter. Enfermedad de las caballerías ocasionada por el mucho trabajo en tiempo de grandes calores.

ENCALMAR tr. 1 Tranquilizar, serenar. También prnl. || prnl. 2 Tratándose del tiempo o del viento, quedar en calma.

ENCAMAR tr. 1 Tender o echar una cosa en el suelo. || prnl. 2 Echarse o meterse en la cama. Se dice sobre todo cuando alguien se mete en ella por enfermedad, y no para dormir. 3 Agr. Echarse o abatirse las mieses.

ENCAMINAR tr. 1 Enseñar a uno por dónde ha de ir, ponerle en camino. También prnl. 2 Dirigir una cosa hacia un punto determinado. 3 fig. Enderezar la intención a un fin determinado; poner los medios que conducen a él.

ENCAMISADA f. Folk. Especie de fiesta o desfile, que se ejecutaba de noche con antorchas, para diversión o regocijo.

ENCAMONADO, DA adj. Arquit. 1 Hecho con CAMONES. 2 Armazones de caña o listones.

ENCAMOTARSE prnl. fam. Amér. Enamorarse, amartelarse.

ENCAMPANAR tr. y prnl. 1 Col., P. Rico, Dom. y Venez. Elevar, encumbrar. || prnl. Taurom. 2 Levantar el toro parado la cabeza como desafiando.

ENCANALAR tr. y prnl. Conducir el agua u otro líquido por canales, o hacer que un río o arroyo entre por un canal.

ENCANALLAR tr. y prnl. Corromper, envilecer a uno haciéndole adquirir modos ruines y abyectos, propios de la canalla.

ENCANARSE prnl. Pasmarse o quedarse envarado por la fuerza del llanto o de la risa.

ENCANASTAR tr. Poner algo en una o más canastas.

ENCANDECER tr. Hacer ascua una cosa hasta que quede como blanca de puro encendida. ♦ IRREG. Se conjuga como AGRADECER.

ENCANDELAR intr. Echar algunos árboles flores en amento o candelillas.

encallar. Barco encallado en Punta Galea.

ENCANDELILLAR tr. **1** *Amér.* Sobrehilar una tela. **2** *Amér.* Encandilar, deslumbrar.

ENCANDILAR tr. y prnl. **1** Deslumbrar acercando mucho a los ojos el candil u otra luz. **2** fig. Deslumbrar, alucinar, embelesar. **3** fam. Avivar la lumbre. **4** Encender o avivar los ojos de la bebida o la pasión. **5** Despertar o excitar el sentimiento o deseo amoroso. || prnl. **6** *P. Rico* Enfadarse.

ENCANECER intr. **1** Ponerse cano. **2** fig. Envejecer una persona. || tr. **3** Hacer que a alguien le salgan canas. ♦ IRREG. Se conjuga como AGRADECER.

ENCANIJAR tr. y prnl. Poner flaco y enfermizo.

ENCANILLAR tr. Devanar el hilo en las canillas.

ENCANTADO, DA adj. **1** fig. y fam. Distraído o embobado constantemente. **2** fig. y fam. Sometido a poderes mágicos.

ENCANTADOR, RA adj. **1** Que encanta o hace encantamientos. También s. **2** fig. Que produce muy grata impresión.

ENCANTAMIENTO m. Acción y efecto de encantar.

ENCANTAR tr. **1** Someter a poderes mágicos. **2** fig. Cautivar la atención de uno por medio de la hermosura, la simpatía, la gracia o el talento. || intr. **3** Gustar mucho.

ENCANTO m. **1** ENCANTAMIENTO. **2** Persona o cosa que atrae o embelesa. || m. pl. **3** Atractivos físicos.

ENCANUTAR tr. **1** Poner una cosa en figura de canuto. También prnl. **2** Meter algo en un canuto. **3** Emboquillar los cigarrillos.

ENCAÑADO m. **1** Conducto hecho de caños, o de otro modo, para conducir el agua. **2** Enrejado o celosía de cañas que se pone en los jardines para enredar y defender las plantas o para hacer divisiones.

ENCAÑAR tr. **1** Hacer pasar el agua por encañados o conductos. **2** Sanear de la humedad las tierras por medio de encañados. **3** Poner cañas para sostener las plantas. || intr. **4** Empezar a formar caña los tallos tiernos de los cereales. Se dice también de otras plantas, como la del tabaco. También prnl.

ENCAÑIZADA f. **1** Atajadizo que se hace con cañas en laguna, río o mar, para mantener algunos peces sin que puedan escaparse. **2** Enrejado de cañas.

ENCAÑIZAR tr. **1** Poner cañizos a los gusanos de seda. **2** Cubrir con cañizos una bovedilla u otra cosa cualquiera.

ENCAÑONADO, DA adj. Se dice del humo, del agua y del viento cuando corren con alguna fuerza por sitios estrechos y largos.

ENCAÑONAR tr. **1** Dirigir o encaminar algo para que entre por un cañón. **2** Hacer correr las aguas de un río por un cauce cerrado con bóveda o con caños. **3** Apuntar un arma de fuego portátil contra una persona o cosa. **4** Componer o planchar una cosa formando cañones; como las vueltas almidonadas, etc. **5** *A. gráf.* Encajar un pliego dentro de otro. || intr. **6** Echar cañones las aves.

ENCAPACHADURA f. Conjunto de capachos que llenos de aceituna se apilan para que, apretándolos, salga el aceite.

ENCAPADO, DA adj. *Min.* Se aplica a la mina cuando el criadero no asoma a la superficie.

ENCAPILLAR tr. **1** ENCAPIROTAR. **2** *Mar.* Enganchar un cabo a un penol de verga, cuello de palo o mastelero, etc. **3** *Min.* Formar un ensanche para practicar de él otra labor nueva. || prnl. *Mar.* **4** Alcanzar un golpe de mar a una embarcación e inundar su cubierta.

ENCAPIROTAR tr. y prnl. Poner un capirote.

ENCAPOTAR tr. y prnl. **1** Cubrir con el capote. || prnl. **2** fig. Poner el rostro ceñudo y con sobrecejo. **3** fig. Dícese del cielo cuando se cubre de nubes, en especial si son oscuras o tempestuosas.

ENCAPRICHARSE prnl. **1** Empeñarse uno en sostener o conseguir su capricho. **2** Tener capricho por una persona o cosa.

ENCAPSULAR tr. Meter en cápsula o cápsulas.

ENCAPUCHADO, DA adj. y s. Se dice de la persona cubierta con capucha, especialmente en las procesiones de Semana Santa.

ENCAPUCHAR tr. y prnl. Cubrir o tapar una cosa con capucha.

ENCARADO, DA adj. Con los adverbios *bien* o *mal*, de buena o mala cara, de bellas o feas facciones.

ENCARAMAR tr. y prnl. **1** Levantar a una persona o cosa a lugar dificultoso de alcanzar. **2** Alabar, encarecer con extremo. También prnl. **3** fig. y fam. Colocar en puestos encumbrados.

ENCARAR tr. y prnl. **1** Hacer frente a una dificultad. También prnl. **2** Poner cara a cara dos personas, animales, etc., con diversos fines. || prnl. **3** fig. Colocarse una persona o animal frente a otra en actitud violenta o agresiva.

ENCARCELAMIENTO m. Acción y efecto de encarcelar.

ENCARCELAR tr. **1** Poner a uno preso en la cárcel. **2** Sujetar dos piezas de madera recién encoladas, en la cárcel de carpintero, para que se peguen bien.

Encarnación
(Paraguay).

ENCARECER tr. **1** Aumentar el precio de algo; hacerlo caro. También intr. y prnl. **2** fig. Ponderar, alabar mucho una cosa. **3** Recomendar con empeño. ♦ IRREG. Se conjuga como AGRADECER.

ENCARECIMIENTO m. Acción y efecto de encarecer.

ENCARGADO, DA adj. **1** Que ha recibido un encargo. || m. y f. **2** Persona que tiene a su cargo una casa, establecimiento, negocio, etc., en representación del dueño o interesado.

ENCARGAR tr. **1** Encomendar, poner una cosa al cuidado de alguien. También prnl. **2** Recomendar, aconsejar. **3** Pedir que se traiga de otro lugar alguna cosa. **4** Imponer una obligación.

ENCARGO m. **1** Acción y efecto de encargar. **2** Cosa encargada. **3** Cargo o empleo.

ENCARIÑAR tr. y prnl. Aficionar, despertar cariño.

ENCARNACIÓN f. **1** Acción de encarnar o encarnarse. **2** fig. Personificación, representación o símbolo de una idea, doctrina, etc. **3** *Esc.* y *Pint.* Color de carne con que se pinta el desnudo de las figuras humanas.

ENCARNACIÓN f. *Rel.* Acto misterioso de haber tomado carne humana el Verbo Divino en las entrañas de la Virgen María. Constituye uno de los dogmas de la religión cristiana.

ENCARNACIÓN Ciudad de Paraguay, capital del departamento de Itapúa; 27.632 h. Puerto a orillas del Paraná. Fundada en 1614.

ENCARNADO, DA adj. **1** De color de carne. También m. **2** COLORADO, rojo. || m. **3** Color de carne que se da a las estatuas.

ENCARNADURA f. *Med.* Disposición atribuida a los tejidos del cuerpo vivo para cicatrizar o reparar sus lesiones.

ENCARNAR intr. **1** Revestirse una sustancia espiritual, una idea, etc., de un cuerpo de carne: se dice principalmente del acto de hacerse hombre el Verbo Divino. **2** *A. gráf.* Estampar bien una tinta sobre un papel, o una tinta sobre otra. **3** *Med.* Criar carne cuando se va mejorando y sanando una herida. || tr. **4** fig. Personificar, representar alguna idea, doctrina, etc. **5** fig. Representar un personaje de una obra dramática. **6** *Esc.* y *Pint.* Dar color de carne a las esculturas. || prnl. **7** Introducirse una uña, al crecer, en las partes blandas que la rodean.

ENCARNECER intr. Tomar carnes; hacerse más corpulento y grueso. ♦ IRREG. Se conjuga como AGRADECER.

ENCARNIZADO, DA adj. Se dice de la batalla, riña, etc., muy porfiada y sangrienta.

ENCARNIZAR tr. **1** Hacer más cruel y despiadada una cosa, situación, etc., como una batalla, una discusión, etc. **2** Cebar un perro en la carne de otro animal para que se haga fiero. || prnl. **3** Cebarse con ansia en la carne los lobos y animales hambrientos cuando matan una res. También se dice de otros animales que, después que han probado la carne, se ceban en ella. **4** En una pelea o discusión, acentuar innecesa-riamente la fuerza de los golpes o las diatribas cuando el contrincante ha dejado de presentar resistencia.

ENCARO m. **1** Acción de mirar a uno con algún género de cuidado y atención. **2** Acción de encarar o apuntar un arma. **3** PUNTERÍA.

ENCARPETAR tr. Guardar papeles en carpetas.

ENCARRILADERA f. Aparato que se emplea en los ferrocarriles para encarrilar la locomotora y los vagones.

ENCARRILAR tr. **1** Encaminar, dirigir y enderezar una cosa, como carro, coche, etc., para que siga el camino o carril que debe. **2** Colocar sobre los carriles o rieles un vehículo descarrilado. **3** Dirigir a una persona por el camino que le es conveniente. **4** fig. Dirigir por el rumbo o por los trámites que conducen al acierto una pretensión o expediente que iba por un camino que estorbaba su logro. || prnl. **5** ENCARRILLARSE.

ENCARRILLAR tr. **1** ENCARRILAR. || prnl. **2** Salirse la cuerda o soga del carrillo o garrucha, hacia las asas, de modo que se imposibilita el movimiento.

ENCARROÑAR tr. y prnl. Pudrirse una cosa.

ENCARRUJADO, DA adj. **1** Rizado, ensortijado o plegado con arrugas menudas. **2** *Méx.* Se dice del terreno quebrado.

ENCARRUJARSE prnl. Retorcerse, ensortijarse; como sucede en el cabello cuando es muy crespo.

ENCARTACIÓN f. **1** Empadronamiento en virtud de carta de privilegio. **2** Reconocimiento de sujeción o vasallaje que hacían al señor los pueblos y lugares. **3** Población que hacía este reconocimiento.

ENCARTAR tr. **1** Proscribir a un reo constituido en rebeldía. **2** *Der.* Procesar. **3** En los juegos de naipes, jugar al contrario o al compañero carta a la cual pueda servir del palo.

ENCARTE m. **1** Acción de encartar o encartarse en los juegos de naipes. **2** *A. gráf.* Página o pliego, generalmente de distinto papel, color, etc., que se añade o cose a un impreso, libro, etc.

ENCARTONAR tr. **1** Poner cartones. **2** Resguardar con cartones una cosa. **3** *A. gráf.* Encuadernar sólo con cartones.

ENCASAMENTO m. *Arquit.* Adorno de fajas y molduras en una pared o bóveda.

ENCASAR tr. Volver un hueso a su lugar, cuando se ha salido de él.

ENCASILLAR tr. **1** Poner en casillas. **2** Clasificar personas o cosas distribuyéndolas en sus sitios correspondientes.

ENCASQUETAR tr. **1** Encajar bien en la cabeza el sombrero, gorra, boina, etc. También prnl. **2** fig. Encargar a alguien una tarea o un trabajo desagradable o laborioso. **3** fig. Meter a uno algo en la cabeza, por lo común sin el debido fundamento.

ENCASQUILLAR tr. **1** Poner casquillos. **2** *Amér.* HERRAR caballerías o bueyes. || prnl. **3** Atascarse un arma de fuego con el casquillo de la bala al disparar. **4** *Cuba* fig. y fam. Acobardarse.

ENCASTAR tr. **1** Mejorar una raza de animales, cruzándolos con otros de mejor calidad. || intr. **2** Procrear, hacer casta.

ENCASTILLAR tr. **1** Fortificar con castillos. || prnl. **2** Encerrarse en un castillo y hacerse allí fuerte para defenderse. **3** fig. Perseverar uno con obstinación en su parecer y dictamen.

ENCASTRAR tr. **1** Encajar, empotrar. **2** *Mec.* Endentar dos piezas.

ENCAUCHADO, DA adj. **1** *Amér.* Se dice de la tela o prenda impermeabilizada con caucho. || m. **2** *Col., Ecuad.* y *Venez.* Ruana o poncho impermeabilizados con caucho.

ENCAUSAR tr. *Der.* Proceder contra alguien judicialmente.

ENCÁUSTICO, CA adj. **1** Se dice de las pinturas o barnices de cera que se aplican a una superficie para cubrir los poros. || m. **2** Nombre de este barniz especial.

ENCAUSTO m. **1** Tinta roja con que en la Antigüedad firmaban los emperadores romanos. **2** *Pint.* Abrasión o combustión.

ENCAUZAR tr. **1** Abrir cauce; encerrar o dar dirección por un cauce a una corriente. **2** fig. Dirigir por buen camino un asunto, una discusión.

ENCEBOLLADO, DA adj. Se dice de la comida aderezada con mucha cebolla. También m.

ENCEBOLLAR tr. Cocinar o preparar con cebolla en abundancia un alimento.

ENCEFALITIS f. *Pat.* Inflamación del encéfalo. ♦ Su pl. es *encefalitis*.

ENCÉFALO m. *Anat.* Estructura integrada por un conjunto de órganos, que forma parte del sistema nervioso central de los vertebrados y está contenido en la cavidad del cráneo. Comprende el cerebro, cerebelo, bulbo raquídeo, tálamo e hipotálamo.

ENCEFALOGRAMA m. *Med.* **1** ELECTROENCEFALOGRAMA. **2** Gráfico que refleja el resultado de una encefalografía.

ENCEFALOPATÍA f. *Pat.* Cualquier enfermedad que afecte al cerebro. || **ENCEFALOPATÍA ESPONGIFORME** *Med.* y *Veter.* Enfermedad neurológica producida por preiones y caracterzada por demencia y progresiva disfución motora. Uno de sus tipos, la enfermedad de Creutzfeldt-Jacob, es de evolución rápida y mortal. En 1996 apareció el primer caso de una nueva variante de la enfermedad relacionada con el consumo de carne de ganado vacuno afectado por la encefalopatía espongiforme bovina (EEB). El llamado «mal de las vacas locas» se detectó por primera vez en el Reino Unido en 1985 y se extendió rápidamente entre la cabaña bovina británica.

ENCEGUECER tr. **1** Cegar, privar de la visión. **2** fig. Cegar, ofuscar el entendimiento. También prnl. || intr. **3** Sufrir ceguera. También prnl.

ENCELAR tr. **1** Dar celos. || prnl. **2** Concebir celos de una persona. **3** *Zool.* Estar en celo un animal.

ENCELDAR tr. y prnl. Encerrar en una celda.

ENCELLA f. Molde que sirve para hacer quesos y requesones.

ENCELLAR tr. Dar forma al queso o al requesón en la encella.

ENCENAGARSE prnl. **1** Meterse en el cieno. **2** Ensuciarse, mancharse con cieno. **3** fig. Entregarse a los vicios.

ENCENDEDOR, RA adj. y s. **1** Que enciende. || m. **2** Aparato que sirve para encender por medio de una llama o una chispa.

ENCENDER tr. **1** Hacer que una cosa arda para que dé luz o calor. **2** Pegar fuego, incendiar. **3** Causar ardor y encendimiento. También prnl. **4** Conectar un circuito eléctrico. **5** fig. Tratándose de guerras, suscitar, ocasionar. También prnl. **6** fig. Incitar, enardecer. También prnl. || prnl. **7** fig. Ponerse colorado, ruborizarse. ♦ IRREG. Se conjuga como ENTENDER.

ENCENDIDO, DA adj. **1** De color rojo muy subido. || m. *Mec.* **2** En los motores de explosión, conjunto de la instalación eléctrica y aparatos destinados a producir la chispa.

ENCEPAR tr. **1** Meter a uno en el cepo. **2** Reunir o asegurar piezas de construcción por medio de cepos. **3** *Mar.* Poner los cepos a las anclas y anclones. || intr. *Agr.* **4** Echar las plantas raíces que penetren bien en la tierra. También prnl.

ENCERADO, DA adj. **1** Untado con cera. **2** De color de cera. || m. **3** Cuadro de hule, lienzo barnizado, madera u otra sustancia apropiada, que se usa en las escuelas para escribir o dibujar en él con clarión y poder borrar con facilidad. **4** Capa tenue de cera con que se cubrían los entarimados y muebles.

ENCERAR tr. **1** Preparar o dar con cera alguna cosa. **2** Manchar con cera, como cuando las velas gotean. || intr. **3** Tomar color de cera o amarillear las mieses; madurar. También prnl.

ENCERRAR tr. **1** Meter a una persona, animal o cosa en un lugar del que no pueda salir. **2** fig. Incluir, contener. || prnl. **3** fig. Retirarse del mundo; recogerse en una clausura o religión. **4** ENCASTILLARSE, perseverar uno con tesón en su parecer. ♦ IRREG. Se conjuga como ACERTAR.

ENCERRONA f. Situación, preparada de antemano, en que se coloca a una persona para obligarla a que haga algo mal de su grado.

ENCESTAR tr. **1** Poner, guardar algo en una cesta. **2** *Dep.* En el baloncesto, introducir el balón en la canasta contraria.

ENCHAPAR tr. Chapar, cubrir con chapas.

ENCHARCAR tr. **1** Cubrir de agua una parte del terreno, que queda como si fuera un charco. También prnl. || prnl. *Med.* **2** Recogerse o paralizarse agua, u otros líquidos, en algún órgano humano.

ENCHILADA f. *Guat., Méx.* y *Nic.* Torta de maíz rellena de diversos alimentos y aderezada con chile y otros ingredientes.

ENCHILADO m. *Cuba* Guiso de mariscos con salsa de chile.

ENCHILAR tr. **1** *C. Rica, Hond., Méx.* y *Nic.* Untar, aderezar con chile. **2** fig. *Méx.* y *Nic.* Picar, irritar. También prnl.

ENCHIQUERAR tr. **1** *Taurom.* Meter o encerrar el toro en el chiquero. **2** fig. y fam. Poner a alguien preso en la cárcel.

ENCHIRONAR tr. fam. Meter a alguien en chirona.

ENCHUFAR tr. **1** Ajustar la boca de un caño en la de otro. También intr. **2** fig. Combinar, enlazar un negocio con otro. **3** *Fís.* Establecer una conexión eléctrica encajando una en otra las dos piezas del enchufe. **4** fig. y fam. Dar un cargo, empleo, etc., a alguien, utilizando la influencia. También prnl.

ENCHUFE m. **1** Acción y efecto de enchufar. **2** Parte de un caño o tubo que penetra en otro. **3** Sitio donde se enchufan dos caños. **4** Recomendación, influencia. **5** fig. y fam. Cargo o destino que se obtiene por influencia. **6** *Fís.* Aparato que consta de dos piezas esenciales, macho y hembra, que se encajan una en otra cuando se quiere establecer una conexión eléctrica.

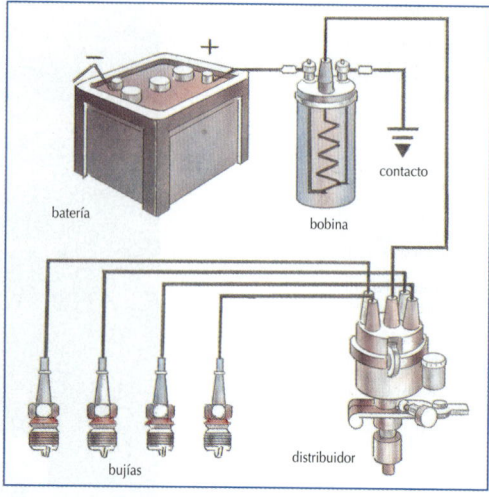

Esquema del **encendido** del motor de explosión.

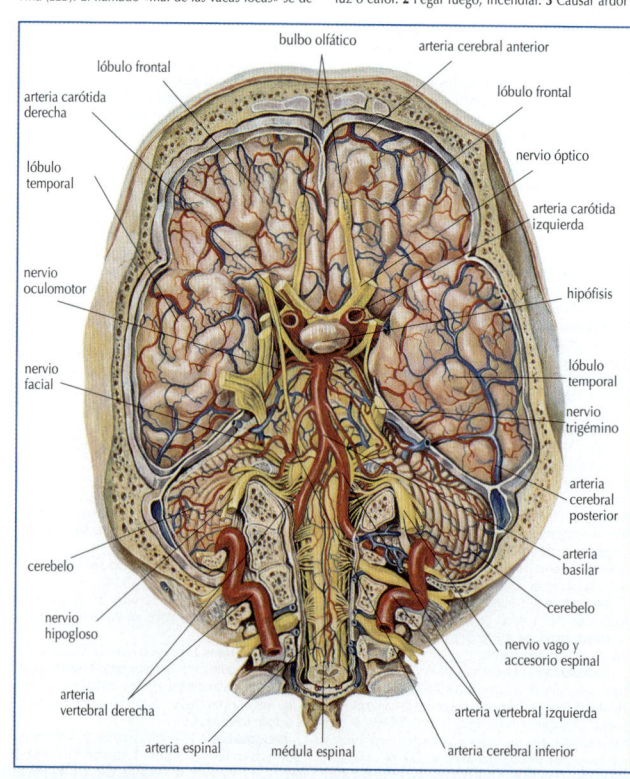

Anatomía del **encéfalo**.

La **Enciclopedia.** *D'Alembert leyendo La Enciclopedia en casa de Madame Geoffrin.* Cuadro de Anicet Lemonnier. Museo Malmaison (París).

ENCHUFISMO m. desp. Corruptela política y social que favorece a los enchufistas.
ENCHUFISTA com. fam. Persona que disfruta de enchufes.
ENCHULARSE prnl. **1** Hacer vida de chulo o rufián. **2** Encapricharse una mujer de un hombre de forma que le permita aprovecharse de ella, especialmente en lo económico.
ENCÍA f. *Anat.* Membrana mucosa que cubre interiormente la parte alveolar de la mandíbula y guarnece la dentadura.
ENCÍCLICA f. Carta o misiva que dirige el Papa a obispos o fieles; en ella se expone la doctrina de la iglesia en puntos concretos.
ENCICLOPEDIA f. **1** Obra en que se trata de muchas ciencias. **2** ENCICLOPEDISMO. **4** DICCIONARIO ENCICLOPÉDICO.
ENCICLOPEDIA, LA Obra enciclopédica de 28 volúmenes (17 de texto y 11 de grabados), dirigida por Diderot y D'Alembert y publicada de 1751 a 1772. Sus entradas fueron redactadas por las figuras más relevantes del momento (Condillac, Voltaire, Montesquieu, Rousseau, Turgot, Buffon, etc). Es una obra progresista e innovadora que desempeñó un papel determinante en la difusión de las ideas liberales y del pensamiento ilustrado.
ENCICLOPÉDICO, CA adj. **1** Perteneciente a la enciclopedia. **2** Se dice de la persona con conocimientos universales. **3** DICCIONARIO ENCICLOPÉDICO.
ENCICLOPEDISMO m. *Filos.* Movimiento filosófico y cultural que se creó en torno a la *Enciclopedia* de Diderot y D'Alembert en el siglo XVIII. Se caracterizó por defender el conocimiento científico y la razón frente a la tradición, la intolerancia religiosa y la superstición.
ENCIERRO m. **1** Acción y efecto de encerrar o encerrarse. **2** Lugar donde se encierra. **3** Clausura, recogimiento. **4** *Taurom.* Acto de traer los toros a encerrar en el toril. **5** *Taurom.* Fiesta popular con motivo del encierro de los toros. **6** *Taurom.* TORIL.
ENCIMA adv. l. **1** En lugar o puesto superior respecto de otro inferior. **2** Sobre sí, sobre la propia persona. || adv. c. **3** Además, sobre otra cosa. || **echarse algo encima** fr. fig. Ocurrir antes de lo que se esperaba. || **echarse encima de** alguien fr. fig. Acosarle, acometerle. || **estar encima de** una persona o cosa fr. fig. y fam. Vigilarla con atención; atenderla con sumo cuidado. || **por encima** loc. adv. Superficialmente, de pasada, a bulto. || **por encima de** una persona o cosa fr. adv. A pesar de ella, contra su voluntad. También, hablando de cantidades o cifras, superior a una determinada.
ENCIMAR tr. **1** Poner en alto una cosa o persona; ponerla sobre otra. También intr. **2** *Col.* Dar encima de lo estipulado, añadir. || prnl. **3** Elevarse o levantarse a mayor altura que otra persona o cosa, o sobre ella.
ENCIMERO, RA adj. **1** Que está o se pone encima. || f. **2** Tablero o plancha de madera u otro material que recorre la pared de la cocina cubriendo los muebles y electrodomésticos.
ENCINA f. *Bot.* **1** Planta leñosa perteneciente a la familia fagáceas, de nombre científico *Quercus ilex*. Es un árbol corpulento, de copa ancha y hojas persistentes, autóctono de la región mediterránea y cuyo fruto es la bellota. Su leña posee gran potencia calorífica; la corteza se emplea como curtiente por su abundancia en taninos. **2** Madera de estos árboles.

ENCINA, JUAN DEL (JUAN DE FERMOSELLE, llamado) Poeta, dramaturgo y músico español (Encina, Salamanca, 1469 - León, h. 1529). Discípulo de Nebrija, en 1492 entró al servicio del segundo duque de Alba. En 1496 apareció su *Cancionero*, recopilación de sus poemas juveniles, en el que destacan sus villancicos y glosas, con música compuesta por él mismo. Está considerado el iniciador del poema dramático castellano, al que llamó *égloga*: *Églogas de Navidad*, la *Égloga de Cristino y Febea* (1497) y la *Égloga de Plácida y Victoriano* (1513).
ENCINAR o **ENCINAL** m. *Bot.* Bosque típico mediterráneo, perennifolio y caracterizado por la presencia de la encina.
ENCINTA adj. f. EMBARAZADA.
ENCINTAR tr. **1** Adornar, engalanar con cintas. **2** Poner en una habitación las cintas de un solado, o en una vía la hilera de piedras que marca la línea y el resalto de las aceras.
ENCISO m. Terreno adonde salen a pacer las ovejas después de parir.
ENCIZAÑADOR, RA adj. y s. Que cizaña.
ENCIZAÑAR tr. CIZAÑAR.
ENCLAUSTRAR tr. y prnl. **1** Encerrar en un claustro. **2** Recluir en un lugar oculto. || prnl. **3** Apartarse de la vida social.
ENCLAVADO, DA adj. **1** Se dice del sitio encerrado dentro del área de otro. También s. **2** Se dice del objeto encajado en otro.
ENCLAVAR tr. **1** Asegurar con clavos una cosa. **2** Causar una herida a la caballería con el clavo de la herradura. **3** fig. Traspasar, atravesar. **4** fig. y fam. Engañar a uno.
ENCLAVE m. **1** Territorio incluido en otro de mayor extensión con diferentes características políticas, administrativas, geográficas, etc. **2** *Etnol.* Grupo étnico, político o ideológico que convive o se encuentra inserto dentro de uno más extenso o de características diferentes.
ENCLENQUE adj. y s. Falto de salud, enfermizo.
ENCLISIS o **ÉNCLISIS** f. *Gram.* Unión de una palabra enclítica a la que la precede. ♦ Su pl. es *enclisis* o *énclisis*.
ENCLÍTICO, CA adj. y s. *Gram.* Se dice de la partícula o parte de la oración que se liga con el vocablo precedente, formando con él una sola palabra. En la lengua española son partículas enclíticas los pronombres pospuestos al verbo.
ENCLOCAR intr. y prnl. Ponerse clueca un ave. ♦ IRREG. Se conjuga como CONTAR.
ENCOBAR intr. y prnl. *Zool.* Echarse las aves y animales ovíparos sobre los huevos para empollarlos.
ENCOBRADO, DA adj. **1** Se aplica a los metales que tienen mezcla de cobre. **2** De color de cobre.
ENCOBRAR tr. Cubrir con una capa de cobre.
ENCOFRADO m. **1** *Arquit.* Molde formado con tableros o chapas de metal en el que se vacía el hormigón hasta que fragua y que se desmonta después. **2** *Min.* Revestimiento de madera que se construye para contener las tierras en las galerías de las minas, y que se sostiene por bastidores que se colocan de trecho en trecho en dichas galerías.
ENCOFRAR tr. **1** *Arquit.* Formar un encofrado. **2** *Min.* Colocar bastidores para contener las tierras en las galerías de las minas.
ENCOGER tr. y prnl. **1** Retirar contrayendo. Se dice ordinariamente del cuerpo y de sus miembros. **2** fig. Apocar el ánimo. || intr. **3** Disminuir lo largo y ancho de algunas telas o ropas. **4** Disminuir de tamaño algunas cosas al secarse; como la madera, el cuero, etc. || prnl. **5** fig. Sentir miedo, timidez o retraimiento.
ENCOGIDO, DA adj. **1** Contraído, disminuido. **2** fig. Corto de ánimo, apocado. También s.
ENCOGOLLARSE prnl. Subirse la caza a las cimas o cogollos más altos de los árboles.
ENCOJAR tr. y prnl. **1** Poner cojo a uno. || prnl. **2** fig. y fam. Caer o fingirse enfermo.
ENCOLADO, DA adj. **1** Se dice de lo que está pegado con cola || m. **2** Acción y efecto de encolar.
ENCOLAR tr. **1** Pegar con cola una cosa. **2** Clarificar vinos. **3** *Pint.* Dar una o más capas de cola a las superficies que han de pintarse al temple. **4** *Pint.* Preparar la pasta de papel con una sustancia adhesiva para que no embeba y pueda recibir color.
ENCOLERIZAR tr. y prnl. Hacer que uno se ponga colérico.
ENCOMENDADO, DA adj. **1** Encargado. || m. *Hist.* **2** En las órdenes militares, dependiente del comendador.
ENCOMENDAR tr. **1** Encargar a uno que haga alguna cosa o que cuide de ella o de una persona. **2** *Hist.* Dar encomienda, hacer comendador a uno. **3** *Hist.* Dar indios en encomienda. **4** Entregarse en manos de alguien y fiarse de su amparo. ♦ IRREG. Se conjuga como ACERTAR.
ENCOMENDERO m. **1** El que lleva encargos de otro, y se obliga a dar cuenta y razón de lo que se le encarga y encomienda. **2** *Hist.* El que por concesión de autoridad competente tenía indios encomendados.

encina

encuadernación. Siglo XIX. Biblioteca del Senado (Madrid).

ENCOMIAR tr. Alabar con encarecimiento a una persona o cosa.

ENCOMIÁSTICO, CA adj. Que alaba o contiene alabanza.

ENCOMIENDA f. **1** Acción y efecto de encomendar. **2** Cosa encomendada. **3** *Hist.* Dignidad que en las órdenes militares se daba a algunos caballeros. **4** *Hist.* Lugar, territorio y rentas de esta dignidad. **5** *Hist.* Dignidad de comendador en las órdenes civiles. **6** *Hist.* Cruz bordada o sobrepuesta que llevaban los caballeros de las órdenes militares en la capa o vestido. **7** *Hist.* En la América colonial, institución por la cual se señalaba a una persona un grupo de indios para que se aprovechara, ya del trabajo de ellos, ya de una tributación tasada por la autoridad. Abolida en 1718. **8** Amparo, patrocinio, custodia. **9** *Amér.* Paquete postal.

ENCOMIO m. Alabanza encarecida.

ENCONADO, DA adj. Encarnizado, violento y muy porfiado.

ENCONAR tr. y prnl. **1** *Med.* Inflamar, poner de peor calidad la llaga o parte lastimada del cuerpo. **2** Irritar, exasperar el ánimo contra uno. **3** Cargar la conciencia con alguna mala acción.

ENCONO m. Animadversión, rencor arraigado en el ánimo.

ENCONOSO, SA adj. **1** fig. Que puede ocasionar encono. **2** Propenso a tener mala voluntad a los demás.

ENCONTRADIZO, ZA adj. Que se encuentra con otra cosa o persona. || **hacerse** uno **el encontradizo** fr. Buscar a otro para encontrarle sin que parezca que se hace intencionadamente.

ENCONTRADO, DA adj. **1** Puesto enfrente. **2** Opuesto, contrario.

ENCONTRAR tr. **1** Dar con una persona o cosa que se busca. También prnl. **2** Dar con una persona sin ir buscarla. || intr. **3** Tropezar uno con otro. || prnl. **4** Oponerse, enemistarse uno con otro. **5** Hallarse y concurrir juntas a un mismo lugar dos o más personas. **6** Hallarse en cierto estado. **7** Hablando de las opiniones, dictámenes, etc., opinar diferentemente, discordar unos de otros. **8** Hablando de los afectos, las voluntades, los genios, etc., además del sentido recto puede tener el contrario, o sea, conformar, convenir, coincidir. ♦ IRREG. Se conjuga como CONTAR.

ENCONTRONAZO o **ENCONTRÓN** m. **1** Golpe que da una cosa con otra cuando una de ellas, o las dos, van impelidas o se encuentran. También en sentido figurado. **2** Encuentro inesperado entre personas o de personas y cosas.

ENCOPETADO, DA adj. **1** De alto copete o alcurnia. **2** Emperifollado, muy acicalado. **3** Presumido, vanidoso.

ENCOPETAR tr. y prnl. **1** Elevar en alto o formar copete. || prnl. **2** Engreírse, presumir demasiado.

ENCORAJINAR tr. y prnl. Encolerizar a alguien.

ENCORAR tr. **1** Cubrir con cuero una cosa. **2** Meter y encerrar una cosa dentro de un cuero. **3** *Med.* Hacer que las llagas críen piel nueva. También intr. y prnl.

ENCORCHAR tr. **1** Hacer que las abejas entren en las colmenas. **2** Poner tapones de corcho a las botellas.

ENCORCHETAR tr. **1** Poner corchetes. **2** Sujetar con ellos la ropa u otra cosa. **3** *Arquit.* Engrapar piedras.

ENCORDADURA f. *Mús.* Conjunto de las cuerdas de los instrumentos de música.

ENCORDAR tr. **1** *Mús.* Poner cuerdas a una cosa. **2** Apretar un cuerpo con una cuerda, haciendo que ésta dé muchas vueltas alrededor de aquél. || prnl. *Dep.* **3** Atarse un escalador a la cuerda de seguridad. ♦ IRREG. Se conjuga como CONTAR.

ENCORDELAR tr. **1** Poner cordeles a una cosa. **2** Atar algo con cordeles.

ENCORDONAR tr. Poner o echar cordones a una cosa, bien para sujetarla, bien para adornarla con ellos.

ENCORNADO, DA adj. Con los adverbios *bien* o *mal*, que tiene buena, o mala, encornadura. Se dice de los toros y vacas.

ENCORNADURA f. **1** Forma o disposición de los cuernos en el toro, ciervo, etc. **2** CORNAMENTA.

ENCORRALAR tr. Guardar el ganado en el corral.

ENCORSETADO, DA adj. **1** fig. Se dice de la persona demasiado tiesa o rígida. **2** Limitado, reprimido.

ENCORSETAR tr. y prnl. **1** Poner corsé, especialmente cuando se ciñe mucho. **2** fig. Limitar, reprimir, constreñir.

ENCORTINAR tr. Colgar y adornar con cortinas.

ENCORUJARSE prnl. Encogerse, hacerse un ovillo.

ENCORVAR tr. y prnl. **1** Doblar y torcer una cosa poniéndola corva. || prnl. **2** Doblarse una persona por la edad o por enfermedad. **3** fig. Inclinarse, ladearse, aficionarse sin razón a una parte más que a otra.

ENCOSTILLADO m. *Min.* Conjunto de las costillas que se colocan en los pozos y galerías para dar más solidez al apuntalamiento de las excavaciones.

ENCOSTRAR tr. **1** Cubrir con costra una cosa. || intr. y prnl. **2** Formar costra una cosa.

ENCOVAR tr. **1** Meter algo en una cueva. También prnl. **2** fig. Guardar, encerrar. ♦ IRREG. Se conjuga como CONTAR.

ENCRASAR tr. **1** Poner craso o espeso un líquido. **2** *Agr.* Mejorar, fertilizar las tierras con abonos.

ENCRESPADO, DA adj. Rizado, ensortijado.

ENCRESPAR tr. y prnl. **1** Ensortijar, rizar; se dice especialmente del cabello. **2** Erizar el pelo, plumaje, etc., por alguna impresión fuerte, como el miedo. **3** Enfurecer, irritar y agitar, dicho de personas y animales. **4** Levantar y alborotar las ondas del agua. || prnl. **5** fig. Enredarse y dificultarse un asunto.

ENCRESTARSE prnl. *Zool.* Poner las aves tiesa la cresta.

ENCRISTALAR tr. ACRISTALAR.

ENCRUCIJADA f. **1** Paraje en donde se cruzan dos o más calles o caminos. **2** fig. Panorama de varias opciones que se le presentan a uno con el apremio de tener que elegir.

ENCRUDECER tr. y prnl. **1** Hacer que una cosa tenga apariencia u otra condición de cruda. **2** fig. Exasperar, irritar. ♦ IRREG. Se conjuga como AGRADECER.

ENCUADERNACIÓN f. *A. gráf.* **1** Acción y efecto de encuadernar. **2** Cubierta exterior de un libro. **3** Forma de encuadernar un libro. **4** Taller donde se encuaderna.

ENCUADERNAR tr. *A. gráf.* Juntar, unir y coser varios pliegos o cuadernos y ponerles cubiertas.

ENCUADRAR tr. **1** Encerrar en un marco o cuadro. **2** fig. Encajar, ajustar una cosa dentro de otra. **3** fig. Determinar los límites de algo, incluyéndolo en un esquema u organización.

ENCUADRE m. **1** Acción y efecto de encuadrar, situar algo entre límites o ponerlo en un marco. **2** *Cin.* y *Fot.* Límites de la imagen o escena fotografiada o filmada.

ENCUARTE m. Yunta o caballería de refuerzo que se añade a las que tiran de un vehículo.

ENCUBAR tr. **1** Echar el vino u otro líquido en las cubas para guardarlo. **2** *Min.* Entibar en redondo el interior de un pozo.

ENCUBRIMIENTO m. **1** Acción y efecto de encubrir. **2** *Der.* Participación en la responsabilidad de un delito por impedir que se descubra, favorecer la fuga de los delincuentes, etc.

ENCUBRIR tr. **1** Ocultar una cosa o no manifestarla. También prnl. **2** Impedir que llegue a saberse una cosa. **3** *Der.* Hacerse responsable de encubrimiento de un delito. ♦ Su p. p. es irregular: *encubierto*.

ENCUENTRO m. **1** Acto de coincidir en un punto dos o más cosas, por lo común chocando una contra otra. **2** Acto de encontrarse o hallarse dos o más personas. **3** Oposición, contradicción. **4** Competición deportiva. **5** Entrevista entre dos o más personas, con el fin de resolver o preparar algún asunto. || **salirle** a uno **al encuentro** fr. Salir a recibirle. También, fig., hacerle frente o cara.

ENCUESTA f. Acopio de datos obtenidos mediante consulta o interrogatorio, referentes a estados de opinión, costumbres, nivel económico o cualquier otro aspecto de actividad humana.

ENCUESTADOR, RA m. y f. Persona que realiza encuestas.

ENCUESTAR tr. **1** Someter a encuesta un asunto. **2** Interrogar a alguien para una encuesta. || intr. **3** Hacer encuestas.

ENCULTURACIÓN f. *Antrop.* Proceso por el cual una persona adquiere los usos, creencias, tradiciones, etc., de la sociedad en que vive.

ENCUMBRAR tr. **1** Levantar en alto. También prnl. **2** fig. Ensalzar, engrandecer a alguien. También prnl. **3** Subir la cumbre, pasarla. || prnl. **4** Envanecerse, ensoberbecerse. **5** Hablando de cosas inanimadas, ser muy elevadas.

ENCUNAR tr. Poner al niño en la cuna.

ENCURDARSE prnl. vulg. EMBORRACHARSE.

ENCURTIDO m. Fruto o legumbre que se conservan en vinagre. Se usa frecuentemente en pl.

END- pref. ENDO-.

ENDARA GALLIMANY, GUILLERMO Político panameño (Panamá City, 1936). Se presentó a las elecciones presidenciales en 1988, pero el general Noriega anuló los comicios. Cuando en 1989 las tropas estadounidenses invadieron Panamá, Endara fue proclamado presidente (1989-94).

ENDARTERITIS f. *Pat.* Inflamación de la capa más interior de una arteria.

ENDE, POR loc. adv. POR TANTO.

ENDE, MICHAEL Escritor alemán (Garmisch, 1929 - Stuttgart, 1995). Especializado en literatura fantástica, infantil y juvenil, entre sus narraciones de mayor éxito destacan *Momo* (1973) y *La historia interminable* (1979).

ENDEBLE adj. Débil, de resistencia insuficiente.

ENDECA- pref. que significa once.

ENDÉCADA f. Periodo de once años.

ENDECÁGONO, NA adj. y m. *Geom.* Se dice del polígono de once lados.

ENDECASÍLABO, BA adj. y s. *Métr.* Verso de once sílabas.

ENDECHA f. *Poét.* **1** Canción triste, aunque de acentos más suaves que los de la elegía. **2** Combinación métrica que se emplea repetida y consta de cuatro versos de seis o siete sílabas, generalmente asonantados.

ENDEHESAR tr. Meter el ganado en la dehesa.

ENDEMIA f. *Med.* Cualquier enfermedad que se propaga habitualmente, o en épocas fijas, en un país o comarca.

ENDÉMICO, CA adj. fig. Se dice, por comparación con las enfermedades habituales, de actos o sucesos que se repiten frecuentemente en un país, que están muy vulgarizados y extendidos.

ENDEMONIADO, DA adj. **1** Poseído del demonio. También s. **2** fig. y fam. Sumamente perverso, nocivo.

ENDEMONIAR tr. **1** Introducir los demonios en el cuerpo de una persona. **2** fig. y fam. Irritar, encolerizar a uno. También prnl.

ENDENTADO, DA adj. *Bl.* Se aplica a las borduras, cruces, bandas y sotueres que tienen sus dientes muy menudos y triangulares.

ENDENTAR tr. **1** Encajar una cosa en otra. **2** Poner dientes a una rueda. ♦ IRREG. Se conjuga como ACERTAR.

ENDENTECER intr. Empezar los niños a echar los dientes. ♦ IRREG. Se conjuga como AGRADECER.

ENDEÑARSE prnl. Infectarse una herida.

ENDEREZAR tr. **1** Poner derecho lo que está torcido. También prnl. **2** Poner derecho o vertical lo que está inclinado o tumbado. También prnl. **3** Dirigir, orientar. **4** fig. Gobernar bien; poner en buen estado una cosa. **5** Enmendar, corregir, castigar. || prnl. **6** Disponerse, encaminarse a lograr un intento.

ENDERS, JOHN FRANKLIN Microbiólogo estadounidense (West Hartford, 1897 - Connecticut, 1985). Cultivó el virus de la poliomielitis sobre tejidos ordinarios, lo que permitió el hallazgo de una vacuna con la que casi se ha conseguido erradicar esta enfermedad. También desarrolló una vacuna contra el sarampión. En 1954 compartió el premio Nobel de Fisiología y Medicina con Th. H. Weller y F. C. Robbins.

ENDEUDAMIENTO m. **1** Acción y efecto de endeudarse. **2** *Econ.* Conjunto de obligaciones de pago contraídas por una nación, empresa o persona.

ENDEUDARSE prnl. Contraer deudas.

ENDIABLADO, DA adj. **1** fig. ENDEMONIADO. **2** fig. Irritado, encolerizado. **3** fig. Muy feo, desproporcionado. **4** fig. y fam. Sumamente perverso, nocivo.

ENDIABLAR tr. **1** Introducir los diablos en el cuerpo de uno. **2** fig. y fam. Dañar, pervertir. También prnl. || prnl. **3** Encolerizarse o irritarse uno demasiado.

ENDÍADIS f. *Ret.* Figura por la cual se expresa un solo concepto con dos nombres coordinados. ♦ Su pl. es *endíadis*.

ENDIBIA o **ENDIVIA** f. *Bot.* **1** ESCAROLA. **2** Planta herbácea, anual o bianual, perteneciente a la familia compuestas, de nombre científico *Cichorium endivia*, originaria de la India.

ENDILGAR tr. **1** fam. Encaminar, dirigir, acomodar, facilitar. **2** fam. Encajar, endosar a alguien algo desagradable.

ENDIMIÓN *Mit.* Pastor griego que fue amado por Selene. Personifica el sueño y la hermosura.

ENDIÑAR tr. **1** Dar o asestar un golpe. **2** Hacer que uno acepte o se lleve una cosa.

ENDIOSAR tr. **1** Elevar a alguien a la divinidad. || prnl. **2** fig. Engreírse, ensoberbecerse.

ENDIVIA f. ENDIBIA.

ENDO-, END- prefs. que significan dentro, en el interior.

ENDOBLAR tr. Entre ganaderos, hacer que dos ovejas críen a la vez a un cordero.

ENDOBLE m. *Min.* Jornada de doble tiempo que hacen los mineros y fundidores con el fin de cambiar cada semana las horas de trabajo de las cuadrillas.

ENDOCARDIO m. *Anat.* Membrana endotelial que tapiza las cavidades del corazón y las válvulas cardiacas.

ENDOCARPIO m. *Bot.* Capa interior del pericarpio, la más interna o cáscara que rodea la semilla.

ENDOCÉNTRICO, CA adj. *Ling.* Se dice de la construcción que, en conjunto, desempeña la misma función o pertenece a la misma clase lingüística o gramatical que una o más de las palabras integrantes de aquélla.

ENDOCÉRVIX *Anat.* Membrana mucosa glandular del cuello uterino.

ENDOCRINO, NA adj. *Fisiol.* **1** Se aplica a las glándulas, también llamadas de secreción interna, que no tienen canal evacuador, por lo cual los productos de su función pasan directamente a la sangre y ejercen su influencia en órganos o partes del cuerpo muy alejadas; las principales son el tiroides, la hipófisis, el hipotálamo, las glándulas suprarrenales, las apartiroideas y las intersticiales de las gónadas o sexuales, en las que se forman diversas hormonas. **2** Relativo a las hormonas o a las secreciones internas del cuerpo. Las principales hormonas endocrinas son la tiroxina, la cortisona, la adrenalina y la insulina.

El sueño de ***Endimión.*** Cuadro de Anne-Louis Girodet de Roucy Trioson. Museo del Louvre (París).

ENDOCRINOLOGÍA f. *Fisiol.* Ciencia que estudia las glándulas endocrinas y las hormonas que sintetizan y segregan.

ENDODERMIS f. *Bot.* En la estructura primaria de la raíz, capa compacta de células que separan el cilindro cortical del central.

ENDODERMO m. *Biol.* Capa blastodérmica interna de la gástrula, a partir de la cual se forman el aparato digestivo, excepto los extremos del tubo, y el notocordio o cuerda dorsal.

ENDODONCIA f. *Med.* **1** Especialidad odontológica que estudia las enfermedades de la pulpa dentaria. **2** Desvitalización del nervio de una pieza dentaria con fines terapéuticos.

ENDOESQUELETO m. *Zool.* NEUROESQUELETO o esqueleto interno de los animales.

ENDÓFITO, TA adj. *Bot.* Se dice de la planta que vive en el interior de otra, pero sin ser parásita de ésta, o de la que habita en el interior del medio que la sustenta.

ENDOGAMIA f. **1** *Biol.* Cruzamiento entre individuos de una misma raza, agrupación, territorio, etc., que conduce a una descendencia cada vez más homogénea. **2** *Antrop.* Tipo de estructura social en la que existen normas escritas o consuetudinarias, según las cuales los individuos deben casarse con un miembro de su grupo.

ENDOGÉNESIS f. *Biol.* División de una célula que está rodeada de una cubierta o envoltura resistente que impide la separación de las células hijas. ♦ Su pl. es *endogénesis*.

ENDÓGENO, NA adj. *Biol.* **1** Que se origina en el interior de una estructura orgánica, como las esporas de un ascomiceto, las yemas adventicias de origen interno en los árboles, etc. **2** Que se origina en virtud de causas internas. **3** *Geol.* Se dice de las rocas eruptivas de origen intrusivo.

ENDOLINFA f. *Fisiol.* Líquido acuoso que llena el laberinto del oído interno de los vertebrados.

ENDOMETRIO m. *Anat.* Mucosa que recubre por dentro el útero del aparato reproductor femenino, donde se implanta el óvulo fecundado.

ENDOMETRIOSIS f. *Pat.* Presencia de elementos glandulares y tejido conjuntivo, que por su aspecto recuerda a la mucosa uterina y se localiza en regiones en las que el endometrio se encuentra normalmente ausente.

ENDOMICORRIZA f. *Bot.* MICORRIZA.

ENDOMINGARSE prnl. Vestirse con la ropa de fiesta.

ENDOMIOCARDITIS f. *Pat.* Inflamación del endocardio y el miocardio.

ENDOMITOSIS f. *Biol.* División de los cromosomas sin que desaparezca la membrana nuclear. Da lugar a poliploidia o politenia.

ENDOMIXIS f. *Zool.* División periódica y reorganización del núcleo en ciertos protozoos ciliados.

ENDOMORFISMO m. *Geol.* Transformación que experimentan las rocas en su composición química por influencia de otras formadas en su interior.

ENDOPARÁSITO, TA adj. y m. *Biol.* Se dice del organismo parásito que vive dentro del cuerpo de un animal o planta, denominado *hospedador*.

ENDOPLASMA m. *Biol.* Zona interna y semifluida del citoplasma de la célula.

ENDOPROCTO, TA adj. *Zool.* **1** Se dice del animal marino de pequeño tamaño, solitario o colonial, semejante

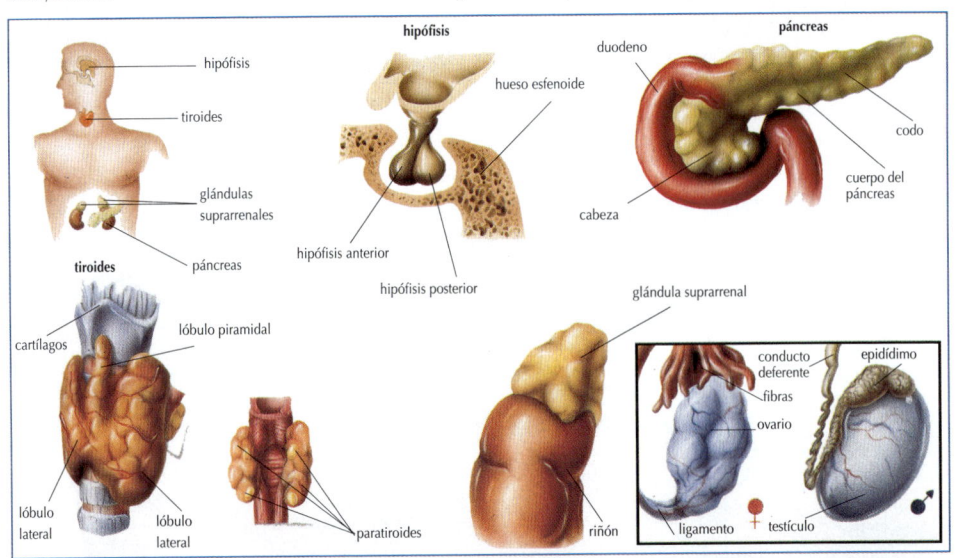

Sistema **endocrino**.

a un pólipo, pero con boca y ano, y los tentáculos ciliados por su cara interior. || m. pl. *Zool.* **2** Tipo de estos animales.

ENDOPTERIGOTO, TA adj. *Zool.* **1** Se dice de los insectos con alas (a veces desaparecen de forma secundaria) y con metamorfosis completa. || m. pl. *Zool.* **2** Subclase de estos insectos.

ENDORFINAS f. pl. *Biol.* Hormonas del sistema nervioso central similares a la morfina, que aparecen ante algunas situaciones límite (dolor intenso, éxtasis amoroso, etc.) y que tienen, entre otros, efectos analgésicos y sedantes.

ENDORREICO, CA adj. *Geol.* Se dice de los territorios cuyas aguas corrientes no desembocan en el mar, sino en lagos y pantanos interiores.

ENDOSAR tr. **1** *Econ.* Ceder a favor de otro una letra de cambio u otro documento de crédito expedido a la orden, haciéndolo así constar al respaldo o dorso. **2** fig. Trasladar a uno una carga, trabajo o cosa no apetecible.

ENDOSARCO m. *Biol.* ENDOPLASMA.

ENDOSCOPIA f. *Med.* Exploración visual de los conductos o cavidades internas del cuerpo humano mediante el endoscopio.

ENDOSCOPIO m. Nombre genérico de varios aparatos destinados al examen visual de cavidades o conductos internos del organismo.

ENDOSFERA f. *Geol.* Sector interior del globo terráqueo, también llamado *nife*, por suponerse que su composición es fundamentalmente níquel y hierro, y *barisfera*.

ENDÓSMOSIS o **ENDOSMOSIS** f. *Fís.* Corriente de fuera adentro que se establece cuando los líquidos de distinta densidad están separados por una membrana porosa. ♦ Su pl. es *endósmosis* o *endosmosis*.

ENDOSO m. **1** Acción y efecto de endosar. **2** *Econ.* Acción de endosar una letra de cambio u otro documento, escribiendo en su dorso la firma del titular.

ENDOSPERMO m. *Bot.* Tejido multicelular formado en el interior de la semilla en desarrollo de las plantas angiospermas, que le sirve de alimento al embrión.

ENDOSPORA f. *Bot.* Espora asexual formada en el interior de una célula.

ENDOTELIO m. *Anat.* Epitelio de las células planas, que recubre el interior de los vasos, del corazón y de las cavidades serosas y articulares.

ENDOTERGITO m. *Zool.* Placa dorsal en la que se insertan los músculos en el esqueleto de los insectos.

ENDOVENOSO, SA adj. *Fisiol.* Intravenoso.

ENDOZOOCORIA f. *Bot.* Forma de diseminación vegetal llevada a cabo por animales que ingieren semillas o frutos y luego los expulsan con las deyecciones.

ENDRIAGO m. *Folk.* Monstruo fabuloso, formado del conjunto de facciones humanas y de las de varias fieras. Aparece en libros de caballerías como el *Amadís de Gaula* y en romances.

ENDRINA f. *Bot.* Fruto del endrino.

ENDRINAL m. *Bot.* Terreno poblado de endrinos.

ENDRINO, NA adj. **1** De color negro azulado, como el de la endrina. || m. *Bot.* **2** Ciruelo silvestre perteneciente a la familia rosáceas, de nombre científico *Prunus spinosa*. Las ramas están cubiertas de espinas, las hojas son caedizas, las flores blancas y los frutos globosos, azulados y amargos. Crece en Europa, O de Asia y N de África. Su madera es muy dura y pesada y se emplea en tornería; con los frutos se elabora el *pacharán*.

ENDROGARSE prnl. **1** *Med. P. Rico* y *Dom.* Drogarse, usar estupefacientes. **2** *Méx.* y *Perú* Entramparse, contraer deudas.

ENDULZAR tr. y prnl. **1** Poner dulce una cosa. **2** Quitar a las aceitunas el amargo, haciéndolas comestibles. **3** fig. Suavizar un trabajo o disgusto.

ENDURAR tr. **1** ENDURECER. También prnl. **2** Sufrir, tolerar. **3** Diferir o dilatar una cosa. **4** Economizar, escasear el gasto.

ENDURECER tr. y prnl. **1** Poner dura una cosa. **2** Robustecer los cuerpos; hacerlos más aptos para el trabajo y la fatiga. **3** Hacer a uno áspero, severo, exigente. || prnl. **4** Negarse a la piedad, obstinarse en el rigor. ♦ IRREG. Se conjuga como AGRADECER.

ENE f. **1** Nombre de la letra *n*. **2** Nombre del signo potencial indeterminado en álgebra. || adj. **3** Cantidad indeterminada.

ENE *Geog.* Abreviatura de ESTENORDESTE.

ENEA f. *Bot.* ANEA.

ENEA- pref. que significa nueve.

ENEÁGONO, NA adj. y m. *Geom.* Se dice del polígono de nueve ángulos y nueve lados.

ENEANDRO, DRA adj. *Bot.* Que tiene nueve estambres.

ENEAS *Mit.* Héroe troyano, hijo de Anquises y Afrodita. Príncipe de los dardánidas, fue uno de los principales héroes de la guerra de Troya. Tras la caída de la ciudad, huyó por orden de los dioses, comenzando un viaje lleno de aventuras. En el Lacio, contrajo matrimonio con la hija del rey, Lavinia. Fundó la ciudad de Lavinium, germen de la futura Roma. Fue héroe de la *Eneida*, de Virgilio.

ENEASÍLABO, BA adj. y s. De nueve sílabas.

ENEBRINA f. *Bot.* Fruto del enebro.

Eneas. Escultura griega del siglo VI a. C. Museo de Delfos.

ENEBRO m. *Bot.* **1** Nombre común de varias especies de árboles o arbustos coníferos de la familia cupresáceas, género *Juniperus*, muy ramosos desde la base, con fructificación carnosa, globosa y negra, que recibe el nombre de *gálbula*. Entre ellas se encuentran el enebro común (*Juniperus communis*) que crece en Europa, N de África, Asia y N de América; y el enebro de la miera (*Juniperus oxycedrus*), propio de los países del área mediterránea. **2** Madera de estas plantas.

ENELDO m. *Bot.* Planta herbácea anual perteneciente a la familia umbelíferas, de nombre científico *Anethum graveolens*, de flores amarillas agrupadas en una umbela plana sin involucro, y pétalos enteros y arrollados. Los frutos se utilizan como condimento y las semillas tienen propiedades medicinales. Procede del S de Europa y Asia.

ENEMA f. **1** *Farm.* Inyección rectal de líquido para provocar la evacuación del intestino. **2** Medicamento que se aplicaba sobre las heridas sangrientas.

ENEMICÍSIMO, MA adj. Superlativo de ENEMIGO.

ENEMIGO, GA adj. **1** CONTRARIO, opuesto a una cosa. || m. y f. **2** El que tiene mala voluntad a otro y le desea o hace mal. || m. **3** El contrario en la guerra. || **ser** uno **enemigo de** algo loc. No agradarle esa determinada cosa.

ENEMISTAD f. Aversión u odio entre dos o más personas.

ENEMISTAR tr. y prnl. Hacer a uno enemigo de otro, o hacer perder la amistad.

ÉNEO, A adj. poét. De cobre o bronce.

ENEOLÍTICO, CA adj. y m. *Prehist.* Periodo de la prehistoria caracterizado por el uso del cobre en la fabricación de utensilios y objetos ornamentales, que comenzó en Mesopotamia hacia el 4000 a. C, y en Europa occidental en torno al 2500 a. C. También se denomina *calcolítico* o *Edad del Cobre*. Es una época intermedia entre la Edad de Piedra y la del Bronce, aunque con frecuencia se incluye dentro de esta última como etapa inicial previa al bronce antiguo. El periodo primitivo, que coincide con el último neolítico en Egipto, Creta, Chipre y Asia occidental, presenta escasos objetos de cobre y gran abundancia de útiles de pedernal y alfarería cruda. El periodo medio señala un desarrollo sustancial, sobre todo en Europa central. El último periodo coincide con los principios de la Edad del Bronce y presenta útiles fundidos tanto en cobre como en bronce.

ENERGÉTICO, CA adj. **1** Perteneciente o relativo a la energía. **2** Que produce energía.

ENERGÍA f. **1** Eficacia, fuerza, poder. **2** Fuerza de voluntad o de carácter. **3** *Fís.* Capacidad de un cuerpo o sistema para producir un trabajo. Se conoce con el nombre de trabajo mecánico de una fuerza el producto de la misma por el camino que recorre su punto de aplicación. La energía de un cuerpo se mide por el trabajo mecánico que produce al desplazarse o por el que sería capaz de producir desde su posición de reposo hasta otro punto previamente determinado; de aquí surge su división en *energía cinética* y *potencial*. Tanto la energía mecánica como la energía eléctrica se pueden convertir en calor que, a su vez, se considera otra forma de energía. Las unidades de trabajo mecánico más empleadas son: julio, ergio y kilográmetro. En cuanto a su origen, según la fuente de energía, puede ser muscular, térmica, solar, eólica, hidráulica, nuclear, etc. || **ENERGÍA**

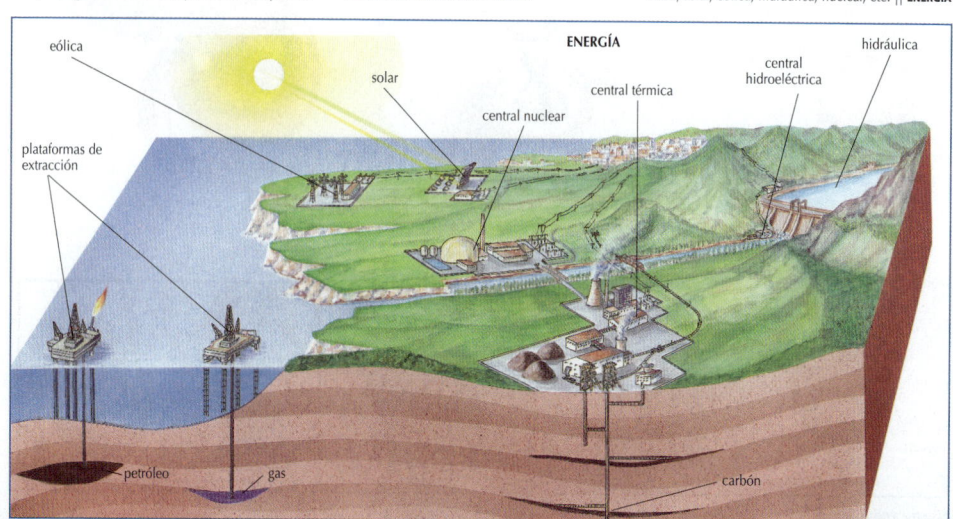

ALTERNATIVA *Fís.* La que puede satisfacer las demandas energéticas, sustituyendo o complementando a otras energías. Por ejemplo, la energía solar. ‖ **ENERGÍA CALORÍFICA** *Fís.* CALOR. ‖ **ENERGÍA CINÉTICA** *Fís.* La que tiene un cuerpo en virtud de su movimiento de rotación o traslación a una velocidad determinada. ‖ **ENERGÍA EÓLICA** *Fís.* La obtenida utilizando la fuerza del viento. ‖ **ENERGÍA GEOTÉRMICA** *Fís.* La obtenida a partir del calor existente en el interior de la Tierra. Es una energía renovable. ‖ **ENERGÍA HIDRÁULICA** *Fís.* La obtenida en un salto de agua. El agua cae sobre los álabes de una turbina, mueve su eje y este movimiento genera energía eléctrica en un alternador o generador de corriente. ‖ **ENERGÍA LIMPIA** *Ecol.* La que no produce residuos contaminantes. Son ejemplos las energías solar, geotérmica, eólica y maremotriz. ‖ **ENERGÍA MAREMOTRIZ** *Fís.* La generada por el movimiento alternativo de las mareas. ‖ **ENERGÍA MECÁNICA** *Fís.* La obtenida por la suma de las energías cinética y potencial. ‖ **ENERGÍA NUCLEAR** o **ATÓMICA** *Fís.* La liberada por reacciones entre núcleos o partículas atómicas. Las reacciones nucleares pueden ser de dos tipos: *fisión* nuclear, que es la producida en los reactores nucleares y el fundamento de la bomba atómica, y *fusión* nuclear, que es la producida en las reacciones termonucleares, por lo que también se la llama energía termonuclear, y es el fundamento de la bomba de hidrógeno. ‖ **ENERGÍA POTENCIAL** *Fís.* La que tiene un cuerpo en virtud de su posición en un campo de fuerza. ‖ **ENERGÍA QUÍMICA** *Quím.* La de una reacción química. ‖ **ENERGÍA RENOVABLE** *Fís.* La que se presenta en la naturaleza de forma casi inagotable o tiene un carácter cíclico y convertible. ‖ **ENERGÍA SOLAR** *Fís.* La producida en el Sol por las reacciones termonucleares que determinan la conversión de hidrógeno en helio. ‖ **ENERGÍA TERMONUCLEAR** *Fís.* La liberada en una reacción de fisión entre partículas, como resultado de su energía térmica y no por una aceleración térmica.
ENÉRGICO, CA *adj.* Que tiene energía, o relativo a ella.
ENERGÚMENO, NA *m.* y *f.* **1** Persona poseída por el demonio. **2** *fig.* Persona furiosa, alborotada.
ENERO *m.* Primer mes de los doce de que consta el año civil.
ENERVAR *tr.* y *prnl.* **1** Debilitar, quitar las fuerzas. **2** Poner nervioso. En este uso se considera galicismo.
ENESCO o **ENESCU, GEORGES** Compositor, violinista y director de orquesta rumano (Dorohoi, 1881 - París, 1955). Maestro de Y. Menuhin, entre sus obras figuran *Poema rumano* (1897), *Octuor*, opus 7 (1900); *Rapsodias rumanas*, opus 11; *Sinfonía en si bemol* (1906) y la ópera *Edipo* (1936).
ENESIDEMO Filósofo griego (Cnosos, h. 70 a. C. - ?). Profesó el escepticismo de Pirrón y escribió varias obras que no se han conservado. En los *Discursos pirrónicos* intentó demostrar que la verdad no es accesible a través del conocimiento.
ENÉSIMO, MA *adj.* **1** Se dice del número indeterminado de veces que se repite una cosa. **2** Lugar indeterminado en una serie.
ENFADAR *tr.* y *prnl.* Causar enfado, disgusto, ira.
ENFADO *m.* **1** Malestar que crean en el ánimo ciertas circunstancias. **2** Enojo. **3** Disgusto.
ENFANGAR *tr.* y *prnl.* **1** Cubrir de fango una cosa o meterla en él. ‖ *prnl.* **2** *fig.* y *fam.* Mezclarse en negocios sucios.
ENFARDAR *tr.* **1** Hacer o arreglar fardos. **2** Empaquetar mercaderías.
ÉNFASIS *m.* **1** Fuerza de expresión o de entonación con que se quiere realzar la importancia de algo. **2** Falta de naturalidad en la expresión. **3** Importancia que se da a algo. ♦ Su pl. es *énfasis*.
ENFATIZAR *intr.* **1** Expresarse con énfasis. ‖ *tr.* **2** Poner énfasis en la expresión de alguna cosa.
ENFERMAR *intr.* y *prnl.* **1** Contraer una enfermedad. ‖ *tr.* **2** Causar enfermedad. **3** Desagradar.
ENFERMEDAD f. **1** *Med.* Alteración de la salud. Se produce al variar en un grupo de células su forma, estructura o función, lo que provoca la aparición de una serie de reacciones del cuerpo, que intentan adaptarse a ella o combatirla, conocidas comúnmente como *síntomas*. **2** *Bot.* Alteración en la fisiología del cuerpo vegetal. **3** *fig.* Alteración que afecta al funcionamiento de una institución, colectividad, etc. ‖ **ENFERMEDAD CARENCIAL** *Med.* La que resulta de una deficiencia de vitaminas, minerales o cualquier otro nutriente esencial para el organismo. ‖ **ENFERMEDAD DEGENERATIVA** *Med.* Causadas por el envejecimiento o el deterioro de algún órgano. ‖ **ENFERMEDAD FUNCIONAL** *Med.* La que implica una alteración o lesión de la estructura orgánica. ‖ **ENFERMEDAD INFECCIOSA** *Med.* La causada por la invasión de agentes patógenos, que crecen y se multiplican dentro del cuerpo. ‖ **ENFERMEDAD PROFESIONAL** u **OCUPACIONAL** *Med.* La derivada de las características particulares del oficio o profesión. ‖ **ENFERMEDAD DEL SUEÑO** *Med.* La producida en el hombre por los protozoos *Trypanosoma gambiense* o *T. rhodesiense*. Se caracteriza por fiebre, erupción en la piel, edema y, en la última fase, somnolencia y aspecto demacrado.
ENFERMERÍA f. **1** Local donde se cura a enfermos o heridos. **2** *Med.* Ciencia que trata de los cuidados, curas, etc., que debe recibir el enfermo según prescripción del médico.
ENFERMERO, RA m. y f. Persona dedicada a la asistencia de los enfermos.
ENFERMIZO, ZA adj. **1** Que tiene poca salud o se enferma con facilidad. **2** Propio de una persona enferma.
ENFERMO, MA adj. y s. Que padece alguna enfermedad.
ENFERVORIZAR tr. y prnl. Infundir fervor, ánimo.
ENFEUDAR tr. *Hist.* Dar en feudo un reino, territorio, etc.
ENFIESTARSE prnl. *Col., Chile, Hond., Méx., Nic.* y *Venez.* Divertirse.
ENFILADO, DA adj. Se dice de las cosas que parecen ensartadas.
ENFILAR tr. **1** Poner en fila varias cosas. **2** *fig.* Orientar un asunto hacia determinada dirección. **3** Ensartar en un hilo, cuerda, etc., varias cosas. **4** Tomar una determinada dirección, especialmente las estrechas, como calles o puentes. También intr. y prnl. **5** Apuntar un arma. **6** *fam.* Tener antipatía o mala disposición hacia alguien. **7** *Mar.* Poner la proa a un punto determinado. También intr. y prnl.
ENFISEMA m. *Pat.* Tumefacción producida por aire o gas en el tejido pulmonar, en el celular o en la piel.
ENFITEUSIS f. *Der.* Cesión perpetua, o por un largo período, del dominio útil de un inmueble, mediante el pago anual de un canon. ♦ Su pl. es *enfiteusis*.
ENFLAQUECER tr. **1** Poner flaco. También intr. **2** *fig.* Debilitar, enervar. También intr. y prnl. ♦ IRREG. Se conjuga como AGRADECER.
ENFOCAR tr. **1** *Fís.* Hacer que la imagen de un objeto producida en el foco de una lente se recoja con claridad sobre un plano u objeto determinado. **2** Centrar en el visor de una cámara fotográfica, de cine, de vídeo, etc., la imagen que se quiere obtener. **3** *Fís.* Proyectar un haz de luz o de partículas sobre un determinado punto. **4** Dirigir la atención o el interés hacia un determinado asunto o problema.
ENFOQUE m. **1** Acción y efecto de enfocar. **2** Manera de considerar un asunto o problema.
ENFOSCADO m. **1** Operación de enfoscar un muro. **2** Capa de mortero con que está guarnecido un muro.
ENFOSCAR tr. **1** Tapar los agujeros que quedan en una pared después de construirla. ‖ prnl. **2** Ponerse hosco. **3** Encapotarse, cubrirse el cielo de nubes.

Engadina (Suiza). Valle de Praspöl.

ENFRANQUE m. Parte más estrecha de la suela del calzado, entre la planta y el tacón.
ENFRASCAR tr. Meter en frascos algunas cosas.
ENFRASCARSE prnl. **1** Aplicarse con gran intensidad a una actividad. **2** Enzarzarse, meterse en una espesura.
ENFRENAR tr. **1** Poner el freno al caballo. **2** Enseñarle a que obedezca. **3** Contenerlo y sujetarlo. **4** Con el adverbio *bien*, hacerle llevar la cabeza derecha y bien puesta. **5** *fig.* REFRENAR, reprimir. También prnl.
ENFRENTAR tr. **1** Poner frente a frente. También intr. y prnl. **2** Hacer frente, oponer. Más como prnl.
ENFRENTE adv. l. **1** A la parte opuesta, en punto que mira a otro, o que está delante de otro. ‖ adv. m. **2** En contra.
ENFRIAMIENTO m. **1** Acción y efecto de enfriar o enfriarse. **2** *Med.* Catarro.
ENFRIAR tr. y prnl. **1** Poner o hacer que se ponga fría una cosa. También intr. **2** *fig.* Moderar los afectos, la fuerza, las pasiones. **3** *Econ.* Intervenir la autoridad competente en la economía de un país, mediante la adopción de medidas encaminadas a restringir el consumo y la demanda. ‖ prnl. **4** Quedarse fría una persona. **5** Acatarrarse.
ENFUNDAR tr. Poner una cosa dentro de su funda.
ENFURECER tr. y prnl. **1** Irritar a uno o ponerle furioso. ‖ prnl. **2** *fig.* Alterarse. ♦ IRREG. Se conjuga como AGRADECER.
ENFURRUÑARSE prnl. *fam.* Ponerse enfadado.
ENFURTIR tr. y prnl. **1** Dar en el batán a los paños y otros tejidos de lana el cuerpo correspondiente. **2** Apelmazar en el pelo.
ENGADINA Valle de Suiza, Cantón de Grisones, de unos 80 km de longitud y regado por el Inn, afluente del Danubio. Turismo.
ENGALANAR tr. y prnl. Adornar a una persona o cosa.
ENGALGAR tr. **1** Apretar la galga contra el cubo de la rueda de un carruaje para impedir que gire. **2** Calzar las ruedas de los carruajes con la plancha para impedir que giren.
ENGALLARSE prnl. y tr. Ponerse erguido y arrogante.
ENGANCHAR tr. **1** Prender, unir una cosa a un gancho de él. También prnl. y como intr. **2** Poner las caballerías en los carruajes para que puedan tirar de ellos. También intr. **3** Coger, atrapar. **4** *fig.* y *fam.* Captar el afecto o la voluntad de uno. **5** Enamorar. **6** *Taurom.* Coger el toro al bulto y levantarlo con los pitones. ‖ prnl. **7** *Mil.* Alistarse una persona como soldado. **8** *fig.* y *fam.* Hacerse adicto a la droga.
ENGANCHE m. Utensilio dispuesto para enganchar.

ENGAÑABOBOS com. **1** Persona que pretende embaucar o deslumbrar. **2** Cosa que engaña o defrauda con su apariencia. ♦ Su pl. es *engañabobos*.

ENGAÑAR tr. **1** Dar a la mentira apariencia de verdad. **2** Inducir a otro a creer y tener por cierto lo que no lo es. También intr. **3** Estafar. **4** Producir una ilusión. **5** Entretener, distraer. **6** Ser infiel una persona a su pareja. **7** ENGATUSAR. || prnl. **8** Negarse a aceptar la verdad. **9** EQUIVOCARSE.

ENGAÑIFA f. fam. Engaño con apariencia de utilidad.

ENGAÑO m. **1** Acción y efecto de engañar o engañarse. **2** Falta de verdad. **3** Cualquier arte para pescar. **4** Muleta o capa de torear. || **llamarse** uno **a engaño** fr. fam. Pretender que se deshaga una cosa, alegando haber sido engañado.

ENGAÑOSO, SA adj. Que engaña o da ocasión a engañarse.

ENGARABITAR intr. y prnl. **1** Trepar, subir a lo alto. || tr. y prnl. **2** Poner una cosa en forma de garabato.

ENGARCE m. **1** Acción y efecto de engarzar. **2** Metal en que se engarza alguna cosa.

ENGARGANTAR tr. **1** Meter una cosa por la garganta o tragadero. || intr. **2** ENGRANAR. **3** Meter el pie en el estribo hasta la garganta. También prnl.

ENGARGOLADO m. **1** Ranura por la cual se desliza una puerta corredera. **2** Trabazón de lengüeta y ranura que une dos piezas de madera.

ENGARZAR tr. **1** Trabar una cosa con otra u otras, formando cadena. **2** ENGASTAR.

ENGASTAR tr. Encajar una cosa en otra.

Friedrich **Engels**

ENGASTE m. **1** Acción y efecto de engastar. **2** Cerco de metal que abraza y asegura lo que se engasta.

ENGATILLADO, DA adj. Met. Procedimiento empleado para unir dos chapas de metal, y que consiste en doblar los bordes, enlazarlos y machacarlos para que se unan.

ENGATILLAR tr. **1** Met. Unir dos chapas metálicas por el procedimiento del engatillado. || prnl. Arm. **2** Hablando de escopetas y otras armas de fuego, fallar el mecanismo de disparar.

ENGATUSAR tr. fam. Ganar la voluntad de alguien para conseguir alguna cosa.

ENGELBREKT ENGELBREKTSSON Patriota sueco (?, h. 1390 - lago Hjälmar, 1436). Encabezó una rebelión contra el danés Erik XIII, que reinaba en Suecia. Designado regente, poco después murió asesinado.

ENGELS, FRIEDRICH Filósofo, economista y político alemán (Brema, 1820 - Londres, 1895). Durante su estancia en la Universidad de Berlín se mostró seguidor de Hegel. Tras su encuentro con Marx en París (1844), se convirtió en su más cercano colaborador, y juntos fundaron el materialismo dialéctico, el socialismo científico y el movimiento socialista internacional. Contribuyó a la fundación de la Asociación internacional de trabajadores e inspiró la creación del Partido Socialista Alemán. Entre las obras escritas en colaboración con Marx se encuentran *La ideología alemana* (1845), *La sagrada familia* (1845) y *Manifiesto del partido comunista* (1848). Otras obras suyas son *Socialismo utópico y socialismo científico* (1876-77), *Anti-Dühring* (1878), *Dialéctica de la naturaleza* (1882) y *Origen de la familia, la propiedad privada y el Estado* (1884). A la muerte de Marx (1883) redactó y publicó los libros segundo y tercero de *El capital*.

ENGENDRAR tr. **1** Procrear. **2** fig. Causar, ocasionar, formar.

ENGENDRO m. **1** Criatura deforme o de gran fealdad. **2** fig. Obra mal concebida o mal hecha.

ENGLOBAR tr. **1** Incluir varias partidas o cosas en un conjunto. **2** Abarcar un conjunto una o más cosas. También prnl.

ENGOLADO, DA adj. **1** Se dice de la voz, articulación o acento que tienen resonancia en el fondo de la boca o en la garganta. **2** Afectado, poco natural. **3** Fatuo, engreído, altanero.

ENGOLAR tr. Dar resonancia gutural a la voz.

ENGOLFAR tr. Mar. **1** Meter una embarcación en el golfo. || prnl. y tr. **2** fig. Meterse mucho en un negocio, dejarse llevar, arrebatarse de un pensamiento o afecto.

ENGOLILLADO, DA adj. fig. y fam. Se dice de la persona que se precia de observar con rigor los estilos antiguos.

ENGOLLETARSE prnl. fam. Engreírse, envanecerse.

ENGOLOSINAR tr. **1** Excitar el deseo de uno con algún atractivo. || prnl. **2** Aficionarse, tomar gusto a una cosa.

ENGOMAR tr. Poner goma a una cosa.

ENGORDAR tr. **1** Poner gordo. También intr. **2** Hacer crecer. También intr. **3** Hacerse rico.

ENGORDE m. Acción y efecto de engordar o cebar al ganado, especialmente el de cerda.

ENGORRO m. Embarazo, impedimento, molestia.

ENGORROSO, SA adj. Embarazoso, dificultoso, molesto.

ENGOZNAR tr. Fijar un gozne o encajar algo en él.

ENGRANAJE m. **1** Acción y efecto de engranar. **2** Mec. Conjunto de piezas que engranan. **3** Mec. Conjunto de los dientes de una máquina. **4** fig. Enlace de ideas, circunstancias o hechos.

ENGRANAR intr. **1** Encajar los dientes de una rueda. **2** fig. Enlazar, trabar.

ENGRANDAR tr. AGRANDAR.

ENGRANDECER tr. **1** Aumentar una cosa. **2** Alabar, exagerar. **3** fig. Exaltar, elevar a uno a grado o dignidad superior. También prnl. ♦ IRREG. Se conjuga como AGRADECER.

ENGRANDECIMIENTO m. **1** Dilatación, aumento. **2** Ponderación, exageración. **3** Acción de elevar o elevarse uno a grado o dignidad superior.

ENGRAPADORA f. GRAPADORA.

ENGRAPAR tr. GRAPAR.

ENGRASAR tr. **1** Untar, manchar con grasa. También prnl. || prnl. Med. **2** Méx. Contraer la enfermedad del saturnismo.

ENGREÍDO, DA adj. Se dice de la persona que se muestra o siente creída o convencida de su propio valor.

ENGREÍR tr. y prnl. **1** ENVANECER. **2** Amér. y And. Encariñar, aficionar. ♦ IRREG. Se conjuga como REÍR.

ENGREÑADO, DA adj. DESGREÑADO.

ENGRESCAR tr. y prnl. **1** Incitar a riña. **2** Meter a otros en broma, juego u otra diversión.

ENGRILLETAR tr. Mar. Unir o asegurar por medio de grillete dos trozos de cadena, una cadena y una argolla, etc.

ENGROSAR tr. **1** Hacer gruesa o corpulenta una cosa, o darle espesor o crasitud. También prnl. **2** fig. Aumentar, hacer más numeroso un ejército, una multitud, etc. || intr. **3** Hacerse más grueso y corpulento. ♦ IRREG. Se conjuga como CONTAR.

ENGRUDO m. Masa hecha con harina o almidón que se cuece en agua, y sirve para pegar papeles y otras cosas ligeras.

ENGRUESAR intr. ENGROSAR.

ENGUACHINAR tr. y prnl. **1** AGUAR. **2** Sentir pesadez en el estómago por haber tomado demasiada agua.

ENGUANTAR tr. y prnl. Cubrir la mano con el guante.

ENGUATAR tr. Entretelar con manta de algodón en rama.

ENGULLIR tr. e intr. Tragar la comida atropelladamente y sin mascarla. ♦ IRREG. Se conjuga como MULLIR.

ENGURRUÑAR tr. y prnl. **1** Arrugar, encoger. || prnl. **2** Encogerse uno, entristecerse.

ENHARINAR tr. y prnl. Manchar de harina; cubrir algo con ella.

engranaje

ENHEBRAR tr. **1** Pasar la hebra por el ojo de la aguja o por el agujero de las cuentas, perlas, etc. **2** fig. y fam. Decir seguidas muchas cosas sin orden ni concierto.

ENHESTAR tr. y prnl. Levantar en alto, poner derecha y levantada una cosa. ♦ IRREG. Se conjuga como ACERTAR.

ENHIESTO, TA adj. Levantado, derecho.

ENHILAR tr. **1** Enhebrar. **2** fig. Ordenar, colocar en su debido lugar las ideas de un escrito o discurso. **3** fig. Dirigir, guiar o encaminar una cosa. **4** ENFILAR. || intr. **5** Dirigirse a un fin.

ENHOLLINARSE prnl. Tiznarse, mancharse con hollín.

ENHORABUENA f. **1** FELICITACIÓN. || adv. m. **2** EN HORA BUENA.

ENHORAMALA adv. m. EN HORA MALA.

ENIGMA m. **1** Dicho o conjunto de palabras de sentido artificiosamente encubierto para que sea difícil entenderlo o interpretarlo. **2** Por extensión, dicho o cosa que no se alcanza a comprender, o que difícilmente puede entenderse o interpretarse.

ENIGMÁTICO, CA adj. Que en sí encierra o incluye enigma; de significación oscura y misteriosa y muy difícil de penetrar.

ENIO Mit. Diosa de la guerra. Mensajera de Ares, es la *Belona* romana.

ENJABONAR tr. **1** Fregar la ropa u otras cosas con jabón y agua para lavarlas, blanquearlas o ablandarlas. **2** Limpiar el cuerpo, o parte de él, con agua y jabón. También prnl. **3** Humedecer la barba con agua jabonosa para afeitarla. **4** fig. y fam. Adular.

ENJAEZAR tr. Poner jaeces a las caballerías.

ENJALBEGAR tr. Blanquear las paredes con cal, yeso, etc.

ENJALMA f. Especie de aparejo de bestia de carga, como una albardilla ligera.

ENJAMBRADERA f. Zool. Abeja que, por el zumbido que produce dentro de la colmena, denota estar en agitación para salir a enjambrar en otro lugar.

ENJAMBRAR tr. **1** Coger las abejas que andan esparcidas, o los enjambres que están fuera de las colmenas, para encerrarlos en ellas. **2** Sacar un enjambre de una colmena cuando está muy poblada de abejas y en disposición de abandonarla una parte de ellas con su reina. || intr. **3** Criar tantas abejas una colmena, que una parte de ellas esté en disposición de separarse con su reina. **4** fig. Multiplicar o producir en abundancia.

ENJAMBRE m. **1** Conjunto de abejas que salen de una colmena con una abeja reina para fundar otra. **2** Grupo de abejas o termitas activas. **3** Grupo numeroso de pequeños organismos móviles considerados colectivamente. **4** fig. Muchedumbre de personas o cosas juntas.

enjambre de abejas.

ENJARCIAR tr. *Mar.* Poner la jarcia a una embarcación.
ENJARDINAR tr. **1** Poner y arreglar los árboles como están en los jardines. **2** Convertir un terreno en jardín.
ENJARETADO, DA m. Tablero formado de tabloncillos colocados de modo que formen enrejado.
ENJARETAR tr. **1** Hacer pasar por una jareta un cordón, cinta, etc. **2** fig. y fam. Hacer o decir algo sin intermisión y atropelladamente o de mala manera. **3** Hacer deprisa ciertas cosas. **4** fig. y fam. Encajar, intercalar o incluir algo molesto o inoportuno.
ENJARJE m. **1** ADARAJA. **2** *Arquit.* Enlace de varios nervios de una bóveda en el punto de arranque.
ENJAULAR tr. **1** Encerrar o poner dentro de la jaula a una persona o animal. **2** fig. y fam. Meter en la cárcel a uno.
ENJEBAR tr. Blanquear un muro con lechada de yeso.
ENJERIR tr. **1** *Biol.* y *Med.* INJERTAR. **2** Meter una cosa en otra. **3** Introducir en un escrito una palabra, nota, texto, etc.
ENJOYAR tr. **1** Adornar con joyas a una persona o cosa. **2** fig. Adornar, hermosear, enriquecer. **3** Entre plateros, poner o engastar piedras preciosas en una joya.
ENJUAGAR tr. **1** Limpiar la boca y los dientes con agua u otro licor. Más com prnl. **2** Aclarar y limpiar con agua lo enjabonado o fregado. **3** Lavar ligeramente. También prnl.
ENJUAGUE m. **1** Agua u otro licor que sirve para enjuagar. **2** Vaso con su escupidera, destinado a enjuagarse. **3** fig. Negociación oculta y artificiosa para conseguir lo que no se espera lograr por los medios regulares.
ENJUGAR tr. **1** Quitar la humedad a una cosa. **2** Quitar una humedad del cuerpo. También prnl. **3** Lavar ligeramente. También prnl. **4** fig. Cancelar una deuda o un déficit. También prnl.
ENJUICIAMIENTO m. **1** Acción y efecto de enjuiciar. **2** *Der.* Instrucción o sustanciación legal de los asuntos en que entienden los jueces o tribunales.
ENJUICIAR tr. **1** fig. Someter una cuestión a examen, discusión y juicio. **2** *Der.* Instruir un procedimiento con las diligencias y documentos necesarios para que se pueda determinar en juicio. **3** *Der.* Juzgar, sentenciar o determinar una causa. **4** *Der.* Sujetar a uno a juicio.
ENJULIO o **ENJULLO** m. Madero, generalmente cilíndrico, colocado horizontalmente en los telares de paños y lienzos, en el cual se va arrollando el pie o urdimbre.
ENJUNDIA f. **1** Gordura que las aves tienen en la overa. **2** Unto y gordura de cualquier animal. **3** fig. Lo más sustancioso e importante de alguna cosa no material.
ENJUNQUE m. *Mar.* Lastre muy pesado que se pone en el fondo de la bodega. **2** Colocación de este lastre.
ENJUTA f. *Arquit.* **1** Cada uno de los triángulos o espacios que deja en un cuadrado el círculo inscrito en él. **2** Albanega de un arco de forma triangular. **3** Cada uno de los triángulos curvilíneos que forman el anillo de la cúpula.
ENJUTO, TA adj. Delgado, seco o de pocas carnes.
ENLABIAR tr. Acercar, aplicar los labios.
ENLACE m. **1** Acción de enlazar. **2** Unión, conexión de una cosa con otra. **3** Dicho de los trenes, empalme. **4** fig. Casamiento. **5** Persona que establece o mantiene relación entre otras, especialmente dentro de alguna organización. **6** *Quím.* Unión entre átomos o grupos de átomos producida por una fuerza atractiva entre ellos. || **ENLACE COVALENTE** *Quím.* El de tipo químico que se establece entre átomos de elementos no metálicos que comparten un par o más de electrones para completar su última capa. || **ENLACE IÓNICO** *Quím.* El de tipo químico que se establece entre dos átomos, uno de los cuales pierde un cierto número de electrones que el otro gana. También denominado *electrovalente*.
ENLADRILLAR tr. Solar, formar de ladrillos el pavimento.
ENLATAR tr. Meter alguna cosa en latas de hojalata.
ENLAZAR tr. **1** Coger o juntar una cosa con lazos. **2** Dar enlace a unas cosas con otras. También prnl. **3** Atrapar un animal con el lazo. || prnl. **4** fig. CASAR². unir en matrimonio. **5** fig. Unirse las familias por medio de casamientos. **6** Estar combinado el horario de trenes, aviones, etc., para que el viajero de uno puede proseguir su viaje en otro sin gran intervalo de tiempo.
ENLEJIAR tr. **1** Meter en lejía. **2** *Quím.* Disolver en agua una sustancia alcalina.
ENLENZAR tr. Poner lienzos o tiras de lienzo en las obras de madera. ♦ IRREG. Se conjuga como ACERTAR.
ENLLANTAR tr. Revestir con llantas las ruedas de un vehículo.
ENLODAR o **ENLODAZAR** tr. **1** Ensuciar con lodo. También prnl. **2** Dar con lodo a una tapia. **3** Envilecer. También prnl. **4** *Min.* Tapar grietas con arcilla para impedir que se filtre el agua.
ENLOQUECER tr. **1** Hacer perder el juicio a uno. **2** fig. y fam. Gustar mucho una persona o cosa a alguien. ||

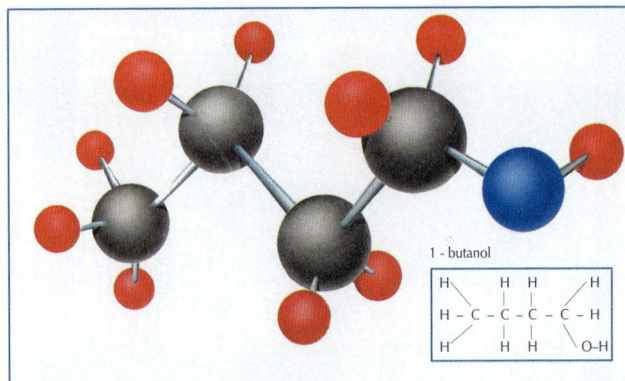

enlace químico del butanol.

intr. **3** Volverse loco. También prnl. ♦ IRREG. Se conjuga como AGRADECER.
ENLOSADO m. Suelo cubierto de losas unidas y ordenadas.
ENLOSAR tr. Cubrir el suelo con losas unidas y ordenadas.
ENLUCIDO, DA adj. **1** Blanqueado para que tenga buen aspecto. || m. **2** Capa de yeso, estuco u otra mezcla, que se da a las paredes de una casa con objeto de obtener una superficie tersa.
ENLUCIR tr. **1** Poner una capa de yeso o mezcla a las paredes, techos o fachadas de los edificios. **2** Limpiar sacar brillo a la plata, las armas, etc. ♦ IRREG. Se conjuga como LUCIR.
ENLUTAR tr. y prnl. **1** Cubrir de luto. **2** fig. OSCURECER, privar de luz y claridad. **3** fig. Entristecer.
ENMADERAMIENTO m. Obra hecha de madera o cubierta con ella; como los techos y artesonados antiguos.
ENMADERAR tr. **1** Cubrir con madera los techos, las paredes y otras cosas. **2** Construir el maderamen de un edificio.
ENMADRARSE prnl. Encariñarse excesivamente el hijo con la madre.
ENMALLE m. Arte de pesca que consiste en redes que se colocan en posición vertical.
ENMARAÑAR tr. y prnl. **1** Enredar el cabello, una madeja, etc. **2** Enredar un asunto haciendo más difícil su buen éxito.
ENMARCAR tr. ENCUADRAR, encerrar en un marco o cuadro.
ENMAROMAR tr. Atar o sujetar con maroma.
ENMASCARADO, DA adj. **1** Que lleva el rostro cubierto con máscara. **2** Encubierto. || m. y f. **3** Persona disfrazada.

ENMASCARAR tr. y prnl. **1** Cubrir el rostro con máscara. **2** fig. Encubrir, disfrazar.
ENMASILLAR tr. **1** Cubrir con masilla. **2** Sujetar con masilla los cristales a los bastidores de las vidrieras.
ENMELAR tr. **1** Untar con miel. **2** fig. Endulzar, hacer suave y agradable una cosa. || intr. **3** Hacer miel las abejas. ♦ IRREG. Se conjuga como ACERTAR.
ENMENDAR tr. **1** Corregir, quitar defectos. También prnl. **2** Resarcir, subsanar los daños. **3** *Der.* Rectificar un tribunal superior la sentencia dada por él mismo, por la súplica de alguna de las partes. ♦ IRREG. Se conjuga como ACERTAR.
ENMIENDA f. **1** Expurgo o eliminación de un error o vicio. **2** Satisfacción y pago del daño hecho. **3** Propuesta de variante, adición o reemplazo de un proyecto, informe o documento análogo. **4** *Der.* En los escritos, rectificación perceptible de errores materiales, que debe salvarse al final. **5** *Agr.* Mejora de las características de un suelo por incorporación, en mezcla con la propia tierra, de sustancias que favorecen sus propiedades. || **va sin enmienda** fr. *Der.* Fórmula que suelen contener los documentos públicos, como garantía de normalidad auténtica y evitación de fraude.
ENMOHECER tr. y prnl. **1** Cubrir de moho una cosa. || prnl. **2** fig. Caer en desuso. ♦ IRREG. Se conjuga como AGRADECER.
ENMOQUETAR tr. Cubrir de moqueta una superficie.
ENMUDECER tr. **1** Hacer callar a uno. || intr. **2** Quedar mudo, perder el habla. **3** fig. Guardar uno silencio cuando pudiera o debiera hablar. ♦ IRREG. Se conjuga como AGRADECER.
ENNA 1 Provincia de Italia, región de Sicilia; 2.562 km² y 186.382 h. Agricultura y ganadería. Yacimientos de azufre. **2** Ciudad capital de la misma, en Sicilia; 20.367 h.

Enna (Italia). Catedral.

Quinto **Ennio.** Mosaico romano del siglo III. Landesmuseum (Tréveris).

ENNEGRECER tr. **1** Teñir de negro, poner negro. También prnl. **2** fig. ENTURBIAR, oscurecer. || intr. **3** Ponerse negro o negruzco. También prnl. **4** fig. Ponerse muy oscuro, nublarse. ♦ IRREG. Se conjuga como AGRADECER.

ENNIO, QUINTO Poeta latino de origen griego (Rudia, Calabria, 239 - Roma, 169 a. C.). Escribió los *Annales,* epopeya nacional en 18 cantos de los que sólo se han conservado unos 600 versos, que narraba toda la historia de Roma. Introdujo el hexámetro griego en la poesía latina.

ENNOBLECER tr. **1** Hacer noble a uno. También prnl. **2** fig. Adornar una ciudad, un templo, etc. **3** fig. Ilustrar, realzar y dar esplendor. ♦ IRREG. Se conjuga como AGRADECER.

ENNS Río de Austria, que nace en los Bajos Tauern y desemboca en el Danubio; 255 km de curso.

ENO- pref. que significa vino.

-ENO suf. **1** *Quím.* Forma nombres de hidrocarburos no saturados, que poseen uno o más enlaces dobles, tanto en la serie acíclica como en la aromática: *acetileno.* **2** Forma gentilicios: *sarraceno.* **3** Forma adjetivos derivados: *moreno de moro.*

ENOCH o **HENOCH** Nombre de varios personajes bíblicos, como el hijo de Caín o el padre de Matusalén.

ENODIO m. *Zool.* Ciervo de tres a cinco años de edad.

ENOJAR tr. **1** Causar enojo. Más como prnl. **2** Molestar. || prnl. **3** fig. Enfurecerse.

ENOJO m. **1** Movimiento del ánimo, que suscita ira contra una persona. **2** Molestia, pesar, trabajo. Más en pl.

ENOL m. *Quím.* Cualquiera de los compuestos orgánicos que presentan en su molécula un grupo hidroxilo (OH) unido a un carbono etilénico.

ENOLOGÍA f. Conjunto de conocimientos relativos a la elaboración de los vinos.

ENOMOTO, BUYO Almirante y político japonés (Tokio, 1839 - íd., 1908). Se negó a admitir la caída del último sogún Tokugawa (1868) y proclamó la República en Hakodate.

ENORGULLECER tr. y prnl. Llenar de orgullo. ♦ IRREG. Se conjuga como AGRADECER.

ENORME adj. **1** Desmedido, excesivo. **2** fam. Muy bueno.

ENORMIDAD f. **1** Exceso, tamaño irregular y desmedido. **2** fig. Exceso de maldad. **3** fig. Despropósito, desatino.

ENOSIS f. *Polít.* Objetivo político de los grecochipriotas, que propugnan la anexión de Chipre a Grecia. ♦ Su pl. es *enosis.*

ENOTECNIA f. Arte de elaborar los vinos.

ENOTERÁCEO, A adj. y s. *Bot.* **1** Se dice de las plantas dicotiledóneas del orden de las mirtales, generalmente herbáceas, como la fucsia. || f. pl. *Bot.* **2** Familia de estas plantas.

ENQUICIAR tr. **1** Poner la puerta, ventana u otra cosa en su quicio. También prnl. **2** fig. Poner en orden.

-ENQUIMA suf. que significa aflujo de humor: *parénquima.*

ENQUISTADO, DA adj. **1** De forma de quiste o parecido a él. **2** fig. Embutido, metido dentro.

ENQUISTARSE prnl. Formarse un quiste.

ENRABIAR o **ENRABIETAR** tr. y prnl. ENCOLERIZAR.

ENRAIZAR intr. y prnl. Arraigar, echar raíces.

ENRAMADA f. **1** *Bot.* Conjunto de ramas de árboles espesas y entrelazadas naturalmente. **2** Cobertizo hecho de ramas de árboles para sombra o abrigo.

ENRAMADO m. *Mar.* Conjunto de las cuadernas de un buque.

ENRAMAR tr. **1** Entretejer varios ramos, para adornar un sitio o para hacer sombra. || intr. *Bot.* **2** Echar ramas un árbol.

ENRANCIAR tr. y prnl. Poner o hacer rancia una cosa.

ENRARECER tr. **1** *Fís.* Dilatar un cuerpo gaseoso haciéndolo menos denso. También prnl. **2** Hacer que escasee, que sea rara una cosa. También intr. y más como prnl. || prnl. **3** fig. Enfriarse las relaciones de amistad, cordialidad, entendimiento, etc. ♦ IRREG. Se conjuga como AGRADECER.

ENRARECIMIENTO m. *Fís.* RAREFACCIÓN.

ENRASAR tr. *Arquit.* **1** Igualar una obra con otra para que tengan una misma altura. También intr. **2** Hacer que quede plana y lisa la superficie de algo.

ENRAYADO, DA m. *Arquit.* Maderamen horizontal para asegurar los cuchillos y medios cuchillos de una armadura.

ENREDADERA adj. y s. *Bot.* **1** Se dice de la planta de tallo voluble o trepador que se enreda en las varas u otros objetos salientes mediante pequeñas raíces adventicias. || f. *Bot.* **2** Nombre vulgar, que se suele aplicar a cualquier planta voluble, pero más particularmente a las de la familia convolvuláceas.

ENREDADOR, RA adj. y s. **1** Que enreda. **2** fig. y fam. Chismoso o embustero habitual.

ENREDAR tr. **1** Enlazar, entretejer una cosa con otra. También prnl. **2** Prender con red. **3** fig. Meter discordia o cizaña. **4** fig. Meter a uno en empeño, ocasión o negocios comprometidos o peligrosos. || intr. **5** Travesear, revolver. || prnl. **6** Complicarse un asunto al sobrevenir dificultades. **7** fam. AMANCEBARSE.

ENREDO m. **1** Complicación y maraña que resulta de trabarse entre sí desordenadamente los hilos u otras cosas flexibles. **2** fig. Travesura. **3** fig. Engaño, mentira que ocasiona disturbios, disensiones y pleitos. **4** fig. Complicación difícil de salvar o remediar en algún suceso o lance de la vida. **5** fig. Confusión de ideas, falta de claridad en ellas. **6** *Lit.* En los poemas épicos y dramáticos y la novela, conjunto de los sucesos, enlazados unos con otros, que preceden a la catástrofe o al desenlace. **7** *Lit.* COMEDIA DE ENREDO. **8** fam. AMANCEBAMIENTO. **9** *Arg.* y *Urug.* Amorío. Más en pl.

ENREJADO m. **1** Conjunto de rejas de un edificio o el de las que cercan, en todo o en parte, un sitio cualquiera, como parque, jardín, patio, etc. **2** Labor, en forma de celosía, hecha normalmente de cañas o varas entretejidas. **3** EMPARRILLADO.

ENREJAR tr. **1** Cercar con rejas, cañas o varas los huertos, jardines, etc.; poner rejas en los huecos de un edificio. **2** *Méx.* Zurcir la ropa. **3** *Agr.* Poner, fijar la reja en el arado. **4** *Amér.* Poner el rejo o soga a un animal. **5** *Cuba* y *Hond.* Atar el ternero a una de las patas de la vaca para ordeñarla.

ENREVESADO, DA adj. **1** Difícil, intrincado, oscuro o poco inteligible. **2** fig. Travieso, indomable, pertinaz.

ENRIQUE m. *Num.* Antigua moneda de oro equivalente a la dobla, mandada acuñar por Enrique IV de Castilla.

ENRIQUE Nombre de diversos reyes de Castilla.

ENRIQUE II DE TRASTÁMARA o **EL DE LAS MERCEDES** (Sevilla, 1334 - Santo Domingo de la Calzada, 1379). Reinó de 1369 a 1379. Iniciador de la dinastía Trastámara, era hijo natural de Alfonso XI, y reclamó sus derechos al trono sobre su hermano Pedro I el Cruel, invadiendo Castilla y derrotándolo en Montiel (1369). Durante su reinado favoreció la política francesa frente a Inglaterra.

ENRIQUE III EL DOLIENTE (Burgos, 1379 - Toledo, 1406). Sucedió a su padre, Juan I, y gobernó de 1390 a 1406. Favoreció a la nobleza segundona, debilitó el poder de las Cortes y firmó la paz con Inglaterra. Inició la expansión castellana por el Mediterráneo.

ENRIQUE IV EL IMPOTENTE (Valladolid, 1423 - Madrid, 1474). Hijo de Juan II de Castilla, al que sucedió en 1454, gobernó hasta 1474. Contrajo matrimonio primero con Blanca de Navarra y luego con Juana de Portugal. Durante su reinado, se enfrentó a las intrigas y pretensiones de una parte de la nobleza capitaneada por su hermanastro don Alfonso, que fue derrotada en la batalla de Olmedo (1467). A la muerte de don Alfonso, y por el tratado de los Toros de Guisando (1468), el rey declaró sucesora a su hermana Isabel. A la muerte del rey, la guerra civil se desencadenó entre los partidarios de Isabel y los de Juana la Beltraneja, hija suya y de Juana de Portugal.

ENRIQUE Nombre de diversos reyes de Francia.

ENRIQUE I (Tours, 1008 - Vitry-aux-Loges, 1060). Hijo y sucesor de Roberto II, ocupó el trono de 1031 a 1060. Fue tutor del futuro Guillermo el Conquistador, quien le venció en las batallas de Montemer (1054) y Varaville (1058).

ENRIQUE II (Saint-Germain-en-Laye, Yvelines, 1519 - París, 1559). Hijo de Francisco I y de Claudia de Francia, gobernó de 1547 a 1559. Firmó alianzas políticas con el imperio turco y con los príncipes alemanes en contra de Carlos V (1552). Tomó Metz, Toul y Verdún (1552), y Calais (1558), pero fue vencido en San Quintín (1557). En 1559 firmó con Felipe II la paz de Cateau-Cambrésis.

ENRIQUE III (Fontainebleau, 1551 - Saint-Cloud, 1589). Hijo de Enrique II y de Catalina de Médicis, gobernó de 1574 a 1589. Fue el responsable, junto con su madre, de la matanza en la NOCHE DE SAN BARTOLOMÉ (1572). Su política dividió el reino entre los partidarios de Enrique de Navarra, protestantes, y los de Enrique de Guisa, católicos. Finalmente se reconcilió con Enrique de Navarra y le designó como su sucesor. Murió apuñalado.

Enrique II de Trastámara, rey de Castilla, con su hijo Juan I. Detalle del retablo *Madona adorada por Enrique de Trastámara y su familia,* de Jaume y Pere Serra, procedente de la iglesia de Tobed. Colección particular (Barcelona).

Enrique III el Doliente, rey de Castilla. Escultura yacente de su sepulcro. Catedral de Toledo.

Enrique IV (Castillo de Pau, 1553 - París, 1610). Fundador de la dinastía Borbón en Francia, fue hijo de Antonio de Borbón, rey de Navarra. Heredó el trono de Navarra (1562) con el nombre de Enrique III y en 1589 ocupó el trono francés, que había heredado de su cuñado Enrique III. Abjuró del protestantismo (1593), terminó con las guerras religiosas por medio del edicto de Nantes (1598) y firmó la paz con España (tratado de Nervins, 1598). Fue asesinado por Rovaillac, un fanático católico.

Enrique V Chambord, Enrique de Borbón y Artois, conde de.

Enrique Nombre de diversos soberanos alemanes.

Enrique I el Pajarero Rey de Germania (Memleben, Sajonia, 876 - íd., 936). Gobernó de 919 a 936. Duque de Sajonia desde 912, se opuso a Conrado I, quien a pesar de ello le nombró su sucesor.

Enrique II el Cojo o **el Santo** Emperador del sacro imperio romano germánico (Baviera, 973 - Grona, 1024). En 1002 ocupó el trono de Germania, en el que sucedió a su primo Otón III, y en 1014 fue coronado emperador. Reconoció la independencia polaca (1018) y mantuvo la supremacía del imperio sobre el papado. Fue canonizado en 1146.

Enrique III el Negro Emperador del sacro imperio romano germánico (Bodfeld, 1017 - íd., 1056). Hijo de Conrado II, le sucedió en el trono de Germania en 1039, y en 1046 fue coronado emperador por el papa Clemente II. Luchó contra los señores feudales y mantuvo las marcas orientales del imperio. Dominó sobre la iglesia e hizo destituir a los papas Gregorio VI, Silvestre III y Benedicto IX, y nombrar a Clemente II, Dámaso II, León IX y Víctor II.

Enrique IV Emperador del sacro imperio romano germánico (Goslar, h. 1050 - Lieja, 1106). Gobernó de 1056 a 1106. Hijo de Enrique III, sostuvo contra el papa Gregorio VII una lucha por la cuestión de las investiduras y se vio obligado a humillarse ante el pontífice en Canosa (1077). Recomenzada la lucha, el emperador depuso a Gregorio VII, quien le excomulgó, y se hizo coronar por el antipapa Clemente III (1084).

Enrique V Emperador del sacro imperio romano germánico (Colonia, 1081 - Utrecht, 1125). Gobernó de 1106 a 1125. Hijo menor de Enrique IV, fue coronado emperador en 1110 por el papa Pascual II, con cuyo apoyo se había levantado contra su padre. Firmó con el papa Calixto II el concordato de Worms (1122), que puso fin a la querella de las investiduras.

Enrique VI Emperador germánico (Nimega, 1165 - Messina, 1197). Hijo y sucesor de Federico Barbarroja, gobernó de 1190 a 1197. Se casó con Constanza, hija de Roger II, heredera del reino de Sicilia y en 1194 se hizo nombrar rey de dicho reino.

Enrique VII Emperador germánico (Valenciennes, h. 1269 - Buonconvento, 1313). Hijo de Enrique VI, duque de Luxemburgo, gobernó de 1312 a 1313. Protegido del papa Clemente V, fue elegido emperador en 1308 y coronado en 1312. Restableció el orden en Alemania y asoció a su hijo al trono de Bohemia.

Enrique VII de Hohenstaufen Rey de Sicilia, duque de Suabia y rey de romanos (Colonia, 1211 - Martirano, 1242). Hijo del emperador Federico II, éste le confió la regencia de Alemania bajo la tutela del arzobispo de Colonia. En 1234 se rebeló contra su padre, con escaso apoyo en Alemania, y fue vencido en 1235. Se suicidó.

Enrique Nombre de diversos reyes de Inglaterra.

Enrique I Beauclerc (Selby, 1069 - Gisors, 1135). Hijo de Guillermo el Conquistador y sucesor de su hermano, Guillermo II, gobernó de 1100 a 1135. Promulgó una carta de privilegios nobiliarios, considerada la fuente más antigua de las libertades inglesas. Designó como herederos a su hija Matilde y a su esposo, Godofredo Plantagenet, duque de Anjou.

Enrique II Plantagenet (Le Mans, 1133 - Chinon, 1189). Hijo de Matilde I y del duque de Anjou, gobernó Inglaterra de 1154 a 1189. Fue duque de Normandía (1150), conde de Anjou (1151) y, por su matrimonio con Leonor, duque de Aquitania (1152). Se enfrentó a la iglesia por la cuestión de las investiduras, lo que le llevó a hacer asesinar a su canciller, el obispo de Canterbury Tomás Becket.

Enrique III (Winchester, 1207 - Westminster, 1272). Hijo y sucesor de Juan Sin Tierra, gobernó de 1216 a 1272. Por el tratado de París (1259) perdió el condado de Anjou. En 1264 Simón de Montfort se hizo con el poder, pero recuperó el trono en 1265.

Enrique IV de Lancaster (Bolingbroke, 1366 - Westminster, 1413). Nieto de Eduardo III e hijo de Juan de Gante, duque de Lancaster, gobernó de 1399 a 1413. Fue desterrado por Ricardo II en 1399, lo que provocó una revolución que le llevó al poder. Emprendió la reconquista del país de Gales en 1409.

Enrique V (Monmouth, 1387 - Vincennes, 1422). Hijo y sucesor de Enrique IV, gobernó de 1413 a 1422 y restableció la autoridad real. En la guerra de los Cien Años, logró la victoria de Azincourt (1415) y por el tratado de Troyes (1420) obtuvo la mano de la princesa Catalina, hija de Carlos VI, y la regencia de Francia, que cedió a Bedford.

Enrique VI (Windsor, 1421 - Londres, 1471). Hijo de Enrique V y de Catalina de Francia, gobernó de 1422 a 1461. Llevó el título de rey de Francia, pero tras el sitio de Orleans (1428-29) empezó a perder sus posiciones (1449-53). Vencido por Eduardo de York en la batalla de Towton (1461), durante la guerra de las Dos Rosas, fue capturado y muerto en la Torre de Londres.

Enrique VII Tudor (Pembroke, 1457 - Richmond, 1509). Hijo de Edmundo Tudor, conde de Richmond, y de Margarita Beaufort, en 1485 derrotó y mató a Ricardo III en Bosworth, alcanzando la corona de Inglaterra.

Enrique VIII de Inglaterra. Retrato de Hans Holbein. Galería de Arte Walker (Liverpool).

Enrique VIII (Greenwich, 1491 - Londres, 1547). Sucedió a su padre, Enrique VII, en 1509. Hasta 1521 apoyó a Carlos V y se unió al Papa contra Francia en la Alianza Santa (1511-14). Su intención de anular su matrimonio con Catalina de Aragón supuso la ruptura con Roma, mientras el Parlamento aprobaba el acta de Su-

Enrique V, emperador de Alemania. Sarcófago de Carlomagno. Capilla Palatina (Aquisgrán).

Enrique el Navegante en la escuela de náutica de Sagres. Fresco de Severo Portela. Museo de la Marina (Lisboa).

premacía (1534), que estableció la independencia de la iglesia anglicana bajo la soberanía del rey. Contrajo nuevo matrimonio con Ana Bolena, quien fue acusada de adulterio, ejecutada, y reemplazada por Jane Seymour, madre del futuro Eduardo VI. Tras este matrimonio vinieron los contraídos con Ana de Cleves (1540) y Catalina Howard, que murió en el cadalso. En 1541 se proclamó rey de Irlanda, y emprendió sin éxito la anexión de Escocia al año siguiente. Su última esposa fue Catalina Parr. Bajo su reinado se desarrolló la influencia protestante y se produjo un importante crecimiento económico.

ENRIQUE Nombre de diversos reyes de Navarra.
ENRIQUE II (Sangüesa, 1503 - Pau, 1555). Hijo de Juan de Albret y Catalina de Foix, gobernó de 1518 a 1555. Fue también príncipe de Béarn y heredó la parte francesa del reino, aunque tuvo que renunciar a la parte española al ser derrotado por las tropas de Carlos V en Quirós (1521).
ENRIQUE III ENRIQUE IV de Francia.
ENRIQUE I EL CARDENAL Rey de Portugal (Santarem, 1512 - íd., 1580). Hijo de Manuel I el Afortunado, gobernó de 1578 a 1580. Tras ser inquisidor general de Portugal (1539), fue nombrado cardenal en 1565 y coronado rey en 1578, a la muerte del rey don Sebastián, su sobrino. Propuso la candidatura de Felipe II de España para la sucesión al trono de Portugal, pero encontró la oposición de los procuradores de las ciudades en las Cortes convocadas en Lisboa (1579) y Almeirim (1580).
ENRIQUE DE ARAGÓN Infante de Aragón (Calatayud, h. 1398 - íd., 1445). Hijo de Fernando I de Aragón y de Leonor Urraca de Castilla, en 1420 se apoderó de la persona del rey de Castilla y asumió el poder, aunque tuvo que retirarse al poco tiempo. Se enfrentó a Juan II y a su valido Álvaro de Luna en la batalla de Olmedo, donde fue herido de muerte.
ENRIQUE EL LEÓN Duque de Sajonia y de Baviera (Ravensburgo, 1129 - Brunswick, 1195). Apoyó en principio la política de su tío Federico I Barbarroja, pero se negó a ayudar al emperador contra la Liga Lombarda, por lo que fue despojado de casi todos sus feudos. En 1194 se reconcilió con Enrique VI.
ENRIQUE DE LUXEMBURGO Gran duque de Luxemburgo (Castillo de Betzdorf, 1955). Sucedió a su padre, tras su abdicación, en octubre de 2000.
ENRIQUE EL NAVEGANTE Príncipe portugués (Oporto, 1394 - Sagres, 1460). Hijo de Juan I de Avís, luchó contra el Islam y estableció en Sagres, cerca del cabo de San Vicente, un centro donde reunió a constructores de navíos, cosmógrafos y cartógrafos para impulsar su proyecto, una nueva ruta para llegar a la India y al mítico reino del Preste Juan. Tras el descubrimiento de Madeira (1418), los portugueses fueron recorriendo la costa occidental africana (Cabo Bojador, 1434; Cabo Blanco, 1441; desembocadura del Senegal, 1445; Gambia, 1456).
ENRIQUE Y TARANCÓN, VICENTE TARANCÓN, VICENTE ENRIQUE Y.
ENRIQUECER tr. **1** Hacer rica a una persona, nación, etc. Más como prnl. **2** fig. Adornar, engrandecer. **3** *Agr.* Añadir a un suelo los elementos nutritivos necesarios para el crecimiento de las plantas. || prnl. **4** Hacerse uno rico. **5** Prosperar notablemente. ◆ IRREG. Se conjuga como AGRADECER.
ENRIQUEÑO, ÑA adj. *Hist.* Perteneciente a los reyes Enrique I, Enrique II y Enrique III de Castilla.
ENRIQUES, GUERRA DE LOS TRES *Hist.* Guerra de religión en Francia (1586-87), llamada así porque se enfrentaron al rey Enrique III, dirigiendo a los realistas; Enrique de Navarra, futuro Enrique IV, a los hugonotes; y Enrique de Guisa, a la Liga Católica.
ENRIQUETA MARÍA DE FRANCIA Reina de Inglaterra (París, 1609 - Bois-Colombes, 1669). Hija de Enrique IV de Francia y de María de Médicis, contrajo matrimonio con Carlos I Estuardo en 1625. Tras la muerte del duque de Buckingham (1628), influyó en la política intransigente del rey contra los protestantes y apoyó a su esposo en la lucha contra los parlamentarios. Vencido Carlos I, se refugió en Francia.
ENRÍQUEZ, FRAY CAMILO HENRÍQUEZ, CAMILO.
ENRÍQUEZ, JUANA JUANA ENRÍQUEZ.
ENRÍQUEZ DE ALMANSA, MARTÍN Político y militar español (s. XVI). Fue virrey de Nueva España (1568-80) y de Perú (1580-83).
ENRÍQUEZ GALLO, ALBERTO Militar y político ecuatoriano (Latacunga, 1894 - Quito, 1962). Ministro de Defensa (1935-37), dirigió el golpe militar que derrocó al presidente Páez. Proclamado presidente de la República, convocó una Asamblea nacional, que designó a su sucesor Manuel M. Borrero (1938).
ENRÍQUEZ DE GUZMÁN, LUIS, CONDE DE ALBA DE LISTE Noble español (Madrid, h. 1600 - ?, h. 1661). Fue virrey de Nueva España (1650-53) y del Perú (1655-61). Sofocó una sublevación de los indios tarahumaras y calchaquíes en la provincia de Tucumán.
ENRÍQUEZ DE RIVERA, PAYO Religioso español (Sevilla, 1605 - Risco, 1684). Agustino, fue obispo de Guatemala, Michoacán y arzobispo de México y virrey de Nueva España (1673-80). De vuelta a España en 1681, se le nombró presidente del Real Consejo de Indias y fue promovido al obispado de Cuenca.
ENRIQUILLO Cacique de la isla de Santo Domingo (? - ?, 1535). Se rebeló y luchó contra España de 1519 a 1533. Sólo se rindió cuando Carlos V le garantizó libertad completa y disfrute de propiedades para él y todos los indios que le acompañaban.
ENRIQUILLO Lago salado de la República Dominicana, provincia de Independencia y Bahoruco, a 44 m bajo el nivel del mar; 582 km².
ENRISCADO, DA adj. Lleno de riscos o peñascos.
ENRISCAR tr. fig. **1** Levantar, elevar. || prnl. **2** Guarecerse, meterse entre riscos y peñascos.
ENRISTRAR tr. **1** Poner la lanza en el ristre. **2** Poner la lanza horizontal bajo el brazo derecho, bien afianzada para acometer. **3** Hacer ristras con ajos, cebollas, etc.
ENROCAR¹ tr. y prnl. En el ajedrez, mover simultáneamente el rey y la torre del mismo bando.
ENROCAR² tr. Revolver en la rueca el copo que ha de hilarse. ◆ IRREG. Se conjuga como CONTAR.
ENROCARSE prnl. Trabarse algo en las rocas del fondo del mar, principalmente anzuelos, artes de pesca, anclas, etc.

ENROJAR tr. **1** ENROJECER. También prnl. **2** Calentar el horno.
ENROJECER tr. **1** Poner roja una cosa. También prnl. **2** Dar color rojo. || prnl. **3** Encenderse el rostro. También tr. || intr. **4** RUBORIZARSE. ◆ IRREG. Se conjuga como AGRADECER.
ENROJECIMIENTO m. **1** Acción y efecto de enrojecer o enrojecerse. **2** *Astron.* Variación en la distribución de intensidades, visible desde la Tierra, en el espectro de una estrella.
ENROLAR tr. *Mar.* **1** Inscribir un individuo en la lista de tripulantes de un barco mercante. También prnl. || prnl. **2** Alistarse en el ejército, en un partido político u otra organización.
ENROLLADO, DA adj. **1** fig. y fam. Se dice de la persona agradable y que tiene un trato fácil. **2** fig. y fam. Se aplica a la persona que está muy ocupada realizando alguna actividad. || m. *Arquit.* **3** ROLEO, voluta. || **estar enrollado con** alguien loc. Tener una persona una relación amorosa o sexual con otra.
ENROLLAR tr. **1** Envolver una cosa en forma de rollo. || intr. **2** fig. y fam. Encantar, entusiasmar. || prnl. **3** fig. y fam. Extenderse demasiado en una conversación. **4** fig. y fam. Tener un trato fácil y agradable con los demás. **5** fig. y fam. Tener una persona relaciones sexuales o amorosas con otra, especialmente si ésta no es su pareja habitual.
ENRONQUECER tr., intr. y prnl. Poner ronco a alguien.
ENROQUE m. Acción y efecto de enrocar¹.
ENROSCAR tr. **1** Doblar en redondo; poner en forma de rosca una cosa. También prnl. **2** Introducir una cosa a vuelta de rosca.
ENRUBIAR tr. y prnl. Poner rubia una cosa.
ENRUBIO m. **1** Acción y efecto de enrubiar. **2** *Bot.* Árbol de la familia rubiáceas, género *Xanthoxylon*, de madera muy dura y color blanco con el interior rojizo, nativo de las Antillas.
ENSABANADO, DA adj. *Taurom.* Se dice del toro que tiene negras u oscuras la cabeza y las extremidades, y blanco el resto del cuerpo.
ENSACAR tr. Meter algo en un saco.
ENSAIMADA f. Bollo formado por una tira de pasta hojaldrada revuelta en espiral.
ENSALADA f. **1** *Gastron.* Hortaliza o varias hortalizas mezcladas, cortadas en trozos y aderezadas con sal, aceite, vinagre y otras cosas. **2** Mezcla confusa de cosas sin conexión. **3** *Mús.* Nombre que daban los músicos españoles del siglo XVI a una composición para varias voces. **4** *Lit.* Composición lírica en que se emplean *ad libitum* metros diferentes. **5** *Cuba* Refresco preparado con agua de limón, hierbabuena y piña.
ENSALADERA f. Fuente honda en que se sirve la ensalada.
ENSALADILLA f. *Gastron.* Diminutivo de ENSALADA. || **ENSALADILLA RUSA** *Gastron.* Plato frío compuesto generalmente de patata, zanahoria, guisantes, pimiento, etc., picado muy fino y aderezado con salsa mayonesa.
ENSALIVAR tr. y prnl. Llenar o empapar de saliva.
ENSALMAR tr. **1** *Med.* Componer los huesos dislocados o rotos. **2** Curar con ensalmos. También prnl.
ENSALMO m. Modo supersticioso de curar con oraciones y aplicación empírica de varias medicinas. || **por ensalmo**, o **como por ensalmo** loc. adv. fam. Demasiado rápidamente y de modo desconocido.
ENSALZAR tr. **1** Engrandecer, exaltar. **2** Alabar, elogiar. También prnl.
ENSAMBLADOR, RA adj **1** Que ensambla. || m. *Inform.* **2** Programa de ordenador que traduce en lenguaje máquina los programas escritos en el lenguaje formado por las instrucciones de un ordenador escritas en forma simbólica.
ENSAMBLAJE m. **1** Acción y efecto de ensamblar. **2** Unión, ajuste de diversas piezas, de modo que formen un todo.

Toro **ensabanado**.

ENSAMBLAR tr. 1 Unir, juntar. Se aplica especialmente al ajuste de piezas de madera. 2 *Astron.* Acoplar dos naves espaciales.

ENSANCHAR tr. Dilatar, aumentar la anchura de una cosa.

ENSANCHE m. 1 Dilatación, extensión. 2 Terreno dedicado a nuevas edificaciones en las afueras de una población y conjunto de los edificios que en ese terreno se han construido. 3 *Min.* Ampliación del agujero de un taladro por medio de una pequeña carga explosiva.

ENSANGRENTAR tr. y prnl. Manchar o teñir con sangre. ♦ IRREG. Se conjuga como ACERTAR.

ENSAÑAMIENTO m. 1 Acción y efecto de ensañar o ensañarse. 2 *Der.* Circunstancia agravante, que consiste en aumentar deliberadamente el mal del delito.

ENSAÑAR tr. 1 Irritar. || prnl. 2 Deleitarse en causar el mayor daño y dolor posibles a quien ya no está en condiciones de defenderse.

ENSARTAR tr. 1 Pasar por un hilo, alambre, etc., perlas, cuentas, anillos, etc. 2 ENHEBRAR. 3 Atravesar, introducir. 4 fig. Decir muchas cosas sin orden ni conexión. 5 fig. *Amér.* Hacer caer en un engaño o trampa. También prnl.

ENSAY m. En las casas de moneda, ensaye.

ENSAYAR tr. 1 Probar, reconocer algo antes de usar de ello. 2 Amaestrar, adiestrar. 3 Preparar la ejecución de un espectáculo antes de ejecutarlo en público. 4 Hacer la prueba de cualquier actuación antes de realizarla. 5 Probar la calidad de los minerales o la ley de los metales preciosos. || prnl. 6 Probar a hacer algo para ejecutarlo después mejor o para no extrañarlo.

ENSAYE m. 1 Acción y efecto de ensayar. 2 *Min.* Comprobación de los metales que tiene la mena. 3 Análisis de la moneda para descubrir su ley.

ENSAYISTA com. Escritor de ensayos.

ENSAYO m. 1 Acción y efecto de ensayar. 2 *Lit.* Escrito, generalmente breve, que expone los pensamientos, reflexiones y hallazgos del autor sobre una determinada materia, de carácter generalmente científico, sin el aparato ni la extensión que requiere un tratado completo sobre la misma materia. 3 *Etol.* Situación experimental. || **ENSAYO GENERAL** Representación completa de una obra dramática o musical, que se hace antes de presentarla al público.

ENSCHEDE Ciudad de los Países Bajos, provincia de Overijssel; 147.924 h. Importante industria textil.

ENSEGUIDA o **EN SEGUIDA** adv. t. Inmediatamente después.

ENSELVAR tr. 1 Poner a cubierto, entre el ramaje, a los soldados para una empresa militar. || prnl. 2 Ocultarse entre ramajes.

ENSENADA f. 1 *Geol.* Entrante natural del mar en la tierra. 2 *Veter.* CORRAL, lugar destinado a encerrar animales.

ENSENADA Ciudad de México, Estado de Baja California Norte; 169.426 h. Importante puerto. Turismo.

ENSENADA, ZENÓN DE SOMODEVILLA Y BENGOECHEA, MARQUÉS DE LA Político y hacendista español (Alesanco, 1702 - Medina del Campo, 1781). En 1743 fue nombrado secretario de Hacienda, Guerra, Marina, Indias y Estado, y gobernador del consejo de Castilla. Fortaleció el ejército y llevó a cabo reformas administrativas y comerciales en América. En política exterior, simpatizó con Francia y se mostró radicalmente antibritánico. Preparó, de espaldas al rey, la conquista de Belice y Campeche, por lo que fue destituido (1754). En 1760, Carlos III le designó consejero de Estado y Hacienda, pero, ante la acusación de haber participado en el motín de Esquilache, fue depuesto y desterrado (1766).

ENSENADO, DA adj. Dispuesto en forma o haciendo las veces de seno.

ENSENAR tr. *Mar.* Meter en una ensenada una embarcación. Más como prnl.

ENSEÑA f. Insignia o estandarte.

ENSEÑADO, DA adj. Educado, acostumbrado. Se utiliza más con los adverbios *bien* o *mal*.

ENSEÑANTE com. *Pedag.* Persona que ejerce la docencia en cualquiera de los niveles en que se halla dividida la instrucción en cualquier país o Estado.

ENSEÑANZA f. 1 Acción y efecto de enseñar. 2 *Pedag.* Sistema y método de dar instrucción. 3 Ejemplo, acción o suceso que nos sirve de experiencia, enseñándonos cómo debemos obrar en casos análogos. || f. pl 4 Conjunto de conocimientos, ideas, etc., que se enseñan a otro. || **ENSEÑANZA ESTATAL** o **PÚBLICA** *Pedag.* La que depende directamente del Estado, sufragada totalmente por él. || **ENSEÑANZA MEDIA** o **SECUNDARIA** *Pedag.* La intermedia entre la primaria y la superior. || **ENSEÑANZA PRIMARIA** *Pedag.* La destinada a que los alumnos adquieran unos conocimientos básicos. || **ENSEÑANZA SUPERIOR** o **UNIVERSITARIA** *Pedag.* Comprende los estudios especiales y más elevados, que preparan para el ejercicio de profesiones específicas o para la investigación.

El marqués de la **Ensenada**. Retrato anónimo. Museo Naval (Madrid).

ENSEÑAR tr. 1 Instruir, adoctrinar con reglas o preceptos. 2 Dar advertencia, ejemplo o escarmiento que sirve de experiencia y guía para obrar en lo sucesivo. 3 Dar señales de una cosa. 4 Mostrar o exponer algo, para que sea visto y apreciado. 5 Dejar aparecer una cosa involuntariamente. || prnl. 6 Acostumbrarse a una cosa.

ENSEÑOREARSE prnl. y tr. Hacerse señor y dueño de una cosa; dominarla.

ENSERES m. pl. Utensilios, muebles, instrumentos necesarios o convenientes en una casa o para el ejercicio de una profesión.

ENSERIARSE prnl. *And., Cuba, Perú, P. Rico y Venez.* Ponerse serio mostrando algún disgusto o desagrado.

ENSIFORME adj. En forma de espada.

ENSILAR tr. *Agr.* Poner, encerrar los granos, semillas y forraje en el silo.

ENSILLADA f. *Geol.* Collado o depresión suave en el lomo de una montaña.

ENSILLADO, DA adj. *Gan.* Se dice del caballo o de la yegua que tiene el lomo hundido.

ENSILLAR tr. Poner la silla al caballo, mula, etc.

ENSILVECERSE prnl. Convertirse en selva un campo o sembrado. ♦ IRREG. Se conjuga como AGRADECER.

ENSIMISMARSE prnl. 1 ABSTRAERSE. 2 Sumirse o recogerse en la propia intimidad.

ENSOBERBECER tr. y prnl. Causar o excitar soberbia en alguno. ♦ IRREG. Se conjuga como AGRADECER.

ENSOBRAR tr. 1 Meter una carta o cualquier otro papel en un sobre. 2 Distribuir en sobres los haberes mensuales correspondientes a funcionarios de alta categoría.

ENSOMBRECER tr. y prnl. 1 Oscurecer, cubrir de sombras. || prnl. 2 fig. Entristecerse, ponerse melancólico. ♦ IRREG. Se conjuga como AGRADECER.

ENSOÑAR tr. e intr. Tener ensueños. ♦ IRREG. Se conjuga como CONTAR.

ENSOPAR tr. 1 Hacer sopa con el pan, empapándolo. 2 *Amér. m.* Empapar, poner hecho una sopa. También prnl.

ENSOR, JAMES Pintor y grabador belga (Ostende, 1860 - íd., 1949). Su obra supuso una renovación del arte belga y una anticipación del expresionismo. Realizó grabados y dibujos donde la mezcla de realidad y sueño parece anticipar el surrealismo. Obras: *Autorretrato* (1879), *Entrada de Cristo en Bruselas* (1888), *Máscaras extrañas* (1891) y *Esqueletos en el estudio* (1900).

ENSORDECEDOR, RA adj. 1 Que ensordece. 2 Se dice del ruido o sonido muy intenso.

ENSORDECER tr. 1 Ocasionar o causar sordera. 2 Aminorar la intensidad de un sonido o ruido. 3 Perturbar a alguien la intensidad de un sonido o ruido. 4 *Fon.* Convertir una consonante sonora en sorda. || intr. 5 Quedarse sordo. 6 Callar, no responder. ♦ IRREG. Se conjuga como AGRADECER.

ENSORTIJAMIENTO m. Rizos formados en el cabello.

ENSORTIJAR tr. 1 Torcer en redondo, rizar, encrespar el cabello, hilo, etc. También prnl. 2 Poner un aro de hierro atravesando la nariz de un animal, para conducirlo.

ENSUCIAR tr. 1 Manchar una cosa. También prnl. 2 fig. Manchar el alma, la nobleza o la fama con vicios o con acciones indignas. || prnl. 3 Hacer las necesidades corporales en la cama, ropa interior, etc. 4 Obtener una persona interés o lucro indebido en el caudal, hacienda o negocio que maneja.

ENSUEÑO m. 1 Sueño o representación fantástica del que duerme. 2 Ilusión, fantasía.

ENTABACARSE prnl. Abusar del tabaco.

ENTABLADO m. 1 Conjunto de tablas dispuestas y arregladas en una armadura. 2 Suelo formado de tablas.

ENTABLAMENTO m. *Arquit.* En la arquitectura clásica de Grecia y Roma, conjunto de molduras que forman la parte horizontal superior de un edificio o un orden de arquitectura. Consta ordinariamente de arquitrabe, friso y cornisa.

ENTABLAR tr. 1 Cubrir, cercar o asegurar con tablas una cosa. 2 Disponer, preparar, emprender una pretensión, negocio o dependencia. 3 Dar comienzo a una conversación, batalla, amistad, etc. 4 *Arg.* Acostumbrar al ganado mayor a que ande en manada o tropilla. También prnl. || prnl. 5 Resistirse el caballo a volverse a una u otra mano. 6 *And.* y *Amér.* Igualar, empatar.

ENTABLILLAR tr. Asegurar con tablillas y vendas el hueso roto.

ENTADO, DA adj. *Bl.* Se aplica a las piezas y parte del escudo que están enclavijadas unas en otras con entrantes y salientes.

ENTALAMAR tr. Poner toldo a un carro.

ENTALEGAR tr. 1 Meter una cosa en talegos o talegas. 2 Ahorrar dinero, atesorarlo. 3 fig. y fam. ENCARCELAR.

ENTALINGAR tr. *Mar.* Asegurar el chicote del cable o cadena al arganeo del ancla.

ENTALLADURA f. 1 Acción y efecto de entallar. 2 Corte que se hace en los pinos para resinarlos, o en las maderas para ensamblarlas.

ENTALLAR tr. 1 Hacer figuras de relieve en madera, bronce, mármol, etc. 2 Grabar o abrir en lámina, piedra u otra materia. 3 Cortar la corteza, y a veces parte de la madera, de algunos árboles para extraer la resina. 4 Hacer cortes en una pieza de madera para ensamblarla con otra. 5 En algunas partes, quedar aprisionado un miembro en una abertura. 6 Hacer o formar el talle. También intr. y prnl. 7 Ajustar la ropa a la cintura. También prnl. 8 Ajustar la ropa de cama al cuerpo de la persona que está echada, remetiéndosela por los costados.

entablamento. Templo de Neptuno en Paestum (Italia).

|| intr. **9** Ajustarse o venir bien el vestido al talle. También prnl.

ENTALLE m. Piedra dura grabada en hueco, en especial la que se usa como sello.

ENTALLECER intr. y prnl. *Bot.* Echar tallos las plantas y árboles. ♦ IRREG. Se conjuga como AGRADECER.

ENTALONAR intr. *Bot.* Echar renuevos los árboles de hoja perenne.

ENTALPÍA f. *Fís.* Magnitud termodinámica, que equivale al calor absorbido o emitido por un sistema a presión constante.

ENTAPIZADA f. Alfombra, conjunto de cosas que cubren el suelo.

ENTAPUJAR tr. **1** fam. Tapar, cubrir. También prnl. **2** fig. Andar con tapujos, ocultar la verdad.

ENTARIMAR tr. Cubrir el suelo con tablas o tarima.

ENTARQUINAR tr. **1** *Agr.* Abonar o engrasar las tierras con tarquín. **2** Manchar con tarquín. **3** *Geol.* Rellenar y sanear un terreno pantanoso o una laguna por la sedimentación del légamo o tarquín que lleva una corriente de agua.

ENTARUGAR tr. Pavimentar con tarugos de madera.

ÉNTASIS f. *Arquit.* Parte más abultada del fuste de algunas columnas. ♦ Su pl. es *éntasis.*

ENTE m. **1** Aquello que es o existe. **2** Empresa pública; institución, organismo. **3** fam. Sujeto ridículo o extravagante.

ENTECO, CA adj. **1** Enfermizo, débil. || f. *Veter.* **2** Enfermedad hemorrágica que afecta al ganado vacuno, caballos y ovejas en América del Sur.

ENTEJAR tr. Tejar, cubrir con tejas.

ENTELEQUIA f. **1** Cosa real que lleva en sí el principio de su acción y que tiende por sí misma a su fin propio. **2** Cosa irreal.

ENTELERIDO, DA adj. **1** Sobrecogido de frío o de pavor. **2** *Med. And., Amér.* Enteco, flaco, enclenque.

ENTELO m. *Zool.* LANGUR.

ENTENA f. *Mar.* Vara o palo encorvado y muy largo al cual está asegurada la vela latina en las embarcaciones de esta clase.

ENTENDEDERAS f. pl. fam. ENTENDIMIENTO. Denota la escasez o torpeza de dicha facultad.

ENTENDER tr. **1** Tener idea clara de las cosas. **2** Saber con perfección algo. **3** Conocer, penetrar. **4** Conocer el ánimo o la intención de uno. **5** Discurrir, deducir. **6** Tener intención o mostrar voluntad de hacer una cosa. **7** Creer, juzgar. **8** fam. En argot, ser homosexual. || prnl. **9** Conocerse, comprenderse a sí mismo. **10** Tener un motivo oculto para obrar de cierto modo. **11** Ir dos o más de conformidad en un negocio. **12** Tener una pareja una relación amorosa discretamente, sin que aparezca en público. || **a mi entender** loc. adv. Según mi modo de pensar. || **dar a entender** una cosa fr. Decir una cosa encubierta o indirectamente. || **entender en** una cosa fr. Ocuparse en ella. También, tener una autoridad, facultad o jurisdicción para conocer de materia determinada. || **entenderse con** uno fr. Avenirse con él para tratar determinados negocios. ♦ IRREG. Véase cuadro.

ENTENDER

INDICATIVO
Pres.: entiendo, entiendes, entiende, entendemos, entendéis, entienden.
Pret. imperf.: entendía, etc.
Pret. indef.: entendí, etc.
Fut. imperf.: entenderé, etc.
Condic.: entendería, etc.
SUBJUNTIVO
Pres.: entienda, entiendas, entienda, entendamos, entendáis, entiendan.
Pret. imperf.: entendiera, entendieras, etc., o entendiese, entendieses, etc.
Fut. imperf.: entendiere, etc.
IMPERATIVO: entiende, entended.
PARTICIPIO: entendido.
GERUNDIO: entendiendo.

ENTENDIDO, DA adj. y s. Sabio, docto, diestro. || **bien entendido que** expr. Expone algo que ha de tenerse en cuenta.

ENTENDIMIENTO m. **1** *Filos.* Potencia del alma, en virtud de la cual concibe las cosas, las compara, las juzga, e induce y deduce otras de las que ya conoce. **2** *Filos.* Alma, en cuanto discurre y raciocina. **3** *Filos.* Razón humana. **4** Relación amistosa entre los pueblos o sus gobiernos.

ENTENEBRECER tr. y prnl. Oscurecer, llenar de tinieblas. ♦ IRREG. Se conjuga como AGRADECER.

ENTENTE f. **1** Inteligencia, pacto. **2** Acuerdo, convenio, especialmente entre naciones.

ENTENTE, PEQUEÑA *Hist.* Alianza diplomática entre Rumania, Checoslovaquia y Yugoslavia (1920-21) para preservar la distribución territorial centroeuropea, amenazada por la posible restauración de los Habsburgo en Hungría. Desapareció en 1939 cuando se desmembró Checoslovaquia.

ENTENTE, TRIPLE *Hist.* Alianza constituida por Inglaterra, Francia (1904) y Rusia (1907). Llevó a estas naciones, unidas, a la Primera Guerra Mundial y quedó rota con la defección rusa después de la revolución de 1917. Se oponía a la TRIPLE ALIANZA formada por Alemania, Austria e Italia. Se denominó también *Entente Cordial.*

ENTENTE BALCÁNICA *Hist.* Acuerdo firmado por Turquía, Rumania, Grecia y Yugoslavia en 1934, para mantener la situación territorial en los Balcanes frente a la rivalidad de Italia y Francia y a las tensiones entre Bulgaria y Albania.

ENTENTE CORDIAL *Hist.* Expresión empleada por la reina de Inglaterra para definir el acercamiento producido entre Francia e Inglaterra en tiempos de Luis Felipe, y utilizada sobre todo a partir del acuerdo de 1904.

ENTER-, ENTERO-; -ENTERO-; -ENTERADO, -ENTERAL, -ENTÉREO, -ENTERÍA, -ENTERÓN prefs., in. o sufs. que significan intestino: *disentería, parenteral, celentéreo.*

ENTERADO, DA adj. y s. **1** Se dice de la persona que domina una materia. **2** *Chile* Orgulloso, estirado. **3** fam. Que se cree inteligente sin serlo.

-ENTERADO suf. ENTER-.

-ENTERAL suf. ENTER-.

ENTERAR tr. **1** Informar a uno de algo que no sabe o instruirle en cualquier negocio. También prnl. **2** *Col., C. Rica, Hond.* y *Méx.* Pagar, entregar dinero. || prnl. **3** Comprender una cosa.

ENTERCARSE prnl. Obstinarse, emperrarse.

ENTERECTOMÍA f. *Med.* Escisión quirúrgica de una parte del intestino.

-ENTÉREO suf. ENTER-.

ENTEREZA f. **1** Integridad, perfección, complemento. **2** fig. Fortaleza, constancia, firmeza de ánimo.

-ENTERÍA suf. ENTER-.

ENTÉRICO, CA adj. Relativo a los intestinos.

ENTERITIS f. *Med.* Inflamación del tracto intestinal, especialmente del intestino delgado.

ENTERNECER tr. y prnl. **1** Poner blanda y tierna una cosa. **2** fig. Mover a ternura. ♦ IRREG. Se conjuga como AGRADECER.

ENTERO, RA adj. **1** Cabal, completo, sin falta alguna. **2** *Bot.* Se dice del órgano o estructura que tiene el borde continuo intacto, ni dentado ni lobulado. **3** *Gan.* Se aplica al animal no castrado. **4** fig. Robusto, sano. **5** fig. Recto, justo. **6** fig. Constante, firme. **7** fig. Que no ha perdido la virginidad. **8** fam. Tupido, fuerte. **9** *Filat.* Se dice de un valor postal, por ejemplo una tarjeta, que lleva impreso su precio, a efecto de franqueo, y además un dibujo, efigie o grabado. También m. **10** *Mat.* NÚMERO ENTERO. || m. **11** *Col., C. Rica, Chile* y *Méx.* Entrega de dinero, especialmente en una oficina pública. **12** *Econ.* Variación unitaria en la cotización de los valores bursátiles, expresada como porcentaje de su valor nominal. || **por entero** loc. adv. POR COMPLETO.

ENTERO-; -ENTERO- pref. o in. ENTER-.

ENTEROBACTERIÁCEO, A adj. *Biol.* **1** Se aplica a la bacteria gramnegativa, de forma bacilar, móvil por flagelos o inmóvil, generalmente huésped en el aparato digestivo del hombre y los vertebrados. || f. pl. *Biol.* **2** Familia de estas bacterias.

ENTEROBIASIS f. *Med.* Infestación del tracto intestinal humano por el nematodo *Enterobius vermicularis* (lombriz intestinal).

ENTEROCOLITIS f. *Med.* Inflamación del intestino delgado y del colon. ♦ Su pl. es *enterocolitis.*

ENTEROLITO m. *Med.* Concreción de materia orgánica y cal, bismuto o sales magnésicas, formada en el intestino.

-ENTERÓN suf. ENTER-.

ENTEROPNEUSTO, A adj. *Zool.* **1** Se dice del animal metazoo deuteróstomo con simetría bilateral y aspecto vermiforme. || m. pl. *Zool.* **2** Clase de estos animales, dentro del tipo hemicordados.

ENTEROQUINASA f. *Quím.* Enzima segregada por la mucosa intestinal que cataliza la reacción de conversión del tripsinógeno en tripsina.

ENTEROZOOS m. pl. *Zool.* Grupo zoológico que incluye a todos los animales con tracto o cavidad digestiva. Están excluidos únicamente los protozoos, mesozoos y parazoos.

ENTERRADOR m. **1** SEPULTURERO. **2** *Zool.* Insecto coleóptero de la familia sílfidos, género *Necrophorus,* de color negro y buen volador, que hace la puesta sobre los cadáveres de animales pequeños, enterrándolos después. **3** *Taurom.* Peón que, después de haber recibido el toro la estocada, da vueltas a su alrededor y acelera su caída.

ENTERRAMIENTO m. **1** Acción y efecto de enterrar los cadáveres. **2** SEPULCRO. **3** Hoyo que se hace en la tierra para enterrar un cadáver. **4** Lugar en que está enterrado un cadáver.

ENTERRAR tr. **1** Poner debajo de tierra. **2** Dar sepultura a un cadáver. **3** fig. Sobrevivir a alguien. **4** fig. Hacer desaparecer una cosa debajo de otra. **5** fig. Relegar al olvido. **6** *Amér.* Clavar un instrumento punzante. || prnl. **7** fig. Retirarse uno del trato de los demás. ♦ IRREG. Se conjuga como ACERTAR.

ENTESAR tr. **1** Dar mayor fuerza, vigor o intensión. **2** Poner tirante y tesa una cosa. ♦ IRREG. Se conjuga como ACERTAR.

ENTESTADO, DA adj. TESTARUDO.

ENTESTAR tr. **1** Unir dos piezas o maderos por sus cabezas. **2** Adosar, encajar. También intr. || intr. **3** Lindar.

ENTESTECER tr. y prnl. Apretar o endurecer. ♦ IRREG. Se conjuga como AGRADECER.

ENTIBADO m. **1** Conjunto de apoyos, generalmente inclinados, que sirven para sostener y apuntalar una estructura, usualmente subterránea (mina, zanja, etc.), que soporta un peso excesivo o considerable por el que puede ser destruida.

ENTIBAR intr. **1** ESTRIBAR. **2** Oprimir una cosa que se golpea. || tr. *Min.* **3** Apuntalar, fortalecer con maderos y tablas las excavaciones mineras que ofrezcan riesgo de hundimiento.

ENTIBIADERO m. Lugar destinado para entibiar una cosa.

ENTIBIAR tr. **1** Poner tibio un líquido. También prnl. **2** fig. Templar, quitar fuerza a los afectos y pasiones.

ENTIBO m. **1** *Arquit.* Macizo de obra que sirve para sostener una bóveda. **2** *Min.* Madero que en las minas sirve para apuntalar. **3** fig. Fundamento, apoyo.

ENTIDAD f. **1** *Filos.* Lo que constituye la esencia o la forma de una cosa. **2** *Filos.* Ente o ser. **3** Valor o importancia de una cosa. **4** Colectividad considerada como unidad. || **de entidad** loc. adj. De consideración, de valor.

ENTIERRO m. **1** Acción y efecto de enterrar un cadáver. **2** Sepulcro. **3** El cadáver que se lleva a enterrar y su acompañamiento. **4** Tesoro enterrado. **5** Estafa que se somete a pretexto de desenterrar un tesoro. || **ENTIERRO DE LA SARDINA** *Folk.* Fiesta carnavalesca que se celebra el miércoles de ceniza. || **SANTO ENTIERRO** *Rel.* Procesión del Viernes Santo, cuyo paso principal es el enterramiento de Cristo.

ENTIMEMA m. *Filos.* Silogismo abreviado que, por sobrentenderse una de las premisas, sólo consta de dos proposiciones, la antecedente y la consiguiente.

ENTINTAR tr. **1** Manchar o teñir con tinta. **2** fig. TEÑIR.

ENTODERMO m. *Zool.* ENDODERMO.

ENTOLDADO m. Toldo o conjunto de toldos para dar sombra.

ENTOLDAR tr. **1** Cubrir con toldos. **2** Cubrir con tapices, sedas o paños. **3** fig. Cubrir las nubes el cielo. También prnl. || prnl. **4** fig. Engreírse, desvanecerse.

ENTOM- pref. ENTOMO-.

ENTOMO-, ENTOM-; -ÉNTOMO prefs. y suf. que significan insecto: *proténtomo.*

ENTOMÓFILO, LA adj. **1** Aficionado a los insectos. También com. **2** *Bot.* Se dice de la planta cuyas flores son polinizadas por intermedio de los insectos.

ENTOMOLOGÍA f. *Zool.* Parte de la zoología que estudia a los insectos.

ENTOMÓLOGO, GA m. y f. Experto en entomología.

ENTOMOSTRÁCEO, A adj. *Zool.* **1** Se dice de un tipo de crustáceo caracterizado por su pequeño tamaño, glándulas excretoras situadas en el segundo segmento maxilar, ausencia de mecanismos gástricos y presencia de un corazón simple. || m. pl. *Zool.* **2** Antiguo grupo que hoy se considera dividido en cuatro clases: branquiópodos, copépodos, ostráceos y cirrípedos.

ENTONACIÓN f. **1** Inflexión de la voz. **2** *Ling.* Secuencia sonora de los tonos con que se emite el discurso oral, y que contribuye al significado de éste. **3** fig. Arrogancia, presunción.

ENTONADERA f. Palanca con que se mueven los fuelles del órgano.

ENTONAR tr. **1** Cantar ajustado al tono; afinar la voz. También intr. **2** Dar determinado tono a la voz. **3** Dar viento a los órganos levantando los fuelles. **4** Empezar uno a cantar una cosa para que los demás continúen en el mismo tono. **5** *Med.* Dar tensión y vigor al organismo. **6** *Pint.* Graduar los colores y tonos de una obra para obtener un efecto armónico. || prnl. **7** fig. Desvanecerse, engreírse.

ENTONCES adv. t. **1** En aquel tiempo u ocasión. || adv. m. **2** En tal caso, siendo así.

ENTONTECER tr. **1** Poner a uno tonto. || intr. y prnl. **2** Volverse tonto. ♦ IRREG. Se conjuga como AGRADECER.

ENTORCHADO m. **1** Cuerda o hilo de seda, cubierto con otro hilo de seda o de metal, retorcido alrededor

*El **entierro de la sardina**.* Cuadro de Francisco de Goya. Real Academia de San Fernando (Madrid).

para darle consistencia. **2** Bordado en oro o plata, que como distintivo llevan en el uniforme los altos funcionarios y ciertos militares.

ENTORCHAR tr. **1** Retorcer varias velas para formar una antorcha. **2** Cubrir un hilo o cuerda enroscándole otro de metal.

ENTORNAR tr. **1** Dejar una puerta o ventana sin cerrarla por completo. **2** No cerrar del todo los ojos. **3** Inclinar, ladear. También prnl.

ENTORNO m. Ambiente, lo que rodea.

ENTORPECEDOR, RA adj. y s. Que entorpece.

ENTORPECER tr. y prnl. **1** Poner torpe. **2** fig. Turbar, oscurecer el entendimiento. **3** fig. Retardar, dificultar. ♦ IRREG. Se conjuga como AGRADECER.

ENTOZOARIO m. *Zool.* ENDOPARÁSITO.

ENTOZOO m. *Zool.* ENDOPARÁSITO.

ENTRADA f. **1** Espacio por donde se entra. **2** Acción de entrar. **3** Acto de ser uno recibido en un consejo, comunidad, etc., o de empezar a gozar de una dignidad, empleo, etc. **4** fig. Arbitrio, facultad para hacer alguna cosa. **5** Concurso de personas que asisten a un espectáculo. **6** Producto de cada función. **7** Billete para entrar a un espectáculo. **8** Principio de una obra. **9** Amistad, favor o familiaridad en una casa o con una persona. **10** Prerrogativa y facultad de entrar en piezas señaladas de palacio los que tienen ciertas dignidades o empleos. También en pl. **11** Cada uno de los alimentos que se sirven después de la sopa y antes del plato principal. **12** Cada uno de los ángulos entrantes que forma el pelo en la parte superior de la frente. **13** Caudal que entra en una caja o en poder de alguien. **14** Primeros días del año, del mes, de una estación, etc. **15** Señal hecha al actor, locutor, presentador, etc., para que inicie su intervención. **16** *Dep.* En deportes de pelota, acción de entrar un jugador a otro. **17** *Econ.* Anotación en el debe de una cuenta, fruto de un incremento de activo o de un decremento de pasivo. Se opone a *salida*. **18** *A. gráf.* SANGRÍA, renglón que empieza más adentro que los restantes. **19** *Inform.* Parte del ordenador que se alimenta con información en forma de código. **20** *Inform.* Vehículo portador de la información. **21** *Inform.* La información en sí misma, que es leída por el ordenador. **22** Cada una de las unidades léxicas fundamentales o términos que encabezan los artículos de un diccionario. **23** *Mús.* Momento preciso en que cada voz o instrumento ha de entrar o tomar parte en la ejecución de una pieza musical. **24** *Teat.* Momento de entrar un personaje a escena. **25** *Tecnol.* Mecanismo que permite la transferencia de señales externas a un circuito electrónico, y en especial a un ordenador. Por extensión, se dice también de las propias señales. **26** *Arg., Cuba* y *Méx.* Arremetida, zurra.

ENTRADILLA f. *Period.* Frases iniciales de una información periodística que da, de forma resumida, lo más importante de la misma.

ENTRAMADO, DA m. **1** Conjunto de láminas de metal o tiras de material flexible que se cruzan entre sí. **2** *Arquit.* Armazón de madera que sirve para hacer una pared, tabique o suelo rellenando los huecos con fábrica o tablazón. **3** fig. Conjunto de ideas, sentimientos, opiniones, etc., que se entrecruzan en un texto. **4** Conjunto de hechos relacionados entre sí y que rodean un asunto o situación determinada.

ENTRAMAR tr. Hacer un entramado.

ENTRAMBOS, BAS adj. pl. AMBOS.

ENTRAMPAR tr. **1** Hacer que un animal caiga en la trampa. **2** fig. Engañar. **3** fig. y fam. Enredar, confundir. **4** fig. y fam. Contraer muchas deudas. || prnl. **5** Meterse en un trampal o atolladero. **6** fig. y fam. Empeñarse, endeudarse.

ENTRAMPILLAR tr. **1** Acosar a uno en un lugar de donde no pueda escapar. **2** Prender, capturar.

ENTRANTE adj. y s. **1** Que entra. **2** Hablando de una semana, de un mes, de un año, etc., inmediatamente próximo en el futuro.

ENTRAÑA f. **1** *Zool.* Cada uno de los órganos contenidos en las principales cavidades del cuerpo humano y de los animales. **2** Lo más íntimo o esencial. || f. pl. **3** fig. Lo más oculto y escondido. **4** fig. El centro, lo que está en medio. **5** fig. Voluntad, afecto del ánimo. **6** fig. Índole y genio de una persona. || **no tener entrañas** fr. fig. y fam. Ser cruel, desalmado.

ENTRAÑABLE adj. Íntimo, muy afectuoso.

ENTRAÑAR tr. **1** Introducir en lo más hondo. También prnl. **2** Contener, llevar dentro de sí. || prnl. **3** Unirse, estrecharse íntimamente.

ENTRAPADA f. Paño carmesí usado para tapizar.

ENTRAR intr. **1** Pasar de fuera adentro o por una parte para introducirse en otra. **2** Encajar o poderse meter una cosa en otra, o dentro de otra. **3** Tener una prenda de vestir, calzar o tocarse, amplitud bastante. **4** Penetrar o introducirse. **5** Acometer. **6** fig. Ser admitido o tener entrada en alguna parte. **7** Empezar. **8** fig. Tratándose de usos o costumbres, seguirlos, adoptarlos. **9** *Ocio.* En el juego de naipes, disputar la puesta. **10** fig. Tener parte en la composición de ciertas cosas. **11** *Mús.* Empezar a cantar o tocar en el momento preciso. || tr. **12** Introducir o hacer entrar. **13** fig. Acometer a una persona, o ejercer influencia en su ánimo. **14** *Dep.* En un jugador al encuentro de otro, generalmente para arrebatarle la pelota. || prnl. **15** Meterse o introducirse en alguna parte.

ENTRE prep. **1** Denota la situación o estado en medio de dos o más cosas o acciones. **2** Dentro de, en lo interior. **3** Expresa estado intermedio. **4** En el número de, como uno de. **5** Significa cooperación de dos o más personas o cosas. **6** Según costumbre de. **7** Expresa idea de reciprocidad. || **entre tanto** loc. adv. MIENTRAS.

ENTRE- pref. **1** Limita o atenúa el significado del vocablo al que se antepone: *entrever, entrefino.* **2** Expresa también situación o calidad intermedia: *entrepaño, entretela.*

ENTRE RÍOS Provincia de Argentina, región Litoral; 78.781 km² y 1.063.416 h. Su capital es Paraná. Arroz, trigo, maíz, sorgo, lino y maní. De 1820 a 1821 formó, junto con las provincias de Corrientes y Misiones, la República de Entre Ríos.

ENTREABIERTO, TA adj. Abierto un poco o a medias. ♦ Es el p. p. irreg. de ENTREABRIR.

ENTREABRIR tr. y prnl. Abrir un poco o a medias. ♦ Su p. p. es irregular: *entreabierto.*

ENTREACTO m. **1** *Teat.* Intermedio en una representación dramática. **2** Baile que se ejecuta en este intermedio. **3** Cigarro puro cilíndrico y pequeño.

ENTREBARRERA f. *Taurom.* En las plazas de toros, espacio que media entre la barrera y la contrabarrera. Más en pl.

ENTRECALLE f. *Arquit.* Separación o intervalo hueco entre dos molduras.

ENTRECANAL f. *Arquit.* Espacio que hay entre las estrías o canales de una columna.

ENTRECANO, NA adj. **1** Se dice del cabello o barba a medio encanecer. **2** Se dice del sujeto que tiene así el cabello.

ENTRECASCO m. ENTRECORTEZA.

ENTRECAVA f. Cava ligera y poco honda.

ENTRECAVAR tr. Cavar ligeramente, sin ahondar.

ENTRECEJO m. **1** Espacio que hay entre las cejas. **2** fig. Ceño, sobrecejo.

ENTRECERRAR tr. y prnl. Entornar. ♦ IRREG. Se conjuga como ACERTAR.

ENTRECHOCAR tr. y prnl. Chocar dos cosas entre sí.

ENTRECINTA f. *Arquit.* Madero que se coloca entre dos pares de una armadura de tejado paralelamente al tirante.

ENTRECOMILLADO m. Palabra o palabras citadas entre comillas.

ENTRECOMILLAR tr. Poner entre comillas una o varias palabras.

ENTRECORO m. *Arquit.* Espacio que hay desde el coro a la capilla mayor en las iglesias catedrales o colegiales.

ENTRECORTADO, DA adj. Se dice de la voz o del sonido que se emite con intermitencias.

ENTRECORTAR tr. Cortar una cosa sin acabar de dividirla.

ENTRECORTEZA f. Defecto de las maderas que consiste en tener en su interior un trozo de corteza.

ENTRECOT m. Filete de carne de buey que se saca de entre dos costillas.

ENTRECRUZAR tr. y prnl. Cruzar dos o más cosas entre sí, enlazar.

ENTRECUBIERTAS f. pl. *Mar.* Espacio que hay entre las cubiertas de una embarcación. También en singular.

ENTRECUESTO m. *Zool.* **1** ESPINAZO de los vertebrados. **2** SOLOMILLO.

ENTREDECIR tr. Poner en entredicho. ♦ IRREG. Se conjuga por DECIR.

ENTREDICHO m. **1** Prohibición. **2** *Der. can.* Especie de censura (véase PENA CANÓNICA.) || **poner en entredicho** una cosa fr. Juzgarla indigna de crédito o de aceptación.

ENTREDÓS m. **1** Tira bordada o de encaje que se cose entre dos telas. **2** Armario de poca altura, que suele colocarse entre dos balcones. **3** *A. gráf.* Grado de letra mayor que el breviario y menor que el de lectura.

ENTREFILETE m. Galicismo por SUELTO de un periódico.

ENTREFINO, NA adj. **1** De una calidad media entre lo fino y lo basto. **2** Se dice del vino de Jerez que tiene algunas de las cualidades del llamado fino.

ENTREFORRO m. ENTRETELA, lienzo.

ENTREGA f. **1** Acción y efecto de entregar. **2** Cantidad de cosas que se entregan de una vez. **3** Cada uno de los cuadernos impresos en que se divide y expende un libro publicado por partes, o cada libro o fascículo de una serie coleccionable. **4** Atención, interés, esfuerzo, etc., en apoyo de una o varias personas, una acción, un ideal, etc. **5** *Arquit.* Parte de un sillar o madero que se introduce en la pared.

ENTREGAR tr. **1** Poner en poder de otro. **2** *Arquit.* Introducir el extremo de una pieza de construcción en el asiento donde ha de fijarse. || prnl. **3** Ponerse en manos de uno; ceder a la opinión ajena. **4** Tomar, recibir uno realmente una cosa o encargarse de ella. **5** Dedicarse enteramente a una cosa; emplearse en ella. **6** Darse a vicios o pasiones. **7** Declararse sin fuerzas para continuar un trabajo. || **entregarla** fam. MORIR, acabar la vida.

ENTREGO m. Pieza de madero a madero.

ENTREGUERRAS, DE loc. prep. que señala el periodo de paz entre dos guerras consecutivas, y, en especial, el transcurrido en Europa entre la Primera y la Segunda Guerra Mundial.

ENTREGUISMO m. Debilidad del ánimo que lleva a darse por vencido antes de tiempo.

ENTRELAZAR tr. Enlazar, entretejer una cosa con otra.

ENTRELÍNEA f. Lo escrito entre dos líneas.

ENTRELINEAR tr. Escribir algo intercalado entre dos líneas.

ENTREMEDIAS adv. l. y t. Entre uno y otro tiempo, espacio, lugar o cosa.

ENTREMÉS m. 1 Cualquiera de los alimentos, como encurtidos, aceitunas, rodajas de embutido, jamón, etc., que se toman antes de la comida. Más en pl. 2 *Teat.* Pieza dramática breve, jocosa y de un solo acto, que utilizaba la prosa y se representaba entre los actos de una comedia. Se desarrolló en España a partir del siglo XVI. Lope de Rueda fue el primero en cultivar obras de este tipo.
ENTREMETER tr. y prnl. ENTROMETER.
ENTREMETIDO, DA adj. y s. ENTROMETIDO.
ENTREMEZCLAR tr. Mezclar una cosa con otra sin confundirlas.
ENTREMICHE m. *Mar.* 1 Hueco que queda entre el borde alto del durmiente y el bajo del trancanil. 2 Pieza de madera que rellena este hueco.
ENTREMISO m. EXPREMIJO.
ENTREMORIR intr. Estarse apagando o consumiendo una cosa. ♦ IRREG. Se conjuga como DORMIR, pero si p. p. es *entremuerto.*
ENTRENADOR, RA m. y f. Persona encargada del entrenamiento. Se dice, sobre todo, de aquellos que preparan equipos deportivos.
ENTRENAMIENTO m. Acción y efecto de entrenar o entrenarse.
ENTRENAR tr. y prnl. Adiestrar a personas o animales, especialmente para la práctica de un deporte.
ENTREOÍR tr. Oír una cosa sin entenderla bien. ♦ IRREG. Se conjuga como OÍR.
ENTREPALMADURA f. *Veter.* Enfermedad que padecen las caballerías en la cara palmar del casco.
ENTREPANES m. pl. Tierras no sembradas, entre otras que lo están.
ENTREPAÑO m. 1 *Arquit.* Parte de pared comprendida entre dos pilastras, columnas o huecos. 2 Anaquel del estante o la alacena. 3 Cuarterón que se mete entre los peinazos de puertas y ventanas.
ENTREPASO m. Modo de andar el caballo, parecido al portante.
ENTREPIERNA f. 1 Parte interior de los muslos. 2 Piezas cosidas, entre las hojas de los calzones y pantalones, a la parte interior de los muslos, hacia la horcajadura. 3 *Chile* Taparrabos, traje de baño. || **pasarse algo por la entrepierna** fr. fig. y vulg. Expresar indiferencia hacia una cosa.
ENTREPISO m. 1 Piso que se construye quitando parte de la altura de otro y queda entre éste y el superior. 2 *Min.* Espacio entre los pisos o galerías generales de una mina. 3 *Arg.* Primer piso de una casa, principal.
ENTREPLANTA f. Entrepiso de tiendas, oficinas, etc.
ENTREPUENTES m. pl. *Mar.* ENTRECUBIERTAS. También en singular.
ENTRERRIANA, REPÚBLICA ENTRE RÍOS.
ENTRESACAR tr. 1 Sacar unas cosas de entre otras. 2 Aclarar un monte. 3 Cortar parte del cabello, disminuyendo su densidad sin acortarlo.
ENTRESIJO m. 1 *Anat.* MESENTERIO. 2 fig. Cosa oculta, interior, escondida. || **tener muchos entresijos** fr. fig. Tener muchas dificultades. También tener uno mucha reserva; proceder con cautela.
ENTRESUELO m. 1 Piso entre el cuarto bajo y el principal de una casa. 2 Piso bajo levantado más de un metro sobre el nivel de la calle, y que debajo tiene sótanos o piezas abovedadas.
ENTRESUEÑO m. 1 Estado anímico, intermedio entre la vigilia y el sueño, caracterizado por la disminución de lucidez de la conciencia. 2 DUERMEVELA.
ENTRETALLAR tr. 1 Trabajar una cosa a media talla o bajo relieve. 2 Grabar, esculpir. 3 Sacar y cortar varios pedazos de una tela, haciendo en ella calados o recortados.
ENTRETANTO adv. t. ENTRE TANTO. También m.
ENTRETEJER tr. 1 Meter o injerir en la tela que se teje hilos diferentes. 2 Trabar y enlazar. 3 fig. Influir, injerir palabras, periodos o versos en un libro o escrito.
ENTRETELA f. 1 Lienzo, holandeta, algodón, etc., que se pone entre la tela y el forro de una prenda de vestir. || f. pl. 2 fig. y fam. Lo íntimo, las entrañas.
ENTRETELAR tr. 1 Poner entretela en un vestido, chaqueta, etc. 2 *A. gráf.* Satinar, hacer que desaparezca la huella en los pliegos impresos.
ENTRETENER tr. 1 Distraer a alguien impidiéndole hacer algo. También prnl. 2 Hacer más llevadera una cosa. 3 Divertir, recrear. 4 Dar largas. 5 Mantener, conservar. || prnl. 6 Divertirse, ocuparse. ♦ IRREG. Se conjuga como TENER.
ENTRETENIDA f. Querida a la que su amante sufraga los gastos.
ENTRETENIDO, DA adj. 1 Divertido, chistoso. 2 *Bl.* Se dice de dos cosas que se tienen una a otra; como dos llaves enlazadas por sus anillos.
ENTRETENIMIENTO m. 1 Acción y efecto de entretener o entretenerse. 2 Cosa que sirve para entretener o divertir. 3 Mantenimiento, conservación.
ENTRETIEMPO m. Tiempo de primavera y otoño que media entre las dos estaciones de invierno y verano.
ENTREVENTANA f. Espacio macizo de pared que hay entre dos ventanas.
ENTREVER tr. 1 Ver confusamente una cosa. 2 Conjeturar algo, sospecharlo. ♦ IRREG. Se conjuga como VER.
ENTREVERADO, DA adj. 1 Que tiene interpoladas cosas diferentes. 2 Se dice de las carnes saladas para consumo que tienen vetas de grasa o tocino. || m. 3 *Venez.* Asadura de cordero o de cabrito asada.
ENTREVERAR tr. 1 Mezclar, introducir una cosa entre otras. || prnl. 2 *Arg.* Mezclarse desordenadamente.
ENTREVÍA f. Espacio libre que queda entre los dos rieles de las vías férreas.
ENTREVISTA f. Vista, concurrencia y conferencia de dos o más personas en lugar determinado.
ENTREVISTAR tr. 1 Mantener una conversación, con una o varias personas, acerca de temas diversos de interés, para informar al público de sus respuestas. || prnl. 2 Tener una entrevista con una persona.
ENTREVUELTA f. *Agr.* Surco corto que se da por un lado de la besana para enderezarla.
ENTRIPADO, DA adj. 1 Que está, o molesta, en las tripas. También m. 2 Se dice del animal muerto al que no se han sacado las tripas. || m. 3 fig. y fam. Enojo o sentimiento disimulado.
ENTRISTECER tr. 1 Causar tristeza. 2 Poner de aspecto triste. || prnl. 3 Ponerse triste. ♦ IRREG. Se conjuga como AGRADECER.
ENTROMETER tr. 1 Meter una cosa entre otras. || prnl. 2 Meterse uno donde no le llaman, o inmiscuirse en lo que no le afecta. 3 Ponerse en medio o entre otros.
ENTROMETIDO, DA adj. y s. Se dice del que tiene costumbre de meterse donde no le llaman.
ENTRONAR tr. ENTRONIZAR.
ENTRONCAR tr. 1 Afirmar el parentesco de una persona con el tronco o linaje de otra. 2 *Méx.* Aparear dos caballos o yeguas del mismo pelo. || intr. 3 Tener parentesco con un linaje o persona. 4 Contraer parentesco con un linaje o persona. 5 *Cuba, Méx.* y *P. Rico* Empalmar dos líneas de transporte. También prnl.
ENTRONIZAR tr. 1 Colocar en el trono, proclamar de forma solemne el acceso del príncipe heredero a la realeza. 2 fig. Ensalzar a uno; colocarle en alto estado. || prnl. 3 fig. Engreírse, envanecerse.
ENTRONQUE m. Relación de parentesco entre personas que tienen un tronco común.
ENTROPÍA f. 1 *Fís.* Función termodinámica que mide el estado de desorden molecular de un sistema, y también la irreversibilidad de un proceso. 2 *Inform.* Medida de la cantidad de información emitida por una fuente, que pasa por un canal o es recibida por un observador (por símbolo o por segundo); a veces se utiliza la palabra *megaentropía* para la medida de la información.
ENTROPIÓN m. *Med.* Inversión hacia dentro del borde del párpado inferior.
ENTRUCHAR tr. fam. Atraer a uno con disimulo y engaño.
ENTRUEJO m. Los tres días de carnaval.
ENTUBAR tr. 1 Poner tubos en alguna cosa.
ENTUERTO m. 1 Tuerto o agravio, desafuero, injusticia. || m. pl. 2 Dolores que se presentan después del parto. || **deshacer un entuerto** loc. reparar un daño o satisfacer una ofensa.
ENTULLECER tr. fig. 1 Suspender, detener. || intr. y prnl. 2 TULLIRSE. ♦ IRREG. Se conjuga como AGRADECER.
ENTUMECER tr. y prnl. 1 Impedir, embarazar, entorpecer. || prnl. 2 fig. Alterarse, hincharse, quedar insensible el cuerpo o alguna parte del mismo. ♦ IRREG. Se conjuga como AGRADECER.
ENTUMIRSE prnl. Entorpecerse un miembro o músculo.
ENTURBIAR tr. y prnl. 1 Hacer o poner turbia una cosa. 2 fig. Turbar, alterar el orden. 3 Oscurecer lo que estaba claro y bien dispuesto.
ENTUSIASMAR tr. y prnl. Infundir entusiasmo.
ENTUSIASMO m. 1 Exaltación del espíritu ante algún hecho, espectáculo, situación, etc. 2 Adhesión fervorosa.
ENTUSIASTA adj. y com. 1 Que siente entusiasmo por una persona o cosa. 2 Propenso a entusiasmarse.
ENUCLEACIÓN f. 1 *Citol.* Extraer el núcleo de una célula por manipulación. 2 *Med.* Extirpación de un órgano, glándula, tumor, etc., a la manera como se saca el hueso de una fruta.
ENUGU Ciudad de Nigeria, capital del Estado de su nombre; 308.200 h. Fue capital de Biafra, durante la guerra de secesión de Nigeria (1967-70).
ÉNULA CAMPANA f. *Bot.* HELENIO.
ENUMERACIÓN f. 1 Acción y efecto de enumerar. 2 Expresión sucesiva y ordenada de las partes de que consta un todo. 3 Cómputo o cuenta numeral de las cosas. 4 *Ret.* Parte del epílogo de algunos discursos en que se repiten juntas y con brevedad las razones antes expuestas separada y extensamente.
ENUMERAR tr. Hacer enumeración de las cosas.
ENUNCIACIÓN f. Acción y efecto de enunciar.
ENUNCIADO m. 1 *Filos.* Se dice de las oraciones que afirman o niegan algo de un sujeto. 2 *Ling.* En algunas escuelas, secuencia finita de palabras delimitadas por silencios muy marcados. Puede estar constituida por una o varias oraciones. 3 *Ling.* Mínimo segmento de la cadena hablada o escrita provisto de sentido y por ello capaz de cumplir una función comunicativa entre el emisor y el receptor. 4 DEFINICIÓN. 5 En las ciencias puras, expresión de un teorema, principio, ley, etc. 6 Planteamiento de un problema.
ENUNCIAR tr. 1 Expresar breve y sencillamente una idea. 2 Exponer el conjunto de datos que componen un problema.
ENUNCIATIVO adj. 1 Se dice de lo que enuncia. 2 *Gram.* Se dice de las oraciones que afirman o niegan algo de un sujeto. Se oponen a las imperativas, exclamativas, interrogativas y desiderativas.
ENURESIS f. *Med.* Incontinencia de la orina, especialmente en ausencia de una causa orgánica. ♦ Su pl. es *enuresis.*
ENVAINAR tr. 1 Meter en la vaina un arma blanca. 2 Envolver.
ENVALENTONAR tr. 1 Infundir valentía o arrogancia. || prnl. 2 Cobrar valentía.
ENVALIJAR tr. Meter en la valija una cosa.
ENVALIRA Puerto pirenaico de montaña, en Andorra; 2.409 m. Situado junto a la hondonada o circo glaciar de su nombre, que constituye una de las cabeceras del Valira.
ENVANECER tr. y prnl. Causar o infundir soberbia o vanidad. ♦ IRREG. Se conjuga como AGRADECER.
ENVARADO, DA adj. y s. Se dice de la persona estirada, orgullosa.
ENVASAR tr. 1 Echar en vasos o vasijas un líquido. 2 Echar el trigo en los costales, o colocar cualquier otro género en su envase. 3 fig. Beber con exceso.
ENVASE m. 1 Acción y efecto de envasar. 2 Recipiente en que se conservan y transportan ciertos géneros. 3 Todo lo que sirve para envolver.
ENVEJECER tr. 1 Hacer vieja a una persona o cosa. || intr. 2 Hacerse vieja o antigua una persona o cosa. Tam-

Puerto de **Envalira** (Andorra).

bién prnl. **3** Durar, permanecer por mucho tiempo. **4** Mejorar, ganar cuerpo los vinos guardados en barricas de roble. ♦ IRREG. Se conjuga como AGRADECER.
   ENVEJECIMIENTO m. Acción o efecto de envejecer.
   ENVENENAMIENTO m. **1** Acción y efecto de envenenar o envenenarse. **2** *Med.* Estado morboso, accidental o no, producido por un veneno. || **ENVENENAMIENTO SANGUÍNEO** *Med.* SEPTICEMIA.
   ENVENENAR tr. **1** Emponzoñar, intoxicar con veneno. También prnl. **2** fig. Interpretar en mal sentido las palabras o acciones. **3** Confundir las mentes con creencias, doctrinas, juicios o hechos falsos.
   ENVER BAJÁ Militar turco (Apana, 1881 - Dushambe, cerca de Bujara, 1922). Participó en el golpe de Estado que destronó a Abdul-Hamid II en 1909. Como ministro de la Guerra (1914) se alió con Alemania durante la Primera Guerra Mundial. En 1920 entró en contacto con los bolcheviques, que le enviaron a Turquestán a sofocar una rebelión, pero, pasado al bando sublevado, murió asesinado.

Enver Bajá. Retrato de Isidro Gamonal.

   ENVERAR intr. Empezar las uvas y otras frutas a tomar color de maduras.
   ENVERGADURA f. **1** *Mar.* Ancho de una vela, incluido el grátil. **2** *Zool.* Distancia entre las puntas de las alas de las aves cuando aquéllas están completamente abiertas. **3** Por extensión, distancia entre los extremos de las alas de un avión o de los brazos humanos. **4** fig. Importancia, amplitud.
   ENVERGAR tr. *Mar.* Sujetar, atar las velas a las vergas.
   ENVERJADO m. Conjunto de rejas de un edificio o de una verja.
   ENVERO m. **1** Color que toman las uvas y otras frutas cuando empiezan a madurar. **2** Uva que tiene este color.
   ENVÉS m. **1** Parte opuesta al haz de una tela o de otras cosas. **2** fam. ESPALDA. **3** *Bot.* Cara inferior del limbo de las hojas en las plantas.
   ENVIADA f. *Mar.* Embarcación que lleva a puerto la pesca que va capturando otra mayor.
   ENVIADO, DA m. y f. El que va por mandato de otro con un mensaje, comisión, etc.
   ENVIAR tr. **1** Hacer que una persona vaya a alguna parte. **2** Hacer que una cosa se dirija o sea llevada a alguna parte.
   ENVICIAR tr. Corromper con un vicio. || intr. **2** Echar las plantas muchas hojas y escaso fruto. || prnl. **3** Aficionarse demasiado a una cosa, generalmente malsana o impropia. **4** Deformarse alguna cosa en su forma o función por un uso o posición inadecuada, mantenida largo tiempo.
   ENVIDAR tr. Hacer envite en el juego. || **envidar de farol** fr. Envidar con malas cartas intentando hacer creer al contrario que se tiene buena jugada.
   ENVIDIA f. **1** Tristeza o pesar del bien ajeno. **2** Emulación, deseo honesto.
   ENVIDIAR tr. **1** Tener envidia, sentir el bien ajeno. **2** fig. Desear, apetecer lo lícito y honesto.
   ENVIDO m. Envite de dos tantos en el juego del mus.
   ENVIGAR tr. e intr. *Arquit.* Asentar las vigas de un edificio.
   ENVILECER tr. **1** Hacer vil y despreciable una cosa. || prnl. **2** Caer en el vicio. También, abatirse, perder uno la estimación que tenía. ♦ IRREG. Se conjuga como AGRADECER.

eoceno. Fósil de *Sparnodus elongatus*.

   ENVÍO m. **1** Acción y efecto de enviar. **2** Remesa.
   ENVITE m. **1** Apuesta que se hace en algunos juegos de naipes y otros. **2** fig. Ofrecimiento. **3** Envión, empujón. || **al primer envite** loc. adv. De buenas a primeras.
   ENVIUDAR intr. Quedar viudo o viuda.
   ENVOLTORIO m. **1** Lío hecho de paños, lienzo u otros materiales con que se envuelve alguna cosa. **2** Papel, cartón, plástico, etc., con que vienen envueltos los productos de consumo.
   ENVOLTURA f. Capa exterior que cubre algo.
   ENVOLVER tr. **1** Cubrir un objeto parcial o totalmente, ciñéndolo de tela, papel u otra cosa análoga. **2** Arrollar o devanar un hilo, cinta, etc., en alguna cosa. **3** fig. Rodear a alguien en la disputa de argumentos o sofismas, dejándolo cortado y sin salida. **4** *Mil.* Rebasar por uno de sus extremos la línea de combate del enemigo. **5** fig. Mezclar o complicar a uno en un asunto o negocio. También prnl. ♦ IRREG. Se conjuga como MOVER.
   ENYERBARSE prnl. *Amér.* **1** Cubrirse de yerba un terreno. **2** *Méx.* Envenenarse.
   ENYESAR tr. **1** Tapar o acomodar una cosa con yeso. **2** Igualar o allanar con yeso. **3** Agregar yeso a alguna cosa. **4** ESCAYOLAR.
   ENZARZAR tr. **1** Poner zarzas en una cosa o cubrirla de ellas. **2** fig. Enredar a algunos entre sí, sembrando discordias y disensiones. También prnl. || prnl. **3** Enredarse en zarzas, matorrales, etc. **4** fig. Meterse en negocios arduos y de salida dificultosa. **5** fig. Reñir, pelearse.
   ENZENSBERGER, HANS MAGNUS Poeta y ensayista alemán (Kaufbeuren, 1929). Autor de *Defensa de los lobos* (1958), *Escritura para ciegos* (1964) y *La furia de la desesperación* (1980). En 2002 recibió el premio Príncipe de Asturias de Comunicación y Humanidades.
   ENZIMA f. *Biol.* Molécula proteínica que producen las células vivas y que actúa como biocatalizador en los procesos de metabolismo.
   ENZIMOLOGÍA f. *Biol.* y *Quím.* Ciencia que estudia las enzimas.
   ENZINA, JUAN DEL ENCINA, JUAN DEL.
   ENZOOTIA f. *Veter.* Enfermedad epidémica que acomete a los animales en determinado territorio, por causa o influencia local.
   EÑE f. Nombre de la letra *ñ*.
   EO-, EOS- prefs. que significan aparición, principio. También, color rosado.
   EO Río de España, en las provincias de Lugo y Asturias. Desemboca en el Cantábrico. Forma la ría de Ribadeo; 91 km.
   EOCÉNICO, CA adj. *Geol.* EOCENO.
   EOCENO, NA adj. *Geol.* **1** Se dice de la segunda época del período terciario, situada entre el paleoceno y el oligoceno. Se inició hace unos 58 millones de años y duró alrededor de 22 millones. Durante ese período aparecieron, prácticamente, todos los grupos de mamíferos actuales. También m. **2** Perteneciente o relativo a esta época.
   EOLIA o **EÓLIDA** *Hist.* Región histórica de Asia Menor, entre Tróade y Jonia. Fue colonizada por griegos eolios en el siglo XI a. C., que habían sido arrojados del Peloponeso por los dorios.
   EOLIAS LÍPARI.
   EÓLICO, CA adj. **1** De Eolia. Aplicado a personas, también s. **2** Se dice de uno de los cuatro principales dialectos del antiguo griego. También s. **3** Relativo a Eolo. **4** Relativo al viento. **5** *Geol.* Se dice de los procesos en los que el agente principal es el viento, entendido como vehículo de transporte.
   EOLITO m. *Prehist.* Piedra natural, de aspecto semejante al de algunos útiles líticos prehistóricos.
   EOLO *Mit.* Dios de los vientos, que habitaba en las isla Eolias.
   EÓN m. **1** Periodo de tiempo de extraordinaria duración. **2** En el gnosticismo, cada una de las inteligencias eternas o entidades divinas de uno u otro sexo, emanadas de la divinidad suprema.
   EOS- pref. EO-.
   EOS *Mit.* Diosa del amanecer entre los griegos, que corresponde a la Aurora de los romanos.

Eolo. Detalle de *El nacimiento de Venus*, cuadro de Sandro Botticelli. Galería de los Uffizi (Florencia).

Epidauro (Grecia). Teatro.

EOSANDER, BARÓN VON GOETHE, JOHANN FRIEDRICH Arquitecto alemán de origen sueco (Riga, 1670 - Dresde, 1729). Construyó los palacios de Monbijou y Charlottenburg, en Berlín.

EÖTVÖS, JOZSEF Novelista húngaro (Budapest, 1813 - íd., 1871). Autor de las novelas históricas *El cartujo* (1841), *El notario del pueblo* (1845), *Hungría en 1514* (1847) y *Las hermanas* (1857).

EÖTVÖS, ROLAND, BARÓN VON Físico húngaro (Buda, 1848 - Budapest, 1919). Sus mediciones, de gran importancia teórica, demostraron la identidad de la masa de inercia y gravitacional. Fundó el Instituto Geofísico de Hungría.

EP- pref. EPI-.

EPA interj. **1** *Bol., Chile, El Salv.* y *Perú.* Se usa para animar. **2** *Bol., Méx., Nic.* y *Ven.* HOLA. **3** *Méx.* y *Perú.* ¡Alto!, ¡cuidado!

EPACTA f. **1** *Astron.* Número de días en que el año solar excede al lunar común de 12 lunaciones, o número de días que la luna de diciembre tiene el día primero de enero, contados desde el último novilunio. **2** AÑALEJO.

EPAMINONDAS General tebano (Tebas, h. 418 - Mantinea 362 a. C.). Derrotó a los espartanos en Leuctra (371 a. C.). En ese año fue elegido beotarca y un año después invadió el Peloponeso, iniciando un periodo de hegemonía para Tebas. En el 362 se enfrentó a la alianza organizada por Atenas, Esparta, Mantinea, los eleos y los aqueos, contra los tebanos. Invadió de nuevo el Peloponeso, pero murió en la batalla de Mantinea.

EPANADIPLOSIS f. *Ret.* Figura retórica que consiste en repetir al fin de una cláusula o frase el mismo vocablo con que empieza. ♦ Su pl. es *epanadiplosis.*

EPANÁFORA f. *Ret.* ANÁFORA.

EPANALEPSIS f. *Ret.* EPANADIPLOSIS. ♦ Su pl. es *epanalepsis.*

EPANORTOSIS f. *Ret.* CORRECCIÓN, figura de dicción.

EPATAR tr. fam. Excitar la admiración, maravillar, deslumbrar.

EPAZOTE m. *Bot. Méx.* PAZOTE.

EPECUÉN Laguna salada de Argentina, en el SE de la provincia de Buenos Aires; 400 km².

EPÉE, CHARLES MICHEL, ABATE DE L' Pedagogo francés (Versalles, 1712 - París, 1789). Creó un sistema para educar a los sordomudos y fundó la primera institución para acogerlos (1770).

EPÉNDIMO m. *Anat.* Túnica endotelial de las cavidades del sistema nervioso central.

EPENDIMOMA m. *Pat.* Tumor que se aloja en los ventrículos cerebrales.

EPÉNTESIS f. *Gram.* Intercalación de algún sonido dentro de un vocablo, como en *corónica* por *crónica, tenré* por *tendré.* ♦ Su pl. es *epéntesis.*

EPERLANO m. *Zool.* Pez de la familia salmónidos, de nombre científico *Osmerus eperlanus,* propio de las desembocaduras de los grandes ríos de Europa, muy parecido a la trucha.

EPERNAY Ciudad de Francia, departamento de Marne; 28.776 h. Vinos espumosos.

EPI-, EP-, EF-; -EPI- prefs. o in. que significan sobre, después.

-EPIA o **-EPÍA** sufs. EPO-.

EPIBLASTO m. *Zool.* ECTODERMO.

ÉPICA f. *Lit.* Género literario constituido por los poemas en verso que relatan acciones extraordinarias y heroicas de personajes míticos, históricos, legendarios o ficticios.

EPICARDIO m. **1** *Anat.* Parte interna del pericardio que cubre el corazón. **2** *Zool.* En ciertas ascidias, prolongación tubular branquial que interviene en el proceso de gemación.

EPICARMO Comediógrafo griego (isla de Cos, h. 525 - ?, h. 450 a. C.). Es considerado el representante más destacado de la comedia siciliana y precursor de la ática. Obras: *La locura de Heracles, La megariana, Las cazuelas* y *Las rapiñas.*

EPICARPO m. *Bot.* Capa externa del pericarpo de los frutos, que da lugar a la cáscara, piel o corteza. También denominado *exocarpo.*

EPICEDIO m. **1** Composición poética que se recitaba antiguamente delante del cadáver de una persona. **2** Composición poética en que se alaba a una persona muerta.

EPICENO adj. NOMBRE EPICENO.

EPICENTRO m. *Geol.* Punto de la superficie terrestre que se encuentra directamente encima del foco de perturbación de un fenómeno sísmico (en la vertical del hipocentro).

EPICICLO m. *Astron.* Círculo que en el sistema universal de Tolomeo se suponía descrito por un planeta alrededor de un centro que se movía en el deferente.

EPICICLOIDE f. *Geom.* CICLOIDE, línea curva que describe un punto de una circunferencia que rueda sobre otra fija, siendo ambas tangentes exteriormente.

ÉPICO, CA adj. **1** Relativo a la epopeya o a la poesía heroica. **2** Se dice del poeta cultivador de este género de poesía. También s. **3** Propio y característico de la épica.

EPICTETO Filósofo griego (Hierápolis, h. 50 - Nicópolis, h. 140). Principal representante del estoicismo nuevo, recomendaba el desprecio de las riquezas y basaba la felicidad en el triunfo de la razón y de la voluntad. Su discípulo Flavio Arriano recogió sus enseñanzas en *Coloquios* o *Conversaciones de Epicteto* y *Manual* o *Enquiridión.*

EPICUREÍSMO m. **1** Escuela filosófica fundada por EPICURO y continuada después por otros filósofos, como Hemarco de Mitilene, Metrodo de Lámpsaco, Timócrates y Lucrecio. **2** fig. Búsqueda del placer exento de todo dolor.

EPICURO Filósofo griego (Samos, 341 - Atenas, 271 a. C.). Discípulo de Jenócrates. Fundó en el año 306 a. C., en Atenas, la escuela filosófica *el jardín de Epicuro.* Su pensamiento ha sido transmitido por Lucrecio y Diógenes Laercio, ya que la mayor parte de su obra se ha perdido, excepto sus cartas y aforismos. Para él, la base del conocimiento es la evidencia de la percepción sensible.

EPIDAURO *Geog. hist.* Antigua población de Grecia, nomo de Argólida, en la costa del golfo de Egina. Era célebre el templo de Esculapio, al que acudieron en peregrinación los enfermos hasta el final de la Antigüedad.

EPIDEMIA f. **1** *Med.* Aumento repentino, y por encima de la normalidad, en la incidencia de una enfermedad infecciosa. **2** fig. Por extensión, propagación general de algo que se considera dañino o negativo.

EPIDÉMICO, CA adj. Perteneciente o relativo a la epidemia.

EPIDEMIOLOGÍA f. *Med.* Rama de la medicina que estudia las epidemias.

EPIDÉRMICO, CA adj. *Biol.* **1** Perteneciente o relativo a la epidermis. **2** TEJIDO EPIDÉRMICO.

EPIDERMIS f. **1** *Bot.* Membrana formada por una sola capa de células de tejido epidérmico que cubre el tallo y las hojas de las plantas pteridofitas y de las fanerógamas herbáceas. **2** *Zool.* Membrana epitelial, no vascularizada ni sensible, que envuelve el cuerpo de los animales. Puede estar formada por una sola capa de células, como en los invertebrados, o por numerosas capas superpuestas, como en los vertebrados. ♦ Su pl. es *epidermis.*

EPIDIASCOPIO m. *Fís.* Aparato de proyecciones que sirve para visualizar objetos transparentes u opacos.

EPIDIÁSCOPO m. *Fís.* EPIDIASCOPIO.

EPIDÍDIMO m. *Anat.* Conducto del aparato genital masculino que lleva el semen desde los vasos seminíferos del testículo hasta el vaso deferente.

EPIDOTA f. *Miner.* Mineral silicato hidratado de aluminio, hierro y calcio, de fórmula $Ca_2(AlFe)_3(SiO_4)_3OH$.

EPIFANÍA f. *Rel.* Festividad que celebra la iglesia católica anualmente el día 6 de enero. También se llama de la Adoración de los Reyes.

EPIFANIO DE SALAMINA Monje y obispo de Salamina (Eleuterópolis, Judea, 315 - ?, 403). Intransigente con el origenismo, escribió obras de gran erudición: *Ancoratus, Panarion,* etc.

EPIFENÓMENO m. Aspecto secundario o derivado de un fenómeno.

EPIFILIA f. *Med.* Cierta enfermedad de las plantas, de carácter epidémico.

EPÍFISIS f. *Anat.* **1** Cuerpo en forma de piña, pequeño y rudimentario, situado en la base del encéfalo. También denominada *glándula pineal.* **2** En los vertebrados, parte extrema de los huesos largos, de naturaleza parcialmente cartilaginosa. ♦ Su pl. es *epífisis.*

EPÍFITO, TA adj. *Bot.* Se dice del vegetal que vive sobre otra planta sin parasitarla.

epífitos

Dischidia rafflesiana
Dischidia imbricata
Polypodium quercifolilium
Oncidium limminghii
Ficus religiosa
Tillandsia bulbosa
Platycerium grande

Epiro (Grecia). Vista de Parga.

EPIFONEMA f. *Ret.* Exclamación o reflexión que cierra o concluye el concepto o pensamiento general a que pertenece.

EPIGASTRIO m. *Anat.* Región del abdomen que se extiende desde la punta del esternón hasta cerca del ombligo.

EPIGÉNESIS f. **1** *Biol.* Teoría sostenida ya por Aristóteles, según la cual los rasgos que caracterizan a un ser vivo se modelan en el curso del desarrollo, sin estar preformados en el germen. **2** *Geol.* Sustitución lenta de un mineral por otro en el interior de una roca, o cambio en la textura y estructura de una roca sedimentaria. ♦ Su pl. es *epigénesis*.

EPIGEO, A adj. *Bot.* Se dice de la planta o de alguno de sus órganos que se desarrolla sobre el suelo.

EPIGINO, NA adj. *Bot.* Se dice de la flor con el ovario ínfero, es decir hundido en el receptáculo floral.

EPIGLOSIS f. *Zool.* Parte de la boca de los insectos himenópteros. ♦ Su pl. es *epiglosis*.

EPIGLOTIS f. *Anat.* Lámina cartilaginosa que cubre la glotis en el momento de la deglución.

EPÍGONO m. **1** El que sigue las huellas de otro. **2** Seguidor de una escuela o estilo anterior. **3** Se aplica también a los hijos de los generales de Alejandro Magno.

EPÍGRAFE m. **1** Resumen que suele preceder a cada uno de los capítulos u otras divisiones de una obra. **2** Cita o sentencia que suele ponerse a la cabeza de una obra científica o literaria. **3** Inscripción en piedra, metal, etc. **4** Título, rótulo.

EPIGRAFÍA f. *Hist.* Ciencia auxiliar de la Historia, cuyo objeto es conocer e interpretar las inscripciones antiguas.

EPIGRAMA m. **1** Inscripción en piedra, metal, etc. **2** *Lit.* Composición poética breve, que expresa un pensamiento satírico. **3** Pensamiento breve y agudo, especialmente si encierra burla o sátira ingeniosa.

EPILENSE adj. y com. De Épila.

EPILEPSIA f. *Pat.* Enfermedad del sistema nervioso, caracterizada principalmente por la aparición recurrente de ataques repentinos con pérdida brusca del conocimiento y convulsiones.

EPILOGAL adj. Resumido, compendiado.

EPILOGAR tr. Resumir, compendiar una obra o escrito.

EPILOGISMO m. *Astron.* Cálculo o cómputo.

EPÍLOGO m. **1** Recapitulación de todo lo dicho en un discurso u otra composición literaria. **2** Conjunto o compendio. **3** *Lit.* Última parte de algunas obras dramáticas y novelas. **4** *Ret.* Peroración, última parte del discurso.

EPIMETEO *Mit.* Hijo del titán Jápeto y padre de Pirra. Su hermano Prometeo le había prohibido que aceptase el menor regalo de Zeus. Sin embargo, Epimeteo aceptó a Pandora, enviada por éste con la caja de la que salieron todos los males de la humanidad.

EPÍMONE f. *Ret.* Figura retórica que consiste en repetir sin intervalo una misma palabra para dar énfasis a lo que se dice, o en intercalar varias veces en una composición poética un mismo verso o una misma expresión.

EPINAL Ciudad del NE de Francia, capital del departamento de los Vosgos, a orillas del Mosela; 36.732 h.

EPINEFRINA f. *Fisiol.* ADRENALINA.

EPINEURO adj. *Zool.* **1** Se dice del animal metazoo triblástico que tiene el sistema nervioso situado por encima del tubo digestivo. || m. pl. *Zool.* **2** Grupo de estos animales.

EPINICIO m. Canto de victoria; himno triunfal.

EPIPARÁSITO adj. *Biol.* ECTOPARÁSITO.

EPIPELÁGICO, CA adj. *Geol.* Se dice de la zona oceánica que cubre la plataforma continental hasta unos 200 m, donde aún penetra la luz suficiente como para que sea posible la fotosíntesis. También se aplica a los organismos que la ocupan.

EPIPLÓN m. *Anat.* Repliegue del peritoneo que contiene vasos sanguíneos, nervios y diversos conductos excretores.

EPIPODITO m. *Zool.* Rama del artejo basal del protopodito de las patas torácicas de muchos artrópodos.

EPIQUEREMA m. Silogismo en que una o varias premisas van acompañadas de una prueba.

EPIQUEYA f. Interpretación moderada y prudente de la ley.

EPIRO Región del SO de Grecia, junto al mar Jónico; 9.203 km^2 y 339.210 h. Comprende los nomos de Arta, Janina, Préveza y Thesprotia. Su capital es Janina. Conquistada por los turcos en 1433, pasó a Grecia en 1913.

EPIROGÉNICO, CA adj. *Geol.* Se dice de los movimientos muy lentos de elevación y descenso en la vertical que experimentan las masas continentales.

EPISCOPADO m. **1** Dignidad de obispo. **2** Época y duración del magisterio de un obispo determinado. **3** Conjunto de obispos del orbe católico o de una nación.

EPISCOPAL adj. **1** Relativo al obispo. || m. **2** Libro en que se contienen las ceremonias y oficios propios de los obispos.

EPISCOPALIANO, NA adj. *Rel.* **1** Relativo a una organización eclesial estadounidense que procede de la anglicana. En 1789 se emancipó de ésta en cuanto a organización y jerarquía, prescindiendo de su carácter estatal y de la jefatura de los monarcas ingleses. || m. y f. **2** Partidario de esta iglesia.

EPISCOPIO m. *Fís.* EPIDIASCOPIO.

EPISIOTOMÍA f. *Med.* Incisión medial o lateral de la vulva que se practica en ciertos partos para facilitar la salida del feto.

EPISODIO m. **1** Acción secundaria de la principal de un poema épico o dramático, una novela, etc. **2** Cada una de las acciones parciales o partes integrantes de la acción principal. **3** Digresión en obras de otro género o en el discurso. **4** Incidente, suceso enlazado con otros de un conjunto.

EPISPÁSTICO, CA adj. y m. *Med.* VESICANTE.

EPISPERMO m. *Bot.* TESTA.

EPISTAXIS f. *Med.* Hemorragia nasal. ♦ Su pl. es *epistaxis*.

EPISTEMOLOGÍA f. *Filos.* Doctrina de los fundamentos y métodos del conocimiento científico. Se desarrolló en el siglo XIX, como una disciplina independiente de la gnoseología o teoría general del conocimiento. Sus objetivos se centraron en la unificación del conocimiento aportado por las diferentes disciplinas (Comte, Meyerson) y el estudio de la teoría del conocimiento. Tras la aparición de las nuevas teorías científicas en el siglo XX, la epistemología se centró en la explicación y verificación de las proposiciones científicas (positivismo lógico, círculo de Viena, Popper, etc.), y en el análisis histórico del conocimiento científico (Canguilhem, Foucault).

EPÍSTOLA f. **1** Carta que se escribe a los ausentes. **2** *Rel.* Parte de la misa, que se lee por el sacerdote o se canta por el subdiácono y que se suele tomar de una epístola de los apóstoles. **3** Orden de subdiaconado. **4** Composición literaria en forma de carta.

EPISTOLAR adj. **1** Perteneciente o relativo a la epístola. **2** *Lit.* Se aplica al género literario en que el autor relata mediante supuestas epístolas de los protagonistas.

EPISTOLARIO m. **1** Libro o cuaderno en que se hallan recogidas varias cartas o epístolas de un autor. **2** *Rel.* Libro en que se contienen las epístolas que se cantan en las misas.

EPÍSTOLAS Conjunto de cartas del Nuevo Testamento, atribuidas a diversos apóstoles. Son en total veintiuna: catorce de san Pablo y las siete llamadas *católicas*, escritas por Santiago, san Judas, dos de san Pedro y tres de san Juan.

EPÍSTROFE f. *Ret.* CONVERSIÓN.

EPITAFIO m. Inscripción que se pone sobre un sepulcro.

EPITALAMIO m. *Lit.* Pieza lírica que se compone para celebrar una boda.

EPITÁLAMO m. *Anat.* Parte del encéfalo comprendida entre la comisura posterior y la epífisis o glándula pineal.

EPÍTASIS f. *Lit.* Parte del poema dramático, que sigue a la prótasis y precede a la catástrofe; enredo, nudo en el poema de este género.

EPITAXIA f. *Geol.* Asociación irregular entre minerales pertenecientes a tipos cristalinos distintos.

EPITELIAL adj. *Zool.* Perteneciente o relativo al epitelio. || **TEJIDO EPITELIAL** EPITELIO.

EPITELIO m. *Zool.* Tejido formado por células que constituyen la epidermis, la capa externa de las mucosas y la porción secretora de las glándulas, y forma parte de los órganos de los sentidos.

EPITELIOMA m. *Pat.* Tumor maligno formado por células epiteliales.

EPITELIONEURO adj. *Zool.* **1** Se dice del animal metazoo triblástico que tiene el sistema nervioso en forma de anillo alrededor del cuerpo. || m. pl. *Zool.* **2** Grupo de estos animales.

EPÍTEMA f. *Farm.* Medicamento tópico que se aplica en forma de fomento, de cataplasma o de polvo.

EPÍTETO m. *Gram.* Adjetivo o participio cuyo fin principal no es determinar o especificar el nombre, sino caracterizarlo. En español suele anteceder al nombre y tiene una función predominantemente expresiva, de ahí su frecuente empleo en la lengua literaria.

EPÍTIMA f. **1** *Farm.* EPÍTEMA. **2** fig. Consuelo, alivio.

EPÍTIMO m. *Bot.* Planta parásita del mismo género de la cuscuta, que vive sobre el tomillo.

EPITOMAR tr. Reducir a epítome una obra extensa.

EPÍTOME m. **1** Resumen o compendio de una obra extensa. **2** *Ret.* Figura retórica que consiste, después de dichas muchas palabras, en repetir las primeras para mayor claridad.

EPÍTRITO m. *Lit.* Pie de la poesía griega y latina, que se compone de cuatro sílabas, cualquiera de ellas breve y las demás largas.

EPITROCOIDE m. *Geom.* CICLOIDE.

EPÍTROPE f. *Ret.* PERMISIÓN.

EPIZOARIO m. *Ecol.* ECTOPARÁSITO.

EPIZOOCORIA f. *Bot.* Forma de dispersión de los vegetales, en que las semillas o los frutos son transportados adheridos al cuerpo de los animales.

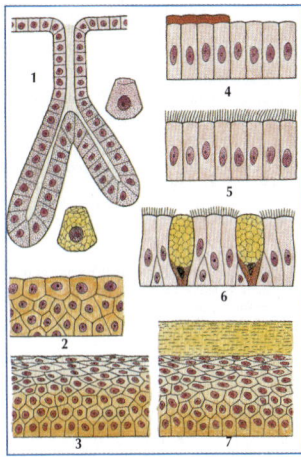

Diversos tipos de **epitelio**. 1. Epitelio glandular. 2. Epitelio estratificado cúbico. 3. Epitelio estratificado plano. 4. Epitelio de revestimiento con cutícula. 5. Epitelio de revestimiento con cilios. 6. Epitelio pseudoestratificado. 7. Epitelio estratificado plano de la piel.

equidna

EPIZOOTIA f. *Veter.* **1** Enfermedad contagiosa que acomete a una o varias especies de animales, por una causa general o transitoria. **2** *Chile* Glosopeda o fiebre aftosa.
EPO-; -EPIA, -EPÍA, -OPE prefs. o sufs. que significan palabra, verso.
ÉPOCA f. **1** Fecha de un suceso desde el cual se empiezan a contar los años. **2** Periodo de tiempo que se señala por los hechos históricos durante él acaecidos. **3** Por extensión, cualquier espacio de tiempo. **4** Punto fijo y determinado de tiempo, desde el cual se empieza a numerar los años. **5** Temporada de considerable duración. **6** *Geol.* Cada uno de los lapsos de tiempo en que se dividen los periodos. || **DE ÉPOCA** De tiempo pretérito, especialmente lo referido a los siglos XVIII y XIX. || **hacer época** fr. Dejar larga memoria.
EPODA f. EPODO.
EPODO m. *Lit.* **1** Último verso de la estancia, repetido muchas veces. **2** En la poesía griega, tercera parte del canto lírico. **3** En la poesía griega y latina, combinación métrica de un verso largo y otro corto.
EPÓNIMO, MA adj. Que da nombre a un pueblo, una tribu, a un período o época.
EPOPEYA f. **1** *Lit.* Poema narrativo, de acción bélica, personajes heroicos o de suma importancia. **[Encic.]** **2** *Lit.* Conjunto de poemas que forman la tradición épica de un pueblo. **[Encic.]** **3** fig. Conjunto de hechos memorables.
LIT. Existen ejemplos de este tipo de manifestación literaria en la mayor parte de las civilizaciones antiguas. Ejemplos de este tipo de obras son el *Poema de Gilgamés* y el *Enuma Elis* en Mesopotamia; *Mahabbaratha* y el *Ramayana* en la India; y la *Ilíada* y la *Odisea* en la antigua Grecia. Entre los autores griegos destaca Pisandro y en la época alejandrina, Teócrito, Calímaco y Apolonio de Rodas. Los autores romanos adoptaron los modelos griegos en sus composiciones épicas (Ennio, Virgilio, Lucano, Estacio, Valerio Flaco). En la alta Edad Media europea la epopeya cobró una gran importancia, influida por las tradiciones germánicas. Entre sus principales ejemplos figuran el poema anglosajón *Beowulf* (siglo VIII), la *Canción de los Nibelungos* (siglo XIII), la *Chanson de Roland* (siglo XI) y el *Cantar de Mio Cid* (siglo XII). En los siglos XVI y XVII se dio un desarrollo importante de la epopeya culta (Camoens, Ronsard, Ercilla, Rufo, Ojeda). Durante el siglo XVIII, destacan la producción de Voltaire y Klopstock. En el siglo XIX lo cultivaron autores como Lamartine, Vigny, Grossi, Espronceda y Verdaguer.
EPROM adj. *Inform.* Acrónimo de *erasable programmable read-only memory*. Memoria de lectura programable que se puede borrar.
ÉPSILON f. **1** Quinta letra del alfabeto griego (E, ε), *e* breve; corresponde a nuestra *e*. **2** *Mat.* Letra griega que se emplea en la teoría de conjuntos para indicar que un elemento pertenece a un conjunto.
EPSOM Ciudad del Reino Unido, en Inglaterra, al SO de Londres; 69.230 h. Famosa por la carrera de caballos (*derby*).
EPSOMITA f. *Miner.* Mineral sulfato de magnesio hidratado, de fórmula $MgSO_4 \cdot 7H_2O$, de color blanco o rosa, también llamado *sal amarga* o *sal de Epsom*.
EPSTEIN, JEAN Director de cine francés (Varsovia, 1897 - París, 1953). Publicó varios ensayos que influyeron decisivamente en el cine vanguardista francés y dirigió las películas *La posada roja* (1923), *Coeur fidèle* (1923), *El cartel* (1924), *La caída de la casa Usher* (1928) y *Finis Terrae* (1928).
EPSTEIN, SIR JACOB Escultor inglés de origen estadounidense (Nueva York, 1880 - Londres, 1959). Autor de retratos y de *Venus* (1917), *Cristo* (1920), *Génesis* (1931) y *Adán* (1939).
EPULÓN m. El que come mucho.
-EQUESIS suf. ECO-, resonancia.
EQUI- pref. que significa igualdad.
EQUIÁNGULO, LA adj. *Geom.* Se dice de las figuras y sólidos cuyos ángulos son todos iguales entre sí.

EQUIDAD f. **1** Igualdad de ánimo. **2** Benignidad. **3** Justicia natural, por oposición a la letra de la ley positiva. **4** Moderación.
EQUIDISTANCIA f. Igualdad de distancia.
EQUIDISTANTE m. Que está a la misma distancia.
EQUIDISTAR intr. Hallarse a igual distancia.
EQUIDNA m. *Zool.* Mamífero monotrema perteneciente a la familia taquiglósidos, de nombre científico *Tachyglossus aculeatus*. Es un animal de unos 40 cm de longitud, con cabeza pequeña, hocico afilado y cuerpo cubierto de pelo oscuro, con púas en el dorso y los costados semejantes a las del erizo. Vive en Australia y Tasmania.
ÉQUIDO, DA adj. y s. *Zool.* **1** Se dice del mamífero ungulado perisodáctilo que en el dedo medio de cada extremidad alcanza un gran desarrollo y se recubre de un casco duro. Los más representativos del grupo son el caballo, el asno y la cebra. || m. pl. *Zool.* **2** Familia de estos animales.
EQUILÁTERO, RA adj. *Geom.* Se dice de las figuras cuyos lados son todos iguales entre sí.
EQUILIBRADO, DA adj. **1** fig. Ecuánime, sensato, prudente. **2** Que está en equilibrio. || m. **3** Acción o efecto de equilibrar. **4** *Tecnol.* En piezas giratorias, hacer coincidir el centro de gravedad con el eje de rotación.
EQUILIBRAR tr. **1** Poner en equilibrio. También prnl. **2** fig. Disponer y hacer que una cosa no exceda ni supere a otra, manteniéndolas proporcionalmente iguales.
EQUILIBRIO m. *Fís.* Estado de un cuerpo cuando las distintas fuerzas y momentos que actúan sobre él se compensan eliminándose mutuamente. **2** *Fís.* Peso que es igual a otro peso y lo contrarresta. **3** fig. Contrapeso, armonía entre cosas diversas. **4** fig. Ecuanimidad, mesura. || **EQUILIBRIO ESTABLE** *Fís.* El que posee un cuerpo que vuelve a su posición original después de aplicársele un pequeño desplazamiento que tiende a apartarlo de ella. || **EQUILIBRIO INDIFERENTE** *Fís.* El que posee un cuerpo que, al ser sometido a un pequeño desplazamiento, queda en una posición equivalente a la primera. || **EQUILIBRIO INESTABLE** *Fís.* El que posee un cuerpo que no vuelve a su posición original después de sufrir un pequeño desplazamiento. || **EQUILIBRIO TÉRMICO** *Fís.* El que se establece entre dos o más cuerpos cuando tienen igual temperatura.
EQUILIBRISTA adj. y com. Diestro en hacer juegos o ejercicios de equilibrio.
EQUIMOSIS f. *Med.* Mancha lívida, negruzca o amarillenta de la piel o de los órganos internos, que resulta de una hemorragia interna a consecuencia de un golpe, de una fuerte ligadura o de otras causas. ♦ Su pl. es *equimosis*.
EQUINO, NA adj. **1** *Zool.* Relativo al caballo. **2** *Med.* Se dice de la deformación del pie que consiste en una desviación permanente en flexión plantar. || m. **3** *Zool.* Animal de la especie equina. **4** *Zool.* ERIZO DE MAR. **5** *Arquit.* Moldura convexa, característica del capitel dórico.
EQUINO-, EQUIN-; -EQUINO prefs. o suf. que significan erizo.
EQUINOCCIAL adj. **1** Perteneciente o relativo al equinoccio. **2** *Bot.* Se dice de las plantas cuyas flores se abren y cierran en momentos determinados. || **LÍNEA EQUINOCCIAL** *Astron.* Ecuador terrestre.
EQUINOCCIO m. *Astron.* Cada uno de los momentos, dos al año, en que se produce la intersección del plano de la eclíptica con el plano del ecuador y, por ello, los días son iguales a las noches en toda la Tierra. Se verifica anualmente del 20 al 22 de marzo (equinoccio de primavera) y del 22 al 23 de septiembre (equinoccio de otoño). En el Ecuador, también ocasiona la perpendicularidad absoluta de los rayos del sol a mediodía.
EQUINOCOCO m. *Zool.* Larva de una tenia que vive en el intestino de un perro y puede pasar al hombre, produciendo el quiste ludiatídico.
EQUINOCOCOSIS f. *Pat.* Enfermedad producida por el cisticerco de la tenia equinococo. ♦ Su pl. es *equinococosis*.
EQUINODERMO, MA adj. y s. *Zool.* **1** Se dice del animal metazoo marino, de simetría radiada, generalmente pentagonal, con un dermatoesqueleto con gránulos calcáreos o placas yuxtapuestas y a veces provistas de espinas; como las holoturias y las estrellas de mar. || m. pl. *Zool.* **2** Tipo de estos animales.
EQUINOIDEO, A adj. *Zool.* **1** Se dice de los equinodermos, de cuerpo globoso o semiesférico, totalmente cubierto por placas soldadas, sobre las que se depositan unas espículas móviles, como los erizos de mar. || m. pl. *Zool.* **2** Clase de estos equinodermos.
EQUIPAJE m. **1** Conjunto de cosas que se llevan en los viajes. **2** *Mar.* TRIPULACIÓN.
EQUIPAL m. *Mex.* Silla hecha de varas entretejidas, con el asiento y el respaldo de cuero o de palma tejida.
EQUIPAR tr. **1** Proveer a uno de las cosas necesarias para su uso particular. También prnl. **2** Proveer a una nave de todo lo necesario. **3** Proveer del equipo necesario a industrias, urbanizaciones, sanatorios u otros establecimientos.
EQUIPARAR tr. Comparar una cosa con otra, considerándolas iguales o equivalentes.
EQUIPO m. **1** Acción y efecto de equipar. **2** Grupo de personas organizado para un trabajo o servicio determinado. **3** *Dep.* Cada uno de los grupos de jugadores que se disputan el triunfo en ciertos deportes. **4** Conjunto de ropas y otras cosas para uso particular de una persona. **5** Colección de utensilios, instrumentos y aparatos especiales para un trabajo. || **caerse con todo el equipo** fr. fig. Fracasar rotundamente. || **en equipo** loc. adj. y adv. Se aplica al trabajo ejecutado por un grupo coordinado de personas, y a la manera de realizarlo.
EQUIPOLADO adj. *Bl.* Escaqueado.
EQUIPOLENCIA f. *Mat.* **1** EQUIVALENCIA. **2** Igualdad en el valor.
EQUIPOLENTE adj. **1** EQUIVALENTE. **2** *Ling.* Se dice de la oposición cuyos términos son equivalentes.
EQUIPONDERAR intr. *Fís.* Ser una cosa de peso igual al de otra.
EQUIS f. **1** Nombre de la letra *x*. **2** *Mat.* Signo de la incógnita en los cálculos matemáticos. **3** *Zool. Col.* y *Perú* Serpiente cuyo veneno es casi siempre mortal. || adj. **4** Denota un número desconocido o indiferente. ♦ Su pl. es *equis*.
EQUISETÁCEO, A adj. y s. *Bot.* **1** Se dice de la planta equisetínea, común en regiones de lagos y pantanos, cuyo tipo es la *cola de caballo*, muy abundantes en Europa. || f. pl. *Bot.* **2** Familia de estas plantas.
EQUISETÍNEO, A adj. y s. *Bot.* **1** Se dice de la planta criptógama pteridofita, herbácea, vivaz, con rizoma feculento, tallos rectos y fructificación en ramillete. || f. pl. *Bot.* **2** Clase de estas plantas, la mayoría fósiles.
EQUISETO m. *Bot.* Nombre común de diversas plantas de la familia equisetáceas, género *Equisetum*, que crecen en zonas con abundante agua, y conocidas generalmente por *colas de caballo*.
EQUITACIÓN f. **1** Arte de montar y manejar bien el caballo. **2** Acción de montar a caballo.

equitación.
Escuela de equitación de Viena. Litografía de Carl Kunz y Johan Geiger, 1838. Museo del Estado (Viena).

EQUITATIVO, VA adj. Que tiene equidad.

ÉQUITE m. *Hist.* Ciudadano romano perteneciente a la clase ecuestre, intermedia entre los patricios y los plebeyos, y que, en el ejército, servía a caballo.

EQUIUROIDEO, A adj. *Zool.* **1** Se dice del animal metazoo triblástico celomado, sin segmentación en estado adulto, pero con ella presente en la larva. En la parte anterior del cuerpo presenta una trompa que utiliza para la captura del alimento. A este grupo pertenece la bonelia. || m. pl. *Zool.* **2** Tipo de estos animales.

EQUIVALENCIA f. Igualdad en el valor, estimación, potencia o eficacia de dos o más cosas. || **CLASE DE EQUIVALENCIA** *Mat.* CLASE. || **RELACIÓN DE EQUIVALENCIA** *Mat.* Aquella que se establece entre elementos de un subconjunto, cuando éstos cumplen las propiedades reflexiva, simétrica y transitiva. Estos subconjuntos se llaman *clases de equivalencia.*

EQUIVALENTE adj. **1** Que equivale a otra cosa. También s. **2** *Geom.* Se dice de las figuras y sólidos que tienen igual área o volumen, pero distinta forma. **3** *Mat.* Se dice de las fracciones que dan el mismo resultado al efectuar el cociente indicado. || m. *Quím.* **4** Mínima masa necesaria de un cuerpo para que, al unirse con otro, forme verdadera combinación. **5** Número que representa este peso.

EQUIVALER intr. Ser igual una cosa a otra en la estimación, potencia o eficacia. ♦ IRREG. Se conjuga como VALER.

EQUIVOCAR tr. y prnl. Tener o tomar una cosa por otra, juzgando u obrando desacertadamente.

EQUÍVOCO, CA adj. **1** Que puede entenderse o interpretarse en varios sentidos. || m. **2** Palabra cuya significación conviene a diferentes cosas. **3** *Ret.* Figura retórica que consiste en emplear en el discurso palabras homónimas. **4** Acción y efecto de equivocar.

ER *Quím.* Símbolo del erbio.

ERA[1] f. **1** Punto fijo o fecha determinada de un suceso, desde el cual se empiezan a contar los años. Sirve para los cómputos cronológicos. Las principales eras cronológicas son o han sido: la *cristiana*, la *hispánica*, la de la *fundación de Roma*, la *judía*, la *mahometana* y la de las *olimpiadas.* **2** Extenso periodo histórico caracterizado por una gran innovación en las formas de vida y de cultura. || **ERA COMÚN, CRISTIANA** o **VULGAR** Cómputo de tiempo que empieza a contarse por años desde el nacimiento de Jesucristo. Fue establecida en Roma en el año 540 por el monje escita Dionisio el Menor, que fijó la fecha del nacimiento de Cristo en el 25 de diciembre del año 753 de la fundación de Roma y decidió que el 754 sería el primero de la era cristiana. Estudios recientes permiten afirmar que el nacimiento de Jesús tuvo lugar de 4 a 6 ó 7 años antes de lo fijado por Dionisio el Menor y probablemente el año 748 de la fundación de Roma. || **ERA DE LA FUNDACIÓN DE ROMA** Se cuenta a partir de la creación de esta ciudad por Rómulo, hecho que Varrón fijó el 24 de abril del 753 a. C. Por comodidad se suele hacer coincidir el año 1 con el 754 de Roma. || **ERA GEOLÓGICA** *Geol.* Cada una de las grandes unidades cronológicas de la historia terrestre. Se consideran cinco grandes eras: *arcaica* (4.600-570 millones de años), *paleozoica* o *primaria* (570-225 millones de años), *mesozoica* o *secundaria* (225-65 millones de años), *terciaria* (65-2,5 millones de años) y *cuaternaria* (2,5-0 millones de años). Se subdividen en periodos, pisos y zonas. || **ERA ISLÁMICA** o **HÉGIRA** Computa el tiempo desde el 16 de julio del año 622, día de la huida de Mahoma de La Meca a Medina. Sus años son lunares de 354 días e intercala 11 de 355 por cada período de 30. || **ERA JUDÍA** Toma como base de cálculo la fecha de la creación del pueblo elegido, establecida por los cronologistas judíos en el año 3761 a. C. || **ERA DE LAS OLIMPIADAS** Cómputo usado por los antiguos griegos, en el que el tiempo se contaba por periodos de cuatro años, de acuerdo con el ciclo de celebración de las olimpiadas, a partir del 1 de julio del año 776 a. C.

ERA[2] f. **1** *Agr.* Espacio de tierra limpia y firme, algunas veces empedrado, donde se trillan las mieses. **2** *Agr.* Cuadro pequeño de tierra destinado al cultivo de tierras u hortalizas. **3** *Min.* Sitio llano cerca de las minas, donde se machacan o limpian los minerales. **4** Suelo para majar el yeso, hacer las mezclas o arreglar los solados.

ERAL, LA m. y f. *Gan.* Res vacuna de más de un año y que no pasa de dos años.

ERAR tr. Formar y disponer eras.

ERARD, SEBASTIEN Constructor de pianos francés (Estrasburgo, 1752 - Passy, 1831). En 1777 fabricó el primer piano que se construyó en Francia.

ERARIO m. **1** Tesoro público de una nación, provincia o pueblo. **2** Lugar donde se guarda.

ERASMISMO m. *Filos.* Doctrina filosófica de Erasmo. Su influencia fue grande en Europa y contó con un arraigo especial en España. Impulsada por autores como Luis Vives, contó con el apoyo de Carlos I. Alcalá de Henares se convirtió en su principal centro difusor y entre sus principales representantes figuran Alfonso y Juan de Valdés, fray Alonso de Virués, A. Laguna y Luís de Mexía. La influencia del erasmismo se detecta en autores como Alejo Venegas, Jorge de Montemayor, Martín de Azpilcueta, Cristóbal de Villalón, en el *Lazarillo de Tormes*, Benito Arias Montano, fray José de Sigüenza, fray Luis de León y Miguel de Cervantes.

ERASMO, SAN Obispo italiano (? - ?, 304). Obispo de Formia, Italia, sufrió martirio durante la persecución de Diocleciano.

Erasmo de Rotterdam. Retrato de Quentin Metsys. Palacio Barberini (Roma).

ERASMO DE ROTTERDAM, DESIDERIO (GEERT GEERTSZ, llamado) Humanista holandés (Rotterdam, 1467 - Basilea, 1536). Su doctrina dio origen al ERASMISMO. Propugnó la reforma gradual y pacífica de la iglesia y de la sociedad. Escribió contra Lutero *Sobre el libre albedrío* (1524). Sin embargo, por sus críticas contra las costumbres eclesiásticas, sus planteamientos racionalistas y por su traducción del *Nuevo Testamento* (1516), se le acusó de haber preparado la Reforma. Entre sus obras, escritas en latín, destacan *Adagios* (1500), *Manual del caballero cristiano* (1502), *Elogio de la locura* (1511), *Doctrina del príncipe cristiano* (1516), *Coloquios* (1518) y *Sobre la pureza de la Iglesia cristiana* (1536).

ERATO *Mit.* Una de las nueve musas de la mitología griega, hija de Júpiter y de Mnemósine.

ERATÓSTENES DE CIRENE Científico griego (Cirene, h. 276 - Alejandría, h. 194 a. C.). Tolomeo Evergetes le encargó la dirección de la Biblioteca de Alejandría. Fue el primero en medir el meridiano terrestre con extraordinaria exactitud, así como la distancia de la Tierra a la Luna y el Sol.

ERBIL ARBELAS.

ERBIO m. *Quím.* Elemento químico del grupo de los lantánidos o tierras raras del sistema periódico. Masa atómica 68; número atómico 167,2; punto de fusión 1.450° C; símbolo *Er.* Es un metal gris oscuro, raro en la naturaleza, insoluble en agua y soluble en ácidos. Se usa en la industria nuclear y metalúrgica.

ERCILLA Y ZÚÑIGA, ALONSO DE Escritor español (Madrid, 1533 - íd., 1594). Era paje del príncipe de Asturias, luego Felipe II. Su estancia en América (1556-62) le inspiró el poema épico *La Araucana*, publicado en tres partes (1569, 1578 y 1589). La obra, compuesta en octavas reales, canta la conquista de Arauco.

ERCIYAS Volcán de Turquía (Kayseri); 3.916 m. En la Antigüedad se llamó *Argeo.*

ERE f. Nombre de la letra *r* en su sonido suave.

EREBO o **ÉREBO** m. Infierno, averno.

EREBO *Mit.* Personificación de las tinieblas infernales.

EREBUS Volcán de la Antártida, en la isla de Ross, descubierto por J. Ross; 4.026 m.

ERECCIÓN f. **1** Acción y efecto de levantar, levantarse, enderezarse o ponerse rígida una cosa. **2** Fundación o institución. **3** TENSIÓN, estado de un cuerpo estirado. **4** *Fisiol.* Dilatación y agrandamiento del tejido eréctil cuando se llena de sangre, como ocurre en el pene o el clítoris.

ERECTEO *Mit.* Primer rey de Atenas, hijo de Pandión, a quien se atribuye la introducción del culto a Atenea en Atenas, la fundación de las panateneas y la victoria sobre las tropas eléusicas de Eumolpo.

ERECTEÓN *Arte.* Templo erigido en la Acrópolis de Atenas en honor de Erecteo. Obra maestra del estilo jónico, fue construido a finales del siglo V a. C. En él se encuentra la tribuna de las Cariátides.

ERÉCTIL adj. Que tiene la facultad o propiedad de levantarse, enderezarse o ponerse rígido.

ERECTO, TA adj. Enderezado, levantado, rígido.

EREGLI o **EREKLI** Ciudad de Turquía asiática, provincia de Konya; 74.300 h. Corresponde a la antigua *Heraclea.*

EREMITA com. *Rel.* Religioso que renuncia a la sociedad y se retira a la soledad del campo para practicar la meditación, la oración y la penitencia.

EREMÍTICO, CA adj. Perteneciente o relativo a los eremitas o al eremitismo.

EREMITISMO m. *Hist.* y *Rel.* Forma de vida de los eremitas. Se dio en diferentes formas en el cristianismo primitivo, en el budismo y el taoísmo originario.

EREMITORIO m. Lugar en que habita el eremita.

EREMÓFILO, A adj. *Ecol.* DESERTÍCOLA.

EREPSINA f. *Fisiol.* Conjunto de las pepsinas del jugo intestinal.

ERETISMO m. *Fisiol.* Exaltación de las propiedades vitales de un órgano.

ERETRIA Antigua ciudad de Grecia, en la isla de Eubea. Fue destruida por los persas el 490 a. C.

EREVAN YEREVAN.

ERFURT Ciudad de Alemania, capital del Land de Turingia; 213.472 h. Catedral de los siglos XII-XV.

ERG- pref. ERGO-.

-ERG- in. ERGOT-.

ERG[1] m. *Fís.* Símbolo del ergio, unidad de trabajo.

ERG[2] m. *Geol.* Extensa acumulación arenosa constituida por una asociación de dunas en los desiertos cálidos.

ERGAS-, ERGASTO- prefs. ERGO-.

ERGASTOPLASMA m. *Biol.* Estructura del citoplasma de las células eucariotas, con función de almacén de proteínas.

ERGÁSTULO m. Lugar en que vivían hacinados los trabajadores esclavos.

-ERGIA o **-ERGÍA, -ÉRGICO** sufs. ERGO-.

ERGIO m. *Fís.* Unidad de trabajo, energía y cantidad de calor en el sistema cegesimal, equivalente al trabajo realizado por la fuerza de una dina cuando su punto de aplicación recorre la distancia de un centímetro. Su símbolo es *erg* y equivale a 10^{-7} julios.

ERGO conj. lat. Por tanto, luego, pues.

ERGO-[1] pref. ERGOT-.

ERGO-[2]**, ERG-, ERGAS-, ERGASTO-; -ERGO, -ERGIA, -ERGÍA, -ÉRGICO, -ERGÚMENO, -URGO, -URGIA** prefs. o sufs. que significan operación, trabajo.

ERGÓGRAFO m. *Med.* Instrumento para registrar gráficamente las variaciones del trabajo muscular.

ERGOL m. *Quím.* Sustancia que entra en la composición de un propergol.

ERGONOMÍA f. Estudio de datos biológicos y tecnológicos aplicados a problemas de mutua adaptación entre el hombre y la máquina.

ERGOSTEROL m. *Quím.* VITAMINA D, que por irradiación con luz ultravioleta o activación con electrones, se convierte en vitamina D_2 o calciferol.

ERGOT-, ERGO-; -ERG- prefs. o in. que significan cornezuelo de centeno.

ERGOTAMINA f. *Farm.* Alcaloide del cornezuelo de centeno que se utiliza como estimulante de la musculatura lisa del útero.

ERGOTINA f. *Med.* Principio activo del cornezuelo de centeno, empleado contra las hemorragias.

ERGOTISMO m. *Med.* Conjunto de síntomas producidos por intoxicación al ingerir granos de cereal infectados con cornezuelo de centeno.

ERGOTIZAR intr. Abusar del sistema de argumentación silogística.

ERGUÉN m. *Bot.* Árbol espinoso, de la familia sapotáceas, nativo de Marruecos. Crece en Andalucía.

ERGUIR tr. **1** Levantar y poner derecha una cosa. **2** Levantarse, ponerse derecho. **3** Engreírse, ensoberbecerse. ♦ IRREG. Véase cuadro.

ERGUIR

INDICATIVO
Pres.: irgo o yergo, irgues o yergues, irgue o yergue, erguimos, erguís, irguen o yerguen.
Pret. imperf.: erguía, etc.
Pret. indef.: erguí, erguiste, irguió, erguimos, erguisteis, irguieron.
Fut. imperf.: erguiré, etc.
Condic.: erguiría, etc.
SUBJUNTIVO
Pres.: irga o yerga, irgas o yergas, irga o yerga, irgamos o yergamos, irgáis o yergáis, irgan o yergan.
Pret. imperf.: irguiera o irguiese, irguieras o irguieses, irguiera o irguiese, irguiéramos o irguiésemos, irguierais o irguieseis, irguieran o irguiesen.
Fut. imperf.: irguiere, irguieres, irguiere, irguiéremos, irguiereis, irguieren.
IMPERATIVO: irgue o yergue, erguid.
PARTICIPIO: erguido.
GERUNDIO: irguiendo.

-ERGÚMENO suf. ERGO²-.

ERHARD, LUDWIG Político y economista alemán (Fürth, 1897 - Bonn, 1977). Fue nombrado ministro federal de Asuntos Económicos (1949-63). Sustituyó a Adenauer en el puesto de canciller (1963-66).

ERIAL adj. y m. Se aplica a la tierra o campo sin cultivar ni labrar.

ERICÁCEO, A adj. y f. *Bot.* **1** Se dice de la planta angiosperma dicotiledónea, con doble número de estambres que de pétalos, semillas de albumen carnoso, que crece en suelos ácidos de climas templados, como el rododendro, brezo, madroño, etc. || f. pl. *Bot.* **2** Familia de estas plantas.

ERICIFRUTICETA f. *Bot.* Formación que agrupa los matorrales xeromorfos, conocidos como brezales, propios de climas oceánicos templados, fríos extratropicales y montanos intertropicales.

ERICSSON, JOHAN Ingeniero e inventor estadounidense de origen sueco (Vermland, 1803 - Nueva York, 1889). Construyó los primeros barcos provistos de hélice y la serie *Monitor*, tipo de pequeño acorazado utilizado en la guerra de Secesión.

ERIDANO *Astron.* Constelación del hemisferio austral, cuya estrella más luminosa es Achernar.

ERÍDANO *Mit.* Río mítico, que los romanos identificaron con el Po.

ERIE Uno de los Grandes Lagos, entre Canadá y EE UU, comunicado con el Hurón y con el Ontario por el Niágara, que forma las famosas cataratas; 25.612 km².

ERÍGENA ESCOTO ERÍGENA, JUAN.

ERIGIR tr. **1** Fundar, instituir o levantar. **2** Constituir a una persona o cosa con un carácter que antes no tenía. También prnl.

ERIK Nombre de diversos reyes de Dinamarca.

ERIK I EJEGOD (?, 1053 - Chipre, 1103). Gobernó de 1095 a 1103. Difundió el cristianismo en su reino y convirtió Lund en sede episcopal.

ERIK II EMUNE (Odense, 1082 - Ribe, 1137). Reinó de 1131 a 1137. Era hijo de Erik I. Derrotó en la batalla de Skånor (1134) al usurpador Magnus, que había asesinado a su hermano.

ERIK III LAM (? - Odense, 1147). Reinó de 1137 a 1146. Era nieto de Erik I. Luchó contra su primo Olaf, que se había proclamado rey de Escania, al que venció, pero no pudo batir a los suecos. Favoreció a la iglesia.

ERIK IV PLOGPENNING (Copenhague, 1216 - íd., 1250). Reinó de 1241 a 1250. Sucedió a Valdemar II. Para financiar la lucha que mantuvo contra su hermano, el duque Abel, aumentó los impuestos. Su hermano le mandó decapitar.

ERIK V GLIPPING (Laaland, 1249 - Finderup, 1286). Reinó de 1259 a 1286. Sucedió a su padre, Cristóbal I. En 1282 la nobleza le obligó a firmar una carta que limitaba el poder real y que obligaba a la corona a reunir anualmente a los nobles en un parlamento (Danehof). Murió asesinado.

ERIK VI MENVED (Copenhague, 1274 - Roskilde, 1319). Reinó de 1286 a 1319. Sucedió a su padre, Erik V. Mantuvo constantes guerras contra la iglesia, Noruega, Suecia y Lübeck, que arruinaron el reino.

ERIK VII ERIK XIII O ERIK DE POMERANIA.

ERIK Nombre de diversos reyes de Suecia.

ERIK I A VIII Reyes legendarios de Suecia, que ocuparon el trono entre los siglos VIII y X. El más conocido es Erik Segersäll.

ERIK SEGERSÄLL (? - ?, 994) Sucedió a su hermano Olaf en 950, con quien conjuntamente había sido proclamado rey en 932, y reinó hasta el 994. Según las sagas venció a Stybjörn Starke en Frysvall. Invadió Dinamarca y fue monarca de los dos reinos.

ERIK IX JEDVARDSSON (? - Uppsala, 1160). Reinó de 1156 a 1160. Fue el fundador de la dinastía de los Erik, rival de la de los Sverker. Introdujo el cristianismo en el N de Suecia y mandó una cruzada contra los finlandeses, que seguían siendo paganos (1157). Fue atacado por el príncipe danés Magnus Henriksson, pretendiente al trono sueco, y pereció en el sitio de Uppsala.

ERIK X KNUTSSON (? - Vissingsö, 1216). Gobernó de 1208 a 1216. Era hijo del rey Knut Erikson. Luchó contra el pretendiente Sverker el Joven y le venció en Lena (1208). Tras casarse con la hermana del rey danés fue coronado en Uppsala.

ERIK XI ERIKSSON (?, h. 1216 - ?, 1250). Reinó de 1222 a 1229 y de 1234 a 1250. Fue el hijo póstumo de Erik X. En 1229 fue destronado por su primo Knut (Canuto), y huyó a Dinamarca. A la muerte del usurpador Lange volvió a Suecia.

ERIK XII MAGNUSSON (Uppsala, 1339 - Estocolmo, 1369). Gobernó de 1356 a 1359. Primogénito de Magnus Eriksson, fue reconocido heredero de la corona sueca, a la vez que su hermano Haakon lo era de la Noruega (1343).

ERIK XIII O ERIK DE POMERANIA Rey de Noruega, Suecia y Dinamarca (?, h. 1382 - Rügenwalde, 1459). Gobernó de 1396 a 1439. Era hijo de Wratislao de Pomerania y sobrino nieto de la reina Margarita de Dinamarca. Fue elegido rey de Noruega (1389-1442) y posteriormente de Dinamarca y Suecia, siendo coronado por los tres países en la dieta de Kalmar, aunque sólo reinó de hecho tras la muerte de Margarita (1412). Tomó Copenhague y la convirtió en la capital del reino (1416). En 1439 fue sustituido por los consejos danés y sueco, y en 1442 por el noruego.

ERIK XIV (Estocolmo, 1533 - Orbyhus, 1577). Hijo de Gustavo Wasa. Reinó de 1560 a 1568. Ocupó Tallin (1561) y encarceló a su hermano Juan, casado con una católica polaca, Catalina Jagellon. Esto provocó la unión de Polonia, Dinamarca y Lübeck, en su lucha contra Suecia (guerra de los Siete Años). Perdió la razón y fue depuesto.

ERIK Nombre de diversos reyes de Noruega.

ERIK BLODÖKS (?, 895 - ?, 954). Hijo de Harald I Harfager, accedió al trono en 933. Fue expulsado del país por su hermano Haakon.

ERIK MAGNUSSON PRESTEHATER (?, 1268 - ?, 1299). Hijo de Magnus VI Lagabote, accedió al trono en 1280. Asumió la decisión del consejo de regencia de recortar los privilegios de la iglesia noruega y luchó sin fortuna contra la Liga Hanseática.

ERIK EL ROJO Jefe noruego (Jaeren, h. 940 - Bratthail, h. 1010). En 985 llegó a la costa occidental de Groenlandia. Volvió con colonos en 988 y se estableció en los fiordos de la costa. Erik se instaló en Bratthail, en el Eriksfjord, donde murió.

ERIKSSON, ERIK Psicólogo estadounidense de origen alemán (Frankfurt del Main, 1902 - Harwich, 1994). Vinculado al movimiento psicoanalítico, entre sus principales obras destacan *Infancia y sociedad* (1950), *Lutero* (1958) e *Historia personal y circunstancia histórica* (1975).

ERÍN Nombre gaélico de *Irlanda*.

ERINA f. Instrumento metálico de uno o dos ganchos, que sirve para mantener separados los tejidos en una operación.

ERINGE f. *Bot.* CARDO CORREDOR.

ERINIAS *Mit.* Divinidades griegas, cuya misión esencial es la venganza del crimen. Los romanos las llamaron *Furias*.

ERIO- pref. que significa lana.

ERÍO, A adj. y m. ERIAL.

ERIS o **ÉRIDE** Nombre griego de la Discordia.

ERISI- pref. ERITR-.

ERISIPELA f. *Pat.* Inflamación bacteriana infecciosa de la dermis de la piel.

ERÍSTICO, CA adj. *Filos.* **1** Se dice de la escuela socrática fundada por Euclides y establecida en Megara. **2** Se aplica también a la escuela que abusa del procedimiento dialéctico.

ERITEMA m. *Med.* Inflamación superficial de la piel, acompañada de enrojecimiento.

ERITR-, ERITRO-, ERISI- prefs. que significan rojo.

ERITREA (*Eritrea*) Estado de África, que hasta 1993 fue una región del N de Etiopía. Límita al N con Sudán y el mar Rojo; al E, con Yibuti y el mar Rojo; al S, con Etiopía, y al O, con Sudán.

Superficie: 121.100 km².
Población: 4.136.000 h. (eritreos).
Densidad: 34,2 h./km².
Tasa de natalidad: 42,5‰.
Tasa de mortalidad: 12,5‰.
Capital: Asmara.
Ciudades principales: Asseb, Keren, Massawa, Mendefera.
Grupos étnicos: triginya (47,9%), tigré (31%), afar (4,2%), beja (3,9%).
Religión: cristianismo (49%), islamismo (49%), animismo (2%).
Idioma: amárico (o amhárico) y varios dialectos semíticos y camíticos.
Moneda: nafka.
Forma de Estado: régimen de transición con una cámara legislativa.
Producto Nacional Bruto: 781 millones de dólares.
Renta per cápita: 200 dólares.
División administrativa: en 6 regiones, según cuadro.

ERITREA

Regiones	Superficie (km²)	Capitales
Anseba	23.200	Keren
Central	1.300	Asmara
Gash-Barka	33.200	Barentu
Mar Rojo Meridional	27.600	Aseb
Mar Rojo Septentrional	27.800	Mitsiwa
Meridional	8.000	Mendefera

Geog. En el territorio de Eritrea se distinguen dos grandes formas de relieve. Al N existe una llanura litoral de clima árido, que incluye la llanura de Denakil y la depresión de Kobar Sink; más al S, la meseta interior es continuación de las plataformas del macizo etíope, y en ella domina el clima tropical senegalés. El principal cultivo es el sorgo; también produce tabaco, trigo, maíz y café. Ganadería. Los principales minerales explotados son el oro, la sal, la arena. La industria se limita a la producción artesanal y a la explotación de productos petrolíferos.

Hist. El territorio formó parte del reino aksumita durante los siglos IV a VI. Cayó bajo poder otomano en el siglo XVI. Desde el siglo XVII hasta el XIX el control del territorio se disputó entre Etiopía, los otomanos, el reino de Tigray, Egipto e Italia. En 1869 Italia conquistó la base de Asseb, con su territorio limítrofe, y los convirtió en colonia en 1882. En 1885 se adueñó de Massawa. Los italianos, una vez consolidada la posesión de Eritrea, la tomaron como base para la conquista de Abisinia; pero, derrotados en Adua (1895-96), se replegaron a su colonia. Después de la Segunda Guerra Mundial, la colonia fue administrada por el Reino Unido como fideicomiso, hasta que, en 1950, la Asamblea de la ONU decidió poner este territorio bajo la soberanía etíope, en el cuadro de un Estado federal (1952). Después se integró definitivamente en Etiopía (1962). El nuevo *status* recrudeció las actividades de la guerrilla, apoyadas por la población, mayoritariamente musulmana. La creación del Frente Popular de Liberación de Eritrea (FPLE) obligó al Gobierno a comprometer sus mejores unidades militares, lo que no impidió la ocupación por los guerrilleros de gran parte del territorio. Tras el derrocamiento de Haile Selasie (1974), los gobernantes de Addis Abeba se lanzaron a una ofensiva que les llevó a recuperar el terreno perdido (1978-82), aunque no lograron aniquilar el movimiento independentista. En mayo de 1991, tras la caída del presidente etíope Mengistu, el Frente Popular de Liberación de Eritrea (FPLE), proclamó la administración autónoma de Eritrea. Dos años después fue proclamada la independencia e Issaias Afewerki se convirtió en el presidente del nuevo Estado. En los años siguientes surgió una oposición de carácter integrista y regional. El país mantuvo relaciones conflictivas con Yemen (1995) y con Etiopía, por el llamado triángulo de Yirga (1998). Tras un recrudecimiento del conflicto fronterizo, Eritrea y Etiopía firmaron la paz en diciembre de 2000.

Eritremia f. *Med.* Aumento del número de glóbulos rojos circulantes en la sangre, normalmente secundaria a una hipoxia.

Eritreo, a adj. y s. De Eritrea.

Eritreo, mar Nombre que se dio a los mares situados entre la India y las costas nordorientales de África: mar Arábigo, golfo Pérsico y mar Rojo.

Eritroblasto m. *Biol.* Célula nucleada de la médula ósea. Es la precursora del eritrocito.

Eritrocito m. *Biol.* Célula de la sangre, esferoidal y aplanada, carente de núcleo, que contiene los pigmentos respiratorios, generalmente hemoglobina (roja) en su citoplasma y da el color característico a la sangre. Su función es transportar el oxígeno y recoger el dióxido de carbono de los tejidos del cuerpo. También llamado *hematíe* o *glóbulo rojo*.

Eritroxiláceo o **Eritroxíleo, a** adj. y s. *Bot.* 1 Se dice de los árboles y arbustos angiospermos dicotiledóneos, como el arabo. || f. pl. *Bot.* 2 Familia de estas plantas.

Erivan Yerevan.

Erizar tr. 1 Levantar, poner rígida y tiesa una cosa. Más como prnl. 2 fig. Llenar o rodear una cosa de obstáculos, asperezas, inconvenientes, etc. || prnl. 3 In- quietarse, azorarse.

Erizo m. 1 *Bot.* Mata de la familia leguminosas, que crece en terrenos pedregosos formando céspedes muy

Max **Ernst.**
*Los hombres
no se enterarán.*
Tate Gallery
(Londres).

tupidos. 2 *Bot.* Fruto del cadillo, planta. 3 *Bot.* Zurrón o corteza áspera y espinosa en que se crían la castaña y algunos otros frutos. 4 *Zool.* Nombre común de diversos mamíferos insectívoros de la familia erinaceidos, con diversos géneros. El erizo común *(Erinaceus europaeus)*, de unos 27 cm de largo aproximadamente, tiene el dorso y los costados cubiertos de púas, las patas cortas y el hocico puntiagudo. Vive en Europa y Asia. Presenta la peculiaridad de que, al hallarse en peligro, se enrolla en forma de bola con las espinas dispuestas en todas direcciones. 5 *Zool.* Pez teleósteo, de la familia plectognatos, propio de los mares intertropicales. 6 fig. y fam. Persona de carácter áspero e intratable. 7 Conjunto de puntas de hierro, que sirve para coronar y defender lo alto de un parapeto, tapia o muralla. || **erizo de mar** o **marino** *Zool.* Nombre común de diversos equinodermos de la clase equinoideos, de cuerpo hemisférico, cubierto por un caparazón calizo con multitud de espinas articuladas.

Erke m. *Mús.* Instrumento musical de viento, propio de la región andina, compuesto por diversos trozos de caña de distinta longitud y sonido.

Erlander, Tage Fritiop Político sueco (Karlstad, 1901 - Estocolmo, 1985). Miembro del Partido Socialdemócrata, fue ministro sin cartera (1944-45), de Educación (1945-46) y primer ministro (1946-69).

Erlangen Ciudad de Alemania, Land de Baviera; 100.330 h. Universidad. Industria.

Erlanger, Joseph Fisiólogo estadounidense (San Francisco, 1874 - Saint Louis, 1965). Compartió el premio Nobel de Fisiología y Medicina en 1944 con Herbert Gasser, por sus investigaciones sobre el sistema nervioso.

Erman, Georg Adolf Físico y viajero alemán (Berlín, 1806 - íd., 1877). Hizo un viaje alrededor del mundo (1828-30) para determinar las propiedades magnéticas del globo. En sus observaciones basó Gauss la primera teoría sobre magnetismo terrestre.

Ermera Distrito de Timor Oriental; 746 km^2 y 89.500 h. Su capital es la ciudad homónima.

Ermita f. Santuario o capilla, generalmente pequeños, situados por lo común en despoblado y que suelen no tener culto permanente.

Ermitage Museo de arte de la ciudad de San Petersburgo, fundado en 1764 por Catalina II, uno de los más importantes del mundo. Contiene diversas obras de arte y una famosa colección de pinturas. Sobresale en obras flamencas, holandesas y francesas. En 1852 sus fondos se enriquecieron con excelentes cuadros españoles.

Ermitaño, ña m. y f. 1 Persona que vive en la ermita y cuida de ella. || m. 2 El que vive en soledad. 3 *Zool.* Nombre común de diversos crustáceos decápodos anomuros pertenecientes a la familia pagúridos. Son cangrejos marinos de pequeño tamaño y con el abdomen blando, por lo que con frecuencia ocupan conchas vacías de moluscos para protegerse.

erizo

Ermunio m. *Hist.* Caballero que estaba libre de todo servicio o tributo ordinario.

Erne Río de Irlanda e Irlanda del N, por el que desagua el lago de su nombre. Desemboca en el Atlántico, en la bahía de Donegal; 115 km.

Ernst, Max Pintor francés de origen alemán (Brühl, 1891 - París, 1976). Afiliado inicialmente al grupo *Der Sturm*, fundó el grupo Dadá en Colonia, con la colaboración de Baargeld (1918). Se trasladó a París en 1921 y se unió al grupo de los surrealistas. En 1925 desarrolló una técnica llamada *frottage*, con la que creó un mundo misterioso de paisajes y animales extraños. De su producción destacan *Fiat-Modes* (1919), *Muschelbild* (1920), *El elefante Célebes* (1921) y la serie *Historia Natural* (1926).

Ernst, Richard Robert Químico suizo (Winterthur, 1933). En 1991 recibió el premio Nobel de Química por la aplicación de la resonancia magnética nuclear a la medicina.

ero- pref. EROT-.

-ero, -era sufs. usados en voces latinas, como *panera*, y en sustantivos y adjetivos castellanos derivados de nombres, como *aduanero, leonera*.

Erogar tr. Distribuir, repartir bienes o caudales.

Erógeno, na adj. Que produce o es sensible a la excitación sexual.

Eros m. Conjunto de tendencias e impulsos sexuales de la persona humana.

Eros *Astron.* Nombre dado al asteroide 433, descubierto en 1898. En febrero de 1996 la Agencia Espacial Americana lanzó la sonda NEAR para investigar las características de este asteroide. En 2001, después de realizar un completo mapa de Eros, la sonda aterrizó en su superficie.

Eros *Mit.* Dios del amor, surgido del Caos. En otras leyendas era hijo de Ares y Afrodita. Su actuación más conocida tiene lugar en el mito de Psique. Los romanos lo identificaron con *Cupido*.

Erosión f. 1 Desgaste o destrucción producidos en la superficie de un cuerpo por la fricción continua o violenta de otros. También en sentido fig. 2 *Geol.* Desgaste, disolución o rotura de la superficie terrestre o de materiales inconsolidados, producido por diversos agentes geológicos externos: agua (erosión hidráulica), hielo (glaciar), viento (eólica), oleaje (marina), por los seres vivos (biótica), etc. Puede ser *mecánica*, si tiene como consecuencia la simple separación física de los fragmentos de la roca, o *química*, si produce alteraciones en su composición. 3 *Med.* Lesión superficial de la epidermis. 4 fig. Desgaste del prestigio o influencia de una persona o entidad.

Erosionar tr. 1 Producir erosión. 2 fig. Desgastar el prestigio o influencia de una persona, una institución, etc. También prnl.

Erostratismo m. Manía que lleva a cometer actos delictivos para conseguir renombre.

Erzurum (Turquía).

ERÓSTRATO Personaje griego que en 356 a. C., para alcanzar celebridad, incendió el templo de Ártemis, en Éfeso, una de las maravillas del mundo.
EROT-, EROTO-, ERO- prefs. que significan amor.
EROTEMA f. Interrogación retórica.
ERÓTICO, CA adj. **1** Amatorio. **2** Perteneciente o relativo al amor sensual.
EROTISMO m. **1** Pasión de amor. **2** Amor sensual exacerbado.
EROTO- pref. EROT-.
EROTOMANÍA f. Enajenación mental causada por el amor y caracterizada por un delirio erótico.
ERRABUNDO, DA adj. Que va de una parte a otra sin tener asiento fijo.
ERRACHIDIA 1 Provincia de Marruecos; 59.585 km² y 522.000 h. **2** Ciudad capital de la misma; 27.040 h.
ERRADICAR tr. Arrancar de raíz.
ERRADIZO, ZA adj. Que anda errante y vagando.
ERRADO, DA adj. Que yerra.
ERRAJ m. Cisco hecho con el hueso de la aceituna después de molido.
ERRANTE adj. Que anda de una parte a otra sin tener asiento fijo.
ERRANTIA f. Bot. Formación vegetal constituida por plantas micrófitas no fijas al sustrato.
ERRAR tr. e intr. **1** No acertar. || intr. **2** Andar vagando de una parte a otra. **3** Divagar el pensamiento, la imaginación, la atención. || prnl. **4** EQUIVOCARSE. ♦ IRREG. Se conjuga como ACERTAR, pero sustituyendo la *i* inicial, en el diptongo *ie*, por *y*: yerro, yerras, yerra, etc., en lugar de ierro, ierras, ierra, etc.
ERRATA f. Equivocación formal cometida en un texto impreso o manuscrito.
ERRÁTICO, CA adj. Vagabundo, ambulante.
ERRÁZURIZ Y ALDUNATE, FERNANDO Político chileno (Santiago, 1777 - íd., 1841). Luchó por la Independencia y fue elegido para la junta gubernativa de 1823. Vicepresidente interino en 1831, tras la muerte de Ovalle asumió el poder ejecutivo y reprimió con dureza la revolución de R. Freire. En 1833 fue nombrado presidente del congreso.
ERRÁZURIZ ECHAURREN, FEDERICO Político chileno (Santiago, 1850 - Valparaíso, 1901). Hijo de Errázuriz Zañartu, como ministro de Guerra y Marina apoyó la revolución que acabó con Balmaceda. Elegido presidente (1896-1901), solucionó pacíficamente una crisis con Argentina (1898), en un acto llamado el abrazo del Estrecho.
ERRÁZURIZ ZAÑARTU, FEDERICO Político chileno (Santiago de Chile, 1825 - íd., 1877). Participó en el motín de Urriola (1851), lo que le valió el destierro al Perú. Ministro de Justicia, Culto e Instrucción Pública (1864 y 1868), y Guerra y Marina (1866-68), fue presidente de la República (1871-76).
ERRE f. Nombre de la letra *r* en su sonido fuerte. || **erre que erre** loc. De forma terca e insistente.
ERRÓNEO, A adj. Que contiene error.
ERROR m. **1** Concepto equivocado o juicio falso. **2** Desviación de un objeto o de un rendimiento, del valor posible válido o previsto. **3** Acción desacertada o equivocada. **4** Cosa hecha erradamente. **5** Der. Vicio del consentimiento causado por equivocación de buena fe.
ERS Astron. Satélite de la Agencia Espacial Europea que fue puesto en órbita en 1991. Su objetivo principal es el estudio de las zonas heladas y los mares y océanos terrestres.
ERSHAD, HUSSAIN MOHAMED Militar de Bangla Desh (Rangpur, 1930). Jefe del Estado Mayor del ejército (1978), en 1982 encabezó el golpe de Estado que derrocó a Abdul Sattar, y de 1983 a 1990 ocupó la presidencia de la República.
ERUBESCENCIA f. Rubor, vergüenza.
ERUCTAR intr. **1** Expeler con ruido por la boca los gases del estómago. **2** fig. y fam. Jactarse vanamente.
ERUCTO m. Acción y efecto de eructar.
ERUDICIÓN f. **1** Instrucción en varias ciencias, artes y otras materias. **2** Lectura varia, docta y bien aprovechada.
ERUDITO, TA adj. y s. Instruido en varias materias.
ERUELA f. Diminutivo de ERA², donde se trilla.
ERUGINOSO, SA adj. RUGINOSO.
ERUPCIÓN f. **1** Geol. Emisión de materias sólidas, líquidas o gaseosas por aberturas o grietas de la corteza terrestre a través de un volcán. **2** Med. Aparición y desarrollo en la piel, o las mucosas, de granos, manchas o vesículas. **3** Med. Estos mismos granos o manchas. || **ERUPCIÓN ESTROMBOLIANA** Geol. La de tipo central, en la que los gases proyectan en su salida salpicaduras de lava que, antes de llegar al suelo, se solidifican formando lapilli y bombas volcánicas. La lava es moderadamente fluida. Ejemplo es el volcán Strómboli en Italia. || **ERUPCIÓN HAWAIANA** Geol. La de tipo central, de lava muy fluida, con pocas cenizas volcánicas y gases que se desprenden con facilidad, como las de los volcanes de las islas Hawai. || **ERUPCIÓN PELEANA** Geol. La de tipo central, de lava tan viscosa que se solidifica en el conducto de salida, dando lugar exteriormente a una cúpula o aguja, al ser empujada por las nuevas emisiones de lava. Debido al taponamiento, los gases se desprenden provocando una gran explosión. Ejemplo es el Monte Pelado en Martinica. || **ERUPCIÓN VULCANIANA** Geol. La de tipo central, de lava muy viscosa que se solidifica parcialmente en su punto de emisión y da lugar a nubes de ceniza cuando los gases la arrastran al desprenderse violentamente. Ejemplos son el Etna y el Vesubio en Italia.
ERVIGIO Rey visigodo de España (? - ?, 687). Gobernó de 680 a 687. Sucedió a Wamba por medio de una intriga, y fue refrendado por el XII concilio de Toledo (681).
ERVILLA f. **1** ALGARROBA. **2** Chile GUISANTE.
ERZGEBIRGE METÁLICOS, MONTES.
ERZINCAN Ciudad de Turquía, capital de la provincia de su nombre; 90.800 h.
ERZURUM Ciudad de Turquía, capital de la provincia de su nombre; 250.100 h. Es la antigua *Garin* o *Karin* armenia.
ES- pref. que puede denotar separación.
ES Quím. Símbolo del einsteinio.
ESAKI, LEO Físico japonés (Osaka, 1925). En 1973, compartió el premio Nobel de Física con Ivar Giaever y Brian Josephson, por sus trabajos sobre semiconductores y superconductividad.
ESAÚ Personaje bíblico. Hijo primogénito de Isaac y hermano de Jacob, a quien, atormentado por el hambre, vendió su primogenitura por un plato de lentejas.
ESBATIMENTO m. Pint. Sombra que hace un cuerpo sobre otro.

ESBELTEZ o **ESBELTEZA** f. Estatura elevada, despejada y airosa de los cuerpos o figuras.
ESBELTO, TA adj. Gallardo, bien formado y de elevada altura.
ESBIRRO m. **1** Oficial inferior de justicia. **2** El que tiene por oficio prender a las personas. **3** fig. Secuaz a sueldo o movido por interés.
ESBJERG Ciudad de Dinamarca, condado de Ribe; 82.579 h. Importante puerto.
ESBOZAR tr. **1** Disponer o trabajar cualquier obra, pero sin concluirla. **2** Insinuar un gesto, normalmente del rostro.
ESBOZO m. **1** Acción y efecto de esbozar. **2** Por extensión, algo que puede alcanzar mayor desarrollo y perfección. **3** Bosquejo sin perfilar y no acabado. **4** Biol. Cualquiera de los tejidos, órganos o aparatos embrionarios que todavía no han adquirido su forma y estructura definitivas.
ESBRENCAR tr. Agr. Quitar la brenca del azafrán.
ESCABECHAR tr. **1** Echar en escabeche. **2** fig. Teñir las canas. También prnl. **3** fig. y fam. Matar, ordinariamente con arma blanca. **4** fig. y fam. Suspender o reprobar en un examen.
ESCABECHE m. **1** Salsa o adobo que se hace con aceite frito, vino o vinagre, hojas de laurel y otros ingredientes, para conservar y dar sabor a los pescados y otros manjares. **2** Alimento conservado en esta salsa. **3** fig. Líquido para teñir las canas.
ESCABECHINA f. **1** fig. Destrozo, estrago. **2** fam. Abundancia de suspensos en un examen.
ESCABEL m. **1** Tarima pequeña para que descansen los pies del que está sentado. **2** Asiento pequeño sin respaldo. **3** fig. Persona o circunstancia de la que uno se aprovecha para medrar.
ESCABIOSA f. Bot. Planta herbácea de la familia dipsacáceas, con tallo velloso y flores en cabezuela con corola azulada.
ESCABRO m. **1** Veter. Roña de las ovejas que echa a perder la lana. **2** Bot. Enfermedad que padecen en la corteza los árboles y las vides.
ESCABROSO, SA adj. **1** Desigual, lleno de tropiezos y embarazos. **2** fig. Áspero, duro, de mala condición. **3** fig. Peligroso, que está al borde de lo inconveniente o de lo inmoral.
ESCABUCHE m. Agr. Azada pequeña que se usa para escardar.
ESCABULLIRSE prnl. **1** Irse o escaparse de entre las manos una cosa. **2** fig. Salirse uno de la compañía en que estaba sin que lo noten. **3** fig. Ausentarse disimuladamente. **4** fig. Huir de una dificultad con sutileza. **5** fig. Eludir la fuerza de las razones contrarias. ♦ IRREG. Se conjuga como MULLIR.
ESCACHAR tr. **1** Cascar, despachurrar. **2** Hacer cachos, romper.
ESCACHARRAR tr. y prnl. **1** Romper un cacharro. **2** fig. Malograr, estropear una cosa.
ESCACHIFOLLAR tr. y prnl. Estropear.
ESCAF-, ESCAFO-; -SCAFO prefs. o suf. que significan barco.
ESCAFANDRA f. Tecnol. Aparato compuesto de una vestidura impermeable y un casco de bronce cerrado, con un cristal frente a la cara y orificios y tubos para renovar aire. Sirve para permanecer y trabajar durante periodos largos bajo el agua.
ESCAFO- pref. ESCAF-.
ESCAFOIDES adj. y m. Anat. Se dice del hueso de forma abarquillada, el más externo y mayor de la primera fila del carpo. ♦ Su pl. es *escafoides*.

Isaac bendiciendo a **Esaú**. *Biblia de San Luis de Francia*. Catedral de Toledo.

ESCAFÓPODO, DA adj. *Zool.* 1 Se dice del molusco con el cuerpo protegido por una única concha de forma tubular, sin branquias y con la boca rodeada de tentáculos que sirven para capturar el alimento. Ejemplo característico es el dentalio. || m. pl. *Zool.* 2 Clase de estos moluscos.

ESCAGARRUZARSE prnl. vulg. Hacer de vientre involuntariamente.

ESCALA f. 1 Escalera de mano. 2 Sucesión ordenada de cosas distintas, pero de la misma especie. 3 *Metrol.* Conjunto de unidades dispuestas sobre una recta, que pueden utilizarse como dispositivos de medida en termómetros, reglas, balanzas y otros instrumentos científicos. 4 Proporción entre una distancia medida en un mapa y la longitud correspondiente sobre el terreno. 5 Tamaño de un mapa, plano, diseño, etc., según la escala a que se ajusta. 6 fig. Tamaño o proporción en que se desarrolla un plan o idea. 7 *Arquit.* Proporción real que guardan una representación y lo representado por ella. 8 *Fís.* Graduación para medir los efectos de diversos instrumentos. 9 *Mil.* ESCALAFÓN. 10 *Mús.* Sucesión diatónica o cromática de las notas musicales. || **ESCALA DE TEMPERATURAS** *Fís.* Cada una de las maneras convencionales de graduar los termómetros (TEMPERATURA). || **ESCALA DE TIPOS IMPOSITIVOS** *Econ.* Conjunto de tipos de gravamen que se aplican a los diferentes niveles de renta. || **a escala** loc. adv. Ajustándose a una escala. Se dice refiriéndose a figuras, reproducciones, etc. || **hacer escala** fr. Tocar una aeronave o una embarcación en un lugar antes de llegar a su punto de destino. También en sentido figurado.

ESCALABRAR tr. y prnl. DESCALABRAR.

ESCALADA f. 1 Acción y efecto de trepar por una pendiente o a una gran altura. 2 Aumento rápido y alarmante de precios, actos delictivos, gastos, armamentos, etc.

ESCALADO, DA adj. Se dice de los animales abiertos en canal para salar o curar su carne.

ESCALADOR, RA adj. y s. 1 Que escala. 2 *Dep.* Se dice del ciclista que sobresale por sus aptitudes en las etapas de montaña.

ESCALAFÓN m. Lista de los individuos de una corporación, clasificados según su grado, antigüedad, méritos, etc.

ESCÁLAMO m. *Mar.* Estaca pequeña y redonda, a la cual se ata el remo.

ESCALAR[1] tr. 1 Subir, trepar por una pendiente o una gran altura. 2 Entrar en una plaza u otro lugar valiéndose de escalas. 3 fig. Alcanzar, no siempre por buenas artes, elevadas dignidades.

ESCALAR[2] adj. *Mat.* y *Fís.* Se aplica a las magnitudes que se expresan mediante números reales y carecen de dirección, como la temperatura.

ESCALDA Río de Europa occidental, que nace al N de Francia, en el departamento de Aisne, atraviesa Bélgica y entra en los Países Bajos, para desembocar en el mar del Norte. 430 km de curso.

ESCALDADO, DA adj. fig. y fam. Escarmentado, receloso.

ESCALDAR tr. 1 Bañar con agua hirviendo una cosa. 2 Abrasar con fuego una cosa. || prnl. *Med.* 3 Escocerse la piel.

ESCALENO adj. m. 1 *Anat.* Se dice de cada uno de los tres músculos situados a cada lado del cuello, insertados en las apófisis transversas de las vértebras cervicales y en las dos primeras costillas. 2 *Geom.* TRIÁNGULO ESCALENO. 3 *Geom.* Se dice del cono cuyo eje no es perpendicular a la base.

ESCALENOEDRO m. *Geom.* Poliedro limitado por $2n$ triángulos escalenos que forman dos pirámides de n lados, adosadas y giradas entre sí 360°/n.

ESCALERA f. 1 Serie de escalones que sirven para subir y bajar y para poner en comunicación los pisos de un edificio o dos terrenos de diferente nivel. 2 *Ocio.* Reunión de naipes de valor correlativo. 3 fig. Trasquilón recto o línea de desigual nivel que la tijera deja en el pelo mal cortado. 4 Peldaño, escalón. || **ESCALERA DE CARACOL** La de forma espiral, seguida y sin ningún descanso. || **ESCALERA DE MANO** La compuesta por dos largueros en que están encajados transversalmente y a iguales distancias unos travesaños que sirven de escalones. || **ESCALERA MECÁNICA** Tramo de escalera en forma de cadena sin fin que, en movimiento ininterrumpido, hace surgir suavemente del suelo los escalones y los hace desaparecer al llegar al piso superior, o a la inversa, si sirve para descender. Se usa también en pl. || **ESCALERA DE TIJERA, o DOBLE** La compuesta por dos de mano unidas con bisagras por la parte superior. || **en escalera** loc. adv. Se aplica a las cosas que están colocadas con desigualdad y como en escala.

ESCALERIFORME adj. *Biol.* Que parece una escalera, que tiene marcas o barras transversales.

ESCALERILLA f. 1 Escalera de corto número de escalones. 2 *Ocio.* En los juegos de naipes, tres cartas en una mano, de números consecutivos. 3 *Veter.* Instrumento de hierro, que sirve para abrir y explorar la boca de las caballerías.

ESCALETA f. *Mec.* Aparato que sirve para suspender el eje de cualquier vehículo y poder limpiar y componer las ruedas.

ESCALÉXTRIC m. *Ocio.* 1 Juego de automóvil con diversas curvas y pendientes, controlado a distancia por procedimientos electrónicos. 2 Por extensión, conjunto de puentes, carreteras, autopistas, pasos a distinto nivel, etc., que recuerdan este juego.

ESCALFADO, DA adj. 1 *Gastron.* Se dice del huevo cocido en agua o caldo sin su cáscara. 2 Se aplica a la pared que no está bien lisa.

ESCALFAR tr. *Gastron.* Cocer en agua hirviendo o en caldo los huevos sin la cáscara.

ESCALFAROTE m. Bota con pala y caña dobles.

ESCALFETA f. Braserillo manual.

ESCALÍGERO, JULIO CÉSAR SCALIGERO, GIULIO CESARE.

ESCALINATA f. Escalera amplia y generalmente con elementos artísticos, situada en el exterior o vestíbulo de un edificio.

ESCALMO m. 1 ESCÁLAMO. 2 Cuña gruesa de madera, que sirve para calzar o apretar algunas piezas de una máquina.

ESCALOFRIANTE adj. 1 Pavoroso, terrible. 2 Asombroso, sorprendente.

ESCALOFRIAR tr., intr. y prnl. Causar escalofrío.

ESCALOFRÍO m. 1 Sensación de frío, repentina, violenta y acompañada de contracciones musculares, que suele preceder a un ataque de fiebre. Más en pl. 2 Sensación semejante producida por una emoción intensa, especialmente de frío o miedo.

ESCALÓN m. 1 Cada parte de una escalera, en que se apoya el pie para subir o bajar. 2 fig. Grado a que se asciende en dignidad. 3 fig. Paso o medio con que uno adelanta sus pretensiones o conveniencias. 4 *Mil.* Una de las fracciones en que se dividen las tropas de un frente de combate y que se colocan tácticamente con intervalos y a distancias regulares.

ESCALÓN, PEDRO JOSÉ Político salvadoreño (San Salvador, 1847 - íd., 1907). Fue ministro de Estado y presidente de la República (1903-07). Mantuvo una guerra con el dictador de Guatemala, Estrada Cabrera, debido a la ayuda prestada a los exiliados guatemaltecos.

ESCALONA f. *Bot.* CHALOTE.

ESCALONADO, DA adj. Semejante en la superficie a una serie de escalones.

ESCALONAR tr. 1 Situar ordenadamente personas o cosas de trecho en trecho. También prnl. 2 Distribuir en tiempos sucesivos las diversas partes de una serie.

ESCALOÑA f. *Bot.* CHALOTE.

ESCALOPE m. *Gastron.* Filete delgado de carne de vaca o de ternera empanado y frito.

ESCALOPÍN m. *Gastron.* ESCALOPE pequeño.

ESCALPELO m. *Med.* Instrumento quirúrgico en forma de cuchillo pequeño, que se usa en las disecciones anatómicas.

ESCALPLO m. Cuchilla de curtidores.

ESCAMA f. 1 *Zool.* Placa ósea o córnea, delgada, pequeña y en forma de escudo, que, imbricada con otras, suele cubrir total o parcialmente la piel de algunos animales, y principalmente la de los peces y reptiles. 2 *Zool.* Cualquier estructura escamosa semejante a la de los peces. 3 fig. Lo que tiene forma similar a estas laminillas. 4 *Bot.* Órgano escarioso o membranoso semejante a una hojita. 5 fig. Cada una de las láminas de hierro o acero que forman la loriga. 6 fig. Recelos que uno tiene por el daño o molestia que otro le ha causado, o por el que teme.

ESCAMADA f. Bordado cuya labor está hecha en figura de escamas de hilo de plata o de oro.

ESCAMADO, DA adj. 1 Que siente recelo o desconfianza. || m. 2 Obra labrada en figura de escamas. 3 Conjunto de ellas.

ESCAMAR tr. 1 Quitar las escamas a los peces. 2 Labrar en figura de escamas. 3 fig. y fam. Hacer que uno entre en cuidado, recelo o desconfianza. Más como prnl.

ESCAMBRAY, SIERRA DEL Cordillera del centro de Cuba, en las provincias de Cienfuegos, Sancti Spíritus y Villa Clara, cuyo punto culminante es el pico San Juan (1.156 m de altura).

ESCAMEL m. Instrumento en el cual se pone la espada para labrarla.

ESCAMOCHO m. 1 Sobras de la comida o bebida. 2 Movimiento de un rebaño no provocado ni dirigido por el hombre.

ESCAMONDADURA f. Ramas inútiles y desperdicios que se han quitado de los árboles.

ESCAMONDAR tr. 1 Limpiar los árboles quitándoles las ramas inútiles o muertas. 2 fig. Limpiar una cosa quitándole lo superfluo y dañoso.

ESCAMONEA f. *Bot.* 1 Gomorresina medicinal sólida y muy purgante. 2 Planta que produce esta gomorresina.

ESCAMOSO, SA adj. *Zool.* Que tiene escamas.

ESCAMOTEAR tr. 1 Hacer el jugador de manos que desaparezcan a ojos vistas las cosas que maneja. 2 fig. Robar o quitar una cosa con agilidad y astucia. 3 fig. Hacer desaparecer, de un modo arbitrario o ilusorio, algún asunto o dificultad.

ESCAMPADA f. fam. Clara, espacio corto de tiempo en que deja de llover en un día lluvioso.

ESCAMPADO, DA adj. Se dice del terreno descubierto, sin tropiezos, malezas ni espesuras.

ESCAMPAR tr. 1 Despejar un sitio. || intr. 2 Aclararse el cielo nublado, dejar de llover. 3 fig. Cesar en una operación.

ESCAMPAVÍA f. *Mar.* Barco pequeño y velero que acompaña a una embarcación más grande, sirviéndole de explorador.

ESCAMUJAR tr. Cortar el ramón a un árbol.

ESCAMUJO m. 1 Rama o vara de olivo quitada del árbol. 2 Tiempo en que se escamuja.

ESCANCIAR tr. 1 Servir el vino. || intr. 2 Beber vino.

ESCANDA f. Especie de trigo, propia de países fríos y terrenos pobres.

ESCANDALERA f. fam. Escándalo, alboroto grande.

ESCANDALIZAR tr. 1 Causar escándalo. || prnl. 2 Mostrar indignación, real o fingida, por alguna cosa. 3 Enojarse, irritarse.

ESCANDALLAR tr. 1 *Mar.* Sondear, medir el fondo del mar con el escandallo. 2 *Com.* Determinar el precio de coste o de venta de una mercancía por los factores de su producción.

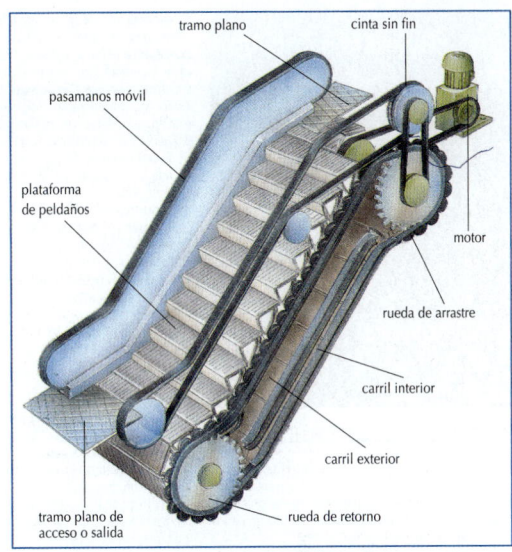

escalera mecánica: tramo plano, cinta sin fin, pasamanos móvil, plataforma de peldaños, motor, rueda de arrastre, carril interior, carril exterior, rueda de retorno, tramo plano de acceso o salida

Escandinavia. Fiordo de Geiranger (Noruega).

ESCANDALLO m. 1 *Mar.* Parte de la sonda que sirve para reconocer la calidad del fondo del agua. 2 *Com.* En el régimen de tasas, determinación del precio de coste o de venta de una mercancía con relación a los factores que lo integran.

ESCÁNDALO m. 1 Acción o palabra que es causa de que uno obre mal o piense mal de otro. 2 Alboroto, ruido. 3 Desenfreno, desvergüenza, mal ejemplo. 4 fig. Asombro, admiración.

ESCANDALOSA f. *Mar.* Vela pequeña que, en buenos tiempos, se orienta sobre la cangreja.

ESCANDENTE adj. *Biol.* Se dice del organismo adaptado a subir o trepar.

ESCANDIA f. Especie de trigo muy parecido a la escanda.

ESCANDINAVA, PENÍNSULA ESCANDINAVIA.

ESCANDINAVIA Península del NO de Europa, que comprende Suecia y Noruega, limitada por el océano Glacial Ártico al N, el golfo de Botnia y el Báltico al E, el Báltico, los estrechos de Sund, Kattegat, Skagerrak y el mar del Norte al S, y el Atlántico al O; 773.842 km². Los valles y cuencas de origen glaciar formados durante el cuaternario, dieron lugar a los fiordos.

ESCANDINAVIA Denominación que se da al conjunto geográfico formado por Dinamarca, Suecia y Noruega y, a veces también, Finlandia e Islandia.

ESCANDINAVO, VA adj. y s. 1 De Escandinavia. 2 *Ling.* Se aplica a las lenguas germánicas del grupo septentrional.

ESCANDINAVOS, MONTES Cadena montañosa que recorre la península de Escandinavia de NE a SO, en una longitud de 1.400 km, en su mayor parte en territorio noruego, donde se encuentran las máximas alturas: Glittertinden (2.472 m), Galdhöpiggen (2.469 m) y Snohetta (2.286 m).

ESCANDIO m. *Quím.* Elemento químico del grupo III B del sistema periódico. Masa atómica 44,96; número atómico 21; punto de fusión 1.200° C; símbolo *Sc*. Metal de color gris plateado, muy ligero, aparece en la naturaleza asociado al estaño, wolframio y tierras raras.

ESCANEAR tr. *A. gráf.* e *Inform.* Digitalizar textos o imágenes mediante un escáner.

ESCÁNER m. 1 *Med.* Aparato tubular para la exploración radiográfica, en el cual la radiación es enviada concéntricamente al eje longitudinal del cuerpo humano y permite obtener la imagen completa de varias y sucesivas secciones transversales de la región corporal explorada. 2 *Med.* Estudio, trabajo o exploración con este aparato. 3 *Tecnol.* Aparato electrónico que sirve para analizar y reproducir documentos gráficos.

ESCANIA Región del extremo S de Suecia, que comprende los condados de Malmöus y Kristianstad. Importante zona agrícola.

ESCANTILLÓN m. Regla, plantilla o patrón que sirve para medir en diversos artes y oficios mecánicos.

ESCAÑA f. *Agr.* ESCANDA.

ESCAÑO m. 1 Banco con respaldo y capaz para sentarse tres o más personas. 2 Asiento de los parlamentarios en las cámaras.

ESCAPAR tr. 1 Tratándose del caballo, hacerle correr con violencia. 2 LIBRAR, sacar de un trabajo, mal o peligro. || intr. y prnl. 3 Salir de un encierro o un peligro. 4 Salir uno deprisa y ocultamente. || prnl. 5 Salirse un líquido o un gas de un depósito, cañería, etc., por algún resquicio. 6 Quedar fuera del dominio o influencia de alguna persona o cosa. También intr. 7 fig. Pasar una cosa inadvertida a alguien. 8 *Dep.* Adelantarse uno al grupo en que va corriendo.

ESCAPARATE m. 1 Hueco que hay en la fachada de las tiendas, con cristales en la parte exterior, y que sirve para colocar en él muestras de los géneros que allí se venden. 2 Especie de alacena con andenes para poner imágenes, barros finos, etc.

Escania (Suecia). Paisaje rural.

ESCAPARATISTA com. Persona encargada de disponer artísticamente los objetos que se muestran en los escaparates.

ESCAPATORIA f. 1 Acción y efecto de evadirse y escaparse. 2 fam. Excusa, modo de evadirse uno del aprieto en que se halla.

ESCAPE m. 1 Acción de escapar. 2 Fuga de un gas o de un líquido. 3 Fuga apresurada con que uno se libra de recibir el daño que le amenaza. 4 *Mec.* En los motores de combustión interna, salida de los gases quemados, y tubo que los conduce al exterior. || **a escape** loc. adv. A todo correr.

ESCAPISMO m. *Psicol.* Tendencia a evadirse mediante actividades que se aparten de la realidad cotidiana.

ESCAPO m. 1 *Arquit.* Fuste de la columna. 2 *Bot.* Pedúnculo herbáceo y sin hojas, que arranca de la parte baja del vegetal o de la mitad de una roseta de hojas y lleva una o varias flores en su ápice.

ESCÁPULA f. *Anat.* OMÓPLATO.

ESCAPULAR[1] tr. *Mar.* 1 Doblar o montar un peligro. || intr. *Mar.* 2 Zafarse una amarra. También prnl.

ESCAPULAR[2] adj. *Anat.* Referente a la escápula.

ESCAPULARIO m. Tira o pedazo de tela con una abertura por donde se mete la cabeza, y que cuelga sobre el pecho y la espalda; sirve de distintivo a varias órdenes religiosas.

ESCAQUE m. *Ocio.* Cada una de las casillas del tablero de ajedrez y del juego de damas. || m. pl. *Ocio.* 2 Juego de ajedrez.

ESCAQUEADO, DA adj. Se aplica a la obra o labor repartida o formada en escaques, como el tablero de ajedrez.

ESCAQUEARSE prnl. 1 Escabullirse de un trabajo u obligación. 2 Escurrir el bulto; zafarse de una situación comprometida.

ESCARA f. *Med.* Costra seca del tejido muerto que resulta de la desorganización de una parte viva afectada de gangrena, o quemada por la acción del calor o de un cáustico.

ESCARABAJEAR intr. 1 Andar y bullir desordenadamente. 2 fig. Escribir mal. 3 Producir cosquilleo o picazón en alguna parte del cuerpo. 4 fig. y fam. Punzar y molestar un temor o disgusto.

ESCARABAJO m. 1 *Zool.* Nombre común de numerosas especies de insectos coleópteros de diversas familias, con formas y tamaños muy diversos. 2 *Zool.* Por extensión, se utiliza como sinónimo de coleóptero. 3 fig. y fam. Persona pequeña de cuerpo y de mala figura. || m. pl. 4 fig. y fam. Letras y rasgos mal formados. || **ESCARABAJO ENTERRADOR** *Zool.* ENTERRADOR. || **ESCARABAJO DE LA PATATA** *Zool.* Insecto coleóptero de nombre científico *Leptinotarsa decemlineata*, de color amarillo con manchas negras en los élitros, que constituye una plaga agrícola. || **ESCARABAJO PELOTERO** *Zool.* Insecto coleóptero de nombre científico *Scarabaeus sacer*, de color negro, que acumula y traslada pequeñas bolas de estiércol, dentro de las cuales deposita los huevos. || **ESCARABAJO RINOCERONTE** *Zool.* Insecto coleóptero de nombre científico *Oryctes nasicornis*, caracterizado por la voluminosa excrecencia que presenta en la cabeza y semeja su perfil al de un rinoceronte. Vive en Europa. || **ESCARABAJO SANJUANERO** *Zool.* Insecto coleóptero de nombre científico *Melolontha melolontha*, de color rojizo con manchas triangulares blancas en el abdomen. Tanto la larva como el adulto constituyen importantes plagas agrícolas.

ESCARABAJUELO m. *Zool.* Insecto coleóptero que salta con facilidad y roe las hojas y otras partes tiernas de la vid.

ESCARAMUJO m. *Bot.* 1 Planta arbustiva perteneciente a la familia rosáceas, de nombre científico *Rosa canina*. Tiene un aspecto enmarañado, con tallos espinosos, flores rojas o rosadas y fruto en baya de color rojo brillante. Vive en Europa, Asia y N de África. También llamada *rosal silvestre*. 2 Fruto de este arbusto.

ESCARAMUZA f. 1 *Mil.* Especie de pelea entre los jinetes o soldados a caballo. 2 *Mil.* Refriega de poca importancia sostenida especialmente por las avanzadas de los ejércitos. 3 fig. Riña de poca importancia.

Montes **Escandinavos.** Paisaje de la isla de Svalvard (Noruega).

escarabajo rinoceronte

ESCARAPELA f. Divisa o distintivo que se coloca en el sombrero, morrión, etc.
ESCARAPELARSE prnl. *Col., C. Rica* y *Venez.* Desноcharse, resquebrajarse.
ESCARBAR tr. **1** Rayar o remover repetidamente la superficie de la tierra. **2** Mondar, limpiar los dientes o los oídos. **3** Avivar la lumbre, moviéndola con el badil. **4** fig. Inquirir curiosamente lo que está algo encubierto y oculto, hasta averiguarlo.
ESCARCEO m. **1** Movimiento en la superficie del mar. **2** Prueba o tentativa antes de iniciar una determinada acción. || m. pl. **3** Tornos y vueltas que dan los caballos. **4** fig. Divagación. **5** Tanteo, incursión en algún quehacer que no es el acostumbrado. **6** Tentativa, intento de hacer algo sin mucha profundidad. || **ESCARCEO AMOROSO** Comienzo o iniciación de una relación amorosa. Más en pl.
ESCARCHA f. *Meteor.* Capa de pequeños cristales de hielo formados por contacto del vapor de agua con la superficie del suelo, de los vegetales o de cualquier objeto, cuando el punto de rocío está por debajo del de congelación.
ESCARCHAR tr. **1** *Gastron.* Preparar confituras de modo que el azúcar cristalice por la parte exterior como si fuese escarcha. **2** Preparar una bebida alcohólica haciendo que el azúcar cristalice en una rama de anís introducida en la botella. || intr. *Meteor.* **3** Congelarse el rocío.
ESCARCHO m. *Zool.* RUBIO, pez.
ESCARCINA f. Espada corta y corva.
ESCARDAR tr. **1** *Agr.* Arrancar las hierbas nocivas de los sembrados. **2** fig. Separar y apartar lo malo de lo bueno.
ESCARIAR tr. Agrandar o redondear un agujero abierto en metal, o el diámetro de un tubo, con una herramienta adecuada.
ESCARIFICAR tr. *Med.* Realizar en una parte del cuerpo muchas cortaduras pequeñas o incisiones poco profundas para facilitar la salida de líquidos.
ESCARIOSO, SA adj. *Bot.* Se aplica a los órganos o partes de los vegetales secos, delgados y que tienen color de hojas muertas.
ESCARLATA adj. o f. **1** Se dice del color carmesí fino menos subido que el de la grana. || f. **2** Tela de este color. **3** Grana fina.
ESCARLATINA f. **1** Tela de lana, de color encarnado o carmesí. **2** *Pat.* Enfermedad infecciosa bacteriana, con frecuencia epidémica, producida por *Streptococcus hemolyticus*. Se caracteriza por un exantema difuso de la piel en todo el cuerpo, de color rojo subido, altas temperaturas, angina, cefalea y vómitos, algunas veces de carácter muy grave.
ESCARMENAR tr. **1** Carmenar la lana o la seda. **2** *Min.* Escoger y apartar el mineral de entre las tierras o escombros.
ESCARMENTAR tr. **1** Corregir con rigor al que ha errado, para que se enmiende. || intr. **2** Tomar enseñanza de lo que uno ha visto y experimentado en sí o en otros. ♦ IRREG. Se conjuga como ACERTAR.
ESCARMIENTO m. Desengaño, aviso y cautela, adquiridos con la advertencia, o la experiencia del daño, error o perjuicio que uno ha reconocido en sus acciones o en las ajenas. **2** Castigo, multa, pena.
ESCARNECER tr. Hacer mofa y burla de otro. ♦ IRREG. Se conjuga como AGRADECER.
ESCARNIO m. Befa tenaz que se hace con el propósito de afrentar.

ESCARO m. *Zool.* Pez acantopterigio que vive en las costas de Grecia. Su carne fue muy apreciada en la Antigüedad.
ESCAROLA f. *Bot.* Planta anual perteneciente a la familia asteráceas, de nombre científico *Cichorium endivia* var. *crispum*, variedad de la endibia que se caracteriza por sus hojas rizadas formando una roseta en la base del tallo.
ESCARPA f. **1** *Geol.* Declive áspero de un terreno. **2** Plano inclinado que forma muralla del cuerpo principal de una plaza.
ESCARPADO, DA adj. **1** Que tiene gran pendiente. **2** Se dice de las alturas que no tienen subida ni bajada transitables.
ESCARPAR tr. Cortar una montaña o terreno, poniéndolo en plano inclinado.
ESCARPE m. *Geol.* Pendiente pronunciada que interrumpe la continuidad general de un paisaje. || **ESCARPE DE FALLA** *Geol.* Desnivel existente entre los labios de una falla.
ESCARPELO m. **1** Instrumento que usan los carpinteros, entalladores y escultores para limpiar, raer y raspar las piezas de labor. **2** *Med.* ESCALPELO.
ESCARPIA f. Clavo con cabeza acodillada, que sirve para sujetar bien lo que se cuelga.
ESCARPÍN m. **1** Zapato de una sola suela y de una sola costura. **2** Calzado interior de estambre u otra materia, para abrigo del pie. **3** *Arg.* y *Urug.* Calzado, hecho con lana o con hilo tejidos, sin suela, que cubre el pie y el tobillo.
ESCARZA f. *Veter.* Herida en los pies y manos de las caballerías, causada por alguna china o cosa semejante.
ESCARZANO adj. m. *Arquit.* ARCO ESCARZANO.
ESCARZAR tr. **1** Doblar un palo por medio de cuerdas para que forme un arco. **2** Sacar unas cosas de entre otras.
ESCÁS m. *Dep.* **1** En el juego de pelota vasca, cada una de las líneas que, bien en el frontis bien en la cancha, marcan la validez de las jugadas. **2** Línea que en el saque tiene que rebasar la pelota antes de botar.
ESCASEAR tr. **1** Dar poco, de mala gana y haciendo desear lo que se da. **2** Ahorrar, excusar. **3** Cortar un sillar o un madero por un plano oblicuo a sus caras. || intr. **4** Ir a menos una cosa.
ESCASEZ f. **1** Cortedad, mezquindad con que se hace una cosa. **2** Poquedad, mengua de una cosa. **3** Pobreza o falta de lo necesario para vivir. **4** *Econ.* Situación en la que los recursos son insuficientes para producir bienes que satisfagan las necesidades.

ESCASO, SA adj. **1** Corto, limitado. **2** Falto, no cabal ni entero. **3** Mezquino. También s. **4** Demasiado económico. También s.
ESCATIMAR tr. Cercenar, disminuir, escasear lo que se ha de dar o hacer, acortándolo todo lo posible.
ESCATO- pref. **1** Significa último. **2** Significa excremento.
ESCATOFAGIA f. *Pat.* Hábito morboso de comer excrementos.
ESCATÓFAGO, GA adj. *Zool.* COPRÓFAGO.
ESCATÓFILO, LA adj. *Zool.* Se dice del insecto cuyas larvas se desarrollan entre excrementos.
ESCATOLOGÍA f. **1** *Rel.* Conjunto de creencias y doctrinas referentes a la vida de ultratumba. **2** Tratado de cosas excrementicias.
ESCAYOLA f. **1** Yeso espejuelo calcinado que, mezclado con agua, constituye una materia plástica que se usa para hacer estatuas o decorar en molduras. **2** Vendaje endurecido con esta materia que se usa para inmovilizar miembros fracturados o dislocados. **3** ESTUCO.
ESCAYOLAR tr. Endurecer por medio del yeso o la escayola los apósitos y vendajes destinados a sostener en posición conveniente los huesos rotos o dislocados.
ESCENA f. **1** *Teat.* Parte del teatro en que se representa o ejecuta una espectáculo teatral. **2** *Teat.* Cada una de las partes en que se divide el acto de la obra dramática. **3** *Cin.* Sucesión de planos coherentes que integran un episodio o acto concreto del argumento, realizado sin interrupción ni desvío del tema adoptado. **4** *Lit.* Literatura dramática. **5** fig. Suceso o manifestación de la vida real que se considera espectáculo digno de atención. **6** fig. Acto o manifestación en que se descubre algo de aparatoso, teatral, y a veces fingido, para impresionar el ánimo. || **poner** una obra **en escena** fr. Representarla.
ESCENARIO m. **1** *Teat.* Parte del teatro construida y dispuesta para que en ella se puedan colocar las decoraciones y representar. **2** *Cin.* Lugar donde se desarrolla cada escena de la película. **3** fig. Conjunto de circunstancias que se consideran en torno de una persona o suceso.
ESCÉNICO, CA adj. Perteneciente o relativo a la escena o al escenario.
ESCENIFICAR tr. **1** *Lit.* Dar forma dramática a una obra literaria para ponerla en escena. **2** *Teat.* Poner en escena una obra o espectáculo teatrales.
ESCENOGRAFÍA f. **1** *Dib.* Total y perfecta delineación en perspectiva de un objeto. **2** *Teat.* Arte de proyectar o realizar decoraciones escénicas. **3** *Teat.* Conjunto de decorados que se montan en el escenario. **4** fig. Conjunto de circunstancias que rodean un hecho, actuación, etc.

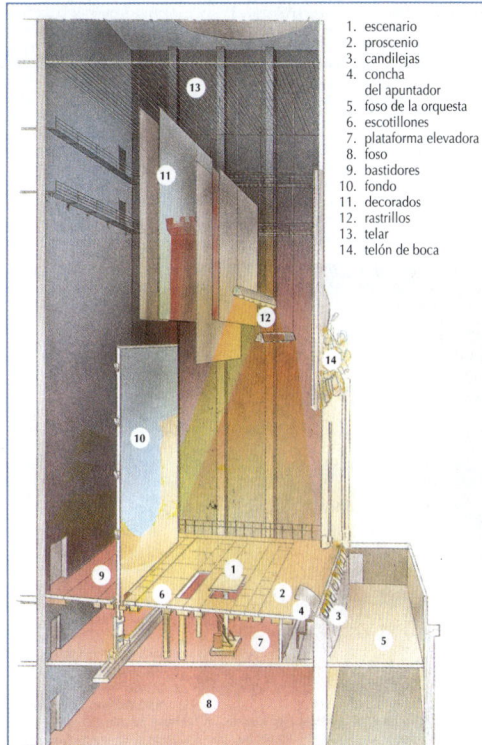

1. escenario
2. proscenio
3. candilejas
4. concha del apuntador
5. foso de la orquesta
6. escotillones
7. plataforma elevadora
8. foso
9. bastidores
10. fondo
11. decorados
12. rastrillos
13. telar
14. telón de boca

Elementos de un **escenario** teatral.

escepticismo m. 1 *Filos.* Doctrina filosófica que afirma que la verdad no existe, o que el hombre es incapaz de conocerla, en caso de que exista. Alcanzó su mayor desarrollo e influencia en la Grecia clásica, especialmente a través de Pirrón y de sus seguidores Sexto Empírico, Enesidemo, Arcesilao y Carneades. El escepticismo como actitud crítica cuenta con figuras como Montaigne, Francisco Sánchez, Descartes y Hume. 2 Incredulidad o duda acerca de la verdad o eficacia de alguna cosa.

escéptico, ca adj. y s. 1 Que profesa el escepticismo. 2 fig. Que no cree o parece no creer en determinadas cosas.

Eschenbach, Wolfram von Minnesinger o trovador alemán (Eschenbach, Franconia, h. 1170 - íd., h. 1220). Autor de poesía lírica, debe su fama, sin embargo, a su *Parzival* (h. 1200-10), poema épico en el que retoma el tema de *Perceval,* de C. de Troyes.

Escherichia *Biol.* Género de bacterias bacilares gramnegativas, pertenecientes a la familia enterobacteriáceas, generalmente móviles por flagelación perítrica.

escifozoo, a adj. *Zool.* 1 Se dice del animal celentéreo cuya cavidad gastrovascular está dividida por cuatro tabiques radiales, dispuestos de forma circular. Presenta formas de pólipo y medusa. || m. pl. *Zool.* 2 Clase de estos celentéreos.

Escila Escollo de Italia, en el estrecho de Mesina, cerca del torbellino de Caribdis. Tanto el escollo como el torbellino eran temidos por los navegantes antiguos.

Escila *Mit.* Ninfa del mar de Sicilia, a quien Circe transformó en un monstruo cuya parte superior del cuerpo era de mujer, mientras que de sus ingles surgían seis feroces perros que devoraban a los navegantes que habían logrado escapar de CARIBDIS.

escíncido, da adj. y s. *Zool.* 1 Se dice de los reptiles escamosos saurios, de cuerpo cilíndrico, que tienen las patas poco desarrolladas, como el eslizón. || m. pl. *Zool.* 2 Familia de estos animales.

escinco m. *Zool.* 1 ESLIZÓN. 2 ESTINCO.

escindir tr. 1 Cortar, dividir, separar. 2 *Fís.* Romper un núcleo atómico en dos porciones próximamente iguales, con la consiguiente liberación de energía.

Escipión, Lucio Cornelio (llamado EL ASIÁTICO) General y político romano (Roma, 232 - íd., h. 184 a. C.). Como general, secundó a su hermano Publio Cornelio Escipión en Hispania, donde se apoderó de la actual Jaén. Fue pretor en Sicilia y cónsul. Junto con su hermano, hizo la guerra en Siria, venciendo en Magnesia a Antíoco III el Magno (190 a. C.).

Escipión, Publio Cornelio (llamado EL AFRICANO o AFRICANO EL MAYOR) General romano (Roma, 235 - Liternum, 183 a. C.). Hermano del anterior, fue procónsul en Hispania (211) y cónsul (205). La conquista de Cartago Nova (209) y las batallas de Bécula e Ilipa le hicieron dueño del S peninsular, a excepción de Cádiz. Fundó Itálica, y se trasladó a África, donde venció a Aníbal en Zama (202 a. C.). Participó con su hermano en la guerra contra Antíoco de Siria (190 a. C.).

Escipión Emiliano, Publio Cornelio (llamado AFRICANO EL MENOR O EL SEGUNDO AFRICANO) General romano (Roma, 185 - íd., 129 a. C.). Hijo de Escipión el Africano, en 151 pasó a la península Ibérica para intervenir en las guerras que la asolaban. Ante el estallido de la tercera guerra púnica fue enviado a África como tribuno militar. En 147 a. C. fue nombrado cónsul y se le dio el mando del ejército sitiador de Cartago, ciudad que logró conquistar. De nuevo en España, cercó Numancia (134-133) hasta su rendición, tras lo cual la incendió y arrasó.

Publio Cornelio **Escipión,** *Africano el Mayor.* Mármol del siglo II a. C. Museo Capitolino (Roma).

escirro m. *Pat.* Tipo de cáncer de consistencia dura y con abundancia de tejido conjuntivo.

escisión f. 1 Rompimiento, desavenencia. 2 *Biol.* Tipo de reproducción vegetativa, por fragmentación del individuo en dos o más trozos, que generan individuos nuevos. 3 *Med.* Corte o extirpación de una parte del cuerpo, órgano, tejido, etc.

escisiparidad f. *Biol.* Forma de reproducción asexual característica de los anélidos, en la que el progenitor se divide en dos partes que dan lugar a dos nuevos individuos.

escita adj. *Etnol.* e *Hist.* 1 Se dice de un pueblo de origen iranio que ocupó el E de Europa en la Antigüedad. Empujados por otros pueblos, los escitas se expansionaron hacia el O (siglos VIII y VII a. C.), apoderándose del S de Rusia, Armenia y gran parte de Asia Menor. Más como m. pl. 2 Se dice también de sus individuos. También s. 3 Relativo a ese pueblo. || m. *Ling.* 4 Lengua de los escitas.

Escitia *Geog. hist.* Nombre que los griegos daban a un país del NE de Europa y NO de Asia. La Escitia europea fue realmente el país al N del mar Negro, y llegó a ser provincia romana, dependiente de la prefectura de Oriente.

esciúrido, da adj. *Zool.* 1 Se aplica a los mamíferos roedores, generalmente arborícolas, con pelaje de tonos vivos y gran cola, como las ardillas y marmotas. || m. pl. *Zool.* 2 Familia de estos animales.

esclarea f. *Bot.* AMARO.

esclarecer tr. 1 Iluminar, poner clara y luciente una cosa. 2 fig. Ennoblecer, ilustrar. 3 fig. Iluminar el entendimiento. 4 fig. Poner en claro. || impers. 5 Empezar a amanecer. ♦ IRREG. Se conjuga como AGRADECER.

esclavina f. Vestidura de cuero o tela, en forma de capa corta, que se pone al cuello y sobre los hombros.

esclavismo m. *Hist.* 1 Sistema económico-político propio de los Estados de la Antigüedad, basado en la presencia en los procesos de producción de fuerzas de trabajo retribuidas sólo con su manutención. 2 Doctrina que propugnaba dicho sistema.

esclavitud f. 1 Estado de esclavo. Existía en la mayoría de las civilizaciones de la Antigüedad, como producto de las guerras, de la condición de la madre, de compra, etc. La Edad Media trocó la esclavitud en servidumbre, pero la invasión árabe y el descubrimiento de América supusieron la vuelta de aquélla. En la Edad Moderna, fueron esclavizados principalmente los negros importados de África. A lo largo del XIX la abolición de la esclavitud se llevó a cabo en la mayoría de los países, pese a que, en la actualidad, subsiste encubierta en algunas partes de África y Asia. 2 fig. Hermandad o congregación que se ejercita en ciertos actos de devoción. 3 fig. Sujeción fuerte a las pasiones y afectos del alma. 4 fig. Sujeción excesiva a una persona o a un trabajo.

esclavizar tr. 1 Hacer esclavo a uno. 2 fig. Tener a uno muy sujeto.

esclavo, va adj. y s. 1 Se dice de la persona cuya condición jurídica es estar bajo el dominio de otro, sin libertad, y prestando un servicio, generalmente manual. 2 fig. Sometido rigurosa o fuertemente a deber, pasión, afecto, vicio, etc., que priva de libertad. 3 fig. Rendido, obediente, enamorado. || m. y f. 4 Persona alistada en alguna cofradía de esclavitud. || f. 5 Pulsera sin adornos y que no se abre.

Esclavos, Costa de los COSTA DE LOS ESCLAVOS.

Esclavos, Gran Lago de los GRAN ESCLAVO.

escler-, esclero-; -sclera, -sclerosis prefs. o sufs. que significan dureza.

esclerénquima m. *Bot.* Tejido vegetal formado por células que engrosan su membrana con celulosa y lignina, lo que les proporciona una consistencia pétrea.

esclerito m. *Zool.* 1 Cada una de las placas esclerificadas del tegumento de un artrópodo. 2 Corpúsculo calcáreo dérmico que constituye el esqueleto de las holoturias.

escleroblastema m. *Biol.* Tejido embrionario a partir del cual se forman los huesos.

escleroblasto m. *Biol.* Célula secretora de espículas en los poríferos o esponjas.

esclerocio m. *Bot.* 1 Masa de hifas de un hongo, endurecida y de color negro, que puede dar lugar a frutos. || m. pl. *Bot.* 2 Forma enquistada o latente de los plasmodios de los mixomicetes.

esclerodermo m. *Zool.* Tegumento endurecido del esqueleto de los corales.

esclerófilo, la adj. *Bot.* Se dice de la planta con hojas persistentes, pequeñas, gruesas, coriáceas y duras, capaces de resistir largos periodos de sequía. Son esclerófilos la encina, el alcornoque, el algarrobo, etc.

esclerómetro m. *Min.* Instrumento para determinar la dureza de los minerales, midiendo la presión que se necesita aplicar para rayar su superficie con una punta de diamante.

escleroproteína f. *Quím.* Tipo de proteína insoluble que forma los tendones, huesos, cartílagos, ligamentos, y en general las partes esqueléticas de los tejidos. A este grupo de proteínas pertenecen el colágeno, la queratina y la fibroína.

esclerosar tr. *Med.* 1 Producir esclerosis. || prnl. *Biol.* 2 Alterarse un órgano o tejido con producción de esclerosis.

esclerosis f. 1 *Pat.* Transformación y endurecimiento de los órganos del cuerpo humano a causa de una excesiva proliferación de tejido conjuntivo fibroso. La más importante es la de las arterias, llamada *arterioesclerosis.* 2 Por extensión, embotamiento o rigidez de una facultad anímica.

esclerótica f. *Anat.* Membrana que cubre casi por completo el ojo, la más externa de las tres que rodean el globo ocular. Es dura, opaca, y de color blanquecino, excepto el sector central de su cara anterior, que es transparente y se llama *córnea.* A ella llegan terminaciones nerviosas y está poco vascularizada.

esclerotizar tr. Entorpecer o paralizar el funcionamiento de un proceso.

esclusa f. Recinto de obra, con puertas de entrada y salida, que se construye en un canal de navegación para que los barcos puedan pasar de un tramo a otro de diferente nivel.

escoa f. *Mar.* Punto de mayor curvatura de cada cuaderna de un buque.

escoba f. 1 Utensilio de limpieza usado para barrer, que consiste en un manojo de palmitos, ramas o filamentos plásticos, flexibles y atados juntos al extremo de un palo. 2 *Ocio.* Cierto juego de naipes. 3 COCHE ESCOBA.

escobada f. 1 Cada uno de los movimientos que se hacen con la escoba para barrer. 2 Barredura ligera.

escobajo m. 1 Escoba vieja y estropeada. 2 Raspa que queda del racimo después de quitarle las uvas.

escobar m. *Bot.* Sitio donde abunda la retama negra.

Escobar, José Gonzalo Militar y político mexicano (Mazatlán, 1892 - Ciudad de México, 1969). Participó en la revolución de 1911 y más tarde luchó contra Pancho Villa. En 1927 alcanzó el grado de general de división y en 1929 encabezó la fracasada rebelión contra el gobierno de Portes Gil.

Escobar, Patricio Militar y político paraguayo (Asunción, 1849 - íd., 1912). Luchó en la guerra contra Argentina, Uruguay y Brasil (1865-70). Conspiró con el general Caballero para deponer al presidente Rivarola (1871). Dirigió un movimiento contra el presidente Jovellanos (1874) y ejerció la presidencia de la República de 1886 a 1890.

Escobar Gaviria, Pablo Narcotraficante colombiano (Medellín, 1949 - íd., 1993). Dirigente del llamado cártel de Medellín, en 1974 montó una red de producción y distribución mundial de cocaína. En 1991 negoció su entrega a la policía y fue recluido en una prisión de alta seguridad de la que escapó un año después. Murió abatido por la policía.

escobazo m. Golpe dado con una escoba.

Escobedo, Juan de Político español (Colindres, 1530 - Madrid, 1578). Secretario de Juan de Austria, sirvió en Flandes. A su regreso a España en 1577, para solicitar dinero para las campañas de don Juan, descubrió la conspiración de Antonio Pérez y la princesa de Éboli contra Felipe II, por lo que Pérez convenció al rey de que animaba a Juan de Austria a convertirse en soberano de los Países Bajos y fue asesinado con la autorización del monarca.

Escobedo, Mariano General y político mexicano (Galeana, 1826 - Ciudad de México, 1902). En 1846 tomó parte en la guerra contra EE UU. Después del fusilamiento de Maximiliano (1867) fue nombrado comandante general de la zona N de México y ministro de la Guerra en 1875. En 1878 organizó una sublevación contra el Gobierno de Porfirio Díaz.

escobén m. *Mar.* Cualquiera de los agujeros circulares o elípticos que se abren en los miembros de un buque.

escobera f. *Bot.* Retama común.

escobeta f. 1 Cepillo para la ropa. 2 Escobilla de cerdas o alambre. 3 *Méx.* Escobilla de raíz de zacatón. 4 *Méx.* Mechón de cerda que sale en el papo a los pavos viejos.

escobilla f. 1 Cepillo para limpiar. 2 *Bot.* Planta arbustiva perteneciente a la familia compuestas, de nombre científico *Artemisa campestris,* de pequeño tamaño, especie de brezo, con que se hacen escobas. 3 *Bot.* Cardencha, planta. 4 *Bot.* Mazorca del cardo silvestre, que sirve para cardar la seda. 5 *Fís.* Haz de hilos de cobre destinado a mantener el contacto, por frotación, entre

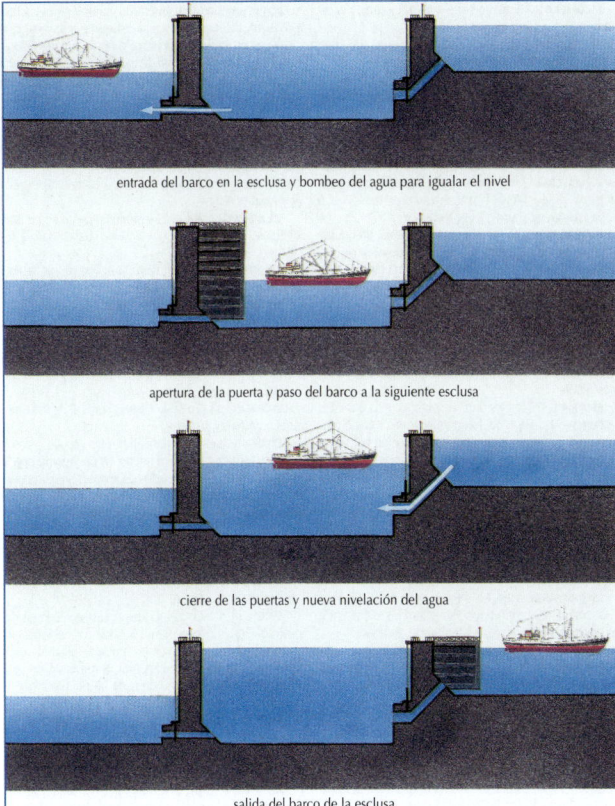

entrada del barco en la esclusa y bombeo del agua para igualar el nivel

apertura de la puerta y paso del barco a la siguiente esclusa

cierre de las puertas y nueva nivelación del agua

salida del barco de la esclusa

Esquema de la estructura de las **esclusas** de un canal.

dos partes de una máquina eléctrica, una de las cuales está fija mientras la otra se mueve. **6** Tierra y polvo que se barre en los talleres donde se trabaja la plata y el oro.

ESCOBILLAR tr. **1** Limpiar con la escobilla, cepillar. **2** *Danza*. En algunos bailes, batir el suelo con los pies con movimientos rápidos.

ESCOBILLÓN m. **1** Instrumento para limpiar los cañones de las armas de fuego. **2** Cepillo unido al extremo de un astil, que se usa para barrer el suelo.

ESCOBINA f. **1** Serrín que hace la barrena cuando se agujerea con ella alguna cosa. **2** *Met.* Limadura de un metal cualquiera.

ESCOBO m. *Bot.* Matorral espeso, como retamar.

ESCOBÓN m. **1** Escoba que se pone en un palo largo para barrer y deshollinar. **2** Escoba de mango muy corto.

ESCOCER intr. **1** Producirse una sensación muy desagradable, parecida a la quemadura. **2** fig. Producirse en el ánimo una impresión molesta o amarga. || prnl. **3** Sentirse o dolerse. **4** Ponerse rubicundas y con mayor o menor inflamación cutánea algunas partes del cuerpo. ♦ IRREG. Se conjuga como MOVER.

ESCOCÉS, SA adj. y s. **1** De Escocia. **2** Se aplica a telas de cuadros y rayas de varios colores. || m. *Ling.* **3** Dialecto céltico, llamado *gaélico*, hablado en Escocia.

ESCOCIA f. *Arquit.* Moldura cóncava cuya sección está formada por dos arcos de circunferencias distintas, y más ancha en su parte inferior.

ESCOCIA (*Scotland*) País del Reino Unido, en el N de Gran Bretaña; 78.783 km² y 5.120.300 h. Su capital es Edimburgo. Está separada de Inglaterra por los montes Cheviot, los ríos Tweed, Lidd y Sark y el golfo de Solway. Incluye los grupos insulares de las Islas Orcadas, las Shetland y las Islas Occidentales. El país es montañoso, con lagos de origen glaciar hacia el NO (Ness, Lomond, Shin y Maree). En la región de los Highlands, o Tierras Altas, se encuentran los Montes Grampianos, cuyo punto culminante, el Ben Nevis (1.343 m), es la cima más alta de Gran Bretaña. Los Lowlands, o Tierras Bajas, al S de los montes, presentan un relieve suave y son abundantes en pastos. Los ríos mayores son el Clyde, Tweed, Forth, Tay, Dee y Spey. Su clima es de inviernos apacibles, veranos cálidos y frecuentes precipitaciones. Produce avena, centeno, patatas y yute. Ganadería ovina y bovina. Elaboración de whisky. Industria alimentaria, textil, siderúrgica y de construcción naval. Pesca. Turismo.

Hist. Los primeros habitantes de Escocia fueron los celtas y, entre ellos, los *pictos* y *escotos*, que se refugiaron en los Highlands después de la dominación romana. Pese a que ésta no fue importante, a partir del siglo III Escocia comenzó a recibir la influencia del cristianismo. Soportó las invasiones escandinavas (siglo VIII) y desde el siglo XI se sometió a la influencia inglesa, aunque los intentos de anexión por parte de Inglaterra siempre fueron fallidos. A la muerte de Eduardo II tuvo lugar la batalla de Bannockburn (1314) y tras la firma del tratado de Northampton (1328), fue reconocida la independencia de Escocia. En 1603 Jacobo VI de Escocia ocupó el trono de Inglaterra. En 1651 se unieron ambos reinos, si bien el Acta de Unión no se votó hasta 1707. A mediados de siglo XX, rebrotó el sentimiento nacionalista escocés que se mantiene en la actualidad, pese a que en 1979 el proyecto de independencia elaborado por el Parlamento no fue respaldado por un referéndum popular. Sin embargo, en 1997 se celebró un nuevo referéndum en el que la mayoría de los votantes respaldaron la restauración del Parlamento autonómico que quedó conformado tras los comicios de 1999, y Donald Dewar fue nombrado primer ministro. Fallecido el año siguiente, le sustituyó interinamente Jim Wallace. Elegido para ocupar el cargo Henry McLeish, del Partido Laborista, dimitió en 2001, y fue sustituido nuevamente por Jim Wallace. En noviembre de ese año fue elegido primer ministro Jack McConnell, también del Partido Laborista, ratificado en los comicios de 2003.

ESCOCIA, NUEVA Nueva ESCOCIA.

ESCODA f. Instrumento de hierro, a manera de martillo.

ESCODADERO m. Sitio donde los venados y gamos dan con la cuerna para descorrearla.

ESCODAR tr. **1** Labrar las piedras con martillo. **2** Sacudir la cuerna los animales para descorrearla.

ESCOFINA f. Herramienta a modo de lima, usada para desbastar.

ESCOFINAR tr. Limar con escofina.

ESCOGER tr. Tomar o elegir una o más cosas o personas entre otras.

ESCOGIDO, DA adj. SELECTO.

ESCOLÁN m. ESCOLANO.

ESCOLANÍA f. Conjunto o corporación de escolanos.

ESCOLANO m. Cada uno de los niños que, en algunos monasterios, se educaban para el servicio del culto, y principalmente para el canto.

ESCOLAPIO, PIA adj. *Rel.* **1** Perteneciente a la orden de las Escuelas Pías. || m. y f. *Rel.* **2** Clérigo o religiosa de las Escuelas Pías. **3** Estudiante que recibe enseñanza en las Escuelas Pías.

ESCOLAR¹ adj. **1** Perteneciente al estudiante o a la escuela. || com. **2** Alumno que asiste a la escuela para recibir la enseñanza obligatoria.

ESCOLAR² intr. y prnl. Pasar por un sitio estrecho. ♦ IRREG. Se conjuga como CONTAR.

ESCOLARIDAD f. **1** Conjunto de cursos que un estudiante sigue en un centro docente. **2** Periodo de tiempo en que se realizan estos cursos.

ESCOLARIZACIÓN f. Acción y efecto de escolarizar.

ESCOLARIZAR tr. Proporcionar a alguien la enseñanza obligatoria oficial.

ESCOLÁSTICA f. *Filos.* ESCOLASTICISMO.

ESCOLASTICISMO m. **1** *Filos.* Corriente filosófica de la Edad Media, en que domina la enseñanza de la doctrina de Aristóteles. La formación de este sistema filosófico-teológico tuvo lugar durante los siglos IX al XII con Escoto Erígena, Lanfranco, san Anselmo, Hugo de San Víctor, Abelardo y Pedro Lombardo. La edad de oro corresponde al siglo XIII, con san Buenaventura, san Alberto Magno, Duns Escoto y santo Tomás de Aquino. **2** Espíritu exclusivo de escuela en las doctrinas, en los métodos o en el tecnicismo científico.

Escocia (Reino Unido). Castillo de Inveraray.

ESCOLÁSTICO, CA adj. **1** Perteneciente a las escuelas medievales o a los que estudiaban en ellas. **2** Perteneciente al escolasticismo, o que lo enseña o al que lo profesa. Aplicado a personas, también s.

ESCÓLEX m. *Zool.* Parte anterior engrosada de los gusanos platelmintos cestodos, provista de ventosas, o de ganchos, para asegurar su fijación a las paredes del intestino del huésped. Se llama vulgarmente cabeza. ♦ Su pl. es *escólex*.

ESCOLI- pref. ESCOLIO-.

ESCOLIO m. Nota que se pone a un texto para explicarlo.

ESCOLIO-, ESCOLI- prefs. que significan desviado.

ESCOLIOSIS f. *Med.* Desviación de la columna vertebral con convexidad lateral. ♦ Su pl. es *escoliosis*.

ESCOLLERA f. Obra hecha con piedras echadas al fondo del agua, para formar un dique de defensa contra el oleaje, servir de cimiento a un muelle, o resguardar el pie de otra obra.

ESCOLLO m. **1** Afloramiento rocoso ligeramente emergido o sumergido en el mar, que supone un obstáculo para la navegación. **2** fig. Peligro, riesgo. **3** fig. Dificultad, obstáculo.

ESCOLOPENDRA f. *Zool.* Nombre común de diversos miriápodos quilópodos de la familia escolopéndridos, género *Scolopendra*, con un par de patas en cada uno de los 21 segmentos de su cuerpo y un par de uñas con las que inoculan veneno a sus víctimas.

ESCOLTA f. **1** Partida de soldados o embarcación destinada a escoltar. **2** Acompañamiento en señal de honra o reverencia. **3** Persona o conjunto de personas que protegen a determinadas personalidades, en previsión de posibles atentados. **4** *Dep.* En baloncesto, jugador que, según las necesidades del juego, puede desempeñar las funciones de alero o de base.

ESCOLTAR tr. **1** Resguardar, conducir a una persona o cosa para que llegue con seguridad a su destino. **2** Acompañar a una persona, a modo de escolta, en señal de honra y reverencia.

ESCOMBRAR tr. **1** Desembarazar de escombros. **2** Quitar de los racimos de pasas las más pequeñas y deterioradas. **3** fig. Desembarazar, limpiar.

ESCOMBRERA f. **1** Conjunto de escombros. **2** *Min.* Sitio donde se acumulan los materiales de desecho de una mina.

ESCÓMBRIDO, DA adj. y s. *Zool.* **1** Se dice de los peces teleósteos acantopterigios del orden perciformes, como la caballa, el bonito y el atún. || m. pl. *Zool.* **2** Familia de estos peces.

ESCOMBRO m. **1** Desecho de albañilería, de una mina o de una cantera. **2** Pasa menuda y desmedrada. **3** *Zool.* CABALLA.

ESCONCE m. Ángulo entrante o saliente en cualquier superficie.

ESCONDER tr. y prnl. **1** Encubrir, ocultar una persona o cosa. **2** fig. Encerrar, contener una cosa que no es manifiesta a todos.

ESCONDIDAS, A loc. adv. Sin ser visto.

ESCONDIDO, DA adj. **1** Oculto, recluido. || m. *Danza.* **2** Baile criollo de una sola pareja. || m. pl. **3** *Perú* Escondite, juego. || f. pl. **4** *Amér.* Juego del escondite.

ESCONDIDO Río de Nicaragua, departamento de Zelaya, que desemboca en el mar de las Antillas, cerca de la ciudad de Bluefields; 80 km de curso, gran parte de ellos navegables.

ESCONDITE m. **1** Lugar propio para esconderse. **2** Juego de muchachos en el que unos se esconden y otros buscan a los escondidos.

ESCONDRIJO m. Rincón o lugar oculto y retirado propio para esconder y guardar en él alguna cosa.

ESCONZAR tr. Hacer a esconce una habitación u otra cosa cualquiera.

ESCOÑAR tr. y prnl. **1** fam. Estropear, romper. || prnl. **2** Accidentarse, lesionarse. **3** Fracasar en un asunto.

ESCOPAS Escultor griego (Paros, s. IV a. C. - ?). Sus obras modificaron el carácter artístico de la escultura griega e influyeron, no sólo en la Antigüedad, sino también en el Renacimiento. Decoró el templo de Atenea Alea en Tegea (Arcadia), y el Mausoleo de Halicarnaso, junto con sus discípulos.

ESCOPETA f. **1** *Arm.* Arma de fuego portátil, con uno o dos cañones de siete a ocho decímetros de largo, usada generalmente para cazar. **2** Persona que tira con escopeta.

ESCOPETAZO m. **1** Disparo hecho con escopeta. **2** Ruido originado por el mismo. **3** Herida y daño producidos por el disparo de la escopeta. **4** fig. Noticia o hecho desagradable, súbito e inesperado.

ESCOPETEAR tr. **1** Hacer repetidos disparos de escopeta. || prnl. **2** fig. y fam. Dirigirse dos o más personas alternativamente cumplimientos o insultos.

ESCOPLADURA o **ESCOPLEADURA** f. Corte o agujero hecho con el escoplo.

ESCOPLEAR tr. Hacer un corte o un agujero con el escoplo.

ESCOPLO m. Herramienta de hierro acerado, con mango de madera y boca formada por un bisel.

ESCORA f. *Mar.* **1** LÍNEA DEL FUERTE. **2** Cada uno de los puntales que sostienen los costados del buque en construcción o en varadero. **3** Inclinación que toma un buque al ceder al esfuerzo de sus velas.

ESCORAR tr. **1** *Mar.* Apuntalar con escoras. **2** *Mar.* Hacer que un buque se incline de costado. **3** fig. Inclinar alguna cosa. || intr. **4** *Mar.* Inclinarse un buque. También prnl. **5** *Mar.* Llegar la marea a su nivel más bajo. **6** *Cuba* APUNTALAR. || prnl. **7** fig. Inclinarse.

ESCORBUTO m. *Pat.* Enfermedad nutricional producida por la carencia de vitamina C en la alimentación y caracterizada por astenia, hemorragias subcutáneas, alteración de algunos tejidos, como el de las encías, y debilidad general.

ESCORCHAPÍN m. *Mar.* Embarcación antigua de vela que servía para transportar gente de guerra y bastimentos.

ESCORDIO m. *Bot.* Hierba de la familia labiadas, género *Teucrium*, empleada en medicina como tónico y estimulante.

ESCORIA f. **1** *Bot.* Residuos de plantas, más o menos descompuestas, en el suelo de un bosque. **2** *Geol.* Material piroclástico procedente de una erupción volcánica y formado por fragmentos de lava. **3** Sustancia vítrea que sobrenada en el crisol de los hornos de fundir metales, y procede de la parte menos pura de éstos unida con las gangas y fundentes. **4** Materia que suelta el hierro candente salido de la fragua al golpearlo con el martillo. **5** Residuo esponjoso, mayor que las cenizas, que queda tras la combustión del carbón. **6** fig. Cosa vil y de ninguna estimación.

ESCORIACIÓN f. *Med.* EXCORIACIÓN.

ESCORIAL m. **1** Sitio donde se echan las escorias de las fábricas metalúrgicas. **2** Montón de escorias.

ESCORIAL, SAN LORENZO DE EL *Arquit.* Célebre monasterio español, en el término municipal de El Escorial, provincia de Madrid. Lo mandó construir Felipe II en 1563, en recuerdo de la victoria obtenida contra los franceses en San Quintín (1557), el día de San Lorenzo. Aúna las funciones de templo, panteón y comunidad religiosa, además del colegio y del seminario. Juan Bautista de Toledo dirigió las obras de construcción hasta su muerte en 1567, en que fue sustituido por Juan Bautista Castello hasta 1569; las terminó Juan de Herrera en 1584.

ESCORIAR tr. *Med.* EXCORIAR.

ESCORPINA, ESCORPENA o **ESCORPERA** f. CABRACHO.

ESCORPIÓN m. **1** *Zool.* Nombre común de diversos artrópodos arácnidos de la familia escorpiónidos, con diversos géneros y más de 600 especies. El cefalotórax es insegmentado, pero en el abdomen se puede distinguir una parte anterior de segmentos anchos y cortos, y otra posterior, de segmentos más estrechos y largos, que acaba en un aguijón venenoso. Viven en lugares áridos, cálidos o templados. **2** *Mil.* Máquina de guerra de figura de ballesta. **3** Azote formado por cadenas terminadas en puntas o garfios retorcidos. || m. pl. *Zool.* **4** Orden de la clase arácnidos, cuyo representante más característico es el escorpión.

ESCORPIÓN 1 *Astrol.* Octavo signo del Zodiaco. **2** *Astron.* Constelación zodiacal situada en el hemisferio austral del cielo y atravesada por la Vía Láctea. Su estrella principal es Antares.

ESCORRENTÍA f. **1** *Geol.* Movimiento de las aguas continentales que circulan por efecto de la gravedad. **2** ALIVIADERO.

ESCORZAR tr. *Pint.* Reducir la longitud de las figuras, según las reglas de la perspectiva.

ESCORZO m. *Pint.* **1** Acción y efecto de escorzar. **2** Figura escorzada.

ESCORZONERA f. *Bot.* Hierba de la familia compuestas, género *Scorzonera*, de flores amarillas y raíz gruesa, carnosa, que cocida se usa en medicina y como alimento.

ESCOSCAR tr. **1** Quitar la caspa. || prnl. **2** Agitarse por una molestia o comezón.

ESCOTA f. *Mar.* Cabo para atiesar las velas.

ESCOTADURA f. **1** Corte hecho en un vestido por la parte del cuello. **2** En los petos de armas, sisa para poder mover los brazos. **3** *Teat.* En los teatros, abertura grande para las tramoyas. **4** Entrante que resulta en una cosa cuando está cercenada, o cuando parece que lo está.

ESCOTAR tr. **1** Cortar y cercenar una cosa para ajustarla a la medida que se necesita. **2** Extraer agua de un río, arroyo o laguna. **3** Pagar la parte que toca a cada uno en un gasto común.

ESCOTE m. **1** ESCOTADURA de un vestido. **2** Parte del busto que queda descubierto. **3** Adorno de encajes pequeños pegado al cuello de la camisa de las mujeres. || **a escote** loc. adv. Pagando cada uno la parte que le corresponde en un gasto común.

ESCOTILLA f. **1** *Mar.* Cada una de las aberturas que hay en las diversas cubiertas, para el servicio del buque. **2** *Mil.* Puerta de acceso a un carro de combate, avión, etc.

ESCOTILLÓN m. **1** Puerta o trampa en el suelo. **2** *Teat.* Abertura en el piso del escenario por donde salen a la escena o desaparecen personas o cosas.

ESCOTÍN m. *Mar.* Escota de cualquier vela de cruz del buque.

ESCOTISMO m. *Filos.* Doctrina filosófica de Duns Escoto y sus seguidores en los siglos XIII y XIV. Sus teorías básicas son el voluntarismo, la univocidad del ser y la distinción formal.

Monasterio de San Lorenzo de El **Escorial**. Patio de los Evangelistas.

escritura jeroglífica egipcia. Libro de los Muertos de la tumba de Kha en Deir al-Medina. XVIII dinastía, siglo XV a. C. Museo Egipcio (Turín).

ESCOTO, TA adj. *Etnol.* e *Hist.* **1** Se dice de un pueblo gaélico de Irlanda que en el siglo VI se estableció en Escocia. En 844, el rey de los escotos, Kenneth MacAlpin, se alió con los pictos, y comenzó la unificación del territorio, dando nombre al país. Aplicado a personas, también s. **2** Relativo a este pueblo.

ESCOTO, JOHN DUNS DUNS ESCOTO, JOHN.

ESCOTO ERÍGENA o **ERIÚGENA, JUAN** Filósofo y teólogo irlandés (?, h. 810 - ?, h. 880). Escribió obras filosóficas y teológicas (*De divisione naturae*, 865) y poemas en latín y griego; tradujo los *Ambigua*, de san Máximo y las obras de Dionisio el Areopagita.

ESCOTOMA m. *Med.* Mancha oscura o centelleante que cubre parte del campo visual.

ESCOZOR m. **1** Sensación dolorosa, como la que produce una quemadura. **2** fig. Sentimiento causado por una pena o desazón.

ESCRIBA m. **1** Doctor o intérprete de la ley entre los hebreos. **2** En la Antigüedad, copista, amanuense.

ESCRIBANÍA f. **1** Oficio de escribano. **2** Escritorio. **3** Recado de escribir. **4** Antiguamente, caja portátil con plumas y tintero que llevaban los escolares. **5** *Amér.* Notaría.

ESCRIBANO, NA m. y f. **1** Persona que escribe a mano lo que se le encarga o dicta. **2** Funcionario público que daba fe de las escrituras y demás actos que pasaban ante él. **3** *Amér.* Notario. **4** SECRETARIO. **5** PENDOLISTA.

ESCRIBIENTE com. ESCRIBANO, persona que escribe a mano.

ESCRIBIR tr. **1** Representar palabras o ideas con signos convencionales. **2** *Mús.* Trazar las notas musicales. **3** Componer libros, discursos, etc. **4** Marcar, señalar. **5** Comunicar por escrito. ♦ Su p. p. es irregular: *escrito*.

ESCRIÑO m. **1** Cesta de paja. **2** Cofrecito para joyas.

ESCRITA f. *Zool.* Especie de raya, con manchas blancas, pardas y negras.

ESCRITILLA f. *Zool.* Criadilla de carnero. Más en pl.

ESCRITO, TA adj. **1** fig. Se dice de lo que tiene rayas que semejan rasgos de pluma. || m. **2** Cualquier papel manuscrito, mecanografiado o impreso. **3** Obra o composición científica o literaria. **4** *Der.* Petición o alegato. ♦ Es el p. p. irregular de ESCRIBIR.

ESCRITOR, RA m. y f. **1** Persona que escribe. **2** Autor de obras escritas o impresas.

ESCRITORIO m. **1** Mueble para guardar papeles o escribir sobre él. **2** Aposento que a veces sirve de despacho. **3** Mueble con gavetas o cajoncillos para guardar joyas.

ESCRITURA f. **1** Sistema utilizado para escribir. [Encic.] **2** Arte de escribir. **3** ESCRITO, papel. **4** *Der.* Instrumento público, firmado con testigos o sin ellos, por la persona o personas que lo otorgan, del todo lo cual da fe el notario. **5** *Ling.* Representación de la lengua hablada mediante signos gráficos. [Encic.] **6** Obra escrita. || **ESCRITURA CUNEIFORME** La compuesta de ciertos caracteres de forma de cuña o clavo. [Encic.].

HIST. y LING. En la evolución de la escritura pueden distinguirse tres etapas: la *pictográfica*, la *ideográfica* y la *fonética*. Los sistemas de escritura usados hoy conocidos son: 1. *escritura egipcia*. Inicialmente de carácter pictográfico (jeroglíficos), fue incorporando elementos ideográficos y fonéticos. Los fenicios adoptaron los signos alfabéticos de la escritura egipcia y de su alfabeto se derivaron las escrituras hebreo-samaritanas, arameas, griegas, etruscas y latinas. 2. *escritura china*. Su escritura ideográfica fue modificándose hasta que, sin dejar de ser ideogramas, se convirtieron en signos convencionales que adoptaron, como en Egipto, representaciones simbólicas y se combinaron entre sí. Dio origen a la japonesa. 3. *escritura cuneiforme*. Algunos pueblos de Asia, de los territorios del Éufrates y el Tigris, de Persia, Armenia y parte de Egipto, utilizaron en la Antigüedad una escritura cuyos caracteres tienen forma de cuña o clavo. En sus comienzos (tercer milenio a. C.) era ideográfica, con algunos caracteres silábicos, que poco a poco adquirió un carácter rígido y esquemático. 4. *escrituras americanas*. Están documentadas dos tipos diferentes: la de los jeroglíficos aztecas, que no pasó de la fase jeroglífica y desapareció con la conquista, y la de los mayas de Yucatán, que evolucionó de la primitiva jeroglífica a la alfabética. 5. *escritura fonética*. Los sistemas de escritura pictográfica e ideográfica quedaron aislados en sus países respectivos. Por el contrario, la escritura fonética y, sobre todo, su variante alfabética, capaz de ser asimilada a un sistema universal, se propagó fácilmente. El foco originario de esta escritura es Fenicia, de donde se expandió en distintas ramas: griega, latina, cartaginesa, hebrea, aramea, árabe, etíope e hindú.

ESCRITURAR tr. *Der.* Hacer constar con escritura pública y en forma legal un hecho.

ESCRIVÁ DE BALAGUER Y ALBÁS, SAN JOSEMARÍA Sacerdote español (Barbastro, 1902 - Roma, 1975). Fundador del Opus Dei (1928), que presidió hasta su muerte, es autor de libros de espiritualidad, como *Camino* (1939). Fue beatificado en 1992 y canonizado en 2002.

ESCRÓFULA f. *Med.* **1** Estado morboso indeterminado, que se caracteriza por un conjunto de afecciones variables de los sistemas tegumentario, linfático y óseo. **2** Tuberculosis crónica de los ganglios linfáticos, principalmente cervicales.

ESCROFULARIÁCEO, A adj. *Bot.* **1** Se dice de las plantas angiospermas dicotiledóneas, como la escrofularia, la algarabía y el gordolobo. También s. || f. pl. *Bot.* **2** Familia de estas plantas.

ESCROFULISMO m. *Pat.* Enfermedad que se caracteriza por la aparición de escrófulas.

ESCROTO m. *Anat.* Bolsa formada por la piel que cubre los testículos de los mamíferos.

ESCRUPULILLO m. **1** Grano de metal u otra materia que se pone dentro del cascabel para que suene.

ESCRÚPULO m. **1** Duda o recelo de conciencia. **2** Aprensión, asco hacia alguna cosa, especialmente alimentos. **3** China que se mete en el zapato. **4** *Astron.* MINUTO.

ESCRUPULOSIDAD f. Exactitud en el examen de las cosas y en el estricto cumplimiento de lo que uno toma a su cargo.

ESCRUTAR tr. **1** Indagar, escudriñar. **2** Reconocer y computar los votos para elecciones y otros actos análogos.

ESCRUTINIO m. **1** Averiguación exacta y diligente de una cosa. **2** Recuento y cómputo de votos en elecciones o actos análogos.

ESCUADRA f. **1** Instrumento de metal o madera, de figura de triángulo rectángulo, o compuesto solamente de dos reglas que forman ángulo recto. **2** Pieza de hierro u otro metal, con dos ramas en ángulo recto, con que se aseguran las ensambladuras de las maderas. **3** *Mil.* Pequeño número de soldados a las órdenes de un cabo. **4** *Mil.* Unidad militar menor. **4** *Mil.* Plaza de cabo de este número de soldados. **5** *Mil.* Conjunto de buques de guerra para determinado servicio. **6** *Dep.* fig. Equipo deportivo. || **FALSA ESCUADRA** Instrumento compuesto de dos reglas movibles con el cual se trazan ángulos de diferentes aberturas. || **a escuadra** loc. adv. En ángulo recto.

ESCUADRAR tr. Disponer un objeto de modo que sus caras planas formen entre sí ángulos rectos.

ESCUADRÍA f. Las dos dimensiones de la sección transversal de una pieza de madera labrada a escuadra.

ESCUADRILLA f. **1** *Mil.* Escuadra de buques pequeños. **2** *Aviac.* Grupo de aviones que vuelan juntos dirigidos por un jefe.

ESCUADRO m. *Zool.* ESCRITA, pez.

ESCUADRÓN m. **1** *Mil.* Unidad de caballería mandada normalmente por un capitán. **2** *Aviac.* Unidad del cuerpo de aviación equiparable en importancia al batallón terrestre.

ESCUÁLIDO, DA adj. **1** Flaco. **2** *Zool.* Se dice de los peces condrictios, del orden escualiformes, de cuerpo fusiforme y cola robusta. También s. || m. pl. *Zool.* **3** Familia de estos peces.

ESCUALO m. *Zool.* Nombre común que se da a algunas familias de peces selacios escualiformes, entre ellas la de los escuálidos o tiburones.

ESCUÁTER com. OKUPA.

ESCUCHA f. **1** Acción de escuchar. **2** En los conventos de religiosas, la que acompaña en el locutorio, para oír lo que se habla, a las que reciben visitas. **3** Ventana pequeña en las salas de palacio donde se tenían los consejos y tribunales, para que pudiese el rey escuchar lo que se hablaba. **4** Grabación clandestina de conversaciones ajenas. || com. **5** *Radio.* y *Telev.* Persona dedicada a escuchar las emisiones para tomar nota de los defectos o de la información que se emite. **6** Centinela que se adelanta para observar los movimientos del enemigo. || f. pl. **7** Galerías radiales para reconocer o detener a los minadores enemigos. || **ESCUCHA RADIOTELEGRÁFICA** Servicio que prestan los operadores de radio de los buques. || **a la escucha** loc. adv. Atento para oír algo.

ESCUCHAR tr. **1** Prestar atención a lo que se oye. **2** Atender a un aviso, consejo o sugerencia. || intr. **3** Aplicar el oído para oír. || prnl. **4** Hablar o recitar con pausas afectadas.

ESCUCHIMIZADO, DA adj. Muy flaco y débil.

ESCUDAR tr. **1** Amparar con el escudo. También. prnl. **2** fig. Resguardar y defender. || prnl. **3** fig. Valerse de algún medio, favor y amparo para justificarse, salir del riesgo o evitar el peligro de que está amenazado.

ESCUDERÍA f. **1** Oficio de escudero. **2** *Dep.* Conjunto de automóviles de un mismo equipo de carreras.

ESCUDERO m. **1** Paje que llevaba el escudo al caballero. **2** El que por su sangre es noble y distinguido. **3** El que tenía como oficio asistir a su señor en determinadas ocasiones. **4** El que hacía escudos. **5** El emparentado con una familia de lustre y tratado como tal. **6** Criado que servía a una señora.

ESCUDERO, VICENTE Bailarín español (Valladolid, 1889 - Barcelona, 1980). Se le considera el representante más purista del baile flamenco tradicional, por su clasicismo y la calidad de su interpretación.

ESCUDETE m. **1** Escudo pequeño. **2** ESCUDO, plancuela. **3** Pedacito de lienzo en forma de escudo o corazón que sirve de refuerzo de la ropa blanca. **4** *Bot.* NENÚFAR.

ESCUDILLA f. Vasija ancha y semiesférica.

ESCUDO m. **1** *Mil.* Arma defensiva para cubrir y resguardar el cuerpo, que se llevaba en el brazo izquierdo. **2** *Mil.* Chapa de acero que llevan las piezas de artillería para protección de sus sirvientes. **3** *Num.* Moneda anti-

Vicente **Escudero**

escultura. 1. Egipcia. Esfinge en granito rosa de Tanis. 2575-2143 a. C. Museo del Louvre (París). 2. Griega. *Orestes y Electra*. Menelao. Siglo I. Museo Nacional de las Termas (Roma). 3. Renacentista. *Esclavo moribundo*. Miguel Ángel. Siglo XVI. Museo del Louvre (París). 4. Barroca. Relicario de Santa Teresa. Talla policromada. Siglo XVII. Museo de Santa Cruz (Toledo). 5. Neoclásica. *Paolina Borghese*. Antonio Canova. 1802. Galería Borghese (Roma).

gua de oro. **4** *Num.* Antigua unidad monetaria de Chile y Portugal. **5** *Econ.* Unidad monetaria de Cabo Verde. **6** Planchuela de metal que, para guiar la llave, suele ponerse delante de la cerradura. **7** fig. Amparo, protección. **8** *Bl.* ESCUDO DE ARMAS. **9** *Zool.* Estructura córnea epitelial parecida a una escama, presente en los reptiles. **10** *Zool.* En invertebrados, cualquier placa ósea, córnea o quitinosa, como las de los percebes o cualquiera de las piezas del segmento torácico de algunos insectos. || **ESCUDO ACUARTELADO** *Bl.* El que está dividido en cuarteles. || **ESCUDO DE ARMAS** *Bl.* Superficie o espacio de distintas figuras en que se pintan los blasones de un Estado, familia, población, corporación, etc. || **ESCUDO CONTINENTAL** *Geol.* Parte de los continentes constituida por plataformas de rocas cristalinas y metamórficas, muy antiguas y rígidas, que presentan un relieve plano.

ESCUDRIÑAR tr. Inquirir y averiguar cuidadosamente.

ESCUELA f. **1** Establecimiento público de enseñanza primaria. **2** Establecimiento público de cualquier tipo de enseñanza. **3** Esa misma enseñanza. **4** Conjunto de profesores y alumnos de una misma enseñanza. **5** Método o estilo peculiar de cada maestro. **6** Doctrina, principios y sistema de un autor. **7** Conjunto de discípulos e imitadores de una persona o de su doctrina, etc. **8** Conjunto de caracteres que en literatura y arte distingue las demás obras de una época o región. **9** fig. Lo que de algún modo alecciona o da experiencia. || f. pl. **10** Sitio donde estaban los estudios generales. || **ESCUELA TALLER** *Pedag.* Establecimiento de enseñanza y práctica de oficios manuales o artísticos.

ESCUELA JUDÍA DE ALEJANDRÍA *Hist.* Comunidad de judíos de la diáspora formada en Alejandría desde la caída de Jerusalén en el siglo VI a. C. y sobre todo bajo el reinado de los Tolomeos. Influidos por la cultura griega, se esforzaron en sintetizar los pensamientos judaico y helénico. Para ello, tradujeron la Biblia del hebreo al griego (*Biblia alejandrina* conocida como *versión de los Setenta*) por encargo de Tolomeo II Filadelfo; y compusieron epopeyas, dramas y obras moralizantes a partir de episodios del Antiguo Testamento.

ESCUELAS PÍAS ORDEN DE CLÉRIGOS REGULARES POBRES DE LA MADRE DE DIOS DE LAS ESCUELAS PÍAS.

ESCUELA SALMANTINA *Lit.* Denominación convencional con la que se conoce a un grupo de poetas renacentistas, reunidos en torno a la Universidad de Salamanca, que cultivaron una lírica intelectual, espiritualista y sobria, en oposición a la de la ESCUELA SEVILLANA. Su figura central es fray Luis de León, y en ella se encuadran F. de Figueroa, F. de la Torre, F. de Aldana y F. Medrano.

ESCUELA DE TRADUCTORES DE TOLEDO *Hist.* Conjunto no organizado de sabios cristianos, judíos y musulmanes congregados en Toledo después de su conquista por Alfonso VI (1085) para traducir al latín o, desde Alfonso X el Sabio, al romance, textos árabes y traducciones a esta lengua de obras griegas, persas o hindúes, para satisfacer la curiosidad cultural de la Europa cristiana. Fue la forma de dar a conocer y difundir a Aristóteles, Arquímedes, Tolomeo, Hipócrates, Galeno, Averroes, Avicena, etc., y de impulsar y fijar el castellano como lengua literaria. Entre sus traductores más prestigiosos se encuentran Domingo González, Juan Hispano, Gerardo de Cremona, Miguel Scot, Herman *el Alemán* y Judá ben Mosé.

ESCUELERO, RA adj. y s. **1** *Arg.* ESCOLAR¹. || m. **2** Vulgarismo por maestro de escuela.

ESCUERZO m. **1** *Zool.* Sapo, anfibio anuro. **2** fig. y fam. Persona flaca y desmedrada.

ESCUETO, TA adj. **1** Libre, despejado. **2** Sin adornos o sin ambages, estricto.

ESCUINTLA Departamento de Guatemala; 4.384 km² y 483.768 h. Su capital es la ciudad del mismo nombre. Produce café, caña de azúcar y frutas tropicales.

ESCULAPIO *Mit.* Nombre latino de ASCLEPIO.

ESCULCAR tr. **1** Espiar, inquirir. **2** Registrar.

ESCULLIRSE prnl. ESCABULLIRSE. ♦ IRREG. Se conjuga como MULLIR.

ESCULPIR tr. **1** Labrar a mano una obra de escultura. **2** GRABAR, labrar en hueco o en relieve.

ESCULTISMO m. Movimiento juvenil fundado por el británico Robert Baden Powell en 1908, cuyos miembros se llaman *boy scouts*, y realizan actividades en contacto con la naturaleza. El movimiento se extendió por todo el mundo.

ESCULTOPINTURA f. *Arte.* **1** Variante artística que emplea las técnicas de la pintura y la escultura, parecida en ciertos aspectos al relieve tradicional. **2** Obra realizada con esta técnica. [**Encic.**]. [**Encic.**].

ESCULTOR, RA m. y f. Persona que profesa la escultura.

ESCULTOR *Astron.* Constelación en la que se sitúa el polo sur galáctico.

ESCULTURA f. *Arte.* **1** Arte de modelar, tallar y esculpir, en diversos materiales, un objeto, real o imaginario, una figura, etc. **2** Obra esculpida. [**Encic.**]. || **ESCULTURA DE BULTO REDONDO** Aquella que se representa aislada, visible por todo su contorno.

ARTE. Los primeros ejemplos de escultura conservados pertenecen al período auriñaciense. La civilización egipcia supuso un desarrollo espectacular de la escultura, caracterizada por el hieratismo y por el rechazo del naturalismo. En Mesopotamia, las civilizaciones sumeria (III milenio a. C.) y asiria (I milenio a. C.), desarrollaron escultura en diorita, relieves con escenas de caza o guerra, y leones y toros alados. Paralelamente, en China se realizaron figuras en bronce en tiempos de la dinastía Shang (II milenio a. C.), y en piedra y madera, principalmente durante los períodos Mei y Sang (I milenio a. C.). El origen de la escultura clásica se encuentra en las civilizaciones cretense y micénica, de la que se deriva directamente la del período arcaico griego, caracterizada por el hieratismo. En la Grecia clásica la escultura alcanzó un gran desarrollo, basada en la búsqueda de la perfección del cuerpo humano y en la representación del movimiento. De la confluencia de las esculturas etrusca y griega, nació la romana, caracterizada por su realismo frente al idealismo griego. Tras la caída del imperio romano los pueblos bárbaros realizaron trabajos en relieve, pero no conocían la escultura monumental, ni la figura humana. Durante la alta Edad Media destaca la escultura realizada durante los períodos carolingio (en Francia), otoniano (en los países germánicos), ostrogodo (en Italia), visigodo y asturiano (ambos en España). En los tiempos medievales se desarrolló también una escultura religiosa que alcanzó su máximo apogeo durante el período ROMÁNICO y el GÓTICO. La escultura del Renacimiento, que tuvo su origen en Italia, se caracterizó por una vuelta a la Antigüedad clásica, el empleo de materiales nobles, como el mármol o el bronce, y los temas profanos y alegóricos. La escultura barroca se caracteriza por el movimiento y los efectos de claroscuro, así como por la temática predominantemente religiosa. El Neoclasicismo retoma nuevamente los temas y la estética de la Antigüedad clásica. La reacción contra este estilo dio lugar a una tendencia romántica, detallista y delicada. A comienzos del siglo XX, la escultura se vinculó a las vanguardias pictóricas. Las últimas décadas alternan tendencias innovadoras con otras tradicionales, abstractas con figurativas, etc.

ESCUNA f. *Mar.* GOLETA.

ESCUPIÑA f. *Zool.* Molusco bivalvo de nombre científico *Venus verrucosa*, con concha gruesa, redondeada y con crestas concéntricas en el exterior.

ESCUPIR intr. **1** Arrojar saliva por la boca. || tr. **2** Arrojar con la boca algo. **3** fig. Echar de sí con desprecio. **4** fig. Despedir un cuerpo a la superficie una sustancia que estaba mezclada con él. **5** Arrojar con violencia. **6** vulg. Contar lo que se sabe, confesar.

ESCUPITAJO m. fam. Saliva, sangre o flema que se escupe.

ESCURIALENSE adj. **1** De El Escorial. También com. **2** Relativo al pueblo o al monasterio de El Escorial.

ESCURRA m. TRUHÁN.

ESCURREPLATOS m. Mueble junto al fregadero para escurrir platos. ◆ Su pl. es *escurreplatos*.

ESCURRIDIZO, ZA adj. **1** Que se escurre fácilmente. **2** Propio para escurrirse.

ESCURRIDO, DA adj. **1** Se dice de la persona estrecha de caderas. **2** *Méx.* y *P. Rico* Corrido, avergonzado.

ESCURRIDOR m. **1** Colador de agujeros grandes para que los alimentos escurran el líquido en que están empapados. **2** ESCURREPLATOS.

ESCURRIR tr. **1** Apurar las últimas gotas de un líquido que han quedado en un vaso, botella, etc. **2** Hacer que una cosa que tiene líquido despida la parte que ha quedado detenida. También prnl. || intr. **3** Destilar y caer gota a gota. **4** Deslizar y correr una cosa por encima de otra. También prnl. || prnl. **5** Salir huyendo. **6** fam. Apresurarse a dar por una cosa más de lo debido, o a hacer más de lo que se quiere.

ESCUSA f. *Gan.* **1** Derecho que el dueño de una ganadería concede a sus pastores para que puedan apacentar un pequeño número de cabezas de ganado de su propiedad, como parte de la retribución convenida. **2** Conjunto de las cabezas de ganado a las que se aplica este derecho.

ESCUSADO, DA adj. **1** Reservado o separado del uso común. || m. **2** Retrete.

ESCÚTER m. Especie de motocicleta de pequeño tamaño y reducido consumo, con el mecanismo cubierto por un chasis.

ESDRAS Sacerdote y escriba judío (s. v a. C.). Fue comisionado por Artajerjes II para organizar la comunidad judía de Palestina. De los cuatro libros de la Biblia que llevan su nombre, sólo dos son reconocidos como canónicos por la iglesia. De ellos, el segundo se conoce también como el Libro de Nehemías.

ESDRÚJULO, LA adj. y s. *Gram.* Se dice del vocablo cuya acentuación prosódica carga en la antepenúltima sílaba. Todas las voces esdrújulas llevan acento ortográfico.

esfinge de Gizeh (Egipto).

ESE[1] f. **1** Nombre de la letra *s*. **2** Eslabón de cadena que tiene figura de ese.

ESE[2]**, ESA, ESO, ESOS, ESAS** Formas del pronombre demostrativo en los tres géneros, masculino, femenino y neutro, y en ambos números, singular y plural, que designan lo que está cerca de la persona con quien se habla, o representan lo que ésta acaba de mencionar. Las formas masculina y femenina se usan como adjetivo y sustantivo, y en este último caso se escriben normalmente con acento. Pospuesto al nombre, tiene a veces valor despectivo. || **a eso de** loc. que da idea de tiempo aproximado. || **en eso** loc. Entonces. || **eso mismo** loc. adv. Asimismo, también. || **ni por esas** loc. adv. De ninguna manera.

ESECILLA f. Cada una de las anillas con que se traban los botones de metal.

ESENCIA f. **1** Naturaleza de las cosas. **2** *Filos.* Lo característico y permanente de las cosas. **3** Lo permanente e invariable de ellas. **4** *Quím.* Extracto líquido concentrado de una sustancia, generalmente aromática. **5** *Quím.* Sustancia volátil extraída de muchos vegetales, o preparada industrialmente para que permita reemplazar alguno de los principios naturales de aquéllos. || **QUINTA ESENCIA** Entre los alquimistas, principio fundamental de la composición de los cuerpos, por cuyo medio esperaban conseguir la transmutación de los metales. En sentido figurado, lo más puro de una cosa.

ESENCIALISMO m. *Filos.* Doctrina filosófica que sostiene la primacía de la esencia sobre la existencia. Sus principales representantes son Spinoza, Leibniz, Fichte y Hegel.

ESENCIERO m. Frasco para esencia.

ESENIN, SERGUEI ALEXANDROVICH Poeta ruso (Kostantinovo, 1895 - Leningrado, 1925). Influido inicialmente por el folclore ruso, su obra estuvo luego marcada por la revolución de octubre (*Inonia*, 1918), en el descontento y rechazo de la industrialización (*Transfiguración*, 1918).

ESENIO, NIA adj. *Rel.* **1** Se dice de una antigua secta judía, surgida en el siglo II a. C., que practicaba el ascetismo, la comunidad de bienes, la habilidad para predecir el futuro y la sencillez en las costumbres. A ella pertenecen probablemente los manuscritos de QUMRAN o *Rollos del mar Muerto*, hallados en 1947. **2** Se dice también de sus individuos. También s. **3** Relativo a esta secta.

ESEQUIBO Río de Guyana, que nace en la sierra de Acaraí y desemboca en el Atlántico; 1.100 km de curso.

ESFACELARSE prnl. *Med.* Gangrenarse un tejido.

ESFACELO m. *Med.* Gangrena que se forma en ciertas heridas y quemaduras.

ESFAHÁN Ciudad de Irán, capital de la provincia de su nombre; 1.127.030 h.

ESFENA f. *Min.* Mineral de fórmula $CaTiSiO_5$, que aparece en cristales aplanados en forma de cuñas, o en masas amorfas, de color marrón, amarillo verdoso o gris.

ESFENISCIFORME adj. *Zool.* **1** Se aplica a las aves marinas incapaces de volar, pero buenas buceadoras, que adoptan en tierra una posición casi erecta. Tienen las alas convertidas en aletas sin plumas, el pico largo y las patas con membrana interdigital. Ejemplo son los pájaros bobos o pingüinos del Antártico. || m. pl. *Zool.* **2** Orden de estas aves.

ESFENOIDES adj. y m. *Anat.* Se dice de uno de los huesos que forman la pared media de la caja del cerebro en el cráneo de los vertebrados.

ESFER-, ESFERO-; -SFER-; -SFERA, -SFERIO prefs., in. o sufs. que significan esfera: *hemisferio, litosfera*.

ESFERA f. **1** *Geom.* Sólido limitado por una superficie curva (*superficie esférica*) cuyos puntos equidistan todos de otro interior llamado *centro*. **2** Círculo en que giran las manecillas del reloj. **3** fig. Medio a que alcanza la influencia y cometido de una persona. || **ESFERA ARMILAR** *Astron.* Instrumento astronómico para la medición de ángulos.

ESFÉRICO, CA adj. **1** *Geom.* Perteneciente a la esfera o que tiene su figura. || m. *Dep.* **2** BALÓN.

ESFERO- pref. ESFER-.

ESFEROGRÁFICO, CA m. y f. *Amer.* m. BOLÍGRAFO.

ESFEROIDE m. *Geom.* Cuerpo de forma parecida a la esfera.

ESFEROSOMA m. *Bot.* Cualquiera de los pequeños gránulos que tienen función de almacenamiento; algunos contienen enzimas, y otros, grasas y aceites.

ESFIGMO-, -SFIGMIA, -SFIXIA pref. o sufs. que significan pulso, palpitación: *asfixia*.

ESFIGMÓGRAFO m. *Med.* Instrumento para registrar las pulsaciones arteriales.

ESFIGMOGRAMA m. *Med.* Trazado gráfico del pulso arterial, obtenido mediante el empleo del esfigmógrafo.

ESFIGMÓMETRO m. *Med.* Instrumento para medir el pulso.

ESFINGE f. **1** *Arqueol.* y *Mit.* Monstruo fabuloso con cabeza y pecho de mujer y cuerpo de león. Otras veces la cabeza es de hombre, de carnero o de gavilán. La esfinge más antigua es la de Gizeh, en el Bajo Egipto, con figura de león echado y cabeza de hombre. **2** *Zool.* Mariposa esfíngida de hábitos nocturnos, con las alas largas y estrechas, y el cuerpo voluminoso.

ESFÍNGIDO, DA adj. y s. *Zool.* **1** Se dice de los insectos lepidópteros, de cuerpo rechoncho, como la esfinge. || m. pl. *Zool.* **2** Familia de estos insectos.

ESFINGOMIELINA f. *Quím.* Fosfolípido constituido por colina, esfingosina, ácido fosfórico y un ácido graso. Es uno de los principales componentes de la vaina de mielina de los nervios.

ESFINGOSINA f. *Quím.* Porción integrante de la esfingomielina, de los cerebrósidos y otros fosfolípidos.

ESFÍNTER m. *Anat.* Anillo muscular que rodea un orificio orgánico y regula su apertura o cierre.

ESFIRÉNIDO, DA adj. *Zool.* **1** Se dice de los peces teleósteos marinos como el espetón y la barracuda. También m. || m. pl. *Zool.* **2** Familia de estos peces.

ESFORZADO, DA adj. Valiente, animoso.

ESFORZAR tr. **1** Comunicar fuerza. **2** Infundir ánimo. || intr. **3** Tomar ánimo. || prnl. **4** Hacer esfuerzos con algún fin. ◆ IRREG. Se conjuga como CONTAR.

ESFUERZO m. **1** Empleo del cuerpo o del espíritu para vencer una dificultad. **2** Ánimo. **3** Empleo de elementos costosos en la consecución de algo. **4** *Fís.* Fuerza por unidad de superficie.

ESFUMAR tr. **1** *Pint.* Extender los trazos del lápiz con el difumino. **2** *Pint.* Rebajar los contornos de una composición. || prnl. **3** fig. Disiparse, desvanecerse. **4** fig. y fam. Marcharse de un lugar con disimulo y rapidez.

ESGARRAR tr. e intr. Hacer esfuerzo para arrancar la flema.

ESGRAFIADO m. Obra hecha con el grafio.

ESGRAFIAR tr. Dibujar o hacer labores con el grafio sobre una superficie estofada o que tiene dos capas o colores sobrepuestos.

ESGRIMA f. **1** Arte o técnica de manejar la espada, el sable y otras armas blancas. **2** *Dep.* Deporte olímpico basado en esta técnica.

ESGRIMIR tr. **1** Manejar la espada, el sable y otras armas blancas. **2** fig. Utilizar algo como instrumento para lograr algún objetivo, particularmente, argumentos en una discusión.

ESGUAZAR tr. Vadear, atravesar una corriente de agua.

ESGUCIO m. *Arquit.* Moldura cóncava cuyo perfil es la cuarta parte de un círculo.

ESGUÍN m. *Zool.* Cría del salmón.

ESGUINCE m. **1** *Med.* Torcedura o distensión violenta de una articulación, pero sin luxación, que puede llegar a la rotura de fibras musculares o ligamentos. **2** Además hecho con el cuerpo para evitar un golpe o caída. **3** Gesto con que se demuestra disgusto o desdén.

ESHKOL, LEVÍ Político israelí de origen ucraniano (Oratov, 1895 - Jerusalén, 1969). Al crearse el Estado de Israel, fue nombrado ministro de Agricultura (1951-52), de Hacienda (1952-63) y, en junio de este último año, primer ministro, cargo que desempeñó hasta su muerte.

ESKER m. *Geol.* Depósito de gravas originado por corrientes de agua procedentes de un glaciar que se retira, o las que quedan sobre el lecho de una corriente subglacial.

ESKIATRÓN m. *Fís.* Tubo de rayos catódicos en que la sustancia luminiscente es de color claro y el haz de electrones traza una imagen oscura.

ESKISEHIR Ciudad de Turquía, en la provincia de su nombre, región de Anatolia Occidental; 451.000 h. Industria alimentaria, textil y mecánica. En sus cercanías se encuentran las ruinas de *Dorilea*.

ESLABÓN m. **1** Pieza en forma de anillo o de otra curva cerrada que, enlazada con otras, forma cadena. **2** Hierro acerado del que saltan chispas al chocar con un pedernal. **3** CHAIRA para afilar. **4** fig. Elemento necesario para el enlace de acciones, sucesos, etc. **5** *Veter.* Tumor huesoso que sale a las caballerías debajo del corvejón y de la rodilla. **6** *Zool.* Alacrán negro.

ESLABONAR tr. **1** Unir eslabones formando cadena. **2** fig. Encadenar las partes de un discurso o unas cosas con otras.

ESLALON o **ESLÁLOM** m. *Dep.* Carrera con esquís consistente en una prueba de habilidad y velocidad en descenso, sorteando una serie de puertas dispuestas en zigzag. ♦ Su pl. es *eslálones.*

ESLAVA, SEBASTIÁN DE Militar español (Pamplona, 1714 - Madrid, 1789). Se distinguió como virrey de Nueva Granada en la defensa de Cartagena de Indias (1741). De regreso a España fue capitán general de Andalucía y secretario de Estado del despacho universal de Guerra.

ESLAVISMO m. **1** *Ling.* Estudio de las lenguas y literaturas eslavas. **2** *Polít.* Corriente ideológica suscitada por un grupo de intelectuales rusos entre los años 1830 y 1870, caracterizada por la negación de la cultura occidental y la afirmación del camino peculiar del desenvolvimiento ruso.

ESLAVO, VA adj. **1** *Etnol.* e *Hist.* Se dice de un pueblo antiguo, de la familia indoeuropea, que se extendía principalmente por el NO de Europa. [**Encic.**] **2** *Etnol.* e *Hist.* Se dice de sus individuos. También s. **3** *Etnol.* e *Hist.* Relativo a este pueblo. **4** *Etnol.* e *Hist.* Se dice de los descendientes de eslavos europeos que en la España musulmana llegaron a alcanzar gran influencia. También s. y más en pl. **5** *Ling.* Se dice de la lengua de los antiguos eslavos, de origen indoeuropeo, y de la que de ella se derivan ruso, polaco, búlgaro, macedonio, serbocroata, bielorruso, ucraniano, checo, eslovaco, sorabo y cachubo, hablado por una minoría en la zona de Gdansk, Polonia. || m. *Ling.* **6** Lengua de los eslavos.

Hist. Procedentes del N de los Cárpatos, a partir del siglo IV fueron desplazándose hacia el O, hasta el Elba y hacia el S hasta el Peloponeso, donde fueron frenados por los griegos. Quedaron divididos en eslavos orientales (rusos, ucranianos, rutenos y rusos blancos), meridionales (búlgaros, serbios, croatas, macedonios y eslovenos) y occidentales (polacos, eslovacos, checos y moravos). Desde mediados del siglo IX los eslavos orientales y meridionales fueron evangelizados por la iglesia ortodoxa, al tiempo que los eslavos occidentales lo eran por la iglesia católica. Formaron algunos Estados organizados, como la Gran Moravia, Polonia, Bohemia y el Estado ruso de Kiev.

ESLAVONIA *Geog. hist.* Antigua región europea, entre el Drave y el Danubio. En tiempos de Augusto fue conquistada por los romanos e incorporada a la provincia de Panonia. En 909 fue invadida por los magiares, expulsados poco después, y en el siglo XVI cayó en manos de los turcos. Se mantuvo bajo su dominio hasta 1699, en que pasó a formar parte del imperio austrohúngaro. Tras la Primera Guerra Mundial se incorporó a Yugoslavia como parte de la República Federada de Croacia. En la guerra civil yugoslava, iniciada en 1991, fue escenario de luchas entre tropas serbias y croatas. Quedó en manos de los serbios hasta que, tras los acuerdos de Dayton (1995), se encargó su administración a la ONU; en 1998, Croacia recuperó la soberanía sobre el territorio.

ESLINGA f. Maroma provista de ganchos para levantar pesos.

ESLIZÓN m. *Zool.* Nombre común de diversos reptiles escamosos de la familia escíncidos, género *Chalcides*, de tamaño medio o pequeño, cuerpo alargado, cubierto de escamas lisas y con extremidades muy reducidas. Viven en las regiones templadas y cálidas del mundo. || **ESLIZÓN COMÚN** o **TRIDÁCTILO** De nombre científico *Ch. chalcides*, es de color pardo grisáceo con líneas longitudinales negras y amarillas, y las extremidades cortísimas. Se alimenta de insectos y vive en el S de Europa y NO de África. || **ESLIZÓN HISPÁNICO** De nombre científico *Ch. bedriagai*, es de color gris con bandas oscuras y endémico de la región mediterránea española.

ESLOGAN m. Fórmula breve y original, utilizada para publicidad, propaganda política, etc. ♦ Su pl. es *eslóganes.*

ESLORA f. *Mar.* Longitud de la nave desde el codaste a la roda por la parte de adentro.

ESLOVACA, REPÚBLICA SOCIALISTA ESLOVAQUIA.

ESLOVACO, CA adj. *Etnol.* **1** Se aplica a un pueblo eslavo que habita en la República eslovaca. También s. **2** Relativo a este pueblo. || m. *Ling.* **3** Lengua eslava de Eslovaquia.

ESLOVAQUIA *(Slovenská Republika)* Estado de Europa Central, que hasta 1993 fue una de las dos repúblicas que constituían Checoslovaquia. Limita al N con Polonia; al E, con Ucrania; al S, con Hungría, y al O, con la República Checa y Austria.

Geog. Es un país de relieve montañoso, accidentado por la cordillera de los Cárpatos, que culmina en el macizo de Alto Tatra (máxima altura: Gerlachovsky stit, 2.655 m); otros macizos importantes son los Beskides Occidentales y Orientales, los Cárpatos Blancos y los montes Nitra. Hacia el S, el valle del Danubio ofrece un paisaje de llanuras y colinas. Varios ríos como el Hron y Vah son afluentes del Danubio, río que constituye el límite meridional del país. Es un país agrícola, ganadero y minero. Produce maíz, trigo, cebada, patata, remolacha, vid, lino, girasol y forrajes, y se extrae hierro, lignito, cobre, mercurio, antimonio, cinc, plomo, grafito y magnesita. La población se asienta principalmente en el valle del Danubio, su principal vía de comercio internacional. Industria siderúrgica, metalúrgica, textil, maderera, química, alimentaria, de instrumentos musicales y petroquímica.

Hist. Este territorio sufrió la invasión de diferentes pueblos (ilirios, celtas) hasta la llegada de los eslovacos, de raza eslava, en el siglo VI. En la segunda mitad del siglo IX, formaron parte de la Gran Moravia, y entre el siglo XI y principios del siglo XVI estuvo bajo dominio húngaro. En 1526 pasó a poder de los Habsburgo austriacos, y sufrió varias incursiones turcas antes de integrarse nuevamente en Hungría en 1699. Cuando se derrumbó el imperio austrohúngaro tras la Primera Guerra Mundial, Eslovaquia se unió a los países checos (Bohemia) para formar Checoslovaquia (1918). En 1938 obtuvo la autonomía interna, y en 1939 se declaró independiente. Tras la Segunda Guerra Mundial, se integró otra vez en Checoslovaquia, aunque mantuvo un gobierno autónomo en materias económicas y culturales. Su autonomía duró hasta 1954, y tras la primavera de Praga se convirtió en república federada (1968). En 1992 fue proclamada la independencia de Eslovaquia, y se aprobó una nueva constitución. Los jefes de los gobiernos checo y eslovaco pactaron una disolución pacífica de la federación, efectiva en 1993. Eslovaquia se convirtió en Estado independiente bajo la presidencia de M. Kovac, mientras que V. Meciar era nombrado jefe de gobierno. En los comicios de 1998 venció la Coalición Democrática Eslovaca liderada por Mikulas Dzurinda. En 1999 se celebraron elecciones presidenciales.

Superficie: 49.035 km².
Población: 5.403.000 h. *(eslovacos).*
Densidad: 110,2 h./km².
Tasa de natalidad: 10,4‰.
Tasa de mortalidad: 9,7‰.
Capital: Bratislava.
Ciudades principales: Banska Bystrica, Kosice, Nitra, Presov y Zilina.
Grupos étnicos: eslovacos (85,7%), húngaros (10,6%), cíngaros (1,6%), checos (1,1%).
Religión: catolicismo (60,3%), ateísmo (9,7%), protestantismo (7,9%).
Idioma: eslovaco.
Moneda: corona eslovaca.
Forma de Estado: república parlamentaria.
Producto Nacional Bruto: 19.941 millones de dólares.
Renta per cápita: 3.700 dólares.
División administrativa: 8 regiones, según cuadro.

ESLOVAQUIA

Regiones	Superficie (km²)	Población (h.)	Capitales
Banska Bystrica	9.455	663.845	Banska Bystrica
Bratislava	2.053	618.673	Bratislava
Kosice	6.753	761.116	Kosice
Nitra	6.343	717.241	Nitra
Presov	8.993	777.301	Presov
Trencin	4.501	610.349	Trencin
Trnava	4.148	549.621	Trnava
Zilina	6.788	689.504	Zilina

ESLOVENIA

Eslovaquia. Bratislava. Castillo y catedral de San Martín, con el Danubio en primer término.

tantes participaron en el Congreso Nacional de Zagreb, que proclamó la unión con Serbia y Montenegro. En 1941 fue invadida por las potencias del Eje. Tras la Segunda Guerra Mundial se incorporó como república autónoma a la República Federal de Yugoslavia, y poco después amplió sus territorios con el Kras Occidental, Istria, los Alpes Julianos y el Estado libre de Trieste. En 1990, Eslovenia y Croacia presentaron un proyecto para establecer una confederación de repúblicas soberanas, como último intento para convivir con Serbia, que intentaba establecer su hegemonía. A fines de 1991, en pleno conflicto entre Croacia y Serbia, Eslovenia proclamó su independencia. La declaración provocó la inmediata reacción del ejército federal yugoslavo, que ocupó el territorio de la República. Un mes después, las tropas fieles al gobierno de Belgrado se replegaron hacia Croacia. El acuerdo de Brioni puso fin a la guerra. Tras la elecciones presidenciales de 1992, M. Kucan, hombre de tendencia liberal, ocupó la jefatura de Estado, cargo que renovó tras las elecciones de 1996. En 1997 ocupó la jefatura del Gobierno Janez Drnovsek. En diciembre de ese año, la UE invitó a Eslovenia, junto con otros países del E de Europa, a iniciar la negociación para ingresar en la Unión. En abril de 2000 en las que venció la coalición gubernamental liderada por Rudolf Schuster. Tras las legislativas de 2002, Dzurinda renovó el cargo de primer ministro. En mayo de 2003 aprobó por referéndum su ingreso en la UE en mayo de 2004.

ESLOVENIA (*Republika Slovenija*) Estado de Europa central que hasta octubre de 1991 formó parte de Yugoslavia. Limita al N con Austria; al E con Hungría; al S con Croacia, y al O con Italia y el mar Adriático.

GEOG. Es un país muy montañoso, accidentado por el extremo alpino sudoriental, las estribaciones de los Alpes Cárnicos y de los Alpes Julianos, y otras cordilleras menores. Al S de Ljubljana existe una depresión en la que se inicia el sistema calizo dinárico. En el E, la altitud es menor y discurren los ríos más importantes de Eslovenia, el Sava y el Drava, afluentes del Danubio, y el Mur. El clima es continental, con inviernos fríos y abundante pluviosidad, especialmente en el N. Los bosques cubren el 50,3% de la superficie y son la base de la explotación maderera. Las zonas de pastos ocupan la tercera parte del territorio y favorecen una importante industria de productos lácteos. También destaca el sector químico. Produce hierro, carbón, plomo, cinc y lignito. En las ciudades de Dravogrod y Jesenice se desarrolla una notable industria siderúrgica.

HIST. Incorporada al imperio romano, fue invadida por los ostrogodos en el siglo V. Los eslovenos, rama occidental de los eslavos meridionales, se establecieron en el territorio hacia el 595, y consiguieron su máxima expansión a fines del siglo VII y comienzos del VIII. Tras ser sometidos por los bávaros en 745, pasaron a depender de los francos, que incorporaron los *voivodatos* o principados eslovenos a las marcas de Baviera y Friul. A comienzos del siglo XI, los magiares irrumpieron en el territorio, fragmentándolo en principados feudales que fueron dominados por los Habsburgo desde los siglos XIII y XIV. Eslovenia fue ocupada por los turcos en los siglos XVI y XVII, y en 1783 se incorporó a Austria. En 1866 el pueblo esloveno fue dividido entre Italia, Hungría y Austria. Tras la Primera Guerra Mundial, sus represen-

ESLOVENIA

Regiones	Superficie (km²)	Población (h.)
Dolenjska	1.690	105.926
Gorenjska	2.135	195.580
Goriska	2.325	119.967
Koroska	1.041	73.961
Notranjsko-Kraska	1.456	50.163
Obalno Krasko	1.044	102.565
Osrednjeslovenska	3.546	517.022
Podravska	2.170	319.617
Pomurska	1.336	125.441
Savinjska	2.380	255.541
Spodnjeposavska	885	70.187
Zasavska	264	46.633

Superficie: 20.258 km².
Población: 1.963.000 h. *(eslovenos).*
Densidad: 96,8 h./km².
Tasa de natalidad: 9‰.
Tasa de mortalidad: 9,6‰.
Capital: Ljubljana.
Ciudades principales: Maribor, Celje, Kranj, Velenje, Koper.
Grupos étnicos: eslovenos (87,8%), croatas (2,8%), serbios (2,4%), bosnios (1,4%).
Religión: catolicismo.
Idioma: esloveno.
Moneda: tólar esloveno.
Forma de Estado: república.
Producto Nacional Bruto: 19.385 millones de dólares.
Renta per cápita: 9.780 dólares.
División administrativa: 12 regiones, según cuadro.

Eslovenia. Vista de Log Pod Mangrtom y el monte Mangart en el parque nacional de Triglav.

cayó el gobierno de Drnovsek al no superar una moción de confianza, pero resultó de nuevo vencedor en las elecciones celebradas en octubre. En 2002 Drnovsek fue elegido presidente del país, y Anton Rop le sucedió como primer ministro. En mayo de 2004 Eslovenia ingresó en la UE.

ESLOVENO, NA adj. **1** De Eslovenia. Se dice también de sus naturales. También s. **2** Relativo a este pueblo. || m. *Ling.* **3** Lengua eslava del grupo meridional hablada en Eslovenia.

ESMAGNETOSFERA f. *Geol.* Capa superior de la atmósfera en la que se sitúan los procesos magnéticos producidos por la actividad solar.

ESMALCALDA SMALCALDA.

ESMALTAR tr. **1** Cubrir con esmaltes. **2** fig. Adornar.

ESMALTE m. **1** Barniz vítreo que se aplica a la porcelana, loza, etc. **2** Obra esmaltada. **3** Labor que se hace con el esmalte sobre un metal. **4** *Bl.* Cualquiera de los metales o colores conocidos en heráldica. **5** *Fisiol.* Materia dura que cubre la corona de los dientes de los vertebrados. **6** *Quím.* Tipo de vidrio de color azul obtenido fundiendo óxido de cobalto y sílice. **7** fig. Lustre, adorno.

ESMALTÍN m. *Quím.* ESMALTE, tipo de vidrio.

ESMALTINA f. *Miner.* Mineral arseniuro de cobalto, de color gris acero o blanco.

ESMÉCTICO, CA adj. *Fís.* Se dice de la sustancia cuyos átomos o moléculas están orientados en planos paralelos.

ESMERALDA f. **1** *Miner.* Mineral silicato de aluminio y berilo, de fórmula $Be_3Al_2Si_6O_{18}$, de color verde por su contenido de cromo. Cristaliza en prismas hexagonales. Piedra preciosa usada en joyería desde la antigüedad. Actualmente los cristales más finos proceden de Colombia y los Urales. || adj. **2** Que tiene el color de esta piedra. También s.

ESMERALDA u **ATACANE** adj. *Etnog.* **1** Se dice del pueblo amerindio que habitó en época precolombina en la costa de Ecuador, entre el río Esmeraldas y la bahía de Mantas. Alcanzó un gran desarrollo cultural. Se aplica a personas. También s. **2** Perteneciente o relativo a este pueblo.

ESMERALDAS Río del NO de Ecuador, el más caudaloso del país; 365 km. Se forma de la confluencia del Guayllabamba, el Quinindé y el Blanco y desemboca en el Pacífico, cerca de la ciudad de su nombre. Su curso bajo es navegable.

ESMERALDAS Provincia de Ecuador, región de la Costa; 15.239 km² y 386.032 h. Compleja red hidrográfica; los ríos más importantes son el Esmeraldas y el Santiago. Produce tabaco, café y cacao. Minas de oro. En el N se han realizado excavaciones en la isla de La Tolita, que han sacado a la luz los restos arqueológicos de la cultura de *La Tolita*, fechada entre el 500 a. C. y el 500 d. C. **2** Ciudad capital de la misma; 117.722 h.

ESMERAR tr. **1** Pulir, limpiar. || prnl. **2** Poner sumo cuidado en algo. **3** Obrar con acierto.

ESMERDIS Príncipe persa (s. VI a. C.). Hijo de Ciro el Grande. Según la inscripción de Behistún, fue asesinado por su hermano Cambises II; el mago Gaumata suplantó su personalidad para rebelarse contra éste y proclamarse rey. Probablemente, la historia fue inventada por Darío I para justificar su acceso al trono tras asesinar al supuesto usurpador.

ESMEREJÓN m. *Zool.* Ave rapaz diurna, de nombre científico *Falco columbarius*. Es un pequeño halcón, de plumaje pardo rojizo, que se alimenta de pájaros, pequeños mamíferos e insectos. **2** *Arm.* Pequeña y antigua pieza de artillería.

ESMERIL m. **1** *Miner.* Mezcla granular de corindón y magnetita o hematites, de color negruzco. Es muy dura (grado 9 en la escala de Mohs) y raya todos los cuerpos, excepto el diamante. Se emplea como material abrasivo. **2** *Arm.* Pieza de artillería antigua pequeña.

ESMERILAR tr. Pulir algo o deslustrar el vidrio con esmeril u otra sustancia.

ESMERO m. Sumo cuidado en hacer las cosas.

ESMILÁCEO, A adj. y s. *Bot.* **1** Se dice de la hierba o mata monocotiledónea, trepadora, con hojas caulinares y zarcillos, trímeras y ovario súpero, como el brusco, el espárrago y la zarzaparrilla. || f. pl. *Bot.* **2** Familia de estas plantas.

ESMIRNA Ciudad de Turquía, capital de la provincia de su nombre; 2.081.556 h. Fundada por los eolios antes del siglo VII a. C. Fue conquistada por los otomanos en 1415. Ocupada por los griegos en 1920, Turquía recuperó su soberanía en 1923.

ESMIRRIADO, DA adj. DESMIRRIADO.

ESMOQUIN m. Prenda masculina de etiqueta a modo de chaqueta sin faldones.

ESNEFRU Faraón egipcio de la IV dinastía (h. 2800 a. C.). Hizo construir la falsa pirámide de Medum y la de Dashur, ambas al S de Menfis. Realizó frecuentes expediciones por Nubia y Libia. Fue sucedido por Keops.

Esopo. Cuadro de Diego Velázquez. Museo del Prado (Madrid).

ESNIFADA f. **1** Aspiración por la nariz de cocaína u otro tipo de droga. **2** Dosis de droga tomada por este procedimiento.

ESNIFAR tr. Aspirar cocaína u otra droga en polvo por la nariz.

ESNOB adj. y s. Se dice del que actúa con esnobismo.

ESNOBISMO m. Exagerada admiración por todo aquello que está de moda o por lo que tiene brillo social.

ESOFAGITIS f. *Pat.* Inflamación del esófago.

ESÓFAGO m. *Anat.* Conducto del aparato digestivo que va desde la boca al estómago, en el que penetra a través del cardias. Por él discurre el bolo alimenticio, después de ser deglutido, merced a unos movimientos de dilatación y contracción de la musculatura llamados *peristálticos*.

ESÓN *Mit.* Padre de Jasón. Fue envenenado por su hermanastro Pelias. Esón, sin embargo, no murió, y Medea le devolvió la juventud.

ESOPO Fabulista griego (s. VI a. C.). Su existencia, puesta en duda por algunos historiadores, ha dado lugar a numerosas leyendas. Se le considera el creador de la FÁBULA, breve narración de intencionalidad moralizadora protagonizada por animales. Su obra fue recogida en el siglo IV a. C. por Demetrio de Falero.

ESOTÉRICO, CA adj. **1** Oculto, reservado. **2** *Filos.* Se dice de la doctrina que los filósofos de la Antigüedad griega no comunicaban sino a corto número de sus discípulos.

ESOTERISMO m. Calidad de esotérico.

ESOTRO, TRA pron. Ese otro, esa otra. Actualmente son formas arcaizantes. También adj.

ESPABILADERAS f. pl. DESPABILADERAS.

ESPABILAR tr. DESPABILAR.

ESPACHURRAR tr. DESPACHURRAR.

ESPACIADOR m. Tecla que se pulsa en las máquinas de escribir, ordenadores, etc., para dejar espacios en blanco.

ESPACIAL adj. *Astron.* Perteneciente o relativo al espacio, sobre todo al exterior a la Tierra.

ESPACIAR tr. **1** Poner espacio entre dos cosas en el lugar o en el tiempo. **2** Esparcir, divulgar. También prnl. **3** *A. gráf.* Separar dicciones, letras o renglones en un texto. || prnl. **4** fig. Dilatarse. **5** fig. Esparcirse.

ESPACIO m. **1** *Fís.* Extensión continua e ilimitada en que se contienen todos los objetos externos que coexisten. **2** Parte de este continente que ocupa cada objeto sensible. **3** Capacidad de terreno, sitio o lugar. **4** Transcurso de tiempo. **5** Tardanza, lentitud. **6** Región tridimensional en la que se sitúan todos los cuerpos y movimientos. **7** *A. gráf.* Pieza de metal que sirve para separar dicciones y letras de un texto. **8** *Mús.* Separación entre las rayas del pentagrama. **9** Cada una de las partes que componen los programas de radio y televisión. || **ESPACIO AÉREO** *Aviac.* Aquel en el que se desarrolla la circulación de aviones comerciales o militares en cada país. Forma parte de su soberanía y está regulado por convenios internacionales. || **ESPACIO INTERMEDIO** *Anat.* El existente entre las costillas, fibras o lóbulos de un tejido u órgano. || **ESPACIO MUERTO** *Anat.* El existente en la tráquea, bronquios y otras vías que contiene aire, pero que no penetra en los alvéolos durante la respiración. || **ESPACIO NATURAL** *Ecol.* Territorio que conserva sus características naturales primitivas, con escasa o nula influencia del hombre. || **ESPACIO PLANETARIO** *Astron.* El que ocupan los planos de las órbitas de los planetas en su movimiento alrededor del sol. || **ESPACIO SIDÉREO** *Astron.* El situado más allá de los límites de la atmósfera terrestre. || **ESPACIO TIEMPO** *Fís.* Espacio de cuatro dimensiones, basado en la teoría de la relatividad restringida de Einstein, en el que a las tres dimensiones de la física tradicional (altura, anchura y longitud) se añade el tiempo. || **ESPACIO VECTORIAL** *Mat.* Conjunto de números reales en el que se definen diversas propiedades: la operación suma le confiere estructura de grupo abeliano, las operaciones suma y producto son distributivas entre sí, y la operación producto es asociativa y tiene elemento unidad. || **ESPACIO VITAL** *Geog.* y *Polít.* Ámbito territorial que necesitan las colectividades y los pueblos para desarrollarse. El concepto fue invocado frecuentemente por la Alemania nazi, para justificar su política expansionista.

ESPACIO ECONÓMICO EUROPEO (EEE) *Econ.* Zona de libre comercio acordada entre los países de la Comunidad Europea y los de la Asociación Europea de Libre Comercio (EFTA). El acuerdo para su creación se firmó el 2 de mayo de 1992 y entró en vigor el 1 de enero de 1994. Agrupa a los quince países miembros de la Unión Europea y tres de la EFTA.

ESPACIOSIDAD f. Anchura, capacidad.

ESPADA f. **1** *Arm.* Arma blanca, larga, recta, aguda y cortante, con empuñadura. **2** *Taurom.* Torero que mata con espada. Más como m. **3** Persona diestra en su manejo. **4** En los naipes, cualquiera de las cartas del palo de espadas. **5** *Dep.* En esgrima, una de las tres armas reglamentarias de la competición, junto con el florete y el sable. || f. pl. **6** Uno de los cuatro palos de la baraja española. || **ESPADA DE DAMOCLES** fig. Amenaza persistente de un peligro. || **ESPADA DE DOS FILOS** fig. Procedimiento, argumento, que, al ser empleado, puede dar un resultado contrario al que se persigue. || **PRIMER** o **PRIMERA ESPADA** Entre toreros, el principal en esta clase. También, persona sobresaliente en alguna disciplina, arte o destreza. || **entre la espada y la pared** loc. fig. y fam. En trance de tener que decidirse por una cosa u otra.

ESPADACHÍN m. **1** El que sabe manejar bien la espada. **2** El amigo de pendencias.

ESPADAÑA f. **1** *Bot.* Planta herbácea perenne, perteneciente a la familia tifáceas, de nombre científico *Typha angustifolia*, de tallo largo (caña), que crece en pantanos, riberas y bordes de lagunas y charcas. **2** *Arquit.* Campanario de una sola pared con huecos para las campanas.

ESPADAÑADA f. Golpe de sangre o agua que sale repentinamente por la boca.

ESPADAÑAL m. *Bot.* Terreno húmedo o encharcado poblado de espadañas.

ESPÁDICE *Bot.* Inflorescencia no ramificada, de eje carnoso, envuelta por una espata con aspecto de hoja. Es típica de las palmeras.

ESPADILLA f. **1** Insignia roja de los caballeros de Santiago. **2** Machete de madera para espadar. **3** *Mar.* Remo grande que hace oficio de timón en algunas embarca-

espadaña

ciones menores. **4** As de espadas. **5** Aguja grande que usaban las mujeres para tener recogido el cabello.

ESPADÍN m. **1** Espada de hoja muy estrecha que se usa como prenda de ciertos uniformes. **2** *Zool.* Pez teleósteo fisóstomo perteneciente a la familia clupeidos, de nombre científico *Sprattus sprattus*. Es gregario y parecido al arenque.

ESPADÓN m. fig. y fam. Persona de elevada jerarquía, sobre todo del ejército.

ESPAGÍRICA f. *Met.* Arte de depurar los metales.

ESPAGUETI m. Pasta alimenticia de harina de trigo en forma de cilindros algo más gruesos que los fideos. || **ESPAGUETI WESTERN** WESTERN.

ESPAHÍ m. **1** Soldado de caballería turca. **2** Soldado de caballería del ejército francés en Argelia.

ESPAILLAT Provincia de la República Dominicana; 838 km² y 202.376 h. Su capital es Moca.

ESPAILLAT, ULISES FRANCISCO Político y escritor dominicano (Ciudad de Santo Domingo, 1823 - íd., 1878). Luchó por la independencia de su país durante el nuevo período de dominación española. Restaurada la República, fue elegido presidente en 1876; renunció al cargo seis meses después, ante los alzamientos de las facciones rebeldes.

ESPALDA f. **1** *Anat.* Parte posterior del cuerpo humano desde el cuello hasta el final de la columna vertebral. **2** *Zool.* Lomo de un animal. **3** Parte del vestido que corresponde a la espalda. **4** *Dep.* Estilo de natación, que se efectúa con el cuerpo en posición dorsal y la cara emergida. || f. pl. **5** Parte posterior de una cosa. **6** fig. Cuerpo armado que cubre la retaguardia de otro. || **ESPALDA MOJADA** Nombre que se aplica en EE UU a los inmigrantes ilegales mexicanos. || **a espaldas** de uno loc. adv. En su ausencia, sin que se entere. || **cargado de espaldas** loc. adj. Algo jorobado. || **dar** a uno **la espalda** fr. fig. Negarse a alguno; retirarse de su presencia con desprecio. || **echarse** uno **sobre las espaldas** una cosa fr. Hacerse responsable de ella. || **guardar** unos **las espaldas** fr. fig. y fam. Resguardarse o resguardar a otro. || **por la espalda** loc. adv. Fig. A traición.

ESPALDAR m. **1** Parte de la coraza que defiende la espalda. **2** Respaldo de una silla o banco. **3** *Agr.* Enrejado sobrepuesto a una pared para que por él trepen las plantas. **4** *Zool.* Parte dorsal de la coraza de los quelonios. || f. pl. **5** Colgaduras que se colocaban en las paredes a manera de frisos.

ESPALDARAZO m. **1** Golpe dado en la espalda con la espada o con la mano. **2** fig. Admisión de alguno como igual en un grupo o profesión. **3** fig. Reconocimiento de competencia suficiente a que ha llegado alguno para una profesión o actividad.

ESPALDILLA f. **1** *Anat.* Omóplato. **2** *Zool.* Cuarto delantero de algunas reses.

ESPALDÓN m. **1** Parte maciza que queda de un madero después de entallado. **2** Barrera para resistir el empuje de las tierras o de las aguas. **3** *Fort.* Valla artificial para resistir y detener el impulso de un tiro o rechazo.

ESPANTADA f. **1** Huida repentina de un animal. **2** Desistimiento súbito ocasionado por el miedo.

ESPANTAJO m. **1** Lo que se pone en un sitio para espantar y especialmente en los sembrados para espantar los pájaros. **2** fig. Cosa que infunde temor. **3** fig. y fam. Persona molesta y despreciable.

ESPANTALOBOS m. *Bot.* Arbusto perteneciente a la familia leguminosas, de nombre científico *Colutea arborescens*. Crece en el S de Europa. ♦ Su pl. es *espantalobos*.

ESPANTAPÁJAROS m. Figura hecha con paja y vestidos de hombre, que se planta en los sembrados y huertos para ahuyentar los pájaros. ♦ Su pl. es *espantapájaros*.

ESPANTAR tr. **1** Causar espanto. También intr. **2** Echar de un lugar a una persona o animal. **3** Admirarse, maravillarse. También prnl. || prnl. **4** Sentir espanto, asustarse.

ESPANTAVILLANOS m. fam. Alhaja o cosa de poco valor y mucho brillo. ♦ Su pl. es *espantavillanos*.

ESPANTE m. Confusión que se produce cuando el ganado se desmanda.

ESPANTO m. **1** Terror, asombro. **2** Demostración con que se infunde miedo. **3** Entre curanderos, enfermedad causada por un susto. **4** *Col., C. Rica, Guat., Hond., Méx.* y *Venez.* Fantasma, aparecido. Más en pl. || **estar curado de espanto** fr. fig. y fam. Ver con impasividad desafueros, males o daños.

ESPANTOSO, SA adj. **1** Que causa espanto. **2** Maravilloso, asombroso. **3** fig. Desmesurado, enorme. **4** fig. Muy feo.

ESPAÑA Estado del SO de Europa, que comprende una parte continental, en la península Ibérica, y otra insular, constituida por los archipiélagos de las Baleares y de las Canarias. Limita al N con el mar Cantábrico, Francia y Andorra; al E con el mar Mediterráneo; al S con el mar Mediterráneo, Gibraltar y el océano Atlántico; y al O con Portugal y el océano Atlántico.

España. Valle de Pineta, en el Pirineo de Huesca.

GEOG. *Geog. física*. España ocupa la mayor parte de la península Ibérica, en el extremo SO del continente europeo. Orográficamente, está formada por una gran meseta central, con una altitud media de 660 m y orlada de montañas: macizo galaico al NO; cordillera Cantábrica al N; sistema Ibérico al E, y Sierra Morena al S. En su interior, el sistema Central la divide en dos submesetas, Norte y Sur, esta última accidentada por los montes de Toledo. En su exterior se alzan otras cadenas montañosas, como los Pirineos y el sistema Costero Catalán al NE, y las cordilleras Béticas en el S. Entre la meseta y estas cordilleras se abren los valles del Ebro y del Guadalquivir y la llanura levantina. También existen dos áreas insulares, las islas Baleares en el Mediterráneo, y las Canarias en el Atlántico, frente a la costa sahariana. El clima presenta tres tipos básicos: el atlántico, en toda la orla cantábrica y gallega; el mediterráneo, en la franja costera desde Girona a Huelva; y el interior o mediterráneo continentalizado, en el resto del territorio. La hidrografía se organiza en tres vertientes: la vertiente atlántica (Miño, Duero, Tajo, Guadiana y Guadalquivir); la vertiente mediterránea donde sólo el Ebro presenta una longitud considerable (Ter, Turia, Júcar y Segura); y la vertiente cantábrica (Nalón, Narcea, Sella, Pas, Bidasoa). La vegetación se corresponde con cada tipo de clima.

Geog. humana y económica. La población, fundamentalmente urbana (78,4%), se concentra en las zonas periféricas, más desarrolladas, mientras en el interior sólo destacan Madrid, Zaragoza y Valladolid como núcleos importantes. El fuerte retroceso de la natalidad ha provocado el estancamiento de la población.

Superficie: 505.990 km².
Población: 40.128.000 h. *(españoles)*.
Densidad: 79,3 h./km².
Tasa de natalidad: 9,2‰.
Tasa de mortalidad: 9,1‰.
Capital: Madrid.
Ciudades principales: Barcelona, Valencia, Sevilla, Zaragoza, Málaga, Murcia, Las Palmas de Gran Canaria, Bilbao, Palma de Mallorca y Valladolid.
Grupos étnicos: españoles.
Religión: catolicismo.
Idioma: español, catalán, euskera, gallego.
Moneda: euro.
Forma de Estado: monarquía parlamentaria.
Producto Nacional Bruto: 555.244 millones de dólares.
Renta per cápita: 14.100 dólares.
División administrativa: 19 comunidades autónomas y 50 provincias, según cuadro.

Geog. económica. La economía ha tenido tradicionalmente base agraria y esta actividad aún posee una gran importancia. Destacan la producción de cereales (trigo, cebada, maíz, avena, arroz y centeno), los tubérculos (patata y remolacha), el vino, aceite de oliva, agrios, tabaco, caña de azúcar, frutas, verduras y hortalizas. La ganadería, en claro retroceso, es principalmente ovina y porcina. La pesca, tanto de litoral como de altura, constituye una de las actividades tradicionales, aunque la extensión de las aguas territoriales ha provocado en los últimos años una disminución del volumen total de capturas. Dentro del sector minero, en retroceso, destaca la extracción de carbón, hierro, mercurio, uranio, cinc, plata, plomo, oro, caolín, etc. La industria está muy diversificada; textil, naval, electrodomésticos, automóviles, química, alimentaria, juguetera, etc. La actividad siderúrgica (Asturias, País Vasco, Cataluña y Madrid) ha sido uno de los sectores más afectados por la reconversión industrial. El turismo constituye uno de los motores de la economía española y proporciona anualmente la décima parte de su riqueza.

HIST. El actual territorio español estuvo habitado desde el paleolítico inferior. A lo largo de los distintos períodos prehistóricos, se desarrollaron importantes culturas: pinturas rupestres de Altamira, El Castillo y La Pasiega, cerca de Santander, en el paleolítico superior; las de Cogull, Lleida y Alpera, Albacete, en el mesolítico; culturas de El Argar, Almería, y del vaso campaniforme, en el neolítico. Los iberos llegaron a la península Ibérica a finales del neolítico y comienzos de la Edad del Bronce (2000-1500 a. C.), y se establecieron en el S y sudeste de la Península para avanzar después por levante hacia el Ebro. A éstos siguieron grupos migratorios de celtas (h. 600 a. C.), que, entrando por los Pirineos occidentales, poblaron el N y O peninsulares. Posteriormente, ocuparon la meseta, que ya habitaban los iberos, dando origen al pueblo celtíbero (siglo III a. C.), dividido en cuatro tribus: cántabros, astures, galaicos, lusitanos, turdetanos. La llegada de fenicios, griegos y cartagineses (siglos XI a III a. C.), facilitó el contacto con otros pueblos. Los fenicios establecieron una serie de factorías en la costa mediterránea: Gades (Cádiz), Abdera (Adra), Sexi (Almuñécar), lo que les permitió controlar el comercio occidental del estaño y el cobre. A partir del siglo VIII a. C., los griegos, rivales comerciales de los fenicios, fundaron una serie de colonias en la costa del Mediterráneo español (Rosas, Ampurias). La rivalidad con los cartagineses condujo al hundimiento del comercio griego en Occidente. La fundación púnica de Ebusus (Ibiza) en 652 a. C. y el combate naval de Alalía (535 a. C.) provocaron la ruptura de toda relación con los territorios del S y del O de la península Ibérica. El contacto con los pueblos púnico y griego en el S y en levante favoreció la aparición de la cultura ibérica. Después de la primera guerra púnica (264-241 a. C.), y mediante una política de atracción con los indígenas, Amílcar Barca y Asdrúbal lograron extender la influencia cartaginesa a casi toda la Península. El sucesor de Asdrúbal, Aníbal, trató de asegurar el dominio del territorio y en 219 a. C. atacó Sagunto, ciudad aliada de Roma, iniciándose así la segunda guerra púnica (218-201 a. C.). Escipión el Africano ocupó Carthago Nova (Cartagena)

ESPAÑA

Provincias Comunidades	Extensión (km²)	Población (h.)	Capitales
Almería	8.774	512.843	Almería
Cádiz	7.385	1.119.802	Cádiz
Córdoba	13.718	768.676	Córdoba
Granada	12.531	813.061	Granada
Huelva	10.085	457.507	Huelva
Jaén	13.498	649.662	Jaén
Málaga	7.276	1.258.084	Málaga
Sevilla	14.001	1.725.482	Sevilla
Andalucía	*87.268*	*7.305.117*	*Sevilla*
Huesca	15.671	205.429	Huesca
Teruel	14.804	136.849	Teruel
Zaragoza	17.194	844.571	Zaragoza
Aragón	*47.669*	*1.186.849*	*Zaragoza*
Asturias	10.565	1.084.314	Oviedo
Principado de Asturias	*10.565*	*1.084.314*	*Oviedo*
Baleares	5.014	821.820	Palma
Islas Baleares	*5.014*	*821.820*	*Palma*
Las Palmas	4.099	872.669	Las Palmas de Gran Canaria
Santa Cruz de Tenerife	3.401	800.020	Santa Cruz de Tenerife
Canarias	*7.500*	*1.672.689*	*Santa Cruz de Tenerife y Las Palmas de Gran Canaria*
Cantabria	5.289	528.478	Santander
Cantabria	*5.289*	*528.478*	*Santander*
Albacete	14.858	361.021	Albacete
Ciudad Real	19.749	479.087	Ciudad Real
Cuenca	17.061	200.963	Cuenca
Guadalajara	12.190	161.669	Guadalajara
Toledo	15.368	523.459	Toledo
Castilla-La Mancha	*79.226*	*1.726.199*	*Toledo*
Ávila	8.048	166.259	Ávila
Burgos	14.269	347.218	Burgos
León	15.468	506.511	León
Palencia	8.029	179.465	Palencia
Salamanca	12.336	351.128	Salamanca
Segovia	6.949	146.985	Segovia
Soria	10.287	91.252	Soria
Valladolid	8.202	494.594	Valladolid
Zamora	10.559	204.650	Zamora
Castilla y León	*94.147*	*2.488.062*	
Barcelona	7.733	4.706.325	Barcelona
Girona	5.885	553.348	Girona
Lleida	12.028	359.361	Lleida
Tarragona	6.283	588.499	Tarragona
Cataluña	*31.929*	*6.207.533*	*Barcelona*
Badajoz	21.657	664.625	Badajoz
Cáceres	19.945	408.949	Cáceres
Extremadura	*41.602*	*1.073.574*	*Mérida*
A Coruña	7.876	1.108.980	A Coruña
Lugo	9.803	366.934	Lugo
Orense	7.278	345.620	Orense
Pontevedra	4.477	908.803	Pontevedra
Galicia	*29.434*	*2.730.337*	*Santiago*
Madrid	7.995	5.145.325	Madrid
Madrid	*7.995*	*5.145.325*	*Madrid*
Murcia	11.317	1.131.128	Murcia
Región de Murcia	*11.317*	*1.131.128*	*Murcia*
Navarra	10.421	538.009	Pamplona
Navarra	*10.421*	*538.009*	*Pamplona*
Álava	3.047	285.748	Vitoria
Guipúzcoa	1.997	677.275	San Sebastián
Vizcaya	2.217	1.137.418	Bilbao
País Vasco	*7.261*	*2.100.441*	*Vitoria*
La Rioja	5.034	265.168	Logroño
La Rioja	*5.034*	*265.168*	*Logroño*
Alicante	5.863	1.410.946	Alicante
Castellón	6.679	467.895	Castellón de la Plana
Valencia	10.763	2.187.633	Valencia
Comunidad Valenciana	*23.305*	*4.066.474*	*Valencia*
Ceuta	19	73.704	Ceuta
Ceuta	*19*	*73.704*	*Ceuta*
Melilla	13	56.929	Melilla
Melilla	*13*	*56.929*	*Melilla*

y otras poblaciones, y pasó a África, derrotando al caudillo cartaginés en Zama (202 a. C.). La intervención romana en la Península tuvo como primer objetivo aislar a los cartagineses en sus bases de aprovisionamiento; pero los planes romanos mudaron hacia la conquista sistemática de Hispania. Entre los hechos más sobresalientes de este periodo se encuentran el levantamiento de los lusitanos dirigidos por Viriato (147-139 a. C.), el sitio de Numancia (153-133 a. C.) y las dos guerras cántabras (29-19 a. C.). Las regiones litorales mediterráneas fueron rápidamente romanizadas; su influencia se extendió asimismo a la cuenca del Ebro y a la del Guadalquivir, pero las montañas del N escaparon del poder de Roma hasta época de Augusto. Desde 197 a. C., la Península quedó estructurada en dos provincias: la Hispania Citerior, al E, y la Ulterior, al O. Esta última fue dividida en 27 a. C. en dos nuevas provincias: la Lusitania y la Bética. En el año 2 a. C., la Hispania Citerior tomó el nombre de Tarraconense. En 214 d. C. se creó la provincia de Galecia, y durante el reinado de Diocleciano (284-305), la Cartaginense, de la que se segregó posteriormente la Baleárica (385). Una vez finalizadas las guerras cántabras, a partir del siglo I d. C., la península Ibérica conoció una época de desarrollo bajo la «pax romana»: la economía, basada en las minas de oro, plata y plomo, proporcionaba sólidos ingresos al erario romano; la agricultura evolucionó considerablemente; la actividad comercial, intensa, se canalizaba a través de puertos como Cádiz, Tarragona y Cartagena; sus habitantes recibieron el derecho de ciudadanía romana; el latín se impuso sobre las demás lenguas indígenas, y comenzó a penetrar el cristianismo. La crisis del imperio, iniciada en 235, afectó también a Hispania, que a partir del siglo V comenzó a sufrir las invasiones bárbaras: en 409, alanos, vándalos y suevos, penetraron en la Península a través de los Pirineos. Los suevos se establecieron en Galecia, los vándalos en la Bética y los alanos en Lusitania y parte de la Cartaginense. Pocos años después (h. 414), el emperador Honorio envió a Hispania a los visigodos, aliados de Roma, para someter a los invasores. A partir del 453, Hispania pasó a depender del reino de Tolosa, romanizado desde el reinado de Eurico (466-84), que se anexionó la Tarraconense en 472. Tras la derrota de Alarico II frente a los francos en la batalla de Vouillé (507), el reino visigodo se transformó territorialmente en un reino hispano, aunque tuvo que rivalizar con los suevos y los bizantinos, establecidos en el S. Leovigildo (571-86) emprendió una política de expansión y promovió la fusión entre la minoría visigoda y la población hispanorromana, unificando políticamente la Península, si bien no consiguió la adhesión al arrianismo. La conversión de su hijo Recaredo I (586-601) al catolicismo puso fin a la separación religiosa, y a partir del III concilio de Toledo (589) se impuso la colaboración entre iglesia y monarquía. Durante los reinados de Chindasvinto (642-53) y Wamba (672-80), se sucedieron las luchas entre el rey y la nobleza. En 711, el enfrentamiento entre los hijos de Witiza, que había aspirado al trono, y el rey don Rodrigo, propició la invasión musulmana. Los árabes fueron requeridos para luchar contra don Rodrigo, a quien vencieron en la batalla de la Janda (o de Guadalete); se adueñaron rápidamente de la Península (excepto el N) y le otorgaron el nombre de AL-ANDALUS. La dominación árabe se prolongó durante ocho siglos. Entre 711 y 756 al-Andalus fue un emirato dependiente del califa de Damasco. En 756, Abd al-Rahman I fundó un emirato independiente, y en 929, Abd al-Rahman III se proclamó califa. Córdoba, la capital, se convirtió en el centro intelectual más importante de Europa. Tras la muerte de Almanzor (1002), dio comienzo la decadencia del califato; las guerras civiles provocaron la división del país en los llamados reinos de taifas (1031), lo que facilitó la reconquista cristiana. Desde 711, pequeños núcleos de cántabros y astures, localizados en el norte de la Península, organizaron la resistencia. Pelayo, elegido rey por sus huestes, fundó el reino de Asturias (718). En 722 venció a los musulmanes en las montañas de Covadonga, iniciándose la Reconquista. El impulso inicial del reino astur-leonés, sobre todo a partir de Alfonso III (866-912), fue continuado por el condado de Castilla, constituido en reino en 1037. Fernando I inauguró la monarquía castellano-leonesa (1038-65), posteriormente dividida. El proceso de Reconquista fue continuado por Alfonso VI (1065-1109), que, tras unificar de nuevo el reino (1072), conquistó Toledo (1085). La caída de la línea del Tajo y la amenazadora situación general decidieron a los taifas de Sevilla, Badajoz y Granada a buscar la ayuda del poderoso Estado que los almorávides habían creado en el norte de África. Conquistaron Sevilla, Granada (1091), Badajoz (1094), Valencia (1102), Zaragoza y Lisboa (1110). El siglo XII contempló un nuevo impulso de la Reconquista, esta vez bajo la dirección de Aragón; Alfonso I el Batallador se apoderó de

Zaragoza (1118) y, en una incursión victoriosa, penetró hasta el mismo corazón del reino andaluz. Los almorávides fueron sustituidos por otro pueblo berberisco, el almohade; en el siglo XIII se produjeron los mayores avances cristianos, tras la victoria conseguida en las Navas de Tolosa (1212) por Alfonso VIII de Castilla. Mientras Jaime I de Aragón terminaba la reconquista peninsular de sus Estados, el reino proyectaba su expansión mediterránea (conquista de Sicilia en 1282; de Cerdeña en 1324; de Atenas y Neopatria en 1311) y Navarra era anexionada a Francia (1285). Castilla, después de las conquistas andaluzas de Fernando III el Santo, hacía frente a una nueva oleada africana, la de los benimerines, derrotados por Alfonso XI en las batallas del Salado (1340) y del río Palmones (1343), y en la conquista de Algeciras (1344). La Reconquista estaba prácticamente terminada. Sólo las luchas dinásticas entre los reinos peninsulares y los problemas nobiliarios de Castilla desde Pedro I (1350-69) hasta la muerte de Enrique IV (1474), permitieron que el reino de Granada prolongara su existencia hasta 1492, año en que los Reyes Católicos entraron en su capital. Con el fin de la Reconquista, llegó también la unidad política (excepto Navarra, anexionada en 1512), fruto lejano del compromiso de Caspe (1412), que introdujo la dinastía castellana de Trastámara en el trono aragonés y sentó las bases de la unificación, por el matrimonio de Isabel de Castilla y Fernando de Aragón. Una vez conseguida la unidad política, los Reyes Católicos decidieron eliminar toda disidencia religiosa. En 1492 fueron expulsados los judíos y en 1502 los moriscos tuvieron que optar entre convertirse o abandonar el país; asimismo se reorganizó el Tribunal de la Inquisición. Al mismo tiempo, se ejecutó una enérgica política internacional. Gonzalo Fernández de Córdoba conquistó el reino de Nápoles (1500), mientras se afirmaba el dominio español en el norte de África (Melilla, Orán, Trípoli) y concluía la conquista de las islas Canarias (h. 1496). Al tiempo, la proyección castellana hacia el Atlántico pudo concretarse en el apoyo de la reina a los proyectos de Colón, que culminaron en el descubrimiento de América (1492). Muerta Isabel (1504), Castilla, tras el breve reinado de Felipe I el Hermoso y Juana la Loca, quedó bajo la regencia del rey Fernando (1506-16) y del cardenal Cisneros, hasta la llegada de Carlos I (1517-56); nieto de los Reyes Católicos y del emperador Maximiliano, fue elegido dos años más tarde emperador alemán bajo el nombre de Carlos V, y heredó Nápoles, Sicilia, Cerdeña, las posesiones americanas y las de la casa de Austria, convirtiéndose en el monarca más poderoso de Europa. Frente a él se alzó, en los primeros años del reinado de Carlos I, el movimiento comunero. Las Germanías, que estallaron en Valencia (1519-23) y Mallorca (1520-23), tuvieron un final análogo. Por lo que respecta a la estabilidad monetaria, Castilla vivió su edad de oro durante el reinado de Carlos I. Sin embargo, ni el incremento tributario, ni las remesas de metales preciosos procedentes de América fueron suficientes para poner a disposición de la corona los medios que requería la política internacional, inspirada en la idea de «imperio universal» sobre toda la cristiandad. La paz de Augsburgo (1555) consagró la ruptura de la república cristiana, al reconocer la secesión religiosa de Alemania, y el desmoronamiento de la idea imperial, sustituida por la de «imperio hispánico» de Felipe II. En las abdicaciones de Bruselas (1556), el emperador dejó a su hermano Fernando el imperio alemán y las posesiones de los Habsburgo en Alemania; y a su hijo Felipe, España y su imperio colonial, Italia y Países Bajos. Reinando ya Felipe II (1556-98) tuvo lugar la victoria de San Quintín (1557) sobre los ejércitos franceses. La paz de Cateau-Cambrésis (1559) consolidó la hegemonía española, reforzada gracias a los éxitos ante la sublevación de los Países Bajos, la victoria frente a los turcos en la batalla de Lepanto (1571) y la incorporación de Portugal (1580). Sin embargo, la derrota de la *Armada Invencible* (1588) y la firma con Francia de la paz de Vervins (1598), marcaron el inicio de una lenta decadencia. Con la muerte del rey desaparecieron los conflictos religiosos en Europa, subiendo al poder la llamada opción pacifista, representada en España por Felipe III (1598-1621) y su valido el duque de Lerma, que firmaron con Jacobo I de Inglaterra la paz de Londres (1604) y con las Provincias Unidas de Holanda, la tregua de los Doce Años (1609). Esta paz aparente se vio alterada dentro de la Península por la expulsión de los

España. Anfiteatro romano de Itálica (Sevilla).

España. *Felipe V reconocido como rey de España.* Cuadro de François Gérard. Castillo de Chambord (Francia).

moriscos (1609-14). La crisis política y la decadencia se agudizaron en el reinado de Felipe IV (1621-65). Su todopoderoso valido, el conde-duque de Olivares, intentó sin éxito mantener el prestigio español. La paz de Munster, por la que España reconoció la independencia de los Países Bajos, y los tratados de Westfalia (1648) pusieron punto final a la guerra de los Treinta Años, que había comenzado en 1618 y acarreó las primeras derrotas de los hasta entonces invencibles tercios españoles (Rocroi, en 1643, y Lens, en 1647). Sofocada la rebelión separatista de Cataluña (1640-52), España, que continuó la guerra contra Francia, cedió a este país el Rosellón (paz de los Pirineos, 1659) y tuvo que reconocer la independencia de Portugal (1668). La decadencia se consumó en el reinado de Carlos II (1665-1700). El rey no tuvo descendencia. Dejó el trono a Felipe, nieto de Luis XIV, lo que provocó el estallido de la guerra de Sucesión (1701-14). La tendencia nacionalista dominante decidió el conflicto en favor de Felipe V, quien aprovechó el apoyo de la antigua corona de Aragón al archiduque Carlos de Austria para abolir los fueros por los Decretos de Nueva Planta. La paz quedó restablecida mediante los tratados de Utrecht-Rastadt (1713-14), en virtud de los cuales Felipe V (1700-46) fue reconocido como rey de España pero se vio obligado a ceder Italia, los Países Bajos, Gibraltar y Menorca. A partir de entonces se hizo evidente la influencia francesa, reforzada en política exterior por los Pactos de Familia (1733 y 1743). El país se benefició del espíritu reformista del despotismo ilustrado, sobre todo en los últimos años del reinado de Fernando VI (1746-59) y durante el de Carlos III (1759-88). Los ministros de este último, Grimaldi y Esquilache, primero, y Aranda, Campomanes y Floridablanca, después, trataron de encauzar las fuerzas económicas de la nación para fomentar su crecimiento. En política exterior, debido a la nueva «alianza natural» con Francia (Pacto de Familia, 1761), España intervino en la guerra de los Siete Años (1756-63) y en la de la independencia de EE UU (1776). Durante este reinado se decretó la libertad de comercio de los puertos españoles con América (1778) y se fortaleció el regalismo con la expulsión de los jesuitas (1767). El reinado de Carlos IV (1788-1808) fue absorbido por la privanza de Godoy. Éste firmó un tratado de alianza defensiva y ofensiva con la República Francesa (1796), cuya consecuencia fue la guerra con Inglaterra y la pérdida de la flota española en Trafalgar (1805). Frente a la omnipotencia de Godoy se formó un partido en torno al príncipe de Asturias, futuro Fernando VII. La posibilidad de obtener una corona tras la proyectada desmembración de Portugal condujo a Godoy a firmar un pacto secreto (tratado de Fontainebleau, 1807), con el que se comprometía a dejar el paso franco a las tropas napoleónicas para atacar a la nación vecina, aliada de los ingleses; pero Napoleón decidió la invasión de España (1808). Ante estos acontecimientos, el pueblo de Madrid derrocó a Godoy y a Carlos IV (motín de Aranjuez, 1808) y entregó el poder a Fernando VII (1808 y 1814-33). Éste, a su vez, fue obligado a abdicar por el emperador (Bayona, 1808), que nombró rey de España a su hermano José. El 2 de mayo del mismo año el pueblo madrileño se alzó en armas, iniciándose la guerra de la Independencia (1808-14). La junta central suprema de gobierno, constituida durante el conflicto y que, compuesta por intelectuales y burgueses, se había refugiado en Cádiz, elaboró la constitución de 1812, de carácter liberal. En 1814 Fernando VII regresó a España, abolió la constitución, restableció el absolutismo. La insurrección dirigida por Riego (1820), obligó al rey a restablecer la constitución de Cádiz y dio inicio al Trienio Liberal (1820-23). En el congreso de Verona de 1822, las potencias europeas de la Santa Alianza acordaron enviar a España un ejército francés (los Cien Mil Hijos de San Luis) que puso fin al gobierno liberal. Fernando VII, restaurado en todos sus poderes, inauguró la llamada «década ominosa» (1823-33). Todos estos acontecimientos favorecieron el movimiento de emancipación de las colonias americanas, que se había iniciado en 1809. Del antiguo imperio no quedaban más que Cuba, Puerto Rico y las islas Filipinas. En 1830, Fernando VII, que no había tenido descendencia masculina, derogó la Ley Sálica establecida por Felipe V en 1713, que negaba el acceso de las mujeres al trono; tras su muerte, en 1833, le sucedió su hija Isabel II, bajo la regencia de su madre, María Cristina de Borbón. Carlos María Isidro, hermano del rey, negó los derechos al trono de su sobrina y desencadenó la primera guerra carlista (1834-40). Durante la guerra se promulgó el Estatuto Real (1834), que provocó una escisión en las filas liberales entre moderados y progresistas. Asimismo, se llevaron a cabo una serie de medidas legislativas (desamortización de bienes eclesiásticos, supresión de los gremios), que desmantelaron las estructuras del Antiguo Régimen. En 1836-37, los carlistas fueron derrotados y el conflicto terminó con el convenio de Vergara (1839). La regente tuvo que hacer frente a un pronunciamiento progresista que le impuso un nuevo ministerio y otra constitución (1837). Otra revuelta (1840) obligó a abdicar a María Cristina, que abandonó el país, y el general Espartero se convirtió en el nuevo regente (1841). En 1843 Espartero fue derrocado por una coalición de moderados (1843). Durante la etapa moderada, dominada por Narváez, se promulgó la constitución liberal doctrinaria de 1845 y se firmó el concordato de 1851. El pronunciamiento progresista (Vicalvarada) de 1854 dio comienzo al bienio progresista de 1854-56, en el que se promulgó una ley desamortizadora (1855) y se redactó la llamada constitución nonata de 1856. Espartero dimitió en favor de O'Donnell (1856), que restableció la constitución de 1845. El período siguiente (1856-1866), en que se alternaron Narváez, con el apoyo de moderados y absolutistas, y O'Donnell, con el de la Unión Liberal, destaca por la gran proyección de la política exterior española: guerra de África (1859-60), anexión de la isla de Santo Domingo (1861), intervención en México, junto a Francia e Inglaterra (1861-62), y guerra del Pacífico contra Chile y Perú (1864-66). La oposición de progresistas, republicanos y demócratas (Prim, Sagasta, Becerra, Ruiz Zorrilla) condujo a la Revolución de 1868, que obligó a Isabel II a marchar al exilio. Se convocaron cortes constituyentes y fue promulgada una nueva constitución (1869), que reconocía la monarquía parlamentaria y la libertad de cultos. Serrano se convirtió en regente (1869-71), mientras Prim presidió el primer gobierno, que tenía como objetivo principal encontrar una monarca para el trono español. Fue elegido Amadeo de Saboya, que llegó a Madrid (1871) a los pocos días de que Prim fuera herido mortalmente en un atentado. Abdicó a los dos años (1873), después de haber intentado gobernar con la oposición de monárquicos, carlistas y republicanos. Las cortes proclamaron la I República (12 de febrero de 1873), que contó con cuatro presidentes (Figueras, Pi y Margall, Salmerón y Castelar), en sus once meses de duración. El 3 de enero de 1874, el general Pavía disolvió las cortes y entregó la jefatura del gobierno provisional a Serrano. Éste continuó la guerra carlista, que había alcanzado una extraordinaria virulencia, y acabó con la insurrección cantonalista, originada durante la I República. En diciembre del mismo año, un pronunciamiento militar encabezado por Martínez Campos en Sagunto y por Primo de Rivera en Madrid, proclamó rey a Alfonso XII, hijo de Isabel II. Serrano escapó a Francia y se formó un ministerio-regencia presidido por Cánovas del Castillo. Durante el reinado de Alfonso XII (1874-85) destacó la figura política de Cánovas, que terminó con la tercera guerra carlista (1872-76) y, mediante la paz del Zanjón, con la insurrección independentista cubana (1876-78). Se promulgó una nueva constitución (1876) y se organizó el llamado turno pacífico de los dos partidos dominantes: el conservador de Cánovas y el liberal, dirigido por Sagasta. En 1876 se fundó la Institución Libre de Enseñanza, y en 1881, bajo el gobierno de Sagasta, se decretó la libertad de asociación. A la muerte de Alfonso XII (1885), pasó a ocupar la regencia su esposa, María Cristina (1885-1902). La guerra hispanonorteamericana de 1898 provocó la pérdida de las colonias que aún le quedaban a España (Cuba, Filipinas, Puerto Rico y Guam). La crisis nacional que produjo la derrota provocó la total desintegración del equilibrio parlamentario. El centralismo de la administración favoreció, por otra parte, los movimientos regionalistas; el más importante, el catalán, tomó la forma de un renacimiento cultural, la RENAIXENÇA. Durante el reinado de Alfonso XIII (1902-31) se produjo la descomposición del sistema canovista de monarquía parlamentaria. Al mismo tiempo, y a pesar del escaso desarrollo industrial del país, la inquietud laboral se hacía patente, sobre todo en Cataluña, donde se organizó el movimiento obrero español; en 1888 se constituyó la UGT, como una rama del PSOE, y en 1910 fue fundada la CNT. El regeneracionismo del gobierno conservador de Maura tuvo su final en la Semana Trágica de Barcelona (1909). Tras los gobiernos liberales de Moret y Canalejas, el conservador Eduardo Dato (1913-15) declaró la neutralidad de España en la Primera Guerra Mundial, decisión que propició un notable desarrollo industrial, pero también un incremento de la tensión entre la clase dominante y las nuevas fuerzas socialistas, anarquistas y comunistas. A estas dificultades se sumaron el descontento de los militares, agrupados en defensa de sus propios intereses en las llamadas «Juntas de Defensa», las huelgas generales, el movimiento autonomista catalán y, fundamentalmente, el desastre de Annual (1921). En 1923 se produjo el golpe militar del general Primo de Rivera, capitán general de Cataluña, que instauró la dictadura (1923-30). El creciente descontento y la crítica situación económica derivada de la crisis mundial de 1929 provocaron su dimisión en 1930. Los gobiernos conciliadores de Berenguer y Aznar (1930-31) resultaron ineficaces. Los dirigentes republicanos firmaron junto con los socialistas y catalanistas de izquierda, el pacto de San Sebastián (1930). El 14 de abril de 1931 fue proclamada la II República. Alfonso XIII abandonó España y Alcalá Zamora constituyó un gobierno provisional. Celebradas en junio elecciones generales, las nuevas cortes votaron una constitución de carácter progresista. Sin embargo, la fallida sublevación del general Sanjurjo en 1932 anunciaba la oposición conservadora al sistema. Este mismo año se aprobó la ley de reforma agraria y el estatuto catalán de autonomía. Las elecciones municipales del 23 de abril anunciaron el viraje de la opinión pública hacia la derecha política, tendencia confirmada en las generales del 19 de noviembre de 1933, en las que la Confederación de Derechas Autónomas (CEDA) obtuvo un claro triunfo. El levantamiento separatista de Cataluña y la insurrección de los mineros asturianos (1934) fueron controlados, pero la represión consiguiente y el estallido de diferentes escándalos que afectaron especialmente al Partido Radical provocaron la convocatoria de elecciones anticipada de elecciones (1935). Se formó entonces el Frente Popular que obtuvo la victoria en las elecciones del 16 de febrero de 1936. El nuevo gobierno, presidido por Azaña, reanudó el programa de reformas sociales. Los oficiales más conserva-

Guerra Civil española

[Map of Spain showing the Spanish Civil War, with nationalist domain progression from July 1936 to February 1939, republican zone in March 1939, main nationalist and republican attacks, centers of the military uprising, main republican centers, main combat areas, important battles, actions of the International Brigades, and French, British, Italian, and German naval control, and international land control. Key locations marked: El Ferrol, La Coruña, Santiago de Compostela, Gijón, Oviedo, Santander, Bilbao, San Sebastián, Guernica (26-4-37), Vitoria, Pamplona, León, Burgos, Valladolid, Zaragoza, Barcelona, Tarragona, Belchite (agosto 1937), Jarama (febrero 1937), Ebro (julio-noviembre 1938), Salamanca, Madrid, Guadalajara, Teruel (diciembre 1937), Castellón de la Plana, Menorca, Mallorca, Palma, Ibiza, Brunete (julio 1937), Toledo, Cáceres, Albacete, Los Llanos, Valencia, Badajoz, Mérida, Alicante, Sevilla, Córdoba, Granada, Cartagena, Huelva, Almería, Cádiz, Málaga, Ceuta, Tánger, Tetuán; MARRUECOS (protectorado español), MARRUECOS (protectorado francés), ARGELIA, PORTUGAL, FRANCIA, ANDORRA.]

dores y monárquicos hacía tiempo que preparaban una sublevación, que cristalizó los días 17 y 18 de julio de 1936 en Canarias y Marruecos, bajo el mando del general Franco. El alzamiento dio origen a la GUERRA CIVIL (1936-39). Durante la contienda, Franco se erigió en jefe del nuevo Estado (1936) y, consumada la victoria nacionalista (1 de abril de 1939), estableció un régimen de corte dictatorial que declaró la neutralidad de España en la Segunda Guerra Mundial. A su término el país se vio sometido a un severo cerco diplomático y sufrió una profunda depresión económica (1945-50). El nuevo régimen fue estructurado jurídicamente por una serie de disposiciones llamadas Leyes Fundamentales, que robustecieron la autoridad del jefe del Estado. En la década de los cincuenta, la situación mejoró; España firmó el pacto defensivo con EE UU y el concordato con la Santa Sede (1953) e ingresó en la UNESCO (1952) y en la ONU (1955). Gracias a la ayuda estadounidense, a las remesas de los emigrantes y al auge del turismo, el país conoció a partir de 1960 un importante crecimiento económico. Éste se vio acompañado por una cierta apertura política, con la promulgación de la leyes de prensa e imprenta (1966) y de libertad religiosa (1968). La aprobación mediante referéndum de la Ley Orgánica del Estado (1966) permitió la designación como sucesor del jefe del Estado, a título de rey, del príncipe Juan Carlos de Borbón (1969) y la separación de la jefatura del Estado del cargo de presidente del gobierno; su primer titular fue Carrero Blanco (1973), asesinado el mismo año por la organización terrorista ETA. A la muerte de Franco (noviembre de 1975), el príncipe Juan Carlos fue proclamado rey con el nombre de Juan Carlos I. Tras el gabinete puente de Arias Navarro, el rey confió el gobierno a Adolfo Suárez (1976), que planteó con éxito una reforma política encaminada a constituir un régimen similar a las monarquías democráticas europeas. El proceso se inició con la legalización de los partidos políticos y de las centrales sindicales y prosiguió con las elecciones a cortes (junio de 1977), en las que triunfó el partido de Suárez, Unión de Centro Democrático (UCD). La primera fase de la transición finalizó con la elaboración de la constitución de 1978, aprobada por referéndum en diciembre del mismo año. Suárez encabezó el primer gobierno constitucional tras la victoria de UCD en las elecciones de 1979. El PSOE, por su parte, se configuró como primera fuerza de la oposición. A partir de este momento comenzó a articularse el Estado de las autonomías contemplado en la constitución, plenamente establecido en 1983. El malestar creado en el seno de UCD por las facciones más conservadoras llevó a Suárez a presentar la dimisión a principios de 1981. El 23 de febrero del mismo año, durante la votación de investidura de Calvo Sotelo, se produjo un fallido golpe militar. Calvo Sotelo logró la investidura, pero la insalvable crisis de UCD le decidió a convocar elecciones generales en octubre de 1982; obtuvo la victoria el Partido Socialista Obrero Español (PSOE), cuyo secretario general, Felipe González, fue nombrado jefe del gobierno. El PSOE revalidó su condición como primera fuerza política del país en las sucesivas elecciones generales de 1986 y 1989. España se integró en la CEE en 1986 y ratificó su integración en la OTAN tras el referéndum del 12 de marzo de 1986. En 1993 se celebraron elecciones legislativas anticipadas; el PSOE alcanzó la victoria por cuarta vez consecutiva, aunque perdió la mayoría absoluta. Felipe González fue investido con los votos de los nacionalistas vascos y catalanes. A partir de entonces, diversos casos de corrupción política y económica provocaron una grave crisis. Tras su ajustada victoria en las elecciones de 1996, el candidato del Partido Popular, José María Aznar, formó un gobierno con el apoyo de los grupos nacionalistas que logró cumplir los criterios de convergencia para el acceso de España a la zona euro en 1999 e inició un proceso negociador con la organización terrorista ETA (1998). La declaración de una tregua indefinida y total por parte de la organización terrorista en 1999, abrió la posibilidad de negociar una solución democrática al problema vasco. En junio de ese año se celebró una triple consulta electoral para renovar los ayuntamientos, la mayoría de los parlamentos autonómicos y la representación europea en el Parlamento Europeo. En los tres casos el triunfo correspondió de forma clara al PP. En diciembre, ETA dio por concluida la tregua, con lo que el terrorismo volvió a convertirse en uno de los principales problemas del país, especialmente tras el atentado perpetrado en enero de 2000. En marzo se celebraron elecciones legislativas en las que el PP alcanzó la mayoría absoluta, por lo cual, J. M. Aznar resultó revalidado como presidente. En enero de 2002 el euro sustituyó a la peseta como moneda, igual que en otros diez países de la Unión Europea. En agosto se inició el proceso de ilegalización del partido independentista vasco Batasuna, se suspendieron sus actividades y se clausuraron sus sedes. En noviembre de ese año el petrolero Prestige se hundió a unos cien kilómetros de Galicia, con 70.000 toneladas de combustible a bordo, lo que provocó una marea negra que afectó al litoral cantábrico y a las costas de Portugal y Francia. En marzo de 2004, cuatro días antes de las elecciones generales, se cometieron en Madrid una serie de atentados que ocasionaron 191 muertos y más de 1.500 heridos. Atribuidos inicialmente a ETA por el Gobierno, fueron posteriormente reivindicados por la organización terrorista islámica Al Qaeda como respuesta al apoyo prestado por el Gobierno a EE UU en la guerra de Irak, lo que provocó una gran indignación popular. En las elecciones celebradas días después, el PSOE obtuvo la mayoría y José Luis Rodríguez Zapatero pasó a formar Gobierno.

ESPAÑA, JOSÉ MARÍA Patriota venezolano (La Guaira, h. 1760 - Caracas, 1799). Encabezó con Manuel Gual el primer movimiento independentista venezolano

España. José Luis Rodríguez Zapatero tras su victoria en las elecciones de 2004.

(1797), pero, descubierta la conspiración, tuvo que huir del país. Tras regresar en 1799, fue apresado y ejecutado.

ESPAÑOL, LA adj. y s. **1** De España. || m. *Ling.* **2** Castellano, lengua oficial de España e Hispanoamérica. Se habla en España, México y diversas zonas de EE UU, las Grandes Antillas, Centroamérica, Sudamérica, (salvo las Guayanas y Brasil), determinados sectores de Filipinas y en muchas comunidades sefardíes de Asia Menor, los Balcanes y Norte de África. El número total de hablantes se acerca a los 450 millones. **[Encic.]**

LING. El español nació en Castilla como dialecto romance. La invasión visigoda (siglo V) favoreció la paulatina diferenciación del latín e introdujo algunos germanismos en el habla de los hispanorromanos. Mayor influencia tuvo la invasión musulmana a comienzos del siglo VIII. Por una parte, la fragmentación y el aislamiento de los reinos cristianos independientes permitió el desarrollo de una serie de dialectos romances. Por otra, el árabe actuó durante ocho siglos como adstrato de las diversas lenguas peninsulares. Durante la baja Edad Media fueron afianzándose los rasgos esenciales de la lengua. A este respecto pueden señalarse dos periodos. El primero abarca desde la aparición en el siglo X del primer texto enteramente románico, *Glosas Emilianenses,* hasta el último tercio del siglo XIII. Durante esta etapa la modalidad lingüística del castellano ofrecía una clara fragmentación dialectal que paulatinamente se fue neutralizando a partir del habla burgalesa. El segundo se extiende desde el reinado de Alfonso X hasta la publicación de la *Gramática española,* de Antonio de Nebrija (1492). A principios del siglo XVI se documenta por vez primera el uso del término *español* para referirse a la lengua hablada en España. En esta época se constituye definitivamente el sistema fonológico del castellano moderno y se establece, en sus características generales, su estructura lingüística actual. Paralelamente se produce la expansión del español en América y se incrementa el intercambio lingüístico con otras lenguas europeas. La creación de la Real Academia Española en 1713, provocó la definitiva consolidación de las normas del español moderno a lo largo del siglo XVIII.

El español de América. Las peculiaridades del español de América están determinadas por los distintos sustratos o adstratos de las lenguas indígenas; la modalidad lingüística que dejaron en herencia los colonizadores, en su mayoría procedentes del S peninsular; y el desarrollo histórico particular de cada nación o comunidad. Los colonizadores recurrieron a los términos indígenas para designar realidades desconocidas para ellos. Tres son las lenguas que aportaron un mayor número de préstamos: el arawak, el náhuatl y el quechua. Entre los fenómenos más extendidos se encuentran el seseo, la aspiración o pérdida de la *s* en posición implosiva y la pronunciación como *h* aspirada de la jota castellana. Otra de las peculiaridades del español de América es la pervivencia de numerosos arcaísmos (VOSEO), voces de procedencia afronegroide y préstamos introducidos por inmigrantes de otras lenguas.

ESPAÑOLA Isla de Ecuador, en el archipiélago de Colón.

ESPAÑOLA, LA Isla del mar de las Antillas, dividida territorialmente entre la República Dominicana y Haití; 77.387 km². Fue bautizada con este nombre por Cristóbal Colón en 1492.

ESPAÑOLETA f. *Danza.* Antiguo baile español.

ESPAÑOLETO, EL RIBERA, JOSÉ DE.

ESPARADRAPO m. Tira de tela, una de cuyas caras está cubierta de un emplasto adherente, que se usa para sujetar los vendajes, y excepcionalmente como apósito directo o revulsivo.

ESPARAVÁN m. **1** *Veter.* Tumor en la parte interna e inferior del corvejón de los solípedos, que puede producir una cojera incurable. **2** *Zool.* GAVILÁN, ave de rapiña.

ESPARAVEL m. **1** Red redonda para pescar, que se arroja a fuerza de brazo en los ríos y parajes de poco fondo. **2** Tabla de madera con un mango, que sirve para tener una porción de la mezcla que se ha de gastar con la llana o la paleta.

ESPARCETA f. *Bot.* PIPIRIGALLO.

ESPARCIDO, DA adj. fig. Franco en el trato, alegre, divertido.

ESPARCIMIENTO m. **1** Franqueza en el trato, alegría. **2** Diversión, recreo. **3** Actividades con que se llena el tiempo que las actividades dejan libre.

ESPARCIR tr. y prnl. **1** Separar, extender lo que está junto o amontonado. **2** fig. Divulgar, extender una noticia. **3** Divertir, desahogar, recrear.

ESPARRAGAR tr. *Agr.* Cuidar o coger espárragos.

ESPÁRRAGO m. **1** *Bot.* Planta herbácea perenne, perteneciente a la familia liliáceas, de nombre científico *Asparagus officinalis,* con tallos jóvenes rectos, de color

Baldomero **Espartero.** Retrato de José Casado del Alisal. Congreso de los Diputados (Madrid).

blanco o verde, y comestibles. Crece en las zonas templadas de Europa, Asia y N de África. **2** *Bot.* Yema comestible que produce la raíz del espárrago. **3** Palo largo para asegurar un entoldado. **4** Madero atravesado por estacas pequeñas a distancias iguales para que sirva de escalera. **5** Barrita de hierro que sirve de tirador a las campanillas, y que va embebida en la pared. **6** *Mec.* Vástago metálico, fijo por un extremo, que, pasando a través de una pieza, sirve para sujetar ésta por medio de una tuerca. || **a freír espárragos** loc. fig. y fam. para despedir a alguno con aspereza y sin miramientos.

ESPARRAGUERA f. **1** *Agr.* Era destinada a criar espárragos. **2** *Bot.* ESPÁRRAGO, planta. **3** Plato oblongo en que se sirven los espárragos.

ESPARRAGUERA *(Esparreguera)* Villa de España, provincia de Barcelona; 12.612 h.

ESPARRAGUINA f. *Quím.* Fosfato de cal cristalizado y de color verdoso.

ESPARRAMAR tr. vulg. DESPARRAMAR.

ESPARRANCADO, DA adj. **1** Que anda o está muy abierto de piernas. **2** Se dice de las cosas que, debiendo estar juntas, están muy separadas.

ESPARRANCARSE prnl. fam. Abrirse de piernas.

ESPARTA Ciudad de Grecia, capital del nomo de Laconia; 12.975 h.

ESPARTA o **LACEDEMONIA** *Hist.* Antigua ciudad-Estado de Grecia, en Laconia (Peloponeso), a orillas del Eurotas. Fundada por los dorios en el siglo IX a. C., practicó una política expansionista que le llevó a conquistar Mesenia a finales del siglo VIII a. C. La ciudad estaba regida por una monarquía dual hereditaria y contaba con un consejo de notables, la *gerusia,* y una asamblea de ciudadanos. Para limitar el poder real, la aristocracia instauró cinco ÉFOROS. Los ciudadanos espartanos constituían una pequeña minoría frente a los ilotas, dedicados a cultivar la tierra. En la guerra del Peloponeso (431-405 a. C.) Esparta venció a su rival, Atenas. Tras un periodo de hegemonía, fue derrotada por los tebanos en Leuctra (371 a. C.). En 265 a. C. la ciudad fue aniquilada por Antígono II Gonatas. Tras ser destruida en el siglo VI por Alarico, los bizantinos la reconstruyeron con el nombre de Lacedemonia.

ESPARTACO Gladiador romano (Tracia, ? - Lucania, 71 a. C.). Pastor tracio, fue reducido a la esclavitud y vendido como gladiador. En el año 73 a. C. consiguió huir y dirigió un levantamiento al que se sumaron los esclavos. Fue derrotado por Licinio Craso en la batalla de Silaro (71 a. C.), donde perdió la vida.

ESPARTAL m. *Bot.* ESPARTIZAL.

ESPARTANO, NA adj. **1** De Esparta. También s. **2** fig. Austero, disciplinado, severo.

ESPARTAQUISMO m. *Hist.* Fracción marxista del Partido Socialdemócrata alemán que se opuso a la Primera Guerra Mundial por considerarla imperialista. Partidarios de la lucha de clases y de la acción de masas revolucionaria, los espartaquistas reclamaron en octubre de 1918 el levantamiento de los soldados y obreros. Una vez constituida la república en noviembre de 1918, la Liga se reunió en Berlín (31 de diciembre-2 de enero de 1919), para constituir el Partido Comunista Alemán que se enfrentó con el gobierno socialdemócrata. El movimiento fue violentamente reprimido y sus principales líderes, Karl Liebknecht y Rosa Luxemburgo, ejecutados.

ESPARTEÍNA f. *Quím.* Alcaloide de la retama que se usaba en medicina como tónico cardiaco.

ESPARTEL Cabo del N de Marruecos, situado en el océano Atlántico, a la entrada del estrecho de Gibraltar.

ESPARTEÑA f. Alpargata de cuerda de esparto.

ESPARTERO, JOAQUÍN BALDOMERO FERNÁNDEZ, DUQUE DE LA VICTORIA General y político español (Granátula de Calatrava, 1793 - Logroño, 1879). Intervino con el ejército de Morillo en los combates contra los independentistas en Venezuela y Panamá. Al estallar la primera guerra carlista, se adhirió a la causa isabelina. En 1836 asumió el mando supremo del ejército del Norte; venció a los rebeldes en Luchana (1836) y en 1839 firmó con Maroto el convenio de Vergara. Tras la sublevación popular de 1840, Espartero ocupó la regencia (1841). La dureza de la represión del levantamiento de Barcelona (1842) y su creciente autoritarismo provocarón una notable disminución de sus apoyos. Finalmente, se vio obligado a emigrar a Londres (1843-48). Permaneció retirado de la vida política hasta 1854, año en que fue encargado de formar gobierno por Isabel II. Una serie de medidas impopulares que generaron diversas revueltas, le apartaron definitivamente del poder.

ESPARTILLA f. Rollito de estera o esparto, que sirve como escobilla para limpiar las caballerías.

ESPARTIZAL m. Campo de esparto.

ESPARTO m. *Bot.* **1** Planta herbácea perteneciente a la familia gramíneas, de nombre científico *Stipa tenacissima,* con hojas tan arrolladas sobre sí y a lo largo que aparecen como filiformes y duras. Crece en la región mediterránea. **2** Hojas de esta planta, empleadas en la industria para hacer sogas, esteras, tripe y papel.

ESPARVER m. *Zool.* Gavilán, ave rapaz.

ESPASMO m. **1** Enfriamiento. **2** Contracción involuntaria de los músculos.

ESPATA f. *Bot.* Bráctea grande y foliar, normalmente coloreada, que envuelve una inflorescencia en espádice.

ESPATARRARSE prnl. fam. DESPATARRARSE.

ESPÁTICO, CA adj. *Miner.* Se dice de los minerales de la naturaleza del espato.

ESPATO m. *Miner.* Nombre común de diversos minerales de estructura laminar.

ESPÁTULA f. **1** Paleta pequeña, con bordes afilados y mango largo, de que se sirven los farmacéuticos y los pintores para hacer ciertas mezclas. **2** *Zool.* Ave ciconiforme de nombre científico *Platalea leucorodia.*

ESPATULADO, DA adj. *Biol.* Se dice de cualquier estructura en forma de cuchara.

ESPECIA f. **1** *Bot.* Sustancia aromática vegetal con que se sazonan los alimentos y guisos. || f. pl. **2** Postres de la comida que se servían antiguamente para beber vino.

ESPECIAL adj. **1** Singular o particular. **2** Muy adecuado o propio para algo. || **en especial** loc. adv. Con especialidad.

ESPECIALIDAD f. **1** Particularidad, singularidad. **2** Confección o producto en cuya preparación sobresale una persona, establecimiento, región, etc. **3** Rama de una ciencia, arte o actividad, cuyo objeto es una parte limitada de las mismas. **4** *Farm.* Medicamento preparado en un laboratorio y vendido con un nombre comercial registrado.

ESPECIALISTA adj. y com. **1** Se dice del que con especialidad cultiva un ramo de determinada arte o ciencia. **2** Se dice de la persona especialmente hábil para alguna actividad. **3** *Cin.* Persona que rueda las escenas peligrosas o las que requieren el uso de artificios especiales.

ESPECIALIZACIÓN f. *Ecol.* Evolución adaptativa a un nuevo hábitat o modo de vida.

ESPECIALIZAR intr. **1** Cultivar con especialidad un ramo determinado de una ciencia o arte. También prnl. **2** Limitar una cosa a uso o fin determinado.

ESPECIAS, ISLAS DE LAS MOLUCAS.

ESPECIE f. **1** Conjunto de cosas semejantes entre sí. **2** Caso, suceso. **3** Tema, noticia, proposición. **4** Pretexto, apariencia. **5** *Bot.* y *Zool.* Categoría taxonómica, base de la clasificación de los seres vivos, que reúne a los individuos morfológicamente relacionados, con características similares y que habitualmente se cruzan entre ellos dando lugar a descendencia fértil. Las especies se agrupan en géneros y éstos, a su vez, en familias. **6** *Mús.* Cada una de las voces en la composición. Se dividen en consonantes y disonantes, y éstas en perfectas e imperfectas. **7** *Quím.* Sustancia de una sola y determinada composición. || **ESPECIES SACRAMENTALES** *Rel.* Apariencia de pan y vino después de la transustanciación. || **en especie** loc. adv. En frutos o género y no en dinero.

ESPECIERÍA f. **1** Tienda en que se venden especias. **2** Conjunto de especias. **3** Trato y comercio de ellas.

ESPECIERÍA *Hist.* Nombre dado por los españoles en el siglo XVI a las islas donde se cultivaban las especias. Se decía la Especiería, País de la Especiería o Islas de la Especiería.

ESPECIFICAR tr. **1** Explicar. **2** Fijar o determinar de modo preciso.

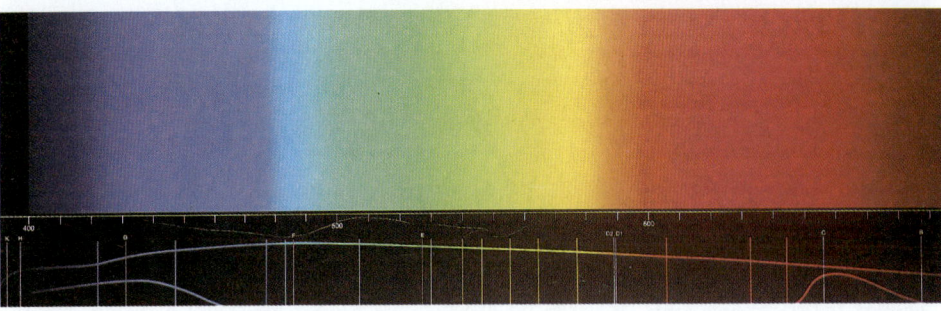
espectro luminoso.

ESPECÍFICO, CA adj. **1** Que distingue una especie de otra. **2** Especial, característico, propio. || m. *Farm.* **3** Medicamento especialmente indicado para tratar una enfermedad determinada. **4** Medicamento fabricado industrialmente y con envase especial.

ESPÉCIMEN m. Muestra, modelo, ejemplar. ♦ Su pl. es *especímenes*.

ESPECIOSO, SA adj. **1** Hermoso, perfecto. **2** fig. Aparente, engañoso.

ESPECIOTA f. fam. Proposición extravagante y ridícula; noticia falsa o exagerada.

ESPECTACULAR adj. **1** Que tiene caracteres de espectáculo público. **2** Aparatoso, ostentoso.

ESPECTÁCULO m. **1** Función o diversión pública de cualquier tipo. **2** Todo lo que es capaz de atraer la atención. **3** Acción que causa escándalo o extrañeza.

ESPECTADOR, RA adj. **1** Que mira con atención un objeto. **2** Que asiste a un espectáculo público. También s.

ESPECTRO m. **1** Imagen fantasmal y horrible. **2** *Fís.* Resultado de la dispersión de un conjunto de radiaciones, sonidos y, en general, de fenómenos ondulatorios, de tal manera que resulten separados los de distinta frecuencia, masa, momento, longitud de onda, o alguna otra magnitud. **3** *Med.* Amplitud de la serie de diversas especies microbianas sobre las que es terapéuticamente activo un antibiótico. || **ESPECTRO DE ABSORCIÓN** *Fís.* Ordenación de las bandas y líneas de absorción que se produce al paso de la energía radiante de una fuente continua a través de un medio de absorción selectivo. || **ESPECTRO DE EMISIÓN** *Fís.* El que resulta de la emisión de radiación electromagnética por átomos, iones o moléculas, después de excitar sus electrones. || **ESPECTRO SOLAR** *Astron.* El de tipo continuo, producido por la luz del Sol, al que se superpone otro de líneas.

ESPECTROFOTOMETRÍA f. *Fís.* Procedimiento de medición fotométrica de la gama de longitudes de onda de energía radiante absorbidas por la muestra.

ESPECTROFOTÓMETRO m. *Tecnol.* Espectroscopio, dotado de fotómetro, que mide cuantitativamente la intensidad relativa de las diferentes partes del espectro.

ESPECTROGRAFÍA f. *Fís.* Empleo de la fotografía para registrar el espectro electromagnético producido en un espectroscopio.

ESPECTRÓGRAFO m. *Tecnol.* Espectroscopio provisto de una cámara fotográfica u otro dispositivo para registrar los espectros. || **ESPECTRÓGRAFO DE MASAS** *Tecnol.* Instrumento que se usa para analizar la composición química de las sustancias, separar una mezcla de ellas y los isótopos de un mismo elemento. Se basa en la separación de sus iones en función de la masa.

ESPECTROMETRÍA f. *Fís.* Empleo de técnicas espectrográficas para deducir las constantes físicas de los materiales.

ESPECTRÓMETRO m. *Tecnol.* **1** Espectroscopio con escala calibrada para medir la longitud de onda o los índices de refracción de materiales transparentes. **2** Espectroscopio con fotómetro fotoeléctrico para medir intensidades radiantes o longitudes de onda.

ESPECTROSCOPÍA f. *Fís.* Rama de la física que estudia la constitución y significado de los espectros de gases, líquidos y sólidos.

ESPECTROSCOPIO m. *Tecnol.* Instrumento para obtener y observar visualmente los espectros de la luz.

ESPECULACIÓN f. **1** Acción y efecto de especular. **2** *Com.* Operación comercial consistente en obtener bienes o títulos con la intención de venderlos en el futuro por un precio mayor, aprovechando su escasez o información confidencial de la bolsa.

ESPECULAR tr. **1** Registrar, mirar con atención una cosa. || intr. **2** fig. Meditar, reflexionar, considerar. **3** Hacer cábalas, suposiciones sin base real. **4** Comerciar, traficar. **5** *Com.* Efectuar operaciones comerciales o financieras, cuyo beneficio se obtendrá por las variaciones en los precios de los cambios. Se usa con frecuencia en sentido peyorativo. **6** Procurar provecho o ganancia fuera del tráfico mercantil.

ESPÉCULO m. *Med.* Instrumento para examinar visualmente ciertas cavidades del cuerpo.

ESPEJEAR intr. Resplandecer como el espejo.

ESPEJISMO m. *Meteor.* Ilusión óptica debida a la reflexión total de la luz cuando atraviesa capas de aire muy calientes en contacto con el suelo.

espejo francés del siglo XIX.
Museo de Artes Decorativas (Madrid).

ESPEJO m. **1** *Fís.* Superficie lisa y pulimentada en la que se reflejan los rayos de luz y los objetos. Los materiales más empleados son el vidrio con una capa de azogue por una de sus caras, el metal especular o el acero inoxidable. Pueden ser planos o curvos (esféricos, parabólicos, etc.). Los curvos pueden ser convexos o cóncavos. **2** fig. Aquello en que se ve una cosa como retratada. **3** Modelo digno de imitación. **4** *And.* Transparencia de los vinos dorados. || **ESPEJO DE LOS INCAS** *Geol.* OBSIDIANA. || **ESPEJO DE POPA** *Mar.* Fachada de popa desde la bovedilla hasta el coronamiento. || **ESPEJO RETROVISOR** *Autom.* Espejo pequeño colocado en la parte delantera de un vehículo, que permite al conductor del mismo ver el camino que tiene o deja tras sí.

ESPEJO, ANTONIO DE Explorador español (Córdoba, 1506 - San Bartolomé, México, 1587). Llegó a Nueva España en 1571; recorrió México, alcanzó la región de los indios hopi en Arizona, y regresó en 1583 por el río Pecos. Recogió importantes notas sobre la geología, fauna y flora de estos territorios.

ESPEJO, FRANCISCO Patriota venezolano (Santa Lucía, 1758 - Valencia, 1814). Se unió a la causa republicana en 1810. Formó parte de la junta patriótica y fue presidente de la Alta Corte de Justicia y gobernador político de Valencia. Murió fusilado tras la capitulación de esta ciudad ante las fuerzas realistas de Boves.

ESPEJO, FRANCISCO EUGENIO DE SANTA CRUZ Y SANTA CRUZ Y ESPEJO, FRANCISCO EUGENIO DE.

ESPEJUELA f. Arco que suelen tener algunos bocados de las caballerías en la parte interior.

ESPEJUELO m. **1** *Arquit.* Ventana, rosetón o claraboya. **2** Ingenio de caza para atraer las alondras. **3** Conserva de tajadas de cidra o calabaza. **4** *Miner.* Yeso cristalizado en láminas brillantes. || m. pl. **5** Cristales que se ponen en los anteojos y los anteojos mismos.

ESPELEOLOGÍA f. **1** *Geol.* Ciencia que estudia la génesis y evolución de las grutas y cavernas subterráneas. **2** Práctica científica y deportiva de explorar las grutas y cavidades terrestres.

ESPELUZNANTE adj. **1** Que espeluzna. **2** Pavoroso, terrorífico.

ESPELUZNAR tr. **1** Desordenar el pelo de la cabeza. **2** Erizar el pelo o las plumas. También prnl. **3** Espantar, causar horror. También prnl.

ESPEO m. *Arquit.* Tipo de templo egipcio labrado en la montaña.

ESPEQUE m. **1** Palanca de madera de que se sirven los artilleros. **2** Puntal para sostener una pared.

ESPERA f. **1** *Der.* Plazo señalado por el juez para ejecutar una cosa. **2** Calma, paciencia. **3** Puesto para cazar esperando a que la caza acuda espontáneamente.

espeleología

ESPERANTO[2] (De *Esperanto*, seudónimo del doctor L. Zamenhof.) m. *Ling.* Idioma creado en 1887 por el médico polaco Ludwik Zamenhof, con idea de que pudiese servir como lengua universal.

ESPERANZA f. Estado del ánimo en el cual se nos presenta como posible lo que deseamos. || **ESPERANZA DE VIDA** *Geog.* Concepto demográfico que hace referencia a la duración media de la vida de una persona.

ESPERANZA, LA Ciudad de Honduras, capital del departamento de Intibucá; 4.017 h.

ESPERANZAR tr. **1** Dar o provocar esperanza. || intr. y prnl. **2** Tener esperanza.

ESPERAR tr. **1** Tener esperanza de conseguir lo que se desea. **2** Creer que ha de suceder alguna cosa. **3** Permanecer en un sitio adonde se cree que ha de ir alguna persona o ha de ocurrir alguna cosa. **4** Detenerse en el obrar hasta que suceda algo. **5** Ser inminente alguna cosa.

ESPERMA amb. *Fisiol.* SEMEN, secreción de los testículos.

ESPERMAFITO, TA adj. *Bot.* Que tiene semillas.

ESPERMAT-, ESPERMATI- ESPERMATO-, ESPERMIO-, ESPERMO-; -SPERM-, -SPERMAT-; -SPERMA, -SPERMIA, -SPERMAL, SPERMO prefs., ins. o sufs. que significan semilla, esperma: *aspermatismo, endosperma, gimnospermo.*

ESPERMATICIDA adj. *Med.* ESPERMICIDA.

ESPERMÁTIDA f. *Zool.* Célula germinal masculina que dará origen al espermatozoo.

ESPERMATOCITO m. *Zool.* Cada una de las células germinales masculinas que proceden del espermatogonia y darán lugar a las espermátidas.

ESPERMATOFITO, TA adj. y s. *Bot.* Se aplica a las plantas que se reproducen por semillas.

ESPERMATOGÉNESIS f. *Fisiol.* Proceso encargado de la producción de espermatozoides a partir de las espermatogonias que se localizan en los testículos. ♦ Su pl. es *espermatogénesis.*

ESPERMATOGONIA m. *Zool.* Célula sexual masculina indiferenciada y diploide.

ESPERMATOZOIDE m. *Zool.* Célula sexual masculina madura. Es de tamaño microscópico y consta de las siguientes partes: cabeza, región de mayor tamaño que contiene los cromosomas de la herencia y lleva en su parte anterior un pequeño saliente o *acrosoma* cuya misión es perforar las envolturas del óvulo; cuello, donde se localizan el centrosoma y las mitocondrias; y cola, filamento que le permite desplazarse por las vías genitales femeninas para llegar al óvulo.

ESPERMATOZOO m. *Zool.* ESPERMATOZOIDE.

ESPERMICIDA m. *Med.* Producto anticonceptivo que destruye los espermatozoides.

ESPERMIO- pref. ESPERMAT-.

ESPERMO- pref. ESPERMAT-.

ESPERNADA f. Remate de la cadena, eslabón abierto que sirve para fijarla a la argolla.

ESPERÓN m. *Mar.* Pieza saliente en la proa de las embarcaciones.

ESPERPENTO m. **1** fam. Persona o cosa notable por su fealdad o mala traza. **2** Desatino, absurdo. **3** *Lit.* Género literario creado por Ramón del Valle-Inclán, quien utilizó el término por primera vez en *Luces de bohemia* (1920). Se caracteriza por la deformación sistemática de la realidad, recargando sus rasgos grotescos y absurdos, y la degradación de los valores literarios tradicionales.

ESPESAR[1] m. Parte de monte más poblada de matas o árboles que las demás.

ESPESAR[2] tr. **1** Condensar lo líquido. **2** Apretar una cosa con otra, haciéndola más tupida. || prnl. **3** Juntarse, apretarse las cosas unas con otras.

ESPÍA com. **1** Persona que con disimulo observa lo que pasa, para comunicarlo al que tiene interés en saberlo. **2** Persona que trabaja para los servicios secretos de un Estado u organización.

ESPICHAR tr. **1** Punzar con una cosa aguda. || intr. **2** fam. Morir.

ESPICHE m. **1** Arma o instrumento puntiagudo. **2** Estaquilla que sirve para cerrar un agujero.

ESPÍCULA f. **1** *Astron.* Pequeño elemento estructural de la cromosfera solar. **2** *Bot.* Caparazón vacío de una diatomea. **3** *Zool.* Prolongación puntiaguda, calcárea o silícea, que constituye el esqueleto de las esponjas.

ESPID m. **1** En general, conjunto de efectos estimulantes provocados en el organismo por la ingestión de anfetaminas o productos similares. **2** Por extensión, exceso de actividad, dinamismo. || **ESPID BOL** Mezcla de cocaína y heroína.

ESPIGA f. **1** *Bot.* Inflorescencia racimosa simple, con flores hermafroditas y sentadas a lo largo de un eje no ramificado, las más jóvenes en el ápice y las más viejas en la base. Propia de las gramíneas. **2** *Bot.* PÚA de un injerto. **3** Parte de una herramienta adelgazada para introducirla en el mango. **4** Parte superior de la espada, en donde se asegura la guarnición. **5** Extremo de un madero cuyo espesor se ha disminuido para que encaje en un hueco. **6** Parte más estrecha de un escalón de cara-

Tipos de **espiga**.

col. **7** Clavo pequeño y sin cabeza. **8** BADAJO de la campana. **9** *Arm.* ESPOLETA.

ESPIGADILLA f. *Bot.* Especie de cebada silvestre.

ESPIGADO, DA adj. **1** *Bot.* Se aplica a algunas plantas anuales cuando se dejan crecer hasta la completa madurez. **2** *Bot.* Se dice del árbol nuevo de tronco muy elevado. **3** *Bot.* En forma de espiga. **4** fig. Alto, crecido de cuerpo.

ESPIGAR tr. **1** *Agr.* Coger las espigas que los segadores han dejado en el rastrojo. **2** Tomar de uno o más libros ciertos datos. También intr. **3** Hacer la espiga en las maderas que han de entrar en otras. || intr. **4** Empezar los panes a echar espigas. || prnl. **5** *Agr.* Crecer demasiado algunas hortalizas. **6** Crecer notablemente una persona.

ESPIGÓN m. **1** Punta del palo con que se aguija. **2** Punta de un instrumento puntiagudo. **3** *Bot.* Espiga áspera y espinosa. **4** *Bot.* Mazorca o panoja. **5** Cerro alto, pelado y puntiagudo. **6** Macizo saliente que se construye a la orilla de un río o en la costa del mar, para defender las márgenes o modificar la corriente.

ESPIGUILLA f. **1** Cinta angosta o fleco con picos. **2** *Bot.* Cada una de las espigas pequeñas que forman la principal en algunas plantas. **3** *Bot.* Planta anual gramínea. **4** *Bot.* Flor del álamo. **5** En los tejidos, dibujo formado por una línea como eje y otras laterales, paralelas entre sí y oblicuas al eje.

ESPÍN[1] m. **1** *Zool.* PUERCO ESPÍN. **2** *Mil.* Orden en que formaba un escuadrón, presentando por todos lados al enemigo lanzas o picas.

ESPÍN[2] o **SPIN** m. *Fís.* Momento angular intrínseco de una partícula, que se puede interpretar como un movimiento de rotación sobre sí misma.

ESPINA f. **1** Astilla larga y puntiaguda. **2** *Bot.* Hoja modificada o brote que termina en una punta dura y aguda. **3** *Zool.* Punta dura y puntiaguda, como la de los erizos. **4** *Zool.* Cada uno de los radios espinosos que sirven de soporte a las aletas de algunos peces. **5** *Zool.* Pelo modificado puntiagudo. **6** *Zool.* Espinazo de los vertebrados. **7** *Zool.* Cada una de las prolongaciones puntiagudas de las vértebras. **8** Muro bajo y aislado en medio del circo romano, alrededor del cual corrían los carros y caballos. **9** *Biol.* Apófisis ósea larga y delgada. **10** fig. Escrúpulo, recelo, sospecha. **11** fig. Pesar íntimo y duradero. || **ESPINA DORSAL** *Anat.* COLUMNA VERTEBRAL. || **darle** a uno **mala espina** una cosa fr. fig. y fam. Hacerle entrar en recelo o cuidado. || **sacarse** uno **la espina** fr. fig. y fam. Desquitarse de una pérdida.

ESPINA, ANTONIO Escritor español (Madrid, 1894 - íd., 1972). Los títulos *Umbrales* (1918) y *Signario* (1923) componen su obra lírica, inscrita en el ultraísmo. Es autor, asimismo, de novelas cortas: *Pájaro pinto* (1927), *Luna de copas* (1929); y ensayos: *Lo cómico contemporáneo* (1928).

ESPINA, CONCHA Escritora española (Santander, 1877 - Madrid, 1955). Autora realista, comenzó su carrera literaria con el poemario *Mis flores* (1904). En 1909 apareció su novela *La niña de Luzmela*, a la que siguieron *La esfinge maragata* (1914), *El metal de los muertos* (1920), *Agua de nieve* (1911), *Dulce nombre* (1922) y *Las alas invencibles* (1938). En 1927 recibió el Premio Nacional de Literatura.

ESPINACA f. *Bot.* Planta herbácea anual, perteneciente a la familia quenopodiáceas, de nombre científico *Spinacia oleracea*, con hojas radicales, estrechas y suaves, que se consumen crudas, hervidas o en conserva. Originaria de Irán, se cultiva en zonas de clima templado.

ESPINACITO Paso de Argentina, en los Andes, provincia de San Juan, por el que cruzó el ejército del general San Martín en 1817.

ESPINAR[1] m. **1** *Bot.* Sitio poblado de espinos. **2** fig. Dificultad, embarazo, enredo.

ESPINAR[2] tr. **1** Punzar, herir con espina. También intr. y prnl. **2** *Agr.* Proteger con tallos espinosos los árboles recién plantados. **3** fig Herir y ofender con palabras picantes. También prnl. **4** *Mil.* Dicho de escuadrón, formar el espín.

ESPINAZO m. **1** *Anat.* COLUMNA VERTEBRAL. **2** *Arquit.* Clave de una bóveda o de un arco.

ESPINEL m. Especie de palangre.

ESPINEL, VICENTE Escritor español (Ronda, 1550 - Madrid, 1624). Se le atribuye la invención de la décima octosílabica, que tomó el nombre de «espinela». Se cree que su obra, la novela picaresca *Vida del escudero Marcos de Obregón* (1618), es en su mayor parte autobiográfica.

ESPINELA f. **1** DÉCIMA, combinación métrica. **2** *Miner.* Nombre común de un grupo de minerales, que cristalizan en octaedros en el sistema cúbico.

ESPINETA f. *Mús.* Instrumento musical de cuerdas y teclado, antecesor, con el clave y el clavicordio, del piano.

ESPINGARDA f. *Arm.* **1** Cañón de artillería mayor que el falconete. **2** Escopeta de chispa y muy larga.

ESPINILLA f. **1** Diminutivo de ESPINA. **2** *Anat.* Parte anterior de la canilla de la pierna. **3** Retención de material sebáceo o queratina en el folículo piloso o en el conducto excretor de las glándulas sebáceas.

ESPINILLERA f. **1** Pieza de la armadura antigua, que cubría la espinilla. **2** Pieza que preserva la espinilla de los operarios o de los deportistas.

ESPINO adj. *Zool.* **1** PUERCO ESPÍN. || m. *Bot.* **2** *Arg.* Arbusto leguminoso de flores aromáticas. **3** *Cuba* Arbusto silvestre rubiáceo de madera muy dura. || **ESPINO ARTIFICIAL** Alambrada con pinchos que se usa para cercas. || **ESPINO CERVAL** *Bot.* Arbusto de la familia ramnáceas, cuya semilla se emplea como purgante.

ESPINOCHAR tr. Quitar las hojas que cubren la panoja del maíz.

ESPÍNOLA, AMBROSIO DE SPÍNOLA, AMBROSIO DE.

ESPINOSA, BENITO SPINOZA, BARUCH.

ESPINOSA, GABRIEL DE Impostor español (? - Madrigal, 1595). Más conocido como *el Pastelero de Madrigal*. Tomó parte en la trama organizada por el agustino portugués fray Miguel de los Santos, haciéndose pasar por el fallecido rey don Sebastián de Portugal. La conjura, tenía como objetivo deshacer la unión entre España y Portugal; una vez descubierta, Espinosa fue detenido en Valladolid y decapitado.

ESPINOSA, GASPAR DE Conquistador español (Medina del Campo, h. 1484 - Cuzco, 1537). En 1519 exploró la mayor parte de la costa del Pacífico de América Central.

ESPINOSA, JAVIER Político ecuatoriano (Quito, 1815 - íd., 1870). Presidente de la República tras la dimisión de Jerónimo Carrión (1967), fue derrocado por García Moreno (1869).

Concha **Espina**

ESPINOSA, NICOLÁS Político salvadoreño (s. XIX). Jefe de Estado en marzo de 1835; sus desavenencias con el vicejefe, José María Silva, provocaron la intervención de Morazán, que logró su dimisión en enero de 1836.
ESPINOSA MEDRANO, JUAN DE Escritor peruano (Calcauso, 1632 - Cuzco, 1688). Conocido como *el Lunarejo*, su obra es una de las más representativas del barroco colonial hispanoamericano. Sus sermones fueron recogidos en *La novena maravilla* (1695). Es autor de *Apologético en favor de don Luis de Góngora* (1662).
ESPINOSA Y TELLO, JOSÉ Marino y científico español (Sevilla, 1763 - Madrid, 1815). Participó en la expedición de Malaspina al Pacífico (1790-94), donde desarrolló labores de astrónomo, topógrafo y cartógrafo. Colaboró en la edición del *Atlas* de Vicente Tofiño, y escribió diversas obras, como *Viaje de las goletas «Sutil»* y *«Mexicana»* (1802).
ESPINOSISMO m. *Filos.* Nombre que recibe la doctrina filosófica de Baruch Spinoza.
ESPINOSO, SA adj. **1** Que tiene espinas. **2** fig. Arduo, difícil, intrincado. || m. *Zool.* **3** Pez teleósteo perteneciente a la familia gasterosteidos, de nombre científico *Gasterosteus aculeatus.*
ESPIONAJE m. **1** Acción de espiar lo que se dice o hace. **2** Actividad de los servicios secretos de los Estados.
ESPIRA f. **1** *Arquit.* Parte de la basa de la columna, que está encima del plinto. **2** *Geom.* Línea en espiral. **3** *Zool.* Hélice formada alrededor del eje de la concha de los moluscos.
ESPIRA SPIRA.
ESPIRA, JORGE DE SPIRA, JORGE DE.
ESPIRACIÓN f. *Fisiol.* Etapa de la respiración en que el aire sale de los pulmones.
ESPIRÁCULO m. *Zool.* Orificio respiratorio externo, único o doble, que presentan numerosos vertebrados e invertebrados.
ESPIRAL adj. **1** Perteneciente a la espira. || f. **2** *Geom.* Línea curva que da indefinidamente vueltas alrededor de un punto (centro), alejándose de él más en cada una de ellas. **3** Muelle espiral de un reloj. **4** Sucesión progresiva de acontecimientos relacionados entre sí.
ESPIRAR tr. **1** Exhalar buen o mal olor. **2** Animar, mover. **3** *Teol.* Producir el Padre y el Hijo, por medio del amor recíproco, al Espíritu Santo. || intr. **4** Tomar aliento, alentar. **5** Expeler el aire aspirado. También tr.
ESPIRILO m. *Biol.* Bacteria en forma de largo filamento arrollado en hélice o espiral. Es rígida y móvil.
ESPIRILOSIS f. *Pat.* Cuadro infeccioso producido por gérmenes espirilos. ♦ Su pl. es *espirilosis.*
ESPIRITADO, DA adj. fam. Se dice de la persona muy flaca.
ESPIRITISMO m. *Ocult.* Doctrina de los que suponen que pueden ser evocados los espíritus de los muertos para conversar con ellos.
ESPIRITISTA adj. **1** Perteneciente al espiritismo. **2** Que profesa esta doctrina. También com.
ESPÍRITU SANTO Estado de Brasil, situado en la región Sudeste; 46.194 km² y 2.802.707 h. Su capital es Vitoria. Cacao y café. Minas de hierro y carbón.
ESPIRITOSO, SA adj. **1** Vivo, animoso, eficaz. **2** Se dice de lo que contiene mucho espíritu y es fácil de exhalarse; como algunos licores.
ESPIRITROMPA f. *Zool.* Aparato bucal de los insectos lepidópteros en forma de tubo arrollado en espiral.
ESPÍRITU m. **1** Ser inmaterial y dotado de razón. **2** Alma racional. **3** *Teol.* Don sobrenatural. **4** *Rel.* Virtud, ciencia mística. **5** Vigor natural. **6** Ánimo, valor. **7** Vivacidad; ingenio. **8** DEMONIO infernal. Más en pl. **9** *Ling.* Cada uno de los dos signos ortográficos de la lengua griega, áspero y suave, que indican, respectivamente, la aspiración o no de ciertos sonidos. **10** Vapor sutilísimo que exhalan los licores. **11** Parte más pura que se extrae de algunos cuerpos por medio de operaciones químicas. **12** fig. Principio generador, carácter íntimo, esencia de una cosa. || **ESPÍRITU MALIGNO** *Rel.* El demonio. || **levantar el espíritu** fr. fig. Cobrar ánimo y vigor para ejecutar alguna cosa. || **pobre de espíritu** loc. Apocado, tímido.
ESPÍRITU SANTO *Teol.* En la teología cristiana, tercera persona de la Santísima Trinidad, que procede del Padre y del Hijo.
ESPÍRITU SANTO Cabo del N de la isla de Tierra del Fuego, de donde parte la divisoria chileno-argentina.
ESPIRITUAL adj. **1** Perteneciente o relativo al espíritu. **2** Se aplica a las personas y cosas en las que prevalece lo sensible sobre lo material. || m. *Mús.* **3** Canto religioso para varias voces que tuvo su origen en las comunidades negras del sur de EE UU.
ESPIRITUALES m. pl. *Rel.* Grupos de frailes franciscanos de época medieval, partidarios de observar una pobreza extrema. También llamados *fraticelli.*

ESPIRITUALIDAD f. **1** Naturaleza y condición de espiritual. **2** Calidad de las cosas espiritualizadas. **3** Cosa espiritual.
ESPIRITUALISMO m. *Filos.* **1** Doctrina filosófica que reconoce la existencia de otros seres, además de los materiales. **2** Sistema filosófico que defiende la esencia espiritual y la inmortalidad del alma, y se contrapone al materialismo.
ESPIRITUALIZAR tr. **1** Hacer espiritual a una persona por medio de la gracia. **2** Figurarse o considerar espiritual lo que de hecho es corpóreo. **3** Reducir algunos bienes por autoridad legítima a la condición de eclesiásticos. **4** fig. Sutilizar, adelgazar.
ESPIROQUETA f. *Biol.* Se dice de cualquier bacteria de la familia espiroquetáceas, con diversos géneros, que tienen forma espiral.
ESPIROTRICOS m. pl. *Zool.* Grupo de protozoos con categoría taxonómica de orden, dentro de la clase ciliados. Tiene una disposición irregular de los cilios sobre la membrana.
ESPITA f. **1** Medida lineal de un palmo. **2** Canuto de la cuba por el que sale el licor que ésta contiene. **3** fig. y fam. Persona que bebe mucho vino.
ESPITO m. Palo largo que sirve para colgar y descolgar el papel que se pone a secar en las fábricas.
ESPLACNO-; -SPLÁCNICO pref. o suf. que significa víscera o referente a ella: *macrosplácnico.*
ESPLEN-, ESPLENO-; -SPLEN-; -SPLENIA, -SPLENIO prefs., in. o sufs. que significan bazo: *perisplenitis, asplenia.*
ESPLENDIDEZ f. Abundancia, magnificencia.
ESPLÉNDIDO, DA adj. **1** Magnífico. **2** Liberal, desprendido.
ESPLENDOR m. **1** RESPLANDOR. **2** fig. Lustre, nobleza. **3** fig. Apogeo, auge.
ESPLÉNICO, CA adj. *Anat.* **1** Relativo al bazo. || m. *Anat.* **2** ESPLENIO.
ESPLENIO m. *Anat.* Músculo largo y plano que une las vértebras cervicales con la cabeza.
ESPLIEGO m. *Bot.* Nombre común de dos matillas pertenecientes a la familia labiadas, de nombres científicos *Lavandula latifolia* y *L. spica,* muy aromáticas, con flores azules en espiga de pedúnculo muy largo. Crecen espontáneas en la región mediterránea. Su esencia se emplea en perfumería.
ESPLIEGUERA f. *Bot.* Formación arbustiva caracterizada por la presencia de espliego.
ESPODUMENA f. *Miner.* Mineral silicato de litio y aluminio, de fórmula LiAl(Si$_2$O$_6$), que cristaliza en el sistema monoclínico, de color blanco, rosa o verde, usado en joyería.
ESPOLEAR tr. **1** Picar con la espuela a la cabalgadura. **2** fig. Avivar, incitar, estimular a uno.
ESPOLETA f. **1** *Arm.* Aparato que se coloca en la boquilla de las bombas, granadas o torpedos, para dar fuego a su carga. **2** *Zool.* Horquilla que se forma en la unión de las clavículas del ave.
ESPOLETO SPOLETO.
ESPOLÍN m. **1** Diminutivo de ESPUELA. **2** Espuela fija en el tacón de la bota. **3** *Bot.* Planta de la familia gramíneas. **4** Lanzadera pequeña con que se tejen aparte las flores que se entretejen en las telas de seda, oro o plata. **5** Tela de seda con flores esparcidas. || m. pl. **6** Par de rollizos que por un extremo se enganchan en la trasera de carros y camiones y por el otro descansan en el suelo.
ESPOLINAR tr. **1** Tejer en forma de ESPOLÍN. **2** Tejer sólo con espolín.
ESPOLIO m. *Der.* Conjunto de bienes que, por haber sido adquiridos con rentas eclesiásticas, queda de propiedad de la iglesia al morir *ab intestato* el clérigo que los poseía.

espliego

ESPOLIQUE m. **1** Mozo que iba a pie delante de la caballería en la que iba su amo. **2** Talonazo que en el juego del salto da el que salta al que está encorvado.
ESPOLÓN m. **1** *Bot.* Prolongación hueca situada en la base de un pétalo o un sépalo. **2** *Bot.* Rama de un árbol portadora de fruto. **3** *Geol.* Ramal corto y escarpado que parte de una sierra en dirección perpendicular a ella. **4** *Arquit.* CONTRAFUERTE. **5** *Zool.* Apófisis ósea que tienen en el tarso algunos insectos y aves gallináceas, y utilizan como defensa. **6** TAJAMAR de un puente. **7** Malecón que suele hacerse a orillas de los ríos o del mar para contener las aguas. **8** *Mar.* Punta en que remata la proa de la nave.
ESPOLVOREAR tr. **1** Quitar el polvo. También prnl. **2** Esparcir sobre una cosa otra hecha polvo. **3** Hacer desaparecer lo que se tiene.
ESPONDAICO, CA adj. y m. VERSO ESPONDAICO.
ESPONDEO m. *Métr.* Pie de la poesía griega y latina, compuesto de dos sílabas largas.
ESPÓNDIL m. *Anat.* ESPÓNDILO.
ESPONDIL-, ESPONDILO-; -SPÓNDILO prefs. o suf. que significan vértebra.
ESPÓNDILO m. *Anat.* Cada una de las vértebras de la columna vertebral.
ESPONGIARIO, RIA adj. y s. *Zool.* **1** Antigua denominación de los animales del tipo poríferos, invertebrados marinos con forma de saco. || m. pl. *Zool.* **2** Antiguo tipo de estos animales.
ESPONJA f. **1** *Zool.* Nombre común de diversos metazoos poríferos marinos, que tienen la pared de su cuerpo atravesada por numerosos conductos que comunican el exterior con la cavidad interna. Habitan en colonias. **2** *Zool.* Esqueleto de estos metazoos usado como utensilio de limpieza. **3** Todo cuerpo que, por su elasticidad, porosidad y suavidad, sirve como utensilio de limpieza. **4** fig. El que con maña chupa los bienes de otro.
ESPONJADO m. AZUCARILLO.
ESPONJAR tr. **1** Ahuecar o hacer más poroso un cuerpo. || prnl. **2** fig. Engreírse, hincharse. **3** fam. Adquirir una persona cierta lozanía.
ESPONSALES m. pl. Mutua promesa de casarse que se hacen y aceptan el hombre y la mujer.
ESPONTANEIDAD f. **1** Calidad de espontáneo. **2** Expansión natural y fácil del pensamiento.
ESPONTÁNEO, A adj. **1** Se dice de lo que se hace voluntariamente, sin indicación externa. **2** Se aplica a los fenómenos naturales que se producen sin intervención o cuidados del hombre. **3** Se aplica a las personas que actúan con naturalidad y sin doblez. || m. y f. *Taurom.*

esponja

4 Espectador que en las corridas de toros irrumpe en el ruedo con la pretensión de torear.

ESPOR-, ESPORO-; -SPOR-; -SPORA, -SPÓREO, -SPORIDIO, -SPORO prefs., in. o sufs. que significan semilla: *acnidosporidio, diáspora*.

ESPORA f. *Bot.* Célula reproductora asexual, generalmente unicelular, microscópica y haploide, capaz de dar por sí sola un nuevo individuo, y resistente a las condiciones adversas del medio. Propia de las plantas criptógamas, protozoos y ciertas bacterias.

ESPÓRADAS o **ESPÓRADES** Nombre que se da a algunas islas de Grecia, dispersas en el Egeo, para distinguirlas de las Cícladas, que están agrupadas en círculo alrededor de Delos. Se dividen en Espóradas del Norte (Skiatos, Skópelos, Skiros), situadas frente a las costas de Tesalia, y Espóradas del Sur (Lesbos, Quíos, Samos, archipiélago del Dodecaneso), junto a las costas de Asia Menor. Cultivos mediterráneos. Turismo.

ESPORÁDICO, CA adj. **1** Se dice de las enfermedades que atacan a uno o varios individuos y no tienen carácter epidémico. **2** fig. Se dice de lo que es ocasional.

ESPORANGIO m. *Bot.* Órgano en forma de cápsula donde se generan y contienen las esporas asexuales. Pueden desarrollarse en solitario, en grupos, o suspendidos de un pedúnculo.

ESPORIDIO m. *Bot.* Espora de segunda generación.

ESPORO m. *Bot.* ESPORA.

ESPORO- pref. ESPOR-.

ESPOROCARPO m. *Bot.* Cápsula que contiene sujetas, exterior o interiormente, las esporas por filamentos o cordoncillos.

ESPOROFILO m. *Bot.* Hoja modificada que produce esporangios.

ESPORÓFITO, TA o **ESPOROFITO, TA** adj. **1** *Bot.* Se dice de la planta que se reproduce por esporas. || m. **2** Individuo de la generación productora de esporas en las plantas con generación alternante. **3** Fase de esta generación.

ESPOROGONIA f. **1** *Biol.* Reproducción por esporas. **2** *Zool.* Tipo de reproducción propagadora que implica la formación de un zigoto por procesos sexuales y su posterior división.

ESPOROGONIO m. *Bot.* **1** En los musgos, órgano productor de esporas. **2** Órgano análogo de las algas rodofíceas.

ESPOROZOO adj. *Zool.* **1** Se dice de los protozoos parásitos internos cuyo ciclo biológico transcurre en uno o más hospedadores, y que en determinado momento de su vida se reproducen muy rápidamente por esporulación, como el plasmodio. || m. pl. *Zool.* **2** Clase de estos animales.

ESPORTEAR tr. Echar, llevar en espuertas una cosa.

ESPORTONADA f. Cantidad que cabe en un esportón.

ESPORULACIÓN f. *Zool.* Tipo de reproducción asexual que tiene lugar en algunos protozoos. Consiste en una división múltiple dentro de una célula con cubierta rígida (espora), permaneciendo las células hijas encerradas en el interior de aquélla hasta que se rompe la membrana y se liberan todas las células a la vez.

ESPOSADO, DA adj. y s. DESPOSADO.

ESPOSAR tr. Sujetar a uno con esposas.

ESPOSAS f. pl. Manillas de hierro con que se sujeta a los presos por las muñecas.

ESPOSO, SA m. y f. **1** Persona que ha contraído esponsales. **2** Persona casada. || f. **3** *Amér.* Anillo episcopal.

ESPOZ Y MINA, FRANCISCO General español (Idocín, 1781 - Barcelona, 1836). Durante la guerra de la Independencia obtuvo extraordinarios éxitos militares como comandante en jefe de las partidas navarras. De ideas liberales, hubo de expatriarse al regresar Fernando VII; volvió a España en 1820 y, tras el pronunciamiento de Riego, fue nombrado capitán general de Navarra y de Galicia. En 1822 luchó contra los absolutistas en Cataluña. A la muerte de Fernando VII fue nombrado general del ejército del Norte para combatir a las tropas carlistas; en 1835 obtuvo el mando del ejército de Cataluña.

ESPRÁI o **SPRAY** m. f. **1** Pulverizador, atomizador. **2** Sistema de pulverización mediante gases a presión para la aplicación de un aerosol.

ESPRIELLA, RICARDO DE LA Político y economista panameño (Panamá, 1934). Vicepresidente de la República, accedió a la presidencia en julio de 1982 por renuncia de Arístides Royo, y dimitió en febrero de 1984.

ESPRINT m. SPRINT.

ESPRINTAR intr. Hacer un sprint.

ESPRIU, SALVADOR Poeta, novelista y dramaturgo español en lengua catalana (Santa Coloma de Farners, 1913 - Barcelona, 1985). Su poesía se caracteriza por la calidad formal, el intenso lirismo y el contenido simbólico. En su narrativa destacan *El doctor Rip* (1931), *Laia* (1932) y *Espejismo en Cítere* (1935); y en su producción poética *Cementerio de Sinera* (1946), *Las horas* (1951),

Francisco **Espoz y Mina.** Retrato anónimo. Museo Romántico (Madrid).

El caminante y el muro (1954), *La piel de toro* (1960), *Libro de Sinera* (1963) y *Semana Santa* (1971).

ESPRONCEDA, JOSÉ DE Escritor español (Almendralejo, 1808 - Madrid, 1842). Está considerado una de las figuras más representativas del Romanticismo español. Su popularidad se debe a la publicación de sus *Poesías*, entre las que destacan «Himno al Sol», «La canción del pirata» y «A la patria». Escribió una novela histórica, *Sancho Saldaña o el castellano de Cuéllar* (1834). Es también autor de *El estudiante de Salamanca* (1836), y del poema filosófico inacabado *El diablo mundo* (1840).

ESPUELA f. **1** Espiga de metal terminada en una estrella con puntas que se ajusta al talón del calzado para picar a la cabalgadura. **2** fig. Aviso, estímulo. **3** fig. Última copa que toma un bebedor antes de separarse de sus compañeros. **4** *Zool. Amér.* y *Can.* Espolón de las aves. **5** *Zool. Arg.* y *Chile* Espoleta de las aves. || **ESPUELA DE CABALLERO** *Bot.* Planta perteneciente a la familia ranunculáceas, de nombre científico *Delphinium consolida*.

ESPUERTA f. Receptáculo de forma cóncava, con dos asas pequeñas. || **a espuertas** loc. adv. A montones, en abundancia.

ESPULGAR tr. **1** Limpiar de pulgas o piojos. También prnl. **2** fig. Examinar una cosa con cuidado y pormenor.

ESPUMA f. **1** *Fís.* Conjunto de burbujas que se forman en la superficie de los líquidos. **2** Parte del jugo e impurezas que sobrenadan al cocer ciertas sustancias. **3** fig. y fam. Nata, flor, lo más estimado. || **ESPUMA DE MAR** *Miner.* SEPIOLITA. || **crecer como la espuma** fr. fig. y fam. Crecer mucho una cosa en poco tiempo. También, medrar rápidamente una persona.

ESPUMADERA f. Paleta llena de agujeros con que se saca la espuma del caldo o los fritos de la sartén.

ESPUMAJO m. Saliva arrojada en gran abundancia por la boca.

ESPUMAR tr. **1** Quitar la espuma. || intr. **2** Hacer espuma. **3** fig. Crecer, aumentar rápidamente.

ESPUMILLA f. **1** Tejido muy ligero y delicado. **2** *Ecuad., Guat.* y *Hond.* MERENGUE, dulce.

ESPUMILLÓN m. Tira de papel y otros materiales, brillante y con flecos, que se utiliza como adorno en Navidad.

ESPURIO, RIA adj. **1** BASTARDO. **2** fig. Falso, contrahecho o adulterado.

ESPURREAR o **ESPURRIAR** tr. ESPURRIR.

ESPURRIR tr. Rociar una cosa con agua u otro líquido expelido por la boca.

ESPUTAR tr. Arrojar esputos.

ESPUTO m. Material arrojado de una vez en cada expectoración, que puede contener saliva, moco, pus, microorganismos, sangre o partículas inhaladas.

ESQUEBRAJAR tr. Romper superficialmente algunos cuerpos duros.

ESQUEJE m. *Bot.* Método de reproducción vegetativa de las plantas, a partir de un fragmento de tallo o de hoja, pequeño y joven, que se introduce en tierra para que enraíce y genere una nueva planta.

ESQUELA f. **1** Carta breve. **2** Papel en que se comunican ciertas noticias a varias personas. **3** Aviso de la muerte de una persona que se publica en los periódicos con recuadro de luto.

ESQUELÉTICO, CA adj. **1** *Anat.* Relativo al esqueleto. **2** Muy flaco.

ESQUELETO m. **1** *Biol.* Armazón rígido o elástico, externo (exoesqueleto o dermatoesqueleto) o interno (endoesqueleto o neuroesqueleto), generalmente de materia inorgánica, que sirve de soporte y protección a los tejidos blandos del cuerpo y como punto de inserción para los músculos. En los vertebrados está formado por un conjunto de piezas duras, de origen endodérmico, articuladas o soldadas, que son cartilaginosas en los peces ciclóstomos y elasmobranquios, y óseas en la mayoría de los restantes vertebrados. En los superiores,

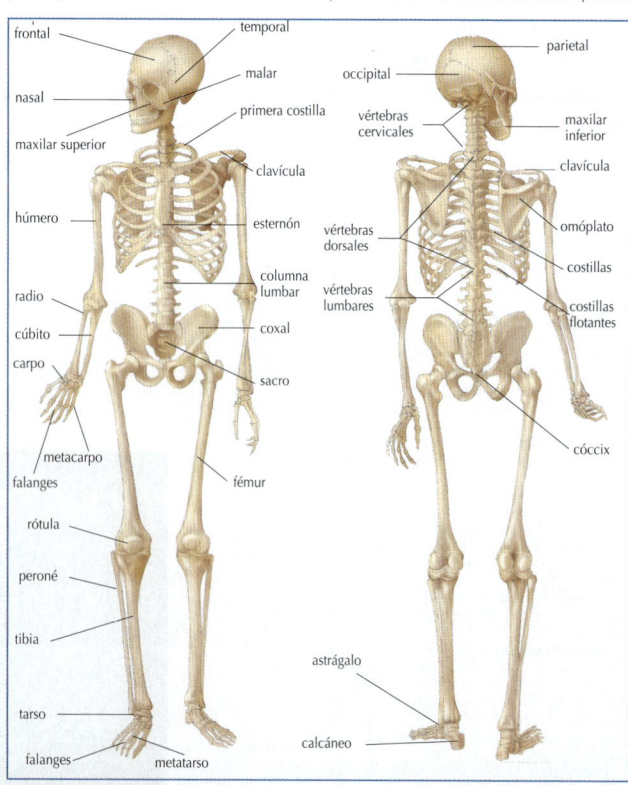

esqueleto humano.

cumple una importante función locomotora y de producción de la sangre. En el hombre, consta de 208 huesos. **2** fig. y fam. Sujeto muy flaco. **3** fig. Armazón que sostiene algo. **4** fig. *Chile* Bosquejo, plan de una obra literaria. || **mover el esqueleto** loc. fam. Bailar.

ESQUEMA m. **1** Representación gráfica en sus características más generales o importantes. **2** *Rel.* Cada uno de los temas que se ponen a la deliberación de un concilio.

ESQUEMATIZAR tr. Representar una cosa en forma esquemática.

ESQUENA f. *Zool.* Espina dorsal de los vertebrados.

ESQUENANTO m. *Bot.* Planta de la familia gramíneas, de raíz blanca, aromática y medicinal.

ESQUERO m. Bolsa de cuero que solía llevarse sujeta al cinto.

ESQUÍ m. *Dep.* **1** Especie de patín muy largo, de madera u otro material, que se usa para deslizarse sobre la nieve o el agua, o por pistas apropiadas. **2** Deporte que

esquí

esquí acuático

se practica con este patín. Consta de dos modalidades básicas: esquí alpino y esquí nórdico. El primero se divide en slalom especial, slalom gigante, supergigante y descenso. El esquí nórdico incluye las pruebas de fondo, salto, combinada nórdica y biathlon. || **ESQUÍ ACUÁTICO** *Dep.* Deporte que consiste en deslizarse por el agua sobre esquís, arrastrado por una lancha motora. Se divide en tres especialidades básicas: figuras, saltos y slalom. ♦ Su pl. es *esquís* o *esquíes*.

ESQUIAR intr. Patinar con esquís.

ESQUICIO m. Apunte de dibujo.

ESQUIFADA adj. *Arquit.* **1** BÓVEDA ESQUIFADA. || f. *Mar.* **2** Capa que suele llevar un esquife.

ESQUIFAR tr. *Mar.* Proveer de pertrechos y marineros una embarcación.

ESQUIFAZÓN m. *Mar.* Conjunto de remos y remeros con que se armaban las embarcaciones.

ESQUIFE m. **1** *Mar.* Barco pequeño que se lleva en el navío para saltar a tierra y para otros usos. **2** *Arquit.* Cañón de bóveda en figura cilíndrica.

ESQUILA f. **1** Cencerro pequeño en forma de campana. **2** Campana pequeña. **3** Acción y efecto de esquilar ganados. **4** *Zool.* Camarón, crustáceo. **5** *Zool.* Girino o escribano del agua. **6** *Bot.* CEBOLLA ALBARRANA.

ESQUILACHE (LEOPOLDO DE GREGORIO, MARQUÉS DE SQUILACE, llamado) Político italiano (Mesina, h. 1700 - Venecia, 1785). Ministro de Hacienda en Nápoles con Carlos VII, acompañó al monarca cuando éste ocupó el trono de España con el nombre de Carlos III (1759). En 1766, la prohibición de las capas largas y sombreros de ala ancha originó en Madrid el llamado *motín de Esquilache*, que motivó su destitución. Posteriormente, fue nombrado embajador de España en Venecia.

ESQUILADOR, RA adj. y s. **1** Que esquila. || f. **2** Máquina esquiladora.

ESQUILAR tr. Cortar con la tijera el pelo o lana de los ganados.

ESQUILEO m. Acción y efecto de esquilar.

ESQUILINO *Hist.* Una de las siete colinas de la antigua Roma.

ESQUILMAR tr. **1** Coger el fruto de las haciendas, heredades y ganados. **2** *Bot.* Chupar con exceso las plantas el jugo de la tierra. **3** fig. Menoscabar, agotar una fuente de riqueza.

ESQUILMO m. **1** Leña y provechos procedentes de la poda o limpia de los árboles. **2** *Chile* Escobajo de la uva.

ESQUILO Poeta trágico griego (Eleusis, h. 525 - Gela, Sicilia, 456 a. C.). Autor de unas ochenta tragedias, de las que sólo siete se han conservado. Su obra más ambiciosa es *La Orestíada*, trilogía formada por *Agamenón*, *Las Coéforas* y *Las Euménides*. El resto de su producción conocida está formada por *Prometeo encadenado*, *Los siete contra Tebas* (h. 463 a. C.), *Los persas* (h. 472 a. C.) y *Las suplicantes* (h. 473 a. C.).

ESQUIMAL adj. y com. *Etnol.* **1** Se dice de un pueblo de raza mongólica, que, en pequeños grupos dispersos, ocupa una gran extensión de terreno alrededor del Polo Norte, desde las costas árticas de Norteamérica hasta el extremo NO de Siberia. **2** Relativo a este pueblo. || m. *Ling.* **3** Familia de lenguas habladas por este pueblo.

ESQUINA f. **1** Arista, principalmente la que resulta del encuentro de las paredes de un edificio. **2** Lugar en que convergen dos lados de una cosa.

ESQUINADO, DA adj. Se dice de la persona de trato difícil.

ESQUINAR tr. **1** Formar esquina. También intr. **2** Poner en esquina alguna cosa. **3** Escuadrar un madero. **4** fig. Poner a mal, indisponer. Más como prnl.

ESQUINAZO m. **1** fam. Esquina. **2** *Chile* Música durante la noche para festejar a una persona. || **dar esquinazo** fr. fam. Rehuir en la calle el encuentro de uno. También, dejar a uno plantado.

ESQUINES Orador ateniense (Atenas, 389 - ¿Samos?, 314 a. C.). Propugnó una alianza panhelénica para hacer frente a los macedonios. Acusado por Demóstenes de haberse vendido al rey de Macedonia, fue absuelto en 343 a. C. Finalmente fue marginado de la vida pública (330 a. C.) y exiliado en Rodas.

ESQUINZADOR m. Cuarto grande destinado en los molinos de papel a esquinzar el trapo.

ESQUINZAR tr. DESGUINZAR.

ESQUIPULAS Población de Guatemala, departamento de Chiquimula; 6.912 h. En esta localidad se reunieron en 1986 los presidentes de Costa Rica, El Salvador, Guatemala, Honduras y Nicaragua para lograr un acuerdo sobre la democratización de la región. En 1987 se produjo un encuentro para conseguir una tregua en la guerra civil que asolaba Nicaragua.

ESQUIRLA f. Astilla de hueso desprendida de éste por fractura. Por extensión, se dice también de las que se desprenden de la piedra, cristal, etc.

ESQUIROL com. desp. Obrero que se presta a realizar el trabajo abandonado por un huelguista, o que no abandona el trabajo en una huelga.

ESQUISTO m. *Geol.* Roca metamórfica de grano fino y estructura laminar, producto del metamorfismo de la arcilla.

ESQUISTOSIDAD f. *Geol.* Disposición laminar de ciertas rocas metamórficas.

ESQUISTOSOMIASIS f. *Pat.* BILHARZIASIS.

ESQUIVAR tr. **1** Evitar. || prnl. **2** Retraerse, retirarse.

ESQUIVEL SORATA.

ESQUIVEL, JUAN DE Conquistador español (s. XV y XVI). Llegó a las Indias en el segundo viaje de Cristóbal Colón (1493). Combatió a los indios de La Española y conquistó Jamaica, de la que fue primer gobernador.

ESQUIVEL, LAURA Escritora mexicana (Ciudad de México, 1950). Alcanzó gran éxito con su primera novela, *Como agua para chocolate* (1989), llevada al cine por Alfonso Arau. Después ha publicado *La ley del amor* (1995).

ESQUIVEL, MANUEL Político de Belice (Belice, 1940). Candidato del conservador Partido Democrático Unido, obtuvo el triunfo en las elecciones generales de 1984 y volvió a ocupar el cargo de primer ministro (1993-98).

ESQUIVEL IBARRA, ASCENSIÓN Político costarricense (San José, 1848 - íd., 1927). Presidente interino de la República en 1889, asumió el cargo de forma efectiva en el período 1902-06.

ESQUIVO, VA adj. Desdeñoso, áspero, huraño.

ESQUIZ- pref. ESQUIZO-.

ESQUIZADO, DA adj. *Geol.* Se dice del mármol salpicado de pintas.

ESQUIZO-, ESQUIZ-; -SQUIS prefs. o suf. que significan división.

ESQUIZOFRENIA f. *Psiquiat.* Enfermedad mental del grupo de las psicosis, que se caracteriza por una disociación específica de las funciones psíquicas, que se plasma en una doble personalidad.

ESQUIZOGAMIA f. *Biol.* Forma de reproducción de ciertos anélidos por división del organismo.

ESQUIZOGÉNESIS f. *Biol.* Reproducción por fisión.

ESQUIZOGONIA f. *Zool.* Tipo de reproducción asexual por escisión múltiple.

ESQUIZOIDE adj. *Psiquiat.* Se dice de una constitución mental predispuesta a la esquizofrenia.

ESSAD BAJÁ TOPTANI Militar albanés (Tirana, h. 1863 - París, 1920). Presidente del gobierno provisional (1914-16), representó a su país en la conferencia de paz de París (1919).

ESSAOUIRA Provincia de Marruecos; 6.335 km^2 y 433.681 h. Su capital es la ciudad homónima.

ESSEN Ciudad de Alemania, Land de Renania Septentrional-Westfalia; 608.732 h. Catedral románica.

ESSEQUIBO ESEQUIBO.

ESSEX Condado del Reino Unido, en el SE de Inglaterra; 1.294.700 h. Zona agrícola.

ESSEX *Hist.* Antiguo reino sajón de Gran Bretaña, perteneciente a la heptarquía anglosajona, fundado en el siglo VI, con capital en Londres. En el siglo VII fue sometido por Mercia.

ESSEX, ROBERT DEVEREUX, CONDE DE Militar y político inglés (Netherwood, 1567 - Londres, 1601). Favorito de Isabel I. Su fracaso en la sublevación de Irlanda (1599), le hizo perder la confianza de la reina. Para vengarse, conspiró con Jacobo VI de Escocia, pero fue descubierto y ejecutado.

ESSONNE Departamento de Francia, en la región de Isla de Francia, al S de París; 1.804 km^2 y 1.134.238 h. Su capital es Évry. Industrias mecánicas y electrónicas.

ESTABIAS CASTELLAMMARE DI STABIA.

ESTABILIDAD f. **1** Permanencia, firmeza. **2** Propiedad de los sistemas mecánicos, eléctricos o aerodinámicos para volver a su estado de equilibrio después de sufrir una perturbación. **3** Tendencia de una población a permanecer inalterable a pesar de los cambios ambientales.

ESTABILIZACIÓN f. **1** Acción y efecto de estabilizar. **2** *Econ.* Política económica que tiende a impedir las oscilaciones de los cambios y a establecer precios fijos en el mercado y mejorar la tendencia de las demás variables económicas.

ESTABILIZAR tr. **1** Dar a alguna cosa estabilidad. **2** *Econ.* Fijar y garantizar oficialmente el valor de una moneda a fin de evitar las oscilaciones del cambio.

ESTABLE adj. **1** Constante, durable, firme, permanente. **2** *Quím.* Se dice de la sustancia de difícil descomposición por la temperatura o difícilmente atacable por agentes químicos.

ESTABLEAR tr. y prnl. Acostumbrar a una res al establo.

ESTABLECER tr. **1** Fundar, instituir, hacer de nuevo. **2** Ordenar, mandar. **3** Dejar demostrado y firme un principio, una teoría, una idea, etc. || prnl. **4** Avecindarse uno o fijar su residencia en alguna parte. **5** Abrir por su cuenta un establecimiento. ♦ IRREG. Se conjuga como AGRADECER.

ESTABLECIMIENTO m. **1** Fundación, institución. **2** Cosa fundada o establecida. **3** Colocación o suerte estable de una persona. **4** Lugar donde se ejerce una industria o profesión.

ESTABLECIMIENTOS DE LOS ESTRECHOS *Hist.* Antigua colonia inglesa en la península y estrecho de Malaca, formada por los Estados de Penang, Malaca (que en 1946 pasaron a formar parte de la *Federación Malaya*) y Singapur.

ESTABLISHMENT (Voz i.) m. Conjunto de personas, instituciones y grupos, que controlan el poder político y económico de un país, región, ciudad, etc.

El conde de **Essex**. Galería Nacional de Retratos (Londres).

ESTABLO m. Lugar cubierto en que se encierra ganado.

Establo *Astron.* Pesebre.

ESTABULACIÓN f. *Gan.* Cría y mantenimiento de los ganados en establo.

ESTABULAR tr. *Gan.* Criar y mantener los ganados en establos.

ESTACA f. **1** Palo con punta en un extremo para clavarlo. **2** Palo grueso, que puede manejarse a modo de bastón. **3** Clavo largo de hierro. **4** *Min. Chile* Pertenencia de una mina.

ESTACADA f. **1** Cualquier obra hecha de estacas clavadas en la tierra. **2** Palenque, valla para cerrar un terreno. **3** Lugar señalado para un desafío. || **dejar** a uno **en la estacada** fr. fig. Abandonarlo dejándolo en un peligro.

ESTACAR tr. **1** Fijar en la tierra una estaca y atar en ella una bestia. **2** Señalar en el terreno con estacas una línea. **3** *Amér.* Sujetar, clavar con estacas. || prnl. **4** fig. Quedarse inmóvil y tieso. **5** *Col.* y *C. Rica* Clavarse una astilla.

ESTACAZO m. **1** Golpe dado con estaca o garrote. **2** Golpe o choque de gran intensidad. **3** fig. Daño, quebranto.

ESTACHA f. **1** Cuerda atada al arpón que se clava a las ballenas. **2** *Mar.* Cabo que desde un buque se tiende a un objeto fijo.

Estacio, Publio Papinio Poeta latino (Nápoles, h. 45 - íd., h. 96). Es conocido, fundamentalmente, por *La Tebaida.*

ESTACIÓN f. **1** Cada una de las cuatro partes en que se divide el año, correspondientes al periodo de tiempo que discurre entre un equinoccio y un solsticio. Son primavera, verano, otoño e invierno. El comienzo de cada una de ellas oscila a causa de los días bisiestos. **2** Tiempo, temporada. **3** *Rel.* Visita que se hace a las iglesias, principalmente en los días de Jueves y Viernes Santo. **4** *Rel.* Cada uno de los altares, cruces o representaciones devotas que jalonan el recorrido del vía crucis, ante los cuales se rezan determinadas oraciones. **5** Estancia, morada. **6** Sitio donde habitualmente paran los vehículos de los ferrocarriles y líneas de autobuses o del metropolitano. **7** Edificio en que están las oficinas y dependencias de una estación del ferrocarril o de autobuses. **8** Oficina donde se expiden y reciben despachos de telecomunicación. **9** *Astron.* Detención aparente de los planetas en sus órbitas. || **estación espacial** *Astron.* Gran nave espacial, en órbita terrestre, donde las tripulaciones se relevan en misiones científicas de larga duración. || **estación de radio** *Telec.* Equipo de transmisión o de recepción de programas radiofónicos o de señales de radio. || **estación de servicio** Instalación provista de surtidores de gasolina.

Estación Espacial Internacional *Astron.* Estación espacial realizada por EE UU, Rusia, Canadá, Japón y la Agencia Espacial Europea, puesta en orbita en 1998 y habitada por primera vez en 2000. Está prevista su terminación en 2006, con un peso de 440 toneladas y capacidad para albergar a siete tripulantes permanentes. En 2001 recibió el premio Príncipe de Asturias de Cooperación Internacional.

ESTACIONAMIENTO m. **1** Acción y efecto de estacionar o estacionarse. **2** Lugar de la vía pública donde se puede aparcar vehículos automóviles. Puede ser *en batería,* oblicuo a las aceras, o *en línea,* paralelo a las mismas.

ESTACIONAR tr. y prnl. **1** Situar en un lugar, colocar. **2** Aparcar un coche. || prnl. **3** Quedarse estacionario, estancarse.

ESTACIONARIO, RIA adj. **1** fig. Se dice de la persona o cosa que permanece en el mismo estado o situación, sin adelanto ni retroceso. **2** *Astron.* Se aplica al planeta que aparentemente está parado. || m. **3** Librero que tenía puesto o tienda de libros.

ESTACIONERO, RA adj. y s. Que anda con frecuencia las estaciones.

ESTACTE f. *Quím.* Aceite esencial oloroso, sacado de la mirra fresca.

ESTADA f. Permanencia, detención o demora en un lugar.

ESTADAL m. **1** *Metrol.* Medida de longitud de 3,334 m. **2** Cinta bendita que se suele poner al cuello.

ESTADÍA f. **1** Detención, estancia. **2** *Mar.* Cada uno de los días que transcurren después del plazo estipulado para la carga o descarga de un buque. Más en pl. **3** *Mar.* Por extensión, indemnización que se paga por ello.

ESTADILLO m. Documento en forma de cuadro en el que se consignan diversos datos.

ESTADIO m. **1** *Dep.* Recinto con graderías para los espectadores, destinado a competiciones deportivas. **2** *Hist.* y *Dep.* Terreno que en la antigua Grecia se destinó para la realización de diversas pruebas deportivas. **3** *Metrol.* Medida de longitud de los antiguos griegos, equivalente a 600 pies. **4** Cada una de las etapas de un proceso, desarrollo o transformación.

ESTADISTA com. **1** *Estad.* Persona que describe la población, riqueza y civilización de un pueblo. **2** *Polít.* Persona versada en los asuntos concernientes a la dirección de los Estados, o instruida en materias de política.

ESTADÍSTICA f. *Estad.* Ciencia que estudia los fenómenos o experimentos aleatorios, utilizando conjuntos de datos numéricos para deducir, a partir de ellos, una serie de consecuencias basadas en el cálculo de probabilidades.

ESTADÍSTICO, CA adj. **1** Perteneciente a la estadística. || m. y f. **2** Persona que profesa la estadística.

ESTADO m. **1** Situación en que está una persona o cosa, en relación con los cambios que influyen en su condición. **2** Orden, clase, jerarquía y calidad de las personas que componen un pueblo. **3** Clase o condición a la cual está sujeta la vida de cada uno. **4** *Polít.* Cuerpo político de una nación. **5** País o dominio de un príncipe o señor de vasallos. **6** *Polít.* En el régimen federativo, porción de territorio cuyos habitantes se rigen por leyes propias, aunque sometidos en ciertos asuntos a las decisiones del gobierno general. **7** *Polít.* Conjunto de instituciones políticas, jurídicas y administrativas que tienen jurisdicción sobre la población de un territorio limitado por fronteras. En esta acepción se suele escribir con mayúscula. **8** *Fís.* Cada una de las formas en que se presenta la materia. Los fundamentales son tres: sólido, líquido y gaseoso. || **estado de alarma** *Der.* Situación oficialmente declarada de grave inquietud para el orden público, que implica la suspensión de garantías constitucionales. || **estado de ánimo** Estado moral en que se encuentra alguien, de alegría, tristeza, abatimiento, etc. || **estado civil** *Der.* Condición de cada persona en relación con los derechos y obligaciones civiles. También condición de soltería, viudez, matrimonio, etc., de un individuo. || **Estado de derecho** *Der.* Aquel en el que la ley elaborada por los legítimos representantes de la comunidad está por encima de los individuos, grupos o instituciones. || **estado de excepción** *Der.* Según la legislación de ciertos países, situación semejante al estado de alarma. || **estado de gracia** *Rel.* Estado del que está limpio de pecado. || **estado de guerra** *Der.* El de una población en tiempo de guerra, cuando la autoridad civil resigna sus funciones en la autoridad militar. También aquel que según la ley se equipara al anterior por motivos de orden público, aun sin guerra exterior ni civil. || **estado llano** *Hist.* En el Antiguo Régimen, conjunto de hombres libres que no pertenecían a la nobleza ni al clero. || **estado mayor central** *Mil.* Organismo superior en el ejército y en la marina. || **estado de sitio** *Der.* estado de guerra. || **en estado** o **en estado de buena esperanza** loc. adv. Se dice de la mujer embarazada.

Estados, isla de los Isla de Argentina, al E de Tierra del Fuego; 542 km².

Estados de Colombia *Hist.* Denominación que adoptó la República de Colombia desde 1861 hasta 1886.

Estados Federados de Micronesia Micronesia, Estados Federados de.

Estados Generales *Hist.* En la monarquía francesa del Antiguo Régimen, nombre dado a las asambleas que reunían a los tres estamentos: nobleza, clero y tercer Estado, convocadas para la concesión de subsidios extraordinarios al rey. Los primeros Estados Generales fueron los de 1302, convocados por Felipe IV el Hermoso. La convocatoria de Luis XVI en 1789, para solventar el mal estado de las finanzas públicas, fue el origen de la Revolución Francesa. La oposición del rey provocó la proclamación del tercer Estado como Asamblea Nacional.

Estados Pontificios o **de la Iglesia** Territorios de Italia central bajo la soberanía temporal del pontífice, acumulados por las donaciones de emperadores, reyes y fieles. Todo el conjunto de tierras recibía el nombre de *Patrimonio de san Pedro,* y comprendía el exarcado de Rávena y de Pentápolis (en el Adriático), y el patrimonio de san Pedro (a orillas del Tirreno), unidos por el valle del Tíber. El feudalismo y las consiguientes luchas entre príncipes y señores lo disgregaron. En 1309, la corte papal se trasladó a Aviñón, donde permanece durante el *cisma de Occidente,* hasta su regreso a Roma en 1443. César Borgia y Julio II reconstruyeron los Estados Pontificios en sus definitivos límites: en el Adriático, las Legaciones (Bolonia, Romaña) y la Marca de Aucona; en el centro, el Patrimonio de Tuscia (Toscana) y la Campania Marítima; Benevento y Pontecorvo, en el reino de Nápoles. La Revolución Francesa marcó una nueva etapa de inestabilidad para estos territorios, que en 1798 constituyeron la república romana, y con Napoleón se integran en el reino de Italia y en el imperio francés. En 1814, fueron restaurados al Papa. En 1860, el Papa quedó aislado en Roma, con la defensa de las tropas francesas, hasta 1870 en que fue invadida por Garibaldi y convertida en la capital del reino de Italia. Al papado se le aseguró la representación diplomática, la propiedad del Vaticano, de Letrán y de los Castelli Romani. Pío IX, opuesto a esta situación, se encerró en el Vaticano y así permanecieron los papas hasta 1929, fecha en la que con la firma de los tratados de Letrán se soluciona la *cuestión romana,* creando el Estado de la Ciudad del Vaticano.

Estados Unidos de América *(United States of America;* abreviadamente *USA* o, en español, *EE UU)* Estado de América del N, que limita al N, con Canadá y el océano Glacial Ártico; al E, con el océano Atlántico; al S, con el golfo de México y México, y al O, con el océano Pacífico.

Geog. Geografía física. Si excluimos los Estados de Hawai y Alaska, el territorio estadounidense adopta la forma de un rectángulo, con 4.000 km de E a O y 2.500 km de N a S. El relieve se configura en tres grandes unidades: en el E dominan las rebajadas elevaciones de los Apalaches y la llanura costera hasta el Atlántico. El centro es el área de las Grandes Llanuras, entre el golfo de México y los Grandes Lagos. El O queda accidentado por las Montañas Rocosas, cuya alineación costera la forman la cordillera de las Cascadas, Sierra Nevada y la cadena Costera. Los climas son muy heterogéneos: continental húmedo en el NE y tropical en el SE; continental en el centro y desértico en el SO; oceánico en la costa NO y mediterráneo en California; finalmente, polar en Alaska y tropical húmedo en las islas Hawai. La hidrografía está dominada por los grandes ríos que corren hacia el S: la gran arteria Mississippi-Missouri y río Grande del Norte que van al golfo de México, y el Colorado en el de California. Enorme importancia tienen los lagos, especialmente los Grandes Lagos en la frontera con Canadá. En el interior de las Rocosas destaca el Salt Lake.

Geografía humana y económica. EE UU es el tercer país del mundo en población, aunque su distribución es muy desigual. La población negra supera los 30 millones de h. y la de origen hispano, rebasa los 23 millones. EE UU es la primera potencia económica mundial. En la agricultura produce cereales, como trigo (3er productor mundial y 1er exportador), sorgo (1°), maíz (1°), cebada (4°), avena (2°), remolacha (2°), soja (1°), agrios (2°), tabaco (2°), algodón (2°), cacahuetes (3°), cerveza (1°), vino (5°), etc. La cabaña ganadera es notable: bovinos (4°), porcinos (2°), caballos (5°). Es el 1er productor de madera y el 5° en capturas de pesca. La minería está ampliamente representada en todos los minerales importantes: antracita (2° productor mundial), lignito (5°), petróleo (2°), gas natural (2°), hierro (5°), oro (2°), plata (2°), uranio (3°), cobre (2°), plomo (2°), mercurio (8°), molibdeno (1°), antimonio (5°), cinc (6°), etc. La industria americana es la más importante del planeta, tanto por su diversidad, como por su capacidad de innovación y sus avances tecnológicos. La siderurgia y la metalurgia son básicas para las industria de transforma-

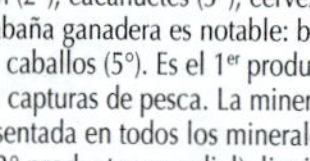

Superficie: 9.518.323 km².
Población: 267.839.000 h. *(estadounidenses).*
Densidad: 28,1 h./km².
Tasa de natalidad: 14,9‰.
Tasa de mortalidad: 9,2‰.
Capital: Washington.
Ciudades principales: Nueva York, Los Ángeles, Chicago, Houston, Filadelfia, San Diego, Detroit, Dallas, Phoenix, San Antonio, Baltimore, San Francisco, Boston, Nueva Orleans, Atlanta, Saint Louis, Pittsburg, Minneapolis, Honolulu y Miami.
Grupos étnicos: blancos (73,7%), negros (12,%), de origen hispanoamericano (10,3).
Religión: protestantismo (57,9%), catolicismo (21%), islamismo (1,9%), judaísmo (2,1%).
Idioma: inglés.
Moneda: dólar.
Forma de Estado: república federal.
Producto Nacional Bruto: 7.567.100 millones de dólares.
Renta per cápita: 28.495 dólares.
División administrativa: 50 Estados y un distrito federal, según cuadro.

ESTADOS UNIDOS DE AMÉRICA

ción: automovilísticas (General Motors, Ford, Chrysler), con sede en Detroit, eléctricas, electrónicas (IBM), aeronáuticas (Mc Donnell-Douglas, Boeing), naval, de armamento, etc. También tienen gran importancia la textil, la alimentaria (Coca-Cola, MacDonald's, etc.), el cine y la televisión, con Hollywood como capital mundial, y prácticamente todas las facetas de la industria.

Hist. En el territorio estadounidense se establecieron pueblos cazadores llegados por el estrecho de Bering. El cambio climático del holoceno dio lugar a tres grandes tradiciones culturales: la Tradición Arcaica, una adecuación al nuevo clima como cazadores-recolectores, de la que surgirán los indios *pueblo;* la Tradición de la Cultura del Desierto, especial adaptación a un medio hostil; y la Tradición de la Vieja Cordillera, continuación de las culturas cazadoras de puntas de proyectil que siguieron a los grandes mamíferos hacia el N. Se puede dividir a los pueblos indios en el momento de la conquista en siete grandes grupos: 1°) *Atapascos*, extendidos por la zona de Arizona, Nuevo México, Texas, Kansas, Colorado y Utah, entre los que destacan los *navajos, kiowas* y las diferentes tribus apaches *(mescaleros, chiricahuas,* etc.). 2°) *Algonquinos*, ocupaban los territorios entre el Labrador y Carolina del Norte *(pies negros, cheyennes, arapahoes, algonquinos, ojibwas* y *cree).* 3°) *Iroqueses*, que se encontraban en las márgenes del río San Lorenzo, las riberas de los lagos Erie y Ontario y parte de los actuales Estados de Nueva York, Pensilvania, Ohio, Virginia Occidental y Carolina del Norte. 4°) *Pueblos del Sudeste*, establecidos a lo largo del golfo de México pertenecían a la familia lingüística *muscogui: apalaches, tiriguanos, natchez* y *seminolas.* 5°) *Sioux* o *dakotas* que ocupaban la región de las praderas desde el Mississippi hasta las Rocosas, entre los ríos Arkansas al S y Saskatchewan al N. 6°) *Shoshones*, habitaban entre las Montañas Rocosas y Sierra Nevada. Destacan los *ute, paiute, monos* y *comanches.* 7°) Indios pueblo, formado por tribus de origen *atapasco* y *shoshone.* Ocupaban una extensa zona entre Texas y California, y de Utah a Zacatecas. Tenían cuatro agrupaciones principales: los *moquis, queres, tanos* y *zuñis.* Antes de la llegada de los españoles a América se produjo el posible desembarco de navegantes vikingos en el país de Vinland. Parte de las actuales costas orientales de EE UU fueron descubiertas, en 1497, por el genovés Juan Caboto, al servicio de Enrique VII de Inglaterra. Los primeros establecimientos europeos corresponden a los españoles Ponce de León, Hernando de Soto, Vázquez de Coronado y Francisco de Ulloa, entre otros, que exploraron, en la primera mitad del siglo XVI, la zona del golfo de México, Florida, las llanuras centrales y las costas del Pacífico. Los franceses, desde Canadá, llevaron a cabo una serie de expediciones por el S en el siglo XVII, hasta llegar a la desembocadura del Mississippi, donde surgió Louisiana. Los holandeses fundaron, en la isla de Manhattan, Nueva Amsterdam (1626), que más tarde sería Nueva York, al pasar a depender de Inglaterra (1664). Pero la verdadera colonización se inició con la llegada masiva de ingleses. Desde 1607, en que se constituyó la colonia de Virginia (núcleo originario de EE UU), hasta 1681, en que se creó la de Pensilvania, nacieron 13 colonias. En 1776, el Congreso Continental, reunido en Filadelfia, proclamó la declaración de independencia, y se decretó el Estado de guerra contra Inglaterra. El conflicto duró seis años y, en septiembre de 1783, EE UU alcanzaba su plena independencia, mediante el tratado de París. Elaborada la Constitución Federal (1787) fue elegido presidente George Washington. Durante el siglo XIX se produjo la gran expansión territorial: Francia cedió Luisiana (1803), y España, Florida (1819). Después de una guerra de dos años con México, se anexionó Texas, Nuevo México y California (1848); e invadió el centro del continente. A partir de 1826, la vida política estadounidense quedaba enmarcada dentro de dos partidos, el demócrata y el republicano. Al proteccionismo aduanero que favorecía la industria de los Estados del Norte, en perjuicio de los grandes propietarios agrícolas del Sur, vino a unirse el enfrentamiento entre ambos bloques por el grave problema de la esclavitud. Tras el triunfo del republicano y antiesclavista Abraham Lincoln en las elecciones de 1860, los Estados del Sur (Carolina del Sur, Mississippi, Florida, Alabama, Georgia, Luisiana y Texas, a los que se unieron después Virginia, Tennessee, Carolina del Norte y Arkansas) se separaron de la Unión y eligieron presidente a Jefferson Davis. La guerra civil, llamada de *Secesión*, estalló en abril de 1861. Los confederados, capitaneados por el general Lee, tuvieron que someterse a los nordistas (abril 1865), dirigidos por Ulysses Grant. El fin de la contienda, favorable al Norte, representó la libertad para los esclavos y la consolidación de la unidad del país, ampliado éste en 1867 con la adquisición de Alaska. El predominio del Partido Republicano hasta 1912 contribuyó al desarrollo de una política expansionista (anexión de Hawai, Filipinas, Puerto Rico, Guam). A la grave crisis económica, agudizada en 1929, siguió el triunfo del candidato demócrata F. D. Roosevelt en las elecciones de 1932, quien logró detener el colapso económico. La agresión japonesa a Pearl Harbor (diciembre de 1941) motivó la entrada de EE UU en la guerra; su participación fue decisiva en la resolución del conflicto. A la muerte de Roosevelt, le sucedió el también demócrata H. S. Truman (abril de 1945), quien decidió la victoria definitiva de los aliados con el lanzamiento de las bombas atómicas sobre Hiroshima y Nagasaki (6 y 9 de agosto). EE UU se convirtió definitivamente en la primera potencia mundial, puso en marcha en PLAN MARSHALL para ayudar a la reconstrucción de Europa y llevó a cabo una política anticomunista, que dio origen a la GUERRA FRÍA y a la creación de la OTAN. Truman fue sucedido por el republicano Eisenhower (1953-61). Nuevamente en el poder los demócratas, John F. Kennedy (1961) intentó estrechar las relaciones con América Latina y tuvo que enfrentarse al problema de Cuba, ante la presencia de misiles soviéticos en la isla; fue asesinado en noviembre de 1963. Durante el mandato de Johnson (1963-68) se intensificó la guerra de Vietnam; ésta fue zanjada definitivamente por R. Nixon (1968-74), quien, asesorado por el secretario de Estado H. Kissinger, desarrolló una activa política exterior. Al descubrirse turbios manejos en su administración (ASUNTO WATERGATE), fue obligado a dimitir y sustituido por el vicepresidente Gerald Ford. En las elecciones de noviembre de 1976 resultó elegido el demócrata James Carter, que inició una campaña en favor de los derechos humanos en todo el mundo. La ocupación de la embajada estadounidense en Teherán por estudiantes iraníes (noviembre de 1979), con la intención de forzar a EE UU a acceder a la extradición del sha, así como la intervención soviética en Afganistán (diciembre) provocó una de las mayores crisis políticas de los últimos tiempos. La incapacidad de Carter para afrontar la recesión económica interna y su debilidad ante los problemas internacionales determinaron su derrota en las elecciones de 1980, que dieron la victoria al republicano Ronald W. Reagan (1980-88). Su política económica, basada fundamentalmente en la moderación de los impuestos, en un estricto control de la inflación y en la reducción del gasto público en temas sociales, logró, en el cuatrienio 1981-84, una brillante recuperación económica, aunque a costa de un elevado déficit presupuestario y un incremento en el índice de desempleo,

ESTADOS UNIDOS

Estado	Superficie (km²)	Población (h.)	Capitales
Alabama	133.950	4.447.100	Montgomery
Alaska	1.522.595	626.932	Juneau
Arizona	295.275	5.130.632	Phoenix
Arkansas	137.741	2.673.400	Little Rock
California	410.895	33.871.648	Sacramento
Carolina del Norte	136.420	8.049.313	Raleigh
Carolina del Sur	80.593	4.012.012	Columbia
Colorado	269.619	4.301.261	Denver
Connecticut	12.966	3.405.565	Hartford
Dakota del Norte	183.123	642.200	Bismarck
Dakota del Sur	199.743	738.171	Pierre
Delaware	5.247	754.844	Dover
Florida	151.981	15.982.378	Tallahassee
Georgia	152.629	8.186.453	Atlanta
Hawai	16.729	1.211.537	Honolulu
Idaho	216.456	1.293.953	Boise City
Illinois	150.008	12.419.293	Springfield
Indiana	94.328	6.080.485	Indianápolis
Iowa	145.755	2.926.324	Des Moines
Kansas	213.110	2.688.418	Topeka
Kentucky	104.664	4.041.769	Frankfort
Louisiana	123.592	4.468.976	Baton Rouge
Maine	85.801	1.274.923	Augusta
Maryland	27.078	5.296.486	Annapolis
Massachusetts	21.399	6.349.097	Boston
Michigan	250.466	9.938.444	Lansing
Minnesota	225.182	4.919.479	Saint Paul
Mississippi	123.530	2.844.658	Jackson
Missouri	180.546	5.595.211	Jefferson City
Montana	380.849	902.195	Helena
Nebraska	200.360	1.711.263	Lincoln
Nevada	286.368	1.998.257	Carson City
New Hampshire	24.043	1.235.786	Concord
Nueva Jersey	20.176	8.414.350	Trenton
Nueva York	137.304	18.976.457	Albany
Nuevo México	314.939	1.819.046	Santa Fe
Ohio	116.104	11.353.140	Columbus
Oklahoma	181.049	3.450.654	Oklahoma City
Oregon	251.364	3.421.399	Salem
Pennsylvania	118.516	12.281.054	Harrisburg
Rhode Island	3.142	1.048.319	Providence
Tennessee	109.155	5.689.283	Nashville-Davidson
Texas	691.201	20.851.820	Austin
Utah	219.901	2.233.169	Salt Lake City
Vermont	24.903	608.827	Montpelier
Virginia	105.149	7.078.515	Richmond
Virginia Occidental	62.767	1.808.344	Charleston
Washington	176.446	5.894.121	Olympia
Wisconsin	169.645	5.363.675	Madison
Wyoming	253.351	493.782	Cheyenne
Distrito federal			
Columbia	176	572.059	Washington

ESTADOS UNIDOS DE AMÉRICA

que se manifestarían negativamente en la crisis iniciada en 1987. En el ámbito internacional, en 1986 estallaba la crisis con Libia (bombardeo de Trípoli y Bengasi), fracasaban las negociaciones sobre desarme con la URSS a causa del proyecto de Iniciativa de Defensa Estratégica emprendido por EE UU, y salía a la luz la venta de armas a Irán *(Irangate)*, con cuyos beneficios se financiaba al ejército contrarrevolucionario en Nicaragua. En 1989, Reagan fue relevado en la presidencia por el también republicano George Bush, quien mantuvo una activa política internacional. Durante su primer año de mandato las tropas estadounidenses invadieron Panamá y favorecieron el establecimiento de un gobierno proclive a mantener los intereses de EE UU en la zona. Los cambios experimentados en la Europa del Este, a lo largo de 1990, recibieron el apoyo estadounidense. El tratado de Reducción de Armas Estratégicas suscrito por ambas potencias suponía un cambio en la tradicional política armamentística norteamericana, que culminó con la firma del acuerdo de reducción de armas convencionales que puso fin a la guerra fría. La invasión de Kuwait por Irak, en agosto de 1990, dirigió la política exterior de EE UU hacia esta zona de conflicto. Contando con el apoyo de la ONU, Bush envió un contingente de tropas navales y terrestres para forzar la retirada iraquí, que pronto se vio incrementado por una fuerza aliada multinacional. Tras el enfrentamiento bélico (enero-febrero de 1991), la favorable resolución del conflicto supuso la confirmación de EE UU como árbitro y mediador del concierto internacional. Tras las elecciones de noviembre de 1992, Bush fue relevado en la presidencia por el demócrata Bill Clinton. El presidente Clinton promovió la reforma de la sanidad y llevó a cabo importantes medidas de reactivación económica. En las elecciones legislativas de 1994, el Partido Demócrata fue derrotado por los republicanos, con lo que perdió la mayoría en la Cámara de Representantes y en el Senado. En las elecciones de 1996 Bill Clinton renovó el cargo de presidente. En 1998, el escándalo en el que se vio envuelto Clinton por sus relaciones con la ex becaria de la Casa Blanca, Mónica Lewinsky puso al presidente en una delicada situación al abrir el Senado un proceso de destitución, del que, sin embargo, salió absuelto (1999). Asimismo, en 1998 estalló una nueva crisis en el Golfo Pérsico y se produjeron varios ataques estadounidenses contra objetivos militares iraquíes. En los comicios celebrados en 2000 el candidato demócrata Al Gore, vicepresidente del país durante el mandato de Clinton, se enfrentó al republicano George W. Bush, hijo del ex presidente Bush, quien tras el recuento general parecía alzarse con la victoria por menos de 1.000 votos. Esta situación llevó a los demócratas a solicitar el recuento manual de los votos en Florida, argumentando que podía haber habido fraude electoral en ese Estado. Tras su paso por los tribunales, el proceso electoral pareció aclararse en diciembre tras la sentencia del Tribunal Supremo que marcaba el final de los recuentos manuales de votos. George W. Bush fue entonces nombrado nuevo presidente. El 11 de septiembre de 2001 el país sufrió el mayor ataque terrorista de su historia, cuando dos aviones secuestrados se estrellaron contra las Torres Gemelas del World Trade Centre de Nueva York, y un tercero contra el edificio del Pentágono en Washington. El suceso ocasionó miles de víctimas y supuso una conmoción mundial. La organización Al Qaeda, dirigida por Osama bin Laden y protegida por Afganistán, fue considerada culpable del atentado, y Bush inició una campaña antiterrorista con el apoyo de casi todos los países del mundo. EE UU, junto con Reino Unido, inició en octubre bombardeos masivos contra Afganistán, mientras la Alianza del Norte, coalición que luchaba en el interior contra los talibanes, se encargaba de la lucha terrestre, reforzada por los países occidentales. En diciembre eran liberadas las principales ciudades pero fue imposible localizar a Bin Laden y al mulá Mohamed Omar, principal jefe de los talibanes. El relativo fracaso de la operación, junto con la dureza de los medios empleados, dieron lugar a que fuera haciéndose más tibio el apoyo internacional que recibió Bush, quien sin embargo siguió decidido a llevar adelante su campaña contra el terrorismo internacional y, en agosto de 2002, anunció su intención de emprender una acción militar contra Irak y sus aliados, a los que EE UU considera una amenaza para la paz mundial. Los preparativos para un ataque militar a Irak se intensificaron a principios del año siguiente, a la par que inspectores de la ONU examinaban los arsenales del país en busca de armas de destrucción masiva. Al no cumplir Irak con las exigencias de desarme del gobierno estadounidense, y a pesar de no contar con el consentimiento de la ONU, en marzo de 2003 tropas estadou-

Estados Unidos. Bryce Canyon (Utah).

nidenses, apoyadas por los ejércitos británico y australiano, iniciaron el ataque contra Irak, con el fin de derrocar a Saddam Hussein. Una vez cumplido su objetivo, mantuvieron una fuerza de ocupación en el país árabe.

ESTADOUNIDENSE adj. y com. De los Estados Unidos de América.

ESTAFA f. 1 Engaño, fraude. 2 Estribo del jinete.

ESTAFADOR, RA m. y f. Persona que estafa.

ESTAFAR tr. Pedir o sacar dinero o cosas de valor con artificios o engaños.

ESTAFERMO m. 1 Muñeco giratorio, al que los corredores, golpeándolo con una lanza, hacen dar la vuelta. 2 fig. Persona que está parada y como embobada y sin acción.

ESTAFETA f. 1 Correo ordinario que iba a caballo de un lugar a otro. 2 Casa u oficina del correo. 3 Correo especial para el servicio diplomático.

ESTAFIL-, ESTAFILO-; -ESTAFILINO prefs. o suf. que significan uva, racimo, etc.; también, paladar.

ESTAFILOCOCO m. *Biol.* Nombre genérico de las bacterias de forma redondeada, que se agrupan en racimos. Son inmóviles y provocan enfermedades de tipo infeccioso.

ESTAFILOMA m. *Med.* Protusión anormal de la córnea o esclerótica del ojo, consecuencia de un traumatismo o inflamación.

ESTAGIRA *Geog. hist.* Antigua ciudad de Macedonia, patria de Aristóteles. Es la actual *Stavros* (Calcídica), a unos 25 km de Polygyros, aunque la localización no es completamente segura.

ESTAGIRITA adj. De Estagira, antigua ciudad de Macedonia.

ESTAGIRITA ARISTÓTELES.

ESTAJANOVISMO m. *Econ.* Método de incremento de la productividad en el trabajo, impuesto en la URSS durante el II plan quinquenal (1933-37). El trabajador debía realizar voluntariamente mayor tarea de la normal; por ese rendimiento superior se le concedía una prima proporcional y algunos privilegios. Esta forma de organización del trabajo debe su nombre a A. STAJANOV.

ESTALACTITA f. *Geol.* Concreción calcárea, por lo general en forma de cono irregular, que crece pendiente del techo de las cavernas, donde se filtran lentamente aguas con carbonato de cal en disolución.

ESTALAGMITA f. *Geol.* Estalactita invertida que se forma en el suelo con la punta hacia arriba.

ESTALINISMO m. *Polít.* Doctrina y sistema político impuesto por Stalin y sus seguidores en la URSS entre 1924 y 1953, que tendía a consolidar dictatorialmente el socialismo y a estimular los sentimientos nacionales como forma de defender las conquistas de la Revolución. Suponía un dominio absoluto del poder, puesto en práctica a través de la militarización del partido, la asimilación del partido y el Estado, y la represión masiva. En la esfera internacional, significó el fin del internacionalismo proletario.

ESTALLAR intr. 1 Reventar de golpe una cosa con estruendo. 2 RESTALLAR. 3 fig. Sobrevenir, ocurrir violentamente una cosa. 4 fig. Sentir y manifestar repentina y violentamente una pasión del ánimo.

ESTAMBRE amb. 1 Parte del vellón de lana que se compone de hebras largas. Más en m. 2 Hilo formado

estalactitas y **estalagmitas.** Gruta de Toirano, en Liguria (Italia).

de estas hebras. Más en m. 3 Pie de hilos después de urdirlos. Más en m. 4 *Bot.* Órgano reproductor sexual masculino de las plantas fanerógamas. Más en m.

ESTAMBUL 1 *(Istanbul)* Provincia del NO de Turquía que se divide administrativamente entre la región de Mármara y Costas del Egeo: 2.297 km² y 2.657.200 h., y región de Tracia: 3.294 km² y 4.776.400 h. 2 Ciudad capital de las provincias de su nombre a orillas del estrecho del Bósforo y mar de Mármara; 7.615.500 h. Puerto muy activo. Primer centro comercial e industrial del país. Dos universidades. Entre sus edificios más notables cabe citar: Santa Sofía la Mayor, Santa Sofía la Menor, mezquita de Muhammad II, el Conquistador, mezquita de Selim, mezquita de Ahmed, mezquita de Solimán, mezquita de Bayaceto, el antiguo serrallo, el *Tschinili Kiosk* o Palacio de Cerámica y la Biblioteca. Antigua ciudad griega, conocida por el nombre de Bizancio, fue conquistada por Roma en el año 196. Tuvo una importancia decisiva en la Antigüedad y durante la Edad Media. Capital del IMPERIO BIZANTINO, en el año 330 CONSTANTINO I EL GRANDE le dio el nombre de Constantinopla y trasladó a ella la capital del imperio. Fue tomada por los cruzados en 1204 y conquistada por los turcos en 1453, de cuyo imperio también fue capital hasta 1923. De 1918 a 1923 la ocuparon las tropas inglesas, francesas e italianas. En 1930 pasó a denominarse oficialmente Estambul.

Estambul (Turquía). Mezquita de Bayaceto.

ESTAMENTAL adj. 1 Relativo al estamento. 2 Estructurado u organizado en estamentos.

ESTAMENTO m. 1 *Hist.* Cada uno de los grupos sociales que durante la Edad Media y el Antiguo Régimen tenían representación en los Estados generales, el Parlamento o las Cortes. 2 *Hist.* En la corona de Aragón, cada uno de los Estados que concurrían a las cortes: el eclesiástico, el de la nobleza, el de los caballeros y el de las universidades o municipios. 3 *Hist.* Cada uno de los dos cuerpos colegisladores establecidos por el estatuto real de 1834: los próceres y los procuradores del reino. 4 Estrato o sector de la sociedad.

ESTAMEÑA f. Tejido de lana que tiene la urdimbre y la trama de estambre.

ESTAMPA f. 1 Efigie o figura impresa. 2 Papel o tarjeta con una figura grabada. 3 fig. Figura total de una persona o animal. 4 fig. Imprenta o impresión. 5 Huella del pie del hombre o de los animales en la tierra.

ESTAMPADO, DA adj. y s. 1 Se aplica a varios tejidos en que se forman y estampan diferentes dibujos. 2 Se dice del objeto que por presión o percusión se fabrica con matriz o molde apropiado.

ESTAMPAR tr. 1 Imprimir, sacar en estampas una cosa. También intr. 2 Dar forma a una plancha metálica por percusión entre dos matrices. 3 Señalar o imprimir una cosa en otra. 4 fam. Arrojar a una persona o cosa o hacerla chocar contra algo. 5 fig. Imprimir algo en el ánimo.

ESTAMPERÍA f. 1 Oficina en que se estampan láminas. 2 Tienda donde se venden estampas.

ESTAMPÍA f. Se usa sólo en la frase *embestir, partir,* o *salir, de estampía,* que significa hacerlo de repente.

ESTAMPIDA f. 1 ESTAMPIDO. 2 Divulgación rápida y estruendosa de algún hecho. 3 Huida impetuosa.

ESTAMPIDO m. Ruido fuerte y seco como el producido por el disparo de un cañón.

ESTAMPILLA f. 1 Sello que contiene en facsímil la firma y rúbrica de una persona. 2 Sello con un letrero para estampar en ciertos documentos. 3 *Amér.* Sello de correos o fiscal.

ESTAMPILLAR tr. Marcar con estampilla.

ESTANCAR tr. 1 Detener el curso y corriente de algo. También prnl. 2 Prohibir el curso libre de determinada mercancía, dando el monopolio al Estado o a una entidad.

ESTANCIA f. 1 Mansión, habitación y asiento en un lugar. 2 Aposento, sala o cuarto donde se habita ordinariamente. 3 Permanencia durante cierto tiempo en un lugar determinado. 4 Cada uno de los días que está el enfermo en el hospital. 5 Cantidad que por cada día devenga el mismo hospital. 6 *Poét.* ESTROFA. 7 *Arg.* y *Chile* Hacienda de campo. 8 *Cuba* Casa de campo con huerta y próxima a la ciudad.

ESTANCO, CA adj. 1 *Mar.* Se aplica a los navíos y otras embarcaciones que se hallan bien dispuestos y reparados para no hacer agua por sus costuras. 2 Se dice de los compartimientos de un recinto incomunicados entre sí. || m. 3 *Com.* Embargo o prohibición del curso y venta libre de algunas cosas. 4 Tienda donde se venden géneros estancados, y especialmente sellos, tabaco y cerillas. 5 fig. Depósito, archivo. 6 *Ecuad.* Tienda que vende aguardiente.

ESTÁNDAR m. Tipo, modelo, patrón, nivel.

ESTANDARIZAR tr. Tipificar, ajustar a un tipo, modelo o norma.

ESTANDARTE m. Insignia o bandera que usan los cuerpos montados y algunas corporaciones civiles o religiosas.

ESTANGURRIA f. *Med.* Micción dolorosa.

ESTANISLAO Nombre de dos reyes de Polonia.

ESTANISLAO I LESCZYNSKI Rey de Polonia (Lemberg, 1677 - Luneville, 1766). Ocupó el trono de Polonia de 1704 a 1709 y de 1733 a 1734. Fue elegido rey en 1704 con el apoyo de Carlos XII de Suecia, tras la expulsión de Augusto II, pero no logró imponerse. Se presentó por segunda vez al trono polaco tras la muerte de Augusto II (1733), pero su elección provocó la guerra de sucesión de Polonia. Por el tratado de Viena (1738), consiguió la soberanía de Lorena y el ducado de Bar.

Estanislao II Augusto Poniatowski. Retrato de Marcello Bacciarelli. Castillo de Gripsholm (Estocolmo).

Estanislao II Augusto Poniatowski Último rey de Polonia (Wolczyn, 1732 - San Petersburgo, 1798). Fue amante de la duquesa Catalina, futura zarina de Rusia (1755). Ocupó el trono polaco en 1764, con el apoyo de los rusos. No participó en los sucesivos repartos de Polonia (1793 y 1795). Abdicó en 1795 y fue hecho prisionero, hasta que el zar Pablo I le liberó.

Estanislao, san Religioso polaco (Szczepanow, 1030 - Cracovia, 1079). Siendo obispo de Cracovia, reprendió los excesos del rey polaco Boleslao II el Atrevido, a quien excomulgó. Éste ordenó su decapitación. Es patrón de Polonia.

estannífero, ra adj. *Quím.* Que contiene estaño.

estanque m. Balsa construida para remansar o recoger el agua, con fines utilitarios, riego, cría de peces, etc., o meramente ornamentales.

estanquero, ra m. y f. Persona que tiene a su cargo la venta pública del tabaco y otros géneros estancados.

estanquillo m. **1** Diminutivo de ESTANCO. **2** Local donde se venden géneros estancados. **3** *Méx.* Tienda pequeña de artículos variados. **4** *Ecuad.* Taberna.

estante m. **1** Mueble con anaqueles o entrepaños, y generalmente sin puertas. **2** ANAQUEL. **3** Cada uno de los cuatro pies derechos que sostienen la armadura de algunas máquinas. **4** *Amér.* Madero que sirve de sostén al armazón de las casas en las ciudades tropicales.

estantería f. Juego de estantes o de anaqueles.

estantigua f. **1** Fantasma que se ofrece a la vista por la noche, causando pavor y espanto. **2** fig. y fam. Persona muy alta y seca, mal vestida.

estantío, a adj. **1** Parado, sin curso. **2** fig. Pausado, tibio.

estanza f. *Poét.* Estancia, ESTROFA.

estañar tr. **1** Cubrir o bañar con estaño. **2** Asegurar o soldar una cosa con estaño.

estaño m. *Quím.* Elemento químico del grupo IV A del sistema periódico, de masa atómica 118,7; número atómico, 50; punto de fusión, 232° C; punto de ebullición, 2.260° C; y símbolo químico, *Sn*. Es un metal blanco, de brillo argénteo, dúctil y maleable, poco conductor de la electricidad y poco alterable en contacto con el aire. Se encuentra en la naturaleza, principalmente en forma de sulfuro o de óxido (casiterita). Se utiliza para la fabricación de hojalata, bronce y otras aleaciones.

estaquero m. **1** Cada uno de los agujeros que se hacen en la escalera y varales de los carros para meter las estacas. **2** Gamo o ciervo de un año.

estaquilla f. **1** Espiga de madera o caña que sirve para clavar. **2** Estaca, clavo pequeño. **3** *Bot.* Fragmento de raíz o de tallo de una planta viva que se entierra y utiliza para la reproducción vegetativa.

estar intr. **1** Existir, hallarse una persona o cosa en este o aquel lugar, situación, condición, etc. También prnl. **2** Tratándose de prendas de vestir, sentar bien o mal. **3** Junto con la partícula *a*, estar dispuesto a ejecutar alguna cosa; también indica fecha o precio de una cosa. **4** Junto con la preposición *con*, vivir en compañía o avistarse con otra persona. **5** Junto con la preposición *de*, estar ejecutando una cosa. **6** Junto con la preposición *en*, ser causa o motivo de una cosa. **7** Junto con la preposición *para*, denota la disposición próxima o determinada de hacer algo. **8** Junto con la preposición *por*, no haberse ejecutado aún una cosa o estar a favor de una persona o cosa. || prnl. **9** Detenerse en alguna cosa o en alguna parte. || **estar a la que salta** fr. fam. Estar siempre dispuesto a aprovechar las ocasiones. || **estar a matar** fr. fam. Estar muy enemistadas dos o más personas. || **estar de más** fr. fam. Estar de sobra; ser inútil. || **estar** uno **en todo** fr. Atender a un tiempo a muchas cosas. ♦ IRREG. Véase cuadro.

ESTAR

INDICATIVO
Pres.: estoy, estás, está, estamos, estáis, están.
Pret. imperf.: estaba, etc.
Pret. indef.: estuve, estuviste, estuvo, estuvimos, estuvisteis, estuvieron.
Fut. imperf.: estaré, estarás, etc.
Condic.: estaría, estarías, etc.
SUBJUNTIVO
Pres.: esté, estés, esté, estemos, estéis, estén.
Pret. imperf.: estuviera o estuviese, estuvieras o estuvieses, etc.
Fut. imperf.: estuviere, estuvieres, estuviere, estuviéremos, estuviereis, estuvieren.
IMPERATIVO: está, estad.
PARTICIPIO: estado.
GERUNDIO: estando.

estarcido m. Dibujo que resulta en el papel, tela, tabla, etc., del picado y pasado por medio del cisquero o brocha.

estarcir tr. Estampar dibujos, letras o números pasando una brocha por una chapa en que están previamente recortados.

estárter m. *Mec.* Dispositivo para el arranque en frío de un automóvil.

estasis f. *Med.* Estancamiento de sangre o de otro líquido en alguna parte del cuerpo. ♦ Su pl. es *estasis*.

estatal adj. Relativo al Estado.

estática f. *Fís.* Parte de la física que estudia el equilibrio de los cuerpos. Se rige por las siguientes reglas: a un sistema en equilibrio se le puede aplicar un conjunto de fuerzas cuya resultante sea nula, sin que se altere el equilibrio; un sistema de fuerzas de resultante nula, aplicado a un cuerpo, produce el equilibrio de éste; una sola fuerza aplicada a un cuerpo no puede producir equilibrio; y el efecto de una fuerza no se altera si se desplaza el punto de aplicación a lo largo de su recta de acción.

estático, ca adj. **1** *Fís.* Relativo a la estática. **2** *Fís.* Que permanece en un mismo estado, sin cambios ni alteraciones. **3** fig. Se dice del que se queda parado de asombro o de emoción.

estatificar tr. Poner bajo la administración o intervención del Estado.

estatismo[1] m. Inmovilidad de lo estático, que permanece en un mismo estado.

estatismo[2] m. *Polít.* Tendencia que exalta la plenitud del poder y la preeminencia del Estado sobre los diferentes órdenes y entidades.

estato-; -stat-; -stasia, -stata, -stático, -stática, -stato pref., in. o sufs. que significan fijeza, fijo, etc.: *clinostatismo, epistasia, estático, termostato.*

estatocisto m. *Zool.* Uno de los órganos del sentido del equilibrio en muchos celentéreos, gusanos, crustáceos, moluscos y tunicados.

estatolito m. *Zool.* Corpúsculo calcáreo, grano de arena o cualquier otra inclusión sólida que hay en un estatocisto.

estatua f. *Esc.* Figura de bulto redondo labrada a imitación del natural.

estatúder m. *Hist.* Jefe o magistrado supremo de la antigua república de los Países Bajos. En su origen fueron lugartenientes del rey de España.

estatuir tr. **1** Establecer, ordenar, determinar. **2** Demostrar, asentar como verdad una doctrina o un hecho. ♦ IRREG. Se conjuga como HUIR.

estatura f. Altura, medida de una persona desde los pies a la cabeza.

status m. STATUS.

estatuto m. Establecimiento, regla que tiene fuerza de ley para el gobierno de un cuerpo. || **ESTATUTO DE AUTONOMÍA** *Der.* y *Polít.* En el sentido jurídico y político español, norma institucional básica de cada comunidad autónoma.

estaurolita f. *Miner.* Mineral silicato de hierro y aluminio, de fórmula $(SiO_4 \cdot Al_2O_3)_2Fe(OH)_2$ y origen metamórfico, que se presenta en prismas.

estay m. *Mar.* Cabo que sujeta la cabeza de un mástil al pie del más inmediato, para impedir que caiga hacia la popa. ♦ Su pl. es *estayes* o *estáis*.

este m. *Geog.* **1** Levante, Oriente, punto cardinal de la salida del Sol. **2** Viento que viene de la parte de Oriente.

-este- in. ESTESIO-.

este, esta, esto, estos, estas 1 Formas de pronombre demostrativo en los tres géneros, masculino, femenino y neutro, y en ambos números, singular y plural. Designan lo que está cerca de la persona que habla, o representan y señalan lo que acaba de mencionar. Las formas masculina y femenina se usan como adjetivo y como sustantivo, y en este último caso se escriben normalmente con acento. **2** Pospuesto a un sustantivo, puede indicar enfado o desprecio. **3** El término *ésta* designa la población en que está la persona que se dirige a otra por escrito. **4** Las formas *esta* y *estas* hacen oficio de sustantivo en diversas frases donde tienen su significado impreciso de ocasión, vez, situación, jugada, o equivalen a un sustantivo inexpresivo: *de ésta nos quedamos sin médico.* || **en esto** loc. adv. Estando en esto, durante esto, en este tiempo.

Este, Beatrice de Duquesa de Milán (Florencia, 1475 - Milán, 1497). Esposa de Ludovico Sforza el Moro. Convirtió Milán en una de las cortes más brillantes de Italia, con Leonardo, Bramante y Rafael trabajando en ella.

Este, Isabel de Marquesa de Mantua (Florencia, 1474 - Mantua, 1539). Hermana de Beatrice de Este, se casó con Francisco II Gonzaga, marqués de Mantua. Creó una brillante corte y protegió, entre otros, a Mantegna y a Rafael.

esteá- pref. ESTEAR-.

estear-, estea-, esteat-, esteato-; -stear-, -steat- prefs. o ins. que significan grasa, sebo: *disteatosis.*

esteárico, ca adj. *Quím.* Se aplica al ácido orgánico de la serie de los ácidos grasos saturados, presente en grasas animales y aceites hidrogenados.

estearina f. *Quím.* **1** Éster formado por ácido esteárico y glicerina. **2** Ácido esteárico utilizado en la fabricación de velas.

esteat- pref. ESTEAR-.

esteatita f. *Miner.* Mineral, variedad de talco, de color blanco o verdoso. También llamada *jaboncillo de sastre* porque sirve para hacer señales en las telas.

esteato- pref. ESTEAR-.

esteatopigia f. *Med.* Acumulación excesiva de grasa en la región glútea.

esteba f. **1** *Bot.* Planta herbácea de las gramíneas, que sirve de pasto. **2** Pértiga gruesa.

Esteban Nombre de diversos reyes de Hungría.
Esteban I, san (Esztergom, 975 - Buda, 1038). Primer rey de Hungría, fue hijo y sucesor del caudillo Gieza. Ocupó el trono en 997 y extendió el cristianismo en su reino. Consiguió la unión definitiva de todas las tribus magiares.

estaurolita

Esteban II (Buda, h. 1100 - Nagyvárad, 1131). Hijo de Kolomán el Bibliófilo, ocupó el trono entre 1116 y 1131.

Esteban III (Buda, 1147 - Esztergom, 1172). Hijo y sucesor de Geza II, ocupó el trono en 1161. Tras ser desposeído de la corona por uno de sus tíos, quien reinó dos años (1163-65) con el nombre de Esteban IV, recuperó de nuevo el trono.

Esteban IV (Buda, 1132 - Esztergom, 1165). Hijo de Bela II el Ciego y hermano de Geza II, reinó de 1163 a 1165. Arrebató la corona a su sobrino Esteban III, con la ayuda del emperador Manuel I Comneno. Fue depuesto por Esteban III.

Esteban V (Buda, 1239 - Buda, 1272). Hijo de Bela IV, le sucedió en 1270. Emprendió lucha contra los serbios, quienes raptaron a su hijo Andrés. Esteban V murió en su persecución.

Esteban Nombre de diversos papas.

Esteban I, san (Roma, ? - íd., 257). Ocupó el solio pontificio del 254 al 257. Se opuso a san Cipriano y a la iglesia africana en la cuestión de la validez del bautismo de los herejes (que el Papa reconocía). Sufrió el martirio en tiempos del emperador Valeriano.

Esteban II (Roma, 682 - íd., 752). Elegido en 752, murió antes de ser consagrado. En algunas listas de papas es nombrado como tal, por lo que la numeración de los papas homónimos queda modificada en una cifra.

Esteban II o III (Roma, ? - íd., 757). Ocupó el solio pontificio del 752 al 757. Durante su pontificado Italia se vio amenazada por los lombardos, por lo que pidió auxilio a Pipino el Breve. El rey donó al Papa los exarcados de Rávena y Pentápolis, núcleo de los futuros Estados Pontificios.

Esteban III o IV (Sicilia, h. 720 - Roma, 772). Ocupó el solio pontificio del 768 al 772. En el sínodo que convocó en 769, condenó al antipapa Constantino II, fijó la doctrina del culto a las imágenes, y estableció que sólo los cardenales podían ser elegidos papas, elección en la que los laicos no tenían derecho a voto.

Esteban IV o V (Roma, 746 - íd., 817). Ocupó el solio pontificio de junio de 816 a enero de 817. Reservó para el papado el derecho a coronar emperadores.

Esteban V o VI (Roma, 803 - íd., 891). Ocupó el solio pontificio del 885 al 891. En su época se declaró el cisma de Focio. Coronó emperador a Guido de Spoleto (888). Luchó contra los sarracenos apoyado por el emperador Basilio I.

Esteban VI o VII (Roma, 808 - íd., 897). Ocupó el solio pontificio del 896 al 897. Llevado del odio a su antecesor, Formoso, hizo desenterrar su cadáver, y tras presentarlo en un concilio revestido con los hábitos pontificales, le acusó de usurpador y ordenó cortarle la cabeza y arrojarla al Tíber. Ante ello, el pueblo se sublevó y los partidarios de Formoso lo estrangularon.

Esteban VII o VIII (Roma, 877 - íd., 931). Ocupó el solio pontificio entre los años 928 y 931.

Esteban VIII o IX (Roma, 869 - íd., 942). Ocupó el solio pontificio del 939 al 942. Fue favorable a la restauración carolingia en Francia.

Esteban IX o X (Lorena, h. 1000 - Florencia, 1058). Ocupó el solio pontificio del 1057 al 1058. De nombre Federico de Lorena, luchó contra la investidura laica y el clero simoniaco. Tuvo como colaborador al monje Hildebrando, futuro papa Gregorio VII.

Esteban Nombre de varios reyes de Serbia.

Esteban VI Uros II Milutin (Sopocani, 1266 - íd., 1321). Accedió al trono en 1282. Ambicionó la supremacía serbia en la península Balcánica. Conquistó la mayor parte de Macedonia (1282-85), el norte de Albania y Durazzo (1296).

Esteban IX Uros Dusan (Sopocani, 1308 - Diavoli, 1355). Entronizado en 1331, se hizo coronar emperador de romanos, serbios, búlgaros y albaneses en el 1346. Pretendió crear un imperio serbio-bizantino que sustituyera al imperio de Oriente y cortara el paso a los turcos. Creó la Iglesia Ortodoxa Serbia autocéfala y dio la dignidad de patriarca al arzobispo de Pec. Organizó una cruzada contra los turcos.

Esteban, san Diácono judío y mártir del cristianismo (? - Jerusalén, 34 d. C.). Acusado de blasfemar contra la ley de Moisés por predicar el cristianismo, realizó ante el sanedrín una apología del Evangelio. Fue condenado a morir lapidado.

Esteban, Maestro Escultor románico (s. XI - XII). Maestro de obras de la catedral de Santiago de Compostela y de Pamplona, realizó la Puerta de las Platerías en Santiago de Compostela y la Portada de San Isidoro en León.

Esteban I Báthori Rey de Polonia (Wroclaw, 1533 - Grodno, 1586). Príncipe de Transilvania (1571-76), accedió al trono polaco en 1576. Su reinado estuvo marcado por las luchas contra el zar Iván el Terrible por la posesión de Livonia, a quien venció. Trató de fortalecer

Martirio de san Esteban. Cuadro de Juan de Juanes. Museo del Prado (Madrid).

el poder real, estableció la Compañía de Jesús y favoreció el éxito de las medidas de la Contrarreforma en Polonia.

Esteban de Blois Rey de Inglaterra (Blois, 1105 - Dover, 1154). Nieto de Guillermo el Conquistador, disputó el trono a Matilde I, hija de Enrique I y casada con Godofredo Plantagenet, en 1135. La lucha se saldó con un acuerdo, en virtud del cual Esteban reinó, pero a su muerte fue sucedido por Enrique II Plantagenet, hijo de Matilde.

Esteban Harding, san Abad cisterciense (?, h. 1060 - Citeaux, 1134). Fue el fundador, junto con san Roberto, del monasterio del Císter. Fue maestro de san Bernardo.

Estefan, Gloria (Gloria Fajardo, llamada) Cantante estadounidense de origen cubano (Marianao, 1957). Una de las voces más representativas de la canción latina, su revelación internacional se produjo con *Mi tierra* (1994). Más tarde ha publicado *Abriendo puertas* (1995), *Destiny* (1996) y *Gloria* (1998).

Estegocéfalo, la adj. *Paleon.* 1 Se dice de los anfibios más primitivos, que únicamente se conocen en estado fósil. || m. pl. *Paleon.* 2 Subclase de estos animales.

Estegomía f. *Zool.* Mosquito transmisor del espiroqueto que produce en el hombre la fiebre amarilla.

Estegosaurio m. *Paleon.* Reptil fósil de la familia estegosáuridos.

Estela f. 1 Rastro de espuma y agua removida que deja tras sí en la superficie del agua un barco u otro cuerpo en movimiento. 2 Rastro que deja en el aire un cuerpo luminoso en movimiento. 3 *Bot.* Parte central del tallo o raíz de una planta, que contiene los tejidos vasculares. 4 Monumento conmemorativo erigido sobre el suelo en forma de lápida o pedestal.

Estelar adj. 1 *Astron.* Perteneciente o relativo a las estrellas. 2 fig. Extraordinario.

Estelí Departamento de Nicaragua; 2.335 km^2 e 168.936 h. Su capital es la ciudad homónima.

Estelión m. 1 *Zool.* Reptil saurio, especie de salamanquesa. 2 Piedra que decían se hallaba en la cabeza de los sapos viejos, y a la que se atribuía virtud contra el veneno.

Estelionato m. *Der.* Fraude que comete el que encubre en el contrato la obligación que sobre la hacienda, alhajas, etc., tiene hecha anteriormente.

Estellés, sa adj. y s. De Estella.

Estelo m. Columna, poste.

Estema m. 1 *Lit.* En la crítica textual, esquema de la filiación y transmisión de manuscritos o versiones precedentes del original de una obra. 2 *Zool.* ocelo.

Esten-; -esten- pref. o in. *esteno-*.

Esteno-; esten-; -esten- prefs. o in. que significan estrechez: *corestenoma*.

Estenografía f. taquigrafía.

Estenordeste o estenoreste m. 1 *Geog.* Punto del horizonte situado entre el NE y el E. Su abreviatura es ENE. También adj. 2 *Meteor.* Viento que sopla de esta parte.

Estenosis f. *Med.* Estrechamiento anormal de un conducto u orificio del cuerpo. ♦ Su pl. es *estenosis*.

Estenotipia f. 1 Estenografía o taquigrafía a máquina. 2 Máquina de escribir, basada en la escritura fonética, que utiliza caracteres comunes a la escritura corriente y permite captar en una cinta la palabra humana a la misma velocidad que se habla. 3 Texto estenotipiado. 4 Arte de escribir con estenotipia.

Estenotopa adj. *Ecol.* Se dice de la especie cuyos requerimientos vitales están muy restringidos.

Esténtor *Mit.* Héroe griego del que se decía que tenía una voz tan potente como el clamor de 50 hombres reunidos.

Estentóreo, a adj. Aplicado al acento o a la voz, muy fuerte, ruidoso o retumbante.

Estepa f. *Bot.* Formación vegetal caracterizada por la presencia de plantas herbáceas adaptadas a la sequedad, y ausencia casi absoluta de árboles. Se presenta en regiones subdesérticas continentales, cálidas o frías, con escasa o nula influencia oceánica, y de clima extremado.

Estepar m. *Bot.* 1 Terreno poblado de estepas. 2 Formación arbustiva en la que predominan las especies del género *Cistus*.

Estepario, ria adj. Relativo a las estepas.

Estequiometría f. *Quím.* Rama de la química que estudia las proporciones en que se combinan los elementos en los diversos cuerpos y describe las ecuaciones con que se representan las distintas reacciones.

Ester- pref. *estereo-*.

Éster m. *Quím.* Compuesto formado en la reacción de un alcohol con un ácido orgánico, con pérdida de agua. Se emplean para elaborar esencias artificiales y como disolventes.

Ester o Esther Reina de Persia (s. VI a. C.). Judía de la tribu de Benjamín, se casó con Asuero, rey de Persia. Según el relato bíblico del *Libro de Ester*, salvó a los israelitas de una matanza ordenada por su esposo, quien había sido instigado por su ministro Amán.

Estera f. Tejido grueso de esparto, juncos, palma, etc., o formado por varias pleitas cosidas, que sirve para cubrir el suelo.

Esterar tr. 1 Poner tendidas las esteras en el suelo para reparo contra el frío. || prnl. 2 fig. y fam. Vestirse de invierno.

Estercolar tr. 1 *Agr.* Echar estiércol en las tierras para mejorar su contenido en nutrientes. 2 intr. Expulsar un animal el excremento o estiércol.

Estercolero m. Lugar donde se recoge el estiércol.

Estercolizo, za adj. Semejante al estiércol o que participa de sus cualidades.

ESTERCULIÁCEO, A adj. y s. *Bot.* **1** Se dice de las plantas angiospermas dicotiledóneas, propias de clima tropical, con los pétalos imbricados o retorcidos, y 10 o más estambres dispuestos en dos o más verticilos, como el cacao, la cola y la hierba araña de Perú. || f. pl. *Bot.* **2** Familia de estas plantas.

ESTEREO-, ESTER-, ESTEREO-, -STER-; -STÉRICO prefs., in. o suf. que significan rigidez, solidez, integridad: *colesterol*.

ESTÉREO[1] m. *Metrol.* Unidad de medida para leña, equivalente a la leña que puede colocarse, apilada, en un metro cúbico.

ESTÉREO[2] adj. **1** Abreviatura de ESTEREOFÓNICO. También m. || m. *Fís.* **2** ESTEREOFONÍA.

ESTEREODINÁMICA f. *Fís.* Dinámica de los sólidos.

ESTEREOFONÍA f. *Fís.* Técnica de captación, amplificación, transmisión, reproducción y registro acústico del sonido, de forma que produzca en el oyente sensación de relieve acústico.

ESTEREOFÓNICO, CA adj. **1** Se dice del sonido registrado simultáneamente desde dos o más puntos convenientemente distanciados para que, al reproducirlo, dé una sensación de relieve espacial. **2** Se dice del equipo de grabación o reproducción del sonido que emplea la técnica de la estereofonía. También m.

ESTEREOGRAFÍA f. Técnica de representar los sólidos en un plano.

ESTEREOMETRÍA f. *Geom.* Parte de la geometría que trata de la medida de los cuerpos sólidos.

ESTEREOQUÍMICA f. *Quím.* Parte de la química que estudia la disposición espacial de los átomos o grupos de átomos en las moléculas y las consecuencias físicas y químicas de esta disposición.

ESTEREORRADIÁN m. *Geom.* Unidad de ángulo sólido, equivalente al que, con su vértice en el centro de una esfera, determina sobre la superficie de ésta un área equivalente a la de un cuadrado cuyo lado es igual al radio de la esfera.

ESTEREOSCÓPICO, CA adj. *Fís.* Referente al estereoscopio.

ESTEREOSCOPIO m. *Fís.* Instrumento óptico utilizado para percibir una imagen en tres dimensiones.

ESTEREOTIPADO, DA adj. fig. Se dice de los gestos, fórmulas, expresiones, etc., que se repiten sin variación.

ESTEREOTIPAR tr. **1** *A. gráf.* Fundir en una plancha, por medio del vaciado, la composición de un molde formado con caracteres movibles. **2** *A. gráf.* Imprimir con esas planchas. **3** Fijar mediante su repetición frecuente un gesto, una frase, etc.

ESTEREOTIPIA f. *A. gráf.* **1** Arte de imprimir que usa planchas donde cada página está fundida en una pieza. **2** Taller donde se estereotipa. **3** Máquina de estereotipar.

ESTEREOTIPO m. **1** fig. Modelo, patrón o norma establecida de cualidades, conducta, etc. **2** fig. Idea elemental, comúnmente admitida, acerca de alguien o algo. **3** *A. gráf.* Plancha de impresión de estereotipia.

ESTEREOTOMÍA f. Arte de cortar piedras y maderas.

ESTEREOVISIÓN f. *Fís.* Procedimiento de televisión en relieve.

ESTERERÍA f. **1** Lugar donde se hacen esteras. **2** Tienda donde se venden.

ESTERHÁZY *Geneal.* Familia noble húngara, documentada por primera vez en 1238. Favoreció la entronización de los Habsburgo en Hungría. Entre sus miembros destacan Pablo Esterházy (1635-1713) y Nicolás Esterházy (1765-1833).

ESTERIFICAR tr. y prnl. *Quím.* Formar un éster a partir de un ácido orgánico y un alcohol, en una reacción con desprendimiento de agua.

ESTÉRIL adj. Que no da fruto, en sentido recto o figurado.

ESTERILET m. *Med.* Sustancia hormonal empleada en los tratamientos anticonceptivos.

ESTERILIZAR tr. **1** Hacer infecundo y estéril algo. **2** *Med.* Destruir los gérmenes patógenos que hay o puede haber en los instrumentos quirúrgicos, agua, etc., o en el organismo.

ESTERILLA f. **1** Diminutivo de ESTERA. **2** Pleita estrecha de paja. **3** Tejido de paja. **4** *C. Rica, Chile y Ecuad.* Cañamazo, tela rala. **5** *Arg. y Ecuad.* Rejilla para asientos.

ESTERINA f. *Quím.* Nombre genérico de un grupo de alcoholes policíclicos muy frecuentes en la composición de vegetales y animales. También se denomina *esterol*.

ESTERLÍN m. Tela de hilo, de color, más gruesa y basta que la holandeta.

ESTERLINA adj. y s. LIBRA ESTERLINA.

ESTERNOCLEIDOMASTOIDEO m. *Anat.* Músculo de la parte trasera del cuello, unido al esternón y a la clavícula por abajo, y a los huesos temporal y occipital por arriba, que realiza el giro y la inclinación de la cabeza.

ESTERNÓN m. *Anat.* Hueso plano, cartílago o serie de segmentos óseos o cartilaginosos, que se sitúan en la parte antero-ventral de los vertebrados superiores, y se articula con las costillas o la cintura pectoral.

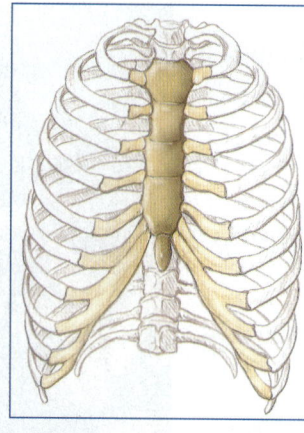

esternón

ESTERO m. **1** *Geog.* ESTUARIO. **2** *Amér.* Terreno bajo pantanoso, intransitable, que suele llenarse de agua por la lluvia o por la filtración de un río o laguna cercana, y que abunda en plantas acuáticas. **3** *Chile* Riachuelo. **4** *Venez.* Charca.

ESTERO- pref. ESTEREO-.

ESTERO Río de Nicaragua, que nace en el departamento de León, atraviesa el de Chinandega y desemboca en el golfo de Fonseca; 130 km de curso.

ESTEROIDE adj. y s. *Quím.* Se dice de un grupo de lípidos, compuestos químicos orgánicos de origen natural, derivados del núcleo del perhidrociclopentanofenantreno. A este grupo pertenecen los ácidos biliares, hormonas sexuales y adrenocorticales, colesterol, fitosterol, ergosterol, principios activos del digital, vitamina D, etc.

ESTEROL m. *Quím.* ESTERINA.

ESTERTOR m. Respiración jadeante que produce un sonido involuntario, generalmente ronco, y otras veces a manera de silbido. Suele presentarse en los moribundos.

ESTERTÓREO, A o **ESTERTOROSO, SA** adj. Que tiene estertor.

-ESTESIA suf. ESTESIO-.

-ESTÉSICO suf. ESTESIO-.

ESTESÍCORO (Tisias, llamado) Poeta griego (Mataruo, h. 640 - Catania, h. 550 a. C.). Fue el primero en ampliar la estrofa y en aplicar el esquema ternario a los himnos (estrofa-antiestrofa-épodo). Autor de himnos heroicos.

ESTESIO-, -ESTE-, -ESTESIA, -ESTÉSICO pref., in. o sufs. que significan sensación: *anestesia, anestésico*.

ESTESUDESTE o **ESTESURESTE** m. **1** *Geog.* Punto del horizonte situado entre el E y el SE. Su abreviatura es ESE. También adj. **2** *Meteor.* Viento que sopla de esta parte.

ESTETA com. **1** Persona que considera el arte como un valor esencial. **2** Persona versada en estética.

ESTÉTICA f. **1** Ciencia que trata de la belleza y de la teoría fundamental y filosófica del arte. **2** Apariencia de las personas o cosas desde el punto de vista de su belleza.

ESTETICIENNE com. ESTETICISTA.

ESTETICISMO m. **1** Actitud de quienes, al crear o valorar obras literarias y artísticas, conceden importancia primordial a la belleza, anteponiéndola a los aspectos intelectuales, religiosos, morales, sociales, etc. **2** Actitud de quienes adoptan ante la vida postura semejante. **3** *Arte.* Movimiento artístico iniciado en Gran Bretaña hacia 1825 que, frente a cualquier tipo de utilitarismo, pretendía conducir el arte a su más alta expresión de pureza formal y hacia una imitación servil de la naturaleza. Entre sus representantes cabe citar a los pintores Millaes, Hunt, Rossetti y Burne-Jones; al escritor Swinburne y al crítico Ruskin. Alcanzó su máximo esplendor hacia 1886.

ESTETICISTA adj. **1** Perteneciente o relativo al esteticismo. || com. **2** Persona que profesionalmente presta cuidados de embellecimiento a sus clientes.

ESTÉTICO, CA adj. **1** Perteneciente o relativo a la estética. **2** Perteneciente o relativo a la percepción o apreciación de la belleza. **3** Artístico, de aspecto bello.

ESTETOSCOPIA f. *Med.* Exploración de los órganos contenidos en la cavidad del pecho por medio del estetoscopio.

ESTETOSCOPIO m. *Med.* Instrumento a modo de trompetilla acústica destinado a la auscultación de sonidos originados en el organismo.

ESTEVA f. *Agr.* Pieza corva del arado, sobre la cual lleva la mano el que ara, para dirigir la reja y apretarla contra la tierra.

ESTEVADO, DA adj. y s. Que tiene las piernas torcidas en arco.

ESTÉVANEZ, NICOLÁS Militar y político español (Las Palmas de Gran Canaria, 1833 - París, 1914). Luchó en las guerras de África, Puerto Rico y Santo Domingo. Participó en la revolución de 1868 y organizó el movimiento republicano de 1869. Proclamada la I República, fue gobernador de Madrid y ministro de la Guerra. Estuvo exiliado en Portugal y en París.

ESTEZAR tr. Curtir las pieles en seco.

ESTHER ESTER.

ESTIAJE m. **1** *Geog.* Caudal mínimo que en ciertas épocas del año tienen las aguas de un río, laguna, etc., por la sequía. **2** Periodo que dura este caudal.

ESTIBAR tr. **1** Apretar, recalcar materiales o cosas sueltas para que ocupen poco espacio. **2** *Mar.* Distribuir ordenada y convenientemente todos los pesos del buque, y en especial su carga.

ESTIBINA f. *Miner.* Mineral sulfuro de antimonio, de fórmula Sb_2S_3, color gris plomo y brillo metálico intenso, principal mena del antimonio. También llamado *antimonita*.

ESTIBIO m. *Quím.* ANTIMONIO.

ESTIENNE, HENRI Impresor francés (París, 1531 - Lyon, 1598). Establecido en 1557 una imprenta en Ginebra, de la que salieron más de 170 obras, casi todas pertenecientes a la literatura griega y latina.

ESTIÉRCOL m. **1** Excremento de cualquier animal. **2** Materias orgánicas podridas, de origen animal o vegetal, para el abono.

ESTIG-, -STIGMAT-, -STIGMO-; -STÍGMATO pref., ins. o suf. que significan señal, punto, pinta, etc.: *astigmatismo*.

ESTIGARRIBIA, JOSÉ FÉLIX Militar y político paraguayo (Caraguatay, 1888 - cerca de Altos, La Cordillera, 1940). Jefe del Estado Mayor y comandante en jefe del mismo en la guerra del Chaco contra Bolivia. Presidió la delegación paraguaya en la Conferencia de Paz de Buenos Aires (1938). Ocupó la presidencia de la República de 1939 a 1940. Murió en un accidente aéreo.

ÉSTIGE o **ESTIGIA** *Mit.* **1** Río del infierno, en torno al cual daba nueve vueltas y formaba una laguna también llamada Estigia. Por cruzarla, el barquero Caronte cobraba un óbolo a los difuntos. Las aguas del río conferían la invulnerabilidad a quien se bañase en ellas. **2** Laguna del infierno griego.

ESTIGMA m. **1** Marca o señal en el cuerpo. **2** *Bot.* Cuerpo glanduloso, en el extremo superior del pistilo de la flor, que recibe y retiene el polen para que germine y desarrolle el tubo polínico. **3** *Med.* Nevus benigno, celular o vascular, que está presente al nacer el individuo o aparece al poco tiempo. **4** *Teol.* Huella impresa sobrenaturalmente en el cuerpo de algunos santos extáticos, como símbolo de la participación que sus almas toman en la pasión de Cristo. La iglesia no ha reconocido su carácter sobrenatural. **5** *Zool.* Cada una de las aberturas respiratorias de los artrópodos traqueales. **6** fig. Mala fama.

ESTIGMATIZAR tr. **1** Marcar a uno con hierro candente. **2** *Teol.* Imprimir milagrosamente a una persona las llagas de Cristo. **3** fig. Afrentar, infamar.

ESTIL- pref. ESTILO-.

ESTILAR intr. y prnl. Acostumbrar, practicar.

ESTILETE m. **1** ESTILO pequeño, punzón para escribir o gnomon del reloj de sol. **2** Púa o punzón. **3** *Med.* Puñal de hoja estrecha y aguda, utilizado en cirugía. **4** *Zool.* Apéndice fino, rígido y largo.

ESTILICÓN, FLAVIO General romano de origen vándalo (?, h. 359 - Rávena, 408). Tras la muerte del emperador Teodosio, se hizo cargo de la tutela de su hijo Ho-

Flavio **Estilicón.** Marfil romano del siglo IV.

norio. Defendió Roma de las invasiones de visigodos y ostrogodos. Acusado de conspirar contra el emperador, fue ejecutado.

ESTILISTA com. **1** Escritor que se distingue por lo esmerado y elegante de su estilo. **2** Peluquero que diseña peinados y cortes.

ESTILÍSTICA f. *Ling.* **1** Rama de la lingüística que estudia las posibilidades estilísticas de la lengua. **2** Estudio de las formas de expresión, ya sea en la literatura o en el habla corriente.

ESTILITA adj. y s. Se dice del anacoreta que por austeridad vivía sobre una columna.

ESTILIZAR tr. **1** Interpretar convencionalmente la forma de un objeto haciendo resaltar sólo sus rasgos más característicos. **2** Someter a una reelaboración refinada una obra popular. **3** fig. y fam. Adelgazar la silueta corporal. También prnl.

ESTILO-, ESTIL-; -STILIA, -STIL, -STILO prefs. o sufs. que significan columna o pluma: *autostilia, próstilo, ciclostilo.*

ESTILO m. **1** Punzón con el cual escribían los antiguos en tablas enceradas. **2** GNOMON del reloj de sol. **3** Modo, forma. **4** Uso, moda. **5** Conjunto de los rasgos formales que caracterizan el modo de expresarse de una persona, o el modo de escribir de un autor. **6** *Arte.* Conjunto de rasgos característicos de un artista, época, escuela o zona geográfica, que permiten identificar las obras como hechas por o en ellos. **7** *Bot.* Parte superior del ovario de la flor, con forma de columnita hueca o esponjosa, que termina en el estigma. **8** *Zool.* Prolongación delgada y alargada de un animal. **9** *Arg.* y *Urug. Mús.* Música típica que se toca con guitarra; baile y canción populares que se acompañan con esta música. || **ESTILO DIRECTO** *Lit.* Parte del discurso narrativo en que el narrador, al citar las palabras o pensamientos propios o ajenos, intenta reproducirlos tal y como fueron dichos o pensados. || **ESTILO INDIRECTO** *Lit.* Parte del discurso narrativo en que el narrador cita las palabras o pensamientos propios o ajenos introduciéndolos mediante una partícula subordinante, generalmente *que.* || **ESTILO INDIRECTO LIBRE** *Lit.* Parte del discurso narrativo en que el narrador cita palabras o pensamientos propios o ajenos y cuyo discurso resultante muestra una independencia tonal y sintáctica. || **por el estilo** loc. De igual manera, en forma parecida.

ESTILÓBATO m. *Arquit.* Macizo corrido sobre el cual se apoya una columnata.

ESTILOGRÁFICO, CA adj. **1** Se dice de cierta clase de pluma. También se aplica a lo escrito con tal pluma. || f. PLUMA ESTILOGRÁFICA.

ESTIMA f. Consideración y aprecio que se hace de una persona o cosa por su calidad y circunstancias.

ESTIMACIÓN f. **1** Aprecio y valor que se da y en que se tasa y considera una cosa. **2** Aprecio, consideración, afecto.

ESTIMAR tr. **1** Apreciar, evaluar las cosas. **2** Juzgar, creer. **3** Hacer aprecio de una persona o cosa. También prnl.

ESTIMULACIÓN f. Acción y efecto de estimular.

ESTIMULANTE adj. y s. **1** Que estimula. **2** *Med.* Se dice del medicamento que excitan la actividad funcional de un órgano.

ESTIMULAR tr. **1** Aguijonear, punzar. **2** *Biol.* Excitar por influencias externas o internas una actividad fisiológica determinada. **3** fig. Incitar, excitar con viveza a la ejecución de una cosa, o avivar una actividad, operación o función.

ESTIMULINA f. *Med.* Nombre con que se conocen diversas hormonas que actúan estimulando la actividad de algún órgano.

ESTÍMULO m. **1** Agente que provoca una respuesta en un organismo vivo. **2** fig. Incentivo para obrar o funcionar. **3** Vara con punta de hierro que antiguamente usaban los boyeros.

ESTINCO m. *Zool.* Especie de lagarto del norte de África.

ESTÍO m. *Astron.* VERANO.

ESTIPE m. ESTÍPITE.

ESTIPENDIAR tr. Dar estipendio.

ESTIPENDIO m. **1** Remuneración que se da a una persona por algún servicio. **2** Tasa pecuniaria fijada por la autoridad eclesiástica que dan los fieles al sacerdote, para que aplique la misa por una determinada intención.

ESTÍPITE m. *Arquit.* Pilastra en forma de pirámide truncada, con la base menor hacia abajo. **2** *Bot.* Tallo largo y no ramificado de las plantas arbóreas, sobre todo de las palmeras.

ESTÍPTICO, CA adj. **1** Que tiene sabor metálico astringente. **2** fig. Avaro, mezquino.

ESTÍPULA f. *Bot.* Apéndice foliáceo, espinoso o escamoso, situado a ambos lados de la base del pecíolo de ciertas hojas.

ESTIPULAR tr. **1** Convenir, concertar, acordar. **2** *Der.* Hacer contrato verbal; contratar por medio de estipulación.

ESTIQUE m. Palillo de escultor, con un extremo dentado, para modelar barro.

ESTIRA f. Instrumento de cobre, en forma de cuchilla, que usan los zurradores.

ESTIRACÁCEO, A adj. y f. *Bot.* **1** Se dice de árboles y arbustos angiospermos dicotiledóneos, como el estoraque y el aceitunillo. || f. pl. *Bot.* **2** Familia de estas plantas.

ESTIRADA f. *Dep.* Acción de alargar o extender con fuerza los brazos, o todo el cuerpo para detener un balón lanzado hacia la portería, o hacia la meta.

ESTIRADO, DA adj. **1** fig. Que afecta gravedad o esmero en su traje. **2** fig. De trato orgulloso con los demás. || m. **3** Acción y efecto de estirar.

ESTIRAJAR tr. fam. Estirar una cosa deformándola.

ESTIRAMIENTO m. Acción de estirar la piel con fines estéticos. También denominado *lifting.*

ESTIRAR tr. **1** Alargar una cosa, extendiéndola con fuerza para que dé de sí. También prnl. **2** fig. Gastar dinero poco a poco. **3** intr. y prnl. **3** Crecer una persona. || prnl. **4** Desplegar o mover brazos o piernas para desentumecerlos.

ESTIRENO m. *Quím.* Hidrocarburo aromático derivado del benceno, de fórmula $C_6H_5-CH=CH_2$, que se encuentra en ciertos aceites esenciales del alquitrán de la hulla.

ESTIRIA (*Steiermark*) Estado de Austria, lindante con Eslovenia; 16.388 km² y 1.204.904 h. Su capital es Graz.

ESTIRÓN m. **1** Acción con que uno estira o arranca con fuerza una cosa. **2** Crecimiento en altura de una persona. || **dar** un **estirón** fr. fig. y fam. Crecer mucho en poco tiempo.

ESTIRPE f. **1** Raíz y tronco de una familia o linaje. **2** Tronco de descendencia común.

ESTIVACIÓN f. *Biol.* Adaptación orgánica al calor y sequedad del medio.

ESTIVAL adj. Relativo al estío.

Estiria (Austria). Paisaje de Altaussee con el monte Trissel al fondo.

ESTOA *Hist.* Lugar de Atenas donde enseñaba Zenón de Citio, y que ha dado nombre al ESTOICISMO.

ESTOCADA f. **1** Golpe que se tira de punta con la espada o estoque. **2** Herida que resulta de él. **3** *Taurom.* La que el diestro da al toro en la suerte de matar, cuando la espada o estoque queda introducido en el cuerpo del animal.

ESTOCÁSTICO, CA adj. **1** Relativo al azar, casual, aleatorio. **2** *Mat.* Perteneciente o relativo al cálculo de probabilidades.

ESTOCOLMO 1 Condado de Suecia; 6.490 km² y 1.783.440 h. Producción agrícola. Minas de hierro y cinc. **2** Ciudad capital de Suecia y del condado de su nombre; 736.113 h. Edificada sobre una serie de islas, unidas por puentes, entre el lago Mälar y el mar Báltico, es el primer centro comercial, industrial y cultural del país. Industria naval, electromecánica, química y de la madera. Refinería de petróleo. Central nuclear. Palacio Real (siglos XVII y XVIII), iglesia de Riddarholm y panteón de los reyes suecos, ambos de estilo gótico.

ESTOFA f. **1** Tela o tejido de labores, generalmente de seda. **2** fig. Calidad, clase.

ESTOFADO, DA adj. **1** Engalanado, bien dispuesto. || m. *Gastron.* **2** Guiso que consiste en condimentar una carne o pescado con aceite, vino o vinagre, ajo, cebolla y especias, y ponerlo todo en una vasija tapada para que cueza a fuego lento. **3** Adorno que resulta de estofar un dorado.

ESTOFAR tr. **1** Acolchar una tela o prenda. **2** Entre doradores, raer con la punta del garfio el color dado sobre el dorado de la madera para que se descubra el oro. **3** Pintar sobre el oro bruñido relieves al temple. **4** Dar de blanco a las esculturas en madera para dorarlas y bruñirlas después. **5** *Gastron.* Hacer el guiso llamado estofado.

ESTOICISMO m. **1** *Filos.* Escuela filosófica fundada por Zenón de Citio hacia el año 300 a. C., cuyas reuniones se celebraban en un pórtico ateniense, la Estoa. La doc-

Estocolmo (Suecia). Torre de la iglesia de Santa Leonor y edificio del Stadshuset.

trina estoica es principalmente moral, y se funda en una metafísica que constituye un panteísmo naturalista. El ideal de la moral estoica está en sofocar toda pasión y seguir los dictados de la razón hasta llegar a la apatía absoluta. **2** fig. Fortaleza o dominio sobre la propia sensibilidad.

ESTOICO, CA adj. **1** Relativo al estoicismo. **2** *Filos*. Se dice del filósofo que sigue la doctrina del estoicismo. También s. **3** fig. Fuerte, ecuánime ante la desgracia.

ESTOLA f. **1** Vestidura amplia y larga que los griegos y romanos llevaban sobre la camisa; se diferenciaba de la túnica por ir adornada con una franja que ceñía la cintura y caía por detrás hasta el suelo. **2** *Liturg*. Ornamento sagrado, banda de tela del color litúrgico correspondiente al día o al acto que se realice, y que los obispos y sacerdotes usan en el ejercicio de su ministerio colgada del cuello (éstos, además, la cruzan sobre el pecho); también la usan los diáconos, pero cruzada desde el hombro izquierdo a la cintura. **3** Banda larga de piel que usan las mujeres para abrigarse el cuello.

ESTÓLIDO, DA adj. y s. Falto de razón y discurso.

ESTOLÓN m. *Bot*. Vástago rastrero que nace de la base del tallo de una planta y echa raíces que producen nuevas plantas, como en la fresa.

ESTOM- pref. ESTOMATO-.

ESTOMA m. *Bot*. Abertura microscópica de la epidermis del envés de las hojas, cuya función es el intercambio de gases y agua entre el interior de la planta y la atmósfera.

ESTOMACAL adj. **1** Relativo al estómago. **2** Que aprovecha al estómago. También m.

ESTOMAGANTE adj. fig. y fam. Que produce fastidio o enfado.

ESTOMAGAR tr. **1** Causar indigestión, empachar. **2** fig. y fam. Causar fastidio o enfado.

ESTÓMAGO m. **1** *Anat*. Parte ensanchada del aparato digestivo que sigue al esófago del hombre. El orificio de entrada se denomina *cardias* y el de salida *píloro*. Su interior está recubierto por tres capas de musculatura (circular, longitudinal y oblicua) y por el peritoneo, que lleva adosadas unas glándulas secretoras de jugo gástrico. En el estómago los alimentos permanecen el tiempo suficiente para que pueda continuar el proceso de digestión, sobre todo de las proteínas. El bolo medio digerido que sale del estómago recibe el nombre de *quimo*. **2** *Zool*. En los vertebrados, porción del tubo digestivo en forma de saco, que se encuentra entre el esófago y el intestino. En los mamíferos rumiantes consta de *panza* o *rumen*, *redecilla*, *libro* y *cuajar*. En las aves es muy musculoso (*molleja*), sirve como aparato masticador y está precedido de otro estómago glanduloso. En la mayoría de los peces, anfibios y reptiles, así como en invertebrados, es una mera dilatación del tubo digestivo.

ESTOMATO-, ESTOMAT-, ESTOM-; -STOM-, -STOMAT-; -STOMA, -STOMÍA, -STOMIO, -STOMO prefs., ins. o sufs. que significan boca: *ciclóstoma, prostomio, cacostomía*.

ESTOMATOLOGÍA f. *Med*. Parte de la medicina que trata de la boca y sus enfermedades.

ESTOMATÓPODO, DA adj. y m. *Zool*. HOPLOCÁRIDO.

ESTOMOCORDADO, DA adj. y m. *Zool*. HEMICORDADO.

ESTONIA (*Eesti Vabariik*) Estado de Europa, en la región del Báltico, que comprende una parte continental y las islas Hiiumaa y Saaremaa, entre otras, en la entrada del golfo de Riga. Limita al N con el golfo de Finlandia; al E, con Rusia; al S, con Letonia, y al O, con el mar Báltico.

GEOG. Estonia cuenta con numerosos lagos y 818 islas, entre las que destacan Saaremaa, Hiiumaa, Muhumaa y Vormsi. El clima es húmedo y fresco, atenuado por los vientos lluviosos del Báltico. Su economía es de base agrícola, forestal y ganadera (cereales, lino, patatas y productos derivados de la leche). Reservas de pizarras bituminosas, de las que se obtiene gas. Industria eléctrica, química y de producción de alta tecnología. Centrales térmicas en Narva.

HIST. Poblada desde la Antigüedad por estonios, de origen ugrofinés, durante los siglos XI y XII, Estonia resistió las dominaciones escandinava y rusa, pero acabó sucumbiendo a los alemanes y daneses en el siglo XIII. Las tropas rusas sometieron a Estonia en 1709, en tiempos de Pedro I. Tras un periodo nacionalista en el siglo XIX, por el tratado de Brest-Litovsk (1918) fue cedida a Alemania; al capitular ésta, se proclamó República independiente, reconocida en 1920 por la URSS. Bajo el pacto germano-soviético, la URSS la anexionó en 1940. Un año después, los alemanes expulsaron a los soviéticos y Hitler incorporó esta República, que volvió a manos rusas en 1944. Desde el inicio de la *perestroika* en la Unión Soviética, Estonia aspiró a lograr la independencia. En 1990, A. Ruutel y E. Savisaar fueron elegidos, respectivamente, presidente y primer ministro de la República. El proceso independentista culminó, tras el golpe de Estado de 1991 en la URSS, con la proclamación de independencia. Estonia ingresó en la ONU ese mismo año y en el Consejo de Europa en 1992. Este último año fueron elegidos presidente de la República L. Meri, y jefe de Gobierno M. Laar. En 1994 se retiraron las últimas tropas rusas del territorio estonio y A. Tornd sustituyó a Laar en su cargo. En las elecciones de 1995 venció la coalición de centro derecha formada por el Partido Popular Campesino y el Partido de la Coalición, cuyo líder, Tiit Vaechi, ocupó la jefatura de Gobierno (1995-97). En 1997 le sustituyó Mart Sümann. Un año antes el Parlamento había confirmado a L. Meri como presidente de la República. Mart Laar ratificó el cargo de primer ministro tras las legislativas de 1999. En 2001 Arnold Ruutel fue nombrado presidente del país. En enero de 2002 Siim Kallas fue nombrado primer ministro, sustituido por Juhan Parts tras las legislativas de 2003. En mayo de 2004 Estonia ingresó en la UE.

ESTONIO, NIA adj. y s. **1** De Estonia. ‖ m. *Ling*. **2** Lengua finesa hablada por los estonios.

ESTOPA f. **1** Parte basta o gruesa del lino, el cáñamo o la seda, que queda en el rastrillo cuando se peina y rastrilla. **2** Tela gruesa que se teje y fabrica con la hilaza de la estopa. **3** *Mar*. Jarcia vieja que sirve para calafatear.

ESTOQUE m. **1** Espada estrecha, con la cual sólo se puede herir de punta. **2** Arma blanca formada por una varilla de acero aguzada por la punta, que suele llevarse metida en un bastón. **3** *Bot*. GLADIOLO.

ESTOQUEAR tr. Herir con la punta de una espada o un estoque.

ESTOR m. Cortina de una sola pieza y material semirrígido que se recoge verticalmente.

ESTORAQUE m. *Bot*. **1** Árbol de la familia estiracáceas, de nombre científico *Styrax officinalis*. De su tronco se

Superficie: 45.227 km².
Población: 1.435.000 (estonios).
Densidad: 33 h./km².
Tasa de natalidad: 8,5‰.
Tasa de mortalidad: 13,4‰.
Capital: Tallinn.
Ciudades principales: Kohtla-Järve, Narva, Pärnu y Tartu.
Grupos étnicos: estonios (63,9%), rusos (29%), ucranianos (2,7%), bielorrusos (1,6%), finlandeses (1%).
Religión: luteranismo.
Idioma: estonio.
Moneda: kroon.
Forma de Estado: república.
Producto Nacional Bruto: 4.878 millones de dólares.
Renta per cápita: 3.360 dólares.
División administrativa: 15 condados, según cuadro.

ESTONIA

Condados	Superficie (km²)	Población (h.)	Capitales
Harju	4.332	535.131	Tallinn
Hiiu	1.023	11.798	Kärdla
Ida-Viru	3.364	193.460	Jõhvi
Järva	2.623	43.144	Paide
Jõgeva	2.604	41.377	Jõgeva
Lääne	2.383	31.850	Haapsalu
Lääne-Viru	3.465	75.819	Rakvere
Pärnu	4.806	100.100	Pärnu
Põlva	2.165	35.610	Põlva
Rapla	2.980	40.137	Rapla
Saare	2.922	40.111	Kuresaare
Tartu	2.993	151.010	Tartu
Valga	2.044	38.668	Valga
Viljandi	3.422	62.336	Viljandi
Võru	2.305	43.029	Võru

obtiene una resina grisácea, con la que se elabora un bálsamo oloroso usado en perfumería y medicina. **2** Este bálsamo.

ESTORBAR tr. **1** Dificultar la ejecución de algo. **2** fig. Molestar.

ESTORBO m. Persona o cosa que estorba.

ESTORDIR tr. Aturdir, atontar.

ESTORIL Ciudad de Portugal, distrito de Lisboa, frente al Atlántico; 15.700 h. Turismo. Casino.

ESTORNIJA f. Anillo de hierro que se pone en el eje de los carruajes para que no se salga la rueda.

ESTORNINO m. *Zool*. Nombre común de varias especies de aves paseriformes, de la familia estúrnidos, con diversos géneros. Tienen unos 25 cm de longitud, plumaje de variados colores y pico alargado y curvo.

ESTORNUDAR intr. Espirar de forma repentina, ruidosa y espasmódica, a través de la boca y nariz.

ESTRABISMO m. *Med*. Desviación de la dirección normal de uno o de ambos globos oculares, por la cual los dos ejes visuales no se dirigen simultáneamente al mismo punto.

ESTRABÓN Geógrafo e historiador griego (Amasia, 63 a. C. - Roma, 19 d. C.). Escribió unas *Memorias históri-*

estornino

cas, perdidas en la actualidad, continuación de la *Historia* de Polibio. Su *Geografía*, en 17 libros, es, junto con la de Tolomeo, la mejor obra de este género en la Antigüedad.

ESTRADA, LA (*A Estrada*) Municipio y lugar de España, provincia de Pontevedra; 22.391 h.

ESTRADA, EMILIO Político ecuatoriano (Quito, 1855 - Guayaquil, 1911). En 1911 ocupó, durante tres meses, la presidencia de la República.

ESTRADA, JOSÉ MANUEL Escritor e historiador argentino (Buenos Aires, 1842 - Asunción, 1894). Representó las ideas católicas en el debate sobre la educación. Entre sus libros destacan *La política liberal bajo la tiranía de Rosas* y *Los comuneros del Paraguay*.

ESTRADA, JUAN JOSÉ Militar y político nicaragüense (Managua, 1865 - íd., 1947). Se sublevó contra el presidente Santos Zelaya (1909) mientras desempeñaba la gobernación en la Costa Atlántica. Designado presidente de la República en 1910, fue sustituido en 1911 por el vicepresidente Adolfo Díaz.

ESTRADA CABRERA, MANUEL Político guatemalteco (Quezaltenango, 1857 - Ciudad de Guatemala, 1924). En 1898 sucedió a Reina Barrios como presidente de la República. Fue elegido presidente efectivo en 1899 y ocupó el cargo hasta 1920. Murió encarcelado.

ESTRADA PALMA, TOMÁS Político cubano (Bayamo, 1835 - Santiago de Cuba, 1908). Fue presidente de la República en armas hasta que cayó prisionero de los españoles (1876-77). Tras la independencia, presidió la República libre (1902-06). En 1906 falseó las elecciones y pretendió proclamarse presidente. Ante la oposición revolucionaria, hizo llamar a los EE UU, cuyo enviado, Taft, se proclamó gobernador general de la isla bajo el mandato directo de Roosevelt.

ESTRADIOTE m. *Hist.* Soldado mercenario de caballería; su origen se remonta a los combatientes griegos que, a la caída de Constantinopla, pasaron a la República de Venecia. En la milicia española fueron introducidos en 1507.

ESTRADIVARIO o **ESTRADIVARIUS** m. *Mús.* Instrumento de cuerda, y especialmente violín, fabricado por Antonio Stradivari. ♦ El pl. de la segunda forma es *estradivarius*.

ESTRADIVARIO STRADIVARI, ANTONIO.

ESTRADO m. 1 Tarima cubierta con alfombra sobre la cual se pone el trono real o la mesa presidencial en actos solemnes. 2 Sitio de honor, elevado sobre el suelo, donde en un salón de actos se sitúa la presidencia, el conferenciante, etc. 3 Entre panaderos, entablado en que se ponen los panes amasados.

ESTRAFALARIO, RIA adj. y s. 1 fam. Desaliñado en el vestido o en el aspecto. 2 fig. y fam. Extravagante.

ESTRAGAR tr. 1 Viciar. También prnl. 2 Causar estrago.

ESTRAGO m. 1 Daño hecho en guerra a la gente, en un país, ejército, etc. 2 Ruina, daño, asolamiento.

ESTRAGÓN m. *Bot.* Hierba perteneciente a la familia compuestas, de nombre científico *Artemisia dracunculus*, de hojas lanceoladas y flores amarillas, usada como aperitivo, en vinagre, y como condimento.

ESTRAMBOTE m. *Poét.* Conjunto de versos que se suman a una composición poética que presenta una forma fija y cerrada, sobre todo al soneto. En este caso, el estrambote consta de un heptasílabo que rima con el último verso del terceto final y de uno o dos pareados de endecasílabos.

ESTRAMONIO m. *Bot.* Hierba perteneciente a la familia solanáceas, de nombre científico *Datura stramonium*, con grandes flores blancas o violetas en forma de trompeta y frutos globulosos con espinas. Tiene propiedades narcóticas

ESTRANGOL m. *Veter.* Lesión en la lengua de las caballerías causada por compresión del bocado o ramal.

ESTRANGUL m. *Mús.* Pipa de caña o metal que se pone en algunos instrumentos de viento para meterla en la boca y tocar.

ESTRANGULACIÓN f. 1 Asfixia debida a la obstrucción de las vías respiratorias. 2 Constricción de una parte del organismo por falta de circulación sanguínea.

ESTRANGULADOR, RA adj. Que estrangula. También s.

ESTRANGULAMIENTO m. Estrechamiento natural o artificial de un conducto o lugar de paso.

ESTRANGULAR tr. 1 Ahogar a una persona o a un animal oprimiéndole el cuello hasta impedir la respiración. También prnl. 2 Dificultar o impedir el paso por una vía o conducto. 3 fig. Impedir la realización de un proyecto, la consumación de un intento, etc.

ESTRANGURIA f. *Med.* Micción lenta y dolorosa.

ESTRAPALUCIO m. fam. Rotura estrepitosa de cosas frágiles.

ESTRAPERLO m. 1 fam. Comercio ilegal de artículos intervenidos por el Estado o sujetos a tasa. 2 fam. Artículos que son objeto de dicho comercio.

ESTRAPONTÍN m. Asiento supletorio de los vehículos.

ESTRASBURGO (*Strasbourg*) Ciudad de Francia, capital de la región de Alsacia y del departamento de Bajo Rhin; 263.940 h. Centro comercial, industrial y cultural. Catedral gótica. Sede de la Asamblea del Consejo de Europa, del Parlamento Europeo y del Tribunal Europeo de Derechos del Hombre.

Estrasburgo (Francia). Puentes cubiertos y catedral.

ESTRAT- pref. ESTRATO-.

ESTRATAGEMA f. 1 Engaño hecho con astucia y destreza. 2 fig. Astucia, fingimiento y engaño artificioso.

ESTRATEGA m. 1 *Hist.* En la Grecia antigua y en Bizancio, magistrado cuya función principal era dirigir el ejército y la flota. || com. 2 *Mil.* Persona experta en planificar y dirigir operaciones militares. 3 fig. Persona experta en planificar y llevar a cabo negocios, actividades financieras, políticas, etc.

ESTRATEGIA f. 1 *Mil.* Arte de dirigir las operaciones militares. 2 fig. Arte para dirigir un asunto, negocio, etc. 3 *Mat.* En un proceso regulable, conjunto de reglas que aseguran una decisión óptima en cada momento.

ESTRATIFICACIÓN f. 1 Acción y efecto de estratificar. 2 *Agr.* Procedimiento por el que una semilla se coloca entre capas de un medio húmedo y se expone a altas o bajas temperaturas, según convenga. 3 *Bot.* Disposición en capas sucesivas de los estratos sedimentarios.

ESTRATIFICAR tr. y prnl. Disponer en estratos.

ESTRATIGRAFÍA f. 1 *Geol.* Parte de la geología que estudia la forma, disposición, distribución, sucesión cronológica, clasificación y correlación de las rocas estratificadas, especialmente de las sedimentarias. 2 Estudio de los estratos arqueológicos, históricos, lingüísticos, sociales, etc.

ESTRATO m. 1 *Biol.* Cada una de las capas de un tejido orgánico que se sobreponen a otras o se extinguen por debajo de otras. 2 *Bot.* Cada uno de los niveles de vegetación: herbáceo, arbustivo, arbóreo. 3 *Geol.* Masa mineral o rocosa en forma de capa de espesor uniforme, que se ha depositado bajo condiciones físicas constantes y constituye los terrenos sedimentarios. 4 *Geol.* y *Arqueol.* Cada una de las capas superpuestas en yacimientos de fósiles, restos arqueológicos, etc. 5 *Geol.* Capa de agua en un lago, o formación similar, que no

se mezcla con el resto debido a una diferente temperatura o salinidad. 6 *Meteor.* Tipo de nube que se presenta en forma de faja en el horizonte, a poca altura. 7 *Meteor.* Capa gaseosa estable y horizontal en la atmósfera. 8 Cada conjunto de elementos que, con caracteres comunes, se ha integrado con otros conjuntos previos o posteriores para la formación de una entidad o producto histórico, de una lengua, etc.

ESTRATO-, **ESTRAT-** prefs. que significan ejército.

ESTRATOCÚMULO m. *Meteor.* Tipo de nube en forma de masa redondeada, blanquecina o gris, que se desarrolla a baja altura (por debajo de 2.400 m).

ESTRATOPAUSA f. *Meteor.* Zona de la atmósfera, que separa la estratosfera de la mesosfera.

ESTRATOSFERA f. *Geol.* Región de la atmósfera, situada entre la tropopausa y la estratopausa, desde unos 10 km de altitud (en latitudes medias) hasta unos 70 km. En ella se localiza la ozonosfera o capa de ozono, donde tiene lugar una fuerte absorción de radiaciones ultravioletas del Sol.

ESTRAVE m. *Mar.* Remate de la quilla del navío, que va en línea curva hacia la proa.

ESTRAZA f. 1 Trapo, pedazo o desecho de ropa basta. 2 PAPEL DE ESTRAZA.

ESTRECHAR tr. 1 Reducir a menor ancho o espacio una cosa. 2 fig. Apretar, reducir a estrechez. 3 fig. Constreñir a uno mediante preguntas o argumentos a que haga o diga algo; acorralarle, acosarle. || prnl. 4 Ceñirse, recogerse, apretarse. 5 fig. Cercenar uno el gasto, la habitación, etc.

ESTRECHEZ f. 1 Escasez de anchura de algo. 2 Efecto de estrechar. 3 fig. Situación crítica. 4 fig. Austeridad de vida. 5 fig. Falta de lo necesario para subsistir. 6 fig. Pobreza, limitación, falta de amplitud.

ESTRECHO, CHA adj. 1 *Astron.* Que tiene poca anchura. 2 Ajustado, apretado. 3 fig. Se dice del parentesco cercano y de la amistad íntima. 4 fig. Rígido, austero. 5 fig. Miserable, tacaño. 6 fig. Se dice de la persona puritana, que tiene ideas estrictas sobre las relaciones sexuales. || m. *Geol.* 7 Paso marino angosto entre dos tierras y por el cual se comunica un mar con otro.

ESTRECHÓN m. *Mar.* Sacudida de las velas cuando están flojas.

ESTREGAR tr. y prnl. Frotar, pasar con fuerza una cosa sobre otra para dar a ésta calor, limpieza, tersura, etc. ♦ IRREG. se conjuga como ACERTAR.

ESTREGÓN m. Roce fuerte, refregón.

ESTRELLA f. 1 *Astron.* Cuerpo celeste que brilla en el cielo con luz propia. Es una gran masa gaseosa de forma casi esférica, elevada temperatura interna, y compuesta fundamentalmente por hidrógeno y helio. Se agrupan en galaxias y se mueven en el espacio a velocidades medias de 20 km/s. En función de su luminosidad, se clasifican en enanas, gigantes y supergigantes. 2 Signo de figura de estrella, que sirve para indicar la categoría de los establecimientos hoteleros. 3 Signo en forma de estrella, que indica la graduación de jefes y oficiales de las fuerzas armadas. 4 fig. Hado, destino. 5 fig. Persona que sobresale en su profesión por sus dotes excepcionales. 6 Artista muy descollante en el mundo de los espectáculos. || **ESTRELLA DOBLE** *Astron.* Sistema de dos o más estrellas que se mueven alrededor de un centro de gravedad común, y a simple vista parecen formar una sola. || **ESTRELLA ERRANTE** o **ERRÁTICA** *Astron.* Concepto anticuado por *planeta*. || **ESTRELLA FUGAZ** *Astron.* METEORITO. || **ESTRELLA DE**

estrella de mar

MAR *Zool.* Nombre común de varios equinodermos de la clase asteroideos, con forma de estrella, dermoesqueleto calcáreo, un disco central y cinco o más brazos triangulares que salen de él, y los tegumentos con piezas calizas provistas de espinas. Viven en el fondo del mar y son carnívoras. || **ver uno las estrellas** fr. fig. y fam. Sentir un dolor muy fuerte y vivo.

ESTRELLA, SIERRA DE LA Cadena montañosa de Portugal, entre el Duero y el Tajo, prolongación del sistema central español; 1.193 m de altura en el Malhaïo de Estrella, punto culminante del país.

ESTRELLA POLAR *Astron.* La de color amarillo y magnitud 2,1, aunque ligeramente variable, que ocupa la cola del carro de la Osa Menor, a 1° aproximadamente del Polo Norte, por lo que sirve como punto de orientación.

ESTRELLADA f. *Bot.* Amelo, planta.

ESTRELLAMAR f. 1 *Bot.* Hierba perteneciente a la familia plantagináceas, de nombre científico *Plantago coronopus*, parecida al llantén, cuyas hojas se extienden circularmente sobre la tierra a manera de estrella. 2 *Zool.* ESTRELLA DE MAR.

ESTRELLAR tr. 1 fam. Arrojar con violencia una cosa contra otra, haciéndola pedazos. También prnl. 2 Dicho de los huevos, freírlos. || prnl. 3 Quedar malparado o matarse por efecto de un choque violento contra una superficie dura. 4 fig. Fracasar en una pretensión por tropezar contra un obstáculo insuperable.

ESTREMECER tr. 1 Conmover, hacer temblar. 2 fig. Ocasionar alteración o sobresalto en el ánimo una causa extraordinaria o imprevista. || prnl. 3 Temblar con movimiento agitado y repentino. 4 Sentir una repentina sacudida nerviosa o sobresalto en el ánimo. ♦ IRREG. Se conjuga como AGRADECER.

ESTREMOZ Ciudad de Portugal, distrito de Évora; 10.800 h. En sus alrededores, en Ameixal, se produjo la victoria de Portugal sobre las tropas españolas (1663).

ESTRENA f. Dádiva que se entrega en señal y demostración de gusto, felicidad o beneficio recibido. También en pl.

ESTRENAR tr. 1 Hacer uso por primera vez de una cosa. 2 Tratándose de ciertos espectáculos públicos, representarlos o ejecutarlos por primera vez. || prnl. 3 Empezar uno a desempeñar un empleo, encargo, etc., o darse a conocer por vez primera en el ejercicio de un arte, facultad o profesión. 4 Hacer un vendedor o negociante la primera transacción de cada día.

ESTRENQUE m. Maroma gruesa hecha de esparto.

ESTRENUO, NUA adj. Fuerte, ágil, valeroso.

ESTREÑIDO, DA adj. Que padece estreñimiento.

ESTREÑIMIENTO m. Acción y efecto de estreñir o estreñirse.

ESTREÑIR tr. y prnl. Retrasar el curso del contenido intestinal y dificultar su evacuación. ♦ IRREG. Se conjuga como CEÑIR.

ESTREPADA f. Esfuerzo hecho para tirar de un cabo o cadena.

ESTRÉPITO m. Ruido considerable, estruendo.

ESTREPTO-; -STROFE, -STROFIA pref. o sufs. que significan torcido, vuelto: *apóstrofe, angiostrofia*.

ESTREPTOCOCO m. *Biol.* Nombre común de las bacterias de forma redondeada que se agrupan en forma de cadena. Son grampositivos y muy patógenos.

ESTREPTOMICETÁCEO, A adj. y s. *Biol.* 1 Se dice de las bacterias del orden de las actinomicetales cuyo aparato vegetativo es un verdadero micelio. Hay dos géneros, *Streptomyces* y *Micromonospora*. || f. pl. *Biol.* 2 Familia de estas bacterias.

ESTREPTOMICINA f. *Med.* Antibiótico hidrosoluble segregado por la bacteria *Streptomyces griseus*. Descubierto en 1943 por Waksman, se emplea en el tratamiento de infecciones reacias a la penicilina, como tuberculosis, meningitis por virus y tularemia.

ESTRÉS m. *Pat.* Estado de fatiga física y psicológica de un individuo, provocado por exceso de trabajo, desórdenes emocionales, ansiedad, etc.

ESTRÍA f. 1 *Arquit.* Mediacaña en hueco, que se suele labrar en algunas columnas o pilastras de arriba abajo. 2 *Biol.* y *Geol.* Línea, ranura o canal minúsculo. 3 Arruga que aparece en la piel, cuando ha sido reducido rápidamente el volumen muscular u orgánico que cubría.

ESTRIAR tr. 1 Formar estrías, acanalar. || prnl. 2 Formar una cosa en sí surcos o canales o salir acanalada.

ESTRIBACIÓN f. *Geol.* Estribo o ramal de montañas que se desprende de una cordillera.

ESTRIBAR intr. 1 Descansar el peso de una cosa en otra sólida y firme. 2 fig. Fundarse, apoyarse.

ESTRIBERÓN m. Resalto colocado sobre el suelo en un paso difícil, para que sirva de apoyo a los pies de los transeúntes.

ESTRIBILLO m. 1 *Lit.* Expresión o cláusula en verso, que se repite después de cada estrofa en algunas composiciones líricas, que a veces también empiezan con ella. 2 *Mús.* Forma melódica, vocal o instrumental, que se repite con regularidad en una composición musical. 3 Voz o frase que por hábito vicioso se dice con frecuencia.

ESTRIBO m. 1 Pieza de metal, madera o cuero en que el jinete apoya el pie. 2 Especie de escalón que sirve para subir a los coches y otros carruajes, o para bajar de ellos. 3 fig. Apoyo, fundamento. 4 *Anat.* Uno de los tres huesecillos que se encuentran en la parte media del oído de los mamíferos, articulado con la apófisis lenticular del yunque y la ventana oval. 5 *Arquit.* Macizo de fábrica, que sostiene una bóveda y contrarresta su empuje. 6 *Arquit.* CONTRAFUERTE. 7 *Geog.* Ramal corto de montañas que se desprende a uno u otro lado de una cordillera. 8 *A. gráf.* Plancha de hierro de las máquinas de imprimir, sobre la que se coloca el operario marcador. || **perder los estribos** loc. Enfurecerse, estallar de cólera.

ESTRIBOR m. *Mar.* Banda derecha del navío mirando de popa a proa.

ESTRIBOTE m. *Poét.* Composición poética antigua en estrofas con estribillo. La forma primitiva de cada estrofa consiste en tres versos monorrimos seguidos de otro verso en que se repite el consonante del estribillo.

ESTRICNINA f. *Quím.* Alcaloide que se extrae de algunos vegetales, como la nuez vómica y el haba de San Ignacio; es un veneno extremadamente activo.

ESTRICOTE, AL loc. adv. Al retortero o a mal traer.

ESTRICTO, TA adj. Ajustado enteramente a la necesidad o a la ley y que no admite interpretación.

ESTRIDENCIA f. 1 Sonido estridente. 2 Violencia de la expresión o de la acción.

ESTRÍGIDO, DA adj. y f. *Zool.* 1 Se dice de aves rapaces, generalmente nocturnas, con plumaje suave y holgado, ojos grandes y pico corto y ganchudo. Se incluyen en ellas las lechuzas, los mochuelos y los búhos. || f. pl. *Zool.* 2 Familia de estas aves.

ESTRIGIFORME adj. y f. *Zool.* 1 Se dice de las rapaces nocturnas, de cabeza grande, redonda y con unos penachos de plumas semejantes a orejas, pico corto, robusto y ganchudo, ojos grandes y garras fuertes y afiladas. Este grupo incluye búhos, lechuzas, mochuelos, autillos y cárabos. || f. pl. *Zool.* 2 Orden de estas aves.

ESTRINQUE m. Maroma gruesa de esparto.

ESTRO m. 1 poét. Inspiración ardiente del artista al componer sus obras. 2 *Fisiol.* Periodo durante el cual tiene lugar la ovulación en la hembra de los mamíferos. 3 *Zool.* Periodo de celo o ardor sexual de los mamíferos, durante el cual se produce el apareamiento. 4 *Zool.* Mosca parda, vellosa.

ESTRÓBILO m. *Bot.* Falso fruto de las coníferas, en forma de cono.

ESTROBOSCOPIA f. *Tecnol.* Procedimiento de observación de movimientos periódicos, que modifica aparentemente su velocidad y está fundado en la persistencia de imágenes en la retina del ojo humano.

ESTROBOSCOPIO m. *Tecnol.* Instrumento para estudiar el movimiento de un cuerpo, iluminándolo a intervalos frecuentes o examinándolo a través de las aberturas de un disco giratorio.

ESTROFA f. *Poét.* 1 Cualquiera de las partes compuestas del mismo número de versos, ordenados de la misma forma, de que constan algunas composiciones poéticas. 2 Cualquiera de estas partes, aunque no estén ajustadas a simetría. 3 En la poesía griega, primera parte del canto lírico compuesto de estrofa y antístrofa, o de estas dos partes y de otra, llamada épodo.

ESTRÓGENO, NA adj. y m. *Fisiol.* Se dice de las sustancias, naturales o sintéticas, que provocan el estro o celo sexual en las hembras de los mamíferos.

ESTROMA f. *Anat.* Tejido de soporte de un órgano, compuesto de tejido conjuntivo, nervioso y vasos sanguíneos.

ESTRÓMBOLI (*Stromboli*) Isla de Italia, en el grupo de las Lípari, de formación volcánica; 12,2 km².

ESTROMBOLIANO, NA adj. *Geol.* Se dice del volcán cuya erupción es análoga a la del Estrómboli, en las islas Lípari (Italia). Tiene carácter explosivo y emite bombas, cenizas, gases y lavas fluidas.

ESTRONCIANA f. *Quím.* Nombre que se da al óxido e hidróxido de estroncio.

ESTRONCIO m. *Quím.* Elemento químico del grupo II A del sistema periódico, de masa atómica 87,63; número atómico 38; punto de fusión 770° C; punto de ebullición 1.380° C; símbolo Sr. Es un metal amarillo pálido, poco brillante, soluble en alcohol y ácidos, que se oxida fácilmente expuesto al aire.

ESTROPAJEAR tr. 1 fam. FREGAR. 2 Limpiar en seco las paredes enlucidas, o con estropajo mojado cuando están tomadas de polvo, para que queden tersas y blancas.

ESTROPAJO m. 1 *Bot.* Planta cucurbitácea cuyo fruto desecado se usa como cepillo de aseo para fricciones. 2 Porción de esparto machacado, que sirve principalmente para fregar. 3 fig. Desecho, persona o cosa inútil o despreciable.

ESTROPAJOSO, SA adj. 1 fig. y fam. Se dice de la lengua o persona que pronuncia las palabras de manera confusa. 2 fig. y fam. Se dice de la carne y otros co-

Estrómboli (Italia).

mestibles que son fibrosos y ásperos y no se pueden masticar fácilmente.

ESTROPEAR tr. **1** Maltratar o deteriorar una cosa. También prnl. **2** Echar a perder, malograr cualquier asunto o proyecto.

ESTROPICIO m. **1** fam. Destrozo, por lo común impremeditado, de enseres de uso doméstico u otras cosas por lo general frágiles. **2** Trastorno ruidoso de escasas consecuencias.

ESTRUCTURA f. **1** Distribución y orden de las partes importantes de un edificio. **2** Distribución de las partes del cuerpo o de otra cosa. **3** fig. Distribución y orden con que está compuesta una obra de creación. **4** *Arquit.* Armadura generalmente de acero u hormigón armado y que, fija al suelo, sirve de sustentación a un edificio. **5** *Ling.* Conjunto de los elementos del lenguaje que constituyen entre sí un todo solidario. **6** *Filos.* Modo de ser de un conjunto de sistemas, es decir, aquello en virtud de lo cual los sistemas funcionan (véase ESTRUCTURALISMO). || **ESTRUCTURA ATÓMICA** *Fís.* Forma en que están distribuidas las partículas elementales que constituyen un ÁTOMO. || **ESTRUCTURA CRISTALINA** *Geol.* Distribución ordenada de las moléculas que constituyen un sólido cristalino. || **ESTRUCTURA ECONÓMICA** *Econ.* Conjunto de relaciones de producción y de cambio de una sociedad, que se desenvuelven dentro de un cierto marco institucional.

ESTRUCTURALISMO m. Corriente intelectual aparecida a comienzos del siglo XX, que se ha aplicado como método a la mayoría de las ciencias. Su denominador común es la incorporación del concepto de estructura, tal como fue definido por la matemática, la psicología y la lingüística. Concibe la realidad como una serie de estructuras formadas por elementos solidarios entre sí, de forma que no puede ser modificado uno de ellos sin que esto afecte a los demás. En el campo de la psicología se inició con la psicología de la forma (véase GESTALTISMO). Ha sido, sin embargo, en la lingüística donde su aplicación ha tenido mayor resonancia, y a través de la cual ha pasado al campo de la filosofía y de la antropología. A pesar de que el término *estructura* no figura en su *Curso de lingüística general* (1916), se considera a F. de Saussure el fundador de los principios del estructuralismo, así como de la escuela de Ginebra, que cuenta con seguidores como C. Bally y A. Sechehaye. El estructuralismo lingüístico ha evolucionado, dando lugar a varias escuelas, como el Círculo Lingüístico de Praga, centrado en el estudio de la fonología (R. Jakobson, N. Trubetzkoy), y el Círculo Lingüístico de Copenhague, que ha elaborado la GLOSEMÁTICA. Otros representantes del estructuralismo lingüístico son A. Martinet, L. Bloomfield, E. Sapir, Z. S. Harris y F. Hockett. En filosofía y antropología destacan C. Lévi-Strauss, J. Lacan, M. Foucault y L. Althuser.

ESTRUCTURAR tr. Distribuir, ordenar las partes de un conjunto.

ESTRUENDO m. **1** Ruido grande. **2** fig. Confusión, bullicio. **3** fig. Aparato, pompa.

ESTRUJAR tr. **1** Apretar algo para sacarle el zumo. **2** Apretar a uno y comprimirle tan fuerte y violentamente que se le llegue a lastimar y maltratar. **3** fig. y fam. Sacar de algo todo el partido posible.

ESTUACIÓN f. *Geol.* Flujo o creciente del mar en las mareas.

ESTUARDO *Geneal.* Nombre español de una familia nobiliaria escocesa, cuyo nombre original, *Stewart* o *Stuart*, procede del cargo de gran senescal *(Great Steward)*. Reinó en Escocia de 1371 a 1714 y en toda Gran Bretaña de 1603 a 1714.

ESTUARIO m. *Geol.* Desembocadura de un río caudaloso que desagua en el mar y se caracteriza por tener una forma semejante al corte longitudinal de un embudo, cuyos lados van apartándose en el sentido de la corriente, y por la influencia de las mareas en la unión de las aguas fluviales con las marítimas. En él se producen fenómenos sedimentarios característicos.

ESTUCAR tr. **1** Dar a una cosa con estuco o blanquearla con él. **2** Colocar sobre el muro, columna, etc., las piezas de estuco previamente moldeadas y desecadas.

ESTUCHAR tr. Recubrir con estuche de papel los terrones de azúcar u otro producto industrial.

ESTUCHE m. **1** Caja o envoltura para guardar ordenadamente objetos. **2** Por extensión, cualquier envoltura que protege y reviste una cosa. **3** Conjunto de utensilios que se guardan en el estuche.

ESTUCO m. **1** Masa de yeso blanco y agua de cola, con la cual se preparan muchos objetos que después se doran o pintan. **2** Pasta de cal apagada y mármol pulverizado con que se da de llana a las habitaciones, barnizadas luego con aguarrás y cera.

ESTUDIANTE com. Persona que cursa estudios en un centro docente.

ESTUDIANTIL adj. fam. Perteneciente o relativo a los estudiantes.

Jacobo I **Estuardo.** Retrato de John de Critz. Palacio Pitti (Florencia).

ESTUDIANTINA f. TUNA², grupo de estudiantes.

ESTUDIAR tr. **1** Ejercitar el entendimiento para alcanzar o comprender una cosa. **2** Cursar estudios en las universidades u otros centros docentes. También intr. **3** Aprender o tomar de memoria. También prnl. **4** Observar, examinar atentamente.

ESTUDIO m. **1** Esfuerzo que pone el entendimiento aplicándose a conocer alguna cosa; y en especial, trabajo empleado en aprender y cultivar una ciencia o arte. **2** Obra en que un autor estudia y dilucida una cuestión. **3** Apartamento no muy grande, utilizado como lugar de estudio y que a veces se usa como vivienda. **4** Despacho o local donde trabaja una persona de profesión intelectual o artística. **5** Conjunto de edificios o dependencias destinados a la realización de películas de cine, emisiones de radio o televisión, grabaciones discográficas, etc. Más en pl. **6** *R. Plata* Bufete del abogado. **7** *Hist.* Lugar donde se enseñaba la gramática. **8** *Mús.* Composición destinada a que el ejecutante se ejercite en determinada dificultad. **9** *Pint.* Boceto preparatorio para una obra pictórica o escultórica.

ESTUDIOSO, SA adj. y s. Dado al estudio.

ESTUFA f. **1** Hogar encerrado en una caja de metal o porcelana, que sirve para calentar una habitación. **2** Lugar recogido y abrigado, al que se da calor artificialmente. **3** Aparato destinado a caldear un ambiente. **4** Braserillo para calentar los pies.

ESTULTICIA f. Necedad, tontería.

ESTUPEFACCIÓN f. Pasmo o estupor.

ESTUPEFACIENTE adj. **1** Que produce estupefacción. || m. *Med.* **2** Sustancia que hace perder o estimula la sensibilidad, o produce alucinaciones, y cuyo uso no ordenado por prescripción facultativa está penado en casi todos los países. Los más empleados son la marihuana o hachís, el opio, el LSD, la morfina, la heroína, la cocaína, las anfetaminas y las drogas de diseño: éxtasis, crack, etc.

ESTUPEFACTO, TA adj. Atónito, pasmado.

ESTUPENDO, DA adj. Admirable, pasmoso. También adv.

ESTUPIDEZ f. **1** Torpeza notable en comprender las cosas. **2** Dicho o hecho propio de un estúpido.

ESTÚPIDO, DA adj. **1** Necio, falto de inteligencia. También s. **2** Se dice de los dichos o hechos propios de un necio.

ESTUPOR m. **1** Disminución o paralización de las funciones intelectuales. **2** fig. Asombro, pasmo.

ESTUPRO m. *Der.* Delito que consiste en la relación sexual con un menor de edad, lograda con abuso de confianza o engaño.

ESTURIÓN m. *Zool.* Nombre común de diversos peces osteíctios de la familia acipenséridos, géneros *Acipenser, Huso*, etc. Tienen el cuerpo desprovisto de escamas y cubierto por cinco hileras de placas óseas, y el hocico alargado y con 4 barbas en la cara inferior; se alimentan de animales bentónicos. Viven en el mar, pero penetran en los grandes ríos de Europa para depositar sus huevos. Con ellos se prepara el caviar.

ESVÁSTICA f. CRUZ GAMADA.

ESVIAJE m. *Arquit.* Oblicuidad de la superficie de un muro o del eje de una bóveda respecto al frente de la obra de que forma parte.

ETA f. Séptima letra del alfabeto griego (Η, η), *e* larga; corresponde a nuestra *e*. En el griego moderno se pronuncia *i* (ITACISMO).

ETA Monte de Grecia, en Tesalia, donde, según la leyenda, subió a la pira Hércules; 2.152 m de altura. En su falda están las Termópilas.

ETA (Siglas de *Euskadi ta Askatasuna*, en español, *Euskadi y Libertad) Polít.* e *Hist.* Organización vasca de carácter terrorista, fundada en 1959. Propugna la creación de un Estado independiente que incluya Álava, Vizcaya, Guipúzcoa, Navarra y parte del departamento francés de Pirineos Atlánticos.

ETANAL m. *Quím.* ACETALDEHÍDO.

ETANO m. *Quím.* Hidrocarburo saturado de fórmula CH_3–CH_3. Es un gas incoloro e inodoro que se encuentra disuelto en el petróleo bruto.

ETANOL m. *Quím.* ALCOHOL ETÍLICO.

ETAPA f. **1** Época o avance en el desarrollo de una acción u obra. **2** Trecho de camino que se recorre de un punto a otro. **3** *Mil.* Cada uno de los lugares en que hace noche la tropa cuando marcha. || **por etapas** loc. adv. Gradualmente, por partes. Se aplica al modo de hacer o decir algo.

ETARRA adj. **1** Relativo a ETA. || com. **2** Persona que milita en esta organización terrorista.

ETCÉTERA m. Expresión latina que se emplea generalmente en la abreviatura *etc.*, para sustituir el resto de una exposición o enumeración que se sobreentiende o que no interesa expresar.

ETEOCLES *Mit.* Hijo de Edipo y Yocasta, y hermano de Polinices. Al conocerse los crímenes de su padre, los dos hermanos se enfrentaron a él. Convinieron reinar un año cada uno en Tebas, pero cuando acabó su plazo, Eteocles no quiso ceder el trono a su hermano, por lo que se enfrentaron en una lucha en la que se dieron muerte mutuamente.

ÉTER m. **1** poét. Cielo. **2** *Fís.* Hipotético fluido sutil e invisible que se supone llena el espacio y sirve de soporte a las ondas electromagnéticas. **3** *Quím.* Nombre genérico de diversos compuestos orgánicos cuya molécula consta de un átomo de oxígeno unido a dos radicales hidrocarburos.

ETÉREO, A adj. **1** Relativo al éter. **2** poét. Relativo al cielo. **3** fig. No concreto o determinado.

ETERIO m. *Bot.* Tipo de fruto policárpico, que se diferencia de la infrutescencia en que ésta procede de varias flores.

ETERNIDAD f. **1** Perpetuidad que no tiene principio ni fin. **2** *Filos.* Duración continua, simultánea, inmóvil, infinita, condensada e indivisible del tiempo. **3** fig. Duración dilatada de siglos y edades. **4** fam. Duración excesivamante prolongada. **5** Vida del alma tras la muerte.

ETERNIZAR tr. **1** Hacer durar o prolongar una cosa demasiado. También prnl. **2** Perpetuar la duración de una cosa.

ETERNO, NA adj. **1** Que no tuvo principio ni tendrá fin. **2** fam. Que se prolonga mucho o en exceso. **3** fig. Se dice de lo que se repite con excesiva frecuencia.

ETERNO PADRE ETERNO.

ETERNO RETORNO *Filos.* Doctrina filosófica según la cual lo que ha existido desaparece momentáneamente para dar lugar a otras formas y volver a aparecer en el futuro. Estas ideas se encuentran ya en algunos filósofos griegos (Heráclito y los estoicos), y han sido propugnadas por Nietzsche.

ETESIO adj. y m. *Meteor.* Se dice del viento que sopla en una determinada dirección en una época fija del año.

ETHERNET *Inform.* Red experimental de área local, desarrollada en Xerox, Digital e Intel en 1976, para enlazar ordenadores personales.

ÉTICA f. **1** *Filos.* Parte de la filosofía que trata de la moral y de las obligaciones del hombre. **2** Conjunto de reglas morales que regulan la conducta de las personas.

ÉTICO, CA adj. **1** Perteneciente o relativo a la ética. **2** Conforme a los principios de la moral. || adj. y s. *Med.* **3** HÉTICO.

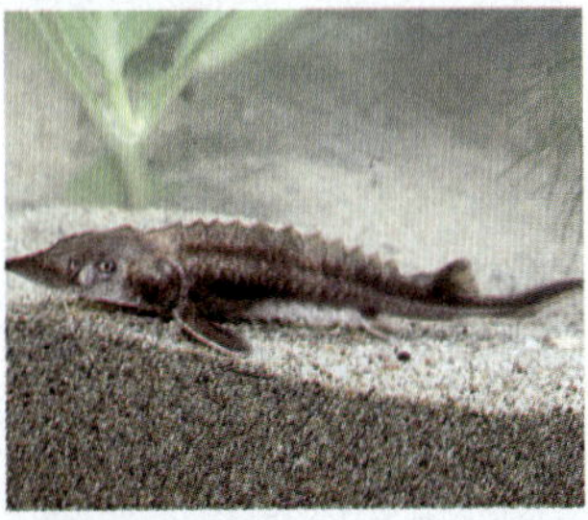

esturión

ÉTIENNE-MARTIN (MARTIN ÉTIENNE, llamado) Escultor francés (Loriol-sur-Drome, 1913 - París, 1995). De formación surrealista, utiliza sobre todo el bronce, el yeso y la madera en sus esculturas. Entre sus obras destacan *Dragones y Noches, Morada,* etc.

ETILAMINA f. *Quím.* Amina que se obtiene reduciendo el cianuro de metilo con aluminio en presencia de hidróxido sódico. Se asemeja al amoniaco.

ETILENGLICOL m. *Quím.* Glicol que se obtiene a partir del etileno. Es un líquido incoloro, espeso e higroscópico, que se utiliza como disolvente en la industria textil, en tintas de imprenta, alimentos y mezclas anticongelantes.

ETILENO m. *Quím.* Hidrocarburo no saturado, primero de los alquenos, de fórmula $CH_2=CH_2$. Gas incoloro, que se inflama y arde produciendo luz. Lo contienen el gas del alumbrado y los obtenidos en el *cracking* del petróleo. Se emplea para madurar los frutos guardados en conserva y como punto de partida de numerosas síntesis.

ETÍLICO adj. *Quím.* ALCOHOL ETÍLICO.

ETILO m. *Quím.* Radical monovalente del etano, de fórmula —C_2H_5. Forma parte de compuestos químicos, como el acetato y el acrilato de etilo, usado el primero como disolvente y en medicina, y el segundo para la fabricación de plásticos.

ÉTIMO m. *Gram.* Raíz o vocablo del que procede otro u otros.

ETIMOLOGÍA f. *Ling.* **1** Origen de las palabras, razón de su existencia, su significado y su forma. **2** Parte de la gramática, que estudia las palabras consideradas en dichos aspectos. **3** Procedimiento por el que se pasa de una palabra a otra unidad más antigua de la que procede. || **ETIMOLOGÍA POPULAR** *Ling.* Interpretación espontánea que en la lengua común se da a una palabra relacionándola con otra de distinto origen.

ETIOLOGÍA f. **1** *Filos.* Estudio sobre las causas y origen de las cosas. **2** *Med.* Parte de la medicina que estudia las causas de las enfermedades.

ETIOLÓGICO, CA adj. **1** Relativo a la etiología. **2** *Med.* Se dice de cualquier factor que provoca una enfermedad.

ETÍOPE o **ETIOPE** adj. **1** Perteneciente o relativo a Etiopía. También com. **2** *Ling.* Se aplica a la familia de lenguas semíticas habladas en Etiopía y Eritrea. Su variedad más importante es el *amárico.* **3** De color negro. || m. *Quím.* **4** Combinación artificial de azufre y azogue, que sirve para fabricar bermellón.

ETIOPÍA *(Yatyopya Manguist)* República de África oriental, que limita al N con Eritrea; al E, con Yibuti y Somalia; al S, con Somalia y Kenia, y al O, con Sudán.

Superficie: 1.133.882 km².
Población: 64.117.000 h. *(etíopes).*
Densidad: 56,5 h./km².
Tasa de natalidad: 45,3‰.
Tasa de mortalidad: 17,5‰.
Capital: Addis Abeba.
Ciudades principales: Diredawa, Gonder, Nazret.
Grupos étnicos: amhara (37,7%) y tigriña (8,6%), en el N; galla (35,3%), en el centro y S; somalíes (1,7%) y otros.
Religión: cristianismo ortodoxo etíope (52,5%), islamismo (31,4%), cultos tribales (11,4%).
Idioma: amárico o amháhrico y varios dialectos semíticos, camíticos y niloticos.
Moneda: birr.
Forma de Estado: república.
Producto Nacional Bruto: 6.169 millones de dólares.
Renta per cápita: 100 dólares.
División administrativa: 9 Estados y 2 ciudades, según cuadro.

GEOG. País muy montañoso, Etiopía se halla enclavada en el macizo Etiópico, con el Ras Dashan (4.622 m) como principal altura. Sus principales ríos son el Abbai o Nilo Azul y el Uebi Scebeli. Los lagos más importantes son el Tana, Abaya, Chamo, Estefanía y la parte septentrional del lago Rodolfo. El clima, hasta unos 1.800 m de altitud es cálido, húmedo y malsano. A mayores alturas es templado y agradable, y pasados los 2.400 m, duro y frío. Las formas de vegetación características son las acacias, euforbiáceas, sicómoros, baobabs, tamarindos y algodoneros silvestres. Es uno de los países más pobres del mundo, que sufre una crisis económica aguda, debida a la guerra de Eritrea, la sequía y la caída del precio internacional de su principal producto de exportación, el café. La agricultura es prácticamente de subsistencia (café, cebada, sorgo, mijo, maíz, trigo, falso plátano, lentejas, caña de azúcar, tabaco y algodón). Yacimientos de platino, oro, potasas y sal. Industria textil. El potencial hidroeléctrico es cuantioso, pero mal aprovechado. La distribución de la población es desigual. Las mayores concentraciones se dan en la meseta montañosa central, mientras que el E del país está escasamente poblado.

HIST. Los primeros habitantes de Etiopía pertenecieron a la raza camítica, que recibió la influencia cultural de Egipto y de Arabia. Hacia el siglo II a. C. se fundó el reino de Aksum, cuyo apogeo tuvo lugar durante el reinado del emperador Azana (300-50), quien favoreció la implantación del cristianismo. El reino sufrió el continuo acoso del Islam, hasta llegar a desaparecer como tal en el siglo X. Resurgió entre los siglos XI y XIII. Para defenderse de las amenazas musulmanas, misioneros franciscanos predicaron el catolicismo, contrarrestando el poder musulmán (siglo XVI). Cercada por el Islam y aislada de Europa, Etiopía prohibió el catolicismo (siglo XVII). No acabaron así las luchas internas entre los jefes locales y el monarca, hasta que, en 1855, uno de estos jefes se proclamó emperador (Teodoro II). La intervención británica de 1867 provocó la caída del emperador. En 1890 subió al trono Menelik II, que estableció la capital en Addis Abeba, y con campañas militares expandió sus dominios. En 1901 estalló la guerra entre Inglaterra y Etiopía, que terminó en 1902 con el tratado que señalaba los límites del Sudán angloegipcio. En 1913 murió Menelik. Tres años antes se había constituido una regencia que no fue reconocida por la emperatriz Taitu, que se abrogó la autoridad imperial. Tras varias luchas intestinas, el general Taffari fue nombrado heredero del trono y regente. En 1930 fue coronado emperador Haile Selassie, quien, tras un periodo de ausencia del país durante el dominio italiano (1936-41), se mantuvo en el trono hasta 1974, en que fue derrocado por un golpe militar. Un año después se abolió la monarquía y se instauró un régimen republicano de carácter socialista, encabezado, desde 1977, por Mengistu Hailé Mariam. El gobierno tuvo que hacer frente a la guerra con Somalia (1978 y 1982) y en Eritrea, donde la actividad de la guerrilla perduró hasta el cambio de régimen. En 1991, la coalición Frente Democrático Revolucionario del Pueblo Etíope depuso a Mengistu, y estableció un gobierno provisional presidido por Meles Zenaui, reafirmado en su cargo tras las elecciones de 1992 y 1995. Ese mismo año fue nombrado jefe del Estado Negaso Gidada. En 1993 se produjo la independencia de Eritrea, región septentrional, y única costera del mar Rojo. Ese mismo año ambos países firmaron un acuerdo que permitiría a Etiopía el libre acceso a los puertos de

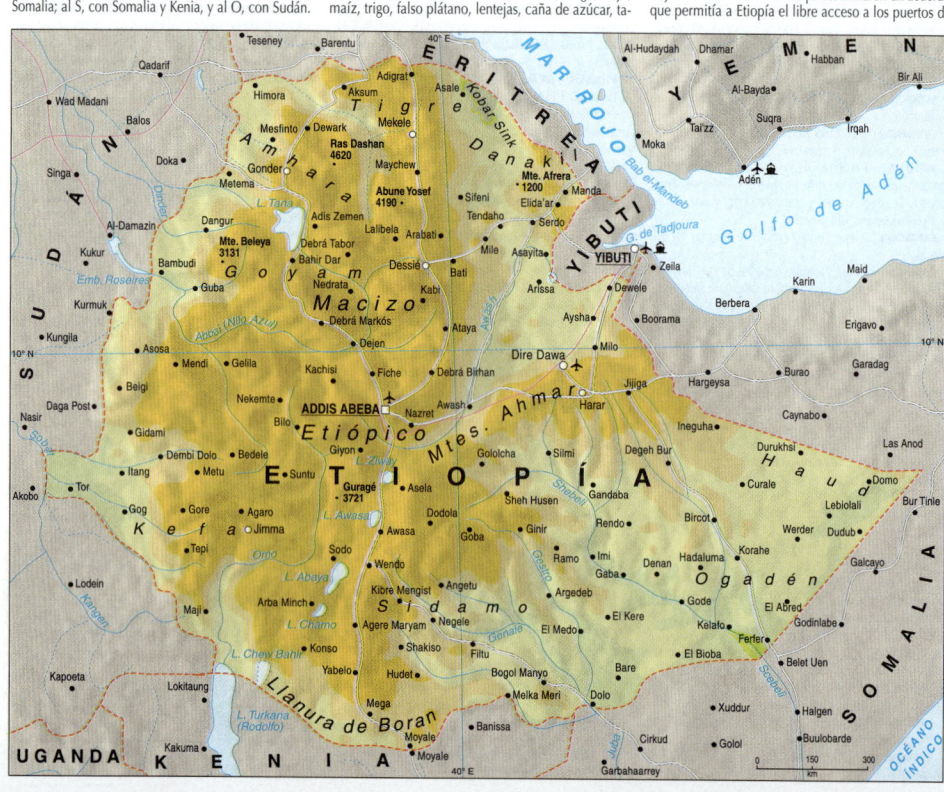

ETIOPÍA

Estados *Ciudades*	Superficie (km²)	Población (h.)	Capitales
Afar	—	1.106.383	Aysaita
Ahmara	170.000	13.834.297	Bahir Dar
Benshangul/Gumuz	51.000	460.459	Asosa
Gambela	25.274	181.862	Gambela
Harari	340	131.139	Harar
Oromia	353.690	18.732.525	Addis Abeba
Somalia	300.000	3.439.860	Jigiga
Nacionalidades y Naciones de los Pueblos del Sur	114.000	10.377.028	Awasa
Tigre	80.000	3.136.267	Mekele
Addis Abeba	*540*	*2.300.000*	
Dire Dawa	*1.300*	*251.864*	

Asab y Masaua, en dicho mar. En 1998 estalló un conflicto fronterizo con Eritrea que reclamaba el territorio del llamado Triángulo de Yirga. Tras un recrudecimiento del conflicto a principios de 2000, ambos países firmaron la paz en diciembre de ese año. En las elecciones presidenciales de octubre de 2001, resultó vencedor Girma Wolde-Giyoris.

ETIÓPICO, CA adj. ETÍOPE, de Etiopía.

ETIÓPICO, MACIZO Región montañosa del NE de África, entre el alto Nilo, el S del mar Rojo y la región de los grandes lagos de África ecuatorial. Su mayor altura es Ras Dashan (4.622 m).

ETIQUETA f. **1** Ceremonial que se debe observar y guardar en las casas reales y en actos públicos solemnes. **2** Por extensión, ceremonia en el trato. **3** MARBETE, rótulo o cédula. **4** fig. Calificación, mote, generalmente de descrédito, que se da a una persona.

ETIQUETAR tr. **1** Colocar etiquetas o marbetes. **2** fig. Poner a uno una etiqueta o sambenito.

ETITES f. *Geol.* Concreción de óxido de hierro en bolas interiores huecas con nódulo suelto en el interior. ♦ Su pl. es *etites*.

ETMOIDES adj. y s. *Anat.* Pequeño hueso del cráneo de los vertebrados, encajado en el hueso frontal. ♦ Su pl. es *etmoides*.

ETN- pref. ETNO-.

ETNA Volcán de Italia, en el NE de Sicilia; 3.274 m. Es el más grande de los que se mantienen en actividad en Europa.

ETNARCA m. *Hist.* Nombre que se aplicó en la Antigüedad al gobernador o jefe de un pueblo, provincia o tribu.

ETNIA f. Agrupación natural de hombres que presentan ciertas afinidades somáticas, lingüísticas o culturales, y que habitan, generalmente, un espacio geográfico determinado.

ETNO-, ETN- prefs. que significan pueblo, raza.

ETNOCENTRISMO m. *Etnol.* Tendencia emocional que hace de la cultura propia el criterio exclusivo para interpretar los comportamientos de otros grupos, razas o sociedades.

ETNOGRAFÍA f. *Antrop.* Ciencia que estudia y describe las razas o pueblos. Es una rama de la antropología cultural.

ETNOHISTORIA f. *Antrop.* Rama de la etnología que reconstruye la historia de los grupos étnicos, basándose en tradiciones orales, datos lingüísticos, arqueológicos, etc.

ETNOLINGÜÍSTICA f. *Ling.* Rama de la sociolingüística que estudia una lengua desde el punto de vista etnográfico.

ETNOLOGÍA f. *Etnol.* Ciencia que estudia sistemática y comparativamente las etnias y las culturas de los pueblos llamados primitivos en oposición a los clásicos y a las sociedades civilizadas occidentales. También llamada antropología cultural.

ETNÓLOGO, GA m. y f. Persona que profesa o cultiva la etnología.

ETO- pref. que significa costumbre.

ETOBICOKE Ciudad de Canadá, provincia de Ontario; 328.718 h.

ETOLIA *Geog. hist.* Región de la Grecia antigua, junto al golfo de Corinto, que en la actualidad forma parte del nomo de Acarnania y Etolia. Comprendía la zona situada entre el Epiro, al NO; Tesalia, al NE; Dórida, al E; el mar Jónico, al S, y Acarnania, al O.

ETOLOGÍA f. *Etol.* Ciencia que se ocupa del estudio del carácter y modos de comportamiento de los animales en su medio natural, aunque también se incluyen experiencias de laboratorio. Entre sus representantes se encuentran H. S. Jennings, I. Pavlov, K. Lorentz, K. von Frisch y N. T. Tinbergen.

ETON Ciudad del Reino Unido, en Inglaterra; 3.954 h. Célebre por su colegio público (King's College), fundado en 1440 por Enrique VI, centro de formación cultural de los adolescentes de la nobleza británica.

ETOPEYA f. *Ret.* Descripción del carácter, acciones y costumbres de una persona. Se opone a PROSOPOGRAFÍA.

ETRURIA *Geog. hist.* Antigua región de Italia, que sufrió distintas variaciones territoriales con el transcurso de los años. En el siglo VI a. C. comprendía todo el N de Italia, desde el Tíber hasta los Alpes; en el siglo V a. C. era más reducida, y hacia el año 100 a. C. sus límites eran el Tíber, el Arno y los Apeninos. En esta región se desarrolló la civilización de los ETRUSCOS.

ETRUSCO, CA adj. y s. **1** De Etruria. **2** *Hist.* Se dice de un pueblo de la antigua Italia. Más como m. pl. **[Encic.] 3** Se dice también de sus individuos. También s. **4** Relativo a este pueblo. || m. *Ling.* **5** Lengua de los etruscos, de la cual se conservan inscripciones que todavía no ha sido posible descifrar. Se duda si pertenece al tronco indoeuropeo, pues se observan en ella rasgos de ciertas lenguas de Asia Menor. Su alfabeto proviene de la Grecia occidental y dio origen al primitivo alfabeto latino.

HIST. y ARTE. Se desconoce la patria primitiva y filiación étnica de este pueblo, aunque probablemente era originario de la región de Lidia. Estaban organizados en ciudades-Estado, reunidas en una confederación de doce ciudades (VEYES). Su momento de mayor esplendor corresponde al siglo VI a. C., durante el cual conquistaron Roma, a la que dieron varios reyes, los Tarquinos. Asimismo, gracias a su alianza con los cartagineses, conquistaron Marsella a los focenses (535) y extendieron su poder por la llanura del Po. En el siglo V, su poderío comenzó a declinar y sus ciudades cayeron en poder de Roma, aunque conservaron durante un tiempo su religión y cultura. Su influencia en el arte y la cultura romanos es manifiesta: prácticas religiosas, juegos de gladiadores, símbolos del poder político, como la silla curul y el fascio, etc. En la arquitectura, tanto la casa como el templo de la Roma arcaica fueron construidos por arquitectos de Etruria. Además difundieron la técnica del arco y la bóveda, importada de Oriente. Su escultura en terracota o bronce, es muy parecida a la primitiva escultura griega, a veces con influencia mesopotámica: *Apolo de Veyes, Quimera de Arezzo* y *Loba capitolina*. En pintura sobresale la decoración de las tumbas por la vivacidad y el colorido (tumbas de Chiusi o Clusium, Tarquinia, etc.).

EU-, EV- prefs. que significan bueno, bien.

Eu *Quím.* Símbolo del europio.

EUBEA Isla y nomo de Grecia, región de Grecia Central, en el Egeo; 4.167 km² y 209.132 h. Su capital es Calcis. Vid y tabaco. En la Edad Media se denominó Negroponto. Perteneció al imperio turco hasta 1890, en que fue anexionada a Grecia.

EUCALIPTAR m. *Bot.* Masa forestal constituida por eucaliptos.

EUCALIPTO m. *Bot.* Nombre común de varias especies de árboles pertenecientes a la familia mirtáceas, género *Eucalyptus*, originarias de Australia y Tasmania. Tienen un crecimiento muy rápido y algunas alcanzan un tamaño gigantesco.

EUCARIONTE adj. y s. *Biol.* EUCARIOTA.

EUCARIOTA adj. y s. *Biol.* Se dice de la célula o individuo pluricelular en que el núcleo celular se encuentra perfectamente separado del citoplasma por una membrana y se divide por mitosis y meiosis, durante las cuales los cromosomas son visibles al microscopio óptico.

EUCARIÓTICO, CA adj. *Biol.* EUCARIOTA.

EUCARISTÍA f. *Rel.* **1** Sacramento de la iglesia católica, instituido por Jesucristo en la Última Cena, en el cual, mediante las palabras pronunciadas por el sacerdote —que reproducen las que Jesucristo pronunció en la Última Cena—, el pan y el vino se transubstancian en el cuerpo y la sangre de Cristo. **2** MISA.

EUCKEN, RUDOLF CHRISTOPH Filósofo alemán (Aurich, 1846 - Jena, 1926). Opuso el idealismo a la concepción naturalista de la vida. Escribió *Cosmovisión de los grandes pensadores, El sentido y el valor de la vida* y *El hombre y el cosmos*. Obtuvo el premio Nobel de Literatura en 1908.

EUCLÍDEO, A adj. *Mat.* Se dice de lo que está basado en los principios matemáticos definidos por Euclides.

EUCLIDES Matemático griego (Tiro, h. 330 - Alejandría, h. 300 a. C.). Por encargo del faraón Tolomeo I Soter escribió los *Elementos*, en 13 volúmenes, que sistematiza todos los conocimientos de su época. Ha influido también en los matemáticos árabes y occidentales, prácticamente hasta nuestros días.

EUCLIDES DE MEGARA (llamado EUCLIDES EL SOCRÁTICO) Filósofo griego (Megara, h. 450 - Atenas, h. 380 a. C.). Discípulo de Sócrates y de Parménides, tras el ajusticiamiento de Sócrates reunió a sus discípulos en su casa de Megara, dando origen a la escuela de este nombre. Se le debe la teoría sobre la identificación del bien con la unidad inmóvil (el ser y la divinidad) y sus diversas manifestaciones, origen de la teoría de las ideas de Platón; y la distinción entre potencia y acto, una de las bases del desarrollo de la metafísica aristotélica.

EUDEMO DE RODAS Filósofo, matemático y médico griego (s. IV a. C.). Escribió obras filosóficas (*Física, Analítica*) comentando los libros de Aristóteles, y editó de este autor *Ética a Eudemo*. Su obra principal, 11 volúmenes dedicados a la historia de la aritmética, geometría y astronomía, se perdió en el incendio de la Biblioteca de Alejandría.

Arte **etrusco**. Sarcófago de Chiusi, siglo VI a. C. Museo Arqueológico (Florencia).

EUDEMONISMO m. *Filos.* Sistema de ética o moral que propone como objeto y estímulo de las acciones la felicidad o bienestar de quien las ejecuta.

EUDES Conde de París y rey de Francia (?, h. 860 - La Fère, Aisne, 898). Sucedió a su padre, Roberto I el Fuerte, en 886, como conde de París, ciudad que defendió contra los normandos. A la muerte de Carlos el Gordo (888) fue elegido rey de Francia. A partir de 897 compartió el trono con Carlos el Simple, al que nombró su sucesor.

EUDES, SAN JUAN JUAN EUDES, SAN.

EUDIOMETRÍA f. *Fís.* Técnica usada para analizar mezclas gaseosas por medio del eudiómetro.

EUDOXIA Emperatriz romana de Oriente (? -Constantinopla, 404). Se casó con Arcadio (395) y gozó de gran influencia sobre él. Su ambición y sus intrigas le valieron la oposición de san Juan Crisóstomo, quien tuvo que exiliarse por ello.

EUDOXIA, AELIA Emperatriz romana de Oriente (Atenas, 402 - Jerusalén, 460). Hija del filósofo ateniense Leoncias, se convirtió al cristianismo en 421. Ese mismo año se casó con el emperador Teodosio II. Acusada de infidelidad, se trasladó a Jerusalén.

EUDOXIA, LICINIA Emperatriz romana de Occidente (?, 422 - Constantinopla, ?). Hija de Valentiniano II, emperador de Occidente, y de su esposa Eudoxia, se casó con Valentiniano III en 437. En 455, tras el asesinato de su esposo, fue obligada a casarse con Máximo, su asesino. Fue tomada como rehén en el saqueo de Roma por el vándalo Genserico (455).

EUDOXIA o **EVDOKSIA FEODOROVNA** Emperatriz de Rusia (Moscú, 1669 - íd., 1731). Fue la primera mujer del zar Pedro el Grande y madre del zarévich Alejo. Perteneciente a la secta rigorista de raskolniks, se opuso a las reformas de su marido, por lo que fue encerrada y profesó en un convento (1698). Volvió a la vida pública e intentó preparar un complot y casarse con su amante Gliebov, pero Pedro el Grande la volvió a encerrar (1718-27), decapitó a su hermano Abraham, empaló a su amante y ajustició al zarévich Alejo Petrovich.

EUDOXIO DE CÍCICO Explorador y navegante griego (Cícico, s. II a.C.). Según los testimonios de Plinio el Viejo y de Pomponio Mela, circunnavegó África, desde el golfo Pérsico hasta Cádiz. Se desconoce cómo murió.

EUDOXIO DE CNIDO Matemático y astrónomo griego (Cnido, 408 - Atenas, 355 a. C.). En geometría, influyó en Euclides con su teoría de las proporciones y el método exhaustivo. Intuyó la esfericidad de la Tierra e ideó un sistema de esferas concéntricas para explicar el movimiento planetario.

EUFEMISMO m. Modo de expresar con suavidad o disimulo ideas o palabras de mal gusto, inoportunas o malsonantes.

EUFONÍA f. Sonoridad agradable de la palabra.

EUFORBIA m. *Bot.* **1** Nombre común de una serie de plantas de la familia euforbiáceas, de las cuales se extrae un jugo acre y lechoso, usado como purgante. **2** Látex de esta planta.

EUFORIA f. **1** Capacidad para soportar el dolor y las adversidades. **2** Sensación de intenso bienestar, resultado de una perfecta salud o de la administración de medicamentos o drogas. **3** Estado de ánimo propenso al optimismo.

EUFÓTIDA f. *Geol.* Roca compuesta de dialaga y feldespato, de color blanco manchado de verde.

EUFRASIA f. *Bot.* Planta herbácea perteneciente a la familia escrofulariáceas, de nombre científico *Euphrasia officinalis.* Es una especie vellosa, de tallo erguido y ramoso, con hojas elípticas y flores blancas.

ÉUFRATES Río de Asia occidental, que nace en las montañas de Armenia (Turquía asiática). Se forma por la confluencia del Karasu y el Murat. Atraviesa Siria, donde recibe a su principal afluente, el Khabur, e Irak. Se une al Tigris para formar el Shatt al-Arab y desemboca en el golfo Pérsico. Entre su curso medio e inferior y el del Tigris se extiende la región llamada Mesopotamia.

EUFRÓSINE *Mit.* Una de las tres Gracias.

EUFRÓSINE DUCAS Emperatriz bizantina (?, h. 1150 - Arta, h. 1211). Esposa de Alejo III Ángel. Indujo a su esposo a usurpar el trono a Isaac II en 1195. Desempeñó un importante papel durante el reinado de su esposo hasta que fue apartada de la corte por su vida escandalosa. En 1203, cuando Isaac II fue restablecido en el trono, la tomó como prisionera, pero Alejo V Ducas la dejó en libertad (1204). Volvió con su marido Alejo III, y luchó contra los ejércitos de Bonifacio de Montferrato.

EUFUISMO m. *Lit.* Denominación que tomó el barroquismo literario inglés. Procede del título *(Euphues)* de una novela de John Lyly. Tiene similitudes con el gongorismo español y fue criticado por Shakespeare en varios pasajes de sus obras. Se caracteriza por el abuso de procedimientos retóricos y las continuas alusiones históricas y mitológicas.

Eugenia de Montijo. Retrato de Franz Xaver Winterhalter. Museo Napoleónico (Roma).

EUGENESIA f. **1** *Biol.* Aplicación de las leyes biológicas de la herencia al perfeccionamiento de las especies vegetales y animales. **2** Esta misma técnica, aplicada al hombre, mediante el llamado matrimonio eugenésico, propugnado por ciertos movimientos racistas.

EUGENIA MARÍA DE MONTIJO DE GUZMÁN, CONDESA DE TEBA Emperatriz de Francia (Granada, 1826 - Madrid, 1920). Hija del conde de Montijo, se casó en 1853 con Napoleón III. Ejerció la regencia en 1859, 1865 y 1870. Proclamada la República en Francia, se trasladó a Inglaterra, donde se reunió con su marido.

EUGENIO Nombre de diversos Papas.

EUGENIO I, SAN (Roma, h. 600 - íd., 657). Fue elegido por el pueblo romano en 654, antes de que falleciera su predecesor, Martín I, desterrado en Crimea. Luchó contra el monotelismo, defendido por el emperador bizantino.

EUGENIO II (Roma, h. 760 - íd., 827). Fue elegido en el 824 por imposición e influencias de la nobleza franca. Colaborador del emperador Luis el Piadoso, firmó con él la *Constitutio romana,* que declaró la primacía del imperio sobre el papado. Inició el concilio de Roma de 826.

EUGENIO III (Pisa, 1098 - Tívoli, 1153). De nombre Bernardo Paganelli di Montemagno, pertenecía a la orden del Císter. Ocupó el solio pontificio en 1145. Fue el inspirador de la II Cruzada; amplió las medidas reformistas de Gregorio VII (concilio de Reims, 1148); y firmó con Federico Barbarroja el tratado de Constanza (1153) en el que se acordaba la protección imperial de la persona del Papa y de los Estados Pontificios.

EUGENIO IV (Venecia, 1383 - Roma, 1447). De nombre Gabriele Condulmer, fue obispo de Siena (1407), cardenal y legado papal en la Marca de Ancona (1420). Elegido Papa (1431) con el apoyo de los Orsini, convocó el XVII concilio ecuménico con sede en Basilea, Ferrara y Florencia. Logró una efímera unión con las iglesias cristianas de oriente.

EUGENIO, SAN Religioso español (Toledo, h. 590 - íd., 657). Pertenecía a una familia hispanorromana del orden senatorial. El rey Chindasvinto lo llamó para ocupar la sede de Toledo en 645, donde permaneció hasta su muerte. Enriqueció la liturgia hispánica y gozó de fama como teólogo. Su principal obra, *De Trinitate,* no ha llegado hasta nosotros.

EUGENIO, FLAVIO Emperador romano de Occidente (? - ?, 394). Retórico y dramático, desempeñó diferentes cargos en la corte imperial. Intentó proclamarse tercer augusto a la muerte de Valentiniano II (392-94), pero no fue reconocido por Teodosio I, que le venció en cerca de Aquilea y le mandó ejecutar.

EUGENIO DE SABOYA-CARIGNAN (llamado PRÍNCIPE EUGENIO) Militar y político austriaco de origen francés (París, 1663 - Viena, 1736). Al servicio de Austria, venció a los turcos en Zenta (1697). Posteriormente luchó en la guerra de Sucesión de España, en la que venció a las tropas francesas y sus aliados en Oudenaarde (1708) y Malplaquet (1709). Tras la ruptura de los acuerdos del emperador con Inglaterra, fue vencido en Denain (1712) por las tropas de Villars. Colonizó las tierras conquistadas a los turcos y reorganizó las fronteras del imperio.

EUGLENOFITA adj. y f. *Bot.* ALGAS EUGLENOFITAS.

EULAMELIBRANQUIO, A adj. *Zool.* **1** Se dice del molusco bivalvo caracterizado por sus branquias laminares y los sifones bien desarrollados. Pertenecen a este grupo la almeja, el berberecho, la chirla, etc. || m. pl. *Zool.* **2** Orden de estos animales.

EULER, LEONHARD Matemático suizo (Basilea, 1707 - San Petersburgo, 1783). Investigó sobre el cálculo infinitesimal y las series algebraicas, desarrolló el cálculo de números complejos, estudió la suma de las series. Desarrolló la analítica y la trigonometría; aplicó también el cálculo a la mecánica y la astronomía; defendió la teoría ondulatoria de la luz.

EULER, ULF SVANTE VON Científico sueco (Estocolmo, 1905 - íd., 1983). En 1970 recibió el premio Nobel de Fisiología y Medicina, compartido con B. Katz y J. Axelrod, por sus descubrimientos sobre los neurotransmisores de mensajes entre las células nerviosas.

EULER-CHELPIN, HANS VON Químico sueco de origen alemán (Augsburgo, 1873 - Estocolmo, 1964). En 1929 recibió el premio Nobel de Química, compartido con Harden, por sus investigaciones acerca de la fermentación de los azúcares y la influencia de las enzimas en dicho proceso.

EULOGIO DE CÓRDOBA, SAN Obispo electo de Toledo (Córdoba, 800 - íd., 859). Se opuso a la política de convivencia tolerante implantada por Abd al-Rahman II, incitando a los fieles cristianos al martirio. Fue decapitado.

ÉUMENES General macedonio (Kardia, h. 360 - ?, 316 a. C.). Secretario de Filipo II y de Alejandro Magno. Derrotó a Antipáter y Crateros, y fue vencido por Antígono, que le hizo dar muerte.

ÉUMENES Nombre de dos reyes de Pérgamo.

ÉUMENES I (? - Pérgamo, 241 a. C.). Sucedió a su tío Filitero en 263. Venció a Antíoco I, rey de Siria, cerca de Sardes (262 a. C.).

ÉUMENES II (? - Pérgamo, h. 159 a. C.). Hijo de Atalo I, a quien sucedió en el año 197. Ayudó a Roma en la guerra con el tirano de Esparta, Nabis (195), y tomó parte en la campaña contra los etolios y el rey de Siria, Antíoco el Grande. Fundó la célebre biblioteca de Pérgamo.

EUMÉNIDES ERINIAS.

EUMOLPO *Mit.* Hijo de Poseidón y de Quione. Se le atribuye la institución de los misterios de Demeter en Eleusis.

EUNUCO m. **1** Hombre castrado que se destinaba en las cortes de la Antigüedad a la custodia de las mujeres. En el imperio bizantino alcanzaron cargos importantes en el ejército y la administración. **2** Hombre privado, total o parcialmente, de los genitales externos. **3** fig. Hombre pusilánime y de poco carácter.

EUPATORIO f. *Bot.* Especie de agrimonia.

EUPÁTRIDA adj. y com. *Geneal.* Se dice de cada miembro de las familias y las familias mismas que constituyeron la primitiva nobleza de Atenas. Tuvieron una influencia decisiva en la vida de la ciudad hasta las reformas de Solón y Clístenes.

EUPEPSIA f. Digestión normal.

EUPÉPTICO, CA adj. *Farm.* Se dice de la sustancia o medicamento que favorece la digestión.

EUPOLIS Poeta cómico griego (Atenas, h. 450 - ?, 411 a. C.). Maestro con Aristófanes de la «antigua comedia». De carácter agresivo y mordaz, escribió unas veinte obras, entre las que se encuentran *Los aduladores* y *Los bautizadores.*

EURÁFRICA Nombre con que a veces se designa al conjunto de tierras de Europa y África.

EURASIA Nombre con que a veces se designa al conjunto de las tierras de Europa y Asia.

EURASIÁTICO, CA adj. EUROASIÁTICO.

EURATOM COMUNIDAD EUROPEA DE ENERGÍA ATÓMICA.

EURE Río de Francia, que nace en el Perche, riega Chartres y Louviers y desemboca en el Sena; 225 km.

EURE Departamento del N de Francia, en la región de Alta Normandía; 6.040 km^2 y 541.054 h. Su capital es Évreux.

EURE-ET-LOIR Departamento de Francia, en la región de Centro; 5.880 km^2 y 407.665 h. Su capital es Chartres.

¡EUREKA! interj. que expresa satisfacción y alegría. Se supone que la pronunció Arquímedes al descubrir el principio que lleva su nombre.

EURICO Rey visigodo (?, h. 420 - ?, 484). Fue hijo de Teodoredo y sucesor de su hermano Teodorico II, a quien asesinó. Ocupó el trono del 466 al 484. Extendió sus dominios por las Galias e Hispania. Hacia 475 realizó la primera compilación escrita del derecho visigodo, llamada *Código de Eurico.*

EURÍDICE Mit. Esposa de Orfeo. Para huir de las persecuciones de Aristeo entró en un bosque, donde murió a causa de la mordedura de una serpiente. Orfeo descendió a buscarla a los infiernos, pero desobedeció la orden de no volver la vista atrás para verla antes de salir, y Eurídice fue arrastrada de nuevo a los infiernos.

EURÍPIDES Poeta trágico griego (Salamina, 480 - Macedonia, 406 a. C.). Es, junto con Sófocles y Esquilo, uno de los grandes trágicos de todos los tiempos. De su obra se conservan las tragedias *Alcestes* (438), *Medea* (431), *Hipólito coronado* (428), *Andrómaca* (425), *Hécuba* (424), *Las suplicantes* (423), *Las heráclidas* (416), *Las troyanas* (415), *Ifigenia en Táuride* (414), *Electra* (413), *Helena* (412), *Las fenicias* (410), *Orestes* (408), *Las bacantes* (405) e *Ifigenia en Áulide* (405); y, sin fechar, *Heracles furioso*, *Ion* y *Reso*, cuya autoría ha sido discutida, y el drama satírico *El cíclope*.

Eurípides. Escultura helenística. Museo Capitolino (Roma).

EURITANIA Nomo de Grecia, en la región de Grecia Central; 1.869 km² y 23.535 h. Su capital es Karpenision.

EURITMIA f. **1** Buena disposición y correspondencia de las diversas partes de una obra de arte. **2** Regularidad del pulso.

EURO¹ m. *Poét.* Uno de los cuatro vientos cardinales, que sopla de oriente.

EURO² m. *Econ.* Moneda única europea cuya creación, en sustitución del ecu, fue acordada por los países miembros de la Unión Europea en la cumbre celebrada en Madrid en diciembre de 1995. Fue adoptada por 11 países de la Unión Europea en 1999 y entró en circulación en enero de 2002.

EURO- Elemento compositivo que se usa con el valor de europeo, perteneciente a Europa.

EUROASIÁTICO, CA adj. **1** Perteneciente o relativo a Europa y Asia considerados como un todo geográfico. También s. **2** Mestizo de europeo y asiático.

EUROCENTRISMO m. **1** Tendencia que coloca a la cultura propia de Europa como la máxima representación del desarrollo cultural. **2** Tendencia a interpretar la cultura, historia y demás manifestaciones culturales mundiales desde el punto de vista del desarrollo cultural europeo.

EUROCOMUNISMO m. *Polít.* Tendencia de algunos partidos comunistas europeos (Italia, España, Francia), que abogaba, rechazando el modelo soviético, por una transición al socialismo que respetara todas las libertades.

EUROCOMUNISTA adj. **1** Relativo al eurocomunismo. || com. **2** Partidario de esta tendencia del comunismo.

EUROCONECTOR m. *Tecnol.* Clavija estándar de 24 varillas que sirve para conectar transmisiones de imagen y sonido.

EURODIPUTADO, DA m. y f. Diputado del Parlamento de la Unión Europea.

EURODIVISA f. *Econ.* **1** Divisa negociada o invertida en un país europeo que no es el de origen. **2** ECU. **3** EURO.

EURODÓLARES m. pl. *Econ.* Depósito en dólares colocado en bancos europeos.

EUROPA Uno de los cinco continentes de la Tierra, prolongación occidental de Asia, separada de África por el mar Mediterráneo. Límita al N con el océano Glacial Ártico; al E, con Asia; al S, con el mar Mediterráneo, y al O, con el océano Atlántico.

Geog. Geografía física. Situada en el hemisferio septentrional del mundo, rebasa por el N el Círculo Polar Ártico y por el S está casi sobre el trópico de Cáncer. Su frontera oriental es un límite enteramente convencional y separa Europa de Asia más política que físicamente. Europa tiene fácil comunicación con Asia y con África,

y solamente está separada del Nuevo Mundo por un océano de anchura media. Se abre, a la vez, sobre los dos mares en los cuales el tráfico es más activo: sobre el Atlántico y sobre el Mediterráneo, y, desde la apertura del canal de Suez, tiene relación inmediata con el océano Índico. Los dos tercios del suelo europeo están por debajo de la curva de los 200 m. La parte oriental de Europa está ocupada por la inmensa llanura rusa que se prolonga, a Occidente, en los llanos de Polonia, Alemania, Países Bajos y Bélgica. Al N y al S de esta zona de bajo relieve, se levantan los macizos escandinavos y británicos y los plegamientos alpinos. La altitud media de Europa es de 375 m. Cuatro grandes series de plegamientos han afectado geológicamente el suelo de Europa: el *huroniano*, el *caledoniano*, el *herciniano* y el *alpino*. *a)* El primero de ellos sólo afectó a una región muy restringida de Europa: al E de la península escandinava y a Finlandia, que presentan hoy formas arrasadas en planicies de origen glaciar y de poca elevación. *b)* La zona caledoniana está constituida por una región que se extiende desde el N de Irlanda hasta el N de Noruega. Está compuesta por montañas de alturas medianas, desgastadas por la erosión: los montes Cámbricos del País de Gales, la cadena Penina, los highlands de Escocia y las montañas noruegas que apenas rebasan, en sus mayores altitudes, la cota de 2.500 m. *c)* Los plegamientos hercinianos del Harz alemán afectaron una zona considerable en el O y en el centro de Europa. Los restos del sistema, extraordinariamente demudados por la erosión, comprenden las alturas de la meseta ibérica (2.660 m), el macizo central francés (1.886 m) y los montes armoricanos de Bretaña, los Vosgos (1.426 m) y la Selva Negra (1.493 m), que descienden hacia la cuenca renana, el Harz, el macizo de Bohemia y los montes de los Sudetes. *d)* El sistema alpino es la cadena más importante de Europa y ocupa su línea meridional. Su origen se remonta a la era terciaria, y los comienzos occidentales de la gran formación eurasiática surgen en el SO de Europa: tiene su principio en los plegamientos de los Pirineos y se continuó por Francia, Suiza y el N de Italia, el arco de los Cárpatos y la península de los Balcanes. Los plegamientos alpinos alcanzan su anchura y altura máximas en los Alpes. Sus elementos orográficos componentes del sistema alpino son todavía montañas jóvenes, poco erosionadas y de vertientes disimétricas. Sus alturas más notables pertenecen a los Alpes (el Mont-Blanc, con 4.810 m, es el punto culminante del sistema). Entre estas montañas se abren llanuras interiores (Baviera, Hungría, Valaquia, valles del Ebro, del Guadalquivir, del Po, etc.), costeras (litoral valenciano y murciano, golfo de León, Tesalia) o mesetas (Mesetas españolas, Macizo Central francés). En los límites con Asia, se encuentra la cadena montañosa del Cáucaso, con alturas superiores a 5.000 m y cuyo punto culminante del sistema y de Europa es el Elbruz (5.633 m). A su ventajosa posición geográfica une Europa la extraordinaria riqueza de sus articulaciones occidentales y meridionales. Así como el Oriente europeo es macizo y compacto, hacia Occidente las tierras se adelgazan progresivamente y penetran en ellas las aguas del océano en forma de mares, semejantes a grandes golfos. La longitud de las costas se cifra en 80.000 km. El clima es templado, en conjunto, pero varía desde el atlántico de la fachada occidental, con pocas alteraciones de temperatura y muy húmedo, al mediterráneo de la costa sur, cálido y de precipitaciones escasas e irregulares o al continental del centro y este de Europa, con grandes contrastes térmicos. Los ríos pueden agruparse en cua-

Superficie: 10.403.103 km².
Población: 728.936.000 h.
Densidad: 66,7 h./km².
Religiones: catolicismo, protestantismo, ortodoxos, islamismo, judaísmo.
Países: Albania, Alemania, Andorra, Austria, Bélgica, Bielorrusia, Bosnia-Herzegovina, Bulgaria, Croacia, Dinamarca, Eslovaquia, Eslovenia, España, Estonia, Finlandia, Francia, Grecia, Hungría, Irlanda, Islandia, Italia, Letonia, Liechtenstein, Lituania, Luxemburgo, Macedonia, Malta, Moldavia, Mónaco, Noruega, Países Bajos, Polonia, Portugal, Reino Unido, República Checa, Rumania, Federación de Rusia, San Marino, Suecia, Suiza, Turquía, Ucrania, Ciudad del Vaticano y Yugoslavia.
Territorios dependientes: Gibraltar (Reino Unido).
Cordilleras: Montes Escandinavos, Urales, Cáucaso (Elbrus, 5.633 m), Peninos, Cárpatos, Balcanes, Rodope, Alpes Dináricos, Alpes (Mont Blanc, 4.810 m), Apeninos, Vosgos, Ardenas, Macizo Central francés, Cantábrica, Pirineos, Ibérica, Sistema Central, Béticas.
Ríos: Volga, Danubio, Ural, Dniéper, Kama, Don, Pechora, Dniéster, Rhin, Dvina septentrional, Elba, Vístula, Loira, Tajo, Mosa, Oder, Ebro, Duero, Guadiana, Ródano y Po.
Lagos: Ladoga, Onega, Vänern, Saimaa, Ilmen, Peipus, Vättern, Mälaren, Ginebra (Leman), Balatón, Constanza y Garda.
Penínsulas: Escandinava, Kanin, Kola, Jutlandia, Cotentin, Bretaña, Ibérica, Itálica, Balcánica y Crimea.
Cabos: Norte, Lindesnes, Skagen, Land's End, San Mateo, Finisterre, San Vicente, Tarifa, Gata, Creus, Espartivento, Matapán, Liniton y Sarich.
Golfos: Kandalaksha, Botnia, Finlandia, Riga, Helgoland, Saint-Malo, Vizcaya, Cádiz, Valencia, León, Génova, Tarento, Venecia, Corinto y Salónica.
Mares: Barents, Blanco, Noruega, Báltico, Norte, Irlanda, Cantábrico, océano Atlántico, Mediterráneo, Liguria, Tirreno, Adriático, Jónico, Egeo, Mármara, Negro, Azov y Caspio.
Islas: Islandia, Gran Bretaña, Irlanda, Feroe, Orcadas, Hébridas, Shetland, Sjaelland, Fionia, Gotland, Baleares, Córcega, Cerdeña, Sicilia, Malta, Creta y Rodas.
Estrechos: Skagerrak, Kattegat, Sund, Gran Belt, Pequeño Belt, Calais, Canal de la Mancha, Canal de San Jorge, Canal del Norte, Gibraltar, Bonifacio, Mesina, Canal de Sicilia, Otranto, Dardanelos, Bósforo y Kerch.

Europa mediterránea. Cala Vadelle, en Ibiza (España).

Europa nórdica. Fiordo de Heddalsvatnet (Noruega).

tro vertientes principales: la del Atlántico (Elba, Rhin, Vístula, Sena, Támesis, Loira, Garona, Duero, Tajo, Guadalquivir); la del Mediterráneo (Ebro, Ródano, Po, Danubio, Dnieper, Don), la del mar Caspio (Volga y Ural) y la del Ártico (Pechora, Dvina Septentrional).

Geografía humana. El poblamiento en Europa es muy antiguo y, por razones históricas, muy heterogéneo. En su territorio se fueron fusionando diferentes grupos étnicos paleoeuropeos, norafricanos y procedentes de Asia central y occidental. Aunque la fusión de dichos grupos impide hablar de una raza o razas europeas en sentido estricto, se dan numerosas muestras de diversidad tanto cultural como lingüística. El continente europeo tiene una elevada población y densidad, muy desigualmente repartidas. El N de Francia, Inglaterra, Benelux, Alemania, N de Italia y N y E de España son las áreas más pobladas. Frente a éstas, otras zonas están semivacías (N de Europa, interior de España, Francia, etc.). Los índices de esperanza de vida, mortalidad infantil, analfabetismo, etc. indican que la población europea goza de los mayores niveles de bienestar. Sin embargo, está muy envejecida, y la tasa de natalidad es una de las más bajas del mundo. Existe una fuerte corriente inmigratoria de población del Tercer Mundo (africanos y asiáticos), que cuenta con grandes dificultades de asentamiento e integración.

Geografía económica. Europa es uno de los grandes bloques económicos mundiales y lucha por la hegemonía con América del Norte y Japón más el SE asiático. Posee una agricultura muy mecanizada e industrializada, que produce el 40% de la producción mundial de trigo, el 60% de la cebada y la patata y el 70% del vino y aceite de oliva. Asimismo, es notable la producción de centeno, lino, cáñamo, frutas, arroz, algodón y caña de azúcar. En el sector de la ganadería, Europa es autosuficiente. Asimismo, la pesca es un sector con un peso importante en países como España, Noruega, Islandia, el Reino Unido, la Federación de Rusia y Dinamarca. También posee importantes recursos mineros (carbón, lignito, petróleo, hierro, mercurio, cinc, cobre, plomo, bauxita, etc.). Europa es, junto a Japón y EE UU, el principal centro industrial del mundo. La industria siderúrgica ha disminuido su tamaño e importancia relativa como consecuencia de la competencia de los países en desarrollo. Mantienen su relevancia las industrias mecánicas, químicas, las textiles, las alimentarias, las de automóviles, aeronáutica, editorial, etc. El sector terciario, el de mayor peso en la economía europea. Un factor esencial en el desarrollo económico europeo lo constituye su densa red de comunicaciones, con numerosos puertos comerciales (Rotterdam, Hamburgo, Amberes, Marsella, Barcelona, El Pireo), aeropuertos y una extensa red de vías fluviales, carreteras y autopistas (5.500.000 km) y líneas férreas (400.000 km). El proceso de integración política y económica en el seno de los países miembros de la Unión Europea ha supuesto la creación de uno de los mayores mercados internos del mundo.

Hist. El continente europeo fue habitado desde las primeras fases de la Prehistoria. Los restos de las culturas más antiguas (abbevillense, achelense) proceden del paleolítico inferior. Del paleolítico medio datan numerosos restos del hombre de Neanderthal, con sus industrias líticas características, que se extienden desde Europa central al estrecho de Gibraltar. Durante el paleolítico superior, cuyo inicio se sitúa en torno al 30.000 a. C., se produce un perfeccionamiento de la talla en los instrumentos líticos y aparecen los primeros testimonios artísticos (cuevas de Lascaux y Altamira). En el séptimo milenio penetró en Europa la revolución neolítica, procedente de Oriente Próximo. Posteriormente, en el tercer y segundo milenio, se adoptaron en el continente el cobre y el bronce. En esta época se desarrollaron las primeras civilizaciones en el Mediterráneo oriental, en Creta (civilización minoica) y en la Grecia continental (la micénica). La cultura del hierro penetró en Grecia hacia el 1.150 a. C., de la mano de los dorios. Allí se desarrolló la primera de las grandes civilizaciones europeas. A la influencia griega, cuya civilización sintetizó las culturas orientales y estableció las bases de la cultura moderna, siguió el apogeo del imperio romano, que dominó toda Europa meridional y occidental y asumió la dirección del mundo antiguo. La invasión de los hunos (476) terminó por desmoronar el imperio y se fueron creando una serie de Estados romano-bárbaros independientes. Los anglos y los sajones se establecieron en Gran Bretaña, los francos en la Galia, los visigodos en España y los ostrogodos en Italia, después ocupada por los lombardos. A principios del siglo VIII, los árabes, una vez invadida Hispania, intentaron pasar a Francia, pero fueron derrotados en Tours por Carlos Martel (732); su establecimiento en la península ibérica duraría hasta finales del siglo XV. Con Carlomagno (768-814), el imperio de Occidente tomó nuevo impulso; éste fue coronado emperador de los romanos (800) por el Papa e instauró el vasto sacro imperio romano germánico, cuyos dominios se extendían por Francia, Países Bajos, Alemania, Suiza, Hungría, parte de Italia y otros. Los turcos se lanzaron sobre el oriente de Europa, y las Cruzadas (1095-1270) constituyeron la reacción inmediata. El final de la Edad Media vino a coincidir con la aparición de importantes descubrimientos (la imprenta, la brújula, la pólvora), que estimularon la cultura y supusieron un resurgimiento en los aspectos científico y militar. Al decaer el feudalismo, el poder real creció, al mismo tiempo que las naciones iban tomando un carácter más acusado. La toma de Constantinopla, en 1453, por los turcos otomanos puso fin al imperio bizantino e impulsó a buscar, a través del mar, el camino de oriente; de ahí partieron los grandes descubrimientos de españoles y portugueses (siglos XV y XVI). A la supremacía española en Europa, tras el descubrimiento de América (1492), siguió la francesa, con el intermedio de la reforma protestante que dividió a Europa occidental y la sumió en prolongadas guerras político-religiosas, como la de los Treinta Años (1618-48). La Revolución Francesa (1789), con sus ideas liberales y racionalistas, supuso cambios fundamentales en lo político, económico y social. Napoleón Bonaparte se convirtió en el árbitro de los destinos de Europa, hasta que el congreso de Viena logró acabar con su efímero imperio (1814). Bajo la presidencia del emperador de Austria se formó la Confederación Germánica, incluida Prusia, el N de Italia y gran parte de los Balcanes. Por otra parte, el imperio ruso se anexionó Finlandia y Polonia, mientras Inglaterra extendía sus conquistas coloniales en África y Asia. Más tarde, Italia conseguía la unidad e independencia (1870), tras la lucha contra Austria, y, terminada la guerra franco-prusiana (1870-71), surgía el nuevo imperio alemán, cuyo poderío pronto despertó los recelos de Francia, Inglaterra y Rusia. Éstas se unieron en la Triple Entente, mientras Alemania, Austria e Italia formaron la Triple Alianza. Así se mantuvo un cierto equilibrio europeo hasta 1914, en que, con el pretexto del asesinato del príncipe heredero de Austria-Hungría, se desencadenó la Primera Guerra Mundial. En 1917, la Revolución Rusa de 1917 acabó con el zarismo autócrata e instauró un gobierno de inspiración marxista. La guerra finalizó con la firma del tratado de Versalles (1919), cuyas cláusulas favorecieron la aparición de los regímenes totalitarios de Mussolini en Italia (1922) y, sobre todo, de Hitler en Alemania (1933). La actuación política de ambos, la transgresión sistemática de los acuerdos de Versalles, y, finalmente, la ocupación de Polonia por parte del ejército alemán desencadenaron la Segunda Guerra Mundial (1939-45). La victoria, gracias a la intervención de EE UU, correspondió a los aliados. Las discrepancias entre la URSS y las naciones occidentales acerca de la solución que debía darse a los numerosos problemas planteados por la posguerra dividió a Europa en dos bloques: el oriental, bajo dirección soviética, y el occidental, de influencia estadounidense. En Europa occidental, la tendencia integracionista iniciada con la creación de organizaciones de carácter

Europa central. Cumbres de los Alpes (Suiza).

más bien oficioso y propagandístico, como el Consejo de Europa, o puramente militar como la OTAN, dio origen a instituciones más ambiciosas en el campo económico, concretamente la Comunidad Económica Europea, formada en 1957. Los países socialistas, por su parte, siguieron una política paralela y entre ellos surgieron asociaciones similares: el Pacto de Varsovia, de carácter defensivo, y el COMECON, de carácter económico. La crisis económica derivada de la guerra árabe-israelí (1973) y el brusco encarecimiento de los productos petrolíferos amenazaron el equilibrio y el progreso hacia la unificación europea. Sin embargo, el fin de las largas dictaduras derechistas en Portugal (1974) y España (1975), que evolucionaron hacia regímenes democráticos, así como la entrada de Grecia en la CEE (1981), y las posteriores adhesiones de España y Portugal (1986), potenciaron la idea de una Europa unida. Durante la década de los ochenta, se incrementaron las iniciativas tendentes a la creación de una entidad única, política y económicamente hablando, que se abría paso muy lentamente y no exenta de serias dificultades planteadas desde dentro de la misma CEE. A pesar de todo, la Comunidad se constituyó en polo de atracción del resto de los Estados europeos: en 1988, los países miembros de la EFTA se inclinaron a mantener conversaciones con la CEE y, siguiendo el ejemplo de Rumania y Yugoslavia, algunos países del Este, como Hungría, iniciaron los contactos para conseguir tratados de cooperación y comerciales. En la Europa del Este, por primera vez en varias décadas, el impulso de cambio surgió con más fuerza en la URSS a través de la *perestroika*. En general, el deterioro político y económico, junto con el crecimiento de las aspiraciones populares, estaban amenazando a los gobiernos socialistas, especialmente en Polonia, Checoslovaquia, Hungría y la RDA, donde surgieron grupos de oposición a los hasta entonces omnipresentes partidos comunistas. En otros, como Yugoslavia o la propia URSS, a esta situación se unió el resurgir de movimientos nacionalistas. En 1989 comenzaron a tomar forma los nuevos planteamientos, favorecidos por la no intervención de la URSS en la política interior de todos estos países. El 9 de noviembre caía el muro de Berlín, símbolo de la *guerra fría* y de la separación europea, y en octubre de 1990 se unían las dos Alemanias. Previamente, el proceso democratizador se había instaurado en Polonia (junio, 1989), Bulgaria, Checoslovaquia y Rumania (noviembre y diciembre). También durante 1990 se resolvieron algunas cuestiones que afectaban de forma importante a la seguridad europea. En noviembre culminaba el proceso de desarme con la firma del tratado de Reducción de Fuerzas Convencionales en Europa, que se vio reforzado con la disolución, en abril de 1991, del Pacto de Varsovia. En este año, sin embargo, estalló la guerra civil en Yugoslavia y se produjo la disolución de la URSS en los Estados de Estonia, Letonia, Lituania, la Federación Rusa, Ucrania, Bielorrusia y Moldavia. A ello se sumó el reconocimiento internacional de Croacia y Eslovenia como Estados independientes en enero de 1992, y de Bosnia en marzo del mismo año. En enero de 1993 Checoslovaquia quedó dividida en dos países: la República Checa y Eslovaquia, y en abril del mismo año fue reconocida Macedonia. No obstante, el proceso de integración europea no se detuvo (ingreso en la Unión Europea de Suecia, Austria y Finlandia en 1994; inicio del proceso de ampliación al E de Europa en 1997; adopción del euro, en 1999).

Europa *Astron.* Satélite de Júpiter, de 3.100 km de diámetro, que gravita a una distancia media del planeta de 671.400 km. Descubierto por Galileo en 1610.

Europa *Mit.* Hija de Agenor, rey de Fenicia, fue raptada y poseída por Zeus en forma de toro. De esta unión nacieron Minos, Sarpedón y Radamantis.

Europa, Picos de Picos de Europa.

europeísmo m. **1** Predilección por las cosas de Europa. **2** Carácter europeo. **3** Conjunto de ideologías o movimientos políticos que preconizan la unificación de los distintos Estados del continente europeo.

europeo, a adj. y s. De Europa.

europio m. *Quím.* Metal del grupo de las tierras raras. Masa atómica 152; número atómico 63; punto de fusión 1.200° C; símbolo *Eu.*

Euros Ebros.

Eurotas Río del S de Grecia, en Laconia (Peloponeso), célebre en la Antigüedad porque en su curso medio se desarrolló el Estado de Esparta; 80 km.

Eurotúnel Túnel construido bajo el Canal de la Mancha que une las poblaciones de Calais (Francia) y Folkestone (Gran Bretaña). Fue inaugurado el 6 de mayo de 1994.

eurovisión f. Conjunto de circuitos de imagen-sonido que posibilita el intercambio de programas, comunicaciones e informaciones sonoras y visuales entre varios países europeos asociados.

euscaldún, una m. y f. **1** Persona que habla eusquera. || adj. **2** Vasco.

éuscaro, ra adj. *Ling.* **1** Eusquera, perteneciente al lenguaje vasco. || m. *Ling.* **2** Lengua vasca.

Eusebio Teólogo griego (Palestina, 267-?, 340). Elegido obispo de Cesarea en 313, fue colaborador y favorito del emperador Constantino. Dejó escritas numerosas obras, entre ellas *Historia general* y *Crónica* e *Historia eclesiástica*.

Eusebio, san Papa (Grecia, ? - Sicilia, ?). Ocupó el solio pontificio del 20 de mayo al 26 de septiembre del 309, en medio de la disputa sobre los *lapsi*, cristianos que habían disimulado u ocultado su condición de tales para salvarse del martirio.

Euskadi o **Euzkadi** Nombre euskera del País Vasco, región geográfica y comunidad autónoma.

Euscadi ta Askatasuna ETA.

Euskal Herria Nombre popular e histórico del País Vasco (Euskadi).

euskera adj. y s. eusquera.

eusquera o **euskera** adj. *Ling.* **1** Relativo a la lengua vasca. || m. *Ling.* **2** Lengua vasca, hablada por los naturales de las provincias vascas y por parte de los de Navarra y del territorio vasco francés. Su origen es objeto de discusión, aunque es evidente que no pertenece al tronco indoeuropeo. Los dialectos del eusquera son: alto-navarro, vizcaíno, bajo-navarro, guipuzcoano, labordino, roncalés y suletino. En la actualidad se intentan unificar en el *euskera batua*.

Eustacio de Antioquía, san Teólogo y religioso bizantino (Sida, 260 - Trajanópolis, 337). Gobernó la sede patriarcal de Antioquía (323-324). Fue elegido obispo de Berea y como tal acudió al concilio de Nicea (325), durante el cual se manifestó contra el arrianismo. En 330 fue depuesto y desterrado.

eustasia f. *Geol.* Conjunto de los movimientos de ascenso y descenso del nivel de las aguas marinas.

éustilo m. *Arquit.* Intercolumnio en que el claro o distancia de columna a columna es de cuatro módulos y medio.

eutanasia f. *Med.* Muerte sin sufrimiento físico, especialmente la provocada voluntariamente a quien, padeciendo una enfermedad incurable, lo solicita para poner fin a sus sufrimientos.

eutéctica f. *Quím.* Se dice de la mezcla de dos o más sustancias que posee el punto mínimo de solidificación.

euterio m. *Zool.* **1** Se dice de los mamíferos vivíparos placentarios, en los que el embrión se desarrolla dentro del útero materno. || m. pl. *Zool.* **2** Subclase de estos mamíferos.

Euterpe *Mit.* Una de las nueve musas, mencionada en la *Odisea* y por Hesíodo; la alegre, la lírica, la de la doble flauta.

Eutiques Heresiarca griego (?, h. 378-?, h. 454). Elaboró la doctrina del monofisismo. Fue excomulgado en el concilio de Constantinopla (448), rehabilitado en el llamado Conciliábulo de Éfeso (449) y definitivamente excomulgado en el concilio de Calcedonia (451). De su postura dogmática nació una nueva secta, la de los monofisitas o eutiquianos.

eutrofia f. **1** Buen estado de nutrición. **2** *Ecol.* Propiedad de los medios naturales, fundamentalmente las aguas de lagos y embalses, ricos en elementos nutritivos.

euxenita f. *Miner.* Mineral raro, generalmente compacto y de color negro. Es muy valioso porque en su composición lleva elementos poco comunes, como uranio, erbio, itrio y cerio.

Euzkadi Euskadi.

eV m. *Fís.* Símbolo del electronvoltio.

ev- pref. eu-.

Eva Nombre de la primera mujer, madre del género humano, según el relato bíblico *(Gn.* 2-4). En el Libro existen dos relatos sobre su creación: el primero, de la costilla de Adán, a quien se le da como compañera *(Gn.* 2, 23), y el segundo, como creada del barro, junto a Adán. Eva, según la tradición, fue seducida por una serpiente que la indujo al pecado, por lo que fue condenada a sufrir dolores de parto, a ser dominada por el marido y a la expulsión del Paraíso.

evacuado, da adj. y s. Se dice de la persona a la que se ha obligado a abandonar un territorio por razones militares, políticas, sanitarias, etc.

evacuar tr. **1** Desocupar. **2** Desalojar la autoridad competente a los habitantes de un lugar, por amenaza de ruina, catástrofe, etc. **3** Desempeñar un encargo, informe, etc. **4** *Der.* Cumplir un trámite. **5** Expeler un ser orgánico humores o excrementos. **6** Sacar, extraer los humores, excrementos del cuerpo humano.

evadir tr. y prnl. **1** Evitar un daño o peligro; eludir una dificultad. || prnl. **2** Fugarse, escaparse.

evaginación f. *Biol.* **1** Sacar hacia fuera o volver del revés una parte del cuerpo. **2** Desarrollo de una excrecencia. **3** Repliegue externo de una membrana.

evaluación f. Acción y efecto de evaluar.

evaluar tr. **1** Señalar el valor de una cosa. **2** Estimar, calcular el valor de una cosa. **3** Estimar los conocimientos, aptitudes y rendimiento de los alumnos.

evanescer tr. y prnl. Desvanecer o esfumar.

evangelio m. **1** Historia de la vida, doctrina y milagros de Jesucristo, relatados por los evangelistas san Mateo, san Marcos, san Lucas y san Juan, que constituyen los cuatro primeros libros canónicos del Nuevo Testamento. Los de san Mateo, san Marcos y san Lucas presentan notables afinidades que los distinguen del cuarto (san Juan); en la materia, orden, estilo y palabras muestran tantos puntos de contacto, que fácilmente se les puede armonizar en un conjunto sinóptico. De ahí el nombre de *sinópticos* con que los distinguen los críticos. Los tres primeros fueron escritos entre los años 40 y 63, y el cuarto lo fue probablemente entre el año 70 y el 80. El de san Mateo lo fue en lengua aramea y los otros en griego; luego fueron todos traducidos al latín. **2** Capítulo del Evangelio que se dice después de la epístola y gradual y, en ciertas misas, al final de ellas. **3** fig. Religión cristiana. **4** fig. y fam. Verdad indiscutible.

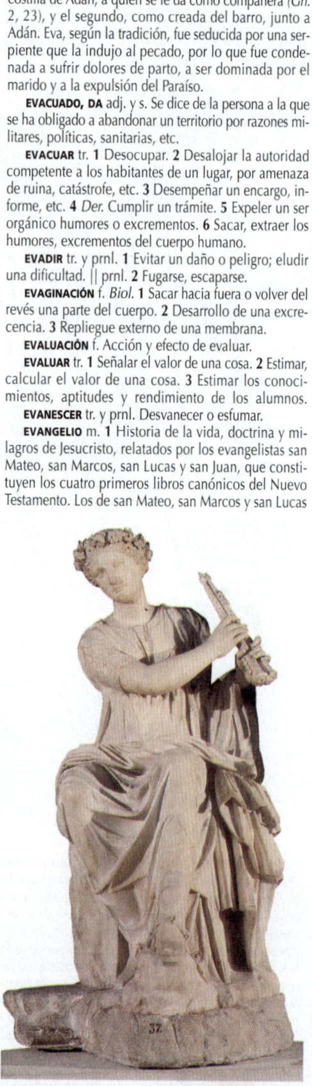

Euterpe. Escultura griega. Museo del Prado (Madrid).

evangelista m. **1** Cada uno de los cuatro escritores que escribieron el Evangelio. || com. **2** Persona que canta el Evangelio en las iglesias.

Evangelista Pinos, isla de.

evangelizar tr. Predicar el Evangelio.

Evans, Arthur John Arqueólogo y escritor inglés (Nash Mills, 1851 - Boar's Hill, 1941). Dirigió las excavaciones del palacio de Knossos. Escribió *Tombs of Knossos* (1921-30) y *Palace of Minos* (1921-36).

Evans, Bill Pianista de jazz estadounidense (Plainfield, 1929 - Nueva York, 1980). Trabajó con M. Davis y formó su propio grupo en la década de los 60. Entre sus interpretaciones destacan *The Village Vanguard Sessions* (1961) y *Alone* (1975).

Evans, Gil (Ian Ernest Gilmore Green, llamado) Músico de jazz estadounidense de origen canadiense (Toronto, 1912 - Cuernavaca, 1988). Excelente improvisador y arreglista, fue discípulo de Duke Ellington. A partir de los años sesenta formó su propia orquesta.

Evans, Mary Ann Eliot, George.

evaporación f. Acción y efecto de evaporar. || **evaporación atmosférica** *Meteor.* Proceso gradual por el que el agua libre de la superficie terrestre pasa a la atmósfera en estado de vapor.

evaporador, ra adj. **1** Que evapora. || m. *Quím.* **2** Unidad de equipo para la concentración de soluciones por evaporación de uno o varios componentes volátiles, que puede realizarse por aporte de calor o por disminución de la presión.

evaporar tr. y prnl. **1** Convertir en vapor un líquido. **2** fig. Disipar, desvanecer. || prnl. **3** fig. Fugarse, desaparecer.

evaporita f. *Geol.* Cualquiera de las rocas sedimentarias formadas por depósito de las sales disueltas en aguas marinas o de una laguna, después de la evaporación de éstas.

evaporizar tr., intr. y prnl. vaporizar.

Evaristo, san Papa (Belén, ? - Roma, 105). Sucedió al papa Clemente en el 97 y ocupó el solio pontificio hasta el 105. Sufrió el martirio en tiempos de Adriano.

evasión f. **1** Recurso para evadir una dificultad. **2** Fuga, huida de una prisión. || **evasión de capitales** *Econ.* Transferencia ilegal de capitales de un Estado a otro para protegerlos contra el fisco o contra la política económica o monetaria del Gobierno propio. || **de evasión** loc. que se aplica a la literatura, cine, etc., creado con el único fin de entretener, prestando poca importancia a su valor artístico.

evasiva f. Recurso para evadir una dificultad.

Evdoksia Feodorovna Lopúshima Eudoxia o Evdoksia Feodorovna.

evección f. *Astron.* Desigualdad periódica en la forma y posición de la órbita de la Luna, ocasionada por la atracción del Sol. Fue descubierta por Ptolomeo.

Evelius Astrónomo alemán (Dantzig, 1611 - íd., 1687). Fue el fundador de la selenografía topográfica. Observó cuatro cometas y creó el primer catálogo de nebulosas.

Evémero Filósofo griego (s. IV a. C.). De espíritu racionalista, en su obra *Documentos Sagrados*, explicó la mitología por el endiosamiento de los hombres beneméritos.

Evenk Distrito autónomo de la Federación de Rusia; 767.600 km² y 20.800 h. Su capital es Tura.

evento m. **1** Acaecimiento. **2** Eventualidad, hecho imprevisto o que puede acaecer.

eventración f. *Med.* Hernia de vientre.

eventual adj. **1** Sujeto a las circunstancias; no regular, ni fijo, ni seguro. **2** Se dice de los derechos o emolumentos anejos a un empleo fuera de su dotación fija. **3** Se dice del trabajador que no pertenece a la plantilla de una empresa y presta sus servicios de manera provisional.

Everest Pico culminante de la Tierra, en la cordillera del Himalaya, situado en el límite entre Nepal y el Tíbet; 8.850 m. Su cima fue conquistada por primera vez en 1953 por el neozelandés Edmund Hillary y el sherpa nepalés Tensing Butia.

eversión f. Destrucción.

evicción f. *Der.* Pérdida de un derecho por sentencia firme y en virtud de derecho anterior ajeno.

El pico **Everest**, en la cordillera del Himalaya (entre Nepal y Tíbet).

EVIDENCIA f. Certeza clara, manifiesta y tan perceptible de una cosa, que nadie puede racionalmente dudar de ella. || **en evidencia** loc. adv. En ridículo, en situación desairada.
EVIDENCIAR tr. Hacer patente y manifiesta la certeza de una cosa; probar y mostrar que es evidente.
EVIDENTE adj. **1** Cierto, claro, patente y sin la menor duda. **2** Se usa como expresión de asentimiento.
EVISCERAR tr. Extraer las vísceras.
EVITA PERÓN, MARÍA EVA DUARTE DE.
EVITAR tr. **1** Apartar algún peligro; precaver, impedir que suceda. **2** Excusar, huir de incurrir en algo. **3** Huir de tratar a uno; apartarse de su comunicación.
EVITERNO, NA adj. *Teol.* Se dice de lo que ha tenido un comienzo en el tiempo, pero ya no tendrá fin.
EVO m. **1** *Teol.* Duración de las cosas eternas. **2** poét. Duración de tiempo sin término. **3** *Astron.* Unidad de tiempo astronómico de mil millones de años.
EVOCAR tr. **1** Traer algo o a alguien a la imaginación. **2** Recordar una persona, cosa o situación a otra por su semejanza.
¡EVOHÉ! interj. Grito de las bacantes para aclamar o invocar a Baco.
EVOLUCIÓN f. **1** Acción y efecto de evolucionar. **2** Desarrollo de las cosas o de los organismos, por medio del cual pasan gradualmente de un estado a otro. **3** Movimiento que hacen las tropas o los buques. **4** Cambio de forma. **5** fig. Cambio de conducta, de intención o de actitud. **6** fig. Giro, movimiento que describe una persona o cosa al dar vueltas o trazar líneas curvas. Más en pl. **7** *Biol.* Conjunto de las diversas formas o estados por los que pasa el individuo hasta llegar a un desarrollo perfecto, y la especie en su marcha progresiva hacia formas superiores de vida. **8** *Biol.* Derivación de las especies de organismos vivientes de otras ya existentes, a través de un proceso de cambio más o menos gradual y continuo. [Encic.] **9** *Filos.* Hipótesis que explica todos los fenómenos por transformaciones sucesivas de una sola realidad primaria.
Biol. El primer evolucionista que ejerció una influencia clara sobre el pensamiento biológico fue el francés Lamarck, para quien la evolución se debía al influjo directo del medio, que modelaba a los organismos, hipótesis expuesta en su *Filosofía zoológica* (1809). El inglés Darwin estableció como factor fundamental de la evolución la selección natural, idea que desarrolló en *El origen de las especies* (1859). Haeckel, biólogo alemán, seguidor de la doctrina de Darwin, formuló la *Ley biogenética fundamental* (1868), luego revisada por zoólogos como Garstang (1922) y Sewertzov (1927). La teoría de la evolución ha tenido enorme trascendencia en todos los aspectos del pensamiento humano.
EVOLUCIONAR intr. **1** *Biol.* Desenvolverse, desarrollarse los organismos o las cosas. **2** Hacer evoluciones la tropa o los buques. **3** Dar giros, vueltas, etc. **4** fig. Mudar de conducta o de actitud.
EVOLUCIONISMO m. *Filos.* Doctrina filosófica que se funda en la hipótesis de la evolución.

EVÓNIMO m. *Bot.* BONETERO, arbusto.
ÉVORA 1 Distrito meridional de Portugal; 7.396 km² y 172.400 h. **2** Ciudad capital del mismo; 38.900 h. Restos romanos (templo de Diana, acueducto). Catedral gótica.
EVRÉINOV, NIKOLÁI NIKOLAIEVICH Director de teatro ruso (Moscú, 1879 - París, 1953). Contribuyó, junto con Meyerhold y Stanislavski, a la renovación del teatro ruso.
EVREN, KENAN Militar turco (Alasehir, 1918 - Ankara, 1996). Jefe del Estado Mayor general, presidió el Consejo Nacional de Seguridad que derrocó al gobierno democrático de S. Demirel (1980). Posteriormente fue jefe del Estado (1982-89).
ÉVREUX *Geneal.* Dinastía de origen francés que reinó en Navarra (1328-1425) a partir de Felipe el Sabio, sobrino de Felipe IV de Francia y conde de Évreux, que se convirtió en rey por su matrimonio con Juana II, hija única de Luis X el Pendenciero (1328). El matrimonio de Blanca de Nemours, hija de Felipe III el Noble, con el infante Juan, hijo de Fernando de Antequera, dio paso a una nueva dinastía.
ÉVRY Ciudad de Francia, capital del departamento de Essonne, al S de París; 45.531 h.
EVTUCHENKO, EUGENI Poeta ruso (Zima, Siberia, 1933). Influido por Esenin y Maiakovski, evolucionó a tonos más líricos. Ha escrito los poemarios *La tercera nieve* (1955), *Estación de Zima* (1956), *Los herederos de Stalin* (1962) y *El poeta en Rusia es más que poeta* (1973); y en prosa, *Siberia, tierra de bayas* (1980).
EWALD, JOHANNES Poeta danés (Copenhague, 1743 - íd., 1781). De estilo prerromántico, escribió numerosos poemas épicos y líricos. Además escribió y dio a la escena varias obras, como *La muerte de Balder* (1773) y *Los pescadores* (1779).
EWALD, PAUL PETER Físico y cristalógrafo británico de origen alemán (Berlín, 1888 - Londres, 1971). Ideó un método gráfico para resolver la ecuación descrita en 1912 por sir L. Bragg, conocido como *esfera de Ewald*.
EX prep. **1** Antepuesta a nombres de dignidades o cargos, denota que tuvo y ya no los tiene la persona de quien se habla. **2** También se antepone a otros nombres o adjetivos de persona para indicar que ésta ha dejado de ser lo que aquéllos significan.
EX-, EXO- prefs. que significan fuera de.
EX ABRUPTO o **EXABRUPTO** loc. adv. **1** Con brusquedad, de improviso. || m. **2** Expresión brusca e inoportuna, salida de tono.
EX AEQUO loc. adv. lat. que significa con mérito o título iguales; en igualdad de condiciones.
EX CATHEDRA loc. adv. l. **1** Desde la cátedra de San Pedro. Se dice del magisterio del Papa cuando éste enseña a toda la iglesia católica, como cabeza visible de ésta y mostrando claramente su intención de imponer la obligatoriedad absoluta del acatamiento acerca de verdades pertenecientes a la fe o a las costumbres. **2** fig. y fam. En tono magistral y decisivo.
EX LIBRIS (loc. lat.) m. Cédula o grabado que se adhiere en el reverso de la tapa de los libros, en la cual consta el nombre o emblema del dueño o el de la biblioteca a que pertenece el libro.
EX PROFESO loc. adv. lat. De propósito.
EXA- pref. que significa el trillón de veces (10^{18}) de la respectiva unidad a que precede. Su símbolo es *E*.
EXACCIÓN f. **1** Acción y efecto de exigir impuestos, multas, deudas, etc. **2** Cobro injusto y violento.
EXACERBAR tr. y prnl. **1** Irritar, causar muy grave enfado o enojo. **2** Agravar o avivar una enfermedad o sus síntomas, una molestia, etc.
EXACTITUD f. Puntualidad y fidelidad en la ejecución de una cosa.
EXACTO, TA adj. Puntual, fiel y cabal.
EXAGERACIÓN f. **1** Acción y efecto de exagerar. **2** Concepto, hecho o cosa que traspasa los límites de lo justo o razonable.
EXAGERAR tr. Encarecer, decir, representar o hacer una cosa de modo que exceda de lo natural, justo o conveniente.
EXÁGONO m. *Geom.* HEXÁGONO.
EXALTACIÓN f. **1** Acción y efecto de exaltar o exaltarse. **2** Gloria que resulta de una acción muy notable.
EXALTAR tr. **1** Elevar a una persona o cosa a mayor auge o dignidad. **2** fig. Realzar el mérito de una con demasiado encarecimiento. || prnl. **3** Dejarse arrebatar por una pasión, perdiendo la moderación y la calma.
EXAMEN m. **1** Indagación y estudio de una cosa o de un hecho. **2** Prueba que se hace de la idoneidad de un sujeto para el ejercicio y profesión de una facultad, oficio o ministerio, o para demostrar el aprovechamiento en los estudios.
EXAMINAR tr. **1** Inquirir, investigar con diligencia y cuidado una cosa. **2** Probar o tantear la idoneidad de los que quieren ejercer una facultad o ganar cursos en los estudios. También prnl.
EXANGÜE adj. **1** Desangrado, falto de sangre. **2** fig. Sin ningunas fuerzas, aniquilado. **3** fig. MUERTO, sin vida.
EXÁNIME adj. **1** Sin señal de vida o sin vida. **2** fig. Sumamente debilitado, desmayado.
EXANTEMA m. *Med.* Erupción de la piel, de color rojo, producida por una intoxicación, o por enfermedades como el sarampión, la escarlatina, etc.
EXARACIÓN f. *Geol.* Acción erosionadora del frente de un glaciar.
EXARCA m. **1** Gobernador del exarcado. **2** En la iglesia griega, dignidad inmediatamente inferior a la de patriarca.
EXARCADO m. **1** Dignidad de exarca. **2** Espacio de tiempo que duraba el gobierno de un exarca. **3** Período histórico en que hubo exarcas. **4** *Hist.* Circunscripción administrativa bizantina en la Italia del siglo VI. Los más importantes fueron los de Rávena (584-751) y el de África (587-709).
EXASPERAR tr. y prnl. **1** Lastimar, irritar una parte dolorida o delicada. **2** fig. Irritar, enfurecer, dar motivo de enojo grande.
EXCANDECER tr. y prnl. Encender de cólera a uno, irritarle. ♦ IRREG. Se conjuga como AGRADECER.
EXCARCELAR tr. y prnl. Poner en libertad al preso.
EXCAUTIVO, VA adj. y s. Que ha padecido cautiverio.
EXCAVACIÓN f. **1** Acción y efecto de excavar. **2** Procedimiento de investigación científica que implica la extracción de tierras.

ex libris del rey Alfonso XIII.

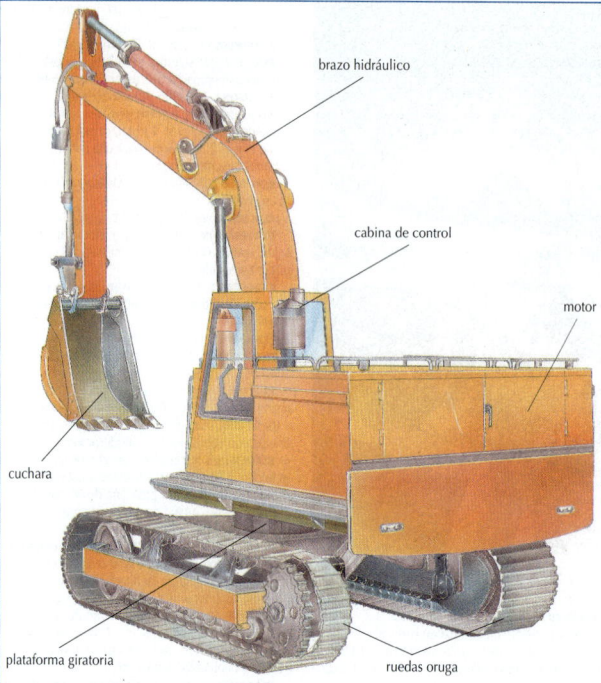

excavadora: brazo hidráulico, cabina de control, motor, ruedas oruga, plataforma giratoria, cuchara

EXCAVADOR, RA adj. **1** Que excava. || f. **2** Máquina que se usa en la construcción para excavar.
EXCAVAR tr. **1** Quitar de una cosa sólida parte de su masa o grueso, haciendo hoyo o cavidad en ella. **2** Hacer en el terreno hoyos, zanjas, pozos o galerías subterráneas. **3** *Agr.* Descubrir y quitar la tierra de alrededor de las plantas.
EXCEDENCIA f. **1** Condición de excedente, dicho de funcionario público que no ejerce su cargo. **2** Haber que percibe el oficial público que está excedente.
EXCEDENTE adj. **1** Que excede. **2** Que sale de la regla. **3** Que supera lo normal. También s. m. **4** Se dice del oficial público que está temporalmente sin ejercer su cargo. || **EXCEDENTE DE CUPO** *Mil.* En el servicio militar, parte de los reclutas de un reemplazo que no se incorpora a filas por no haber destino para ellos.
EXCEDER tr. **1** Ser una persona o cosa más grande o aventajada que otra. || intr. y prnl. **2** Propasarse, ir más allá de lo lícito o razonable.
EXCELENCIA f. **1** Superior calidad o bondad que hace digna de singular aprecio a una cosa. **2** Tratamiento de respeto y cortesía, que se da a algunas personas por su dignidad o empleo. || **por excelencia** loc. adv. Con excelencia.
EXCELENTE adj. **1** Que sobresale en bondad, mérito o estimación. || m. *Num.* **2** Moneda de oro acuñada por los Reyes Católicos, equivalente a la dobla. || **EXCELENTE DE GRANADA** *Num.* Moneda de oro acuñada por los Reyes Católicos, de menos peso y valor que la dobla.
EXCELENTÍSIMO, MA adj. **1** Superlativo de EXCELENTE. **2** Tratamiento y cortesía con que se habla a la persona a quien corresponde el de excelencia.
EXCELSITUD f. Cualidad de excelso.
EXCELSO, SA adj. **1** Muy elevado, alto, eminente. **2** fig. De singular excelencia.
EXCENTRICIDAD f. **1** Rareza o extravagancia de carácter. **2** Dicho o hecho raro, anormal o extravagante. **3** *Geom.* Distancia que media entre el centro de la elipse, o cualquier otra curva cónica, y uno de sus focos.
EXCÉNTRICO, CA adj. **1** De carácter raro, extravagante. **2** *Biol.* Se dice de cualquier estructura que no se encuentra situada en el centro. **3** *Geom.* Que está fuera del centro o que tiene un centro diferente. || **FIGURAS EXCÉNTRICAS** *Geom.* Aquellas cuyos centros no coinciden aunque estén una dentro de otra.
EXCEPCIÓN f. **1** Acción y efecto de exceptuar. **2** Cosa que se aparta de la regla o condición general de los demás de su especie. **3** *Der.* Título o motivo jurídico que el demandado alega para hacer ineficaz la acción del demandante. || **a excepción de** loc. Exceptuando la persona o cosa que se expresa. || **de excepción** loc. adj. Excepcional.

EXCEPCIONAL adj. **1** Que forma excepción de la regla común. **2** Que se aparta de lo ordinario, o que ocurre rara vez.
EXCEPCIONAR tr. *Der.* Alegar excepción en el juicio.
EXCEPTO adv. m. A excepción de, fuera de, menos.
EXCEPTUAR tr. y prnl. Excluir a una persona o cosa de la generalidad de lo que se trata o de la regla común.
EXCERPTA o **EXCERTA** f. Colección, recopilación, extracto.
EXCESIVAMENTE adv. m. Con exceso.
EXCESO m. **1** Parte que excede y sale de la medida o regla. **2** Lo que sale de los límites de lo ordinario o de lo lícito. **3** Aquello en que una cosa excede a otra. **4** Abuso, delito o crimen. Más en pl. || **en exceso** loc. adv. Con exceso. || **y otros excesos** loc. fam. con que se termina una enumeración de cosas reprochables o malas.
EXCHEQUER *Hist.* Nombre dado en Gran Bretaña al departamento de administración de las finanzas públicas. Su origen data del siglo XIII.
EXCIPIENTE m. *Farm.* Sustancia, generalmente inerte, que se mezcla con los medicamentos para darles consistencia, forma o sabor agradable.
EXCITACIÓN f. *Biol.* Efecto que produce un excitante al actuar sobre una célula, un órgano o un organismo, aumentando el ritmo de un proceso metabólico.
EXCITAR tr. **1** Mover, estimular, provocar, inspirar algún sentimiento, pasión o movimiento. || prnl. **2** Animarse por el enojo, el entusiasmo, la alegría, etc.
EXCLAMACIÓN f. **1** Voz, grito o frase en que se refleja una emoción. **2** Signo ortográfico (¡!) que se pone delante y detrás de una palabra u oración para expresar dicha emoción.
EXCLAMAR tr. e intr. Emitir palabras con fuerza o vehemencia para expresar un sentimiento o un estado de ánimo, o para dar vigor o eficacia a lo que se dice.
EXCLAUSTRAR tr. Permitir u ordenar a un religioso que abandone el claustro.
EXCLUIR tr. **1** Echar a una persona o cosa fuera del lugar que ocupaba. **2** Descartar, rechazar o negar la posibilidad de alguna cosa. || prnl. **3** Ser incompatibles dos cosas. ♦ IRREG. Se conjuga como HUIR.
EXCLUSIVA f. **1** Privilegio o derecho adquirido para hacer algo prohibido a los demás. **2** Noticia conseguida y publicada o emitida por un solo medio informativo que se reserva los derechos de su difusión.
EXCLUSIVE adv. m. Con exclusión. **2** Significa, en todo género de cálculos y recuentos, que el último número o la última cosa que se ha mencionado no se toma en cuenta.
EXCLUSIVO, VA adj. **1** Que excluye o tiene fuerza o virtud para excluir. **2** Único, solo.

EXCOGITAR tr. Descubrir algo a través de la meditación.
EXCOMBATIENTE adj. y com. Que peleó bajo alguna bandera militar o por alguna causa política.
EXCOMULGADO, DA m. y f. **1** Persona excomulgada. **2** fig. y fam. Indino, endiablado.
EXCOMULGAR tr. Imponer excomunión.
EXCOMUNIÓN f. *Der. Can.* Especie de censura, decreto papal por el que se separa a un fiel de la iglesia, prohibiéndole el uso de los sacramentos (véase PENA CANÓNICA).
EXCORIACIÓN f. *Med.* Cesión superficial de la epidermis.
EXCORIAR tr. y prnl. Producir una excoriación.
EXCRECENCIA f. *Biol.* Parte que crece anormal o superfluamente en animales y plantas.
EXCRECIÓN f. *Fisiol.* Recogida y eliminación de los productos de desecho del metabolismo de una célula u organismo vivo.
EXCREMENTAR tr. Deponer los excrementos.
EXCREMENTO m. **1** Materias que se arrojan del cuerpo por las vías naturales, especialmente las fecales. **2** Residuos que se producen en las plantas por putrefacción.
EXCRETAR intr. **1** Expeler el excremento. **2** Expeler las sustancias elaboradas por las glándulas o las de desecho del metabolismo celular.
EXCRETOR, RA o **EXCRETORIO, RIA** adj. *Anat.* **1** Se dice del órgano que sirve para excretar. **2** Se dice del conducto por el que salen de las glándulas los productos que éstas han elaborado.
EXCULPACIÓN f. **1** Acción y efecto de exculpar o exculparse. **2** Hecho o circunstancia que sirve para exonerar de culpa.
EXCULPAR tr. y prnl. Descargar a uno de culpa.
EXCURSIÓN f. **1** Correría de guerra. **2** Ida a alguna ciudad, museo o paraje para estudio, recreo o ejercicio físico.
EXCURSIONISMO m. Ejercicio y práctica de las excursiones como deporte o con fin científico o artístico.
EXCUSA f. **1** Acción y efecto de excusar. **2** Motivo o pretexto para eludir una obligación o disculpar alguna omisión. **3** *Der.* Excepción o descargo. **4** ESCUSA.
EXCUSADO[1], DA adj. ESCUSADO.
EXCUSADO[2], DA adj. **1** Libre de pagar tributos. **2** Superfluo e inútil. **3** Que no es obligatorio hacer o decir.
EXCUSAR tr. **1** Alegar razones para sacar libre a uno de la culpa que se le imputa. También prnl. **2** Evitar, impedir. **3** Rehusar hacer una cosa. También prnl. **4** Eximir y libertar del pago de tributos o de un servicio personal. **5** Junto con infinitivo, poder dejar de hacer lo que éste significa.
EXCUSIÓN f. *Der.* Derecho de los fiadores para no ser compelidos al pago mientras tenga bienes suficientes el obligado principal.
EXECRABLE adj. Digno de execración.
EXECRACIÓN f. **1** Acción y efecto de execrar. **2** Pérdida del carácter sagrado de un lugar por profanación o por accidente.
EXECRAR tr. **1** Condenar y maldecir con autoridad sacerdotal o en nombre de cosas sagradas. **2** Vituperar o reprobar severamente. **3** ABORRECER, ODIAR.
EXEDRA f. *Arquit.* Construcción descubierta, de planta semicircular, con asientos y respaldos fijos en la parte interior de la curva.
EXÉGESIS o **EXEGESIS** f. Explicación, interpretación, especialmente de los libros de la Biblia. ♦ Su pl. es *exégesis* o *exegesis*.
EXÉGETA o **EXEGETA** com. Intérprete o expositor de la Biblia.
EXEGÉTICO, CA adj. Perteneciente a la exégesis.
EXENCIÓN f. **1** Efecto de eximir. **2** Franqueza y libertad que uno goza para eximirse de algún cargo u obligación.
EXENTAR tr. y prnl. Dejar exento.
EXENTO, TA adj. **1** Libre, desembarazado de una cosa. **2** Se dice de las personas o cosas no sometidas a la jurisdicción ordinaria. **3** Se dice del sitio o edificio que está descubierto por todas partes.
EXEQUÁTUR m. **1** Voz con que se designa el pase que da la autoridad civil de un Estado a las bulas o rescriptos pontificios para su observancia. **2** Autorización que otorga el jefe de un Estado a los agentes extranjeros para que en su territorio puedan ejercer las funciones propias de sus cargos.
EXEQUIAS f. pl. Honras fúnebres.
EXEQUÍAS Pintor de cerámica griego (¿Atenas?, s. V a. C.). Señalado representante del estilo ático de figuras negras. Autor, entre otras piezas, del famoso plato *Dionisos navegando en un mar de dulzura*.
EXERGO m. *Num.* Parte de una moneda o medalla donde se pone la ceca u otra inscripción.
EXETER Ciudad del Reino Unido, en el SO de Inglaterra; 105.100 h. Catedral (siglos XII-XIV).
EXFOLIACIÓN f. *Biol.* Pérdida o caída de las capas más superficiales en forma de escamas.

EXFOLIANTE m. *Quím.* Compuesto químico que, rociado sobre la vegetación de una zona, provoca la caída de las hojas y la pérdida de las capas tisulares más superficiales, ocasionando en muchos casos la muerte del vegetal.

EXFOLIAR tr. y prnl. Dividir una cosa en láminas o escamas.

EXHALACIÓN f. 1 *Astron.* ESTRELLA FUGAZ. 2 *Fisiol.* Vapor o vaho que un cuerpo exhala y echa de sí por evaporación. 3 Rayo, centella.

EXHALAR tr. 1 Despedir gases, vapores u olores. 2 fig. Dicho de suspiros, quejas, etc., lanzarlos, despedirlos. || prnl. 3 fig. Angustiarse o afanarse con anhelo por conseguir algo.

EXHAUSTO, TA adj. Enteramente apurado o agotado.

EXHEREDAR tr. DESHEREDAR.

EXHIBICIONISMO m. 1 Prurito de exhibirse. 2 Perversión sexual que lleva a exhibirse desnudo en público.

EXHIBIR tr. 1 Manifestar, mostrar en público. También prnl. 2 *Der.* Presentar escrituras, documentos, pruebas, etc., ante quien corresponda.

EXHORTACIÓN f. 1 Acción de exhortar. 2 Advertencia o aviso con que se intenta persuadir. 3 Plática o sermón familiar y breve.

EXHORTAR tr. Inducir a uno con palabras, razones y ruegos a que haga o deje de hacer alguna cosa.

EXHORTO m. *Der.* Despacho que libra un juez a otro de igual autoridad, para que mande dar cumplimiento a lo que le pide.

EXHUMAR tr. 1 Desenterrar, sacar de la sepultura un cadáver o restos humanos. 2 fig. Sacar a la luz algún asunto olvidado.

-EXIA suf. que significa estado: *caquexia*.

EXIGENCIA f. 1 Acción y efecto de exigir. 2 Pretensión caprichosa o desmedida.

EXIGIR tr. 1 Cobrar, percibir, obtener de alguien por autoridad pública dinero u otra cosa. 2 fig. Pedir una cosa, algún requisito para que se perfeccione. 3 Demandar imperiosamente.

EXIGUO, GUA adj. Insuficiente, escaso.

EXILIADO, DA adj. y s. Expatriado, generalmente por motivos políticos.

EXILIAR tr. 1 Expulsar a uno de un territorio. || prnl. 2 Expatriarse, generalmente por motivos políticos.

EXILIO m. 1 Separación de una persona de la tierra en que vive. 2 Expatriación, generalmente por motivos políticos. 3 Efecto de estar exiliada una persona. 4 Lugar en que vive el exiliado.

EXIMIO, MIA adj. Muy excelente.

EXIMIR tr. y prnl. Libertar, desembarazar de cargas, obligaciones, culpas, etc.

EXINA f. *Bot.* Membrana externa del grano de polen y de las esporas de las pteridofitas.

EXINANICIÓN f. Notable falta de vigor y fuerza.

EXISTENCIA f. 1 Acto de existir. 2 Vida del hombre. 3 *Filos.* Por oposición a esencia, la realidad concreta de un ente cualquiera. En el léxico del existencialismo, por antonomasia, la existencia humana. || f. pl. 4 Cosas, especialmente mercancías, que no han tenido aún la salida o empleo a que están destinadas.

EXISTENCIAL adj. Perteneciente o relativo al acto de existir.

EXISTENCIALISMO m. *Filos.* Doctrina filosófica contemporánea, impulsada por Kierkegaard, Heidegger, Jaspers, Sartre, Marce, etc., con distintas modalidades y signos: unos ateos; otros, creyentes y, los más, agnósticos. Trató de fundar el conocimiento de toda realidad sobre la experiencia inmediata de la existencia propia.

EXISTIMAR tr. Hacer juicio o formar opinión de una cosa; tenerla por cierta, aunque no lo sea.

EXISTIMATIVO, VA adj. PUTATIVO.

EXISTIR intr. 1 Ser una cosa real y verdadera. 2 Tener vida. 3 Haber, estar, hallarse.

ÉXITO m. 1 Fin o terminación de un negocio o dependencia. 2 Resultado feliz de un negocio, actuación, etc.

EXITOSO, SA adj. Que tiene éxito.

EXNOVA f. *Astron.* Estado de una estrella después de una erupción nova.

EXO- pref. EX-, fuera de.

EXOBIOLOGÍA f. *Biol.* Ciencia que estudia las posibilidades de existencia de vida fuera de la Tierra.

EXOCARPO m. *Bot.* EPICARPO.

EXOCÉNTRICO, CA adj. 1 Que está o cae fuera del centro. 2 *Ling.* Se dice de la construcción que desempeña función distinta de la que tienen sus elementos constituyentes.

EXOCITOSIS f. *Biol.* En una célula, descarga al medio del contenido de viejos lisosomas o vacuolas digestivas.

EXOCRINA adj. *Anat.* Se dice de la glándula que tiene conducto excretor por el cual salen los productos por ella elaborados, como las sudoríparas.

ÉXODO m. fig. Emigración de un pueblo o de una muchedumbre de personas.

ÉXODO Segundo libro del Pentateuco, en el cual se refiere en primer lugar la salida de los israelitas de Egipto, la marcha, la alianza y legislación del Sinaí.

EXOESQUELETO m. *Zool.* DERMATOESQUELETO.

EXOGAMIA f. 1 *Biol.* Unión de gametos en organismos entre los que no existe una estrecha relación. 2 *Etnol.* Norma o costumbre de contraer matrimonio con alguien de distinta tribu o ascendencia, o procedente de otra localidad o comarca.

EXÓGAMO, MA adj. y s. *Etnol.* 1 Se dice de la persona que practica la exogamia. 2 Se dice de la persona nacida de una pareja formada por individuos de distinto grupo, tribu, clan, etc.

EXOGÁSTRICO adj. *Zool.* Se dice de las conchas en espiral, cuando ésta se dirige hacia la cara anterior del animal.

EXÓGENO, NA adj. Que se forma en el exterior o superficie de otro órgano.

EXONERAR tr. 1 Descargar de peso, carga u obligación. También prnl. 2 Separar, privar o destituir a alguno de un empleo.

EXORAR tr. Pedir, solicitar con empeño.

EXORBITANTE adj. Que excede mucho del orden y término regular.

EXORBITAR tr. EXAGERAR.

EXORCISMO m. Rito o conjuro que practica la iglesia para expulsar el demonio de la persona poseída.

EXORCISTA m. Religioso que tenía poder para exorcizar.

EXORCIZAR tr. Usar de los exorcismos dispuestos y ordenados por la iglesia contra el demonio.

EXORDIO m. 1 Principio, introducción, preámbulo de una obra literaria. 2 Preámbulo de un razonamiento o conversación familiar.

EXORNAR tr. Adornar, hermosear. También prnl.

EXOSFERA f. *Astron.* Capa más exterior de la atmósfera, que se extiende desde 500 km de altura hasta distancias poco determinadas. Constituye el paso al espacio.

EXÓSMOSIS o **EXOSMOSIS** f. *Fís.* Ósmosis de dentro a fuera, que se establece cuando los líquidos de distinta densidad están separados por una membrana. ♦ Su pl. es *exósmosis* o *exosmosis*.

EXOSTOSIS f. *Med.* Excrecencia cartilaginosa en una parte de un hueso largo, aunque a veces también aparece en los planos. ♦ Su pl. es *exostosis*.

EXOTECIO m. *Bot.* Capa celular externa dehiscente del esporangio de las gimnospermas.

EXOTÉRICO, CA adj. 1 Común, accesible para el vulgo. 2 Se aplica generalmente a la doctrina que los filósofos de la Antigüedad manifestaban públicamente.

EXOTERMIA f. *Quím.* Reacción química con producción de calor.

EXOTÉRMICO, CA adj. *Fís.* Se dice de los procesos que van acompañados de desprendimiento de calor.

EXÓTICO, CA adj. 1 Extranjero, peregrino. Se dice más comúnmente de las voces, plantas y drogas. 2 Extraño, chocante, extravagante.

EXOTISMO m. Calidad de exótico.

EXPANDIR tr. y prnl. Extender, dilatar, difundir.

EXPANSIÓN f. 1 fig. Acción de desahogar al exterior de un modo efusivo cualquier afecto o pensamiento. 2 Recreo, asueto, solaz. 3 Proceso histórico por el cual un país o civilización, o su influencia, se extiende más allá de sus fronteras. 4 *Econ.* Fase del ciclo económico caracterizada por la tendencia alcista en los precios, en los beneficios y en la renta. 5 *Fís.* Aumento de volumen que experimentan los gases, líquidos o sólidos.

EXPANSIONAR tr. 1 Expandir, dilatar, ensanchar. || prnl. 2 Desahogarse. 3 Divertirse, distraerse.

EXPATRIAR tr. 1 Hacer salir de la patria. || prnl. 2 Abandonar la patria.

EXPECTACIÓN f. 1 Espera, generalmente curiosa o tensa, de un acontecimiento que interesa o importa. 2 Contemplación de lo que se expone o muestra al público.

EXPECTATIVA f. 1 Esperanza de conseguir una cosa, si se depara la oportunidad que se desea. 2 Posibilidad de conseguir un derecho, empleo, etc., al ocurrir un suceso que se prevé. || **estar a la expectativa** fr. Estar uno sin actuar ni tomar una determinación hasta ver qué sucede.

EXPECTORAR tr. Arrojar por la boca, tosiendo o carraspeando, las flemas y secreciones que se depositan en las vías respiratorias.

EXPEDICIÓN f. 1 Acción y efecto de expedir. 2 Facilidad, desembarazo y prontitud al hablar o actuar. 3 Despacho, dispensa u otros indultos que dimanan de la curia romana. 4 Excursión que tiene por objeto realizar una empresa en un lugar alejado. 5 Conjunto de personas que la realizan. 6 Excursión colectiva a una ciudad o paraje con un fin científico o deportivo.

EXPEDIENTAR tr. Someter a expediente a un funcionario.

EXPEDIENTE m. 1 Dependencia o negocio que se sigue sin juicio contradictorio en los tribunales. 2 Conjunto de todos los papeles correspondientes a un asunto o negocio. 3 Medio, arbitrio o partido que se toma para dar salida a una duda o dificultad. 4 Despacho, curso en los negocios y causas. 5 Facilidad, desembarazo. 6 Razón, motivo, pretexto. 7 Procedimiento administrativo en que se enjuicia a un funcionario. || **cubrir el expediente** fr. fig. y fam. Aparentar que se cumple una obligación.

EXPEDIR tr. 1 Dar curso a las causas y negocios; despacharlos. 2 Despachar, expender por escrito, con las formalidades acostumbradas, un documento. 3 Pronunciar un auto o decreto. 4 Remitir, enviar mercancías, telegramas, pliegos, etc. || prnl. 5 *Arg., Chile y Urug.* Manejarse, desenvolverse en asuntos o actividades. ♦ IRREG. Se conjuga como PEDIR.

EXPEDITIVO, VA adj. Que tiene facilidad en dar expediente o salida a un negocio.

EXPEDITO, TA adj. Desembarazado, libre de todo estorbo; dispuesto a actuar.

EXPELER tr. ARROJAR, lanzar, despedir.

EXPENDEDURÍA f. Tienda en que se vende al por menor, tabaco u otros efectos, estancados o monopolizados, como sellos, pólizas, etc.

EXPENDER tr. 1 Gastar, hacer expensas. 2 Vender efectos de propiedad ajena por encargo de su dueño. 3 Vender al menudeo. 4 Poner en circulación moneda falsa.

EXPENSAS f. pl. Gastos, costas. || **a expensas** loc. adv. A costa, por cuenta, a cargo.

EXPERIENCIA f. 1 Hecho de aprender o conocer las personas por sí mismas. 2 Conjunto de saberes que se adquieren con la práctica. 3 EXPERIMENTO.

EXPERIMENTACIÓN f. 1 Acción y efecto de experimentar. 2 Método científico de indagación, fundado en la determinación voluntaria de los fenómenos.

EXPERIMENTAL adj. 1 Que se basa en la experiencia o en la experimentación. 2 Se aplica a las corrientes artísticas que incorporan innovaciones formales, temáticas, etc.

EXPERIMENTAR tr. 1 Probar y examinar prácticamente la virtud y propiedades de una cosa. 2 *Biol., Fís.* y *Quím.* Llevar a cabo operaciones destinadas a descubrir, comprobar o demostrar determinados fenómenos o principios científicos. 3 Notar, sentir en sí una cosa. 4 Hablando de impresiones, sensaciones o sentimientos,

existencialismo. Jean Paul Sartre junto a Michel Rocard.

tenerlos. 5 Recibir las cosas una modificación, cambio o mudanza.

EXPERIMENTO m. 1 Acción y efecto de experimentar. 2 Prueba, ensayo. 3 En las ciencias, método de validación de una hipótesis, que consiste en provocar un fenómeno, observar su desarrollo y comprobar su resultado.

EXPERTO, TA adj. 1 Práctico, hábil, experimentado. || m. y f. 2 Perito, persona que tiene especial conocimiento de una materia.

EXPIACIÓN f. CASTIGO, PENA.

EXPIAR tr. 1 Borrar las culpas; purificarse de ellas por medio de algún sacrificio. 2 Sufrir el delincuente la pena impuesta por los tribunales. 3 fig. Padecer trabajos por consecuencia de desaciertos o de malos procederes. 4 fig. Purificar una cosa profanada; como un templo, etc.

EXPILLO m. *Bot.* Hierba matricaria.

EXPIRAR intr. 1 Acabar la vida. 2 fig. Acabarse, fenecer una cosa.

EXPLANADA f. 1 Espacio de terreno allanado. 2 *Fort.* Declive que se continúa desde el camino cubierto hacia la campaña. 3 *Fort.* Parte más elevada de la muralla, sobre la cual se levantan las almenas. 4 *Mil.* Pavimento o armazón sobre la cual se monta y resbala la cureña de una batería.

EXPLANAR tr. 1 Poner llano un terreno, suelo, etc. 2 Construir terraplenes, hacer desmontes, etc., hasta dar al terreno la nivelación o el declive que se desea. 3 fig. Declarar, explicar.

EXPLAYADA adj. *Bl.* Se dice del águila que se representa con las alas extendidas.

EXPLAYAR tr. y prnl. 1 Ensanchar extender. || prnl. 2 fig. Difundirse, extenderse. 3 fig. Esparcirse, irse a divertir al campo. 4 fig. Confiarse a una persona, comunicándole algún secreto o intimidad, para desahogar el ánimo.

EXPLETIVO, VA adj. *Ling.* Se dice de las voces o partículas que, sin ser necesarias para el sentido, se emplean para incorporar valores expresivos y hacer más llena o armoniosa la locución.

EXPLICACIÓN f. 1 Declaración o exposición de cualquier materia o doctrina, para que se haga más comprensible. 2 Satisfacción que se da declarando que las palabras o actos que puede tomar a ofensa carecieron de intención de agravio. 3 Manifestación o revelación de la causa o motivo de alguna cosa.

EXPLICADERAS f. pl. Manera de explicarse o darse a entender cada cual.

EXPLICAR tr. 1 Declarar, manifestar, dar a conocer a otro lo que uno piensa. También prnl. 2 Declarar, exponer cualquier materia o doctrina con palabras que la hagan más comprensible. 3 Enseñar en la cátedra. 4 Justificar, exculpar palabras o acciones. 5 Dar a conocer la causa o motivo de alguna cosa. || prnl. 6 Llegar a comprender la razón de alguna cosa; darse cuenta de ella.

EXPLICITAR tr. Hacer explícito.

EXPLÍCITO, TA adj. Que expresa clara y determinadamente una cosa.

EXPLICOTEARSE prnl. fam. Explicarse con claridad y desenfado.

EXPLORACIÓN f. 1 Acción y efecto de explorar. 2 *Med.* Análisis y estudio del cuerpo o de un órgano interno para adquirir datos de su estado de salud.

EXPLORAR tr. Reconocer, registrar, averiguar.

EXPLORER *Astron.* Programa estadounidense de sonda espacial para investigar el estado del medio interplanetario y la exosfera. El *Explorer I* fue el primer satélite espacial de los EE UU en órbita terrestre.

EXPLOSIÓN f. 1 Liberación brusca de una gran cantidad de energía encerrada en un volumen relativamente pequeño, la cual produce un incremento violento y rápido de la presión, con desprendimiento de calor, luz y gases. El origen de la energía puede ser térmico, químico o nuclear. 2 Dilatación repentina del gas contenido o producido por un dispositivo mecánico con el fin de obtener el movimiento de una de las partes de aquél, como en el motor del automóvil o en el disparo del arma de fuego. 3 fig. Manifestación súbita de ciertos afectos del ánimo. 4 *Fon.* Parte final de la articulación o sonido de las consonantes oclusivas *p, t,* etc.

EXPLOSIONAR intr. 1 Hacer explosión. || tr. 2 Provocar una explosión.

EXPLOSIVO, VA adj. 1 Que hace o puede hacer explosión. 2 *Quím.* Que se incendia con explosión, como los fulminantes. También m. 3 *Fon.* Se dice del fonema que se pronuncia con oclusión y explosión. También s. || **ALTO EXPLOSIVO** *Tecnol.* Sustancia que al detonar produce una gran onda expansiva.

EXPLOTACIÓN f. 1 Acción y efecto de explotar. 2 Utilización con fines comerciales de animales, plantas, o algún producto natural, normalmente basada en un rendimiento constante.

EXPLOTAR tr. 1 Extraer de las minas la riqueza que contienen. 2 fig. Sacar utilidad de un negocio. 3 fig. Sacar provecho de algo. || intr. 4 EXPLOSIONAR, estallar.

EXPOLIAR tr. Despojar con violencia o con iniquidad.

EXPOLICIÓN f. Figura retórica que consiste en repetir un mismo pensamiento con distintas formas, o en acumular varios que vengan a decir lo mismo, aunque no sean enteramente iguales, para reforzar la expresión de aquello que se quiere dar a entender.

EXPOLIO m. 1 Acción y efecto de expoliar. 2 Botín del vencedor. 3 Conjunto de bienes que quedan en propiedad de la iglesia al morir *ab intestato* el clérigo que los poseía.

EXPONENCIAL m. 1 Se dice del crecimiento cuyo ritmo aumenta cada vez más rápidamente. 2 *Mat.* Relativo a los exponentes. 3 CANTIDAD EXPONENCIAL.

EXPONENTE adj. y s. 1 Que expone. || m. 2 PROTOTIPO, característico en un género. 3 *Mat.* Número o expresión algebraica que denota la potencia a que se ha de elevar otro número u otra expresión. 4 *Mat.* Diferencia de una progresión aritmética o razón de una geométrica. 5 *Ling.* En glosemática, una especie de miembro que, junto con los constituyentes, forman el plano pleremático y el plano cenemático. Son exponentes los morfemas y los prosodemas.

EXPONER tr. 1 Presentar una cosa para que sea vista, ponerla de manifiesto. 2 Colocar una cosa para que reciba la acción de un agente. 3 Declarar, interpretar, explicar. 4 Arriesgar, aventurar. También prnl. 5 Abandonar a un niño recién nacido. 6 Someter una placa fotográfica o un papel sensible a la acción de la luz para que se impresione. ♦ IRREG. Se conjuga como PONER.

EXPORTACIÓN f. Conjunto de mercancías que se exportan.

EXPORTAR tr. Enviar géneros del propio país a otro.

EXPOSICIÓN f. 1 Acción y efecto de exponer. 2 Explicación de un tema o asunto por escrito o de palabra. 3 Representación por escrito a una autoridad, pidiendo o reclamando algo. 4 Manifestación pública de artículos industriales o de artes y ciencias. 5 Conjunto de las noticias dadas en las obras épicas, dramáticas y novelescas, acerca de los antecedentes o causas de la acción. 6 *Geog.* Situación de un objeto o un terreno con relación a los puntos cardinales del horizonte. 7 *Fot.* Espacio de tiempo durante el cual se expone a la luz una placa fotográfica o un papel sensible para que se impresione. 8 *Mús.* Parte inicial de algunas composiciones en las que se representa el tema o los temas que han de repetirse o desarrollarse después.

exploración geográfica. Roald Amundsen en el Polo Sur.

EXPÓSITO, TA adj. y s. Se dice del que recién nacido fue abandonado o expuesto, o confiado a un establecimiento benéfico.

EXPREMIJO m. Mesa baja, de tablero con ranuras y algo inclinada, para que al hacer queso escurra el suero.

EXPRÉS adj. 1 Se dice de ciertos aparatos electrodomésticos (cafeteras, ollas) que funcionan a presión y realizan su función con mayor rapidez. 2 Se dice del café obtenido por una cafetera exprés. También m. 3 Se dice del tren expreso. Más como m.

EXPRESAR tr. 1 Decir, manifestar con palabras o con otros signos exteriores, como miradas, actitudes, gestos, lo que uno quiere dar a entender. 2 Manifestar el artista con viveza y exactitud los afectos propios del caso. || prnl. 3 Darse a entender por medio de la palabra.

EXPRESIÓN f. 1 Especificación, declaración de una cosa para darla a entender. 2 Palabra o locución. 3 *Ling.* En glosemática, lo que, en un signo o en un enunciado lingüístico, corresponde sólo al significante oral o escrito. 4 *Ling.* Cuanto en un enunciado lingüístico manifiesta los sentimientos del hablante. 5 Efecto de expresar algo sin palabras. 6 Viveza y propiedad con que se manifiestan los afectos en las artes y en la declamación. 7 Cosa que se regala en demostración de afecto. || **reducir a la mínima expresión** fr. fig. Mermar, disminuir.

EXPRESIONISMO m. 1 *Arte.* Escuela y tendencia literaria y artística, iniciada en Europa a finales del siglo XIX, como reacción contra el impresionismo. Negó la primacía del objeto como fuente de inspiración imitativa pura y propugnó la intensidad de la expresión sincera aun a costa del equilibrio formal. En el campo de la literatura, constituyó una etapa intermedia entre el Romanticismo y el superrealismo. Entre sus representantes destacaron: en poesía, a G. Trakl y F. Werfel; en prosa, A. Döblin y F. Kafka; en teatro, E. Toller, G. Kaiser y C. Sternheim; en la música, I. Strawinsky, B. Bartok, A. Schönberg, A. Honegger y P. Hindemith; en escultura, E. Barlach; y en pintura E. Munch, E. L. Kirchner, E. Nolde, W. Kandisnky, P. Klee, O. Kokoschka, M. Beckmann y K. Kollwitz. 2 *Cin.* Movimiento cinematográfico desarrollado en Alemania en la primera mitad del siglo XX. Se caracterizó por la temática fantástica, el tratamiento de los decorados y los juegos de luces y sombras. Sus representantes más destacados fueron el productor Erich Pommer, Fritz Lang, Robert Wiene, F. W. Murnau, Josef von Sternberg y Paul Wegener.

EXPRESIVIDAD f. Elocuencia, efusividad.

EXPRESIVO, VA adj. 1 Se dice de la persona que manifiesta con gran viveza lo que siente o piensa. 2 Se dice de cualquier manifestación mímica, oral, escrita, musical o plástica, que muestra con viveza los sentimientos de la persona que se manifiesta por aquellos medios. 3 Característico, típico. 4 Que constituye un inicio de algo. 5 Cariñoso, afectuoso. 6 *Ling.* Relativo a la expresión lingüística. 7 *Ling.* Se dice de una de las funciones del lenguaje, según K. Bühler.

EXPRESO, SA adj. 1 Claro, patente. 2 Se dice del tren expreso. Más como m. || m. 3 Correo extraordinario. || adv. m. 4 Ex profeso.

EXPRIMIR tr. 1 Extraer el zumo o líquido de una cosa. 2 fig. ESTRUJAR, agotar una cosa. 3 fig. Explotar a una persona, abusar de ella. 4 Expresar, manifestar.

EXPROPIAR tr. Desposeer de una cosa a su propietario por motivos de utilidad pública a cambio de una indemnización.

EXPUESTO, TA adj. PELIGROSO.

EXPUGNAR tr. Tomar por las armas una ciudad, plaza, castillo, etc.

EXPULSAR tr. Echar algo o a alguien de un lugar.

EXPURGAR tr. 1 Limpiar o purificar una cosa. 2 fig. Mandar la autoridad tachar algunas palabras, cláusulas o pasajes de determinados libros o impresos.

EXQUISITO, TA adj. De singular y extraordinaria calidad, primor o gusto.

EXTASIARSE prnl. ARROBARSE.

ÉXTASIS m. 1 Estado del alma enteramente embargada por un intenso sentimiento de admiración, alegría, etc. 2 *Teol.* Estado del alma, caracterizado interiormente por un sentimiento místico de aproximación a Dios y exteriormente por la suspensión mayor o menor del ejercicio de los sentidos. 3 *Quím.* Denominación vulgar de la metilendioximetanfetamina o MDMA, anfetamina obtenida por síntesis en laboratorio hacia mediados de los años setenta. En 1985 la ONU la incluyó dentro de la lista de sustancias adictivas. ♦ Su pl. es *éxtasis.*

EXTEMPORÁNEO, A adj. 1 Impropio del tiempo en que sucede o se hace. 2 Inoportuno, inconveniente.

EXTENDER tr. 1 Aumentar la superficie de una cosa. También prnl. 2 Esparcir, desparramar. 3 Desenvolver, desplegar. También prnl. 4 Dar mayor amplitud y comprensión a un derecho, autoridad, etc. También prnl. 5 Poner por escrito un despacho, escritura, etc. || prnl. 6 Ocupar cierta cantidad de terreno, espacio, etc. 7 Na-

expresionismo. 1. Cinematográfico: escena de la película *El gabinete del doctor Caligari,* dirigida por Robert Wiene. 2. Pictórico: *Los amigos,* cuadro de Oscar Kokoschka. Museo Wolfgang (Linz).

rrar, oralmente o por escrito, dilatada y copiosamente. **8** fig. Propagarse, difundirse. **9** fig. Alcanzar la fuerza o eficacia de una cosa a influir u obrar en otras. ◆ IRREG. Se conjuga como ENTENDER.

EXTENSIÓN f. **1** Acción y efecto de extender. **2** Línea conectada a una centralita. **3** *Geom.* Capacidad para ocupar una parte del espacio. **4** Medida del espacio ocupado por la superficie de un cuerpo. **5** *Gram.* Tratando del significado de las palabras, ampliación del mismo a otro concepto. **6** *Lóg.* Conjunto de individuos comprendidos en una idea. || **en toda la extensión de la palabra** fr. fig. Enteramente, por completo.

EXTENSIVO, VA adj. Que se extiende o se puede extender o aplicar a más cosas que a las que ordinariamente comprende.

EXTENSO, SA adj. **1** Que tiene extensión. **2** VASTO. || **por extenso** loc. adv. Con todo detalle. También, con todos sus elementos. ◆ Es el p. p. irregular de EXTENDER.

EXTENSOR m. *Fisiol.* Músculo que extiende un miembro o parte de él.

EXTENUACIÓN f. Enflaquecimiento, debilitación de las fuerzas materiales.

EXTENUAR tr. y prnl. Agotar, debilitar.

EXTERIOR adj. **1** Que está por la parte de afuera. **2** Relativo a otros países, por contraposición a nacional e interior. || m. **3** Superficie externa de los cuerpos. **4** Traza, aspecto o porte de una persona. || m. pl. **5** Espacios al aire libre donde se rueda una película.

EXTERIOR, CORDILLERA Cordillera de Bolivia, a la que se denomina también Andes occidentales. Desde el NO del territorio boliviano corre hacia el S, aproximándose a la costa del Pacífico en su parte austral. Es de origen volcánico.

EXTERIORIDAD f. **1** Cosa exterior o externa. **2** Apariencia, aspecto de las cosas, o porte, conducta ostensible de una persona. **3** Demostración con que se aparenta un afecto del ánimo. **4** Pompa de mera ostentación. Más en pl.

EXTERIORIZAR tr. y prnl. Revelar o mostrar algo al exterior.

EXTERMINAR tr. fig. **1** Acabar del todo con una cosa. **2** fig. Desolar, devastar.

EXTERNADO m. **1** Establecimiento de enseñanza con alumnos externos. **2** Estado y régimen de vida del alumno externo. **3** Conjunto de alumnos externos.

EXTERNO, NA adj. **1** Se dice de lo que obra o se manifiesta al exterior. **2** Se dice del alumno que sólo permanece en el colegio o escuela durante las horas de clase. También s.

EXTINCIÓN f. **1** Acción y efecto de extinguir o extinguirse. **2** Desaparición de una especie o población animal o vegetal.

EXTINGUIR tr. y prnl. **1** Hacer que cese el fuego o la luz. **2** fig. Hacer que cesen o se acaben del todo ciertas cosas que desaparecen gradualmente. || prnl. **3** fig. Acabarse, vencer un plazo o derecho.

EXTINTOR, RA adj. **1** Que extingue. || m. **2** Aparato para extinguir incendios.

EXTIRPADOR, RA adj. y s. **1** Que extirpa. || m. **2** *Agr.* Instrumento para cortar horizontalmente la tierra y las raíces.

EXTIRPAR tr. **1** Arrancar de cuajo o de raíz. **2** Separación completa de una parte del cuerpo o de un órgano. **3** fig. Acabar del todo con una cosa.

EXTORNAR tr. Pasar una partida del debe al haber, o viceversa.

EXTORNO m. Parte de prima que el asegurador devuelve al asegurado por alguna modificación en las condiciones de la póliza contratada.

EXTORSIÓN f. **1** fig. Cualquier daño o perjuicio. **2** Delito que consiste en obligar bajo amenaza a alguien a pagar determinadas cantidades, o a alguna otra cosa.

EXTORSIONAR tr. **1** Usurpar, arrebatar. **2** Causar extorsión o daño.

EXTRA 1 Preposición inseparable que significa *fuera de.* **2** En estilo familiar suele emplearse aislada, significando *además.* || adj. **3** Extraordinario, óptimo. || m. **4** fam. Adehala, gaje, plus. **5** fam. Plato extraordinario que no figura en la minuta. || com. **6** Persona que presta un servicio accidental. **7** En el cine, persona que interviene como comparsa o figurante.

EXTRACCIÓN f. **1** Acción y efecto de extraer. **2** En el juego de la lotería, acto de sacar algunos números con sus respectivas suertes. **3** Origen, linaje.

EXTRACTAR tr. Reducir a extracto una cosa; como escrito, libro, etc.

EXTRACTO m. **1** Resumen de un escrito. **2** *Der.* Apuntamiento o resumen de un expediente o de pleito contencioso administrativo. **3** *Quím.* Sustancia que, en forma concentrada, se extrae de otra animal o vegetal, de la cual conserva sus propiedades. || **EXTRACTO DE SATURNO** *Quím.* Disolución acuosa del acetato de plomo básico.

EXTRACTOR, RA m. y f. **1** Persona que extrae. **2** Aparato o pieza del mecanismo que sirve para extraer.

EXTRACURRICULAR adj. Se dice de lo que no pertenece a un currículo, o no está incluido en él.

EXTRADICIÓN f. *Der.* Procedimiento judicial en que los tribunales de un país deciden la entrega o no de un delincuente que es reclamado por los tribunales de otro Estado.

EXTRADÓS m. TRASDÓS.

EXTRAER tr. **1** Sacar, poner una cosa fuera de donde estaba. **2** Tratándose de raíces, averiguar cuáles son las de una cantidad dada. **3** *Quím.* Separar alguna de las partes de que se componen los cuerpos. ◆ IRREG. Se conjuga como TRAER.

EXTRAJUDICIAL adj. Que se hace o se trata fuera de la vía judicial.

EXTRALIMITACIÓN f. EXCESO, ATROPELLO.

EXTRALIMITARSE prnl. y tr. fig. Excederse en el uso de las facultades o atribuciones; abusar de la benevolencia ajena.

EXTRAMUROS adv. f. Fuera del recinto de una ciudad, villa o lugar.

EXTRANJERISMO m. **1** Afición desmedida a costumbres extranjeras. **2** Voz, frase o giro de un idioma extranjero empleado en español.

EXTRANJERIZAR tr. y prnl. Introducir las costumbres extranjeras, mezclándolas con las propias del país.

EXTRANJERO, RA adj. **1** Que es o viene de un país de otra soberanía. **2** Natural de una nación con respecto a los naturales de cualquier otra. Más como s. || m. **3** Toda nación que no es la propia.

EXTRANJIS, DE loc. fam. De tapadillo, ocultamente.

EXTRAÑA f. *Bot.* Planta herbácea de la familia compuestas, con flores grandes, que se cultiva para adorno.

EXTRAÑAMIENTO m. Acción y efecto de extrañar o extrañarse.

EXTRAÑAR tr. **1** Desterrar a país extranjero. También prnl. **2** Apartar, privar a uno del trato y comunicación que se tenía con él. También prnl. **3** Ver u oír con admiración o extrañeza una cosa. También prnl. **4** Sentir la novedad de alguna cosa que usamos, echando de

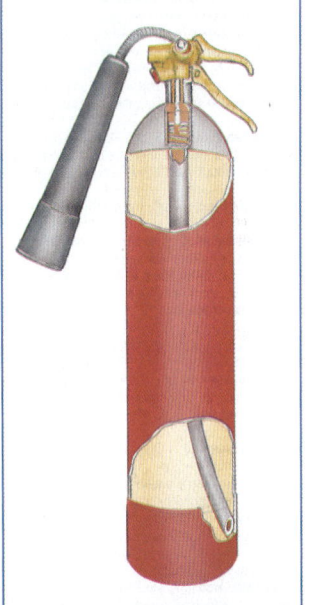

extintor

exvotos etruscos del siglo IV a. C. Museo Villa Giulia (Roma).

menos la que nos es habitual. **5** Echar de menos a alguna persona o cosa, sentir su falta. **6** Afear, reprender. || prnl. **7** Rehusarse, negarse a hacer una cosa.

EXTRAÑEZA o **EXTRAÑEZ** f. **1** Anormalidad, rareza. **2** Cosa rara, extraña, extraordinaria. **3** Admiración, novedad.

EXTRAÑO, ÑA adj. **1** De nación, familia o profesión distintas. También s. **2** Raro, singular. **3** EXTRAVAGANTE. **4** Ajeno a la naturaleza o condición de una cosa de la que forma parte. **5** Seguido de la preposición a, se dice de lo que no tiene parte en una cosa.

EXTRAOFICIAL adj. No oficial.

EXTRAORDINARIO, RIA adj. **1** Fuera del orden o regla natural o común. **2** Se dice del número de un periódico que se publica por algún motivo excepcional. || m. **3** Correo especial que se despacha con urgencia. **4** Plato o manjar que se añade a la comida diaria.

EXTRAPARLAMENTARIO, RIA adj. En los sistemas democráticos, se dice de las actividades, fuerzas políticas, etc., que quedan fuera del juego parlamentario.

EXTRAPLANO, NA adj. Se dice de las cosas que son extraordinariamente planas o delgadas.

EXTRAPOLACIÓN f. Extensión, generalización.

EXTRAPOLAR tr. **1** Fís. y Mat. Averiguar el valor de una magnitud para valores de la variable que se hallen fuera del intervalo en que dicha magnitud ha sido medida. **2** fig. Aplicar conclusiones obtenidas en un campo a otro.

EXTRARRADIO m. Zona que rodea el casco y radio de la población.

EXTRASENSORIAL adj. Se dice de lo que se percibe o acontece sin la intervención de los órganos sensoriales.

EXTRASÍSTOLE f. Med. Latido anormal e irregular del corazón.

EXTRATERRENO, NA adj. y s. Ajeno a la tierra o a la vida terrestre.

EXTRATERRESTRE adj. **1** Se dice de lo que pertenece al espacio exterior de la Tierra o procede de él. || adj. y com. **2** Se dice de objetos o seres supuestamente venidos desde el espacio exterior a la Tierra.

EXTRATERRITORIALIDAD f. Privilegio que considera el domicilio de los agentes diplomáticos, buques de guerra, etc., como si estuviesen fuera del territorio donde se encuentran.

EXTRAUTERINO, NA adj. Fisiol. Que ocurre fuera del útero, en relación con lo que acontece dentro.

EXTRAVAGANCIA f. Rareza en el modo de pensar y actuar.

EXTRAVAGANTE adj. **1** Que habla, procede, viste, etc., fuera del común modo de obrar. **2** Raro, extraño, descostumbrado, excesivamente peculiar u original. **3** Se dice de la correspondencia que recibe de tránsito una administración de correos, para ser enviada a otras poblaciones. || f. **4** Cualquiera de las constituciones pontificias después de los cinco libros de las decretales y clementinas.

EXTRAVASARSE prnl. Med. Salirse un líquido de su vaso o conducto.

EXTRAVENAR tr. **1** Hacer salir la sangre de las venas. Más como prnl. **2** fig. Desviar, sacar de su lugar.

EXTRAVERSIÓN f. EXTROVERSIÓN.
EXTRAVERTIDO, DA adj. EXTROVERTIDO.
EXTRAVIADO, DA adj. **1** De costumbres desordenadas. **2** Se dice de lugares poco transitados.

EXTRAVIAR tr. **1** Hacer perder el camino. **2** Perder una cosa, no saber dónde se puso. **3** No fijar la vista en un punto determinado. || prnl. **4** No encontrar una cosa en su sitio e ignorarse su paradero. **5** fig. Empezar una nueva y peor forma de vida.

EXTRAVÍO m. **1** fig. Desorden en las costumbres. **2** fam. Molestia, perjuicio.

EXTREMA f. vulg. Abreviación de EXTREMAUNCIÓN.
EXTREMADO, DA adj. Sumamente bueno o malo.
EXTREMADURA Comunidad autónoma centrooccidental de España, constituida por las provincias de Cáceres y Badajoz; 41.602 km² y 1.073.574 h. Su capital es Mérida. Se extiende entre el Sistema Central al N y Sierra Morena, al S. Sus ríos pertenecen a las cuencas del Tajo (Tiétar, Alagón, Almonte, Jerte y Salor) y del Guadiana (Gévora y Zúcar). El clima es continental. Es una de las regiones menos pobladas de España. La economía de la región conserva un carácter eminentemente agropecuario. Es importante la producción de energía eléctrica. Las industrias, derivadas de la agricultura y la ganadería, se concentran en Badajoz, Cáceres, Mérida y Don Benito. Cuenta también con industria química (Mérida, Logrosán), textil, del corcho y del tabaco.

EXTREMAR tr. **1** Llevar al extremo. || prnl. **2** Emplear todo el esmero en la ejecución de una cosa.

EXTREMAUNCIÓN f. Rel. Uno de los sacramentos de la iglesia católica, que consiste en la unción con óleo sagrado hecha por el sacerdote a los fieles que se hallan en peligro inminente de morir.

EXTREMEÑO, ÑA adj. y s. **1** De Extremadura. **2** Que habita en los extremos de una región. || m. Ling. **3** Se dice del castellano hablado en Extremadura, con rasgos meridionales, leonismos y abundantes arcaísmos.

EXTREMIDAD f. **1** Parte extrema de una cosa. **2** Anat. Estructura o apéndice utilizado para la locomoción o para coger objetos, como los brazos o las piernas en el hombre. **3** fig. Grado último a que una cosa puede llegar. || f. pl. Zool. **4** Cabeza, pies, manos y cola de los animales.

EXTREMISMO m. Tendencia a adoptar ideas extremas o exageradas.

EXTREMO, MA adj. **1** ÚLTIMO. **2** Se dice de lo más elevado, intenso o activo de cualquier cosa. **3** Excesivo. **4** DISTANTE. || m. **5** Parte primera o última de una cosa. **6** El punto último a que puede llegar una cosa. **7** Esmero sumo en una operación. **8** Asunto o materia que se discute. **9** En el fútbol y otros deportes, miembro de la delantera que en la alineación del equipo se sitúa más próximo a las bandas del campo. || m. pl. **10** Manifestaciones exageradas y vehementes de un estado de ánimo. **11** Pastos de invierno para el ganado trashumante. || **de extremo a extremo** loc. adv. **de principio a fin.** || **en extremo** || **en último extremo** loc. adv. Si no hay más remedio. || **ir**, o **pasar, de un extremo a otro** fr. Cambiar de repente de una opinión, o cosa, a otra. También

pasar el tiempo de calor a frío o viceversa, repentinamente.

EXTREMO o **LEJANO ORIENTE** Término con que se designa a los países de Asia Oriental: China, Bangla Desh, Myanmar, Tailandia, Laos, Camboya, Vietnam, Indonesia, Malaysia, Filipinas, Corea, Japón y el extremo oriental de Siberia.

EXTREMOSO, SA adj. **1** Que se expresa o actúa sin moderación. **2** Muy expresivo en demostraciones cariñosas.

EXTRÍNSECO, CA adj. Exterior, no esencial.
EXTROVERSIÓN f. **1** Med. Vicio de conformación congénita de un órgano interno, hueco, cuya superficie interior se halla al descubierto. **2** Calidad de la persona extrovertida.

EXTROVERTIDO, DA adj. y s. Se dice de la persona que tiende a comunicar a los que lo rodean sus problemas, sentimientos, etc.

EXTRUDIR tr. Dar forma a una masa metálica, plástica, etc., haciéndola salir por una abertura especialmente dispuesta.

EXUBERANCIA f. Abundancia suma.
EXUBERANTE adj. Abundante y copioso con exceso.
EXUDACIÓN f. Acción y efecto de exudar.
EXUDADO m. Med. **1** Producto de la exudación, generalmente por extravasación de la sangre en las inflamaciones. **2** Cualquier substancia exudada.
EXUDAR intr. y tr. Salir un líquido fuera de sus vasos.
EXULCERAR tr. e intr. Med. Corroer el cutis de modo que empiece a formarse llaga.
EXULTAR intr. Saltar de alegría, no caber en sí de gozo.
EXUMA Nombre de dos islas del océano Atlántico, en el archipiélago de las Bahamas (Gran y Pequeña Exuma); 290 km² y 3.556 h.
EXUTORIO m. Med. Úlcera abierta para determinar una supuración permanente con un fin curativo.
EXVOTO m. Cualquier tipo de testimonio, generalmente trabajado de modo artístico, que se lleva como ofrenda a los dioses o a Dios, los santos, etc., en cumplimiento de una promesa, agradecimiento, un favor otorgado, etc.
EYACULAR tr. **1** Lanzar con fuerza el contenido de un órgano, cavidad o depósito. **2** Arrojar el semen en el espasmo sexual.
EYADÉMA, GNASSINGBE Militar y político togolés (Pya, Lama Kara, 1937). Tras el golpe de Estado de 1967, asumió el poder supremo. Fue confirmado en el cargo en las elecciones multipartidistas de 1993 y 1998, ambas denunciadas por fraude por la oposición.
EYCK, VAN VAN EYCK.
EYRE Lago de Australia, Estado de Australia Meridional; 9.583 km².
EYZAGUIRRE, AGUSTÍN DE Político chileno (Santiago, 1766 - íd., 1837). Integró la Junta de Santiago de 1810 y la que sucedió a O'Higgins en 1823. Vicepresidente de la República (1826), ocupó la presidencia tras la renuncia de Blanco Encalada (1826-27).
EYZIES-DE-TAYAC, LES Población del SO de Francia, departamento de Dordoña; 1.028 h. Estación prehistórica del paleolítico.
EZCURRA, JUAN ANTONIO Militar y político paraguayo (Asunción, 1859 - íd., 1929). Coronel (1897) y ministro de Guerra y Marina (1898), fue elegido presidente de la República (1902-04).
EZEQUÍAS (? - ?, 697 a. C.). Luchó sin éxito contra los asirios. Recibió los consejos del profeta Isaías, quien le profetizó la ruina y la cautividad de Judá.
EZEQUIEL Profeta mayor de Israel, que fue deportado a Babilonia h. 598 a. C. Lleva su nombre un libro de la Biblia.
EZETA, CARLOS Militar y político salvadoreño (San Salvador, 1855 - Monterrey, México, 1903). Se sublevó contra Menéndez en 1890 y fue proclamado presidente provisional. Hubo de afrontar la guerra que le declaró Guatemala y la oposición de Honduras. Elegido presidente de la República en 1891, gobernó despóticamente. Depuesto en 1894, huyó a México.
EZLN EJÉRCITO ZAPATISTA DE LIBERACIÓN NACIONAL.
EZPATADANTZA f. Danza. Baile típico vasco ejecutado con palos.
EZPELETA y VEYRE DE GALDEANO, JOSÉ DE General español (Pamplona, 1740 - Madrid, 1823). Fue capitán general de Cuba a partir de 1785 y virrey de Nueva Granada (1789-96). De regreso a la Península, fue nombrado capitán general de Cataluña y de Navarra.
EZQUERDEAR intr. Torcerse a la izquierda de la visual una hilada de sillares, un muro, etc.
EZRA ESDRAS.
EZRA, MOSÉ IBN Poeta hispanojudío (Granada, h. 1060 - Córdoba, h. 1135). Es uno de los más destacados representantes de la poesía profana hebrea medieval. Autor de El collar de perlas o Libro del collar.

F

F f. **1** Sexta letra del abecedario español, y cuarta de sus consonantes. Su nombre es *efe*. **2** *Mat.* Letra utilizada para designar una función.
F 1 *Biol.* Abreviatura de la generación filial cuando se trata de la herencia genética. **2** *Fís.* Símbolo del faradio. **3** *Fís.* Abreviatura de la escala de temperatura Fahrenheit. **4** *Quím.* Símbolo del flúor. **5** *Quím.* Símbolo de la constante de Faraday.
FA m. *Mús.* Cuarta nota de la escala musical.
FABA f. *Bot.* Variedad de judía blanca, planta de la familia leguminosas, y su fruto y semilla. ♦ Su pl. es *fabes*.
FABADA f. Plato típico asturiano compuesto de judías con tocino, morcilla, chorizo, lacón, etc.
FABBIANI, JOSÉ Escritor venezolano (Panaquire, 1911 - Caracas, 1975). Autor de las novelas *Valle hondo* (1934), *Mar de lava* (1941), *A orillas del sueño* (1959), y *La dura tierra* (1969).
FABIANA, SOCIEDAD (*Fabian Society*) *Hist.* Asociación inglesa, fundada en 1883-84 por T. Davidson. Abogaba por un socialismo reformista, inspirado en las ideas de Fabio Máximo Verrucoso, de quien tomaron el nombre. Contribuyó al nacimiento del Partido Laborista (1907).
FABIANO, NA adj. y s. De la Sociedad Fabiana.
FABIO MÁXIMO RULIANO, QUINTO Cónsul y dictador romano (? - ?, h. 290 a. C.). Fue seis veces cónsul entre 322 y 295, y obtuvo importantes victorias sobre los samnitas, los umbrios, galos, tarquinios y etruscos.
FABIO MÁXIMO VERRUCOSO, QUINTO (llamado CUNCTATOR EL PARSIMONIOSO) Cónsul y dictador romano (Roma, h. 275 - íd., 203 a. C.). Ejerció el consulado cinco veces entre 233 y 209. Luchó contra los ligures y se opuso a las leyes agrarias de Flaminio. Participó en la batalla de Trasimeno (217 a. C.), tras lo cual fue nombrado dictador. Derrotó a Aníbal en Cannas (216).
FABIO PICTOR, QUINTO Historiador romano (Roma, h. 254 - íd., 186 a. C.). Su obra se ocupa de toda la historia de Roma, desde su fundación —fijada, con respecto a las Olimpiadas, en el 747 a. C.— hasta la segunda guerra púnica. De ella sólo nos han llegado fragmentos, a través de Polibio y de Dionisio de Halicarnaso.
FABIOS *Hist.* Nombre que se dio a los miembros de una antigua familia patricia romana, muy vinculada al Senado, y cuyos 306 miembros se encargaron de combatir a los habitantes de Veyes. Fueron derrotados el 477 a. C.
FABISMO m. *Med.* Tipo de anemia hemolítica aguda, a veces muy grave, relacionada con la ingestión de *Vicia faba* o la inhalación de su polen.
FABIUS, LAURENT Político francés (París, 1946). Diputado socialista desde 1978, fue ministro de Presupuestos (1981), Industria e Investigación (1983) y primer ministro (1984-86). Asimismo, ocupó la presidencia de la Asamblea Nacional (1988-91 y 1997-2000) y fue secretario general del PS (1992-93). En marzo de 2000 fue nombrado ministro de Economía y Finanzas.
FABLIAU (Voz fr.) m. *Lit.* Cuento breve en verso que solían recitar los juglares al fin de los banquetes para entretenimiento de los comensales.
FABRA, POMPEU Filólogo, ingeniero y químico español (Barcelona, 1868 - Prades, 1948). Estableció normas ortográficas y elaboró gramáticas y diccionarios de la lengua catalana: *Ensayo de gramática del catalán moderno* (1885), *Diccionari Ortogràfic* (1917), *Diccionari general de la llengua catalana* (1932) y *Gramática catalana* (1956), etc.
FABRE, JEAN HENRI CASIMIR Entomólogo francés (Saint-Léons, 1823 - Serignan-du-Contat, 1915). Realizó numerosos descubrimientos sobre las pautas de comportamiento de los animales. Autor de *Souvenirs entomologiques* (1879-1907).
FABRE D'ÉGLANTINE, PHILIPPE Poeta y político francés (Carcasona, 1750 - París, 1794). Fue diputado en la Convención Nacional y el autor de los nombres del calendario revolucionario. Compuso varias obras teatrales de éxito, entre ellas *El aristócrata* y *Los preceptores* (1794). Murió guillotinado.
FABRIANO, GENTILE DA Pintor italiano (Fabriano, 1370 - Roma, 1427). Discípulo de Fra Angélico, fue el maestro más sobresaliente de la escuela de Umbría. De sus obras destacan la *Adoración de los Magos* (1423) y el *Políptico Quaratesi* (1425).
FÁBRICA f. **1** Establecimiento dotado de la maquinaria, herramienta e instalaciones necesarias para la fabricación de ciertos objetos, obtención de determinados productos o transformación industrial de una fuente de energía. **2** EDIFICIO. **3** Cualquier construcción o parte de ella hecha con piedra o ladrillo y argamasa. **4** Invención, artificio de algo no material.
FABRICACIÓN f. Acción y efecto de fabricar.
FABRICAR tr. **1** Producir objetos en serie generalmente por medios mecánicos. **2** Construir un edificio, dique, etc. **3** fig. ELABORAR. **4** fig. Hacer algo no material.
FABRICIO, CAYO (llamado LUSCINO) Cónsul romano (s. III a. C.). Fue cónsul en el 282 y el 278 a. C. Tras la derrota en Hericlea (280 a. C.), negoció la paz con Pirro.
FABRICIUS, JOHANN Astrónomo alemán (Osteel, 1587 - Heidelberg, 1657). Descubrió en 1610 las manchas solares y dio a conocer el hecho en junio de 1611 en su obra *De maculis in Sole observatis*. Utilizó su descubrimiento para establecer la rotación del Sol alrededor de su eje.
FÁBULA f. **1** Rumor, habilla. **2** Relación falsa, de pura invención. **3** Ficción artificiosa con que se encubre una verdad. **4** Acción ficticia que se narra para deleitar. **5** *Lit.* Composición literaria, generalmente en verso, por medio de una ficción alegórica, de la representación de personas y de la personificación de animales, que usa una enseñanza útil o moral. **6** *Lit.* En los poemas épicos y dramáticos, serie y contexto de los incidentes de que se compone la acción, y de los medios por que se desarrolla. **7** MITOLOGÍA, y cualquiera de sus ficciones. **8** Objeto de murmuración.
FABULOSO, SA adj. **1** Imaginario, maravilloso. **2** fig. Extraordinario, increíble.
FACA f. **1** Cuchillo curvo. **2** Cualquier cuchillo de grandes dimensiones.
FACCIÓN f. **1** Grupo de gente amotinada o rebelada. **2** Banda o pandilla violenta y desaforada. **3** Rasgo del rostro humano. Más en pl. **4** Acción de guerra.
FACCIOSO, SA adj. y s. **1** Perteneciente a una facción. Principalmente, rebelde alzado en armas. **2** Inquieto, revoltoso.
FACETA f. **1** *Geom.* Cada uno de los lados o caras de un poliedro, especialmente del diamante. **2** fig. Cada uno de los aspectos que se pueden considerar en un asunto.
FACHA f. **1** fam. Traza, aspecto. **2** fam. Mamarracho, adefesio. También m. **3** desp. Fascista, de extrema derecha. **4** *Chile* FACHENDA.
FACHADA f. **1** *Arquit.* Muro exterior de un edificio. **2** fig. y fam. PRESENCIA, aspecto del cuerpo humano. **3** fig. Portada en los libros.
FACHENDA f. **1** fam. Vanidad, jactancia. ‖ m. **2** fam. Persona que es vanidosa.
FACHODA KODOK.
FACIACIÓN f. *Bot.* Unidad elemental de la fitosociología que agrupa el conjunto de comunidades vegetales que pertenecen a teselas relacionadas por factores ecológicos muy precisos.
FACIAL adj. Relativo al rostro.
FACIES f. **1** Aspecto, caracteres externos de algo. **2** *Anat.* Rostro, y especialmente el que revela alguna alteración o enfermedad del organismo. **3** *Geol.* Conjunto de caracteres petrográficos (*litofacies*) y/o paleontológicos (*biofacies*) que presenta cualquier formación y reflejan las condiciones ambientales en que se formó. ♦ Su pl. es *facies*.
FÁCIL adj. **1** Que cuesta poco trabajo. **2** Que puede suceder con mucha probabilidad. **3** Dócil. ‖ adv. **4** Con facilidad.
FACILIDAD f. **1** Cualidad de fácil. **2** Disposición para hacer una cosa un gran trabajo. **3** Condescendencia excesiva. **4** Ocasión propicia para hacer algo. ‖ **dar facilidades** fr. FACILITAR.
FACILITAR tr. **1** Hacer fácil o posible. **2** Proporcionar o entregar.
FACINEROSO, SA adj. y s. **1** Delincuente habitual. ‖ m. **2** Hombre malvado.
FACISTOL m. **1** Atril grande para los libros de canto que se pone en el coro de las iglesias. ‖ adj. **2** *Méx.* y *Venez.* Engreído, pedante.

Gentile da **Fabriano**. *San Nicolás dona tres bolas de oro a los niños pobres*. Museos Vaticanos (Roma).

FACO- pref. que significa lente.

FACÓQUERO m. *Zool.* Mamífero artiodáctilo perteneciente a la familia suidos, de nombre científico *Phacochoerus aethiopicus*, parecido al jabalí, con una gran cabeza, cuatro verrugas en la cara y los dos caninos superiores muy desarrollados y en forma de semicírculo. Habita en el África subsahariana.

FACSÍMIL m. *Tecnol.* **1** Perfecta imitación o reproducción de dibujos, textos, etc. **2** Reproducción a distancia de dibujos, textos, fotografías, etc. Se llama también *telefono.* **3** Aparato que permite este envío o recepción, y que también se denomina *belinógrafo*.

FACTIBLE adj. Que se puede hacer.

FÁCTICO, CA adj. **1** Relativo a los hechos. **2** Basado en hechos o limitado a ellos, en oposición a teórico o imaginario. **3** PODERES FÁCTICOS.

FACTITIVO, VA adj. *Gram.* Se dice del verbo o perífrasis verbal cuyo sujeto no ejecuta por sí mismo la acción, sino que la hace ejecutar por otro u otros.

FACTO, DE loc. adv. lat. DE HECHO.

FACTOR m. **1** Apoderado de un comerciante para comprar y vender en su nombre. **2** Empleado que en las estaciones de ferrocarriles cuida de la recepción, expedición y entrega de equipajes. **3** Agente capaz de inducir o modificar un efecto físico, químico o biológico. **4** *Mat.* Cada una de las cantidades que se multiplican para formar un producto. **5** fig. Elemento, causa que actúa conjuntamente con otra. ‖ **FACTOR RH** *Biol.* Antígeno presente en los glóbulos rojos de la sangre humana en un 85 % de la población *(Rh positivos),* que se hereda según las leyes de Mendel, y debido al cual se pueden producir reacciones inmunitarias en las transfusiones y en el embarazo. Fue identificado por primera vez en la sangre del mono *Macacus rhesus*.

facóquero

FACTORÍA f. **1** Empleo y oficina del factor. **2** Fábrica o complejo industrial. **3** Establecimiento de comercio en un país colonial.

FACTORIAL adj. **1** Perteneciente o relativo al factor. ‖ f. *Mat.* **2** Producto de todos los términos de una progresión aritmética. Si ésta se denomina con la letra *n*, la factorial sería *n!*.

FACTORING (Voz i.) m. *Econ.* Operación de crédito por parte de una entidad intermedia, que se responsabiliza, ante su empresa cliente, del cobro de las facturas que ésta mantiene pendientes con sus compradores.

FACTÓTUM m. **1** fam. Sujeto que desempeña en una casa o dependencia todos los menesteres relativos a su cuidado. **2** fam. Persona entrometida que oficiosamente se presta a todos los servicios. **3** Persona de plena confianza de otra que despacha sus principales negocios.

FACTURA f. **1** Acción y efecto de hacer. **2** Relación de los objetos o artículos comprendidos en una operación de comercio. **3** Cuenta detallada de cada una de estas operaciones. **4** *Arq.* Bollo de panadería. **5** *Esc.* y *Pint.* EJECUCIÓN. ‖ **pasar factura** loc. Presentarla al cobro. También, en sentido figurado, hacerse devolver un favor, o tomar represalias por algún acto que se ha sufrido.

FACTURAR tr. **1** Extender las facturas. **2** Comprender en ellas cada artículo, bulto u objeto. **3** Registrar, anotar en las estaciones de ferrocarriles, aeropuertos, etc., equipajes o mercancías para que sean remitidos a su destino.

FÁCULA f. *Astron.* Cada uno de los sectores más brillantes de la fotosfera solar.

FACULTAD f. **1** Aptitud, potencia física o moral. **2** Poder, derecho para hacer alguna cosa. **3** Virtud, propiedad. **4** En las universidades, cuerpo de doctores o maestros de una ciencia. **5** Cada una de las grandes divisiones de una universidad, correspondiente a una rama del saber, en la que se dan enseñanzas de una carrera determinada o de varias afines. **6** Edificio o conjunto de ellos donde funciona esa facultad. **7** Licencia o permiso. **8** Fuerza, capacidad, resistencia.

FACULTAR tr. Conceder facultades a uno.

Faenza (Italia). Catedral.

FACULTATIVO, VA adj. **1** Voluntario, que se hace sin obligación. **2** Se aplica a las personas tituladas por una universidad y a las funciones que desempeñan en el campo de sus estudios. **3** *Med.* Se dice de las indicaciones o dictámenes de un médico. ‖ m. y f. **4** MÉDICO.

FACUNDIA f. Locuacidad, facilidad en el hablar.

FACUNDO (José Tomás de Cuéllar, llamado) Escritor mexicano (Ciudad de México, 1830 - íd., 1894). Sus novelas costumbristas forman una serie de 24 volúmenes, titulada *La linterna mágica*.

FADEIEV, ALEXANDR ALEXANDROVICH Novelista soviético (Kimry, 1901 - Moscú, 1956). Su estilo se encuadra en el «realismo socialista». Entre sus obras figuran *A contracorriente* (1923), *La gran crecida* (1924), *La derrota* (1927) y *Leningrado en los días del bloqueo* (1944).

FADO m. *Mús.* Canción popular portuguesa de aire melancólico.

FAELLDIN, THORBJORN Político sueco (Estocolmo, 1926). Líder del Partido Centrista desde 1971, fue elegido primer ministro (1976-78).

FAENA f. **1** Trabajo corporal. **2** fig. Trabajo mental. **3** QUEHACER. Más en pl. **4** *Guat.* Trabajo que se hace en una hacienda en horas extraordinarias. **5** Mala pasada. **6** Servicio que se hace a alguien. **7** *Taurom.* Cada una de las operaciones que se realizan con el toro en el campo y, en la plaza, las efectuadas por el torero, sobre todo con la muleta.

FAENAR tr. **1** Matar reses y prepararlas para el consumo. ‖ intr. **2** PESCAR. **3** Realizar sus trabajos la marinería. **4** LABORAR.

FAENZA Ciudad de Italia, en la provincia de Ravena; 54.139 h. Célebre antiguamente por su fabricación de porcelana y mayólica (FAYENZA). Catedral (siglo XV).

FAETÓN m. Carruaje descubierto, de cuatro ruedas, alto y ligero.

FAETÓN o **FAETONTE** *Mit.* Hijo de Helio, el Sol, y de Clímene. Su padre le permitió conducir su carro por un día; Faetón, al no poder hacerse con los fogosos caballos, se acercó mucho a la Tierra, hasta el punto de casi quemarla, y luego se alejó tanto que se heló todo. Zeus para evitar mayores desgracias lo fulminó con un rayo, precipitándolo en el río Erídano.

FAGÁCEO, A adj. y f. *Bot.* **1** Se dice de los árboles y arbustos pertenecientes a las angiospermas dicotiledóneas, como la encina y el castaño. ‖ f. pl. *Bot.* **2** Familia de estas plantas.

FAGNANO Lago de Argentina (provincia de Tierra del Fuego) y Chile (región de Magallanes y Antártida); 593 km^2, de los que 545 están en territorio argentino. Se llama también *Cami*.

FAGNANO DEI TOSCHI, GIULIO CESARE Matemático italiano (Sinigaglia, 1682 - Fagnano, 1766). Iniciador de la teoría de las funciones elípticas.

FAGO m. *Biol.* BACTERIÓFAGO.

FAGO-; -FAGO, GA; -FAGIA pref. o sufs. que significan comer: *antropófago*.

FAGOCITO m. *Biol.* Cualquiera de las células que se hallan en la sangre y en otros muchos tejidos animales, capaces de emitir seudópodos para englobar y digerir microbios, otras células y partículas extrañas.

FAGOCITOSIS f. *Biol.* Función que desempeñan los fagocitos en el organismo. ♦ Su pl. es *fagocitosis*.

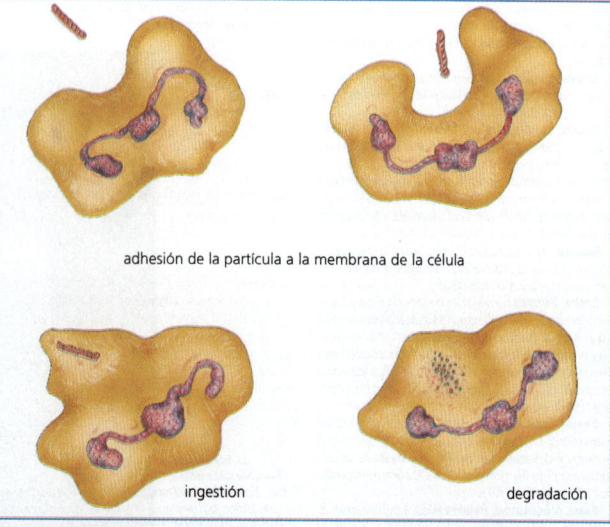

adhesión de la partícula a la membrana de la célula

ingestión degradación

Proceso de **fagocitosis**.

FAGOT o **FAGOTE** m. *Mús.* 1 Instrumento musical de viento formado por un tubo de madera, con agujeros y llaves, que se toca con una boquilla de caña puesta en un tudel. || com. 2 Persona que lo toca. ♦ Su pl. es *fagotes.*

FAGUNDES VARELA, LUIS NICOLAU VARELA, LUÍS NICOLAU FAGUNDES.

FAHD IBN ABD EL-AZIZ Rey de Arabia Saudí (Riyadh, 1922). Fue coronado príncipe en 1975, y subió al trono en 1982 al morir su hermano Jaled.

FAHRENHEIT, DANIEL GABRIEL Físico alemán (Danzig, 1686 - La Haya, 1736). Sustituyó el alcohol de los termómetros por el mercurio e introdujo la escala que lleva su nombre.

FAHRENHEIT, ESCALA *Fís.* Sistema de medición de temperaturas desarrollado por D. Fahrenheit. En su origen, fue diseñado para que todas las temperaturas fueran positivas, el 0 para la temperatura más baja que pudo obtener y 96 para la temperatura del cuerpo humano. Posteriormente, para conseguir valores enteros modificó ligeramente su escala, quedando 32 °F para el primero y 212 °F para el segundo. La temperatura del cuerpo humano quedó comprendida entre 98 °F y 99 °F. Un grado Celsius equivale a 1,8 en la escala Fahrenheit. Este sistema se utiliza comúnmente en EE UU y otros países de habla inglesa. Las fórmulas de conversión a temperatura Celsius *t* y viceversa son las siguientes:

$$t_F = 32 + 9/5\,t; \qquad t = 5/9\,(t_F - 32)$$

FAI Siglas de FEDERACIÓN ANARQUISTA IBÉRICA.

FAIAL Isla de Portugal, región autónoma de Azores; 172 km². Su población principal es Horta. Antes se llamó *Fayal.*

FAÏENCE (Voz fr.) FAYENZA.

FAIR PLAY (Expresión i.) JUEGO LIMPIO.

FAIRBANKS Ciudad de EE UU, Estado de Alaska; 22.600 h. Yacimientos de oro. Petróleo.

FAIRBANKS, DOUGLAS Actor de cine estadounidense (Denver, 1883 - Santa Mónica, 1939). Fue una de las primeras estrellas del cine mudo y uno de los creadores del *star system.* Intervino en *El signo del zorro* (1920), *Robín de los bosques* (1922), *Los tres mosqueteros* (1928), *La fierecilla domada* (1929) y *La vida privada de don Juan* (1934).

FAIRFAX, THOMAS General inglés (Denton, 1612 - Nunappleton, 1671). Durante la guerra civil (1642-48) sustituyó al conde de Essex al mando de la facción parlamentaria, cargo que ocupó hasta 1650, en que fue sucedido por Cromwell.

FAISAL Nombre de dos reyes de Irak.

FAISAL I (La Meca, 1883 - Berna, 1933). Hijo del jeque de La Meca y primer rey de Heyaz, Hussein-ibn-Alí. Rey de Siria en 1920, tuvo que abandonar el trono, debido a la oposición francesa. En 1921 fue coronado rey de Irak y consiguió la supresión del protectorado británico. A su muerte le sucedió su hijo Ghazi-ibn-Faisal.

FAISAL II (Bagdad, 1935 - íd., 1958). Hijo de Ghazi I y nieto de Faisal I, sucedió a su padre en 1939, bajo la regencia de su tío, el emir Abdul-Alá. Ocupó el trono de hecho en 1953. Murió asesinado en el curso de una revolución.

FAISAL IBN ABD AL-AZIZ Rey de Arabia Saudí (Riyadh, 1905 - íd., 1975). Hermano del rey Saud, fue nombrado virrey de Heyaz en 1926. Encabezó el gobierno (1953-60 y 1962-64) y, destronado el rey, le sustituyó (1964). Murió asesinado por uno de sus sobrinos, el emir Faisal ibn Abd al-Aziz.

FAISALABAD Ciudad de Pakistán, provincia de Punjab; 1.104.209 h.

FAISÁN m. *Zool.* Nombre común de diversas aves galliformes de la familia fasiánidos, con varios géneros, oriundas de Asia, con marcado dimorfismo sexual y plumajes vistosos.

FAISANES, ISLA DE LOS Isleta situada en la desembocadura del Bidasoa; 2.000 m². Pertenece a España y a Francia, que desde 1902 comparten su jurisdicción. En ella se firmó, el 7 de noviembre de 1659, la paz de los Pirineos entre Felipe IV de España y Luis XIV de Francia.

FAIYUM, EL FAYUM, EL-.

FAJA f. 1 Tira de tela o de tejido de punto de algodón, lana o seda con que se rodea el cuerpo por la cintura, dándole varias vueltas. 2 Prenda interior de tejido elástico que ciñe y protege la cintura y las caderas. 3 Tira de papel sobre el libro, periódico o impreso que se ha de enviar de una parte a otra. 4 Insignia propia de algunos cargos civiles, militares y eclesiásticos. 5 *Arquit.* Moldura ancha y de poco vuelo. 6 *Bl.* Pieza horizontal que corta el escudo por el centro.

FAJAR tr. 1 Ceñir con faja o venda. También prnl. 2 Envolver al niño y ponerle el fajero. 3 *Arg., C. Rica, Cuba, Chile, Perú* y *Urug.* Pegar a uno, golpearlo. También prnl. 4 *Dom.* y *P. Rico* Pedir dinero prestado. 5 *Cuba* Hacer la corte. || prnl. 6 *C. Rica, Dom.* y *P. Rico* Dedicarse intensamente a un trabajo. 7 *C. Rica, Cuba* y *Dom.* Llegar a las manos dos personas.

faisán

FAJÍN m. Ceñidor de seda que usan los generales y algunos funcionarios civiles.

FAJINA f. 1 Conjunto de haces de mies que se pone en las eras. 2 Leña ligera para encender. 3 *Mil.* Toque para retirarse las tropas a sus alojamientos. 4 *Fort.* Haz de ramas delgadas para revestimientos.

FAJO m. 1 Haz o atado. || m. pl. 2 Conjunto de ropas y paños con que se viste a los niños recién nacidos.

FAJÓN m. *Arquit.* 1 Recuadro ancho de yeso alrededor de los huecos de puertas y ventanas. 2 Arco adherente a una bóveda.

FAKIR m. FAQUIR.

FALACIA f. 1 Engaño, fraude, mentira con que se intenta dañar a alguien. 2 Hábito de emplear falsedades en daño ajeno. 3 *Filos.* Base falsa en que se funda el sofisma.

FALANGE f. 1 *Anat.* Cada uno de los huesos de los dedos de las manos o los pies. 2 *Hist.* Cuerpo armado griego de infantería pesada. 3 Cualquier cuerpo de tropas numeroso. 4 fig. Conjunto numeroso de personas unidas en orden y para un fin.

FALANGE ESPAÑOLA TRADICIONALISTA Y DE LAS JUNTAS DE OFENSIVA NACIONAL SINDICALISTA (FET y de las JONS) *Polít.* Partido político nacionalsindicalista, fundado en España el 29 de octubre de 1933 por J. A. Primo de Rivera, J. Ruiz de Alda y A. García Valdecasas con el nombre de Falange Española. El 4 de marzo de 1934 se unió a las JONS, fundadas por O. Redondo y R. Ledesma Ramos.

FALANGERO m. *Zool.* Nombre común de diversos mamíferos marsupiales de la familia falangéridos.

FALANGETA f. *Anat.* Falange tercera de los dedos.

FALANGIA f. *Zool.* FALANGIO, segador, arácnido.

FALANGINA f. *Anat.* Falange segunda de los dedos.

FALANGIO m. 1 *Bot.* Planta de la familia liliáceas. 2 *Zool.* SEGADOR, arácnido.

FALANGISTA adj. 1 Relativo a Falange Española. || com. 2 Persona afiliada a este movimiento o partido político.

FALANSTERIO m. Edificio en que habitaba cada una de las falanges en que se dividía la sociedad según el sistema de Fourier.

FALARIS f. *Zool.* FOCHA. ♦ Su pl. es *falaris.*

FALAZ adj. Engañoso, mentiroso.

FALCA f. 1 Defecto de las tablas o maderos que les impide ser perfectamente rectos o lisos. 2 Cualquier objeto empleado como cuña. 3 *Mar.* Tabla delgada que se coloca de canto y de popa a proa sobre la borda de las embarcaciones menores. 4 *Col.* Cerco que se pone como suplemento a las pailas. Más en pl.

FALCATA f. *Arqueol.* Espada corta, curvada, de un solo filo y con hoja de hierro utilizada por los pueblos ibérico y celtibérico.

FALCI- pref. que significa hoz.

FALCIFORME adj. Que tiene forma de hoz.

FALCINELO m. *Zool.* Ave ciconiforme, de pico muy largo y curvo. También llamada *morito.*

FALCÓN Estado de Venezuela, a orillas del Caribe, en el golfo de Venezuela; 24.800 km² y 789.476 h. Su capital es Coro.

FALCÓN, JUAN CRISÓSTOMO Militar y político venezolano (Hato Tabe, Falcón, 1820 - Fort-de-France, 1870). En 1859 encabezó el movimiento federalista y en 1863 logró su implantación. Elegido ese mismo año presidente de la República, una revolución en 1868 le obligó a dimitir y a expatriarse a Europa.

FALCONET, ÉTIENNE Escultor francés (París, 1716 - íd., 1791). Fue director de modelado de la fábrica de porcelana de Sèvres. Autor de *Apoteosis de Catalina de Rusia* y de la estatua ecuestre del zar Pedro el Grande, en San Petersburgo.

FALCÓNIDO, DA adj. y s. *Zool.* 1 Se dice de las aves rapaces diurnas, del orden falconiformes, de tamaño pequeño, cuyo tipo es el halcón. || f. pl. *Zool.* 2 Familia de estas aves.

FALCONIFORME adj. *Zool.* 1 Se dice de las aves rapaces diurnas, de cuerpo fuerte y compacto, miembros robustos, cabeza voluminosa, pico ganchudo y patas provistas de garras. Comprende las águilas, halcones, buitres, cóndores, milanos, cernícalos, etc. || m. pl. *Zool.* 2 Orden de estas aves.

FALDA f. 1 Parte del vestido de mujer que cae desde la cintura abajo. 2 Cada una de las partes de una prenda de vestir que cae suelta sin ceñirse al cuerpo. 3 Cobertura con que se reviste una mesa camilla. También en pl. 4 *Mil.* Parte de la armadura que cuelga de la cintura abajo. 5 Carne de la res que cuelga de las agujas. 6 REGAZO. 7 Ala del sombrero. 8 Parte baja y de suave pendiente de los montes o sierras. || f. pl. 9 Mujeres. || **pegado a las faldas** loc. aplicada al muchacho que, respecto de las mujeres de su familia, se muestra menos independiente de lo que corresponde a su edad.

FALDELLÍN m. Falda corta.

FALDERO, RA adj. 1 Relativo a la falda. 2 fig. Aficionado a estar entre mujeres. || f. 3 Mujer que hace faldas.

FALDÓN m. 1 Falda suelta. 2 Parte inferior de alguna ropa, colgadura, etc. 3 Vertiente triangular de un tejado sobre una pared testera. 4 Conjunto de los dos lienzos y del dintel que forma la boca de la chimenea.

FALDRIQUERA f. FALTRIQUERA.

FALÉMÉ Río de África, afluente del Senegal, que forma frontera entre Senegal y Malí; 650 km.

FALENA f. *Zool.* Mariposa de alas anchas y débiles, cuyas orugas se mantienen erguidas y rígidas sobre las ramas de los árboles, imitándolas.

FALENCIA f. 1 Error en que se incurre al asegurar algo. 2 *Arg., Col., Chile, Hond., Nic., Par.* y *Perú* Quiebra de un comerciante.

FALERIA *Geog. hist.* Ciudad de la antigua Italia, cerca de Veyes. Fue la población principal de los FALISCOS. Roma la destruyó en 241 a. C.

FALERNO m. Vino de Falerno, famoso en la antigua Roma.

FALERNO Comarca de la antigua Roma, en Campania, famosa por sus vinos.

FÁLICO, CA adj. 1 Perteneciente o relativo al falo. 2 fig. Relativo al macho o a lo masculino.

FALIERO *Geneal.* Familia veneciana, varios de cuyos miembros ostentaron la dignidad de dux. El más famoso de ellos fue Marino (?, 1274 - ?, 1355), dux del 1354 al 1355, que derrotó a Luis de Hungría en 1348 y encabezó una conjura contra el patriciado, por lo que fue depuesto y ejecutado.

FALISCO, CA adj. *Etnol.* 1 Se dice de un pueblo prerromano que habitaba en un territorio cercano a Roma, y cuya capital era Faleria. En el 241 a. C. se rebelaron contra el poder de Roma, que consiguió someterlos. Más como m. pl. 2 Se dice también de sus individuos. También s. 3 Relativo a este pueblo.

FALKIRK Distrito unitario del Reino Unido, en Escocia; 144.100 h.

FALKLAND MALVINAS.

FALLA[1] f. 1 Defecto, falta. 2 Defecto material de una cosa que disminuye su resistencia. 3 *Geol.* Fractura de la corteza terrestre con respecto a la cual las rocas se han desplazado relativamente formando bloques. Se producen como consecuencia de esfuerzos tectónicos horizontales o verticales. || **FALLA HORIZONTAL** *Geol.* Aquella en la que el desplazamiento de los bloques se ha producido en sentido horizontal sin que se produzcan elevaciones or hundimientos. || **FALLA INVERSA** *Geol.* Aquella resultante de las fuerzas de compresión en la que los estratos más antiguos de un lado de la falla están por encima de los estratos más modernos del otro lado. || **FALLA NORMAL** *Geol.* Aquella cuyo labio hundido se encuentra por debajo del plano de falla. || **FALLA VERTI-**

falla de San Andrés, en California (Estados Unidos).

CAL *Geol.* Aquella cuyo plano es perpendicular a la horizontal. || **PLANO DE FALLA** *Geol.* Superficie sobre la que se ha producido la rotura y se realiza el desplazamiento de los bloques de una falla.

FALLA[2] f. Cobertura o tocado de la cabeza que usaban las mujeres a modo de mantilla.

FALLA[3] f. *Folk.* Figura de madera, cartón y tela que, en forma de monumento y con carácter simbólico o satírico por lo general, es quemada en las calles de Valencia en la noche del 19 de marzo, fiesta de San José. También en pl.

Manuel de **Falla**. Retrato de Ignacio Zuloaga. Museo Zuloaga (Zumaya).

FALLA, MANUEL DE Compositor español (Cádiz, 1876 - Alta Gracia, 1946). Fue discípulo de J. Tragó y F. Pedrell. Durante su estancia en París (1907-14) entró en contacto con los impresionistas (Debussy, Ravel). Su obra, adscrita al nacionalismo musical español, combinó la melodía popular con las nuevas técnicas de vanguardia. Entre sus principales composiciones figuran *La vida breve* (1905), *Cuatro piezas españolas* (1908), *El amor brujo* (1915), *Noches en los jardines de España* (1916), *El sombrero de tres picos* (1919), *El retablo de Maese Pedro* (1923) y *Concierto para clavicémbalo y cinco instrumentos* (1926). En 1939 se trasladó a Argentina, donde trabajó en *La Atlántida*, concluida a su muerte por su discípulo E. Halffter y estrenada en 1961.

FALLAR tr. 1 *Der.* Decidir un litigio o proceso. 2 En algunos juegos de naipes, poner un triunfo por no tener el palo que se juega. 3 Frustrarse o salir fallido algo. 4 Perder una cosa su resistencia.

FALLEBA f. Varilla acodillada, con una manivela, usada para cerrar puertas y ventanas.

FALLECER intr. 1 MORIR. 2 Faltar o acabarse una cosa. ♦ IRREG. Se conjuga como AGRADECER.

FALLERO, RA adj. 1 Relativo a la FALLA[3]. || m. y f. 2 Persona que por oficio construye las fallas. 3 Persona que toma parte en las fallas de Valencia.

FALLIDO, DA adj. 1 Frustrado. 2 Arruinado o sin crédito. También s. 3 Se dice de la cantidad, crédito que se considera incobrable. También s.

FALLIÈRES, ARMAND Político francés (Mezin, 1841 - íd., 1931). En 1906, fue elegido presidente de la República, cargo que ocupó hasta 1913.

FALLIR intr. 1 Faltar una cosa. 2 Errar. 3 Faltar uno a su palabra. ♦ DEF. Se conjuga como ABOLIR.

FALLO m. 1 Sentencia del juez. 2 Por extensión, cualquier decisión tomada por persona competente sobre un asunto en disputa o concurso. 3 Falta, deficiencia o error. 4 Acción y efecto de salir fallida una cosa.

FALO m. *Anat.* Pene, miembro viril.

FALOCRACIA f. *Sociol.* Dominio del hombre sobre la mujer por creer que es superior a ella.

FALOPIO o **FALLOPPIO, GABRIELLE** Anatomista y médico italiano (Módena, 1523 - Padua, 1562). Se le deben las descripciones de la trompa de su nombre, de los canales semicirculares del oído interno y de otros órganos. Acuñó el término vagina.

FALSARIO, RIA adj. y s. 1 Falsificador. 2 Mentiroso.

FALSARREGLA f. *And., Perú y Venez.* FALSILLA.

FALSEAR tr. 1 Adulterar, corromper o contrahacer una cosa. 2 Romper o penetrar la armadura. 3 *Arquit.* Desviar un corte ligeramente de la dirección perpendicular. || intr. 4 Perder una cosa su resistencia y firmeza. 5 *Mús.* Disonar de las demás una cuerda de un instrumento.

FALSEDAD f. 1 Falta de verdad o autenticidad. 2 Falta de conformidad entre las palabras, las ideas y las cosas. 3 *Der.* Mutación u ocultación de la verdad.

FALSETE m. 1 Corcho para tapar una cuba cuando se quita la canilla. 2 Puerta de una hoja entre dos habitaciones. 3 *Mús.* Voz más aguda que la natural que se produce haciendo vibrar las cuerdas superiores de la laringe.

FALSIFICACIÓN f. 1 Acción y efecto de falsificar. 2 *Der.* Delito de falsedad que se comete en documento público, comercial o privado, en moneda, en sellos o marcas.

FALSIFICAR tr. Falsear, adulterar o contrahacer.

FALSILLA f. Hoja de papel con líneas muy marcadas, que se pone debajo de otra en que se escribe, para que aquéllas sirvan de guía.

FALSO, SA adj. 1 Engañoso, fingido, simulado. 2 Incierto o contrario a la verdad. 3 Se dice del que falsea o miente. 4 Se dice de la caballería con resabios. 5 Se dice de la moneda que se bate, con intención delictiva, imitando la legítima. 6 *Arquit.* Se dice de la pieza de arquitectura que suple la falta de dimensiones o fuerza de otra. 7 Refuerzo interior de ciertas partes del vestido. 8 Ruedo de un vestido. || **en falso** loc. adv. Falsamente. También, sin la debida seguridad y resistencia.

FALSTAFF o **FALSTOF, JOHN** Militar inglés (Winchester, 1378 - Caister, 1459). Luchó contra Francia y fue nombrado, sucesivamente, gobernador de la Bastilla y lugarteniente del rey regente en Normandía. Shakespeare lo inmortalizó en *Enrique IV* y *Las alegres comadres de Windsor*.

FALSTER Isla de Dinamarca (LAALAND-FALSTER).

FALTA f. 1 Carencia o privación. 2 Defecto o privación de una cosa necesaria o útil. 3 Quebrantamiento de la obligación. 4 Ausencia de una persona del sitio en que debiera estar y registro en que se hace constar esa ausencia. 5 Ausencia de una persona por fallecimiento. 6 Error de cualquier naturaleza en una manifestación oral o escrita. 7 Defecto de alguien. 8 Ausencia de la menstruación femenina, principalmente durante el embarazo. 9 *Dep.* En el juego de pelota, caída de ésta fuera de los límites señalados. 10 *Dep.* En ciertos deportes, infracción que se produce por un contacto brusco o prohibido con el contrario. 11 *Num.* Defecto en el peso de las monedas. 12 *Der.* Infracción voluntaria de la ley. || **echar en falta** fr. Echar de menos. || **hacer** una cosa o persona **falta** fr. Ser precisa para algún fin. || **sin falta** loc. adv. Puntualmente, con seguridad.

FALTAR intr. 1 No existir una cosa, carecer de ella. 2 Consumirse, fallecer. 3 No corresponder una cosa al efecto que se esperaba de ella. 4 No acudir a una cita u obligación. 5 Ausentarse o estar ausente una persona o cosa del lugar en que suele estar. 6 No cumplir con lo que debe. 7 Dejar de asistir a uno. 8 No tratar a alguien con la consideración o respeto debidos. || **faltar poco para** algo fr. Estar a punto de suceder. || **¡no faltaba o faltaría más!** expr. Se usa para rechazar una proposición por absurda o inadmisible, o para mostrar conformidad absoluta.

FALTO, TA adj. 1 Carente de algo. 2 Escaso, mezquino, apocado. 3 Tonto o medio tonto.

FALTÓN, NA adj. 1 fam. Que falta con frecuencia a sus obligaciones, promesas o citas. 2 Que ofende de palabra.

FALTRIQUERA f. 1 Bolsillo. 2 Bolsillo que llevan colgando las mujeres debajo del vestido o delantal. 3 Cubillo, palco de los teatros antiguos.

FALÚA f. *Mar.* Pequeña embarcación a vela, remo o motor, generalmente con carroza.

FALUCHO m. 1 *Mar.* Embarcación costanera con una vela latina. 2 *Arg.* Sombrero de dos picos.

FALUCHO RUIZ, ANTONIO.

FAMA f. 1 Noticia de una cosa. 2 Opinión sobre una persona. 3 Opinión sobre la excelencia de la profesión o arte de una persona.

FAMA *Mit.* Diosa alegórica, considerada la hija y mensajera del padre de los dioses. Representa los rumores sin origen conocido.

FAMAGUSTA 1 Distrito de Chipre; 1.971 km² y 30.700 h. 2 Ciudad capital del mismo. Puerto. Fue fundada por Tolomeo II Filadelfo, con el nombre de *Arsínoe*.

FAMATINA Grupo montañoso de Argentina, en la provincia de La Rioja. Máxima altura en el Nevado de Famatina (6.250 m).

FAME f. ant. HAMBRE.

FAMÉLICO, CA adj. HAMBRIENTO.

FAMILIA f. 1 Grupo de personas emparentadas entre sí que generalmente viven juntas. 2 Conjunto de ascendientes, descendientes, colaterales y afines de un linaje. 3 Hijos o descendencia. 4 Servidumbre. 5 fam. Grupo numeroso de personas con alguna condición común. 6 fig. Conjunto de cosas de origen común. 7 *Biol.* Unidad taxonómica constituida por varios géneros con caracteres comunes. 8 *Zool. Chile* Enjambre de abejas. || **de buena familia** loc. adj. Se dice de personas cuyos antecedentes gozan de buen crédito y estimación social. || **en familia** loc. adv. En la intimidad.

FAMILIAR adj. 1 Relativo a la familia. 2 Se dice de lo que uno tiene muy sabido y en lo que es experto. 3

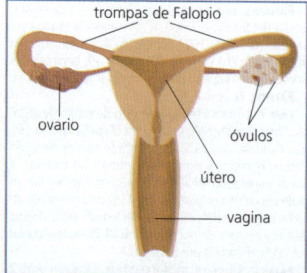

trompas de **Falopio**.

Aplicado al trato, llano y sin ceremonia. **4** Se dice de voces, lenguaje, estilo, etc., natural, sencillo, corriente. **5** Se dice de cada uno de los caracteres que presentan varios individuos de la misma familia. || com. **6** Pariente. **7** Persona que tiene trato frecuente con alguien. || m. **8** *Ref.* Eclesiástico dependiente de un obispo. **9** *Autom.* Coche de muchos asientos. También. adj.
FAMILIARIDAD f. Llaneza con que algunas personas se tratan entre sí.
FAMILIARIZAR tr. **1** Hacer familiar una cosa. || prnl. **2** Introducirse en el trato familiar de alguien. **3** Acostumbrarse a algo.
FAMOSO, SA adj. **1** Que tiene fama y nombre. **2** fam. Bueno y excelente en su especie. **3** fam. Extraordinario, singular.
FÁMULO, LA m. y f. Sirviente, criado doméstico.
FAN m. y f. Anglicismo por FANÁTICO, ENTUSIASTA, PARTIDARIO, HINCHA. ♦ Su pl. es *fans*.
-FAN- in. FANERO-.
-FANA suf. FANERO-.
FANAL m. **1** Farol grande. **2** Campana de cristal que sirve para que el aire no apague la luz puesta dentro de ella, para atenuar y matizar el resplandor o para resguardar del polvo lo que se cubre con ella.
FANÁTICO, CA adj. y s. **1** Que defiende con exceso de celo creencias u opiniones religiosas. **2** Entusiasmado ciegamente por una cosa.
FANCELLI, DOMENICO ALESSANDRO Escultor italiano (Settignano, 1469 - Zaragoza, 1519). Influido por Donatello, introdujo el Renacimiento italiano en la escultura española. Esculpió los sepulcros del príncipe don Juan (iglesia de Santo Tomás, Ávila) y de los Reyes Católicos (Capilla Real, Granada).

Domenico **Fancelli**. Tumba del cardenal Diego Hurtado de Mendoza. Catedral de Sevilla.

FANCINE m. FANZINE.
FANDANGO m. **1** *Danza.* y *Folk.* Baile popular español que se canta a tres tiempos y con movimiento muy vivo. **2** *Mús.* Música y coplas con que se acompaña. **3** fig. y fam. Bullicio.
FANÉ adj. Lacio, ajado, estropeado, sobado.
FANECA f. *Zool.* Pez teleósteo marino perteneciente a la familia gádidos, de nombre científico *Trisopterus luscus*. Abunda en las aguas templadas del Atlántico y Mediterráneo.
FANEGA f. *Agr.* **1** Medida de capacidad para áridos (en Castilla, 12 celemines o 55,5 litros). **2** Porción de granos, legumbres, etc., que cabe en esa medida. || **FANEGA DE TIERRA** Medida agraria que en Castilla equivale a 64 áreas y 596 miliáreas.
FANERO-, FANTAS-, FEN-, FENO-; -FAN-, -FEN-; -FANA, -FANES, -FANÍA, -FANO, -FANTE, -FASIS, -FENO prefs., ins. o sufs. que significan claro, aparente: *diáfano, énfasis*.
FANERÓGAMO, MA adj. y f. *Bot.* **1** Se dice de la planta superior cormofita, es decir, con tallos, raíces y hojas verdaderas, recorridos por tejidos conductores perfectamente desarrollados, con las flores como órganos encargados de la reproducción sexual, y semillas como productos resultantes de ella. En la sistemática moderna se prefiere el nombre de *espermatofito*. || f. pl. *Bot.* **2** Tipo de estas plantas.

Henri **Fantin-Latour**. *Tannhäuser*. County Museum of Art (Los Ángeles).

FANEROZOICO, CA adj. *Geol.* **1** Se dice de uno de los tres grandes eones en que se divide la historia geológica de la Tierra. También m. **2** Perteneciente o relativo a este eon.
FANFANI, AMINTORE Político italiano (Pieve Santo Stefano, Arezzo, 1908 - Roma, 1999). Fue elegido secretario general de la Democracia Cristiana (1954-58 y 1973-75). Presidente del Consejo (1954, 1958-59, 1960-63 y 1982-83) y del Senado (1968-73 y 1976-82), tras la dimisión de B. Craxi (1987), ocupó interinamente la presidencia de la República. Posteriormente fue ministro de Interior (1987-88) y del Presupuesto y Plan Económico (1988-89).
FANFARRIA f. **1** fam. Baladronada, jactancia. **2** Conjunto musical ruidoso, principalmente a base de instrumentos de metal, y música así interpretada.
FANFARRÓN, NA adj. y s. fam. Que hace alarde de lo que no es.
FANGAL m. Terreno anegadizo que forma fango.
FANGIO, JUAN MANUEL Piloto automovilístico argentino (Balcarce, 1911 - Buenos Aires, 1995). Entre 1951 y 1957 venció en cinco ocasiones el campeonato del mundo de pilotos.
FANGO m. **1** Lodo glutinoso que se forma en los sitios donde hay agua detenida. **2** fig. Vilipendio, degradación.
FANGOLITA f. *Geol.* Roca sedimentaria detrítica consolidada. Según el grado de consolidación se distinguen dos tipos de fangolitas, las margas (con poca consolidación y coherencia) y las pizarras arcillosas (mayor grado de consistencia).
-FANÍA suf. FANERO-.
-FANO suf. FANERO-.
FANTAS- pref. FANERO-.
FANTASEAR intr. **1** Dejar correr la fantasía. **2** Preciarse vanamente. || tr. **3** Imaginar algo fantástico.
FANTASÍA f. **1** Facultad de reproducir por medio de imágenes cosas pasadas o lejanas, de representar las ideales en forma sensible o de idealizar las reales. **2** Imagen formada por medio de esta facultad. **3** Fantasmagoría. **4** Grado superior de la imaginación. **5** Ficción. **6** Adorno que imita una joya. **7** fam. Presunción, gravedad afectada. **8** *Mús.* Composición instrumental de estructura libre o formada sobre motivos de una ópera. || f. pl. **9** Granos de perlas pegados unos con otros. || **de fantasía** loc. adj. Se aplica a las prendas de vestir u adornos diseñados de manera imaginativa.
FANTASMA m. **1** Visión quimérica. **2** Imagen de una persona muerta que, según algunas creencias, se aparece a los vivos. **3** Imagen de un objeto impresa en la fantasía. **4** fig. Persona presuntuosa. **5** Como aposición, indica la inexistencia o el carácter falso de algo.
FANTASMAGORÍA f. **1** Arte de representar figuras por medio de ilusiones ópticas. **2** fig. Ilusión de la mente desprovista de todo fundamento.
FANTASMÓN, NA adj. y s. **1** fam. Presuntuoso, vanidoso. || m. **2** fig. Espantajo o persona que simula una aparición.
FANTÁSTICO, CA adj. **1** Quimérico, irreal, fingido. **2** Relativo a la fantasía. **3** fig. Presuntuoso. **4** fam. Magnífico, increíble. **5** *Cin.* y *Lit.* Se aplica a un género de obras literarias o cinematográficas, y también a otras manifestaciones artísticas caracterizadas por la recreación de historias imaginarias en las que aparecen seres o fenómenos irreales, terroríficos, etc.

-FANTE suf. FANERO-.
FANTIN-LATOUR, HENRI Pintor y grabador francés (Grenoble, 1836 - Buré, Orne, 1904). Discípulo de Courbet, constituyó el enlace entre la pintura romántica y la moderna. Autor de *Homenaje a Delacroix* (1864), *Tannhäuser* (1864), *El rincón de Batignolles* (1870), etc.
FANTOCHE m. **1** Títere o figurilla que se mueve por medio de hilos. **2** Sujeto aniñado de figura ridícula. **3** Sujeto presumido.
FANU, JOSEPH SHERIDAN LE LE FANU, JOSEPH SHERIDAN.
FANZINE (Voz inglesa formada a partir de *fan*, entusiasta, y *magazine*, revista.) m. Revista realizada por aficionados a un tema especializado.
FÁÑEZ MINAYA, ÁLVAR Caballero castellano (? - Segovia, 1113). Sobrino del Cid Campeador, le acompañó al destierro.
FAÑOSO, SA adj. *Can.* y *Amér.* Que habla con una pronunciación nasal oscura.
FAO Siglas de *Food and Agricultural Organization*, en español, ORGANIZACIÓN PARA LA ALIMENTACIÓN Y LA AGRICULTURA.
FAQUIR m. **1** Santón musulmán que vive de la limosna. **2** Asceta de varias sectas hindúes. **3** Artista de espectáculo que hace mortificaciones como las de los faquires.
FAR WEST Expresión inglesa que significa *Lejano Oeste* (OESTE).
FARA f. *Zool.* Culebra africana del género *Coronella*.
FARABI, AL ALFARABI.
FARAD m. *Fís.* Nombre del faradio en la nomenclatura internacional.
FARADAY, MICHAEL Físico y químico británico (Newington Butts, 1791 - Hampton Court, 1867). Se le deben importantes descubrimientos, entre los que destacan el de la inducción electromagnética y el concepto de línea de fuerza en electromagnetismo. Formuló las leyes que describen los fenómenos electrolíticos que llevan su nombre, así como la rotación del plano de polarización de la luz.
FARADIO m. *Fís.* Unidad de capacidad eléctrica del sistema internacional de unidades (SI). Su símbolo es *F*.
FARALÁ m. **1** Volante que adorna los vestidos femeninos, especialmente los de algunos trajes regionales, cosido por la parte superior y suelto por la parte inferior. **2** fam. Adorno excesivo y de mal gusto. ♦ Su pl. es *faralaes*.
FARALLÓN m. *Geol.* Roca alta y cortada a pico que sobresale en el mar y, a veces, en tierra firme.
FARAMALLA f. **1** fam. Charla artificiosa con la que se pretende engañar a alguien. **2** fam. FARFOLLA, cosa sólo aparente. || com. y adj. **3** fam. Persona faramallera.
FARAMALLERO, RA adj. y s. fam. Hablador, trapacero.
FARÁNDULA f. **1** Profesión de los comediantes y, en general, el ambiente relacionado con ellos. **2** fig. y fam. Charla engañosa.
FARAÓN m. **1** *Hist.* Título de los antiguos reyes de Egipto hasta el final del Imperio medio. **2** *Ocio.* Juego de naipes parecido al monte.
FARAÓNICO, CA adj. **1** Perteneciente o relativo a los faraones y al Egipto clásico. **2** Grandioso, ostentoso, desmesurado.
FARDACHO m. *Zool.* LAGARTO.
FARDAR intr. fam. Presumir.
FARDE m. fam. Alarde.

FARDEL m. **1** Saco o talega que llevan los caminantes. **2** FARDO. **3** fig. y fam. Persona desaliñada.
FARDO m. Lío o bulto grande, generalmente de ropa.
FAREWELL Cabo en la isla de Egger, al S de Groenlandia.
FÁRFARA[1] f. Bot. Planta herbácea perteneciente a la familia compuestas, de nombre científico Tussilago farfara, con flores amarillas de muchos pétalos. El cocimiento de éstas y de las hojas se emplea como pectoral.
FÁRFARA[2] f. Zool. Telilla o cubierta blanda interior de los huevos de las aves.
FARFOLLA f. **1** Bot. Espata del maíz. **2** fig. Cosa de mucha apariencia y poca entidad.
FARFULLAR tr. **1** fam. Hablar muy deprisa, atropelladamente. **2** fig. y fam. Actuar atolondradamente.
FARGE, JOHN LA LA FARGE, JOHN.
FARGUE, LÉON-PAUL Escritor francés (París, 1876 - íd., 1947). Entre sus colecciones de poesía destacan Tancredo (1911), Para la música (1914), Espacios (1929) y Bajo la lámpara (1930), y en prosa A semejanza de París (1932), La linterna mágica (1944) y Retratos de familia (1947).
FARIA m. Cigarro barato peninsular de tripa de hebra larga.
FARIA Y SOUZA, MANOEL Historiador y escritor portugués (Pombeiro, 1590 - Madrid, 1649). Enemigo del culteranismo y autor de una Historia de Portugal y de sus colonias de África y Asia (1666-86) y de varias obras sobre Camoens.
FARILLÓN m. Geol. FARALLÓN.
FARINA, GIOVANNI MARIA Químico e industrial italiano (Crana, 1685 - Colonia, 1766). Se estableció en Colonia, donde comercializó un producto llamado posteriormente agua de Colonia. Su fórmula era original de un vendedor ambulante, llamado Gian Paolo Feminis.
FARINACCI, ROBERTO Político italiano (Isernia, 1892 - Milán, 1945). Fue uno de los fundadores del fascismo. Ocupó el cargo de secretario general del partido (1925-26) y fue ministro de Estado (1938). Murió fusilado por los partisanos.
FARINELLI (CARLO BROSCHI, llamado) Cantante y compositor italiano (Nápoles, 1705 - Bolonia, 1782). Cantó en los principales teatros de Europa y se estableció en Madrid, a instancias de Felipe V. Durante el reinado de Fernando VI gozó de mucha influencia en la corte. A él se debe la creación del teatro de ópera del Buen Retiro (Madrid).
FARING-, FARINGO- prefs. que indican relación con la faringe.

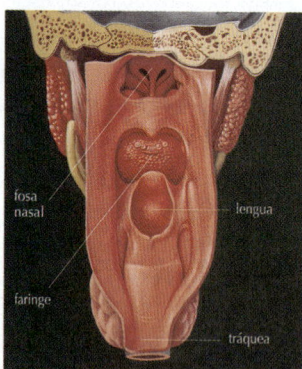

faringe

FARINGE f. Anat. Conducto musculoso situado entre la boca, la parte posterior de las fosas nasales y el esófago. Interviene tanto en el proceso digestivo como en el respiratorio.
FARINGITIS f. Med. Inflamación de la faringe.
FARINGO- pref. FARING-.
FARISEO, A adj. y s. **1** Hist. Miembro de una secta religiosa entre los judíos que observaba austeridad y rigor en el cumplimiento de la ley, y que alcanzó gran poder e influencia en el siglo II a. C. Eran adversarios políticos de los saduceos y herodianos; todos ellos coincidían en la oposición a la doctrina de Jesucristo. **2** fig. Persona hipócrita.
FARMACÉUTICO, CA adj. **1**. Relativo a la farmacia. || m. y f. **2** Persona que ha cursado estudios de farmacia y la ejerce profesionalmente.
FARMACIA f. **1** Farm. Ciencia que enseña a preparar y conocer los medicamentos. **2** Profesión de esta ciencia. **3** Laboratorio y tienda del farmacéutico. **4** Colección portátil de medicinas.

faro. Torre de Hércules. A Coruña (España).

FÁRMACO m. Farm. MEDICAMENTO.
FARMACOLOGÍA f. Farm. Ciencia que estudia la naturaleza y propiedades de los fármacos.
FARMACOPEA f. Farm. Libro en que se describen las sustancias medicinales más comunes.
FARNACES Nombre de dos reyes del Ponto.
FARNACES I (?, h. 183 - ?, 170 a. C.). Hijo de Mitrídates V, sucedió a éste en el trono en 185 a.C.
FARNACES II (?, h. 63 - ?, 47 a. C.). Hijo de Mitrídates el Grande. Sucedió a su padre en el reino del Bósforo el año 64 a. C. Fue derrotado por César en la batalla de Zela (47 a. C.).
FARNESIO (Farnese) Geneal. Familia ducal italiana, cuyos orígenes se remontan al siglo X. Durante el siglo XII fueron extendiendo su poder, hasta ejercer una gran influencia gracias a las alianzas con otras familias poderosas de Italia y los contactos con el papado. A ella pertenecieron notables políticos, militares y el papa PAULO III. De 1545 a 1731 los Farnesio fueron los duques soberanos de Parma.
FARNESIO, ALEJANDRO Militar italiano al servicio de España (Roma, 1545 - Arras, 1592). Hijo de Ottavio Farnesio y Margarita de Parma. Se educó en España e inició su carrera militar en la batalla de Lepanto (1571). En 1578 Juan de Austria le nombró gobernador de los Países Bajos. Estuvo al mando de las tropas que habían de invadir Inglaterra con la Armada Invencible. En 1590 fue enviado por Felipe II a Francia para auxiliar a la Liga Católica. Tras las victorias de Ligny y de Aumale, fue herido, aunque consiguió llegar a Flandes, donde murió.
FARO m. **1** Torre alta en las costas, con un foco en la parte superior para aviso de los navegantes. **2** Farol con luz potente. **3** Cada uno de los focos delanteros de los vehículos. **4** fig. Lo que da luz en un asunto. || **FARO PILOTO** El que llevan los vehículos automóviles en la parte posterior para indicar su posición.
FARO 1 Distrito de Portugal; 4.986 km[2] y 342.000 h. **2** Ciudad capital del mismo; 32.000 h. Puerto.
FAROL m. **1** Caja de material transparente dentro de la cual se pone luz. **2** Cazoleta formada por aros de hierro, en la que se ponían las teas para alumbrarse. **3** fig. Hecho o dicho jactancioso sin fundamento. **4** En el juego, jugada o envite falso. **5** Funda de papel para paquetes de picadura de tabaco.
FAROLA f. **1** Farol grande para el alumbrado público, a veces con varios brazos. **2** Farol grande en la torre de los puertos.
FAROLEAR intr. fam. Hacer ostentación jactanciosa o vanidosa; presumir.
FAROLERO, RA adj. y s. **1** fig. y fam. Vano, ostentoso. **2** Que se tira faroles en el juego. || m. **3** El que cuida de los faroles del alumbrado.
FAROLILLO m. **1** Farol de papel, celofán o plástico de colores. **2** Bot. Planta herbácea trepadora de la familia campanuláceas, especie Campanula medium, que se ha usado en medicina como diurética.
FAROS Isla del extremo O de Egipto, frente a la ciudad de Rakotis, cerca de Alejandría. En ella es donde Tolomeo Filadelfo construyó el gran faro considerado una de las siete maravillas de la Antigüedad. Se derrumbó en 1302.

FARRA[1] f. Zool. Pez parecido al salmón, de carne muy sabrosa.
FARRA[2] f. **1** Juerga, jarana, parranda. **2** Arg. y Urug. Burla.
FÁRRAGO m. Conjunto de cosas mal ordenadas, o de noticias inconexas.
FARRAGOSO, SA adj. **1** Que tiene fárrago. **2** Prolijo.
FARRELL, EDELMIRO JULIÁN Militar y político argentino (Avellaneda, 1887 - Buenos Aires, 1980). Ministro de la Guerra en 1943, ocupó la vicepresidencia de la República y, en 1944, ocupó el cargo de presidente, que desempeñó hasta 1946.
FARRUCO, CA adj. **1** fam. Valiente, impávido. || f. Mús. y Danza. **2** Variedad de cante flamenco y baile con que se acompaña.
FARSA f. **1** Teat. Nombre que se daba antiguamente a las comedias. **2** Teat. Pieza cómica breve, en la que los personajes son caricaturescos y están exagerados. Al asunto, basado en el enredo, sólo se le exige que sea verosímil. **3** Compañía de comediantes. **4** desp. Obra dramática chabacana y grotesca. **5** fig. Enredo.
FARSALIA Ciudad de Grecia, en Tesalia; 4.000 h. En sus inmediaciones César derrotó a Pompeyo el 48 a. C.
FARSANTE com. **1** El que tenía por oficio representar farsas; COMEDIANTE. || adj. y com. **2** fig. y fam. Se dice de la persona que finge lo que no siente o pretende pasar por lo que no es.
FARSI m. Nombre que dan los iraníes a la lengua persa actual.
FARUK I Rey de Egipto (El Cairo, 1920 - Roma, 1965). Sucedió a su padre, Fuad I (1936). Consiguió la retirada total de las fuerzas inglesas del territorio egipcio. Tras el golpe de Estado de Nasser, se le obligó a abdicar en su hijo Fuad y a abandonar el país en 1952.
FASCES f. pl. Hist. Insignia del cónsul romano compuesta de una segur en un hacecillo de varas. Posteriormente fue adoptada como símbolo del FASCISMO.
FASCICULADO, DA adj. Se dice de lo que aparece agrupado o dispuesto en fascículos.
FASCÍCULO m. ENTREGA, cada uno de los cuadernos que forman parte de un libro, y que se van publicando sucesivamente.
FASCINAR tr. **1** Dominar con la sola fuerza de la mirada. **2** fig. Atraer irresistiblemente. **3** Engañar, alucinar.
FASCIOLA Zool. DUELA, parásito.
FASCISMO m. **1** Hist. y Polít. Movimiento político y social que se produjo en Italia después de la Primera Guerra Mundial. [Encic.] **2** Hist. y Polít. Régimen fundamentado en ese movimiento fundado por Mussolini. [Encic.] **3** Doctrina de movimientos similares aparecidos en otros países. **4** fig. y fam. Cualquier régimen político de ideología dictatorial derechista.

HIST. y POLÍT. El fascismo tiene su origen en los denominados fasci di combattimento, milicias antisocialistas organizadas por B. Mussolini, que agrupaban a aquellos excombatientes descontentos por la política del gobierno y por la situación económica y social. Consiguieron el apoyo del gran capital como medio para oponerse de manera violenta a la acción de las organizaciones obreras e izquierdistas y en las elecciones generales de 1921 obtuvieron 38 escaños en la Cámara. En octubre de 1922 tuvo lugar la marcha sobre Roma, a consecuencia de la cual Víctor Manuel III confió el poder a Mussolini. El régimen fascista suprimió los partidos políticos y la libertad de prensa (1926); en lo social y económico, condensó su doctrina en la *Carta di Lavoro* (1927); y en política exterior, se distinguió por su afán imperialista (conquista de Etiopía, anexión de Albania, participación en la Guerra Civil española). Los desastres sufridos por Italia en el curso de la Segunda Guerra Mundial motivaron la caída de Mussolini y del régimen fascista (1943). Heredero del fascismo fue el Movimiento Social Italiano (MSI) que dio origen, en enero de 1994, a la Alianza Nacional.

FASCISTA adj. **1** Relativo al fascismo. **2** Partidario de este movimiento y régimen. También com. **3** fig. y fam. Partidario de un régimen dictatorial derechista. También com.

FASE f. **1** Cada uno de los estados sucesivos de una cosa. **2** *Astron.* Apariencia con que se dejan ver los cuerpos celestes sin luminosidad propia a medida que los ilumina el Sol. **3** *Fís.* Cada una de las partes homogéneas y separables físicamente en un sistema formado por uno o varios componentes.

FASHODA KODOK.

-FASIA, -FEM-, -FEMIA, -FEMISMO, -FEMO sufs. que significan voz, habla: *disfasia, blasfemo.*

-FASIS suf. FANERO-.

FASSBINDER, RAINER WERNER Director teatral y cinematográfico alemán (Bad Wörishofen, 1946 - Munich, 1982). Sus películas más destacadas son *El amor es más fuerte que la muerte* (1969), *Las amargas lágrimas de Petra von Kant* (1972), *El matrimonio de María Braun* (1978), *Desesperación* (1977), *Lili Marlen* (1980) y *Querelle* (1982).

FAST-FOOD expr. inglesa que en español significa comida rápida. También se utiliza para referirse al establecimiento donde se sirve o se vende este tipo de comida.

FASTENRATH, JOHANNES Hispanista alemán (Remscheid, 1839 - Colonia, 1908). Divulgador de la literatura española en Alemania, escribió en alemán y en español obras como *El libro de mis amigos en España*, *Un ramillete de romances españoles* y *Maravillas hispalenses*. Legó a la Academia Española capital para adjudicar un premio que lleva su nombre (1909).

FASTIDIAR tr. **1** Causar asco u hastío una cosa. También prnl. **2** fig. Ser molesto a alguien. **3** fam. Ocasionar daño. || prnl. **4** Aguantarse. || **¡hay que fastidiarse!** fr. fam. con que se indica que es preciso someterse a una molestia o inconveniente. También que precede a un comentario que revela molestia, enojo.

FASTIDIO m. **1** Disgusto, desazón. **2** fig. Enfado, cansancio, hastío, repugnancia.

FASTO, TA adj. **1** *Hist.* Se dice del día en que era lícito en la antigua Roma tratar los negocios públicos y administrar justicia. **2** Feliz, venturoso. || m. **3** FAUSTO¹.

FASTOS m. pl. **1** *Hist.* Entre los romanos, especie de calendario de fechas señaladas, juegos, ceremonias, fiestas, etc. **2** fig. Anales.

FATA MORGANA (Locución it.) f. *Meteor.* Espejismo, fenómeno óptico de reflexión por el que aparecen reflejados en el cielo objetos de la superficie de la Tierra.

FATAL adj. **1** Relativo al hado. **2** Desgraciado, infeliz. **3** MALO. || adv. **4** Rematadamente mal.

FATALISMO m. **1** *Filos.* Doctrina filosófica según la cual todo sucede por las determinaciones ineludibles del hado, o fuerza oculta que rige los destinos del mundo. **2** Actitud o tendencia a aceptar todos los acontecimientos que afectan a uno como inevitables; sumisión al destino.

FATÍDICO, CA adj. Se dice de las cosas o personas que pronostican el porvenir y, sobre todo, las desgracias.

FATIGA f. **1** Agitación, cansancio. **2** Respiración frecuente o difícil. **3** Ansia de vomitar. Más en pl. **4** fig. Molestia, sufrimiento. Más en pl.

FATIGAR tr. **1** Causar fatiga. Más como prnl. **2** Vejar, molestar.

FÁTIMA Hija menor de Mahoma (La Meca, 606 - Medina, 632). Se casó con su primo Alí, cuarto de los califas, del cual tuvo tres hijos: Hassán, Hussein y Mohsen, descendientes del Profeta.

FÁTIMA Lugar de Portugal, distrito de Santarém, entre Alcobaça y Batalha. Santuario de Nuestra Señora del Rosario de Fátima, centro de peregrinación muy visitado, que se remonta a las apariciones de la Virgen a tres pastorcitos en 1917.

FATIMÍ o **FATIMITA** adj. y com. *Geneal.* Se dice de una familia de príncipes musulmanes que afirmaban descender de Fátima, hija de Mahoma. Reinaron en el N de África, Egipto y Siria desde el siglo x.

FATUO, TUA adj. y s. **1** Falto de razón. **2** Lleno de presunción o vanidad infundada.

FAUCES f. pl. *Zool.* Parte posterior de la boca de los mamíferos.

FAULKNER, WILLIAM Novelista estadounidense (New Albany, 1897 - Oxford, Mississippi, 1962). Considerado como uno de los maestros de la narrativa estadounidense, sus obras reflejan la influencia de S. Anderson, T. S. Eliot y J. Joyce. Después de *El fauno de mármol* (1925) abandonó la poesía para escribir novelas en las que retrató la vida violenta y dramática de los Estados del Sur. Situó la mayor parte de sus novelas en un condado imaginario llamado Yoknapatawpha. Entre sus obras destacan *Sartoris* (1929), *El ruido y la furia* (1929), *Mientras agonizo* (1930), *Santuario* (1931), *Luz de agosto* (1932), *¡Absalón, Absalón!* (1936), *Los invictos*

Arte **fatimí**. Minarete de la mezquita de Al Hakim (El Cairo).

(1938), *Las palmeras salvajes* (1939), *Intruso en el polvo* (1948), *Gambito de caballo* (1949), *La ciudad* (1957) y *Los rateros* (1962). Fue galardonado con el premio Nobel de Literatura en 1950.

FAUNA f. **1** *Zool.* Conjunto de las especies animales de un país, región geográfica, periodo geológico, o medio ambiente determinado. **2** Obra que los enumera y describe.

FAUNO m. **1** *Mit.* Genio romano de los campos y selvas, equivalente al sátiro griego. **2** fig. Hombre sensual y lascivo.

FAUNO Dios pastoril romano, identificado con el griego PAN.

FAURE, EDGAR Político francés (Béziers, 1908 - París, 1988). Fue director de los servicios legislativos y del Comité del Frente Nacional de Liberación francés (1943-44); diputado radicalsocialista (1946) y presidente del Consejo de Ministros (1952-55). Fue presidente de la Asamblea Nacional (1973-78).

FAURE, FRANÇOIS-FÉLIX Político francés (París, 1841 - íd., 1899). Diputado republicano desde 1881, fue elegido presidente de la República en 1895. Los acontecimientos más notables de su gobierno fueron el éxito de las negociaciones para una alianza franco-rusa y la incoación del proceso Dreyfus.

FAURÉ, GABRIEL Compositor francés (Pamiers, 1845 - París, 1924). Entre sus obras figuran *Prometeo* (1900), *Penélope* (1913), *Masques et Bergamasques* (1919), óperas; *Rayo de luna* (1920), ballet, etc. De su producción religiosa cabe destacar su *Requiem* (1885), *Cantique de Jean Racine* (1887) y *Messe basse* (1907).

FAUSTINO I SOULOUQUE, FAUSTIN.

FAUSTO¹ m. Gran ornato y pompa exterior.

FAUSTO², TA adj. Feliz, afortunado.

FAUSTO *Lit.* Personaje de numerosas obras literarias y artísticas, basado, según algunos testimonios históricos, en un personaje real. El personaje legendario apareció por primera vez en una obra anónima publicada en Alemania en 1587. Fausto, ávido de placer y de ciencia, vende su alma al demonio a cambio de que éste le sirva durante veinticuatro años. Sobre este tema escribieron Marlowe (1588) y algunos otros autores. Fue Goethe quien con su poema dramático dio forma definitiva a la leyenda y lo consagró como un mito universal.

FAUVISMO m. *Pint.* Movimiento pictórico que se desarrolló en París hacia 1905, que constituyó una de las primeras revoluciones artísticas del siglo. El nombre se debe al crítico francés Louis Vauxcelles. Pretendía expresar a través del color los sentimientos y pensamientos del artista. Su principal teórico y cabeza del grupo fue H. Matisse. Al grupo de la Escuela de Bellas Artes (Marquet, Rouault y Matisse), se unieron Dufy, Friesz y el grupo formado por Derain, Vlaminck y Van Dongen.

FAVELA (Voz port.) f. *Amér.* Barraca de las clases bajas de Brasil.

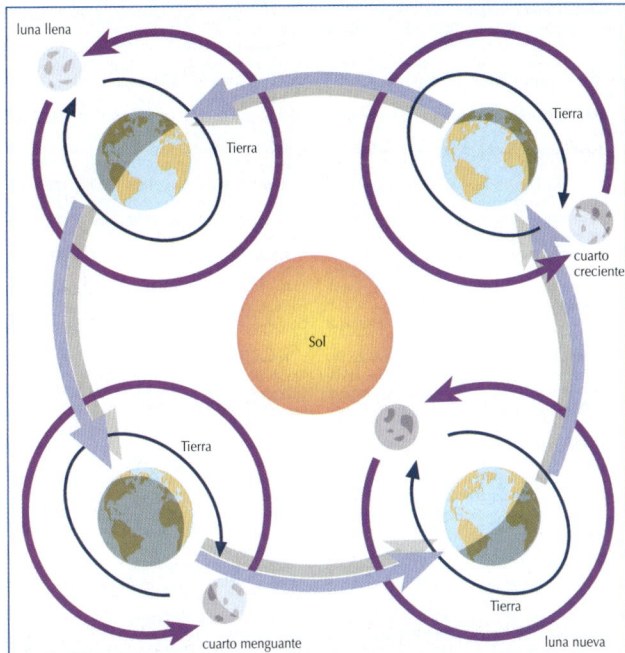

fases de la luna.

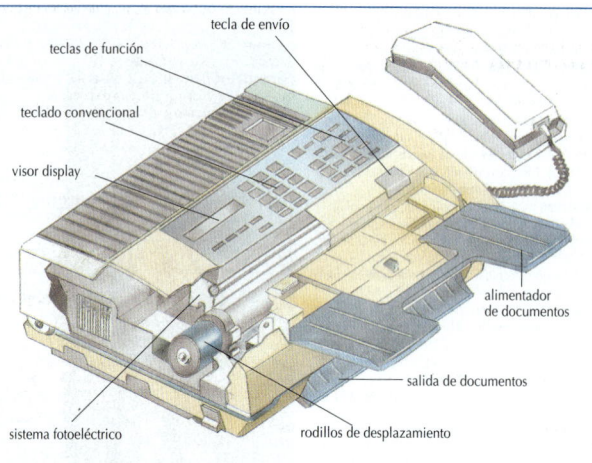

fax

FAVILA o **FÁFILA** Rey de Asturias (? - Asturias, 739). Sucedió a su padre, Pelayo, en 737. Combatió contra los musulmanes. Construyó la basílica de la Santa Cruz en Cangas de Onís, lugar donde estableció la corte.

FAVOR m. **1** Ayuda que se presta a alguien. **2** Honra, beneficio, gracia. **3** PRIVANZA. **4** Méx. Seguido de la preposición *de* y un infinitivo, equivale a HAZME EL FAVOR DE. || **hazme el favor de** expr. de cortesía con que se pide algo. || **por favor** loc. HAZME EL FAVOR DE. || **tener** uno a alguien o algo **a su favor** fr. Servirle a uno de apoyo o de defensa.

FAVORECER tr. **1** Ayudar, amparar, socorrer a uno. **2** Apoyar un intento, empresa u opinión. **3** Dar o hacer un favor. **4** Mejorar el aspecto o apariencia de alguien o de algo. ◆ IRREG. Se conjuga como AGRADECER.

FAVORITISMO m. Preferencia dada al favor sobre el mérito o la equidad.

FAVORITO, TA adj. **1** Que es estimado y apreciado sobre los demás. || m. y f. **2** Valido privado de un rey.

FAX m. Tecnol. Procedimiento para la transmisión a distancia de copias de un documento, escrito o gráfico, por medio de señales telefónicas, desde un aparato que realiza la lectura óptica del original.

FAYAL FAIAL.

FAYE, HERVÉ AUGUST ÉTIENNE ALBANS Astrónomo francés (Saint-Benoit-du-Sault, 1814 - París, 1902). Descubrió el cometa periódico que lleva su nombre.

FAYENZA f. Loza fina esmaltada, que probablemente fue llevada desde Faenza a Fayence, dando nombre a este lugar.

FAYETTE, CONDESA DE LA LA FAYETTE O LAFAYETTE, MARIE MADELEINE PIOCHE DE LA VERGNE, CONDESA DE.

FAYETTE, MARQUÉS DE LA LA FAYETTE, MARIE-JOSEPH MOTIER, MARQUÉS DE.

FAYUM, EL- *(al-Fayyum)* Ciudad de Egipto, capital de la gobernación de Fayum; 250.000 h. Industria textil.

FAZ f. **1** Rostro o cara. **2** Vista o lado de una cosa. **3** ANVERSO, de las monedas y medallas.

FBI (Siglas de *Federal Bureau of Investigation*) Polít. Oficina de Información Federal de EE UU. Creada en 1908 se dedica a la investigación de los delitos contra las leyes federales comunes a todos los Estados.

FE f. **1** Teol. La primera de las tres virtudes teologales, que hace que el creyente acepte las verdades reveladas por Dios y transmitidas por la iglesia. **2** Conjunto de creencias de alguien, de un grupo o de una multitud de personas. **3** Confianza, buen concepto que se tiene de una persona o cosa. **4** Creencia que se da a las cosas por la autoridad del que las dice. **5** Palabra que se da o promesa que se hace a alguien con cierta solemnidad en público. **6** Seguridad, aseveración de que una cosa es cierta. **7** Der. Documento que certifica la verdad de una cosa. || **BUENA FE** Rectitud, honradez. || **FE DE ERRATAS** A. gráf. Lista de las erratas que hay en un libro. || **FE PÚBLICA** Der. La que da autenticidad a los documentos garantizados por un notario, secretario judicial u otro funcionario cualificado para ello. || **FE DE VIDA** Certificación negativa de defunción y afirmativa de presencia. || **MALA FE** Doblez, alevosía. || **dar fe** fr. Ejercitar la fe pública. También asegurar una cosa que se ha visto. || **de buena fe** loc. adv. Con verdad y sinceridad. || **de mala fe** loc. adv. Con malicia o engaño.

FE Quím. Símbolo químico del hierro.

FEBLE adj. **1** Débil, flaco. **2** Se dice de las monedas, y en general de las aleaciones de metales, escasos, en peso o en ley. También s.

FEBO APOLO.

FEBRERO m. Segundo mes del año, que en los años comunes tiene veintiocho días y en los bisiestos veintinueve.

FEBRES CORDERO, LEÓN DE Político ecuatoriano (Guayaquil, 1931). En mayo de 1984 accedió a la presidencia de la República, como candidato de la coalición conservadora Frente de Reconstrucción Nacional, y permaneció en el cargo hasta 1988, año en que fue sustituido por Rodrigo Borja.

FEBRES CORDERO, TULIO Escritor venezolano (Mérida, 1860 - íd., 1938). Estudió el pasado aborigen en sus razas, mitos y tradiciones. Autor de *Los mitos de los Andes*.

FEBRÍCULA f. Med. Hipertermia prolongada y moderada.

FEBRÍFUGO, GA adj. y m. Med. Que disminuye o hace desaparecer la fiebre.

FEBRIL adj. **1** Perteneciente a la fiebre. **2** fig. Ardoroso, desasosegado, violento.

FEBVRE, LUCIEN Historiador francés (Nancy, 1878 - Saint-Amour, Jura, 1956). En 1929 fundó en el lugar expedición con Marc Bloch la revista *Annales d'Histoire économique et sociale*. Sus obras principales son *Un destin, Martin Luther* (1928) y *La religion de Rabelais* (1942).

FECAL adj. Perteneciente o relativo al excremento intestinal.

FÉCAMP Lugar de Francia, departamento de Sena Marítimo; 22.000 h. Abadía benedictina de la Trinidad. Fabricación del licor Bénédictine. Puerto pesquero.

FECHA f. **1** Data, nota o indicación del lugar y tiempo en que se hace o sucede una cosa, y especialmente la que se pone al principio o al fin de una carta o de cualquier otro documento. **2** Tiempo en que ocurre o se hace una cosa. **3** Cada uno de los días que transcurren desde uno determinado. **4** Tiempo o momento actual.

FECHADOR m. Chile y Perú MATASELLOS.

FECHAR tr. **1** Poner fecha a un escrito. **2** Determinar la fecha de un documento, suceso, etc.

FECHNER, GUSTAV-THEODOR Psicólogo y fisiólogo alemán (Gross-Särchen, 1801 - Leipzig, 1887). Fue uno de los fundadores de la psicofísica y contribuyó a establecer una ley sobre la relación entre el estímulo y la reacción.

FECHORÍA f. Mala acción.

FECIAL m. Hist. Entre los romanos, sacerdote que declaraba la guerra y concertaba la paz.

FÉCULA f. Quím. Almidón, hidrato de carbono que, en forma de granos microscópicos y como sustancia de reserva, se encuentra principalmente en las semillas, tubérculos y raíces de muchas plantas.

FECUNDACIÓN f. Biol. **1** Acción y efecto de fecundar. **2** Proceso de fusión de los gametos para dar lugar a una nueva célula hija o zigoto, a partir de la cual se originará un nuevo individuo. || **FECUNDACIÓN ARTIFICIAL** INSEMINACIÓN ARTIFICIAL. || **FECUNDACIÓN IN VITRO** Aquella en que la unión de gametos se produce en un laboratorio, controlando de este modo las condiciones en las que se lleva a cabo.

FECUNDAR tr. **1** Fertilizar, hacer productiva una cosa. **2** Biol. Unirse el elemento reproductor masculino (anterozoide o espermatozoide) al femenino (oosfera u óvulo) para dar origen a un nuevo ser.

FECUNDIDAD f. **1** Virtud y facultad de producir. **2** Calidad de fecundo. **3** Abundancia, fertilidad. **4** Reproducción numerosa y dilatada.

FECUNDIZAR tr. Fertilizar una cosa.

FECUNDO, DA adj. **1** Que produce o se reproduce. **2** Fértil, abundante.

FEDATARIO m. Denominación aplicable al notario y otros funcionarios que gozan de fe pública.

FEDAYÍN m. Guerrillero palestino que combate contra Israel.

FEDERACIÓN f. Polít. **1** Unión de Estados autónomos bajo una autoridad central. **2** Agrupación de colectivos de personas: Estados, sindicatos, etc.

FEDERACIÓN ANARQUISTA IBÉRICA (FAI) Polít. Organización anarquista española fundada en Valencia (1926). Influida por el grupo anarcobolchevique «Los solidarios» (Durruti, García Oliver, Ascaso), se constituyó en realidad, en una plataforma de lucha contra el anarcosindicalismo de la CNT (Pestaña, Peiró).

FEDERACIÓN o **UNIÓN ÁRABE** Hist. Estado federal creado por la unión de Jordania e Irak en febrero de 1958, con el fin de hacer frente a la política expansionista de Egipto. Se disolvió en julio de ese mismo año a causa del golpe de Estado que derrocó a Faisal II de Irak.

FEDERACIÓN DE ARABIA MERIDIONAL Hist. Federación creada entre 1959 y 1963 por iniciativa del Reino Unido, que comprendía la mayoría de los territorios bajo influencia británica del S de Arabia, en torno a Adén. En 1967 alcanzó la independencia como República Popular Democrática del Yemen.

FEDERAL adj. **1** FEDERATIVO. **2** Partidario del federalismo. Aplicado a personas, también s. **3** Hist. En la guerra de Secesión de EE UU, partidario de los Estados del Norte.

FEDERAL BUREAU OF INVESTIGATION FBI.

FEDERALISMO m. Polít. Sistema político, y doctrina que lo sustenta, en el que el Estado, como poder político central, está constituido por la suma de asociaciones, grupos o entidades políticas (Estados, cantones, provincias, repúblicas) que se asocian.

FEDERAR tr. y prnl. Hacer alianza o pacto entre varios.

FEDERATIVO, VA adj. **1** Perteneciente o relativo a la federación o al federalismo. **2** Polít. Se aplica al sistema de varios Estados que, en ciertos casos, están sujetos a las decisiones de un gobierno central.

FEDERICO Nombre de diversos reyes de Dinamarca y Noruega.

FEDERICO I (Copenhague, 1471 - Gottorp, 1533). Hijo de Cristian I, accedió al trono de Dinamarca en 1523 y al de Noruega en 1524. Renunció al trono de Suecia, rompiendo así la Unión Escandinava.

FEDERICO II (Haderslev, 1534 - Antvorskov, 1588). Hijo de Cristian III, reinó de 1559 a 1588. Combatió contra Suecia por la hegemonía en el Báltico.

FEDERICO III (Haderslev, 1609 - Copenhague, 1670). Hijo y sucesor de Cristian IV, reinó de 1648 a 1670. Con la firma de la paz de Copenhague (1660), recobró los territorios que al principio de su reinado le habían tomado los suecos (Bornholm y Trondheim).

FEDERICO IV (Copenhague, 1671 - Odense, 1730). Hijo y sucesor de Cristian V, reinó de 1699 a 1730. Por el tratado de Fredericksborg (1720) obtuvo el ducado de Holstein y el S del Schleswig.

FEDERICO V (Copenhague, 1723 - íd., 1766). Reinó de 1746 a 1766. Hijo y sucesor de Cristian VI, reinó de 1746 a 1766. Mejoró la condición de los labriegos, creó en Copenhague numerosas instituciones de beneficencia y envió una expedición de sabios a Egipto y a Arabia.

FEDERICO VI (Copenhague, 1768 - íd., 1839). Hijo y sucesor de Cristian VII, reinó en Dinamarca de 1808 a 1839 y en Noruega de 1808 a 1814, año en que, por la paz de Kiel, tuvo que entregar el país a Suecia a cambio de Rügen y la Pomerania sueca. Fue aliado de Napoleón.

FEDERICO VII (Copenhague, 1808 - Glücksborg, 1863). Hijo de Cristian VIII, reinó en Dinamarca de 1848 a 1863. Instauró la monarquía constitucional. Tras la guerra de los Ducados, la firma del tratado de Londres (1852) garantizó a Dinamarca la soberanía sobre todas sus posesiones.

FEDERICO VIII (Copenhague, 1843 - Hamburgo, 1912). Hijo de Christian IX, reinó en Dinamarca de 1906 a 1912.

FEDERICO IX (castillo de Sorgenfri, 1899 - Copenhague, 1972). Fue regente del reino en época de su padre Christian X, y ocupó el trono de manera efectiva de 1947 a 1972. Le sucedió su hija Margarita II.

FEDERICO Nombre de tres emperadores germánicos.

Federico I Barbarroja con sus hijos Enrique VI y Federico de Suabia. Ilustración de la *Crónica de los Güelfos*. Monasterio de Weingaten (Alemania).

Federico I Barbarroja (Veitsberg, 1123 - el río Cidno, Asia Menor, 1190). Elegido emperador por la dieta de Frankfurt; en 1152, a la muerte de su tío Conrado III, fue nombrado también rey de Italia. Fue el iniciador de la dinastía Hohenstaufen. Restableció la autoridad imperial sobre todos los príncipes alemanes e italianos, expulsando a Enrique el León, además de establecer su supremacía sobre los otros reyes occidentales. Se opuso a la autoridad papal y aspiró a convertirse en emperador universal, para lo cual organizó varias expediciones a Italia, arrasó Milán (1162) y se apoderó de Roma (1167), pero fue derrotado por la Liga Lombarda en Legnano (1176) y hubo de pactar una tregua. Organizó la tercera CRUZADA, en la que murió.

Federico II (Iesi, Ancona, 1194 - Fiorentino, Apulia, 1250). Hijo de Enrique VI, de la dinastía Hohenstaufen, subió al trono de Sicilia a la muerte de éste en 1197. Fue coronado en Maguncia (1212) y confirmó los derechos de la iglesia italiana por medio de la Constitución de Eger. En 1216 fue proclamado rey de romanos y en 1220 fue coronado por Honorio III en Roma. Combatió a la Liga Lombarda (güelfos) a la que derrotó en Cortenuova (1237). Se enfrentó a la iglesia por el «dominium mundi» y fue excomulgado por Gregorio IX. Para salvar esta situación, Federico marchó a Egipto, donde logró la devolución de Jerusalén, de la que se hizo proclamar rey (1229). La alianza de las grandes ciudades italianas alrededor del papado, y la nueva excomunión decretada contra él por Gregorio XI (1239) dio inicio a una cruzada contra Federico. Muerto el Papa en 1241, el nuevo pontífice, Inocencio IV, convocó el concilio que depondría definitivamente al emperador en 1250.

Federico III de Estiria (Innsbruck, 1415 - Linz, 1493). Fue elegido emperador en 1440 a la muerte de su primo Alberto II. Su autoridad sobre Alemania fue prácticamente nula.

Federico Nombre de tres reyes de Prusia.

Federico I (Königsberg, 1657 - Berlín, 1713). Hijo del Gran Elector Federico Guillermo, sucedió a su padre en el electorado de Brandeburgo en 1688 y fue coronado primer rey de Prusia en 1701.

Federico II el Grande (Berlín, 1712 - Potsdam, 1786). Sucedió a su padre, Federico Guillermo I, en 1740. Obtuvo Silesia, participó en el reparto de Polonia y supo asegurarse la sucesión de Baviera y los ducados de Franconia.

Federico III (Potsdam, 1831 - íd., 1888). Príncipe imperial en la guerra franco-prusiana (1870-71), al mando del tercer ejército alcanzó las victorias de Wissemburga y de Woerth y contribuyó a la de Sedán. Nombrado emperador de Alemania a la muerte de su padre, Guillermo II, en 1888, pero murió a los tres meses.

Federico Nombre de tres reyes de Sicilia.

Federico I FEDERICO II, emperador germánico.

Federico II (?, 1272 - Palermo, 1337). Hijo de Pedro III el Grande de Aragón, fue reconocido rey de Sicilia en 1296. Durante su reinado se conquistaron los ducados de Atenas y Neopatria y tuvieron lugar las grandes expediciones de los almogávares a Oriente.

Federico III el Simple (Catania, 1342-Mesenia, 1377). Hijo del rey Pedro II, reinó desde 1355 hasta 1377. Sucesor de su hermano Luis, prosiguió con éxito la guerra contra el reino de Nápoles.

Federico I Rey de Suecia (Kassel, 1676 - Estocolmo, 1751). Hijo del landgrave de Hesse-Kassel, se distinguió al servicio de Holanda en la guerra de Sucesión de España, y, casado con una hermana de Carlos XII, a la muerte de éste situó en el trono a su esposa, la cual abdicó en su favor. Reinó de 1720 a 1751.

Federico I de Aragón Rey de Nápoles o Sicilia peninsular (Nápoles, h. 1451 - Tours, 1504). Hijo de Fernando I, sucedió a su sobrino Fernando II (1496-1501). Por el tratado de Lyon, cedió su reino al rey de Francia Luis VII, a cambio del ducado del Maine, en tierras de Anjou y Normandía.

Federico Augusto Nombre de tres reyes de Sajonia.

Federico Augusto I el Justo (Dresde, 1750 - íd., 1827). Después de la batalla de Jena, vio su electorado erigido en reino (1806); pero en el Congreso de Viena (1814-15) perdió parte de su reino que pasó a manos de Prusia.

Federico Augusto II (Dresde, 1797 - Tirol, 1854). Sobrino de Federico Augusto I, subió al trono en 1836. Como en 1849 se negó a sancionar la nueva constitución del Imperio, se sublevó el pueblo y proclamó la República; pero él, con ayuda del ejército prusiano, logró someter a los rebeldes.

Federico Augusto III (Dresde, 1865 - Sibyllenort, Silesia, 1932). Hijo de Jorge I, desempeñó importantes cargos en el ejército sajón y posteriormente en el prusiano. Ocupó el trono en 1904 y abdicó en 1918.

Federico Guillermo Nombre de cuatro reyes de Prusia.

Federico Guillermo I (Berlín, 1688 - Potsdam, 1740). Sucedió a su padre Federico I en 1713. Reorganizó la Hacienda e impuso un severo reglamento militar que hizo del ejército una gran fuerza de combate.

Federico Guillermo II (Berlín, 1744 - íd., 1797). Sobrino de Federico II el Grande, le sucedió en 1786. Participó en los últimos repartos de Polonia y luchó contra la Francia revolucionaria.

Federico Guillermo III (Potsdam, 1770 - Berlín, 1840). Hijo de Federico Guillermo II, le sucedió en 1797. El tratado de Lunéville (1801) quitó a Prusia sus posesiones de la orilla izquierda del Rhin. Participó en la guerra contra Napoleón y, derrotado, perdió sus posesiones al O del Elba y en Polonia.

Federico Guillermo III de Prusia. Retrato de Gabaner. Museo del Estado (Aquisgrán).

Federico Guillermo IV (Berlín, 1795 - palacio de Sans-Souci, 1861). Hijo de Federico Guillermo III, le sucedió en 1840. Durante su reinado absorbió el ducado de Hohenzollern. Sufrió un ataque de enajenación mental, y tuvo que ceder el poder a su hermano Guillermo, luego Guillermo I, en 1857.

Federico Guillermo, el Gran Elector Elector de Brandeburgo y duque de Prusia (Berlín, 1620 - Potsdam, 1688). Hijo de Jorge Guillermo, sucedió a su padre en 1640, cuando estaba teniendo lugar la guerra de los Treinta Años. Se aseguró la soberanía por el tratado de Oliva (1660). Expulsó a los suecos de la mayor parte de sus posesiones, aunque por el tratado de Saint-Germain tuvo que devolver la Pomerania a Suecia.

Federico de Holstein ADOLFO FEDERICO, rey de Suecia.

Fedin, Constantin Alexandrovich Novelista ruso (Saratov, 1892 - Moscú, 1977). Entre sus obras más destacadas, influidas por Gorki, se encuentran *Las ciudades y los años* (1922), *Los hermanos* (1927) y la trilogía *Primeras alegrías* (1945), *Un verano extraordinario* (1947) y *La pira* (1960).

Fedón de Elis Filósofo griego (s. IV a. C.). Fue amigo y discípulo de Sócrates, que lo liberó de la condición de esclavo. A la muerte de su maestro fundó la escuela de Elis, destinada a conservar las doctrinas socráticas. Lleva su nombre uno de los más célebres *Diálogos* de Platón.

Fedor Nombre de tres zares de Rusia.

Fedor I Ivanovich (San Petersburgo, 1557 - íd., 1598). Fue hijo y sucesor de Iván IV el Terrible. Se mantuvo en el poder de 1584 a 1598. Murió envenenado por Boris Godunov, que lo sustituyó en el trono.

Fedor II (San Petersburgo, 1589 - íd., 1605). Hijo de Boris Godunov, alcanzó el poder en el año 1605. Fue condenado a muerte por Dimitri, quien le sucedió en el trono.

Fedor III Alexievich (San Petersburgo, 1658 - íd., 1682). Fue hijo y sucesor de Alejo Mijailovich, y accedió al trono en el año 1676. Luchó con los tártaros y los turcos.

Fedra *Mit.* Princesa cretense, hija de Minos y Pasífae. Se enamoró de su hijastro Hipólito, quien se negó a corresponderle. Ella le acusó, por despecho, de haberla violado e Hipólito murió despedazado. Fedra, llena de remordimientos, se ahorcó.

Federico II Hohenstaufen entrando en Jerusalén. Miniatura de la *Crónica del Villano*. Biblioteca del Vaticano (Roma).

Luis **Feito**. *Número 360.* Galería René Métras (Barcelona).

Fedro Fabulista latino (Tracia o Macedonia, h. 15 - ?, h. 55 d. C.). Aunque imitó a Esopo, logró dar un carácter personal a sus fábulas, contenidas en cinco libros y un apéndice.

FEED-BACK (Voz i.) m. *Inform.* RETROALIMENTACIÓN.

FEHACIENTE adj. Que da fe de que algo es cierto.

FEIJOO, SAMUEL Poeta cubano (San Juan de los Yaras, 1914 - La Habana, 1992). De estilo neorromántico, es autor de los libros de poemas *Camarada celeste* (1944); *Cuerda menor* y *Ser fiel* (1948-1962) y *Viaje de siempre* (1978). En prosa publicó *Diarios de viajes* (1958) y *Sabiduría guajira* (1965).

-**FEÍNA** suf. FEO-.

FEININGER, LYONEL Pintor estadounidense de origen alemán (Nueva York, 1871 - íd., 1956). Dedicado al cubismo (1911), practicó con singular destreza la litografía, el aguafuerte y la talla en madera. Fue uno de los fundadores de la Bauhaus. Obras principales: *Escenas de Manhattan, Azul marino, Sunset Fires, Dunes, Moon Flow,* etc.

FEIRA DE SANTANA Ciudad de Brasil, en el Estado de Bahia; 340.034 h. Industria alimentaria y de construcciones mecánicas.

FEÍSMO m. *Arte* y *Lit.* Tendencia artística o literaria que valora estéticamente lo feo.

FEITO, LUIS Pintor español (Madrid, 1929). Uno de los fundadores del grupo *El Paso.* De su primera etapa de figuración tradicional pasó a una pintura de abstracción geométrica. Parte de su obra se conserva en el Museo de Arte Abstracto de Cuenca.

FELACIÓN o **FELATIO** f. Excitación bucal del órgano sexual del hombre.

FELANITX Municipio y lugar de España, en la isla de Mallorca, provincia de Baleares; 13.436 h. Castillo de Santueri (siglo XII). Turismo.

FELATIO f. FELACIÓN.

FELDESPATO m. *Miner.* Nombre de los minerales pertenecientes al grupo de los tectosilicatos, en los que algunos de los átomos de silicio del tetraedro que constituye la estructura fundamental han sido substituidos por átomos de aluminio. Son de origen magmático. Pertenecen a este grupo las ortoclasas, como la ortosa, y las plagioclasas, como albita y anortita.

FELEMA m. *Bot.* CORCHO.

FELIBRE m. Poeta provenzal moderno.

FELICIDAD f. 1 Estado del ánimo que se complace en la posesión de un bien. 2 Satisfacción, gusto, contento. 3 Suerte feliz.

FELICITACIÓN f. 1 Acción y efecto de felicitar. 2 Tarjeta postal, telegrama, etc., con que se felicita.

FELICITAR tr. 1 Manifestar a una persona la satisfacción que se experimenta con motivo de algún suceso alegre para ella. También prnl. 2 Expresar el deseo de que una persona sea afortunada.

FÉLIDO, DA adj. y s. *Zool.* 1 Se dice de mamíferos carnívoros, digitígrados como el león, leopardo, tigre, ocelote, puma, guepardo, lince, gato, etc. || m. pl. *Zool.* 2 Familia de estos animales.

FELIGRÉS, SA m. y f. Persona que pertenece a cierta o determinada parroquia, respecto a ella misma.

FELINO, NA adj. *Zool.* 1 Perteneciente o relativo al gato. 2 Que parece de gato. 3 *Zool.* Se dice del animal que pertenece a la familia zoológica de los félidos. También s. m.

FELIPE Nombre de varios duques de Borgoña.

FELIPE I DE ROUVRES (Rouvres, 1345 - íd., 1361). Heredó en 1349 el ducado de Borgoña, el Franco Condado y el Artois a la muerte de sus abuelos Eudes IV y Juana de Borgoña.

FELIPE II EL ATREVIDO (Pontoise, 1342 - Hal, 1404). Hijo de Juan II el Bueno, destacó por su valor en diversas expediciones militares, y recibió el ducado de Borgoña con el título de par de Francia en el año 1363.

FELIPE III EL BUENO (Dijon, 1396 - Brujas, 1467). Hijo y sucesor de Juan Sin Miedo en 1419. Después de reunir a sus Estados en 1431, Brabante, Holanda, Zelanda y el resto de los Países Bajos, declaró la guerra al rey de Inglaterra y sitió Calais, aunque sin éxito. Creó la Orden del Toisón de Oro. Le sucedió su hijo Carlos el Temerario.

FELIPE Nombre de cinco reyes de España.

FELIPE I EL HERMOSO Soberano de los Países Bajos y rey de Castilla (Brujas, 1478 - Burgos, 1506). Hijo de Maximiliano de Austria y de María de Borgoña, a la muerte de su madre, en 1482, fue proclamado soberano de los Países Bajos, aunque estuvo bajo la tutela de su padre hasta 1495. En 1496 se casó con Juana la Loca de Castilla, hija de los Reyes Católicos. A la muerte de Isabel la Católica (1504), Juana se convirtió en reina de Castilla y Felipe, escudándose en la enfermedad mental de su esposa, reclamó el trono, lo que le valió el enfrentamiento con Fernando el Católico, regente hasta 1506.

Apoyado por la mayoría de la nobleza castellana, ejerció el gobierno efectivo, aunque por poco tiempo, debido a su muerte prematura.

FELIPE II (Valladolid, 1527 - San Lorenzo de El Escorial, 1598). Hijo de Carlos I y de Isabel de Portugal. Siendo príncipe, se casó con su prima María de Portugal (1543), de cuya unión nació el príncipe Carlos, y luego, viudo, con su tía María Tudor, reina de Inglaterra (1554). Ya rey, contrajo dos nuevos matrimonios: con Isabel de Valois (1560), de quien tuvo a las infantas Isabel Clara Eugenia y Catalina Micaela, y con Ana de Austria (1570), de quien nació su sucesor, Felipe III. En 1555 recibió de su padre la soberanía de los Países Bajos y, al año siguiente, las coronas de Castilla y Aragón. La guerra entre las casas de Austria y de Francia, donde reinaba Enrique II, fue continuación de las que sostuvieron Carlos I y Francisco I. Enrique II, ayudado por el papa Paulo V y por el sultán de Turquía, tomó la ofensiva; el duque de Alba invadió los Estados Pontificios, y Manuel Filiberto, duque de Saboya, al frente del ejército de Flandes derrotó a los franceses en San Quintín (1557), el día de san Lorenzo; en memoria de este hecho mandó construir Felipe II el monasterio de San Lorenzo de El Escorial. Puso fin a la guerra la paz de Cateau-Cambrésis (1559). En la lucha contra los turcos no se debatieron cuestiones ideológicas o religiosas, sino el dominio del Mediterráneo. A instancias de Pío V se formó la Liga Santa, en la que participaron Felipe II, Venecia y Génova, y una poderosa escuadra dirigida por Juan de Austria venció a las tropas de Alí Bajá en el golfo de Lepanto en 1571. El enfrentamiento con los protestantes llevó a Felipe II a inmiscuirse en las guerras de religión de Francia, dando su apoyo al duque de Guisa, jefe de los católicos, frente a Enrique de Navarra. Sostuvo una larga guerra en Flandes, donde se produjeron una serie de levantamientos. La rebelión fue sofocada por el duque de Alba y posteriormente por Luis de Zúñiga, Juan de Austria y Alejandro Farnesio. Finalmente, en 1597, Felipe II cedió Flandes a su hija Isabel Clara Eugenia, casada con el archiduque Alberto de Austria, cuando ya se había consumado la independencia de las Provincias Unidas. En 1580, después de la muerte del rey Sebastián de Portugal en Alcazarquivir, invocando su derecho hereditario como nieto de Manuel el Afortunado, reclamó y obtuvo la corona de este país, produciéndose la unidad ibérica. La ayuda prestada por Inglaterra a los rebeldes flamencos y los ataques del corsario Drake a los barcos españoles movieron a Felipe II a intentar la invasión de Inglaterra con una poderosa escuadra, la ARMADA INVENCIBLE, que fue derrotada en 1588. En el orden interno, trasladó la corte de Valladolid a Madrid (1556), y desde aquí controló sus dominios mediante la creación de una administración pública muy avanzada. Sin embargo, paralelamente se produjo la fragmentación de la autoridad monárquica a consecuencia de las rivalidades entre los partidos cortesanos, entre los que destacaron los *albistas*, dirigidos por el duque de Alba, y los *ebolistas*, dirigidos por el príncipe de Éboli. La crisis política, y también financiera, que amenazaba a la monarquía, se agravó en 1567 con la sublevación de los moriscos de las Alpujarras dirigidos por Aben Humeya, que logró sofocar Juan de Austria en 1571. El reinado de Felipe II representa el punto culminante del imperio español, que tras su muerte comenzó a declinar.

Sepulcro de **Felipe I el Hermoso** y doña Juana la Loca. Capilla Real de Granada.

Felipe II. Retrato por Alonso Sánchez Coello. Museo del Prado (Madrid).

Felipe III (Madrid, 1578 - íd., 1621). Hijo de Felipe II y de Ana de Austria, sucedió a su padre en 1598. En este año se casó con Margarita de Austria. Escasamente interesado por el gobierno, institucionalizó la figura del valido, que hasta 1619 fue el duque de Lerma (Francisco de Sandoval y Rojas). Su reinado estuvo supeditado al descalabro hacendístico, resultado de la costosa política exterior de sus predecesores. Puso fin temporalmente a la guerra en Flandes con la Tregua de los Doce Años (1609), y mejoró las relaciones con Francia y con Inglaterra. La excepción a esta política pacifista fue la intervención en la guerra de los Treinta Años (1618-48) apoyando al emperador. Durante su reinado se produjo la expulsión de los moriscos (1609) y la consiguiente disminución de la producción agrícola. Felipe III mantuvo la residencia de la corte en Madrid, excepto en el periodo 1601-06, en que se trasladó a Valladolid por influencia de Lerma, a quien en 1619 sustituyó como valido su hijo el duque de Uceda.

Felipe IV (Valladolid, 1605 - Madrid, 1665). Hijo de Felipe III y de Margarita de Austria, sucedió a su padre en 1621. Se casó con Isabel de Borbón (1615), hija de Enrique IV de Francia, y con su sobrina Mariana de Austria (1648), con quien tuvo a Carlos II. Hijo natural suyo fue Juan José de Austria (1629). Durante su reinado pretendió restaurar la autoridad de la monarquía, apoyado, de 1621 a 1643 en la figura de su valido, el conde-duque de Olivares. En el exterior, en 1621 expiró la Tregua de los Doce Años con las Provincias Unidas y estalló la guerra; se reanudaron las hostilidades con Inglaterra (Carlos I), y prosiguió la intervención en la guerra de los Treinta Años (1618-48). Al mismo tiempo, se sucedieron los levantamientos en distintos territorios de la corona: rebelión de Vizcaya (1631-34), guerra de separación en Cataluña (1640-59), guerra de independencia de Portugal (1640-68), sublevaciones en Castilla (1647-52 y 1655-57), en Nápoles (1647) y en Andalucía (1641). El fin de la guerra en los Países Bajos (1648), que reconocía la independencia de las Provincias Unidas, y la firma de la paz con Francia (paz de los Pirineos, 1659), por la que España le cedía los territorios de Artois, Luxemburgo, Rosellón, Cerdaña y varias plazas en Flandes, dio un respiro a los últimos años de su reinado.

Felipe V (Versalles, 1683 - Madrid, 1746). Hijo de Luis, delfín de Francia, y de María Ana de Baviera. Era duque de Anjou cuando fue designado por Carlos II de España su sucesor (1700). Juró como rey en 1701, iniciando la dinastía de los Borbones en España. Le disputó el trono el archiduque Carlos de Austria, dando origen a la guerra de Sucesión española (1701-14). Por el tratado de Utrecht (1713), fue reconocido en el exterior como rey de España, y el tratado de Rastadt (1714) puso fin a la guerra con Austria. Ambos conllevaron pérdidas territoriales: por el primero, España cedió a Inglaterra Gibraltar y Menorca; por el segundo, renunció a sus posesiones en Flandes. La guerra permitió implantar reformas de carácter centralizador que culminaron con los Decretos de Nueva Planta (1707-16). Contrajo matrimonio con María Luisa de Saboya (1701) y más tarde con Isabel de Farnesio (1714). Contando con el apoyo de esta última, el primer ministro Alberoni emprendió una política exterior que involucró a España en nuevas contiendas. Las conquistas de Cerdeña (1717) y Sicilia (1718) provocaron la intervención de las potencias extranjeras: Francia, Holanda, Inglaterra y Austria formaron la Cuádruple Alianza para mantener el equilibrio europeo establecido en el tratado de Utrecht. Felipe V destituyó a Alberoni (1719) y firmó el tratado de La Haya (1720), por el que renunciaba a sus conquistas en Italia, pero obtenía de Austria la promesa de que la sucesión de los ducados de Parma, Piacenza y Toscana recaería en su hijo Carlos. En 1724 abdicó en su hijo Luis (Luis I), quien murió al poco tiempo, y Felipe V ocupó de nuevo el trono. Durante este periodo, el gobierno estuvo dirigido por la reina Isabel y por Patiño, primer ministro hasta 1736; se desarrolló una política de acercamiento a Inglaterra y a Francia. En 1733 se firmó con Francia el primer Pacto de Familia, por el que España intervino en la guerra de Sucesión polaca (1733-35) y obtuvo Nápoles y Sicilia, y durante la guerra de Sucesión austriaca (1740-48) se firmó el segundo Pacto de Familia (1743) con el objeto de mantener los ducados italianos, aunque la intervención de Inglaterra en 1746 logró impedirlo. Esta derrota coincidió con la muerte del rey, que desde 1726 había mostrado síntomas de locura.

Felipe Nombre de seis reyes de Francia.

Felipe I (Tours, 1052 - Melun, 1108). Hijo y sucesor de Enrique I, ocupó el trono en 1060, bajo la tutela del conde de Flandes. Fue excomulgado en 1092 por repudiar a su esposa Berta y casarse con Bertrada de Montfort, mujer del duque de Anjou.

Felipe II Augusto (París, 1165 - Nantes, 1223). Sucedió a Luis VII en 1180. Tomó parte con Ricardo Corazón de León en la tercera cruzada (1189). Luchó contra el imperio angevino para recuperar los territorios franceses de los Plantagenet. Aumentó sus dominios con Normandía, Maine, Turena, Poitou, Bretaña y Anjou y venció en Bouvines (1214) a una coalición formada contra él por Juan Sin Tierra, el conde de Flandes y el emperador Otón IV, en la llamada Gran Guerra de Occidente. Apoyó a Simón de Montfort contra el conde de Tolosa, Raimundo VII, y el rey de Aragón, Pedro II, durante la cruzada contra los albigenses. Reorganizó la hacienda y el ejército.

Felipe III el Atrevido (Poissy, Seine-et-Oise, 1245 - Perpiñán, 1285). Hijo y sucesor de Luis IX, ocupó el trono en 1270. Se casó con Isabel de Aragón (1262) y con María de Brabante (1274). Luchó en la última cruzada y contra el rey de Aragón, Pedro III.

Felipe IV el Hermoso (Fontainebleau, 1268 - íd., 1314). Sucedió a Felipe III en 1285. Luchó contra Eduardo I de Inglaterra, al que arrebató Guyena. Excomulgado por Bonifacio VIII, ordenó a Guillermo Nogaret el apresamiento de este papa. Intervino en las elecciones de los dos papas siguientes, Bonifacio IX y Clemente V, el segundo de los cuales anuló las medidas de Bonifacio VIII contra el rey (1311). Suprimió la Orden de los Templarios durante el concilio de Vienne (1313).

Felipe V el Largo (Fontainebleau, 1294 - Longchamp, París, 1322). Regente del reino a la muerte de su hermano Luis X. Tras morir el heredero de la corona, su sobrino Juan I, los Estados Generales le proclamaron rey (1317), en contra de Juana, también hija de Luis X. Venció a la nobleza y puso fin a la guerra de Flandes.

Felipe VI de Valois (Fontainebleau, 1293 - Nogent-le-Roi, Eure-et-Loir, 1350). Sobrino de Felipe IV, sucedió a Carlos IV en 1328. Por conflicto de intereses en Flandes y Guyena, Eduardo III de Inglaterra le disputó la corona,

Felipe V. Retrato por Antonio González Ruiz. Aula Magna de la Facultad de Filología (Salamanca).

dando lugar a la guerra de los Cien Años. Perdió la plaza de Calais.

Felipe, san Apóstol cristiano (s. I). Fue uno de los doce apóstoles de Jesucristo. Predicó el Evangelio en las provincias de Escitia y Frigia. Fue apedreado y crucificado el año 54.

Felipe, san Mártir cristiano (s. I). Uno de los siete primeros diáconos, predicó el Evangelio en Samaria, y logró numerosas conversiones. Murió martirizado en Trales.

Felipe, León (León Felipe Camino y Galicia, llamado) Poeta español (Tábara, 1884 - Ciudad de México, 1968). Influida por W. Whitman, su obra contiene una constante referencia a la condición humana, la guerra y el exilio. Obras: *Versos y oraciones del caminante* (1920; ampliada en 1930), *Drop a Star* (1930), *El pescador de caña y el hacha* (1939), *Español del éxodo y del llanto* (1939), *Llamadme publicano* (1950) y *¡Oh ese viejo y roto violín!* (1965).

Felipe I de Borbón Duque de Parma, Piacenza y Guastalla (Madrid, 1720 - Alessandria, 1765). Hijo segundo de Felipe V y de Isabel de Farnesio. Tras estallar la guerra de Secesión se trasladó a Italia donde consiguió Parma, Piacenza y Guastalla.

Felipe de Borbón y Grecia Príncipe heredero de España (Madrid, 1968). Hijo de Juan Carlos I y de Sofía de Grecia. El 21 de enero de 1977 le fue concedido oficialmente el título de príncipe de Asturias. El 22 de mayo de 2004 contrajo matrimonio con doña Letizia Ortiz Rocasolano.

Felipe de Borbón y Grecia. Los príncipes de Asturias tras su enlace matrimonial.

Felipe Igualdad Orleans, Luis Felipe José, duque de.

Felipe de Jesús, san Franciscano mexicano (Ciudad de México, 1575 - Nagasaki, 1597). Murió crucificado en Nagasaki. Fue beatificado por el papa Urbano VII y canonizado por Pío IX en el año 1862.

Felipe Mountbatten, duque de Edimburgo Príncipe consorte del Reino Unido (Corfú, 1921). Se casó con Isabel II en 1947.

Felipe Neri, san Religioso italiano (Florencia, 1515 - Roma, 1595). Fundador de la Congregación del Oratorio en Italia. En 1550 fundó la Cofradía de la Santísima Trinidad para socorrer a los pobres, peregrinos y convalecientes sin asilo.

Felipe de Suabia Emperador de Alemania (Heidelberg, h. 1177 - Bamberg, 1208). Hijo de Federico I Barbarroja, fue obispo de Wurzburgo (1191). A la muerte de su padre heredó Suabia (1196), y su hermano, el emperador Enrique VI, le transfirió la Toscana. Tras fallecer éste, los gibelinos lo proclamaron rey y se hizo coronar emperador en Maguncia (1198). Simultáneamente los güelfos habían coronado a Otón de Brunswick en Aquisgrán, por lo que se provocó una guerra civil en la que murió asesinado.

Felipillo Indígena peruano (primera mitad del s. XVI). Intérprete de Pizarro, Diego de Soto y Diego de Almagro, conspiró para asesinar a este último y pretendió que los araucanos se levantaran contra los españoles. Murió descuartizado.

Félix Nombre de varios papas.

Félix I, san Papa italiano (Roma, ? - íd., 274). Ocupó el solio pontificio del 269 al 274. Sufrió martirio en tiempos del emperador Aureliano.

Félix II Antipapa italiano (Roma, 303 - Porto, 365). Elegido por el emperador Constancio, ocupó el solio pontificio de 355 a 365, durante el exilio del papa Liberio.

Félix III, san Papa italiano (Roma, ? - íd., 492). Ocupó el solio pontificio de 483 a 492. Fue bisabuelo de san Gregorio Magno. Puso fin a las persecuciones de los cristianos en África.

Félix IV, san Papa italiano (Benevento, ? - Roma 530). Ocupó el solio pontificio de 526 a 530.

Félix V (Amadeo VIII de Saboya, llamado) Antipapa francés (Chambéry, 1383 - Ripaille, 1451). Elegido por un grupo de prelados del concilio de Basilea en 1439. Su elección no fue reconocida por gran parte de la cristiandad y abdicó en 1449.

Federico **Fellini**. Escena de la película *Amarcord*.

FÉLIX, MARÍA Actriz mexicana (Sonora, 1914 - Cuernavaca, 2002). Entre sus películas destacan *El peñón de las ánimas* (1942), *Doña Bárbara* (1943), *Enamorada* (1946), *La bella Otero* (1954), *Sonatas* (1959) y *Zona sagrada* (1969).
FÉLIX DE NOLA, SAN Obispo de Nola (Nola, h. 200 - ?, h. 260). Sufrió persecución durante el reinado de Decio.
FELIZ adj. **1** Que tiene o disfruta de felicidad. **2** Que produce felicidad. **3** Se aplica a las concepciones del entendimiento, oportunas, acertadas. **4** Que ocurre o sucede con felicidad.
FELLATA adj. y s. FULBÉ.
FELLINI, FEDERICO Director y guionista de cine italiano (Rimini, 1920 - Roma, 1993). Iniciado en el neorrealismo, es autor de una filmografía de carácter personal y evocador. Películas principales: *La strada* (1954), *Las noches de Cabiria* (1957, Oscar a la mejor película extranjera), *La dolce vita* (1960), *Boccaccio 70* (1962), *Fellini 8 1/2* (1963), *Giulietta de los espíritus* (1965), *Amarcord* (1974), *Casanova* (1976), *E la nave va...* (1984), *Ginger y Fred* (1985), *La entrevista* (1987) y *La voce della luna* (1990). En 1993 recibió un Oscar honorífico por el conjunto de su carrera artística.
FELO- pref. que significa corcho.
FELÓGENO m. *Bot*. Tejido meristemático secundario de las capas periféricas del tallo y la raíz.
FELÓN, NA adj. y s. Se aplica a quien comete una felonía.
FELONÍA f. Deslealtad, traición.
FELPA f. **1** Tejido de seda, algodón, etc., que tiene pelo por el haz. **2** fig. y fam. Zurra de golpes. **3** fig. y fam. Rapapolvo.
FELPAR tr. **1** Cubrir de felpa. **2** poét. Cubrir con vello u otra cosa a manera de felpa. También prnl.
FELPEAR tr. *Arg*. y *Urug*. Regañar ásperamente a una persona.
FELPUDO, DA adj. **1** Tejido en forma de felpa. **2** Que parece de felpa. || m. **3** Esterilla afelpada. **4** Estera gruesa que se coloca en puertas y pasillos para limpiarse los zapatos.
FEM *Fís*. Abreviatura de fuerza electromotriz.
-FEM- FASIA.
FEMENINO, NA adj. **1** Propio de la mujer. **2** *Biol*. Se dice del ser dotado de órganos para ser fecundado. **3** Perteneciente o relativo a este ser. **4** *Gram*. GÉNERO FEMENINO. También s. **5** Perteneciente al género femenino.
FEMENTIDO, DA adj. **1** Falto de fe y palabra. **2** Engañoso, falso, tratándose de cosas.
-FEMIA suf. -FASIA.
FÉMINA f. Mujer, persona del sexo femenino.
FEMINISMO m. Movimiento social que propugna la emancipación de la mujer y la igualdad de derechos con el hombre. Surgido a partir de la Revolución Francesa, adquirió gran auge a finales del siglo XIX y principios del XX, sobre todo en EE UU y el Reino Unido, centrado en la petición del derecho al sufragio. En España descollaron algunas personalidades aisladas (C. Arenal, E. Pardo Bazán, V. Kent). Después de la Segunda Guerra Mundial, si bien el reconocimiento de los derechos políticos de la mujer ha supuesto un hito en la historia del feminismo, todavía persiste el desequilibrio en los planos social y laboral.
-FEMISMO, -FEMO sufs. -FASIA.
FEMORAL adj. *Anat*. **1** Perteneciente o relativo al fémur. || adj. y f. *Anat*. **2** Se dice de la arteria prolongación de la ilíaca interna al penetrar en la pierna.

FEMTO- pref. del sistema internacional de unidades (SI), que colocado delante de una unidad la multiplica por 10^{-15}.
FÉMUR m. **1** *Anat*. Hueso del muslo en el ser humano, el más largo del cuerpo, que se articula con el coxal por la parte superior y con la rótula y la tibia por la inferior. **2** *Zool*. Tercera articulación de la pata de los insectos, miriápodos y algunos arácnidos.

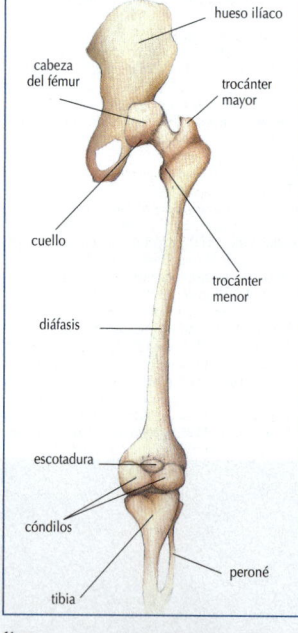

hueso ilíaco
cabeza del fémur
trocánter mayor
cuello
trocánter menor
diáfisis
escotadura
cóndilos
peroné
tibia

fémur

FEN-; -FEN- pref. o in. FANERO-.
FENE Municipio de España, provincia de A Coruña; 15.822 h. Su capital es la aldea de Foxas.
FENECER tr. **1** Poner fin a una cosa. || intr. **2** Morir o fallecer. ♦ IRREG. Se conjuga como AGRADECER.
FENECH-ADAMI, EDWARD Político, periodista y abogado maltés (Birkirkara, 1934). Miembro del cristianodemócrata Partido Nacionalista de Malta, en 1977 se convirtió en líder de esta formación. Ha ocupado el cargo de primer ministro en dos períodos, 1987-96 y desde 1998.
FENECO m. *Zool*. Mamífero carnívoro perteneciente a la familia cánidos, de nombre científico *Fennecus zerda*. De aspecto similar al zorro, aunque más pequeño, su pelaje es de color arena y tiene una larga cola. Se distribuye por las regiones desérticas del N de África y Arabia.
FÉNELON, FRANÇOIS DE SALIGNAC DE LA MOTHE Prelado y escritor francés (castillo de Fénelon, 1651 - Cambrai, 1715). Tomó parte en las querellas religiosas de su época. De 1689 a 1699 fue preceptor del duque de Borgoña (nieto de Luis XIV), y posteriormente arzobispo de Cambrai. Autor de *Tratado para la educación de las jóvenes* (1687), *Fábulas* (1690), *Las aventuras de Telémaco* (1699) y *Carta a la Academia* (1713).
FENESTRA f. *Anat*. Apertura de la pared medial del oído medio.
FENIANISMO m. *Hist*. Movimiento político organizado por los irlandeses y los americano-irlandeses que se propusieron liberar a Irlanda del dominio inglés y establecer la República.
FENICIA *Hist*. Antiguo país de Asia, que comprendía una estrecha faja de territorio extendida en la costa occidental de Siria, hasta el monte Carmelo al S, entre el Líbano y el mar. Durante la dominación romana se agregó la comarca de Celesiria, o Fenicia del Líbano, reservándose el nombre de Fenicia Marítima para la primera. Estuvo habitada por los fenicios. Sus principales ciudades fueron Tiro, Sidón, Biblos y Arad. Entre sus colonias norteafricanas destacaron Útica y Cartago.
FENICIO, CIA adj. y s. De Fenicia. Oriundos del golfo Pérsico, y descendientes de los cananeos, los fenicios comenzaron a aparecer a fines del segundo milenio a. C. y su periodo de máximo florecimiento se extiende del 1000 al 500 a. C. Sus aptitudes marítimas y comerciales les llevaron a realizar una importante obra de colonización por el Mediterráneo, y llegaron hasta el mar Báltico, el Atlántico y el Rojo. Enseñaron a los pueblos del Mediterráneo la navegación, el comercio y la industria, y se les debe también un alfabeto del que se derivan la mayor parte de los del mundo antiguo. En España, donde se cree que se asentaron en el siglo XII a. C., hacia el siglo VII tenían establecidas las colonias de Algeciras, Málaga, Adra, Sevilla, Cádiz, etc.
FÉNICO, ÁCIDO *Quím*. FENOL.
FENICOPTERIFORME adj. *Zool*. **1** Se aplica a las aves de tamaño grande, patas y cuello muy largos, pico acodado y pies palmeados. Comprende cuatro especies de flamencos. || m. pl. *Zool*. **2** Orden de estas aves.
FENILALANINA f. *Quím*. Aminoácido esencial aromático, de fórmula $C_6H_5-CH_2-CH(NH_2)-CO_2H$, presente en la mayor parte de las proteínas animales o vegetales. Es un sólido cristalino con un punto de fusión de 283° C.
FENILAMINA f. *Quím*. ANILINA.
FENILBUTAZONA f. *Quím*. Compuesto de fórmula $C_{19}H_{20}O_2N_2$, que se presenta en forma de polvo blanco o amarillento, de olor aromático y sabor amargo. Es ligeramente soluble en agua, soluble en acetona, y funde a 107° C.
FENILCETONURIA f. *Pat*. Alteración del metabolismo hereditaria, en la que existe una ausencia de la enzima fenilalanina hidroxilasa. Origina un grave retraso mental, a menos que sea tratado desde la infancia.
FENILEFRINA f. *Farm*. Amina de fórmula $C_9H_{13}NO_2$, utilizada en forma de clorhidrato como agente vasoconstrictor.

Arte **fenicio**. Cerámica pintada. Museo del Puig des Molins (Ibiza).

FENILO m. *Quím.* Radical monovalente derivado del benceno, de fórmula –C₆H₅.

FÉNIX m. **1** *Mit.* Ave fabulosa, que los antiguos creyeron que era única y que renacía de sus cenizas. **2** fig. Lo que es exquisito o único en su especie.

FÉNIX Grupo de islas de Kiribati, en Oceanía; 29 km² y 45 h. Su capital es Kanton.

FÉNIX *Astron.* Pequeña constelación situada en el cielo sur.

FENO-; -FENO pref. o suf. FANERO-.

FENOBARBITAL m. *Quím.* Compuesto cristalino de fórmula C₁₂H₁₂N₂O₃, con ligero sabor amargo, soluble en agua, alcohol, cloroformo y éter, y punto de fusión alrededor de 175° C. Se utiliza en medicina como sedante.

FENOGRECO m. *Bot.* ALHOLVA.

FENOL m. *Quím.* **1** Derivado oxigenado del benceno, de fórmula C₆H₅–OH, que se presenta en el alquitrán de hulla en forma de cristales blancos, venenosos, corrosivos y de sabor ardiente. Es soluble en agua, alcohol, éter, sulfuro de carbono y otros, funde a 43 °C y hierve a 182 °C. || m. pl. *Quím.* **2** Grupo de compuestos aromáticos que poseen un grupo hidroxilo directamente unido al núcleo del benceno. Actúan como alcoholes y son más activos que los hidrocarburos bencénicos.

FENOLFTALEÍNA f. *Quím.* Sustancia orgánica de fórmula C₂₀H₁₄O₄, que se presenta en forma de cristales amarillos, solubles en alcohol, éter y álcalis, e insoluble en agua. Se usa como indicador para valoraciones analíticas en las reacciones de neutralización y en medicina como laxante.

FENOLÓGICO, CA adj. *Biol.* Se dice de las variaciones y fenómenos que con cierta periodicidad se producen en los seres vivos y su relación con el clima. Ejemplos de este tipo de fenómenos son la floración vegetal y la migración de las aves.

FENOMENAL adj. **1** Perteneciente o relativo al fenómeno. **2** Que participa de la naturaleza del fenómeno. **3** fam. Tremendo, muy grande. **4** fig. Estupendo. || adv. m. **5** Estupendamente.

FENOMÉNICO, CA adj. Perteneciente o relativo al fenómeno, como apariencia o manifestación de algo.

FENÓMENO m. **1** Toda apariencia o manifestación, tanto del orden material como espiritual. **2** Cosa extraordinaria y sorprendente. **3** fam. Persona o animal monstruoso. **4** fam. Persona sobresaliente en su línea.

FENOMENOLOGÍA f. *Filos.* Sistema filosófico elaborado por E. Husserl. Según él, se trata de una ciencia que, en oposición al psicologismo, tiene como finalidad llegar a la esencia misma de las cosas. La fenomenología consiste en el análisis descriptivo de los procesos subjetivos de vivencia. Se consideran derivaciones suyas al existencialismo y el estructuralismo.

FENOTIPO m. *Biol.* Conjunto de caracteres, estructurales y funcionales, observables en un organismo, y producto de la interacción entre el potencial genético del ser vivo (genotipo) y el ambiente en que vive, es decir, constituye la realización visible del genotipo en un determinado ambiente.

FEO, A adj. **1** Que carece de belleza. **2** fig. Que causa horror o aversión. **3** fig. De aspecto malo o desfavorable. **4** En el juego, se dice de las cartas falsas.|| m. **5** fam. Desaire.

FEO-; -FEÍNA pref. o suf. que significan de color pardo.

FEOFITA adj. y f. ALGAS PARDAS.

FER-; -FER-, -FOR-, -FERAL, -FERO, -FEROL, -FORA, -FORAL, -FÓREO, -FORESIS, -FORIA, -FÓRICO, -FORO pref., ins. o sufs. que significan el que lleva, portador.

-FERAL suf. FER-.

FERAZ adj. Fértil, abundante en frutos.

FERENCZI, SANDOR Psicoanalista húngaro (Miskocl, 1873 - Budapest, 1933). Discípulo de Freud, elaboró un método de tratamiento psicoanalítico de corta duración. Defendió la posibilidad de aplicar el psicoanálisis al ámbito de la biología y afirmó que la existencia intrauterina del feto pasa por una serie de fases que se corresponden con las anteriores formas de vida.

FÉRETRO m. Caja en que se llevan a enterrar los difuntos.

FERIA f. **1** En el lenguaje eclesiástico, cualquiera de los días de la semana, excepto el sábado y domingo. **2** Descanso y suspensión del trabajo. **3** Mercado de mayor importancia que el común, en un lugar público y días señalados. **4** Lugar público en que están expuestos los animales o cosas para este mercado. **5** Concurrencia de gente en un mercado de esta clase. **6** fig. Trato, convenio. **7** *Méx.* Dinero menudo, cambio.

FERIAL adj. **1** Perteneciente a las ferias o días de la semana. || m. **2** FERIA, mercado público y lugar donde se celebra.

La feria de Sevilla. Cuadro de M. Rodríguez de Guzmán. Palacio Real (Madrid).

FERIAR tr. **1** Comprar en la feria. También prnl. **2** Vender, comprar o cambiar una cosa por otra. || intr. **3** Suspender el trabajo por uno o varios días.

FERLINGHETTI, LAWRENCE Poeta estadounidense (Yonkers, 1919). Publicó numerosos trabajos de los escritores de la generación *beat*. Autor de *Retratos de un mundo que se fue* (1955), *Empezando en San Francisco* (1961), *¿Dónde está Vietnam?* (1965), *Tyrannus Nix?* (1969), *Endless Life: Selected Poems* (1981), *Over All the Obscene Boundaries* (1984), etc.

FERMAT, PIERRE DE Matemático francés (Beaumont de Lomagne, 1601 - Castres, 1665). Estudió el cálculo infinitesimal, de probabilidades, etc. Ha dado su nombre a un principio de óptica geométrica y a un teorema, de cuya primera demostración fue el estadounidense Andrew Wiles su principal autor, en 1993.

FERMENTACIÓN f. *Quím.* **1** Acción y efecto de fermentar. **2** Proceso anaerobio a través del cual ciertos microorganismos o sistemas enzimáticos descomponen sustancias orgánicas con liberación de gas y energía. El proceso de fermentación más corriente es el que llevan a cabo levaduras y bacterias empleando como sustrato hidratos de carbono y dando lugar a dióxido de carbono y alcohol u otros compuestos orgánicos, como acetona, ácido acético, butanol, etc. Se usa en procesos industriales alimentarios, como en la fermentación alcohólica del azúcar y del almidón, o la fermentación láctica, para fabricar yogur.

FERMENTAR intr. **1** *Quím.* Producirse un proceso químico por la acción de un fermento. **2** fig. Agitarse o alterarse los ánimos. || tr. *Quím.* **3** Hacer o producir la fermentación.

FERMENTO m. **1** *Quím.* Cualquiera de las sustancias coloidales que intervienen en la fermentación y otros procesos bioquímicos. **2** fig. Causa o motivo de alteración de los ánimos. **3** fig. Influjo que induce a la realización de una actividad.

FERMI m. *Fís.* Unidad de longitud que se emplea en física nuclear y equivale a 10⁻¹⁵ m.

FERMI, ENRICO Físico estadounidense de origen italiano (Roma, 1901 - Chicago, 1954). Dirigió la construcción del primer reactor nuclear y obtuvo la primera reacción nuclear en cadena. En 1938 recibió el premio Nobel de Física por la obtención de numerosos isótopos radiactivos nuevos.

FERMÍN, SAN Obispo de Amiens y patrono de Pamplona (¿Pamplona?, ? - Amiens, ?). Sufrió martirio en el siglo III.

FERMIO m. *Quím.* Elemento químico radiactivo, sintético, perteneciente al grupo de los actínidos; masa atómica, 253; número atómico, 100; símbolo, *Fm.* Se descubrió en 1952 en la explosión de la bomba de hidrógeno.

FERMIÓN m. *Fís.* Cada una de las partículas atómicas elementales que tienen espín semientero, como los leptones y los bariones.

FERNÁN CABALLERO (CECILIA BÖHL DE FABER, llamada) Escritora española de origen suizo (Morgues, 1796 - Sevilla, 1877). Hija de J. N. Böhl de Faber, se la considera el vínculo entre el costumbrismo, la novela romántica y el realismo. Su obra se centra en la descripción de las costumbres y tipos andaluces y en la defensa de la vida campesina: *La Gaviota* (1849), *Clemencia* (1852), *La familia de Alvareda* (1856), *Cuentos y poemas andaluces* (1859) y *La corruptora* (1868).

FERNÁN-GÓMEZ, FERNANDO Actor, director de cine y teatro y escritor español (Lima, 1921). La versatilidad y la inspiración son características de todas sus obras. Películas principales: *Botón de ancla* (1947), *Balarrasa* (1950), *Mamá cumple cien años* (1979), *La noche más hermosa* (1984), *La mitad del cielo* (1986), *El río que nos lleva* (1989), *El mar y el tiempo* (1989, basada en su novela homónima), *Belle époque* (1992), *El abuelo* (1998), *La lengua de las mariposas* (1999) y *En la ciudad sin límites* (2001). En los últimos años ha dirigido *Fuera de juego* (1991) y *Siete mil días juntos* (1994). Autor de las obras de teatro *La coartada*, *Los domingos, bacanal* y *Las bicicletas son para el verano*; las novelas *El viaje a ninguna parte* (1985); *El tiempo amarillo* (1990), *La Puerta del Sol* (1995) y *¡Stop! Novela de amor* (1997), y los relatos *La escena, la calle y las nubes* (2000). Premio Nacional de Teatro (1985), premio Príncipe de Asturias de las Artes (1995). En 2000 ingresó en la Real Academia Española.

Fernando **Fernán-Gómez**

FERNÁN GONZÁLEZ Primer conde independiente de Castilla (Burgos, 930 - íd., 970). Después de ayudar a Ramiro II contra los musulmanes, el rey le redujo a prisión para castigar sus rebeldías (943-44). Recobrada la libertad y muerto Ramiro II, amplió sus dominios y creó en 950 el gran Condado de Castilla, que convirtió en hereditario.

FERNÁNDEZ, EMILIO (llamado EL INDIO FERNÁNDEZ) Director de cine mexicano (Hondo, 1904 - Ciudad de México, 1986). Entre sus películas destacan *María Candelaria* (1943), *Flor silvestre* (1943), *La malquerida* (1950), *La sombra enamorada* (1952) y *Nosotros dos* (1954).

Gregorio **Fernández**. *Cristo en la columna.* Convento de la Encarnación (Madrid).

FERNÁNDEZ o **HERNÁNDEZ, GREGORIO** Escultor español (Galicia, h. 1556 - Valladolid, 1636). Maestro del barroco castellano, destacan entre sus obras el *Cristo yacente*, conocido como el *Cristo de El Pardo*; el *Cristo de la Luz* y *La quinta angustia*; los pasos procesionales; la *Inmaculada*, de San Esteban de Salamanca, y los retablos.

FERNÁNDEZ, JUAN Marino español (¿Cartagena?, h. 1536 - Santiago de Chile, h. 1602). Fue el primero en navegar desde Chile hacia el S directamente, sin costear, con lo que se abrevió la duración del viaje. Descubrió tres islas situadas 440 km al O de Valparaíso, que llevan su nombre.

FERNÁNDEZ, LEONEL Político dominicano (Santo Domingo, 1953). Licenciado en Derecho por la universidad de Santo Domingo, ejerció como profesor y periodista antes de iniciarse en la política. En 1996, al frente de los populistas del PDL accedió a la presidencia de la República. En 2000 fue sustituido por Hipólito Mejía. Pero en 2004 fue nuevamente elegido presidente de la República.

FERNÁNDEZ, MACEDONIO Escritor argentino (Buenos Aires, 1874 - íd., 1952). Su obra supone una ruptura total con la narrativa tradicional. Obras: *No todo es vigilia la de los ojos abiertos* (1928), *Papeles de Recienvenido* (1930), *Una novela que comienza* (1941), *Continuación de la nada* (1944) y *Adriana Buenos Aires (última novela mala)* (1944). Fue autor, además, de la obra crítica *Teoría de la novela* (1929).

FERNÁNDEZ FÉLIX, MIGUEL VICTORIA, GUADALUPE.

FERNÁNDEZ, PRÓSPERO Militar y político costarricense (San José, 1834 - San Mateo, 1885). Presidente de la República entre 1882 y 1885.

FERNÁNDEZ ALONSO, SEVERO Político boliviano (Sucre, 1859 - Lima, 1925). Presidente de la República (1896-98), fue derrocado por el movimiento revolucionario federalista con motivo de la rivalidad entre Sucre y La Paz por la capitalidad.

FERNÁNDEZ ÁLVAREZ, MANUEL Historiador español (Madrid, 1921). Autor, entre otras obras, de *La sociedad española en el Siglo de Oro* (1984), *Fray Luis de León* (1991), *Felipe II y su tiempo* (1998), *Carlos V: el césar y el hombre* (1999), *Juana la Loca* (2000), *Jovellanos, el patriota* (2001) y *Casadas, monjas, rameras y brujas* (2002). En 1985 fue galardonado con el premio Nacional de Historia.

FERNÁNDEZ DE AVELLANEDA, ALONSO AVELLANEDA, ALONSO FERNÁNDEZ DE.

FERNÁNDEZ CABALLERO, MANUEL Compositor español (Murcia, 1835 - Madrid, 1906). Compuso *Los sobrinos del capitán Grant, El dúo de la Africana, El señor Joaquín, La viejecita* y *Gigantes y cabezudos*, entre otras.

FERNÁNDEZ DE CASTRO, PEDRO, CONDE DE LEMOS Político español (Monforte de Lemos, 1575 - Madrid, 1637). Miembro del Consejo de Indias y del de Italia, fue virrey de Nápoles. Cervantes le dedicó la segunda parte del *Quijote* y *Los trabajos de Persiles y Sigismunda*.

FERNÁNDEZ DE CASTRO, PEDRO ANTONIO, CONDE DE LEMOS Político español (Monforte de Lemos, 1632 - Lima, 1672). Fue virrey de Perú de 1667 a 1672.

FERNÁNDEZ DE CÓRDOBA, DIEGO, MARQUÉS DE GUADALCÁZAR Político español (Sevilla, 1578 - Guadalcázar, 1630). Virrey de Nueva España de 1612 a 1621, y de Perú de 1621 a 1629.

FERNÁNDEZ DE CÓRDOBA, FRANCISCO HERNÁNDEZ DE CÓRDOBA, FRANCISCO.

FERNÁNDEZ DE CÓRDOBA, GONZALO (llamado EL GRAN CAPITÁN) Militar español (Montilla, 1453 - Loja, 1515). Luchó a favor de los Reyes Católicos en la guerra de Sucesión y en la conquista de Granada. Enviado a Nápoles contra los franceses, derrotó a Carlos VIII en Atella y repuso en el trono a Fadrique III. En una nueva intervención, consiguió sobre Luis XII las victorias de Ceriñola y Garellano, lo que supuso el dominio de la plaza de Gaeta. Fue virrey de Nápoles de 1504 a 1507.

FERNÁNDEZ CRESPO, DANIEL Político uruguayo (San José, 1901 - Montevideo, 1964). Miembro del Partido Blanco, ejerció la presidencia de la República de 1963 a 1964.

FERNÁNDEZ DE LA CUEVA, FRANCISCO, DUQUE DE ALBURQUERQUE Administrador y militar español (Barcelona, 1617 - Madrid, 1676). Fue virrey de México (1653-60) hasta que se hizo cargo del virreinato de Sicilia. Fundó Alburquerque en Nuevo México (1660).

FERNÁNDEZ FLÓREZ, WENCESLAO Escritor español (La Coruña, 1886 - Madrid, 1964). La aguda observación de la realidad, su tono humorístico y la belleza literaria de sus escritos, son sus características más notables. Obras: *La procesión de los días* (1913), *Volvoreta* (1917), *Las gafas del diablo* (1918), *El secreto de Barba Azul* (1923), *El malvado Carabel* (1931), *El bosque animado* (1943), *Fuegos artificiales* (1954) e *Impresiones de un hombre de buena fe* (1964). Miembro de la Real Academia Española desde 1934.

FERNÁNDEZ DE LIZARDI, JOSÉ JOAQUÍN Escritor mexicano (Ciudad de México, 1771 - íd., 1827). Defensor del ideario liberal, utilizó el pseudónimo de *El Pensador Mexicano*. Su obra principal es la novela *El Periquillo Sarniento*, heredera de la picaresca, publicada por entregas a partir de 1815. Otras obras: *Noches tristes y día alegre* (1819), *La tragedia del padre Arenas* (1827) y *Don Catrín de la Fachenda* (1832).

FERNÁNDEZ DE MORATÍN, LEANDRO MORATÍN, LEANDRO FERNÁNDEZ DE.

FERNÁNDEZ DE MORATÍN, NICOLÁS MORATÍN, NICOLÁS FERNÁNDEZ DE.

FERNÁNDEZ MORENO, BALDOMERO Poeta argentino (Buenos Aires, 1886 - íd., 1950). Perteneciente al modernismo, su estilo es irónico y sentimental. Entre sus obras en verso destacan *Campo argentino, Versos de Negrita, El hogar en el campo, Sonetos* y *Continuación*.

FERNÁNDEZ MORENO, CÉSAR Escritor argentino (Buenos Aires, 1919 - París, 1986). Autor de obras como *El alegre ciprés* (1941), *La realidad y los papeles* (1967), *¿Poetizar o politizar?* (1973), *Buenos Aires, me vas a matar* (1977) y *Sentimientos completos* (1982).

FERNÁNDEZ DE OVIEDO Y VALDÉS, GONZALO Militar, político e historiador español (Madrid, 1478 - Valladolid, 1557). Luchó con los tercios en Italia y Flandes, y pasó en 1514 a América como cronista, escribano real y veedor de las fundiciones. Regresó a España para acusar a Pedrarias, y fue nombrado gobernador de Cartagena. Obras: *De la natural Historia de las Indias* (1526), *Historia general y natural de las Indias* e *Islas y Tierra Firme del mar Océano* (1535-47), y la novela de caballerías *Don Claribalte* (1519).

FERNÁNDEZ DE PALENCIA, DIEGO Cronista y conquistador español (Palencia, 1520 - Sevilla, 1581). Luchó en Perú y escribió la *Historia del Perú*, que comienza en 1556.

FERNÁNDEZ DE PIEDRAHÍTA, LUCAS Historiador colombiano (Bogotá, 1624 - Ciudad de Panamá, 1688). Obispo de Santa Marta y de Panamá. Escribió *Historia general de las conquistas del Nuevo Reino de Granada* (1676).

FERNÁNDEZ DEL PULGAR, PEDRO Eclesiástico e historiador español (Medina de Rioseco, 1621 - Madrid, 1697). Fue cronista de Indias desde 1686. Autor de *Historia verdadera de la conquista de la Nueva España* e *Historia del origen de América o Indias Occidentales*.

FERNÁNDEZ DE QUIRÓS, PEDRO Navegante portugués (Évora, 1565 - Nueva España, 1616). Al servicio de España, participó en la segunda expedición de Á. de Mendaña (1595-96), que llegó a las islas Marquesas y, muerto éste, tomó el mando de la expedición que condujo a Cavite. Descubrió el archipiélago de Nuevas Hébridas (1605).

FERNÁNDEZ RETAMAR, ROBERTO Escritor cubano (La Habana, 1930). Autor de los libros de poemas *Patrias* (1952), *Vuelta de la antigua esperanza* (1959), *Buena suerte viviendo* (1967) y *Que veremos arder* (1970). Ensayos *Idea de estilística* (1958), *Papelería* (1962), *Ensayo de otro mundo* (1967), *Calibán* (1971) y *El son de vuelo popular* (1979).

FERNÁNDEZ SANTOS, JESÚS Escritor y director de cine español (Madrid, 1926 - íd., 1988). Perteneciente a la generación de los cincuenta, su producción narrativa tiene un gran vigor expresivo. Autor de *Los bravos* (1954), *En la hoguera* (1957), *Libro de las memorias de las cosas* (1970), *Paraíso encerrado* (1973), *Extramuros* (1978), *A orillas de la vieja dama* (1979), *Cabrera* (1981), *Los jinetes del alba* (1984), *El Griego* (1985) y *Balada de amor y soledad* (1987). Dirigió varios cortometrajes, documentales y la película *Llegar a más*.

FERNÁNDEZ SPENCER, ANTONIO Escritor dominicano (Santo Domingo, 1922). Vicepresidente de la Academia de la Lengua Dominicana y miembro correspondiente de la Española. Autor de *Vendaval interior* (1945), *Bajo la luz del día* (1952), *Noche infinita* (1967) y *Diario del mundo* (1969).

FERNANDINA Nombre que dio Colón a la actual isla de Long (Bahamas).

FERNANDO Nombre de varios emperadores de Alemania.

FERNANDO I (Alcalá de Henares, 1503 - Viena, 1564). Hermano de Carlos V, éste le cedió, por el tratado de Worms (1521), la Alta y Baja Austria, Estiria, Carintia y Carniola, y, en 1522, el Tirol, Alta Alsacia y Württemberg. En 1526 fue rey de Bohemia y Hungría, en 1531 rey de Romanos, y en 1556 ocupó el trono de Alemania por abdicación de su hermano. Favoreció la paz de Augsburgo (1555).

FERNANDO II (Graz, 1578 - Viena, 1637). Rey de Bohemia (1617), Hungría (1618) y Austria (1619), fue coronado emperador en 1619. Durante la Guera de los Treinta Años, creó con Wallenstein un ejército propio y alcanzó una posición predominante en Alemania, que desapareció al intervenir Suecia (desde 1630) y Francia (1635).

FERNANDO III (Graz, 1608 - Viena, 1657). Rey de Bohemia (1627) y Hungría (1625), fue coronado emperador a la muerte de su padre Fernando II (1637). Perdió la guerra de los Treinta Años, y tuvo que negociar con los príncipes protestantes (1641) hasta firmar la paz de Westfalia (1648).

FERNANDO Nombre de dos reyes de Aragón.

FERNANDO I DE ANTEQUERA Rey de Aragón y Sicilia (Medina del Campo, 1380 - Igualada, 1416). Hijo de Juan I de Castilla y Leonor de Aragón, fue regente de Castilla (1406-12). Intervino en las guerras contra Granada y conquistó Antequera (1410). Al morir sin heredero Martín el Humano, fue elegido rey de Aragón por el Compromiso de Caspe (1412). Intervino en el Cisma de Occidente negando su obediencia al papa Benedicto XIII (1416). Con él se instauró en Aragón la casa de los Trastámara.

FERNANDO II EL CATÓLICO Rey de Aragón y Castilla (Sos, 1452 - Madrigalejo, 1516). Hijo de Juan II de Aragón y de Juana Enríquez, en 1468 ocupó el trono de Sicilia. En 1469 contrajo matrimonio con Isabel de Castilla, hermana de Enrique IV el Impotente, y a la muerte de éste en 1474, ambos se convirtieron en reyes de Castilla —él como Fernando V— con igualdad en el ejercicio del poder. El reinado se inauguró con la guerra civil (1474-79) entre sus partidarios y los de Juana la Beltraneja, pretendiente a la Corona de Castilla con el apoyo de Portugal. La guerra terminó con la victoria de Isabel en Toro y Albuera (1476) y con la firma del tratado de Alcaçobas con Portugal (1479). En este mismo año falleció Juan II de Aragón, a quien Fernando sucedió en el trono. A partir de 1482 se desarrollaron las campañas de reconquista que culminaron con la toma de Granada (1492). Se instauró la unidad religiosa con la expulsión de los judíos y la creación del tribunal de la Inquisición en Castilla. Tuvo también lugar el descubrimiento de América por Cristóbal Colón (1492), se ultimó la conquista de las Canarias (1495) y se conquistó Melilla (1497). La lucha secular entre Aragón y Francia por el predominio sobre Italia se reprodujo a partir de 1495 con la ocupación de Nápoles por Carlos VIII de Francia. La intervención de Gonzalo Fernández de Córdoba fue decisiva para que Aragón se hiciera con Nápoles (1504), reino del que Fernando fue coronado rey (1507), con el nombre de Fernando III. Al morir Isabel en 1504, Fernando ocupó la regencia de Castilla hasta 1506, en que fueron jurados reyes su hija Juana la Loca y su marido, Felipe I el Hermoso. Fernando se retiró a Aragón y contrajo nuevo matrimonio con Germana de Foix. La muerte de Felipe el Hermoso en 1506 obligó a Fernando a encargarse nuevamente de la regencia, dada la incapacidad mental de su hija; en este periodo tuvo lugar la conquista de Orán, Bujía y Trípoli, llevadas a cabo por iniciativa del cardenal Cisneros, que le sucedería en la regencia, y la conquista de Navarra en 1512, reino que anexionó a Castilla.

FERNANDO Nombre de varios reyes de Castilla, León y España.

FERNANDO I EL MAGNO Rey de Castilla y León (?, h. 1010 - León, 1065). Hijo de Sancho III de Navarra, se casó con doña Sancha, hermana de Bermudo III de León. Heredó el condado de Castilla, con el título de rey (1035). Ante las reivindicaciones de Bermudo III hacia las comarcas palentinas, Fernando I, ayudado por su hermano García Sánchez III de Navarra, le derrotó en Tamarón (1037). Fernando I se proclamó rey de León (1038). Combatió luego contra García, derrotado y muerto en Atapuerca (1054), y llevó las fronteras de Castilla hasta el Ebro. Participó en la Reconquista y consiguió que se reconociesen vasallos suyos los reyes de Toledo, Badajoz y Sevilla.

FERNANDO II Rey de León (?, h. 1137 - Benavente, 1188). Hijo de Alfonso VII y de doña Berenguela. Su padre repartió sus Estados entre sus hijos: Castilla, para Sancho III, y León, para Fernando (1157). Mantuvo pretensiones sobre los territorios castellanos, sin conseguir anexionárselos. Derrotó e hizo prisionero a su suegro, el rey de Portugal Alfonso Enríquez, al que luego liberó. Impulsó la reconquista por Extremadura.

FERNANDO III EL SANTO Rey de Castilla y León (Valparaíso, Zamora, h. 1201 - Sevilla, 1252). Hijo de Alfonso IX de León y de Berenguela de Castilla. Heredó el trono de Castilla al morir Enrique I (1217), y el de León tras la muerte de su padre (1230), uniendo definitivamente ambos reinos. En la lucha contra los musulmanes, conquistó Córdoba (1236), Lorca y Mula (1244), Jaén (1246), Carmona (1247) y puso sitio a Sevilla, que cayó en 1248, seguida de Arcos, Medina-Sidonia, Sanlúcar, Jerez y Cádiz.

FERNANDO IV EL EMPLAZADO Rey de Castilla (Sevilla, 1285 - Jaén, 1312). Hijo de Sancho IV y de María de Molina. Heredó el trono en 1295, bajo la regencia de su madre y comenzó su reinado en 1301. Los hijos de Fernando de la Cerda, primogénito de Alfonso X, le disputaron el trono, ayudados por Jaime II de Aragón y por Juan, hermano de Sancho IV. Jaime II invadió Castilla, apoderándose de Murcia (1296), y el infante Juan se proclamó rey de Castilla (1295). La guerra con Aragón continuó hasta 1304, en que Fernando reconoció el dominio aragonés sobre Murcia y Alicante y el infante Juan renunciaba a sus pretensiones castellanas. Su muerte repentina dio origen a la leyenda de haber sido emplazado ante el tribunal de Dios por los hermanos Carvajal, injustamente condenados por el rey.

FERNANDO V DE CASTILLA FERNANDO II EL CATÓLICO.

FERNANDO VI Rey de España (Madrid, 1713 - Villaviciosa de Odón, 1759). Hijo de Felipe V y de María Luisa de Saboya. Se casó en 1729 con Bárbara de Braganza. Sucedió a su padre en 1746. Su adhesión a la paz de Aquisgrán (1748), que puso fin a la guerra de Sucesión austriaca, le permitió dedicarse a la recuperación de España, bajo la dirección de sus ministros J. de Carvajal y Lancáster y el marqués de la Ensenada. En el exterior, firmó el tratado de Madrid (1750) con Portugal, por el que España entregaba un extenso territorio de Paraguay, a cambio de la colonia de Sacramento. En 1753, firmó un concordato con la Santa Sede, para la provisión de beneficios eclesiásticos. Al morir sin sucesión, el trono pasó a su hermano Carlos III.

Fernando I el Magno, rey de Castilla y León. Ilustración del tumbo A de la catedral de Santiago de Compostela.

Fernando VII. Retrato de Francisco de Goya. Museo del Prado (Madrid).

FERNANDO VII Rey de España (San Lorenzo de El Escorial, 1784 - Madrid, 1833). Hijo de Carlos IV y de María Luisa de Parma. Cuando era príncipe de Asturias conspiró contra su padre y contra el favorito Godoy. Como consecuencia del motín de Aranjuez (1808), fue destituido Godoy, y Carlos IV abdicó en favor de Fernando. Esta situación favoreció los designios de Napoleón, que consiguió atraer a Carlos IV y a Fernando VII a Bayona, y que Fernando renunciara al trono en favor de su padre, quien, a su vez, abdicó en Napoleón. Como consecuencia fue designado rey de España José I, hermano del emperador, mientras Fernando VII permanecía preso en Valençay. Vuelto a España (1814), declaró nulas la Constitución de 1812 y las disposiciones de las Cortes de Cádiz. Desde entonces, su reinado fue una pugna entre los principios constitucionales, que el rey aceptó cuando no tuvo otro remedio (sublevación de Riego en 1820), y la subsiguiente reacción absolutista, lograda con la entrada de tropas francesas al mando del duque de Angulema (1823). Su hermano Carlos aspiraba a sucederle, pero la boda del rey con María Cristina de Nápoles, la derogación de la ley Sálica y el nacimiento de la princesa Isabel (1830) dieron origen a la lucha entre don Carlos y la reina. A la muerte de Fernando VII, quedó como tutora y gobernadora María Cristina durante la minoría de edad de Isabel, y latente una guerra civil.

FERNANDO Nombre de tres reyes de Nápoles.

FERNANDO I (Cataluña, h. 1431- Nápoles, 1494). Hijo natural de Alfonso V de Aragón, reinó de 1463 hasta su muerte. Aunque su pueblo se rebeló contra él, se mantuvo en el trono por medio del terror.

FERNANDO II (Nápoles, 1467 - íd., 1496). Sucedió en el trono a su padre, Alfonso II, en 1495. Combatió sin éxito a Carlos VIII de Francia.

FERNANDO III FERNANDO II EL CATÓLICO.

FERNANDO Nombre de dos reyes de las Dos Sicilias.

FERNANDO I DE BORBÓN (Nápoles, 1751 - íd., 1825). Hijo de Carlos III de España, fue nombrado rey de Nápoles y Sicilia en 1759, cuando su padre ocupó el trono de España. Expulsado de Nápoles por la Francia napoleónica (1806) y a su regreso (1816), reunió sus Estados en el reino de las Dos Sicilias.

FERNANDO II DE BORBÓN (Palermo, 1810 - Caserta, 1859). Hijo y sucesor de Francisco I y de María Isabel de Borbón, fue coronado en 1830. Expulsado del trono por un movimiento liberal en 1848, recuperó la corona en 1849 y reimplantó el absolutismo.

FERNANDO Nombre de tres grandes duques de Toscana.

FERNANDO I DE MÉDICIS (Florencia, 1549 - íd., 1609). Gobernó de 1587 a 1609. Renunció al cardenalato para suceder a su hermano Francisco María.

FERNANDO II DE MÉDICIS (Florencia, 1610 - íd., 1670). Gobernó de 1621 a 1670. Se mantuvo neutral en las luchas entre franceses y españoles. Compró Santa Fiora a los Sforza y Pontremoli a España.

FERNANDO III (Florencia, 1769 - íd., 1824). Hijo y sucesor del gran duque Leopoldo, cuando éste pasó a ocupar el trono de Alemania. En 1801 fue despojado de sus Estados y recibió a cambio el principado de Salzburgo. De 1790 a 1801 fue archiduque de Austria y en 1814 recobró Toscana.

FERNANDO I DE AUSTRIA Emperador de Austria (Viena, 1793 - Praga, 1875). Hijo y sucesor de Francisco I desde 1835. Abdicó en favor de su sobrino Francisco José I (1848).

FERNANDO I DE BULGARIA Zar de Bulgaria (Viena, 1861 - Coburgo, 1948). Hijo del príncipe Augusto de Sajonia-Coburgo-Gotha, deseó emancipar la península Balcánica de la influencia europea y en 1908 se proclamó zar de los búlgaros. Triunfó contra los turcos y perdió en la guerra contra los serbios. Durante la Primera Guerra Mundial luchó del lado de los imperios centrales. En 1918 abdicó en favor de su hijo Boris.

FERNANDO I DE PORTUGAL Rey de Portugal (Coimbra, 1345 - Lisboa, 1383). Hijo y sucesor de Pedro I, reinó desde 1367. Combatió a los reyes castellanos Enrique II y Juan I, pero finalmente se vio obligado a firmar el tratado de Elvas (1383).

FERNANDO I DE RUMANIA Rey de Rumania (Sigmaringen, 1865 - Sinaia, 1927). Hijo de Leopoldo de Hohenzollern, sucedió a Carlos I de Rumania (1914). Combatió en la Primera Guerra Mundial al lado de la Entente; al término de la misma, recuperó Besarabia y Bucovina, y se anexionó Transilvania.

FERNANDO POO BIOKO.

FERODO m. *Mec.* Nombre registrado de un material formado con fibras de amianto e hilos metálicos, que se emplea principalmente para forrar las zapatas de los frenos.

FÉROE, ISLAS *(Fær Øer)* Archipiélago del océano Atlántico, al SE de Islandia; 1.398,85 km² y 44.509 h. Constituye un territorio autónomo dependiente de Dinamarca. Su capital es Thorshavn.

-FERO, -FEROL sufs. FER-.

FEROZ adj. Que obra con ferocidad y dureza.

FERR-, FERRI-, FERRO- prefs. que significan hierro.

FERRARA Provincia de Italia, región de Emilia-Romagna; 2.632 km² y 356.191 h. Su capital es la ciudad del mismo nombre, importante centro comercial y agrícola. En ella se encuentra la catedral de San Jorge (siglos XII-XIII), y fue sede inicial, en 1438, de un concilio, trasladado después a Florencia.

FERRARI, ENZO Industrial y corredor automovilístico italiano (Módena, 1898 - íd., 1988). Trabajó como técnico y piloto de Alfa Romeo y, en 1940, inició la producción propia de automóviles deportivos y de competición.

FERRARI, GAUDENZIO Pintor, escultor y arquitecto italiano (Valduggia, 1475 - Milán, 1546). Discípulo de Leonardo da Vinci, colaboró con Rafael en algunos trabajos. Autor de los frescos del templo Sacro Monte (1523), en Varallo.

FERREIRA, ANTONIO Poeta portugués (Lisboa, 1528 - íd., 1569). Fue uno de los principales humanistas de su país. Autor de la *Tragedia de Inés de Castro* (1558) y de *Poemas lusitanos* (1598), entre los que destacan sus sonetos petrarquistas.

FERREIRA, BENIGNO Militar y político paraguayo (Asunción, 1846 - Buenos Aires, 1920). En 1904 se puso al frente de una revolución y fue presidente provisional de la República, cargo que en 1906 ejerció en propiedad, hasta ser depuesto en 1908.

FERREIRA ALDUNATE, WILSON Político uruguayo (Salto, 1919 - Montevideo, 1988). Miembro del Partido Blanco, y líder de la oposición, marchó al exilio en 1973 y fue encarcelado en 1984, cuando era candidato a las elecciones presidenciales.

FERREIRA DE CASTRO, JOSÉ MARÍA Escritor portugués (Salgueiros, 1898 - Oporto, 1974). Sus escritos se caracterizan por el espíritu de denuncia social. Novelas: *Criminal por ambición* (1919), *Emigrantes* (1928), *Tierra fría* (1934), *La tempestad* (1940) y *La lana y la nieve* (1947).

FERREIRA DE LA CERDA, BERNARDA Escritora portuguesa (Oporto, 1695 - Lisboa, 1744). Fue preceptora de los hijos de Felipe IV. Autora de la epopeya *España libertada* (1618).

FÉRREO, A adj. **1** De hierro o que tiene sus propiedades. **2** fig. Perteneciente al siglo o edad de hierro. **3** fig. Duro, tenaz. || **VÍA FÉRREA** FERROCARRIL.

FERRER, JAUME Pintor español (Lleida, s. XV). Representante del gótico internacional, sus principales obras son los retablos de *Albatàrrec, Santa Elena* y *Santa Lucía*.

Jaume **Ferrer** (hijo). *Presentación de Jesús en el templo,* del retablo de *Verdú.* Museo Episcopal (Vic).

FERRER, JAUME Pintor español (Lleida, s. XV). Hijo del anterior y también representante del gótico internacional, pintó los retablos de *Verdú, Virgen de la Pahería* y de *Alcober.*
FERRER BASSA BASSA, JAUME FERRER.
FERRER DE BLANES, JAIME Cosmógrafo español (s. XV). A instancias de los Reyes Católicos, estableció la línea de demarcación entre los dominios de España y Portugal (1495).
FERRERA, FRANCISCO Político hondureño (Cantarranas, 1794 - Chalatenango, 1851). Jefe del Estado (1834-37), fue presidente de la República (1841-47).
FERRERI, MARCO Director cinematográfico italiano (Milán, 1928 - París, 1997). De tendencia originalmente neorrealista, evolucionó hacia un cine simbólico. Películas: *El pisito* (1958), *Los chicos* (1960), *El cochecito* (1961), *La grande bouffe* (1973), *La última mujer* (1976), etc.
FERRERÍAS *(Ferreries)* Municipio y lugar de España, provincia de Baleares, en la isla de Menorca; 3.807 h. Turismo.
FERRETERÍA f. **1** Tienda donde se venden objetos como cerraduras, clavos, herramientas, vasijas, etc. **2** Conjunto de objetos de hierro que se venden en las ferreterías.
FERRI- pref. FERR-.
FÉRRICO, CA adj. *Quím.* Se aplica a las combinaciones del hierro en las que éste actúa con valencia 3, es decir, que el cuerpo unido a este metal no lo está en la proporción máxima.
FERRITA f. *Met.* **1** Disolución sólida del carbono en el hierro alfa. **2** Cualquiera de las numerosas mezclas de óxido de hierro trivalente con un metal divalente (cobalto, cobre, cinc, níquel o manganeso), pudiendo a veces sustituirse el hierro por aluminio.
FERRO- pref. FERR-.
FERROALEACIÓN f. *Met.* Cada una de las aleaciones de hierro y otro elemento, excepto el carbono.
FERROCARRIL m. **1** Camino con dos filas de barras de hierro paralelas sobre las cuales ruedan los trenes. **2** TREN, serie de vagones arrastrados por una locomotora. **3** Conjunto formado por caminos de hierro, trenes e instalaciones propias de este medio de comunicación. [Encic.] || **FERROCARRIL FUNICULAR** FUNICULAR.
Hist. El nacimiento de los ferrocarriles va asociado a la invención de la máquina de vapor. El primer ensayo de un vehículo de este tipo data del siglo XVIII (J. Cugnot, 1770), pero fueron los ingleses Vivian y Trevithick los primeros constructores de una locomotora de vapor (1804), demostrando el también inglés Blacket la suficiente adherencia entre sus ruedas y los carriles lisos. En 1814 y 1815, Stephenson construyó dos locomotoras, cuyas ruedas, unidas respectivamente entre sí por engranajes o bielas, participaban todas en la tracción. Entre 1827 y 1850 se inició la construcción de ferrocarriles en todos los países desarrollados del mundo. A finales del siglo XIX se empezó a experimentar con la tracción eléctrica, que proporcionaba un mayor abaratamiento en los gastos de explotación y mantenimiento que la de vapor, ventajas que también reunía la tracción Diesel. El ferrocarril, para competir ventajosamente con el transporte aéreo y por carretera, ha promocionado la investigación y construcción de trenes de alta velocidad, bien sobre rodadura convencional (el *Turbotrén* francés, los autopropulsados japoneses), bien suprimiendo o modificando el rozamiento (los nuevos monocarriles, el alemán *Transrapid*).
FERROCIANHÍDRICO, CA adj. *Quím.* Se dice del ácido obtenido por combinación de una molécula de cianuro ferroso con cuatro de ácido cianhídrico.
FERROCIANURO m. *Quím.* Nombre común de las sales complejas formadas por hierro, cianuro y un metal alcalino, en las que el hierro actúa con valencia 2.
FERROLANO, NA adj. y s. De Ferrol.
FERROMAGNETISMO m. *Fís.* Propiedad de determinadas sustancias, como el hierro, cobalto y níquel, que pueden adquirir una fuerte imantación.
FERROPRUSIATO m. **1** *Quím.* FERROCIANURO. **2** *A. gráf.* Papel impregnado con ferrocianuro potásico, de color azul, utilizado en imprenta.
FERROSO, SA adj. *Quím.* Se aplica a las combinaciones del hierro en las que éste actúa con valencia 2, es decir, el cuerpo unido a este metal no lo está en la proporción mínima en que puede hacerlo.
FERROVIARIO, RIA adj. **1** Perteneciente o relativo a las vías férreas. || m. y f. **2** Empleado de ferrocarriles.
FERRUGINOSO, SA adj. *Geol.* Se aplica a las aguas minerales en cuya composición entra alguna sal de hierro. **2** *Miner.* Se dice del mineral que contiene hierro.
FERRY o **FERRY-BOAT** (Voces i.) m. Barco transbordador de materiales, vehículos y personas.
FERRY, JULES Político francés (Saint-Dié, 1832 - París, 1893). Jefe de la izquierda republicana, fue varias veces ministro y presidente del Consejo. Derribado del gobierno por Clemenceau, en 1885, se dedicó a la política colonial.
FÉRTIL adj. **1** *Agr.* Se aplica a la tierra que produce mucho. **2** fig. Se dice del año en que la tierra produce abundantes frutos. **3** fig. Aplicado a personas o animales, capaz de reproducirse.
FERTILIDAD f. **1** Estado de abundante productividad. **2** *Biol.* Capacidad para producir gametos funcionales o cigotos viables.
FERTILIZANTE adj. *Quím.* **1** Que fertiliza. **2** Se aplica a la sustancia que se incorpora al suelo de cultivo para hacerlo más productivo, como el estiércol de ganado, y los fosfatos, nitratos y sulfatos amónicos. También m. || m. **3** ABONO.
FERTILIZAR tr. *Agr.* Fecundizar la tierra, disponiéndola para que dé abundantes frutos.
FERTŐ NEUSIEDL.
FÉRULA f. **1** *Bot.* CAÑAHEJA. **2** *Med.* Venda o aparato rígido que se coloca en una zona del cuerpo, para inmovilizarla y corregir alguna desviación o fractura. **3** Palmeta con la que se castigaba a los niños en el colegio. **4** Autoridad, poder despótico.
FERVOR m. **1** Calor intenso. **2** fig. Celo ardiente y afectuoso hacia las cosas de piedad y religión. **3** fig. Eficacia suma con que se hace una cosa.
FESTEJAR tr. **1** Celebrar algo con fiestas. **2** Organizar fiestas en honor de alguien. **3** Cortejar a una mujer o procurar captarse su amor. **4** *Méx.* Azotar, golpear. || prnl. **5** Divertirse.

FESTEJO m. **1** Acción de cortejar o galantear. || m. pl. **2** Cada uno de los actos que se celebran en las fiestas populares.
FESTÍN m. **1** Festejo particular. **2** Banquete espléndido.
FESTIVAL m. **1** Fiesta, especialmente la acompañada de espectáculo musical. **2** Conjunto de representaciones dedicadas a un artista o a un arte.
FESTIVIDAD f. **1** Fiesta o acto solemne con que se celebra algo. **2** Agudeza, gracia en el modo de hablar.
FESTIVO, VA adj. **1** Chistoso, agudo. **2** Alegre, regocijado y gozoso. **3** Solemne, digno de celebrarse.
FESTÓN m. **1** Guirnalda de flores, frutas y hojas. **2** Bordado de realce en que por un lado queda rematada cada puntada con un nudo. **3** Cualquier bordado en forma de ondas o puntas que adorna la orilla o borde de una cosa. **4** *Arquit.* Adorno con forma de festón en las puertas de los templos antiguos.
FESTONEAR tr. **1** Adornar con festón. **2** Bordar festones.
FETAL adj. Perteneciente o relativo al feto.
FETÉN adj. **1** fam. Sincero, verdadero, evidente. **2** fam. Bueno, estupendo, excelente. || **la fetén** expr. fam. La verdad.
FETICHE m. Objeto de culto en algunos pueblos primitivos.
FETICHISMO m. **1** Culto de los fetiches. **2** fig. Idolatría.
FÉTIDO, DA adj. HEDIONDO.
FETO m. **1** *Biol.* Producto de la concepción de una hembra vivípara, desde que pasa el período embrionario hasta el momento del parto. **2** Este mismo cuerpo después de abortado. **3** fig. y fam. Persona extremadamente fea.
FETTI, DOMENICO Pintor italiano (Roma, h. 1589 - Venecia, 1623). De estilo manierista, fue pintor de corte de Mantua, donde realizó los frescos de la catedral. En su obra se acusa la influencia de Caravaggio y Elsheimer. Obras: *La huida a Egipto* y *La oveja perdida.*
FEUDALISMO m. *Hist.* Sistema de organización político, social y económico que se extendió por Europa occidental desde el siglo X al XIII, y tuvo su origen en la fusión de las sociedades romana y germánica. [Encic.]
Hist. El feudalismo puede ser definido como un conjunto de instituciones que crean y rigen obligaciones de obediencia y servicio por parte de un hombre llamado *vasallo* hacia otro llamado *señor,* y obligaciones de protección y sostenimiento por parte del *señor* respecto del *vasallo.* En el plano económico se entienden como las relaciones entre señor y campesino cultivador, en que, a cambio de seguridad personal y económica, el campesino lleva a cabo una serie de prestaciones, también personales y económicas, en las tierras del señor. Éste se convertía así en juez, administrador y dueño de sus vasallos, que entraban en servidumbre y quedaban adscritos a la tierra. Políticamente las relaciones serán aquellas que se formen entre unos nobles respecto de otros, y de todos ellos respecto del monarca, que será la cumbre de la jerarquía feudal. Este sistema político-militar es el denominado *feudovasallático,* y en él el señor hacía entrega de un feudo a un hombre libre a cambio de auxilio y consejo en la guerra. El desarrollo del feudalismo en la sociedad favoreció una estructura piramidal con ausencia de movilidad social. El debilitamiento de los vínculos feudales produjo una etapa de turbulencias, a la que la iglesia, incorporada desde un principio al sistema como terrateniente, intentó poner fin imprimiendo un carácter religioso al ritual feudovasa-

ferrocarril. Tren de alta velocidad AVE.

Fez (Marruecos). Palacio Real.

llático y edificando la moral caballeresca, basada en el honor.

FEUDATARIO, RIA adj. y s. Sujeto y obligado a pagar feudo.

FEUDO m. **1** *Hist.* Contrato por el cual los soberanos y los grandes señores concedían en la Edad Media tierras o rentas en usufructo, obligándose el que las recibía a guardar fidelidad de vasallo al donante, prestarle el servicio militar y acudir a las asambleas políticas y judiciales que el señor convocaba. **2** Reconocimiento o tributo con cuya condición se concede el feudo. **3** Dignidad o heredamiento que se concede en feudo. **4** fig. Respeto o vasallaje. **5** fig. Propiedad o bien exclusivo.

FEUERBACH, LUDWIG Filósofo alemán (Landshut, 1804 - Nuremberg, 1872). Discípulo de Hegel, se distanció luego de él constituyendo la llamada «izquierda hegeliana». Su obra influyó en el pensamiento de Marx. Autor de *La ciencia del cristianismo* (1840), *Crítica de la filosofía hegeliana* (1939), *Principios de la filosofía del futuro* (1843) y *Teogonía* (1857).

FEUILLET, OCTAVE Novelista francés (Saint-Lô, 1821 - París, 1890). Su obra se caracteriza por el idealismo romántico, opuesto a las tendencias realistas y naturalistas. Obras: *El caballo blanco* (1860), *La novela de un joven pobre* (1958) y *Julia de Trécoeur y Monsieur de Camors* (1867).

FEVAL, PAUL Novelista francés (Rennes, 1817 - París, 1887). Autor de folletines como *Los misterios de Londres* (1844), *El jorobado* (1858), *El rey de los mendigos* (1859), etc.

FEYDEAU, GEORGES Dramaturgo francés (París, 1862 - Rueil, 1921). Autor de comedias y vodeviles como *Sastre para señoras* (1887) y *La dame de chez Maxim* (1899).

FEYERABEND, PAUL Filósofo estadounidense de origen austriaco (Viena, 1924 - Nueva York, 1994). Su obra es un ataque contra la pretensión de racionalidad absoluta de la ciencia. Afirmó que la separación entre ciencia y no ciencia es artificial. Obras: *Problemas del empirismo* (1965) y *Contra el método* (1970).

FEYNMAN, RICHARD PHILLIPS Físico estadounidense (Nueva York, 1918 - California, 1988). Participó en el proyecto de la bomba atómica, así como en la teoría de los cuantos, electrodinámica y helio líquido. En 1965 compartió el premio Nobel de Física con su compatriota J. S. Schwinger y el japonés S. Tomonaga por sus trabajos en el campo de la dinámica electrocuántica.

FEZ m. Gorro de fieltro rojo, usado especialmente por los norteafricanos.

FEZ 1 Provincia de Marruecos; 5.400 km^2 y 1.007.000 h. **2** Ciudad capital de la misma; 564.000 h. Principal centro comercial, religioso y social del país.

FG *Fís.* Símbolo de la frigoría, unidad de calor.

-FI- in. FIS-.

FIABILIDAD f. **1** Cualidad de fiable. **2** Probabilidad de buen funcionamiento de una cosa.

FIABLE adj. Se dice de la persona a quien se puede fiar, o de quien se puede responder; o de las cosas que ofrecen seguridad.

FIADOR, RA m. y f. **1** Persona que fía a otra para la seguridad de aquello a que está obligada. **2** Persona que responde por otra de una obligación de pago, comprometiéndose a cumplirla si no lo hace el que la contrajo. || m. **3** Cordón que llevan algunos objetos para impedir que se caigan o pierdan al usarlos. **4** Pasador de hierro que sirve para afianzar las puertas por el lado de adentro. **5** Cada uno de los garfios que sostienen los canalones de los tejados. **6** Correa que lleva la caballería de mano o de contraguía por la parte de fuera. **7** Pieza con que se afirma una cosa. **8** *Chile* y *Ecuad.* BARBOQUEJO. **9** Cuerda larga con la cual sueltan al halcón cuando empieza a volar.

FIAMBRE adj. y m. **1** Se dice de la carne asada o cocida que se prensa y prepara para que pueda guardarse durante mucho tiempo y comerse en frío. **2** fig. y fam. Pasado de tiempo o de la sazón oportuna. || m. **3** fig. y fam. CADÁVER. **4** *Guat.* Plato nacional hecho con toda clase de carnes, encurtidos y conservas.

FIAMBRERA f. **1** Cestón o caja para llevar el repuesto de cosas fiambres. **2** Cacerola con tapa bien ajustada, que sirve para llevar la comida fuera de casa. **3** *Arg.* FRESQUERA.

FIANNA FAIL *Polít.* Partido político nacionalista irlandés, de tendencia republicana, creado en 1926 por E. de Valera.

FIANZA f. **1** Obligación que uno contrae de hacer aquello a que otro se ha obligado si éste no lo cumple. **2** Prenda que da el contratante en seguridad del buen cumplimiento de su obligación. **3** Cosa que se sujeta a esta responsabilidad, especialmente dinero, que pasa a poder del acreedor, o se deposita y consigna.

FIAR tr. **1** Asegurar uno que cumplirá lo que otro promete, obligándose, en caso de que no lo haga, a responder por él. **2** Vender algo retrasando el cobro del dinero. **3** Dar o comunicar a alguien una cosa en confianza. También prnl. || intr. **4** Confiar en alguien. **5** Esperar con seguridad algo grato.

FIASCO m. Mal éxito.

FÍAT m. Consentimiento o mandato para que una cosa tenga efecto.

FIBIGER, JOHANNES ANDREAS Médico danés (Silkeborg, 1867 - Copenhague, 1928). En 1926 recibió el premio Nobel de Fisiología y Medicina por haber sido el primero en provocar artificialmente un cáncer.

FIBRA f. **1** Cada uno de los filamentos que entran en la composición de los tejidos orgánicos vegetales o animales, de ciertos minerales y de algunos productos químicos. **2** *Bot.* Raíz muy delgada. **3** *Biol.* Célula alargada filamentosa, aguzada por los extremos, con membrana gruesa y carente de protoplasma, que forma parte de tejidos animales y vegetales. **4** fig. Vigor, energía y robustez. || **FIBRA ACRÍLICA** *Quím.* La obtenida por polimerización del ácido acrílico o de sus derivados. Contiene, al menos, un 85% en peso de acrilonitrilo. Es muy suave, ligera, y resistente. || **FIBRA MUSCULAR** *Zool.* Cada una de las células provistas de uno o de muchos núcleos que tienen forma de filamentos, son contráctiles y constituyen la parte principal de los músculos. || **FIBRA NERVIOSA** *Zool.* Cuerpo filiforme, cilíndrico, formado por la prolongación de una neurona, generalmente el axón, y por la envoltura que la rodea. || **FIBRA ÓPTICA** *Tecnol.* Filamento cilíndrico de vidrio, sílice o cualquier otro material con propiedades dieléctricas. Posee propiedades transmisoras en el espectro ultravioleta. Visible en infrarrojos. || **FIBRA SINTÉTICA** *Quím.* Aquella cuya fuente u origen es exclusivamente químico. || **FIBRA DE VIDRIO** *Quím.* Cada una de las formadas por dióxido de silicio y otros materiales fundidos, estirados en forma de filamentos. Se emplea como aislante térmico y para otros usos.

FIBRILACIÓN f. *Fisiol.* Contracción espontánea y no coordinada de cualquier fibra muscular, sobre todo del corazón.

FIBRINA f. *Quím.* Sustancia albuminoidea, proteína fibrosa insoluble que precipita en forma de una red de fibras cuando se coagula la sangre (forma la estructura del coágulo sanguíneo), y se origina por la acción de la trombina sobre el fibrinógeno.

FIBRINÓGENO m. *Quím.* Proteína del plasma sanguíneo sintetizada por las células del parénquima hepático.

FIBROADENOMA m. *Med.* Tumor benigno que contiene elementos fibrosos y glandulares.

FIBROBLASTO m. *Biol.* Célula grande, plana y alargada del tejido conjuntivo, a partir de la cual se desarrolla una fibra.

FIBROCARTÍLAGO m. *Biol.* Tejido constituido por células cartilaginosas, separadas por fibras conjuntivas.

FIBROCEMENTO m. Mezcla de cemento y fibra de amianto.

FIBROCITO m. *Biol.* FIBROBLASTO.

FIBROMA m. *Med.* Tumor benigno formado exclusivamente por tejido fibroso y vasos sanguíneos. Aparece con cierta frecuencia en el útero de la mujer.

FIBROMIOMA m. *Pat.* Tumor benigno que se compone de tejido fibroso y fibras musculares lisas. Se localiza generalmente en el útero.

FIBROSIS f. *Pat.* Desarrollo excesivo de tejido conjuntivo fibroso en un órgano o parte del mismo.

FÍBULA f. **1** *Anat.* PERONÉ. **2** *Zool.* Prolongación aplastada del extremo distal de la tibia de algunos himenópteros. **3** Hebilla, a manera de imperdible, que usaron los antiguos para sujetar las vestiduras.

-FICACIÓN suf. -FICAR.

-FICAL suf. FICO-.

-FICAR, -FICO, -FICACIÓN sufs. que significan hacer.

FICCIÓN f. **1** Acción y efecto de fingir. **2** Cosa inventada o imaginada. **3** Obra y género narrativo. **4** CIENCIA-FICCIÓN.

-FÍCEO suf. FICO-.

FICHA f. **1** Pieza pequeña generalmente plana y delgada, de hueso, madera, metal, etc., que se usa para señalar los tantos que se ganan o pierden en el juego; también se llaman así las piezas de forma semejante para otros usos: comunicación telefónica, abrir o cerrar barreras, etc. **2** Cada una de las piezas del juego de dominó. **3** Pieza pequeña, a la que se asigna un valor convenido y que se usa en sustitución de la moneda en algunas casas de negocios y establecimientos industriales. **4** Cédula de cartulina o papel fuerte en que se anotan datos generales, bibliográficos, jurídicos, económicos, policiales, etc., para su archivo. **5** Pieza de cartón, cartulina o plástico con que se controlan las entradas y salidas del trabajo. **6** fig. Pícaro, bribón.

FICHAJE m. **1** *Dep.* Acción y efecto de fichar a un jugador, atleta o técnico deportivo. **2** Por extensión, acción y efecto de obtener los servicios o ayuda de una persona.

FICHAR tr. **1** En el juego del dominó, poner la ficha. **2** Hacer la ficha antropométrica, policial, médica, etc., de un individuo. **3** Ir contando con fichas los géneros que el camarero recibe para servirlos. **4** fig. y fam. Refiriéndose a una persona, ponerla en el número de aquellas que se miran con prevención y desconfianza. **5** *Dep.*

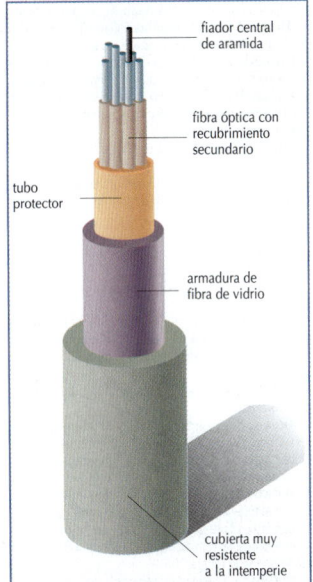

Estructura de una manguera de **fibra óptica**.

Fidias. Detalle del friso del Partenón. Museo de la Acrópolis (Atenas).

Contratar a un deportista para que forme parte de un equipo o club. Por extensión, se emplea con referencia a otras profesiones y actividades. || intr. **6** *Dep.* Comprometerse uno a actuar como jugador o como técnico en algún club o entidad deportiva. Por extensión, se emplea con referencia a otras profesiones y actividades. **7** Marcar en una ficha, por medio de una máquina con reloj, la hora de entrada y salida de un centro de trabajo, como justificación personal de asistencia y puntualidad. **8** Por extensión, justificar esta asistencia y puntualidad por cualquier otro procedimiento.

Fichero m. **1** Mueble para guardar fichas. **2** *Inform.* Colección de registros de un ordenador, relacionados entre sí y tratados como una unidad.

Fichte, Johann Gottlieb Filósofo alemán (Rammenau, 1762 - Berlín, 1814). Seguidor de Kant en sus comienzos, se convirtió posteriormente en uno de los representantes del idealismo alemán. Obras: *Discursos a la nación alemana* (1808), *Ensayo de una crítica de toda revelación* (1892), *Teoría de la Ciencia* (1794), *El sistema de la moral según los principios de la teoría de la ciencia* (1798) y *El Estado comercial cerrado* (1800).

Fichtelgebirge Macizo montañoso, entre Baviera y Sajonia (Alemania) y la República Checa; 1.063 m de altura. En él nacen los ríos Naab, Eger, Saale y Mein.

Ficino, Marsilio Humanista italiano (Fligline, 1433 - Valdorno, 1499). Dirigió la academia platónica de Florencia, desde la que difundió el neoplatonismo en la Italia renacentista. Tradujo al latín el *Corpus hermeticum* y las obras de Platón, Plotino y otros neoplatónicos. Su pensamiento, recogido en *Teología platónica* (1482), influyó en siglos posteriores.

fico-, -fical, -fíceo pref. o sufs. que significan alga. **-fico** suf. -ficar.

Ficobilina f. *Quím.* Cualquiera de los pigmentos ligados a proteínas, que se encuentran en algunos grupos de algas.

Ficocianina f. *Quím.* Ficobilina de color azul.
Ficoeritrina f. *Quím.* Ficobilina de color rojo.
Ficoideo, a adj. *Bot.* AIZOÁCEO.
Ficología f. *Bot.* Parte de la botánica que estudia las algas.
Ficomiceto, ta adj. y s. *Bot.* **1** Se dice del hongo con aparato vegetativo sin tabiques, y con esporas móviles y provistas de uno o dos flagelos. || m. pl. *Bot.* **2** Clase de estos hongos.
Ficticio, cia adj. **1** Fingido, fabuloso. **2** Aparente, convencional.
Ficus m. *Bot.* Nombre general de una serie de árboles y arbustos tropicales pertenecientes a la familia moráceas, género *Ficus*. Abarca unas 700 especies.
Fidedigno, na adj. Digno de fe y crédito.
Fideicomiso m. *Der.* Disposición testamentaria por la cual el testador deja su hacienda o parte de ella encomendada a la fe de uno para que, en caso y tiempo determinados, la transmita a otro sujeto o la invierta del modo que se le señala.
Fidelidad f. **1** Lealtad, observancia de la fe que uno debe a otro. **2** Puntualidad, exactitud en la ejecución de algo, especialmente en la reproducción de un dechado.

3 *Fís.* Medida que se efectúa en un sistema de reproducción, comparando la onda o señal de salida con la de entrada. || **alta fidelidad** *Tecnol.* Reproducción muy fiel del sonido.

Fideo m. **1** Pasta de harina, en forma de hilos delgados cortados, que normalmente se toma en sopa. Más en pl. **2** fig. y fam. Persona muy delgada.

Fidias Escultor griego (Atenas, 490 - Olimpia, 431 a. C.). Su obra se caracteriza por la movilidad y la flexibilidad en las figuras, sin faltar el equilibrio y la serenidad. Trabajó con Mirón y Policleto bajo la dirección de Hegias. Esculpió una estatua colosal de *Atenea* para el templo de Platea, y un monumento en honor de Milcíades en Delfos. Para la Acrópolis de Atenas realizó la *Atenea Prómacos* y la *Atenea Lemnia*. Para el templo de Zeus en Olimpia hizo una escultura crisoelefantina del dios. Realizó otra estatua, con las mismas características (oro y marfil), de *Atenea*, terminada en 438, que se colocó en el Partenón y la que se conservan varias copias helenísticas y romanas. Pericles le encargó la decoración del Partenón —en el que esculpió los frontones, el friso y las metopas— y la dirección de las obras de la Acrópolis.

Fidji Fiji.

Fiduciario, ria adj. **1** Heredero o legatario a quien el testador manda transmitir los bienes a otra u otras personas, o darles determinada inversión. También s. **2** Que depende del crédito y confianza que merezca.

Fiebre f. **1** *Med.* Fenómeno patológico que se manifiesta por una elevación de la temperatura normal del cuerpo y mayor frecuencia del pulso y la respiración. Está causada normalmente por la infección de un microorganismo extraño. **2** fig. Viva y ardorosa agitación producida por una causa moral. || **fiebre aftosa** *Veter.* Enfermedad vírica del ganado bovino, ovino y de cerda, altamente contagiosa. || **fiebre amarilla** *Pat.* Enfermedad vírica, aguda y febril, que se transmite por la picadura de un mosquito y produce ictericia, albuminuria y hemorragias. Es endémica de las costas de las Antillas y del golfo de México. || **fiebre del heno** *Pat.* Forma de alergia que afecta al aparato respiratorio y a los ojos, produciendo irritaciones y congestión, causada fundamentalmente por el polen de las plantas gramíneas. || **fiebre de Malta** o **mediterránea** brucelosis. || **fiebre recurrente** *Pat.* Enfermedad infecciosa aguda causada por espiroquetas del género *Borrelia*, que se caracteriza por la aparición de episodios febriles a intervalos variables de tiempo. || **fiebre reumática** *Pat.* Enfermedad febril que aparece como una secuela tardía después de una infección estreptocócica, y que afecta al hombre durante la edad infantil. || **fiebre tifoidea** *Pat.* Enfermedad septicémica altamente infecciosa, causada por *Salmonella typhi*, que afecta al hombre. Se produce como consecuencia de la ingestión de comida o agua contaminadas fecalmente.

Fiel adj. **1** Que es constante en sus afectos, en el cumplimiento de sus obligaciones y no defrauda la confianza depositada en él. **2** Exacto, conforme a la verdad. **3** Que tiene en sí las reglas y circunstancias que pide el uso o a que se destina. **4** Por antonomasia, cristiano que vive en la debida sujeción a la iglesia católica romana. También s. **5** Creyente de otras religiones. También m. m. **6** El encargado de que se hagan algunas cosas con legalidad. **7** Aguja que juega en la caja de las balanzas y se pone vertical cuando hay igualdad en los pesos comparados. **8** Clavillo que asegura las hojas de las tijeras.

Field, John Pianista y compositor irlandés (Dublín, 1782 - Moscú, 1837). De estilo romántico, compuso piezas para piano, entre ellas los famosos *Nocturnos*, que influyeron en Chopin.

Field, Sally Actriz y productora de cine estadounidense (Pasadena, California, 1946). Dentro de su filmografía cabe destacar *Norma Rae* (1979), *Un lugar en el corazón* (1984), *Ausencia de malicia* (1981), *Dos hacia California* (1981), *No sin mi hija* (1990), *Forrest Gump* (1994) y *Ojo por ojo* (1996).

Fielding, Henry Escritor inglés (Sharpham Park, 1707 - Lisboa, 1754). Obras: *La historia de Joseph Andrews y de su amigo el señor Abrahams Adams* (1742), *La historia de Johnathan el grande* (1743), *Tom Jones* (1749) y *Amelia* (1751).

Fieltro m. **1** Especie de paño no tejido que resulta de conglomerar borra, lana o pelo. **2** Sombrero, capote, alfombra, etc., hechos de fieltro.

Fiera f. **1** Bruto indómito, cruel y carnicero. **2** fig. Persona cruel o de carácter violento. **3** *Zool.* carnívoro. || **hecho una fiera** loc. fig. y fam. Muy irritado. Se usa principalmente con los verbos *estar* o *ponerse*.

Fierabrás m. fig. y fam. Persona mala e ingobernable.

Fieravanti, Aristotele Arquitecto italiano (Bolonia, entre 1415 y 1420 - Moscú, 1486). Se le atribuye la fachada del Palacio de Podestà, en Bolonia; en Moscú construyó la iglesia de la Asunción (1476-79) y comenzó la de San Miguel Arcángel.

Fiero, ra adj. **1** Perteneciente o relativo a las fieras. **2** Duro o intratable. **3** feo. **4** Grande, excesivo. **5** fig. Horroroso, terrible.

Fieschi *Geneal.* Familia aristocrática genovesa, del partido güelfo, a la que pertenecieron los papas Inocencio IV y Adriano V. Uno de sus miembros, Gian Luigi (1522-47), organizó una sublevación contra Andrea Doria.

Fiesole Ciudad de Italia, en Florencia; 14.800 h. Ruinas etruscas. En el antiguo monasterio de Santo Domingo vivió durante mucho tiempo Fra Angélico.

Fiesole (Italia). Teatro romano.

Fiesole, Fra Giovanni da Angélico, Fra.
fiesta f. **1** Alegría o diversión. **2** fam. Chanza, broma. **3** Día que la iglesia celebra con mayor solemnidad que otros. **4** Día en que se celebra alguna solemnidad nacional. **5** Regocijo dispuesto para que el pueblo se recree. **6** Agasajo, caricia u obsequio que se hace para ganar la voluntad de uno, o como expresión de cariño. Más en pl. || **aguar, o aguarse, la fiesta** fr. fig. y fam. Turbar o turbarse cualquier regocijo. || **estar uno de fiesta** fr. fam. Estar alegre. || **no estar** uno **para fiestas** fr. fig. y fam. Estar desazonado y enfadado. || **tengamos la fiesta en paz** expr. fig. y fam. que se emplea para pedir a una persona, en son de amenaza o consejo, que no dé motivo de disturbio o reyerta.
Figari, Pedro Pintor y escritor uruguayo (Montevideo, 1861 - íd., 1938). Obras: *Salida de baile, Pericón en el patio* y *Candombe*. Escribió *Arte, Estética, Ideal* y *La reforma constitucional*.
fígaro m. **1** Barbero de oficio. **2** torera, chaquetilla ceñida.
Fígaro Seudónimo de Mariano José de Larra.
Fígaro Personaje de las comedias de Beaumarchais *El barbero de Sevilla* y *Las bodas de Fígaro*, fusión del criado habilidoso y del pícaro. Han utilizado este personaje, Mozart en *Las bodas de Fígaro* y Rossini en *El barbero de Sevilla*.
Figarola Caneda, Domingo Escritor y bibliógrafo cubano (La Habana, 1852 - íd., 1928). Fue director de la Biblioteca Nacional y miembro de la Academia de la Historia. Autor de *Diccionario cubano de pseudónimos* (1942).
figle m. *Mús.* Instrumento musical de viento.
figón m. Casa donde se guisan y sirven comidas.
Figueiredo, Cristóvão de Pintor portugués (s. xvi). Trabajó al servicio de Manuel I y del cardenal-infante. Es autor del retablo de la *Invención y exaltación de la Santa Cruz*, para la Santa Cruz de Coimbra.
Figueiredo, João Baptista da Oliveira Militar y político brasileño (Rio de Janeiro, 1918 - ?, 1999). Participó en el golpe militar que derrocó al presidente Goulart (1964). Fue jefe de la Casa militar del presidente Médici (1969-73) y jefe del Servicio Nacional de Informaciones (1974-78) y presidente de la República (1979-85).
Figueredo, Pedro (llamado Pedrucho) Político y periodista cubano (Bayamo, 1819 - Santiago de Cuba, 1870). Participó en la toma de Bayamo (1868), donde compuso el himno nacional cubano. En 1869 fue nombrado subsecretario de Guerra, pero, apresado por los españoles, fue fusilado.
Figueres Figueras.
Figueres Ferrer, José Político costarricense (San Ramón, 1907 - San José, 1990). En 1948 dirigió el movimiento revolucionario que defendía los derechos a la presidencia de O. Ulate y proclamó la II República, de la que se nombró presidente (1948-49). Volvió a desempeñar la presidencia de la República en los periodos 1953-58 y 1970-74.
Figueroa, Fernando Político salvadoreño (Ilobasco, 1849 - San Salvador, 1912). Presidente interino de la República (1885), ocupó la presidencia efectiva de 1907 a 1911.
Figueroa, Gabriel Cineasta mexicano (Ciudad de México, 1908 - íd., 1997). Participó en filmes como *María Candelaria* (1943), de E. Fernández; *El fugitivo* (1947), de J. Ford; *Sonatas* (1959), de J. A. Bardem; *El ángel exterminador* (1962), de L. Buñuel, y *La noche de la iguana* (1963), de J. Huston.
Figueroa Alcorta, José Político argentino (Córdoba, 1860 - Buenos Aires, 1931). Fue senador y ministro de Gobierno y Hacienda en su provincia, diputado nacional (1892), gobernador de Córdoba (1895) y senador nacional (1898). Ocupó la presidencia de la República de 1906 a 1910.
Figueroa Larrain, Emiliano Político chileno (Santiago, 1863 - íd., 1931). Fue ministro de Instrucción Pública y Justicia durante el mandato de P. Montt y en 1910 asumió la presidencia interina durante unos meses. Elegido presidente de la República en 1925, dimitió en 1927.
Figueroa y Torres, Álvaro de Romanones, conde de.
figulino, na adj. **1** De barro cocido. || f. **2** Estatuilla de cerámica.
figura f. **1** Forma exterior de un cuerpo por la cual se diferencia de otro. **2** Parte anterior de la cabeza. **3** *Geom.* Espacio cerrado por líneas o superficies. **4** *Arte.* Estatua o pintura que representa el cuerpo de un hombre o animal. **5** En el dibujo, la que representaba el cuerpo humano. **6** Cosa que representa a otra cosa. **7** *Ocio.* Cada uno de los naipes que representan rey, caballo y sota. En algunos juegos, también se designa así el as. **8** *Mús.* Representación de una nota musical, que expresa su duración. Son redonda, blanca, negra, corchea, semicorchea, fusa y semifusa, y cada una dura la mitad de tiempo que la anterior. **9** Personaje de la obra dramática y actor que lo representa. **10** Persona que destaca en determinada actividad. **11** *Danza.* Cambio de colocación de los bailarines en una danza. **12** Gesto, mueca. **13** ilustración, estampa. **14** Línea o conjunto de líneas con que se representa un objeto o un concepto. **15** Cada uno de ciertos modos de hablar que se apartan de lo vulgar o sencillo. || com. **16** Persona ridícula, fea y de mala traza. || **figura de dicción** *Gram.* Cada una de las varias alteraciones que experimentan los vocablos en su estructura habitual.
figurado, da adj. **1** *Mús.* Se aplica al canto o música cuyas notas tienen diferente valor según su figura. **2** *Ling.* Que utiliza figuras retóricas. **3** *Ling.* Se dice del sentido en que se toman las palabras para que denoten una idea distinta de su significado literal. **4** *Ling.* Se aplica también a la voz o frase que tienen este sentido.
figurar tr. **1** Delinear y formar la figura de una cosa. **2** Aparentar, suponer, fingir. || intr. **3** Formar parte o pertenecer al número de determinadas personas o cosas. **4** Brillar en alguna actividad. || prnl. **5** Imaginarse uno algo que no conoce.
figurativo, va adj. **1** Que es o sirve de representación o figura de otra cosa. **2** *Arte.* Se dice del arte y de los artistas que representan figuras de realidades concretas, en oposición al arte y artistas abstractos.
figurín m. **1** Dibujo o modelo pequeño para los trajes y adornos de moda. **2** fig. Lechuguino, gomoso.
figurinista com. Persona que diseña y crea figurines.
figurón m. **1** fig. y fam. Hombre que aparenta más de lo que es. **2** *Lit.* Protagonista de la comedia de figurón.
fijación f. **1** Acción y efecto de fijar o fijarse. **2** *Quím.* Estado de reposo a que se reducen las materias después de agitadas y movidas por una operación química.
fijador, ra adj. **1** Que fija. || m. **2** Preparación cosmética gelatinosa que se usa para asentar el cabello. **3** Líquido que sirve para fijar un dibujo al carboncillo, una fotografía, etc. **4** *Fot.* Fijador del cabello.
fijapelo m. Fijador del cabello.
fijar tr. **1** Hincar, clavar, asegurar un cuerpo en otro. **2** Pegar con engrudo, etc. **3** Hacer fija o estable alguna cosa. También prnl. **4** Determinar, limitar, precisar, designar de un modo cierto. **5** Dirigir o aplicar intensamente. **6** Introducir el mortero en las juntas de las piedras. **7** Poner las bisagras y asegurar y ajustar las hojas de puertas y ventanas a los cercos de las mismas. **8** *Fot.* Hacer que la imagen fotográfica impresionada en una placa o en un papel sensible quede inalterable a la acción de la luz. || prnl. **9** Determinarse, resolverse. **10** Atender, reparar.
Fiji o **Fidji** (*Sovereign Democratic Republic of Fiji*) Estado insular de Oceanía, en el Pacífico Sur, al E de Australia.

Geog. El archipiélago de las Fiji está formado por dos grandes islas, Viti Levu (10.497 km²) y Vanua Levu (5.533 km²), y alrededor de 300 islotes volcánicos, atolones y arrecifes. El relieve de las dos grandes islas es montañoso en el interior, con algunas llanuras fértiles cercanas a la costa. De clima tropical, disponen de vegetación de selva en las zonas húmedas del SE, que es reemplazada por la sabana en las costas occidentales. La economía del país se basa en el cultivo de la caña de azúcar y en el turismo. La población autóctona es de raza melanesia, pero ha sido casi igualada por la de origen hindú, introducida desde finales del siglo xix para el cultivo de la caña de azúcar.

Hist. Estas islas fueron descubiertas en 1643 por el holandés Tasman y visitadas por el capitán Cook en 1764. Colonia británica desde 1874, se constituyó en Estado independiente, dentro de la Commonwealth en 1970, con Ratu Kamisese T. Mara, líder del Partido de la Alianza, como primer ministro. En las elecciones de 1972, de 1977 y de 1982 volvió a triunfar el mismo partido. Su política proocidental y claramente favorecedora a la etnia india, en detrimento de la fijiana, favorecieron un doble golpe de Estado en mayo y septiembre 1987. El coronel Rabuka instauró un nuevo régimen republicano y las islas fueron expulsadas de la Commonwealth. Ese mismo año, Ratu Sir Penaia Ganilau fue nombrado presidente y Ratu Sir Kamisese Mara primer ministro, mientras que Rabuka era nombrado ministro del Interior. Las elecciones legislativas de 1992 afirmaron el triunfo del Partido Fijiano y Rabuka pasó a ocupar el cargo de primer ministro. En 1993 falleció el jefe del Estado Ratu Sir Penaia Ganilau y fue designado como sucesor Ratu Sir Kamisese Mara. Un año después, el Partido Fijiano venció de nuevo en las elecciones legislativas y formó gobierno de coalición con el Partido Laborista Fijiano. En 1997 el país volvió a ingresar en el

Superficie: 18.272 km².
Población: 819.000 h. (fijianos).
Densidad: 44,8 h./km².
Tasa de natalidad: 23,7‰.
Tasa de mortalidad: 5,8‰.
Capital: Suva.
Grupos étnicos: fijianos (50,7%), hindúes (45,5%), otros (5,8%).
Religión: cristianismo (52,9%), hinduismo (38,1%), islamismo (7,8%).
Idioma: inglés (oficial), fijiano e hindi.
Moneda: dólar fijiano.
Forma de Estado: república.
Producto Nacional Bruto: 1.748 millones de dólares.
Renta per cápita: 2.210 dólares.
División administrativa: 4 divisiones y 15 provincias, según cuadro.

FIJI o FIDJI

Provincias / Divisiones	Superficie (km²)	Población (h.)	Capitales
Naitasiri	1.666	126.441	—
Namosi	570	5.893	—
Rewa	272	101.193	—
Serua	830	15.495	—
Tailevu	955	48.233	—
Central	*4.293*	*297.255*	*Suva*
Kadavu	478	9.539	—
Lau	487	12.203	—
Lomaiviti	411	16.203	—
Rotuma	46	2.810	—
Oriental	*1.422*	*40.755*	*Levuka*
Bua	1.379	14.977	—
Cakaudrove	2.816	43.626	—
Macuata	2.004	80.151	—
Septentrional	*6.199*	*138.754*	*Labasa*
Ba	2.634	211.080	—
Nadroga-Navosa	2.385	54.049	—
Ra	1.341	30.762	—
Occidental	*6.360*	*295.891*	*Lautoka*

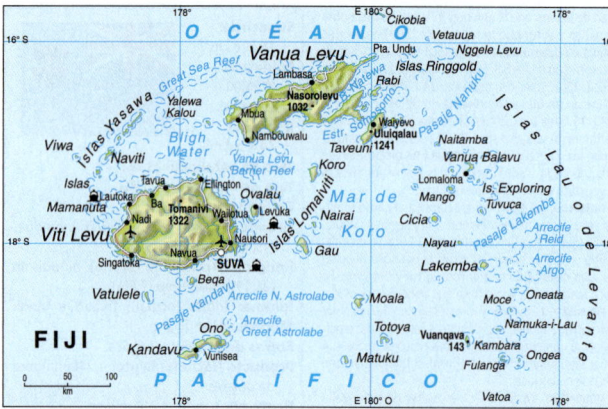

seno de la Commonwealth. En mayo de 2000 George Speight lideró un golpe de Estado y mantuvo retenidos en el Parlamento al gabinete del Gobierno. Tras decretar el estado de sitio y suspender la Constitución, el presidente Ratu Sir Kamisese Mara fue destituido. El jefe del ejército, Frank Bainamarama, se hizo cargo del control del país, mientras que Epeli Nailatikau, yerno del destituido Mara, formaba nuevo Gobierno. En julio, Josefa Iloilo fue nombrado presidente interino. En los comicios celebrados en septiembre de 2001 resultó vencedor del Partido Unido de Fiji, de Laisenia Qarase, lo que supuso la vuelta de los melanesios al poder.

FIJIANO adj. De las islas Fiji.

FIJO, JA adj. **1** Firme, asegurado. **2** Permanente, estable. **3** Invariable, que no cambia. **4** Inmóvil. **5** Se aplica al contrato de trabajo indefinido o a la persona así contratada. || adv. m. **6** fam. Con seguridad, sin ninguna duda.

FIL-; -FIL- pref. e in. **1** FILO-^{4}. **2** FILO-^{3}.

FILA f. **1** Serie de personas o cosas colocadas en línea. **2** Mil. Línea que los soldados forman de frente, hombro con hombro. **3** Agr. Unidad de medida que sirve para apreciar la cantidad de agua que llevan las acequias. **4** Conjunto de datos registrados secuencialmente. **5** fig. y fam. Tirria, odio, antipatía. || pl. **6** Mil. Fuerzas militares. Más con la prep. en. || **FILA INDIA** La que forman varias personas dispuestas una tras otra. || **en fila** loc. adv. En línea recta.

-FILA suf. **1** FILO-^{3}, amigo. **2** FILO-^{4}, hoja.

-FILÁCTICO, -FILAXIA, -FILAXIS, -FILACIO sufs. que significan preservación.

FILADELFIA (Philadelphia) Ciudad del E de EE UU, Estado de Pensilvania; 1.524.249 h. Gran centro comercial e industrial. Puerto.

FILADELFO, FA adj. y s. Bot. Se dice de arbustos de la familia saxifragáceas, originarios de América.

FILAMENTO m. **1** Cuerpo filiforme, flexible o rígido. **2** Bot. Parte estéril del estambre que sostiene la antera. **3** Alambre fino y de gran resistencia, que se calienta y pone incandescente al paso de la corriente eléctrica.

FILANDRIA f. Zool. Gusano nematelminto, que vive parásito en el aparato digestivo de las aves.

FILANTROPÍA f. Amor al género humano.

FILÁNTROPO, PA m. y f. Persona que se distingue por el amor a sus semejantes.

-FILAR suf. FILI-, hilo.

FILARIA f. Zool. Nombre común de diversos gusanos nematodos, del orden filarioideos.

FILARMONÍA f. Pasión por la música.

FILARMÓNICO, CA adj. Relativo a la filarmonía. || **ORQUESTA FILARMÓNICA** Mús. Agrupación musical que interpreta piezas de música clásica.

FILATELIA f. **1** Arte que trata del conocimiento de los sellos de correos. **2** Afición a coleccionar sellos de correos.

-FILAXIA, -FILAXIS sufs. -FILÁCTICO.

FILÉ Isla fluvial de Egipto, cerca de la primera catarata del Nilo, en Assuan. Templo consagrado a Isis, capillas de Osiris y Hator, templete de Trajano, etc., trasladados en 1979 a Agilkia para evitar que quedaran sumergidos bajo las aguas.

FILEMÓN Poeta cómico griego (Siracusa, 361 - Atenas, 268 a. C.). Sus comedias fueron muy imitadas por Plauto y Terencio.

FILEMÓN Y BAUCIS Mit. Matrimonio de Frigia que dio hospitalidad a Zeus y a Hermes. En recompensa, Zeus convirtió su cabaña en un templo. Cuando murieron, Zeus transformó a Filemón en tilo y a Baucis en encina, colocándolos a la puerta del mencionado templo. Simbolizan el amor conyugal.

FILETE m. **1** Moldura larga y angosta. **2** Línea o lista fina que sirve de adorno. **3** Remate de hilo enlazado que se pone en el borde de una ropa. **4** Asador pequeño y delgado. **5** Loncha delgada de carne magra o de pescado limpio de raspas. **6** Embocadura pequeña que sirve para los potros se acostumbren a recibir el bocado.

FILETEAR tr. Adornar con filetes.

-FILÉTICO suf. FILO-, raza, tribu.

FILFA f. fam. Mentira, engaño, noticia falsa.

FILI-, FILO-, HILI-; -FILAR prefs. o suf. que significan hilo.

-FILIA suf. **1** FILO-^{3}, amigo. **2** FILO-^{4}, hoja. **3** FILO-^{2}, tribu.

FILIACIÓN f. **1** Procedencia de los hijos respecto a los padres. **2** Señas personales de un individuo. **3** Dependencia de una doctrina, afiliación a una sociedad, partido político, etc.

FILIAL adj. **1** Perteneciente al hijo. || adj. y f. **2** Iglesia o establecimiento que depende de otro.

FILIAR tr. **1** Tomar la filiación a uno. || prnl. **2** Inscribirse o hacerse inscribir en el servicio militar. **3** Afiliarse.

FILIBUSTERISMO m. **1** Actividad de los filibusteros. **2** Polít. Táctica de bloqueo de la actividad parlamentaria consistente en tomar la palabra y mantenerse en el uso de la misma durante largo tiempo.

FILIBUSTERO m. Nombre de ciertos piratas que en el siglo XVII infestaron el mar de las Antillas.

FILICALES f. pl. Bot. POLIPODIALES.

FILICIDIO m. Muerte dada por un padre o una madre a su propio hijo.

-FÍLICO suf. **1** FILO-^{3}, amigo. **2** FILO-^{4}, hoja.

FILIFORME adj. Que tiene forma o apariencia de hilo.

FILIGRANA f. **1** Obra formada de hilos de oro o plata, unidos y soldados con mucha perfección y delicadeza. **2** Señal o marca transparente hecha en el papel al tiempo de fabricarlo. **3** fig. Cosa delicada y pulida. **4** Bot. Cuba Nombre común de diversos arbustos silvestres, de la familia verbenáceas, género Lantana, de hojas aromáticas y fruto en piña.

FILIPÉNDULA f. Bot. Hierba de la familia rosáceas, con tallos sencillos de 4 a 6 dm de altura.

FILÍPICA f. Invectiva, censura acre.

FILIPINAS (Republika ñg Pilipinas) Estado del SE de Asia, formado por el archipiélago de su nombre, situado entre los mares de China Meridional y de Célebes y el océano Pacífico.

Superficie: 300.076 km².
Población: 76.498.735 h. (filipinos).
Densidad: 254,9 h./km².
Tasa de natalidad: 27,1‰.
Tasa de mortalidad: 5,6‰.
Capital: Manila, en la isla de Luzón.
Ciudades principales: Quezón City, Cebú, Davao, Iloilo, Bacolod.
Grupos étnicos: neoindonesios (malayos) y paleoindonesios (punan).
Religión: catolicismo (82,9%), protestantismo (8,3%), islamismo (4,6%), Iglesia Filipina Independiente (2,6%).
Idioma: tagalo y filipino (44%), oficial; inglés (40%), español (2%).
Moneda: peso filipino.
Forma de Estado: república presidencialista.
Producto Nacional Bruto: 78.938 millones de dólares.
Renta per cápita: 1.050 dólares.
División administrativa: 80 provincias, 14 regiones y 2 regiones autónomas según cuadro.

GEOG. El archipiélago filipino forma parte del llamado cinturón de fuego del Pacífico. Está constituido por más de 7.100 islas e islotes que se extienden, de N a S, a lo largo de 2.000 km. Las principales islas son Luzón y Mindanao. El relieve es montañoso y las costas son muy escarpadas. Al NE de la isla de Mindanao se encuentra la fosa de Mindanao (10.793 m). Los ríos son numerosos, aunque de curso corto (Cagayán, el Río Grande de Mindanao y el Pasig). El clima es típicamente tropical. La vegetación de selva tropical es abundante, con bosques de encinas y coníferas en zonas de altitud mayor y manglares en las regiones costeras. La población, en su mayoría de origen malayo, se halla desigualmente repartida y tiene un fuerte crecimiento vegetativo (23%). Subsisten varios millares de aetas, llamados negritos por los españoles, descendientes de la población autóctona más primitiva del archipiélago. La agricultura representa la actividad principal de su economía (41,2% de la población). Destacan los cultivos de arroz, maíz, plátanos, caña de azúcar, aceite de coco, copra, tabaco, cáñamo de Manila o abacá. Abunda la pesca. El subsuelo es rico en minerales (oro, plata, carbón, cobre, cromo, níquel), productos que exporta, así como las maderas y el caucho. El sector industrial se ha desarrollado en los últimos años y se dedica a la elaboración de productos agrícolas.

HIST. El archipiélago de Filipinas fue poblado por negritos, indonesios (VII-III milenio a. C.) y malayos (siglo II

Filadelfia (Estados Unidos). Vista nocturna, con el río Schuylkill en primer plano.

FILIPINAS

Provincias / Regiones / Regiones autónomas	Superficie (km²)	Población (h.)	Capitales	Provincias / Regiones / Regiones autónomas	Superficie (km²)	Población (h.)	Capitales
Albay		1.090.907	Legazpi	Aurora		173.797	Baler
Camarines Norte		458.840	Daet	Batangas		1.905.348	Batangas
Camarines Sur		1.551.549	Pili	Cavite		2.063.161	Trece Mártires
Catanduanes		215.356	Virac	Laguna		1.965.872	Santa Cruz
Masbate		707.668	Masbate	Marinduque		217.392	Boac
Sorsogon		650.535	Sorsogon	Mindoro Occidental		380.250	Mamburao
Bicol	**17.633**	**4.674.855**		Mindoro Oriental		681.818	Calapan
				Palawan		755.412	Puerto Princesa
Capital Nacional	**636**	**9.932.560**	Manila	Quezón		1.679.030	Lucena
				Rizal		1.707.218	Pasig
Agusán del Norte		552.849	Butuan	Romblon		264.357	Romblon
Agusán del Sur		559.294	Prosperidad	**Tagalog Meridional**	**46.924**	**11.793.655**	
Surigao del Norte		481.416	Surigao				
Surigao del Sur		501.808	Tandag	Batanes		16.467	Basco
Caraga	**18.847**	**2.095.367**		Cagayán		993.580	Tuguegarao
				Isabela		1.287.575	Ilagan
Ilocos Norte		514.241	Laoag	Nueva Vizcaya		366.962	Bayombong
Ilocos Sur		594.206	Vigan	Quirino		148.575	Cabarroguis
Pangasinan		2.434.086	Lingayen	**Valle del Cagayan**	**26.838**	**2.813.159**	
La Unión		657.945	San Fernando				
Ilocos	**12.840**	**4.200.478**		Bohol		1.137.268	Tagbilaran
				Cebú		3.356.137	Cebú
Bataan		557.659	Balañaga	Negros Oriental		1.126.061	Dumaguete
Bulacán		2.234.088	Malolos	Siquijor		81.598	Siquijor
Nueva Écija		1.659.883	Palayan	**Visayas Central**	**14.951**	**5.701.064**	
Pampanga		1.882.730	San Fernando				
Tarlac		1.068.783	Tarlac	Aklan		451.314	Kalibo
Zambales		627.802	Iba	Antique		471.088	San José
Luzón Central	**18.231**	**8.030.945**		Cápiz		654.156	Roxas
				Guimaras		141.450	Jordan
Cotabato Septentrional		958.643	Kidapawan	Iloilo		1.925.002	Iloilo
Cotabato City		163.849		Negros Occidental		2.565723	Bacolod
Lanao del Norte		758.123	Iligan	**Visayas Occidental**	**20.223**	**6.208.733**	
Marawi City		131.090					
Sultán Kudarat		586.505	Isulan	Birlian		140.274	Naval
Mindanao Central	**14.373**	**2.598.210**		Leyte		1.592.336	Tacloban
				Leyte Meridional		360.160	Maasin
Compostela Valley		580.244		Samar (Samar Occidental)		641.124	Catbalogán
Cotabato Meridional		1.102.550	Koronadal	Samar Oriental		375.822	Borongán
Davao del Norte (Davao)		743.811	Tagum	Samar Septentrional		500.639	Catarmán
Davao Oriental		446.191	Mati	**Visayas Oriental**	**21.432**	**3.610.355**	
Davao del Sur		1.905.917	Digos				
Sarangani		410.622	Alabel	Abra		209.491	Bangued
Mindanao Meridional	**27.141**	**5.189.335**		Apayao		97.129	Kabugao
				Benguet		582.515	La Trinidad
Basilan		332.828	Isabela	Ifugao		161.623	Lagawe
Zamboanga del Norte		823.130	Dipolog	Kalinga		174.023	Tabuk
Zamboanga del Sur		1.935.250	Pagadián	Mountain		140.439	Bontoc
Mindanao Occidental	**16.042**	**3.091.208**		**Cordillera**	**18.294**	**1.365.220**	
Bukidnon		1.060.265	Malaybalay				
Camiguín		74.232	Mambajao	Lanao del Sur		669.072	Marawi
Misamis Occidental		486.723	Oroquieta	Maguindanao		801.102	Maganoy
Misamis Oriental		1.126.315	Cagayán de Oro	Sulu		619.668	Jolo
				Tawi-Tawi		322.317	Bongao
Mindanao Septentrional	**14.033**	**2.747.585**		**Muslim Mindanao**	**11.638**	**2.412.159**	

a. C.-siglo XIII d. C.). El islam penetró a fines del siglo XIV. Desde el siglo IX se establecieron comunidades de comerciantes chinos, los *sangleyes*, y se comerciaba con Japón, Camboya, Shampa, Annam, Siam e Insulindia. El archipiélago filipino fue descubierto por Fernando de Magallanes en 1521, que lo denominó islas de San Lázaro. En 1546, Ruy Lope de Villalobos llegó a las islas de Mindanao y Leyte y llamó al archipiélago Filipinas. En 1565 Miguel López de Legazpi llegó a Cebú, Mindanao y Luzón, donde fundó Manila. En su expedición viajaba fray Andrés de Urdaneta, quien puso rumbo al N hasta encontrar la corriente y los vientos contrarios del Kuro-Sivo, que le llevaron a las costas pacíficas americanas, inaugurando una ruta que seguiría por más de dos siglos el *galeón de Manila*. Durante los tres siglos que duró la dominación española menudearon las insurrecciones y los ataques de los pueblos vecinos, de holandeses e ingleses. En 1896 los proindependentistas se levantaron contra la metrópoli. La intervención de la escuadra estadounidense, que derrotó a la española en Cavite, puso fin a la soberanía española en el archipiélago en 1898. Filipinas pasó a depender de EE UU ese mismo año. Se estableció un régimen de gobierno semejante al presidencialista estadounidense, y entre 1934 y 1946 (año para el que se había fijado la independencia) se gobernó con una amplia autonomía. Entre 1935 y 1944 ocupó la presidencia Manuel L. Quezón. Durante la Segunda Guerra Mundial las islas fueron invadidas por los japoneses (1942-45) y finalizada la misma, se proclamó oficialmente la independencia (1946). En 1951 EE UU y Filipinas firmaron un tratado de defensa mutua en virtud del cual EE UU podría utilizar las bases navales filipinas por un periodo de 99 años. La llegada a la presidencia de Ferdinand Marcos en 1965 (reelegido posteriormente en 1969 y 1981), implicó cambios importantes en la política y la sociedad filipina, atenazada por una profunda crisis económica y por las acciones del Nuevo Ejército del Pueblo, comunista, y del Frente Moro de Liberación Nacional (FMLN), de base musulmana. En la década de los ochenta estalló el malestar social como consecuencia de la continua crisis económica. En 1983 fue asesinado Benigno Aquino, líder de la oposición, cuando regresaba a Filipinas de su exilio en EE UU. Este acontecimiento agudizó la oposición al régimen de Marcos, quien convocó elecciones anticipadas para 1986. Frente a su candidatura, la oposición presentó la de Corazón Aquino, viuda del líder asesinado. La victoria de Aquino obligó a Marcos a abandonar el país. Tras las elecciones de 1992 ocupó la presidencia Fidel Ramos. Éste inició una fuerte ofensiva contra la debilitada guerrilla comunista, que sin embargo vino acompañada por la práctica legalización del Partido Comunista. En 1993 las tropas estadounidenses concluyeron su retirada. El gobierno filipino llegó a un acuerdo de paz con el FMLN en 1996; ese mismo año concedió un régimen autonómico a Mindanao. En las elecciones presidenciales de 1998 venció el populista

Joseph Estrada. En mayo de 2000 estalló una crisis militar en Mindanao entre el ejército y los independentistas musulmanes del Frente Moro de Liberación Islámica (MILF). Acusado de corrupción, Estrada dimitió en enero de 2001. Le sustituyó en la presidencia Gloria Macapagal, quien revalidó el cargo en 2004.

FILIPINO, NA adj. y s. De las islas Filipinas.
FILIPO Nombre de varios reyes de Macedonia.
Filipo I (s. vi a. C.) Rey de Macedonia, hijo y sucesor de Argeo I. Reinó del 609 al 569 a. C.
Filipo II (?, 382 - ?, 336 a. C.). Padre de Alejandro Magno. En el 359 ocupó la regencia de su sobrino Amintes IV y tres años después se proclamó rey. Amplió las fronteras de su reino y reformó el ejército. Posteriormente instituyó una liga permanente de las ciudades griegas, de la que fue nombrado *hegemón*. Fue asesinado por Pausanias.
Filipo V (?, 237 - ?, 179 a. C.) Hijo de Demetrio II. Sucedió al trono a Antígono III, en 220 a. C. Combatió a los romanos en las dos guerras macedónicas (215-05 y 200-197) y fue derrotado por éstos en Cinoscéfalos (197 a. C.). Perdió la hegemonía en Grecia.
FILIPÓPOLIS PLOVDIV.
Filipos Antigua ciudad de Macedonia. En ella Antonio y Octavio vencieron a Bruto y Casio (42 a. C.).
FILISTEO, A adj. *Hist.* 1 Se dice de un pueblo indoeuropeo, que constituyó en Oriente Medio un Estado enemigo de Israel. Tras seguir la emigración de los pueblos del mar, se establecieron entre la cordillera del Líbano y el mar. Conservaron su independencia hasta fines del siglo vii a. C. 2 Perteneciente o relativo a este pueblo. || m. 3 *fig.* Hombre de mucha estatura y corpulencia.
Fillmore, Millard Político estadounidense (Locke, 1800 - Buffalo, 1874). Fue elegido vicepresidente de EE UU por el partido Whig y, tras la muerte de Taylor, ocupó la presidencia (1850-52). Intentó conseguir una solución a los conflictos entre los Estados del Norte y el Sur.
FILM m. FILME.
FILMAR tr. Grabar en una película cinematográfica escenas, paisajes, personas o cosas en movimiento.

FILME m. Película cinematográfica.
FILMINA f. DIAPOSITIVA.
FILMOGRAFÍA f. Conjunto de la obra cinematográfica de un cineasta o de un país, género, etc.
FILMOTECA f. 1 Lugar donde se guardan ordenados los filmes que ya no suelen proyectarse. 2 Conjunto o colección de filmes.
FILO m. 1 Arista o borde agudo de un instrumento cortante. 2 Punto o línea que divide una cosa en dos partes iguales.
FILO-[1] pref. FILI-.
FILO-[2], **-FIL-**; **-FILÉTICO**, **-FILIA**, **-FILO** prefs., in. o sufs. que significan especie, raza, tribu.
FILO-[3], **-FIL-**; **-FIL-**, **-FILA**, **-FILIA**, **-FÍLICO**, **-FILO** prefs., in. o sufs. que significan simpatía, amistad, preferencia.
FILO-[4], **-FIL-**; **-FIL-**, **-FILO-**; **-FILA**, **-FILIA**, **-FÍLICO**, **-FILO** prefs., in. o sufs. que significan hoja.
Filoctetes *Mit.* Héroe legendario griego, depositario del arco y las flechas de Heracles. Tomó parte en la expedición de los argonautas.
FILOGENIA f. *Biol.* Historia de la formación y desarrollo de una especie por evolución biológica.
FILOLOGÍA f. 1 *Hist.* Ciencia histórica que estudia una cultura, principalmente a través de los textos escritos. [Encic.] 2 *Ling.* Técnica que se aplica a los textos escritos para reconstruirlos, fijarlos o interpretarlos. 3 *Ling.* LINGÜÍSTICA.
Hist. La filología tiene su origen en Alejandría, donde surge con el objetivo de fijar e interpretar los textos homéricos. Es en el siglo xix cuando se consolida como disciplina: se perfeccionan las técnicas de fijación de los textos y comienzan a estudiarse en profundidad el estilo y el entorno histórico y cultural de los mismos. La especialización de las ciencias favoreció la división de la filología en diferentes ramas (historia de la literatura, lingüística, estilística, etc.). En el siglo xx, destacan los trabajos de F. de Saussure, E. Coseriu, W. Meyer Lubke, N. Chomsky; y entre los españoles, R. Menéndez Pidal, A. Castro, D. Alonso, A. Alonso, M. Alvar, R. Lapesa y E. Alarcos.

Filomela *Mit.* Hija de Pandión, rey de Atenas, y hermana de Procne. Fue metamorfoseada en ruiseñor.
FILÓN m. 1 *Geol.* Masa metalífera o pétrea que rellena una grieta antigua de las rocas de un terreno. 2 *fig.* Materia, negocio, recurso del que se espera sacar gran provecho.
Filón de Alejandría Filósofo judío (Alejandría, h. 20 - ?, h. 50). Intentó conciliar el Antiguo Testamento con la filosofía griega por medio de interpretaciones alegóricas de la Biblia. Sus doctrinas tuvieron una gran influencia sobre los neoplatónicos y sobre los primeros apologistas cristianos.
FILONIANO, NA adj. *Geol.* Se aplica a las rocas magmáticas originadas por consolidación del magma en su ascenso a la superficie, aprovechando las fracturas y grietas naturales del terreno.
Filopemén (también llamado EL ÚLTIMO GRIEGO) General heleno (?, 253 - ?, 183 a. C.). Nombrado estratega de la Liga Aquea, obtuvo numerosas victorias sobre los espartanos y los etolios.
FILÓPODO, DA adj. *Zool.* BRANQUIÓPODO.
FILOSILICATO m. *Miner.* Cada uno de los minerales silicatos cuya estructura cristalina está formada por tetraedros unidos que dan lugar a anillos hexagonales, y se disponen formando capas.
FILOSOFAL adj. PIEDRA FILOSOFAL.
FILOSOFAR intr. 1 Examinar una cosa como filósofo. 2 *fam.* Meditar, hacer soliloquios.
FILOSOFÍA f. 1 Ciencia que trata de la esencia, propiedades, causas y efectos de las cosas naturales. [Encic.] 2 Conjunto de doctrinas que, con este nombre, se aprenden en los institutos, colegios y seminarios. 3 Facultad dedicada en las universidades a la ampliación de estos conocimientos. 4 *fig.* Fortaleza o serenidad de ánimo para soportar las vicisitudes de la vida.
Filos. El término, de origen griego, etimológicamente significa *amor a la sabiduría*. Los antiguos griegos elaboraron distintas teorías sobre la naturaleza de una sustancia permanente (el agua, el fuego, el aire, lo indefinido) y de una ley del devenir. Sus dos principales representantes fueron Platón y Aristóteles, cuyo pensamiento se convirtió en modelo para toda la filosofía posterior. En la Edad Media, el cristianismo aportó a la investigación filosófica el concepto de «revelación», que combinó de diversas maneras con el de «razón». De los siglos xvii y xviii son las corrientes racionalista (Descartes, Leibniz) y empirista (Locke, Hume), cuya síntesis se realiza en el idealismo trascendental kantiano. En el siglo xix convivieron el idealismo de Hegel, el pensamiento marxista, el positivismo de Comte, y la corriente irracionalista (Schopenhauer, Nietzsche). En el presente siglo, se han desarrollado diversas orientaciones filosóficas como la filosofía analítica, la fenomenología, la hermenéutica, el existencialismo, el psicoanálisis, el marxismo, la escuela de Frankfurt, etc.
Filóstrato Orador y filósofo griego (?, 170 - ?, 245). Autor de *Vida de Apolonio de Tiana*, novela filosófica.
FILOTRÁQUEA f. *Zool.* Cada una de las bolsas comunicadas con el exterior que los escorpiones y arañas utilizan para la respiración.
Filóxeno Poeta griego (Citera, 435 - Éfeso, 380 a. C.). Autor de *El cíclope o Galatea*, poema alegórico.
FILOXERA f. 1 *Zool.* Insecto hemíptero de la familia filoxéridos, de nombre científico *Phylloxera vastatrix*, que ataca las vides y constituye una plaga agrícola. 2 *Agr.* Enfermedad de la vid causada por este insecto.
FILTRACIÓN f. 1 Acción de filtrar o filtrarse. 2 Revelación de informaciones o datos de carácter confidencial a la opinión pública o a otras instancias.
FILTRAR tr. 1 Hacer pasar un líquido por un filtro. 2 *fig.* Seleccionar datos o aspectos para configurar una información. 3 *fig.* Divulgar subrepticiamente información sobre algo que se considera reservado. || intr. 4 Penetrar un líquido a través de un cuerpo sólido. 5 *Fís.* Separar los elementos sólidos y líquidos de una mezcla, haciendo pasar ésta a través de un medio adecuado. || prnl. 6 *fig.* Hablando de dinero o de bienes, desaparecer insensible y furtivamente.
FILTRO m. 1 Materia porosa o masa de arena o piedras menudas a través de la cual se hace pasar un líquido para clarificarlo. 2 Manantial de agua dulce en la costa del mar. 3 *Fot.* Pantalla de cristal tintado que se interpone al paso de la luz para excluir ciertos rayos. Se usa para modificar las imágenes fotográficas en el momento de la toma. 4 *Fís.* Aparato para eliminar determinadas frecuencias en la corriente que lo atraviesa. 5 *Inform.* Programa que procesa una corriente secuencial de datos o textos para realizar alguna modificación. 6 Bebida o composición que supuestamente podría conciliar el amor de una persona. 7 *Anat.* Depresión en el labio superior inmediatamente por debajo del tabique nasal.
FILUDO, DA adj. *Amér.* De filo muy agudo.

FINLANDIA

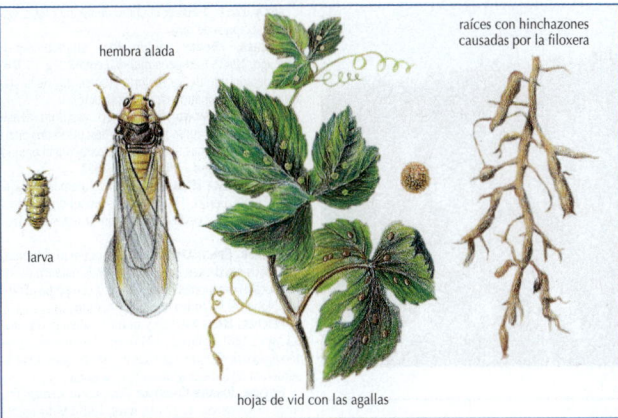

hembra alada · raíces con hinchazones causadas por la filoxera · larva · hojas de vid con las agallas

filoxera

FILUM m. *Biol.* TIPO.
-FIMA suf. FIS-.
FIMBRIA f. **1** Borde inferior de la vestidura talar. **2** Orla o franja de adorno.
-FIMIA suf. FIS-.
FIMO m. Estiércol, cieno.
FIMOSIS f. *Med.* Estrechez del orificio del prepucio, que impide a éste retraerse para permitir la salida del glande del pene. ♦ Su pl. es *fimosis*.
FIN m. **1** Término, remate o consumación de una cosa. **2** Objeto o motivo con que se ejecuta una cosa. || **FIN DE SEMANA** Periodo de descanso semanal que comprende el sábado y el domingo. || **FIN ÚLTIMO** Aquel a cuya consecución se dirigen la intención y los medios del que obra. || **a fin de** loc. conj. final. Con objeto de; para. || **al fin** loc. adv. Por último. || **al fin del mundo** loc. adv. En sitio muy apartado. || **dar fin** fr. Acabarse una cosa. También, morir, acabar la vida. || **en fin** loc. adv. Finalmente, últimamente. También, en suma. || **por fin** loc. adv. EN FIN. || **sin fin** loc. fig. Sin número, innumerables. También se dice de correas, cadenas, cintas, etc., que forman figura cerrada, y que pueden girar continuamente.
FINADO, DA m. y f. Persona muerta.
FINAL adj. **1** Que remata, cierra o perfecciona una cosa. || m. **2** Fin y remate de una cosa. || f. **3** Última y decisiva competición en un campeonato o concurso.
FINALIDAD f. fig. Fin con que o por que se hace una cosa.
FINALISTA com. **1** Partidario de la doctrina de las causas finales. **2** Cada uno de los que llegan a la prueba final de un campeonato o concurso. También adj.
FINALIZAR tr. **1** Concluir una obra. || intr. **2** Extinguirse o acabarse una cosa.
FINANCIAR tr. *Econ.* **1** Aportar el dinero necesario para una empresa. **2** Sufragar los gastos de una actividad, obra, etc.
FINANCIERO, RA adj. *Econ.* **1** Perteneciente o relativo a la hacienda pública, a las cuestiones bancarias y bursátiles o a los grandes negocios mercantiles. || m. y f. **2** Persona versada en la teoría o en la práctica de estas mismas materias.
FINANZAS f. pl. *Econ.* **1** Caudales, bienes. **2** Hacienda pública.
FINAR intr. **1** Fallecer, morir. || prnl. **2** Consumirse, deshacerse por una cosa.
FINCA f. Propiedad inmueble, rústica o urbana.
FINÉS, SA adj. *Etnol.* **1** Se dice de un pueblo antiguo que se extendió por varios países del N de Europa, en el Báltico oriental, y que dio nombre a Finlandia. Más en m. pl. **2** Se dice también de sus individuos. También s. **3** Relativo a los fineses. **4** Finlandés. También s. || m. *Ling.* **5** Idioma del grupo ugrofinés o finourgio, de la familia lingüística uralina, que se divide en dos dialectos: suomi y carelio. El finés suomi es hablado en Suecia, Noruega y Finlandia; el carelio es hablado en la república de Carelia y en las orillas del mar Blanco, hasta el sur del lago Onega.
FINGAL FINN, héroe irlandés.
FINGIR tr. **1** Dar a entender lo que no es cierto. También prnl. **2** Dar existencia ideal a lo que realmente no la tiene. También prnl. **3** Simular, aparentar.
FINIQUITAR tr. **1** Terminar, saldar una cuenta. **2** fig. y fam. Acabar, concluir, rematar.
FINIQUITO m. *Econ.* Remate de las cuentas, o certificación que se da para que conste que se han cuadrado.
FINISECULAR adj. Relativo al fin de un siglo.

FINISTERRE Cabo de España, en la costa O de la provincia de A Coruña. Es el último ramal de la cordillera Cantábrica.
FINISTERRE Departamento del NO de Francia, en la región de Bretaña; 6.733 km² y 852.418 h. Su capital es Quimper.
FINITO, TA adj. Que tiene fin, término, límite.
FINLANDÉS, SA o **FINÉS, SA** adj. y s. De Finlandia.
FINLANDIA (*Suomen Tasavalta; Republiken Finland*) Estado de Europa septentrional que limita al N con Noruega, al E con la Federación de Rusia, al S con el golfo de Finlandia y al O con el golfo de Botnia y con Suecia.
GEOG. Finlandia está separada de Suecia por el golfo de Botnia. Las islas Åland son testimonio de la antigua unión de ambos territorios en un macizo herciniano que el glaciarismo cuaternario convirtió en la actual penillanura. Las costas son extraordinariamente recortadas, con numerosas islas a lo largo del litoral. Geográficamente, Finlandia está separada de la llanura rusa por una depresión, antiguo estrecho que unía el mar Blanco con el golfo de Finlandia, y en la que se extienden los grandes lagos rusos de Onega y Ladoga. Los lagos

Superficie:
338.145 km².
Población:
5.178.000 h.
(finlandeses o fineses).
Densidad:
17 h./km².
Tasa de natalidad: 11,2‰.
Tasa de mortalidad: 9,6‰.
Capital: Helsinki.
Ciudades principales: Espoo, Oulu, Tampere, Turku, Vaasa.
Grupos étnicos: fineses (93,4%), suecos (5,9%), lapones.
Religión: luteranismo (87,3%).
Idioma: finés (93%) y sueco, ambos oficiales.
Moneda: euro.
Forma de Estado: república parlamentaria.
Producto Nacional Bruto: 125.091 millones de dólares.
Renta per cápita: 24.280 dólares.
División administrativa: 6 provincias, según cuadro.

(cuenta con más de 35.000) representan una octava parte de la superficie de la nación. Los más importantes son el Saimaa, el Oulu y el Inari. Posee un clima continental extremado, con inviernos muy rigurosos de hielos permanentes. La densidad de población es muy pequeña en el N y en el centro. En el S y en el litoral es algo más elevada. Posee unas tasas muy bajas de crecimiento vegetativo. La explotación de los bosques (76,2% del territorio) y sus derivados constituyen la base de la economía finlandesa. Sólo el 8% del suelo está dedicado a los cultivos agrícolas. Industria maderera, siderúrgica, mecánica, textil, de construcciones mecánicas, química. Otras fuentes de riqueza son la cría de animales de pieles finas y la pesca. Puertos principales: Helsinki, Kotka, Hanko y Turku.

HIST. Habitada desde la Antigüedad por los lapones y, a partir del siglo II, también por los fineses, pasó a ser dominio de Suecia en el siglo XII. Cayó en poder de Rusia en 1716, con el zar Pedro I, aunque los rusos se retiraron en 1721, fecha de la paz de Nystad, por la que el zar conservaba parte del territorio. En 1809 Rusia se adueñó del país de nuevo, hasta la independencia de Finlandia en 1917. Entonces, el poder político se dividió entre los socialistas que, tras la revolución bolchevique, crearon la guardia roja, y los conservadores que, apoyados por los alemanes, formaron la guardia cívica. La guerra civil entre las dos facciones no tardó en llegar. Tras la victoria de los conservadores, se adoptó una constitución republicana en 1919. A pesar del tratado de no agresión firmado en 1932, en 1939 la URSS atacó a Finlandia. Un año después, Finlandia perdió Carelia y parte de Laponia, y en 1941 volvió a entrar en guerra con la URSS al lado de Alemania. El resultado adverso del conflicto obligó al presidente Mannerheim a firmar con la URSS un armisticio en 1944, y a Juho Paasikivi a ceder, por la paz de París (1947), el puerto de Porkkala por 50 años, Carelia y los territorios de Petsano y de Salla-Kuusamo a pagar una fuerte indemnización de guerra. Un año después ambos países firmaron un tratado de amistad, de no agresión y ayuda mutua. En 1955 se devolvió el puerto de Porkkala a los fineses y se renovó el pacto de amistad soviético-finés. Urko Kekkonen ocupó la presidencia del país desde 1956 hasta su dimisión en 1981. Le sucedió el socialdemócrata Mauno Koivisto (1982), reelegido en 1988. En 1994

FINLANDIA

Provincias	Superficie (km²)	Población (h.)	Capitales
Åland	1.522	25.706	Maarianhamina
Etelä-Suomi	34.378	2.068.259	Hämeenlinnä
Itä-Suomi	60.720	595.113	Mikkeli
Länsi-Suomi	80.975	1.834.403	Turku
Lapin	98.946	194.352	Rovaniemi
Oulu	61.572	453.469	Oulu

Finlandia. Bosque de coníferas en Inari.

Martti Ahtisaari fue elegido presidente de la República. El país ingresó en la UE en 1995. Ese año el Partido Socialdemócrata venció en las elecciones legislativas y su líder, Paavo Lipponen, fue nombrado primer ministro. Tras los comicios de 1999, Lipponen resultó revalidado en su cargo. En las elecciones presidenciales de 2000 resultó elegida la socialdemócrata Tarja Halonen. El Partido de Centro venció en las elecciones legislativas de 2003 y Anneli Jaatteenmaki fue nombrada primera ministra, pero dimitió poco después y fue sustituida por Matti Vanhanen.

Finlandia, golfo de Golfo oriental del mar Báltico, entre Finlandia y la Federación de Rusia. Sus puertos principales son Helsinki y San Petersburgo.

Finlay y Barres, Carlos Juan Médico y biólogo cubano (Camagüey, 1833 - La Habana, 1915). Investigó la transmisión de la fiebre amarilla por la picadura del mosquito *Stegomya fasciata*.

finn m. *Dep.* Velero olímpico, proyectado por Rickard Sarby para la Olimpiada de Helsinki (1952).

Finn o **Fionn** Héroe de una epopeya irlandesa del siglo III, encuadrado en el reinado de Cormac Mac Art, del que era yerno. El poeta Macpherson lo cantó en su poema *Ossian*.

Finnbogadóttir, Vigdís Política islandesa (Bessastadir, Reykiavik, 1930). Presidió el país desde 1980 a 1996.

Finnmark Condado del NE de Noruega; 48.637 km² y 74.061 h. Su capital es Vadsö. Ganadería y pesca.

fino, na adj. **1** Delicado y de buena calidad. **2** Delgado, sutil. **3** De exquisita educación. **4** Amoroso, afectuoso. **5** Astuto, sagaz. **6** Que hace las cosas con primor y oportunidad. **7** Se dice del jerez muy seco, de color pálido. También m. **8** *Met.* Tratándose de metales, muy depurado.

finolis adj. y com. Se dice de la persona que aparenta finura y delicadeza. ♦ Su pl. es *finolis*.

Finsen, Nyels Riberg Médico danés (Thornshaven, 1860 - Copenhague, 1904). Inventó la fototerapia, tratamiento de las enfermedades por medio de la luz. En 1903 recibió el premio Nobel de Fisiología y Medicina.

Finsteraarhorn Cumbre de los Alpes Berneses, en Suiza; 4.275 m.

finta f. **1** Además o amago que se hace con intención de engañar a uno. **2** *Dep.* En esgrima, amago de golpe para tocar con otro. **3** *Dep.* En deportes de balón, amago de movimiento en una dirección, seguido de un cambio brusco de la misma, que se hace para rebasar al jugador contrario.

finura f. **1** Primor, delicadeza. **2** Urbanidad, cortesía.

finústico, ca adj. desp. de FINO; se dice de la persona que exagera su cortesía en el trato social.

Fionia Isla de Dinamarca, al SE de Jutlandia, que, con las de Aro, Tassinge y Langeland constituyen la región y el condado de su nombre; 3.486 km² y 471.422 h. Su capital es Odense.

Fionn Finn.

Fioravanti, José Escultor argentino (Buenos Aires, 1896 - íd., 1970). De formación autodidacta, se interesó por el mundo clásico y sus formas de representación. Autor del grupo escultórico *El Tributo*, *Simón Bolívar*, *Sáenz Peña*, etc.

fiordo m. *Geol.* Entrante del mar en la costa, profundo, largo y estrecho, bordeado por paredes casi verticales, que resulta de la inmersión de un valle por un glaciar cuaternario. Son característicos los de las costas de Noruega.

Fiore, Joachim de Religioso italiano (Celico, Cosenza, h. 1130 - San Giovanni in Fiore, 1202). Fundó la congregación «de Flore», aprobada en 1196. Su doctrina, de carácter místico y humanista, se contiene en las obras *Concordia de ambos testamentos*, *Comentarios al Apocalipsis* y *Salterio decorado*.

fique m. *Col.*, *Méx.* y *Venez.* Planta textil de la familia amarilidáceas, con hojas o pencas radiales, carnosas, en forma de pirámide de color verde oscuro.

Firdusi o **Firdausi** Poeta persa (Tus, Jorasán, h. 930 - íd., 1020). Su *Shâhnâme* (*Libro de los Reyes*), terminado cuando era octogenario, describe en una lengua persa depurada la historia del imperio persa.

Firestone, Samuel Harvey Industrial estadounidense (Akron, 1876 - íd., 1938). Fue el fundador, en 1900, de la *Firestone Tire and Rubber Company*, dedicada a la fabricación de cubiertas y neumáticos para automóviles.

firma f. **1** Nombre y apellido de una persona, que ésta pone con rúbrica al pie de un documento escrito. **2** Conjunto de documentos que se presentan a un jefe para que los firme. **3** Acto de firmarlos. **4** Razón social.

firmamento m. CIELO, la bóveda celeste.

firmar tr. **1** Poner uno su firma. || prnl. **2** Usar de un nombre o título en la firma.

firme adj. **1** Estable. **2** fig. Entero, que no se deja dominar. || m. **3** Capa sólida de terreno sobre la cual se puede cimentar. **4** Capa de piedra machacada para consolidar el piso de una carretera. || adv. m. **5** Con firmeza. || **en firme** loc. adv. Con carácter definitivo. || **¡firmes!** Voz de mando que se da a los soldados para que se cuadren.

firn m. *Geol.* Material que se forma transitoriamente entre la nieve y el hielo glaciar.

FIS-, **FISIO-**; **-FI-**, **-FIS-**; **-FISIS**, **-FISITA**, **-FIMA**, **-FIMIA**; **FITO-**, **FIT-**, **FITON-**; **-FIT-**, **-FITA**, **-FITAS**, **-FITIA**, **-FÍTICO**, **-FITO**, **-FITÓN**, **-FITEUSIS** prefs., ins. o sufs. que significan naturaleza, tumor, planta o vegetal.

FIS Frente Islámico de Salvación.

fiscal adj. **1** Perteneciente al fisco o a la Hacienda pública. || com. *Der.* **2** Funcionario que representa al Estado y se encarga de la acusación pública en los tribunales.

fiscalía f. **1** Oficio y empleo de fiscal. **2** Oficina o despacho del fiscal.

fiscalizar tr. **1** Hacer el oficio de fiscal. **2** fig. Criticar las acciones de otro.

Fischer, Bobby Ajedrecista estadounidense (Chicago, 1943). Campeón mundial entre 1972 y 1976. Considerado uno de los mejores ajedrecistas de la historia, se retiró imbatido de la competición.

Fischer, Edmond Bioquímico estadounidense (Shanghai, 1920). Junto con Krebs descubrió dos enzimas (kinasa y fosfatasa). Ambos compartieron el premio Nobel de Fisiología y Medicina en 1992.

Fischer, Emil Hermann Químico alemán (Euskirchen, 1852 - Berlín, 1919). Premio Nobel de Química en 1902 por sus investigaciones sobre la síntesis de azúcares y purinas.

Fischer, Ernst Otto Científico alemán (Munich, 1918). Sus estudios se han centrado en la química de los compuestos organometálicos. En 1973 compartió el premio Nobel de Química con G. Wilkinson.

Fischer, Hans Médico y químico alemán (Höchst del Mein, 1881 - Munich, 1945). En 1930 recibió el premio Nobel de Química por sus investigaciones sobre la estructura de la hemoglobina y la clorofila.

Fischer, Johann Christian Compositor alemán (Friburgo de Brisgovia, 1733 - Londres, 1800). Virtuoso del oboe, fue músico de corte en Dresde, músico de cámara de Federico II y, posteriormente, de la reina de Inglaterra. Autor de sonatas para flauta, divertimentos, cuartetos para flauta y cuerda y conciertos para oboe y flauta.

Fischer, Kuno Filósofo alemán (Sandewalde, 1824 - Heidelberg, 1907). Su obra principal es la *Historia de la filosofía moderna* (1852-79). Es más conocido, sin embargo, por sus obras críticas sobre Goethe y Schiller.

Fischer von Erlach, Johann Bernhard Arquitecto austriaco (Graz, 1656-Viena, 1723). Máximo representante del barroco en su país. Sus obras principales son la iglesia de la Colegiata, en Salzburgo; palacio del Príncipe Eugenio e iglesia de San Carlos Borromeo, en Viena.

fisco m. **1** Administración encargada de recaudar los impuestos del Estado. **2** Erario, tesoro público.

fiscorno m. *Mús.* Instrumento musical de metal, parecido al bugle.

fisga f. **1** Arpón de tres dientes para pescar. **2** Burla que con arte se hace de una persona.

fisgar tr. **1** Pescar con fisga. **2** Husmear con el olfato. **3** Husmear indagando. || intr. y prnl. **4** Burlarse de uno disimuladamente.

Fisher, Irving Economista estadounidense (Saugerties, Nueva York, 1867 - Nueva York, 1947). Aplicó los métodos matemáticos a la economía. Autor de *The Nature of Capital and Income* (1906) y *The Purchasing Power of Money* (1928).

Fisher, John Juan Fisher, san.

Fisher, Ronald Aylmer Biólogo británico (Londres, 1890 - Adelaida, 1960). Fue pionero en el campo de la biología cuantitativa y dedicó sus esfuerzos a demostrar la existencia de una unidad básica entre la biometría y la genética.

física f. *Fís.* Ciencia que tiene por objeto el estudio de la materia y de la energía, y de las leyes que tienden a modificar su estado y su movimiento sin alterar su naturaleza. La diferencia fundamental con la química es que ésta se ocupa de los fenómenos que producen modificaciones permanentes y varían la naturaleza de los cuerpos, mientras que la física estudia los fenómenos que no modifican sino de manera pasajera su aspecto y propiedades. La física puede dividirse, de un modo ge-

Johann Bernhard **Fischer von Erlach**. Palacio de Schönbrunn (Viena).

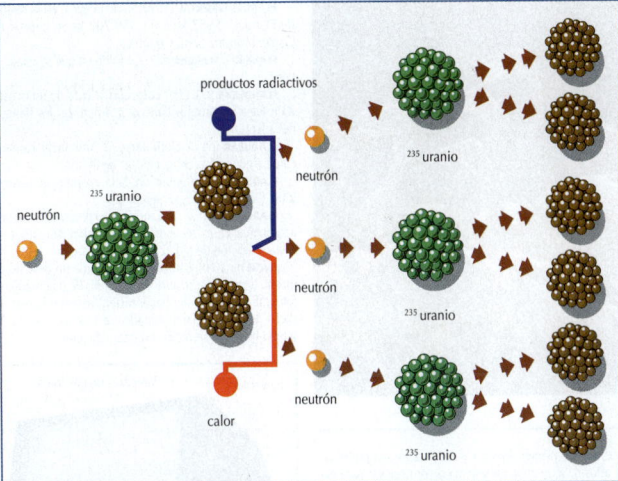

Esquema del proceso de **fisión** nuclear.

neral, en dos ramas: *experimental* (la investigación tiende a obtener los datos necesarios para establecer postulados y axiomas) y *matemática* (partiendo de los datos experimentales, establece principios de los cuales se deducen fórmulas generales). La física clásica se divide en las siguientes secciones: *mecánica, acústica, óptica, termodinámica* y *electromagnetismo*. || **FÍSICA ATÓMICA** La que estudia el átomo, su estructura, envolturas electrónicas y espectros, la teoría atómica de la mecánica cuántica, la física del enlace atómico para formar moléculas y la física del estado sólido. || **FÍSICA CUÁNTICA** La que estudia los fenómenos físicos pertenecientes al campo atómico y subatómico. || **FÍSICA DEL ESTADO SÓLIDO** La que estudia las propiedades, comportamiento y estados de aquellas sustancias cuyos átomos y moléculas tienen una ordenación fija y regular. || **FÍSICA NUCLEAR** La que estudia especialmente el núcleo del átomo y las partículas elementales.
FÍSICO, CA adj. **1** Perteneciente a la constitución y naturaleza corpórea. **2** *Fís.* Relativo a la física. || m. y f. **3** Persona que profesa la física o tiene en ella especiales conocimientos. || m. *Anat.* **4** Aspecto exterior de una persona.
FISICOQUÍMICA f. Parte de las ciencias que estudia los fenómenos comunes a la física y a la química. Es una rama de la química que aplica las leyes de la física al estudio de los sistemas químicos.
FISIL adj. *Fís.* Se dice del núcleo atómico que puede ser escindido bombardeándolo con neutrones.
FISIO- pref. FIS-.
FISIOCRACIA f. *Econ.* Sistema económico que atribuye el origen de la riqueza a la propiedad de la tierra. Subordina la industria a la agricultura y proclama el libre cambio. Fue fundado en el año 1758 por el doctor Quesnay, con la publicación de su *Tableau Économique*. Apareció como reacción contra el mercantilismo.
FISIOLOGÍA f. *Biol.* Rama de la biología que estudia los procesos y funciones de los seres vivos y de cada una de las partes, órganos y tejidos de su cuerpo.
FISIÓN f. **1** *Biol.* Método de reproducción asexual por el cual los organismos se dividen en dos o más partes, cada una de las cuales da lugar a un organismo completo. **2** *Fís.* Reacción nuclear en la que el núcleo de un átomo pesado, al ser bombardeado por un neutrón o un cuanto de radiación rico en energía, se divide en dos o más núcleos de elementos más ligeros, liberando gran cantidad de energía y 2-3 neutrones. Éstos permiten accionar una reacción en cadena. La energía de fisión es la que se produce en los reactores nucleares, y los materiales escindibles más utilizados son el ^{235}uranio, el ^{239}plutonio y el ^{232}torio. Es el fundamento de la bomba atómica. También se llama *fisión nuclear* o *atómica*.
FISIOTERAPEUTA com. *Med.* Especialista en fisioterapia.
FISIOTERAPIA f. *Med.* Método curativo por medio de agentes naturales, como masajes, radiaciones, calor, agua, etc. Se utiliza fundamentalmente en procesos posoperatorios o de rehabilitación.
-FISIS, -FISITA sufs. FIS-.
FISONOMÍA f. **1** Aspecto particular del rostro de una persona, que resulta de la especial combinación de sus facciones. **2** Aspecto exterior o apariencia de un ser vivo. **3** fig. Aspecto exterior de las cosas.

FISONOMISTA adj. y com. **1** Se dice de la persona que se dedica a hacer estudio de la fisonomía. **2** Se aplica a quien tiene facilidad natural para recordar a las personas por su fisonomía.
FISÓSTOMO, MA adj. y s. *Zool.* **1** Se dice de los peces teleósteos que tienen un conducto neumático persistente que conecta la vejiga natatoria con el tubo digestivo, y con aletas de radios blandos y flexibles, como las carpas. || m. pl. *Zool.* **2** Suborden de estos animales.
FÍSTULA f. **1** Conducto por donde pasa un líquido. **2** Instrumento musical de viento, parecido a una flauta. **3** *Med.* Conducto anormal, ulcerado y estrecho que se abre en la piel o entre dos cavidades patológicas, o una patológica y otra natural.
FISURA f. **1** Grieta que se forma en un objeto. **2** *Geol.* Hendidura en una roca que se ensancha por erosión o disolución. **3** *Geol.* Hendidura o grieta rellena con minerales. **4** *Med.* Fractura longitudinal de un hueso. **5** *Med.* Grieta en el ano.
FISURÍCOLA adj. *Bot.* RUPIDESERTA.
FIT-; -FIT- pref. o in. FIS-.
-FITA suf. FIS-.
-FITAS suf. FIS-.
FITCH, VAL LOGSDON Físico estadounidense (Merryman, 1923). Premio Nobel de Física en 1980, compartido con Cronin, por el descubrimiento de la violación de la simetría en la desintegración de los mesones K neutros.
-FITEUSIS suf. FIS-.
-FITIA suf. FIS-.
-FÍTICO suf. FIS-.
FITO-; -FITO pref. o suf. FIS-.
FITOCIDA m. *Quím.* Compuesto químico que impide la germinación, inhibe el crecimiento o mata a ciertos vegetales o sus semillas.
FITÓFAGO, GA adj. y s. *Zool.* Se dice del animal que se alimenta de materias vegetales.
FITOFTIRIO, RIA adj. y s. *Zool.* **1** Se dice de los insectos hemípteros que viven parásitos en los vegetales, como la filoxera. || m. pl. *Zool.* **2** Suborden de estos animales.
FITOLACÁCEO, A adj. y s. *Bot.* **1** Se dice de las plantas angiospermas dicotiledóneas, de fruto en baya y semilla de albumen amiláceo. || f. pl. *Bot.* **2** Familia de estas plantas.
FITOLOGÍA f. *Bot.* BOTÁNICA.
FITOMASTIGÓFORO, RA adj. *Biol.* **1** Se dice de unos seres vivos especiales que comparten características de animales y vegetales. Poseen clorofila, por lo que son autótrofos; pero si en el medio existe materia orgánica libre, pierden la clorofila y se vuelven heterótrofos. La reserva de azúcares se hace siempre en forma de almidón. || m. pl. *Biol.* **2** Clase de estos seres vivos.
FITON-; -FITÓN pref. o suf. FIS-.
FITOPLANCTON m. *Ecol.* Plancton formado por algas y flagelados fotosintéticos, que constituyen los productores primarios en el conjunto de organismos acuáticos planctónicos y nectónicos.
FITTIG, RUDOLF Químico alemán (Hamburgo, 1835 - Estrasburgo, 1910). Estudió la constitución de las lactonas. Descubrió la síntesis de los hidrocarbonos aromáticos, así como la llamada reacción de Wurtz-Fittig para la síntesis de dos compuestos halógenos.

FITTIPALDI, EMERSON Corredor automovilístico brasileño (São Paulo, 1946). Campeón mundial de fórmula 1 en 1972 y 1974, y subcampeón en 1973 y 1975. Tras abandonar la fórmula 1 en 1980, se dedicó a la competición en la fórmula Indy, en la que alcanzó triunfos en las 500 millas de Indianápolis (1989, 1993).
FITZ ROY Monte de Argentina, provincia de Santa Cruz, en los Andes patagónicos; 3.405 m de altura.
FITZGERALD, ELLA Cantante estadounidense (Newport News, Virginia, 1918 - Beverly Hills, California, 1996). Considerada como una de las mejores cantantes de jazz, trabajó con las orquestas de Duke Ellington, Count Basie, Louis Armstrong, Oscar Peterson y Norman Granz. Entre sus grabaciones figuran *A Tisket A Tasket* (1938), *Lady Be Good* (1946), *Stompin'at the Savoy* (1956) e *Imagine My Frustration* (1965).
FITZGERALD, FRANCIS SCOTT Escritor estadounidense (Saint Paul, 1896 - Hollywood, 1940). Miembro de la «generación perdida», describió la sociedad acomodada estadounidense. Entre sus novelas destacan *A este lado del paraíso* (1920), *El gran Gatsby* (1925) y *Suave es la noche* (1934); y entre sus libros de relatos *Jovencitos y filósofos* (1920) y *Cuentos de la era del jazz* (1922).
FITZGERALD, GARRET Político irlandés (Dublín, 1926). Fue ministro de Asuntos Exteriores (1973-77). Líder y presidente del partido Fine Gael (1977-87), ocupó el cargo de primer ministro desde 1981 hasta 1987, a excepción de un breve periodo (enero-diciembre de 1982).
FITZGERALD, GEORGE FRANCIS Físico irlandés (Dublín, 1851 - íd., 1901). En 1895 formuló la teoría de la contracción longitudinal de los cuerpos en movimiento en el seno del éter, para explicar el experimento de Michelson-Morley.
FIUME RIJEKA.
FIZEAU, ARMAND HIPPOLYTE LOUIS Físico francés (París, 1819 - Venteuil, 1896). Estudió la dilatación de los cuerpos con el aumento de la temperatura y la radiación infrarroja. Aplicó el efecto Doppler a la luz y realizó diversos experimentos para detectar el éter.
FLÁCCIDO, DA o **FLÁCIDO, DA** adj. Flojo, sin consistencia.
FLACO, CA adj. **1** Se dice de la persona o animal de pocas carnes. **2** fig. Flojo, sin fuerzas. **3** fig. Endeble, sin fuerza. || m. **4** Defecto moral o afición predominante de las personas.
FLAGELADO, DA adj. y m. *Biol.* **1** Que tiene uno o varios flagelos. **2** Se aplica a los protozoos sarcomastigóforos, caracterizados por desplazarse mediante flagelos. Incluye todas las algas unicelulares, y algunos parásitos externos del hombre, como el tripanosoma. || m. pl. *Biol.* **3** Clase de estos microorganismos. También se denominan *mastigóforos.*
FLAGELANTE m. *Hist.* Miembro de algunas sectas religiosas aparecidas en Italia a lo largo del siglo XIII, que practicaban la penitencia de los azotes. Fueron condenados por el papa Clemente VI en 1349 y por el concilio de Constanza (1414-18).
FLAGELAR tr. **1** Maltratar con azotes. También prnl. **2** fig. Censurar con dureza.
FLAGELO m. **1** Instrumento para azotar. **2** Aflicción, calamidad. **3** *Biol.* Cada una de las prolongaciones protoplasmáticas, finas, en forma de pestaña o pequeño látigo, y muy movibles, que tienen algunos microorganismos y ciertas células. Tienen función locomotriz y, en ocasiones, también sirven para mover el fluido circundante.
FLAGRANTE adj. Que se está produciendo o ejecutando en el momento actual. Se aplica sobre todo al delito que alguien está cometiendo en el momento de ser sorprendido.
FLAHERTY, ROBERT Director de cine estadounidense (Iron Mountain, Michigan, 1884 - Dummerston, Vermont, 1951). Fue uno de los iniciadores del cine documental, al que dotó de entidad artística. Entre sus títulos sobresalen *Nanuk el esquimal* (1920-22), *Moana* (1925), *Tabú* (1931) y *The Land* (1942).
FLAMA f. **1** LLAMA. **2** Reflejo o reverberación de la llama.
FLAMANTE adj. **1** Lúcido, resplandeciente. **2** Aplicado a cosas, acabado de hacer.
FLAMBEAR tr. Rociar un alimento con un licor ardiente.
FLAMEAR intr. **1** Despedir llamas. **2** fig. Ondear la vela del buque por estar al filo del viento. **3** fig. Ondear una bandera movida por el viento. **4** Quemar alcohol en vasijas que se quieren esterilizar.
FLAMENCO, CA adj. **1** De Flandes. También s. **2** Se dice de lo andaluz que tiende a hacerse agitanado. **3** *Danza.* y *Mús.* Se dice de la música y el baile de origen gitano e influencia árabe que se practica, sobre todo, en el S de España. Surgió en la Baja Andalucía a finales del siglo XVIII. Presenta un gran número de variantes y estilos: cartageneras, martinetes, seguiriyas, saetas, alegrías,

Bandada de **flamencos**.

bulerías, cantes de labor, etc.). Entre sus principales figuras destacan los cantaores Tomás el Nitri, la Niña de los Peines, Manolo Caracol, Camarón de la Isla, José Menese, Fosforito y el Lebrijano; los guitarristas Paco de Lucía y Manolo Sanlúcar; y los bailaores Carmen Amaya, Antonio Gades, Cristina Hoyos y María Albaicín. **4** *Ling.* Lengua que se hablaba en Flandes y que actualmente habla la población flamenca de Bélgica. **5** Que tiene aire de chulo. También s. || m. *Zool.* **6** Nombre común de varias especies de aves zancudas fenicopteriformes, de la familia fenicoptéridos, como el flamenco rosado o común. || **ESCUELA FLAMENCA** *Arte.* Escuela pictórica surgida en Flandes a principios del siglo XV, a partir del gótico internacional, caracterizada por el tratamiento minucioso y humanístico del espacio, las figuras y la luz. Entre sus miembros más importantes cabe citar a J. van Eyck, R. Campin, R. van der Weyden, J. Bosch (El Bosco), H. Memling. H. van der Goes G. Matsys, P. Bruegel el Viejo, Rubens, A. van Dyck, J. Jordaens y D. Teniers.

FLAMÍGERO, RA adj. Que despide llamas, o imita su figura.

FLAMINIO, CAYO Cónsul romano (s. III a. C.). Fue vencido y muerto por Aníbal en el lago Trasimeno (217 a. C.).

FLAMINIO, TITO QUINTO General romano (?, h. 230 - ?, 174 a. C.). Obtuvo la investidura consular en el año 198 y asumió la dirección de la campaña contra Filipo, rey de Macedonia, al que derrotó en Cinoscéfalos e hizo firmar una paz humillante.

FLAMMARION, CAMILLE Astrónomo francés (Montigny-le-Roi, 1842 - Juvisy-sur-Orge, 1925). Realizó gran número de observaciones sobre Marte, la Luna y las estrellas dobles y múltiples.

FLAMSTEED, JOHN Astrónomo y geómetra británico (Derby, 1646 - Greenwich, 1719). En 1675 propuso la fundación del observatorio de Greenwich, del que fue nombrado primer director y astrónomo real por el rey Carlos II. Se le debe un sistema de proyección para elaborar mapas y el catálogo de astros más importante de su tiempo, que contenía la posición de cerca de 3.000 estrellas.

FLÁMULA f. Especie de grímpola.

FLAN m. Plato de dulce que se hace mezclando yemas de huevo, leche y azúcar.

FLANCO m. **1** Parte lateral de un cuerpo. **2** Parte del baluarte que hace ángulo entrante con la cortina.

FLANDES *Hist.* Región histórica del NO de Europa, entre el paso de Calais y la desembocadura del Escalda, hoy dividida entre Francia, Bélgica y los Países Bajos. Territorio de gran riqueza agrícola y ganadera. Condado desde el siglo IX, formó parte del Sacro Imperio Romano. A fines del siglo XIV fue heredado por los duques de Borgoña. Desde 1482 perteneció a los Habsburgo y Carlos I de España lo heredó de su abuelo Maximiliano. Las provincias del N, protestantes, lograron la independencia con el nombre de Provincias Unidas en 1648. El sector meridional pasó a Austria en la paz de Utrecht (1714), fue conquistado por Francia en el siglo XVIII y, tras la derrota napoleónica, se integró en los Países Bajos. En 1830 fue una de las provincias que constituyeron el reino de Bélgica.

FLANDES Región de Bélgica, constituida por las provincias de Amberes, Brabante, Flandes Occidental, Flandes Oriental y Limburgo; 13.511 km² y 5.926.838 h.

FLANDES, JUAN DE Pintor flamenco (? - Palencia, h. 1519). Entró al servicio de Isabel la Católica (1496). Representante de un periodo de transición entre el Gótico y el Renacimiento, su obra más famosa es el políptico de Isabel la Católica. Es también autor del retablo mayor de la catedral de Palencia.

FLANDES OCCIDENTAL Provincia de Bélgica, en la región de Flandes; 3.134 km² y 1.127.091 h. Su capital es Brujas. Cereales, lino, remolacha. Pesca.

FLANDES ORIENTAL Provincia de Bélgica, en la región de Flandes; 2.982 km² y 1.359.702 h. Su capital es Gante. Industria textil y química.

FLANERO o **FLANERA** m. o f. Molde en que se cuaja el flan.

FLANQUEAR tr. **1** Estar colocado al lado de una cosa. **2** Proteger los propios flancos. **3** Amenazar los flancos del adversario.

FLAQUEAR intr. **1** Debilitarse. **2** Amenazar ruina o caída alguna cosa. **3** fig. Decaer de ánimo.

FLAQUEZA f. **1** Extenuación, falta, mengua de carnes. **2** fig. Debilidad. **3** fig. Fragilidad.

FLARE m. *Astron.* **1** Erupción cromosférica solar, acompañada con frecuencia de expulsión de materia. **2** Breve erupción de radiación de una estrella.

FLASH m. **1** *Fot.* Lámpara que despide un destello al mismo tiempo que se abre el obturador de una máquina fotográfica, para poder hacer instantáneas en la oscuridad o de objetos mal iluminados. **2** *Medios.* Noticia de última hora que se recibe en una redacción.

Escuela **flamenca**. *El lago helado*. Pintor anónimo de principios del siglo XVII. Castillo de Rosenborg (Copenhague).

flash

FLASH BACK (Expr. i.) m. *Cin.* y *Lit.* Evocación o acción retrospectiva que se inserta en la acción principal.

FLATO m. **1** Acumulación molesta de gases en el tubo digestivo. **2** *Amér.* Melancolía, tristeza.

FLAUBERT, GUSTAVE Escritor francés (Rouen, 1821 - Croisset, 1880). Considerado el fundador de la moderna novela realista y un precursor del naturalismo. Es autor de *Madame Bovary* (1857), *Salambó* (1862), *La educación sentimental* (1863-69), *Las tentaciones de san Antonio* (1874) y *Bouvard y Pécuchet* (1881).

FLAUTA f. **1** Instrumento musical de viento, en forma de tubo con varios agujeros circulares que se tapan con los dedos o se abren y cierran con llaves. || com. **2** Persona que toca la flauta.

FLAUTÍN m. *Mús.* **1** Flauta pequeña de tono agudo. || com. **2** Persona que toca este instrumento.

FLAVIA *Hist.* Dinastía del imperio romano (69-96), a la que pertenecieron Vespasiano, Tito y Domiciano.

FLAVIANO, SAN Religioso griego (Rodas, h. 390 - Hypaypa, 449). Ocupó la sede constantinopolitana entre los años 446 y 449. Condenó la herejía de Eutiques (448), quien convocó el conciliábulo de Éfeso (449), en el que Flaviano fue depuesto.

FLAVIGNY, MARIE DE, CONDESA DE AGOULT (también conocida como DANIEL STERN) Escritora francesa de origen alemán (Frankfurt, 1805 - París, 1876). Escribió novelas como *Nélida* (1846) y *Valentia* (1883), y los ensayos *Esquisses morales* (1849) e *Histoire de la révolution de 1848* (1851).

FLAXMAN, JOHN Escultor y dibujante inglés (York, 1755 - Londres, 1826). Distinguido representante del neoclasicismo inglés. Ilustró las obras de Homero, Hesíodo, Esquilo y Dante.

FLEB-, FLEBO- prefs. que significan vena.

FLEBITIS f. *Med.* Inflamación de las venas, que puede producir su obstrucción, llamada *tromboflebitis*. ♦ pl. es *flebitis*.

FLEBO- pref. FLEB-.

Gustave **Flaubert.** Retrato de Eugène Giraud. Palacio de Versalles.

FLECHA f. **1** Saeta, arma arrojadiza. **2** Indicador de dirección en esta forma. **3** *Geom.* Recta perpendicular a la cuerda de un arco de círculo, que une los puntos medios del arco y la cuerda. **4** *Geom.* Segmento orientado que se utiliza para indicar el sentido de una recta o segmento.

FLECHAR tr. **1** Estirar la cuerda del arco, colocando la flecha para arrojarla. **2** Herir o matar a alguien con flechas. **3** fig. y fam. Inspirar amor.

FLECHASTE m. *Mar.* Nombre de cada uno de los cordeles horizontales dispuestos en las naves entre los obenques, a modo de peldaños, para que los marineros trepen a los palos.

FLECHAZO m. **1** Acción de disparar la flecha. **2** Herida que ésta causa. **3** fig. y fam. Amor repentino.

FLECHSIG, PAUL EMIL Neurólogo y psiquiatra alemán (Zwickau, 1847 - Leipzig, 1929). Introdujo la técnica de la mielogénesis para el reconocimiento del cerebro y la médula espinal; realizó un importante estudio sobre el sistema piramidal y demostró que su origen era el córtex.

FLECO m. **1** Adorno compuesto de una serie de hilos o cordoncillos colgantes de una tira de tela. **2** Flequillo del pelo. **3** fig. Borde deshilachado por el uso de una tela vieja. **4** fig. Asunto pendiente que forma parte de otro mayor.

FLEGMASÍA f. *Med.* Proceso patológico que presenta todos los fenómenos característicos de la inflamación.

FLEISCHER, DAVE y MAX Creadores de cine de animación estadounidense (Viena, 1885 - Los Ángeles, 1972 y Nueva York, 1894 - Los Ángeles, 1979, respectivamente). Crearon los personajes *Betty Boop* y *Popeye*. Sus principales películas son *Popeye the Sailor Meets Simbad the Sailor* (1936), *Gulliver's Travels* (1939) y *Mr. Bug Goes to Town* (1941).

FLEJE m. **1** Tira de chapa de hierro. **2** Pieza alargada y curva de acero que sirve para muelles y resortes.

FLEMA f. **1** *Fisiol.* Sustancia viscosa y fibrosa que segrega la mucosa de las vías respiratorias. **2** *Med.* Uno de los cuatro humores en que se dividían antiguamente los del cuerpo humano. **3** *Quím.* Producto acuoso obtenido por destilación. **4** fig. Calma excesiva, impasibilidad.

FLÉMALLA o **FLÉMALLE, MAESTRO DE** CAMPIN, ROBERT.

FLEME m. Instrumento con una cuchilla que se usa para sangrar a las bestias.

FLEMING, SIR ALEXANDER Médico y bacteriólogo inglés (Lochfield, 1881 - Londres, 1955). Descubrió el antibiótico *Lisozima* (1922) y, en 1928, el gran poder antibacteriano del moho *Penicillium notatum*, del que obtuvo un cultivo líquido al que llamó *Penicilina*. Por ello recibió en 1945 el premio Nobel de Fisiología y Medicina, compartido con H. Florey y E. Chain.

FLEMING, IAN Escritor británico (Londres, 1908 - Canterbury, 1964). Creador del personaje *James Bond 007*, agente secreto, llevado al cine en serie de películas. Entre sus novelas destacan *Casino Royale* (1953), *Moonraker* (1955), *Desde Rusia con amor* (1956) y *La espía que me amó* (1962).

FLEMING, VICTOR Director cinematográfico estadounidense (Pasadena, 1883 - Phoenix, 1949). Fue director de fotografía de D. W. Griffith. Realizó filmes como *Capitanes intrépidos* (1937), *Lo que el viento se llevó* (1939), película cuya autoría se discute pero firmada por él, *El mago de Oz* (1939) y *Dr. Jekyll y Mr. Hide* (1941).

FLEMÓN m. Inflamación del tejido conjuntivo de las encías.

FLEQUILLO m. Porción de cabello recortado que se deja caer sobre la frente.

FLETA f. *Col. y Venez.* Fricción.

FLETÁN m. *Zool.* Nombre de diversos peces osteícteos de la familia pleuronéctidos. El fletán común (*Hippoglossus hippoglossus*) tiene el cuerpo ovalado y plano, y una gran boca oblicua que llega hasta el nivel inferior del ojo.

FLETAR tr. **1** Alquilar la nave o alguna parte de ella para el transporte. Por extensión, se aplica a vehículos terrestres o aéreos. **2** Embarcar mercancías o personas en una nave para su transporte. También prnl. **3** *Amér.* Alquilar una bestia de carga o un vehículo para el transporte. **4** *Chile y Perú* Soltar, espetar. || prnl. **5** *Cuba y Méx.* Largarse, marcharse de pronto. **6** *Arg.* Colarse en una reunión sin ser invitado.

FLETCHER, JOHN Dramaturgo inglés (Rye, Sussex, 1579 - Londres, 1625). Representante del teatro isabelino. Escribió en colaboración con Ben Johnson, Massinger, Bowley y Francis Beaumont.

FLETCHER, JOHN GOULD Poeta estadounidense (Little Rock, 1886 - íd., 1950). Perteneció al grupo imaginista. Autor de *Irradiaciones* (1915), *Estampas japonesas* (1918), *Preludios y sinfonías* (1930) y *La montaña ardiente* (1946).

FLETE m. **1** Precio estipulado por el alquiler de un buque u otro medio de transporte. **2** Carga de un buque. **3** *Amér.* Carga que se transporta por mar o por tierra. **4** *Arg.* Caballo ligero. **5** *Econ.* Precio del transporte de mercancías.

FLETERO, RA adj. y s. *Amér.* **1** Embarcación o vehículo que se alquila para transporte. **2** *Amér.* Persona que tiene por oficio hacer transportes. **3** *Amér.* Persona que cobra el precio del transporte.

FLEURY, ANDRÉ HERCULE DE Cardenal y político francés (Lodève, 1653 - París, 1743). Preceptor primero y posteriormente ministro de Estado de Luis XV, combatió el jansenismo e intervino en la guerra de Sucesión de Polonia y de Austria.

FLEVOLAND Provincia de los Países Bajos; 1.426 km² y 306.500 h. Su capital es Lelystad.

-FLEXIA suf. que significa acción o efecto de doblar: *papiroflexia*.

FLEXIBILIDAD f. **1** Cualidad de flexible. **2** *Fís.* Deformación de un sistema mecánico sometido a la acción de una fuerza. **3** Capacidad de adaptación a los cambios.

FLEXIBILIZAR tr. **1** Dar flexibilidad a algo. **2** Hacer una cosa adaptable a los cambios.

FLEXIBLE adj. **1** Que puede doblarse fácilmente. **2** fig. Se dice del ánimo predispuesto a acomodarse fácilmente al dictamen de otro. || m. **3** Cable formado de hilos finos de cobre recubiertos de una capa aisladora, que se emplea para conducciones eléctricas.

FLEXIÓN f. **1** Acción y efecto de doblar o doblarse. Se dice especialmente de una articulación. **2** Deformación que experimenta un sólido al doblarse. **3** *Geol.* Grado de curvatura de los estratos. **4** *Ling.* Variación morfológica de las palabras mediante afijos y desinencias, que indican los accidentes gramaticales o la función sintáctica de las mismas. Puede ser nominal (sistema de declinación) o verbal (sistema de conjugación).

FLEXIONAR tr. **1** Doblar el cuerpo o un miembro. **2** *Ling.* Derivar todas las formas de una palabra de acuerdo con su flexión gramatical.

FLEXIVO, VA adj. Relativo a la flexión gramatical.

FLEXO m. Lámpara de mesa con brazo flexible que concentra la luz en un espacio determinado.

FLEXOR, RA adj. y m. **1** Que dobla o hace que una cosa se doble. **2** *Anat.* Se aplica a los músculos cuya acción es flexionar una parte del cuerpo, como las extremidades o los dedos.

FLINDERS, MATHEW Navegante inglés (Donington, 1774 - Londres, 1814). Exploró el litoral de Australia. Está considerado uno de los más distinguidos hidrógrafos de su época.

FLINTSHIRE Distrito unitario del Reino Unido, en Gales; 147.000 h.

FLIPAR tr. **1** Gustar mucho, asombrar. || prnl. **2** En el lenguaje de la droga, COLOCARSE.

FLIPPER (Voz i.) m. **1** Botón que en las máquinas recreativas llamadas «millón» o «pinball», sirve para accionar una palanca que mueve las bolas. **2** Por extensión, las propias máquinas.

FLIRTEAR intr. Practicar el flirteo.

FLIRTEO m. Juego amoroso que no se formaliza ni supone compromiso.

FLIX Municipio y lugar de España, provincia de Tarragona; 4.372 h.

FLOEMA m. *Bot.* Tejido de las plantas metafitas cuya función es transportar los nutrientes desde las hojas hasta el resto de la planta.

FLOGISTO m. *Quím.* Según una antigua teoría, enunciada por Georg Stahl en el siglo XVIII, y actualmente sin vigencia, principio ligero e inflamable de la materia que se desprende en forma de llama o calor durante las reacciones químicas.

FLOJEAR intr. **1** Obrar con pereza. **2** FLAQUEAR.

FLOJO, JA adj. **1** Mal atado, poco apretado. **2** Que no tiene mucha actividad, fortaleza o vigor. **3** fig. Perezoso, negligente. También s.

FLOPPY o **FLOPPY DISK** (Voz i.) m. *Inform.* DISQUETE.

FLOR f. **1** *Bot.* Órgano reproductor de las plantas fanerógamas. Consta de una envoltura estéril o *perianto*, compuesta por un cáliz de sépalos y una corola de pétalos, y una *porción fértil*, integrada por los estambres, cuyo conjunto forma el androceo, y los carpelos, que producen el fruto y forman el gineceo o pistilo. Cuando una misma flor posee androceo y gineceo, se dice que es *hermafrodita*; si posee uno solo de ellos, *unisexual* masculina o femenina respectivamente. **2** *Bot.* Polvillo que tienen ciertas frutas en el árbol. **3** *Min.* Eflorescencia de una sal metálica alterada en la superficie de una muestra mineral. **4** Lo más escogido de una cosa. **5** Nata que hace el vino en lo alto de la vasija. **6** Virginidad. **7** Piropo, requiebro. Más en pl. **8** Cierto juego de naipes. **9** En las pieles adobadas, parte exterior. **10** *Chile* Manchita blanca de las uñas. || **FLOR APÉTALA** *Bot.* La que carece de corola. || **FLOR COMPLETA** *Bot.* La que consta de cáliz, corola, estambres y pistilos. || **FLOR COMPUESTA** *Bot.* La inflorescencia formada de muchas florecillas en un receptáculo común. || **FLOR DE LA EDAD** Juventud del hombre. || **FLOR DE LIS** *Bot.* Planta herbácea perteneciente a la familia amarilidáceas, de nombre científico *Amaryllis formosissima*, con grandes flores rojas. Es propia de Sudamérica. También, forma heráldica de la flor del lirio. || **FLOR DE LA MARAVILLA** *Bot.* Planta de adorno de la familia iridáceas, de nombre científico *Trigidia pavonia*, originaria de México. || **FLOR MONOCLAMÍDEA** *Bot.* La que presenta una sola envoltura floral, generalmente el cáliz. || **FLOR Y NATA** Lo más selecto en su especie. || **FLOR DE PASCUA** *Bot.* Arbusto perteneciente a la familia euforbiáceas, de nombre científico *Euphorbia pulcherrima*. Procede de México y Centroamérica. También denominada *poinsetia* y *estrella de Navidad*. || **FLOR DE LA TRINIDAD** *Bot.* TRINITARIA. || **FLOR DE LA VIDA** FLOR DE LA EDAD. || **FLORES DE MAYO** Culto especial que se tributa a la Virgen en todos los días de este mes. || **echar flores** fr. REQUEBRAR, lisonjear. || **flor de la canela** loc. fig. y fam. Se aplica para encarecer lo muy excelente.

FLOR, ROGER DE Aventurero y militar italiano al servicio de la corona de Aragón (Brindisi, h. 1266 - Adrianópolis, 1305). En 1302 acudió en ayuda de Androni-

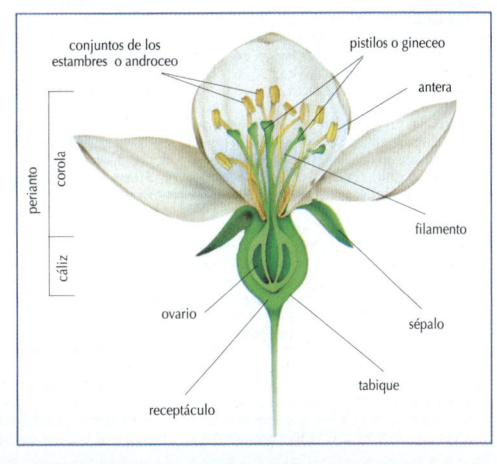

Elementos de la **flor.**

Florencia (Italia). Vista aérea, con el Duomo en el centro.

co II Paleólogo contra los turcos. Al frente de 8.000 almogávares obtuvo brillantes victorias sobre los otomanos que le valieron los títulos de megaduque primero y de césar después. Su popularidad suscitó el recelo de Miguel IX, que le hizo asesinar (VENGANZA CATALANA).

FLORA f. **1** *Bot.* Conjunto de especies vegetales que habitan en un área geográfica o un ambiente determinados, o en un periodo geológico concreto. **2** Obra que trata de ellas. || **FLORA GASTROINTESTINAL** *Fisiol.* Conjunto de bacterias que colonizan el tracto gastrointestinal de algunos animales.
-**FLORAL** suf. FLORI-.
FLORA *Mit.* Diosa romana de la vegetación y las flores.
FLORACIÓN f. *Bot.* Proceso de desarrollo de las flores, desde que se abren las más tempranas hasta que se marchitan las más tardías.
FLORAL adj. *Bot.* Perteneciente o relativo a la flor. || **JUEGOS FLORALES** JUEGO.
-**FLORAL** suf. FLORI-.
FLOREAL m. Octavo mes del calendario republicano francés, cuyos días primero y último coincidían, respectivamente, con el 20 de abril y el 19 de mayo.
FLOREANA SANTA MARÍA, isla de Ecuador.
FLOREAR tr. **1** Adornar con flores. **2** Tratándose de la harina, sacar la primera y más sutil. **3** Vibrar, mover la punta de la espada. || intr. *Mús.* **4** Tocar dos o tres cuerdas de la guitarra con tres dedos sucesivamente sin parar.
FLORECER intr. **1** *Bot.* Echar flor. También tr. **2** fig. Prosperar. **3** fig. Existir en una época determinada. || prnl. **4** Ponerse mohoso. ♦ IRREG. Se conjuga como AGRADECER.
FLORENCIA Ciudad de Colombia, capital del departamento de Caquetá; 126.680 h. Centro agrícola y maderero.
FLORENCIA (*Firenze*) **1** Provincia de Italia en la región de Toscana; 3.536 km^2 y 952.098 h. **2** Ciudad del centro de Italia, capital de la región de Toscana y de la provincia de su nombre, a orillas del Arno; 379.687 h. En la Edad Media fue una república, regida por los Médicis, y de 1865 a 1871, capital del nuevo reino de Italia. Universidad (1321). Entre sus notables monumentos destacan la catedral de Santa Maria dei Fiore; el palacio Vecchio; las iglesias de Santa Maria Novella (siglo XIII-XIV), Santa Croce (siglo XIII), que contiene los sepulcros de Miguel Ángel, Galileo y Maquiavelo, y la de San Lorenzo, comenzada por Brunelleschi en 1425, con obras también en su interior de Miguel Ángel y Donatello; los museos de la Galería de los Uffizi, y el palacio Pitti.
FLORENTINO, NA adj. y s. De Florencia. || **ESCUELA FLORENTINA** *Arte.* Conjunto de las manifestaciones artísticas producidas en Florencia entre los siglos XIII y XVII.
FLOREO m. **1** Conversación vana y de pasatiempo. **2** Dicho vano y superfluo. **3** En la danza española, movimiento de un pie en el aire cuando el otro permanece en el suelo. **4** Vibración de la punta de la espada. **5** Acción de florear en la guitarra.
FLORERO, RA adj. y s. fig. **1** Que utiliza palabras chistosas y lisonjeras. || m. y f. **2** Persona que vende flores. || m. **3** Vaso para poner flores. **4** Maceta o tiesto con flores.

FLORES Isla de Indonesia, entre las Sumbawa y Timor; 15.174 km^2 y 500.000 h. Actividad volcánica.
FLORES Ciudad de Guatemala, capital del departamento de Petén; 1.324 h. Es la *Tayasal* de los mayas.
FLORES Isla de Portugal, en el archipiélago de las Azores; 143 km^2 y 7.845 h.
FLORES Departamento de Uruguay; 5.144 km^2 y 25.348 h. Su capital es Trinidad. Importante ganadería. Cereales y vid.
FLORES, CIRILO Político guatemalteco (?, 1779 - Quezaltenango, 1826). Se adhirió en 1821 al plan de Iguala y dos años después presidió la Asamblea Constituyente de Guatemala. Nombrado vicepresidente de Guatemala en 1824, accedió a la presidencia en 1826. Murió asesinado en una revuelta popular.
FLORES, FRANCISCO Político y filósofo salvadoreño (?, 1959). Miembro de la conservadora Alianza Republicana Nacionalista, ocupó importantes puestos en los gobiernos de Alfredo Cristiani y de Armando Calderón, entre ellos la presidencia del Parlamento. En las elecciones de 1999 resultó elegido presidente de la República y se mantuvo en el cargo hasta 2004.
FLORES, JUAN JOSÉ Militar y político venezolano (Puerto Cabello, 1801 - a bordo del *Smark*, cerca de Santa Rosa, 1864). Promovió la separación de la Gran Colombia y colaboró en la constitución de Ecuador como República independiente, de la que fue primer presidente (1831-35). Reelegido en 1839, fue depuesto por Brasil. Como dictador gobernó de 1865 a 1868.
FLORES AVENDAÑO, GUILLERMO Militar y político guatemalteco (Guatemala, 1901 - íd., 1981). Por designación de la Junta Militar que anuló las elecciones celebradas en 1957, ocupó provisionalmente la presidencia de la República (1957-58).
FLORES, LOLA (DOLORES FLORES RUIZ, llamada) Artista española (Jerez de la Frontera, 1925 - Madrid, 1995). Popularizó canciones como *La niña del fuego* y *Ay, pena, penita, pena*, e intervino en las películas *Morena Clara* (1954), *María de la O* (1958), etc.
FLORES, VENANCIO Militar y político uruguayo (Porongos, 1809 - Montevideo, 1868). Gobernó con Fructuoso Rivera en 1853-54 y, en 1854-55, completó el periodo del presidente Giró. Combatió a Rosas y, en 1863, invadió Uruguay para derrocar al presidente Berro, apoyado por Brasil. Como dictador gobernó de 1865 a 1868.
FLORES FACUSSE, CARLOS ROBERTO Ingeniero y político hondureño (Tegucigalpa, 1950). Diputado de 1982 a 1998, presidente del Congreso Nacional (1994-1998) y presidente de Honduras (1998-2001).
FLORES JIJÓN, ANTONIO Político y escritor ecuatoriano (Quito, 1833 - ?, 1912). En 1888-92 fue presidente de la República. Inició la llamada política del progresismo y durante su mandato se llegó a un acuerdo de límites con Perú. Escribió las obras históricas: *Para la Historia del Ecuador*.
FLORES MAGÓN, RICARDO Político mexicano (San Antonio Eloxochitlán, 1873 - Leavenworth, 1922). Cofundador del Partido Liberal (1906), combatió a Porfirio Díaz. Evolucionó hacia posiciones anarquistas.
FLORESCENCIA f. *Bot.* Época en que las plantas florecen. **2** *Med.* Erupción que sale en la piel.

FLORESTA f. **1** *Bot.* Bosque frondoso y agradable. **2** Conjunto de objetos agradables y vistosos. **3** Antología poética.
FLORETE m. **1** Esgrima con espadín. **2** Espadín destinado a la enseñanza o práctica de este juego. **3** Tela entrefina de algodón.
FLOREY, SIR HOWARD WALTER Médico y biólogo británico de origen australiano (Adelaida, 1898 - Londres, 1968). En 1945 recibió el premio Nobel de Fisiología y Medicina, compartido con Fleming y Chain, por el descubrimiento y purificación de la penicilina.
FLÓREZ, ENRIQUE Historiador español (Villadiego, 1702 - Madrid, 1773). Precursor del criticismo histórico en España, inició en 1747 *España sagrada*, historia eclesiástica de España en 29 volúmenes. Escribió además *Clave historial* (1743) y *Memorias de las reinas católicas* (1761).
FLORI-; -FLORA, -FLORAL, -FLORO pref. o sufs. que significan flor: *pasiflora, umbelifloral, caulifloro*.
FLORIANÓPOLIS Ciudad de Brasil, capital del Estado de Santa Catarina, en la isla del mismo nombre; 191.664 h.
FLORICULTURA f. *Agr.* **1** Cultivo de las flores y plantas ornamentales. **2** Arte que lo enseña.
FLORIDA Península del SE de EE UU, separada de Cuba y de las Bahamas por el estrecho de Florida. Fue descubierta, en abril de 1513, por Ponce de León.
FLORIDA Estado del SE de EE UU, que comprende la península de su nombre y una zona costera del golfo de México; 151.981 km^2 y 15.982.378 h. Su capital es Tallahassee. Explotación forestal. Tabaco, arroz, azúcar, cítricos. Fosfatos. Turismo (Miami, Palm Beach).
FLORIDA 1 Departamento de Uruguay; 10.417 km^2 y 68.257 h. Ganadería. **2** Ciudad capital del mismo; 28.560 h. Fundada en 1809, en ella se hizo la declaración de la independencia de Uruguay el 25 de agosto de 1825.
FLORIDA, ESTRECHO DE Canal de América, entre la península del mismo nombre, Cuba y Bahamas.
FLORIDABLANCA Ciudad de Colombia, en el departamento de Santander; 246.834 h.
FLORIDABLANCA, JOSÉ MOÑINO, CONDE DE Estadista español (Murcia, 1727 - Sevilla, 1808). En 1766 fue nombrado fiscal del Consejo de Castilla, e inspiró la Pragmática de 1767 por la que se expulsaba a los jesuitas. Pasó de embajador a Roma, y en 1777 sustituyó a Grimaldi en la secretaría de Estado. Su política se caracterizó por un reformismo ilustrado, fruto del cual fue la construcción del Observatorio Astronómico, del Gabinete de Historia Natural, creación del Banco de San Carlos y de la Compañía de Filipinas. En 1792, las intrigas de Aranda y de Godoy provocaron su caída y que se le incoase un proceso por abuso de poder y fraude al Estado. Rehabilitado en 1795, en 1808 fue elegido presidente de la Junta Suprema Central.
FLORIDO, DA adj. **1** Que tiene flores. **2** fig. Se dice de lo más escogido de algo. **3** fig. Se dice del lenguaje o estilo que abusa de la retórica.
FLORILEGIO m. fig. Colección de trozos selectos de materias literarias.
FLORÍN m. **1** *Econ.* Unidad monetaria de Surinam, también llamada gulden o guílder. **2** *Num.* Antigua moneda de plata de la República de Florencia.

El conde de **Floridablanca**. Retrato de Francisco de Goya. Banco de España (Madrid).

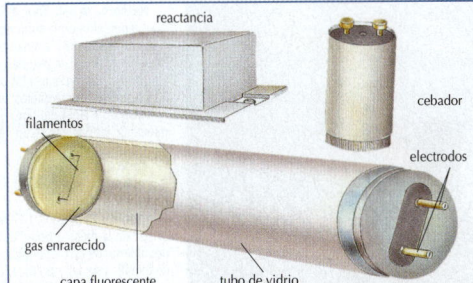

fluorescente — filamentos — reactancia — cebador — electrodos — gas enrarecido — capa fluorescente — tubo de vidrio

FLORINA 1 Nomo de Grecia, en Macedonia Occidental; 1.924 km² y 52.852 h. **2** Ciudad capital del mismo; 12.573 h.

FLORIPÓN m. **1** *Bot.* Pequeño árbol perteneciente a la familia solanáceas, de nombre científico *Datura arborea.* Originario de Ecuador. **2** fig. desp. Flor grande.

FLORIS DE VRIENDT, FRANS Pintor flamenco (Amberes, 1516 - íd., 1570). Introdujo el manierismo en Flandes. Entre sus obras figuran *La caída de los ángeles rebeldes* (1554), *El halconero* (1558), *Mujer sentada* (1558) y *El juicio final* (1566).

FLORISTA com. **1** Persona que fabrica flores de mano. **2** Persona que vende flores.

FLORISTERÍA f. Tienda donde se venden flores y plantas.

FLORIT, EUGENIO Poeta cubano (Madrid, 1903 - íd., 1994). Es autor de *Trópico* (1930), *Reino* (1938), *Asonante final* (1950), *De tiempo y agonía* (1974), entre otras obras.

FLORITURA f. Adorno en el canto, en varios otros ejercicios y en otras cosas diversas.

-FLORO suf. FLORI-.

FLORÓN m. **1** Aumentativo. de FLOR. **2** Adorno con forma de flor muy grande, que se usa en pintura y arquitectura. **3** *Bl.* Adorno, en forma de flor, que se pone en el círculo de algunas coronas. **4** fig. Hecho que da lustre, que honra.

FLORY, PAUL JOHN Físico y químico estadounidense (Sterling, Illinois, 1910 - Big Sur, California, 1985). Premio Nobel de Química en 1974, por sus logros en la químico-física de las macromoléculas.

FLOTA f. **1** Conjunto de barcos mercantes que tienen un destino común. **2** Conjunto de aeronaves para un servicio determinado. **3** *Chile* y *Ecuad.* Multitud, caterva. **4** Conjunto de vehículos de una empresa.

FLOTACIÓN f. **1** Acción y efecto de flotar. **2** *Met.* Proceso para concentrar y separar sólidos de granulometría fina que presentan distintas propiedades superficiales, generalmente mezclas de minerales y gangas. || **FLOTACIÓN DE LA MONEDA** *Econ.* Situación de la moneda de un país cuando se cotiza en el mercado de cambios sin que las autoridades monetarias intervengan para mantener el tipo de cambio de mercado dentro de unos límites prefijados. Es el sistema que se generalizó tras la segunda devaluación del dólar (1973). || **LÍNEA DE FLOTACIÓN** En los barcos, la que forma la superficie del agua al separar la parte emergida de la sumergida.

FLOTADOR, RA adj. **1** Que flota. || m. **2** Cuerpo destinado a flotar en un líquido. **3** Aparato que sirve para determinar el nivel de un líquido o para regular la salida del mismo. **4** Pieza hecha de una materia flotante, como corcho o plástico, llena de aire en estos últimos casos, que se sujeta al cuerpo para evitar que se hunda.

FLOTAR intr. **1** Sostenerse un cuerpo en la superficie de un líquido. **2** Sostenerse en suspensión un cuerpo sumergido en un líquido o gas. **3** Ondear en el aire. **4** fig. Propagarse en el ambiente, etc., algo inmaterial que impresiona el ánimo.

FLOTE, A loc. adv. Manteniéndose sobre el agua. También en sentido figurado, con recursos o habilidad para salir de apuros.

FLOTILLA f. Flota de barcos pequeños.

FLUCTUACIÓN f. **1** Acción y efecto de fluctuar. **2** Diferencia entre el valor instantáneo de una cantidad fluctuante y su valor normal. **3** *Econ.* Variación alternativa de un fenómeno económico. **4** fig. Irresolución.

FLUCTUAR intr. **1** Vacilar un cuerpo sobre las aguas. **2** fig. Estar a riesgo de perderse una cosa. **3** fig. Dudar. **4** fig. OSCILAR, crecer y disminuir alternativamente. Se dice sobre todo de los precios y los valores bursátiles.

FLUIDEZ f. **1** Calidad de fluido. **2** *Fís.* Propiedad de las moléculas de los fluidos de moverse sin apenas rozamiento entre sí.

FLUIDO, DA adj. **1** *Fís.* Se dice de cualquier cuerpo o sustancia cuyas moléculas tienen entre sí poca coherencia, y toma siempre la forma del recipiente donde está contenido. También s. **2** fig. Tratándose del lenguaje o del estilo, corriente y fácil. || m. **3** fam. Corriente eléctrica. **4** Cada uno de ciertos agentes hipotéticos que admitían algunos fisiólogos. || **FLUIDO IMPONDERABLE** *Fís.* Cada uno de los agentes invisibles y de naturaleza desconocida que se han considerado como causa inmediata de los fenómenos eléctricos, magnéticos, luminosos y caloríficos. || **FLUIDO SINOVIAL** *Fisiol.* Líquido viscoso que rellena la cavidad que encierra la membrana sinovial.

FLUIR intr. **1** Correr un líquido o un gas. **2** fig. Salir, brotar las palabras o ideas de la boca o la mente de forma fácil y natural.

FLUJO m. **1** *Fís.* Velocidad de masa, volumen o energía por unidad de sección transversal, normal a la dirección del flujo. **2** *Geog.* Movimiento de ascenso de la marea. **3** *Met.* Cada uno de los compuestos que se emplean en los laboratorios para fundir minerales y aislar metales.

FLUMINENSE adj. y com. De Río de Janeiro.

FLÚOR m. *Quím.* Elemento químico del grupo VII A del sistema periódico, primero del grupo de los halógenos. Masa atómica 19; número atómico 9; punto de fusión -223 °C; punto de ebullición -187 °C; símbolo F. Es un líquido o gas más pesado que el aire, de olor sofocante y desagradable y color amarillo verdoso. Es el elemento más electronegativo y químicamente energético de los no metales. Es de carácter muy tóxico, corrosivo e inflamable.

FLUORESCENCIA f. *Fís.* Emisión de luz desde materias irradiados, que cesa cuando lo hace la radiación que la provoca.

FLUORESCENTE adj. **1** Relativo a la fluorescencia. || m. **2** Tubo de cristal que contiene gas enrarecido a alta presión y emite luz blanca mediante la aplicación de descargas eléctricas.

FLUORHÍDRICO, CA adj. *Quím.* Compuesto ácido, gaseoso a más de 30 °C de temperatura, incoloro y más ligero que el aire. Se emplea para grabar vidrio.

FLUORITA o **FLUORINA** f. *Miner.* Mineral fluoruro de calcio, de fórmula CaF$_2$, incoloro o de colores brillantes. Es un acompañante frecuente de numerosas menas metálicas.

FLUOROCARBUROS m. pl. *Quím.* Nombre genérico de una familia de compuestos orgánicos obtenidos por sustitución en la molécula de un hidrocarburo de uno o varios átomos de hidrógeno por los correspondientes de flúor.

FLUORURO m. *Quím.* **1** Compuesto binario de flúor y otro elemento. **2** Sal del ácido fluorhídrico. || **FLUORURO DE CALCIO** *Quím.* Compuesto de fórmula CaF$_2$, que, en forma de espato flúor, se utiliza en la fabricación del ácido fluorhídrico. También es un constituyente del ópalo.

FLUSHING MEADOWS Queens.

FLUVIAL adj. Perteneciente o relativo a los ríos.

FLUX m. **1** En ciertos juegos, circunstancia de ser de un mismo palo todas las cartas de un jugador. **2** *Amér.* Terno, traje masculino completo.

FLUXIÓN f. Acumulación morbosa de humores en un órgano.

FLYING DUTCHMAN (Expr. i.) m. *Dep.* Tipo de embarcación deportiva a vela, diseñada por el holandés Van Essen, tripulada por dos personas, y categoría competitiva de la misma. Se consideró con categoría olímpica en 1960.

FLYNN, ERROL Actor estadounidense (Hobart, Australia, 1909 - Hollywood, 1959). Destacó como galán romántico y en el cine de aventuras. Películas: *El capitán Blood* (1935), *La carga de la caballería ligera* (1936), *Robín de los bosques* (1938), *Murieron con las botas puestas* (1941) y *Objetivo: Birmania* (1945).

FLYSCH (Voz i.) m. *Geol.* Facies caracterizada por la alternancia de estratos de escaso grosor de arcillas margas y areniscas. Es característico de la sedimentación de geosinclinales.

FM *Quím.* Símbolo químico del fermio.

FM *Fís.* Abreviatura de frecuencia modulada (Véase MODULACIÓN DE FRECUENCIA).

FMI Siglas de FONDO MONETARIO INTERNACIONAL.

¡FO! interj. de asco.

Fo Denominación de Buda en China.

Fo, DARIO Dramaturgo, actor y director teatral italiano (Legginno Sangiano, Varese, 1926). En sus obras de teatro se funden sátira política y denuncia social. Es autor de *Misterio bufo* (1969), *Muerte accidental de un anarquista* (1970), *La marihuana de mamá es la más bonita* (1976), *Claxon, trompetas y pedorretas* (1981), *El diario de Eva* (1984) y *El papa y la bruja* (1989). Premio Nobel de Literatura en 1997.

FOBIA f. **1** *Pat.* Aversión irracional y enconada hacia algo. **2** Miedo injustificado o patológico. Se usa como suf.: *fotofobia*.

FOBO-; -FOBO pref. o suf. que significa temor, repulsión, aversión: *hidrófobo*.

FOCA f. *Zool.* Nombre común de varias especies de mamíferos pinnípedos de la familia fócidos, pertenecientes a diversos géneros, y perfectamente adaptados a la vida marina. Tienen el cuerpo fusiforme y cubierto de pelo, y las extremidades transformadas en aletas para la natación, lo que les impide grandes desplazamientos por tierra. Normalmente viven en aguas frías de altas latitudes, acercándose a la costa durante el periodo de reproducción.

FOCAL adj. *Fís.* Relativo al foco.

FOCEA Antigua ciudad griega de Asia Menor, situada a 32 km al NO de Esmirna. Llegó a ser la más floreciente y poderosa de las ciudades griegas de Asia gracias al desarrollo de su marina.

FOCH, FERDINAND Mariscal francés (Tarbes, 1851 - París, 1929). Al comenzar la Primera Guerra Mundial fue nombrado jefe del IX Ejército, al frente del cual desempeñó un papel fundamental en la batalla del Marne. Dirigió las ofensivas de Artois (1915) y la batalla del Somme (1916). En 1918 se le nombró generalísimo de los ejércitos aliados.

FOCHA f. *Zool.* Nombre común de diversas especies de aves gruiformes acuáticas, de la familia rálidos, género *Fulica*. Tienen el pico recto, las alas cortas y lóbulos entre los dedos para facilitar la natación.

FÓCIDA Nomo de la región de Grecia central, junto al golfo de Corinto; 2.120 km² y 48.884 h. Su capital es Anfisa. Corresponde al extremo meridional de la cadena del Pindo (monte Parnaso). Junto a sus costas se encuentran las ruinas de Delfos.

foca común.

Foix (Francia). Castillo.

FOCIO Teólogo griego (Constantinopla, h. 820 - ?, h. 895). Fue elevado en el 858 a la silla patriarcal de Constantinopla al ser destituido el patriarca Ignacio. El papa Nicolás I no reconoció su nombramiento y le excomulgó (863). Focio convocó un concilio en Constantinopla (867) para deponer y excomulgar a Nicolás I. Pero ese mismo año, el emperador Basilio I le destituyó y otorgó la sede a san Ignacio, quien volvió a restablecer la unidad con Roma. Fallecido san Ignacio en el 877, Focio ocupó de nuevo la sede constantinopolitana, hasta su definitiva deposición en 886 por León VI.

FOCIÓN General y político ateniense (?, h. 400 - ?, 318 a. C.). Propugnó la alianza con Filipo de Macedonia, después de la derrota de Queronea, y ayudó eficazmente a Casandro. Fue acusado de alta traición y obligado a beber cicuta.

FOCO m. 1 Lámpara eléctrica de luz muy potente. 2 *Fís.* Punto de intersección de los rayos luminosos que inciden paralelamente al eje, reflejados por un espejo cóncavo o refractados por una lente convergente. En los espejos convexos y las lentes divergentes parece que los rayos reflejados o refractados proceden de un foco negativo. 3 *Fís.* Punto de donde parte un haz de rayos luminosos. 4 *Geom.* Punto cuya distancia a cualquiera de los de una curva (elipse, hipérbola, parábola) se puede expresar en función de las coordenadas de dichos puntos. 5 fig. Lugar en que está como reconcentrada alguna cosa y desde el cual se propaga o ejerce influencia.

FOCSANI Ciudad de Rumania, capital del distrito de Vrancea; 101.414 h. Industria vinícola.

FOEHN m. *Meteor.* Viento caliente y muy seco que desciende por las laderas de sotavento de los montes, después de superar su cima. Es característico de los Alpes.

FOERSTER, FRIEDRICH WILHELM Filósofo alemán (Berlín, 1869 - Kilchberg, 1966). Inspiró sus doctrinas en la moral católica. Autor de *La enseñanza de la juventud* (1904), *Ética y pedagogía sexuales* (1907) y *La conducta de la vida* (1909).

FOFO, FA adj. Esponjoso, blando.

FOGAZZARO, ANTONIO Escritor italiano (Vicenza, 1842 - íd., 1911). Autor de *Mala sombra* (1881), *Daniel Cortis* (1885), *El pequeño mundo antiguo* (1888), *El pequeño mundo moderno* (1901) y *El santo* (1906).

FOGEL, ROBERT WILLIAM Economista estadounidense (Nueva York, 1926). Destacado representante de la escuela econométrica. En 1993 recibió el premio Nobel de Economía compartido con Douglas North.

FOGGIA 1 Provincia del SE de Italia, región de Apulia; 7.184 km² y 699.076 h. 2 Ciudad capital de la misma; 115.766 h.

FOGÓN m. 1 En las cocinas, lugar preparado para hacer fuego y guisar. 2 En las máquinas de vapor, lugar destinado a contener el combustible. 3 *Arg., C. Rica* y *Chile* Fuego que se hace en el suelo. 4 Reunión en torno al fuego.

FOGONAZO m. Llamarada instantánea que algunas materias inflamables producen al inflamarse.

FOGOSIDAD f. Ardor y viveza excesiva.

FOGUEAR tr. 1 Limpiar con fuego un arma. 2 *Mil.* Acostumbrar a las personas o caballos al fuego de la pólvora. 3 fig. Acostumbrar a alguien a las penalidades y trabajos de un estado u ocupación. También prnl.

FOGUEO m. Acción y efecto de foguear. || **de fogueo** loc. adj. *Arm.* Se aplica a los disparos y a la munición que no tienen bala, tan sólo la carga de pólvora, y se usan para instrucción.

FOIE-GRAS (Voz fr.) m. *Gastron.* Pasta alimenticia preparada a base de hígado de oca, o de otro animal.

FOIX Ciudad de Francia, capital del departamento de Ariège, al pie de los Pirineos; 9.964 h. Castillo de los condes de Foix.

FOIX, CONDADO DE *Hist.* Región histórica francesa, que comprendía la mayor parte del actual departamento de Ariège. Nació como entidad autónoma con los condes de Carcasona en el siglo XI. En 1607, Enrique IV incorporó el condado a la corona francesa.

FOIX, GERMANA DE GERMANA DE FOIX.

FOIX, JOSEP VICENÇ Escritor español en lengua catalana (Barcelona, 1894 - íd., 1987). Autor de *Sol i de dol* (1947), *Les irreals Omegues* (1948), *Onze Nadals i un cap d'any* (1960) y *Cróniques de l'ultrasón* (1985). Premio Nacional de Las Letras Españolas (1984).

FOJA¹ f. *Der.* Hoja de papel de un sumario.

FOJA² f. *Zool.* FOCHA.

FOKINE, MIKHAIL Bailarín y coreógrafo ruso (San Petersburgo, 1880 - Nueva York, 1942). Fue uno de los creadores del ballet moderno. Participó en los Ballets Rusos, junto a Diaghilev (1909-13). Principales coreografías: *Acis y Galatea* (1905), *La muerte del cisne* (1905), *Scheherazade* (1910) y *Petruchka* (1911).

FOL- pref. FOLI-.

FOLCLOR o **FOLCLORE** m. *Antrop.* 1 Conjunto de las tradiciones, creencias y costumbres de un pueblo. 2 Ciencia que estudia estas materias.

FOLCLÓRICO, CA adj. 1 Relativo al folclore. 2 Se dice de las canciones, bailes, costumbres, etc., que poseen carácter tradicional. 3 *Mús.* y *Danza.* Se dice de los cantantes o bailarines que ejercen un arte tradicional. || m. y f. 4 Persona que se dedica al cante flamenco o aflamencado.

FOLENGO, TEOFILO Escritor italiano (Cipada, 1491 - Campese di Bassano, 1544). Miembro de la orden benedictina, escribió principalmente poesía burlesca, bajo el seudónimo *Merlin Cocaio.* Su obra principal es *Baldus* (1517).

FOLI-, FOL-; -FOLIO prefs. o suf. que significan hoja.

FOLÍA f. 1 *Danza.* y *Mus.* Canto y baile popular de las islas Canarias que se acompaña de guitarra y tiple. 2 *Mús.* Cualquier música ligera, generalmente de gusto popular. 3 *Danza.* Danza de origen portugués que se incorporó al repertorio de los vihuelistas españoles del siglo XVI. También fue utilizada por otros autores como Vivaldi, Bach, Listz o Rachmaninov.

FOLIÁCEO, A adj. 1 De estructura laminar. 2 *Bot.* Relativo a las hojas de las plantas.

FOLIACIÓN f. 1 Serie numerada de los folios de un escrito. 2 *Bot.* Brote y desarrollo de las hojas en las plantas caducifolias. 3 *Bot.* Modo de estar colocadas las hojas de una planta. 4 *Geol.* Esquistosidad hojosa muy apretada que aparece como consecuencia de fenómenos de metamorfismo de alto grado.

FOLIAR adj. *Bot.* Relativo a la hoja.

FÓLICO, CA adj. *Quím.* Se dice del ácido que constituye una de las vitaminas del grupo B. Se llama también vitamina B₉ o folacina.

FOLICULINA f. *Fisiol.* Estrógeno secretado por el folículo ovárico.

FOLÍCULO m. 1 *Bot.* Fruto seco y dehiscente, de un solo carpelo, con forma alargada y una sola cavidad, que se abre a lo largo de una sutura longitudinal y encierra varias semillas. 2 Cualquier estructura pequeña en forma de bolsita.

FOLIDOTO, TA adj. *Zool.* 1 Se dice de los mamíferos que tienen el cuerpo cubierto de placas córneas, los ojos muy pequeños, lengua vermiforme muy larga, hábitos nocturnos y un régimen alimentario insectívoro. Comprende únicamente a los pangolines. || m. pl. *Zool.* 2 Orden de estos mamíferos.

FOLIO m. 1 Hoja del libro o cuaderno. 2 Encabezamiento de las páginas de un libro. 3 *Bot.* Hierba dioica euforbiácea.

-FOLIO suf. FOLI-.

FOLÍOLO m. *Bot.* Cada una de las hojuelas de una hoja compuesta.

FOLK (Voz i.) m. *Mús.* 1 Género musical que tiene su origen en la música popular. 2 Género musical estadounidense de raíz folclórica, generalmente con letras de temática social y política, cuyos principales representantes son Woody Guthrie, Pete Seeger, Johnny Cash, Bob Dylan y Joan Baez.

FOLKERS, KARL AUGUST Bioquímico estadounidense (Decatur, 1906 - Dallas, 1993). Aisló la vitamina B_{12} y descubrió el ácido mevalónico.

FOLKLORE (Voz i.) FOLCLORE.

FOLKLÓRICO, CA FOLCLÓRICO, CA.

FOLLA f. 1 Lance del torneo en que batallan dos cuadrillas desordenadamente. 2 Junta o mezcla de muchas cosas diversas, sin orden ni concierto.

FOLLAJE m. 1 *Bot.* Conjunto de las hojas de las plantas. 2 Adorno de hojas con que se engalana una cosa. 3 fig. Adorno superfluo y de mal gusto. 4 fig. Superabundancia de elementos retóricos en el discurso.

FOLLAR tr., intr. y prnl. vulg. Tener relaciones sexuales.

FOLLET, KEN Escritor británico (Cardiff, 1940). Célebre autor de *best-sellers*, entre los que destacan *La clave está en Rebeca* (1980), *El hombre de San Petersburgo* (1982), *Las alas del águila* (1983) y *Los pilares de la Tierra* (1989).

FOLLETÍN m. 1 Diminutivo de FOLLETO. 2 Escrito que se inserta en la parte inferior de las planas de los periódicos, y en el cual se trata de materias extrañas al objeto principal de la publicación. 3 *Lit.* Relato caracterizado por una intriga emocionante y a veces poco verosímil que se publicaba por entregas. Se extendió por toda Europa durante el siglo XIX. 4 *Cin.* y *Teat.* Pieza teatral o cinematográfica de características similares a las del folletín novelesco.

FOLLETO m. 1 Obra impresa, no periódica, que no consta de bastantes hojas para formar libro. 2 Hoja o pliego de propaganda.

FOLLETÓN m. *Lit.* Folletín, género literario, cuando es publicado en entregas sucesivas en una revista o diario.

FOLLÓN, NA adj. y s. 1 Flojo, perezoso y negligente. 2 Vano, arrogante, cobarde. || m. 3 Alboroto, discusión tumultuosa. 4 Cohete que se dispara sin trueno. 5 Asunto pesado o enojoso.

FOMALHAUT *Astron.* Estrella de magnitud 1,2; situada a una distancia de 22 años luz, es la más luminosa de la constelación del Pez Austral.

FOMENTAR tr. 1 Dar calor natural. 2 Aplicar a una parte enferma paños empapados en un líquido. 3 fig. Favorecer, promover. 4 fig. Atizar, dar pábulo a una cosa.

FOMENTO m. 1 Calor que se da a una cosa. 2 Pábulo o materia con que se ceba una cosa. 3 Medicamento líquido que se aplica en paños exteriormente. 4 fig. Auxilio, protección.

FOMVIHANE, KAYSONE Político laosiano (Savannakhet, 1920 - Vientiane, 1992). Jefe del gobierno desde 1975, en abril de 1982 fue elegido secretario del Comité Central del Partido Popular Revolucionario de Laos.

FON m. *Fís.* Unidad de medida de la intensidad del sonido, que equivale a la intensidad de un sonido con frecuencia de 1.000 ciclos/segundo a un decibelio de volumen. También llamado *fonio.*

FON- pref. FONO-.

FONACIÓN f. Emisión de la voz o de la palabra.

FONADOR, RA adj. Se aplica a los órganos del aparato respiratorio que intervienen en la fonación.

FONDA f. 1 Establecimiento público donde se da hospedaje y se sirven comidas. 2 El servicio y conjunto de cámara, comedor y cocina de un buque mercante. 3 *Chile* Puesto o cantina en que se despachan comidas y bebidas.

FONDA, HENRY Actor de cine estadounidense (Grand Island, 1905 - Los Ángeles, 1982). Intervino en *Las uvas de la ira* (1940), *La pasión de los fuertes* (1946), *Fort Apache* (1948), *Doce hombres sin piedad* (1958), *El día de los trampos* (1969) y *En el estanque dorado* (1981), por la que recibió un Oscar en 1982. Un año antes había recibido un Oscar honorífico por el conjunto de su carrera.

FONDA, JANE Actriz de cine estadounidense (Nueva York, 1937). Hija de Henry Fonda, obtuvo el Oscar a la mejor actriz por sus interpretaciones en *Klute* (1971) y *El regreso* (1978). Entre sus mejores películas se cuentan también *Danzad, danzad, malditos* (1969), *Julia* (1977) y *Gringo viejo* (1989).

fondeadero m. Lugar con la profundidad suficiente como para que una embarcación pueda echar el ancla.

fondear tr. **1** Reconocer el fondo del agua. **2** Registrar el fisco una embarcación para ver si lleva géneros prohibidos. **3** fig. Examinar con cuidado una cosa hasta llegar a sus principios. || intr. *Mar.* **4** Asegurar una embarcación por medio de anclas.

fondillos m. pl. Parte trasera de los pantalones.

fondista com. **1** Propietario o encargado de una fonda. **2** *Dep.* Atleta que compite en carreras de 3.000 m obstáculos, 5.000 m, 10.000 m o maratón.

fondo m. **1** Parte inferior de una cosa hueca. **2** Hablando del mar, ríos o estanques, superficie sólida sobre la cual está el agua. **3** HONDURA. **4** Extensión interior de un edificio. **5** Color que cubre una superficie y sobre el cual resaltan los adornos. **6** *Pint.* Espacio que no tiene figuras y sobre el cual se representan. **7** Grueso que tienen los diamantes. **8** Caudal, dinero. **9** Condición o índole de uno. **10** fig. Lo esencial de una cosa. En esta acepción se contrapone a la forma. **11** Conjunto de impresos y manuscritos que tiene una biblioteca. **12** Conjunto de libros publicados por una editorial. **13** Cada uno de los dos témpanos de la cuba o del tonel. **14** *Cuba* Caldera usada en los ingenios. **15** *Méx.* Saya blanca que las mujeres llevan debajo de las enaguas. **16** Parte de un buque, que va debajo del agua. También en pl. **17** *Econ.* Caudal o conjunto de bienes que posee una persona, entidad comercial o financiera, o comunidad. Más en pl. **18** *Dep.* Resistencia física, reserva de energía para aguantar prolongados esfuerzos. **19** *Dep.* Especialidad atlética practicada por los fondistas. || **a fondo** loc. adv. Enteramente, hasta el límite de las posibilidades. || **echar al fondo** fr. *Mar.* Echar a pique. || **estar en fondos** fr. Tener dinero disponible. || **irse a fondo** fr. Hundirse la embarcación. || **tocar fondo** Llegar una persona, entidad, etc., a la peor situación posible.

Fondo Internacional de las Naciones Unidas para el Socorro a la Infancia (En i., *United Nations International Children's Emergency Fund,* designado con las siglas UNICEF.) Organismo de la ONU, fundado en 1946, para el socorro a la infancia en las regiones devastadas por la guerra.

Fondo Monetario Internacional (En i., *International Monetary Fund,* designado con las siglas FMI.) *Econ.* Organismo financiero internacional de las Naciones Unidas, creado en la conferencia de Bretton Woods (1944). Tiene como funciones fomentar la estabilidad de los cambios y la libertad de las transacciones, mantener convenios de cambio entre los países miembros y contribuir al establecimiento de un sistema multilateral de pagos.

fondón, na adj. **1** fam. y desp. Se dice de la persona que ha perdido la gallardía y agilidad de la juventud por haber engordado. || m. **2** Asiento y madre del vino de la cuba.

fonema m. *Ling.* **1** Cada uno de los sonidos simples del lenguaje hablado. **2** Cada una de las unidades fonológicas mínimas que en el sistema de una lengua pueden oponerse a otras en contraste significativo; por ejemplo, las consonantes iniciales de *pozo* y *gozo.*

-fonema suf. FONO-.

fonendoscopio m. *Med.* Estetoscopio en que el tubo rígido se sustituye por dos tubos de goma que enlazan la boquilla, y que se aplica al organismo con dos auriculares. Sirve para amplificar los sonidos de auscultación.

fonética f. *Ling.* **1** Conjunto de los sonidos de un idioma. **2** Rama de la lingüística que consiste en el estudio de los sonidos de los idiomas. N. Trubetzkoy la define como el estudio de los sonidos del habla y señala como característico de ella prescindir de toda relación entre el complejo fónico y su significación.

fonético, ca adj. **1** Perteneciente al sonido en general. **2** *Ling.* Se aplica a todo alfabeto o escritura cuyos elementos o letras representan sonidos.

Fongafale Ciudad de Tuvalu, capital del país, en la isla de Funafuti; 3.432 h.

-fonía suf. FONO-.

foniatría f. *Med.* Parte de la medicina dedicada a las enfermedades de los órganos de la fonación.

fónico, ca adj. Perteneciente a la voz o al sonido.

-fónico suf. FONO-.

fonio m. FON.

fono-, fon-; -fonema, -fonía, -fono, -fónico prefs. o sufs. que sign. voz, sonido: *epifonema, telefonía, audífono, ortofónico.*

fonografía f. *Tecnol.* Manera de inscribir sonidos para reproducirlos por medio del fonógrafo.

fonógrafo m. Instrumento que inscribe sobre un cilindro las vibraciones de cualquier sonido y las reproduce.

fonolita f. *Geol.* Roca eruptiva de la familia de las sienitas, compuesta de feldespato y silicato de alúmina, de color gris azulado y textura compacta.

fonología f. *Ling.* Rama de la lingüística, que estudia los elementos fónicos desde el punto de vista de su función, frente a la fonética, que se ocupa exclusivamente de su aspecto físico o material. Los impulsores de la fonología fueron N. Trubetzkoy y R. Jakobson, del Círculo Lingüístico de Praga.

fonometría f. *Fís.* Estudio de la intensidad de los sonidos.

fonóptico, ca adj. Se dice de las cintas magnetofónicas que además del sonido registran imágenes ópticas.

fonoteca f. Colección o archivo de cintas o alambres magnetofónicos, discos, etc.

Fonseca, golfo de Golfo de América Central, en el Pacífico, perteneciente a El Salvador, Honduras y Nicaragua.

Fonseca, Hermes Rodrigues da Militar y político brasileño (São Gabriel, 1855 - Rio de Janeiro, 1923). Como ministro de la Guerra, instauró el servicio militar obligatorio (1906). Presidente de la República (1910-14), hubo de hacer frente a una grave crisis financiera y a revueltas campesinas.

Fonseca, Manuel Deodoro da Militar y político brasileño (Alagoas, 1827 - Rio de Janeiro, 1892). Acaudilló la revolución que derrocó el imperio (1889) y proclamó la República Federal. Asumió el gobierno provisional y, en 1891, fue elegido presidente de la República; tuvo que dimitir a los nueve meses.

Fonseca, Pedro da Filósofo y teólogo portugués (Cortiçada, 1528 - Lisboa, 1599). Miembro de la Compañía de Jesús, escribió tratados filosóficos muy difundidos en Europa en los siglos XVI y XVII. Su obra más representativa es *Instituciones dialécticas* (1564).

Font Quer, Pío Botánico y farmacéutico español (Lleida, 1888 - Barcelona, 1964). Recorrió España y Marruecos estudiando las diversas especies vegetales. Entre sus obras destaca *Diccionario de Botánica* (1953).

Fontaine, Jean de La LA FONTAINE, JEAN DE.

Fontainebleau Ciudad de Francia, en el departamento de Sena y Marne; 22.704 h. Centro turístico. Hermoso palacio mandado construir por Francisco I (1528). En él se firmaron dos famosos tratados: el que sellaron Godoy y Napoleón I, en 1807, cuya finalidad era la conquista de Portugal y trajo consigo la invasión de España por las tropas francesas; y el que dispuso la abdicación de Napoleón I como emperador de Francia (1814).

Fontainebleau, escuela de *Arte.* Tendencia manierista, creada en Francia en el siglo XVI por los artistas italianos llamados por Francisco I y Enrique II, para decorar el palacio de Fontainebleau.

fontana f. poét. Fuente.

Fontana, Carlo Arquitecto italiano (Brusata, 1634 - Roma, 1714). Discípulo de Bernini, trabajó fundamentalmente en Roma. Es autor de la fachada de San Marcelo del Corso (1682), de la capilla Cybo en Santa Maria del Popolo (1686) y de las trazas de la basílica de Loyola, en Guipúzcoa (1681).

Fontana, Domenico Arquitecto italiano (Melide, 1543 - Nápoles, 1607). Su estilo representa la transición entre el manierismo y el barroco. Entre sus principales obras en Roma figuran la fachada del palacio de Letrán, la Biblioteca Vaticana y la capilla del Sacramento en Santa María la Mayor. En 1594, se trasladó a Nápoles, donde construyó el palacio real.

Fontana, Felice Anatomista y fisiólogo italiano (Pomarolo, 1750 - Florencia, 1805). Realizó estudios sobre la irritabilidad y la sensibilidad y, en general, sobre las fibras nerviosas y su regeneración.

Fontana, Lucio Escultor y pintor argentino (Rosario, 1899 - Varese, 1968). Artista vanguardista, propugnó en su *Manifiesto técnico del espacialismo* (1951) la supresión de los límites entre escultura y pintura, y la fusión de color, espacio, sonido y movimiento en una unidad ideal.

Fontane, Theodor Escritor alemán (Neu Ruppin, 1819 - Berlín, 1898). Maestro de la escuela realista alemana, sus novelas reflejan el ambiente del Berlín de la época: *Antes de la tormenta* (1878), *Frau Jenny Treibel* (1892) o *Stechlin* (1897).

fontanela *Anat.* Espacio sin osificar y cubierto por una membrana que aparece en el cráneo del feto y el niño.

fontanería f. **1** Arte de instalar y conservar las cañerías de las aguas. **2** Conjunto de conductos por donde se distribuye el agua. **3** Tienda o taller del fontanero.

fontanero, ra adj. **1** Perteneciente a las fuentes. || m. y f. **2** Persona que tiene por oficio instalar o reparar las conducciones de agua e instalaciones sanitarias en los edificios. **3** fig. Persona que permanece en un segundo plano y se encarga de dar solución a aquellos problemas difíciles o poco claros.

Fontenoy, batalla de *Hist.* Acción bélica de la guerra de Sucesión de Austria que se desarrolló el 11 de mayo de 1745, en que las tropas francesas, encabezadas por el mariscal de Sajonia y en presencia de Luis XV, vencieron a los británicos y sus aliados cerca de Tournai, en Bélgica.

Fontenelle, Bernard Le Bobier, señor de Escritor francés (Rouen, 1657 - París, 1757). Autor de las obras *Conversaciones sobre la pluralidad de los mundos* (1686), *Diálogo de los muertos* (1683) y una *Historia de los oráculos* (1687).

Fonteyn, Margot (MARGARET HOOKHAM, llamada) Bailarina británica (Reigate, Surrey, 1919 - California, 1991). Formó con Rudolph Nureyev una de las más famosas parejas de la danza clásica contemporánea.

Foote, Samuel Actor y comediógrafo británico (Truro, 1720 - Dover, 1777). Fue llamado *el moderno Aristófanes.* Entre sus obras más conocidas figuran *El menor* (1760), *El inglés en París* (1735) y *El embustero* (1764).

footing (Voz i.) m. *Dep.* Forma de entrenamiento atlético especialmente adecuado para carreras de resistencia y larga distancia.

-for-; -fora in. o suf. FER-.

forajido, da adj. y s. Se aplica a la persona facinerosa que anda fuera de poblado, huyendo de la justicia.

foral adj. Perteneciente al fuero.

-foral suf. FER-.

foramen m. Agujero o taladro.

foraminífero, ra adj. y s. *Zool.* **1** Se dice de los protozoos rizópodos del subtipo sarcodinos, generalmente unicelulares y marinos, cuyo caparazón calcáreo está formado por una o varias cámaras, con o sin numerosos orificios por los que emiten pseudópodos. || m. pl. *Zool.* **2** Orden de estos animales.

foráneo, a adj. Forastero, extraño.

forastero, ra adj. **1** Que es o viene de fuera del lugar. **2** Se dice de la persona que vive o está en un lugar de donde no es vecina. También s. **3** fig. Extraño, ajeno.

Forcarei Municipio y lugar de España, provincia de Pontevedra; 5.862 h.

forcejar o **forcejear** intr. **1** Hacer fuerza para vencer alguna resistencia. **2** fig. Resistir, contradecir tenazmente.

fórceps m. *Med.* Instrumento en forma de tenaza, que se usa para la extracción del feto en los partos difíciles. ♦ Su pl. es *fórceps.*

Ford, Ford Madox (FORD HERMANN HUEFFER, llamado) Escritor británico (Merton, 1873 - Deauville, Francia, 1939). Destacó, sobre todo, por sus novelas sobre la Primera Guerra Mundial: *El buen soldado* (1915) y la tetralogía *No más desfiles* (1914-28).

Ford, Gerald Político estadounidense (Omaha, 1913). Miembro del Partido Republicano, fue nombrado vicepresidente de la nación para sustituir a Spiro Agnew, y accedió a la presidencia tras la dimisión de Nixon (1974). Ocupó el cargo hasta 1976, en que fue derrotado por Jimmy Carter.

Ford, Glenn (GWYLLYN SAMUEL NEWTON FORD, llamado) Actor de cine estadounidense de origen canadiense (Quebec, 1916). Protagonizó más de un centenar de películas. Entre ellas destacan *Gilda* (1947), *Semilla de maldad* (1955), *Cimarrón* (1960) y *Los cuatro jinetes del Apocalipsis* (1961).

Ford, Harrison Actor de cine estadounidense (Chicago, 1942). Saltó a la fama con *La guerra de las galaxias* (1977) y consolidó su popularidad encarnando el personaje de Indiana Jones en el filme *En busca del arca perdida* (1981). Otras películas: *Blade Runner* (1982), *Único testigo* (1985), *Frenético* (1987), *El fugitivo* (1993), *Air Force One* (1997), *Lo que la verdad esconde* (2000), *K-19* (2002), etc.

Harrison **Ford.** Escena de la película *El fugitivo,* dirigida por Andrew Davis.

FORD I, HENRY Industrial estadounidense (Greenfield, 1863 - Dearborn, 1947). Fundó en 1903 la Ford Motor Company, en la que impuso nuevos métodos de trabajo ideados por el economista F. Taylor. Con sus métodos de producción llegó a crear una filosofía del trabajo.

FORD, JOHN Dramaturgo inglés (Islington, 1586 - ?, h. 1640). La característica principal de su teatro, uno de los más originales del periodo isabelino, es el estudio psicológico de los personajes. Escribió, entre otras obras, *El corazón roto* (1629), *El sacrificio del amor* (1630), *Lástima que sea una ramera* (1633) y *Perkin Warbeck* (1634).

John **Ford.** Escena de la película *El hombre tranquilo,* con John Wayne y Maureen O'Hara.

FORD, JOHN (SEAN ALOYSIUS O'FEENEY, llamado) Director de cine estadounidense (Cape Elizabeth, 1895 - Palm Desert, 1973). Maestro del *western,* entre sus películas destacan *El caballo de hierro* (1924), *La diligencia* (1939), *Fort Apache* (1948), *La pasión de los fuertes* (1949), *Río Grande* (1950), *El fugitivo* (1951) y *El hombre que mató a Liberty Valance* (1962). Fue galardonado con el Oscar por *El delator* (1935), *Las uvas de la ira* (1940), *¡Qué verde era mi valle!* (1941) y *El hombre tranquilo* (1954).

FORD, RICHARD Escritor y viajero inglés (Londres, 1796 - Heavitree, 1858). Residió en España entre 1830 y 1833. Fruto de sus experiencias escribió los libros *Manual de viajeros en España* (1845), *Cosas de España* (1846) y *Las corridas de toros españolas* (1852).

FOREIGN OFFICE Nombre del Ministerio de Asuntos Exteriores en el Reino Unido.

FORENSE adj. y com. *Med.* Se dice del médico adscrito a un juzgado, que se ocupa de la medicina legal, e investiga, entre otras cosas, las causas y circunstancias de la muerte de una persona, realiza autopsias, etc.

-FÓREO suf. FER-.

FORERO, RA adj. **1** Perteneciente o que se hace conforme a fuero. || m. y f. **2** Dueño de una finca dada a foro. **3** Persona que paga foro.

-FORESIS suf. FER-.

FOREST, LEE DE Ingeniero estadounidense (Council Bluffs, Iowa, 1873 - Hollywood, 1961). Inventó el audión amplificador, que posibilitó la radiotelefonía.

FOREST HILLS QUEENS.

FORESTAL adj. *Bot.* Relativo a los bosques y su aprovechamiento.

FORESTAR tr. *Bot.* Poblar un terreno con plantas forestales.

FOREY, ÉLIE-FRÉDÉRIC Mariscal francés (París, 1804 - íd., 1872). Estuvo al mando de la expedición militar a México (1862). Tomó Puebla (1863) y regresó a Francia.

FORFAIT (Voz fr.) m. **1** *Der.* Contrato a tanto alzado, con un precio establecido de antemano. **2** Modalidad de contratación de pistas de esquí. **3** Viaje organizado en el que todos los gastos están pagados de antemano.

FORFAR Ciudad del Reino Unido, en Escocia; 10.000 h. Antiguo castillo, sede de las reuniones del Parlamento de Escocia durante los siglos XI-XIV.

FORFÍCULA f. *Zool.* TIJERETA, insecto.

-FORIA, -FÓRICO sufs. FER-.

FORINT m. *Econ.* Unidad monetaria de Hungría.

FORJA f. **1** *Met.* FRAGUA. **2** *Met.* Lugar donde se reduce a metal el mineral de hierro. **3** *Met.* Acción y efecto de forjar. **4** Argamasa de cal, arena y agua.

FORJADO m. *Arquit.* ENTRAMADO, armazón de madera para hacer una pared.

FORJAR tr. **1** *Met.* Dar forma con el martillo a cualquier pieza de metal. **2** Fabricar y formar. **3** Revocar toscamente con yeso. **4** fig. Inventar, fingir.

FORLANI, ARNALDO Político italiano (Pesaro, 1925). Fue secretario general de la Democracia Cristiana (1969-73) y jefe del Gobierno (1980-81). Viceprimer ministro del gobierno Craxi (1983-87), en 1993 se vio implicado en diversos casos de corrupción.

FORLI Ciudad de Italia, capital de la provincia de Forli-Cesena; 107.461 h. Palacio del podestá (siglo XV).

FORLI-CESENA Provincia del NE de Italia, región de Emilia-Romagna; 2.510 km^2 y 350.158 h. Capital, Forli.

FORMA f. **1** Figura exterior de la materia. **2** Disposición de las cosas. **3** Fórmula y modo de proceder en una cosa. **4** Molde en que se vacía y forma alguna cosa. **5** FORMATO. **6** Modo, manera de hacer una cosa. **7** *Lit.* Calidades de estilo o modo de expresar las ideas en una obra literaria. **8** *Liturg.* Hostia pequeña para la comunión de los legos. **9** *Teol.* Palabras rituales de cada sacramento que integran su esencia. **10** *A. gráf.* Molde que se pone en la prensa para imprimir una cara de todo el pliego. **11** *Filos.* Principio activo que con la materia prima constituye la esencia de los cuerpos. **12** *Der.* Requisitos externos en los actos jurídicos. **13** *Geol.* En cristalografía, conjunto de caras cristalinas similares en todos sus aspectos por estar determinadas por la simetría de una clase particular de estructura cristalográfica. **14** *Ling.* Para Ferdinand de Saussure es sinónimo de estructura y se opone a sustancia. Es el aspecto que toma un elemento lingüístico. || f. pl. **15** Configuración del cuerpo humano. || **estar en forma** loc. Encontrarse en las mejores condiciones para la práctica de un deporte. También, por extensión, encontrarse en plena posesión de otras facultades.

FORMACIÓN f. **1** Figura exterior o forma. **2** Perfil de entorchado con que los bordadores guarnecen las hojas de las flores dibujadas en la tela. **3** *Geol.* Conjunto de rocas que presentan caracteres geológicos y paleontológicos comunes. **4** *Mil.* Reunión ordenada de tropas.

FORMAL adj. **1** Perteneciente o relativo a la forma. **2** Que tiene formalidad. **3** Se aplica a la persona seria, amiga de la verdad. **4** Expreso, preciso, determinado. **5** Relativo a aquellas áreas del conocimiento cuya legitimidad es independiente a la experimentación, como las matemáticas, la lógica, etc.

FORMALDEHÍDO m. *Quím.* Primero y más simple de los aldehídos, de fórmula HCHO. Gas a temperatura ambiente, y en solución, líquido incoloro, tóxico y de olor picante. También llamado *metanal* y *aldehído fórmico.*

FORMALETE m. *Arquit.* ARCO DE MEDIO PUNTO.

FORMALIDAD f. **1** Exactitud, puntualidad y consecuencia en las acciones. **2** Cada uno de los requisitos que se han de observar para ejecutar una cosa. **3** Modo de ejecutar con la exactitud debida un acto público. **4** Seriedad.

FORMALISMO m. **1** Rigurosa aplicación y observancia de un método en la enseñanza o en la indagación científica. **2** Tendencia excesiva a respetar las formalidades. || **FORMALISMO RUSO** *Lit.* Escuela de crítica literaria desarrollada a principios de siglo en Moscú y Leningrado, cuyo análisis se centra en la forma de los textos (estructura, técnica, estilo, etc.).

FORMALIZAR tr. **1** Dar forma a una cosa. **2** Revestir una cosa de los requisitos legales. **3** Concretar, precisar. || prnl. **4** Ponerse serio por algo que acaso se dijo por chanza o sin intención de ofender.

FORMAN, MILOS Director de cine estadounidense de origen checo (Cáslav, 1932). En su filmografía destacan *Pedro el Negro* (1963), *Los amores de una rubia* (1964), *Taking-off* (1970), *Alguien voló sobre el nido del cuco,* que logró cinco Oscar en 1975; *Hair* (1979), *Amadeus,* premiada con ocho Oscar en 1984, *El escándalo de Larry Flynt* (1996) y *El mundo de Andy* (1999).

FORMAR tr. **1** Dar forma a una cosa. **2** Juntar y congregar diferentes personas o cosas. **3** Poner en orden. **4** Criar, educar, adiestrar. || intr. **5** Colocarse una persona en una formación. || prnl. **6** Adquirir una persona más o menos desarrollo.

FORMATEAR tr. *Inform.* Dar un formato a una tabla numérica o a un documento. || **FORMATEAR UN DISQUETE** *Inform.* Dar forma al disquete para que admita los mandatos del sistema operativo.

FORMATO m. **1** Tamaño de un impreso. **2** Por extensión, tamaño de una fotografía, de un cuadro, etc. **3** *Inform.* Estructura que se confiere a una información, para que pueda ser procesada por un sistema.

-FORME suf. que significa en forma de: *esferiforme.*

FORMENT, DAMIÁN Escultor renacentista español (Valencia, h. 1480 - Santo Domingo de la Calzada, 1540). Introductor del renacimiento italiano en la escultura española. Entre sus obras figuran los retablos de la colegiata de Gandía (1501-07), del Pilar de Zaragoza (1509-15), de la catedral de Huesca (1520-34) y de Santo Domingo de la Calzada (1537-40), que dejó sin terminar.

FORMERO m. *Arquit.* Cada uno de los arcos en que descansa una bóveda vaída.

FORMIATO m. *Quím.* Sal que resulta de la combinación del ácido fórmico con una base.

FORMICA (Marca registrada.) f. Material resistente fabricado mediante el prensado de láminas de papel con resinas. Se usa en la industria del mueble.

FÓRMICO adj. *Quím.* Se dice del ácido de fórmula HCOOH, líquido incoloro, de olor picante y corrosivo, segregado por las hormigas. En el laboratorio se obtiene por absorción del óxido de carbono en cal sodada a 210 °C.

FORMIDABLE adj. **1** Muy temible. **2** Excesivamente grande en su línea. **3** fam. Magnífico.

FORMOL m. *Quím.* FORMALDEHÍDO.

FORMÓN m. **1** Instrumento de carpintería, semejante al escoplo, pero más ancho de boca y menos grueso. **2** Sacabocados de boca circular.

FORMOSA 1 Provincia de Argentina, región del Litoral; 72.066 km^2 y 444.367 h. En ella se encuentra el Parque Nacional Pilcomayo. **2** Ciudad capital de la misma; 165.700 h. Puerto en el río Paraguay.

FORMOSA TAIWAN.

FORMOSEÑO, ÑA adj. y s. De Formosa, Argentina.

FORMOSO Papa (Oporto, h. 816 - Roma, 896). Ocupó el solio pontificio desde 891. Coronó como emperador de Occidente a Arnulfo. Su cuerpo fue desenterrado y condenado en San Pedro, y su figura no fue rehabilitada hasta 897.

FÓRMULA f. **1** Medio práctico propuesto para resolver un asunto controvertido. **2** Manera fija de redactar algo. **3** *Dep.* En automovilismo, cada una de las categorías en que se dividen las competiciones oficiales, en función de la cilindrada, y el peso y tamaño del chasis; la *fórmula 1* es la que ha alcanzado una mayor difusión. **4** *Mat.* Traducción en símbolos, exclusivamente matemáticos, de una función proposicional o proposición. **5** *Mat.* Resultado de un cálculo, cuya expresión sirve de pauta y regla para la resolución de todos los casos análogos. **6** *Med.* Receta del médico o para confeccionar alguna cosa.

FORMULAR tr. **1** Reducir a términos claros y precisos un mandato, una proposición o un cargo. **2** *Mat.* Reducir a fórmula un cálculo. **3** RECETAR. **4** Expresar, manifestar.

FORMULARIO, RIA adj. **1** Relativo a las fórmulas o al formulismo. || m. **2** Libro o escrito en que se contienen fórmulas que se han de observar para la petición, expedición o ejecución de algunas cosas, o para la obtención de cálculos. **3** Impreso con espacios en blanco para rellenar.

FORMULISMO m. Excesivo apego a las fórmulas en la resolución de cualquier asunto.

FORNARINA, LA (MARGARITA LUTI, llamada) Joven italiana (s. XVI). Amante de Rafael, fue inmortalizada por el artista en la *Donna velata,* del palacio Pitti.

FORNER, RAQUEL Pintora argentina (Buenos Aires, 1902 - íd., 1988). Entre sus obras, de tendencia expresionista, destacan *El drama* (1940-46), *La farsa* (1952) y *Los astronautas* (1974).

FORNICAR intr. y tr. Tener relaciones sexuales fuera del matrimonio.

FORNIDO, DA adj. Robusto.

FORNITURA f. **1** Piezas de repuesto de un reloj o de otro mecanismo de precisión. **2** Conjunto de accesorios usados en la confección de prendas de vestir. **3** *A. gráf.* Porción o letra que se funde para completar una fundición. **4** *Mil.* Correaje y cartuchera de los soldados. Más en pl.

FORO m. **1** *Hist.* Plaza que en la antigua Roma constituía el centro político, económico, religioso y judicial de las ciudades. Es el equivalente del ágora griega. **2** Por extensión, sitio en que los tribunales oyen y determinan las causas. **3** Curia y cuanto concierne al ejercicio de la abogacía y a la práctica de los tribunales. **4** Reunión para discutir asuntos de interés actual ante un auditorio. **5** *Teat.* Parte del escenario o de las decoraciones teatrales opuesta a la embocadura. **6** *Der.* Contrato consensual por el cual una persona cede a otra el dominio útil de una cosa.

-FORO suf. -FER.

FOROFO, FA adj. y s. Seguidor acérrimo de un equipo deportivo, sobre todo de fútbol.

FORRAJE m. **1** Pasto verde que se da al ganado, especialmente en primavera. **2** Pasto seco conservado para alimentación del ganado. **3** fig. y fam. Fárrago.

FORRAJEAR tr. **1** Segar y coger el forraje. **2** *Mil.* Salir los soldados a coger el pasto para los caballos.

FORRAJERA f. *Mil.* Cordón que los militares de cuerpos montados llevan rodeado al cuello.

FORRAJERO, RA adj. *Agr.* Se dice de las plantas que sirven para forraje.

FORRAR tr. **1** Poner forro a alguna cosa. **2** Cubrir una cosa con funda o forro que la resguarde y conserve. prnl. **3** fam. Ganar mucho dinero.

FORRO m. **1** Abrigo, cubierta con que se reviste una cosa, especialmente las telas y pieles que se ponen por la parte interior de las ropas y vestidos. **2** Cubierta del libro. **3** *Mar.* Conjunto de tablones con que se cubre el esqueleto del buque. **4** *Mar.* Conjunto de planchas de cobre o de tablas con que se revisten los fondos del buque. || **ni por el forro** expr. fig. y fam. Desconocer completamente tal o cual ciencia. También, ni por asomo.

El **foro** de Roma (Italia). Vista aérea.

FORSSMANN, WERNER THEODOR Físico y médico alemán (Berlín, 1904 - Shopfheim, 1979). Dedicado primero a la cardiología, inventó el método de la cateterización cardiaca. En 1956, recibió el premio Nobel de Fisiología y Medicina, compartido con Richards y Cournand.

FORSTER, EDWARD MORGAN Escritor inglés (Londres, 1879 - Cambridge, 1970). Entre sus novelas más conocidas figuran *El más largo viaje* (1907), *Una habitación con vistas* (1908), *La mansión* (1910) y *Pasaje para la India* (1924). Escribió también el volumen de cuentos *La vida futura* (1972).

FORT, GERTRUD VON LE Escritora alemana (Münden, 1876 - Oberstdorf, 1971). Entre sus novelas y relatos, destacan *El velo de Verónica* (1928) y *La última en el cadalso* (1931). Escribió también poesía: *Himnos a Alemania* (1932).

FORT, PAUL Poeta francés (Reims, 1872 - Argenlieu, 1960). Su obra principal, *Baladas francesas* (1922-51), recoge el conjunto de sus composiciones poéticas, inspiradas en temas populares.

FORT-DE-FRANCE Ciudad capital de la isla de Martinica; 100.080 h. Puerto.

FORT LAMY N'DJAMENA.

FORT WORTH Ciudad de EE UU, en el Estado de Texas, área metropolitana de Dallas; 451.814 h. Centro industrial.

FORTACHÓN, NA adj. fam. Recio y fornido.

FORTALECER tr. y prnl. Hacer más fuerte o vigoroso. ♦ IRREG. Se conjuga como AGRADECER.

FORTALECIMIENTO m. Lo que hace fuerte un sitio o población.

FORTALEZA f. 1 Fuerza y vigor. 2 *Teol.* Tercera de las cuatro virtudes cardinales, que consiste en vencer el temor y huir de la temeridad. 3 Recinto fortificado. || f. pl. 4 Defecto de las hojas de las armas blancas, que consiste en unas grietecitas menudas.

FORTALEZA Río de Perú, que hace de límite entre Ancasli y Lima, y desemboca en el Pacífico.

FORTALEZA Ciudad de Brasil, capital del Estado de Ceará; 743.335 h. Puerto. Centro industrial.

FORTALEZA Monte de Brasil, entre Espíritu Santo y Minas Gerais; 1.144 m.

FORTE (Voz it.) adv. m. *Mús.* 1 Notación que, en una pieza musical escrita, indica un matiz de mayor intensidad; en abreviatura, *f*. 2 Pasaje musical interpretado de este modo.

FORTH Río del Reino Unido, en Escocia, que desemboca en el mar del Norte a través de un gran estuario (*Firth of Forth*); 185 km.

FORTIFICACIÓN f. Obra o conjunto de obras con que se fortifica un pueblo o un sitio cualquiera.

FORTIFICAR tr. 1 Dar vigor y fuerza material o moralmente. 2 Proteger con fortificaciones. También prnl.

FORTÍN m. 1 Obra de defensa que se levanta en los atrincheramientos de un ejército. 2 Fuerte pequeño.

FORTRAN o **FORTRAN** *Inform.* Acrónimo de *formula translation*, que quiere decir traducción de fórmulas. Lenguaje de programación cuya primera versión fue realizada en 1956.

FORTUITO, TA adj. Que sucede inopinada y casualmente.

FORTUNA f. 1 Encadenamiento de los sucesos, considerado como fortuito. 2 Circunstancia casual. 3 Suerte favorable. 4 Éxito, aceptación rápida. 5 Hacienda, capital. 6 Mucho dinero. 7 *Meteor.* Borrasca, tempestad en mar o tierra. || **por fortuna** loc. adv. Afortunadamente, por casualidad. || **probar fortuna** fr. Intentar algo difícil.

FORTUNA *Mit.* Divinidad que simboliza el azar y la suerte.

FORTUNA Municipio y lugar de España, provincia de Murcia; 6.295 h.

FORTUNY, MARIANO Pintor y aguafuertista español (Reus, 1838 - Roma, 1874). Sus primeras obras son de temática histórica y estilo académico. Posteriormente, su estilo refleja un mayor interés por la luz y el color: *La odalisca* (1861), *La batalla de Tetuán* (1862-64), *El coleccionista de estampas* (1866) y *La vicaría* (1870).

FORÚNCULO m. *Med.* DIVIESO.

FORZADO, DA adj. 1 Ocupado o retenido por fuerza. 2 No espontáneo. || m. 3 Galeote condenado a servir al remo en las galeras.

FORZAR tr. 1 Hacer fuerza o violencia física para conseguir un fin. 2 Rendir a fuerza de armas una plaza, castillo, etc. 3 Violar, agredir sexualmente. 4 Tomar u ocupar por fuerza una cosa. 5 fig. Obligar. También prnl. ♦ IRREG. Se conjuga como CONTAR.

FORZOSO, SA adj. Que no se puede excusar.

FORZUDO, DA adj. Que tiene grandes fuerzas.

FOS-, FOT-, FOTO-; -FOT-; -FOTO prefs., in. o suf. que significan luz: *fotosíntesis*.

FOSA f. 1 Enterramiento, sepultura. 2 Excavación alrededor de una fortaleza. 3 *Anat.* Depresión que existe en la superficie de algunos huesos. 4 *Geol.* Zona deprimida de la corteza terrestre.

FOSBURY, DICK Atleta estadounidense (Portland, Oregón, 1947). Creador de la modalidad de salto de altura que lleva su nombre. Fue campeón olímpico en 1968.

FOSCARI, FRANCESCO Dux de Venecia (Venecia, 1383 - íd., 1457). Dux desde 1423, fue uno de los artífices de la política de expansión de la señoría veneciana.

FOSCOLO, HUGO Escritor italiano (Zante, 1778 - Londres, 1827). Autor del poema *Los sepulcros* (1807), de la novela epistolar *Últimas cartas de Jacopo Ortis* (1798), y de los dramas *Tieste* (1797) y *Ajax* (1811).

FOSF- pref. FOSFO-.

FOSFATASA f. *Quím.* Proteína enzimática que cataliza la hidrólisis y síntesis de los ésteres fosfóricos y la transferencia de grupos fosfato del ácido fosfórico a otros compuestos.

FOSFATO m. 1 *Miner.* Cualquiera de los minerales de origen magmático, formados por la unión del radical $(PO_4)^{3-}$ con un metal. 2 *Quím.* Sal formada por la sustitución de uno, dos o los tres hidrógenos del ácido fosfórico por un metal. Se usa, sobre todo, como fertilizante. 3 *Quím.* Compuesto con el radical PO_4^{3-}.

FOSFITO m. *Quím.* Cualquiera de las sales del ácido fosforoso, solubles en agua.

FOSFO-, FOSF- prefs. utilizados para indicar las sales derivadas del ácido fosfórico.

FOSFORERO, RA adj. 1 Se dice de la persona que vende fósforos. || f. 2 Fábrica de fósforos.

FOSFORESCENCIA f. 1 *Fís.* Luminiscencia producida por una causa excitante y que persiste cuando desaparece dicha causa. 2 *Fís.* Propiedad de algunas sustancias de absorber la energía luminosa y emitir la acumulada después de haber cesado su exposición a la fuente de luz. 3 *Quím.* Luminiscencia verdosa observable durante la oxidación lenta del fósforo blanco en el aire. 4 *Zool.* Luminiscencia natural de origen químico, como la presente en las luciérnagas.

FOSFORESCER intr. *Fís.* Manifestar fosforescencia. ♦ IRREG. Se conjuga como AGRADECER.

FOSFÓRICO, CA adj. *Quím.* Perteneciente o relativo al fósforo.

FOSFORITA f. *Miner.* Mineral de la especie apatito en sus variedades compacta, radiada, concrecionada, mamelonada o estalactítica, que se emplea como abono en agricultura.

FÓSFORO m. 1 *Quím.* Elemento químico del grupo V A del sistema periódico. Masa atómica 31; número atómico 15; pesos específicos 1,82 (blanco) y 2,20 (rojo); símbolo *P*. Se conocen de él tres formas alotrópicas: una blanca, muy venenosa, inflamable y fosforescente; otra roja, menos venenosa y menos inflamable; y otra negra, químicamente inerte. Es un elemento muy activo, por lo que no se encuentra libre en la naturaleza, sino combinado en forma de fosfatos, principalmente cálcicos, entre los cuales los más abundantes son la fosforita y el apatito. Aparece también en combinaciones orgánicas, en los huesos, nervios, tejidos animales, vegetales, etc., siendo un elemento esencial para los seres vivos. Se obtiene calentando en un horno eléctrico una mezcla de fosfatos minerales, cuarcita y carbón. Se utiliza para fabricar ácido fosfórico, en pirotecnia, cerillas y productos venenosos para las ratas. 2 Cerilla de madera o cartón, con cabeza de fósforo y un cuerpo oxidante, que sirve para encender fuego. 3 El lucero del alba. 4 fig. Meollo, entendimiento, agudeza, ingenio.

FOSFURO m. *Quím.* Compuesto binario de fósforo con un metal.

FOSGENO m. *Quím.* Cloruro de carbonilo $COCl_2$. Gas muy tóxico, incoloro, pesado, y de olor sofocante, que se usa en la industria de colorantes y como agresivo químico.

FÓSIL adj. y m. 1 *Geol.* Se dice de las sustancias de origen orgánico, restos de animales y plantas, que existieron en edades geológicas pretéritas y que, más o menos petrificados, se encuentran en los depósitos sedimentarios de la corteza terrestre. 2 fig. y fam. Viejo, anticuado.

FOSILIZARSE prnl. 1 *Geol.* Convertirse en fósil un cuerpo orgánico. 2 fig. y fam. Limitarse una persona a un oficio, trabajo, etc., sin evolucionar o mejorar.

Mariano **Fortuny**. *La odalisca*. Museo de Arte Moderno (Barcelona).

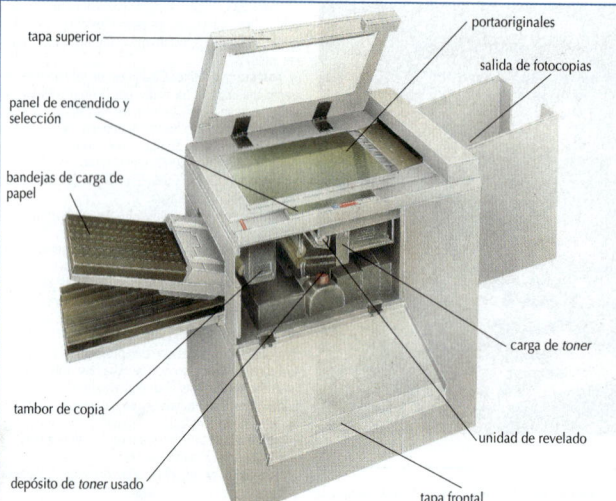

fotocopiadora

FOSO m. **1** HOYO. **2** *Teat.* En el teatro, piso inferior del escenario, destinado generalmente para la orquesta. **3** En los garajes y talleres mecánicos, cavidad en el suelo que permite arreglar cómodamente desde abajo las máquinas. **4** *Fort.* Excavación profunda que rodea una fortaleza o castillo. **5** *Dep.* Zona cubierta de arena blanda donde caen los saltadores de longitud o triple salto.

FOSSE, BOB Coreógrafo, actor y director de cine estadounidense (Chicago, 1927 - Washington, 1987). Trabajó como coreógrafo y director en Broadway y dirigió los filmes *Noches en la ciudad* (1969), *Cabaret* (Oscar al mejor director en 1972), *Lenny* (1974), *All That Jazz* (1980) y *Star 80* (1983).

FOSSE, CHARLES DE LA LA FOSSE, CHARLES DE.

FOSTER, NORMAN ROBERT Arquitecto británico (Reddish, 1935). Ha empleado formas y materiales no convencionales, para conseguir una arquitectura altamente tecnificada y adaptada a las necesidades humanas y ecológicas. Es autor del Banco de Hong-Kong y Shanghai, el edificio Televisa en México, la terminal del aeropuerto de Milán y la reconstrucción del Reichstag de Berlín. En 1999 fue galardonado con el premio Pritzker de Arquitectura.

FOT m. *Fís.* Unidad de intensidad de iluminación o iluminancia, que equivale a 10^4 lux.

FOT-; -FOT- pref. o in. FOS-.

FÓTICO, CA adj. Se dice de la capa o zona de agua marina o de un lago en que la penetración de luz es la necesaria para que los vegetales lleven a cabo la fotosíntesis. Abarca la zona litoral y la limnética.

FOTO f. apóc. de FOTOGRAFÍA.

FOTO-; -FOTO pref. o suf. FOS-.

FOTOCÉLULA f. *Fís.* CÉLULA FOTOELÉCTRICA.

FOTOCINESIS f. *Etol.* Movimiento de ciertos organismos que reaccionan ante impulsos luminosos. ♦ Su pl. es *fotocinesis*.

FOTOCOMPOSICIÓN f. *A. gráf.* Procedimiento de composición de imprenta para reproducir en offset o en huecograbado.

FOTOCONDUCTOR, RA adj. *Fís.* Se aplica a los cuerpos cuya conductividad eléctrica varía en función de la intensidad de la luz que recibe.

FOTOCOPIA f. *Fot.* Reproducción fotográfica obtenida directamente sobre el papel y empleada para reproducir páginas manuscritas o impresas.

FOTOCOPIADORA f. *Fot.* Máquina para hacer fotocopias.

FOTOELECTRICIDAD f. *Fís.* Electricidad producida por el desprendimiento de electrones bajo la acción de la luz.

FOTOELÉCTRICO, CA adj. *Fís.* **1** Se dice de los fenómenos eléctricos provocados por la acción de radiaciones luminosas y de las máquinas que funcionan en base a estos fenómenos. **2** CÉLULA FOTOELÉCTRICA.

FOTOFOBIA f. *Med.* Repugnancia y horror a la luz.

FOTÓFORO, RA adj. *Zool.* Se aplica a los órganos de estructura glandular capaces de producir luz, que tienen determinados animales marinos abisales, las luciérnagas, etc.

FOTOGENIA f. Cualidad de la fisonomía que resulta agradable, da valor plástico y crea valoraciones artísticas al ser reproducida fotográficamente o proyectada en un filme.

FOTOGÉNICO, CA adj. **1** *Fís.* Que promueve o favorece la acción de la luz. **2** Se dice de aquello que tiene buenas condiciones para ser reproducido por la fotografía.

FOTOGRABADO m. *A. gráf.* **1** Procedimiento para grabar un clisé fotográfico sobre planchas de cinc, cobre, etc., y arte de estampar estas planchas sobre papel para obtener reproducciones numerosas, por acción química de la luz. **2** Lámina grabada o estampada por este procedimiento.

FOTOGRABAR tr. Grabar por medio del fotograbado.

FOTOGRAFÍA f. *Fot.* **1** Técnica de fijar y reproducir por medio de reacciones químicas, en superficies convenientemente preparadas, las imágenes recogidas en el fondo de una cámara oscura o en una cámara fotográfica. **[Encíc.] 2** Imagen obtenida por medio de esta técnica. **3** Taller en que se practica. **4** fig. Representación O DESCRIPCIÓN que, por su exactitud, se asemeja a la fotografía.

FOT. El proceso fotográfico se basa en la sensibilidad a la luz de cristales de halogenuros de plata, inmersos en la gelatina de una emulsión fotográfica. El revelado se efectúa por reducción en una disolución alcalina mediante compuestos orgánicos denominados *reveladores*. Cuando el proceso se encuentra lo suficientemente adelantado, se interrumpe por acidificación y se extraen los halogenuros de plata no expuestos, lavándose la película a continuación con agua. El negativo obtenido está ennegrecido en los lugares en que ha sido expuesto, y se transforma en positivo al copiarlo de nuevo por contacto capa con capa o por proyección óptica con una amplificadora sobre otro material sensible a la luz. La fotografía se remonta a los estudios que sobre la cámara oscura realizara Leonardo da Vinci en el siglo XVI. Los avances químicos y ópticos a lo largo de los siglos XVII y XVIII permitieron a Niepce, en 1816, fijar la primera imagen mediante ácido nítrico en placas de peltre recubiertas con betún de Judea, llamadas *heliografías*. Daguerre con su daguerrotipo revolucionó el mundo de la fotografía en 1839. Fox Talbot en 1841 inventó el negativo en papel, al que denominó *calotipo*. Un año antes Hippolyte Bayard había hecho pública su investigación sobre el negativo en papel a través de la Academia de Ciencias de París. El primer negativo en cristal con albúmina se debe a Abel Niepce de Saint Victor. Posteriormente surgió el colodión húmedo presentado por Gustave Le Gray y Frederick Scott Archer entre 1849 y 1851. La fotografía cobró entonces un auge extraordinario en todos los campos. En 1871 Richard L. Madox utilizó el gelatino-bromuro, que desbancó inmediatamente al colodión. Hacia 1876 comenzó a utilizarse el celuloide, para ser reemplazado posteriormente por el acetato de celulosa actual. El paso definitivo para abrir las puertas de la fotografía al aficionado lo dio George Eastman, que patentó en 1888 su cámara Kodak, sustituyendo las placas tradicionales por el rollo fotográfico en papel. Los avances de la fotografía a lo largo del siglo XX se centran en el desarrollo de su aplicación al mundo de la información y de la ciencia. En 1981 se dio a conocer el soporte magnético.

ARTE. Uno de los creadores de la concepción pictórica de la fotografía fue Talbot. Los pioneros de esta técnica fueron en su mayoría pintores que se sirvieron de la imagen fija como apoyo. Como retratista destacó Nadar, que realizó, además, la primera fotografía aérea de París. La moda del retrato alcanzó en Gran Bretaña su punto culminante con J. M. Cameron. Stieglitz o Steichen abandonaron esta concepción pictórica para inclinarse por una fotografía pura, que buscaba la verdad objetiva. Otros representantes de esta tendencia fueron Cunningham y Weston, fundador junto con Adams del llamado grupo «f. 64». A finales de la Primera Guerra Mundial surge la abstracción, con figuras como Schad o Moholy-Nagy, creador de los fotogramas. Esta orientación alcanzó gran desarrollo en los ambientes dadaístas, con la técnica del fotomontaje, y las obras de Man Ray. El *pop art* continuó la tendencia dadaísta utilizando de forma directa imágenes fotográficas (Rauchenberg, Warhol). El hiperrealismo es en sí mismo arte fotográfico. El uso de la fotografía ha fundamentado la visión eminentemente objetiva de artistas como Monory, Schlosser o Adami. Asimismo, la fotografía ha sido empleada por diversas corrientes del arte contemporáneo: *happenings*, actuaciones de arte corporal, realizaciones del *land-art* o arte conceptual.

FOTOGRAFIAR intr. **1** Ejercer el arte de la fotografía. **2** Reproducir una imagen o figura por medio de la fotografía. **3** fig. Describir en términos precisos y claros.

FOTÓGRAFO, FA m. y f. Persona que se dedica a la fotografía, sobre todo si es profesionalista.

FOTOGRAMA m. *Cin.* Cada una de las imágenes que se suceden en una película cinematográfica considerada aisladamente.

FOTOLISIS f. *Quím.* Descomposición química de una sustancia por acción de la luz. ♦ Su pl. es *fotolisis*.

FOTOLITO m. *A. gráf.* Prueba tipográfica para ser reproducida fotográficamente, en serigrafía, o en soporte transparente para huecograbado y offset.

FOTOLITOGRAFÍA f. *A. gráf.* **1** Procedimiento de reproducción de dibujos en piedra litográfica, mediante la acción química de la luz sobre sustancias convenientemente preparadas. **2** Estampa obtenida por este medio.

FOTOLUMINISCENCIA f. *Fís.* Radiación luminosa emitida por los cuerpos al devolver la luz recibida en una longitud de onda distinta. Si es simultánea a la recepción de la luz se llama *fluorescencia*, y si perdura tiempo después de cesar la recepción de luz se llama *fosforescencia*.

FOTOMATÓN (Marca registrada.) m. *Fot.* Mecanismo que obtiene una imagen fotográfica, revela y fija el negativo, tira los positivos que se deseen y entrega las copias secas, todo ello en pocos minutos.

FOTOMECÁNICO, CA adj. y f. *A. gráf.* Se dice de cualquier procedimiento de reproducción gráfica basado en la aplicación de los materiales fotosensibles en la elaboración de clisés, planchas, etc., para su posterior impresión.

FOTOMETRÍA f. *Fís.* Parte de la óptica que trata de las leyes relativas a la intensidad de la luz y de los métodos para medirla.

FOTÓMETRO m. *Fís.* Instrumento para medir la intensidad de la luz.

FOTOMONTAJE f. *Fot.* Composición conseguida a partir del ensamblaje de distintas fotografías.

FOTÓN m. *Fís.* Cuanto de energía luminosa, porción más pequeña de una radiación electromagnética que se propaga a una velocidad de 300.000 km por segundo. Posee una energía igual al producto de la constante de Planck y una frecuencia igual a la de la radiación. El fotón se cuenta entre las partículas elementales: no tiene masa en reposo, carga ni antipartícula, aunque posee un spin de magnitud 1. El concepto fue introducido por Einstein en 1905 para explicar el efecto fotoeléctrico.

fotografía. Cámara de fuelle de principios de siglo, con objetivo Rodenstock.

FOTONASTIA f. *Bot.* Movimiento que se produce en respuesta a la acción de la luz.

FOTONOVELA f. Relato, normalmente de carácter amoroso, formado por una sucesión de fotografías de los personajes, acompañadas de diálogos en pies o bocadillos.

FOTOPERIODO m. *Biol.* Distribución temporal, durante el día y el año, de la duración de los tiempos de luz y oscuridad.

FOTOQUÍMICA f. *Quím.* Ciencia que estudia las reacciones químicas producidas por la luz o las radiaciones invisibles.

FOTOSFERA f. *Astron.* Capa luminosa y más interior de la envoltura gaseosa del Sol. Se encuentra por debajo de la cromosfera, con un grosor aproximado de 100-200 km.

FOTOSÍNTESIS f. *Bot.* Proceso por el cual determinadas estructuras son capaces de sintetizar sustancias, principalmente compuestos nitrogenados y carbonados, gracias a la energía luminosa. Es el único proceso biológico en que la energía lumínica es convertida en energía química utilizable por los seres vivos. **[Encic.]** ♦ Su pl. es *fotosíntesis*.

Bot. Este proceso metabólico, que únicamente tiene lugar en las cianobacterias, fitoplancton y plantas verdes, se basa en la captación de la energía procedente de la radiación solar para generar su propio material celular, que posteriormente servirá como fuente de materia prima y energía a los restantes seres vivos. Se lleva a cabo en los cloroplastos celulares debido a la presencia de pigmentos como la clorofila, carotenoides y xantofilas. El proceso de fotosíntesis se desarrolla en dos fases bien diferenciadas: *fase luminosa* o *de Hill* y *fase oscura* o *de Blackmann*. Durante la primera de ellas, la luz solar es absorbida por los pigmentos, produciéndose dos reacciones separadas, cada una llevada a cabo por un sistema pigmentario distinto. Al final se produce un compuesto oxidante ($NADP_{ox}$) que oxida el agua a oxígeno, y otro compuesto reductor ($NADP_{red}$); también se produce ATP (molécula «almacenadora» de energía), por el mecanismo denominado fosforilación oxidativa. En la fase oscura, el ATP y el $NADP_{red}$ formados durante la fase luminosa se utilizan para la reducción del anhídrido carbónico a hidratos de carbono. Esta reacción tiene lugar a través de un proceso cíclico en que el CO_2 procedente de la atmósfera es captado por un azúcar. La reacción global con la que se puede formular todo el proceso es la siguiente:

$$n\, CO_2 + n\, H_2O \rightarrow (CH_2O)_n + n\, O_2$$

FOTOTAXIS f. *Biol.* Propiedad que presentan algunos organismos móviles que reaccionan a la luz como estímulo para dirigir su orientación o locomoción.

FOTOTECA f. Colección de fotografías.

FOTOTERAPIA f. *Med.* Tratamiento de las enfermedades por la acción de la luz.

FOTOTIPIA f. *A. gráf.* **1** Procedimiento para reproducir clisés fotográficos sobre una capa de gelatina, con bi-

Péndulo de **Foucault**.

cromato, extendida sobre cristal o cobre, y arte de estampar estas reproducciones. **2** Lámina estampada por este procedimiento.

FOTOTIPOGRAFÍA f. *A. gráf.* Arte de obtener y estampar clisés tipográficos por medio de la fotografía.

FOTOTROPISMO m. *Biol.* Reacción que experimentan los organismos fijos, como las plantas, en respuesta a la luz, acercándose o alejándose de ella.

FOTOVOLTAICO, CA adj. *Fís.* Se aplica a los dispositivos capaces de producir energía eléctrica, cuando reciben energía luminosa. Generalmente se fabrican con selenio.

FOTUTO m. **1** *Mús. Cuba, P. Rico* y *Venez.* Instrumento de viento que produce un ruido prolongado y fuerte como el de la trompa o caracola. **2** *Cuba* Bocina de los automóviles. **3** *P. Rico* y *Dom.* Pito cónico de cartón con embocadura de madera. **4** *P. Rico* Persona que habla por otra.

FOUCAULT, JEAN BERNARD LÉON Astrónomo, matemático y físico francés (París, 1819 - íd., 1868). Determinó que la velocidad de la luz es superior en el aire que en el agua y demostró la rotación de la tierra sobre su eje, mediante las oscilaciones de un péndulo. Inventó el primer giroscopio (1852).

FOUCAULT, MICHEL Filósofo francés (Poitiers, 1926 - París, 1984). Estudió la constitución de los discursos, y prestó atención al análisis del poder. Obras: *Historia de la locura en la época clásica* (1961), *El nacimiento de la clínica* (1963), *Las palabras y las cosas* (1966) y *La ar-

queología del saber* (1969), *Vigilar y castigar* (1975) e *Historia de la sexualidad* (1976).

FOUCHÉ, DUQUE DE OTRANTO, JOSEPH Político francés (Le Pellerin, 1759 - Trieste, 1859). Fue elegido en los Estados Generales de 1792 y formó parte del grupo de la Montaña. Ministro de Policía durante el Directorio (1799), fue confirmado en su cargo tras apoyar el golpe de Estado que elevó a Napoleón al consulado. Trabajó en la restauración borbónica, y Luis XVIII le otorgó de nuevo el ministerio de Policía, pero en 1816 tuvo que exiliarse al verse implicado en el decreto contra regicidas.

FOULCHÉ-DELBOSC, RAYMOND Hispanista francés (Toulouse, 1864 - París, 1929). Fue el fundador de la *Revue Hispanique* (1894). Es autor de *Bibliografía de Góngora* (1908) y *Cancionero castellano del siglo XV* (1915).

FOUQUET, JEAN Pintor y miniaturista francés (Tours, h. 1420 - íd., h. 1481). Se formó en Italia, donde entró en contacto con la pintura renacentista. Es autor del famoso *Libro de horas* (hacia 1457) del tesoro real de Carlos VII. Merecen destacarse, asimismo, una *Virgen con el Niño* y el retrato de *Carlos VII*.

Jean **Fouquet**. *Cristo ante Pilatos,* ilustración del *Libro de horas* de Étienne Chevalier, tesorero de Carlos VII. Museo Condé (Chantilly).

FOUQUET o **FOUCQUET, NICOLÁS** Político francés (París, 1615 - Pignerol, 1680). Ocupó los cargos de procurador general del Parlamento de París (1650) y superintendente de finanzas (1653). Acusado de malversación de fondos tras la muerte de Mazarino (1661), fue recluido en la fortaleza de Pignerol.

FOURCROY, ANTOINE FRANÇOIS DE Químico y político francés (París, 1755 - íd., 1809). Formó parte de la comisión encargada de racionalizar la nomenclatura química.

FOURIER, CHARLES Pensador francés (Besançon, 1772 - París, 1837). Socialista utópico, preconizó un nuevo orden social, de tipo cooperativista, basado en la creación de *falansterios*, comunidades de individuos agrupados en cooperativas de producción y consumo. Sus obras principales son *Teoría de los cuatro movimientos* (1808) y *Nuevo mundo industrial y societario* (1829).

FOURIERISMO m. *Sociol.* Doctrina del socialismo utópico creada por Charles Fourier.

FOURNEAU, ERNEST Químico y farmacólogo francés (Biarritz, 1872 - Ascain, 1949). Descubrió la estovaína, estovarsol, orsanina y otros medicamentos. Sus estudios sobre síntesis de sulfamidas y antihistamínicos son importantísimos.

FOURNIER D'ALBE, EDMUND EDWARD Científico británico de origen español (Córdoba, 1868 - Londres, 1933). Inventó el optófono y un sistema de teleescritura y telefotografía inalámbricas.

FOURNIER, HENRI ALBAN ALAIN-FOURNIER.

FÓVEA f. *Anat.* Pequeña depresión de algunos órganos del cuerpo.

FOVISMO m. FAUVISMO.

FOWLER, THOMAS Médico y farmacéutico inglés (York, 1736 - Londres, 1801). Inventó el licor arsenical que lleva su nombre.

FOWLER, WILLIAM ALFRED Astrofísico estadounidense (Pittsburgh, 1911 - Los Ángeles, 1995). Premio Nobel de Física en 1983 por sus trabajos sobre las reacciones nucleares en la formación de los elementos químicos del universo.

FOX, CHARLES JAMES Político inglés (Londres, 1749 - Chiswick, 1806). Miembro del Partido Whig, fue secretario de Estado para Asuntos Exteriores en dos ocasiones.

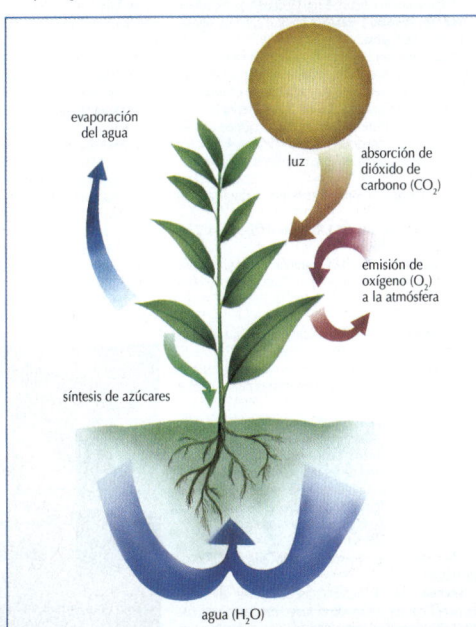

Esquema del proceso de **fotosíntesis**.

Jean Honoré **Fragonard.** *La lección de música.* Museo del Louvre (París).

Fox, George Religioso inglés (Drayton, 1624 - Londres, 1691). Fundador de la Sociedad de Amigos, grupo religioso de los CUÁQUEROS.

Fox, Sidney Walter Bioquímico estadounidense (Los Ángeles, 1912 - Miami, 1995). Descubrió que el tratamiento de los protenoides con agua producía una especie de célula, planteando la hipótesis de que las células se podrían haber originado directamente a partir de los aminoácidos.

Fox Morcillo, Sebastián Filósofo español (Sevilla, 1526 - naufragio al regreso de Lovaina, 1560). Trató de conciliar las doctrinas platónica y aristotélica. Escribió los *Comentarios a Platón* (1552) y *De nature philosophia seu de Platonis et Aristotelis concessione* (1554).

fox-terrier adj. y com. *Veter.* Se dice de una raza de perros de origen inglés.

fox-trot m. *Danza.* Baile de dos tiempos de origen anglosajón, muy popular en la primera mitad del siglo xx.

Fox Quesada, Vicente Empresario y político mexicano (Ciudad de México, 1942). Fue diputado (1988-1991) y gobernador de Guanajuato (1995-1999). Candidato a la presidencia de la Alianza por el Cambio (Partido de Acción Nacional y Partido Verde Ecologista de México). Resultó vencedor en las elecciones de julio de 2000 con un porcentaje del 42,52% de los votos.

Foy, Maximilien General francés (Ham, 1775 - París, 1825). Estuvo en España con el ejército de Napoleón y se distinguió en la batalla de Arapiles. Dejó numerosos textos para la publicación de *Historia de la guerra de la Península* (1827).

Foz Municipio y lugar de España, provincia de Lugo; 9.839 h.

Fr *Quím.* Símbolo del francio.

Fra Diávolo (Michele Pezza, llamado) Bandido calabrés (Itri, 1760 - Nápoles, 1806). Después de haber sido jefe de una partida de bandidos, se ofreció al rey Fernando de Nápoles para luchar contra los franceses. Fue apresado y ahorcado.

frac m. Vestidura de etiqueta de hombre que por delante llega hasta la cintura y por detrás tiene dos faldones.

fracasar intr. **1** Romperse, hacerse pedazos una cosa. **2** fig. Frustrarse una pretensión o un proyecto. **3** Tener un resultado adverso.

fracaso m. **1** Caída o ruina de una cosa. **2** fig. Suceso lastimoso y funesto. **3** Malogro, resultado adverso.

fracción f. **1** División de una cosa en partes. **2** Parte o porción de un todo. **3** *Polít.* Cada uno de los grupos de un partido u organización, que difieren entre sí o del conjunto. **4** *Mat.* Expresión que indica una división de dos números enteros, de los que el segundo debe ser distinto de cero. **5** *Mat.* QUEBRADO. **6** *Quím.* En procesos como la destilación, la depuración, etc., cada una de las partes que se separan de una sustancia.

fraccionar tr. y prnl. Dividir una cosa en partes o fracciones.

fraccionario, ria adj. **1** Perteneciente o relativo a la fracción. **2** *Mat.* Número fraccionario o quebrado.

fractal adj. **1** *Geom.* Figura geométrica compleja creada por ordenador a partir de ecuaciones matemáticas. La geometría fractal ha sido utilizada en los últimos años para abordar matemáticamente procesos complejos, como la cristalización de diversos materiales, la superconductividad o la forma de expansión de los seísmos. Sus postulados están estrechamente relacionados con la teoría del caos. **2** *Mat.* Se aplica a los objetos matemáticos cuya creación o forma responde a normas de irregularidad o fragmentación.

fractura f. **1** *Geol.* Rotura de los estratos de la corteza terrestre producida por una tensión superior al límite de resistencia de aquéllos y que se realiza según una serie de planos cuya dirección coincide con la de la presión ejercida. **2** *Med.* Rotura de un hueso o cartílago. **3** *Miner.* Superficie de rotura de un mineral.

fracturar tr. y prnl. **1** Romper o quebrantar con esfuerzo una cosa, especialmente los huesos. **2** Romper una cerradura con intención de robar.

Frade Sierra de Brasil (Rio de Janeiro), que alcanza 1.640 m en el pico de su nombre.

Frades Municipio de España, en La Coruña; 3.273 h. Su capital es la aldea de San Mauro.

Fraenkel, Abraham Adolf Matemático y lógico judío de origen alemán (Munich, 1891 - Jerusalén, 1965). Modificó el sistema axiomático elaborado por Zermelo para la teoría de conjuntos, introdujo el axioma de sustitución, y demostró la parcialidad de la independencia del axioma de elección. Su obra más importante es *Introducción a la teoría de los conjuntos.*

fraga[1] f. *Bot.* FRAMBUESO.

fraga[2] f. *Geol.* BREÑAL.

Fraga Municipio y ciudad de España, provincia de Huesca; 11.839 h. Iglesia parroquial de estilo románico (siglo xii).

fragancia f. **1** Olor suave y delicioso. **2** fig. Buen nombre y fama de las personas.

fragaria f. *Bot.* FRESA.

fragata f. **1** *Mar.* Buque de tres palos, con cofas y vergas en todos ellos. **2** *Mar.* Buque de guerra con misiones de patrulla y escolta. **3** *Zool.* Cualquiera de las grandes aves marinas pelecaniformes, del género *Fregata.* Viven en las islas de los océanos Pacífico, Atlántico e Índico. || **fragata ligera** CORBETA.

frágil adj. **1** Quebradizo. **2** fig. Débil, que puede deteriorarse con facilidad. **3** fig. Caduco y perecedero.

fragm-, fragmo-; -fragma prefs. o suf. que significan cierre: *diafragma.*

fragmentación f. **1** Acción y efecto de fragmentar o fragmentarse. **2** *Bot.* Ruptura del filamento de un alga en varias partes, siendo capaz cada una de ellas de originar un nuevo filamento. **3** *Biol.* Tipo de reproducción asexual, que consiste en la división del núcleo por estrangulación, sin formación de huso mitótico. **4** *Biol.* Separación de una parte del cuerpo principal de un cromosoma.

fragmentar tr. y prnl. Fraccionar, reducir a fragmentos.

fragmentario, ria adj. **1** Relativo al fragmento. **2** Incompleto, no acabado.

fragmento m. **1** Trozo pequeño de alguna cosa quebrada o partida. **2** Parte de un libro, escrito u obra musical.

fragmo- pref. FRAGM-.

fragmobasidio m. *Bot.* Basidio que por la aparición de septos se divide en cuatro células o esporas.

fragmocono m. *Zool.* En ciertos moluscos, caparazón interno cónico dividido en cámaras por una serie de tabiques perforados.

Fragonard, Jean Honoré Pintor francés (Grasse, 1732 - París, 1806). Fue discípulo de Chardin y Boucher. Destacado representante del estilo rococó, realizó fundamentalmente obras de tema galante, que le convirtieron en el artista predilecto de la sociedad. Entre sus principales obras figuran *El columpio, El beso furtivo, La lección de música* y *El debut de la modelo.*

fragor m. Ruido, estruendo.

fragoso, sa adj. **1** Áspero, intrincado. **2** Ruidoso, estrepitoso.

fragua f. *Met.* **1** Fogón en que se caldean los metales para forjarlos, avivando el fuego mediante una corriente horizontal de aire producida por un fuelle o por otro aparato análogo. **2** Taller donde se halla instalado dicho fogón.

Fragua, La Sierra de México, en el Estado de Coahuila. Imponente cañón.

fraguar tr. **1** *Met.* Forjar metales. **2** fig. Idear, discurrir. || intr. **3** Trabar y endurecerse consistentemente la cal, el yeso, etc.

fraile m. **1** Religioso de ciertas órdenes. **2** Rebajo triangular que se hace en la pared de las chimeneas de campana. **3** *A. gráf.* Parte del papel donde no se imprime la correspondiente del molde al hacerse la impresión.

frailecillo m. **1** Diminutivo de FRAILE. **2** *Zool.* Nombre común de diversas aves caradriformes de la familia álcidos, géneros *Fratercula* y *Lunda.* Son aves marinas de cuerpo rechoncho, patas palmeadas y plumaje contrastado, blanco y negro. Habitan en el Atlántico N. **3** *Zool.* Ave paseriforme de la familia tiránidos, de nombre científico *Centopus cinereus,* insectívora que habita en zonas tropicales de América del S. **4** En el torno de la seda, zoquetillo en el que se asegura el husillo de hierro. **5** *Bot.* Cuba Arbusto de la familia eurforbiáceas, de madera blancuzca y ramas tortuosas. **6** *Zool.* Cuba Ave palmípeda de plumaje grisáceo, pico negro, patas amarillas y ojos grandes.

Frailes, Los Macizo montañoso de la cordillera Oriental boliviana; 5.253 m.

frailillos m. pl. *Bot.* ARÍSARO.

frambuesa f. *Bot.* Fruto comestible del frambueso, drupa de color carmín y sabor agridulce.

frambueso m. *Bot.* Planta arbustiva perteneciente a la familia rosáceas, de nombre científico *Rubus idaeus.* Las hojas son verdes por el haz y blancuzcas por el envés. Crece en bosques templados de Eurasia. Su fruto es la frambuesa.

Frame, Janet Escritora neozelandesa (Oamaru, 1924 - Dunedin, 2004). Ha escrito colecciones de relatos: *La laguna* (1951); novelas: *Al margen del alfabeto* (1962), *Estado de sitio* (1966), *Los cárpatos* (1988); y tres volúmenes autobiográficos: *A la isla* (1983), *Un ángel en mi mesa* (1984) y *El enviado de Mirror City* (1985).

Franca Ciudad de Brasil, Estado de São Paulo; 227.613 h.

francachela f. **1** fam. Comida organizada para divertirse. **2** fam. Reunión de personas para comer, beber o divertirse.

France, Anatole (Jacques Anatole Thibault, llamado) Escritor francés (París, 1844 - Saint-Cyr-sur-Loire, 1924). Se dio a conocer con dos colecciones de poesías de inspiración parnasiana, *Poemas áureos* (1873) y *Las bodas corintias* (1876). Posteriormente escribió las novelas *El crimen de Silvestre Bonnard* (1881), *Tais* (1890), *La isla de los pingüinos* (1908), *Los dioses tienen sed* (1912) y *La rebelión de los ángeles* (1914). Premio Nobel de Literatura en 1921.

francés, sa adj. y s. **1** De Francia. || m. *Ling.* **2** Lengua romance hablada en Francia, Bélgica, Luxemburgo, Suiza, Mónaco y en las antiguas colonias francesas por unos cien millones de personas. Procede de la *langue d'oïl,* dialecto románico de la Isla de Francia que se extendió al resto de la nación. || **a la francesa** loc. adv. Al uso de Francia. || **despedirse a la francesa** fr. Marcharse sin despedirse.

Francés Viejo Cabo de la costa N de la República Dominicana, en la provincia de María Trinidad Sánchez.

Francesca, Piero della Pintor italiano (Borgo San Sepolcro, 1416 - íd., 1492). Está considerado como uno de los más grandes artistas del Renacimiento. Alcanzó su plenitud en los frescos de la *Leyenda de Santa Cruz* (1452-66), para la iglesia de San Francisco, en Arezzo. A esta misma época corresponden *La flagelación de Cristo* (1450-60), la *Madona del parto* (hacia 1460) y el *Retrato de los duques de Urbino* (1465). Escribió los tratados *De prospectiva pingendi* y *Libellus de quinque corporibus regularibus,* en los que expone una concepción geométrica de la pintura.

Piero della **Francesca.** *Retrato del duque de Urbino: Federico de Montefeltro.* Galería de los Uffizi (Florencia).

FRANCESILLA f. **1** *Agr.* Ciruela parecida a la damascena. **2** *Bot.* Planta de la familia ranunculáceas, de nombre científico *Ranunculus asiaticus*, de flores de colores variados, que se cultiva en los jardines. **3** Panecillo de masa muy esponjosa, poco cocido y de figura alargada.

FRANCEVILLE Ciudad de Gabón, capital de la provincia de Alto-Ogooué; 30.246 h.

FRANCIA (*République Française*) Estado de Europa occidental. Limita al N con el canal de la Mancha, Bélgica y Luxemburgo; al E, con Alemania, Suiza e Italia; al S, con Mónaco, el mar Mediterráneo, Andorra y España, y al O, con el océano Atlántico.

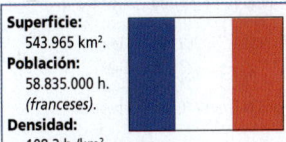

Superficie: 543.965 km².
Población: 58.835.000 h. (franceses).
Densidad: 108,2 h./km².
Tasa de natalidad: 12,6‰.
Tasa de mortalidad: 9,2‰.
Capital: París.
Ciudades principales: Marsella, Lyon, Toulouse, Niza, Estrasburgo, Nantes, Burdeos, Montpellier, Rennes, Saint-Étienne, Cannes, Lille.
Grupos étnicos: franceses (93,6%), portugueses (1,1%), españoles (0,4%), marroquíes (1%), argelinos (1,1%).
Religión: catolicismo (76,4%), islamismo (3%), protestantismo (2%), judaísmo (1,4%).
Idioma: francés.
Moneda: euro.
Forma de Estado: república presidencialista.
Producto Nacional Bruto: 1.465.399 millones de dólares.
Renta per cápita: 24.210 dólares.
División administrativa: 22 regiones y 96 departamentos, según cuadro.

GEOG. Geog. física. Es el tercer país europeo en extensión. Su relieve está constituido por llanuras costeras y fluviales al O (valles del Garona, Loira, Sena; Flandes) y al SE (Ródano, Languedoc), y por mesetas y cordilleras en el interior, al S y al E (Macizo Central, Vosgos, Ardenas, Pirineos, Alpes). El pico Mont Blanc (4.810 m), en los Alpes, constituye su máxima altura. Los ríos, en general caudalosos, vierten al Atlántico (Sena, Loira, Garona), con la excepción del Ródano, que desemboca en el Mediterráneo. En gran parte de su curso son navegables y existe una importante red de canales que los une. El clima varía según las regiones; en la fachada mediterránea es cálido y con lluvias irregulares, mientras la costa occidental tiene clima atlántico, templado y húmedo. En el interior se da la transición al continental y, en las montañas, el clima de las grandes alturas. La vegetación se corresponde con el clima: praderas, landas y bosques caducifolios en el O, y maquis, bosques de pinos y encinas en el SE y Córcega. Las montañas están cubiertas por densos bosques de pinos (como Las Landas), abetos, hayas y praderas alpinas.

Geografía humana y económica. Francia es el cuarto país europeo por número de habitantes. La población, estancada durante el siglo XX por las dos guerras mundiales, ha crecido moderadamente en las últimas décadas. Se concentra en las zonas industriales del N y del SO, en las áreas turísticas de la costa mediterránea y en los ejes fluviales. Es predominantemente urbana (74,3%) y con una fuerte inmigración norteafricana. El país cuenta con una floreciente agricultura, favorecida en los últimos años por la política económica de la UE; destaca especialmente la producción de cereales, trigo (5° productor mundial y 4° exportador), cebada (3°) y maíz (5°), remolacha (6°), patata, vino (1°), frutas y hortalizas. Posee, igualmente, una importante cabaña ganadera, que le permite ser el 5° productor mundial de queso y el 3° de mantequilla. Menor relieve tiene la minería: hierro, carbón, uranio (5° del mundo) y bauxita. La industria está muy diversificada y es una de las más desarrolladas del mundo. Los sectores más relevantes son el automovilístico (5° productor mundial), siderúrgico (8°), textil, alimentario, aeronáutico (Mirage) y aeroespacial (cohete Ariadne). La moda y los perfumes son dos de sus productos más característicos. La Costa Azul, en el Mediterráneo, constituye una de las zonas turísticas más importantes del mundo.

HIST. Los celtas, primeros pobladores históricamente conocidos, se fundieron con las antiguas tribus indígenas y formaron el pueblo galo. En el siglo VI a. C. los griegos se establecieron en Massalia (actual Marsella), ciudad que más tarde recibiría la protección de los romanos. Éstos ocuparon la Galia en el siglo I a. C., y en época de Augusto quedó dividida en varias provincias. A partir del siglo IV comienzan las invasiones germánicas, particularmente a los francos, que, durante el reinado de Clodoveo, iniciador de la dinastía merovingia, lograron restaurar la unidad de las Galias. En 752, Pipino el Breve fundó la dinastía carolingia, que alcanzó el mayor grado de prosperidad con su hijo Carlomagno, coronado emperador de Occidente (800), después de someter a los lombardos, sajones y ávaros. En 987, Hugo Capeto inauguró una nueva monarquía; dio comienzo entonces un largo periodo marcado por el régimen feudal. Felipe II Augusto extendió sus dominios al recuperar Normandía y el O, y consolidó la autoridad real. Gracias a este monarca y a san Luis IX, el reinado de Felipe IV el Hermoso (finales del siglo XIII) fue testigo de la hegemonía francesa. A la muerte de Carlos IV (1328), último de los Capetos, accedió al trono Felipe VI de Valois, pero las pretensiones de Eduardo III de Inglaterra originaron la GUERRA DE LOS CIEN AÑOS; el Estado no logró consolidarse hasta el reinado de Carlos VII, con la acción heroica de Juana de Arco (1435), símbolo del sentimiento nacionalista francés. Luis XI (1461-83) fortaleció la integridad territorial del país, desarticulando definitivamente el poder de los grandes señores. El siglo XVI se caracterizó por las guerras de religión, que culminaron con Enrique IV, protestante convertido al catolicismo, al garantizar una amplia tolerancia religiosa mediante la publicación del EDICTO DE NANTES (1589). La restauración económica y política continuó durante el reinado de su hijo Luis XIII, asistido por el hábil Richelieu, que se enfrentó al poder de los Austrias (GUERRA DE LOS TREINTA AÑOS) y sometió a la nobleza. Su obra fue continuada por el cardenal Mazarino; a su muerte (1661), comenzó el gobierno personal de Luis XIV, con el que el absolutismo alcanzó su máximo desarrollo. Las prolongadas guerras en que se vio envuelto el país debilitaron la economía, que se desmoronó durante el reinado de Luis XV (1715-74). El fracaso de su política exterior condujo a la pérdida de las mayores colonias francesas (Canadá, India, Louisiana). La ayuda económica y militar a la independencia de EE UU agravó la situación; al mismo tiempo, el éxito de los patriotas norteamericanos contribuyó a la difusión de las ideas liberales. En mayo de 1789, Luis XVI convocó los Estados Generales y en julio del mismo año el pueblo de París tomó la Bastilla, dando comienzo la REVOLUCIÓN FRANCESA. La Convención Nacional abolió la monarquía y proclamó la I República (1792). El peligro exterior y las luchas internas crisparon la situación y se desató el régimen del terror (1792-94), con el liderazgo semidictatorial de Robespierre. El establecimiento del Directorio por el sector burgués moderado (1795-99) dio paso al Consulado de Napoleón Bonaparte, que fue coronado emperador de Francia (1804) y asumió el título de rey de Italia (1805). Sus éxitos militares le permitieron dominar Europa, pero tras la campaña de Rusia (1812) comenzó el declive. Vencido finalmente en Waterloo (1815), fue restaurada la monarquía constitucional con Luis XVIII. El inmovilismo político de Luis Felipe de Orleans provocó el estallido de la revolución de 1848 y la proclamación de la II República; fue elegido presidente Luis Napoleón Bonaparte, que, mediante un golpe de Estado, se hizo proclamar emperador con el nombre de Napoleón III (1852-70). Su régimen se caracterizó por el autoritarismo y el desarrollo de la industria, el comercio y las obras hidráulicas. La derrota de Sedán (1870) acabó con el segundo imperio (pérdida de Alsacia y Lorena) y se constituyó la III República, una vez aplastada la sublevación de la Comuna de París (1871). Las luchas sociales y los problemas derivados de su gran expansión colonial perturbaron la paz interior hasta la PRIMERA GUERRA MUNDIAL. El tratado de Versalles (1919), con el que culminó la guerra, obligó a Alemania a devolver Alsacia y Lorena. La posguerra estuvo marcada por la inestabilidad ministerial, la crisis económica y el surgimiento del fascismo. Invadida por los ejércitos alemanes en la SEGUNDA GUERRA MUNDIAL, Francia quedó dividida en dos. El mariscal Pétain firmó un armisticio que significó la ocupación del N del país, mientras De Gaulle, subsecretario de defensa en el gobierno anterior, dirigía la resistencia. El desembarco en Normandía (1944) de las tropas aliadas y su avance subsiguiente hasta París terminó con la ocupación nazi. Tras la guerra, se constituyó un gobierno provisional presidido por De Gaulle que instauró la IV República. La revolución argelina suscitó una profunda crisis que provocó la vuelta al poder del general De Gaulle (1958). Éste presidió la V República, haciendo votar una nueva constitución que otorgaba plenas potestades al presidente. El problema de Argelia quedó resuelto con su independencia (1962). Reelegido en 1965, De Gaulle promovió la reestructuración económica, intensificando el sector industrial y la concentración de capital; sin embargo, en el orden interno, su política no dejó de encontrar serios obstáculos. Un periodo de relativa tranquilidad fue interrumpido por manifestaciones estudiantiles y una huelga general que llegaron a paralizar el país en mayo de 1968. A pesar de la victoria electoral de su partido, el resultado adverso del referéndum de abril de 1969 sobre la reforma regional decidió a De Gaulle a renunciar a la presidencia. Le sustituyó Georges Pompidou, a cuya muerte (1974) fue elegido presidente el candidato conservador Valéry Giscard d'Estaing. En mayo de 1981, François Mitterrand, candidato del Partido Socialista, obtuvo el triunfo en las elecciones presidenciales y su partido la mayoría absoluta en las parlamentarias. En marzo de 1986 ganó las elecciones legislativas la coalición de centro derecha formada por el RPR y la UDF; Mitterrand

FRANCIA

Departamentos / Regiones	Superficie (km²)	Población (h.)	Capitales	Departamentos / Regiones	Superficie (km²)	Población (h.)	Capitales
Alto Rhin	3.525	708.025	Colmar	Aude	6.139	309.770	Carcasona
Bajo Rhin	4.755	1.026.120	Estrasburgo	Gard	5.853	623.125	Nîmes
Alsacia	*8.280*	*1.734.145*	*Estrasburgo*	Hérault	6.101	896.441	Montpellier
				Lozère	5.167	73.509	Mende
Eure	6.040	541.054	Évreux	Pirineos Orientales	4.116	392.803	Perpiñán
Seine-Maritime	6.278	1.239.138	Rouen	*Languedoc-Rosellón*	*27.376*	*2.295.648*	*Montpellier*
Alta Normandía	*12.318*	*1.780.192*	*Rouen*				
				Alto Vienne	5.520	353.893	Limoges
Dordoña	9.060	388.293	Périgueux	Corrèze	5.857	232.576	Tulle
Gironde	10.000	1.287.334	Burdeos	Creuse	5.565	124.470	Guéret
Las Landas	9.243	327.334	Mont-de-Marsan	*Limousin*	*16.942*	*710.939*	*Limoges*
Lot-et-Garonne	5.361	305.380	Agen				
Pirineos Atlánticos	7.645	600.018	Pau	Meurthe y Mosela	5.241	713.779	Nancy
Aquitania	*41.308*	*2.908.359*	*Burdeos*	Mosa	6.216	192.198	Bar-le-Duc
				Mosela	6.216	1.023.447	Metz
Allier	7.340	344.721	Moulins	Vosgos	5.874	380.952	Épinal
Cantal	5.726	154.778	Aurillac	*Lorena*	*23.547*	*2.310.376*	*Nancy*
Alto Loira	4.977	209.113	Le Puy				
Puy-de-Dôme	7.970	604.266	Clermont-Ferrand	Alto Garona	6.309	1.046.338	Toulouse
Auvernia	*26.013*	*1.312.898*	*Clermont-Ferrand*	Altos Pirineos	4.464	222.368	Tarbes
				Ariège	4.890	137.205	Foix
Calvados	5.548	648.385	Caen	Aveyron	8.735	263.808	Rodez
Mancha	5.938	481.471	Saint-Lô	Gers	6.257	172.335	Auch
Orne	6.103	292.337	Alençon	Lot	5.217	160.197	Cahors
Baja Normandía	*17.589*	*1.422.193*	*Caen*	Tarn	5.758	343.402	Albi
				Tarn y Garona	3.718	206.034	Montauban
Côte-d'Or	8.763	506.755	Dijon	*Midi-Pyrénées*	*45.348*	*2.551.687*	*Toulouse*
Nièvre	6.817	225.198	Nevers				
Saône-et-Loire	8.575	544.893	Mâcon	Nord	5.742	2.555.020	Lille
Yonne	7.427	333.221	Auxerre	Paso de Calais	6.671	1.441.568	Arrás
Borgoña	*31.582*	*1.610.067*	*Dijon*	*Nord-Paso de Calais*	*12.413*	*3.996.588*	*Lille*
Côtes-d'Armor	6.878	542.273	Saint-Brieuc	Loira Atlántico	6.815	1.134.266	Nantes
Finisterre	6.733	852.418	Quimper	Maine-et-Loire	7.166	732.942	Angers
Ille-et-Vilaine	6.775	867.533	Rennes	Mayenne	5.175	285.338	Laval
Morbihan	6.823	643.873	Vannes	Sarthe	6.206	529.851	Le Mans
Bretaña	*27.209*	*2.906.097*	*Rennes*	Vendée	6.720	539.654	La Roche-sur-Yon
				País del Loira	*32.082*	*3.222.051*	*Nantes*
Cher	7.235	314.428	Bourges				
Eure-et-Loir	5.880	407.665	Chartres	Aisne	7.369	535.842	Laon
Indre	6.791	231.139	Châteauroux	Oise	5.860	766.441	Beauvais
Indre-et-Loire	6.127	554.003	Tours	Somme	6.170	555.551	Amiens
Loir-et-Cher	6.343	314.968	Blois	*Picardía*	*19.399*	*1.857.834*	*Amiens*
Loiret	6.775	618.126	Orleans				
Centro	*39.151*	*2.440.329*	*Orleans*	Charente	5.956	339.628	Angulema
				Charente-Marítimo	6.864	557.024	La Rochelle
Alto Marne	6.211	194.873	Chaumont	Deux Sèvres	5.999	344.392	Niort
Ardenas	5.229	290.130	Charleville-Mézières	Vienne	6.990	399.024	Poitiers
Aube	6.004	292.131	Troyes	*Poitou-Charentes*	*25.809*	*1.640.068*	*Poitiers*
Marne	8.162	565.229	Châlons-en-Champagne				
Champaña-Ardenas	*25.606*	*1.342.363*	*Reims*	Altos Alpes	5.559	121.419	Gap
				Alpes de Alta Provenza	6.925	139.561	Digne
Alta Córcega	4.666	141.603	Bastia	Alpes Marítimos	4.299	1.011.326	Niza
Córcega del Sur	4.014	118.593	Ajaccio	Bouches-du-Rhône	5.087	1.835.719	Marsella
Córcega	*8.680*	*260.196*	*Ajaccio*	Var	5.973	898.441	Toulon
				Vaucluse	3.567	499.685	Aviñón
Alto Saona	5.360	229.732	Vesoul	*Provenza-Alpes-Costa Azul*	*31.400*	*4.506.151*	*Marsella*
Doubs	5.234	499.062	Besançon				
Jura	4.999	250.857	Lons-le-Saunier	Alta Saboya	4.388	631.679	Annecy
Territorio de Belfort	609	137.408	Belfort	Ain	5.762	515.270	Bourg-en-Bresse
Franco-Condado	*16.202*	*1.117.059*	*Besançon*	Ardèche	5.529	286.023	Privas
				Drôme	6.530	437.778	Valence
Essonne	1.804	1.134.238	Evry	Isère	7.431	1.094.006	Grenoble
Hauts-de-Seine	176	1.428.881	Nanterre	Loira	4.781	728.524	Saint-Étienne
París	105	2.125.246	París	Rhône	3.249	1.578.869	Lyon
Sena y Marne	5.915	1.193.767	Melun	Saboya	6.028	373.258	Chambéry
Sena-Saint-Denis	236	1.382.861	Bobigny	*Rhône-Alpes*	*43.698*	*5.645.407*	*Lyon*
Val-de-Marne	245	1.227.250	Crèteil				
Val-d'Oise	1.246	1.105.464	Cergy-Pontoise				
Yvelines	2.284	1.354.304	Versalles				
Isla de Francia	*12.011*	*10.952.011*	*París*				

nombró primer ministro al conservador Jacques Chirac. En las elecciones presidenciales de 1988 fue reelegido Mitterrand y en las legislativas de junio, la izquierda obtuvo el 52% de los votos. Con M. Rocard al frente del gobierno, el país celebró en 1989 el bicentenario de la Revolución Francesa, al tiempo que asistía al renacimiento del racismo, fomentado por el ultraderechista Frente Nacional. En 1990 Francia firmó el fin de sus derechos de guerra para facilitar la unificación alemana. En mayo de 1991 el presidente Mitterrand aceptó la dimisión de Rocard, que fue sustituido por una mujer, Edith Cresson. En las elecciones legislativas de marzo de

1993 fue elegido primer ministro el neogaullista Edouard Balladur, que desarrolló una política social conservadora y estableció medidas económicas liberalizadoras. En 1995 Jacques Chirac accedió a la presidencia de la República. Su primer ministro, Alain Juppé, puso en marcha una dura política de ajuste que dio lugar a una huelga general. En 1997 fueron convocadas elecciones legislativas anticipadas en las que resultó vencedor el Partido Socialista, cuyo líder, Lionel Jospin, formó gobierno con el apoyo de los *Verdes* y el Partido Comunista, comenzando así un nuevo período de «cohabitación» con el presidente conservador Chirac. Formó parte del grupo de once países de la UE que accedió al euro. Tras superar en 1999 una moción de censura, Jospin inició en agosto del año siguiente conversaciones con los nacionalistas corsos que culminaron en 2001 con la presentación de una nueva ley de autonomía para Córcega. En mayo de 2002 el presidente Chirac fue reelegido y nombró primer ministro a Jean-Pierre Raffarin, del partido Demócrata Liberal, ratificado en el cargo tras las legislativas de junio de 2002.

Francia, José Gaspar Rodríguez de Rodríguez de Francia, José Gaspar.

francico m. *Ling.* **1** Lengua germánica hablada por los antiguos francos. **2** Nombre común de diversos dialectos alemanes medievales.

francio m. *Quím.* Elemento químico perteneciente al grupo I A o de los alcalinos del sistema periódico. Masa atómica, 223; número atómico, 87; símbolo, Fr. Se descubrió en 1939 en los residuos de la desintegración natural del actinio.

franciscano, na adj. **1** Relativo a san Francisco de Asís. **2** *Rel.* Se dice de la orden fundada por éste en 1208. **3** Se dice de sus individuos o miembros. También s. **4** Relativo a la orden franciscana. **5** Se dice del color pardo.

Francisco Nombre de dos emperadores de Alemania.

Francisco I (Nancy, 1708 - Innsbruck, 1765). Fue el fundador de la dinastía de los Habsburgo-Lorena. Duque de Lorena (1729), gran duque de Toscana (1737) y duque de Parma y Piacenza (1738), contrajo matrimonio con María Teresa, hija de Carlos VI. Fue elegido emperador y coronado en Frankfurt tras la guerra de Sucesión de Austria y la muerte de Carlos VII de Baviera (1745).

Francisco II (Florencia, 1768 - Viena, 1835). Hijo y sucesor de Leopoldo II, fue el último emperador del Sacro Imperio Romano Germánico (1792-1806) y el primer emperador hereditario de Austria (1804-35). Luchó contra la Francia revolucionaria y sus derrotas le obligaron a ceder territorios en Italia y el oeste del Rhin. A pesar de que en 1810 su hija María Luisa contrajo matrimonio con Napoleón, entró en la coalición antifrancesa por consejo de Metternich (1813).

Francisco Nombre de dos reyes de Francia.

Francisco I (Cognac, Charente, 1494 - Rambouillet, Seine-et-Oise, 1547). Hijo del duque de Angulema, sucedió a Luis XII en 1515. Disminuyó el poder de la nobleza e introdujo en Francia el renacimiento italiano. La disputa con Carlos V acerca de la corona imperial y la incorporación del Milanesado a Francia fueron motivo de diversas guerras con España. Vencido y hecho prisionero en Pavía (1525), se avino a firmar el tratado de Madrid (1526), que no cumpliría. Tras la paz de Cambrai (1529), por la que se comprometía a renunciar a Italia a cambio de Borgoña, formó una alianza con el turco Solimán el Magnífico y se enfrentó de nuevo al emperador; la paz de Crépy (1544) no introdujo novedades sustanciales respecto a los acuerdos anteriores.

Francisco II (Fontainebleau, 1544 - París, 1560). Sucedió a Enrique II en 1559. Casado con María Estuardo, reina de Escocia, su reinado se caracterizó por el incremento de las tensiones entre católicos y protestantes.

Francisco I de Francia. Retrato de François Clouet. Museo del Louvre (París).

Francisco Nombre de dos reyes de las Dos Sicilias.
Francisco I (Nápoles, 1777 - íd., 1830). Hijo de Fernando I, fue regente del reino (1812) y otorgó la constitución liberal que anularía su padre en 1816. Tras acceder al trono (1825), gobernó bajo la vigilancia austriaca.
Francisco II (Nápoles, 1836 - Arco, 1894). Hijo y heredero de Fernando II, accedió al trono en 1859. Tras la invasión de Garibaldi (1860), fue depuesto y se refugió en Gaeta. En 1861 hubo de capitular y marchar al exilio.

Francisco de Asís, san Religioso italiano (Asís, 1182 - íd., 1226). Hijo de un rico comerciante, hasta 1208 se consagró a la vida eremítica. Fue el fundador de la orden de Hermanos Menores, llamada orden franciscana, cuya regla fue aprobada por el papa Inocencio III en 1210. Posteriormente, fundó la de las clarisas (1212), junto a Clara de Asís, y la orden tercera de la Penitencia (1223). Escribió *Cántico de las criaturas* o *del Hermano Sol* (1225).

Francisco de Borja, san Noble y religioso español (Gandía, 1510 - Roma, 1572). Bisnieto del papa Alejandro VI, entró al servicio de Carlos I y fue nombrado virrey de Cataluña (1539). Decidió abandonar la corte después de trasladar el cadáver de la emperatriz a Granada. El mismo año de la muerte de su esposa (1546), ingresó en la Compañía de Jesús, de la que llegó a ser general (1565).

Francisco Caracciolo, san Sacerdote italiano (Santa María de los Abruzzos, 1563 - Agnone, 1608). Fundador de la Orden de Clérigos Regulares Menores (1588).

Francisco Fernando de Habsburgo Archiduque de Austria (Graz, 1863 - Sarajevo, 1914). Sobrino del emperador Francisco José I y heredero del trono de Austria, fue asesinado junto con su esposa en Sarajevo, hecho que desencadenó la Primera Guerra Mundial.

Francisco Javier, san Religioso jesuita español (castillo de Javier, 1506 - Shang-ch'uan, 1552). Predicó en la India a partir de 1542 y, posteriormente, se trasladó a las islas Molucas, Ceilán y Malaca. Durante su estancia en Japón (1549-51), fundó diversas comunidades. Murió camino de China. Patrono de las misiones. Escribió *Epístolas*.

Francisco José, Tierra de Tierra de Francisco José.
Francisco José I Emperador de Austria y rey de Hungría (Viena, 1830 - íd., 1916). Sucedió a su tío Fernando I en 1848. Su reinado fue muy accidentado.

Como consecuencia de la guerra con Italia (1859) hubo de ceder Lombardía. Tras la derrota de Sadowa (1866), en el curso de la guerra austro-prusiana, Austria quedó excluida de toda intervención en Alemania y perdió el Véneto. En 1867 reconoció la soberanía de Hungría, que, no obstante, quedó unida a la corona. Su política expansionista en los Balcanes, unida a la del imperio alemán, provocó el asesinato del príncipe heredero, archiduque Francisco Fernando (1914), hecho que desencadenó la Primera Guerra Mundial.

Francisco José II Príncipe soberano de Liechtenstein (Frauenthal, Austria, 1906 - íd., 1989). Ascendió al trono en 1938. En 1984 delegó poderes en su hijo y sucesor, Hans Adam, aunque conservó la jefatura del Estado.

Francisco Morazán Departamento de Honduras; 7.946 km^2 y 878.000 h. Su capital es Tegucigalpa.

Francisco de Paula, san Religioso italiano (Paula, 1416 - Le Plessis-lez-Tours, 1507). Miembro de la orden franciscana, propugnó la vuelta al ascetismo y la tradición eremítica. En 1493 fundó la orden de los Mínimos.

Francisco de Sales, san Prelado francés (castillo de Sales, 1567 - Lyon, 1622). Obispo de Ginebra (1602), reorganizó la diócesis y llevó a cabo una importante labor de conversión entre los calvinistas. En 1612 fundó, con la ayuda de Juana Francisca de Chantal, la orden de la Visitación (Salesas). Entre sus obras más representativas figuran *Introducción a la vida devota* o *Filotea* (1604) y *Tratado del Amor de Dios*.

San **Francisco Javier** en una imagen popular china del siglo XIX. Biblioteca de la Compañía de Jesús. La Fontaine (Chantilly, Francia).

Francisco Solano, san Franciscano español (Montilla, 1549 - Lima, 1610). Realizó una fecunda misión evangelizadora en Santo Domingo, Panamá, Perú y Uruguay.
Francistown Municipalidad de Botswana; 88.195 h.
Franck, César-Auguste Compositor y organista francés de origen belga (Lieja, 1822 - París, 1890). Su mayor aportación fue la sistematización de la *sonata cíclica*, que desarrolla el mismo tema en cada movimiento. Sus obras más representativas son *Preludio, coral y fuga* para piano (1884), *Variaciones sinfónicas* para piano y orquesta (1885); el poema sinfónico *Psyché* (1887-88) y *Sinfonía en re menor* (1886-88).

Franck, James Físico y químico estadounidense de origen alemán (Hamburgo, 1882 - Gotinga, 1964). En 1925 recibió el premio Nobel de Física, compartido con Hertz, por la comprobación experimental del carácter cuántico de las órbitas de los electrones en los átomos.

Francken, Hieronymus Pintor flamenco (Herentals, 1540 - París, 1610). Discípulo de Frans Floris, intervino en la decoración del palacio de Fontainebleau. Autor de *Degollación de san Juan Bautista*, *La abdicación de Carlos V* y *Carnaval veneciano*.

Francfort del Main Frankfurt del Main.
francmasón, na m. y f. Persona que pertenece a la francmasonería.
francmasonería f. masonería.
franco, ca adj. **1** Liberal, dadivoso. **2** Desembarazado, sin impedimento. **3** Libre, exento. **4** Patente, claro, sin lugar a dudas. **5** Se dice de las cosas que están libres de derechos y contribuciones, y de los lugares en que se goza de esta exención. **6** Sencillo, ingenuo. **7** En la costa de África, europeo. También s. **8** *Hist.* Se dice de un pueblo germánico que habitó en la Galia Transalpina y de sus habitantes, probablemente procedentes de los

Francia. Menhires de Ménec, en Bretaña.

países bálticos. A partir del siglo III los francos fueron progresando hacia el Sur y, en el siglo V, estaban asentados en el bajo Rhin y divididos en dos grupos: *salios* y *ripuarios*. Más como m. pl. **9** Relativo a este pueblo. || m. **10** *Ling.* Idioma de los francos. **11** FRANCÉS, FRANCÓFONO. Se usa en palabras compuestas. **12** *Econ.* Unidad monetaria de Suiza, Liechtenstein (franco suizo); Burundi, Comores, Guinea, Madagascar, Ruanda y Yibuti. || **FRANCO CFA** *(Franco de la Comunidad Financiera Africana) Econ.* Unidad monetaria de Benín, Burkina Faso, Camerún, República Centroafricana, Congo, Costa de Marfil, Chad, Gabón, Guinea-Bissau, Guinea Ecuatorial, Malí, Níger, Senegal y Togo.

FRANCO, ITAMAR AUGUSTO CAUTIERO Político brasileño (Bahía, 1931). Fue vicepresidente en el gobierno de Collor de Mello y, tras su dimisión, asumió la presidencia (1992-95).

FRANCO, MANUEL Político paraguayo (Asunción, 1875 - íd., 1919). Presidente de la República (1916-19). Promulgó la ley electoral, que establecía el voto secreto.

FRANCO, RAFAEL Militar y político paraguayo (Asunción, 1900 - íd., 1979). Dirigió el movimiento que derrocó al presidente E. Ayala (1936). Presidente de la República, en 1937 fue desalojado del poder por un golpe militar.

FRANCO, REINO *Hist.* Reino germánico de la Francia altomedieval. Constituido tras las invasiones germánicas del siglo V, alcanzó su mayor esplendor en época de Clodoveo, con la conquista del reino de Siagrio y gran parte del reino visigodo de Tolosa, y se produjo su conversión al cristianismo. En época de Clotario se dividió en tres circunscripciones o reinos semiindependientes: Austrasia, Neustria y Borgoña. Decayó en el siglo VII, con el ascenso de los mayordomos de palacio de Austrasia, que acabaron por instaurar la dinastía carolingia. También llamado *reino franco merovingio*.

FRANCO BAHAMONDE, FRANCISCO Militar y político español (Ferrol, 1892 - Madrid, 1975). Su intervención en la guerra de Marruecos le valió, a los 33 años, el ascenso a general, entonces el más joven de Europa. En 1934 fue llamado por el ministro de la Guerra, Diego Hidalgo, para sofocar los movimientos revolucionarios de Asturias. Al año siguiente, el nuevo ministro, Gil-Robles, lo nombró jefe del Estado Mayor Central. Tras el triunfo electoral del Frente Popular en 1936, fue trasladado a Canarias, desde donde se sumó al alzamiento contra el gobierno republicano (18 de julio de 1936) que dio comienzo a la GUERRA CIVIL. Nombrado jefe del Estado y generalísimo de los ejércitos por la Junta de Defensa Nacional creada en Burgos (1 de octubre), alcanzó la victoria sobre los ejércitos republicanos el 1 de abril de 1939. Al término de la guerra, asumió en su persona todos los poderes del Estado. Su dominio personalista y autoritario y la falta de libertades públicas caracterizaron este período de la historia de España. Ratificado como jefe del Estado vitalicio por el referéndum de 1947, la ley Orgánica del Estado de 1966 contemplaba la separación de los cargos de jefe de Estado y jefe de gobierno, cargo que cedió en 1973 a Carrero Blanco, asesinado poco después por ETA. En julio de 1969 anunció el nombramiento del príncipe Juan Carlos de Borbón como su sucesor.

FRANCO-CONDADO Región de Francia, lindante con Suiza; 16.202 km² y 1.117.059 h. Comprende los departamentos de Doubs, Jura, Alto Saona y Territorio de Belfort. Su capital es Besançon. Accidentada por los montes Jura y regada por el alto Saona y el Doubs.

FRANCO PINTO, JOÃO Político portugués (Alcaide, Lisboa, 1855 - Lisboa, 1929). Ministro del Interior y de Obras Públicas, ocupó la jefatura de gobierno de 1907 a 1908; disolvió el Parlamento y gobernó dictatorialmente. Tras el atentado contra Carlos I, abandonó el poder y fue proclamada la República.

FRANCÓFONO, NA adj. De habla francesa.

FRANCOLÍN m. *Zool.* Ave galliforme de la familia fasiánidos, de nombre científico *Francolinus francolinus*.

FRANCONE, BONIFACIO Antipapa (? - Roma, 985). De nombre Bonifacio VII, se opuso a Benedicto VII (974) y fue expulsado de Roma por Otón II. Volvió a ocupar el papado de 984 a 985.

FRANCONIA *Hist.* Región histórica de Alemania, en el NO de Baviera. Se dividía en tres distritos: *Alta Franconia*, *Baja Franconia* y *Media Franconia*.

FRANCOPRUSIANA, GUERRA *Hist.* Guerra entre Francia y Prusia (1870-71) que supuso la creación del imperio alemán de Guillermo I y la caída de Napoleón III y el segundo imperio francés. El pretexto para iniciar el conflicto fue la candidatura de un Hohenzollern al trono de España, tras el derrocamiento de Isabel II. Declarada la guerra (1870), el ejército francés fue aplastado en la batalla de Sedán y Napoleón III, hecho prisionero. En París se proclamó la República y se estableció un gobierno presidido por el general Trochu, mientras las tropas prusianas sitiaban la capital. Tras varios intentos por liberar la ciudad, se produjo la rendición definitiva de Francia (1871). La firma del armisticio en Versalles y su ratificación en el tratado de Frankfurt (1871), supuso para Francia el pago de 5.000 millones de francos oro y la cesión de Alsacia Lorena.

FRANCOTIRADOR, RA m. y f. **1** Combatiente que no pertenece al ejército regular. **2** Persona aislada que, apostada, ataca con armas de fuego. **3** fig. Persona que actúa aisladamente y por su cuenta sin observar la disciplina del grupo.

FRANELA f. Tejido fino de lana.

FRANJA f. **1** Guarnición que sirve para adornar los vestidos u otras cosas. **2** Faja, lista o tira en general.

FRANJIEH, SULEIMÁN Político libanés (Ehden, 1910 - Beirut, 1992). Cristiano maronita, ocupó diferentes carteras antes de acceder a la presidencia de la República (1970-76).

FRANK, ANNE Niña judía (Frankfurt, 1930 - campo de concentración de Bergen-Belsen, 1945). Víctima de la persecución nazi, escribió un *Diario*, en el que narró la historia de su vida durante el periodo de 1942-44.

FRANK, ILIA MUJAILOVICH Físico ruso (San Petersburgo, 1908 - íd.,1990). En 1958 obtuvo, junto con I. Tamm, el Nobel de Física por su explicación del origen del efecto Cherenkov.

FRANK, WALDO Escritor estadounidense (Long Branch, 1889 - Nueva York, 1967). Autor de *América hispana* (1919), *España virgen* (1926) y *The Rediscovery of Man* (1958).

FRANKFURT, ESCUELA DE *Filos.* Grupo de filósofos y teóricos sociales reunidos en Frankfurt del Mein en torno al Instituto de Investigación Social, fundado en 1923. Entre sus miembros se encuentran M. Horkheimer, T. W. Adorno, H. Marcuse, W. Benjamin, F. Pollock, E. Fromm, H. Arendt y S. Krakauer. La investigación llevada a cabo por el Instituto tuvo un carácter interdisciplinar, ocupándose desde la crítica literaria (Benjamin) al psicoanálisis (Fromm) o la filosofía.

FRANKFURT DEL MAIN *(Frankfurt am Main)* Ciudad de Alemania, Land de Hessen; 652.412 h. Industria química, petroquímica, farmacéutica y metalúrgica. Centro comercial y financiero. Alberga anualmente la Feria Internacional del Libro.

FRANKLIN o **FRANKLINIO** m. *Fís.* Unidad de carga eléctrica en el sistema electrostático cegesimal. Su símbolo es *Fr*.

FRANKLIN, ARETHA Cantante estadounidense (Memphis, 1942). Intérprete de jazz y soul, destaca por su re-

Guerra **francoprusiana**. *Batalla de Malmaison*. Palacio de Versalles.

Benjamin **Franklin**. Grabado de la obra *Costumbres antiguas y modernas de todos los pueblos*, de Giulio Ferrario.

gistro e intensidad vocálica. Principales trabajos: *I Ain't Never Loved a Man* (1966), *I Say a Little Prayer* (1967), *Amazing Grace* (1972), *Freeway of Love* (1985) y *Jumpin' Jack Flash* (1986).

FRANKLIN, BENJAMIN Físico, inventor, filósofo y político estadounidense (Boston, 1706 - Filadelfia, 1790). En 1776 redactó junto con Jefferson y Adams la Declaración de Independencia. Viajó a Francia para pedir ayuda en la guerra contra Inglaterra, y terminada ésta, participó en el tratado de paz y en la redacción de la Constitución estadounidense. Como científico, inventó el pararrayos (1752) y realizó estudios sobre electricidad. Obras: *Experiments and Observations on Electricity* (1751), *The Way to Wealth* (1757), etc.

FRANKLIN, JOHN Explorador inglés (Spilsby, 1786 - cerca de la isla del Rey Guillermo, 1847). Participó en el combate de Trafalgar y en los bloqueos de las costas de Portugal y América. Gobernador de Tasmania (1836-43), dirigió dos expediciones en busca del paso del NO, en la segunda de las cuales murió.

FRANKLINITA f. *Miner.* Mineral óxido de cinc, hierro y manganeso, de fórmula $(Zn,Mn)Fe_2O_4$ y color negro, que es mena del manganeso.

FRANQUEAR tr. **1** Libertar, exceptuar de una contribución, tributo, etc. **2** Quitar impedimentos, abrir camino. **3** Pasar de un lado a otro o a través de algo. **4** Pagar en sellos el porte de algo que se remite por el correo. **5** Libertar al esclavo. || prnl. **6** Prestarse fácilmente a los deseos de otro. **7** Sincerarse.

FRANQUESAS DEL VALLÈS, LAS *(Las Franqueses del Vallès)*. Municipio de España, provincia de Barcelona; 10.294 h. Su capital es el lugar de Corró de Vall.

FRANQUÍA f. Situación en la cual un buque tiene paso franco.

FRANQUICIA f. Exención para no pagar derechos o por el aprovechamiento de algún servicio público.

FRANQUISMO m. *Hist.* y *Polít.* Régimen político implantado en España por el general Franco. Su principal característica fue la concentración de poderes en la persona de Francisco Franco. Se sustentaba en la existencia de un partido único, la Falange Española Tradicionalista y de las JONS, el rechazo de la democracia parlamentaria en favor de la democracia orgánica, y la prohibición de los derechos de expresión, reunión y asociación. En la práctica, Franco tuvo que correlacionar los intereses de las diferentes corrientes políticas que confluían en el llamado Movimiento Nacional: falangistas, tradicionalistas, monárquicos juanistas y juancarlistas en la década de los sesenta, y grupos de inspiración católica, provenientes de la Asociación Católica de Propagandistas y del Opus Dei. Por su apoyo a las potencias del Eje durante la Segunda Guerra Mundial, España quedó aislada y el franquismo sólo pudo sobrevivir por el estallido de la guerra fría y la instrumentalización del anticomunismo. La ley de sucesión de 1947 supuso una cierta institucionalización del régimen. Declaraba que España era un reino e instituyó un consejo de regencia. En sus aspectos económicos, el régimen adoptó inicialmente los principios de una economía autárquica que dio paso en la segunda mitad de los cincuenta a una gradual liberalización impulsada por los denominados *tecnócratas* del Opus Dei. En 1966 fue aprobada la Ley Orgánica del Estado, que preveía la separación de los cargos de jefe del Estado y jefe del gobierno y tres años después el príncipe Juan Carlos de Borbón fue ratificado por las Cortes sucesor de Franco a título de rey. El asesinato de Carrero Blanco en 1973 supuso un golpe decisivo para el régimen. Su sucesor, C. Arias Navarro, trató de iniciar en 1974 un proceso de reforma limitada, conocido como *el espíritu del 12 de febrero*, que naufragó ese mismo año. Tras la muerte de Franco, Arias Navarro se mantuvo en el gobierno durante unos meses. Su sustitución por A. Suarez inició la transición a un sistema democrático.

FRAORTES Segundo rey de Media (s. VII a. C.). Reinó del 647 al 633 a. C. Le sucedió su hijo Ciáxares.

FRASCO m. **1** Vaso de cuello recogido. **2** Vaso de cuerno en que se llevaba la pólvora. **3** Contenido de un frasco.

FRASE f. *Gram.* **1** Conjunto de palabras que basta para formar sentido, y especialmente cuando no llega a constituir una oración formal. **2** Locución expresiva normalmente metafórica. || **FRASE HECHA** o **PROVERBIAL** La que expresa una sentencia a modo de proverbio.

FRASEAR tr. **1** Formar frases. **2** *Mús.* Cantar o tocar un instrumento musical siguiendo las frases.

FRASEOLOGÍA f. *Ling.* **1** Conjunto de modos de expresión peculiares de una lengua, grupo, época, actividad o individuo. **2** Conjunto de palabras o expresiones pretenciosas o inútiles. **3** Conjunto de frases hechas, locuciones, modismos, refranes, etc., de una lengua.

FRASER Río de Canadá, en la provincia de Columbia Británica, que nace en las Montañas Rocosas y desemboca en el Pacífico por el estrecho de Georgia; 1.185 km de curso.

FRASER, JOHN MALCOLM Político australiano (Melbourne, 1930). Elegido líder de los liberales, fue designado primer ministro en 1975. Se mantuvo en el cargo hasta que la derrota electoral de su partido en 1983 le obligó a dimitir.

-FRASIS, -FRASIA sufs. que significan dicción: *perífrasis*.

FRASQUETA f. *A. gráf.* Cuadro con que en las prensas de mano se sujeta al tímpano y se cubre en los blancos la hoja de papel que se va a imprimir.

FRATERNAL adj. Propio de hermanos.

FRATERNIDAD f. Unión y buena correspondencia entre hermanos o entre los que se tratan como tales.

FRATERNIZAR intr. Unirse y tratarse como hermanos.

FRATICELLI (Voz it.) m. pl. ESPIRITUALES franciscanos.

FRATRICIDIO m. Crimen entre hermanos.

FRAUDE m. **1** Engaño, abuso de confianza. **2** Delito que comete el encargado de vigilar la ejecución de contratos públicos.

FRAUDULENTO, TA adj. Engañoso, falaz.

FRAUNHOFER, JOSEPH VON Físico alemán (Straubing, 1787 - Munich, 1826). Estudió los espectros de numerosos elementos, perfeccionó los telescopios e inventó un heliómetro, un micrómetro y un microscopio acromático.

FRAY m. **1** Apócope de FRAILE. **2** FREY.

FRAY MOCHO ÁLVAREZ, JOSÉ SIXTO.

FRAZADA f. Manta peluda que se echa sobre la cama.

FRAZER, JAMES GEORGE Antropólogo británico (Glasgow, 1854 - Cambridge, 1941). Dedicado al análisis comparativo de las religiones, escribió *La rama dorada* (1890-1915), *Totemismo y exogamia* (1910) y *El temor a la muerte en las religiones primitivas* (1933).

FREARS, STEPHEN Director de cine británico (Leicester, 1931). Relacionado con miembros del FREE-CINEMA, en su filmografía destacan *Mi hermosa lavandería* (1985), *Sammy y Rosie se lo montan* (1987), *Las amistades peligrosas* (1988), *Café irlandés* (1993), *La camioneta* (1996), *Zona de seguridad* (2000) y *Alta fidelidad* (2000).

FREÁTICO, CA adj. *Geol.* **1** Se dice de la capa de agua subterránea próxima a la superficie del suelo que puede aprovecharse por medio de pozos. **2** Se aplica a estas aguas.

FRECUENCIA f. **1** Repetición a menudo de un acto o suceso. **2** *Fís.* Número de oscilaciones, vibraciones u ondas por unidad de tiempo en cualquier fenómeno periódico. **3** *Estad.* Número de veces que se repite un suceso o resultado de una experiencia aleatoria, en un conjunto de elementos distintos. **4** *Estad.* Conjunto de fenómenos o elementos referidos a una clase determinada. || **ALTA FRECUENCIA** *Fís.* En telecomunicaciones, la que tiene varios millones de hertzios. || **BAJA FRECUENCIA** *Fís.* En telecomunicaciones, la comprendida entre 30 y 300 kilohertzios. || **FRECUENCIA MODULADA** *Fís.* MODULACIÓN DE FRECUENCIA.

FRECUENTAR tr. **1** Repetir un acto a menudo. **2** Concurrir con frecuencia a un lugar.

FRECUENTATIVO, VA adj. y s. VERBO FRECUENTATIVO.

FRECUENTE adj. **1** Repetido a menudo. **2** Usual.

FREDEGUNDA Reina franca (Montdidier, Somme, h. 545 - Nîmes, 597). Esposa de Chilperico I de Neustria. Hizo asesinar a la primera esposa de éste, a Sigeberto I y al propio Chilperico.

FREDERIKSBERG Condado urbano de Dinamarca, región de Seeland; 9 km² y 89.230 h.

FREDERIKSBORG Condado de Dinamarca, región de Seeland; 1.347 km² y 356.854 h. Su capital es Hillerød.

FREE-CINEMA (Voz i.) m. *Cin.* Movimiento cinematográfico surgido en el Reino Unido en 1957. Incorporó el realismo social y analizó la realidad desde un punto de vista romántico. Sus cineastas más representativos son K. Reisz, T. Richardson, L. Anderson, J. Schlesinger y J. Boorman, y su título más emblemático, *La soledad del corredor de fondo* (1962), de T. Richardson.

FREE-JAZZ (Voz i.) m. *Mús.* Estilo de jazz surgido en los años cincuenta del siglo XX en EE UU que se caracteriza por dejar una gran libertad de improvisación

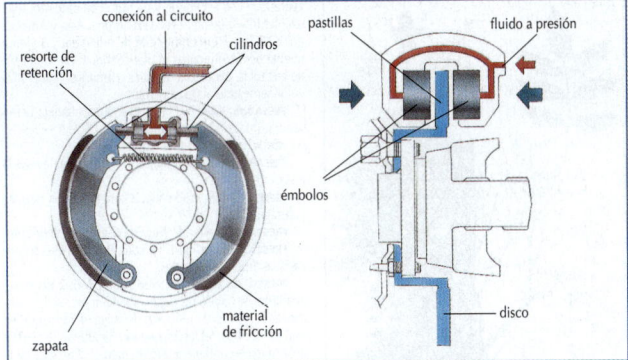

frenos de tambor (izquierda) y de disco (derecha).

a los intérpretes y por ignorar la noción tradicional de altura de los sonidos. Entre sus representantes destacan M. Davis y J. Coltrane.

FREE-LANCE (Voz i.) adj. Se aplica al profesional que trabaja por su cuenta, aceptando encargos de las empresas.

FREEMAN, MORGAN Actor de cine estadounidense (Memphis, 1937). Ha trabajado, entre otras, en *Cadena perpetua* (1994), *Seven* (1995), *Hard Rain* (1998), *Toda la verdad* (2002) y *Pánico nuclear* (2002). En 1993 dirigió el filme *Bophal*.

FREETOWN Ciudad capital de Sierra Leona y del Área Occidental en el Atlántico; 822.000 h.

FREGADERO m. Pila de fregar.

FREGADO, DA adj. **1** *Amér.* Majadero, enfadoso. **2** *Col.* y *Ecuad.* Tenaz, terco. **3** *Ecuad.* y *Méx.* Bellaco, perverso. **4** *Ecuad.* y *Pan.* Exigente, severo. || m. **5** fig. y fam. Enredo, embrollo.

FREGAR tr. **1** Restregar con fuerza. **2** Limpiar con estropajo, cepillo, etc. **3** *Amér.* fig. y fam. Fastidiar, molestar. También prnl. ♦ IRREG. Se conjuga como ACERTAR.

FREGE, GOTTLOB Matemático y lógico alemán (Wismar, 1848 - Bad Kleinen, 1925). Fue, junto con G. Boole, el fundador de la lógica simbólica, que presentó en *Ideografía, un lenguaje de fórmulas para el pensamiento puro modelado en el lenguaje de la aritmética* (1879).

FREGENAL DE LA SIERRA Municipio y ciudad de España, provincia de Badajoz; 5.416 h. Castillo.

FREGONA f. **1** Utensilio doméstico para fregar los suelos. **2** Criada que sirve en la cocina y friega.

FREGOTEAR tr. fam. Fregar deprisa y mal.

FREI MONTALVA, EDUARDO Político chileno (Santiago de Chile, 1911 - íd., 1982). Líder democratacristiano y presidente de la República (1964-70). Presidente del Congreso y del Senado (1973), lideró la oposición a la Unidad Popular de Allende, hasta que éste fue derrocado.

FREI RUIZ-TAGLE, EDUARDO Político chileno (Santiago de Chile, 1962). Hijo del anterior. Adscrito a la democracia cristiana, fue elegido candidato a la coalición de centroizquierda Concertación para la Democracia, y al frente de ésta se presentó a las elecciones presidenciales de 1993, en las que logró la victoria. Su gobierno puso en marcha unas efectivas medidas económicas que lograron controlar la inflación y reducir la tasa de desempleo. En enero de 2000 fue sustituido en el cargo por el socialista Ricardo Lagos.

FREIDURÍA f. Tienda donde se fríe pescado para la venta.

FREILIGRATH, FERDINAND Escritor alemán (Detmold, 1810 - Cannstatt, 1876). Poeta romántico, dirigió con Marx la *Nueva Gaceta Renana*. Escribió *Poesías* (1838), *Profesión de fe* (1844) y *Nuevas poesías políticas y sociales* (1849-51).

FREINET, CÉLESTIN Pedagogo francés (Gars, 1896 - Vence, 1966). Su método de enseñanza se basaba en la participación activa de los alumnos. Obras: *L'école moderne française* (1934) y *Bandes enseignantes et programmation* (1965).

FREÍR tr. **1** Cocer un manjar en aceite o grasa hirviendo. También prnl. **2** fig. Mortificar. ♦ IRREG. Se conjuga como REÍR. Doble participio: *frito* (irregular) y *freído* (regular).

FREIRE, PAULO Pedagogo brasileño (Recife, 1921 - Sao Paulo, 1997). Su método educativo se basaba en la adquisición de la conciencia de la propia situación *(concienciación)*.

FREIRE, RAMÓN Militar y político chileno (Santiago, 1787 - íd., 1851). Encabezó la oposición contra O'Higgins. Renunció al poder, pero en 1827 el Congreso le eligió presidente de la República, cargo del que dimitió el mismo año. Retornó en 1836 para combatir a Portales, pero fue derrotado.

FRÉJOL m. *Bot.* FRIJOL.

FRELIMO Siglas del FRENTE DE LIBERACIÓN DE MOZAMBIQUE.

FRÉMITO m. BRAMIDO.

FREMY, EDMOND Químico francés (Versalles, 1814 - París, 1894). Descubrió los ácidos férrico y palmítico, de la fermentación láctica, etc.

FREN-, FRENO-; -FRENIA, -FRÉNICO prefs. o sufs. que significan diafragma, inteligencia, mente.

FRENAR tr. **1** ENFRENAR. **2** Disminuir la velocidad o detener un vehículo accionando el freno. **3** Moderar o detener el desarrollo de un proceso. También prnl.

FRENCH, DOMINGO Militar argentino (Buenos Aires, 1774 - íd., 1825). Participó en la lucha por la independencia argentina. Fue gobernador intendente de Montevideo en 1810. Combatió contra los federales que atacaron Buenos Aires.

FRENESÍ m. **1** Delirio furioso. **2** fig. Violenta exaltación y perturbación del ánimo. ♦ Su pl. es *frenesíes* o *frenesís*.

FRENÉTICO, CA adj. **1** Poseído de frenesí. **2** Furioso, rabioso.

-FRENIA, -FRÉNICO sufs. FREN-.

FRENILLO m. **1** *Anat.* Membrana que sujeta la lengua por la línea media de la parte inferior. **2** *Anat.* Ligamento que sujeta el prepucio al bálano. **3** Cerco de correa o cuerda que sujeta la boca de algunos animales para que no muerdan. **4** *Amér. C.* y *Cuba* Cabo o rebenque para diversos usos.

FRENO m. **1** Instrumento de hierro que, introducido en la boca de las caballerías, sirve para sujetarlas y gobernarlas. **2** *Anat.* Pliegue de tejido que restringe el movimiento de un órgano. **3** *Mec.* Dispositivo de las máquinas y carruajes para moderar o detener el movimiento. En los automóviles puede ser de tambor, de disco o hidráulico. **4** fig. Sujeción.

FRENO- pref. FREN-.

FRENOLOGÍA f. *Med.* Hipótesis de Gall, enunciada a principios del siglo XIX y hoy en día desechada, según la cual las facultades psíquicas están localizadas en zonas precisas del cerebro y en correspondencia con relieves del cráneo.

FRENOPATÍA f. *Med.* Nombre dado antiguamente a una parte de la medicina y a cualquier enfermedad mental.

FRENOPÁTICO m. Manicomio.

FRENTE f. **1** *Anat.* Parte superior de la cara, entre las sienes, y desde encima de los ojos hasta que empieza la vuelta del cráneo. **2** Parte delantera de una cosa. **3** Blanco que se deja al principio de la carta u otro documento. **4** fig. Semblante, cara. || m. **5** *Meteor.* Superficie de contacto entre dos masas de aire de diferentes temperaturas. Existen frentes fijos (ártico, mediterráneo, sahariano) y frentes móviles o ciclónicos, desprendidos de los fijos, sobre todo del polar del hemisferio Norte. **6** *Mil.* Extensión o línea de territorio continuo en que combaten los ejércitos. **7** *Polít.* Coalición de partidos políticos, organizaciones, etc. **8** Fachada. || adv. **1.** **9** En lugar opuesto. || adv. m. **10** En contra, en pugna. || **al frente de** loc. prepos. Al mando de algo o alguien. || **con la frente muy alta** loc. adv. fig. y fam. Con orgullo. || **de frente** adv. Con gran resolución. || **en frente** loc. adv. ENFRENTE. || **frente a frente** loc. adv. CARA A CARA.

FRENTE FARABUNDO MARTÍ DE LIBERACIÓN NACIONAL (FMLN) *Hist.* y *Polít.* Movimiento guerrillero izquierdista de El Salvador, creado en 1980 para combatir al gobierno. Llegó a dominar el N del país. En 1992 alcanzó

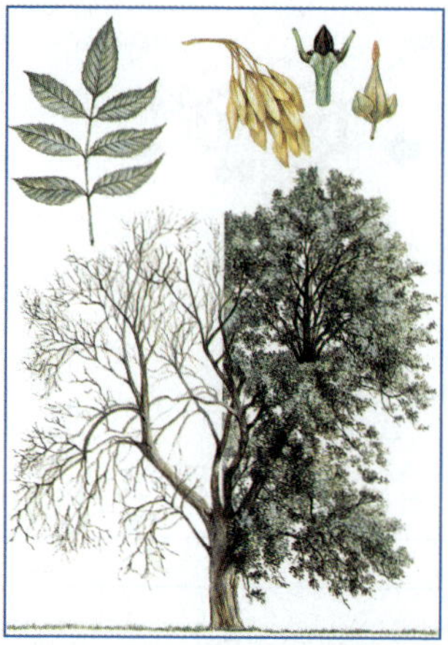

fresno común. Árbol, hoja, flor y fruto.

un acuerdo de paz con el presidente A. Cristiani y pasó a ser un partido democrático.

FRENTE ISLÁMICO DE SALVACIÓN (FIS) *Hist.* y *Polít.* Partido fundamentalista argelino, legalizado en 1989. Su victoria en la primera ronda de los comicios en 1991 provocó un golpe de Estado militar. En 1992 fue ilegalizado y sus dirigentes, Abasi Madami y Ali Belhadj, condenados a prisión. Instaurado el estado de emergencia, inició una campaña de actos terroristas. Posteriormente, moderó sus posiciones.

FRENTE DE LIBERACIÓN DE MOZAMBIQUE (FRELIMO) *Hist.* Organización político-militar mozambiqueña, fundada en 1962 por E. Mondlane. Comenzó la lucha armada contra la dominación portuguesa en 1964. Tras el asesinato de Mondlane (1969) fue elegido presidente Samora Machel (1970), que dio a la organización una orientación marxista-leninista. Tras la independencia del país, se erigió en partido único. A la muerte de Machel, en 1986 la formación pasó a ser presidida por J. Chissano, con quien abandonó el marxismo-leninismo.

FRENTE DE LIBERACIÓN NACIONAL (FLN) *Hist.* y *Polít.* Partido nacionalista argelino, surgido como guerrilla contra la colonización francesa en 1954. Tras la independencia del país se convirtió en partido único. Derrotado por el FIS en las elecciones de 1991, fue apartado del poder tras el golpe de Estado de 1992.

FRENTE POLISARIO *Hist.* y *Polít.* Movimiento político-militar de carácter nacionalista y revolucionario, fundado en 1973 para la creación de un Estado independiente en el Sahara Occidental, aunque cobró importancia tras la retirada española del territorio (1975). En 1976 proclamó la República Árabe Saharaui Democrática (RASD), reconocida por la OUA (1984). Desde la retirada española mantuvo con las tropas marroquíes de ocupación una guerra de hostigamiento. En 1987 llegó a un principio de acuerdo con Marruecos con vistas a celebrar un referéndum sobre la autodeterminación, aplazado en numerosas ocasiones debido a los desacuerdos surgidos en torno al número de habitantes con derecho a voto.

FRENTE POPULAR *Hist.* Movimiento político que unió circunstancialmente a los partidos republicanos de izquierda, comunistas y socialistas para oponerse a la creciente potencia de partidos derechistas. Estos movimientos políticos tuvieron especial trascendencia en España y en Francia. En España, las izquierdas derrotadas en las elecciones de 1933, se unieron en 1936 para ir juntas a las elecciones de ese año y constituyeron el Frente Popular, formado por Unión Republicana y los partidos Izquierda Republicana, socialistas, comunistas y sindicalistas. En Francia, tras los disturbios fascistas de 1934, en oposición al gobierno de E. Daladier, se coaligaron para formar un Frente Popular socialista y comunista, al que más tarde se unieron los radical-socialistas. Triunfantes en las elecciones de 1936, establecieron un gabinete presidido por el socialista L. Blum, pero, el fracaso de su política económica propició su desintegración en 1938.

FRENTE SANDINISTA DE LIBERACIÓN NACIONAL SANDINISMO.

FREO m. Canal estrecho entre dos islas o entre una isla y tierra firme.

FREÓN m. *Quím.* Nombre comercial de un grupo de derivados clorados y fluorados del metano y del etano.

FRESA f. **1** *Bot.* Planta herbácea vivaz de la familia rosáceas, de nombre científico *Fragaria vesca.* Tiene tallos rastreros y con estolones, y un fruto casi redondo, rojo, suculento y fragante. Crece en Europa, Asia y América del N. **2** *Bot.* Fruto comestible de esta planta. **3** Herramienta de movimiento circular continuo, con una serie de cuchillas, para labrar metales o fresarlos. || adj. **4** De color semejante al de este fruto.

FRESADOR, RA m. y f. **1** Operario que maneja la fresadora. || f. **2** Máquina para fresar.

FRESAL m. Terreno plantado de fresas.

FRESAR tr. *Met.* Abrir agujeros o labrar metales con la fresa.

FRESCA f. **1** Frío moderado. **2** fam. Expresión resuelta y desagradable.

FRESCACHÓN, NA adj. Muy robusto y de color sano.

FRESCALES com. fam. Persona fresca y desvergonzada. ♦ Su pl. es *frescales.*

FRESCO, CA adj. **1** Moderadamente frío. **2** Reciente, acabado de hacer, de coger, suceder, etc. **3** fig. Descansado, que no da muestras de fatiga. **4** Sano, que no está estropeado. **5** Desvergonzado. También s. **6** Se dice de lo que no contiene artificios, natural. **7** Se dice de la pintura que no se ha secado. **8** Se dice de las telas ligeras que no son calurosas. || m. **9** Frío moderado. **10** Frescura. **11** Pintura que se hace sobre una superficie, generalmente paredes o techos, con colores disueltos en agua de cal y extendidos sobre una capa de estuco fresco.

FRESCOBALDI, GIROLAMO Compositor y organista italiano (Ferrara, 1583 - Roma, 1643). Organista de la basílica de San Pedro desde 1610, dio una nueva estructura a los géneros antiguos *(ricercare, canzona,* etc.), que serían el origen de la fuga, el preludio o el pasacalle. Autor de madrigales y de composiciones para órgano, como *Flores musicales* (1635).

FRESCURA f. **1** Calidad de fresco. **2** Desvergüenza, descaro.

FRESNAYE, ROGER DE LA LA FRESNAYE, ROGER DE.

FRESNEDA f. *Bot.* Terreno poblado de fresnos, generalmente en sotos y riberas de ríos y arroyos.

FRESNEL, AUGUSTIN JEAN Físico francés (Broglie, 1788 - Ville-d'Avray, 1827). Demostró el carácter ondulatorio de la luz, y estudió la difracción y la polarización. Inventó el prisma que lleva su nombre, usado en faros, barcos, ferrocarriles, etc., para concentrar la luz en un rayo compacto de gran intensidad.

FRESNILLO m. *Bot.* Arbusto perteneciente a la familia bignoniáceas, de nombre científico *Tecoma stans.* Es caducifolio y de flores amarillas. Crece en las zonas tropicales y subtropicales de América.

FRESNO m. *Bot.* Nombre común de varias especies de árboles de la familia oleáceas, género *Fraxinus.*

FRESNO Ciudad de EE UU, Estado de California; 386.551 h. Industrias alimentarias.

FRESÓN m. *Bot.* Especie de fresa grande de sabor menos ácido que ésta.

FRESQUERA f. Lugar donde se colocan los alimentos para conservarlos frescos.

FRESQUERÍA f. *Amér.* Casa donde se hacen y venden refrescos.

FRESQUILLA f. *Bot.* Especie de melocotón o prisco.

FREUD, ANNA Psicoanalista británica de origen austriaco (Viena, 1895 - Londres, 1982). Hija de S. Freud, es considerada la fundadora del psicoanálisis de los niños. Obras: *El yo y los mecanismos de defensa* (1937), *Los niños en tiempos de guerra* (1942) y *Normalidad y patología en la niñez* (1968).

FREUD, SIGMUND Médico y psiquiatra austriaco (Freiberg, 1856 - Londres, 1939). Estudió los fenómenos de la histeria con Charcot, en París, y posteriormente con Breuer. El descubrimiento de la importancia de la sexualidad infantil, la técnica de la asociación libre y la interpretación de los sueños, le llevó a la creación del psicoanálisis. Fundó la *Sociedad Psicoanalítica* de Viena (1908), a la que pertenecieron A. Adler y C. Jung. Distinguió entre la mente consciente e inconsciente y la dividió en tres partes: el *id* (ello), primordialmente subconsciente, que representa el impulso instintivo; el *ego* (yo), más consciente e influido por el mundo externo; y el *super-ego* (super-yo), las inhibiciones del instinto características del hombre. Sus puntos de vista médicos se presentaron como una concepción total del mundo. Obras: *Estudios sobre la histeria* (1895), *La interpretación de los sueños* (1900), *Psicopatología de la vida cotidiana* (1904), *Tótem y tabú* (1913), *Introducción al psicoanálisis* (1917) y *El yo y el ello* (1923).

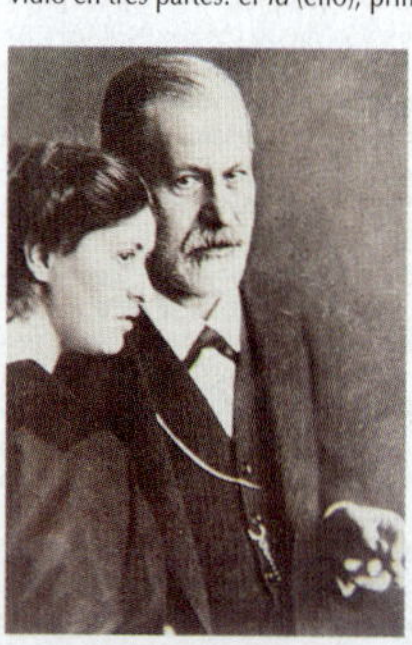

Sigmund **Freud.** Con su hija Sophie.

FREY m. Tratamiento usado entre los religiosos de las órdenes militares, a distinción de las otras, en que se llaman fray.

FREYRE, GILBERTO Historiador y sociólogo brasileño (Recife, 1900 - íd., 1987). Fue uno de los creadores del movimiento regionalista. Autor de *Casa grande y choza* (1933), *Nordeste* (1937), *Médicos, docentes y contextos sociales* (1983) y *Modos de Homem y modas de Mulher* (1986).

FREYRE, RICARDO JAIMES JAIMES FREYRE, RICARDO.

FREYTAG, GUSTAV Escritor e historiador alemán (Kreuzburg, 1816 - Wiesbaden, 1895). Dirigió la revista *Die Grenzboten* y se mostró partidario de la unificación de Alemania. Escribió obras históricas *(Cuadros del pasado alemán,* 1859-67) y las novelas *Debe y haber* (1855) y *El manuscrito perdido* (1864).

FREZA f. **1** DESOVE. **2** Tiempo del desove. **3** Huevos de los peces, y pescado menudo recién nacido de ellos. **4** Estiércol o excremento de algunos animales. **5** Señal u hoyo que hace un animal escarbando u hozando. **6** Tiempo en que, durante las mudas, come el gusano de seda.

FREZADA f. FRAZADA.

FREZAR intr. **1** DESOVAR. **2** Restregarse el pez contra el fondo del agua para desovar. **3** Arrojar o despedir el estiércol o excremento los animales. **4** Arrojar la colmena las inmundicias. **5** Escarbar u hozar un animal haciendo frezas u hoyos. **6** Tronchar y comer las hojas los gusanos de seda. || tr. **7** Limpiar las colmenas de inmundicias.

FRIALDAD f. **1** Sensación que proviene de la falta de calor. **2** fig. Indiferencia, poco interés.

FRÍAS, HERIBERTO Escritor mexicano (Querétaro, 1870 - Tizapán, 1925). Publicó novelas históricas con trasfondo de denuncia social, como *El último duelo* (1896), *Tomochic* (1893-95), *Miserias de México* (1916) y *¿Águila o Sol?* (1923).

FRÍAS, TOMÁS Político y diplomático boliviano (Sucre, 1805 - Florencia, 1884). Presidente de la República tras la muerte de Morales (1872-73) y la renuncia de A. Ballivián (1874-76). Derrocado por H. Daza, se exilió en Europa.

FRIBURGO Cantón de Suiza; 1.671 km^2 y 232.086 h. Su capital es la ciudad del mismo nombre.

FRIBURGO DE BRISGOVIA Ciudad de Alemania, Land de Baden-Württemberg; 200.519 h. Catedral (siglos XIII y XIV).

FRICANDÓ m. Guiso de carne estofada o mechada y setas.

FRICATIVO, VA adj. *Gram.* Se dice de los sonidos en cuya articulación el aire emitido produce cierta fricción en los órganos bucales; como la *f, s, z, j,* etc.

FRICCIÓN f. **1** Roce de dos cuerpos en contacto. || f. pl. **2** fig. Desavenencias.

FRICCIONAR tr. Restregar, dar friegas.

FRIED, ALFRED Publicista austriaco (Viena, 1864 - íd., 1921). De ideología pacifista, colaboró con B. von Suttner y escribió *El problema del desarme.* Premio Nobel de la Paz en 1911, junto con T. M. C. Asser.

FRIEDEL, CHARLES Químico y mineralogista francés (Estrasburgo, 1832 - Montauban, 1899). En colaboración con J. M. Crafts, descubrió la acilación y alquilación del benceno.

FRIEDLAND PRAVDINSK.

FRIEDMAN, JEROME ISAAC Físico estadounidense (Chicago, 1930). En 1990 recibió el premio Nobel de Física, junto a H. W. Kendall y R. E. Taylor, por sus estudios sobre los quarks, que muestran la existencia de una estructura interna en los protones y neutrones de los núcleos atómicos.

FRIEDMAN, MILTON Economista estadounidense (Nueva York, 1912). Ha reactualizado la teoría cuantitativa del dinero, en que el nivel de precios y la actividad económica vienen determinados por la masa monetaria, idea opuesta a la intervención estatal en general. Fue consejero del presidente Nixon y de Pinochet. Premio Nobel de Economía en 1976. Autor de *Teoría de la función consumo* (1953) y *Teoría de los precios* (1962).

FRIEDRICH, CASPAR DAVID Pintor alemán (Greifswald, 1774 - Dresde, 1840). Representante del primer romanticismo alemán, entre sus pinturas destacan *Vista de un paisaje otoñal cerca de Dresde* (1820), *Un hombre y una mujer contemplando la Luna* (1820), *Caminante sobre el mar* (1825) y *Luna elevándose sobre el mar* (1826).

FRIEGA f. 1 Acción de frotar alguna parte del cuerpo. 2 *Col., C. Rica* y *Ecuad.* Molestia, fastidio.

FRIGIA *Geog. hist.* Antigua región de Asia Menor, entre el mar Egeo y el Ponto Euxino. En el siglo VIII se constituyó en reino, que fue destruido por los cimerios. Posteriormente fue sometida por los persas (546 a. C.), los gálatas (276 a. C.) y por el reino de Pérgamo (188 a. C.). Cayó bajo dominio romano en el 133 a. C. Hacia el 300 fue dividida en Frigia Mayor y Menor. Sus ciudades principales fueron Iconio, Cícico, Lámpsaco, Troya, Gordio, Abidos, Pesinonte y Ancira.

FRIGIDEZ f. 1 Falta de deseo sexual. 2 FRIALDAD.

FRIGIO, GIA adj. y s. *Hist.* Pueblos de origen tracio, establecidos en la Antigüedad en Asia Menor.

FRIGORÍA f. *Fís.* Unidad de medida de absorción del calor, empleada en la técnica de la refrigeración; corresponde a la absorción de una kilocaloría. Su símbolo es *fg*.

FRIGORÍFICO, CA adj. 1 Que produce frío. || m. 2 Cámara o mueble que se enfría artificialmente para conservar alimentos u otros productos.

FRIJOL o **FRÍJOL** m. *Bot. Amér.* JUDÍA, planta y fruto.

FRIMARIO m. *Hist.* Tercer mes del calendario republicano francés, que comprendía del 21 de noviembre al 20 de diciembre.

FRINÉ Cortesana griega (s. IV a. C.). Famosa por su belleza, fue amante y modelo de Praxíteles.

FRINGÍLIDO, DA adj. y m. *Zool.* 1 Se dice de las aves paseriformes de pequeño tamaño, pico cónico y costumbres arborícolas, como el pinzón, el pardillo y el jilguero. || m. pl. *Zool.* 2 Familia de estas aves.

FRÍO, A adj. 1 Que tiene una temperatura muy inferior a lo normal. 2 Falto de afecto, de pasión o de sensibilidad. 3 Indiferente. 4 Sin gracia, sin interés. 5 Poco acogedor. || m. 6 Sensación que se experimenta por la pérdida de calor. || **dejar a** uno **frío** fr. fig. No causarle impresión. || **en frío** loc. adv. fig. Sin previo aviso.

FRIOL Municipio de España, provincia de Lugo; 5.084 h. Su capital es el lugar de San Julián de Friol.

FRIOLERO, RA adj. 1 Muy sensible al frío. || f. 2 Cosa de poca importancia. 3 Gran cantidad de una cosa.

FRISAR tr. 1 Levantar y rizar los pelillos de algún tejido. 2 *Mar.* Colocar frisas. 3 REFREGAR. || intr. 4 Congeniar, confrontar. 5 fig. ACERCARSE, hablando de edad.

FRISCH, KARL RITTER VON Zoólogo austriaco (Viena, 1886 - Munich, 1982). Investigó el comportamiento social y el lenguaje de las abejas. Premio Nobel de Fisiología y Medicina (1973), compartido con K. Lorenz y N. Tinbergen.

FRISCH, MAX Novelista suizo (Zurich, 1911 - íd., 1991). Autor de las novelas *No soy Stiller* (1954), *Homo Faber* (1957), *Guillermo Tell va a la escuela* (1971), *Montauk* (1975) y *El hombre aparece en el holoceno* (1979); y las obras teatrales *La muralla china* (1946), *Don Juan o el amor a la geometría* (1953) y *Andorra* (1962).

FRISCH, RAGNAR Economista noruego (Oslo, 1895 - íd., 1973). Sus estudios sobre el cálculo de la renta nacional le llevaron a construir un sistema que describe la circulación económica. Fue premio Nobel de Economía en 1969, junto con J. Tinbergen.

FRISIA Provincia de los Países Bajos; 3.361 km^2 y 621.200 h. Su capital es Leeuwarden.

FRISIAS, ISLAS Cadena de islas del mar del Norte, frente a las costas de los Países Bajos, Alemania y Dinamarca. Está dividida en tres grupos: Frisias Septentrionales (Trischen, Nordstrand, Pellwarm, Amrum, Föhr y Helgoland, alemanas, y Römö y Fanö, danesas); Frisias Orientales (Borkum, Juist, Norderney, Langeoog, Spiekeroog y Wangeorooge, alemanas); y Frisias Occidentales (Texel, Vlieland, Terschelling, Ameland, Schiermonnikoog, Rottumerplaat y Rottumeroog, holandesas).

FRISIO, SIA adj. y s. FRISÓN.

FRISO m. *Arquit.* 1 Parte que media entre el arquitrabe y la cornisa. 2 Banda en la parte inferior o superior de las paredes, generalmente de color distinto a éstas.

FRISÓN, NA adj. 1 De Frisia, región histórica del NO europeo. También s. 2 *Veter.* Se dice de los caballos originarios de esa región de patas anchas y fuertes. || m. *Ling.* 3 Lengua germánica hablada en Frisia.

FRITO, TA adj. 1 fam. Dormido. || m. 2 Cualquier alimento frito. || **tener** o **traer** a uno **frito** fr. fig. y fam. Cansarle con insistentes molestias.

FRITURA f. Conjunto de cosas fritas.

FRIULI-VENECIA JULIA Región de Italia, lindante con Austria y Eslovenia; 7.844 km^2 y 1.189.527 h. Su capital es Trieste. Comprende las provincias de Gorizia, Pordenone, Trieste y Udine.

FRIVOLIDAD f. 1 Cualidad de frívolo. 2 Cosa frívola o superficial.

FRÍVOLO, LA adj. 1 Superficial, ligero. 2 De poca importancia. 3 Se dice de los espectáculos, publicaciones, etc., que tratan temas ligeros, con predominio de lo sensual.

FRIZ f. *Bot.* Flor del haya.

FRÖBEL, FRIEDRICH Pedagogo alemán (Oberweissbach, 1782 - Marienthal, 1852). En 1840 estableció en Blankenburg el primer *kindergarten* (jardín de infantes). Escribió *La educación del hombre* (1826).

FROBENIUS, LEO Etnólogo alemán (Berlín, 1873 - Biganzolo, Lago Mayor, 1938). Es autor de *El origen de las culturas africanas* (1898) e *Historia de la civilización de África* (1933).

FROBISHER, MARTIN Navegante inglés (Altofts, 1535 - Plymouth, 1594). En 1576 descubrió la parte meridional de Groenlandia y el estrecho que lleva su nombre. Participó en la destrucción de los restos de la *Armada Invencible*.

FROISSART, JEAN Cronista francés (Valenciennes, 1337 - Chimay, 1405). Narró sus viajes por Francia, Inglaterra, España, Flandes e Italia en sus *Crónicas*, que abarcan de 1325 a 1400.

FROMENT, NICOLAS Pintor francés (Uzés, h. 1430 - Aviñón, h. 1483). Representante de la escuela provenzal, es autor de los trípticos de la *Resurrección de Lázaro* (1461) y de *La zarza ardiendo* (1475-76).

FROMENTIN, EUGÈNE Escritor y pintor francés (La Rochelle, 1820 - Saint Maurice, 1876). Autor de la novela *Dominique* (1863) y de *Maestros de antaño* (1876), ensayos de arte. Pintó paisajes y escenas de género como *La caza del halcón* (1863).

FROMM, ERICH Sociólogo y psicoanalista estadounidense de origen alemán (Frankfurt, 1900 - Muratto, 1980). Miembro de la escuela culturalista estadounidense. Autor de *El miedo a la libertad* (1941), *El arte de amar* (1956), *La revolución de la esperanza* (1968) y *El bienestar del hombre y la sociedad* (1978).

FRONDA f. 1 *Bot.* Hoja de una planta. 2 *Bot.* Hoja de los helechos. 3 *Med.* Vendaje en forma de honda, que se emplea en las fracturas y heridas. || f. pl. 4 Conjunto de hojas o ramas que forman espesura.

FRONDA, GUERRA DE LA *Hist.* Guerra civil desarrollada en Francia de 1648 a 1653, durante la minoría de Luis XIV y el gobierno de Mazarino. Representó el último esfuerzo de la alta nobleza y la burguesía del parlamento contra el régimen absolutista. Mazarino dominó a los rebeldes, cuyos principales jefes fueron el príncipe de Condé y el cardenal de Retz.

FRONDE m. *Bot.* Hoja del helecho.

FRONDIZI, ARTURO Político argentino (Paso de los Libres, 1908 - Buenos Aires, 1995). En 1954 presidió el Comité Nacional de la Unión Cívica Radical y fue elegido presidente de la República en 1958. El triunfo peronista en las elecciones de 1962 y la presión militar provocaron su deposición ese mismo año.

FRONDOSO, SA adj. Abundante en hojas y ramas.

FRONTAL adj. 1 Relativo a la frente. 2 Se aplica a lo que está situado en la parte delantera de algo. || m. *Anat.* 3 Hueso de la frente. También adj.

FRONTENIS m. *Dep.* Juego de pelota practicado en un frontón con bolas y raquetas de tenis.

FRONTERA f. 1 Línea divisoria entre dos Estados. 2 Límite.

FRONTERIZO, ZA adj. 1 Que está o sirve de frontera. 2 Que está situado entre dos cosas, hechos, circunstancias.

FRONTERO, RA adj. Puesto y colocado enfrente.

FRONTIL m. Pieza acolchada que se pone a los bueyes entre su frente y la coyunda con que los uncen.

FRONTINO Páramo de la Cordillera Occidental de Colombia, en la provincia de Antioquia; 3.400 m de altura.

FRONTIS m. 1 Fachada o frontispicio de un edificio o de otra cosa. 2 *Dep.* En el juego de pelota, pared del frontón o trinquete contra el que se lanza la pelota.

FRONTISPICIO m. 1 Fachada o delantera de un edificio, mueble, etc. 2 Página de un libro anterior a la portada. 3 *Arquit.* FRONTÓN.

FRONTÓN m. 1 Pared principal o frente contra el cual se lanza la pelota en algunos juegos. 2 Edificio o sitio para jugar a la pelota. 3 *Arquit.* Remate triangular de una fachada o de un pórtico.

FROSINONE Provincia de Italia, región del Lacio; 3.264 km^2 y 489.241 h. Su capital es la ciudad del mismo nombre.

FROST, ROBERT LEE Poeta estadounidense (San Francisco, 1875 - Boston, 1963). Cantor de los paisajes de Nueva Inglaterra, es autor de *El deseo de un niño* (1913), *Intervalo en la montaña* (1916), *New Hampshire* (1923), *Un árbol testigo* (1942), *Una máscara de piedad* (1947) y *En el claro* (1962).

FROTAR tr. y prnl. Pasar una cosa sobre otra con fuerza muchas veces.

FRUCTIDOR m. *Hist.* Duodécimo mes del calendario republicano francés, cuyos días primero y último coincidían con el 18 de agosto y el 16 de septiembre.

FRUCTÍFERO, RA adj. Que produce fruto.

FRUCTIFICAR intr. 1 *Bot.* Dar fruto. 2 fig. Producir utilidad.

FRUCTOSA f. *Quím.* Azúcar cetónico del grupo de las hexosas, con fórmula $C_6H_{12}O_6$, presente en las plantas verdes, la miel, frutas y néctar de glándulas vegetales.

FRUGAL adj. 1 Parco en comer y beber. 2 Se dice de las cosas en que se manifiesta esa parquedad.

FRUGALIDAD f. Moderación en la comida y en la bebida.

FRUGÍVORO, RA adj. *Zool.* Se dice del animal que se alimenta de frutos.

FRUGONI, EMILIO Político y escritor uruguayo (Montevideo, 1880 - íd., 1969). Jefe del Partido Socialista, dirigió el diario *El Sol* y durante años fue su único representante en el Congreso. Autor de *Poemas montevideanos* (1923) y *La epopeya de la ciudad* (1927), poesías; y *Génesis, esencia y fundamentos del socialismo* (1947) y *La esfinge roja* (1948), ensayos.

FRUI f. *Bot.* Fruto del haya.

FRUICIÓN f. 1 Placer intenso. 2 Complacencia, goce en general.

FRUMENTARIO, RIA adj. 1 Relativo al trigo y otros cereales. || m. 2 Oficial que Roma enviaba a las provincias para remitir trigo al ejército.

FRUNCE m. Pliegue, arruga o doblez que se hace en una tela, papel, etc.

FRUNCIDO m. FRUNCE.

FRUNCIR tr. 1 Arrugar la frente y las cejas en señal de preocupación, mal humor, etc. 2 Plegar un papel, tela, etc. en arrugas pequeñas y paralelas.

FRUNZE, MIJAIL VASILIEVICH Militar soviético (Pishpek, 1885 - Moscú, 1925). Miembro del Partido Socialdemócrata ruso desde 1904, en la Revolución de 1917 mandó varios cuerpos del Ejército Rojo. Fue jefe del Estado Mayor de la URSS, comisario del ejército y de la marina y miembro del comité central del Partido Comunista.

FRUSLERÍA f. Cosa de poco valor o importancia.

FRUSTRACIÓN f. Acción y efecto de frustrar o frustrarse.

FRUSTRAR tr. 1 Malograr un intento. También prnl. 2 Privar a uno de lo que esperaba.

FRUTA f. 1 *Bot.* Fruto comestible de ciertas plantas cultivadas, como la pera, la guinda, la fresa, etc. 2 fig. y fam. Producto de una cosa o consecuencia de ella. || **FRUTA DEL PAÍS** La producida en él, no importada. También, en sent. fig., cosa peculiar y habitual en él. || **FRUTA PROHIBIDA** fig. Todo aquello que no está permitido usar. || **FRUTA DE SARTÉN** Masa frita, de varios nombres y figuras. || **FRUTA SECA** La que por su tipo de cáscara, o por haber sido sometida a la desecación, se conserva comestible todo el año.

FRUTAL adj. y m. *Agr.* Se dice del árbol que lleva fruta.

FRUTERÍA f. Tienda o puesto donde se vende fruta.

FRUTERO, RA adj. 1 Que sirve para llevar o para contener fruta. || m. y f. 2 Persona que vende fruta. || m. 3 Recipiente para servir la fruta.

FRUTICULTURA f. *Agr.* 1 Cultivo de las plantas que producen frutas. 2 Arte que enseña este cultivo.

FRUTILLA f. 1 Cuentecilla de las Indias para hacer rosarios. 2 *Bot. Amér. m.* Especie de fresón americano.

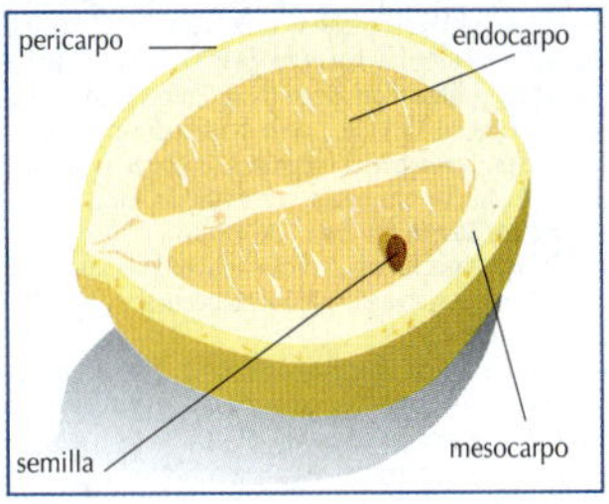

Partes del **fruto.**

FRUTO m. 1 *Bot.* Producto del desarrollo del ovario de una flor, después de haberse efectuado la fecundación. Contiene las semillas encerradas en una cubierta de forma, consistencia y tamaño muy diferentes según las especies, y ayuda a su dispersión. En la cubierta de un fruto carnoso típico, llamado *pericarpo,* se pueden distinguir tres capas: la externa o *epicarpo,* que da lugar a la cáscara, piel o corteza; la intermedia o *mesocarpo,* que normalmente se conoce como «carne»; y la interna o *endocarpo,* que forma la cáscara que cubre la semilla. La primera división que se puede realizar del fruto es en *seco* y *carnoso,* dependiendo de que el pericarpo sea una estructura más o menos coriácea o jugosa, respectivamente. Atendiendo a que deje espontáneamente o no libres las semillas, se distingue entre *dehiscente* e *indehiscente,* respectivamente. Por último, el fruto puede ser *simple,* dependiendo de que derive de un único carpelo o de varios soldados de la misma flor; *agregado,* si procede de un cierto número de carpelos separados del mismo gineceo; o *múltiple,* cuando se forma con los gineceos de más de una flor. **2** *Bot.* Cualquier producción de la tierra. **3** Producto de la imaginación o del trabajo humano. **4** fig. Utilidad y provecho.

Ftah PTAH.

ftaleína f. *Quím.* Nombre de diversas sustancias colorantes, que se obtienen condensando el anhídrido ftálico con fenoles.

ftálico, ca adj. *Quím.* Se dice de un ácido derivado del benceno, de fórmula $C_6H_4(COOH)_2$, base para la obtención de colorantes y resinas.

Ftiótida Nomo de Grecia, región de Grecia central; 4.441 km² y 168.291 h. Su capital es Lamia.

fu m. **1** Bufido del gato. || interj. **2** Expresa desprecio. || **ni fu ni fa** loc. fam. Indica que algo es indiferente, ni bueno ni malo.

Fuad Nombre de dos reyes de Egipto.

Fuad I (El Cairo, 1868 - íd., 1936). Hijo menor del jedive Ismail Bajá y hermano del primer sultán de Egipto, Hussein Kamil, al que sucedió en 1917, fue proclamado rey de su país en 1922, año de la independencia de Egipto. Le sucedió su hijo Faruk I.

Fuad II (El Cairo, 1952). Elegido rey el mismo año de su nacimiento, tras la abdicación de su padre, Faruk I. En 1953 un golpe militar instauró la República.

fucoxantina f. *Quím.* Pigmento carotenoide de fórmula $C_{40}H_{60}O_6$, presente en diatomeas y algas pardas.

fucsia f. *Bot.* **1** Nombre común de diversos arbustos de la familia oenoteráceas, género *Fuchsia,* nativos de América meridional, de flores colgantes de color rojo oscuro. || m. **2** Color de esta planta.

fucsina o **fuchina** f. *Quím.* Materia colorante sólida, que se emplea en la industria para teñir de rojo oscuro.

Fuduli o **Fizuli** Poeta turco (Karbala, h. 1495 - íd., 1556). Representante de la lírica turcoislámica. Autor de tres *Diwanes.*

fuego m. **1** *Quím.* Calor, luz y, frecuentemente, llama, producidos por la combustión. **2** Materia en combustión. **3** Incendio. **4** Efecto de disparar armas de fuego. **5** Hogar. **6** Ardor, pasión. || **alto el fuego** *Mil.* Suspensión de las acciones militares en una contienda. || **fuego fatuo** *Quím.* Llama que se produce a poca distancia del suelo, especialmente en los lugares pantanosos y cementerios, por la inflamación del fosfuro de hidrógeno desprendido de las materias orgánicas en descomposición. || **fuego griego** *Mil.* Líquido incendiario que se inventó en Grecia para abrasar las naves enemigas. || **fuego de San Telmo** *Meteor.* Meteoro ígneo que, al hallarse muy cargada de electricidad la atmósfera, suele dejarse ver en los mástiles y vergas de las embarcaciones, especialmente después de la tempestad. || **fuegos artificiales** Cohetes y otros artificios de pólvora, que se hacen para diversión. || **a fuego lento** loc. adv. fig. Poco a poco y sin ruido. || **¡alto el fuego!** loc. con que se ordena que cese el tiroteo. || **atizar el fuego** fr. fig. Avivar una contienda o discordia. || **dar fuego** fr. fig. Proporcionar un objeto encendido o que produce fuego. || **echar** uno **fuego por los ojos** fr. fig. Manifestar gran ira. || **¡fuego!** Voz con que se manda a la tropa disparar las armas de fuego. || **hacer fuego** fr. Disparar las armas de fuego. || **jugar con fuego** fr. fig. Empeñarse imprudentemente en algo que pueda ocasionar sinsabores o perjuicios. || **romper el fuego** fr. Comenzar a disparar. También, iniciar una pelea, conversación, etc.

Fuego, Tierra del TIERRA DEL FUEGO.

Fuego, volcán del Volcán activo de Guatemala, entre los departamentos de Sacatepéquez y Chimaltenango; 3.835 m.

fuel o **fuel-oil** (Voz i.) m. *Geol.* Fracción del petróleo natural, obtenida por refinación y destilación, que se destina a la calefacción.

fuelle m. **1** Instrumento para recoger aire y lanzarlo con una dirección determinada. **2** Bolsa de cuero de la gaita gallega. **3** Arruga del vestido. **4** Pieza de piel u otra materia plegable que se pone en los lados de bolsos, carteras, etc., para aumentar su capacidad. **5** fig. y fam. Capacidad respiratoria.

fuente f. **1** Manantial de agua que brota de la tierra. **2** Construcción en los sitios públicos, como plazas, parques, etc., con caños y surtidores de agua, y que se destina a diferentes usos. **3** Plato grande para servir la comida. **4** Cantidad de comida que cabe en ese plato. **5** Origen de algo, causa, principio. **6** Aquello de que fluye con abundancia un líquido. **7** Documento, obra o materiales que sirven de información o de inspiración a un autor.

Fuente Benavides, Rafael de la ADÁN, MARTÍN.

Fuentes, Carlos Escritor mexicano (Ciudad de Panamá, 1928). Su novela se caracteriza por el lenguaje barroco enriquecido por un vigoroso léxico salpicado de arcaísmos. Destacan *La región más transparente* (1958), *La muerte de Artemio Cruz* (1962), *Cambio de piel* (1967), *Terra Nostra* (1975), *Gringo viejo* (1985), *Cristóbal Nonato* (1987), *Diana o la cazadora solitaria* (1994), *Los años con Laura Díaz* (1999), *Instinto de Inez* (2001) y *La silla del águila* (2003). Obras teatrales: *Todos los gatos son pardos* (1970) y *Ceremonias del alba* (1991). Libros de relatos: *Los días enmascarados* (1954), *Cantar de ciegos* (1964), *Una familia lejana* (1980), *Agua quemada* (1981), *El naranjo o los círculos del tiempo* (1993) y *Inquieta compañía* (2004). Ensayos: *La nueva novela hispanoamericana* (1969), *Tiempo mexicano* (1971), *Nuevo tiempo mexicano* (1995) y *Viendo visiones* (2004). Premio Cervantes en 1987.

fuera adv. l. y t. A o en la parte exterior de cualquier espacio o término real o imaginario. || **fuera de juego** *Dep.* En fútbol, infracción que se produce cuando entre el jugador y la meta opuesta hay menos de dos jugadores del equipo contrario. || **estar** uno **fuera de sí** fr. fig. Estar enajenado y turbado. || **fuera de** loc. adv. conjuntiva Precediendo a sustantivos, significa excepto, salvo; precediendo a verbos, además de, aparte de.

fueraborda m. MOTOR FUERA BORDA.

fuero m. **1** *Hist.* Ley o código dados a un territorio entre los siglos XII y XIII; su vigencia se prolongó más allá del siglo XV. Concedidos por un señor o el rey, establecieron derechos y obligaciones a nivel local (fueros municipales) y a nivel territorial (fueros territoriales de regiones o reinos). Entre los municipales, destacan los de Zamora, Cuenca, Soria y León. Posteriormente el término fue utilizado para denominar las recopilaciones escritas del derecho consuetudinario de los diferentes reinos: Fuero de León, Fuero Real de Castilla, Fuero General de Vizcaya, Fuero General de Navarra, Fueros de Aragón, etc. **2** Jurisdicción, poder. **3** Nombre de algunas compilaciones de leyes. **4** Cada uno de los privilegios y exenciones que se conceden a una provincia, ciudad o persona. Más en pl. **5** fig. Privilegio, prerrogativa o derecho moral que se reconoce a ciertas actividades, principios, etc. Más en pl. **6** fig. y fam. Arrogancia, presunción. Más en pl. **7** *Der.* Competencia a que legalmente están sometidas las partes y por derecho les corresponde.

fuerte adj. **1** Que tiene fuerza y resistencia. **2** Robusto, corpulento. **3** Duro. **4** Hablando del terreno, áspero. **5** Intenso. **6** Terrible, grave, excesivo. **7** Que tiene fuerza para persuadir, convincente. **8** Se dice de la persona difícil de dominar o de mal carácter. **9** Experto en una ciencia o arte. **10** *Gram.* Se dice de la forma gramatical que tiene acento en la raíz. || m. **11** Recinto fortificado. **12** Aquello en lo que uno sobresale. || adv. m. **13** Con fuerza. || adv. c. **14** Mucho. || **hacerse fuerte** fr. Fortificarse en algún lugar para defenderse. También, en sentido figurado, resistirse a condescender en algo.

Fuerte Río de México, que nace en el Estado de Chihuahua, pasa por el de Sinaloa, y desemboca en el golfo de California; 450 km.

Fuerteventura Isla de España, en el archipiélago de Canarias, provincia de Las Palmas, al S de la de Lanzarote, de la que está separada por el canal de la Bocayna; 1.660 km² y 39.988 h. Su capital es Puerto del Rosario.

fuerza f. **1** Vigor, robustez. **2** Poder, autoridad. **3** Acto de obligar. **4** Violencia. **5** Grueso o parte principal, mayor y más fuerte de un todo. **6** EFICACIA. **7** Plaza murada y guarnecida. **8** Fortificación. **9** *Fís.* Toda causa capaz de modificar el estado de reposo o de movimiento de un cuerpo, o de cambiar su forma. Es una magnitud vectorial que se define en función de su dirección, sentido e intensidad. Se representa por *F* y es igual al producto entre la masa *m* y la aceleración *a.* Es decir, $F = m{\cdot}a$. Las unidades de fuerza más empleadas son el newton y la dina. **10** *Fís.* Resistencia que se opone al movimiento. || f. pl. **11** *Mil.* Gente de guerra y demás aprestos militares. || **fuerza armada** *Mil.* El ejército o una parte de él. || **fuerza centrífuga** *Fís.* La de inercia, idéntica a la centrípeta, pero de sentido contrario. || **fuerza centrípeta** *Fís.* La central que produce un movimiento curvilíneo. || **fuerza de inercia** *Fís.* Producto de la masa de un cuerpo por su aceleración cambiada de signo. En un cuerpo en movimiento, la fuerza de inercia se equilibra con la aplicada. || **fuerza mayor** *Der.* La que, por no poderse prever o resistir, exime del cumplimiento de alguna obligación. || **fuerza pública** Agentes de la autoridad encargados de mantener el orden. || **fuerzas vivas** *Polít.* Personas o clases representativas por su autoridad o por su influencia social. || **a fuerza de** loc. adv. que, seguida de un sustantivo o un verbo, indica intensidad o exageración en lo que expresa. || **a la fuerza** o **por fuerza** loc. adv. Violentamente; contra la propia voluntad. También, necesaria, indudablemente.

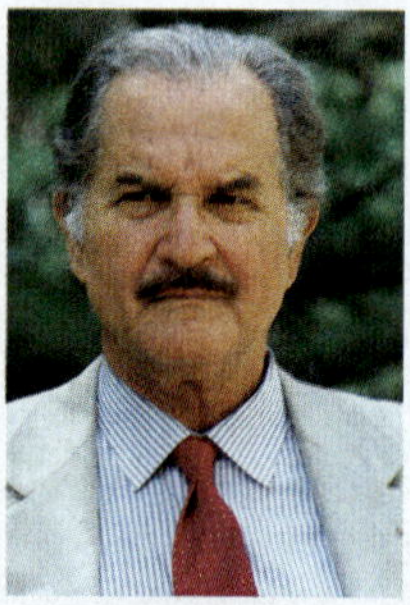

Carlos **Fuentes**

fuga f. **1** Huida precipitada. **2** Escape, salida accidental de un gas o líquido. **3** Acción y efecto de fugarse. **4** *Geom.* Punto donde parecen converger las rectas paralelas en un dibujo en perspectiva. **5** *Mús.* Composición musical o parte de ella que gira sobre un tema y su contrapunto, repetidos por diferentes tonos. Bach elevó la fuga a su mayor grado de perfección. || **fuga de capital** *Econ.* Evasión de capital. || **fuga de cerebros** Emigración voluntaria de numerosos científicos, técnicos o artistas para ejercer su profesión en el extranjero.

-fuga suf. -FUGO.

fugarse prnl. Escaparse, huir.

fugaz adj. **1** De muy corta duración. **2** Que desaparece rápidamente.

Fugger *Geneal.* Familia de banqueros alemanes. Su fundador, Hans Fugger, era un tejedor de Graben, establecido en Augsburgo en 1367. Descendientes de él fueron los Fugger von Gilgen, en cuyo seno nacieron Jakob (1459-1525) y Anton Fugger (1494-1560), sus miembros más importantes. Sus empréstitos a Carlos I y Felipe II decidieron en gran medida el éxito de la política imperial. En España se les conoció por el nombre castellanizado de Fúcar.

fugitivo, va adj. **1** Que huye. También s. **2** Que pasa muy aprisa. **3** fig. Caduco, perecedero.

Fugiwara *Geneal.* Familia aristocrática japonesa fundada en el siglo VI por Nakatomi no Kamatari. Dominó la política imperial japonesa entre los siglos IX y XII. Durante su época de predominio, Japón alcanzó uno de los periodos de mayor esplendor literario y artístico de su historia.

-fugo, -fuga sufs. que significan huida: *febrífugo.*

führer m. Nombre dado en Alemania a Adolf Hitler a partir de 1934.

fuina f. *Zool.* GARDUÑA.

Fujairah Emirato de la Unión de Emiratos Árabes; 1.300 km² y 68.000 h. Su capital es la ciudad del mismo nombre. Fue uno de los que constituyeron el antiguo protectorado británico de Costa de los Piratas.

Fujian *(Fukien)* Provincia de China, región Oriental; 123.100 km² y 31.830.000 h. Su capital es Fuzhou.

Fujimori, Alberto Político peruano, de origen japonés (Lima, 1938). Rector de la Universidad Nacional Agraria de La Molina (1984-89), en 1988 fundó el movimiento Cambio 90. Venció en las presidenciales de 1990 frente al conservador M. Vargas Llosa. En 1992 disolvió el Parlamento de forma temporal y anunció la supresión de la Constitución de 1979. Fue reelegido en 1995. En 1997 solventó la crisis internacional desatada por el asalto del grupo guerrillero Túpac Amaru a la embajada de Japón con una acción policial en la que perdió la vida la totalidad del comando terrorista. En 1998 mantuvo negociaciones con el presidente ecuatoriano J. Mahuad, que pusieron fin al conflicto fronterizo existente entre los dos países. Tras las elecciones presidenciales de 2000 continuó en el cargo pese a las acusaciones de fraude. En septiembre de ese año, tras una crisis política, anunció su retirada y la celebración de elecciones anticipadas. Sin embargo, abandonó el país y renunció a la presidencia.

Fujita, Tsuguharu Pintor francés de origen japonés (Tokio, 1886 - Zurich, 1968). En su obra sobresalen *Mi interior* (1921), *Autorretrato* (1928) y *Nôtre-Dame* (1950).

Fujiyama Monte más alto de Japón, en la isla de Honshu; 3.776 m de altura. Es un volcán extinguido. Centro de peregrinación budista y de turismo.

Fukui Prefectura de Japón, en la isla de Honshu; 4.192 km² y 827.062 h. Su capital es la ciudad del mismo nombre.

Fukui, Kenichi Científico japonés (Nara, 1918 - Kyoto, 1998). En 1981 recibió el premio Nobel de Química, compartido con R. Hoffmann, por sus estudios sobre los procesos de reacción químicos.

Fukuoka 1 Prefectura de Japón, en la isla de Kiu-Shiu; 4.963 km² y 4.933.294 h. **2** Ciudad capital de la misma; 1.284.741 h.

Fukushima Prefectura de Japón, en la isla de Honshu; 13.784 km² y 2.133.491 h. Su capital es la ciudad del mismo nombre.

Monte **Fujiyama**. Vista desde el lago Ashi. Hakone (Japón).

FUL adj. *Germ*. Falso, fallido.

FULA o **FULANI** adj. FULBÉ.

FULANO, NA m. y f. **1** Persona indeterminada o imaginaria. ‖ f. **2** Ramera.

FULAR m. Pañuelo de cuello o bufanda de seda fina.

FULBÉ adj. *Etnol*. **1** Se dice de un pueblo africano afín a la raza etiópica, con mezcla sudanesa y árabe. Habita, principalmente, en Nigeria, Malí, Guinea, Camerún y Níger. Más como m. pl. **2** Se dice también de sus individuos. También com. **3** Relativo a este pueblo, también llamado *peul, fula, fulani* y *fellata* (véase SOKOTO).

FULBRIGHT, JAMES WILLIAMS Político estadounidense (Summer, 1905 - Boston, 1995). Miembro del Congreso por el Partido Demócrata (1943-45) y senador desde 1945. Inició un programa de educación internacional basado en el intercambio de alumnos entre EE UU y otros países (*Fulbright Act*, 1946).

FULCRO m. *Fís*. Punto de apoyo de la palanca.

FULDA Río de Alemania, que nace en Turingia y, al unirse al Weser, forma el Weser; 180 km de curso.

FULDA Ciudad de Alemania, en el Land de Hessen; 57.600 h. Abadía benedictina.

FULERO, RA adj. **1** fam. Chapucero, poco útil. **2** fam. Se dice de la persona falsa, embustera, o simplemente charlatana y sin seso.

FULGOR m. Resplandor y brillantez.

FULGURAR intr. Brillar, resplandecer.

FÚLICA f. *Zool*. FOCHA, ave acuática.

FULL TIME Expresión inglesa que se utiliza para indicar que una actividad laboral se realiza a tiempo completo.

FULLER, RICHARD Arquitecto estadounidense (Milton, 1895 - Los Ángeles, 1983). Autor de grandes cúpulas geodésicas, como la del pabellón estadounidense en la Expo de Montreal (1967). En la obra *4D Cuarta dimensión* expuso su teoría arquitectónica, basada en la imitación de los principios estructurales de la naturaleza.

FULLERÍA f. Trampa, engaño.

FULMAR m. *Zool*. Ave oceánica procelariforme, de nombre científico *Fulmarus glacialis*. Similar a la gaviota, posee una envergadura máxima de 0,5 m y cuello grueso; carece de manchas negras en la punta de las alas. Vive en el Atlántico N.

FULMICOTÓN m. *Quím*. Algodón pólvora.

FULMINANTE adj. **1** Que fulmina. **2** Muy rápido y repentino. **3** Súbito, de efecto inmediato. **4** *Quím*. Se dice de las sustancias que explosionan por percusión con relativa facilidad y que sirven normalmente para disparar armas de fuego. También m.

FULMINAR tr. **1** Lanzar rayos. **2** Dañar, o dar muerte un rayo, proyectil o arma. **3** Causar muerte repentina una enfermedad. **4** Dejar muy impresionada a una persona.

FULMINATO m. *Quím*. Cada una de las sales formadas del ácido fulmínico.

FULMÍNICO, CA adj. *Quím*. Se dice de un ácido muy venenoso, que se presenta en forma de líquido muy volátil e inestable. Sus sales son muy explosivas.

FULTON, ROBERT Inventor estadounidense (Little Britain, 1765 - Nueva York, 1815). Investigó sobre torpedos e inventó el submarino *Nautilus*, que se probó en el Sena en 1800. Partiendo de los barcos de vapor de J. Fitch, desarrolló nuevos modelos.

FUMADA f. Porción de humo que se toma de una vez al fumar.

FUMADOR, RA adj. y s. Que tiene costumbre de fumar. ‖ **FUMADOR PASIVO** Persona no fumadora que está expuesta a los efectos perniciosos del tabaco.

FUMANTE adj. *Quím*. Se dice del líquido que desprende vapores, los cuales se unen al agua.

FUMAR intr. **1** Aspirar y despedir el humo del tabaco, opio, etc. ‖ prnl. **2** fig. y fam. Consumir, gastar indebidamente una cosa. **3** fig. y fam. Dejar de acudir, faltar a una obligación.

FUMARADA f. **1** Porción de humo que sale de una vez. **2** Porción de tabaco que cabe en la pipa.

FUMAREL m. *Zool*. Nombre común de varias especies de aves caradriformes del género *Chlidonias*, de alas largas.

FUMARIA f. *Bot*. Hierba de la familia papaveráceas, cuyo jugo se usa en medicina como depurativo.

FUMAROLA (Voz it.) f. *Geol*. Emisión de vapores y gases volcánicos a través de grietas de la corteza terrestre, cuando ya ha cesado la emisión de lava de una erupción.

FUMIGAR tr. Desinfectar por medio de humo, gas o vapores adecuados.

FUMISTA com. El que arregla chimeneas o estufas.

FUNABASHI Ciudad de Japón, en la isla de Honshu, prefectura de Chiba; 540.814 h.

FUNÁMBULO, LA m. y f. Volatinero.

FUNCHAL Ciudad de Portugal, capital de la región autónoma de Madeira; 44.100 h.

FUNCIÓN f. **1** Capacidad de acción o acción de un ser apropiada a su condición natural (para lo que existe) o al destino dado por el hombre (para lo que se usa). **2** Capacidad de acción o acción propia de los seres vivos y de sus órganos, y de las máquinas o instrumentos. **3** Capacidad de acción o acción propia de los cargos u oficios. **4** Acto solemne religioso. **5** Representación. **6** Espectáculo de circo. **7** Fiesta de toros. **8** Acto solemne con que se conmemora un hecho de importancia histórica. **9** Fiesta mayor de un pueblo. **10** Funeral. **11** Escándalo que se produce en una reunión. **12** *Ling*. Papel que desempeña un término lingüístico. **13** *Ling*. En glosemática, relación que existe entre dos términos. **14** *Mat*. Relación entre dos magnitudes, de modo que a cada valor de una de ellas corresponde un determinado valor de la otra. **15** *Mat*. En teoría de conjuntos, aplicación que relaciona de algún modo cada elemento numérico de un conjunto *A* con un elemento numérico de un conjunto *B*. Se expresa como: $f : A \rightarrow B$. **16** *Mil*. Acción de guerra. ‖ **FUNCIONES DEL LENGUAJE** *Ling*. Fines que se atribuyen al hecho lingüístico. Como más importante se reconoce la de comunicación, llamada también referencial, cognitiva o denotativa. Aunque cada escuela lingüística ha elaborado su teoría al respecto, destacan como más conocidas las de K. Bühler y R. Jakobson. El primero distingue tres funciones: *apelativa*, llamada también imperativa, conminativa o de llamada, que trata de atraer la atención del interlocutor; *expresiva* o de expresión, que manifiesta los sentimientos del hablante; y de representación, llamada también *representativa*, cognitiva o denotativa, centrada en el mensaje, que es la que cuenta algo. R. Jakobson distingue seis: las tres primeras, llamadas *conativa, emotiva* y *referencial*, coinciden en general con las de Bühler. A éstas añade la *fática* o de *contacto*, la *poética*, sobre el mensaje en cuanto tal, y la *metalingüística*, en la que el lenguaje habla de sí mismo. ‖ **en función** o **en funciones** Expr. En el ejercicio propio de su cargo. También, en sustitución del que ejerce el cargo en propiedad.

FUNCIONAL adj. **1** Relativo a las funciones. **2** *Biol*. Relativo a las funciones biológicas o psíquicas. **3** *Med*. Se dice del síntoma o de la alteración de un órgano no va acompañada de lesiones visibles. **4** Se dice de toda obra que prescinde de lo accesorio y cuya estética responde sólo a la función que va a desempeñar. **5** Práctico, utilitario.

FUNCIONALISMO m. **1** *Ling*. Teoría lingüística que estudia de una forma especial una de las funciones del lenguaje. Surgió a partir de la Escuela de Praga, y sus principales representantes son A. Martinet y R. Jakobson. **2** *Sociol*. y *Antropol*. Teoría que tiende a explicar los fenómenos sociales por la función que necesariamente ejercen las instituciones o grupos dentro de la sociedad. En sociología, sus principales representantes son R. Merton, T. Parsons, E. Durkheim, V. Pareto y H. Spencer; en antropología, B. Malinovski y A. Radclife-Brown.

3 *Arquit*. Corriente arquitectónica de principios del siglo XX, vinculada a la Bauhaus, que busca que los elementos de una construcción aúnen la estética con la funcionalidad. Sus principales representantes son Le Corbusier, A. Loos, W. Gropius y M. van der Rohe.

FUNCIONAR intr. Ejecutar una persona, máquina, etc., las funciones que le son propias.

FUNCIONARIO, RIA m. y f. **1** Persona que desempeña un empleo público. **2** *Arg*. Empleado de cierta categoría.

FUNDA f. Cubierta con que se envuelve una cosa.

FUNDACIÓN f. **1** Origen de una cosa. **2** Documento en que constan las cláusulas de una obra pía, etc. **3** *Der*. Persona jurídica que continúa y cumple la voluntad de quien la erige.

FUNDAMENTAL adj. Que sirve de fundamento o es lo principal en una cosa.

FUNDAMENTALISMO m. Doctrina ideológica, religiosa o política que defiende los fundamentos de su integridad y ortodoxia más rigurosa. ‖ **FUNDAMENTALISMO ISLÁMICO** *Polít*. Movimiento religioso y sociopolítico surgido en los países musulmanes en la segunda mitad del siglo XX, que defiende la rígida observancia del Corán y rechaza las formas de vida y los modelos sociopolíticos occidentales.

FUNDAMENTAR tr. **1** Echar los cimientos a un edificio. **2** fig. Establecer.

FUNDAMENTO m. **1** Principio y base de una cosa. **2** Seriedad. **3** Razón principal. **4** Fondo o trama de los tejidos. **5** fig. Raíz, principio y origen.

FUNDAR tr. **1** Edificar. **2** Estribar, apoyar. También prnl. **3** Erigir una obra pía, mayorazgo, etc. **4** Establecer, crear. **5** fig. Apoyar con razones eficaces. También prnl.

FUNDICIÓN f. **1** *Met*. Fábrica en que se funden los metales. **2** *Met*. Aleación de hierro y carbono que contiene más del 2,5% de éste.

FUNDIDO m. *Cin*. Procedimiento para hacer desaparecer lentamente una imagen mientras va surgiendo otra en la pantalla.

FUNDIR tr. **1** *Fís*. Derretir los metales u otros cuerpos líquidos. También intr. y prnl. **2** Dar forma en moldes al metal en fusión. **3** Reducir a una sola cosa. También prnl. ‖ prnl. **4** Dejar de funcionar un aparato eléctrico. **5** fig. Unirse, aunarse. **6** fig. y fam. *Amér*. Arruinarse.

FUNDO m. *Der*. Finca rústica.

FUNDY, BAHÍA DE Golfo del océano Atlántico, al SE de Canadá, entre Nueva Brunswick y Nueva Escocia; 300 km de largo y 200 m de profundidad.

FÚNEBRE adj. **1** Relativo a los difuntos. **2** fig. Muy triste, luctuoso, funesto.

FUNERAL adj. **1** Relativo al entierro. ‖ m. **2** Función religiosa en memoria de un muerto. **3** EXEQUIAS. Más en pl.

FUNERALA, A LA loc. adv. Expresa la manera de llevar las armas los militares en señal de duelo, con las bocas o las puntas hacia abajo.

FUNERARIA f. Agencia de entierros.

FUNES, GREGORIO (llamado EL DEÁN FUNES) Sacerdote, escritor y político argentino (Córdoba, 1749 - Buenos Aires, 1829). Diputado de la Junta Grande de Buenos Aires (1810). Escribió *Ensayo de la historia civil de Paraguay, Buenos Aires y el Tucumán* (1816-17) y *Examen crítico de la Constitución religiosa para el clero* (1825).

FUNÈS Y GALARZA, LOUIS DE Actor cómico francés (Courbevoie, Seine, 1914 - Nantes, 1983). Con la serie *El gendarme de...* se convirtió en una popular figura del cine francés. Entre sus películas destacan *El gendarme de Saint-Tropez* (1964) y *Mi amigo el extraterrestre* (1981).

FUNESTO, TA adj. **1** Aciago. **2** Triste y desgraciado.

FUNGIBLE adj. Que se consume con el uso.

FUNGICIDA adj. y m. *Quím*. Se dice del agente que destruye los hongos.

funcionalismo arquitectónico. Theo van Doesburg. Café de L'Aubette (París).

fútbol. Final de la Copa del Mundo de 1998, en la que la selección francesa venció a la brasileña.

FUNICULAR adj. y m. *Mec.* Se aplica al ferrocarril destinado a subir grandes pendientes y que funciona por medio de cables o cadenas.
FUNÍCULO m. *Bot.* Cordoncito que une el óvulo o la semilla con el ovario, en las plantas fanerógamas.
FUNK (Voz i.) m. *Mús.* Género músical de origen estadounidense en el que se mezclan influencias del *rhythm & blues*, el *soul*, el *gospel* y otras variantes de la música negra. Su creador fue James Brown y entre sus principales cultivadores figuran George Clinton, Sly Stone y, hasta cierto punto, Prince.
FUNK, CASIMIR Bioquímico estadounidense de origen polaco (Varsovia, 1884 - Albany, 1967). En 1911 aisló en la cascarilla del arroz una sustancia (la vitamina B₁) que permitía curar el beriberi, y la identificó como una amina, denominándola *vitamina* (amina de la vida).
FUNZA o **BOGOTÁ** Río de Colombia, afluente del Magdalena; 255 km. En su curso se forma el salto del Tequendama.
FURCIA f. PROSTITUTA, ramera.
FURGÓN m. 1 Carro largo y fuerte de cuatro ruedas y cubierto, que sirve en el ejército para el transporte. 2 Vagón de ferrocarril para el transporte de equipajes y mercancías.
FURGONETA f. Pequeño vehículo cubierto, destinado al transporte de mercancías.
FURIA f. 1 Ira exaltada. 2 Acceso de demencia. 3 fig. Persona muy irritada y colérica. 4 fig. Actividad y violenta agitación. 5 fig. Velocidad con que se ejecuta alguna cosa. 6 fig. Momento de mayor intensidad de una moda o costumbre.
FURIAS *Mit.* ERINIAS.
FURIBUNDO, DA adj. 1 Airado, colérico. 2 Que denota furor. 3 Extremado entusiasta o partidario.
FURIERISMO m. Sistema de organización social inventado por Fourier.
FURIO CAMILO, MARCO General romano (? - ?, 365 a. C.). Tribuno militar en el 401 y dictador en el 395, se apoderó de la ciudad de Veyes. Acusado de abuso de poder, se desterró voluntariamente, hasta que en el año 390, el Senado le llamó nuevamente y libró a su patria del poder de los galos.
FURIOSO, SA adj. 1 Poseído de furia. 2 Loco, que debe atarse. 3 fig. Violento, terrible. 4 fig. Muy grande y excesivo.
FURKA Paso de montaña en los Alpes centrales de Suiza, cerca del cual nace el Ródano.
FUROR m. 1 Cólera, ira exaltada. 2 En delirios pasajeros, agitación violenta con los signos exteriores de la cólera. 3 fig. Arrebatamiento del poeta. 4 fig. Actividad y violencia. 5 Prisa, vehemencia. 6 Momento de mayor intensidad de una moda o costumbre. || **FUROR UTERINO** *Psicol.* NINFOMANÍA. || **hacer furor** loc. Ponerse o estar muy de moda.
FURRIEL m. *Mil.* Cabo encargado de la distribución de la comida, así como del nombramiento del personal destinado al servicio de tropa.
FURRIERA f. *Hist.* Oficio de la casa real, a cuyo cargo estaban las llaves de palacio.
FURST, WALTER Héroe legendario de Suiza. Según la leyenda, asistió con Guillermo Tell como representante del cantón de Uri al juramento de Grutli (1307), para lograr la independencia de Suiza.
FÜRSTEMBERG *Geog. hist.* Familia alemana de condes y príncipes originaria de Suabia.
FÜRTH Ciudad de Alemania, Land de Baviera; 107.799 h. Iglesia del siglo XIV.
FURTIVO, VA adj. 1 Que se hace a escondidas. 2 Se dice del que caza en finca ajena sin permiso del dueño.
FURTWÄNGLER, WILHELM Director de orquesta y compositor alemán (Berlín, 1886 - Baden-Baden, 1954). Dirigió las orquestas Filarmónica y de la Ópera de Berlín y de Viena. Entre sus composiciones destacan dos sonatas para violín, dos sinfonías, el *Te Deum* y el concierto para piano y orquesta.
FURÚNCULO m. *Med.* DIVIESO.
FUSA f. Figura de notación musical, que indica que la nota que le sigue vale media semicorchea.

FUSAN PUSAN.
FUSELAJE m. *Aviac.* Cuerpo del avión, donde van la tripulación, los pasajeros y las mercancías.
FUSHUNG (*Fushun*) Ciudad de China, provincia de Liaoning, región Nordoriental; 1.350.000 h. Minas y producción de aluminio y cinc.
FUSIBLE adj. 1 Que puede fundirse. || m. *Fís.* 2 Hilo o chapa metálica, colocada en las instalaciones eléctricas, para que se funda e interrumpa la corriente cuando ésta es excesiva.
FUSIFORME adj. De figura de huso.
FUSIL m. *Arm.* Arma de fuego portátil que consta de cañón, recámara, cierre, percutor, gatillo y culata, generalmente automático y dotado de cargadores para veinte o más proyectiles. || **FUSIL AMETRALLADOR** *Arm.* El automático que se puede montar sobre un pequeño trípode. || **FUSIL AUTOMÁTICO** *Arm.* El capaz de disparar sucesivamente todos los proyectiles de su cargador, sin necesidad de montar el arma después de cada tiro.
FUSILAR tr. 1 Ejecutar a una persona con una descarga de fusilería. 2 fig. y fam. PLAGIAR.
FUSILERO, RA adj. 1 Relativo al fusil. || m. *Mil.* 2 Soldado de infantería armado con fusil y bayoneta.
FUSIÓN f. 1 fig. Unión. 2 *Astron.* Fuente de energía de las estrellas fijas. 3 *Fís.* Paso del estado sólido al líquido. En cada sustancia se produce a una temperatura determinada, denominada *punto de fusión*. 4 *Fís.* Condensación atómica con liberación de energía. || **FUSIÓN NUCLEAR** *Fís.* Reacción nuclear en la que se producen núcleos pesados a partir de la unión de otros más ligeros, con gran liberación de energía. Para que se produzca la fusión es necesario que los núcleos iniciales posean energía muy elevada. Es el fundamento de la bomba de hidrógeno y el origen de la energía solar. La fusión en reactores nucleares permite aprovechar de forma controlada la gran cantidad de energía generada en el proceso, a partir de un combustible barato y abundante (el hidrógeno) y sin producir un proceso que no genera los peligrosos residuos radiactivos propios de la fisión.
FUSIONAR tr. y prnl. fig. Producir una fusión, unión.
FUSIONISTA adj. y com. Partidario de la fusión, unión.
FÜSSEN Ciudad de Alemania, Land de Baviera; 10.500 h. Castillo medieval, célebre por la paz firmada, en 1745, entre el elector Maximiliano III, José de Baviera y María Teresa de Austria.
FUST, JOHANN Platero alemán (Maguncia, h. 1410 - París, 1466). Con Gutenberg primero y con Schoeffer después, colaboró en la invención del arte de la imprenta. Poseyó una imprenta en la que se imprimieron el *Salterio de Maguncia*, la *Biblia* de 42 líneas y *De officiis* de Cicerón.
FUSTA f. Látigo usado para castigar a los caballos.
FUSTÁN m. Tela gruesa de algodón con pelo por una cara.
FUSTE m. 1 *Bot.* Parte del tronco del árbol bajo la corteza, situado entre el suelo y el principio de la copa. 2 Vástago, conjunto del tallo y las hojas. 3 VARA. 4 Vara o palo en que está fijado el hierro de la lanza. 5 Armazón de la silla de montar. 6 poét. Silla del caballo. 7 fig. Fundamento. 8 fig. Nervio, sustancia. 9 Parte de la columna que media entre el capitel y la basa.
FUSTEL DE COULANGES, NUMA DENIS Historiador francés (París, 1830 - Massy, 1889). Profesor de historia medieval en la Sorbona, es autor de *La ciudad antigua* (1864) e *Historia de las instituciones políticas de la antigua Francia* (1875-92).
FUSTETE m. *Bot.* Arbusto anacardiáceo cuya madera y corteza sirven para teñir de amarillo las pieles.
FUSTIGAR tr. 1 Dar azotes. 2 fig. Censurar con dureza.
FUSULINA f. *Zool.* Nombre común de varias especies de foraminíferos, de hasta 10 cm de longitud, con caparazón de oblongo o fusiforme, y tabiques ondulados. Son bentónicos y sus fósiles son característicos del Carbonífero y del Pérmico.
FUTA YALÓN Macizo montañoso de Guinea. Su altura máxima no supera los 1.520 m.

FUTBITO m. *Dep.* Variedad del fútbol, que se practica en un terreno más reducido y con un balón más pequeño por equipos de cinco jugadores.
FÚTBOL o **FUTBOL** (Del i. *football.*) m. *Dep.* Deporte que se practica entre dos equipos de once jugadores cada uno en un campo de césped de forma rectangular, acotado por líneas y con dos porterías en sus lados más cortos. Los jugadores se disputan un balón de cuero a fin de introducirlo en la portería contraria, lo que constituye un gol. Los equipos se componen de portero, único jugador que puede tocar el balón con las manos, defensa, media y delantera. Un árbitro y dos linieres vigilan el cumplimiento de las reglas y dirigen el juego. Practicado en los colegios ingleses desde el siglo XVII, en 1863 se creó en Inglaterra la primera federación oficial, y en 1904 se creó en París La Federación Internacional de Fútbol Asociación (FIFA). Se organiza mundialmente a través de federaciones nacionales, y en el ámbito de cada país a través de equipos individuales.
FUTBOLÍN m. *Ocio.* Cierto juego en que, figurillas accionadas manualmente por medio de barras en donde están insertas, remedan un partido de fútbol.
FUTBOLISTA com. Jugador de fútbol.
FUTESA f. Fruslería, nadería.
FÚTIL adj. De poco aprecio e importancia.
FUTILIDAD f. Poca o ninguna importancia de una cosa.
FUTRE m. *And.* y *Amér.* m. Lechuguino.
FUTUNA Isla de Oceanía que forma parte del territorio francés de ultramar de Wallis y Futuna; 4.732 h.
FUTURIBLE adj. Se dice de lo futuro condicionado que no será con seguridad, sino que sería si se diese una condición determinada. Aplicado a personas, también s.
FUTURISMO m. 1 Actitud espiritual, cultural, política, etc., orientada hacia el futuro. 2 *Arte.* Movimiento ideológico y artístico cuya orientación fue formulada en París (1909) por el poeta italiano F. T. Marinetti. Proclamaba la guerra al pasado, la destrucción de todos los museos, bibliotecas, monumentos clásicos, sustituyéndolos por un dinamismo orientado hacia el futuro. De carácter pictórico y escultórico al principio (Carrà, Boccioni, Severini), se hizo también arquitectónico con la unión de Sant'Elia (1914) al grupo, sobre todo en Rusia, coincidiendo con la Revolución de 1917, con Maiakovski; y musical, con los italianos F. Balilla Pratella, Russolo y, más modernamente, con el estadounidense E. Varèse.
FUTURO, RA adj. 1 Que está por venir. 2 *Gram.* Se dice del tiempo del verbo que sirve para denotar la acción que no ha sucedido todavía, también s. || m. y f. 3 fam. Cada uno de los novios que tienen entre sí el compromiso formal de casarse. || **FUTURO IMPERFECTO** *Gram.* El que manifiesta de un modo absoluto que la cosa existirá, que la acción se ejecutará o el suceso acaecerá. Denota también una acción o un estado que, según conjetura o probabilidad, se produce o existe en el momento presente. || **FUTURO PERFECTO** *Gram.* El que denota acción, proceso o estado futuros respecto al momento en que se habla, pero pasados con relación a una acción, un proceso o un estado posteriores a dicho momento. Denota asimismo acción, proceso o estado que, según conjetura o probabilidad, se habrán verificado ya en el momento en que se habla.
FUTUROLOGÍA f. Conjunto de estudios que se proponen predecir científicamente el futuro del hombre.
FUXIN (*Fu-hsin*) Ciudad de China, provincia de Liaoning; 635.473 h. Importantes minas de carbón.
FUYA FUYA Volcán de los Andes Ecuatorianos, en la Cordillera Occidental; 4.263 m de altura.
FUZHOU (*Fu-chou*) Ciudad de China, región Oriental, capital de la provincia de Fujian; 874.809 h.
FYN FIONIA.
FYT, JAN Pintor flamenco (Amberes, 1611 - íd., 1661). De estilo barroco, destacó en la creación de naturalezas muertas y bodegones. Es autor de *Los dos lebreles*, *Pavo muerto*, *Bodegón de fruta y caza* e *Caza en una despensa*.

Jan **Fyt**. *Bodegón de fruta y caza.* Museo de Historia del Arte (Viena).

G

G¹ f. Séptima letra del abecedario español y quinta de sus consonantes. Su nombre es *ge*. Seguida inmediatamente de *e* o *i*, representa un sonido de articulación velar fricativa sorda, como el de la *j*. En cualquier otro caso representa un sonido de articulación velar sonora, oclusiva en posición inicial absoluta o precedido de nasal, y fricativa por lo general en las demás posiciones. Cuando este sonido velar sonoro precede a una *e* o *i*, se transcribe interponiendo una *u* que no se pronuncia. En los casos en que la *u* se pronuncia en alguna de estas combinaciones, lleva diéresis.

G² *Fís*. **1** Símbolo del gramo, unidad de masa en el sistema internacional. **2** Símbolo de la aceleración de la gravedad.

G *Fís*. Símbolo de la constante de gravitación universal.

GA *Quím*. Símbolo del galio.

GAARDER, JOSTEIN Escritor noruego (Oslo, 1952). Autor de *El misterio de Navidad* (1990), *El mundo de Sofía* (1994) y *El enigma y el espejo* (1996).

GABACHO, CHA adj. y s. **1** desp. FRANCÉS. ‖ m. **2** fam. y desp. Lenguaje español plagado de galicismos.

GABÁN m. ABRIGO, prenda de vestir.

GABAÓN *Geog. hist*. Antigua ciudad de Palestina, al N de Jerusalén. Fue sometida por el rey israelita Josué.

GABARDINA f. **1** Prenda de vestir parecida al sobretodo, de tela impermeable. **2** Tela de tejido diagonal, con la que se hacen esos sobretodos.

GABARRA f. *Mar*. **1** Embarcación con cubierta que se usa para transportes. **2** Barco pequeño y chato destinado a la carga y descarga en los puertos.

GABARRO m. **1** *Geol*. Nódulo pétreo compuesto de materiales distintos de la piedra en que se encuentra encerrado. **2** *Veter*. Tumor inflamatorio del casco de las caballerías. **3** *Zool*. Pepita de las gallinas. **4** Defecto de las telas o tejidos en la urdimbre. **5** Pasta que se aplica para llenar las faltas de los sillares. **6** fig. Obligación incómoda. **7** fig. Error en las cuentas.

GABELA f. **1** Tributo, impuesto o contribución que se paga al Estado. **2** fig. Carga, gravamen. **3** *Col*., *Dom*., *Ecuad*., *P. Rico* y *Venez*. VENTAJA.

GABES Golfo de África, en la costa de Tunicia, al S del puerto de Sfax. Llamado antiguamente *Pequeño Sirte*.

GABIN, JEAN Actor de cine francés (Mériel, Seine-et-Oise, 1904 - París, 1976). Intervino en *Cada uno con su suerte* (1930), *La gran ilusión* (1937), *El impostor* (1943), *Travesía de París* (1956), *El clan de los sicilianos* (1969) y *El veredicto* (1974).

GABINETE m. **1** Habitación más reducida que la sala. **2** Aposento que servía de tocador a las mujeres. **3** Conjunto de muebles de estos aposentos. **4** Local donde se exhibe una colección de objetos curiosos o destinados al estudio de una ciencia o arte. **5** *Polít*. MINISTERIO, gobierno del Estado y cuerpo de ministros que lo componen.

GABIROL, SALOMÓN IBN IBN GABIROL, SALOMÓN.

GABLE, CLARK Actor de cine estadounidense (Cadiz, Ohio, 1901 - Hollywood, 1960). Se especializó en papeles de galán duro. Intervino en *Alma libre* (1931), *Lo que el viento se llevó* (1939), *Tierra de pasión* (1932), *Sucedió una noche* (1934), por la que consiguió un Oscar, *Rebelión a bordo* (1935), *Saratoga* (1937), *Mogambo* (1953) y *Vidas rebeldes* (1960).

GABLETE m. *Arquit*. Remate triangular de algunos edificios ojivales.

GABO, NAUM (NAUM NEEMIA PEVSNER, llamado) Escultor estadounidense de origen ruso (Briansk, 1890 - Midlebury, 1977). Junto a su hermano Anton Pevsner publicó el *Manifiesto realista* (1920), que sentó las bases del constructivismo. Obras: *Construction*, para el Museo de Baltimore y *Construction Rotterdam*.

GABÓN (*République Gabonaise*) República de África centroccidental, en el golfo de Guinea, que limita al N con Guinea Ecuatorial y Camerún; al E y S, con el Congo, y al O, con el océano Atlántico.

Clark **Gable**. Con Vivien Leigh en la película *Lo que el viento se llevó*, dirigida por Victor Fleming.

GEOG. Su relieve consta de dos sectores, una región montañosa en el E, con sus máximas alturas en los montes Cristal y Chaillú, y una región de llanuras costeras pantanosas en el O. Está recorrido por el río Ogooué, que nace en el Congo. Sus principales afluentes son: Boha, Leconi, Sebé, Lassio, Offue y N'Gounie. Su clima es ecuatorial y favorece las formaciones de bosques en la mayoría del territorio. Se cultivan principalmente arroz, maíz, mandioca, batata, cacao, banana, café y caña de azúcar. Asimismo se explotan maderas preciosas, y la minería de uranio y manganeso. El yacimiento de hierro de Mekambo es una fuente de divisas esencial. También son muy importantes sus recursos energéticos (petróleo, gas natural). La industria se centra en la elaboración de la madera, la industria textil, química, alimenticia, tabacalera, del cemento, etc. La población, mayoritariamente rural, se concentra principalmente en la región septentrional, en Libreville y Port Gentil.

HIST. El estuario en el que se haya situada la actual capital fue descubierto por navegantes portugueses en el siglo XV, pero el territorio no tuvo ningún asenta-

Superficie: 267.667 km².
Población: 1.208.000 h. (gaboneses).
Densidad: 4,5 h./km².
Tasa de natalidad: 27,9‰.
Tasa de mortalidad: 13,1‰.
Capital: Libreville.
Ciudades principales: Port Gentil, Franceville.
Grupos étnicos: bantúes (fang), pigmeos.
Religión: catolicismo (65,2%), protestantismo (18,8%), religiones tradicionales (2,9%).
Idioma: francés.
Moneda: franco CFA.
Forma de Estado: república presidencialista.
Producto Nacional Bruto: 4.922 millones de dólares.
Renta per cápita: 4.170 dólares.
División administrativa: 4 regiones y 9 provincias, según cuadro.

GABÓN

Provincias Regiones	Superficie (km²)	Población	Capitales
Estuaire	20.740	463.187	Libreville
Ogooué Marítimo	22.890	97.913	Port Gentil
Gabón marítimo	*43.630*	*561.100*	
Woleu-N'Tem	38.465	97.271	Oyem
Woleu N'Tem	*38.465*	*97.271*	
Alto-Ogooué	36.547	104.301	Franceville
Medio-Ogooué	18.535	42.316	Lambaréné
Ogooué-Ivindo	46.075	48.862	Makokou
Ogooué-Lolo	25.380	43.915	Koula-Moutou
Cuenca del Ogooué	*126.537*	*239.394*	
N'Gounié	37.750	77.781	Mouila
Nyanga	21.285	39.430	Tchibanga
N'Gounié-Nyanga	*59.035*	*117.221*	

miento permanente de población. Fue colonizado por Francia desde mediados del siglo XIX, y adquirió el *status* de colonia en 1886. Después extendió sus territorios y se hundió la ciudad de Libreville. De aquí partieron los exploradores Paul du Challu, Serval, Génoyer y Aymés y luego los del Ogooué (Marche, Compiègne, Ballay), cuyos reconocimientos continuó S. de Brazza hasta que el Congo. En 1888 fue incorporado al Congo francés, hasta 1910, en que fue unido al África Ecuatorial Francesa. Recibió la autonomía en 1957, y la independencia en 1960. Su primer presidente fue Leon M'Ba, sustituido a su muerte en 1967 por Omar Bongo. En 1972, Gabón invadió algunas islas de Guinea Ecuatorial, provocando un conflicto entre ambos países, que fue resuelto por un acuerdo firmado en el seno de la OUA. El presidente Bongo fue reelegido en 1973, 1979, 1981, 1986 y 1993, al frente del Partido Democrático Gabonés (PDG), único permitido. En las elecciones municipales de 1996 la oposición logró hacerse con el control de ciudades importantes (Abreville, Port Gentil). Sin embargo, en las legislativas de ese mismo año y en las parciales de 1997, el PDG logró una amplia victoria. En 1998, Bongo venció una vez más en las elecciones presidenciales.

Gabón Estuario de la costa occidental africana, del que tomó el nombre la República de Gabón, y en el que se encuentra la capital del país.

Gabor, Dennis Ingeniero y físico británico, de origen húngaro (Budapest, 1900 - Londres, 1979). En 1971 recibió el Nobel de Física por el descubrimiento y desarrollo del método holográfico.

Gaboto, Giovanni y **Juan Sebastián** CABOTO, GIOVANNI y CABOTO, JUAN SEBASTIÁN.

Gabriel Geneal. Familia de arquitectos franceses de los siglos XVII y XVIII. Su miembro más destacado fue Jacques Ange (París, 1698 - íd., 1782), autor de los planos de la plaza de la Concordia (París), el Petit Trianon y la ópera de Versalles.

Gabriel, san Arcángel que menciona el Antiguo y Nuevo Testamento; anunció a la Virgen la concepción del Salvador.

Gabriel y Galán, José María Poeta español (Frades de la Sierra, 1870 - Guijo de Granadilla, 1905). Se dio a conocer con *El ama* (1901). Entre sus colecciones de poesías destacan además *Castellanas* (1902), *Extremeñas* (1902), *Campesinas* (1904) y *Nuevas Castellanas* (1905).

gabrieles m. pl. fam. Garbanzos del cocido.

Gabrieli, Andrea Compositor y organista italiano (Venecia, h. 1510 - íd., 1586). Se le considera como el fundador de la escuela de su ciudad natal. Sus aportaciones mayores las realizó al género del madrigal.

Gabrieli, Giovanni Compositor y organista italiano (Venecia, 1557 - íd., 1612). Sobrino de Andrea Gabrieli, su más famosa creación fueron las *canzone da sonar* para ocho instrumentos.

gacela f. Zool. Nombre común de varias especies de mamíferos artiodáctilos de la familia bóvidos, género *Gazella* y otros. Viven en rebaños en las sabanas de África y S de Asia.

gaceta f. 1 Periódico en que dan noticias de determinadas materias. 2 En España, antiguamente, diario oficial del gobierno, cuyo nombre era *Gazeta de Madrid*. 3 fam. CORREVEIDILE. 4 Caja refractaria para colocar dentro del horno los baldosines que han de cocerse.

gacetilla f. 1 Parte de un periódico destinada a la inserción de noticias cortas. 2 Cada una de estas noticias. || com. 3 fig. y fam. Persona que por hábito e inclinación lleva y trae noticias.

gacetista com. 1 Persona aficionada a leer gacetas. 2 Persona que habla frecuentemente de novedades.

gacha f. 1 Masa muy blanda que tiene mucho de líquida. 2 Col. y Venez. Cuenco, escudilla. || f. pl. 3 Comida compuesta de harina cocida con agua y sal, leche, miel, etc. 4 fig. y fam. Lodo, barro. 5 And. Halagos, caricias, mimos.

gacheta f. Palanquita que sujeta el pestillo de algunas cerraduras.

gachí f. En lenguaje popular, mujer. ♦ Su pl. es *gachís*.

gacho, cha adj. 1 Encorvado, inclinado. 2 Se dice del buey de cuernos inclinados hacia abajo. || **a gachas** loc. adv. fam. A GATAS.

gachó m. En lenguaje popular, hombre, y en especial, el amante de una mujer.

gachón, na adj. 1 fam. Gracioso, dulce. 2 fam. *And.* Se dice del niño que se cría con mucho mimo.

gachonada o **gachonería** f. 1 fam. Gracia, atractivo. 2 fam. *And.* Mimo, halago.

gachupín, na m. y f. desp. y fam. Mote que se aplica al español que se establece en América septentrional.

gacilla f. *C. Rica* Broche, imperdible.

Gad Personaje bíblico. Uno de los doce hijos de Jacob que dio nombre a una de las tribus de Israel.

Gadamer, Hans Georg Filósofo alemán (Marburgo, 1900 - Heidelberg, 2002). Discípulo de Heidegger, fue uno de los principales representantes de la filosofía hermenéutica.

Gadda, Carlo Emilio Escritor italiano (Milán, 1893 - Roma, 1973). Autor de *El castillo de Udine* (1934), *Un maledetto imbroglio* (1953), *El zafarrancho aquel de Vía Merulana* (1957), *La mecánica* (1970) y *Meditaciones milanesas* (1974).

Gaddafi, Muammar el- Político libio (Sert, Misurata, 1941). Dirigió el golpe de Estado que derrocó al rey Idris I en septiembre de 1966, y se convirtió en presidente del consejo de la revolución y en primer ministro. De ideología nacionalista, inspirada en el Corán, sus actitudes radicales provocaron el aislamiento internacional de su país.

Gaddi, Agnolo Pintor italiano (Florencia, h. 1333 - íd., 1396). Hijo de Taddeo Gaddi, es autor de los frescos *Historia de la Cruz*, en la iglesia de la Santa Croce de Florencia.

Gaddi, Taddeo Pintor y arquitecto italiano (Florencia, h. 1300 - íd., 1366). Fue discípulo de Giotto. Autor de los frescos *Vida de la Virgen*, en la capilla Baroncelli, de la iglesia de la Santa Croce de Florencia.

gacela de Grant.

Gades *Geog. hist.* Nombre antiguo de CÁDIZ.

gádido, da adj. y s. *Zool.* 1 Se dice del pez teleósteo del orden gadiformes, simétrico y de buen tamaño, como el bacalao, la merluza, etc. || m. pl. *Zool.* 2 Familia de estos peces.

gaditano, na adj. y s. De Cádiz.

gadolinio m. *Quím.* Elemento químico del grupo de los lantánidos o tierras raras del sistema periódico. Masa atómica, 156,9; número atómico, 64; símbolo, Gd. Es un metal trivalente, de color blanco, y muy magnético.

gaélico, ca adj. y m. *Ling.* Se dice de las lenguas del grupo celta habladas en Irlanda y Escocia. Pertenecen a la gran familia lingüística indoeuropea.

Gaeta Ciudad de Italia, provincia de Latina, junto al golfo de su nombre, en el mar Tirreno; 24.600 h. Puerto. Catedral del siglo XI y torre del Dux.

gafa f. 1 Instrumento para armar la ballesta. 2 GRAPA, pieza de metal para sujetar dos cosas. || f. pl. 3 Anteojos con armadura para sujetarse detrás de las orejas.

gafar tr. 1 Arrebatar una cosa con las uñas o con un instrumento curvo. 2 Lañar, componer con gafas, grapas. 3 fam. Transmitir o comunicar mala suerte a alguien o a algo.

gafe com. fam. Persona que da o tiene mala suerte.

gafo, fa adj. 1 Que tiene encorvados los dedos. También s. 2 *Veter. Col., C. Rica* y *P. Rico* Se dice del caballo que, por haber andado sin herraduras, tiene la planta del casco irritada.

gag (Voz i.) m. Situación cómica, golpe de humor incorporado en una película cinematográfica, un programa de televisión o una actuación teatral.

Gagarin, Yuri Alexeievich Aviador y astronauta soviético (Gzhatsk, 1934 - Moscú, 1968). En 1961 dio dos vueltas a la Tierra, a través del espacio exterior, convirtiéndose en el primer astronauta del mundo.

Gagini o **Gazini** Geneal. Familia de escultores renacentistas italianos. Entre sus miembros destacan Antonello (Palermo, 1478 - íd., 1536), autor de varias estatuas y relieves para la catedral de Palermo, y Pace, autor del sepulcro de Pedro Enríquez de Ribera, en la catedral de Sevilla, con A. M. Aprili.

Gaia, hipótesis *Biol.* Teoría que sostiene que los seres vivos interaccionan con la atmósfera, alterando su composición y regulando los climas.

gaicano m. *Zool.* RÉMORA, pez.

Gainsborough, Thomas Pintor inglés (Sudbury, 1727 - Londres, 1788). Influido por Van Dyck y Hayman, se le considerò uno de los más famosos paisajistas y retratistas de su tiempo. Es autor de *Paisaje de Suffolk, El balneario, Retrato de Miss Elizabeth Singleton*, etc.

Gaínza, Gabino General y político guatemalteco de origen español (Vizcaya, h. 1750 - México, 1822). Combatió en Chile contra O'Higgins y en 1821 se unió a los patriotas guatemaltecos, que le nombraron jefe del nuevo Estado.

Gairdner Lago de Australia, península de Eyre; 7.700 km².

gaita f. 1 *Mús.* Flauta parecida a la chirimía que se toca acompañada del tamboril. 2 fig. y fam. PESCUEZO, parte del cuerpo. 3 fig. y fam. Cosa difícil, engorrosa. 4 fig. y fam. Cosa desagradable y molesta. || **dejarse uno de gaitas** expr. fam. y fig. Dejarse uno de líos y problemas.

gaitero, ra adj. 1 fam. Se dice de la persona ridículamente alegre. También s. 2 fam. Se dice de los vestidos de colores demasiado llamativos. || m. y f. 3 Persona que tañe por oficio tocar la gaita.

Gajdusek, Daniel Carleton Médico estadounidense (Nueva York, 1923). Se distinguió por sus investigaciones en el campo de la virología. En 1976 recibió el premio Nobel de Fisiología y Medicina, compartido con B. S. Blumberg.

gaje m. Retribución que se cobra aparte del sueldo. Más en pl. || **gajes del oficio** loc. irón. Molestias o perjuicios con motivo del empleo u ocupación.

gajo m. 1 *Agr.* Cada uno de los vástagos de algunos instrumentos de labranza. 2 *Bot.* Rama de árbol. 3 *Bot.* Cada uno de los grupos de uvas en que se divide el racimo. 4 *Bot.* Racimo de cualquier fruta. 5 *Bot.* Cada una de las partes en que está dividido el interior de algunos frutos. 6 *Bot. Arg.* ESQUEJE. 7 *Geol.* Ramal que deriva de una cordillera principal. 8 *Hond.* Mechón de pelo.

gal *Fís.* Unidad de aceleración empleada en geofísica, que equivale a 1 cm/s².

GAL *Polít.* Siglas de GRUPOS ANTITERRORISTAS DE LIBERACIÓN.

gala f. 1 Vestido elegante y lucido que se usa en las ocasiones importantes. 2 Fiesta en que se exige vestido de esta clase. 3 Gracia, garbo. 4 Actuación artística de carácter excepcional. 5 Lo más esmerado y exquisito de una cosa. 6 *Ant.* y *Méx.* Obsequio, propina. || f. pl. 7 Trajes, joyas y demás artículos de lujo. 8 Regalos a los que van a contraer matrimonio. || **de gala** loc. adj. Se dice del traje o uniforme de mayor lujo, en contraposición al de diario, y de las fiestas, reuniones en que se

Thomas **Gainsborough**. *Conversación en el parque*. Museo de Louvre (París).

exige este traje. También, loc. adv., con indumentaria de especial lujo. ‖ **hacer gala de** una cosa fr. fig. Presumir de ella. ‖ **tener a gala** fr. HACER GALA DE UNA COSA.
-GALA-; -GALA in. o suf. GALACT-.
GALA, ANTONIO Escritor español (Brazatortas, 1936). Su escritura está impregnada de un profundo lirismo. Como autor teatral ha escrito *Los verdes campos del Edén* (1963), *Los buenos días perdidos* (1972), *Anillos*

Antonio **Gala**

para una dama (1973), *¿Por qué corres, Ulises?* (1975), *Petra Regalada* (1980), *Carmen, Carmen* (1988), etc. Es autor de los libros de poemas *Enemigo íntimo* (1960) y *Poemas de amor* (1997); de las novelas *El manuscrito carmesí* (1990), *La pasión turca* (1993), *La regla de tres* (1996), *Las afueras de Dios* (1999) y *El imposible olvido* (2001), y de los libros de relatos *Los invitados al jardín* (2002) y *El dueño de la herida* (2003).
GALA PLACIDIA Emperatriz romana de Occidente (?, fin del s. IV - ?, 450). Hija de Teodosio el Grande, casó con Ataúlfo en 414. Viuda al año siguiente, en 417 se casó con Constancio. Madre de Valentiniano III, regentó durante la minoría de éste.
GALAAD *Geog. hist.* Antigua región de Palestina, al E del Jordán. En uno de sus bosques murió trágicamente Absalón.
GALABARDERA f. *Bot.* Rosal silvestre y su fruto.
GALACIA *Geog. hist.* Antigua región de Asia Menor. Fue ocupada por los galos en 278 a. C. y convertida en provincia romana por Augusto en el 25 a. C. Su capital era Ancira.
GALACT-, GALACTA-, GALACTO-; -GALA-; -GALA, -GALACTIA, -GALIA prefs. in. y sufs. que significan leche: *poligalia*.
GALACTASA f. *Quím.* Enzima proteolítica soluble, presente en la leche.
GALÁCTICO, CA adj. *Astron.* Relativo a la Vía Láctea o a cualquier otra galaxia.
GALACTITA o **GALACTITES** f. *Geol.* Arcilla jabonosa que se deshace en el agua poniéndola de color de leche. ♦ El pl. de la segunda forma es *galactites*.
GALACTO- pref. GALACT-.
GALACTOCELE m. *Med.* Hinchazón de la glándula mamaria por formación de un quiste de retención de leche, ocasionado por la obstrucción de alguno de los conductos galactóforos.

GALACTOSA f. *Quím.* Azúcar monosacárido del grupo de las aldohexosas, de fórmula $C_6H_{12}O_6$, que se obtiene mediante hidrólisis de la lactosa.
GALACTURÓNICO adj. *Quím.* Se dice del ácido resultante de la oxidación del grupo alcohol primario de la D-galactosa, constituyente de pectinas, gomas y mucílagos en las plantas.
GÁLAGO m. *Zool.* Nombre común de diversos mamíferos primates de la familia lorísidos, géneros *Galago* y *Euoticus*. Habitan en regiones tropicales de África.
GALAICO, CA adj. 1 Relativo a Galicia. 2 *Etnol.* Se dice del individuo de un antiguo pueblo hispánico que habitaba en *Gallaecia*, la actual Galicia y la zona de Portugal al N del Duero. También s. 3 Perteneciente o relativo a este pueblo.
GALAICOPORTUGUÉS, SA adj. *Ling.* 1 Relativo a la lengua gallega hablada en el medievo. ‖ m. 2 *Ling.* La lengua gallega en esa fase de su evolución. 3 *Lit.* Literatura desarrollada en esta lengua. Floreció entre los siglos XIII y XIV y su primera composición data de 1198, obra del rey portugués Sancho I (véase CANCIONEROS). Se manifestó en cuatro modalidades distintas: *cantigas* propiamente dichas, también llamadas *sacras*, *de amigo*, *de amor* y *de escarnio* o *maldecir* (véase CANTIGA).
GALÁN m. 1 Hombre de buen semblante, proporcionado y airoso. 2 El que galantea a una mujer. ‖ **GALÁN DE DÍA** *Bot.* Arbusto de la familia solanáceas, propio de América tropical. ‖ **GALÁN DE NOCHE** *Bot.* Arbusto de la familia de las solanáceas, propio de la América tropical. También, perchero con pie para colgar la ropa.
GALANGA f. *Bot.* 1 Planta rizomatosa de la familia cingiberáceas, aromática, amarga y picante. 2 Rizoma de esta planta, usado antiguamente en medicina.

GALANO, NA adj. 1 Bien adornado. 2 Dispuesto con buen gusto. 3 Que viste bien. 4 fig. Elegante, gallardo. 5 *C. Rica* Lozano, hermoso. 6 *Cuba* Se dice de la res de pelo de varios colores.
GALANTE adj. 1 Atento, obsequioso, en especial con las mujeres. 2 Se dice de la mujer que gusta de galanteos. 3 *Mús.* Se aplica al estilo musical de la segunda mitad del siglo XVIII, propio de la época del rococó, de gran riqueza formal y aire elegante.
GALANTEAR tr. 1 Requebrar a una mujer. 2 Procurar captarse el amor de una mujer.
GALANTEO m. Acción de galantear.
GALANTERÍA f. Acción o expresión galante.
GALANURA f. fig. Elegancia.
GALAPAGAR m. Sitio donde abundan los galápagos.
GALÁPAGO m. 1 *Zool.* Nombre común de diversas especies de reptiles quelonios acuáticos de la familia emídidos, con varios géneros. 2 *Zool. Ecuad.* Especie de tortuga terrícola. 3 Palo donde encaja la reja del arado. 4 Polea chata por un lado para poderla fijar cómodamente en un madero. 5 *Med.* Especie de vendaje. 6 Molde en que se hace la teja. 7 Lingote corto. 8 *Hond.* y *Venez.* Silla de montar para señora. 9 Silla de montar ligera.
GALÁPAGOS COLÓN, archipiélago y provincia de Ecuador.
GALÁPAGOS, PARQUE NACIONAL *Ecol.* Parque natural, en el archipiélago de las islas Galápagos, a unos 1.000 km de distancia de la costa de Ecuador; 6.912 km². La fauna agrupa numerosas especies endémicas: pingüinos, tortugas e iguanas terrestres y marinas.
GALARDÓN m. Premio o recompensa.
GALARDONAR tr. Premiar o remunerar.
GÁLATA adj. y com. 1 De Galacia. 2 *Etnol.* Se dice del pueblo celta emigrado de Galia y establecido en Asia Menor. 3 Se dice también de sus individuos.
GALATEA *Mit.* Ninfa marina, hija de Nereo y Doris. Fue amada por Polifemo, que para conseguirla aplastó con una roca a Acis, de quien estaba enamorada Galatea.
GALATEA *Astron.* Satélite de Neptuno de 158 km de diámetro, a 61.950 km del planeta. Descubierto por el Voyager II en 1989.
GALATI 1 Distrito de Rumanía; 4.466 km² y 642.983 h. 2 Ciudad capital del mismo; 324.234 h. Puerto. Conocida anteriormente con el nombre de *Galatz*.
GALATZ GALATI.
GALAXIA f. *Astron.* Sistema estelar análogo al de la Vía Láctea, agrupación de estrellas concentrada en una región determinada del espacio. [**Encic.**] ‖ **GALAXIA COMPACTA** *Astron.* Sistema estelar con un gran desplazamiento hacia el rojo, probablemente con actividad interior y radiación de radio. ‖ **GALAXIA ENANA** *Astron.* Pequeño sistema estelar extragaláctico. ‖ **GALAXIAS DE SEYFERT** *Astron.* Grupo de sistemas estelares con brazos de espiral luminosos y un pequeño núcleo también muy luminoso, inmerso en masas gaseosas turbulentas.
ASTRON. Situadas a enorme distancia de la Tierra, las galaxias se aprecian en forma de nube luminosa aplastada y pueden contener más de 100.000 estrellas, nubes de gas y polvo interestelar. Según su estructura, se clasifican en *espirales normales*, constituidas por un núcleo brillante del que parten dos brazos, con gran cantidad de materia interestelar, que se enrollan en espiral en torno a él; *espirales barradas*, en los que los brazos parten

galaxia espiral de Cepheus.

GALAXIA 600

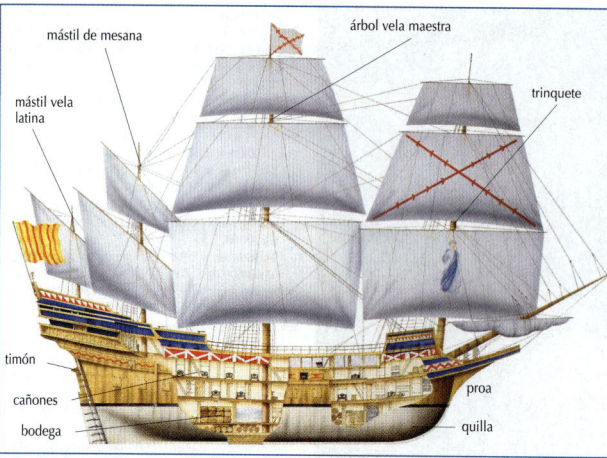

galeón

del núcleo en sentido opuesto, enrollándose después casi circularmente al mismo; **elípticas**, en que su contorno tiene forma de elipsoide, poseyendo poca materia interestelar; e **irregulares**, que contienen estrellas y polvo interestelar en forma aparentemente desordenada.

GALAXIA VÍA LÁCTEA.

GALAYO m. *Geol.* Prominencia aguda de roca pelada que se eleva en un monte.

GALBA, SERVIO SULPICIO Emperador romano (Terracina, 5 a. C. - Roma, 69 d. C.). Tras el suicidio de Nerón (68) fue elegido emperador por el Senado. Fue asesinado en unión de Pisón, su hijo adoptivo, a los ocho meses de su reinado.

GALBANA f. fam. PEREZA.

GÁLBANO m. *Bot.* **1** Nombre de dos arbustos de la familia umbelíferas, de nombres científicos *Ferula galbaniflua* y *F. rubricaulis*, espontáneas en Siria, de las que se extrae una gomorresina aromática que se ha usado en medicina como expectorante. **2** Gomorresina extraída de estas plantas.

GALBRAITH, JOHN KENNETH Economista estadounidense (Iona Station, Ontario, 1908). Perteneció al grupo de asesores de John F. Kennedy y fue embajador en la India (1961-63). Autor de *La sociedad opulenta* (1958), *El nuevo estado industrial* (1967) y *La anatomía del poder* (1983).

GÁLBULA f. *Bot.* Fruto en estróbilo, indehiscente, carnoso y con pocas semillas, como el del enebro y la sabina.

GALDÓS, BENITO PÉREZ PÉREZ GALDÓS, BENITO.

GALDOSIANO, NA adj. Propio y característico de Pérez Galdós como escritor.

GALEANO, EDUARDO Escritor y periodista uruguayo (Montevideo, 1940). Crítico incisivo y muy comprometido políticamente, es autor de reportajes periodísticos y narrativa.

GALEAZA f. *Mar.* Embarcación del tipo de la galera pero de mayor tamaño, empleada entre los siglos XVI y XVIII.

GALEGA f. *Bot.* Planta de la familia leguminosas, de flores blancas, azuladas o rojizas.

GALENA f. *Miner.* Mineral sulfuro de plomo, de fórmula PbS, que se usa como mena de plomo. Se presenta en cubos de color gris.

GALENISMO m. Doctrina de Galeno.

GALENISTA adj. y com. Partidario del galenismo.

GALENO[1] m. fam. MÉDICO.

GALENO[2], **NA** adj. Se dice del viento o brisa que sopla apaciblemente.

GALENO, CLAUDIO Médico griego (Pérgamo, h. 130 - Roma, h. 200). Autor de numerosos tratados, fue, con Hipócrates, la máxima autoridad de la Antigüedad en materia médica.

GÁLEO m. *Zool.* CAZÓN, pez.

GALEÓN m. *Mar.* **1** Barco grande de vela parecido a la galera y con tres o cuatro palos. Los había de guerra y mercantes. **2** Nave de gran porte utilizada los siglos XV y XVII para el comercio de Indias. || **GALEÓN DE MANILA** m. *Hist.* Nombre que recibía cada una de las dos naves que, partiendo de Manila y Acapulco respectivamente, unían Filipinas con la Nueva España.

GALEOTA f. *Mar.* Galera menor de dos palos.

GALEOTE m. El que remaba forzado en las galeras.

GALERA f. **1** Carro para transportar personas con cuatro ruedas y cubierta. **2** *Mar.* Embarcación de vela y remo, la más larga de quilla. **3** *A. gráf.* Tabla que servía para poner las líneas de letras, formando con ellas la galerada. **4** *Mat.* Separación que se hace al escribir los términos de una división. **5** Fila de camas adicional en los hospitales. **6** *Min.* Fila de hornos de reverbero en que se colocan varias retortas que se calientan con el mismo fuego. **7** *Zool.* Crustáceo malacostráceo de nombre científico *Squilla mantis*. Vive en el Mediterráneo. **8** *Hond.* y *Méx.* Cobertizo, tinglado. **9** fam. *Arg., Chile* y *Urug.* Sombrero de copa redondeada y alas abarquilladas. || f. pl. **10** Pena que consistía en remar en las galeras reales.

GALERA Municipio y lugar de España, provincia de Granada; 1.426 h. Necrópolis ibérica de Túguti (siglos IV a III a. C.).

GALERADA f. **1** Carga que cabe en una galera de ruedas. **2** *A. gráf.* Trozo de composición que se pone en una galera. **3** *A. gráf.* Prueba de la composición de un texto, que se saca para hacer correcciones sobre ella.

GALERAS, LAS Volcán de Colombia, en la cordillera Oriental de los Andes; 4.266 m.

GALERERO m. El que gobierna la galera de ruedas.

GALERÍA f. **1** Pieza larga y espaciosa, adornada de muchas ventanas o sostenida por columnas o pilastras. **2** Corredor con vidrieras. **3** Colección de pinturas. **4** Sala de exposiciones de arte. **5** Asientos de la parte superior de un teatro. **6** Público que concurre a él. **7** Bastidor que se coloca en la parte superior de una puerta o ventana para colgar en él las cortinas. **8** *Mar.* Espacio de popa a proa en medio de la cubierta de un navío. **10** Pasillo estrecho. **11** *Min.* Camino subterráneo que se hace en las minas para su explotación, ventilación y otros fines.

GALERIO VALERIO MAXIMIANO, CAYO Emperador romano (Sárdica, ? - ?, 311). Desde 292 formó parte de la tetrarquía de Diocleciano con la categoría de César para Iliria, Dacia, Mesia y Acaya. Ocupó el trono del imperio de Oriente de 305 a 311. Responsable de los edictos (303 y 304) por los que fueron perseguidos los cristianos.

GALERITA f. *Zool.* COGUJADA.

GALERNA o **GALERNO** f. *Meteor.* Viento fuerte del NO en el Cantábrico, acompañado de un fuerte temporal en el mar.

GALES (*Wales*) País del Reino Unido, en el SO de Gran Bretaña, constituido por una ancha península entre el mar de Irlanda y los canales de San Jorge y de Bristol; 20.768 km² y 2.933.500 h. La capital es Cardiff. Su relieve es eminentemente montañoso, con los montes Cámbricos, que se extienden de SO a NO. Los ríos principales son el Dee, el Severn y el Wye. Su clima es oceánico. La economía se basa en la ganadería (ovina y bovina), la horticultura, la pesca, la minería y la industria siderúrgica, metalúrgica y de refinado de petróleo. La lengua mayoritaria es el inglés, aunque en zonas rurales del O y N se habla el galés.

Hist. En la Antigüedad estaba poblado por britones de raza celta. Conquistado por los romanos h. 78 d. C., fue parcialmente romanizado y cristianizado. Evangelizado por los irlandeses, se convirtió en el último refugio de la cultura britana cuando los anglosajones conquistaron la isla (siglos V-VII). Fue definitivamente cristianizado en el 768. Tras la conquista normanda comenzó un avance inglés de las Marcas hacia las tierras galesas. Llewelyn ap Gruffydd (1246-82) llevó a Gales al momento de mayor fuerza con el tratado de Montgomery (1267). En 1277 Eduardo I consiguió conquistar Gales, dio muerte a Llewelyn ap Gruffydd, y se completó la conquista e incorporación con el estatuto del País de Gales (1284). Pese a algunas revueltas, como la de Owen Glendower en 1400, se fue imponiendo el dominio inglés, confirmado con los estatutos de Enrique VIII. En el siglo XIX se produjo un renacimiento del nacionalismo galés. En 1925 se creó el Partido Nacionalista Galés. En 1979 fue elaborado un proyecto de autonomía para Gales, la *Devolution Act*, que fue rechazado en referéndum ese mismo año. En las elecciones autonómicas de 1999 venció el Partido Laborista y Alun Michel fue nombrado ministro principal. En 2000 fue sustituido por Rhodri Morgan, revalidado tras las legislativas de 2003.

GALES, PRÍNCIPE DE Título del hijo primogénito de los reyes de Inglaterra, creado por Eduardo I en 1301 en favor de su hijo, el futuro Eduardo II.

GALES DEL SUR, NUEVA NUEVA GALES DEL SUR.

GALÉS, SA adj. y s. **1** De Gales. || m. **2** *Ling.* Lengua celta hablada en el País de Gales.

GALGA f. **1** Piedra grande que, desprendida de lo alto de una cuesta, baja rodando. **2** Piedra que gira alrededor del árbol del alfarje en los molinos de aceite. **3** *Zool. Hond.* Hormiga amarilla que anda velozmente. **4** *Pat.* Erupción cutánea parecida a la sarna. **5** *Geom.* Instrumento que sirve para medir ángulos y longitudes.

GALGO, GA adj. **1** *Veter.* Raza de perro de cuerpo muy ligero, con el cuello, la cola y las patas largas, de veloz carrera. También s. **2** Goloso. || **¡échale un galgo!** expr. fig. y fam. Denota la dificultad de alcanzar a una persona.

GALGUERÍA f. Chuchería, golosina. Más en pl.

GALGUERO, RA m. y f. Persona que cuida los galgos.

Gales (Reino Unido). Castillo de Conway.

Galicia. El río Miño entre Orense y Pontevedra.

GÁLGULO m. *Zool.* RABILARGO, pájaro.

GALÍ, FRANCISCO Navegante español (Sevilla, 1539 - México, 1591). Partiendo de América llegó a Filipinas y Macao, descubrió parte del archipiélago de Hawai y la actual bahía de San Francisco.

-GALIA suf. GALACT-.

GALIA *Geog. hist.* Denominación dada por los romanos a dos regiones habitadas por tribus celtas, que a partir del siglo v a. C. adoptaron el nombre de galos. La *Galia Cisalpina* (Italia septentrional) se extendía de los Alpes a los Apeninos. La *Galia Transalpina* se extendía entre el Atlántico, el Rhin, los Alpes y los Pirineos. Esta última, la Galia propiamente dicha, fue sometida por César de 58 a 50 a. C., y dividida por Augusto en cuatro provincias: Narbonense, Aquitania, Bélgica y Lugdunense.

GALIANI, FERDINANDO Economista italiano (Chieti, 1728 - Nápoles, 1787). Fue discípulo de Vico y escribió contra los fisiócratas su obra *Dialogues sur le commerce des blés* (1770).

GALIANOS m. pl. Comida que hacen los pastores con torta cocida a las brasas y guisada después con aceite y caldo.

GALIB, ULLAH JAN Poeta indio (Agra, 1797 - Delhi, 1869). Se le considera uno de los poetas más importantes en lengua urdu. También escribió en persa. Autor de un *Diwan* de gran lirismo.

GALIBAR tr. Trazar con los gálibos el contorno de las piezas de los buques.

GÁLIBO m. **1** Figura ideal cuyo perímetro marca las dimensiones máximas de la sección transversal autorizadas a los vehículos con su carga que hayan de pasar por túneles, arcos, etc. **2** Arco de hierro en forma de U invertida que en las estaciones de ferrocarril sirve para comprobar si los vagones con su carga máxima pueden pasar bajo los túneles o pasos superiores. **3** fig. ELEGANCIA. **4** *Mar.* Plantilla con arreglo a la cual se hacen las piezas de los barcos. **5** *Mar.* Figura que se da al conjunto de las uniones de un buque. **6** *Arquit.* fig. Buen aspecto de una columna por la acertada proporción de sus dimensiones.

GALICANISMO m. *Hist.* y *Rel.* Doctrina religiosa y política que defendía la independencia de la iglesia de Francia con respecto a la santa sede, al mismo tiempo que hacía depender del Estado la comunicación entre el Papa, los obispos y los fieles. Nacido en el siglo XV, alcanzó su expresión más radical en la *Declaración del clero de Francia* (1682), redactada por Bossuet.

GALICANO, NA adj. *Rel.* **1** Relativo a la iglesia de Francia y al galicanismo. **2** Partidario de esta doctrina. También s.

GALICIA, COMUNIDAD AUTÓNOMA DE (*Galiza*) Comunidad autónoma de España, situada en el ángulo NO de la Península, constituida por las provincias de A Coruña, Lugo, Orense y Pontevedra; 29.434 km² y 2.730.337 h. Limita al N con el mar Cantábrico, al O con el océano Atlántico, al E con Asturias, León y Zamora y al S con Portugal. Su capital es Santiago de Compostela. El suelo aparece muy quebrado, a lo que contribuye el ser sus montañas la zona terminal de la gran serie orográfica del N de España, longitudinal a la costa. El punto culminante de toda la Comunidad es Peña Trevinca. A causa de la erosión violenta existen muchos valles, y la costa, por la proximidad de las montañas, es muy recortada, con rías amplias y profundas. Los ríos más importantes son el Miño, con su afluente el Sil; el Navia, Eo, Ulla y Tambre. La influencia del océano Atlántico garantiza abundante régimen de lluvias. Entre los cultivos predominan el centeno y el maíz, la patata, el nabo y la vid en los valles y laderas más abrigados. La ganadería vacuna y porcina son importantes. La pesca es la industria más extendida, con fábricas dedicadas a la salazón y a las conservas. Posee mineral de hierro y yacimientos de volframio y estaño. Astilleros en Ferrol y Vigo. Industria automovilística en Vigo y Orense.

GALICISMO m. **1** Giro propio de la lengua francesa. **2** Vocablo o giro de esta lengua empleado en otra.

GALICISTA adj. **1** Perteneciente o relativo al galicismo. || com. y adj. **2** Persona que incurre frecuentemente en galicismos.

GÁLICO, CA adj. **1** Relativo a las Galias. **2** *Med.* SÍFILIS.

GALIENO, PUBLIO LICINIO Emperador romano (?, h. 218 - Milán, 268). Hijo y sucesor de Valeriano, compartió el trono imperial con su padre del 253 al 260, y gobernó en solitario desde esta fecha hasta su muerte.

GALILEA Región del N de Palestina, entre el Mediterráneo y el Jordán, que pertenece desde 1948 a Israel. Las ciudades principales son Haifa y Nazaret. Fue el principal escenario de las predicaciones de Jesucristo.

GALILEI, GALILEO Astrónomo y físico italiano (Pisa, 1564 - Arcetri, Florencia, 1642). Descubrió el isocronismo de las oscilaciones pendulares, inventó un termómetro y una balanza hidrostática, desarrolló la teoría de la caída de los graves y construyó el anteojo que lleva su nombre, con el que observó el relieve de la Luna, la naturaleza estelar de la Vía Lactea, las manchas solares, los cuatro satélites mayores de Júpiter, el anillo de Saturno y las fases de Venus. Describió estos hallazgos en su obra *Sidereus nuncius* (1610). Defendió el heliocentrismo de Copérnico en *Dialogo sopra i due massimi sistemi del mondo, tolemaico e copernicano* (1632), obra por la que fue procesado y condenado a abjurar de su «ideas erróneas». En 1637 descubrió el movimiento de libración de la Luna y publicó *Discorsi e dimostrazioni matematiche intorno a due nuove scienze attenenti alla meccanica* (1638). Es considerado uno de los creadores del método científico moderno.

GALILEI, VINCENZO Músico italiano (Santa Maria a Monte, h. 1520 - Florencia, 1591). Padre de Galileo Galilei, fue una de las figuras principales de la Camerata Florentina.

GALILEO, A adj. y s. **1** De Galilea. || m. **2** desp. CRISTIANO.

GALILEO *Astron.* Nave espacial estadounidense para la investigación astronómica, puesta en órbita en 1989, con el objetivo de alcanzar la órbita de Júpiter. Ha enviado a la Tierra importantes informaciones: fotografías de los asteroides Gaspra e Ida; fotografías del choque del cometa Shoemeker-Levy 9 con la superficie de Júpiter; información acerca de los dieciséis satélites del entorno joviano, y datos sobre la atmósfera del planeta.

GALILEO GALILEI GALILEI, GALILEO.

GALILLO m. **1** *Anat.* Campanilla del velo del paladar. **2** fam. Gaznate, gañote.

GALIMATÍAS m. **1** Lenguaje oscuro y confuso por la impropiedad de la frase o por la confusión de las ideas. **2** fig. y fam. Confusión, desorden, lío. ◆ Su pl. es *galimatías*.

GALIO[1] m. *Bot.* Hierba de la familia rubiáceas, utilizada en la fabricación de quesos para cuajar la leche.

GALIO[2] m. *Quím.* Elemento químico del grupo III A del sistema periódico. Masa atómica 69,72; número atómico 31; símbolo Ga. Metal raro trivalente, que se emplea en los termómetros para temperaturas elevadas y en la fabricación de semiconductores.

GALITZIA *Geog. hist.* Región de Europa central; 79.072 km². Fue objeto de numerosas disputas entre Polonia y Ucrania. Tras pertenecer al imperio austro-húngaro, durante la Primera Guerra Mundial fue ocupada por Polonia, que, sin embargo, perdió la parte oriental de la región por el tratado de Potsdam (1945), que pasó a Ucrania.

GALL, FRANZ JOSEPH Fisiólogo alemán (Tiefenbronn, 1758 - París, 1828). Fue el fundador de la FRENOLOGÍA.

GALL, SAINT GALO, SAN.

GALLADURA f. *Zool.* Pinta de la yema del huevo de la gallina y sin la cual es infecundo.

GÁLLARA f. **1** *Bot.* Agalla del roble. **2** *Zool.* Agalla del pez.

GALLARDA f. **1** *Danza.* Antigua danza española. **2** *Mús.* Música de esta danza. **3** *A. gráf.* Carácter de letra menor que el breviario y mayor que la glosilla.

Galileo **Galilei** explicando sus teorías en la Universidad de Padua. Cuadro de Félix Parra. Museo Nacional de Arte (Ciudad de México).

Fernando **Gallego**. Camino del Calvario. Museo del Prado (Madrid).

GALLARDETE m. *Mar.* Banderilla de forma triangular, que se pone en lo alto de embarcaciones, edificios, en las calles, etc., como adorno, aviso o señal.

GALLARDÍA f. **1** Valentía, bizarría, desenfado. **2** Esfuerzo, arresto en la ejecución de algunas cosas.

GALLARDO, DA adj. **1** Airoso y galán. **2** Bizarro, valiente. **3** fig. Grande o excelente.

GALLARDO, ÁNGEL Naturalista y político argentino (Buenos Aires, 1867 - íd., 1934). Fue autor de la teoría bipolar de la división celular.

GALLARETA f. *Zool.* FOCHA.

GALLARÓN m. *Zool.* SISÓN¹, ave gruiforme.

GALLARTA-ABANTO ABANTO Y CIÉRVANA.

GALLE, JOHANN GOTTFRIED Astrónomo alemán (Pabsthaus, Sajonia, 1812 - Potsdam, 1910). Descubrió el planeta Neptuno, así como tres nuevos cometas.

GALLEAR tr. *Zool.* **1** Cubrir el gallo a las gallinas. || intr. **2** fig. y fam. Presumir de hombría. **3** Querer sobresalir entre otros con jactancia.

GALLEGADA f. **1** Palabra o acción propia de los gallegos. **2** Cierto baile gallego y música que lo acompaña.

GALLEGO, GA adj. y s. **1** De Galicia. **2** *Arg. Bol.* y *P. Rico* Español que vive en estas regiones. || m. **3** *Ling.* Lengua románica hablada en Galicia, con abundantes variedades dialectales que penetran en León y Asturias. El gallego y la antigua habla portuguesa del N del Duero, muy allegada a él, formaron el complejo lingüístico que se denomina *gallegoportugués* y cuyo desarrollo histórico ha dado lugar al portugués moderno. **4** *Zool. C. Rica* Especie de lagartija. **5** *Zool. Cuba* y *P. Rico* Ave acuática parecida a la gaviota.

GALLEGO, FERNANDO Pintor español (Salamanca, h. 1440 - íd., h. 1507). Influido por la pintura flamenca, fue el máximo exponente de esta corriente artística en España.

GALLEGOPORTUGUÉS, SA adj. y m. GALAICOPORTUGUÉS.

GALLEGOS Río del S de Argentina, provincia de Santa Cruz, que nace en territorio chileno y desemboca en el Atlántico formando un amplio estuario; 300 km.

GALLEGOS, JOSÉ RAFAEL DE Político costarricense (San José, 1784 - íd., 1850). Vicepresidente de la República (1825), ocupó la presidencia en 1833-35 y 1845-46. Fue derrocado por un movimiento militar.

GALLEGOS, RÓMULO Escritor y político venezolano (Caracas, 1884 - íd., 1969). Fue ministro de Instrucción Pública (1936) y presidente de la República (1948), cargo que desempeñó pocos meses, pues fue derrocado por el movimiento de Delgado Chalbaud. Obras: *Doña Bárbara* (1929), *Reinaldo Solar* (1920), *La trepadora* (1925), *Cantaclaro* (1934), *Pobre negro* (1937), *La brizna de paja al viento* (1952); y el ensayo *Una posición en la vida* (1954).

GALLEGUISMO m. **1** Locución, giro o modo de hablar propio de los gallegos. **2** Nacionalismo gallego.

GALLERA f. **1** Gallinero en que se crían los gallos de pelea. **2** Edificio construido expresamente para las riñas de gallos. **3** Jaula para transporte de gallos de pelea.

GALLERO, RA adj. y s. **1** *Amér.* Aficionado a las peleas de gallos. || m. y f. **2** *Amér.* Individuo que se dedica a la cría de gallos de pelea.

GALLETA f. **1** Pasta de harina, azúcar y huevo, que se divide en trozos de diversas formas y se cuece al horno. **2** Pan sin levadura que se lleva en los barcos por su buena conservación. **3** fam. Cachete. **4** *Min.* Carbón mineral lavado y clasificado, de cierto tamaño. **5** *Chile* Pan bazo. **6** *Mar.* Disco de bordes redondeados en que rematan los palos y las astas de banderas de mar. **7** *Arg.* Vasija chata, redonda y sin asa para tomar mate.

GALLETE m. GARGANTA.

GALLETERO, RA m. y f. **1** Persona o empresa que elabora galletas. || m. **2** Recipiente donde se conservan.

GALLI MAININI, CARLOS TULIO Médico argentino (Buenos Aires, 1914 - íd., 1961). Se le debe la reacción que lleva su nombre, método para el diagnóstico del embarazo, conocido popularmente por *prueba de la rana*, que consiste en inyectar orina de la presunta embarazada en el seno linfático del sapo macho.

GALLIFORME adj. **1** Que tiene forma de ave. || adj. y s. *Zool.* **2** Se dice del ave terrestre, de cuerpo generalmente robusto y pesado, alas cortas y redondeadas, poco aptas para el vuelo sostenido, patas cortas, pico fuerte y algo encorvado, y cola muy desarrollada. Ejemplos son la gallina, el pavo, la perdiz, el faisán y la codorniz. || f. pl. *Zool.* **3** Orden de estas aves.

GALLINA f. **1** *Zool.* Hembra del gallo doméstico, del cual se distingue exteriormente por tener menor tamaño, cresta pequeña, cola más corta, colgajos prolongadas y tarsos sin espolones. || com. **2** fig. y fam. Persona cobarde y tímida. || **GALLINA DE AGUA** *Zool.* Ave gruiforme de nombre científico *Gallinula chloropus*, que mide unos 33 cm de longitud y tiene plumaje oscuro, pico rojo y patas verdes. || **GALLINA CHOTACABRAS** *Zool. Chile* Ave solitaria y nocturna. || **GALLINA CIEGA** Juego en que vendan los ojos a un jugador hasta que coge a otro.

GALLINAZO, ZA m. y f. *Zool.* **1** AURA, ave rapaz de la familia catártidos, de nombre científico *Cathartes aura*. || f. **2** Excremento de las gallinas.

GALLINAZO Nombre dado a una cultura precolombina, conocida como cultura VIRÚ.

GALLINEJAS f. pl. En Madrid, tripas fritas de gallina y cordero.

GALLINERÍA f. **1** Lugar donde se venden gallinas. **2** Conjunto de gallinas. **3** fig. Cobardía, pusilanimidad.

GALLINERO, RA m. y f. **1** Persona que trata en gallinas. || m. **2** Lugar donde se crían las gallinas. **3** Asientos de la parte superior de un teatro o cine. **4** fig. Lugar donde hay mucho griterío.

GALLINETA f. *Zool.* **1** FOCHA. **2** CHOCHA. **3** *Arg., Col., Chile* y *Venez.* PINTADA.

GALLINITA f. *Zool.* Mariquita, insecto coleóptero.

GALLIPATO m. *Zool.* Anfibio urodelo perteneciente a la familia salamándridos, de nombre científico *Pleurodeles waltlii*. Vive en los estanques cenagosos y en las fuentes.

GALLIPAVA f. *Zool.* Gallina mayor que las comunes.

GALLIPAVO m. **1** *Zool.* PAVO. **2** fig. y fam. GALLO, nota falsa.

GALLIPOLI (*Gelibolu*) Ciudad de Turquía europea, en la península de su nombre, junto al estrecho de Dardanelos; 8.019 h.

GALLITO m. **1** fig. Hombre presuntuoso o jactancioso. También adj. **2** *Col.* Flechilla de juguete para clavarla en un blanco. **3** *Zool. C. Rica* CABALLITO DEL DIABLO. **4** *Zool. Cuba* Ave zancuda. **5** *Zool. Arg.* Pájaro con copete en la cabeza.

GALLO m. **1** *Zool.* Ave galliforme de la familia fasiánidos, género *Gallus*, con la cabeza adornada de una cresta roja, y tarsos fuertes, escamosos, armados de espolones largos y agudos. **2** *Zool.* Pez marino acantopterigio pleuronectiforme, de nombre científico *Lepidorhombus boscii*. Se distribuye por el Mediterráneo y Atlántico oriental. **3** *Arquit.* PARHILERA. **4** En el juego del monte, las dos segundas cartas que se echan por el banquero y se colocan por debajo del albur. **5** MOLINETE, juguete. **6** Hombre agresivo y jactancioso. **7** fig. y fam. Nota falsa que inadvertidamente emite el que canta, perora o habla. **8** fig. y fam. El que en una casa, pueblo o comunidad todo lo manda o lo quiere mandar. **9** fig. y fam. Esputo, gargajo. **10** *Col.* REHILETE, volante. **11** *Perú* Botella de forma especial que se usa para recoger la orina del varón encamado. || **GALLO DE MONTE** *Zool.* UROGALLO. || **en menos que canta un gallo** expr. fig. y fam. En muy poco tiempo. || **otro gallo cantara** o **cantaría** expr. fig. y fam. Mejor sería la suerte de uno.

GALLO Isla del S de Colombia, departamento de Nariño, en el Pacífico; 4 km². Desde ella F. Pizarro inició, en 1544, la conquista de Perú.

GALLO, ROBERT Científico estadounidense (Waterbury, 1937). Investigador en biomedicina, en 1984 anunció el descubrimiento de un retrovirus, que consideraba responsable del sida. Inició entonces una polémica con el francés LUC MONTAGNIER. En 1992 reconoció las reclamaciones de éste. En 2000 ambos fueron galardonados con el premio Príncipe de Asturias de Investigación Científica y Técnica.

GALLOCRESTA f. *Bot.* **1** Planta medicinal, especie de salvia. **2** CRESTA DE GALLO.

GALLOFA f. **1** *Hist.* Comida que se daba a los pobres que venían de Francia a Santiago de Compostela pidiendo limosna. **2** Verdura y hortaliza que sirve para ensalada, menestras y otros usos. **3** Cuento de poca sustancia; chisme. **4** *Rel.* Calendario del rezo y oficio divino para todo un año.

GALLÓN m. **1** TEPE. **2** *Arquit.* Labor que adorna los boceles de algunos órdenes arquitectónicos.

GALLONADA f. Tapia fabricada de gallones o tepes.

GALLOTE, TA adj. y s. Desenvuelto, resuelto.

GALLOWAY Península del Reino Unido, en el SO de Escocia. Es célebre por la raza bovina de su nombre.

GALLUDO m. *Zool.* Especie de tiburón, semejante a la mielga.

GALLUP, GEORGE HORACE Político y sociólogo estadounidense (Jefferson, 1901 - Thun, 1984). En 1935 creó el Instituto Americano de la Opinión Pública, más conocido por Instituto Gallup, que efectúa en todo el mundo sondeos de opinión.

GALO, LA adj. y s. **1** De la Galia. || m. *Ling.* **2** Antigua lengua indoeuropea de la Galia, del grupo céltico continental. Se extinguió completamente en el siglo V d. C.

GALO, SAN Monje irlandés (?, h. 550 - Arbon, h. 630). Fundó en Suiza el monasterio de su nombre (Saint-Gall).

gallo y gallina

GALO, CAYO VIBIO TREBONIANO (?, h. 206 - Roma, 253). Emperador romano de 251 a 253. Era general cuando sucedió a Decio en el 251. Fue muerto por sus soldados cerca de la ciudad imperial cuando marchaba contra Emiliano.
GALOCHA f. Calzado de madera o hierro que se usa para andar por la nieve, el agua o el lodo.
GALOIS, EVARISTE Matemático francés (Bourg-la-Reine, 1811 - París, 1832). Al abordar el problema de la resolución general de las ecuaciones polinómicas descubrió la teoría de grupos.
GALÓN m. **1** Cinta fuerte que sirve para guarnecer vestidos, cortinas, etc. **2** *Mil.* Distintivo que llevan en el brazo o en la bocamanga diferentes clases del ejército o de otra fuerza. **3** *Metrol.* Medida inglesa de capacidad para los líquidos que equivale a 4,546 litros (3,785 en EE UU).
GALONEAR tr. Guarnecer o adornar con galones.
GALOP o **GALOPA** m. o f. Danza húngara y su música.
GALOPADA f. Carrera a galope.
GALOPANTE adj. **1** Que galopa. **2** fig. Se aplica a procesos de desarrollo y desenlace muy rápidos.
GALOPAR intr. **1** Ir el cuadrúpedo a galope. **2** Cabalgar una persona en un caballo que va al galope.
GALOPE m. Ritmo del cuadrúpedo más rápido que el trote. || **a galope** loc. adv. fig. Con prisa.
GALOPÍN m. **1** Muchacho sucio y desharrapado. **2** Pícaro, bribón. **3** fig. y fam. Hombre taimado, de mundo. || **GALOPÍN DE COCINA** Aprendiz de cocinero.
GALOPO m. PÍCARO.
GALORROMANO, NA adj. *Hist.* **1** Relativo a la Galia en la época de la dominación romana. **2** Se dice de sus habitantes en ese tiempo. También s.
GALSWORTHY, JOHN Escritor inglés (Coombe, 1867 - Hampstead, 1933). Autor del ciclo de novelas conocido como *La saga de los Forsyte* (1906-21), formado por unas diez novelas entre las que se incluye *El propietario* (1906). Premio Nobel de Literatura en 1932.
GALTIERI, LEOPOLDO FORTUNATO General argentino (Caseros, Buenos Aires, 1927 - Buenos Aires, 2003). Fue uno de los cerebros del golpe militar de 1976. Sucedió al general Viola en la presidencia de la República en 1981, y fue cesado tras la derrota argentina en la guerra de las Malvinas (1982). Fue procesado y condenado a prisión. En 1990 le fue concedido el indulto. Nuevamente detenido en 2002, permaneció en arresto domiciliario hasta su muerte.
GALVÁN, MANUEL DE JESÚS Escritor y político dominicano (Santo Domingo, 1834 - San Juan de Puerto Rico, 1911). Fue presidente del Congreso y varias veces ministro de Relaciones Exteriores. Es autor de la novela *Enriquillo* (1879-82).
GALVÁNICO, CA adj. *Fís.* Perteneciente o relativo al galvanismo. || **CORRIENTE GALVÁNICA** Electricidad desarrollada por el contacto de dos metales diferentes, con un líquido interpuesto.
GALVANISMO m. *Fís.* **1** CORRIENTE GALVÁNICA. **2** Propiedad de excitar, por medio de corrientes eléctricas, los movimientos en los nervios y músculos de animales. **3** Parte de la física que estudia el galvanismo.
GALVANIZAR tr. **1** Aplicar el galvanismo a un animal. **2** Aplicar una capa de cinc fundido a un alambre, plancha de hierro, etc., para que no se oxide. **4** fig. Reactivar súbitamente cualquier actividad humana, energías, etc.
GALVANO m. Reproducción por galvanoplastia.
GALVANO- pref. que significa galvanismo.
GALVANÓMETRO m. *Fís.* Aparato destinado a medir la intensidad y el sentido de una corriente eléctrica.
GALVANOPLASTIA f. *Fís.* Arte de sobreponer a cualquier cuerpo sólido una capa de un metal disuelto en un líquido, valiéndose de corrientes eléctricas.
GALVANOSTEGIA f. *Fís.* Galvanoplastia en la que el cuerpo que se recubre con una capa metálica electrolítica es de metal.
GALVE, CONDE DE CERDA SANDOVAL, GASPAR DE LA, CONDE DE GALVE.
GÁLVEZ, BERNARDO, CONDE DE General español (Macharavialla, 1746 - México, 1786). Gobernador de Luisiana desde 1777, luchó contra Gran Bretaña. Tras ejercer la capitanía general de Luisiana y Florida (1782), y la de Cuba, sucedió a su padre, Matías de Gálvez, en el virreinato de Nueva España (1785).
GÁLVEZ, JOSÉ Político y escritor peruano (Tarma, 1886 - Lima, 1957). Fue ministro de Justicia y de Relaciones Exteriores (1931), primer vicepresidente de la República y senador.
GÁLVEZ, JOSÉ, MARQUÉS DE SONORA (Vélez-Málaga, 1720 - Madrid, 1786). Visitador general de Nueva España y secretario de Indias, promovió los decretos de libertad de comercio con América, creó las intendencias y la Compañía Real de Filipinas.

Vasco da **Gama**. Museo de la Marina (Lisboa).

GÁLVEZ, JUAN MANUEL Político hondureño (Tegucigalpa, 1887 - íd., 1955). Fue presidente de la República de 1949 a 1954.
GÁLVEZ, MANUEL Escritor argentino (Paraná, 1882 - Buenos Aires, 1962). Tras una primera etapa modernista, se dedicó al cultivo de la narrativa, el ensayo y el teatro. Autor de las novelas *El solar de la raza* (1913), *Historia de arrabal* (1922) y *El general Quiroga* (1932).
GÁLVEZ, MARIANO Político guatemalteco (Guatemala, 1794 - ?, 1855). Colaboró en la redacción de la constitución de 1823 y presidió el primer Congreso federal (1825). Elegido jefe del Estado en 1831 y reelegido en 1836, fue depuesto por el general Carrera en 1838.
GÁLVEZ, MATÍAS DE Político español (Macharavialla, 1705 - México, 1784). En 1779 fue nombrado gobernador de Guatemala y pasó a ser virrey de Nueva España (1783-84).
GÁLVEZ ALFONSO, JOSÉ MARÍA Abogado y político cubano (Matanzas, 1834 - La Habana, 1906). Organizó el Partido Liberal, llamado más tarde Autonomista. Tras la consecución del régimen autonómico de Cuba, en 1897, ocupó la presidencia del gobierno hasta la independencia (1898).
GALWAY 1 Condado de Irlanda, provincia de Connacht; 5.940 km^2 y 189.000 h. **2** Ciudad capital del mismo; 47.104 h. Puerto.
GAMA f. **1** *Mús.* Escala musical. **2** fig. Escala, gradación. Se aplica a los colores.
GAMA, VASCO DA Navegante portugués (Sines, 1469 - Cochín, 1524). Jefe de la expedición que debía ir a la India rodeando África, en 1497 dobló el cabo de Buena Esperanza, para llegar a Calicut en mayo de 1498. A su regreso a Portugal fue nombrado almirante de los mares de la India, adonde volvió otras dos veces: en 1502-03; y en 1524, con el título de gobernador y al mando de un ejército con el que conquistó para la corona portuguesa desde Goa a Cochín.
GAMADA adj. f. CRUZ GAMADA.
GAMARRA, AGUSTÍN Militar y político peruano (Cuzco, 1785 - Ingaví, 1841). Combatió en Ayacucho en el bando patriota y mandó el ejército que invadió Bolivia y depuso a Sucre. Derrocó a La Mar (1829) y firmó la paz con Colombia. Fue presidente de la República (1829-33 y 1839-41).
GAMBA f. *Zool.* Nombre común de diversos crustáceos decápodos, semejantes al langostino, pero algo menores.

GAMBERRO, RRA adj. y s. **1** Que comete actos groseros o incívicos. **2** Libertino, disoluto.
GAMBETA f. **1** *Danza.* Movimiento especial que se hace con las piernas jugándolas y cruzándolas con aire. **2** CORVETA. **3** *Dep.* En el fútbol, REGATE.
GAMBETTA, LÉON Orador y político francés (Cahors, 1838 - Ville d'Avray, 1882). Desarrolló una intensa actividad en la organización de la lucha patriota contra Prusia (1870). Fue sucesivamente ministro del Interior, presidente de la cámara de diputados y jefe del gobierno.
GAMBIA Río de África occidental, que nace en Guinea, cerca de la ciudad de Labé, y desemboca en el Atlántico; 1.600 km de curso.
GAMBIA (*Republic of the Gambia*) República de África occidental que limita al N, E y S con Senegal, y al O con el océano Atlántico.
GEOG. El país ocupa una estrecha franja de territorio, enclavada en Senegal, que coincide con la cuenca baja del río de su mismo nombre. Tiene clima tropical húmedo y la población, en su mayoría rural, se concentra en la región costera y en el estuario del Gambia. Su economía está basada en la agricultura y principalmente en el cacahuete y sus derivados. Es importante la pesca fluvial y un incipiente turismo. A pesar de su escasa población, la producción agrícola resulta insuficiente para el consumo interno, lo que hace del país un importador neto de productos alimenticios.
HIST. Explorada por los portugueses en el siglo XV, fue colonia británica desde el siglo XVI. El dominio británico fue confirmado por el tratado de Versalles de 1783. Hasta 1843 estuvo integrada en Sierra Leona. En 1866 entró a formar parte de los establecimientos ingleses de África occidental, en 1888 se transformó en colonia y en 1894 en protectorado. Obtuvo la plena independencia en 1965, en el seno de la Commonwealth. En 1970 Dawda Jawara, líder del Partido Progresista del Pueblo, proclamó la república y fue elegido presidente, cargo para el que fue reelegido en 1972, 1977, 1982,

Superficie:
10.689 km^2.
Población:
1.367.000 h.
(*gambienses*
o *gambianos*).
Densidad:
127,9 h./km^2.
Tasa de natalidad: 42,8‰.
Tasa de mortalidad: 13,5‰.
Capital: Banjul.
Ciudades principales: Bakau, Basse, Brikama, Kerewan, Mansa Konko, Serekunda.
Grupos étnicos: mandinga (40,4%), fulbé (18,7%), uolof (14,6%), jola (10,3%), otros (16%).
Religión: islamismo (95,4%), cristianismo (3,7%).
Idioma: inglés (oficial), mandinga, uolof y fulbé.
Moneda: dalasi.
Forma de Estado: república presidencialista.
Producto Nacional Bruto: 408 millones de dólares.
Renta per cápita: 340 dólares.
División administrativa: 6 divisiones y una ciudad, según cuadro.

GAMBIA

Divisiones Ciudad	Superficie (km^2)	Población (h.)	Capitales
Kombo St. Mary[1]	76	228.214	Kanifing
Lower River	1.618	65.146	Mansa Konko
MacCarthy Island	2.894	156.021	Georgetown
North Bank	2.256	156.462	Kerewan
Occidental	1.764	234.917	Brikama
Upper River	2.069	155.059	Basse
Banjul[1]	12	42.326	

[1] Kombo St. Mary y la ciudad de Banjul constituyen el Gran Banjul.

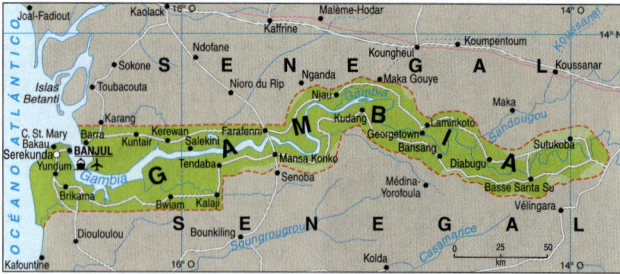

1987 y 1992. Al principio de la década de los ochenta, Gambia acrecentó su cooperación con Senegal, lo que dio por resultado la Confederación de Senegambia (1982-89). Dawda Jawara fue depuesto por una junta militar en 1994, que designó al teniente coronel Yaya Jammed nuevo presidente. Las presiones financieras internacionales obligaron en 1995 al teniente coronel Jammed a anunciar el adelanto a 1996 de unas elecciones presidenciales en las que logró la victoria, que revalidó en 2001.

Gambier Archipiélago de la Polinesia francesa, en Oceanía; 915 km² y 12.374 h. Copra.

gambito m. En el ajedrez, maniobra que consiste en sacrificar al principio de la partida algún peón o pieza, o ambos, para lograr una posición favorable.

Gambrinus o **Cambrinus** Rey germano legendario, hijo del rey alemán Marsus. En Alemania se le atribuye la invención de la cerveza.

gamella f. 1 Artesa que sirve para dar de comer y beber a los animales, para fregar, lavar y otros usos. 2 Arco que se forma en cada extremo del yugo.

gameto m. Biol. Cada una de las dos células sexuales haploides, que se unen en la fecundación para formar una nueva célula diploide, el huevo o cigoto de las plantas y animales. El gameto masculino se llama espermatozoide en los animales y anterozoide en los vegetales, y el femenino, óvulo y oosfera, respectivamente.

gameto-, gamet-; -gameto prefs. o suf. GAMO-.

gametofito m. Bot. Fase haploide del ciclo vital de una planta, en la que se producen los gametos.

gametogénesis f. Biol. Proceso de formación de los gametos en los animales y plantas. ◆ Su pl. es *gametogénesis*.

gamezno m. Zool. Gamo pequeño.

gamitido m. Zool. Balido del gamo o voz que lo imita.

gamma f. 1 Tercera letra del alfabeto griego (Γ, γ); corresponde a nuestra *g*. 2 Fís. Unidad internacional de medida de masa, equivalente a una millonésima de gramo. 3 Fís. Unidad de inducción magnética. || **rayos gamma** Fís. Radiaciones o rayos X, cortos y muy penetrantes, emitidos en la desintegración de núcleos de elementos radiactivos, como el radio.

gammaglobulina f. Biol. Proteína del suero sanguíneo con actividad de anticuerpo. También denominada *inmunoglobulina*.

gamo m. y f. Zool. Mamífero artiodáctilo rumiante de la familia cérvidos, con nombre científico *Dama dama*. El pelaje estival es rojizo en el dorso y blanco en el vientre, y el invernal más tupido y oscuro en el dorso y grisáceo en el vientre.

gamo-, gameto-, gamet-; -gameto, -gamia, -gamo prefs. o sufs. que significan unión sexual.

gamón m. Bot. Nombre común de diversas plantas de la familia liliáceas, géneros *Asphodelus* y *Asphodeline*, con raíces tuberosas, flores blancas y hojas erguidas, en forma de espada.

gamonal m. 1 Bot. Tierra donde crecen muchos gamones. 2 *Amér. C.* y *m.* Cacique de pueblo.

gamonita f. Bot. GAMÓN.

gamonito m. Bot. Retoño que echan algunos árboles y plantas alrededor.

gamopétalo, la adj. Bot. Se dice de la flor cuya corola tiene los pétalos soldados entre sí.

gamosépalo, la adj. Bot. Se dice de la flor cuyo cáliz tiene los sépalos soldados entre sí.

gamostilo m. Bot. Estilo formado por la unión de varios estilos individuales.

Gamow, George Científico estadounidense de origen ruso (Ordesa, 1904 - Boulder, 1968). En 1948, en colaboración con Ralph Alpher, publicó el artículo *The origin of chemical elements*, donde apoyaban la teoría de Abbé Georges Lemaître sobre el big-bang.

gamusino m. Animal imaginario cuyo nombre se usa para gastar bromas a los cazadores novatos.

gamuza f. 1 Zool. REBECO. 2 Piel de la gamuza, muy flexible y de color amarillo pálido. 3 Tejido de aspecto similar al de las franelas dobles. Se utiliza en abrigos, paños de limpieza, etc.

gana f. Deseo, apetito, voluntad de una cosa. Se usa también en pl. y con la preposición *de*. || **darle** a uno **la gana**, o **la real gana** fr. fam. Querer hacer una cosa con razón o sin ella. || **darle** a uno **ganas de** fr. Entrarle el deseo de hacer algo. || **de buena gana** loc. adv. Con gusto o voluntad. || **de mala gana** loc. adv. Con repugnancia y fastidio. || **hacer** uno **lo que le da la gana** fr. fam. Seguir el propio gusto o arbitrio sin atender a nada más. || **quedarse** uno **con las ganas** fr. que expresa la situación de quien se ve privado de algo en el momento en que iba a alcanzarlo. || **tenerle** a uno **ganas** fr. fig. y fam. Desear reñir o pelearse con él.

ganadería f. 1 Conjunto de ganado. 2 Raza especial de ganado, que suele llevar el nombre del ganadero. 3 Crianza, granjería o tráfico de ganados. 4 Actividad agraria, consistente en la cría de animales domésticos para la obtención de carne, leche y sus derivados, lana o pieles.

ganado m. 1 Conjunto de bestias mansas que se apacientan y andan juntas. 2 Conjunto de abejas que hay en la colmena. 3 fam. Conjunto de personas.

ganancia f. 1 Acción y efecto de ganar. 2 Utilidad que resulta del trato, del comercio u otra acción. 3 Fís. Aumento de la intensidad, potencia o tensión de una señal de telecomunicaciones, obtenido mediante el uso de amplificadores, transformadores, etc. 4 *Chile, Guat.* y *Méx.* PROPINA. || **no le arriendo la ganancia** expr. que se suele usar para dar a entender que uno está en peligro, o expuesto a un trabajo o castigo a que ha dado ocasión.

ganapán m. 1 Hombre que se gana la vida transportando cargas, o lo que le mandan. 2 fig. y fam. Hombre rudo y tosco.

ganar tr. 1 Adquirir caudal o aumentarlo con cualquier género de comercio, industria o trabajo. 2 Obtener un jornal o sueldo en un empleo o trabajo. 3 Dicho de juegos, batallas, oposiciones, pleitos, etc., obtener lo que en ellos se disputa. 4 Conquistar o tomar una plaza, ciudad, fuerte o territorio. 5 Llegar al sitio o lugar que se pretende. 6 Captar la voluntad de una persona. También prnl. 7 Lograr o adquirir una cosa, como la honra, la gracia. También prnl. 8 fig. Aventajar, exceder a uno en algo. || intr. 9 Mejorar, medrar, prosperar.

Gance, Abel Director de cine francés (París, 1899 - íd., 1981). Incorporado al grupo vanguardista francés de la posguerra, en su filmografía destacan *Napoleón* (1925-27), *Yo acuso* (1919), *El fin del mundo* (1929), *El paraíso perdido* (1940), *Austerlitz* (1960), etc.

ganchillo m. Labor o acción de trabajar con aguja de gancho.

gancho m. 1 Instrumento de metal, madera, etc., corvo y por lo común puntiagudo en uno o ambos extremos, que sirve para prender, agarrar, o colgar una cosa. 2 Bot. Pedazo que queda en el árbol cuando se rompe una rama. 3 Dep. En boxeo, golpe corto lanzado con el brazo y antebrazo arqueados. 4 fig. Compinche del que vende o rifa públicamente una cosa, o que se mezcla con el público para animar con su ejemplo a los compradores. 5 fig. y fam. El que con maña o arte solicita a otro para algún fin. 6 fig. y fam. RUFIÁN. 7 fig. y fam. Atractivo. 8 *Col., C. Rica, Cuba, Chile, Dom., Hond., Méx., Pan.* y *Perú*. Horquilla para sujetar el pelo. 9 *Ecuad.* Silla de montar para señora. 10 *Dep.* En baloncesto, tiro a canasta arqueando el brazo sobre la cabeza. || **echar** a uno **el gancho** fr. fig. y fam. Prenderlo, atraparlo, atraerlo con maña. || **tener gancho** fr. fig. y fam. Poseer una persona cualidades persuasivas, habilidad, atractivo personal, etc.

ganchudo, da adj. Se dice de cualquier estructura en forma de gancho.

Gandhara Antigua región de la India, hoy en Pakistán, donde, del siglo I a. C. al VI, floreció una corriente escultórica llamada grecobúdica.

Gandhi, Indira Política india (Allahabab, 1917 - Nueva Delhi, 1984). Hija del pandit Nehru, colaboró activamente durante el gobierno de éste. En 1959 fue elegida presidenta del Congreso, a partir de 1964 encabezó el Ministerio de Información y en 1966 fue elegida primera ministra. Apartada del cargo en 1977, volvió a ocuparlo en enero de 1980 tras la victoria electoral de su partido. En 1984 fue asesinada por miembros extremistas sikhs de su guardia personal.

Gandhi, Mahatma (MOHANDAS KARAMCHAND GANDHI, llamado) Político indio (Portandar, 1869 - Nueva Delhi, 1948). Jefe del nacionalismo en la India y apóstol del pacifismo, en 1893 marchó a África del Sur, donde se dedicó a la defensa de los derechos de la comunidad india y fundó la Transvaal India Association (1903) y el periódico *Indian Opinion* (1904). En 1914 regresó a la India y cooperó con los británicos durante la Primera Guerra Mundial. Sin embargo, tras la tragedia de Amritsar en 1919, hizo un llamamiento a todos los indios a oponerse a la política colonial del Reino Unido. Fue presidente del Partido del Congreso (1924-34). Se le considera el artífice de la independencia de su país mediante la política de no violencia. Fue asesinado en Nueva Delhi a los pocos meses de que la India consiguiera la emancipación de Gran Bretaña.

Gandhi, Rajiv Político indio (Nueva Delhi, 1945 - Sriperumpudur, 1991). Hijo de Indira Gandhi, en 1981 fue elegido diputado. Tras el asesinato de su madre, le sucedió en el cargo de primer ministro (1984-89). Derrotado en las elecciones de 1989, murió en un atentado terrorista.

Gandía, Enrique de Historiador y sociólogo argentino (Buenos Aires, 1906 - íd., 1995). Autor de *Historia crítica de los mitos y leyendas de la conquista americana* (1929), *Nueva historia de América* (1946), *La independencia americana* (1961), etc.

gandido, da adj. *Amér.* Comilón, hambrón.

gandinga f. 1 *Min.* Mineral menudo y lavado. 2 *Cuba* y *P. Rico* Chanfaina con salsa espesa.

Gandolfi Herrero, Arístides YUNQUE, ÁLVARO.

gandul, la adj. y s. 1 fam. Tunante, holgazán. || m. 2 Individuo de cierta milicia antigua de los moros.

ganga¹ f. Zool. 1 Ave columbiforme de nombre científico *Pterocles alchata*. Similar a la perdiz, vive en la región mediterránea. 2 *Cuba* Ave caradriforme.

gamo

Mahatma **Gandhi** con Hewlett Johnson, decano de la Universidad de Canterbury (1931).

GANGA² f. 1 *Min.* Minerales de desecho que acompañan a una mena metálica. 2 fig. Cosa apreciable que se adquiere a muy bajo precio.

GANGES Río de Asia meridional, que nace en el Himalaya y atraviesa la gran llanura del N de la India y desemboca en el golfo de Bengala, por Bangla Desh, formando con el Brahmaputra un amplio delta; 2.700 km. Es el río sagrado de la India.

GANGLIO m. *Anat.* Abultamiento pequeño que se forma en el trayecto de los nervios y vasos linfáticos.

GANGLIOMA m. *Pat.* Tumor de un ganglio, especialmente linfático.

GANGLIÓN m. *Anat.* GANGLIO, abultamiento.

GANGOSO, SA adj. y s. Que habla gangueando debido a lesiones destructivas de la nariz y el paladar duro.

GANGRENA f. 1 *Bot.* Enfermedad de los árboles. 2 *Med.* Desorganización y muerte de cualquier tejido de un cuerpo animal producida por falta de riego sanguíneo.

GÁNGSTER m. 1 Miembro de una banda organizada de malhechores que actúa en las grandes ciudades. 2 fig. Término que se utiliza para designar a aquellas personas capaces de usar cualquier método, legal o ilegal, para conseguir un objetivo.

GANGUEAR intr. Hablar con resonancia nasal.

GANIMEDES *Mit.* Héroe troyano, hijo de Tros y de la ninfa Calírroe. Fue raptado por Zeus, quien para ello tomó la forma de águila y lo llevó al Olimpo para hacerle copero de los dioses.

GANIMEDES *Astron.* El mayor de los satélites de Júpiter. Fue descubierto por Galileo en 1610.

GANIVET, ÁNGEL Escritor y diplomático español (Granada, 1865 - Riga, 1898). Su preocupación por el problema de la decadencia de España ha hecho que se le considere un precursor de la Generación del 98. Entre sus obras destacan *Granada la bella* (1896), *Cartas finlandesas* (1897), *La conquista del reino de Maya por el último conquistador español, Pío Cid* (1897), *Los trabajos del infatigable creador Pío Cid* (1898) e *Idearium español* (1897).

GANOIDEO, A adj. y s. *Zool.* 1 Se dice del pez con el cuerpo cubierto de escamas ganoideas, con una capa ósea, otra de marfil y un revestimiento. || m. pl. *Zool.* 2 Antigua subclase de estos peces.

GANOSO, SA adj. Que tiene gana de una cosa.

GANSADA f. fig. y fam. Hecho o dicho propio de ganso, persona chistosa o patosa.

GANSARÓN m. 1 *Zool.* Ganso bravo. 2 fig. Hombre alto, flaco y desvaído.

GANSEAR intr. fam. Hacer o decir gansadas.

GANSO, SA m. y f. 1 *Zool.* Nombre común de diversas aves palmípedas de la familia anátidas, con diversos géneros. Es algo menor que el ánsar, con el plumaje ceniza y las patas rojizas. Se cría por su carne, plumas, piel e hígado, con el que se elabora el *foie-gras*. 2 fig. Persona tarda, perezosa, descuidada. También adj. 3 fig. Persona patosa, que presume de chistosa y aguda, sin serlo.

GANSU (*Kansu*) Provincia de China, en la región Noroccidental; 366.500 km² y 25.430.000 h. Su capital es Lanzhou.

GANTE Ciudad de Bélgica, capital de la provincia de Flandes Oriental; 225.469 h. Centro industrial. Catedral gótica. Universidad.

GANTE, JUAN DE, DUQUE DE LANCASTER Caballero inglés y pretendiente al trono de Castilla (Gante, 1340 - Londres, 1399). Hijo de Eduardo III de Inglaterra, se casó con doña Constanza, hija de Pedro el Cruel y, muerto éste, tomó el título de rey de Castilla y León, aunque no ocupó jamás este trono. Fue también regente de Inglaterra y protector de John Wyclif.

GANTÉS, SA adj. y s. De Gante.

GANZÚA f. 1 Alambre fuerte y doblado por una punta con que se pueden abrir las cerraduras. 2 fig. y fam. Ladrón que roba con maña. 3 fig. y fam. Persona que tiene arte o maña para sonsacar a otra su secreto.

GAÑÁN m. 1 Mozo de labranza. 2 fig. Hombre fuerte y rudo.

GAÑIDO m. 1 Aullido del perro cuando lo maltratan. 2 Quejido de otros animales.

GAÑIL m. 1 Garguero, gaznate. 2 Agallas de los peces.

GAÑIR intr. 1 Aullar el perro cuando lo maltratan. 2 Quejarse algunos animales con voz semejante al gañido del perro. 3 Graznar las aves. 4 fig. y fam. Resollar o respirar con ruido las personas. ♦ IRREG. Se conjuga como MULLIR.

GAÑOTE o **GAÑÓN** m. fam. Garguero o gaznate.

GAONA, RODOLFO Matador de toros mexicano (León de los Aldamas, 1888 - Ciudad de México, 1975). Una de las máximas figuras del toreo mexicano, manejó con gran perfección el capote y fue el creador de la GAONERA.

GAONERA f. *Taurom.* Lance de capa, inventado por R. Gaona, en que se cita al toro de frente con el capote a la espalda.

GAOS, JOSÉ Filósofo mexicano de origen español (Gijón, 1900 - Ciudad de México, 1969). Fue discípulo de Ortega, entre sus obras destacan *La crítica del psicologismo en Husserl* (1931), *Dos ideas de la filosofía* (1940) y *De la Filosofía* (1962).

GAP m. Distancia o diferencia entre dos cosas.

GAP Ciudad de Francia, capital del departamento de Altos Alpes, a orillas del Luye; 33.444 h.

GARABATEAR intr. 1 Echar los garabatos para agarrar o asir una cosa. 2 Hacer garabatos con la pluma. También tr. 3 fig. y fam. Andar con rodeos.

GARABATO m. 1 Instrumento de hierro para colgar o agarrar cosas cuya punta está vuelta en semicírculo. 2 Rasgo irregular hecho con la pluma. 3 Palo de madera dura que forma gancho en un extremo. || m. pl. 4 Escritura mal trazada. 5 fig. Acciones descompasadas con dedos y manos.

GARAJE m. Local destinado a guardar automóviles.

GARAMBAINA f. 1 Adorno de mal gusto y superfluo. || f. pl. 2 fam. Ademanes afectados o ridículos. 3 fam. Rasgos o letras mal formados. 4 fam. Cosas y dichos inútiles; tonterías.

GARAMBULLO m. *Bot.* *Méx.* Cacto que tiene por fruto una tuna pequeña roja.

GARANTE adj. y com. Que da garantía.

GARANTÍA f. 1 Efecto de afianzar lo estipulado. 2 FIANZA, prenda. 3 Cosa que asegura y protege contra algún riesgo o necesidad. 4 Compromiso temporal del fabricante o vendedor, por el que se obliga a reparar gratuitamente la cosa vendida en caso de avería. 5 Documento que garantiza este compromiso.

GARANTIR tr. Dar garantía. ♦ DEF. Se conjuga como ABOLIR.

GARANTIZAR tr. Dar garantía.

GARAÑÓN m. *Zool.* Semental de ciertos animales, como asno, caballo o camello.

GARAPACHO m. *Zool.* Caparazón de las tortugas y cangrejos.

GARAPALO m. *Bot.* EMBORRACHACABRAS.

GARAPAN Ciudad capital de las Islas Marianas Septentrionales, en la isla de Saipan.

GARAPIÑA f. 1 GARAPIÑA. 2 *Cuba* y *Méx.* Bebida muy refrigerante hecha con la corteza de la piña y agua con azúcar.

GARAPIÑAR tr. GARRAPIÑAR.

Greta **Garbo**

GARAPITO m. *Zool.* Insecto hemíptero de nombre científico *Notonecta glauca*, que vive en las aguas estancadas y nada con el dorso hacia abajo.

GARATUSA f. 1 Lance del juego del chilindrón. 2 fam. Halago y caricia para ganar la voluntad de una persona. 3 *Dep.* En esgrima, estocada que se ejecuta en nueve movimientos.

GARAUDY, ROGER Político y filósofo francés (Marsella, 1913). Autor, entre otras obras, de *Théorie matérialiste de la consciencie* (1953), *Dios ha muerto* (1961), *¿Se puede ser comunista hoy?* (1968), *La alternativa* (1972) e *Integrismes* (1990).

GARAY, JUAN DE Conquistador español (Orduña, h. 1527 - Río de la Plata, 1583). En Perú luchó a las órdenes de Chaves, con el que fundó la ciudad de Santa Cruz de la Sierra (1561) y la de Santa Fe. Nombrado capitán general del Río de la Plata, en 1580 desembarcó con sus tropas donde estuvo la primitiva ciudad de Buenos Aires, y la fundó nuevamente. Su victoria sobre el jefe guaraní Oberá facilitó el afianzamiento de la conquista. Fue muerto en una emboscada.

GARBANZO m. *Bot.* 1 Planta herbácea anual de la familia leguminosas, de nombre científico *Cicer arietinum*, con flores blancas y fruto en vaina inflada y pelosa. 2 Semilla de esta planta. || GARBANZO NEGRO fig. Persona que entre las de su clase no goza de consideración.

GARBEO m. Paseo, acción de pasearse.

GARBÍ m. Brisa suave del E en Cataluña y Levante.

GARBINO m. Viento del SO.

GARBO m. 1 Gallardía, gentileza. 2 fig. Cierta gracia y perfección que se da a las cosas. 3 fig. Bizarría, generosidad.

GARBO, GRETA (GRETA LOVISA GUSTAFSSON, llamada) Actriz de cine estadounidense de origen sueco (Estocolmo, 1905 - Nueva York, 1990). Considerada uno de los más grandes mitos de Hollywood. Intervino en *El de-*

Gante (Bélgica). Quai aux Herbes.

garceta

monio y la carne (1927), *La reina Cristina de Suecia* (1933), *Ana Karenina* (1935), *Ninotchka* (1938), etc.

GARBOSO, SA adj. **1** Airoso, bizarro y bien dispuesto. **2** fig. Magnánimo, dadivoso.

GARCETA f. **1** *Zool.* Nombre común de varias especies de aves ciconiformes de la familia ardeidos, con diversos géneros. La garceta común (*Egretta garcetta*), de unos 60 cm de longitud, es de color blanco, con un largo penacho en la cabeza. **2** Cada una de las puntas inferiores de las astas del venado. **3** Pelo de la sien que cae a la mejilla.

GARCÍA Rey de Galicia (? - castillo de Luna, 1090). Accedió al trono en 1065 por la división testamentaria de su padre, Fernando I de León, pero le fue arrebatado el reino por sus hermanos Alfonso VI de León y Sancho II de Castilla. Tras recuperar el trono en 1072, fue nuevamente depuesto y encarcelado por Alfonso VI.

GARCÍA Nombre de diversos reyes de Navarra.

GARCÍA I ÍÑIGUEZ (s. IX). Era hijo de Íñigo Arista. Fue hecho prisionero por los piratas normandos en 858 y liberado tras el pago de un fuerte rescate. Debido a la enfermedad de su padre, fue regente de los vascones navarros a partir del año 861. Su reino fue invadido por los musulmanes, aunque pudo recuperar el trono en 882.

GARCÍA II SÁNCHEZ (?, 926 - ?, 970). Hijo de Sancho I Garcés, ocupó el trono en 933, tras la regencia de la reina Toda. Con ella viajó a Córdoba para solicitar la ayuda de Abderramán III, para restaurar en el trono a Sancho I de León. La obtuvo a cambio de la derrota y captura de Fernán González, que llevó a cabo en 960. Sin embargo, no entregó el conde al califa, sino que le liberó y se unió a él en 962 contra Alhakem.

GARCÍA III SÁNCHEZ EL TEMBLÓN (?, 936 - ?, 1000). Sucedió a su padre, Sancho II Garcés Abarca, en 994. En su reinado, Almanzor saqueó Pamplona.

GARCÍA IV SÁNCHEZ EL DE NÁJERA (Nájera, 979 - Atapuerca, 1054). Sucedió a su padre, Sancho III el Mayor, en 1035. Luchó contra su hermanastro Ramiro I de Aragón, al que venció en Tafalla (1043), y contra su hermano Fernando I de León, que le derrotó en Atapuerca (1054), donde murió.

GARCÍA V RAMÍREZ EL RESTAURADOR (?, 1096 - ?, 1150). Fue elegido rey a la muerte de Alfonso I el Batallador, rey de Aragón, en 1134. Logró que Navarra se emancipara de Castilla y Aragón.

GARCÍA I Rey de León (? - ?, 914). Obtuvo la corona en 910 tras sublevarse contra su padre, Alfonso III el Magno. Consolidó la frontera del alto Duero. Fue el fundador del convento de Dueñas.

GARCÍA, ALAN Político peruano (Lima, 1949). Líder de la Alianza Popular para la Revolución Americana (APRA), fue elegido presidente de la República en 1985. En 1990 fue sustituido en la presidencia por Alberto Fujimori. Acusado de aceptar sobornos, se exilió en Colombia en 1992. Volvió a Perú en 2001, tras la dimisión de Fujimori, y se presentó a las elecciones de 2001, en las que fue derrotado por Alejandro Toledo.

GARCÍA, ALEJO Explorador portugués (?, - río Paraguay, h. 1526). Fue compañero de Juan Díaz de Solís en el descubrimiento del Río de la Plata. Realizó la travesía de Brasil y El Chaco hasta las estribaciones de los Andes.

GARCÍA, CARLOS POLÉSTICO Político filipino (Talibon, 1896 - Quezón, 1971). Fue elegido vicepresidente de la República en 1941. Organizó el movimiento de resistencia durante la Segunda Guerra Mundial. Presidente de la República de 1957 a 1961.

GARCÍA, LISARDO Político ecuatoriano (Guayaquil, 1842 - Quito, 1937). Ministro de Hacienda con el general Alfaro, en 1905 fue elegido presidente de la República, cargo que ocupó hasta 1906, año en que fue derrocado por una revolución militar.

GARCÍA DE LA BARGA Y GÓMEZ DE LA SERNA, ANDRÉS CORPUS BARGA.

GARCÍA BERLANGA, LUIS BERLANGA, LUIS GARCÍA.

GARCÍA CALDERÓN, FRANCISCO Político peruano (Arequipa, 1834 - Lima, 1905). Fue padre de Ventura García Calderón. Presidió el Congreso Constituyente y fue ministro de Hacienda (1868). Tras la ocupación de Lima por las fuerzas chilenas (1891), fue nombrado presidente y suscribió un tratado de paz, rechazado por los chilenos. Fue por ello encarcelado y desterrado del país.

GARCÍA CALDERÓN, VENTURA Escritor y diplomático peruano (Lima, 1883 - íd., 1959). Delegado de su país ante la Sociedad de las Naciones, se le considera uno de los divulgadores más importantes de la literatura hispánica en Francia.

GARCÍA FERNÁNDEZ, SINESIO ABAD DE SANTILLÁN, DIEGO.

GARCÍA GÓMEZ, EMILIO Arabista español (Madrid, 1905 - íd., 1995). Se ha dedicado principalmente al estudio de poetas arabigoespañoles. Entre sus principales publicaciones destacan *Poetas arábigo-andaluces* (1928), *Cinco poemas musulmanes* (1945), *Las banderas de los campeones* (1942), la crítica y glosa de *El collar de la paloma*, de Ibn Hazm de Córdoba (1952), *Silla del moro y nuevas escenas andaluzas* (1954), *Árabe en endecasílabos* (1976), *Foco de antigua luz sobre la Alhambra* (1988). Premio Príncipe de Asturias de Comunicación y Humanidades en 1992.

GARCÍA Y GONZÁLEZ, VICENTE Militar y político cubano (Las Turnas, 1833 - Río Chico, 1886). Tomó parte en la guerra de los Diez Años (1868-78). Fue presidente de la República en Armas de diciembre de 1877 a febrero de 1878.

GARCÍA GRANADOS, MIGUEL General y político guatemalteco (?, 1809 - ?, 1878). Encabezó la revolución reformista que derrocó a Cerna y fue presidente de la República (1871-73).

GARCÍA HORTELANO, JUAN Escritor español (Madrid, 1928 - íd., 1992). Adscrito al realismo crítico, posteriormente se interesó por la problemática de las relaciones personales. En su narrativa destacan *Nuevas amistades* (1959), *Tormenta de verano* (1962), *El gran momento de Mary Tribune* (1972), *Gramática parda* (1982) y *Mucho cuento* (1987).

GARCÍA ICAZBALCETA, JOAQUÍN Historiador y bibliógrafo mexicano (Ciudad de México, 1825 - íd., 1894). Entre sus obras destacan la biografía de *Fray Juan de Zumárraga* (1881) y la *Bibliografía mexicana del siglo XVI* (1886).

GARCÍA ÍÑIGUEZ, CALIXTO General cubano (Holguín, 1839 - Washington, 1898). Caudillo de la independencia cubana, participó en la guerra de los Diez Años (1868), en la Chiquita (1879) y en la de la Independencia (1895).

GARCÍA LORCA, FEDERICO Poeta y dramaturgo español (Fuente Vaqueros, 1898 - Víznar, 1936). Es una de las principales figuras de la poesía contemporánea y de la Generación del 27. Poeta que conjuga sabiamente tradición y modernidad, en su producción los grandes temas del amor y la muerte están tratados con gran carga simbólica y aparente sencillez formal. Entre 1919 y 1928 vivió en la Residencia de Estudiantes, donde se relacionó con Salvador Dalí y los poetas Emilio Prados y José Moreno Villa. Durante la II República formó una compañía de teatro universitario, *La Barraca*. Lo más notable de su obra poética está recogido en *Libro de poemas* (1921), *Canciones* (1927), *Primer Romancero gitano* (1928), *El poema del cante jondo* (1932), *Llanto por la muerte de Ignacio Sánchez Mejías* (1935) y *Poeta en Nueva York* (1940). Escribió los dramas modernistas *El maleficio de la mariposa* (1920) y *Mariana Pineda* (1927); las farsas *Tragicomedia de don Cristóbal, Retablillo de don Cristóbal* (piezas de guiñol escritas en 1931), *La zapatera prodigiosa* (1930), *El amor de don Perlimplín y Belisa en su jardín* (1933), y las obras vanguardistas *El público* (1930) y *Así que pasen cinco años* (1931). Sus dramas internacionalmente conocidos son *Bodas de sangre* (1933), *Yerma* (1934), *Doña Rosita la soltera* (1935) y *La casa de Bernarda Alba* (1936). En 1997 se publicó el inédito *El primitivo auto sentimental* (1918). Nada más iniciarse la Guerra Civil, fue detenido por los insurrectos, y fusilado.

Gabriel **García Márquez**

GARCÍA MÁRQUEZ, GABRIEL Escritor colombiano (Aracataca, 1928). Las leyendas y fábulas transmitidas por tradición oral, la descripción de los ambientes colombianos, una retórica exuberante y una fecunda imaginación, son rasgos fundamentales de su narrativa. Entre sus principales novelas cabe citar *La hojarasca* (1955), *La mala hora* (1962), *El coronel no tiene quien le escriba* (1961), *Cien años de soledad* (1967), *El otoño del patriarca* (1975), *Crónica de una muerte anunciada* (1981), *El amor en los tiempos del cólera* (1985), *El general en su laberinto* (1989) y *Del amor y otros demonios* (1994). Merecen especial mención los relatos recogidos en *Los funerales de la Mamá Grande* (1962), *La increíble y triste historia de la cándida Eréndira y de su abuela desalmada* (1972), *Ojos de perro azul* (1974) y *Doce cuentos peregrinos* (1992). Asimismo destacan sus relatos periodísticos *Relato de un náufrago* (1968), *La aventura de Miguel Littin, clandestino en Chile* (1986) y *Noticia de un secuestro* (1996). En 1987 publicó en Colombia el monólogo teatral *Diatriba de amor contra un hombre sentado*. En los volúmenes *Textos costeños* (1981) y *Entre cachacos* (1983), se halla recogida una parte importante de su labor periodística. En 2002 publicó *Vivir para contarla*, primera parte de sus memorias. Premio Nobel de Literatura en 1982.

GARCÍA MENOCAL, MARIO Militar y político cubano (Jagüey Grande, 1866 - La Habana, 1941). Ocupó la presidencia en dos períodos (1913-17 y 1917-21). A partir de 1917 ejerció el poder de forma autoritaria, lo que provocó la reacción de los liberales y la intervención estadounidense.

GARCÍA MEZA, LUIS Militar boliviano (La Paz, 1929). Accedió a la presidencia de la República en 1980, tras un golpe de Estado que impidió la toma de posesión del presidente electo, Siles Suazo. En 1981 fue sustituido por Celso Torrelio Villa. Exiliado en Argentina y Brasil, en 1994 fue extraditado.

GARCÍA DE MOGUER, DIEGO Navegante español (s. XVI). Acompañó a Díaz de Solís en la expedición al Río de la Plata (1516) y viajó con Caboto a la sierra de la Plata (1528), empresa que resultó frustrada.

GARCÍA MORENO, GABRIEL Político ecuatoriano (Guayaquil, 1821 - Quito, 1875). Fue presidente de la

Federico **García Lorca**

República en los periodos 1861-65 y 1869-75. Murió asesinado.

García Morillo, Roberto Compositor y musicólogo argentino (Buenos Aires, 1911 - íd., 1996). Autor de un libro sobre *Mussorgski* y de cerca de un centenar de artículos, sus composiciones le reportaron varios premios.

García Ponce, Juan Escritor mexicano (Mérida, 1932 - Ciudad de México, 2003). Narrativa: *La noche* (1963), *La casa de la playa* (1966), *La invitación* (1972). Obras de teatro: *El canto de los grillos* (1957) y *Doce y una, trece* (1964).

García Pumacahua, Mateo Pumacahua, Mateo García.

García de Quevedo, José Heriberto Escritor venezolano (Coro, 1819 - París, 1871). Compuso poemas filosóficos (*Delírium*, *La segunda vida* y *El proscrito*), la novela *El amor de una niña* y varias obras dramáticas.

García Robles, Alfonso Político y diplomático mexicano (Zamora, Michoacán, 1911 - Ciudad de México, 1991). Premio Nobel de la Paz (1982) por su dedicación a los problemas del desarme, compartido con A. Myrdal.

García Rovira, Custodio Patriota colombiano (Cartagena de Indias, 1780 - Bogotá, 1816). Ocupó la presidencia de la República en 1816 y murió fusilado por Morillo.

Garciasol, Ramón de (Miguel Alonso Calvo, llamado) Escritor español (Humanes de Mohernando, Guadalajara, 1913 - Madrid, 1994). Autor de libros de poesía: *Canciones* (1952), *Herido ver* (1956), *Poemas testamentarios* (1973), *Escuela de la pobreza* (1981).

Garcilaso de la Vega Escritor español (Toledo, 1501 - Niza, 1536). Es el máximo representante de la lírica renacentista española. Su poesía se caracteriza por su extremada musicalidad y su cuidadoso uso de la metáfora. Está considerado, junto con Boscán, como el introductor de la métrica italiana en España (verso endecasílabo y estrofas como el soneto y la lira). Escasa en número, su obra se reduce a tres *Églogas*, dos *Elegías* (una a Boscán y otra al duque de Alba), cinco *Canciones* (entre las que sobresale la dedicada a *La flor de Gnido*, dama napolitana), una *Epístola* (en versos libres, a Boscán), así como *38 sonetos* (algunos de autoría dudosa), varias coplas al estilo tradicional y dos *Odas* en latín.

Garcilaso de la Vega, el Inca Escritor peruano (Cuzco, 1539 - Córdoba, 1616). Hijo de un conquistador español, Garcilaso de la Vega y Vargas, y de una princesa peruana. En 1560 se trasladó a España, donde luchó en las Alpujarras a las órdenes de Juan de Austria. Su obra principal es *Comentarios reales* (1609). Escribió, además, *Historia general del Perú* y *La Florida*.

Garcilaso de la Vega y Vargas, Sebastián Conquistador español (Badajoz, h. 1507 - Cuzco, 1559). Padre del Inca Garcilaso. Acompañó a Pedro de Alvarado en la conquista de México y en la expedición a Perú, y a Francisco Pizarro en sus luchas contra el inca Manco Cápac.

Garcilla f. *Zool.* Nombre común de varias aves ciconiformes, de la familia ardeidas, géneros *Ardeola* y *Bubulcus*, que habitan regiones pantanosas de Europa, Asia y África.

Gard Río del S de Francia, afluente del Ródano; 113 km. Sobre él se tiende un acueducto romano (siglo I).

Gard Departamento del S de Francia, en la región de Languedoc-Rosellón; 5.853 km² y 623.125 h. Capital, Nîmes.

Garda Lago alpino del N de Italia, de origen glacial, en las provincias de Brescia y Verona; 370 km². Turismo y pesca

Gardafuí Guardafuí.

Gardel, Carlos (Charles Gardes, llamado) Cantante y actor de cine argentino de origen francés (Toulouse, 1887 - Medellín, Colombia, 1935). Alcanzó fama universal por su personal estilización de la canción criolla, especialmente el tango, que puso de moda en Europa.

Gardenia f. *Bot.* **1** Nombre común de diversos arbustos perennes de la familia rubiáceas, género *Gardenia*, con flores blancas de gran belleza, originarios del E de Asia. Se cultiva como ornamental. **2** Flor de esta planta.

Gardiner, Stephen Prelado y político inglés (Bury Saint Edmunds, h. 1482 - Londres, 1555). Secretario del cardenal Wolsey, tras la caída de éste fue nombrado por Enrique VIII secretario de Estado (1529). Aunque no abandonó el dogma católico y combatió la reforma anglicana, se mostró partidario de la supremacía del rey sobre la iglesia. Expresó sus ideas en el tratado *De vera obedientia* (1535).

Gardner, Ava Actriz de cine estadounidense (Smithfield, 1922 - Londres, 1990). Actriz de gran belleza y carácter, fue uno de los grandes mitos de Hollywood.

Ava **Gardner**

Filmes: *Venus era mujer* (1948), *Pandora y el holandés errante* (1950), *Las nieves del Kilimanjaro* (1952), *Mogambo* (1953), *La condesa descalza* (1955), *55 días en Pekín* (1963), etc.

Gardner, Erle Stanley Escritor estadounidense (Malden, Massachusetts, 1889 - Riverside, 1970). Autor de novelas policíacas, fue el creador del famoso detective Perry Mason.

garduña

Garduña f. Mamífero carnívoro de la familia mustélidos, de nombre científico *Martes foina*, de unos 70 cm de longitud y pelaje pardo grisáceo, con una mancha blanca en la garganta. Vive en los bosques caducifolios y colinas rocosas abiertas de Eurasia.

Garellano Hist. Nombre español de *Garigliano*, río de Italia que desemboca en el golfo de Gaeta. En su orilla izquierda, el Gran Capitán, Gonzalo de Córdoba, alcanzó una importante victoria sobre un ejército francés de 40.000 hombres (1503).

Garete, ir o **irse al** fr. *Mar.* Se dice de la embarcación que va a la deriva. Por extensión, fracasar algo.

Garfa f. **1** *Zool.* Cada una de las uñas de las manos en los animales que las tienen corvas. **2** *Mec.* Pieza que agarra el cable conductor de la corriente en tranvías y ferrocarriles eléctricos.

Garfield, James Abram Político estadounidense (Orange, 1831 - Long Branch, 1881). Elegido senador por Ohio en 1859, apoyó la causa de Lincoln y luchó en el ejército nordista durante la guerra de Secesión. En 1876 se convirtió en jefe del Partido Republicano y fue elegido presidente en 1880. Murió asesinado.

Garfield, John Actor de cine estadounidense (Nueva York, 1913 - íd., 1952). Interpretó papeles de galán duro y sobrio. Fue apartado de las pantallas durante la época de la caza de brujas. Películas principales: *Saturday's childrens* (1940), *El cartero siempre llama dos veces* (1946) y *Humoresque* (1946).

Garfio m. Instrumento de hierro, corvo y puntiagudo, que sirve para aferrar algún objeto.

Gargajo m. Secreción nasal o faríngea que se expele de la garganta.

Gargallo y Catalán, Pablo Escultor español (Maella, 1881 - Reus, 1934). Partiendo de un estilo modernista y figurativo, influido por Rodin y el cubismo, buscó distintas formas de expresión alejadas de las normas tradicionales y empleando nuevos materiales, como el cobre y hierro. Entre sus obras principales figuran *Retrato de Pablo Picasso* (1912), *El virtuoso* (1920), *La mujer con sombrilla* (1921), *Muchacha de Caspe* (1929), *Bailarina española* (1931) y *El profeta* (1933).

Garganta f. **1** Parte anterior del cuello. **2** *Anat.* Espacio interno comprendido entre el velo del paladar y la entrada del esófago y de la laringe. **3** *Bot.* Parte ensanchada del cáliz o la corola de una flor. **4** *Geol.* Cualquier paso estrecho entre montes, ríos u otros parajes. **5** *Geol.* Valle de paredes escarpadas, excavado en profundidad por la erosión fluvial. **6** *Zool.* En los animales vertebrados, región que incluye la faringe, laringe y estructuras asociadas. **7** Voz del cantante. **8** Abertura menor de la cañonera. **9** fig. cuello, parte más delgada y estrecha de una cosa. **10** fig. *Agr.* Ángulo que forma la cama del arado con el dental y la reja.

Gargantilla f. Adorno femenino que rodea el cuello.

Gárgara f. Acción de mantener un líquido en la garganta, con la boca hacia arriba, sin tragarlo y expulsando aire. Más en pl.

Gargarismo m. **1** gárgara. **2** *Farm.* Líquido medicinal que se emplea para aliviar afecciones de garganta, boca y faringe.

Gárgaro m. *Cuba* y *Venez.* Juego del escondite.

Gárgola f. *Arquit.* Caño o canal, por lo general vistosamente adornado, por donde se vierte el agua de los tejados o de las fuentes. Es un adorno característico de las catedrales góticas.

Gargolismo m. *Med.* Enfermedad hereditaria caracterizada por el anormal desarrollo de huesos, epidermis y diversos órganos internos.

Garguero o **gargüero** m. *Anat.* **1** Parte superior de la tráquea. **2** Toda la caña del pulmón.

Gariba f. Reptil ofidio de la familia vipéridos, de nombre científico *Echis carinatus*, de 65 a 80 cm de longitud. Vive en las regiones áridas de África y Asia.

Garibaldi, Giuseppe Patriota italiano (Niza, 1807 - Caprera, 1882). En América, al frente de la *Legión italiana*, auxilió a Montevideo contra Rosas. Vuelto a Italia, reclutó un cuerpo de voluntarios llamado *Cazadores de los Alpes*, con los que conquistó Sicilia y Nápoles. Reconciliado con Víctor Manuel de Saboya, trató varias veces, sin conseguirlo, de ocupar Roma, último obstáculo para la unidad italiana. Luchó al lado de Francia en la guerra contra Prusia (1870).

Garibaldino, na adj. **1** Propio de Garibaldi. || f. **2** Especie de blusa de color rojo, como la que usaban el general italiano Garibaldi y sus voluntarios, que estuvo de moda entre las señoras.

Garibay, Ángel María Filólogo e historiador mexicano (Toluca, 1892 - Ciudad de México, 1967). Especializado en la cultura náhuatl, entre sus libros más significativos cabe citar *La poesía lírica azteca* (1937) y *Poesía náhuatl* (1964-65).

Garibay, Pedro de Militar español (?, h. 1729 - Ciudad de México, 1815). Sucedió a Iturrigaray como virrey de Nueva España (1808-09).

Garigliano Garellano.

Garimpeiro, ra m. y f. Buscador de oro y otros metales y piedras preciosas. Se aplica especialmente a los

Giuseppe **Garibaldi** en Marsala. Cuadro de Girolamo Induno. Museo del Risorgimento (Turín).

David **Garrick** en el papel protagonista de *Ricardo III*, de William Shakespeare. Cuadro de William Hogarth. Walker Art Gallery (Londres).

que recorren la selva amazónica o trabajan en yacimientos soportando condiciones infrahumanas.
GARIOFILEA f. *Bot.* Especie de clavel silvestre.
GARITA f. **1** Torrecilla de fábrica o de madera fuerte para abrigo y defensa de los centinelas. **2** Casilla pequeña de madera.
GARITO m. **1** Casa de juego ilegal. **2** Local de mala reputación.
GARLAND, JUDY (FRANCES GUMM, llamada) Actriz de cine estadounidense (Grand Rapids, Minnesota, 1922 - Londres, 1969). Esposa de Vincente Minnelli y madre de Liza Minnelli. Formó pareja juvenil en muchas películas con el actor Mickey Rooney. Películas: *El mago de Oz* (1939), *Melodías de Broadway* (1938), *Ha nacido una estrella* (1954), etc.
GARLITO m. **1** Arte de pesca, especie de nasa, a modo de buitrón. **2** fig. y fam. Celada, situación desfavorable para alguien a quien se atrae con engaño.
GARLOPA f. Cepillo largo y con puño.
GARMENDIA, SALVADOR Escritor venezolano (Barquisimeto, 1924). Entre sus novelas destacan *Día de ceniza* (1963), *La mala vida* (1968), *Los pies de barro* (1973), *Memorias de Altagracia* (1974) y *El capitán Kid* (1989).
GARMO, PICO COMUNISMO.
GARNACHA f. **1** *Agr.* Especie de uva roja que tira a morada. **2** Vino que se hace de esta uva.
GARNIER, BERNARD Antipapa (s. XV). Tras la muerte de Benedicto XIII, el papa Luna, fue elegido por el cardenal Jean Carrier, el cual tomó el nombre de Benedicto XIV (1423), durante el pontificado de Martín V.
GARONA (*Garonne*) Río de Francia. Nace en los Pirineos españoles, donde forma el valle de Arán, pasa por Toulouse y Burdeos, y desemboca con el Dordoña en el estuario de la Gironda; 650 km. Riega los departamentos de Alto Garona, Tarn-et-Garonne, Lot-et-Garonne, Gironde y Charente-Maritime.
GARONA, ALTO (*Haute-Garonne*) Departamento del SO de Francia, en la región de Midi-Pyrénées; 6.309 km[2] y 1.046.338 h. Capital, Toulouse.
GARRA f. **1** *Zool.* Uña afilada, corva, fuerte y aguda de un animal. **2** fig. Mano del hombre. **3** Cada uno de los ganchos del arpeo. **4** *Arg.* y *Méx.* Extremidad del cuero por donde se afianza en las estacas al estirarlo. **5** *Arg., Col., C. Rica* y *Chile* Pedazo de cuero endurecido y arrugado. **6** *Col.* Saco de cuero. || f. pl. **7** *Amér.* Desgarrones, harapos.
GARRAFA f. Vasija esférica de cristal o plástico, que remata en un cuello largo y angosto. || **de garrafá** loc. adj. Se aplica al licor a granel de baja calidad.
GARRAFAL adj. **1** *Agr.* Se dice de cierta variedad de guindas y cerezas y de los árboles que las producen. **2** Se dice de algunas faltas graves de la expresión o de algunas acciones.
GARRAFINA f. Juego de dominó en el que intervienen cuatro jugadores.
GARRAFÓN m. **1** Aumentativo de GARRAFA. **2** Damajuana. **3** Licor DE GARRAFA.
GARRANCHO m. **1** *Bot.* Parte dura y saliente del tronco o rama de una planta o árbol. **2** Herida o rasgón que se hace con un gancho.
GARRANCHUELO m. *Bot.* Cierta planta gramínea.
GARRAPATA f. *Zool.* Nombre común de diversos ácaros de las familias ixódidos y argásidos, que miden de 3 a 6 mm de largo. Son parásitos externos de animales de sangre caliente, a los que perforan la piel y succionan la sangre como alimento.
GARRAPATO m. **1** *Bot.* CADILLO, fruto espinoso de la planta de este nombre. **2** Rasgo caprichoso e irregular hecho con la pluma. || m. pl. **3** GARABATOS, letras o rasgos mal trazados.
GARRAPIÑA f. **1** *Fís.* Estado del líquido que solidifica formando grumos. **2** Galón adornado en uno de sus bordes con ondas de realce. **3** Tejido especial en galones y encajes.
GARRAPIÑAR tr. **1** *Fís.* Poner un líquido en estado de garrapiña. **2** Bañar con almíbar que al solidificarse forma grumos.
GARRASTAZU MÉDICI, EMILIO Militar y político brasileño (Bajé, Rio Grande do Sul, 1905 - Rio de Janeiro, 1985). Sucedió al mariscal Costa e Silva en la presidencia de la República en 1969, cargo en el que le sustituyó Ernesto Geisel (1974).
GARRETT, JOÃO BAPTISTA DA SILVA LEITÃO DE ALMEIDA Escritor y político portugués (Oporto, 1799 - Lisboa, 1854). Con su poema *Camões* (1825), introdujo el Romanticismo en Portugal. Es el creador del teatro nacional portugués. Sus principales obras son *Catón* (1821), *Doña Blanca* (1826), *Un auto de Gil Vicente* (1838), *Fray Luis de Sousa* (1843), *Viajes a mi tierra* (1846), *Flores sin fruto* (1845) y *Hojas caídas* (1853).
GARRICK, DAVID Actor y dramaturgo británico (Hereford, 1717 - Londres, 1779). Interpretó los principales papeles de las obras de Shakespeare. Es autor de numerosos dramas: *El criado mentiroso* (1740) y *El casamiento clandestino* (1766).
GARRIDO, DA adj. **1** Se dice de la persona gallarda o robusta. **2** Galano, elegante.
GARRIGA f. *Bot.* Formación vegetal típica de la región mediterránea, propia de suelos calizos, formada por un matorral de hoja perenne y coriácea.
GARRIGUES, HENRIK JAKOB Médico danés (Copenhague, 1831 - íd., 1913). Descubrió las células epiteliales que llevan su nombre.
GARRO, ELENA Escritora mexicana (Puebla, 1920 - Cuernavaca, 1998). Cultivó una literatura imaginativa y poética, vinculada al realismo mágico. Ha escrito obras de teatro, novelas, cuentos y guiones cinematográficos. Obras teatrales: *La mudanza* (1959) y *La señora en su balcón* (1963). En el campo de la narrativa cabe citar *Los recuerdos del porvenir* (1963) y *Andamos huyendo Lola* (1980).
GARROBAL m. *Bot.* Sitio poblado de algarrobos.
GARROBO m. *Zool. C. Rica* y *Hond.* Saurio de fuerte piel escamosa.
GARROCHA f. **1** Vara que en la extremidad tiene un hierro pequeño con un arponcillo para que agarre y no se desprenda. **2** *Taurom.* Vara larga para picar toros, que tiene una punta de acero de tres filos, llamada puya. **3** *Taurom.* Vara larga en la que el torero se apoya para saltar de frente sobre el toro.
GARROFA f. *Bot.* ALGARROBA, fruto.
GARROFAL m. *Bot.* Lugar poblado de algarrobos.
GARRÓN m. **1** *Anat.* CALCAÑAR. **2** Cualquiera de los ganchos que quedan de las ramas laterales de otra principal cuando se cortan. **3** Espolón de ave. **4** Extremo de la pata de un animal por donde se cuelgan después de muertos.

GARROTA f. **1** GARROTE. **2** CAYADO.
GARROTAZO m. Golpe dado con el garrote.
GARROTE m. **1** Palo grueso y fuerte que puede manejarse a modo de bastón. **2** Instrumento con que se ejecutaba a los condenados a muerte en España y Portugal, que consiste en un aro de hierro sujeto a un pie derecho para estrangular al sentenciado. **3** Plantón, especialmente el del olivo. **4** *Med.* Torniquete y vendaje circular que se realiza en un miembro oprimiéndolo. **5** *Méx.* Palo que sirve de freno al carro. || **GARROTE VIL** Condena a muerte ejecutada con GARROTE. También, instrumento para ejecutar a los condenados a muerte.
GARROTÍN m. *Danza.* Baile que gozó de mucha popularidad a fines del siglo XIX.
GARROTXA Comarca de España, provincia de Girona.
GARRUBIA f. *Bot.* ALGARROBA, semilla.
GARRUCHA f. POLEA.
GÁRRULO, LA adj. y s. Basto, paleto.
GÁRRULO, LA adj. **1** Se aplica al ave que canta, gorjea o chirría mucho. **2** fig. Se dice de la persona muy habladora. **3** fig. Se dice de cosas que hacen ruido continuado.
GARSHIN, VSEVOLOD MIJAILOVICH Novelista ruso (Bahmut, 1855 - San Petersburgo, 1888). Autor, entre otras obras, de *Los cuatro días* (1877) y *La flor roja* (1883).
GARÚA f. LLOVIZNA.
GARY, ROMAIN (ROMAIN KACEW, llamado) Escritor y diplomático francés de origen lituano (Vilna, 1914 - París, 1980). Apasionado defensor de los derechos de las minorías, es autor de novelas como *Educación europea* (1945), *Las raíces del cielo* (1956), *La promesa del alba* (1959) y *Perro blanco* (1970).
GARZA f. *Zool.* Nombre común de varias especies de aves zancudas ciconiformes de la familia ardeidos, género *Ardea*. Tienen la cabeza pequeña, el cuello esbelto, el pico puntiagudo y las patas largas. Viven en las proximidades de los ríos, lagos y lugares encharcados. || **GARZA REAL** *Zool.* Con el nombre científico *Ardea cinerea*, esta ave tiene unos 90 cm de longitud y 180 cm de envergadura, el plumaje gris y blanco con moño largo, negro y brillante. Se distribuye por el centro y S de Eurasia y gran parte de África.
GARZO, ZA adj. **1** De color azulado. || m. *Bot.* **2** AGÁRICO, hongo.
GARZÓN m. **1** Niño, hijo de varón. **2** *Zool. Col.* y *Venez.* Ave ciconiforme, especie de garceta. **3** Joven, mancebo, mozo.
GARZOTA f. **1** *Zool.* Ave ciconiforme de nombre científico *Nyctanassa violacea*, de unos 30 cm de longitud, con el pico grande y de color negro. **2** Penacho que se usa para adorno.
GAS m. **1** *Fís.* Estado de la materia en el que existe un gran desorden de las moléculas y escaso poder de atracción entre ellas. [**Encic.**] **2** *Fís.* Todo fluido aeriforme a la presión y temperatura ordinarias. **3** *Mec.* Mezcla de carburante y de aire que alimenta el motor de un automóvil. **4** *Quím.* Carburo de hidrógeno con mezcla de otros gases, que se emplea para alumbrado o calefacción y para obtener fuerza motriz. || m. pl. **5** Por antonomasia, los gases intestinales. || **GAS DE ALUMBRADO** o **CIUDAD** *Quím.* Cualquier gas combustible fabricado para uso doméstico o industrial y suministrado por tuberías. || **GAS BUTANO** *Quím.* BUTANO. || **GAS HILARANTE** *Med.* Óxido nitroso que se emplea en cirugía por sus propiedades anestésicas. || **GAS DE HULLA** *Quím.* El obtenido industrialmente por combustión de las hullas bituminosas en las fábricas de gas del alumbrado. || **GAS IDEAL** *Fís.* Aquel cuyas moléculas son infinitamente pequeñas y no ejercen ninguna fuerza de atracción entre sí. || **GAS LACRIMÓGENO** *Quím.* Compuesto volátil que irrita los ojos, impidiendo la visión. || **GAS MOSTAZA** *Quím.* Sulfuro de di-

garza

clorodietilo, gas tóxico y vesicante de gran persistencia, empleado como arma de guerra. || **GAS NATURAL** *Geol.* Mezcla de hidrocarburos gaseosos ligeros en la que predomina el metano. También pueden aparecer en su composición pequeñas cantidades de nitrógeno, dióxido de carbono y sulfuro de hidrógeno. Tiene gran importancia como fuente de energía primaria y como materia prima básica de la industria petroquímica. || **GAS-OIL** *Fís.* GASOIL. || **GAS DE LOS PANTANOS** *Quím.* El que se desprende de las aguas estancadas como resultado de las fermentaciones anaerobias. Está compuesto principalmente por metano. || **GAS PERFECTO** *Fís.* GAS IDEAL. || **GAS REAL** *Fís.* Aquel cuyo comportamiento se aparta del de los gases ideales. || **GASES NOBLES** *Quím.* Conjunto de los elementos gaseosos que constituyen el grupo VIII A u O de la tabla periódica de los elementos (helio, argón, neón, criptón, xenón y radón). No presentan tendencia a combinarse con otros elementos. || **dar gas** fr. Actuar sobre el acelerador de un automóvil para aumentar la velocidad de su motor. || **a todo gas** loc. adv. A toda velocidad.

Fís. En el estado gaseoso, las moléculas se mueven libremente en el recinto que las contiene, rebotando contra sus paredes o chocando entre sí continuamente. Los gases son fácilmente solubles en algunos líquidos, y la cantidad disuelta es proporcional a la presión; actúan como malos conductores del calor y la electricidad, y generalmente son transparentes y de color débil. El que un cuerpo se encuentre o no en estado gaseoso depende de la temperatura y presión a que está sometido, pues todos los gases, al aumentar la presión o disminuir la temperatura, se pueden licuar. Los gases perfectos se dilatan, a presión constante, y aumentan su volumen 1/273 veces por cada grado centígrado que asciende la temperatura. Los dos gases más comunes en la naturaleza son el oxígeno y el nitrógeno, principales componentes del aire.

GASA f. **1** Tela de seda o hilo muy clara y sutil. **2** Banda de tejido muy ralo, que esterilizada se usa en cirugía.

GASCA, PEDRO DE LA LA GASCA, PEDRO DE.

GASCÓN, NA o **GASCONÉS, SA** adj. y s. De Gascuña.

GASCUÑA Región del SO de Francia, que constituye la zona meridional de la cuenca de Aquitania, entre el golfo de Vizcaya, el río Garona y los Pirineos Occidentales. Antiguo ducado, que pasó a Inglaterra con Enrique II de Anjou, casado con Leonor de Aquitania (1152), hasta que Carlos VII la incorporó definitivamente a la corona francesa (1453).

GASCUÑA, GOLFO DE VIZCAYA, GOLFO DE.

GASEAR tr. **1** *Fís.* Hacer que un líquido absorba cierta cantidad de gas. **2** Someter a la acción de gases asfixiantes, tóxicos, lacrimógenos, etc.

GASEIFORME adj. *Fís.* Que se halla en estado de gas.

GASEOSO, SA adj. **1** *Fís.* Que se halla en estado de gas. **2** *Fís.* Se aplica al líquido del que se desprenden gases. || f. **3** Bebida refrescante, efervescente y sin alcohol, de sabor dulce.

GASHERBRUM Cumbre del Karakorum, en el N de Pakistán; 8.068 m.

GASIFICACIÓN f. *Quím.* Producción de un gas combustible a partir de carbones o petróleo.

GASIFICANTE m. *Quím.* Aditivo alimentario que causa el desprendimiento de gas carbónico y actúa cuando el producto al que se ha agregado se calienta o entra en contacto con agua.

GASIFICAR tr. *Fís.* **1** Determinar la gasificación de los cuerpos químicamente tratados. **2** Añadir gas a un líquido.

GASKELL, ELIZABETH Escritora inglesa (Chelsea, 1810 - Holyburn, 1865). Es autora de *Mary Barton* (1848), *Cranford* (1853) y una biografía de *Charlotte Brontë* (1857).

GASODUCTO o **GASEODUCTO** m. Tubería de grueso calibre y gran longitud para conducir a distancia gas combustible.

GASÓGENO m. **1** *Tecnol.* Aparato destinado para obtener gases. **2** *Tecnol.* El que se utilizaba en los automóviles para producir gas carburante. **3** *Quím.* Mezcla de bencina y alcohol, que se usa para el alumbrado y para quitar manchas.

GASOIL o **GASÓLEO** m. *Quím.* Mezcla de hidrocarburos líquidos obtenida por la destilación fraccionada del petróleo crudo. Se usa como combustible en motores Diesel y hogares abiertos.

GASOLINA f. *Quím.* Combustible que se usa en los motores de combustión interna, como los automóviles, compuesto de hidrocarburos líquidos volátiles e inflamables obtenidos en la destilación fraccionada del petróleo crudo. || **GASOLINA SIN PLOMO** Combustible formado por una mezcla más rica en hidrocarburos aromáticos y no saturados que la tradicional y que no precisa antidetonantes.

Vittorio **Gassman.** Con Stefania Sandrelli en una escena de *Lo zio indegno,* dirigida por Franco Brusati.

GASOLINERA f. **1** Depósito de gasolina para la venta al público y establecimiento donde se encuentra. **2** Lancha automóvil con motor de gasolina.

GASOMETRÍA f. *Quím.* Método de análisis químico basado en la medición de los gases de las reacciones.

GASÓMETRO m. **1** *Fís.* Instrumento para medir el volumen de un gas. **2** *Tecnol.* Aparato que regula la salida uniforme del gas del alumbrado.

GASPAR Nombre de uno de los tres Reyes Magos.

GASPARINI, FRANCESCO Compositor italiano (Camaiore, 1668 - Roma, 1730). Alumno de Corelli, tuvo como discípulo a D. Scarlatti. Autor de numerosas óperas y música religiosa.

GASPARRI, PIETRO Cardenal italiano (Capovalloza de Ussita, 1852 - Roma, 1934). Intervino en las negociaciones que en 1929 tuvieron como resultado el acuerdo entre Italia y la Santa Sede, por el que se creó la Ciudad del Vaticano.

GASPERI, ALCIDE DE DE GASPERI, ALCIDE.

GASSENDI, PIERRE Matemático, físico y filósofo francés (Champtercier, 1592 - París, 1655). Combatió el escolasticismo y el cartesianismo, y se inclinó por el epicureísmo atomista, que estudió en su obra *Syntagma Philosophiae Epicureae.*

GASSER, HERBERT SPENCER Fisiólogo estadounidense (Platteville, Wisconsin, 1888 - Nueva York, 1963). En 1944 recibió el premio Nobel de Fisiología y Medicina, compartido con Erlanger, por sus descubrimientos respecto a las funciones diferenciadas de las fibras nerviosas.

GASSMAN, VITTORIO Actor italiano (Génova, 1922 - Roma, 2000). Comenzó su carrera cinematográfica en 1946, y logró su consagración definitiva con *Arroz amargo* (1949). En 1997 fue galardonado con el premio Príncipe de Asturias de las Artes.

GASTADOR, RA adj. y s. **1** Que gasta mucho dinero. || m. **2** En los presidios, el que va condenado a los trabajos públicos. **3** *Mil.* Soldado que se aplica a los trabajos de abrir trincheras y otros semejantes, o bien a abrir la marcha en los desfiles y formaciones.

GASTAR tr. **1** Expender o emplear el dinero en una cosa. **2** Deteriorar una cosa, consumir, acabar. También prnl. **3** Tener habitualmente. **4** Usar, poseer, llevar.

GASTEIZ VITORIA-GASTEIZ.

GASTERO- pref. GASTR-.

GASTERÓPODO, DA adj. y m. *Zool.* **1** Se dice de los moluscos de concha univalva y generalmente helicoidal, cabeza diferenciada con tentáculos y ojos, boca con rádula, pie ancho y plano, y masa visceral grande arrollada en espiral. Respiran por branquias situadas en la cavidad paleal, o bien por transformación de ésta en un pulmón. Son animales ovíparos, unisexuales o hermafroditas. Existen especies marinas, dulceacuícolas y terrestres. Como ejemplos se pueden citar los caracoles de tierra, lapas, bígaros y babosas. || m. pl. *Zool.* **2** Clase de estos moluscos.

GASTO m. **1** Acción de gastar. **2** Lo que se ha gastado o se gasta. **3** Cantidad de líquido o de gas que pasa por un orificio o por una tubería cada unidad de tiempo. || **GASTO PÚBLICO** *Econ.* El que, aprobado en los presupuestos generales del Estado, sirve para atender las necesidades nacionales previstas. También los de otras entidades oficiales, como Diputaciones y Ayuntamientos.

GASTR-, GASTRI-, GASTRO-, GASTERO-; -GASTR-; -GÁSTREO, -GASTRIA, -GÁSTRICO, -GASTRIO, -GASTRO prefs., in. o sufs. que significan estómago o vientre.

GASTRALGIA f. *Med.* Dolor del estómago.

GASTRECTOMÍA f. *Med.* Escisión total o parcial del estómago.

GASTRI-; -GÁSTREO, -GASTRIA pref. o sufs. GASTR-.

GÁSTRICO, CA adj. Perteneciente al estómago.

-GÁSTRICO suf. GASTR-.

-GASTRIO suf. GASTR-.

GASTRITIS f. *Pat.* Inflamación de las mucosas del estómago provocada por una secreción excesiva de ácido clorhídrico. ♦ Su pl. es *gastritis.*

GASTRO-; -GASTRO pref. o suf. GASTR-.

GASTROENTERITIS f. *Pat.* Inflamación simultánea de la membrana mucosa del estómago y el intestino. ♦ Su pl. es *gastroenteritis.*

GASTROENTEROLOGÍA f. *Med.* Rama de la medicina que se ocupa del estómago y el intestino y de sus enfermedades. Por extensión, se aplica también a la rama de la medicina que se ocupa de todo el aparato digestivo y de sus enfermedades.

GASTROINTESTINAL adj. *Anat.* Referente o relativo al estómago y al intestino.

GASTROLOGÍA f. *Med.* Rama de la medicina que estudia el estómago y su funcionamiento.

GASTRONOMÍA f. **1** Arte de preparar una buena comida. **2** Afición a comer exquisita y regaladamente.

GASTROSCOPIA f. *Med.* Método de exploración del estómago por introducción a través de la boca y el esófago de un instrumento tubular hueco que permite la visión directa.

GASTROTRICO, CA adj. *Zool.* **1** Se aplica a los invertebrados de tamaño inferior a 1,5 mm, de cuerpo alargado con dos apéndices a modo de cola. Habitan en medios acuáticos, principalmente de agua dulce. || m. pl. *Zool.* **2** Tipo de estos animales.

GASTROVASCULAR adj. *Zool.* Se aplica a la única cavidad que existe en el cuerpo de los animales celentéreos.

GÁSTRULA f. *Zool.* Fase del desarrollo embrionario de los metazoos, que sucede a la de blástula, y en la que ya está diferenciado el endodermo.

GATAS, A loc. adv. Expresa el modo de ponerse o andar una persona con pies y manos en el suelo.

GATCHINA Ciudad de la Federación de Rusia, al SO de San Petersburgo; 80.000 h. Fue residencia veraniega de los zares. Se llamó *Krasnogvardeisk.*

GATEAR intr. **1** Trepar como los gatos. **2** fam. Andar a gatas.

GATERA f. **1** Agujero que se hace en las puertas para que puedan entrar y salir los gatos. **2** *Mar.* Agujero circular, revestido de hierro y abierto en las cubiertas de los buques, por el cual sale la cadena de la caja donde está estibada. **3** *Col., Ecuad.* y *Perú* Revendedora, y más especialmente verdulera.

GATERO, RA adj. **1** Habitado o frecuentado por gatos. || m. y f. **2** Vendedor de gatos. **3** Persona aficionada a tener o criar gatos.

GATES, BILL Informático y empresario estadounidense (Seattle, 1956). En 1975, fundó con Paul Allen una empresa que más tarde tomaría el nombre de Microsoft. Su primer gran éxito fue la creación del sistema operativo MS-DOS, utilizado por los primeros ordenadores personales fabricados por IBM. Desde entonces Microsoft ha experimentado un continuo crecimiento. Su mayor innovación ha sido el entorno operativo *Windows.* En los últimos años su empresa ha tenido que hacer frente a varias demandas por acusaciones de prácticas monopolísticas.

GATES, HORATIO General estadounidense (Maldon, 1728 - Nueva York, 1806). Durante la guerra de la Independencia, derrotó a los ingleses en Saratoga (1777). Al frente del ejército del Sur, fue derrotado en Camden (1780) y relevado del mando.

GATILLAZO m. **1** Golpe que da el gatillo en las armas de fuego. **2** vulg. En argot, impotencia inesperada y provisional del hombre durante el acto sexual.

GATILLO m. **1** Percutor de las armas de fuego. **2** Parte de la llave de un arma en que se apoya el dedo para disparar. **3** Pieza de hierro o de madera con que se une y traba lo que se quiere asegurar. **4** *Med.* Instrumento con que se sacan las muelas y dientes. **5** *Zool.* Parte superior del pescuezo de algunos animales cuadrúpedos. **6** fig. y fam. Muchacho ratero. **7** *Zool. Chile* Crines largas que se dejan a las caballerías.

GATO, TA m. y f. **1** *Zool.* Mamífero carnívoro de la familia félidos, género *Felis.* Es un animal ágil y flexible, con ojos de pupila variable, adaptada a la visión nocturna, y garras de uñas retráctiles. Posiblemente domesticado desde tiempos de los egipcios por su eficaz ayuda en la lucha contra los pequeños roedores, se le cree descendiente del gato africano *(Felis lybica).* Existe una gran variedad de razas: siamés, persa, de Angora, jaspeado,

gato siamés

etc. **2** *Zool.* Nombre dado vulgarmente a todos los félidos. **3** *fig.* y *fam.* Ladrón, ratero que hurta con astucia y engaño. **4** *fig.* y *fam.* Hombre sagaz, astuto. **5** *fig.* y *fam.* Persona nacida en Madrid. || m. **6** Bolso o talego en que se guarda el dinero. **7** Dinero que se guarda en él. **8** Instrumento de hierro que sirve para agarrar fuertemente la madera y traerla donde se pretende. **9** Máquina que sirve para levantar grandes pesos a poca altura. **10** Trampa para coger ratones. **11** *Arg.* Danza popular que se baila por una o dos parejas con movimientos rápidos. || **GATO DE ANGORA** *Zool.* El de pelo largo y sedoso, de color blanco. || **GATO MONTÉS** *Zool.* De nombre científico *Felis sylvestris*, se caracteriza por su pelaje pardo grisáceo con rayas negras, que en la cola forman anillos. Vive en zonas boscosas y de matorral de Eurasia. || **GATO SIAMÉS** *Zool.* El procedente de Asia, de pelo muy corto y color ocre amarillento o gris, con la cara, orejas y cola más oscuras. || **cuatro gatos** *expr. desp.* para indicar poca gente y sin importancia. || **dar gato por liebre** fr. fig. y fam. Engañar en la calidad de una cosa. || **haber gato encerrado** fr. fig. y fam. Haber causa o razón oculta o secreta, o manejos ocultos. || **llevar el gato al agua** fr. fig. y fam. Superar una dificultad. También, salir ganador.

GATO Isla del océano Atlántico, en el archipiélago de las Bahamas; 388 km² y 1.698 h.

GATOPARDO m. *Zool.* GUEPARDO.

GATT (Siglas de *General Agreement on Tariffs and Trade*) ACUERDO GENERAL SOBRE ARANCELES Y COMERCIO.

GATTAMELATA (ERASMO DA NARNI, llamado) Condotiero italiano (Narni, 1370 - Padua, 1443). Luchó al servicio de los papas Martín V y Eugenio IV y fue capitán general de las tropas de Venecia. Se le erigió un monumento ecuestre en Padua en 1450 esculpido por Donatello.

GATTINARA, MERCURINO ARBORIO, MARQUÉS DE Político, religioso y jurista piamontés (Gattinara, 1465 - Innsbruck, 1530). En 1518 se hizo cargo de la cancillería imperial, permaneciendo al servicio de Carlos I hasta su muerte. Como canciller asistió a las Cortes de Zaragoza, Barcelona, Santiago y La Coruña, en las que tuvo gran intervención para conseguir la ayuda económica solicitada por el rey.

GATTO, ALFONSO Poeta italiano (Salerno, 1909 - Grosseto, 1976). Realizó una poesía lírica y hermética, en la que se aprecia un elevado compromiso social. Obras principales: *Isla* (1932), *La fuerza de los ojos* (1954), *La madre y la muerte* (1960) y *La historia de las víctimas* (1966).

GATÚN Lago artificial, en el canal de Panamá, que recibe las aguas del río Chagres.

GATUÑA o **GATUNA** f. *Bot.* Planta de la familia leguminosas, muy común en los sembrados.

GATUPERIO m. **1** Mezcla de diversas sustancias incoherentes. **2** fig. y fam. Embrollo, enjuague.

GAUCHADA f. **1** p. us. *Arg.*, *Chile* y *Perú* Acción propia de un gaucho. **2** *Arg.* fig. Servicio o favor ocasional prestado con buena voluntad.

GAUCHO, CHA adj. **1** Se dice del campesino que, en los siglos XVIII y XIX, habitaba en las llanuras rioplatenses de Argentina, en Uruguay y en Rio Grande do Sul (Brasil). También m. **2** Relativo o perteneciente a estos gauchos. **3** *Arg.*, *Chile* y *Urug.* Buen jinete. **4** *Arg.* Grosero, zafio. **5** *Arg.* y *Chile* Ducho en tretas, astuto.

GAUDEAMUS m. fam. Fiesta, regocijo, comida y bebida abundante. ♦ Su pl. es *gaudeamus*.

GAUDÍ, ANTONI Arquitecto español (Reus, 1852 - Barcelona, 1926). Uno de los máximos representantes del modernismo, creador de una arquitectura escultórica, en la que utiliza los volúmenes y las superficies onduladas. Encargado de continuar las obras del templo de la Sagrada Familia, en Barcelona, cerró la cripta y proyectó un edificio de originalísima factura y remota afinidad con el arte gótico; aunque la dejó inacabada, está considerada su creación más significativa. Es también autor de la villa El Capricho, en Comillas (Cantabria), el Palacio Güell (Barcelona), el Palacio episcopal de Astorga, el Colegio de Santa Teresa de Barcelona, el Edificio Botín en León, la Casa Calvet y la Casa Milà. Son características de sus obras los arcos parabólicos, los capiteles fungiformes y las chimeneas decorativas abstractas.

GAUGUIN, PAUL Pintor francés (París, 1848 - Atuona, islas Marquesas, 1903). Influido por Cézanne y Pisarro, fundó con Seguin, Chamaillard y Bernard la Escuela Simbolista de Pont-Aven. En 1890 partió para Tahití, donde pasó casi el resto de su vida. Autor de *La mujer de la flor* y *Entretenimientos*, *Los senos de las flores rojas*, *¿Qué somos? ¿De dónde venimos? ¿A dónde vamos?* y *El oro de su cuerpo*. Ejerció una gran influencia en los pintores nabis y fauvistas.

GAUHATÍ GUWAHATI.

GAULLE, CHARLES DE DE GAULLE, CHARLES.

GAURISANKAR Montaña del Himalaya, en la frontera de la República Popular China y Nepal; 7.143 m de altura.

GAUSIO m. *Fís.* Unidad de inducción magnética, que equivale a una diezmilésima de tesla.

GAUSS (Del apellido de K. F. *Gauss*.) *Fís.* Unidad de densidad de flujo magnético cuyo valor es de 10^{-4} weber por metro cuadrado (10^{-4} Wb/m²) o teslas (10^{-4} T). Su símbolo es G.

GAUSS, KARL FRIEDRICH Matemático, físico y astrónomo alemán (Brunswick, 1777 - Gotinga, 1855). Desarrolló el campo de los números complejos, introduciendo la notación binaria, y descubrió los números primos llamados gaussianos. Calculó la órbita de Ceres, y realizó importantes avances en cálculo numérico y estadística, como la curva en campana o distribución de Gauss. Colaboró desde 1831 con W. E. Weber en investigaciones sobre magnetismo. Inventó el magnetómetro bifilar e ideó un sistema coherente de unidades magnéticas.

GAUSS, TEOREMA DE *Fís.* El que afirma que el flujo eléctrico que dimana de una superficie cerrada es igual a la suma algebraica de las cargas eléctricas contenidas en el interior dividida por la constante dieléctrica del medio.

GAUTENG Provincia de la República Sudafricana; 18.760 km² y 7.048.000 h. Capital, Johannesburgo.

GAUTIER, THÉOPHILE Escritor francés (Tarbes, 1811 - Neuilly-sur-Seine, 1872). Adscrito al movimiento romántico, gozó de una extraordinaria popularidad. Escribió más de 300 volúmenes. Se citan entre sus novelas *Mademoiselle de Maupin* (1855), *La novela de una momia* (1856) y *El capitán Fracasse* (1863). En el campo de la poesía destaca su colección *Esmaltes y camafeos* (1852). Escribió también *Viaje por España* (1845) e *Historia del Romanticismo*, que no llegó a terminar (1874).

GAVANZO m. *Bot.* **1** Rosal silvestre. **2** Fruto de este arbusto.

GAVARNIE Circo de montañas de Francia, departamento de Altos Pirineos. Turismo.

GAVETA f. **1** Cajón corredizo que hay en los escritorios y papeleras. **2** Tina pequeña para servir el rancho y el vino a la marinería y tropa.

GAVIA f. **1** Zanja que se abre en la tierra para desagüe o linde de propiedades. **2** *Mar.* Vela que se coloca en el mastelero mayor de las naves. **3** *Mar.* Por extensión, cada una de las velas correspondientes en los otros dos masteleros.

GAVIAL m. *Zool.* Reptil crocodiliano perteneciente a la familia gaviálidos, de nombre científico *Gavialis gangeticus*, de unos 6 m de longitud, color verde oliváceo, con el hocico muy largo y puntiagudo, y las membranas de los pies dentadas. Propio de los ríos de la India.

GAVIETA f. *Mar.* Gavia, a modo de garita, que se pone sobre la mesana o el bauprés.

GAVIFORME adj. *Zool.* **1** Se dice del ave de vida acuática y tamaño de mediano a grande, con las alas y la cola cortas, el pico puntiagudo y los pies unidos por una membrana interdigital. || m. pl. *Zool.* **2** Orden de estas aves, que comprende únicamente a los colimbos.

GAVILÁN m. **1** *Zool.* Ave rapaz diurna de la familia falcónidas, de nombre científico *Accipiter nisus*, caracterizada porque la hembra es mucho mayor que el macho. Tiene las alas cortas y redondeadas y la cola larga, así como las patas, que son de color amarillo. Anida en los bosques de Eurasia. **2** *Bot.* Flor del cardo. **3** Rasguillo que se hace al final de algunas letras. **4** Cualquiera de los dos lados del pico de la pluma de escribir. **5** Cada uno de los dos hierros que salen de la guarnición de la espada. **6** Hierro con el cual se limpia y desbroza el arado. **7** *And.*, *Amér. C.*, *Cuba*, *Méx.* y *P. Rico* Uñero, borde de la uña.

GAVILLA f. **1** Conjunto de sarmientos, mieses, etc., mayor que el manojillo y menor que el haz. **2** fig. Conjunto de personas despreciables o mal consideradas.

GAVILLAR[1] m. *Agr.* Terreno que está cubierto de gavillas de la siega.

GAVILLAR[2] tr. *Agr.* Hacer las gavillas de la siega.

GAVIÓN m. **1** Estructura de tela metálica rellena de tierra, fragmentos de roca o escombros, que se coloca en los márgenes de los ríos, cárcavas o taludes para lograr su estabilidad; también como defensa en obras hidráulicas. **2** *Zool.* Ave caradriforme de la familia láridos, de nombre científico *Larus marinus*, gaviota de gran tamaño, con el pico amarillo y el plumaje blanco y negro. Habita en zonas marinas del N de Europa.

GAVIOTA f. *Zool.* Nombre común de varias aves del orden caradriformes, familia láridos, con diversos géneros, de pico robusto, afilado y ganchudo, tarsos largos, dedo posterior bien desarrollado, alas largas y cua-

Paul **Gauguin**. *Dos tahitianas*. Museo Metropolitano de Arte (Nueva York).

gaviota argéntea.

drada. Los pies presentan cuatro dedos, los tres anteriores unidos por una membrana. Son aves costeras.

GAVIRIA TRUJILLO, CÉSAR Político colombiano (Pereira, 1947). Presidente de Colombia al frente del Partido Liberal (1990-94), al dejar la presidencia se convirtió en secretario general de la Organización de Estados Americanos (OEA).

GÄVLE Ciudad del E de Suecia, junto al golfo de Botnia, capital del condado de Gävleborg; 89.194 h.

GÄVLEBORG Condado de Suecia; 18.191 km² y 282.226 h. Capital, Gävle. Riqueza forestal.

GAY (Voz i.) adj. y com. HOMOSEXUAL. ♦ Su pl. es *gays*.

GAY, JOHN Poeta y dramaturgo británico (Barnstaple, 1685 - Londres, 1732). Es conocido sobre todo por sus *Fábulas* (1726) y por sus églogas pastoriles. Compuso *La ópera del mendigo* (1728), en la que se basó Bertolt Brecht para su *Ópera de los tres peniques*.

GAY-LUSSAC, LEY DE LA DILATACIÓN DE LOS GASES *Fís.* La que afirma que a presión constante y aumentando la temperatura, el coeficiente de dilatación de todos los gases vale 1/273.

GAY-LUSSAC, LOUIS JOSEPH Físico y químico francés (Saint Léonard le Noblat, 1778 - París, 1850). Estudiando los gases a presión constante y aumentando la temperatura, dedujo la *ley de Gay-Lussac de la dilatación de los gases*. En colaboración con Humboldt dedujo la composición del agua y en colaboración con L. J. Thénard, obtuvo potasio por medios químicos. También estudió los ácidos halógenos y el prúsico o cianhídrico. En 1815 aisló el cianógeno.

GAYAL m. *Zool.* Mamífero rumiante perteneciente a la familia bóvidos, de nombre científico *Bibos frontalis*. Tiene cuernos cortos de forma cónica y joroba. Es un animal doméstico de la India y Sri Lanka.

GAYO, YA adj. Alegre, vistoso.

GAYO Jurisconsulto romano (s. II). Contemporáneo de los emperadores Antonino Pío y Marco Aurelio, su obra más importante son las *Instituciones*, que sirvieron de base para la redacción de las de Justiniano.

GAYOMBA f. *Bot.* Arbusto de la familia leguminosas, de nombre científico *Spartium junceum*, que mide entre 2 y 3 m de altura.

GAYUBA f. *Bot.* **1** Planta de la familia ericáceas, de nombre científico *Arctostaphylos uva-ursi*, rastrera y sarmentosa, que crece en laderas y lugares pedregosos de montaña. Se emplea como diurético. **2** Fruto de esta planta.

GAYUMBOS m. pl. En argot, CALZONCILLOS.

GAZA f. **1** *Mar.* Lazo que se forma en el extremo de un cabo. **2** fam. Mentira, embuste.

GAZA, FRANJA DE Territorio de la Autonomía Palestina, junto al Mediterráneo, al SO de Israel; 378 km² y 676.000 h. Estuvo bajo la administración de Egipto hasta la guerra árabe-israelí de 1967, en que fue ocupada por Israel. El plan de autonomía para Gaza y Jericó firmado en El Cairo, en mayo de 1994, otorgó su administración a los palestinos de la OLP.

GAZAPA f. fam. Mentira, embuste.

GAZAPERA f. **1** Madriguera de los conejos. **2** fig. y fam. Reunión de personas para fines poco decentes. **3** fig. y fam. Riña, pendencia. **4** Conjunto de gazapos o yerros.

GAZAPO m. **1** Cría del conejo. **2** fig. y fam. Mentira, embuste. **3** fig. y fam. Error al hablar o al escribir.

GAZIANTEP Ciudad de Turquía, capital de provincia homónima; 716.000 h. Industria textil. Antes era la antigua *Aintab*.

GAZIEL (AGUSTÍN CALVET, llamado) Escritor español en castellano y en catalán (Sant Feliú de Guixols, 1887 - Barcelona, 1964). Fue director de *La Vanguardia*. Obras en castellano: *El año de Verdún* (1916) y *El ensueño de Europa* (1922). Obras en catalán: *La península inacabat* (1961) y *Tots els camins duen a Roma* (1958).

GAZMOL m. *Zool.* Granillo que sale a las aves de rapiña en la lengua y en el paladar.

GAZMOÑADA o **GAZMOÑERÍA** f. Afectación de modestia, devoción o escrúpulos.

GAZMOÑO, ÑA o **GAZMOÑERO, RA** adj. y s. Que simula devoción, escrúpulos y virtudes que no tiene.

GAZNÁPIRO, RA adj. y s. Palurdo, simplón, torpe.

GAZNATE m. **1** *Anat.* GARGUERO. **2** Fritura con forma de gaznate. **3** *Méx.* Dulce hecho de piña o coco.

GAZNEVIDA o **GAZNAVÍ** adj. *Hist.* **1** Se aplica a una dinastía musulmana de raza turca que gobernó durante los siglos X, XI y XII en Afganistán y el Punjab. Llegó a dominar desde el Ganges hasta el Irak Ajemí (antigua Media). También s. **2** Se dice de sus miembros. También s.

GAZPACHO m. *Gastron.* Sopa fría de tomate, pimiento, pepino, cebolla y pan, que se aliña con aceite, vinagre, sal, ajo y otros aditamentos.

GAZUZA f. fam. HAMBRE.

GD *Quím.* Símbolo del gadolinio.

GDANSK Ciudad de Polonia, capital de la provincia de Pomorskie, junto al golfo de Gdansk, en uno de los brazos del Vístula; 463.100 h. Puerto. Centro comercial e industrial. Antes se llamó *Danzig*.

GDYNIA Ciudad de Polonia, situada en el voivodato de Gdansk; 251.400 h. Astilleros. Puerto.

GE f. Nombre de la letra *g*.

GE adj. **1** *Etnol.* Se dice de un pueblo indio del centro de Brasil, especialmente de la Amazonia. Más como m. pl. **2** Se dice también de sus individuos. También com. **3** Relativo a este pueblo. || m. *Ling.* **4** Lengua de los ges, también llamada *tapuya*.

GE-, GEA-, GEO-, -GEA, -GEICO, -GEO prefs. o sufs. que significan tierra.

GE *Quím.* Símbolo del germanio.

GE-PANO m. *Ling.* Familia lingüística de América del Sur que incluye las lenguas macro-pano, pano-tacana, y ge, con sus derivados.

GEA f. *Geol.* Conjunto del reino inorgánico de un país o región. **2** Obra que lo describe.

GEA-; -GEA pref. o suf. GE-.

GEA *Mit.* Personificación griega de la Tierra, primera realidad material del Cosmos y origen de las razas divinas.

GEBALA ESTELLA.

GEBEL YEBEL.

GECO m. *Zool.* Nombre común de varios reptiles escamosos saurios, de la familia gecónidos, con diversos géneros. Son animales arborícolas nocturnos, de cuerpo chato, lengua larga y sensible, y cinco dedos en cada pata con laminillas adhesivas. Habitan en regiones cálidas.

GECÓNIDO, DA adj. y s. *Zool.* **1** Se dice del reptil escamoso saurio de pequeño tamaño, como el geco. || m. pl. *Zool.* **2** Familia de estos animales.

GEDEÓN Uno de los jueces mayores de Israel, perteneciente a la tribu de Manasés. Con 300 hombres destruyó a los madianitas y acabó con el culto a Baal.

GEDROSIA Antigua región de Persia.

GEELONG Ciudad de Australia, en el Estado de Victoria; 152.600 h. Centro industrial. Puerto.

GEFFRARD, NICHOLAS FABRE Político haitiano (Anseà-Veau, 1806 - Jamaica, 1879). Participó en el movimiento que derribó a Soulouque (1858) y fue proclamado presidente de la República. Gobernó hasta 1867, año en que fue derrocado por Salvave.

GEHENA m. Nombre que se da al Infierno en el Antiguo Testamento.

GEHRY, FRANK O. Arquitecto canadiense (Toronto, 1929). Está considerado uno de los más significativos representantes del deconstructivismo (DECONSTRUCCIÓN). Obras: centro comercial Santa Mónica Place (1979), en California; casa Sirmia-Peterson (1984), en Thousand Oaks; y Museo Guggenhein (1997), en Bilbao.

-GEICO suf. GE-.

GEIGER, JOHANNES WILHELM HANS Físico alemán (Neustadt an der Haardt, 1882 - Potsdam, 1945). En colaboración con Rutherford, descubrió la *ley de Geiger-Nuttal*, que afirma que, en una familia radiactiva, el recorrido de una partícula alfa está relacionado con la vida media del isótopo. También inventó el contador de partículas que lleva su nombre.

GEIJER, ERIK GUSTAF Poeta e historiador sueco (Ransäter, Värmland, 1783 - Estocolmo, 1847). Exponente del romanticismo nacionalista, entre sus principales obras se cuentan la primera edición erudita de *Canciones populares suecas* (1814-17) y una monumental *Historia del pueblo sueco* (1832-36).

GEISEL, ERNESTO Militar y político brasileño (Bento Gonçalves, 1908 - Rio de Janeiro, 1996). Fue Jefe de la Casa Militar con el presidente Castelo Branco (1964), magistrado del Tribunal Supremo Militar y presidente de la República (1974-79).

GÉISER m. *Geol.* Fuente intermitente de agua caliente y sulfurosa, proyectada por una abertura de la corteza terrestre con una fuerza considerable, acompañada de vapor. Abundan en regiones volcánicas de Islandia, EE UU y Nueva Zelanda.

GEISHA f. En Japón, joven que, con el fin de amenizar reuniones, ha sido instruida en las artes del canto, del baile y de la conversación, así como en el ritual de servir el té.

GEL m. **1** *Quím.* Estado que adopta una materia en dispersión coloidal cuando flocula o se coagula. Es un semisólido, homogéneo y gelatinoso. Ofrece poca resistencia a la difusión de los líquidos. **2** Producto cosmético en estado de gel. **3** Jabón líquido que se utiliza para el aseo corporal. También se llama *gel de baño*.

GELA Ciudad de Italia, en la región de Sicilia; 72.535 h.

GELASIO Nombre de dos papas.

GELASIO I, SAN (?, - Roma, 496). De ascendencia africana, fue sucesor de Félix III y ocupó el solio pontificio entre los años 492 y 496. Presidió en Roma, en el 494, el concilio en que fue redactado el decreto que lleva su nombre y que estableció el canon de los libros santos recibidos por la iglesia católica.

GELASIO II (?, h. 1058 - Cluny, 1119). Llamado Juan de Gaeta, sucedió a Pascual II y ocupó el solio pontificio de 1118 a 1119. Expulsado de Roma por Frangipani, jefe del Partido Güelfo, y, posteriormente por Enrique V, se refugió en Francia e inició una política de alianzas con los monarcas franceses.

GELATINA f. **1** *Quím.* Proteína natural, sustancia sólida, incolora y transparente cuando pura, que procede de la transformación del colágeno del tejido conjuntivo y de los huesos y cartílagos por efecto de la cocción. Se emplea como alimento, y también en las industrias fotográficas, del plástico, metalúrgicas y farmacéuticas. **2** Esa sustancia, preparada para acompañar y adornar ciertas comidas. **3** Jalea de frutos.

Gdansk (Polonia).

GELDRE m. *Bot.* **1** MUNDILLO, planta. **2** Flor de esta planta.

GELDERLAND GÜELDRES.

GELFOND, ALEXANDR OSIPOVICH Matemático ruso (San Petersburgo, 1906 - Moscú, 1968). Realizó importantes contribuciones a la teoría de la interpolación y de la aproximación de las funciones de variable compleja. Son famosos sus estudios sobre la teoría de números trascendentes.

GELIBOLU GALLÍPOLI.

GÉLIDO, DA adj. Helado, muy frío.

GELIMER Rey de los vándalos de África (s. VI). Usurpó el trono a Hilderico en 530. Fue derrotado por Belisario (534). Posteriormente le fueron entregados dominios en Galacia, donde se retiró.

GELIVACIÓN o **GELIFRACCIÓN** f. *Geol.* Proceso de fragmentación de rocas por la acción del hielo.

GELL-MANN, MURRAY Físico estadounidense (Nueva York, 1929). En colaboración con R. Feynman, revolucionó la física de partículas proponiendo que todos los hadrones pueden explicarse como combinación de muy pocas entidades elementales aún más pequeñas, a las que dio el nombre de *quark*. En 1969 recibió el premio Nobel de Física.

GELLERT, CHRISTIAN EHREGOTT Químico y naturalista alemán (Hainichen, 1713 - íd., 1795). Desarrolló el método para la extracción en frío de los metales por amalgamación con el mercurio.

GELMAN, JUAN Escritor argentino (Buenos Aires, 1930). Ha publicado algunas de sus obras bajo los heterónimos de Sidney West, José Galván, Yamanokuchi Ando, Julio Greco o John Wendell. Obra poética: *Cólera Buey* (1965), *Los poemas de Sidney West* (1969), *Relaciones* (1973) y *Hacia el sur* (1982).

GELMÍREZ, DIEGO Prelado español (?, h. 1068 - ?, 1139). En 1100 fue nombrado primer arzobispo de Compostela. Atrajo hacia el sepulcro del Apóstol Santiago la atención del mundo cristiano e impulsó la construcción de la catedral. Fue gobernador general de Galicia. Se opuso al matrimonio de doña Urraca, hija y heredera del rey don Alfonso, con Alfonso I de Aragón. Nombrado canciller real por Alfonso VII (1126), llegó a convertirse en el auténtico soberano de Galicia.

GELÓN Tirano de Siracusa y de Gela (s. V a. C.). Gobernó desde el año 485 hasta el 478 a. C. Derrotó a los cartagineses al mando de Amílcar en el 480.

GELSENKIRCHEN Ciudad de Alemania, Land de Renania del Norte-Westfalia; 295.368 h. Centro carbonífero.

GELVES Nombre español de la isla tunecina de GERBA.

GEMA f. **1** Nombre genérico de las piedras preciosas. **2** *Miner.* SAL GEMA. **3** Parte de un madero escuadrado donde, por escasez de dimensiones, ha quedado parte de la corteza. **4** *Bot.* Yema o botón en los vegetales.

GEMACIÓN f. **1** *Bot.* Desarrollo de la gema, yema o botón. **2** *Biol.* Modo de reproducción asexual, propio de muchas plantas y animales invertebrados.

GEMAYEL, AMIN Político libanés (Bikfaya, 1942). Miembro del Parlamento por el Partido Kataeb (Falanges libanesas cristianas) desde 1970, fue elegido presidente de la República tras el asesinato de su hermano Bechir Gemayel (1982-88).

GEMAYEL, BECHIR Político libanés (?, 1947 - Beirut, 1982). Líder del Partido Kataeb (Falanges libanesas cristianas), fue elegido presidente de Líbano en agosto de 1982. Murió en un atentado.

GEMAYEL, PIERRE Político libanés (Bikfaya, 1905 - íd., 1984). Padre de los anteriores. Líder máximo de la derecha cristiana libanesa y fundador del Partido falangista Kataeb, fue vicepresidente del Gobierno en 1960.

GEMELA f. *Bot.* Jazmín de Arabia.

GEMELO, LA adj. **1** *Biol.* Se dice de cada uno de los dos embriones desarrollados simultáneamente dentro de un útero, membrana vitelina o testa. También s. **2** *Anat.* Se dice de cada uno de los dos músculos de la pantorrilla que van desde la parte inferior del fémur hasta el tendón de Aquiles, y concurren al movimiento de la pierna. También s. **3** Se aplica ordinariamente a los elementos iguales de diversos órdenes que, apareados, cooperan a un mismo fin. || m. pl. **4** ANTEOJOS, instrumento óptico. **5** Juego de dos botones iguales o de algunos otros objetos de esta clase. **6** Los dos maderos gruesos que se empalman a otro para darle más resistencia y cuerpo. || **GEMELOS DICIGÓTICOS** *Biol.* Los derivados de dos óvulos diferentes. || **GEMELOS MONOCIGÓTICOS** *Biol.* Los derivados de un sólo óvulo fertilizado, que posteriormente se divide, siendo idénticos los individuos producidos.

GEMELOS *Astron.* GÉMINIS.

GEMINACIÓN f. **1** *Biol.* Disposición doble de un órgano, elemento, etc. **2** *Ling.* Repetición de un fonema, una sílaba o una palabra.

GEMINIANI, FRANCESCO Violinista y compositor italiano (Lucca, 1667 - Dublín, 1762). Discípulo de A. Scarlatti y de Corelli, fue un gran virtuoso del violín. Es autor, entre otras obras, de *Cinco colecciones de concerti grossi* y de cuatro colecciones de sonatas para violín.

GEMÍNIDAS f. pl. *Astron.* Estrellas fugaces cuyo punto radiante está en la constelación de Géminis y que se produce entre el 5 y 15 de diciembre.

GÉMINIS **1** *Astrol.* Tercer signo del Zodiaco, en que el Sol entra el 21 de mayo y sale el 21 ó 22 de junio. Actualmente, debido a la precesión de los equinoccios, el signo no coincide con la constelación del mismo nombre, sino con la de Tauro. **2** *Astron.* Gran constelación zodiacal del hemisferio Norte, situada entre las de Tauro, Cáncer y Can Menor. Debe su nombre a sus dos estrellas más brillantes: Cástor y Pólux.

GEMÍPARO, RA adj. y s. *Biol.* Se aplica a los animales o plantas reproducidos por yemas.

GEMIR intr. **1** Expresar con sonido y voz lastimera la pena y dolor. **2** fig. Aullar algunos animales, o sonar algunas cosas inanimadas, con semejanza al gemido del hombre. ♦ IRREG. Se conjuga como PEDIR.

GEMMA *Astron.* Estrella más luminosa de la constelación Corona Boreal.

GEMOLOGÍA f. *Miner.* Ciencia que trata de las gemas o piedras preciosas.

GEMONIAS f. pl. **1** Derrumbadero del monte Aventino o del Capitolino en Roma, por el cual se arrojaban los cadáveres de los ejecutados en la prisión. **2** Castigo muy infamante.

GEN m. *Biol.* Unidad básica de la herencia, que ocupa un lugar fijo en el cromosoma y posee una determinada función. Consta de una secuencia orientada y específica de nucleótidos, generalmente de ADN, que contiene la información necesaria para la constitución de la secuencia orientada de los nucleótidos de otro ácido nucleico, o de los aminoácidos de una proteína. Durante el proceso, el gen puede verse afectado por mutaciones o recombinaciones.

GEN-, GENE-, GENEA-, GENES-, GENET-, GONO-; -GEN-, -GENE-, -GENO-; -GENA, -GENE, -GENEO, -GENES, -GENESIA, -GÉNESIS, -GENIA, -GÉNICA, -GÉNICO, -GENO, -GENOSIS, -GONIA, -GONÍA, -GÓNICO, -GONIO, -GONO prefs., ins. o sufs. que significan origen, génesis, nacimiento, etc.

GENA f. En argot, hachís de mala calidad.

-GENA suf. GEN-.

genciana

GENCIANA f. *Bot.* Nombre común de diversas plantas de la familia gencianáceas, género *Genciana,* que crecen en regiones montañosas de áreas templadas o en lugares fríos próximos a las zonas árticas. Se emplea en medicina y para la elaboración de licores.

GENCIANÁCEO, A o **GENCIANEO, A** adj. y s. *Bot.* **1** Se dice de la planta angiosperma dicotiledónea, herbácea, de hojas opuestas, flores hermafroditas y fruto en baya, como la genciana y la canchalagua. || f. pl. *Bot.* **2** Familia de estas plantas.

GENDARME m. Agente de policía de Francia y otros países destinado a mantener el orden y la seguridad pública.

GENE m. *Biol.* GEN.

GENE-; -GENE-; -GENE pref., in. o suf. GEN-.

GENEA- pref. GEN-.

GENEALOGÍA f. **1** Serie de progenitores y ascendientes de cada persona. **2** Escrito que la contiene. **3** Documento en que se hace constar la ascendencia de un animal de raza.

-GÉNEO suf. GEN-.

GENERACIÓN f. **1** Acción y efecto de engendrar. **2** *Biol.* Todos los individuos producidos durante un ciclo de vida. **3** *Biol.* Conjunto de organismos que tienen un progenitor o progenitores comunes y que integran un único nivel en la línea de descendencia. **4** Conjunto de todos los vivientes coetáneos. **5** Casta, género o especie. **6** Sucesión de descendientes en línea recta. **7** Conjunto de personas que, por haber nacido en fechas próximas y recibido educación e influjos culturales semejantes, se comportan de manera afín o comparable en algunos sentidos.

GENERACIÓN DEL 27 *Lit.* Grupo de escritores españoles, especialmente poetas, que se inician literariamente o alcanzan su apogeo en torno a 1927, año en que se conmemora el tercer centenario de la muerte de Góngora, figura que recuperan dichos poetas. Como maestros de la generación se señalan a Ortega y Gasset y J. R. Jiménez. Sus miembros son P. Salinas, J. Guillén, D. Alonso, F. García Lorca, V. Aleixandre, G. Diego, R. Alberti, E. Prados, L. Cernuda, J. J. Domenchina y M. Altolaguirre.

GENERACIÓN DEL 98 *Lit.* Conjunto de escritores españoles que desarrolló su actividad a finales del siglo XIX y principios del XX. En todos sus miembros se dio una proximidad en la fecha de nacimiento, así como cierta homogeneidad en su formación: se trata de una generación caracterizada por el autodidactismo. Compartían una honda preocupación por España, así como una sensación de pesimismo originada por la pérdida de las últimas colonias españolas en América (Cuba y Puerto Rico). Su proyección política, ideológica y literaria osciló continuamente entre lo radical y lo tradicionalista. Entre sus principales representantes se citan a A. Ganivet, como precursor, Azorín, P. Baroja, M. de Unamuno, R. de Maeztu, A. Machado y R. del Valle-Inclán.

GENERACIÓN PERDIDA *Lit.* Nombre de un grupo de escritores estadounidenses, que residieron en París tras la Primera Guerra Mundial, y renovaron la narrativa de EE UU. Entre sus principales representantes se encuentran Ernest Hemingway, John Dos Passos, Francis Scott Fitzgerald, John Steinbeck, Edward Cummings y Ezra Pound. Su mentora fue Gertrude Stein.

GENERADOR, RA adj. **1** Que genera o engendra. También s. **2** *Geom.* Se dice del elemento que, al moverse sobre un eje, produce una nueva estructura geométrica. (En esta acepción, el adjetivo femenino es *generatriz.)* || m. *Fís.* **3** Parte que produce la fuerza o energía en una máquina. **4** Máquina, motor o aparato que transforma la energía mecánica en eléctrica, como la pila o el alternador.

GENERAL adj. **1** Común y esencial a todos los individuos que constituyen un todo, o a muchos objetos, aunque sean de naturaleza diferente. **2** Común, frecuente, usual. || m. **3** *Mil.* Clase militar que comprende las jerarquías superiores del ejército, de la aviación y de algunos cuerpos de la armada. **4** Prelado superior de una orden religiosa. **5** En las universidades, seminarios, etc., aula o pieza donde se enseñaban las ciencias.

GENERAL SAN MARTÍN Ciudad de Argentina, provincia de Buenos Aires; 407.506 h. Gran centro industrial. Forma parte del Gran Buenos Aires.

GENERALA f. **1** Mujer del general. **2** *Mil.* Toque de tambor, corneta o clarín para que las fuerzas de una formación o campo se pongan sobre las armas.

GENERALATO m. **1** Oficio o ministerio del general de las órdenes religiosas. **2** Tiempo que dura este oficio o ministerio. **3** *Mil.* Empleo o grado de general. **4** *Mil.* Conjunto de los generales de uno o varios ejércitos.

GENERALIDAD f. **1** Mayoría, muchedumbre o casi totalidad de los individuos u objetos que componen una clase o todo sin determinación. **2** Vaguedad, falta de precisión.

GENERALÍSIMO m. Jefe que manda el Estado militar en paz y en guerra, con autoridad sobre todos los generales del Ejército.

GENERALITAT DE CATALUNYA *Hist.* y *Polít.* Institución de autogobierno que se constituyó en Cataluña durante la II República, y que fue restablecida tras el final del franquismo. El Estatuto de Autonomía entró en vigor tras ser aprobado por el pueblo catalán en referéndum y por las Cortes (1932).

GENERALIZAR tr. **1** Hacer pública o común una cosa. También prnl. **2** Considerar y tratar en común cualquier cuestión. **3** Abstraer lo que es común y esencial en muchas cosas, para formar un concepto general que las comprenda todas.

GENERAR tr. **1** *Biol.* Procrear. **2** Producir, causar algunas cosas.

GENERATIVO, VA adj. **1** Se dice de lo que tiene virtud de engendrar. **2** *Ling.* GRAMÁTICA GENERATIVA.

GENERATRIZ adj. y f. **1** *Geom.* Se dice de la línea o la figura que, al girar alrededor de un eje, engendran respectivamente una figura o un sólido geométrico. **2** *Fís.* Se dice de la máquina que convierte la energía mecánica en eléctrica.

GENÉRICO, CA adj. **1** Común a muchas especies. **2** *Gram.* Relativo al género.

GÉNERO m. **1** *Biol.* Categoría taxonómica que agrupa el conjunto de seres que tienen uno o varios caracteres comunes debido a una relación genética. **2** *Gram.* Clase a la que pertenece un nombre sustantivo o un pronombre por el hecho de concertar con él una forma y, generalmente sólo una, de la flexión del adjetivo y del pronombre. En las lenguas indoeuropeas estas formas son tres en determinados adjetivos y pronombres: masculina, femenina y neutra. **3** *Gram.* Cada una de estas formas gramaticales. **4** Modo o manera de hacer una cosa. **5** CLASE. **6** Cualquier mercancía. **7** Cualquier clase de tela. **8** *Arte.* Cada una de las distintas categorías o clases en que se pueden ordenar las obras. || **GÉNERO CHICO** *Teat.* Clase de obras teatrales modernas de menor importancia, que comprende sainetes, comedias y zarzuelas de uno o dos actos. || **GÉNERO FEMENINO** *Gram.* El de los sustantivos y pronombres que significan personas (y algunas veces animales) del sexo femenino, y el de otros nombres de seres inanimados. También el de los adjetivos que califican exclusivamente este tipo de realidades. || **GÉNERO LITERARIO** *Lit.* Cada una de las distintas categorías o clases en que se pueden ordenar las obras literarias. || **GÉNERO MASCULINO** *Gram.* El de los sustantivos y pronombres que significan personas (y algunas veces animales) del sexo masculino, y el de otros nombres de seres inanimados. También el de los adjetivos que califican exclusivamente este tipo de realidades. || **GÉNERO NEUTRO** *Gram.* En las lenguas indoeuropeas, el de los sustantivos no clasificados como masculinos ni femeninos y el de los pronombres que los representan o que designan conjuntos sin noción de persona. || **de género** loc. adj. *Esc.* y *Pint.* Se dice de las obras que representan escenas de costumbres o de la vida común, y de los artistas que las ejecutan.

GENEROSIDAD f. **1** Calidad de generoso. **2** Largueza, liberalidad. **3** Valor, esfuerzo.

GENEROSO, SA adj. **1** Que obra con magnanimidad y nobleza. También s. **2** Liberal, dadivoso. **3** Excelente en su especie.

GENES-; -GENES, -GENESIA pref. o sufs. GEN-.

GENESARET o **GENEZARET** TIBERÍADES.

GENESIACO, CA o **GENESÍACO, CA** adj. Relativo a la generación o génesis.

GENÉSICO, CA adj. Relativo a la generación.

GÉNESIS f. **1** Origen o principio de una cosa. **2** Serie encadenada de hechos y de causas que conducen a un resultado. ♦ Su pl. es *génesis*.

-GÉNESIS suf. GEN-.

GÉNESIS Primer libro de la Biblia y del Pentateuco, que narra la historia de la creación del mundo y del hombre y el origen de los patriarcas del pueblo de Israel hasta la muerte de José.

GENET- pref. GEN-.

GENET, JEAN Escritor francés (París, 1910 - íd., 1986). Destacan sus novelas *Nuestra Señora de las Flores* (1944), *El milagro de la rosa* (1946) y *La querella de Brest* (1947); las colecciones de poesías *El condenado a muerte* (1942) y *Canciones secretas* (1947); y las obras de teatro *Las criadas* (1947), *El balcón* (1956) y *Los biombos* (1966).

GENÉTICA f. *Biol.* Rama de la biología que estudia los procesos relacionados con la herencia, transmisión de genes y variaciones producidas en ellos. Sus bases las estableció Gregor Mendel.

GENÉTICO, CA adj. **1** Perteneciente o relativo a la genética. **2** Perteneciente o relativo a la génesis u origen de las cosas.

GENGIS KHAN o **GENGIS JAN** (TEMUDJIN, llamado) Fundador del Imperio Mongol (?, h.1167 - ?, 1227). Jefe del clan borjigin, después de repetidas victorias se impuso a la nobleza mongola, unificó los clanes, venció a los turcos merkitas, a los tártaros de Manchuria, a los caraitas y a los naimanes y fue elegido khan supremo o rey universal (Gengis Khan) en 1205. Creó un poderoso ejército, con el que emprendió la conquista de China (tomó Pekín en 1215), arrasó las principales ciudades de Asia central, ocupó Jorasán, Afganistán y llegó hasta el Volga.

-GENIA suf. GEN-.

GENIAL adj. **1** Propio del genio o inclinación de uno. **2** Placentero; que causa deleite o alegría. **3** Sobresaliente, que revela genio creador.

GENIALIDAD f. **1** Cualidad de genial. **2** Singularidad propia del carácter de una persona.

-GÉNICA, -GÉNICO sufs. GEN-.

GENIL Río de España que nace en Sierra Nevada y desemboca en el Guadalquivir; 337 km.

GENIO m. **1** Carácter, modo de ser de alguien. **2** Humor, estado de ánimo. **3** Inteligencia o aptitud extraordinaria para crear o inventar cosas. **4** Persona dotada de esta facultad. **5** *Mit.* En la mitología griega y romana, divinidad creadora, tutelar de cada persona o enemiga. **6** Ser imaginario al que se suponen poderes sobrenaturales.

GÉNISSIAT Localidad de Francia, departamento de Ain. Gran complejo hidráulico entre el Ródano y el Rhin.

GENISTA f. *Bot.* Arbusto de la familia leguminosas, género *Genista.* Crece en el centro y S de Europa. Las especies más representativas son la aulaga *(G. scorpius)* y la hiniesta *(G. cinerea).*

GENITAL adj. *Biol.* **1** Que sirve para la generación. || m. pl. *Anat.* **2** Órganos de la reproducción.

GENITIVO, VA adj. **1** Que puede engendrar y producir una cosa. || m. *Gram.* **2** Uno de los casos de la declinación. Puede denotar propiedad, posesión o pertenencia, el objeto sobre el que recae o que produce la acción transitiva expresada por un nombre, la cualidad o la cantidad de alguien o algo, la naturaleza de algo, etc. En español se expresan estas funciones mediante la preposición *de.*

GENITOURINARIO, RIA adj. *Med.* Relativo a las vías y órganos genitales y urinarios.

GENÍZARO, RA adj. JENÍZARO.

GENNES, PIERRE-GILES DE Físico francés (París, 1932). Ha realizado investigaciones en magnetismo, superconductividad, cristales líquidos y polímeros. Premio Nobel de Física (1991).

GENNEVILLIERS Ciudad de Francia, que forma parte de la aglomeración de París. Centro industrial.

-GENO-; -GENO in. o suf. GEN-.

GENOCIDIO m. Exterminio o eliminación sistemática de un grupo humano o social por motivo de raza, de religión o de política.

GENOMA m. *Biol.* Conjunto del material genético presente en los cromosomas de un organismo.

GENOMA HUMANO, PROYECTO Proyecto de investigación público en el que participan EE UU, Reino Unido, Francia, Alemania, Japón y China, iniciado en 1990 con el objetivo de secuenciar el genoma humano, identificar sus genes y desarrollar la tecnología necesaria. Los mismos objetivos eran perseguidos por varias empresas privadas, la más importante de las cuales es Celera Genomics. En junio de 2000, el Proyecto Genoma Humano y Celera Genomics presentaron conjuntamente un primer borrador de la secuencia del código genético, y en 2003 se completó el mapa del genoma humano. En 2001 cinco investigadores de ambas entidades fueron galardonados con el premio Príncipe de Asturias de Investigación Científica y Técnica.

-GENOSIS suf. GEN-.

GENOTIPO m. *Biol.* Conjunto de factores hereditarios contenidos en los cromosomas de un ser vivo.

GÉNOVA 1 Provincia de Italia, en Liguria; 1.836 km^2 y 950.849 h. **2** Ciudad capital de la región de Liguria y de la provincia de su nombre, junto al golfo de Génova; 678.771 h. Primer puerto de Italia. Gran centro industrial. Magníficos templos, entre los que destaca la catedral (siglos XII-XVI). Universidad, fundada en 1471.

GÉNOVA, GOLFO DE Entrante del Mediterráneo, en las costas del NO de Italia.

GENOVÉS, SA adj. y s. De Génova.

GENOVEVA DE BRABANTE Heroína alemana. La leyenda popular, recogida en la *Leyenda Áurea,* la hace hija del duque de Brabante y esposa del conde palatino de Tréveris, Sigfrido. Acusada de adulterio en ausencia de su marido, fue condenada a muerte. Escapó con su hija y se refugió en una cueva, en la que pasó seis años. Por fin fue hallada y conducida a su casa por su esposo.

GENS f. *Hist.* En Roma, grupo de familias que se consideraban descendientes de un antepasado común, con el que compartían el nombre. (Véase COGNOMEN y PRENOMBRE.)

GENSERICO Rey de los vándalos (? - ?, 477). Compartió el poder con su hermano Gonderico, pero al morir éste (427) le sucedió como soberano único en la parte de la península Ibérica donde reinaba aquél: la Bética y la Cartaginense. Fue derrotado en la Bética por los visigodos, tras lo cual pasó a África con su pueblo. Se apoderó del N de este continente y tomó Cartago (439), ciudad que convirtió en capital de su reino y desde donde comenzó una expansión que le llevó a saquear Roma y ocupar Baleares, Sicilia y Cerdeña.

GENTE f. **1** Pluralidad de personas. **2** NACIÓN. **3** Tropa de soldados. **4** Nombre colectivo que se da a cada una de las clases que pueden distinguirse en la sociedad. **5** fam. Familia o parentela. **6** fam. Conjunto de personas que viven reunidas o trabajan a las órdenes de uno. **7** *Mar.* Conjunto de los soldados y marineros de un buque. **8** *Col., Chile* y *P. Rico* Gente decente, bien portada. || **GENTE DE BIEN** La de buena intención y proceder. || **GENTE MENUDA** fam. Los niños.

geoda

GENTIL adj. **1** Idólatra o pagano. También s. **2** Brioso, galán, gracioso. **3** NOTABLE. **4** Amable, cortés.

GENTILE, GIOVANNI Filósofo italiano (Castelvetrano, 1875 - Florencia, 1944). Pensador idealista y hegeliano, fue una de las figuras culturales más relevantes del fascismo.

GENTILE DA FABRIANO FABRIANO, GENTILE DA.

GENTILESCHI, ARTEMISA (ARTEMISA LOMI, llamada) Pintora italiana, hija y discípula de Orazio (Roma, 1597 - Nápoles, 1651). Se distinguió en la pintura histórica y ejecutó gran número de retratos de nobles de su época.

GENTILESCHI, ORAZIO (ORAZIO LOMI, llamado) Pintor italiano, padre de la anterior (Pisa, 1562 - Londres, 1647). De estilo manierista, sus obras se caracterizan por el clasicismo de las formas y por una sutil luminosidad.

GENTILEZA f. **1** Gallardía. **2** Desenvoltura y garbo en la ejecución de una cosa. **3** Ostentación, bizarría. **4** Urbanidad, cortesía.

GENTILHOMBRE m. **1** Buen mozo. **2** Persona de buena familia que servía en la casa del rey o en las casas de los grandes.

GENTILICIO, CIA adj. **1** Perteneciente a las gentes o naciones. **2** Perteneciente al linaje o familia. **3** ADJETIVO GENTILICIO.

GENTÍO m. Concurrencia de gran número de personas en un lugar.

GENTLEMAN (Voz i.) m. Caballero; por extensión, hombre cortés, elegante, distinguido y galante.

GENTRY (Voz i.) f. Conjunto de los nobles con derecho a blasón pero sin título en el Reino Unido. Desde la Baja Edad Media designa a la baja nobleza, que hasta el siglo XIX dominó la Cámara de los Comunes.

GENTUZA f. desp. Gente despreciable.

GENUFLEXIÓN f. Acción y efecto de doblar la rodilla, bajándola hacia el suelo, ordinariamente en señal de reverencia.

GENUINO, NA adj. Puro, propio, natural, legítimo.

GEO m. Miembro del Grupo Especial de Operaciones (véase GEO).

GEO-; -GEO pref. o suf. GE-.

GEO (Siglas de *Grupo Especial de Operaciones)* Cuerpo de elite de la Policía Nacional española.

GEOANTICLINAL m. *Geol.* Levantamiento por pliegue de un sector de la corteza terrestre, que forma un abombamiento de gran radio de envoltura.

GEOBIONTE m. *Zool.* Animal que vive en el suelo.

GEOCÉNTRICO, CA adj. *Astron.* **1** Relativo al centro de la Tierra. **2** Se dice de la latitud y longitud de un planeta visto desde la Tierra. **3** Se dice del sistema de Tolomeo y de todos aquellos que suponen que la Tierra es el centro del universo.

GEOCORONA f. *Astron.* Parte de la exosfera constituida principalmente por hidrógeno.

GEODA f. *Geol.* Hueco de una roca tapizado de una formación mineral generalmente cristalizada.

GEODESIA f. *Mat.* Ciencia matemática que tiene por objeto determinar la figura y magnitud del globo terrestre y describir su campo de gravedad.

GEODESTA com. **1** Profesor de geodesia. **2** Persona que se ejercita habitualmente en ella.

GEODINÁMICA f. *Geol.* Rama de la geología que estudia la acción de las fuerzas naturales sobre la faz de la Tierra y los fenómenos que en ella producen.

GEÓFAGO, GA adj. *Zool.* Se dice del animal terrestre que se alimenta de la materia y pequeños organismos que componen el suelo.

GEOFFROY DE SAINT-HILAIRE, ÉTIENNE Naturalista francés (Etampes, 1772 - París, 1844). Fundador de la teratología, su idea fundamental fue la *unidad de plan o de composición,* que afirma que todos los animales están construidos de acuerdo con un plan anatómico único.

George Town (Caimanes).

Geoffroy de Saint-Hilaire, Isidore Naturalista francés (París, 1805 - íd., 1861). Hijo del anterior, a quien sucedió en el estudio de la teratología.
Geófilo, la adj. *Zool.* Se dice del animal que desarrolla alguna parte de su ciclo biológico en el suelo.
Geofísica f. *Geol.* Ciencia que estudia las características y propiedades físicas de la Tierra.
Geogenia o **Geogonía** f. *Geol.* Parte de la geología que trata del origen y formación de la Tierra.
Geognosia f. *Geol.* Parte de la geología que estudia la estructura y composición de los elementos que forman la Tierra.
Geografía f. **1** Ciencia que describe y analiza la superficie terrestre y la localización y distribución en el espacio de sus diferentes elementos, modificados o no por la acción humana. **[Encic.] 2** fig. Territorio, paisaje. ||
Geografía Física La que analiza los aspectos que están relacionados con la forma de la superficie terrestre. ||
Geografía Histórica La que estudia la distribución de los Estados y pueblos a través de las distintas épocas. ||
Geografía Humana La que estudia el hombre y las actividades humanas en relación con el medio en que se desarrollan. || **Geografía Lingüística** *Ling.* Rama de la dialectología que estudia las variedades lingüísticas de los hablantes por razón de su origen geográfico. || **Geografía Política** La que trata de las áreas políticamente organizadas, sus recursos y extensión.
Geog. La geografía estudia las acciones, reacciones y correlaciones del pueblo, el clima y los seres vivos entre sí, en una determinada región de la Tierra y en un momento dado de su historia. Se puede considerar en un aspecto general y otro particular. La *geografía general* estudia comparativamente las manifestaciones vitales de las plantas, los animales y el hombre sobre la superficie terrestre; la *geografía descriptiva* se ocupa de los aspectos nacionales, regionales, locales, etc. La geografía como ciencia se divide en: 1) *Geografía astronómica* o *matemática*, que comprende la *cosmografía*, descripción del universo o astronomía descriptiva, y *geodesia*, que determina las dimensiones de la Tierra y las coordenadas de cada punto de la superficie terrestre. 2) *Geografía física* o *fisiografía*, que estudia los fenómenos de orden inanimado que ocurren en la superficie de la Tierra y describe su estado actual. Se subdivide a su vez en *geomorfología*, que describe el relieve terrestre, y *geofísica: oceanografía, hidrografía* y *climatología*. 3) *Geografía biológica* o *biogeografía*, que estudia la distribución de los seres vivos sobre la superficie terrestre, y se subdivide en *fitogeografía* y *zoogeografía*, que estudian los grupos de plantas y animales, respectivamente, según su forma de vivir. 4) *Geografía humana* o *antropogeografía*, que comprende la *geografía política, geopolítica, etnografía, geografía económica* y *geografía social*. Aunque desde la Antigüedad se practica el conocimiento geográfico, éste no adquirió carácter científico hasta el siglo xix.
Geógrafo, fa m. y f. Persona especialista en geografía o que tiene conocimientos de ella.
Geoide m. *Astron.* Forma teórica de la Tierra determinada por la geodesia, en la que se toma como referencia el nivel medio de la superficie de los mares.
Geología f. *Geol.* Ciencia que estudia la forma exterior e interior del globo terrestre; la naturaleza de las materias que lo componen y su formación; los cambios o alteraciones que éstas han experimentado desde su origen, y distribución que tienen en su actual estado.
[Encic.] || Geología Ambiental Parte de la geología que aplica sus principios básicos al estudio de problemas ambientales para su prevención, atenuación o resolución.
Geol. Las ramas principales en que se divide esta ciencia son: *geología física* (procesos de sedimentación y erosión por la acción de agentes externos, así como la estructura de las rocas), *cristalografía* (formas cristalinas de los minerales), *mineralogía* (composición y caracteres físicos de los minerales naturales), *petrología* (naturaleza, composición, textura y origen de las rocas y minerales metalíferos), *geodinámica, tectónica, vulcanología, sismología, geología histórica* o *estratigrafía* y *paleontología* (historia de la vida en el planeta).
Geólogo, ga m. y f. Persona especializada en geología o que tiene conocimientos de ella.
Geomagnetismo m. *Geol.* **1** Magnetismo terrestre. Conjunto de los fenómenos relativos a las propiedades magnéticas de la Tierra. **2** Ciencia que estudia dichas propiedades.
Geomancia o **Geomancía** f. Presunta adivinación a través de los cuerpos terrestres o con líneas, círculos o puntos hechos en la tierra.
Geómetra m. y f. Persona especialista en geometría o que posee conocimientos de ella.
Geometría f. *Geom.* Parte de las matemáticas que estudia las propiedades y relaciones de las figuras en el plano y en el espacio. **[Encic.] || Geometría Analítica** *Geom.* Parte de las matemáticas que estudia las propiedades de las líneas y superficies representadas por medio de ecuaciones. || **Geometría Descriptiva** *Geom.* Parte de las matemáticas que tiene por objeto resolver los problemas de la geometría del espacio por medio de operaciones efectuadas en un plano y representar en él las figuras de los sólidos. || **Geometría Espacial** *Geom.* La que considera las figuras cuyos elementos no están todos en un mismo plano. || **Geometría Plana** *Geom.* La que considera las figuras cuyos puntos y líneas están situados en un plano. || **Geometría Proyectiva** *Geom.* La que trata de las propiedades que conservan las figuras cuando se las proyecta sobre un plano.
Geom. Las primeras propiedades acerca de las figuras fueron establecidas en las primeras culturas por métodos puramente experimentales. El papiro del egipcio Ahmes (2200 a. C.) explica la manera de construir un triángulo rectángulo basándose en que pertenece a este tipo aquel cuyos lados están entre sí como 3, 4 y 5 unidades de medida. Los griegos introdujeron el método geométrico actual, demostración de propiedades generales, prescindiendo de la experiencia de la demostración. La geometría griega experimentó en Alejandría un extraordinario florecimiento con Euclides, Apolonio y Arquímedes. Los árabes conservaron y transmitieron a Occidente la ciencia griega y oriental, pero su aportación fundamental al desarrollo de la geometría fue la creación del álgebra. En los siglos xv y xvi se iniciaron en Occidente los estudios geométricos, en un sentido moderno, con Regiomontano, Guldin, Cavalieri, Kepler, Galileo, Pascal, Ceva, etc., y Descartes y Fermat crearon la geometría analítica. En el siglo xviii Euler estableció los fundamentos de la topología, y a principios del xix, Gauss, Schweikart, los Bolyai (padre e hijo) y Lobachevski reanudaron el estudio del postulado V de Euclides. Por último, Steiner y Staudt fundaron la geometría proyectiva.
Geomorfía f. *Geol.* Parte de la geodesia que trata especialmente de la forma de la Tierra y de su representación por medio de mapas.
Geomorfología f. *Geol.* Ciencia que estudia la génesis y evolución de las formas del relieve terrestre.
Geonemia f. *Biol.* BIOGEOGRAFÍA.
Geonomía f. *Geol.* Ciencia que estudia las propiedades de la tierra vegetal.
Geopolítica f. Ciencia que estudia las relaciones entre el medio geográfico y la política.
Geoquímica f. *Geol.* Ciencia que estudia la composición química de la Tierra y las reacciones químicas que se producen en el medio geológico.
Georama m. Globo geográfico, grande y hueco, sobre cuya superficie interior está trazada la figura de la Tierra, de manera que se pueda contemplar en su totalidad desde su interior.
George, David Lloyd Lloyd George, David.
George, Henry Economista estadounidense (Filadelfia, 1839 - Nueva York, 1897). Autor de *Progreso y miseria* (1879), ensayo en el que demostró que los productores trabajan siempre en beneficio del propietario del suelo.
George, Stefan Poeta alemán (Büdesheim, 1868 - Locarno, Suiza, 1934). Fue considerado el profeta del nuevo arte y el mayor poeta alemán de su tiempo. Obras principales: *Dibujos en gris* (1889), *Himnos* (1890), *El séptimo anillo* (1907), *La estrella de la alianza* (1913).
George Town Ciudad capital de Caimanes, colonia del Reino Unido, en la isla de Gran Caimán; 12.921 h.
Georgetown Ciudad capital de Guyana, en la desembocadura del Demerara; 195.000 h. Puerto.
Georgia (*Sakartvelos Respublica*) Estado transcaucásico, que hasta 1991 formó parte de la URSS. Limita al N con la Federación de Rusia; al E, con Azerbaiyán; al S, con Armenia y Turquía; y al O, con el mar Negro.
Geog. El país está ocupado en gran parte por las estribaciones del Cáucaso. Su máxima altura es el pico Elbruz (5.633 m). Los ríos principales son el Kura y el Rioni. El clima es subtropical en la zona occidental, lo que permite cultivos de frutales, y continental seco en el S y en el E. La agricultura es el principal sector económico. Son importantes los cultivos de cítricos, vid, tabaco, té y cereales. Georgia posee gran parte de las reservas de manganeso mundiales. También posee yacimientos de carbón, petróleo, cobre, hierro y cinc. Rustavi y la capital son los principales centros industriales.
Hist. En la región de Georgia surgieron tres reinos entre los siglos xii y vii a. C., Kakethia al E, Karthia en el centro (ambos formarán el reino de Iberia) y Cólquida al O. En el siglo v el rey legendario Gorgasal unificó Georgia y estableció la capital en Tbilisi, pero un siglo más tarde volvió a manos sasánidas. A partir del siglo ix la dinastía de los bragatíes comienza la unificación georgiana y el xii es su siglo de oro bajo los reinados de Jorge III y su hija Thamar. Los ataques mongoles acabaron con este florecimiento. Los otomanos se apoderaron de Tbilisi en 1578, pero fueron rechazados por los persas, que recuperaron Georgia central y oriental. Desde 1636 Georgia se dividió en dos reinos, persa y otomano. En 1801 Alejandro I se anexionó la Georgia persa, y entre 1810 y 1878 se incorporó la otomana. Pese a la rusificación llevada a

Superficie: 69.493 km².
Población: 5.020.000 h. (georgianos).
Densidad: 72,2 h./km².
Tasa de natalidad: 11,1‰.
Tasa de mortalidad: 14,3‰.
Capital: Tiflis o Tbilisi.
Ciudades principales: Kutaísi, Rustavi, Batumi, Sujumi.
Grupos étnicos: georgianos (70,1%), armenios (8,1%), rusos (6,3%), azeríes (5,7%), osetios (3%).
Religión: cristianismo ortodoxo (83%).
Idioma: georgiano, ruso.
Moneda: cupón georgiano.
Forma de Estado: república presidencialista.
Producto Nacional Bruto: 5.281 millones de dólares.
Renta per cápita: 970 dólares.
División administrativa: 2 repúblicas autónomas, 10 regiones y 1 región administrativa especial, según cuadro.

GEORGIA

	Superficie (km²)	Población (h.)	Capitales
Repúblicas Autónomas			
Abjasia	8.600	516.600	Sujumi
Adzharia	2.900	386.700	Batumi
Regiones			
Guria	2.033	160.800	
Imereti	6.349	788.900	
Kakheti	12.217	464.000	
Kvemo Kartli	6.772	601.500	
Racha-Lechkumi	3.224	45.400	
Samagrelo	4.395	418.100	
Samtskhe-Javakheti	5.224	198.800	
Shida Kartli	7.882	485.900	
Svaneti	4.389	23.200	
Tianeti	4.063	43.800	
Región administrativa especial			
Tbilisi	1.384	1.271.800	

cabo durante el siglo XIX, pervivió el nacionalismo georgiano. Los mencheviques crearon en 1917 la República Federal Transcaucásica, con Armenia y Azerbaiyán. En 1921 los aliados reconocieron la independencia de Georgia, pero unos días antes, Stalin ordenó a las tropas soviéticas su invasión y la incluyó en la República Socialista Soviética Federal de Transcaucasia. Tras la disolución de ésta, Georgia pasó a ser una república federada de la URSS. En la década de los ochenta, la apertura auspiciada por Gorbachov despertó los deseos nacionalistas. En las elecciones de abril de 1991 obtuvo la presidencia Zviad Gamsajurdia, pero el aumento de la oposición a su mandato provocó el estallido de una guerra civil. El consejo militar nombró como jefe del mismo a Eduard Shevardnadze, quien fue confirmado como presidente en las elecciones de 1992. El país vivió las elecciones en un ambiente de profunda crisis económica, política y étnica, con serios conflictos por un lado con los *zviadistas*, partidarios de Gamsajurdia, y por otro con dos de sus repúblicas autónomas, Osetia del Sur y Abjasia, que, apoyada por las tropas rusas, entró en guerra con Georgia. El 22 de octubre de 1993 Georgia pasó a integrarse en la CEI. La muerte de Gamsajurdia (diciembre de 1993), y la forzada aproximación a la Federación de Rusia no han evitado que Georgia se viera envuelta en un auténtico caos económico, político y social, a pesar del alto el fuego entre abjasios y georgianos firmado en mayo de 1994. En 1995 y 2000 Shevardnadze fue reelegido presidente. En las elecciones legislativas celebradas en 2003 se produjeron irregularidades que provocaron numerosas protestas en la población, debido a que los resultados daban una victoria contundente del bloque gubernamental. La presión ciudadana obligó a dimitir al presidente Shevardnadze, que fue sustituido interinamente por Nino Burdzhanadze. En enero del año siguiente se celebraron nuevas elecciones que dieron la victoria al nacionalista Mijail Saakashvili, que fue nombrado presidente. Éste nombró primer ministro a Zurab Zhvania.
GEORGIA Estado del SE de EE UU; 152.629 km² y 8.186.453 h. Su capital es Atlanta.
GEORGIA Estrecho de Canadá, que separa la isla de Vancouver del continente.

GEORGIANO¹, NA adj. y s. **1** De Georgia, Estado transcaucásico. || m. *Ling.* **2** Lengua de la familia lingüística caucásica, hablada en este país.
GEORGIANO², NA adj. **1** *Arquit.* Se dice de un estilo de arquitectura desarrollado en el siglo XVII en Inglaterra y EE UU. **2** *Lit.* Se aplica a un movimiento literario surgido en el Reino Unido en las primeras décadas del siglo XX, durante el reinado de Jorge V. Entre sus representantes están D. H. Lawrence, R. Brooke, W. H. Davies y R. Graves. || adj. y s. **3** De Georgia, EE UU.
GEORGIAS DEL SUR Islas de Argentina, en el océano Atlántico, al S de Tierra del Fuego, cuya posesión detenta el Reino Unido; 3.592 km² y 1.300 h. Grytviken es la ciudad más poblada.
GEÓRGICA f. *Lit.* Obra que tiene relación con la agricultura. Más en pl.
GEOSFERA f. *Geol.* Masa sólida de la Tierra, compuesta por la litosfera, hidrosfera y atmósfera.
GEOSINCLINAL m. *Geol.* Amplia zona de la corteza terrestre, de forma estrecha y alargada, sometida a procesos de hundimiento y fuerte sedimentación, cuya evolución finaliza con una fase orogénica que pliega y eleva los sedimentos depositados, dando lugar a una cordillera. Éste es un proceso muy lento que puede durar millones de años y se lleva a cabo en varias etapas.
GEOSTRÓFICO, CA adj. *Meteor.* Se dice del viento que sopla paralelo a las isobaras y que se produce cuando se equilibran las fuerzas de Coriolis y las del gradiente de presión.
GEOTAXIS f. *Biol.* Movimiento que se produce como respuesta a la gravedad.
GEOTECNIA O **GEOTÉCNICA** f. *Geol.* Estudios geológicos sobre la estructura y constitución del terreno que se llevan a cabo para determinar la resistencia de los asentamientos.
GEOTECTÓNICO, CA *Geol.* adj. Relativo a la forma, disposición y estructura de las rocas y terrenos que constituyen la corteza terrestre.
GEOTERMAL adj. *Geol.* Se dice de las aguas que se calientan al pasar por capas profundas del suelo.
GEOTERMIA f. *Geol.* Ciencia que estudia la distribución y variaciones de la temperatura en el interior de la Tierra.
GEOTÉRMICO, CA adj. *Geol.* **1** Perteneciente o relativo a la geotermia. **2** Relativo al calor del interior de la Tierra. **3** ENERGÍA GEOTÉRMICA.
GEOTROPISMO m. *Biol.* Tropismo que se produce como respuesta a la fuerza de la gravedad.
GÉPIDO, DA adj. *Hist.* **1** Se dice de un pueblo germánico que, procedente del bajo Vístula, se asentó en Transilvania a mediados del siglo III. En el siglo V tras formar parte del Imperio de Atila, constituyó un reino propio que fue absorbido por lombardos y ávaros (567). Más como m. pl. **2** Se dice también de sus individuos. También s. **3** Relativo a los gépidos.
GER- pref. GERO-.
-GERA suf. -GERO.
GERA Ciudad de Alemania, Land de Turingia, que fue capital del antiguo distrito de mayo nombre; 126.035 h.
GERANIÁCEO, A adj. y s. *Bot.* **1** Se dice de la planta angiosperma dicotiledónea, con hojas dotadas de estípulas, estilos generalmente unidos y fruto picudo, como el geranio. || f. pl. *Bot.* **2** Familia de estas plantas.
GERANIO m. *Bot.* **1** Planta herbácea o sublañosa de la familia geraniáceas, género *Pelargonium*, con especies que se distinguen por el olor y coloración de sus flores. **2** Flor de esta planta.
GÉRARD, FRANÇOIS Pintor francés (Roma, 1770 - París, 1837). Discípulo de David y retratista de corte, pintó también cuadros históricos y mitológicos: *Amor y Psique* (1798), *Madame Récamier* (1805), *Batalla de Austerlitz* (1810).
GERASA Población de Jordania, al N de Amman; 9.978 h.
-GERASIA suf. GERO-.
GERBA O **DJERBA** Isla del SE de Tunicia; 510 km² y 92.269 h. Su capital es Houmt Souk. Turismo.
GERBAULT, ALAIN Navegante francés (Laval, 1893 - Dili, Timor, 1941). Realizó en solitario la travesía del Atlántico, de Gibraltar a Nueva York (1923) y la vuelta al mundo (1924-29).
GERBO m. *Zool.* JERBO.
GERE, RICHARD Actor de cine estadounidense (Filadelfia, 1949). En los setenta se convirtió en uno de los galanes más cotizados del cine. Destacan sus interpretaciones en *American Gigolo* (1978), *Oficial y caballero* (1981), *Cotton Club* (1983), *Pretty Woman* (1990), *Las dos caras de la verdad* (1996), *Chacal* (1997), *El laberinto rojo* (1997), *Otoño en Nueva York* (2000), *Mothman, la última profecía* (2002), *Infiel* (2002) y *Chicago* (2003).
GERENCIA f. **1** Cargo de gerente. **2** Gestión que incumbe. **3** Oficina del gerente. **4** Tiempo que ocupa el cargo.
GERENTE com. Persona que dirige los negocios y lleva la firma en una sociedad o empresa mercantil.
-GERGIA suf. GERO-.
GERGOVIA Antigua ciudad de la Galia, en el actual departamento de Puy-de-Dome, en la que Vercingétorix resistió el asedio de César (52 a. C.).
GERHARD, ROBERT Compositor español (Valls, Tarragona, 1896 - Cambridge, 1970). Introdujo la música atonal y dodecafónica en España. Obras: *Ariel* (1936) y *Don Quijote* (1941), ballets; *La dueña* (1949), ópera;

geosinclinal. Fase inicial o preorogénica.

Théodore **Géricault.** *Oficial de cazadores de la guardia imperial dirigiendo una carga.* Museo del Louvre (París).

Soirées de Barcelona (1938), obra sinfónica; *Hymmody* (1963) y *Libra* (1968), cuartetos de cuerda; y *La peste* (1963-64), cantata.

GERHARDT, CHARLES FREDERIC Químico francés de origen alemán (Estrasburgo, 1816 - íd., 1856). Fue uno de los creadores de la notación atómica.

GERIATRÍA f. *Med.* Parte de la medicina que estudia la vejez y sus enfermedades.

GÉRICAULT, THÉODORE Pintor francés (Rouen, 1791 - París, 1824). Por su obra *La balsa de la Medusa* (1819) se le considera el iniciador de la pintura romántica en su país.

GERIFALTE m. fig. Persona que descuella en cualquier línea o que tiene poder.

GERMANIA *Hist.* Reino formado al desmembrarse el Imperio Carolingio por el tratado de Verdún (843). Su primer rey fue Luis el Germánico, hijo de Ludovico Pío. Con la fundación del Sacro Imperio Romano Germánico el término dejó de utilizarse.

GERMANIA *Hist.* Nombre latino de la región de la Europa central que, habitada por los germanos, se extendía del Vístula al Rhin y del Danubio a los mares del Norte y Báltico.

GERMANÍA f. 1 Jerga de ladrones o rufianes. 2 En el antiguo reino de Valencia, hermandad o gremio.

GERMANÍAS, SUBLEVACIÓN DE LAS *Hist.* Movimiento revolucionario que sostuvieron en tiempo de Carlos I las germanías o hermandades de Valencia (1519-23) y Mallorca (1520-23).

GERMÁNICO, CA adj. 1 Relativo a la Germania o a los germanos. 2 Relativo a Alemania. 3 *Ling.* Se dice de la familia de lenguas indoeuropeas que hablaron los pueblos germanos. Comprende las formas antiguas y modernas, literarias y dialectales, de las lenguas germánicas occidentales (alemanas, inglesas, frisonas, neerlandesas) y de las germánicas septentrionales (lenguas escandinavas: sueco, danés, noruego, islandés).

GERMÁNICO, TIBERIO DRUSO CÉSAR General romano (Roma, 16 a. C. - Antioquía, 19 d. C.). Hijo de Claudio Druso Nerón y de Antonia, sobrina de Augusto. Augusto lo envió a someter las sublevaciones de los dálmatas y a ayudar en las campañas de Germania a su tío Tiberio. Después de la marcha de Tiberio a Roma quedó como general único en el *limes* renano (13 d. C.). Vencedor de Arminio en el 16, fue enviado por Tiberio, celoso de su popularidad, a las provincias de Oriente. Murió envenenado. Casó con Agripina. De ella tuvo cinco hijos, entre ellos el futuro emperador Calígula y Agripina la Joven.

GERMANIO m. *Quím.* Elemento químico del grupo IV A del sistema periódico. Masa atómica 72,60; número atómico 32; punto de fusión 959 °C; símbolo Ge.

GERMANISMO m. 1 Modo de hablar propio de la lengua alemana. 2 *Ling.* Vocablo o giro de esta lengua empleado en otra.

GERMANIZAR tr. y prnl. Hacer tomar el carácter germánico, o inclinación a las cosas germánicas.

GERMANO, NA adj. 1 *Hist.* Se dice de diversos pueblos que en la Antigüedad habitaron Germania. También s. pl. **[Encic.]** 2 Se dice también de sus individuos. También s. 3 Relativo a los germanos. || m. *Ling.* 4 Lengua hablada por estos pueblos (véase GERMÁNICO).

Hist. Los germanos ocupaban, en el siglo VI a. C., Escandinavia y Jutlandia, desde donde iniciaron una lenta y progresiva emigración hacia Europa central. En el siglo III habían alcanzado las fronteras del imperio romano y estaban divididos en diversos pueblos, de los cuales los principales eran los cimbrios, teutones, suevos, anglos, sajones, jutos, francos, godos, lombardos, burgundios, vándalos, etc. Tras la desaparición del poder romano en occidente, formaron diversos reinos: el suevo en Galicia, la heptarquía anglosajona en Gran Bretaña, el vándalo en África, el visigodo en el S de Francia y España, el ostrogodo y posteriormente el lombardo en Italia, el burgundio en el E de Francia, y el franco en Francia. En

Tiberio Druso César **Germánico.** Museo Capitolino (Roma).

el siglo X una nueva oleada de pueblos germanos se abatió sobre Europa, los llamados vikingos o normandos, que formaron parte de las segundas invasiones.

GERMANÓFILO, LA adj. y s. Que simpatiza con Alemania o con los alemanes.

GERMEN m. 1 *Biol.* Espora, cigoto o cualquier célula o porción de un organismo que da lugar a un individuo nuevo de la misma especie. 2 *Biol.* Ser vivo unicelular, como bacterias y protozoos, o que sin llegar a constituir una célula, vive parásito de éstas, como los virus. 3 *Bot.* Parte de la semilla de que se forma la planta. 4 *Bot.* Primer tallo que brota de ésta. 5 fig. Principio, origen de una cosa material o moral. || **GERMEN PATÓGENO** *Med.* Microorganismo que causa o propaga enfermedades.

GERMICIDA adj. y m. *Biol.* Se dice del agente químico o físico capaz de neutralizar o destruir los gérmenes patógenos.

GERMINACIÓN f. *Bot.* 1 Acción de germinar. 2 Desarrollo de una semilla, espora, gametospora o propágulo para dar una nueva planta. En el caso de las semillas, después de romperse su envoltura aparece el hipocotilo y se forma el sistema radical.

GERMINAL adj. Relativo al germen.

GERMINAL *Hist.* Séptimo mes del calendario republicano francés, cuyos días primero y último coincidían, respectivamente, con el 21 de marzo y el 19 de abril.

GERMINAR intr. 1 *Bot.* Brotar y comenzar a crecer las plantas. 2 *Bot.* Comenzar a desarrollarse las semillas de los vegetales. 3 fig. Crecer, desarrollarse cosas morales o abstractas.

GERMOPLASMA m. *Biol.* Conjunto del material hereditario que se transmite a la descendencia a través de los gametos.

-GERO, -GERA sufs. que significan portador: *crucígero, escutígera.*

GERO-, GER-, GERON-, GERONTO-; -GERASIA, -GERIA, -GERO prefs. o sufs. que significan anciano, ancianidad, etc.

GERON- pref. GERO-.

GERONA Girona.

GERÓNIMO JERÓNIMO.

GERONTO- pref. GERO-.

GERONTOCRACIA f. Gobierno de los viejos.

GERONTOLOGÍA f. *Med.* Estudio científico de la vejez y los fenómenos que la caracterizan.

GERS Departamento del SO de Francia, en la región de Midi-Pyrénées; 6.257 km² y 172.622 h. Capital, Auch.

GERSHWIN, GEORGE Compositor estadounidense (Brooklyn, Nueva York, 1898 - Hollywood, 1937). Fusionó la música occidental con los cantos y ritmos negros. Entre sus obras destacan *Rhapsody in blue* (1929), *Concierto en fa* (1926), el ballet *Un americano en París* (1928) y la ópera *Porgy and Bess* (1935).

GERSON, JEAN CHARLIER DE Teólogo francés (Gerson, 1363 - Lyon, 1429). Se distinguió por su celo para extinguir el cisma de Occidente. Entre sus obras destacan *De mystica theologia* (1408) y *De consolatione theologías* (1419). Es uno de los autores a los que con más insistencia se ha atribuido *La imitación de Cristo* o *Kempis.*

GERUNDENSE adj. y s. De Girona.

GERUNDIO m. *Gram.* Forma verbal invariable del modo infinitivo, cuya terminación regular es -ando en los verbos de la primera conjugación, -iendo en los de la segunda y tercera. Comunica la acción verbal carácter durativo; puede referirse a cualquier tiempo, así como a cualquier género y número, según el sentido de la frase de que forme parte. Tiene más generalmente carácter adverbial, y puede expresar modo, condición, motivo o circunstancia.

GERUSÍA f. *Hist.* Consejo de ancianos en la antigua Grecia.

GESNERIÁCEO, A adj. y f. *Bot.* 1 Se dice de la planta angiosperma dicotiledónea, con hojas opuestas y verticiladas, placentación parietal y embrión bien desarrollado, como la gloxinia. || f. pl. *Bot.* 2 Familia de estas plantas.

GESTA f. Conjunto de hechos memorables de algún personaje.

GESTACIÓN f. 1 Acción y efecto de gestar. 2 *Zool.* Período de tiempo en que los animales mamíferos permanecen desarrollándose en el útero de sus madres, que abarca desde la fecundación hasta el parto.

GESTALTISMO m. *Psicol.* Nombre con el que suele denominarse la *Gestaltpsychologie*, traducida a veces como psicología de la forma o de la estructura. Surgida en Alemania a principios del siglo XX. Sus principales teóricos han sido M. Wertheimer, K. Koffka y W. Köhler.

GESTANTE adj. y f. Embarazada.

GESTAPO *Hist.* Nombre de la policía política nazi, fundada por Goering en 1933. Dirigida por Himmler a partir de abril de 1934.

GESTAR tr. *Zool.* **1** Llevar y sustentar la madre en el útero al feto desde el momento de la concepción hasta el parto. || prnl. **2** fig. Prepararse, desarrollarse sentimientos, ideas, etc.
GESTATORIO, RIA adj. Que ha de llevarse en brazos.
GESTERO, RA adj. Que tiene el hábito o vicio de hacer gestos.
GESTICULACIÓN f. Acción y efecto de gesticular.
GESTICULAR[1] adj. Relativo al gesto.
GESTICULAR[2] intr. Hacer gestos.
GESTIDO, ÓSCAR DANIEL Militar y político uruguayo (Montevideo, 1901 - íd., 1967). Nombrado jefe del Estado Mayor General en 1955, se retiró en 1961. Ocupó la jefatura del ala conservadora del Partido Liberal y en 1966 fue elegido presidente de la República. Tomó posesión al suprimirse el régimen colegiado, en 1967.
GESTIÓN f. **1** Acción y efecto de gestionar. **2** Acción y efecto de administrar.
GESTIONAR tr. Hacer diligencias conducentes al logro de un negocio o de un deseo cualquiera.
GESTO m. **1** Movimiento del rostro o de las manos con que se expresan los diversos afectos del ánimo. **2** Movimiento exagerado del rostro. **3** Contorsión burlesca del rostro. **4** Semblante, cara, rostro. **5** Acto o hecho. **6** Rasgo notable de carácter o de conducta. || *torcer el gesto* fr. Mostrar enfado o enojo en el semblante.
GESTOR, RA adj. y s. **1** Que gestiona. || m. y f. **2** Miembro de una sociedad mercantil que participa en su administración.
GESTORÍA f. Oficina del gestor.
GESTUAL adj. **1** Relativo a los gestos. **2** Que se hace con gestos.
GESTUALISMO m. *Arte.* ACTION PAINTING, técnica pictórica.
GESUALDO, CARLO Compositor italiano (Nápoles, 1560 - íd., 1614). Virtuoso del laúd, fue un importante autor de madrigales.
GETA adj. **1** *Hist.* Se dice de un pueblo escita que habitaba, durante la dominación romana, al E de la Dacia. Se fusionaron con los dacios en el siglo IV. Más como m. pl. **2** Se dice también de sus individuos. También s. **3** Relativo a este pueblo.
GETA, PUBLIO SEPTIMIO Emperador romano (?, 189 - ?, 212). Era hijo segundo del emperador Septimio Severo y hermano de Caracalla. En el año 198 fue nombrado César y Augusto en el 209. Gobernó con su hermano Caracalla, que le hizo asesinar.
GETSEMANÍ Lugar situado en los alrededores de Jerusalén, donde se encontraba el Huerto de los Olivos, en el que solía orar Jesús y donde fue prendido por orden del Sanedrín.
GETTYSBURG Ciudad de EE UU, Estado de Pensilvania; 7.275 h. Victoria de los federales sobre los confederados (1863) en la guerra de Secesión.
GÉTULO, LA adj. **1** *Hist.* Se dice de un antiguo pueblo del NO de África. Fueron derrotados por Roma en el 6 a. C. Posteriormente, sirvieron como fuerzas auxiliares en el ejército romano. Más como m. pl. **2** Se dice también de sus individuos. También s. **3** Relativo a este pueblo.
GETXO GUECHO.
GEYMONAT, LUDOVICO Filósofo italiano (Turín, 1908 - Milán, 1991). Es autor de *Filosofía y filosofía de la ciencia* (1966), *Historia del pensamiento filosófico y científico* (1972) y *Ciencia y realismo* (1980).
GÉYSER *Geol.* GÉISER.
GHALI, BOUTROS Político egipcio (El Cairo, 1922). De religión cristiana copta, en 1977 fue nombrado ministro de Estado y consejero del presidente Sadat. En mayo de 1991 fue nombrado vicepremier ministro encargado de Asuntos Exteriores. Posteriormente, fue secretario general de la ONU (1992-1996).
GHANA (*Republic of Ghana*) Estado de África trooccidental, que limita al N, con Burkina Faso; al E, con Togo; al S, con el golfo de Guinea, y al O, con Costa de Marfil.
GEOG. El territorio de Ghana está constituido por una gran llanura ligeramente accidentada en el N y en el SO. La costa presenta un aspecto vario. Entre el cabo de Saint-Paul y el de Three Points está constituida por rocas desnudas y arrecifes, mientras en el O y al E de dichos cabos abundan las playas y lagunas. Las colinas que dominan la costa están generalmente aisladas. De ellas parte la cadena de los montes Akuapen, que se dirige al NO y va a enlazarse, al otro lado del río Volta, con las montañas de Benín. Al O del mismo río, la cadena se une también con los montes Okuahu, que forman una meseta de 660 m de altura. Más al O, la meseta de los Achantis está flanqueada al S por cimas poco elevadas, entre las cuales destacan los montes Adansi. En todas estas sierras se forman numerosos ríos, y los más caudalosos son el Tano, el Pra y el Volta, que forma el lago de su mismo nombre (5.800 km²), con sus afluentes Volta Negro, Volta Blanco y Oti. El clima es

Superficie: 238.533 km².
Población: 19.534.000 h. *(ghaneses).*
Densidad: 81,9 h./km².
Tasa de natalidad: 29,8‰.
Tasa de mortalidad: 10,2‰.
Capital: Accra.
Ciudades principales: Kumasi, Tamale, Tema, Sekondi-Takoradi, Bolgatanga y Wa.
Grupos étnicos: akan (52,4%), mossi (15,8%), ewé (11,9%), ga (7,8%), gurma (3,3%), yoruba (1,3%), etc.
Religión: protestantismo (27,9%), catolicismo (18,7%), cristianismo indígena africano (16%), animismo (21,4%), islamismo (15,7%).
Idioma: inglés (oficial) y dialectos sudaneses.
Moneda: cedi.
Forma de Estado: república presidencialista.
Producto Nacional Bruto: 7.269 millones de dólares.
Renta per cápita: 390 dólares.
División administrativa: 10 regiones, según cuadro.

tropical. Su economía está basada en la agricultura. Su principal producción es el cacao (tercer productor mundial). Otros cultivos importantes son maíz, sorgo, arroz, mandioca, cacahuetes y caña de azúcar. Es importante la minería de diamantes, oro, manganeso y bauxita. La industria, poco desarrollada, se concentra en los sectores alimentario, textil, del aluminio y del cemento.
HIST. El país fue explorado por portugueses (1484) y colonizado por holandeses e ingleses. Fue colonia británica desde 1874, con el nombre de Costa de Oro. Después de la Segunda Guerra Mundial surgieron el United Gold Coast Convention (UGCC) y el Convention People's Party (CPP), liderados por Danquah y por K. Nkrumah respectivamente. El CPP resultó ganador en las elecciones de 1951 y Nkrumah fue nombrado primer ministro. Bajo el impulso del nuevo gobierno, la Asamblea de las Naciones Unidas (1956) aprobó el término de la administración británica en el fideicomiso de Togo y su unión a Costa de Oro para constituir un nuevo Estado, que tomó el nombre de Ghana y que consiguió la independencia el 6 de marzo de 1957. En 1958 Ghana y Guinea acordaron constituir la Unión de África Occidental. En 1960 fue proclamada la República, en el seno de la Commonwealth, y Nkrumah se convirtió en su presidente. En enero de 1964 se introdujo el sistema de partido único y un año después Nkrumah fue reelegido presidente de la República, en un clima de malestar general. Como consecuencia de ello, el coronel Kotoka dio un golpe de Estado (1966), y se hizo cargo del poder el Consejo Nacional de Liberación, que designó presidente al general Joseph Ankrah. Éste entregó el poder al brigadier A. A. Afrifa en abril de 1969 y en agosto se celebraron elecciones para restituir el gobierno a manos civiles. Triunfó en ellas el doctor Kofi A. Busia, militante en la oposición a Nkrumah, y al año siguiente (1970), fue nombrado presidente de la República Edward Akuffo Addo. El 1 de enero de 1971, un nuevo golpe de Estado, dirigido por el coronel Ignatius Kutu Acheampong, derrocó el régimen constituido. En 1978 dimitió Acheampong y asumió la presidencia el general Fred W. K. Akuffo, pero al año siguiente, el teniente John Jerry Rawlings derrocó a Akuffo y tomó el poder. A continuación se celebraron elecciones presidenciales, y resultó vencedor el líder del Partido Nacional del Pueblo, Hilla Limann, quien ocupó el cargo el 24 de noviembre de 1979. En diciembre de 1981, Rawlings derrocó a Limann en un nuevo golpe de Estado. Acuciado por la crisis económica y la actividad opositora, Rawlings anunció en 1992 un calendario de medidas democratizadoras, que culminó en unas elecciones presidenciales, en las que fue elegido por abrumadora mayoría. Reelegido en 1996, fue sustituido por John Kufuor en 2000.
GHANÉS, SA adj. y s. De Ghana.
GHATES Relieves montañosos de la India, a lo largo de la costa de Decán. Están constituidos por los Ghates Orientales, en el golfo de Bengala, y Occidentales, próximos al mar de Orán. Poseen alturas entre 1.200 a 2.000 m.
GHAZIABAD Ciudad de la India, Estado de Uttar Pradesh; 454.156 h. Centro industrial.
GHELDERODE, MICHEL DE (MICHEL MARTENS, llamado) Dramaturgo belga (Ixelles, 1898 - Bruselas, 1962). En sus piezas teatrales hizo una crítica sarcástica y desenfadada de la corrupción europea.
GHEORGHIU-DEJ, GHEORGHE Político rumano (Birlad, 1901 - Bucarest, 1965). Líder de la oposición contra la dictadura de Antonescu, ocupó la secretaría general del Partido Comunista (1945-54) y fue su primer secretario (1955-65). Fue ministro de Industria y Comercio (1946-49) y primer ministro (1952-55) y jefe del Estado (1961-65).
GHERARDESCA, UGOLINO DELLA Tirano gibelino de Pisa (?, h. 1220 - Pisa, 1289). Instauró un régimen de terror, pero fue derrocado y encerrado en una torre donde murió de hambre; suplicio y muerte inmortalizados por Dante en el *Infierno* de la *Divina Comedia.*
GHETTO GUETO.
GHIANO, JUAN CARLOS Escritor argentino (Nogoyá, 1920 - Buenos Aires, 1990). Escribió novelas y estudios críticos, entre los cuales destacan *Extraños huéspedes* (1947), *Lugones y el lenguaje* (1948), *Constantes de la literatura argentina* (1953), *Rubén Darío* (1967), *Actos de miedo* (1970) y *Aunque es la noche* (1983).

GHANA

Regiones	Superficie (km²)	Población (h.)	Capitales
Accra	3.245	1.696.170	Accra
Ashanti	24.389	2.485.766	Kumasi
Brong-Ahafo	39.557	1.432.971	Sunyani
Central	9.826	1.359.861	CapeCoast
Occidental	23.921	1.374.483	Sekondi-Takoradi
Oriental	19.323	2.003.235	Koforidua
Septentrional	70.384	1.389.105	Tamale
Superior Occidental	18.476	526.398	Wa
Superior Oriental	8.842	921.196	Bolgatanga
Volta	20.570	1.374.483	Ho

Ghirlandaio. *Adoración de los Magos.* Galería de los Uffizi (Florencia).

GHIBERTI, LORENZO Escultor italiano (Florencia, 1378 - íd., 1445). Maestro del primer Renacimiento, conservó en su estilo elementos góticos. Es autor de la segunda y tercera puertas del baptisterio de Florencia, concluidas en 1424 y 1452 respectivamente.

GHIRALDO, ALBERTO Escritor argentino (Buenos Aires, 1875 - Santiago de Chile, 1946). Muy próximo a la Generación del 98, es autor de los libros de poemas *Música prohibida* (1904) y *Triunfos nuevos* (1910); de las narraciones, *Carne doliente* (1917), *Humano ardor* (1928) y *La novela de la Pampa* (1943).

GHIRLANDAIO (DOMENICO DI TOMMASO BIGORDI, llamado) Pintor italiano (Florencia, 1449 - íd., 1494). Maestro del *quattrocento*, destacó en la aplicación de la perspectiva y por el monumentalismo de sus frescos, en las iglesias de Santa Trinità (1483-85) y Santa Maria Novella (1486-90), en Florencia, y el fresco de la *Adoración de los Magos* (1488), en el hospital de los Inocentes.

GIA GRUPO ISLÁMICO ARMADO.

GIACOMETTI, ALBERTO Escultor y pintor suizo (Stampa, 1901 - Coira, 1966). Una de las grandes figuras del surrealismo, entre sus esculturas cabe citar *Mujer-cuchara* (1926), *Esfera suspendida* (1930), *Mano* (1947).

GIAEVER, IVAR Físico estadounidense de origen noruego (Bergen, 1929). En 1973 recibió el premio Nobel de Física, compartido con Esaki y Josephson, por sus trabajos sobre semiconductores y superconductores.

GIAMBOLOGNA (JEAN BOULOGNE, llamado) Escultor flamenco (Douai, 1529 - Florencia, 1608). Discípulo de Miguel Ángel, dibujó y vació en bronce la estatua ecuestre de Felipe III (plaza Mayor de Madrid), que concluyó Pietro Tacca.

GIANNEO, LUIS Compositor argentino (Buenos Aires, 1897 - íd., 1968). Entre otras obras, compuso *Turay-Turay* (1929), *El tarco en flor* (1930), *Concierto aimará* (1942).

GIAP, VO NGUYEN Político y militar vietnamita (An Xa, 1912). Comandante en jefe de las fuerzas de la República Popular, fue el artífice de la victoria contra los franceses en Dien Bien Fu (1954) y de la obtenida contra Vietnam del Sur en Saigón (1975).

GIAQUINTO, CORRADO Pintor italiano (Molfetta, 1703 - Nápoles, 1765). Destacado representante del rococó, fue pintor de cámara del rey español Fernando VI, y director de la academia de San Fernando de Madrid.

GIAUQUE, WILLIAM FRANCIS Químico canadiense (Niagara Falls, 1895 - Berkeley, 1982). Premio Nobel de Química en 1949 por sus estudios acerca del comportamiento de la materia a temperaturas próximas al cero absoluto.

GIBA f. **1** Joroba, corcova que aparece en la zona anteroposterior de la columna vertebral como consecuencia de la cifoscoliosis. **2** fig. y fam. Molestia, incomodidad.

GIBAR tr. **1** CORCOVAR. **2** fig. y fam. Fastidiar.

GIBBON, EDWARD Historiador inglés (Putney, 1737 - Londres, 1794). Mantuvo relación con Voltaire, frente a quien sostuvo la continuidad de la evolución histórica. Su principal obra es *Decadencia y ruina del imperio romano* (1776-88).

GIBBONS, ORLANDO Compositor inglés (Oxford, 1583 - Canterbury, 1625). Organista de la capilla real inglesa desde 1605, compuso numerosas piezas religiosas dedicadas al culto anglicano.

GIBBS, JOSIAH WILLARD Físico y matemático estadounidense (New Haven, 1839 - íd., 1903). Realizó investigaciones sobre fisicoquímica, termodinámica, la teoría electromagnética de la luz y el cálculo vectorial.

GIBELINO, NA adj. **1** *Hist.* Partidario de los emperadores del sacro imperio romano germánico de la dinastía Staufen, en Italia durante la Edad Media, enfrentados a los güelfos, defensores de los papas. También s. **2** Relativo a los gibelinos.

GIBERELINA f. *Bot.* Nombre genérico de una serie de compuestos reguladores del crecimiento en los vegetales.

gibón

GIBÓN m. *Zool.* Nombre común de varias especies de mamíferos primates antropomorfos de la familia hilobátidos, género *Hylobates*. Son animales arborícolas y muy ágiles, que se caracterizan por tener los brazos muy largos, callosidades isquiáticas pequeñas y carecer de cola. Viven en las selvas de Indonesia y el SE de Asia.

GIBOSO, SA adj. y s. Que tiene giba o corcova.

GIBRALEÓN Municipio y lugar de España, provincia de Huelva; 11.166 h.

GIBRALTAR Península de la costa S española, junto al estrecho de su nombre, que constituye una colonia autónoma del Reino Unido; 6 km² y 28.800 h. Turismo. Base naval. Conquistada en 1704 por los británicos, el tratado de Utrecht (1713) confirmó esta conquista. España la intentó recuperar infructuosamente por la fuerza de las armas en 1727, 1779 y 1783 y, posteriormente, mediante la presión diplomática. En 1830 recibió el estatuto de colonia y desde 1981 sus habitantes disfrutaron de la ciudadanía británica.

GIBRALTAR, ESTRECHO DE Paso marítimo que comunica el Atlántico con el Mediterráneo y separa España de África. Tiene unos 57 km de largo, y su anchura varía de 21 km en su entrada oriental a 15 en la occidental, y una profundidad media de cerca de 300 m. Su parte más angosta está frente a la Punta de Tarifa.

GIBRALTAREÑO, ÑA adj. y s. De Gibraltar.

GIBRAN, KHALIL (YUBRÁN JALIL YUBRÁN, llamado) Escritor y artista libanés (Bsharri, 1883 - Nueva York, 1931). De su obra, entre mística y lírica, destacan *Las ninfas del valle* (1910), *El profeta* (1923), *El loco, Arena y espuma* (1926) y *Jesús, el hijo del hombre* (1928).

GIBSON, IAN KEITH Historiador irlandés nacionalizado español (Dublín, 1939). Sus estudios biográficos sobre Lorca culminaron en una biografía publicada en dos volúmenes (1985 y 1987). Es autor además de *En busca de José Antonio* (1981), *La noche que mataron a Calvo-Sotelo* (1982) y *La vida desaforada de Salvador Dalí* (1998).

GIDE, ANDRÉ Escritor francés (París, 1869 - íd., 1951). Entre sus libros de poemas figuran *Los cuadernos de André Walter* (1891), *El tratado del Narciso* (1893); en

André Gide. Retrato de Jacques Émile Blanche. Museo de Bellas Artes (Rouen).

prosa escribió *Prometeo mal encadenado* (1899), *El inmoralista* (1902), *La puerta estrecha* (1909), *Isabelle* (1911), *Corydon* (1911), *Los sótanos del Vaticano* (1914), *La sinfonía pastoral* (1919), *Si el grano no muere* (1920-24), *Los monederos falsos* (1925), *Diario de los monederos falsos* (1926), *Viaje al Congo* (1927), *Retorno del Chad* (1928), *Regreso de la URSS* (1936), *Teseo* (1946) y *Así sea o la suerte está echada* (1952). Premio Nobel de Literatura (1947).

GIELGUD, JOHN Actor británico (Londres, 1904 - íd., 2000). Destacado intérprete de Shakespeare. Actor en películas como *Beckett* (1964), *Campanadas a medianoche* (1966), *La carga de la brigada ligera* (1968), *El hombre elefante* (1980), *Carros de fuego* (1981), *Gandhi* (1982) y *Resplandor en la oscuridad* (1991).

GIEREK, EDWARD Político polaco (Porabka, 1913 - Cieszyn, 2001). En 1970 fue nombrado secretario general del Partido Obrero Unificado Polaco. En 1980 fue sustituido por Stanislav Kania.

GIFU 1 Prefectura de Japón, en Honshu; 10.596 km² y 2.100.333 h. **2** Ciudad capital de la misma; 407.145 h. Centro industrial.

GIGA f. **1** *Danza.* Baile antiguo que se ejecutaba en compás de seis por ocho con aire acelerado. **2** *Mús.* Música de este baile.

GIGA- Prefijo del Sistema Internacional de unidades que multiplica la unidad por mil millones (10^9). Su símbolo es *G*.

GIGABYTE m. *Inform.* Unidad de tratamiento de la información que equivale a 1.073.741.824 bytes. Su abreviatura es *Gbyte.*

GIGANTA f. **1** Mujer que excede en estatura a la generalidad de las demás. **2** *Bot.* GIRASOL.
GIGANTA Sierra de México, en el SE de la península de California; 1.738 m.
GIGANTE adj. **1** GIGANTESCO. || m. **2** El que excede mucho en estatura a la generalidad de los demás. **3** GIGANTÓN. **4** fig. El que sobresale en cualquier virtud o vicio. || f. *Astron.* **5** Se dice de la estrella de gran tamaño y luminosidad extrema.
GIGANTEA f. *Bot.* GIRASOL, planta.
GIGANTES RIESENGEBIRGE.
GIGANTESCO, CA ad. **1** Relativo a los gigantes. **2** fig. Excesivo, sobresaliente.
GIGANTILLO, LLA m. y f. Figura de enano de gran cabeza.
GIGANTISMO m. *Pat.* Enfermedad del desarrollo caracterizada por un crecimiento excesivo.
GIGANTOMAQUIA f. *Arte* y *Lit.* Descripción poética de un combate de gigantes o su representación en pintura o escultura.
GIGANTÓN, NA m. y f. **1** Figura gigantesca que se lleva en algunas procesiones. || m. *Bot.* **2** Planta de la familia compuestas, especie de dalia, de flores moradas.
GIGES Rey de Lidia (s. VII a. C.). Según la leyenda, poseía un anillo que le hacía invisible.
GIGOLÓ (Voz fr.) m. Hombre joven que mantiene relaciones sexuales con mujeres mayores que él, a cambio de dinero.
GIGOTE m. **1** Guisado de carne picada rehogada en manteca. **2** Cualquier comida picada en pedazos menudos.
GIJÓN Municipio y lugar de España, provincia de Asturias; 269.644 h. Puerto, antes llamado *El Musel.* Colegiata (siglo XV). Palacio de Revillagigedo (siglo XVIII).
GIJONÉS O **GIJONENSE** adj. y s. De Gijón.
GIL DE BIEDMA, JAIME Escritor español (Barcelona, 1929 - íd., 1990). Fue uno de los principales representantes de la llamada Escuela de Barcelona y uno de los miembros de la generación poética de los cincuenta que mayor influencia ha ejercido en la poesía española posterior. Entre sus obras figuran *Según sentencia del tiempo* (1953), *Compañeros de viaje* (1959), *Moralidades* (1966), *Poemas póstumos* (1968, 1970) y *Las personas del verbo* (1975).
GIL FORTOUL, JOSÉ Escritor y político venezolano (Barquisimeto, 1860 - Caracas, 1943). Fue varias veces ministro y ocupó provisionalmente la presidencia de la República (1913-14). Autor de la narración *Julián* (1888), *Filosofía constitucional* (1890) e *Historia constitucional de Venezuela* (1907-09).
GIL DE HONTAÑÓN, JUAN Arquitecto español (?, 1480 - ¿Salamanca?, 1531). Intervino en la construcción de los últimos edificios de estilo gótico en España (catedral nueva de Salamanca y la de Segovia), empresas en las que le sucedió su hijo Rodrigo.
GIL DE HONTAÑÓN, RODRIGO Arquitecto español (Rasines, Burgos, h. 1500 - Segovia, 1577). Además de continuar las obras de su padre, rehízo la fachada de la Universidad de Alcalá de Henares (1551-53). Otras obras suyas son el Palacio de Monterrey en Salamanca (1539), la catedral de Astorga (1559) y el Palacio de los Guzmanes en León (1559-66).
GIL POLO, GASPAR Escritor español (Valencia, ¿1529? - Barcelona, 1591). Autor de *Diana, enamorada,* la única entre las numerosas continuaciones de la famosa *Diana,* de Jorge de Montemayor, digna del modelo.
GIL VICENTE VICENTE, GIL.
GILARDI, GILARDO Compositor argentino (San Fernando, 1889 - Buenos Aires, 1963). Después de una tendencia cosmopolita, asimiló los elementos vernáculos, ritmos y giros melódicos de su país. Entre sus obras destacan las óperas *Ilse* (1923), *La leyenda del Urutaú* (1934) y *El gaucho con botas nuevas* (1940).
GILBERT O **GILBERTIO** m. *Fís.* Unidad de fuerza magnetomotriz del sistema cegesimal electromagnético. Equivale a 4p/1π amperios-vuelta. Su abreviatura es *Gb.*
GILBERT Archipiélago de Oceanía, perteneciente a Kiribati; 258 km^2 y 47.714 h.
GILBERT, WALTER Bioquímico estadounidense (Boston, 1932). En 1980 recibió el premio Nobel de Química, compartido con P. Berg y F. Sanger, por sus aportaciones a la determinación de las secuencias de bases en los ácidos nucleicos.
GILBERT, WILLIAM Físico y médico británico (Colchester, 1544 - Londres, 1603). Estudió los fenómenos magnéticos del hierro y del imán así como la electricidad por frotamiento y estableció la teoría del magnetismo terrestre.
GILBERT, WILLIAM SCHWENK Dramaturgo inglés (Londres, 1836 - Harrow, 1911). Escribió obras populares, comedias, dramas, obras de magia, etc. Las principales son *Juicio por jurado* (1875), *El Mikado* (1885) y *Los gondoleros* (1885).

Ginebra (Suiza). El lago Leman.

GILBERT Y ELLICE KIRIBATI.
GILBERT & GEORGE *Arte.* Nombre artístico con el que firman sus obras conjuntas los escultores Gilbert Proersch y el británico George Passamore. Tras una primera etapa en la que se dedicaron a la «escultura en vivo», se centraron en la elaboración de grandes murales donde la fotografía, desempeña un papel primordial.
GILI adj. fam. Tonto, lelo. ♦ Su pl. es *gilís.*
GILIPOLLA O **GILIPOLLAS** adj. y s. fam. Se dice de la persona que hace o dice tonterías o que se comporta como un estúpido o un cobarde. ♦ El pl. de la segunda forma es *gilipollas.*
GILL, DAVID Astrónomo sudafricano (Aberdeen, 1843 - Londres, 1914). Perfeccionó los métodos para hallar las paralajes estelares y la del Sol.
GILL, JUAN BAUTISTA Político paraguayo (? - Asunción, 1877). Ministro de Hacienda de Rivarola (1870-71), hubo de exiliarse, acusado de malversación de fondos. En 1874 fue elegido presidente de la República. Firmó la paz con Argentina (1876) y obtuvo la desocupación del país por las fuerzas de la Triple Alianza. Murió asesinado.
GILLESPIE, DIZZY (JOHN BIRKS, llamado) Trompetista estadounidense (Cheraw, Carolina del Sur, 1917 - Eaglewood, New Jersey, 1993). Fue uno de los creadores del estilo *be bop,* que más tarde popularizó con su propio quinteto, creado en 1945.
GILLIÉRON, JULES Lingüista suizo (Neuveville, 1854 - Cergnaux-sur-Gléresse, 1926). Es considerado uno de los creadores de la geografía lingüística o geolingüística. En colaboración con E. Edmon elaboró el *Atlas lingüístico de Francia* (1902).
GIMFERRER, PERE Escritor español (Barcelona, 1945). Incluido por J. M. Castellet en su *Nueve novísimos poetas españoles* (1970), es considerado la figura más destacada de todos ellos. Su obra poética incluye *El mensaje del tetrarca* (1963), *Arde el mar* (1965), *La muerte en Beverly Hills* (1968), *Extraña fruta y otros poemas* (1969), *Els miralls* (1970), *Hora foscant* (1972), *Foc cec* (1973), *L'espai desert* (1977), *Magritte* (1986), *El vendaval* (1988) y *Noche en el Ritz* (1996). De su obra en prosa destacan *Fortuny* (1983), novela; *La calle de la guardia prusiana* (2001), *La poesía de J. V. Foix* (1974), *Dietario* (1984), *Los raros* (1985) y *Cine y literatura* (1985), ensayo. En abril de 1985 ingresó en la Real Academia Española y en 1998 recibió el Premio Nacional de las Letras.
GIMN- pref. GIMNO-.
GIMNASIA f. **1** *Dep.* Arte de desarrollar, fortalecer y dar flexibilidad al cuerpo por medio de ciertos ejercicios. **2** *Dep.* Conjunto de estos mismos ejercicios. **3** fig. Práctica o ejercicio que adiestra en cualquier actividad o función. || **GIMNASIA DEPORTIVA** *Dep.* Modalidad olímpica consistente en la realización de diversos ejercicios en distintos aparatos. || **GIMNASIA RÍT-**
MICA *Dep.* Disciplina esencialmente femenina que se practica con instrumentos, cintas, pelotas, mazas y aro, siguiendo el ritmo de una música. || **GIMNASIA SUECA** *Dep.* Sistema de gimnasia educativa, que se hace sin aparatos.
GIMNASIO m. **1** Lugar destinado a ejercicios gimnásticos. **2** Lugar destinado a la enseñanza pública.
GÍMNICO, CA adj. Relativo a la lucha de los atletas, y a los bailes en que se imitaban estas luchas.
GIMNO-, GIMN- prefs. que significan desnudo.
GIMNOGENÉTICO, CA adj. *Biol.* Se dice del organismo que no precisa ser fecundado por otro de la misma especie, como el carpín rojo.
GIMNOSPERMO, MA adj. y s. *Bot.* **1** Se dice de la planta fanerógama leñosa con los óvulos o primordios seminales «desnudos», es decir, los carpelos no llegan a constituir una cavidad cerrada. Ejemplos del grupo son el pino y el ciprés. || f. pl. *Bot.* **2** División de estas plantas.
GIMNOTO m. *Zool.* Pez teleósteo fisóstomo de nombre científico *Gymnotus electricus,* muy parecido a la anguila, que vive en los ríos de América meridional. Tiene la particularidad de producir descargas eléctricas.
GIMOTEAR intr. despect. Gemir con insistencia y con poca fuerza, por causa leve.
GIN (Voz i.) m. GINEBRA, bebida alcohólica. || **GIN-TONIC** Combinado alcohólico hecho de ginebra y agua tónica.
GIN- pref. V. GINE-.
GINANDRIA f. **1** *Biol.* Forma de hermafroditismo en que los caracteres sexuales externos son masculinos, y los órganos genitales internos femeninos. **2** *Bot.* Forma de hermafroditismo en que los estambres y pistilos de la flor aparecen unidos formando una columna, como en ciertas orquídeas.
GINASTERA, ALBERTO Compositor argentino (Buenos Aires, 1916 - Ginebra, 1983). En sus composiciones combinó elementos procedentes del folclore con otros propios de la vanguardia. Entre sus obras destacan los ballets *Panambí* (1937) y *Estancia* (1941), las óperas *Don Rodrigo* (1964) y *Beatrix Cenci* (1971).
GINCANA f. Competición en que los participantes deben superar obstáculos y dificultades, generalmente usando un vehículo.
GINE-, GIN-, GINO-, GINECO-; -GINO, -GINIA prefs. o sufs. que significan hembra, femenino, etc.: *misógino, misoginia.*
GINEBRA f. Alcohol de semillas aromatizado con bayas de enebro.
GINEBRA (En fr., *Genève.*) **1** Cantón de Suiza; 282 km^2 y 391.699 h. **2** Ciudad capital del mismo, en la confluencia del Arve con el Ródano y a orillas del lago Leman; 172.809 h. Industria química, instrumentos de precisión, así como de relojería y joyería. Es la sede de numerosos organismos internacionales.

GINEBRA, ACUERDOS DE *Hist.* Acuerdos internacionales, firmados por diversos países, para la protección de heridos, prisioneros y población civil en tiempos de guerra. La primera reunión para la consecución de estos convenios se celebró en 1864.

GINEBRA, CONFERENCIA DE *Hist.* Reunión celebrada en 1954 entre las delegaciones del Reino Unido, URSS, China, Francia, Laos, Camboya, Vietnam del Norte y Vietnam del Sur, en la que se puso fin a la colonización francesa en Indochina, y se estableció la división provisional del Vietnam en dos zonas por el paralelo 17.

GINEBRA, LAGO DE LEMAN.

GINEBRINO, NA o **GINEBRÉS, SA** adj. y s. De Ginebra.

GINECEO m. **1** Departamento que los griegos destinaban para habitación de sus mujeres. **2** *Bot.* Conjunto de los órganos femeninos de la flor.

GINECO- pref. GINE-.

GINECOCRACIA f. Gobierno de las mujeres.

GINECOLOGÍA f. *Med.* Parte de la medicina que estudia la anatomía y fisiología peculiares de la mujer, así como las enfermedades que le son propias.

GINECOMASTIA f. *Med.* Volumen excesivo de las mamas en un hombre, producido por alteración hormonal.

GINER DE LOS RÍOS, FRANCISCO Pedagogo español (Ronda, 1839 - Madrid, 1915). Discípulo de Sanz del Río y continuador del krausismo, fundó la Institución Libre de Enseñanza (1876).

GINESTA f. *Bot.* Hiniesta, retama.

GINETA f. *Zool.* JINETA[1].

GINGER ALE (Voz i.) m. Cerveza de jengibre.

GINGIVITIS f. *Med.* Inflamación de las encías. ♦ Su pl. es *gingivitis.*

GINGO m. *Bot.* Árbol caducifolio perteneciente a la familia gingoáceas, de nombre científico *Ginkgo biloba*. Puede alcanzar hasta 30 m de altura, con las hojas en forma de abanico de color verde amarillento. Procede del E de China.

-GINIA suf. GINE-.

GINO-; -GINO pref. o suf. GINE-.

GINSBERG, ALLEN Poeta estadounidense (Newark, 1926 - Nueva York, 1997). Es uno de los autores más representativos de la llamada generación *beat*. Entre sus obras figuran *Aullido* (1956), *Kaddish* (1958-60) y *Noticias del planeta* (1968).

GINSENG m. *Bot.* Planta herbácea perenne perteneciente a la familia araliáceas, de nombre científico *Panax pseudoginseng.* Procede del N de China, Manchuria y Corea. Sus raíces contienen un aceite esencial de propiedades medicinales.

GIOBERTI, VINCENZO Filósofo y político italiano (Turín, 1801 - París, 1852). Adicto al liberalismo patriótico, en filosofía defendió el ontologismo frente al idealismo. Entre sus obras destaca *Del primato morale e civile degli italiani* (1843).

GIOBERTITA f. *Quím.* Carbonato de magnesia de color blanco.

GIOCONDA, LA *Arte.* Retrato pintado por Leonardo da Vinci (1502-06), que se supone pertenece a Monna Lisa, mujer del florentino Francesco del Giocondo. Se conserva en el Museo del Louvre.

GIOLITTI, GIOVANNI Estadista italiano (Mondovi, 1842 - Cavour, 1928). Entre 1892 y 1921 presidió el Consejo de Ministros en cinco ocasiones. Tomó importantes medidas de tipo social, como la instauración del sufragio universal (1913) y la reducción de la jornada laboral.

GIONO, JEAN Escritor francés (Manosque, 1895 - íd., 1970). Llamado el novelista de Provenza, por el marco geográfico de sus novelas. Entre sus obras destacan la trilogía *Pan*, formada por *Colina* (1929), *Uno de Baumugnes* (1929) y *Retoño* (1930).

GIORDANO, LUCA (llamado LUCAS JORDÁN) Pintor italiano (Nápoles, 1632 - íd., 1705). Se trasladó a España, al servicio de la corte (1692-1702), donde realizó los frescos de la iglesia y escalera del monasterio de El Escorial, la bóveda de la sacristía de la catedral de Toledo, así como la del Palacio del Buen Retiro.

GIORGI, GIOVANNI Físico e ingeniero italiano (Lucca, 1871 - Castiglioncello, 1950). Elaboró el sistema absoluto de unidades físicas que lleva su nombre y que tiene por unidades fundamentales el metro, el kilogramomasa, el segundo y el amperio. Es el origen del Sistema Internacional de unidades físicas (SI).

GIORGIONE (GIORGIO DA CASTELFRANCO, llamado) Pintor italiano (Castelfranco Véneto, h. 1477 - Venecia, h. 1510). Discípulo de Giovanni Bellini, fue maestro de Tiziano y fundador de la escuela veneciana. Obras: la *Pala de Castelfranco* (1505), *Los tres filósofos* (1506), *La Tempestad* (1508) y *Concierto campestre* (1510).

GIOTTO DI BONDONE Pintor y arquitecto italiano (Colle di Vespignano, 1266 - Florencia, 1337). Además de seguir la tradición florentina, en su obra incluyó elementos del arte bizantino, de la pintura cristiana primitiva y del gótico francés. Fue un innovador que concluyó con el hieratismo inexpresivo, fruto de la gran influencia bizantina. Como arquitecto, inició en 1334 el *campanile* de Santa Maria del Fiore, en Florencia. Entre sus obras pictóricas destacan los frescos *Vida de san Francisco* (1296), en Florencia, *Historia de la Virgen y la pasión de Cristo* (1303-09), en la capilla de Scrovegni de Padua, así como *La madonna de Ognissanti* (1310), el *Crucifijo* (1314) y, en la iglesia de la Santa Croce de Florencia, *Historia de los santos Juan Bautista y Juan Evangelista* (1317-18) e *Historia de la vida de san Francisco* (1325-28).

GIPSÍCOLA adj. *Bot.* Se dice del vegetal que crece en suelos yesosos.

GIPSÓFILO, LA adj. *Bot.* Se dice del vegetal aislado o la comunidad especialmente adaptados a crecer en suelos yesosos.

GIPUZKOA GUIPÚZCOA.

GIRA f. **1** Excursión o viaje con vuelta al punto de partida. **2** Serie de actuaciones sucesivas de una compañía teatral o de un artista en diferentes localidades.

girasol

GIRADOR, RA m. Persona que expide una letra de cambio.

GIRALDA f. Veleta de torre, cuando tiene figura humana o de animal.

GIRALDILLA f. **1** Diminutivo de GIRALDA. **2** *Danza*. Baile popular de Asturias y provincias inmediatas.

GIRÁNDULA f. **1** Rueda llena de cohetes que gira despidiéndolos. **2** Artificio que se pone en las fuentes para arrojar el agua.

GIRAR intr. **1** Moverse alrededor o circularmente. **2** fig. Desarrollarse una conversación, negocio, trato, etc., en torno a un tema o interés dado. **3** Desviarse o torcer la dirección inicial. **4** Expedir libranzas, talones u otras órdenes de pago. También tr. **5** Moverse un cuerpo circularmente alrededor de un eje. || tr. **6** Enviar dinero por correo o telégrafos.

GIRARDON, FRANÇOIS Escultor francés (Troyes, 1628 - París, 1715). Discípulo de Le Brun, fue uno de los principales representantes del clasicismo francés.

GIRASOL m. **1** *Bot.* Planta herbácea anual perteneciente a la familia compuestas, de nombre científico *Helianthus annuus*, con hojas anchas y grandes flores amarillas. Oriunda del N de América, su fruto posee muchas semillas comestibles de las que se extrae un aceite empleado en cocina y para condimento. **2** *Bot.* Flor de esta planta. **3** fig. Persona que procura granjearse el favor de un príncipe o poderoso.

GIRAUDOUX, JEAN Escritor francés (Bellac, 1882 - París, 1944). Autor de las novelas *La escuela de los indiferentes* (1911), *Simón el patético* (1918) y *La mentirosa* (1969); y las obras de teatro *Sigfrido* (1928), *La guerra de Troya no ocurrirá* (1935) y *La loca de Chaillot* (1945).

GIRGENTI AGRIGENTO.

GIRL SCOUT (Voz i.) BOY SCOUT.

GIRO m. **1** Acción y efecto de girar. **2** Dirección que se da a una conversación, a un negocio y sus diferentes fases. **3** Estructura especial de la frase, o manera de estar ordenadas las palabras para expresar un concepto. **4** Amenaza, bravata. **5** CHIRLO. **6** *Com.* Movimiento o traslación de caudales por medio de letras, libranzas, etc. **7** Conjunto de operaciones o negocios de una casa, compañía o empresa. || **GIRO POSTAL** El comercial que sirven las oficinas de correos. || **GIRO TELEGRÁFICO** El comercial que se hace por medio de las oficinas de telégrafos.

GIRÓ, JUAN FRANCISCO Político uruguayo (Montevideo, 1791 - íd., 1860). Combatió a los invasores del Reino Unido, de Portugal y Brasil y se sumó a la campaña de los Treinta y Tres Orientales. Fue presidente de la República (1852-53).

La *Gioconda*. Cuadro de Leonardo da Vinci. Museo del Louvre (París).

GIROCOMPÁS m. *Fís.* Instrumento de navegación, basado en el mismo principio que el giróstato, que consiste en una aguja que señala el N geográfico.
GIROLA f. *Arquit.* Nave que rodea el ábside.
GIRÓMETRO m. *Tecnol.* **1** Aparato para medir la velocidad de rotación de una máquina. **2** Instrumento que indica los cambios de rumbo de un avión.
GIRÓN, FRANCISCO JAVIER AHUMADA, FRANCISCO JAVIER GIRÓN, DUQUE DE.
GIRÓN DE VELASCO, JOSÉ ANTONIO Político español (Herrera de Pisuerga, 1911 - Mijas, 1995). Inició sus actividades políticas en el grupo de Onésimo Redondo para pasar posteriormente a Falange. Tras la Guerra Civil fue ministro de Trabajo (1941-57). En las postrimerías del franquismo, fue elegido presidente de la Confederación Nacional de Ex Combatientes (1974).
GIRONA o **GERONA 1** Provincia de España, en la Comunidad Autónoma de Cataluña; 5.886 km² y 553.348 h. Hasta 1991 se denominó Gerona. Limita al N con los Pirineos Orientales, cuyas estribaciones se extienden hacia el centro y O y enlazan con las del macizo del Montseny al SO. Los ríos principales son el Ter, con su afluente el Oñar, el Muga y el Fluvià, y el Tordera. El clima es benigno en la costa y frío en la zona montañosa. Entre sus comarcas naturales se distinguen la *Cerdaña*, en la zona pirenaica; el *Ampurdán*, la *Costa*, la *Selva*, en la zona S, y la de *Olot*. Produce cereales, frutas y hortalizas. Ganadería porcina y vacuna. Pesca. Industria del corcho, de la madera, papel, cementos y curtidos.
GIRONDA GIRONDE.
GIRONDE Departamento del SO de Francia, región de Aquitania; 10.000 km² y 1.287.334 h. Capital, Burdeos. Vinos.
GIRONDE Estuario del SO de Francia, formado por el Garona tras la confluencia del Dordoña.
GIRONDINO, NA adj. y s. *Hist.* Se dice del individuo de un partido político que se formó en Francia en tiempo de la revolución, y de este mismo partido (llamado así por haberse distinguido principalmente en él los diputados de la Gironda), que representaba los intereses de la gran burguesía. Sus principales líderes fueron Brissot, Condorcet, Barbaroux y Vergniaud.
GIRONDO, OLIVERIO Poeta argentino (Buenos Aires, 1891 - íd., 1967). Adepto de las vanguardias, fue uno de los renovadores de la revista *Martín Fierro*. Entre sus obras figuran *Veinte poemas para ser leídos en el tranvía* (1922), *Calcomanías* (1925), *Campo nuestro* (1946) y *Topatumba* (1958).
GIRÓSCOPO o **GIROSCOPIO** m. *Tecnol.* **1** Aparato formado por un disco circular simétrico que, al girar rápidamente sobre un eje libre situado en el centro de gravedad, tiende a mantener inmóvil el centro de rotación. Fue ideado por Foucault en 1852. **2** Aparato para apreciar los movimientos naturales del viento. **3** GIRÓSTATO.
GIRÓSTATO m. *Tecnol.* Aparato constituido por un volante pesado que gira rápidamente y tiende a conservar el plano de rotación reaccionando contra cualquier fuerza que no actúe aparte de dicho plano.
GIRRI, ALBERTO Poeta argentino (Buenos Aires, 1918 - íd., 1991). De su producción destaca *Playa sola* (1946), *Línea de la vida* (1955), *El ojo* (1964), *Envíos* (1967), *El motivo es el poema* (1976), *Lírica de percepciones* (1984) y *Monodias* (1985).
GISCARD D'ESTAING, VALÉRY Político francés (Coblenza, Alemania, 1926). Adscrito al gaullismo, fue diputado, ministro de Hacienda y Asuntos Económicos (1962-66), y Economía y Hacienda (1969-74). En 1966 fundó la Unión de Republicanos Independientes. Presidente de la República (1974-81), dirigió desde 1988 la Unión para la Democracia Francesa (UDF). Formó en 1990 junto al RPR de Chirac la confederación de partidos de centro-derecha, Unión para Francia.
GISH, LILLIAN Actriz de cine y teatro estadounidense (Springfield, Ohio, 1896 - Nueva York, 1993). Considerada una de las máximas estrellas del cine mudo y actriz favorita de Griffith, protagonizó las películas *El nacimiento de una nación* (1915), *Intolerancia* (1916), *La mujer marcada* (1926) y *El enemigo* (1927).
GISSING, GEORGE Novelista inglés (Wakefield, 1857 - San Juan de Luz, 1903). Autor de las novelas *Workers in the Dawn* (1880) y *New Grub Street* (1891).
GITANEAR intr. fig. **1** Halagar con gitanería. **2** Proceder engañosamente en las compras y ventas.
GITANERÍA f. **1** Caricia y halago con zalamería y gracia. **2** Reunión o conjunto de gitanos. **3** Dicho o hecho propio o peculiar de los gitanos.
GITANISMO m. **1** Costumbre de los gitanos. **2** GITANERÍA. **3** Vocablo o giro propio de la lengua que hablan los gitanos.
GITANO, NA adj. **1** *Etnol.* Se dice de un pueblo de origen indoafgano y costumbres nómadas, que se creyó ser descendiente de los egipcios y parece proceder del N

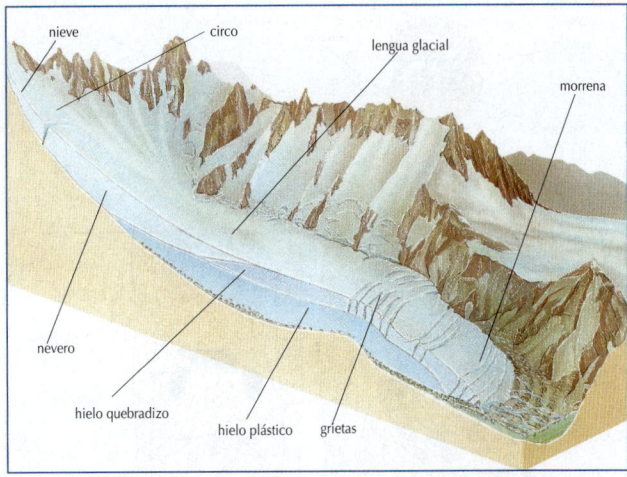

glaciar

de la India. En España penetró en el siglo XV y conservó en buena medida sus costumbres y cultura. También s. **2** Propio de los gitanos o parecido a ellos. **3** Natural de Egipto. **4** fig. Que tiene gracia y arte para ganarse las voluntades de otros. **5** fig. y fam. Que estafa u obra con engaño. También s. || m. *Ling.* **6** Caló, lenguaje o dialecto de los gitanos.
GIULIANO, SALVATORE Bandido italiano (Montelepre, Palermo, 1922 - Castelvetrano, 1950). Durante la Segunda Guerra Mundial organizó una banda de forajidos al servicio de la mafia siciliana.
GIULINI, CARLO MARIA Director de orquesta italiano (Barletta, 1914). Profundo admirador de la cantante María Callas, fue director de la Scala de Milán (1953), de la Sinfónica de Chicago (1968-73), de la Orquesta de Viena (1973-76), y de la Orquesta Filarmónica de Los Ángeles (1978-84).
GIURGIU Ciudad de Rumania, capital del distrito de su nombre; 73.997 h. Centro comercial. Puerto.
GIZA Gobernación de Egipto; 85.153 km² y 4.525.000 h. Su capital es Gizeh.
GIZA, EL GIZEH.
GIZEH o **EL GIZA** Ciudad de Egipto, capital de la gobernación de Giza, en el Valle del Nilo; 2.144.000 h. Pirámides de Khufu, Khafra y Menkaura, y la gran Esfinge.
GJELLERUP, KARL Escritor danés (Roholte, 1857 - Klotzsche, cerca de Dresde, 1919). Empezó escribiendo poesía lírica y relatos naturalistas: *Réquiem por la muerte de Charles Darwin* (1882), pero fue evolucionando hacia la espiritualidad. Sus obras más notables son el drama *Brunilda* (1884), y las novelas *Minna* (1889), *El molino* (1896), *El peregrino kamanita* (1906), *Los amigos de Dios* (1916) y *La rama dorada* (1917). Premio Nobel de Literatura (1917) con H. Pontoppidan.
GLABRO, BRA adj. *Biol.* Que tiene la superficie lisa, desprovista de pelos.
GLACIACIÓN f. *Geol.* Término aplicado a los periodos fríos de la historia geológica de la Tierra, que provocaron la aparición de extensas masas de hielo. Cuatro son las glaciaciones clásicas separadas por los correspondientes periodos interglaciares que llevan los nombres de localidades alpinas: Günz (1.200.000-700.000 a. C.), Mindel (660.000-350.000 a. C.), Riss (300.000-120.000 a. C.) y Würm (80.000-10.000 a. C.).
GLACIAL adj. **1** Helado, muy frío. **2** Que hace helar o helarse. **3** fig. Frío. **4** Se dice de la actividad o presencia de hielo o glaciares. **5** Se dice de las regiones heladas, glaciaciones o periodos glaciares. **6** Se dice de los climas extremadamente fríos.
GLACIAL ANTÁRTICO, OCÉANO El que rodea a la Antártida y es de límites imprecisos. Importantes reservas pesqueras. No está reconocido oficialmente por Argentina.
GLACIAL ÁRTICO, OCÉANO El que rodea al Polo Norte y se extiende al N de Europa, Asia y América. Tiene 14 millones de km². Está unido al Atlántico por los mares de Groenlandia y Noruega al E de Groenlandia y por la bahía de Baffin y el estrecho de Davis al O de dicha isla. El estrecho de Bering posibilita la unión entre el océano Pacífico y el Ártico.
GLACIAR m. *Geol.* **1** Masa de hielo acumulada en las zonas altas de las cordilleras por encima del límite de las nieves perpetuas y cuya parte inferior se desliza muy lentamente a modo de grandes ríos de agua congelada.

Sus tipos más característicos son: alpino, pirenaico o de circo, o continental o de casquete. Sus elementos fundamentales son: circo glaciar, lengua, morrena lateral y morrena terminal. || adj. **2** Se dice de lo referente a los glaciares. || **PERIODO GLACIAR** *Geol.* GLACIACIÓN.
GLACIARES, PARQUE NACIONAL LOS *Ecol.* Parque Nacional situado al S de Argentina, en la Patagonia; 6.000 km². El paisaje es montañoso y dominado por enormes y numerosísimos glaciares. El más impresionante es el Perito Moreno, situado al O del lago Argentino (1.800 m de altura).
GLACIARISMO m. *Geol.* **1** Conjunto de fenómenos relacionados con los glaciares. **2** Estudio científico de los glaciares.
GLACIOLOGÍA f. *Geol.* Ciencia que estudia la glaciación y los fenómenos relacionados con ella.
GLACIS m. **1** En una fortificación permanente, declive desde el camino cubierto hacia el campo. **2** *Geol.* Formación típica de pie de monte, que se enraíza en una vertiente montañosa para enlazar con un fondo de valle o depresión. ♦ Su pl. es *glacis*.
GLADBACH MÖNCHEN GLADBACH.
GLADIADOR o **GLADIATOR** m. *Hist.* Luchador que en los juegos públicos de los romanos combatía con otro o con fieras salvajes. Los primeros combates se produjeron en Roma en el 264 a. C. y a finales del siglo II fueron incluidos en los juegos. Por su armamento e indumentaria recibían varios nombres: el *bestiarius* luchaba con las fieras; el *retiarius* se armaba de tridente y red; el *mirmillon* y el *threx* llevaban armamento pesado (escudo redondo y espadón); el *mandabala* luchaba a caballo y llevaba un casco que le cubría totalmente la cara; el *laquearius* llevaba un lazo.
GLADIO m. ESPADAÑA de agua.
GLADIOLO o **GLADÍOLO** m. *Bot.* Nombre común de diversas plantas herbáceas bulbosas, de la familia iridáceas, género *Gladiolus*, con flores reunidas en espigas y uso ornamental.
GLADSTONE, WILLIAM EWART Político inglés (Liverpool, 1809 - Hawarden, 1898). Diputado conservador primero, se convirtió luego en líder del Partido Liberal, enfrentado al conservador Disraeli. Fue primer ministro en cuatro ocasiones, alternando con Disraeli (1868-74; 1880-85; 1886 y 1892-94).
GLAMORGAN Región del Reino Unido, en Gales, que comprende la mayor parte de la cuenca hullera del S del país, así como la concentración urbana, industrial y portuaria más intensa.
GLAMOUR (Voz fr.) m. Encanto, atractivo.
GLANDE m. **1** *Anat.* Cuerpo cónico que forma la cabeza del pene o la parte distal del clítoris. **2** *Bot.* Fruto en aquenio de gran tamaño, con una cubierta protectora o cúpula en la base, como la bellota.
GLÁNDULA f. **1** *Bot.* Célula o grupo de células que segregan sustancias, generalmente aceitosas o resinosas. **2** *Fisiol.* Cualquiera de los órganos que segregan diversas sustancias que vierten en el interior del cuerpo a través de la sangre (glándulas endocrinas), o al exterior del mismo (glándulas exocrinas). Las glándulas exocrinas producen las hormonas, cuya función es regular determinadas funciones orgánicas (el hipotálamo, la hipófisis, la tiroides, la paratiroides, el páncreas, etc.). Las exocrinas vierten al exterior sustancias de desecho (sebáceas, sudoríparas, lacrimales) o a ciertos conductos del

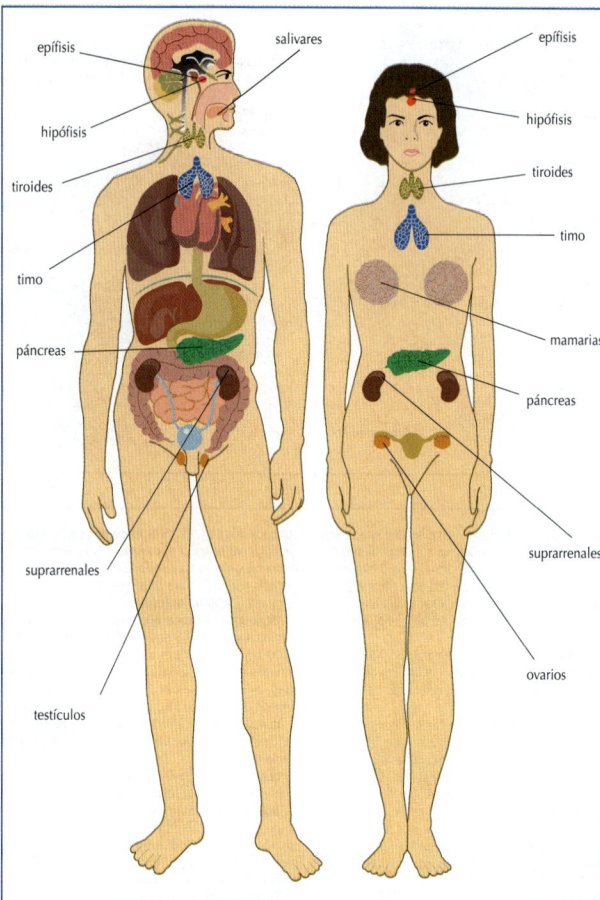

glándulas del cuerpo humano.

cuerpo sustancias necesarias para la digestión (salivares, hígado, etc.). Ciertos animales tienen glándulas odoríferas que segregan sustancias de olor intenso y sirven como señales (almizcle); otros tienen glándulas venenosas que utilizan para defensa o ataque (víboras, etc.).

Glarus o **Glaris 1** Cantón de Suiza; 685 km² y 38.698 h. **2** Ciudad capital del mismo, a orillas del Linth; 5.728 h.

Glasé m. Tafetán de mucho brillo.

Glasear tr. **1** Dar brillo a la superficie de algunas cosas. **2** Recubrir con azúcar derretido determinados alimentos.

Glaser, Donald Arthur Físico estadounidense (Cleveland, 1926). Premio Nobel de 1960 por su descubrimiento de la cámara de burbujas, que permite fotografiar el recorrido de las partículas atómicas.

Glasgow Ciudad del Reino Unido, en Escocia, en el estuario del Clyde; 619.700 h. Constituye un Distrito unitario. Puerto. Centro industrial. Catedral gótica (siglos XIII-XIV).

Glashow, Sheldon Lee Físico estadounidense (Nueva York, 1932). Sus investigaciones se centran en el estudio de las partículas elementales. Premio Nobel de Física en 1979, compartido con S. Weinberg y A. Salam.

Glasnost f. Vocablo ruso que significa transparencia. Hace referencia a la política de claridad e información impuesta por M. Gorbachov durante la PERESTROIKA.

Glasto m. Bot. Planta de la familia crucíferas, de nombre científico Isatis tinctoria, con hojas grandes de las que se extrae un color análogo al añil.

Glauber, Johann Rudolf Alquimista alemán (Karlstadt, 1604 - Amsterdam, 1668). Descubrió las propiedades terapéuticas del sulfato de sosa, conocido como sal de Glauber.

Glauberita f. Miner. Mineral sulfato de sodio y calcio, de fórmula $Na_2Ca(SO_4)_2$, del grupo de los anfíboles, transparente, propio de terrenos salinos.

Glauco, ca adj. De color verde claro.

Glauco Mit. Hijo de Sísifo y padre de Belerofonte. Sucedió a Sísifo en el trono de Éfira.

Glaucoma m. Pat. Enfermedad del ojo, llamada así por el color verdoso que toma la pupila, y caracterizada por el aumento de la presión intraocular, dureza del globo del ojo, atrofia de la papila óptica y ceguera.

Glazunov, Aleksandr Konstantinovich Compositor ruso (San Petersburgo, 1865 - París, 1936). Se le considera el último representante de la escuela nacionalista rusa. Compuso sinfonías y música de cámara.

Gleba f. **1** Terrón que se levanta con el arado. **2** Tierra, especialmente la cultivada.

Glemp, Józef Religioso polaco (Inowroclaw, 1928). Secretario del cardenal Wyszynski (1967-79), sucedió a éste a su muerte (1981) como arzobispo de Varsovia y Gniezco y presidente de la Conferencia Episcopal polaca. Fue nombrado cardenal en 1983.

Glenn, John Herschel Astronauta estadounidense (Cambridge, Ohio, 1921). Seleccionado por la NASA, fue el primer astronauta estadounidense puesto en órbita. A bordo de la nave Frienship VII dio tres vueltas a la Tierra (1962). En 1998, participó en una misión espacial a bordo del transbordador espacial Discovery. En 1999 le fue concedido el premio Príncipe de Asturias de Cooperación Internacional junto a sus compañeros de tripulación del transbordador.

Glía f. Anat. NEUROGLÍA.

Glic-, glico-, glicer-, gluc-, gluco-, glucos-; -gluc- prefs. o in. que significan dulce: floroglucina.

Glicer- pref. GLIC-.

Glicérido m. Quím. Compuesto derivado de la esterificación de los ácidos grasos con glicerina.

Glicerina f. Quím. Alcohol trivalente de fórmula $CH_2OH–CHOH–CH_2OH$, que constituye el componente principal de grasas y aceites naturales. Miscible en agua y alcohol, poco soluble en éter e insoluble en benceno, cloroformo y tetracloruro de carbono.

Glicina o **Glicinia** f. Bot. Planta trepadora caducifolia, de la familia leguminosas, género Wisteria, con flores azuladas o malvas en grandes racimos colgantes.

Glico- pref. GLIC-.

Glicocola f. Quím. Aminoácido incoloro, constituyente de muchas proteínas.

Glicocólico adj. Quím. Se dice del ácido de fórmula $C_{26}H_{43}O_6N$, producto biliar formado por conjugación del ácido cólico con la glicocola.

Glicógeno m. Quím. GLUCÓGENO.

Glicol m. Quím. **1** ETILENGLICOL. || pl. Quím. **2** Alcoholes dihídricos de fórmula general $C_nH_{2n}(OH)_2$. Son líquidos viscosos de sabor dulce, o sólidos cristalinos.

Gliconio adj. y m. VERSO GLICONIO.

-Glífico, -glifo prefs. GLIPT-.

Gligorov, Kiro Político macedonio (Stip, 1917). Fue viceprimer ministro (1967-69) y ministro de Finanzas (1974-78) de la antigua Yugoslavia. Artífice de la independencia de Macedonia, en 1991 fue nombrado presidente y reelegido en 1994. Abandonó el cargo tras los comicios de 1999.

Glinka, Mijail Ivanovich Compositor ruso (Novospasskoi, Smolensko, 1804 - Berlín, 1857). Es el iniciador de la escuela musical rusa. Entre sus composiciones destaca la ópera La vida por el zar (1836).

Glioma m. Pat. Nombre genérico dado a los tumores del cerebro y la médula espinal.

Glipt-, -glipto, -glifo, -glífico, -glíptica pref. o sufs. que significan escultura, esculpido: triglifo, anaglíptica.

Glíptica f. **1** Arte. Arte de grabar en piedras duras y finas. **2** Técnica de grabar los cuños o troqueles para monedas, sellos, medallas, etc.

-Glíptica suf. GLIPT-.

Glipto- pref. GLIPT-.

Gliptodonte m. Zool. Género de mamíferos fósiles del orden maldentados, parecidos a los armadillos.

Gliptogénesis Geol. Proceso de modelado del terreno.

Glipteca f. **1** Colección de piedras grabadas. **2** Arte. Museo de obras de escultura y particularmente de piedras finas grabadas.

Glipteca de Munich Arte. Museo de escultura fundado en Munich por Luis I de Baviera.

Gliwice Ciudad del S de Polonia, en la Alta Silesia; 214.200 h.

Global adj. Tomado en conjunto.

Globalización f. **1** Acción y efecto de globalizar. **2** Pedag. Método didáctico que consiste en aprehender una totalidad para luego comprender los elementos que la integran.

Globalizar tr. Integrar una serie de datos, hechos, referencias, etc., en un planteamiento global.

Globigerina f. Zool. Género de protozoos foraminíferos de la familia globigéridos, microorganismos unicelulares que forman parte del plancton marino.

Globo m. **1** Esfera, sólido de superficie curva cuyos puntos equidistan del centro. **2** Tierra, planeta que habitamos. **3** Tecnol. Receptáculo de materia flexible y forma más o menos esférica que, lleno de un gas menos pesado que el aire, se eleva en la atmósfera. **4** Zool. Cualquier estructura en forma de esfera. **5** Fanal de cristal con que se cubre una luz para que no moleste a la vista o por adorno. || **GLOBO AEROSTÁTICO** Aeron. Vehículo aéreo compuesto por una bolsa de tafetán u otra materia impermeable, de forma más o menos esférica o cilíndrica llena de un gas de menor densidad que el aire,

Aleksandr Konstantinovich **Glazunov**. Retrato de T. Serou. Biblioteca de la Ópera (París).

cuya fuerza ascensional equilibra el peso del globo y el de la barquilla y la carga que transporta. || **GLOBO CAUTIVO** *Meteor.* El que está sujeto por un cable y sirve de observatorio. || **GLOBO CELESTE** o **ESTELAR** *Astron.* Esfera cuya superficie representa la de la celeste con las estrellas, constelaciones y, casi siempre, las circunferencias coordenadas más importantes. || **GLOBO DIRIGIBLE** *Aeron.* El fusiforme que se sustenta por medio de gases más ligeros que el aire y lleva una o varias barquillas con motores y hélices propulsoras y un timón para conducirlo. Son de tres clases, rígidos, semirrígidos y flexibles. || **GLOBO SONDA** *Meteor.* El pequeño no tripulado, que lleva aparatos registradores y se utiliza para estudios meteorológicos. || **GLOBO TERRÁQUEO** o **TERRESTRE** *Geol.* TIERRA. También, esfera en cuya superficie se representa la disposición que las tierras y mares tienen en nuestro planeta.

GLOBULINA f. *Quím.* Proteína vegetal y animal, de elevado peso molecular. Forma parte del suero sanguíneo.

GLÓBULO m. **1** Diminutivo de GLOBO. **2** Pequeño cuerpo esférico. **3** *Astron.* Forma de presentación de la materia interestelar como una pequeña nube oscura y redondeada. || **GLÓBULO BLANCO** *Biol.* LEUCOCITO, célula globosa incolora de la sangre. || **GLÓBULO ROJO** *Biol.* ERITROCITO.

GLOMÉRULO m. **1** *Anat.* Pequeña masa constituida por una concentración de vasos que se encuentran principalmente en la corteza renal. **2** *Bot.* Inflorescencia cimosa de apariencia globular, como la del boj.

GLOMERULONEFRITIS f. *Pat.* Inflamación del riñón, que afecta principalmente a los glomérulos.

GLOMMEN Río de Noruega, que desemboca en el Skagerrak; 580 km.

GLORIA f. **1** BIENAVENTURANZA. **2** CIELO. **3** Reputación, fama, honor. **4** Gusto, placer vehemente. **5** Lo que ennoblece o ilustra. **6** Majestad, esplendor, magnificencia. **7** Pastel abarquillado, hecho de masa de hojaldre. **8** Sistema de calefacción de las casas rurales castellanas consistente en un doble suelo por el que circula el aire caliente que produce la paja quemada u otro combustible. || m. *Rel.* **9** Cántico o rezo de la misa, que comienza con las palabras *gloria a Dios en el cielo.* || **estar** uno **en la gloria** fr. fig. y fam. Estar muy contento. || **saber a gloria** una cosa a uno. fr. fig. y fam. Gustarle mucho.

GLORIA PATRI o **GLORIAPATRI** (Expresión lat.) m. *Rel.* Versículo latino que se dice después del padrenuestro y avemaría y al fin de los salmos e himnos de la iglesia católica.

GLORIAR tr. **1** GLORIFICAR. || prnl. **2** Preciarse demasiado o alabarse de una cosa. **3** Complacerse, alegrarse mucho.

GLORIETA f. **1** CENADOR de un jardín. **2** Plazoleta de un jardín con cenador. **3** Plaza donde desembocan varias calles.

GLORIFICAR tr. **1** Dar gloria. **2** Alabar, ensalzar. || prnl. **3** GLORIARSE.

GLORIOSO, SA adj. **1** Digno de honor y alabanza. **2** Relativo a la gloria o bienaventuranza. **3** Que goza en la gloria eterna. **4** Que se alaba demasiado y habla de sí con jactancia. **5** fig. Revolución española del año 1868. Se usa con mayúscula y precedido del artículo *la.*

GLOS-, GLOSO-, GLOT-, GLOTO-; -GLOS-, -GLOT-; -GLOSO, -GLOTO, -GLOSA, -GLOSIA, -GLOTIS prefs., ins. o sufs. que significan lengua: *balanoglósido, epiglotis.*

GLOSA f. **1** Explicación o comentario de un texto oscuro o difícil de entender. **2** Nota que se pone en un instrumento o libro de cuenta y razón. **3** Nota o reparo que se pone en las cuentas a una o varias partidas de ellas. **4** *Poet.* Composición poética al fin de la cual o al de cada una de sus estrofas se hacen entrar rimando y formando sentido uno o más versos anticipadamente propuestos. **5** *Mús.* Variación que ejecuta el músico sobre unas mismas notas, pero sin sujetarse rigurosamente a ellas.

-GLOSA suf. GLOS-.

GLOSAR tr. **1** Hacer, poner o escribir glosas. **2** Comentar palabras y dichos propios o ajenos, ampliándolos.

GLOSARIO m. **1** Diccionario de palabras raras o desusadas. **2** Vocabulario de un dialecto, de un autor, de un texto, etc. **3** Colección de glosas.

GLOSAS EMILIANENSES Breves aclaraciones en romance, de mediados del siglo X a un códice latino del monasterio de San Millán. Es una de las primeras muestras de la prosa romance castellana.

GLOSAS DE REICHENAU REICHENAU.

GLOSAS SILENSES Breves aclaraciones en romance, de mediados del siglo X a un códice latino, hallado en el monasterio de Silos. Es, junto con las *Emilianenses,* la primera manifestación escrita de la prosa castellana.

GLOSEMÁTICA f. *Ling.* Teoría lingüística que, partiendo del estructuralismo de F. de Saussure, elaboró L. Hjelmslev, junto con otros representantes del Círculo Lingüístico de Copenhague. Otros seguidores de esta teoría lingüística son H. J. Uldall y E. Alarcos Llorach.

-GLOSIA suf. GLOS-.

GLOSITIS f. *Med.* Inflamación de la lengua. ♦ Su pl. es *glositis.*

GLOSO-; -GLOSO pref. o suf. GLOS-.

GLOT-; -GLOT- pref. o in. GLOS-.

GLÓTICO, CA adj. *Anat.* Relativo a la glotis.

GLOTIS f. *Anat.* Orificio o abertura superior de la laringe, de contorno triangular, debido a la posición de las cuerdas vocales. ♦ Su pl. es *glotis.*

-GLOTIS suf. GLOS-.

GLOTO-; -GLOTO pref. o suf. GLOS-.

GLOTÓN, NA adj. y s. **1** Que come con exceso y con ansia. || m. *Zool.* **2** Mamífero carnívoro de la familia mustélidos, de nombre científico *Gulo gulo.* Vive en regiones forestales de Eurasia y Norteamérica.

GLOTONERÍA f. **1** Acción de comer con exceso y con ansia. **2** Calidad de glotón.

GLOUCESTER Ciudad del Reino Unido, en Inglaterra, a orillas del Severn; 104.800 h.

GLOUCESTER, THOMAS, DUQUE DE Noble inglés, séptimo hijo de Eduardo III (Woodstock, 1355 - Calais, 1397). Fue tutor de su sobrino, el rey Ricardo II, en 1377. Como en 1397 trató de destronarle, éste le hizo prender y dar muerte.

GLOUCESTERSHIRE Condado del Reino Unido, en Inglaterra; 557.300 h.

GLOUCESTERSHIRE MERIDIONAL Consejo unitario del Reino Unido, en Inglaterra; 241.000 h.

GLOXÍNEA f. *Bot.* Planta de la familia gesneriáceas, de jardín, bulbosa, de flores acampanadas, originaria de América del Sur.

GLUC-; -GLUC- pref. o in. GLIC-.

GLUCAGÓN m. *Fisiol.* Polipéptido segregado por el páncreas, cuya acción es antagónica a la de la insulina.

GLUCEMIA f. *Med.* Presencia anormalmente alta de azúcar o glucosa en la sangre.

GLÚCIDO m. *Quím.* Nombre de diversos principios inmediatos orgánicos, de fórmula genérica $C_nH_{2n}O_n$, sólidos de color blanco, generalmente dulces y solubles en agua, que en los seres vivos realizan funciones de aporte energético y estructurales, y aparecen en las moléculas de los ácidos nucleicos. También llamados *hidratos de carbono* o *azúcares.*

GLUCINA f. *Quím.* Óxido de glucinio.

GLUCINIO m. *Quím.* BERILIO.

GLUCK, CHRISTOPH WILLIBALD Compositor alemán (Erasbach, 1714 - Viena, 1787). Director musical de la corte de Viena, inició la renovación de la ópera italiana. Compuso ballets, sinfonías y más de cien óperas, entre las que destacan *Orfeo y Eurídice* (1762), *Alcestes* (1767), *Paris y Elena* (1770), *Ifigenia en Áulide* (1174) e *Ifigenia en Táuride* (1778).

GLUCO- pref. GLIC-.

GLUCOGÉNESIS f. *Fisiol.* Síntesis de glucógeno en el hígado a partir de la glucosa.

GLUCÓGENO m. *Quím.* Polisacárido formado por largas cadenas de moléculas de glucosa, de fórmula $(C_6H_{10}O_5)_n$, semejante al almidón. Es una sustancia de reserva que, en el momento de ser utilizada por el organismo, se transforma en glucosa.

GLUCOLÍPIDO m. *Quím.* Grupo de lípidos complejos que contienen hidratos de carbono, pero que no llevan ácido fosfórico. Incluye glucosildiglicéridos, cerebrósidos y gangliósidos.

GLUCÓLISIS f. *Quím.* Degradación de la glucosa a ácido láctico con producción de energía en forma de dos moléculas de ATP.

GLUCOPROTEÍNA f. *Quím.* Proteína que tiene como grupo prostético un hidrato de carbono.

GLUCOS- pref. GLIC-.

GLUCOSA f. *Quím.* Hidrato de carbono del grupo de las hexosas, de fórmula $C_6H_{12}O_6$, azúcar de color blanco, cristalizable, de sabor muy dulce, muy soluble en agua y poco en alcohol. Se encuentra en algunos frutos, está presente en casi todos los glúcidos y desempeña un papel fundamental en el metabolismo de los seres vivos.

GLUCÓSIDO m. *Quím.* DISACÁRIDO.

GLUCOSURIA f. *Med.* Presencia anormal de glucosa en la orina.

GLUCURÓNICO adj. *Quím.* Se dice del ácido resultante de la oxidación del radical $-CH_2OH$ de la D-glucosa a $-COOH$. Es un componente de muchos polisacáridos y gomas vegetales.

GLUMA f. *Bot.* Bráctea seca y membranosa asociada a la flor de las gramíneas.

GLUMILLA f. *Bot.* Bracteola interior y delgada que encierra la flor de una gramínea.

GLUTAMATO m. *Quím.* Sal o éster del ácido glutámico, que se añade a ciertos alimentos para aportar olor y sabor.

GLUTÁMICO adj. *Quím.* Se dice del ácido de fórmula $C_5H_9O_4N$, aminoácido presente con frecuencia en las proteínas.

GLUTÁRICO adj. *Quím.* Se dice del ácido de fórmula $C_5H_5O_4$, presente en las remolachas verdes y en la lana sin tratar.

GLUTATIÓN m. *Quím.* Tripéptido de fórmula $C_{10}H_{17}O_6N_3S$, presente en los tejidos animales y vegetales que juega un importante papel en los procesos de oxidación biológica.

GLUTEN m. **1** Cualquier sustancia pegajosa que puede servir para unir una cosa a otra. **2** *Bot.* Mezcla de proteínas, de color amarillento, que se localiza en el endosperma de las semillas de los cereales.

GLÚTEO, A adj. *Anat.* **1** Relativo a la nalga. También m. || m. *Anat.* **2** Cada uno de los tres músculos que forman la nalga, y se insertan en el coxal y el fémur.

GLUTINOSO, SA adj. Pegajoso.

-GNAT-; -GNATO, -GNATIA, -GNACIA in. o sufs. que significan mandíbula: *cistignátido, ortognato.*

GNATOSTOMADO, DA adj. *Zool.* Que tiene mandíbulas.

GNEIS m. *Geol.* Roca metamórfica de estructura pizarrosa y grano grueso, compuesta de feldespato potásico, cuarzo, biotita y plagioclasas. Constituye la fase más avanzada del metamorfismo. ♦ Su pl. es *gneis.*

gneis

GNETÁCEO, A adj. y s. *Bot.* **1** Se dice de la planta gimnosperma, leñosa, trepadora o erecta, con grandes hojas coriáceas. || f. pl. *Bot.* **2** Familia de estas plantas.

GNIDO CNIDO.

GNIEZNO o **GNESEN** Ciudad de Polonia, voivodato de Poznan; 53.800 h. Antigua capital del reino (siglo X).

GNOM-, GNOS-, GNOSEO-, GNOST-; -GNOSTO-; -GNOMÍA, -GNOMONÍA, -GNOSIA, -GNOSIS, -GNÓRISIS, GNÓSTICO, -GNOSTA prefs., in. o sufs. que significan sentencia, conocimiento: *farmacognosia, psicognosis, agnóstico.*

-GNOMÍA suf. GNOM-.

GNOMO m. *Mit.* En la mitología escandinava, ser fantástico, enano, espíritu o genio de la Tierra y guardián de sus tesoros.

GNOMON m. **1** *Astron.* Antiguo instrumento de astronomía, con el que se determinaban el acimut y altura del Sol. **2** *Astron.* Indicador de las horas en los relojes solares, en forma de flecha cuya sombra se proyecta sobre las graduaciones del círculo o semicírculo. **3** *Geom.* ESCUADRA, instrumento de medida.

-GNOMONÍA suf. GNOM-.

GNOMÓNICA f. *Astron.* Técnica que trata y enseña el modo de hacer los relojes solares.

-GNÓRISIS suf. GNOM-.

GNOS-, GNOSEO- prefs. GNOM-.

GNOSEOLOGÍA f. *Filos.* Rama de la filosofía que se ocupa de la naturaleza, el origen, los límites y la naturaleza del conocimiento.

-GNOSIA, -GNOSIS sufs. GNOM-.

GNOSIS m. **1** Conocimiento de la realidad sensible. **2** Conocimiento absoluto e intuitivo que pretendían alcanzar los seguidores del gnosticismo. ♦ Su pl. es *gnosis.*

GNOST-; -GNOSTA pref. o suf. GNOM-.

GNOSTICISMO m. *Filos.* y *Rel.* Doctrina filosófica y religiosa de los primeros siglos de la iglesia católica, mezcla de la cristiana con creencias judaicas y orientales. Fundaba la salvación en el conocimiento de dios (gnosis). Su principal representante en el siglo I fue Simón *el Mago.*

-GNÓSTICO suf. GNOM-.

-GNOSTO- in. GNOM-.

GOA Estado de la India; 3.702 km² y 1.169.793 h. Capital, Panají.

GOASCORÁN Río de América Central. Nace al S de Honduras, hace frontera con El Salvador y desemboca en el Pacífico; 129 km.

Gobelinos. *Luis XIV visitando la fábrica de tapices.* Tapiz según cartón de Charles Le Brun. Palacio Real (Madrid).

Gobat, Karl Jurista suizo (Tramelan, 1843 - Berna, 1914). En 1902 compartió con E. Ducommun el premio Nobel de la Paz.

Gobelinos *Arte.* Célebre manufactura de tapices francesa fundada en París por Luis XIV en 1667, a sugerencia de su ministro Colbert.

Gobernación f. **1** Acción y efecto de gobernar. **2** Ejercicio del gobierno. **3** *Hist.* Demarcación administrativa de las Indias españolas, incluida en un virreinato o capitanía general. **4** Circunscripción administrativa de ciertos países. **5** *Hist.* Nombre que en determinados períodos de la historia de España recibió el ministerio del Interior. Se usa más con mayúscula.

Gobernador, ra adj. **1** Que gobierna. || m. y f. **2** *Polít.* Persona que desempeña el mando en una provincia, ciudad o territorio, que según el género de jurisdicción que ejerce, toma el nombre de *gobernador civil, militar o eclesiástico.* **3** Representante del gobierno en algún establecimiento público.

Gobernadora Isla de Panamá, en el golfo de Montijo, provincia de Veraguas.

Gobernalle m. *Mar.* Timón de la nave.

Gobernanta f. **1** Mujer que en los grandes hoteles tiene a su cargo el servicio de un piso. **2** Mujer que tiene a su cargo el servicio interno de una casa, institución, etc.

Gobernante adj. y com. **1** Que gobierna. **2** Que gobierna o forma parte del gobierno de un país.

Gobernar tr. **1** Mandar con autoridad o regir una cosa. También intr. **2** Guiar y dirigir. También prnl. || intr. **3** *Mar.* Obedecer el buque al timón. ♦ IRREG. Se conjuga como ACERTAR.

Gobi (En chino *Shamo*) Desierto arenoso de Asia, que se extiende por el centro y S de Mongolia, O de Manchuria y el N de China; 1.036.000 km² aproximadamente.

Góbido, da adj. y m. *Zool.* **1** Se dice del pez osteíctio teleósteo perciforme, con las aletas pélvicas unidas formando un disco adhesivo en la región ventral, como el gobio. || m. pl. *Zool.* **2** Familia de estos peces.

Gobierna f. Veleta del viento.

Gobierno m. **1** Acción y efecto de gobernar. **2** Orden de regir y gobernar una nación, provincia, plaza, etc. **3** *Polít.* Conjunto de los ministros de un Estado. **4** *Polít.* Empleo, ministerio y dignidad de gobernador. **5** Distrito o territorio en que tiene jurisdicción o autoridad el gobernador. **6** Edificio en que tiene su despacho y oficinas. **7** Tiempo que dura el mando o autoridad del gobernador. **8** GOBERNALLE. **9** Docilidad de la nave al timón. || **GOBIERNO ABSOLUTO** *Polít.* Aquel en que todos los poderes se hallan reunidos en sólo una persona o cuerpo. || **GOBIERNO PARLAMENTARIO** *Polít.* Aquel en que los ministros necesitan la confianza de las cámaras, o al menos de la elegida por voto más popular y directo. || **GOBIERNO REPRESENTATIVO** *Polít.* Aquel en que, bajo diversas formas, concurre la nación, por medio de sus representantes, a la formación de las leyes.

Gobineau, Joseph Arthur, conde de Escritor francés (Ville-d'Avray, 1816 - Turín, 1882). Es autor de una teoría etnológica, precursora del racismo moderno, según la cual las razas del N son las superiores al resto de la humanidad.

Gobio m. *Zool.* **1** Nombre común de varias especies de peces teleósteos acantopterigios de la familia góbidos, género *Gobius* y otros, de pequeño tamaño, marinos o de agua dulce. **2** Pez de la familia ciprínidos, de nombre científico *Gobio gobio.* Es de pequeño tamaño, con dos barbillas cortas en la mandíbula, y flancos con grandes manchas redondeadas.

goce m. Acción y efecto de gozar o disfrutar.

Godard, Jean-Luc Director de cine francés (París, 1930). Miembro destacado de la *nouvelle vague.* Entre sus películas destacan *Al final de la escapada* (1960), *Pierrot el loco* (1965), *Yo te saludo, María* (1984) y *For ever, Mozart* (1996).

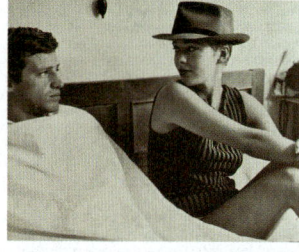

Jean-Luc **Godard.** Escena de la película *Al final de la escapada,* con Jean Seberg y Jean-Paul Belmondo.

Godavari Río de la India. Nace en la vertiente E de los Gathes occidentales y desemboca en el golfo de Bengala; 1.445 km.

Goddard, Paulette (PAULINE LEVY, llamada) Actriz cinematográfica estadounidense (Nueva York, 1911 - Porto Ronco, 1990). En 1931 inició su carrera, que alcanzó el éxito en los filmes de Chaplin *Tiempos modernos* (1936) y *El gran dictador* (1939).

Gödel, Kurt Matemático estadounidense de origen checo (Brunn, 1906 - Princeton, 1978). Autor del teorema de la incompletitud. Destacó en sus trabajos sobre la teoría de conjuntos.

godo, da (Del lat. *Gothus.*) adj. y s. **1** *Hist.* Se dice de un pueblo germánico, perteneciente al grupo de los germanos orientales y a la rama escandinava, que en el primer siglo de la era cristiana poblaba las orillas meridionales del Báltico y el interior entre los ríos Oder y Vístula. **2** Se dice del rico y poderoso, originario de familias ibéricas, que con los invasores godos formó parte de la nobleza al constituirse la nación española. **3** fig. *Can.* Español peninsular. **4** *Arg., Col.* y *Chile* desp. Nombre con que se designaba a los españoles durante la guerra de la Independencia.

Godofredo de Bouillon Duque de la Baja Lorena y cruzado cristiano (Baisy, 1061 - Jerusalén, 1100). Fue uno de los principales caudillos de la primera cruzada. Fundó el reino de Jerusalén (1099) y gobernó con el título de protector del Santo Sepulcro.

Godoy y Álvarez de Faria, Manuel Político español (Castuera, 1767 - París, 1851). En 1784 ingresó en el cuerpo de Guardias de Corps y pronto consiguió la protección de Carlos IV y el favor de la reina María Luisa. Nombrado duque de Alcudia y consejero de Estado, desplazó al conde de Aranda como primer ministro en 1792; desde esta fecha dirigió la política española. Tras la ejecución de Luis XVI, declaró la guerra a la Francia revolucionaria (1793), pero el curso desfavorable de los acontecimientos le obligó a firmar la paz de Basilea (1795). Desplazado del poder entre 1798 y 1800, estableció una alianza con Napoleón y dirigió la *Guerra de las Naranjas* (1801) contra Portugal. Sus constantes desaciertos y la invasión francesa provocaron el motín de Aranjuez (1808), en el que apenas pudo salvar la vida. Acompañó a los reyes en su destierro.

Godthaab Nuuk.

Godunov Boris GODUNOV, FEDOROVICH.

Godwin, William Escritor y filósofo inglés (Wisbech, 1756 - Londres, 1836). Precursor del pensamiento anarquista, es autor de *Ensayo sobre la justicia política* (1793).

Godwin Austen K2.

Goebbels, Joseph Paul Político alemán (Rheydt, 1897 - Berlín, 1945). Ministro de Propaganda e Información en el gobierno de Hitler (1933-45), fue uno de los principales responsables del régimen y de los ataques a las comunidades católicas y judías. Se suicidó junto con su familia al entrar los rusos en Berlín.

Goeminne Thomson, Augusto HALMAR, AUGUSTO D'.

Goeppert-Mayer, María MAYER, MARÍA GOEPPERT.

Goering, Hermann Militar y político alemán (Rosenheim, 1893 - Nuremberg, 1946). Ministro del Aire (1933), jefe de la Luftwaffe (1935) y mariscal del Reich (1940), fue considerado el primer lugarteniente de Hitler. Sentenciado a muerte por el tribunal de Nuremberg, se suicidó horas antes de la ejecución.

Goeritz, Mathias Arquitecto, escultor y pintor mexicano de origen alemán (Gdansk, 1915 - Ciudad de México, 1990). Fundó en España la Escuela de Altamira, lugar de aprendizaje de jóvenes artistas como Cuixart y Tàpies. Desde 1950 residió en México. Entre sus mejores obras hay que citar la entrada a la ciudad satélite de la capital mexicana (1957-58).

Goes, Damião de Historiógrafo portugués (Alenquer, 1501 - Batalha, 1573). Desempeñó importantes misio-

Manuel **Godoy.** Retrato de Francisco de Goya. Real Academia de San Fernando (Madrid).

nes diplomáticas en época de Juan II. Autor de *Chronica do felicissimo rei Don Manuel* y *Chronica do principe Don João*.
GOES, HUGO VAN DER VAN DER GOES, HUGO.
GOETHALS, GEORGE WASHINGTON Ingeniero estadounidense (Nueva York, 1858 - íd., 1928). Fue encargado por el presidente Roosevelt de la construcción del canal de Panamá (1904-14).
GOETHE, JOHANN WOLFGANG VON Escritor alemán (Frankfurt, 1749 - Weimar, 1832). Comenzó sus estudios de Leyes en Leipzig y los completó en Estrasburgo. En esta última ciudad conoció a Herder, que le inició en el espíritu del *Sturm und Drang*. Su obra literaria evolucionó desde el prerromanticismo hacia el más puro clasicismo. Entre sus principales obras merecen citarse los dramas *Götz de Berlichingen* (1771), *Clavijo* (1774) y *Egmont* (1787); las tragedias *Ifigenia en Táuride* (1779) y *Torcuato Tasso* (1790); y las novelas *Las desventuras del joven Werther* (1774), *Las afinidades electivas* (1809) y *Años de viaje de Wilhelm Meister* (1821). El relato *Poesía y verdad* (1811-31) tiene carácter autobiográfico. Su obra más ambiciosa, el poema filosófico *Fausto*, se publicó en dos partes (1808 y 1833) y está considerada como una de las más grandes creaciones de la literatura universal. Escribió también varios tratados científicos, como *La metamorfosis de las plantas* (1790) y *Teoría de los colores* (1810).
GOETITA f. *Miner.* Óxido de hierro hidratado, muy semejante a la limonita, que cristaliza en el sistema ortorrómbico.
GOFIO m. 1 *Can.* y *Amér.* Harina tostada de maíz o trigo, que suele tomarse con café con leche o añadida a los potajes. 2 *Amér.* Harina gruesa de maíz, trigo o cebada tostada.
GOFRAR tr. Estampar en seco en el papel, o en las cubiertas de un libro, letras o dibujos en hueco o en relieve.
GOG Personaje bíblico. Rey mencionado en una profecía de Ezequiel, que habitaba en el país de Magog, como el símbolo de la figura de los enemigos del pueblo de Dios.
GOGH, VINCENT VAN VAN GOGH, VINCENT.
GOGOL, NICOLAI VASILIEVICH Escritor ruso (Sorochintzi, 1809 - Moscú, 1852). En sus novelas y relatos describió la vida rusa, con estilo lírico y realista. En su obra narrativa destacan *Veladas en una granja de Dikinka* (1831-32), *Mirgorod* (1835), en la que se incluyen la novela histórica *Taras Bulba*; *Arabescos* (1835), que contiene *La perspectiva Nevski* y *El diario de un loco*; y *Las almas muertas* (1842), su obra maestra. Hizo también importantes aportaciones al teatro: *El inspector* (1836), *Los jugadores* (1842), etc.
GOIÂNIA Ciudad de Brasil, capital del Estado de Goiás; 997.500 h. Centro comercial y minero.
GOIÁS Estado de Brasil, en la región Centro-Oeste; 341.289 km² y 4.514.967 h. Capital, Goiânia.
GOL m. *Dep.* En el fútbol, balonmano y otros deportes semejantes, punto o tanto que se consigue cada vez que entra el balón en la portería.
GOLA f. 1 *Anat.* Garganta. 2 *Arm.* Pieza de la armadura antigua, que se ponía sobre el peto para cubrir y defender la garganta. 3 *Mil.* Insignia de los oficiales militares que consiste en una media luna convexa de metal, pendiente del cuello. 4 Adorno del cuello hecho de lienzo plegado y alechugado. 5 Adorno del cuello hecho de tul y encajes. 6 *Arquit.* Moldura cuyo perfil tiene la figura de una s. 7 *Geog.* Canal por donde entran los buques en ciertos puertos o rías.
GOLÁN, ALTOS DEL Meseta del SO de Siria, que desde la guerra de los Seis Días (1967) permanece ocupada por Israel.
GOLCONDA *Hist.* Antigua ciudad de la India, en el Estado de Andhra Pradesh, que fue la capital de uno de los cinco sultanatos musulmanes de Decán entre 1518 y 1687.
GOLDING, WILLIAM Novelista británico (Cornwall, 1911 - íd., 1993). Autor de las novelas *El señor de las moscas* (1954), *Pincher Martin* (1956), *La pirámide* (1967), *Ritos de paso* (1980), *Cuerpo a cuerpo* (1987) y *Fuego en las entrañas* (1989). Premio Nobel de Literatura (1983).
GOLDMANN, NAHUM Político judío de origen polaco (Wisnewo, 1895 - Munich, 1982). Fundó y dirigió (1951-77) el Congreso Judío Mundial. Fue un destacado protagonista en la creación del Estado de Israel.
GOLDMARK, PETER CARL Físico e inventor estadounidense de origen húngaro (Rye, 1906 - Nueva York, 1977). Es el inventor del disco de 33 revoluciones por minuto y de un sistema de reproducción en cinta magnética de películas, programas de vídeo y páginas de libro.
GOLDONI, CARLO Comediógrafo italiano (Venecia, 1707 - París, 1793). Renovador del teatro del siglo XVIII, reaccionó contra la «commedia dell'arte». De entre sus numerosas obras destacan *El servidor de dos amos*

Nicolai **Gogol**. Retrato de T. Hipak.

(1745), *La viuda astuta* (1748), *El café* (1750), *La posadera* (1753), *La casa nueva* (1760) y *Las riñas en Chioggia* (1762).
GOLDSCHMIDT, VICTOR MORITZ Geoquímico noruego (Zurich, 1888 - Oslo, 1947). Se le considera fundador de la cristaloquímica y la geoquímica.
GOLDSMITH, OLIVER Escritor británico (Kilkenny West, 1730 - Londres, 1774). Escribió el poema filosófico *El viajero* (1764), las comedias *La aldea abandonada* (1770) y *Humillarse para vencer* (1773), y la novela sentimental *El vicario de Wakefield* (1766).
GOLDSTEIN, JOSEPH LEONARD Médico estadounidense (Sumter, Carolina del Norte, 1940). En 1985 le fue concedido el premio Nobel de Fisiología y Medicina, junto con M. S. Brown, por sus trabajos de investigación sobre el colesterol.
GOLEAR tr. *Dep.* En fútbol, hacer gol un jugador o un equipo, especialmente con reiteración.
GOLES m. pl. *Bl.* GULES.
GOLETA f. *Mar.* Embarcación ligera de vela, de bordas poco elevadas, con dos o tres palos y una vela cangreja en cada uno.
GOLETA, LA Ciudad del N de Tunicia, en la bahía de Túnez; 61.609 h. Conquistada por Carlos V en 1535, fue española hasta 1574.
GOLF (Voz i.) m. *Dep.* Juego de origen escocés, que consiste en impulsar con diferentes palos *(clubs)*, una pelota pequeña para introducirla en una serie correlativa de hoyos abiertos en terreno cubierto de césped *(links)*. Gana el jugador que hace el recorrido con el menor número de golpes.
GOLFANTE com. Golfo, sinvergüenza.
GOLFEAR intr. Vivir como un golfo.
GOLFÍN m. *Zool.* DELFÍN, cetáceo.
GOLFO¹ m. 1 *Geog.* Porción de mar que se interna en la tierra entre dos cabos. 2 Cierto juego de envite.
GOLFO², **FA** m. y f. Pilluelo, vagabundo.
GOLFO, CORRIENTE DEL *Ocean.* Corriente marina cálida del Atlántico Norte, que se forma al O del canal de Florida y se dirige al NE bordeando la costa de EE UU hasta llegar a Noruega, donde se divide en varias ramas. Ejerce un influjo moderador sobre el clima marítimo del O de Europa. Fue descubierta en 1513 por el español Antón de Alaminos. Es conocida también por su nombre en inglés, *Gulf Stream*.
GOLFO, GUERRA DEL *Hist.* Conflicto internacional desencadenado por la invasión de Kuwait por provincia iraquí el 2 agosto de 1990, lo que provocó una reacción de EE UU, que formó una fuerza aliada multinacional en la que se integraron efectivos de la OTAN y de varios países árabes. Finalizó con la llamada operación «Tormenta del Desierto» (17 de enero-28 de febrero de 1991), que obligó a Sadam Hussein a aceptar un alto el fuego incondicional.
GOLFO DE MÉXICO Región de México; 237.392 km² y 11.732.756 h. Constituida por los Estados de Campeche, Quintana Roo, Tabasco, Veracruz y Yucatán.
GOLGI, CAMILLO Médico italiano (Coteno, 1844 - Pavía, 1923). Descubrió en 1898 el llamado *aparato de Golgi*, sistema endocelular de cavidades. En 1906, junto con Ramón y Cajal, obtuvo el premio Nobel de Fisiología y Medicina por sus trabajos acerca de la estructura del sistema nervioso.
GÓLGOTA Calvario.
GOLIÁRDICO, CA o **GOLIARDESCO, CA** adj. 1 Perteneciente o relativo a los goliardos. 2 *Lit.* Se aplica a un género de poesía medieval de carácter satírico, compuesta por goliardos. Entre las principales colecciones, escritas generalmente en latín, destacan los *Carmina Burana*.
GOLIARDO, DA adj. 1 Dado a la gula y a la vida desordenada. || m. *Hist.* 2 En la Edad Media, clérigo o estudiante vagabundo que llevaba vida irregular.

GOLIAT Personaje bíblico. Gigante filisteo, que, según la Biblia, fue muerto en duelo por David.
GOLILLA f. 1 Adorno para el cuello que usaban antiguamente los ministros togados y demás curiales. 2 *Mec.* Anillo o rodete de cada una de las piezas de un cuerpo de bomba. 3 *Zool.* Plumas del cuello de las gallináceas.
GOLLAN, FRANK Médico estadounidense de origen checoslovaco (?, 1909 - ?, 1988). Aisló el virus de la poliomielitis MM, logro decisivo para el desarrollo de la vacuna contra esta enfermedad.
GOLLERÍA f. 1 Manjar exquisito y delicado. 2 fig. y fam. Delicadeza, superfluidad.
GOLLETE m. 1 Parte superior de la garganta, por donde se une a la cabeza. 2 Cuello estrecho que tienen algunas vasijas.
GOLONDRINA f. 1 *Zool.* Nombre común de varias especies de aves paseriformes de la familia hirundínidos, gregarias, de pico corto y deprimido, alas largas y cola ahorquillada. 2 *Zool.* Pez teleósteo acantopterigio, de cuerpo fusiforme y aletas torácicas muy desarrolladas. 3 Barca pequeña de motor para viajeros. 4 *Bot. C. Rica* y *Hond.* Hierba rastrera euforbiácea. 5 *Chile* Carro que se utiliza para las mudanzas.
GOLONDRINO m. 1 *Med.* Bulto que aparece en la axila por la infección de una glándula sudorípara. 2 *Zool.* Pollo de la golondrina. 3 *Zool.* GOLONDRINA, pez. 4 fig. Vagabundo.
GOLOSINA f. 1 Manjar delicado, generalmente dulce. 2 fig. Cosa más agradable que útil.
GOLOSO, SA adj. 1 Aficionado a lo dulce. 2 APETITOSO.

golondrina común en su nido.

GOLPE m. 1 Choque de cuerpos, y su efecto. 2 Desgracia. 3 Ocurrencia, dicho gracioso y oportuno. 4 Atraco. || **GOLPE DE ESTADO** *Polít.* Toma violenta del poder político de una nación por parte de alguna de las instituciones del Estado, especialmente el ejército. || **GOLPE DE GRACIA** El que se da para rematar al que está gravemente herido. || **GOLPE DE MANO** Acción violenta, rápida e imprevista que altera una situación. || **GOLPE DE MAR** Ola fuerte. || **GOLPE DE PECHO** Signo de dolor y de contricción. || **GOLPE DE TOS** Acceso de tos. || **GOLPE DE VISTA** Percepción o apreciación rápida de alguna cosa. || **a golpes** loc. adv. A porrazos. También, con intermitencias. || **dar el golpe** fr. fig. Causar sorpresa o admiración. || **de golpe** loc. adv. Con brevedad. || **de golpe y porrazo** loc. adv. fig. y fam. Precipitadamente. También, inesperadamente. || **no dar golpe** expr. fam. No trabajar.
GOLPEAR tr. e intr. Dar repetidos golpes.
GOLPETAZO m. Golpe fuerte.
GOLPETE m. Palanca de metal que sirve para mantener abierta una hoja de puerta o ventana.
GOLPETEAR tr. e intr. Golpear algo viva y continuamente.
GOLPISMO m. *Polít.* 1 Actitud favorable al golpe de Estado. 2 Actividad de los golpistas.
GOLPISTA adj. *Polít.* 1 Relativo al golpe de Estado. 2 Que participa en un golpe de Estado o que lo apoya de cualquier modo. También com.
GOMA f. 1 *Quím.* Polisacárido vegetal formado por la polimerización de pentosas, hexosas y ácidos urónicos. 2 *Quím.* Goma elástica, caucho. 3 Tira o banda de goma elástica a modo de cinta. 4 *Med.* Masa necrótica de tejido celular que se desarrolla en algunos órganos como consecuencia de una infección sifilítica. || **GOMA ADRAGANTE** *Quím.* TRAGACANTO, sustancia glutinosa. || **GOMA ARÁBIGA** *Quím.* La que producen ciertas acacias y se usa como pegamento y en farmacia para la elaboración de píldoras y emulsiones. || **GOMA DE BORRAR** La elástica preparada para borrar lo escrito en el papel. ||

La **Gomera** (Santa Cruz de Tenerife). Vallehermoso.

GOMA ELÁSTICA *Quím.* CAUCHO. || **GOMA LACA** *Quím.* LACA.

GOMAESPUMA f. *Quím.* Caucho celular.
GOMBROWICZ, WITOLD Escritor polaco (Maloszyce, 1904 - Vence, 1969). Autor de las novelas *Ferdydurke* (1938), *Pornografía* (1960) y *Cosmos* (1965), los dramas *El trasatlántico* (1953), *El matrimonio* (1953) y *Opereta* (1967), y un *Diario* (1953-66).
GOMEL Ciudad de Bielorrusia capital de la provincia de su nombre; 512.000 h. Centro industrial.
GOMENSORO, TOMÁS Político uruguayo (Dolores, 1810 - Montevideo, 1900). Accedió a la presidencia de la República en 1872, en plena guerra civil. Logró poner fin a la contienda y entregó el poder al presidente electo, Ellauri, en 1873.
GOMER o **GOMEL** adj. y s. *Etnol.* Se dice del individuo de la tribu berberisca de Gomara, establecida desde tiempo remoto al oriente del estrecho de Gibraltar.
GOMERA, LA Isla de España, archipiélago de las Canarias, provincia de Santa Cruz de Tenerife; 370 km² y 17.008 h. Su capital es San Sebastián de la Gomera. El interior de la isla es volcánico y accidentado; la altura máxima es la cumbre del Garajonay (1.487 m), en el Parque Nacional del mismo nombre. Extensos bosques. Cultivos de fruta, tabaco y tomates. Fue conquistada por Bethencourt entre 1404 y 1405.
GOMERO, RA adj. **1** De la isla Gomera. También s. **2** *Quím.* Relativo a la goma. || m. y f. **3** *Arg.* Persona que explota la industria de la goma. **4** Persona que recolecta el caucho. || m. *Bot.* **5** Árbol que produce la goma.
GOMES TEIXEIRA, MANUEL Político portugués (Vila Nova de Portimão, 1862 - Bugía, 1941). Accedió a la presidencia de la República en 1923. Dimitió en 1925.
GÓMEZ, JOSÉ MIGUEL Militar y político cubano (Sancti-Spíritus, 1858 - Nueva York, 1921). Fue presidente de la República de 1909 a 1913. Se exilió en EE UU, tras encabezar una fallida insurrección liberal en 1917.
GÓMEZ, JUAN VICENTE Militar y político venezolano (San Antonio de Táchira, 1854 - Maracay, 1935). En 1899 se incorporó a la revolución encabezada por Cipriano Castro y en 1902 fue designado vicepresidente de la República. Tras acceder a la presidencia (1908-15, 1922-29 y 1931-35), gobernó despóticamente.
GÓMEZ, LAUREANO Político y escritor colombiano (Bogotá, 1889 - íd., 1965). Político conservador, fue ministro de Obras Públicas (1925-26) y Relaciones Exteriores (1947-48). Accedió a la presidencia de la República en 1950 y fue derrocado en 1953. Se exilió en España.
GÓMEZ, MÁXIMO Militar cubano (Baní, Santo Domingo, 1836 - La Habana, 1905). Participó en la Guerra de los diez años. Encabezó con Maceo y Martí la revolución de 1895, que puso fin a la dominación española en la isla. Rehusó la presidencia de la República y apoyó la candidatura de Estrada Palma.
GÓMEZ, MIGUEL MARIANO Político cubano (Sancti-Spíritus, 1890 - La Habana, 1950). Hijo de José Miguel, ocupó la presidencia de la República de mayo a diciembre de 1936. Fue depuesto por el congreso a instancias de Batista.

GÓMEZ DE AVELLANEDA, GERTRUDIS Escritora cubana (Puerto Príncipe, 1814 - Madrid, 1873). Figura clave del Romanticismo hispano, es autora de *Poesías* (1841); las novelas indigenistas *Sab* (1841) y *Guatimozín* (1847); y las obras teatrales *Munio Alfonso* (1844), *Saúl* (1849) y *Baltasar* (1858).
GÓMEZ CARRILLO, ENRIQUE (ENRIQUE GÓMEZ TIBLE, llamado) Escritor guatemalteco (Guatemala, 1873 - París, 1927). Recogió las impresiones de sus viajes en *La Grecia eterna* (1908) y *Jerusalén y la Tierra Santa* (1914). Su obra narrativa muestra predilección por los ambientes decadentes: *Bohemia sentimental* (1899), *El evangelio del amor* (1922).

Gertrudis **Gómez de Avellaneda**.
Retrato de Federico de Madrazo.
Museo Lázaro Galdiano (Madrid).

GÓMEZ FARÍAS, VALENTÍN Político mexicano (Guadalajara, 1781 - Ciudad de México, 1858). Líder liberal, fue vicepresidente de la República con Santa Anna y asumió provisionalmente la presidencia (1833-34 y 1846-47). Durante la revolución de Ayutla, presidió la junta de Cuernavaca (1855).
GÓMEZ MANRIQUE MANRIQUE, GÓMEZ.
GÓMEZ PEDRAZA, MANUEL Militar y político mexicano (Querétaro, 1789 - Ciudad de México, 1851). Ingresó en las filas de Iturbide en 1821. Tras ocupar la cartera de Guerra y Marina (1825), triunfó en las elecciones de 1828, pero una revuelta populista le obligó a exiliarse. Regresó a México y asumió la presidencia de la República entre 1832 y 1833.
GÓMEZ RESTREPO, ANTONIO Escritor y político colombiano (Bogotá, 1869 - íd., 1947). Ministro de Instrucción Pública y de Asuntos Exteriores, es autor de los poemarios *Ecos Perdidos* (1893) y *Relicario* (1928), y de una *Historia de la literatura colombiana* (1945-46).

GÓMEZ DE LA SERNA, RAMÓN Escritor español (Madrid, 1888 - Buenos Aires, 1963). Difundió las vanguardias y fundó en 1914 la tertulia del Café Pombo. Fue creador de la *greguería*, frases ingeniosas más metafóricas que humorísticas. Autor de las novelas *El incongruente* (1922), *El novelista* (1923), *La mujer de ámbar* (1927), *El hombre perdido* (1962); los libros autobiográficos *Automoribundia* (1948), *Cartas a mí mismo* (1956); los retratos y biografías *Pombo* (1918 y 1924), *Azorín* (1930), *El Greco* (1935); los escritos sobre Madrid *El Rastro* (1915); y el ensayo sobre el arte nuevo *Ismos* (1931).
GOMINA f. Fijador del cabello.
GOMORRA *Geog. hist.* Ciudad de Palestina que con Sodoma y otras del valle de la Pentápolis, fue arrasada por el fuego del cielo, según el *Génesis*.
GOMORRESINA f. *Quím.* Jugo lechoso que fluye naturalmente o por incisión de varias plantas.
GOMOSO, SA adj. **1** *Med.* Que padece gomas. También s. **2** Que tiene goma o se parece a ella. || m. **3** Lechuguino.
GOMULKA, WLADISLAW Político polaco (Krosno, 1905 - Varsovia, 1982). Líder de la resistencia antinazi en la Segunda Guerra Mundial y secretario general del Partido Comunista (1943-48 y 1956-70).
GON-¹ pref. que significa rodilla.
GON-², GONIO-; -GON-, -GONIO-; -GONAL, -GÓNICO, -GONIO, -GONO prefs., in. o sufs. que significan ángulo.
GÓNADA f. *Anat.* Glándula sexual masculina (testículo) o femenina (ovario), dentro de las cuales se forman espermatozoides y óvulos, respectivamente.
GONADOTROPINA f. *Fisiol.* Hormona segregada por el lóbulo anterior de la hipófisis, que interviene en el desarrollo y funcionamiento de las glándulas sexuales.
GONAÏVES Ciudad de Haití, capital del departamento de Artibonite; 63.291 h. En ella se proclamó la independencia de Haití (1804).
-GONAL suf. GON-².
GONÂVE, GOLFO DE LA Gran entrante en la costa occidental de Haití. En él se encuentran la capital del país y la isla de su nombre. Recibe las aguas del río Artibonite.
GONÇALVES, NUNO Pintor portugués (s. XV). Al servicio de Alfonso V desde 1450, su pintura refleja la influencia de la escuela flamenca. Autor del *Políptico de San Vicente*.
GONÇALVES DIAS, ANTÓNIO Poeta brasileño (Caxias, 1823 - junto a la costa de Brasil, 1864). De estética romántica, es autor de *Primeiros Cantos* (1846), *Segundos Cantos* (1848), *Últimos Cantos* (1851) y *Sextilhas de Frei Antão* (1857).
GONCE m. **1** Gozne. **2** *Anat.* Articulación de los huesos.
GONCHAROV, IVÁN ALEXANDROVICH Novelista ruso (Simbirsk, 1812 - San Petersburgo, 1891). Autor de *Una historia trivial* (1847), *Oblomov* (1858) y *El abismo* (1869).
GONCHAROVA, NATALIA Pintora rusa (Moscú, 1883 - París, 1962). Promovió, junto a su esposo M. Larionov, el movimiento *rayonista*. Obras: *Mujeres españolas* (1916-20), y algunos decorados para ballets de Diaguilev.
GONCOURT, EDMOND HUOT DE y **JULES HUOT DE** Escritores franceses (Nancy, 1822 - Champigny, 1896; París, 1830 - íd., 1870). Escribieron en colaboración obras históricas, un *Diario* (1856-59) y novelas realistas:

Ramón **Gómez de la Serna** en el Café Pombo.
Retrato de Alfonso.

La hermosa Filomena (1861), *Renata Mauperin* (1864), *Madame Gervasia* (1869), *Germinia Lacerteux* (1864). Tras la muerte de Jules, Edmond publicó en solitario *Elisa* (1877), *La Faustin* (1882) y *Chérie* (1884). Creó el premio literario que lleva su nombre, que se concede anualmente a un novelista francés, desde 1903.

Goncz, Arpad Político húngaro (Budapest, 1922). Miembro fundador de la Alianza de Demócratas Libres (1988); en 1990 fue elegido presidente de la República. Fue reelegido en 1995. Se mantuvo en el cargo hasta 2000.

góndola f. **1** Embarcación pequeña de recreo, larga y plana, que se usa principalmente en Venecia. **2** Carruaje en que pueden viajar juntas muchas personas.

gondolero, ra m. y f. Persona que dirige la góndola.

Gondomar Municipio y lugar de España, provincia de Pontevedra; 11.164 h.

Gondra, Manuel Político paraguayo (Asunción, 1872 - íd., 1927). Dirigente del Partido Liberal, asumió la presidencia de la República en 1910. Fue derrocado por un golpe de Estado (1911) y encabezó la insurrección de los montoneros (1912). Volvió a ocupar la presidencia de Paraguay entre 1920 y 1921.

Gondwana, Continente de Geol. Supuesto continente austral formado, según los geólogos, durante el paleozoico por América del Sur, África con Madagascar, Australia, y las actuales penínsulas de Arabia e Indostán. Se encontraba separado de las tierras septentrionales por el mar de Tetys, cuyo resto actual es el Mediterráneo. En el mesozoico comenzó la fragmentación de estas tierras y la formación del océano Atlántico S y el Índico. En el terciario, Madagascar se separa de África, la India aparece relacionada con un rosario de islas y América del Sur se separa, formando un continente aparte.

gonfalonero m. Persona que lleva el estandarte.

gong o **gongo** m. *Mús.* Instrumento de percusión, formado por un disco metálico suspendido que resuena al golpearlo con un mazo. ♦ Su pl. es *gongs* o *gongos*.

Góngora y Argote, Luis de Escritor español (Córdoba, 1561 - íd., 1627). Estudió en Salamanca, se ordenó sacerdote, y fue racionero de la catedral de Córdoba (1585) y capellán de honor de Felipe III. Rival de Quevedo y de Lope de Vega, en su obra poética se pueden diferenciar dos periodos; el primero, que se extiende hasta los primeros años del siglo XVII, muestra la influencia de Herrera; a partir de entonces, se convirtió en el más genuino representante del CULTERANISMO. A la primera época pertenecen sus letrillas (*Ándeme yo caliente; Aprended flores de mí*) y romances (*Entre los sueltos caballos; Amarrado al duro banco*). Sus mejores obras se inscriben en la corriente culterana: *Fábula de Polifemo y Galatea* (1612), en octavas reales; y las *Soledades* (1613), poema inacabado y escrito en silvas. Compuso, además, sonetos heroicos y amorosos (*La dulce boca que a gustar convida; A Córdoba*), canciones, octavas, tercetos y décimas. Atacado por sus contemporáneos e ignorado posteriormente, su figura fue revalorizada por los poetas de la Generación del 27.

gongorismo m. *Lit.* CULTERANISMO.

-gonia, -gonía, -gónico sufs. GEN-.

goniatites m. *Zool.* Género fósil de los ammonoideos más primitivos, con sutura sencilla y angulosa, que se desarrolló durante el carbonífero.

-gónico suf. GON-[2].

gonidio m. *Biol.* Célula o grupo de células reproductoras asexuales, que se originan en un órgano especial.

gonio-; -gonio-; -gonio pref., in. o suf. GON-.

-gonio suf. GEN-.

goniómetro m. **1** *Geom.* Instrumento que sirve para medir ángulos, usado en topografía, óptica, cristalografía, etc. **2** *Fís.* Aparato receptor que detecta la dirección de donde provienen las radioondas. También llamado *radiogoniómetro*.

gono-; -gono pref. o suf. GEN-.

-gonio suf. GON-.

gonococia f. *Pat.* Infección por gonococos.

gonococo m. *Med.* Bacteria gramnegativa de nombre científico *Neisseria gonorrhoeae*, microorganismo de forma esférica u ovoide, productor de la blenorragia.

gonoporo m. *Zool.* Orificio exterior en el que desemboca el conducto espermático del macho o el oviducto de la hembra.

gonorrea f. *Pat.* BLENORRAGIA.

Gonzaga Geneal. Familia italiana, establecida en Mantua a finales del siglo XII, cuyo señorío se mantuvo de 1328 a 1708.

Gonzaga, Tomás António Poeta brasileño de origen portugués (Oporto, 1744 - Mozambique, 1810). Autor del poema prerromántico *Marília de Dirceu* (1792).

Gonzalo Río de México que nace en el estado de Tabasco y desemboca en el golfo de Campeche; 600 km de curso. También llamado *Nuevo*.

González, Ángel Poeta español (Oviedo, 1925). Representante de la «generación del 50», es autor de *Áspero mundo* (1956), *Grado elemental* (1961), *Muestra de algunos procedimientos narrativos* (1972) y *Deixis en fantasma* (1992). Premio Príncipe de Asturias de las Letras (1985), en 1997 ingresó en la Real Academia Española.

González, Juan Natalicio Político paraguayo (Villarrica, 1897 - Ciudad de México, 1966). Miembro del Partido Colorado, fue elegido presidente de la República en 1948 y derrocado por un golpe de Estado al año siguiente.

González, Juan Vicente Escritor venezolano (Caracas, 1811 - íd., 1866). Es autor de una célebre biografía de José Félix Ribas, uno de los líderes de la independencia venezolana.

González, Julio Escultor español (Barcelona, 1876 - Acueil, 1942). Sus obras, influenciadas por la estética cubista, fueron evolucionando hacia un lenguaje cercano a la abstracción. Destacan *La Montserrat* (1937) y la serie *Hombre cactus* (1939- 40).

González, Manuel Militar y político mexicano (Matamoros, 1833 - Chapingo, 1893). Sustituyó a P. Díaz en la presidencia de la República (1880-84).

González, Santiago Militar y político salvadoreño de origen guatemalteco (?, 1818 - ?, 1887). Encabezó la sublevación que derrocó a Dueñas y fue presidente de la República (1871-76).

González, Valentín (llamado EL CAMPESINO) Militar español (Malcocinado, Badajoz, 1909 - Madrid, 1983). Durante la Guerra Civil alcanzó el grado de general de división del ejército gubernamental, distinguiéndose en la defensa de Madrid, en Brunete, Belchite y Teruel.

González Balcarce, Antonio BALCARCE, ANTONIO GONZÁLEZ.

González Dávila, Gil Militar español (Ávila, h. 1480 - México, 1543). En 1519, emprendió una expedición que exploró Costa Rica y Nicaragua. Enfrentado a Cortés y a Pedrarias Dávila, fue apresado y enviado a España.

González Garza, Roque Militar y político mexicano (Saltillo, 1876 - Ciudad de México, 1962). Ingresó en las filas de Madero (1908) y tomó parte en la campaña de Chihuahua contra P. Díaz. Representó a P. Villa en la convención de Aguascalientes (1914). Fue presidente de la República en 1915.

González Lanuza, Eduardo Escritor argentino (Santander, 1900 - Buenos Aires, 1984). Su obra *Prismas* (1924), se inscribe en el ultraísmo. A ésta siguieron obras clasicistas, como *La degollación de los inocentes* (1938) y *Suma y sigue* (1960).

González León, Adriano Escritor venezolano (Valera, 1931). Su obra narrativa se desarrolla en ambien-

Felipe **González Márquez**

tes opresivos y violentos. Destacan las novelas *País portátil* (1969) y *Asfalto-Infierno* (1963).

González López, Luis Arturo Político guatemalteco (Zapaca, 1900 - ?, 1965). Presidente de la Asamblea Constituyente y vicepresidente de la República, ocupó la presidencia tras el asesinato de Castillo Armas (1957).

González Macchi, Luis Ángel Abogado y político paraguayo (Asunción, 1947). Militante del Partido Colorado y presidente del Senado, tras la dimisión de Raúl Cubas Grau en 1999, le sustituyó en la presidencia del país, cargo que mantuvo hasta 2003.

González Márquez, Felipe Político español (Sevilla, 1942). Ingresó en el Partido Socialista Obrero Español en 1963. Elegido secretario general en 1974, impulsó la transformación del partido hacia posiciones socialdemócratas. Encabezó las listas del PSOE en las elecciones generales de 1977 y 1979. Tras obtener su partido la mayoría absoluta en 1982, ocupó la presidencia del gobierno. Fue reelegido en 1986, 1989 y 1993. Durante su mandato, España ingresó en la UE y se profundizó en la modernización del país. Su último mandato (1993-96) se vio afectado por los escándalos de corrupción y las revelaciones sobre el caso GAL. En 1997 dimitió como secretario general del PSOE.

González Martínez, Enrique Poeta mexicano (Guadalajara, 1871 - Ciudad de México, 1952). De formación modernista, abandonó esta tendencia por su afectación y exagerado esteticismo, como declaró en su soneto «Tuércele el cuello al cisne». Obras: *Preludios* (1903), *Silénter* (1909), *Los senderos ocultos* (1911) y *La muerte del cisne* (1915).

González Navero, Emiliano Político paraguayo (Caraguatay, 1861 - Asunción, 1938). Fue presidente de la República de 1908 a 1910. Dirigió la revolución contra los colorados y fue presidente interino (1912). Como vicepresidente de la República, volvió a ocupar el poder durante el juicio político de Guggiari (1931-32).

González Paredes, Juan Natalicio Político y escritor paraguayo (Villarrica, 1897 - Ciudad de México, 1966). Miembro del Partido Colorado, fue presidente de la República (1948-49). Escribió ensayos históricos, relatos y obras poéticas en castellano y guaraní.

González Prada, Manuel Escritor peruano (Lima, 1848 - íd., 1918). Sus ensayos se caracterizan por el antiacademicismo y la defensa del indigenismo: *Páginas libres* (1894), *Horas de lucha* (1908). Su poesía está adscrita al modernismo.

González Ruano, César Periodista y escritor español (Madrid, 1903 - íd., 1965). Cultivó todos los géneros literarios. Autor de las novelas *Circe* (1935), *Manuel de Montparnasse* (1944), *Ni César ni nada* (1951) y *Cita con el pasado* (1954).

González Santín, Ignacio María Militar y político dominicano (?, 1840 - Santo Domingo, 1915). Presidente de la República (1874-76), durante su mandato reorganizó la economía y mejoró las relaciones con Haití. Volvió a ocupar la jefatura de Estado en 1876-77 y 1877-78.

González Valencia, Ramón Militar y político colombiano (Pamplona, 1851 - Bogotá, 1928). Vicepresidente de la República tras la guerra civil (1904), dimitió un año después en desacuerdo con los métodos dictatoriales del presidente Reyes. Al renunciar éste (1909), fue designado presidente provisional con el cometido de restaurar el régimen constitucional. En 1910, entregó el poder al presidente electo, Carlos Restrepo.

González Vera, José Santos Escritor chileno (San Francisco del Monte, 1879 - Santiago, 1970). Autor costumbrista, su obra narrativa se caracteriza por la observación del comportamiento humano: *Vidas mínimas* (1923), *Cuando era muchacho* (1951), *Necesidad de compañía* (1968).

González Videla, Gabriel Político chileno (La Serena, 1898 - Santiago, 1980). Miembro del Partido radical, fue presidente de la República (1946-52).

Julio **González**. *La Montserrat*. Stedelijk Museum (Amsterdam).

González Víquez, Cleto Político costarricense (Barba, 1858 - ?, 1937). Presidente de la República (1906-10 y 1928-32).

González Zeledón, Manuel Escritor costarricense (San José, 1864 - íd., 1936). Autor costumbrista, escribió *La propia* (1910).

Gonzalo García, Eloy Soldado español (Madrid, 1876 - Cascorro, Cuba, 1897). Conocido como el *Héroe de Cascorro*, se distinguió en la última guerra de Cuba (1895-98).

Goodman, Benny Clarinetista y director de orquesta estadounidense (Chicago, 1909 - Nueva York, 1986). Influido por el clarinetista Jimmy None, está considerado el creador del *swing*.

Goodyear, Charles Inventor estadounidense (New Haven, 1800 - Nueva York, 1860). Descubrió la vulcanización del caucho.

Gorakhpur Ciudad de la India, Estado de Uttar Pradesh; 505.566 h. Centro comercial. Universidad.

Mijail **Gorbachov**

Gorbachov, Mijail Sergueevich Político soviético (Privolnoye, 1931). Miembro del Comité Central del Partido Comunista desde 1971 y del Politburó desde 1980, colaboró con Andrópov y Chernenko. A la muerte de este último (1985), fue elegido secretario general del Partido Comunista de la URSS. Representante del ala más abierta del mismo, se convirtió en el líder de la *perestroika* y de la *glasnost*. En 1989 fue elegido presidente del Soviet Supremo de la URSS, desde donde puso en práctica una política de acercamiento a Occidente. En 1991 hizo frente a un fallido golpe de Estado, a raíz del cual destituyó a la cúpula del KGB y disolvió el Partido Comunista. Los progresivos intentos de independencia de las repúblicas soviéticas le obligaron a dimitir como presidente de la URSS en 1991, poco antes de la disgregación del país. En 1988 recibió el premio Príncipe de Asturias de Cooperación Internacional, y en 1990, el premio Nobel de la Paz.

Gordal adj. Que excede en gordura a las cosas de su especie.

Gordiano, na adj. fig. NUDO GORDIANO.

Gordiano Nombre de tres emperadores romanos.

Gordiano I, Marco Antonio (Roma, 157 - Cartago, 238). Elegido emperador en 238, se enfrentó al ejército y luchó contra Capeliano, enviado por su emperador Maximiano. Se ahorcó al enterarse de su derrota y de la muerte de su hijo.

Gordiano II, Marco Antonio (Roma, h. 192 - Cartago, 238). Fue asociado al imperio por su padre, Gordiano I, en 238. Pereció defendiendo las puertas de Cartago contra Capeliano.

Gordiano III, Marco Antonio (Roma, 224 - Zaitha, 244). Nieto de Gordiano I, fue elegido emperador en 238. Organizó una campaña contra los persas (242), a los que expulsó de Antioquía. En 243 asoció al imperio a Filipo el Árabe, quien organizó una conspiración para acabar con la vida del emperador.

Gordimer, Nadine Escritora sudafricana (Springs, Transvaal, 1923). Su obra ofrece una visión objetiva de la realidad sociopolítica de su país y, en particular, de la segregación racial propiciada por el *apartheid*. Ha escrito las novelas *Los días de la mentira* (1953), *Ocasión de amar* (1963), *El conservador* (1974), *La hija de Burger* (1979) y *Un capricho de la naturaleza* (1981); y los libros de relatos *El abrazo de un soldado* (1982) y *Jump* (1991). Premio Nobel de Literatura 1991.

Gordinflón, na adj. y s. fam. Se dice de la persona demasiado gruesa.

Gordion *Geog. hist.* Antigua población de Asia Menor, capital de los reyes de Frigia (s. VIII a. C.). Destruida por los cimerios en el siglo VII, fue reedificada por los persas. En el templo de Zeus se conservaban el yugo y el carro de los reyes, unidos por un nudo (*nudo gordiano*). Según la leyenda, el imperio de Oriente estaba reservado a aquel que lo desatase. Alejandro Magno lo cortó con su espada en 334 a. C.

Gordo, da adj. **1** Que tiene muchas carnes. También s. **2** Voluminoso, grueso. **3** Se dice del dedo pulgar. También m. **4** Se dice del primer premio de la lotería. También m. || m. **5** Sebo o manteca de la carne del animal.

Gordolobo m. *Bot.* Planta vivaz de la familia escrofulariáceas, de nombre científico *Verbascum thapsus*, con hojas blanquecinas y flores de corola amarilla.

Gordon, Dexter Compositor y saxofonista de jazz estadounidense (Los Ángeles, 1923 - íd., 1990). Inició su carrera junto a L. Hampton y L. Armstrong, para convertirse en una de las figuras más relevantes del *bebop*.

Gordon Bajá (Charles George Gordon, llamado) Militar inglés (Woolwich, 1833 - Jartum, 1885). Sofocó la rebelión de los T'ai-p'ing en China (1863-64) y fue gobernador de Sudán (1876-79).

Gordura f. **1** Grasa. **2** Abundancia de carnes y grasas.

Gore (Voz inglesa que significa *sangre*.) *Cin.* Tendencia estética que se caracteriza por la exhibición de violencia gratuita.

Gore, Al (Albert Gore, llamado) Político estadounidense (Washington, 1948). Fue senador por el Estado de Tennessee (1984-1992), y vicepresidente en el Gobierno de Bill Clinton desde 1992. En las presidenciales de 2000 se opuso, como candidato del Partido Demócrata, a George W. Bush, quien resultó finalmente vencedor.

Gorgias de Leontini Filósofo y retórico griego (Leontini, h. 487 - Larissa, 380 a. C.). Miembro de la escuela sofista, su filosofía se caracteriza por un escepticismo radical. Escribió un tratado *Sobre la naturaleza y el no ser*.

Gorgojo m. **1** *Zool.* Nombre común de un numeroso grupo de insectos coleópteros, pertenecientes a la familia curculiónidos. Son de pequeño tamaño, color oscuro, cabeza prolongada en un largo pico o rostro, con las mandíbulas en su extremo, y antenas acodadas. Son animales perjudiciales para la agricultura. **2** fig. o fam. Persona muy pequeña.

Gorgonáceo, a adj. *Zool.* **1** Se dice del animal octocoralario que crece formando colonias ramificadas, de hasta 2 m de altura, alrededor de un eje córneo o calcáreo, como el coral rojo y la gorgonia. || m. pl. *Zool.* **2** Orden de estos animales.

Gorgonas *Mit.* Hijas de Forcis y Ceto. Eran tres hermanas: Esteno, Euciale y Medusa, inmortales las dos primeras y mortal la última. Con sus ojos petrificaban a quien las mirase. Se da el nombre de Gorgona, por antonomasia, a Medusa.

Gorgonzola Población de Italia, provincia de Milán; 12.600 h. Famosos quesos.

Gorgorito m. fam. Quiebro de la voz al cantar. Más en pl.

Gorgotear intr. **1** Producir ruido un líquido o un gas al moverse en el interior de alguna cavidad. **2** Borbotear o borbotar.

Gorguera f. Adorno del cuello, de lienzo plegado y almidonado.

Gorguz m. **1** Especie de lanza corta, dardo o venablo. **2** Vara para coger las piñas de los pinos. **3** *Méx.* puya, punta de la garrocha.

Goria, Giovanni Político y economista italiano (Asti, 1943 - íd., 1994). Ingresó en la Democracia Cristiana en 1975. Vinculado a G. Andreotti, ocupó la cartera de Hacienda de 1982 a 1987, en que fue nombrado primer ministro. Dimitió en 1988. Posteriormente, fue ministro de Agricultura (1991).

Gorigori m. fam. Voz con que familiarmente se alude al canto fúnebre de los entierros.

Gorila m. **1** *Zool.* Mamífero primate antropoide perteneciente a la familia póngidos, de nombre científico *Gorilla gorilla*. De gran tamaño (un macho adulto puede alcanzar una estatura de 2 m y 200 kg de peso), su cabeza es grande, las orejas pequeñas y los miembros fuertes. Habita en las selvas y bosques húmedos del centro y O de África. Existen dos subespecies: el gorila de llanura (*G. g. gorilla*) y el de montaña (*G. g. beringei*). **2** fig. GUARDAESPALDAS.

Gorizia Provincia de Italia, región de Friuli-Venecia Julia; 466 km² y 137.905 h. Su capital es la ciudad del mismo nombre. Hasta la Primera Guerra Mundial perteneció a Austria-Hungría.

Gorjal m. **1** Parte de la vestidura del sacerdote que rodea el cuello. **2** Pieza de la armadura que se ajustaba al cuello.

Gorjear intr. **1** Hacer quiebros con la voz. **2** Empezar a hablar el niño.

Gorki Antiguo nombre de Nizhny Novgorod, región y ciudad de la Federación de Rusia.

Gorki, Maxim (Alexei Maximovich Pechkov, llamado) Novelista ruso (Nizhny Novgorod, 1869 - Moscú, 1936). Iniciador del «realismo socialista» soviético, sus obras describen la miseria de las clases bajas de la Rusia zarista. Autor de las novelas *La familia Orlov* (1897), *Los vagabundos* (1898), *Fomá Gordéiev* (1899), *Tres hombres* (1901), *La madre* (1907), *Camaradas* (1907), *La confesión* (1908), *Los Artamanov* (1925) y *La vida de Klim Sanguine* (1927-36); las obras autobiográficas *Mi infancia* (1913-14), *Entre la gente* (1915-16) y *Mis universidades* (1923), y los dramas *Los burgueses* (1901) y *Los bajos fondos* (1902).

Górliz Municipio de España, provincia de Vizcaya; 3.253 h.

Gorlovka Horlivka.

Gorno Altai República federada de la Federación de Rusia; 92.600 km² y 200.000 h. Su capital es Gorno Altaisk. Antiguamente se llamó *Oirat* y *Oirot*.

Gorostiza, Celestino Escritor mexicano (Villahermosa, 1904 - Ciudad de México, 1967). Sus primeras obras teatrales se caracterizan por el tono poético y vanguardista, para luego interesarse por los problemas sociales: *El color de nuestra piel* (1952) y *La leña está verde* (1958).

Gorostiza, José Poeta mexicano (Villahermosa, 1901 - Ciudad de México, 1973). Hermano de Celestino, estuvo adscrito al grupo reunido en torno a la revista *Contemporáneos*. Publicó *Canciones para cantar en las barcas* (1925) y *Muerte sin fin* (1939).

Gorostiza, Manuel Eduardo de Escritor mexicano (Veracruz, 1789 - Tacubaya, 1851). Sus obras teatrales están influidas por Moratín y Bretón de los Herreros: *Indulgencia para todos* (1818), *Las costumbres de antaño* (1819), *Don Dieguito* (1820) y *Contigo, pan y cebolla* (1833).

Gorra f. **1** Prenda para cubrir la cabeza. **2** Gorro de los niños. **3** Cubrecabezas de pelo de los ganaderos. || **gorra de plato** La de visera con una parte cilíndrica de poca altura y sobre ella otra más ancha y plana. || **de gorra** loc. adv. fam. A costa ajena.

Gorrero, ra m. y f. **1** Persona que tiene por oficio vender gorras o gorros. || m. **2** gorrón.

Görres, Johann Joseph von Escritor alemán (Coblenza, 1776 - Munich, 1848). Uno de los precursores del movimiento romántico y nacionalista, escribió *Los libros populares alemanes* (1807) y *La mística cristiana* (1836-42).

Gorrinada f. guarrada.

Gorrino, na m. y f. **1** Cerdo. **2** fig. Persona desaseada. También adj.

Gorrión m. *Zool.* Nombre común de varias especies de aves paseriformes de la familia ploceidos, género *Passer*. Son de color pardo y se alimentan de insectos y granos. El gorrión común (*P. domesticus*) vive en las cercanías del hombre y se ha extendido por casi todo el mundo.

Gorrionera f. fig. y fam. Lugar donde se oculta gente de mal vivir.

Gorriti, Juana Manuela Escritora argentina (Horcones, 1818 - Buenos Aires, 1892). Entre sus obras, de tendencia romántica, se encuentran *Sueños y realidades* (1865), *Panoramas de la vida* (1876) y *La tierra natal* (1889).

Gorro m. Pieza redonda para cubrir y abrigar la cabeza. || **gorro catalán** El de lana que se usa en Cataluña, en forma de manga cerrada por un extremo. || **gorro frigio** El semejante al que usaban los frigios, adoptado como emblema de la libertad de los revolucionarios franceses de 1793 y luego por los republica-

gorrión

nos españoles. || **estar** uno **hasta el gorro** fr. fig. y fam. Estar harto, no aguantar más.

GORRÓN, NA adj. y s. **1** Que come, vive y se divierte a costa ajena. || m. **2** Guijarro pelado y redondo. **3** *Mec.* Espiga en que termina el extremo inferior de un árbol vertical u otra pieza análoga. **4** Gusano de seda que deja el capullo a medio hacer. **5** Chicharrón de las pellas del cerdo.

GORRONEAR intr. Comer o vivir a costa ajena.

GORTINA *Geog. hist.* Antigua ciudad del S de Creta, donde en 1884 se descubrieron inscripciones que contienen un conjunto de leyes de gran valor para el conocimiento de las instituciones griegas (Código de Gortina, siglo V a. C.).

GORZÓW Ciudad del NO de Polonia, capital, junto con Zielona Góra, de la provincia de Lubuskie, a orillas del Warta; 124.600 h.

GOSCINNY, RENÉ Escritor y guionista de cómics francés (París, 1926 - íd., 1977). Creador de famosos cómics como *Lucky Luke* (1955) o *Astérix el galo* (1959), este último en colaboración con el dibujante Uderzo.

GOSPEL (Voz i.) m. *Mús.* Género musical negro estadounidense desarrollado desde los años treinta, inspirado en himnos religiosos y vinculado al espiritual. Influyó, junto con el resto de la música religiosa afroamericana, en la formación del jazz y el soul.

GOSSAERT, JAN (llamado también JAN MABUSE) Pintor flamenco (Maubeuge, 1478 - Amberes, 1533). Introductor del Renacimiento italiano en Flandes, su obra manifiesta la influencia de Durero y Lucas van Leyden. Cultivó la pintura religiosa (*La adoración de los Magos*), el retrato (*Carlos V, Retrato de niña, Pareja de ancianos*) y los temas mitológicos (*Danae*).

GOSSEC (FRANÇOIS JOSEPH GOSSÉ, llamado) Compositor francés (Vergnies, 1734 - París, 1829). Considerado el introductor de la sinfonía en Francia y uno de los iniciadores de la sinfonía concertante, compuso, además, música sacra y de cámara, himnos y óperas.

GOSSEN, HERMANN HEINRICH Economista alemán (Düren, 1810 - Colonia, 1858). Autor de *Evolución de las leyes del intercambio humano* (1854), obra que sirvió de base a la teoría de la utilidad marginal.

GOTA f. **1** Partícula de un líquido que se separa de él. **2** *Med.* Irregularidad del metabolismo caracterizada por un exceso en la sangre de ácido úrico, que termina cristalizando, y causa una hinchazón muy dolorosa en ciertas articulaciones por depósito de los cristales. **3** *Arquit.* Cada uno de los pequeños troncos de pirámide o de cono que como adorno se colocan debajo de los triglifos del cornisamento dórico. **4** fig. Pequeña cantidad de una cosa. || **GOTA FRÍA** *Meteor.* Fenómeno atmosférico consistente en la formación de un centro de baja presión debido al embolsamiento de aire muy frío en las capas altas de la atmósfera, dentro de una zona de aire caliente. Produce gran inestabilidad atmósferica, con lluvias torrenciales e incluso nieve o granizo. || **GOTA A GOTA** *Med.* Método para administrar lentamente por vía endovenosa medicamentos, sueros o plasma sanguíneo y aparato con el que se aplica este método. || **gota a gota** loc. adv. fig. Poco a poco. || **ni gota** loc adv. Nada || **ser** una cosa **la última gota** fr. fig. y fam. Se dice de lo que viene a colmar la medida de la paciencia, sufrimiento, etc. || **sudar** uno **la gota gorda** fr. fig. y fam. con que se pondera su afán para conseguir lo que intenta.

GÖTA Río de Suecia, que comunica el lago Vänern con el Kattegat; 93 km de curso.

GOTEAR intr. **1** Caer un líquido gota a gota. **2** Comenzar a llover a gotas espaciadas. **3** fig. Dar o recibir algo poco a poco.

GÖTEBORG Ciudad de Suecia, capital del condado de Västra Götaland, a orillas del Kattegat, en la desembocadura del Göta; 437.313 h. Primer puerto de Suecia. Industria. También llamada *Gotemburgo*.

GOTELÉ m. Procedimiento técnico para pintar muros mediante un aparato que esparce la pintura en forma de gotas, de forma que la superficie adquiera un relieve granuloso.

GOTERA f. **1** Infiltración de agua en el interior de un edificio. **2** Hendidura o parte del techo por donde se produce y señal que deja. **3** fig. Indisposición o achaque propios de la vejez. Más en pl. || f. pl. **4** *Amér.* Afueras, alrededores.

GOTERO m. **1** GOTA A GOTA, aparato. **2** *Amér.* CUENTAGOTAS.

GOTERÓN m. **1** Gota muy grande. **2** *Arquit.* Canal en la cara inferior de la cornisa.

GOTHA Ciudad de Alemania, Land de Turingia; 58.619 h. Industria mecánica, textil y química. Instituto Geográfico fundado por Justus Perthes en 1786, especializado en cartografía.

GOTIA *Geog. hist.* Región histórica de la época carolingia que incluía el Languedoc, el Rosellón (*Septimania*) y la Marca Hispánica.

Jan **Gossaert**. *Retrato de niña*. National Gallery (Londres).

GÓTICO, CA adj. **1** Relativo a los godos. **2** Se dice de lo escrito o impreso en letra gótica. **3** *Arte.* Se dice del arte que en la Europa occidental se desarrolló por evolución del Románico desde el siglo XII hasta el Renacimiento. También s. **[Encic.]** || m. *Ling.* **4** Lengua indoeuropea del grupo germánico que hablaron los antiguos godos.

ARTE. Los elementos más característicos de la *arquitectura* gótica son el arco apuntado, que en el siglo XV se transforma en conopial, escarzano, mixtilíneo, etc., la bóveda de crucería, que permite sustituir los gruesos muros laterales y las pequeñas ventanas románicas por grandes e historiadas vidrieras que proporcionan luz al interior; los arbotantes y los contrafuertes rematados en pináculos. El edificio más común es la catedral, que constaba de dos altas torres rematadas por agujas en la fachada; tres o más naves y cabecera con girola, a veces doble. Son góticas la basílica de Saint Denis, las catedrales de Sens, París, Laon, Chartres, Amiens, Reims y Bourges, y la Santa Capilla de París, en Francia; la catedral de Canterbury, la capilla de Enrique VII, la abadía de Gloucester y la capilla del King's College de Cambridge, en Inglaterra; las catedrales de Tarragona, Ávila, Lleida, Sigüenza, Burgos, Toledo, Oviedo, León, Palma de Mallorca, Girona y Barcelona, la iglesia de Santa María del Mar (Barcelona), las lonjas de Valencia, Barcelona y Palma de Mallorca, en España; las catedrales de Colonia y Friburgo, en Alemania. La escultura de este periodo, no tan subordinada a la arquitectura como la románica y aplicada a portadas, sepulcros, capiteles, coros, es monumental, evoluciona desde un idealismo solemne y mayestático (siglo XIII) hasta un realismo expresionista (siglos XIV y XV), y en ella cobran importancia las imágenes de la Virgen y los santos. En España, a mediados del siglo XV se aprecia la huella de los escultores flamencos, sobre todo en el ámbito castellano (Gil de Siloe, Egas Cueman, Juan Guas). En Italia, pueden mencionarse las obras de Nicola, Giovanni y Andrea Pisano. La *pintura* gótica, fundamentalmente en tabla, es naturalista y emplea el oro para subrayar la riqueza. En su evolución cabe distinguir varias etapas: el *estilo francogótico* (siglo XIII), de arabescos formales y colorido plano; el *italogótico* (siglo XIV), influido por el arte toscano, se caracteriza por cierto sentimentalismo, un mayor estudio de las perspectivas y la aparición en España a final del periodo de grandes retablos sobre tabla. Hacia 1400 se extiende por Europa el llamado *estilo internacional*, de gran refinamiento técnico y dotado de un mayor realismo, que se acentúa, con gran despliegue de colorido, durante el periodo flamenco (siglo XV). La miniatura, de gran importancia en la Baja Edad Media, registra estas mismas fases.

GOTINGA Ciudad de Alemania, Land de Baja Sajonia; 127.519 h. Universidad (1737).

GOTLANDIA Condado de Suecia, formado por la isla homónima y las de Faro y Gotsk Sando; 3.140 km² y 57.643 h. Su capital es Visby.

GOTOSO, SA adj. y s. *Med.* Que padece gota.

GOTTSCHED, JOHANN CHRISTOPH Escritor alemán (Judithenkirch, 1700 - Leipzig, 1766). Intentó reformar la literatura alemana, inspirándose en el clasicismo francés. Desarrolló sus preceptos en diversas tragedias, entre las que cabe destacar *Catón moribundo* (1732).

GOTTWALD, KLEMENT Político checo (Dedice, 1896 - Praga, 1953). Secretario general del Partido Comunista Checoslovaco desde 1927, durante la Segunda Guerra Mundial se trasladó a la URSS. En 1946 fue encargado de formar gobierno. Intervino en el llamado «golpe de Praga», que culminó con la toma del poder por parte de los comunistas (1948). Ocupó la presidencia de la República (1948-53).

gótico. Vidrieras de la catedral de León (España).

Charles **Gounod**. Retrato de Julien Léopold Boilly. Museo de la Ópera (París).

GOUACHE (Voz fr.) m. *Pint.* **1** Tipo de pintura que se diluye en agua o cola. Es parecida a la acuarela, pero opaca, lo que permite obtener colores de mayor intensidad. **2** Obra ejecutada con esta pintura y técnica con que se ejecuta.

GOUDA Ciudad de los Países Bajos, provincia de Holanda Meridional; 67.416 h. Quesos. Ayuntamiento (siglo XV). Iglesia de San Juan (*Grote Kerk*), famosa por sus vitrales.

GOUJON, JEAN Escultor y arquitecto francés (Toulouse, h. 1515 - Bolonia, 1567). Influido por el manierismo italiano, trabajó en la decoración del museo del Louvre, donde se conserva su obra *Las cariátides* (1550). Realizó también la *Fuente de los Inocentes* (París, 1549).

GOULART, JOÃO Político brasileño (São Borja, 1918 - Mercedes, Argentina, 1976). Dirigente del Partido Trabalhista, fue vicepresidente con J. Kubitschek y J. Quadros, y ocupó la presidencia tras la dimisión de este último (1961). Derrocado por un golpe militar (1964), tuvo que exiliarse.

GOUNOD, CHARLES Compositor francés (París, 1818 - íd., 1893). Autor de las óperas *Fausto* (1859), *Mireia* (1864) y *Romeo y Julieta* (1867). Su vocación religiosa se manifiesta en la *Misa de Santa Cecilia* (1855) y el oratorio *La redención* (1882).

GOURDE m. *Econ.* Unidad monetaria de Haití.

GOURMET (Voz fr.) com. Persona de gusto exquisito en la comida o en la bebida.

GOURMONT, RÉMY DE Escritor francés (Bazochesau-Houlme, 1858 - París, 1915). Vinculado al simbolismo, en su obra poética destacan *Las malas oraciones* (1900) y *Diversiones* (1913) y en la narrativa *Una noche en Luxemburgo* (1906).

GOURNAY, JEAN-CLAUDE MARIE VINCENT, SEÑOR DE Economista francés (Saint-Malo, 1712 - Cádiz, 1759). Propugnó la libertad del comercio. Sus teorías fueron asimiladas y difundidas por Turgot.

GOWON, JAKUBU DAN TUMMA Político y militar nigeriano (Pankshin, 1934). Fue presidente de la República desde 1966 hasta 1975, en que fue derrocado por un golpe militar.

GOYA Y LUCIENTES, FRANCISCO DE Pintor y grabador español (Fuendetodos, 1746 - Burdeos, 1828). Se inició en el taller de José Luzán, en Zaragoza, y amplió su formación en Madrid con Francisco Bayeu, y en Italia. De regreso a Zaragoza (1771), pintó la bóveda del *coretto* del Pilar y el gran ciclo mural de la *Vida de la Virgen* en la cartuja de Aula Dei. En 1773 se casó con Josefa Bayeu y comenzó su actividad en Madrid. En 1775, con el apoyo de Bayeu y Mengs, ingresó en la Real Fábrica de Tapices, donde realizó numerosos cartones de carácter costumbrista y popular. Fue pintor de cámara de Carlos IV y de Fernando VII. La sordera que padeció desde 1792 transformó su carácter, que se tornó sombrío y descarnado; a ello habría de unir la visión de los horrores de la guerra (1808-14). Todo ello contribuyó al aislamiento del artista, que fue desarrollando un estilo personal, difícilmente clasificable, al margen de las tendencias dominantes. Su obra está considerada una antecedente de la pintura contemporánea. En ella destacan los retratos *La familia de Carlos IV*, *Los duques de Alba*, *Condesa de Chinchón*, *Familia del duque de Osuna*; las series de grabados *Los disparates*, *Caprichos*, *Los desastres de la guerra* y *Tauromaquia*; los cartones para tapices *La novillada*, *El cacharrero*, *La gallina ciega*; los frescos de San Antonio de la Florida; *La romería de San Isidro*, *El 2 de mayo*, *Fusilamientos del 3 de mayo*, *La maja desnuda* y *La maja vestida*; la pintura negra de la *Quinta del sordo* y *La lechera de Burdeos*.

GOYEN, JAN JOSEPHSZOON VAN VAN GOYEN, JAN JOSEPHSZOON.

GOYENECHE, JOSÉ MANUEL DE General español (Arequipa, 1775 - Madrid, 1846). Luchó en la defensa de Cádiz contra los ingleses (1797 y 1800). En 1808 pasó a América, y fue nombrado presidente de la Audiencia de Cuzco (1809). Venció al ejército enviado por la Junta argentina en Guaqui (1811), recuperando parte de los territorios de Bolivia que se habían declarado independientes.

GOYESCO, CA adj. Propio y característico de Goya, o semejante a sus obras.

GOYTISOLO, JOSÉ AGUSTÍN Poeta español, (Barcelona, 1928 - íd., 1999). Hermano de Juan y Luis. Perteneciente a la «generación de los 50», su poesía social ha evolucionado hacia un mayor intimismo. Es autor de *El retorno* (1955), *Claridad* (1961), *Del tiempo y del olvido* (1977), *Final de un adiós* (1984), *La noche le es propicia* (1992) y *Las horas quemadas* (1997).

GOYTISOLO, JUAN Novelista español (Barcelona, 1931). Hermano de José Agustín y de Luis. Sus primeras obras se adscriben al realismo social: *Juegos de manos* (1954), *Duelo en el paraíso* (1955) y *La resaca* (1958). En *Señas de identidad* (1966), *Reivindicación del conde don Julián* (1969), *Juan sin Tierra* (1975), *Makbara* (1980) y *Las virtudes del pájaro solitario* (1988) se refleja una nueva actitud narrativa, experimental y próxima al *nouveau roman*. Posteriormente ha escrito las novelas *El sitio de los sitios* (1995) y *Las semanas del jardín* (1997).

GOYTISOLO, LUIS Escritor español (Barcelona, 1935). Hermano de José Agustín y de Juan. Sus primeras novelas, *Las afueras* (1958) y *Las mismas palabras* (1962), están influidas por el objetivismo realista. Posteriormente ha escrito la tetralogía *Antagonía* (*Recuento*, 1973; *Los verdes de mayo hasta el mar*, 1976; *La cólera de Aquiles*, 1979, y *Teoría del conocimiento*, 1981), *Estela del fuego que se aleja* (1984), *Estatua con palomas* (Premio Nacional de Narrativa, 1992), *Mzungo* (1996), *Placer licuante* (1997), *Escalera hacia el cielo* (1999) y *Diario de 360º* (2000).

GOZADA f. fam. Acción y efecto de gozar, tener gusto.

GOZAR tr. **1** Poseer alguna cosa. También intr. con la preposición *de*. **2** Sentir gusto y alegría por algo. También prnl. **3** Tener relaciones sexuales con alguien. || intr. **4** Sentir placer. **5** Con la preposición *de*, tener alguna buena condición.

GOZNE m. **1** Herraje articulado con que se fijan las hojas de las puertas y ventanas al quicial para que al abrirlas o cerrarlas giren sobre aquél. **2** Bisagra metálica o pernio.

GOZO m. **1** Placer, alegría. **2** fig. Llamarada que levanta la leña menuda y seca cuando se quema. || m. pl. *Lit.* **3** Composición poética en loor de la Virgen o de los santos, dividida en coplas, después de cada una de las cuales se repite un mismo estribillo.

GOZO Isla noroccidental de Malta, que con la de Comino forma la región de Gozo y Comino; 67,1 km².

GOZOSO, SA adj. **1** Que siente gozo. **2** Que se celebra con gozo.

GOZZI, CARLO Dramaturgo italiano (Venecia, 1720 - íd., 1806). En sus fábulas teatrales se mezclan elementos cómicos y trágicos: *El amor de las tres granadas* (1761), *Turandot* (1762) y *L'augellin belverde* (1765).

GOZZOLI, BENOZZO (BENOZZO DI LESE, llamado) Pintor italiano (Florencia, 1420 - Pistoia, 1497). Ayudante de Fra Angélico, con quien colaboró en la capilla de Nicolás V del Vaticano (1447). Pintó los frescos de la capilla del palacio Medici-Riccardi (*El cortejo de los Reyes Magos*), obra maestra de la pintura florentina del siglo XV.

GPU (Siglas de *Gosudarstvennoe Politicheskoe Upravlenie*) Hist. Policía política soviética, fundada en 1922, en sustitución de la Checa. Fue suprimida en 1934, por pasar sus atribuciones al Comisariado Nacional de Asuntos Interiores (NKVD).

GRAAF, REINIER DE Anatomista, fisiólogo y médico holandés (Schoonhoven, 1641 - Delft, 1673). Realizó los primeros estudios acerca del jugo pancreático y descubrió en el ovario las vesículas que llevan el nombre de *folículo de Graaf*.

GRAAFF, ROBERT JEMISON VAN DE VAN DE GRAAFF, ROBERT JEMISON.

GRAAL GRIAL.

GRABACIÓN f. Acción y efecto de GRABAR, registrar los sonidos e impresionar el sonido en una película.

GRABADO m. *Arte.* **1** Arte de grabar. El grabado puede ser en relieve, en hueco o plano. El primero se realiza, fundamentalmente, sobre una plancha de madera, por lo que se denomina xilografía. El grabado en hueco emplea planchas metálicas. El material más utilizado es el cobre; recibe también el nombre de calcografía. Se recurre a procedimientos manuales (talla dulce) y químicos (aguafuerte, aguatinta). Las dos técnicas principales de grabado plano son la litografía y la serigrafía. En el siglo VII la técnica del grabado era ya conocida en Extremo Oriente. En Europa aparece hacia mediados del siglo XIV o principios del XV. **2** Procedimiento para grabar. **3** Estampa que se obtiene por medio de la impresión de láminas grabadas al efecto.

GRABADOR, RA adj. **1** Que graba. **2** Relativo al arte del grabado. || m. y f. **3** Persona que profesa este arte. || f. *Fís.* **4** MAGNETÓFONO.

GRABAR tr. **1** Señalar con incisión o abrir o labrar en hueco o en relieve sobre una superficie de piedra, metal, etc., figuras o caracteres. **2** Registrar los sonidos por medio de un disco, cinta magnetofónica, etc., para su posterior reproducción. **3** Impresionar la banda sonora de las películas cinematográficas. **4** fig. Fijar profundamente en el ánimo. También prnl.

GRABBE, CHRISTIAN Escritor alemán (Detmold, 1801 - íd., 1836). Su obra dramática señala el paso del Romanticismo al realismo en el teatro alemán: *Mario y Sila* (1823), *Don Juan y Fausto* (1829), *Federico Barbarroja* (1829), *Napoleón o los cien días* (1831) y *Aníbal* (1835).

GRABEN (Voz al.) m. *Geol.* Depresión coincidente con un bloque hundido de la corteza terrestre, y delimitado entre dos fallas. Equivale a fosa tectónica.

GRACEJO m. Gracia, chiste festivo en el hablar o escribir.

GRACIA f. **1** Cualidad o conjunto de cualidades que hacen agradable a una persona. **2** Atractivo en la fiso-

Francisco de **Goya**. *El 2 de mayo*. Museo del Prado (Madrid).

Benozzo **Gozzoli.** *El cortejo de los Reyes Magos.* Palacio Medici-Riccardi (Florencia).

nomía de algunas personas. **3** Beneficio, don y favor sin merecimiento particular. **4** Afabilidad en el trato. **5** Garbo y desenvoltura en la ejecución de una cosa. **6** Benevolencia y amistad de uno. **7** Chiste. **8** Perdón o indulto de pena que concede el jefe del Estado o el poder público competente. **9** *Teol.* En la religión católica, don de Dios por el que los hombres se convierten en hijos suyos, que se adquiere con el bautismo y se pierde por el pecado. **10** Nombre de cada uno. || **caer en gracia** fr. Agradar. || **dar gracias** fr. Agradecer. || **de gracia** loc. adv. Gratuitamente. || **en gracia** loc. adv. En consideración. || **estar en gracia** fr. Se dice de los preferidos de los poderosos. || **¡gracias!** expr. elípt. con que significamos nuestro agradecimiento. || **gracias a** loc. adv. Por intervención de. || **¡gracias a Dios!** excl. Manifiesta alegría por una cosa que se esperaba con ansia y que ha sucedido. || **tener** una cosa **gracia** fr. irón. Ser chocante, producir extrañeza.

GRACIA DE MÓNACO KELLY, GRACE.

GRACIÁN, BALTASAR Escritor español (Belmonte de Calatayud, 1601 - Tarazona, 1658). Estudió en Toledo, y en Tarragona ingresó en la Compañía de Jesús (1621). Publicó sus obras con el nombre de Lorenzo Gracián, a excepción de la primera parte de *El criticón*, que firmó como García de Marlones, y *El comulgatorio*, en la que utilizó su verdadero nombre. Es, junto con Quevedo, una de las grandes figuras de la prosa conceptista. Su obra tiene una finalidad didáctico-moral y se caracteriza por un profundo pesimismo sobre la naturaleza humana, y por un estilo de frase breve, sincopado, con muy poca adjetivación. Obras: *El héroe* (1637), *El político don Fernando el Católico* (1640), *El discreto* (1646), *Agudeza y arte de ingenio* (1648), *Oráculo manual y arte de prudencia* (1647), *El criticón* (1651, 1653 y 1657) y *El comulgatorio* (1655).

GRACIANO Monje boloñés (s. XII). Autor de la compilación de cánones *Concordantia discordantium canonum* (1140), más conocida como *Decreto de Graciano*.

GRACIANO, FLAVIO Emperador romano (Sirmiun, 359 - Lyon, 383). Hijo de Valentiniano I, gobernó asociado con su hermano Valentiniano II y, después de la muerte de Valente (378), quedó como emperador de Occidente. Un año después, designó emperador de Oriente a Teodosio. Fue asesinado durante la sublevación de Máximo.

GRACIAS *Mit.* Nombre latino de tres divinidades griegas llamadas *Carites*. Personifican la belleza. Sus nombres eran Áglae, Eufrósine y Talía.

GRACIAS A DIOS Departamento de Honduras; 16.630 km² y 37.000 h. Su capital es Puerto Lempira. Minas de oro, plata, plomo y níquel. Café y tabaco.

GRACIAS A DIOS Cabo de la costa E de Centroamérica, entre Nicaragua y Honduras, descubierto por Colón en su cuarto viaje.

GRÁCIL adj. Sutil, delgado o menudo.

GRACIOSA Isla de Portugal, archipiélago y región autónoma de los Azores; 61 km² y 11.050 h.

GRACIOSO, SA adj. **1** Que tiene gracia, atractivo. **2** Chistoso, agudo. **3** Que se da de balde o de gracia. **4** Título de dignidad de los reyes de Inglaterra. || m. y f. *Teat.* **5** En el teatro español, a partir de Lope de Vega, personaje típico, por lo general, criado de un noble, que se caracteriza por su ingenio y socarronería. **6** Actor dramático que ejecuta siempre el papel de carácter festivo y chistoso.

GRACO, CAYO SEMPRONIO Político romano (Roma, 153 - íd., 121 a. C.). Hermano de Tiberio Sempronio Graco. Gran orador, fue cuestor de Cerdeña. Tribuno de la plebe desde 123 a. C., continuó la obra de su hermano. Intentó limitar el poder del Senado.

GRACO, TIBERIO SEMPRONIO Político romano (Roma, 163 - íd., 133 a. C.) Hijo de Cornelia y hermano de Cayo Sempronio Graco. Contribuyó a la toma de Cartago y fue cuestor en Hispania. Tribuno de la plebe en 133 a. C., propugnó una ley agraria que estipulaba un reparto más igualitario de la tierra, en beneficio de los pequeños granjeros.

-GRAD o **-GRADO** sufs. que aparecen en nombres de ciudades rusas o de otros pueblos eslavos, y que significa ciudad: *Stalingrado* (ciudad de Stalin).

GRADA f. **1** PELDAÑO. **2** Asiento con forma de escalón corrido. **3** Conjunto de estos asientos en ciertos lugares públicos. **4** Tarima al pie de los altares. **5** Plano inclinado a orillas del mar o de un río, sobre el cual se construyen los barcos. **6** Reja o locutorio de los monasterios de monjas. **7** *Agr.* Instrumento de figura casi cuadrada, con el cual se allana la tierra después de arada. || f. pl. **8** Escalinatas delante de ciertos edificios.

GRADACIÓN f. **1** Disposición o ejecución de una cosa en grados sucesivos, ascendentes o descendentes. **2** Serie de cosas ordenadas gradualmente. **3** *Mús.* Aumento o disminución progresiva de la velocidad o intensidad de un periodo armónico. **4** Figura de dicción que consiste en la repetición de palabras.

GRADERÍA f. GRADERÍO.

GRADERÍO m. **1** Conjunto de gradas. **2** Por extensión, público que lo ocupa.

GRADIENTE m. **1** *Fís.* Vector que con su módulo y dirección indica cómo varía por unidad de longitud una magnitud escalar (temperatura, presión, potencial eléctrico, etc.), que varía en el espacio. **2** *Mat.* Vector cuyas componentes son las derivadas parciales de la función en relación a cada una de las funciones. **3** *Meteor.* Valor de la variación de la presión, temperatura o precipitación según la distancia y la dirección. **4** *Geol. Chile* y *Ecuad.* Pendiente, declive.

GRADILLA f. **1** Escalerilla portátil. **2** Marco para fabricar ladrillos.

GRADO m. **1** PELDAÑO. **2** *Mil.* Derecho que se concedía a los militares para que se les contara la antigüedad de un empleo superior antes de obtenerlo, usando en ciertas divisas correspondientes a este empleo. **3** *Pedag.* En las enseñanzas media y superior, título que se alcanza al superar algunos niveles de estudio. **4** *Pedag.* En ciertas escuelas, cada una de las secciones en que sus alumnos se agrupan según su edad y conocimientos. **5** Jerarquía. **6** Cada una de las generaciones que marcan el parentesco entre las personas. **7** *Der.* Cada una de las diferentes instancias que puede tener un

pleito. **8** *Fís.* Una de las unidades de temperatura, en cualquiera de las diversas escalas. **9** *Gram.* Manera de significar la intensidad relativa de los calificativos. Puede ser positivo, comparativo o superlativo. **10** *Geom.* Unidad de medida de ángulos. Puede realizarse en el sistema sexagesimal o en el centesimal. **11** *Mat.* Número de orden que expresa el de factores de la misma especie que entran en un término o en una parte de él. **12** *Mat.* En una ecuación o en un polinomio, reducidos a forma racional y entera, el término en que la variable tiene exponente mayor. **13** fig. Estado, valor, calidad de una cosa. **14** Voluntad, gusto. || m. pl. *Rel.* **15** Órdenes menores que se dan después de la tonsura. || **GRADO ABSOLUTO** *Fís.* KELVIN. || **GRADO CELSIUS** o **CENTÍGRADO** *Fís.* CELSIUS. || **GRADO CENTESIMAL** *Geom.* Cada una de las 400 partes iguales en que se divide la circunferencia. || **GRADO DE DISOCIACIÓN** *Quím.* Fracción del número total de moléculas que se disocia. || **GRADO FAHRENHEIT** *Fís.* FAHRENHEIT, ESCALA. || **GRADO DE INSTRUCCIÓN** El del nivel de cultura de un individuo. || **GRADO KELVIN** *Fís.* KELVIN. || **GRADO SEXAGESIMAL** *Geom.* Cada una de las 360 partes iguales en que se divide la circunferencia.

-GRADO suf. **1** Significa marcha, paso. **2** -GRAD.

GRADO Municipio y lugar de España, provincia de Asturias; 12.500 h. Sidra.

GRADUACIÓN f. **1** Acción y efecto de graduar. **2** Cantidad proporcional de alcohol que contienen las bebidas espirituosas. **3** *Mil.* Categoría de un militar en su carrera.

GRADUADO, DA adj. Se dice del que ha alcanzado algún grado en la universidad. También s. || **GRADUADO ESCOLAR** *Pedag.* Título que se obtiene al acabar los estudios de enseñanza básica.

GRADUAL adj. **1** Que está por grados. **2** *Ling.* Se dice de la oposición cuyos términos tienen distintos grados de la misma propiedad. || m. *Liturg.* **3** Parte de la misa, que se reza entre la epístola y el evangelio.

GRADUAR tr. **1** Dar a una cosa el grado que le corresponde. **2** Apreciar en una cosa el grado que tiene. **3** Señalar en una cosa los grados en que se divide. **4** Dividir en grados. **5** En las enseñanzas media y superior, dar el grado. || prnl. **6** Tomar, recibir este mismo grado.

GRAEBNER, FRITZ Etnólogo alemán (Berlín, 1877 - íd., 1934). Creador, junto a W. Schmidt, del difusionismo antropológico, publicó *Métodos de la etnología* (1911) y *El mundo del hombre primitivo* (1924).

GRAF-, GRAFO-, GRAPTO-; -GRAF-; -GRAFIA o **-GRAFÍA, -GRAFE, -GRAFIAR, -GRÁFICO, -GRÁFICA, -GRAFO** prefs., in. o sufs. que sign. escritura o escritor: *epígrafe, estilográfica*.

GRAF, STEFFI (STEFANIA MARIA GRAF, llamada) Tenista alemana (Bruhl, 1969). Vencedora en el Open de Australia (1989, 1990 y 1994), Master de Nueva York (1987), Roland Garros (1987, 1993, 1995, 1996 y 1999), Wimbledon (1989, 1991, 1992, 1993, 1995 y 1996) y el Open de Estados Unidos (1989, 1993, 1995 y 1996). Obtuvo la medalla de oro en los Juegos Olímpicos de Seúl (1988). En 1999 le fue concedido el premio Príncipe de Asturias de los Deportes y anunció su retirada de la competición.

-GRAFE suf. GRAF-.

GRAFEMA m. *Ling.* Unidad mínima e indivisible de la escritura que, en general, aunque no siempre, suele coincidir con la letra.

GRAFFITI (Voz it.) m. Inscripciones y dibujos realizados sobre cualquier superficie en lugares públicos, con la finalidad de atraer la atención de la gente. ♦ Su pl. es *graffiti*.

GRAFÍA f. *Ling.* Sistema de escribir o representar los sonidos y, especialmente, empleo de tal letra o signo gráfico para representar un sonido.

-GRAFIA o **-GRAFÍA** suf. GRAF-.

GRÁFICO, CA adj. **1** Relativo a la escritura y a la imprenta. **2** Se dice de lo que se representa por medio de figuras o signos. También s. **3** fig. Se dice del modo de hablar que expone las cosas con la misma claridad que si estuvieran dibujadas. || m. y f. *Mat.* **4** Representación de datos por medio de una o varias líneas que hacen visible la relación o gradación de esos datos entre sí. || **ARTES GRÁFICAS** *A. gráf.* Conjunto de técnicas relacionadas con la imprenta, como composición, ajuste, maquetación, grabado, impresión, encuadernación, etc.

-GRÁFICO, -GRÁFICA sufs. GRAF-.

GRAFILA o **GRÁFILA** f. *Num.* Conjunto de rayitas que adornan el canto de las monedas.

GRAFISMO m. **1** Cada una de las particularidades de la letra de una persona, o el conjunto de todas ellas. **2** Expresividad gráfica en lo que se dice y en cómo se dice. **3** Diseño gráfico de libros, folletos, carteles, etc.

GRAFITO m. **1** *Miner.* Mineral de carbono puro, que constituye una de sus formas alotrópicas. Es de color negro grisáceo y brillo semimetálico. **2** Escrito o dibujo trazado a mano en los monumentos antiguos. **3** Letrero

grafito

o dibujo trazado a punzón por los antiguos sobre superficies resistentes. **4** Por extensión, inscripciones o figuras grabadas en paredes, monumentos, etc.
GRAFO m. *Mat.* Conjunto de puntos unidos entre sí por segmentos o arcos de curva utilizados para representar un proceso o una relación funcional de cualquier tipo.
GRAFO-; **-GRAFIAR**, **-GRAFO** pref. o sufs. GRAF-.
GRAFOLOGÍA f. *Psicol.* Arte y técnica de averiguar el carácter de una persona por medio de su escritura.
GRAGEA f. **1** Confites muy menudos de varios colores. **2** *Farm.* Píldora redondeada recubierta de una capa de sustancia agradable al paladar.
GRAHAM, GEORGE Físico inglés (Rigg, 1673 - Londres, 1751). Inventor de una péndola de compensación y del escape de cilindro para los relojes de bolsillo.
GRAHAM, MARTHA Bailarina y coreógrafa estadounidense (Pittsburgh, 1893 - Nueva York, 1991). Sus coreografías, inspiradas en civilizaciones primitivas y en los mitos griegos, contribuyeron a la renovación de la danza del siglo xx. Entre sus creaciones figuran *Apalachian Spring* (1944), *Fedra* (1962) y *The Rite of Spring* (1984).
GRAHAM, THOMAS Bioquímico y fisicoquímico británico (Glasgow, 1805 - Londres, 1869). Realizó importantes investigaciones sobre los fenómenos de difusión de los gases y los líquidos y sobre el ácido fosfórico. Formuló la ley que lleva su nombre.
GRAHAM, TIERRA DE TIERRA DE SAN MARTÍN.
GRAJILLA f. *Zool.* Ave paseriforme perteneciente a la familia córvidos, de nombre científico *Corvus monedula*, de unos 33 cm de longitud, plumaje negro y gris y costumbres gregarias. Vive en la proximidad de zonas habitadas en Eurasia.
GRAJO, JA m. y f. *Zool.* **1** Ave paseriforme perteneciente a la familia córvidos, de nombre científico *Corvus frugilegus*, parecida a la corneja. Vive en Eurasia y es migradora. || m. *Bot.* **2** *Cuba* Planta de la familia mirtáceas, de tallo sin ramificar, muy olorosa, que se utiliza como forraje.
GRAM-, **GRAMO-**; **-GRAMA** prefs. o suf. que significan escritura: *aerograma*.
GRAMA f. *Bot.* Planta cespitosa rastrera perteneciente a la familia gramíneas, de nombre científico *Cynodon dactylon*, que se emplea como pastizal para el ganado y en céspedes. || **GRAMA DE OLOR** *Bot.* Hierba de la familia gramíneas, de nombre científico *Anthoxanthum odoratum*, de tallo sin ramificar, muy olorosa, que se utiliza como forraje.
GRAMÁTICA f. *Ling.* **1** Arte de hablar y escribir correctamente una lengua. **2** Ciencia que estudia los elementos de una lengua y sus combinaciones. **3** Estudio de la lengua latina. || **GRAMÁTICA COMPARADA** *Ling.* La que estudia las relaciones genéticas que pueden establecerse entre dos o más lenguas. Adquirió su esplendor en el siglo xix con los hermanos Schlegel, F. Bopp, R. K. Rask y J. Grimm. Su aplicación a las lenguas romances fue hecha por F. Díez, Meyer-Lübke y R. Menéndez Pidal. || **GRAMÁTICA DESCRIPTIVA** *Ling.* Estudio sincrónico de una lengua, sin considerar los problemas diacrónicos. || **GRAMÁTICA DIACRÓNICA** *v.* LINGÜÍSTICA DIACRÓNICA. || **GRAMÁTICA ESPECULATIVA** *Ling.* Modalidad que desarrolló la filología escolástica, que trataba de explicar los fenómenos lingüísticos por principios constantes y universales. || **GRAMÁTICA ESTRUCTURAL** *Ling.* Estudio sincrónico y diacrónico de una lengua, que tiene por principio el de que todos sus elementos mantienen entre sí relaciones sistemáticas (véase ESTRUCTURALISMO). || **GRAMÁTICA FORMAL** *Ling.* Estudio de una lengua tomando como punto de partida las formas gramaticales. || **GRAMÁTICA FUNCIONAL** *Ling.* FUNCIONALISMO. || **GRAMÁTICA GENERAL** *Ling.* La que trata de establecer los principios comunes a todas las lenguas. La más conocida es la de Port-Royal (1660). || **GRAMÁTICA GENERATIVA** *Ling.* La que trata de formular una serie de reglas, capaces de generar o producir todas las oraciones posibles y aceptables de un idioma. Su creador es N. A. Chomsky. || **GRAMÁTICA HISTÓRICA** *Ling.* La que estudia la evolución de una lengua a lo largo del tiempo. || **GRAMÁTICA NORMATIVA** *Ling.* La que define los usos correctos de una lengua, mediante preceptos. || **GRAMÁTICA PARDA** fam. Habilidad para conducirse en la vida. || **GRAMÁTICA SINTAGMÁTICA** *Ling.* La que estudia las funciones de los elementos lingüísticos en el habla. || **GRAMÁTICA TRADICIONAL** *Ling.* Cuerpo de doctrina gramatical constituido por las ideas que, sobre el lenguaje y su estudio, aportaron los filósofos griegos, y que se desarrolló en siglos posteriores, prácticamente hasta la aparición de la gramática estructural. || **GRAMÁTICA TRANSFORMACIONAL** o **TRANSFORMATIVA** *Ling.* La generativa que establece que de un esquema oracional se pasa a otro u otros por la aplicación de determinadas reglas.
GRAMATICAL adj. **1** Relativo a la gramática. **2** Que se ajusta a sus reglas.
GRAMATICALIDAD f. *Ling.* Propiedad de la oración, discurso o del texto que está escrito o construido de acuerdo con las normas de la gramática.
GRAMCKO, IDA Escritora venezolana (Puerto Cabello, 1924). Aunque ha cultivado el teatro y la novela, destaca por su obra poética: *Sol y soledades* (1966), *Este canto rodado* (1967).
GRAMIL m. Instrumento para trazar líneas paralelas al borde de una pieza escuadrada, formado por dos piezas dispuestas en ángulo recto.
GRAMILLA f. *Bot. Arg.* **1** Planta de la familia gramíneas, que se utiliza para pasto. **2** Césped.
GRAMÍNEO, A adj. y f. *Bot.* **1** Se dice de las plantas angiospermas monocotiledóneas de tallos huecos y nudosos, y flores dispuestas en espigas o panojas, con frutos en cariópside, como los cereales, la caña de azúcar y el bambú. || f. pl. *Bot.* **2** Familia de estas plantas, compuesta por más de 10.000 especies.
GRAMME, ZÉNOBE Físico belga (Jehay-Bodegnée, 1826 - Bois Colombes, 1901). Inventó un generador de corriente continua, base de la construcción de los dinamos.
GRAMMY, PREMIOS *Mús.* Premios que concede anualmente la industria discográfica estadounidense. Fueron instituidos en 1958.
GRAMNEGATIVO, VA adj. *Biol.* Se dice del microorganismo que se decolora con la técnica de Gram y se tiñe con el colorante de contraste; como los gonococos, el bacilo tífico, etc.
GRAMO m. **1** *Fís.* Unidad de masa en el sistema cegesimal, que equivale a la milésima parte de un kilogramo ($1g = 10^{-3}$ kg) y es aproximadamente igual a la masa (o peso) de un centímetro cúbico de agua a la temperatura de su máxima densidad (4° C). **2** *Fís.* Unidad de fuerza o peso, equivalente a la ejercida en un gramo masa por la acción de la gravedad en condiciones determinadas. **3** Pesa de un gramo. **4** Cantidad de alguna materia cuyo peso es un gramo.
GRAMO- pref. GRAM-.
GRAMÓFONO m. *Tecnol.* Nombre comercial registrado de un aparato que reproducía mecánicamente los sonidos grabados en discos.
GRAMOLA f. *Tecnol.* **1** Gramófono sin bocina exterior, portátil o en forma de mueble. **2** RADIOGRAMOLA. **3** Nombre industrial de ciertos tocadiscos instalados en establecimientos públicos.
GRAMONT, ANTOINE, DUQUE DE General francés (Hagetmau, 1604 - Bayona, 1678). Fue ministro de Estado (1653) y negoció en 1659 el matrimonio de Luis XIV con su prima la infanta española María Teresa.
GRAMPIANOS, MONTES Cadena montañosa del Reino Unido, en Escocia. Se extiende desde el Glen More hasta el mar del Norte. Su punto culminante es el Ben Nevis (1.343 m) la mayor altura de Gran Bretaña.
GRAMPOSITIVO, VA adj. *Biol.* Se dice del microorganismo que se tiñe con la coloración de Gram, como los estreptococos, estafilococos, etc.
GRAMSCI, ANTONIO Político y pensador italiano (Ales, Cagliari, 1891 - Roma, 1937). Afiliado en la izquierda del socialismo, dirigió la huelga general política de 1920. Fue uno de los fundadores del Partido Comunista (1921), del que se convirtió en secretario general en 1924. Ese mismo año creó *L'Unità*, órgano de prensa del partido. Tras obtener el acta de diputado, fue detenido (1926) y condenado a 20 años de cárcel. Su obra representa una importante contribución a la elaboración del marxismo, que entendió como una forma moderna y actual del humanismo.

Antonio **Gramsci**

GRAN adj. **1** Apócope de GRANDE. **2** Principal o primero.
GRAN BRETAÑA 1 Isla de Europa, la mayor de las Islas Británicas, separada del continente por el canal de la Mancha, que constituye gran parte del REINO UNIDO y comprende Inglaterra, Escocia y Gales; 229.903 km². **2** REINO UNIDO.
GRAN BUENOS AIRES BUENOS AIRES.
GRAN CANARIA Isla de España, en el archipiélago de Canarias, provincia de Las Palmas; 1.560 km² y 713.768 h. Su capital es Las Palmas de Gran Canaria. De origen volcánico, tiene forma circular y su relieve es montañoso. Las cumbres dominantes son Los Pechos (1.951 m), el Pozo de la Nieve (1.910 m) y el Nublo (1.862 m). Entre el Nublo y Los Pechos se extiende el cráter de la Caldera de Tirajana, grandioso cráter de más de 30 km

Gran Canaria (Las Palmas). Playa de Maspalomas.

de circunferencia. El clima es subtropical, con temperaturas suaves y escasas precipitaciones. La agricultura está basada en la vid, el plátano, el tomate, la cebolla, la patata y el tabaco. Industria química, alimentaria, tabaquera y de la construcción. Pesca. Turismo. Se incorporó a la corona de Castilla en 1483, año en que Pedro de Vera acabó con la resistencia de los guanches, sus primitivos pobladores.

Gran Cañón del Colorado, Parque Nacional *Ecol.* Conjunto de cañones excavados por el río Colorado entre las cadenas montañosas North Rim y South Rim, al NO de Arizona (EE UU). Creado como parque en 1919 y ampliado en 1975, incluye tramos de hasta 1.800 m de desnivel.

Gran Capitán Fernández de Córdoba, Gonzalo.
Gran Confederación de las Provincias Unidas de Venezuela Provincias Unidas de Venezuela, Gran Capitanía de las.
Gran Chaco Chaco.
Gran Colombia Angostura.
Gran Conquista de Ultramar Compilación de relatos históricos realizada hacia 1293 sobre originales franceses. Narra la historia de las cruzadas, con interpolaciones legendarias como el célebre *Caballero del Cisne*. Consta de 1.100 capítulos.

Gran Cordillera Divisoria Sistema montañoso de Australia, en el sector oriental de la isla, que recorre de N a S, prolongándose en Tasmania. Sus principales cadenas son New England Range, Blue Mountains y Alpes Australianos, todas ellas en el S.

Gran Cuenca Cuenca, Gran.
Gran Cuenca Artesiana Cuenca sedimentaria de Australia, en el E de la isla; 1.500.000 km². Región desértica donde se hallan el valle de la Muerte y el Gran Lago Salado.

Gran Esclavo (*Great Slave Lake*) Lago de Canadá, en el Territorio del Noroeste; 28.438 km². Comunica con el océano Glacial Ártico por medio del río Mackenzie. También llamado *Gran Lago de los Esclavos* y *Gran Lago del Esclavo*.

Gran Explosión *Astron.* Teoría cosmológica asociada al origen del universo. Lo explica por una explosión de materia-energía producida hace veinte mil millones de años.

Gran Londres Londres, Gran.
Gran Malvina Isla del archipiélago de las Malvinas (Argentina), la mayor después de Soledad; 4.377 km². También se llama *Malvina del Oeste*.

Gran Manchester Manchester, Gran.
Gran Oso Oso Grande.
Gran Piedra, La Pico de Cuba, en la Sierra Maestra; 1.219 m de altura.

Gran Sasso Macizo de Italia, en los Apeninos. Alcanza su altura máxima en el Corno Grande (2.914 m).

Gran Sol o **Gran Sole** Zona de bajos fondos del océano Atlántico, situada al S de Irlanda y al O del cabo de Land's End (Reino Unido). Bancos de pesca.

grana f. **1** Acción y efecto de granar y tiempo en que suele ocurrir. **2** *Bot.* Semilla menuda de varios frutos. **3** *Zool.* cochinilla. **4** *Zool.* Quermes, insecto. **5** *Bot.* Excrecencia o agallita que el quermes forma en la coscoja, y que, exprimida, produce color rojo. **6** Este color, así obtenido. **7** Paño fino usado para trajes de fiesta. || m. *Biol.* **8** Unidad de membrana pluriestratificada, formada por el apilamiento de los lóbulos de un tilacoide del cloroplasto.

granada f. **1** *Bot.* Fruto del granado, en forma de globo, que contiene multitud de granos encarnados. **2** *Arm.* Globo de cartón, vidrio, bronce o metal, lleno de pólvora y con una espoleta atacada con un mixto inflamable. **3** *Arm.* Proyectil hueco de metal en el que se aloja un explosivo y se dispara con obús u otra pieza de artillería.

Granada Departamento de Nicaragua; 929 km² y 153.183 h. Caña de azúcar, café y tabaco. Su capital es la ciudad del mismo nombre, fundada en 1524 por F. Fernández de Córdoba.

Granada (*State of Grenada*) Estado de América, en las Pequeñas Antillas, entre el océano Atlántico y el mar Caribe.

Geog. Granada está constituida por la isla de su nombre (311 km²) y el grupo meridional del archipiélago de las Granadinas, cuyas principales islas son Carriacou, Pequeña Martinica y Raide. Una cadena montañosa recorre la isla de Granada de N a S, cuyo punto culminante es el monte Saint Catherine (840 m). Clima tropical. Produce especias, fundamentalmente nuez moscada. Turismo. Pesca. Industria de elaboración de productos agrícolas. El puerto principal es Saint George's.

Hist. Descubiertas por Colón en 1498, estas islas pertenecieron a Francia de 1674 a 1763, en que pasaron al Reino Unido. Recuperadas por Francia en 1779, volvieron definitivamente a poder británico en 1783. En

Superficie: 344 km².
Población: 102.000 h. (*granadinos*).
Densidad: 295,5 h./km².
Tasa de natalidad: 27,6‰.
Tasa de mortalidad: 5,2‰.
Capital: Saint George's.
Ciudades principales: Gouyave, Grenville.
Grupos étnicos: negros (84,9%) y mestizos (11%).
Religión: protestantismo (34,5%) y catolicismo (53%).
Idioma: inglés (oficial).
Moneda: dólar del Caribe oriental.
Forma de Estado: monarquía constitucional.
Producto Nacional Bruto: 313 millones de dólares.
Renta per cápita: 3.250 dólares.
División administrativa: 8 consejos locales y un distrito urbano, según cuadro.

1967 alcanzaron la categoría de Estado asociado del Reino Unido, y en 1974 consiguieron su total independencia, en el ámbito de la Commonwealth. En 1979 Maurice Bishop, líder de la oposición, depuso con un golpe de Estado al gobierno derechista de Eric Gairy, formando un gobierno popular revolucionario. En 1983, un nuevo golpe de Estado, dirigido por el ex viceprimer ministro Bernard Coard, provocó la intervención militar de EE UU. En las elecciones celebradas en 1984, resultó vencedor el conservador Herbert Blaize. En 1985 abandonaron la isla los últimos soldados norteamericanos. Blaize murió en 1989 y el gobernador general, Paul Scoon, designó como nuevo primer ministro, hasta las elecciones de 1990, a Ben Jones. Celebradas éstas, se formó un gobierno de coalición (Congreso Nacional Democrático y Nuevo Partido Nacional) presidido por Nicholas Braithwaite. Al jubilarse Braithwaite (1995), le sucedió interinamente George Brizan, ministro de Agricultura, que tuvo que ceder el puesto a Keith Michell, nuevo líder del NNP, quien venció en las elecciones generales de junio de ese mismo año y, nuevamente, en 1999.

Granada 1 Provincia de España en la Comunidad Autónoma de Andalucía; 12.531 km² y 813.061 h. El relieve es montañoso; al N se extienden las estribaciones de la cordillera Subbética, mientras el S está dominado por el macizo de Sierra Nevada, con los picos de Mulhacén y Veleta. La red fluvial más importante es la del río Genil, seguida de la del Guadalfeo y el Ugíjar. El clima es alpino en la montaña, mediterráneo en la vega del Genil, mediterráneo continentalizado en gran parte del interior y subtropical en la costa. Produce vinos, frutas, hortalizas, trigo, olivo, leguminosas, caña de azúcar, aguacate y chirimoya. Minería (hierro, plomo, cinabrio, etc.). Ganadería de cerda y cabría. Industria alimentaria, textil, del mueble y cerámica. Turismo. **2** Ciudad capital de la misma; 245.640 h. Centro administrativo, comercial y turístico. Entre sus edificios monumentales destacan la Alhambra, el palacio de Carlos V, la catedral y la Capilla Real. Monasterio de los Jerónimos (siglo XVI). Los barrios del Albaicín y el Sacromonte conservan el trazado de época árabe.

Fray Luis de **Granada**.
Grabado de la obra *Españoles Ilustres*.

Granada, Fray Luis de Escritor español (Granada, 1504 - Lisboa, 1588). Ingresó en la Orden de Santo Domingo, de la que fue superior provincial. Escribió sermones y biografías, pero debe su popularidad a dos obras de tipo místico y espiritual: *Guía de pecadores* (1556) y *La introducción del símbolo de la fe* (1582-85).

Granada, Reino Nazarí de *Hist.* Reino islámico fundado por Muhammad ibn Nasr en 1238 en el SE de la península Ibérica, al declinar el poder almohade. Gobernado por la dinastía nazarí, se extendía por las actuales provincias de Granada, Almería y Málaga. Alcanzó una gran prosperidad gracias al comercio y la industria de la seda. Tras sucesivos enfrentamientos con los benimerines, vivió su época de esplendor durante el reinado de Muhammad V (siglo XIV), gran mecenas de la cultura. La toma de Antequera (1410) fue determinante en la caída del reino. Las conquistas se sucedieron hasta que Granada, debilitada por la guerra civil que enfrentaba a Muley-Hacén, el Zagal y Boabdil, cayó en manos de los Reyes Católicos (1492).

granadero m. **1** *Mil.* Soldado de infantería armado con granadas de mano. **2** *Mil.* Soldado de elevada estatura perteneciente a una compañía, que formaba a la cabeza del regimiento. **3** fig. y fam. Persona muy alta.

GRANADA

Consejos locales *Distrito urbano*	Superficie (km²)	Población (h.)	Capitales
Carriacou	26	5.726	Hillsborough
Petite Martinique[1]	8	—	—
Saint Andrew	99	24.135	Grenville
Saint David	44	11.011	—
Saint George	65	27.373	—
Saint John	35	8.752	Gouyave
Saint Mark	25	3.861	Victoria
Saint Patrick	42	10.118	Sauteurs
Saint George's[2]		4.621	

[1] Los datos de población de Petite Martinique están incluidos en los de Carriacou.
[2] El distrito urbano de Saint George's está incluido en la superficie del consejo local de Saint George.

Enrique **Granados**

GRANADINAS Archipiélago del mar de las Antillas, formado por unas 600 islas situadas entre las de San Vicente y Granada; 77 km² y 13.000 h. Bequia es la isla principal. Administrativamente, la parte septentrional pertenece a San Vicente y Granadinas, y la meridional, a Granada. Algodón. Pesca.
GRANADINO, NA adj. 1 *Bot.* Relativo al granado o a la granada. 2 De Granada. También s. || m. *Bot.* 3 Flor del granado. || f. 4 Refresco hecho con zumo de granada. 5 *Mús.* Canción popular originaria de Granada.
GRANADO, DA adj. 1 Se dice del fruto en el que ha crecido el grano. 2 fig. Notable, principal y escogido. 3 fig. Maduro, experto. || m. *Bot.* 4 Arbusto de la familia punicáceas, de nombre científico *Punica granatum*, con frutos comestibles de los que también se obtiene una bebida.
GRANADOS, ENRIQUE Pianista y compositor español (Lleida, 1876 - Canal de la Mancha, 1916). Es, junto con Albéniz y Falla, el principal músico español contemporáneo. Lo mejor de su producción son sus piezas para piano: *Goyescas*, suite de siete cuadros descriptivos; *Danzas españolas* (*Andaluza* y *Oriental*), *Capricho español* y *Tonadillas y canciones*, y la ópera *María del Carmen*.
GRANALLA f. *Met.* Granos menudos a que se reducen los metales para facilitar su fundición.
GRANAR intr. *Bot.* Crecer el grano de los frutos en algunas plantas, como las espigas, los racimos, etc.
GRANATE m. 1 *Miner.* Nombre común de diversos minerales silicatos dobles de alúmina y hierro u otros óxidos metálicos, que cristalizan en el sistema cúbico. 2 Color rojo oscuro, como el de los granos de la granada. También adj.
GRANCILLA f. *Geol.* Carbón mineral lavado y clasificado, cuyos trozos han de tener un tamaño reglamentario entre 12 y 15 milímetros.
GRAND'ANSE Departamento de Haití; 3.310 km² y 641.399 h. Su capital es Jérémie.
GRANDA, CHABUCA (MARÍA ISABEL GRANDA, llamada) Compositora y cantante peruana (Apurimac, 1920 - Miami, 1983). Autora de las canciones costumbristas como *La flor de la canela*, *Caballo de paso*, *José Antonio* y *Fina estampa*.
GRANDE adj. 1 Que excede en tamaño, importancia, dotes, intensidad, etc., a lo común y regular. 2 Importante. || m. 3 Prócer, magnate. 4 fam. Mayor, adulto. || **GRANDE DE ESPAÑA** *Hist.* Primera de las dignidades en el orden jerárquico de la nobleza de España. || **a lo grande** loc. adv. Con lujo y mucho gasto. || **en grande** loc. adv. En conjunto. También, estupendamente, muy bien.
GRANDE DULCE, río de Argentina.
GRANDE MAMORÉ.
GRANDE Río de Argentina, provincia de Mendoza, que desemboca en el Colorado; 290 km de curso.
GRANDE Río de Argentina y Chile, que nace en los Andes, con el nombre de Tigre y desemboca en el Pacífico, por el golfo Corcovado; 300 km de curso.
GRANDE Río de Nicaragua, que nace al N de Matagalpa y desemboca en el mar de las Antillas; 555 km de curso. También se le conoce por *Grande de Matagalpa*.
GRANDE Río de Brasil, que sirve de límite entre los Estados de Minas Gerais y São Paulo y que, al unirse con el Paranaíba, forma el Paraná; 1.050 km de curso.
GRANDE o **GRANDE DEL NORTE** BRAVO, o BRAVO DEL NORTE.
GRANDE DE CHIAPAS GRIJALVA o MEZCALAPA, río de América Central.
GRANDE DE LA MAGDALENA RÍO MAGDALENA.
GRANDE DE MATAGALPA GRANDE, río de Nicaragua.

GRANDE DE SANTIAGO LERMA, río de México.
GRANDE DE TERRABA o **DIQUÍS** Río de Costa Rica (Puntarenas), formado por la confluencia del General y el Coto Brus y desemboca en el Pacífico; 160 km de curso.
GRANDE-TERRE Ciudad capital del departamento francés de ultramar de Guadalupe y dependencias; 14.000 h.
GRANDES LAGOS Cuenca lacustre de Canadá y EE UU, que comprende los lagos Superior, Michigan, Hurón, Erie y Ontario, comunicados entre sí y con el Atlántico a través del río San Lorenzo; 246.000 km².
GRANDES LLANURAS Región de EE UU, entre el Misisippi y las Montañas Rocosas. Importante área agrícola. Constituye la región natural donde desarrollaron su cultura numerosos pueblos amerindios.
GRANDEZA f. 1 Tamaño excesivo de una cosa respecto de otra del mismo género. 2 Majestad y poder. 3 Dignidad del grande de España. 4 Conjunto o concurrencia de los grandes de España. 5 Extensión, tamaño.
GRANDILOCUENCIA f. 1 Elocuencia elevada. 2 Estilo sublime.
GRANDILOCUENTE adj. Que habla o escribe con grandilocuencia.
GRANDIOSO, SA adj. Sobresaliente, magnífico.
GRANDULLÓN, NA adj. y s. fam. Muy grande. Se dice especialmente de los muchachos muy crecidos para su edad.
GRANEADO, DA adj. 1 Reducido a grano. 2 Salpicado de pintas.
GRANEL, A loc. adj. y adv. 1 Hablando de cosas menudas, sin orden, número ni medida. Tratando de géneros, sin envase, sin empaquetar. 2 fig. En abundancia.
GRANERO m. 1 Sitio donde se recoge y conserva el trigo. 2 fig. Territorio muy abundante en grano.
GRÁNICO *Geog. hist.* Río de Asia Menor, en cuyas cercanías Alejandro Magno venció a Darío III en 334 a. C.
GRANIT, RAGNAR ARTHUR Fisiólogo sueco de origen finlandés (Helsinki, 1900 - Estocolmo, 1982). Investigó los procesos visuales químicos y fisiológicos en el ojo y en 1967 recibió el premio Nobel de Fisiología y Medicina, compartido con H. K. Hartline y G. Wald.
GRANITIZACIÓN f. *Geol.* Fase final del proceso de metamorfismo, que da lugar a la formación de granito en las zonas más profundas de la corteza terrestre.
GRANITO m. *Geol.* Roca intrusiva ácida y de grano grueso, compuesta de feldespato, cuarzo y mica. En función de la proporción de sus componentes presenta diversas variedades: granito anfibólico, aplita, etc.
GRANÍVORO, RA adj. y s. *Zool.* Se dice de los animales que se alimentan de granos.
GRANIZADO, DA adj. y s. 1 Se dice del refresco hecho con hielo desmenuzado al que se agrega alguna esencia, zumo o bebida alcohólica. || f. 2 Abundancia de granizo que cae de una vez. 3 fig. Multitud de cosas que caen.
GRANIZAR impers. 1 Caer granizo. || intr. 2 fig. Arrojar o despedir una cosa con ímpetu. También tr.
GRANIZO m. 1 Precipitación sólida, constituida por granos de hielo. 2 fig. GRANIZADA, precipitación de granizo.
GRANJA f. 1 Hacienda de campo con huerta y caserío. 2 Quinta de recreo. 3 Establecimiento donde se venden productos lácteos. 4 Finca para la cría de animales.
GRANJEAR tr. 1 Adquirir, conseguir. 2 Captar voluntades, etc. Más como prnl. 3 *Mar.* Ganar, con relación a la distancia y al barlovento.
GRANJERÍA f. 1 Beneficio de las haciendas de campo. 2 fig. Ganancia o utilidad.
GRANMA Provincia de Cuba; 8.372 km² y 824.897 h. Capital, Bayamo.
GRANO m. 1 *Bot.* Semilla y fruto de las mieses. También en sentido colectivo. 2 *Bot.* Semillas pequeñas de

granito

varias plantas. 3 *Bot.* Cada una de las semillas o frutos que con otras iguales forma un agregado. 4 *Farm.* Peso usado por los boticarios, que equivale a 5 cg. 5 *Fot.* Cada una de las manchitas constituidas por partículas de sales de plata, cuyo conjunto forma la imagen fotográfica. 6 *Geol.* Elemento de pequeña talla integrante de una roca. 7 *Med.* Tumorcillo pequeño, bulto en la piel que puede contener pus. 8 *Min.* En las piedras preciosas, cuarta parte de un quilate. 9 Porción menuda. Cada una de las partecillas, como de arena, que se perciben en la masa de algunos cuerpos. || **GRANO DE ARENA** f. Auxilio pequeño a una causa, proyecto, etc. || **ir** uno **al grano** fr. fig. y fam. Ir a la sustancia de una cosa omitiendo superfluidades.
GRANOLLERS Municipio y ciudad de España, provincia de Barcelona; 50.951 h. Centro industrial.
GRANT, CARY (ARCHIBALD ALEXANDER LEACH, llamado) Actor estadounidense de origen británico (Bristol, 1904 - Davenport, 1986). Entre sus películas principales se cuentran *La fiera de mi niña* (1938), *Historias de Filadelfia* (1940), *Sospecha* (1941), *Arsénico por compasión* (1944), *Encadenados* (1946), *Atrapa a un ladrón* (1955), *Con la muerte en los talones* (1959) y *Apartamento para tres* (1966). En 1970, la Academia de Hollywood le otorgó un Oscar por el conjunto de su obra.
GRANT, ULYSSES SIMPSON Militar y político estadounidense (Point Pleasant, 1822 - Mount McGregor, 1885). Participó en la guerra de Secesión, en el bando nordista, en el que llegó a ostentar el mando supremo. Elegido presidente de los EE UU (1868-77), durante su mandato aplicó importantes medidas proteccionistas y llevó a cabo reformas financieras.
GRANUJA f. 1 Uva desgranada. || com. 2 fam. Muchacho vagabundo, pilluelo. 3 fig. Bribón, pícaro.
GRANULACIÓN f. 1 Acción y efecto de granular. 2 *Astron.* Estructura granulada de la fotosfera solar, de diámetro de hasta 1.000 km y con una vida media de pocos minutos. 3 *Biol.* Cada uno de los gránulos ordinariamente susceptibles de tinción por diversas materias colorantes que se encuentran en el seno del protoplasma celular. 4 Formación de pequeñas masas carnosas, de ordinario redondeadas, en la superficie de las heridas y úlceras.
GRANULADO, DA adj. Se dice de las sustancias cuya masa forma gránulos, granos pequeños.
GRANULAR[1] adj. 1 Se dice de la erupción de granos y de las cosas en cuya superficie se forman. 2 Se dice de las sustancias cuya masa forma granos o porciones menudas.
GRANULAR[2] tr. 1 Reducir a granillos. 2 Desmenuzar en granos pequeños y finos. 3 Dar una textura granulosa a una superficie. || prnl. 4 Cubrirse de granos pequeños alguna parte del cuerpo.
GRÁNULO m. 1 *Biol.* Formación granular en los tejidos orgánicos y en las células. 2 *Farm.* Píldora pequeña.
GRANULOCITO m. *Biol.* Leucocito que contiene gránulos en su citoplasma, y que desempeñan un importante papel en la inmunidad celular.
GRANULOSIS f. *Pat.* Formación patológica de gránulos o microcristales en el protoplasma celular en degeneración. ♦ Su pl. es *granulosis*.
GRANVELA, ANTONIO PERRENOT DE Cardenal y político español (Besançon, 1517 - Madrid, 1586). Sucedió a su padre, Nicolás, como consejero de Carlos V. Como primer ministro de Margarita de Parma (1559-64) dirigió la política de los Países Bajos, pero su postura inflexible le granjeó la enemistad de la nobleza flamenca. Nombrado virrey de Nápoles en 1575, regresó a España, tras la caída de Antonio Pérez, y en tiempos de 1583 crecieron las discrepancias con el rey y fue apartado del poder.
GRANZA f. 1 *Bot.* RUBIA, planta. 2 *Min.* Carbón mineral lavado y clasificado, cuyos trozos han de tener un tamaño reglamentario comprendido entre 15 y 25 mm. || f. pl. 3 *Agr.* Residuos de paja, espiga, grano sin descascarillar, etc., que quedan de las semillas cuando se aventan. 4 *Met.* Desechos de cualquier metal. 5 Desechos que salen del yeso cuando se cierne.
GRANZÓN m. 1 *Min.* Cada uno de los pedazos gruesos de mineral que no pasan por la criba. 2 *Geol. Venez.* Arena gruesa. || m. pl. *Agr.* 3 Nudos de la paja que quedan cuando se criba.
GRAÑÓN m. 1 Sémola de trigo cocido en grano. 2 El mismo grano de trigo cocido.
GRAO m. Playa que sirve de desembarcadero.
GRAPA f. 1 Pieza de metal para unir o sujetar dos tablas u otras cosas. 2 Pieza metálica pequeña para coser y sujetar papeles. 3 Pieza semejante a ésta, que se utiliza en cirugía para unir los bordes de una herida. 4 Escobajo o gajo de uva. 5 Llaga que se forma a las caballerías en el corvejón y en la rodilla. 6 Cada una de las excrecencias, a modo de verrugas ulceradas, que se forman a las caballerías en el menudillo y en la cuartilla.
GRAPADORA f. Utensilio para grapar.
GRAPAR tr. Sujetar con una o varias grapas.

GRAPIA *Bot.* Árbol perteneciente a la familia leguminosas, de nombre científico *Apuleia leiocarpa*, que crece en el S de América.

GRAPO Siglas de Grupos de Resistencia Antifascista Primero de Octubre.

GRAPPA (Voz it.) f. Aguardiente italiano parecido al orujo.

GRAPTO- pref. GRAF-.

GRASA f. 1 *Bot.* Goma del enebro. 2 *Mec.* Lubricante graso. 3 *Quím.* LÍPIDO, nombre genérico de sustancias orgánicas neutras muy difundidas en ciertos tejidos de plantas y animales, constituidas por carbono, hidrógeno y oxígeno, que están formadas por la combinación de ácidos grasos con la glicerina. 4 *Zool.* TEJIDO ADIPOSO. 5 Manteca o sebo de un animal. 6 Mugre o suciedad. 7 Grasilla, polvo de sandáraca. || f. pl. *Min.* 8 Escorias que produce la limpia de un baño metálico antes de hacer la colada.

GRASO, SA adj. 1 Mantecoso y que tiene gordura. 2 Que tiene naturaleza de grasa.

GRASS, GÜNTER Escritor alemán (Danzig, actual Gdansk, 1927). Toda su obra refleja una lúcida crítica contra la sociedad alemana de posguerra. Autor de *El tambor de hojalata* (1959), *Años de perro* (1963), *El Rodaballo* (1977), *La Ratesa* (1986), *Es cuento largo* (1998), *Mi siglo* (1999) y *Últimas danzas* (2003). En 1999 recibió el premio Príncipe de Asturias de las Letras y el Nobel de Literatura.

Günter **Grass**

GRASSI, GIOVANNI BATTISTA Zoólogo italiano (Rovellasca, 1854 - Roma, 1925). Demostró que el mosquito anofeles era el transmisor del plasmodio causante del paludismo.

GRATÉN (Voz fr.) m. Salsa espesa hecha con besamel y queso, con la que se cubren algunos alimentos y que se dora al horno antes de servirla.

GRATIFICACIÓN f. 1 Recompensa pecuniaria de un servicio eventual. 2 Remuneración fija por el desempeño de un servicio o cargo, compatible con un sueldo del Estado. 3 Propina.

GRÁTIL o **GRATIL** m. *Mar.* 1 Extremidad de la vela por donde se sujeta al palo, verga o nervio. 2 Parte central de la verga donde se ata la vela.

GRATINAR tr. Hacer que un alimento se tueste por encima en el horno.

GRATIS adv. m. Sin pagar, que se da de balde.

GRATITUD f. Agradecimiento.

GRATO, TA adj. Gustoso, agradable.

GRATRY, AUGUSTE-ALPHONSE Filósofo y teólogo francés (Lille, 1805 - Montreux, 1872). Restauró la congregación del Oratorio. Autor de *Del connocimiento de Dios* (1853).

GRATUITO, TA adj. 1 De balde. 2 Arbitrario, sin fundamento.

GRAU SAN MARTÍN, RAMÓN Político y médico cubano (Pinar del Río, 1887 - La Habana, 1969). Líder ideológico del movimiento que derrocó a G. Machado en 1933, fue presidente de la República (1933-34 y 1944-48).

GRAUERO, RA adj. y s. De El Grao.

GRAUVACA (Voz al.) f. *Geol.* Arenisca muy dura y resistente a los agentes atmosféricos, de color gris oscuro, que se emplea en la construcción.

GRAVA f. 1 *Geol.* Sedimento formado por fragmentos de roca con un diámetro superior a 2 mm y generalmente redondeados. 2 *Geol.* Mezcla de cantos, arena y a veces arcilla, de 4 a 80 mm de tamaño, que se encuentra en los yacimientos. 3 Piedra machacada para pavimentación.

GRAVAMEN m. Carga, impuesto o tasa.

GRAVAR tr. 1 Cargar sobre una persona o cosa. 2 Imponer un gravamen.

GRAVE adj. 1 Que pesa. También m. 2 De mucha importancia, peligro o dificultad. 3 Circunspecto.

4 Arduo, difícil. 5 Molesto. 6 Se dice del enfermo de cuidado. 7 *Fís.* Se dice del sonido bajo, es decir, de aquel cuya frecuencia de vibraciones es pequeña, por oposición al agudo. También s. 8 *Gram.* Se dice de la palabra cuyo acento prosódico carga en su penúltima sílaba.

GRAVEDAD f. 1 *Astron.* Manifestación en cada astro de la gravitación universal, fenómeno de atracción entre cuerpos con masa. 2 *Fís.* Tendencia de los cuerpos a dirigirse al centro de la Tierra, fenómeno que es conocido como peso, y cuyo valor es el de la masa multiplicado por la aceleración de la gravedad, que en la superficie terrestre es de 9,8 m/s^2. 3 Compostura y circunspección. 4 fig. Importancia.

GRAVERA f. *Geol.* Excavación para extraer gravas y materiales aluviales.

GRAVES, ROBERT Escritor inglés (Wimbledon, 1895 - Deià, Mallorca, 1985). Autor de novelas históricas, como *Yo, Claudio* (1934) y *Claudio el dios y su esposa Mesalina* (1934).

GRAVIDEZ f. Embarazo de la mujer.

GRÁVIDO, DA adj. 1 poét. Cargado, abundante. 2 Se dice de la mujer embarazada. 3 *Zool.* Se dice del útero que contiene un feto o de la hembra del animal que lleva fetos o huevos.

GRAVIMETRÍA f. *Fís.* Parte de la geofísica que se ocupa de la medición de la aceleración de la gravedad y sus variaciones.

GRAVÍMETRO m. *Fís.* Instrumento que se utiliza para medir el valor de la aceleración de la gravedad en un punto, como el péndulo o la balanza de torsión.

GRAVINA, FEDERICO CARLOS Marino español (Palermo, 1756 - Cádiz, 1806). Participó en los sitios de Gibraltar (1779), Argel (1783 y 1785), Orán (1781) y Tolón (1793) contra la República francesa. Se enfrentó a Nelson en la batalla de Trafalgar (1805), donde fue herido mortalmente.

GRAVITACIÓN f. *Fís.* 1 Acción y efecto de gravitar. 2 Acción atractiva mutua que se ejerce a distancia entre las masas de los cuerpos, especialmente los celestes. || **TEORÍA DE LA GRAVITACIÓN UNIVERSAL** *Fís.* La que afirma que dos cuerpos puntuales se atraen mutuamente con una fuerza directamente proporcional al producto de sus masas e inversamente proporcional al cuadrado de la distancia que los separa.

GRAVITAR intr. 1 *Astron.* Moverse un cuerpo por la atracción gravitatoria de otro. 2 Descansar o hacer fuerza un cuerpo sobre otro. 3 fig. CARGAR, incomodar, molestar.

GRAVITÓN m. *Fís.* Partícula elemental hipotética, de masa (en reposo) nula y espín 2, que intervendría en las interacciones gravitatorias.

GRAVOSO, SA adj. 1 Molesto, pesado. 2 Que ocasiona gasto.

GRAY m. *Fís.* Unidad de absorción de radiaciones ionizantes. Es la dosis absorbida de cualquier radiación ionizante que cede un julio de energía por cada kg de materia atravesada. Símbolo *Gy*.

GRAY, STEPHEN Físico inglés (Londres, 1670 - íd., 1736). Descubrió la electricidad por inducción, descubrimiento que facilitó la invención de las baterías eléctricas.

GRAY, THOMAS Poeta inglés (Londres, 1716 - Cambridge, 1771). Precursor del Romanticismo, entre sus obras destaca la *Elegía sobre un cementerio rural* (1751).

Robert **Graves**

GRAZ o **GRATZ** Ciudad de Austria, capital del Estado de Estiria; 237.810 h.

GRAZALEMA, SIERRA DE Conjunto montañoso calizo de España, en el NE de la provincia de Cádiz. Forma parte de la cordillera Subbética.

GRAZIANI, RODOLFO General italiano (Filettino, 1882 - Roma, 1955). Sucedió a Badoglio como virrey de Etiopía (1937). Fue ministro de Guerra en el gobierno de la moribunda República Social Italiana.

GRAZNAR intr. Dar graznidos.

GRAZNIDO m. 1 *Zool.* Voz de algunas aves, como el cuervo, el ganso, el grajo, etc. 2 fig. Canto disonante y desagradable.

GREAT YARMOUTH YARMOUTH.

GREBA f. *Mil.* Pieza de la armadura antigua, que cubría la pierna desde la rodilla hasta la garganta del pie.

GRECA f. Adorno que consiste en una faja más o menos ancha en que se repite la misma combinación de elementos decorativos, generalmente geométricos.

GRECIA (*Ellinikí Dhimokratía*) Estado del SE de Europa, que comprende la parte meridional de la península de los Balcanes y las islas del mar Egeo. Limita al N con Albania, Macedonia y Bulgaria; al E, con Turquía y el mar Egeo; al S, con el mar Mediterráneo, y al O, con el mar Jónico.

Geog. Geografía física. Grecia es un país muy montañoso, en el que se distinguen tres grandes regiones: la parte continental, la antigua parte peninsular y el territorio insular. La primera de ellas está accidentada por los montes Rhodope en el N, la cordillera del Pindo, de NO a SE, las montañas de la Calcídica (monte Athos, 2.033 m), y de Macedonia, donde discurren los ríos Strimon, Nestos y Hebros, y el macizo del Olimpo (2.914 m), máxima altura del país. La antigua parte peninsular está formada por el Peloponeso, donde se hallan los montes Parnon y Taigeto, y se unía al continente por el istmo de Corinto, cortado en la actualidad por un canal.

Grecia. Mykonos, en las islas Cícladas.

GRECIA

Superficie:
131.957 km².
Población:
10.562.000 h.
(griegos).
Densidad:
80 h./km².
Tasa de natalidad: 9,7‰.
Tasa de mortalidad: 9,5‰.
Capital: Atenas.
Ciudades principales: Candía, Larisa, Patras, Peristérion, Pireo, Rodas, Salónica, Volo.
Grupos étnicos: griegos (95,5%), albaneses, macedonios, turcos.
Religión: iglesia ortodoxa griega (97,6%); islamismo (1,5%), catolicismo (0,4%).
Idioma: griego.
Moneda: euro.
Forma de Estado: república presidencialista.
Producto Nacional Bruto: 123.394 millones de dólares.
Renta per cápita: 11.740 dólares.
División administrativa: 13 regiones y 52 nomos, según cuadro.

La zona insular comprende las islas Jónicas, las del Egeo —Espóradas y Cícladas— y la isla de Creta, la mayor de todas ellas, en el Mediterráneo. Además de los citados, son importantes los ríos Vardar, Struma, Eurotas o Iris, Pamisos, Aspropótamos, Kalamas, Peneios y Aliakmon. El clima es mediterráneo.

Geografía humana y económica. La agricultura produce cereales en el continente y hortalizas en el Peloponeso. Es el tercer productor mundial de aceite de oliva, y también importante productor de vid. La ganadería es de menor importancia. Entre los recursos minerales destacan el amianto, la magnesita, el hierro, la bauxita, el lignito, uranio en el N y petróleo. El Estado posee la mayor parte de las industrias energéticas, petroquímica y de abonos. Además destacan las manufacturas textiles, las industrias del cemento, tabacalera, papel, cuero, jabones y alimentaria. La única región industrializada de importancia es El Pireo (principal puerto marítimo).

Hist. *Grecia preclásica y clásica.* Los primeros pobladores fueron los legendarios pelasgos, que se asentaron en Tesalia a fines del III milenio a. C., y asimilaron la floreciente civilización de Creta. Hacia el siglo XV a. C., Grecia fue invadida por los aqueos, originarios tal vez de la rama indoeuropea de Europa central, que dieron lugar a la civilización micénica. En el siglo XII a. C. tuvo lugar la oleada indoeuropea de los dorios, que, portadores de armas de hierro, expulsaron a los aqueos del Peloponeso. Esta invasión trajo consigo la fragmentación del territorio en ciudades-Estado o *polis,* que fueron diferenciándose en ciudades guerreras como Esparta o comerciantes como Corinto. Entre los siglos VIII-VII a. C., la expansión griega y la fundación de colonias (Chipre, Naucratis, Cirene, la Eólide, en Asia Menor, Jonia, etc.) llegó desde Iberia (Emporion, Hemeroscopion) al Ponto Euxino. En el orden político esta época vio la desaparición de las monarquías, salvo en las regiones fronterizas de Epiro y Macedonia, relevadas por las aristocracias, casi siempre *tiranías,* e interrumpidas por efímeros periodos democráticos. Esta evolución se dio en principio en las colonias de Asia Menor. En esta zona, la mayoría de las ciudades griegas habían ido cayendo a partir de 540 a. C. en poder de los persas, que amenazaban con cortar a los griegos las comunicaciones con las comarcas cerealistas del Ponto Euxino. Las GUERRAS MÉDICAS tuvieron, entre otras consecuencias, la hegemonía de Atenas, que fundó la Liga Délica y creó un auténtico imperio comercial y marino. Comenzó así la época o siglo de Pericles, durante la cual la cultura griega alcanzó su apogeo. El enfrentamiento entre Atenas y Esparta no tardó en transformarse en una serie de luchas por la hegemonía, que se conocen como GUERRAS DEL PELOPONESO (431-405). Atenas fue derrotada por la Liga del Peloponeso y a partir de entonces fue dirigida por Esparta con la ayuda de gobiernos oligárquicos (ATENAS y ESPARTA). La nueva hegemonía espartana, que contaba con el apoyo de Persia, hubo de enfrentarse a Tebas, aliada con Atenas, que derrotó a los espartanos en Leuctra (371 a. C.). Esta situación de luchas civiles benefició a Macedonia, región situada al N de Tesalia, cuyo rey, Filipo II, se adueñó de toda Grecia con la victoria final de Queronea (338 a. C.). La domi-

Nomos Regiones	Superficie (km²)	Población (h.)	Capitales
Ática	3.808	3.522.769	Atenas
Ática	*3.808*	*3.522.769*	*Atenas*
Canea, La	2.376	133.060	La Canea
Candía	2.641	263.868	Candía
Lasithi	1.823	70.762	San Nicolás
Retimo	1.496	69.290	Retimo
Creta	*8.336*	*536.980*	*Candía*
Cícladas	2.572	95.083	Hermópolis
Dodecaneso	2.714	162.439	Rodas
Egeo Meridional	*5.286*	*257.481*	*Hermópolis*
Lesbos	2.154	103.700	Mitilene
Quíos	904	52.691	Quíos
Samos	778	41.850	Samos
Egeo Septentrional	*3.836*	*199.231*	*Mitilene*
Arta	1.662	78.884	Arta
Janina	4.990	157.214	Janina
Préveza	1.036	58.910	Préveza
Thesprotia	1.515	44.202	Egumenitsa
Epiro	*9.203*	*339.210*	*Janina*
Beocia	2.952	134.034	Livadia
Eubea	4.167	209.132	Calcis
Euritania	1.869	23.535	Karpenision
Fócida	2.120	48.884	Anfisa
Ftiótida	4.441	168.291	Lamia
Grecia Central	*15.549*	*583.876*	*Lamia*
Acarnania y Etolia	5.461	230.688	Misolonghi
Acaya	3.271	297.318	Patras
Élide	2.618	174.021	Pirgo
Grecia Occidental	*11.350*	*702.027*	*Patras*
Cefalonia	904	32.314	Argostolia
Corfú	641	105.043	Corfú
Leucada	356	20.900	Leucada
Zante	406	32.746	Zante
Islas Jónicas	*2.307*	*191.003*	*Corfú*
Calcídica	2.918	91.654	Polygyros
Imathia	1.701	138.068	Verria
Kilkis	2.519	81.845	Kilkis
Pella	2.506	138.261	Edessa
Piería	1.516	116.820	Katerini
Salónica	3.683	977.528	Salónica
Seres	3.968	191.890	Seres
Macedonia Central	*18.811*	*1.736.066*	*Salónica*
Florina	1.924	52.852	Florina
Grevena	2.291	37.017	Grevena
Kastoria	1.720	52.721	Kastoria
Kozani	3.516	150.159	Kozani
Macedonia Occidental	*9.451*	*292.749*	*Kozani*
Drama	3.468	96.978	Drama
Ebros	4.242	143.791	Alexandrópolis
Kavala	2.111	135.747	Kavala
Rhodope	2.543	103.295	Komotini
Xanthi	1.793	90.450	Xanthi
Macedonia Oriental y Tracia	*14.157*	*570.261*	*Komotini*
Arcadia	4.419	103.840	Trípolis
Argólida	2.154	97.250	
Nauplina Corinto	2.290	142.365	Corinto
Laconia	3.636	94.916	Esparta
Mesenia	2.991	167.292	Calamata
Peloponeso	*15.490*	*605.663*	*Trípolis*
Hagion Oros	336	1.472	Karyaí
Karditza	2.636	126.498	Karditza
Larisa	5.381	269.300	Larisa
Magnesia	2.636	197.613	Volo
Triccala	3.384	137.819	Triccala
Tesalia	*14.037*	*731.230*	*Larisa*

nación macedónica fue continuada por Alejandro Magno, y a la muerte de éste, por sus generales. En 146 a. C., Macedonia fue convertida en provincia romana, y las ciudades griegas, sometidas a tributo, hasta que paulatinamente toda Grecia cayó en poder de Roma. *Grecia posclásica.* Desde el 395 d. C. a 1456, Grecia formó parte del imperio romano de Oriente, que finalizó con la invasión de los turcos. Durante esta época sufrió diversas invasiones: visigodos, ostrogodos, hunos, ávaros, eslavos y árabes, que modificaron por completo la población. En 1054, se adhirió al cisma religioso, sometiéndose a la obediencia del patriarca de Constantinopla. La toma de esta ciudad en 1453 y la de Atenas en 1456 fueron los dos hechos decisivos de la invasión turca. La formación de un sentimiento nacional griego abrió el camino para la sublevación de Grecia contra los turcos en 1821, en la que cabe señalar la batalla de Navarino, que tuvo lugar en 1827 (PILOS). En 1829, gracias al apoyo de Francia, Gran Bretaña y Rusia, se firmó el tratado de Andrinópolis, en el que se hacía de Grecia un Estado independiente, ratificado en el convenio de Londres de 1830. En 1832 se constituyó como reino, con Otón de Baviera. Destronado éste en 1862 el Reino Unido hizo que la Asamblea nacional votase a un cuñado del príncipe de Gales, que tomó el nombre de Jorge I (1863). Las guerras balcánicas (1912-13) ensancharon el territorio griego. En 1913 fue nombrado rey Constantino I que, por su inclinación hacia los imperios centrales, abdicó en su hijo segundo, Alejandro (1917), quien ordenó la entrada de su país en la Primera Guerra Mundial de parte de los aliados. En 1924 se proclamó la República, propiciada por Venizelos y presidida por Koundouriotes. En 1935 se restauró la monarquía con Jorge II. Durante la Segunda Guerra Mundial, fue ocupada por los alemanes. A Pablo I (1947-64) sucedió su hijo Constantino II. En 1967 tuvo lugar el golpe militar de los coroneles, apoyado inicialmente por el rey, que condujo a la creación de un gobierno nacional presidido por Constantino Kolias. El rey Constantino dio un contragolpe, que fue aplastado. Nombrado regente el general Zoitakis, toda la familia real huyó a Roma. El coronel Georgios Papadopoulos fue nombrado primer ministro. El 21 de marzo de 1972 éste depuso al general Zoitakis y asumió las funciones de regente quedando así como jefe del Estado. Proclamó la abolición de la monarquía e instauró la república presidencial parlamentaria, de la que se consideraba primer presidente. En 1973 Papadopoulos fue depuesto y el general Fedon Gizikis ocupó la jefatura de Estado. La dictadura finalizó en 1974 y Karamanlis, nuevo jefe de gobierno, inició la transición democrática. En 1975 el pueblo optó en referéndum por un régimen republicano y fue elegido presidente provisional Michael Stassinopoulos, sustituido meses más tarde por Konstantinos Tsatsos. En 1981 Grecia ingresó en la Comunidad Económica Europea. En 1980 Karamanlis fue elegido presidente de la República; y entre 1981 y 1989 fue jefe del Gobierno Andreas Papandreu, líder del Movimiento Socialista Panhelénico (PASOK). En marzo de 1985 el Parlamento eligió a Christos Sartzetakis nuevo presidente de la República. En 1989 se formó un gobierno de coalición entre el partido conservador Nueva Democracia, liderado por Constantino Mitsotakis, y los comunistas, que se mantuvo hasta las elecciones de 1990, en las que Mitsotakis obtuvo la mayoría suficiente para gobernar, mientras que el ex primer ministro Papandreu era nombrado presidente de la República. Papandreu volvió a ganar las elecciones en octubre de 1993. En marzo de 1995 el Parlamento designó presidente a Kostis Stefanopoulos y en enero de 1996 Kostas Simitis sustituyó en la presidencia del Gobierno a Papandreu. En 1999, la detención en la embajada griega de Nairobi del líder Kurdo Oçalan provocó una crisis de gobierno que se saldó con la dimisión de tres ministros. En las elecciones legislativas de abril de 2000 Simitis resultó revalidado como primer ministro. En enero siguiente, Grecia se integró en la llamada «zona euro». En los comicios legislativos celebrados en marzo de 2004 venció el partido conservador Nueva Democracia, encabezado por Kostas Karamanlis, que fue nombrado primer ministro.

GRECIA CENTRAL Región de Grecia, entre Tesalia y el golfo de Corinto; 15.549 km² y 583.876 h. Su capital es Lamia.

GRECIA OCCIDENTAL Región de Grecia, al E de las islas Jónicas; 11.350 km² y 702.027 h. Su capital es Patras.

GRECO, CA adj. y s. De Grecia.

GRECO, EL (DOMÉNIKOS THEOTOKÓPOULOS, llamado) Pintor español, de origen griego (Candía, Creta, 1541 - Toledo, 1614). Recibió su primera formación pictórica dentro del ambiente bizantino; amplió sus estudios en Italia donde entró en contacto con la escuela veneciana. Hacia 1576 llegó a España, pero pronto su originalidad chocó con los convencionalismos de la corte, y se estableció definitivamente en Toledo. Sus pinturas destacan por la sobriedad del colorido, la austeridad en los efectos y por la estilización de las formas y figuras. Principales obras: *Piedad* (1574-76), *El Expolio* (1577-79), el retablo mayor de Santo Domingo el Antiguo (1570-79), en Toledo, compuesto por varios de los lienzos (*Trinidad, Asunción, San Benito,* la *Santa Faz, San Juan Bautista* y *Cristo con la cruz a cuestas*); *Alegoría de la Liga Santa* (1577-79), *El caballero de la mano en el pecho* (1577-84), *El martirio de san Mauricio* (1582), *El entierro del conde de Orgaz* (1586-88), *Anunciación, El Bautismo de Cristo, Pentecostés, Vista de Toledo, Santo Do-*

El Greco. *La Trinidad.* Museo del Prado (Madrid).

Graham Greene

mingo en oración (1598-1603) y *San Francisco y san León meditando sobre la muerte* (1600-05).

GRECOLATINO, NA adj. Perteneciente o relativo a griegos y latinos.

GRECORROMANO, NA adj. Relativo a griegos y romanos, o común a ambos pueblos. || **LUCHA GRECORROMANA** *Dep.* Lucha deportiva entre dos contrincantes, en la que vence el que consigue hacer que el adversario toque el suelo con las espaldas durante unos segundos.

GREDA f. *Geol.* Arcilla arenosa que se usa para desengrasar los paños y quitar las manchas.

GREDAL adj. *Geol.* **1** Se dice de la tierra que tiene greda. || m. *Geol.* **2** Terreno abundante en ella.

GREDOS, SIERRA DE Sierra de España, perteneciente al sistema Central, que se extiende por las provincias de Cáceres, Madrid y Ávila, separando esta última de la de Toledo. Su punto culminante es el pico del Moro Almanzor (2.592 m).

GREEN, JULIEN Escritor francés de ascendencia estadounidense (París, 1900 - íd., 1998). Entre sus novelas destacan *Moira* (1950), *El lugar equivocado* (1978) y *Dixie* (1994).

GREENE, GRAHAM Escritor inglés (Berkhamsted, 1904 - Vevey, Suiza, 1991). Entre sus obras se encuentran *Orient Express* (1932), *El poder y la gloria* (1940), *El tercer hombre* (1950), *El fin de la aventura* (1951), *El cónsul honorario* (1973), *El factor humano* (1978) y *El capitán y el enemigo* (1988).

GREENE, ROBERT Escritor inglés (Norwich, h. 1558 - Londres, 1592). Escribió obras de teatro, como *Fray Bacon y fray Bungay* (1589), *Orlando furioso* (1592) y *Un espejo de Londres e Inglaterra* (1592). Es uno de los precursores de Shakespeare y el teatro isabelino.

GREENPEACE *Ecol.* Organización ecologista, internacional e independiente, constituida en 1971.

GREENWICH Municipio del Reino Unido, en Inglaterra, que forma parte del Gran Londres; 213.500 h. En él estuvo instalado el observatorio astronómico fundado por Carlos II en 1675, que sirvió para fijar el meridiano cero de las longitudes.

GREGAL[1] m. *Meteor.* Viento del NE, entre levante y tramontana, en la costa mediterránea y Baleares.

GREGAL[2] adj. *Veter.* Se dice de los ganados que pastan en rebaño.

GREGARIO, RIA adj. *Etol.* **1** Se aplica a los animales que viven agrupados en rebaños o grupos, como el reno o la sardina. **2** Se dice del que está en compañía de otros sin distinción, como el soldado raso. **3** fig. Falto de ideas e iniciativas propias. **4** *Dep.* En ciclismo, corredor encargado de ayudar a la cabeza de equipo o a otro de categoría superior a la suya.

GREGORIANO, NA adj. **1** *Mús.* Se dice del canto religioso reformado por el papa Gregorio I. También s. **2** Se dice del año, calendario, cómputo y era que reformó Gregorio XIII. **3** REFORMA GREGORIANA.

GREGORIO Nombre de varios papas.

GREGORIO I MAGNO, SAN (Roma, 540 - íd., 604). A la muerte del papa Pelayo II (590) el pueblo romano lo eligió por aclamación para ocupar el solio pontificio. Sus obras alcanzaron una gran difusión durante la Edad Media. Entre ellas destacan los *Diálogos* y las *Homilías*. Se le atribuye además la sistematización del gregoriano como canto litúrgico.

GREGORIO II, SAN (Roma, 669 - íd., 731). Ocupó el solio pontificio en el año 715. Combatió en Oriente la herejía de los iconoclastas y excomulgó al emperador León el Isáurico.

GREGORIO III, SAN (Siria, ? - ?, 741). Ocupó el solio pontificio en el año 731. Condenó a los iconoclastas (732) y luchó contra los lombardos.

GREGORIO IV (? - Roma, 844). Ocupó el solio pontificio en el año 827. Durante su pontificado se puso fin al iconoclasticismo de Bizancio (843). Instituyó la fiesta de Todos los Santos.

GREGORIO V (Carintia, 973 - Roma 999) De nombre Brunone, duque de Carintia, ocupó el solio pontificio en el 996. Favoreció la reforma cluniacense.

GREGORIO VI (? - Renania, 1048). De nombre Giovanni Graciano, ocupó el solio pontificio del 1045 al 1046 tras la abdicación de Benedicto IX. En el concilio de Sutri (1046) se le acusó de irregularidades en su elección y abdicó.

GREGORIO VII (Soana, h. 1020 - Salerno, 1085). De nombre Hildebrando, ocupó el solio pontificio de 1073 a 1085. Fue el gran protagonista de la reforma de la iglesia en la Edad Media: procuró la unificación litúrgica del Occidente cristiano, condenó la venta de los beneficios eclesiásticos, el concubinato de los clérigos y pretendió la supremacía papal sobre cualquier dominio terrenal. Por esto entró en conflicto con Enrique IV, quien lo hizo deponer en la dieta de Worms (1076). El Papa le excomulgó y liberó a sus súbditos de la obediencia al monarca. Éste se retractó pero una vez le fue devuelto todo su poder volvió a deponer a Gregorio VII, que se retiró a Salerno.

GREGORIO VIII (Benevento, ? - Pisa, 1187). De nombre Alberto di Morra, ocupó el solio pontificio en 1187, y falleció dos meses después de su elección.

GREGORIO IX (Anagni, h. 1170 - Roma, 1241). De nombre Ugolino de Segni, ocupó el solio pontificio en 1227. En ese mismo año excomulgó al emperador Federico II por su falsa marcha a la cruzada. En 1230, Federico II firmó la paz de San Germano y le fue levantada la excomunión. Posteriormente volvería a excomulgarle en el 1239. Organizó la Inquisición (1231) y encargó la redacción de *Decretales de Gregorio IX* (1234).

GREGORIO X (Piacenza, 1210 - Arezzo, 1276). De nombre Teobaldo Visconti, ocupó el solio pontificio en el 1271. Convocó el concilio de Lyon (1274) para tratar de la unión con la iglesia oriental, y reglamentó la forma de elección de los Papas.

GREGORIO XI (Rosiers-d'Egletons, 1329-Roma, 1378). De nombre Pierre Royer de Beaufort, ocupó el solio pontificio en el 1370. Dejó Aviñón y restableció en Roma la sede papal (1377).

GREGORIO XII (Venecia, h. 1327 - Recanati, 1417). De nombre Angelo Corrario, ocupó el solio pontificio en 1406. Se enfrentó, como Papa de Roma, al Papa aviñonés Benedicto XIII, durante el cisma de Occidente. El concilio de Pisa (1413) le pidió la dimisión, que él rechazó, por lo que fue elegido un tercer papa, Alejandro V, y a la muerte de éste, Juan XXIII. Abdicó a instancias del concilio de Constanza (1415), que puso fin al Cisma de Occidente.

GREGORIO XIII (Bolonia, 1502 - Roma, 1585). De nombre Ugo Buoncompagni, ocupó el solio pontificio en 1572. Durante su pontificado se llevó a cabo la gran reforma de la iglesia y se establecieron las nunciaturas permanentes. Su nombre ha quedado unido a la reforma del calendario efectuada en 1582.

GREGORIO XIV (Milán, 1535 - Roma, 1591). De nombre Niccolò Sfrondari, ocupó el solio pontificio en 1590. Abandonó la política de equilibrio seguida por su predecesor Urbano VII. Favoreció a la Santa Liga y a Felipe II de España.

GREGORIO XV (Bolonia, 1554 - Roma, 1623). De nombre Alessandro Ludovisi, ocupó el solio pontificio en 1621. Modificó las formas del escrutinio en la elección de los Papas (1621), fundó la Congregación de *Propaganda fide* (1622) y combatió el protestantismo alemán.

GREGORIO XVI (Belluno, 1765 - Roma, 1846). De nombre Mauro o Bartolomeo Alberto Cappellari, ocupó el solio pontificio en 1831. Luchó contra las insurrecciones que provocaron la invasión de los Estados Pontificios por los austriacos y la ocupación de Ancona por los franceses. En la encíclica *Mirari vos* (1832) condenó las doctrinas de Lamennais y su escuela.

GREGORIO NACIANCENO, SAN Padre de la iglesia de Oriente (Azianzo, h. 330 - Nacianzo, h. 390). Es uno de los artífices de la sistematización de la teología de la iglesia de Oriente. El emperador Teodosio, en el año 380, le obligó a aceptar el título de patriarca, cargo que ocupó hasta la celebración del concilio de Constantinopla en 381, donde abdicó y se retiró a Nacianzo. Escribió 57 discursos *Homilías*, varios poemas y epigramas y un epistolario.

GREGORIO NICENO, SAN Padre de la iglesia de Oriente (Cesarea de Capadocia, h. 335 - Nisa, h. 395). Hermano de san Basilio y obispo de Nisa (371). Combatió el arrianismo. Autor de *Gran catequesis*, *Vida de Moisés* e *Hipotiposis*.

GREGORIO DE NISA, SAN GREGORIO NICENO, SAN.

GREGORIO TAUMATURGO, SAN Teólogo de la iglesia griega (Neocesarea, 215 - íd., h. 270). Discípulo y amigo de Orígenes, sucedió a Federico en la silla de Neocesarea. Publicó en griego *Elogio de Orígenes* y *Exposición de la Fe*.

GREGORIO DE TOURS, SAN Obispo franco (Auvernia, 538 - Tours, 594). Fue obispo de Tours. Es autor de varias obras históricas entre las que se encuentra *Historia de los francos*.

GREGORY, JAMES Matemático y astrónomo británico (Drumoak, 1638 - Edimburgo, 1675). Inventó el telescopio de reflexión, que construyó con anterioridad al de Newton.

GREGUERÍA f. **1** Griterío. **2** *Lit.* Género literario creado por Ramón Gómez de la Serna en 1912 que supone una síntesis del aforismo y la metáfora.

GREGUESCOS o **GREGÜESCOS** m. pl. Calzones muy anchos que se usaron en los siglos XVI y XVII.

GREIFF, LEÓN DE Poeta colombiano (Medellín, 1895 - Bogotá, 1976). Introductor de la vanguardia en el país, entre sus obras destacan *Tergiversaciones* (1925), *Variaciones alrededor de nada* (1936) y *Nova et vetera* (1968).

GREIMAS, ALGIRDAS JULES Lingüista francés, de origen lituano (Tula, 1917 - París, 1992). Creador de la semiótica estructural, entre sus obras destacan *Semántica estructural* (1966), *Sobre el sentido* (1970) y *Del sentido II: ensayos semióticos* (1987).

GRELO m. *Bot.* Nabizas y partes tiernas y comestibles de los tallos del nabo.

Greenwich (Reino Unido). Instalaciones del observatorio astronómico.

GREMIAL adj. **1** Relativo al gremio, oficio. || m. **2** Paño cuadrado que se ponen los obispos sobre las rodillas cuando celebran de pontifical.

GREMIO m. **1** Corporación profesional formada por artesanos y comerciantes de una misma profesión u oficio. **2** Conjunto de personas que tienen un mismo ejercicio, profesión o estado social.

GRENOBLE Ciudad del SE de Francia, capital del departamento de Isère; 153.973 h. Turismo.

GRENVILLE, GEORGE Político inglés (Wotton Hull, 1712 - Londres, 1770). Fue primer ministro (1763-65). Su política provocó la sublevación de las colonias de América del Norte.

GRENVILLE, WILLIAM WYNDHAM, BARÓN DE Político británico (?, 1759 - Dropmore, 1834). Hijo de George Grenville, fue secretario de Asuntos Exteriores (1791-1801) y jefe de gobierno (1806-07).

GREÑA f. **1** Cabellera revuelta. Más en pl. **2** Lo que está enredado y entretejido con otra cosa. **3** *Agr. And.* y *Méx.* Mies que se pone en la era para formar la parva y trillarla. || **andar a la greña** fr. fam. Reñir, pelear.

GRES m. Pasta cerámica vitrificada, compuesta ordinariamente de arcilla figulina y arena cuarzosa, con que en alfarería se fabrican diversos objetos.

GRESCA f. **1** Bulla, algazara. **2** Riña, pendencia.

GRESHAM, SIR THOMAS Financiero inglés (Londres, 1519 - íd., 1579). Fundó la Bolsa de Londres y se le atribuye la formulación de la ley que lleva su nombre, según la cual, en un sistema monetario formado por monedas de distinto valor, la moneda menos apreciada llega a desplazar a la de más valor.

GRÉTRY, ANDRÉ MODESTE Compositor francés de origen belga (Lieja, 1741 - Montmorency, 1813). Fue el principal creador de la ópera cómica francesa. Entre sus obras destacan *Céfalo y Procnis* (1773), *Ricardo Corazón de León* (1784) y *Guillermo Tell* (1791).

GREUZE, JEAN-BAPTISTE Pintor francés (Tournus, 1725 - París, 1805). Entre sus obras figuran *Novia del pueblo* (1761), *El hijo ingrato* (1765) y *Reproches de Severo a su hijo Caracalla* (1769).

GREVENA 1 Nomo de Grecia, región de Macedonia Occidental; 2.291 km² y 37.017 h. **2** Ciudad capital del mismo; 7.739 h.

GRÉVOL m. *Zool.* Ave galliforme de nombre científico *Tetrastes bonasia.* Vive en el N de Europa y centro de Asia.

GRÉVY, JULES Político francés (Mont-sous-Vandrey, 1807 - íd., 1891). Miembro del Partido Republicano desde 1830, tomó parte en la revolución de 1848 y combatió a Bonaparte. A la caída del Segundo Imperio fue elegido presidente de la Asamblea, y en 1879 de la República, cargo que ocupó hasta 1887.

GREY f. **1** Rebaño. **2** fig. *Rel.* Congregación de los fieles bajo sus pastores religiosos. **3** fig. Conjunto de individuos que tienen algún carácter común, como la raza o nación. ♦ Su pl. es *greyes.*

GREY, CHARLES Político británico (Fallodon, 1764 - Howick House, 1845). Fue primer ministro (1830-34) e hizo aprobar la reforma electoral de 1832.

GREY, LADY JANE JUANA GREY.

GREY, ZANE Escritor estadounidense (Zanesville, 1872 - Altadena, 1939). Fue autor de numerosas novelas del Oeste, muchas de ellas llevadas al cine: *Los jinetes de la pradera roja* (1912), *Al oeste del Pecos, Nevada* (1928) y *El caballo de hierro* (1928).

GREYHOUND (Voz i.) adj. y s. *Veter.* Se dice de cierto perro de aspecto galgueño.

GRIAL o **GRAAL** m. *Lit.* Vaso o plato místico, que en los libros de caballerías se supone que era el cáliz de la Última Cena, conservado por José de Arimatea y ocultado en un lugar sagrado por sus descendientes.

GRIEG, EDVARD Compositor noruego (Bergen, 1843 - íd., 1907). Destacado representante del nacionalismo musical noruego, es autor de numerosos *lieder* (1861-98), *Danzas noruegas* (1881), *Piezas líricas* (1867-91), *Danzas sinfónicas* (1898), *Concierto en la* (1888), para piano y orquesta, etc. Puso música a los dramas *Sigurd Jorsalfar,* de Björnson, y *Peer Gynt,* de Ibsen.

GRIEGO, GA adj. y s. **1** De Grecia. **[Encic.]** || m. **2** *Ling.* Lengua griega, perteneciente al grupo helénico de la familia lingüística indoeuropea. Los varios dialectos del griego antiguo se fundieron a partir del siglo IV a.C. en la lengua helenística, denominada *koiné,* de la cual se deriva el griego moderno, cuyos primeros documentos están constituidos por los libros del Nuevo Testamento. **3** fig. y fam. Lengua ininteligible, incomprensible. || IGLESIA GRIEGA IGLESIA ORTODOXA.

ARTE. El arte de la Grecia clásica estableció en muchos aspectos los fundamentos estéticos y artísticos de la civilización europea occidental. Su evolución viene determinada por los siguientes periodos: *Periodo geométrico (1050-725 a. C.).* Recibe el nombre de los motivos decorativos utilizados en los restos de cerámica encontrados. En arquitectura, en el siglo IX a. C. se ge-

Grenoble (Francia). Plaza de San Andrés.

neralizó la decoración mediante triglifos y metopas. *Periodos orientalizante y arcaico (siglos VIII al VI a. C.).* El templo modelo de este periodo suele ser de planta tripartita, con tejado a doble vertiente o a dos aguas y presenta columnata simple o doble en todo su contorno o sólo en uno o los dos frentes. Se crean los dos órdenes clásicos, el DÓRICO y el JÓNICO. La cerámica se caracteriza por el cuidado de los detalles, y la policromía. Desde finales del siglo VII a. C. y hasta el VI a. C. se realizó la llamada cerámica de *figuras negras,* en la que se representaban escenas figuradas de la mitología o la vida cotidiana. Los grandes maestros fueron Clitias, Nearco, Lydos, Amasis y Exequias. La estatuaria en piedra o en bronce se convirtió en la máxima expresión del genio artístico. Se desarrollaron dos sistemas de representación: uno masculino, KUROI, y otro femenino, llamado KORÉ. El relieve se incorporó a los templos dóricos en las metopas, frontones y frisos. *Periodo clásico.* Se desarrolló del siglo V al IV a. C. El templo de Atenea en Afaia (Egina), anuncia por su esbeltez y su equilibrio un canon nuevo del que son representantes el PARTENÓN, el ERECTEÓN y el de Atenea Niké, los tres en la ACRÓPOLIS de Atenas. La escultura se realizó sobre todo en bronce. Sobresalen el *Auriga de Delfos,* el *Grupo de los Tiranicidas* y el *Poseidón* de Cabo Artemisión. En relieve, cabe destacar el *Trono Ludovisi.* El siglo V está marcado por la obra de tres escultores: Mirón, Policleto y Fidias. Desde el siglo IV a. C. se tiende poco a poco a una expresión mayor de los sentimientos y el movimiento gana libertad y naturalidad. Entre los escultores del siglo IV están Lisipo, Scopas y Praxíteles. La cerámica evolucionó hacia otra técnica, la denominada *figuras rojas* que se desarrolló del 530 al 480 a. C. *Periodo helenístico.* Desarrollado desde 323 a. C. hasta 31 a. C., se caracterizó por el sincretismo cultural e inició el tránsito hacia la época romana. Los órdenes clásicos se transformaron y se desarrolló uno nuevo, el CORINTIO, del que se considera templo modelo el Olimpeion de Atenas. Se utilizó la bóveda y el arco, elementos novedosos que, sin embargo, ya se conocían desde época micénica. Dentro de la arquitectura cabe destacar el templo de Apolo en Didime. En la arquitectura civil son representativos el Faro de Alejandría y la Torre de los Vientos de Atenas. En la escultura existieron varios centros: Atenas, Pérgamo, Alejandría y Rodas. En la Escuela de Atenas, los artistas fueron seguidores de Praxíteles y Scopas. Se recrearon temas mitológicos (*Afrodita lavándose, Menade danzante, Sátiro Borghese,* etc.) y se desarrolló la técnica del retrato, en el que sobresalió Apeles. En Asia Menor la escultura se caracterizó por el barroquismo y el patetismo (*Niño de la Oca, Fauno Barberini* y *Hermafrodita Dormido).* La Escuela de Pérgamo fue seguidora de la de Atenas y realizó las primeras copias de estatuas clásicas. La Escuela de Alejandría fue seguidora de Praxíteles, mientras que la de Rodas estuvo vinculada a Lisipo. Las obras más representativas de esta última son el *Coloso de Rodas,* la *Victoria de Samotracia* y el *Laocoonte.* La pintura se realizaba sobre madera y en muros. La cerámica de este periodo está realizada en arcilla gris con un barniz tostado, rojo o negro, y ocasionalmente decorada con figuras oscuras.

GRIESS, JOHANN PETER Químico alemán (Kirchhosbach, 1829 - Bournemouth, 1888). Descubrió los diazocompuestos por acción del ácido nitroso en frío sobre compuestos aromáticos con un grupo amino, estableciendo la reacción que lleva su nombre.

GRIETA f. **1** *Geol.* Abertura longitudinal en el hielo, rocas o suelo, producida por contracción, refracción o esfuerzos tensionales. **2** *Med.* Hendidura poco profunda en la piel. **3** Quiebra o abertura.

GRIFA f. **1** *Bot.* CÁÑAMO ÍNDICO. **2** LLAVE GRIFA.

GRIFERÍA f. **1** Conjunto de grifos o llaves. **2** Tienda donde se venden grifos y accesorios para saneamiento.

GRIFFITH, ARTHUR Político irlandés (Dublín, 1872 - íd., 1922). Partidario de la autonomía de Irlanda, fundó el movimiento Sinn Fein en 1902. En 1921 se trasladó a Londres, donde aceptó el tratado por el cual el Ulster permanecía dentro del Reino Unido mientras que Irlanda del Sur pasaba a ser un dominio dentro de la Commonwealth.

GRIFFITH, DAVID LLEWELYN WARK Director de cine estadounidense (La Grange, 1875 - Hollywood, 1948). Se le considera el creador de la narración cinematográfica. Sus principales películas son *El nacimiento de una nación* (1915), *Intolerancia* (1916), *Corazones del mundo* (1917) y *Las dos tormentas* (1921).

GRIFFITH, FLORENCE Atleta estadounidense (Los Ángeles, 1959 - Mission Viejo, 1998). Ganó la medalla de plata en los Juegos Olímpicos de Los Ángeles (1984), obtuvo el récord del mundo en 100 m lisos en Indianápolis (1988) y fue medalla de oro en 100 y 200 m lisos en los Juegos Olímpicos de Seúl (1988).

GRIFO, FA adj. **1** Se dice de los cabellos crespos o enmarañados. **2** Se dice de la persona cuyo pelo ensortijado indica mezcla de raza blanca con negra. También s. **3** *Méx.* Se dice de la persona intoxicada de marihuana. También s. **4** *Col.* Presuntuoso. || m. **5** *Folk.*

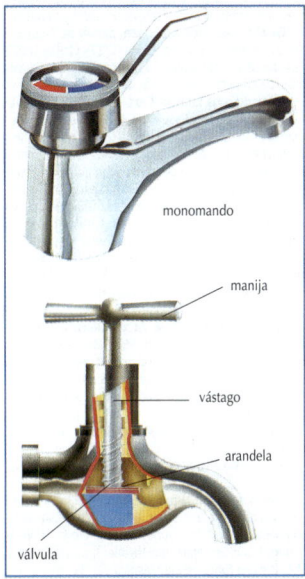

grifo monomando (arriba) y de espiga (abajo).

Animal fabuloso, cuya mitad superior es de águila, y la inferior de león. **6** Llave colocada en la boca de las cañerías y en otros depósitos de líquidos para permitir o impedir el paso de los mismos.
GRIFÓN adj. y s. **1** *Veter.* Se dice de cierto perro de pelo largo y áspero. || m. **2** Llave de cañería o depósito de líquidos.
GRIGALLO m. *Zool.* UROGALLO.
GRIGNARD, FRANÇOIS AUGUSTE VICTOR Químico francés (Cherburgo, 1871 - Lyon, 1935). Descubrió la llamada reacción de Grignard, de gran aplicación en la química orgánica. En 1912 recibió el premio Nobel de Química, compartido con P. Sabatier.
GRIJALVA o **GRIJALBA, JUAN DE** Descubridor español (Cuéllar, ¿1480? - Nicaragua, 1527). Acompañó en su expedición a Diego Velázquez, quien le confió continuar los descubrimientos de Hernández de Córdoba, dando nombre a la isla de Cozumel, al río de Grijalba, al río Banderas y a la isla de San Juan de Ulúa. Murió a manos de los indios.
GRIJALVA o **MEZCALAPA** Río de América Central, que nace en Guatemala, pasa por los Estados mexicanos de Chiapas, donde se le llama *Grande de Chiapas*, y Tabasco, y desemboca en el golfo de Campeche; 700 km.
GRILL (Voz i.) m. **1** PARRILLA. **2** Aparato eléctrico que cumple algunas funciones de la parrilla. **3** En los hornos de gas, fuego para gratinar o dorar los alimentos.
GRILLARSE prnl. **1** *Bot.* Entallecer algunas plantas. **2** Chiflarse.
GRILLERA f. **1** *Zool.* Agujero en que se recogen los grillos. **2** Jaula en que se los encierra. **3** fig. y fam. Lugar en donde nadie se entiende.
GRILLETE m. **1** Arco de hierro que sirve para asegurar una cadena. **2** *Mar.* Cada uno de los trozos de cadena que engrilletados unos con otros forman la del ancla de un buque.
GRILLO¹, LLA m. y f. **1** *Zool.* Nombre común de diversos insectos ortópteros de la familia gríllidos, cuyos élitros producen, al frotarse entre sí, un sonido agudo y monótono, que el macho utiliza para cortejar a la hembra. || m. pl. **2** Conjunto de dos grilletes que se colocaban en los pies de los presos.
GRILLO² m. *Bot.* Tallo que arrojan las semillas cuando empiezan a nacer en la tierra donde se siembran, o en la cámara si se humedecen.
GRILLOTALPA m. *Zool.* ALACRÁN CEBOLLERO.
GRILLPARZER, FRANZ Dramaturgo austriaco (Viena, 1791 - íd., 1872). Introdujo elementos del teatro barroco español en sus obras, así como elementos clásicos y mitológicos. De sus obras destacan *Safo* (1818), *El vellocino de oro* (1821), *Las olas del mar y del amor* (1831) y *El sueño es una vida* (1834).
GRIMA f. **1** Desazón, disgusto. **2** Dentera.
GRIMALDI *Geneal.* Familia patricia italiana, originaria de Génova y vinculada al principado de Mónaco desde el siglo XIII.
GRIMALDI Localidad de Italia, en el Mediterráneo y junto a la frontera con Francia, en cuyos alrededores existen unas cuevas (*Balzi Rossi*), en las que han aparecido importantes restos prehistóricos del paleolítico.
GRIMM, FRIEDRICH MELCHIOR, BARÓN DE Escritor y crítico literario alemán (Ratisbona, 1723 - Gotha, 1807). Es autor de un interesante *Epistolario*, dirigido a la mayoría de las personalidades de su época.
GRIMM, JACOB LUDWIG CARL y **WILHELM CARL** (llamados los HERMANOS GRIMM) Filólogos y escritores alemanes (Hanau, 1785 - Berlín, 1863 y Hanau, 1786 - Berlín, 1859, respectivamente). Realizaron una importantísima labor de recuperación de la tradición literaria germánica y de investigación histórico-lingüística. Aunque fueron los fundadores de la filología germánica, deben su popularidad a la recopilación de las *Sagas alemanas* (1816-18) y a los *Cuentos infantiles y del hogar* (1812-22). A Jacob se debe además la *Gramática alemana* (1819-37). Ambos hermanos colaboraron también en la redacción del *Diccionario alemán* (1838-61).
GRIMMELSHAUSEN, HANS JACOB CHRISTOPH VON Escritor alemán (Gelnhausen, h. 1622 - Renchen, 1676). Fue el más importante escritor alemán del siglo XVII. En su obra fundamental, *El aventurero Simplicius Simplicissimus* (1669), siguió la tendencia de la novela picaresca española.
GRÍMPOLA f. **1** *Mar.* Pequeña bandera. **2** *Mil.* Insignia militar.
GRINDELWALD Población de Suiza, Estado de Berna; 3.550 h. Es célebre por el glaciar de su nombre.
GRINGO, GA adj. **1** fam. Extranjero, especialmente inglés. También s. **2** Se dice también de la lengua extranjera. También m. **3** desp. *Amér.* ESTADOUNIDENSE. También s. || m. **4** fam. Lenguaje ininteligible. || m. y f. **5** *Arg.* y *Perú* Persona rubia y de tez blanca.
GRIÑOLERA f. *Bot.* Arbusto de la familia rosáceas, con flores rosadas.

grillo común.

GRIÑÓN m. **1** Toca de las beatas y monjas. **2** *Agr.* Variedad de melocotón pequeño y sabroso de piel lisa y muy colorada.
GRIPAR tr. y. prnl. *Mec.* Hacer que se agarroten las piezas de un mecanismo por falta de lubricante.
GRIPE f. *Pat.* Enfermedad del sistema respiratorio, epidémica y de origen vírico, que aparece acompañada de fiebre y con manifestaciones variadas, especialmente catarrales.
GRIS adj. **1** Se dice del color que resulta de la mezcla de blanco y negro o azul. También s. **2** Borroso, sin perfiles definidos. **3** fig. Triste, lánguido, apagado. || m. **4** fig. PETIGRÍS, ardilla común. Esta denominación sólo se usa en peletería. **5** fam. *Meteor.* Frío o viento frío. **6** fam. Miembro de la policía armada cuyo uniforme era de ese color. Más en pl. || **GRIS MARENGO** El oscuro casi negro. || **GRIS PERLA** El que recuerda en su tonalidad el color de la perla.
GRIS, JUAN (JOSÉ VICTORIANO GONZÁLEZ, llamado) Pintor español (Madrid, 1887 - Boulogne-sur-Seine, 1927). En 1906 se trasladó a París, donde empezó a pintar siguiendo la tónica del cubismo analítico con una gran austeridad cromática (*Homenaje a Picasso*). Después inició en su obra una nueva fase más intelectual —cubismo sintético—. A esta etapa pertenecen: *Pierrot*, *El guitarrista*, *El tablero*, *El saco de café*, *La botella y el frutero*, etc.
GRISÁCEO, A adj. De color que tira a gris.
GRISALLA f. *Pint.* Técnica pictórica de imitación de bajorrelieves, mediante el empleo del blanco, negro y diferentes grises obtenidos de la mezcla de ambos.
GRISEBACH, AUGUST Botánico alemán (Hannover, 1814 - Gotinga, 1879). Se le considera el fundador de la geografía botánica por su obra *La vegetación del globo según los climas*.
GRISELDA Dama italiana (siglo XIV). Esposa del margrave Gualterio de Saluzzo, es la heroína de una leyenda de fidelidad conyugal que sirvió de inspiración a Petrarca y Boccaccio.
GRISETA f. **1** Tela de seda con dibujos. **2** *Bot.* Enfermedad de los árboles que se manifiesta con la aparición de manchas blancas, rojas o negras.

GRISÓN, NA adj. y s. **1** De Grisones. || m. *Ling.* **2** Lengua neolatina, llamada también *romanche*, hablada en la mayor parte del Cantón de Grisones (Suiza). Desde 1939 constituye el cuarto idioma oficial de Suiza.
GRISONES (*Graubünden*) Cantón del SE de Suiza; 7.105 km² y 186.118 h. Capital, Chur.
GRISÚ m. *Min.* Gas compuesto de metano, nitrógeno y dióxido de carbono, desprendido de las minas de hulla que, al mezclarse con el aire, se hace inflamable y produce violentas explosiones.
GRITAR intr. **1** Levantar la voz más de lo acostumbrado. **2** Desaprobar ruidosamente. También tr.
GRITERÍO m. Confusión de gritos.
GRITO m. **1** Voz muy forzada y levantada. **2** Expresión proferida con esta voz. **3** Manifestación vehemente de un sentimiento general. **4** *Geol.* Chirrido de los hielos de los mares glaciares al ir a quebrarse por estar sometidos a presiones. || **ÚLTIMO GRITO** fig. Novedad sorprendente en la moda o en otros ámbitos. || **a grito pelado** loc. adv. Gritando mucho. || **pedir** o **estar pidiendo** una cosa **a gritos** fr. fig. y fam. Necesitar mucho una cosa. || **poner el grito en el cielo** fr. fig. y fam. Quejarse vehementemente de alguna cosa.
GRIVAS, GEORGIOS THEODOROS Militar y político griego de origen chipriota (Trikomo, 1898 - Limassol, 1974). En 1951 organizó en Chipre la Organización Nacional para la Liberación de Chipre, que logró la independencia de la isla.
GRO m. Tela de seda sin brillo y de más cuerpo que el tafetán.
GROCIO, HUGO (HUIG VAN GROOT, llamado) Jurisconsulto y teólogo holandés (Delft, 1583 - Rostock, 1645). Renovó la antigua noción del Derecho Natural, dándole un carácter autónomo respecto a la Teología. Es autor del primer tratado sistemático y completo de Derecho Internacional Público, *De jure belli ac pacis* (1625), y de *Mare Liberum* (1602).
GRODNO Ciudad de Bielorrusia, capital de la provincia de su nombre; 301.000 h. Fue capital de Lituania (1376-1569).
GROENLANDÉS, SA adj. y s. De Groenlandia.
GROENLANDIA (*Grønland*) Isla del NE de América del Norte, que constituye un condado autónomo de Dinamarca. Se extiende desde el casquete polar ártico hasta los 60° N; 2.175.600 km² y 55.385 h. (la mayor parte esquimales). Capital, Nuuk (Godthaab). Más del 80% de la superficie está cubierta de hielos permanentes. Tiene un relieve montañoso que alcanza sus mayores alturas en Gunnbjorns Fjaeld (3.700 m). El clima es ártico. La pesca, junto con la caza es la actividad económica más importante. Bases aéreas estadounidenses (DUNDAS). Fue descubierta hacia el año 900 de nuestra era por el normando Gumbjörn. Erik el Rojo la colonizó en 985. En 1261 pasó a poder de Noruega y en 1721 los daneses se establecieron nuevamente en la costa. A principios del siglo XIX fueron reconocidos los derechos de Dinamarca sobre la isla. Desde 1979, en que se celebraron

Juan **Gris**. *El fumador*. Museo Thyssen-Bornemisza (Madrid).

las primeras elecciones autonómicas, ha gobernado el partido Siumut. En 1982, mediante referéndum se separó de la CEE.

GROG (Voz i.) m. Bebida elaborada a base de ron u otro licor, agua caliente y limón.

GROGUI adj. **1** *Dep.* En el lenguaje del boxeo, aturdido, tambaleante, sin apenas conocimiento. **2** Atontado por el cansancio o por otras causas físicas o emocionales. **3** Casi dormido.

GROMYKO, ANDREI ANDREIEVICH Diplomático soviético de origen bielorruso (Starve Gromyki, 1909 - Moscú, 1989). Fue embajador en EE UU (1943-46) y ante la ONU (1946-52), ministro de Asuntos Exteriores (1957-85) y presidente del Soviet Supremo (1985-88).

GRONCHI, GIOVANNI Político italiano (Pontedera, 1887 - Roma, 1978). Fundó junto con Don Sturzo, el Partido Popular Italiano. Durante la Segunda Guerra Mundial tomó parte en la Resistencia y después de la contienda fue ministro de Industria, Comercio y Trabajo (1944-46), presidente de la Cámara (1948-55) y de la República (1955-62).

GRONINGA *(Groningen)* **1** Provincia de los Países Bajos; 2.344 km² y 560.000 h. **2** Ciudad capital de la misma; 171.193 h. Gran centro comercial agropecuario e industrial.

GROOT, HUIG VAN GROCIO, HUGO.

GROPIUS, WALTER Arquitecto alemán (Berlín, 1883 - Boston, 1969). En 1919 fundó en Weimar la BAUHAUS. En 1924 la *Bauhaus* se trasladó a Dessau, donde Gropius construyó su nueva sede. Abandonó Alemania tras la llegada de Hitler al poder.

GROS, ANTOINE-JEAN Pintor francés (París, 1771 - Meudon, 1835). Discípulo de David y destacado representante de la pintura neoclásica, se distinguió en la pintura de asuntos históricos. Autor de *Los apestados de Jaffa* (1804), *Murat en Abukir* (1806) y *Napoleón en Eylau* (1808).

GROS VENTRE O **ATSINA** adj. *Etnol.* **1** Se dice de un pueblo amerindio de la familia lingüística algonquina que habitaba en las grandes llanuras de la provincia canadiense de Saskatchewan y el Estado norteamericano de Montana. Hoy día viven en Montana. También s. **2** Se dice también de sus individuos. También s. **3** Relativo a este pueblo.

GROSELLA f. *Bot.* Fruto del grosellero, baya esférica, de color rojo, morado o blanco, sabor agridulce y uso medicinal.

GROSELLERO m. *Bot.* Arbusto perteneciente a la familia saxifragáceas, de nombre científico *Ribes rubrum*, de flores blancas o rosáceas, cuyo fruto es la grosella.

GROSERÍA f. **1** Descortesía, falta de atención y respeto. **2** Tosquedad, falta de finura. **3** Rusticidad, ignorancia.

GROSERO, RA adj. **1** Basto, grueso, ordinario y sin arte. **2** Descortés. También s.

GROSOR m. Grueso de un cuerpo.

GROSSETESTE, ROBERT Filósofo británico (Stradbroke, 1175 - Oxford, 1253). Se le considera uno de los fundadores de la llamada *Escuela de Oxford*. Autor de *Compendium scientiarum*.

GROSSETO Provincia de Italia, en Toscana; 4.504 km² y 217.127 h. **2** Ciudad capital de la misma; 71.879 h. Catedral de 1294.

GROSSO MODO loc. adv. lat. Por encima, sumariamente, aproximadamente.

GROSULARIA f. *Miner.* Variedad de granate de color verde y composición Ca₃Al₂(SiO₄)₃, que se forma en el metamorfismo de contacto de las areniscas impuras. Se emplea en joyería.

GROSURA f. **1** Sustancia crasa o mantecosa, o jugo untuoso y espeso. **2** Extremidades y asadura de los animales.

GROSZ, GEORGE Pintor y dibujante estadounidense de origen alemán (Berlín, 1893 - id., 1959). En 1918 figuró entre los fundadores del dadaísmo en Berlín. Destacó por sus dibujos satíricos.

GROSZ, KAROLY Político húngaro (Mis Vrolo, 1930 - id., 1996). Al iniciarse el proceso liberalizador promovido por la *perestroika*, fue nombrado primer ministro (1987-90) y secretario general del Partido Comunista (1988). Defendió el pluripartidismo y la potenciación de la economía liberal.

GROTESCO, CA adj. **1** Ridículo y extravagante. **2** Grosero y de mal gusto.

GROTEWOHL, OTTO Político alemán (Brunswick, 1894 - Berlín, 1964). Perteneció al Partido Socialdemócrata, de cuyo comité ejecutivo fue miembro en 1945. Entre 1949 y 1964 desempeñó el cargo de primer ministro de la RDA.

GROTOWSKI, JERZY Director teatral polaco (Rzeszów, 1933 - Pontedera, 1999). Sus trabajos muestran la influencia de Stanislawski, Artaud y el teatro oriental. Es autor de *Por un teatro pobre*, obra programática que ha influido decisivamente en el teatro europeo.

Matthias **Grünewald**. *Retablo de Isenheim*. Museo de Unterlinden (Colmar).

GROUPIE (Voz i.) f. Seguidora de un conjunto musical, que acompaña a sus componentes en sus conciertos y giras.

GROZNI Ciudad de la Federación de Rusia, capital de la República autónoma de Chechenia; 364.000 h. Importante centro petrolífero. En 1997 fue cambiado su nombre por el de *Dzhojar-Ghala*.

GRÚA f. **1** Máquina para levantar pesos y llevarlos de un punto a otro, mediante un brazo horizontal o inclinado, llamado *aguilón*, y un conjunto de polea y cables. **2** *Mil.* Máquina militar antigua que se usaba en el ataque de las plazas. **3** *Autom.* Vehículo automóvil provisto de grúa para remolcar otro. **4** *Cin.* y *Telev.* Soporte que lleva instalada una plataforma sobre la que se coloca la cámara y el asiento del operador.

GRÚA Y TALAMANCA, MIGUEL DE LA Administrador colonial español (Sicilia, h. 1750 - ?). Casado con una hermana de Godoy, ocupó el cargo de virrey de Nueva España (1794-98).

GRUESO, SA adj. **1** Gordo, que tiene mucha grasa. **2** Corpulento y abultado. **3** Que excede de lo regular. || m. **4** Corpulencia y cuerpo de una cosa. **5** Parte principal y más fuerte de un todo. **6** Trazo ancho o muy entintado de una letra. Se dice en contraposición a *perfil*. **7** Espesor de una cosa. **8** *Geom.* Una de las tres dimensiones de los sólidos, ordinariamente la menor.

GRUIFORME adj. *Zool.* **1** Se aplica a ave de cuello largo y patas estilizadas, con pies no palmeados, alas redondeadas, cola corta y pico fuerte, como la grulla, focha, avutarda, rascón y torillo. || m. pl. *Zool.* **2** Orden de estas aves.

GRUJIR tr. Igualar con una barrita de hierro llamada *grujidor* los bordes de los vidrios cortados con el diamante.

GRULLA f. **1** *Zool.* Nombre común de varias especies de aves gruiformes de la familia gruidos, de gran tamaño y con el cuello y las patas muy largos. Se distribuyen por todo el mundo, excepto el S de América. **2** *Mil.* Antigua máquina militar para atacar las plazas. **3** fig. *Méx.* Persona lista, astuta.

GRULLA *Astron.* Pequeña constelación del hemisferio Sur.

GRULLO adj. **1** *Veter. Méx.* Se dice del caballo de color ceniciento. || m. **2** fam. *And.* Paleto, palurdo. **3** *Méx.* y *Venez.* PESO DURO. **4** *Veter. Arg.* Caballo semental grande.

GRUMETE m. Aprendiz de marinero.

GRUMO m. **1** Parte de un líquido que se coagula. **2** Conjunto de cosas apiñadas y apretadas entre sí. **3** *Bot.* Cogollo de los árboles. **4** *Zool.* Extremidad del alón del ave.

GRÜN BALDUNG, HANS.

GRÜNBERG ZIELONA GÓRA.

GRÜNEWALD, MATTHIAS (MATHIS NITHARDT GRÜNEWALD, llamado) Pintor alemán (Wurzburgo, 1470 - Halle, 1528). Uno de los principales representantes del gótico alemán en sus postrimerías. Obras: *Cristo escarnecido* (1504-05), *Retablo de Isenheim* (1512-15), *Crucifixión* (h. 1515) y *San Erasmo con san Mauricio* (1520-25).

GRUÑIDO m. **1** Voz de algunos animales. **2** Sonidos inarticulados, roncos, que emite una persona como señal de mal humor.

GRUÑIR intr. **1** Dar gruñidos. **2** fig. Mostrar disgusto y repugnancia en la ejecución de una cosa. **3** Chirriar, rechinar. ♦ IRREG. Se conjuga como MULLIR.

GRUÑÓN, NA adj. fam. Que gruñe con frecuencia.

GRUPA f. *Zool.* Ancas de una caballería.

GRUPO m. **1** Conjunto de seres o cosas. **2** *Esc.* y *Pint.* Conjunto de figuras. **3** *Mat.* Conjunto de elementos entre los que existe una operación tal que el resultado de efectuar dicha operación con dos elementos cualesquiera del grupo es otro elemento del grupo. **4** *Mil.* Unidad compuesta de varios escuadrones o baterías. **5** *Quím.* Cada una de las columnas del sistema periódico que contienen elementos de propiedades semejantes. || **GRUPO ABELIANO** *Mat.* Aquel en que la operación definida cumple la propiedad conmutativa, de forma que para cualquier par de elementos *a* y *b* se verifica que $a + b = b + a$. || **GRUPO ELECTRÓGENO** *Tecnol.* Acoplamiento de un motor de explosión y un generador de electricidad que se usa para suplir, en determinados momentos, la falta de corriente de las centrales. || **GRUPO PARLAMENTARIO** *Polít.* Dentro de una asamblea o cámara parlamentaria, conjunto de representantes de una misma formación política. || **GRUPO DE PRESIÓN** *Polít.* y *Sociol.* Conjunto de personas, físicas o jurídicas, que en beneficio de sus intereses influyen en ámbitos sociales, políticos, económicos, etc. || **GRUPO SANGUÍNEO** *Citol.* Cada uno de los conjuntos de factores determinados genéticamente que caracterizan los diferentes grupos de hemoaglutinación, que deben tenerse en cuenta antes de proceder a las transfusiones de sangre. Se nombran por las letras A, B, AB y O.

GRUPO ISLÁMICO ARMADO (GIA) *Polít.* Organización integrista radical argelina, formada por militantes procedentes de la facción más extremista del Frente Islámico de Salvación (FIS).

GRUPO DE LOS SIETE (G7) *Econ.* y *Polít.* Nombre con el que se conoce a los siete países más industrializados del mundo: EE UU, Japón, Alemania, Francia, Reino Unido, Italia y Canadá. Celebraron su primera reunión en 1975 para tratar los problemas de la crisis petrolíferas. En 1987 se incorporó también un representante de la UE y en 1997 lo hizo Rusia.

GRUPOIDE m. *Mat.* Estructura mínima que puede tener un conjunto cualquiera en que se ha definido una operación.

GRUPOS ANTITERRORISTAS DE LIBERACIÓN (GAL) *Polít.* Banda armada surgida en España en 1983 como represalia contra las acciones criminales de ETA. En 1994 el caso cobró una relevancia espectacular al verse implicados el ex ministro del Interior, José Barrionuevo y varios de sus colaboradores. En 1998 fueron condenados a diferentes penas por el secuestro de Segundo Marey (1983).

GRUPOS DE RESISTENCIA ANTIFASCISTA PRIMERO DE OCTUBRE (GRAPO) *Polít.* Organización terrorista española, de orientación marxista-leninista, surgida en 1975 como brazo armado del Partido Comunista de España (reconstituido).

GRUPÚSCULO m. Organización integrada por un reducido número de personas.

GRUTA f. **1** Cavidad natural abierta en riscos y peñas. **2** Cavidad subterránea de origen cárstico y desarrollo vertical. **3** Estancia subterránea artificial.

Guadalajara (España). Palacio de los duques del Infantado.

GRUTESCO, CA adj. **1** Relativo a la gruta, estancia. || m. pl. *Pint.* **2** Motivos decorativos compuestos de animales, quimeras y follajes, propios del arte renacentista del siglo XVI.
GRÜTLI o **RÜTLI** *Hist.* Pradera de Suiza al SE del lago de los Cuatro Cantones, donde se reunieron los Países o Estados Forestales y firmaron la Liga Perpetua (1291), origen de la Confederación Helvética, para luchar contra el dominio austriaco. También tuvo lugar aquí el legendario juramento de Guillermo Tell (1307).
GRUYER adj. y s. Se dice de un queso suizo, de pasta fina y grasa, con ojos y de sabor dulce y picante a la vez.
GRUYÈRE Comarca de Suiza, Cantón de Friburgo. Famosa por sus quesos.
GUA m. **1** Hoyito en el suelo para jugar tirando en él bolitas o canicas. **2** Nombre de este juego.
GUABAIRO m. *Zool. Cuba* Ave caprimulgiforme, especie de chotacabras que vive en los bosques y se alimenta de insectos.
GUABÁN m. *Bot. Cuba* Árbol silvestre de la familia meliáceas, cuya madera se utiliza para mangos de herramientas.
GUABICO m. *Bot. Cuba* Árbol de la familia anonáceas, de madera dura y fina.
GUABINA f. *Venez.* Pez teleosteo, de la familia de los góbidos.
GUABIRÁ m. *Bot. Arg., Par. y Urug.* Árbol grande.
GUABIYÚ m. *Bot. Arg. y Par.* Árbol de la familia mirtáceas, con propiedades medicinales.
GUABO m. *Bot. C. Rica y Ecuad.* Árbol de la familia mimosáceas.
GUACA f. **1** *Antrop. Amér. C., Bol. y Perú* Sepulcro de los antiguos indios (HUACA). **2** *Antrop. Pan.* Vasija con joyas y objetos artísticos, en las sepulturas indígenas. **3** *Amér. m.* Tesoro escondido. **4** *C. Rica y Cuba* Hoyo donde se depositan frutas verdes para que maduren. **5** *Bol., C. Rica, Cuba y Méx.* Hucha o alcancía.
GUACAL m. **1** *Bot. Amér. C.* Árbol de la familia bignoniáceas, de nombre científico *Crescentia cujete*, que produce unos frutos redondos que, partidos por la mitad, se utilizan como vasija. **2** *Amér. C.* Vasija así formada. **3** *Amér.* Cesta o jaula formada de varillas de madera.
GUACALOTE m. *Bot. Cuba* Planta trepadora de la familia leguminosas, que tiene por fruto una vaina que contiene dos semillas duras.
GUACAMAYA f. **1** *Bot. Cuba y Hond.* Arbusto semejante al espantalobos. **2** *Zool. Amér. C., Col. y Méx.* GUACAMAYO.
GUACAMAYO m. *Zool.* Nombre común de varias especies de aves psitaciformes de la familia psitácidas, género *Ara*. Viven en las selvas del centro y S de América.
GUACAMOL o **GUACAMOLE** m. *Amér. C., Cuba y Méx.* Ensalada de aguacate.
GUACAMOTE m. *Bot. Méx.* Especie de mandioca.
GUACANAYABO, GOLFO DE Golfo del SO de Cuba, entre la punta San Juan y el cabo Cruz.
GUACHAJE m. *Chile* Hato de terneros separados de sus madres.
GUACHAPELÍ m. *Bot. Ecuad. y Venez.* Árbol de la familia mimosáceas, parecido a la acacia cuya madera es muy apreciada en los astilleros.
GUÁCHARO m. *Zool.* Ave caprimulgiforme de nombre científico *Steatornis caripensis*. De costumbres nocturnas, es capaz de volar en completa oscuridad, empleando para ello un mecanismo similar al de los murciélagos. Vive en las selvas de América tropical.
GUACHE m. **1** *Col. y Venez.* Villano, canalla. **2** *Pint.* GOUACHE.
GUACHINANGO, GA adj. **1** *Cuba, Méx. y P. Rico* ZALAMERO. || m. **2** *Cuba y Méx.* PARGO.
GUACHO, CHA adj. **1** *Amér. m.* Huérfano. **2** *Chile* Descabalado, desparejado. || m. *Zool.* **3** Cría de un animal, y especialmente pollo de cualquier pájaro.
GUÁCIMA f. *Bot. Ant., Col. y C. Rica* Árbol silvestre cuyos frutos y hojas sirven de alimento al ganado.
GUACIMILLA f. *Bot.* Arbusto de la familia flacurtiáceas, de madera muy dura.
GUACO m. **1** *Bot.* Planta de la familia compuestas, con flores blancas. Sus hojas tienen propiedades medicinales. **2** *Zool.* Ave galliforme, con un copete de plumas erizadas en la cabeza. **3** *Zool. C. Rica* Ave de la familia falcónidas.
GUAD-, GUADI-, UAD-, UADI-, UEDI-, WAD-, WADI-, WED-, WEDI- prefs. que significan río: *Guadarrama, Guadalhorce.*
GUADALAJARA 1 Provincia de España, en la Comunidad Autónoma de Castilla-La Mancha; 12.190 km² y 161.669 h. La capital es la ciudad de su nombre. Otras poblaciones importantes son Sigüenza, Azuqueca de Henares, Brihuega, Molina, Mondéjar, Yunquera de Henares y Sacedón. Montañosa en su parte N y E, participa de las llanuras de la Meseta en su zona S y O. Sus mayores alturas son el pico de Ocejón (2.063 m), la sierra del Alto Rey, el Alto de Paredes, el Torreplazo, la meseta de Campisábalos y el cerro del Tejar. El sistema fluvial está formado principalmente por el Tajo y sus afluentes el Tajuña y el Henares. El clima es continental frío. Produce cereales, vinos, aceite, legumbres, garbanzos, lentejas, lino y frutas. El ganado predominante es el lanar. Hierro. Además de las industrias tradicionales (miel), se han implantado en torno a la capital factorías de la construcción, mecánicas, metalúrgicas y agropecuarias. Importante complejo hidroeléctrico, formado por los pantanos de Bolarque, Entrepeñas y Buendía. Importante central nuclear en Almonacid de Zorita. **2** Ciudad capital de la misma, situada a orillas del Henares; 67.108 h. Centro comercial e industrial. Palacio de los duques del Infantado (siglo XV); iglesias de Santa María de la Fuente (siglo XIII); de San Ginés (siglo XVI); y de San Nicolás (siglo XVII). Puente árabe sobre el río Henares (siglo X) y muralla de la misma época.
GUADALAJARA Ciudad de México, capital del Estado de Jalisco; 1.650.042 h. Centro comercial y financiero. Industria textil, petroquímica, del calzado y metalúrgica. Catedral del siglo XVI. Turismo. Fue fundada en 1542. Recibió su nombre como homenaje al conquistador Nuño de Guzmán, originario de la localidad española de igual nombre.
GUADALAJARENSE adj. y com. TAPATÍO, de Guadalajara (México).
GUADALAJAREÑO, ÑA adj. y s. De Guadalajara (España).
GUADALAVIAR TURIA.
GUADALCANAL Municipio y lugar de España, provincia de Sevilla; 3.121 h.
GUADALCANAL Isla y provincia de Salomón; 5.336 km² y 59.064 h. Su capital es Honiara. Derrota de los japoneses en la Segunda Guerra Mundial (1943).
GUADALQUIVIR Río de España, en Andalucía, que nace en la sierra de Cazorla y desemboca en el Atlántico por Sanlúcar de Barrameda; 657 km. Pasa por Baeza, Andújar, Córdoba, Lora del Río y Sevilla. Es navegable desde esta última ciudad hasta su desembocadura. Los romanos le llamaron *Betis* y los árabes *Wuad el Kebir* (Río Grande).
GUADALUPE CANELONES.
GUADALUPE Municipio y lugar de España, provincia de Cáceres; 2.461 h. Célebre monasterio de estilo goticomudéjar, santuario donde se venera la imagen de Nuestra Señora de Guadalupe.
GUADALUPE Isla de México, al NO del Estado de Baja California; 264 km². Su origen es volcánico.
GUADALUPE Isla de las pequeñas Antillas, grupo de Barlovento, que forma parte del departamento francés de ultramar Guadalupe y dependencias; 1.433,6 km² y 335.313 h. Su capital es Basse-Terre. Consta de dos islas separadas por un angosto brazo de mar (Basse-Terre al O y Grande-Terre al E).
GUADALUPE, NUESTRA SEÑORA DE 1 Imagen de la Virgen, hallada en el siglo XIII, venerada en la villa de su nombre (Cáceres) y para la que Alfonso XI mandó levantar un monasterio goticomudéjar. Patrona de Extremadura, el 12 de octubre de 1928 fue coronada como Reina de la Hispanidad. **2** Imagen de la Virgen, que se venera en el santuario situado al pie del Cerro de Tepeyac, en las proximidades de Villa Guadalupe Hidalgo (México), donde, según la tradición, se apareció al indio Juan Diego (1531). Fue declarada patrona de toda la América hispana en 1910.

Guadalupe (Cáceres). Templete gótico-mudéjar en el claustro del monasterio.

GUADALUPE Y DEPENDENCIAS Departamento de ultramar de Francia constituido por las islas de Guadalupe, Deseada, María Galante, Petite Terre, San Bartolomé, San Martín, Las Santas y Tintamarre; 1.780 km² y 426.000 h. Su capital es Basse-Terre, en la isla de Guadalupe.

GUADALUPE HIDALGO, TRATADO DE Acuerdo suscrito entre México y EE UU, en 1848, que puso fin a la guerra entre ambos países, por el que México cedió los territorios de Tamaulipas, Nuevo México y Alta California y renunció a reclamar Texas.

GUADAMECÍ o **GUADAMECIL** m. Cuero adornado con dibujos de pintura o relieve.

GUADAÑA f. Instrumento para segar a ras de tierra, formado por una cuchilla curva enastada en un mango. Se emplea como símbolo de la muerte.

GUADAÑERO o **GUADAÑIL** m. El que siega con guadaña.

GUADARNÉS m. **1** Sitio donde se guardan las sillas y guarniciones. **2** Mozo que cuida de ellas.

GUADARRAMA, SIERRA DE Cadena montañosa de España, perteneciente al Sistema Central. Separa las provincias de Segovia y Madrid y alcanza sus mayores alturas en el pico de Peñalara (2.430 m) y Siete Picos (2.138 m). Pasos de Somosierra, Navacerrada y Guadarrama.

GUADI- pref. GUAD-.

GUADIANA Río de la península Ibérica, que nace en las lagunas de Ruidera, provincias de Albacete y Ciudad Real, corre por esta última con el nombre de Guadiana Alto, desaparece bajo el suelo al S de Argamasilla de Alba para reaparecer en el lugar denominado Ojos del Guadiana. Con el nombre de Guadiana Bajo pasa cerca de Ciudad Real, por Mérida y Badajoz y, tras servir de límite entre Portugal y España, desemboca en el Atlántico cerca de Ayamonte (Huelva); 578 km.

GUADIANÉS, SA adj. Del río Guadiana; especialmente se dice de los ganados criados en su ribera.

GUADIJEÑO, ÑA adj. y s. **1** De Guadix. || m. **2** Cuchillo cuyo mango tiene una horquilla de hierro para afianzarlo al dedo pulgar.

GUADRAPEAR tr. Colocar objetos de forma que alternativamente una vaya en posición contraria a la del otro.

GUAGUA f. **1** Cosa baladí. **2** Zool. Arg., Cuba y Dom. Insecto muy pequeño. **3** Can., Cuba, Dom. y P. Rico Autobús urbano. **4** Arg., Bol., Chile, Col., Ecuad. y Perú Nene, niño de teta. En Ecuador es com.

GUAGUA PICHINCHA PICHINCHA, macizo volcánico.

GUAGUASÍ m. Bot. Cuba Árbol silvestre, de cuyo tronco fluye una resina odorífera.

GUAICAIPURO Cacique indio (? - ?, 1568). Como jefe de los teques de la región de Caracas (Venezuela), derrotó a la expedición de Luis Narváez (1562); murió luchando contra los españoles.

GUAICURÚ¹ m. Bot. Arg. Planta de propiedades medicinales.

GUAICURÚ² adj. Etnol. **1** Se dice de un pueblo amerindio que habita a lo largo del Paraguay y el bajo Paraná, en la zona del Chaco. También s. **2** Se dice también de sus individuos. También s. **3** Relativo a este pueblo.

GUAILLABAMBA Río de Ecuador, en las provincias de Pichincha y Esmeraldas, en cuyo valle, al SE de Quito, se ha localizado el asentamiento humano más antiguo de Sudamérica.

GUAINÍA NEGRO, afluente del Amazonas.

GUAINÍA Departamento de Colombia; 72.238 km² y 43.194 h. Capital, Puerto Inírida.

GUAIRA f. **1** Met. Hornillo de barro para fundir los minerales de plata. **2** Mar. Vela triangular. **3** Amér. C. Especie de flauta.

GUAIRA, LA Ciudad de Venezuela, en el Distrito Federal; 20.500 h. Es el puerto más importante de la República. En 1821 fue reconocida en ella la independencia de Venezuela.

GUAIRÁ Departamento de Paraguay, región Oriental; 3.846 km² y 173.668 h. Capital, Villarrica.

GUAIRÁ o **SETE QUEDAS** Cataratas en el curso alto del Paraná, entre Brasil y Paraguay.

GUAIRABO m. Zool. Chile Ave ciconiforme, especie de garza nocturna.

GUÁITARA Río de Colombia, afluente del Patía; 135 km.

GUAITECAS Archipiélago de Chile, en el Pacífico, situado entre los de Chiloé y Chonos. Capital, Melinka.

GUAJACA f. Bot. Cuba Planta silvestre que se enreda y cuelga de ciertos árboles, semejando cabellos gruesos.

GUAJACÓN m. Zool. Cuba Pececillo de agua dulce.

GUAJARIBO, BA o **GUAHARIBO, BA** adj. Etnol. **1** Se dice de un pueblo amerindio que habita en el área del Alto Caura, entre Venezuela y Brasil. También s. **2** Se dice de sus individuos. También s. **3** Relativo a este pueblo.

GUAJE m. **1** Niño, muchacho, jovenzuelo. **2** Bot. Méx. Especie de acacia. **3** Hond. y Méx. Calabaza que

guanaco

sirve para llevar vino. **4** Hond. y Méx. Bobo, tonto. También adj.

GUAJIRA f. Mús. Cierto canto popular de la isla de Cuba.

GUAJIRA Península de Colombia, en el mar de las Antillas. Está situada en el extremo N de América del Sur. Ocupa casi todo el territorio del departamento homónimo de Colombia, aunque una pequeña franja de la zona SE pertenece a Venezuela.

GUAJIRA, LA Departamento de Colombia, en la península de su nombre; 20.848 km² y 526.148 h. Capital, Riohacha.

GUAJIRO¹, RA m. y f. Campesino de la isla de Cuba, y por extensión, persona rústica.

GUAJIRO², RA adj. y s. De La Guajira, Colombia.

GUAJIVO, VA o **GUAHIBO, BA** adj. Etnol. **1** Se dice de un pueblo amerindio que habita en Venezuela y Colombia. También s. **2** Se dice también de sus individuos. También s. **3** Relativo a este pueblo.

GUAJOLOTE m. Zool. Méx. Pavo.

GUAL, MANUEL Patriota venezolano (La Guaira, ? - San José de Oruña, 1800). Encabezó con J. M. España y J. M. Picornell el primer movimiento independentista (1797) en La Guaira y Caracas, duramente reprimido por el capitán general P. Carbonell.

GUAL, PEDRO Político venezolano (Caracas, 1784 - Guayaquil, 1862). Fue vicepresidente (1860) y presidente de la República (1858, 1859 y 1861). Fue depuesto ese último año por un golpe militar.

GUALA f. Zool. **1** Chile Ave acuática gruiforme, con el pico verdoso. **2** Col. y Venez. Ave parecida al aura.

GUALANDAY m. Bot. Col. Árbol de la familia bignoniáceas, con flores de color púrpura.

GUALDA f. Bot. Hierba de la familia resedáceas, de nombre científico Reseda luteola, con tallos ramosos y flores amarillas.

GUALDO, DA adj. Color amarillo dorado parecido al de la flor de la gualda.

GUALDRAPA f. **1** Cobertura larga que cubre y adorna las ancas del caballo. **2** fig. y fam. Trozo de tela desaliñado y sucio.

GUALDRAPEAR tr. Poner de vuelta encontrada una cosa sobre otra.

GUALEGUAYCHÚ Río de Argentina, provincia de Entre Ríos, afluente del Uruguay; 130 km de cauce.

GUALIQUEME m. Bot. Hond. Árbol semejante al bucare.

GUALPUTA f. Bot. Chile Planta parecida al trébol.

GUAM Isla de Oceanía, la mayor y más meridional de las Marianas, que constituye un territorio no incorporado de EE UU; 541 km² y 133.152 h. Capital, Agaña. Descubierta en 1521 por Magallanes, perteneció a España hasta 1898, en que, por el tratado de París, pasó a EE UU.

GUAMA f. Bot. **1** Col. y Venez. Fruto del guamo que contiene unas semillas ovales cubiertas de una sustancia comestible muy dulce. **2** El mismo árbol.

GUAMÁ m. Bot. Árbol de la familia mimosáceas, maderable, de cuya corteza se hacen cuerdas.

GUAMINÍ Zona lacustre de Argentina, al O de la provincia de Buenos Aires, en la Pampa, que comprende varios lagos de origen tectónico, entre ellos el Epecuén, Cochicó, La Sal y Puan.

GUAMO m. Bot. Árbol de la familia mimosáceas, americano, que se planta para dar sombra al café.

GUAMPA f. Zool. Arg., Par. y Urug. Asta o cuerno del animal vacuno.

GUANABÁ m. Zool. Cuba Ave ciconiforme, especie de garza de pico ancho y negruzco.

GUANÁBANO m. Bot. Árbol anonáceo de las Antillas.

GUANABARA Bahía del SE de Brasil; se abre de N a S y mide cerca de 30 km. En ella está situada la ciudad de Río de Janeiro.

GUANACASTE Cordillera volcánica del NO de Costa Rica. Su altura máxima es el volcán Miravalles (2.021 m).

GUANACASTE Provincia del NO de Costa Rica; 10.141 km² y 279.264 h. Capital, Liberia.

GUANACASTECO, CA adj. y s. De Guanacaste, Costa Rica.

GUANACO m. **1** Zool. Mamífero artiodáctilo rumiante de la familia camélidos, de nombre científico Lama guanicoe. Vive en los Andes meridionales y en Patagonia. **2** fig. Amér. C. Rústico, payo. **3** fig. Amér. C. y m. Tonto, simple.

GUANAHACABIDES Golfo y península de Cuba, en el extremo occidental de la isla, provincia de Pinar del Río.

GUANAHANÍ SAN SALVADOR.

GUANAJA Isla de Honduras, en el Caribe, departamento de Islas de la Bahía; 1.300 h. Caña de azúcar.

GUANAJATABEYE adj. Etnol. **1** Se dice de un pueblo amerindio que en la época precolombina habitaba en Cuba y Haití. También s. **2** Se dice también de sus individuos. También s. **3** Relativo a este pueblo.

GUANAJUATENSE adj. y com. De Guanajuato, México.

GUANAJUATO 1 Estado de México, en la región Centro; 30.589 km² y 4.478.673 h. Producción de metales preciosos. **2** Ciudad de México, capital del Estado de su nombre; 48.891 h.

GUANANA f. Zool. Cuba Ave anseriforme, especie de ánade silvestre.

GUANARE o **GUANARE VIEJO** Río de Venezuela, que nace en la cordillera de Mérida y desemboca en el Portuguesa; 320 km.

GUANARE Ciudad de Venezuela, capital del Estado de Portuguesa; 109.146 h.

GUANAREÑO, ÑA adj. y com. De Guanare, Venezuela.

GUANCHE adj. Etnol. Se dice del individuo que poblaba las islas Canarias en tiempos de su conquista. También s. **2** Se dice también de sus individuos. **3** Relativo a estas gentes. || m. Ling. **4** Lengua hablada por los guanches, extinguida desde el siglo XVI, de filiación dudosa.

GUANDÚ m. Bot. Amér. Arbusto leguminoso de semillas comestibles.

GUANERO, RA adj. **1** Relativo al guano. || f. **2** Sitio o paraje donde se encuentra el guano.

GUANGDONG (Kwangtung) Provincia de China, región Centromeridional; 197.100 km² y 66.890.000 h. Capital, Guangzhou.

GUANGXI ZHUANG (Kwangsi Chuang) Región autónoma de China, en la región Centromeridional; 220.400 km² y 44.930.000 h. Capital, Nanning.

GUANGZHOU (Cantón) Ciudad de China, capital de la provincia de Guangdong, región Centromeridional; 3.580.000 h.

GUANIDINA f. Quím. Producto del metabolismo de las proteínas, presente en la orina.

GUANINA f. **1** Quím. Base nitrogenada derivada de la purina, de fórmula $C_5H_5ON_5$, presente en los ácidos nucleicos. **2** Bot. Cuba Planta herbácea de la familia leguminosas.

GUANIPA Río de Venezuela que nace en el Estado de Anzoátegui y desemboca en la bahía de Vagre; 347 km.

GUANO m. **1** Materia excrementicia de aves marinas que se encuentra acumulada en gran cantidad en las costas y en varias islas de Perú y N de Chile. Se utiliza como abono en la agricultura. **2** Quím. Abono mineral fabricado a imitación del guano natural. **3** Amér. Estiércol de cualquier animal, utilizable como abono.

Guanajuato (México). Iglesia de la Valenciana.

Francesco **Guardi**. *El retorno del Bucentauro*. Museo del Estado (Copenhague).

Guanosina f. *Quím.* Nucleósido compuesto de guanina y ribosa, de fórmula $C_{10}H_{13}O_5N_5$.

Guantada o **Guantazo** f. Golpe que se da con la mano abierta.

Guantánamo 1 Provincia de Cuba; 6.186 km² y 508.864 h. **2** Ciudad capital de la misma; 207.796 h. Puerto.

Guantánamo, bahía de Ensenada de Cuba, provincia de su nombre, en el mar de las Antillas, con el que comunica por el estrecho de Boquerón. A ambos lados del estrecho se halla instalada una base naval permanente de EE UU desde 1902.

Guantazo m. GUANTADA.

Guante m. **1** Prenda para cubrir la mano, que suele tener una funda para cada dedo. **2** Cubierta para proteger la mano, como la que usan los cirujanos y los boxeadores. || **arrojar** a uno **el guante** fr. Desafiarle. || **echar** a alguien **el guante** fig. y fam. Apresarle, detenerle. || **echar** a algo **el guante** fr. fig. Robarlo.

Guantelete m. **1** *Mil.* Pieza de la armadura con que se protegía la mano. **2** *Med.* Tipo de vendaje que engloba todos los dedos de la mano.

Guantero, ra m. y f. **1** Persona que hace o vende guantes. || f. **2** Caja del salpicadero de los vehículos automóviles en la que se guardan guantes y otros objetos.

Guañape *Arqueol.* Centro arqueológico de Perú, que da nombre a un período cultural comprendido entre los años 1250 y 850 a. C., correspondiente al estadio formativo.

Guao m. *Bot.* Arbusto de la familia anacardiáceas, nativo de México, Cuba y Ecuador.

Guapamente adv. m. **1** fam. Muy bien. **2** fam. Sin excusas, sin empacho.

Guapay Uno de los nombres que recibe, en su curso superior, el río Mamoré (Bolivia).

Guaperas m. fam. GUAPO, persona bien parecida.

Guapo, pa adj. **1** Se dice de la persona bien parecida. También s. || m. **2** Hombre fanfarrón, bravucón.

Guaporé Río de América del S, que nace en el Estado de Matto Grosso, sirve de frontera entre Bolivia y Brasil, donde se une con el río Verde, y desemboca en el Mamoré; 1.540 km, navegables en su mayoría. También se le llama *Iténez*.

Guaqui Población de Bolivia, departamento de La Paz, a orillas del golfo de Taraco; 11.299 h. En sus cercanías las tropas realistas, mandadas por Goyeneche, vencieron a las independentistas argentinas el 20 de junio en 1811.

Guará m. *Zool. Amér.* m. Aguaraguazú, especie de lobo de las pampas.

Guaracaro m. *Bot. Venez.* Planta que crece abrazando en espiral los cuerpos extraños que alcanza. **2** Semilla de esta planta.

Guaraguao m. **1** *Bot. P. Rico* Nombre de varias plantas. **2** *Zool.* Ave falconiforme, especie de ratonero.

Guáramo m. *Venez.* Valor.

Guaranda Ciudad de Ecuador, capital de la provincia de Bolívar; 14.155 h.

Guaranga f. *Bot.* Planta de la familia leguminosas, que crece en la región costera del Pacífico. **2** Fruto del guarango.

Guarango, ga adj. *Arg.*, *Chile* y *Urug.* Incivil, mal educado, descarado.

Guaraní adj. *Etnol.* **1** Se dice del individuo de un pueblo indígena que, dividido en muchas parcialidades, se extendía desde el Amazonas hasta el Río de la Plata. Realizaron extensas migraciones, remontando el río Amazonas, cruzando las Antillas hasta la Florida y atravesando el Chaco hasta las estribaciones de los Andes. Durante los siglos XVII y XVIII fueron organizados en reducciones por los jesuitas. En la actualidad su presencia se encuentra reducida a enclaves aislados. También s. **2** Se dice también de sus individuos. También s. **3** Perteneciente o relativo a este pueblo. || m. **4** *Ling.* Lengua guaraní, o tupí-guaraní, hablada hoy especialmente en Paraguay y regiones limítrofes, especialmente en la provincia argentina de Corrientes. **5** *Econ.* Unidad monetaria de Paraguay.

Guarapiche Río de Venezuela, en el Estado de Monagas, que desemboca en el golfo de Paria; 205 km.

Guarapo m. *Amér.* **1** Jugo de la caña de azúcar exprimida, que por vaporización produce el azúcar. **2** Bebida fermentada hecha con este jugo.

Guarda com. **1** Persona que tiene a su cargo y cuidado la conservación de una cosa. || f. **2** Acción de guardar. **3** TUTELA. **4** Observancia y cumplimiento de un mandato. **5** Carta baja que en algunos juegos de naipes sirve para reservar la de mejor calidad. **6** Cada una de las dos varillas grandes del abanico. Más en pl. **7** *A. gráf.* Cualquiera de las dos hojas de papel blanco que ponen los encuadernadores al principio y al fin de los libros. Más en pl. **8** En las cerraduras, el rodete o hierro que impide pasar la llave para correr el pestillo. Más en pl. **9** Guarnición de la espada.

Guarda 1 Distrito de Portugal; 5.540 km² y 185.400 h. **2** Ciudad capital del mismo; 18.200 h.

Guardabarrera com. Persona que en las líneas de los ferrocarriles custodia un paso a nivel.

Guardabarros m. Cada una de las chapas de figura adecuada que van sobre las ruedas de los vehículos y sirven para evitar las salpicaduras. ♦ Su pl. es *guardabarros*.

Guardabosque o **Guardabosques** com. Persona que vigila los bosques. ♦ El pl. de la segunda forma es *guardabosques*.

Guardacantón m. **1** Poste de piedra para resguardar de los vehículos las esquinas de los edificios. **2** Cada uno de los postes de piedra que se colocan a los lados de los caminos para que no salgan de ellos los vehículos.

Guardacoches com. APARCACOCHES. ♦ Su pl. es *guardacoches*.

Guardacostas m. **1** Barco de poco porte, especialmente destinado a la persecución del contrabando. **2** Buque, generalmente acorazado, para la defensa del litoral. ♦ Su pl. es *guardacostas*.

Guardaespaldas com. El que acompaña a otro con la misión de proteger su persona. ♦ Su pl. es *guardaespaldas*.

Guardafangos m. GUARDABARROS. ♦ Su pl. es *guardafangos*.

Guardafrenos com. Empleado que tenía a su cargo en los trenes el manejo de los frenos. ♦ Su pl. es *guardafrenos*.

Guardafuego m. *Mar.* Andamio de tablas que se cuelga por el exterior del costado de un buque, para impedir que las llamas suban más arriba de donde conviene cuando se da fuego a los fondos.

Guardafuí Cabo de África, Somalia, en el golfo de Adén. Es el punto más oriental del continente.

Guardagujas com. Empleado que en los cambios de vía de los ferrocarriles tiene a su cargo el manejo de las agujas. ♦ Su pl. es *guardagujas*.

Guardainfante m. Armazón de alambre que se ponían las mujeres antiguamente alrededor de la cintura para ahuecar y levantar la falda.

Guardalobo m. *Bot.* Mata perenne de la familia santaláceas, de flores verdosas o amarillentas.

Guardameta com. *Dep.* Portero de un equipo de fútbol.

Guardamonte m. **1** En las armas de fuego, pieza de metal sobre el disparador para protegerlo. **2** Capote de campo. **3** *Méx.* Pedazo de piel que se pone sobre las ancas del caballo para evitar la mancha de sudor. **4** *Arg.* y *Bol.* Piezas de cuero que cuelgan de la parte delantera de la montura y sirven para defender las piernas del jinete.

Guardamuebles m. **1** Local destinado a guardar y conservar muebles que no están en uso. **2** Empleado de palacio que cuidaba de los muebles. ♦ Su pl. es *guardamuebles*.

Guardapolvo m. **1** Tela que se pone encima de una cosa para preservarla del polvo. **2** Sobretodo de tela ligera para preservar el traje de polvo y manchas. **3** Tejadillo voladizo construido sobre un balcón o ventana. **4** Caja o tapa interior que suele haber en los relojes de bolsillo.

Guardar tr. **1** Cuidar y custodiar algo; como dinero, joyas, vestidos, etc. **2** Tener cuidado de una cosa y vigilancia sobre ella. **3** Observar y cumplir lo que cada uno debe por obligación. **4** Conservar o retener una cosa. **5** No gastar; ser tacaño o miserable. **6** Preservar una cosa del daño que le puede sobrevenir. **7** fig. Mantener, observar. || m. **8** Recelarse y precaverse de un riesgo. **9** Poner cuidado en dejar de ejecutar una cosa que no es conveniente. || **guardársela** a uno fr. fig. y fam. Diferir para tiempo oportuno la venganza o desahogo de una ofensa.

Guardarrío m. *Zool.* MARTÍN PESCADOR.

Guardarropa f. **1** Local destinado a guardar prendas a los asistentes de cualquier local, espectáculo, fiesta o reunión de gentes. Más como m. || com. **2** Persona destinada a cuidar de la oficina o almacén donde se guardan ropas. **3** *Teat.* Persona encargada de suministrar o custodiar los vestidos y efectos llamados de guardarropía. || m. **4** Armario donde se guarda la ropa.

Guardarropía f. **1** *Teat.* Conjunto de trajes y efectos necesarios en las representaciones escénicas. **2** Habitación en que se custodian estos trajes o efectos.

Guardarruedas m. **1** GUARDACANTÓN. **2** Pieza de hierro que se pone a los lados del umbral en las puertas cocheras, para que los quicios no sean rozados por las ruedas de los vehículos. ♦ Su pl. es *guardarruedas*.

Guardavía m. Empleado que tiene a su cargo la vigilancia constante de un trozo de vía férrea.

Guardería f. **1** Ocupación y trabajo del guarda. **2** Jardín de infancia, o en el.

Guardés, sa m. y f. Persona encargada de guardar o custodiar una cosa. || com. **2** GUARDABARRERA.

Guardi, Francesco Pintor italiano (Venecia, 1712 - íd., 1793). Es, junto a Tiépolo, el máximo representante de la escuela veneciana del siglo XVIII: *Plaza de San Marcos*, *El Gran Canal de Venecia* y sus *capricci*, creaciones fantásticas.

Guardia f. **1** Acción de guardar o vigilar. **2** Conjunto de soldados o gente armada que asegura la defensa de una persona o de un puesto. **3** Defensa, custodia. **4** Servicio especial que con cualquiera de estos fines, o con varios de ellos, se encomienda a una o más personas. **5** En algunas profesiones, servicio que se presta fuera del horario obligatorio para los demás profesionales. **6** *Dep.* En esgrima y boxeo, postura del cuerpo y de los brazos para protegerse de los golpes del adversario. **7** *Mil.* Cuerpo de tropa, como la Guardia de Corps, la Republicana, etc. || m. **8** Individuo de uno de estos cuerpos. || **Guardia de asalto** *Mil.* Individuo de un cuerpo de seguridad creado en España durante la II República. || **Guardia civil** *Mil.* Cuerpo de seguridad destinado principalmente a mantener el orden público en las zonas rurales. Creada por el duque de Ahumada en 1844. También individuo de este cuerpo. || **Guardia marina** *Mil.* Cadete de la Escuela Naval Militar en sus dos últimos años. || **Guardia municipal** La que, dependiente de los ayuntamientos, se dedica a mantener el orden y los reglamentos en lo tocante a la policía urbana. También individuo de este cuerpo. || **Guardia suiza** *Mil.* Cuerpo militar, creado por el papa Julio II en 1506, como guardia de honor y mantenedor del orden en el Vaticano. || **Guardias rojos** *Polít.* En la República Popular China, movimiento comunista juvenil que participó activamente en favor de la revolución cultural de Mao Tse-tung. || **en guardia** loc. adv. En actitud de defensa. También en sentido figurado, prevenido o sobre aviso. || **estar de guardia** fr. Prestar servicio en ciertos establecimientos con horarios y turnos establecidos.

Guardia, Ernesto de la Político panameño (Ciudad de Panamá, 1904 - íd., 1983). Jefe del Partido Renovador, ocupó la presidencia de la República (1956-60).

Guardia, Ricardo Adolfo de la Político panameño (Ciudad de Panamá, 1899 - íd., 1969). Una vez depuesto Arnulfo Arias (1941), accedió a la presidencia de la República (1941-45).

Guardia Gutiérrez, Tomás Político costarricense (Bagaces, 1832 - Alajuela, 1882). Electo presidente por la Asamblea (1870-76), ejerció la presidencia por segunda vez en 1878, pero no pudo concluir su mandato.

Guardián, na m. y f. **1** Persona que guarda una cosa. || m. **2** En la Orden de San Francisco, prelado ordinario de uno de sus conventos. **3** Mar. Cable de mejor calidad que los ordinarios. || adj. **4** Se aplica al animal, sobre todo al perro, adiestrado para custodiar propiedades.

Guardilla f. **1** Cierta labor para adornar y asegurar la costura. **2** Cada una de las dos púas gruesas del peine. Más en pl.

Guardiola, Santos Militar y político hondureño (Tegucigalpa, 1812 - íd., 1862). Elegido presidente de la República (1856-62). Murió a manos de integrantes de su guardia de honor.

Guarecer tr. **1** Acoger a uno; preservarle de algún mal. **2** Guardar una cosa. **3** Curar, medicinar. || prnl. **4** Refugiarse, resguardarse. ♦ IRREG. Se conjuga como AGRADECER.

Guarén m. Zool. Chile Rata de gran tamaño que vive a orillas de las aguas.

Guareschi, Giovanni Escritor y periodista italiano (Fontanelle di Roccabianca, Parma, 1908 - Cervia, 1968). Autor de *Don Camilo, un mundo pequeño* (1948).

Guaricha f. Col., Ecuad. y Venez. Mujerzuela, ramera.

Guárico Estado central de Venezuela; 64.986 km² y 690.68 h. Capital, San Juan de los Morros.

Guárico Río de Venezuela, afluente del Apure que nace en el Estado de Aragua; 525 km.

Guarida f. **1** Cueva o espesura donde se recogen y guarecen los animales. **2** Refugio para librarse de un peligro. **3** fig. Paraje o parajes donde se concurre con frecuencia.

Guarimán m. Bot. **1** Árbol americano de la familia magnoliáceas, cuya corteza de olor y sabor aromáticos se usa para condimentos y medicinas. **2** Fruto de este árbol.

Guarín m. Zool. Lechoncillo, el último nacido en una lechigada.

Guarini, Giovanni-Battista Poeta italiano (Ferrara, 1538 - Venecia, 1612). Entre sus obras destacan la comedia en cinco actos *Hidrópica* (1584).

Guarini, Guarino Arquitecto y matemático italiano (Módena, 1624 - Milán, 1683). Fue la figura más representativa del barroco piamontés.

Guariqueño, ña adj. y s. De Guárico, Venezuela.

Guarisapo m. Zool. Chile Renacuajo, larva de la rana.

Guarismo m. Mat. **1** Cada uno de los signos o cifras arábigas que expresan una cantidad. **2** Cualquier expresión de cantidad compuesta de dos o más cifras.

Guaritoto m. Bot. Venez. Arbusto de la familia euforbiáceas, cuya raíz se emplea como hemostática.

Guarne m. Mar. Cada una de las vueltas de un cabo alrededor de una pieza.

Guarnecer tr. **1** Poner guarnición a alguna cosa. **2** Colgar, vestir, adornar. **3** Equipar, dotar, proveer. **4** Revocar o revestir las paredes de un edificio. ♦ IRREG. Se conjuga como AGRADECER.

Guarnecido m. Arquit. Revoque con que se revisten las paredes de un edificio.

Guarnerius o **Guarneri** Geneal. Familia de Cremona (Italia) dedicada a la fabricación de violines (siglos XVII y XVIII), que rivalizó con los Amati y los Stradivarius.

Guarnición f. **1** Adorno que se pone en los vestidos, ropas, etc., para hermosearlos. **2** Engaste en que se aseguran las piedras preciosas. **3** Defensa que se pone en las espadas para preservar la mano. **4** Mil. Tropa que guarnece una plaza. **5** Aditamento, generalmente de hortalizas, legumbres, etc., que se sirve con un plato de carne o pescado. || f. pl. **6** Conjunto de correajes que se pone a las caballerías.

Guarnimiento m. Mar. Conjunto de varias piezas, cabos o efectos con que se sujeta un aparejo, una vela o un cabo.

Guaro m. Zool. **1** Ave psitaciforme, especie de loro pequeño. **2** Loro en general. **3** Amér. C. Aguardiente de caña.

Guarrada f. **1** Porquería, suciedad. **2** Acción indecente.

Guarrear intr. **1** Gruñir el jabalí o aullar el lobo; por extensión, gritar otros animales. **2** Berrear, llorar estruendosamente un niño. **3** Hacer guarrerías.

Guarrería f. **1** Porquería, suciedad. **2** fig. Acción sucia.

Guarro, rra adj. y s. **1** Puerco, cerdo, cochino. || m. y f. Zool. **2** Ecuad. Especie de águila pequeña.

Guarulhos Ciudad de Brasil, en el área metropolitana, de São Paulo; 544.698 h. Centro industrial.

Guarumo m. Bot. Amér. Árbol de la familia artocárpeas, cuyas hojas se usan como tónico cardiaco.

Guasa f. **1** fam. Chanza, burla. **2** fam. Falta de gracia y viveza; sosería, pesadez. **3** Zool. Cuba Pez ancho, de color verde amarillento.

Guasasa f. Zool. Cuba Mosca pequeña que vive en enjambres.

Guasca f. Amér. m. y Ant. Ramal de cuero, cuerda o soga.

Guasearse prnl. Usar de guasas o chanzas.

Guaso, sa m. y f. **1** Rústico, campesino de Chile. || adj. **2** fig. Arg., Chile, Ecuad., Par. y Perú Tosco, grosero, incivil.

Guasón, na adj. y s. **1** fam. Que tiene guasa. **2** fam. Burlón, chancero.

Guata f. **1** Lámina gruesa de algodón en rama, engomada por ambas caras, que sirve para acolchados o como material de relleno. **2** Chile fam. Barriga, vientre, panza.

Guatacare m. Bot. Venez. Árbol de la familia borragináceas, de madera resistente y flexible.

Guate m. Agr. C. Rica y Hond. Maíz que se siembra muy tupido para que sirva de forraje.

Guatemala (República de Guatemala) Estado de América Central. Limita al N y al O con México; al E, con Belice, el mar Caribe y Honduras, y al S, con El Salvador y el océano Pacífico.

GEOG. *Geografía física.* El relieve de Guatemala se estructura en cinco unidades: la llanura de Petén; las tierras altas, con las sierras de los Cuchumatanes, de Chama y de las Minas; la depresión del río Montoya; la cordillera volcánica; y la llanura costera del Pacífico. Guatemala es uno de los países más volcánicos del mundo. Su abundancia ha producido terremotos de gran envergadura y de muy graves consecuencias para el país, como los de 1773, 1917 y 1976. El clima es tropical húmedo. Su principal río es el Usumacinta y también destacan el Belice, Motagua y Potochic. La población, rural en un 61,6%, es mayoritariamente de indios mayaquiché o mestiza. La economía tiene una clara base agraria, destacando los cultivos de maíz, bananas, judías y arroz para el autoconsumo, y el algo- dón, café (7° productor mundial), caña de azúcar, plátanos y tabaco para la exportación. La ganadería es poco importante, salvo la vacuna, y tiene notable minería de antimonio (8° productor mundial), plomo, tungsteno, etc. La industria es de escaso relieve.

HIST. La costa pacífica guatemalteca recibió en el periodo formativo influencias llegadas de la zona andina y de la cultura olmeca del golfo de México. En la zona del Petén comenzó a desarrollarse la cultura maya a partir de los centros de Ceibal y Altar de Sacrificios. A partir del 250 la cultura maya comienza su expansión y se desarrollan los grandes centros del periodo clásico: Tikal, Uaxactún, etc. Tras la decadencia de los mayas clásicos, una serie de grupos continúan su desarrollo en Guatemala. Los lacandones en las tierras bajas, los mam, los pokom y los ixil. Hacia el 1200 unos grupos toltequizados hacen su aparición en Guatemala y van a dominar las tierras altas y la costa pacífica; son los quichés, cakchiqueles y tzuhutiles. Pedro de Alvarado, teniente de Hernán Cortés, inició la conquista de esta región en 1523, a la que sometió tras sangrienta lucha. El

Superficie: 108.889 km².
Población: 11.385.000 h. (guatemaltecos).
Densidad: 104,6 h./km².
Tasa de natalidad: 35,6‰.
Tasa de mortalidad: 6,8‰.
Capital: Guatemala.
Ciudades principales: Quetzaltenango, Totonicapán, Escuintla, Mazatenango, Flores, Dolores, Cobán, Antigua Guatemala, Jalapa, Mixco, Villa Nueva.
Grupos étnicos: amerindios (42,8%), mestizos (45%), blancos (5%) y negros (2%).
Religión: catolicismo (75%), protestantismo (25%).
Idioma: español.
Moneda: quetzal.
Forma de Estado: república presidencialista.
Producto Nacional Bruto: 17.759 millones de dólares.
Renta per cápita: 1.640 dólares.
División administrativa: 22 departamentos, según cuadro.

GUATEMALA

Departamentos	Superficie (km²)	Población (h.)	Capitales
Alta Verapaz	8.686	814.300	Cobán
Baja Verapaz	3.124	203.430	Salamá
Chimaltenango	1.979	427.602	Chimaltenango
Chiquimula	2.376	313.150	Chiquimula
Escuintla	4.384	483.768	Escuintla
Guatemala	2.126	2.578.526	Guatemala
Huehuetenango	7.400	879.987	Huehuetenango
Izabal	9.038	333.760	Puerto Barrios
Jalapa	2.063	270.055	Jalapa
Jutiapa	3.219	385.909	Jutiapa
Petén	35.854	333.389	Flores
Progreso, El	1.922	143.197	El Progreso
Quetzaltenango	1.951	678.251	Quetzaltenango
Quiché	8.378	588.831	Santa Cruz de Quiché
Retalhuleu	1.856	241.921	Retalhuleu
Sacatepéquez	465	259.265	Antigua Guatemala
San Marcos	3.791	844.486	San Marcos
Santa Rosa	2.955	319.814	Cuilapa
Sololá	1.061	307.791	Sololá
Suchitepéquez	2.510	403.609	Mazatenango
Totonicapán	1.061	361.303	Totonicapán
Zacapa	2.690	212.794	Zacapa

25 de julio de 1524 fundó la ciudad de Santiago de los Caballeros de Guatemala, obteniendo del rey de España el título de adelantado y gobernador. En 1542, Guatemala se organizó como Capitanía General; en 1570 se estableció la Audiencia de Guatemala, que abarcaba de Chiapas a Costa Rica. Guatemala se independizó, sin violencia, en 1821, y un año más tarde se anexionó al imperio de Iturbide en México. Al renunciar éste en 1823, los antiguos territorios de la Capitanía, con excepción de Chiapas que prefirió seguir formando parte de México, proclamaron su independencia a la vez que establecían una federación de las Provincias Unidas del Centro de América, con capital en la ciudad de Guatemala. La República Federal duró hasta 1838, y en abril de 1839, Guatemala se declaró Estado autónomo. Rafael Carrera asumió la presidencia de 1844 a 1848 y de 1851 a 1865. En 1873, las elecciones presidenciales favorecieron a general Justo Rufino Barrios, de ideas liberales, quien fue reelegido en 1880. Entre otros presidentes se distinguieron posteriormente Manuel Estrada Cabrera, el general Jorge Ubico, y Jacobo Arbenz Guzmán. El gobierno de Arbenz fue derrocado por el coronel Carlos Castillo Armas, quien le sucedió hasta 1957, en que fue asesinado, sucediéndole el conservador Miguel Ydígoras Fuentes, depuesto igualmente por un golpe militar en 1963. Tras las elecciones de 1966, Julio César Méndez Montenegro asumió la presidencia. En 1976, Guatemala se vio asolada por un violento terremoto que causó numerosas víctimas y dejó sin hogar a más de un millón de personas. En 1978, el general Romeo Lucas García fue proclamado presidente de la República. En 1981 Guatemala y el Reino Unido llegaron a un acuerdo sobre la independencia de Belice, acuerdo que el Reino Unido rompió más tarde para conceder unilateralmente la independencia a Belice. Un movimiento militar destituyó al presidente y dio el poder al general Efraín Ríos Montt, que se convirtió en el nuevo presidente de la nación (1982). Nuevamente, en 1983, se produjo otro golpe de Estado militar que derrocó al presidente del país, a quien sustituyó Óscar Humberto Mejía Víctores. En 1984 se celebraron elecciones para nombrar una Asamblea Constituyente, que tenía que elaborar una constitución y preparar el camino para las elecciones presidenciales de marzo del año siguiente. Obtuvo el mayor número de votos la Democracia Cristiana, encabezada por Vinicio Cerezo, quien tomó posesión de la presidencia de la República en 1986. En 1990 se celebraron conversaciones de paz en El Escorial, Madrid, entre el gobierno y la guerrilla, llegándose a un principio de acuerdo el 5 de junio. En las elecciones presidenciales de 1991 resultó vencedor Jorge Serrano. Éste, en mayo de 1993, suspendió la Constitución y disolvió el Congreso. Tras la pertinente condena internacional y el arresto del presidente Serrano, el Congreso eligió, en junio, como presidente a Ramiro de León Carpio, quien retomó las conversaciones con la guerrilla al tiempo que promovía la redacción de una nueva constitución. Esta actitud conciliadora no fue bien acogida por los sectores más conservadores del país, de tal forma que en las elecciones legislativas de 1994, el Frente Republicano Guatemalteco, dirigido por el ex general golpista Efraín Ríos Montt, obtenía la mayoría relativa, si bien la coalición de los partidos minoritarios logró cerrarle el acceso al gobierno. En las elecciones presidenciales de 1996 fue elegido presidente del país Álvaro Arzú, líder del liberal Partido de Avanzada Nacional. En diciembre de ese año se firmó un acuerdo de paz entre el gobierno y la guerrilla. En 1998, el país se vio seriamente afectado por el huracán Mitch. En las elecciones de 1999 venció el Frente Republicano Guatemalteco de Alfonso Portillo quien pasó a ocupar la presidencia. En las elecciones presidenciales celebradas en diciembre de 2003 resultó vencedor Óscar Berger, de la Gran Alianza Nacional (GANA).

Guatemala. Óscar Berger, presidente del país desde 2004.

GUATEMALA 1 Departamento de Guatemala; 2.126 km² y 2.578.526 h. **2** Ciudad capital de Guatemala y del departamento de su nombre; 1.167.495 h. Café. Industria textil y alimentaria. Catedral renacentista. Universidad. Aeropuerto. Fue fundada en 1776 y llamada *Nueva Guatemala* en sustitución de Antigua Guatemala, destruida por un terremoto en 1773.

GUATEMALTECO, CA adj. y s. De Guatemala.
GUATEQUE m. **1** Baile bullicioso, jolgorio. **2** Fiesta casera, generalmente de gente joven, en que se merienda y se baila.
GUATIMOZÍN CUAUHTÉMOC.
GUATUSA f. *Zool. Amér.* Agutí de monte; roedor cuya carne es muy gustosa.
GUAU Onomatopeya con que se representa la voz del perro.
GUAVIARE Río de Colombia, que nace en el departamento de Meta y desemboca en el Orinoco; 1.350 km de curso.
GUAVIARE Departamento de Colombia; 42.327 km² y 133.411 h. Capital, San José del Guaviare.
GUAY adj. vulg. Muy bueno, excelente.
GUAYABA f. **1** *Bot.* Fruto del guayabo. **2** Conserva que se hace con esta fruta. **3** *Amér.* fig. y fam. Mentira, embuste.
GUAYABERA f. Chaquetilla o camisa de hombre, suelta y de tela ligera, cuyas faldas se llevan por encima del pantalón.
GUAYABO, BA m. y f. **1** fam. Joven atractivo. || m. *Bot.* **2** Arbusto o pequeño árbol de la familia mirtáceas, de nombre científico *Psidium guajava*, nativo de América, desde México a Perú. || f. **3** Fruto comestible de este árbol.
GUAYACÁN m. *Bot.* **1** Pequeño árbol de la familia zigofiláceas, de nombre científico *Guaiacum officinale*, nativo de América tropical. Su madera es muy apreciada. **2** Madera de este árbol, llamado en algunos lugares *palo santo*.
GUAYANA Región de América del Sur, que se extiende desde las bocas del Orinoco hasta las del Amazonas y del Atlántico hasta el río Negro. Políticamente está dividida en cinco partes desiguales, dos de ellas, las más extensas, comprendidas en los territorios venezolano y brasileño, una colonia europea (GUAYANA FRANCESA) y dos Estados independientes, SURINAM y GUYANA. Ocupa una superficie superior a 1.850.000 km² y está escasamente poblada (2.000.000 h. aproximadamente). La costa describe una larga línea sinuosa. Los ríos, debido a las lluvias tropicales son abundantes y caudalosos (Branco, Yari, Parú, Jamunda, Uatuman y Urubu,

Guatemala. Playa de Izabal.

Caura y Caroni). Clima tropical, cálido y lluvioso. Densos bosques. Cultivos: arroz, caña de azúcar, café, cacao y bananas. Ganadería bovina.

Guayana Francesa *(Guyane Française)* Departamento francés de ultramar, entre Surinam, Brasil y el océano Atlántico; 83.534 km² y 114.678 h. Capital, Cayena. Explotación forestal. Oro, bauxita. Pesca.

Guayana Holandesa Surinam.

Guayana Inglesa Guyana.

Guayanas, macizo de las Región de Venezuela que se extiende al S del Orinoco. Formada por grandes mesetas y cerros aislados, en su parte S se encuentra un importante conjunto montañoso que forma las sierras Parima y Pacaraima. Su punto culminante es el monte Roraima (2.772 m).

Guayaneco Archipiélago de Chile, al S del golfo de Penas, provincia de Aisen.

guayanés, sa adj. y s. De Guayana.

Guayape Patuca.

guayaquil adj. **1** Perteneciente a Guayaquil, Ecuador. || m. *Bot.* **2** Cacao de Guayaquil.

Guayaquil Golfo de Ecuador y Perú en el océano Pacífico. La mayor parte de su costa pertenece a Ecuador. En él se encuentran la isla de Puná y otras menores.

Guayaquil Ciudad de Ecuador, capital de la provincia de Guayas; 1.973.850 h. Puerto principal del país. Centro comercial e industrial. Universidad. Fundada en 1536, en ella se celebró en 1822 la entrevista entre San Martín y Bolívar.

guayaquileño, ña adj. y s. De Guayaquil, Ecuador.

Guayas Río del O de Ecuador, que se forma de la confluencia del Daule y Babahoyo y desemboca en el golfo de Guayaquil.

Guayas Provincia de Ecuador, en la región de la Costa; 20.503 km² y 3.256.763 h. Capital, Guayaquil. Agricultura.

Guayasamín, Oswaldo Pintor ecuatoriano (Quito, 1919 - Baltimore, 1999). Desde que inició su relación con los muralistas mexicanos, su pintura se centra en la temática de exaltación del pueblo indio, con una técnica expresionista. Cuando falleció trabajaba en su más ambicioso proyecto: *La Capilla del Hombre*.

Gudea. Escultura de diorita, 2150 a. C. Museo del Louvre (París).

Guayavero Río de Colombia, en el departamento de Meta, que al unirse con el Ariari forman el Guaviare.

guaycurú adj. *Etnol.* **1** Se dice de un grupo amerindio perteneciente a un grupo lingüístico y cultural formado por diversas parcialidades (abipones, tobas, mocovies, etc.), que en la época de la conquista habitaba en las orillas de los ríos Paraguay, Paraná y sus afluentes, y en el Chaco, y que actualmente subsisten en la zona del río Pilcomayo. Más como m. pl. **2** Se dice también de sus individuos. Más como s. **3** Relativo a este grupo. || m. *Ling.* **4** Lengua de los guaycurúes o guaycurús.

guayo m. *Bot. Chile* Árbol de la familia rosáceas, de madera dura y colorada.

guayusa f. *Bot. Ecuad.* Planta cuya infusión reemplaza al té, y se parece al mate.

guazubirá m. *Zool. Arg. y Par.* Mamífero artiodáctilo de la familia cérvidos, de nombre científico *Mazama simplicicornis*, de color canela.

Gubbio Ciudad de Italia, provincia de Perusa; 35.840 h. Catedral del siglo XIII. Restos romanos.

gubernamental adj. **1** Perteneciente al gobierno del Estado. **2** Partidario del gobierno o favorecedor del principio de autoridad. **3** Partidario del gobierno en caso de guerra civil.

gubernativo, va adj. Perteneciente al gobierno.

gubia f. **1** Formón de mediacaña que usan los carpinteros. **2** Aguja en forma de mediacaña.

gudari m. Soldado vasco.

Gudea Gobernador de la ciudad de Lagash (III milenio a. C.). Su corte fue el centro político y cultural de Mesopotamia en la época neosumeria.

Guderian, Heinz General alemán de origen polaco (Kulm, actual Chelmno, 1888 - Schwangau, Baviera, 1954). Por encargo de Hitler (1933), organizó las fuerzas motorizadas. Sus dotes militares se pusieron de relieve en las campañas de Polonia (1939), Sedán (1940) y la URSS (1941).

Gudrún, Cantar de Epopeya germánica del siglo XIII, escrita, probablemente, por un autor austriaco. Junto con la *Canción de los Nibelungos* es la obra más antigua de la literatura alemana.

Guecho *(Getxo)* Municipio de España, provincia de Vizcaya; 82.196 h. Su capital es Algorta.

guedeja f. **1** Cabellera larga. **2** Melena del león.

Gueiler Tejada, Lydia Política boliviana (Cochabamba, 1921). Participó en la revolución de 1952. En 1964 fundó el Partido Revolucionario de la Izquierda Nacional, entre 1979-80 fue presidenta interina de la República.

güeldo m. Cebo que emplean los pescadores, hecho con camarones y otros crustáceos pequeños.

Güeldres *(Gelderland)* Provincia de los Países Bajos, situada al O del río Waal; 5.015 km² y 1.906.800 h. Capital, Arnhem.

güeldrés, sa adj. y s. De Güeldres, Países Bajos.

güelfo, fa adj. **1** *Hist.* Partidario de los Papas, en la Edad Media, contra los gibelinos, defensores de los emperadores alemanes de la dinastía Staufen. También s. **2** Relativo a los güelfos.

Guelmin Provincia de Marruecos; 28.750 km² y 168.000 h. Su capital es la ciudad homónima.

guelte o **gueltre** m. Moneda corriente y bienes.

Güemes, Juan Francisco de, primer conde de Revillagigedo Militar y político español (Reinosa, 1682 - Madrid, 1768). Combatió en la guerra de Sucesión junto al bando de los Austrias, en el sitio de Gibraltar (1725-27) y en la toma de Orán (1732). Capitán general de Cuba (1734-46), bajo su gobierno se creó la Compañía de comercio de La Habana. Expulsó a los ingleses de Cuba y Florida (1738-40). Fue nombrado virrey de Nueva España (1746-55).

Güemes, Juan Vicente de, segundo conde de Revillagigedo Militar y político español (La Habana, 1740 - Ciudad de México, 1799). Hijo de Juan Francisco. Fue nombrado virrey de México (1789-94). Su gobierno fue uno de los más prósperos del virreinato.

Guemes, Martín Miguel de General argentino (Salta, 1785 - Higuerillas, 1821). Gobernador de Salta (1815), tomó parte en la guerra contra España en el Alto Perú. Organizó las guerrillas campesinas que permitie-

guepardo

ron a San Martín organizar el ejército de los Andes. Murió en combate.

güeña f. Embutido compuesto de las vísceras del cerdo y algunas carnes gordas de desperdicio.

guepardo m. *Zool.* Mamífero carnívoro de la familia félidos, de nombre científico *Acinonyx jubatus*, de unos 2 m de longitud, patas largas, uñas no retráctiles y pelaje leonado con manchas negras. Es un corredor excepcional. Vive en sabanas y estepas cálidas de África y Asia.

Guerasimov, Alexandr Mijailovich Pintor soviético (Michurinsk, 1881 - Moscú, 1963). Principal representante del realismo socialista: *Lenin en la tribuna* (1932) y *Stalin en el XVI congreso del partido* (1933).

Guerau de Liost (Jaume Bofill i Mates, llamado) Político y escritor español en lengua catalana (Olot, 1878 - Barcelona, 1933). Fundador de Acción Catalana, su obra literaria acusa la influencia del novecentismo: *La muntanya d'ametistes* (1908), *La ciutat d'ivori* (1918), *Ofrena rural* (1928) y *Sàtires* (1929).

Guercino, El (Giovanni Francesco Barbieri, llamado) Pintor italiano (Cento, 1591 - Bolonia, 1666). Perteneciente a la escuela boloñesa, su obra acusó la influencia de Carracci, Tiziano y Guido Reni. Es autor de *San Guillermo de Aquitania tomando los hábitos; Marte, Venus y Amor;* los frescos del Casino Ludovici y el *Entierro de Santa Petronila*.

El **Guercino.** *La Aurora*. Fresco del Casino Ludovici (Roma).

Primera Guerra Mundial

GUÉRIN, CAMILLE Médico y bacteriólogo francés (Poitiers, 1872 - París, 1961). Ideó la vacuna contra la tuberculosis.

GUÉRIN, GILLES Escultor francés (París, 1609 - íd., 1678). Trabajó en el Louvre, Fontainebleau, Versalles (*Los caballos del Sol abrevados por los tritones*) y en el castillo de Guermantes, en Lagny. Realizó las tumbas de Enrique de Borbón y del duque de La Vieuville.

GUERNESEY o **GUERNSEY** Isla del Reino Unido, perteneciente al grupo de las Islas del Canal; 63 km² y 55.482 h. Su capital es Saint Peter Port. Agricultura, ganadería y turismo.

GUERRA f. **1** Desavenencia y ruptura de paz entre dos o más potencias. **2** *Mil*. Lucha armada entre dos o más naciones o entre bandos de una misma nación. **3** Pugna, disidencia entre dos o más personas. **4** Toda especie de lucha y combate, aunque sea en sentido moral. **5** Cierto juego de billar. **6** fig. Oposición de una cosa con otra. || **GUERRA ABQ** *Mil*. Aquella en que se emplean medios atómicos, biológicos y químicos. || **GUERRA ATÓMICA** o **NUCLEAR** *Mil*. Aquella en que se emplean medios atómicos o nucleares. || **GUERRA BIOLÓGICA** *Mil*. La que utiliza como agresivo cualquier tipo de germen nocivo, como bacterias o virus y sus toxinas. || **GUERRA CIVIL** *Mil*. La que tienen entre sí los habitantes de un mismo pueblo o nación. || **GUERRA FRÍA** *Hist*. Situación de hostilidad entre dos naciones o grupos de naciones, en que, sin llegar al empleo declarado de las armas, cada bando intenta minar el régimen político del adversario. || **GUERRA A MUERTE** Aquella en que no se da cuartel. También en sentido figurado ataque sin intermisión. || **GUERRA DE PRECIOS** *Econ*. Competencia entre vendedores de productos similares, basada en la bajada de los precios. || **GUERRA PSICOLÓGICA** Campaña intensa de propaganda dirigida a minar la voluntad de luchar y de resistir de un pueblo. || **GUERRA SANTA** o **YIHAD** *Mil*. y *Rel*. La que se hace por motivos religiosos, y especialmente la que hacen los musulmanes a los que no lo son. || **dar guerra** fig. y fam. Causar molestia.

GUERRA, CRISTÓBAL Navegante y descubridor español (? - Cartagena de Indias, 1504). Dirigió tres expediciones a las costas de Venezuela (1499-1500; 1500-01 y 1503-04).

GUERRA, RUY Director de cine brasileño de origen mozambiqueño (Lourenço Marques, 1931). Representante del *cinema novo*, ha dirigido películas como *Os cafagestes* (1963), *Sweet Hunters* (1969), *A queda* (1978), *La cándida Eréndira* (1982) y *Kuarup* (1989).

GUERRA, TONINO Escritor italiano (Santarcangelo di Romagna, Forlì, 1920). Ha escrito libros de poesía —*Los bueyes* (1972) y *La miel* (1981)—, novelas —*El equilibrio* (1967), *El hombre paralelo* (1969), *La lluvia tibia* (1984)— y guiones (*La aventura*, *La noche*, *Desierto rojo* y *Blow Up*, todas de Antonioni).

GUERRA CIVIL ESPAÑOLA *Hist*. El fracaso del golpe de Estado militar contra el gobierno de la II República, iniciado el 17 de julio de 1936, dio lugar a una sangrienta guerra civil en España que se extendió hasta marzo de 1939. La situación de sucesivas crisis gubernamentales culminó en las elecciones de febrero de 1936 que llevaron al poder al FRENTE POPULAR, apoyado por los partidos de izquierdas y al que se opusieron los grupos de derecha y centro: aquellos que habían constituido bloques electorales se habían transformado en núcleos bélicos. En el transcurso de la contienda, el bando de los insurrectos, llamados «nacionales», recibió importantes ayudas de la Italia fascista y de la Alemania nazi. En el gubernamental fue decisivo el apoyo soviético y la intervención de las BRIGADAS INTERNACIONALES. En pocas semanas los rebeldes lograron dominar la parte española de Marruecos, los territorios insulares (excepto Menorca), Andalucía occidental, Cáceres, la cuenca del Duero, Galicia, Álava, Navarra y parte de Aragón, pero fracasaron en las principales ciudades industriales como Madrid, Barcelona, Valencia y Bilbao, que fueron conservadas por el gobierno. Mientras las fuerzas de Mola quedaron paralizadas en Somosierra en su avance hacia Madrid, Franco pasó a la Península el 6 de agosto e inició un rápido avance hacia el N a través de Extremadura. El 29 de septiembre, la Junta de Defensa Nacional acordó nombrar a Franco jefe del gobierno del Estado español con plenos poderes y generalísimo de las fuerzas «nacionales». A principios de ese mismo mes, Giral había sido sustituido en la jefatura del gobierno republicano por el líder socialista Largo Caballero. Hacia noviembre del 36, los nacionales habían avanzado hasta las afueras de Madrid; sitiaron la ciudad, pero fueron incapaces de tomarla. Tras la pérdida de Málaga (febrero del 37), la división interna en el bando republicano se agudizó y los hechos acontecidos en mayo en Barcelona provocaron la caída de Largo Caballero y su sustitución por Juan Negrín (mayo del 37). En junio del 37 entraron las tropas nacionales en Bilbao. Tratando de impedir el avance de éstas en el N, el gobierno desencadenó una fuerte ofensiva por el centro, que logró llegar a Brunete, siendo rechazada tras durísimas luchas. Reanudada la campaña del Norte, fue conquistada Santander. El 21 de octubre cayó Gijón y se derrumbó definitivamente el frente de Asturias. Los gubernamentales tomaron Teruel, en los últimos días de diciembre; pero el ejército de Franco la reconquistó, entró en Lleida y llegó al Mediterráneo el 15 de abril de 1938, con la toma de Vinaroz, quedando la zona gubernamental dividida en dos partes. Mientras el general Franco se dirigía con su ejército hacia Valencia, las tropas republicanas aprovecharon la oportunidad para rehacerse e iniciar la ofensiva del Ebro (julio del 38), que finalmente fue frenada por los insurrectos. La campaña de 1939 se inició con la conquista de Tarragona y Barcelona, en la que entraron el 26 de enero. Madrid cayó el 28 de marzo. El 1 de abril de 1939 es la fecha que marca el final de la contienda.

GUERRA GRANDE *Hist*. La que comenzó en Arroyo Grande en diciembre de 1842 con la batalla que Oribe, apoyado por Rosas, ganó a Rivera. Oribe sitió Montevideo. Una coalición argentina le obligó a levantar el cerco (octubre de 1851).

GUERRA JUNQUEIRO, ABILIO Poeta y político portugués (Freixo de Espada à Cinta, 1850 - Lisboa, 1923). Fue varias veces diputado de la monarquía, pero ingresó después en el Partido Republicano. Es el principal representante de la poesía social revolucionaria de su país: *La muerte de Don Juan* (1874), *La vejez del Padre Eterno* (1885), *Patria* (1890), *Los simples* (1892) y *Oración a la luz* (1903).

GUERRA MUNDIAL, PRIMERA *Hist*. Conflicto armado que se desarrolló, de 1914 a 1918, entre las potencias de Europa central (Alemania, Austria-Hungría), Turquía y Bulgaria frente a los aliados (Francia, Inglaterra, Rusia, Bélgica, Serbia, Japón, Italia, Rumania, EE UU y otros países). Aunque la causa desencadenante de la guerra fue el asesinato en Sarajevo del archiduque Francisco Fernando, heredero al trono de Austria-Hungría (28 de junio de 1914), el origen principal hay que buscarlo en otras causas más profundas que venían enfrentando desde principios de siglo a las potencias europeas en su lucha por el control de las fuentes de materias primas, el reparto colonial y las esferas de influencia. Por el sistema de alianzas el conflicto se generalizó rápidamente. Alemania declaró la guerra a Rusia y a Francia (agosto 1914). La invasión de Bélgica acabó por decidir la entrada de Inglaterra en la contienda, seguida de Japón. Poco después entraba Turquía al lado de los imperios centrales. La ofensiva alemana en su avance hacia Bélgica y N de Francia fue detenida en el Marne (septiembre de 1914), donde se estableció el frente occidental casi hasta el final de la guerra. En 1915 se unió Bulgaria a Alemania e Italia a los aliados. En el E, los rusos sufrieron graves derrotas. Tras el fracaso de Alemania en su gran ofensiva sobre Verdún, la indecisa batalla naval de Jutlandia entre británicos y alemanes y la contraofensiva aliada en el Somme (1916), se produjo la entrada de EE UU en el bando aliado (1917), decisiva para la terminación de la guerra. Rusia, dominada por los bolcheviques, firmó con Alemania el tratado de Brest-Litowsk (marzo de 1918), y Rumania acordó también su rendición (mayo). Estos acontecimientos dieron aliento a los alemanes para intentar avanzar nuevamente hacia París, pero fueron contenidos en la segunda batalla del Marne (julio) por los ejércitos aliados de Foch. El imperio austrohúngaro

se derrumbó y Alemania solicitó el armisticio que culminó con el tratado de Versalles (28 de junio de 1919). Los imperios otomano, austrohúngaro y ruso desaparecieron como tales y surgieron como naciones independientes Checoslovaquia, Polonia, Finlandia, Estonia, Lituania, Letonia y Yugoslavia, actual Serbia y Montenegro. Austria y Hungría se separaron en dos naciones.

GUERRA MUNDIAL, SEGUNDA Hist. Conflicto armado que mantuvieron, de 1939 a 1945, las potencias totalitarias del Eje (Alemania, Italia y Japón) frente a los aliados (Inglaterra, Francia, URSS, EE UU y otros países). Sus causas principales se derivaron de las excesivas reparaciones que le fueron impuestas a Alemania por el tratado de Versalles, al finalizar la Primera Guerra Mundial, la crisis económica de 1929 y los continuos avances del nazismo y del fascismo, que rivalizaban por un lado con las democracias occidentales y, por otro, con el comunismo soviético. La invasión de Polonia por los alemanes (1 de septiembre de 1939), provocó la ocupación por los soviéticos de la parte oriental de Polonia, país que, en un mes, quedó repartido entre las dos potencias. Inglaterra y Francia declararan la guerra a Alemania el 3 de septiembre. El desarrollo de la contienda fue, hasta 1942, favorable al Eje. Así, mientras Rusia atacaba Finlandia (invierno de 1939), Alemania se apoderaba, en una campaña relámpago, de Dinamarca y Noruega, invadiendo seguidamente los Países Bajos, Bélgica, Luxemburgo y gran parte de Francia. Inglaterra quedó sola frente a las potencias del Eje; tuvo que soportar los ataques aéreos que desde Francia lanzaba contra ella Alemania, a la vez que trataba de contrarrestar las ofensivas italianas en Sudán, Somalia y Libia. En el Oriente los japoneses intentaron cercar China conquistando el Sudeste asiático, Insulindia y Filipinas, e incluso acabar con la superioridad naval de EE UU. Su ataque por sorpresa a la flota estadounidense, fondeada en Pearl Harbor (diciembre de 1941), provocó la entrada activa de EE UU en el conflicto. El ejército alemán, que había llegado a cercar Moscú en junio de 1941, no consiguió tomar la ciudad. Las tropas de Hitler entonces ocuparon Ucrania y llegaron hasta las puertas de Stalingrado (1942). La ayuda económica de EE UU a la URSS fue decisiva para la resistencia de los soviéticos, que pronto recuperaron Ucrania y levantaron el cerco a la capital moscovita, Y en sus avances posteriores liberaron los países del E de Europa y el 2 de mayo de 1945 entraron en Berlín. En el frente occidental los aliados contraatacaron en el N de África y la ofensiva de Rommel en su avance hacia el canal de Suez fue frenada en El Alamein por Montgomery (octubre de 1942). Después de liberar Túnez, los aliados desembarcaron en Sicilia y Calabria y avanzaron por Italia (septiembre de 1943). El desembarco en Normandía (junio de 1944), permitió la liberación de París (agosto). Con el nuevo desembarco francoamericano en Provenza liberaron Tolón, Marsella y la zona del Ródano y alcanzaron la frontera de Alemania, que se rindió incondicionalmente el 8 de mayo de 1945. En el Pacífico, la contraofensiva estadounidense fue decisiva para recuperar las islas que habían sido ocupadas por los japoneses. La conquista de Filipinas y de Birmania por los aliados y las catástrofes ocasionadas en Hiroshima y Nagasaki (6 y 9 de agosto de 1945, respectivamente) por la explosión de dos bombas atómicas decidieron la capitulación incondicional de Japón y el final de la guerra. Además de las irreparables pérdidas humanas (unos 40 millones de muertos, 6 millones de los cuales eran judíos), Alemania quedó dividida en dos, y el mundo se agrupó en dos grandes bandos: las democracias occidentales, encabezadas por EE UU, y la URSS y su área de influencia.

GUERRAZZI, FRANCESCO DOMENICO Escritor y político italiano (Livorno, 1804 - Cinquantina, Livorno, 1873). Gran activista republicano. Debe su fama literaria a sus novelas históricas: *La batalla de Benevento* (1827), *El sitio de Florencia* (1836), *Beatriz Cenci* (1853) y *Pascual Paoli* (1860).

GUERRERA f. Chaqueta ajustada y abrochada desde el cuello, que forma parte de ciertos uniformes del ejército.

GUERRERENSE adj. y com. De Guerrero, México.

GUERRERO, RA adj. **1** Relativo a la guerra. **2** Que guerrea. Aplicado a personas, también. s. **3** Que tiene genio marcial y es inclinado a la guerra. **4** fig. y fam. Travieso, que incomoda y molesta a los demás. || m. **5** SOLDADO, que sirve en la milicia.

GUERRERO Estado de México; 64.281 km² y 2.994.365 h. Capital, Chilpancingo. Produce café, tabaco y algodón. Yacimientos de fluorita, oro, plata y cobre. Turismo.

GUERRERO, JACINTO Compositor español (Ajofrín, Toledo, 1895 - Madrid, 1951). Escribió numerosas zarzuelas que alcanzaron gran popularidad: *Los gavilanes* (1923), *El huésped del Sevillano* (1924), *La rosa del azafrán* (1930), etc.

GUERRERO, MANUEL AMADOR AMADOR GUERRERO, MANUEL.

GUERRERO, VICENTE Militar y político mexicano (Tixtla, 1783 - Culipán, Oaxaca, 1831). Luchó por la independencia de su país bajo las órdenes de Morelos. Participó en el plan de Iguala (1821), y tras la caída de Iturbide fue miembro del Supremo poder provisional (1824). Presidente de la República en 1829, durante su mandato se abolió la esclavitud en México.

GUERRERO GALVÁN, JESÚS Pintor mexicano (Tonalá, 1912 - Cuernavaca, 1973). Fue uno de los máximos exponentes del muralismo. Se le debe una colección de dibujos con el título de *Los paladines de la Libertad*.

GUERRERO Y TORRES, FRANCISCO Arquitecto mexicano (Guadalupe, ? - México, 1792). De estilo barroco, construyó, en la capital mexicana, la capilla del Pocito (1777-91), el palacio de los condes de San Mateo de Valparaíso (1769-72) y la iglesia de la Enseñanza (1772-78).

GUERRIER, PHILIPPE General haitiano (Santo Domingo, 1773 - Jamaica, 1845). Sucedió en la presidencia de la República a Charles Rivière Hérard en 1844.

GUERRILLA f. **1** ESCARAMUZA, pelea de poca importancia. **2** Mil. Línea de tiradores formada por grupos poco numerosos que hostigan al enemigo. **3** Mil. Partida de tropa ligera, que hace las descubiertas y rompe las primeras escaramuzas. **4** Mil. Partida de paisanos que en las guerras acosa y molesta al enemigo. **5** Mil. Pequeño grupo armado que combate al enemigo mediante golpes de mano, sin presentar batalla abierta y prevaleciéndose de su conocimiento del terreno y de disponer de bases seguras en que refugiarse tras sus acciones. **6** Pedrea entre dos grupos de muchachos. **7** Antiguo juego de naipes.

GUERRILLERO, RA m. y f. Paisano que sirve en una guerrilla, o es jefe de ella.

GUESCLIN, BERTRAND DU Militar francés (Motte-Broon, 1314 - Randon, 1380). Después de combatir contra los ingleses en su país durante la guerra de los Cien Años, en la que capitaneó las *Compañías Blancas*, pasó a España en auxilio de Enrique de Trastámara en su lucha contra Pedro I el Cruel. Según la tradición, protagonizó la batalla de Montiel.

GUESDE, JULES (MATHIEU BAZILE, llamado) Político socialista francés (París, 1845 - Saint-Mandé, 1922). Fundó el semanario *L'Égalité* (1877), primera publicación periódica marxista en Francia. Fue ministro de Estado (1814-16).

GUETO m. **1** Barrio en que vivían o eran obligados a vivir los judíos en algunas ciudades. **2** Por extensión, barrio de una ciudad habitado por miembros de una minoría racial, religiosa o cultural.

GUEUX Hist. Liga de patriotas que se formó en los Países Bajos para luchar contra el dominio español (1566).

GUEVARA, FRAY ANTONIO DE Escritor español (Treceño, 1480 - Valladolid, 1545). Cronista de Carlos I, fue inquisidor de Valencia y obispo de Guadix y Mondoñedo. Sus obras principales son *Relox de príncipes*, conocido también como *Libro áureo del emperador Marco Aurelio* (1529), *Arte de marear* (1539), *Menosprecio de corte y alabanza de aldea* (1539) y *Epístolas familiares* (1539-1541).

GUEVARA, CHE (ERNESTO GUEVARA, llamado) Revolucionario cubano de origen argentino (Rosario, 1928 - Higueras, Bolivia, 1967). Después de doctorarse en medicina en Buenos Aires, tomó parte en varias revueltas

Ernesto Che **Guevara**

en Sudamérica. En México conoció a Fidel Castro, al que se unió para luchar contra el régimen de Batista. Tras el triunfo de la revolución cubana ocupó las carteras de Economía y de Industria. Propugnó una política marxista y antiimperialista frente a EE UU. En 1964 desapareció de la escena política para incorporarse a las guerrillas del Congo (1965-66) y más tarde a las de Bolivia, donde fue capturado y ejecutado.

Guevara, Miguel de Escritor y religioso agustino mexicano (Veracruz, 1585 - Ciudad de México, 1646). Autor de célebres sonetos es autor de *Arte doctrinal para aprender la lengua matlaltzinga*.

Guevara Arce, Walter Político boliviano (Cochabamba, 1912 - La Paz, 1996). En agosto de 1979 fue elegido presidente provisional de la República, pero en noviembre fue derrocado por un golpe de Estado dirigido por el coronel Alberto Natusch.

Guggiari Corniglione, José Patricio Político paraguayo (Asunción, 1884 - Buenos Aires, 1957). Diputado nacional (1912-20) y ministro del Interior (1920), ocupó la presidencia de la República en los años 1928-31 y en 1932.

Guía com. **1** Persona que enseña a otra el camino. **2** fig. Persona que enseña y dirige a otra para hacer o lograr lo que se propone. **3** Persona autorizada para enseñar a los forasteros las cosas notables de una ciudad o para acompañar a los visitantes de un museo y darles información sobre los objetos expuestos. || m. **4** *Mil.* En el ejército, sargento, cabo o soldado que se coloca en la posición conveniente para la mejor alineación de la tropa. **5** Manillar de la bicicleta. || f. **6** Lo que en sentido figurado dirige o encamina. **7** Tratado en que se dan preceptos para dirigir cosas, ya espirituales, ya puramente mecánicas. **8** Lista impresa de datos referentes a determinada materia. **9** Despacho que lleva consigo el que transporta algunos géneros, para que no se los detengan ni decomisen. **10** Palanca que sale oblicuamente de lo alto del eje de una noria para engancharla en ella la caballería, o de un molino de viento para orientarlo. **11** Pieza que en las máquinas sirve para obligar a otra pieza a que siga en su movimiento un camino determinado. **12** Cada uno de los extremos del bigote. **13** Especie de fullería en los naipes. **14** Cada una de las dos varillas grandes del abanico. **15** *Bot.* Sarmiento o vara que se deja en las cepas y en los árboles para dirigirlos. **16** *Min.* Vetilla a que algunas veces se reducen los filones y que sirve para buscar la prolongación del criadero. **17** *Mús.* Voz que va delante en la fuga y a la cual siguen las demás. || f. pl. **18** Riendas para gobernar los caballos de guías.

Guiabara f. *Bot.* Cuba Árbol que da la uva de playa.

Guiar tr. **1** Ir delante mostrando el camino. **2** Hacer que una pieza de una máquina siga en su movimiento determinado camino. **3** Conducir un vehículo. **4** fig. Dirigir a uno en algún negocio. || prnl. **5** Dejarse uno dirigir o llevar por otro, o por indicios, señales, etc.

Guicciardini, Francesco Historiador y político italiano (Arcetri, 1483 - Florencia, 1540). Embajador de Florencia en la corte de Fernando el Católico, gobernador del Papa en Módena y Ereggio, y desde 1523 gobernador de la Romagna.

Guido, Beatriz Escritora argentina (Rosario, 1925 - Madrid, 1988). Su obra narrativa se centró en la nostalgia por la niñez (*La caída*, 1956; *Fin de fiesta*, 1958), la descripción de la realidad nacional (*El incendio y las vísperas*, 1964) y la preocupación por la condición de la mujer (*La invitación*, 1979).

Guido, José María Político argentino (Buenos Aires, 1911 - íd., 1975). Presidente del Senado desde 1958, al ser depuesto Frondizi, asumió la presidencia de la República (1962-63).

Guido d'Arezzo Arezzo, Guido d'.

Guido de Lusignan Rey de Jerusalén y de Chipre (Lusignano, h. 1129 - Nicosia, 1194). Fue coronado rey de Jerusalén (1186) por su casamiento con Sibila, pero tuvo que renunciar al trono ante la oposición de los barones, y fue nombrado señor de Chipre (1194).

Guido Reni Reni, Guido.

Guienés, sa adj. y s. De Guiena, Francia.

Guifré, Guifred o **Guifredo** Wifredo.

Guija f. **1** *Geol.* Piedra pelada y pequeña que se encuentra en las orillas y cauces de los ríos y arroyos. **2** Tito, almorta.

Guijarro m. Pequeño canto rodado.

Guijo m. **1** Conjunto de guijas para consolidar y rellenar los caminos. **2** Extremos de un eje vertical.

Guijuelo Municipio y lugar de España, provincia de Salamanca; 5.062 h.

Guil m. En argot, moneda de cinco pesetas, duro.

Guilarte, Eusebio Militar y político boliviano (La Paz, 1799 - Cobija, 1849). En 1847, se hizo cargo del poder por renuncia de Ballivián. Intentó convocar elecciones pero a los diez días hubo de huir a Perú al sublevarse Belzú. Murió asesinado.

Guilda o **Guilde** f. *Hist.* En la Edad Media, asociación de comerciantes, artesanos y mercaderes, que tenía como objetivo la defensa de los intereses de cada profesión, el control de los precios y los monopolios, así como la seguridad de las comunicaciones. Fue muy común en los países del N de Europa. También se dice *gilda* o *gilde*.

Guilin (*Kuei-lin*) Ciudad de China, en la Región Autónoma de Guangxi Zhuang; 364.130 h.

Guillarse prnl. **1** fam. Irse o huirse. **2** fam. Perder la cabeza.

Guillaume, Charles-Édouard Físico suizo de origen francés (Fleurier, 1861 - Sèvres, 1938). Efectuó importantes estudios sobre las unidades y los instrumentos de medida. En 1920 recibió el premio Nobel de Física.

Guillemin, Roger Charles Louis Endocrinólogo estadounidense de origen francés (Dijon, 1924). Sus investigaciones se han centrado en el estudio de las hormonas secretadas por las células nerviosas. En 1977 recibió el premio Nobel de Fisiología y Medicina, compartido con A. Schally y R. Yalow.

Guillén, Jorge Escritor español (Valladolid, 1893 - Málaga, 1984). Miembro de la Generación del 27. Su obra poética, enmarcada en la llamada «poesía pura», supone una contemplación gozosa del mundo y se halla agrupada bajo el título general de *Aire nuestro* (1968). Consta de cinco libros: *Cántico*, subtitulado *Fe de vida* (1928, primera edición; 1950, edición completa); *Clamor*, subtitulado *Tiempo de historia*, que es una trilogía formada por *Maremágnum* (1957), *Que van a dar a la mar* (1960) y *A la altura de las circunstancias* (1963); *Homenaje*, subtitulado *Reunión de vidas* (1967); *Y otros

Jorge **Guillén**

poemas* (1973); y *Final* (1971). Premio Cervantes en 1976. Desde 1978 fue académico de honor de la Real Academia Española.

Guillén, Nicolás Poeta cubano (Camagüey, 1902 - La Habana, 1989). Militante del Partido Comunista desde 1937, estuvo exiliado hasta el triunfo de la revolución (1959). Considerado el poeta nacional de Cuba, conjugó en su obra el negrismo con la poesía social. Autor de *Motivos del son* (1930), *West Indies Ltd* (1934), *El son entero* (1947), *Tengo* (1964) y *Por el mar de las Antillas anda un barco de papel* (1977).

Guillén de Castro Castro, Guillén de.

Guillermina Reina de los Países Bajos (La Haya, 1880 - palacio de Apeldoorn, 1962). A los tres meses de edad sucedió a su padre, bajo la regencia materna, y al cumplir los dieciocho años, en 1898, se celebró su coronación. En 1948 abdicó en su única hija, la princesa Juliana.

Guillermo Nombre de dos emperadores de Alemania y reyes de Prusia.

Guillermo I de Prusia.

Guillermo I, Federico Luis (Berlín, 1797 - íd., 1888). Segundo hijo de Federico Guillermo III, sucedió a su hermano Federico Guillermo IV en 1861. Trabajó en favor de la unidad alemana. Nombró canciller al príncipe de Bismarck (1862). Se alió con Austria para arrebatar Schleswig-Holstein a Dinamarca (1864) y después con Italia para deshacer la hegemonía austriaca dentro del imperio alemán. Tras la derrota de Francia en la guerra franco-prusiana se hizo coronar emperador de Alemania en el palacio de Versalles (1871).

Guillermo II, Federico Víctor Alberto (Potsdam, 1859 - Doorn, 1941). Nieto de Guillermo I, e hijo de Federico III, a quien sucedió en 1888. Lanzó al país a un desarrollo militar y a la expansión colonial. En 1914 debido a sus compromisos internacionales y presionado por su Estado Mayor, declaró la guerra a Rusia y a Francia. En 1918 el gobierno alemán le obligó a abdicar.

Guillermo Nombre de diversos reyes de Inglaterra.

Guillermo I el Conquistador (Falaise, 1027 - Rouen, 1087). Hijo natural del duque de Normandía, Roberto I el Diablo, quien le reconoció como su heredero y a quien sucedió en 1035. Invadió Inglaterra, cuyos derechos al trono le habían sido usurpados por Harold, y tras la victoria de Hastings (1066), fue coronado rey.

Guillermo II el Rojo (?, h. 1056 - New Forest, 1100). Reinó entre 1087 y 1100. Hijo segundo de Guillermo I el Conquistador, favorito de su padre, recibió Inglaterra, quedando Normandía para su hermano mayor, Roberto.

Guillermo III (La Haya, 1650 - Kensington, 1702). Hijo póstumo de Guillermo II de Nassau, príncipe de Orange. Fue elegido estatúder de los Países Bajos tras la revuelta contra los republicanos provocada por la invasión francesa (1672). Defensor del protestantismo, amenazado por Luis XIV, organizó la resistencia europea contra el monarca francés. Temeroso de la política de aproximación a Francia de Jacobo II, desembarcó en Inglaterra, destronó a su suegro y se hizo proclamar rey en Londres (1688).

Guillermo IV Rey de Gran Bretaña, Irlanda y Hannover (Londres, 1765 - Windsor, 1837). Sucesor de Jorge IV, reinó entre 1830-37. Murió sin descendencia directa y le sucedió su sobrina Victoria.

GUILLERMO Nombre de diversos reyes de los Países Bajos y grandes duques de Luxemburgo.

GUILLERMO I (La Haya, 1772 - Berlín, 1843). Hijo de Guillermo V de Nassau, reinó entre 1815 y 1840. Proclamado estatúder después de la batalla de Leipzig, recibió en 1815 del Congreso de Viena la corona de los Países Bajos, que incluía a Bélgica. Otorgó a su pueblo una constitución liberal y tras la revolución de 1830 concedió aún más libertades, pero, en la conferencia de Londres (1830-31), Francia y Gran Bretaña reconocieron la independencia de Bélgica. Obligado a instaurar un régimen parlamentario, abdicó en el 1840.

GUILLERMO II, FEDERICO JORGE LUIS (La Haya, 1792 - Tilburg, 1849). Hijo y sucesor de Guillermo I. Reinó entre 1840 y 1849. Se distinguió al lado de Wellington en la campaña de Francia y fue herido en Waterloo. En 1848 se le obligó a conceder una constitución parlamentaria.

GUILLERMO III, ALEJANDRO PABLO FEDERICO (Bruselas, 1817 - castillo de Loo, 1890). Hijo y sucesor de Guillermo II, ocupó el trono entre 1849 y 1890. Aceptó el régimen parlamentario. En 1866 anexionó el ducado de Limburgo a Luxemburgo.

GUILLERMO Nombre de diversos estatúder de las Provincias Unidas.

GUILLERMO I DE NASSAU (llamado EL TACITURNO) Príncipe de Orange (castillo de Dillenburg, 1533 - Delft, 1584). Gobernó entre 1544 y 1584. Se educó en la corte de Carlos V y gozó de la confianza de Felipe II. De vuelta a los Países Bajos se apartó del Consejo de Estado presidido por Margarita de Parma y encabezó la sublevación de las provincias contra la dominación española, junto con su hermano Luis de Nassau y Enrique de Brederode.

GUILLERMO II DE NASSAU Príncipe de Orange (La Haya, 1626 - íd., 1650). Sucesor de su padre, Federico Enrique, gobernó entre los años 1647 y 1650. Partidario del centralismo, se enfrentó a la burguesía de la costa, que le impuso la paz de Münster con España (1648), por la que Felipe IV reconoció la independencia de las Provincias Unidas.

GUILLERMO III DE NASSAU GUILLERMO III, rey de Inglaterra.

GUILLERMO IX DE AQUITANIA Conde de Poitiers y duque de Aquitania (Poitiers, 1071 - íd., 1126). Hijo de Guillermo VIII, gobernó entre 1086 y 1126. Luchó en Tierra Santa contra Saladino durante la primera cruzada. Escribió composiciones amorosas dentro de la retórica del amor cortés y otras de encendido erotismo.

GUILLERMO DE AQUITANIA O DE TOLOSA, SAN Noble franco (? - Gellone, Languedoc, 812). Nieto de Carlos Martel. Carlomagno le confió el gobierno de las tierras lindantes con la península Ibérica, dominada por los árabes, a los que paró en su avance a Narbona e intervino en la conquista de Barcelona (801). Fue conde y después duque de Aquitania.

GUILLERMO DE MACHAUT MACHAUT, GUILLAUME DE.

GUILLERMO TELL Héroe legendario de la independencia helvética (s. XIII-XIV). Hábil arquero, superó la prueba a que fue sometido por el bailío Gessler, consistente en atravesar una manzana colocada sobre la cabeza de su hijo.

GUILLERMO DE TIRO Historiador de las cruzadas (?, h. 1130 - ?, 1185). Autor de *Historia rerum in partibus transmarinis gestarum*, sobre la actuación de los latinos en el Próximo Oriente (1095-1184).

GUILLOMO m. *Bot.* Arbusto de la familia rosáceas, de nombre científico *Amelanchier ovalis*. Crece en roquedos y pedregales montañosos del S y centro de Europa, N de África y Asia Menor.

GUILLOT, OLGA Cantante mexicana de origen cubano (Santiago de Cuba, 1923). Considerada una de las mejores intérpretes de bolero de América Latina, ha sido llamada *la reina del bolero*.

GUILLOTINA f. 1 Máquina inventada en Francia por Guillotin (1789) para decapitar a los reos de muerte. Consiste en un bastidor con un cepo en la parte inferior, donde se sujeta la cabeza del reo, y una pesada cuchilla que se desliza desde lo alto a lo largo del bastidor. 2 Máquina de cortar papel. 3 *Med.* Instrumento para extirpar las amígdalas.

GUIMARÃES Ciudad de Portugal (Braga); 22.054 h.

GUIMARÃES ROSA, JOÃO Novelista brasileño (Cordisburgo, 1908 - Río de Janeiro, 1967). Es una de las figuras más relevantes de la nueva narrativa latinoamericana. Obras: *Sagarana* (1938), *Gran Sertón: veredas* (1956), *Cuerpo de baile* (1956), *Primeras historias* (1962) y *Ave palabra* (1971).

GUIMARD, HECTOR Arquitecto francés (Lyon, 1867 - Nueva York, 1942). Uno de los mayores representantes del modernismo, es conocido por las entradas de las estaciones del Metro de París (1889-1904).

GÜIMBA f. *Bot. Cuba* Árbol de la especie del guabico.

Hector **Guimard**. Marquesina del Metro de París.

GUIMBARDA f. Cepillo de carpintero, de cuchilla estrecha, que sirve para labrar el fondo de las cajas y ranuras.

GUINCHO m. 1 Pincho de palo. 2 *Zool. Cuba* Ave falconiforme, especie de águila pescadora.

GUINDA f. *Bot.* 1 Fruto del guindo. 2 *Mar.* Altura total de la arboladura de un buque.

GUINDAL m. *Bot.* GUINDO.

GUINDAMAINA f. *Mar.* Saludo que hacen los buques arriando e izando su bandera.

GUINDAR tr. 1 Subir una cosa que ha de colocarse en alto. También prnl. 2 fam. Lograr una cosa en concurrencia de otros. 3 fam. Colgar a uno en la horca. También prnl. 4 *Germ.* Robar, hurtar. || prnl. 5 Descolgarse de alguna parte.

GUINDILLA f. *Bot.* 1 Fruto del guindillo de Indias. 2 Pimiento pequeño, generalmente rojo, que pica mucho y se utiliza como condimento. 3 fig. Policía, guardia municipal.

GUINDILLO DE INDIAS m. *Bot.* Planta solanácea, de fruto redondo, encarnado y muy picante.

GUINDO m. *Bot.* Pequeño árbol de la familia rosáceas, de nombre científico *Prunus cerasus*, parecido al cerezo, pero de fruto más redondo.

GUINEA f. Antigua moneda inglesa, que equivalía a una libra y un chelín.

GUINEA Nombre dado en el siglo XV a la costa O de África comprendida entre el cabo Verde (por el N) y el cabo Frío (por el S), dividida en dos partes separadas por el cabo López (Gabón).

GUINEA *(République de Guinée)* República de África occidental. Limita al N con Senegal y Malí; al E, con Malí y Costa de Marfil; al S, con Liberia y Sierra Leona, y al O, con Guinea-Bissau y el océano Atlántico.

GEOG. El suelo es muy montañoso y está recorrido por el macizo del Futa Yalón. Los ríos, abundantes, de la parte oriental, desembocan en el Níger, y los de la parte occidental en el Senegal o el Atlántico, como es el caso del Konkoure. El clima es ecuatorial con dos estaciones: una de lluvias y otra seca. La mayoría de los habitantes de Guinea viven en el medio rural. La minería presta una contribución decisiva al superávit co-

Superficie: 245.857 km².
Población: 7.466.000 h. *(guineanos).*
Densidad: 30,4 h./km².
Tasa de natalidad: 40,6‰.
Tasa de mortalidad: 17,3‰.
Capital: Conakry.
Ciudades principales: Kankan, Labé, Nzérékoré y Boké.
Grupos étnicos: fulbé (40,3%), malinké (25,8%), sussu (11%), kissi (6,5%), etc.
Religión: islamismo (86,9%) y animistas (4,6%).
Idioma: francés (oficial), fulbé, malinké, sussu y varios dialectos sudaneses.
Moneda: franco guineano.
Forma de Estado: república presidencialista.
Producto Nacional Bruto: 3.777 millones de dólares.
Renta per cápita: 530 dólares.
División administrativa: 33 regiones, según cuadro.

GUINEA

Regiones	Superficie (km²)	Población (h.)	Capitales
Beyla	17.452	161.347	Beyla
Boffa	5.003	141.719	Boffa
Boké	10.053	225.207	Boké
Conakry	308	705.280	Conakry
Coyab	5.576	134.190	Coyab
Dabola	6.000	97.986	Dabola
Dalaba	3.400	132.802	Dalaba
Dinguiraye	11.000	133.502	Dinguiraye
Faranah	12.400	142.923	Faranah
Forécariah	4.265	116.464	Forécariah
Fria	2.175	70.413	Fria
Gaoual	11.503	135.657	Gaoual
Guéckédou	4.157	204.757	Guéckédou
Kankan	18.400	229.861	Kankan
Kérouané	7.950	106.872	Kérouané
Kindia	8.828	216.052	Kindia
Kissidougou	8.872	183.236	Kissidougou
Koubia	1.480	98.053	Koubia
Koundara	1.589	94.216	Koundara
Kouroussa	12.035	136.926	Kouroussa
Labé	2.520	253.214	Labé
Lélouma	2.150	138.467	Lélouma
Lola	4.219	106.654	Lola
Macenta	8.710	193.109	Macenta
Mali	8.800	210.889	Mali
Mamou	6.160	190.525	Mamou
Mandiana	12.950	136.317	Mandiana
Nzérékoré	3.781	216.355	Nzérékoré
Pita	4.000	227.912	Pita
Siguiri	19.750	209.164	Siguiri
Télimélé	8.080	243.256	Télimélé
Tougué	6.200	113.272	Tougué
Yomou	2.183	74.417	Yomou

GUINEA

mercial del país. Los yacimientos de bauxita, oro, hierro y diamantes, constituyen su principal fuente de ingresos.

HIST. El territorio de la actual República de Guinea constituyó el reino mandinga, vasallo a su vez del reino sudanés de Ghana. Hacia el siglo XV comenzaron a recorrer sus costas navegantes portugueses y en el siglo XVII llegaron los franceses. Desde la primera mitad del siglo XIX, la posesión del territorio guineano fue disputada por británicos, franceses, alemanes y portugueses, hasta que en 1895 quedó finalmente incorporado a la Federación de África Occidental Francesa. La lucha por la independencia comenzó tras la Segunda Guerra Mundial y en 1956 consiguió su estatuto de autonomía. El Partido Democrático de Guinea (PDG), con su líder Sékou Touré, tomó la dirección del gobierno y se convirtió en partido único (1958). Se proclamó república independiente el 2 de octubre de 1958. Para combatir el boicot económico y político francés nacionalizó el comercio exterior y emprendió un programa de industrialización con la ayuda de los países socialistas. Después de la muerte de Touré, un grupo de militares encabezados por el coronel Lansana Conté, denominado Comité Militar de Regeneración, dio un golpe de Estado (3 de abril de 1984). Las elecciones de 1986 no implicaron ninguna modificación política. El malestar entre las fuerzas armadas, patente en 1989, propició la iniciativa presidencial de organizar, en 1993, elecciones presidenciales. La vigilancia policial impidió que la oposición hiciera campaña electoral, lo que posibilitó el triunfo del general Lansana Conté. A pesar de las protestas de la oposición, encabezada por Alpha Conde y Mamadou Boye Ba, en 1994 Conté asumió la presidencia y anunció elecciones legislativas, las primeras multipartidistas, que se celebraron en 1995. Un año después se produjo un fallido golpe militar. En 1998 Conté fue reelegido presidente.

GUINEA, GOLFO DE Golfo del océano Atlántico, que baña la costa O de África, desde el cabo Palmas (Liberia), hasta el cabo López (Gabón).

GUINEA-BISSAU *(República da Guiné-Bissau)* República de África occidental, antiguamente llamada *Guinea portuguesa.* Limita al N con Senegal; al E y S, con Guinea y al O, con el océano Atlántico.

GEOG. Posee un relieve llano, solo interrumpido por los ríos Corubal, Cacheu y Geba. El clima es tropical húmedo. La población es rural en un 90% y vive de la agricultura y la ganadería. Es uno de los países más pobres de África.

HIST. Descubiertas sus costas por los portugueses en el siglo XV, pronto se convirtió en un centro de tráfico de esclavos. En 1879 se constituye en provincia autónoma de Portugal, status que cambió por el de colonia entre 1927 y 1951, recobrando el de provincia de ultramar en este último año. En 1959 comenzó la acción anticolonial que encabezaba el Partido Africano de la Independencia de Guinea y de Cabo Verde, liderado por Amílcar Cabral; desde 1963, esta formación dirigió la lucha armada contra el Ejército portugués. En 1973, año en el que fue asesinado Cabral, Guinea-Bissau proclamó su independencia, que fue aceptada por Portugal en 1974. Luis de Almeida Cabral, hermano del dirigente asesinado, fue su primer presidente. En noviembre de 1980, Cabral fue derrocado por un golpe de Estado militar que llevó al poder a João Bernardo Vieira, como jefe de un Consejo revolucionario que, tras las elecciones de 1984, fue sustituido por un Consejo de Estado encabezado por el mismo Vieira. En las elecciones de junio de 1989, y nuevamente en las de agosto de 1994, triunfó el partido del gobierno y Vieira fue reelegido. En 1998 hizo frente a un golpe de Estado encabezado por el general Ansumane Mané, conflicto armado que se extendió durante todo 1999 pese a los intentos de mediación de Portugal y Angola. En mayo de este año las tropas de Mané entraron en la capital, Vieira se refugió en la embajada portuguesa y se instaló en el gobierno una Junta Militar que nombró presidente a Malam Bacai Sanha, quien, en las presidenciales de enero de 2000, fue derrotado por Kumba Yalla, del partido Renovación Social. En 2003 un golpe de Estado depuso a Yalla. Tomó el poder un Comité Militar encabezado por el general Veríssimo Correia Seabra hasta que, días después, dicho Comité nombró presidente interino a Henrique Rosa.

GUINEA ECUATORIAL, REPÚBLICA DE República de África centrooccidental. Limita al N con Camerún; al E y S, con Gabón, y al O, con el océano Atlántico.

GEOG. Su territorio está compuesto por una parte continental (26.017 km^2) y otra insular (2.034 km^2) con las islas de Bioko (la antigua Fernando Poo), Annobón (la antigua Pagalu), Corisco, Elobey Grande y Elobey Chico. La parte continental comprende una franja costera llana, que va accidentándose hacia el interior. El río principal es el Benito. El suelo está ocupado por bosques (46,2%) muy densos. El clima es ecuatorial y muy lluvioso. Su economía sufre un grave atraso y es típica de un país subdesarrollado: predomina la agricultura y hay una ausencia casi total de actividad industrial. Posee varios puertos y dos aeropuertos (Malabo y Bata).

Superficie: 36.125 km^2.
Población: 1.286.000 h.
(guineanos).
Densidad: 45,7 h./km^2.
Tasa de natalidad: 39,9‰.
Tasa de mortalidad: 15,9‰.
Capital: Bissau.
Ciudades principales: Bafatá, Gabú.
Grupos étnicos: balante (27,2%), fulani (22,9%), malinke (12,2%), otros (37,7%).
Religión: animismo (54%), islamismo (38%), cristianismo (8%).
Idioma: portugués (oficial).
Moneda: franco CFA.
Forma de Estado: república presidencialista.
Producto Nacional Bruto: 184 millones de dólares.
Renta per cápita: 160 dólares.
División administrativa: 8 regiones, según cuadro.

Superficie: 28.051 km^2.
Población: 474.000 h.
(ecuatoguineanos).
Densidad: 16,9 h./km^2.
Tasa de natalidad: 38,5‰.
Tasa de mortalidad: 13‰.
Capital: Malabo.
Ciudades principales: Bata, Ela Nguema, Ebebiyin y Evinayong.
Grupos étnicos: fang (82,9%), bubi (9,6%).
Religión: cristianismo (88,8%), cultos tribales (4,6%).
Idioma: español (oficial), bubí, criollo portugués y fang.
Moneda: franco CFA.
Forma de Estado: república presidencialista.
Producto Nacional Bruto: 478 millones de dólares.
Renta per cápita: 1.110 dólares.
División administrativa: 7 provincias y 2 regiones, según cuadro.

GUINEA-BISSAU

Regiones *Sector autónomo*	Superficie (km^2)	Población (h.)	Capitales
Bafatá	5.981	143.377	Bafatá
Biombo	840	60.420	Bissau
Bolama	2.624	26.621	Bolama
Cacheu	5.175	146.980	Cacheu
Gabú	9.150	134.971	Gabú
Oío	5.403	156.084	Farim
Quinara	3.138	44.793	Fulacunda
Tombali	3.736	72.441	Catió
Bissau	78	197.610	

HIST. En el siglo XV, los portugueses descubrieron las islas de Fernando Poo (inicialmente Formosa y actualmente Bioko) y Annobón. Por el tratado de El Pardo (1778) pasaron a ser colonia española. En 1885 tomó el nombre de Guinea Española. En 1959 se denominó Región Ecuatorial Española y se organizó en dos provincias, *Fernando Poo* y *Río Muni.* A partir de entonces aparecieron ciertos núcleos nacionalistas partidarios de la independencia. En 1963 se constituyó en región autónoma, con órganos comunes a todo el territorio y con organismos propios de cada provincia.

REPÚBLICA DE GUINEA ECUATORIAL

Regiones Provincias	Superficie (km²)	Población (h.)	Capitales
Región Continental			
(o Río Muni)	26.017	259.950	
Centro-Sur	9.931	55.970	Evinayong
Kie-Ntem	3.943	74.050	Ebebiyin
Litoral	6.665	75.640	Bata
Uele-Nzas	5.478	54.290	Mongomo
Región Insular	*2.034*	*70.280*	
Annobón	17	2.360	Palé
Bioko Norte	776	56.600	Malabo
Bioko Sur	1.241	11.320	Luba

Se adoptó entonces la denominación de Guinea Ecuatorial. Alcanzó la independencia el 12 de octubre de 1968 y Francisco Macías Nguema fue elegido presidente. Las relaciones con España se deterioraron hasta llegar a una ruptura total. La gestión política de Macías, que fusionó los partidos políticos en uno solo dirigido por él, así como toda la mala administración, llevaron al país a un descontento general que culminó en 1979 con un golpe de Estado dirigido por el coronel Teodoro Obiang Nguema. En agosto de 1982 fue aprobada una nueva constitución de carácter presidencialista. En 1987, Obiang anunció la formación del Partido Democrático con vistas a las elecciones que se celebrarían en 1989. La disidencia política interna se manifestó en conspiraciones e intentos de derrocamiento, pero las elecciones presidenciales contaron con un candidato único, Obiang, que fue confirmado en su cargo. Las medidas democratizadoras del régimen, indispensables para que continuara la ayuda económica de España, Francia y otros países, no impidieron que, a principios de 1992, el gobierno desencadenara una brutal represión contra los exiliados políticos que regresaban. Aunque algunos meses después fueron legalizadas diversas formaciones políticas de la oposición, en las elecciones de 1993 fueron prohibidos diez de los catorce partidos inscritos. Los resultados oficiales dieron como ganador al partido de Obiang. En las elecciones presidenciales de 1996, los principales candidatos de la oposición también fueron retirados, y Obiang renovó su cargo por otros siete años. Ese mismo año, Ángel Serafín Seriche fue designado primer ministro. En 1998 se produjo un enfrentamiento entre el ejército y miembros del Movimiento para la Autodeterminación de la Isla de Bioko. En 1999 y 2002 se celebraron elecciones en las que, pese a las acusaciones de fraude de la oposición, Obiang resultó revalidado en su cargo. Tras las elecciones de 2004, Cándido Muatetema Rivas, primer ministro desde 2001, fue sustituido en el cargo por Miguel Abia Biteo Borico.

Guinea portuguesa Guinea-Bissau.

guineano, na adj. y s. De Guinea y de Guinea-Bissau.

guineo, a adj. y s. 1 De Guinea, región de África. 2 *Bot.* Variedad de plátano, procedente de la India y cultivada en América, y su fruto. || m. 3 Cierto baile de movimientos violentos y gestos cómicos, que era propio de los negros. 4 Tañido o son de este baile.

Guinness, Alec Actor de cine y teatro británico (Londres, 1914 - Midhurst, Inglaterra, 2000). Alternó su trabajo en la pantalla con el teatro. Películas principales: *El puente sobre el río Kwai* (Oscar de interpretación 1957), *El doctor Zhivago* (1965), *La guerra de las gala-*

xias (1977), etc. Oscar honorífico al conjunto de su carrera (1980).

guiñada f. 1 Guiño. 2 Desvío de la proa del buque hacia un lado u otro del rumbo a que se navega.

guiñapo m. 1 Andrajo o trapo roto, viejo o deslucido. 2 fig. Persona que anda con vestido viejo y andrajoso. 3 fig. Persona moralmente abatida, o muy débil.

guiñar tr. Cerrar un ojo momentáneamente dejando abierto el otro.

guiño m. Acción de guiñar el ojo.

guiñol m. Representación teatral por medio de títeres movidos con los dedos.

guiñote m. Juego de naipes, variante del tute.

guion m. 1 Cruz que va delante del prelado o de la comunidad como insignia propia. 2 Estandarte del rey. 3 Pendón pequeño o bandera arrollada que se lleva delante de algunas procesiones. 4 Escrito en que breve y ordenadamente se han apuntado algunas ideas o cosas con objeto de que sirva de guía para determinado fin. 5 Texto en que se expone, con los detalles necesarios para su realización, el contenido de una película o de un programa de radio o televisión. 6 fig. El que va delante, enseña y amaestra a alguno. 7 *Gram.* Signo ortográfico (-) que se pone al fin del renglón que termina con parte de una palabra cuya otra parte, por no caber en él, tiene que escribirse en el siguiente. También para unir las dos partes de una palabra compuesta, como *aovado-lanceolado*. Se emplean guiones más largos (–) para indicar en los diálogos cuándo habla cada interlocutor.

guionista com. Autor del guion de una película o de un programa de radio o televisión.

guipar tr. vulg. Ver, percibir, descubrir.

Guipúzcoa o **Gipuzkoa** Provincia del N de España, en el País Vasco; 1.997 km² y 677.275 h. Capital, San Sebastián. Su relieve forma parte de la denominada depresión vasca. Sistema fluvial formado por ríos no muy grandes, pero de buen rendimiento: el Bidasoa, el Oyarzun, el Urumea, el Oria y el Deva. El clima es atlántico. Bosques de robles, hayas y fresnos. Cultivos de maíz, legumbres, hortalizas y frutales, especialmente el manzano. Ganado bovino. Pesca. Industria.

Guipuzcoana de Caracas, Real Compañía *Hist.* Sociedad anónima creada en 1728 con sede en San Sebastián para el comercio con Venezuela. En 1785 desapareció y se integró en la Real Compañía de Filipinas.

guipuzcoano, na adj. y s. 1 De Guipúzcoa. || m. Ling. 2 Uno de los principales dialectos del euskera.

güira f. *Bot.* 1 Árbol de la familia bignoniáceas, de nombre científico *Crescentia alata*, de cuyo fruto, serrado en dos partes iguales, hacen los campesinos de América tazas, platos, jofainas, etc., según su tamaño. 2 Fruto de este árbol.

güira f. *Chile* Tira de corteza flexible que se usa como cordel para amarrar, liar fardos, etc.

Güiraldes, Ricardo Escritor argentino (Buenos Aires, 1886 - París, 1927). Miembro del grupo «Martín Fierro», debe principalmente su fama a la novela *Don Segundo Sombra* (1926), obra maestra del género gauchesco.

guiri m. 1 *Hist.* Nombre con que designaban los carlistas a los partidarios de la reina Cristina, y después a todos los liberales; cristino. || com. 2 fam. Extranjero, turista.

guirigay m. 1 fam. Lenguaje oscuro y difícil de entender. 2 Griterío y confusión. ◆ Su pl. es *guirigáis* o *guirigayes*.

Guirior, Manuel de Militar y administrador español (Aoiz, 1708 - Madrid, 1788). Fue virrey de Nueva Granada (1772-76) y del Perú (1775-80).

guirlache m. Pasta comestible de almendras tostadas y caramelo.

guirnalda f. 1 Corona abierta, tejida de flores, hierbas o ramas, con que se ciñe la cabeza; se utiliza sobre todo como simple adorno. 2 *Bot.* perpetua.

güiro m. *Amér.* 1 *Bot.* Planta que da por fruto una calabaza de corteza dura y amarilla cuando se seca. 2 *Mús.* Instrumento musical popular que tiene como caja una calabaza de güiro. 3 *Bot. Chile* Conjunto de algas verdes que viven en agua dulce.

guiropa f. Guisado de carne con patatas.

guisa f. Modo, manera o semejanza de una cosa.

Guisa, duque de Bourbon Orleans, Jean de, duque de Guisa.

Guisa, Enrique I de Noble francés (?, 1550 - Blois, 1588). Hijo de Francisco I y tercer duque de Guisa, fue partidario de María de Médicis y uno de los instigadores de la matanza de la Noche de San Bartolomé (1572).

Guisa, Francisco I de Noble francés (Bary, 1519 - Saint-Mesmin, 1563). Hijo de Claudio I y segundo duque de Guisa, ejerció gran influencia sobre su sobrino Francisco II, rey de Francia. Convertido en jefe del partido católico, su intransigencia con los protestantes inició las guerras de religión en Francia. Murió asesinado por un protestante.

guisado m. 1 Manjar guisado. 2 Guiso de pedazos de carne, con salsa y generalmente con patatas.

guisante m. *Bot.* 1 Planta herbácea anual de la familia leguminosas, de nombre científico *Pisum sativum*, con tallos volubles y fruto en vaina casi cilíndrica, con diversas semillas comestibles. 2 Semilla de esta planta.

guisar tr. 1 Preparar los alimentos sometiéndolos a la acción del fuego después de condimentados con especias o con salsas. 2 fig. Ordenar, componer una cosa.

guisaso m. *Bot. Cuba* Nombre que se aplica a diferentes especies de plantas silvestres.

guiso m. Manjar guisado.

guisote m. Guisado ordinario hecho con poco cuidado.

güisqui m. whisky.

guita f. 1 fam. Dinero contante. 2 Caudal, hacienda, bienes. 3 Cuerda delgada de cáñamo.

guitarra f. 1 *Mús.* Instrumento musical de cuerda pulsada, que se compone de una caja de madera, a modo de óvalo estrechado por el medio, con un agujero circular en el centro de la tapa y un mástil con trastes. || com. 2 *Mús.* guitarrista. || **guitarra eléctrica** *Mús.* Aquella cuyo sonido procede de la vibración de las cuerdas, recogida por unas pastillas electrónicas; el sonido se transmite a un aparato amplificador por medio de un cable.

guitarrillo m. *Mús.* 1 Instrumento musical de cuatro cuerdas y de la forma de una guitarra pequeña. 2 Guitarra pequeña de voces agudas.

guitarrista com. *Mús.* 1 Persona que toca por oficio la guitarra. 2 Persona diestra en el arte de tocar la guitarra.

guitarro m. *Mús.* Guitarra pequeña.

guitarrón m. *Mús.* Guitarra grande de sonido grave que usan los mariachis mexicanos.

Guiteras Holmes, Antonio Político cubano (Santiago de Cuba, 1908 - Morillo, Matanzas, 1935). Luchó activamente contra la dictadura de Machado. Fue ministro de la Gobernación en el gobierno de Grau San Martín (1933).

güito m. 1 fam. sombrero. 2 Hueso de fruta, especialmente el del albaricoque, con que juegan los niños. || m. pl. 2 Juego que se hace con estos huesos.

guitón, na adj. y s. Pícaro, vagabundo.

Guitry, Sacha Actor, escritor y director de teatro y cine francés (San Petersburgo, 1885 - París, 1957). Su producción literaria comprende más de 125 comedias, entre las que cabe citar *Nono* (1905), *El ilusionista* (1917), *Francisca* (1934) y *Toa* (1949). Llevó al cine muchas de sus obras: *Buena suerte* (1935), *El diablo cojo* (1948) y *Napoleón* (1954).

Guiyang (*Kuei-yang*) Ciudad de China, capital de la provincia de Guizhou; 1.530.000 h. Industria química y metalúrgica.

guizacillo m. *Bot.* Planta de la familia gramíneas, propia de las regiones cálidas.

guizazo m. *Bot. Cuba* guisaso.

Guizhou (*Kweichou*) Provincia de China, en la región Sudoccidental; 174.000 km² y 34.580.000 h. Capital, Guiyang.

Guizot, François Historiador y estadista francés (Nîmes, 1787 - Val-Richer, 1874). Participó activamente en la llegada de la monarquía de Luis Felipe I. Fue ministro del Interior, de Instrucción Pública, de Asuntos Exteriores y embajador en Londres. Adversario de toda reforma social, se opuso a la reforma electoral y parlamentaria que solicitaba la burguesía liberal y dimitió al estallar la revolución (1848). Obras principales: *Historia de la revolución inglesa* (1826) e *Historia de la civilización en Francia* (1930).

Gujarat (India). Mezquita de Junagadh.

GUJARAT Estado del O de la India; 196.024 km² y 41.309.582 h. Capital, Gandhinagar. Ciudad principal, Ahmadabad. Arroz, tabaco y algodón. Petróleo.

GUJRANWALA Ciudad de Pakistán, provincia de Punjab; 1.663.000 h. Importante centro comercial agrícola. Tejidos.

GULA f. Glotonería.

GULAG Hist. m. Institución encargada de la administración de los campos de concentración soviéticos.

GULASH m. Estofado húngaro de buey o cerdo.

GULBARGA o **KULBARGA** Ciudad de la India, situada en el Estado de Mysore; 304.099 h.

GULDBERG, CATO MAXIMILIAN Químico y matemático noruego (Oslo, 1836 - íd., 1902). En colaboración con Waage enunció la ley de acción de masas sobre los equilibrios fisicoquímicos (1867).

GULES m. pl. Bl. Color rojo heráldico.

GULF STREAM Ocean. GOLFO, CORRIENTE DEL.

GULLORÍA f. 1 Zool. CALANDRIA, pájaro. 2 GOLLERÍA, manjar exquisito.

GULLSTRAND, ALLVAR Médico sueco (Landskrona, 1862 - Estocolmo, 1930). Especializado en oftalmología, son célebres sus estudios sobre la córnea y el astigmatismo. En 1911 recibió el premio Nobel de Fisiología y Medicina, por sus trabajos sobre dolencias oculares por defecto dióptico.

GULUSMEAR intr. Andar oliendo lo que se guisa.

GÚMENA f. Mar. Maroma gruesa.

GUMÍA f. Arma blanca, con forma de daga un poco encorvada, que usaban los moros.

GUMILÉV, NIKOLAJ STEPANOVIC Poeta ruso (Kronstadt, 1886 - Petrogrado, 1921). Fundador del ACMEÍSMO, es autor de El camino de los conquistadores (1905), Perlas (1910) y El carcaj (1916). Acusado de contrarrevolucionario, fue fusilado.

GUMMA Prefectura de Japón, en Honshu; 6.356 km² y 2.003.533 h. Capital, Maebashi.

GUNDERICO Rey de los vándalos (? - ?, 428). Invadió la península Ibérica en el 409 y venció a los suevos (419). Perseguido por tropas romanas, fue vencido junto a Braga, pero se retiró hacia el S, invadiendo la Bética.

GUNEY, YILMAZ Actor y director de cine turco (Anatolia, 1937 - París, 1984). Su cine constituye un análisis realista de la situación de su país. Películas: El padre (1971), Los pobres (1975), El rebaño (1979), Yol (1982), El muro (1983).

GUNN, THOM (THOMSON WILLIAM GUNN, llamado) Poeta británico (Gravesend, Kent, 1929). Su obra constituye una apuesta permanente por la innovación rítmica, basada en el empleo del inglés americano. Es autor de Términos de lucha (1954), Moly (1971) y El hombre vestido de noche (1992).

GUNNARSSON, GUNNAR Escritor islandés en lengua danesa (Fljótsdalur, 1889 - Reykjavik, 1975). Es autor del ciclo de novelas Historia de la familia Borg (1912-14) y de la autobiografía, La iglesia en la montaña (1923-28; 5 vols.).

GUNNERÁCEO, A adj. y f. Bot. 1 Se dice de la hierba perenne angiosperma dicotiledónea, con grandes inflorescencias sin pétalos y frutos en drupa, como el pangue. || f. pl. Bot. 2 Familia de estas plantas.

GUNTUR Ciudad del SE de la India, en el Estado de Andhra Pradesh; 471.051 h. Industria textil.

GUPPY m. Zool. Pez osteictio de nombre científico Lebistes reticulatus. Se utiliza en los acuarios de agua dulce como ornamental.

GUPTA Geneal. y Arte. Dinastía hindú que unificó el N de la India durante los años 320 y 330 y se mantuvo en el trono hasta 535 aproximadamente. Su fundador fue Chandragupta.

GURA f. Zool. Ave columbiforme de nombre científico Goura cristata. En la cabeza presenta un espectacular penacho en forma de abanico y los ojos son rojos. Vive en Nueva Zelanda.

GURÍ, SA m. y f. 1 Arg. y Urug. Muchachito indio o mestizo. 2 Niño, muchacho.

GURIPA m. 1 fam. SOLDADO, que sirve en la milicia. 2 fam. GOLFO², pillo. 3 GUARDIA, persona que mantiene el orden.

GURKHA o **GURKA** com. 1 Etnol. Pueblo de raza tibeto-mongola, que habita en Nepal. Clase dominante en el país desde el siglo XVIII, practican el hinduismo. También adj. 2 Mil. Nombre de un cuerpo de elite del ejército británico, formado por miembros del pueblo gurkha.

GURRIATO, TA adj. y s. 1 De San Lorenzo del Escorial. || m. Zool. 2 Pollo del gorrión.

GURRIPATO m. And. 1 Zool. GURRIATO. 2 fig. Persona pazguata.

GURRUMINO, NA adj. 1 fam. Ruin, mezquino. 2 Bol. y Perú Cobarde, pusilánime. || m. y f. 3 Chiquillo, niño, muchacho. || f. 4 fam. Pequeñez, fruslería, cosa baladí.

GURRUÑAR tr. Arrugar, encoger.

GURRUÑO m. Cosa arrugada o encogida.

GURÚ o **GURU** m. 1 Rel. En el hinduismo, director espiritual, maestro religioso. 2 Por extensión, líder espiritual, director de conciencia.

GURULLO m. Pella de la lana, masa, engrudo, etc.

GURVITCH, GEORGES Sociólogo francés de origen ruso (Novorossijsk, 1894 - París, 1965). Miembro de la escuela fenomenológica, escribió L'Idée du droit social (1932), Traité de Sociologie (1958-60) y Dialéctica y sociología (1962).

GUSANERA f. 1 Llaga o parte donde se crían gusanos. 2 Zanja que se abre cerca de los gallineros y se llena de materias que facilitan la producción de gusanos para alimento de las gallinas. 3 fig. y fam. Pasión que más reina en el ánimo.

GUSANIENTO, TA o **GUSANOSO, SA** adj. Que tiene gusanos.

GUSANILLO m. 1 Diminutivo de GUSANO. 2 Cierto género de labor menuda que se hace en los tejidos.

GUSANO m. 1 Zool. Nombre vulgar de numerosos animales invertebrados muy diversos, aun cuando todos son de simetría bilateral y con el cuerpo blando, alargado, contráctil y sin apéndices articulados. Se dividen en anélidos, platelmintos y nematelmintos. 2 Zool. LOMBRIZ. 3 Zool. ORUGA, larva. 4 fig. Hombre humilde y abatido. || GUSANO DE LA SEDA o DE SEDA Zool. Larva de la mariposa de la seda (Bombyx mori), que se cría por el hilo de su capullo, del que se obtiene la seda.

GUSARAPO, PA m. y f. Zool. Cualquiera de los diferentes animalejos de forma de gusanos, que se crían en los líquidos.

GUSTAR intr. 1 Agradar una cosa. 2 Desear, querer o tener complacencia en una cosa. || tr. 3 Sentir y percibir en el paladar el sabor de las cosas. 4 Experimentar.

GUSTAVO Nombre de diversos reyes de Suecia.

GUSTAVO I VASA (Lindholm, 1496 - Estocolmo, 1560). Fundador de la dinastía de los Vasa, reinó entre los años 1523 y 1560. Combatió a los daneses y fue reconocido rey por la Dieta de Stregnass en 1523. Proclamó el luteranismo como religión del Estado y declaró la corona hereditaria.

GUSTAVO II ADOLFO (Estocolmo, 1594 - Lützen, 1632). Sucesor de su padre Carlos IX, reinó de 1611 a 1632. Transformó la administración creando un Estado centralizado. Extendió sus dominios a costa de Dinamarca, Rusia y Polonia.

GUSTAVO III (Estocolmo, 1746 - íd., 1792). Hijo y sucesor de Adolfo Federico y de Luisa Ulrica de Hohenzollern, reinó entre 1771 y 1792. Representante del despotismo ilustrado. Murió asesinado.

GUSTAVO IV ADOLFO (Estocolmo, 1778 - Sankt-Gallen, 1837). Subió al trono a la muerte de su padre, Gustavo III, y reinó entre 1792 y 1809. Enemigo de la República francesa, Napoleón le quitó la Pomerania. Tuvo que abdicar y vivió en Alemania con el nombre de conde de Gottorp.

GUSTAVO V (castillo de Drottningholm, 1858 - íd., 1950). Hijo de Óscar II y de Sofía de Nassau, reinó entre 1907 y 1950. Logró la neutralidad para su país en las dos guerras mundiales.

GUSTAVO VI ADOLFO (Estocolmo, 1882 - Hälsingborg, 1973). Hijo de Gustavo V y de Sofía María de Baden, reinó de 1950 a 1973.

GUSTAZO m. fam. Gusto grande que uno tiene o se promete.

GUSTILLO m. Saborcillo que percibe el paladar en algunas cosas, cuando el sabor principal no apaga el todo otro más vivo que hay en ellas.

GUSTO m. 1 Fisiol. Uno de los sentidos corporales con que se percibe y distingue el sabor de las cosas. 2 Sabor que tienen las cosas en sí mismas. 3 Placer. 4 Propia voluntad. 5 Facultad de sentir o apreciar lo bello o lo feo. 6 Cualidad que hace bella o fea una cosa. 7 Manera de sentirse o ejecutarse una obra artística. 8 Manera de apreciar las cosas cada persona. 9 Capricho, diversión. || a gusto loc. adv. Según conviene, agrada o es necesario. || con mucho gusto expr. con que alguien accede a algo que se le pide.

GUSTOSO, SA adj. 1 Se dice de lo que tiene buen sabor al paladar. 2 Que hace con gusto una cosa. 3 Agradable, divertido, entretenido.

GUTABAMBA f. Bot. 1 Árbol de la India, de la familia gutíferas, del que fluye una gomorresina sólida, amarilla y de sabor algo acre. 2 Esta gomorresina.

Arte **gupta.** Relieve procedente de Sarnath. Museo Nacional (Nueva Delhi).

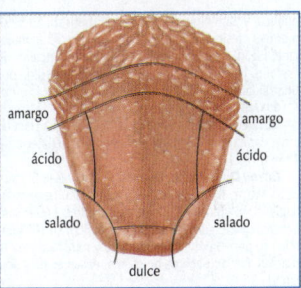

gusto. Localización de los sabores en la lengua.

GUTACIÓN f. *Bot.* Forma de eliminación de agua de la superficie de la planta.
GUTAPERCHA f. **1** *Quím.* Goma traslúcida insoluble en el agua, que se obtiene haciendo incisiones en el tronco de ciertos árboles sapotáceos de la India y el sudeste asiático. **2** Tela barnizada con esta sustancia.
GUTENBERG, JOHANNES (JOHANNES GENSFLEISCH, llamado) Impresor alemán (Maguncia, h. 1397 - íd., 1468). Se le considera el inventor de la imprenta en la civilización occidental. Perfeccionó el proceso de impresión con caracteres móviles o tipografía. Asociado con Johann Fust, construyó la primera imprenta moderna, en la que imprimió la *Biblia latina* conocida como *Biblia de Gutenberg*.
GUTERRES, ANTÓNIO Político portugués (Lisboa, 1949). Secretario general del Partido Socialista Portugués desde 1992, asumió la jefatura del Gobierno a raíz del rotundo triunfo socialista en las elecciones legislativas de 1995, que revalidó en 1999. Dimitió de ambos cargos tras la derrota socialista en las municipales de 2001.
GUTI adj. y s. *Hist.* Se dice de un pueblo asiático que irrumpió en Mesopotamia a finales del III milenio a. C. Procedente de los montes Zagros, los guti pusieron fin al imperio de Acad.
GUTIÁMBAR f. Cierta goma de color amarillo, que sirve para iluminaciones y miniaturas.
GUTIÉRREZ, EDUARDO Escritor argentino (Buenos Aires, 1851 - íd., 1889). Su obra más importante fue *Juan Moreira* (1879), con la que se inició el género gauchesco.
GUTIÉRREZ, EULALIO Militar y político mexicano (Coahuila, ? - íd., 1940). Proclamado presidente de la República en la Convención de Aguascalientes (1914), entró en la capital con Villa y Zapata. Chocó con Villa, quien le obligó a renunciar a la presidencia (1915).
GUTIÉRREZ, GUSTAVO Sacerdote y teólogo peruano (Lima, 1928). Es el creador del término *Teología de la liberación* y principal teórico de esta corriente, junto con el brasileño L. Boff.
GUTIÉRREZ, JUAN MARÍA Escritor y político argentino (Buenos Aires, 1809 - íd., 1878). Fue ministro de Relaciones Exteriores de la Confederación Argentina (1854-60). Su producción poética se recoge en *Poesías* (1869).
GUTIÉRREZ, RAFAEL ANTONIO Militar y político salvadoreño (?, 1849-?). Presidente de la República de 1895 a 1898.
GUTIÉRREZ, SANTOS Militar y político colombiano (Cocuy, 1820 - Bogotá, 1872). Caudillo liberal, luchó contra la dictadura de Melo (1854). Fue presidente de la República (1868-70).
GUTIÉRREZ, TOMÁS Militar y político peruano (Majes, 1803 - Lima, 1872). Siendo coronel y ministro de la Guerra, dirigió junto con sus tres hermanos el golpe de Estado que derribó al presidente Balta (1872). Sublevado el pueblo, fue asesinado.
GUTIÉRREZ ALEA, TOMÁS Director de cine cubano (Santiago de Cuba, 1928 - La Habana, 1996). En su filmografía destacan *Historias de la revolución*, (1960), *La última cena* (1976), *Hasta cierto punto* (1983), *Fresa y chocolate* (1992) y *Guantanamera* (1995).
GUTIÉRREZ BLANCHARD, MARÍA BLANCHARD, MARÍA GUTIÉRREZ.
GUTIÉRREZ BORBÚA, LUCIO Militar e ingeniero ecuatoriano (Quito, 1957). Lideró a un grupo de oficiales que apoyaron en 2000 el levantamiento indígena que provocó la caída de Mahuad y formó parte del triunvirato que sustituyó al presidente depuesto. En 2001 fundó el partido Sociedad Patriótica 21 de Enero, con el que concurrió a las elecciones presidenciales de 2002, en las que resultó vencedor.
GUTIÉRREZ DE LA CONCHA, JOSÉ CONCHA, JOSÉ GUTIÉRREZ DE LA, MARQUÉS DE LA HABANA.
GUTIÉRREZ GONZÁLEZ, GREGORIO Poeta colombiano (La Ceja del Tambo, 1826 - Medellín, 1872). Iniciador del romanticismo en Colombia. Su obra maestra es *Memorias sobre el cultivo del maíz en Antioquia* (1866).
GUTIÉRREZ GUERRA, JOSÉ Político boliviano (Sucre, 1869 - Antofagasta, 1929). Fue ministro de Hacienda en el gobierno de Ismael Montes, a quien sustituyó como presidente de la República en 1917. Depuesto por un golpe de Estado (1920).
GUTIÉRREZ NÁJERA, MANUEL Poeta y escritor mexicano (Ciudad de México, 1859 - íd., 1895). Precursor del modernismo. Obras: *Poesías* (1896), y los libros de narraciones *Cuentos frágiles* (1883) y *Cuentos de color de humo* (1898).
GUTIÉRREZ SOLANA, JOSÉ SOLANA, JOSÉ GUTIÉRREZ.
GUTÍFERO, RA adj. y f. *Bot.* **1** Se aplica a las plantas vivaces, arbustos y árboles angiospermas dicotiledóneas, que segregan jugos resinosos, como la gutapercha y el calambuco. || f. pl. *Bot.* **2** Familia de estas plantas.
GUTTUSO, RENATO Pintor italiano (Bagheria, 1912 - Roma, 1987). En la década de los cuarenta realizó una serie de obras antifascistas y antialemanas: *Crucifixión* (1940-41) y la serie *Gott mit uns* (Dios con nosotros, 1943-45). Fue uno de los principales componentes del movimiento neorrealista.
GUTURAL adj. **1** Relativo a la garganta. **2** *Fon.* Se dice de cada una de las consonantes *g*, *j* y *k*, llamadas más propiamente velares. También f. **3** *Fon.* Se aplica al sonido articulado que se produce al tocar o rozar el dorso de la lengua con la parte posterior del velo del paladar o acercarse a él formando una estrechez por la que pasa el aire espirado. **4** *Fon.* Letra que representa este sonido. También f.
GUTZKOW, KARL Escritor alemán (Berlín, 1811 - Sachsenhausen, 1878). Portavoz del grupo «la joven Alemania», ejerció gran influencia sobre el movimiento liberal.
GUWAHATI Ciudad de la India, en el Estado de Assam; 584.342 h.
GUYANA (*Cooperative Republic of Guyana*) Estado septentrional de América del Sur. Limita al N con el océano Atlántico; al E, con Surinam; al S, con Brasil, y al O, con Brasil y Venezuela.

Superficie: 215.083 km².
Población: 792.000 h. *(guyaneses).*
Densidad: 4 h./km².
Tasa de natalidad: 18,1‰.
Tasa de mortalidad: 8,2‰.
Capital: Georgetown.
Ciudades principales: Linden, New Amsterdam y Corriverton.
Grupos étnicos: indostanos (49,4%), negros (35,6%), mestizos (7,1%), amerindios (6,8%) y otros.
Religión: protestantismo (34%), hinduismo (34%), catolicismo (18%), islamismo (9%).
Idioma: inglés (oficial).
Moneda: dólar guyanés.
Forma de Estado: república presidencialista.
Producto Nacional Bruto: 661 millones de dólares.
Renta per cápita: 780 dólares.
División administrativa: 10 regiones, según cuadro.

GEOG. Al sur de una angosta faja costera, se encuentra una amplia meseta boscosa que se extiende hacia el interior hasta enlazar, al O y S del país, con una vasta zona montañosa. Su punto culminante es el monte Roraima (2.772 m). Ríos principales: Esequibo, Berbice, Waini, Demerara y Couarntyne. El clima es tropical y muy húmedo. La estructura económica es atrasada y está basada en la agricultura y en la extracción y exportación de bauxita. Aunque es un país rico en maderas, sus recursos forestales están poco explotados. Reservas de manganeso, oro y diamantes.

HIST. En 1499 los españoles exploraron sus costas, pobladas por tribus de indígenas arahuacos y caribes. Los primeros en establecerse en su franja costera fueron los holandeses, hasta que en 1796 la ocuparon los ingleses. Colonia británica desde 1831, tras la Segunda Guerra Mundial, se formó el Partido Progresista del Pueblo (PPP), de orientación marxista-leninista, dirigido por Cheddi Jagan, y partidario de la independencia. Su triunfo en las elecciones de 1953, 1957 y 1961 motivó el establecimiento de un Gobierno autónomo bajo la dirección de Jagan. En 1964 éste fue sustituido por Forbes Burnham, líder del Congreso Nacional del Pueblo, quien formó un gabinete de coalición con su partido y el de la Fuerza Unida. En 1966 Guyana proclamó su independencia dentro de la Commonwealth británica, y se constituyó en República en 1970. Edward Luckhoo, gobernador general, se convirtió en su primer presidente, pero en las elecciones presidencia-

Renato **Guttuso**. *La Vucciria*. Colección particular.

GUYANA

Regiones	Superficie (km²)	Población (h.)	Capitales
Barima-Waini	20.339	18.516	Mabaruma
Berbice Este-Corentyne	36.255	148.967	New Amsterdam
Cuyuni-Mazaruni	47.213	17.941	Bartica
Demerara Superior-Berbice	17.081	38.598	Linden
Demerara-Mahaica	2.233	310.758	Paradise
Islas Esequibo-Demerara Oeste	3.755	102.760	Vreed-en-Hoop
Mahaica-Berbice	4.170	55.556	Fort Wellington
Pomeroon-Supenaam	6.195	41.966	Anna Regina
Potaro-Siparuni	20.052	5.672	Mahdia
Takutu Superior-Esequibo Superior	57.790	15.338	Lethem

les, celebradas en marzo, salió elegido para dicho cargo Raymond Arthur Chung. Aprobada una nueva constitución de signo presidencialista en 1980, Forbes Burnham que había sido primer ministro desde la independencia, fue designado nuevo presidente de la República en sustitución de Chung y ocupó su puesto de primer ministro Ptolomy Reid. El gobierno estrechó sus vínculos con Cuba, la URSS, Corea del Norte, Brasil y Colombia. Burnham, fallecido en 1985, fue sustituido por Desmond Hoyte, con Hamilton Green en el cargo de primer ministro. En las elecciones de 1992 resultó elegido, Cheddi Jagan, como presidente de la República, y Sam Hinds como primer ministro. En 1997 murió el presidente Cheddi Jagan. Le sucedió su mujer Janet Jagan, tras ganar los comicios presidenciales de ese año, pero dimitió en 1999, siendo sucedida por Bharrat Jagdeo.

GUYANÉS, SA adj. y s. De Guyana.

GUYENNE o **GUYANA** Provincia de la antigua Francia, cuya capital era Burdeos. Perteneció a Inglaterra de 1154 a 1453.

GUYON DU CHESNOY, MADAME (JEANNE-MARIE BOUVIER DE LA MOTTE, llamada) Escritora mística francesa (Montargis, 1648 - Blois, 1717). Representante del quietismo francés, ejerció gran influencia en Fénelon. En 1685 publicó su primera obra, *Medio corto y muy fácil para la oración*. Fue acusada de quietismo, encarcelada y desterrada.

GUZMÁN, ANTONIO LEOCADIO Político y escritor venezolano (Caracas, 1801 - íd., 1884). Miembro fundador del Partido Liberal. Fue vicepresidente durante el mandato de José Tadeo Monagas.

GUZMÁN, AUGUSTO Escritor e historiador boliviano (Cochabamba, 1904 - La Paz, 1996). Autor de *La sima fecunda* (1933), *Prisionero de guerra* (1937), *Tupaj Katari* (1944) y *Cuentos* (1975).

GUZMÁN, FERNANDO Militar y político nicaragüense (s. XIX). Ocupó la presidencia de la República de 1867 a 1871.

GUZMÁN, JOAQUÍN EUFRASIO Militar y político salvadoreño (s. XIX). Ocupó interinamente la presidencia de la República (1844) y después fue presidente efectivo (1845-46).

GUZMÁN, JUAN JOSÉ Político salvadoreño (San Carlos, Morazán, ? - ?, 1847). Fue presidente de la República (1842-44).

GUZMÁN, MARTÍN LUIS Novelista mexicano (Chihuahua, 1887 - Ciudad de México, 1977). Autor de *El águila y la serpiente* (1928), *Memorias de Pancho Villa* (1936-51) y *Crónicas de mi destierro* (1963).

GUZMÁN, NUÑO BELTRÁN DE Conquistador español (Guadalajara, ? - Torreón de Velasco, Madrid, 1544). Acompañó a Hernán Cortés y pacificó Nueva Galicia (México).

GUZMÁN BLANCO, ANTONIO Político y militar venezolano (Caracas, 1829 - París, 1899). Ocupó la presidencia de la República en los periodos 1872-77, 1879-84 y 1886-87.

GUZMÁN EL BUENO (ALFONSO PÉREZ DE GUZMÁN, llamado) Noble castellano (León, 1256 - sierra de Gaucín, 1309). Hijo natural de Pedro Núñez de Guzmán, participó en la conquista de Tarifa (1292) y Sancho IV le encargó su defensa. Atacado por el rey de Granada y los benimerines, prefirió sacrificar la vida de su hijo, en poder de éstos, antes que entregar la fortaleza.

GUZMÁN FERNÁNDEZ, ANTONIO Político dominicano (La Vega, 1911 - Santo Domingo, 1982). Candidato del Partido Revolucionario Dominicano, fue elegido presidente de la República en 1978.

GUZMÁN REYNOSO, ABIMAEL Líder revolucionario peruano (Arequipa, 1934). En 1970 fundó el Partido Comunista Sendero Luminoso, que pasó a la clandestinidad al transformarse en un grupo guerrillero armado. En 1992 fue capturado y condenado a cadena perpetua.

GUZMÁN DE ROJAS, CECILIO Pintor boliviano (Potosí, 1899 - La Paz, 1950). Pionero de la corriente indigenista en el arte de su país, como muestran sus cuadros *El triunfo de la naturaleza* y *El beso del ídolo* (1927-29). Tras la guerra del Chaco inició una etapa expresionista, aunque posteriormente retomó los temas paisajísticos.

GWALIOR Ciudad de la India, en el N del Estado de Madhya Pradesh; 690.765 h.

GWYNEDD Distrito unitario del Reino Unido en Gales; 117.500 h.

GY *Fís.* GRAY.

GYÖR Ciudad del NO de Hungría, capital del condado de Györ-Moson-Sopron; 127.000 h.

GYÖR-MOSON-SOPRON Condado de Hungría; 4.012 km² y 426.000 h. Capital, Györ.

H¹ f. Octava letra del abecedario español, y sexta de sus consonantes. Su nombre es *hache*, y en la lengua general no representa sonido alguno. Antiguamente se aspiraba en algunas palabras y aún suele aspirarse en la dicción popular de Andalucía, Extremadura, Canarias y América.

H² 1 Abreviatura de hora. 2 *Geom.* Símbolo de la altura en un triángulo.

H 1 *Fís.* abreviatura del henrio. 2 *Mús.* En la notación abreviada alemana, nombre de la nota *si*. 3 *Quím.* Símbolo del hidrógeno. || **BOMBA H** Bomba de hidrógeno.

H. D. DOOLITTLE, HILDA.

HA *Mat.* Abreviatura de hectárea.

¡HA! interj. ¡AH!

HA *Quím.* Símbolo químico del hahnio.

HAAG, DEN HAYA, LA.

HAAKON Nombre de varios reyes noruegos.

HAAKON I EL BUENO (?, h. 915 - Fitje, h. 960). Reinó entre los años 935 y 960. Hijo de Harald I, fue educado en Inglaterra en el cristianismo. A la muerte de su padre regresó a Noruega y combatió contra su hermanastro Erik Blodyks, al que venció con el apoyo de los grandes terratenientes.

HAAKON II SIGURDARSON (?, 1147 - Sekk, 1162). Reinó entre los años 1157 y 1162. Murió en lucha con Inge, un pretendiente a la corona.

HAAKON III SVERRESSON (? - ?, 1204). Reinó entre los años 1202 y 1204. Puso fin a los conflictos religiosos. Murió envenenado por su suegra.

HAAKON IV HAAKONSSON (Skarpsborg, 1204 - Kirkwall, 1263). Reinó entre los años 1223 y 1263. Era hijo natural y póstumo de Haakon III. Sometió Islandia y Groenlandia.

HAAKON V MAGNUSSON (?, 1270 - ?, 1319). Era hijo de Magnus Lagaböte. Gobernó el S del país como duque, y a la muerte de su hermano Erik fue nombrado rey. Concluyó la guerra con Dinamarca, luchó contra Suecia (1309) y contra la nobleza del interior. Convirtió a Oslo en la capital del reino.

HAAKON VI MAGNUSSON (?, 1340 - ?, 1380). Reinó entre los años 1355 y 1380. Era hijo de Magnus VII Eriksson. Intervino en los conflictos de Suecia, haciéndose nombrar rey (1362), pero los suecos se rebelaron apoyando a Alberto de Mecklemburgo.

HAAKON VII Rey de Noruega y Dinamarca (Charlottenlund, 1872 - Oslo, 1957). Padre de Olav V e hijo de Federico VIII. Al producirse la separación de Noruega y Suecia, fue elegido rey por el Parlamento y subió al trono el 25 de noviembre de 1905.

HAARLEM Ciudad de los Países Bajos, capital de la Provincia de Holanda Septentrional; 148.947 h.

HAAVELMO, TRYGVE Economista y financiero noruego (Skedsmo, 1911 - Oslo, 1999). En 1989 recibió el premio Nobel de Economía por su contribución a la econometría y su análisis de las estructuras económicas simultáneas.

HABA f. 1 *Bot.* Planta herbácea anual de la familia leguminosas, de nombre científico *Vicia faba*, con fruto en vaina comestible. 2 *Bot.* Fruto y semilla de esta planta. 3 *Bot.* Simiente de ciertos frutos, como el café o el cacao. 4 *Geol.* Nódulo de composición distinta en una masa de piedra. 5 *Min.* Trozo de mineral más o menos redondeado y envuelto por la ganga. 6 *Zool.* Bultillo en forma de haba en el cuerpo del animal. || **son habas contadas** expr. fig. con que se indica que algo es cierto y claro. También se dice de cosas que son escasas.

HÁBA, ALOIS Músico checo (Vizovice, 1893 - Praga, 1973). Creó un original sistema de composición por cuartos de tono y elaboró una nueva teoría de la composición ultracromática.

HÁBA, KAREL Compositor checo (Vizovice, 1898 - Praga, 1972). Hermano del anterior cultivó el atonalismo. Autor de las óperas *Janosik* y *Vieja historia*.

La **Habana** (Cuba). Parque central.

HABACUC Personaje bíblico. Uno de los profetas menores del Antiguo Testamento, uno de cuyos libros lleva su nombre.

HABANA, CIUDAD DE LA Provincia de Cuba; 727 km² y 2.198.392 h. Su capital es La Habana.

HABANA, LA 1 Provincia occidental de Cuba; 5.731 km² y 693.889 h. 2 Ciudad capital de Cuba y de las provincias de Ciudad de La Habana y La Habana; 2.241.000 h. Su denominación completa es *San Cristóbal de La Habana*. Puerto. Gran centro industrial y comercial del tabaco y del azúcar. Notables edificios, como el palacio de los Capitanes Generales, los castillos del Morro, el Centro Gallego y el nuevo palacio Presidencial.

HABANERA f. 1 *Danza.* Baile propio de La Habana, que se ha generalizado. 2 *Mús.* Música de esta danza.

HABANERO, RA adj. y s. 1 De La Habana. 2 Se dice del que vuelve rico de América.

HABANO, NA adj. 1 Perteneciente a La Habana, y por extensión, a la isla de Cuba. 2 Se dice del color del tabaco claro. || m. 3 Cigarro puro de Cuba. 4 *Bot. Col.* BANANO.

HABAR m. *Agr.* Terreno sembrado de habas.

HÁBEAS CORPUS m. *Der.* Derecho de todo ciudadano detenido a comparecer inmediata y públicamente ante un juez para que resuelva si su arresto fue o no legal, y si debe mantenerse.

HABER¹ m. 1 Hacienda, caudal. Más en pl. 2 Cantidad que se devenga periódicamente en retribución de servicios personales. 3 Parte de una cuenta en la que constan los abonos de la misma. 4 fig. Cualidades.

HABER² aux. 1 Sirve para conjugar los tiempos compuestos de otros verbos. || impers. 2 Acaecer, ocurrir. 3 Verificarse, efectuarse. 4 En frases de sentido afirmativo, ser necesario o conveniente. 5 En frases de sentido negativo, ser inútil, inconveniente o imposible. 6 Estar realmente en alguna parte. 7 Existir real o figuradamente algo. 8 Denotando transcurso de tiempo, hacer. || **haber de** Seguido de un infinitivo, ser obligatorio o muy necesario. ♦ IRREG. Véase cuadro.

HABER entre los judíos. Título algo inferior al de rabí o rabino.

HABER, FRITZ Químico alemán (Breslau, 1868 - Basilea, 1934). Investigó la síntesis del amoniaco a partir de sus elementos, por lo que obtuvo el premio Nobel de Química (1918).

HABERÍO m. *Gan.* 1 Bestia de carga o de labor. 2 Ganado o conjunto de los animales domésticos.

HABERLER, GOTTFRIED Economista estadounidense, de origen austriaco (Purkersdorf, 1900 - Nueva York, 1994). Desarrolló la teoría del comercio internacional y analizó el desarrollo económico y la inflación de los costes.

HABERMAS, JÜRGEN Filósofo alemán (Gummersbach, 1929). Destacado representante de la llamada «segunda generación» de la Escuela de Frankfurt, ha realizado importantes contribuciones en los campos de la sociología del conocimiento y los medios de comunicación de masas. En 2003 recibió el premio Príncipe de Asturias de Ciencias Sociales.

HABICHUELA f. *Bot.* 1 Judía. 2 Fruto y semilla de esta planta.

HÁBIL adj. 1 Capaz, inteligente y dispuesto para el manejo de cualquier ejercicio u oficio. 2 Capacitado para desenvolverse en la vida. 3 *Der.* Apto para una cosa.

HABER

INDICATIVO
Pres.: he, has, ha o hay, hemos, habéis, han.
Pret. imperf.: había, habías, etc.
Pret. indef.: hube, hubiste, hubo, hubimos, hubisteis, hubieron.
Fut. imperf.: habré, habrás, habrá, habremos, habréis, habrán.
Condic.: habría, habrías, habría, habríamos, habríais, habrían.
SUBJUNTIVO
Pres.: haya, hayas, haya, hayamos, hayáis, hayan.
Pret. imperf.: hubiera, hubieras, etc., o hubiese, hubieses, etc.
Fut. imperf.: hubiere, hubieres, hubiere, hubiéremos, hubiereis, hubieren.
IMPERATIVO: haya, habed.
PARTICIPIO: habido.
GERUNDIO: habiendo.

Casa de **Habsburgo.** *Maximiliano de Austria y su familia.* Cuadro de Bernhard Strigel. Museo de Historia del Arte (Viena).

HABILIDAD f. 1 Capacidad, inteligencia y disposición para una cosa. 2 Gracia y destreza para realizar algo que constituye una cualidad para alguien. 3 Cada una de las cosas que una persona realiza con gracia y destreza.
HABILIDOSO, SA adj. Que tiene habilidad.
HABILITACIÓN f. 1 Acción y efecto de habilitar. 2 Cargo o empleo de habilitado. 3 Despacho u oficina donde el habilitado ejerce su cargo.
HABILITADO, DA m. y f. Persona a cuyo cargo está recaudar fondos para pagar a los componentes del cuerpo que lo nombra.
HABILITAR tr. 1 Hacer a una persona o cosa hábil, apta o capaz para aquello que antes no lo era, sobre todo para asuntos jurídicos. 2 Proveer a alguien de lo necesario para un viaje y otras cosas semejantes. También prnl.
HABITABILIDAD f. Cualidad de habitable.
HABITACIÓN f. 1 Acción y efecto de habitar. 2 Cualquiera de los aposentos de la casa o morada. 3 Edificio o parte de él que se destina para habitarse.
HABITÁCULO m. HABITACIÓN, edificio para ser habitado.
HABITANTE adj. 1 Que habita. || m. 2 Cada una de las personas que constituyen la población de una ciudad, provincia o nación.
HABITAR tr. e intr. Vivir en un lugar o casa.
HÁBITAT m. *Ecol.* 1 Habitáculo, habitación o estación de una especie vegetal o animal. 2 Conjunto de condiciones ambientales, que definen un área concreta e inciden sobre el desarrollo de la vida.
HÁBITO m. 1 Traje de los religiosos o religiosas. 2 Habilidad que se adquiere después de una larga y constante práctica del mismo ejercicio. 3 *Etol.* Modo especial de proceder o conducirse adquirido por repetición de actos iguales o semejantes, u originado por tendencias instintivas. 4 *Hist.* Insignia con que se distinguen las órdenes militares. || m. pl. 5 Vestido talar propio de los eclesiásticos y que usaban antiguamente los estudiantes, compuesto normalmente de sotana y manteo.
HABITUAL adj. Que se hace, padece o posee continuamente o por hábito.
HABITUAR tr. y prnl. Acostumbrar o hacer que uno se acostumbre a una cosa.
HABLA f. 1 *Fisiol.* Facultad de hablar. 2 Acción de hablar. 3 *Ling.* Realización del sistema lingüístico llamado lengua. 4 *Ling.* Sistema lingüístico de una comarca, localidad o colectividad, con rasgos propios dentro de otro sistema más extenso. 5 *Ling.* Término propuesto por F. de Saussure para designar el acto individual del ejercicio del lenguaje. 6 Razonamiento, arenga. || **al habla** loc. adv. En trato, en comunicación acerca de algún asunto. Se usa especialmente seguido de la preposición *con*. || **quedarse sin habla** fr. Asustarse, atemorizarse o asombrarse hasta el punto de no poder hablar.
HABLADO, DA adj. Con los adverbios *bien* o *mal*, comedido o descomedido en el hablar.
HABLADOR, RA adj. y s. 1 Que habla mucho. 2 Que por imprudencia o malicia cuenta todo lo que ve y oye.
HABLADURÍA f. 1 Dicho o expresión inoportuna e impertinente, que desagrada o injuria. 2 Rumor que se extiende entre la gente sin gran fundamento.

HABLANTINA f. *Col.* y *Venez.* Charla desordenada o insustancial.
HABLAR intr. 1 Proferir palabras para darse a entender. 2 Emitir sonidos articulados ciertas aves. 3 Comunicarse las personas por medio de palabras. 4 Pronunciar un discurso. 5 Tratar, convenir, concertar. También prnl. 6 Expresarse de uno u otro modo. 7 Con los adverbios *bien* o *mal*, manifestar, en lo que se dice, cortesía y benevolencia, o al contrario, o emitir opiniones desfavorables o adversas. 8 Con la preposición *de*, razonar, o tratar de una cosa platicando. 9 Tratar de algo por escrito. 10 Dirigir la palabra a una persona. 11 fig. Tener relaciones amorosas. 12 Murmurar o criticar. 13 Rogar, interceder por uno. 14 fig. Explicarse o darse a entender por medio distinto del de la palabra. 15 fig. Dar a entender algo de cualquier modo que sea. 16 Se dice para encarecer el modo de sonar un instrumento con gran arte y expresión. || tr. 17 Emplear uno u otro idioma para darse a entender. 18 Decir algunas cosas especialmente buenas o malas. || prnl. 19 Comunicarse, tratarse de palabra una persona con otra. 20 Con negación, no tratarse una persona con otra, por haberse enemistado con ella, o tenerla en menos.
HABLILLA f. Rumor.
HABÓN m. *Zool.* Bultillo en forma de haba en el cuerpo del animal.
HABRÉ, HISSÈNE Político chadiano (Faya-Largeau, 1942). Líder de las Fuerzas Armadas del Norte (FAN), en 1978, fue nombrado primer ministro (1978-79). Presidente de la República desde 1982, fue derrocado en 1990.
HABSBURGO *Geneal.* Dinastía alemana, originaria de Suabia, que reinó en Austria de 1279 a 1918. Accedió al trono imperial en 1273 con Rodolfo I, quien incorporó Austria, Estiria y Carniola, tras la victoria de Marchfeld (1278). Mediante los enlaces de Maximiliano I con María de Borgoña, duquesa de Borgoña y condesa de Flandes y del Franco Condado (1477), de Felipe el Hermoso con Juana de Castilla (1496), cuyo hijo, Carlos I, inició la rama española, más conocida por CASA DE AUSTRIA, y de Fernando I con Ana Jagellón, heredera de Bohemia y Hungría (1516), se convirtió en la familia europea con mayores dominios territoriales. Al morir Carlos II de España (1700) se extinguió la rama española, y con la muerte de Carlos VI de Austria (1740) desapareció la línea masculina de los Habsburgo en este país. Los miembros modernos de esta familia descienden de María Teresa, hija de Carlos VI, y de su esposo, Francisco de Lorena. En 1804, el archiducado de Austria se convirtió en imperio, y en 1806, Francisco II renunció al título de emperador de Alemania, hecho que puso fin a la historia del imperio alemán de esta dinastía. El último emperador Habsburgo fue Carlos I de Austria.
HACÁN m. Sabio o doctor entre los judíos.
HACECILLO m. 1 Diminutivo de HAZ. 2 *Bot.* Porción de flores unidas en cabezuela, cuyos pedúnculos están erguidos y casi paralelos y son de igual altura.
HACEDERO, RA adj. Que puede hacerse o es fácil de hacer.

HACEDOR, RA adj. y s. Que hace, causa o ejecuta algo. Se dice únicamente de Dios, o con algún calificativo, como *el Supremo*, o sin ninguno.
HACÉLDAMA *Hist.* Nombre dado por los judíos al campo, próximo a Jerusalén, que compraron los príncipes de los sacerdotes a un alfarero con el precio de la traición de Judas.
HACENDADO, DA adj. 1 Que posee bienes raíces. En general se dice sólo del que tiene muchos de estos bienes. También s. 2 *Arg.* Se dice del estanciero que se dedica a la cría de ganado.
HACENDAR tr. 1 Dar o conferir el dominio de haciendas o bienes raíces. || prnl. 2 Comprar alguien una hacienda para arraigarse en alguna parte. ♦ IRREG. Se conjuga como ACERTAR.
HACENDISTA com. Persona especializada en la administración o en la doctrina de la hacienda pública.
HACENDOSO, SA adj. Solícito y diligente en las faenas domésticas.
HACER tr. 1 Producir algo, darle el primer ser. 2 Fabricar, formar. 3 Ejecutar. También prnl. 4 fig. Formar algo con la imaginación o concebirlo en ella. 5 Caber, contener. 6 Causar, ocasionar. 7 Ejercitar los miembros, músculos, etc., para fomentar su desarrollo o agilidad. 8 Disponer, aderezar. 9 Componer, mejorar. 10 Habituar, acostumbrar. También prnl. 11 Cortar con arte. También prnl. 12 Junto con algunos nombres, significa la acción de los verbos que se forman de la misma raíz que dichos nombres. 13 Reducir algo a lo que significan los nombres a que va unido. 14 Usar lo que los nombres significan. 15 Con nombre o pronombre personal en acusativo, creer o suponer. 16 Con las preposiciones *con* o *de*, proveer. También prnl. 17 Ejercer, representar. También intr. con la preposición *de*. 18 Tratándose de comedias u otros espectáculos, representarlos. 19 Componer un número o cantidad. 20 Obligar a que se ejecute la acción de un infinitivo o de una oración subordinada. 21 *Fisiol.* Expeler del cuerpo los excrementos o la orina. Más como intr. || intr. 22 Importar, convenir. 23 Corresponder, venir bien una cosa con otra. 24 Con la preposición *por* y algunos infinitivos, poner cuidado y diligencias para la ejecución de lo que los verbos significan. 25 También en este sentido suele juntarse con la preposición *para*. 26 Con el pronombre *se* y seguido de artículo o sólo de voz expresiva de alguna cualidad, fingirse uno lo que no es. 27 En el mismo género de construcción, presumir de lo que significan las palabras a que este verbo va unido. 28 Aparentar, dar a entender lo contrario de lo cierto o verdadero. Generalmente se utiliza seguido del adverbio *como*. 29 Toma el significado de un verbo anterior, para no repetirlo, haciendo las veces de éste. || prnl. 30 Crecer, aumentarse. 31 Volverse, transformarse. || impers. 32 Experimentarse o suceder una cosa o accidente, que se refiere al buen o mal tiempo. 33 Haber transcurrido cierto tiempo. ♦ IRREG. Véase cuadro.

HACER

INDICATIVO
Pres.: hago, haces, hace, hacemos, hacéis, hacen.
Pret. imperf.: hacía, hacías, etc.
Pret. indef.: hice, hiciste, hizo, hicimos, hicisteis, hicieron.
Fut. imperf.: haré, harás, hará, haremos, haréis, harán.
Condic.: haría, harías, haría, haríamos, haríais, harían.
SUBJUNTIVO
Pres.: haga, hagas, haga, hagamos, hagáis, hagan.
Pret. imperf.: hiciera, hicieras, etc., o hiciese, hicieses, etc.
Fut. imperf.: hiciere, hicieres, hiciere, hiciéremos, hiciereis, hicieren.
IMPERATIVO: haz, haced.
PARTICIPIO: hecho.
GERUNDIO: haciendo.

HACH adj. Voz que, como título honorífico, unen a su nombre los mahometanos que han cumplido el precepto de ir en peregrinación a La Meca y Medina. También, *hadj*, *hasch*, *agí*.
HACHA[1] f. 1 Vela de cera, grande y gruesa, normalmente con forma de prisma cuadrangular y con cuatro pabilos. 2 Mecha de esparto y alquitrán que resiste el viento sin apagarse.
HACHA[2] f. 1 Herramienta cortante, compuesta de una pala acerada, con filo algo curvo, ojo para enastarla, y a veces con peto. 2 *Danza.* Baile antiguo español.

Georg Friedrich **Haendel**. Retrato de Thomas Hudson. National Gallery (Londres).

Hachar tr. Cortar o labrar con hacha².

Hachazo m. **1** Golpe dado con el hacha². **2** *Col.* Reparada del caballo, espanto súbito y violento.

Hache f. Nombre de la letra *h*.

Hachemita o **Hachimí** *Geneal.* Dinastía real árabe establecida por Hussein ben-Alí en el Heyazz (siglo XIX). Sus hijos fueron respectivamente reyes de Irak y Jordania.

Hachioji Ciudad de Japón, en la isla de Honshu, prefectura de Tokio; 503.320 h. Centro industrial.

Hachís m. **1** *Bot.* CÁÑAMO ÍNDICO. **2** *Med.* Preparación de olor fuerte a base de la flor del cáñamo, sobre todo femenina. Es una droga que actúa sobre el sistema nervioso central. Recibe también los nombres de *mariguana* o *marihuana*, *grifa*, *quifi (kif)*, etc., y en argot *chocolate*, *costo*, etc.

Hacho m. **1** Manojo de paja o esparto encendido para alumbrar. **2** Leño resinoso o bañado de materias resinosas, que se utilizaba para el mismo fin. **3** Sitio elevado cerca de la costa, visible desde el mar y en el que se hacían señales con fuego.

Hachón m. HACHA¹, vela o mecha.

Hacia prep. **1** Que determina la dirección del movimiento con respecto al punto de su término. También metafóricamente. **2** Alrededor de. || **hacia donde** loc. adv. que denota el lugar hacia el cual se dirige una cosa, o por donde se ve u oye.

Hacienda f. **1** Finca agrícola o ganadera. **2** Cúmulo de bienes y riquezas que uno tiene. **3** *Econ.* Ministerio de Hacienda. || **hacienda pública** *Econ.* Conjunto sistemático de haberes, bienes, impuestos, etc., correspondientes al Estado.

Hacina f. Conjunto de haces colocados apretada y ordenadamente unos sobre otros.

Hacinamiento m. Acción y efecto de hacinar.

Hacinar tr. **1** Poner los haces unos sobre otros formando hacina. **2** fig. Amontonar. También prnl.

Hackman, Gene (EUGENE ALLEN HACKMAN, llamado) Actor de cine estadounidense (San Bernardino, 1931). Entre sus películas destacan *Bonny and Clyde* (1967), *French Connection* (1971, Oscar al mejor actor), *La aventura del Poseidón* (1972), *Sin perdón* (1992, Oscar al mejor actor secundario), *Enemigo público* (1998), *Al caer el sol* (1998), *Bajo sospecha* (1999) y *The Mexican* (2001).

Hada f. *Mit.* y *Lit.* Ser fantástico que se representaba bajo la forma de mujer y al cual se atribuía poder mágico.

Hadado, da adj. **1** Propio del hado o relativo a él. **2** Prodigioso, mágico, encantado.

Hadar tr. **1** Determinar el hado una cosa. **2** Pronosticar lo que está depuesto por los hados.

Hades *Mit.* **1** Morada subterránea de las almas de los muertos, según los antiguos griegos. **2** Rey de los infiernos y dios de los muertos. Los romanos le llamaron Plutón.

Hadibu Población de Yemen, capital de la isla de Socotora, situada en su costa N; 1.500 h.

Hadiz *Rel.* Conjunto de textos sagrados islámicos que recogen los dichos de Mahoma.

Hadj o **Hadji** adj. HACH.

Hado m. **1** *Mit.* Divinidad o fuerza desconocida que, según la religión romana, obraba irresistiblemente sobre las demás divinidades y sobre los hombres y los sucesos. **2** Destino.

Hadria ADRIA.

Hadrón m. *Fís.* Nombre de las partículas elementales que intervienen en las interacciones fuertes, como mesones y bariones.

Haeckel, Ernest Heinrich Biólogo alemán (Potsdam, 1834 - Jena, 1919). Partidario decidido de las teorías evolucionistas de Darwin. Enunció la *ley biogenética fundamental* (1866).

Haendel, Georg Friedrich Compositor alemán, nacionalizado inglés (Halle, 1685 - Londres, 1759). Se relacionó en Italia con Scarlatti y Corelli y, a partir de 1712, fijó su residencia en Londres, donde fue compositor de la Corte y director de la Royal Academy of Music. En su extensa obra destacan las óperas *Almira* (1705), *Agripina* (1709), *Rinaldo* (1710), *Il pastor Fido* (1712), *Silla* (1713), *Julio César* (1724), *Orlando* (1732) y *Atalanta* (1736); las suites *Música acuática* (1717) y *Música para los reales fuegos artificiales* (1748); los oratorios *La pasión según San Juan* (1704), *Resurrección* (1708), *Saúl* (1738), *El Mesías* (1741), *Sansón* (1741-42) *Belsazar* (1744), *Judas Macabeo* (1746) y *Jefte* (1751).

haf-, hafe-, hafo-, hapt-, hapto-; -afia, -apsia prefs. o sufs. que significan tacto.

Hafiz, Sams al-Din Muhammad Poeta persa (Shiraz, h. 1325 - ?, h. 1390). Su *Diwan* (o *Cancionero*) comprende más de quinientas composiciones de diversos tipos.

Hafnio m. *Quím.* Elemento químico del grupo IV B del sistema periódico. Masa atómica, 178,49; número atómico, 72; punto de fusión, 2.000° C; punto de ebullición, 5.400 °C; símbolo, Hf.

Hagio-; -agio pref. o suf. que significan santo: *trisagio*.

Hagiografía f. *Rel.* Historias de la vida de los santos.

Hagiográfico, ca adj. Relativo a la hagiografía.

Hagiógrafo, fa m. **1** Autor de cualquiera de los libros de la Sagrada Escritura. || m. y f. **2** Escritor de vidas de santos.

Hagion Oros Nomo del NE de Grecia, región de Tesalia; 336 km² y 1.472 h. Capital, Karyai.

Otto **Hahn**

Hahn, Otto Fisicoquímico alemán (Frankfurt del Main, 1879 - Gotinga, 1968). Logró la fusión del uranio bombardeando su núcleo con neutrones, por lo que se le concedió el premio Nobel de Química en 1944.

Hahn, Reynaldo Compositor francés, de origen venezolano (Caracas, 1874 - París, 1947). Director de la Ópera de París (1945). Autor de las óperas *Nausicaa* (1919) y *El mercader de Venecia* (1935); y del ballet *El baile de Beatriz de Este* (1909).

Hahnemann, Christian Friedrich Samuel Médico alemán (Meissen, 1755 - París, 1843). Fundador del sistema homeopático.

Hahnio m. *Quím.* Elemento químico del grupo V B del sistema periódico. Número atómico 108; masa atómica igual a la del vanadio, niobio y tántalo; símbolo Ha.

Haidalla, Mohamed Khouna Ould Militar y político mauritano (Sahara Occidental, 1940). Fue primer ministro (1979). En 1980 destituyó al presidente Louly y accedió a la jefatura del Estado. En 1984 fue destituido y arrestado.

Haiderabad HYDERABAD.

Haifa (*Hefa*) **1** Distrito de Israel; 863 km² y 788.600 h. **2** Ciudad capital del distrito de su nombre; 265.700 h. Puerto.

Haig, Alexander Político y militar estadounidense (Filadelfia, 1924). Fue comandante en jefe de las fuerzas de la OTAN en Europa (1974-79) y secretario de Estado (1981-82).

Haikou (*Hai-k'ou*) Ciudad de China, en la isla de Hainan, capital de la provincia del mismo nombre; 280.153 h.

Haiku u **Hokku** m. *Poét.* y *Lit.* Verso de la lírica japonesa compuesto por tres versos de 5, 7 y 5 sílabas, de temática generalmente espiritual.

Haile Selassie Emperador de Etiopía (Lij Tafari, Harrar, 1892 - Addis Abeba, 1975). Subió al trono como *negus*, o rey en 1928. Hubo de abandonar Etiopía a consecuencia de la invasión italiana (1936) y en junio de 1941, ocupó de nuevo el trono. En 1974 fue derrocado.

Hainan Isla y provincia de China, en el golfo de Tonquín; 34.300 km² y 7.110.000 h. Capital, Haikou.

Hainaut Provincia de Bélgica; 3.876 km² y 1.280.427 h. Capital, Mons.

Haiphong Municipalidad y ciudad del N de Vietnam, región de Dong bang son Hong; 1.503 km² y 783.133 h. Puerto.

Haití (*République d'Haití*) Estado de América Central, que comprende la parte occidental de la isla de La Española, en las Grandes Antillas.

GEOG. *Geografía física.* Su relieve es montañoso, con los montes Negros, la cordillera de Matheux, el macizo de la Selle y el macizo de la Hotte, de N a S. Las llanuras que se extienden entre dichas montañas son la del N (Plaine du Nord), la de Gonaïves, la del Artibonite, en la que se halla el lago Saumatre; y las de Cul-de-Sac y Arcahaie, cercanas a Puerto Príncipe. El principal río del país es el Artibonite. Tiene clima tropical. La población se concentra en las costas septentrional y meridional y en los valles y llanuras. Su economía es eminentemente agrícola, fundamentalmente de explotación familiar de autoconsumo o ganadera. Dentro de la explotación ma-

Superficie: 27.700 km².
Población: 6.868.000 h. (haitianos).
Densidad: 247,9 h./km².
Tasa de natalidad: 32,2‰.
Tasa de mortalidad: 15,3‰.
Capital: Puerto Príncipe.
Ciudades principales: Cap-Haïtien, Gonaïves, Pétionville, Les Cayes.
Grupos étnicos: negros (95%), mulatos (4,9%).
Religión: catolicismo (80,3%), protestantismo (15,8%).
Idioma: francés, criollo haitiano.
Moneda: gourde.
Forma de Estado: república presidencialista.
Producto Nacional Bruto: 3.163 millones de dólares.
Renta per cápita: 410 dólares.
División administrativa: 9 departamentos, según cuadro.

HAITÍ

Departamentos	Superficie (km²)	Población (h.)	Capitales
Artibonite	4.984	1.052.834	Gonaïves
Centre	3.675	508.199	Hinche
Grand'Anse	3.310	660.420	Jérémie
Nord	2.106	785.687	Cap-Haïtien
Nord-Est	1.805	255.601	Fort-Liberté
Nord-Ouest	2.176	439.984	Port-de-Paix
Ouest	4.827	2.651.115	Puerto Príncipe
Sud	2.794	671.112	Les Cayes
Sud-Est	2.023	466.810	Jacmel

derera, destacan las de caoba, cedro, mogano y pino. Su mayor riqueza, la bauxita, está en manos de compañías estadounidenses. La industria produce material eléctrico. También es importante la industria textil.

Hist. La isla fue descubierta por Colón en diciembre de 1492. En los primeros años de la conquista, la historia de Haití coincide con la de Santo Domingo. La desaparición de los indígenas indujo a introducir esclavos negros africanos. El sector occidental de la isla fue la base de numerosos grupos de filibusteros. Por el tratado de Ryswick (1697), Francia hizo reconocer su posesión como un hecho consumado. En el siglo XVIII la colonia alcanzó una gran prosperidad gracias al cultivo del café, del algodón, de la caña de azúcar y al comercio. La población negra, dirigida por Toussaint Louverture, se sublevó en 1791 y obtuvo la independencia en 1804. Ese mismo año Jean Jacques Dessalines fue proclamado emperador. Dessalines fue derrocado y asesinado en 1806. Su sucesor, H. Christophe proclamó la República, de la que se convirtió en presidente. Fue destituido en 1807 por el Senado, que nombró a A. Sabès, conocido por Pètion, nuevo presidente. Muerto Pétion, en 1818 fue sustituido por Jean Pierre Boyer, cuyo mandato se prolongó hasta 1843. La división definitiva de la isla entre Haití y la República Dominicana se produjo en 1844. Tras varias presidencias efímeras, en 1847 accedió a la jefatura del Estado Faustino Soulouque, convertido en emperador desde 1849. En 1859 se proclamó de nuevo la República. Durante los mandatos de F. Geffard y S. Salnave el país vivió un periodo de inestabilidad. La situación se estabilizó durante el último cuarto del siglo XIX. Al finalizar la presidencia de A. Simon-Sam (1896-1902), comenzó de nuevo un periodo de guerras civiles y luchas internas. EE UU intervino para detener el caos político en 1915, y ocupó el país. En 1930 resultó elegido S. Vicent, opuesto a la intervención estadounidense, que finalizó en 1934. En 1941 accedió al poder E. Lescot y en 1946, D. Estimé. Éste dimitió en 1950 para dar paso a una junta militar que impuso en la jefatura del Estado al coronel E. Magliore. En 1956 fue derrocado y sustituido por Jean-François Duvalier, llamado *Papa Doc*, quien impuso una férrea dictadura. Le sucedió su hijo Jean-Claude, llamado *Baby Doc*. Su gobierno, violento e inestable, finalizó en 1986, en que fue expulsado del país y el poder asumido por una Junta Militar, encabezada por el general Henri Namphy. En las elecciones de 1988 alcanzó la presidencia Leslie-François Manigat, expulsado poco después por el general Namphy, quien a su vez fue desplazado por el golpe de Estado del general Prosper Avril. En 1990 se convocaron nuevas elecciones, en las que triunfó Jean-Bertrand Aristide, pero meses después fue derrocado por un nuevo golpe de Estado del general Raoul Cedrás, que designó presidente a Joseph Nerette. En 1994, siguiendo un mandato de la ONU, EE UU intervino militarmente en el país obligando a Cedrás a marchar al exilio y restaurando a Aristide en la presidencia. René Preval sustituyó a Aristide tras su victoria en las elecciones presidenciales de 1995. En 1997 dimitió el primer ministro, Rosny Smarth. Su sustituto, Jacques-Édouard Alexis, no ocupó su cargo hasta junio de 1998. Tras las elecciones de 2000, Aristide regresó a la presidencia. En 2001 Jean-Marie Cherestal fue nombrado primer ministro, sustituido en 2002 por Yvon Neptune. En febrero de 2004 se produjo una insurrección armada en el país que obligó a dimitir a Aristide. Boniface Alexandre fue nombrado presidente interino y Gerard Latortue, primer ministro. Las violentas lluvias sufridas en la isla en 2004 produjeron más de 3.000 muertos en el país.

HAITIANO, NA adj. y s. **1** De Haití. ‖ m. *Ling.* **2** Idioma que hablaban los naturales de Haití.

HAKASSIA o **JAKASIA** República federada de la Federación de Rusia; 61.900 km² y 585.000 h. Capital, Abakan.

HAKIM, TAWFIQ AL- TAWFIQ, AL-HAKIM.

HAKODATE Ciudad de Japón, prefectura de Hokkaido; 298.868 h. Puerto.

HAL-, HALI-, HALO-; -HAL-; -HALINO, -AL, -ALIO prefs., in. o sufs. que significan sal o mar: *estenohalino, polihalita.*

¡HALA! interj. **1** Se emplea para infundir aliento o meter prisa. **2** Se emplea para mostrar sorpresa.

HALACH-UINIC m. *Hist.* y *Rel.* Nombre que recibía entre los antiguos mayas la persona que ostentaba los máximos cargos políticos y religiosos.

HALAGAR tr. **1** Dar a uno muestras de afecto o sumisión con palabras o acciones. **2** Dar motivo de satisfacción o envanecimiento. **3** Adular o decir a uno interesadamente cosas que le agraden. **4** Agradar, deleitar.

HALAGO m. **1** Acción y efecto de halagar. **2** fig. Cosa que halaga.

HALAGÜEÑO, ÑA adj. **1** Que halaga. **2** Que lisonjea o adula. **3** Que atrae con dulzura y suavidad.

HALAR tr. *Mar.* Tirar de un cabo, de una lona o de un remo en el acto de bogar.

HÁLARA f. *Zool.* Telilla interior del huevo de las aves.

HALCÓN m. *Zool.* Nombre común de diversas aves rapaces de la familia falcónidas, género *Falco*. Son aves de tamaño medio, diurnas, de pico curvo ganchudo y garras poderosas.

halcón

HALCONERA f. Lugar donde se guardan y tienen los halcones.

HALCONERÍA f. Caza que se hace con halcones.

HALCONERO, RA m. y f. Persona que cuida de los halcones de la cetrería.

HALDEN Ciudad de Noruega, condado de Östfold, a la entrada del fiordo de Oslo; 25.862 h. Hasta 1928 se llamó *Fredrikshald.*

¡HALE! interj. que se usa para infundir aliento o meter prisa.

HALES, STEPHEN Físico, naturalista y astrónomo inglés (Beckesbourne, 1677 - Teddington, 1761). Realizó la primera medición de la presión de la sangre, que experimentó en los caballos.

HALEVÍ, JEHUDÁ Escritor, médico, filósofo y teólogo hispanojudío (Toledo, 1085 - Tierra Santa, 1143). Autor de las *Sióniadas,* himnos, y *Cuzary,* diálogo.

HALI- pref. HAL-.

HALIBUT m. *Zool.* FLETÁN.

HALICARNASO *Geog. hist.* Antigua ciudad de Asia Menor, en Caria, en la cual hizo construir Artemisa el mausoleo, en honor de su esposo Mausolo, considerado una de las siete maravillas de la Antigüedad.

HALIFAX Ciudad del Reino Unido, en Inglaterra; 87.488 h.

HALIFAX Ciudad de Canadá, capital de la Provincia de Nueva Escocia; 114.455 h.

HALIFAX, EDWARD FREDERIK LINDLEY WOOD, CONDE DE Político inglés (Powderham Castle, 1881 - Garrowby Hall, 1959). Diputado conservador desde 1910 fue ministro de Agricultura (1924-25), virrey de la India (1926-31), ministro de la Guerra (1935) y de Asuntos Exteriores (1938-40).

-HALINO suf. HAL-.

HALITA f. *Miner.* Mineral cloruro de sodio de fórmula NaCl, cristalizado en cubos de color blanco o transparente.

HÁLITO m. **1** *Fisiol.* Aliento que sale por la boca de la persona o el animal. **2** poét. Soplo suave y apacible del aire.

HALITOSIS f. *Med.* Mal aliento debido, generalmente, a enfermedades del estómago o pulmonares. ♦ Su pl. es *halitosis.*

Haití. Puerto Príncipe.

HALL (Voz i.) m. VESTÍBULO.

HALLAND Condado del SO de Suecia; 5.454 km² y 272.539 h. Capital, Halmstad.

HALLAR tr. **1** Dar con una persona o cosa que se buscaba o por casualidad. **2** Descubrir algo hasta entonces desconocido. **3** Descubrir la verdad de algo. **4** Conocer, entender después de una reflexión. || prnl. **5** Estar presente. **6** Estar en cierto estado.

HALLAZGO m. **1** Acción y efecto de hallar. **2** Cosa hallada.

HALLE DEL SAALE Ciudad de Alemania, Land de Sajonia-Anhalt. Fue capital del antiguo distrito de Halle; 290.051 h.

HALLEY, COMETA *Astron.* El descubierto por Edmond Halley, quien demostró, en 1705, que era el cometa aparecido en 1456, 1531, 1607 y 1682 y predijo una nueva aparición en 1758. Su órbita elíptica tiene carácter periódico que se repite cada 76 años. Volvió a pasar en 1835, 1910 y por último en 1986.

HALLEY, EDMOND Astrónomo inglés (Hagerston, 1656 - Greenwich, 1742). Descubrió el cometa que lleva su nombre y describió los movimientos de las estrellas supuestas fijas.

HALLGRIMSSON, JONAS Poeta islandés (Steinstadhir, 1807 - Copenhague, 1845). Figura destacada del romanticismo islandés, su obra no se publicó hasta 1883 bajo el título *Poesías y otros escritos*.

¡HALLO! interj. inglesa que se usa a veces para responder cuando se descuelga el teléfono al ser llamado.

HALLOWEEN *Folk.* Festividad anglosajona que se celebra la noche del 31 de octubre, víspera de Todos los Santos.

HALLSTATT Población de Austria, Estado de Austria Superior; 1.500 h. Necrópolis con restos arqueológicos que reciben el nombre de *Cultura de Hallstatt*. Muestra influencias de otras culturas, especialmente del Bronce final, la *cultura de los campos de urnas*, los túmulos célticos, etc., y representa el primer periodo de la Edad de Hierro en Europa Central.

HALMAHERA Isla de Indonesia, en el archipiélago de las Molucas; 17.793 km² y 100.000 h.

HALMAR, AUGUSTO D' (AUGUSTO GOÉMINNE THOMSON, llamado) Escritor chileno (Santiago, 1882 - íd., 1950). Autor de las novelas *La lámpara en el molino* (1914), *Pasión y muerte del cura Deusto* (1924) y *Carlos V en Yuste* (1945).

HALMSTAD Ciudad del SO de Suecia, capital del condado de Halland; 81.084 h.

HALO- pref. **1** HAL-. **2** *Quím.* Indica que la molécula posee uno o más átomos de halógeno.

HALO m. **1** *Astron.* Sistemas de cúmulos estelares y materia interestelar de forma casi esférica que rodean a algunos sistemas estelares, como la Vía Láctea. **2** *Astron.* Envoltura de un cometa. **3** Círculo de luz difusa en torno de un cuerpo luminoso. **4** AUREOLA, resplandor, disco o círculo luminoso que suele figurarse detrás de la cabeza de las imágenes santas. **5** fig. Brillo que da la fama o el prestigio.

HALÓFILO, LA adj. *Biol.* Se dice del organismo que requiere una alta concentración salina para desarrollarse.

HALÓFITO, TA adj. *Ecol.* Se dice de la planta o el microorganismo capaz de vivir en medios donde abundan las sales.

HALÓGENO, NA adj. y s. **1** *Fís.* Se aplica a la lámpara o bombilla fabricada con un elemento halógeno, que produce luz blanca y brillante. **2** *Quím.* Se dice de cada uno de los elementos del grupo VII del sistema periódico, los cuales se unen con el hidrógeno formando ácidos hidrácidos.

HALOIDEO, A adj. *Quím.* Se dice de la sal formada por combinación de un metal y un metaloide.

HALOTECNIA f. *Tecnol.* Tratado sobre la extracción de las sales industriales.

HALOZA f. Calzado de madera.

HALS, FRANS Pintor holandés (Amberes, 1580 - Haarlem, 1666). Fue uno de los principales representantes, durante el siglo XVII, de la pintura europea de retrato. Entre sus obras destacan *Banquete de la milicia cívica de San Jorge* (1616), *La gitanilla* (h. 1628) y *Los regentes del asilo de ancianos* (1664).

HALTERA f. *Dep.* Aparato constituido por una barra metálica en cuyos extremos están fijos, o se adosan, bolas o discos de metal.

HALTEROFILIA f. *Dep.* Deporte olímpico de levantamiento de peso. Existen las modalidades de *arrancada* y *dos tiempos*.

HALTON Consejo unitario del Reino Unido, en Inglaterra; 121.700 h.

HALURO adj. *Quím.* Compuesto binario de un metal o un radical orgánico con un halógeno. || **HALUROS DE ARSÉNICO** *Quím.* Compuestos formados por la combinación del arsénico con los elementos halógenos.

HAMA Ciudad de Siria, capital de la gobernación de su nombre, a orillas del Orontes; 229.000 h.

El cometa **Halley**. Representación figurada de la sonda Giotto junto al cometa.

HAMACA f. **1** Red gruesa y clara que, colgada por las extremidades, sirve de cama y columpio. **2** *Arg.* y *Urug.* Mecedora. **3** Asiento plegable cuya armadura es de madera o metal; un tejido de lona o fibra similar sirve de asiento y respaldo.

HAMACAR tr. y prnl. *Arg., Guat., Urug.* y *Par.* HAMAQUEAR.

HAMADA f. *Geol.* Planicie desértica de suelo pétreo por efecto de la erosión a causa del viento.

HAMADÁN 1 Provincia de Irán; 19.445 km² y 1.651.320 h. **2** Ciudad capital de la misma; 349.653 h. Es la antigua *Ecbatana*.

HAMADANI, AL- Poeta árabe (Hamadan, 968 - Herat, 1008). Destacó en el género poético de la «maqama» (o tertulia). Escribió *Venturas y desventuras del pícaro Abu al-Fath de Alejandría*.

HAMADRÍADE f. *Mit.* Ninfa de los bosques.

HÁMAGO o **HAMAGO** m. **1** *Zool.* Sustancia correosa y amarilla de sabor amargo que labran las abejas y se halla en algunas celdillas de los panales. **2** fig. Fastidio o náusea.

HAMAMATSU Ciudad de Japón, prefectura de Shizuoka; 561.568 h.

HAMAMELIDÁCEO, A adj. y f. *Bot.* **1** Se dice de los arbustos y árboles dicotiledóneos, con hojas alternas, flores generalmente hermafroditas, y fruto en cápsula, como el ocozol. || f. pl. *Bot.* **2** Familia de estas plantas.

HAMAQUEAR tr. *Amér.* **1** Mecer en hamaca. También prnl. **2** *Cuba* fig. Marear a uno.

HAMAQUERO, RA m. y f. **1** Persona que hace hamacas. || m. **2** Gancho para colgar la hamaca.

HAMÁS *Polít.* Organización palestina de ideología musulmana fundamentalista, creada en 1987 por Amed Yassin, asesinado en Gaza por el Ejército de Israel el 22 de marzo de 2004.

HAMBRE f. **1** Gana y necesidad de comer. **2** fig. Apetito o deseo ardiente de algo. || **HAMBRE CANINA** fig. Gana de comer excesiva. || **andar** uno **muerto de hambre** fr. fig. Pasar la vida con suma estrechez y miseria. || **juntarse el hambre con la gana**, o **las ganas, de comer** fr. fig. que se usa para indicar que coinciden las faltas, necesidades o aficiones de dos personas. || **más listo que el hambre** loc. con que se pondera la agudeza e ingenio de alguien.

HAMBREAR intr. **1** Padecer hambre. **2** fig. Mostrar alguna necesidad, excitando la compasión y mendigando remedio para ella.

HAMBRIENTO, TA adj. y s. Que tiene mucha hambre.

HAMBRÓN, NA adj. fam. Muy hambriento; que continuamente anda manifestando afán y agonía por comer.

HAMBRUNA f. **1** HAMBRE, escasez generalizada de alimentos. || m. **2** *Amér.* Hambre grande.

HAMBURGO 1 Land de Alemania; 755 km² y 1.706.800 h. **2** Ciudad capital del mismo, a orillas del Elba; 1.705.900 h. en su área metropolitana, que coincide con los límites del Land. Puerto. Centro industrial y comercial. Perteneció al Hansa.

HAMBURGUÉS, SA adj. De Hamburgo. También s.

HAMBURGUESA f. *Gastron.* **1** Especie de filete de forma de torta, hecho de carne picada con ajo, perejil, huevo, etc., y cocinado, normalmente, a la plancha. **2** Especie de bocadillo de forma redondeada que se hace con este filete.

HAMBURGUESERÍA f. Establecimiento donde se sirven hamburguesas y otros alimentos y bebidas.

HAMHUNG-HUNGNAM Ciudad de la República Democrática Popular de Corea, capital de la Provincia de Hamgyong Meridional; 701.000 h. Centro industrial.

HAMILTON Ciudad de Canadá, provincia de Ontario; 318.499 h.

HAMILTON, ALEXANDER Político y economista estadounidense (Charleston, 1757 - Nueva York, 1804). Fue secretario y amigo íntimo de Washington. Fue el fundador del Partido Federal y el primer ministro de Hacienda del nuevo Estado (1789-95).

Frans **Hals**. *Banquete de la milicia cívica de San Jorge*. Museo de Frans Hals (Haarlem, Países Bajos).

Hamilton, David Fotógrafo británico (Londres, 1933). Sus trabajos se caracterizan por un frío sensualismo. Entre sus obras destacan *La dance* (1972), *La jeune fille* (1978) y *Jardin secret* (1980).

Hamilton, Richard Pintor británico (Londres, 1922). Fue miembro del *Independent Group* y uno de los pioneros del *pop art* en Inglaterra.

Hamilton, sir William Filósofo inglés (Glasgow, 1788 - Edimburgo, 1856). Trató de unir la tradición de la escuela escocesa con las filosofías europea, principalmente con el kantismo. Autor de *Lecciones de metafísica y lógica* (1858-60).

Hamilton, sir William Rowan Físico, matemático y astrónomo irlandés (Dublín, 1805 - Dunsink, 1865). Realizó numerosas investigaciones sobre álgebra y física matemática. Desarrolló la teoría de los cuaterniones.

Hamlet Personaje semilegendario, hijo de Horvendel, rey de Jutlandia, que fingió estar loco para vengar la muerte de su padre. Fue inmortalizado por Shakespeare.

Hammarskjöld, Dag Hjalmar Político sueco (Jönköping, 1905 - N'dola, 1961). Fue secretario general de la ONU desde 1953 hasta su muerte en accidente de aviación. Le fue concedido el premio Nobel de la Paz (1961), a título póstumo.

Hammett, Dashiell Samuel Escritor estadounidense (Saint Mary County, 1894 - Nueva York, 1961). Considerado el creador del «género negro». Autor de *Cosecha roja* (1929), *La maldición de los Dain* (1929), *El halcón maltés* (1930), en la que creó el personaje Sam Spade, llevado al cine por John Huston; *La llave de cristal* (1931) y *El agente de la Continental* (1945).

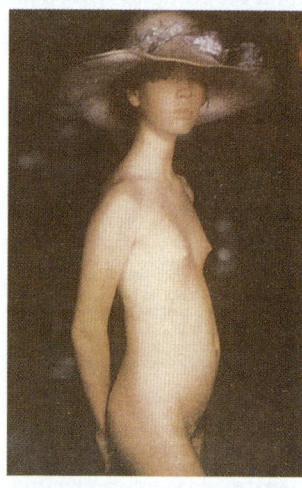

David **Hamilton**. *Adolescente con sombrero.*

Hammurabi Rey de Babilonia (s. XVIII a. C.). Reinó entre 1793 y 1750. Conquistó los países de Sumer y Acad, y se impuso a Assur y Nínive, fundando un imperio que iba desde el golfo Pérsico a Diyarbakir. Organizó una monarquía absoluta y hereditaria por línea paterna. En su reinado se promulgó el código más antiguo del mundo, descubierto en 1901 en Susa.

hamo m. Anzuelo de pescar.

hampa f. **1** Conjunto de maleantes. **2** Vida que llevan.

hampón adj. y s. Maleante, delincuente.

Hampshire Condado del Reino Unido, en el S de Inglaterra; 1.238.000 h.

Hampton Court Palacio del Reino Unido, en el condado metropolitano del Gran Londres, y a orillas del Támesis. Residencia real, cuenta con una célebre galería de pinturas.

Hampton, Lionel Músico de jazz estadounidense (Louisville, Kentucky, 1908 - Nueva York, 2002). Es una de las grandes figuras del *midde jazz*, y el primero en usar el vibráfono.

hámster m. *Zool.* Mamífero roedor de la familia cricétidos, de nombre científico *Cricetus cricetus*, con bolsas o abazones en la boca donde transporta el grano que recoge.

Hamsun, Knut (Knut Pedersen, llamado) Escritor noruego (Lom, 1859 - Grimstad, 1952). Entre sus novelas destacan *Hambre* (1888), *Misterios* (1892), *Pan* (1894), la trilogía (1895-1898) formada por *A las puertas del reino, El juego de la vida* y *Los fuegos del atardecer*. Premio Nobel de Literatura en 1920, compartido con Spitteler.

Código de **Hammurabi**. Estela de diorita. Museo del Louvre (París).

hamudí adj. *Hist.* **1** Se dice del grupo de los descendientes de Ali ben Hamud, que a la caída del califato de Córdoba fundaron reinos de taifas en Málaga y Algeciras durante la primera mitad del siglo XI. También m. pl. **2** Se dice también de los miembros de esta dinastía. También com. **3** Relativo a esta dinastía.

Han Geneal. Nombre genérico que llevaron varias dinastías chinas que reinaron desde el año 206 a. C. al 220 d. C.

Handan (Han-tan) Ciudad de China, provincia de Hebei; 1.100.000 h. Centro industrial.

Händel, Georg Friedrich Haendel, Georg Friedrich.

handicap (Voz i.) m. **1** *Dep.* Prueba, carrera o concurso en que, atribuyendo a unos participantes una ventaja en tiempo, distancia, peso, etc., y restándosela a otros, se igualan las posibilidades de vencer a los menos dotados. Se usa especialmente en las carreras de caballos. **2** fig. Obstáculo, dificultad, problema.

Handke, Peter Escritor austriaco (Griffen, Carintia, 1942). Autor de las novelas *Los avispones* (1966), *El miedo del portero al penalty* (1970), *Desgracia indeseada* (1972) y *La ausencia* (1992).

Hanga Roa Población de Chile, capital de la isla de Pascua; 1.000 h. Turismo.

hangar (Voz fr.) m. Cobertizo grande, generalmente abierto, para guarecer aparatos de aviación.

Hangzhou (*Hangchou*) Ciudad del E de China, capital de la Provincia de Zhejiang; 1.340.000 h. Fue capital de la dinastía Song meridional (siglos XII-XIII).

Hankiang Río de China, afluente del Yangtse; 1.400 km.

Hankow Wuhan.

Hanks, Tom Actor de cine estadounidense (Concord, 1956). Entre sus interpretaciones destacan *Philadelphia* (1992, Oscar al mejor actor), *Forrest Gump* (1994, Oscar al mejor actor), *Apolo XIII* (1995), *Salvad al sodado Ryan* (1998), *Náufrago* (2000) y *Camino a la perdición* (2002).

Hannón Navegante cartaginés (s. v a. C.). Realizó un viaje por la costa occidental de África. La descripción de ese viaje está consignada en el llamado *Periplo de Hannón*.

Hannón el Grande General cartaginés (s. III a. C.). Fue uno de los embajadores enviados a negociar la paz tras la batalla de Zama (202 a. C.).

Hannover Ciudad de Alemania, capital del Land de Baja Sajonia; 525.723 h.

Hannover Geneal. Dinastía que se remonta a 1629, con Ernesto Augusto, duque de Brunswick-Luneburg. Después pasó al electorado de Hannover y a Gran Bretaña. La casa real británica se convirtió en casa de Hannover-Sajonia-Coburgo-Gotha tras el matrimonio de la reina Victoria con Alberto de Sajonia-Coburgo-Gotha (1840). En 1917 Jorge V cambió el nombre por el de casa de Windsor.

Hanoi Ciudad de Vietnam, región de Dong bang son Hong, capital del país y que por sí misma constituye una provincia; 920 km² y 2.154.900 h. Fundada por los chinos en el siglo III, fue capital de Indochina (1887-1954) y de Vietnam del Norte (1954-76).

Hansa *Hist.* Confederación alemana de ciudades creada con fines comerciales. Inició su funcionamiento en el siglo XIII, pero su formación total no culminó hasta 1356. Sus principales miembros fueron Lübeck, Hamburgo y Bremen. Comenzó su decadencia a finales del siglo XV, dándose por terminada la confederación en el siglo XVII. Es conocida también como *Hansa Teutónica* y *Liga Hanseática*.

Hanseática, Liga Hansa.

Hanyang Wuhan.

hapálido, da adj. y m. *Zool.* **1** Se dice del mamífero primate caracterizado por tener cuatro incisivos verticales. Agrupa a los monos más pequeños, como el tití. || m. pl. *Zool.* **2** Familia de estos animales.

hápax m. *Ling.* Tecnicismo empleado en lexicografía o en trabajos de crítica textual para indicar que hay un solo testimonio de una voz en una lengua.

haplo-, hapl- prefs. que significan sencillo.

Hanoi (Vietnam). Templo Ngoc Son.

HAPLOBIONTE adj. *Biol.* **1** Se dice del organismo que no presenta alternancia de generaciones, por lo que su ciclo vital se realiza en un solo individuo. **2** Se dice de la planta que florece una vez al año.
HAPLODIPLONTE adj. *Biol.* Se dice del organismo que desarrolla su ciclo vital en dos fases: una haploide y otra diploide.
HAPLOIDE adj. *Biol.* Se dice de la célula u organismo cuyo núcleo contiene un solo juego de cromosomas.
HAPLOIDÍA f. *Biol.* Condición de haploide.
HAPLONTE adj. *Biol.* Se dice del organismo cuyas células vegetativas son haploides.
HAPPENING (Voz i.) m. *Teat.* **1** TEATRO DE PARTICIPACIÓN. **2** Manifestación artística en el que suele ser importante la participación espontánea del público.
HAPTO- O HAPT- prefs. HAF-.
HARAGÁN, NA adj. y s. Que excusa y rehúye el trabajo.
HARAGANEAR intr. Rehuir el trabajo.
HARALD Nombre de diversos reyes de Dinamarca.
HARALD I (? - ?, hacia 863). Reinó entre el 826 y el 863. Fue bautizado en el 826 por exigencia de Luis el Piadoso. Favoreció la evangelización de su reino. Murió asesinado.
HARALD II GORMSON BLAATAND (? - ?, 986). Reinó entre los años 940 y 986. Sucedió a su padre, Gorm el Viejo. Tras su bautismo (966), implantó el cristianismo en todo el país. Impuso su protectorado al S de Noruega y rechazó a los vendos hasta la desembocadura del Oder. Su hijo Svend se levantó contra él y Harald murió en el combate.
HARALD III (? - ?, 1018). Era hermano de Knut I el Grande, que a su muerte le sucedió y creó el gran imperio danés.
HARALD IV HEN (? - ?, hacia 1080). Reinó entre los años 1076 y 1080. Unificó el sistema monetario.
HARALD Nombre de varios reyes de Noruega.
HARALD I HARFAGER (?, 850 - Haugesund, 933). Reinó entre los años 872 y 933. Venció a los señores del SE del país, los jarls, en la batalla naval de Hafrsfjord. Unificó Noruega. A su muerte repartió el reino entre sus numerosos hijos.
HARALD II GRAFELL (?, 930 - Hals, 970). Reinó entre los años 961 y 970. Nieto de Harald I. Sostuvo varias luchas con algunos rivales, después de haber vencido a Sigur. Fue asesinado por un hijo de éste.
HARALD III HARDRADE (?, 1015 - Stanford Bridge, 1066). Reinó entre los años 1046 y 1066. Terminó la unificación del país, asoló Dinamarca e invadió Inglaterra, pero fue vencido y muerto. Fue el fundador de Cristianía, hoy Oslo.
HARALD IV GILLE (Irlanda, h. 1103 - ?, 1136). Reinó entre los años 1130 y 1136. Era hijo del rey Magnus Bartof. No respetó su promesa de no pretender el trono de Noruega mientras viviesen Sigurd Jorsalafarc y su hijo Magnus, y le obligó a que le cedieran la mitad del reino. En el año 1135 pasó a ser rey de todo el territorio.
HARALD V (Asker, 1937). Fue nombrado príncipe heredero en 1957 y ocupó la regencia en 1990-91, año en que ascendió al trono, tras la muerte de su padre Olav V.
HARAPIENTO, TA adj. Lleno de harapos.
HARAPO m. ANDRAJO, jirón de ropa muy usada.
HARAQUIRI (Voz japonesa.) m. *Antrop.* Forma de suicidio ritual en Japón, consistente en abrirse el vientre por medio de una incisión en forma de cruz.
HARAR Ciudad de Etiopía, capital de la región de su nombre; 62.160 h.
HARARE Ciudad capital de Zimbabwe, que constituye en sí misma una provincia; 1.184.169 h. Hasta 1982 se llamó *Salisbury*.
HARAUI, ELÍAS Político libanés (Zahlé, 1926). Cristiano maronita, ocupó el ministerio de Obras Públicas (1980-1982). Fue presidente de la República de 1989 a 1998.
HARAVICO m. *Perú* ARAVICO.
HARBIN Ciudad del NE de China, en la región Nordoriental, capital de la Provincia de Heilongjiang; 2.830.000 h. Puerto fluvial, a orillas del Sungari. Centro industrial y comercial.
HARBOUR ISLAND Isla de Bahamas; 8 km² y 1.219 h.
HARCA f. **1** Expedición militar de tropas indígenas. **2** Partida de rebeldes marroquíes.
HARD-EDGE (Voz i., que significa contorno neto.) m. *Arte.* Tendencia de la pintura abstracta estadounidense que se desarrolló en los años cincuenta. Se caracterizó por su rigor formal y por la utilización de formas geométricas. Sus principales representantes fueron J. Albers, K. Nolland y F. Stella.
HARDCORE (Voz i.) adj. Se dice de los espectáculos pornográficos en los que el acto sexual se realiza en vivo, sin ser fingido.
HARDEN, SIR ARTHUR Químico británico (Manchester, 1865 - Bourne End, 1940). Compartió con H. von Euler-Cherpin el premio Nobel de Química en 1929 por sus estudios sobre la fermentación de los azúcares por las enzimas de las levaduras.
HARDING, WARREN GAMALIEL Político estadounidense (Corsica, 1865 - San Francisco, 1923). Miembro del Partido Republicano, en 1920 fue elegido presidente de la República. Contrario a la Sociedad de Naciones, se mostró favorable a la ley seca y a los aranceles sobre las mercancías europeas.
HARDWARE (Voz i.) m. *Inform.* Conjunto de piezas o dispositivos mecánicos, magnéticos y electrónicos de un computador. Se opone a *software*.
HARDY, OLIVER NORVELLE (llamado EL GORDO) Actor de cine estadounidense (Georgia, 1892 - Burbank, 1957). Formó, con Stan Laurel, una de las parejas cómicas más célebres de la historia del cine, conocida popularmente como *el Gordo y el Flaco*.
HARDY, THOMAS Escritor inglés (Upper Bockhampton, 1840 - Dorchester, 1928). En sus obras narra la vida provinciana con toques pesimistas. De su producción novelística destacan *Remedios desesperados* (1871), *Retorno al país natal* (1878), *Tess d' Urberville* (1891) y *Judas el oscuro* (1895).
HARE KRISHNA *Rel.* Secta religiosa de influencia hindú, basada en la adoración a Krishna, octava reencarnación de Visnú. Fue fundada por Swami A. C. Bhaktivedanta en 1966. En España fue legalizada en 1977.
HARÉN o **HAREM** m. **1** Departamento de las casas de los musulmanes en que viven las mujeres. **2** Conjunto de todas las mujeres que viven bajo la dependencia de un jefe de familia entre los musulmanes. **3** *Zool.* Por extensión, grupo de hembras que conviven con un único macho en la época de la procreación, como ocurre, por ejemplo, entre los ciervos.
HARENSE adj. y com. De Haro.
HARGEYSA Ciudad de Somalia; capital de la región Woqooyi Galbeed; 90.000 h.

Oliver **Hardy** (derecha) y Stan Laurel. Escena de la película *Fra Diavolo*, dirigida por Hal Roach.

Thomas **Hardy**. Retrato de William Duless. Galería Nacional de Retratos (Londres).

HARINA f. **1** *Agr.* Polvo que resulta de la molienda del trigo u otras semillas. **2** *Agr.* Este mismo polvo despojado del salvado o la cascarilla. **3** *Agr.* Polvo procedente de algunos tubérculos y legumbres. **4** fig. Polvo menudo a que se reducen algunas materias sólidas. || **HARINA FÓSIL** *Geol.* TRÍPOLI. || **HARINA INTEGRAL** La no cernida que contiene todo el salvado. || **estar metido en harina** fr. fig. y fam. Estar empeñado con mucho ahínco en una obra o empresa. || **ser** una cosa **harina de otro costal** fr. fig. y fam. Ser muy diferente de otra con que se la compara.
HARINEAR impers. *And.* y *Venez.* Llover con gotas muy menudas.
HARINOSO, SA adj. **1** Que tiene mucha harina. **2** De la naturaleza de la harina o parecido a ella.
HARLEM Distrito urbano de Nueva York; 400.000 h. En él reside el núcleo mayor de raza negra e hispana de EE UU.
HARLEY DAVIDSON Marca de motocicletas fabricadas en EE UU desde 1901, de gran prestigio entre los aficionados.
HARMATTAN m. *Meteor.* Viento seco del NO que en la estación seca sopla desde el Sahara hacia el SO en el golfo de Guinea.
HARMODIO Joven ateniense (s. VI a C.). Conspiró con Aristogitón para matar al tirano Hipias, hijo de Pisístrato. Al creerse traicionados asesinaron al primer pisistrátida que encontraron, Hiparco. Conocidos con el nombre de Tiranicidas.
HARMONÍA *Mit.* Hija de Ares y Afrodita, casada con Cadmo y madre de Sémele. Llevó a Grecia los primeros rudimentos del arte de la música. Fue transformada en serpiente.
HARNAL m. Cajón de harina.
HARNEAR tr. *Chile* Cribar, pasar por el harnero.
HARNERO m. Especie de criba.
HARNONCOURT, NIKOLAUS Director de orquesta y violonchelista austriaco (Berlín, 1929). En 1953 fundó el Concentus Musicus de Viena, dedicada al rescate de música antigua. Ha dirigido las orquestas Filarmónica de Berlín, Viena y Londres; la Sinfónica de Viena y la orquesta de Cámara de Europa, entre otras.
HAROLD Nombre de dos reyes de Inglaterra.
HAROLD I HAREFOOT (? - Oxford, 1040). Hijo de Knut el Grande, al que sucedió en 1036. Durante su reinado se produjo la invasión escocesa.
HAROLD II (?,1022 - Hastings, 1066). Hijo del conde Godwin. Se hizo proclamar rey en 1066 a la muerte de Eduardo el Confesor. Rechazó una invasión danesa venciendo a Harald Haardrade y a su propio hermano Tostig en Stamford Bridge, pero murió en la batalla de Hastings luchando contra Guillermo el Conquistador.
HARPA f. Espada de hoja curva usada por sumerios, hititas y antiguos egipcios.
HARPÍA f. **1** *Zool.* Ave rapaz falconiforme de nombre científico *Harpya harpya*, de gran tamaño y garras poderosas, que habita en las selvas americanas. **2** *Mit.* Ave fabulosa, con rostro de mujer y cuerpo de ave de rapiña.
HARRIS, MARVIN Antropólogo estadounidense (Nueva York, 1927 - Gainesville, Florida, 2001). Adscrito al materialismo cultural, entre sus obras más importantes figuran *Caníbales y reyes: orígenes de la cultura* (1966), *El desarrollo de la teoría antropológica* (1982) y *Nuestra especie* (1991).

Universidad de **Harvard** en Cambridge, Massachusetts (Estados Unidos).

Harris, Zellig Sabbetai Lingüista estadounidense, de origen ruso (Balta, Ucrania, 1909 - Filadelfia, 1992). Siguió el método distribucionalista de análisis lingüístico propuesto por Bloomfield, de quien fue discípulo. Fue el creador de la noción de transformación sintáctica, base de la gramática transformacional. Es autor del *Método de la lingüística estructural* (1951), *Teoría transformacional* (1965) y *Escritos de lingüística estructural y transformacional* (1970).

Harrisburg Ciudad de EE UU, capital del Estado de Pensilvania; 52.376 h. Centro siderúrgico. Centrales nucleares. En marzo de 1979 sufrió un grave escape radiactivo.

Harrison, Benjamin Político estadounidense (North Bend, 1833 - Indianápolis, 1901). Era nieto del presidente W. H. Harrison. Fue senador republicano de Indiana desde 1860 y presidente de la República (1889-93).

Harrison, Rex Actor de teatro y cine británico (Huyton, 1908 - Nueva York, 1990). Entre sus películas destacan *Callejón sin salida* (1939), *Débil es la carne* (1948), *Siete esposas para un marido* (1954), *My Fair Lady* (1964), por la que recibió un Oscar al mejor actor, y *Ashanti* (1978).

Harrison, William Henry Político estadounidense (Berkeley, 1733 - Washington, 1841). Resultó elegido presidente de la República en 1840. Murió al mes de hallarse en el ejercicio de su cargo.

Harsanyi, John Economista estadounidense de origen húngaro (Budapest, 1920). Mejoró algunos modelos de prospección económica introduciendo la posibilidad de la predicción con alternativas opuestas. En 1994 fue galardonado con el premio Nobel de Economía junto a J. Nash y R. Selten.

Hartada f. 1 Acción y efecto de hartar. 2 Cantidad de algo que basta para hartarse.

Hartar tr. 1 Saciar, incluso con exceso, el apetito de comer y beber. También prnl. 2 fig. Satisfacer el deseo de algo. También prnl. 3 fig. Cansar, fastidiar. También prnl. 4 Con algunos nombres y la preposición *de*, dar, causar, etc., abundancia o muchedumbre de lo que significan los nombres con que se junta.

Hartazgo m. Acción y efecto de hartar o hartarse.

Hartford Ciudad de EE UU, capital del Estado de Connecticut; 124.196 h. Puerto fluvial.

Hartlepool Consejo unitario del Reino Unido, en Inglaterra; 91.900 h.

Hartline, Haldan Keffer Fisiólogo estadounidense (Bloomsburg, 1903 - Fallston, 1983). En 1967 recibió el premio Nobel de Fisiología y Medicina, compartido con G. Wald y R. Granit, por sus investigaciones sobre la fisiología de la visión.

Hartmann, Eduard von Filósofo alemán (Berlín, 1842 - Grosslichterfelde, 1906). Defensor del monismo. Su obra fundamental es *Filosofía del inconsciente* (1869).

Hartmann, Nicolai Filósofo alemán (Riga, 1882 - Gotinga, 1950). Se formó en la escuela neokantiana de Marburgo, pero pronto se inclinó hacia un realismo crítico, que le llevó a crear una nueva ontología. Autor de *Metafísica del conocimiento* (1921), *Para la fundamentación de la ontología* (1935) y *El pensamiento teleológico* (1951).

Hartmann von Aue Minnesinger o trovador alemán (Suabia, h. 1170 - ?, h. 1220). Autor de dos novelas en verso, *Erec* e *Iwein*, imitaciones del mismo título de Chrétien de Troyes.

Harto, ta adj. 1 Saciado, satisfecho. 2 fig. Cansado. || adv. c. 3 Bastante o sobrado.

Hartung, Hans Pintor francés de origen alemán (Leipzig, 1904 - Antibes, 1989). Influido por el expresionismo, evolucionó hasta convertirse en el creador de la abstracción gestual o lírica.

Hartura f. 1 Repleción de alimento. 2 Abundancia.

Hartzenbusch, Juan Eugenio Escritor español, de origen alemán (Madrid, 1806 - íd., 1880). Fue director de la Biblioteca Nacional y miembro de la Real Academia Española. Autor de estilo romántico, escribió *Los amantes de Teruel* (1837), *Doña Mencía* (1838), *Alfonso el Casto* (1841) y *La jura en Santa Gadea* (1845), dramas históricos, y *La redoma encantada* (1839) y *Los polvos de la madre Celestina* (1841), comedias.

Harum al Raschid ibn Mahdi Califa abasí de Bagdad (Rai, Persia, 763 - Tus, Jorasán, 809). Gobernó entre los años 786 y 809. Aparece en muchos cuentos de *Las mil y una noches*.

Harvard, Universidad de Pedag. Universidad de EE UU, en Cambridge, junto a Boston, fundada en 1636.

Harvey, William Médico y fisiólogo británico (Folkestone, 1578 - Londres, 1657). Descubrió el mecanismo completo de circulación de la sangre. Autor de *Ejercicio anatómico sobre el movimiento del corazón y la sangre en los animales* (1628).

Haryana Estado del NO de la India, en la llanura indogangética; 44.212 km^2 y 16.463.648 h. Capital, Chandigarh.

Harz Macizo montañoso de Alemania central. Su punto culminante es Brocken (1.142 m). Gran riqueza minera (plomo, cobre, hulla).

Has, Wojciech Jerzy Director de cine polaco (Cracovia, 1925 - Lodz, 2000). Célebre por haber adaptado a la pantalla la célebre novela de Jan Potocki *El manuscrito encontrado en Zaragoza* (1964).

Hasaní adj. Se dice de la moneda marroquí.

Hasanía m. Ling. Dialecto árabe hablado principalmente en el Sahara occidental y Mauritania.

Hasch adj. HACH.

Hasek, Jaroslav Escritor checo (Praga, 1883 - Lipnice, 1923). Autor de la novela antibelicista *Las aventuras del valeroso soldado Schwejk en tiempos de la guerra mundial* (terminada por el periodista K. Vanek).

Hassan Nombre de dos soberanos de Marruecos.
Hassan I Sultán de Marruecos (Fez, 1831 - Rabat, 1894). Padre de Muley Yusuf. Durante su reinado, entre los años 1873 y 1894, intentó modernizar su país, mediante una aproximación a Europa.
Hassan II Rey de Marruecos (Rabat, 1929 - íd., 1999). Fue coronado rey en 1961. Tras intentar un gobierno de régimen parlamentario, asumió todos los poderes. En la década de los noventa inició un proceso de apertura política. Desarrolló una política exterior panarabista, basada en numerosas ocasiones en golpes de efecto: la marcha verde del Sahara (1974), tratado de unión con Libia y abandono de la OUA (1984), dimisión de la presidencia de la Liga Árabe (1986), etc. Con España pretendió a la vez un acercamiento institucional y la reivindicación de Ceuta y Melilla. Le sucedió su hijo Mohamed VI.

Hasse, Johann Adolf Compositor alemán (Bergedorf, 1699 - Venecia, 1783). Fue uno de los principales exponentes de la ópera de estilo napolitano. De su producción destacan las óperas *Antioco* (1721), *Demetrio* (1732), *Tito Vespasiano* (1735), *Atalanta* (1737), *Hiper-*

mestra (1744), *El rey pastor* (1755) y *Romulo y Ersila* (1765).

Hassel, Odd Químico noruego (Oslo, 1897 - íd., 1981). En 1969 recibió el premio Nobel de Química, compartido con D. Barton, por sus estudios en el desarrollo y aplicación del concepto de estructura en química.

Hasselt Ciudad de Bélgica, capital de la Provincia de Limburgo; 67.486 h.

Hassi Messaoud Lugar del Sahara argelino, al SE de Ouargla. Gran yacimiento petrolífero.

Hasta prep. 1 Sirve para expresar el término de lugares, acciones y cantidades continuas o discretas. 2 Se usa como conjunción copulativa, con valor incluyente, combinada con *cuando* o con gerundio. Con valor excluyente va seguida de *que*. || **hasta después, hasta luego** exprs. que se emplean como saludo al despedirse.

Hastial m. *Arquit*. 1 Parte superior triangular de la fachada de un edificio en la cual descansan las dos vertientes del tejado o cubierta. 2 Por extensión, toda la fachada. 3 En las iglesias, cada una de las tres fachadas correspondientes a los pies y laterales del crucero.

Hastiar tr. y prnl. Causar hastío, repugnancia o disgusto.

Hastings Ciudad del Reino Unido, en el SE de Inglaterra; 74.803 h. Puerto. Zona residencial de veraneo. Fue escenario de la victoria del duque de Normandía Guillermo el Conquistador sobre Harold II (1066).

Hastío m. 1 Repugnancia a la comida. 2 fig. Disgusto, tedio.

Hatajo m. 1 Pequeño grupo de ganado, especialmente el separado del rebaño. 2 Grupo de personas o cosas.

Hatear tr. 1 Recoger uno el hato cuando está de viaje. 2 Dar la hatería a los pastores.

Hatería f. Ropa, ajuar y repuesto de víveres que llevan los pastores cuando andan con el ganado, y también los jornaleros y mineros.

Hatillo m. Pequeño envoltorio con ropa y utensilios personales.

Hato m. 1 Paquete con ropa y otros efectos personales que lleva una persona cuando se traslada. 2 Porción de ganado mayor o menor. 3 Sitio que fuera de las poblaciones eligen los pastores para comer y dormir mientras permanecen allí con el ganado. 4 *Col.*, *Cuba* y *Venez.* Hacienda de campo destinada a la cría de toda clase de ganado, y principalmente del mayor.

Hato Mayor 1 Provincia de la República Dominicana; 1.330 km^2 y 80.074 h. 2 Ciudad capital de la misma; 12.654 h.

Hator Mit. Divinidad femenina egipcia, madre del Sol y diosa de las artes, cuyo símbolo era la vaca.

Hatsepsut Reina egipcia de la XVIII dinastía (? - ?, 1484 a. C.). Hija de Tutmosis I y esposa de Tutmosis II. A la muerte de su marido, en el año 1505 a. C., se impuso como soberana legítima, relegando a un segundo término a su hijastro Tutmosis III, de quien se declaró regente.

Hatteras Cabo de la costa oriental de EE UU, Estado de Carolina del Norte.

Hatti Hist. Nombre del imperio HITITA, producto de la fusión del pueblo hitita propiamente dicho con los anteriores habitantes de Anatolia central.

Hattusa Hist. Antigua capital del imperio hitita, situada en Turquía cerca de la actual localidad de Bogazkoi. Fue capital de la Confederación Hitita.

Hatuey Cacique indígena de La Española (? - ?, 1511). En Cuba dirigió la resistencia contra las fuerzas del capitán Diego Velázquez. Hecho prisionero, fue condenado a la hoguera.

Hatzfeld, Helmut Hispanista alemán (Bad Dürkheim, 1892 - Washington, 1979). Autor de *El Quijote como obra de arte del lenguaje* (1929).

Hassan II

Olivia de **Havilland**. Con Leslie Howard en una escena de *Lo que el viento se llevó*, dirigida por Victor Fleming.

Haughey, Charles James Político irlandés (Castlebar, 1925). Miembro del Fianna Fáil, ocupó diferentes carteras y fue primer ministro (1979-81; 1982 y 1987-92).

Hauptman, Herbert Aaron Químico estadounidense (Nueva York, 1917). En 1985 recibió el premio Nobel de Química, compartido con Karle, por su contribución a la determinación de las estructuras cristalinas.

Hauptmann, Gerhart Escritor alemán (Obersalzbrunn, 1862 - Agnetendorf, 1946). Su producción, evolucionó del naturalismo hacia el simbolismo. De sus obras teatrales destacan *Antes de la aurora* (1889), *Los tejedores* (1892), *La piel del castor* (1893), *Florian Geyer* (1896), *El cochero Henschel* (1898) y *Rosa Bernd* (1903); y en su obra narrativa *Manuel Quint, el loco en Cristo* (1910), *Atlantis* (1912) y *El hereje de Soana* (1914). En 1912 obtuvo el premio Nobel de Literatura.

Hauran Región histórica de Siria, al E del Jordán y al S de Damasco. Es la *Auràntida* de la Antigüedad.

hausa adj. *Etnol.* **1** Se dice de un pueblo negroafricano de raza y cultura sudanesa, que habita en el N de Nigeria, el S de Níger y Sudán central. Más m. pl. **2** Se dice también de sus individuos. También com. **3** Relativo a este pueblo. Véase FULBÉ.

Haussman, Raoul Pintor, poeta y fotógrafo austriaco (Viena, 1886 - Limoges, 1971). En 1919 viajó y organizó festivales dadaístas en varias ciudades europeas. Escribió poemas fonéticos y fonográficos, y en el campo de la pintura utilizó las técnicas del collage.

Haussmann, Georges-Eugène, barón de Funcionario francés (París, 1809 - íd., 1891). Prefecto del Departamento del Sena (1853-70), por iniciativa de Napoleón III, realizó la reforma urbanística de París.

haustorio m. *Bot.* Apéndice de cualquier planta parásita que le sirve de anclaje y para absorber alimento del hospedador.

Hauts-de-Seine Departamento de Francia, en la región de Isla de Francia; 176 km² y 1.428.881 h. Capital, Nanterre.

Haüy, René-Just Físico y mineralogista francés (Saint-Just, 1743 - París, 1822). Se le considera el fundador de la cristalografía. Estableció la clasificación de las formas cristalinas.

Havel Río de Alemania, que nace en el N de Dambeck y desemboca en la orilla derecha del Elba; 356 km.

Havel, Václav Escritor y político checo (Praga, 1936). Disidente del régimen comunista, fue uno de los promotores de la «Carta 77». Fue presidente de Checoslovaquia (1989-92) y jefe del Estado de 1993 a 2003. Como dramaturgo es autor de *La fiesta* (1963), *El memorándum* (1965), *Los conspiradores* (1971), *El estreno* (1975), *La audiencia* (1976), *La protesta* (1978) y *Largo desolato* (1985). Premio Príncipe de Asturias de la Comunicación en 1997.

Havers, Clopton Médico y anatomista británico (Londres, 1650 - íd., 1702). Descubrió los sistemas de canales y de laminillas óseas que llevan su nombre. Su principal obra es *Osteologia nova* (1691).

Havilland, Olivia de Actriz de cine estadounidense (Tokio, 1916). Entre sus películas destacan *El capitán Blood* (1935), *La carga de la Brigada Ligera* (1936), *Robín de los Bosques* (1938), *Lo que el viento se llevó* (1939), *Vida íntima de Julia Norris* (1945), por la que fue galardonada con un Oscar y *La heredera* (1948), por la que recibió el mismo galardón.

Havre, El Ciudad del N de Francia, departamento de Seine-Maritime, en la desembocadura del Sena; 197.219 h. Segundo puerto de Francia.

Hawai 1 Estado de EE UU, en el archipiélago Hawai o islas Sandwich, enclavado en el océano Pacífico; 16.729 km² y 1.211.537 h. Su capital es Honolulú. Comprende 20 islas de origen volcánico, también denominadas *Sandwich*, de las que las principales son Hawai, Kauai, Maui, Molokai y Ohau, donde está la capital. Centro turístico. Las islas fueron descubiertas por los españoles en 1527. El capitán Cook conocía su existencia por estos viajes de los españoles. Entre 1780 y 1850 fueron penetrando los europeos, balleneros, comerciantes, aventureros, misioneros, etc., que transformaron las islas. La dinastía Kamehameha adoptó una constitución (1840), y dos años más tarde Francia, EE UU y Reino Unido se comprometieron a respetar su independencia. EE UU fue aumentando su influencia y en 1893 colonos estadounidenses expropiaron tierras a los nativos. Se proclamó una república que solicitó la anexión a EE UU, aceptada en 1898. Se convirtió en Estado de EE UU en 1959. **2** Isla de este archipiélago, Estado de EE UU; 10.400 km² y 120.317 h. Volcanes de Mauna Loa y Mauna Kea. Turismo.

hawaiano, na adj. **1** De Hawai. También s. **2** *Geol.* Se dice de un tipo de volcán propio de las islas del Pacífico, caracterizado por su lava muy fluida, magma en fusión y escasos materiales de deyección.

Hawalli Ciudad de Kuwait, capital de la gobernación de su nombre; 145.215 h. Centro petrolífero.

Hawar Isla de Bahrein, en el golfo Pérsico, cerca de Qatar; 38 km². Sólo habitada por algunos pescadores.

Hawke, Robert James Lee Político australiano (Bordertown, 1929). Líder del Partido Laborista, ocupó el cargo de primer ministro entre 1983 y 1991.

Hawking, Stephen William Físico británico (Oxford, 1942). Ha dedicado sus trabajos a la comprobación matemática del comienzo del tiempo y al estudio de los agujeros negros. En 1988 recibió el premio Príncipe de Asturias de la Concordia. De sus obras destacan *Historia del tiempo: del big bang a los agujeros negros* (1988), *Los agujeros negros* (1992) y *El Universo en una cáscara de nuez* (2002).

Hawkins, John Corsario inglés (Plymouth, 1532 - Puerto Rico, 1595). Inició la trata de esclavos entre África y las Indias Occidentales en 1562. Atacó las naves y las ciudades costeras españolas e impulsó el protectorado marítimo inglés. Preparó junto con Drake un ataque fallido a las costas mexicanas (1567). Fue nombrado representante de Plymouth en el Parlamento (1572) y tesorero de la Marina (1573). Mandó una nave en la escuadra que derrotó a la Armada Invencible (1588).

Hawks, Howard Winchester Director de cine estadounidense (Goshen, 1896 - Palm Springs, 1977). Entre sus películas destacan *Scarface* (1932), *El camino de la gloria* (1936), *Sargento York* (1941), *El sueño eterno* (1946), *Río Rojo* (1948), *La novia era él* (1949), *Me siento rejuvenecer* (1952), *Los caballeros las prefieren rubias* (1953), *Río Bravo* (1959), *Hatari* (1964) y *Río Lobo* (1970). Oscar especial por su contribución al cine en 1974.

Haworth, sir Walter Norman Bioquímico británico (Chorley, 1883 - Birmingham, 1950). Realizó investigaciones sobre los hidratos de carbono y la vitamina C, por lo que obtuvo en 1937 el premio Nobel de Química, compartido con P. Karrer.

haya. Árbol, hoja, flor y fruto.

Hawthorne, Nathaniel Novelista estadounidense (Salem, 1804 - Plymouth, 1864). Retrató la sociedad puritana de Nueva Inglaterra. Entre sus novelas figuran *La letra escarlata* (1850), *La casa de los siete pináculos* (1851) y *El fauno de mármol* (1860).

haya f. *Bot.* **1** Árbol caducifolio perteneciente a la familia fagáceas, de nombre científico *Fagus sylvatica*. Mide entre 30 y 45 m de altura. Su fruto es el hayuco, especie de bola recubierta de espinas no pinchudas. **2** Madera de este árbol, de color blanco rojizo, ligera, resistente y de espejuelos muy señalados.

Haya, La (*'s-Gravenhage* o *Den Haag*) Ciudad de los Países Bajos, capital de la Provincia de Holanda Meridional; 442.105 h. Centro industrial. Residencia de la familia real y del gobierno.

Haya de la Torre, Víctor Raúl Político y escritor peruano (Trujillo, 1895 - Lima, 1979). Fundó en 1924 la Alianza Popular Revolucionaria Americana (APRA). Ganó las elecciones presidenciales de 1962, pero los resultados fueron anulados por un golpe militar. En 1978 triunfó en las elecciones generales, al frente del APRA y presidió la Asamblea Constituyente que tuvo la misión de elaborar la nueva Carta Magna de Perú.

hayaca f. Pastel de harina de maíz relleno con pescado o carne y otros ingredientes, que, envuelto en hojas de plátano, se hace en Venezuela, especialmente como manjar y regalo de Navidad.

Franz Joseph **Haydn**. Grabado del siglo XIX. Casa de Haydn (Viena).

Haydn, Franz Joseph Compositor austriaco (Rohrau, 1732 - Viena, 1809). Fue amigo de Mozart y maestro de Beethoven. Fue uno de los principales representantes de la escuela vienesa. Entre sus obras destacan los oratorios *La Creación* (1798) y *Las Estaciones* (1801); las sinfonías *La imperial* (1775), *6 Sinfonías de París* (1785-86), la *Sinfonía militar* (1794) y *12 sinfonías de Londres* (1791-95); cuartetos de cuerda, *Quintem-Quartett* (1797); la *Misa Lord Nelson* (1798) obras para piano, *Concierto para piano en do mayor* (1784), sonatas, etc.

hayedo o **hayal** m. *Bot.* Bosque de hayas.

Hayek, Friedrich August von Economista británico, de origen austriaco (Viena, 1899 - Friburg, 1992). Destacó por sus trabajos sobre el monetarismo y la adopción de medidas coyunturales. En 1974 fue galardonado con el premio Nobel de Economía, que compartió con G. Myrdal. Autor de *Precios y producción* (1931), *Beneficios, interés e inversión* (1939) y *Camino de servidumbre* (1944).

Hayes, Rutherford Birchard Político estadounidense (Delaware, 1822 - Fremont, 1893). Se presentó a las elecciones de 1876 por el Partido Republicano, y venció a Tilden, siendo nombrado decimonoveno presidente. Trabajó por mejorar la situación financiera del país y siguió una política de conciliación con los Estados del Sur.

hayo m. **1** *Bot.* COCA, arbusto y hoja. **2** Mezcla de hojas de coca y sales calizas o de sosa y ceniza, que mascan los indios de Colombia.

hayuco m. *Bot.* Fruto del haya, en forma de pirámide triangular.

Hayward, Susan Actriz de cine estadounidense (Nueva York, 1919 - Beverly Hills, California, 1975). Actriz dramática y temperamental, intervino en *Me casé con una bruja* (1946), *Una mujer destruida* (1947) y *Quiero vivir* (1958).

HAYWORTH, RITA (MARGARITA CANSINO, llamada) Actriz de cine estadounidense (Nueva York, 1918 - íd., 1987). Su actuación en *Gilda* (1946) la convirtió en un mito erótico del cine. Intervino además en *La dama de Shangai* (1948), *Salomé* (1953), *El infierno de los trópicos* (1958), *La trampa del dinero* (1966), *El aventurero* (1968) y *La ira de Dios* (1972).

HAZ[1] m. **1** *Agr.* Porción atada de mieses, lino, hierbas, leña u otras cosas semejantes. **2** *Fís.* Conjunto de rayos luminosos de un mismo origen. **3** *Geom.* Conjunto de rectas que pasan por un punto o de planos que concurren en una misma recta.

HAZ[2] f. **1** Cara o rostro. **2** fig. Cara de una tela o de otras cosas, que normalmente se caracteriza por su mayor perfección, acabado, regularidad u otras cualidades que la hacen estimable a la vista y al tacto. **3** *Bot.* Cara superior de la hoja, más brillante y lisa, y con nervadura menos patente que en la cara inferior o envés.

HAZA f. *Agr.* Porción de tierra de labranza o sembradío.

HAZAÑA f. Acción importante, heroica, etc.

HAZM, ABU MUHAMMAD IBN Escritor hispanoárabe (Córdoba 993 - Casa Montija, 1064). Autor de *El collar de la paloma* e *Historia crítica de las religiones, sectas y escuelas.*

HAZMERREÍR m. fam. Persona ridícula que hace reír a los demás. ♦ Sólo se usa en singular y en la fr. *ser el hazmerreír.*

HE adv. **1** Junto con los adverbios *aquí* y *allí,* o con los pronombres *me, te, la, le, lo, las, los,* sirve para señalar o mostrar una persona o cosa. || interj. **2** Voz con que se llama a uno.

HE *Quím.* Símbolo del helio.

HEANEY, SEAMUS Poeta y crítico literario norirlandés (Castledawson, 1939). Su poesía gira alrededor del paisaje irlandés, el culto a los muertos y la mitología celta. Autor de *Once poemas* (1965), *Muerte de un naturalista* (1966), *Puerta en la oscuridad* (1969), *Trabajo de campo* (1979), *Station Island* (1984), *El fanal* (1987), *Viendo cosas* (1991) y *La muerte de un naturalista* (1996). Premio Nobel de Literatura en 1995.

HEARST, WILLIAM RANDOLPH Magnate estadounidense (San Francisco, 1863 - Beverly Hills, California, 1951). Poseía una importante cadena de periódicos y la agencia *International News Service.* Instigó la guerra entre España y EE UU (1898).

HEATH, EDWARD Político inglés (Broadstairs, 1916). Líder del Partido Conservador (1965-75), fue primer ministro (1970-74).

HEATHROW Nombre del aeropuerto más grande de Londres y uno de los mayores de Europa.

HEAVISIDE, OLIVER Físico británico (Londres, 1850 - Torquay, 1925). Descubrió la existencia de una capa ionizada en la alta atmósfera, llamada *ionosfera.*

HEAVY METAL (Voz i.) m. *Mús.* Estilo musical del rock que tuvo gran popularidad durante los años ochenta. Sus representantes fueron Led Zeppelin, Deep Purple, Black Sabbath, AC/DC, Ted Nugent y Bon Jovi, entre otros.

HEB-, HEBE-; -EBIA, -EBO prefs. o sufs. que significan juventud, pubertad: *efebía, efebo.*

HEBBEL, CHRISTIAN FRIEDRICH Poeta y autor dramático alemán (Wesselburen, 1813 - Viena, 1863). Autor de las tragedias *Judit* (1840), *Genoveva* (1843), *Herodes y Mariana* (1850), *Agnes Bernauer* (1855) y *Giges y su anillo* (1856), así como la trilogía de los *Nibelungos* (1861-62).

HEBDOMADARIO, RIA adj. **1** SEMANAL, se dice sobre todo de las publicaciones. || m. **2** SEMANARIO.

HEBE *Mit.* Hija de Zeus y Hera. Diosa de la juventud, encargada de verter el néctar a los dioses.

HEBEFRENIA f. *Psicol.* Forma juvenil de demencia precoz.

HEBEI *(Hopeh)* Provincia de China, región Septentrional; 202.700 km^2 y 63.880.000 h. Capital, Sihjiazhuang.

HÉBERT, JACQUES Revolucionario francés (Alençon, 1757 - París, 1794). Fue uno de los integrantes del club de los Cordeliers. Era partidario de la socialización del comercio y de la dureza en la represión contra los enemigos de la revolución. Fue acusado de conspirar contra la República y murió ejecutado.

HEBIJÓN m. Clavo o púa de la hebilla.

HEBILLA f. Pieza de metal o de otra materia y de diversas formas, generalmente con uno o varios clavillos articulados en una varilla que la atraviesa de parte a parte; esos clavillos sujetan la correa, cinta, etc., que pasa por dicha pieza.

HEBILLAJE m. Conjunto de hebillas que entran en un aderezo, vestido o adorno.

HEBRA f. **1** Porción de hilo, seda u otra materia semejante hilada, que para coser algo suele meterse por el ojo de una aguja. **2** Fibra de la carne. **3** Filamento de las materias textiles. **4** Cada partícula del tabaco picado en filamentos. **5** fig. Hilo del discurso. || **pegar la hebra** fr. fig. y fam. Trabar accidentalmente conversación, o prolongarla más de la cuenta.

HEBRAICO, CA adj. HEBREO.

HEBRAÍSMO m. **1** Profesión de la ley antigua o de Moisés. **2** *Ling.* Giro o modo de hablar propio y privativo de la lengua hebrea. **3** *Ling.* Empleo de tales giros o construcciones en otro idioma.

HEBRAÍSTA com. Persona que cultiva la lengua y literatura hebreas.

HEBRAIZAR intr. Usar hebraísmos, palabras o giros propios de la lengua hebrea.

HEBREO, A adj. **1** *Hist.* Se dice del pueblo semítico que conquistó y habitó la Palestina, y que también se llama israelita y judío. Más en m. pl. **[Encic.]** **2** Se dice también de sus individuos. También s. **3** Relativo a este pueblo. **4** Se dice, como israelita y judío, del que profesa la ley de Moisés. También s. **5** Relativo a los que la profesan. || m. **6** *Ling.* Lengua de los hebreos.

HIST. Los hebreos, nómadas en sus orígenes, estuvieron asentados en Ur y Harán. Hacia el año 2140 a. C., Abraham, a quien se considera el patriarca del pueblo hebreo, marchó a Hebrón, en el país de Canaán. Su nieto Jacob marchó con su tribu a Egipto, donde se estableció por consejo de su hijo José. Guiados por Moisés, regresaron a Canaán. Josué, su sucesor, conquistó el país, formando una confederación de doce tribus. Con David, los hebreos alcanzaron el máximo de su poderío, que empezó a declinar con él mismo y con Salomón. A su muerte la nación hebrea se dividió en los reinos de Israel, al N, integrado por diez tribus, y de Judá; al S, con capital en Jerusalén, constituido por dos tribus. Israel perduró hasta el 721 a. C., en que cayó bajo el poder de los asirios. Judá mantuvo una relativa independencia hasta el 587 a. C., en que Nabucodonosor destruyó Jerusalén, y el pueblo fue llevado cautivo a Babilonia. Después de la conquista de Babilonia por Ciro (539 a. C.), se les permitió regresar a Jerusalén y reconstruir su templo; pero, de hecho, no pudieron constituir sino una provincia autónoma que pasó a formar parte del imperio de Alejandro. Todavía se produjo un rebrote de vida nacional independiente con la sublevación de los Macabeos (166 a. C.). Los sucesos posteriores más importantes fueron: la invasión romana en tiempos de Pompeyo (63 a. C.), el reinado de Herodes el Grande (40-4 a. C.) y la destrucción de Jerusalén por Tito (año 70 d. C.). En el año 132, Bar Kokebas, dirigió una sublevación contra el imperio romano. Después de tres años fue derrotado. El pueblo judío inició así su diáspora por el imperio. En la Edad Media prosiguió su emigración por el mundo islámico y algunos países de Europa, dedicándose fundamentalmente al comercio y artesanado. En 1290 fueron expulsados de Inglaterra y en 1306 de Francia. En España, a partir de 1391, fueron objeto de persecución. Para descubrir a los falsos conversos se estableció en España la Inquisición en 1478, y en 1492 se decretó su expulsión. En 1497 fueron expulsados de Portugal. En Polonia, las comunidades judías gozaron de una situación estable, pese a tener que vivir en sus guetos. En 1648 los cosacos de Ucrania se sublevaron contra los polacos y realizaron la mayor matanza de judíos llevada a cabo hasta entonces. A partir de 1897 se originó en Rusia un movimiento sionista. La creación de un hogar judío fue reconocida por la Declaración Balfour (1917), comenzando los asentamientos judíos en el protectorado inglés de Palestina. Durante la Segunda Guerra Mundial, el antisemitismo nazi, costó la vida al 60% de la población judía de Europa. En 1948, el Reino Unido evacuó sus tropas de Palestina, proclamándose el Estado de ISRAEL.

LIT. La literatura hebrea suele considerarse dividida en dos periodos: la época de la Biblia, que tiene como fondo de inspiración los libros del Antiguo Testamento, y la época posbíblica o judaica, a partir del año 100. El libro más importante de la literatura judaica es *La Misna,* recopilación de enseñanzas transmitidas oralmente, escrita en el siglo II. Con la diáspora la literatura floreció principalmente en los territorios musulmanes. En España se distinguieron Salomón ben Gabirol, Yehuda Haleví, Mosé Aben Ezra y Maimónides. Entre los iniciadores de la literatura hebrea moderna destacaron Moses Mendelssohn (1729-86) y S. D. Luzzato. Con el nacimiento del sionismo se distinguieron S. Cernikovskij y Bialik. Entre los novelistas contemporáneos figura S. J. Agnon, premio Nobel de Literatura en 1966.

HEBREO, LEÓN LEÓN HEBREO.

HEBREOS, REGIÓN AUTÓNOMA DE YEVREYSKAYA.

HÉBRIDAS Grupo de islas del Reino Unido, al NO de Escocia, que forman dos grandes archipiélagos separados por el estrecho de Minch: Hébridas exteriores (Lewis, Harris, Uist), que constituyen la región de Islas Occidentales, y Hébridas interiores (Skye, Mull), que forman parte de la de Highland.

HÉBRIDAS, NUEVAS VANUATU.

HEBRÓN *(al-Jalil)* Ciudad de Israel, en Cisjordania; 42.600 h. Importante ciudad en la tradición hebrea, en la que se encuentra, según la tradición, el sepulcro de Abraham. Ocupada por Israel desde 1967, en 1996 se alcanzó un acuerdo para traspasar su administración a la Autoridad Palestina de Yasser Arafat.

HÉBROS EBROS.

HÉCATE *Mit.* Diosa afín a Artemisa. Patrocinaba la magia, la adivinación y la hechicería.

HECATEO DE MILETO Historiador y geógrafo griego (s. VI a. C.). Fue el principal representante de la escuela histórica jonia. Autor de un *Viaje alrededor del mundo* y de unas *Genealogías.*

HECATOMBE f. **1** Sacrificio de cien bueyes u otras víctimas, que hacían los antiguos paganos a sus dioses. **2** Cualquier sacrificio solemne en que hay un gran número de víctimas. **3** fig. Mortandad de personas. **4** Desgracia, desastre.

HECATON- o **HECATOM-, HECTO-, HECT-** prefs. que significan cien.

HECATONQUIROS m. pl. *Mit.* Gigantes de 100 manos y 50 cabezas, hijos de Urano y Gea. Ayudaron a Zeus en la lucha contra los titanes. Sus nombres eran *Coto, Gíes* y *Briáreo* o *Efeón.*

HECHICERÍA f. Utilización de hechizos o encantamientos.

HECHICERO, RA adj. **1** Que practica la hechicería. También s. **2** fig. Que por su belleza y cualidades atrae y cautiva la voluntad y cariño de la gente.

HECHIZAR tr. **1** Provocar un maleficio con hechicerías. **2** fig. Despertar una persona o cosa admiración, afecto o deseo.

HECHIZO m. **1** Cualquier cosa o práctica supersticiosa de que se valen los hechiceros para el logro de los fines que se proponen en el ejercicio de sus artes. **2** fig. Persona o cosa que arrebata y embelesa nuestras potencias y sentidos. **3** fig. Encanto que emana de esa persona o cosa. **4** fig. Efecto que causa.

HECHO, CHA adj. **1** Perfecto, maduro. **2** Con algunos nombres, semejante a lo significado por ellos. **3** Aplicado a nombres de animales, con los adverbios *bien* o *mal,* significa la proporción o desproporción de sus cuerpos. **4** Se usa en su terminación masculina como aceptación de algo que se pide o propone. || m. **5** Acción u obra. **6** Cosa que sucede. **7** Asunto o materia de que se trata. **8** *Der.* Caso sobre el que se litiga o que da motivo a la causa. || **HECHO CONSUMADO** Acción que se ha llevado a cabo adelantándose a cualquier evento que pudiera dificultarla o impedirla. || **de hecho** loc. adv. Efectivamente. También, de veras, con eficacia y buena voluntad. También, como loc. adj. y adv., se dice de lo que se hace sin ajustarse a una norma o a una prescripción legal previa. || **de hecho y de derecho** loc. Que además de existir o proceder, existe o procede legítimamente. || **hecho y derecho** loc. con que se explica que una persona es cabal. También, real y verdadero. ♦ Es el p. p. irregular de HACER.

HECHOS DE LOS APÓSTOLES *Lit.* y *Rel.* Quinto libro del Nuevo Testamento, escrito por san Lucas, que contiene la historia de la fundación de la iglesia y de su propagación por los apóstoles. Cuando se cita en escritos se suele hacer con las siglas *Act.*

HECHURA f. **1** Acción y efecto de hacer. **2** Cualquier cosa respecto del que la ha hecho o formado. **3** Forma exterior que se da a las cosas.

HECKEL, ERICH Pintor alemán (Döbeln, 1883 - Bonn, 1970). Representante del expresionismo y miembro del *Die Brücke,* entre sus obras figuran *Las hermanas* (1905), *Niño sentado* (1906), *La fábrica de ladrillos* (1907), *Roquairol* (1917) y *Annweiler* (1933).

HECT- pref. HECATON-.

HECTA- pref. que significa cien.

HECTÁREA f. *Mat.* Medida de superficie que tiene 100 áreas o decámetros cuadrados, es decir 10.000 m^2; equivale a algo más de fanega y media de Castilla. Su abreviatura es *ha.*

HECTIQUEZ f. *Pat.* Estado morboso crónico, caracterizado por consunción y fiebre hética.

HECTO- pref. que significa cien: *hecaton-.*

HECTÓGRAMO m. *Metrol.* Medida de peso equivalente a 100 gramos. Símbolo *hg.*

HECTÓLITRO m. *Metrol.* Medida de capacidad que equivale a 100 litros. Símbolo *hl.*

HECTÓMETRO m. *Metrol.* Medida de longitud que equivale a 100 metros. Símbolo *hm.*

HÉCTOR *Mit.* Hijo de Príamo, rey de Troya, y de Hécuba, y esposo de Andrómaca. Héroe de la guerra de Troya, fue muerto por Aquiles.

HÉCUBA *Mit.* Segunda esposa de Príamo y madre de Héctor, Paris, Casandra y Troilo. Caída Troya en poder de los griegos, fue dada como esclava a Ulises.

HEDER intr. **1** Exhalar de sí un olor muy desagradable. **2** fig. Enfadar. ♦ IRREG. Se conjuga como ENTENDER.

HEDIENTO, TA adj. Que despide hedor.

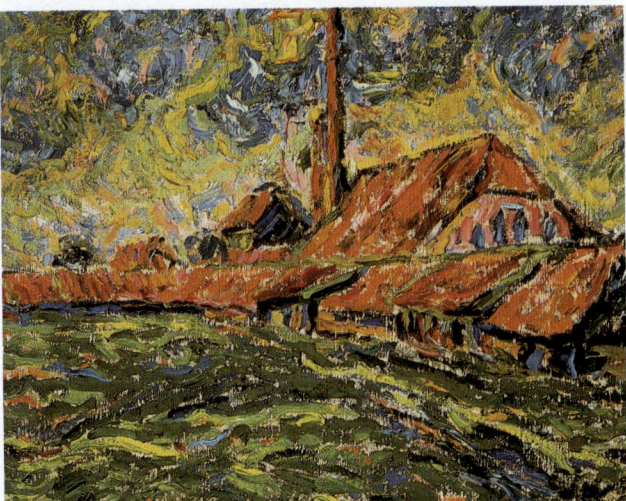
Erich **Heckel**. *La fábrica de ladrillos*. Museo Thyssen-Bornemisza (Madrid).

HEDIN, SVEN Explorador sueco (Estocolmo, 1865 - íd., 1952). Sus viajes al Asia central han sido de gran importancia para establecer la cartografía de aquella región.
HEDIONDEZ f. **1** Cosa hedionda. **2** Mal olor.
HEDIONDO, DA adj. **1** Que arroja de sí hedor. **2** fig. Molesto, insufrible. **3** fig. Sucio y repugnante. || m. **4** Bot. Arbusto leguminoso que despide mal olor.
HEDMARK Condado de Noruega; 27.388 km^2 y 186.321 h. Capital, Hamar.
HEDONISMO m. Doctrina que proclama como fin supremo de la vida la consecución del placer.
HEDOR m. Olor desagradable, que generalmente proviene de sustancias orgánicas en descomposición.
HEDRO-; -EDRA, -EDRIA, -EDRO, -ÉDRICO pref. o sufs. que significan asiento, cara, plano, etc.: *hemiedria, poliédrico*.
HEFEI *(Ho-fei)* Ciudad de China, capital de la provincia de Anhui, en la región Oriental; 1.000.000 h.
HEFESTO o **HEFAISTOS** *Mit.* Hijo de Zeus y Hera, y esposo de Afrodita. Dios del fuego doméstico y de la forja, y su fragua se encontraba en las entrañas del Etna. Su nombre latino es *Vulcano*.
HEGANG *(Ho-kang)* Ciudad de China, provincia de Heilongjiang, región Nordoriental; 522.747 h.

Georg Wilhelm Friedrich **Hegel**.
Museo de Berlín.

HEGEL, GEORG WILHELM FRIEDRICH Filósofo alemán (Stuttgart, 1770 - Berlín, 1831). Estudió en Tubinga y en 1818 aceptó la cátedra de Filosofía en la Universidad de Berlín. En su sistema filosófico, llamado *idealismo absoluto*, unifica las nociones de ser y pensamiento, de lo real y lo racional en un principio universal y único: la Idea. Para él, la Idea es inmanente a la realidad, no trascendente: todo lo racional es real y todo lo real es racional *(panlogismo)*. Prescindiendo del principio de contradicción, aplica al devenir de la Idea el llamado *método dialéctico*: toda afirmación *(tesis)* suscita necesariamente su propia negación *(antítesis)*, contradicción superada en una unidad superior *(síntesis)*. Es autor de *Fenomenología del espíritu* (1803), *La ciencia de la Lógica* (1812-16) y *Enciclopedia de las ciencias filosóficas* (1817).
HEGELIANISMO m. *Filos.* Sistema filosófico, fundado en la primera mitad del siglo XIX por Hegel. A la muerte de Hegel sus discípulos alemanes se dividieron, constituyendo la llamada derecha hegeliana (J. E. Erdmann y J. K. F. Rosenkrantz), cuya preocupación principal era el contenido doctrinal; y la izquierda hegeliana, más radical, llamada también jóvenes hegelianos (D. F. Strauss, A. Ruge, T. Echtermeyer, B. Bauer y L. Feuerbach), que mostró su preferencia por el método dialéctico. Otros hegelianos importantes fueron V. Cousin, B. Croce y G. Gentile. ◆ En esta voz se aspira la *h*, y la *g* tiene sonido suave.
HEGELIANO, NA adj. **1** Partidario del hegelianismo. También s. **2** Relativo a él. ◆ En esta voz se aspira la *h*, y la *g* tiene sonido suave.
HEGEMON-; -EGESIS, -EGETA, -EGIA pref. o sufs. que significan guía: *exegesis, estrategia*.
HEGEMONÍA f. Supremacía que un Estado, pueblo, partido, persona, etc., ejerce sobre otro.
HÉGIRA o **HÉJIRA** f. Era cronológica de los musulmanes, que se cuenta desde la puesta del sol del jueves 15 de julio de 622, día de la huida de Mahoma de La Meca a Medina, y que se compone de años lunares de 354 días, intercalando 11 de 355 en cada periodo de 30.
HEIDEGGER, MARTIN Filósofo alemán (Messkirch, 1889 - íd., 1976). Enseñó Filosofía en Marburgo, Friburgo de Brisgovia y Heidelberg. Dio en sus escritos un desarrollo nuevo a la fenomenología de Husserl. Su meditación gira en torno al problema del ser, la existencia humana encerrada en la temporalidad. Sus obras más relevantes son *El ser y el tiempo* (1927), *Introducción a la Metafísica* (1953), *De camino al habla* (1959), *Sobre la cuestión del ser* (1955) y *El principio de la razón* (1956).
HEIDELBERG Ciudad de Alemania, Land de Baden-Württemberg, a orillas del Neckar; 140.282 h. Célebre universidad.
HEIDENSTAM, CARL GUSTAF VERNER VON Poeta sueco (Olshammar, 1859 - Övralid, 1940). Tras una primera etapa realista, a la que corresponden los poemas de *Años de peregrinaje y vagabundeo* (1888) y la novela *Endimión* (1889), escribió obras de temática nacional, como el ciclo *Carlos XII y sus guerreros* (1897-98) y *San Jorge y el dragón* (1900). Premio Nobel de Literatura en 1916.
HEILBRONN Ciudad de Alemania, Land de Baden-Württemberg; 121.052 h. Puerto comercial sobre el Neckar. Barrios medievales.
HEILONGJIANG *(Heilungkiang)* Provincia de China, región Nordoriental; 463.600 km^2 y 36.720.000 h. Su capital es Harbin.
HEINE, HEINRICH Poeta romántico alemán (Düsseldorf, 1797 - París, 1856). Toda su obra está impregnada de un distanciamiento irónico, racional y escéptico, conjugado brillantemente con el lirismo romántico.

Entre sus composiciones poéticas merecen citarse *Intermezzo lírico* (1823), *Libro de canciones* (1827) y *Romancero* (1851). Alcanzó la fama con *Cuadros de viaje* (1826-31) y *Noches florentinas* (1836).
HEINEMANN, GUSTAV Político alemán (Schwelm, 1899 - Essen, 1976). Ministro del Interior en 1949, ocupó la cartera de Justicia (1966) y fue presidente de la República Federal de Alemania (1969-74).
HEISENBERG, PRINCIPIO DE INCERTIDUMBRE DE *Fís.* Afirma que es imposible conocer con precisión arbitraria dos de las magnitudes básicas de la mecánica: la posición y el momento (o la velocidad, si la masa es constante). De hecho, el producto de las incertidumbres de ambas magnitudes debe ser siempre mayor que una constante que depende de la de Planck.
HEISENBERG, WERNER KARL Físico alemán (Wurzburgo, 1901 - Munich, 1976). Formuló el denominado PRINCIPIO DE INCERTIDUMBRE DE HEISENBERG, que revolucionó la física del siglo XX. Además, utilizó la mecánica cuántica para predecir el espectro dual del átomo de hidrógeno y explicar el del helio. En 1932 recibió el premio Nobel de Física.
HEL *Mit.* En la mitología germana y escandinava, lugar donde moraban los que no habían muerto en batalla (WALHALLA).
HELADA f. *Meteor.* Fenómeno atmosférico que se produce cuando la temperatura desciende de 0° C y el agua se congela. || **HELADA BLANCA** ESCARCHA.
HÉLADE *Geog. hist.* Nombre primitivo de Grecia que procede del de sus primeros habitantes, los helenos.
HELADERÍA f. Establecimiento donde se hacen y venden helados.
HELADERO, RA adj. **1** Abundante en heladas. || m. y f. **2** Lugar donde hace mucho frío. **3** Persona que fabrica o vende helados o tiene una heladería. || f. **4** Nevera.
HELADO, DA adj. **1** Congelado. **2** Muy frío. **3** fig. Suspenso, atónito. **4** fig. Esquivo, desdeñoso. || m. **5** Alimento elaborado a base de leche con alguna fruta o especia que se sirve congelado o muy frío. **6** Refresco o sorbete de zumos de frutas, huevos, etc., en cierto grado de congelación.
HELADOR, RA adj. Que hiela.
HELAR tr. **1** *Fís.* Congelar, cuajar, solidificar la acción del frío una cosa. Más intr. y prnl. **2** fig. Poner o dejar a uno suspenso y pasmado. || prnl. **3** Ponerse una persona o cosa sumamente fría o yerta. **4** Coagularse, consolidarse una cosa que se había liquidado, por faltarle el calor necesario para mantenerse en el estado líquido. || impers. **5** Producirse heladas. ◆ IRREG. Se conjuga como ACERTAR.
HELECHAL m. *Bot.* Sitio poblado de helechos.
HELECHO m. *Bot.* **1** Planta vascular perenne perteneciente a la división pteridofitas. Generalmente son herbáceas, con hojas o frondes grandes de nervadura marcada, que pueden ser estériles *(trofófilos)* o fértiles *(esporófilos)*. **2** Cualquiera de las plantas de la clase filicíneas.
HELÉN *Mit.* Hijo de Deucalión y Pirra. Dio nombre a los helenos o griegos.
HELENA *Mit.* Hija de Zeus y Leda, fue célebre por su belleza. Casada con Menelao, su rapto por parte de Paris provocó el estallido de la guerra de Troya.
HELÉNICO, CA adj. **1** Relativo a Grecia. **2** *Hist.* Relativo a la Hélade o a los antiguos helenos.
HELENIO m. *Bot.* Hierba vivaz de la familia compuestas, de nombre científico *Enula campana*, de flores amarillas y rizoma amargo que se usa en medicina.
HELENISMO m. **1** *Ling.* Giro o modo de hablar propio y privativo de la lengua griega. **2** *Ling.* Empleo de tales

Heinrich **Heine**. Retrato de Moritz Oppenhein.

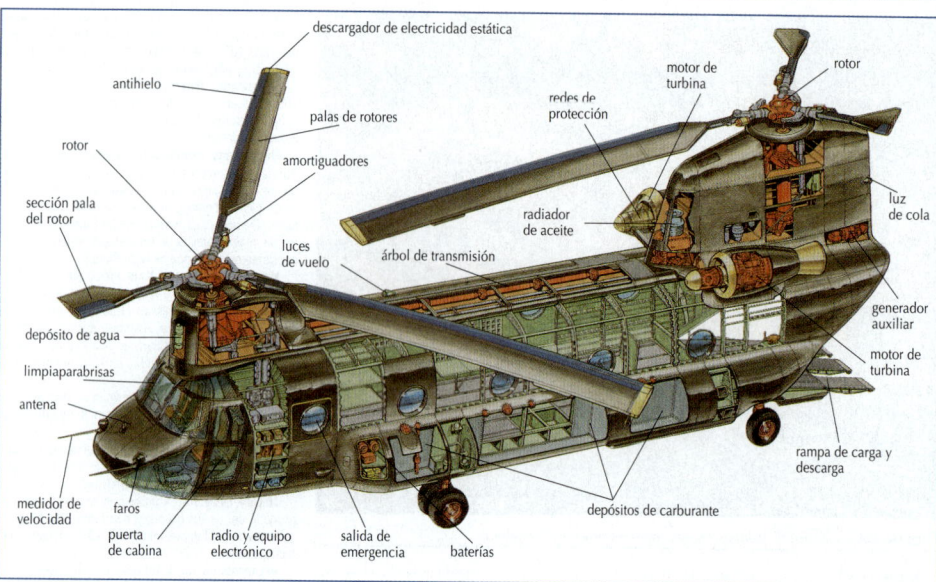

helicóptero

giros o construcciones en otro idioma. **3** *Cult.* Periodo de la cultura griega, posterior al reinado de Alejandro Magno (GRECIA, HIST. Y GRIEGO, ARTE.). **4** *Cult.* Influencia ejercida por la cultura antigua de los griegos en la civilización y cultura modernas.
HELENISTA com. Persona versada en la lengua y literatura griegas.
HELENÍSTICO, CA adj. **1** Perteneciente o relativo al helenismo, periodo histórico, así como a su arte y cultura. **2** *Ling.* Se dice de la lengua griega que, basada en el dialecto ático, se extendió por todo el mundo helénico después de Alejandro Magno.
HELENIZAR tr. **1** *Hist.* Introducir las costumbres, cultura y arte griegos en otra nación. || prnl. **2** Adoptar las costumbres, literatura y arte griegos.
HELENO, NA adj. **1** *Hist.* Se dice de cualquiera de los pueblos (aqueos, dorios, jonios y eolios), o del conjunto de ellos, cuya instalación en Grecia, islas del Egeo, Sicilia y diversas zonas del litoral mediterráneo dio principio a la gran civilización de la Hélade o Grecia antigua. Más como m. pl. **2** *Hist.* Se dice también de sus individuos. También s. **3** *Hist.* Relativo a cualquiera de aquellos pueblos o al conjunto de ellos. **4** De Grecia. También s.
HELERO m. *Geol.* **1** Masa de hielo que rodea las nieves perpetuas. **2** Por extensión, toda la mancha de nieve rodeada por dicha masa. **3** Glaciar.
HELESPONTO *Geog. hist.* Nombre que se daba en la Antigüedad al estrecho de los Dardanelos.
HELI-, HELIO-, -HELIO, -ELIO prefs. o sufs. que significan sol: *heliocentrismo, afelio.*
HELIACO, CA o **HELÍACO, CA** adj. *Astron.* **1** Se dice de lo relativo al Sol. **2** Se dice del orto u ocaso de los astros que salen o se ponen, cuando más, una hora antes o después que el Sol.
HELÍADES *Mit.* Hijas de Helio y hermanas de Faetón, fueron metamorfoseadas en álamos al llorar la muerte de su hermano.
HELIC- pref. HELICO-.
HÉLICE f. **1** Línea espiral. **2** *Anat.* Borde externo del pabellón auricular. **3** *Geom.* Curva de longitud indefinida que da vueltas sin cerrarse sobre la superficie de un cilindro y forma ángulos iguales en todas las generatrices. **4** *Mec.* Conjunto de aletas helicoidales que giran alrededor de un eje, y al girar, empujan el fluido ambiente y producen en él una fuerza de reacción que se utiliza principalmente para la propulsión de barcos y aeronaves.
HELICI- pref. HELICO-.
HELICO-, HELIC-, HELICI- prefs. que significan espiral, hélice, etc.
HELICOIDAL adj. En figura de hélice.
HELICOIDE m. *Geom.* Superficie alabeada engendrada por una recta que se mueve apoyándose en una hélice y en el eje del cilindro que la contiene, con el cual forma constantemente un mismo ángulo.
HELICÓN m. *Mús.* Instrumento de metal de grandes dimensiones, con tubo de forma circular.

HELICÓN Macizo montañoso de Grecia, en Beocia. Su cota máxima es el Palaiovuna (1.748 m). Estuvo consagrado a las musas.
HELICÓNIDES f. pl. Las MUSAS.
HELICÓPTERO m. *Aeron.* Aeronave que se mantiene en el aire mediante una hélice de eje aproximadamente vertical, llamada rotor, movida por un motor. Posee una hélice de cola o antipar, que gira verticalmente en sentido opuesto al rotor, o bien un segundo rotor. Gracias a ello puede elevarse y descender verticalmente y mantenerse quieto en el aire.
HELIO m. *Quím.* Elemento químico perteneciente al grupo VIII A o de los gases nobles del sistema periódico. Masa atómica 4,002; número atómico 2; símbolo He. Se encuentra en la atmósfera, en una proporción de una parte en 200.000. Se descubrió en la atmósfera solar.
HELIO-; -HELIO pref. o suf. HELI-.
HELIO o **HELIOS** *Mit.* Dios griego del Sol, hijo de Hiperión y Tía y hermano de Eos (la Aurora) y Selene (la Luna).
HELIOCÉNTRICO, CA adj. *Astron.* **1** Se dice de las medidas y lugares astronómicos referidos al Sol como centro. **2** Se dice del sistema de Copérnico y de los demás que suponen el Sol como centro del Universo.
HELIODORO Escritor griego (Emesa, Siria, s. III). Autor de *Las etiópicas,* precedente de la novela bizantina, que narra las aventuras de los enamorados Teágenes y Cariclea.
HELIOFÍSICA f. *Fís.* Ciencia que investiga la constitución física del Sol.
HELIOGÁBALO Emperador romano (Antioquía, 204 - Roma, 222). Hijo natural de Caracalla, fue proclamado en el 218. Pretendió instaurar el culto del Sol en Roma. Dejó el poder en manos de su madre, Julia Maesa, y murió asesinado por los pretorianos.
HELIOGRABADO m. *Arte.* **1** Procedimiento, ya en desuso, para obtener, en planchas convenientemente preparadas, y mediante la acción de la luz solar, grabados en hueco. (HUECOGRABADO.) **2** Estampa obtenida por este procedimiento.
HELIOGRAFÍA f. *Fís.* Sistema de transmisión de señales por medio del heliógrafo.
HELIÓGRAFO m. Instrumento destinado a hacer señales telegráficas por medio de la reflexión de un rayo de sol en un espejo plano.
HELIOGRAMA m. *Fís.* Despacho telegráfico transmitido por medio del heliógrafo.
HELIÓMETRO m. *Astron.* Instrumento astronómico para medir distancias angulares entre astros.
HELIÓN m. *Fís.* Núcleo del átomo de helio. Llamado también *partícula alfa.*
HELIÓPOLIS *Geog. hist.* Antigua ciudad de Egipto, cerca de El Cairo. Restos arqueológicos.
HELIÓPOLIS BAALBEK.
HELIOSCOPIO m. *Astron.* Telescopio astronómico para observar el Sol sin que su resplandor dañe la vista.
HELIÓSTATO m. *Astron.* Instrumento geodésico que sirve para reflejar los rayos solares en una dirección fija.

HELIOTERAPIA f. *Med.* Uso terapéutico de la luz solar.
HELIOTROPISMO m. *Bot.* Crecimiento u orientación de los órganos vegetales siguiendo la dirección del Sol.
HELIOTROPO m. **1** *Bot.* Nombre de diversas plantas herbáceas o subarbustivas ornamentales de la familia borragináceas, género *Heliotropium,* cuyas flores pequeñas tienen la corola azulada en forma de copa y huelen a vainilla. **2** *Miner.* Variedad de ágata de color verde oscuro con manchas rojas de cornalina.
HELIOZOO adj. *Zool.* **1** Se dice del protozoo de disposición radiada debido a los finos pseudópodos que rodean la célula. La mayoría son de agua dulce. || m. pl. *Zool.* **2** Subclase de estos animales.
HELIPUERTO m. Pista destinada al aterrizaje y despegue de helicópteros.
HELLER, AGNES Filósofa húngara (Budapest, 1929). Discípula de Lukács, entre sus obras destacan *Historia y vida cotidiana* (1970) y *Teoría de la historia* (1982).
HELLMAN, LILLIAN Escritora estadounidense (Nueva Orleans, 1905 - Boston, 1984). Pareja de Dashiel Hammett, fue perseguida durante la «caza de brujas». Escribió las obras de teatro *La loba* (1939), *El viento buscador* (1944) y *Juguetes en el desván* (1960).
HELMAND Río de Afganistán que nace al O de Kabul y desemboca en el lago Hamún; 1.100 km de curso.
HELMHOLTZ, HERMANN LUDWIG FERDINAND VON Científico alemán (Potsdam, 1821 - Charlottenburgo, 1894). Formuló el principio de conservación de la energía desde el punto de vista fisiológico, e investigó sobre mecánica de fluidos.
HELMINT-, HELMINTI-, HELMINTO-; -ELMINTO prefs. o suf. que significan gusano: *platelminto.*
HELMINTIASIS f. *Med.* Nombre de las enfermedades causadas por la presencia de helmintos parásitos. ♦ Su pl. es *helmintiasis.*
HELMINTO m. *Zool.* Gusano parásito del hombre y los animales.
HELMINTOLOGÍA f. *Zool.* Parte de la zoología que estudia los gusanos, en especial los parásitos de hombres y animales.

heliotropo

Helsinki (Finlandia). Catedral.

HELMONT, JAN BAPTIST VAN Médico, químico, físico y filósofo belga (Bruselas, 1577 - Vilboorde, 1644). Descubrió el anhídrido carbónico y fue el primero que utilizó el concepto actual de gas.

HELÓFILO, LA adj. *Bot.* Se dice de la planta vivaz adaptada a vivir en agua dulce.

HELÓFITO, TA adj. *Bot.* Según la clasificación de Raunkiaer, se dice de la planta acuática enraizada en el fondo, cuyos tallos sobresalen en la superficie del agua sin flotar, como los juncos.

HELOS *Geog. hist.* Ciudad de Grecia, en la antigua Laconia. Del nombre de sus habitantes, que fueron esclavizados por Esparta, parece provenir el nombre de *helotas* o *ilotas*.

HELSINGFORS HELSINKI.

HELSINGÖR, HELSINGER, ELSENOR o **ELSINORE** Ciudad de Dinamarca, condado de Frederiksborg; 56.632 h. Castillo de Kronborg, donde transcurre *Hamlet*, de Shakespeare.

HELSINKI (*Helsingfors*) Ciudad capital de Finlandia, en la costa del golfo de Finlandia; 551.123 h. Primer puerto importador del país. Centro industrial. Fundada en 1550 por Gustavo Vasa, sustituyó a Turku como capital de Finlandia en 1821. Universidad.

HELVECIA *Geog. hist.* País de la Europa antigua, cuyo territorio corresponde a la actual Suiza.

HELVECIO, CIA o **HELVÉTICO, CA** adj. y s. *Hist.* Se dice de un pueblo céltico que poblaba Helvecia, hoy Suiza, entre los siglos II y I a. C. **2** *Hist.* Perteneciente a este pueblo. **3** De Suiza.

HELVÉTIUS, CLAUDE-ADRIEN Filósofo francés (París, 1715 - Versalles, 1771). Precursor ideológico de la Revolución Francesa, sus ideas participan de cierto sensualismo materialista. Autor de *Sobre el espíritu* (1758) y *Del hombre, de sus facultades intelectuales y de la educación* (1772).

HEM- pref. HEMI-.

HEMA-, HEM-, HEMAT-, HEMATI-, HEMATO-, HEMO-; -HEMIA, -AIMA, -EMIA, -ÉMICO prefs. o sufs. que significan sangre: *hidrohemia, leucemia*.

HEMACRIMO, MA adj. *Zool.* Se dice del animal cuya temperatura es similar a la del medio que lo rodea y varía con la de éste.

HEMATEMESIS f. *Med.* Vómito de sangre. ♦ Su pl. es *hematemesis*.

HEMATERMO, MA adj. *Zool.* Se dice del animal cuya temperatura permanece constante, siendo independiente del medio.

HEMATI- pref. HEMA-.

HEMATÍE m. *Biol.* ERITROCITO.

HEMATITES f. *Miner.* Mineral sexquióxido de hierro, de fórmula Fe_2O_3, llamado también *oligisto*. Importante mena de hierro, su color varía desde negro a rojo vivo, siendo de brillo metálico en las variedades bien cristalizadas. ♦ Su pl. es *hematites*.

HEMATO- pref. HEMA-.

HEMATÓFAGO, GA adj. *Zool.* Se dice del animal adaptado a alimentarse de sangre, como piojos, pulgas o vampiros.

HEMATOLOGÍA f. Parte de la biología o la medicina que se refiere a la sangre.

HEMATÓLOGO, GA m. y f. Especialista en hematología.

HEMATOMA m. *Med.* Lesión superficial debida a una contusión, por acumulación de sangre extravasada.

HEMATOPOYESIS f. *Fisiol.* Proceso de formación de glóbulos rojos o hematíes, que se verifica fundamentalmente en la médula ósea. ♦ Su pl. es *hematopoyesis*.

HEMATOSIS f. *Fisiol.* Conversión de la sangre venosa en arterial en los pulmones. ♦ Su pl. es *hematosis*.

HEMATOZOARIO, RIA adj. y m. *Zool.* Se dice del animal que vive parásito en la sangre de otro.

HEMATURIA f. *Med.* Presencia de sangre en la orina.

HEMBRA f. **1** *Biol.* Persona de sexo femenino, mujer. **2** *Bot.* En la planta con sexos separados en pies distintos, la que da fruto. **3** *Zool.* Animal de sexo femenino. **4** fig. Hablando de corchetes, broches, tornillos, enchufes eléctricos, clavijas electrónicas, llaves y cosas semejantes, pieza que tiene un hueco o agujero por donde otra se introduce o encaja. **5** El mismo hueco y agujero.

HEMBRAJE m. *Amér.* m. Conjunto de las hembras de un ganado.

HEMBRILLA f. En algunos artefactos, piececita pequeña en la que se introduce o asegura otra.

HEMÉLITRO m. *Zool.* Ala anterior de ciertos insectos, endurecida sólo desde la base hasta la mitad.

HEMERA-, HEMER-, HEMERO-; -EMÉRIDES, -ÍMERO prefs. o sufs. que significan día, de un día, etc: *efemérides, efímero*.

HEMERALOPÍA f. *Med.* Enfermedad consistente en una reducción acusada de la visión cuando disminuye la luz.

HEMEROTECA f. Biblioteca dedicada a diarios, revistas y otras publicaciones periódicas.

HEMI-, HEM- prefs. que significan mitad: *hemisferio*.

-HEMIA suf. HEMA-.

HEMICICLO m. **1** *Geom.* La mitad de un círculo. **2** Espacio central del salón de sesiones del Congreso de los Diputados, rodeado de un graderío semicircular. **3** Conjunto de cosas dispuestas en semicírculo, como graderías, cadenas de montañas, etc.

HEMICORDADO, DA adj. *Zool.* **1** Se aplica a los animales marinos metazoos de simetría bilateral y aspecto vermiforme. || m. pl. *Zool.* **2** Tipo de estos animales.

HEMIEDRO m. *Miner.* Cristal que posee la mitad de las caras de la forma cristalina de la cual deriva.

HEMIEPÍFITO, TA adj. *Bot.* Se dice del vegetal vascular que germina sobre otra planta y luego enraíza en el suelo (como los ficus), o germina en el suelo y luego trepa por otra planta de la que al final se aísla (muchas aráceas).

HEMIMORFITA f. *Miner.* Mineral silicato de cinc hidratado, que se utiliza para la obtención industrial de cinc.

Ernest **Hemingway**

HEMINGWAY, ERNEST Novelista estadounidense (Oak Park, 1898 - Ketchum, 1961). Fue corresponsal en la Guerra Civil Española (1937-38) y en la Segunda Guerra Mundial (1944-45). Miembro de la «generación perdida», su estilo, sencillo y directo, se caracteriza por el realismo de sus descripciones. Novelas: *Adiós a las armas* (1929), *Muerte en la tarde* (1932), *Las nieves del Kilimanjaro* (1936), *Por quién doblan las campanas* (1940), *El viejo y el mar* (1953). En 1963 se publicó *París era una fiesta*. Premio Nobel de Literatura en 1954.

HEMIÓN m. *Zool.* Mamífero de la familia équidos, de nombre científico *Equus hemionus*. Es un asno salvaje que vive en Mongolia.

HEMIPLEJIA o **HEMIPLEJÍA** f. *Pat.* Parálisis de una mitad del cuerpo.

HEMIPLÉJICO, CA adj. *Med.* **1** Relativo a la hemiplejia. **2** Que la padece. También s.

HEMÍPTERO, RA adj. y s. *Zool.* **1** Se dice de ciertos insectos chupadores, con dos pares de alas y a veces ápteros, como los pulgones y la filoxera. || m. pl. *Zool.* **2** Orden de estos insectos.

HEMISFÉRICO, CA adj. **1** Relativo al hemisferio. **2** Que tiene forma de hemisferio.

HEMISFERIO m. **1** *Geol.* Aplicado a la Tierra, cada una de las dos partes en que queda dividida por el Ecuador. El norte se denomina *boreal* y el sur, *austral*. **2** *Geom.* Cada una de las dos mitades iguales de una esfera, dividida por un círculo máximo. || **HEMISFERIO CEREBRAL** *Anat.* Cada una de las dos mitades laterales del cerebro. || **HEMISFERIO OCCIDENTAL** *Astron.* El de la esfera celeste por donde el Sol y los demás astros se ocultan. || **HEMISFERIO ORIENTAL** *Astron.* El de la esfera celeste por donde salen el Sol y los demás astros.

HEMISTIQUIO m. *Métr.* Mitad o parte de un verso. Se dice especialmente de cada una de las dos partes de un verso separadas o determinadas por una cesura.

HEMO- pref. HEMA-.

HEMOFILIA f. *Pat.* Hemopatía hereditaria, caracterizada por la dificultad de coagulación de la sangre.

HEMOFÍLICO, CA adj. *Med.* **1** Relativo a la hemofilia. **2** Que la padece. También s.

HEMOGLOBINA f. *Biol.* Proteína conjugada que contiene un núcleo de hierro, presente en los hematíes de los vertebrados y en el plasma de algunos invertebrados. Es cristalina y amarilla (roja en grandes cantidades); transporta el oxígeno hasta las células.

HEMÓLISIS f. *Fisiol.* Desintegración o disolución de los eritrocitos, con liberación de hemoglobina. ♦ Su pl. es *hemólisis*.

HEMOPTISIS f. *Med.* Hemorragia de la membrana mucosa pulmonar, caracterizada por la expectoración de sangre. ♦ Su pl. es *hemoptisis*.

HEMORRAGIA f. *Med.* Escape de sangre del sistema vascular.

HEMORROIDE f. *Med.* ALMORRANA.

HEMORROISA o **HEMORROÍSA** f. Mujer que padece flujo de sangre.

HEMOSTASIS f. *Med.* **1** Estancamiento de sangre. **2** Contención de una hemorragia. ♦ Su pl. es *hemostasis*.

HEMOSTÁTICO, CA adj. y s. *Farm.* Se dice del medicamento que se emplea para contener una hemorragia.

HENAL m. *Agr.* Lugar donde se guarda el heno.

HENAN (*Honan*) Provincia de China, región Centromeridional, en la cuenca del Hoang; 167.000 km² y 90.270.000 h. Su capital es Zhengzhou.

HENAR m. *Agr.* Sitio poblado de heno.

HENCH, PHILIP SHOWALTER Fisiólogo y reumatólogo estadounidense (Pittsburg, 1896 - Ocho Ríos, Jamaica, 1965). Junto a Kendall, fue el primero que utilizó la cortisona y la hormona adenocorticotropa en el tratamiento de la artritis. En 1950, Hench y Kendall compartieron el premio Nobel de Fisiología y Medicina con T. Reichstein.

HENCHIR tr. **1** Ocupar con algo un espacio vacío. || prnl. **2** Hartarse de comida. ♦ IRREG. Se conjuga como PEDIR.

HENDAYA Ciudad de Francia, departamento de Bajos Pirineos; 11.112 h. Frontera con España.

HENDEDURA f. HENDIDURA.

HENDER tr. **1** Rajar un cuerpo sólido sin dividirlo del todo. También prnl. **2** fig. Atravesar o cortar un fluido. ♦ IRREG. Se conjuga como ENTENDER.

HENDERSON, ARTHUR Político británico (Glasgow, 1863 - Londres, 1935). Jefe del Partido Laborista, fue ministro de Instrucción Pública (1915) y de Negocios Extranjeros (1919 a 1931). En 1934 se le concedió el premio Nobel de la Paz.

HENDIDO, DA adj. **1** Rajado, abierto. **2** *Bot.* Se dice de la hoja cuyo limbo presenta en el borde entrantes muy profundos.

HENDIDURA f. **1** Abertura o corte profundo en un cuerpo sólido cuando no llega a dividirlo del todo. **2** Grieta en una superficie.

HENDIJA f. Hendidura, generalmente pequeña.

HENDIR tr. HENDER. ♦ IRREG. Se conjuga como SENTIR.

HENDRICKS, BARBARA Soprano sueca de origen estadounidense (Stephens, Arkansas, 1948). Su carrera la fue llevando por importantes escenarios del mundo (Berlín, Nueva York, Milán...), con un amplio repertorio operístico y con incursiones en el gospel y la música ligera. En 2000 recibió el premio Príncipe de Asturias de las Artes.

HENDRIX, JIMI (JAMES MARSHALL HENDRIX, llamado) Guitarrista y cantante estadounidense (Seattle, 1945 - Londres, 1970). Figura sobresaliente del *rock*, revolucionó la técnica de la guitarra eléctrica. Merecen destacarse las canciones *Hey Joe* y *Up from the skies*.

HENEQUÉN m. *Bot.* Planta amarilidácea, especie de pita.

HENESTROSA f. *Bot.* Terreno poblado de hiniestas.

HENGYANG (*Heng-yang*) Ciudad de China, provincia de Hunan; 487.148 h.
HENIFICAR tr. *Agr.* Segar plantas forrajeras y secarlas al sol, para conservarlas como heno.
HENIL m. *Agr.* HENAL.
HENLE, FRIEDRICH GUSTAV JACOB Anatomista e histólogo alemán (Fürth, 1809 - Gotinga, 1885). Estudió la anatomía y fisiología de los riñones y fue iniciador de la histología microscópica.
HENNA f. **1** *Bot.* Arbusto de la familia litráceas, de nombre científico *Lawsonia inermis*, originario de Arabia, de cuyas hojas se obtiene un polvo rojo que se usa para teñir el cabello y la piel. **2** Tinte rojo obtenido de esta planta.
HENO m. **1** *Agr.* Hierba segada, seca, para alimento del ganado. **2** *Bot.* Nombre de diversas plantas de la familia gramíneas, género *Aira*, con cañitas delgadas de unos 20 cm de largo.
HENOCH ENOCH.
HENRIO o **HENRY** (Del apellido de Joseph *Henry.*) m. *Metrol.* Unidad de inductancia eléctrica en el sistema internacional (SI), que equivale a la de un circuito eléctrico cerrado en el que se produce una fuerza electromotriz de 1 voltio cuando la corriente eléctrica que lo recorre varía uniformemente a razón de 1 amperio por segundo.
HENRÍQUEZ, CAMILO Escritor, patriota y sacerdote chileno (Valdivia, 1769 - Santiago de Chile, 1825). En 1812 fundó el primer periódico de Chile, *La Aurora*. Lograda la independencia, tomó parte en la redacción de la Constitución. Escribió teatro: *La procesión de los tontos* (1813), *Camila o la patriota sudamericana* (1817); etc.
HENRÍQUEZ Y CARVAJAL, FRANCISCO Político y médico dominicano (Santo Domingo, 1859 - íd., 1935). Presidente de la República (1916), hubo de marchar al destierro al ocupar el país los estadounidenses.

Katharine **Hepburn**. Escena de la película *La loca de Chaillot*, dirigida por Bryan Forbes.

HENRÍQUEZ UREÑA, MAX Escritor y diplomático dominicano (Santo Domingo de Guzmán, 1885 - íd., 1970). Contribuyó, junto con su hermano Pedro, a la introducción del modernismo en su país. Destacó como ensayista: *Poetas cubanos de expresión francesa* (1941), *Breve historia del modernismo* (1954).
HENRÍQUEZ UREÑA, PEDRO Escritor dominicano (Santo Domingo de Guzmán, 1884 - La Plata, 1946). Hermano de Max, es autor de ensayos: *La utopía de América* (1925), *La versificación irregular en la poesía castellana* (1933) y *Corrientes literarias en la América Hispánica* (1941).
HENRY, JOSEPH Físico estadounidense (Albany, 1797 - Washington, 1878). Investigó sobre electromagnetismo; descubrió la inducción electromagnética independientemente de Faraday; la autoinducción y mejoró los electroimanes.
HENRY, LEY DE *Quím.* La formulada por William Henry, que afirma que, a temperatura constante, la solubilidad de un gas en un líquido es proporcional a la presión del gas, siempre que no tengan lugar reacciones químicas entre el gas y el líquido.
HENRY, PIERRE Compositor francés (París, 1927). Colaboró con P. Schaeffer en música concreta hasta consagrarse a la música electroacústica. Obras principales: *Symphonie pour un homme seul* (1950), *Ceremony* (1969), *Kíldex I* (1973).
HENRY, WILLIAM Médico y químico inglés (Manchester, 1775 - Pendlebury, 1836). Formuló la LEY DE HENRY.
HENZE, HANS WERNER Compositor alemán (Gütersloh, 1926). Autor de música teatral, como *Boulevard Solitude* (1951) o *König Hirsch* (1955); los ballets *Jack Pudding* (1949) y *Undine* (1956), y obras instrumentales y vocales.
HEPAR- pref. HEPAT-.

Heracles y el toro. Ánfora ática. Museo de Bellas Artes (Boston).

HEPARINA f. *Biol.* Polisacárido ácido que se localiza en gran variedad de tejidos y sobre todo en el hígado, cuya misión es bloquear la coagulación de la sangre.
HEPAT-, HEPATO-, HEPAR-; -HEPAT-; -HEPATÍA prefs., in. o suf. que significan hígado.
HEPATALGIA f. *Med.* Dolor de hígado.
-HEPATÍA suf. HEPAT-.
HEPÁTICA f. *Bot.* **1** Pequeña planta briofita, cuyo gametofito tiene la forma de un hígado. Crecen sobre rocas o árboles, en climas cálidos y húmedos. ǁ f. pl. *Bot.* **2** Clase de estas plantas.
HEPÁTICO, CA adj. **1** *Anat.* Relativo al hígado. **2** *Med.* Que padece de esta víscera. También s.
HEPATITIS f. *Pat.* Inflamación del hígado, con necrosis de las células hepáticas. Algunas aparecen por la acción de un agente externo, como fármacos o alcohol. Otras son víricas; entre estas, las hepatitis A y E no revisten excesiva gravedad y se transmiten por vía fecal u oral, mientras que las B, C y D se contagian por vía parenteral o mediante transfusiones de sangre y pueden degenerar en carcinoma hepatocelular o cirrosis hepática no alcohólica. ◆ Su pl. es *hepatitis*.
HEPATO- pref. HEPAT-.
HEPATOLOGÍA f. *Med.* Rama de la medicina que se ocupa del hígado y las vías biliares y de sus enfermedades.
HEPBURN, AUDREY (HEDDA VAN HEEMSTRA HEPBURN-RUSTON, llamada) Actriz estadounidense (Bruselas, 1929 - Lausana, 1993). Su primer gran éxito lo obtuvo con *Vacaciones en Roma*, película por la que recibió un Oscar en 1953.
HEPBURN, KATHARINE (KATHARINE HOUGHTON HEPBURN, llamada) Actriz estadounidense (Hartford, 1909 - Old Saybrook, Connecticut, 2003). Hepburn participó en más de medio centenar de películas y consiguió cuatro Oscar en toda su carrera por sus célebres interpretaciones en *Gloria de un día* (1933), *Adivina quién viene esta noche* (1967), *El león en invierno* (1968) y *En el estanque dorado* (1981). Además, fue nominada para la estatuilla de mejor actriz en las categorías principal y secundaria hasta en 12 ocasiones.
HEPT-, HEPTA- prefs. que significan siete.
HEPTACORDO o **HEPTACORDIO** m. *Mús.* **1** Gama o escala usual compuesta de las siete notas: *do, re, mi, fa, sol, la, si.* **2** Intervalo de séptima en la escala musical.
HEPTAEDRO m. *Geom.* Poliedro de siete caras.
HEPTAGONAL adj. *Geom.* De figura de heptágono o semejante a él.
HEPTÁGONO, NA adj. y m. *Geom.* Se dice del polígono de siete lados o ángulos. ǁ **HEPTÁGONO REGULAR** *Geom.* El que tiene los siete lados y ángulos iguales.
HEPTÁMETRO adj. y m. *Métr.* Se dice del verso que consta de siete pies.
HEPTARQUÍA f. *Polít.* **1** Gobierno alternativo o simultáneo de siete personas. **2** País dividido en siete reinos.
HEPTARQUÍA ANGLOSAJONA *Hist.* Se aplica este nombre a la organización política de los anglos, sajones y jutos de Gran Bretaña, entre los siglos VI y IX, constituida por los reinos de Kent, Sussex, Wessex, Essex, Northumbria, Anglia y Mercia.
HEPTASÍLABO, BA adj. y s. *Gram.* y *Poét.* Que consta de siete sílabas.

HEPTATLÓN m. *Dep.* Conjunto de siete pruebas atléticas (100 m vallas, salto de altura, longitud, lanzamiento de peso, jabalina, 200 m lisos y 800 m) de categoría femenina.
HERA *Mit.* Hija de Crono y Rea, hermana y esposa de Zeus. Era la diosa del cielo, la luz y el matrimonio. Su nombre latino es *Juno*.
HERACLEA EREĞLI.
HERACLEA *Geog. hist.* Antigua ciudad de Italia, en Lucania, donde Pirro, rey de Epiro, aliado a los Tarentinos, derrotó al ejército romano el 280 a. C.
HERACLEÓPOLIS *Geog. hist.* Nombre con el que los griegos conocieron la ciudad egipcia de Henensu, en el Alto Egipto.
HERACLES *Mit.* El más famoso de los héroes griegos, hijo de Zeus y Alcmena, llamado *Hércules* entre los romanos. Cuando tenía ocho meses, Hera, celosa de Alcmena, envió dos enormes serpientes para que le matasen, pero Heracles las ahogó con sus manos. Casó con Megara, hija de Creonte, pero, enloquecido por Hera, mató a los hijos que había tenido con ella; para expiar este crimen, su hermano Euristeo le impuso doce trabajos imposibles, entre los que se encontraba la separación de Europa y África. Se casó con Deyanira y mató al centauro Neso. Deyanira, engañada por éste, entregó a su esposo una túnica mágica. La tela corroyó el cuerpo de Heracles quien, enloquecido por el dolor, formó una pira en la cima del monte Eta y se arrojó a ella. Por orden de Zeus, fue llevado al cielo entre los dioses.
HERACLIDA adj. **1** *Mit.* Descendiente de Heracles o Hércules. También com. **2** *Hist.* Se dice de la dinastía de emperadores bizantinos (610-717) que se inició con Heraclio I.
HERÁCLIDES DEL PONTO Filósofo griego (Heraclea, s. v a. C.). Discípulo de Platón y Aristóteles, fue el primero en afirmar que la Tierra giraba alrededor de su eje.
HERACLIO Nombre de dos emperadores bizantinos.
HERACLIO I (Capadocia, h. 575 - ?, 641). Hijo del exarca de Cartago, depuso al usurpador Focas en 610, iniciando la dinastía heráclida. Derrotó a los persas, pero no pudo contener a los árabes, que conquistaron Siria y Egipto.
HERACLIO II (?, 618 - Rodas, 645). Sucedió a su padre Heraclio I en el 641 y abdicó en favor de Constancio II en 645.
HERACLIO II Rey de Georgia (?, 1718 - ?, 1798). Gobernó desde 1744. Firmó con Catalina II de Rusia el tratado de Georgiejvsk (1783), por el que Georgia se convertía en protectorado de Rusia.
HERÁCLITO Filósofo griego (Éfeso, h. 544 - íd., 480 a. C.). Opuesto a la concepción de Parménides, afirmaba que la única realidad era el cambio.
HERÁKLION o **IRAKLION** CANDÍA.
HERÁLDICA f. *Bl.* Ciencia que estudia los escudos de armas.
HERALDO m. **1** *Hist.* Mensajero de la Edad Media. **2** *Hist.* Oficial encargado de anunciar las noticias importantes. **3** Cosa que anuncia la llegada de otra.
HÉRAULT Departamento del S de Francia, en la región de Languedoc-Rosellón; 6.101 km² y 896.441 h. Su capital es Montpellier.
HERBÁCEO, A adj. *Bot.* Se dice del vegetal vascular sin consistencia leñosa.
HERBADA f. *Bot.* JABONERA, planta.

Heráclito. Detalle de *La escuela de Atenas*, fresco de Rafael. Museos Vaticanos (Roma).

Herculano (Italia). Casa del atrio.

HERBAJE m. 1 *Bot.* Conjunto de hierbas que se crían en los prados y dehesas. 2 *Der.* Derecho que cobran los pueblos por el pasto de los ganados forasteros. 3 Tela de lana áspera e impermeable usada por la gente de mar.

HERBARIO, RIA adj. *Bot.* 1 Relativo a las hierbas y plantas. || m. *Bot.* 2 Colección de plantas secas.

HERBART, JOHANN FRIEDRICH Filósofo y pedagogo alemán (Oldemburgo, 1776 - Gotinga, 1841). Propugnó una filosofía de tipo cientificista y se destacó como pedagogo.

HERBAZAL m. Sitio poblado de hierbas.

HERBERO m. *Zool.* Esófago o tragadero de los rumiantes.

HERBERT, GEORGE Poeta inglés (Montgomery, Gales, 1593 - Bemerton, Wiltshire, 1633). Perteneció a la escuela poética de John Donne. Sus poemas se publicaron bajo el título *The Temple: Sacred Poems and Private Ejaculations*.

HERBICIDA adj. y m. *Quím.* Se dice del producto químico que impide el desarrollo de las hierbas, sobre todo en los cultivos.

HERBÍCOLA adj. m. *Zool.* Se dice del animal que se alimenta de hierbas.

HERBÍVORO, RA adj. y m. *Zool.* Se dice del animal que se alimenta de vegetales, y más especialmente de hierbas.

HERBOLARIO, RIA m. y f. 1 Persona que recoge hierbas y plantas medicinales o las vende. || m. 2 Tienda donde se venden estas plantas.

HERBORISTERÍA f. HERBOLARIO.

HERBORIZAR intr. *Bot.* Recoger plantas y hierbas para estudiarlas.

HERCIANO, NA adj. *Fís.* Relativo a las ondas hercianas.

HERCINIA (*Hercynia*) *Geog. hist.* Nombre romano de la selva que cubría Germania, desde el E del Rhin al N del Danubio.

HERCINIANO, NA adj. *Geol.* Se dice del plegamiento que se produjo durante el periodo carbonífero y que dio lugar a una extensa serie de cordilleras, como los Apalaches o los Urales.

HERCIO m. *Fís.* Unidad de frecuencia. Es la de un movimiento vibratorio cuya vibración cada es un segundo. Equivale a un ciclo por segundo. Su símbolo es *Hz*.

HERCULANO *Arqueol.* e *Hist.* Antigua ciudad de Italia que, junto con Pompeya, fue sepultada por la erupción del Vesubio el año 79. Importantes restos arqueológicos.

HERCULANO, ALEXANDRE Escritor portugués (Lisboa, 1810 - Vale-de-Lobos, 1877). Principal exponente del Romanticismo y padre de la historiografía portuguesa, escribió una *Historia de Portugal* (1846-53) y *Del origen y establecimiento de la Inquisición en Portugal* (1855-59). Debe la popularidad a sus novelas históricas *El loco* (1943) y *El monje del Císter* (1841).

HERCÚLEO, A adj. Relativo a Hércules o que se asemeja a él o a sus cualidades.

HÉRCULES m. fig. Hombre de mucha fuerza.

HÉRCULES Nombre latino de HERACLES.

HÉRCULES *Astron.* Constelación boreal muy extensa, situada al O de la Lira.

HERDER, JOHANN GOTTFRIED Filósofo y escritor alemán (Mohrungen, 1744 - Weimar, 1803). Inspirador de la estética romántica, fue uno de sus principales teóricos y divulgadores. Su importancia se debe sobre todo a su producción crítica: *Sobre una nueva literatura alemana* (1767) e *Ideas sobre la filosofía de la historia de la humanidad* (1784-91).

HEREDAD f. 1 Porción de terreno cultivado perteneciente a un mismo dueño. 2 Hacienda de campo, bienes raíces o posesiones.

HEREDAR tr. 1 *Der.* Suceder por disposición testamentaria o legal en los bienes y acciones que tenía uno al tiempo de su muerte. 2 fig. Instituir a uno por heredero. 3 *Biol.* Desarrollar los seres vivos los caracteres psíquicos y biológicos de sus progenitores.

HEREDERO, RA adj. 1 *Der.* Se dice de la persona que por testamento o por ley sucede a título universal en todo o en parte de una herencia. También s. 2 Dueño de una heredad. 3 fig. Que tiene las inclinaciones o propiedades de sus padres.

HEREDIA Provincia de Costa Rica; 2.657 km² 286.112 h. Café, tabaco y caña de azúcar. Caucho. Su capital es la ciudad del mismo nombre.

HEREDIA, JOSÉ MARÍA Poeta y crítico literario cubano (Santiago de Cuba, 1803 - Toluca, México, 1839). Exiliado en México, su obra se considera de transición entre Neoclasicismo y Romanticismo. Destaca su producción poética: *Al Niágara* (1823), *En el Teocalli de Cholula* (1820).

HEREDIA, JOSÉ MARÍA DE Poeta francés de origen cubano (La Fortuna, 1842 - castillo de Bourdonne, 1905). Considerado el más refinado de los poetas parnasianos, en 1892 publicó *Los trofeos*, colección de 120 sonetos sobre personajes del pasado.

HEREDIA, PEDRO DE Conquistador español (Madrid, 1504 - cerca de Cádiz, 1574). Fue gobernador de Santo Domingo y de Nueva Andalucía en 1533. Fundó Cartagena de Indias, Mompós y Maritue. De regreso a España murió en un naufragio.

HEREDIANO, NA adj. y s. De Heredia, Costa Rica.

HEREDITARIO, RIA adj. 1 Relativo a la herencia o que se adquiere por ella. 2 fig. Se dice a las inclinaciones, costumbres o enfermedades que se transmiten o pasan de padres a hijos.

HEREFORD (Voz i.) m. *Gan.* Raza de bovinos originaria del condado inglés de Hereford y Worcester, especializada en la producción de carne.

HEREFORDSHIRE Consejo unitario del Reino Unido, en Inglaterra, lindante con Gales; 167.900 h.

HEREJE com. 1 *Rel.* Persona que sostiene o defiende una herejía. 2 fig. Desvergonzado, descarado, procaz.

HEREJÍA f. 1 *Rel.* Error en materia de fe, sostenido con pertinacia. 2 fig. Sentencia errónea contra los principios ciertos de una ciencia o arte. 3 fig. Disparate, acción desacertada. 4 fig. Palabra gravemente injuriosa. 5 fig. Daño infligido injustamente.

HERENCIA f. 1 *Der.* Derecho de heredar. 2 *Der.* Conjunto de bienes, derechos y obligaciones que se heredan. 3 Rasgo o circunstancia de índole cultural, social, económica, etc., que, habiendo caracterizado a alguien, continúan advirtiéndose en sus descendientes o continuadores. 4 *Biol.* Proceso por el que los seres vivos originan nuevos seres parecidos a ellos, mediante la transmisión de caracteres de ascendientes a descendientes.

HERERO adj. y s. *Etnol.* 1 Se dice del pueblo africano de la familia bantú que habita en Namibia y Botswana. Procedente del NE africano, llegó al SO hacia el siglo XIV. 2 Se dice también de sus individuos. 3 Relativo a este grupo. || m. *Ling.* 4 Lengua de la familia bantú hablada por los hereros.

HERESIARCA m. *Rel.* Autor de una herejía.

HERÉTICO, CA adj. *Rel.* Relativo a la herejía o al hereje.

HERIDA f. 1 Lesión o rotura de los tejidos por incisión o contusión. 2 fig. Ofensa, agravio. 3 fig. Lo que aflige y atormenta el ánimo.

HERIDO, DA adj. y s. Que tiene heridas.

HERIR tr. 1 Romper o abrir los tejidos de una persona o de un animal con un arma u otro instrumento. 2 Romper un cuerpo vegetal. 3 Dar contra otra cosa, chocar. 4 Hender el aire ciertas armas arrojadizas y proyectiles. 5 *Mús.* Tocar instrumentos de cuerda o pulsar teclas o algunos instrumentos metálicos. 6 *Fon.* Cargar más la voz o el acento sobre una nota o sílaba; hacer sonar una o varias notas; articular uno o varios fonemas. 7 Alumbrar a alguien o a algo, alcanzarle la luz, especialmente la del Sol. 8 Atacar a uno una enfermedad. 9 Alcanzar o impresionar a alguien los sentidos, especialmente el del oído. 10 fig. Afligir, atormentar el ánimo. 11 fig. Ofender, agraviar. 12 fig. Tocar el punto esencial de una cuestión. ♦ IRREG. Se conjuga como SENTIR.

HERMA m. *Esc.* Busto sin brazos colocado sobre un estípite.

HERMAFRODITA adj. 1 *Biol.* Se dice de los organismos que tienen los dos sexos. 2 *Biol.* Se dice de la persona con tejido testicular y ovárico en sus gónadas, lo que origina anomalías somáticas que le dan la apariencia de reunir ambos sexos. 3 *Bot.* Se dice de los vegetales cuyas flores reúnen en sí ambos sexos; esto es, los estambres y el pistilo; y también de estas flores.

HERMANADO, DA adj. 1 Unido. 2 fig. Igual y uniforme.

HERMANAR tr. y prnl. 1 Unir, juntar, uniformar. 2 Hacer a uno hermano de otro en sentido místico o espiritual.

HERMANAS DE LA CARIDAD *Rel.* Congregación religiosa fundada por san Vicente de Paúl en el siglo XVII.

HERMANASTRO, TRA m. y f. Hijo de uno de los dos consortes respecto al hijo del otro.

HERMANDAD f. 1 Relación de parentesco entre hermanos. 2 fig. Amistad íntima; unión de voluntades. 3 fig. Correspondencia que guardan varias cosas entre sí. 4 fig. Cofradía o congregación de devotos.

HERMANDAD SANTA HERMANDAD.

HERMANO, NA m. y f. 1 Persona que con respecto a otra tiene los mismos padres, o solamente el mismo padre o la misma madre. 2 Lego o donado de una comunidad regular. 3 fig. Persona que con respecto a otra tiene el mismo padre que ella en sentido moral. 4 fig. Individuo de una hermandad o cofradía. 5 fig. Una cosa respecto de otra a que es semejante. || **HERMANO BASTARDO** El habido fuera de matrimonio respecto del legítimo. || **HERMANO CARNAL** El que lo es de padre y madre. || **HERMANO DE LECHE** Hijo de una nodriza respecto del ajeno que ésta crió; y viceversa.

HERMENEGILDO Príncipe visigodo (? - Tarragona, 585). Hijo del rey Leovigildo, le fue confiado el gobierno de la Bética (579), pero, convertido al catolicismo, se sublevó contra su padre de quien pretendió independizarse. Fue apresado y asesinado.

HERMENEUTA com. Persona que profesa la hermenéutica.

Muerte de san **Hermenegildo**. Cuadro de Juan Ramírez. Museo de Bellas artes (Granada).

HERMENÉUTICA f. *Filos.* Arte de interpretar textos para fijar su verdadero sentido, y especialmente el de interpretar los textos sagrados.
HERMENÉUTICO, CA adj. Relativo a la hermenéutica.
HERMES *Mit.* Hijo de Zeus y Maya. Mediador entre los dioses y entre éstos y los hombres. Su nombre latino es *Mercurio.*
HERMES TRIMEGISTO *Mit.* En la mitología griega, nombre con el que se conocía al dios egipcio Tot. El calificativo «Trimegisto» (tres veces grande) aludía a su función como señor de las ciencias y la magia. Se le atribuyó la autoría del CORPUS HERMETICUM.
HERMÉTICO, CA (De *Hermes.*) adj. **1** Se dice de las doctrinas de Hermes Trimegisto, y de sus seguidores. **2** Se dice de lo que cierra una abertura de modo que no permita pasar el aire ni otra cosa gaseosa. **3** *fig.* Impenetrable, cerrado.
HERMETISMO (De *Hermes.*) m. **1** Calidad de hermético, cerrado. **2** Magia, ocultismo. **3** *Lit.* Tendencia desarrollada a partir del movimiento simbolista, que consiste en una especie de conceptismo moderno, voluntariamente oscuro.
HERMETIZAR tr. y prnl. Hacer que una cosa sea hermética.
HERMÍONE *Mit.* Hija de Menelao y Helena. Su amor es la causa de la rivalidad entre Neoptólemo, su primer esposo, y Orestes.
HERMITE L'HERMITE.
HERMITE, CHARLES Matemático francés (Dieuze, 1822 - París, 1901). Autor de investigaciones sobre las teorías de las formas algebraicas.
HERMODÁTIL m. *Bot.* QUITAMERIENDAS. Más en pl.
HERMOSEAR tr. y prnl. Hacer o poner hermoso.
HERMOSILLENSE adj. y com. De Hermosillo.
HERMOSILLO Ciudad de México, capital del Estado de Sonora; 406.417 h. Fue fundada en 1750.
HERMOSO, SA adj. **1** Dotado de hermosura. **2** Grandioso, excelente. **3** Despejado, apacible y sereno. **4** fam. Robusto, saludable.
HERMOSURA f. **1** Belleza de las cosas. **2** Por extensión, lo agradable. **3** Proporción noble y perfecta de las partes con el todo; conjunto de cualidades que hacen a una cosa excelente en su línea. **4** Persona hermosa.
HERNANDARIAS (HERNANDO ARIAS DE SAAVEDRA, llamado) Militar y político paraguayo (Asunción, 1564 - Santa Fe, 1634). Gobernador del Tucumán y el Río de la Plata desde 1592, fue el primer criollo que ejerció cargo público en América.
HERNÁNDEZ, DOMINGO RAMÓN Poeta venezolano (Caracas, 1829 - íd., 1893). Autor de poemas como *El llanero, Alas de mariposa* y *Al río Caurimare.*
HERNÁNDEZ, FELISBERTO Escritor y músico uruguayo (Montevideo, 1902 - íd., 1964). Escribió relatos autobiográficos, como *Por los tiempos de Clemente Colling* (1942), y las novelas *La casa inundada* (1960) y *Tierras de la memoria* (1965).
HERNÁNDEZ, FRANCISCO Médico y naturalista español (Puebla de Montalbán, 1517 - Madrid, 1578). Fue médico de Felipe II, quien le envió a México para realizar estudios sobre historia natural.
HERNÁNDEZ, GREGORIO FERNÁNDEZ, GREGORIO.
HERNÁNDEZ, JOSÉ Poeta argentino (caserío de Perdriel, San Martín, 1834 - Belgrano, 1886). Contribuyó al cultivo de la poesía gauchesca con Martín Fierro, obra con la que consiguió la consagración como poeta nacional argentino, y que apareció en dos partes: *El gaucho Martín Fierro* (1872) y *La vuelta de Martín Fierro* (1879).
HERNÁNDEZ, MIGUEL Poeta español (Orihuela, 1910 - Alicante, 1942). Cooperó en las misiones pedagógicas de la República y tomó parte activa en la Guerra Civil. Terminada la contienda fue detenido y murió encarcelado. En su poesía se mezclan las referencias a sus orígenes campesinos con influencias garcilasistas y gongorinas. Obras: *Perito en lunas* (1933), *El rayo que no cesa* (1936), el drama *El labrador de más aire* (1937),

Miguel **Hernández.** Retrato de Antonio Buero Vallejo. Colección del autor.

Herodes el Grande. Miniatura de Jean Fouquet. Biblioteca Nacional (París).

Viento del pueblo (1937) y *Teatro en la guerra* (1937). Póstumamente se publicaron *Cancionero y romancero de ausencias* (1958) y el drama *Los hijos de la piedra* (1959).
HERNÁNDEZ CATÁ, ALFONSO Escritor y diplomático cubano de origen español (Aldeadávila de la Ribera, 1885 - Río de Janeiro, 1940). Está considerado uno de los mejores cuentistas de su generación: *Cuentos pasionales* (1907).
HERNÁNDEZ COLÓN, RAFAEL Político y abogado puertorriqueño (Ponce, 1936). Gobernador de la isla (1972-76), fue reelegido tras las elecciones de 1984. Durante su mandato, en 1991, se declaró el español como idioma oficial único.
HERNÁNDEZ DE CÓRDOBA, FRANCISCO Explorador español (? - Cuba, 1518). En 1517 exploró el golfo de México junto a Bernal Díaz del Castillo. Descubrió Yucatán y visitó la Florida.
HERNÁNDEZ O FERNÁNDEZ DE CÓRDOBA, FRANCISCO Conquistador español (Granada, h. 1475 - León, 1526). Recorrió parte de Costa Rica y Nicaragua. Se declaró gobernador independiente, pero Pedrarias Dávila lo mandó matar.
HERNÁNDEZ GIRÓN, FRANCISCO Conquistador español (Cáceres, 1510 - Lima, 1554). Acompañó a Francisco Pizarro en la conquista de Perú y a Cortés en la de México. Tras la muerte de Gonzalo Pizarro se rebeló en Cuzco contra la Corona de España (1553); fue prendido y decapitado.
HERNÁNDEZ MARTÍNEZ, MAXIMILIANO Militar y político salvadoreño (San Salvador, 1882 - Jamastran, Honduras, 1966). Vicepresidente de la República, derrotó a A. Araujo en 1935 y ocupó la presidencia hasta 1944, año en que fue derrocado.
HERNIA f. *Med.* Tumor blando, elástico, producido por la dislocación y salida total o parcial de una víscera u otra parte blanda, fuera de la cavidad que la encerraba.
HÉRNICO, CA adj. *Etnol.* e *Hist.* **1** Se dice de un antiguo pueblo del Lacio, que probablemente descendía de los sabinos. Fue sometido por los romanos en el siglo V a. C. Más como m. pl. **2** Se dice también de sus individuos. También s. **3** Relativo a este pueblo.
HERODES Nombre de diversos soberanos de Judea y Galilea.
HERODES AGRIPA I Rey de Judea (?, 10 a. C. - ?, 44 d. C.). Nieto de Herodes el Grande, reinó entre los años 41 y 44. En la Biblia se le atribuye el encarcelamiento de san Pedro y la condena a muerte de Santiago.
HERODES AGRIPA II Rey de Judea (?, 27 - Roma, h. 100). Hijo del anterior, reinó desde el año 50 hasta el 93. Apoyó a Roma en el levantamiento judío del 66.

HERODES ANTIPAS Tetrarca de Galilea y Perea (?, h. 20 a. C. - ?, 40 d. C.). Hijo de Herodes el Grande, fue nombrado por Augusto tetrarca de Galilea el año 4 a. C. Mandó degollar a san Juan Bautista. En las horas de su pasión Jesús fue llevado ante él por Pilatos.
HERODES EL GRANDE Rey de Judea (Ascalón, 73 - Jericó, 4 a. C.). Hijo de Antípatro el Idumeo, fue nombrado por el Senado romano en el año 40 a. C., y refrendado en su cargo tras la conquista de Jerusalén (37 a. C.). Se le atribuye en la Biblia la degollación de los Inocentes, pese a la fecha de su muerte.
HERODÍAS Princesa judía (?, 7 a. C. - ?, 39 d. C.). Nieta de Herodes el Grande, abandonó a Herodes Filipo y se casó con Herodes Antipas. San Juan Bautista la acusó de adulterio, por lo que Herodías indujo a su hija Salomé a solicitar la cabeza del profeta, que le trajeron sobre una bandeja.
HERÓDOTO Historiador griego (Halicarnaso, 484 - Sicilia, 425 a. C.). Autor de una *Historia* que constituye una fuente inapreciable para el conocimiento de la Antigüedad hasta el año 479 a. C. y es la primera escrita con criterio científico.
HÉROE m. **1** *Mit.* Hijo de un dios y de un ser humano. **2** Hombre ilustre y famoso por sus hazañas y virtudes. **3** El que lleva a cabo una acción heroica. **4** *Lit.* Personaje principal de un poema, especialmente épico.
HEROICA PUEBLA DE ZARAGOZA Ciudad de México, capital del Estado de Puebla; 1.007.170 h. Industria y turismo. Arquitectura colonial.
HEROICA VERACRUZ Ciudad de México, Estado de Veracruz; 438.831 h. Principal puerto del país en el golfo de México. Fundada por Hernán Cortés en 1519 con el nombre de *Villa Rica de Veracruz.*
HEROICA ZITÁCUARO Ciudad de México, Estado de Michoacán; 36.911 h. En ella se estableció el primer centro director y propagandista de la independencia de México en 1811.
HEROICIDAD f. **1** Calidad de heroico. **2** Acción heroica.
HEROICO, CA adj. **1** Se dice de las personas famosas por sus hazañas o virtudes, y, por extensión, se dice también de las acciones. **2** Relativo a ellas. **3** *Lit.* Se dice de la poesía o composición poética en que se narran cantan hazañas gloriosas o hechos grandes y memorables. **4** *Lit.* VERSO HEROICO.
HEROÍNA[1] f. **1** Mujer ilustre y famosa por sus grandes hechos. **2** La que lleva a cabo un hecho heroico. **3** *Lit.* Protagonista del drama o de cualquier otra obra literaria, como la novela.
HEROÍNA[2] f. *Farm.* Droga obtenida de la morfina. Fuertemente adictiva.

HEROINÓMANO, NA adj. y s. *Med.* Se dice de la persona adicta a la heroína.

HEROÍSMO m. **1** Esfuerzo de la voluntad que lleva al hombre a realizar hechos extraordinarios. **2** Conjunto de cualidades y acciones que colocan a uno en la clase de héroe. **3** Acción heroica.

HERÓN DE ALEJANDRÍA Matemático, físico e inventor griego (s. I). Perteneció a la escuela de Alejandría. Entre otros descubrimientos, enunció la fórmula del área de un triángulo en función de sus tres lados.

HERPE o **HERPES** amb. *Pat.* Enfermedad de origen vírico, que afecta a la piel y mucosas, caracterizada por escozor, debido al agrupamiento de granitos y vejiguillas que dejan rezumar, cuando se rompen, un humor que al secarse forma costra.

HERPÉTICO, CA adj. *Med.* **1** Relativo al herpe. **2** Que padece esta enfermedad. También s.

HERPETOLOGÍA f. *Zool.* Parte de la zoología que estudia los reptiles.

HERPÓN *Biol.* Según la clasificación de tipos biológicos acuáticos, se dice del organismo microscópico errante que se mueve sobre el fondo con deslizamientos lentos.

HERRADA f. Cubo de madera, con grandes aros de hierro o de latón, y más ancho por la base que por la boca.

HERRADERO m. **1** Acción de marcar o señalar con el hierro los ganados. **2** Sitio y temporada en que se efectúa.

HERRADURA f. **1** Hierro aproximadamente semicircular que se clava a las caballerías en los cascos o en las pezuñas de algunos vacunos para que no se los maltraten con el piso. **2** Resguardo de esparto o cáñamo que se pone a las caballerías cuando se deshierran, para que no se les maltraten los cascos. **3** *Zool.* Murciélago que tiene los orificios nasales rodeados de una membrana en forma de herradura. **4** *Arquit.* ARCO DE HERRADURA.

HERRAJE m. **1** Conjunto de piezas de hierro o acero con las que se guarnece un artefacto, como puerta, coche, cofre, etc. **2** Conjunto de herraduras y clavos con que éstas se aseguran.

HERRAMIENTA f. **1** Instrumento con que trabajan los artesanos. **2** Conjunto de estos instrumentos.

HERRÁN, PEDRO DE ALCÁNTARA General y político colombiano (Bogotá, 1800 - íd., 1872). Presidente de la República (1841-45), auspició la Constitución de 1843 y fomentó la enseñanza.

HERRAR tr. **1** Ajustar y clavar las herraduras a las caballerías. **2** Marcar con hierro candente los ganados, artefactos, etc. **3** Marcar de igual modo a esclavos y delincuentes. **4** Guarnecer de hierro un artefacto. ◆ IRREG. Se conjuga como ACERTAR.

HERRÉN m. *Agr.* **1** Forraje que se da al ganado. || f. **2** Terreno en que se siembra.

HERRENAL o **HERRENAL** m. *Agr.* Terreno en que se siembra el herrén.

HERRERA *Zool.* Pez marino de la familia espáridos, de nombre científico *Lithognathus mormyrus*. Vive en el Mediterráneo y el océano Atlántico.

HERRERA Municipio y lugar de España, provincia de Sevilla; 5.925 h.

HERRERA Provincia de Panamá; 2.341 km² y 102.465 h. Su capital es Chitré.

HERRERA, CARLOS Político guatemalteco (Ciudad de Guatemala, 1856 - íd., 1930). Acaudilló el movimiento que derrocó a Estrada Cabrera y asumió la presidencia de la República (1920-21).

HERRERA, DIONISIO Político centroamericano (Nicaragua, 1783 - El Salvador, 1850). Al constituirse las Provincias Unidas de Centroamérica, fue nombrado jefe del Estado de Honduras (1824-27). Posteriormente ocupó el mismo cargo en Nicaragua (1830-33) y renunció a la presidencia de El Salvador (1835).

HERRERA, FERNANDO DE (llamado EL DIVINO) Poeta español (Sevilla, 1534 - íd., 1597). Representante de la ESCUELA SEVILLANA. Constituyen una parte importante de sus obras las poesías amorosas, inspiradas en Petrarca y Ausias March; pero su gloria está fundamentada en sus canciones: *A la muerte del rey don Sebastián de Portugal* (1578) y *Canción a don Juan de Austria*.

HERRERA, FRANCISCO DE (llamado HERRERA EL MOZO) Pintor y arquitecto español (Sevilla, 1622 - Madrid, 1685). Hijo de Herrera el Viejo, estuvo al servicio de Carlos II. Sus obras más representativas, encuadradas dentro del barroco sevillano, son el *Triunfo de san Hermenegildo*, *El sueño de san José* y la *Apoteosis de san Francisco*. Es autor del proyecto para la basílica del Pilar de Zaragoza.

HERRERA, FRANCISCO DE (llamado HERRERA EL VIEJO) Pintor español (Sevilla, 1576 - Madrid, 1656). Se distinguió en las escenas de género y bodegones y en los temas religiosos (*San Buenaventura pide el hábito franciscano, Juicio final*).

Francisco de **Herrera el Mozo**. *Triunfo de san Hermenegildo*. Museo del Prado (Madrid).

HERRERA, JOSÉ JOAQUÍN Militar y político mexicano (Jalapa, 1792 - Ciudad de México, 1854). Nombrado en 1844 presidente interino de la República, durante su gobierno tuvo efecto la unión de Texas a EE UU. Depuesto en 1845, volvió a ocupar la presidencia de la República entre 1848 y 1851.

HERRERA, JUAN DE Arquitecto español (Mobellán, 1530 - Madrid, 1597). Ayudante de Juan Bautista de Toledo en las obras del monasterio de SAN LORENZO DE EL ESCORIAL, a la muerte de éste se encargó de la dirección de las obras.

HERRERA, LUIS ALBERTO DE Político e historiador uruguayo (Montevideo, 1873 - íd., 1959). Líder del Partido Nacionalista, fue presidente del Consejo Administrativo Nacional (1925-27), ministro, embajador y senador. Escribió *El Uruguay internacional* (1912).

HERRERA, TOMÁS General y político colombiano (Panamá, 1802 - Santa Fe de Bogotá, 1854). Designado para ejercer el ejecutivo (1853), murió en combate contra los dictatoriales de Melo.

HERRERA CAMPINS, LUIS Político venezolano (Acarigua, 1925). Candidato por el partido COPEI (socialcristiano), ocupó la presidencia de la República desde 1979 a 1984.

HERRERA Y LUNA, CARLOS Político guatemalteco (?, 1856 - Guatemala, 1930). Presidente de la República desde 1920 hasta 1922.

HERRERA Y OBES, JULIO Político uruguayo (Montevideo, 1842 - íd., 1912). Miembro del Partido Colorado, al acceder a la presidencia de la República (1890-94), formó un gobierno de coalición con los nacionalistas.

HERRERA Y REISSIG, JULIO Poeta uruguayo (Montevideo, 1875 - íd., 1910). Procedente del Romanticismo, estuvo muy influido por el simbolismo y el decadentismo francés. Autor de *Las pascuas del tiempo* (1900), *Los maitines de la noche* (1902) y *Los éxtasis de la montaña* (1904).

Francisco de **Herrera el Viejo**. *San Buenaventura pide el hábito franciscano*. Museo del Prado (Madrid).

HERRERÍA f. **1** Oficio de herrero. **2** Taller o tienda del herrero. **3** Taller en que se funde o forja y se labra el hierro en grueso.

HERRERIANO, NA adj. **1** *Lit.* Relativo a la poesía de Fernando de Herrera. **2** *Arquit.* Relativo al estilo arquitectónico creado por Juan de Herrera.

HERRERILLO m. *Zool.* Nombre de varias aves paseriformes de la familia páridos, género *Parus*. Son de pequeño tamaño, con el pico fino y las alas cortas.

HERRERO, RA m. y f. Persona que tiene por oficio labrar el hierro.

HERRERUELO[1] m. **1** *Mil.* Soldado de la antigua caballería alemana, cuyas armas defensivas eran de color negro. **2** *Zool.* HERRERILLO.

HERRERUELO[2] m. Capa corta con cuello y sin capilla.

HERRETE m. Cabo de metal, que se pone en los cordones, cintas, etc., para que puedan entrar fácilmente por los ojetes.

HERRETEAR tr. Poner herretes.

HERRI BATASUNA (HB) *Polít.* Coalición de partidos nacionalistas creada en el País Vasco a partir de 1979. Está considerado como el brazo político de ETA.

HERRIAL adj. *Agr.* Se dice de una clase de uva y de la vid que la produce.

HERRICK, ROBERT Poeta inglés (Londres, 1591 - Dean Prior, Devonshire, 1674). Es autor de *Rimas Sagradas* (1647) y *Hespérides* (1648).

HERRIOT, ÉDOUARD Político francés (Troyes, 1872 - Saint-Genis-Laval, 1957). Alcalde de Lyon, presidente del Consejo de Ministros y de la Cámara de Diputados. Encarcelado durante la Segunda Guerra Mundial, al acabar la contienda fue presidente de la Asamblea Nacional.

herrerillo

HERRIZA f. *Agr.* Terreno pedregoso sin cultivar, por su resistencia a la reja y escasa productividad.

HERRÓN m. **1** Tejo de hierro con un agujero en medio con el que se juega a meterlo en un clavo hincado en la tierra. **2** Arandela para evitar el roce entre dos piezas. **3** Barra grande de hierro, que suele usarse para plantar álamos, vides, etc. **4** *Col.* Hierro o púa del trompo o peón.

HERRONADA f. **1** Golpe dado con herrón. **2** fig. Golpe violento que dan algunas aves con el pico.

HERRUMBRAR tr. Producir herrumbre.

HERRUMBRE f. **1** *Quím.* Óxido de hierro. **2** Gusto o sabor que las cosas toman del hierro. **3** *Bot.* Roya, hongo.

HERRUMBROSO, SA adj. **1** Que cría herrumbre o está tomado de ella. **2** De color amarillo rojizo.

HERSCHBACH, DUDLEY ROBERT Químico estadounidense (San Francisco, California, 1932). Pionero en el estudio de la dinámica de las reacciones químicas, para lo que utilizó la técnica de los haces moleculares cruzados. En 1986 recibió el premio Nobel de Química, compartido con Y. T. Lee y J. C. Polanyi.

HERSCHEL, FREDERICK WILLIAM Astrónomo inglés, de origen alemán (Hannover, 1738 - Slough, 1822). Padre de John Frederick. Construyó varios telescopios de grandes dimensiones, con los que descubrió el planeta Urano, sus dos primeros satélites (Titania y Oberón), así como dos satélites de Saturno (Mimas y Encelado). Otros de sus descubrimientos fueron el movimiento del Sol en nuestra galaxia, el de las estrellas dobles y la existencia de galaxias distintas de la Vía Láctea.

HERSCHEL, JOHN FREDERICK Astrónomo británico (Slough, 1792 - Collingwood, 1871). Hijo de Frederick William, completó el catálogo estelar de su padre con las estrellas del hemisferio meridional. Estudió las estre-

Alfred Day **Hershey**

llas dobles, los satélites de Saturno, la nebulosa de Orión y las dos nubes de Magallanes.

Hersey, John Escritor y periodista estadounidense (Tientsin, 1914 - Florida, 1993). Editor de *Time*, fue uno de los corresponsales más famosos durante la Segunda Guerra Mundial.

Hershey, Alfred Day Biólogo estadounidense (Owosso, Michigan, 1908 - Syosset, Nueva York, 1997). En 1969 recibió el premio Nobel de Fisiología y Medicina, compartido con Delbrück y Luria, por sus descubrimientos sobre el mecanismo de reproducción de los virus y su estructura genética.

Hertfordshire Condado del Reino Unido, en Inglaterra; 1.033.600 h.

Hertz (Del apellido de Heinrich Rudolph *Hertz.*) m. *Fís.* HERCIO.

Hertz, Gustav Físico alemán (Hamburgo, 1887 - Berlín, 1975). Descubrió las leyes que rigen el impacto de un electrón sobre un átomo e ideó un método de separación de isótopos. En 1925 recibió el premio Nobel de Física, compartido con J. Franck.

Hertz, Heinrich Rudolph Físico alemán (Hamburgo, 1857 - Bonn, 1894). Tío de Gustav. Descubrió las ondas electromagnéticas de baja frecuencia, llamadas en su honor *ondas hertzianas*. Demostró que están sometidas a las mismas leyes de reflexión y refracción que las ondas luminosas y midió su velocidad, la misma que la de la luz y la radiación infrarroja. También descubrió el fenómeno conocido como *efecto fotoeléctrico*.

hertziano, na adj. *Fís.* HERCIANO.

hertzio m. *Fís.* HERCIO.

Hertzog, James Militar y político sudafricano (Wellington, 1866 - Ciudad del Cabo, 1942). Participó en la guerra de los bóers y ocupó el cargo de primer ministro entre los años 1924 y 1940. Fue defensor de la política de *apartheid*.

Hertzog, José Enrique Militar y político boliviano (La Paz, 1897 - Buenos Aires, 1980). Elegido presidente de la República en 1947, dimitió en 1949 por razones de salud.

Hertzsprung, Ejnar Astrónomo danés (Fredericksberg, 1873 - Roskilde, 1967). Demostró que existe una relación entre el brillo de las estrellas y su color, trabajo realizado independientemente por H. N. Russell que sirvió para trazar el diagrama de la evolución estelar, hoy llamado *diagrama de Hertzsprung-Russell.*

hérulo, la adj. *Hist.* **1** Se dice del individuo de una nación perteneciente a la gran confederación de los suevos, que habitó en las costas de Pomerania. También m. y en pl. **2** Se dice también de aquella nación y de lo referente a ella. **3** Se dice de sus individuos.

Herveo Mesa de la cordillera Central de Colombia, departamento de Tolima; 5.590 m de altura.

hervidero m. **1** Movimiento y ruido que hacen los líquidos cuando hierven. **2** *Geol.* Manantial donde surge el agua con desprendimiento abundante de burbujas gaseosas. **3** fig. Ruido que hacen los humores estancados en el pecho. **4** fig. Muchedumbre de personas o de animales. **5** *Geol. Nic.* SOLFATARA.

hervido, da adj. **1** Se dice de los líquidos o de cualquier otra sustancia que, sometida a la acción del fuego ha alcanzado el punto de ebullición. || m. **2** *Acción y efecto de hervir.* **3** *Amér.* m. Cocido u olla.

hervidor m. **1** Utensilio de cocina para hervir líquidos. **2** En los termosifones, calentadores de agua y otros aparatos análogos, caja de palastro cerrada, por cuyo interior pasa el agua, y que recibe directamente la acción del fuego.

hervir intr. **1** Producir burbujas un líquido cuando se eleva suficientemente su temperatura, o por la fermentación. También tr. **2** fig. Ponerse sumamente agitado el mar. **3** fig. Con la preposición *en* y ciertos nombres, abundar. **4** fig. Hablando de afectos y pasiones, indica su viveza, y vehemencia. || tr. **5** Hacer que un líquido alcance el punto de ebullición. **6** Someter algo a la acción del agua o de otro líquido en ebullición. ♦ IRREG. Se conjuga como SENTIR.

hervor m. **1** Acción y efecto de hervir. **2** fig. Fogosidad, inquietud.

Herzberg, Gerhard Físico canadiense de origen alemán (Hamburgo, 1904 - Ottawa, 1996). Obtuvo los espectros de moléculas gaseosas diatómicas y de radicales libres, siendo el primero que detectó éstos en el medio interestelar. En 1971 recibió el premio Nobel de Química.

Herzegovina BOSNIA-HERZEGOVINA.

Herzl, Theodor Periodista y escritor austriaco (Budapest, 1860 - Edlach, 1904). Escribió *Der Judenstaat (El Estado judío)*, en el que reclamó para los israelitas un hogar en Palestina. Fue el jefe del movimiento sionista que él mismo creó.

Herzog, Chaim Político y diplomático israelí (Belfast, 1918 - Tel-Aviv, 1997). Miembro del Partido Laborista, fue presidente del Estado de Israel entre 1983 y 1993.

Herzog, Werner Director de cine alemán (Munich, 1942). Entre sus filmes destacan *Fata Morgana* (1970), *Aguirre, la cólera de Dios* (1972), *El enigma de Gaspar Hauser* (1974), *Nosferatu* (1982), *Fitzcarraldo* (1982).

Hesíodo o **Hesiodo** Poeta griego (Ascra, Beocia, siglo VIII a. C.). Existen dudas acerca de sus obras, pero se consideran como indiscutiblemente suyas *Los trabajos y los días*, la *Teogonía*, y un poema descriptivo sobre *El escudo de Hércules*.

Hesperia *Geog. hist.* Nombre griego que se dio en la Antigüedad a las penínsulas Ibérica e Itálica.

hespéride adj. Relativo a las Hespérides.

Hespérides *Mit.* Hijas de Atlas y Hésperis, eran tres hermanas, Egle, Eritia y Aretusa, a las que Hera encargó la custodia de las manzanas de oro que le habían sido regaladas por Gea.

Hespérides *Geog. hist.* Nombre de unas tierras del Atlántico, las más occidentales del mundo, según los griegos, que se cree eran las Canarias o el archipiélago de Cabo Verde.

hesperidio m. *Bot.* Fruto carnoso característico de los agrios.

hesperio, ria o **héspero, ra** adj. y s. **1** De una u otra Hesperia (España o Italia). **2** Relativo a ellas.

Héspero *Astron.* El planeta Venus, por verse frecuentemente al ponerse el Sol.

Hess, Germain Henri Químico ruso de origen suizo (Ginebra, 1802 - San Petersburgo, 1850). Enunció la ley fundamental de la termodinámica (LEY DE HESS).

Hess, ley de *Quím.* La formulada por Germain H. Hess que afirma que el calor total absorbido o desarrollado en una transformación química depende únicamente de los estados inicial y final, no de las fases intermedias.

Hess, Rudolf (WALTER RICHARD RUDOLF HESS, llamado) Político alemán (Alejandría, 1894 - Berlín, 1987). Colaboró en el golpe de Estado de 1923 con Hitler, que lo nombró secretario privado y sucesor. En 1941 se lanzó en paracaídas sobre Escocia para entablar negociaciones de paz con Inglaterra. Fue condenado por el Tribunal de Núremberg a cadena perpetua y recluido en Spandau (Berlín), donde se suicidó en 1987.

Hess, Victor Francis Físico estadounidense de origen austriaco (Waldstein, 1883 - Mount Vernon, 1964). Estudió la conductividad eléctrica de la atmósfera a diversas altitudes y demostró la existencia de los rayos cósmicos. En 1936 recibió el premio Nobel de Física, compartido con Anderson.

Hess, Walter Rudolf Fisiólogo suizo (Frauenfeld, 1881 - Locarno, 1973). Investigó el sistema nervioso autónomo y desarrolló un método para su estimulación eléctrica. En 1949 recibió el premio Nobel de Fisiología y Medicina.

Hesse Land de Alemania; 21.114 km^2 y 6.031.300 h. Su capital es Wiesbaden. Agricultura y ganadería. Industria metalúrgica, química, mecánica, automovilística, textil, alimentaria y electrónica. Antiguo principado de Alemania.

Charlton **Heston**. Escena de *Alaska*, dirigida por F. Heston.

Hesse, Hermann Escritor suizo de origen alemán (Calw, 1877 - Montagnola, 1962). Último representante del romanticismo alemán. Influido por la filosofía oriental y el psicoanálisis, es autor de *Bajo las ruedas* (1906), *Knulp* (1915), *Siddhartha* (1922), *El lobo estepario* (1927) y *El juego de los abalorios* (1943). Obtuvo el premio Nobel de Literatura en 1946.

Hesse-Darmstadt *Geog. hist.* Antiguo principado de Alemania, que en 1806 fue erigido en gran ducado de la Confederación del Rhin. Actualmente, está integrado en el Land de Hesse.

Hesse-Homburg *Geog. hist.* Antiguo Land de Alemania, separado de Hesse-Darmstadt en 1622 e incorporado a Prusia en 1866.

Hesse-Kassel *Geog. hist.* Antiguo principado de Alemania, fue anexionado a Prusia en 1866, y dos años más tarde, incorporado a la provincia de Hesse-Nassau.

Hesse-Nassau *Geog. hist.* Atigua provincia de Alemania, creada en 1868 por la fusión de Hesse-Kassel y de Hesse-Homburg; actualmente está integrada en los Länder de Hesse y Renania-Palatinado.

Hessen HESSE.

Hestia *Mit.* Diosa del hogar, hija de Crono y Rea, y hermana de Zeus. Su nombre latino es *Vesta*.

Heston, Charlton Actor de cine estadounidense (Evanston, 1923). En 1956 obtuvo su primer papel de importancia con *Los diez mandamientos*. Entre sus películas posteriores se pueden destacar *Horizontes de grandeza* y *Sed de mal* (1958), *Ben-Hur* (1959), por la que obtuvo un Oscar; *El Cid* (1961), *55 días en Pekín* (1963), *El planeta de los simios* (1967) o *Alaska* (1996).

hetaira o **hetera** f. **1** *Hist.* En la antigua Grecia, dama cortesana de elevada condición. **2** Prostituta, mujer pública.

heter- pref. HETERO-.

hetero-, heter- prefs. que significan diversidad.

heterocarpo, pa adj. *Bot.* Se dice de la planta que produce dos o más tipos distintos de frutos.

Werner **Herzog**. Escena de *Nosferatu*, con Klaus Kinski y Bruno Ganz.

HETEROCERCO, CA adj. *Zool.* Se dice de la aleta caudal de los peces cuyo lóbulo superior es más grande que el inferior.

HETEROCIGOTO, TA adj. y s. *Biol.* Se dice del individuo resultante de un cigoto que contiene dos factores diferentes en un par de alelomorfos.

HETERODINO m. *Fís.* Receptor que produce ondas sostenidas de frecuencia ligeramente distinta a la de las ondas transmitidas.

HETERODOXIA f. **1** *Rel.* Disconformidad con el dogma católico. **2** Por extensión, disconformidad con la doctrina fundamental de cualquier secta, escuela, organización, etc.

HETERODOXO, XA adj. **1** Referente o relativo a la heterodoxia. **2** Se dice de las personas, opiniones, etc., que presentan heterodoxia o están conformes con ella. **3** No conforme con la doctrina fundamental de una secta o sistema. También s. **4** Por extensión, disconforme con doctrinas o prácticas generalmente admitidas.

HETERÓFITO, TA adj. *Bot.* Se dice de la planta heterótrofa que vive de forma saprófita, como los hongos, o parásita, como el orobanque.

HETEROGENEIDAD f. **1** Calidad de heterogéneo. **2** Mezcla de partes de diversa naturaleza en un todo.

HETEROGÉNEO, A adj. Compuesto de partes de diversa naturaleza.

HETEROMANCIA o **HETEROMANCÍA** f. Adivinación supersticiosa a partir del vuelo de las aves.

HETERÓMERO, RA adj. **1** *Bot.* Se dice de la flor con uno o más verticilos integrados por un número distinto de piezas que el resto de los verticilos. **2** *Zool.* TENEBRIÓNIDO.

HETERONIMIA f. *Ling.* Fenómeno por el cual palabras de gran proximidad semántica entre sí proceden de étimos diferentes.

HETERÓNIMO m. **1** *Ling.* Cada una de las palabras que constituyen una heteronimia. **2** Nombre, distinto del suyo verdadero, con que un autor firma una parte de su obra.

HETEROPLASTIA f. *Med.* Implantación de injertos orgánicos procedentes de otro individuo de distinta especie.

HETERÓPTERO, RA adj. y m. *Zool.* **1** Se dice de los insectos hemípteros con cuatro alas, las dos posteriores membranosas y las anteriores (hemiélitros) coriáceas en su base, como todas las chinches, los zapateros y otros. || m. pl. *Zool.* **2** Orden de estos animales.

HETEROSEXUAL adj. **1** Se dice de la relación erótica entre individuos de diferente sexo. **2** Se dice de los individuos que practican esta relación. También com. **3** Perteneciente o relativo a la heterosexualidad.

HETEROSEXUALIDAD f. **1** Inclinación sexual hacia el otro sexo. **2** Práctica de la relación erótica heterosexual.

HETEROSFERA f. *Fís.* Región de la atmósfera en que la masa molecular media varía constantemente.

HETEROTERMO, MA adj. *Zool.* Se dice del animal homeotermo (sangre caliente), que en invierno se comporta como poiquilotermo, permaneciendo en estado de hibernación, como el oso.

HETERÓTROFO, FA adj. *Biol.* Se dice del organismo incapaz de elaborar su propia materia orgánica a partir de sustancias inorgánicas.

HÉTICO, CA adj. **1** *Med.* TÍSICO. **2** *Med.* Relativo a este enfermo. **3** fig. Que está muy flaco. También s.

HETIQUEZ f. *Med.* HECTIQUEZ.

HEUREAUX, ULISES General y político dominicano (Cap-Haïtien, 1845 - Moca, 1899). Participó en las luchas de independencia. Como vicepresidente de la República (1882-84 y 1887-99), estableció un régimen dictatorial. Murió asesinado.

HEURÍSTICA f. **1** Arte de inventar. **2** *Hist.* Método de investigación de fuentes históricas.

HEURÍSTICO, CA adj. Relativo a la heurística.

HEUSS, THEODOR Político alemán (Brackenheim, 1884 - Stuttgart, 1963). En 1949 fue elegido primer presidente de la República Federal Alemana, cargo que ocupó hasta 1959.

HEVEA f. *Bot.* Nombre de diversos árboles de la familia euforbiáceas, género *Hevea*, originarios de América, que producen un látex con el que se elabora caucho.

HEVELIUS, JOHANNES (JOHANN HEWELL, llamado) Astrónomo polaco (Gdansk, 1611 - íd., 1687). Estableció el primer mapa de la topografía de la luna.

HEVESY, JOSEPH GEORG CHARLES VON Químico sueco de origen húngaro (Budapest, 1885 - Friburgo de Brisgovia, 1966). En 1943 recibió el premio Nobel de Química, por sus trabajos sobre el uso de isótopos en el estudio de los procesos químicos.

HEWISH, ANTHONY Astrónomo británico (Fowey, 1924). En 1974 recibió el premio Nobel de Física, compartido con M. Ryle, por sus investigaciones decisivas para el descubrimiento de los púlsares.

HEX-, HEXA- prefs. que significan seis.

HEXACORALARIO, RIA adj. y s. *Zool.* **1** Se dice de los celentéreos antozoos cuya boca está rodeada por seis tentáculos. Al grupo pertenecen las actinias y madréporas. || m. pl. *Zool.* **2** Subclase de estos animales.

HEXACORDO m. *Mús.* **1** Escala para canto llano compuesta de las seis primeras notas usuales, e inventada en el siglo XI por Guido d'Arezzo. **2** Intervalo de sexta en la escala musical.

HEXAEDRO m. *Geom.* CUBO.

HEXAGONAL adj. **1** *Geom.* De figura de hexágono o semejante a él. **2** *Geol.* Se dice del sistema cristalino que presenta un eje senario, seis ejes binarios, siete planos de simetría y un centro.

HEXÁGONO, NA adj. y m. *Geom.* Se dice del polígono de seis ángulos o lados.

HEXAGRAMA m. *Geom.* Figura plana compuesta de dos triángulos equiláteros que se cortan entre sí, de modo que cada lado de uno es paralelo a un lado del otro y forman un hexágono.

HEXÁMETRO adj. y m. *Poét.* VERSO HEXÁMETRO.

HEXÁNGULO, LA adj. *Geom.* Polígono de seis ángulos y seis lados.

HEXÁPODO, DA adj. y s. *Zool.* Se dice del animal con seis patas.

HEXASÍLABO, BA adj. y s. *Gram.* y *Poét.* De seis sílabas.

HEXOSA f. *Quím.* Monosacárido de seis átomos de carbono, como la fructosa, glucosa y galactosa.

HEYERDAHL, THOR Etnólogo noruego (Larvik, 1914 - norte de Italia, 2002). Realizó la travesía del Pacífico en una balsa (1947) —relatada en su obra *La expedición de la Kon-Tiki*—, como un intento de demostrar la posible relación entre América del Sur y Polinesia en la época precolombina.

HEYMANS, CORNEILLE JEAN FRANÇOIS Fisiólogo belga (Gante, 1892 - Knokke, 1968). Premio Nobel de Fisiología y Medicina (1938) por sus investigaciones sobre el funcionamiento del seno de la carótida y de la aorta en la regulación de la respiración y en la presión sanguínea.

HEYROVSKY, JAROSLAV Químico checo (Praga, 1890 - íd., 1967). En 1924 construyó el polarógrafo, instrumento para el análisis químico. Premio Nobel de Química en 1959.

HEYSE, PAUL JOHANN VON Escritor alemán (Berlín, 1830 - Munich, 1914). Enemigo del naturalismo, son dignas de mención sus narraciones *La enojada* (1855) y *Villa Falconieri* (1888), casi todas de ambiente italiano; y las novelas *Hijos del mundo* (1872), *Merlín* (1892) y *Victoria del amor*. En 1910 obtuvo el premio Nobel de Literatura.

HEZ f. **1** Poso o sedimento de algunos líquidos. Más m. pl. **2** fig. Lo más vil y despreciable de cualquier clase. || f. pl. **3** Materia de desecho eliminada por el tracto gastrointestinal.

HEZBOLÁ o **HIZBOLÁ** (Voz ár. que significa *partido de Dios*.) *Polít.* Organización político-militar libanesa, chiíta, surgida en 1982.

Hf *Quím.* Símbolo del hafnio.

HG *Fís.* Símbolo del hectogramo.

Hg *Quím.* Símbolo del mercurio.

HI com. HIJO. Sólo tiene uso en la voz compuesta *hidalgo* y en sus derivados, y en antiguas frases.

HI-FI *Tecnol.* ALTA FIDELIDAD.

HÍADES *Mit.* Hijas de Atlas y Pléyone, fueron las ninfas que criaron a Dioniso.

hibisco

HÍADES o **HÍADAS** *Astron.* Cúmulo estelar abierto en la constelación de Tauro, alrededor de la estrella Aldebarán.

HIAL- pref. HIALO-.

HIALINO, NA adj. Diáfano como el vidrio o parecido a él.

HIALO-, HIAL- prefs. que significan cristal, transparente, etc.

HIALOIDEO, A adj. Que se parece al vidrio, o que tiene sus propiedades.

HIALOPLASMA m. *Biol.* Parte del citoplasma de la célula, ópticamente clara, viscosa o gelatinosa.

HIALURÓNICO adj. *Quím.* Se dice del polisacárido de reacción ácida que forma parte de la sustancia cementante de las células animales.

HIATO m. **1** *Anat.* Hendidura, fisura. **2** *Fon.* Cacofonía que resulta de la pronunciación de dos vocablos seguidos, cuando el primero acaba en vocal y el segundo empieza también con ella o con *h* muda. **3** *Gram.* Encuentro de dos vocales que no constituyen diptongo y forman parte de sílabas distintas. **4** *Ret.* Cacofonía que resulta del encuentro de vocales en la pronunciación.

HIBERNACIÓN f. **1** *Zool.* Estado de aletargamiento causado por un descenso del metabolismo, que ayuda a soportar las bajas temperaturas y la escasez de alimento de la estación fría a muchos invertebrados y algunos vertebrados. **2** *Med.* Estado semejante producido artificialmente por el uso de drogas anestésicas.

HIBERNAR intr. Pasar el invierno, especialmente en estado de hibernación.

HIBERNÉS, SA adj. y s. De Hibernia, hoy Irlanda.

HIBERNIA Nombre latino de IRLANDA.

HIBÉRNICO, CA adj. Relativo a Hibernia.

HIBISCO m. *Bot.* Nombre de diversas plantas de la familia malváceas, género *Hibiscus*, que crecen en regiones tropicales.

HIBRIDACIÓN f. *Biol.* Producción de híbridos mediante el cruzamiento de razas, especies o géneros.

HÍBRIDO, DA adj. **1** *Biol.* Se dice del animal o vegetal obtenido por cruzamiento de individuos genéticamente diferentes. **2** fig. Se dice de lo que es producto de elementos de distinta naturaleza.

HIBUERO m. *Bot.* Árbol de la familia bignoniáceas, especie de güira.

HICACO (Voz taína.) m. *Bot.* Arbusto de la familia crisobalanáceas, de fruto parecido a la ciruela claudia.

HICKS, JOHN RICHARD Economista británico (Warwick, 1904 - Blockley, 1989). Autor de *Valor y capital*. Obtuvo, en 1972, el premio Nobel de Economía, compartido con el estadounidense Kenneth J. Arrow.

HICOTEA (Voz taína.) f. *Zool.* Reptil quelonio de la familia emítidos, que habita en América.

HICSO, SA HIKSO.

HID-[1], HIDATO-, HIDR-, HIDRO-; -HIDR-, -HIDRO-; -HÍDRICO, -HIDRO, -IDRA prefs., ins. o sufs. que significan agua: *clepsidra, hidroandrosterona*.

HID-[2] pref. *Quím.* HIDRO-.

HIDALGO, GA adj. y m. y f. **1** Persona de linaje noble y distinguido. || adj. **2** Relativo a esa persona. **3** fig. Se dice de la persona generosa y noble.

HIDALGO Estado de México, región Centro; 20.813 km² y 2.166.122 h. Su capital es Pachuca. Yacimientos de oro, plata, mercurio, cinc y antimonio. Industria mecánica y cementera.

HIDALGO, BARTOLOMÉ Poeta uruguayo (Montevideo, 1788 - Morón, 1822). Iniciador de la literatura gauchesca, ejerció influencia en la poesía popular rioplatense con sus *Cielitos*, cuartetos de ocho sílabas.

Anthony **Hewish**

HIDALGO DE CISNEROS, BALTASAR Marino español (Cartagena, 1770 - íd., 1829). Luchó en la batalla de Trafalgar; fue el último virrey del Río de la Plata (1809-10).

HIDALGO Y COSTILLA, MIGUEL Sacerdote y patriota mexicano (Corralejo, 1753 - Chihuahua, 1811). En 1810 proclamó en Dolores, hoy Dolores Hidalgo, la independencia de Nueva España. Ganó a los realistas la batalla del monte de las Cruces, pero vencido por el general Calleja en el puente de Calderón, emprendió camino hacia Texas; fue capturado y fusilado.

HIDALGUENSE adj. y com. Del Estado mexicano de Hidalgo.

HIDALGUÍA o **HIDALGUEZ** f. 1 Calidad de hidalgo. 2 fig. Generosidad, nobleza.

HIDÁTIDE f. *Pat.* 1 Quiste formado en los tejidos por crecimiento de las larvas de la tenia equinococo. 2 Quiste hidatídico.

HIDATÍDICO, CA adj. *Med.* Relativo a la hidátide.

HIDATO- pref. HID-[1].

HIDERABAD Hyderabad.

HIDEYOSHI TOYOTOMI General y político japonés (Nakamura, 1536 - Fushimi, 1598). Dueño del poder absoluto desde 1586, unificó y pacificó el país.

HIDR-; **-HIDR-** pref. o in. HID-[1].

HIDRA f. *Zool.* Nombre de diversos cnidarios hidrozoos de aguas dulces. 2 Serpiente acuática, venenosa, de las costas del Pacífico y del mar de las Indias.

HIDRA *Mit.* Monstruo del lago de Lerna, con siete cabezas que renacían a medida que se cortaban. Lo mató Hércules, cortándole todas las cabezas de un golpe.

HIDRA *Astron.* Constelación austral situada al S de Leo y Virgo.

HIDRÁCIDA o **HIDRACIDA** f. *Quím.* Cuerpo resultante de la combinación de un ácido orgánico con una amina, empleado en el tratamiento de la tuberculosis.

HIDRÁCIDO m. *Quím.* Compuesto binario formado por la unión de un no metal con el hidrógeno.

HIDRACINA f. *Quím.* Base orgánica formada por dos grupos amino unidos entre sí, de fórmula NH_2–NH_2.

HIDRARGIRO m. *Quím.* MERCURIO.

HIDRATACIÓN f. Acción y efecto de hidratar.

HIDRATAR tr. y prnl. *Quím.* 1 Combinar un cuerpo con agua. 2 Restablecer el grado de humedad normal de la piel.

HIDRATO m. *Quím.* Combinación de un cuerpo con el agua. || **HIDRATO DE CARBONO** *Quím.* GLÚCIDO.

HIDRÁULICA f. 1 *Fís.* Parte de la mecánica que estudia el equilibrio y el movimiento de los fluidos. 2 Arte de conducir y aprovechar las aguas.

HIDRÁULICO, CA adj. 1 *Fís.* Relativo a la hidráulica. 2 Que se mueve por medio del agua. 3 Se dice de las cales y cementos que se endurecen en contacto con el agua.

HIDRIA f. *Arqueol.* Vasija grande, especie de cántaro o tinaja, que usaron los antiguos.

-HÍDRICO suf. 1 HID-[1]. 2 *Quím.* Terminación del nombre del no metal cuando se combina un ácido hidrácido.

HÍDRICO, CA adj. *Fís.* Perteneciente o relativo al agua.

HIDRO- pref. 1 HID-[1]. 2 *Quím.* Significa que la molécula del compuesto contiene uno o más átomos de hidrógeno.

-HÍDRICO; **-HIDRO-** suf. o in. HID-[1].

HIDROAVIÓN m. *Aeron.* Aeroplano que, en lugar de ruedas de aterrizaje, lleva flotadores para posarse sobre el agua.

HIDROBIOLOGÍA f. *Biol.* Ciencia que estudia la vida de los animales y las plantas que pueblan las aguas.

HIDROCARBURO m. *Quím.* Compuesto químico formado exclusivamente por carbono e hidrógeno. Se agrupan en tres series: *alifática*, *alicíclica* y *aromática*. Forman parte de la primera los hidrocarburos acíclicos saturados (sólo con enlaces sencillos) y no saturados (con doble o triple enlace); de la segunda los cíclicos, que pueden, a su vez, ser saturados o no; en la serie aromática está el benceno y sus derivados, así como los que presentan un sistema cíclico de dobles enlaces alternados, cuyo número total de electrones que forman los enlaces es 24. || **HIDROCARBUROS NATURALES** *Quím.* Compuestos orgánicos naturales, a los que pertenecen principalmente el petróleo, gas natural, asfaltos y ceras minerales.

HIDROCEFALIA f. *Med.* Acumulación de líquido cefalorraquídeo en el cráneo.

HIDROCELE f. *Med.* Acumulación de líquido en las membranas que rodean el testículo. 2 *Zool.* Sistema vascular acuífero de los equinodermos.

HIDROCORAL adj. *Zool.* 1 Se dice del hidrozoo que presenta formas de pólipo y medusa. || m. pl. *Zool.* 2 Subclase de estos animales.

HIDROCORIA f. *Biol.* Forma de dispersión de las diásporas por el agua.

HIDRODINÁMICA f. *Fís.* Parte de la mecánica que estudia el movimiento de los fluidos.

hiedra

HIDROELECTRICIDAD f. *Fís.* Energía eléctrica obtenida por fuerza hidráulica.

HIDROFILACIO m. *Geol.* Cavidad subterránea llena de agua.

HIDRÓFILO, LA adj. 1 *Fís.* Se dice de la materia que tiene la propiedad de absorber el agua. 2 *Zool.* Coleóptero acuático de cuerpo convexivo y oval y color negro.

HIDRÓFITO, TA adj. *Bot.* 1 Se dice de la planta acuática enraizada en el fondo y cuyas hojas flotan. 2 Según la clasificación de los tipos biológicos de Ellemberg y Mueller-Dombois, se dice de la planta autótrofa vascular que vaga en el agua. 3 Se aplica a la planta arraigada en el agua durante un periodo de su vida.

HIDROFOBIA f. 1 Horror al agua. 2 *Pat.* RABIA, enfermedad.

HIDRÓFOBO, BA adj. y s. 1 *Quím.* Que repele o no adsorbe ni absorbe agua. 2 *Med.* Que padece hidrofobia.

HIDRÓFUGO, GA adj. y m. *Quím.* Se dice de la sustancia que evita la humedad o las filtraciones.

HIDROGENACIÓN f. *Quím.* Proceso por el que se incorpora hidrógeno en un compuesto.

HIDROGENIÓN m. *Quím.* Ion de hidrógeno.

HIDRÓGENO m. *Quím.* Elemento químico, el primero del sistema periódico, perteneciente al grupo I A. Masa atómica 1,008; número atómico 1; punto de fusión −252,14 °C; punto de ebullición −252,87 °C; símbolo, H. Es un gas incoloro, inodoro e insípido, que arde en el aire y, combinado con el oxígeno, forma el agua. Es el más ligero y abundante de todos los elementos del universo. || **HIDRÓGENO ATÓMICO** o **ACTIVO** *Quím.* Aquel cuya molécula consta de un sólo átomo.

HIDROGRAFÍA f. *Geog.* Parte de la geografía física que trata de la descripción de los mares y las corrientes de agua.

HIDROGRÁFICO, CA adj. *Geog.* Relativo a la hidrografía.

HIDRÓLISIS f. *Quím.* Desdoblamiento de un compuesto químico por acción del agua.

HIDROLOGÍA f. *Geol.* Ciencia que estudia las aguas continentales.

HIDROLÓGICO, CA adj. *Geol.* Relativo a la hidrología.

HIDROMECÁNICO, CA adj. *Tecnol.* Se dice del dispositivo o aparato que aprovecha el agua como fuerza motriz.

HIDROMEDUSA f. *Zool.* Medusa perteneciente a la clase hidrozoos.

HIDROMETRÍA f. *Fís.* Parte de la hidrodinámica que se ocupa de la medición del caudal, la velocidad o la fuerza de los líquidos en movimiento.

HIDROMÉTRICO, CA adj. *Fís.* Relativo a la hidrometría.

HIDRÓMETRO m. *Fís.* Instrumento que sirve para medir el caudal, la velocidad o la fuerza de los líquidos en movimiento.

HIDROMIEL m. AGUAMIEL.

HIDROMORFO, FA adj. *Bot.* Se dice de la planta provista de estructuras especiales para vivir sumergida en el agua.

HIDRONIMIA f. Parte de la toponimia que estudia el origen y significación de los nombres de los ríos, arroyos, lagos, etc.

HIDRÓNIMO m. Nombre de río, lago, arroyo, etc.

HIDROPATÍA f. *Pat.* Afección morbosa producida por el agua o el sudor.

HIDROPESÍA f. *Pat.* EDEMA.

HIDRÓPICO, CA adj. 1 *Med.* Que padece hidropesía. También s. 2 fig. INSACIABLE. 3 fig. Sediento.

HIDROPLANO m. 1 Embarcación provista de aletas inclinadas que, al marchar, sostienen gran parte del peso del aparato. 2 HIDROAVIÓN.

HIDROPONÍA f. *Bot.* Cultivo de plantas en soluciones acuosas que contienen los elementos nutritivos.

HIDROPTERÍNEO, A adj. y f. *Bot.* 1 Se dice de la planta criptógama pteridofita, acuática. || f. pl. *Bot.* 2 Clase de estas plantas.

HIDROQUÍMICO, CA adj. *Geol.* Que se refiere a la composición química de las aguas naturales.

HIDROQUINONA f. *Quím.* Paradifenol, uno de los tres fenoles divalentes, de fórmula $C_6H_4(OH)_2$. Se utiliza como revelador fotográfico.

HIDROSERE o **HIDROSERIE** f. *Ecol.* Sucesión primaria que se inicia con especies pioneras capaces de vivir sumergidas o en lugares inundados.

HIDROSFERA f. *Geol.* Conjunto de las aguas líquidas, sólidas y gaseosas de las capas superficiales de la corteza terrestre y la atmósfera.

HIDROSILICATO m. *Quím.* Silicato hidratado.

HIDROSOL m. *Quím.* Solución coloidal en el agua.

HIDROSOLUBLE adj. *Quím.* Se dice de la sustancia soluble en el agua.

HIDROSTÁTICA f. *Fís.* Parte de la mecánica que estudia el equilibrio de los fluidos en reposo.

HIDROTAXIS f. *Biol.* Movimiento de un organismo en respuesta a un estímulo de humedad.

HIDROTECNIA f. *Tecnol.* Arte de construir aparatos hidráulicos.

HIDROTERAPIA f. *Med.* Tratamiento de las enfermedades por medio del agua.

HIDROTERMAL adj. Se dice de los procesos en que interviene el agua a temperatura elevada.

HIDROTROPISMO m. *Bot.* HIDROTAXIS.

HIDRÓXIDO m. *Quím.* Compuesto formado por la unión de un radical monovalente hidroxilo (–OH) con un metal, o elemento electropositivo.

HIDROXILO m. *Quím.* Radical monovalente formado por un átomo de hidrógeno y otro de oxígeno, enlazados entre sí (–OH).

HIDROZOO, A adj. y m. *Zool.* 1 Se dice del celentéreo que se presenta bajo dos formas biológicas: pólipo y medusa. || m. pl. *Zool.* 2 Clase de estos animales.

HIDRURO m. *Quím.* Compuesto de hidrógeno y otro elemento. Si éste es un no metal, el hidruro es líquido o gaseoso.

HIEDRA f. *Bot.* 1 Planta trepadora leñosa perteneciente a la familia araliáceas, de nombre científico *Hedera helix*. Crece alrededor de los árboles o sobre las paredes, a los que se fijan por raíces adventicias y prefiere los lugares umbríos. 2 Nombre de varias especies de plantas trepadoras.

HIEL f. 1 *Fisiol.* BILIS. 2 fig. Amargura, aspereza. || f. pl. 3 fig. Trabajos, adversidades.

HIELO m. 1 *Fís.* Agua en estado sólido, de aspecto transparente y cristalino, que se forma por un descenso suficiente de temperatura. Este estado supone un aumento de volumen del 9% con respecto al líquido. 2 Acción de helar o helarse. 3 fig. Frialdad en los afectos. 4 fig. Pasmo. || **HIELO SECO** *Quím.* Anhídrido carbónico congelado que se emplea en refrigeración e ingeniería. || **quedarse de hielo** fr. fig. Quedarse atónito o paralizado ante un acontecimiento. || **romper el hielo** fr. fig. y fam. En el trato personal o en una reunión, quebrantar la reserva, el embarazo o el recelo que por cualquier motivo exista.

HIEMAL adj. *Meteor.* INVERNAL.

HIENA f. 1 *Zool.* Nombre de varias especies de mamíferos carnívoros de la familia hiénidos, géneros *Hyaena*, *Lycaena* y *Crocuta*. Su principal característica es que las patas traseras son más cortas que las delanteras, por lo que el lomo aparece inclinado. 2 fig. Persona de malos instintos o cruel.

HIERA- pref. HIERO-.

HIERÁPOLIS *Hist.* Antigua ciudad de Frigia. Fue fundada en 190 a. C. por Eumenes II, rey de Pérgamo.

HIERÁTICO, CA adj. 1 Relativo a las cosas sagradas o a los sacerdotes. 2 *Ling.* Se dice de cierta escritura de los antiguos egipcios, abreviación esquematizada de la jeroglífica. 3 *Arte.* Se dice de la escultura y la pintura religiosas frías y poco expresivas, que reproducen formas tradicionales. 4 fig. Que afecta solemnidad extrema.

hiena manchada.

HIERATISMO m. Calidad de hierático.
HIERBA f. 1 *Bot.* Planta que carece de partes leñosas. Suele tener tallos delgados y tiernos, que perecen después de dar la simiente en el mismo año, o a lo más al segundo. 2 *Bot.* Conjunto de muchas hierbas que nacen en un terreno. 3 *Geol.* Mancha de las esmeraldas. 4 Nombre dado a algunas drogas, especialmente a la marihuana. 5 Veneno hecho con hierbas venenosas. Más en pl. || f. pl. 6 Pastos que hay en las dehesas para los ganados. 7 Hablando de los animales que se crían en los pastos, años. || **HIERBA CANA** *Bot.* Planta herbácea de la familia compuestas, con tallo ramoso, flores amarillas, tubulares, y fruto seco y con semillas coronadas de vilanos blancos, que semejan pelos canos. || **HIERBA DONCELLA** *Bot.* Planta herbácea de la familia apocináceas. || **HIERBA MATE** o **DEL PARAGUAY** *Bot.* Pequeño árbol perteneciente a la familia aquifoliáceas, de nombre científico *Ilex paraguariensis*, que crece en el N de Argentina, Paraguay, Uruguay y Brasil. Con sus hojas tostadas y molidas se prepara el mate. || **HIERBA PIOJERA** *Bot.* ESTAFISAGRIA. || **HIERBA DE SANTA MARÍA** *Bot.* Planta herbácea de la familia compuestas. || **MALA HIERBA** Planta perjudicial que crece en los sembrados. También se dice, en sentido figurado, de las personas de mala índole o condición, sobre todo cuando ejercen influencia negativa sobre otros.
HIERBABUENA f. *Bot.* 1 MENTA. 2 Nombre que se da a otras plantas de la familia labiadas parecidas a la anterior, como el mastranzo, sándalo y poleo.
HIERBAL m. *Bot. Chile* Sitio de mucha hierba.
HIERBALUISA f. *Bot.* LUISA.
HIERBAMORA f. *Bot.* Arbusto perteneciente a la familia amarantáceas, de nombre científico *Bosia yervamora*, endémico de las islas Canarias. Sus frutos se utilizan para teñir la ropa.
HIERO-, **HIERA-**, **JERO-** prefs. que significan sagrado.
HIEROFANTE o **HIEROFANTA** m. *Hist.* y *Rel.* Sacerdote del templo de Ceres Eleusina y de otros varios de Grecia, que dirigía las ceremonias de la iniciación en los misterios sagrados.
HIERÓN Nombre de dos tiranos de Siracusa.
HIERÓN I (? - ?, 466 a. C.). Sucesor de su hermano Gelón, gobernó la ciudad del año 478 al 466 a. C. Su corte fue frecuentada por poetas como Píndaro, Esquilo, Epicarmo y Simónides.
HIERÓN II (Siracusa, h. 306 - ?, 215 a. C.). Hijo de Hierocles, gobernó la ciudad del año 265 al 215 a. C. Ante la amenaza romana pidió auxilio a Cartago, lo que provocó la primera guerra púnica. Vencido por Roma (264 a. C.), pactó una paz ventajosa.
HIEROSCOPIA f. Arte supersticiosa de adivinar por las entrañas de los animales.
HIERRO m. 1 *Quím.* Elemento químico del grupo VIII B del sistema periódico. Masa atómica 55,84; número atómico 26; peso específico a 20º C 7,87; punto de fusión 1.535° C; símbolo Fe. Metal dúctil, maleable y muy tenaz, de color gris argénteo, que puede recibir pulimento y es el más empleado en la industria (básico para el acero y la fundición) y en las artes. Se imana fácilmente, por poco tiempo, en estado puro, y permanentemente cuando contiene carbono (acero). Es inoxidable en el aire seco, pero se oxida rápidamente en el húmedo. Se combina con el oxígeno, carbono, azufre, etc. 2 Marca, e instrumento para hacerla, que se pone con hierro candente en los ganados y a otras cosas como garantía y contraste. 3 *Arm.* Pieza de hierro o de acero que se pone en el extremo de las lanzas, saetas y armas semejantes. 4 fig. Arma, instrumento o pieza de hierro o acero. || m. pl. 5 Cadenas o grilletes de hierro que se ponen a los presos. || **quitar hierro** fr. fig. y fam. Quitar importancia.
HIERRO, EL Isla de España, provincia de Santa Cruz de Tenerife; 269 km² y 7.846 h. Capital, Valverde.
HIERRO, EDAD DEL *Prehist.* Periodo de la prehistoria caracterizado por la industria del hierro para la fabricación de armas y herramientas, iniciado en Asia Menor en el siglo XIV a. C. En Europa se desarrolló entre el siglo X a. C. y la expansión romana por el Mediterráneo (siglo III a. C.). Se divide en dos subperiodos, denominados de *Hallstatt* y *La Tène*. El primero, coincidente con el dominio de la cultura celta, se caracteriza por la ornamentación geométrica y la organización en poblados fortificados. Se prolongó hasta el siglo V a. C. Durante el periodo de La Tène, se intensificaron los contactos culturales de los distintos pueblos. En esta etapa aparecen motivos vegetales y zoomórficos esquematizados, se generaliza el empleo de la espiral y comienza a desarrollarse la acuñación de moneda.
HIERRO, JOSÉ Poeta español (Madrid, 1922 - íd., 2002). Miembro de la «generación de la posguerra», es autor de *Alegría* (1947), *Tierra sin nosotros* (1947), *Con las piedras, con el viento* (1950), *Quinta del 42* (1953), *Estatuas yacentes* (1954), *Cuanto sé de mí* (1957), *Libro de las alucinaciones* (1964), *Cabotaje* (1989), *Agenda*

José **Hierro**

(1991) y *Cuaderno de Nueva York* (1998; Premio Nacional de Poesía en 1999). En 1981 fue galardonado con el premio Príncipe de Asturias de las Letras y en 1998, con el premio Cervantes. En 1999 ingresó en la Real Academia Española.
HIF-¹ pref. HIPO-².
HIF-² pref. HIPO-¹, debajo de.
HIFA f. *Bot.* Filamento simple o ramificado del micelio de un hongo o del talo de un alga marina.
HIG-, **HIGIO-** prefs. que significan salud, sanidad.
HIGA f. 1 Acción injuriosa, que se ejecuta con la mano, cerrado el puño, mostrando el dedo pulgar por entre los dedos índice y cordial. 2 fig. Burla, desprecio.
HIGADILLO m. *Zool.* Hígado de los animales pequeños, particularmente de las aves.
HÍGADO m. 1 *Anat.* Glándula impar aneja del aparato digestivo, la mayor del cuerpo, que en el hombre y demás mamíferos está situada bajo el diafragma, a la derecha; pesa de 1,5 a 2 kg, es de color rojo oscuro y está constituida por una masa de parénquima envuelta en una cápsula. Segrega la bilis, ciertas proteínas y enzimas y elimina toxinas de la circulación; además, forma el glucógeno y fija las grasas. 2 fig. Ánimo, valentía. Más en pl. || **echar** uno **los hígados** fr. fig. y fam. Esforzarse muchísimo en conseguir algo.
HIGASHI-OSAKA Ciudad de Japón, prefectura de Osaka, en la isla de Honshu; 517.228 h.
HIGHLAND Distrito unitario del Reino Unido, en Escocia; 208.300 h.
HIGHLANDS Nombre que se aplica a las Tierras Altas de Escocia, que comprenden la mayor parte del país, en la zona NO, en contraposición a las *Lowlands* o Tierras Bajas del centro. Su relieve es montañoso y está salpicado por cuencas lacustres *(lochs)*. Extensos pastos. Turismo.
HIGHSMITH, PATRICIA Escritora estadounidense (Fort Worth, 1921 - Locarno, 1995). Figura clave de la narrativa policiaca y de la llamada «psicología del horror», es autora de *Extraños en un tren* (1950), *A pleno sol* (1955), *El amigo americano* (1974), *A merced del viento* (1979), *El hechizo de Elsie* (1986) y *Ripley Under Water* (1992).
HIGIENE f. 1 *Med.* Rama de la medicina que tiene por objeto la salud y su conservación. 2 fig. Limpieza, aseo de las viviendas y poblaciones.

HIGIENIZAR tr. *Med.* Disponer o preparar una cosa conforme a las prescripciones de la higiene.
HIGINIO, SAN Papa griego (Atenas, ? - ?). Ocupó el solio pontificio de 136 a 140.
HIGINIO, CAYO JULIO Escritor latino (s. I). Esclavo de origen hispánico, fue emancipado por Augusto, que le encargó la biblioteca palatina. Es autor de un *Comentario sobre Virgilio*.
HIGO- pref. HIG-.
HIGO m. 1 *Bot.* Segundo fruto, después de la breva, de la higuera. Es un sicono, compuesto por un receptáculo carnoso y hueco, blando y de sabor dulce. 2 Cosa insignificante, de poco o ningún valor. || **HIGO CHUMBO** *Bot.* Fruto de la chumbera.
HIGR-, **HIGRO-**; **-HIGRA**, **-HÍGRICO** prefs. o sufs. que significan húmedo: *higrofito, isohigra*.
HIGRÓFILO, LA adj. *Ecol.* Se dice del organismo o formación que para realizar su ciclo biológico precisa de la humedad.
HIGROMA f. *Med.* 1 Inflamación de las bolsas serosas. 2 Distensión de la vaina sinovial de un tendón.
HIGROMETRÍA f. *Fís.* Parte de la física que estudia las causas productoras de la humedad atmosférica y mide sus variaciones.
HIGRÓMETRO m. *Meteor.* Instrumento para determinar la humedad relativa del aire atmosférico.
HIGROMÓRFICO, CA o **HIGROMORFO, FA** adj. *Bot.* Se dice de la especie vegetal que generalmente vive en zonas de ambiente o suelo húmedo.
HIGROSCOPÍA f. *Fís.* HIGROMETRÍA.
HIGROSCOPICIDAD f. *Fís.* Propiedad de algunos cuerpos orgánicos y compuestos químicos de absorber la humedad ambiental.
HIGROSCOPIO m. *Fís.* 1 HIGRÓMETRO. 2 Instrumento de diferentes formas, que indica el estado higrométrico del aire.
HIGÜELA o **HIGUELA** f. Arma blanca que usa el podenquero para rematar la res apresada por los perros.
HIGUERA f. *Bot.* Arbusto o pequeño árbol perteneciente a la familia moráceas, de nombre científico *Ficus carica*. Es de media altura, con ramas gruesas, madera blanca y hojas grandes, caedizas, lobuladas e insertas en un pedúnculo bastante largo. Sus frutos son la breva y el higo.
HIGUERAL m. *Bot.* Sitio poblado de higueras.
HIGUERILLA f. *Bot.* RICINO.
HIGUERÓN o **HIGUEROTE** m. *Bot.* Árbol de la familia moráceas, de fruto jugoso y madera muy fuerte.
HIGUERUELA f. *Bot.* Planta herbácea perenne perteneciente a la familia leguminosas, de nombre científico *Psoralea bituminosa*. Crece por la región mediterránea y Arabia.
HIGUÍ, AL loc. fam. Entretenimiento de carnaval que consistía en poner un higo seco suspendido de un palo y hacerlo saltar en el aire, mientras los muchachos trataban de cogerlo con la boca.
HÍJAR Municipio y lugar de España, provincia de Teruel; 1.974 h. Notable iglesia parroquial.
HIJASTRO, TRA m. y f. Hijo o hija de uno de los cónyuges, respecto del otro.
HIJO, JA m. y f. 1 *Biol.* Organismo vivo, respecto de su padre o de su madre. 2 fig. Cualquier persona, respecto del país, provincia o pueblo de que es natural. 3 fig. Religioso, con relación al fundador de su orden y a la casa donde tomó hábito. 4 fig. Cualquier obra o producción del ingenio. 5 Nombre que se suele dar al yerno y a la nuera, respecto de los suegros. 6 Expresión de cariño. || m. pl. 7 Descendientes. || **HIJO BASTARDO** El de padres que no podían contraer matrimonio al tiempo de la concepción ni al del nacimiento. También el ilegítimo de padre conocido. || **HIJO DE DIOS** *Teol.* El Verbo eterno, engendrado por su Padre. También, en

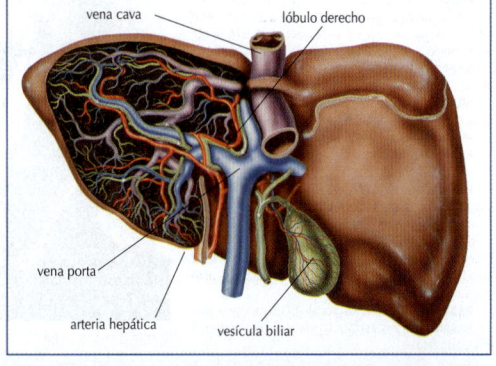

hígado

Johann Lukas von **Hildebrandt**. Palacio Belvedere (Viena).

sentido místico, el que está en gracia de Dios. || **HIJO DEL HOMBRE** Rel. Expresión que aparece en el Antiguo Testamento y con la que Jesucristo se designa a sí mismo en diversos pasajes evangélicos. || **HIJO ESPURIO** El ilegítimo de padre desconocido. || **HIJO ILEGÍTIMO** El de padres no unidos en matrimonio. || **HIJO LEGITIMADO** El natural que se equipara en todo al legítimo por subsiguiente matrimonio de los padres. || **HIJO LEGÍTIMO** El nacido de legítimo matrimonio. || **HIJO NATURAL** El de padres solteros que pueden casarse. || **HIJO DE PAPÁ** Persona bien situada por el influjo o el poder de su progenitor. || **HIJO RECONOCIDO** El natural al que el padre o la madre, o ambos, reconocen de forma legal. || **hijo de puta** expr. injuriosa o de desprecio.

HIJUELA f. 1 Cosa aneja o subordinada a otra. 2 Tira de tela que se pone en una pieza de vestir para ensancharla. 3 Colchón estrecho y delgado, que se pone en la cama debajo de los otros. 4 Liturg. Lienzo circular que cubre la hostia sobre la patena hasta el momento del ofertorio. 5 Agr. Canal o reguero que conduce el agua desde la acequia al campo que se ha de regar, y escurre el sobrante a otros canales de evacuación. 6 Camino o vereda que se separa de otro principal. 7 Der. Documento donde se reseñan los bienes que tocan en una partición a cada heredero. 8 Der. Conjunto de estos bienes. 9 Bot. Simiente que tienen las palmas y palmitos. 10 Chile y Ecuad. Fundo rústico que se toma de la división de otro mayor.

HIJUELAR tr. Chile Dividir un fundo en hijuelas.

HIJUELO m. Bot. Retoño de planta.

HIKMET, NAZIM Escritor turco (Tesalónica, 1902 - Moscú, 1963). Autor de las obras teatrales Leyenda de amor (1948) y ¿Pero existió alguna vez Iván Ivánovich? (1956); de los libros de poemas La Gioconda (1929) y Poesías de amor (1932-62); y de la novela Los románticos (1964).

HIKSO, SA adj. Etnol. e Hist. 1 Se dice de un pueblo antiguo, originario de Siria, que invadió Egipto en el siglo XVIII a. C. Estableció su capital en Avaris. Sus reyes pertenecieron a las dinastías XV y XVI, desde 1700 a 1580 a. C., en que fueron expulsados por Ahmés. Más como m. pl. 2 Se dice también de sus individuos. También s. 3 Relativo a este pueblo.

HIL- pref. HILE-.

HILA f. 1 Formación en línea. 2 Tripa delgada. 3 Med. Hebra que se saca de un lienzo para curar llagas y heridas. Más en pl.

HILACHA f. 1 Pedazo de hilo que se desprende de la tela. 2 Porción insignificante de alguna cosa. 3 Resto, residuo.

HILACHO m. HILACHA.

HILADA f. 1 Formación en línea. 2 Arquit. Serie horizontal de ladrillos o piedras que se van poniendo en un edificio. 3 Mar. Serie horizontal de tablones u otros objetos puestos a tope, uno a continuación de otro.

HILADILLO m. 1 Hilo que sale de la maraña de la seda. 2 Cinta estrecha de hilo o seda.

HILADO m. 1 Acción y efecto de hilar. 2 Porción de lino, cáñamo, seda, lana, algodón, etc., reducida a hilo.

HILANDERÍA f. 1 Arte de hilar. 2 Fábrica de hilados.

HILANDERO, RA m. y f. Persona que tiene por oficio hilar.

HILAR tr. 1 Reducir a hilo el lino, cáñamo, lana, seda, algodón, etc. 2 Zool. Segregar el gusano de seda la hebra para formar el capullo. Se dice también de otros insectos y de las arañas cuando forman sus capullos y telas. 3 fig. Discurrir, inferir unas cosas de otras. || **hilar fino** fr. fig. Proceder con sutileza o proceder con sumo cuidado y exactitud.

HILARANTE adj. Que inspira alegría o mueve a risa.

HILARIDAD f. 1 Alegría y satisfacción del ánimo. 2 Risa, algazara.

HILARIO, SAN (Palermo, 401 - Roma, 468). Ocupó el solio pontificio entre 461 y 468. Anatematizó a Eutiques y a Nestorio, y combatió el arrianismo.

HILARIO DE POITIERS, SAN Doctor de la iglesia (Poitiers, h. 315 - íd., 367). Obispo de su ciudad natal desde el año 350, fue desterrado a Frigia (356-60), donde entró en contacto con la teología griega. Escribió Sobre la Trinidad y Los Sínodos.

HILARIÓN, SAN Eremita de Palestina (Tabatha, cerca de Gaza, h. 291 - Nicosia, h. 371). Fue el fundador de la vida monástica en Palestina.

HILATURA f. 1 Arte de hilar la lana, el algodón y otras materias análogas. 2 Industria y comercialización del hilado.

HILAZA f. 1 HILADO. 2 Hilo que sale gordo y desigual. 3 Hilo con que se teje cualquier tela.

HILBERT, DAVID Matemático alemán (Koenigsberg, 1862 - Gotinga, 1943). Desarrolló las leyes fundamentales de la teoría de los invariantes y estudió principalmente los fundamentos de la geometría y de la aritmética.

HILDEBRANDO GREGORIO VII.

HILDEBRANDT, JOHANN LUKAS VON Arquitecto austriaco (Génova, 1668 - Viena, 1745). Representante del Barroco, su obra más célebre es el palacio Belvedere de Viena (1721-22).

HILE-, HILO-, HIL-; -IL-; -ILENO, -ÍLICO, -ILO prefs., in. o sufs. que significan materia, selva, etc. En química se utiliza el suf. -ilo para la denominación de los hidrocarburos saturados.

HILEMORFISMO o **HILOMORFISMO** m. Filos. Teoría filosófica ideada por Aristóteles y seguida por la mayoría de los escolásticos, según la cual todo cuerpo se halla constituido por dos principios esenciales, que son la materia y la forma, relacionadas con potencia y acto.

HILEO m. Bioma correspondiente al bosque húmedo tropical.

HILERA f. 1 Orden o formación en línea de un número de personas o cosas. 2 Met. Instrumento para reducir a hilo los metales. 3 Hilo o hilaza fina. 4 Arquit. PARHILERA. 5 Mil. Formación de soldados uno detrás de otro. || f. pl. Zool. 6 Órganos agrupados alrededor del ano de las arañas, por donde éstas segregan el hilo.

HILERO m. Señal que forma la dirección de las corrientes en las aguas del mar o de los ríos.

HILI- pref. FILI-.

HILIO m. Anat. Depresión en la superficie de un órgano que señala el punto de entrada y salida de los vasos o de los conductores secretores.

HILL, ARCHIBALD VIVIAN Fisiólogo británico (Bristol, 1886 - Cambridge, 1977). En 1922 recibió el premio Nobel de Fisiología y Medicina, compartido con O. Meyerhoff, por sus investigaciones sobre los procesos energéticos en la contracción muscular.

HILL, GRAHAM Piloto automovilístico británico (Londres, 1929 - cerca de Londres, 1975). Campeón del mundo de Fórmula 1 (1962 y 1968) y ganador de las 500 millas de Indianápolis (1966) y de las 24 horas de Le Mans (1972).

HILLA (al-Hillah) Ciudad de Irak, capital de la gobernación de Babylon; 268.834 h.

HILLARY, EDMUND Alpinista neozelandés (Auckland, 1919). En 1953 alcanzó la cima del Everest junto al sherpa Tensing.

HILLERY, PATRICK JOHN Político irlandés (Milton Malbay, 1923). Fue ministro de Asuntos Exteriores (1969-72), vicepresidente de la Comisión del Mercado Común (1973) y presidente de la República (1976-90).

HILMEND HELMAND.

HILO m. 1 Hebra larga y delgada que se forma retorciendo el lino, lana, cáñamo u otra materia textil. 2 Ropa blanca de lino o cáñamo. 3 Alambre muy delgado. 4 Bot. Cicatriz que marca el punto de inserción del funículo en la semilla. 5 Zool. Hebra con la que forman las arañas, gusanos de seda, etc., sus telas y capullos. 6 fig. Chorro muy delgado de un líquido. 7 fig. Continuación del discurso. || **HILO BRAMANTE** Cordel delgado de cáñamo. || **HILO DE MEDIANOCHE** o **DE MEDIODÍA** Momento preciso que divide la mitad de la noche o del día. || **HILO MUSICAL** Tecnol. Sistema de transmisión del sonido por el cable telefónico, que permite oír programas musicales. || **HILO DE VOZ** Voz sumamente débil o apagada. || **al hilo** loc. adv. Siguiendo la dirección de las hebras. || **colgar,** o **pender, de un hilo** expr. con que se explica el gran riesgo o amenaza de ruina de una cosa. || **cortar el hilo** fr. fig. Interrumpir. || **perder el hilo** fr. fig. Olvidarse del tema de la conversación o del discurso. || **seguir el hilo** fr. fig. Proseguir o continuar en lo que se trataba, decía o ejecutaba. || **tomar el hilo** fr. fig. Continuar el discurso o conversación que se había interrumpido.

HILO- pref. HILE-.

HILOZOÍSMO m. Filos. Doctrina filosófica sostenida por algunos presocráticos, según la cual el mundo material está animado como un organismo biológico.

HILVÁN m. 1 Costura de puntadas largas con que se une y prepara lo que se ha de coser después de otra manera. 2 Cada una de estas puntadas. 3 Hilo empleado para hilvanar.

HILVANAR tr. 1 Apuntar o unir con hilvanes. 2 fig. Enlazar, coordinar ideas, frases o palabras. 3 fig. y fam. Trazar, proyectar con precipitación.

HIMACHAL PRADESH Estado del N de la India, en el Himalaya; 55.673 km² y 5.170.877 h. Capital, Shimla.

HIMALAYA Gran cordillera de Asia, que se extiende, formando un gran arco de unos 2.500 km de longitud y 300 de anchura media, desde los confines de Afganistán hasta Myanmar. Está limitada, al N, por la meseta del Tíbet y, al S, por la llanura indogangética, y alcanza las mayores alturas del globo: Everest (8.848 m), Kanchenjunga (8.585), Sihsur (8.472), Makalu (8.470).

HIMEJI Ciudad de Japón, prefectura de Hyogo, en Honshu; 470.986 h. Industria pesada.

HIMEN m. Anat. Repliegue membranoso que cierra parcialmente el orificio vaginal.

HIMEN-, HIMENO- prefs. que significan nupcial, membrana de los órganos reproductores femeni-nos, etc.

HIMENEO m. 1 Boda. 2 Lit. EPITALAMIO.

Archibald Vivian **Hill**

HIMENEO *Mit.* En la mitología griega, dios del matrimonio.
HIMENIO m. *Bot.* Capa externa, productora de esporas, de ciertos hongos.
HIMENO- pref. HIMEN-.
HIMENÓPTERO, RA adj. y s. *Zool.* **1** Se dice de los insectos con metamorfosis complicadas, como las abejas y las avispas, masticadores y lamedores. ‖ m. pl. *Zool.* **2** Orden de estos insectos.
HIMERA *Geog. hist.* Antigua ciudad en la costa N de Sicilia, destruida por Cartago en 409 a. C.
HIMES, CHESTER Novelista estadounidense (Jefferson City, 1909 - Moraira, España, 1984). Autor de *Por amor a Imabelle* (1957), *Algodón en Harlem* (1965) y *Un ciego con una pistola* (1965).
HIMETO Célebre monte de Grecia, en Ática, cerca de Atenas (1.026 m). Famoso por sus templos, la miel y las canteras de mármol gris azulado. Actualmente se llama *Telo Vuni.*
HIMMLER, HEINRICH Militar y político alemán (Munich, 1900 - Lüneburgo, 1945). Jefe de las SS (1929), de la Gestapo (1933) y del conjunto de las fuerzas policiales del Reich (1936), organizó la persecución policiaco-judicial que cimentó la estabilidad del Tercer Reich.
HIMNO m. **1** *Lit.* Composición poética en alabanza u honor de seres o sucesos extraordinarios. **2** *Mús.* Composición musical con estos fines.
HIMPLAR intr. *Zool.* Emitir la onza o la pantera su voz natural.
HIN Onomatopeya con que se representa la voz del caballo o de la mula.
HINAULT, BERNARD Ciclista francés (Finac, 1954). Profesional entre 1975 y 1986, entre sus principales victorias figuran el Tour de Francia (1978, 1979, 1981, 1982 y 1985), el Giro de Italia (1980, 1982 y 1985), la Vuelta de España (1978 y 1983) y el campeonato del mundo de fondo en carretera (1980).
HINCAPIÉ m. Acción de hincar o afirmar el pie para sostenerse o para hacer fuerza. ‖ **hacer hincapié** fr. fig. y fam. Insistir con tesón.
HINCAR tr. **1** Introducir o clavar una cosa en otra. **2** Apoyar una cosa en otra como para clavarla. ‖ prnl. **3** Arrodillarse.
HINCHA f. **1** fam. Odio, encono o enemistad. ‖ com. **2** Partidario entusiasta de un equipo deportivo. **3** fig. Por extensión, partidario de alguna persona destacada en alguna actividad.
HINCHADO, DA adj. **1** fig. Vano, presumido. **2** Se dice del lenguaje, estilo, etc., que abunda en palabras y expresiones redundantes, hiperbólicas y afectadas. ‖ f. **3** Multitud de hinchas, partidarios entusiastas.
HINCHAR tr. **1** Hacer que aumente de volumen algún objeto. También prnl. **2** fig. Aumentar el agua de un río, arroyo, etc. También prnl. **3** fig. Exagerar, abultar una noticia o un suceso. ‖ prnl. **4** Aumentar de volumen una parte del cuerpo. **5** Hacer alguna cosa con exceso, como comer, beber, trabajar, etc. **6** fig. Envanecerse, engreírse.

HINCHAZÓN f. **1** Efecto de hincharse. **2** fig. Vanidad, presunción. **3** fig. Vicio o defecto del estilo hinchado.
HINCHE Ciudad de Haití, capital del departamento de Centre; 10.722 h.
HINCO m. Poste, palo o puntal que se hinca en tierra.
HINDEMITH, PAUL Compositor alemán (Hanau, 1885 - Frankfurt, 1963). De su producción destaca el ciclo de baladas *La vida de María* (1922-23), la colección de fugas *Ludus Tonalis* (1942), y las óperas *Carillac* (1928) y *La armonía del mundo* (1957).
HINDENBURG, PAUL VON BENECKENDORFF UND VON Mariscal alemán (Posen, 1847 - Neudeck, 1934). Derrotó a los rusos en la batalla de Tannenberg (1914). Dirigió las tropas del frente oriental (1914-16) y asumió la jefatura suprema del ejército alemán (1916-18). Presidente del Reich (1925-34), nombró canciller a Adolf Hitler (1933).
HINDI adj. y m. *Ling.* Se dice de una lengua indoeuropea de la rama o subgrupo indio, cuya principal variedad dialectal es el indostaní. Derivada del sánscrito, es la lengua oficial de la India.
HINDOSTÁN INDOSTÁN.
HINDÚ adj. y com. **1** Partidario o adepto del hinduismo. **2** De la India.
HINDUISMO m. *Rel.* Conjunto de creencias no unificadas cuyo ámbito común es la India, evolución del vedismo y brahmanismo antiguos. En sentido estricto, es considerado la tercera fase del brahmanismo, que comenzó hacia los siglos IV-II a. C. El hinduismo concibe un orden global *(dharma)* que rige a cada elemento según su categoría y determina unas normas morales, espirituales o de carácter social. En términos generales, se acepta la existencia de una divinidad o espíritu universal, el *brahman*. Los dioses, Shiva y Visnú fundamentalmente, que han originado las dos principales corrientes del hinduismo (visnuismo y sivaísmo), no son sino manifestaciones de ella. La vida religiosa tiene como fin la unidad con lo absoluto y la liberación del ciclo de reencarnaciones. La adecuación con la ley universal experimentada en vidas anteriores, el *karma*, determinará la vida futura. En este principio está basado el sistema de castas: los *brahmanes*, sacerdotes conocedores de los textos sagrados; los *chatría*, encargados de la guerra y la política; los *vaisya*, dedicados al comercio y la industria, y los *sudra*, ocupados en las tareas más innobles. Los textos sagrados están sometidos a cierta gradación. Los *Vedas*, comúnmente aceptados, recogen las grandes intuiciones religiosas y místicas. Un lugar inmediatamente inferior ocupan los *Upanisads*, a los que siguen las grandes epopeyas: el *Mahabarata* y el *Ramayana*. Por debajo aparecen los *purana* y los *tantra*. El hinduismo consta de seis sistemas filosóficos *(darsanas)*, cuyo objetivo es librar el alma de las reencarnaciones.
HINDU-KUSH Macizo montañoso de Asia central que se extiende a lo largo de 600 km, desde la meseta de Pamir, las estribaciones occidentales del Karakorum y la región central de Afganistán hasta los montes Kuen-

hinojo

Lum. Alcanza su mayor elevación en el Tirich Mir (7.889 m).
HINGIS, MARTINA Tenista suiza de origen eslovaco (Kosice, 1980). En 1992 ganó el Roland Garros de la categoría junior, y en 1997 se situó al frente de la clasificación mundial del tenis femenino. Ha triunfado en todos los más importantes torneos del *Grand Slam* en 1997 (Wimbledon, Australia y el *Open* de Estados Unidos) y 1998 (Australia, Roma y *Masters)*. En 1999 ganó el *Open* de Australia.
HINIESTA f. *Bot.* GENISTA.
HINOJAL o **HINOJAR** m. *Bot.* Sitio poblado de hinojos.
HINOJO[1] m. *Bot.* Planta herbácea perenne perteneciente a la familia umbelíferas, de nombre científico *Foeniculum vulgare*, de flores pequeñas y amarillas. Es aromática y de gusto dulce.
HINOJO[2] m. *Anat.* Rodilla. Más en pl. ‖ **de hinojos** loc. adv. DE RODILLAS.
HINQUE m. Juego de muchachos que consiste en clavar palos en la tierra húmeda.
HINSHELWOOD, SIR CYRIL NORMAN Químico británico (Londres, 1897 - íd., 1967). En 1956 recibió el premio Nobel de Química, compartido con N. Semyonov, por sus estudios acerca de las reacciones químicas eslabonadas.
HÍO Parroquia de España, municipio de Cangas, provincia de Pontevedra. Tiene uno de los cruceros más bellos de Galicia.
HIOIDEO, A adj. *Anat.* Relativo al hueso hioides.
HIOIDES adj. y s. *Anat.* Hueso situado en la base de la lengua y encima de la laringe. ♦ Su pl. es *hioides*.
HIP[1]**-, HIPO-, HIF-; -HIPO-** prefs. o in. que significan debajo de.
HIP[2]**-, HIPO-; -IPO** prefs. o suf. que significan caballo.
¡HIP! interj. que expresa alegría por un triunfo.
HIPÁLAGE f. *Ret.* Figura retórica que consiste en aplicar un complemento a una palabra distinta a la que lógicamente corresponde.
HIPAR intr. **1** *Fisiol.* Tener hipo. **2** Fatigarse mucho. **3** Resollar los perros cuando van siguiendo la caza. **4** Gimotear.
HIPARCO Tirano de Atenas (s. VI a. C.). Gobernó con su hermano Hipias desde 527 a 514 a. C. Hizo recopilar los poemas homéricos y fundó una biblioteca en Atenas. Fue asesinado por Harmodio y Aristogitón.
HIPARCO Astrónomo, matemático y geógrafo griego (Nicea, 190 - Rodas, 125 a. C.). Descubrió la precesión de los equinoccios. Catalogó más de mil estrellas e inició la trigonometría.
HIPER-; -HIPER- pref. o in. que significa sobre, exceso, superioridad: *hipercrítica.*
HIPERACTIVIDAD *Psicol.* Alteración de la conducta infantil, que se caracteriza por una excesiva actividad motora, asociada a dificultades de concentración.
HIPÉRBATON m. *Ret.* Figura de construcción que consiste en invertir el orden natural de las palabras en el discurso. ♦ Su pl. es *hipérbatos.*
HIPÉRBOLA f. *Geom.* **1** Curva plana y simétrica que se obtiene al cortar una superficie cónica por un plano paralelo a dos generatrices o al eje de la cónica. **2** Lugar geométrico de los puntos del plano cuya diferencia de distancia a dos puntos fijos, llamados *focos*, es constante.
HIPÉRBOLE f. **1** *Ret.* Figura retórica que consiste en aumentar o disminuir exageradamente la verdad de aquello de que se habla. **2** Por extensión, exageración de una circunstancia o noticia.
HIPERBÓLICO, CA adj. **1** De figura de hipérbola. **2** Perteneciente o relativo a la hipérbole; que la encierra o incluye.
HIPERBOLOIDE m. *Geom.* Superficie engendrada por una elipse variable que se mueve paralelamente a sí misma.

hinduismo. Templo de Yasovarman, en Gwalior (India).

HIPERBÓREO, A adj. Se dice de las regiones y pueblos más septentrionales.
HIPERCLORHIDRIA f. *Med.* Exceso de ácido clorhídrico en el jugo gástrico.
HIPERCRÍTICO, CA adj. **1** Propio de la crítica exagerada. || m. **2** Censor inflexible.
HIPERDULÍA f. *Teol.* Culto que se tributa a la Virgen.
HIPERÉMESIS f. *Med.* Vómitos muy intensos y prolongados. ♦ Su pl. es *hiperémesis*.
HIPEREMIA f. *Med.* Estancamiento de sangre en un órgano.
HIPERESPACIO m. *Geom.* Espacio de más de tres dimensiones.
HIPERESTESIA f. *Fisiol.* Sensibilidad excesiva.
HIPERFUNCIÓN f. *Fisiol.* Aumento de la función normal de un órgano.
HIPERGÉNESIS f. *Geol.* Proceso de meteorización de las rocas sedimentarias.
HIPERHIDROSIS f. *Med.* Exceso de secreción sudoral. ♦ Su pl. es *hiperhidrosis*.
HIPERICÍNEO, A adj. y s. *Bot.* **1** Se dice de las hierbas, arbustos y árboles gutíferos, como el hipérico. || f. pl. *Bot.* **2** Familia de estas plantas.
HIPÉRICO m. *Bot.* CORAZONCILLO.
HIPÉRIDES Orador griego (Atenas, 389 - Egina, 322 a. C.). Discípulo de Isócrates y de Platón, apoyó el partido antimacedónico. Cabecilla de la rebelión de atenienses y tebanos contra Alejandro, tras la guerra lamiaca (323 a. C.), huyó a Egina, donde fue ejecutado por orden de Antípatro.
HIPERIÓN *Astron.* Séptima luna de Saturno, de 400 km de diámetro.
HIPERMASTIGINO, NA adj. *Zool.* **1** Se dice del protozoo con un solo núcleo y numerosos flagelos, siempre en número superior a ocho. Viven en simbiosis en el tubo digestivo de los animales xilófagos. || m. pl. *Zool.* **2** Orden de estos animales, de la clase zooflagelados.
HIPERMERCADO m. Supermercado de gran extensión.
HIPERMETRÍA f. *Métr.* Figura poética que se comete dividiendo una palabra para acabar con su primera parte un verso y empezar otro con la segunda.
HIPERMÉTROPE adj. y com. *Med.* Que padece hipermetropía.
HIPERMETROPÍA f. *Med.* Defecto de la visión en el que se perciben confusamente los objetos próximos por formarse la imagen más allá de la retina. Se debe a un globo ocular demasiado corto.
HIPERÓN m. *Fís.* Cada una de las partículas elementales del grupo de los bariones, de masa superior a la del protón.
HIPEROXIA f. *Fisiol.* Estado que presenta un organismo sometido a un régimen respiratorio con exceso de oxígeno.
HIPERPARÁSITO, TA adj. *Biol.* Se dice del organismo que parasita sucesivamente a varios hospedadores diferentes.
HIPERPLASIA f. *Med.* Aumento del número de células normales en un órgano o tejido.
HIPERREALISMO f. *Arte.* Movimiento artístico aparecido en EE UU hacia 1968. Tiende a reflejar la realidad cotidiana con una fidelidad fotográfica. Entre sus representantes destacan los pintores M. Morley, R. Estes, R. Cottingham, C. Close, D. Eddy, R. Goings y T. Blackwell, y los escultores J. De Andrea y D. Hamson. En España, destaca A. López.
HIPERSENSIBLE adj. **1** *Med.* Que padece hiperestesia. **2** Que es muy sensible a estímulos afectivos o emocionales.
HIPERTENSIÓN f. *Med.* Elevación anormal de la presión sanguínea.
HIPERTEXTO m. *Inform.* Acceso a la información escrita contenida en un ordenador mediante sistemas distintos a índices o paginación, situando el cursor sobre una palabra para obtener su definición, palabras o secciones afines, etc.
HIPERTROFIA f. *Med.* Aumento excesivo del volumen de un órgano.
HIPERTRÓFICO, CA adj. *Med.* Relativo a la hipertrofia.
HIPIAS Tirano de Atenas (Atenas, 558 - ?, 490 a. C.). Hijo de Pisístrato, compartió el poder con su hermano Hiparco de 527 a 514 a. C. Después del asesinato de Hiparco, extremó la dureza de su gobierno. Tras ser desterrado (510 a. C.), marchó a la corte de Darío.
HÍPICA adj. **1** Perteneciente o relativo al caballo. || f. *Dep.* **2** Parte de la equitación que comprende las carreras y saltos de competición.
HIPISMO m. Conjunto de conocimientos relativos a la cría y educación del caballo.
HIPN-, HIPNO-, HIPNOT-; -HIPNIA, -IPNOSIS prefs. o sufs.
HIPNO *Mit.* Entre los griegos, personificación del sueño.
HIPNOSIS f. *Psiquiat.* Estado semejante al sueño, provocado mediante hipnotismo, en el que existe una gran receptividad del sujeto que lo experimenta hacia su hipnotizador. ♦ Su pl. es *hipnosis*.
HIPNOT- pref. HIPN-.
HIPNÓTICO, CA adj. y s. **1** Relativo al hipnotismo. **2** *Farm.* Medicamento para producir sueño.
HIPNOTISMO m. **1** Conjunto de procedimientos empleados para producir hipnosis. **2** Teorías y fenómenos relacionados con ella.
HIPNOTIZAR tr. Producir la hipnosis.
HIPO m. **1** Movimiento convulsivo del diafragma. **2** fig. Ansia. || **quitar el hipo** fr. fig. y fam. Sorprender, asombrar.
HIPO¹- pref. HIP-, caballo.
HIPO²-; -HIPO- pref. o in. HIP-, debajo de.
HIPOBENTOS m. *Ecol.* BENTOS.
HIPOCAMPO m. *Zool.* CABALLITO DE MAR.
HIPOCASTANÁCEO, A adj. y s. *Bot.* **1** Se dice del arbusto o árbol angiospermo dicotiledóneo, como el castaño de Indias. || f. pl. *Bot.* **2** Familia de estas plantas.
HIPOCASTÁNEO, A adj. y s. *Bot.* HIPOCASTANÁCEO.
HIPOCAUSTO m. Habitación que entre los griegos y los romanos se caldeaba por medio de hornillos y conductos situados debajo de su pavimento.
HIPOCENTRO m. *Geol.* Lugar del interior de la corteza terrestre en el que se origina un seísmo o terremoto.
HIPOCICLOIDE m. *Geom.* CICLOIDE.
HIPOCLORHIDRIA f. *Med.* Escasez de ácido clorhídrico en el jugo gástrico.
HIPOCLORITO m. *Quím.* Sal del ácido hipocloroso, obtenida al sustituir el átomo de hidrógeno por un metal monovalente.

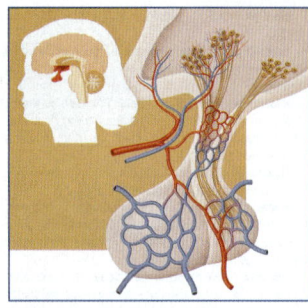

hipófisis

HIPOCONDRÍA f. *Psiquiat.* Afección caracterizada por una gran sensibilidad del sistema nervioso con tristeza habitual debido a una excesiva preocupación por el estado de la propia salud.
HIPOCONDRIACO, CA o **HIPOCONDRÍACO, CA** adj. **1** Relativo a la hipocondría. **2** Que la padece. También s.
HIPOCONDRIO m. *Anat.* Cada una de las dos partes laterales de la región epigástrica. Más en pl.
HIPOCORÍSTICO, CA adj. *Gram.* Se dice de los nombres que en forma diminutiva, abreviada o infantil se usan como designaciones cariñosas, familiares o eufemísticas, como *Lola* por *Dolores* o *Paco* por *Francisco*.
HIPOCOTILO m. *Bot.* Parte del embrión situada debajo del primer par de hojas que desarrolla el embrión.
HIPOCRÁS m. Bebida hecha con vino, azúcar, canela y otros ingredientes.
HIPÓCRATES Médico griego (Cos, 460 - Larisa, h. 377 a. C.). Su obra fue recogida por sus discípulos en el *Corpus Hippocraticum*, colección de 53 escritos, algunos de los cuales parecen atribuidos. La patología hipocrática se basaba en el desequilibrio entre los cuatro humores orgánicos (sangre, flema y las dos bilis), producida por causas naturales.
HIPOCRÁTICO, CA adj. *Med.* Relativo a Hipócrates o a sus doctrinas.
HIPOCRENE *Mit.* Fuente legendaria, situada en el monte Helicón, que brotó al dar una coz el caballo Pegaso contra una roca.
HIPOCRESÍA f. Fingimiento y apariencia de sentimientos y cualidades contrarios a los que se experimentan o tienen.
HIPÓCRITA adj. y com. Que actúa con hipocresía.
HIPODAMÍA *Mit.* Hija del rey Enómao, que había prometido la mano de Hipodamía a quien le venciese en una carrera de carros. Pélope se presentó a competir, e Hipodamía se enamoró de él. Para que éste venciera, provocó la muerte de su padre.
HIPODAMÍA *Mit.* Esposa de Pirítoo, por cuya causa se produjo el combate entre centauros y lapitas.
HIPODÉRMICO, CA adj. Que está o se pone debajo de la piel.
HIPÓDROMO m. *Hist.* y *Dep.* Lugar destinado a carreras de caballos y carros.
HIPOESPLENISMO m. *Med.* Síndrome derivado de la ausencia del bazo, que provoca una serie de alteraciones hematológicas.
HIPÓFISIS f. *Anat.* Glándula endocrina situada en la base del cerebro, en la silla turca del esfenoides, y unida al hipotálamo. ♦ Su pl. es *hipófisis*.
HIPOGASTRIO m. *Anat.* Parte inferior del vientre.
HIPOGÉNICO, CA adj. *Geol.* Se dice de los terrenos y rocas formados en el interior de la Tierra.
HIPOGEO, A adj. *Bot.* **1** Se dice de los vegetales y animales que se desarrollan bajo la superficie del suelo. **2** Se dice de este tipo de germinación. || m. *Arqueol.* **3** Cualquier edificio o cavidad subterráneos que se utilizan como sepulcro o lugar de culto.
HIPOGINO, NA adj. *Bot.* Se dice de la flor con el ovario súpero, es decir, en una posición más elevada que el resto de los elementos.
HIPOGLOSO, SA adj. *Anat.* Que está debajo de la lengua.
HIPOGLUCEMIA f. *Med.* Disminución de la cantidad normal de azúcar contenida en la sangre.
HIPOGNATO, TA adj. *Zool.* **1** Se dice de la cabeza de ciertos insectos en que las piezas bucales ocupan una posición ventral, como en el saltamontes. **2** Se dice del vertebrado en que la mandíbula inferior es ligeramente más larga que la superior.
HIPÓLITA *Mit.* Reina de las amazonas, hija de Ares. Heracles le dio muerte para apoderarse de su cinturón.
HIPÓLITO *Mit.* Hijo de Teseo y Antíope. De carácter belicoso, veneraba a Artemisa y despreciaba a Afrodita. Ésta, para vengarse, inspiró a Fedra, esposa de Teseo,

hiperrealismo. *Cabinas telefónicas* (1967). Cuadro de Richard Estes. Museo Thyssen-Bornemisza (Madrid).

una ardiente pasión por su hijastro. Hipólito la rechazó, y Fedra, desdeñada, invocó a Poseidón, que provocó su muerte.

HIPÓLITO, SAN Obispo de Ostia (?, h. 170 - Cerdeña, 235). Elegido por una parte de la comunidad romana (217), se opuso a Urbano I. Se le atribuye *Philosophumena*, que contiene interesantes datos sobre las herejías gnósticas.

HIPOLOGÍA f. *Veter.* Estudio general del caballo.

HIPÓLOGO, GA m. y f. *Veter.* Persona dedicada a la veterinaria de caballos.

HIPÓMANES m. *Veter.* Humor que se desprende de la vulva de la yegua en celo. ♦ Su pl. es *hipómanes*.

HIPÓMENES *Mit.* Héroe legendario que se casó con Atalanta tras derrotarla en la carrera. Ambos fueron transformados en leones por Zeus.

HIPONA *Geog. hist.* Antigua ciudad de África, en Argelia. Fue fundada por los cartagineses con el nombre de *Hippo*. Los romanos la denominaron *Hippo Regius* e *Hipona*. San Agustín, que murió en ella, fue titular de su obispado.

hipopótamo

HIPOPÓTAMO m. *Zool.* Mamífero artiodáctilo de la familia hipopotámidos, de nombre científico *Hippopotamus amphibius*. Tiene el cuerpo voluminoso, con la piel gruesa, cabeza enorme con orejas y ojos pequeños, patas muy cortas y cola de poca longitud. Vive en grupos en los grandes ríos del O de África.

HIPÓSTASIS f. **1** *Filos.* Atribución de existencia real a un concepto. **2** *Teol.* En el cristianismo, cada una de las tres personas de la Trinidad. **3** *Ling.* Cambio de categoría gramatical de una palabra. ♦ Su pl. es *hipóstasis*.

HIPÓSTILO, LA adj. *Arquit.* Sostenido por columnas. Se aplica a la sala que separa el patio del santuario en los templos egipcios.

HIPOSULFATO m. *Quím.* Sal resultante de combinar el ácido hiposulfúrico con una base.

HIPOSULFITO m. *Quím.* Sal formada por la combinación del ácido hiposulfuroso con una base.

HIPOSULFÚRICO adj. *Quím.* Se dice del ácido inestable que se obtiene por combinación del azufre con el oxígeno.

HIPOSULFUROSO adj. *Quím.* Se dice del ácido obtenido por combinación de azufre con oxígeno.

HIPOTÁLAMO m. *Anat.* Región del cerebro de los vertebrados que participa en la regulación de la temperatura corporal, el balance de agua, el sueño, etc. Su función endocrina está mediada por la hipófisis.

HIPOTAXIS f. *Ling.* Procedimiento sintáctico que consiste en unir oraciones mediante conjunciones que expresan SUBORDINACIÓN. ♦ Su pl. es *hipotaxis*.

HIPOTECA f. *Der.* **1** Inmueble con que se garantiza un crédito. ♦ Derecho real sobre bienes inmuebles que garantiza el cumplimiento de una obligación o el pago de una deuda.

HIPOTECAR tr. **1** Gravar bienes inmuebles sujetándolos al cumplimiento de una obligación. **2** fig. Poner en peligro una cosa con alguna acción.

HIPOTECARIO, RIA adj. **1** Relativo a la hipoteca. **2** Que se asegura con hipoteca.

HIPOTECNIA f. *Veter.* Estudio crítico de la cría, mejora y explotación del caballo.

HIPOTENSIÓN f. *Med.* Presión sanguínea anormalmente baja.

HIPOTENUSA f. *Geom.* El mayor de los lados de un triángulo rectángulo, y opuesto al ángulo recto. Según el teorema de Pitágoras, es igual a la raíz cuadrada de la suma de los cuadrados de los otros dos lados (catetos).

HIPOTERMIA f. *Fisiol.* Descenso de la temperatura normal del cuerpo.

HIPÓTESIS f. *Filos.* Proposición que se toma como base para un razonamiento. Su verdad o falsedad puede verificarse por la experiencia o la ausencia de contradicciones en sus deducciones. || **HIPÓTESIS DE TRABAJO** La que se establece provisionalmente como base de una investigación que puede confirmar o negar la validez de aquélla.

HIPOTÉTICO, CA adj. Relativo a la hipótesis o que se funda en ella.

HIPOTIROIDISMO m. *Med.* Insuficiente secreción de la glándula tiroides, generalmente por déficit funcional de dicha glándula.

HIPOTÓNICO, CA adj. *Quím.* Se dice de una solución que tiene menor presión osmótica que otra, siendo igual la temperatura de ambas.

HIPOTROCOIDE m. *Geom.* CICLOIDE.

HIPOXIA f. *Fisiol.* Estado que presenta un organismo viviente sometido a un régimen respiratorio con déficit de oxígeno.

HIPPARION m. *Zool.* Nombre de diversos mamíferos perisodáctilos fósiles de la familia équidos, muy extendidos en el plioceno y que se extinguieron en el pleistoceno.

HIPPIE O **HIPPY** (Voces i.) adj. *Sociol.* **1** Se dice de un movimiento juvenil surgido en EE UU en los años sesenta, caracterizado fundamentalmente por el rechazo de las estructuras sociales vigentes. Exaltó el amor, la libertad sexual, el pacifismo y el contacto directo con la naturaleza. **2** Se aplica a la persona partidaria de este movimiento. También com. **3** Perteneciente o relativo a dicho movimiento. ♦ Su pl. es *hippies*.

HIPPO *Geog. hist.* HIPONA.

HIPPO REGIUS *Geog. hist.* HIPONA.

HIPPY adj. y s. *Sociol.* HIPPIE.

HIPSI-, **HIPSO-** prefs. que significan altura, cima.

HIPSÓMETRO m. **1** *Fís.* Aparato para medir el nivel eléctrico en las líneas de transmisión. **2** *Meteor.* Aparato para medir la presión atmosférica basándose en el punto de ebullición de los líquidos.

HIRACOIDEO, A adj. *Zool.* **1** Se aplica a los mamíferos de cuerpo pequeño, rechoncho, con cuello corto, orejas poco desarrolladas, y pelaje espeso. Representante del grupo es el damán. || m. pl. *Zool.* **2** Orden de estos animales.

HIRAKATA Ciudad de Japón, prefectura de Osaka; 400.130 h.

HIRAM I Rey de Tiro (s. x a. C.). Gobernó del 970 al 935 a. C. Aliado de David y Salomón, proporcionó a este último materiales y trabajadores para la construcción del templo de Jerusalén.

HIRCÁN Nombre de dos sumos sacerdotes de Judea.

HIRCÁN I Sumo sacerdote y etnarca de Judea (? - Jerusalén, 104 a. C.). Sucedió a su padre, Simón Macabeo, en 135 a. C. Se apoderó de Idumea y Samaria.

HIRCÁN II Sumo sacerdote y rey de Judea (Jerusalén, 110 - íd., 30 a. C.). Hijo y sucesor de Alejandro Janneo, fue proclamado sumo sacerdote en 76 a. C. Accedió al trono en 67 a. C., pero fue despojado del poder por su hermano Aristóbulo II. Restituido por Pompeyo (63 a. C.), en el 40 a. C., su sobrino Antígono tomó Jerusalén y le hizo mutilar. Fue ajusticiado por orden de Herodes.

HIRCANIA *Geog. hist.* Antigua comarca de Asia, en Persia, al S y SE del mar Caspio.

HIRCANO, NA adj. y s. De Hircania.

HIRCOCERVO m. **1** *Mit.* Animal quimérico compuesto de macho cabrío y ciervo. **2** fig. QUIMERA, fantasía.

HIROHITO, MICHI NO MIYA Emperador de Japón (Tokio, 1901 - íd., 1989). Sucedió a su padre, el emperador Yoshihito, en 1926. Sancionó el ataque de Pearl Harbor (1941), que provocó la entrada de EE UU en la Segunda Guerra Mundial. Tras la contienda, tuvo que aceptar el establecimiento de una monarquía constitucional. Le sucedió su hijo Akihito.

HIROSHIGE Pintor y grabador japonés (Yedo, actual Tokio, 1797 - íd., 1858). Considerado el mejor paisajista de Japón en el siglo XIX, influyó en Whistler y en la escuela impresionista. Es autor de más de ocho mil estampas.

HIROSHIMA 1 Prefectura de Japón; 8.467 km² y 2.881.707 h. **2** Ciudad capital de la misma, al S de la isla de Honshu; 1.108.868 h. Centro industrial En ella lanzaron los americanos la primera bomba atómica (6 de agosto, 1945).

HIRSCHBERG JELENIA GÓRA.

HIRSUTO, TA adj. Se dice del pelo disperso y duro o de lo que está cubierto de pelo de esta clase, así como de púas o espinas.

HIRUDÍNEO, A adj. *Zool.* **1** Se aplica a los gusanos anélidos cuya segmentación exterior no coincide con la interior y que están desprovistos de sedas y parápodos. En el extremo anterior del cuerpo presentan una ventosa en cuyo fondo está la boca. A este grupo pertenecen las sanguijuelas. || m. pl. *Zool.* **2** Clase de estos animales.

HIRUNDINARIA f. *Bot.* CELIDONIA.

HIRUNDÍNIDO, DA adj. *Zool.* **1** Se dice de las aves paseriformes como las golondrinas y aviones. || m. pl. *Zool.* **2** Familia de estas aves.

HISAM HIXEM.

HISOPAR O **HISOPEAR** tr. Rociar con el hisopo.

HISOPILLO m. *Med.* **1** Muñequilla de trapo que, empapada en un líquido, sirve para humedecer y refrescar la boca y la garganta de los enfermos. **2** Mata de la familia labiadas usada en medicina como tónico estomacal.

HISOPO m. **1** *Bot.* Mata de la familia labiadas, de nombre científico *Hyssopus officinalis*, de hojas lanceoladas, flores azules y muy olorosa. **2** *Liturg.* Instrumento para dar o esparcir agua bendita. **3** *Chile* Brocha de afeitar.

HISPALENSE adj. y com. SEVILLANO.

HÍSPALIS *Geog. hist.* Nombre romano de la actual SEVILLA.

HISPANIA *Geog. hist.* Nombre dado en la Antigüedad a la península Ibérica. Fue adoptado por los romanos, que la dividieron el año 197 a. C. en dos provincias: *Citerior* y *Ulterior*, situadas al N y S del río Ebro, respectivamente.

HISPÁNICO, CA adj. **1** Relativo a España. **2** Relativo a la antigua Hispania y a los pueblos de origen español.

HISPANIDAD f. **1** Carácter genérico de todos los pueblos de lengua y cultura hispánica. **2** Conjunto y comunidad de los pueblos hispanos.

HISPANIOLA *Geog. hist.* Nombre dado a la isla de Santo Domingo, adaptación latina de La Española.

HISPANISMO m. **1** Giro o modo de hablar propio y privativo de la lengua española. **2** Vocablo o giro de esta lengua empleado en otra. **3** *Lit.* e *Hist.* Afición al estudio de lengua, literatura o cultura hispánicas.

HISPANISTA adj. **1** Relativo al hispanismo. || com. **2** Persona que profesa el estudio de la lengua, literatura o cultura hispánicas, o está versada en ellas.

HISPANIZAR tr. y prnl. Transmitir la lengua y la cultura españolas.

HISPANO, CORNELIO LÓPEZ, ISMAEL.

HISPANO, NA adj. **1** Relativo a Hispania. También s. **2** Relativo a España. Aplicado a personas, también s. **3** *Sociol.* Se dice de las personas de origen hispanoamericano afincadas en EE UU, o de lo relativo a ellas. También s.

HISPANO-NORTEAMERICANA, GUERRA *Hist.* Conflicto armado entre España y EE UU (abril-agosto de 1898). El motivo de la guerra fue el dominio de Cuba y Filipinas. Estalló con ocasión de la voladura del Maine, buque de guerra de la marina estadounidense anclado en La Habana, que fue falsamente imputada a la intervención española. En medio de una campaña de exaltación nacionalista por parte de la prensa de ambos países, el gobierno estadounidense declaró la guerra (25 de abril). La flota española de Filipinas fue aniquilada por el almirante Dewey. En las Antillas, la escuadra del almirante Cervera, sitiada en Santiago de Cuba, intentó romper el bloqueo y fue totalmente destruida. EE UU invadió Puerto Rico y, el 12 de agosto, España aceptó la rendición. Por el tratado de París, renunciaba a sus últimas posesiones coloniales.

HISPANOAMÉRICA Nombre genérico con que se designan todos los países y naciones de América que fueron incorporados a la civilización occidental por los pueblos de la península Ibérica, es decir, por España y Portugal.

HISPANOAMERICANO, NA adj. **1** Relativo a los españoles y americanos. **2** Relativo a los países de la América española. Aplicado a personas, también s.

HISPANOÁRABE adj. **1** Relativo a los españoles y árabes. **2** Relativo al periodo de dominación árabe en España. Aplicado a personas, también com.

Hiroshige. *Lluvia sobre el puente Atake.* Museo de Arte Fuji (Tokio).

Satélite de comunicaciones **Hispasat**.

HISPANÓFILO, LA adj. y s. Se dice del extranjero aficionado a la cultura, historia y costumbres de España.
HISPANOHABLANTE adj. y com. Se dice de la persona, comunidad o país que tiene como lengua materna el español.
HISPANOMUSULMÁN, NA adj. Relativo a la España musulmana. Aplicado a personas, también s.
HISPANOPARLANTE adj. y com. HISPANOHABLANTE.
HISPANORROMANO, NA adj. y s. Relativo a los pueblos romanizados de la península Ibérica.
HISPASAT Telec. Sistema español de satélites de comunicaciones formado por el *Hispasat 1A* y el *Hispasat 1B*, con un peso de 2.150 kg cada uno, situados en órbita geoestacionaria a 30º O, a 36.000 km de la Tierra. Fueron lanzados entre 1992 y 1993 para aplicaciones de telefonía, transmisión de datos, televisión, etc.
HÍSPIDO, DA adj. De pelo áspero y erizado.
HISSARLIK Lugar de la Turquía asiática que ocupa el emplazamiento de la antigua Troya.
HIST- pref. HISTO-.
HISTAMINA f. *Quím.* Sustancia orgánica, amina derivada de la histidina, presente en diversas proteínas en el cornezuelo del centeno y en el bazo e hígado del ganado vacuno y caballar. Se emplea en medicina como vasodilatador.
HISTASPES Sátrapa persa de Hircania (s. VI a. C.). Padre de Darío I. Participó con Ciro en la expedición contra los masagetas (529 a. C.) y contribuyó a restablecer la integridad del imperio persa (521-520 a. C.).
HISTER-, HISTERO-; -HISTERO- prefs. o in. que significan matriz, posterior, etc.
HISTERECTOMÍA f. *Med.* Extirpación quirúrgica de todo o parte del útero.
HISTERIA f. *Psiquiat.* HISTERISMO.
HISTÉRICO, CA adj. **1** *Anat.* Relativo al útero. **2** Relativo al histerismo.
HISTERISMO m. *Psiquiat.* Neurosis caracterizada por síntomas diversos: sensibilidad exagerada, convulsiones, parálisis, transtornos intelectuales y funcionales, etc.
HISTERO-; -HISTERO- pref. o in. HISTER-.
HISTIDINA f. *Quím.* Uno de los aminoácidos presentes en la hemoglobina, que aparece por hidrólisis de la mayoría de las proteínas.
HISTIEO Tirano de Mileto (? - ?, 494 a. C.). Darío I le encomendó la pacificación de Jonia (hacia 498 a. C.). Posteriormente realizó actividades de piratería en Bizancio.
HISTIO- HISTO-.
HISTIOCITO m. *Biol.* Célula del tejido conjuntivo, capaz de incorporar y digerir las bacterias.
HISTO-, HIST-, HISTIO-; -HISTO prefs. o suf. que significan inglés.
HISTOGRAMA m. *Estad.* Diagrama que representa la distribución de frecuencias de cada intervalo en un experimento estadístico.
HISTOLOGÍA f. *Biol.* Parte de la biología que estudia los tejidos celulares animales y vegetales.
HISTONA f. *Quím.* Cualquiera de las proteínas solubles, fuertemente básicas, del núcleo celular, que precipita por el hidróxido amónico.
HISTORIA f. **1** *Hist.* Narración de acontecimientos pasados relativos al hombre y a las sociedades humanas. **2** *Hist.* Disciplina que estudia y narra estos sucesos. [Encic.] **3** Narración de cualquier tipo de actividad humana. **4** Obra histórica. **5** fig. Relación de cualquier género. **6** fig. Fábula, cuento. **7** fig. y fam. Chisme, enredo.
Más en pl. || **HISTORIA NATURAL** *Biol.* y *Geol.* Descripción de las producciones de la naturaleza en sus tres reinos: animal, vegetal y mineral. || **HISTORIA SAGRADA** *Rel.* Conjunto de narraciones históricas contenidas en el Viejo y Nuevo Testamento. || **HISTORIA UNIVERSAL** *Hist.* La de todos los tiempos y pueblos. A efectos de periodización se divide en Antigua, Medieval, Moderna y Contemporánea. || **dejarse** uno **de historias** fr. fig. y fam. Ir a lo esencial de una cosa. || **pasar** una cosa **a la historia** fr. fig. Perder su actualidad e interés.
Hist. La historia nació con la primera colectividad humana, de la mano de la narración oral y de los mitos. El paso a una historiografía todavía incipiente, con el rechazo de elementos fabulosos y mitológicos, se da en Grecia y Roma. Heródoto y Tucídides, T. Livio y Tácito introdujeron el rigor en los planteamientos y el concepto de historia universal. La difusión del cristianismo limitó durante la Edad Media la importancia de la narración al terreno de las crónicas y las cronologías. La aportación más positiva del Renacimiento fue la secularización de la historia, hecho que abrió el camino al replanteamiento de las causas de la evolución humana. Pero la historia en su vertiente científica y especulativa, la filosofía de la historia (Voltaire), llegó con la Ilustración, así como las bases para la fundación de ciencias auxiliares. La idea del providencialismo histórico fue sustituida gradualmente por la de causas concretas de los acontecimientos, costumbres, instituciones jurídicas y políticas (Montesquieu) o edades de las civilizaciones humanas (Vico). La concepción mecanicista de que el desarrollo de la historia está sujeto a leyes naturales, Hegel añadió la idea de racionalidad en las actividades humanas. Fue un hegeliano, K. Marx, quien unificó las leyes naturales y la sociedad, mediante una metodología económica que desembocó en el materialismo histórico. La erudición y desarrollo histórico alcanzados por la ciencia histórica a finales del siglo XIX permitió el advenimiento positivista (Comte, Ranke). Esta tesis historicista movió a una serie de historiadores, conservadores en su mayor parte, a pronunciarse, a principios del siglo XX, contra la existencia misma de la historia como ciencia. En esta tendencia se inscriben reacciones de inspiración cristiana (Berdiaeff, Toynbee), pesimistas (Spengler), la historia ético-política de Croce, el neopositivismo de Russell y Popper, y el estructuralismo de Lévi-Strauss y Foucault. La reacción contra estas corrientes se inició después de la Primera Guerra Mundial, con la aspiración de construir la historia total (Pirenne, Max Bloch, Ritter, Labrousse, P. Vilar), que sea capaz de explicar las relaciones recíprocas entre los hechos materiales y el espíritu de los hombres.
HISTORIADO, DA adj. **1** fig. y fam. Recargado de adornos. **2** *Pint.* Se dice del cuadro o dibujo compuesto de varias figuras convenientemente colocadas respecto del suceso o escena que representan.
HISTORIADOR, RA m. y f. Persona que investiga, analiza y describe el pasado histórico.
HISTORIAL adj. **1** Relativo a la historia. || m. **2** Reseña circunstancial de los antecedentes de un negocio, de los servicios o carrera de un funcionario o, por extensión, de los antecedentes de la vida de cualquier persona.
HISTORIAR tr. **1** Contar o escribir historias. **2** Exponer las vicisitudes por las que ha pasado una persona o cosa. **3** fam. *Amér.* Confundir, enmarañar. **4** *Pint.* Pintar o representar un suceso histórico o fabuloso.

HISTORICISMO m. **1** *Fil.* Tendencia intelectual a reducir la realidad humana y de los hechos a su historicidad o historia de su desarrollo. Esta concepción ha sido sostenida por autores como Dilthey, Marx, Troeltsch, Mannheim, etc. **2** Término que se emplea para designar el estilo arquitectónico que recupera elementos y soluciones de épocas pasadas. Se aplica especialmente a la arquitectura del siglo XIX, que dio lugar a la aparición de estilos como el neogótico o el neorrománico.
HISTÓRICO, CA adj. **1** Relativo a la historia. **2** Comprobado, cierto, por contraposición a fabuloso o legendario. **3** Digno de figurar en la historia. **4** *Lit.* y *Cin.* Dícese del género y de las obras literarias y cinematográficas cuyo argumento alude a sucesos y personajes recordados por la historia y sometidos a fabulación o recreación artística.
HISTORIETA f. **1** Cuento o relación breve de poca importancia. **2** Serie de dibujos que constituyen un relato, con texto o sin él.
HISTORIOGRAFÍA f. **1** Arte de escribir la historia. **2** *Hist.* Estudio bibliográfico y crítico de los escritos sobre historia y sus fuentes.
HISTORIOLOGÍA f. *Hist.* Teoría de la historia; en especial la que estudia la estructura, leyes o condiciones de la realidad histórica.
HISTRIÓN m. **1** El que representaba disfrazado en la comedia o tragedia antigua. **2** Actor teatral. **3** Volatín, jugador de mano. **4** Persona que se expresa con la afectación propia de un actor teatral.
HISTRIONISMO m. **1** Oficio de histrión. **2** Conjunto de personas dedicadas a este oficio. **3** Afectación expresiva propia del histrión.
HIT (Voz i.) m. En la industria discográfica, éxito de ventas.
HIT-PARADE (Voz i.) Clasificación periódica de discos que aparece en los medios de comunicación.
HITA, ARCIPRESTE DE ARCIPRESTE DE HITA, JUAN RUIZ.
HITCHCOCK, ALFRED Director de cine estadounidense de origen inglés (Londres, 1899 - Los Ángeles, 1980). Gran maestro del suspense, sus películas se caracterizan por la tensión argumental y un macabro sentido del humor. En su filmografía destacan *39 escalones* (1935), *Agente secreto* (1936), *Rebeca* (1940), *Sospecha* (1942), *La sombra de una duda* (1943), *Recuerda* (1945), *Encadenados* (1946), *Extraños en un tren* (1951), *La ventana indiscreta* (1954), *El hombre que sabía demasiado* (segunda versión, 1955), *Con la muerte en los talones* (1956), *Vértigo* (1958), *Psicosis* (1960), *Los pájaros* (1963), *Frenesí* (1972) y *La trama* (1975).
HITCHINGS, GEORGE HERBERT Médico y farmacólogo estadounidense (Hoquiam, 1905 - Washington, 1996). En 1988 recibió el premio Nobel de Fisiología y Medicina, compartido con Elion y J. Black, por el descubrimiento de importantes principios de terapéutica médica.
HITITA adj. *Hist.* **1** Se dice de un pueblo indoeuropeo que se estableció en Anatolia central durante la primera mitad del II milenio a. C. Más como m. pl. [Encic.] **2** Se dice también de sus individuos. También com. **3** Relativo a los hititas. || m. *Ling.* **4** Lengua indoeuropea hablada por dicho pueblo.
Hist. A finales del III milenio a. C. la región del río Halys estaba habitada por pueblos de origen desconocido; eran los habitantes del país de Hatti, denominados

Alfred **Hitchcock** dirigiendo el rodaje de *El proceso Paradine*. El director (de pie y de frente) observa la intervención de Gregory Peck, abogado defensor (de espaldas y con peluca), mientras Charles Laughton, el juez (parte superior derecha), contempla a su vez la escena.

protohititas, en oposición a los invasores indoeuropeos que se adueñaron de su territorio en el II milenio a. C. y establecieron su capital en Hattusa. El llamado «antiguo reino» (siglos XVII a XV a. C.) comenzó con Labarna I y alcanzó su apogeo militar con Mursil I (hacia 1610-1590 a. C.), que dominó Babilonia. A partir de entonces, las luchas internas fueron debilitando el poder de los hititas. El «nuevo reino» (h. 1480-1380 a. C.) recobró preponderancia con Tuthaliya I. Durante el periodo imperial (1380-1191 a. C.) los hititas alcanzaron su máximo poder político y militar. Suppiluliuma I (hacia 1380-1340 a. C.) asoló el reino de Mitanni arrebatándole el N de Siria. Sus sucesores, Mursil II y Muwatalli, continuaron su obra, enfrentándose con asirios y egipcios, hasta que Hattusil III acordó la paz con Ramsés II (1283 a. C.). La estructura federal y en cierto modo feudal del imperio fue causa de su destrucción por los *pueblos del mar*.

Hitler, Adolf Político alemán (Braunau, 1889 - Berlín, 1945). Participó en la Primera Guerra Mundial. Ingresó en el Partido Obrero Alemán (1919), posteriormente transformado en Partido Nacionalsocialista o Nazi, del que llegó a ser presidente. Fue nombrado canciller (1933) y, a la muerte de Hindemburg, asumió las funciones presidenciales y tomó el título de Führer. Sus sistema político, totalitario y despótico, y la tendencia agresiva y expansiva de su política exterior provocaron la Segunda Guerra Mundial.

hito, ta adj. **1** Unido, inmediato. Sólo tiene uso en la locución *calle, o casa, hita*. || m. **2** Mojón para conocer la dirección de los caminos y los límites de un territorio. También en sentido figurado. **3** Juego en que, fijando en la tierra un clavo, se tira a él con herrones o con tejos. **4** fig. Blanco adonde se dirige la puntería. || **mirar de hito en hito** fr. Mirar fijamente.

hitón m. Clavo grande cuadrado y sin cabeza.

Hittorf, Johann Wilhelm Físico y químico alemán (Bonn, 1824 - Münster, 1914). Estudió la alotropía del selenio y del fósforo. Descubrió los rayos catódicos.

Hixem Nombre de diversos soberanos musulmanes de Córdoba.

Hixem I Emir omeya de Córdoba (Córdoba, 757 - íd., 796). Hijo de Abderramán I, accedió al trono en 788. Llegó a Oviedo y Astorga, se apoderó de Girona e invadió Narbona. Embelleció Córdoba y amplió la gran mezquita.

Hixem II Califa omeya de Córdoba (Córdoba, 965 - íd., h. 1013). Hijo de Alhakem II, accedió al trono en 976. Quedó bajo la tutela de Almanzor, que dirigió de hecho la política del califato hasta su muerte (1002). Le sucedieron sus hijos 'Abd al-Malik al-Muzaffar (1002-08) y 'Abd al-Rahman Sanchuelo. Este último fue apartado del poder por Mohammad II (1009), que depuso al califa y asumió el gobierno de al-Andalus. El esclavo Wadih le restituyó en 1010. Tras la invasión bereber, fue obligado a abdicar en favor de Sulayman (1013).

Hixem III Califa omeya de Córdoba (Córdoba, 975 - Lérida, 1036). Accedió al trono en 1027. Dejó el gobierno en manos de Hixem II. Provocó una revolución (1031), se refugió en Lleida, desde donde declaró abolido el califato.

Hizbolá Hezbolá.

Hjelmslev, Louis Lingüista danés (Copenhague, 1899 - íd., 1965). Fue uno de los fundadores del Círculo Lingüístico de Copenhague (1931). Escribió *Principios de gramática general* (1928), *Estudios bálticos* (1932).

HL *Fís.* Símbolo de hectolitro.

hm *Fís.* Símbolo de hectómetro.

Ho *Quím.* Símbolo del holmio.

Ho Chi Minh Ciudad de Vietnam, que constituye una municipalidad, capital de la provincia de Tay Ninh; 2.090 km^2 y 4.322.300 h. Es la antigua *Saigón*.

Ho Chi Minh Político norvietnamita (Kim-Lien, 1890 - Hanoi, 1969). Durante la Segunda Guerra Mundial organizó en Indochina el Partido Vietminh y, al producirse la capitulación de Japón, proclamó en Hanoi la independencia de la República Democrática de Vietnam. Aunque fue reconocida por Francia, los intentos de esta potencia por restablecer el dominio colonial le decidieron a emprender la guerra de guerrillas. La Conferencia de Ginebra de 1954 consolidó su poder al N del paralelo 17. Estableció la República Socialista de Vietnam del Norte y asumió la jefatura del Estado. Tras la intervención de los EE UU (1965), su prestigio contribuyó a formar el espíritu de nacionalismo revolucionario que permitió la victoria comunista.

Hoang-Ho o **Amarillo** Río de China, que nace en la meseta del Tíbet, en la vertiente oriental de los montes Kuen-Lun, y después un curso muy sinuoso desemboca en el mar Amarillo; 4.845 km.

hoatzín m. *Zool.* Ave galliforme de nombre científico *Opisthocomus hoazin*, que se distingue por una llamativa cresta de plumas en la cabeza. Vive en el N de Sudamérica.

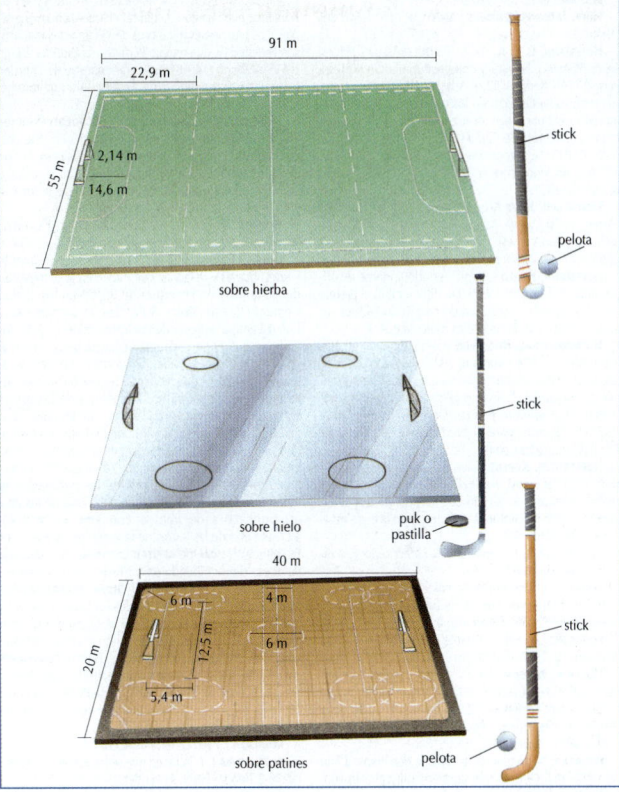

sobre hierba

sobre hielo

sobre patines

stick

pelota

stick

puk o pastilla

stick

pelota

hockey

hobachón, na adj. Se dice de la persona gruesa que es floja y tiene poca capacidad de trabajo.

Hobbema, Meindert Pintor holandés (Amsterdam, 1638 - íd., 1709). Excelente paisajista, entre sus obras destacan *La avenida de Middelharnis* (1689) y *El molino*.

Hobbes, Thomas Tratadista político y filósofo inglés (Westport, 1588 - Hardwick Hall, 1679). Partidario de los Estuardo, vivió exiliado en París desde 1640 hasta 1651, año en que regresó a Londres. Es importante su contribución a la filosofía política con su teoría del Estado. Autor de *De cive* (1642), *Leviathan* (1651), *De corpore* (1655) y *De homine* (1656).

hobby (Voz i.) m. Tema, ocupación de las horas libres, trabajo que se ejecuta por puro placer. ♦ Su pl. es *hobbies*.

hocicada f. Golpe dado con el hocico o hocicos.

hocicar tr. **1** Levantar la tierra con el hocico. **2** fig. y fam. Besar. || intr. **3** Dar de hocicos, tropezar. **4** fig. y fam. Tropezar con un obstáculo o dificultad insuperable. **5** fam. Verse obligado a soportar algo desagradable o molesto. **6** *Mar.* Hundir la proa.

hocico m. **1** *Zool.* Parte más o menos prolongada de la cabeza de algunos animales. **2** Boca de hombre con labios muy abultados. **3** fig. y fam. Cara. **4** fig. y fam. Gesto de enojo o desagrado. || **meter el hocico en todo** fr. fig. y fam. Ser muy curioso.

hocicón, na, u **hocicudo, da** adj. **1** Se dice de la persona que tiene boca saliente. **2** *Zool.* Se dice del animal de mucho hocico.

hocino[1] m. *Agr.* **1** Especie de hoz para cortar la leña. **2** La que usan los hortelanos para trasplantar.

hocino[2] m. **1** *Geol.* Terreno que dejan las quebradas o angosturas de las faldas de los montes cerca de los ríos o arroyos. || m. pl. **2** *Agr.* Huertecillos que se forman en dichos parajes. **3** *Geol.* Angostura de los ríos cuando se estrechan entre dos montañas.

hockey (Voz i.) m. *Dep.* Deporte que se practica entre dos equipos cuyos jugadores, provistos de una especie de bastón (*stick*), con el que se intenta introducir una bola o disco en la portería del equipo contrario. Las principales modalidades son el hockey sobre hierba, el hockey sobre patines y el hochey sobre hielo.

Hockney, David Pintor británico (Bradford, 1937). Considerado uno de los mejores representantes del *pop art* inglés. Posteriormente ha evolucionado hacia un mayor realismo. Es notable su serie pictórica *La gran zambullida* (1967).

Hodgkin, Alan Lloyd Neurofisiólogo británico (Banbury, 1914 - Cambridge, 1996). Estudió los mecanismos iónicos de la excitación e inhibición de la membrana de las células nerviosas. En 1963 recibió el premio Nobel de Fisiología y Medicina, compartido con Huxley y J. C. Eccles.

Hodgkin, Dorothy Crowfoot Bioquímica británica (El Cairo, 1910 - Warwickshire, 1994). En 1960 recibió el premio Nobel de Química por el descubrimiento de la estructura de la vitamina B$_{12}$.

hodierno, na adj. **1** Relativo al día de hoy o al tiempo presente. **2** Moderno, actual. **3** Se dice del pan tierno.

Hodja, Enver Hoxha, Enver.

hodo-, odo-; -odo, -odeo, -odino, -odio prefs. o sufs. que significan camino: *diodo*.

David **Hockney.** *Doll Boy.* Colección particular.

HODÓMETRO m. ODÓMETRO.

HOFF, JACOBUS HENRICUS VAN'T VAN'T HOFF, JACOBUS HENRICUS.

HOFFMANN, E. T. A. (ERNST THEODOR AMADEUS HOFFMANN, llamado) Escritor y compositor alemán (Königsberg, 1776 - Berlín, 1822). Adscrito al Romanticismo, sus cuentos fantásticos, en los que se entremezclan el misterio y el horror, han alcanzado fama universal: *Fantasías a la manera de Callot* (1814-15), *Los elixires del diablo* (1815-16), *Horas nocturnas* (1817), *Las opiniones del gato Murr sobre la vida* (1820-22) y *La princesa Brambilla* (1821).

HOFFMANN, JOSEF Arquitecto y decorador austriaco (Pirnitz, 1870 - Viena, 1956). Participó en la fundación de la Secesión Vienesa (1897). Está considerado como uno de los precursores de la arquitectura funcional.

HOFFMANN, ROALD Químico estadounidense de origen polaco (Zloczow, 1937). En 1981 recibió el premio Nobel de Química, compartido con K. Fukui, por sus trabajos acerca de los orbitales moleculares.

HOFMANNSTHAL, HUGO VON Poeta y dramaturgo austriaco (Viena, 1874 - Rodaun, 1929). Fue el creador de la escuela neorromántica germana. Es autor de los dramas *La muerte de Tiziano* (1892), *El loco y la muerte* (1893), *El aventurero y la cantante* (1899) y *La torre* (1923-25). Escribió para Richard Strauss los libretos de sus más conocidas óperas.

HOFSTADTER, ROBERT Físico estadounidense (Nueva York, 1915 - Stanford, 1990). En 1961 recibió el premio Nobel de Física, compartido con R. Mössbauer, por sus estudios sobre los protones y neutrones existentes en el núcleo atómico.

HOGAÑO adv. t. **1** En este año. **2** En esta época, a diferencia de ANTAÑO.

HOGAR m. **1** Sitio donde se coloca la lumbre en las cocinas, chimeneas, hornos de fundición, etc. **2** HOGUERA. **3** fig. Casa o domicilio. **4** fig. Vida de familia.

HOGAREÑO, ÑA adj. **1** Amante del hogar y de la vida de familia. **2** Relativo al hogar.

HOGARTH, WILLIAM Pintor y grabador inglés (Londres, 1697 - íd., 1764). Creador de la caricatura moral inglesa y de la pintura de género. Autor de *Vida de un libertino* (1735), *Un casamiento según la moda* (1745), *La vendedora de quisquillas* (1759), etc.

HOGAZA f. **1** Pan grande de más de dos libras. **2** Pan de harina mal cernida que contiene algo de salvado.

HOGGAR AHAGGAR.

HOGUERA f. Porción de materias combustibles que, encendidas, levantan mucha llama. || **HOGUERAS DE SAN JUAN** Costumbre popular europea de encender hogueras en la noche de la víspera del 24 de junio, festividad de san Juan.

HOGWOOD, CHRISTOPHER Clavecinista y director de orquesta británico (Nottingham, 1941). En 1973 fundó la Academy of Ancient Music, orientada hacia la interpretación de la música barroca y clásica.

HOHENSTAUFEN Geneal. Dinastía imperial alemana que rigió el sacro imperio romano germánico entre 1138 y 1254.

HOHENZOLLERN Geneal. Familia imperial alemana de origen suabo. En el siglo XIII se dividió en dos ramas, la de Suabia y la de Franconia. A la primera pertenecen Leopoldo, candidato al trono español, y Carlos I, rey de Rumania, que inauguró la dinastía Hohenzollern en este país. Los principales miembros de la rama de Franconia son Federico IV, que recibió la marca de Brandemburgo (1415); Alberto (1490-1568), gran maestre de la orden teutónica y duque de Prusia, Federico III, que tomó el título de rey de Prusia, y sus sucesores.

HOHENZOLLERN SIGMARINGEN, LEOPOLDO Príncipe alemán (Krauchenwies, 1835 - Berlín, 1905). Fue propuesto para ocupar el trono de España tras la expulsión de Isabel II (1868). Su candidatura provocó el rechazo de Napoleón III y, a pesar de su renuncia posterior, originó la guerra franco-prusiana (1870).

HOHHOT (*Hu-ho-hao-t'e*) Ciudad de China, capital de la región autónoma de Mongolia Interior; 652.534 h.

HOJA f. **1** *Bot.* Cuna de las partes, generalmente verdes, planas y delgadas que nacen en la extremidad de los tallos y en las ramas de los vegetales. **2** *Bot.* Conjunto de hojas. **3** *Bot.* Las de la corola de la flor. **4** Lámina delgada de cualquier materia. **5** En los libros y cuadernos, cada una de las partes iguales que resultan de doblar el papel para formar el pliego. **6** Laminilla delgada, como escama, que se levanta en los metales cuando se baten. **7** Cuchilla de las armas blancas y herramientas. **8** Cada una de las capas delgadas en que se suele dividir la masa, como en los hojaldres. **9** *Agr.* Porción de tierra que se siembra o pasta un año y se deja descansar otro. **10** En puertas, ventanas, biombos, etc., cada una de las partes que se abren o se cierran. **11** Mitad de cada una de las partes principales de que se compone un vestido. **12** Cada una de las partes de la armadura antigua. **13** fig. ESPADA. || **HOJA DE AFEITAR** Laminilla muy delgada de acero que, colocada en un instrumento especial, sirve para afeitar la barba. || **HOJA ASERRADA** *Bot.* Aquella cuyo borde tiene dientes inclinados hacia su punta. || **HOJA DE CÁLCULO** *Inform.* Conjunto de programas de ordenador que permiten manejar un gran volumen de información numérica. || **HOJA COMPUESTA** *Bot.* Aquella en la que de cada pecíolo surgen varios limbos. || **HOJA DE SERVICIOS** Documento en que constan los antecedentes personales y profesionales de un funcionario público.

HOJALATA f. *Met.* Lámina de acero o hierro estañada.

HOJALATERÍA f. **1** Taller en que se hacen piezas de hojalata. **2** Tienda donde se venden.

HOJALDRADO, DA adj. **1** Semejante al hojaldre. **2** Hecho de hojaldre. **3** Denominación de ciertos pasteles. Tambien s.

HOJALDRAR tr. Dar a la masa forma de hojaldre.

HOJALDRE amb. **1** Masa que, al cocerse en el horno, hace muchas hojas superpuestas unas a otras. **2** Dulce hecho con esta masa.

HOJARASCA f. **1** *Bot.* Restos orgánicos formados por el conjunto de hojas que han caído de los árboles, ligeramente descompuestas. **2** *Bot.* Inútil frondosidad de algunos árboles o plantas. **3** fig. Cosa inútil y de poca sustancia.

HOJEAR tr. **1** Pasar las hojas de un libro leyendo deprisa algunos pasajes para tomar de él un ligero conocimiento. || intr. **2** Moverse las hojas de los árboles.

HOJEDA, ALONSO DE OJEDA, ALONSO DE.

Hans **Holbein el Joven**. Retrato de Hermann Wedigh. Museo Metropolitano de Arte (Nueva York).

HOJUELA f. **1** Fruta de sartén. **2** Hollejo o cascarilla que queda de la aceituna molida. **3** *Bot.* Cada una de las hojas que forman parte de otra compuesta. **4** *Met.* Hoja muy delgada de oro, plata u otro metal.

HOKA u **HOCANA** m. *Ling.* Familia lingüística amerindia, perteneciente al grupo de lenguas penutíes, hablada por pueblos que habitan el SO de los EE UU y México.

HOKKAIDO Isla de Japón, entre las de Honshu y Sajalin, que por sí misma forma una prefectura; 83.520 km^2 y 5.692.217 h. Capital, Sapporo. Antiguamente se llamó Yeso.

HOKUSAI KATSUSHIKA Pintor y grabador japonés (Yedo, actual Tokio, 1760 - íd., 1849). Seguidor del *ukiyo-e*, cultivó con maestría todos los géneros pictóricos del país. Especial relevancia tienen sus paisajes: *Treinta y seis vistas del Fuji* (1823).

HOL-, HOLO-; -ÓLICO prefs. o suf. que significan entero, total.

¡HOLA! interj. **1** Fórmula coloquial de saludo. **2** Se emplea para denotar extrañeza.

HOLÁN m. Holanda, lienzo.

HOLAN, VLADIMIR Poeta checo (Praga, 1905 - íd., 1980). Autor de *Abanico quimérico* (1926), *Triunfo de la muerte* (1930), *Una noche con Hamlet* (1964), etc.

HOLANDA f. **1** Lienzo muy fino de algodón o hilo. **2** Aguardiente obtenido por destilación directa de vinos puros. Más en pl.

HOLANDA Región geográfica e histórica de los PAÍSES BAJOS que comprende la zona occidental de la nación, formada por las provincias de Holanda Septentrional y Holanda Meridional.

HOLANDA Denominación impropia con que, frecuentemente, se designa a los PAÍSES BAJOS.

HOLANDA, GUERRA DE *Hist.* Conflicto iniciado por Luis XIV, que invadió las Provincias Unidas en 1672, tras firmar pactos con Inglaterra y Baviera. El origen de la guerra se encuentra en la aplicación de los aranceles proteccionistas de Colbert, hecho que agudizó la rivalidad franco-neerlandesa. La resistencia de Guillermo de Orange permitió la formación de una gran coalición antifrancesa integrada por España, Lorena, Austria, los electores del Imperio y Dinamarca. La paz de Nimega (1878-79) suscribió la victoria francesa.

HOLANDA MERIDIONAL Provincia de los Países Bajos; 2.860 km^2 y 3.378.800 h. Capital, La Haya.

HOLANDA SEPTENTRIONAL Provincia de los Países Bajos; 2.667 km^2 y 2.503.200 h. Capital, Haarlem.

HOLANDÉS, SA adj. **1** De Holanda. También s. || f. **2** Hoja de papel para escribir de 28 por 22 cm aproximadamente. || m. *Ling.* **3** Dialecto del neerlandés.

HOLANDETA u **HOLANDILLA** f. Lienzo para forros de vestidos.

HOLBACH, PAUL HENRI, BARÓN D' Filósofo francés, de origen alemán (Heidesheim, 1725 - París, 1789). Colaboró en la *Enciclopedia*. Autor de *Sistema de la naturaleza* (1770).

HOLBEIN, HANS (llamado HOLBEIN EL JOVEN). Pintor alemán (Augsburgo, 1497 - Londres, 1543). Hijo de Holbein el Viejo. Es uno de grandes maestros del Renacimiento alemán. Autor de la *Virgen del burgomaestre Meyer* y los retratos de *Erasmo*, el *Arzobispo de Canterbury*, *Tomás Moro* y *Enrique VIII*.

HOLBEIN, HANS (llamado HOLBEIN EL VIEJO) Pintor alemán (Augsburgo, 1465 - Isenheim, 1524). Su obra, influida por la escuela flamenca y el gótico alemán, se caracteriza por el detallismo y la expresividad.

HOLBERG, LUDVIG Poeta y comediógrafo danés (Bergen, 1684 - Copenhague, 1754). Con el seudónimo de *Hans de Mikkelsen* escribió la epopeya paródica *Peder Paars* (1719). Autir de las comedias *El hojalatero político* (1722), *Juan de Francia* (1722) y *El ocioso* (1731).

HOLCO m. *Bot.* HENO BLANCO.

HÖLDERLIN, JOHANN CHRISTIAN FRIEDRICH Poeta alemán (Lauffen, 1770 - Tubinga, 1843). Está considerado como el principal representante del prerromanticismo alemán. Firmó sus últimos poemas con el seudónimo

Tipos de **hoja**.

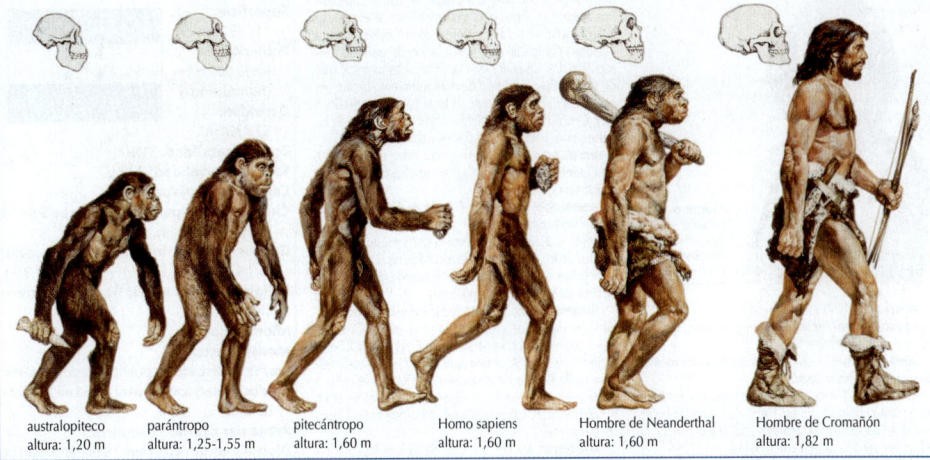

australopiteco
altura: 1,20 m

parántropo
altura: 1,25-1,55 m

pitecántropo
altura: 1,60 m

Homo sapiens
altura: 1,60 m

Hombre de Neanderthal
altura: 1,60 m

Hombre de Cromañón
altura: 1,82 m

hombre. Evolución física.

Scardarelli. Autor de *Himno a la humanidad, Himno al amor, Al éter, Quejas de Menón por Diótima, Al dios del sol, Ganimedes, Archipiélago, A las parcas* y *Patmos*. Escribió también la novela epistolar *Hyperion o el ermitaño de Grecia* (1797-99) y la tragedia inacabada *Empédocles* (1798-99).

HOLDING (Voz i.) m. *Econ*. Sociedad que participa financieramente en empresas de parecida naturaleza.

HOLGADO, DA adj. **1** Sin ocupación. **2** Ancho para lo que ha de contener. **3** fig. Dícese de la posición económica de quien vive sin desahogo.

HOLGANZA f. **1** Descanso. **2** Ociosidad, pereza. **3** Placer, contento.

HOLGAR intr. **1** Descansar de un trabajo. **2** Estar ocioso. **3** Ser inútil. **4** Alegrarse de una cosa. También prnl. || prnl. **5** Divertirse. ♦ IRREG. Se conjuga como CONTAR.

HOLGAZÁN, NA adj. y s. Perezoso, ocioso.

HOLGAZANEAR intr. Estar voluntariamente ocioso.

HOLGORIO m. fam. Regocijo, fiesta. Suele aspirarse la *h*.

HOLGUÍN **1** Provincia de Cuba, situada al E de la isla; 9.301 km² y 1.020.660 h. **2** Ciudad capital de la misma; 242.085 h.

HOLGUÍN, CARLOS Político y diplomático colombiano (Nóvita, 1832 - Bogotá, 1894). Miembro del Partido Conservador, fue ministro de Relaciones Exteriores antes de acceder a la presidencia de la República (1888-92).

HOLGUÍN, JORGE Militar y político colombiano (Cali, 1848 - íd., 1928). Fue ministro del Tesoro (1885) y de Relaciones Exteriores (1909). Ocupó interinamente la presidencia de la República en 1909 y de 1921 a 1922.

HOLGURA f. **1** Anchura. **2** Anchura excesiva. **3** Espacio que queda entre dos piezas que han de encajar una en otra. **4** Regocijo, diversión entre muchos. **5** Desahogo, condiciones de vida desahogada.

HOLIDAY, BILLIE Cantante de jazz estadounidense (Baltimore, 1915 - Nueva York, 1959). De voz desgarrada y profunda, está considerada como una de las mejores cantantes de jazz de todos los tiempos. Entre sus grabaciones sobresalen *Night and Day, This Foolish Things* y *Strange Fruit*.

HOLISMO m. *Filos*. Doctrina epistemológica que considera que una realidad compleja no se reduce a la suma de sus elementos, sino que constituye un sistema global regido por leyes. Se opone al atomismo.

HOLLADA, LA Peniplanicie de la sierra de Córdoba, en Argentina.

HOLLAR tr. **1** Pisar, dejar huella. **2** Comprimir algo con los pies. **3** fig. Abatir, ajar, humillar, despreciar. ♦ IRREG. Se conjuga como CONTAR.

HOLLEJO m. *Bot*. Piel delgada de algunas frutas y legumbres.

HOLLEY, ROBERT WILLIAM Bioquímico estadounidense (Urbana, 1922 - Los Gatos, 1993). Investigó la interpretación del código genético en función de la síntesis de las proteínas. En 1968 recibió el premio Nobel de Fisiología y Medicina, compartido con H. G. Khorana y M. Nirenberg.

HOLLÍN m. **1** Sustancia grasa y negra que el humo deposita en la superficie de los cuerpos. **2** fam. Alboroto.

HOLLYWOOD Distrito de la ciudad de Los Ángeles, EE UU. Desde los años veinte, se convirtió en el principal centro de la industria cinematográfica mundial.

HOLMES, OLIVER WENDELL Escritor estadounidense (Cambridge, 1809 - Boston, 1894). Autor de *El autócrata en la mesa del desayuno* (1858), *El profesor en la mesa del desayuno* (1879) y *El poeta en la mesa del desayuno* (1872).

HOLMIO m. *Quím*. Elemento químico del grupo de los lantánidos o de las tierras raras del sistema periódico. Masa atómica 164,9; número atómico 67; símbolo Ho.

HOLO- pref. HOL-.

HOLOCAUSTO m. **1** *Rel*. Entre los israelitas, sacrificio religioso que consistía en la cremación total de un animal. **2** Gran matanza de seres humanos. **3** *Hist*. Nombre dado al exterminio de judíos que se produjo en la Alemania nazi.

HOLOCENO, NA adj. y m. *Geol*. Se dice de la segunda época del período cuaternario o antropozoico. Corresponde al período geológico actual o reciente.

HOLOCENOSIS f. *Ecol*. Comunidad de vida animal y vegetal. ♦ Su pl. es holocenosis.

HOLOCRISTALINO, NA adj. *Geol*. Se dice de la textura mineral formada sólo por cristales, sin fracciones vítreas, típica de las rocas plutónicas.

HOLOEDRO m. *Geol*. Forma de máxima simetría de un sistema cristalino, que es la del cubo.

HOLOFERNES Personaje bíblico. General de Nabucodonosor, sitiador de Betulia, a quien Judith sedujo y cortó la cabeza para salvar a su pueblo.

HOLOGÉNESIS f. *Biol*. Teoría que explica el origen del hombre en la Tierra a partir del desarrollo paralelo de varios antecesores en diversos lugares geográficos.

HOLOGRAFÍA f. *Fot*. Técnica fotográfica basada en el empleo de la luz coherente producida por el láser, que permite grabar y reconstruir imágenes tridimensionales sin utilizar lentes. En la placa fotográfica se impresionan las interferencias causadas por la luz reflejada de un objeto con la luz directa. Iluminada, después de revelada, la placa fotográfica con la luz del láser, se forma la imagen tridimensional del objeto original.

HOLOGRAMA m. *Fot*. **1** Placa fotográfica obtenida mediante holografía. **2** Imagen óptica obtenida mediante dicha técnica.

HOLÓMETRO m. Instrumento para calcular la altura angular de un punto sobre el horizonte.

HOLOPLANCTON m. *Biol*. PLANCTON.

HOLOTURIA f. *Zool*. Nombre de diversos equinodermos de la familia holotúridos, género *Holothuria*. Tienen el cuerpo cilíndrico, con simetría bilateral y placas calizas en la dermis que confieren al cuerpo una cierta dureza. También llamados *cohombros* o *pepinos de mar*.

HOLSTEIN *Geog. hist*. Región histórica de Alemania, antiguo ducado de la Confederación Germánica. Capital, Glückstadt. Anexionada por Prusia (1868), forma parte del Land de SCHLESWIG-HOLSTEIN.

HOM- pref. HOMEO-.

HOMALO-; -ÓMALO pref. o suf. que significa semejante, igual, plano: *anómalo*.

HOMBRADA f. Acción propia de un hombre generoso y valiente. A veces, se usa en sentido despectivo.

HOMBRE m. **1** *Antrop*. Ser racional perteneciente al género humano, y que se caracteriza por su inteligencia y lenguaje articulado. [Encic.] **2** *Biol*. Persona del sexo masculino. **3** *Biol*. Adulto de este sexo. **4** Grupo determinado del género humano. **5** fam. Marido o amante. **6** Con la preposición *de*, el que posee las cualidades o cosas significadas por los sustantivos que siguen. **7** Individuo que tiene las cualidades consideradas varoniles por excelencia. || **HOMBRE DE LA CALLE** Pluralidad de personas en cuanto representativas de las opiniones y gustos de la mayoría. || **HOMBRE DE LAS NIEVES** YETI. || **HOMBRE DE PAJA** Persona que, aunque figure como titular en un asunto, sólo encubre intereses ajenos. || **HOMBRE DE PELO EN PECHO** El fuerte y osado. || **HOMBRE RANA** Persona provista del equipo necesario para trabajos submarinos. || **como un solo hombre** loc. que expresa la unanimidad con que proceden muchas personas sin previo acuerdo. || **¡hombre!** interj. Indica sorpresa o asombro.

ANTROP. La palabra hombre se emplea para designar a todo ser humano, cualquiera que sea su sexo, edad o grupo étnico. Zoológicamente, el hombre es un vertebrado de la clase mamíferos, orden primates, suborden antropoideos, familia homínidos, de nombre científico *Homo sapiens sapiens*. Aunque físicamente son analogías con los grandes monos son mayores que sus discrepancias, son las diferencias de orden psíquico, y las morfológicas con ellas relacionadas, las que establecen un abismo entre ambos: cerebro considerablemente más desarrollado; postura vertical perfecta; reducción del prognatismo y traslación del agujero occipital a una posición anterior; lenguaje articulado y conciencia. Su separación del tronco general de los primates se produjo, probablemente, en el oligoceno, y hacia el mioceno inferior se debió de separar de la rama que dio origen a los grandes monos actuales. Las etapas de la evolución del hombre son: *australopiteco* (hace 3 millones de años), y las especies del género *Homo Homo habilis* (2 millones de años), *Homo eructus* (1,5 millones de años) y *Homo sapiens* (200.000 años), con sus dos subespecies *Hombre de Neandertahal* (150.000) y el hombre moderno que apareció hace 40.000 años, cuyo representante más característico es el *Hombre de Cromañón*.

HOMBRERA f. **1** Pieza de la armadura antigua que defendía los hombros. **2** Adorno de los vestidos en los hombros. **3** Especie de almohadilla en la parte interior de los hombros de las prendas de vestir, para levantarlos.

HOMBRÍA f. Conjunto de cualidades que tradicionalmente se han atribuido al hombre, especialmente el valor.

HOMBRILLO m. **1** Lista de lienzo con que se refuerza la camisa por el hombro. **2** Adorno que se pone encima de los hombros.

HOMBRO m. **1** *Anat*. Zona superior de unión del tronco con las extremidades superiores en el hombre. **2** *Zool*. Región correspondiente en otros vertebrados. || **a hombros** loc. adv. con que se denota que se lleva alguna persona o cosa a cuestas, sobre todo en señal de triunfo. || **arrimar el hombro** fr. fig. Trabajar con actividad. || **en hombros** loc. adv. A HOMBROS. || **encogerse** uno **de hombros** fr. Moverlos así por no querer responder a lo que se le pregunta o por permanecer indiferente. || **mirar** a uno **por encima del hombro** fr. fig. y fam. Desdeñarle.

HOMBRUNO, NA adj. Que se parece al hombre.

HOME RULE *Hist*. Movimiento político irlandés que reivindicó el régimen autonómico (Home Rule) entre 1870 y 1914.

HOMELAND BANTUSTÁN.

HOMENAJE m. **1** *Hist*. Ceremonia medieval a través de la que se establecían los vínculos feudales entre vasallo y señor. **2** Acto o serie de actos en honor de una persona. **3** fig. Sumisión, veneración, respeto.

Homero.
Museo
Arqueológico
Nacional
(Nápoles).

HOMENAJEAR tr. Rendir homenaje.
HOMEO-, HOMO-, HOM-; -OMEO prefs. o suf. que significan igual, semejante.
HOMEÓPATA adj. y com. *Med.* Se dice del médico que practica la homeopatía.
HOMEOPATÍA f. *Med.* Método terapéutico, fundado por Samuel Hahnemann en 1805, que trata las enfermedades con sustancias similares a las que provocan en el hombre sano la misma enfermedad.
HOMEÓSTASIS u **HOMEOSTASIS** f. *Biol.* Capacidad para el mantenimiento de la constancia en las funciones de un organismo o en las interacciones entre los individuos de una comunidad, bajo condiciones no estables del medio. ♦ Sus pl. son *homeóstasis* y *homeostasis*.
HOMEOTERMO, MA adj. *Zool.* Se dice del animal capaz de mantener constante la temperatura de su cuerpo.
HOMÉRICO, CA adj. Propio y característico de Homero como poeta.
HOMERO Poeta griego (¿Esmirna?, s. IX a. C.). Poco o nada se sabe de su vida. Según la versión más difundida, fue un rapsoda, quizá ciego, que cantaba sus poemas en fiestas y banquetes. En los siglos XVII y XVIII llegó a dudarse de su existencia real, que en la actualidad se da por cierta. Las diferentes hipótesis sobre su figura han dado pie a la llamada «cuestión homérica», que trata de fijar la fecha y la autoría de los libros que se le atribuyen, la *Ilíada* y la *Odisea*, obras maestras de la épica griega.
HOMICIDA com. y adj. Que ocasiona la muerte de una persona.
HOMICIDIO m. *Der.* Muerte causada a una persona por otra voluntariamente. Cuando se dan determinadas circunstancias agravantes, se denomina asesinato.
HOMILÍA f. *Liturg.* Plática para explicar temas religiosos, generalmente en el curso de la misa.
HOMÍNIDO, DA adj. y s. *Biol.* 1 Parecido al hombre. || m. pl. *Antrop.* 2 Grupo de primates superiores que incluye numerosas especies fósiles y una única viviente: el hombre (*Homo sapiens sapiens*). Los fósiles del grupo se clasifican en la actualidad en dos géneros: *Australopithecus* y *Homo*.
HOMINIZACIÓN f. *Antrop.* y *Biol.* Proceso evolutivo que llevó desde una determinada especie animal (protohomínidos) al HOMBRE.
Homo *Antrop.* Género de primates superiores del grupo de los homínidos, que comprende al HOMBRE actual y sus antecesores fósiles.
HOMO- pref. HOMEO-.
HOMOCERCA adj. *Zool.* Se dice de la aleta caudal de los peces formada por dos lóbulos iguales y simétricos.
HOMOCIGOSIS f. *Biol.* Condición de una célula, tejido u organismo diploide con genes alelos iguales en un mismo locus.
HOMOCIGOTO, TA adj. *Biol.* Se dice del individuo en homocigosis y que, por tanto, produce gametos idénticos.
HOMOFONÍA f. 1 *Ling.* Identidad fonética entre dos palabras distintas. 2 *Mús.* Conjunto de voces o sonidos simultáneos que cantan al unísono.
HOMÓFONO, NA adj. 1 *Ling.* Se dice de las palabras de igual pronunciación y diferente grafía y significado. 2 *Mús.* Se dice del canto en que todas las voces tienen el mismo sonido.
HOMOGENEIDAD f. Calidad de homogéneo.
HOMOGENEIZAR tr. Transformar en homogéneo.
HOMOGÉNEO, A adj. 1 Relativo a un mismo género; poseedor de iguales caracteres. 2 Se dice de una sustancia o mezcla de varias cuando su composición y estructura son uniformes.
HOMÓGRAFO, FA adj. *Ling.* Se dice de las palabras que se escriben igual pero tienen distintos significados.
HOMOHIDRO, DRA adj. *Biol.* Se dice del organismo capaz de regular el contenido de agua de su cuerpo.
HOMOLOGACIÓN f. Acción y efecto de homologar.
HOMOLOGAR tr. 1 *Dep.* Registrar y confirmar un organismo autorizado el resultado de una prueba deportiva realizada con arreglo a ciertas normas. 2 Contrastar una autoridad oficial el cumplimiento de determinadas especificaciones o características de un objeto o de una acción. 3 Equiparar, poner en relación de igualdad o semejanza dos cosas. 4 *Der.* Dar firmeza las partes al fallo de los árbitros, en virtud de consentimiento tácito, por haber dejado pasar el tiempo legal para impugnarlo. 5 *Der.* Confirmar el juez ciertos actos y convenios de las partes, para hacerlos más firmes y solemnes.
HOMOLOGÍA f. *Biol.* Semejanza entre estructuras o funciones de organismos, como resultado de una dependencia evolutiva.
HOMÓLOGO, GA adj. 1 Dícese de la persona que ejerce un cargo igual al de otra, en ámbitos distintos. También s. 2 *Biol.* Que presenta homología. 3 *Geom.* Se dice de los elementos que en cada una o más figuras semejantes están colocados en el mismo orden. 4 *Lóg.* Se dice de los términos sinónimos.
HOMOMORFISMO m. *Mat.* Relación que se puede establecer entre dos grupos, de forma que si G_1 es un grupo respecto a una operación * y G_2 otro para la operación ⊥ y se establece una aplicación $G_1 \rightarrow G_2$, en la que para cualquier par de elementos (a, b) ∈ G_1, se verifica que $f(a*b) = f(a) \perp f(b)$, se dice que f (aplicación) es un homomorfismo. Las operaciones * y ⊥ pueden ser iguales o distintas.
HOMÓNIMO, MA adj. y s. *Ling.* Se dice de las palabras que tienen igual pronunciación u ortografía y distinta significación.
HOMOPLASTIA f. *Biol.* Implantación de injertos de órganos para restaurar partes enfermas o lesionadas del organismo por otras procedentes de un individuo de la misma especie.
HOMÓPTERO, RA adj. y s. *Zool.* 1 Se dice de los insectos con cuatro alas membranosas, las dos anteriores formando un ángulo con las posteriores en posición de reposo. Al grupo pertenece la cigarra y el pulgón. || n. pl. *Zool.* 2 Orden de estos animales.
HOMOSEXUAL adj. 1 Se dice de lo que es o pertenece al mismo sexo. 2 Se dice del individuo que tiene una inclinación erótica y afectiva hacia individuos del mismo sexo. También com. 3 Se dice de dicha relación. 4 Relativo a la homosexualidad.
HOMOSEXUALIDAD f. 1 Cualidad de homosexual. 2 Práctica de relación homosexual.
HOMOSFERA f. Región de la atmósfera que comprende troposfera, estratosfera y mesosfera.
HOMS 1 Gobernación de Siria; 42.223 km² y 1.247.000 h. 2 Ciudad capital de la misma; 644.204 h. Centro agrícola. Industria textil. Es la Emesa de época romana.
HONDA f. 1 Tira de cuero u otra materia semejante y dos correas, que sirve para tirar piedras. 2 Cuerda para suspender un objeto.
HONDO, DA adj. 1 Que tiene profundidad. 2 Se dice de la parte del terreno que está más baja que todo lo circundante. 3 fig. Profundo, recóndito. 4 Intenso, extremado. || m. 5 Parte inferior de una cosa hueca o cóncava.
HONDO Río de América Central, nace al N de Guatemala y desemboca en el golfo de Honduras por la ciudad de Chetumal; 175 km. También llamado *Azul*.
HONDO HONSHU.
HONDÓN m. 1 Sitio interior de cualquier cosa hueca. 2 *Geol.* Lugar profundo que se halla rodeado de terrenos más altos. 3 Ojo de la aguja. 4 Parte del estribo donde se apoya el pie.
HONDONADA f. Terreno bajo y ancho al que se desciende en declive.
HONDONAL m. *Geol.* Terreno bajo con abundante humedad edáfica y cubierto de una vegetación de pradera.
HONDT, LEY o SISTEMA D' *Polít.* Procedimiento electoral en el que el sistema de representación proporcional prima a las medias proporcionales más altas obtenidas en las votaciones.
HONDURA f. PROFUNDIDAD.
HONDURAS (*República de Honduras*) Estado de América Central, limita al N con el mar Caribe; al E, con este mismo mar y Nicaragua; al S, con el océano Pacífico, Nicaragua y El Salvador, y al O, con Guatemala.
GEOG. Su relieve está constituido por una gran meseta dominada por la cordillera Centroamericana, que lo atraviesa de NO a SE y divide al país en dos regiones: la oriental y la occidental. Su sistema hidrográfico se organiza en dos vertientes, la del mar de las Antillas, con los ríos Ulúa, Aguán, Patuca y Coco o Segovia; y la del Pacífico (río Choluteca). Abundan los lagos y lagunas (Lago Yojoa y albufera de Caratasca). Frente al litoral N se hallan las islas de Roatán, Guanaja, Utila, Barbareta, Morat y Elena, de Zapotillos y de los Cochinos, y en el golfo de Fonseca, en el Pacífico, se encuentran las islas Tigre, Zacate Grande, Güengüensi, Exposición, Verde y Garea. Se pueden distinguir tres zonas climáticas principales: la cálida de las llanuras y vertientes del Pacífico; la del litoral atlántico, más húmeda; y la templada de las tierras altas. La población es predominantemente rural y su economía esencialmente agrícola. El principal producto es la banana. También produce coco, café y caña de azúcar. La industria maderera es el segundo sector más importante de su economía (cedro, caoba,

Superficie: 112.492 km².
Población: 6.490.000 h. (*hondureños*).
Densidad: 57,7 h./km².
Tasa de natalidad: 31‰.
Tasa de mortalidad: 7,1‰.
Capital: Tegucigalpa.
Ciudades principales: San Pedro de Sula, La Ceiba, El Progreso, Choluteca.
Grupos étnicos: mestizos (89,9%), indios (6,7%), negros (2,1%) y blancos (1,3%).
Religión: catolicismo (85%), protestantismo (10%).
Idioma: español.
Moneda: lempira.
Forma de Estado: república presidencialista.
Producto Nacional Bruto: 4.564 millones de dólares.
Renta per cápita: 740 dólares.
División administrativa: 18 departamentos, según cuadro.

HONDURAS

Departamentos	Superficie (km²)	Población (h.)	Capitales
Atlántida	4.251	255.000	La Ceiba
Choluteca	4.211	309.000	Choluteca
Colón	8.875	164.000	Trujillo
Comayagua	5.196	257.000	Comayagua
Copán	3.203	226.000	Santa Rosa de Copán
Cortés	3.954	706.000	San Pedro Sula
Francisco Morazán	7.946	878.000	Tegucigalpa
Gracias a Dios	16.630	37.000	Puerto Lempira
Intibucá	3.072	130.000	La Esperanza
Islas de la Bahía	261	24.000	Roatán
Lempira	4.290	180.000	Gracias
Ocotepeque	1.680	77.000	Nueva Ocotepeque
Olancho	24.351	309.000	Juticalpa
Paraíso, El	7.218	277.000	Yuscarán
Paz, La	2.331	112.000	La Paz
Santa Bárbara	5.115	291.000	Santa Bárbara
Valle	1.565	121.000	Nacaome
Yoro	7.939	355.000	Yoro

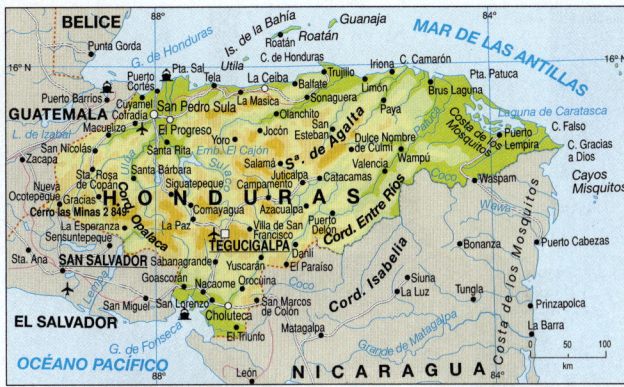

Honduras. Ricardo Maduro, presidente del país desde 2002.

palo de rosa). Le sigue en importancia la ganadería, predominantemente vacuna. Posee reservas de estaño, hierro, carbón, antimonio, plomo y cinc. La industria, poco desarrollada, se concentra en las regiones de Tegucigalpa y San Pedro Sula. Los puertos principales del país son los de La Ceiba, Puerto Cortés, Tela y Amapala.

HIST. El territorio occidental hondureño fue punto de contacto entre las culturas mesoamericanas y las ecuatorianas. En esta zona surgió uno de los grandes centros ceremoniales mayas, la ciudad de Copán, que hacia el siglo IX d. C. sufrió un repentino abandono. Posteriormente fue ocupado por los lencas, jicaques y pipiles. Vicente Yáñez Pinzón y Juan Díaz de Solís llegaron a sus costas en 1497. Tras la sucesiva fundación de diversas ciudades, en 1537 Comayagua se estableció como primera capital del país. En 1539, Honduras fue incorporada a la Capitanía General de Guatemala. Con el descubrimiento de las minas de plata de Comayagua, y la fundación de Tegucigalpa como Real de Minas (1578), comenzó la colonización del territorio. Durante el siglo XVI, Honduras fue blanco de los ataques de los corsarios. Gran Bretaña creó un protectorado entre 1740 y 1859, en el que las tribus constituyeron un reino independiente. En 1821 se proclamó la independencia de Honduras, y de 1821 a 1823, en que ingresó en la Federación de las Provincias Unidas de Centroamérica, su jefe de Estado fue Dionisio de Herrera. En 1830, F. Morazán fue elegido presidente de dicha federación. En 1838 Honduras proclamó su total autonomía. El primer presidente de la República de Honduras fue el general F. Ferrera, elegido en 1841. En 1845 ocupó el poder C. Chávez. Dos años después fue elegido J. Lindo, que en 1850 sofocó una revolución del general Guardiola y se alió a los salvadoreños contra Guatemala. En 1852 le sucedió provisionalmente F. Gómez y en 1853 asumió la presidencia el general T. Cabañas. Derrocado en 1855, y tras la breve presidencia de F. Aguilar, las elecciones dieron el triunfo a S. Guardiola. Tras su asesinato, se abrió un periodo de inestabilidad, al que puso fin el general J. M. Medina en 1864. Tras los efímeros mandatos de C. Arias y P. Leiva, en 1876 accedió a la presidencia M. A. Soto, quien introdujo reformas constitucionales de carácter progresista y abrió el camino a la influencia de EE UU. En 1883 inició su mandato el general L. Bográn. En 1891 accedió a la jefatura del Estado el general P. Leiva, que tuvo que renunciar en 1893. Su sucesor, el general D. Vázquez, declaró la guerra a Nicaragua. Esta nación apoyó al doctor P. Bonilla, quien logró ocupar la presidencia en 1894. En 1899 ocupó la jefatura del Estado el general T. Sierra y en 1902 le sucedió el general M. Bonilla. Éste disolvió el Congreso, modificó la Carta Fundamental (1906) y se hizo reelegir presidente. Una cuestión de límites entre Honduras y Nicaragua terminó con una guerra entre las dos Repú-

blicas y El Salvador, que ayudaba a la primera. Los nicaragüenses vencieron a los hondureños, y la paz se hizo por mediación de EE UU. Bonilla renunció y le sucedió el general M. E. Dávila. En 1911, el ex presidente Bonilla encendió otra revolución. EE UU intervino, y se acordó la renuncia de Dávila a la presidencia y el nombramiento de F. Bertrand. En 1912 el general Bonilla fue elegido presidente de nuevo. Muerto un año después, le sucedió Bertrand, que fue reelegido en 1916. Una revolución del general R. López Gutiérrez dio el mando a F. Bográn en 1919, que presidió unas elecciones que devolvieron el poder al propio López Gutiérrez. En 1925 fue elegido presidente Miguel Paz Barahona, a quien le sucedió en 1929 Vicente Mejía Colindres. Tiburcio Carías Andino inició su gobierno en 1933. Su política autoritaria y represiva con los liberales se se mantuvo durante los gobiernos de J. M. Gálvez y O. L. Díaz. Lozano fue depuesto por un golpe militar en 1956, y en 1957 fue elegido presidente el liberal J. R. Villeda Morales, quien en 1963 fue víctima de otro golpe de Estado apoyado por los conservadores. La creciente corrupción que caracterizó el gobierno de su sustituto, O. López Arellano, fue la excusa para un nuevo golpe militar que llevó al poder por un breve espacio de tiempo a R. E. Cruz. En 1972 López Arellano volvió a asumir la presidencia hasta abril de 1975, en que el Consejo Superior de las Fuerzas Armadas resolvió su destitución y la creación de un triunvirato militar encabezado por el general García. Tras las elecciones a la Asamblea Constituyente (1980), en las que resultó vencedor el liberal R. Suazo Córdoba, se promulgó una nueva Constitución (1982), pero su gobierno se vio mediatizado por el intervencionismo militar del jefe de las fuerzas armadas y la intervención estadounidense en territorio hondureño, utilizado como base para las operaciones antisandinistas de la Contra. A pesar de que el liberal J. Azcona (1985-89) se adhirió al plan de Esquipulas, las tensiones se mantuvieron. En las elecciones celebradas en noviembre de 1989 triunfó Rafael Leonardo Callejas, del Partido Nacional. Durante su mandato inició una política de austeridad económica patrocinada por el FMI. En 1993, Carlos Roberto Reina, del Partido Liberal, venció en las elecciones. Las celebradas en noviembre de 1997 otorgaron la victoria a Carlos Flores, líder del Partido Liberal. En 1998, el país se vio seriamente afectado por el huracán Mitch. En 2001, el tradicional enfrentamiento que mantienen el Partido Nacional y el Partido Liberal se acrecentó cuando los miembros del segundo recusaron al candidato a las presidenciales que presentaba el Partido Nacional, Ricardo Maduro Joest, alegando que había nacido en Panamá y no había conseguido la nacionalidad hondureña hasta 1982. En medio de una gran polémica, los tribunales no aceptaron la recusación, y en noviembre de ese año el Partido Nacional ganó las elecciones, con lo que Maduro se convirtió en el nuevo presidente.

HONDURAS, GOLFO DE Golfo del mar de las Antillas, al S de la península de Yucatán. En su parte más interior forma la bahía de Amatique.

HONDUREÑO, ÑA adj. y s. De Honduras.

HONECKER, ERICH Político alemán (Neunkirchen, 1912 - Santiago de Chile, 1994). Primer secretario del Partido Comunista (1971), desde 1976 ocupó la presidencia del Consejo de Estado de la República Democrática Alemana. En 1989 fue expulsado del partido y encarcelado.

HONEGGER, ARTHUR Compositor suizo (El Havre, 1892 - París, 1955). Es considerado uno de los principales representantes de las tendencias vanguardistas: *Pastoral de estío* (1920), *Pacífico 231* (1923) y *Juana de Arco en la hoguera* (1938).

HONESTIDAD f. 1 Compostura, moderación. 2 Recato, pudor. 3 Decoro, modestia.

HONESTO, TA adj. 1 Decente. 2 Recatado, pudoroso. 3 Razonable, justo. 4 Recto, honrado.

HONG-KONG (*Xianggang*) Región administrativa especial de China; 1.091 km^2 y 6.060.000 h. Antigua colonia británica, en 1997 pasó a formar parte de la República Popular China. En las primeras elecciones legislativas bajo soberanía china, celebradas en 1998, venció Martín Lee, del Partido Democrático.

HONGO m. 1 *Biol.* Cualquiera de los seres vivos pertenecientes al reino de los hongos, antiguamente clasificados como plantas talofitas. Seres unicelulares o pluricelulares, sin tejidos y cuyas células se agrupan formando un cuerpo filamentoso. Su cuerpo está formado por un conjunto de hifas llamado micelio. 2 Sombrero de copa baja, rígida y aproximadamente semiesférica. 3 *Med.* Excrecencia que crece en las úlceras o heridas e impide la cicatrización de las mismas. || m. pl. *Biol.* 4 Reino de seres vivos que comprende las clases ficomicetos, zigomicetos, ascomicetos y basidiomicetos.

HONIARA Ciudad capital de Salomón y de la isla y provincia de Guadalcanal; 43.643 h.

HONOLULÚ Ciudad de EE UU, capital del Estado y archipiélago de Hawai, y de la isla de Oahu; 385.881 h. Base naval de Pearl Harbor.

HONOR m. 1 Cualidad que lleva a una persona a comportarse de acuerdo a las normas sociales o morales. 2 Buena reputación. 3 Honestidad, recato en las mujeres. 4 Obsequio, celebridad de una cosa. 5 Dignidad, cargo o empleo. Más en pl. || m. pl. 6 Concesión en favor de uno para que use el título y preeminencias de un cargo o empleo, como si realmente lo tuviera, pero sin gajes. 7 Ceremonial con que se honra a alguien.

HONORABILIDAD f. Cualidad de la persona honorable.

HONORABLE adj. Digno de ser honrado.

HONORARIO, RIA adj. 1 Que sirve para honrar. 2 Se dice del que tiene los honores y no la propiedad de una dignidad o empleo. || m. pl. 3 Estipendio o sueldo por el trabajo en alguna profesión liberal.

HONORÍFICO, CA adj. 1 Que da honor. 2 HONORARIO, sin la propiedad.

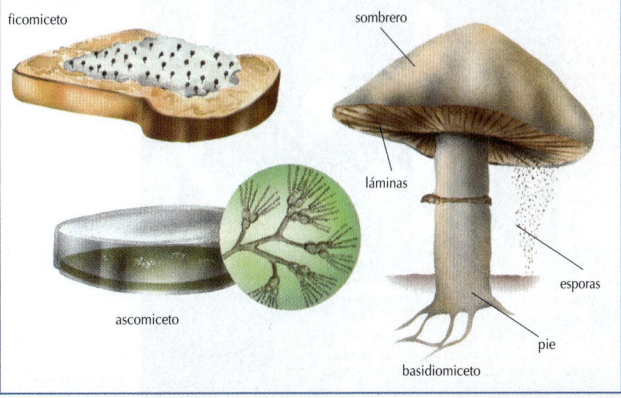

Clases de **hongos.**

Honorio Nombre de varios papas.

Honorio I (Campania, ? - Roma, 638). Ocupó el solio pontificio entre 625 y 638. Dedicó sus esfuerzos a la conversión de Inglaterra, redujo el cisma de Aquilea y restauró las iglesias romanas.

Honorio II (Fagnano, ? - Roma, 1130). Llamado Lamberto Scannabecchi. Ocupó el solio pontificio de 1124 a 1130. Negoció bajo el papado de Calixto II el concordato de Worms (1122).

Honorio III (Roma, ? - íd., 1227). Llamado Cencio Savelli. Ocupó el solio pontificio entre 1216 y 1227. Reconoció la Orden de Santo Domingo y la de los Carmelitas.

Honorio IV (Roma, 1210 - íd., 1287). Llamado Giacopo Savelli. Ocupó el solio pontificio de 1285 a 1287. Mantuvo a la casa de Anjou en Nápoles y excomulgó a Jaime de Aragón, rey de Sicilia.

Honorio, Flavio Emperador romano de Occidente (Constantinopla, 384 - Rávena, 423). Hijo de Teodosio el Grande, gobernó el imperio de 395 a 423. Durante su minoría ocupó la regencia Estilicón. No supo rechazar las invasiones germánicas, y en 410 Alarico saqueó Roma. En su reinado el imperio perdió Galia, Britania e Hispania.

honoris causa loc. lat. Grado de doctor que una universidad concede a título honorífico.

honra f. **1** Estima y respeto de la dignidad propia. **2** Buena opinión y fama. **3** Demostración de aprecio. **4** Pudor y recato de las mujeres. || f. pl. **5** Oficio solemne por los difuntos.

honradez f. **1** Calidad de probo. **2** Proceder recto.

honrado, da adj. **1** Que procede con honradez. **2** Ejecutado honrosamente.

honrar tr. **1** Respetar a una persona. **2** Enaltecer o premiar su mérito. **3** Dar honor o celebridad. || prnl. **4** Tener uno a honra ser o hacer alguna cosa.

honrilla f. Amor propio.

honroso, sa adj. **1** Que da honra y estimación. **2** Decente, decoroso.

Honshu u **Hondo** Isla de Japón, la mayor del archipiélago, que limita al N con el estrecho de Tsugaru, al E con el Océano Pacífico, al S con el mar de Inland, y al O con el mar del Japón; 231.090 km² y 101.580.000 h. Su capital es Tokio.

hontanar m. Lugar en que nacen fuentes y manantiales.

Honthorst, Gerrit van Van Honthorst, Gerrit.

Hooch, Pieter de Pintor holandés (Rotterdam, 1629 - Amsterdam, 1684). Representó escenas domésticas y costumbres de su país: *Jugadores de cartas*, *El patio*, *La salida al paseo*, etc.

Hooke, Robert Físico y astrónomo británico (Freshwater, 1635 - Londres, 1703). Enunció la ley que lleva su nombre, según la cual, la elasticidad de un material es directamente proporcional al esfuerzo que soporta.

hooligan (Voz i.) Hincha violento de los equipos de fútbol británicos.

Edward **Hopper**. *Habitación de hotel*. Museo Thyssen-Bornemisza (Madrid).

Hoorn, Felipe de Montmorency-Nivelle, conde de Noble flamenco (Nevevle, 1518 - Bruselas, 1568). Prestó servicios a Carlos V en la lucha contra los protestantes, y a Felipe II en las batallas de San Quintín y Gravelinas. Abogó por la supresión de la Inquisición. Fue detenido por el duque de Alba y ejecutado.

Hoover, Herbert Clark Político estadounidense (West Branch, 1874 - Nueva York, 1964). Presidente de la República de 1929 a 1933.

hopalanda f. Falda grande y pomposa. Más en pl.

Hope, Anthony Escritor británico (Londres, 1863 - Tadworth, Surrey, 1933). Es el autor de *El prisionero de Zenda* (1894; llevada al cine), *Los diálogos de Dolly* (1894) y *Ruperto de Hentzau*.

Hopeh Hebei.

hopi adj. *Etnol.* **1** Se dice de un pueblo amerindio que habita el NE del Estado de Arizona, EE UU. Pertenece al grupo *shoshon*, a la familia lingüística *uto-azteca* y a la cultura de los indios *pueblo*. También com. **2** Relativo a este pueblo.

Hopkins, Anthony Actor de cine estadounidense de origen británico (Port Talbot, 1937). Ha intervenido, entre otras, en *El silencio de los corderos* (1991), *Regreso a Howard's End* (1992), *Tierras de penumbra* (1993), *Lo que queda del día* (1993), *Leyendas de pasión* (1994), *La máscara del Zorro* (1998), *Hannibal* (2000) y *El dragón rojo* (2002).

Hopkins, Frederick Gowland Médico y fisiólogo británico (Eastbourne, 1861 - Cambridge, 1947). En 1929 recibió el premio Nobel de Fisiología y Medicina, compartido con Ch. Eijkman, por el descubrimiento de las vitaminas.

Hopkins, Gerard Manley Poeta inglés (Stratford, 1844 - Dublín, 1889). Fue uno de los principales innovadores de la lírica en lengua inglesa. Autor de *El naufragio del Deutschland* (1876).

hoplo-; -opl-; -oplia, -oplino pref., in. o sufs. que significan arma: *panoplia*.

hoplocárido, a adj. *Zool.* **1** Se dice del crustáceo cuyo caparazón no cubre por completo el tórax y con el abdomen muy desarrollado. Los sexos están separados. || m. pl. *Zool.* **2** Subclase de estos animales.

hopo m. **1** Copete o mechón de pelo. **2** Rabo o cola.
◆ Suele aspirarse la *h*.

Hopper, Edward Pintor estadounidense (Nueva York, 1882 - íd., 1967). Autor de *Aldea americana* (1912), *Autorretrato* (1925), *Habitación de hotel* (1931) y *Mañana en Cape Cod* (1950).

Hopper, Grace Matemática estadounidense (Nueva York, 1906 - Arlington, 1992). Trabajó como programadora del primer ordenador de gran capacidad en la Universidad de Harvard y fue una de las primeras iniciadoras del desarrollo del lenguaje *Common Business Oriental* (COBOL).

hoque m. Regalo a los que intervienen en una venta.

hora f. **1** Cada una de las 24 partes en que se divide el día solar. Equivale a 60 minutos. Su símbolo es *h*. **2** Tiempo oportuno para una cosa. **3** Últimos instantes de la vida. **4** Momento del día referido a una hora o fracción de hora. **5** Espacio de tiempo o momento indeterminado. || f. pl. **6** Hora inesperada, desacostumbrada o inoportuna. || **hora de Greenwich** *Astron.* La medida en la zona del meridiano de Greenwich, adoptada desde 1925 como hora astronómica mundial. || **hora oficial** La que rige en el área comprendida dentro de un mismo uso horario. || **hora punta** Aquella en que se produce mayor aglomeración en los transportes urbanos, por coincidir con la entrada o salida del trabajo. || **hora tonta** Momento de debilidad en que se accede a lo que no se haría normalmente. || **horas canónicas** *Liturg.* Las diferentes partes del oficio divino que la iglesia acostumbra a rezar en distintos momentos del día. || **horas extraordinarias** *Econ.* Las que se trabajan fuera del horario habitual. || a **última hora** o **última hora** loc. adv. En los últimos momentos. Se utiliza por lo común en medios de comunicación, sobre todo en diarios y revistas, para dar una noticia recibida cuando el número ya estaba en prensa. || **dar la hora** fr. Sonar en el reloj las campanadas que la indican. También anuncia que ha llegado la hora de salida en un lugar de trabajo. || **en hora buena** loc. adv. Con bien, con felicidad. || **en hora mala** loc. adv. Denota disgusto o enfado. || **la hora de**

Pieter de **Hooch**. *El patio*. National Gallery (Londres).

la verdad fr. fig. Momento decisivo en un proceso cualquiera.

HORACIANO, NA adj. y s. Propio o característico de Horacio como escritor.

HORACIO FLACO, QUINTO Poeta latino (Venusia, 65 - Roma, 8 a. C.). Fue amigo de Virgilio y Mecenas. Como poeta cultivó todos los géneros —*Sátiras*, *Épodos* y *Epístolas*—, pero sobresalió en las *Odas*, con las que introdujo en la poesía latina las formas poéticas de la lírica griega. Su *Epístola a los Pisones* o *Arte poética* determinó las leyes de nuevos géneros de estilo.

HORACIOS Nombre de tres hermanos de Roma, que se enfrentaron con sus parientes, los tres hermanos Curiacios, de Alba, para dilucidar a cuál de las dos villas pertenecería la supremacía en el Lacio. La victoria de los Horacios dio la supremacía a Roma.

HORADAR tr. Agujerear algo atravesándolo de parte a parte.

HORADO m. 1 Agujero que traspasa. 2 Caverna o concavidad subterránea.

HORARIO, RIA adj. 1 Relativo a las horas. || m. 2 Manecilla del reloj que señala las horas. 3 RELOJ. 4 Cuadro indicador de horas de salida y llegada. 5 Tiempo concertado para determinados actos.

HORAS *Mit.* Nombre de tres divinidades, hijas de Zeus y Temis. Son Eunomía, Dice e Irene, es decir, Disciplina, Justicia y Paz.

HORCA f. 1 Conjunto de tres palos, dos hincados en la tierra y el tercero encima trabando los dos, en el que, a manos del verdugo, morían colgados los condenados a esta pena. Puede ser también un solo palo hincado en el suelo, y de cuyo extremo superior sale el horizontal. 2 Palo con dos puntas y otro atravesado, entre los que antiguamente metían el cuello del condenado y lo paseaban de esta forma por las calles. 3 *Agr.* Palo que remata en dos o más púas para distintos usos agrícolas.

HORCADURA f. *Bot.* 1 Parte superior del tronco de los árboles, donde se divide en ramas. 2 Ángulo que forman dos ramas que salen del mismo punto.

HORCAJADAS, A loc. adv. Se dice de la postura del que se monta en una caballería o en una persona o cosa echando cada pierna por su lado.

HORCAJADURA f. Ángulo que forman los dos muslos o piernas en su nacimiento.

HORCAJO m. 1 Horca de madera que se pone al cuello de las mulas para trabajar. 2 *Geol.* Confluencia de dos ríos o punto de unión de dos montañas.

HORCAS CAUDINAS *Hist.* Desfiladeros próximos a la ciudad de Caudio, en Samnio, donde el general samnio Poncio Herennio obligó al ejército romano a pasar bajo el yugo (321 a. C.). De ahí procede la frase *pasar por las horcas caudinas*.

HORCHATA f. Bebida de almendras, chufas, pepita de sandía o melón, calabaza, etc., machacadas y exprimiendo la pulpa con agua y sazonándola con azúcar.

HORCHATERÍA f. Lugar donde se hace o vende horchata.

HORCO m. Reino de la muerte, infierno.

HORCONADA f. 1 Golpe dado con la horca. 2 Porción de heno, paja, etc., que de una vez se coge y arroja con él.

HORDA f. 1 Tribu nómada en continuo movimiento. 2 Grupo de gente armada que actúa indisciplinadamente.

HORDA DE ORO *Hist.* Nombre de un reino mongol, fundado en la primera mitad del siglo XIII por Batu, nieto de Gengis Khan. Su capital era Serai y se extendía por el bajo Volga. En 1502 fue destruido por los tártaros de Crimea.

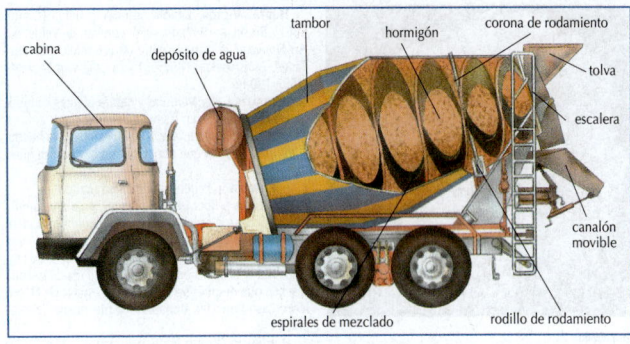

tambor — hormigón — corona de rodamiento — cabina — depósito de agua — tolva — escalera — canalón movible — espirales de mezclado — rodillo de rodamiento

hormigonera

HORDALAND Condado del O de Noruega; 15.634 km² y 431.882 h. Su capital es Bergen. Centro agropecuario. Industria electrometalúrgica.

HOREB *Rel.* Uno de los picos del Sinaí, entre Egipto y Palestina. En él se apareció Dios a Moisés.

HOREMHEB Último faraón egipcio de la XVIII dinastía (s. XIV a. C.). Reinó entre 1348 y 1320. Eligió como visir al jefe de una familia aristocrática del delta, que posteriormente le sucedió con el nombre de Ramsés I.

HORIZONTAL adj. 1 Que está en el horizonte o paralelo a él. Aplicado a línea, también s. 2 En figuras, dibujos, escritos, impresos, etc., se dice de la línea, disposición o dirección que va de derecha a izquierda o viceversa. También s.

HORIZONTE m. 1 Línea aparente que separa el cielo y la tierra. 2 Espacio circular de la superficie del globo encerrado en dicha línea. 3 fig. Conjunto de posibilidades o perspectivas que se ofrecen en un asunto o materia.

HORKHEIMER, MAX Filósofo alemán (Stuttgart, 1895 - Nüremberg, 1973). Considerado uno de los principales promotores de la Escuela de Frankfurt, se opuso al positivismo y a la sociología académica alemana. Escribió con T. Adorno *Dialéctica de la Ilustración* (1947).

HORLIVKA Ciudad de Ucrania, provincia de Donetz; 322.000 h. Centro carbonífero e industrial.

HORMA f. 1 Molde con que se fabrica o forma una cosa. 2 Especie de ballesta para evitar que el calzado se deforme. 3 Pared de piedra seca. 4 Molde para elaborar los panes de azúcar.

HORMIGA f. 1 *Zool.* Nombre de diferentes insectos sociales himenópteros de la familia formícidos con unas 5.000 especies. Viven en hormigueros y se alimentan de carne, granos y semillas, alimentos o jugos azucarados, o de larvas y reservas robadas en otros hormigueros. Algunas poseen aguijones venenosos que segregan ácido fórmico. Son insectos sociales diferenciados en castas: hembras fecundas (reinas), hembras estériles (obreras y soldados) y machos. Éstos son alados y mueren tras la fecundación. 2 *Med.* Enfermedad cutánea que causa comezón. || **HORMIGA BLANCA** *Zool.* TERMITA. || **HORMIGA LEÓN** *Zool.* De nombre científico *Myrmeleon formicarius*, la larva, para cazar, se entierra en un suelo arenoso formando un pequeño embudo.

HORMIGÓN m. 1 Mezcla compuesta de piedras menudas y mortero de cemento y arena, que se usa en construcción. 2 *Bot.* Enfermedad parasitaria de algunas plantas. 3 *Veter.* Enfermedad del ganado vacuno. || **HORMIGÓN ARMADO** Fábrica hecha con hormigón hidráulico sobre una armadura de barras de hierro o acero.

HORMIGONERA f. Aparato para la preparación y transporte del hormigón.

HORMIGUEAR intr. 1 Experimentar en alguna parte del cuerpo una sensación comparable a la que resultaría si por ella corrieran hormigas. 2 fig. Bullir, ponerse en movimiento.

HORMIGUERO, RA adj. 1 *Med.* Relativo a la enfermedad llamada hormiga. || m. 2 *Zool.* Lugar donde se crían y recogen las hormigas. 3 *Zool.* TORCECUELLO, ave. 4 fig. Lugar en que hay mucha gente en movimiento. || **HORMIGUERO MARSUPIAL** *Zool.* HUMBAT. || **HORMIGUERO MAYOR** *Zool.* OSO HORMIGUERO.

HORMIGUILLO m. 1 Cosquilleo, picazón. 2 *Veter.* Enfermedad en los cascos de las caballerías. 3 Amalgamación del mineral de plata.

HORMIGUITA f. fig. y fam. Persona diligente y ahorradora.

HORMILLA f. Pieza circular y pequeña, de madera, hueso u otra materia, que forrada forma un botón.

HORMISDAS, SAN Papa de Roma (Frosinone, ? - Roma, 523). Ocupó el solio pontificio entre los años 514 y 523. Durante su pontificado terminó el cisma que desde el año 482 separaba Bizancio y Roma, restableciendo la unidad de la iglesia.

HORMON- pref. que significa excitante, estimulante.

HORMONA f. 1 *Fisiol.* Sustancia química específica que coordina la actividad metabólica de diferentes órganos, producida por las glándulas de secreción interna del mismo organismo, cuya regulación corre a cargo del sistema nervioso vegetativo, y que son transportadas por los fluidos corporales. Su composición es muy diversa, unas son proteicas y otras lipídicas. 2 *Bot.* Compuesto orgánico sintetizado en cantidades muy pequeñas en una parte de la planta y trasladado a otra, donde influye en un proceso fisiológico específico.

HORN, GYULA Político húngaro (Budapest, 1932). En 1989 fundó el Partido Socialista, de orientación socialdemócrata. Tras vencer en las elecciones legislativas de 1994, accedió a la jefatura del gobierno.

HORNACHO m. Concavidad de una cantera.

HORNACINA f. *Arquit.* Hueco en forma de arco, que se suele dejar en el grueso de la pared.

HORNADA f. 1 Porción de cosas que se cuece de una vez en el horno. 2 fig. y fam. Conjunto de individuos que acaban de una vez una carrera, o reciben a la vez el nombramiento para un cargo.

HORNAGUEAR tr. Cavar o minar la tierra para sacar hornaguera.

HORNAGUERA f. *Geol.* CARBÓN DE PIEDRA.

HORNAGUERO, RA adj. 1 Holgado, espacioso. 2 Se dice del terreno en que hay hornaguera.

HORNAZA f. 1 *Met.* Horno pequeño de los plateros y fundidores de metales. 2 *Pint.* Color amarillo claro que se hace en los hornillos de los alfareros para vidriar.

HORNAZO m. *Gastron.* Rosca guarnecida de huevos que se cuecen juntamente con ella en el horno.

HORNBLENDA f. *Miner.* Mineral variedad de anfíbol, silicato de calcio, sodio, magnesio, hierro, aluminio y titanio, cristalizado en el sistema monoclínico en forma de cristales negros o granos.

HORNEAR intr. Tener un alimento durante cierto tiempo en el horno para que se ase o cueza.

HORNERO, RA m. y f. 1 Persona que tiene por oficio cocer pan en el horno. 2 Operario encargado del servicio de un horno. || m. 3 *Zool.* Ave paseriforme de nombre científico *Furnarius rufus*, de color canela, que se alimenta de insectos y hace su nido con barro y en forma de horno.

HORNILLA f. 1 Hueco hecho en los hogares, con una rejuela horizontal para sostener la lumbre y un respiradero inferior para dar entrada al aire. 2 Hueco que se hace en la pared del palomar para que aniden las palomas.

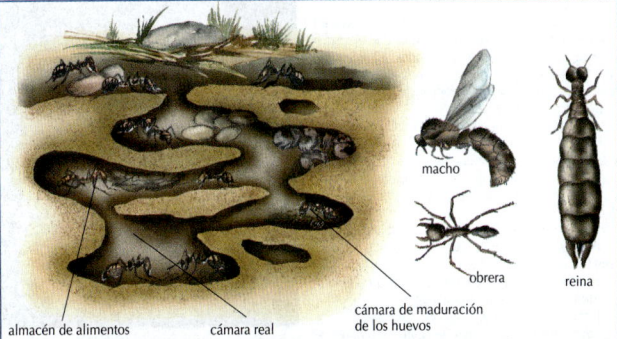

almacén de alimentos — cámara real — cámara de maduración de los huevos — macho — obrera — reina

hormiga. Castas (derecha) y hormiguero (izquierda).

hortensia

HORNILLO m. 1 Horno manual de barro refractario o metal. 2 Utensilio pequeño y generalmente portátil, para cocinar o calentar alimentos. 3 *Min.* Concavidad de la mina donde se introduce el explosivo. 4 *Mil.* Cajón lleno de pólvora o bombas que se entierra, para hacerlo explotar cuando el enemigo se ha hecho dueño del sitio donde está enterrado.

HORNO m. 1 Fábrica para caldear, en general abovedada, provista de respiradero o chimenea y una o varias bocas por donde se introduce lo que se quiere someter a la acción del fuego. 2 Construcción en la que se desarrolla el calor y se dedica fundamentalmente a la extracción de los metales de los minerales o a la refinación y elaboración de metales. 3 Parte del fogón de las cocinas que sirve para asar las viandas. Por extensión, electrodoméstico con la misma función. || **ALTO HORNO** *Met.* El de cuba muy prolongada, con paredes de materiales refractarios, que se emplea en metalurgia para tratar el mineral de hierro. || **HORNO CREMATORIO** El empleado para incinerar a los cadáveres. || **HORNO MICROONDAS** Electrodoméstico que permite calentar, descongelar o cocinar rápidamente los alimentos, y cuyo funcionamiento se basa en estas ondas electromagnéticas.

HORNOS Cabo de Chile que avanza por la parte más meridional de la isla de Hornos y forma el extremo austral de América. Lo descubrieron, en 1616, los holandeses Schouten y Lemaire.

HORO- pref. que significa hora.

HORÓSCOPO m. Predicción del futuro deducida de la posición relativa de los astros del sistema solar y de los signos del Zodiaco en un momento dado.

HOROZCO, SEBASTIÁN DE Escritor español (Toledo, 1510 - ?, 1580). Padre de Sebastián de Covarrubias. Autor de un *Cancionero* (1874) y de *Libro de proverbios* (1550). Como dramaturgo está considerado predecesor de Lope de Rueda y Lope de Vega. Se le ha atribuido la autoría del *Lazarillo de Tormes*.

HORQUETA f. 1 Horcón para sostener las ramas de los árboles. 2 *Bot.* Parte del árbol donde se juntan formando ángulo agudo el tronco y sus ramas medianamente gruesas. 3 *Arg.* Codo de un río.

HORQUILLA f. 1 *Bot.* Horqueta para las ramas de los árboles. 2 Alfiler doblado por el medio para sujetar el pelo.

HORRENDO, DA adj. Que causa horror.

HÓRREO m. 1 Granero. 2 Edificio algo elevado construido sobre pilares, utilizado en el N y NO de España para guardar los productos agrícolas y preservarlos de la humedad.

HORRIBLE adj. Que causa horror.

HORRIPILAR tr. y prnl. 1 Hacer que se ericen los cabellos. 2 Causar horror y espanto.

HORRÍSONO, NA adj. Se dice de lo que con su sonido causa horror y espanto.

HORRO, RRA adj. 1 Se dice del esclavo que alcanza la libertad. 2 Libre, exento, desembarazado. 3 Se dice de la burra, yegua, oveja, etc., que no queda preñada. 4 fig. Se dice del tabaco y de los cigarrillos de mala calidad que arden mal.

HORROR m. 1 Impresión en el ánimo causada por una cosa terrible y espantosa. 2 fig. Atrocidad, enormidad. Más en pl.

HORRORIZAR tr. 1 Causar horror. || prnl. 2 Tener horror, llenarse de pavor y espanto.

HORROROSO, SA adj. 1 Que causa horror. 2 fam. Muy feo.

HORRURA f. *Geol.* Material limoso-arcilloso depositado en los márgenes y riberas durante la crecida de los ríos.

HORST m. *Geol.* Bloque de la corteza terrestre elevado en relación con las áreas circundantes, debido a la acción combinada de varias fallas. Es característico de los Alpes.

HORTA, VICTOR, BARÓN Arquitecto belga (Gante, 1861 - Bruselas, 1947). Pionero, con Van de Velde, del *Art Nouveau*, construyó, entre otros edificios, el Hotel Tassel, en Bruselas (1892-93) y la casa Van Eetvelde (1897-1900).

HORTALIZA f. *Agr.* Verduras y demás plantas comestibles que se cultivan en las huertas.

HORTELANO, NA adj. 1 Perteneciente a la huerta. || m. y f. 2 Persona que por oficio cuida y cultiva huertas.

HORTENSE adj. Perteneciente a las huertas.

HORTENSIA f. *Bot.* Arbusto perteneciente a la familia saxifragáceas, de nombre científico *Hydrangea hortensia*, con flores en corimbos terminales.

HORTENSIA DE BEAUHARNAIS Reina consorte de Holanda (París, 1783 - Arenemberg, 1838). Hija de Josefina Tascher, que después sería la primera esposa de Napoleón, casó con Luis Bonaparte y fue madre de Napoleón III.

HORTENSIO QUINTO Político romano (?, 114 - ?, 50 a. C.). Jefe del partido aristocrático. Fue elegido cónsul el 69 a. C.

HORTERA f. 1 Escudilla o cazuela de palo. || m. 2 En Madrid, apodo del mancebo de ciertas tiendas de mercader. || adj. y com. 3 Vulgar y de mal gusto.

HORTHY DE NAGYBANYA, MIKLÓS Estadista húngaro (Kenderes, 1868 - Estoril, Portugal, 1957). En 1920 fue nombrado regente, cargo en el que se mantuvo hasta 1944.

HORTÍCOLA adj. Perteneciente o relativo a la horticultura.

HORTICULTOR, RA m. y f. Persona dedicada a la horticultura.

HORTICULTURA f. 1 Cultivo de los huertos y huertas. 2 Arte que lo enseña.

HORUS *Mit.* Dios egipcio, hijo de Isis y Osiris, que simbolizaba el sol naciente. Se le representaba como halcón o como hombre con cabeza de halcón coronada por un disco solar.

HOSANNA m. *Rel.* 1 Exclamación de júbilo usada en la liturgia católica. 2 Himno que se canta el Domingo de Ramos.

HOSCO, CA adj. 1 Se dice del color moreno muy oscuro. 2 Ceñudo, áspero. 3 Aplicado al tiempo, a un lugar o a un ambiente, poco acogedor, desagradable, amenazador.

HOSOKAWA, MORIHITO Político japonés (Kimamoto, 1938). En 1992 abandonó el Partido Liberal Democrático (PLD), para fundar el Nuevo Partido de Japón. Fue primer ministro (1993-94).

HOSPEDADOR, RA adj. 1 Que hospeda. 2 *Ecol.* En los casos de parasitismo, se dice de la especie que proporciona cobijo y/o alimento.

HOSPEDAJE m. 1 Alojamiento y asistencia que se da a una persona. 2 Cantidad que se paga por estar de huésped.

HOSPEDAR tr. 1 Recibir uno en su casa huéspedes. || prnl. 2 Instalarse y estar como huésped en una casa, un hotel, etc. || intr. 3 Pasar los colegiales a la hospedería.

HOSPEDERÍA f. Casa o habitación destinada al alojamiento de personas.

HOSPICIANO, NA adj. y s. Se dice de la persona asilada en un hospicio o que se ha criado en él.

HOSPICIO m. 1 Casa destinada para albergar y recibir peregrinos y pobres. 2 Acción y efecto de hospedar a uno. 3 Asilo en que se da mantenimiento y educación a niños pobres, expósitos o huérfanos. 4 *Chile* Asilo para menesterosos.

HOSPITAL m. 1 *Med.* Establecimiento en que se da tratamiento médico a los enfermos. 2 Casa que sirve para recoger pobres y peregrinos por tiempo limitado.

HOSPITAL, ORDEN DEL ORDEN DE LOS HERMANOS HOSPITALARIOS.

HOSPITALARIO, RIA adj. 1 *Rel.* Se aplica a las órdenes que tienen por instituto el hospedaje. 2 Que socorre y alberga a los extranjeros y necesitados. 3 Se dice del que acoge con agrado a quienes reciben en su casa, y también de la casa misma. 4 Perteneciente o relativo al hospital para enfermos pobres.

HOSPITALIDAD f. 1 Buena acogida y recibimiento que se hace a los extranjeros o visitantes. 2 Virtud que se ejercita con peregrinos, menesterosos y desvalidos, recogiéndolos y prestándoles la debida asistencia en sus necesidades. 3 Estancia o mansión de los enfermos en el hospital.

HOSPITALIZACIÓN f. Acción y efecto de hospitalizar.

HOSPITALIZAR tr. Llevar a uno al hospital para prestarle la asistencia que necesita.

HOSPODAR m. *Hist.* Nombre de los antiguos príncipes soberanos de Moldavia y Valaquia.

HOSTE Isla de Chile (Magallanes). Cereales.

HOSTELERÍA f. Industria que se ocupa de proporcionar a huéspedes y viajeros alojamiento, comida y otros servicios, mediante pago.

HOSTERÍA f. Casa donde se da de comer y también alojamiento a todo el que lo paga.

HOSTIA f. 1 *Rel.* Hoja redonda y delgada de pan ázimo, que se usa para la comunión de los fieles. 2 vulg. Golpe, bofetada.

HOSTIARIO m. *Rel.* 1 Caja en que se guardan hostias no consagradas. 2 Molde en que se hacen.

HOSTIGAR tr. 1 Azotar, castigar con látigo, vara o cosa semejante. 2 fig. Perseguir, molestar a uno.

HOSTIGO m. 1 Golpe de látigo o de palo. 2 Parte de la pared o muralla expuesta al daño de los vientos recios y lluvias. 3 Golpe de viento o de agua que hiere y maltrata la pared.

HOSTIL adj. Contrario o enemigo.

HOSTILIDAD f. 1 Calidad de hostil. 2 Acción hostil. 3 Agresión armada de un pueblo, ejército o tropa, que constituye de hecho el estado de guerra. || **romper las hostilidades** fr. Dar principio a la guerra atacando al enemigo.

HOSTILIZAR tr. 1 Hacer daño a enemigos. 2 Hostigar, molestar.

HOSTOS, EUGENIO MARÍA DE Escritor y educador puertorriqueño (Mayagüez, 1839 - Santo Domingo, 1903). Modernizó la enseñanza en Chile y en Santo Domingo. Escribió la novela simbólica *La peregrinación de Bayoán* (1863).

HOTEL m. 1 Establecimiento de hostelería capaz de alojar con comodidad o con lujo a un número variable de huéspedes o viajeros. 2 Casa aislada de las colindantes, habitada por una sola familia.

HOTELERO, RA adj. 1 Perteneciente o relativo al hotel. || m. y f. 2 Persona que posee o dirige un hotel.

HOTENTOTE adj. *Etnol.* 1 Se dice de un pueblo koisánido que habita la parte SE de África, cerca del cabo de Buena Esperanza. Más como m. pl. 2 Se dice también de sus individuos. También com. 3 Relativo a este pueblo.

HOUDINI, HARRY Ilusionista y fuguista estadounidense de origen húngaro (Budapest, 1874 - Detroit, 1926). Destacó por sus dotes para zafarse de todo tipo de ataduras (encerrado en cajas, sumergido en el agua, etc.) en un tiempo récord.

HOUDON, JEAN-ANTOINE Escultor francés (Versalles, 1741 - París, 1828). Es autor de un *San Bruno* (1767), del célebre *Desollado* (1767), y de los retratos *Diderot* (1771), *Rousseau* (1779), la *Condesa de Sabran* (1785) y *Napoleón* (1806).

HOUNSFIELD, SIR GODFREY NEWBOLD Ingeniero electrónico británico (Newark, 1919). Inventó el escáner. En 1979 recibió el premio Nobel de Medicina, compartido con Cormack.

HOUPHOUËT-BOIGNY, FÉLIX Político costamarfileño (Yamassoukro, 1905 - íd., 1993). Tras la independencia, fue primer ministro (1959-60) y ocupó la presidencia del país desde 1960 hasta su muerte, instaurando un sistema de partido único.

HOUSSAY LAFFONT, BERNARDO ALBERTO Médico y fisiólogo argentino (Buenos Aires, 1887 - íd., 1971). Descubrió que la hipófisis produce una hormona de acción opuesta a la insulina. En 1947 recibió el premio Nobel de Fisiología y Medicina, compartido con los esposos Cori.

HOUSTON Ciudad de EE UU, Estado de Texas, cerca del golfo de México; 1.702.086 h. Gran centro petrolífero e industrial. Puerto.

Jean-Antoine **Houdon**. Busto de Diderot. Museo del Louvre (París).

HOVERCRAFT m. AERODESLIZADOR.

HOVERO, RA adj. Veter. OVERO.

HOWELLS, WILLIAM DEAN Novelista estadounidense (Martin's Ferry, 1837 - Nueva York, 1920). Principal representante de la escuela realista de su país. Entre sus obras figuran *Venetian Life* (1866) y *A Woman's Reason* (1883).

HOWLAND Atolón de Oceanía, que constituye una posesión de EE UU; 2,26 km².

HOWRAH Ciudad de la India, Estado de Bengala Occidental, frente a Calcuta, de cuya aglomeración forma parte; 950.435 h. Centro industrial.

HOXHA, ENVER Político albanés (Gjirokastër, 1908 - Tirana, 1985). Miembro fundador del Partido del Trabajo de Albania, del que fue secretario desde 1944. Jefe del primer gobierno tras la liberación de su país, dirigió la lucha contra la monarquía, que culminó con la instauración de la República Popular (1946). En 1954 cesó como jefe del Gobierno.

HOY adv. t. **1** En el día presente. **2** Actualmente. || **hoy día** loc. adv. En esta época.

HOYA f. **1** Agr. Semillero, almáciga. **2** Geol. Concavidad u hondura grande formada en la tierra. **3** Geol. Llano extenso rodeado de montañas. **4** Hoyo para enterrar un cadáver.

HOYLE, SIR FRED Astrónomo británico (Bingley, 1915 - Bournemouth, 2001). En colaboración con H. Bondi y T. Gold, desarrolló la teoría cosmológica del estado estacionario, que trata de explicar la expansión del universo sin recurrir a una gran explosión primitiva.

HOYO m. **1** Concavidad u hondura formada naturalmente en la tierra. **2** Concavidad que se hace en algunas superficies.

HOYUELO m. **1** Hoyo en el centro de la barba y en la mejilla de algunas personas. **2** Juego de muchachos. **3** Hoyo en la parte inferior de la garganta.

HOZ f. **1** Instrumento compuesto de una hoja acerada, curva, con dientes o con filo por la parte cóncava, afianzada en un mango de madera. **2** Geol. Angostura de un valle profundo, o la que forma un río que discurre entre dos sierras.

HOZADA f. **1** Golpe dado con la hoz. **2** Porción de mies que se siega de una vez con la hoz.

HOZAR tr. e intr. Mover y levantar la tierra con el hocico, como hacen el puerco y el jabalí.

HRADEC KRÁLOVÉ (En alemán *Königgrätz*.) Ciudad de la República Checa, capital de la provincia de Bohemia Oriental; 100.671 h.

HROSWITHA ROSWITHA VON GANDERSHEIM.

HU Voz china que significa lago.

HU JINTAO Político chino (Jixi, 1942). Ingresó en el Partido Comunista en 1964. En 1985 asumió la secretaría provincial del partido en Guizhou, y en 1992 entró en el Comité Permanente del Politburó. En 1998 pasó a ocupar la vicepresidencia de su país. En marzo de 2003 fue nombrado nuevo presidente de China.

HU YAOBANG Político chino (Liuyang, 1915 - Pekín, 1989). Depurado en varias ocasiones, en 1982, una vez suprimido del cargo de presidente, fue elegido secretario general del Partido Comunista. Dimitió en 1987.

HUA GUOFENG HUA KUO-FENG.

HUA KUO-FENG Político chino (Shansi, 1921). Miembro del Politburó (1973) y jefe del Gobierno y primer vicepresidente del Comité Central (1976), a la muerte de Mao Tse-tung fue nombrado presidente del Partido Comunista Chino, cargo en el que fue sustituido en 1981 por Hu Yaobang. En 1980 había sido sustituido en la jefatura del Gobierno por Zhao Ziyang.

HUACA f. Antrop. En las alturas andinas precolombinas, cada uno de los lugares, objetos sagrados, seres o fenómenos de la naturaleza que eran considerados sobrenaturales.

HUACAL m. GUACAL.

HUACATAY m. Bot. Especie de hierbabuena americana.

HUACHAFERÍA f. Perú CURSILERÍA.

HUACHAFO, FA adj. y s. Perú CURSI.

HUACO m. GUACO.

HUAICO m. Geol. Masa de peñas desprendidas de las alturas.

HUAINAN (*Huai-nan*) Ciudad de China, provincia de Anhui; 1.200.000 h. Minería de carbón.

HUAIRURO m. Bot. Arbusto alto, de frutos como fríjoles, no comestibles, que se usan como adornos; fruto de este arbusto.

HUAJUAPAN DE LEÓN Ciudad de México, Estado de Oaxaca; 13.822 h. Obispado. Durante la guerra de la Independencia, el insurgente Trujano resistió en esta población un célebre sitio (5 de abril a 23 de junio 1812), hasta que fue tomada por Morelos.

HUALLAGA Río de Perú, que nace en el departamento de Huánuco y desemboca en el Marañón; 1.126 km.

HUAMÁN POMA DE AYALA, FELIPE Historiador peruano de origen inca (¿San Cristóbal de Suntunto?, 1534

Cultura **huasteca**. La tradicional danza del volador.

- Lima, ¿1615?). Autor de *Nueva crónica y buen gobierno*, obra que contiene información excepcional sobre el Perú precolombino.

HUANCAVELICA Departamento de Perú; 22.131 km² y 423.041 h. Su capital es la ciudad homónima.

HUANCAVILCA adj. y com. Etnol. Se dice de un grupo amerindio, de la familia lingüística y cultural chibcha, que en época precolombina habitaba en la zona del golfo de Guayaquil.

HUANCAYO Ciudad de Perú, capital del departamento de Junín; 258.209 h. Centro comercial agropecuario. Industria alimentaria y textil.

HUANDOY Cumbre de los andes peruanos (Ancash); 6.428 m.

HUANG HE HOANG-HO.

HUÁNUCO Departamento de Perú; 36.887 km² y 747.263 h. Su capital es la ciudad homónima.

HUARACHE m. Méx. Especie de sandalia tosca.

HUARAZ Ciudad de Perú, capital del departamento de Ancash; 66.300 h. Centro minero.

HUASCA f. Amér. m. GUASCA.

HUÁSCAR Emperador inca de Perú (?, h. 1491 - ?, 1532). Hijo y sucesor de Huayna Cápac, declaró la guerra a Atahualpa, que le venció y ordenó su muerte.

HUASCARÁN Pico volcánico de Perú, en la cordillera Occidental, departamento de Ancash; 6.768 m.

HUASTECA o **HUAXTECA** adj. Etnol. Se dice de un pueblo amerindio del grupo maya-quiché, que desarrolló una importante cultura con influencias olmecas, mayas, totonecas y del centro de México. En la actualidad ofrecen dos pequeños grupos en los Estados mexicanos de San Luis Potosí y Veracruz. Más como m. pl. **2** Se dice también de sus individuos. También com. **3** Relativo a los huastecas. || m. Ling. **4** Lengua hablada por ese pueblo perteneciente a la familia lingüística maya-zoque.

HUAYLAS, CALLEJÓN DE RECUAY.

HUAYNA CÁPAC Penúltimo emperador inca del Tahuantinsuyu (Tomebamba, ? - ?, 1525). En su reinado el imperio inca adquirió su mayor expansión. Venció a los *caras* y estableció la frontera septentrional del Tahuantinsuyu en el río Ancasmayo. Fue padre de Atahualpa y Huáscar.

HUAYNA POTOSÍ Cerro de Bolivia, departamento de La Paz; 5.225 m.

HUBBLE Astron. Telescopio espacial destinado a observar estrellas lejanas y objetos extragalácticos. Lanzado al espacio 1990, se situó en una órbita a 500 km de la Tierra. Las informaciones enviadas por él están siendo de vital importancia para el conocimiento del cosmos.

HUBBLE, EDWIN POWELL Astrónomo estadounidense (Marshfield, 1889 - San Marino, 1953). Investigó las nebulosas y demostró la existencia de otras galaxias.

HUBEI (*Hupeh*) Provincia de China, en la región Centromeridional; 187.500 km² y 57.190.000 h. Capital, Wuhan.

HUBEL, DAVID HUNTER Neurobiólogo estadounidense de origen canadiense (Windsor, 1926). En 1981 compartió con Wiesel y R. Sperry el premio Nobel de Fisiología y Medicina, por sus investigaciones sobre las áreas de la visión en el cerebro de los mamíferos superiores y el hombre.

HUBER, ROBERT Bioquímico alemán (Munich, 1937). En 1988 recibió el premio Nobel de Química, compartido con H. Michel y J. Deisenhofer, por la determinación de la estructura de proteínas de la célula vegetal.

HUBERTUSBURG Hist. Antiguo castillo de caza del elector de Sajonia, al E de Leipzig, donde fue concluido (1763) el tratado que, junto al de París, puso fin a la guerra de los Siete Años (1756-63).

HUBLI-DHAEWAD Ciudad del SO de la India, Estado de Karnataka; 648.298 h.

HUCHA f. **1** Arca grande que tienen los labradores para guardar sus cosas. **2** Alcancía con una hendedura para guardar dinero. **3** fig. Dinero que se ahorra y guarda.

HUDSON Río del NE de EE UU, que nace en los montes Adirondack y desemboca en el Atlántico por la ciudad de Nueva York; 521 km. Vía fluvial comunicada con los Grandes Lagos.

HUDSON, BAHÍA DE Gran mar interior de Canadá, entre las provincias de Quebec, Ontario, Manitoba y Territorios del Noroeste, unido al océano Glacial Ártico por el canal de Fox y al Atlántico por el estrecho de Hudson.

HUDSON, HENRY Navegante inglés (?, 1550 - ?, 1611). Descubrió el río (1609), el estrecho y la bahía de su nombre (1610).

HUEBRA f. Agr. **1** Espacio que se ara en un día. **2** Par de mulas y mozo para trabajar un día entero. **3** Tierra labrantía que no se siembra, aunque se are.

HUECA f. Muesca espiral que se hace al huso.

HUECO, CA adj. **1** Cóncavo o vacío. También s. **2** fig. Presumido, hinchado, vano. **3** Se dice de lo que tiene sonido retumbante y profundo. **4** fig. Se dice del lenguaje, estilo, etc., con que se expresan conceptos vanos o triviales. **5** Mullido y esponjoso. **6** Se dice de lo que estando vacío abulta mucho. || m. **7** Intervalo de tiempo o lugar. **8** fig. y fam. Empleo o puesto vacante. **9** Abertura en un muro.

HUECOGRABADO m. *A. gráf.* Procedimiento para imprimir mediante planchas o cilindros grabados en hueco.

HUECÚ m. Sitio cenagoso y cubierto de hierba en la cordillera de Chile.

HUEHUETENANGO Departamento de Guatemala, en la frontera con México; 7.400 km² y 879.987 h. Su capital es la ciudad homónima.

HUEHUETEOTL *Mit.* Antiguo dios mesoamericano del fuego, del trueno y de los terremotos. Su culto está constatado arqueológicamente desde el 2000 a. C.

HUEJOTZINGO Municipio de México, en el Estado de Puebla. Convento franciscano (siglo XVI), uno de los mejores ejemplos de plateresco hispanoamericano.

HUELGA f. *Econ.* y *Sociol.* Cese del trabajo a causa de un paro colectivo de los obreros, originado por motivos de índole política, social o económica, que puede ser parcial o general. || **HUELGA DE BRAZOS CAÍDOS** La que practican en su puesto habitual de trabajo quienes se abstienen de reanudarlo a la hora reglamentaria. || **HUELGA DE CELO** Forma de protesta laboral consistente en efectuar el trabajo con excesiva minuciosidad. || **HUELGA GENERAL** La que se plantea simultáneamente en todos los oficios de una o varias localidades. || **HUELGA DE HAMBRE** Renuncia voluntaria a tomar alimento, puesta en práctica como protesta y medio de coaccionar a las autoridades. Se usa principalmente como arma política.

HUELGUISTA com. Persona que toma parte en una huelga.

HUELLA f. **1** Señal que deja el pie del hombre o del animal en la tierra por donde ha pasado. **2** Acción de hollar. **3** Plano del escalón. **4** Señal que deja una lámina o forma de imprenta en el papel. **5** Rastro que deja una persona, animal o cosa. Más en pl. **6** Impresión profunda o duradera. **7** Indicio, mención, alusión. **8** *Arg.* y *Urug. Danza.* Baile popular de pareja suelta y paso suave. || **HUELLA DACTILAR** La que suele dejar la yema del dedo en un objeto al tocarlo.

HUELVA **1** Provincia del SO de España, perteneciente a la comunidad autónoma de Andalucía; 10.085 km² y 457.507 h. Limitada al N por las estribaciones de Sierra Morena, su mitad S es llana y pantanosa en su franja costera. La red hidrográfica está constituida principalmente por los cursos bajos del Guadalquivir y Guadiana y por los ríos Tinto y Odiel. De clima mediterráneo, con influencia atlántica, produce cereales, vid y olivo. Ganadería ovina y porcina. Minas de hierro, cobre y manganeso. Industria química, forestal, agropecuaria y pesquera. Fábricas de celulosa, fibras artificiales y cooperativas vinícolas. Sus ciudades principales son Ayamonte, Isla Cristina, Lepe, Almonte y Moguer.

HUELVEÑO, ÑA adj. y s. De Huelva.

HUEMUL m. *Zool.* Mamífero artiodáctilo rumiante, de nombre científico *Hippocamelus bisulcus*. Es un ciervo de pelaje rojizo en verano y gris en invierno, con los cuernos y la cola muy cortos. Vive en los Andes.

HUÉRFANO, NA adj. **1** Se dice de la persona de menor edad a quien se le han muerto el padre y la madre o uno de los dos. También s. **2** fig. Falto de alguna cosa.

HUERO, RA adj. **1** HUEVO HUERO. **2** fig. Vacío, sin sustancia.

HUERTA f. *Agr.* **1** Terreno destinado al cultivo de hortalizas y árboles frutales. **2** En algunas partes, terreno de regadío.

HUERTA, ADOLFO DE LA Político mexicano (Hermosillo, 1881 - Ciudad de México, 1955). En 1920 accedió a la presidencia interina de la República (junio-noviembre), formando el llamado triunvirato de Sonora junto con Obregón y Calles.

HUERTA, EFRAÍN Poeta mexicano (Silao, 1914 - Ciudad de México, 1982). Perteneció al grupo Taller (1938-41). Autor de *Absoluto amor* (1935), *Los hombres del alba* (1944), *La raíz amarga* (1962), *Circuito interior* (1977) y *Poemínimos* (1979).

HUERTA, VICTORIANO Militar mexicano (Colotlán, 1854 - El Paso, 1916). Derrocó a F. Madero, sucediéndole, tras el brevísimo mandato de Lascurain. Triunfante Carranza, abandonó el poder.

HUERTANO, NA adj. y s. Se dice del habitante de algunas comarcas de regadío que se conocen en algunas provincias con el nombre de huertas.

HUERTO m. *Agr.* Sitio de poca extensión, generalmente cercado de pared, en que se plantan verduras, legumbres y frutales.

HUESCA **1** Provincia de España, en la comunidad autónoma de Aragón; 15.671 km² y 205.429 h. Su parte septentrional es montañosa y está delimitada por la zona central de los Pirineos, donde se encuentra el Aneto (3.404 m). La región sur la constituye una dilatada llanura separada del valle del Ebro por la sierra de Alcubierre. Aquí se asienta la árida comarca de los Monegros, irrigada por los ríos Isuela, Gualizalema y Cinca. Otros ríos de la provincia son el Aragón, Gállego, Ara, Cinqueta, Esera e Isábena. Clima riguroso y de grandes contrastes. Produce cereales, vino, aceite, legumbres y variedad de frutales. Producción hidroeléctrica e industria electroquímica, forestal y alimentaria. En el extremo NE, el valle de Ordesa contiene el *Parque Nacional* de su nombre. Ciudades principales: Barbastro, Monzón, Fraga, Jaca y Sabiñánigo. **2** Ciudad capital de la provincia, partido judicial y municipio de su nombre, a orillas del río Isuela; 45.607 h. Centro administrativo y comercial. Industria mecánica, de la alimentación y cerámica. Iglesia de San Pedro el Viejo (1117), catedral gótica y Museo Provincial.

HUESO m. **1** *Anat.* Cada una de las piezas duras de tejido óseo, que forman el esqueleto de los vertebrados, y cuyas funciones son locomotoras, estructurales, de sostén, de protección de los órganos y de depósito de calcio y fósforo. **2** *Bot.* Parte dura y compacta del interior de algunas frutas. **3** Parte de la piedra de cal que no se ha cocido. **4** fig. Lo que causa trabajo o incomodidad. **5** fig. Lo inútil, de poco precio y de mala calidad. **6** fig. Parte ingrata y de menos lucimiento de un trabajo. **7** fig. y fam. Persona de carácter desagradable o de trato difícil. || **HUESO CORONAL** *Anat.* FRONTAL. || **HUESO INNOMINADO** *Anat.* Cada uno de los dos que, junto con el sacro y el cóxis, forman la pelvis de los mamíferos. || **HUESO DE SANTO** *Gastron.* Rollito de pasta de almendra relleno de cabello de ángel. || **estar** uno **en los huesos** fr. fig. y fam. Estar sumamente flaco.

HUÉSPED, DA m. y f. **1** Persona alojada en casa ajena. **2** Mesonero o amo de posada. **3** Persona que hospeda en su casa a uno. **4** *Biol.* Vegetal o animal en cuyo cuerpo se aloja un parásito.

HUESTE f. **1** Ejército en campaña. Más en pl. **2** fig. Conjunto de los secuaces o partidarios de una persona o de una causa.

HUESUDO, DA adj. **1** Que tiene mucho hueso. **2** Que tiene los huesos muy marcados.

HUEVA f. *Zool.* Masa que forman los huevecillos de la puesta de un pez.

HUEVAR intr. *Zool.* Principiar las aves a tener huevos.

HUEVERA f. **1** *Zool.* Conducto membranoso que en las aves va desde el ovario hasta cerca del ano. **2** Utensilio en forma de copa pequeña, en que se pone, para comerlo, el huevo pasado por agua. **3** Recipiente para guardar los huevos.

HUEVERÍA f. Tienda donde se venden huevos.

HUEVO m. **1** *Biol.* Óvulo fecundado. **2** *Biol.* Célula resultante de la unión del gameto masculino con el femenino en la reproducción sexual, capaz de producir un nuevo organismo. **3** *Biol.* Célula sexual femenina, grande y encerrada en una cáscara porosa, calcárea o correosa, producida por aves y reptiles. **4** vulg. TESTÍCULO. Más en pl. || **HUEVO DURO** *Gastron.* El cocido, con la cáscara, hasta llegarse a cuajar enteramente yema y clara. || **HUEVO HUERO** *Biol.* El que por no estar fecundado no produce cría. || **HUEVO PARTENOGENÉTICO** *Biol.* Óvulo que se desarrolla sin previa unión con el espermatozoide. || **HUEVO PASADO POR AGUA** *Gastron.* El cocido ligeramente con la cáscara. || **HUEVO REVUELTO** *Gastron.* El que se revuelve en la sartén para que no se una como en la tortilla. || **HUEVO TIBIO** *Col., Guat., Hond.* y *Méx.* HUEVO PASADO POR AGUA. || **a huevo** loc. adv. En momento o circunstancia buena o muy accesible. || **costar** algo **un huevo** fr. fam. Costar mucho. || **pisando huevos** loc. adv. fig. y fam. Con tiento, muy despacio.

HUEVÓN, NA adj. **1** fam. vulg. *Amér.* Lento, tardo. **2** *Méx.* y *Nic.* Animoso, valiente.

HUFNAGEL, CHARLES ANTHONY Médico estadounidense (Louisville, 1916 - Washington, 1995). Uno de los pioneros en cirugía cardiaca, diseñó la primera válvula artificial y realizó el primer implante de ésta en un corazón humano (1952).

HUGGINS, CHARLES BRENTON Médico estadounidense de origen canadiense (Halifax, 1901 - Chicago, 1996). Premio Nobel de Fisiología y Medicina (1966), junto con F. P. Rous, por sus trabajos sobre factores hormonales y la terapéutica del cáncer.

HUGHES, DAVID Físico estadounidense de origen británico (Londres, 1831 - íd., 1900). Inventó el teletipo y el micrófono.

HUGHES, HOWARD Financiero estadounidense (Houston, 1905 - en el avión que le transportaba desde Acapulco a Houston, 1976). Su imperio económico se consideró uno de los más fuertes del mundo.

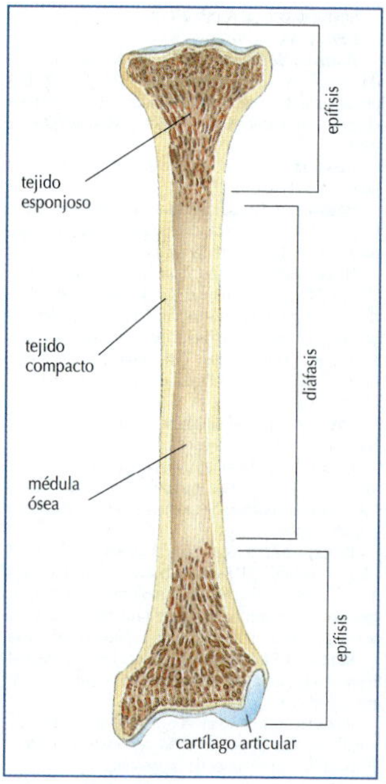

Anatomía del **hueso**.

HUGHES, LANGSTON Escritor estadounidense (Joplin, 1902 - Nueva York, 1967). Autor de los libros de poemas *La madre negra* (1931), *Shakespeare en Harlem* (1942) y *La pantera y el látigo* (1969).

HUGHES, RICHARD ARTHUR WARREN Escritor inglés (Weybridge, 1900 - Merioneth, Gales, 1976). Autor de la novela *Vendaval en Jamaica* (1929), el volumen de poemas *Confessio Juvenis* (1926).

HUGO, VICTOR Poeta y novelista francés (Besançon, 1802 - París, 1885). Figura máxima del Romanticismo francés. En 1830 el movimiento romántico logró su consagración con el estreno de su drama *Hernani*. De su producción novelística destacan *Nuestra Señora de París* (1830), *Los miserables* (1862), *Los trabajadores del mar* (1866), *El hombre que ríe* (1869) y *El noventa y tres* (1874); entre su producción dramática figuran *Marion Delorme* (1829), *Lucrecia Borgia* (1833) y *Ruy Blas* (1838). De su poesía cabe citar *Odas y baladas* (1822), *Las hojas de otoño* (1831), *Las contemplaciones* (1856), *La leyenda de los siglos* (1859-83) y *Dios* (1891).

HUGO I CAPETO Rey de Francia, primero de la dinastía Capeto (?, h. 941 - Les Juifs, cerca de Chartres, 996). Primer rey capeto de Francia (987-996). Consolidó la dinastía designando a su hijo Roberto como heredero.

HUGO WAST WAST, HUGO.

HUGONOTE, TA adj. y s. *Hist.* y *Rel.* Nombre que se dio a los protestantes franceses que adoptaron el credo calvinista.

HUHEHOT HOHHOT.

HUICHOL adj. *Etnol.* **1** Se dice de un pueblo amerindio de la rama pima-nahua, que habita al NO del Estado de Jalisco, en la zona de las Sierras Madres (México). También reciben el nombre de *quicholas*. También com. **2** Relativo a este grupo. || m. *Ling.* **3** Lengua de este pueblo, perteneciente a la familia uto-azteca.

HUIDA f. **1** Acción de huir. **2** Ensanche que se deja en mechinales y otros agujeros para poder meter y sacar con facilidad maderos. **3** Acción y efecto de apartarse el caballo, súbita y violentamente, de la dirección en que lo lleva el jinete.

HUIDIZO, ZA adj. Que huye con facilidad.

HUIDOBRO, VICENTE Escritor chileno (Santiago de Chile, 1893 - íd., 1948). Fundador del creacionismo, escribió en francés y en castellano. Autor de los libros de poemas *Horizonte cuadrado* (1917), *Ecuatorial* (1918) y *Poemas árticos* (1918). De su producción en prosa, las novelas *Papá o el diario de Alicia Mir* (1934) y *La próxima* (1934).

HUILA Departamento de Colombia; 19.890 km² y 996.617 h. Su capital es Neiva.

HUILA, NEVADO DE Pico de la cordillera Central de los Andes Colombianos, al NO del departamento de Huila; 5.750 m.

HUILENSE adj. y com. De Huila.

HUINAMARCA UINAMARCA.

HUIR intr. 1 Apartarse de alguien o de algo deprisa. También prnl. 2 Transcurrir el tiempo velozmente. 3 fig. Alejarse velozmente una cosa. 4 Apartarse de una cosa mala o perjudicial. También tr. ♦ IRREG. Véase cuadro.

HUIR

INDICATIVO
Pres.: huyo, huyes, huye, huimos, huís, huyen.
Pret. imperf.: huía, huías, etc.
Pret. indef.: huí, huiste, etc.
Fut. imperf.: huiré, huirás, etc.
Condic.: huiría, huirías, etc.
SUBJUNTIVO
Pres.: huya, huyas, huya, huyamos, huyáis, huyan.
Pret. imperf.: huyera, huyeras, etc., o huyese, huyeses, etc.
Fut. imperf.: huyere, huyeres, huyere, etc.
IMPERATIVO: huye, huid.
PARTICIPIO: huido.
GERUNDIO: huyendo.

HUIRACOCHA VIRACOCHA.
HUIRO m. *Bot.* 1 *Bol.* y *Perú* Tallo del maíz verde. 2 Nombre de varias algas marinas.
HUISQUIL m. *Bot. Guat.* Fruto del huisquilar.
HUISQUILAR m. *Bot. Guat.* 1 Planta de la familia cucurbitáceas, trepadora y espinosa. 2 Terreno plantado de huisquiles.
HUITZILIHUITL Segundo rey azteca de México (?, 1383 - ?, 1417). Hijo y sucesor de Acamapixtli en 1396. Favoreció la industria y el comercio (introdujo el uso del algodón).
HUITZILOPOCHTLI *Mit.* Dios azteca, protector de Tenochtitlán.
HUÍZAR, CANDELARIO Compositor mexicano (Jerez, Zacatecas, 1888 - Ciudad de México, 1970). Su música se inspira en temas indios: *Pueblerinas* (1931) y *Surco* (1935).
HUIZINGA, JOHAN Historiador holandés (Groninga, 1872 - De Steeg, 1945). Especializado en lingüística comparada, estudió la Edad Media europea desde un punto de vista cultural. Autor de *El otoño de la Edad Media* (1919) y *Homo Ludens* (1938).
HULE m. 1 Caucho o goma elástica. 2 Tela pintada al óleo y barnizada.
HULL, CORDELL Político y abogado estadounidense (Overton, Tennessee, 1871 - Washington, 1955). Miembro del Partido Demócrata, fue secretario de Estado (1933-44). Impulsó la unidad aliada en la Segunda Guerra Mundial. Premio Nobel de la Paz (1945).
HULLA f. *Geol.* Carbón fósil de color negro, con una riqueza entre el 75 y 80%, originado a partir de los grandes bosques de las regiones pantanosas de clima húmedo y templado.
HULLERO, RA adj. Perteneciente o relativo a la hulla.
HULME, THOMAS ERNEST Poeta y crítico inglés (Endon, 1883 - muerto en combate en Francia, 1917). Fue uno de los fundadores del imaginismo.
HULSE, RUSSELL ALAN Astrónomo estadounidense (Nueva York, 1950). Descubridor del *Tokamak*, test de fusión reactora que permite el desarrollo de potencia eléctrica a partir de una fusión termonuclear. En 1993 recibió el premio Nobel de Física, compartido con Taylor.
HULWAN Ciudad de Egipto, gobernación de Giza; 352.300 h.
HUMAHUACA Sierra de Argentina, en la provincia de Jujuy, que forma la *Quebrada de Humahuaca*, famosa en la guerra de independencia argentina.
HUMANIDAD f. 1 Naturaleza humana. 2 Género humano. 3 Fragilidad o flaqueza propia del hombre. 4 Sensibilidad, compasión de las desgracias de nuestros semejantes. 5 Benignidad. 6 fam. Corpulencia, gordura. || f. pl. 7 Literatura, especialmente la griega y la latina.
HUMANISMO m. *Cult.* e *Hist.* 1 Cultivo y conocimiento de las letras humanas. Desde un punto de vista filosófico se habla de humanismo para designar aquellas tendencias filosóficas en las que se pone de relieve algún ideal humano. Desde un punto de vista pedagógico, el término designar los estudios lingüísticos, por oposición a los estudios científicos y técnicos. 2 Movimiento cultural que surge en torno al 1300 en las ciudades-Estado italianas y se irá extendiendo por toda Europa a lo largo de los siglos XIV, XV y XVI. Los humanistas concedieron gran atención a la filología e hicieron del objeto preferido de la literatura y el arte. Entre los principales humanistas cabe citar a J. Gemisto, M. Ficino, P. Pomponazzi, L. Valla, M. de Montaigne, P. Cha-

rron, F. Sánchez, J. L. Vives, D. Erasmo, Tomás Moro, B. de Castiglione y Maquiavelo.
HUMANISTA com. Persona instruida en humanidades.
HUMANITARIO, RIA adj. 1 Que se preocupa por el bienestar del género humano. 2 Humano, caritativo.
HUMANIZAR tr. 1 Hacer que alguien o algo se vuelva humano, familiar y afable. || prnl. 2 Ablandarse, hacerse benigno.
HUMANO, NA adj. 1 Perteneciente al hombre o propio de él. 2 fig. Se aplica a la persona que se compadece de las desgracias de sus semejantes.
HUMARADA o **HUMAREDA** f. Abundancia de humo.
HUMAZO m. Humo denso, espeso y copioso.
HUMBERTO Nombre de dos reyes de Italia.
HUMBERTO I (Turín, 1844 - Monza, 1900). Sucedió a su padre, Víctor Manuel II en 1878. Se alió con Austria y Alemania, formando la Tríplice (1882). Inició la expansión colonial. Murió asesinado por el anarquista Gaetano Bresci.
HUMBERTO II (Racconigi, cerca de Turín, 1904 - Ginebra, 1983). Hijo y sucesor de Víctor Manuel III, fue regente de Italia (1944-46), hasta que tras la abdicación de su padre, ascendió al trono. Al mes siguiente, como consecuencia de un referéndum nacional, se institucionalizó la República en el país.
HUMBOLDT Río de EE UU, Estado de Nevada, que desemboca en el lago de su nombre; 565 km.
HUMBOLDT Pico de Venezuela, en la cordillera de Mérida (4.492 m).
HUMBOLDT, CORRIENTE DE *Ocean.* Corriente marina fría del Pacífico, que bordea de S a N las costas del O de América del Sur.
HUMBOLDT, FRIEDRICH HEINRICH ALEXANDER VON, BARÓN DE Geógrafo y naturalista alemán (Berlín, 1769 - íd., 1859). Se le considera el iniciador de la geografía científica. Obras principales: *Viaje a las regiones equinocciales del nuevo continente* (1805-34), *Aspectos de la Naturaleza* (1808) y *Kosmos* (1845-58).
HUMBOLDT, KARL WILHELM, BARÓN DE Filólogo y crítico alemán, hermano de Alexander (Potsdam, 1767 - Tegek, 1835). Fue creador del modelo centroeuropeo de estudios universitarios y uno de los fundadores de la filología comparada. Su obra principal es *Sobre la diversidad de la estructura del lenguaje humano* (1820).
HUME, DAVID Filósofo británico (Edimburgo, 1711 - íd., 1776). Destacado representante del empirismo inglés. Sostuvo que todas las ideas derivan de impresiones sensibles, y que las conexiones causales son únicamente inferencias probables, fundadas en las asociaciones de ideas tal y como han tenido lugar en el pasado. Su filosofía conduce al escepticismo. Autor de *Tratado sobre la naturaleza humana* (1739), *Ensayos políticos* (1741-58), *Diálogos sobre la religión natural* (1779).
HUMEAR intr. 1 Exhalar, arrojar y echar de sí humo. También prnl. 2 Arrojar una cosa vaho o vapor. 3 fig. Quedar reliquias de un alboroto, riña o enemistad. 4 fig. Entonarse, presumir. || tr. 5 *Amér.* FUMIGAR.
HUMECTADOR m. *Tecnol.* Aparato que sirve para mantener las condiciones de humedad deseadas.
HUMEDAD f. 1 Cualidad de húmedo. 2 *Fís.* Contenido de agua no ligada químicamente que tiene una sustancia. || **HUMEDAD ABSOLUTA** Cantidad de vapor presente en una unidad de volumen de aire. || **HUMEDAD RELATIVA** Relación porcentual entre la cantidad de vapor de agua presente en el aire y la máxima que sería posible.
HUMEDAL m. *Geol.* Terreno húmedo por su elevada capacidad de retención de agua.

HUMEDECER tr. y prnl. Producir o causar humedad en una cosa. ♦ IRREG. Se conjuga como AGRADECER.
HÚMEDO adj. 1 Acuoso o que participa de la naturaleza del agua. 2 Ligeramente impregnado de agua o de otro líquido.
HUMERAL adj. 1 *Anat.* Perteneciente o relativo al húmero. 2 *Anat.* Se dice de la arteria prolongación de la subclavia al entrar en el brazo. || m. 3 *Rel.* Paño blanco que se pone sobre los hombros el sacerdote para coger la custodia o el copón.
HUMERO m. Cañón de la chimenea.
HÚMERO m. 1 *Anat.* Hueso del brazo, que se articula por uno de sus extremos con la escápula y por el otro con el cúbito y el radio. 2 *Zool.* Hueso proximal de las extremidades anteriores de los vertebrados.
HUMIFICACIÓN f. *Biol.* Descomposición de los residuos animales y vegetales que da lugar al humus.
HUMIDIFICAR tr. Transmitir humedad al ambiente.
HUMILDAD f. 1 Actitud de la persona que no presume de sus logros y reconoce sus fracasos y debilidades. 2 Baja condición social.
HUMILDE adj. 1 Que tiene o ejercita humildad. 2 fig. Bajo y de poca altura. 3 fig. Que carece de nobleza.
HUMILLACIÓN f. Acción y efecto de humillar.
HUMILLADERO m. Cruz o imagen que suele haber a las entradas o salidas de los pueblos.
HUMILLANTE adj. 1 Que humilla. 2 Degradante, depresivo.
HUMILLAR tr. 1 Postrar, inclinar una parte del cuerpo en señal de sumisión y acatamiento. 2 fig. Abatir el orgullo y altivez de uno. || prnl. 3 Hacer actos de humildad.
HUMITA f. *Arg.*, *Chile* y *Perú Gastron.* 1 Pasta compuesta de maíz tierno rallado, mezlado con ají y otros condimentos que, envuelta en pacas u hojas de mazorca, se cuece en agua y luego se tuesta al rescoldo. 2 Cierto guisado hecho con maíz tierno.
HUMO m. 1 *Quím.* Aerosol de partículas sólidas o líquidas de diámetro inferior a una micra, que se origina en una combustión incompleta de sustancias carbonosas. 2 Vapor que exhala cualquier cosa que fermenta. || m. pl. 3 Hogares o casas. 4 fig. Vanidad, presunción, altivez.
HUMOR m. 1 *Fisiol.* Cualquiera de los líquidos del cuerpo del hombre o el animal. 2 fig. Genio, índole, condición. 3 fig. Jovialidad, agudeza. 4 fig. Disposición en que uno se halla para hacer una cosa. 5 HUMORISMO, manera de enjuiciar. || **HUMOR ACUOSO** *Fisiol.* Fluido transparente que llena la cámara anterior del ojo. || **HUMOR NEGRO** Humorismo que se ejerce a propósito de cosas que suscitarían normalmente piedad, terror, etc. || **HUMOR VÍTREO** *Fisiol.* Sustancia gelatinosa transparente que llena la cámara vítrea del ojo.
HUMORADA f. 1 Dicho o hecho festivo, caprichoso o extravagante. 2 *Lit.* Breve composición poética, que encierra una advertencia moral o un pensamiento filosófico en la forma propia del humorismo.
HUMORISMO m. Manera de enjuiciar, afrontar y comentar las situaciones con gracia y comicidad.
HUMORISTA adj. 1 Se dice del que se expresa o manifiesta con humor. || com. 2 Persona que se dedica profesionalmente al humorismo.
HUMORÍSTICO, CA adj. Perteneciente o relativo al humorismo.
HUMPERDINCK, ENGELBERT Compositor alemán (Siegburg, 1854 - Neustrelitz, 1921). Colaborador de Wagner. Es autor de la ópera *Hänsel y Gretel* (1893).

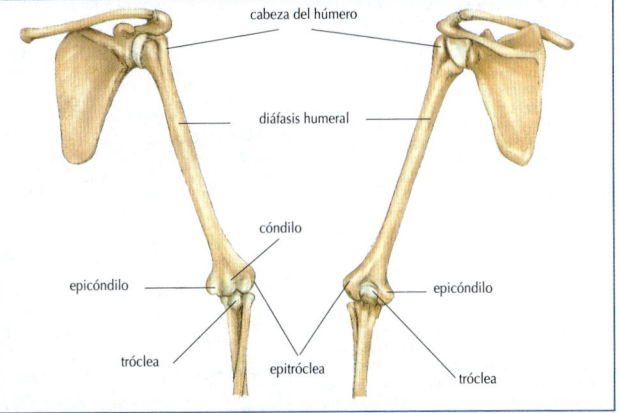

Anatomía del **húmero**.

HUMUS m. *Geol.* Capa superior del suelo, de color oscuro, rica en residuos orgánicos degradados, en sustancias sintetizadas por los organismos del suelo, y en sustancias inorgánicas.

HUNAN Provincia de China, en la región Centromeridional; 210.500 km² y 63.550.000 h. Su capital es Changsha. Producción de arroz y trigo.

HUNDIR tr. **1** Sumir, meter en lo hondo. **2** fig. Abrumar, oprimir, abatir. **3** fig. Confundir a alguien, vencerle con razones. **4** fig. Destruir, consumir, arruinar. ‖ prnl. **5** Arruinarse un edificio, sumergirse una cosa. **6** fig. y fam. Esconderse algo, sin que se sepa dónde está.

HUNERICO Rey vándalo (? - ?, 484). Hijo de Genserico, gobernó desde el 477 hasta su muerte. Persiguió a los católicos.

HÚNGARO, RA adj y s. **1** De Hungría. ‖ m. **2** *Ling.* Lengua del grupo fino-ugrio de la familia lingüística urálica hablada en Hungría. Los primeros documentos escritos datan del año 1000. Actualmente hablan húngaro unos 11 millones de personas.

HUNGNAM Ciudad de la República Democrática Popular de Corea, provincia de Hamgyong Meridional; 701.000 h. Industria textil y química.

HUNGRÍA (*Magyar Népköztársaság*) Estado de Europa centrooriental que limita al N con Austria, Eslovaquia y Ucrania; al E, con Rumania; al S, con Croacia y Serbia, y al O, con Eslovenia y Austria.

Superficie: 93.030 km².
Población: 10.022.000 h. (húngaros).
Densidad: 107,7 h./km².
Tasa de natalidad: 9,4‰.
Tasa de mortalidad: 14,2‰.
Capital: Budapest.
Ciudades principales: Debrecen, Miskolc, Szeged, Pécs, Györ.
Grupos étnicos: magiares (92%), gitanos (3%), germanos (1%), eslovacos (1%).
Religión: catolicismo (67,8%), protestantismo (25,1%) y ortodoxa (0,5%).
Idioma: húngaro.
Moneda: florín.
Forma de Estado: república.
Producto Nacional Bruto: 45.660 millones de dólares.
Renta per cápita: 4.510 dólares.
División administrativa: 19 condados y un distrito urbano, según cuadro.

HUNGRÍA

Condados Distrito urbano	Superficie (km²)	Población (h.)	Capitales
Bács-Kiskun	8.362	537.000	Kecskemét
Baranya	4.487	405.000	Pécs
Békés	5.631	398.000	Békéscsaba
Borsod-Abaúj-Zemplén	7.247	739.000	Miskolc
Csongrád	4.263	422.000	Szeged
Fejér	4.373	427.000	Székesfehérvár
Györ-Moson-Sopron	4.012	425.000	Györ
Hajdú-Bihar	6.211	546.000	Debrecen
Heves	3.637	326.000	Eger
Jász-Nagyjun-Szolnok	5.607	417.000	Szolnok
Komárom-Esztergom	2.251	310.000	Tatabánya
Nógrád	2.544	219.000	Salgótarján
Pest	6.393	1.005.000	Budapest
Somogy	6.036	334.000	Kaposvár
Szabolcs-Szatmár-Bereg	5.937	572.000	Nyíregyháza
Tolna	3.704	247.000	Szekszárd
Vas	3.337	269.000	Szombathely
Veszprém	4.689	376.000	Veszprém
Zala	3.784	298.000	Zalaegerszeg
Budapest	*525*	*1.863.000*	

Geog. Hungría es una llanura que se ampara en la concavidad del arco de los Cárpatos. Está dividida en dos cuencas: a un lado, la Alta Hungría, y al otro, la Baja Hungría, región árida de *puszta* o estepa. Es país hundido, convertido luego en lago, del que quedan como testigos cuencas residuales, como el lago Balatón. El Danubio atraviesa el país. Sus afluentes más importantes son el Tisza y el Drava. Clima continental extremado. Su población es eminentemente urbana (62%). La agricultura abarca un porcentaje importante del PNB (10%). A partir de la Segunda Guerra Mundial, experimentó una profunda reforma con el reparto de tierras y la creación de explotaciones colectivas de carácter estatal. Tras la desaparición del sistema comunista, se inició un proceso de privatización de la tierra. Cultivos principales: cereales, patata, remolacha, tabaco y girasol. Los bosques cubren el 18,2% de la superficie del país. Importante ganadería. Junto a las industrias tradicionales (textil, mecánica y alimentaria) se ha desarrollado el sector siderometalúrgico, y también el químico. Sus principales problemas son la escasez de materias primas y su atraso tecnológico. Cuenta con yacimientos de lignito, hulla, bauxita, petróleo, uranio y gas natural. A pesar de la crisis que supuso el colapso de la Unión Soviética, Hungría se perfiló como uno de los pocos países del bloque del Este capaz de cambiar de una forma no muy traumática desde un sistema centralizado a otro de libre mercado.

Hist. Habitada por tribus celtas, hacia el siglo I a. C. constituyó la provincia romana de Panonia y sufrió en el siglo IV las invasiones de los vándalos, hunos y ávaros. Los ávaros, dominadores de la región (568-796), fueron sometidos por Carlomagno (800). En el siglo IX el territorio fue invadido por los magiares. A finales del siglo XII, Bela instituyó una cancillería y una primitiva administración financiera y Andrés II proclamó en 1222 la Bula de Oro, carta constitucional del reino. Con la entronización de Carlos I Roberto se instaló la dinastía de Anjou (1308). Tras una serie de ampliaciones territoriales, se convirtió en la mayor potencia de Europa central (con Silesia, Moravia, la baja Austria e incluso Viena). El sector E del reino cayó en manos de los turcos tras la batalla de Mohacs (1526) y el resto quedó integrado en Austria, que recuperó el territorio perdido del poder turco por el tratado de Karlowitz (1699). En 1867 formó parte del reino dualista de AUSTRIA-HUNGRÍA, en el que gozó de una amplia autonomía. En 1918, una revolución democrático-burguesa, encabezada por el conde Mihály Karoly, declaró la República Independiente de Hungría. El 22 de marzo de 1919 tomó el poder Bela Kun, que proclamó la dictadura del proletariado. Pronto se constituyó un gobierno de oposición, que, con ayuda del ejército rumano, derrocó al gobierno de Bela Kun (7 de agosto de 1919). Tras las elecciones de 1920, se restauró la monarquía con el almirante Horthy como regente. Ese mismo año se firmó en París el tratado de Trianón, por el que Hungría sufrió una considerable reducción territorial. En 1939, Hungría se unió al pacto antiKomintern. Declaró la guerra a la URSS el 27 de junio de 1941 y a EE UU y Reino Unido el 13 de diciembre del mismo año. En agosto de 1944, el general Lakatos organizó un nuevo gobierno, que se propuso seguir la lucha con las potencias del Eje. A finales de año se constituyó en Debrecen un gobierno provisional presidido por el general Miklós Kállay que declaró la guerra al Reich. El ejército soviético entró en Budapest en febrero de 1945. Más adelante, Hungría firmó un armisticio con las Naciones Unidas, por el cual se comprometía a ceder la parte septentrional de Transilvania a Rumania y los territorios tomados a Checoslovaquia y Yugoslavia. La República de Hungría fue proclamada el 24 de enero de 1946 y Zoltán Tildy fue nombrado presidente. Tras las elecciones de mayo de 1949, con la proclamación de la república popular el 20 de agosto, fue ratificada la instauración del socialismo. En 1953 accedió a la jefatura del gobierno Imre Nagy, cuyo liberalismo propició su cese en 1955 y su vuelta al cargo en 1956. En octubre de este año tuvo lugar la insurrección nacional más importante contra el estalinismo, que sería sofocada por las tropas soviéticas. Nagy fue arrestado y ejecutado, y Janos Kadar pasó a ocupar los cargos de secretario del partido y jefe del gobierno, abandonando este último en 1958. En 1967, Kadar promovió la liberalización del sistema electoral y se inició la reforma económica. A partir de 1988 comenzaron cambios de carácter político, reflejo de las tendencias aperturistas de la URSS. J. Kadar fue sustituido por Karoly Grosz, representante de las tesis renovadoras. En enero de 1989 se estableció el pluripartidismo; en abril, las tropas soviéticas abandonaron el territorio húngaro y el 22 de octubre se proclamó la República Húngara, lo que supuso el fin del régimen socialista. La convocatoria de elecciones libres en abril de 1990 dio la victoria al Foro Democrático, de centroderecha, y Jozef Antall, nombrado primer ministro, formó nuevo gobierno. Arpad Goncz ocupó la presidencia del país. Antall falleció en diciembre de 1993 y fue sustituido interinamente por Peter Boross. En las elecciones de 1994 se produjo la victoria del Partido Socialista de Hungría (ex comunista) y su líder Gyula Horn presidió un gobierno de coalición con la Alianza de Demócratas Libres. En junio de 1995 Arpad Goncz fue reelegido presidente de la República. Tras las elecciones de 1998 asumió el gobierno Viktor Orban, al frente de una coalición conservadora. En 1997 se inició el proceso de integración a la OTAN, que culminó con su plena integración en 1999. En las elecciones de 1998 venció el Partido Cívico Húngaro-Federación de Jóvenes Demócratas, liderado por Viktor Orban, quien tuvo que pactar con otras formaciones conservadoras para formar gobierno. En 2000 Ferec

Madl sustituyó a Gonz en la presidencia del país. La coalición formada por el Partido Socialista de Hungría y la Alianza de Demócratas Libres resultó vencedora en las legislativas de 2002, y Peter Medgyessy fue nombrado primer ministro. En mayo de 2004 Hungría ingresó en la UE. En agosto de ese año Medgyessy fue sustituido en el cargo por Ferenc Gyurcsany.

Hunjiang *(Hun-chiang)* Ciudad de China, provincia de Jilin; 482.043 h.

Huno, na adj. *Hist.* **1** Se dice de un antiguo pueblo turco procedente de las estepas asiáticas que irrumpió en Occidente en el siglo IV. Venció a los alanos, pasó con ellos el Don, trastornó el imperio godo de Hermarico, y ocupó el territorio que se extiende desde el Volga hasta el Danubio, ejerciendo una presión sobre los pueblos germanos instalados en la frontera del imperio. Tras la muerte de su rey Atila (453), el imperio huno desapareció. Más como pl. **2** Se dice también de sus individuos. También s. **3** Relativo a este pueblo.

Hunt, William Holman Pintor inglés (Londres, 1827 - íd., 1910). Fundó, junto con Millais y Rossetti, el grupo de los prerrafaelistas. Obras: *Dos gentileshombres de Verona* (1851) y *El chivo expiatorio* (1854).

Hupe f. Descomposición de algunas maderas en sustancia blanda y esponjosa.

Hupeh Hubei.

Hura f. **1** *Med.* Grano maligno que sale en la cabeza. **2** *Zool.* Agujero pequeño; madriguera.

Huracán m. *Meteor.* Centro de bajas presiones muy acusado, con fuertes vientos y lluvias, que suele producirse entre los 8° y 15° de latitud N y S, desplazándose en dirección O.

Huracanado, da adj. Que tiene la fuerza o los caracteres propios del huracán.

Huracanarse prnl. Arreciar el viento hasta convertirse en huracán.

Huraño, ña adj. Que se esconde de las gentes.

Hurdano, na adj. y s. De Las Hurdes.

Hurgamiento m. Acción de hurgar.

Hurgar tr. **1** Menear una cosa. **2** Tocar una cosa sin agarrarla. **3** fig. Incitar, conmover.

Hurgón, na adj. **1** Que hurga. || m. **2** Instrumento de hierro para atizar la lumbre. **3** fam. Estoque para herir a uno.

Hurgonada f. **1** Acción de hurgonear. **2** fam. Golpe dado con el hurgón o estoque.

Hurgonear tr. **1** Revolver la lumbre con el hurgón. **2** fam. Tirar estocadas.

Hurgonero m. Hurgón para atizar la lumbre.

Hurí f. *Rel.* Cada una de las vírgenes del paraíso, mujeres bellísimas que se prometen en el Corán como compañeras de los bienaventurados. ◆ Su pl. es *huríes* o *huris*.

Hurivari m. *Meteor.* Viento huracanado dominante en Cuba.

Hurón m. **1** *Zool.* Mamífero carnívoro de la familia mustélidos, de nombre científico *Mustela furo*, con el cuerpo delgado y muy flexible, la cabeza pequeña y las patas cortas. **2** fig. y fam. Persona que averigua y descubre lo escondido y secreto. **3** fig. y fam. Persona huraña. También adj.

Hurón, na adj. *Etnol.* e *Hist.* **1** Se dice de un grupo amerindio, de la familia lingüística iroquesa, que habitó las provincias canadienses de Ontario y Quebec. Más como s. **2** Se dice también de sus individuos. Tambien s. **3** Relativo a este grupo.

Hurón Lago de América del N, entre Canadá y EE UU; 61.797 km². Comunica con los lagos Superior, Michigan y Erie.

Huronear intr. **1** Cazar con hurón. **2** fig. y fam. Procurar saber y escudriñar cuanto pasa.

Huronera f. **1** *Zool.* Lugar que se mete y encierra el hurón. **2** fig. y fam. Lugar en que uno está oculto.

¡Hurra! interj. usada para expresar alegría y satisfacción o excitar el entusiasmo.

Hurrita adj. *Etnol.* e *Hist.* **1** Se dice del individuo de un pueblo no semita que, procedente de Armenia y de la zona montañosa de Zagros, se estableció al N de Mesopotamia hacia el 2000 a. C. También com. **2** Relativo a este pueblo. || m. *Ling.* **3** Lengua hablada por este pueblo.

Hurtadillas, a loc. adv. Furtivamente.

Hurtado Larrea, Osvaldo Político ecuatoriano (Chambo, Riobamba, 1940). Fundador del Partido Demócrata Cristiano en 1964 y vicepresidente de la nación desde 1979, a la muerte de Roldós ocupó la presidencia de la República (1981-84).

Hurtado de Mendoza, Andrés, marqués de Cañete Político español (? - Lima, 1561). Fue virrey del Perú (1555-61). Acabó con la guerra civil que asolaba Perú. Creó la audiencia de la Plata en la provincia de Charcas.

Hurtado de Mendoza, Diego Escritor español (Granada, 1503 - Madrid, 1575). Fue representante de Carlos I en el concilio de Trento (1542). Tomó parte en la guerra de Las Alpujarras. De su obra destacan una *Epístola a Boscán*, *Fábula de Adonis* (1553), *Hipómenes y Atalanta*, canciones, sonetos y *La guerra de Granada* (1627).

Diego **Hurtado de Mendoza**. Retrato anónimo. Museo del Prado (Madrid).

Hurtado de Mendoza, García, marqués de Cañete General español (Cuenca, 1535 - Madrid, 1609). Hijo de Andrés Hurtado de Mendoza. Se distinguió en las campañas de Flandes, pasó a América como gobernador de Chile y sojuzgó a los indios araucanos. Destituido como su padre, fue perdonado por Felipe II y nombrado virrey del Perú.

Hurtar tr. **1** Tomar o retener bienes ajenos contra la voluntad de su dueño. **2** fig. Tomar dichos, sentencias y versos ajenos, dándolos por propios. **3** fig. Desviar, apartar. || prnl. **4** fig. Ocultarse, desviarse.

Hurto m. **1** Acción de hurtar. **2** Cosa hurtada.

Hus, Jan o **Juan de** Reformador religioso bohemio (Husinec, 1369 - Constanza, 1415). Abrazó las doctrinas del reformador inglés John Wycliff y atacó los escándalos del clero, a la vez que propugnaba una Bohemia libre. Fue excomulgado en 1411. Liberado por el rey Wenceslao, se opuso al antipapa Juan XXIII y fue nuevamente excomulgado en 1412. Convocado al concilio de Constanza, acudió protegido por un salvoconducto del emperador Segismundo (1414). Sometido a juicio y condenado, fue quemado vivo.

Husada f. Porción de lino, lana o estambre que, ya hilada, cabe en el huso.

Húsar m. Soldado de caballería vestido a la húngara.

Husero m. *Zool.* Cuerna recta que tiene el gamo de un año.

Husillo m. **1** Tornillo de las prensas. **2** Conducto de desagüe.

Husita adj. y com. *Hist.* y *Rel.* Relativo a las doctrinas de Jan Hus y al movimiento que encabezó.

Husmear tr. **1** Rastrear con el olfato una cosa. **2** fig. y fam. Andar indagando una cosa con arte y disimulo.

Husmo m. Olor que desprende la carne, normalmente cuando empieza a pasarse.

Huso m. **1** Instrumento manual que sirve para hilar torciendo la hebra y devanando en él lo hilado. **2** Instrumento que sirve para unir y retorcer dos o más hilos. **3** Instrumento de hierro que sirve para devanar la seda. || **Huso horario** *Geog.* Cada uno de los 24 husos esféricos convencionales, de 15° de amplitud, en que se divide la Tierra, en los que rige la misma hora legal.

Hussein I Rey de Jordania (Amman, 1935 - íd., 1999). Sucedió a su padre, Talal I, en 1952. Logró la retirada de las tropas británicas en 1958. Su país perdió la Cisjordania en la tercera guerra árabe-israelí y vio peligrar su trono en 1970 al estallar un enfrentamiento con los combatientes palestinos refugiados en Jordania. Dentro de un gobierno autocrático, intentó seguir una política de tendencia moderada y prooccidental. En 1988 renunció a la soberanía sobre Cisjordania, a la vez que se mostró favorable a la constitución de un Estado palestino. En 1995 le fue concedido el premio Príncipe de Asturias a la Concordia. Le sucedió su hijo Abdalá II.

Hussein, Saddam Político iraquí (Takrit, 1937). Miembro del Partido Baas desde 1957, en 1979 fue nombrado secretario general del partido y presidente de Irak. En 1980 ordenó la invasión de Irán, dando así comienzo a la guerra entre los dos países, que se prolongó hasta 1988. En 1990 invadió Kuwait, pero se vio obligado a retirarse al ser derrotado por una coalición internacional encabezada por EE UU (febrero de 1991). Tras los ataques del 11 de septiembre de 2002 a Nueva York y Washington, el gobierno de EE UU acusó a Irak de amparar el terrorismo internacional. En noviembre Hussein aceptó el envío de inspectores para examinar sus arsenales, pero al no cumplir con las exigencias de desarme del gobierno estadounidense, en marzo de 2003 las tropas de EE UU y británicas iniciaron el ataque contra Irak y en abril tomaban Bagdad, lo que supuso el fin del régimen de Hussein. En diciembre fue detenido y encarcelado.

Hussein Bin Onn, Dakuk Abogado y político malayo (Johore, 1922 - Daly City, 1990). En 1947 fue designado secretario general de la Organización Unida Malaya (UMNO). Ministro de Educación (1970-73) y viceprimer ministro (1973-76), desempeñó la jefatura del gabinete entre 1976 y 1981.

Husserl, Edmund Filósofo alemán (Prossnitz, 1859 - Friburgo de Brisgovia, 1938). Impulsor de la fenomenología, de la que quiso hacer una ciencia al servicio de otras ciencias. Obras: *Filosofía de la aritmética* (1891), *Investigaciones lógicas* (1900), *La Filosofía como ciencia rigurosa* (1910) y *Meditaciones cartesianas* (1929).

Huston, John Director de cine estadounidense (Nevada, 1906 - Newport, 1987). Fue uno de los más destacados realizadores estadounidenses surgidos en los años cuarenta. Filmografía: *El halcón maltés* (1941), *La jungla de asfalto* (1950), *La reina de África* (1952), *Vidas rebeldes* (1961), *Bajo el volcán* (1984), *El honor de los Prizzi* (1985) y *Dublineses* (1987).

Hutten, Felipe de Explorador alemán (Birkenfeld, 1511 - Tocuyo, 1546). Último gobernador de Venezuela patrocinado por los Welser.

Hutten, Ulrich von Humanista alemán (Steckelberg, 1488 - isla de Ufenau, 1523). Luchó por la reforma del imperio y atacó la soberanía temporal del papado. Escribió *Epistolae obscurorum virorum* (h. 1516).

Hutton, James Geólogo y químico británico (Edimburgo, 1726 - íd., 1797). En oposición a las teorías catastrofistas, definió el *principio de las causas actuales* o *uniformitarianismo*, que afirma que la historia de la Tierra se explica por la acción continuada, durante mucho tiempo, de los mismos procesos. Es autor de *Teoría de la Tierra* (1895).

Huxley, Aldous Leonard Escritor británico (Godalming, 1894 - Los Ángeles, 1963). Nieto de Thomas Henry, hermano de Julian y hermanastro de Andrew. Sus novelas se caracterizan por la ironía con la que pone al descubierto las lacras de una civilización en decadencia. Obras: *Un mundo feliz* (1932), *Ciego en Gaza* (1936), *Los demonios de Loudun* (1952), *Mañana y mañana* (1957) y *La isla* (1962).

Huxley, sir Andrew Fielding Fisiólogo británico (Londres, 1917). Nieto de Thomas Henry y hermanastro del novelista Aldous y del biólogo Julian. En 1963 recibió el premio Nobel de Fisiología y Medicina, compartido con Hodgkin y Eccles, por sus investigaciones sobre el mecanismo de los impulsos nerviosos.

Huxley, sir Julian Sorell Biólogo británico (Londres, 1887 - íd., 1975). Nieto de Thomas Henry, hermano de Aldous y hermanastro de Andrew. Investigó sobre embriología, genética, zoología, etología y evolución.

Huxley, Thomas Henry Naturalista británico (Ealing, 1825 - Eastbourne, 1895). Abuelo de Andrew, Julian y Aldous. Realizó diversos descubrimientos de zoología y paleontología, y defendió la teoría de la evolución de Darwin.

¡Huy! interj. con que se denota dolor físico agudo, melindre o asombro.

Huygens, Christiaan Astrónomo, matemático y físico holandés (La Haya, 1629 - íd., 1695). Como astrónomo, descubrió el primer satélite de Saturno (Titán), las estrellas de la nebulosa de Orión, los anillos de Saturno y las marcas de la superficie de Marte. En física, estudió la fuerza centrífuga, enunció las leyes del choque elástico y las del péndulo, e inventó el reloj de péndulo.

Huysmans, Camille Político belga (Blizen, 1871 - Amberes, 1968). Fue presidente de la Internacional Socialista (1940) y jefe del gobierno belga en Londres (1946-47).

Huysmans, Joris Karl Escritor francés (París, 1848 - íd., 1907). Discípulo de Émile Zola, escribió *A la deriva* (1882), *Al revés* (1884), *Allá abajo* (1891), y la trilogía *En ruta* (1895).

Hyatt, John Wesley Químico e inventor estadounidense (Starkey, 1837 - Short Hills, 1920). Inventó el celuloide, primer plástico artificial.

Hyde, Douglas Político irlandés (Frenchpark, 1860 - Dublín, 1949). Fue el primer presidente de la Liga Gaélica (1893) y de la República de Irlanda (1938-45).

Hyderabad Ciudad de la India, capital del Estado de Andhra Pradesh; 3.145.939 h. Fue capital del antiguo sultanato de Golconda (siglo xvi).

Hydra Isla de Grecia, en el mar Egeo, frente a la península de Argólida; 52 km^2 y 30.000 h.

Hyogo Prefectura de Japón, en Honshu; 8.381 km^2 y 5.401.899 h. Su capital es Kobe.

Hz *Fís.* Símbolo de hertzio o hercio.

I

i f. **1** Novena letra del abecedario español, y tercera de sus vocales. **2** *Mat.* Letra numeral, que tiene el valor de uno en la numeración romana. **3** *Mat.* Número complejo que simboliza la unidad imaginaria. Su cuadrado es −1. || **I GRIEGA** Nombre de la letra *y*. ♦ El pl. de *i* es *íes*.

I *Quím.* Símbolo del yodo.

I *Lóg.* Signo de la proposición particular afirmativa.

I CHING Libro de adivinación chino, escrito en hexagramas partidos en dos elementos: el yin y el yang.

IASI Ciudad de Rumania, capital del distrito de su nombre; 337.643 h. Centro comercial, industrial y cultural. Antigua capital de Moldavia.

-IASIS, -IOSIS, -IESIS sufs. que significan proceso, infección, etc.

IATA ASOCIACIÓN INTERNACIONAL DE TRANSPORTE AÉREO.

-IATRA, -ÍATRA, -IATRÍA sufs. YATRO-.

IBADAN Ciudad de Nigeria, capital del Estado de Oyo; 1.365.000 h.

IBAGUÉ Ciudad de Colombia, capital del departamento de Tolima; 365.136 h. Fundada en 1550.

IBAN adj. y s. *Etnol.* Se dice de un pueblo protomalayo que habita en el O de la isla de Borneo.

IBÁÑEZ DEL CAMPO, CARLOS Militar y político chileno (Linares, 1877 - Santiago de Chile, 1960). Elegido presidente (1927-31), solucionó el problema de Tacna y Arica con Perú, devolviendo a este país Tacna, en poder de Chile desde el tratado de Ancón. Volvió a ejercer la presidencia de 1952 a 1958, periodo en que tuvo que afrontar una crisis económica.

IBARAKI Prefectura de Japón, en la isla de Honshu; 6.094 km² y 2.995.512 h. Su capital es Mito.

IBARBOUROU, JUANA DE (de soltera JUANA FERNÁNDEZ DE MORALES) Poetisa uruguaya (Melo, 1895 - Montevideo, 1979). Usó los seudónimos de *Jeanette d'Ibar* y *Juana de América*. Sus poemas se centran en la realidad cotidiana y rechazan la preocupación formal modernista. Obras: *Las seis lenguas de diamante* (1918), *La rosa de los vientos* (1930), *Romances del destino* (1944), *Oro y tormenta* (1956) y *La pasajera* (1968). En prosa escribió *El cántaro fresco* (1920) y *Chico Carlo* (1944).

IBARGÜENGOITIA, JORGE Escritor mexicano (Guanajuato, 1928 - Mejorada del Campo, 1983). Como dramaturgo escribió *Susana y los jóvenes* (1957), *La conspiración vendida* (1960) y *El atentado* (1962). En novela desarrolló un enfoque satírico de la historia, como se refleja en *Relámpagos de agosto* (1964) y *Estas ruinas que ves* (1974).

IBARRA, FRANCISCO DE Conquistador español (Éibar, h. 1539 - Chiametla, 1575). Exploró las regiones de Zacatecas y Chihuahua. Fundó Durango y Nombre de Dios.

IBÁRRURI, DOLORES (conocida como PASIONARIA) Política española (Gallarta, 1895 - Madrid, 1989). Fue líder sindicalista, secretaria general y presidenta del Partido Comunista Español. Diputada en Cortes durante la II República, fue una de las personalidades más carismáticas del bando republicano durante la Guerra Civil. Tras la derrota se exilió en Moscú, desde donde dirigió las actividades de su partido. Volvió a España en 1977.

IBERIA *Geog. hist.* Antigua región de Asia, al S del Cáucaso, que corresponde a la actual República de Georgia.

IBERIA Nombre antiguo de España.

IBÉRICA, PENÍNSULA La más occidental de las penínsulas europeas del Mediterráneo, formada por España y Portugal.

IBÉRICO, CA adj. **1** Natural de Iberia. **2** Perteneciente o relativo a la península Ibérica. || m. *Ling.* **3** IBERO.

IBÉRICO, SISTEMA Serie de nudos montañosos de España que constituye el núcleo fundamental de la constitución geológica de la Península. Siguen una dirección de NO a SE, comenzando por el macizo de Peña Labra

Arte **ibero.** Togado oferente del Cerro de los Santos, siglos IV-II a. C. Museo Arqueológico Nacional (Madrid).

(Palencia-Cantabria) y llegando hasta el golfo de Valencia, aunque tradicionalmente se ha considerado que se extendía hasta el cabo de Gata. Sus principales elevaciones son el Moncayo (2.313 m), el cerro de San Lorenzo (2.262) y los Picos de Urbión (2.228). Traza la divisoria de aguas entre el océano Atlántico al O y el Mediterráneo al E.

IBERO, RA o **ÍBERO, RA** adj. y s. **1** *Etnol.* e *Hist.* Natural de la Iberia europea, hoy España y Portugal, o de la antigua Iberia caucásica. Más como m. pl. [**Encic.**] || m. *Ling.* **2** Lengua hablada por los antiguos iberos.

Hist. Se dice del individuo perteneciente a alguno de los pueblos establecidos, antes de fenicios y griegos, desde el S de la península Ibérica hasta el Mediodía de la Francia actual, y especialmente en el Levante peninsular y el valle del Ebro.

IBEROAMÉRICA Denominación que se da a los países de América descubiertos y colonizados por España y Portugal.

IBERT, JACQUES Compositor francés (París, 1890 - íd., 1962). Influido por el impresionismo y el neoclasicismo, escribió *Escales*, para orquesta (1922); *Angélique*, ópera (1926); y *Le chevalier errant* (1950), ballet.

IBEX m. *Zool.* Mamífero artiodáctilo rumiante, de nombre científico *Capra ibex*. Su pelaje es de color gris rojizo, con una crin, pequeña barba en el mentón, y cuernos nudosos.

IBI Municipio y lugar de España, provincia de Alicante; 21.076 h. Industria juguetera.

IBICE m. *Zool.* ÍBEX, cabra montés alpina.

IBICENCO, CA adj. y s. De Ibiza.

ÍBICO Poeta griego (Reggio, Magna Grecia, s. VI a. C.). Vivió en Samos, bajo el gobierno de Polícrates. Allí escribió sus poesías amorosas, en las que en ocasiones imitó a Estesícoro.

IBÍDEM adv. l. Allí mismo, en el mismo lugar.

IBIS m. *Zool.* Nombre de diversas aves zancudas, ciconiformes de la familia tresquiornítidas. Tienen pico largo y curvado, y patas largas, delgadas y con cuatro dedos. Forman bandadas en zonas pantanosas tropicales u subtropicales.

IBIS *Mit.* Ave sagrada de la mitología egipcia, considerada la encarnación del dios Tot.

IBIZA (*Eivissa*) Isla de España, en el archipiélago balear, provincia de Baleares; 567,51 km² y 72.309 h. Pesca. Industria alimentaria. Turismo. Minas de plomo.

IBN BEN².

IBN ABBAD, ABU-L-QASIM ABU-L-QASIM MUHAMMAD IBN ABBAD.

IBN GABIROL, SALOMÓN (conocido también como AVICEBRÓN) Filósofo y poeta hispanojudío (Málaga, h. 1021 - Valencia, h. 1058). Considerado el primer poeta que introdujo con regularidad en el hebreo los metros árabes. Como filósofo es conocido por su tratado *La fuente de la vida*.

IBN HAZM, ABU MUHAMMAD Escritor y filósofo hispanomusulmán (Córdoba, 993 - Casa Montija, 1064). Es conocido por su obra de juventud *El collar de la paloma*, tratado sobre los usos y costumbres amorosos en al-Ándalus y una de las obras maestras de la prosa arábigo-andaluza.

IBN JALDÚN Pensador e historiador árabe (Túnez, 1332 - El Cairo, 1406). Perteneciente a una familia hispanomusulmana, ocupó cargos en Fez, Granada y Tremecén. Su *Historia de los berberiscos y de las dinastías de África del Norte* (1382) es fuente principal para conocer la historia del Islam de Occidente.

IBN SAUD, ABD UL-AZIZ ABD AL-AZIZ III IBN SAUD.

IBN SINA, ABU ALI AL-HUSEIN AVICENA.

IBN TUFAIL (ABU BAKR IBN ABD AL-MALIK IBN TUFAIL, llamado) Médico, filósofo, matemático y poeta hispanomusulmán (Guadix, h. 1110 - íd., 1185). Contemporáneo de Averroes, su filosofía es a la vez racionalista y mística. Escribió un ensayo filosófico a modo de novela, titulado *El filósofo autodidacto* donde defiende la unión del entendimiento humano con Dios.

IBÓN m. *Geol.* Laguna de origen glaciar.

IBOPÉ m. *Bot.* ALGARROBO BLANCO.

IBRAHIM Sultán otomano (Estambul, 1616 - íd., 1648). Hermano y sucesor de Murat IV, gobernó entre 1640 y 1648. Firmó la paz con el imperio germánico (1641). Sus errores provocaron la rebelión de los jenízaros, en la que fue asesinado. Le sucedió su hijo Mehmet IV.

ibis rojo.

Henrik **Ibsen**. Retrato de Eilif Peterssen. Colección Rasmus Mayer (Bergen).

IBRAHIM BAJÁ Príncipe egipcio (Cavalla, 1789 - El Cairo, 1848). Hijo de Mehmet Alí, mandó el ejército que conquistó Siria en 1833, pero la tuvo que abandonar en 1840. En 1848 fue nombrado virrey de Egipto.

IBROS Municipio y lugar de España, provincia de Jaén; 3.121 h.

IBSEN, HENRIK Dramaturgo noruego (Skien, 1828 - Cristianía, actual Oslo, 1906). Considerado el fundador del teatro de ideas, su producción se centra en la creación y tratamiento de grandes personajes, especialmente femeninos, y en la crítica a los prejuicios burgueses y al capitalismo. La mayor parte de sus primeros dramas están en verso: *Brand* (1864) y *Peer Gynt* (1865). Desde 1867 escribió solamente en prosa, y a partir de *Casa de muñecas* (1879) sus obras fueron muy polémicas. Las principales son *Espectros* (1881), *El pato salvaje* (1884), *La casa Rosmer* (1886), *Hedda Gabler* (1891), *Juan Gabriel Borkman* (1897), *Al despertar de nuestra muerte* (1899).

ICA 1 Departamento de Perú; 21.306 km² y 628.684 h. Minas de oro, plata y cobre. **2** Ciudad capital del mismo; 161.406 h. Mercado agrícola (uva y algodón). Industria aceitera y textil.

ICARIA IKARIA.

ÍCARO *Astron.* Pequeño planeta descubierto en 1948, con la órbita más excéntrica de todos los planetoides conocidos.

ÍCARO *Mit.* Hijo de Dédalo, que con su padre se escapó volando del laberinto de Creta, mediante unas alas unidas a su cuerpo con cera. En su soberbia se acercó demasiado al Sol, desobedeciendo las advertencias de Dédalo, por lo que la cera de sus alas se derritió y cayó al mar.

ICÁSTICO, CA adj. Natural, sin disfraz ni adorno.

ICAZA, FRANCISCO DE ASÍS DE Escritor mexicano (Ciudad de México, 1863 - Madrid, 1925). Con un estilo melancólico, su producción poética versa sobre el exilio, el recuerdo y el cansancio vital: *Efímeras* (1892), *Lejanías* (1899) y *Cancionero de la vida honda y de la emoción fugitiva* (1922). En España obtuvo el Premio Nacional de Literatura por *Lope de Vega, sus amores y sus odios* (1919).

ICAZA, JORGE Escritor ecuatoriano (Quito, 1906 - íd., 1978). Inspirado en la cultura autóctona, y especialmente en el tema indigenista, es autor de las novelas *Huasipungo* (1934), *Cholos* (1937) y *El chulla Romero y Flores* (1958); y de los dramas *El intruso* (1929) y *Flagelo* (1936). En 1972 apareció su trilogía autobiográfica *Atrapados*.

ICEBERG (Voz i.) m. *Geol.* Gran masa de hielo flotante que se ha desprendido de un glaciar y sobresale de la superficie del mar.

ICHO m. *Bot.* Caña de algunas plantas.

ICNEUMÓN m. *Zool.* **1** MANGOSTA. **2** Cualquiera de las avispas parásitas cosmopolitas de la familia icneumónidos.

ICNOGRAFÍA f. *Arquit.* Delineación de la planta de un edificio.

-ICO *Quím.* suf. utilizado como terminación de los nombres de anhídridos y ácidos oxácidos.

ICOD DE LOS VINOS Municipio y ciudad de España, en la isla de Tenerife, provincia de Santa Cruz de Tenerife; 21.364 h. Vinos. Turismo.

ICON-, ICONO-; -EICONÍA prefs. o suf. que significan imagen.

ICONA INSTITUTO PARA LA CONSERVACIÓN DE LA NATURALEZA.

ICONO m. *Arte.* Representación devota de pincel, o de relieve, usada en las iglesias orientales. Se aplica, en particular, a las tablas pintadas con técnica bizantina. **2** Signo que mantiene una relación de semejanza con el objeto representado.

ICONO- pref. ICON-.

ICONOCLASTA adj. y s. **1** *Hist.* y *Rel.* Se dice del hereje que negaba el culto a las sagradas imágenes. La herejía iconoclasta se desarrolló en el imperio bizantino a principios del siglo VIII, influida por las doctrinas judías y musulmanas que sostenían la imposibilidad de representar la divinidad. El culto a las imágenes fue restablecido en el concilio de Constantinopla del 787, nuevamente prohibido por León el Armenio en 815, y definitivamente restaurado en el 842, con la llegada al poder de la dinastía macedonia. **2** Se dice de quien niega y rechaza la autoridad de maestros, normas y modelos. **3** Perteneciente o relativo a los iconoclastas.

ICONÓDULO, LA adj. y s. *Rel.* Se dice del defensor de las imágenes religiosas en el imperio bizantino. Los iconódulos constituyeron el grupo opuesto al de los ICONOCLASTAS.

ICONOGRAFÍA f. *Arte.* **1** Descripción de imágenes, cuadros o monumentos. **2** Tratado descriptivo, o colección de imágenes o retratos.

ICONOLATRÍA f. *Rel.* Adoración de las imágenes.

ICONOSCOPIO m. *Fís.* Tubo catódico capaz de convertir una imagen en corriente eléctrica. Inventado por Zworykin en 1923, constituyó, junto con el cinescopio, un avance decisivo en televisión.

ICONOSTASIO o **ICONOSTASIS** m. *Arquit.* Retablo que separa la nave central y el presbiterio en las iglesias de rito ortodoxo.

iconostasio. Basílica de San Marcos (Venecia).

ICONOTECA f. Colección o registro de imágenes, cuya organización sistemática facilita su localización.

ICOS-, ICOSA-, ICOSI- prefs. que significan veinte.

ICOSAEDRO m. *Geom.* Poliedro de 20 caras. || **ICOSAEDRO REGULAR** *Geom.* Aquel cuyas caras son triángulos equiláteros iguales.

ICOSI- pref. ICOS-.

ICT-, ICTI-, ICTIO-; -ICT-; -ICTIO prefs., in. o suf. que significan pez.

ICTER-, ICTERO-; -ÍCTERO prefs. o suf. que significan amarillo.

ICTERICIA f. *Med.* Coloración amarilla de la piel, mucosas y secreciones, producida por la acumulación de pigmentos biliares en la sangre.

ICTÉRIDO, DA adj. *Zool.* **1** Se dice del ave de presa americana, como el tropial. || m. pl. *Zool.* **2** Familia de estas aves.

ÍCTERO-; -ÍCTERO pref. o suf. ICTER-.

ICTI- pref. ICT-.

ICTÍNEO, A adj. *Zool.* Semejante a un pez.

ICTINO Arquitecto griego (s. v a. C.). Constructor, con Calícrates, del PARTENÓN, sobre el que escribió un libro en colaboración con Carpión, hoy perdido. Edificó también el templo de Apolo Epicurio en Basas.

ICTIO-; -ICTIO pref. o suf. ICT-.

ICTIÓFAGO, GA adj. y s. *Zool.* Que se alimenta de peces.

ICTIOLOGÍA f. *Zool.* Parte de la zoología que estudia los peces.

ICTIOSAURIO adj. y s. *Paleont.* **1** Se dice del reptil fósil acuático, con aspecto pisciforme semejante al delfín, aletas caudal y dorsal, miembros en forma de paleta, hocico prolongado y dientes numerosos y separados. Eran depredadores cuyos restos se encuentran principalmente en el terreno jurásico. || m. pl. *Paleont.* **2** Orden de estos reptiles.

ICTUS m. **1** *Gram.* Acento métrico. **2** *Med.* Cuadro morboso que se presenta de un modo súbito y violento.

-ID-¹ in. EIDO-.

-ID-²; -IDA, -IDO in. o sufs.: ácido, anisidina.

IDA f. **1** *Dep.* En esgrima, acometimiento que hace uno de los competidores. **2** Señal o rastro que con los pies hace la caza en el suelo.

-IDA suf. **1** -ID-. **2** EIDO-.

IDACIO HIDACIO.

IDAHO Estado de EE UU; 216.456 km² y 1.293.953 h. Su capital es Boise City. Relieve montañoso, excepto en el S, donde se halla el valle del río Snake. Agricultura (trigo, avena, patatas). Ganado caballar. Yacimientos de plata y plomo. Recursos hidráulicos y forestales. Pesca fluvial. Pasó a formar parte de EE UU en 1890.

IDALIA *Geog. hist.* Antigua ciudad de Chipre consagrada a Afrodita.

-IDAS, -IDE sufs. EIDO-.

IDEA f. **1** *Filos.* Imagen o representación que queda en la mente del objeto percibido. **2** *Filos.* Conocimiento puro, racional, debido a las condiciones naturales del entendimiento. **3** Conocimiento o noción que se tiene sobre algo o alguien. **4** Intención de hacer una cosa. **5** Concepto, opinión o juicio formado de una persona o cosa. **6** Ingenio para disponer, inventar y trazar una cosa. **7** fam. Manía o imaginación extravagante. Más en pl. || f. pl. **8** Convicciones, creencias, opiniones.

IDEAL adj. **1** *Filos.* Perteneciente o relativo a la idea. **2** Que no es real y aceptado, sino que está en la fantasía. **3** Excelente, perfecto. || m. **4** Prototipo, modelo o ejemplar de perfección.

IDEALISMO m. **1** *Filos.* Condición de los sistemas filosóficos que consideran la idea como principio del ser y del conocer. **2** Aptitud para elevar sobre la realidad sensible las cosas que se describen o se representan. **3** Aptitud de la inteligencia para idealizar.

IDEALIZAR tr. Considerar algo o a alguien más perfecto de lo que es en realidad.

IDEAR tr. **1** Formar idea de una cosa. **2** Trazar, inventar.

IDEARIO m. **1** Repertorio de las principales ideas de un autor, una escuela o una colectividad. **2** Ideología, conjunto de ideas fundamentales que caracterizan una manera de pensar.

ÍDEM pron. lat. Significa el mismo o lo mismo, y se suele usar para evitar repeticiones.

IDEMPOTENTE adj. *Mat.* Se dice de todo elemento o conjunto que, después de realizar la unión o intersección con sí mismo, es igual a dicho elemento o conjunto.

IDÉNTICO, CA adj. **1** Igual. También s. **2** Muy parecido.

Idaho (Estados Unidos). Lago Coeur S'Alene.

IDENTIDAD f. **1** Calidad de idéntico. **2** *Der.* Hecho de ser una persona o cosa la misma que se supone o se busca. **3** *Mat.* Igualdad algebraica que se verifica siempre, sea cualquiera el valor de las variables. || **CÉDULA DE IDENTIDAD** Documento que acredita la identidad de las personas.

IDENTIFICADOR m. *Inform.* Nombre formado por caracteres alfanuméricos que permite identificar un fichero o cualquier parte de un programa.

IDENTIFICAR tr. **1** Reconocer la identidad de alguien. **2** Hacer que dos o más cosas que son distintas aparezcan como una misma. Más como prnl. || prnl. **3** Llegar a sentir algo ajeno como propio, estar totalmente de acuerdo con las creencias o propósitos de alguien.

IDEO-; -IDEO o **-IDEO** pref. o sufs. EIDO-.

IDEOGRAFÍA f. Representación de ideas, palabras, morfemas o frases por medio de IDEOGRAMAS.

IDEOGRÁFICO, CA adj. Perteneciente o relativo a la ideografía o a los ideogramas.

IDEOGRAMA m. **1** Imagen convencional o símbolo que significa un ser o una idea, pero no palabras o frases fijas que los representen. **2** *Ling.* Imagen convencional o símbolo que en la escritura de ciertas lenguas significa una palabra, morfema o frase determinados, sin representar cada una de sus sílabas o fonemas. **3** *Estad.* Utilización de dibujos que representan el crecimiento o decrecimiento de una variable sobre la que se realiza un estudio estadístico.

IDEOLOGÍA f. **1** Conjunto de ideas fundamentales que caracterizan el pensamiento de una persona, colectividad, época, movimiento, etc. **2** *Filos.* Doctrina filosófica, cuyo principal representante fue A. L. C. Destutt de Tracy, centrada en el estudio del origen de las ideas (véase ESCUELA DE LOS IDEÓLOGOS).

IDEÓLOGOS, ESCUELA DE LOS *Filos.* Corriente filosófica iniciada por Destutt de Tracy (1802). Se centró en el análisis de las facultades y de distintos tipos de ideas producidos por ellas. Definió la ideología como la ciencia que tiene por objeto de estudio «los conocimientos». Entre los ideólogos más célebres están Condorcet, Laplace, Cabanis, B. Constant, etc.

-IDES, -IDIA sufs. EIDO-.

IDIARTE BORDA, JUAN BAUTISTA Político uruguayo (Mercedes, 1844 - Montevideo, 1897). Afiliado al Partido Colorado, fue diputado (1879-90) y senador (1890-94). Sucedió a Herrera y Obes en la presidencia de la República (1894-97).

-IDIDO suf. variante de -IDO.

IDILIO m. **1** *Lit.* Poema de carácter bucólico y tema amoroso. **2** fig. Relación amorosa.

IDIO- pref. que significa propio.

-IDIO suf. **1** Forma diminutivos: *esporidio*. **2** EIDO-.

IDIOBLASTO m. *Biol.* Célula vegetal parenquimatosa, sin clorofila, que contiene aceites.

IDIOCIA f. *Psiquiat.* Trastorno mental caracterizado por una deficiencia muy profunda de las facultades mentales.

IDIOCROMATINA f. *Biol.* Parte de la cromatina nuclear que se piensa actúa como portadora física de los genes.

IDIOLECTO m. *Ling.* La lengua tal como la usa un individuo particular.

IDIOMA m. *Ling.* LENGUA de un pueblo o nación, o común a varios.

IDIOMÁTICO, CA adj. *Ling.* Propio y peculiar de una lengua determinada.

IDIOSINCRASIA f. Rasgos, temperamento, carácter, etc., distintivos y propios de un individuo o de una colectividad.

IDIOSINCRÁSICO, CA adj. Perteneciente o relativo a la idiosincrasia.

IDIOSOMA m. *Biol.* Cromosoma sexual.

IDIOTA adj. **1** Tonto, poco inteligente. **2** Que padece de idiocia. También s.

IDIOTISMO m. **1** Ignorancia, falta de instrucción. **2** *Gram.* Giro o expresión contrarios a las reglas generales de la gramática, pero propios de una lengua, como por ejemplo *a ojos vistas* o *a pies juntillas*.

IDLEWILD JOHN FITZGERALD KENNEDY, aeropuerto.

IDO, DA adj. Se dice de la persona que está falta de juicio.

IDO-; -IDO; -IDO pref., in. o suf. EIDO-.

-IDO suf. -ID-.

IDÓLATRA adj. y s. **1** Que adora ídolos. **2** fig. Que ama excesivamente a una persona o cosa.

IDOLATRAR tr. **1** Adorar ídolos o dioses falsos o paganos. **2** Amar o admirar excesivamente a una persona o cosa.

IDOLATRÍA f. **1** Adoración que se da a los ídolos o dioses considerados falsos. **2** fig. Amor o admiración excesivos y vehementes a una persona o cosa.

IDOL-, IDOLO- prefs. que significan ídolo.

ÍDOLO m. **1** Imagen de una deidad a la que se rinde culto. **2** fig. Persona o cosa excesivamente amada.

Sacrificio de Ifigenia. Fresco procedente de la casa del Poeta Trágico en Pompeya. Museo Nacional (Nápoles).

IDOMENEO *Mit.* Rey legendario de Creta, hijo de Deucalión y nieto de Minos y Pasífae; se le atribuye la fundación de Salerno, en Italia. Dirigió los ejércitos cretenses en la guerra de Troya.

IDÓNEO, A adj. Que tiene buena disposición o suficiencia para algo.

IDOS m. pl. IDUS.

-IDRA suf. HID[1]-.

IDRIS I (MUHAMMAD IDRIS AL-SENUSI, llamado) Rey de Libia (Giarabub, 1890 - El Cairo, 1983). Nieto del fundador de la secta religiosa de los senusís, en 1917 fue proclamado jefe de la misma. Se convirtió en rey de la Federación Libia (1951) y derrocado por Gaddafi en 1969.

IDRISI, ABU ABDALLAH IBN MUHAMMAD AL- Geógrafo arábigoespañol (Ceuta, h. 1099 - Palermo, h. 1165). Perseguido por motivos políticos y religiosos, se trasladó a Sicilia y entró al servicio de Roger II. Compuso el *Libro de Roger*, una de las mejores obras medievales de geografía.

IDUMEA *Geog. hist.* Región de Palestina que se extendía desde el mar Muerto al mar Rojo.

IDUS m. pl. *Hist.* En el antiguo cómputo romano y en el eclesiástico, día 15 de marzo, mayo, julio y octubre, y 13 de los demás meses.

-IESIS suf. -IASIS.

IF Isla de Francia, en la rada de Marsella, cuyo castillo, construido por Francisco I, sirvió de prisión hasta fines del siglo XIX. Inmortalizado por Dumas en *El conde de Montecristo*.

IFIGENIA *Mit.* Hija de Agamenón y Clitemnestra. Para despertar su padre la cólera de Artemisa, el oráculo ordenó inmolar a Ifigenia. Cuando iba a efectuarse el sacrificio, la diosa cambió su cuerpo por el de una cierva, llevándose a Ifigenia a Táuride, donde la hizo su sacerdotisa. Su figura simboliza el amor filial.

IFNI Región de Marruecos, en la costa atlántica del país, frente a las islas Canarias. En 1476, Diego García de Herrera construyó el fuerte de Santa Cruz de Mar Pequeña. Tras perder su posesión pasó a ser territorio español (1860), pero hasta 1934 no se ocupó efectivamente. En 1969 se integró en Marruecos.

IFRANE Provincia de Marruecos; 3.310 km^2 y 127.677 h. Su capital es la ciudad del mismo nombre.

IFRIQIYYA *Geog. hist.* Nombre árabe de la región que incluía la antigua provincia romana de África y la parte E de Berbería, actual Tunicia.

IFUGAO adj. *Etnol.* **1** Se dice de un pueblo protomalayo del grupo igorrote, que habita en el N de la isla de Luzón, Filipinas. Cazadores de cabezas hasta el siglo XX. También s. **2** Relativo a este grupo. || m. *Ling.* **3** Lengua hablada por los ifugaos, perteneciente a la familia malayo-polinesia.

IFUGAO Provincia de Filipinas, en la isla de Luzón; 2.518 km^2 y 111.368 h. Su capital es Lagawe.

IGLESIA f. *Rel.* **1** Templo cristiano. **2** Congregación de los fieles cristianos. **3** Conjunto del clero y pueblo cristiano de un país, región, época, etc. **4** Gobierno eclesiástico general del Sumo Pontífice, concilios y prelados. || **IGLESIA CATEDRAL** CATEDRAL. || **IGLESIA CATÓLICA** *Rel.* Congregación de fieles cristianos que reconoce al Papa como vicario de Cristo en la Tierra. || **IGLESIA COLEGIAL** *Rel.* La que no siendo silla propia del arzobispo u obispo, se compone de abad y canónigos seculares, y en ella se celebran los oficios divinos como en las catedrales. || **IGLESIA CONVENTUAL** La de un convento. || **IGLESIA EN CRUZ GRIEGA** *Arquit.* La que se compone de dos naves de igual longitud que se cruzan perpendicularmente por su parte media. || **IGLESIA EN CRUZ LATINA** *Arquit.* La que se compone de dos naves, una más larga que otra, que se cruzan a escuadra. || **IGLESIA LATINA** *Rel.* La católica de occidente. || **IGLESIA ORIENTAL** *Rel.* La católica de los países de Europa oriental (Grecia, por ejemplo) y Oriente Próximo especialmente. || **IGLESIA ORTODOXA** *Rel.* ORTODOXA. || **IGLESIA PARROQUIAL** La de una feligresía.

IGLESIAS, ENRIQUE Economista uruguayo de origen español (Asturias, 1930). Miembro fundador del Foro del Tercer Mundo, del que fue presidente (1973-76). En 1982 fue nombrado ministro de Asuntos Exteriores de Uruguay y recibió el premio Príncipe de Asturias de Cooperación Iberoamericana.

IGLESIAS, ESTADOS DE LA ESTADOS PONTIFICIOS.

IGLESIAS, MIGUEL Militar y político peruano (Cajamarca, 1822 - Madrid, 1901). Diputado, senador y ministro de Guerra, en 1883 fue nombrado presidente de la República; se mantuvo en el cargo hasta su derrocamiento por el general Cáceres (1886). Firmó con Chile el tratado de Ancón.

IGLESIAS, PABLO Político español (Ferrol, 1850 - Madrid, 1925). Tipógrafo de oficio, en 1879 intervino en la creación clandestina del Partido Socialista Obrero Español (PSOE), de tendencia internacionalista y marxista. En 1886 fundó el periódico *El Socialista*, órgano oficial del partido, del que fue nombrado director. A partir de entonces trabajó exclusivamente para el periódico, para el partido y para la Unión General de Trabajadores (UGT) fundada en 1888.

Pablo **Iglesias**

IGLESIAS CASTRO, RAFAEL Militar y político costarricense (San José, 1861 - íd., 1924). Fue ministro de Guerra y Marina con Rodríguez y presidente de la República (1894-98 y 1898-1902). Durante su mandato se sometió al arbitraje del presidente Loubet, de Francia, la disputa fronteriza con Colombia.

IGLESIAS VILLOUD, HÉCTOR Compositor argentino (San Nicolás, 1913). Escribió música sinfónica, ballets, aires y canciones de inspiración popular. Obras: *Amancay* y *El malón* (ballets), *Danzas argentinas para orquesta* y *La leyenda del lago andino.*

IGLÚ (Voz esquimal.) m. Vivienda esquimal de forma semiesférica construida con bloques de hielo.

IGNACIO, SAN Obispo de Antioquía (Antioquía, 31 - Roma, h. 106). Consagrado obispo por san Pedro en el 69, fue encarcelado y llevado a Roma por Trajano, donde sufrió el martirio de ser arrojado a las fieras del circo. Es uno de los primeros doctores de la iglesia.

IGNACIO DE LOYOLA, SAN (ÍÑIGO LÓPEZ DE RECALDE, llamado) Religioso español (Loyola, h. 1491 - Roma, 1556). Militar en sus comienzos, fue herido durante el sitio que los franceses pusieron a Pamplona (1521). Abandonó las armas y se retiró a una cueva en los alrededores de Manresa, donde concibió su obra ascética *Ejercicios espirituales* (1548). Tras peregrinar a Roma y Jerusalén, inició sus estudios de latín en Barcelona (1524) y de filosofía en Alcalá y Salamanca (1526). En París obtuvo el título de maestro en Artes (1534), y empezó a imponerse en teología. En Roma redactó las *Constituciones* (1550), donde fijó el carácter, la regla y normas por que se habría de regir la Compañía de Jesús. Fue beatificado por Pablo V (1609) y canonizado por Gregorio XV (1622).

IGNARO, RA adj. y s. Ignorante.

ÍGNEO, A adj. **1** De fuego o que tiene alguna de sus cualidades. **2** *Geol.* Se dice de la roca procedente de la consolidación de una masa fundida del interior de la Tierra.

IGNICIÓN f. *Quím.* Hecho de estar un cuerpo encendido, si es combustible, o enrojecido por el calor, si es incombustible.

IGNIFUGACIÓN f. *Quím.* Tratamiento a que se someten ciertos materiales combustibles, sobre todo tejidos, con el fin de hacerlos más resistentes al fuego.

IGNÍFUGO, GA adj. *Quím.* Que protege contra el fuego.

IGNIMBRITA f. *Geol.* Depósito formado por acumulación y consolidación de materiales procedentes de nubes ardientes.

IGNOMINIA f. Afrenta pública hecha con causa o sin ella.

IGNORANCIA f. Falta general de ciencia y cultura.

IGNORANTE adj. y com. Que ignora alguna cosa o que no tiene cultura.

IGNORAR tr. No saber algo, o no tener noticia de ello.

IGNOTO, TA adj. No conocido ni descubierto.

IGORROTE adj. y com. *Etnol.* **1** Se dice del individuo de la raza aborigen de la isla de Luzón, en Filipinas; entre sus etnias destacan los IFUGAOS y los KALINGA. || m. *Ling.* **2** Lengua de estos individuos.

IGUAL adj. **1** De la misma naturaleza, cantidad o calidad de otra cosa. **2** Muy parecido o semejante. **3** Del mismo valor y aprecio. **4** De la misma clase o condición. También s. **5** *Geom.* Se dice de las figuras que se pueden superponer de modo que se confundan en su totalidad. || m. *Mat.* **6** Signo de igualdad, formado de dos rayas horizontales paralelas (=). || **por igual** o **por un igual** loc. adv. Igualmente. || **sin igual** loc. adv. SIN PAR.

IGUALA f. **1** Composición, ajuste o pacto en los tratos. **2** Estipendio o cosa que se da en virtud de ajuste. **3** Convenio por el que se contratan los servicios de un médico o una asociación médica por un periodo de tiempo.

IGUALA DE LA INDEPENDENCIA Ciudad de México, Estado de Guerrero; 50.000 h. Importante centro comercial. En ella proclamó Iturbide, el 24 de febrero de 1821, el llamado *Plan de Iguala* o *de las Tres Garantías* (unión, independencia y religión).

IGUALACIÓN f. *Mat.* Método para resolver sistemas de dos o más ecuaciones. Consiste en despejar la misma incógnita en todas las ecuaciones e igualar los valores obtenidos hasta conseguir una sola ecuación con una incógnita de la que se puede obtener el valor. A partir de éste, se calculan los valores del resto de las incógnitas presentes en el sistema de ecuaciones.

IGUALAR tr. **1** Hacer a una persona o cosa igual a otra u otras. Más como prnl. **2** Allanar una superficie. **3** Alcanzar a alguien en un puesto o cualidad. **4** Contratar una iguala. También prnl. || intr. **5** Ser una cosa igual a otra. También prnl.

IGUALDAD f. **1** Conformidad de una cosa con otra en naturaleza, forma, calidad o cantidad. **2** *Mat.* Expresión de la equivalencia de dos cantidades o expresiones algebraicas, que se representa con el signo igual (=).

IGUALDAD, FELIPE ORLEANS, LUIS FELIPE JOSÉ, DUQUE DE.

IGUALITARIO, RIA adj. Que entraña igualdad o tiende a ella.

IGUALITARISMO m. *Polít.* Tendencia política que propugna la desaparición o atenuación de las diferencias sociales.

IGUANA f. *Zool.* Nombre de diversos reptiles saurios escamosos de la familia iguánidos, con diversos géneros, que habitan las zonas cálidas de América y pueden superar los 1,5 m de longitud.

IGUANODONTE m. *Paleont.* Nombre de diversos reptiles saurios fósiles de la familia iguanodóntidos, género *Iguanodon*, que aparecieron en el cretácico y medían hasta 12 m.

IGUAZÚ Río de América del Sur que nace al S de Curitiba (Brasil) y sirve de frontera entre Brasil y Argentina; 1.320 km de curso. Hermosas y espectaculares cataratas que se forman 20 km antes de la unión de este río con el Paraná. Son las mayores del mundo, junto con las Victoria y Niágara.

IHARA SAIKAKU (HIRAYAMA TOGO, llamado) Escritor japonés (Osaka, 1641 - íd., 1693). Hasta los cuarenta años cultivó con gran maestría el HAIKU, y posteriormente se dedicó a la narrativa erótica y de costumbres. Novelas: *Un voluptuoso* (1682), *El almacén eterno del Japón* (1688) y *Los cálculos mentales de la vida humana* (1692).

IHS Abreviatura de la expresión latina *Iesus Hominum Salvator*, Jesús salvador de los hombres.

IJADA f. *Anat.* Cualquiera de las dos cavidades simétricamente colocadas entre las costillas falsas y los huesos de las caderas.

IJO o **IJWA** adj. y com. *Etnol.* **1** Se dice de un pueblo africano que habita en el delta del Níger. **2** Relativo a este grupo. || m. *Ling.* **3** Lengua hablada por los ijo, de filiación desconocida.

IJSSEL o **YSSEL** Lago de los Países Bajos, entre las provincias de Holanda Septentrional y Frisia, separado del mar de Wadden, desde 1932, por un dique de 30 km de largo. Ocupa parte del antiguo golfo de Zwiderzee y está alimentado por el río de su nombre; la otra parte ha sido desecada y convertida en pólders, ganando al mar una superficie de 226.000 hectáreas.

¡IJUJÚ! interj. de júbilo. También m.

IKARIA Isla de Grecia, en el mar Egeo. Cereales, frutas y vid.

IKASTOLA (Voz eusquera.) f. Escuela popular vasca. Surgidas en la década de los treinta, han experimentado un nuevo impulso tras la instauración del gobierno autónomo vasco (1979).

IKEBANA m. Arte japonés de arreglar las flores según simbolismos y reglas de carácter místico-religioso.

IKURRIÑA (Voz eusquera.) f. Bandera del País Vasco.

-IL- in. HILE-.

ILACIÓN f. **1** Trabazón razonable y ordenada de las partes de un discurso. **2** *Lóg.* Enlace o nexo del consiguiente con sus premisas.

ILAHABAD ALLAHABAD.

ILAPSO m. Especie de éxtasis contemplativo.

ILATIVO, VA adj. **1** Que se infiere o puede inferirse. **2** Perteneciente o relativo a la ilación.

ÎLE-DE-FRANCE ISLA DE FRANCIA.

ILÉCEBRA f. Halago engañoso.

ILEGAL adj. Que es contrario a la ley.

ILEGALIDAD f. **1** Falta de legalidad. **2** Acción ilegal.

ILEGIBLE adj. Que no puede leerse.

ILEGITIMAR tr. Privar a uno de la legitimidad.

ILEGÍTIMO, MA adj. No legítimo.

ILEITIS f. *Med.* Inflamación del íleon.

-ILENO suf. HILE-.

ÍLEO m. *Med.* Oclusión intestinal con dolor violento y cólico debido a la misma.

ÍLEON m. *Anat.* **1** Tercera porción del intestino delgado de los mamíferos, que empieza donde acaba el yeyuno y termina en el ciego. **2** ILION.

ILERCAÓN, NA o **ILERCAVÓN, NA** adj. *Hist.* **1** Se dice de un pueblo prerromano que habitaba una región de la Hispania Tarraconense correspondiente a parte de las actuales provincias de Tarragona y Castellón. También s. **2** Relativo a ese pueblo.

ILERDENSE adj. y com. De Ilerda, hoy Lleida.

ILERGETE adj. *Hist.* **1** Se dice de un pueblo hispánico prerromano que habitaba la parte llana de las actuales provincias de Huesca, Zaragoza y Lleida. También s. **2** Perteneciente o relativo a este pueblo.

ILESO, SA adj. Que no ha recibido lesión o daño.

ILETRADO, DA adj. Falto de cultura.

ILI Río de Asia central, que nace en China, pasa por Kazajstán y desemboca en el lago Baljash; 1.400 km de curso.

ILÍACO[1], CA adj. *Anat.* **1** Relativo al íleon o a los flancos. || f. *Anat.* **2** Se dice de cada una de las dos arterias en que se divide la aorta al final del tronco y que a su vez se ramifica en externa e interna. La primera entra en el muslo, donde toma el nombre de femoral; la interna riega el bajo vientre o región pelviana.

ILÍACO[2], CA o **ILIACO, CA** adj. Perteneciente o relativo a Ilión o Troya.

ILIBERITANO o **ILIBERRITANO, NA** adj. y s. De Ilíberis o Iliberris.

ILICI *Geog. hist.* Nombre romano de la ciudad de Elche. Emplazada cerca de la urbe actual, en ella fue hallada la estatua de la dama de Elche.

ILICÍNEO, A adj. *Bot.* AQUIFOLIÁCEO.

ILICITANO, NA adj. y s. De Ilici, hoy Elche.

ILÍCITO, TA adj. No permitido legal ni moralmente.

-ÍLICO suf. HILE-.

ILIENSE adj. y com. TROYANO.

ILIESCU, ION Político rumano (Oltenia, 1930). Expulsado del comité central del Partido Comunista en 1979 por sus diferencias con Ceaucescu, tras el derrumbe de la dictadura (1989) asumió la presidencia de una Junta apoyada por el ejército. Al vencer en las primeras elecciones democráticas (1990), fue proclamado presidente de la República. Derrotado en 1996, fue nuevamente elegido en 2000.

ILIMITADO, DA adj. Que no tiene límites.

ILIÓFAGO, GA adj. *Zool.* Se dice del pez de agua dulce que se alimenta de las partículas orgánicas y pequeños animales que obtiene al filtrar el fango del fondo de los ríos.

ILION m. *Anat.* Cada uno de los dos huesos de la cadera que en los mamíferos adultos se unen al isquion y al pubis para formar la pelvis.

ILIÓN *Geog. hist.* Uno de los nombres de Troya.

ILIRIA *Geog. hist.* Antigua región de la península de los Balcanes. En el siglo III a. C. fue cuna de un imperio ilírico, que mantuvo varias guerras con Roma, siendo finalmente sometido. Fue convertido en provincia romana hacia el 27 a. C.

ILITERATO, TA adj. Ignorante y no versado en ciencias ni letras humanas.

ILLAMPU Cumbre de Bolivia, al N de la Cordillera Real, departamento de La Paz; 6.850 m de altura. Se llama también *Ancohúma.*

ILLÁSCAR Volcán de Chile, provincia de Antofagasta, cerca de la frontera argentina; 5.870 m de altura. También llamado *Láscar.*

ILLE-ET-VILAINE Departamento de Francia, región de Bretaña; 6.775 km^2 y 867.533 h. Su capital es Rennes. Agricultura y ganadería.

ILLÍA, ARTURO UMBERTO Político argentino (Pergamino, 1900 - Córdoba, 1983). Presidente de la República en 1963, como candidato de la Unión Cívica Radical del Pueblo, fue derrocado por el golpe de Estado (1966).

ILLINOIS adj. *Etnol.* **1** Se dice de un pueblo amerindio, de lengua algonquina, que habitaba en los actuales Estados de Illinois, Indiana, Ohio, Wisconsin, Iowa y Kansas. En la actualidad residen en reservas del Estado de Oklahoma. También com. **2** Relativo a este pueblo.

ILLINOIS Estado de EE UU; 150.008 km^2 y 12.419.283 h. Su capital es Springfield. Producción agrícola. Importante centro industrial y comercial. Su territorio fue explorado por Marquette y Joliet (1673), y

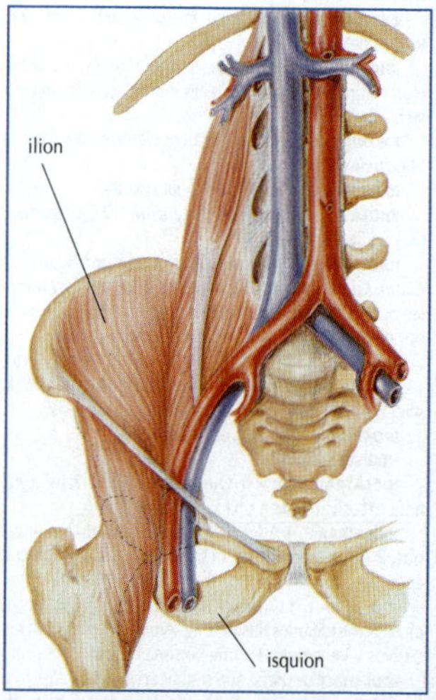

ilion

por La Salle, pocos años después. Incluido en la Louisiana francesa, Francia lo cedió a Inglaterra en 1763. Su constitución actual data de 1870.

Ilita f. *Miner.* Mineral aluminosilicato de potasio, de color blanco, formado por partículas de tamaño coloidal.

Illueca Sibauste, Jorge Enrique Político panameño (Panamá, 1918). Vicepresidente de la República desde 1982. Tras la dimisión de R. de la Espriella en febrero de 1984, pasó a ocupar la presidencia hasta octubre de ese mismo año.

Ilmen Lago de la Federación de Rusia, al S de Novgorod; 918 km^2. Por medio del río Voljov, navegable, se comunica con el lago Ladoga. Pesca.

-ilo suf. HILE-.

Ilógico, ca adj. Que carece de lógica.

Iloilo 1 Provincia de Filipinas, en la isla de Panay; 5.324 km^2 y 1.433.641 h. 2 Ciudad capital de la misma; 302.200 h.

Ilomba f. *Bot.* Árbol perteneciente a la familia miristicáceas, de nombre científico *Pycnanthus angolensis*.

Ilongo o **Ilongoto** m. *Ling.* Lengua perteneciente a la familia malayo-polinesia hablada en Filipinas por unos dos millones de personas.

Ilopango Lago de El Salvador, departamento de San Salvador; 65 km^2. Turismo.

Ilorin Ciudad de Nigeria, capital del Estado de Kwara; 464.000 h.

Ilota com. 1 *Hist.* Nombre que recibían en Esparta los siervos procedentes de prisioneros de guerra y de la población primitiva sometida, a los que les fue quitada toda libertad. 2 fig. El que se halla o se considera desposeído de los derechos de ciudadano.

Iluminación f. 1 Acción y efecto de iluminar. 2 Conjunto de luces que hay en un lugar. 3 *Fís.* Cantidad de luz o flujo luminoso que cae sobre una superficie de área unidad. Su unidad de medida es el lux. 4 *Fís.* Incidencia de radiaciones visibles (entre 0,40 y 0,78 micras) sobre un cuerpo. 5 *Pint.* Especie de pintura al temple, que de ordinario se ejecuta en vitela o papel terso. 6 *Pint.* Decoración de manuscritos que a partir del siglo VII se difundió por todo el occidente europeo y alcanzó su máximo esplendor durante la Edad Media. 7 *Pint.* Distribución de la luz en un cuadro.

Iluminado, da adj. y s. 1 ALUMBRADO, hereje. Más en pl. 2 Se dice del individuo de una secta herética y secreta fundada por el bávaro Adam Weishaupt en 1776.

Iluminar tr. 1 Alumbrar. 2 Adornar con muchas luces los templos, casas u otros sitios. 3 Dar color a las figuras, letras, etc., de una estampa, libro, etc. 4 Poner por detrás de las estampas tafetán o papel de color, después de cortados los blancos. 5 fig. Ilustrar el entendimiento con ciencias o estudios. 6 fig. Ilustrar, enseñar.

Iluminaria f. Luminaria puesta en señal de fiesta. Más en pl.

Iluminismo m. *Rel.* 1 Doctrina religiosa basada en la iluminación mística interior inspirada por Dios, que rechaza el uso de los sacramentos y las jerarquías eclesiásticas. 2 Secta de los seguidores de esta doctrina.

Ilusión f. 1 Imagen sugerida por los sentidos que carece de verdadera realidad. 2 Esperanza que carece de fundamento en la realidad. 3 Entusiasmo, alegría.

Ilusionar tr. 1 Hacer que uno se forje determinadas ilusiones. También prnl. 2 Causar algo entusiasmo o alegría.

Ilusionismo m. Arte y técnica de producir efectos ilusorios y aparentemente mágicos, mediante juegos de manos, trucos, etc.

Ilusionista com. Artista que produce efectos ilusorios mediante juegos de manos, trucos, etc.

Iluso, sa adj. y s. 1 Engañado, seducido. 2 Propenso a ilusionarse, soñador.

Ilusorio, ria adj. Engañoso, irreal, ficticio.

Ilustración f. 1 Acción y efecto de ilustrar. 2 Estampa, grabado o dibujo que adorna un libro ilustrado. 3 *Cult.* Movimiento intelectual europeo y americano, caracterizado por una gran confianza en la capacidad de la razón natural para resolver todos los problemas de la vida humana. **[Encic.]** 4 *Hist.* Época de la cultura europea y americana en que prevaleció ese movimiento intelectual.

Cult. La Ilustración se desarrolló desde finales del siglo XVII hasta la Revolución Francesa, aunque en algunos países se prolongó durante los primeros años del siglo XIX. Fundamentalmente europeo, tuvo su origen en Gran Bretaña y su máximo desarrollo en Francia, extendiéndose también a América. Tiene sus precedentes en la filosofía racionalista y empirista del siglo XVII (Descartes, Hobbes, Locke y Newton, entre otros). Como característica común hay que señalar una extraordinaria fe en el progreso y en las posibilidades de los hombres para dominar y transformar el mundo.

ilustración. Portada de la primera edición de la *Enciclopedia*. París, 1751.

El hombre ilustrado exaltó la capacidad de la razón para descubrir las leyes naturales y la tomó como guía en sus análisis e investigaciones científicas. Defendía la posesión de una serie de derechos naturales inviolables, y la libertad frente al abuso de poder del absolutismo y la rigidez de la sociedad estamental del Antiguo Régimen. Criticó la intolerancia religiosa y rechazó toda creencia que no estuviera fundamentada en una concepción naturalista de la religión. Estos planteamientos, relacionados con las aspiraciones de la burguesía, penetraron en otras capas sociales potenciando la crítica hacia el sistema económico, social y político establecido, que culminó en la Revolución Francesa. La publicación de la *Enciclopedia* de Diderot y D'Alembert, y de las obras de Rousseau, Voltaire, Montesquieu, La Mettrie, Holbach, Maupertuis, Helvetius, etc., contribuyeron a la difusión del pensamiento ilustrado francés. En España, la Ilustración coincidió con los reinados de Fernando VI y Carlos III; en ella destacaron Feijoo, Jovellanos, Cabarrús, Hervás y Panduro, Cavanilles, Mutis y Cadalso. La creación de las Reales Academias Española, de la Historia, de la Medicina, fueron algunos de sus logros.

Ilustrar tr. 1 Aclarar algo de difícil comprensión con ejemplos o imágenes. También prnl. 2 Adornar un impreso con láminas o grabados. 3 Instruir a una persona. También prnl.

Ilustre adj. 1 De distinguido linaje u origen. 2 Insigne, célebre. 3 Título de dignidad.

Ilustrísimo, ma adj. superl. de ilustre, que se da como tratamiento a ciertas personas por razón de su cargo o dignidad.

Iluviación f. *Geol.* Depósito de partículas del suelo, suspendidas o disueltas, en los horizontes inferiores y que vienen arrastradas de los superiores por las aguas de percolación.

Imagen f. 1 Figura, representación de una persona o cosa. 2 Representación mental de algo. 3 Estatua, efigie o pintura de una divinidad o personaje sagrado. 4 *Ret.* Representación viva y eficaz de una cosa, de una intuición o visión poética por medio del lenguaje.

Imaginación f. *Filos.* Facultad del alma que representa las imágenes de las cosas reales o ideales. 2 Imagen formada por la fantasía. 3 Sospecha sin fundamento.

Imaginar tr. Crear una cosa en la imaginación. 2 Sospechar.

Imaginaria f. *Mil.* 1 Guardia suplente que presta servicio en caso de tener que salir del cuartel la que está guardándolo. || m. *Mil.* 2 Soldado que, por turno, vela durante la noche en cada compañía o dormitorio de un cuartel.

Imaginario, ria adj. 1 Que sólo tiene existencia en la imaginación. 2 *Mat.* Se dice de la raíz o solución de una ecuación que no pertenece a los números reales.

Imaginativo, va adj. 1 Perteneciente o relativo a la imaginación. 2 Que continuamente imagina.

Imaginería f. 1 Bordado cuyo dibujo es de aves, flores y figuras, imitando la pintura. 2 *Pint.* y *Esc.* Arte de la talla o pintura de imágenes sagradas. 3 Arte de los imagineros. 4 Conjunto de imágenes o expresiones usadas por un autor, escuela o época.

Imaginero, ra m. y f. Escultor o pintor especializado en la realización de imágenes religiosas.

Imaginismo m. *Lit.* Movimiento poético que se desarrolló en el Reino Unido y EE UU en la segunda década del siglo XX. Además de una predilección por la imagen, se caracteriza por el uso de un lenguaje sencillo pero preciso, la búsqueda de nuevos ritmos y libertad en la elección del tema.

Imago m. *Zool.* Estadio adulto de los insectos, alcanzada la madurez sexual y completada la metamorfosis.

Imam m. *Rel.* 1 El que preside la oración canónica musulmana. 2 Título de ciertos soberanos musulmanes.

Imán m. 1 *Fís.* Masa de hierro u otro material que atrae o repele a otras masas de hierro y también ejerce una fuerza sobre un conductor próximo que transmite corriente. 2 *Miner.* Forma de magnetita o manganita que se comporta como un imán al suspenderse libremente. 3 fig. Gracia que atrae la voluntad de las personas. || **Imán artificial** *Fís.* Hierro o acero imantado.

Imantar tr. y prnl. Comunicar a un cuerpo las propiedades magnéticas.

Imataca Nombre de uno de los brazos del delta del Orinoco en Venezuela, en el Estado de Delta Amacuro.

Imataca Sierra del E de Venezuela, entre los Estados de Delta Amacuro y Bolívar.

Imathia Nomo del N de Grecia, en Macedonia Central; 1.701 km^2 y 138.068 h. Su capital es Verria.

Imbabura Provincia de Ecuador, región de Sierra; 4.559 km^2 y 345.781 h. Su capital es Ibarra. Yacimientos de manganeso, hierro y sal. Produce cereales, patata, caña de azúcar, algodón y café.

Imbabura Pico de los Andes Ecuatorianos, en la provincia de su nombre; 4.794 m de altura.

Imbécil adj. y s. 1 Alelado, de poca inteligencia. 2 Se dice como insulto de la persona que molesta haciendo o diciendo tonterías.

Imberbe adj. Se dice del joven que todavía no tiene barba.

Imbibición f. *Fís.* Acción de absorber agua una sustancia que no es disuelta por aquélla, con aumento de su volumen.

Imbornal m. 1 Agujero por donde se vacía el agua de lluvia de los terrados. 2 Abertura practicada en la calzada, normalmente debajo del bordillo de la acera, para salida al agua de lluvia o de riego. 3 *Mar.* Agujero que se abre para dar salida a las aguas que se depositan en las cubiertas.

Imborrable adj. Que no se puede borrar u olvidar.

Imbricado, da adj. *Biol.* Se dice de cualquier estructura que tenga sus bordes solapados, como las escamas de los peces.

Imbricar tr. Disponer una serie de cosas iguales de manera que se superpongan parcialmente como las escamas de los peces. También prnl.

Imbuir tr. ♦ IRREG. Se conjuga como HUIR.

Imela f. *Fon.* Fenómeno fonético de algunos dialectos árabes, antiguos y modernos, consistente en que el sonido *a*, cuando es largo, se pronuncia en determinadas circunstancias como *e* o *i*.

-ímero suf. HEMERA-.

Imhotep Arquitecto del antiguo Egipto y primer ministro del faraón Zoser de la III dinastía (Menfis, s. XXVII a. C.). Considerado el iniciador de la arquitectura en piedra, edificó en Sakkara la primera pirámide escalonada. Fue divinizado.

Imino, na adj. *Quím.* Se dice del grupo característico de las aminas secundarias, de fórmula R–NH–R′, donde R y R′ son radicales alcalinos.

Imitación f. 1 Acción y efecto de imitar. 2 Copia exacta de algo original o lo que pretende sustituir.

Imitar tr. Ejecutar una cosa a ejemplo o semejanza de otra.

Imola Ciudad de Italia, en la región de Emilia-Romagna; 62.567 h. Centro industrial. Palacios renacentistas. Circuito automovilístico.

Impaciencia f. Falta de paciencia.

Impacientar tr. y prnl. Hacer perder o perder uno la paciencia.

Impaciente adj. y com. Que no tiene paciencia.

Impactar tr. 1 Causar un choque físico. 2 Impresionar, desconcertar un hecho o noticia.

Impacto m. 1 Choque de un proyectil en el blanco. 2 Huella o señal que en él deja. || **Impacto ambiental** *Ecol.* Efectos positivos o negativos que las acciones humanas producen en el medio natural.

Impagable adj. 1 Que no se puede pagar. 2 Sumamente valioso.

Impagado, da adj. Que no se ha pagado.

Impago m. Omisión del pago de una deuda vencida.

impala

IMPALA m. *Zool.* Mamífero artiodáctilo rumiante de la familia bóvidos, de nombre científico *Aeryceros melampus*. Es muy ágil y de costumbres polígamas y gregarias; se alimenta de vegetales. Vive en las sabanas del SE de África.

IMPALPABLE adj. **1** Que no produce sensación al tacto. **2** fig. Que apenas la produce. **3** fig. Sutil, casi imperceptible.

IMPAR adj. **1** Que no tiene par o igual. **2** *Mat.* Número no divisible por 2. Se representan en la forma $2n-1$.

IMPARABLE adj. Que no se puede parar o detener.

IMPARCIAL adj. **1** Que juzga o procede con imparcialidad. También com. **2** Se dice de los juicios o actos objetivos.

IMPARIPINADA o **IMPARIPINNADA** adj. *Bot.* Se dice de la hoja compuesta que tiene un foliolo único en el extremo del raquis y otros a ambos lados del mismo.

IMPARTIR tr. Repartir, comunicar, dar.

IMPASIBLE adj. **1** Incapaz de padecer. **2** Indiferente, imperturbable.

IMPASSE (Voz fr.) m. Punto muerto o situación en la que no se encuentra salida.

IMPÁVIDO, DA adj. **1** Libre de pavor; sereno ante el peligro.

IMPEACHMENT (Voz i.) m. *Polít.* Procedimiento constitucional vigente en EEUU, que permite la destitución del presidente, vicepresidente y otros altos cargos que hayan cometido delitos.

IMPECABLE adj. **1** Incapaz de pecar. **2** fig. Exento de tacha.

IMPEDANCIA f. *Fís.* Resistencia total aparente de un circuito al paso de una corriente alterna. Se mide en ohmios.

IMPEDIDO, DA adj. y s. Inválido, tullido.

IMPEDIMENTA f. Bagaje que suele llevar la tropa y impide la celeridad de las marchas.

IMPEDIMENTO m. **1** Obstáculo. **2** *Der.* Cualquier circunstancia que hace ilícito o nulo el matrimonio.

IMPEDIR tr. Estorbar, imposibilitar la ejecución de una cosa. ♦ IRREG. Se conjuga como PEDIR.

IMPELER tr. **1** Dar empuje, impulsar. **2** fig. Incitar, estimular.

IMPENETRABLE adj. **1** Que no se puede penetrar. **2** fig. Se dice de lo que no se puede comprender o descifrar.

IMPENITENTE adj. y com. Que se obstina en el pecado; que persevera en él sin arrepentimiento.

IMPENSABLE adj. Que no se puede racionalmente pensar.

IMPENSADO, DA adj. Se aplica a las cosas que suceden sin pensar en ellas o sin esperarlas.

IMPEPINABLE adj. fam. Cierto, que no admite discusión.

IMPERAR intr. **1** Dominar. **2** Ejercer la dignidad imperial.

IMPERATIVO, VA adj. y m. **1** Que impera o manda. **2** *Gram.* MODO IMPERATIVO. || **IMPERATIVO CATEGÓRICO** *Filos.* En la moral kantiana, norma que se impone a la voluntad de modo absoluto.

IMPERCEPTIBLE adj. Que no se puede percibir.

IMPERDIBLE adj. **1** Que no puede perderse. || m. **2** Alfiler que se abrocha quedando su punta dentro de un gancho para que no pueda abrirse accidentalmente.

IMPERDONABLE adj. Que no se debe o puede perdonar.

IMPERECEDERO, RA adj. **1** Que no perece. **2** fig. Se aplica a lo que hiperbólicamente se quiere calificar de inmortal o eterno.

IMPERFECCIÓN f. **1** Falta de perfección. **2** Falta o defecto en el terreno moral.

IMPERFECTIVO, VA adj. y s. *Ling.* Se dice de los verbos o formas verbales que expresan una acción no terminada.

IMPERFECTO, TA adj. **1** No perfecto. **2** Principiado y no concluido o perfeccionado. **3** FUTURO IMPERFECTO. **4** PRETÉRITO IMPERFECTO.

IMPERFORADO, DA adj. *Biol.* Que carece de una abertura normal.

IMPERIA Provincia de Italia, en Liguria; 1.155 km² y 217.408 h. Su capital es la ciudad del mismo nombre.

IMPERIAL adj. Perteneciente al emperador o al imperio.

IMPERIAL, MICER FRANCISCO Poeta español de origen italiano (Génova, segunda mitad del s. XIV - ?, h. 1420). Dio a conocer en España a los poetas italianos; al lado de las escuelas gallega y provenzal de Castilla, fundó la itálico-andaluza, que prevaleció a partir de él. Algunas de sus composiciones figuran en el *Cancionero de Baena*.

IMPERIALISMO m. **1** *Polít.* Sistema y doctrina de los imperialistas. **2** *Polít.* Acción y doctrina de un Estado o nación, o de personas o fuerzas sociales o políticas, partidarias de extender el dominio de un país sobre otro u otros por medio de la fuerza o por influjos económicos y políticos abusivos.

IMPERIALISTA adj. **1** Perteneciente o relativo al imperialismo. **2** Dícese de la persona o del Estado que lo propugna o practica. **3** Partidario del régimen imperial en el Estado. También s.

IMPERICIA f. Falta de pericia.

IMPERIO m. **1** Acción de imperar o de mandar con autoridad. **2** Dignidad de emperador. **3** Organización política del Estado regido por un emperador. **4** Espacio de tiempo que dura el gobierno de un emperador. **5** Tiempo durante el cual hubo emperadores en un país. **6** Estados sujetos a un emperador. **7** Por extensión, potencia de alguna importancia. **8** fig. Altanería. || **valer un imperio** fr. fig. y fam. Ser excelente o de gran mérito.

IMPERIO, ESTILO *Arte.* Estilo artístico francés, variante del neoclasicismo, que coincide con el reinado de Napoleón I.

IMPERIO ACADIO CALDEA.
IMPERIO ASIRIO CALDEA.
IMPERIO AUSTRO-HÚNGARO AUSTRIA-HUNGRÍA.
IMPERIO BABILÓNICO BABILONIA Y CALDEA.
IMPERIO BIZANTINO BIZANTINO, IMPERIO.
IMPERIO BRITÁNICO REINO UNIDO.
IMPERIO CAROLINGIO CAROLINGIO, IMPERIO.
IMPERIO CELESTE CHINA.
IMPERIO COLONIAL *Hist.* y *Polít.* Forma de colonialismo característico del periodo comprendido entre el último cuarto del siglo XIX y el estallido de la Primera Guerra Mundial (1914). La supremacía económica y militar de los países capitalistas desembocó en la conquista y anexión de buena parte del mundo.

IMPERIO FRANCÉS, PRIMER *Hist.* Nombre que recibe el reinado de Napoleón I (1804-14), quien, en 1804, puso fin al Consulado y se declaró emperador de Francia. Llevó a cabo una política expansiva con la pretensión de extender los principios revolucionarios. Sus éxitos en el Continente, en detrimento de Austria y Prusia (Austerlitz, 1805; Jena y Friedland, 1086-07; Wagram, 1809), supusieron la reforma del mapa político. Preconizaba principios, como el de soberanía nacional, que se convertían en un problema cuando los países ocupados pretendían aplicarlos. El conflicto con el papado y el control de las libertades hizo decaer el entusiasmo de sus partidarios en Francia. El fracaso de la campaña de Rusia y la resistencia española (1812) marcan el inicio de un nacionalismo generalizado y de una nueva alianza que venció a Napoleón en Leipzig (1813). Los ejércitos aliados entraron en París en 1814; Bonaparte fue destituido y confinado en la isla de Elba.

IMPERIO FRANCÉS, SEGUNDO *Hist.* Nombre que recibe el reinado de Napoleón III (1852-70). Presidente de la República desde 1849, dio un golpe de Estado en 1851 y se proclamó emperador. En política interior, su gobierno fue autoritario y paternalista. Aumentó la producción agrícola y mecanizó la industria, lo que permitió practicar una política librecambista que impulsó el comercio. Gracias al apoyo de la burguesía y el campesinado consiguió una victoria en las elecciones de 1857. En el exterior intervino en la guerra de Crimea, en los Balcanes y en Italia; se enfrentó a Austria y protegió los Estados Pontificios. Creó un imperio colonial: ocupó Argelia, Senegal, Madagascar, Conchinchina y Camboya. La guerra contra Prusia supuso la caída del régimen.

IMPERIO OTOMANO OTOMANO, IMPERIO.
IMPERIO ROMANO ROMA.
IMPERIO DEL SOL NACIENTE JAPÓN.
IMPERIOSO, VA adj. **1** Que urge, ineludible. **2** Autoritario, exigente.

IMPERMEABILIZAR tr. Hacer impermeable.

IMPERMEABLE adj. **1** Que no permite el paso del agua u otro fluido. || m. **2** Sobretodo hecho con tela impermeable.

IMPERSONAL adj. **1** Que no tiene personalidad. **2** Que no se aplica a nadie personalmente. **3** Que carece de estilo u originalidad.

IMPERTÉRRITO, TA adj. Se dice de aquel a quien no se infunde fácilmente terror, o a quien nada intimida.

IMPERTINENCIA f. Dicho o hecho inadecuado.

IMPERTINENTE adj. **1** Que molesta con sus exigencias y con su exceso de susceptibilidad. **2** Inoportuno. || m. pl. **3** Anteojos con manija que usaban las señoras.

IMPERTURBABLE adj. Que no se perturba.

IMPÉTIGO m. *Pat.* Enfermedad infecciosa de la piel que provoca inflamación, en forma de vesículas o pústulas, sobre todo en la cara y manos. Está causada por estafilococos o estreptococos y es contagiosa.

ÍMPETU m. **1** Gran intensidad o fuerza con que se realiza un movimiento. **2** Energía, esfuerzo.

IMPÍO, A adj. **1** Falto de piedad. **2** Falto de religión.

IMPLACABLE adj. Que no se puede aplacar o templar.

IMPLANTACIÓN f. **1** Acción y efecto de implantar. **2** *Med.* Fijación, inserción o injerto de un tejido u órgano en otro.

IMPLANTAR tr. **1** Encajar, poner, injertar. **2** Establecer y poner en ejecución doctrinas nuevas, instituciones, prácticas o costumbres.

IMPLAR tr. Llenar, inflar.

IMPLEMENTACIÓN f. *Inform.* Instalación y puesta en marcha de un sistema, conjunto de programas, utilidades, etc.

IMPLEMENTO m. **1** Utensilio. Más en pl. **2** *Ling.* Término acuñado por Alarcos Llorach, para designar el complemento directo de la gramática tradicional.

IMPLICACIÓN f. **1** Contradicción, oposición de los términos entre sí. **2** Consecuencia, repercusión de una cosa. **3** *Lóg.* CONDICIONAL. **4** *Mat.* Proposición que es consecuencia de otra. Se representa por ⇒.

IMPLICAR tr. **1** Envolver, enredar. También prnl. **2** fig. Contener, significar. || intr. **3** Obstar, envolver contradicción.

IMPLÍCITO, TA adj. Se dice de lo que se entiende incluido en otra cosa sin expresarlo.

IMPLORACIÓN f. Acción y efecto de implorar.

IMPLORAR tr. Pedir con ruegos o lágrimas una cosa.

IMPLOSIÓN f. **1** Acción de romperse hacia dentro con estruendo las paredes de una cavidad en cuyo interior existe una presión inferior a la que hay fuera. **2** *Astron.* Fenómeno cósmico que consiste en la disminución brusca del tamaño de un astro. **3** *Fís.* Hundimiento hacia dentro de un recipiente en el que está hecho el vacío. **4** *Fon.* Modo de articulación propio de las consonantes implosivas. **5** *Fon.* Parte de las articulaciones oclusivas correspondiente al momento en que se forma la oclusión.

IMPLOSIVO, VA adj. *Fon.* **1** Se dice de la articulación o sonido oclusivo que por ser final de sílaba termina sin la abertura súbita de las consonantes explosivas. **2** Se dice también de cualquier otra consonante situada en final de sílaba. **3** Se dice de las letras que transcriben estos sonidos. También s. f.

IMPLUME adj. *Zool.* Que no tiene plumas.

IMPLUVIO m. *Arquit.* Espacio descubierto en medio del atrio de las casas romanas, por donde entraban las aguas de la lluvia, que eran recogidas en un pequeño depósito que tenía en el centro.

impluvio. Casa de las Bodas de Plata. Pompeya (Italia).

IMPOLUTO, TA adj. Limpio, sin mancha.
IMPONDERABLE adj. **1** Que no puede pesarse. **2** fig. Que excede de toda ponderación. || m. **3** fig. Circunstancia imprevisible o cuyas consecuencias no pueden estimarse.
IMPONENTE adj. y com. **1** Que impone. **2** Excelente. || com. **3** Persona que ingresa dinero en una cuenta bancaria.
IMPONER tr. **1** Poner carga, obligación u otra cosa. **2** Imputar, atribuir falsamente. **3** Instruir a uno en una cosa. También prnl. **4** Infundir respeto, miedo o asombro. También intr. **5** Poner dinero a rédito. **6** *A. gráf.* Llenar con piezas el espacio que separa las planas entre sí, para que, impresas, aparezcan con márgenes proporcionados. || prnl. **7** Hacer uno valer su autoridad o poder. **8** Hacerse necesario, ser imprescindible algo. ♦ IRREG. Se conjuga como PONER.
IMPONIBLE adj. **1** Que se puede gravar con impuesto o tributo. **2** BASE IMPONIBLE.
IMPOPULAR adj. Que no es grato a la multitud.
IMPORTACIÓN f. **1** Acción de importar o de introducir algo en un país. **2** Conjunto de cosas importadas.
IMPORTANCIA f. **1** Trascendencia, valor de algo o alguien. **2** Prestigio, categoría moral de una persona. || *darse* uno **importancia** fr. Afectar superioridad o influencia.
IMPORTANTE adj. **1** Que importa. **2** Que es de importancia.
IMPORTAR intr. **1** Convenir, interesar. || tr. **2** Hablando del precio de las cosas, valer. **3** *Com.* Introducir en un país géneros, costumbres o juegos extranjeros. **4** Llevar consigo.
IMPORTE m. Cuantía de un precio, crédito, deuda o saldo.
IMPORTUNAR tr. Incomodar o molestar.
IMPORTUNO, NA adj. **1** INOPORTUNO. **2** Molesto, enfadoso.
IMPOSIBILIDAD f. Falta de posibilidad para existir una cosa o para hacerla.
IMPOSIBILITADO, DA adj. TULLIDO, privado de movimiento.
IMPOSIBILITAR tr. Eliminar la posibilidad de hacer o conseguir algo.
IMPOSIBLE adj. **1** No posible. **2** Sumamente difícil. También am. **3** Inaguantable, intratable. || *hacer* lo **imposible** fr. fig. y fam. Apurar todos los medios para el logro de un fin.
IMPOSICIÓN f. **1** Acción y efecto de imponer o imponerse. **2** Carga, tributo u obligación. **3** Ingreso de una cantidad en una cuenta bancaria. || **IMPOSICIÓN DE MANOS** *Rel.* Ceremonia que utiliza la iglesia para transmitir la gracia del Espíritu Santo a los que van a recibir ciertos sacramentos.
IMPOSITIVO, VA adj. **1** Que se impone. **2** Relativo al impuesto público.
IMPOSTA (Voz it.) f. **1** Hilada de sillares sobre la cual va sentado un arco. **2** Faja que corre horizontalmente en la fachada de los edificios a la altura de los diversos pisos.
IMPOSTAR tr. *Mús.* Fijar la voz en las cuerdas vocales para emitir el sonido en su plenitud sin vacilación ni temblor.
IMPOSTOR, RA adj. y s. **1** Que finge o engaña. **2** Suplantador, persona que se hace pasar por quien no es.
IMPOSTURA f. **1** Imputación falsa y maliciosa. **2** Fingimiento o engaño.
IMPOTENCIA f. **1** Falta de poder para hacer una cosa. **2** Incapacidad para engendrar o concebir. **3** Imposibilidad total o parcial del varón para realizar el coito, debida a causas físicas o psicológicas.
IMPOTENTE adj. **1** Que no tiene potencia. **2** Incapaz de engendrar o concebir. También s. **3** Se dice del varón incapaz de realizar el acto sexual completo. También s.
IMPRACTICABLE adj. **1** Que no se puede practicar. **2** Se dice de los caminos y parajes por donde no se puede caminar sin mucha incomodidad.
IMPRECACIÓN f. **1** Acción de imprecar. **2** *Ret.* Figura que consiste en imprecar.
IMPRECAR tr. Proferir palabras con las que se pide o manifiesta el deseo de que alguien reciba mal o daño.
IMPRECISO, SA adj. No preciso, vago, indefinido.
IMPREGNAR tr. y prnl. **1** *Fís.* Introducir entre las moléculas de un cuerpo las de otro. **2** Empapar. **3** fig. Influir profundamente. **4** *Med.* Fecundar.
IMPREMEDITADO, DA adj. **1** No premeditado. **2** IRREFLEXIVO.
IMPRENTA f. *A. gráf.* **1** Arte de imprimir. **2** Taller o lugar donde se imprime. **3** IMPRESIÓN, forma de letra con que está impresa una obra. **4** fig. Lo que se publica impreso.
IMPRESCINDIBLE adj. Se dice de aquello de lo que no se puede prescindir.
IMPRESCRIPTIBLE adj. Que no puede prescribir.
IMPRESENTABLE adj. Que no es digno de presentarse o de ser presentado.

imprenta. Página de la *Biblia de 42 líneas*, de Johannes Gutenberg.

IMPRESIÓN f. **1** Marca o señal que una cosa deja en otra apretándola. **2** Calidad o forma de letra con que está impresa una obra. **3** Obra impresa. **4** Efecto o alteración que causa en un cuerpo otro extraño. **5** fig. Efecto o sensación que algo o alguien causa en el ánimo. **6** *Filos.* Representación en la mente creada a partir de un estímulo externo que se percibe a través de los sentidos. || **IMPRESIÓN DACTILAR** o **DIGITAL** HUELLA DACTILAR.
IMPRESIONAR tr. **1** Fijar algo por medio de la persuasión, o de una manera conmovedora, en el ánimo de alguien, o hacer que lo conciba con fuerza y viveza. También prnl. **2** *Fís.* Exponer una superficie convenientemente preparada a la acción de las vibraciones acústicas o luminosas, de manera que queden fijadas en ella. **3** Conmover el ánimo hondamente.
IMPRESIONISMO m. **1** *Pint.* Movimiento artístico que tuvo su origen en Francia a partir de 1872 y que transformó radicalmente el concepto de la pintura tradicional. **[Encic.]** **2** *Mús.* Corriente musical que se desarrolló en Francia desde finales del siglo XIX hasta la Segunda Guerra Mundial y que cuenta entre sus principales representantes con figuras como C. Debussy, E. Satie, M. Ravel y P. Dukas. Pretendió, a través de un particular uso de la armonía, producir un efecto de vaguedad onírica rechazando los desarrollos temáticos tradicionales.
PINT. El término «impresionismo» se debe a Claude Monet, que tituló a una de sus obras *Impression au Soleil levant*. Los impresionistas aplicaron a la pintura el estudio científico de la luz, el color, la sombra, el contraste, etc. Pintaban de modelo natural y al aire libre, anotando las tonalidades atmosféricas y los reflejos lumínicos sobre los objetos a diferentes horas del día, para captar el momento fugaz. Pretendían que el ojo no se centrara en ningún punto determinado de la imagen, sino que la viera toda ella al mismo tiempo, de manera que el resplandor del colorido se impusiera al primer golpe de vista. Para ello, ponían en contacto los colores elementales (azul, amarillo y rojo) con sus complementarios (naranja, violeta y verde) consiguiendo sorprendentes efectos atmosféricos. Entre los principales representantes del movimiento figuran a Monet, Manet, Renoir, Sisley, Pissarro, Cézanne, etc., a quienes siguieron los posimpresionistas, como Degas y Gauguin, entre otros. En algún periodo de su carrera se puede considerar también impresionistas a Van Gogh, Toulouse-Lautrec, Matisse e incluso al Picasso joven, y en España, a Regoyos.
IMPRESO m. **1** Libro, folleto u hoja impresos. **2** Hoja u hojas impresas con espacios en blanco para rellenar en la realización de trámites. **3** Objeto postal impreso, que se expide en condiciones especiales de franqueo y distribución.
IMPRESOR, RA adj. **1** Que imprime. || m. y f. **2** Persona propietaria de una imprenta. || f. *Inform.* **3** Dispositivo periférico de un ordenador que escribe caracteres en papel.
IMPREVISIBLE adj. Que no se puede prever.
IMPREVISIÓN f. Falta de previsión, inadvertencia, irreflexión.
IMPREVISTO, TA adj. **1** No previsto. También s. || m. pl. **2** En lenguaje administrativo, gastos para los cuales no hay crédito habilitado y distinto.
IMPRIMAR tr. Preparar con los ingredientes necesarios las cosas que se han de pintar o teñir.
IMPRIMÁTUR (3.ª persona singular del presente de subjuntivo pasivo del lat. *imprimĕre*, imprimir.) m. fig. Licencia que daba la autoridad eclesiástica para imprimir un escrito.
IMPRIMIR tr. **1** Señalar en el papel u otra materia las letras y otros caracteres gráficos mediante procedimientos adecuados. **2** Elaborar una obra impresa. **3** Estampar un sello u otra cosa en papel, tela o masa por medio de la presión. **4** fig. Fijar en el ánimo algún efecto o especie. **5** fig. Dar una determinada característica, estilo, etc., a algo. ♦ Doble participio: *impreso* (irregular) e *imprimido* (regular).
IMPROBABLE adj. No probable.
ÍMPROBO, BA adj. **1** Falto de probidad, malvado. **2** Se aplica al trabajo excesivo y continuado.
IMPROCEDENTE adj. **1** No conforme a derecho. **2** Inadecuado, extemporáneo.
IMPRODUCTIVO, VA adj. Se dice de lo que no produce.
IMPROMPTU m. *Mús.* Composición musical que improvisa el ejecutante y, por extensión, la que se compone sin plan preconcebido.
IMPRONTA f. **1** Reproducción de imágenes en hueco o de relieve, en cualquier materia blanda o dúctil. **2** fig. Marca o huella que en el orden moral deja una cosa en otra. **3** *Etol.* Proceso de aprendizaje, que tiene lugar en los animales jóvenes, del que resulta una forma estereotipada de reacción frente a un modelo.

impresionismo. *Impression au soleil levant*. Cuadro de Claude Monet. Museo Marmottan (París).

IMPRONUNCIABLE adj. **1** Imposible de pronunciar o de muy difícil pronunciación. **2** fig. Que no debería decirse, para no ofender la moral, el buen gusto, etc.
IMPROPERIO m. Injuria grave de palabra.
IMPROPIEDAD f. **1** Cualidad de impropio. **2** Falta de propiedad en el uso de las palabras.
IMPROPIO, PIA adj. **1** Falto de las cualidades convenientes según las circunstancias. **2** Ajeno, extraño.
IMPRORROGABLE adj. Que no se puede prorrogar.
IMPROVISACIÓN f. Obra o composición improvisada.
IMPROVISAR tr. **1** Hacer una cosa de pronto, sin preparación alguna. **2** Hacer de este modo discursos, poesías, etc.
IMPROVISO, SA adj. Que no se prevé o previene. ‖ **de improviso** loc. adv. Sin prevención ni previsión.
IMPRUDENCIA f. Falta de prudencia. ‖ **IMPRUDENCIA TEMERARIA** *Der.* Punible e inexcusable negligencia, la cual conduce a ejecutar hechos que, de mediar malicia en el autor, serían delitos.
IMPRUDENTE adj. y com. Que no tiene prudencia.
IMPÚBER adj. Que no ha llegado aún a la pubertad.
IMPUDICIA f. Descaro, desvergüenza.
IMPÚDICO, CA adj. Deshonesto, sin pudor.
IMPUDOR m. **1** Falta de pudor y de honestidad. **2** Cinismo en defender cosas vituperables.
IMPUESTO m. Tributo, carga. ‖ **IMPUESTO DIRECTO** *Econ.* El que grava las fuentes de capacidad económica, como la renta y el patrimonio. ‖ **IMPUESTO INDIRECTO** *Econ.* El que grava el consumo o gasto. ‖ **IMPUESTO SOBRE LA RENTA DE LAS PERSONAS FÍSICAS** (IRPF) *Econ.* Impuesto español de carácter directo y naturaleza personal que grava la renta de los sujetos pasivos en función de su cuantía y de las circunstancias personales y familiares que concurren en ellos. ‖ **IMPUESTO SOBRE EL VALOR AÑADIDO** Véase IVA. ♦ Es participio pasivo irregular de IMPONER.
IMPUGNABLE adj. **1** Que se puede impugnar. **2** Que no se puede tomar o conquistar, inexpugnable.
IMPUGNAR tr. **1** Combatir, contradecir, refutar. **2** *Der.* Interponer un recurso contra una resolución judicial.
IMPULSAR tr. **1** Empujar para producir movimiento. **2** fig. Estimular, promover una acción.
IMPULSIVO, VA adj. **1** Se dice de lo que impele o puede impeler. **2** Se dice del que, llevado de la impresión del momento, habla o procede sin reflexión ni cautela.
IMPULSO m. **1** Acción y efecto de impulsar. **2** Instigación, sugestión. **3** *Fís.* CANTIDAD DE MOVIMIENTO. **4** *Etol.* Estado de un animal en que se producen cambios en su comportamiento habitual. ‖ **IMPULSO NERVIOSO** *Fisiol.* Perturbación que recorre una fibra nerviosa cuando ha sido estimulada. ‖ **tomar,** o **coger, impulso** fr. Correr para efectuar un lanzamiento o un salto con mayor ímpetu.
IMPUNE adj. Que queda sin castigo.
IMPUNIDAD f. Falta de castigo.
IMPUREZA f. **1** Condición de lo que no es puro. **2** *Fís.* Mezcla de partículas groseras o extrañas a un cuerpo o materia. **3** *Fís.* Materia que, en una sustancia, deteriora alguna o algunas de sus cualidades. Más en pl. **4** Falta de pureza o castidad.
IMPURIFICAR tr. **1** Hacer impura a una persona o cosa. **2** *Hist.* Abolida la Constitución española de 1823, incapacitar a alguien para el servicio del Estado.
IMPURO, RA adj. No puro.
IMPUTABLE adj. Que se puede imputar.
IMPUTAR tr. **1** Atribuir a una culpa, delito o acción. **2** *Com.* Señalar la aplicación o inversión de una cantidad, que se entregará, sea al tomar razón de ella en cuenta.
IN prep. lat. que tiene uso únicamente en algunas locuciones latinas usadas en nuestro idioma: *in pártibus*.
IN- pref. **1** Convierte en *im-* delante de *b* o *p*, en *i-* ante *l* o *r*, y que significa adentro o al interior: *incluir, insacular.* **2** El que se usa en castellano con este valor, con adjetivos, verbos y sustantivos abstractos; como en *inacabable, inacción,* etc.
In *Quím.* Símbolo del indio.
IN ALBIS (Locución lat.) loc. adv. **1** EN BLANCO, sin lograr lo que se esperaba, o sin comprender lo que se oye. **2** fam. Sin recordar algo.
IN ARTICULO MORTIS (Locución lat.) loc. adv. *Der.* En el momento o tiempo de la vida próximo a la muerte.
IN CRESCENDO (Locución lat.) loc. adv. En aumento.
IN EXTREMIS (Locución lat.) loc. adv. **1** En los últimos instantes de la existencia. **2** Al final, en el último momento.
IN FRAGANTI (Adaptación del lat. jurídico *in flagranti crimine.*) loc. adv. **1** En el mismo momento en que se está cometiendo el delito o realizando una acción censurable.
IN MEMORIAM (Locución lat.) loc. adv. En recuerdo de una persona fallecida.
IN MENTE (Locución lat.) loc. adv. En el pensamiento.

IN PECTORE (Locución lat.) loc. adj. **1** Se dice del cardenal designado por el Papa pero que todavía no ha sido proclamado. **2** Se dice de la decisión adoptada que no se aplica hasta el momento oportuno.
IN SITU (Locución lat.) loc. adv. En el sitio, en el lugar.
IN VITRO (Locución lat.) loc. adv. y adj. *Biol.* Se aplica a los procesos biológicos que se realizan experimentalmente en laboratorios.
IN VIVO (Locución lat.) loc. adv. y adj. *Biol.* Se aplica a los procesos biológicos que se realizan en el interior de una célula u organismo vivo.
-INA suf. *Quím.* Se utiliza como terminación propia de los nombres de aminas e iminas.
INABARCABLE adj. Que no puede abarcarse.
INABORDABLE adj. Que no se puede abordar.
INACABABLE adj. Que no está acabado.
INACCESIBLE adj. No accesible.
INACEPTABLE adj. No aceptable.
INACTIVACIÓN f. *Quím.* Destrucción de la actividad de una sustancia.
INACTIVIDAD f. Carencia de actividad.
INACTIVO, VA adj. Sin acción o movimiento; ocioso, inerte.
INADAPTABLE adj. Que no se puede adaptar.
INADAPTACIÓN f. *Psicol.* Situación que se produce cuando un individuo no responde a las expectativas que de él tiene el medio en que se desenvuelve, lo que impide su integración en el grupo.
INADAPTADO, DA adj. y s. Se dice del que no se adapta o aviene a ciertas condiciones o circunstancias.
INADECUACIÓN f. Falta de adecuación.
INADECUADO, DA adj. No adecuado.
INADMISIBLE adj. No admisible.
INADVERTIDO, DA adj. **1** Desapercibido, que no se nota. **2** Distraído.
INAGOTABLE adj. Que no se puede agotar.
INAGUA Nombre de dos islas de Bahamas: Gran y Pequeña Inagua; 1.551 km² y 985 h. Salinas.
INAGUANTABLE adj. Que no se puede aguantar o sufrir.
INALÁMBRICO, CA adj. *Fís.* Se aplica a todo sistema de comunicación eléctrica sin alambres conductores.
INALCANZABLE adj. Que no se puede alcanzar.
INALIENABLE adj. Que no se puede enajenar.
INALTERABLE adj. Que no se puede alterar.
INAMOVIBLE adj. Que no es movible.
INANE adj. Vano, fútil, inútil.
INANICIÓN f. Notable debilidad por falta de alimento.
INANIDAD f. Futilidad, vacuidad.
INANIMADO, DA adj. Que no tiene vida.
INAPELABLE adj. **1** Se aplica a la sentencia que no se puede apelar. **2** fig. Irremediable, inevitable.
INAPETENCIA f. Falta de apetito o de gana de comer.
INAPETENTE adj. Que no tiene apetencia.
INAPLAZABLE adj. Que no se puede aplazar.
INAPRECIABLE adj. **1** De mucho valor. **2** Demasiado pequeño.
INAPRENSIBLE adj. **1** Que no se puede coger. **2** Imposible de comprender.
INAPRENSIVO, VA adj. Que no tiene aprensión.
INARMÓNICO, CA adj. Falto de armonía.
INARRUGABLE adj. Que no se arruga con el uso.
INARTICULADO, DA adj. **1** No articulado. **2** Se dice también de los sonidos de la voz con que no se forman palabras.
INASEQUIBLE adj. Que no se puede alcanzar o conseguir.
INASIBLE adj. Que no se puede asir o coger.
INASISTENCIA f. Falta de asistencia.
INATACABLE adj. Que no puede ser atacado.
INATENCIÓN f. Falta de atención.
INAUDIBLE adj. Que no se puede oír.

INAUDITO, TA adj. **1** Nunca oído. **2** Horrible.
INAUGURACIÓN f. **1** Acto de inaugurar. **2** Ceremonia con la que se inaugura algo.
INAUGURAL adj. Perteneciente a la inauguración.
INAUGURAR tr. **1** Dar principio a una cosa con un acto solemne. **2** Abrir solemnemente un establecimiento público.
INCA adj. **1** *Etnol.* e *Hist.* Se dice del pueblo amerindio que creó un imperio, en tiempos prehispánicos, que ocupaba el sector occidental de América del Sur, desde el actual Ecuador hasta Chile y el N de Argentina, cuya capital era la ciudad de Cuzco. [**Encic.**] **2** Por extensión, se aplica a los pueblos englobados en el imperio inca, y al periodo histórico de su dominio. **3** Denominación que se daba al soberano que los gobernaba. **4** *Num.* Antigua moneda de oro de Perú, equivalente a 20 soles.
    Etnol. e *Hist.* Los incas constituían originariamente un pequeño pueblo que habitaba en las orillas del lago Titicaca, desde donde marcharon al Cuzco. Tras imponerse a los pueblos de la zona iniciaron su expansión y constituyeron una desarrollada civilización que recogía la tradición cultural de la zona andina. Según la tradición, Manco Cápac (h. 1200) fue el fundador de la dinastía. Con su sucesor Pachacuti (mediados del siglo XV) los incas comenzaron su proceso de expansión y a la muerte del undécimo, Huayna Cápac (h. 1525), el imperio se extendía desde Quito (Ecuador) hasta el río Maule (Chile). La rivalidad entre sus dos hijos, Huáscar y Atahualpa debilitó la fuerza del imperio que finalmente cayó a manos de Pizarro (1532). Su economía se basaba en la agricultura y la ganadería. Tanto las tierras como el ganado pertenecían al Inca, y sus productos se repartían entre el emperador, los sacerdotes y el pueblo. La sociedad, estructurada jerárquicamente, se organizaba en torno al AYLLU. El sistema de impuestos *(mita)* consistía en la prestación de trabajo personal en las tierras del Inca y de los sacerdotes, así como en las obras públicas. El imperio incaico era una especie de monarquía teocrática. Al Inca, cuyo poder era absoluto, se le suponía descendiente del Sol. La divinidad suprema según la teología inca era Viracocha, a quien consideraban creador del mundo y de quien decían que había enseñado a los hombres el cultivo de la tierra, los oficios y las artes. No se sabe cuál fue la primitiva lengua de los incas. En 1438 Pachacuti adoptó el quechua, lengua hablada por una tribu que habitaba en el valle del río Apurímac, como lengua oficial, y desde entonces se convirtió en uno de los principales elementos unificadores del imperio. La arquitectura destacó por su magistral uso de la piedra, particularmente en la edificación de palacios, templos y fortalezas. Las ciudades más importantes fueron Cuzco, con el templo Coricancha, y la fortaleza Sacsahuamán, Ollantaytambo, Pisac y Machu Picchu. Asimismo, realizaron una importante red de calzadas que facilitó las comunicaciones y los desplazamientos. La civilización incaica se considera la más evolucionada de la América precolombina.
INCAHUASI Cerro de los Andes chilenoargentinos, al NO de la provincia de Catamarca, Argentina, y al E de la de Atacama, Chile; 6.620 m de altura.
INCALCULABLE adj. Que no puede calcularse.
INCALIFICABLE adj. **1** Que no puede calificarse. **2** Vituperable.
INCANDESCENCIA f. *Fís.* Emisión de luz por una sustancia al elevar mucho su temperatura.
INCANDESCENTE adj. *Fís.* Se dice del cuerpo, generalmente metal, cuando se enrojece o blanquea por la acción del calor.
INCANO, NA adj. *Bot.* Se dice del órgano foliar de coloración grisácea o blanquecina.

Cultura **inca.** Muralla ciclópea de Sacsahuamán.

INCANSABLE adj. Que no se cansa, infatigable.
INCAPACIDAD f. **1** Falta de capacidad para hacer, recibir o aprender una cosa. **2** fig. Rudeza, falta de entendimiento. **3** *Der.* Carencia de aptitud legal para ejecutar válidamente determinados actos, o para ejercer determinados cargos públicos.
INCAPACITADO, DA adj. y s. Que no tiene capacidad legal.
INCAPACITAR tr. **1** Hacer incapaz a alguien o algo. **2** Decretar la incapacidad de alguien para desempeñar ciertos cargos.
INCAPAZ adj. **1** Que no tiene capacidad o aptitud para una cosa. **2** fig. Falto de talento. **3** *Der.* Sin capacidad legal para algo.
INCARDINAR tr. y prnl. *Rel.* Admitir un obispo como súbdito propio a un eclesiástico de otra diócesis.
INCARNADO, DA adj. *Med.* Se dice del pelo o la uña que han crecido hacia dentro.
INCAUTARSE prnl. Tomar posesión un tribunal, u otra autoridad competente, de dinero o bienes de otra clase.
INCAUTO, TA adj. **1** Que no tiene cautela. **2** Ingenuo, que no tiene malicia.
INCE, THOMAS HARPER Director y productor de cine estadounidense (Newport, 1882 - Hollywood, 1924). Se le considera el creador del *western* cinematográfico. Entre sus títulos figuran *El desertor* (1911), *La cólera de los dioses* (1914) y *El huracán* (1914).
INCENDIAR tr. y prnl. Ocasionar un incendio.
INCENDIARIO, RIA adj. **1** Que maliciosamente incendia un edificio, mieses, etc. También s. **2** Destinado para incendiar o que puede causar incendio. **3** fig. Escandaloso, subversivo.
INCENDIO m. **1** Fuego grande que abrasa lo que no está destinado a arder, como edificios, mieses, etc. **2** fig. Sentimiento apasionado, como el amor, la ira, etc.
INCENSAR tr. **1** Dirigir con el incensario el humo del incienso hacia una persona o cosa. **2** fig. Lisonjear o adular a uno. ♦ IRREG. Se conjuga como ACERTAR.
INCENSARIO m. Braserillo con cadenillas y tapa, que sirve para incensar.
INCENTIVO, VA adj. y m. **1** Que mueve o excita a desear o hacer una cosa. **2** *Econ.* Estímulo que se ofrece a una persona, grupo o sector de la economía para elevar la producción.
INCENTRO m. *Geom.* Punto en el que se cortan las bisectrices interiores de un triángulo.
INCERTIDUMBRE f. **1** Falta de certidumbre; duda, perplejidad. **2** *Estad.* Característica de un fenómeno o situación en que, a pesar de repetirse las condiciones en que se realiza o que la definen, no conducen necesariamente al mismo resultado final.
INCESANTE adj. Que no cesa.
INCESTO m. Relación sexual entre parientes dentro de los grados en que está prohibido el matrimonio.
ÍNCHON o **CHEMULPO** Distrito urbano de la República de Corea que constituye por sí mismo una división administrativa, a orillas del mar Amarillo; 339 km² y 2.307.618 h.
INCIDENCIA f. **1** Lo que sobreviene en el curso de un asunto o negocio y tiene con él alguna conexión. **2** Número de casos, a veces en tanto por ciento, o, más en general, repercusión de ellos en algo. **3** *Geom.* Caída de una línea, de un plano o de un cuerpo, o la de un rayo de luz, sobre otro cuerpo, plano, línea o punto.
INCIDENTAL adj. **1** Se dice de lo que sobreviene en algún asunto por tener alguna relación con él. **2** Se dice del hecho o cosa accesoria, o de menor importancia.
INCIDENTE adj. y m. **1** Que sobreviene en el curso de un asunto y tiene con éste algún enlace. || m. **2** Pelea entre dos o más personas. **3** *Der.* Cuestión distinta del asunto principal del juicio, pero relacionada con él, que se resuelve y decide por separado.
INCIDIR intr. **1** Caer o incurrir en una falta, error, etc. **2** Sobrevenir. **3** REPERCUTIR una cosa en otra. **4** Caer sobre algo o alguien. || tr. **5** Cortar, hendir. **6** Inscribir, grabar. **7** Separar, apartar. **8** Hacer una incisión o cortadura.
INCIENSO m. **1** *Bot.* Planta leñosa perteneciente a la familia burseráceas, de nombre científico *Boswelia carteri*, que crece desde Irán e Irak hasta Somalia. **2** *Farm.* Gomorresina en forma de lágrimas, de sabor acre y olor aromático al arder, que entra en la composición de ciertos emplastos y bálsamos. **3** *Quím.* Mezcla de sustancias resinosas que al arder despiden buen olor. **4** fig. LISONJA.
INCIERTO, TA adj. **1** No cierto o no verdadero. **2** Inconstante, no seguro, no fijo. **3** Desconocido, ignorado.
INCINERAR tr. Reducir una cosa a cenizas.
INCIPIENTE adj. Que empieza.
ÍNCIPIT m. Término con que en las descripciones bibliográficas se designan las primeras palabras de un escrito o de un impreso antiguo.
INCISIÓN f. **1** Hendidura que se hace en algunos cuerpos con un instrumento cortante. **2** *Lit.* Corte o pausa tras el acento en poesía.

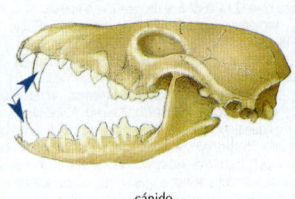

cánido

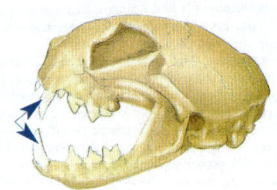

roedor

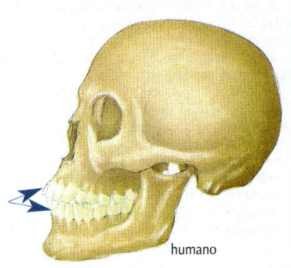

félido

humano

Dientes **incisivos** de diversos mamíferos.

INCISIVO, VA adj. **1** Apto para abrir o cortar. **2** fig. Mordaz. **3** *Anat.* Se dice de cada uno de los dientes de los mamíferos especializados en cortar, y situados entre los caninos en ambas mandíbulas. En el hombre se encuentran en número de ocho. También s.
INCISO, SA adj. **1** *Ret.* CORTADO, dicho del estilo. **2** *Biol.* Que tiene el borde mellado profunda e irregularmente. || m. *Gram.* **3** Cada uno de los miembros que, en los periodos, encierra un sentido parcial. **4** Coma, signo ortográfico.
INCITAR tr. Mover o estimular a alguien para que ejecute una cosa.
INCITATIVO, VA adj. y m. Que incita o tiene virtud de incitar.
INCIVIL adj. **1** Falto de civilidad o cultura. **2** Grosero, mal educado.
INCLASIFICABLE adj. Que no se puede clasificar.
INCLEMENCIA f. **1** Falta de clemencia. **2** fig. Rigor de la estación, especialmente en el invierno.
INCLINACIÓN f. **1** Acción y efecto de inclinar o inclinarse. **2** Reverencia que se hace con la cabeza o el cuerpo. **3** fig. Afecto, amor a una cosa. **4** *Astron.* Ángulo formado entre el plano de la órbita y la eclíptica. **5** *Etol.* IMPULSO. **6** *Fís.* Dirección que una línea o una superficie tiene con relación a otra línea u otra superficie.
INCLINAR tr. **1** Apartar una cosa de su posición perpendicular a otra o al horizonte. También prnl. **2** fig. Persuadir a alguien a que haga o diga lo que dudaba hacer o decir. || prnl. **3** Propender a hacer, pensar o sentir una cosa.

ÍNCLITO, TA adj. Ilustre, esclarecido, afamado.
INCLUIR tr. **1** Poner una cosa dentro de otra o dentro de sus límites. **2** Contener una cosa a otra, o llevarla implícita. **3** *Mat.* Comprender un número menor en otro mayor, o una parte en su todo. ♦ IRREG. Se conjuga como HUIR.
INCLUSA f. Casa en donde se recoge y cría a los niños expósitos.
INCLUSERO, RA adj. y s. Que se cría o se ha criado en la inclusa.
INCLUSIÓN f. **1** Acción y efecto de incluir. **2** *Biol.* Cuerpo o producto del metabolismo celular visible en el protoplasma de una célula. **3** *Mat.* En la teoría de conjuntos, relación que indica que un conjunto A está contenido en otro B. Se expresa $A \subset B$. **4** *Met.* Partícula de un material no metálico retenida en un metal sólido. **5** *Miner.* Cuerpo extraño encerrado en un mineral.
INCLUSIVE adv. m. Incluyendo el último objeto nombrado en una serie.
INCLUSO adj. **1** Incluido, contenido en una cosa. || adv. m. **2** Con inclusión de. || prep. y conj. **3** Hasta, aun.
INCOAR tr. Comenzar una cosa, llevar a cabo los primeros trámites de un proceso o alguna otra actuación oficial.
INCOATIVO, VA adj. y s. *Gram.* Que explica o denota el principio de una cosa o de una acción progresiva. Se dice especialmente de verbos y formas verbales.
INCÓGNITA f. **1** *Mat.* Cantidad desconocida que es preciso determinar en una ecuación o en un problema para resolverlos. **2** fig. Causa o razón oculta de un hecho que se examina.
INCÓGNITO, TA adj. y m. No conocido. || **de incógnito** loc. adv. que se usa para expresar que una persona importante o célebre desea no darse a conocer, y que no se la trate con las ceremonias y etiqueta que le corresponden.
INCOHERENCIA f. **1** Falta de coherencia. **2** Cosa que carece de la debida relación lógica con otra.
INCOHERENTE adj. No coherente.
INCOLORO, RA adj. Que carece de color, transparente.
INCÓLUME adj. Sano, sin lesión ni menoscabo.
INCOMBUSTIBLE adj. *Quím.* Se dice del material que no se puede quemar fácilmente en condiciones normales.
INCOMESTIBLE adj. Que no es comestible.
INCOMIBLE adj. Que no se puede comer. Se dice principalmente de lo que está mal cocinado o condimentado.
INCOMODAR tr. y prnl. **1** Causar incomodidad. **2** Molestar.
INCOMODIDAD f. **1** Falta de comodidad. **2** MOLESTIA.
INCOMPARABLE adj. Que no tiene comparación.
INCOMPARECENCIA f. Falta de asistencia a a un acto o lugar a que hay obligación de comparecer.
INCOMPATIBILIDAD f. **1** Repugnancia que tiene una cosa por unirse a otra, o de dos personas o más entre sí. **2** Impedimento legal para ejercer una función determinada, o para ejercer dos o más cargos a la vez. **3** *Biol.* Cualquier diferencia fisiológica entre dos organismos que impide alguna función, como la reproducción. **4** *Med.* Oposición entre dos o más sustancias, medicamentos, tipos de sangre, etc., que impide juntarlas o combinarlas. || **INCOMPATIBILIDAD DE CARACTERES** *Der.* Oposición entre el carácter de dos o más personas, que dificulta la convivencia.
INCOMPATIBLE adj. **1** No compatible con otra cosa. **2** *Mat.* Se dice del sistema de ecuaciones que no tienen ninguna solución común. Representadas gráficamente son rectas paralelas.
INCOMPETENCIA f. Falta de competencia o de jurisdicción.
INCOMPLETO, TA adj. No completo.
INCOMPRENDIDO, DA adj. **1** Que no ha sido debidamente comprendido. **2** Se dice de la persona cuyo mérito no ha sido generalmente apreciado. También s.
INCOMPRENSIBLE adj. Que no se puede comprender.
INCOMUNICACIÓN f. **1** Acción y efecto de incomunicar. **2** *Der.* Aislamiento temporal de procesados o de testigos que acuerdan los jueces.
INCOMUNICADO, DA adj. y s. **1** Que no tiene comunicación. **2** *Der.* Se dice de los presos cuando no se les permite tratar con nadie de palabra ni por escrito.
INCOMUNICAR tr. **1** Privar de comunicación a personas o cosas. || prnl. **2** Aislarse, negarse al trato con otras personas.
INCONCEBIBLE adj. Que no puede concebirse o comprenderse.
INCONCLUSO, SA adj. No acabado, no terminado.
INCONCRETO, TA adj. Que no es concreto; vago, impreciso.
INCONDICIONAL adj. **1** Absoluto, sin restricción ni requisito. || com. **2** Persona que es adepta a otra o a una idea, sin limitación ni condición ninguna.

INCONEXO, XA adj. Falto de conexión.
INCONFESABLE adj. Que no puede confesarse.
INCONFESO, SA adj. Se aplica al presunto reo que no confiesa el delito acerca del cual se le interroga.
INCONFORME adj. y s. **1** Que mantiene actitud hostil a lo establecido en el orden político, social, etc. **2** Disconforme.
INCONFORMIDAD f. Cualidad o condición de inconforme.
INCONFORMISMO m. Actitud o tendencia del inconforme.
INCONFORMISTA adj. y s. Partidario del inconformismo.
INCONFUNDIBLE adj. Que no puede ser confundido.
INCONGRUENCIA f. Falta de congruencia.
INCONGRUENTE adj. **1** No congruente. **2** Mat. Que no presenta ninguna relación de congruencia.
INCONMENSURABLE adj. Que no puede medirse.
INCONMOVIBLE adj. Que no se puede conmover o alterar; perenne, firme.
INCONQUISTABLE adj. **1** Que no se puede conquistar. **2** fig. Que no se deja vencer con ruegos ni con dádivas.
INCONSCIENCIA f. **1** Med. Estado de falta de conocimiento consciente, con supresión de reflejos. **2** Estado en que el individuo no se da cuenta exacta del alcance de sus palabras o acciones; falta de conciencia.
INCONSCIENTE adj. **1** No consciente. Aplicado a personas, también s. || m. **2** Conjunto de los procesos mentales de los que el individuo no tiene conciencia pero afectan a su conducta.
INCONSECUENTE adj. **1** Que no se sigue o deduce de otra cosa. **2** Que procede con inconsecuencia. También s.
INCONSIDERACIÓN f. Falta de consideración y reflexión.
INCONSIDERADO, DA adj. **1** No considerado ni reflexionado. **2** Inadvertido, que no considera ni reflexiona. También s.
INCONSISTENCIA f. Falta de consistencia.
INCONSISTENTE adj. Falto de consistencia.
INCONSOLABLE adj. **1** Que no puede ser consolado o consolarse. **2** fig. Que muy difícilmente se consuela.
INCONSTANCIA f. **1** Falta de estabilidad y permanencia de una cosa. **2** Demasiada facilidad y ligereza con que uno muda de opinión, de pensamiento, de amigos, etc.
INCONSTANTE adj. **1** No estable ni permanente. **2** Que muda con ligereza de pensamientos, aficiones, opiniones o conducta.
INCONSTITUCIONAL adj. No conforme con la Constitución del Estado.
INCONSÚTIL adj. Sin costura.
INCONTABLE adj. **1** Que no puede contarse. **2** Muy difícil de contar, numerosísimo.
INCONTAMINADO, DA adj. No contaminado.
INCONTENIBLE adj. Que no puede ser contenido o refrenado.
INCONTESTABLE adj. Que no se puede impugnar ni dudar con fundamento.
INCONTINENCIA f. **1** Falta de continencia en el control de impulsos o deseos. **2** Med. Incapacidad para controlar las evacuaciones naturales (orina y heces).
INCONTRASTABLE adj. **1** Que no se puede vencer o conquistar. **2** Que no puede impugnarse con argumentos ni razones sólidas. **3** fig. Que no se deja reducir o convencer.
INCONTROLABLE adj. Que no se puede controlar.
INCONTROVERTIBLE adj. Que no admite duda ni disputa.
INCONVENIENCIA f. **1** Incomodidad. **2** Disconformidad e inverosimilitud de una cosa. **3** Dicho o hecho fuera de razón o sentido.
INCONVENIENTE adj. **1** No conveniente. || m. **2** Impedimento u obstáculo que hay para hacer una cosa. **3** Daño o perjuicio que resulta de ejecutarla.
INCORDIAR tr. Molestar, agobiar, importunar.
INCORDIO m. **1** Med. Buba, tumor. **2** fig. y fam. Persona o cosa incómoda, agobiante o muy molesta.
INCORPORAL adj. **1** INCORPÓREO. **2** Impalpable, que no se puede tocar.
INCORPORAR tr. **1** Agregar, unir dos o más cosas para que hagan un todo. **2** Sentar o reclinar el cuerpo que estaba echado y tendido. También prnl. || prnl. **3** Agregarse una o más personas a otras para formar un cuerpo.
INCORPÓREO adj. No corpóreo.
INCORRECCIÓN f. **1** Calidad de incorrecto. **2** Dicho o hecho incorrecto.
INCORRECTO, TA adj. No correcto.
INCORREGIBLE adj. **1** No corregible. **2** Se dice del que por su dureza y terquedad no se quiere enmendar.
INCORRUPTIBLE adj. **1** No corruptible. **2** Que no se puede pervertir. **3** fig. Muy difícil de pervertir.
INCORRUPTO, TA adj. **1** Que está sin corromperse. **2** fig. No dañado ni pervertido.
INCREDIBILIDAD f. Imposibilidad o dificultad que hay para que sea creída una cosa.

INCREDULIDAD f. **1** Repugnancia o dificultad en creer una cosa. **2** Falta de fe y de creencia religiosa.
INCRÉDULO, LA adj. **1** Que no cree con facilidad. **2** Rel. Que no tiene fe religiosa. También s.
INCREÍBLE adj. **1** Que no puede creerse. **2** fig. Muy difícil de creer.
INCREMENTAR tr. y prnl. Aumentar, acrecentar.
INCREMENTO m. **1** AUMENTO. **2** Gram. Aumento de sílabas que tienen en la lengua latina los casos sobre el del nominativo, y los verbos sobre las de la segunda persona del presente de indicativo. **3** Gram. En el idioma español, aumento de letras que tienen los aumentativos, diminutivos, despectivos y superlativos sobre los positivos de que proceden, y cualquier otra voz derivada sobre la primitiva. **4** Gram. Refuerzo de la intensidad acentual que algunas palabras, carentes ordinariamente de acento, reciben en determinados contextos. **5** Mat. Cambio de una variable debido a un aumento de ésta.
INCREPAR tr. Reprender con dureza y severidad.
INCRIMINAR tr. **1** Acusar con fuerza e insistencia. **2** Imputar a alguien un delito o falta grave. **3** Exagerar o abultar un delito, culpa o defecto, presentándolo como crimen.
INCRUENTO, TA adj. No sangriento.
INCRUSTACIÓN f. **1** Acción de incrustar. **2** Cosa incrustada. **3** Bot. Costra dura de carbonato cálcico o de compuestos de hierro en la pared de un alga.
INCRUSTAR tr. **1** Embutir en una superficie lisa y dura piedras, metales, maderas, etc., formando dibujos para que sirvan de adorno. **2** Hacer que un cuerpo penetre violentamente en otro. También prnl. **3** Cubrir una superficie con una costra dura.
INCUBADORA f. **1** Biol. Aparato o local que sirve para la incubación artificial. **2** Med. Aparato en que se mantiene a los niños prematuros.
INCUBAR intr. Zool. **1** ENCOBAR. || tr. **2** Med. Desarrollar el organismo una enfermedad desde que empieza a obrar la causa morbosa hasta que se manifiestan sus efectos. Se usa más en gerundio. **3** Quím. Mantener una mezcla química a temperatura especificada para estudiar sus reacciones y actividad enzimática. **4** Zool. Ponerse el ave sobre los huevos para proporcionarles el calor necesario para que completen su desarrollo y nazcan los pollos.
ÍNCUBO adj. y m. Se dice del espíritu, diablo o demonio que, según la opinión vulgar, tiene relaciones sexuales con una mujer bajo la apariencia de varón.
INCULCAR tr. **1** Apretar una cosa contra otra. También prnl. **2** fig. Repetir con empeño muchas veces una cosa a alguien. **3** fig. Imbuir, infundir con ahínco en el ánimo de uno una idea, un concepto, etc. **4** A. gráf. Juntar demasiado unas letras con otras.
INCULPAR tr. Culpar, acusar a alguien de una cosa.
INCULTO, TA adj. **1** Que no tiene cultivo ni labor. **2** fig. Se aplica a la persona, pueblo o nación de modales rudos y groseros o de poca educación. **3** fig. Ret. Hablando del estilo, desaliñado y basto.
INCUMBENCIA f. Obligación y cargo de hacer una cosa.
INCUMBIR intr. Estar una cosa a cargo de alguien.
INCUMPLIR tr. No llevar a efecto, dejar de cumplir.
INCUNABLE adj. y m. A. gráf. Se aplica a las ediciones hechas desde la invención de la imprenta hasta el año 1500.
INCURABLE adj. **1** Que no se puede curar o no puede sanar. Aplicado a personas, también s. **2** Muy difícil de curar. **3** fig. Que no tiene enmienda ni remedio.
INCURIA f. Poco cuidado, negligencia.

INCURRIR intr. **1** Construido con la preposición *en* y un sustantivo que signifique *culpa, error* o *castigo*, ejecutar la acción o merecer la pena expresada por el sustantivo. **2** Con la misma preposición y sustantivo que signifique sentimiento desfavorable, como odio, ira, desprecio, etc., causarlo, atraérselo.
INCURSIÓN f. **1** Acción de incurrir. **2** Mil. Penetración de soldados de un ejército en territorio enemigo.
INDAGAR tr. Averiguar, inquirir una cosa, discurriendo con preguntas.
INDANO m. Quím. Hidrocarburo polinuclear, de fórmula C_9H_{10}, formado por la unión de un núcleo bencénico y un anillo pentagonal. Se encuentra en el alquitrán y se utiliza en síntesis orgánica.
INDANTRENO m. Quím. Compuesto formado por dos núcleos de antraceno unidos por dos grupos NH, de fórmula $C_{28}H_{14}N_2O_4$. Se usa como colorante. También se llama *indantona*.
INDEBIDO, DA adj. **1** Que no es obligatorio ni exigible. **2** Ilícito, injusto y falto de equidad.
INDECENCIA f. **1** Falta de decencia o de modestia. **2** Dicho o hecho vituperable o vergonzoso.
INDECISIÓN f. Irresolución o dificultad de alguien en decidirse.
INDECISO, SA adj. **1** Se dice de aquello sobre lo que no se ha tomado una decisión. **2** Perplejo, que tiene dificultad para decidirse.
INDECLINABLE adj. **1** Que necesariamente tiene que hacerse o cumplirse. **2** Gram. Se aplica a las partes de la oración que no se declinan.
INDECOROSO, SA adj. Que carece de decoro, o lo ofende.
INDEFECTIBLE adj. Que no puede faltar o dejar de ser.
INDEFENSIÓN f. Falta de defensa; situación del que está indefenso.
INDEFENSO, SA adj. Que carece de defensa.
INDEFINIBLE adj. Que no se puede definir.
INDEFINIDO, DA adj. **1** No definido. **2** Que no tiene término señalado ni conocido. **3** Gram. Se dice del artículo que se antepone al nombre para indicar que éste se refiere a un objeto no consabido del que habla ni del que escucha. Es en singular *un, una*, y en plural, *unos, unas*. **4** Gram. Se dice del pronombre que vagamente alude a personas o cosas. **5** Gram. PRETÉRITO PERFECTO SIMPLE.
INDEHISCENTE adj. Bot. Se aplica a los frutos y otros órganos vegetales que no se abren espontáneamente cuando alcanzan la madurez.
INDELEBLE adj. Que no se puede borrar o quitar.
INDELICADEZA f. Falta de delicadeza, de cortesía, etc.
INDEMNE adj. Libre o exento de daño.
INDEMNIZACIÓN f. **1** Acción y efecto de indemnizar o indemnizarse. **2** Cosa con que se indemniza.
INDEMNIZAR tr. Resarcir de un daño o perjuicio.
INDEMOSTRABLE adj. No demostrable.
INDENO m. Quím. Hidrocarburo polinuclear, de fórmula C_9H_8, formado por la unión de un núcleo bencénico y un anillo pentagonal insaturado.
INDEPENDENCIA f. **1** Calidad o condición de independiente. **2** Libertad, autonomía, y especialmente la de un Estado que no es tributario ni depende de otro. **3** Entereza, firmeza de carácter.
INDEPENDENCIA Provincia de la República Dominicana; 2.008 km² y 39.541 h. Capital, Jimaní.
INDEPENDENCIA ESPAÑOLA, GUERRA DE LA Hist. Se denomina así a la lucha armada sostenida por los españoles con el auxilio de británicos contra la invasión napo-

Guerra de la **independencia española.** *Los fusilamientos de la montaña del Príncipe Pío.* Cuadro de Francisco de Goya. Museo del Prado (Madrid).

independencia de Estados Unidos. Batalla de Yorktown, 1781. El general Cornwallis depone las armas ante Washington. Castillo de Blerancourt (Francia).

leónica, entre 1808 y 1814. En 1807, España y Francia habían firmado el tratado de Fontainebleau por el que acordaban invadir y repartirse Portugal, permitiendo la entrada y el establecimiento en la Península de un importante contingente militar francés. Esta situación provocó la desconfianza popular y desencadenó el motín de Aranjuez en marzo de 1808. Carlos IV abdicó en su hijo Fernando, que acudió a Bayona para lograr el reconocimiento de Napoleón sin obtenerlo, viéndose obligado a devolver la Corona a su padre. La oposición popular a la salida de España del resto de la familia real culminó en el levantamiento del Dos de Mayo en Madrid. Carlos IV cedió entonces todos sus derechos reales a Napoleón, quien nombró rey a su hermano José I. Junto al deseo de independencia, el reformismo político y social se convirtió en uno de los objetivos de la lucha, tal y como manifestaron las decisiones de las Juntas, constituidas en representantes del pueblo en ausencia del monarca. Las tropas españolas, apoyadas decisivamente por las guerrillas populares, combinaron derrotas y victorias, la primera y más significativa en Bailén (julio de 1808), que obligó a los franceses a abandonar los sitios de Zaragoza y Girona y al rey José a evacuar Madrid. Napoleón decidió entonces acudir personalmente a España, recuperó Madrid (30 de noviembre) y repuso en el trono a José I. Durante este período tomó especial relevancia la lucha de guerrillas. Con la derrota francesa en Arapiles (julio de 1812) comenzó la gran ofensiva hispanoinglesa, que culminó, en 1813, con las decisivas victorias de Vitoria (julio) y San Marcial (agosto). Tras la firma del tratado de Valençay (11 de diciembre de 1813), Fernando VII recuperó la Corona y regresó a España (marzo de 1814).

INDEPENDENCIA DE ESTADOS UNIDOS *Hist.* Proceso revolucionario que protagonizaron las trece colonias británicas de América del Norte contra el Reino Unido, entre 1775 y 1783, y que concluyó con la constitución de los EE UU. La causa originaria fue el malestar creado por la política fiscal británica impuesta a los colonos, cuyos representantes se reunieron, en 1774, en el congreso de Filadelfia. La guerra comenzó en 1775, y en 1776 los rebeldes proclamaron la *Declaración de independencia* redactada por Thomas Jefferson. Al mando del general Georges Washington, y con la ayuda de Francia, el ejército americano logró importantes victorias (Saratoga, Yorktown) que condujeron a la firma de la paz de Versalles, en 1783, por la que Gran Bretaña reconoció la independencia de Estados Unidos.

INDEPENDENCIA DE HISPANOAMÉRICA *Hist.* Proceso revolucionario que protagonizaron las colonias españolas de América, entre 1810 y 1825. La situación de dependencia de la metrópoli, generó cierto descontento en las colonias, que vieron en las revoluciones francesa y estadounidense un modelo a seguir. Los criollos, americanos de origen español, encabezaron el movimiento de emancipación aprovechando la inestabilidad política provocada por la invasión de España por las tropas napoleónicas (1808). La guerra propiamente dicha comenzó en 1811, con los levantamientos rurales de Morelos (1811) e Hidalgo (1812), en México; de Miranda y Bolívar, en Nueva Granada; de Belgrano y Artigas, en las provincias de la Plata, etc. Hasta 1816, los ejércitos realistas lograron reprimir algunos levantamientos, pero, coincidiendo con la derrota napoleónica en España, a partir de esta fecha y hasta 1820 la lucha se transformó en un claro movimiento independentista. Se crearon dos frentes dirigidos por las dos grandes figuras de la contienda: San Martín y Bolívar. Desde el S, San Martín consiguió la declaración de independencia de Argentina por el congreso de Tucumán (1816) y, cruzando los Andes, liberó Chile, con el apoyo de O'Higgins, tras su victoria en las batallas de Chacabuco (1817) y Maipú (1818). Tras esto se dirigió a Perú y entró en Lima en 1821. Por su parte, Bolívar comenzó la conquista de Venezuela en 1817, que concluyó en 1821 con la batalla de Carabobo, y liberó Colombia tras vencer a los realistas en Boyacá (1819). En 1822 y gracias a la decisiva ayuda de Sucre, declaró la independencia de Ecuador tras la victoria de Pichincha. Las victorias de los revolucionarios en algunos enclaves que aún permanecían bajo el poder realista, como Junín (Bolívar; 1824), Ayacucho (Sucre; 1824), El Callao (1826) o Chiloé (1826), confirmaron la victoria de las tropas independentistas sobre los españoles. Uruguay consiguió la independencia en 1828 y la República Dominicana en 1865. De manera independiente al proceso del S de América, en 1821, Iturbide proclamó la independencia de México, y por esas mismas fechas se independizaron los países de la zona central del continente, que, tras una etapa en la que estuvieron unidos a México, constituyeron la federación de las Provincias Unidas de Centro América. Siguieron perteneciendo a España hasta fin de siglo, Cuba y Puerto Rico.

INDEPENDENTISMO m. *Polít.* En un país que no tiene independencia política, movimiento que la propugna o reclama.

INDEPENDENTISTA adj. **1** Perteneciente o relativo al independentismo. **2** Partidario del independentismo. También s.

INDEPENDIENTE adj. **1** Que no depende de otro. **2** AUTÓNOMO. **3** fig. Se dice de la persona que sostiene sus derechos u opiniones, sin doblegarse ante nada ni nadie. **4** Con independencia.

INDEPENDIZAR tr. y prnl. Hacer independiente a una persona o cosa.

INDESCIFRABLE adj. Que no se puede descifrar.

INDESCRIPTIBLE adj. Que no se puede describir.

INDESEABLE adj. **1** Dícese de la persona cuya permanencia en un país consideran peligrosa las autoridades de éste. **2** Indigno de ser deseado.

INDESEADO, DA adj. Que por su condición no es deseable.

INDESTRUCTIBLE adj. Que no se puede destruir.

INDETERMINABLE adj. **1** Que no se puede determinar. **2** Que no se resuelve a una cosa.

INDETERMINACIÓN f. Falta de determinación en las cosas, o de resolución en las personas.

INDETERMINADO, DA adj. **1** No determinado, o que no implica ni denota determinación alguna. **2** Se dice de lo que no es concreto ni definido. **3** Se dice del que no se decide a una cosa. || f. **4** *Mat.* Se dice de la ecuación que tiene más de una incógnita y que por sí sola no ofrece solución. **5** *Gram.* ARTÍCULO GENÉRICO, INDEFINIDO O INDETERMINADO.

INDETERMINISMO m. *Filos.* Doctrina filosófica opuesta al DETERMINISMO que concede al azar la explicación de los acontecimientos, negando la necesidad de causas antecedentes.

INDEX LIBRORUM PROHIBITORUM ÍNDICE DE LIBROS PROHIBIDOS.

INDEXACIÓN f. **1** INDIZACIÓN. **2** *Inform.* Método de generar una dirección efectiva que modifica la dirección específica dada en la instrucción por el contenido de un registro índice concreto.

INDEXAR tr. *Inform.* INDIZAR.

INDIA (*Bharat Juktarashtra*) Estado de Asia meridional que limita al N con China, Nepal y Bhutan; al E, con Myanmar (Birmania), Bangla Desh y el golfo de Bengala; al S, con Sri Lanka y el océano Índico, y al O, con el mar Arábigo y Pakistán.

Geog. Geografía física. La India constituye un subcontinente, formado por la península del Indostán, que aparece limitada por la cadena del Himalaya al N y con dos importantes ríos al E y O (Indo y Ganges-Brahmaputra). El Himalaya es la cordillera más elevada del planeta (Everest, 8.848 m). En el centro se encuentra la me-

independencia de Hispanoamérica. Simón Bolívar en la batalla de Carabobo, 1821. Museo Bolívar (Caracas).

INDIA

Superficie:
3.165.596 km².
Población:
1.014.004.000 h.
(indios
o hindúes).
Densidad:
320,3 h./km².
Tasa de natalidad: 26,4‰.
Tasa de mortalidad: 9‰.
Capital: Nueva Delhi.
Ciudades principales: Bombay, Delhi, Calcuta, Madrás, Bangalore, Hyderabad, Ahmadabad, Kanpur, Nagpur, Lucknow, Pune.
Grupos étnicos: hindúes, tamiles, bengalíes, punjabíes y malayos.
Religión: hinduismo (80,3%), islamismo (11%), catolicismo (1,4%), sijs (2%), budismo (0,7%), protestantismo (1%).
Idioma: hindi (oficial) e inglés.
Moneda: rupia india.
Forma de Estado: república federal.
Producto Nacional Bruto: 427.407 millones de dólares.
Renta per cápita: 440 dólares.
División administrativa: 25 estados y 7 territorios, según cuadro.

seta del Decán y después las llanuras costeras, en torno a las montañas del Decán (Gathes). Al S del Himalaya se encuentra la llanura indogangética, la zona más rica y populosa de la India. El principal eje fluvial del país es el río Ganges, con sus afluentes Brahmaputra, Yamuna, Son, etc. Otros ríos importantes son el Indo, Godavari, Narbada, Cavery, Mahanadi, Krishna y Tapti. El clima es tropical monzónico, salvo en las cumbres del Himalaya. La vegetación dominante es la jungla monzónica, con bosques de bambú y árboles, aunque en el E se encuentra el desierto de Thar.

Geografía humana y económica. La población aumenta en más de quince millones cada año, lo que supone un freno para la expansión económica. Un problema relacionado con éste es la creciente desigualdad en su distribución, predominantemente rural (74,3%), especialmente localizada en la llanura del Ganges y en las desembocaduras de los ríos. Las concentraciones urbanas en torno a Madrás, Bombay, Delhi y Calcuta han creado problemas de paro, subnutrición y falta de higiene. La actividad económica se centra en la agricultura, pero su elevada producción apenas puede acabar con el hambre en el país. Ganadería: bovinos, ovinos, caprinos y búfalos. La selva es rica en maderas para ebanistería: teca, palo rosa, sándalo, etc. Es el cuarto productor mundial de caucho y el séptimo en capturas pesqueras. Minería (carbón, petróleo, gas, hierro, cromo, uranio, plomo, etc.). Las principales regiones industriales se concentran en torno a Bombay, Calcuta, Bangalore, Ahmedabad y Jamshedpur. Destaca la industria textil, siderúrgica, cementera, química, papelera, alimentaria, automovilística y cinematográfica (India es el primer país en producciones cinematográficas).

Hist. El primer periodo de la historia de la India, denominado *védico*, comienza casi tres mil años a. C., cuando los arios, que habitaban la meseta de Pamir, emigraron y parte de ellos se establecieron en el valle del Indo. Siguió el periodo *brahmánico* hasta el siglo IV a. C., en que triunfó el budismo. Fue luego una satrapía del imperio persa y más tarde los ejércitos de Alejandro Magno extendieron la dominación griega llegando hasta el valle del Indo. En el siglo I a C. fue dividido en varios estados. El rey Asoka (273-231 a. C.), de la dinastía Maurya, logró reunir casi toda la India, incluso Afganistán, en un solo imperio. Pasó sucesivamente a poder de los árabes (siglo XI), los afganos (siglo XII) y mongoles de Tamerlán (siglo XIV), quienes la rigieron durante tres siglos con una poderosa monarquía. La presencia europea se inició con la llegada de Vasco da Gama a Calcuta en 1498 y la toma de Goa por los portugueses (1510); éstos disfrutaron del monopolio comercial de la India durante cien años. Siguió, a principios del siglo XVII, la penetración colonial de franceses y sobre todo de los ingleses, que ocuparon el N, organizaron la Compañía de Indias y su dominio se amplió a mediados del siglo XIX a casi todo el país. El verdadero fundador del poderío británico en la India fue Robert Clive. El último Estado independiente, Punjab, fue anexionado en 1849. En 1857 estalló la revolución de los cipayos, que los británicos lograron reprimir a costa de grandes esfuerzos. Tras esta rebelión, Gran Bretaña disolvió la Compañía de Indias y asumió el gobierno directo de la India, cuyo territorio se vio ampliado en

India. Templo de Khajuraho, en Madhya Pradesh.

1886 con la incorporación de Birmania. A finales del siglo XIX comenzó a tomar auge el sentimiento independentista, y la fundación del Congreso Nacional Indio (1885) articuló por primera vez las aspiraciones de los nacionalistas, dirigidos por Gandhi, cuyas actividades se intensificaron a partir de 1919, al ser promulgadas por el gobierno británico severas medidas represivas. Los disturbios causados entre 1922 y 1933 por las actividades de Gandhi y sus partidarios, produjeron una cierta inquietud política y social que no pudo subsanarse y desembocó en la concesión, en 1935, de gobierno propio a las provincias. Dos años después Birmania se separó de la India. Al término de la Segunda Guerra Mundial, el gobierno del Partido Laborista en el Reino Unido, presidido por C. Attlee, preparó el plan de independencia y partición de la India, con el acuerdo de británicos, hindúes y musulmanes, de cuya realización se encargó el último virrey británico, lord Mountbatten. En agosto de 1947 la India dejó de ser territorio británico para dar paso a los dos Estados independientes de la India y Pakistán. En enero de 1948, Gandhi fue asesinado por un hindú fanático. La primera Constitución de la Unión India entró en vigor el 20 de enero de 1950, con el país se convertía en una república federal parlamentaria, que agrupaba a 562 principados, con Nehru como primer ministro. Sus primeros objetivos fueron la modernización del país y la abolición del sistema de castas. La política exterior fue orientada hacia la neutralidad. Paralelamente comenzaron a plantearse reivindicaciones coloniales, con la ocupación de los enclaves portugueses de Goa, Damao y Diu en 1961; se mantuvo la rivalidad con Pakistán y surgieron conflictos fronterizos con China en 1962. Nehru murió en 1964 y le sucedió Lal Bahadur Shastri, que debió afrontar una nueva crisis con Pakistán. Tras la muerte de Shastri, ocupó la jefatura del Gobierno Indira Gandhi. En 1971 la India, que apoyaba a las minorías hindúes, entró en guerra con Pakistán oriental; el resultado fue la división de Pakistán y la creación de Bangla Desh. Las elecciones de 1977 dieron la victoria al recién creado Partido Janata, que se mantuvo en el poder hasta 1980; en las elecciones celebradas ese año de nuevo venció el Partido del Congreso, que volvió a acceder al gobierno, otra vez con Indira Gandhi como primera ministra. Los enfrentamientos étnicos, religiosos y sociales continuaron ensombreciendo la convivencia del país. En 1984 se produjo el asesinato de la primera ministra a manos de miembros de su escolta pertenecientes a la secta sikh. En las elecciones de ese año el Partido del Congreso obtuvo el triunfo y Rajiv Gandhi fue elegido primer ministro, cargo que ocupaba interinamente desde la muerte de su madre. El gobierno de Gandhi fue acusado de corrupción, lo que incidió en la pérdida de la mayoría de su partido en los comicios de 1989 y en su dimisión como primer ministro, en favor del Frente Nacional, liderado por Vishwanath Pratap Sing. Tras su dimisión a finales de 1990, Chandra Shekar, líder del partido Janata Dal, formó un nuevo gobierno, pero, en marzo del año siguiente, tuvo que dimitir, lo cual originó la convocatoria de nuevas elecciones. En 1991, durante la campaña electoral, un atentado terrorista, perpetrado en el estado de Tamil Nadu, acabó con la vida de Rajiv Gandhi. Su sucesor, Narasimha Rao, fue nombrado primer ministro de un gobierno minoritario. A lo largo de 1992 y 1993 continuaron las luchas internas entre las distintas facciones religiosas. En 1992 se produjo el cambio en la presidencia de la República,

INDIA

Estados *Territorios*	Superficie (km²)	Población (h.)	Capitales
Andhra Pradesh	275.068	71.800.000	Hyderabad
Arunachal Pradesh	83.743	965.000	Itanagar
Assam	78.438	24.200.000	Dispur
Bengala Occidental	87.852	73.600.000	Calcuta
Bihar	173.877	93.080.000	Patna
Goa	3.702	1.235.000	Panají
Gujarat	196.024	44.235.000	Gandhinagar
Haryana	44.212	17.925.000	Chandigarh
Himachal Pradesh	55.673	530.000	Shimla
Jammu y Cachemira	100.569	8.435.000	Srinagar
Karnataka	191.791	48.150.000	Bangalore
Kerala	38.863	30.555.000	Trivandrum
Madhya Pradesh	443.446	71.950.000	Bhopal
Maharashtra	307.690	85.565.000	Bombay
Manipur	22.327	2.010.000	Imphal
Meghalaya	22.429	1.960.000	Shillong
Mizoram	21.081	775.000	Aizawl
Nagaland	16.579	1.410.000	Kohima
Orissa	155.707	33.795.000	Bhubaneswar
Punjab	50.362	21.695.000	Chandigarh
Rajasthan	342.239	48.040.000	Jaipur
Sikkim	7.096	444.000	Gangtok
Tamil Nadu	130.058	58.840.000	Madrás
Tripura	10.486	3.065.000	Agartala
Uttar Pradesh	294.411	150.695.000	Lucknow
Andamán y Nicobar	8.249	322.000	*Port Blair*
Chandigarh	114	725.000	*Chandigarh*
Dadra y Nagar Haveli	491	153.000	*Silvassa*
Daman y Diu	112	111.000	*Daman*
Delhi	1.483	10.865.000	*Delhi*
Lakshadweep	32	56.000	*Kavaratti*
Pondicherry	492	894.000	*Pondicherry*

convirtiendo a Shankar Dayal Sharma en el nuevo jefe del Estado. Tras las elecciones generales de 1996 ningún partido obtuvo mayoría absoluta y se sucedieron los gobiernos de Atal Bihari Vajpayee (1996), del Bharatiya Janata Party, y H. D. Deve Gowda (1996-97) e Inder Kumar Gujral (1997), ambos de la coalición de izquierda Frente Unido. En julio de 1997 Kocheril Ramán Narayanan sustituyó a Shankar Dayal Sharma en la presidencia. En las elecciones de 1998 logró la victoria el Bharatiya Janata Party, y su líder Atal Behari Vajpayee formó gobierno. Las pruebas nucleares llevadas a cabo ese año por India y Pakistán provocaron la tensión entre los dos países. La región de Cachemira fue motivo del estallido de un nuevo conflicto con Pakistán. En abril de 1999 Vajpayee tuvo que enfrentarse a una moción de censura que no superó y que provocó la convocatoria de elecciones anticipadas en las que, sin embargo, fue revalidado. A comienzos de 2001 un devastador terremoto sacudió el noroeste del país causando miles de víctimas. En diciembre de ese año, un grupo armado atacó el Parlamento indio dando lugar a un tiroteo en el que murieron doce personas. Vajpayee acusó del atentado a un grupo de fundamentalistas islámicos financiado por Pakistán. El gobierno de Islamabad desmintió cualquier implicación, y a los pocos días ambos países desplegaron tropas a ambos lados de la frontera común. En julio de 2002, Abdul Kalam fue elegido nuevo presidente del país. En noviembre del año siguiente India y Pakistán firmaron un alto el fuego en Cachemira. En las legislativas de 2004 resultó vencedor el Partido del Congreso, liderado por Sonia Gandhi, y formó gobierno Manmohan Singh.

INDIA FRANCESA Geog. hist. Nombre con que se conocían las posesiones francesas en la India (Chandernagor, Pondicherry, Karical, Mahe y Yanaon). Chandernagor se incorporó a la India en 1951 y las restantes fueron cedidas en 1954.

INDIA PORTUGUESA Geog. hist. Nombre con que se conocían las posesiones portuguesas en la India (Goa, Damao, Diu, Dadra y Nagar Aveli). Desde 1961 pertenecen a la India.

INDIANA f. Tela de lino o algodón, o de mezcla de uno y otro, pintada por un solo lado.

INDIANA Estado de EE UU, al S del lago Michigan; 94.328 km² y 6.080.485 h. Capital, Indianápolis. Agricultura. Minería. Industria.

INDIANÁPOLIS Ciudad de EE UU, capital del Estado de Indiana; 752.279 h.

INDIANO, NA adj. **1** Natural, pero no originario de América, o sea, de las Indias Occidentales. También s. **2** Perteneciente a ellas. **3** Perteneciente a las Indias Orientales. **4** Se decía también del que vuelve rico de América. También s.

INDIAS Hist. Nombre que recibían los territorios españoles en América e islas del Pacífico, dado por la creencia de Colón de haber llegado a la costa oriental de la India. (AMÉRICA, HIST.).

INDIAS, MAR DE LAS ÍNDICO.

INDIAS OCCIDENTALES INDIAS.

INDIAS OCCIDENTALES BRITÁNICAS (British West Indies) Federación constituida en 1958. Comprendía Jamaica (con Caimanes, Turks y Caicos), Antigua (con Barbuda y Redonda), Montserrat, Saint Kitts (con Anguila y Nevis), Barbados, Dominica, Granada, San Vicente y las Granadinas, Santa Lucía, Trinidad y Tobago. Su capital fue Puerto España. Tras la retirada de Jamaica, en 1961, la federación fue disuelta en 1962. En 1967 se constituyeron los Estados Asociados de las Indias Occidentales Británicas, formados por Antigua, Dominica, Saint Kitts y Nevis, Granada, San Vicente y las Granadinas y Santa Lucía. En 1981 se constituyó en la Organización de Estados del Caribe.

INDIAS ORIENTALES Geog. hist. Denominación que en otro tiempo se dio a la India y al Asia insular, en contraposición a las Indias Occidentales.

INDIAS ORIENTALES HOLANDESAS o **NEERLANDESAS** (Nederlandsch Indie) Antiguas colonias de los Países Bajos, en Insulindia (Asia), que en 1949 obtuvieron su independencia constituyendo la nación de INDONESIA.

INDICADOR, RA adj. **1** Que indica o sirve para indicar. **2** Ecol. Se dice del elemento del medio ambiente humano afectado, o potencialmente afectado, por un agente de cambio. **3** Zool. Se dice de cualquiera de las aves piciformes con el pico corto y grueso, alas largas y afiladas, y marcado dimorfismo sexual. Viven en África e Indochina. || **INDICADORES DE CONVERGENCIA** Econ. Condiciones económicas exigibles a los países de la Unión Europea para poder acceder a la última fase de la Unión Monetaria, que tuvo lugar en enero de 1999. Fueron establecidas en la cumbre de Maastricht (1991).

INDICAR tr. Dar a entender o significar una cosa con indicios y señales.

INDICATIVO, VA adj. y s. **1** Que indica o sirve para indicar. **2** Gram. MODO INDICATIVO. || m. **3** Letras o números que identifican a un radioaficionado.

INDICCIÓN f. **1** Convocación o llamamiento para una junta o concurrencia sinodal o conciliar. **2** Hist. Ciclo de quince años introducido por Constantino en 312, que, aunque anteriormente había sido un plazo fiscal, se convirtió en un modo de contar regularmente los años. Con distintas fechas para el comienzo del año, fue usado tanto en el imperio bizantino como en Occidente hasta tiempos modernos.

ÍNDICE adj. **1** Anat. DEDO ÍNDICE. También s. || m. **2** Guía, extracto o enumeración sucinta y ordenada del contenido de los libros para su fácil manejo. Puede ser: de autores, de materias, de ilustraciones, de nombres y lugares citados, etc. **3** Catálogo alfabético o cronológico de autores o materias de las obras conservadas en una biblioteca, que sirve para hallarlas con facilidad y ponerlas a disposición de quienes las buscan o piden. **4** Cada una de las agujas de un reloj y otros instrumentos graduados. **5** Astron. Gnomon de un cuadrante solar. **6** Ecol. Número adimensional que compara la situación de algún componente del ecosistema con un valor base utilizado como referencia o con otro componente. **7** Mat. Número o letra que se coloca en la abertura del signo radical y sirve para indicar el grado de la raíz. Cuando no aparece ningún índice, se entiende que es 2. || **ÍNDICE DE PRECIOS AL CONSUMO** (IPC) Econ. Valor que expresa las variaciones de precios y servicios durante un periodo de tiempo en relación con otros anteriores. Es un indicador del nivel de inflación económica.

ÍNDICE DE LIBROS PROHIBIDOS (Index Librorum Prohibitorum) Der. can. Catálogo de libros prohibidos por las leyes eclesiásticas por ser peligrosos para la fe y las costumbres. Su publicación comenzó en el s. XVI y fue abolido en 1965 por Pablo VI. En España, la Inquisición redactaba sus índices con independencia de la autoridad papal.

INDICIAR tr. **1** Dar indicios de una cosa. **2** Sospechar una cosa o venir en conocimiento de ella por indicios. **3** Dar a entender algo a uno.

INDICIO m. **1** Fenómeno que permite conocer o inferir la existencia de otro no percibido. **2** Cantidad muy pequeña de algo.

ÍNDICO Océano que baña las costas de África oriental, las meridionales de Asia y las occidentales de Oceanía y la Antártida. Tiene una extensión aproximada de 75 millones de km² y una profundidad media de 3.900 m (la máxima, en la fosa de Java, es de 7.450 m). De aguas cálidas, su zona E se caracteriza por sus grandes monzones. Se llama también mar de las Indias.

INDIFERENCIA f. Estado del ánimo en el que no se siente inclinación ni repugnancia hacia un objeto o negocio determinado.

INDIFERENTE adj. **1** No determinado por sí a una cosa más que a otra. **2** Que no importa que sea o se haga de una o de otra forma. **3** Que no despierta interés o afecto.

INDÍGENA adj. **1** Originario del país de que se trata. Aplicado a personas, también s. **2** Biol. Se dice de la especie animal o vegetal nativa de un país o área determinada.

INDIGENCIA f. Falta de medios para alimentarse, vestirse, etc.

INDIGENISMO m. **1** Estudio de los pueblos indios iberoamericanos. **2** Doctrina y partido que propugna reivindicaciones políticas, sociales y económicas para las clases trabajadoras de indios y mestizos en las repúblicas iberoamericanas. **3** Cult. y Polit. Tendencia política y cultural que revaloriza la cultura autóctona amerindia. Se estructuró como movimiento en el primer cuarto del siglo XX en México y Perú.

INDIGENISTA adj. **1** Perteneciente o relativo al indigenismo. || com. **2** Persona partidaria del indigenismo.

INDIGENTE adj. y com. Falto de medios para pasar la vida.

INDIGESTARSE prnl. **1** No sentar bien un alimento. **2** fig. y fam. No agradarle a uno alguien.

INDIGESTIÓN f. **1** Falta de digestión. **2** Trastorno que por esta causa padece el organismo.

INDIGESTO, TA adj. **1** Se dice del alimento que no se digiere fácilmente. **2** Que está sin digerir. **3** Que sufre indigestión. **4** Se aplica a la persona o cosa que resulta antipática o molesta. **5** Se dice de un escrito que resulta farragoso o difícil de comprender.

INDIGNACIÓN f. Enojo vehemente contra una persona o sus actos.

INDIGNAR tr. y prnl. Irritar, enfadar vehementemente a uno.

INDIGNIDAD f. **1** Cualidad de indigno. **2** Acción reprobable, impropia de las circunstancias del sujeto que la ejecuta, o de la calidad de aquel con quien se trata.

INDIGNO, NA adj. **1** Que no tiene mérito ni disposición para algo. **2** Que no corresponde a las circunstancias de un sujeto o es inferior a la calidad o mérito de la persona con quien se trata. **3** Vil, ruin.

ÍNDIGO m. **1** Bot. AÑIL, planta. **2** Quím. Pasta que se hace con las hojas y tallos de esta planta. **3** Quím. Colorante natural obtenido de varias plantas del género Indigofera.

INDIGUIRKA Río de la Federación de Rusia, en Siberia. Desemboca en el océano Glacial Ártico, donde forma un gran delta; 1.793 km.

indio yanomami. Roraima (Brasil).

INDIO[1], DIA adj. **1** De la India (Indias Orientales) o de América (Indias Occidentales). También s. **2** Perteneciente o relativo a estos lugares. **3** *Etnol.* Se dice de cada uno de los primitivos pueblos (o del conjunto de ellos) de América y de los actuales descendientes de aquéllos. Más como m. pl. **[Encic.]** **4** *Etnol.* Se dice también de sus individuos. También s. **5** *Etnol.* Relativo a estos pueblos. || **hacer** uno **el indio** fr. fig. y fam. Hacer el tonto para divertirse o divertir a los demás.

ETNOL y *SOCIOL.* El nombre de indio les fue dado a los nativos de América por los primeros descubridores, que creían haber llegado a la India. En EE UU y Canadá viven actualmente más de dos millones de indios, la mayoría en reservas (unas 2.250 en Canadá y 300 en EE UU). En Iberoamérica existen entre 20 y 30 millones, más del 10% de la población total. En Bolivia, Ecuador, Perú y Guatemala, representan entre el 40% y el 65% del total; en El Salvador, Honduras, Chile y México, entre el 5% y el 30%; menos del 5% en Argentina, Brasil, Belice, Colombia, Costa Rica, Guyana, Surinam, Nicaragua, Paraguay, Venezuela y Panamá; y en Uruguay y el Caribe no queda población india. Se les clasifica como una unidad racial, basándose en los caracteres físicos que aparecen de forma dominante en casi todos los pueblos; cuello grueso, pelo negro y lacio, gran capacidad torácica, predominio de la braquicefalia, mancha mongólica, aunque las notables diferencias han dividido esta unidad en varias subrazas. Se cree que su origen es asiático y que llegaron en varias oleadas a través del estrecho de Bering. También se utiliza el término *amerindio.*

INDIO[2], DIA adj. adj. **1** De color azul. || m. *Quím.* **2** Elemento químico del grupo III A del sistema periódico. Masa atómica 114,8; número atómico 49; punto de fusión 156° C; punto de ebullición 1.450° C; símbolo *In.*

INDIO Río de Nicaragua, que nace en la cordillera de Yolaina, forma la frontera entre las provincias de Zelaya y Río San Juan, y desemboca en el mar de las Antillas; 120 km.

INDIRECTA f. Medio indirecto para no expresar claramente una cosa y darla a entender.

INDIRECTO, TA adj. Que no va directamente a un fin, aunque se encamine a él.

INDISCIPLINA f. Falta de disciplina.

INDISCIPLINADO, DA adj. Falto de disciplina.

INDISCRECIÓN f. **1** Falta de discreción y de prudencia. **2** fig. Dicho o hecho indiscreto.

INDISCRETO, TA adj. **1** Que obra sin discreción. También s. **2** Que se hace sin discreción.

INDISCUTIBLE adj. No discutible por ser evidente.

INDISOLUBLE adj. Que no se puede disolver o desatar.

INDISPENSABLE adj. **1** Que no se puede dispensar ni excusar. **2** Que es necesario o muy aconsejable que suceda.

INDISPONER tr. **1** Privar de la disposición conveniente. También prnl. **2** Enemistar, malquistar. Más como prnl. || prnl. **3** Experimentar falta de salud. ♦ IRREG. Se conjuga como PONER.

INDISPOSICIÓN f. **1** Falta de disposición y de preparación para algo. **2** Quebranto leve de la salud.

INDISPUESTO, TA adj. Se dice de la persona que se siente enferma.

INDISTINTO, TA adj. **1** Que no se distingue de otra cosa. **2** Que no se percibe clara y distintamente.

INDIVIDUAL adj. **1** Relativo al individuo. **2** Particular, propio y característico de una cosa.

INDIVIDUALISMO m. **1** Aislamiento y egoísmo de cada cual, en los afectos, en los intereses, en los estudios, etc. **2** Propensión a obrar según el propio albedrío y no de concierto con la colectividad. **3** *Filos.* Sistema filosófico que considera al individuo como fundamento y fin de todas las leyes y relaciones morales y políticas.

INDIVIDUALISTA adj. **1** Se dice de la persona que tiende a pensar y obrar con independencia de los demás, o sin sujetarse a normas generales. También s. **2** Partidario del individualismo. También s. **3** Perteneciente o relativo al individualismo.

INDIVIDUALIZAR tr. Especificar una cosa.

INDIVIDUO, DUA adj. **1** INDIVIDUAL. **2** Que no puede ser dividido. || m. *Biol.* **3** Cada ser organizado, animal o vegetal, respecto a la especie a la que pertenece. || m. y f. **4** Persona perteneciente a una clase o corporación.

INDIVISIBLE adj. *Mat.* Que no admite división exacta con respecto a un divisor dado.

INDIVISO, SA adj. y s. No separado o dividido en partes.

INDIZACIÓN f. Acción y efecto de indizar.

INDIZAR tr. **1** Hacer índices. **2** *Bibl.* y *Doc.* Análisis de un documento, extrayendo de él ordenadamente datos para elaborar un índice y facilitar la recuperación de la información.

INDO Río del SE de Asia (China, India y Pakistán), que nace en los montes Kailash (Himalaya), discurre por el Tíbet, atraviesa Cachemira, Pakistán y Rajasthan y desemboca en el mar Arábigo, formando un extenso delta; 3.180 km.

INDOBLEGABLE adj. Que no desiste de su opinión, propósito, conducta, etc.

INDOCHINA La más oriental de las tres grandes penínsulas meridionales de Asia (2.272.600 km^2), bañada por el golfo de Bengala al O y por el mar de China meridional al E. Está accidentada por la cordillera oriental o anamita, la central o malaya y la occidental o birmana, entre las que se abren amplios valles, de igual orientación N-S. Constituye un país intermedio entre la República Popular China y la India. Comprende los Estados de Myanmar, Camboya, Laos, Malasia, Singapur, Tailandia y Vietnam.

INDOCHINA FRANCESA Nombre dado a las posesiones francesas en la península de Indochina. Comprendía la colonia de Cochinchina y los protectorados de Camboya, Anam, Laos y Tonquín. Durante la Segunda Guerra Mundial, los japoneses ocuparon el país y Francia se vio forzada a transferir a Japón su misión protectora en Indochina (1941). Al terminar la contienda, los franceses hubieron de reconocer el Estado de Vietnam y formar con él, Laos y Camboya la Federación Indochina, enmarcada en la Unión Francesa (1949). Los conflictos entre Francia y las tropas del movimiento independentista Vietminh se fueron recrudeciendo y generaron la *guerra de Indochina* (1946-54). Por los acuerdos de Ginebra de 1954, quedó rota la Federación. Laos y Camboya se convirtieron en Estados independientes y Vietnam quedó dividido, por el paralelo 17, en Vietnam del Norte y del Sur hasta su reunificación en 1976.

INDOCHINO, NA adj. y s. De Indochina.

INDÓCIL adj. Que no tiene docilidad.

INDOCTO, TA adj. y s. Falto de instrucción, inculto.

INDOCUMENTADO, DA adj. **1** Se dice de quien no lleva consigo documento oficial de identificación, y también de quien carece de él debiendo tenerlo. También s. **2** Que no tiene prueba fehaciente o testimonio válido. **3** fig. Ignorante, inculto.

INDOEUROPEO, A adj. *Etnol.* y *Ling.* **1** Se dice de cada una de las razas y lenguas procedentes de un origen indoario común y extendidas desde la India hasta el occidente de Europa. Constituyen un conjunto de pueblos antiguos que realizaron una serie de expansiones que los llevaron a dominar gran parte de Europa y Asia. Hasta principios del siglo XIX no se observó que gran número de lenguas antiguas y modernas presentan en su gramática y en su vocabulario numerosas semejanzas. Entonces se pensó en un origen común, y teniendo en cuenta su área de expansión se las llamó indoeuropeas o indogermanas. Se suponía, erróneamente, que teniendo un idioma común, estos pueblos estaban también emparentados antropológicamente. De ese tronco lingüístico derivan la casi totalidad de lenguas habladas desde la India hasta el occidente europeo. **2** Se dice también de la raza y lengua que dieron origen a todas ellas. También m.

Indochina. Río Nam Khan, en Louang Phrabang (Laos).

INDOGANGÉTICA, LLANURA Región del SE de Asia, en el subcontinente indio, entre la meseta del Decán al S y el Himalaya al N. Ocupa parte de Bangla Desh y los Estados indios de Assam y Bengala Occidental. Está regada por los ríos Indo, Ganges y Brahmaputra. Muy poblada y extensamente cultivada (trigo, arroz, caña de azúcar, algodón y yute), recibe abundantes lluvias de régimen monzónico.

INDOGERMÁNICO, CA adj. y s. INDOEUROPEO.

INDOIRANIO, NIA adj. y m. *Ling.* Grupo de lenguas indoeuropeas que comprende dos grandes subgrupos: el indio y el iranio. El primero comprende el sánscrito, el pácrito, el penjabí, el nepalí, el bengalí, etc. El segundo, también llamado *ario,* comprende el persa antiguo, el avéstico, el medo, el escita, etc.

INDOL m. *Quím.* Nombre común del benzopirrol, sustancia aromática, de fórmula C_8H_7N, formada por un anillo bencénico y otro pirrólico.

ÍNDOLE f. **1** Condición e inclinación natural propia de cada uno. **2** Naturaleza, calidad y condición de las cosas.

INDOLENTE adj. **1** Que no se afecta o conmueve. **2** Flojo, perezoso. **3** Insensible.

INDOLORO, RA adj. Que no causa dolor.

INDOMABLE adj. Que no se puede domar.

INDOMESTICABLE adj. Que no se puede domesticar.

INDÓMITO, TA adj. **1** No domado. **2** Que no se puede domar. **3** fig. Difícil de sujetar o reprimir.

INDONESIA *(Republik Indonesia)* Estado del SE de Asia, situado en una zona marítima que limita al N con la península de Indochina, el mar meridional de la China y las islas Filipinas; al S con Timor Oriental y el continente australiano, y al E y O con los océanos Pacífico e Índico, respectivamente.

GEOG. Geografía física. El territorio de Indonesia está constituido por las islas de Sumatra, Java, la mitad occidental de Timor, los archipiélagos de Célebes (Sulawesi) y Molucas, gran parte de Borneo, la mitad occidental de Nueva Guinea y numerosas islas adyacentes (Bali, Belitung, Bangka, Flores, Madura, Sumbawa, etc.), hasta un total de 13.660. Entre ellas existen innumerables pasos marítimos, pero los más destacados son los estrechos de Karimata, Sonda, Macasar y Molucas; en algunos puntos reciben el nombre de mares: mar de Java, mar de Sonda, mar de Banda y mar de las Molucas. La mayor parte de las islas están atravesadas por cadenas montañosas, originadas por una gran actividad volcánica que aún perdura. Las principales alturas son los volcanes Kerintji (Sumatra, 3.800 m) y Semeru (Java, 3.676 m). Los ríos principales de Sumatra son el Panai, Rokan, Kampar, Inderaniri, Musi y Mesuyi Hari; en Java destacan el Taroem y el Solo; en las Célebes, el Lasiang y Walanae; y en Borneo, el Rejang, Kapuas, Mendawai, Barito y Mahakam. El clima es ecuatorial, cálido y húmedo.

Geografía humana y económica. La prosperidad del país está basada en la agricultura tropical intensiva, concentrada principalmente en la isla de Java. En la demás islas predomina el bosque. El principal cultivo es el del arroz, base fundamental de la alimentación. Ganadería bovina, caprina, de cerda, ovina y caballar. Importante cabaña de búfalos. Produce gran cantidad de maderas y caucho. El subsuelo es rico en estaño, níquel, cobre, bauxita, petróleo y gas natural. Salvo pocas excepciones (azúcar, aceite y quina), la industria moderna ha registrado un progreso muy lento. Los habitantes de Indonesia pertenecen a tres grupos étnicos: los papúes, en las islas del SE próximas a Australia; los indonesios, que viven en las grandes islas de Sumatra, Java, Borneo y Célebes, y los malayos, que habitan las regiones costeras. Madura, Bali y, sobre todo, Java, concentran a más de las dos terceras partes de la población total. El turismo se ha convertido en una de las principales fuentes de ingresos.

HIST. Los primeros pobladores de Indonesia pertenecían a civilizaciones distintas, principalmente de origen asiático, pero también procedentes de Oceanía. Las conexiones comerciales con China y la India influyeron decisivamente en la configuración cultural y social de las islas. Se crearon reinos de influencia hinduista que

INDONESIA

Superficie: 1.907.966 km².
Población: 208.451.000 h. (indonesios).
Densidad: 109,3 h./km².
Tasa de natalidad: 23‰.
Tasa de mortalidad: 6,3‰.
Capital: Yakarta, en la isla de Java.
Ciudades principales: Surabaya, Bandung, Medan, Semarang, Palembang y Ujung Pandang (antigua Macasar).
Grupos étnicos: javanés (39,4%), sondanés (15,8%), indonesio (12,1%), madurés (4,3%), y papúes y melanesios en la isla de Nueva Guinea.
Religión: islamismo (87,2%), protestantismo (6%), catolicismo (3,6%), hinduismo (1,8%) y budismo (1%).
Idioma: bahasa indonesio (oficial), javanés, sondanés y madurés.
Moneda: rupia indonesia.
Forma de Estado: república presidencialista.
Producto Nacional Bruto: 130.600 millones de dólares.
Renta per cápita: 640 dólares.
División administrativa: 23 provincias, dos distritos autónomos y un distrito urbano, según cuadro.

Provincias *Distritos autónomos* Distrito urbano	Superficie (km²)	Población (h.)	Capitales
Bali	5.561	2.902.200	Denpasar
Bengkulu	21.168	1.415.000	Bengkulu
Borneo Central	152.600	1.637.300	Palangkaraya
Borneo Meridional	37.660	2.900.400	Banjarmasin
Borneo Occidental	146.760	3.651.800	Pontianak
Borneo Oriental	202.440	2.331.000	Samarinda
Célebes Central	69.726	1.947.500	Palu
Célebes Meridional	72.781	7.577.800	Ujung Pandang
Célebes Septentrional	19.023	2.652.300	Manado
Célebes Sudoriental	27.686	1.594.000	Kendari
Irian Occidental	421.981	1.956.300	Jayapura
Java Central	34.206	29.688.100	Semarang
Java Occidental	46.300	39.336.500	Bandung
Java Oriental	47.921	33.885.900	Surabaya
Lampung	33.307	6.680.300	Tanjungkarang
Molucas	74.505	2.094.700	Ambon
Riau	94.561	3.924.600	Pakanbaru
Sonda Occidental (Islas de la)	20.177	3.654.800	Mataram
Sonda Oriental (Islas de la)	47.876	3.582.800	Kupang
Sumatra Meridional	103.688	7.232.700	Palembang
Sumatra Occidental	49.778	4.328.200	Padang
Sumatra Septentrional	70.787	11.145.300	Medan
Yambi	44.800	2.383.400	Yambi
Aceh	*55.392*	*3.416.156*	*Banda Aceh*
Yogyakarta	*3.169*	*2.916.300*	*Yogyakarta*
Yakarta	590	9.160.500	Yakarta

en el siglo XV sucumbieron ante la influencia del Islam. La expansión europea por Indonesia comenzó con la llegada de mercaderes españoles, portugueses y neerlandeses quienes, desde el siglo XVII ejercieron el monopolio comercial. En el siglo XIX el territorio se convirtió en una colonia holandesa, denominada Indias Neerlandesas. Durante la Segunda Guerra Mundial el archipiélago fue ocupado por Japón, que puso al frente del gobierno a Ahmed Sukarno. Acabada la guerra, los nacionalistas de Sukarno proclamaron la independencia. Países Bajos intentó someterlos, aunque finalmente, tuvo que aceptar la independencia limitada en el periodo 1946-49 y completa en 1954, aunque no renunció a su soberanía en Nueva Guinea occidental hasta 1969. El presidente Sukarno disolvió por decreto la Asamblea Constituyente, puso en vigor la Constitución de 1945 y nombró un gabinete encabezado por él mismo (1959). En 1963 se hizo nombrar presidente vitalicio. Tras el golpe de Estado de Suharto y Nasution en 1965, Sukarno fue desplazado de la jefatura del Estado, que pasó provisionalmente a manos del general Suharto, elegido presidente en 1968. En 1975, las tropas indonesias invadieron la colonia portuguesa de Timor Oriental, que había declarado unilateralmente su independencia. La posterior anexión a Indonesia (1976), provocó la aparición de la guerrilla independentista. El crecimiento económico experimentado en los años setenta por la explotación de petróleo sufrió un duro golpe

Indonesia. Volcán Monte Bromo (Java).

en 1986 con la caída de los precios del crudo. La recuperación al año siguiente propició que las elecciones legislativas dieran nuevamente la mayoría absoluta al partido oficial Golkar, y las presidenciales de 1988 revalidaran el mandato de Suharto. En 1989 los estudiantes protagonizaron una serie de manifestaciones pacíficas, que fueron reprimidas por el régimen de Suharto. En 1990 se restablecieron relaciones diplomáticas con China. La crisis de los mercados asiáticos afectó la economía del país, que se vio sacudido por una fuerte conflictividad social. Pese a esto, Suharto inició su séptimo mandato en 1998, pero las protestas populares provocaron su dimisión en mayo de ese año. El vicepresidente Bacharuddin Yusuf Habibie ocupó la jefatura de Estado interinamente, inició una serie de medidas democratizadoras, convocó elecciones legislativas y presidenciales para 1999 e intentó lograr una salida negociada al conflicto de Timor Oriental mediante la celebración de un referéndum en la zona con el que se decidiría su independencia. En junio de 1999 se celebraron los comicios legislativos, en los que venció el Partido Democrático de Indonesia de Megawati Sukarnoputri. En septiembre, la victoria de las fuerzas independentistas en el referéndum convocado en Timor Oriental provocó una cruel represión por parte del ejército indonesio. Ante esta situación, se hizo inevitable el envío de una fuerza internacional pacificadora. En octubre de 1999 se celebraron los comicios presidenciales en los que venció el islamista Abdurrahman Wahid. Ese mismo mes el Parlamento aceptó la independencia de Timor Oriental. En julio de 2001 el Parlamento destituyó a Wahid, procesado por corrupción, y nombró presidenta a Megawati Sukarnoputri. En octubre de 2002 se produjo un sangriento atentado terrorista en Kuta, en la isla de Bali, atribuido a la Yemah Islamiah, grupo vinculado a Al Qaeda.

INDONESIO, SIA adj. y s. De Indonesia.

INDORE Ciudad de la India central, Estado de Madhya Pradesh; 1.091.674 h. Industria textil.

INDOSTÁN Nombre que se dio originariamente al país regado por el Indo; luego, por extensión, se aplicó a toda la gran península que forma la India.

INDOSTANÉS, SA adj. y s. Natural del Indostán.

INDOSTANÍ m. *Ling.* Nombre del dialecto más importante del hindi.

INDRE Río de Francia, afluente del Loira; 266 km.

INDRE Departamento de Francia, región Centro; 6.791 km² y 231.139 h. Capital, Châteauroux.

INDRE-ET-LOIRE Departamento de Francia, región Centro; 6.127 km² y 554.003 h. Capital, Tours.

INDUCCIÓN f. **1** Acción y efecto de inducir. **2** *Ling.* Término con que se designa la analogía en cualquiera de sus formas. **3** *Lóg.* Procedimiento lógico contrario al de la deducción, por el que a través de la observación de casos particulares se llega a principios generales. **4** *Mat.* Proceso para probar los planteamientos matemáticos que comprenden miembros de un conjunto ordenado (infinito). **5** *Quím.* Cambio en la configuración electrónica de una molécula y, por tanto, en su reactividad. || **INDUCCIÓN ELECTROMAGNÉTICA** *Fís.* Producción de fuerza electromotriz en un circuito, debido a las variaciones del flujo que lo atraviesa. || **INDUCCIÓN MAGNÉTICA** *Fís.* Magnetización inducida en materiales magnéticos. También, densidad del flujo magnético en un medio.

INDUCIDO m. *Fís.* Parte de un aparato eléctrico que es influido por un campo magnético o electromagnético principal.

INDUCIR tr. **1** Instigar a alguien. **2** *Filos.* Ascender lógicamente el entendimiento desde el conocimiento de los fenómenos a la ley o principio que virtualmente los contiene. **3** *Fís.* Producir fenómenos eléctricos o magnéticos en un cuerpo situado a cierta distancia. ♦ IRREG. Se conjuga como CONDUCIR.

INDUCTANCIA f. *Fís.* Magnitud eléctrica que sirve para caracterizar los circuitos según su aptitud para engendrar corrientes inducidas.

INDUCTIVO, VA adj. **1** Que se hace por inducción. **2** Perteneciente a ella.

INDUCTOR, RA adj. **1** Que induce. || m. **2** Zona de las máquinas eléctricas destinada a producir inducción magnética.

INDUDABLE adj. **1** Que no puede dudarse. **2** EVIDENTE, claro, patente.

INDULGENCIA f. **1** Facilidad en perdonar o disimular las culpas o en conceder gracia. **2** *Teol.* Remisión parcial o total que hace la iglesia de las penas debidas por los pecados.

INDULGENTE adj. Fácil en perdonar y disimular los yerros o en conceder gracias.

INDULINA f. *Quím.* Materia colorante azul que se obtiene por la interacción del clorhidrato de anilina y el aminoazobenceno.

INDULTAR tr. **1** Perdonar a uno la pena que tiene impuesta o conmutarla por otra menos grave. **2** Exceptuar o eximir de una ley u obligación.

Santa ***Inés.*** Cuadro de Francisco Zurbarán. Museo de Bellas Artes (Sevilla).

INDULTO m. **1** Privilegio concedido a uno para que pueda hacer lo que sin él no podría. **2** *Der.* Gracia por la cual el superior remite el todo o parte de una pena o la conmuta, o exceptúa y exime a uno de la ley o de otra cualquier obligación.

INDUMENTARIA f. **1** Estudio histórico del traje. **2** fam. Vestido, traje.

INDUMENTO m. **1** Vestimenta de persona para adorno o abrigo de su cuerpo. **2** *Bot.* Recubrimiento, generalmente en forma de pelos, que presentan algunos vegetales.

INDURACIÓN f. Acción y efecto de endurecer.

INDURÁIN, MIGUEL Ciclista español (Villava, Navarra, 1964). Es una de las grandes figuras del ciclismo de todos los tiempos, venció en la Vuelta a Cataluña (1988); en la París-Niza (1989 y 1990); en el Tour de Francia (1991, 1992, 1993, 1994 y 1995); en el Giro de Italia (1992 y 1993). En 1994 consiguió el récord de la hora. En 1996, año de su retirada, logró la medalla de oro en las olimpiadas de Atlanta en la contrarreloj individual.

INDUSIO m. *Bot.* Estructura epidérmica protectora que cubre el soro de algunos helechos.

INDUSTRIA f. **1** *Econ.* Conjunto de procesos técnicos que posibilitan la transformación de productos procedentes de la explotación directa de la naturaleza o semielaborados en otros que pueden satisfacer directamente las necesidades de la población. **2** Instalación destinada a estas operaciones. **3** *Econ.* Suma y conjunto de las industrias de uno o varios géneros, de todo un país o de parte de él. **4** *Econ.* Nombre genérico bajo el cual se comprenden todas las operaciones que concurren a la producción o incremento de la riqueza de una nación. **5** Aplicación especial del trabajo humano a un fin económico, en virtud del cual se transforman las primeras materias hasta hacerlas aptas para satisfacer las necesidades del hombre. **6** Maña y destreza o artificio para hacer una cosa.

INDUSTRIAL adj. **1** Relativo a la industria. || com. **2** Persona que vive del ejercicio de una industria.

INDUSTRIALIZAR tr. **1** Hacer que algo sea objeto de industria o elaboración. **2** Dar predominio a las industrias en la economía de un país.

INÉDITO, TA adj. Escrito y no publicado.

INEDUCACIÓN f. Carencia de educación.

INEFABLE adj. Que no se puede explicar con palabras.

INEFICACIA f. Falta de eficacia y actividad.

INELEGANCIA f. Falta de elegancia.

INELEGIBLE adj. Que no se puede elegir.

INELUCTABLE adj. Se dice de aquello contra lo cual no se puede luchar; inevitable.

INELUDIBLE adj. Que no se puede eludir.

INEMBARGABLE adj. Que no puede ser objeto de embargo.

INENARRABLE adj. INEFABLE.

INEPTO, TA adj. **1** No apto o a propósito para algo. **2** Necio o incapaz. También s.

INEQUÍVOCO, CA adj. Que no admite duda o equivocación.

INERCIA f. **1** Flojedad, inacción. **2** *Fís.* Incapacidad de los cuerpos para salir del estado de reposo, o para cesar en su movimiento sin la aplicación o intervención de alguna fuerza.

INERME adj. Que está sin armas.

INERTE adj. **1** Inactivo, estéril, inútil. **2** Desidioso.

INERVACIÓN f. **1** *Anat.* Distribución nerviosa en una zona del cuerpo. **2** *Fisiol.* Cantidad de estímulo nervioso recibido en una zona determinada del cuerpo.

INÉS, SANTA Virgen y mártir cristiana (s. III). Se cree que su martirio acaeció en la persecución de Diocleciano.

INESCRUTABLE adj. Que no se puede saber ni averiguar.

INESPERADO, DA adj. Que sucede sin esperarse.

INESTABILIDAD f. Falta de estabilidad.

INESTABLE adj. No estable.

INESTIMABLE adj. Que no puede ser estimado como corresponde por su excesivo valor.

INESTIMADO, DA adj. **1** Que está sin apreciar ni tasar. **2** Que no se estima tanto como merece estimarse.

INEVITABLE adj. Que no se puede evitar.

INEXACTO, TA adj. Que carece de exactitud.

INEXCUSABLE adj. Que no se puede excusar.

INEXISTENTE adj. **1** Que carece de existencia. **2** fig. Se dice de aquello que, aunque existe, se considera totalmente nulo.

INEXORABLE adj. **1** Que no se deja vencer por los ruegos. **2** Por extensión, que no se puede evitar.

INEXPERIENCIA f. Falta de experiencia.

INEXPLICABLE adj. Que no se puede explicar.

INEXPLORADO, DA adj. No explorado.

INEXPRESABLE adj. Que no se puede expresar.

INEXPRESIVO, VA adj. **1** Que carece de expresión. **2** Incapaz de expresar o expresarse, o que apenas lo hace.

INEXPUGNABLE adj. **1** Que no se puede tomar o conquistar a fuerza de armas. **2** fig. Que no se deja vencer ni persuadir.

INEXTENSIBLE adj. Que no se puede extender.

INEXTINGUIBLE adj. **1** No extinguible. **2** fig. De perpetua o larga duración.

INEXTRICABLE adj. Difícil de desenredar; muy intrincado y confuso.

INFALIBILIDAD f. **1** Cualidad de infalible. **2** *Teol.* Don especial de Dios a su iglesia, que asegura la conservación, sin pérdida ni falseamiento de la verdad revelada por Dios. || **INFALIBILIDAD PONTIFICIA** *Rel.* Aquella de que goza el Papa por ser cabeza visible de la iglesia y que fue definida como dogma en el concilio Vaticano I (1869-70). Para ello se requiere que el Papa hable *ex cathedra* en materia de fe y costumbres.

INFALIBLE adj. **1** Que no se puede engañar ni engañarse. **2** Seguro, cierto, indefectible.

INFAMAR tr. y prnl. Quitar la fama, honra y estimación a una persona o a una cosa personificada.

INFAME adj. **1** Que carece de honra, crédito y estimación. También s. **2** Muy malo y vil en su especie.

INFAMIA f. **1** Descrédito, deshonra. **2** Maldad, vileza en cualquier línea.

INFANCIA f. **1** Periodo de la vida del niño desde que nace hasta los comienzos de la pubertad. **2** fig. Conjunto o clase de los niños de tal edad. **3** fig. Primer estado de algo después de su nacimiento.

INFANTADO o **INFANTAZGO** m. **1** Dignidad o título de infante. **2** Territorio adscrito al infante o la infanta real.

INFANTE, TA m. y f. **1** Niño, que está en la infancia. **2** Cualquiera de los hijos legítimos del rey nacidos después del príncipe o de la princesa. **3** *Hist.* Hasta los tiempos de don Juan I se llamó así también al primogénito del rey. **4** *Mil.* Soldado que sirve a pie.

INFANTE ROJAS, JOSÉ MIGUEL Político chileno (Santiago de Chile, 1778 - íd., 1844). Participó en el proceso de independencia chileno. En 1818 fue ministro de Hacienda con O'Higgins.

INFANTERÍA f. *Mil.* Tropa que sirve a pie en la milicia.

INFANTES DE LARA LARA, LOS SIETE INFANTES DE.

INFANTICIDIO m. Muerte dada violentamente a un niño, sobre todo si es recién nacido o está próximo a nacer.

INFANTIL adj. **1** Relativo a la infancia. **2** fig. Inocente, cándido, inofensivo. **3** fig. Se dice del comportamiento parecido al del niño en un adulto.

INFANTILISMO m. **1** Cualidad de infantil. **2** Persistencia en un individuo adulto de conductas o caracteres físicos y psíquicos propios de los niños. **3** *Med.* Desarrollo incompleto de algunos órganos.

INFANZÓN, NA m. y f. *Hist.* Hijodalgo o hijadalga que en sus heredamientos tenía potestad y señorío limitados.

INFARTO m. *Med.* Necrosis de un tejido por la ausencia de flujo sanguíneo arterial. || **INFARTO DE MIOCARDIO** *Med.* El producido en el músculo cardiaco por obstrucción de las arterias coronarias, que si afecta a una zona amplia ocasiona rápidamente la muerte.

INFATIGABLE adj. Que no se cansa nunca o muy difícilmente.

INFATUAR tr. y prnl. Volver a alguien fatuo, vanidoso, engreírlo.

INFAUNA f. *Biol.* Conjunto de organismos acuáticos que viven errantes entre los materiales del fondo.

INFAUSTO, TA adj. Desgraciado, infeliz.

soldado griego (hoplita) · piquero español de los Tercios · soldado alemán de la Primera Guerra Mundial · soldado equipado para la guerra química

Infantería

INFECCIÓN f. *Med.* Penetración de gérmenes patógenos en el organismo, con o sin manifestación de enfermedad.

INFECTAR tr. y prnl. 1 Transmitir un organismo a otro los gérmenes de una enfermedad. 2 fig. Corromper con malas doctrinas o ejemplos.

INFECTO, TA adj. 1 Con infección. 2 Repugnante.

INFECUNDIDAD f. Falta de fecundidad.

INFECUNDO, DA adj. No fecundo.

INFELICIDAD f. Desgracia, suerte adversa.

INFELIZ adj. y com. 1 De suerte adversa, no feliz. 2 fam. Bondadoso y apocado.

INFERENCIA f. 1 Acción y efecto de inferir, deducir. 2 *Filos.* Proceso de razonamiento en el que, partiendo de una o más proposiciones tenidas por verdaderas, la mente pasa a otra proposición o proposiciones cuya verdad se piensa implicada en la verdad de las anteriores. 3 *Lóg.* Proceso discursivo mediante el cual se deduce una proposición de otra.

INFERIOR adj. 1 Que está debajo de otra cosa o más bajo que ella. 2 Que es menos que otra cosa en su calidad o en su cantidad. 3 Se dice de la persona sujeta o subordinada a otra. También com. 4 *Geog.* Se aplica a algunos lugares o tierras que respecto de otros están a nivel más bajo.

INFERIR tr. 1 Sacar consecuencia o deducir una cosa de otra. 2 Llevar consigo, ocasionar, conducir a un resultado. 3 Hacer o provocar ofensas, agravios, heridas, etc. ◆ IRREG. Se conjuga como SENTIR.

INFERNAL adj. 1 Relativo al infierno. 2 fig. Muy malo, dañino o perjudicial en su línea. 3 fig. y fam. Se dice hiperbólicamente de lo que causa sumo disgusto o enfado.

INFERNILLO o **INFIERNILLO** m. Aparato metálico con lamparilla de alcohol o con resistencia eléctrica para calentar.

INFESTAR tr. 1 Inficionar, apestar. También prnl. 2 Causar estragos los animales y las plantas advenedizas en los campos cultivados y aun en las casas. 3 *Pat.* Invadir el organismo agentes patógenos. 4 fig. Llenar un sitio mucha cantidad de personas o cosas. También prnl.

INFIBULAR tr. Cerrar con un anillo u objeto semejante los genitales externos para impedir el coito.

INFICIONAR tr. y prnl. 1 *Med.* INFECTAR, causar infección. 2 fig. Corromper con malas doctrinas o ejemplos.

INFIEL adj. 1 Falto de fidelidad; desleal. 2 Que no profesa la fe verdadera. También com. 3 Falto de puntualidad y exactitud.

INFIERNO m. 1 *Rel.* Según la Iglesia católica, lugar destinado por la divina justicia para eterno castigo de los que mueren en pecado mortal. 2 *Rel.* Tormento y castigo de los condenados. Éstos padecen dos penas: la de daño (estar privados de la presencia de Dios) y la de sentido (tormentos materiales, como el fuego). 3 *Mit.* Lugar adonde, según la mitología grecolatina, iban las almas después de la muerte. Más en pl. 4 fig. En Cuba, cierto juego de naipes. 5 fig. y fam. Lugar en que hay mucho alboroto y discordia. 6 fig. y fam. La misma discordia.

INFIJO, JA adj. y m. *Gram.* Se dice del afijo con función o significado propios, que se introduce en el interior de una palabra.

INFILTRAR tr. y prnl. 1 Introducir suavemente un líquido entre los poros de un sólido. 2 *Geol.* Penetrar el agua superficial en los poros y huecos del suelo, sedimentos, rocas y otros materiales. 3 *Med.* Acumular sustancias anormales en las células del cuerpo. 4 fig. Infundir en el ánimo ideas, doctrinas, etc. || prnl. 5 Penetrar subrepticiamente en territorio ocupado por fuerzas enemigas a través de las posiciones de éstas. 6 Introducirse en un partido, corporación, medio social, etc., con propósito de espionaje, propaganda o sabotaje.

ÍNFIMO, MA adj. 1 Que está muy bajo. 2 En el orden y graduación de las cosas, se dice de la que es última y menos que las demás. 3 Se dice de lo más vil y despreciable en cualquier línea.

INFINIDAD f. 1 Calidad de infinito. 2 fig. Gran número y muchedumbre de cosas o personas.

INFINITESIMAL adj. *Mat.* Se dice de la cantidad infinitamente pequeña, es decir, que tiene como límite cero.

INFINITÉSIMO, MA adj. *Mat.* Variable que tiende a cero, es decir, que tiene como límite cero.

INFINITIVO adj. y s. *Gram.* 1 Se dice de la forma del verbo que expresa la acción en abstracto sin concretar persona, tiempo ni número. Tiene morfemas definidos y posee valor verbal, como lo prueba el hecho de que admite un complemento directo; tiene matiz aspectual imperfectivo, admite pronombres enclíticos, etc. Ordinariamente es una forma no personal. En castellano adopta las terminaciones *-ar, -er, -ir,* que distinguen la primera, segunda y tercera conjugación respectivamente. || m. *Gram.* 2 Presente de infinitivo, o sea, voz que da nombre al verbo.

INFINITO, TA adj. 1 Que no tiene ni puede tener fin ni término. 2 Muy numeroso, grande y excesivo en cualquier línea. 3 Espacio sin límites. 4 *Mat.* Magnitud mayor que cualquier cantidad dada. Se representa por el símbolo ∞. || adv. m. 5 Excesivamente, muchísimo.

INFLACIÓN f. *Econ.* Situación económica en la que la demanda es superior a la oferta, lo que desencadena un alza de los precios y una depreciación de la moneda. La inflación de un país se mide por su ÍNDICE DE PRECIOS AL CONSUMO (IPC).

INFLAMABLE adj. Que se enciende con facilidad y arde desprendiendo inmediatamente llamas.

INFLAMACIÓN f. 1 Acción y efecto de inflamar o inflamarse. 2 *Med.* Respuesta local a una lesión, de una parte cualquiera del organismo, caracterizada por aumento de calor, enrojecimiento, hinchazón y dolor.

INFLAMAR tr. y prnl. 1 *Quím.* Encender una cosa que arde con facilidad desprendiendo llamas inmediatamente. 2 fig. Acalorar, enardecer las pasiones y afectos del ánimo. || prnl. *Med.* 3 Producirse inflamación.

INFLAR tr. 1 Hinchar una cosa con aire u otra sustancia aeriforme. También prnl. 2 fig. Exagerar, abultar hechos, noticias, etc. 3 fig. Engreír. También prnl.

INFLEXIBLE adj. 1 Incapaz de torcerse o de doblarse. 2 fig. Que por su firmeza y constancia de ánimo no se conmueve ni se doblega, ni desiste de su propósito.

INFLEXIÓN f. 1 Torcimiento de algo que estaba recto o plano. 2 Elevación o atenuación que se hace con la voz, quebrándola o pasando de un tono a otro. 3 *Geom.* Punto de una curva en que cambia de sentido su curvatura. 4 *Gram.* Cada una de las terminaciones del verbo, en sus diferentes modos, tiempos, números y personas; del pronombre en sus casos, y de las demás partes variables de la oración en sus géneros y números.

INFLIGIR tr. Hablando de castigos y penas físicos o morales, imponerlos o causarlos.

INFLORESCENCIA f. *Bot.* Conjunto de flores de una planta que crecen a partir de un tallo único. Pueden ser: *simples* o *compuestas* (cuando se reúnen varias simples).

INFLUENCIA f. 1 Acción y efecto de influir. 2 fig. Autoridad de una persona para con otra u otras.

INFLUENZA (Voz it.) f. *Med.* GRIPE.

INFLUIR tr. e intr. 1 Producir unas cosas sobre otras ciertos efectos. 2 fig. Ejercer una persona o cosa predominio o fuerza moral en el ánimo. 3 fig. Contribuir con más o menos eficacia al éxito de un negocio. ◆ IRREG. Se conjuga como HUIR.

INFLUJO m. Acción y efecto de influir.

INFLUYENTE adj. 1 Que influye. 2 Que goza de mucha influencia.

INFOGRAFÍA f. *Inform.* Parte de la informática especializada en la producción de imágenes y dibujos.

INFOLIO m. Libro en folio.

INFORMACIÓN f. 1 Acción y efecto de informar o informarse. 2 Oficina donde se informa sobre algo. 3 Comunicación o adquisición de conocimientos que permiten ampliar o precisar los que se poseen sobre algo. 4 Conocimientos así comunicados o adquiridos.

INFORMAL adj. y com. Se dice de la persona que no guarda las reglas ni cumple sus compromisos.

INFORMALISMO m. *Arte.* Tendencia del arte no figurativo, desarrollado en los años cincuenta. Se basa en una

informalismo. *La vida en familia.* Cuadro de Jean Dubuffet. Museo de Artes Decorativas (París).

informática. Ordenador Bull DPS-9.000.

espontaneidad que repudia los imperativos tradicionales de composición y se expresa a través de la pintura gestual (Hartung y Saura), de la riqueza de la materia (Foutrier, Dubuffet, Millares y Tàpies) o del automatismo (Wols y Michaux).

INFORMAR tr. **1** Enterar, dar noticia de algo. También prnl. **2** *Filos.* Dar forma sustancial a la materia prima. || intr. **3** Dictaminar un cuerpo consultivo, un funcionario o cualquier persona perita, sobre un asunto de su competencia.

INFORMÁTICA f. *Inform.* Conjunto de conocimientos científicos y técnicos que hacen posible el tratamiento automático de la información por medio de ordenadores electrónicos. Dentro de la informática se pueden diferenciar varios campos: informática *teórica* (análisis numérico, lenguajes, teoría de la información); *de los sistemas* (arquitectura de los ordenadores, jerarquía de los recursos, comunicación entre procesadores, redes), *tecnológica* (hardware, componentes electrónicos, semiconductores, memorias, soportes, órganos periféricos); *metodológica* (software) y *aplicada* (funciones de los ordenadores y tratamiento de la información).

INFORMATIVO, VA adj. **1** Se dice de lo que informa o sirve para dar noticia de algo. **2** *Filos.* Que informa. || m. *Radio.* y *Telev.* **3** Programa dedicado a difundir noticias.

INFORMATIZAR tr. *Inform.* Aplicar los métodos de la informática en un negocio, proyecto, etc.

INFORME[1] m. **1** Noticia o instrucción que se da sobre un asunto o suceso, o bien acerca de una persona. **2** Acción y efecto de informar o dictaminar.

INFORME[2] adj. **1** Que no tiene la forma, figura y perfección que le corresponde. **2** De forma vaga e indeterminada.

INFORTUNADO, DA adj. y s. DESAFORTUNADO.

INFORTUNIO m. **1** Suerte desdichada o fortuna adversa. **2** Estado desgraciado en que se encuentra una persona. **3** Hecho o acaecimiento desgraciado.

INFRA (Voz lat.) adv. Palabra que remite al lector de un texto a un párrafo posterior; significa abajo.

INFRA- pref. que significa inferior, inferioridad, etc.

INFRACCIÓN f. Transgresión, quebrantamiento de una ley, norma, pacto o tratado; o de una norma moral, lógica o doctrinal.

INFRAESTRUCTURA f. **1** Parte de una construcción que está bajo el nivel del suelo. **2** fig. Conjunto de elementos o servicios que se consideran necesarios para la creación y funcionamiento de una organización cualquiera.

INFRAHUMANO, NA adj. Inferior a lo que se considera propio de los humanos.

INFRANQUEABLE adj. Imposible o difícil de franquear o desembarazar de los impedimentos que estorban el paso.

INFRARROJO, JA adj. *Fís.* Se dice de la radiación electromagnética con longitudes de onda por encima de 8.000 Å. Es una radiación calorífica y el constituyente principal de la que emiten los cuerpos incandescentes.

INFRASCRIPTO o **INFRASCRITO, TA** adj. **1** Se dice del que firma al final de un escrito. También s. **2** Que aparece debajo o al final de un escrito.

INFRASONIDO m. *Fís.* Sonido cuya frecuencia de vibraciones es inferior al límite perceptible por el oído humano, con frecuencias por debajo de los 16 Hz.

INFRAVALORAR tr. No apreciar lo suficiente el valor de una cosa.

INFRAVIVIENDA f. Vivienda cuya calidad, categoría y servicios están por debajo de lo normal.

INFRECUENTE adj. Que no es frecuente.

INFRINGIR tr. Quebrantar leyes, órdenes, etc.

INFRUCTÍFERO, RA adj. **1** *Bot.* Que no produce fruto. **2** fig. Que no es de utilidad ni provecho para el fin que se persigue.

INFRUCTUOSO, SA adj. Que no produce el resultado esperado, ineficaz.

INFRUTESCENCIA f. *Bot.* Conjunto de frutos, más o menos soldados entre sí, que proceden de las flores de una inflorescencia, como el higo.

ÍNFULA f. **1** *Hist.* Adorno de lana blanca, a manera de venda, con dos tiras caídas a los lados, con que se ceñían la cabeza los sacerdotes de algunas religiones, los suplicantes y algunos reyes. Más en pl. **2** Cada una de las dos cintas anchas que penden por la parte posterior de la mitra episcopal. || f. pl. **3** fig. Presunción o vanidad. Se utiliza en la frase *darse muchas ínfulas.*

INFUMABLE adj. **1** Se dice del tabaco de pésima calidad. **2** Por extensión, inaceptable, de mala calidad.

INFUNDADO, DA adj. Que carece de fundamento real o racional.

INFUNDIO m. Mentira, patraña o noticia falsa, generalmente tendenciosa.

INFUNDIR tr. **1** fig. Causar en el ánimo un impulso moral o afectivo. **2** *Teol.* Comunicar Dios al alma un don o gracia.

INFUSIBLE adj. Que no se puede fundir.

INFUSIÓN f. **1** Acción y efecto de infundir. **2** Por extensión, bebida que se obtiene de diversos frutos o hierbas aromáticas, como té, café, manzanilla, etc., introduciéndolos en agua hirviendo. **3** *Rel.* Hablando del sacramento del bautismo, acción de echar el agua sobre el que se bautiza.

INFUSORIO, RIA adj. y s. *Zool.* CILIADO, protozoo.

INGE, WILLIAM Dramaturgo estadounidense (Independence, Kansas, 1913 - Los Ángeles, 1973). Autor de obras teatrales y el guión de la película *Esplendor en la hierba,* con el que obtuvo un Oscar (1962).

INGENIAR tr. **1** Trazar o inventar ingeniosamente. || prnl. **2** Discurrir con ingenio planes y modos para conseguir algo y ejecutarlo.

INGENIERÍA f. **1** Conjunto de conocimientos y técnicas que permiten aplicar el saber científico a la utilización de la materia y de las fuentes de energía, mediante invenciones o construcciones útiles para el hombre. **2** Profesión y ejercicio del ingeniero. || **INGENIERÍA AERONÁUTICA** La que se ocupa de proyectar y construir aeronaves, pistas, hangares, etc. || **INGENIERÍA AGRÍCOLA** *Agr.* La que trata del desarrollo y mejora de los medios para la producción de alimentos, así como de todo lo referido a la zootecnia y dirección de construcciones rurales. || **INGENIERÍA BIOMÉDICA** *Med.* La que aplica las técnicas de la ingeniería para desarrollar aparatos o sistemas que solucionen problemas médicos. || **INGENIERÍA CIVIL** La especializada en dirigir los recursos naturales para uso y comodidad del hombre. Incluye el trazado, ejecución y conservación de carreteras, canales, puertos, ferrocarriles, o cualquier otra obra relacionada con ello. || **INGENIERÍA GENÉTICA** *Biol.* La que se ocupa de la producción de nuevos genes y alteraciones del genoma por sustitución o adición de fragmentos de ADN procedentes de otra célula o individuo. || **INGENIERÍA INDUSTRIAL** La especializada en todo lo concerniente a los procesos industriales. || **INGENIERÍA DE MINAS** *Min.* La especializada en el laboreo, construcción y dirección de las minas. || **INGENIERÍA DE MONTES** *Bot.* La especializada en la cría, fomento y aprovechamiento de los montes. || **INGENIERÍA NAVAL** La que tiene a su cargo proyectar, hacer y conservar toda clase de construcciones navales. || **INGENIERÍA QUÍMICA** *Quím.* La especializada en la elaboración de productos químicos y el establecimiento y dirección de las industrias relacionadas con la química. || **INGENIERÍA DE TELECOMUNICACIONES** La especializada en todo lo referente a las comunicaciones eléctricas a distancia.

INGENIERO, RA m. y f. Persona que profesa o ejerce la ingeniería.

INGENIEROS, JOSÉ Intelectual argentino (Buenos Aires, 1877 - íd., 1925). Llegó a ser secretario del Partido Socialista Argentino. Se le deben, entre otras obras, *La simulación de la lucha por la vida* (1903), *El hombre mediocre* (1913) y *Las fuerzas morales* (1922).

INGENIO m. **1** Facultad del hombre para discurrir o inventar rápidamente y con facilidad. **2** Sujeto dotado de esta facultad. **3** Intuición, entendimiento, facultades poéticas y creadoras. **4** Industria, maña y artificio de alguien para conseguir lo que desea. **5** Chispa, talento para ver y mostrar rápidamente el aspecto gracioso de las cosas. **6** Máquina o artificio mecánico. || **INGENIO DE AZÚCAR** Conjunto de aparatos para moler la caña y obtener el azúcar. También, finca que contiene el cañamelar y las oficinas de beneficio. || **afilar,** o **aguzar,** uno **el ingenio** fr. fig. Aplicar atentamente la inteligencia para salir de una dificultad.

INGÉNITO, TA adj. **1** No engendrado. **2** Connatural y como nacido con uno.

INGENTE adj. Muy grande.

INGENUIDAD f. **1** Sinceridad, buena fe, candor, realidad en lo que se hace o dice. **2** *Der.* e *Hist.* Condición personal de haber nacido libre, en contraposición a la del manumiso o liberto.

INGENUO, NUA adj. **1** Real, sincero, candoroso, sin doblez. **2** *Der.* e *Hist.* Que nació libre y no ha perdido su libertad. También s.

INGERIR tr. Introducir por la boca la comida, bebida o medicamentos. ♦ IRREG. Se conjuga como SENTIR.

INGESTA f. *Biol.* Alimento u otras sustancias ingeridas por el cuerpo de un animal.

INGLATERRA *(England)* País del Reino Unido, que ocupa la parte SE de la isla de Gran Bretaña (el 56,7% del territorio), limitado por Escocia al N, Gales al O, el canal de la Mancha al S y el mar del Norte al E; 130.439 km² y 49.493.300 h. Capital, Londres. Otras ciudades principales son Manchester, Birmingham, Leeds y Liverpool. Predominantemente llano en el S y E, con buenos pastos y tierras fértiles, está atravesado de N a S por los montes Peninos, de escasa altura, y los montes Cheviot la separan de Escocia. Sus costas son recortadas y en ellas destacan los siguientes accidentes: las bahías de Bristol y Plymouth, los cabos Lizard y Lands End y la zona del paso de Calais, que separa Inglaterra y Francia. Entre sus principales islas se encuentran las Normandas (Jersey, Guernsey, Alderney, Sark, etc.), en la costa francesa del canal de la Mancha. Está atravesada por numerosos cursos fluviales de curso corto, entre los que destaca el Támesis (344 km). Su clima es de tipo atlántico. Cultivo de cereales y hortalizas. Importante cabaña ganadera. Es la región más industrializada del Reino Unido. Tradicionalmente se ha aplicado este nombre a todo el Reino Unido.

HIST. Durante el I milenio a. C. la isla de Gran Bretaña fue ocupada por oleadas sucesivas de pueblos celtas. La dominación romana fue comenzada por Julio César y se completó en tiempos de Claudio. En el siglo V, abandonada por Roma, la isla fue invadida por los pueblos germánicos anglo, sajón y juto, que crearon siete reinos (HEPTARQUÍA ANGLOSAJONA). Los siete reinos se unificaron finalmente en el siglo IX bajo la hegemonía de Wessex. A principios del siglo XI fue incorporada al imperio danés de Knut I, pero, extinguida su dinastía, se restauró la anglosajona con Eduardo el Confesor. En 1066 fue conquistada por Guillermo, duque de Normandía, quien derrotó a Harold II en la batalla de Hastings y estableció la dinastía normanda. Uno de sus sucesores, Enrique I, anexionó Normandía a Inglaterra en 1106. Las posesiones inglesas en Francia se incrementaron con la llegada al trono de Enrique II Plantagenet, heredero del ducado de Anjou y esposo de Leonor de Aquitania. En 1171 comenzó la conquista de Irlanda. Su hijo Ricardo Corazón de León combatió en la tercera cruzada y fue sucedido por su hermano Juan Sin Tierra, que fue derrotado por Felipe Augusto de Francia en Bouvines (1214), lo que supuso la pérdida de gran parte de las posesiones inglesas en el continente. A esto se le unieron los conflictos con Inocencio III y la nobleza, por los que se vio forzado a suscribir la Carta Magna, que limitaba el poder real en favor de los nobles. Durante el reinado de Eduardo I (1272-1307) Inglaterra se anexionó el País de Gales (1284), del que fue nombrado príncipe Eduardo II. Eduardo III inició la GUERRA DE LOS CIEN AÑOS contra Francia, que concluyó con la derrota inglesa y la pérdida de las posesiones en el continente salvo Calais. Debido a la crítica situación económica del país y al reinado despótico de Ricardo II (1377-99), se inició un periodo conflictivo que desencadenó la rebelión de los campesinos, encabezada por Wat Tyler (1381). Con la ayuda de la nobleza y el clero ocupó el trono (1399) Enrique de Lancaster, que reinó con el nombre de Enrique IV. Durante el reinado de Enrique VI tuvo lugar una nueva guerra civil, conocida como Guerra de las Dos Rosas, entre las casas de Lancaster y York. Tras la batalla de Bosworth (1485) accedió al trono la dinastía Tudor, en la figura de Enrique VII, que impulsó la quiebra del feudalismo y la instauración de la monarquía absoluta. El sometimiento de Irlanda y la boda de su hija Margarita con Jacobo IV de Escocia, supuso el inicio de unificación del futuro Reino Unido. Figura destacada de la dinastía Tudor fue Enrique VIII, cuyo enfrentamiento con Roma, por haber repudiado a su esposa legítima Catalina de Aragón, llevó a la ruptura con el catolicismo y a la creación de la iglesia anglicana protestante. Se proclamó además rey de Irlanda (1542) y por la *Ley de Unificación* (1536) asimiló Gales a la Corona. Su hija María Tudor se casó con Felipe II de España. A María le sucedió su hermanastra Isabel I, en cuyo reinado se produjo la derrota de la Armada Invencible (1588), mandada por Felipe II de España para conquistar la isla. En ese tiempo comenzó la expansión colonial, adquirió gran auge el comercio, se conquistó totalmente Irlanda y comenzó una era dorada de la literatura (Shakespeare, Marlowe, etc.). A su muerte sin sucesión Jacobo I de Escocia se proclamó soberano de Gran Bretaña (1604). Sus tendencias absolutistas y la intransigencia religiosa provocaron un conflicto entre monarquía y Parlamento que dio lugar a la guerra civil que llevó al poder al Lord Protector Oliver Cromwell (1653-58) que proclamó la República. La monarquía fue restaurada en 1660 con la dinastía escocesa de los Estuardo, a la que pertenecieron los reyes Carlos II y Jacobo II. La tentativa de restablecer el catolicismo y de imponer la autoridad real absoluta condujo a su derrocamiento por el Parlamento, que ofreció la corona a Guillermo III de Orange, estatúder de Holanda casado con María, hija de Jacobo II. Durante el reinado de Ana, hermana de María, se fusionaron las coronas inglesa y escocesa, dando origen a REINO UNIDO, que se estableció mediante el Acta de Unión en 1707.

INGLE f. *Anat.* Depresión angulosa del cuerpo entre la raíz del muslo y el abdomen.

INGLÉS, SA adj. y s. **1** De Inglaterra. || m. *Ling.* **2** Lengua perteneciente al grupo germánico occidental, hablada en el Reino Unido, EE UU, Canadá, Australia y otros países de influencia anglosajona. Reúne en sí elementos celtas, anglosajones, germánicos y latinos que provienen de las diferentes invasiones de las islas Británicas. Durante la Edad Media recibió una importante influencia de las lenguas del continente, especialmente del francés tras la invasión de la isla por los normandos. Posee una extraordinaria asimilación de palabras de otros idiomas y de creación de léxico. En la actualidad, el inglés es hablado como lengua materna por unos 350 millones de personas, de los que más de 200 millones viven en América del Norte. Se ha convertido además en lengua internacional.

Jorge **Inglés.** *La marquesa de Santillana.* Castillo de Viñuelas (Madrid).

INGLÉS, JORGE Pintor castellano de origen inglés (s. XV). Autor del retablo de la iglesia del hospital de Buitrago. Fue el introductor del estilo flamenco en Castilla.

INGLETE m. **1** *Geom.* Ángulo de 45° que con cada uno de los catetos forma la hipotenusa del cartabón. **2** Unión a escuadra de los trozos de una moldura.

INGOBERNABLE adj. Que no se puede gobernar.

INGOLSTADT Ciudad de Alemania, Land de Baviera; 110.910 h. Catedral gótica del siglo XV. Célebre universidad.

INGRATITUD f. Desagradecimiento, olvido o desprecio de los beneficios recibidos.

INGRATO, TA adj. **1** Desagradecido, que olvida o desconoce los beneficios recibidos. **2** Despacible, desa-

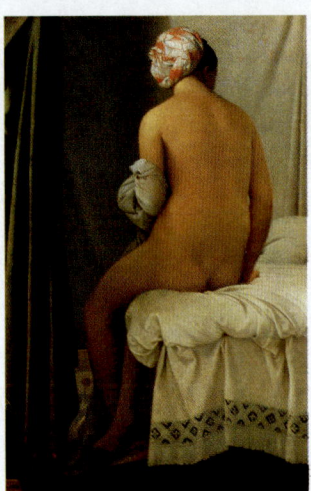

Jean-Auguste-Dominique **Ingres.** *La bañista de Valpinçon.* Museo del Louvre (París).

gradable. **3** Se dice de lo que no corresponde al trabajo que cuesta labrarlo, conservarlo o mejorarlo.

INGRÁVIDO, DA adj. **1** Ligero, suelto y tenue como la gasa o la niebla. **2** *Fís.* Se dice de lo que está asociado al movimiento de caída libre.

INGREDIENTE m. Cualquier elemento o componente que se utiliza junto a otros, en la elaboración de un remedio, bebida, guiso u otra cosa semejante. Se usa también en sentido figurado.

INGRES, JEAN-AUGUSTE-DOMINIQUE Pintor francés (Montauban, 1780 - París, 1867). Discípulo de David, considerado uno de los máximos exponentes de la escuela clásica. Su obra más representativa es *El baño turco* (1863).

INGRESAR intr. **1** Entrar en un lugar. **2** Entrar a formar parte de una corporación. **3** Entrar en un establecimiento sanitario para someterse a un tratamiento. También tr. || tr. **4** Meter algunas cosas en un lugar para su guarda. **5** Ganar regularmente por algún concepto cierta cantidad de dinero.

INGRESO m. **1** Acción de ingresar. **2** Espacio por donde se entra. **3** Acción de entrar. **4** Acto de ser admitido en una corporación o de empezar a gozar de un empleo, etc. **5** Caudal que entra en poder de uno, y que le es de cargo en las cuentas. || m. pl. **6** Ganancias económicas.

ÍNGRIMO, MA adj. *Amér.* Solo, abandonado.

INGUINAL adj. *Anat.* Relativo a las ingles.

INGUSHETIA República autónoma de la Federación de Rusia que, hasta 1992, formó parte de la antigua República autónoma de Chechenia-Ingushetia (para datos de superficie y población, véase CHECHENIA-INGUSHETIA). Su capital es Nazran.

INHÁBIL adj. **1** Falto de habilidad, talento o instrucción. **2** Que no tiene las cualidades y condiciones necesarias para hacer una cosa. **3** Que por falta de algún requisito, o por una tacha o delito, no puede obtener o servir un cargo, empleo o dignidad.

INHABILITAR tr. **1** Declarar a uno inhábil o incapaz de ejercer u obtener cargos públicos, o de ejercitar derechos civiles o políticos. **2** Imposibilitar para alguna cosa. También prnl.

INHALAR tr. **1** Aspirar gases o líquidos pulverizados. **2** Aspirar agentes medicamentosos con fines terapéuticos.

INHERENTE adj. Que por su naturaleza está de tal manera unido a otra cosa que no se puede separar. Se usa con la preposición *a*.

INHIBICIÓN f. **1** Acción y efecto de inhibir o inhibirse. **2** *Biol.* y *Quím.* Paralización o restricción de algún proceso biológico o químico.

INHIBIDOR, RA adj. *Biol.* y *Quím.* Se dice del estímulo o la sustancia que impide o retrasa el desarrollo de algún proceso o reacción.

INHIBIR tr. **1** Impedir o reprimir el ejercicio de facultades o hábitos. **2** *Der.* Impedir que un juez prosiga en el conocimiento de una causa por no ser de su competencia. **3** *Biol.* Suspender transitoriamente una función o actividad de un organismo vivo mediante la acción de un estímulo adecuado. También prnl. || prnl. **4** Eximirse de un asunto o abstenerse de entrar en él o de tratarlo.

INHOSPITALARIO, RIA adj. **1** Falto de hospitalidad. **2** Poco humano para con los extraños. **3** Se dice de lo que no ofrece seguridad ni abrigo.

INHÓSPITO, TA adj. **1** INHOSPITALARIO, que no ofrece seguridad. **2** Se dice del lugar incómodo, poco grato.

INHUMANO, NA adj. Falto de humanidad, bárbaro, cruel.

INHUMAR tr. Enterrar un cadáver.

INI Siglas del INSTITUTO NACIONAL DE INDUSTRIA.

INICIACIÓN f. **1** Acción y efecto de iniciar o iniciarse. **2** *Quím.* Intervalo de tiempo que transcurre entre el comienzo de una reacción química y su proceso verdadero.

INICIADOR, RA adj. **1** Que inicia. **2** *Quím.* Se dice del agente que provoca la descomposición inicial de una reacción en cadena.

INICIAL adj. **1** Relativo al origen de las cosas. **2** Se dice de la primera letra de una palabra. También f.

INICIAR tr. **1** Comenzar o promover una cosa. **2** Admitir a uno a la participación de una sociedad, ceremonia o cosa secreta; enterarle de ella, descubrírsela. **3** fig. Instruir en cosas abstractas o de alta enseñanza. También prnl.

INICIATIVA f. **1** Derecho de hacer una propuesta. **2** Acto de ejercerlo. **3** Acción de adelantarse a los demás en hablar u obrar. Se usa con el verbo *tomar*. **4** Cualidad personal que inclina a esta acción. **5** *Polít.* Procedimiento establecido en algunas constituciones políticas, mediante el cual interviene directamente el pueblo en la propuesta y adopción de medidas legislativas.

INICIO m. Comienzo, principio.

INICUO, CUA adj. **1** Contrario a la equidad. **2** Malvado, injusto.

INIMITABLE adj. No imitable.

ININTELIGIBLE adj. No inteligible.

ININTERRUMPIDO, DA adj. Continuado, sin interrupción.

INIQUIDAD f. Maldad, injusticia grande.

INÍRIDA Río de Colombia que tiene su origen en la vertiente oriental de los montes Yimbi, recibe varios afluentes y desemboca en el Guaviare; 450 km.

INJERIR **1** *Bot.* Injertar plantas. **2** Meter una cosa en otra. **3** Introducir en un escrito una palabra, nota, texto, etc. || prnl. **4** Entremeterse, introducirse en una dependencia, negocio, asunto, etc. ♦ IRREG. Se conjuga como SENTIR.

INJERTAR tr. **1** *Bot.* Insertar en algún órgano de una planta una parte de otra, con el fin de obtener simultáneamente los beneficios derivados de las características de ambas. **2** *Med.* Insertar, aplicar quirúrgicamente parte de un tejido o de un órgano del cuerpo en otra zona distinta de la que procede.

INJERTO m. **1** *Biol.* Acción de injertar. **2** *Biol.* Individuo injertado. **3** *Bot.* Parte de una planta con una o más yemas, que se inserta en otra o patrón, con la que se acaba soldando. **4** *Med.* Parte de tejido o de órgano que se injerta.

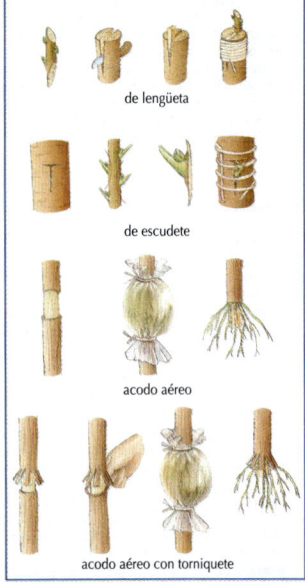

de lengüeta

de escudete

acodo aéreo

acodo aéreo con torniquete

Diversos tipos de **injerto** vegetal.

INJURIA f. 1 Agravio, ultraje de obra o de palabra. 2 Hecho o dicho contra razón o justicia.
INJURIAR tr. 1 Agraviar, ultrajar con obras o palabras. 2 Dañar o menoscabar.
INJUSTICIA f. 1 Acción contraria a la justicia. 2 Falta de justicia.
INJUSTO, TA adj. y s. Que no es justo.
INLANDSIS m. *Geol.* CASQUETE POLAR.
INMACULADA *Rel.* PURÍSIMA.
INMACULADO, DA adj. Que no tiene mancha.
INMADUREZ f. Falta de madurez.
INMADURO, RA adj. 1 No maduro. 2 Inexperto.
INMANEJABLE adj. No manejable.
INMANENTE adj. *Filos.* Se dice de lo que es inherente a algún ser o va unido de un modo inseparable a su esencia, aunque racionalmente pueda distinguirse de ella.
INMARCESIBLE adj. *Bot.* Que no se puede marchitar.
INMATERIAL adj. No material.
INMEDIACIÓN f. 1 Calidad de inmediato. || f. pl. 2 Proximidad en torno a un lugar.
INMEDIATO, TA adj. 1 Contiguo o muy cercano a otra cosa. 2 Que sucede sin interrupción, sin tardanza. || **de inmediato** loc. adv. Inmediatamente.
INMEJORABLE adj. Que no se puede mejorar.
INMEMORIAL adj. Tan antiguo que no se recuerda cuándo empezó.
INMENSIDAD f. 1 Infinidad en la extensión; atributo de Dios, que es infinito e inmensurable. 2 fig. Muchedumbre, número o extensión grande.
INMENSO, SA adj. 1 Que no tiene medida; infinito o ilimitado; y en este sentido es epíteto propio de Dios y de sus atributos. 2 fig. Muy grande o muy difícil de medirse o contarse.
INMERECIDO, DA adj. No merecido.
INMERSIÓN f. 1 *Fís.* Acción de introducir o introducirse una cosa en un líquido. 2 *Astron.* Entrada de un cuerpo celeste en la sombra de otro.
INMERSO, SA adj. 1 Sumergido, abismado. 2 fig. Ensimismado.
INMIGRACIÓN f. 1 *Econ.* y *Sociol.* Movimiento de personas hacia un territorio determinado, procedentes del mismo país (inmigración interna) o de otro (inmigración externa). 2 *Bot.* DISPERSIÓN. 3 *Zool.* MIGRACIÓN.
INMIGRAR intr. Llegar a un lugar para establecerse en él los que estaban domiciliados en otro. Se dice especialmente de los que forman nuevas colonias o se domicilian en las ya formadas.
INMINENTE adj. Que amenaza con suceder o lo va a hacer prontamente.
INMISCIBILIDAD f. *Quím.* Propiedad que poseen dos o más líquidos de no mezclarse, formando más de una fase cuando se ponen en contacto.
INMISCUIR tr. 1 *Quím.* Poner una sustancia en otra para que resulte una mezcla. || prnl. 2 Entrometerse, tomar parte en un asunto o negocio cuando no hay razón para ello. ♦ IRREG. Se conjuga como HUIR.
INMOBILIARIO, RIA adj. 1 Relativo a bienes inmuebles. || f. *Econ.* 2 Empresa o sociedad que se dedica a construir, arrendar, vender o administrar viviendas.
INMODERADO, DA adj. Que no tiene moderación.
INMODESTIA f. Falta de modestia.
INMODESTO, TA adj. Carente de modestia.
INMOLAR tr. 1 Sacrificar de modo cruento una víctima en honor de la divinidad. 2 Ofrecer una cosa en reconocimiento de la divinidad. || prnl. 3 fig. Dar la vida, la hacienda, el reposo, etc., en provecho u honor de una persona o cosa.
INMORAL adj. Que se opone a la moral o a las buenas costumbres.
INMORTAL adj. 1 No mortal, o que no puede morir. 2 fig. Que dura tiempo indefinido.
INMORTALIZAR tr. y prnl. Hacer perpetua una cosa en la memoria de los hombres.
INMOTIVADO, DA adj. Sin motivo.
INMÓVIL adj. Que no se mueve; firme, invariable.
INMOVILISMO m. Tendencia a mantener sin cambios una situación política, social, económica, ideológica, etc., establecida.
INMOVILIZADO m. *Econ.* Conjunto de bienes patrimoniales de carácter permanente y gastos amortizables de una empresa.
INMOVILIZAR tr. 1 Hacer que una cosa quede inmóvil. 2 *Com.* Invertir un caudal en bienes de lenta o difícil realización. 3 *Der.* Coartar la libre enajenación de bienes. || prnl. 4 Quedarse o permanecer inmóvil.
INMUEBLE adj. 1 Se dice de lo que, por sus características, no se puede mover. || m. 2 Casa o edificio.
INMUNDICIA f. 1 Suciedad, porquería. 2 fig. Impureza, deshonestidad.
INMUNDO, DA adj. 1 Sucio y asqueroso. 2 fig. Impuro. 3 *Rel.* Se dice de aquello cuyo uso estaba prohibido a los judíos por su ley.

INMUNE adj. 1 Libre, exento de ciertos oficios, cargos, gravámenes o penas. 2 *Biol.* Se dice de la especie provista de algún sistema de defensa especial (veneno, sabor desagradable, glándulas urticantes, etc.). Normalmente suele tener una coloración llamativa. 3 *Med.* No atacable por ciertas enfermedades.
INMUNIDAD f. 1 *Biol.* Calidad de inmune, estado de resistencia que presentan los organismos vivos al ataque de agentes infecciosos. 2 *Hist.* Privilegio local concedido a los templos e iglesias, en virtud del cual los delincuentes que a ellas se acogían no eran castigados con pena corporal en ciertos casos. 3 *Med.* Estado del organismo que le impide contraer una enfermedad. Puede ser espontáneo, adquirido después de haber sanado de una enfermedad infecciosa, adquirido por medio de vacunas. 4 *Der.* Privilegio que se concede a determinadas personas en circunstancias particulares de no ser perseguidos por la justicia. || **INMUNIDAD DIPLOMÁTICA** *Der.* y *Polít.* La que gozan los representantes diplomáticos acreditados cerca de un gobierno, sus familias y demás personal de las embajadas o legaciones que no es súbdito del país en que éstas residen. || **INMUNIDAD NATURAL** *Biol.* La que poseen desde el nacimiento los individuos de una raza, linaje o especie. || **INMUNIDAD PARLAMENTARIA** *Der.* y *Polít.* Prerrogativa de los diputados en Cortes, que los exime de ser detenidos o procesados si no lo autoriza la cámara a la que pertenecen.
INMUNIZACIÓN f. *Med.* Producción de un organismo inmune para una enfermedad transmisible específica.
INMUNIZAR tr. Hacer inmune.
INMUNOANÁLISIS m. *Med.* Método empleado para determinar la concentración existente en el cuerpo de una sustancia determinada. Los anticuerpos son sustancias muy específicas que se unen únicamente con su antígeno, por lo que para medir la concentración de una sustancia cualquiera en un tejido, basta con inyectar en el mismo el anticuerpo que dicha sustancia tenga como antígeno.
INMUNOBLASTO m. *Biol.* Linfocito de gran actividad celular conseguido mediante su activación artificial por medio del antígeno correspondiente.
INMUNODEFICIENCIA f. *Pat.* Estado caracterizado por la disminución de las defensas inmunitarias del organismo. || **INMUNODEFICIENCIA COMBINADA SEVERA** *Pat.* Grupo heterogéneo de alteraciones caracterizadas por un defecto en el desarrollo de los linfocitos T y B, linfopenia importante y deficiencia humoral y celular. || **SÍNDROME DE INMUNODEFICIENCIA ADQUIRIDA** SIDA.
INMUNODIAGNÓSTICO m. *Med.* Diagnóstico de ciertas enfermedades a través del estudio de la reacción de la sangre del paciente ante la presencia de diversos anticuerpos que actúan como inmunizadores frente a distintos agentes infecciosos.
INMUNODIFUSIÓN f. *Med.* Técnica de análisis de la formación de complejos antígeno/anticuerpo que se realiza mediante difusión en un gel de agar.
INMUNOFLUORESCENCIA f. *Biol.* Técnica de laboratorio destinada a localizar cierto tipo de sustancias, y que consiste en introducir en el tejido a estudiar anticuerpos que tienen como antígeno a la sustancia buscada. A dichos anticuerpos se les acopla un colorante fluorescente, lo que posibilita que sean fácilmente detectados a través del microscopio.
INMUNOGLOBULINA f. *Biol.* GAMMAGLOBULINA.
INMUNOLOGÍA f. *Biol.* Conjunto de conocimientos científicos relativos a la resistencia innata o adquirida de los animales superiores o del hombre a las infecciones microbianas.

INMUNOSUPRESOR, RA adj. *Farm.* Se dice de cualquier agente o sustancia que suprima la producción de anticuerpos.
INMUNOTERAPIA f. *Med.* 1 SEROTERAPIA. 2 La terapia que emplea inmunosupresores.
INMUTABILIDAD f. 1 Calidad de inmutable. 2 *Ling.* Cualidad que F. de Saussure atribuye al signo lingüístico y que alude a la imposibilidad de sufrir modificación por parte del individuo.
INMUTAR tr. y prnl. Alterar.
INN Río de Europa, que nace en los Grisones (Suiza), atraviesa el Tirol y Baviera y desemboca en el Danubio junto a la ciudad de Passau; 525 km de curso.
INNATISMO m. *Filos.* Teoría que enseña que algunas ideas son connaturales a la razón y nacen con ella.
INNATO, TA adj. Que ha nacido con el sujeto, y no se ha adquirido por educación y experiencia.
INNECESARIO, RIA adj. No necesario.
INNEGABLE adj. Que no es puede negar.
INNIVACIÓN f. *Meteor.* Se dice del periodo de tiempo que permanece un lugar cubierto por la nieve.
INNOBLE adj. 1 Que no es noble. 2 Se dice comúnmente de lo que es vil y abyecto.
INNOMINADO, DA adj. 1 Que no tiene nombre especial. 2 *Anat.* COXAL También s. y comúnmente en pl.
INNOVAR tr. Alterar las cosas introduciendo novedades.
INNSBRUCK Ciudad de Austria, capital del Estado de Tirol; 118.112 h. Turismo. Industria textil, química y alimentaria.
INNUMERABLE adj. 1 Muy abundante. 2 Incontable.
-INO *Quím.* suf. Terminación de los nombres de hidrocarburos no saturados con uno o más enlaces triples: *etino, butino.*
INOBSERVANCIA f. Falta de observancia.
INOCENCIA f. 1 Estado del alma que está limpia de culpa. 2 Exención de toda culpa en un delito o en una mala acción. 3 Candor, sencillez.
INOCENTE Nombre de diversos papas.
INOCENCIO I, SAN (Albano, ? - Roma, 417). Ocupó el solio pontificio de 401 a 417. Excomulgó a los perseguidores de san Juan Crisóstomo, pese a la oposición del emperador Arcadio (407).
INOCENCIO II (Roma, ? - íd., 1143). De nombre Gregorio Papareschi, ocupó el solio de 1130 a 1143. Convocó el II concilio Lateranense (1139), que condenó el cisma de Anacleto y definió las leyes sobre la simonía.
INOCENCIO III (Anagni, 1160 - Perugia, 1216). De nombre Giovanni Lotario, ocupó el solio pontificio de 1198 a 1216. Apoyó a Otón IV como emperador de Alemania, pero ante la actitud hostil a la iglesia que adoptó éste, lo excomulgó (1210); defendió a los gibelinos en la gran guerra de Occidente y protegió al futuro emperador Federico II, de la dinastía Hohenstaufen. Aprobó y favoreció las órdenes fundadas por santo Domingo de Guzmán y san Francisco de Asís. Predicó la cruzada contra los albigenses y convocó el IV concilio Lateranense (1215).
INOCENCIO IV (Génova, ? - Nápoles, 1254). De nombre Sinibaldo dei Fieschi, ocupó el solio pontificio de 1243 a 1254. Enemistado con el emperador de Alemania Federico II, se instaló por seguridad en Génova. Convocó un concilio en Lyon (1245) en el que fue excomulgado el monarca. En su bula *Agni sponsa nobilis* (1246), reafirmó el poder de la iglesia y su origen divino.
INOCENCIO V, BEATO (Tarentaise, h. 1225 - Roma, 1276). De nombre Pierre de Tarentaise, ocupó el solio pontificio durante unos meses en 1276. Pacificó los Estados Pontificios con ayuda del cardenal Gil Álvarez de Carrillo.

Innsbruck (Austria).

Inocencio VII. Mosaico de la iglesia de San Pablo (Roma).

Inocencio VI (Mont, ? - Aviñón, 1362). De nombre Étienne Aubert, ocupó el solio pontificio de 1352 a 1362. Fue obispo de Noyon (1338) y Clermont (1340) y cardenal-obispo de Ostia (1342). Publicó en 1356 la Bula de oro.

Inocencio VII (Sulmona, h. 1336 - Roma, 1406). De nombre Cosimo de' Migliorati, ocupó el solio pontificio de 1404 a 1406. Fue cardenal-obispo de Rávena, y obispo y cardenal de Bolonia. Durante su pontificado se mantuvo el Cisma de Occidente.

Inocencio VIII (Génova, 1432 - Roma, 1492). De nombre Giovanni Battista Cibo, ocupó el solio pontificio de 1484 a 1492. Reglamentó la represión de la brujería en la bula *Summis desirantes* (1484), hizo la guerra a Fernando, rey de Nápoles y organizó la cruzada contra los valdenses.

Inocencio IX (Bolonia, 1519 - Roma, 1591). De nombre Giovanni Antonio Facchinetti, ocupó el solio pontificio durante unos meses en 1591. Concurrió al concilio de Trento (1566) y fue patriarca de Jerusalén (1583).

Inocencio X (Roma, 1574 - íd., 1655). De nombre Giovanni Battista Pamphili, ocupó el solio pontificio de 1644 a 1655. Condenó la paz de Westfalia y las cinco proposiciones de Jansenio (1653). Practicó el nepotismo.

Inocencio XI, beato (Como, 1611 - Roma, 1689). De nombre Benedetto Odescalchi, ocupó el solio pontificio de 1676 a 1689. Se enfrentó a Luis XIV por la cuestión de las regalías y colaboró en la lucha contra los turcos. Proscribió los errores de Molinos, primer autor del quietismo (1687), así como las doctrinas del laxismo y el probabilismo. Fue beatificado en 1956.

Inocencio XII (Spinazzolo, 1615 - Roma, 1700). De nombre Antonio Pignatelli, ocupó el solio pontificio de 1691 a 1700. Promulgó la bula *Romanum decet Pontificem* (1692) prohibiendo el nepotismo y condenó la obra de Fénelon, *Explicación de las máximas de los santos* (1699). Hizo importantes concesiones al galicanismo. Pidió al rey de España, Carlos II, que estableciera la sucesión en la persona del Borbón Felipe V.

Inocencio XIII (Roma, 1655 - íd., 1724). De nombre Michelangelo dei Conti, ocupó el solio pontificio de 1721 a 1724. Fue arzobispo de Tarso y nuncio en Suiza y en Lisboa. Hizo que el Santo Oficio confirmase la bula *Unigenitus* (1722). Prohibió a los jesuitas la utilización de los llamados ritos chinos, utilizados por éstos en su predicación en China.

inocentada f. Broma que se da a uno en el día de los Santos Inocentes.

inocente adj. **1** Libre de culpa. También com. **2** Sin malicia, ingenuo. **3** Que no daña, que no produce mal.

inocular tr. y prnl. **1** *Med.* Transmitir por medios artificiales una enfermedad contagiosa. **2** Pervertir, contaminar. **3** Introducir en el organismo un suero, vacuna, etc.

inocuo, cua adj. **1** Que no hace daño. **2** Que carece de interés.

inodoro, ra adj. **1** Que no tiene olor. || m. **2** Taza del retrete.

inofensivo, va adj. Incapaz de ofender o de causar daño.

Inönü, Ismet Militar y político turco (Esmirna, 1884 - Ankara, 1973). Consejero de Kemal Ataturk y sucesor suyo en la presidencia de la República (1939-50), tras el golpe de Estado de 1960 fue designado jefe del gobierno turco (1961-65). En 1972 renunció a la presidencia del Partido Republicano del Pueblo, cargo que ocupaba desde 1938.

inoperante adj. No operante, ineficaz.

inopia f. Indigencia, escasez. || **estar en la inopia** fr. fig. y fam. Ignorar alguna cosa que otros conocen.

inopinado, da adj. Que sucede sin esperarlo.

inoportuno, na adj. y s. Fuera de tiempo o de propósito.

inorgánico, ca adj. **1** Se dice de cualquier cuerpo sin vida, como los minerales. **2** *Quím.* Se dice de los compuestos químicos en cuya composición no figura el carbono como elemento fundamental.

inosilicato m. **1** *Miner.* Mineral silicato con una estructura cristalina formada por tetraedros de silicio y oxígeno que se disponen formando cintas o cadenas, dobles o sencillas, de estructura abierta o cerrada. **2** *Quím.* Silicato caracterizado por tener los tetraedros de su composición dispuestos en largas cadenas simples o dobles.

inoxidable adj. *Quím.* Que no se puede oxidar.

input (Voz i.) m. **1** *Fís.* Señal que se aplica a un circuito eléctrico, como puede ser un circuito lógico. **2** *Inform.* Introducción de datos en un sistema de proceso o en un dispositivo periférico; también se llama así a los datos que se introducen. **3** *Econ.* Cantidad de energía, producto o servicio que interviene en la producción de cierto número de bienes o servicios.

input-output (Expr. i.) m. **1** *Inform.* Parte de un ordenador que se dedica a pasar información fuera o dentro de una unidad central de proceso. Significa «entrada-salida» y se abrevia *I/O*. **2** *Econ.* Tabla estadística encaminada a descubrir las relaciones de interdependencia entre los factores económicos públicos o privados. Se trata de un sistema de contabilidad por partida doble, por el que cada sector económico contabiliza lo que da a los demás y lo que recibe de los que le circundan, en concepto de producción, servicio, inversiones, etc.

inquebrantable adj. Que persiste sin quebranto, o no puede quebrantarse.

inquietar tr. y prnl. Quitar el sosiego, o la tranquilidad.

inquieto, ta adj. **1** Que no está quieto. **2** fig. Preocupado. **3** Desasosegado, agitado, nervioso.

inquietud f. **1** Falta de quietud, desasosiego. **2** Inclinación intelectual hacia una materia determinada. Más en pl.

inquilino, na m. y f. **1** Persona que ha tomado una casa o parte de ella en alquiler para habitarla. **2** *Biol.* Animal huésped que vive habitualmente en el cubil de otro y toma parte de su alimento. **3** *Der.* Arrendatario.

inquina f. Aversión, mala voluntad.

inquirir tr. Indagar, examinar cuidadosamente una cosa. ♦ IRREG. Se conjuga como ADQUIRIR.

Inquisición. *Auto de fe.* Cuadro de Pedro Berruguete. Museo del Prado (Madrid).

Inquisición *Hist.* Tribunal eclesiástico establecido para perseguir la herejía y demás delitos contra la fe. Históricamente tuvo dos manifestaciones distintas: la Inquisición medieval, vinculada al pontificado, y la Inquisición española, establecida por los Reyes Católicos. El primitivo tribunal de la Inquisición fue creado por Gregorio IX en 1231 con el objeto de frenar el avance de la herejía de los albigenses en el S de Francia. En 1235 se constituyó en diferentes países de Europa con el consentimiento de Federico II. Encomendada a los dominicos, era una instancia extraordinaria cuyo poder procedía directamente del Papa. La tortura fue admitida por Inocencio IV (bula *Ad Extirpanda*, 1252) como procedimiento para obtener la confesión. Posteriormente su utilización fue confirmada por Alejandro IV (1259) y Clemente IV (1265). En España se introdujo en la Corona de Aragón, con Jaime I. Su constitución definitiva tuvo lugar en el concilio de Tarragona (1242). El establecimiento de la Inquisición en los diferentes reinos hispánicos y luego en América se debió a la iniciativa de los Reyes Católicos, tras una serie de negociaciones con Sixto IV, entre 1478 y 1483. A diferencia de la institución medieval, el nuevo tribunal o Santo Oficio se organizó con independencia de la Santa Sede, bajo la jurisdicción de la corona. Su actuación se centró en la represión del judaísmo, y, después de la expulsión de los judíos (1492), en la persecución de los falsos conversos, la bigamia, la blasfemia, la brujería, los libros prohibidos, etc. El órgano rector era el Consejo Supremo de la Inquisición, del que dependían los tribunales provinciales. Las sentencias eran hechas públicas en los autos de fe y las condenas a muerte, ejecutadas por la justicia secular. Fue suprimida por las Cortes de Cádiz en 1813. Fernando VII la reimplantó en 1814 y fue definitivamente abolida por María Cristina en 1834.

inquisidor, ra adj. y s. **1** Que inquiere. || m. *Hist.* **2** Juez eclesiástico del tribunal de la Inquisición. **3** En Aragón, cada uno de los jueces que el rey, el lugarteniente o los diputados nombraban para hacer inquisición de la conducta del vicecanciller y de otros magistrados, o de los contrafueros cometidos por ellos, a fin de castigarlos según sus delitos. || **inquisidor general** *Hist.* Supremo inquisidor, a cuyo cargo estaba el gobierno del Consejo de Inquisición y de todos sus tribunales.

inri m. **1** Nombre que resulta de leer como una palabra las iniciales de *Iesus Nazarenus Rex Iudaeorum*, rótulo latino de la Santa Cruz. **2** fig. Nota de burla o de afrenta. || **para más inri** loc. Para mayor escarnio.

insaciable adj. Imposible o difícil de saciar o satisfacer.

insacular tr. **1** Poner en un saco o urna, cédulas o boletas para sacar una o más por suerte. **2** Introducir votos secretos en una bolsa o urna para proceder después al escrutinio.

insalivar tr. Mezclar en la boca los alimentos con la saliva.

insalubre adj. Perjudicial para la salud, malsano.

insalvable adj. Que no se puede salvar.

insania f. Locura, privación del juicio.

insano, na adj. **1** Loco, furioso. **2** MALSANO.

insatisfactorio, ria adj. Que no produce satisfacción.

insatisfecho, cha adj. No satisfecho.

inscribir tr. **1** Apuntar el nombre de una persona en una lista, etc. **2** Grabar letreros. **3** *Geom.* Trazar una figura dentro de otra, de modo que estén ambas en contacto en varios de los puntos de sus perímetros. ♦ Su participio pasivo es irregular: *inscrito*.

inscripción f. **1** Acción y efecto de inscribir o inscribirse. **2** Escrito grabado en piedra, metal u otra materia.

inscrito, ta adj. *Geom.* **1** Se dice de la circunferencia o el círculo trazado dentro de un polígono, siendo los lados de éste tangentes a la curva. **2** Se dice del ángulo cuyo vértice está sobre una circunferencia y vale la mitad del arco que abarca. **3** Se dice del polígono cuyos vértices están sobre una circunferencia.

insectario m. *Zool.* Centro de conservación para el estudio de insectos.

insecticida adj. y m. *Quím.* Se dice del producto químico que sirve para controlar y destruir las poblaciones de insectos, en general los nocivos para la agricultura.

insectívoro, ra adj. y s. **1** *Bot.* Se dice de la planta que captura insectos y los digiere. **2** *Zool.* Se dice del animal zoófago que principalmente se alimenta de insectos, como los anfibios. **3** *Zool.* Se dice de los mamíferos placentados más primitivos, de pequeño o mediano tamaño, con el hocico prolongado y dientes pequeños, aptos para perforar las cubiertas quitinosas de los insectos que les sirven de alimento. || m. pl. *Zool.* **4** Orden de estos mamíferos.

insecto adj. y m. *Zool.* **1** Se dice del artrópodo antenado, con el cuerpo cubierto de quitina y dividido en cabeza, tórax y abdomen, provisto de tres pares de patas y, en la mayoría de los casos, de dos pares de alas. **[Encic.]** || m. pl. *Zool.* **2** Clase de estos artrópodos. || **insecto social** *Zool.* El que vive formando parte de una comunidad constituida por numerosos individuos de aspectos diferentes que, de manera jerarquizada, cumplen cometidos específicos. Más en pl.

Zool. El grupo de los insectos reune casi un millón de especies. El cuerpo se divide en tres regiones: cabeza, tórax y abdomen. En la cabeza se sitúa un solo par de antenas, los ojos simples y compuestos, y las piezas bucales. El aparato bucal varía según los hábitos alimenticios de las especies. Puede ser: *masticador, lamedor, chupador* o *picador*. Las patas están divididas en cinco segmentos: *coxa, trocánter, fémur, tibia* y *tarso*.

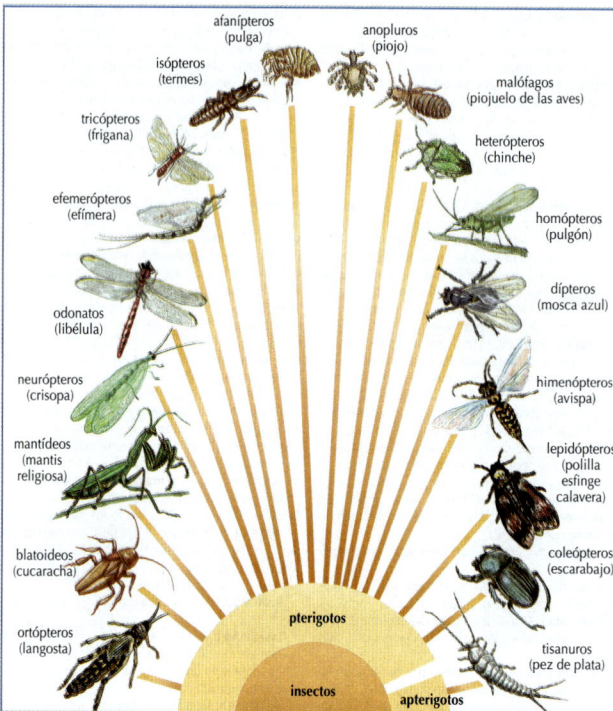

insecto. Órdenes de insectos.

Las alas suelen ser expansiones laminares dotadas de fina nerviación. El sistema nervioso está integrado por ganglios y nervios dispuestos como los peldaños de una escalera. El sistema respiratorio está compuesto por tráqueas, que se abren al exterior a través de unos orificios o *estigmas*, situados en el abdomen. El sistema excretor lo constituyen los tubos de Malpigi, que desembocan en el tubo digestivo. Se reproducen normalmente por huevos, que se pueden desarrollar con o sin metamorfosis.

INSEGURO, RA adj. Falto de seguridad.
INSELBERG *Geol.* Elevación residual, de pendientes escarpadas, producida por la erosión.
INSEMINACIÓN f. *Biol.* Entrada del espermatozoide en el óvulo. || **INSEMINACIÓN ARTIFICIAL** *Biol.* Unión de dos células germinativas que tiene lugar por introducción artificial del semen en el aparato genital de la hembra.
INSEMINAR tr. *Biol.* Producir la inseminación.
INSENSATEZ f. **1** Necedad, falta de sentido o de razón. **2** fig. Dicho o hecho insensato.
INSENSATO, TA adj. y s. Tonto, fatuo, sin sentido.
INSENSIBILIDAD f. Falta de sensibilidad.
INSENSIBILIZAR tr. y prnl. Quitar la sensibilidad.
INSENSIBLE adj. **1** Que carece de sensibilidad. **2** Que no se puede percibir.
INSEPARABLE adj. **1** Que no se puede separar. **2** fig. Se dice de las personas estrechamente unidas entre sí. También s.
INSERTAR tr. Incluir, introducir una cosa en otra, intercalar.
INSERVIBLE adj. No servible o que no está en estado de servir.
INSIDIA f. Engaño o asechanza para hacer daño a otro.
INSIGNE adj. Célebre, famoso.
INSIGNIA f. **1** Señal, emblema. **2** *Mar.* Bandera que, puesta al tope de uno de los palos del buque, denota la graduación del jefe que lo manda. || **BUQUE INSIGNIA** BUQUE. También fig., persona, institución, empresa, etc. que constituye la de mayor importancia o valor dentro de un grupo homogéneo.
INSIGNIFICANTE adj. Baladí, pequeño, despreciable.
INSINUAR tr. **1** Dar a entender una cosa, sin más que indicarla ligeramente. || prnl. **2** fig. y fam. Dar a entender con sutileza el deseo de relaciones amorosas.
INSÍPIDO, DA adj. **1** Falto de sabor. **2** Falto de gracia o interés.
INSISTENCIA f. Permanencia, reiteración acerca de una cosa.
INSISTIR intr. **1** Pedir algo reiteradamente. **2** Persistir o mantenerse firme en una cosa. **3** Repetir o hacer hincapié en algo.

INSOBORNABLE adj. Que no puede ser sobornado.
INSOCIABLE adj. Intratable e incómodo en la sociedad.
INSOLACIÓN f. Conjunto de trastornos producidos por una exposición excesiva a los rayos solares.
INSOLAR tr. **1** Poner al sol una cosa, como hierba, planta, etc., para facilitar su fermentación, o secarla. **2** Exponer a la acción de la luz artificial una placa sensibilizada a través de un negativo o positivo para que éstos se impresionen en la placa. || prnl. **3** Enfermar por una excesiva exposición a los rayos solares.
INSOLENCIA f. **1** Atrevimiento, descaro. **2** Dicho o hecho ofensivo e insultante.
INSOLENTE adj. y com. Desvergonzado, irrespetuoso.
INSÓLITO, TA adj. No común ni ordinario, desacostumbrado.

INSOLUBLE adj. **1** Que no puede disolverse. **2** Que no se puede solucionar.
INSOLVENCIA f. Incapacidad de pagar una deuda.
INSOLVENTE adj. y com. Que no tiene medios para pagar sus deudas.
INSOMNIO m. Incapacidad prolongada de dormir.
INSONDABLE adj. **1** Que no se puede sondear. **2** fig. Que no se puede comprender.
INSONORIZAR tr. Aislar de sonidos o ruidos exteriores un local, cabina, etc., o atenuar los que se producen en su interior.
INSONORO, RA adj. Que no produce o no transmite sonido.
INSOPORTABLE adj. Intolerable, que no se puede soportar.
INSOSLAYABLE adj. Que no puede soslayarse, ineludible.
INSOSPECHADO, DA adj. No sospechado.
INSOSTENIBLE adj. **1** Que no se puede sostener. **2** fig. Que no se puede defender con razones.
INSPECCIÓN f. **1** Acción y efecto de inspeccionar. **2** Casa, despacho u oficina del inspector.
INSPECCIONAR tr. Examinar, reconocer atentamente una cosa.
INSPECTOR, RA adj. y s. **1** Que inspecciona. || m. y f. **2** Funcionario público o particular que tiene a su cargo la inspección y vigilancia en el ramo a que pertenece.
INSPIRACIÓN f. **1** Impulso, estímulo creador. **2** Acción y efecto de inspirar.
INSPIRAR tr. **1** *Fisiol.* Atraer el aire exterior a los pulmones, aspirar. **2** fig. Sugerir ideas creadoras. También prnl. **3** Suscitar un sentimiento. || prnl. **4** Tomar algo como punto de partida para la creación.
INSTALACIÓN f. **1** Acción y efecto de instalar o instalarse. **2** Conjunto de cosas instaladas.
INSTALAR tr. **1** Poner o colocar algo en su lugar debido. También prnl. **2** Colocar en un lugar o edificio los enseres y servicios que en él se hayan de utilizar, como los conductos de agua, aparatos para la luz, etc. || prnl. **3** Establecerse.
INSTANCIA f. **1** Solicitud. **2** Apelación. **3** Acción y efecto de instar. || **a instancias de** loc. prepos. A petición de. || **en última instancia** loc. adv. Como último recurso, en definitiva.
INSTANTÁNEA f. *Fot.* **1** Plancha fotográfica que se obtiene instantáneamente. **2** Estampa de la plancha así obtenida.
INSTANTÁNEO, A adj. Que sólo dura un instante.
INSTANTE m. **1** Porción brevísima de tiempo. **2** Momento. || **a cada instante**, o **cada instante** loc. adv. Frecuentemente, a cada paso. || **al instante** loc. adv. Luego, al punto, sin dilación.
INSTAR tr. **1** Insistir en una petición, rogar. **2** Urgir la pronta ejecución de una cosa.
INSTAURAR tr. Establecer, fundar, instituir.
INSTIGAR tr. Incitar, inducir a alguien a que haga una cosa.
INSTINTIVO, VA adj. Que es obra, efecto, resultado del instinto.
INSTINTO m. **1** Conjunto de pautas de conducta que se transmiten genéticamente, y que contribuyen a la

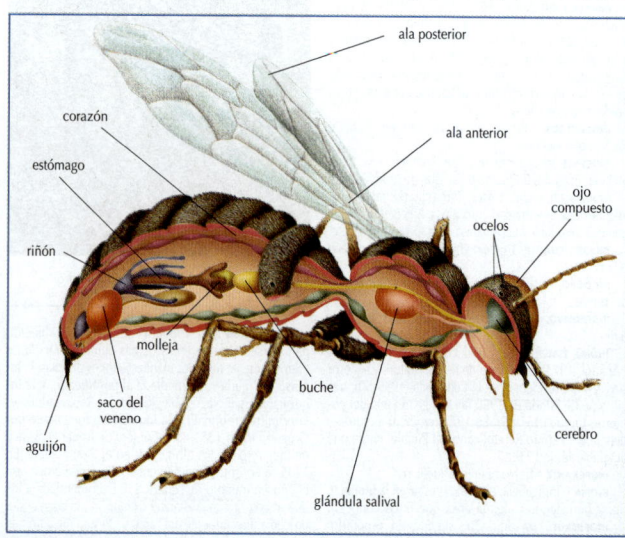

insecto. Anatomía.

conservación de la vida del individuo y de la especie. 2 Tendencia o capacidad innata. || **por instinto** loc. adv. Por un impulso o propensión maquinal o indeliberada.

INSTITUCIÓN f. 1 Acción y efecto de instituir. 2 Cosa instituida o fundada. 3 Organismo que desempeña una función de interés público, especialmente educativa o benéfica. 4 *Polít.* Cada una de las organizaciones fundamentales de un Estado. || **INSTITUCIÓN DE HEREDERO** *Der.* Nombramiento que en el testamento se hace de la persona que ha de heredar. || **ser** uno **una institución** loc. fig. Gozar de gran prestigio dentro de un grupo social.

INSTITUCIÓN LIBRE DE ENSEÑANZA *Hist.* y *Pedag.* Institución pedagógico-cultural española, fundada en 1876 por un grupo de profesores krausistas, entre ellos F. y H. Giner de los Ríos, G. de Azcárate, J. Costa, N. Salmerón, E. Montero Ríos y L. Figuerola. Su sistema pedagógico se basaba en el laicismo, la coeducación, la libertad de cátedra, las prácticas deportivas y los trabajos manuales. Ejerció gran influencia en el sistema educativo superior y en la cultura española de finales del siglo XIX y principios del XX. Vinculadas a la Institución se crearon una serie de fundaciones como la Residencia de Estudiantes. La Institución fue cerrada en 1939 y sus bienes expropiados en 1940.

INSTITUCIONALIZAR tr. 1 Convertir algo en institución. También prnl. 2 Conferir el carácter de institución.

INSTITUIR tr. Fundar, establecer. ♦ IRREG. Se conjuga como HUIR.

INSTITUTO m. 1 En España, centro oficial en el que se siguen los estudios de enseñanza media. 2 Corporación científica, benéfica, cultural, etc. 3 Organismo perteneciente a la administración de un Estado o nación.

INSTITUTO NACIONAL DE INDUSTRIA (INI) Organismo estatal de España, creado en 1941, para gestionar las empresas de titulación pública e impulsar la industrialización en España bajo los principios de la política de autarquía. En 1968 pasó a depender del ministerio de Industria. A mediados de los ochenta se inició un proceso de privatización. El INI desapareció como tal en 1995, dividiéndose en la Agencia Industrial del Estado y la Sociedad Estatal de Participaciones Industriales.

INSTITUTRIZ f. Maestra encargada de la educación o instrucción de uno o varios niños en el hogar doméstico.

INSTRUCCIÓN f. 1 Acción y efecto de instruir o instruirse. 2 Conjunto de conocimientos adquiridos por una persona. 3 Conjunto de reglas, normas o disposiciones para algún fin. Más en pl. 4 Conjunto de enseñanzas, prácticas, etc., para el adiestramiento del soldado. || **INSTRUCCIÓN MILITAR** *Mil.* La que se da en el cuartel a los reclutas. || **INSTRUCCIÓN PÚBLICA** La que se da en un establecimiento sostenido por el Estado.

INSTRUIR tr. 1 Enseñar. También prnl. 2 Comunicar sistemáticamente ideas o conocimientos. 3 Formalizar un proceso o expediente conforme a determinadas reglas. ♦ IRREG. Se conjuga como HUIR.

INSTRUMENTAL adj. 1 Relativo a los instrumentos, especialmente a los musicales. 2 Que sirve de instrumento o tiene función de tal. 3 *Mús.* Se dice de la canción compuesta para ser ejecutada sólo con instrumentos, sin voz cantante. || m. 4 Conjunto de instrumentos que se emplean en una actividad.

INSTRUMENTALIZAR tr. fig. Utilizar algo o a alguien como instrumento para conseguir sus propios fines.

INSTRUMENTAR tr. 1 Arreglar una composición musical para varios instrumentos o voces. 2 Disponer, preparar.

INSTRUMENTO m. 1 Aparato, máquina. 2 Aquello de que nos servimos para hacer una cosa. 3 *Mús.* Conjunto de piezas dispuestas para producir sonidos musicales. Pueden ser de cuerda, de viento y de percusión.

INSUBORDINACIÓN f. Falta de subordinación, rebeldía.

INSUFICIENCIA f. 1 Falta de suficiencia o de inteligencia. 2 Escasez de una cosa. 3 *Med.* Incapacidad de un órgano para realizar adecuadamente sus funciones.

INSUFICIENTE adj. No suficiente.

INSUFLAR tr. 1 Introducir en un órgano o en una cavidad un gas, un líquido o una sustancia en polvo. 2 fig. Dar, proporcionar.

INSUFRIBLE adj. Que no se puede sufrir o tolerar.

ÍNSULA f. 1 Isla. 2 fig. Lugar pequeño o de poca importancia.

INSULAR adj. y s. De una isla.

INSULAR Región de Ecuador, integrada por la provincia de Galápagos; 8.010 km² y 13.976 h.

INSULAR Región de Guinea Ecuatorial; 2.034 km² y 70.280 h. Comprende las provincias de Annobón, Bioko Norte y Bioko Sur.

INSULINA f. 1 *Fisiol.* Hormona segregada por el páncreas, que mantiene constante el nivel de glucosa en sangre, regulando así el metabolismo de los hidratos de carbono. 2 *Farm.* Medicamento hecho con esta sustancia que se usa en el tratamiento de la diabetes.

INSULINDIA Conjunto de islas, al SE de Asia. Comprende Sumatra, Java, Borneo, Célebes, Molucas, etc., que forman, en su mayoría, la República de Indonesia, y Filipinas.

INSULSEZ f. 1 Calidad de insulso. 2 Dicho insulso.

INSULSO, SA adj. 1 Insípido. 2 fig. Falto de gracia.

INSULTANTE adj. Se dice de las palabras o acciones con que se insulta.

INSULTAR tr. Ofender con palabras o acciones.

INSUMERGIBLE adj. No sumergible.

INSUMISIÓN f. 1 Falta de sumisión. 2 Negativa a realizar el servicio militar obligatorio o cualquier otro tipo de prestación civil que lo sustituya.

INSUMISO, SA adj. 1 Rebelde, no sumiso. || m. 2 Persona que practica la insumisión contra el servicio militar.

INSUMO m. *Econ.* Bienes empleados en la producción de otros bienes.

INSUPERABLE adj. No superable.

INSURGENTE adj. y com. Levantado o sublevado.

INSURRECCIÓN f. Sublevación, rebelión.

INSURRECTO, TA adj. y s. Rebelde.

INSUSTANCIAL adj. De poca o ninguna sustancia.

INSUSTITUIBLE adj. Que no puede sustituirse.

INTACHABLE adj. Que no admite o merece tacha.

INTACTO, TA adj. Que no ha padecido alteración, menoscabo o deterioro.

INTANGIBLE adj. 1 Que no debe o no puede tocarse. || m. pl. *Econ.* 2 Conjunto de actividades, inversiones o valores (diseños industriales, capacitación de los empleados, estrategias comerciales, etc.), que carecen de materialización concreta en activos, materias primas o productos acabados.

INTEGRACIÓN f. 1 Acción y efecto de integrar o integrarse. 2 *Econ.* Concentración en una sola unidad de producción de todas las operaciones que componen el proceso productivo. Se aplica también a los procesos de creación de grandes mercados de carácter supranacional o regional mediante uniones aduaneras o económicas. 3 *Fisiol.* Proceso que tiene lugar en la corteza cerebral, mediante la cual ésta coordina la actividad de todos los órganos nerviosos. 4 *Mat.* Conjunto de procedimientos mediante los cuales es posible el cálculo de una integral.

INTEGRAL adj. 1 Global, total. 2 Se aplica a las partes que entran en la composición de un todo. 3 *Mat.* Se dice del signo con que se indica la integración matemática. || f. *Mat.* 4 Función solución de una diferencial o de una ecuación diferencial.

INTEGRANTE adj. 1 Que integra. 2 Se dice de las partes que forman parte de un todo.

INTEGRAR tr. 1 Completar un todo con las partes que le faltaban. 2 Formar las partes de un todo. 3 *Mat.* Determinar la integral de una función. || prnl. 4 Unirse a un grupo para formar parte de él.

INTEGRINA f. *Biol.* Nombre de varias proteínas heterodiméricas de la superficie celular implicadas en las interacciones célula-célula y célula-matriz extracelular.

INTEGRISMO m. 1 Actitud de ciertos sectores religiosos, ideológicos o políticos, partidarios de la inalterabilidad de las doctrinas. 2 FUNDAMENTALISMO.

ÍNTEGRO, GRA adj. 1 Se dice de aquello en que no falta ninguna de sus partes. 2 Recto, intachable.

INTELECTO m. ENTENDIMIENTO.

INTELECTUAL adj. 1 Relativo al entendimiento. 2 Se dice de la persona dedicada al cultivo de las ciencias y letras. También com.

INTELIGENCIA f. 1 Facultad de conocer, comprender y entender las cosas. 2 Habilidad, destreza y experiencia. || **INTELIGENCIA ARTIFICIAL** *Inform.* Conjunto de técnicas que, mediante el empleo de ordenadores, permite resolver problemas cuya solución corresponde a la inteligencia humana.

INTELIGENTE adj. 1 Dotado de inteligencia. 2 Que tiene gran capacidad intelectual. También com.

INTELIGIBLE adj. Que puede ser entendido.

INTELLIGENTSIA (Voz rusa.) f. *Hist.* En la Rusia prerrevolucionaria, grupo de intelectuales de tendencia más o menos radical que proponía intervenir contra la autocracia zarista.

INTEMPERANTE adj. Destemplado o falto de templanza.

INTEMPERIE f. Desigualdad del tiempo atmosférico. || **a la intemperie** loc. adv. A cielo descubierto.

INTEMPESTIVO, VA adj. Inoportuno.

INTEMPORAL adj. No temporal, independiente del curso del tiempo.

INTENCIÓN f. 1 Propósito de hacer algo. 2 Deseo, voluntad, determinación. 3 fig. Instinto dañino de algunos animales. || **PRIMERA INTENCIÓN** fam. Modo de proceder franco y sin detenerse a reflexionar mucho. || **SEGUNDA INTENCIÓN** fam. Modo de proceder doble y solapado. || **de primera intención** expr. Se dice de las acciones no definitivas.

INTENCIONADO, DA adj. Que tiene alguna intención.

INTENCIONAL adj. 1 Perteneciente a la intención. 2 DELIBERADO.

INTENCIONALIDAD f. 1 Cualidad de intencional. 2 *Filos.* Carácter de la conciencia, en virtud del cual ésta es siempre conciencia de alguna cosa. Propio de la fenomenología, el término fue adoptado por Husserl.

INTENDENCIA f. 1 *Mil.* Cuerpo de oficiales y tropa destinado al abastecimiento de las fuerzas combatientes. 2 Dirección o administración de una cosa. 3 Cargo y oficina del intendente.

INTENDENTE, TA m. y f. 1 Jefe superior económico. || m. *Mil.* 2 Jefe superior de los servicios de la administración militar.

INTENSIDAD f. 1 Grado de energía de un agente natural o mecánico, un sentimiento, etc. 2 fig. Apasionamiento. 3 *Fís.* Grado o cantidad de una magnitud física, como la electricidad, el sonido, las ondas, el magnetismo, la luz, etc. || **INTENSIDAD DE CAMPO** *Fís.* Fuerza que actúa sobre una carga unitaria en un campo de fuerzas.

INTENSIFICAR tr. y prnl. Hacer que una cosa adquiera mayor intensidad de la que tenía.

INTENSIVO, VA adj. 1 Que intensifica. 2 Que se realiza en poco tiempo o espacio.

INTENSO, SA adj. 1 Muy apasionado. 2 fig. Muy fuerte, de gran intensidad.

INTENTAR tr. 1 Tener el propósito de hacer una cosa. 2 Iniciar la ejecución de la misma. 3 Procurar, pretender.

INTENTO m. 1 Propósito, intención. 2 Acción y efecto de intentar.

INTENTONA f. fam. Intento temerario, y especialmente si se ha frustrado.

INTER- pref. que significa entre o en medio, como en *intermuscular,* o entre varios, como en *interministerial.*

INTERACCIÓN f. 1 Acción que se ejerce recíprocamente entre dos o más fuerzas, agentes, etc. 2 *Ecol.* Relaciones entre especies que viven juntas en una comunidad.

INTERACTIVO, VA adj. 1 Que procede por interacción. 2 *Inform.* Se dice del programa que permite una interacción entre el computador y el usuario durante su utilización.

INTERCALAR[1] adj. Que está interpuesto, injerido o añadido.

INTERCALAR[2] tr. Interponer o poner una cosa entre otras.

INTERCAMBIABLE adj. Se dice de cada una de las piezas similares pertenecientes a objetos iguales que se pueden cambiar entre sí.

INTERCAMBIAR tr. y prnl. Cambiar mutuamente.

INTERCAMBIO m. 1 Acción y efecto de intercambiar. 2 Reciprocidad e igualdad de consideraciones y servicios entre corporaciones, organismos, etc., de diversos países o del mismo país.

INTERCEDER intr. Mediar por otro.

INTERCELULAR adj. *Biol.* Relativo a la región que se extiende entre las células.

INTERCEPTACIÓN f. 1 Acción y efecto de interceptar. 2 *Meteor.* Parte de las precipitaciones que es retenida por la vegetación y se evapora sin alcanzar el suelo.

INTERCEPTAR tr. 1 Apoderarse de una cosa que llegue a su destino. 2 Interrumpir, obstruir.

INTERCITY (Voz i.) m. *Tecnol.* Tren rápido de largo recorrido.

INTERCOLUMNIO o **INTERCOLUNIO** m. *Arquit.* Espacio que hay entre dos columnas.

INTERCOMUNICACIÓN f. 1 Comunicación recíproca. 2 Comunicación telefónica entre las distintas dependencias de un edificio o recinto.

INTERCONEXIÓN f. 1 Acción y efecto de conectar entre sí dos o más aspectos, elementos, ideas, etc. 2 *Fís.* Conexión entre dos o más sistemas de producción y distribución de energía eléctrica.

INTERCONTINENTAL adj. Que llega de uno a otro continente.

INTERCOSTAL adj. *Anat.* Que está entre dos costillas.

INTERCURRENTE adj. *Med.* Se dice de la enfermedad que sobreviene durante el curso de otra.

INTERDENTAL adj. y f. *Fon.* Se dice del sonido y de la consonante que se pronuncian colocando la punta de la lengua entre los bordes de los dientes incisivos, como la *z.*

INTERDEPENDENCIA f. Dependencia recíproca.

INTERDICTO m. 1 ENTREDICHO. 2 *Der.* Juicio posesorio, sumario o sumarísimo.

INTERDIGITAL adj. *Biol.* Se dice de lo que se halla entre los dedos.

INTERDISCIPLINARIO, RIA adj. Se dice de los estudios u otras actividades que se realizan mediante la cooperación de varias disciplinas.

INTERÉS m. 1 Provecho, utilidad, ganancia. 2 Valor que en sí tiene una cosa. 3 *Econ.* Ganancia obtenida por un acreedor por el capital prestado al deudor. **4** Inclinación del ánimo hacia algo que le atrae o conmueve. || m. pl. **5** Bienes de fortuna. **6** Conveniencia o necesidad de carácter colectivo en el orden material o moral. || **interés compuesto** *Econ.* y *Mat.* El que se va añadiendo al capital al final de cada año, para producir intereses durante los años siguientes. Se calcula con la fórmula: $C = c\,(1 + R)^t$, donde *C* es el capital final, *c* el capital inicial, *R* el rédito y *t* el tiempo. || **interés simple** *Econ.* y *Mat.* El que no se añade al capital al final de cada año. Es proporcional al capital, al rédito y al tiempo. Se calcula mediante la fórmula:

$$I = \frac{C \cdot R \cdot t}{100}$$

donde *C* es el capital, *R* el rédito y *t* el tiempo en años.

interesado, da adj. y s. **1** Que tiene interés en una cosa. **2** Que se deja llevar del interés o sólo se mueve por él.

interesante adj. Que interesa o es digno de interés.

interesar intr. y prnl. **1** Tener interés en una cosa. || tr. **2** Inspirar interés o afecto a una persona. **3** Producir una cosa alteración o daño en un órgano del cuerpo. **4** Importar. || prnl. **5** Demostrar interés.

interestatal adj. Perteneciente a las relaciones de dos o más Estados.

interestelar adj. *Astron.* Se dice del espacio comprendido entre dos o más astros fijos.

interfase f. **1** *Biol.* Periodo de la mitosis en que cada cromátida de las células hijas reproduce la cromátida que le falta para tener los cromosomas completos. **2** *Biol.* Periodo de reposo entre los dos periodos de la meiosis. **3** *Fís.* y *Quím.* Límite de separación entre dos fases.

interfaz f. Zona de comunicación o acción de un sistema sobre otro.

interfecto, ta adj. y s. **1** *Der.* Se dice de la persona muerta violentamente. || m. y f. **2** Persona de la que se habla.

interferencia f. **1** Acción y efecto de interferir. **2** *Fís.* Estado que resulta de la superposición de varias ondas coherentes con una diferencia de fase espacial constante, ya sea en el agua, ya en la propagación del sonido, del calor o de la luz, etc.

interferir tr. **1** Cruzar, interponer algo en el camino de una cosa, o en una acción. También prnl. **2** Causar interferencia. También intr.

interferómetro m. *Fís.* Aparato óptico de medida que utiliza los fenómenos de interferencia para llevar a cabo mediciones de alta precisión.

interferón m. *Quím.* Proteína de bajo peso molecular que elaboran las células animales cuando son invadidas por un virus. Fue descubierta por Isaacs y Lindenmann en 1957.

interfluvio m. *Geol.* Parte de la superficie terrestre que queda entre dos cauces.

interfoliar tr. Intercalar entre las hojas impresas de un libro otras en blanco.

intergaláctico, ca adj. *Astron.* Perteneciente o relativo a los espacios existentes entre las galaxias.

interglaciar adj. *Geol.* Se dice del periodo comprendido entre dos glaciaciones.

ínterin m. Intervalo de tiempo. || **en el ínterin** loc. adv. Mientras tanto.

interino, na adj. y s. Que sirve por algún tiempo supliendo la falta de otra persona o cosa.

interior adj. **1** Que está de la parte de adentro. **2** Se dice de la habitación o vivienda que no tiene vistas a la calle. También m. **3** fig. Que sólo se siente en el alma. **4** fig. Relativo a la nación de que se habla, en contraposición a lo extranjero. **5** Del espíritu. || m. **6** La parte interior de una cosa. En los coches de tres compartimientos, el de en medio. **7** Parte central de un país, en oposición a las zonas costeras o fronterizas. **8** *Dep.* En el fútbol y otros deportes de equipo, jugador de la línea delantera situado entre el extremo y el delantero centro. **9** *Amér.* Todo lo que no es la capital y las ciudades principales de un país. || m. pl. *Cin.* **10** Secuencias rodadas con decorados que representan espacios cerrados. **11** Decorados entre los que se desarrollan dichas secuencias.

interioridad f. **1** Calidad de interior. || f. pl. **2** Cosas privativas o secretas de las personas, familias o corporaciones.

interiorismo m. *Arquit.* Arte de acondicionar, ambientar y decorar los espacios interiores de la arquitectura. El término fue introducido a principios del siglo XX por el español Alexandre Cirici Pellicer para diferenciarlo de *decoración.*

interiorista adj. y com. Persona que se dedica al interiorismo.

interiorización m. *Psicol.* **1** Incorporación por parte del sujeto de las percepciones y de las formas de lenguaje y del pensamiento. **2** En el psicoanálisis, proceso de integración en el yo de un conflicto interpersonal.

interiorizar tr. **1** Hacer más profundos sentimientos, ideas, etc. **2** No exteriorizar los sentimientos.

interjección f. *Gram.* Voz que, formando por sí sola una oración elíptica o abreviada, expresa alguna impresión súbita.

interlínea f. *A. gráf.* **1** REGLETA. **2** Espacio entre dos líneas de un escrito.

interlineado m. *A. gráf.* Conjunto de los espacios blancos que hay entre las líneas de un texto manuscrito o impreso.

interlinear tr. **1** Escribir entre dos renglones. **2** *A. gráf.* Espaciar la composición poniendo regletas entre los renglones.

interlocución f. DIÁLOGO.

interlocutor, ra m. y f. Cada una de las personas que toman parte en un diálogo.

interludio m. *Mús.* Breve composición que ejecutaban los organistas entre las estrofas de un coral, y modernamente se ejecuta a modo de intermedio en la música instrumental.

interlunio m. *Astron.* Periodo de Luna nueva, en que ésta no se ve.

intermaxilar m. *Anat.* Cada uno de los huesos situados en las partes exterior, media e interna de la mandíbula superior en algunos animales.

intermediar intr. MEDIAR, interceder.

intermediario, ria adj. y s. Que media entre dos o más personas, y especialmente entre el productor y el consumidor.

intermedio, dia adj. **1** Que está en medio de los extremos de lugar, tiempo, etc. || m. **2** Espacio de tiempo durante el cual se interrumpe la representación o ejecución de un espectáculo.

intermezzo (Voz it.) m. **1** *Mús.* Composición breve que se intercala entre los actos de una representación teatral. **2** Por extensión, cualquier pieza musical de corta duración.

interminable adj. Que no tiene término o fin.

interministerial adj. Que se refiere a varios ministerios o los relaciona entre sí.

intermitente adj. **1** Que se interrumpe o cesa y prosigue o se repite. || m. *Autom.* **2** En el automóvil, luz lateral que se enciende y apaga con periodicidad constante y frecuente para señalar un cambio de dirección en la marcha.

intermolecular adj. *Quím.* Que se encuentra dentro de las moléculas o entre ellas.

internacional adj. **1** Relativo a dos o más naciones. **2** *Dep.* Se dice del deportista que participa o ha participado en competiciones internacionales representando a su país. También s.

Internacional f. *Hist.* Nombre de varios organismos integrado por obreros de distintas naciones para la reivindicación de sus intereses, creadas en los siglos XIX y XX.

Primera Internacional *Hist.* y *Polít.* Organización obrera fundada en Londres, en 1864, con el nombre de Asociación Internacional de Trabajadores (AIT). Sus estatutos fueron redactados por Marx y aprobados en el congreso de Ginebra (1866). Sus principios centrales eran los de organización de la clase obrera, la lucha por la organización económica, la abolición de la sociedad clasista, la solidaridad obrera internacional, así como el reconocimiento de la importancia del movimiento sindical y de la huelga como instrumentos de lucha. Las diferencias entre los partidarios de Marx y Bakunin motivaron la expulsión de éstos en el congreso de La Haya (1872). Los partidarios de Bakunin fundaron una Internacional disidente en el congreso de Saint-Imier, que perduró hasta 1877.

Segunda Internacional *Hist.* y *Polít.* Organización obrera fundada en París, en 1889. Entraron a formar parte de ella los partidos socialistas de Europa y América. En su primer congreso se acordó hacer del 1 de mayo una jornada de solidaridad obrera y de reivindicación de la jornada de ocho horas. Dos años después, se acordó su constitución en una federación de partidos nacionales independientes, en la que tenían influencia los partidos socialdemócratas alemán y austriaco, y la celebración de congresos cada tres años. La cuestión de la guerra y la relación con los partidos burgueses provocó la división en el seno de la organización. Tras el triunfo del Partido Bolchevique en Rusia, Lenin calificó de traición las posturas belicistas y fundó una Tercera Internacional. La Segunda Internacional se mantuvo dominada por su sector derechista y en 1921 se produjo una escisión encabezada por Adler. Tras el fracaso de la conferencia de Berlín (1922), celebrada para intentar la unificación, las dos Internacionales no revolucionarias se fusionaron en la Internacional Laborista y Socialista (1923), que se mantuvo hasta 1940.

Tercera Internacional *Hist.* y *Polít.* Organización obrera creada en Moscú, en 1919, por Lenin y Trotski,

Tercera **Internacional.** Lenin arengando al pueblo. Mural de A. Guerasimov, Galería Tretiakov (Moscú).

con el nombre de *Komintern* o Internacional Comunista. Agrupaba a todos los partidos comunistas. En sus primeros años propugnó el Frente Único Proletario, sustituido en 1928 por la consigna de «clase contra clase». Durante la Guerra Civil española organizó las BRIGADAS INTERNACIONALES en apoyo del gobierno republicano. Fue disuelta por Stalin en 1943. En 1947 se fundó en Varsovia el *Kominform* (Oficina de Información Comunista), con sede en Belgrado, que era, en realidad, una vuelta al Komintern. Desapareció en 1956, tras la muerte de Stalin.

Cuarta Internacional *Hist.* y *Polít.* Organización obrera fundada por Trotski en 1938, con el objeto de promover la revolución permanente.

Internacional, La Himno revolucionario, interpretado por primera vez en 1888 en Lille. Fue compuesto por P. Degeyter con letra de E. Pottier. Es el himno de socialistas y comunistas, y hasta 1944 lo fue también de la antigua URSS.

Internacional Socialista (IS) *Hist.* y *Polít.* Heredera de la Segunda Internacional, fue fundada en Frankfurt en 1951. Inicialmente agrupó a los partidos socialistas de ámbito europeo, con amplia influencia del laborismo británico en un principio y de la socialdemocracia alemana y escandinava desde los años setenta. Tras el congreso de Ginebra de 1976, se amplió a numerosos partidos del resto del mundo, en particular de América y Asia. Como consecuencia de la caída del muro de Berlín ingresaron diferentes partidos comunistas del E europeo, así como partidos ex comunistas que adoptaron los principios de la socialdemocracia. Inicialmente mantuvo el marxismo como doctrina, aunque posteriormente se fue decantando hacia posiciones de carácter reformista, con la aceptación implícita del capitalismo en el marco del Estado de Bienestar. Asimismo, adoptó una postura claramente anticomunista y favorable al mantenimiento de la OTAN y a la unión europea. W. Brandt fue su presidente desde 1976 hasta su muerte. Le sucedió P. Mauroy.

internacionalismo m. **1** Doctrina o actitud que antepone la consideración o estima de lo internacional a las de lo puramente nacional. **2** Sistema socialista que preconiza la asociación internacional de los obreros para obtener reivindicaciones.

internacionalizar tr. Someter a la autoridad conjunta de varias naciones territorios o asuntos que dependían de un solo Estado.

internada f. *Dep.* En el fútbol, acción individual de un jugador rebasando la defensa contraria.

internado m. **1** Establecimiento donde viven alumnos u otras personas internas. **2** Estado y régimen del alumno interno. **3** Conjunto de alumnos internos. **4** Estado y régimen de personas que viven internas en establecimientos sanitarios o benéficos.

internar tr. **1** Trasladar tierra adentro. **2** Disponer o realizar el ingreso de una persona en un establecimiento, como hospital, clínica, prisión, etc. || prnl. **3** Penetrar en el interior de un espacio. **4** Avanzar hacia adentro. **5** fig. Introducirse en los secretos y amistad de uno o profundizar en una materia.

Internet *Inform.* Red de comunicaciones que une entre sí millones de ordenadores en todo el mundo cuyos usuarios pueden enviar y recibir información, noticias o imágenes de cualquier otro ordenador de la red a través de las llamadas autopistas de la información. La conexión a Internet se puede realizar mediante línea telefónica, mediante línea de datos dedicada especialmente a este fin o mediante la Red Digital de Servicios Integrados (RDSI).

INTERNISTA adj. y com. *Med.* Se dice del médico que se dedica al estudio y tratamiento de enfermedades que afectan a los órganos internos.

INTERNO, NA adj. **1** INTERIOR. **2** Se dice del alumno que vive en un establecimiento de enseñanza o del alumno de una facultad de medicina que presta servicios auxiliares en alguna cátedra o clínica. También s.

INTEROCEÁNICO, CA adj. Que pone en comunicación dos océanos.

INTERPARLAMENTARIO, RIA adj. Se dice de las comunicaciones u organizaciones que enlazan la actividad internacional entre las representaciones legislativas de diferentes países.

INTERPELAR tr. Requerir a alguien para que dé explicaciones sobre un hecho cualquiera.

INTERPLANETARIO, RIA adj. *Astron.* Se dice del espacio existente entre dos o más planetas.

INTERPOL *Polít.* Nombre con el que es conocida la Organización Internacional de la Policía Criminal. Sus inicios se remontan a 1923 y tuvo su sede en Viena hasta la ocupación de Austria por los nazis. Después de la Segunda Guerra Mundial los aliados decidieron reorganizarla y establecer su sede en París a partir de 1946.

INTERPOLACIÓN f. **1** Acción y efecto de interpolar. **2** *Mat.* Método para calcular los valores de una sucesión entre otros dos conocidos.

INTERPOLAR tr. **1** Poner una cosa entre otras. **2** Intercalar palabras o frases en un texto o escrito ajeno. **3** *Fís.* Situar entre los dos polos de un circuito eléctrico o un generador.

INTERPONER tr. **1** Poner algo entre medio de dos o más personas o cosas. También prnl. **2** *Der.* Formalizar algún recurso legal. ♦ IRREG. Se conjuga como PONER.

INTERPRETAR tr. **1** Explicar el sentido o significado de una cosa. **2** Concebir, ordenar o expresar de un modo personal la realidad. **3** Traducir de una lengua a otra sobre todo cuando se hace oralmente. **4** Representar una obra teatral, cinematográfica, etc. **5** Ejecutar una pieza musical, mediante canto o instrumentos.

INTÉRPRETE com. **1** Persona que interpreta. **2** Persona que traduce de una lengua a otra. || m. *Inform.* **3** Procesador de lenguaje que, a diferencia de un compilador, analiza una línea de código y después realiza las acciones específicas, en lugar de producir una traducción al lenguaje de máquina para que se ejecute posteriormente.

INTERREGNO m. Espacio de tiempo en que un Estado no tiene soberano.

INTERRELACIÓN f. Correspondencia mutua entre personas, cosas o fenómenos.

INTERROGACIÓN f. **1** PREGUNTA. **2** Signo ortográfico que se pone al principio (¿) y fin (?) de una palabra o cláusula interrogativa. **3** *Ret.* Figura que consiste en interrogar, no para manifestar duda o pedir respuesta, sino para expresar indirectamente la afirmación, o dar más vigor y eficacia a lo que se dice.

INTERROGANTE adj. y com. **1** Que interroga. || amb. **2** Pregunta. **3** Problema no aclarado, incógnita.

INTERROGAR tr. Preguntar.

INTERROGATIVO, VA adj. **1** Que sirve para interrogar. **2** *Gram.* Se dice de la oración gramatical que expresa una pregunta. También f. **3** *Gram.* Se dice de los adjetivos, adverbios y pronombres que sirven para preguntar, como *qué, cuál, dónde,* etc. También m.

INTERROGATORIO m. **1** Serie de preguntas. **2** Acto de dirigirlas a quien las ha de contestar.

INTERRUMPIR tr. **1** Cortar la continuidad de una acción en el lugar o en el tiempo. También prnl. **2** Impedir que otra persona continúe hablando.

INTERRUPTOR m. Mecanismo destinado a interrumpir o establecer un circuito eléctrico.

INTERSECCIÓN f. **1** *Geom.* Punto común a dos líneas que se cortan. **2** *Geom.* Punto común a dos planos que se cortan. **3** *Geom.* Encuentro de dos líneas, dos superficies o dos sólidos que recíprocamente se cortan. **4** *Mat.* Elementos comunes a dos o más conjuntos.

INTERSEXUAL adj. *Biol.* Se dice del individuo, estado o constitución biológica en que aparecen mezclados caracteres sexuales masculinos y femeninos.

INTERSTICIO m. **1** Hendidura o espacio que media entre dos cuerpos o entre dos partes de un mismo cuerpo. **2** Intervalo.

INTERTROPICAL adj. Relativo a lo situado entre los dos trópicos.

INTERURBANO, NA adj. Se dice de las relaciones y servicios de comunicación entre poblaciones distintas.

INTERVALO m. **1** Espacio o distancia que hay de un tiempo a otro o de un lugar a otro. **2** *Estad.* Agrupación de datos o sucesos para facilitar su estudio. **3** *Mat.* Conjunto de todos los números menores, o menores o iguales, o bien mayores, o mayores o iguales, que un cierto número. Estos intervalos se dice que son infinitos. También se considera como intervalo infinito, o no finito, el conjunto de todos los números reales. **4** *Mús.* Diferencia de tono entre los sonidos de dos notas musicales.

INTERVENCIÓN f. **1** Acción y efecto de intervenir. **2** *Med.* Operación quirúrgica.

INTERVENCIONISMO m. **1** *Econ.* y *Polít.* Doctrina política que defiende la intervención del Estado en la actividad económica, asumiendo asuntos que normalmente corresponden a la iniciativa privada. Se opone al liberalismo. **2** *Polít.* Actitud favorable a la intervención reiterada y habitual de un Estado en los asuntos internos de otros.

INTERVENIR intr. **1** Tomar parte en un asunto. **2** Interceder o mediar por uno. **3** Influir. **4** Interponer alguien su autoridad. **5** Dirigir, limitar o suspender una autoridad el libre ejercicio de actividades o funciones. **6** Controlar la comunicación privada. **7** Impedir a una persona, organismo, corporación, etc., el libre acceso a sus bienes. **8** *Med.* Hacer una operación quirúrgica. **9** *Polít.* En los países de régimen federal, ejercer el gobierno central funciones propias de los Estados o provincias. **10** *Polít.* En las relaciones internacionales, dirigir temporalmente una o varias potencias asuntos internos de otra. ♦ IRREG. Se conjuga como VENIR.

INTERVENTOR, RA adj. y s. **1** Que interviene. || m. y f. **2** Empleado que autoriza y fiscaliza ciertas operaciones. **3** *Polít.* En las elecciones, persona designada oficialmente para vigilar la regularidad de la votación y autorizar el resultado de la misma junto con el presidente y demás integrantes de la mesa.

INTERVIÚ f. *Medios.* Entrevista periodística.

INTERVOCÁLICO, CA adj. *Gram.* Se dice de la consonante que se halla entre dos letras vocales.

INTESTADO, DA adj. y s. *Der.* **1** Que muere sin hacer testamento válido. || m. **2** Caudal sucesorio acerca del cual no existen o no rigen disposiciones testamentarias.

INTESTINO, NA adj. **1** Interior, interno. **2** fig. Civil, doméstico. || m. *Zool.* **3** Porción tubular membranosa, provista de tejido muscular, del aparato digestivo de los vertebrados, normalmente situado entre el estómago y la cloaca o ano. En el hombre comienza en el estómago, por la válvula llamada píloro, y termina en el ano; tiene unos 8 m de longitud. || **INTESTINO DELGADO** *Anat.* Largo tubo que se encuentra arrollado en la cavidad abdominal, donde finaliza el proceso digestivo y se inicia la absorción de sustancias nutritivas a través de unas microvellosidades que recubren su superficie interna. Está formado por tres partes: duodeno, yeyuno e íleon. || **INTESTINO GRUESO** *Anat.* COLON, elemento formado por tres ramas, una ascendente, otra horizontal y una tercera descendente, que no posee microvellosidades.

INTI *Rel.* Dios del Sol entre los incas, considerado el protector de la agricultura. Recibía culto oficial y sólo le superaba en importancia Viracocha.

INTIBUCÁ Departamento de Honduras; 3.072 km^2 y 130.000 h. Su capital es La Esperanza.

INTIFADA *Hist.* y *Polít.* Levantamiento popular palestino iniciado en diciembre de 1987 contra la ocupación israelí de los territorios de Gaza y Cisjordania. Concluyó con el inicio de conversaciones de paz iniciadas en Madrid en 1991, aunque los actos de protesta contra la ocupación israelí continuaron produciéndose. En septiembre de 2000 se inició una nueva intifada tras la visita de Ariel Sharon a la Explanada de las Mezquitas, acto considerado por los palestinos como una provocación.

INTIMAR tr. **1** Declarar, notificar, hacer saber una cosa, especialmente con autoridad. || prnl. **2** Introducirse una materia por los poros o espacios huecos de otra. **3** fig. Introducirse en el afecto o ánimo de uno. También intr.

INTIMIDAD f. **1** Amistad íntima. **2** Zona espiritual íntima y reservada.

INTIMIDAR tr. **1** Causar o infundir miedo. || prnl. **2** Entrarle o acometer a uno el miedo.

INTIMISMO m. *Arte.* y *Lit.* Tendencia artística que muestra predilección por los asuntos de la vida familiar o íntima.

ÍNTIMO, MA adj. **1** Más interior o interno. **2** Se dice de la amistad muy estrecha y del amigo muy querido y de confianza. || f. *Anat.* **3** Capa más interna de un vaso sanguíneo.

INTINA f. *Bot.* Membrana interna de la cubierta de un grano de polen o una espora.

INTITULAR tr. y prnl. Poner o dar título.

INTOCABLE adj. **1** Que no se puede tocar. || com. *Rel.* y *Sociol.* **2** En la India, persona considerada impura, perteneciente a la más baja categoría social y cuyo contacto procuran evitar las demás castas. Se ocupan de los oficios considerados viles (matarifes, zapateros, curtidores, etc.).

INTOLERABLE adj. Que no se puede tolerar.

INTOLERANCIA f. **1** Falta de tolerancia, especialmente religiosa. **2** Conjunto de reacciones opuestas a la acción de un producto extraño.

INTONSO, SA adj. **1** Que no tiene cortado el pelo. **2** fig. Ignorante, inculto. También s. **3** fig. Se dice del libro que se encuaderna sin cortar las barbas a los pliegos.

INTORSIÓN f. *Biol.* Rotación hacia dentro de una estructura alrededor de un punto o eje fijo.

INTOXICACIÓN f. Envenenamiento.

INTOXICAR tr. y prnl. **1** Envenenar. **2** fig. Dar en exceso información manipulada con el fin de crear un estado de opinión propicio a ciertos fines.

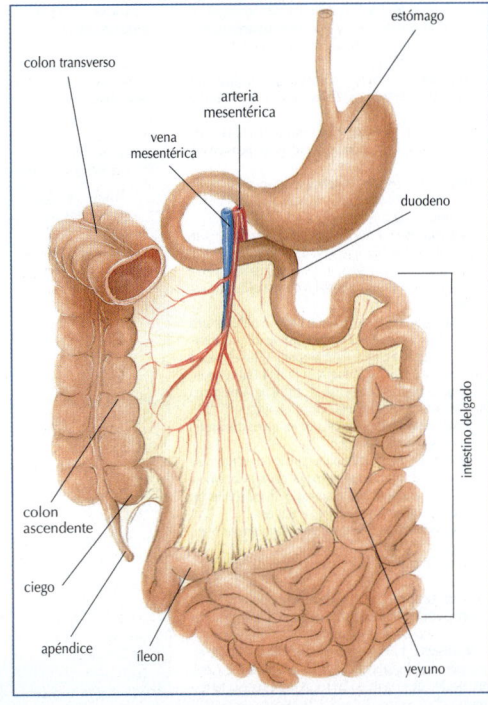

intestino

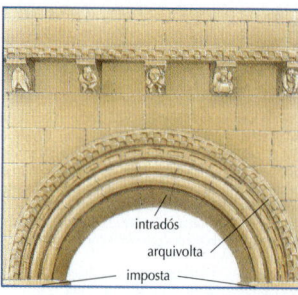

intradós

INTRA- pref. que significa interioridad.
INTRADÓS m. *Arquit.* **1** Superficie inferior visible de un arco o bóveda. **2** Cara de una dovela, que corresponde a esta superficie.
INTRAMUROS adv. l. Dentro de una ciudad, villa o lugar.
INTRAMUSCULAR adj. *Anat.* Que está o se pone dentro de un músculo.
INTRANQUILIZAR tr. Quitar la tranquilidad, inquietar, desasosegar.
INTRANQUILO, LA adj. Falto de tranquilidad.
INTRANSFERIBLE adj. No transferible.
INTRANSIGENTE adj. **1** Que no transige. **2** Que no se presta a transigir.
INTRANSITABLE adj. Se dice del lugar o sitio por donde no se puede transitar.
INTRANSITIVO, VA adj. VERBO INTRANSITIVO.
INTRANSMISIBLE adj. Que no puede ser transmitido.
INTRAOCULAR adj. *Anat.* Relativo al interior del ojo.
INTRASCENDENTE adj. Que no es trascendente.
INTRATABLE adj. No tratable ni manejable; se aplica especialmente a la persona insociable o de genio áspero.
INTRAUTERINO, NA adj. *Anat.* Que está situado u ocurre dentro del útero.
INTRAVENOSO, SA adj. *Anat.* Se dice de lo que está o se introduce dentro de una vena.
INTRAZONAL adj. *Geol.* Se dice del suelo simultáneamente climático y aclimático en cuya evolución han predominado los factores pasivos frente al clima y la vegetación.
INTRÉPIDO, DA adj. **1** Que no teme en los peligros. **2** fig. Que obra o habla sin reflexión.
INTRIGA f. **1** Acción y efecto de intrigar. **2** Acción que se ejecuta con astucia y ocultamente para conseguir un fin. **3** En una obra literaria, teatral, cinematográfica, etc., serie de acontecimientos que mantienen el interés del lector o del espectador.
INTRIGAR intr. **1** Actuar con astucia y ocultamente para lograr algún fin. || tr. **2** Despertar curiosidad o interés una cosa.
INTRINCAR tr. **1** Enredar o enmarañar una cosa. También prnl. **2** fig. Confundir u oscurecer los pensamientos.
INTRÍNGULIS m. fam. Intención solapada o razón oculta. ♦ Su pl. es *intríngulis*.
INTRÍNSECO, CA adj. Íntimo, esencial.
INTRODUCCIÓN f. **1** Acción y efecto de introducir o introducirse. **2** Aquello que sirve de explicación a un asunto, estudio, etc. **3** *Mús.* Parte inicial, generalmente breve, de una obra instrumental o de cualquiera de sus tiempos.
INTRODUCIR tr. **1** Meter o hacer entrar o penetrar una cosa en otra, o en una vena. **2** Hacer que alguien sea recibido o admitido en un lugar o grupo. También prnl. **3** Dar entrada a una persona en un lugar. También prnl. **4** Hacer adoptar; poner en uso. **5** Ocasionar. || prnl. **6** Meterse en un sitio. ♦ IRREG. Se conjuga como CONDUCIR.
INTROGRESIÓN f. *Biol.* Entrada de los genes de una especie en el genoma de otra.
INTROITO m. **1** Entrada o principio de un escrito o de una oración. **2** *Liturg.* Lo primero que decía el sacerdote en el altar al dar principio a la misa. **3** *Teat.* En el teatro antiguo, prólogo para explicar el argumento.
INTROMISIÓN f. Acción y efecto de entrometer o entrometerse.
INTROSPECCIÓN f. Observación interna del alma o de sus actos.
INTROVERSIÓN f. Cualidad de introvertido.
INTROVERTIDO, DA adj. y s. Se dice de la persona que exterioriza poco sus sentimientos.
INTRUSIÓN f. **1** Acción de introducirse sin derecho en una dignidad, jurisdicción, oficio, propiedad. **2** *Geol.* Penetración de magma en las rocas de la corteza terrestre superior, sin salir a la superficie. Da lugar a batolitos, diques y lacolitos.
INTRUSISMO m. Ejercicio de actividades profesionales por persona no autorizada legalmente para ello.
INTRUSIVO, VA adj. *Geol.* **1** PLUTÓNICO, se dice de la roca magmática de este tipo. || f. pl. *Geol.* **2** Clase de estas rocas.
INTRUSO, SA adj. **1** Que se ha introducido sin derecho. También s. **2** Que alterna en un ambiente que no le es propio. **3** Que ocupa un puesto sin tener derecho a él.
INTUBAR tr. *Med.* Colocar un tubo metálico en el interior de un órgano hueco, especialmente dentro de la laringe para permitir el acceso del aire y evitar la asfixia del enfermo.
INTUICIÓN f. **1** *Filos.* Forma de conocimiento que supone la presencia inmediata del objeto ante la subjetividad. **2** *Teol.* Visión beatífica.
INTUICIONISMO m. *Filos.* Se dice de cualquier filosofía en la cual la intuición es sostenida como base del conocimiento filosófico.
INTUIR tr. Percibir o adquirir conocimiento de una cosa por intuición. ♦ IRREG. Se conjuga como HUIR.
INUIT Nombre que se dan a sí mismos los esquimales; significa *los hombres*.
INULINA f. *Quím.* Polisacárido de reserva que se encuentra en algunas plantas, como la dalia, en los que se halla disuelta en el jugo celular.
INUNDACIÓN f. **1** Proceso por el que una masa de agua alcanza niveles no habituales, con caracteres catastróficos. **2** fig. Multitud excesiva de una cosa.
INUNDAR tr. y prnl. **1** Cubrir el agua los terrenos y a veces las poblaciones. **2** *Mar.* Llenar de agua un tanque, compartimiento o buque. **3** fig. Llenar un país de gentes extrañas o de otras cosas. **4** Por extensión, saturar, llenar con algo cosas, situaciones, etc. También prnl.
INUSITADO, DA adj. No habitual, raro.
INÚTIL adj. y s. Inservible, que no es útil para aquello que se expresa.
INUTILIZAR tr. y prnl. Hacer inútil o nula una cosa.
INVADIR tr. **1** Entrar por fuerza en algún sitio. **2** fig. Entrar injustificadamente en funciones ajenas. **3** fig. Ser dominado por el estado de ánimo que se expresa.
INVAGINACIÓN f. **1** *Biol.* Durante el desarrollo embrionario, hundimiento de una parte de la pared de la blástula para formar la gástrula. **2** *Fisiol.* Introducción anormal de una porción de una estructura en otra, para formar un espacio hueco. **3** *Med.* En cirugía, introducción de un extremo en otro del intestino dividido, con objeto de restablecer la continuidad del tubo intestinal.
INVAGINAR tr. Doblar los bordes de la boca de un tubo u de una vejiga, haciendo que se introduzcan en el interior del mismo.
INVALIDAR tr. Hacer inválida o nula una cosa.
INVÁLIDO, DA adj. **1** Se dice de la persona que tiene alguna deficiencia física o mental. También s. **2** fig. Nulo, por no cumplir las condiciones que exigen las leyes, normativas, etc. **3** fig. Que carece de solidez.
INVARIABLE adj. Que no padece o no puede padecer variación.
INVARIANTE f. *Mat.* Magnitud o expresión matemática que no cambia de valor al sufrir determinadas transformaciones.
INVASIÓN f. **1** Acción y efecto de invadir. **2** Ocupación de un país por fuerzas militares extranjeras. **3** *Med.* Fase de una enfermedad infecciosa durante la cual el agente patógeno se multiplica y difunde.
INVASIONES, SEGUNDAS *Hist.* Nombre que recibe la penetración de sarracenos, vikingos y magiares en el imperio carolingio durante los siglos IX y X.
INVASIONES GERMÁNICAS *Hist.* Nombre que reciben las oleadas masivas de germanos que, presionados por la invasión de Europa oriental por pueblos asiáticos, fundamentalmente los hunos, penetraron en los territorios del imperio romano.
INVASOR, RA adj. **1** Que invade. También s. **2** *Ecol.* Se dice de la especie que tiene tendencia expansiva y se introduce en lugares que deberían estar ocupados por especies autóctonas.
INVECTIVA f. Discurso o escrito acre y violento contra personas o cosas.
INVENCIBLE adj. Que no puede ser vencido.
INVENCIÓN f. **1** Acción y efecto de inventar. **2** Engaño, ficción. **3** Cosa inventada.
INVENTAR tr. **1** Hallar o descubrir una cosa nueva o no conocida. **2** Imaginar, crear.
INVENTARIO m. Relación de los bienes pertenecientes a una persona, comunidad, empresa, etc.
INVENTIVA f. Facultad y disposición para inventar.
INVENTO m. **1** Cosa inventada. **2** Acción y efecto de inventar.
INVERCLYDE Distrito unitario del Reino Unido, en Escocia; 85.400 h.
INVERECUNDIA f. Descaro, desvergüenza.
INVERNÁCULO m. Invernadero para plantas y animales.
INVERNADA f. **1** Estación de invierno. **2** Estancia en un lugar durante el invierno. **3** *Zool.* MIGRACIÓN. **4** *Zool. Amér.* Invernadero para el ganado.
INVERNADERO m. **1** Sitio a propósito para pasar el invierno. **2** Lugar preparado para cultivar las plantas en un medio en que se controlan los factores climáticos. **3** *Ecol.* EFECTO INVERNADERO. **4** *Zool.* Paraje destinado para que pasten los ganados en dicha estación.
INVERNAL adj. **1** Relativo al invierno. || m. **2** Establo de los invernaderos.
INVERNAR intr. **1** Pasar el invierno en una parte. **2** *Amér.* Pastar el ganado en los invernaderos. ♦ IRREG. Se conjuga como ACERTAR.
INVERNESS Ciudad del Reino Unido, en Escocia; 39.736 h. Puerto. Turismo.
INVEROSÍMIL adj. Que no tiene apariencia de verdad.
INVERSIÓN f. **1** Acción y efecto de invertir. **2** *Biol.* Reconstrucción cromosómica en la que un fragmento formado como consecuencia de dos roturas en el cromosoma, gira 180° antes de volverse a unir. **3** *Econ.* Gasto en bienes de equipo o de capital, o en activos financieros, con objeto de obtener una rentabilidad. **4** *Mús.* Colocación de las notas de un acorde en posición distinta de la normal de manera que los intervalos se sigan en dirección contraria a la primitiva. || **INVERSIÓN TÉRMICA**

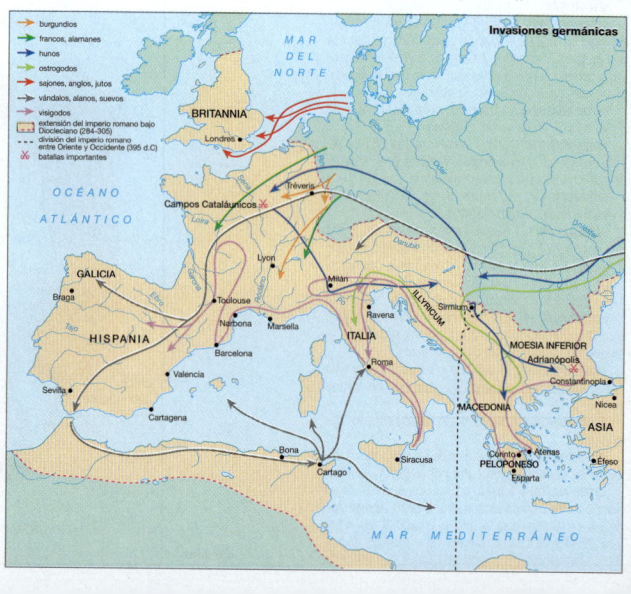

Invasiones germánicas

Querella de las **Investiduras**. La entrevista de Canosa, entre el emperador Enrique IV y el papa Gregorio VII. Códice del siglo XIV. Biblioteca del Vaticano.

Meteor. Condición atmosférica en que el aire de las capas inferiores no puede ascender debido a la existencia de una capa superior más cálida.
INVERSO, SA adj. Alterado, trastornado. || **a, o por, la inversa** loc. adv. Al contrario.
INVERTEBRADO, DA adj. **1** fig. No vertebrado, carente de vertebración. **2** *Zool.* Se dice de los animales desprovistos de columna vertebral y, por tanto, de esqueleto cartilaginoso u óseo. También s. || m. pl. *Zool.* **3** Grupo de estos animales, que constituyen casi el 95 % del total de la fauna.
INVERTIDO, DA adj. **1** Que ha sufrido inversión. || m. **2** Homosexual.
INVERTIR tr. **1** Alterar, trastornar las cosas o el orden de ellas. **2** *Econ.* Hablando de caudales, emplearlos, gastarlos en la adquisición de bienes o equipos de los que se espera obtener una rentabilidad. **3** Hablando del tiempo, emplearlo u ocuparlo de una u otra manera. **4** *Mat.* Cambiar los lugares que en una proporción ocupan, respectivamente, los dos términos de cada razón. ♦ IRREG. Se conjuga como SENTIR.
INVESTIDURA f. **1** Acción y efecto de investir. **2** Carácter que se adquiere con la toma de posesión de ciertos cargos o dignidades.
INVESTIDURAS, QUERELLA DE LAS *Hist.* Conflicto que enfrentó a los papas y a los monarcas cristianos medievales, fundamentalmente emperadores germánicos, por la provisión de beneficios y títulos eclesiásticos. En el siglo XI, Gregorio VI inició un proceso de reforma, continuado por Nicolás II, quien reservó la elección papal a los cardenales en 1059 y culminó con las medidas adoptadas por Gregorio VII. Durante el pontificado de Calixto II, se adoptó una solución de compromiso en el concordato de Worms (1122), ratificada en el concilio I de Letrán (1123). Con él se estableció el principio de separación de los poderes espiritual y temporal.
INVESTIGACIÓN f. Acción y efecto de investigar. **INVESTIGACIÓN Y DESARROLLO** (I+D) *Econ.* y *Tecnol.* Proceso de innovación tecnológica originado por la utilización de la investigación básica en la mejora de procesos, métodos y técnicas productivas, para lograr una mayor eficiencia y crecimiento económico.
INVESTIGAR tr. e intr. **1** Estudiar a fondo una determinada materia. **2** Hacer indagaciones para descubrir algo que se desconoce.
INVESTIR tr. Conferir una dignidad o cargo importante. ♦ Se usa con las preposiciones *con* o *de*. IRREG. Se conjuga como PEDIR.
INVETERADO, DA adj. Antiguo, arraigado.
INVICTO, TA adj. No vencido.
INVIDENTE adj. y com. *Fisiol.* Que no ve, ciego.
INVIERNO m. **1** *Astron.* Época más fría del año que astronómicamente comienza, en el hemisferio N, en el solsticio del mismo nombre y termina en el equinoccio de primavera. En el hemisferio septentrional corresponde a los meses de diciembre, enero y febrero. En el hemisferio austral corresponde a los meses de junio, julio y agosto. **2** *Meteor.* En la zona ecuatorial, donde las estaciones no son sensibles, temporada de lluvias que dura unos seis meses. || **INVIERNO NUCLEAR** *Ecol.* Teoría surgida hacia 1983 para describir los fenómenos que afectarían a la Tierra en caso de producirse una guerra nuclear generalizada.
INVIOLABLE adj. Que no se debe o no se puede violar o profanar.
INVIOLADO, DA adj. Que se conserva en toda su integridad y pureza.
INVISIBLE adj. Que no puede ser visto.
INVITACIÓN f. **1** Acción y efecto de invitar. **2** Escrito o tarjeta con que se invita.
INVITADO, DA m. y f. Persona que ha recibido invitación.
INVITAR tr. **1** Llamar a uno para un convite o para asistir a algún acto. **2** Incitar, estimular. **3** Convidar, obsequiar a alguien con algo.
INVOCAR tr. **1** Llamar uno a otro en su favor o auxilio. **2** Acogerse a una ley, costumbre o razón; exponerla, alegarla.
INVOLUCIÓN f. **1** Detención y retroceso de una evolución biológica, política, cultural, económica, etc. **2** *Geom.* Transformación geométrica que si a un punto *A* hace corresponder otro *B*, a *B* le hace corresponder *A*.
INVOLUCRADO, DA adj. *Bot.* Se dice del órgano floral dotado de involucro.
INVOLUCRAR tr. **1** Complicar a alguien en un asunto. También prnl. **2** Mezclar en los discursos o escritos cuestiones ajenas al objeto principal.
INVOLUCRO m. **1** *Biol.* CUBIERTA. **2** *Bot.* Brácteas u hojillas situadas en la base de una inflorescencia o un fruto.
INVOLUNTARIO, RIA adj. No voluntario.
INVULNERABLE adj. Que no puede ser herido.
INYECCIÓN f. **1** *Mec.* En los motores, proceso para llevar el combustible a gran presión al cilindro. **2** Acción y efecto de inyectar. **3** Sustancia inyectada.
INYECTABLE adj. y m. *Farm.* Se dice de la sustancia o medicamento preparado para usarlo en inyecciones.
INYECTAR tr. Introducir a presión un gas, un líquido o una masa fluida en el interior de un cuerpo o de una cavidad.
INYECTOR m. **1** Aparato que sirve para introducir el agua en las calderas de vapor. **2** *Mec.* En los motores diesel, aparato que introduce el combustible pulverizado en el interior del cilindro.
Ío *Mit.* Princesa de Argos, amada por Zeus, que la transformó en vaca para evitar los celos de Hera.
Ío *Astron.* Satélite de Júpiter, descubierto por Galileo en 1610.
IOÁNNINA JANINA.
ION o **IÓN** m. **1** *Fís.* Átomo o grupo de átomos que, por pérdida o ganancia de uno o más electrones, ha adquirido una carga eléctrica. Los iones con carga positiva se llaman *cationes*, y los de carga negativa, *aniones*. **2** *Quím.* Radical simple o compuesto que se disocia de las sustancias al disolverse éstas, y da a las soluciones el carácter de la conductividad eléctrica. || **ION GRAMO** *Fís.* y *Quím.* Masa de un ion expresada en gramos, cuyo valor es resultado de la suma del peso de los átomos de que consta.
IONESCO, EUGÈNE Dramaturgo francés de origen rumano (Slatina, 1912 - París, 1994). Principal representante del teatro del absurdo junto a Samuel Beckett, escribió: *La cantante calva* (1950), *Las sillas* (1951), *Rinoceronte* (1958), *El nuevo inquilino* (1962), *El rey se muere* (1962), *El hombre de las maletas* (1975) y *Antídoto* (1977). De su obra narrativa destacan *Cuentos 1* (1969), *Cuentos 2* (1970) y la novela *El solitario* (1973).
IONIZACIÓN f. *Fís.* y *Quím.* Formación de iones a partir de átomos o grupos de átomos neutros, por pérdida (proceso endotérmico) o incorporación (proceso exotérmico) de electrones en su capa más externa. La energía absorbida se llama *potencial de ionización*, y la desprendida, *afinidad electrónica*.
IONIZAR tr. y prnl. *Fís.* y *Quím.* Disociar una molécula en iones o convertir un átomo o molécula en ion.
IONOSFERA f. *Meteor.* Conjunto de capas de la alta atmósfera que se sitúan entre 70 y 500 km, altamente ionizadas por la radiación solar.
-IOSIS suf. -IASIS.
IOTA f. Novena letra del alfabeto griego (I, ι); corresponde a nuestra *i*.
IOWA adj. *Etnol.* **1** Se dice de un pueblo amerindio, de la familia lingüística sioux, que habitó en el área de las Grandes Llanuras. Durante la prehistoria emigraron al actual Estado de Iowa desde sus primitivos asentamientos en la región situada al N de los Grandes Lagos. En 1836 cedieron sus tierras al gobierno de EE UU y se trasladaron a reservas. En la actualidad residen en los Estados de Kansas y Oklahoma. Aplicado a personas, también com. **2** Relativo a este grupo.
IOWA Estado de EE UU; 145.755 km^2 y 2.926.324 h. Su capital es Des Moines. Está en la región agrícola más rica de EE UU. Ganadería. Industria. Perteneció a Francia (1682-1763 y 1800-03) y a España (1763-1800). Pasó a formar parte de los EE UU en 1803, se convirtió en un territorio en 1838 y se constituyó en Estado en 1846.
IPALA Volcán de Guatemala, departamento de Chiquimula; 1.670 m de altura.
IPC ÍNDICE DE PRECIOS AL CONSUMO.
IPECACUANA f. **1** *Bot.* Nombre de varios arbustos perennes de la familia rubiáceas, género *Cephaelis*, propia del S de América. **2** Raíces de estas plantas, usadas en medicina como tónicos, eméticos, purgantes y sudoríficos.

Júpiter e **Ío**. Cuadro de Correggio. Museo de Historia del Arte (Viena).

Iquitos (Perú). Vista aérea.

IPERITA f. *Quím.* Sulfuro de diclorodietilo, de fórmula ClCH₂-CH₂-S-CH₂-CH₂-Cl. Sustancia líquida aceitosa y dulce que cristaliza en prismas. Se ha utilizado con fines bélicos como gas tóxico.
IPIRANGA o **YPIRANGA** Río de Brasil, Estado de São Paulo, afluente del Tieté. En sus orillas se pronunció el llamado grito de Ipiranga, por el que se proclamó la independencia de Brasil (1822).
-IPNOSIS suf. HIPN-.
-IPO suf. HIP-, caballo.
IPSILANTIS YPSILANTIS.
IPSILON f. YPSILON.
Ipso *Geog. hist.* Población de Asia, en la antigua Frigia, donde tuvo lugar una batalla (301 a. C.), en la que Seleuco y Lisímaco vencieron y dieron muerte a Antígono I.
IPSO FACTO loc. lat. Inmediatamente, en el acto.
IQBAL, MUHAMMAD Poeta y político indio (Sialkot, 1877 - Lahore, 1938). Defendió la creación de un Estado musulmán y presidió la Liga musulmana. Ejerció una gran influencia poética con sus normas tradicionales del Irismo oriental.
IQUIQUE Ciudad de Chile, capital de la región de Tarapacá y de la provincia de su nombre; 152.592 h. Puerto exportador de salitre. Industrias pesqueras, mecánicas y de material de transporte. Exporta nitratos y guano.
IQUITOS Ciudad de Perú, capital del departamento de Loreto; 274.759 h. Puerto. Algodón. Caucho. Industria química y naval. Refinería de petróleo. Fundada en 1814.
IR intr. **1** Moverse de un lugar hacia otro. También prnl. **2** Dirigirse hacia, llevar a, conducir. **3** Asistir, concurrir. **4** Con los gerundios de algunos verbos, denota la acción de ellos y da a entender la actual ejecución de lo que dichos verbos significan; o que la acción empieza a verificarse. **5** Acomodarse o no una cosa con otra. **6** Extenderse, ocupar. **7** Obrar, proceder. **8** Estar, ser. **9** Con la preposición *a* y un infinitivo, significa disponerse para la acción del verbo. **10** Junto con la preposición *con*, tener o llevar lo que el nombre significa. **11** Junto con la preposición *contra*, perseguir. **12** Construido con la preposición *por*, seguir una carrera. || **el no va más** loc. sustantivada. Lo mejor que puede existir, o imaginarse o desearse. || **ir adelante** fr. fig. y fam. Sobrellevar las adversidades y trabajos. || **ir tirando** fr. fam. Sobrellevar las adversidades y trabajos. || **irle una cosa** a uno fr. fig. y fam. Sentarle, convenirle. || **¡qué va!** interj. ¡QUIÁ!. || **sin ir más lejos** fr. fig. con que se indica que no es necesario buscar más datos que los que están a la vista. || **¡vaya!** interj. fam. que expresa leve enfado o denota aprobación. || **vaya lo uno por lo otro** expr. fam. con que se indica que una de las dos cosas de que se trata compensa la otra. || **vete tú a saber** fr. fig. con que se manifiesta duda o incertidumbre ante algo que, a veces, en forma de sospecha, se ha expresado en el coloquio. ♦ IRREG. Véase cuadro.
IRA f. **1** Enfado muy violento. **2** Deseo de venganza. **3** fig. Furia o violencia de los elementos.
IRA (Siglas de *Irish Republican Army*, Ejército Republicano Irlandés) *Hist. y Polít.* Organización paramilitar irlandesa que preconiza la reunificación de la isla y utiliza como medida de fuerza la lucha armada. Creada como ejército independiente del Sinn Fein en 1919 por M. Collins, luchó contra la ocupación británica hasta la independencia del país en 1921. El sector de los llamados irregulares no aceptó la decisión de Collins de crear el Estado libre de Irlanda. Se desencadenó entonces una guerra civil que se prolongó hasta 1923. Ilegalizada en 1931, tras un periodo de escasa actividad reapareció con fuerza a finales de los años sesenta. En 1969 el IRA se dividió en oficiales y provisionales, facción compuesta por los partidarios de la violencia indiscriminada, que inició en 1970 una intensa campaña de atentados. En 1994 la organización anunció el inicio de una tregua, que rompió en 1996. Un año más tarde anunció el inicio de una nueva tregua, lo que permitió la participación de su brazo político, el Sinn Fein, en las conversaciones de paz para Irlanda del Norte, que culminaron con el acuerdo alcanzado en 1998, aceptado en sus puntos principales por esta organización. Tras un periodo de estancamiento en las negociaciones, la organización llegó a un acuerdo con los gobiernos irlandés y británico por el que se comprometía a mantener el alto al fuego indefinido y la entrega de todo su armamento a lo largo de 2000 a cambio de ser admitido de manera efectiva en el proceso de formación de un gobierno autónomo en el Ulster. Tras una nueva crisis a principios de 2001, el proceso de paz continuó al aceptar el IRA destruir sus armas. Pero en 2002 estalló de nuevo la crisis al suspender el Gobierno de Blair las instituciones locales por las acusaciones vertidas contra el Sinn Fein de haber espiado para el Ejército Republicano Irlandés (IRA) en el edificio gubernamental de Stordmont. Tras el anuncio de convocatoria de elecciones en noviembre del año siguiente, el IRA anunció la destrucción de parte de su arsenal, con el fin de impulsar el proceso de paz en el Ulster.
IRACHE Caserío de España en Navarra, cerca de Estella. Monasterio benedictino de Santa María la Real, con iglesia románica (siglos XII-XIII).
IRACUNDO, DA adj. **1** Propenso a la ira. También s. **2** fig. y poét. Se dice de los elementos alterados.
IRAK (*Al-Jumhuriya al-Iraquiya*) Estado de Asia occidental, que limita al N con Siria, Turquía e Irán; al E, con Irán; al S, con el golfo Pérsico, Kuwait y Arabia Saudí; y al O, con Jordania y Siria. Posee una pequeña salida, en su extremo SE, al golfo Pérsico.
Geog. El territorio de Irak está constituido por la depresión comprendida entre la gran meseta de Irán, la de Arabia y Armenia. La llanada, en parte baja y pantanosa, está formada por los aluviones del Éufrates y del Tigris arrancados a las terrazas armenias. Aun cuando los altos valles de estos ríos son ásperos por tener su cabecera en las alturas del Norte, la verdadera Mesopotamia, o *país entre ríos*, es solamente la planicie comprendida entre los ríos mencionados. La zona NE (Kurdistán) está accidentada por una serie de cadenas montañosas. El Éufrates y el Tigris, principales ríos del país, tienen en sus valles altos un régimen torrencial y se unen al final del trayecto en uno solo, el Shatt al-Arab. En general, Irak es árido y estepario. Los inviernos son templados y los veranos cálidos. Debido a la escasez de lluvia, la agricultura se concentra en los valles fluviales. Produce cereales, tabaco y algodón. El subsuelo es rico en hidrocarburos. A partir de 1975, Irak se convirtió en el segundo exportador mundial de crudo. El desarrollo del sector industrial comenzó en los setenta, con un plan de potenciación de la industria pesada, financiado por capitales europeos y americanos. Aparte de la industria petrolífera y la artesanal, destaca la textil, la del tabaco, cervecera y la del cemento. Su puerto principal es Basora. El petróleo es el principal producto de exportación (99,5%). Las sanciones económicas y la prohibición de vender petróleo decretadas por la ONU tras la guerra del Golfo, paralizaron la economía del país e impidieron su recuperación.
Hist. En el actual territorio iraquí se asentaron las civilizaciones sumeria, babilónica y asiria. Mesopotamia

Superficie: 435.052 km² (incluidos los 924 km² de aguas internas, y excluida la zona neutral administrada con Arabia Saudí, de 7.000 km²).
Población: 22.676.000 h. *(iraquíes).*
Densidad: 52,1 h./km².
Tasa de natalidad: 35‰.
Tasa de mortalidad: 6,4‰.
Capital: Bagdad.
Ciudades principales: Basora, Mosul, Irbil, Kirkuk.
Grupos étnicos: árabes (77,1%), kurdos (19%), turcos (1,4%), azerbayanos (1,7%).
Religión: islamismo (95,5%), cristianismo de los ritos caldeo, sirio, ortodoxo (3,5%).
Idioma: árabe (oficial) y kurdo.
Moneda: dinar iraquí.
Forma de Estado: república presidencialista.
Producto Nacional Bruto: 11.500 millones de dólares.
Renta per cápita: 540 dólares.
División administrativa: 15 gobernaciones y 3 regiones autónomas, según cuadro.

IR

INDICATIVO
Pres.: voy, vas, va, vamos, vais, van.
Pret. imperf.: iba, ibas, etc.
Pret. indef.: fui, fuiste, fue, fuimos, fuisteis, fueron.
Fut. imperf.: iré, irás, etc.
Condic.: iría, irías, etc.
SUBJUNTIVO
Pres.: vaya, vayas, etc.
Pret. imperf.: fuera, fueras, etc., o fuese, fueses, etc.
Fut. imperf.: fuere, fueres, etc.
IMPERATIVO: ve, vaya, vayamos, id, vayan.
PARTICIPIO: ido.
GERUNDIO: yendo.

IRAK

Gobernaciones / Regiones autónomas	Superficie (km²)	Población (h.)	Capitales
Anbar	137.808	865.500	Ramadi
Babylon	5.603	1.221.000	Hilla
Bagdad	4.071	3.910.000	Bagdad
Basora	19.070	1.168.800	Basora
Diala	17.685	1.037.600	Baquba
Kerbela	5.034	567.600	Kerbela
Maysan	16.072	524.200	Amara
Muthanna	51.740	350.000	Samawa
Najaf	28.824	666.400	Najaf
Nineveh	37.323	1.618.700	Mosul
Qadissiya	8.153	595.600	Diwaniya
Salah ad-Din	24.363	772.200	Tikrit
Ta'min	9.679	605.900	Kirkuk
Thi-Qar	12.900	1.030.900	Nasiriya
Wasét	17.153	605.700	Kut
Dahuk	*6.553*	*309.300*	*Dahuk*
Irbil	*15.704*	*928.400*	*Irbil*
Sulaymaniya	*17.023*	*1.124.200*	*Sulaymaniya*

la que en un principio se pensó. En marzo de 2004 se firmó una Constitución provisional. A pesar de ello, la violencia continuó, especialmente en Faluya. En junio Iyad Alawi fue nombrado primer ministro, y formó un Gobierno provisional, que decidió que, tras el traspaso de la soberanía, ocurrida a finales de ese mes, Ghazi Al Yauar ocuparía el cargo de presidente del país.

IRAKLION o **HERÁKLION** Candía.

IRALA, DOMINGO MARTÍNEZ DE MARTÍNEZ DE IRALA, DOMINGO.

IRÁN *(Jomhuriyat-e Eslami Iran)* Estado del SO de Asia, que limita al N con Armenia, Azerbaiyán, Turkmenistán y el mar Caspio; al E, con Afganistán y Pakistán; al S, con el mar Arábigo y el golfo Pérsico, y al O, con Irak y Turquía.

Superficie: 1.645.258 km².
Población: 62.704.000 h. *(iraníes).*
Densidad: 38,4 h./km².
Tasa de natalidad: 19,4‰.
Tasa de mortalidad: 5,5‰.
Capital: Teherán.
Ciudades principales: Mashhad, Isfahán, Tabriz, Shiraz, Abadán, Ahwaz, Kermán.
Grupos étnicos: iranios (45,6%), azerbaiyanos (16,8%), kurdos (9,1%), otros (28,5%).
Religión: islamismo chiita (gran mayoría).
Idioma: farsi o persa (oficial), kurdo, turco.
Moneda: rial.
Forma de Estado: república islámica.
Producto Nacional Bruto: 102.242 millones de dólares.
Renta per cápita: 1.650 dólares.
División administrativa: 28 provincias, según cuadro.

Geog. Irán está dividido en dos regiones: la meseta interior, conjunto de elevadas altiplanicies de carácter desértico, y las cadenas montañosas que la rodean; en el N los montes Elbruz (Demavand, de 5.673 m, es su máxima altura) y en el SO los montes Zagros. Los ríos principales, de escaso caudal, son el Karum, el Marum y el Karkhe. El clima es continental desértico. La vegetación es escasa. Produce cereales, algodón, remolacha azucarera y tabaco. Buena parte de sus habitantes son nómadas y se dedican al pastoreo en las estepas. Ganadería ovina. Fabricación de alfombras. La principal fuente de riqueza es la explotación de los pozos petrolíferos. Yacimientos de gas natural, hierro, plomo, cinc y cromo. Industria textil, azucarera, del tabaco, y de refinado y los productos derivados del petróleo y el gas natural.

Hist. Tanto los persas como los medos, que invadieron las mesetas situadas entre el mar Caspio y el golfo Pérsico, eran pueblos indoeuropeos procedentes de las regiones del S de Rusia y Asia central. El territorio iraní estuvo bajo dominio de Elam y de Asiria hasta que, hacia el siglo VII, fue sometido por los medos, fundadores del primer imperio iranio. Un siglo después, el aqueménida Ciro II levantó a los persas y reunió ambos pueblos bajo su reino; conquistó Asia Menor y las ciudades griegas de la costa del Egeo. Las conquistas de Alejandro provocaron la caída del imperio (331 a. C.), que pasó a depender de los seléucidas (301-256 a. C.) y tras la invasión de los partos, de la dinastía arsácida. El imperio sasánida (siglos III-VI) pretendió restaurar el esplendor aqueménida. Con la invasión árabe (651) se produjo la islamización del país. En 1220 fue invadida por los mongoles, al mando de Gengis Khan, quienes, tras destronar al califa de Bagdad (1258), se convirtieron al islamismo. Su decadencia política durante el siglo XIV se vio paliada por la acción devastadora de Timur Lang, que construyó un gran imperio con centro en Samarkanda. En 1502 Ismail se proclamó sha de Persia, dando origen al dominio de la dinastía safawí, que instauró el chiísmo como religión del Estado. Su figura más representativa, Abbas el Grande (1587-1629), instaló la capital en Ispahán. Los safawíes sucumbieron ante los afganos, que a principios del siglo XVIII fueron dominados por Nadir, jefe de una tribu de Jurasan; tras convertirse en sha (1736), conquistó Mesopotamia, Azerbaiyán y extensas zonas junto al Caspio. En 1786 el turcomongol Aga Muhammad fundó la dinastía de los kayares, que instaló la capital en Teherán y gobernó el país hasta 1925. La historia persa del siglo XIX está marcada por la

fue la vía natural que ponía en comunicación el Occidente con el Oriente. En 539 a. C. fue anexionado al imperio persa por Ciro II y, en 331 a. C., conquistado por Alejandro Magno. Posteriormente constituyó el núcleo del reino de los seléucidas y de los imperios parto y sasánida. Entre los siglos VIII y IX, Bagdad fue el centro político y económico del mundo árabe. En 1534 cayó en poder de los turcos. Durante la Primera Guerra Mundial, el Reino Unido envió tropas a la región del Shatt al-Arab para proteger sus intereses petrolíferos y conquistó Bagdad (1917) y Mosul (1918). En 1920 la Sociedad de Naciones concedió al Reino Unido el mandato sobre Irak. Un año después, Faisal fue elegido soberano. En 1926 se determinó la frontera entre Irak y Turquía, y en 1930 el Reino Unido reconoció formalmente a Irak como Estado independiente y firmó con él un tratado de alianza que entró en vigor en 1932. Tras la muerte de Faisal en 1933, subió al trono Ghazi I, que murió en 1939 y le sucedió su hijo Faisal II, menor de edad, bajo la regencia de su tío Abdullah. En 1943, el país participó en la Segunda Guerra Mundial al lado de los aliados. En 1948 y 1952 el gobierno iraquí firmó con el Reino Unido sendos tratados, consiguiendo que la Irak Petroleum Company, dejara el 50% de sus ganancias al Estado. Sin embargo, a finales de 1952 se produjeron violentos incidentes provocados por los partidos de la oposición que aspiraban a la no renovación de la alianza con el Reino Unido, la reducción de los poderes de la corona y la nacionalización del petróleo. Para hacer frente a la situación, el gobierno de Nuri Al Said (1954-57) suprimió los partidos políticos e incorporó al país al Pacto de Bagdad (1955). En 1958 un golpe de Estado del general Abd al-Karim Kassen acabó con la vida de Faisal II e implantó un régimen republicano. Tras imponerse a la corriente baasista, Kassen introdujo una línea nacionalista, decretó la retirada del Pacto de Bagdad y aplastó varios intentos de rebelión. Sin embargo, la rebelión kurda minó su poder y en 1963, fue depuesto y ejecutado por un golpe de Estado apoyado por sectores del ejército y el partido Baas. Se nombró un consejo nacional revolucionario que eligió presidente provisional de la República al coronel Abdula-Salam Aref, que apartó de nuevo al partido Baas del poder y asumió plenos poderes. Durante su mandato reprimió con dureza a los comunistas, nacionalizó la banca, las compañías de seguros y varias industrias, y creó la Compañía Nacional del Petróleo. Irak se unió a Egipto y Siria en un acuerdo de federación, pero esta unión no duró mucho. Tras la muerte accidental de Aref (1966), subió al poder su hermano Abd al-Rahman Aref quien consiguió sofocar el problema kurdo, que se había recrudecido durante el mandato de su hermano. Dos años después otro golpe de Estado llevó al poder al general Ahmed Hassan El Bakr y al ala derechista del partido Baas. Bakr reformó la constitución en 1972 y se reservó plenos poderes políticos y militares. Un año más

tarde entró en vigor la ley que reconocía el nacionalismo kurdo, la oficialidad de su lengua y su representación parlamentaria. Sin embargo, los kurdos consideraron insuficientes las prerrogativas que esta ley les concedía. En 1973 surgieron incidentes fronterizos con Irán, resueltos dos años después al acordar ambos países mecanismos de arbitraje. En 1979, Bakr dimitió de su cargo y asumió la presidencia de la República el vicepresidente del Consejo de la Revolución, Saddam Hussein. La vieja animosidad irano-iraquí se recrudeció a finales de ese año y desembocó en una guerra abierta casi un año más tarde (véase GUERRA IRANO-IRAQUÍ). Finalizado el conflicto (1988), Irak inició conversaciones con Kuwait sobre problemas fronterizos, latentes desde la independencia del emirato en 1961, que culminaron con la invasión de este país por tropas iraquíes en 1990. A pesar del embargo naval y aéreo dictado por la ONU, Irak proclamó la anexión de Kuwait. Una fuerza multinacional liderada por EE UU operó desde Arabia Saudí, país que vio directamente amenazadas sus fronteras. La negativa iraquí a cumplir las resoluciones de la ONU provocó el inicio del conflicto bélico (17 de enero-28 de febrero de 1991) (véase GUERRA DEL GOLFO). En el interior, Saddam se enfrentó a la revuelta kurda en el N y a la chiita en el S. En 1994 Irak reconoció la soberanía de Kuwait y un año después un referéndum confirmó a Saddam Hussein en el poder. Tras numerosas crisis con EE UU y la comunidad internacional (1993, 1994, 1996) por el cumplimiento de las sanciones impuestas tras la guerra del Golfo, el país vio aliviada su situación al serle permitida la exportación de petróleo en 1996. Tres nuevas crisis (1997, 1998 y 1999), motivadas por la negativa iraquí a permitir la inspección de algunas de sus instalaciones militares, elevaron otra vez la tensión en la zona. Sin embargo, todas concluyeron con la aceptación por parte de Irak de las medidas de inspección impuestas por la comunidad internacional. A comienzos de 2002 George W. Bush, presidente de EE UU, acusó a Irak de amparar el terrorismo internacional, lo que justificaba, según él, un nuevo ataque masivo contra Irak. La amenaza de intervención provocó la ruptura del consenso de los países occidentales en la política emprendida por EE UU tras los atentados del 11 de septiembre de 2001 en Nueva York. En un intento de evitar el ataque estadounidense, en noviembre de 2002 Irak aceptó la resolución de desarme propuesta por la ONU y el envío de inspectores para examinar sus arsenales. Sin embargo, no cumplió con las exigencias de desarme del gobierno estadounidense y esto provocó que en marzo de 2003 las tropas estadounidenses y británicas iniciaran el ataque contra Irak. En abril tomaron Bagdad, lo que supuso el fin del régimen de Hussein. En julio de 2003 se creó un Consejo de Gobierno, bajo la administración de EE UU. Sin embargo, los informes presentados sobre la capacidad bélica de Irak parecieron demostrar que dicha capacidad era muy inferior a

IRÁN

Provincias	Superficie (km²)	Población (h.)
Ardabil	17.814	1.168.000
Azerbaiyán Occidental	39.487	2.496.000
Azerbaiyán Oriental	47.830	3.326.000
Boyer Ahmad-Kohgiluyeh	15.563	544.000
Bushehr	23.191	744.000
Chahar Mahal-Bakhtiyari	16.201	761.000
Fars	122.416	3.817.000
Gilán	14.106	2.242.000
Golestán	—	—
Hamadán	19.547	1.678.000
Hormozgán	71.193	1.062.000
Ilam	20.151	488.000
Isfahán	107.027	3.923.000
Kermán	181.814	2.004.000
Kermansharán	24.741	1.779.000
Khorasán	302.766	6.048.000
Khuzistán	63.238	3.747.000
Kurdistán	29.151	1.346.000
Lorestán	28.392	1.584.000
Markazi	29.406	1.229.000
Mazandarán[1]	43.525	4.028.000
Qazvin	—	—
Qom	11.237	853.000
Semnán	96.816	501.000
Sistán-Baluchistán	178.431	1.723.000
Teherán	31.952	11.176.000
Yazd	73.467	751.000
Zanján[2]	24.312	1.037.000

[1] Incluye superficie y población de Golestán.
[2] Incluye superficie y población de Qazvin.

reclamaban el fin de la injerencia extranjera. Una revuelta (1951) llevó al poder a Mohammad Mussadaq, jefe del Frente Nacional, quien, tras nacionalizar el petróleo, fue destituido en 1953. Con su adhesión al pacto de Bagdad (1955), Irán se incorporó de lleno a la política occidental. En 1978, estalló una insurrección generalizada, con manifestaciones y huelgas alentadas por el líder religioso chiita, el *ayatollah* Jomeini, desde su exilio en Francia. Finalmente, el sha tuvo que abandonar el país en 1979. Jomeini se hizo cargo de la jefatura del Estado y, mediante un referéndum institucional, proclamó la República Islámica de Irán. Jomeini logró institucionalizar su poder omnímodo con la aprobación por referéndum de una ley fundamental. En 1980, apoyó la elección como jefe del Estado de Abolhasan Bani Sadr. Su pragmatismo chocó con el clero integrista, por lo que fue destituido en 1981. Su sustituto, Mohamed Alí Radjai, murió en atentado poco después y fue reemplazado por Sayed Alí Jamenei. Paralelamente, y tras denunciar el tratado fronterizo rubricado con Irán en 1975, las tropas iraquíes penetraron en territorio iraní (23 de septiembre de 1980), dando origen a la guerra IRANO-IRAQUÍ, que se prolongó hasta 1988. Tras la muerte de Jomeini en 1989, Alí Jamenei fue designado su sucesor como guía espiritual; Hashemi Rafsanjani ocupó la presidencia del país y Mir Hussein Moussavi se encargó de formar gobierno. En 1990, al desencadenarse la crisis del Golfo, Irak ofreció a Irán concluir el intercambio de prisioneros y devolver los territorios aún ocupados, además de la firma de un tratado de paz, a cambio de la colaboración iraní contra el bloqueo de las potencias occidentales. Sin embargo, el apoyo de Irán fue muy matizado. Esto, y la normalización diplomática con varias naciones, ha sido rentabilizado políticamente para recuperar su papel de potencia regional. En 1993 Hashemi Rafsanjani fue reelegido presidente. A pesar de esta victoria, su política aperturista se ha visto frenada por Jamenei y el clero chiita. En mayo de 1997 fue elegido presidente Mohamed Jatamí, de tendencia aperturista, quien, sin embargo, tuvo que enfrentarse en 1999 a unas protestas populares masivas contra el gobierno, que reprimió duramente. No obstante, resultó revalidado en su cargo tras los comicios de 2000, aunque los resultados de esa consulta electoral fueron invalidados en mayo de ese año por las irregularides detectadas en el proceso. En las elecciones de junio de 2001 Jatamí fue revalidado en su cargo. En 2004 se celebraron unas controvertidas elecciones legislativas en el país, debido al veto sufrido por las candidaturas reformistas en las que los conservadores lograron la mayoría absoluta en el Parlamento.

IRÁN Vasta meseta de Asia occidental, que comprende Armenia, Irán, Afganistán y parte del Beluchistán paquistaní.
IRANGATE *Hist.* Escándalo político que se produjo en EE UU durante la presidencia de R. Reagan, al conocerse que altos funcionarios del entorno presidencial habían vendido armas a Irán, durante el conflicto que este país mantuvo con Irak. El dinero así obtenido fue entregado a las fuerzas contrarrevolucionarias de Nicaragua.
IRANÍ adj. y com. Del moderno Estado de Irán.
IRANIO, NIA adj. **1** Del antiguo Irán. También s. **2** *Ling.* Se aplica a un grupo de lenguas indoeuropeas de la familia indoirania. Se divide en dos subgrupos, el occidental y oriental. Al primero pertenecen el persa, el tayiko y el kurdo. Al segundo, el pasthu o afgano. También m.
IRANO-IRAQUÍ, GUERRA *Hist.* Conflicto armado entre Irán e Irak; en septiembre de 1980, el presidente iraquí, Saddam Hussein, denunció los acuerdos de Argel, en los que se habían establecido las fronteras entre ambos países, e invadió la región de Shatt al-Arab. El origen de la guerra, no obstante, está en la tradicional enemistad irano-iraquí. Su prolongada duración causó pérdidas económicas y humanas a ambos contendientes. En 1988, se llegó a un acuerdo de paz que no concedía la victoria a ninguno de los dos países.
IRAPUATO Ciudad de México, Estado de Guanajuato; 265.042 h. Centro agropecuario. Metalurgia e industrias del cuero y tabaco.
IRAQ IRAK.
IRAQUÍ adj. y s. De Irak.
IRASCIBLE adj. Propenso a irritarse.
IRAWADI Río de Asia meridional; se forma en la confluencia del Malikha y el Nmaikha, al SE del Tíbet, atraviesa Myanmar de N a S y desemboca en el golfo de Bengala; 2.011 km de curso.
IRAZÚ Volcán de Costa Rica, en la cordillera Central; 3.432 m de altura. Aún mantiene periodos de actividad.
IRBIL Ciudad de Irak, capital de la región autónoma kurda de su nombre; 485.968 h.
IRBIS m. *Zool.* Mamífero carnívoro perteneciente a la familia félidos, de nombre científico *Panthera uncia*. Tiene el pelaje claro y es de hábitos nocturnos. Vive en zonas de alta montaña en el Tíbet, Cachemira y Altai.

rivalidad entre Rusia e Inglaterra, interesadas en conseguir la hegemonía en su territorio. El acuerdo anglorruso de 1907 delimitó las zonas de influencia de ambas potencias; el NO quedó en manos de Rusia y el SE del Reino Unido. El descontento ante la creciente influencia extranjera provocó el auge de los movimientos nacionalistas, por lo que el sha se vio obligado a otorgar un nuevo régimen constitucional en 1906. Durante la Primera Guerra Mundial fue ocupada por los británicos. En 1921 el jefe militar nacionalista Mirza Reza Pahlevi encabezó un golpe de Estado y asumió el poder. En 1925 disolvió el parlamento y se proclamó sha con plenos poderes. Emprendió una política de reformas e intentó mejorar las condiciones de explotación de los yacimientos petrolíferos, en manos de compañías extranjeras. En 1935, Persia pasó a denominarse Irán. Su política de acercamiento a Alemania provocó la intervención del Reino Unido y la URSS, que ocuparon el país en 1941 y obligaron al sha a abdicar en su hijo Mohammad Reza Pahlevi. Durante la Segunda Guerra Mundial se incrementó la influencia de EE UU. A su término, resurgieron los movimientos nacionalistas, que

Tomás de Iriarte. Retrato de Joaquín Inza. Museo del Prado (Madrid).

IRENE Emperatriz bizantina (Atenas, 752 - Lesbos, 803). Esposa de León IV, en 780 ocupó la regencia del imperio. Convocó el II concilio de Nicea (787), donde se condenó la iconoclastia. Pactó la paz con el Islam.

IRENEO, SAN Obispo de Lyon (Esmirna, h. 130 - Lyon, h. 208). Discípulo de san Policarpo, ocupó la diócesis de Lyon hacia 178. Combatió el gnosticismo en las obras *Exposición y refutación del falso conocimiento* y *Demostración de la prédica apostólica*.

IRIAN OCCIDENTAL o **IRIAN JAYA** Provincia de Indonesia, que comprende la parte occidental de la isla de Nueva Guinea e islas adyacentes; 421.981 km² y 1.956.300 h. Su capital es Jayapura.

IRIARTE, TOMÁS DE Escritor español (Puerto de la Cruz, 1750 - Madrid, 1791). De ideas ilustradas, luchó contra lo que consideraba «mal gusto literario» y defendió el teatro francés. En su producción destacan las *Fábulas literarias* (1782), colección de poemas satíricos y moralistas en los que aplica la teoría de la preceptiva clasicista.

IRID-, IRIDO- prefs. que significan iris.

IRIDÁCEO, A adj. y f. *Bot.* **1** Se dice de las plantas herbáceas angiospermas monocotiledóneas, con rizomas, tubérculos o bulbos, fruto en cápsula y semillas con albumen córneo o carnoso; como el lirio cárdeno y el azafrán. || f. *Bot.* **2** Familia de estas plantas.

IRIDECTOMÍA f. *Med.* Extirpación quirúrgica de parte del iris.

IRIDEREMIA f. *Med.* Ausencia casi completa del iris del ojo.

IRIDIO m. *Quím.* Elemento químico del grupo VIII B del sistema periódico. Masa atómica 193,1; número atómico 77; punto de fusión 2.454 °C; símbolo *Ir*.

IRIDISCENTE adj. **1** Que muestra o refleja los colores del iris. **2** Por extensión, dícese de lo que brilla o produce destellos.

IRIDO- pref. IRID-.

IRIDOCICLITIS f. *Med.* Inflamación del iris y el cuerpo ciliar.

IRIDOCITO m. *Biol.* Célula especializada de la piel de algunos animales que lleva cristales iridiscentes de guanina y una variedad de lipóforos.

IRIGOYEN, HIPÓLITO YRIGOYEN, HIPÓLITO.

IRINGA 1 Región de Tanzania, en Tanganika; 56.864 km² y 1.427.000 h. **2** Ciudad capital de la misma; 57.182 h.

IRIS m. **1** *Anat.* Capa pigmentada situada en la parte anterior del ojo de los vertebrados, que actúa en el proceso de la visión como el diafragma de una cámara fotográfica, ya que en su centro se abre un orificio o *pupila* que puede dilatarse o constreñirse para permitir una mayor o menor entrada de luz. **2** *Bot.* Nombre común de diversas plantas de la familia iridáceas, género *Iris*, con rizomas, tallos erectos, hojas lineales o en forma de espada, y flores vivamente coloreadas. Se usan en jardinería. **3** *Meteor.* ARCO IRIS.

IRIS *Mit.* En la mitología griega, mensajera de los dioses, personificación del arco iris.

IRISACIÓN f. *Fís.* **1** Acción de irisar. || f. pl. *Met.* **2** Vislumbre que se produce en las láminas delgadas de los metales cuando, candentes, se pasan por el agua.

IRISAR intr. *Fís.* Presentar un cuerpo franjas variadas o reflejos de luz.

IRISARRI, ANTONIO JOSÉ DE Político y escritor chileno de origen guatemalteco (Guatemala, 1786 - Brooklyn, 1868). Dictador supremo interino de Chile en 1814, fue ministro del Interior y de Relaciones Exteriores con O'Higgins. Participó en la guerra contra la confederación de Perú y Bolivia en 1836.

IRKUTSK 1 Región de la Federación de Rusia; 767.900 km² y 2.805.000 h. **2** Ciudad capital de la misma, situada al S de Siberia, a orillas del río Angara y cerca del lago Baikal; 585.000 h.

IRLANDA o **EIRE** *(Poblacht Na h'Eireann; Republic of Ireland)* Estado nordoccidental de Europa, que ocupa la mayor parte de la isla de su nombre. Limita al N con Irlanda del Norte y el océano Atlántico; al E, con el mar de Irlanda y el canal de San Jorge; y al S y al O, con el océano Atlántico.

Superficie: 70.285 km².
Población: 3.783.000 h. *(irlandeses)*.
Densidad: 52,1 h./km².
Tasa de natalidad: 14,4‰.
Tasa de mortalidad: 8,2‰.
Capital: Dublín.
Ciudades principales: Cork, Limerick, Galway, Waterford, Dundalk.
Religión: catolicismo (93,1%), protestantismo (anglicanismo, 2,8%; presbiterianismo, 0,4%).
Idioma: inglés (75%) e irlandés (25%), oficiales.
Moneda: euro.
Forma de Estado: república parlamentaria.
Producto Nacional Bruto: 69.322 millones de dólares.
Renta per cápita: 18.710 dólares.
División administrativa: 4 provincias, divididas en 27 condados, según cuadro.

GEOG. El relieve está formado por una vasta depresión central, bordeada por sistemas montañosos: al N el macizo de Donegal; al O el de Connemara; al E el macizo de Wicklow, y al S los montes Galty y los Reeks. El litoral es muy recortado, con grandes bahías y fiordos en la zona occidental. En su red hidrográfica, escasa e irregular, destaca el río Shannon. El territorio está salpicado por numerosos lagos, como el Mask, Ree, Derg, Allen o Corrib. El clima es de tipo oceánico. Son característicos del paisaje las landas, turberas y pastos. A pesar de la creciente industrialización, la población urbana no supera el 60%. El sector agropecuario sigue siendo dominante en el país; sobresale la ganadería (bovina y ovina). Los cultivos principales son los cereales (cebada, trigo, avena), las patatas y la remolacha azucarera. La pesca, poco desarrollada, se vio favorecida por la entrada en la CEE. Los recursos minerales son escasos; cuenta con yacimientos de cinc, plomo y gas natural. La industria está centralizada en Dublín y Cork. Los sectores más desarrollados son el alimentario (harina, mantequilla, cerveza) y el textil.

HIST. En el siglo IV a. C., grupos celtas diferentes de los que recalaron en Inglaterra invadieron la isla, asimilando a los grupos autóctonos y creando un centenar de pequeños reinos. A comienzos de la era cristiana se constituyó la Irlanda de los *cinco quintos* (Ulster, Connacht, Munster, North Leinster y South Leinster), que se disputaron la hegemonía de la isla. Irlanda, que no había conocido la romanización ni el catolicismo, fue cristianizada por san Patricio a partir del 431. Durante los siglos VII y VIII vivió una etapa dorada, provocada por el auge de las fundaciones monásticas y su irradiación cultural. Desde el 830 se sucedieron las expediciones de los pueblos escandinavos, que establecieron varios reinos en la isla; los más importantes fueron Limerick y Dublín. Estas invasiones propiciaron un cierto desarrollo urbano y comercial, limitado por la anarquía política en la que vivían los reinos irlandeses. El período inmediatamente posterior a la expulsión de los noruegos (1014) se caracterizó por las luchas entre las dinastías locales, circunstancia aprovechada por los normandos procedentes de las marcas del nuevo reino de Inglaterra, encabezados por Ricardo de Pembroke, para conquistar Irlanda (1170). Ante esta situación, Enrique II de Inglaterra reclamó la soberanía sobre toda la isla, ratificada por el tratado de Windsor (1175). La imposición

IRLANDA

Provincias Condados	Superficie (km²)	Población (h.)	Capitales
Connacht	*17.122*	*433.000*	
Galway	5.940	189.000	Galway
Leitrim	1.525	25.000	Carrick-on-Shannon
Mayo	5.398	111.000	Castlebar
Roscommon	2.463	52.000	Roscommon
Sligo	1.796	56.000	Sligo
Leinster	*19.633*	*1.922.000*	
Carlow	896	42.000	Carlow
Dublín	922	1.057.000	Dublín
Kildare	1.694	135.000	Naas
Kilkenny	2.062	75.000	Kilkenny
Laoighis	1.719	53.000	Port Laoise
Longford	1.044	30.000	Longford
Louth	823	92.000	Dundalk
Meath	2.336	109.000	Trim
Offaly	1.998	59.000	Tullamore
Westmeath	1.763	63.000	Mullingar
Wexford	2.351	104.000	Wexford
Wicklow	2.025	102.000	Wicklow
Munster	*24.127*	*1.033.000*	
Clare	3.188	94.001	Ennis
Cork	7.460	420.000	Cork
Kerry	4.701	126.000	Tralee
Limerick	2.686	165.000	Limerick
Tipperary (Riding Norte)	1.966	58.000	Nenagh
Tipperary (Riding Sur)	2.258	75.000	Clonmel
Waterford	1.838	95.000	Waterford
Ulster	*8.012*	*234.000*	
Cavan	1.891	53.000	Cavan
Donegal	4.830	129.000	Lifford
Monaghan	1.291	51.000	Monaghan

IRLANDA

Irlanda. Iglesia de Adare.

del anglicanismo agudizó las tensiones entre ambos pueblos. Enrique VIII hizo confirmar su título de rey de Irlanda (1541) e inició una violenta campaña de confiscación de tierras, que cedió a colonos ingleses. Durante el reinado de Isabel I, se sublevaron las provincias de Munster (1569-83) y Ulster (1594-1603) con el apoyo de los españoles. La defensa de la causa de los Estuardo provocó la violenta represión de Cromwell (Drogheda, 1649), que adjudicó grandes cantidades de tierra a la minoría protestante. Posteriormente, los irlandeses apoyaron a Jacobo II, que fue derrotado por Guillermo III y obligado a exiliarse en Francia, tras la batalla de Boyne (1690). Las *Penal laws* (1702-05) consagraron la marginación de los católicos. A finales del siglo XVIII, Wolfe Tone, fundador de la Asociación de Irlandeses Unidos, reclamó la ayuda francesa y encabezó una insurrección que fue inmediatamente aplastada. El Acta de Unión (1800) agravó aún más la situación de los irlandeses, que no cesaron en su empeño por la independencia. En 1829, O'Connell, líder de la Asociación Católica Irlandesa, consiguió la abolición de gran parte de las leyes discriminatorias contra los católicos. Entre 1846 y 1848, el hambre provocó la masiva emigración y la drástica disminución de la población. En 1870 se fundó la asociación que reclamaba el HOME RULE, encabezada por Parnell. Gladstone concedió reformas agrarias y se mostró partidario de otorgar el régimen autonómico, pero la oposición de la minoría protestante logró retrasar su promulgación. El movimiento Sinn Fein, fundado en 1900, organizó una fallida sublevación durante la Primera Guerra Mundial. En 1921, después de dos años de guerra civil, fue reconocido el Estado Libre de Irlanda, separado del Ulster, que siguió formando parte del Reino Unido. El nuevo Estado contaba con gobierno y Parlamento propios, pero su competencia se limitaba a los asuntos internos. Una fracción del Sinn Fein y del IRA no aceptó el acuerdo, lo que desencadenó una fase de inestabilidad (1922-23). La política conciliadora fomentada por el gobierno de Cosgrave (1922-32) dio un giro radical con el triunfo del Fianna Fail, liderado por De Valera. Éste rompió relaciones con el Reino Unido e inició una guerra económica que se prolongó hasta 1938. En diciembre de 1936 fue suprimido el cargo de gobernador general, que representaba a la corona británica. En 1937 se promulgó una constitución confesionalista e irlandesa tomó el nombre de Eire. En 1949 fue proclamada la República de Irlanda, separándose de la Commonwealth y aboliendo los últimos lazos que la unían al Reino Unido. Desde entonces, los dos partidos mayoritarios, el republicano Fianna Fail y el nacionalista Fine Gael, se han alternado en el ejecutivo. Así, el primer presidente fue Sean O'Kelly (1949-59). Tras su ingreso en la CEE (1973), Eamon de Valera se retiró de la presidencia, que ocupaba desde 1959. Le sucedieron Erskine Childers (1973-74), Cearbhall O'Dalaigh (1974-76) y, tras su dimisión, Patrick John Hillery. La tónica predominante de la política irlandesa ha sido preconizar la unión con Irlanda del Norte, a pesar de la rígida postura inglesa, que tan sólo en 1985 permitió la constitución de una comisión consultiva tripartita encargada de estudiar el problema irlandés. El acuerdo concluido entre Gerry Fitzgerald, primer ministro desde 1982, y Margaret Thatcher, debilitó la posición del jefe de gobierno. Las elecciones generales de 1987 dieron una apretada victoria al Fianna Fail y a su líder, Charles Haughey, sustituyó a Fitzgerald. En 1990 fue designada para ocupar la presidencia del país la laborista Mary Robinson. En 1992 Haughey fue sustituido en el cargo por Albert Reynolds. Tras una serie de conversaciones entre Albert Reynolds y el primer ministro británico, John Major, Londres aceptó la autodeterminación de Irlanda del Norte. Este nuevo planteamiento hizo que, en 1994, el IRA anunciase una tregua unilateral. Posteriormente, el gobierno de Dublín apoyó el proceso negociador abierto en 1997 que concluyó con la firma de un acuerdo en 1998. En diciembre de 1997 dimitió Albert Reynolds, sustituido por John Bruton, del Fine Gael. En las elecciones legislativas de ese año triunfó la coalición del Fianna Fail y el Partido Demócrata Progresista; Bertie Ahern fue nombrado primer ministro. Asimismo, resultó elegida presidenta de la República Mary McAleese. En 1998 participó en los llamados Acuerdos de Stormont para encontrar una salida negociada al problema del Ulster y a finales de 1999 modificó la Constitución para eliminar la reclamación del Ulster como territorio propio. En las elecciones de 2002 Bertie Ahern fue ratificado en su cargo.

IRLANDA Isla del NO de Europa, la más occidental de las islas Británicas, dividida políticamente en Irlanda del Norte (Ulster), que forma parte del Reino Unido, y la República de Irlanda (Eire); 84.420 km².

IRLANDA, MAR DE Mar del océano Atlántico, situado entre Gran Bretaña e Irlanda. Está limitado al N por el canal del Norte y al S por el de Saint George. Las islas más representativas son la de Man y las Anglesey.

IRLANDA DEL NORTE o **ULSTER** País de Reino Unido, que ocupa la zona NE de la isla de Irlanda; 14.120 km² y 1.663.200 h. Su capital es Belfast. Una vasta cuenca, ocupada en buena parte por el lago Neagh, domina el centro del país. En torno a ella se sitúan los montes Sperrin al N, Antrim al NE, y Mourne al SE. La costa es escarpada, con profundas ensenadas. La red hidrográfica es pobre y los ríos, cortos. El clima es de tipo oceánico. La principal fuente de riqueza de su economía es la ganadería. La agricultura (avena, patatas, lino) constituye una actividad secundaria. La industria se concentra en Belfast y Londonderry. La población está dividida en católicos y protestantes; estos últimos forman la comunidad social y políticamente dominante.

HIST. Tras la creación del Estado Libre de Irlanda (1921), el Ulster permaneció integrado en el Reino Unido. Desde entonces, el gobierno autónomo ha estado en manos del Partido Unionista, que apoya la mayoría protestante. La marginación de los católicos originó durante la década de los sesenta un movimiento en favor de sus derechos civiles que reivindicaba la integración con la República de Irlanda. A partir de 1970, el IRA comenzó a desarrollar su actividad guerrillera. En 1972 el ejército británico abrió fuego en Londonderry contra los manifestantes católicos, provocando una matanza que se conoce con el nombre de «Domingo Sangriento». Ese mismo año, Londres asumió directamente el gobierno de la provincia. El plebiscito de 1973, boicoteado por los católicos, confirmó la pertenencia de Irlanda al Reino Unido. En diciembre, los jefes de gobierno de las dos Irlandas y Londres firmaron el acuerdo de Sunningdale, en el que se propugnaba la creación del Consejo de Irlanda, integrado por miembros del N y del S de la isla. La oposición de los extremistas protestantes provocó la caída del jefe del ejecutivo provisional. Se sucederían los atentados del IRA y Londres se hizo cargo de nuevo del gobierno de la provincia. El Sinn Fein, rama política del IRA, obtuvo representación parlamentaria por primera vez en 1982. En 1985, el acuerdo entre Margaret Thatcher y el primer ministro irlandés, Gerry Fitzgerald, autorizaba la creación de un Consejo que otorgaba a la República de Irlanda la tutela de la población católica. En 1986 el gobierno de Londres decidió disolver la Asamblea de Irlanda del Norte. En julio de 1992 dieron comienzo las conversaciones sobre el futuro del territorio. En agosto de 1994, el IRA anunció un alto el fuego incondicional. Tras una interrupción de la tregua por parte del IRA (1996-97), comenzaron las negociaciones multilaterales de paz entre los partidos católicos y protestantes que culminaron en 1998 con la firma de un plan de paz que preveía la creación de organismos autónomos y anuncia reformas constitucionales en el Reino Unido e Irlanda. En mayo de 1998 se celebró un referéndum sobre el acuerdo de paz, con aplastante resultado a favor del mismo. En el mes de junio, David Trimble del Partido Unionista fue elegido primer ministro de la nueva Asamblea Legislativa. A principios de 1999 el proceso de paz se vio bloqueado por la negativa de la organización terrorista a entregar las armas. Tras el bloqueo de las negociaciones a principios de 1999, estas culminaron, a finales de ese año, con la formación de un gobierno autónomo presidido por D. Trimble, la promesa de entrega de armas por parte del IRA, la formación del llamado Consejo de Irlanda, y la modificación de la Constitución irlandesa por la que este país renuncia a su reclamación histórica del Ulster. A comienzos de 2000 el proceso de paz entró en crisis aunque la situación volvió a normalizarse a mediados de año cuando el IRA accedió a entregar sus armas. Algunos grupos paramilitares continuaron, no obstante, llevando a cabo acciones violentas. Tras la dimisión en julio de 2001 del ministro principal del Gobierno autónomo de Irlanda del Norte, David Trimble, para forzar el desarme del IRA, Londres suspendió temporalmente la autonomía de la región. Pero, en octubre, el IRA aceptó la destrucción de todos sus arsenales y, en noviembre, Trimble volvió a encabezar el Gobierno autónomo. En octubre de 2002 el gobierno británico volvió a suspender la autonomía de Irlanda del Norte debido a la crisis política desatada tras conocerse la implicación del Sinn Fein, brazo político del IRA, en una red de espionaje. En 2003 se celebraron elecciones a la Asamblea autónoma, en las que obtuvo la mayoría el Partido Democrático del Ulster (DUP), del reverendo Paisley, unionista y protestante pero opuesto al proceso de paz. Ante este resultado, el Gobierno británico anunció que no devolvería la autonomía a la región hasta que no se produjera un acuerdo entre protestantes y católicos.

IRLANDÉS, SA adj. y s. **1** De Irlanda. || m. *Ling.* **2** Lengua del grupo gaélico, cooficial en Irlanda.

IROKO m. *Bot.* Árbol de la familia moráceas, de nombre científico *Chlorophora excelsa.*

IRONÍA f. **1** Burla fina y disimulada. **2** *Ret.* Figura retórica que consiste en dar a entender lo contrario de lo que se dice.

IRONS, JEREMY Actor británico (Cowes, 1948). En su filmografía destacan *La mujer del teniente francés* (1981), *El misterio Von Bulow* (1990, Oscar al mejor actor), *La misión* (1986), *La casa de los espíritus* (1993) y *La caja china* (1997).

IROQUÉS, SA adj. *Etnol.* **1** Se dice de un pueblo amerindio que habitó en el NE de EE UU y en Ontario y Quebec en Canadá. En la actualidad sobreviven unos 5.000 individuos, confinados mayoritariamente en reservas. Aplicado a personas, también s. **2** Relativo a este grupo. || m. *Ling.* **3** Familia lingüística de América del Norte que incluye las lenguas mohawk o mohaqués, oneida, seneca, onondaga, tuscarora y cherokee.

IROQUESA, CONFEDERACIÓN *Hist.* Confederación formada hacia 1560 por el profeta huroniroqués Deganawida y su discípulo mohawk Hiawatha. Unificó los pueblos iroqueses de los mohawks, oneida, onondaga, cayuga y seneca, a los que en 1722 se unieron los tuscarora.

IRPF *Econ.* Siglas del IMPUESTO SOBRE LA RENTA DE LAS PERSONAS FÍSICAS.

IRRACIONAL adj. **1** Que carece de razón. También com. **2** Opuesto a la razón. **3** *Mat.* Se dice de la raíz o cantidad radical que no puede expresarse exactamente con números enteros ni fraccionarios. **4** *Mat.* NÚMERO IRRACIONAL.

IRRACIONALISMO m. *Filos.* Doctrina filosófica que limita el papel de la razón como forma de conocimiento.

IRRADIACIÓN f. **1** *Biol.* Acción de someter un sistema biológico a ondas sonoras de suficiente intensidad como para modificar su estructura. **2** *Fís.* Exposición de un material u objeto a cualquier tipo de radiación. **3** *Fís.* Energía de la radiación solar que incide sobre una superficie.

IRRADIANCIA f. *Fís.* Flujo de radiación incidente.

IRRADIAR tr. **1** Despedir un cuerpo rayos de luz, calor u otra energía en todas direcciones. **2** *Fís.* Someter un cuerpo a la acción de ciertos rayos. **3** fig. Transmitir, propagar, difundir.

IRREAL adj. No real; falto de realidad.

IRREALIZABLE adj. Que no se puede realizar.

IRREBATIBLE adj. Que no se puede rebatir.

IRRECONCILIABLE adj. Se dice del que no quiere o no puede reconciliarse.

IRRECUPERABLE adj. Que no se puede recuperar.

IRRECUSABLE adj. Que no se puede recusar.

IRREDENTISMO m. **1** *Polít.* Actitud política que propugna la anexión de un territorio por razones históricas, étnicas, culturales o lingüísticas. **2** *Polít.* Actitud política de aquellos habitantes de un territorio que propugnan la incorporación de éste a otra nación a la cual se sienten pertenecer.

indios **iroqueses.** Grabado de época.

IRREDENTO, TA adj. Que permanece sin redimir. Se dice especialmente del territorio que una nación pretende anexionarse por razones históricas, de lengua, raza, cultura, etc.

IRREDIMIBLE adj. Que no se puede redimir.

IRREDUCIBLE adj. **1** Se dice de lo que no puede reducirse. **2** *Mat.* Fracción cuyo numerador y denominador no tienen ningún divisor común y, por tanto, no se puede transformar en otra equivalente.

IRREDUCTIBLE adj. Que no se puede reducir.

IRREEMPLAZABLE adj. No reemplazable.

IRREFLEXIÓN f. Falta de reflexión.

IRREFLEXIVO, VA adj. **1** Que no reflexiona. **2** Que se dice o hace sin reflexionar.

IRREFRENABLE adj. Que no se puede refrenar.

IRREFUTABLE adj. Que no se puede refutar.

IRREGULAR adj. **1** Que está fuera de regla; contrario a ella. **2** Que no sucede habitualmente. **3** Que ha incurrido en una irregularidad canónica. **4** *Biol.* Se dice de cualquier estructura que no sea simétrica. **5** *Geom.* Se dice de la figura que no puede dividirse en mitades por un número indefinido de planos longitudinales. **6** *Gram.* Se dice de la palabra cuya declinación o conjugación no se ajusta al paradigma normativo.

IRREGULARIDAD f. **1** Calidad de irregular. **2** Impedimento canónico para recibir las órdenes o ejercerlas por razón de ciertos defectos naturales o por delitos. **3** fig. y fam. Malversación, desfalco, cohecho u otra inmoralidad de la gestión o administración pública, o en la privada.

IRRELEVANTE adj. Que carece de importancia o significación.

IRRELIGIOSO, SA adj. **1** Falto de religión. También s. **2** Que se opone al espíritu de la religión.

IRREMEDIABLE adj. Que no se puede remediar.

IRREMISIBLE adj. Que no se puede perdonar.

IRRENUNCIABLE adj. Que no se puede renunciar.

IRREPARABLE adj. Que no se puede reparar.

IRREPRENSIBLE adj. Que no merece reprensión.

IRREPRESENTABLE adj. Se dice de las obras de carácter dramático que no son aptas para la representación escénica.

IRREPRIMIBLE adj. Que no se puede reprimir.

IRREPROCHABLE adj. Que no puede ser reprochado.

IRRESISTIBLE adj. **1** Que no se puede resistir. **2** Se dice de la persona con atractivo y simpatía.

IRRESOLUBLE adj. Que no se puede resolver o determinar.

IRRESOLUCIÓN f. Falta de resolución.

IRRESOLUTO, TA adj. y s. Sin resolución.

IRRESPETUOSO, SA adj. No respetuoso.

IRRESPIRABLE adj. **1** Que no puede respirarse. **2** Que difícilmente puede respirarse. **3** fig. Se aplica al ambiente social que resulta intolerable.

IRRESPONSABLE adj. y com. **1** Se dice de la persona a quien no se puede exigir responsabilidad. **2** Se dice de la persona que adopta decisiones importantes sin la debida meditación. **3** Se dice del acto resultante de una falta de previsión o meditación.

IRREVERENTE adj. y com. Contrario a la reverencia o respeto debido.

IRREVERSIBLE adj. Que no es reversible.

IRREVOCABLE adj. Que no se puede revocar.

IRRIGAR tr. **1** Rociar o regar con un líquido alguna parte del cuerpo. **2** *Agr.* Aplicar el riego a un terreno.

IRRISORIO, RIA adj. **1** Que mueve o provoca a risa y burla. **2** fig. Insignificante por pequeño, diminuto.

IRRITABILIDAD f. **1** Propensión a irritarse. **2** Poder de respuesta a un estímulo. **3** Reacción de excitabilidad excesiva frente a un estímulo leve.

IRRITABLE adj. **1** Capaz de irritación o irritabilidad. **2** Propenso a la irritabilidad.

IRRITAR tr. y prnl. **1** Hacer sentir ira. **2** Causar excitación patológica en un órgano o parte del cuerpo.

IRROGAR tr. y prnl. Tratándose de perjuicios o daños, causar, ocasionar.

IRRUMPIR intr. Entrar violentamente en un lugar.

IRRUPCIÓN f. **1** Acometimiento impetuoso e impensado. **2** Entrada impetuosa en un lugar, invasión.

IRÚN *(Urantzun)* Ciudad de España, provincia de Guipúzcoa; 55.215 h.

IRUNÉS, SA adj. y s. De Irún.

IRUÑA PAMPLONA.

IRVING, JOHN Novelista estadounidense (Exeter, New Hampshire, 1942). De su obra narrativa, de estilo realista y tono sarcástico, destacan *El mundo según Garp* (1978), *Hotel New Hampshire* (1981), *Oración por Owen Meany* (1989), *La novia imaginaria* (1996) y *La cuarta mano* (2000).

IRVING, WASHINGTON Escritor estadounidense (Nueva York, 1783 - Tarrytown, 1859). Tras publicar *La historia de Nueva York de Dietrich Knickerbocker* (1809), alcanzó celebridad con *El libro de apuntes de Geoffrey Crayon* (1819-20), que contiene el cuento *Rip van Winkle.* Su estancia en España le inspiró *Vida y viajes de Colón* (1828), *Crónica de la conquista de Granada* (1829), *Viajes y descubrimientos de los compañeros de Colón* (1831) y *Cuentos de la Alhambra* (1832).

Isabel I la Católica. Retrato atribuido a Juan de Flandes. Real Academia de la Historia (Madrid).

IS- pref. ISO-.

ISA f. Canto y baile típico de las islas Canarias, con acompañamiento de guitarra y bandurria.

ISAAC Patriarca hebreo, hijo de Abraham y Sara. Dios ordenó a Abraham que sacrificase a Isaac, el cual fue salvado en el último momento por la intervención de un ángel. Tuvo dos hijos, Jacob y Esaú.

ISAAC Nombre de dos emperadores bizantinos.

ISAAC I COMNENO (?, h. 1005 - Studion, 1061). Derrocó a Miguel IV y abdicó en favor de Constantino (1059).

ISAAC II ÁNGELO (?, h. 1155 - Constantinopla, 1204). Accedió al trono en 1185. El incremento de los impuestos provocó la sublevación de los búlgaros, que lo derrotaron en Berroia (1190) y Arcadiópolis (1194). En 1195 fue destronado por su hermano Alejo III, pero recuperó el poder al tomar los cruzados Constantinopla (1203).

ISAACS, JORGE Escritor colombiano (Cali, 1837 - Ibagüé, 1895). Autor de poesías patrióticas y políticas *(Poesías,* 1864), es más conocido por la novela romántica *María* (1867), que constituye un canto al amor idealizado.

ISABEL Nombre de dos reinas de Castilla y España.

ISABEL I LA CATÓLICA Reina de Castilla (Madrigal de las Altas Torres, 1451 - Medina del Campo, 1504). Hija de Juan II y de Isabel de Portugal. Fue nombrada heredera de la corona de Castilla después de la muerte de su hermano Alfonso, en 1468. Su hermanastro Enrique IV reconoció sus derechos sucesorios en el pacto de Guisando (1468), en detrimento de su hija Juana la Beltraneja. La boda de Isabel con Fernando II de Aragón (1469) contrarió los intereses de Enrique IV, que desheredó a Isabel y nombró a su hija heredera legítima. Al morir Enrique IV (1474), Isabel se autoproclamó en Segovia reina de Castilla, pero los partidarios de Juana buscaron el apoyo de Alfonso V de Portugal, lo que desencadenó la guerra civil. Fernando, por su parte, aspiró a reinar solo, alegando su descendencia directa de Juan I de Castilla; por la Concordia de Segovia (1475), se reguló su participación en el gobierno. Las victorias de las tropas de Fernando en Toro (1476) y Albuera (1479) pusieron fin a la guerra. A partir de este momento la labor de Isabel se confunde con la de su esposo, aunque parece que desempeñó un papel primordial en la organización de la intendencia de la guerra de Granada y en el clima de exaltación religiosa que acompañó los últimos meses de la campaña en el reino nazarí (1492). Ese mismo año se desarrollaron algunos de los hechos más sobresalientes de su reinado, como la expulsión de los judíos y el descubrimiento de América, en el que la reina participó activamente al financiar la expedición de Colón, en contra de la opinión de su esposo. Durante su mandato se establecieron las bases del nuevo Estado español: restablecimiento de la Santa Hermandad en Castilla (1476), institución de la Inquisición (1478-83), reordenación legislativa en las Cortes de Toledo (1480), promulgación de las *Ordenanzas reales de Castilla,* reforma de las finanzas de la hacienda regia y del ejército, asimilación de la levantisca nobleza por medio de un sistema de servicios a la corona, absorción de los maestrazgos de las órdenes militares y generalización del mayorazgo.

Isabel II, reina de España. Retrato de José Casado del Alisal. Palacio Real (Madrid).

Isabel II Reina de España (Madrid, 1830 - París, 1904). Hija de Fernando VII, su acceso al trono provocó el estallido de la primera guerra carlista (1833-40). Durante su minoría de edad asumieron la regencia su madre, María Cristina, y desde 1840 el general Espartero. Fue declarada mayor de edad por las Cortes en 1843. En 1844 dio comienzo la Década Moderada, dominada por la figura política de Narváez. En 1846 contrajo matrimonio con su primo Francisco de Asís de Borbón, desechando la candidatura del pretendiente carlista, Carlos Luis de Borbón. A raíz de este matrimonio, estalló en Cataluña la segunda guerra carlista (1846-48). La popularidad de la reina decreció notablemente debido a los escándalos de su vida privada, al tiempo que aumentaba la influencia de una camarilla religiosa integrada por el padre Fulgencio y sor Patrocinio. En 1851 firmó un concordato con la Santa Sede. Paulatinamente, Isabel fue decantándose hacia fórmulas más reaccionarias; el descontento desató un estallido revolucionario en 1854 y provocó el regreso al poder de Espartero. El período comprendido entre 1856 y 1863 estuvo dominado por los gobiernos de O'Donnell y la Unión Liberal, consolidados tras el éxito de la guerra de África (1859-60). El 18 de septiembre de 1868 se inició la revolución, e Isabel II abandonó España para instalarse en París. Después de varios intentos para forzar su restauración, abdicó en su hijo Alfonso, el 25 de junio de 1870.

Isabel Nombre de dos reinas de Inglaterra y del Reino Unido.

Isabel I Reina de Inglaterra (Greenwich, 1533 - Richmond, 1603). Hija de Enrique VIII y de Ana Bolena. Subió al trono a la muerte de su hermanastra María, en 1558. Una de sus primeras medidas fue restablecer el protestantismo y configurar oficialmente el anglicanismo. Las conspiraciones católicas comenzaron a proliferar; logró desbaratarlas, ordenó encarcelar y ejecutar a María Estuardo (1587). En política exterior mantuvo una prolongada rivalidad con la España de Felipe II, cuyo episodio más sobresaliente es la derrota de la Armada Invencible (1588).

Isabel II Reina del Reino Unido (Londres, 1926). Hija de Jorge VI, a quien sucedió en 1952. Fue coronada el 2 de junio de 1953. En 1947 contrajo matrimonio con Felipe de Mountbatten, duque de Edimburgo.

Isabel, santa Personaje bíblico. Esposa de Zacarías y madre de san Juan Bautista.

Isabel II, isla Chafarinas.

Isabel de Aragón y de Castilla Reina de Portugal (Palencia, 1470 - Arévalo, 1497). Hija de los Reyes Católicos. Casó con el príncipe Alfonso de Portugal, y en segundas nupcias, con Manuel el Grande de Portugal.

Isabel de Austria Reina de Dinamarca y Suecia (Bruselas, 1501 - Gante, 1525). Hija de Felipe el Hermoso y de Juana la Loca. Contrajo matrimonio con Cristián II, para asegurar su influencia en el Báltico.

Isabel de Baviera Reina de Francia (Munich, 1371 - París, 1435). Contrajo matrimonio con Carlos VI de Francia y, cuando éste perdió la razón en 1392, se hizo cargo del consejo de regencia.

Isabel de Bosnia Reina de Polonia y Hungría (?, 1339 - Novigrad, 1387). En el año 1363 contrajo matrimonio con Luis el Grande. A la muerte de su esposo (1382), asumió la regencia de Hungría.

Isabel Cristina de Brunswick Emperatriz de Alemania (Brunswick, 1691 - Buda, 1750). Contrajo matrimonio en 1708 con el archiduque Carlos, que disputaba la corona de España a Felipe V. Cuando éste abandonó España para ocupar el trono imperial con el nombre de Carlos IV, Isabel permaneció en Barcelona en calidad de regente (1711-13).

Isabel de Francia Reina de Inglaterra (París, 1292 - Hertford, 1358). Hija de Felipe IV el Hermoso de Francia. Se casó en 1309 con Eduardo II de Inglaterra, contra quien dirigió una sublevación. Asumió la regencia hasta que en 1330 fue destituida por su hijo, Eduardo III.

Isabel Petrovna Emperatriz de Rusia (Moscú, 1709 - San Petersburgo, 1762). Hija de Pedro el Grande y Catalina I, gobernó de 1741 a 1762. Su reinado se caracterizó por la puesta en marcha de varias reformas como el establecimiento del senado. Intervino en la guerra de los Siete Años contra Federico II de Prusia.

Isabel de Wittelsbach (más conocida como Sissi) Emperatriz de Austria (Possenhofen, Baviera, 1837 - Ginebra, 1898). Hija del duque de Baviera Maximiliano José. En 1854 contrajo matrimonio con el emperador Francisco José I, convirtiéndose la corte vienesa en una de las más brillantes de Europa. Murió en un atentado anarquista.

Isabel Woodville Reina de Inglaterra (?, 1437 - Berdmondsey, 1492). Se casó secretamente con el rey Eduardo IV en 1464. Tras la muerte de su esposo, fue encerrada en un convento por Enrique VI.

Isabela Isla de Ecuador, la mayor del archipiélago de Colón o islas Galápagos; 4.650 km². Se denomina también *Albermadale*.

Isabela, La Denominación que dio Colón a la primera ciudad fundada en el Nuevo Mundo, en la isla La Española (1493). Fue abandonada por sus habitantes en 1496 para fundar Santo Domingo, inicialmente llamada Nueva Isabela.

isabelino, na adj. Relativo a cualquiera de las reinas que llevaron el nombre de Isabel en España o Inglaterra.

Isabey, Jean-Baptiste Pintor y miniaturista francés (Nancy, 1767 - París, 1855). Discípulo de David, dirigió el taller de pintores de la manufactura de Sèvres.

Isacar Geog. hist. Territorio que antiguamente ocupaba la tribu de este nombre y se extendía en la ribera derecha del Jordán (Palestina). Debe su denominación a Isacar, quinto hijo de Jacob.

isagoge f. Prólogo, introducción, preámbulo.

Isaías Uno de los cuatro profetas mayores del Antiguo Testamento (s. VIII a. C.). Se le atribuyen los 39 primeros capítulos del *Libro de Isaías*.

isalóbara f. Línea que une, en un mapa, puntos de igual variación de presión atmosférica en un tiempo determinado.

isandro, dra adj. *Bot.* Se dice de la flor que tiene igual o similar número de estambres que de pétalos.

isanto, ta adj. *Bot.* Se dice del vegetal con las flores regulares.

Isar Río de Alemania que nace en los Alpes del Tirol (Austria), pasa por Munich y desemboca en el Danubio; 352 km.

isatis m. *Zool.* zorro ártico. ♦ Su pl. es *isatis*.

Isauria Geog. hist. Antigua región de Asia Menor, cruzada por las montañas del Tauro, frente a la isla de Chipre.

isáurico, ca adj. Geneal. Se dice de la dinastía bizantina fundada por León III que gobernó el imperio entre 717 y 802.

isba f. Vivienda rural de madera, propia de algunos países septentrionales del antiguo continente, y especialmente de Rusia.

ISBN (Siglas de *International Standard Book Number*) Sistema internacional de clasificación y numeración de libros para facilitar su identificación.

Íscar Municipio y lugar de España, provincia de Valladolid; 6.069 h. Iglesia de Santa María, mudéjar (siglo XIII). Castillo (siglo XV).

Iscariote, Judas Judas Iscariote.

Ischia Isla de Italia, en el mar Tirreno, provincia de Nápoles; 46,4 km². La principal población es Ischia. Centro turístico.

Iseo Tristán e Iseo o Isolda.

Iseo Orador griego (Calcis, Eubea, 390 - ?, 340 a. C.). Vivió en Atenas, donde fue maestro de Demóstenes. Se conservan once de sus discursos, relativos a materia de sucesión.

Isère Río del SE de Francia, que nace en los Alpes Graios, pasa por Grenoble y desemboca en el Ródano; 290 km.

Isère Departamento del SE de Francia, región de Rhône-Alpes; 7.431 km² y 1.094.006 h. Capital, Grenoble. Recursos hidroeléctricos. Turismo.

Isernia 1 Provincia de Italia, en la región de Molise; 1.529 km² y 92.249 h. **2** Ciudad capital de la misma; 21.104 h.

Isfahán 1 Provincia de Irán; 105.805 km² y 3.682.444 h. **2** Ciudad capital de la misma; 1.127.030 h. Fue capital de los reinos de los selyúcidas (siglos XI-XIII) y de los safawíes (siglos XV-XVIII). Gran mezquita (siglo XI) y el palacio de las Cuarenta Columnas (siglo XVII). Es la antigua *Aspadana* de Tolomeo.

Isherwood, Christopher William Bradshaw Escritor inglés (Disley, Chester, 1904 - California, 1986). Se formó en el grupo de poetas reunidos en torno a W. H. Auden, con el que colaboró en obras teatrales. Retrató la sociedad berlinesa prehitleriana: *Mr. Norris cambia de tren* (1935) y *Adiós a Berlín* (1939).

Ishiguro, Kazuo Escritor japonés (Nagasaki, 1954). Entre sus novelas destacan *Pálida luz de las colinas* (1982), *Un artista del mundo flotante* (1986), *Los restos del día* (1989).

Ishikari Río de Japón, en Hokkaido. Nace en el parque nacional de Daisetsu y desemboca en la bahía de su nombre; 365 km.

Ishikawa Prefectura de Japón, en la isla de Honshu; 4.198 km² y 1.180.068 h. Capital, Kanazawa.

Ishim Río de la Federación de Rusia, en Siberia, que nace en Kazajstán y es afluente del Irtich; 1.675 km.

Isidoro de Mileto Arquitecto bizantino (s. VI). Fue uno de los arquitectos del templo de Santa Sofía de Constantinopla (537).

Isidoro de Sevilla, san Doctor de la iglesia hispano (Sevilla, h. 565 - íd., 636). Obispo de su ciudad natal, presidió el II concilio de Sevilla (619) y el IV de Toledo (636). Su obra cumbre, las *Etimologías*, tuvo una enorme repercusión durante la Edad Media. Sus ideas filosóficas y teológicas se exponen, principalmente, en los *Libri Sententiarum*. El *Liber de viris illustribus* constituye un interesante repertorio de personajes de la época, mientras el *Chronicon* y la *Historia de regibus gothorum, wandalorum et suevorum*, son obras históricas.

Isidro, dra m. y f. En Madrid, aldeano o forastero que acude a la capital en las fiestas de san Isidro.

Isidro, san Santo español (Madrid, h. 1080 - íd., 1130). Esposo de santa María de la Cabeza. Es el patrono de Madrid y de los campesinos españoles.

Isis Mit. Divinidad egipcia, hermana y mujer de Osiris y madre de Horus. Personifica la fuerza fecundadora de la naturaleza. Su culto fue asimilado por los griegos, que la identificaron con Deméter, en época helenística y, posteriormente, por los romanos.

Iskur Río de Bulgaria, afluente del Danubio; 300 km.

isla f. **1** Porción de tierra rodeada de agua por todas partes. **2** Terreno medianamente estabilizado y con vegetación entre los canales de un río. **3** Por extensión, en aeropuertos, estaciones, vías públicas, etc., recinto o zona claramente delimitado del espacio circundante. **4** manzana de casas. **5** fig. Conjunto de árboles o monte de corta extensión, aislado y que no esté junto a un río. **6** Geol. Chile Terreno más o menos extenso, próximo a un río, y que en años anteriores ha sido bañado por las aguas de éste, o lo es actualmente en las grandes crecidas.

Isla Chatham Chatham.

Isla Cristina Municipio y ciudad de España, provincia de Huelva; 17.729 h.

Isla de Francia (*Île-de-France*) Región de Francia que comprende los departamentos de Essonne, Hauts-de-Seine, París, Sena y Marne, Sena-Saint-Denis, Val-de-Marne, Val-d'Oise e Yvelines; 12.011 km² y 10.952.011 h. Capital, París. Es el área más densamente poblada de Francia.

Isla de la Juventud Juventud, Isla de la.

Isla de Man Man.

Isla de Pascua Pascua.

Isla Príncipe Eduardo Príncipe Eduardo, Isla.

Isis. Relieve en la tumba del faraón Horemheb. Valle de los Reyes (Tebas).

ISLAM m. 1 *Rel.* ISLAMISMO. 2 Conjunto de los hombres y pueblos que creen y aceptan el islamismo. 3 Estado y civilización surgido de la predicación del islamismo en el siglo VII, una de las principales de la historia de la humanidad.

HIST. El islam nació como resultado de la predicación de Mahoma, profeta de una nueva religión, y de la subsiguiente unificación de las distintas tribus beduinas de la península arábiga. La fecha de su fundación es el año 622, o de la hégira, que conmemora la huida de Mahoma desde La Meca a Medina (Yatrib). Desde ese momento los musulmanes experimentaron un rápido desarrollo que les permitió, en vida del profeta, unificar política e ideológicamente Arabia e iniciar la conquista exterior. Durante el califato llamado ortodoxo, de los sucesores directos de Mahoma, y el califato omeya, se produjo una expansión que llevó a conquistar Bizancio, Siria y Egipto, dominar el reino persa sasánida, llegando hasta la India, ocupar todo el N de África, y penetrar en la península Ibérica. En el califato abasida (desde finales del siglo VIII) comenzó la desintegración de la unidad política, surgiendo Estados independientes (como el emirato de Córdoba en España, o el califato fatimí en Egipto), pero la unidad cultural y religiosa permaneció intacta. Durante este período el islam se caracterizó por la organización teocrática del Estado, en el que las leyes religiosa y civil estuvieron profundamente unidas, y por la gran capacidad de asimilación de las poblaciones de los países conquistados. Desde una perspectiva histórica universal, constituye una de las grandes entidades de la humanidad, comparable por su magnitud y trascendencia a la cristiano-romana de occidente. En la actualidad es la segunda religión en número de practicantes.

ISLAMABAD Ciudad capital federal de Pakistán, que forma por sí misma una entidad administrativa; 907 km² y 359.000 h. Es capital de la nación desde 1967, rango en el que sucedió a Karachi y a Rawalpindi.

ISLÁMICO, CA adj. Relativo al islam, su historia y su cultura.

ISLAMISMO m. *Rel.* Conjunto de dogmas y preceptos morales que constituyen la religión de Mahoma, contenida en el libro sagrado, el *Corán*. El islam no sólo regula la vida religiosa, sino también la política, social e individual; los preceptos del Corán se complementan con la *Sunna* (tradición). Los *ulemas* o doctores son los encargados de estudiar y transmitir la ley. Los principios fundamentales del islamismo son: creer en un solo Dios, Alá, y en Mahoma, su profeta; creer en el Corán como el único libro revelado necesario; creer en la predestinación y en el día de la resurrección. Aparte de la profesión de fe, el musulmán tiene cuatro obligaciones canónicas: la *oración* cinco veces al día, el *ayuno* durante el mes del ramadán, la *limosna* y el *peregrinaje* a La Meca al menos una vez en la vida. Algunos grupos islámicos incluyen también la guerra santa (*yidah*) contra el infiel. Se prohíbe al creyente comer carne de cerdo, beber vino y los juegos de azar. Después de la muerte de Mahoma, a partir del cuarto califa, Alí, se formaron dentro del islamismo tres grandes corrientes: la ortodoxa de los seguidores de la Sunna (SUNNITAS), la jariyita y la chiíta (CHIÍSMO).

ISLAMIZAR tr. 1 Difundir la religión, prácticas y costumbres islámicas. || intr. y prnl. 2 Adoptar la religión, prácticas, usos y costumbres islámicos.

ISLANDÉS, SA adj. y s. 1 De Islandia. || m. *Ling.* 2 Lengua germánica del grupo septentrional, oficial en Islandia.

ISLANDIA (*Lydhveldidh Ísland*) Estado de Europa, constituido por la isla de su nombre, situada en el Atlántico norte, a unos 250 km al SE de Groenlandia.

GEOG. Islandia es una isla de origen volcánico. Su relieve está marcado por el gran número de glaciares y de volcanes en actividad, entre los que destaca el Hekla (1.491 m de altura). Son característicos los géiseres, fumarolas y campos de lava, en contraste con los glaciares, que representan el 10% del territorio. Numerosos ríos, de corto recorrido pero de abundante caudal, atraviesan el país; el de mayor longitud es el Thjórsá. Las costas son escarpadas, con numerosas bahías y ensenadas en el N. El clima es oceánico frío, suavizado en la costa meridional por la corriente del Golfo; en la zona N es de tipo subpolar. La vegetación es escasa y abundan la pradera y las turberas. La densidad de población es muy baja. La mayoría de sus habitantes se concentra en las zonas urbanas. Su economía se basa en la pesca (merluza y arenque), y en las industrias conserveras derivadas (salazón y congelados). Cuenta con una importante cabaña ovina que abastece a la industria textil. La producción de energía geotérmica se ha intensificado en los últimos años.

HIST. En el siglo VIII desembarcaron en Islandia los monjes irlandeses, un siglo después lo hicieron los vikingos, que le dieron el nombre de Tierra de Hielo. El rey noruego Harald I Harfager estimuló la emigración escandinava a la isla, además de utilizarla como lugar de destierro de la nobleza rebelde. El período comprendido entre 930 y 1262 se denomina del *Fristat* o independencia, la isla se regía por el *Alting*, asamblea de hombres libres que excluía a los esclavos, y que comprendía un órgano legislativo y un tribunal. El cristianismo, abandonado tras la expulsión de los monjes irlandeses, se fue imponiendo progresivamente a partir del siglo XI, época en que se establecieron los obispados de Skálholt y Hólar. En 1262 el rey noruego Haakon Haakonsson invadió la isla y, por el Pacto Viejo, impuso su autoridad. Tras la unión escandinava, Islandia quedó unida a Dinamarca (1380). Las catástrofes naturales son los acontecimientos más sobresalientes del período inmediatamente posterior; la intensa actividad volcánica y, sobre todo, la devastadora epidemia de peste (1402-04) provocaron la desaparición de dos tercios de la población. En 1550 el rey Cristián III impuso la reforma luterana y confiscó los bienes del clero. En 1602, Cristián IV concedió el monopolio comercial a

Superficie: 102.819 km².
Población: 280.000 h. (islandeses).
Densidad: 11,8 h./km².
Tasa de natalidad: 15,3‰.
Tasa de mortalidad: 6,7‰.
Capital: Reykiavik.
Ciudades principales: Kópavogur, Hafnarfjördhur, Akureyri.
Grupos étnicos: escandinavos.
Religión: protestantismo (96,3%), catolicismo (0,9%).
Idioma: islandés.
Moneda: corona.
Forma de Estado: república presidencialista.
Producto Nacional Bruto: 7.626 millones de dólares.
Renta per cápita: 27.830 dólares.
División administrativa: 8 circunscripciones, según cuadro.

ISLANDIA

Circunscripciones	Superficie (km²)	Población (h.)	Capitales
Meridional	25.214	20.839	Selfoss
Nordoccidental	13.093	9.464	Saudárkrókur
Nororiental	22.368	26.357	Akureyri
Occidental	8.701	14.054	Borgarnes
Oriental	21.991	12.117	Egilsstadir
Península Occidental	9.470	8.318	Ísafjördur
Reykjanes	1.982	77.805	
Reykiavik	*	109.763	Reykiavik

* La superficie de Reykjanes incluye la de Reykiavik.

los daneses, lo que supuso la centralización de la administración en Copenhague y la ruina de la industria pesquera islandesa. Tras el tratado de Kiel (1814), Dinamarca perdió Noruega, pero mantuvo el dominio de Islandia. A partir de entonces, comenzaron a proliferar los movimientos nacionalistas, que reclamaban mayor autonomía. A lo largo del siglo XIX, Islandia consiguió la presencia de dos diputados en el parlamento danés, la creación de un consejo de diez miembros en Reykiavik y la restauración del Alting, abolido en 1800. En 1903, se creó un gobierno islandés en la capital de la isla. La Constitución de 1918 otorgó a Islandia el status de Estado independiente, asociado a la corona danesa. Durante la Segunda Guerra Mundial la isla fue ocupada por tropas británicas y estadounidenses y, en 1944, se aprobó por plebiscito la creación de la República independiente de Islandia. El primer presidente fue Sveinn Bjornsson. La nueva república entró a formar parte de la OTAN en 1949. La ampliación de sus aguas jurisdiccionales en 1958 y, posteriormente, en 1972 y 1976 motivó un prolongado conflicto internacional y la ruptura de relaciones diplomáticas con el Reino Unido; la llamada «guerra del bacalao» se zanjó con la firma de un acuerdo temporal negociado por los ministros de Asuntos Exteriores de ambos países (1976). En 1980 fue elegida presidenta de la República la socialdemócrata Vigdís Finnbogadóttir, que renovó su cargo en 1984, 1988 y 1992. Los dos grupos políticos mayoritarios son el Partido de la Independencia, conservador, y el Partido Progresista, de centro-izquierda. Las elecciones parlamentarias de 1991 renovaron la victoria de la coalición de centro-izquierda, que lideraba el hasta entonces primer ministro Steingrímur Hernannsson. Sin embargo, a última hora el Partido Socialdemócrata decidió retirarse de la coalición y apoyar al Partido de la Independencia, lo que permitió a su líder, David Oddsson, hacerse cargo del gobierno de la nación. Tras las elecciones celebradas en abril de 1995, 1999 y 2003 Oddsson fue confirmado al frente del ejecutivo. Desde 1996 Olafur Ragmar Grimsson ocupa la presidencia de la República.

ISLARIO m. *Geog.* **1** Descripción de las islas de un mar, continente o nación. **2** Mapa en que están representadas.

ISLAS DE LOS AMIGOS TONGA.

ISLAS DE LA BAHÍA Archipiélago y departartamento de Honduras, en el mar de las Antillas; 261 km² y 24.000 h. El centro administrativo es Roatán. Está formado por las islas de Roatán, Guanaja y Utila y los islotes de Barbareta, Santa Elena y Morat. Fueron descubiertas por Colón en 1502.

ISLAS JÓNICAS JÓNICAS, ISLAS.

ISLAS DE LOS NAVEGANTES SAMOA.

ISLAS OCCIDENTALES Distrito unitario del Reino Unido, en Escocia; 27.900 h.

ISLAS DEL PACÍFICO Grupo de islas de Oceanía, en Micronesia, al N del Ecuador y O de la línea de cambio de fecha, que comprende los archipiélagos de Carolinas y Marshall; 1.375 km² y 120.000 h. Fueron administradas por EE UU, como fideicomiso de la ONU, desde 1947 hasta 1986, fecha en que entró en vigor el acuerdo de libre asociación con este país. En 1990 alcanzaron la plena soberanía, las Carolinas en los Estados Federados de Micronesia, y las Marshall como República de las Islas Marshall.

ISLAS DE LA SONDA SONDA, ISLAS DE LA.

ISLE Río del SO de Francia, afluente del Dordoña; 235 km.

ISLEÑO, ÑA adj. y s. **1** Natural de una isla. **2** Natural de las islas Canarias. **3** *Col.* Natural de las islas de San Andrés y Providencia. || m. y f. **4** *Cuba, Dom., P. Rico y Venez.* Inmigrante de las islas Canarias.

ISLETA f. Espacio delimitado en medio de una calzada que sirve de refugio a los peatones, para indicar diferentes direcciones, etc.

ISLOTE m. *Geol.* **1** Isla pequeña y deshabitada. **2** Peñasco muy grande, rodeado de mar.

ISLUGA Volcán chileno de los Andes, en la provincia de Iquique, región de Tarapacá; 5.530 m.

ISMAEL Personaje bíblico. Hijo de Abraham y de su esclava Agar. Fue expulsado por su padre al desierto de Paran. Los árabes lo consideran como origen de su nación.

ISMAELITA adj. y com. **1** Descendiente de Ismael. Se dice de los árabes. **2** Agareno o sarraceno.

ISMAIL Nombre de dos reyes de Persia.

ISMAIL I (Ardabil, 1487 - íd., 1524). Fundador de la dinastía safawí. Recibió el título de sha en 1502. Extendió sus dominios por Persia, Irak y Armenia. Fue derrotado por el sultán turco Selim en 1514. Difundió el chiísmo en el reino.

ISMAIL II (? - Qazvin, 1578). Ocupó el trono desde 1576, tras eliminar a su hermano Haydar. Murió envenenado.

ISMAIL BAJÁ Jedive de Egipto (El Cairo, 1830 - Constantinopla, 1895). Fue nombrado jedive por Turquía, en 1863. En 1869 inauguró el canal de Suez. Debido a las presiones de Inglaterra y Francia, el sultán le obligó a abdicar en 1879.

ISMAILI o **ISMAILITA** adj. **1** De Ismail. Aplicado a personas, también com. **2** *Rel.* Se dice de una doctrina musulmana chiíta, fundada en el siglo VIII, que admite como último Iman a Ismail, miembro de esta secta. Más como m. **3** Se dice también de sus individuos. También com. **4** Relativo a esta secta.

ISMAILÍA (*al-Ismailiyah*) **1** Gobernación de Egipto; 1.442 km² y 681.000 h. **2** Ciudad capital del mismo, junto al canal de Suez, 255.000 h. Puerto.

ISMENE *Mit.* Hija de Edipo y Yocasta, y hermana de Antígona.

-ISMO suf. que significa doctrina, secta o sistema: *comunismo;* también, calidad o condición de: *daltonismo.*

ISO-, IS-; -ISO-; -ISO prefs., in. o suf. **1** Significan igual, uniformidad, semejanza, etc. || pref. **2** Se antepone a los nombres de compuestos orgánicos isómeros en cadena ramificada. También se utiliza para designar otros compuestos isómeros que sólo se diferencian en el enlace de alguna de sus funciones.

ISO o **ISSOS** *Geog. hist.* Antigua ciudad de Asia Menor, en Cilicia, donde Alejandro Magno venció a Darío III el 333 a. C.

ISO (Siglas de *International Standards Organization*) Organización Internacional de normas. Organismo de las Naciones Unidas creado en 1946 y destinado a dictar unas normas estándar que afecten a la medida de diferentes magnitudes y procesos.

ISO (Siglas de la expresión inglesa *Infrared Spacial Observatory,* Observatorio Espacial Infrarrojo) *Astron.* Satélite de la Agencia Europea del Espacio provisto de un telescopio de rayos infrarrojos. Fue lanzado al espacio el 17 de noviembre de 1995 desde la base de Kourou, en la Guyana francesa.

ISOBÁRICO, CA adj. **1** Se dice de la transformación realizada por un sistema cuando no varía la presión de todos los estados que lo integran. **2** Se dice de los lugares de igual presión atmosférica media y de la línea que los une en un mapa meteorológico.

ISÓBARO, RA o **ISOBARO, RA** adj. **1** ISOBÁRICO. **2** *Quím.* Se dice de los elementos con la misma masa atómica, cualquiera que sea su número atómico. || f. *Meteor.* **3** Línea isobárica.

ISOBÁTICO, CA adj. *Geol.* Se dice de dos o más lugares de igual profundidad, y, en las cartas hidrográficas, de la línea que los une.

ISOBATO, TA o **ISÓBATO, TA** adj. y f. *Geol.* Se dice de la línea imaginaria que, en cartografía geológica, une los puntos de igual profundidad de fondos marinos, lagos o el subsuelo.

ISOBIOCORA f. *Ecol.* Línea que conecta los medios ambientes con flora y fauna similares.

ISOCÁRPICO, CA adj. *Bot.* Se dice de la planta o flor que tiene el mismo número de carpelos que de divisiones del perianto.

ISOCEFALIA f. *Arte.* En el arte primitivo y en determinadas escuelas, como la bizantina, convencionalismo por el que se sitúan al mismo nivel todas las cabezas de un bajorrelieve o pintura.

ISOCENOSIS f. pl. *Ecol.* Comunidades de organismos que presentan unas exigencias ecológicas parecidas.

ISOCLINA f. *Geol.* Línea que une los puntos de igual inclinación magnética en cartografía.

ISOCLINAL adj. *Geol.* Se dice del tipo de plegamiento que origina una serie de pliegues sucesivos cuyos flancos son paralelos entre sí, inclinándose con un mismo ángulo y en la misma dirección.

ISÓCORO, RA adj. *Fís.* Relativo al proceso o transformación que se realiza a volumen constante.

ISÓCRATES Orador griego (Atenas, 436 - íd., 338 a. C.). Discípulo de Sócrates y Gorgias, defendió la unidad helénica contra los persas. Considerado uno de los grandes estilistas griegos.

ISOCROMÁTICO, CA adj. *Fís.* Del mismo color.

ISÓCRONO, NA adj. *Fís.* Se aplica a los movimientos que se hacen en tiempos de igual duración.

ISODONTO, TA adj. *Zool.* Que tiene todos los dientes similares en tamaño y forma.

ISOENZIMA f. *Quím.* Cada una de las formas electroforéticas distintas de una enzima, que corresponden a diferentes estados poliméricos y que ejercen una misma función.

ISOETÁCEO, A adj. *Bot.* **1** Se aplica a las plantas pteridofitas del orden isoetales. Son perennes, de tallo subterráneo grueso y corto, y hojas largas y estrechas con la base en forma de cuchara y dispuestas en roseta. Viven en zonas muy húmedas o bajo el agua. || f. pl. *Bot.* **2** Familia de estas plantas.

Batalla de **Iso**. Detalle de un mosaico pompeyano. Museo Arqueológico Nacional (Nápoles).

Isócrates. Escultura romana del siglo III. Villa Albani (Roma).

ISOFOTA adj. *Astron.* Se dice de la curva que une los puntos de igual intensidad de radiación.

ISOGAMETO m. *Biol.* Célula reproductora morfológicamente similar en machos y hembras.

ISOGAMIA f. *Biol.* Forma de reproducción sexual en que se unen gametos o individuos de igual forma y tamaño o estructura.

ISOGLOSA adj. y f. *Ling.* Se dice de la línea imaginaria que en un atlas lingüístico pasa por todos los puntos en que se manifiesta un mismo fenómeno fonético, sintáctico o léxico.

ISÓGONA f. *Geol.* Línea que une los puntos de igual declinación magnética en cartografía.

ISOGONAL adj. *Geom.* Se dice de la figura que tiene los ángulos iguales.

ISÓGONO, NA adj. *Fís.* Se aplica a los cuerpos cristalizados, de ángulos iguales.

ISOHIETA f. *Meteor.* Isolínea que une todos los puntos de la Tierra con igual nivel de precipitaciones.

ISOHIPSA f. *Geol.* Contorno del nivel de agua subterránea o freática.

ISOLDA TRISTÁN E ISEO o ISOLDA.

ISOLECITO adj. *Zool.* Se dice del huevo que tiene la yema distribuida uniformemente por todo el protoplasma.

ISOLEUCINA f. *Quím.* Aminoácido esencial, de fórmula $C_6H_{13}O_2N$, presente en la mayoría de las proteínas de la dieta.

ISOLÍNEA f. *Geog.* Línea que une en un plano los puntos caracterizados por el mismo valor de un determinado parámetro o variable. Se utiliza en climatología, hidrogeología, topografía, etc.

ISOMERÍA f. 1 *Biol.* Condición de tener dos o más partes comparables integradas por un número idéntico de segmentos similares. 2 *Fís.* Existencia de isómeros nucleares. 3 *Quím.* Fenómeno por el cual dos sustancias de igual fórmula química o empírica presentan una estructura molecular diferente y propiedades distintas. La isomería puede ser plana o espacial. En el primer caso puede ser de posición, de cadena o de función; en el segundo, geométrica (*cis-trans*) u óptica.

ISÓMERO, RA adj. y m. 1 *Bot.* Se dice del verticilo con el mismo número de elementos que otro. 2 *Quím.* Se aplica a los cuerpos que presentan isomería.

ISOMORFISMO m. 1 *Biol.* Parecido aparente entre organismos de especies o razas diferentes. 2 *Geol.* Propiedad que tienen algunos minerales de composición química distinta de cristalizar en el mismo sistema. 3 *Mat.* Correspondencia biunívoca entre dos conjuntos que conservan las operaciones.

ISOMORFO, FA adj. *Geol.* Se dice de los minerales de composición química próxima e igual forma cristalina, que pueden presentarse en la naturaleza formando cristales mixtos.

ISONZO Río de Eslovenia e Italia, que desemboca en el golfo de Trieste; 138 km. Célebre por las batallas que se libraron junto al mismo durante la Primera Guerra Mundial.

ISÓPODO, DA adj. *Zool.* 1 Se dice del crustáceo de pequeño tamaño, con siete pares de patas torácicas y seis pares abdominales, el cuerpo aplanado dorso-ventralmente y sin caparazón. El ejemplo más típico es la cochinilla de humedad. || m. pl. *Zool.* 2 Orden de estos crustáceos.

ISOPRENO m. *Quím.* Hidrocarburo insaturado con dos dobles enlaces conjugados, utilizado en la fabricación de diversos polímeros.

ISOPROPILO adj. *Quím.* Se dice del radical monovalente de fórmula $(CH_3)_2CH-$.

ISÓPTERO, RA adj. *Zool.* 1 Se aplica al insecto pterigota social, de mediano o pequeño tamaño, con aparato bucal masticador que se alimentan de humus, detritos y madera. Ejemplo típico son los termes. || m. pl. *Zool.* 2 Orden de estos insectos.

ISÓSCELES adj. *Geom.* Se dice del triángulo que tiene los lados iguales y uno desigual.

ISOSILÁBICO, CA adj. 1 *Ling.* Dícese de las palabras que tienen el mismo número de sílabas. 2 *Poét.* Se dice de las formas y sistemas de versificación que asignan un número fijo de sílabas a cada verso.

ISOSPÍN m. *Fís.* Número cuántico nuclear. Se apoya en la hipótesis de que un protón y un neutrón son estados diferentes de un nucleón.

ISOSPORA f. *Bot.* Espora sin dimorfismo sexual.

ISOSTASIA f. *Geol.* Tendencia de la corteza terrestre a mantener su estado de equilibrio, conseguida gracias a movimientos verticales y horizontales de la misma.

ISOTERMO, MA adj. 1 *Fís.* De igual temperatura. 2 *Meteor.* Se dice de la línea que une todos los puntos de la Tierra de igual temperatura media o absoluta. También f.

ISOTÓNICO, CA adj. 1 *Fís.* Se dice de la solución que tiene la misma presión osmótica que la fase líquida de una célula o tejido. 2 *Fisiol.* Que presenta una tensión uniforme.

ISÓTOPO m. *Fís.* Átomo perteneciente a un elemento, con el mismo número atómico, pero diferente número de masa (de nucleones). || **ISÓTOPO RADIACTIVO** RADIOISÓTOPO.

ISOTRÓPICO, CA adj. *Biol.* Se dice del organismo que se desarrolla por igual en las tres direcciones del espacio.

ISÓTROPO, PA adj. *Fís.* y *Miner.* Se dice de la materia que, con respecto a alguna propiedad determinada, no presenta ninguna dirección privilegiada.

ISPAHÁN ÍSFAHÁN.

ISQU- pref. ISQUIO-.

ISQUEMIA f. *Med.* Forma de anemia caracterizada por una disminución del riego sanguíneo de una parte del cuerpo.

ISQUI- pref. ISQUIO-.

ISQUIO-, ISQUI-, ISQU-; -ISQUIO prefs. o suf. que significan cadera; o, también, detención, retención: *ornitisquio*.

ISQUION m. *Anat.* En los vertebrados, cada uno de los dos huesos que, con el pubis y el ilion, constituye la cintura pelviana. En el hombre corresponde a la porción inferior de la pelvis, sobre la que descansa el cuerpo en posición de sentado.

ISRAEL (*Medinat Yisrael*) Estado de Asia occidental, en el Próximo Oriente. Limita al N con el Líbano; al E, con Siria y Jordania; al S, con Egipto, y al O, con el mar Mediterráneo.

Superficie: 20.320 km².
Población: 6.107.000 h., sin incluir la población israelí de Cisjordania y Gaza (*israelíes*).
Densidad: 300,5 h./km².
Tasa de natalidad: 19,5‰.
Tasa de mortalidad: 6,2‰.
Capital: Jerusalén (no reconocida internacionalmente).
Ciudades principales: Tel Aviv-Jaffa, Haifa, Holon, Bat Yam, Ramat Gan.
Grupos étnicos: hebreos (81,3%), árabes palestinos y otros (18,7%).
Religión: judaísmo (81,3%), islamismo (14,2%), cristianismo (2,5%) y drusa (1,7%).
Idioma: hebreo y árabe, oficiales.
Moneda: nuevo sheqel (siclo).
Forma de Estado: república parlamentaria.
Producto Nacional Bruto: 96.483 millones de dólares.
Renta per cápita: 16.180 dólares.
División administrativa: 6 distritos, según cuadro.

GEOG. El territorio de Israel comprende tres unidades geográficas; al O, una llanura litoral mediterránea; una cadena montañosa central, formada por los montes Meiron, Hazon y Tabor; y al E, la depresión del valle del Jordán y el lago Kinnereth, limitada al S por el mar Muerto y al N por el lago Hula. Al S del país se extiende el desierto del Néguev. El río más importante es el Jordán. El clima es continental y desértico en el Néguev y mediterráneo en el resto del país. La población judía procede mayoritariamente de la inmigración; sus habitantes se concentran en las ciudades y las franjas costeras. La agricultura se caracteriza por unos altísimos índices de productividad, debidos al intenso aprovechamiento de la escasa superficie cultivable y el alto grado de mecanización. Los cultivos más difundidos son los agrios, el olivo, la vid, las frutas, las hortalizas y el algodón. Minería basada en la producción de sal, potasas, bromo y fosfatos. La industria se concentra en torno a Tel Aviv y Haifa. Turismo.

HIST. La estructuración del movimiento sionista en 1896 canalizó la aspiración judía de retornar a PALESTINA. En 1917 Gran Bretaña adoptó las tesis sionistas mediante la *Declaración Balfour*, que propugnaba el establecimiento en Palestina de un hogar nacional judío. En 1920 se creó el *Histadrut*, sindicato judío, y la Agencia Judía, órgano consultivo de la administración británica, y un año más tarde el *Haganá*, organización de autodefensa judía. Las revueltas árabes en contra de la *Declaración Balfour* y del régimen de mandato (1920 y 1921) obtuvieron como respuesta la elaboración de un *Libro blanco*, donde se limitaba la inmigración judía a Palestina. En 1922 la Sociedad de Naciones ratificó el mandato británico sobre Palestina, incorporando la *Declaración Balfour* y excluyendo todo el territorio al E del Jordán (Transjordania). La amenaza del nazismo provocó la masiva llegada de judíos. En 1937 la comisión

ISRAEL			
Distritos	Superficie (km²)	Población (h.)	Capitales
Central (Ha Merkaz)	1.276	1.358.200	Ramla
Haifa (Hefa)	863	788.600	Haifa
Jerusalén (Yerushalayim)	582	717.000	Jerusalén
Meridional (Ha Darom)	14.231	840.0200	Beersheba
Septentrional (Ha Zafon)	3.302	1.026.700	Tiberiades
Tel Aviv	171	1.138.700	Tel Aviv-Jaffa

No incluye la población israelí de Gaza y Cisjordania.

Israel. Kibbutz en Judea.

Peel propuso la partición de Palestina en un Estado judío y uno árabe unido a Transjordania, quedando la zona de Jerusalén y Belén bajo mandato británico. Un año después se abandonó el plan Peel, y se redactó un nuevo *Libro blanco* (1939), que limitaba la inmigración judía, restringía la compra de tierras a sus colonos y marcaba un plazo de diez años para la institución de un Estado palestino. El movimiento sionista organizó redes de inmigración ilegal, y surgieron grupos judíos terroristas: *Irgun, Stern.* En 1945 un comité anglonorteamericano propuso la admisión de más de 100.000 judíos en Palestina y, ante la imposibilidad de llegar a un acuerdo, Reino Unido confió a la ONU el problema palestino. En 1947 se creó una comisión especial que acordó la partición de los territorios en dos Estados independientes, uno árabe y otro judío, con Jerusalén como ciudad internacional. En mayo de 1948, al término del mandato británico sobre Palestina, el Consejo Nacional proclamó el Estado de Israel. Los árabes se negaron a reconocer el nuevo Estado judío. Esta situación desembocó en la primera de las GUERRAS ÁRABE-ISRAELÍES, que concluyó con la victoria de las tropas judías. Israel conquistó el occidente de Galilea, el S de la franja costera hasta Gaza y el sector occidental de Jerusalén. Más de medio millón de palestinos buscó refugio en los países árabes limítrofes. En 1949 fue nombrado jefe del Gobierno David ben Gurion y Chaim Weizmann, presidente de la República. En 1950 Israel fue admitido en la ONU. La ley del Retorno (1950) autorizó el regreso de los judíos de todo el mundo. La masiva inmigración y las compensaciones alemanas por la Segunda Guerra Mundial permitieron la consolidación económica del nuevo Estado. En 1956 las tropas de Israel, asistidas por Francia e Inglaterra, invadieron la península del Sinaí. Tras la inutilización del canal de Suez por los egipcios, el conflicto se zanjó con la retirada israelí por mandato de la ONU. El proyecto de aprovechamiento integral del curso superior del Jordán y las actividades del nacionalismo palestino preludiaron un nuevo enfrentamiento, que se desencadenó en junio de 1967 (guerra de los Seis Días). El triunfo israelí fue aplastante; Egipto perdió Gaza y el Sinaí; Jordania, la ciudad vieja de Jerusalén y Cisjordania; Siria, los altos del Golán. La política de intransigencia de la primera ministra, Golda Meir, frente a Egipto y Siria dio origen a un nuevo conflicto en 1973. Los dos países árabes atacaron a la orilla del canal de Suez ocupada por Israel, el día de la festividad judía del Yom Kippur. Las delegaciones de Siria e Israel firmaron en Ginebra (1974) un acuerdo de separación de fuerzas en el Golán, al que siguió el alto el fuego. Ese año dimitió Golda Meir, sustituida por Isaac Rabin. En 1976, la asamblea general de la ONU aprobó una resolución en pro de los palestinos, exigiendo la retirada israelí de los territorios ocupados. La resolución fue rechazada por Israel, que reforzó militarmente la zona fronteriza con el Líbano. Isaac Rabin cesó de la presidencia del Partido Laborista en 1977 y fue sustituido interinamente en la jefatura del Gobierno por Simon Peres. En las elecciones generales de ese mismo año, triunfó por primera vez el partido Likud, cuyo líder, Menahem Begin, formó nuevo gobierno. La firma del tratado de paz entre Israel y Egipto, después de las conversaciones de Camp David (1979), permitió la normalización de las relaciones entre ambos países. Israel devolvió a Egipto la península del Sinaí en 1982. No obstante, la tensión entre Israel y el mundo árabe se recrudeció tras la anexión de los altos del Golán (diciembre de 1981) y la invasión del Líbano (junio de 1982). En marzo de 1983, el Parlamento eligió como presidente de la República a Chaim Herzog,

y en septiembre, Menahem Begin dimitió de su cargo de primer ministro, siendo sustituido por Isaac Shamir. Tras las elecciones generales del año siguiente se formó un gobierno de coalición, presidido por los primeros años por el laborista Simon Peres y los dos siguientes por el líder del Likud, Isaac Shamir. Desde 1988 Israel hubo de hacer frente a la rebelión civil (*intifada*) en los territorios ocupados de Gaza y Cisjordania, duramente reprimida por el gobierno judío. En 1991, durante la guerra del Golfo, Irak atacó sucesivas veces el territorio de Israel, que recibió ayuda norteamericana. Tras la victoria del laborista Isaac Rabin en las elecciones generales de 1992, el gobierno israelí flexibilizó su postura, hasta el punto de firmar con la OLP en Washington (1993) un acuerdo para la autonomía de Jericó y Gaza, comprometiéndose a la retirada militar en dichas zonas, y un acuerdo de autogobierno palestino en 1994. Ese mismo año Israel firmó un tratado de paz con Jordania. El proceso de paz continuó lentamente. En noviembre de 1995 un radical israelí asesinó al primer ministro Isaac Rabin. Su sucesor, S. Peres, no pudo evitar la victoria electoral del Likud en 1996. Su candidato, Benjamin Netanyahu, asumió la jefatura del Gobierno y endureció las condiciones del proceso de paz hasta paralizarlo. En 1998, Ezer Weizman, presidente desde 1993, fue revalidado en su cargo. Las conversaciones de paz con Palestina, reabiertas ese año a instancias del presidente estadounidense B. Clinton, no desembocaron en ningún acuerdo efectivo y fueron seguidas de un nuevo estallido de violencia en la zona. En las elecciones legislativas de 1999 venció el laborista Ehud Barak. Su talante aperturista favoreció la reanudación de las negociaciones con Palestina. En mayo de 2000 el ejército israelí abandonó el S del Líbano. Tras la dimisión de Weizman en julio de ese año, fue sustituido por el conservador Moshé Katzav. Las conversaciones con Palestina, reanudadas ese mismo mes, culminaron sin un tratado definitivo de paz. En septiembre Arafat aplazó sin fecha la proclamación del Estado palestino, con lo que se reabrieron las negociaciones. Pero la tensión en la zona provocó una nueva intifada que se extendió a los territorios autónomos palestinos. Ante esta situación, el proceso de paz quedó de nuevo interrumpido. En diciembre de 2000 Barak presentó su dimisión y convocó elecciones a primer ministro en febrero del año siguiente, en las que resultó vencedor Ariel Sharon, del Likud, que formó un gobierno de unidad nacional. Bajo su mandato se intensificaron las operaciones de castigo centradas en los territorios palestinos, que eran seguidas por atentados cada vez más violentos. Aunque Arafat condenaba explícitamente los atentados, Sharon acusó al líder palestino de la realización de los mismos. Tras los atentados del 11 de septiembre de 2001 contra las Torres Gemelas de Nueva York, Sharon aumentó sus represalias. En diciembre de ese año y en marzo de 2002, el ejército de Israel tomó Ramala, y amplió el asedio a otras ciudades palestinas, que levantó más tarde. En noviembre de 2002, tras la dimisión de varios ministros, Sharon formó un gobierno provisional que se mantuvo hasta las elecciones legislativas de enero siguiente, en las que Sharon resultó reelegido. En abril de 2003, la Unión Europea, Rusia, EE UU y la ONU presentaron a palestinos e israelíes la Hoja de Ruta, plan de paz que incluye entre sus propuestas la creación de un Estado palestino. Sin embargo, la aplicación de la Hoja de Ruta se estancó ante el no desmantelamiento de las organizaciones armadas palestinas, y por la negativa de Israel a congelar la construcción de asentamientos y de un muro en Cisjordania que delimita las tierras palestinas.

ISRAELÍ adj. y com. Del Estado de Israel. ♦ Su pl. es *israelís* o *israelíes.*
ISRAELITA adj. **1** HEBREO, judío. Aplicado a personas, también com. **2** Relativo al que profesa la ley de Moisés. **3** Natural de Israel. También com. **4** Perteneciente al antiguo reino de Israel.
ISSYK-KUL Lago de Kirguizistán, al pie de las montañas del Tienshan, a 1.609 m de altitud; 6.280 km².
ISTAR ASTARTÉ.
ISTIQLAL *Hist.* y *Polít.* Partido marroquí de carácter nacionalista fundado en 1937. Intervino en la lucha por la independencia de Marruecos.
ISTMO m. **1** *Geol.* Lengua de tierra que une dos continentes o una península con un continente. **2** *Zool.* Cualquier paso estrecho que comunica dos partes de un órgano.
ISTRIA Península del Mediterráneo, entre Eslovenia y Croacia, al N del Adriático; 3.600 km².
ISTRIAR tr. ESTRIAR.
ISÚRIDO, DA adj. *Zool.* **1** Se dice del tiburón de distribución pelágica, caracterizado por el aspecto pesado de su cuerpo, y la cola casi simétrica. || m. pl. *Zool.* **2** Familia de estos animales.
ITA adj. y com. AETA.
ITÁ IBATÉ Esteros de Paraguay, a unos 12 km al S de Villeta, y al N de los cuales tuvo lugar la batalla de las Lomas Valentinas.
ÍTACA Isla de Grecia, en el mar Jónico; 96 km². Según la *Odisea,* fue la patria de Ulises.
ITACISMO m. *Ling.* Fenómeno del griego posclásico y otras lenguas, consistente en la evolución de determinadas vocales y diptongos hacia el sonido *i*. En el griego convierte el sonido *eta* en *iota*.
ITACÓNICO adj. *Quím.* Se dice del ácido orgánico de fórmula $C_5H_6O_4$, sólido blanco cristalino, con punto de fusión 163 °C.
ITAGUARÉ Pico de Brasil, situado en el límite de los Estados de Minas Gerais y São Paulo; 2.308 m.
ITALIA (*Repubblica Italiana*) Estado de Europa meridional. Limita al N con Suiza; al E, con Eslovenia y el mar Adriático; al S, con el mar Jónico y el mar Mediterráneo, y al O, con el mar Tirreno, mar de Liguria y Francia.
Geog. Geografía física. Italia está constituida por la península Itálica y dos islas, al S Sicilia y al O Cerdeña. El relieve continental está dominado al N por los Alpes, que la separa de Europa. Alcanzan su altura máxima en los picos Mont Blanc (4.810 m), Monte Rosa (4.634 m) y Cervino (4.478 m). Los Apeninos recorren la península de N a S, desde los Alpes hasta Calabria. Su punto culminante es el Gran Sasso (2.914 m). Al sur y en Sicilia abundan los volcanes (Vesubio, Strómboli, Etna). Entre las cordilleras se abren algunas llanuras muy ricas, como la Lombardía y el Piamonte en el valle del Po, el Lacio o la Campania. Los ríos son cortos y caudalosos. El más importante es el Po, con sus afluentes Tesino y Panaro; otros ríos destacados son el Adigio, el Arno y el Tíber. Al pie de los Alpes aparecen lagos de origen glaciar (Como, Garda, Mayor) y en los Apeninos, otros de carácter volcánico. El clima de la llanura del Po es continental, en el resto del país es de tipo mediterráneo, mientras en las cumbres de los Apeninos y en los Alpes es de montaña.
Geografía humana y económica. Italia es el quinto país europeo en población, a pesar de la fuerte emigra-

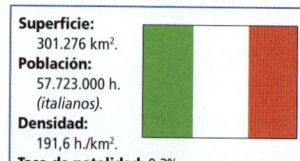

Superficie: 301.276 km².
Población: 57.723.000 h. (*italianos*).
Densidad: 191,6 h./km².
Tasa de natalidad: 9,2‰.
Tasa de mortalidad: 9,9‰.
Capital: Roma.
Ciudades principales: Milán, Nápoles, Turín, Palermo, Génova, Bolonia, Florencia, Venecia, Catania y Bari.
Grupos étnicos: italianos (94,1%), sardos (2,7%), alemanes (1,3%).
Religión: catolicismo.
Idioma: italiano.
Moneda: euro.
Forma de Estado: república parlamentaria.
Producto Nacional Bruto: 1.157.001 millones de dólares.
Renta per cápita: 20.090 dólares.
División administrativa: 20 regiones y 95 provincias, según cuadro.

ITALIA

Provincias / Regiones	Superficie (km²)	Población (h.)	Capitales	Provincias / Regiones	Superficie (km²)	Población (h.)	Capitales
L' Aquila	5.034	303.879	L'Aquila	Lecco	816	302.575	Lecco
Chieti	2.587	388.276	Chieti	Lodi	783	190.196	Lodi
Pescara	1.225	292.202	Pescara	Mantua	2.339	368.725	Mantua
Teramo	1.948	286.234	Teramo	Milán	1.980	3.720.534	Milán
Abruzos	*10.794*	*1.270.591*		Pavía	2.965	494.640	Pavía
				Sondrio	3.212	177.079	Sondrio
Bari	5.129	1.560.347	Bari	Varese	1.199	807.176	Varese
Brindisi	1.838	413.334	Brindisi	*Lombardía*	*23.857*	*8.924.870*	
Foggia	7.185	699.214	Foggia				
Lecce	2.759	817.524	Lecce	Ancona	1.940	440.239	Ancona
Tarento	2.437	592.534	Tarento	Ascoli Piceno	2.087	365.826	Ascoli Piceno
Apulia	*19.348*	*4.082.953*		Macerata	2.774	298.295	Macerata
				Pésaro y Urbino	2.892	338.812	Pésaro
Matera	3.447	208.154	Matera	*Marcas, Las*	*9.693*	*1.443.172*	
Potenza	6.545	401.084	Potenza				
Basilicata	*9.992*	*609.238*		Campobasso	2.909	239.227	Campobasso
				Isernia	1.529	92.219	Isernia
Catanzaro	2.392	384.496	Catanzaro	*Molise*	*4.438*	*331.446*	
Cosenza	6.650	753.815	Cosenza				
Crotona	1.716	179.336	Crotone	Alessandria	3.560	433.300	Alessandria
Reggio di Calabria	3.183	579.009	Reggio di Calabria	Asti	1.511	209.798	Asti
				Biella	913	190.728	Biella
Vibo Valentia	1.139	179.186	Vibo Valentia	Cuneo	6.903	551.373	Cuneo
Calabria	*15.080*	*2.075.842*		Novara	1.373	339.375	Novara
				Turin	6.830	2.220.724	Turin
Avellino	2.792	441.675	Avellino	Verbano-Cusio-Ossola	2.221	161.248	Verbano-Cusio-Ossola
Benevento	2.071	295.803	Benevento				
Caserta	2.639	840.737	Caserta	Vercelli	2.088	182.320	Vercelli
Nápoles	1.171	3.098.397	Nápoles	*Piamonte*	*25.399*	*4.288.866*	
Salerno	4.922	1.085.906	Salerno				
Campania	*13.595*	*5.762.518*		Agrigento	3.042	475.669	Agrigento
				Caltanisseta	2.128	282.999	Caltanisseta
Cagliari	6.895	769.993	Cagliari	Catania	3.552	1.088.323	Catania
Nuoro	7.044	272.985	Nuoro	Enna	2.562	185.145	Enna
Oristano	2.631	158.131	Oristano	Mesina	3.248	683.315	Mesina
Sassari	7.520	459.592	Sassari	Palermo	4.992	1.240.252	Palermo
Cerdeña	*24.090*	*1.660.701*		Ragusa	1.614	297.378	Ragusa
				Siracusa	2.109	406.566	Siracusa
Bolonia	3.702	905.838	Bolonia	Trapani	2.462	434.088	Trapani
Ferrara	2.632	355.341	Ferrara	*Sicilia*	*25.709*	*5.094.735*	
Forli-Cesena	2.510	350.158	Forli				
Módena	2.690	609.723	Módena	Arezzo	3.232	316.735	Arezzo
Parma	3.449	392.018	Parma	Florencia	3.536	952.098	Florencia
Piacenza	2.589	266.363	Piacenza	Grosseto	4.504	216.713	Grosseto
Rávena	1.859	349.992	Rávena	Livorno	1.213	336.759	Livorno
Reggio Emilia	2.292	429.865	Reggio Emilia	Luca	1.773	375.591	Luca
Rimini	400	265.158	Rimini	Massa-Carrara	1.157	201.242	Massa
Emilia-Romagna	*22.124*	*3.924.456*		Pisa	2.448	384.550	Pisa
				Pistoia	965	265.995	Pistoia
Gorizia	467	138.041	Gorizia	Prato	344	221.528	Prato
Pordenone	2.273	276.010	Pordenone	Siena	3.821	251.217	Siena
Trieste	212	254.746	Trieste	*Toscana*	*22.992*	*3.523.238*	
Udine	4.893	520.100	Udine				
Friul-Venecia Julia	*7.845*	*1.188.897*		Bolzano	7.400	451.563	Bolzano
				Trento	6.218	461.606	Trento
Frosinone	3.239	489.923	Frosinone	*Trentino-Alto Adigio*	*13.618*	*913.169*	
Latina	2.251	497.632	Latina				
Rieti	2.749	150.305	Rieti	Perugia	6.334	602.276	Perugia
Roma	5.352	3.774.987	Roma	Terni	2.122	223.634	Terni
Viterbo	3.612	289.251	Viterbo	*Umbría*	*8.456*	*825.910*	
Lacio	*17.203*	*5.202.098*					
				Aosta	3.264	118.723	Aosta
Génova	1.836	933.127	Génova	*Valle de Aosta*	*3.264*	*118.723*	
Imperia	1.155	216.996	Imperia				
Savona	1.545	283.105	Savona	Belluno	3.678	211.996	Belluno
Spezia, La	882	225.285	Spezia, La	Padua	2.142	835.029	Padua
Liguria	*5.418*	*1.658.513*		Rovigo	1.789	245.314	Rovigo
				Treviso	2.477	757.864	Treviso
Bérgamo	2.722	936.667	Bérgamo	Venecia	2.460	817.597	Venecia
Brescia	4.782	1.065.172	Brescia	Verona	3.096	801.363	Verona
Como	1.288	531.160	Como	Vicenza	2.722	762.897	Vicenza
Cremona	1.771	330.946	Cremona	*Véneto*	*18.364*	*4.433.060*	

ción hacia América de finales del siglo XIX y principios del XX. Paralelamente se produjo un intenso desplazamiento desde el S hacia las áreas industrializadas del N. La población italiana es predominantemente urbana (67%). Roma ostenta la capitalidad política y administrativa, en tanto que Milán es la capital financiera y Turín la industrial. La agricultura es un capítulo económico importante, pero en retroceso. Destacan los cereales, la patata, la remolacha y, especialmente, el vino, los agrios, frutas, verduras, aceite de oliva, soja, seda y tabaco. La ganadería no tiene demasiada repercusión económica. Cuenta con yacimientos de manganeso, plomo, cinc, gas natural y mármol. Por el contrario, la industria está muy desarrollada, especialmente en el N, Piamonte y Lombardía. Destacan sectores como el automovilístico, de motocicletas, siderúrgico y metalúrgico, químico, alimentario, del vidrio, del cuero, editorial, mecánico, textil y de la moda y el diseño. El turismo, con un claro carácter cultural.

HIST. A partir del siglo VII a. C., los griegos ocuparon progresivamente las costas sudorientales de la península (Magna Grecia), así como las costas meridionales de Sicilia, desde donde se extendió el helenismo. El resto de la península estuvo, durante dos siglos (VI y V a. C.), bajo dominación de los etruscos, sometidos finalmente por ROMA, tras una larga guerra. La historia de Italia hasta el año 395 se confunde con la del imperio romano; tras la división efectuada por Teodosio entre sus hijos, el imperio de Occidente recayó en Honorio. Las invasiones de los bárbaros pusieron fin a este largo periodo histórico. Odoacro, rey de los hérulos, depuso al último emperador, Rómulo Augústulo, en 476. Poco después, Italia fue conquistada por los ostrogodos, bajo el mando de Teodorico (493). A su muerte, el reino decayó rápidamente y fue dominado por los emperadores de Bizancio, representados en Rávena por un exarca. En 568 se produjo la invasión de los lombardos; éstos repartieron el territorio en varios ducados, que darían origen al feudalismo italiano. Durante este periodo, Italia contaba con tres capitales: Pavía, de los lombardos; Rávena, del exarcado bizantino, y Roma, residencia de los papas. El fortalecimiento del poder lombardo preocupó al Papa, que pidió ayuda a los francos. Carlomagno fue proclamado rey y coronado emperador en Roma en 800. Se extinguía así la autoridad de los emperadores de Oriente y se formaba el reino franco de Italia. Tras el fin de la monarquía carolingia y el reparto del imperio, se sucedieron las rivalidades entre distintos pretendientes hasta el establecimiento de la dinastía germánica. En el 962 Otón I fue coronado emperador de Roma, dando origen al sacro imperio romano germánico. En el siglo XI, la iglesia intentó limitar la intervención del poder civil en los asuntos eclesiásticos, dando lugar a la «querella de las Investiduras». La rivalidad entre el emperador y el Papa se vio acentuada en el siglo XII; los pontífices y las ciudades lombardas se unieron contra Alemania, cuyos emperadores pretendían hacer valer sus derechos sobre Roma y sobre los Estados Pontificios y unificar Italia a expensas del reino normando. Por entonces, se había desarrollado en el territorio italiano un fuerte movimiento comunal en algunas ciudades. En el siglo XIII Italia estaba dividida en dos bandos, los güelfos, partidarios del papado, y los gibelinos, partidarios del emperador. Después de la victoria de los güelfos (1268), las luchas intestinas y las rivalidades locales se extendieron por todo el país. El traslado de los papas a Aviñón y el gran cisma de Occidente (1378-1417) agravaron la anarquía de los Estados de la iglesia. Los papas del siglo XV participaron, en calidad de mecenas, en el desarrollo artístico y cultural del Renacimiento, pero su vida, a veces escandalosa, y los procedimientos a que recurrieron para reconquistar sus Estados asestaron el golpe de gracia al prestigio del papado. En el centro y N dominaban las poderosas repúblicas de Florencia, Pisa, Luca, Génova y Venecia. En el S, el reino de Nápoles era disputado entre franceses, españoles y suizos, que durante los siglos XV y XVI convirtieron el territorio italiano en un inmenso campo de batalla (guerras de Italia). Al renunciar Francia a sus pretensiones (tratado de Cateau-Cambrésis, 1559) los Habsburgo de España quedaron dueños del Milanesado, Sicilia y Nápoles. En el N fue afianzándose el poder de los duques y después reyes de Saboya, que extendían su dominación por el Piamonte, Lombardía y Cerdeña. Tras la guerra de Sucesión española (1700-13), Austria reemplazó a España en el dominio de Italia, aunque el reino de las dos Sicilias siguió en manos de los Borbones españoles. Las invasiones napoleónicas despertaron la conciencia política italiana. Tras la expulsión de los austriacos del Milanesado, Napoleón reestructuró en repúblicas los territorios italianos; en 1797 se constituyó la República Cisalpina, que en el año 1806 se transformó en el reino de Italia. Tras la caída de Napoleón, los tratados de 1815, otorgaron Lombardía a Austria. En 1848, alentadas por el movimiento nacionalista encabezado por Mazzini, algunas ciudades italianas se proclamaron independientes. Carlos Alberto de Piamonte-Cerdeña atacó sin éxito a los austriacos y abdicó en su hijo Víctor Manuel II. La llegada de Cavour a la presidencia del consejo de ministros de Piamonte fue definitiva para el proceso unificador, que concluiría en 1870. Con la ayuda francesa, Piamonte anexionó Lombardía en 1859; Garibaldi conquistó Nápoles y Sicilia, al tiempo que Toscana y Emilia-Romagna se incorporaban mediante plebiscito (1860). En 1861 se proclamó en Turín el reino de Italia. Sólo Roma y el Véneto quedaron excluidas de la unidad. En 1866 Italia participó con Prusia en la guerra contra Austria para conseguir Venecia, y en 1870 se completó la anexión del Lacio y Roma, que pasó a ser la nueva capital. A Víctor Manuel II le sucedió su hijo Humberto I en 1878. En 1882 Italia se sumó a la Triple Alianza y dio comienzo su expansión colonial. En 1900 accedió al trono Víctor Manuel III. Al sobrevenir la Primera Guerra Mundial, Italia permaneció neutral; pero en 1915 se decidió a apoyar a los aliados. Tras el conflicto, recibió Trentino, Alto Adigio, Trieste, Istria y Zara. Las dificultades inherentes a la posguerra fomentaron el desarrollo del fascismo, liderado por Benito Mussolini; éste se hizo cargo del gobierno, instauró un régimen totalitario y logró ensanchar el imperio colonial con la conquista de Etiopía (1936) y Albania (1939). Italia intervino en la Segunda Guerra Mundial al lado de los alemanes, que ocuparon gran parte del país. Poco después del desembarco de las tropas aliadas en Sicilia (julio de 1943), Mussolini fue separado del poder y arrestado. Formó gobierno el mariscal Badoglio, quien firmó a primeros de septiembre el armisticio y declaró la guerra a Alemania. Roma no fue liberada hasta junio de 1944, y la línea Gótica, que dividía en dos al país, no cedió hasta abril de 1945. Tras la guerra, el rey Víctor Manuel III abdicó en su hijo, Humberto II. Puesta en litigio la monarquía, un referéndum constitucional ins-

Italia. Vista de Malcesine con el lago Garda al fondo.

tauró la república, que se proclamó en junio de 1946. Mediante tratados de paz, Italia perdió sus colonias y llegó a un acuerdo con Yugoslavia sobre Trieste. Tras la reconstrucción del país, fuertemente apoyada por EE UU (Plan Marshall), Italia vivió durante los años 1950 y 1960 un periodo de gran desarrollo económico y fue uno de los principales promotores de la CEE. A partir de entonces, los gobiernos de la hegemónica Democracia Cristiana estuvieron sometidos a una fuerte inestabilidad y salpicados por escándalos políticos y financieros. Paralelamente, el país se vio sometido a la violencia terrorista, que alcanzó su punto culminante con el secuestro y muerte del líder democristiano Aldo Moro (1978), por parte de las Brigadas Rojas. Ese mismo año, estalló el caso Lockheed, que provocó la dimisión del presidente de la República, G. Leone, reemplazado por el socialista Alessandro Pertini. Tras fracasar diferentes gobiernos, en agosto de 1983 el socialista Bettino Craxi logró formar un nuevo gabinete, apoyado por los democratacristianos; en 1984 el gobierno se vio afectado por el informe acerca del escándalo de la logia masónica Propaganda Dos (P-2). A finales de abril de 1987, ante la imposibilidad de formar un nuevo gobierno, el presidente de la República, Francesco Cossiga, decidió la disolución de las cámaras. Tras las nuevas elecciones, el parlamento quedó aún más fragmentado. En marzo de 1988, el democristiano Ciriaco de Mita ocupó la presidencia del gobierno; un año más tarde presentaba la dimisión, siendo sustituido por Giulio Andreotti, que ocupaba el cargo por sexta vez. El Partido Comunista (PCI), segunda fuerza parlamentaria, se enfrentó a una crisis de identidad, que desembocó en su refundación como Partido Democrático de la Izquierda, de tendencia socialdemócrata. En 1992 fue elegido jefe de Estado el democratacristiano Oscar Luigi Scalfaro. En los primeros meses de 1993 los escándalos de corrupción pusieron en entredicho al sistema democrático italiano. La crisis se dejó notar en las elecciones de marzo de 1994, con la aparición de nuevos grupos dominantes: Forza Italia, liderada por el magnate Silvio Berlusconi; la Liga Norte, de carácter federalista; y la neofascista Alianza Nacional. En mayo de 1994, Silvio Berlusconi obtuvo del parlamento su investidura como primer ministro, pero en diciembre de ese mismo año tuvo que dimitir. En enero de 1995 formó gobierno Lamberto Dini, que un año después presentaba su dimisión. El presidente Scalfaro encargó la formación de un nuevo gobierno a Antonio Maccanico, un técnico cuya misión principal era elaborar una nueva ley electoral que acabara con la inestabilidad política. En abril de 1996 el pueblo italiano acudía de nuevo a las urnas. Los partidos se agruparon en torno a dos grandes formaciones: el denominado Polo de la Libertad, encabezado por Forza Italia, y el Polo del Olivo, liderado por los excomunistas del Partido Democrático de la Izquierda. Junto a estas dos grandes formaciones acudían en solitario la Liga Norte de Bossi y el Partido Refundación Comunista. Tras el triunfo del Polo del Olivo, Romano Prodi, apoyado por Refundación Comunista, conseguía formar gobierno. En 1998 el Partido Democrático de la Izquierda se transformó en Demócratas de Izquierda. En octubre de 1998 Romano Prodi perdió una moción de confianza

Johannes **Itten.** *Grupo de casas en primavera.* Museo Thyssen-Bornemisza (Madrid).

y fue sustituido por Massimo D'Alema. En 1999 Carlo Azeglio Ciampi fue elegido presidente. En diciembre de ese año, las dificultades por las que atravesaba el gobierno obligaron a D'Alema a presentar la dimisión. Ciampi le encargó, no obstante, la formación de un nuevo gobierno. En 2000, una nueva crisis obligó a D'Alema a abandonar el cargo. Fue sustituido por Giuliano Amato. En las elecciones legislativas de 2001 la alianza de centro derecha Casa de las Libertades, liderada por Silvio Berlusconi, obtuvo la mayoría absoluta, por lo que éste fue nombrado primer ministro.

ITALIANISMO m. *Ling.* Giro, expresión o palabra del italiano utilizado en otra lengua.

ITALIANO, NA adj. y s. **1** De Italia. || m. *Ling.* **2** Lengua romance oficial en Italia. Deriva del toscano, uno de los dialectos latinos de la península Itálica.

ITAPÚA Departamento de Paraguay, en la región Oriental; 16.525 km² y 454.757 h. Capital, Encarnación.

ITATA Río de Chile, que nace en los Andes y desemboca en el Pacífico; 230 km.

ITATIAIA Macizo de Brasil en los Estados de Rio de Janeiro y Minas Gerais; 1.787 m. Parque nacional. Se llama también *Agulhas Negras.*

ÍTEM adv. lat. **1** Se usa para hacer distinción de capítulos en una escritura, o como señal de adición. || m. **2** *Inform.* Cada uno de los elementos que forman parte de un dato.

ITÉNEZ GUAPORÉ.

ITERAR tr. Repetir un conjunto de operaciones.

ITERATIVO, VA adj. **1** Que se repite. **2** Dícese de la palabra que indica repetición o reiteración.

ITERBIO m. *Quím.* Elemento químico perteneciente al grupo de los lantánidos o *tierras raras* del sistema periódico. Masa atómica 173,04; número atómico 70; punto de fusión 824 ºC, punto de ebullición 1427 ºC; símbolo *Yb*. Es un metal blanco, lustroso, maleable, cuyo isótopo Yb^{169} se emplea en los análisis estructurales del acero.

ITINERARIO, RIA adj. **1** Relativo a caminos. || m. **2** Dirección y descripción de un camino con expresión de los lugares, accidentes, paradas, etc., que existen a lo largo de él. **3** Ruta que se sigue para llegar a un lugar. **4** Guía, lista de datos referentes a un viaje.

-ITIS suf. que significa inflamación.

-ITO *Quím.* suf. utilizado como terminación de los nombres de sales cuyo grado de oxidación es el inferior posible: *sulfito, clorito,* etc.

ITO, HIROBUMI Político japonés (Tsukari, 1841 - Jarbin, 1909). Principal impulsor de la modernización de Japón, ocupó la jefatura de gobierno en varias ocasiones entre 1885 y 1901.

ITRIA f. *Quím.* Óxido de itrio.

ITRIO m. *Quím.* Elemento químico perteneciente al grupo III B del sistema periódico. Masa atómica, 88,92; número atómico, 39; punto de fusión, 1500 ºC; punto de ebullición. 2.927 ºC; símbolo, *Y*.

ITTEN, JOHANNES Pintor suizo (Süderen-Linden, 1888 - Zurich, 1967). Entre 1919 y 1923 fue profesor en la Bauhaus y, posteriormente, dirigió la Escuela de Artes Aplicadas de Zurich (1938-53). Es autor de algunos libros sobre teoría del arte.

ITTIHAD, AL- SHA'AB, AL.

ITURBIDE Y ARÁMBURU, AGUSTÍN DE Militar y político mexicano (Valladolid, hoy Morelia, 1783 - Padilla, 1824). Destacado jefe del ejército realista, luchó contra Guerrero al frente de la comandancia militar del sur. En febrero de 1821, acordó con el líder rebelde el Plan de Iguala, que establecía la independencia de México. Entró en Ciudad de México, constituyó una junta provisional y, posteriormente, asumió la presidencia del consejo de regencia. En julio de 1822 fue coronado emperador con el nombre de Agustín I. Disolvió el congreso y gobernó dictatorialmente. El levantamiento del general Santa Anna le obligó a abdicar en marzo de 1823.

ITUZAINGÓ, BATALLA DE *Hist.* Victoria de las tropas argentinas y orientales sobre las brasileñas en 1827, en el Paso del Rosario (Rio Grande do Sul).

ITZÁ adj. *Etnol.* e *Hist.* **1** Se dice de un pueblo amerindio del grupo maya que habita en la región de Petén, en Guatemala. Los itzaes se establecieron en la ciudad de Chichén-Itzá a finales del siglo v. Tras abandonarla por razones desconocidas, se unieron a los toltecas y regresaron a ella, dirigidos por Kukulkán, a finales del siglo x. Integraron la liga de Mayapán hasta su disolución (1441) y emigraron hacia la zona del Petén. Fue-

Italia. Vista general de Monterosso, en Liguria.

Agustín de **Iturbide**. Retrato anónimo del siglo XIX.

ron dominados por Martín de Ursúa en 1697. También com. **2** Miembro de este pueblo amerindio. También com. **3** Relativo a este pueblo.

Itzcóatl Cuarto rey azteca (Ciudad de México-Tenochtitlán, h. 1380 - íd., 1440). Hijo natural de Acamapichtli, ocupó el trono tras eliminar a sus nietos Huitzilíhuitl y Chimalpopoca en 1428. Se alió con Nezahualcóyotl, rey de Texcoco, para derrotar al imperio Tepaneca (1430). Creó la confederación azteca e inició la expansión del imperio al O del valle de México.

Iulia, Lex *Hist.* Nombre de un gran número de leyes romanas, dictadas en el siglo I a. C.

Iurreta Municipio de España, provincia de Vizcaya; 4.483 h.

Ius *Der.* Voz latina que significa DERECHO.

Iusnaturalismo m. *Der.* Doctrina que interpreta el derecho basándose en los preceptos del derecho natural.

IVA (Siglas del *Impuesto sobre el Valor Añadido*) *Econ.* Tributo básico de imposición indirecta de aplicación general en la UE.

Iván Nombre de diversos soberanos rusos.

Iván I Danilovich Gran príncipe de Moscú (?, h. 1303 - Moscú, 1341). Ocupó el trono desde 1328. Reconoció la autoridad de los khanes de la Horda de Oro, que le otorgaron el título de gran príncipe de Moscú. Extendió la supremacía de Moscú sobre otros principados.

Iván II Ivanovich Gran príncipe de Moscú (Moscú, 1326 - íd., 1359). Ocupó el trono desde 1353. Hijo de Iván I, hubo de hacer frente a la oposición de los boyardos, que no reconocieron sus derechos sucesorios.

Iván III Vasilievich el Grande Gran príncipe de Moscú (Moscú, 1440 - íd., 1505). Hijo de Basilio II el Ciego, ocupó el trono en 1462. Terminó con la dominación tártara de la Horda de Oro (1480) y reunió los principados de Rusia bajo el mando único de Moscú.

Iván IV Vasilievich el Terrible Zar de Rusia (Moscú, 1530 - íd., 1584). Comenzó su reinado personal en 1547 con el título de zar. Conquistó Astracán, extendió sus dominios hasta el Volga e inició la conquista de Siberia. Reformó la administración de las provincias y fortaleció el ejército. Combatió el poder de los boyardos por medio de la represión. Sus últimos años se caracterizaron por el régimen de terror.

Iván V Alexeievich Zar de Rusia (Moscú, 1666 - íd., 1696). Hijo de Alejo I, accedió al trono en 1682 junto con su hermanastro Pedro I. Durante su reinado gobernó de hecho su hermana, la princesa Sofía.

Iván VI Antonovich Zar de Rusia (San Petersburgo, 1740 - Schlüsselburg, 1764). Fue proclamado zar en 1740, pero un año después fue destronado por Isabel, hija de Pedro el Grande.

Ivano-Frankovsk Ciudad de Ucrania, capital de la provincia de su nombre; 237.000 h.

Ivanov, Viacheslav Ivanovich Escritor ruso (Moscú, 1866 - Roma, 1949). Principal teórico del simbolismo ruso, escribió: *Astros pilotos* (1903), *Eros* (1907), *Cor ardens* (1911) y *Sonetos de invierno* (1920).

Ivanov, Vsievolod Viacheslav Novelista ruso (Lejaj, 1895 - Moscú, 1963). Participó en la revolución de 1917, acontecimiento que está presente en casi todas sus obras. Entre sus novelas más significativas figuran *Los partisanos* (1921), *El tren blindado nº 1469* (1922), *Aleksandr Parjoménko* (1938-39) y *Reencuentros con Gorki* (1947).

Ivanovo 1 Región de la Federación de Rusia; 23.900 km² y 1.275.000 h. **2** Ciudad capital de la misma; 474.000 h.

Ives, Charles Compositor estadounidense (Danbury, Connecticut, 1874 - Nueva York, 1954). Precursor de las técnicas modernas, como la atonalidad o el polirritmo, entre sus obras destacan *Central Park en la oscuridad* (1907), *Tres lugares en Nueva Inglaterra* (1903-14) y *Concord sonata* (1915).

Ives, Frederic Eugene Inventor estadounidense (Litchfield, 1856 - Filadelfia, 1937). Realizó las primeras fotografías en color y creó un sistema de filmación en color.

Ives, Herbert Eugene Físico estadounidense (Filadelfia, 1882 - Upper Montclair, 1953). Inventó la transmisión telegráfica de fotografías (1924); construyó la primera emisora de televisión (1927), y creó la televisión en color (1929).

-ivo, va suf. de adjetivos y de algunos sustantivos que significa capacidad para la significación por la base o inclinación a ello: *llamativo, combativo*; disposición para recibir lo significado por la base o situación de haberlo recibido: *consultivo*. Entre los sustantivos, algunos indican cargos o profesiones: *ejecutivo*; existen también algunos sustantivos en *-iva*: *alternativa*. Por analogía con los muchos adjetivos que, formados con el suf. *-ivo*, terminan en *-ativo* o en *-itivo*, se han formado otros, considerando estas terminaciones como nuevos sufijos: *ahorrativo*.

Ivrea Ciudad de Italia, en Piamonte; 29.000 h. Ruinas de un acueducto romano.

Iwaszkiewicz, Jaroslaw Escritor polaco (Kalnik, 1894 - Stawisko, 1980). Parte de su obra se caracteriza por el esteticismo, aunque trasluce sus inquietudes sociales y humanas. Es autor de poesía (*Versos*, 1958) y de novelas tan celebradas como *Las señoritas de Wilko* y *El bosque de los abedules* (1933). Escribió también piezas de teatro. Recibió el premio Lenin de la Paz.

Iwate Prefectura de Japón, en la isla de Honshu; 15.277 km² y 1.415.000 h. Su capital es Morioka.

Iwo Jima Isla de Japón, en el océano Pacífico. Base naval. Durante la Segunda Guerra Mundial fue conquistada por las tropas estadounidenses tras varias semanas de encarnizada batalla (19 de febrero de 1945).

Ixión *Mit.* Rey de los lapitas, padre de Pirítoo. Se enamoró de Hera y trató de violarla. Zeus, para probarlo, formó una nube con la figura de la diosa e Ixión se unió a ella. De esta unión nacieron los centauros.

Ixodermo m. *Bot.* Capa gelatinosa compuesta por los extremos de hifas entrelazadas, que cubre el píleo de ciertos hongos.

Ixódido, da adj. *Zool.* **1** Se dice del ácaro que presenta espiráculos detrás del tercer o cuarto par de patas, como la garrapata. || m. pl. *Zool.* **2** Suborden de estos animales.

Ixtaccíhuatl IZTACCÍHUATL.

Ixtlilxóchitl Nombre de dos soberanos de Texcoco.

Ixtlilxóchitl I Sexto soberano chichimeca (? - ?, 1418). Accedió al trono en 1409. Pereció en la lucha contra el rey tepaneca Tezozmoc. Padre de Nezahualcóyotl.

Ixtlilxóchitl II Príncipe de Texcoco (?, 1500 - ?, 1550). Se opuso a la elección como soberano de su hermano Cacamtzín, apoyado por los aztecas. Se alió a los totonecas y tlaxcaltecas, sitió Texcoco y logró obtener los territorios septentrionales de Alcolhuacan. Tras la llegada de los españoles, colaboró con ellos en la conquista del imperio azteca, y tras la muerte de su hermano (1520), se hizo con el dominio del reino.

Izabal Departamento de Guatemala, que limita con Honduras; 9.038 km² y 333.956 h. Capital, Puerto Barrios.

Izabal Lago de Guatemala, el mayor del país, en el departamento de su nombre; 589,6 km². Recibe el río Polochic y desagua a través de su emisario, el Dulce, en la bahía de Amatique, en el Caribe. Anteriormente se denominó golfo *Dulce*.

Izalco Volcán activo de El Salvador, en el departamento de Sonsonate; 1.830 m.

Izar tr. Hacer subir algo tirando de la cuerda de que está colgado.

-izar suf. de verbos que denotan una acción cuyo resultado implica el significado del sustantivo o del adjetivo básicos, bien por reducción del complemento directo a cierto estado, en los transitivos: *esclavizar, impermeabilizar*, bien por la actitud del sujeto, en los intransitivos: *simpatizar*.

Izetbegovic, Alija Político musulmán bosnio (Bosanski Samac, 1925 - Sarajevo, 2003). En 1988 fundó el Partido de Acción Democrática y, tras su victoria en las elecciones de 1990, fue nombrado presidente de la República de Bosnia-Herzegovina, que declaró su independencia en marzo de 1992. Renunció al cargo en 2000 por motivos de salud.

Izhevsk Ciudad de la Federación de Rusia, capital de la república federada de Udmurtia; 654.000 h. Importante centro siderúrgico.

Izmir ESMIRNA.

Izmit Ciudad de Turquía, capital de la provincia de Kocaeli; 275.800 h. Es la antigua *Nicomedia*.

Izquierda f. *Polít.* **1** En las asambleas parlamentarias, los representantes de los partidos no conservadores. **2** Por extensión, conjunto de personas que postulan una modificación del sistema político y social en un sentido no conservador, generalmente, marxista o socialista. La denominación tiene su origen en el lugar que ocupaban en la Asamblea Nacional Francesa los liberales y republicanos, en el lado izquierdo del hemiciclo, por oposición a los dinásticos, situados a la derecha. || **de izquierda** o **de izquierdas** loc. adj. con que se atribuyen ideas izquierdistas a personas, grupos, partidos, actos, etc.

Izquierda Unida *Polít.* Coalición política española formada en 1986 por el Partido Comunista de España, la Federación Progresista, el Partido Comunista de los Pueblos de España, el Partido de Acción Socialista y otros grupos, con el objetivo de organizar un amplio espectro de fuerzas políticas y sociales de izquierda que estructuraran una alternativa de gobierno.

Izquierdista adj. y com. Se dice de la persona, partido, institución, etc., que comparten las ideas de la izquierda política.

Izquierdo, da adj. **1** *Anat.* Se dice de lo que está en la mitad longitudinal del cuerpo humano que aloja la mayor parte del corazón. **2** Se dice de lo que está situado hacia esa parte del cuerpo de un observador. **3** En los móviles, se dice de lo que hay en su parte izquierda o de cuanto cae hacia ella, considerada en el sentido de su marcha o avance. **4** Se dice de la parte de un objeto que se hallara hacia el O, si dicho objeto se orientara al N. **5** Zurdo. **6** fig. Torcido, no recto. || f. **7** Mano izquierda.

Iztaccíhuatl o **Ixtaccíhuatl** Pico volcánico de México, en la Cordillera Neovolcánica; 5.286 m.

Alija **Izetbegovic** votando en las elecciones generales bosnias de septiembre de 1996.

J

J f. Décima letra del abecedario español y séptima de sus consonantes. Su nombre es *jota* y su sonido varía desde el vibrante a la simple aspiración, según la pronunciación en las diferentes regiones.

J *Metrol.* Abreviatura de julio, unidad de medida del trabajo, energía y cantidad de calor, en el sistema internacional de unidades (SI).

¡JA, JA, JA! interj. con que se manifiesta la risa, la burla o la incredulidad.

JAB (Voz i.) m. *Dep.* En boxeo, golpe directo.

JABA (Voz caribe.) f. **1** *Cuba* Especie de cesta, hecha de tejido de junco o palma. **2** *Cuba* Por extensión, cualquier bolsa de tela, plástico, etc., para llevar a mano. **3** *Amér.* Especie de cajón de forma enrejada en que se transporta loza.

JABALCÓN m. *Arquit.* Madero ensamblado en uno vertical para apear otro horizontal o inclinado.

jabalí

JABALÍ, INA m. y f. *Zool.* Mamífero artiodáctilo perteneciente a la familia suidos, de nombre científico *Sus scrofa*. Animal fuerte y pesado (hasta 200 kg), cubierto de cerdas de color pardo oscuro. El macho presenta los caninos superiores muy desarrollados, de crecimiento continuo, y dirigidos hacia arriba sobresaliendo de la boca. Vive en zonas boscosas en las proximidades de cursos de agua de Eurasia y NO de África. ♦ El pl. de la forma m. es *jabalíes*.

JABALINA f. **1** *Antrop.* Arma arrojadiza de caza y guerra que se usó en la Antigüedad. **2** *Dep.* Especie de lanza arrojadiza que utilizan los atletas en una especialidad deportiva (LANZAMIENTO DE JABALINA). Mide 2,60 m de longitud, y su peso nunca es inferior a 800 g. || **LANZAMIENTO DE JABALINA** *Dep.* Prueba de atletismo que consiste en lanzar una jabalina a la mayor distancia posible.

JABALPUR o **JUBBULPORE** Ciudad del centro de la India, Estado de Madhya Pradesh; 739.961 h. Industria textil y metalúrgica.

JABARDILLO m. **1** *Zool.* Bandada de insectos o avecillas. **2** fig. y fam. Multitud de gente.

JABARDO m. **1** *Zool.* Enjambre pequeño producido por una colmena. **2** fig. y fam. Multitud de gente.

JABAROVSK KHABAROVSK.

JABATO, TA adj. y s. **1** fam. Valiente, atrevido. || m. y f. *Zool.* **2** Cría del jabalí.

JÁBEGA f. Red muy larga, compuesta de un copo y dos bandas, de las cuales se tira desde tierra.

JABEQUE m. *Mar.* Embarcación de tres palos, con velas latinas, que también suele navegar a remo.

JABILLO (Voz americana.) m. *Bot.* Árbol de la familia euforbiáceas, de nombre científico *Hura crepitans*, con madera blanda.

JABINAL m. *Bot.* Terreno donde abunda el jabino.

JABIR IBN HAYYĀN, ABŪ MŪSĀ Alquimista árabe (Tus, h. 721 - Cufa, h. 815). Se le debe la teoría de que los cuatro elementos clásicos (tierra, agua, aire y fuego) sirven de base para la formación de todos los metales.

JABIRÚ m. *Zool.* Ave ciconiforme perteneciente a la familia cicónidas, de nombre científico *Ephippiorhynchus senegalensis*. Vive en África. || **JABIRÚ AMERICANO** *Zool.* Ave ciconiforme perteneciente a la familia cicónidas, de nombre científico *Jabiru mycteria*. Vive en Sudamérica.

JABLANICA Distrito de Bosnia-Herzegovina, a orillas del Neretva; 289 km² y 12.664 h.

JABLONSKI, HENRYK Político polaco (Waliszewo, 1909 - Varsovia, 1996). Miembro del comité central del Partido Obrero Unificado Polaco (1948) y del buró político (1971), fue ministro de Educación (1965-72) y jefe de Estado (1972-81).

JABÓN m. **1** *Quím.* Compuesto químico obtenido por saponificación de los ésteres de los ácidos grasos palmítico, esteárico y oleico con glicerina o de ésteres glicéridos con hidróxido de sodio o potasio. **2** Cualquier otro producto que sirva para lavar aunque tenga una composición distinta a la del jabón. || **dar jabón** fr fig. y fam. Adular, lisonjear.

JABONAR tr. y prnl. ENJABONAR.

JABONCILLO m. **1** Pastilla de jabón aromatizada. **2** *Bot.* Árbol perteneciente a la familia sapindáceas, de nombre científico *Sapindus saponaria*. La pulpa de su fruto contiene saponina con la que se elabora una especie de jabón.

JABONERO, RA adj. **1** Perteneciente o relativo al jabón. || f. *Zool.* **2** Recipiente para depositar o guardar el jabón de tocador. **3** *Bot.* Nombre de diversas plantas de la familia cariofiláceas, géneros *Saponaria* y *Melandrium*, que contienen saponina en su zumo y raíz, que hace espuma con el agua y se utiliza como sustitutivo del jabón.

JABORANDI (Voz tupí.) m. *Bot.* Árbol de la familia rutáceas, originario de Brasil.

JABUGO Municipio y lugar de España, provincia de Huelva; 2.618 h. Jamones y embutidos.

JACA f. **1** Caballo cuya alzada no llega a siete cuartas. **2** Yegua, hembra del caballo.

JACA, SUBLEVACIÓN DE *Hist.* Levantamiento de carácter revolucionario contra la monarquía de Alfonso XIII, que tuvo lugar el 12 de diciembre de 1930. Fue protagonizado por la guarnición militar de Jaca en conexión con el movimiento republicano. Los cabecillas fueron ejecutados.

JACAL m. *Méx.* Especie de choza.

JACAMARÁ f. *Zool.* Nombre de varias aves piciformes, pertenecientes a diferentes géneros, que tienen en común sus colores vistosos y hábitos solitarios. Viven en el S de América.

JACANA f. *Zool.* Ave caradriforme de nombre científico *Jacana spinosa*. Es de color castaño por arriba, negra por abajo, y con dedos extremadamente largos que le permiten caminar sobre las plantas en las aguas pantanosas. Vive en las zonas tropicales del S de América.

JÁCARA f. **1** *Lit.* Romance en que por lo regular se cuentan hechos de la vida licenciosa. Durante el siglo XVII fueron muy representadas entre las distintas jornadas de las obras teatrales. **2** *Mús.* Cierta música para cantar o bailar. **3** *Danza.* Especie de danza, formada al tañido de la jácara.

JACARANDÁ m. *Bot.* Árbol perteneciente a la familia bignoniáceas, de nombre científico *Jacaranda mimosifolia*. Crece en el NO de Argentina y se cultiva como ornamental. También denominado *tarco*. ♦ Su pl. es *jacarandaes*.

JACARANDOSO, SA adj. fam. Donairoso, alegre, desenvuelto.

JACARÉ m. *Zool.* Reptil perteneciente a la familia aligatóridos, de nombre científico *Caiman latirostris*. Alcanza los 2 m de longitud y vive en el S de América.

JACARERO, RA m. y f. **1** Persona que anda por las calles cantando jácaras. **2** fig. y fam. Persona alegre y chancera.

JÁCENA f. *Arquit.* Viga principal o maestra.

JACETANO, NA adj. **1** JAQUÉS, de Jaca. Aplicado a personas, también s. **2** *Etnol.* e *Hist.* Se dice de un pueblo indígena prerromano que habitaba la región de la actual Jaca. Más como m. pl. **3** *Hist.* Se dice también de sus individuos. También s. **4** Relativo a este pueblo.

JACHALÍ (Voz americana.) m. *Bot.* Árbol de la familia anonáceas, nativo de América intertropical, de fruto aromático y sabroso y madera muy apreciada en ebanistería.

JACINTO m. **1** *Bot.* Planta herbácea perteneciente a la familia liliáceas, de nombre científico *Hyacinthus orientalis*. Es una bulbosa perenne, con flores en racimo, de color blanco, azul, rosáceo o amarillento, muy olorosas. Originaria del N de África, Asia Menor y Grecia, se cultiva como ornamental. **2** *Bot.* Flor de esta planta. **3** *Miner.* CIRCÓN. || **JACINTO DE AGUA** *Bot.* Planta perenne de la familia pontederiáceas, género *Eichhornia*, que vive flotando en los cursos de agua de las regiones tropicales.

JACINTO, SAN Religioso dominico polaco (Breslau, 1185 - Cracovia, 1257). Fue enviado por santo Domingo para que introdujera la orden en Polonia, donde fundó varios conventos.

JACK (Voz i.) m. *Fís.* Parte de un dispositivo de conexión en la que se introduce una clavija, que también se llama *jack*.

JACKET (Voz i.) f. Torre petrolífera establecida en el mar de manera permanente.

JACKSON, ANDREW Político estadounidense (Waxhaw, 1767 - Hermitage, 1845). En 1815 expulsó a los ingleses de Nueva Orleans y conquistó la Florida a los españoles (1818). Fue presidente de la República (1829-37) y llevó a cabo una política aislacionista.

JACKSON, CHARLES THOMAS Médico, químico y naturalista estadounidense (Plymouth, 1805 - Somerville, 1880). Descubrió el empleo del éter para la anestesia, en colaboración con Morton.

JACKSON, GLENDA Actriz británica (Birkenhead, 1936). Inició su carrera interpretativa en el teatro, trabajando en grandes compañías como la Royal Shakespeare Company. Entre sus películas se encuentran *Marat-Sade* (1967), *Mujeres enamoradas* (1969), por la que recibió un Oscar y *Un toque de distinción* (1971), Oscar a la mejor actriz.

JACKSON, JESSE Eclesiástico y político estadounidense (Greenville, 1941). Colaborador de Martin Luther King, en 1971 fundó la operación Pueblo Unido para Salvar a la Humanidad para luchar contra la discriminación racial en EE UU. Aspiró sin éxito a la candidatura a la presidencia del Partido Demócrata en las elecciones de 1984 y 1988.

Glenda **Jackson**. Con Oliver Reed en una escena de *Mujeres enamoradas*, dirigida por Ken Rusell.

Michael **Jackson.**

JACKSON, JOHN HUGHLINGS Neurólogo y cirujano británico (Green Hammerton, 1835 - Londres, 1911). Describió la forma de epilepsia localizada que lleva su nombre. Está considerado uno de los fundadores de la moderna neurología.

JACKSON, MAHALIA Cantante de jazz estadounidense (Nueva Orleans, 1911 - Chicago, 1972). Destacó como intérprete de espirituales y gospels, a los que incorporó elementos del jazz.

JACKSON, MICHAEL Cantante estadounidense (Gary, Indiana, 1958). Miembro del grupo Jackson Five, junto con cuatro de sus hermanos, en 1971 inició su carrera en solitario. Entre sus discos se encuentran *Thriller*, *Bad*, *Off the Wall* y *Dangerous*.

JACKSON, STONEWALL (THOMAS JONATHAN JACKSON, llamado) Militar estadounidense (Clarksburg, 1824 - Chancellorsville, 1863). Participó en la guerra de México (1847) y al estallar la guerra de Secesión se unió a los confederados, con los que obtuvo la victoria en la batalla de Bull Run (1862).

JACKSONVILLE Ciudad de EE UU, Estado de Florida, a orillas del río St. Johns; 665.070 h. Centro financiero, turístico e industrial.

JACO m. **1** Caballo pequeño y flaco. **2** En argot, HEROÍNA, droga.

JACOB Patriarca hebreo, hijo de Isaac y de Rebeca. Obtuvo de su hermano gemelo Esaú el derecho de primogenitura a cambio de un plato de lentejas. Se casó con Lía y Raquel, hijas de Labán, y tuvo 12 hijos, que fueron cabeza de las 12 tribus de Israel.

JACOB, FRANÇOIS Biólogo francés (Nancy, 1920). Con sus estudios sobre bioquímica y genética, predijo la existencia del ARN mensajero y de los genes reguladores que controlan la actividad de otros genes. Premio Nobel de Fisiología y Medicina en 1965, compartido con J. Monod y A. Lwoff.

JACOB, MAX Escritor y pintor francés (Quimper, 1876 - campo de concentración de Drancy, 1944). La amalgama de realismo, fantasía y fervor religioso caracteriza su obra, de estilo tradicional y delicado. Destacan sus poemas en prosa *El cubilete de los dados* (1917), *La defensa de Tartufo* (1919), *El laboratorio central* (1921) y *El nombre* (1926).

JACOBEO, A adj. Relativo al apóstol Santiago el Mayor.

JACOBI, FRIEDRICH HEINRICH Filósofo alemán (Düsseldorf, 1743 - Munich, 1819). Combatió el racionalismo y el criticismo y defendió una filosofía de la fe y de la creencia. Obras: *Sobre la filosofía de Spinoza* (cartas a Mendelssohn) (1785), *Idealismo y Realismo* (1787).

JACOBI, KARL GUSTAV JACOB Matemático alemán (Potsdam, 1804 - Berlín, 1851). Independientemente de N. H. Abel, desarrolló la teoría de las funciones elípticas, realizó avances importantes en la teoría de los determinantes, e introdujo el determinante funcional que lleva su nombre (*jacobiano*). También desarrolló la teoría de números y la de ecuaciones en derivadas parciales.

JACOBI, MORITZ HERMANN VON Físico alemán (Potsdam, 1801 - San Petersburgo, 1874). Inventó la galvanoplastia y el reóstato.

JACOBÍNIDAS f. *Astron.* DRACÓNIDAS.

JACOBINO, NA adj. y s. **1** *Hist.* Del club de los Jacobinos. **2** *Polít.* Por extensión, partidario de la democracia política, especialmente aplicado a los partidos radicales.

JACOBINOS, CLUB DE LOS *Hist.* y *Polít.* Organización política francesa fundada en 1789, que representó la actitud más radical durante la Revolución Francesa (1789-99). Escindida a partir de 1791 por la separación de los girondinos, participó en el gobierno de la CONVENCIÓN NACIONAL (septiembre de 1792-octubre de 1795) como representante de la Montaña, y tras la muerte de Luis XVI (enero de 1793), implantó el régimen del terror bajo la dirección de Robespierre. En 1794 fue prohibido. Días más tarde los jefes más importantes, entre otros Robespierre y Saint-Just, fueron guillotinados.

JACOBITA adj. y com. **1** *Rel.* Se dice de los miembros de una secta monofisita de Siria, fundada por Jacobo Baradeo, obispo de Edesa en la segunda mitad del siglo VI, que negaba que en Jesucristo haya dos naturalezas. **2** *Hist.* Se dice del partido legitimista inglés y escocés que, después de la revolución de 1688, permaneció fiel a Jacobo II y a los Estuardo. **3** Perteneciente o relativo a la política de estos partidarios.

JACOBO Nombre de siete reyes de Escocia.

JACOBO I (Dunfermline, 1394 - Perth, 1437). Hijo de Roberto III, reinó desde 1424. Fue coronado en 1424. Aplicó el modelo inglés al Parlamento, sometió a la nobleza, impulsó la economía y reformó la Administración. Murió asesinado.

JACOBO II (Edimburgo, 1430 - Roxburgh Castle, 1460). Hijo de Jacobo I, ocupó el trono desde 1437. Apoyó a los Lancaster en la guerra de las Dos Rosas para recuperar las posesiones inglesas en Escocia. Murió durante el asedio a una fortaleza dominada por los ingleses.

JACOBO III (?, 1451 - Sauchieburn, 1488). Hijo de Jacobo II, ocupó el trono desde 1460. Consiguió el dominio sobre las Orcadas y las Shetland gracias a su matrimonio con la princesa Margarita de Dinamarca.

JACOBO IV (?, 1473 - Flodeen, 1513). Hijo de Jacobo III, reinó desde 1488. Participó en la rebelión contra su padre y contrajo matrimonio con Margarita Tudor, hija de Enrique VII, lo que permitió a los Estuardo acceder un siglo más tarde a la corona inglesa. Tras la llegada al trono inglés de Enrique VIII, Jacobo renovó su alianza con los franceses (1512) y declaró la guerra a Inglaterra.

JACOBO V (Linlithgow, 1512 - Falkland, 1542). Hijo de Jacobo IV, ocupó el trono desde 1513. Defensor del catolicismo, se enfrentó a Enrique VIII y fue derrotado en la batalla de Solway Moss. Padre de María Estuardo.

JACOBO VI JACOBO I, rey de Inglaterra.

JACOBO VII JACOBO II, rey de Inglaterra.

JACOBO Nombre de dos reyes de Inglaterra, Irlanda y Escocia.

JACOBO I (Edimburgo, 1566 - Theobalds Park, 1625). Hijo de María Estuardo, reinó desde 1603 en Inglaterra e Irlanda, y en Escocia, con el nombre de Jacobo VI, desde 1567. Se enfrentó al Parlamento por su política autoritaria, defendió la religión anglicana pero sin oponerse abiertamente al catolicismo.

JACOBO II (Londres, 1633 - Saint-Germain-en-Laye, 1701). Hijo de Carlos I, ocupó el trono desde 1685 a 1688 (en Escocia con el nombre de Jacobo VII). Su absolutismo, el intento de restablecer el catolicismo en Inglaterra, y la alianza con Luis XIV de Francia le hicieron perder muchos partidarios. Fue destronado por Guillermo de Orange, su yerno.

JACOBO EDUARDO ESTUARDO (llamado EL PRETENDIENTE o EL CABALLERO DE SAN JORGE) Príncipe inglés (Londres, 1688 - Roma, 1766). Hijo de Jacobo II, a la muerte de su padre (1701) fue reconocido rey de Inglaterra por Francia, España, el Papa y los duques de Módena y Parma. El Parlamento inglés, sin embargo, le excluyó de la sucesión al trono.

JACOBO DE VORÁGINE, BEATO (IACOPO DA VARAZZE) Religioso y escritor italiano (Varazze, h. 1226 - Génova, 1298). Debe su fama a la *Leyenda áurea*, la obra hagiográfica más importante de la Edad Media.

JACOBSEN, ARNE Arquitecto y diseñador danés (Copenhague, 1902 - íd., 1971). Sus trabajos muestran una clara influencia del arquitecto suizo Le Corbusier. En su trayectoria destacan el St. Catherine's College de Oxford y el Banco Nacional de Dinamarca.

JACOBSEN, JENS PETER Novelista danés (Thisted, 1847 - íd., 1885). Influido por Brandes, Flaubert y Stendhal, se dio a conocer con el relato naturalista *Mogens* (1872). Escribió además las novelas *Maria Grubbe* (1876) y *Niels Lyhne* (1880).

JACOLOTE m. *Bot.* OCOTE.

JACOMICO m. *Bot.* ACEITUNO.

JACOPONE DA TODI, BEATO (JACOPO DE BENEDETTI, llamado) Poeta italiano (Todi, 1233 - Collazone, 1306). Escribió unos *Laudes*, en italiano, a los que él mismo puso música, que figuran entre las mejores obras de la poesía mística medieval. Se le atribuyó el himno litúrgico *Stabat Mater*.

JACQUARD, JOSEP-MARIE Mecánico francés (Lyon, 1752 - Oullins, 1834). Inventor de la máquina de tejer que lleva su nombre.

JACQUERIE *Hist.* Nombre con el que se conoce la insurrección del campesinado en la región de Beauvais (Francia) en 1358, durante el reinado de Juan II, motivada por la crisis económica que acompañó a la guerra de los Cien Años. La revuelta fue violentamente reprimida por Carlos de Navarra.

JACTANCIA f. Alabanza propia, desordenada y presuntuosa.

JACTARSE prnl. Alabarse con presunción.

JACULATORIA f. *Rel.* Oración breve y fervorosa.

JACUZZI (Voz japonesa.) m. Bañera equipada con un mecanismo de propulsión de chorros de agua caliente para proporcionar masaje.

JADE m. *Miner.* Piedra semipreciosa, variedad de jadeíta, blanquecina o verdosa con manchas rojizas o moradas. En el arte chino antiguo tienen particular importancia los objetos de jade.

JADE Golfo de Alemania, en el Land de Baja Sajonia.

JADEAR intr. Respirar anhelosamente por efecto de algún trabajo o ejercicio impetuoso.

JADEÍTA f. *Miner.* Mineral silicato de aluminio y sodio, de fórmula $NaAlSi_2O_6$, perteneciente al grupo de los piroxenos y que cristaliza en el sistema monoclínico.

JADIDA, EL- Provincia de Marruecos, al O del país; 6.000 km² y 970.894 h. Su capital es la ciudad del mismo nombre.

JADIYA Esposa de Mahoma (? - La Meca, 619). Perteneciente a la tribu quraisí, entró al servicio de Mahoma y contrajo matrimonio con él.

JAEGER, WERNER Filósofo alemán (Lobberich, 1881 - Boston, 1961). Se dedicó principalmente al estudio de la cultura griega, y de un modo muy especial a la filosofía de Aristóteles y los presocráticos. Es autor de *Aristóteles* (1923), *Paideia* (1933-45) y *La teología de los primeros filósofos griegos* (1948).

JAÉN 1 Provincia de España, en la comunidad autónoma de Andalucía; 13.498 km² y 649.662 h. Limita al N con la provincia de Ciudad Real; al E con las de Albacete y Granada; al S, con esta última y al O, con la de Córdoba. Su capital es la ciudad de Jaén. Emplazada al S de la meseta castellana, está accidentada al N por la parte oriental de Sierra Morena, en el que se encuentra el paso de Despeñaperros; al E, por las sierras de Cazorla, Quesada, Segura y del Pozo, y al S, por las de Jabalcur, Mágina y Lucena. El centro está constituido por una extensa llanura. El Guadalquivir la atraviesa de E a O; recibe por la derecha del Guadalimar y por la izquierda el Guadiana Menor, Guadalbullón y Jandulilla. Su clima es mediterráneo de interior, frío en invierno. Sus principales productos agrícolas son los cereales, vino, legumbres, hortalizas, frutas y, sobre todo, aceituna. Es la mayor zona olivarera de España. Ganadería ovina, porcina, vacuna y de toros de lidia. Minas de

Jaén. Claustro del monasterio de Santa Clara.

plomo. Las principales industrias son la metalúrgica, aceitera (primera del país), y mecánica de fabricación de automóviles y de maquinaria agrícola. **2** Municipio y ciudad de España, capital de la provincia y del partido judicial de su nombre; 104.776 h. Centro comercial. Industria agropecuaria. Universidad. Suntuosa catedral de estilo renacentista (siglos XVI-XVII). Castillo de Santa Catalina, de origen árabe.

JAENERO, RA o **JAENÉS, SA** adj. y s. De Jaén, jiennense.

JAEZ m. **1** Cualquier adorno que se pone a las caballerías. Más en pl. **2** Adorno de cintas con que se enjaezan las crines del caballo en días de gala. **3** fig. Calidad de una cosa.

JAFET Personaje bíblico. Tercer hijo de Noé, hermano de Sem y Cam. Según el Antiguo Testamento, es el progenitor de la raza aria o indoeuropea.

JAFÉTICO, CA adj. y s. *Etnog.* Se dice de los pueblos que descienden, según la Biblia, de Jafet.

JAFFA Ciudad de Israel, al SO de Tel Aviv, a la que está agregada desde 1949 (TEL AVIV-JAFFA). Naranjas. Antiguamente se llamó *Joppe*. En su puerto desembarcaron varias veces los cruzados hasta que lo conquistaron los árabes en 1268.

JAGANNATHA *Rel.* Divinidad hindú, cuyo nombre significa *Señor del Universo* y es uno de los calificativos de Krishna. Famoso templo en Puri.

JAGELLÓN *Geneal.* Dinastía de origen lituano que reinó en Polonia entre 1396 y 1572. Fue fundada por LADISLAO II en 1386. Algunos de sus miembros fueron reyes de Hungría (1440-44 y 1490-1526) y de Bohemia (1471-1526).

JAGGER, MICK Cantante y compositor de música rock británico (Dartford, Kent, 1943). Líder de los ROLLING STONES desde 1965. En 1985 comenzó su carrera en solitario con álbumes como *She's the Boss, Primitive Cool* y *Wandering Spirit*.

JAGGERNAUT JAGANNATHA.

JAGUA f. *Bot.* Árbol perteneciente a la familia rubiáceas, de nombre científico *Genipa americana*, con flores blanco amarillentas y fruto en drupa que se consume como fruta. Crece en América tropical.

JAGUAR m. *Zool.* Mamífero carnívoro perteneciente a la familia de los félidos, de nombre científico *Panthera onca*. Mide alrededor de 1,50 m de longitud. Su pelaje es amarillo sembrado de manchas negras en forma de anillos. Es de costumbres solitarias. Vive en el S de América. Recibe también el nombre de *onza*.

JAGUARIBE Río de Brasil, que nace en la conjunción de las sierras Mombaça y Joanninba y desemboca en el océano Pacífico; 570 km de curso.

JAGUARZO m. *Bot.* Arbusto de la familia cistáceas, de nombre científico *Cistus clusii*, con hojas de color verde oscuro por el haz y blanquecinas por el envés.

JAGÜEY m. *Amér.* Balsa, pozo o zanja llena de agua, ya artificialmente, ya por filtraciones del terreno.

JAHVEH o **JAHVÉ** YAHVEH o YAHVÉ.

JAI ALAI (Del eusquera *jai*, fiesta, y *alai*, alegre.) m. *Dep.* Juego de pelota.

JAIBA f. *Zool. Amér.* Nombre de diversos crustáceos decápodos branquiuros, cangrejos de río y cangrejos de mar.

JAIMA f. Tienda de campaña de los nómadas del Sahara.

JAIME Nombre de dos reyes de Aragón.

JAIME I EL CONQUISTADOR (Montpellier, 1208 - Valencia, 1276). Sucedió a su padre, Pedro II, en 1213, bajo la regencia del conde don Sancho, hijo de Ramón Berenguer IV. A partir de 1218 asumió las funciones de gobierno, asistido por un consejo de regencia hasta 1227. En 1228 emprendió la reconquista de las Baleares: se apoderó de Mallorca (1229), de Menorca (1232) y de Ibiza (1235). En la dominación del reino de Valencia invirtió más de trece años (1232-44); la ciudad de Valencia se rindió en 1238. Firmó con el infante Alfonso de Castilla (luego, Alfonso X) el tratado de Almizra (1244), por el que se fijó el límite sur de la expansión aragonesa, e intervino en ayuda de Castilla en la reconquista del reino de Murcia. A su muerte dividió el reino entre sus hijos. Se le debe la *Crónica* de su reinado.

JAIME II EL JUSTO (Valencia, 1267 - Barcelona, 1327). Segundo de los hijos de Pedro III, a su muerte heredó el reino de Sicilia (1286-96). Su hermano Alfonso III le legó el reino de Aragón (1291). La oposición de Francia y del Papa le llevó a renunciar a sus derechos sobre Sicilia. En 1324, conquistó la isla de Cerdeña.

JAIMES FREYRE, RICARDO Poeta y historiador boliviano nacionalizado argentino (Tacna, 1868 - Buenos Aires, 1933). Junto a R. Darío, fundó la *Revista de América* (1894). Se inició en el movimiento modernista con su libro *Castalia bárbara* (1899), al que siguieron *Los sueños son vida* (1917), de temática social, y *País de sombra* (1918).

JAINA Pequeña isla del golfo de México, frente a la costa de Campeche. Centro ceremonial maya, en ella destacan sus figurillas de greda y terracota.

Jaime I el Conquistador. Retrato anónimo. Palacio de la Generalitat (Valencia).

JAINISMO m. *Rel.* Una de las tres grandes religiones de la India, fundada por Mahavira, contemporáneo de Buda, como reforma del brahmanismo. Su principio fundamental, llamado *ahimsa*, propugna la no violencia.

JAIPUR Ciudad del NO de la India, capital del Estado de Rajasthan; 1.458.183 h. Centro comercial. Importante centro de la civilización rajput.

JAIRO Personaje bíblico. Rabino de la sinagoga de Cafarnaúm, a cuya hija resucitó Jesús.

¡JAJAY! interj. que expresa burla o risa.

JAKARTA YAKARTA.

JAKASIA HAKASIA.

JAKES, MILOS Político checo (Zlin, actual Gottwaldov, 1922). Secretario del comité central del PC (1977) y miembro del Politburó (1981), en 1987 fue nombrado secretario general en sustitución de Husák. Destituido en 1989.

JAKOBSON, ROMAN Lingüista estadounidense de origen ruso (Moscú, 1896 - Boston, 1982). Fundador, junto con Trubetzkoi, del Círculo de Praga, modificó los principios teóricos del estructuralismo. Es autor, entre otras obras, de *Lenguaje infantil, afasia, y leyes fonéticas generales* (1949), *Los fundamentos del lenguaje*, (1956) y *La magia de las palabras* (1980).

JALANDHAR o **JULLUNDUR** Ciudad de la India, Estado de Punjab; 509.510 h. Centro comercial. Industria. Fue capital en el siglo IV del reino rajput de Katoch.

JALAPA f. *Bot.* Planta herbácea perteneciente a la familia convolvuláceas, de nombre científico *Exogonium purga*, trepadora y perenne, cuyas raíces tuberosas contienen una resina de propiedades purgantes. Es originaria de México y Centroamérica.

JALAPA Departamento de Guatemala; 2.063 km² y 270.055 h. Su capital es la ciudad del mismo nombre.

JALAPA ENRÍQUEZ Ciudad de México, capital del Estado de Veracruz; 279.451 h. Centro comercial e industrial.

JALAPEÑO, ÑA adj. y s. De Jalapa Enríquez.

JALAR tr. **1** fam. Tirar de una cuerda, halar. **2** fam. Comer con mucho apetito. || intr. **3** fig. *And.* y *Amér. C.* Correr o andar muy deprisa. **4** *Amér. C.* Mantener relaciones amorosas.

JALBEGAR tr. ENJALBEGAR.

JALBEGUE m. **1** Blanqueo. **2** Lechada de cal dispuesta para blanquear o enjalbegar.

JALDÚN, IBN IBN JALDÚN.

JALEA f. Conserva de frutas, de aspecto transparente y consistencia gelatinosa. || **JALEA REAL** *Zool.* Sustancia secretada por las abejas que sirve de alimento para las larvas durante los tres primeros días de su vida y para la reina durante toda ella. Se utiliza en medicina como reconstituyente.

JALEAR tr. **1** Animar con palmadas, ademanes y expresiones a los que bailan, cantan, etc. También prnl. **2** Llamar a los perros a voces para cargar o seguir la caza.

JALECO m. Jubón de paño cuyas mangas llegan sólo hasta los codos, característico de la vestimenta tradicional turca.

JALED IBN ABD AL-AZIZ Rey de Arabia Saudí (Riyadh, 1913 - Taif, 1982). Subió al trono en 1975, tras el asesinato de su hermano Faisal. Participó activamente en las mediaciones para poner fin a la guerra civil del Líbano (1975-76), bajo los auspicios de la Liga Árabe.

JALEO m. **1** Acción y efecto de jalear. **2** Cierto baile popular andaluz. **3** Tonada y coplas de este baile. **4** fam. Diversión bulliciosa. **5** fam. Alboroto, tumulto.

JALIFA m. *Hist.* Autoridad suprema del protectorado español en Marruecos, que ejercía los poderes y desempeñaba las funciones del sultán.

JALISCIENSE adj. y com. De Jalisco.

JALISCO Estado del O de México, a orillas del océano Pacífico; 80.836 km² y 6.161.437 h. Su capital es Guadalajara. Lo atraviesa la Sierra Madre occidental de S a N. Producción minera muy importante: oro, plata, cobre, plomo, mercurio, cobalto, níquel, hierro y mármol. Cultiva maíz, fríjol, trigo, garbanzos y caña de azúcar. Destilación de tequila. Industria alimentaria, de calzado, textil y cerámica.

JALÓN m. **1** *Topogr.* Vara con regatón de hierro para clavarla en tierra y determinar puntos fijos cuando se levanta el plano de un terreno. **2** Hito, situación importante, o punto de referencia en la vida de alguien o en el desarrollo de algo. También en sentido figurado.

JALÓN Río de España, en las provincias de Soria y Zaragoza, que nace en el término de Esteras de Medinaceli, provincia de Soria, y desemboca en el Ebro; 234 km de curso. Su principal afluente es el Jiloca.

JALONAR tr. **1** Establecer o señalar jalones. También en sentido figurado. **2** Marcar etapas o situaciones en un determinado proceso o evolución.

JALOQUE m. Viento sudeste que, procedente del Sahara, llega al E y SE de la península Ibérica.

JAM SESSION (Expresión i.) *Mús.* Concierto característico del JAZZ en el que participan músicos que habitualmente no tocan juntos.

JAMAICA (*Jamaica*) Estado de América, en el mar Caribe o de las Antillas, al S de Cuba, constituido por la isla de su nombre.

Superficie:	10.991 km².
Población:	2.619.000 h. (jamaicanos o jamaiquinos).
Densidad:	238,3 h./km².
Tasa de natalidad:	23,1‰.
Tasa de mortalidad:	6,2‰.
Capital:	Kingston.
Ciudades principales:	Spanish Town, Morant Bay, Montego Bay, May Pen.
Grupos étnicos:	negros (74,7%), mulatos (12,8%), hindúes (1,3%), blancos (3,4%), y chinos (3,4%).
Religión:	protestantismo (55,9%), catolicismo (5%), no religiosos o ateos (15%), rastafaris (5%).
Idioma:	inglés oficial.
Moneda:	dólar jamaicano.
Forma de Estado:	monarquía constitucional.
Producto Nacional Bruto:	4.481 millones de dólares.
Renta per cápita:	1.740 dólares.
División administrativa:	14 parroquias, según cuadro.

GEOG. Su relieve es montañoso y la mayor parte del territorio está ocupado por una elevada meseta calcárea, interrumpida por numerosas colinas y valles. Al E se alza el macizo de las Blue Mountains (2.467 m). Entre sus ríos, cortos y caudalosos, destacan el Black, Salt y Cabaritta. El clima es tropical marítimo, bastante húmedo, y la vegetación es de bosque tropical. Las lluvias se producen principalmente de junio a diciembre. Su economía está basada en la agricultura, la minería y el turismo. Predominan los cultivos de exportación: caña de azúcar, plátanos, café, tabaco, cítricos, ñame, papaya, habas, pimienta, maíz, arroz y cacao. Es famoso el ron jamaicano. Se explota intensamente la bauxita (3.º productor mundial). Gracias a su política de incentivos fiscales se han instalado diversas industrias de la construcción, refinerías de petróleo, alimentaria, tabaquera, de confección, de electrodomésticos y electrónica.

HIST. Jamaica fue descubierta por Cristóbal Colón en 1494, y recibió el nombre de *Santiago*. A partir de 1509 fue colonizada por su hijo Diego Colón, que fundó Santiago de la Vega (actual Spanish Town), y en 1537 pasó a ser propiedad de la familia. Su primer gobernador fue Juan de Esquivel. Tras la extinción de sus pobladores ori-

JAMAICA

Parroquias	Superficie (km²)	Población (h.)	Capitales (población)
Clarendon	1.196	227.100	May Pen
Hanover	450	67.900	Lucea
Kingston[1, 2]	22		
Manchester	830	183.100	Mandeville
Portland	814	79.400	Port Antonio
Saint Andrew[1]	431	707.400	
Saint Ann	1.213	162.000	Saint Ann's Bat
Saint Catherine	1.192	409.500	Spanish Town
Saint Elizabeth	1.212	148.900	Black River
Saint James	595	176.100	Montego Bay
Saint Mary	611	112.900	Port Maria
Saint Thomas	743	91.400	Morant Bay
Trelawny	875	72.700	Falmouth
Westmoreland	807	137.900	Savanna-la-Mar

[1] Las parroquias de Kingston y Saint Andrews están administradas conjuntamente por la ciudad de Half Way Tree (Saint Andrew).
[2] La población de Kingston está incluida dentro de la de Saint Andrew.

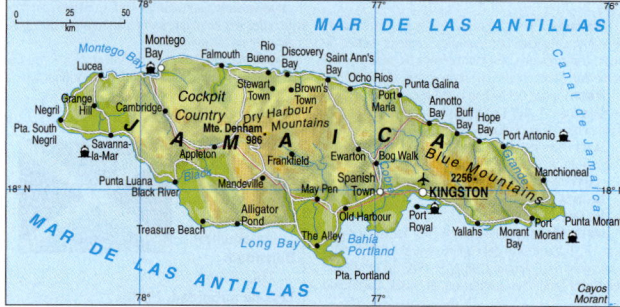

ginarios, indios de raza arahuaca, fue repoblada con esclavos negros. Su estratégica situación geográfica provocó que sufriera numerosos ataques de los ingleses durante el siglo XVII, hasta que en 1655 lograron conquistarla (reconocido por España en el tratado de Madrid de 1670). Desde entonces, Jamaica se convirtió en uno de los principales centros de las actividades filibusteras del Caribe. En 1866 se convirtió en colonia británica y, ya en el siglo XX, comenzó a organizarse el movimiento nacionalista dirigido por A. Bustamante y N. W. Manley, fundador del Partido Nacional Popular (PNP) en 1934. Entre 1958 y 1961 se integró en la Federación de las Indias Occidentales, junto a Trinidad y Tobago, y en 1962 proclamó su independencia dentro de la Commonwealth. Desde entonces se alternaron en el poder el Partido Laborista y el PNP. Los laboristas ocuparon el poder durante los períodos 1962-72 y 1980-89. Dirigido hasta 1985 por A. Bustamante y luego por E. Seaga, mantuvo estrechas relaciones con EE UU y aplicó una política social y económica liberal que provocó numerosos conflictos laborales, y favoreció el retorno al poder del PNP en 1989. Este partido había gobernado ya entre 1972 y 1980. Dirigido por N. Manley y después por M. Manley, adoptó en principio una política de corte socialista y mantuvo buenas relaciones con el régimen cubano, que abandonó desde 1989 por un programa cercano al del Partido Laborista. En abril de 1992, P. J. Patterson fue designado primer ministro en lugar de Manley, y ocupó la presidencia del PNP. En las elecciones de 1993, 1997 y 2002 vencieron Patterson y su partido.

JAMAICANO, NA o **JAMAIQUINO, NA** adj. y s. De Jamaica.
JAMAR tr. y prnl. fam. Tomar alimento, comer.
JAMÁS adv. t. NUNCA. Pospuesto a este adverbio y a *siempre*, refuerza el sentido de una y otra voz. También s. en las locuciones *jamás de los jamases* o *en jamás de los jamases*.
JAMBA f. *Arquit.* Cualquiera de las dos piezas que, puestas verticalmente en los dos lados de las puertas o ventanas, sostienen el dintel o el arco de ellas.
JAMBELÍ Canal de Ecuador, en la provincia de Guayas, que separa la isla de Puná del continente, por donde transcurre el tráfico marítimo del puerto de Guayaquil.
JÁMBICO, CA adj. YÁMBICO.

JÁMBLICO Filósofo griego (Calcis, h. 250 - íd., h. 330). Fundador de una escuela de filosofía en Apamea (Siria), desarrolló los aspectos místico-religiosos del neoplatonismo.
JAMELGO m. fam. Caballo flaco y desgarbado, por hambriento.
JAMENEI, SAYED ALÍ HUSSEINI Político iraní (Mashad, 1939). Participó en la creación del Partido de la República Islámica (PRI). Nombrado presidente de la República Islámica de Irán en 1981, a la muerte del imán Jomeini (1989), le sucedió como líder espiritual.
JAMES Bahía de Canadá, que forma el extremo meridional de la bahía de Hudson, en la costa septentrional de las provincias de Ontario y Quebec.
JAMES, HENRY Escritor estadounidense nacionalizado británico (Nueva York, 1843 - Londres, 1916). Su obra narrativa aborda las contradicciones entre las culturas europea y americana, y analiza los mecanismos más íntimos del comportamiento humano. Sus obras principales son *Washington Square* (1881), *Retrato de una dama* (1881), *Las bostonianas* (1885), *Los papeles de Aspern* (1888) y *Otra vuelta de tuerca* (1898).
JAMES, JESSE Bandido estadounidense (Clay County, 1847 - Saint Joseph, 1882). Luchó en la guerrilla sudista durante la guerra de Secesión y, posteriormente, formó con su hermano Frank una banda de salteadores de bancos y trenes postales.
JAMES, WILLIAM Filósofo y psicólogo estadounidense (Nueva York, 1842 - Chocorua, 1910). Hermano de Henry James. Fundó el primer laboratorio de psicología empírica de América y desarrolló, junto a Ch. S. Peirce, la corriente filosófica denominada *pragmatismo*. Obras: *Principios de psicología* (1890), *La voluntad de creer* (1897), *Las variedades de la experiencia religiosa* (1902), etc.
JAMILENA Municipio y lugar de España, provincia de Jaén; 3.223 h.
JAMIN, JULES Físico francés (Termes, 1818 - París, 1886). Célebre por sus investigaciones sobre magnetismo y electricidad, inventó, entre otros, un modelo de imán artificial, una bujía eléctrica y un interferómetro.
JAMMES, FRANCIS Escritor francés (Tournay, 1868 - Hasparren, 1938). Su poesía, influida por el simbolismo y por P. Verlaine, se caracteriza por la sencillez y el tono melancólico. Entre sus obras poéticas destacan *Del toque de alba al toque de oración* (1898), *El triunfo de la vida* (1902), *Las Geórgicas cristianas* (1911) y *Mi Francia poética* (1926).
JAMMU Y CACHEMIRA Estado del N de la India; 100.569 km² y 7.718.700 h. Su capital es Srinagar.
JAMNA o **JAMUNA** Río de la India que nace en el Himalaya occidental y desemboca en el Ganges; 1.370 km de curso.
JAMÓN m. Pierna de cerdo curada y su carne. || **JAMÓN EN DULCE** El que se cuece en vino blanco y se consume como fiambre. || **un jamón,** o **un jamón con chorreras** loc. fig. y fam. con que irónicamente se denota algo que excede de lo que buenamente se puede pedir o conceder.
JAMONA adj. y s. fam. Se dice de la mujer algo gruesa pero atractiva.
JAMSHEDPUR Ciudad del NE de la India, Estado de Bihar; 478.950 h. Industria siderúrgica.
JÄMTLAND Condado de Suecia, junto a la frontera noruega; 49.443 km² y 131.766 h. Su capital es Östersund. Yacimientos de cristal de roca.
JAMUGAS f. pl. Silla de tijera con piezas anchas de cuero para apoyar espalda y brazos, que se coloca sobre el aparejo de las caballerías para montar cómodamente.
JAN MAYEN Isla volcánica del océano Glacial Ártico; 372 km². Constituye una dependencia de Noruega. Estación científica de la OTAN.
JAN-TENGRI Monte de Asia central, en la cordillera de Tianb Shan; 6.995 m de altura.
JANÁCEK, LEOŠ Compositor checo (Hukvaldy, 1854 - Moravská, Ostrava, 1928). Es uno de los principales representantes de la música nacionalista. Sus obras principales son las óperas *Sárka* (1887), *Jenufa* (1896-1904), *El destino* (1905) y *La zorrita astuta* (1921-23).
JANCO, MARCEL Artista israelí, de origen rumano (Bucarest, 1895 - Tel Aviv, 1984). Fue uno de los iniciadores del dadaísmo en Zurich. En 1940 emigró a Palestina, donde contribuyó notablemente al desarrollo del arte israelí.
JÁNDALO, LA adj. y s. Andaluz.
JANDL, ERNST Escritor austriaco (Viena, 1925). Autor experimental, basa su poesía en juegos de sonidos e imágenes. Entre sus obras se encuentran *Otros ojos* (1956), *En la cárcel* (1973) y *La elaboración del gorro* (1978).
JANEQUIN, CLÉMENT Compositor francés (Chatellerault, h. 1480 - París, 1558). Fue chantre de la capilla real y protegido del duque de Guisa. Es autor de numerosas canciones polifónicas.
JANET, PIERRE Neurólogo y psicólogo francés (París, 1859 - íd., 1947). Impulsor de la psicología experimental.
JANGADA f. **1** Maderos para navegar, balsa. **2** fam. Salida o idea necia y fuera de tiempo o ineficaz. **3** fam. TRASTADA.
JANGUA f. *Mar.* Embarcación pequeña armada en guerra, muy usada en los mares de Oriente.
JANÍCULO Colina de Roma, a cuya falda se encuentran la plaza de San Pedro, el Vaticano y el barrio de Trastévere.
JANINA o **IOÁNNINA** Nomo de Grecia, en la región de Epiro; 4.990 km² y 157.214 h. Su capital es la ciudad del mismo nombre.
JANO *Mit.* Rey legendario del Lacio, con quien reinó conjuntamente Saturno cuando fue expulsado del Olimpo. El dios le concedió el don de ver lo pasado y lo porvenir, y por eso se le representa con dos caras. Fue divinizado después de su muerte.

Marcel Janco. *Petite architecture lumière-abstraite*. Colección privada (Milán).

Jano *Astron.* Décimo satélite de Saturno, con 350 km de diámetro, descubierto en 1966.

Jansenio (Corneille o Cornelios Jansen, llamado) Teólogo y filósofo holandés (Ackoy, 1585 - Lovaina, 1638). Fue obispo de Ypres y combatió al jesuita Molina en un tratado titulado *Augustinus* (1628-38), en el que se contiene su doctrina, llamada jansenismo, que dividió a los teólogos en jansenistas y molinistas. En 1634 publicó *Mars Gallicus*, donde condenaba a la monarquía francesa por aliarse a las naciones protestantes.

Jansenismo m. *Rel.* Doctrina de Jansenio, que exageraba las ideas de san Agustín acerca de la influencia de la gracia divina para obrar el bien, con mengua de la libertad humana. Según esta doctrina, el hombre, irresistible pero voluntariamente, obra el bien o el mal según se halle dominado por la gracia o por la concupiscencia, y no puede resistir ni a la una ni a la otra. El centro difusor del jansenismo fue el monasterio cisterciense femenino de Port-Royal (París), y dio origen a la iglesia separada de Utrecht (Holanda, 1723). Los principios fundamentales de esta doctrina son los siguientes: 1) algunos preceptos divinos no pueden ser cumplidos por los justos con las solas fuerzas de la naturaleza humana, por lo que es necesaria la gracia; 2) la gracia interior que opera sobre la naturaleza corrompida es irresistible; 3) para el mérito o demérito se requiere únicamente la libertad de la coacción externa; 4) los pelagianos son herejes por cuanto admiten la posibilidad para la voluntad humana de resistir u obedecer a la gracia; 5) es erróneo afirmar que Cristo ha muerto por todos los hombres.

Jansky m. *Astron.* Unidad de intensidad para las fuentes de radio cósmicas. Un jansky equivale a 10^{-28} watios/m^2 hertz. Su símbolo es Jy.

Jansky, Karl Ingeniero estadounidense (Norman, Oklahoma, 1905 - Red Bank, Nueva Jersey, 1950). Determinó las causas que provocaban las interferencias telefónicas, algunas de ellas originadas en el centro de nuestra galaxia.

Jantipo Militar y político griego (s. v a. C.). Hijo de Arifrón y padre de Pericles, en el año 479 fue elegido estratega juntamente con Arístides para sustituir a Temístocles. Es célebre por la victoria que alcanzó el mismo año en Mícala contra Jerjes, rey de Persia, y Artemisa, reina de Caria.

Janus *Astron.* jano.

Japeto *Astron.* Segundo satélite de Saturno, con 1.200 km de diámetro. Su nombre latino es *Japetus*.

Jápeto *Mit.* Uno de los titanes. Se casó con Clímene, hija del Océano y Tetis, y entre sus hijos se encuentran Atlas, Prometeo y Epimeteo.

Japón (*Nihon* o *Nippon*) Estado insular del E de Asia, separado del continente por el mar del Japón. Limita al N con el mar de Ojotsk; al E, con el océano Pacífico; al S, con el mar de China Oriental, y al O, con el mar de Japón.

Geog. Geografía física. Japón está constituido por un largo archipiélago que se extiende de N a S frente al litoral asiático del océano Pacífico. Comprende numerosas islas, entre las que destacan las de Hokkaido, Honshu, Shikoku y Kiu-shiu. Se caracteriza por un relieve muy variado, con predominio de la montaña. Los conos volcánicos se extienden por gran parte del terri-

JAPÓN

Prefecturas *Islas*	Superficie (km^2)	Población (h.)	Capitales
Hokkaido	83.520	5.694.913	Sapporo
Hokkaido	*83.520*	*5.694.913*	
Aichi	5.139	7.007.775	Nagoya
Akita	11.613	1.196.166	Akita
Aomori	9.619	1.475.439	Aomori
Chiba	5.151	5.920.437	Chiba
Fukui	4.192	830.550	Fukui
Fukushima	13.784	2.135.216	Fukushima
Gifu	10.596	2.117.661	Cifu
Gumma	6.356	2.029.569	Maebashi
Hiroshima	8.467	2.883.178	Hiroshima
Hyogo	8.381	5.483.627	Kobe
Ibaraki	6.094	3.002.449	Mito
Ishikawa	4.198	1.185.592	Kanazawa
Iwate	15.277	1.414.100	Morioka
Kanagawa	2.403	8.443.277	Yokohama
Kyoto	4.613	2.632.630	Kyoto
Mie	5.778	1.864.388	Tsu
Miyagi	7.292	2.360.193	Sendai
Nagano	13.585	2.223.124	Nagano
Nara	3.692	1.449.184	Nara
Niigata	12.579	2.489.782	Niigata
Okayama	7.092	1.959.159	Okayama
Osaka	1.869	8.800.979	Osaka
Saitama	3.799	6.929.091	Urawa
Shiga	4.016	1.333.106	Otsu
Shimane	6.692	763.716	Matsue
Shizuoka	7.773	3.776.318	Shizuoka
Tochigi	6.414	2.011.849	Utsunomiya
Tokio	2.166	11.837.408	Tokio
Tottori	3.494	614.091	Tottori
Toyama	4.252	1.125.354	Toyama
Wakayama	4.725	1.074.078	Wakayama
Yamagata	9.327	1.250.370	Yamagata
Yamaguchi	6.107	1.538.134	Yamaguchi
Yamanashi	4.463	893.090	Kofu
Honshu	*231.090*	*102.051.080*	
Fukuoka	4.963	4.999.811	Fukuoka
Kagoshima	9.167	1.788.311	Kagoshima
Kumamoto	7.408	1.864.675	Kumamoto
Miyazaki	7.735	1.175.600	Miyazaki
Nagasaki	4.113	1.524.666	Nagasaki
Oita	6.338	1.225.847	Oita
Saga	2.440	883.624	Saga
Kiu-shiu	*42.164*	*13.462.534*	
Ehime	5.672	1.496.917	Matsuyama
Kagawa	1.883	1.029.464	Takamatsu
Kochi	7.107	810.279	Kochi
Tokushima	4.146	829.529	Tokushima
Shikoku	*18.808*	*4.166.189*	
Okinawa	2.255	1.311.608	Naha
Okinawa	*2.255*	*1.301.608*	

Superficie: 377.835 km^2.
Población: 126.920.000 h. (*japoneses*).
Densidad: 335,9 h./km^2.
Tasa de natalidad: 10,8‰.
Tasa de mortalidad: 6,4‰.
Capital: Tokio.
Ciudades principales: Yokohama, Osaka, Nagoya, Sapporo, Kobe, Kyoto, Fukuoka, Kawasaki, Hiroshima, Kita-Kyushu.
Grupos étnicos: japoneses (99%), otros (1%).
Religión: sintoísmo (51,3%), budismo (38,3%), cristianismo (3,9%), otras (18,3%).
Idioma: japonés.
Moneda: yen.
Forma de Estado: monarquía constitucional.
Producto Nacional Bruto: 4.089.140 millones de dólares.
Renta per cápita: 32.350 dólares.
División administrativa: 47 prefecturas, según cuadro.

torio, como el Fujiyama, en la isla de Honshu, montaña sagrada del Japón, que con 3.776 m alcanza la máxima altura del país. Las costas son en general recortadas, especialmente en el SE de Honshu, en Shikoku y Kiu-shiu. Estas islas encierran el Seto Nakai o Mar Interior, de gran importancia para las relaciones comerciales del archipiélago. Los ríos más importantes, cortos y caudalosos, son el Ishikari en Hokkaido y el Shinano y el Tone en Honshu. El clima es lluvioso y cálido en verano, estación en la que, por influencia del monzón, las precipitaciones son muy abundante. La parte SO del Japón está afectada particularmente por los tifones a principios del otoño. La vegetación presenta tres zonas principales: la floresta subtropical en el S; el bosque frondoso de olmos, álamos y cedros, en el centro, y el bosque de coníferas, abetos, pinos, y los prados de tipo alpino en el N y zonas de montaña.

Geografía humana y económica. Económicamente, Japón es una de las grandes potencias del mundo. En el sector primario, la agricultura, la ganadería y la minería han tenido siempre una importancia secundaria, debido a las pocas tierras aprovechables de que dispone (12,1%) y a la escasez de minerales. Sin embargo, la explotación de los recursos del mar representa una actividad fundamental. Pero la economía se basa, sobre todo, en el alto grado de industrialización del país. Las regiones industriales principales son: N de Kiu-shiu, región de Osaka-Kobe, Nagoya y Tokio-Yokohama. Su producción ha situado a Japón en los primeros puestos a nivel mundial en los sectores siderúrgicos, fabricación de automóviles, camiones y motocicletas, petroquímico, naval y de mecánica de precisión, campo en el que ha invadido los mercados de todo el mundo. Son de gran tradición las industrias textiles (seda), de la porcelana y de la cerámica, a las que se ha unido una gran producción de fibras sintéticas, fertilizantes, caucho, papel, cemento, neumáticos, vidrio, etc. La población, en la actualidad, experimenta un crecimiento moderado; se concentra sobre todo en las grandes ciudades y aglomeraciones urbanas (77,4%).

Hist. Las islas japonesas fueron habitadas por distintos pueblos procedentes del continente e incluso de las

JAPÓN

islas meridionales desde al menos el VIII milenio a. C. Posteriormente, otras migraciones relegaron a los anteriores pobladores, los ainos, al N de las islas. Hacia mediados del siglo III d. C. comienza el periodo de los túmulos o tumbas (*kofun*), que revelan la existencia de una clase de aristócratas guerreros y una estructura social en clanes que litigaban entre sí. En el siglo III, el clan que gobernaba en el Estado Yamato (S de Kyoto) logró dominar el Japón central, llegando a su pleno auge en el siglo V. La leyenda hace que sea en Yamato donde, hacia el año 660 a. C., apareciera el primer emperador de Japón, Jimmu Tenno, quien fundó una dinastía que todavía ocupa el trono imperial. Durante el siglo VI, Japón recibió las emigraciones procedentes de los territorios continentales. A través de Corea llegó el budismo (h. 538) que convivió en Japón con el sintoísmo. La lucha entre las grandes familias por hacerse con el poder en Yamato llevó a la victoria a los Nakatomi (siglo VII), que implantaron un sistema de gobierno centralizado, y durante el mandato del emperador Temmu (668-71) apareció una nobleza civil que pasó a residir en la corte imperial y se elaboraron los Códigos Tahio (702). El reinado de Temmu constituye el preludio de la *era Nara* (710-4), denominada así por ser ésta la capital de Japón. Hacia 784 la familia imperial abandonó Nara y se trasladó a Heian, la actual Kyoto. Entre los siglos IX y XII se sucedieron en el poder las familias Fujiwara y Minamoto. Al clan Miramoto le sucedió la familia Hojo, durante cuyo gobierno Japón se enfrentó a los mongoles de Kubilai Kan. A comienzos del siglo XIV comenzaron a exteriorizarse signos de perturbación política y de inquietud social. Al enfrentamiento entre el emperador y el shogun se unieron las luchas entre las familias. El emperador Go-Daigo (1318-39) restableció el poder imperial, pero también quiso apoderarse de la autoridad militar del shogunado, propiciando la rebelión de Ashikaga, vencedor de los Hojos, quien se hizo con Kyoto en 1336 y fue nombrado shogun en 1338 por un emperador que él había proclamado. La existencia de dos líneas de emperadores fue el motivo de las guerras que asolaron Japón hasta 1392 y del enfrentamiento entre el N y el S del país. A principios del siglo XV se sucedieron los levantamientos campesinos y las luchas entre los señores feudales. Desapareció la administración centralizada y el país se dividió en territorios autónomos, que gobernaban familias localmente muy poderosas. Los primeros contactos con comerciantes portugueses, españoles y holandeses se produjeron a mediados del siglo XVI. Paralelamente comenzó la introducción del cristianismo. Entre 1568 y 1616 se desarrolló la *era de los dictadores* correspondiente a los shogunes Nabugana, Toyomi Hideyoshi y Tokugawa Ieyasu. Hideyoshi (1584-98) trasladó la sede de su gobierno a Osaka, fue nombrado primer ministro por el emperador en 1585 y emprendió la conquista de Corea (1592). Le sucedió Tokugawa Ieyasu (1600-16), que, establecido en Edo (cerca de Tokio, en 1603), inauguró un periodo de notable desarrollo cultural e institucional, pero también de aislamiento (*era Tokugawa*). Paralelamente al auge de los comerciantes urbanos, se produjo una crisis en el campesinado, que dio lugar a numerosas revueltas (1764, 1765, 1773; 1832-36). El poder de los Tokugawa comenzó a declinar hacia la mitad del siglo XIX. En 1854 se abrieron dos puertos y se firmaron acuerdos con EE UU, Reino Unido, Rusia y Holanda. Esta apertura causó diversos conflictos internos. En 1868, el emperador Mutsuhito se hizo con el poder efectivo, trasladó la capital a Edo, ya con el nuevo nombre de Tokio, e inauguró la llamada *era Meiji* (1868-1912). El gobierno militar fue suprimido definitivamente, los comerciantes se convirtieron en un nuevo grupo de poder, los campesinos recibieron las tierras en propiedad, se modernizó el gobierno con el establecimiento en 1885 de un gabinete parlamentario de corte occidental, y se promulgó una constitución (1889). La economía se orientó hacia la industrialización, su comercio exterior se extendió por todo el mundo, y numerosas leyes aceleraron el proceso de occidentalización. Ya en el siglo XX aparecieron los primeros partidos políticos, de los cuales el Partido Liberal y el Partido Conservador se alternaron en los gobiernos democráticos que se sucedieron hasta 1932. La

Japón. Puerto de Kobe.

modernización de Japón conllevó también el deseo de expansión territorial. Ello provocó una serie de conflictos armados, el primero con China (1894-95), tras el cual Japón terminó con las pretensiones chinas sobre Corea y se hizo con las islas de Formosa (Taiwan) y Boko; volvió a intervenir en China durante la guerra de los bóxer (1900), al lado de las potencias occidentales. En 1904, la penetración rusa en Corea y Manchuria, que amenazaba los intereses de Japón, provocó la guerra ruso-japonesa (1904-05), que terminó con la expulsión rusa de estas zonas, mientras que Corea se convertía en protectorado japonés (1907). La intervención de Japón en la Primera Guerra Mundial (1914-18) junto a los aliados le permitió controlar la zona de influencia alemana en el Pacífico (archipiélagos de las Carolinas, las Marshall y las Marianas) e intervenir en China. Sin embargo, terminada la guerra (Conferencia de Washington de 1921-22), Japón se vio obligado a reducir su potencial naval en el Pacífico. La subida al trono del emperador Hirohito en 1926 coincidió con una época de depresión económica y de recelo hacia los acuerdos internacionales. En 1931, el ejército japonés invadió Manchuria, donde crearon un Estado satélite con el nombre de Manchukuo (1932-45). Las tensiones políticas culminaron con el fin del parlamentarismo en 1932 y el acceso al poder de los ultranacionalistas, que llevaron a Japón a retirarse de la Sociedad de Naciones (1933), a firmar con Alemania el Pacto Antikomintern (1936) y a una nueva intervención en China (1937), donde ocuparon militarmente Pekín y establecieron un gobierno títere en Nankín. En 1940 firmó con Alemania e Italia el llamado Eje Berlín-Roma-Tokio, y en 1941, el pacto de neutralidad con la URSS. El ataque aeronaval japonés a la base estadounidense de Pearl Harbor (Hawai), en diciembre de 1941, marcó la entrada de Japón en la Segunda Guerra Mundial y también la de EE UU. A los iniciales éxitos japoneses en el Pacífico siguió la contraofensiva estadounidense, que culminó en 1945 con el lanzamiento de las bombas atómicas sobre Hiroshima y Nagasaki (6 y 9 de agosto). Japón se rindió sin condiciones el 2 de septiembre de 1945 a las fuerzas de ocupación estadounidenses encabezadas por el general MacArthur, que permanecieron en territorio japonés hasta el tratado de Paz de San Francisco de 1951. Finalizada la guerra se implantó una monarquía parlamentaria y se aprobó una nueva constitución (1947). Japón perdió todas sus posesiones exteriores. Firmó con EE UU un acuerdo de ayuda y de defensa mutua en 1954 e ingresó en la ONU en 1956. Tras largas negociaciones, a partir de 1968, Japón recuperó algunos de los territorios que aún permanecían ocupados desde la Segunda Guerra Mundial: islas de Bonin y Volcano (1968), isla de Okinawa y las demás del archipiélago de Riukiu (1972), pero no consiguió que la URSS devolviera las islas Kuriles. A partir de 1974, diversas cuestiones incidieron en que los gobiernos del Partido Liberal Democrático, en el poder desde 1948, perdieran popularidad, aunque sin perder el poder. El nombramiento de Yasuhiro Nakasone como primer ministro en 1982, supuso la implantación de una política económica neoliberal, que permitió la recuperación económica. Nakasone abandonó la presidencia del gobierno en 1987, poco antes de que el príncipe Akihito asumiera las funciones imperiales ante el delicado estado de salud del emperador Hirohito, quien falleció en enero de 1989. Akihito fue entronizado en noviembre de 1990, año en el que el gobierno había logrado superar una fuerte crisis provocada por un escándalo financiero que supuso la dimisión del sucesor de Nakasone, Noboru Takeshita, en 1989. A partir de entonces, una constante en la política interior japonesa ha sido la inestabilidad de los sucesivos gabinetes del PLD, que en las elecciones de 1993 perdió la hegemonía. La victoria electoral de una coalición de liberales, socialistas y centristas llevó a la presidencia del gobierno a Morihiro Hosokawa, que se vio obligado a dimitir en 1994 por su implicación en un nuevo escándalo financiero. La coalición gobernante designó entonces primer ministro a Tsutomu Hata, del Partido de la Renovación, en 1994. Hata dimitió tras la retirada del apoyo socialista y fue sustituido en el gobierno por Tomiichi Murayama, que formó gobierno de coalición con el PLD. En 1996 Murayama dimitió y formó gobierno Ryutaro Hashimoto, de tendencia liberal, que fue refrendado en su cargo tras las elecciones de octubre de ese mismo año. La crisis financiera de 1997 trajo consigo la desestabilización del gobierno, que motivó la dimisión de Hashimoto en julio de 1998. Fue sustituido por Keizo Obuchi, quien ocupó el cargo hasta abril de 2000, cuando sufrió una embolia y fue sustituido por Yoshiro Mori. Obuchi murió en mayo de ese año y un mes más tarde, Mori resultó revalidado. En abril de 2001, Mori se retiró del cargo de primer ministro y de presidente del PLD, y fue sustituido por el reformista Junichiro Koizumi, ratificado tras los comicios de julio de ese año y tras las legislativas de 2003.

JAPÓN, MAR DEL Mar del océano Pacífico, entre la Federación de Rusia y Japón. Por los estrechos de Tsushima y Corea se comunica con el mar de China, con el mar de Ojotsk por el estrecho de La Pérouse, y con el Pacífico por el estrecho de Tsugaru.

JAPONÉS, SA adj. y s. **1** De Japón. || m. Ling. **2** Idioma de Japón, que se incluye dentro del grupo de lenguas «no clasificadas». Suele admitirse, su relación con el coreano y su semejanza con las lenguas de la familia uraloaltaicas.

JAPURÁ Río de América del Sur, que nace en Colombia, en cuyo país recibe el nombre de Caquetá, y penetra en Brasil, donde desemboca en el Amazonas; 2.800 km de curso.

JAPUTA f. Zool. PALOMETA.

JAQUE m. **1** Jugada del ajedrez en que un jugador, mediante el movimiento de una pieza, amenaza directamente al rey o a la reina del otro, con obligación de avisarlo en el primer caso. **2** Palabra con que se avisa. || **JAQUE MATE** Jugada que pone término a una partida de ajedrez porque el rey de uno de los jugadores no puede salvarse de las piezas que le amenazan.

JAQUECA f. Med. Dolor de cabeza que afecta normalmente a un solo lado, y puede ir acompañado de náuseas, vómitos u otros fenómenos neurológicos.

JAQUÉS, SA adj. y s. De Jaca.

JAQUETÓN m. Zool. Pez condictrio elasmobranquio perteneciente a la familia lámnidos, de nombre científico Carcharodon carcharius. Es un tiburón de hasta 12 m de longitud.

JARA f. Bot. Nombre común de varias especies de arbustos siempre verdes de la familia cistáceas, género Cistus. Crecen agrupadas en matorrales denominados jarales, y casi siempre como fase de regresión de formaciones arbóreas.

JARA, ALBINO Político paraguayo (?, 1878 - Paraguarí, 1912). Dirigió las sublevaciones que derrocaron a B. Ferrara (1908) y M. Gondra (1911). Fue nombrado presidente y gobernó dictatorialmente. Derrotó a los liberales en la batalla de Bonete (1911), pero tuvo que exiliarse.

JARA, VÍCTOR Cantante chileno (Chillán, 1938 - Santiago de Chile, 1973). Fue director musical del grupo Quilapayún (1966-68). Autor de canciones de reivindicación política y social. Murió asesinado durante el golpe de Estado de la Junta Militar.

JARABE m. **1** Bebida que se hace cociendo azúcar en agua hasta que se espese y añadiendo zumos refrescantes o sustancias medicinales, de los que toma nombre. **2** fig. Cualquier bebida excesivamente dulce. || **JARABE DE PALO** fam. Paliza con la que se amenaza a alguien como medio de disuasión o de castigo.

JARABUGO m. Zool. Pez perteneciente a la familia ciprínidos, de nombre científico Phoxinellus hispanicus. Vive en ríos de corriente lenta en la península Ibérica.

JARAL m. Bot. Formación vegetal arbustiva caracterizada por la presencia de jaras.

JARAMAGO m. Bot. Planta herbácea de la familia crucíferas, de nombre científico Diplotaxis virgata, de flores amarillas pequeñas, en espigas terminales muy largas. Es muy común en los bordes de camino y en los eriales.

JARAMEÑO, ÑA adj. Perteneciente al río Jarama o a sus riberas.

JARAMUGO m. Zool. Alevín de pez de cualquier especie.

JARANA f. **1** fam. Diversión bulliciosa. **2** fam. Pendencia, alboroto, tumulto.

JARARACÁ m. Zool. TERCIOPELO.

JARCHA f. Lit. Denominación que reciben los últimos versos de una moaxaja, de carácter popular y preexistentes a ésta. Junto a otras en árabe vulgar o en hebreo, algunas están escritas en lengua mozárabe y son el primer testimonio de una lírica popular europea en lengua vulgar. Con frecuencia el asunto de las jarchas es amoroso.

JARCIA f. **1** Mar. Aparejos y cabos de un buque. Más en pl. **2** Conjunto de instrumentos y redes para pescar.

JARCIAR tr. Mar. ENJARCIAR.

JARDIEL PONCELA, ENRIQUE Novelista y dramaturgo español (Madrid, 1901 - íd., 1952). Fue uno de los grandes renovadores del humor en el panorama literario. Entre sus novelas figuran Amor se escribe sin hache (1929) y Pero, ¿hubo alguna vez once mil vírgenes? (1931); y entre las obras teatrales: Angelina o el honor de un brigadier (1934), Eloísa está debajo de un almendro (1940) y Los habitantes de la casa deshabitada (1942).

JARDÍN m. Terreno en donde se cultivan plantas agradables por sus flores, matices o fragancias, y que suele adornarse además con árboles o arbustos de sombra, fuentes, estatuas, etc. || **JARDÍN BOTÁNICO** Bot. Terreno destinado al cultivo de plantas procedentes de toda la Tierra, con objeto de estudiarlas botánicamente.

JARDINERA f. Mueble de una u otra forma, más o menos rico, dispuesto para colocar en él macetas con plantas de adorno o las mismas plantas.

JARDINES DE LA REINA Archipiélago de la costa meridional de Cuba, que se extiende a lo largo de unos 300 km. Le dio este nombre Colón en honor de la reina Isabel la Católica.

JARDINES DEL REY SABANA CAMAGÜEY.

JARETA f. **1** Costura que se hace en la ropa doblando la orilla para introducir una cinta, un cordón, una goma, etc., y fruncir la tela. **2** Pliegue que se hace en una prenda de ropa para acortarla o como adorno.

JARETÓN m. Dobladillo muy ancho.

JARIFE m. JERIFE.

JARILLA DEL RÍO f. BAJAQUILLO.

JARIYITA o **JARIYÍ** (Voz ár.) adj. **1** Rel. Se aplica a una facción religiosa musulmana escindida de los chiítas, que tuvo gran importancia durante la Edad Media. **2** De esta secta musulmana. También s.

JARKOV KHARKOV.

JARNÉS, BENJAMÍN Escritor español (Codo, 1888 -

jara

Jasón estrechando la mano de Medea. Relieve romano. Museo del Louvre (París).

Madrid, 1949). Sus obras se caracterizan por su estilo exquisito, de gran originalidad, y por su aguda sensibilidad. Entre las más conocidas figuran los ensayos *La vida de san Alejo* (1928), *Línea de fuego* (1938) y *Españoles en América* (1943) y la novela *La novia del viento* (1940).
JAROCHO, CHA adj. y s. De la ciudad mexicana de Veracruz.
JAROSLAV Yaroslav.
JARRA f. **1** Vasija generalmente de loza con cuello y boca anchos y una o más asas. **2** El líquido que contiene esta vasija. || **en jarra**, o **en jarras** loc. adv. para explicar la postura del cuerpo que se toma encorvando los brazos y poniendo las manos en la cintura.
JARREAR intr. Llover mucho y con fuerza. ♦ Es un verbo impers.
JARRELL, RANDALL Poeta y crítico estadounidense (Nashville, 1914 - Chapel Hill, 1965). Su poesía denuncia la injusticia y la miseria contemporáneas por medio de un estilo hermético: *Pequeño amigo, pequeño amigo* (1945), *Las muletas de siete leguas* (1951) y *El mundo perdido* (1965).
JARRETE m. **1** *Anat.* Corva de la pierna humana. **2** *Zool.* En los mamíferos, parte alta y carnuda de la pantorrilla hacia la corva.
JARRETERA f. Liga con su hebilla, con que se ata la media o el calzón por el jarrete.
JARRETERA, ORDEN DE LA *Hist.* Orden inglesa de caballería fundada por Eduardo III entre 1346 y 1348. Se llamó así por la insignia que se añadió a la orden de San Jorge, que fue una liga.
JARRETT, KEITH Pianista y compositor de jazz estadounidense (Allentown, 1945). Intérprete de estilo personal, entre sus grabaciones destacan *Facing You* (1972) y *The Survivor's Suite* (1976).
JARRO m. **1** Vasija de barro, loza, vidrio o metal, a manera de jarra y con sólo un asa. **2** Cantidad de líquido que cabe en ella. || **a jarros** loc. adv. cf. A cántaros. || **echarle** a uno **un jarro de agua**, o **de agua fría** fr. fig. y fam. Desanimarle.
JARRÓN m. **1** Vasija para adorno o para contener flores. **2** Pieza arquitectónica en forma de jarro, puesta casi siempre sobre un pedestal y como adorno de remate.
JARRY, ALFRED Escritor francés (Laval, 1873 - París, 1907). Fue precursor del teatro de vanguardia y del surrealismo. Su primera obra, la farsa *Ubu rey* (1896), provocó un escándalo. Sus obras encierran una mordaz sátira contra la hipocresía de las convenciones sociales. Escribió también *Ubu encadenado* (1900) y *Gestas y opiniones del doctor Faustroll, patafísico* (1911).
JARTUM, KARTUM o **KHARTOUM** Ciudad capital de Sudán, y del Estado federado de su nombre; 924.505 h. Es el centro universitario, industrial, político, administrativo y bancario del país.
JARTUM, KARTUM o **KHARTOUM NORTE** Ciudad de Sudán, provincia de Jartum; 879.105 h. Astilleros.
JARUZELSKI, WOJCIECH Militar y político polaco (Pulawy, 1924). Ministro de Defensa desde 1968, alcanzó la jefatura del gobierno en febrero de 1981. Partidario en principio del diálogo con la iglesia católica y con el sindicato Solidaridad, posteriormente implantó la ley marcial (1981-83), ilegalizó el sindicato y encarceló a los principales líderes. En noviembre de 1985 abandonó la presidencia del gobierno, y fue elegido jefe del Consejo de Estado, órgano de la presidencia colectiva del país. Tras las elecciones de 1990, fue sustituido por Lech Walesa.

JARVIS Atolón de Oceanía, en el grupo de las Line, que constituye una posesión de EE UU; 7,7 km² a 4.300 h.
JASMINÁCEO, A adj. y s. *Bot.* **1** Se dice de las plantas del género *Jasminum*, como el jazmín, y que, según algunos botánicos, deberían formar familia aparte de las oleáceas. || f. pl. *Bot.* **2** Grupo de estas plantas.
JASÓN *Mit.* Héroe legendario, hijo de Esón, rey de Yolco. Fue enviado por su tío Pelias, usurpador del trono de Yolco, a rescatar el vellocino de oro, que se hallaba en la Cólquide vigilado por un temible dragón. Jasón preparó la expedición reuniendo bajo su mando a los ARGONAUTAS. Con ayuda de la hechicera Medea conquistó el vellocino.
JASPE m. *Geol.* **1** Roca variedad criptocristalina de la calcedonia, formada por una mezcla íntima de cuarzo cristalizado y sílice amorfa. Es opaca, de grano fino y generalmente pardo rojiza. Se utiliza en decoración y joyería. **2** Mármol veteado.
JASPEADO, DA adj. **1** Veteado o salpicado de pintas como el jaspe. || m. **2** Acción y efecto de jaspear.
JASPERS, KARL Filósofo y psiquiatra alemán (Oldemburgo, 1883 - Basilea, 1969). Catedrático de Filosofía en la Universidad de Heidelberg hasta 1937, fue expulsado por el gobierno de Hitler. Se define a sí mismo como filósofo de la existencia; pero rechaza la calificación de existencialista. Entre sus obras se citan *Filosofía* (1932), *Razón y existencia* (1933), *Filosofía de la existencia* (1938) y *Razón y contra-razón de nuestro tiempo* (1950).
JATIB, IBN AL- Filósofo y escritor hispanoárabe (Loja, Granada, 1313 - Fez, 1374). Ocupó el cargo de primer ministro durante el reinado de Muhammad V pero, víctima de una conjura política, fue acusado de herejía por las ideas expuestas en su obra *Jardín del conocimiento del amor noble*, depuesto y encarcelado. Escribió obras de medicina y de historia de la España musulmana.
JATIBONICO DEL NORTE Río de Cuba, que atraviesa el municipio de Jatibonico y desemboca en el Atlántico; 105 km.
JATIBONICO DEL SUR Río de Cuba, que atraviesa el municipio de Jatibonico y desemboca en el mar de las Antillas; 119 km.
JATIVÉS, SA adj. y s. De Játiva (Valencia).
JATO, TA m. y f. *Zool.* Becerro o ternero.
JAUFRÉ RUDEL Trovador provenzal (primera mitad del s. XII). Se han conservado cinco canciones suyas, que constituyen uno de los mejores ejemplos del trovar aristocrático.
JAUJA (Quizá por alusión al valle de *Jauja*, en Perú.) f. Nombre con que se denota todo lo que quiere presentarse como ejemplo de prosperidad y abundancia. || **esto es jauja** expr. que se utiliza para expresar que una situación, o un lugar, son agradables o cómodos. También en sentido irónico. || **vivir en jauja** fr. fam. Vivir en la abundancia.
JAUJA *Folk.* y *Mit.* Lugar imaginario célebre por su prosperidad, donde los hombres viven sin ninguna preocupación y sin necesidad de trabajar. La leyenda procede de las interpretaciones populares de la descripción que F. Pizarro ofreció del valle de Jauja (o Xauxa), en Perú.
JAULA f. **1** Caja hecha con listones de madera, alambre, barrotes de hierro, etc., y dispuesta para encerrar animales. **2** fig. y fam. Prisión, cárcel. **3** *Min.* Armazón que se emplea en los pozos de las minas para subir y bajar los operarios y sus materiales.
JÁUREGUI Y ALDECOA, AGUSTÍN DE Militar y administrador colonial español (Lecarosz, h. 1712 - Lima, 1784).

Capitán general de Chile (1773-80) y virrey de Perú (1780-84). Sofocó la sublevación de Túpac Amaru.
JAURÈS, JEAN Político francés (Castres, 1859 - París, 1914). En 1893 ingresó en el Partido Socialista y en 1904 fundó *L'Humanité*. Su actividad en favor de la reducción armamentística fue la causa de su asesinato. Entre sus obras destaca la *Historia socialista de la Revolución Francesa* (1901-17).
JAURÍA f. Conjunto de perros que cazan mandados por el mismo perrero.
JAVA *(Djawa)* Isla del archipiélago malayo, que forma parte de Indonesia; 132.186 km² y 107.581.306 h. Situada al S de Borneo, es la más importante, económica y políticamente, del país. Está separada de Borneo por el mar de Java, de Sumatra por el estrecho de Sonda, y de la isla de Bali por el estrecho de este mismo nombre. Su capital es Yakarta. El N presenta terreno bajo y pantanoso, mientras que el interior es montañoso con gran número de volcanes, algunos de ellos activos. Sus ríos más importantes son el Solo y el Brantas. Las poblaciones principales son Yakarta, Surabaya y Bandung. El clima es caluroso y húmedo y la vegetación es de tipo tropical. Produce arroz, quina, aceite de palma, té, caña de azúcar, tabaco, café y frutas. Maderas y caucho. Petróleo, estaño y manganeso. Es uno de los lugares más densamente poblados del mundo (755 h./km²) y sus habitantes son de raza malaya. La influencia de la India por medio del hinduismo y del budismo fue decisiva en la formación cultural de la isla. A partir del siglo XV comenzó la penetración musulmana. En 1511 llegaron los portugueses, que se establecieron en la costa. Desde 1602, los holandeses se instalaron en Java, expulsaron a los portugueses, fundaron Batavia (1619) y encargaron la administración, hasta 1798, a la Compañía de las Indias Holandesas. En el siglo XX, la administración holandesa fue concediendo mejoras a los javaneses. Ocupada por los japoneses durante la Segunda Guerra Mundial (1942), al terminar la contienda el centro y O de la isla pasó a Indonesia, a la que se incorporó, en 1950, el resto del territorio.
JAVA, HOMBRE DE *Paleon.* Restos humanos fosilizados descubiertos por Dubois, en 1890, en la isla de Java. Pertenecen a la era cuaternaria y corresponden al *Homo erectus*.
JAVA, MAR DE Nombre dado a la parte del océano Índico comprendida entre la isla de Borneo al N, la de Java al S, la de Sumatra al O y el mar de Banda al E.
JAVA CENTRAL Provincia de Indonesia, en la isla de Java; 34.206 km² y 29.688.100 h. Su capital es Semarang.
JAVA OCCIDENTAL Provincia de Indonesia, en la isla de Java; 46.300 km² y 39.336.500 h. Su capital es Bandung.
JAVA ORIENTAL Provincia de Indonesia, en la isla de Java; 47.921 km² y 33.885.900 h. Su capital es Surabaya.
JAVANÉS, SA adj. y s. **1** De Java. **2** *Etnol.* Se dice de un pueblo de raza malaya que habita en la isla de Java. || m. *Ling.* **3** Idioma hablado por los javaneses, perteneciente a la familia malayo-polinesia.
JÁVEA *(Xàbia)* Municipio y lugar de España, provincia de Alicante; 21.393 h. Importante producción agrícola. Turismo.
JAVO, VA adj. y s. De Java.
JAWLENSKY, ALEXEI VON Pintor alemán, de origen ruso (Kuslovo, 1864 - Wiesbaden, 1941). Inicialmente influido por el impresionismo, estableció más tarde contactos con Matisse y Hodler. Su estilo expresionista se caracteriza por el tratamiento del color y la sencillez en las formas.

Alexei von **Jawlensky**. *El velo rojo*. Museo Thyssen-Bornemisza (Madrid).

jazz. Festival internacional de San Sebastián.

JAYÁN, NA m. y f. Persona robusta y de gran estatura.
JAYAWARDENE, JUNIUS RICHARD Político cingalés (Colombo, 1906 - íd., 1996). Presidente del Partido Nacional Unido, accedió a la jefatura del gobierno tras las elecciones de 1977. En 1978 se convirtió en presidente de la República. Fue reelegido en 1982; con poderes casi dictatoriales, realizó una política de represión de los movimientos sindicalistas y contra el secesionismo tamil. Dimitió en 1988.
JÁZARO, RA o **KÁZARO, RA** adj. *Etnol.* e *Hist.* **1** Se dice de un pueblo de origen turco que habitó en el S del Cáucaso, de donde fueron expulsados por los árabes. Entre los siglos VII y X, se establecieron en el bajo Volga, donde fundaron un poderoso reino. La conquista de Itil, su capital, por los rusos, provocó su desaparición en el año 969. **2** Perteneciente o relativo a este pueblo. También s.
JAZMÍN m. *Bot.* **1** Nombre común de diversos arbustos de la familia oleáceas, género *Jasminum*, cuyas flores aparecen en el extremo de los tallos, son pedunculadas, blancas, olorosas, y con cinco pétalos soldados por la parte inferior a manera de embudo. Originario de Persia, se cultiva en los jardines por el excelente olor de sus flores. **2** Flor de este arbusto empleada en la elaboración de perfumes.
JAZMÍNEO, A adj. y f. *Bot.* Se dice de las matas y arbustos oleáceos con fruto en baya con dos semillas, como el jazmín.
JAZZ m. (Voz i.) *Mús.* Conjunto de manifestaciones musicales producidas por la fusión de ritmos y cánticos africanos y afrocaribeños conservados por la comunidad negra estadounidense, con formas musicales europeas. En sentido amplio, se trata de una forma musical que revaloriza la improvisación, en la que el intérprete crea variaciones melódicas sobre una base armónica dada. En sus orígenes hay que citar los *work's songs* (cánticos de trabajo de los esclavos negros), los *espirituales*, el *ragtime* y el *blues*. La ciudad de Nueva Orleans suele considerarse como la cuna del *jazz*. Figuras representativas de este solo son L. Amstrong y K. Oliver. Entre 1935 y 1940 el *jazz* se convirtió en música para la diversión y el baile: es lo que se ha denominado «la locura del *swing*» (*swing craze*). Este estilo, interpretado por grandes bandas, se caracteriza por un ritmo regular, sonidos contrastados en las distintas secciones de la banda y un gran desarrollo en la improvisación de los instrumentos solistas y la voz. En general, los años cincuenta van a caracterizarse por un retorno a las raíces del *jazz*. En este contexto va a surgir hacia finales de los años cincuenta un nuevo estilo que revalorizará la práctica de la improvisación colectiva: el llamado *free jazz* (jazz libre). Dentro de este estilo destacan el trompetista D. Cherry y los saxofonistas O. Coleman, J. Farrell y J. Coltrane. A partir de la década de los sesenta, la música *jazz* se orienta hacia los rumbos de experimentación abiertos por el *free jazz*. Surge así el *jazz modal*, con el que siguiendo las iniciativas de C. Mingus y R. Tristano, dio lugar a la fusión de elementos musicales tomados de otras culturas. Esta tendencia continuará en los años setenta, dando paso al estilo *jazz-rock*, que condujo a los músicos a experimentar con instrumentos electrónicos. Dentro de esta corriente hay que señalar al pianista C. Corea, el guitarrista J. MacLaughlin y el grupo Weather Report. A partir de la década de los ochenta, en cambio, se observó un retorno hacia las fuentes originales y los instrumentos jazzísticos por excelencia y la revalorización del virtuosismo instrumental y de la tradición musical occidental, giro cuyo máximo exponente es el trompetista W. Marsalis.
J.C. Abreviatura de JESUCRISTO.
¡JE, JE, JE! interj. con que se manifiesta la risa, la burla o la incredulidad.
JEAN PAUL (JOHANN PAUL FRIEDRICH RICHTER, llamado) Escritor alemán (Wunsiedel, 1763 - Bayreuth, 1825). Novelista a caballo entre el clasicismo y el Romanticismo, sus obras se caracterizan por su originalidad, ingenio y fantasía: *La logia invisible* (1793), *Hesperus* (1795), *Vida de Quintus Fixlein* (1796), *Titán* (1800-03), etc.
JEANS, SIR JAMES HOPWOOD Físico y astrónomo británico (Ormskirk, 1877 - Dorking, 1946). Defendió la *teoría catastrofista* sobre el origen del sistema solar y propuso una teoría cosmológica basada en la creación continua de materia. Entre sus obras, destacan *El universo que nos rodea* (1929) y *A través del espacio y del tiempo* (1934).
JEBE m. *Quím.* GOMA ELÁSTICA, CAUCHO.
JEBUSEO, A adj. *Etnol.* e *Hist.* **1** Se dice de un pueblo bíblico que tenía por capital Jebús, después Jerusalén. Más com. m. pl. **2** Se dice también de sus individuos. También s. **3** Relativo a este pueblo.
JEDIVE m. *Hist.* Título que se daba al virrey de Egipto.
JEEP (Voz i. Marca registrada) m. Vehículo todo terreno de origen militar, que se emplea para el transporte.
♦ Su pl. es *jeeps*.
JEFATURA f. **1** Cargo o dignidad de jefe. **2** Oficina, lugar en que tienen su sede ciertos organismos oficiales.
JEFE, FA m. y f. **1** Superior o responsable de un cuerpo u oficio. **2** Cabeza o presidente de un partido o corporación. || m. **3** *Mil.* En el ejército y en la marina, clase superior a la de oficiales e inferior a la de generales. **4** *Blas.* Cabeza o parte alta del escudo de armas. || **JEFE DE ESTADO** *Polít.* Autoridad superior de un país. || **JEFE DE GOBIERNO** *Polít.* Presidente del consejo de ministros.
JEFFERS, JOHN ROBINSON Poeta estadounidense (Pittsburg, 1887 - Carmel, 1962). Miembro de la Academia estadounidense de Artes y Letras, escribió libros de poesía, como *Tamar and Other Poems* (1924).
JEFFERSON, THOMAS Político estadounidense (Shadwel, 1743 - Monticello, 1826). Redactó la Declaración de Independencia (1776), fue secretario de Estado con Washington (1790-93) y ocupó la vicepresidencia con J. Adams (1797-1800). Este último año obtuvo un rotundo triunfo en las elecciones al frente del Partido Republicano. Durante su gobierno adquirió Luisiana a Francia (1803) e inauguró la nueva capital, Washington.
JEFFREYS, SIR HAROLD Astrónomo y geofísico británico (Fatfield, 1891 - Londres, 1989). Se opuso a la teoría del movimiento de los continentes y ofreció la primera hipótesis científica acerca del estado fluido del núcleo terrestre a partir de la existencia de discontinuidades en las ondas sísmicas.
JEHOL Antigua provincia de China. Tras la Segunda Guerra Mundial fue repartido su territorio entre las provincias de Liaoning y Hebei, de la República Popular China.
JEHOVÁ (Del hebr. *Yahvé*, nombre del Ser absoluto y eterno.) *Rel.* Pronunciación modificada del nombre YAHVÉ; esta pronunciación empezó a usarse en el siglo XII.
JEHOVÁ, TESTIGOS DE TESTIGOS DE JEHOVÁ.
JEHÚ Rey de Israel (?, h. 841 - ?, 814 a. C.). Dirigió el ejército de su predecesor Joram y fue nombrado rey por un discípulo de Eliseo. Dio muerte a Joram y Jezabel, y persiguió a los adoradores de Baal. Atacado por el rey de Damasco, Jazael, buscó la ayuda de Salmanassar III, rey de Asiria, al que pagó tributo.
JEHUDÁ HALEVI HALEVÍ, JEHUDÁ.
JEJÉN (Voz haitiana.) m. *Zool.* Insecto díptero, común en todos los lugares cálidos de la costa americana, cuya picadura produce ardor e irritación de la piel. También se llama *jerjén*.
JEJUY Río de Paraguay, que se forma del Jejuy-mi y del Jejuy-guazú, y que, tras 180 km de curso, desemboca en el Paraguay.
JELLICOE, JOHN RUSHWORT, PRIMER CONDE DE Almirante británico (Southampton, 1859 - Londres, 1935). Ingresó en la Marina de guerra (1872), sirvió en la guerra de Egipto (1882) y en la de China (1898-01). Al estallar la Primera Guerra Mundial fue nombrado comandante en jefe de la Gran Escuadra. En la batalla de Jutlandia (1915-16) dirigió las fuerzas navales inglesas.
JEMER KHMER.
JEMERES ROJOS KHMERES ROJOS.
JENA Ciudad de Alemania, Land de Turingia, a orillas del Saale; 102.204 h. Instrumentos de precisión y de óptica. Universidad fundada en 1557. Victoria de Napoleón sobre los prusianos en 1806.
JENARO, SAN Obispo de Benevento (Nápoles, h. 250 - Pozzuoli, h. 305). Fue degollado por orden del emperador Diocleciano. Es patrón de Nápoles, y su sangre, conservada en la catedral de dicha ciudad, experimenta el fenómeno de la licuefacción en circunstancias muy concretas.
JENGIBRE m. *Bot.* **1** Planta herbácea perenne, perteneciente a la familia zingiberáceas, de nombre científico *Zingiber officinale*. Su rizoma, de olor aromático y de sabor acre y picante, se usa en medicina y como especia; también en la elaboración de algunas bebidas, como la cerveza de jengibre (*ginger ale*). Es originaria del E de la India. **2** Rizoma de esta planta.
JENÍZARO m. *Hist.* Soldado de infantería de la antigua guardia del sultán otomano. Se reclutaban entre jóvenes cristianos cautivos y naturales del imperio. El origen de la institución data del reino del sultán Orkham (1326-59), y se convirtió en el cuerpo más selecto del ejército turco. Fueron abolidos en 1826.
JENNER, EDWARD Médico y biólogo británico (Berkeley, 1749 - íd., 1823). Debe su fama al descubrimiento de la vacuna de la viruela (1796).
JENNEY, WILLIAM LE BARON Arquitecto estadounidense (Fairhaven, Massachusetts, 1832 - Los Ángeles, 1907). Precursor del uso de las estructuras metálicas en la construcción de edificios en Estados Unidos, como el Leiter Building I y II.
JENÓCRATES Filósofo griego (Calcedonia, h. 400 - ?, 314 a. C.). Discípulo de Platón, fue director de la Academia y trató de conciliar sus doctrinas con el pitagorismo.
JENÓFANES Filósofo griego (Colofón, h. 570 - ?, 470 a. C.). Jefe de la escuela eleática y fundador de un sistema panteísta, compuso el poema *De la naturaleza de las cosas*, además de epigramas y poemas satíricos.

Jenofonte. Busto romano. Museo del Prado (Madrid).

JENOFONTE Historiador y general griego (Atenas, 430 - Corinto, 355 a. C.). Fue discípulo de Sócrates, quien le salvó la vida en la batalla de Delio. Entre sus obras sobresalen *Apología de Sócrates*, *Ciropedia* o *Educación de Ciro*, y *Anábasis*, en la que narra su participación en la campaña de Ciro el Joven en Persia cuando, tras la derrota de Cunaxa, condujo a los 10.000 mercenarios griegos supervivientes a su patria.
JENSEN, HANS DANIEL Físico alemán (Hamburgo, 1907 - Heidelberg, 1973). Investigando sobre la estabilidad de ciertos isótopos, propuso, independientemente de Maria Goeppert-Mayer, la teoría de las capas, que afirma que los neutrones y protones de los núcleos atómicos no se disponen al azar, sino en forma de capas esféricas concéntricas. En 1963 recibió el premio Nobel de Física, compartido con M. Goeppert-Mayer y E. P. Wigner.
JENSEN, JOHANNES WILHELM Escritor danés (Farso, Jutlandia, 1873 - Copenhague, 1950). Su obra evoluciona desde el decadentismo de sus primeras novelas, *Daneses* (1896) y *Ejnar Elkjaer* (1898), hacia el realismo. La

obra que le hizo famoso fue la trilogía titulada *El largo viaje* (1908-22), que describe la evolución de la humanidad desde la época glaciar hasta el descubrimiento de América, y exalta la superioridad de la raza «gótica».
JENSEN, KEITH ERNEST Médico estadounidense (Boston, 1939). Ha logrado preparar ciertos reactivos que permiten diagnosticar con exactitud el tipo de virus gripal y comprobar la potencia y eficacia de las vacunas.
JEQUE m. **1** Superior o soberano entre los musulmanes y otros pueblos orientales, que gobierna y manda un territorio o provincia, ya sea con independencia, o como feudatario. **2** Entre los árabes, nombre de la máxima autoridad de cada pueblo.
JEQUITINHONHA Río de Brasil que nace en la sierra del Espinazo o Pedra Redonda, en Minas Gerais; forma después varias cataratas, entre ellas la de Salto Grande, y se interna en el Estado de Bahia, cerca de San Sebastián, para desembocar en el Atlántico; 740 km de curso.
JERARCA com. **1** Persona que tiene una elevada categoría en una organización, empresa, etc. || m. **2** Superior en la jerarquía eclesiástica.
JERARQUÍA f. **1** Orden entre los diversos coros de los ángeles. **2** Grados o diversas categorías de la iglesia católica. **3** Por extensión, orden o grados de importancia entre diversas personas o cosas. **4** Conjunto de los jefes de un estamento, organización, cuerpo, etc. **5** *Inform.* Prioridad que puede darse a cualquier elemento, dato o instrucción de un programa, antes de efectuar cualquier proceso informático.

jerbo

JERBO m. *Zool.* **1** Nombre de cualquiera de las 25 especies de roedores de la familia dipódidos, adaptados para el salto, con las patas y pies traseros extremadamente largos. Vive en el N de África. **2** Nombre de cualquiera de las especies de roedores africanos y asiáticos de la subfamilia gerbilinos.
JEREMÍAS (Del nombre del profeta *Jeremías*, por alusión a sus célebres lamentaciones.) com. fig. Persona que de modo continuo se está lamentando. ♦ Su pl. es *jeremías*.
JEREMÍAS Personaje bíblico. Uno de los cuatro profetas mayores del Antiguo Testamento (h. 650 - h. 580 a. C.). Predijo la venida del Mesías, la caída de Jerusalén y el cautiverio de Babilonia. Murió apedreado en Egipto a causa de sus predicciones. Es autor, en la Biblia, del libro que lleva su nombre y de las Lamentaciones o Trenos. Discípulo suyo fue Baruc.
JEREZ m. Vino blanco y de fina calidad, que se cría y elabora en la zona integrada por los términos municipales de Jerez de la Frontera, El Puerto de Santa María y Sanlúcar de Barrameda.
JEREZANO, NA adj. y s. De Jerez.
JERGA f. **1** *Ling.* Lenguaje especial que usan entre sí los individuos de ciertas profesiones y oficios. **2** JERIGONZA, lenguaje difícil de entender.
JERGÓN m. Colchón de paja, esparto o hierba y sin bastas.
JERICÓ Ciudad de Cisjordania, en el valle del Jordán, al N del mar Muerto; 12.915 h. Tras los acuerdos de paz entre israelitas y palestinos de 1994, Yasser Arafat instaló en ella el primer gobierno de la Autoridad Nacional Palestina. En las excavaciones efectuadas de 1945 a 1950 se descubrieron los palacios de Herodes el Grande y del califa Hixem, a unos 3 km de la ciudad antigua, conquistada por Josué. En sus cercanías han buscado los arqueólogos la Jericó del Antiguo y Nuevo Testamento.
JERIFE m. **1** Descendiente de Mahoma a través de su hija Fátima, esposa de Alí. **2** Individuo de la dinastía reinante en Marruecos. **3** Gobernador de la ciudad de La Meca, antes de la conquista de ésta por ibn Saud.
JERIGONZA f. **1** Lenguaje especial de algunos gremios, jerga. **2** fig. y fam. Lenguaje complicado y difícil de entender. || **andar en jerigonzas** fr. fig. y fam. Andar en rodeos o tergiversaciones maliciosas.
JERINGA f. **1** Dispositivo consistente en un cilindro hueco con un émbolo en su interior y terminado, por su parte anterior, en una espita delgada con la que se absorbe primero y se inyecta o arroja después cualquier líquido. **2** fam. *Amér.* Fastidio, molestia.

JERINGAR tr. **1** Arrojar por medio de la jeringa el líquido con fuerza y violencia a la parte que se destina. **2** fig. y fam. Molestar o enfadar. También prnl.
JERINGUILLA f. **1** Jeringa pequeña en cuya parte más estrecha se coloca una aguja hipodérmica con la punta aguda cortada a bisel, y que sirve para poner inyecciones. **2** *Bot.* Arbusto de la familia saxifragáceas de flores blancas y olorosas. **3** *Bot.* Flor de esta planta.
JERJES Nombre de dos reyes de Persia.
JERJES I (?, h. 519 - ?, 465 a. C.). Sucedió a su padre, Darío I, en el año 485 a. C. Sometió Egipto, que se había sublevado, e invadió Grecia; tras la batalla de las Termópilas, entró en Atenas y la incendió. Sus tropas fueron vencidas en Salamina y volvió a Asia, donde dejó su ejército a las órdenes de Mardonio. Murió asesinado por un capitán de su guardia.
JERJES II (? - ?, 424 a. C.). Hijo de Artajerjes II, a quien sucedió en 424 a. C. Fue asesinado por su hermano Sogdiano 45 días después de subir al trono.
JERNE, NIELS KAJ Bioquímico británico de origen danés (Londres, 1911 - Castillon du Gard, 1994). Director del Instituto de Inmunología de Basilea, está considerado como el gran teórico de la inmunología. En 1984 recibió el premio Nobel de Fisiología y Medicina.
JERO- pref. HIERO-.
JEROBOAM Nombre de dos reyes de Israel.
JEROBOAM I (? - ?, 910 a. C.). Perteneciente a la tribu de Efraím, fue proclamado rey por las 10 tribus sublevadas contra Roboam. Fue el fundador y primer soberano del reino de Israel.
JEROBOAM II (? - ?, 743 a. C.). Hijo de Joás, a quien sucedió en 826 a. C., estableció en Samaria la capital de su reino y extendió su poder en detrimento del de Damasco.
JEROGLÍFICO, CA adj. **1** *Ling.* Se dice de la escritura en que, por regla general, no se representan las palabras con signos fonéticos o alfabéticos, sino el significado de las palabras con figuras o símbolos. Fue empleada sobre todo por los egipcios y otros pueblos antiguos, especialmente en las inscripciones de sus monumentos (Véase ALFABETO y ESCRITURA). || m. **2** Cada uno de los caracteres o figuras usados en este tipo de escritura. **3** Conjunto de signos y figuras con que se expresa una frase, ordinariamente por pasatiempo o juego de ingenio. **4** Por extensión, cuadro, escritura, apunte, etc., difíciles de entender o descifrar.
JEROME, JEROME KLAPKA Escritor británico (Walsall, 1859 - Northampton, 1927). En sus obras supo retratar la psicología de la sociedad inglesa. Escribió las novelas *Tres hombres en una barca* (1889) y *Todos los caminos conducen al Calvario* (1919).
JERÓNIMO, MA adj. **1** Dícese del religioso de la orden de San Jerónimo.
JERÓNIMO o **GERÓNIMO** Jefe apache (No-Doyohn Canyon, Arizona, 1829 - Fort Sill, Oklahoma, 1908). Encabezó la resistencia de su pueblo en el SO de los EE UU entre los años 1882-83 y, nuevamente, en 1885. Tras residir algún tiempo en México, regresó a su país en 1901 y reorganizó su tribu en Oklahoma.
JERÓNIMO, SAN Escritor y padre de la iglesia (Estridón, Dalmacia, h. 345 - Belén, h. 419). Fue secretario del papa Dámaso, quien le encargó la traducción al latín del Antiguo Testamento y la revisión de la versión latina del Nuevo. Su traducción, conocida con el nombre de Vulgata, fue declarada versión auténtica de la Biblia por el concilio de Trento (1545-63), y es la aceptada y usada por la iglesia católica.
JERÓNIMO I BONAPARTE Rey de Westfalia y mariscal de Francia (Ajaccio, 1784 - Villegenis, 1860). Hermano de Napoleón I, ocupó el trono de Westfalia desde 1808

hasta 1813. Después de la derrota de Waterloo (1815), se retiró a Wurtemberg.
JERSEY (Voz i.) m. Prenda de vestir, de punto, que cubre de los hombros a la cintura y se ciñe más o menos al cuerpo. ♦ Su pl. es *jerséis*.
JERSEY Isla del canal de la Mancha, que constituye una dependencia directa del Reino Unido; 116 km^2 y 84.300 h. Su capital es Saint Helier. Turismo. Ganado vacuno (una de las principales razas lecheras del mundo). Castillo normando del siglo X.
JERSEY CITY Ciudad de EE UU, Estado de Nueva Jersey; 226.022 h. Puerto activo. Situada en el estuario del Hudson, forma parte de la aglomeración de Nueva York.
JERUSALÉN (En hebr., *Yerushalayim*; en ár., *El Quds esh Sherif* o *El Kuds*.) **1** Distrito de Israel; 582 km^2 y 717.000 h. **2** Ciudad capital de Israel y del distrito de su nombre; 633.700 h. Centro comercial. La ciudad moderna está dividida en cuatro barrios: musulmán, judío, cristiano y armenio. Entre sus monumentos destacan el muro de las Lamentaciones, la mezquita de Omar y la mezquita de Al Aqsa, la iglesia del Santo Sepulcro, y dentro de la puerta de Jaffa, la llamada *Torre de David*.
JERUSALÉN, REINO LATINO DE *Hist.* Reino cristiano fundado en Palestina tras la conquista de Jerusalén por los cruzados (1099). Su primer gobernante, dependiente de la soberanía pontificia, fue Godofredo de Bouillon. Con el acceso al trono, en 1100, de Balduino I de Bolonia, se transformó en reino laico; con la ayuda de las flotas de Génova, Pisa y Venecia conquistó todo el litoral de Siria. Sin embargo, su existencia fue efímera; fue conquistado por el sultán Saladino en 1187, lo que originó la tercera cruzada. Desde entonces, el reino quedó reducido a San Juan de Acre, que cayó en poder de los turcos en 1291.
JESENICE Distrito de Eslovenia; 375 km^2 y 31.939 h.
JESPERSEN, OTTO Lingüista danés (Randers, 1860 - Copenhague, 1943). Fue el iniciador del sistema para transcribir analíticamente los fonemas del habla, que expresó en su libro *Compendio de la fonética*, y uno de los fundadores del idioma universal conocido con el nombre de *novial*.
JESUCRISTO JESÚS DE NAZARET.
JESUITA adj. **1** Se dice del religioso del orden de clérigos regulares de la COMPAÑÍA DE JESÚS, fundada por san Ignacio de Loyola. También m. **2** Perteneciente o relativo a la Compañía de Jesús.
JESÚS, CAROLINA MARIA DE Escritora brasileña (São Paulo, 1916 - íd., 1977). Recopiló en un diario las miserias que se vio obligada a padecer a lo largo de su vida como habitante de una favela. Sus escritos fueron publicados bajo el título *Quarto do despejo*.
JESÚS, SANTA TERESA DE TERESA DE JESÚS o DE ÁVILA, SANTA.
JESÚS MARÍA, BARRA DE Una de las bocas que comunica la laguna Madre con el golfo de México, en el Estado mexicano de Tamaulipas.
JESÚS DE NAZARET Fundador de la religión y de la iglesia cristiana, Dios y hombre a un tiempo, según el dogma cristiano, fue enviado por Dios padre para la salvación del mundo. La fuente principal de que se dispone para su conocimiento son los *Evangelios* canónicos, aunque también existen otros testimonios. La fecha de su nacimiento, que tradicionalmente se ha hecho coincidir con el año 754 de la fundación de Roma, debe ser anticipada en algunos años, en cualquier caso antes de la muerte de Herodes, ocurrida en el 4 a. C. Se sabe que fue un judío natural de Galilea y, según los *Evangelios*, su madre fue María, casada con el carpintero José. Estos textos sagrados sitúan su nacimiento en Belén, y su infancia y juventud en Nazaret. El episodio

Jerusalén (Israel). Mezquita de Omar.

Jesús de Nazaret. *Resurrección de Cristo.* Retablo del Santo Sepulcro. Jaume Serra. Museo Provincial (Zaragoza).

de su bautismo por Juan el Bautista (con el que se abre el periodo de su actividad pública) y su relación con el movimiento del profeta son quizá los datos más seguros de la vida de Jesús. La duración de su actividad pública no puede determinarse con exactitud (de uno a tres años). Los lugares donde ésta tuvo lugar fueron Galilea y Judea. En torno a Jesucristo se reunió un grupo de seguidores, que constituyen la base de la primitiva comunidad cristiana de Palestina (los doce apóstoles de los *Evangelios*). El ministerio de Jesús tuvo su fin en Jerusalén, donde fue procesado por las autoridades romanas, que, tras acusarle de sedición, le condenaron a morir crucificado. Los *Evangelios* concluyen con la afirmación de su resurrección, tres días después de su muerte, y de su ascensión al Cielo. Desde un punto de vista formal, su ministerio presenta características similares tanto al de los profetas como al de los rabinos. En cuanto al contenido, es difícil deslindar las ideas propias, predicadas por él, de las aportaciones e interpretaciones realizadas en un tiempo posterior por sus seguidores. Puede decirse que el núcleo de la predicación de Jesús lo constituye el anuncio del advenimiento del reino de Dios, anuncio que, por otra parte, posee un trasfondo cultural en la literatura apocalíptica del judaísmo; la idea de la necesidad de penitencia, su filiación divina y la primacía del amor fraterno.

JET (Voz i.) m. **1** *Aviac.* Avión a reacción. **2** Alta sociedad. Se dice también *jet set* o *jet society.*

JET LAG (Expresión i.) m. Desajuste en las funciones psíquicas y físicas producido tras un largo viaje en avión en el que se han atravesado varios husos horarios.

JET STREAM *Meteor.* Fuertes corrientes aéreas en la alta troposfera, simétricas a ambos lados del Ecuador; alcanzan velocidades de 300 a 700 km/h.

JETA f. **1** Boca saliente por su configuración o por tener los labios muy abultados. **2** fam. Cara humana. **3** Hocico del cerdo. **4** fig. y fam. Desfachatez, descaro. Se construye con el verbo *tener.*

JEUNE, CLAUDE LE LE JEUNE, CLAUDE.

JEVONS, WILLIAM STANLEY Filósofo y economista inglés (Liverpool, 1835 - Bexhill, 1882). Fundador del marginalismo junto con Menger y Walras, destacó en el estudio de la economía política. Influido por Boole, desarrolló la lógica combinacional. Es autor de *Teoría de la economía política* (1871), *Principios de la ciencia* (1874) y *Lógica pura* (1890).

JEYPORE JAIPUR.

JEZABEL Reina de Israel (s. IX a. C.). Esposa de Acab, cuando el rebelde Jehú se apoderó del trono fue arrojada por una ventana, y su cadáver pisoteado por los caballos y devorado por los perros, según había profetizado Isaías.

JHANSI Ciudad de la India, Estado de Uttar Pradesh; 300.850 h. Activo comercio e industrias manufactureras. Templo gupta de Deogarh.

JHS IHS.

JI f. Vigesimosegunda letra del alfabeto griego (Χ, χ). En latín se representa con *ch,* y en los idiomas románicos, con esta letra o con *c* o *q,* como ocurre en castellano.

¡JI, JI, JI! interj. con que se manifiesta la risa.

JIAMUSI *(Chia-mu-ssu)* Ciudad de China, provincia de Heilongjiang, región Nordoccidental; 493.409 h.

JIANG QING Política china (Shandog, 1914 - Pekín, 1991). Tercera esposa de Mao Tse-tung, fue una de las protagonistas de la revolución cultural china. A la muerte de Mao (1976), formó parte de la llamada «banda de los cuatro», partidaria de una política radical. Desplazada del poder por Deng Xiaoping, fue sentenciada a muerte (1980) y posteriormente indultada.

JIANG ZEMÍN Político chino (Yangzhou, 1926). Miembro del Partido Comunista Chino (PCCh), en 1985 fue elegido alcalde de Shanghai. En 1987 entró a formar parte del Politburó y, en 1989, ocupó la secretaría general del PCCh. En 1990 se hizo cargo de la presidencia de la Comisión Militar Central, y en 1993 fue elegido presidente de la República.

JIANGSU *(Kiangsu)* Provincia de China, región Oriental; 102.600 km^2 y 70.210.000 h. Su capital es Nanjing.

JIANGXI *(Kiangsi)* Provincia de China, región Centromeridional; 164.800 km^2 y 40.150.000 h. Su capital es Nanchang.

JÍBARO, RA adj. *Etnol.* **1** Se dice de un pueblo amerindio del alto Marañón, entre Manseriche y el río Pastaza, que se dedica a la agricultura, pesca, ganadería y caza. Entre las tribus que lo forman se cuentan la *aguaruna,* en la orilla derecha del Amazonas, entre el Nieva y el Potro, la *maca, gualaquiza* y *zamora.* Se ha llamado a los jíbaros cazadores de cabezas, por la costumbre de preparar como trofeo las de sus enemigos, reduciéndolas al tamaño de un puño. Alrededor de varios centenares permanecen en estado semi-primitivo en la parte más inaccesible del Oriente ecuatoriano. Más como m. pl. **2** Se dice también de sus individuos. También s. **3** Relativo a este pueblo.

JIBIA f. *Zool.* **1** SEPIA. **2** Concha de la jibia, jibión.

JIBIÓN m. *Zool.* **1** Pieza caliza de la jibia, su concha. Se utiliza para la elaboración de productos dentífricos y cosméticos. **2** JIBIA.

JIBOA Río de El Salvador que nace en San Rafael, departamento de La Paz y desemboca en el Pacífico; 75 km de curso. Recibe las aguas del lago Ilopango.

JIBRALTAREÑO, ÑA adj. GIBRALTAREÑO.

JIBUTI YIBUTI.

JÍCARA f. Vasija pequeña, generalmente de loza, que suele emplearse para tomar chocolate.

JICOTE m. *Zool.* **1** Insecto himenóptero perteneciente a la familia bómbidos, género *Bombus,* avispa gruesa de Honduras, de cuerpo negro y vientre amarillo. **2** Panal de esta avispa.

JIDDAH Ciudad de Arabia Saudí, en la provincia de Meca; 1.800.000 h.

JIDDISCH m. *Ling.* YIDDISH.

JIENNENSE o **JIENENSE** adj. y com. De Jaén (España).

JIJALLAR m. *Bot.* Monte en el que abunda el jijallo.

JIJALLO m. *Bot.* Planta similar a la barrilla o caramillo; sisallo.

JIJONENCO, CA adj. y s. De Jijona (Alicante).

JIL, SALOMÉ (JOSÉ MILLA, llamado) Escritor guatemalteco (Guatemala, 1822 - íd., 1882). Creador de la novela histórica en Centroamérica: *La hija del adelantado* (1866), *El visitador* (1867).

JILGUERO m. *Zool.* Ave paseriforme perteneciente a la familia fringílidos, de nombre científico *Carduelis carduelis,* de pico delgado y colores vivos. Se alimenta de semillas e insectos y vive en Eurasia y NO de África. Puede vivir en cautividad y emite un canto agradable y melodioso.

JILIN *(Kirin)* Provincia de China, región Nordoriental; 187.000 km^2 y 25.740.000 h. Su capital es Changchun. Tierras fértiles al S, regadas por el río Sungari. Industria química y minería de hierro.

JILLSON, WILLARD ROUSE Geólogo estadounidense (Siracusa, 1890 - Chicago, 1975). Considerado como una autoridad en geología del petróleo, gas, carbón y asfalto de Kentucky, su obra más conocida es *Geología e industria.*

JILOTE m. *Agr. Amér. C.* y *Méx.* Mazorca de maíz, cuando sus granos no han cuajado aún.

JIMÉNEZ, FRANCISCO Astrónomo e ingeniero mexicano (Ciudad de México, 1824 - íd., 1887). Levantó el mapa geográfico de México y fue director del Observatorio Astronómico Central.

JIMÉNEZ, JUAN ISIDRO Político dominicano (Santo Domingo, 1846 - íd., 1919). Fue presidente de la República entre 1899 y 1902, pero tuvo que abandonar el cargo tras el golpe de Estado de Horacio Vázquez. Nombrado presidente de nuevo en 1914, fue destituido tras el golpe militar encabezado por el ministro de la Guerra, Desiderio Arias (1916).

JIMÉNEZ, JUAN RAMÓN Poeta español (Moguer, 1881 - San Juan, Puerto Rico, 1958). Su poesía constituye el nudo de enlace entre el modernismo y la generación de la llamada «poesía pura». Su obra se clasifica en tres etapas; la primera, llamada sensitiva (1900-16), se caracteriza por el predominio de lo musical, unido a un sentimiento melancólico refinado. Muestra de esta primera época son *Jardines lejanos* (1903), *Elejías puras* (1908), *Baladas de primavera* (1910), *Poemas májicos y dolientes* (1911) y *Sonetos espirituales* (1915), además de *Platero y yo* (1914), escrito en prosa poética. La segunda etapa, que denominó intelectual, comienza con la publicación del *Diario de un poeta reciencasado* (1917). En ella desaparece la acusada musicalidad externa para dar paso a imágenes y estilo más concisos. *Eternidades* (1917), *Piedra y cielo* (1919), *Segunda antolojía poética* (1925), *Sucesión* (1932) y *Presente* (1933) jalonan esta segunda época. La tercera y última etapa, desarrollada en el exilio, se denomina de poesía suficiente (1936-58), y se inicia con *La estación total, con las canciones de la nueva luz* (1946). Comprende además *Animal de fondo* (1949) y *Dios deseado y deseante* (1949). Escribió en prosa *Españoles de tres mundos.* En 1956 recibió el premio Nobel de Literatura.

JIMÉNEZ, MANUEL Militar y político dominicano (s. XIX). Fue elegido presidente de la República al renunciar el general Santana. Ocupó el cargo de 1848 a 1849, año en que dimitió al no poder defender el país de la invasión haitiana.

JIMÉNEZ BRIN, ENRIQUE ADOLFO Político panameño (Ciudad de Panamá, 1888 - íd., 1970). Fue presidente de la República de 1945 a 1948.

JIMÉNEZ DE CISNEROS, FRANCISCO CISNEROS, FRANCISCO JIMÉNEZ DE.

JIMÉNEZ LOZANO, JOSÉ Periodista y escritor español (Langa, 1930). En su obra narrativa destacan *Historia de un otoño* (1971), *El grano de maíz rojo* (1988), *Segundo abecedario* (1992) y *Teorema de Pitágoras* (1995). En 1992 recibió el Premio Nacional de las Letras españolas y en 2002, el premio Cervantes.

JIMÉNEZ OREAMUNO, RICARDO Político costarricense (Cartago, 1859 - ?, 1945). Desempeñó la presidencia de la República en tres periodos (1910-14, 1924-28 y 1932-36). Consolidó la deuda interna, y fomentó las obras públicas.

JIMÉNEZ DE QUESADA, GONZALO Conquistador y cronista español (Granada, 1496 - Mariquita, 1579). Fue nombrado justicia mayor en la expedición de Pedro Fernández de Lugo a Santa Marta (1535), quien le envió a explorar el valle del río Magdalena. En 1537 alcanzó la altiplanicie de Cundinamarca, poblada por los chibchas; se apoderó de Tunja y fundó la ciudad de Santa Fe de Bogotá (1538). En 1569 dirigió una expedición en busca de El Dorado y llegó a las márgenes del Orinoco.

JIMÉNEZ RUEDA, JULIO Historiador y escritor mexicano (Ciudad de México, 1896 - íd., 1960). Profesor universitario en España y EE UU, entre sus obras figuran: *Cuentos y diálogos* (1917), *Sor Adoración del Divino Verbo* (1923) y *Moisén* (1924), narrativa; *Lo que ella no pudo prever,* drama; *Historia de la literatura mexicana* (1928), *Herejías y supersticiones en la Nueva España* (1946), ensayos.

JIMÉNEZ ZAMORA, JESÚS Político costarricense (Cartago, 1823 - ?, 1897). Presidente de la República (1863-66), ejerció el poder dictatorialmente. En 1868 asumió nuevamente la presidencia, pero fue depuesto por el movimiento acaudillado por Tomás Guardia Gutiérrez (1870).

JIMMU TENNO Primer emperador de Japón (s. VII-VI a. C.). Personaje semilegendario, la tradición afirma que fundó el imperio en Yamato y gobernó entre 660 y 585 a. C.

JINAN *(Chi-nan)* Ciudad de China, capital de la provincia de Shandong, región Oriental; 2.320.000 h.

JINETA[1] (Del ár. *ŷarnait,* variedad del gato de algalia.) f. *Zool.* Nombre común de varias especies de mamíferos carnívoros de la familia vivérridos, género *Genetta.* Es un animal nocturno y solitario. Vive en el S de Europa, África, Israel y Arabia.

Juan Ramón **Jiménez.** Retrato de Daniel Vázquez Díaz. Colección particular (Madrid).

JINETA² (De *jinete.*) f. **1** Arte de montar a caballo que, según la escuela de este nombre, consiste en llevar los estribos cortos y las piernas dobladas y pegadas al animal. **2** *And.* y *Amér.* Mujer que monta a caballo.
JINETE m. **1** Persona que monta a caballo o es diestro en equitación. **2** Soldado a caballo.
JINETEAR tr. *Amér.* Domar caballos salvajes.
JINETILLO *Astron.* Estrella débil de la constelación de la Osa Mayor. Junto con la estrella Mizar forma una estrella doble.
JINNAH, MUHAMMAD ALÍ Político paquistaní (Karachi, 1876 - íd., 1948). Fue colaborador de Gandhi, del que se separó por discrepancias ideológicas. Presidente de la Liga Musulmana en 1916 y de 1934 hasta su muerte, fue el principal propulsor de la formación de Pakistán.
JINOTEGA Departamento de Nicaragua; 9.755 km² y 214.070 h. Caña de azúcar y café. Su capital es la ciudad homónima.
JINRIKISHA f. Cochecillo ligero de dos ruedas que, tirado por un hombre, se dedica al transporte de personas en las ciudades. Se usa en Oriente, excepto Filipinas, y en África oriental.
JINZHOU (*Chin-chou*) Ciudad de China, provincia de Liaoning, región Nordoriental; 569.518 h.
JIPI m. fam. SOMBRERO DE JIPIJAPA.
JIPIJAPA f. **1** Tira fina y flexible que se saca de las hojas de una palma y se emplea en América meridional para tejer sombreros, petacas y otros objetos. || m. **2** Sombrero hecho con este material.
JIPIJAPA Ciudad de Ecuador, provincia de Manabí; 73.272 h. Fabricación de sombreros.
JIPÍO m. Grito, quejido, lamento que en el cante flamenco se intercala en la copla.
JIQUILETE m. Planta de la familia leguminosas, género *Indigofera*, el mismo que el añil, común en las Antillas.
JIRA f. Comida campestre que se hace entre amigos.

Johannesburgo (República Sudafricana).

jirafa

JIRAFA f. **1** *Zool.* Mamífero artiodáctilo rumiante perteneciente a la familia camélidos, de nombre científico *Giraffa camelopardalis*. Alcanza hasta 6 m de altura (es el animal más alto del mundo). Tiene las patas y el cuello largos y esbeltos, y la cabeza pequeña, con un par de cuernos cortos recubiertos de pelo. Su pelaje es leonado claro con manchas poligonales más oscuras. Vive en las sabanas africanas. **2** *Medios*. Mecanismo que permite mover el micrófono y ampliar su alcance en los estudios de cine y televisión.
JIROFLÉ m. *Bot.* Árbol del clavo, girofié.
JIRÓN m. **1** Pedazo desgarrado del vestido o de otra ropa. **2** fig. Parte o porción pequeña de un todo. **3** Bandera que termina en punta.
JISCA f. *Bot.* Carrizo, planta de la familia gramíneas.
JIU-JITSU m. *Dep.* Sistema de lucha de origen japonés, destinado a dar a la habilidad y la agilidad el triunfo sobre la fuerza bruta.
JIXI (*Chi-hsi*) Ciudad de China, provincia de Heilongjiang, región Nordoriental; 683.885 h.
JMER adj. y com. KHMER.
¡JO! interj. que denota molestia o fastidio.

JOAB Personaje bíblico. Sobrino de David y caudillo de su ejército. Murió asesinado por orden de Salomón.
JOACHIM, GEORG Astrónomo suizo (Feldkirch, 1514 - Kassa, 1576). Discípulo de Copérnico, escribió *Ephemeris ex fundamentis Copernici*.
JOÃO PESSOA Ciudad de Brasil, capital del Estado de Paraíba; 497.306 h.
JOÁS Rey de Judá (?, 836 - ?, 797 a. C.). Hijo menor de Ocozías, se salvó de la matanza de la familia real que había ordenado su abuela Atalía.
JOATÁN Rey de Judá (? - ?, 741 a. C.). Hijo y sucesor de Osías. Gobernó dieciséis años y embelleció Jerusalén.
JOB m. fig. Hombre de mucha paciencia.
JOB Personaje bíblico, protagonista del libro del Antiguo Testamento que lleva su nombre. Fue puesto a prueba por Dios, a pesar de lo cual siguió alabando al Señor. Es el prototipo del sufrimiento y la paciencia.
JOBIM, ANTÓNIO CARLOS Compositor brasileño (Tijuca, 1927 - Nueva York, 1994). Creador, junto a João Gilberto y Vinicius de Moraes, de la *bossa nova*, cuya presentación internacional fue la canción *La chica de Ipanema* (1963).
JOBO m. *Bot.* **1** Árbol americano de la familia anacardiáceas, llamado también ciruelo agrio o amarillo. **2** Fruto de este árbol.
JOCKEY (Voz i.) m. Jinete profesional de carreras de caballo.
JOCOSO, SA adj. Gracioso, chistoso, divertido.
JOCUNDO, DA adj. Plácido, alegre y agradable.
JÓDAR Municipio y lugar de España, provincia de Jaén; 12.564 h.
JODER tr. **1** vulg. Realizar el acto sexual. **2** fig. Molestar, fastidiar. También prnl. **3** fig. Destrozar, arruinar, echar a perder. También prnl. || interj. **4** Expresa enfado, asombro, etc.
JODHPUR Ciudad de la India, en el Estado de Rajasthan; 666.279 h.
JODL, ALFRED General alemán (Wurzburgo, 1890 - Nuremberg, 1946). Desempeñó un papel importante en la anexión de Austria y en la invasión de Noruega, Grecia y Yugoslavia durante la Segunda Guerra Mundial, y fue jefe del Estado Mayor general (1945). Condenado en el juicio de Nuremberg, murió en la horca.
JOE LOUIS LOUIS, JOE.
JOEL Profeta menor del Antiguo Testamento, uno de cuyos libros lleva su nombre. Sus profecías se refieren a la cautividad de Babilonia y al juicio final.
JOERGENSEN, ANKER Político danés (Copenhague, 1922). Ha sido jefe del gobierno en los periodos 1972-73 y 1975-82. Jefe del Partido Socialdemócrata desde 1982.
JOFAINA f. Vasija en forma de taza, de gran diámetro y poca profundidad, que sirve para lavarse la cara y las manos.
JOFFRE, JOSEPH Mariscal francés (Rivesaltes, 1852 - París, 1931). Jefe del Estado Mayor general (1911-16), obtuvo la victoria en la batalla del Marne (septiembre de 1914). En 1916 fue nombrado mariscal de Francia.
JOFRE WIFREDO.
JOGGING (Voz i.) m. *Dep.* Ejercicio físico que consiste en correr a un ritmo moderado, durante un tiempo determinado y generalmente dentro de la ciudad.
JOGJAKARTA YOGYAKARTA.
JOHANNES DE SACROBOSCO Matemático y religioso británico (Hollywood, h. 1190 - París, 1256). En su obra *De sphaera mundi*, expuso las ideas de Ptolomeo. Hizo notar el error que contenía el calendario juliano.

JOHANNESBURGO Ciudad de la República Sudafricana, capital de la provincia de Gauteng; 712.507 h. Principal centro económico del país.
JOHANNSEN, WILHELM LUDVIG Biólogo danés (Copenhague, 1857 - íd., 1927). Efectuó estudios genéticos, demostrando que la selección es ineficaz en las líneas puras homocigóticas; fue el primero en emplear el término *gen* y delimitó los conceptos de *genotipo, fenotipo* y *línea pura*.
JOHN, ELTON (REGINALD KENNETH DWIGHT, llamado) Músico británico (Londres, 1947). Destacado intérprete y compositor de música pop-rock, entre sus discos sobresalen *Goodbye Yellow Brick Road* (1972), *A Single Man* (1976), *Breaking Hearts* (1984), *Ice On Fire* (1985), *The One* (1992), *Love Songs* (1996), *16 Chart Bustin Pop Hits* (1998) y *Elton John & Tim Rice'e Aida* (1999).
JOHN, GWEN Pintora británica (Londres, 1876 - íd., 1939). En su obra predominan las texturas áridas y el colorido opaco. Pintó interiores (*Un rincón de la habitación de la artista*, 1907-09) y figuras femeninas sobre fondos de fuerte textura (*Joven con gato negro en el regazo*, 1914-15).
JOHN BULL Nombre con el que se personifica al pueblo inglés. Se simboliza en un hombre bastante fornido con sombrero de copa baja, levita, calzones y botas de montar. Fue empleado por primera vez en *The history of John Bull* (1712) de J. Arbuthnot.
JOHN FITZGERALD KENNEDY Aeropuerto de Nueva York, el mayor del mundo. Hasta 1963 se denominó Idlewild.
JOHNS, JASPER Pintor y escultor estadounidense (Allendale, 1930). A partir de 1954 se adscribió a la corriente neodadaísta. Realizó investigaciones con monocromías y gamas del mismo color. Autor de *Bronce pintado II, El crítico sonríe, Tres banderas, Diana con cuatro rostros*, etc.
JOHNSON, ANDREW Político estadounidense (Raleigh, 1808 - Carter County, 1875). Elegido vicepresidente con Lincoln fue elevado a la presidencia tras el asesinato de éste, en abril de 1865, cargo en el que se mantuvo hasta 1869.

Jasper **Johns**. *Bandera en campo naranja*. Museo del Estado (Colonia).

JOHNSON, BEN Atleta canadiense de origen jamaicano (Falmouth, 1961). Marcó el récord mundial de velocidad (100 m) en los Juegos Olímpicos de Seúl (1988), pero, al dar positivo en el control antidóping, el Comité Olímpico Internacional retiró sus marcas y le suspendió por dos años. Reincidente en 1993, fue suspendido definitivamente.

JOHNSON, CORNELIUS Pintor flamenco (Londres, 1593 - Utrecht, 1662). Con influencias de Van Dyck, desarrolló su actividad en Inglaterra (1619-43), donde fue retratista de corte.

JOHNSON, EYVIND Escritor sueco (Svartbjörnsbyn, 1900 - Estocolmo, 1976). Su obra, centrada en la realidad de su tiempo, está marcada por su origen proletario. Novelas: *Carta certificada* (1927), *Bobinack* (1932), *Olof* (1934-37), *Krilon* (1941-43) y *El día de su gracia* (1960). Premio Nobel de Literatura en 1974, compartido con Harry E. Martinson.

JOHNSON, LOUIS ALBERT Escritor neozelandés (Wellington, 1924 - Winchester, 1988). Desde su temprana poesía abstraccionista en *Estrofa y escenario: poemas* (1945) hasta sus trabajos más tardíos, como *Manzanas de invierno* (1984), su expresión poética adoptó un tono cada vez más coloquial y concreto.

JOHNSON, LYNDON BAINES Político estadounidense (Johnson City, 1908 - San Antonio, 1973). Dirigente demócrata desde 1953, en 1960 fue elegido vicepresidente de EE UU (1960) y sucedió a John F. Kennedy en la presidencia (1963). En las elecciones de 1964 fue elegido presidente y ejerció el cargo en 1965-68.

JOHNSON, MAGIC (EARVIN JOHNSON, llamado) Jugador de baloncesto estadounidense (Lansing, Michigan, 1959). Consiguió con su equipo, Los Angeles Lakers, ganar cinco veces los títulos de la NBA entre 1980 y 1988. En 1991 se descubrió que era portador del virus del sida y se retiró de la competición.

JOHNSON, SAMUEL Ensayista y lexicógrafo británico (Lichfield, 1709 - Londres, 1784). Escritor prolífico, su mayor autoridad estribaba en la crítica hablada. Obras principales: *Diccionario de la lengua inglesa* (1755) y *Vidas de los poetas* (1779-81; 10 vols.).

JOHNSON, UWE Escritor alemán (Cammin, Pomerania, 1934 - Sheernes-on-Sea, cerca de Londres, 1984). Utilizó una técnica experimental influida por el objetivismo autosuficiente del «nouveau roman»: *Conjeturas sobre Jacob* (1959), *Tercer libro de Ajim* (1961), *Dos opiniones* (1965), etc.

JOINT VENTURE (Expr. i.) *Econ.* Reunión de varias empresas que, según porcentajes acordados, comparten riesgos y beneficios en un negocio concreto.

JOINVILLE Ciudad de Brasil, en el Estado de Santa Catarina; 326.208 h.

JOINVILLE, JEAN, SEÑOR DE Cronista francés (castillo de Joinville, Alto Marne, 1224 - íd., 1317). Tomó parte en la cruzada dirigida por san Luis, rey de Francia. Su obra *Historia de san Luis*, fue iniciada en 1281 y acabada en 1309.

JOJOBA f. *Bot.* Arbusto o pequeño árbol perteneciente a la familia buxáceas, de nombre científico *Simmondsia sinensis*. Crece en México y SO de California. De las semillas se extrae un aceite utilizado en perfumería y como lubricante.

JÓKAI, MÓR Novelista húngaro (Komáron, 1825 - Budapest, 1904). Publicó cerca de 300 títulos, entre los que sobresalen *Los pobres ricos* (1865), *Los diamantes negros* (1870), etc.

JOLGORIO m. fam. Fiesta o diversión alegre y bulliciosa.

JOLÍN o **JOLINES** interj. Eufemismo por JODER.

JOLIOT-CURIE, IRÈNE Fisicoquímica francesa (París, 1897 - íd., 1956). Hija de Pierre y Marie Curie y esposa de Jean-Frédéric Joliot. Los Joliot-Curie hicieron valiosas aportaciones al estudio del átomo. Descubrieron la radiactividad artificial, por lo que obtuvieron el premio Nobel de Química (1935).

JOLIOT-CURIE, JEAN-FRÉDÉRIC Físico francés (París, 1900 - íd., 1958). Esposo de Irène Joliot-Curie junto a la que trabajó siempre. En 1935, compartió el premio Nobel de Química con su esposa.

JOLLY, PHILIPP VON Físico alemán (Mannheim, 1809 - Munich, 1884). Construyó un termómetro de aire, e ideó una balanza para determinar el valor de la fuerza de la gravedad.

JOLSON, AL Actor y cantante estadounidense (San Petersburgo, Rusia, 1886 - San Francisco, 1950). Protagonizó, en 1927, *El cantante de jazz*, primera película del cine sonoro. También intervino en otros filmes, como *The Singing Fool*.

JOMEINI, AYATOLLAH (RUHOLLAH JOMEINI, llamado) Dirigente religioso y político iraní (Jomein, 1901 - Teherán, 1989). Encabezó la oposición al régimen político del sha Reza Pahlevi desde 1941. En 1964 fue expulsado del país y se estableció en Irak y posteriormente en París (1978), donde se convirtió en líder de los chiítas y desde donde dirigió una serie de manifestaciones y huelgas

Al **Jolson**. Escena de *El cantante de jazz*, dirigida por Alan Crosland.

que obligaron a la familia del sha a abandonar Irán. En 1979 se hizo cargo de la jefatura del Estado proclamando la República Islámica de Irán (1979). Eliminó a los personajes más significativos del régimen anterior y se convirtió en el principal paladín de la revolución islámica. En el exterior se enfrentó a EE UU y sostuvo la guerra irano-iraquí (1980-88).

JOMÓN, CULTURA DE *Prehist.* Cultura neolítica japonesa (4500-300 a. C.). Restos de cerámica a mano, decorada con marcas de cuerda o impresiones de concha.

JONÁS Uno de los doce profetas menores del Antiguo Testamento (s. VIII a. C.). Según la Biblia, uno de cuyos libros lleva su nombre, desobedeció la orden de Dios de ir a predicar a Nínive, por lo que fue arrojado al mar desde una nave en que huía a Tarsis y tragado por una ballena, que lo arrojó sano y salvo a los tres días en una playa.

JONATÁS Personaje bíblico. El mayor de los hijos de Saúl. Fue amigo de David, a quien salvó la vida en varias ocasiones.

JONCOUX, MARGUERITE DE Pensadora francesa (?, 1668 - ?, 1715). Adepta al jansenismo, tras la partida de las últimas religiosas de Port-Royal (1709), entró en posesión de importantísimos manuscritos provenientes de la abadía.

JONDO adj. Se dice del cante FLAMENCO.

JONES, ERNEST Psicólogo británico (Gowerton, 1879 - Londres, 1958). Introdujo el psicoanálisis en los países de habla inglesa. Entre sus obras se citan *Ensayos de psicoanálisis* (1912) y *Sigmund Freud: vida y obra* (1953-58).

JONES, EVERETT Escritor estadounidense (Newark, 1934). Conocido también por el seudónimo de *Leroy Jones* o por *Imamu Amiri Baraka*. Formado en el radicalismo afroamericano, se convirtió en una de las figuras clave del llamado «Black Power». Obra poética: *El predicador muerto* (1964) y *Revolución africana* (1973). Dramas: *El lavabo* (1966) y *El barco negrero* (1969). Ensayos: *Cuba libre* (1960) y *Música negra* (1967).

JONES, HAROLD SPENCER Astrónomo británico (Kensington, 1890 - Londres, 1979). Descubrió más de 1.200 estrellas del hemisferio austral, determinando sus medidas y movimientos.

JONES, INIGO Arquitecto y decorador inglés (Londres, 1573 - íd., 1652). Inspirándose en las obras renacentistas italianas, construyó el Palacio Real de Whitehall, el Hospital de Greenwich, la Bolsa Vieja de Londres, etc.

JONES, JAMES Escritor estadounidense (Robinson, Illinois, 1921 - Southampton, Nueva York, 1977). Sus experiencias durante la Segunda Guerra Mundial dejaron en su obra una profunda huella. Obras: *De aquí a la eternidad* (1951), *La pistola* (1959), *La sutil línea roja* (1962), *Una jaqueca de helado* (1968) y *Un toque de peligro* (1971).

JONES, JENNIFER (PHYLLIS ISLEY, llamada). Actriz de cine estadounidense (Tulsa, Oklahoma, 1919). Películas: *La canción de Bernadette* (Oscar a la mejor interpretación femenina, 1943); *Duelo al sol* (1946), *El pecado de Cluny Brown* (1947), etc.

JONES, LEROI JONES, EVERETT.

JONGKING, JOHAN BARTHOLD Pintor neerlandés (Latrop, 1819 - Grenoble, 1891). Precursor del impresionismo, entre sus lienzos destacan *La costa cerca de El Havre* y *La playa de Sainte-Adresse*.

JONIA *Geog. hist.* Antigua región de la costa oriental de Asia Menor, a la que dieron nombre los jonios expulsados del Peloponeso por los dorios.

JÓNICA, ESCUELA *Filos.* Escuela de filósofos griegos que vivieron en las ciudades jonias de Asia Menor durante los últimos años del siglo VII a. C. Buscaban una explicación de la naturaleza, exenta de influencias religiosas, por lo que también se conoce esta escuela como *materialismo jónico*. A ella pertenecieron Tales de Mileto, Anaximandro, Heráclito, etc.

JÓNICAS, ISLAS Grupo de islas de Grecia, frente a sus costas occidentales, que forman la región homónima; 2.307 km² y 191.003 h. Capital, Corfú. Comprende las islas de Corfú, Léucada, Ítaca, Cefalonia y Zante, y numerosos islotes.

JÓNICO, CA adj. 1 De Jonia. Aplicado a personas, también s. 2 *Arquit.* ORDEN JÓNICO. 3 *Ling.* Se dice de uno de los cuatro dialectos del antiguo griego. También s.

JÓNICO Mar del Mediterráneo, que separa la Italia meridional y Sicilia de Albania y Grecia. Comienza al N entre el cabo de Santa María de Leuca (Italia) y el extremo septentrional de la isla de Corfú, y termina al S entre el cabo Passero (Sicilia) y el cabo Gallo (SO del Peloponeso).

JONIO, NIA adj. De Jonia.

JONJOLÍ m. *Bot.* AJONJOLÍ.

JÖNKÖPING 1 Condado de Suecia, en el S del país; 10.475 km² y 328.059 h. **2** Ciudad capital del mismo, en la orilla del lago Vätern; 115.897 h. Centro industrial y comercial. Puerto.

JONSON, BEN (BENJAMIN JONSON, llamado) Dramaturgo inglés (Westminster, 1573 - Londres, 1637). Destacado representante del teatro isabelino. Obras principales: *Cada cual según su carácter* (1598), *Volpone o el zorro* (1605), *El alquimista* (1610) y *La conspiración de Catilina* (1614).

JOPLIN, JANIS Cantante estadounidense (Port Arthur, 1943 - Los Ángeles, 1970). Llegó a convertirse en uno de los grandes mitos del rock y el *blues* de los años sesenta. Murió a causa de una sobredosis. Entre sus éxitos destacan *Summertime* (1966) y *Me and Bobby McGee* (1970).

JOPO m. Cola de mucho pelo, hopo.

JOPPE JAFFA.

JORAM Rey de Israel (?, 851-?, 843 a. C.). Venció a los moabitas y al rey de Siria, pero fue derrotado y muerto por Jehú.

JORAM Rey de Judá (s. IX a. C.). Reinó entre los años 849 y 843 a. C. Era hijo de Josafat, a quien sucedió, y esposo de Atalía, quien le indujo a introducir en Judea el culto de Baal. Los idumeos se independizaron bajo su reinado.

JORASÁN KHORASÁN.

JORDAENS, JACOB Pintor flamenco (Amberes, 1593 - íd., 1678). Típico representante del naturalismo barroco, realizó preferentemente cuadros de gran tamaño con temas mitológicos, costumbristas, escenas de familia y naturalezas muertas. Decoró la Maison du Bois, en La Haya, donde figura su obra más representativa: *El triunfo de Federico Enrique de Nassau*. Pintó también: *Concierto de familia*, *La niñez de Baco*, *Crucifixión*, *Jesús con los doctores*, *Fecundidad*, etc.

Jacob **Jordaens**. *Jesús expulsando a los mercaderes*. Museo del Louvre (París).

JORDÁN Río de Oriente Próximo, que nace en el monte Hermón (Antilíbano), recorre territorios de Siria, Israel y Jordania, atraviesa el lago Tiberíades y desemboca en el mar Muerto; 320 km. En él fue bautizado Jesucristo.

JORDAN, ALEXIS Botánico y biólogo francés (Lyon, 1814 - íd., 1897). Estudió las mutaciones en los vegetales y demostró que las especies linneanas están formadas por entidades más elementales, hoy llamadas especies jordanianas.

JORDAN, CAMILLE Matemático francés (Lyon, 1838 - París, 1922). Se le debe la definición de curva que lleva su nombre, de gran importancia en topología.

JORDAN, DAVID STARR Zoólogo estadounidense (Gainesville, 1851 - Stanford, 1931). Se especializó en ictiología. Entre sus obras destacan *Guía para el estudio de los peces, Géneros de peces* y *Peces de América del Norte y del Centro*.

JORDAN, ERNST PASCUAL Físico alemán (Hannover, 1902 - Hamburgo, 1980). Fundó, con Max Born y W. Heisenberg, la mecánica cuántica.

JORDÁN, ESTEBAN Escultor, pintor y arquitecto español (León, h. 1530 - Valladolid, 1598). Fue discípulo y colaborador de Berruguete. Perteneciente a la escuela de Valladolid, esculpió el retablo de la iglesia del monasterio de El Pardo. Una de sus mejores obras es el sepulcro de Pedro de la Gasca.

JORDÁN, LUCAS GIORDANO, LUCA.

JORDAN, MICHAEL Jugador de baloncesto estadounidense (Nueva York, 1963). Desde 1985 perteneció al equipo *Chicago Bulls* de la NBA. Campeón olímpico en Los Ángeles y Barcelona, se retiró de la competición en 1993, pero regresó en 1995. Se retiró definitivamente en 1999.

JORDANIA (Al-Mamlakah al-Urduniyah al-Hashimiyah) Estado del SO de Asia, en el Oriente Próximo. Limita al N, con Siria; al E, con Irak y Arabia Saudí; al S, con Arabia Saudí, y al O, con Israel.

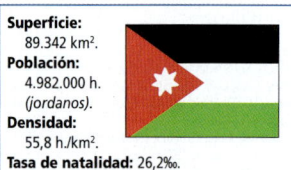

Superficie: 89.342 km².
Población: 4.982.000 h. (jordanos).
Densidad: 55,8 h./km².
Tasa de natalidad: 26,2‰.
Tasa de mortalidad: 2,6‰.
Capital: Amman.
Ciudades principales: Zarqa, Irbid, Salt, Mafraq.
Grupos étnicos: árabes (99,2%), de los que el 50% son palestinos.
Religión: islamismo (93%), cristianismo de diferentes ritos (5%).
Idioma: árabe.
Moneda: dinar jordano.
Forma de Estado: monarquía.
Producto Nacional Bruto: 5.252 millones de dólares.
Renta per cápita: 1.150 dólares.
División administrativa: 12 gobernaciones, según cuadro.

JORDANIA

Gobernaciones	Superficie (km²)	Población (h.)	Capitales
Ajlun	412	105.500	Ajlun
Amman	8.231	1.809.800	Amman
Aqaba	6.583	95.400	Aqaba
Balqa	1.076	312.200	Salt
Irbid	1.621	848.300	Irbid
Jarash	402	139.800	Jarash
Karak	3.217	191.400	Karak
Ma'an	33.163	92.700	Ma'an
Madaba	2.008	121.300	Madaba
Mafraq	26.435	219.000	Mafraq
Tafilah	2.114	72.500	Tafilah
Zarqa	4.080	747.900	Zarqa

GEOG. El país forma parte de la gran meseta de Arabia y es, en su mayor parte, desierto. Además del Jordán no existen verdaderos ríos. El clima es árido y extremado, y las precipitaciones son escasas. Las pocas áreas cultivables se encuentran en las proximidades del Jordán, y en las laderas de las montañas. La ganadería es nómada o seminómada. Posee importantes yacimientos de fosfatos y obtiene petróleo en el S. En el ámbito industrial hay que destacar el desarrollo del sector manufacturero en las ramas alimentaria, textil y principalmente en la elaboración de fosfatos (fertilizantes), y de derivados del petróleo. La difícil situación de la economía jordana se vio paliada durante los años ochenta por las remesas de divisas enviadas por sus emigrantes, así como por las ayudas que recibía de otros Estados árabes para sufragar los gastos que suponía albergar a miles de refugiados palestinos. La situación se agravó a comienzos de los años noventa, a raíz de la postura adoptada por el rey Hussein en la guerra del Golfo. Poco a poco su relación con los distintos países se fue recomponiendo y, a pesar del problema del paro y la deuda externa, la economía jordana inició un proceso de recuperación.

HIST. El núcleo originario de la actual Jordania lo constituían los territorios situados al E del río Jordán denominados *Transjordania* hasta 1949. Numerosos pueblos de la Antigüedad habitaron esta región: amonitas, edomitas, etc. Fue conquistada en el siglo II a. C. por los nabateos, quienes establecieron un poderoso reino con capital en Petra. En el siglo II d. C. fue incorporada al imperio romano, y hacia 636 cayó en poder de los árabes. Perteneció al imperio otomano desde 1518 hasta la Primera Guerra Mundial (1914-18), en cuyo transcurso fue ocupada por los británicos junto al resto de Palestina. En 1922, ya con el nombre de Transjordania, el Reino Unido estableció un gobierno independiente bajo la jefatura del primer emir hachemita Abdullah Ibn Hussein. El reino de Transjordania proclamó su independencia en 1946. Al término del primer conflicto árabe-israelí (1948-49) se anexionó la Cisjordania, territorios de Palestina que no se habían integrado en el Estado de Israel, y cambió su nombre por el de Reino Hachemita de Jordania. En 1951, el rey Abdullah fue asesinado en Jerusalén, y tras el breve reinado de su hijo el emir Talal, en 1952 accedió al trono su nieto Hussein. Los primeros años de su reinado se caracterizaron por los continuos conflictos fronterizos con Israel, Egipto y Siria, y la instalación en territorio jordano de campamentos de guerrilleros palestinos. Apoyado por el Reino Unido y EE UU, poco a poco Hussein fue estrechando su acercamiento a los países árabes, lo que derivó en la intervención de Jordania en la guerra de los Seis Días contra Israel. La derrota le supuso la pérdida de Cisjordania. A comienzos de la década de los setenta estalló la guerra civil entre el ejército jordano y los guerrilleros palestinos. Hussein entregó el poder a los militares y el movimiento nacional palestino se trasladó al Líbano (1971). Las tensas relaciones con los otros países árabes, especialmente con Egipto, provocaron el aislamiento de Jordania y la consiguiente crisis económica y financiera. Sin embargo, en vísperas del cuarto conflicto árabe-israelí (1973), normalizó las relaciones con Egipto, Irak, Siria y Kuwait. En 1974, durante la conferencia árabe en Rabat (Marruecos), el rey Hussein cedió a la OLP sus derechos sobre los territorios ocupados por Israel (Cisjordania, Jerusalén), por lo que esta organización era oficialmente reconocida como única representante de los palestinos. La nueva situación repercutió en la política interior. Hussein disolvió el parlamento del que formaban parte representantes palestinos (1974), reformó la constitución (1974, 1976) y, finalmente, sustituyó la cámara de diputados por un consejo consultivo designado por el rey (1978). La firma de los acuerdos de Camp David (EE UU, 1978) entre Egipto e Israel dividió el mundo árabe, y Jordania se unió a los países árabes moderados y reforzó su unión con Arabia Saudí y con la URSS. Reanudó sus relaciones con Irak al estallar el conflicto irano-iraquí en 1980, lo que implicó el inicio de un estado de guerra latente con Siria que no desaparecería hasta 1985, y nuevamente entabló conversaciones con el líder de la OLP, Yasser Arafat, tras la invasión israelí de Líbano en 1982. Jordania asumió el papel de mediador de una nueva política de pacificación en Oriente Próximo e intentó llegar a un acuerdo con la OLP, que desembocó en la presentación de un plan de

paz conjunto en 1985, que contemplaba la posibilidad de crear un estado palestino en Cisjordania confederado al de Jordania. El plan no tuvo ningún efecto, y en 1987 la Liga Árabe decidió trasladar la cuestión palestina a la ONU, resolución que fue complementada por Jordania con la cesión formal de Cisjordania a los palestinos en 1988. En 1989, las primeras elecciones celebradas desde 1967 registraron el triunfo del integrismo islámico, poniendo de manifiesto la grave crisis económica jordana, que prácticamente en su totalidad dependía de la ayuda externa proporcionada por Arabia Saudí y Kuwait. Por ello, la invasión de Kuwait por tropas iraquíes en agosto de 1990 y la amenaza latente a Arabia Saudí, colocó a Hussein en una difícil situación, acosado en el interior por el apoyo palestino a los intereses iraquíes. Partidario de buscar una solución netamente árabe a la crisis, cuando acabó la guerra tomó parte en las negociaciones de paz entre árabes e israelíes iniciadas en Madrid en 1991. Por problemas de salud a finales de 1992 Hussein delegó parcialmente las funciones de gobierno en su hermano, el príncipe heredero Hassán. Éste, en 1993, se reunió en Washington con Clinton y Simon Peres, para firmar un acuerdo de paz con la Organización para la Liberación de Palestina. En 1993 se produjeron las primeras elecciones multipartidistas, en las que un 80% del parlamento fue ocupado por políticos moderados afines a Hussein. En 1994 se produjo un histórico acuerdo de paz entre Jordania e Israel, suscrito en Washington entre el rey Hussein y Simon Peres. En 1998 Fayer Tarawne sustituyó al frente del gobierno al dimitido Abdul Salam Mayali. En 1999, pocos días antes de su muerte, el rey Hussein apartó a su hermano Hassan del gobierno y nombró a su hijo Abdalá heredero del trono. Éste le sucedió en febrero de ese mismo año y nombró primer ministro a Abdul Rauf Rawabde, que en junio de 2000 presentó su dimisión y fue sustituido por Ali Abu al-Ragbeh. En las legislativas de junio de 2003 fue revalidado en su cargo el primer ministro Ali Abu al-Ragbeh, pero dimitió en octubre y fue sustituido por Faisal al-Fayez.

JORDANO, NA adj. y s. De Jordania.
JORDI DE SANT JORDI SANT JORDI, JORDI DE.
JORGE m. *Zool.* ABEJORRO, insecto coleóptero.
JORGE Nombre de dos reyes de Grecia.

Jorge I, rey del Reino Unido. Retrato de Godfrey Kneller. National Gallery (Londres).

JORGE I (Copenhague, 1845 - Salónica, 1913). Reinó entre 1863 y 1913. Era hijo segundo de Cristián IX, rey de Dinamarca. Tras ser derrocado el rey Otón, fue designado por el Reino Unido, Francia y Rusia. Murió asesinado.
JORGE II (Atenas, 1890 - íd., 1947). Era hijo del rey Constantino y de la reina Sofía. Subió al trono en 1922, pero hubo de abdicar en 1924, fecha en que se proclamó la República. Fue restaurado en el trono en 1935, por plebiscito popular.
JORGE Nombre de diversos soberanos del Reino Unido.
JORGE I (Hannover, 1660 - Osnabrück, 1727). Reinó entre los años 1714 y 1727. Hijo del elector de Hannover Ernesto Augusto y descendiente de Jacobo I Estuardo, fue llamado al trono inglés por el Partido Liberal en 1714, tras la muerte de la reina Ana. Dejó la dirección de la política en manos de sus ministros, especialmente Walpole.
JORGE II (Herrenhausen, 1683 - Kensington, 1760). Hijo del anterior, reinó entre 1727 y 1760. En la guerra de Sucesión de Austria los intereses de la casa Hannover llevaron al Reino Unido a una desastrosa campaña en Europa, lo que desencadenó la oposición de ciertos sectores. Durante su reinado se produjo una expansión colonial de Inglaterra.
JORGE III (Londres, 1738 - Windsor, 1820). Hijo de Federico, príncipe de Gales y de Augusta de Sajonia-Coburgo, sucedió a su abuelo Jorge II en 1760. Durante su reinado se produjo la secesión de las colonias americanas. Presa de una enfermedad mental, en 1810 cedió la regencia de Inglaterra a su hijo Jorge.
JORGE IV (Londres, 1762 - Windsor, 1830). Primogénito de Jorge III, reinó entre los años 1820 y 1830, aunque desde 1911 actuó como regente. Llevó a cabo una política conservadora, poco relevante debido a su falta de carácter.
JORGE V (Londres, 1865 - Sandringham, 1936). Reinó entre 1910 y 1936. Era el hijo segundo de Eduardo VII. Por la solución política que ofreció a las dificultades que se le plantearon (Primera Guerra Mundial, colonias, etc.) contó con el apoyo popular.
JORGE VI (Sandringham, 1895 - íd., 1952). Segundo hijo de Jorge V, ocupó el trono en 1936 al abdicar su hermano Eduardo VIII. Fue emperador de la India hasta 1947.
JORGE I Rey de Sajonia (Pillmitz, 1832 - íd., 1904). Hijo tercero del rey Juan, participó en la guerra francoprusiana. Durante su reinado (1902-04) se enfrentó al auge del socialismo.
JORGE, SAN Mártir cristiano (ss. III-IV). Jefe de una compañía de soldados del emperador Diocleciano, se convirtió al cristianismo, y abandonó la carrera militar. Fue decapitado en el año 303. Se le representa en combate contra un dragón para salvar a una princesa. Es patrón de Inglaterra, Portugal, Cataluña y Aragón.
JORGE, LIDIA Novelista portuguesa (Boliqueme, 1946). Destacada figura de la generación posrevolucionaria portuguesa, entre sus obras destacan *O Dia de Prodígios* (1980) y *Notícia da Cidade Silvestre* (1984).
JORGE BLANCO, SALVADOR Político dominicano (Santiago, 1926). Miembro del Partido Revolucionario Dominicano, asumió la presidencia de la República entre 1982 y 1986.
JORGE DE PODEBRADY Rey de Bohemia (Podebrady, 1420 - Praga, 1471). Sucesor de Ladislao el Póstumo, reinó de 1458 a 1471. Profesó la religión husita y luchó contra los reformadores independientes y los católicos.
JÖRGENSEN, JENS JOHANNES Escritor danés (Svendborg, 1866 - íd., 1956). Excelente poeta, es conocido sobre todo por sus escritos religiosos. De su obra poética cabe citar *Versos* (1887), *Voces* (1892), *Añoranzas* (1894), *Flores y frutos* (1906) y *Cantos de Vadstena* (1941).
JORN, ASGER (ASGER OLUF JÖRGENSEN, llamado) Pintor danés (Vejrum, 1914 - Aarhus, 1973). Miembro fundador del grupo CoBrA (1948), su obra constituye una de las propuestas más agresivas de la pintura contemporánea.
JORNADA f. **1** Camino que, cuando se está de viaje, se recorre en un día. **2** Todo el camino o viaje, aunque pase de un día. **3** Época antigua en que oficialmente se traslada el cuerpo diplomático a una residencia distinta de la capital y también algún ministro, para mantener las relaciones con aquél. **4** Tiempo de duración del trabajo diario de los obreros y empleados. **5** fig. En el poema dramático español, ACTO. **6** Estipendio del trabajador por un día, jornal.
JORNAL m. **1** Estipendio del trabajador por cada día de trabajo. **2** Este mismo trabajo. **3** Medida de tierra de extensión varia.
JORNALERO, RA m. y f. Persona que trabaja a jornal.
JOROBA f. **1** *Anat.* Giba, chepa. **2** fam. Impertinencia, molestia.
JOROBADO, DA adj. y s. Cheposo.
JOROBAR tr. y prnl. fig. y fam. Fastidiar, molestar, importunar.
JOROPEAR intr. **1** *Col.* y *Venez.* Bailar el joropo. **2** fig. Divertirse.
JOROPO m. **1** *Danza.* y *Mús.* Música y danza popular de origen venezolano. **2** *Venez.* Fiesta.
JOSA f. Heredad sin cerca plantada de vides y árboles frutales.
JOSAFAT Rey de Judá (s. IX a. C.). Hijo y sucesor de Asa, reinó entre los años 873 y 849 a. C. Venció a los moabitas, rechazó a los amonitas y sus aliados idumeos. Restauró el culto de Yahvé.
JOSAFAT, VALLE DE Lugar simbólico en el que, según la tradición cristiana, se celebrará el *Juicio Final*.
JOSÉ Patriarca hebreo, hijo de Jacob y de Raquel. Vendido por sus hermanos a unos mercaderes ismaelitas, fue llevado a Egipto y entró como esclavo en casa de Putifar, oficial de la guardia del faraón, cuya esposa le hizo encarcelar. Por descifrar los sueños del faraón éste le nombró primer ministro.
JOSÉ Nombre de dos emperadores germánicos.
JOSÉ I Rey de Hungría, rey de romanos, archiduque de Austria y emperador (Viena, 1678 - íd., 1711). Ocupó el trono de Hungría en 1687 y fue nombrado emperador en 1705. Hijo de Leopoldo I, participó en la guerra de Sucesión española, en apoyo de su hermano Carlos.
JOSÉ II Emperador germánico (Viena, 1741 - íd., 1790). Sucesor de su padre, Francisco I de Lorena, reinó

José I Bonaparte. Retrato de Luigi Toro. Museo Nacional de San Martín (Nápoles).

entre 1765 y 1790. Representante del despotismo ilustrado, se interesó por las ideas enciclopedistas. Introdujo la libertad de comercio, fomentó la industria y modificó la disciplina eclesiástica. En 1781 promulgó un edicto de tolerancia que finalizaba con las persecuciones de protestantes y ortodoxos.
JOSÉ, SAN Esposo de la Virgen María y padre putativo de Jesucristo. Fue carpintero y murió antes de que Jesús comenzase su vida pública. Es patrón de la Iglesia Universal.
JOSÉ DE ARIMATEA, SAN Miembro del sanedrín de Jerusalén y discípulo de Jesús, al que dio sepultura.
JOSÉ I BONAPARTE Rey de España, hermano de Napoleón I (Ajaccio, 1768 - Florencia, 1844). Por la Constitución de Bayona accedió al trono en 1808 hasta que la situación a la que se llegó en la guerra de la Independencia española, adversa para las armas napoleónicas, le hizo abandonar el país (1813). Buscó el apoyo de los antiguos «ilustrados» españoles que vieron en él la posibilidad de continuar la política reformista iniciada por Carlos III. Aunque dotado para la política y la administración, no logró ganarse el afecto de los españoles, que le pusieron el sobrenombre de Pepe Botella. Tras la derrota de Napoleón, se retiró a EE UU, luego a Inglaterra y, por último, a Florencia.
JOSÉ DE CALASANZ, SAN Religioso y pedagogo español (Peralta de la Sal, 1556 - Roma, 1648). En 1597 creó, en el barrio romano del Trastévere, la primera escuela pública y gratuita, que denominó *Escuela Pía*. La obra se extendió rápidamente y en el año 1617, el papa Paulo V la erigió en Congregación y, posteriormente, Gregorio XV en Orden religiosa (1621). Fue canonizado por Clemente XIII en 1767.
JOSÉ I EL REFORMADOR Rey de Portugal (Lisboa, 1715 - íd., 1777). Hijo de Juan V y de Mariana de Austria, ocupó el trono entre 1750 y 1777. Expulsó a los jesuitas de sus Estados (1759). Seguidor del despotismo ilustrado, emprendió grandes reformas. Fue aliado del Reino Unido y enemigo de España.
JOSEFINA (MARIE JOSÈPHE TASCHER DE LA PAGERIE, llamada) Emperatriz de Francia (Martinica, 1763 - castillo de Malmaison, París, 1814). Fue la primera esposa de Napoleón I. Se casó primero con el conde de Beauharnais, y después con Bonaparte, en 1796. Fue coronada emperatriz en 1804 y repudiada como estéril en 1809.

Josefina. Retrato de Guillaume Lethière. Palacio de Versalles.

JOSEFINO, NA adj. **1** Relativo a ciertos personajes históricos que llevaron el nombre de José. **2** *Rel.* Se dice de las congregaciones devotas de san José. También s. **3** De San José (Costa Rica). También s.

JOSEFISMO m. *Hist.* y *Rel.* Sistema cesaropapista propugnado por el emperador de Austria José II, que subordinaba la iglesia al Estado en todo, salvo en lo relativo al dogma.

JOSEFO, FLAVIO Historiador romano de origen judío (Jerusalén, 37 - Roma, h. 100). Escribió la *Historia de la guerra de los judíos contra los romanos* y *de la ruina de Jerusalén*.

JOSEPHSON, BRIAN DAVID Físico británico (Cardiff, 1940). Ha realizado trabajos sobre predicciones teóricas de las propiedades de una supercorriente a través de una barrera de túnel. En 1973 recibió el premio Nobel de Física, compartido con L. Esaki e I. Giaever.

JOSÍAS Rey de Judá (? - ?, 609 a. C.). Fue hijo y sucesor de Amón. Destruyó los ídolos en Judá e Israel y realizó una reforma religiosa basada en el Deuteronomio, hallado el 621 en el templo.

JOSPIN, LIONEL Político francés (Meudon, 1937). Secretario general del Partido Socialista, tras su victoria en las legislativas de 1997 accedió al cargo de primer ministro, en cohabitación con el presidente conservador Jacques Chirac, cargo en el que se mantuvo hasta 2002.

JOSUÉ Personaje bíblico, lugarteniente y sucesor de Moisés. Tras la muerte de éste conquistó Canaán y dirigió al pueblo de Israel a la tierra prometida. Es el protagonista del libro de la Biblia que lleva su nombre.

JOTA[1] (Del gr. ἰῶτα, a través del lat. *iota*.) f. **1** Nombre de la letra *j*. **2** Cosa mínima. || **no entender uno, o no saber, ni jota** fr. fig. y fam. Ser muy ignorante en una cosa.

JOTA[2] (Del antiguo *xota*, de *sotar*, bailar.) f. **1** *Danza.* Baile popular propio de Aragón, usado también en otras muchas regiones españolas. **2** *Mús.* Música con que se acompaña este baile. **3** *Mús.* Copla que se canta con esta música. Consta por lo general de cuatro versos octosílabos.

JOTA[3] f. *Amér.* m. Especie de sandalia.

JOTABECHE (JOSÉ JOAQUÍN VALLEJO, llamado) Escritor chileno (Copiapó, 1811 - Santiago, 1858). Su obra consiste en artículos de costumbres y satiricosociales: *Colección de los artículos de Jotabeche* (1847).

JOTE m. *Zool.* Especie de buitre de Chile.

JOUBERT, PETRUS JACOBUS General bóer (Cangi Farm, 1834 - Pretoria, 1900). Como general en jefe de las fuerzas de la República Sudafricana derrotó a los ingleses en Laing's Neck, Ingogo y Majuba en la guerra bóer de 1880-81.

JOUHAUX, LÉON Político francés (París, 1879 - íd., 1954). Fue secretario general de la Conferencia General del Trabajo (1909-14), vicepresidente de la Federación Sindical Mundial y presidente del Consejo Internacional de Unidad Europea desde 1949. Premio Nobel de la Paz en 1951.

JOULE m. *Fís.* Nombre del JULIO[2].

JOULE, JAMES PRESCOTT Físico británico (Salford, 1818 - Sale, 1889). Fue el fundador experimental de la teoría mecánica del calor y determinó los equivalentes mecánico y eléctrico de la caloría. En 1840 descubrió el *efecto Joule*, que se enuncia así: cuando una corriente eléctrica pasa por un conductor homogéneo de diámetro uniforme, parte de la energía que proviene de la corriente se transforma en calor. La cantidad de energía térmica que se produce viene expresada por la *ley de Joule*, que dice: la energía transformada en calor en un conductor desprovisto de toda fuerza electromotriz es proporcional al producto de su resistencia *R* por el cuadrado de la corriente *I* que por él circula y por el tiempo *t* durante el que circula dicha corriente. Asimismo, inventó un instrumento para medir exactamente las corrientes eléctricas, por lo que lleva su nombre la unidad de trabajo o energía (*julio* o *joule*).

JOURDAN, JEAN-BAPTISTE, CONDE DE Mariscal de Francia (Limoges, 1762 - París, 1833). Al comenzar la revolución en Francia fue nombrado jefe de batallón del ejército del Norte haciendo la campaña de Holanda, y luego, ya general en jefe, obtuvo la victoria de Fleurus.

JOUVE, PIERRE JEAN Poeta francés (Arrás, 1887 - París, 1976). Caracterizado por su valor y su sentido trágico, escribió *Presencias* (1912), *Poemas contra el gran crimen* (1916), etc.

JOUVENET, JEAN-BAPTISTE Pintor francés (Rouen, 1644 - París, 1717). Luis XIV le encargó decorar el Palacio de Versalles. Obras: *La curación del paralítico* y *Visitación*.

JOVE (*Xove*) Municipio y lugar de España, provincia de Lugo; 3.802 h.

JOVELLANOS, GASPAR MELCHOR DE Político y escritor español (Gijón, 1744 - Vega, 1811). Alcalde del crimen (1767) y oidor (1774) de la Audiencia de Sevilla, en 1778 se trasladó a Madrid como alcalde de corte, donde

Gaspar Melchor de **Jovellanos**. Retrato de Francisco de Goya. Museo del Prado (Madrid).

ingresó en las academias de la Historia y de San Fernando, y fue nombrado supernumerario por la Real Academia Española. Godoy le eligió secretario o ministro de Gracia y Justicia (1797), pero al año siguiente le desterró a Gijón; en 1801 fue detenido y llevado a Palma de Mallorca, donde escribió *Memorias del castillo de Bellver*. Fernando VII, en 1808, le perdonó de un supuesto delito. Identificado con la lucha del pueblo español por su independencia, representó a Asturias en la Junta Central, en cuya defensa escribió *Memoria en defensa de la Junta Central* (1811). Escribió melodramas, como *El delincuente honrado* (1773), y poesías, firmadas con el seudónimo de *Jovino*. Ensayos: *Informe sobre el expediente de la Ley Agraria* (1794) y *la Memoria para el arreglo de la policía de los espectáculos y diversiones públicas y sobre su origen en España* (1796).

JOVEN adj. **1** De poca edad. || com. **2** Persona que está en la juventud.

JOVEN ALEMANIA *Hist.* Movimiento político e intelectual que surgió en Alemania entre 1830 y 1848. Inspirado en el sansimonismo, sus principales miembros fueron Heinrich Heine, Ludwig Börne y Karl Gutzkow.

JOVEN ITALIA *Hist.* Sociedad secreta fundada por Mazzini en Marsella en 1831. Defendía la unificación italiana y la creación de un Estado unitario y democrático. Editó un periódico con el mismo nombre.

JOVENADO m. **1** En algunas órdenes religiosas, tiempo que están los novicios o religiosas bajo la dirección de un maestro. **2** Casa o cuarto en que habitan.

JÓVENES TURCOS *Hist.* Movimiento político turco fundado por Midhat Bajá en 1865 que propugnaba la liberalización y modernización del imperio otomano. Obligaron a Abdulhamid a restaurar la constitución (1908) y dominaron la vida política hasta 1918.

JOVIAL adj. **1** Relativo a Jove o Júpiter. **2** Alegre, festivo.

JOVIANO, FLAVIO Emperador romano (Singidunum, h. 332 - Dadastana, 364). Ostentó el cargo entre 363 y 364. Fue elevado al trono a la muerte de Juliano el Apóstata por las legiones de Iliria. Firmó una paz deshonrosa con Persia. Cristiano, restauró los privilegios de la iglesia católica. Murió envenenado.

JOYA f. **1** Objeto pequeño de metal precioso, con pedrerías o perlas, o sin ellas, que sirve para adorno. **2** Regalo hecho por reconocimiento o como premio de algún servicio. **3** Brocamantón. **4** fig. Cosa o persona de mucha valía. **5** Adorno de los cañones antiguos. || f. pl. **6** Conjunto de ropas y alhajas que lleva una mujer cuando se casa.

JOYCE, JAMES Escritor irlandés (Dublín, 1882 - Zurich, 1941). Es uno de los novelistas que mayor influencia ha ejercido en la narrativa contemporánea. Procedente de una familia católica, vivió una temporada en París y en 1904 abandonó definitivamente Irlanda junto con su compañera Nora Barnacle. Empezó escribiendo poesía (*Música de cámara*, 1907; *Poemas manzanas*, 1927), y escribió también una obra teatral (*Exiliados*, 1918); pero la obra que logró consagrarlo fue la novela *Ulises* (1922), publicada en París y prohibida por la censura en Inglaterra y EE UU. En 1914 apareció *Dublineses*, colección de cuentos. Otras de sus novelas son *Retrato del artista adolescente* (1916) y *El despertar de Finnegan* (1939).

JOYEL m. Joya pequeña.

JOYERÍA f. **1** Trato y comercio de joyas. **2** Tienda donde se venden. **3** Taller donde se construyen.

JOYERO, RA m. y f. **1** Persona que hace o vende joyas. || m. **2** Estuche, caja, etc., para guardar joyas.

JOYO m. *Bot.* Cizaña, planta.

JOYSTICK (Voz i.) m. *Inform.* Palanca que, accionada manualmente, permite controlar el movimiento de los objetos o el cursor en la pantalla de un ordenador.

JOYUYO m. *Zool.* Ave anseriforme americana perteneciente a la familia anátidas, de nombre científico *Aix sponsa*, de unos 45 cm de longitud. Su plumaje es muy vistoso y multicolor. Vive en el N y centro de América.

JÓZSEF, ATTILA Poeta húngaro (Budapest, 1905 - Balatonszárszó, 1937). Partidario del marxismo, intervino en el movimiento obrero. Autor de *El mendigo de la belleza* (1922) y *No soy yo quien debe clamar* (1925).

JRUSCHEV, NIKITA KRUSCHEV, NIKITA.

JUAN m. DONJUÁN. || **JUAN LANAS** fam. Hombre apocado. || **JUAN PALOMO** fam. Hombre que no se vale de nadie.

JUAN Nombre de diversos papas.

JUAN I, SAN (Tocana, h. 470 - Rávena, 526). Ocupó el solio pontificio entre 523 y 526. Por iniciativa de Teodorico intercedió ante el emperador bizantino Justino para que cesaran las persecuciones antiarrianas.

JUAN II (¿Roma?, 470 - íd., 535). Ocupó el solio pontificio entre 533 y 535. Fue el primero en cambiar su nombre pagano, Mercurio, por el de Juan, iniciando la costumbre que han seguido todos los pontífices.

JUAN III (Roma, 502 - íd., 574). Ocupó el solio pontificio entre 561 y 574. Hizo frente al cisma de Aquilea y restableció la unidad de la iglesia africana con Roma. Durante su pontificado tuvo lugar la incursión de los lombardos en Italia.

JUAN IV (¿Salona?, h. 580 - Roma, 642). Ocupó el solio pontificio entre 640 y 642. Condenó el monotelismo.

JUAN V (¿Antioquía?, 609 - Roma, 686). Ocupó el solio pontificio entre 685 y 686. Fue legado del Papa en el III concilio de Constantinopla (680). Sometió a la autoridad papal a los obispos de Córcega y Cerdeña.

JUAN VI (¿Grecia? - Roma, 705). Ocupó el solio pontificio entre 701 y 705. Luchó contra la invasiones de los lombardos del duque de Benevento, Gisulfo, y contra el exarca de Rávena.

JUAN VII (¿Grecia ? - Roma, 707). Ocupó el solio pontificio entre 705 y 707. Estableció relaciones pacíficas con los lombardos, consiguiendo del rey Eriberto II la devolución de los Alpes Cottianos.

JUAN VIII Antipapa elegido por aclamación por el pueblo de Roma en el 844, durante el pontificado de Sergio II.

JUAN VIII (Roma, 820 - íd., 882). Ocupó el solio pontificio entre 872 y 882. Coronó emperador a Carlos el Calvo (875) y a Carlos el Gordo (881). Acudió al emperador de Oriente, Nicéforo Focas, en busca de ayuda para expulsar a los sarracenos y, tras liberar Italia gracias a su ayuda, murió asesinado.

JUAN IX (Tívoli, 840 - Roma, 900). Ocupó el solio pontificio entre 898 y 900. Fue elegido Papa con el apoyo del duque de Spoleto, Lamberto, al que concedió la corona imperial. En el concilio de Rávena procuró asegurar la libertad en la elección de papas y ordenó que la ceremonia de la consagración de éstos se celebrase en presencia de los legados del emperador.

Juan VII. Mosaico. Museo Vaticano (Roma).

Juan XXIII

Juan X (Tossignano, h. 860 - Roma, 928). Ocupó el solio pontificio entre 914 y 928. Había sido arzobispo de Bolonia y de Rávena (905). Coronó emperador a Berengario (915) y derrotó a los sarracenos el mismo año en Sabina. Murió en la cárcel.

Juan XI (Roma, 910 - íd., 935). Ocupó el solio pontificio entre los años 931 y 935. Apoyó a Odón, abad de Cluny, en su reforma religiosa.

Juan XII (Roma, 937 - íd., 964). Ocupó el solio pontificio entre 955 y 964. Elegido a los dieciocho años, de costumbres libertinas y poco piadoso, realizó un gobierno más político que religioso. Consagró al emperador Otón I (962).

Juan XIII (? - Roma, 972). Ocupó el solio pontificio entre 965 y 972. Obispo de Narni (962), fue elegido gracias al apoyo de Otón I. Hubo de abandonar Roma a consecuencia de un motín popular dirigido por Rofredo, conde de Campania. Repuesto en el gobierno de la iglesia por el emperador Otón I, coronó emperador a su hijo Otón II (967). Impulsó la reforma cluniacense.

Juan XIV (? - Roma, 984). De nombre Pietro Canepanova, fue obispo de Pavía (978) y canciller de Otón II. Ocupó el solio pontificio entre 983 y 984. El antipapa Bonifacio VII le redujo a prisión hasta su muerte.

Juan XV (Roma, 917 - íd., 996). Ocupó el solio pontificio desde 985 hasta su muerte. Fue expulsado de Roma por Crescencio II y repuesto en el pontificado por Otón III.

Juan XVI (? - Fulda, h. 1013). Antipapa elegido en 997, durante el pontificado de Gregorio V. De nombre Giovanni Filagato. Fue capturado por el ejército imperial y murió en prisión. Se sometió en el 998.

Juan XVII (Roma, 934 - íd., 1003). Ocupó el solio pontificio entre junio y diciembre de 1003. Durante su breve pontificado, fue anulado en su labor por los partidarios de Crescencio.

Juan XVIII (? - Roma, 1009). Ocupó el solio pontificio entre 1004 y 1009. Se interesó por la iglesia de Alemania y la evangelización de los eslavos. Restableció la unión con Bizancio.

Juan XIX (Roma, 955 - íd., 1032). Ocupó el solio pontificio entre 1024 y 1032. Hijo del conde de Túsculo y hermano de Benedicto VIII, había sido cónsul y senador de Roma. Pese a ser laico, fue elegido Papa por la influencia de su otro hermano, Albérico, conde de Túsculo. Coronó emperador a Conrado II (1027). Rompió las relaciones con Bizancio al negar a Eustaquio el título de patriarca ecuménico.

Juan XX Antipapa en 1144.

Juan XXI (Lisboa, h.1220 - Viterbo, 1277). Llamado Pietro Giuliano, fue médico de Gregorio X, arzobispo de Braga (1272) y cardenal-obispo de Frascati (1273). Ocupó el solio pontificio entre 1276 y 1277. Hombre de gran erudición, era conocido con el sobrenombre de *Petrus Hispanus*. Escribió un manual de lógica y comentarios a diversas obras médicas.

Juan XXII (Cahors, 1245 - Aviñón, 1334). Llamado Jacques d'Euze, fue obispo de Fréjus (1300), canciller del reino de Sicilia (1308), obispo de Aviñón (1310), cardenal (1312) y obispo de Porto (1313). Ocupó el solio pontificio entre 1316 y 1334. Al igual que su predecesor, Clemente V, se estableció en Aviñón. Creó cátedras de hebreo, árabe y caldeo en las universidades de París, Oxford y Bolonia. Canonizó a Tomás de Aquino (1323) e instituyó la fiesta de la Trinidad (1334). Practicó el nepotismo e impuso una fuerte política fiscal. Como jurista ejerció una gran labor.

Juan XXIII (Nápoles, h. 1370 - Florencia, 1419). Antipapa llamado Baldassare Cossa. Fue elegido en 1510, a la muerte de Alejandro V. Convocó en 1414 el concilio de Constanza, de donde salió elegido Martín V, poniendo fin al Cisma de Occidente.

Juan XXIII (Sotto-il-Monte, 1881 - Roma, 1963). De nombre Angelo Giuseppe Roncalli. Fue arzobispo de Aeropoli (1925), vicario apostólico en Turquía (1935), nuncio apostólico en París (1944), cardenal (1953) y patriarca-arzobispo de Venecia (1953). Sucedió a Pío XII y ocupó el solio pontificio entre 1958 y 1963. Aplicó la doctrina del *aggiornamento* o modernización de la iglesia. Convocó el concilio Ecuménico Vaticano II, con el fin de procurar el retorno de toda la Cristiandad al seno de la iglesia.

Juan Nombre de diversos emperadores bizantinos.

Juan I Zimisces (Hierápolis, 925 - Constantinopla, 976). Ostentó el cargo entre 969 y 976. Siendo general del imperio, asesinó al emperador Nicéforo y se apoderó del trono. Anexionó al imperio Bulgaria, Siria, Fenicia y Palestina.

Juan II Comneno (?, 1088 - Tauro, 1143). Emperador de 1118 a 1143. Reconquistó Tracia y Macedonia a los pechenegos, sometió a vasallaje a Serbia, Hungría y posteriormente Antioquía, y conquistó Mitilene y Cilicia.

Juan III Ducas (Didymotikon, 1193 - Ninfeo, 1254). Ostentó el cargo entre 1222 y 1254. Sucesor de Teodoro I, acabó la conquista de Asia Menor, tomó Salónica y extendió sus Estados a costa de Bulgaria. Intentó reconstruir el imperio bizantino asolado por las cruzadas, y reconquistar Constantinopla.

Juan IV Lascaris (?, 1250 - Bitinia, 1284). Ostentó el cargo entre 1258 y 1261. Hijo de Teodoro II Lascaris, se hallaba aún en la minoría de edad cuando sucedió a su padre. Miguel Paleólogo se apoderó enseguida de la regencia; posteriormente, hizo cegar y aprisionar a Juan IV, despojándolo del trono.

Juan V Paleólogo (Didymotikon, h. 1332 - Constantinopla, 1391). Ostentó el cargo entre 1341 y 1391. Hijo de Andrónico III, fue desplazado del poder por Juan Cantacuceno y después por su hijo Andrónico IV. Durante su reinado se desmembró el imperio, estableciéndose en Andrinópolis el sultán Amurates I.

Juan VI Cantacuceno (Constantinopla, h. 1292 - Mistra, 1383). Ostentó el cargo entre 1341 y 1355. Favorito de Andrónico III, a la muerte de éste conquistó Constantinopla y se hizo reconocer como emperador de Bizancio. Abdicó en 1355.

Juan VII Paleólogo (?, h. 1370 - Monte Athos, h. 1410). Ostentó el cargo entre 1399 y 1402. Hijo de Andrónico IV, fue corregente con Manuel II (1398-1412).

Juan VIII Paleólogo (Constantinopla, 1392 - íd., 1448). Emperador de 1425 a 1448. Hijo y sucesor de Manuel II. Ante la amenaza otomana, pidió ayuda a Occidente, ofreciendo a cambio el sometimiento de la iglesia bizantina a Roma. Tras la derrota de las tropas cristianas en Varna (1444) hubo de prestar vasallaje a los otomanos.

Juan Nombre de dos reyes de Aragón.

Juan I (Perpiñán, 1350 - Foix, 1395). Hijo de Pedro IV, ocupó el trono en 1387. Durante el Cisma de Occidente prestó obediencia a Clemente VII y más tarde reconoció a Benedicto XIII. Se desentendió de los asuntos del gobierno abandonándolos en manos de su esposa doña Violante.

Juan II (Medina del Campo, 1398 - Barcelona, 1479). Fue rey de Aragón (1458-79), rey consorte de Navarra (1425-41) y rey efectivo de Navarra, como Juan I (1441-79). Hijo segundo de Fernando I de Antequera, se convirtió en rey consorte de Navarra al casarse con doña Blanca. Juan II casó en segundas nupcias con doña Juana Enríquez, hija del almirante de Castilla. Su hijo Don Carlos se enfrentó a él y Navarra se dividió en dos bandos: agramonteses, partidarios del rey, y beamonteses, del príncipe; estalló la guerra civil y este último fue vencido y hecho prisionero (1451). A petición de los catalanes, puso en libertad al príncipe de Viana y por la concordia de Villafranca (1461) le nombró su heredero y le encomendó el gobierno de Cataluña. A su muerte, dejó como heredero de la corona de Aragón a su hijo don Fernando, casado con Isabel de Castilla, y de la de Navarra, a doña Leonor, casada con el conde de Foix.

Juan Nombre de dos reyes de Castilla.

Juan I (Épila, 1358 - Alcalá de Henares, 1390). Hijo de Enrique II, a quien sucedió en 1379. Viudo de doña Leonor, hija de Pedro IV de Aragón, contrajo matrimonio con doña Beatriz, heredera del trono de Portugal (1383), y a la muerte de su suegro, Fernando I, intentó anexionarse este reino, pero fue derrotado en Aljubarrota (1385). Resolvió la actitud de Castilla ante el Cisma de Occidente, con la adhesión a la causa del Papa de Aviñón, Clemente VII (1380). Durante su reinado, se reformó el gobierno interior y la administración de justicia. De su primer matrimonio con doña Leonor tuvo tres hijos: Enrique, su sucesor en el trono; Fernando, llamado de Antequera, luego rey de Aragón, y Leonor.

Juan II (Toro, 1405 - Valladolid, 1454). Hijo de Enrique III, le sucedió en 1406. Su reinado se caracterizó por la rivalidad en el gobierno entre los infantes de Aragón, hijos de Fernando I, y el condestable Álvaro de Luna, valido del rey. Estalló una rebelión armada contra el favorito, pero éste venció a la nobleza en Olmedo (1445). La segunda esposa del rey, doña Isabel de Portugal, logró que su esposo firmara una orden de prisión contra el condestable, quien fue condenado a muerte y decapitado (1452). Dejó como heredero a Enrique IV, de su matrimonio con doña María de Portugal. De su segunda esposa tuvo a los infantes Alfonso e Isabel, futura reina de Castilla.

Juan Nombre de dos reyes de Francia.

Juan I el Póstumo (París, 1316 - íd., 1316). Rey de Francia y Navarra, fue hijo póstumo de Luis X y sólo vivió algunos días.

Juan II el Bueno (Le Mans 1319 - Londres, 1364). Hijo de Felipe VI, a quien sucedió en 1350. Fue apresado por los ingleses en la batalla de Poitiers, durante la guerra de los Cien Años. Reconoció como su heredero al rey inglés Enrique V, lo que fue rechazado por su hijo el delfín Carlos.

Juan Nombre de seis reyes de Portugal.

Juan I (Lisboa, 1357 - íd., 1433). Hijo natural de Pedro I el Cruel, fue elevado al trono en 1385 y hubo de enfrentarse con las pretensiones de Juan I de Castilla, al que derrotó con el apoyo de Inglaterra.

Juan II (Lisboa, 1455 - Alvor, 1495). Hijo de Alfonso V, le sucedió en 1491. Su reinado se caracterizó por la expansión marítima de Portugal y por la afirmación del poder real frente a la nobleza. Firmó con Castilla el tratado de Tordesillas (1494).

Juan III (Lisboa, 1502 - íd., 1557). Hijo de Manuel I, le sucedió en 1521. Estableció la Inquisición (1531) y la Compañía de Jesús (1540) y persiguió a los judíos y herejes.

Juan IV (Villaviciosa, 1604 - Lisboa, 1656). Fundador de la dinastía de Braganza, reinó entre 1640 y 1656. Los portugueses, sublevados contra la dominación española, le eligieron rey (1640). Derrotó a los castellanos en Montijo (1644).

Juan V (Lisboa, 1698 - íd., 1750). Hijo de Pedro II, le sucedió en 1706. Tomó parte en la guerra de Sucesión de España en favor del archiduque Carlos y fue derrotado en Almansa (1707).

Juan VI (Lisboa, 1767 - íd., 1826). Hijo de Pedro III y María I. Ejerció la regencia durante la demencia de su madre y subió al trono a la muerte de ésta (1816). Durante la invasión napoleónica se refugió en Brasil, cuya independencia aceptó posteriormente. Juró la primera constitución portuguesa (1821).

Juan Nombre de tres reyes de Polonia.

Juan I Alberto (Cracovia, 1459 - Torun, 1501). Reinó entre 1492 y 1501. Subió al trono a la muerte de su padre, Casimiro VI. Guerreó contra los válacos y realizó concesiones a la pequeña nobleza. Realizó una política hostil a Moldavia, aliada de los otomanos, que finalizó en el desastre de Bucovina (1497).

Juan II Casimiro Casimiro V.

Juan III Sobieski (Olesko, 1624 - Willanów, 1696). Rey de Polonia y Lituania, ejerció el poder en 1674-96. Elegido rey por la Dieta de Varsovia, fue el último soberano de la dinastía Vasa. Recuperó Ucrania y defendió Viena de los turcos.

Juan Nombre de tres reyes de Suecia.

Juan I (Alborg, h. 1201 - Visingsö, 1222). Hijo de Sverker Karlsson, ocupó el trono en 1216. Sucedió a

Juan II de Aragón. Sepulcro en el monasterio de Montserrat (Barcelona).

Eric X Knutsson con el apoyo del clero. Realizó una cruzada a Estonia (1170).

Juan II Juan I Rey de Dinamarca.

Juan III (castillo de Stegeborg, 1537 - Estocolmo, 1592). Reinó entre los años 1568 y 1592. Era hijo segundo de Gustavo I y sucedió a su hermano Erik XIV, obligándole a abdicar. Puso fin a la guerra con Dinamarca (1570).

Juan, príncipe don Hijo primogénito de los Reyes Católicos y heredero de Castilla y León y de la Corona de Aragón (Sevilla, 1478 - Salamanca, 1497). Contrajo matrimonio con Margarita de Austria (1497). Su muerte, que tuvo lugar a los pocos días, abrió la crisis sucesoria.

Juan I Rey de Dinamarca, Suecia y Noruega (Alborg, 1455 - íd., 1513). Sucesor de su padre Cristián I, comenzó su reinado en Dinamarca en 1481, y los de Noruega y Suecia, con el nombre de Juan II, en 1483. Fue depuesto como rey de Suecia en 1502.

Juan I Rey de Sajonia (Dresde, 1801 - Pillnitz, 1873). Sucesor de su hermano Federico Augusto II, subió al trono en 1854. Luchó contra Dinamarca (1864) y apoyó a Austria frente a Prusia (1866). Intervino en la guerra francoprusiana a favor de los alemanes.

Juan I de Luxemburgo Rey de Bohemia (?, 1296 - Crécy, 1346). Reinó entre 1310 y 1346. Era hijo del emperador Enrique VII y fue proclamado rey por los Estados de Bohemia, con la condición de casarse con la hija de Wenceslao IV. Murió en la batalla de Crécy, luchando contra los ingleses.

Juan de Austria Austria, Juan de.

Juan Bautista, san (llamado el Precursor). Profeta hebreo (? - Maqueronte, 28 d. C.). Hijo de san Zacarías y santa Isabel y primo de Jesucristo, a quien bautizó. Predicó la venida del Mesías y reprobó los vicios y crímenes de los poderosos.

Juan Bautista de La Salle, san Religioso francés (Reims, 1652 - Rouen, 1719). Nombrado canónigo, en 1678 renunció a la prebenda y distribuyó sus rentas entre los pobres para dedicarse a la fundación del Instituto religioso denominado *Hermanos de las Escuelas Cristianas*, al frente del cual realizó una importante labor pedagógica.

Juan Bautista María Vianney, san Religioso francés (Dardilly, 1786 - Ars-sur-Formans, 1859). Fue vicario de Écully y párroco de Ars (1818-59). Lo canonizó Pío XI (1925), quien lo declaró patrono de los sacerdotes en 1929.

Juan de Borbón y Battenberg Borbón y Battenberg, Juan de, conde de Barcelona.

Juan Bosco, san Religioso y pedagogo italiano (Becchi, 1815 - Turín, 1888). Fundó la Congregación de los Salesianos en 1845 y el Instituto de Hijas de María Auxiliadora. Al morir dejó 250 casas de religiosos salesianos.

Juan de Brienne Emperador latino de Oriente (Brienne, h. 1148 - Constantinopla, 1237). Fue rey de Jerusalén (1210-25). En 1229 se le encargó la regencia del imperio latino de Oriente tras la muerte de Roberto I, pero exigió el título imperial y fue coronado en Constantinopla (1231-37).

Juan de Capistrano, san Religioso italiano (Capistrano, 1385 - Ilok, 1456). Fue miembro de la Orden de San Francisco del Monte en Perugia. Trabajó en la reforma de su Orden y en la conversión de los judíos y de los husitas.

Juan Carlos I Rey de España (Roma, 1938). Nieto de Alfonso XIII e hijo de Juan de Borbón y Battenberg. Cursó la carrera militar en la Academia de Zaragoza, en la Escuela Naval de Marín y en la Academia General del Aire, completando su formación en la Universidad de Madrid. Propuesto por Franco como su sucesor a título

Juan de Juanes. *La Última Cena.* Museo del Prado (Madrid).

de rey, fue ratificado por las Cortes en julio de 1969. Asumió interinamente la jefatura del Estado en dos ocasiones (19 de julio-2 de septiembre, 1974 y 30 de octubre-20 de noviembre, 1975), por enfermedad de Franco, a cuya muerte fue proclamado rey por las Cortes (22 de noviembre, 1975). Destituyó al entonces jefe del Gobierno Arias Navarro (1976) y le sustituyó por Adolfo Suárez, a quien confirmó en su cargo de presidente tras su victoria en las elecciones de 1977. El 14 de mayo de 1977, su padre, don Juan de Borbón, cedió en su favor los derechos dinásticos que ostentaba a la Corona de España. Promovió un proceso de cambio político para instaurar la democracia en España, que culminó con la promulgación de la Constitución en diciembre de 1978. Durante la transición se convirtió en garante de la democracia, lo que demostró definitivamente en su condena del golpe de Estado del 23 de febrero de 1981. Casado con Sofía de Grecia (1962), de su matrimonio han nacido tres hijos: Elena y Cristina, infantas, y Felipe, príncipe de Asturias. En 1982 fue galardonado con el premio internacional Carlomagno de la ciudad de Aquisgrán, por su contribución a la reconciliación y cooperación internacional en Europa.

Juan Clímaco, san Doctor de la iglesia (?, 525 - Monasterio de Sinaí, h. 600). Fue discípulo de san Gregorio Nacianceno. Compuso obras en griego y en latín. Escribió un tratado de la vida espiritual, titulado *La escala del Paraíso*.

Juan Crisóstomo, san Padre de la iglesia de Oriente (Antioquía, 344 - Comana del Ponto, 407). Elocuente orador de la iglesia griega, fue también obispo de Antioquía y patriarca de Constantinopla a la muerte del patriarca Nectario (398). Desterrado en Armenia, sufrió grandes vicisitudes.

Juan de la Cruz, san (Juan de Yepes y Álvarez, llamado) Religioso y poeta místico español (Fontiveros, Ávila, 1542 - Úbeda, 1591). Emprendió junto con santa Teresa de Jesús, de la que fue discípulo, amigo y colaborador, la reforma de la orden carmelita, encaminada a promover la escrupulosa observancia de su regla. Fundó el primer convento de carmelitas descalzos y acompañó a santa Teresa en su misión por los pueblos de Castilla. Como poeta es una de las figuras más notables de la mística española. Sus composiciones resultan poco asequibles a causa de su subjetivismo intenso, inspirado en el amor divino. En él se funden el éxtasis religioso y la inspiración poética, la riqueza de imágenes y simbolismos y el sentimiento elevado. Escribió *Noche oscura del alma* (huida del alma de los sentidos y su unión con Dios), *Cántico espiritual* (proceso místico hacia Dios), y *Llama de amor viva* (unión con Dios).

Juan Damasceno, san Doctor de la iglesia griega (Damasco, 683 - San Sabas, 754). Combatió la herejía iconoclasta y, entre los años 726 y 737, compuso tres discursos contra los destructores de las imágenes.

Juan Eudes, san Sacerdote francés (Ri, 1601 - Caen, 1680). Fundó en Caen la Congregación de Jesús y María, consagrada a la educación de los seminaristas y a las misiones.

Juan Evangelista, san Uno de los doce apóstoles (? - Éfeso h. 100). Hijo de Zebedeo y de Salomé, fue uno de los discípulos predilectos de Jesús, quien le hizo presenciar su transfiguración y su santa agonía en el huerto de los Olivos. Escribió el *IV Evangelio*, el *Apocalipsis* y tres epístolas católicas.

Juan Fernández Archipiélago de Chile, en el Pacífico, que forma parte de la región de Valparaíso; 203 km² y 516 h. Está formado por las islas Robinson Cru-

soe, antes *Más a Tierra*, Alejandro Selkirk, antes *Más Afuera*, y Santa Clara. La isla de Robinson Crusoe, también llamada *Juan Fernández*, fue descubierta por el español de este nombre hacia 1565.

Juan Fisher, san Cardenal inglés (Beverley, 1459 - Londres, 1535). Nombrado obispo de Rochester en 1504. Se opuso al protestantismo y a la anulación del matrimonio de Enrique VIII con Catalina de Aragón, por lo que fue condenado a muerte. Fue canonizado en 1935.

Juan Francisco de Regis, san Religioso jesuita francés (Fontcouverte, 1597 - Lalouvesc, 1640). Se dedicó sobre todo a las denominadas misiones populares. Fue canonizado en 1737.

Juan de Juanes (Vicente Juan Masip, llamado) Pintor español (Fuente la Higuera, Valencia, 1523 - Bocairente, 1579). Fue uno de los más importantes creadores de iconografía religiosa del Renacimiento español. Autor del *Bautismo de Cristo*, la *Coronación de la Virgen* y *La última Cena*, así como del retablo de la catedral de Segorbe.

Juan de Luxemburgo Gran duque de Luxemburgo (castillo de Colmarberg, 1921). Contrajo matrimonio en 1953 con la princesa Josefina Carlota de Bélgica. Sucedió a su madre, la gran duquesa Carlota, por abdicación, en noviembre de 1964. En octubre de 2000 abdicó en su hijo Enrique.

Juan Manuel, infante don Escritor castellano (Escalona, Toledo, 1282 - Córdoba, 1347). Hijo del infante don Manuel y nieto de san Fernando, fue regente de Castilla durante la minoría de Alfonso XI (1321-25). Intervino en las guerras contra los musulmanes y tomó parte en el sitio de Algeciras. Versado en letras clásicas y en las obras de los escritores orientales, sarracenos. Su obra más notable es el *Libro de Patronio* o *El conde Lucanor* (1328-34). También escribió el *Libro del caballero y del escudero*, el *Libro de los Estados* y el *Libro infinito*, también llamado de *los castigos*.

Juan de Mata, san Sacerdote francés (Faucon, 1160 - Roma, 1213). Fue el fundador, con san Félix de Valois, de la Orden de los Trinitarios. El papa Inocencio XI le canonizó en 1679.

Juan Nepomuceno, san Sacerdote bohemio (Nepomuk, 1330 - Praga, 1383). Se negó a revelar al emperador Wenceslao la confesión de su esposa, la emperatriz Juana, y fue muerto por orden del soberano.

Juan de Ruysbroek, beato Teólogo flamenco (Ruysbroek, 1294 - Goendal, 1381). Prior del convento de Goendal, escribió, entre otras obras, *Espejo de la belleza eterna*, *Ornamento de las bodas espirituales* y *La verdadera contemplación*.

Juan de Salisbury Filósofo inglés (Old Sarum, h. 1115 - Chartres, 1180). Fue secretario del arzobispo de Canterbury, primero de Teobaldo y después de Tomás Becket, a quien acompañó al exilio y cuya biografía escribió. En 1176 se convirtió en obispo de Chartres. De su producción destaca *Polycraticus*, primer tratado de filosofía política de la Edad Media y *Metalogicon*, donde expuso la lógica aristotélica.

Juan Pablo Nombre de dos papas.

Juan Pablo I (Forno di Canale, 1912 - Roma, 1978). De nombre Albino Luciani. Fue elegido sucesor de Pablo VI en 1978. Participó activamente en el concilio Vaticano II y en el Sínodo de los Obispos de 1971. Murió a los 33 días de pontificado.

Juan Pablo II (Wadowice, 1920). De nombre Karol Wojtila. En 1946 fue ordenado sacerdote; en 1964, nombrado arzobispo de Cracovia, y en 1967, carde-

Juan Carlos I

nal. En octubre de 1978 fue elegido Papa para suceder a Juan Pablo I. En mayo de 1981 resultó gravemente herido en un atentado en la plaza de San Pedro. Es autor de numerosas encíclicas, como *Redemptor Hominis* (1979), *Redemptoris mater* (1987), *Veritatis Splendor* (1993), *Evangelium vitae* (1995), etc. En enero de 1983 promulgó el nuevo Código de Derecho Canónico y, en 1984, permitió la liturgia eclesiástica en latín, que había sido sustituida tras el Vaticano II. A principios de 1985 convocó un sínodo general extraordinario de obispos para hacer una revisión a fondo del último concilio. Preocupado por la labor evangelizadora, ha realizado multitud de viajes. En 1992 promovió la publicación de un nuevo *Catecismo Universal*. En octubre de 2003, ante la preocupación de sus colaboradores por su deterioro físico, convocó un consistorio en el que nombró 31 nuevos cardenales que asistirán al cónclave para su sucesión.

Juan Pablo II. Con Fidel Castro durante la visita pastoral a Cuba en enero de 1998.

JUAN Y SANTACILIA, JORGE Cosmógrafo y marino español (Novelda, 1713 - Madrid, 1773). Fue designado, junto a Antonio de Ulloa, por el rey Felipe V para formar parte de la expedición francesa dirigida por La Condamine (1735-41) a Perú y colaborar en la medición de un arco de meridiano próximo al ecuador. Estableció el Observatorio Astronómico de Cádiz.

JUAN SIN MIEDO Duque de Borgoña (Dijon, 1371 - puente de Montereau, 1419). Ostentó el título entre 1414 y 1419. Sostuvo una larga lucha contra Francia, ayudado por los ingleses, y se apoderó de París. Murió en una emboscada.

JUAN SIN TIERRA Rey de Inglaterra (Oxford, 1167 - Newark, 1216). Reinó entre 1199 y 1216. Fue el cuarto hijo de Enrique II Plantagenet y Leonor de Aquitania. Durante el cautiverio de su hermano Ricardo Corazón de León trató de apoderarse del reino, sin conseguirlo; pero, muerto el rey, le sucedió en 1199. Concedió a sus súbditos la Carta Magna (1215), documento que limitaba los poderes del rey en favor de la nobleza y que ha servido de base a las libertades inglesas.

JUANA Cuba, *Hist.*

JUANA Nombre de dos reinas de Nápoles.

JUANA I (Nápoles, 1326 - Aversa, 1382). Reinó entre 1343 y 1382. Nieta y sucesora en 1343 de su abuelo, Roberto el Bueno. Fue despojada del trono por uno de sus sobrinos y asesinada.

JUANA II (Nápoles, 1371 - íd., 1435). Reinó entre 1414 y 1435. Hija de Carlos II de Nápoles y de Margarita de Durazzo, sucedió a su hermano Ladislao en 1414. Sus Estados fueron disputados entre Alfonso de Aragón y Renato de Anjou.

JUANA Nombre de diversas reinas de Navarra.

JUANA I (Bar-sur-Seine, 1270 - Vincennes, 1305). Hija de Enrique I el Gordo, le sucedió en 1274, bajo la tutela de su madre. A causa de una revuelta, el rey de Francia se incautó del reino, hasta que, casada en 1284 con Felipe el Hermoso, futuro Felipe IV de Francia, se reintegró en el trono y el reino navarro se unió a la corona francesa.

JUANA II (?, h. 1311 - Conflans, 1349). Hija de Luis X de Francia, fue desposeída del trono por su tío Felipe de Valois (II de Navarra y V de Francia). Cuando falleció Carlos I de Francia y de Navarra, los navarros la eligieron soberana. Contrajo matrimonio con Felipe de Évreux, conocido como Felipe III de Navarra, e introdujo la dinastía de Évreux en Navarra. Ambos fueron coronados en Pamplona en 1329.

JUANA III DE ALBRET (Saint-Germain-en-Laye, 1528 - París, 1572). Era nieta de Juan de Albret y Catalina de Foix, últimos reyes de la Navarra española, e hija de Enrique II de Albret, soberano de la Navarra francesa y de Margarita de Angulema, hermana de Francisco I, rey de Francia. En 1541 se casó con el duque de Cléveris, y por segunda vez con Antonio de Borbón en 1548. Sucedió a su padre en 1550. Abrazó la doctrina protestante, por lo que el papa Pío IV la excomulgó en 1565. Fue madre del rey Enrique IV de Francia.

JUANA I LA LOCA Reina de Castilla (Toledo, 1479 - Tordesillas, 1555). Hija de los Reyes Católicos, se casó en 1496 con Felipe I el Hermoso, archiduque de Austria, y, en 1504, a la muerte de Isabel, fue proclamada reina de Castilla. De su matrimonio nacieron cuatro hijas y dos hijos, Carlos I de España y V de Alemania, y Fernando II, emperador de Alemania. Debido a su enajenación mental, en la Concordia de Salamanca (1505) se convino el gobierno conjunto de Juana, Felipe y Fernando, padre de la reina; pero con la muerte de su esposo (1506) el estado de la reina se agravó y fue declarada incapacitada. Desde entonces vivió recluida. En 1516, Carlos I asumió el título de rey en nombre de su madre.

JUANA DE ARCO, SANTA Heroína francesa (Donrémy-la-Pucelle, 1412 - Rouen, 1431). Llamada la *Doncella de Orleans*. Durante la guerra de los Cien Años, Juana oyó una voz que le decía que estaba destinada a salvar su patria. Tras ser armada caballero, hizo levantar a los ingleses el sitio de Orleans y coronar a Carlos VII en Reims (1429). Desde entonces obtuvo numerosas victorias llegando a poner sitio a París. Capturada por los ingleses, la acusaron de herejía y la condenaron a la hoguera. Fue canonizada en 1920.

JUANA FRANCISCA FRÉMYOT DE CHANTAL, SANTA Religiosa francesa (Dijon, 1572 - París, 1641). Casada con el barón de Chantal en 1592, al enviudar (1600) se puso bajo la protección de san Francisco de Sales. Junto a él fundó la Orden de la Visitación de Nuestra Señora (Salesas).

JUANA GREY Reina de Inglaterra (Bradgate, 1537 - Londres, 1554). Bisnieta de Enrique VII de Inglaterra, fue proclamada reina a la muerte de Eduardo VI, con ayuda del Partido Protestante (10 de julio de 1553). A los nueve días de su reinado, cayó en poder de su rival María Tudor.

JUANA INÉS DE LA CRUZ, SOR CRUZ, SOR JUANA INÉS DE LA.

JUANA SEYMOUR Reina de Inglaterra (Wolf Hall, 1509 - Hampton Court, 1537). Tercera esposa de Enrique VIII, se casó con éste el día después de la ejecución de Ana Bolena (1536). Murió poco después del nacimiento de su hijo Eduardo.

JUANETE m. **1** Hueso del nacimiento del dedo gordo del pie, cuando sobresale demasiado. **2** *Veter.* Sobrehueso que se forma en la cara interior del tejuelo de las caballerías. **3** Cada una de las vergas que se cruzan sobre las gavias.

JUÁREZ Ciudad de México, en el Estado de Chihuahua; 789.522 h. Centro comercial, agrícola y ganadero. Industrias alimentarias y textiles. Punto fronterizo con EE UU. Se llamó *Paso del Norte* de 1662 a 1888, fecha en la que cambió su nombre por el de *Ciudad Juárez*. Desde 1969 es conocida por el nombre actual.

JUÁREZ CELMAN, MIGUEL Político argentino (Córdoba, 1844 - Buenos Aires, 1909). Presidente de la República (1886-90), su gestión provocó un movimiento popular que le alejó del poder.

Juana I la Loca. Retrato de Juan de Flandes. Museo de Historia del Arte (Viena).

Juana Seymour. Retrato de Hans Holbein. Museo de Historia del Arte (Viena).

JUÁREZ GARCÍA, BENITO PABLO Político mexicano (San Pablo de Guelatao, 1806 - Ciudad de México, 1872). Diputado y gobernador del Estado de Oaxaca (1847-52) y presidente de la Suprema Corte de justicia, defendió la Constitución de 1857, de carácter progresista. Elegido presidente de la República (1858), llevó a cabo la nacionalización de los bienes del clero y dictó un cuerpo de leyes avanzadas que se conocen como *Leyes de Reforma*. Suspendió el pago de la deuda exterior (1861), lo que provocó la intervención de Francia y la instauración del imperio de Maximiliano de Habsburgo (1864-67), mientras que Juárez dirigía la resistencia desde la frontera estadounidense. Presionado por EE UU, Napoleón III de Francia retiró sus tropas de México, y Juárez, tras fusilar a Maximiliano (1867), entró de nuevo en la capital. Reelegido presidente en 1867 y en 1871, en su última etapa de gobierno se enfrentó a la oposición de Lerdo de Tejada y de Porfirio Díaz.

JUARROZ, ROBERTO Poeta argentino (Coronel Dorrego, Buenos Aires, 1925 - Buenos Aires, 1995). Considerado uno de los principales representantes de la poesía argentina contemporánea, es autor de diversas colecciones de poemas publicadas sucesivamente, entre 1958 y 1997, bajo el título de *Poesía vertical*.

JUBA Río de África oriental, en Somalia, que se origina en el borde SE de la meseta de Etiopía por la unión de tres grandes ríos (el Daud, el Ganale y el Web), y desemboca en el océano Índico, después de atravesar el país de N a S; 880 km.

JUBA Nombre de dos reyes de Numidia y Mauritania.

JUBA I Rey de Numidia (? - Zama, 46 a. C.). Sucedió a su padre Hiempsal en el año 50 a. C. Partidario de Pompeyo, fue derrotado por César y obligado a darse muerte.

JUBA II Rey de Mauritania (?, h. 52 a. C. - Cesarea, 23 d. C.). Hijo del anterior, reinó entre 25 a. C. y 23 d. C. Entregado a César después de la derrota y muerte de su padre. Augusto lo casó con Cleopatra, hija de Antonio y Cleopatra, y le constituyó un reino con las dos Mauritanias.

JUBAIL Población de Líbano, a unos 40 km al N de Beirut; 2.000 h. Es la antigua BIBLOS.

JUBBULPORE JABALPUR.

JUBETE m. *Hist.* Coleto cubierto de malla de hierro que usaron los soldados españoles hasta fines del siglo XIV.

JUBILACIÓN f. **1** Acción y efecto de jubilar. **2** Renta que disfruta la persona jubilada.

JUBILADO, DA adj. y s. Se dice de la persona que por razones de edad o enfermedad ha abandonado el ejercicio de su profesión y le ha sido concedida una pensión.

JUBILAR tr. **1** Disponer que por vejez, incapacidad u otras razones y con derecho a pensión, cese un empleado o funcionario en el ejercicio de su actividad o destino. **2** Dispensar a una persona, por razón de edad o decrepitud, de ejercicios o cuidados que practicaba o le incumbían.

JUBILEO m. **1** *Rel.* Fiesta pública que celebraban los israelitas al terminar cada periodo de siete semanas de años, o sea, cada cincuenta años. **2** *Rel.* Entre los cristianos, indulgencia plenaria, solemne y universal, concedida por el Papa en ciertos tiempos y en algunas ocasiones. **3** fig. Entrada y salida frecuente de muchas personas en un sitio.

JÚBILO m. Viva alegría, y especialmente la que se manifiesta con signos exteriores.

JUBÓN m. Vestidura que cubre desde los hombros hasta la cintura, ceñida y ajustada al cuerpo.

JUBY Cabo de África, en el S de Marruecos.

JÚCAR Río de España, que nace en los Ojuelos de Valdemingueto, recorre las provincias de Cuenca, Albacete y Valencia y desemboca en el Mediterráneo; 498 km.

JÚCARO m. *Bot.* Árbol de la familia combretáceas, nativo de las Antillas.

JUDÁ *Geog. hist.* Nombre de uno de los dos Estados hebreos que se formaron a la muerte de Salomón

Judas Iscariote con los sumos sacerdotes. Ilustración del Códice de Predis. Biblioteca Real (Turín).

(h. 962 a. C.). Se componía de las tribus de Judá y Benjamín y duró hasta la deportación a Babilonia (587 y 586 a. C.).

JUDÁ Hist. Nombre de una de las tribus en que se dividió el pueblo judío, al tomar posesión de Palestina.

JUDÁ Personaje bíblico. Cuarto hijo de Jacob y de Lía. Dio su nombre a la tribu más poderosa del pueblo hebreo.

JUDAICO, CA adj. Relativo a los judíos.

JUDAÍSMO m. Rel. 1 Profesión de la ley de Moisés, hebraísmo. 2 Religión de los judíos descendientes de los antiguos hebreos y herederos de sus principios y tradiciones religiosas. El judaísmo es una de las principales religiones reveladas. Abraham se considera su fundador, y Moisés, a quien se atribuye haber recibido de Yahveh (Dios) la Ley (Torá), desarrolló el ritual y estructuró el sistema sacerdotal, su organizador. Jerusalén y su Templo constituyeron el centro religioso de los judíos hasta que dio comienzo la diáspora; una vez destruido el Estado judío, su vida espiritual se centró en torno a la Torá, el Talmud y la sinagoga. El judaísmo rechaza el Nuevo Testamento, razón por la cual sigue esperando la llegada de un Mesías. Cree que el alma es inmortal y que puede alcanzar la salvación por el arrepentimiento del pecado, la oración y las buenas obras. Su culto se manifiesta fundamentalmente en la lectura de los textos sagrados, el descanso sabatino, los votos y la circuncisión. (Véase HEBREO, HIST.)

JUDAIZAR intr. 1 Abrazar la religión judía. 2 Practicar ritos y ceremonias de la ley judaica.

JUDAS (Por alusión a Judas Iscariote.) m. 1 fig. Hombre alevoso, traidor. 2 Zool. Gusano de seda. 3 fig. Muñeco de paja, que en algunas partes se quema en Semana Santa.

JUDAS ISCARIOTE Uno de los doce apóstoles (s. I). Tesorero de los apóstoles, entregó a Jesús a sus enemigos a cambio de unas monedas de plata. Abrumado por el remordimiento, se ahorcó.

JUDAS MACABEO Caudillo judío (?, 200 - Elasa, 160 a. C.). En el año 166 a. C. venció a los generales sirios enviados contra él por Antíoco IV Epifanes, y a la muerte de éste (165 a. C.) tomó Jerusalén. Luchó contra Antíoco V y Demetrio I Soter.

JUDAS TADEO, SAN Uno de los doce apóstoles (? - Armenia, h. 80 d. C.). Hermano de Santiago el Menor y primo de Jesús. Escribió una de las epístolas católicas, del Nuevo Testamento.

JUDEA Geog. hist. Región meridional de Palestina entre el mar Muerto y el Mediterráneo, fue centro del antiguo reino de Judá y el lugar habitado por los judíos tras la cautividad de Babilonia. Desde el año 6 d. C. fue provincia romana, si bien conservó sus instituciones hasta el año 70. La provincia se denominó Siria-Palestina desde el año 135.

JUDEOCRISTIANISMO m. Rel. Doctrina de aquellos cristianos de origen judío que, desde los comienzos del cristianismo y durante siglos, practicaron los ritos judaicos y conservaron una identidad propia, constituyendo una comunidad marginal dentro de la iglesia.

JUDEOCRISTIANO, NA adj. 1 Rel. Se dice de los partidarios o practicantes del judeocristianismo. También s. 2 Se dice de los aspectos culturales, creencias, ritos, etc., heredados de la tradición judía y cristiana.

JUDEOESPAÑOL, LA adj. 1 Relativo a las comunidades sefardíes y a la variedad de la lengua española que hablan. 2 Ling. Se dice de la variedad de la lengua española que hablan los sefardíes. También m.

JUDERÍA f. 1 Barrio donde habitaban judíos. 2 Contribución que pagaban los judíos.

JUDÍA f. Bot. 1 Planta herbácea anual perteneciente a la familia leguminosas, de nombre científico Phaseolus vulgaris. Tiene hojas pecioladas y fruto en vaina aplastada, con varias semillas en forma de riñón. Procede del N de Argentina y Ecuador, pero su cultivo se ha extendido por el mundo desde la época de los incas. 2 Semillas del fruto de esta planta. 3 Cualquiera de las leguminosas pertenecientes a diversos géneros, que se utilizan como alimento.

JUDIADA f. 1 Acción mala que tendenciosamente se consideraba propia de judíos. 2 fig. Acción perjudicial.

JUDICATURA f. 1 Ejercicio de juzgar. 2 Dignidad o empleo de juez. 3 Tiempo que dura. 4 Cuerpo constituido por los jueces de un país.

JUDICIAL adj. Relativo al juicio, a la administración de justicia o a la judicatura.

JUDÍO, A adj. y s. 1 Israelita, HEBREO. 2 Perteneciente o relativo a los que profesan el judaísmo. 3 De Judea. 4 fig. Avaro, usurero. || m. Bot. 5 JUDIÓN.

JUDIÓN m. Bot. Judía de vainas más anchas y cortas.

JUDIT Heroína judía (s. VII a. C.). Para salvar a su país sedujo a Holofernes, jefe de las tropas asirias que sitiaban la ciudad de Betulia (658 a. C.), y se aprovechó de su embriaguez para cortarle la cabeza. El libro canónico del Antiguo Testamento que lleva su nombre cuenta su historia.

JUDO o **YUDO** (Voz japonesa.) m. Dep. Sistema de lucha japonés, que se realiza como deporte y que también tiene por objeto aprender una forma de pelea sin armas, como defensa personal. Es deporte olímpico.

JUDOGUI o **YUDOGUI** m. Traje de tela fuerte y muy amplio, con el que se practica el judo.

JUDOKA o **YUDOKA** com. Dep. Persona que practica el judo.

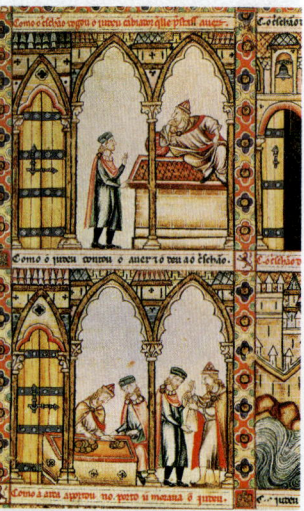

judeoespañol. Comerciantes judíos. Ilustración de las Cantigas de Santa María. Biblioteca del monasterio de San Lorenzo de El Escorial.

JUECES, LIBRO DE LOS Libro canónico del Antiguo Testamento que contiene la historia del pueblo hebreo mientras fue gobernado por caudillos que se llamaban jueces, hasta Saúl, su primer rey.

JUEGO m. 1 Acción y efecto de jugar. 2 Ejercicio recreativo sometido a reglas. 3 En sentido absoluto, juego de naipes. 4 En los juegos de naipes, conjunto de cartas que se reparten a cada jugador, así como los útiles o normas para su juego. 5 Disposición con que están unidas dos cosas, que, sin separarse, pueden tener movimiento: goznes, coyunturas, etc. 6 Ese mismo movimiento. 7 Cosas relacionadas entre sí y que sirven a un mismo fin. 8 En los carruajes de cuatro ruedas, cada una de las dos armazones, compuestas de un par de aquéllas, su eje y demás piezas correspondientes. 9 Visos o cambios que resultan de la mezcla caprichosa o especial disposición de algunas cosas. 10 Casa o sitio donde se juega. 11 Etol. Forma de comportamiento animal por la que los individuos jóvenes exploran el ambiente y aprenden las pautas de conducta del adulto. 12 fig. Habilidad o arte para conseguir o estorbar una cosa. || n. pl. 13 Fiestas o espectáculos públicos antiguos. || **JUEGO EDUCATIVO** Aquel que junto a su función recreativa cuenta con un contenido didáctico. || **JUEGO DE INGENIO** Ejercicio del entendimiento en que por diversión se trata de resolver una cuestión propuesta. || **JUEGO LIMPIO** Conducta que indica un proceder claro. || **JUEGO DE MANOS** El de agilidad que practican los prestidigitadores. || **JUEGO DE PALABRAS** Artificio que consiste en usar palabras en sentido equívoco. || **JUEGOS FLORALES** Concurso poético instituido por los trovadores en la Provenza, y por don Juan I de Aragón en Cataluña, que aún se celebra en diversos lugares. || **JUEGOS MALABARES** Ejercicios de agilidad y destreza que se practican por lo general como espectáculo. También, combinaciones artificiales de conceptos con que se pretende deslumbrar al público. || **JUEGOS OLÍMPICOS** Dep. OLIMPIADA. || **abrir juego** fr. Empezarlo. || **dar juego** fr. fig. y fam. con que se denota que un asunto tendrá más efecto del que se cree. || **en juego** loc. que con los verbos estar, poner, andar, etc., significa que intervienen en un intento o que se hallan en riesgo las cosas de que se habla. || **fuera de juego** loc. Dep. En el fútbol y otros deportes, posición antirreglamentaria en que se encuentra un jugador cuando su situación al recibir el balón es más adelantada que la del último de los defensores del equipo contrario. || **¡hagan juego!** fr. con la que se invita a los jugadores a hacer apuestas.

JUEGO DE PELOTA, JURAMENTO DEL Hist. Acto que tuvo lugar en los inicios de la Revolución Francesa, cuando, una vez constituida la Asamblea Nacional (junio de 1789), los diputados del Tercer Estado, reunidos en el Juego de Pelota, juraron solemnemente no abandonar la Asamblea hasta haber redactado una constitución para Francia.

JUERGA f. 1 And. Diversión bulliciosa de varias personas, acompañada de cante y baile flamenco y bebidas. 2 Jolgorio, parranda. || **correr** o **correrse una juerga** fr. Participar en ella. || **tomar a juerga** una cosa fr. Tomarla a broma.

JUERGUEARSE prnl. Estar de juerga.

JUERGUISTA adj. y com. Aficionado a la juerga.

JUEVES m. Cuarto día de la semana civil y quinto de la litúrgica.

JUEY m. P. Rico Cangrejo de tierra.

JUEZ, ZA m. y f., aunque se utiliza la forma masculina como com. 1 Der. Magistrado que tiene autoridad y potestad para juzgar y sentenciar. 2 Persona que en las justas públicas y certámenes literarios cuida de que se observen las normas impuestas en ellos y del reparto de premios. 3 Persona que es nombrada para resolver una duda. 4 En algunas competiciones deportivas, árbitro. || m. Hist. 5 Magistrado supremo del pueblo de Israel, desde que éste se estableció en Palestina hasta que adoptó la monarquía. 6 Cada uno de los caudillos que conjuntamente gobernaron Castilla en cierta época a falta de sus antiguos condes. || **JUEZ ARBITRADOR** o **ÁRBITRO** Der. El designado por las partes, que se comprometen a acatar su decisión, la cual ha de ser, no obstante, conforme a derecho. || **JUEZ DE LÍNEA** Dep. En el fútbol y otros deportes, cada uno de los auxiliares del árbitro, que vigilan el juego desde las bandas. || **JUEZ MUNICIPAL** Der. El desde 1976 llamado juez de distrito, y que, sin necesidad de ser letrado, decide, por tiempo limitado, en un término o distrito municipal, sobre los actos de conciliación y juicios verbales y de faltas. || **JUEZ DE PAZ** Der. El que hasta la institución de los jueces municipales en 1870, oía a las partes procurando reconciliarlas y resolvía de plano las cuestiones de ínfima cuantía; en la actualidad ejerce, donde no hay juzgado de distrito, las funciones del pretor, a cuyos pies se sentaba. || **JUEZ PEDÁNEO** Hist. Magistrado inferior que, entre los romanos, sólo juzgaba las causas leves. También, en la antigua Roma, consejero del pretor, a cuyos pies se sentaba. || **JUEZ SUPREMO** Dios. ♦ Su pl. es jueces.

*Juramento del **Juego de Pelota**. Cuadro de Jacques-Louis David. Museo Carnavalet (París).*

JUGADA f. 1 Acción de jugar. 2 Lance de juego. 3 fig. Acción mala e inesperada.

JUGADOR, RA adj. y s. 1 Que juega. 2 Que tiene el vicio de jugar. 3 Que es muy diestro en jugar.

JUGAR intr. 1 Hacer algo con el solo fin de entretenerse o divertirse. 2 Retozar, travesear. 3 Tomar parte en uno de los juegos sometidos a reglas bien por entretenerse, bien por interés. 4 Llevar a cabo el jugador un acto propio del juego cada vez que le toca intervenir a él. 5 Burlarse de una persona o cosa. 6 Ponerse una cosa que consta de piezas, en movimiento o ejercicio, para el objeto a que está destinada. También tr. 7 Tratándose de armas blancas o de fuego, hacer de ellas el uso a que están destinadas. 8 Hacer juego una cosa con otra. 9 Intervenir en un negocio. || tr. 10 Llevar a cabo partidas de juego. 11 Utilizar cartas, fichas o piezas que se emplean en ciertos juegos. 12 Perder en el juego. También prnl. 13 Utilizar los miembros corporales dándoles el movimiento que les es natural. 14 Saber manejar las armas. 15 Galicismo por DESEMPEÑAR. || prnl. 16 Arriesgar, aventurar. 17 Sortearse. || **jugar a la bolsa** Efectuar operaciones bursátiles con ánimo de especular. || **jugársela** a uno loc. fig. Comportarse mal o deslealmente con él. ♦ IRREG. Véase cuadro.

JUGAR

INDICATIVO
Pres.: juego, juegas, juega, jugamos, jugáis, juegan.
Pret. imperf.: jugaba, jugabas, etc.
Pret. indef.: jugué, jugaste, etc.
Fut. imperf.: jugaré, jugarás, etc.
Condic.: jugaría, jugarías, etc.
SUBJUNTIVO
Pres.: juegue, juegues, juegue, juguemos, juguéis, jueguen.
Pret. imperf.: jugara, jugaras, etc., o jugase, jugases, etc.
Fut. imperf.: jugare, jugares, etc.
IMPERATIVO: juega, jugad.
PARTICIPIO: jugado.
GERUNDIO: jugando.

JUGARRETA f. 1 fam. Jugada mal hecha y sin conocimiento del juego. 2 fig. y fam. Mala pasada.

JUGLANDÁCEO, A adj. *Bot.* 1 Se dice del árbol o arbusto monoico, con hojas alternas y compuestas, flores unisexuales y apétalas, y fruto en drupa o nuez, como el nogal. || f. pl. *Bot.* 2 Familia de estas plantas.

JUGLAR, RESA m. y f. *Hist.* y *Lit.* 1 Persona que por dinero y ante el pueblo cantaba, bailaba y hacía juegos y habilidades. Tuvieron una importancia fundamental en la literatura de tradición oral. (Véase MESTER DE JUGLARÍA.) 2 Persona que por estipendio o dádivas cantaba poesía de los trovadores para recreo de los reyes y magnates.

JUGLARÍA o **JUGLERÍA** f. 1 Arte de los juglares. 2 MESTER DE JUGLARÍA.

JUGO m. 1 *Biol.* Fluido de las sustancias vegetales o animales. 2 fig. Lo provechoso, útil y sustancial. || **JUGO GÁSTRICO** *Fisiol.* El segregado por las glándulas gástricas.

JUGOSO, SA adj. 1 Que tiene jugo. 2 Se dice del alimento sustancioso. 3 fig. Valioso, estimable. 4 *Pint.* Se dice del colorido exento de sequedad, y del dibujo sin rigidez ni dureza.

JUGUETE m. 1 Objeto con que se entretienen los niños. 2 Chanza o burla. 3 Composición musical o pieza teatral breve y ligera. 4 Persona o cosa dominada por la acción de una fuerza física o moral que la mueve y maneja a su arbitrio.

JUGUETEAR intr. Entretenerse jugando y retozando.

JUGUETERÍA f. 1 Comercio de juguetes. 2 Tienda donde se venden.

JUICIO m. 1 *Filos.* Facultad del entendimiento que permite discernir y juzgar. En la filosofía de Kant, el juicio es la facultad del espíritu de subsumir bajo reglas, esto es, la capacidad de pensar lo concreto como contenido en lo universal. 2 *Lóg.* Operación del entendimiento que consiste en comparar dos ideas para conocer y determinar sus relaciones. La expresión oral o escrita de un juicio se llama *proposición.* 3 Estado de la razón opuesto a locura o delirio. 4 Opinión, parecer o dictamen. 5 Pronósticos que los astrólogos hacen de los sucesos del año. 6 fig. Seso, cordura. 7 *Der.* Conocimiento de una causa, en la cual el juez ha de pronunciar sentencia. || **JUICIO DE DIOS** *Hist.* y *Der.* Cualquiera de las pruebas que en un intento de averiguar la verdad se hacían antiguamente, como la del duelo, la de los hierros candentes, etc. También llamado *ordalía.* || **JUICIO DE FALTAS** *Der.* El que versa sobre infracciones de bandos de buen gobierno, o ligeras transgresiones del código penal. || **JUICIO FINAL** *Rel.* El que, según la religión católica, ha de hacer Dios a todos los hombres al final de los tiempos. || **JUICIO SUMARIO** *Der.* Aquel en que se procede brevemente y se prescinde de algunas formalidades o trámites del juicio ordinario. || **poner en tela de juicio** una cosa fr. Dudar de ella, revisarla.

JUICIOSO, SA adj. 1 Que tiene juicio, cordura. También s. 2 Hecho con juicio.

JUIZ DE FORA Ciudad de Brasil, en el Estado de Minas Gerais; 377.538 h. Industria textil y azucarera.

JUJEÑO, ÑA adj. y s. De la provincia argentina de Jujuy o de su capital, San Salvador de Jujuy.

JUJUY Provincia septentrional de Argentina, en la región Norte; 53.219 km² y 551.804 h. Capital, San Salvador de Jujuy. Yacimientos de oro, plata, mercurio, cobre y petróleo. Turismo.

JULEPE m. 1 *Farm.* Porción compuesta de agua destilada, jarabe y otras materias medicinales. 2 Cierto juego de naipes. 3 Esfuerzo excesivo de una persona, desgaste. 4 fig. y fam. Reprimenda, castigo. 5 fig. y fam. Golpe, tunda, paliza. 6 fig. y fam. Susto, miedo. 7 *P. Rico* fig. Lío, desorden. || **dar un julepe** a alguien fr. fig. y fam. Hacerle trabajar con exceso.

JULEPEAR intr. 1 Jugar al julepe. || tr. 2 *Arg., Par.* y *Urug.* Asustar, infundir miedo. 3 *Col.* Molestar, mortificar alguna cosa. 4 *Col.* Insistir, urgir. 5 *Méx.* Reprender, atormentar.

JULIA Dama romana (?, 76 a. C. - ?, 54 a. C.). Era hija de Julio César y de Cornelia. Se casó con Agripa, y tras la muerte de éste, con Pompeyo (59).

JULIA Princesa romana (Ottaviano, 39 a. C. - Regio, 14). Hija de Augusto y de Escribonia. Se casó con Tiberio en terceras nupcias. Su padre la desterró a la isla de Pandataria, y su marido la condenó a muerte de hambre.

JULIA, SANTA Virgen y mártir cristiana (Cartago, 359 - ?, 439). Se negó a tomar parte en una fiesta pagana, por lo que fue condenada a muerte y ejecutada.

JULIA, GENS Geneal. Ilustre linaje romano, cuyos miembros reciben el nombre de Julios. Se consideraban descendientes de Ascanio, llamado también Julo.

JULIACA Ciudad de Perú, departamento de Puno; 142.576 h.

JULIANA Reina de los Países Bajos (La Haya, 1909 - Soestdijk, 2004). Hija de Guillermina y de Enrique de Mecklemburgo-Schwering. Ocupó el trono al abdicar su madre en 1948. Abdicó, a su vez, en 1980, en favor de su hija Beatriz.

JULIANO, NA adj. 1 Relativo a Julio César o instituido por él. 2 *Gastron.* SOPA JULIANA. 3 *Astron.* CALENDARIO JULIANO.

JULIANO, FLAVIO CLAUDIO (llamado EL APÓSTATA) Emperador romano (Constantinopla, 331 - Mesopotamia, 363). Reinó entre 361 y 363. Aunque se educó en la religión cristiana, al ser proclamado emperador, a la muerte de Constancio, pretendió restablecer el paganismo. Murió combatiendo a los persas.

JULIO[1] (Del lat. *Iultus.*) m. *Astron.* Séptimo mes del año, que consta de treinta y un días.

JULIO[2] (Del apellido del físico *J. P. Joule.*) m. *Fís.* Unidad de trabajo, energía y cantidad de calor en el Sistema Internacional (SI). Se define como el trabajo que se realiza cuando el punto de aplicación de una fuerza de 1 N (newton) se desplaza un metro en la dirección en que actúa la fuerza; 1 J = 1 N · m = 10⁷ erg = 1 W · s = 0,238845 calorías.

JULIO Nombre de diversos papas.

JULIO I, SAN (Roma, 280 - íd., 352). Ocupó el solio pontificio entre los años 337 y 352. Proclamó la inocencia de san Atanasio, que había sido expulsado por los arrianos.

JULIO II (Albissola, 1443 - Roma, 1513). De nombre Giuliano della Rovere. Ocupó el solio pontificio entre 1503 y 1513. Restauró la potencia temporal de la Santa Sede. Fundó la guardia suiza (1506) y comenzó la construcción de la basílica de San Pedro.

JULIO III (Roma, 1487 - íd., 1555). De nombre Giammaria de' Ciocchi del Monte. Ocupó el solio pontificio entre 1550 y 1555. Convocó la segunda fase del concilio de Trento (1551-52). Confirmó los estatutos de los jesuitas y les autorizó para establecer en Roma el Colegio Germánico y el Colegio Romano. Apoyó a Carlos V.

JULLUNDUR JALANDHAR.

JULO ASCANIO.

JUMA o **JUMERA** f. fam. Borrachera, embriaguez.

JUMARSE prnl. vulg. *Amér.* Embriagarse.

JUMBLATT, KAMAL Político libanés (Mujtara, 1917 - Beirut, 1977). Miembro y líder de la comunidad drusa,

Jujuy (Argentina). Iglesia de Uquía.

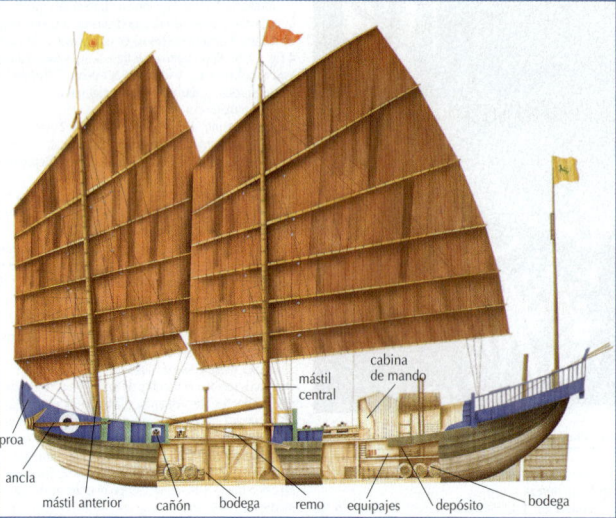

junco — proa, ancla, mástil anterior, cañón, bodega, remo, equipajes, depósito, bodega, mástil central, cabina de mando

fundó el Partido Socialista del Progreso (1949). Dirigió las fuerzas de izquierda durante la guerra civil que estalló en 1975. Murió asesinado.
JUMBLATT, WALID Político libanés (?, 1949). Hijo del anterior, a quien sucedió como líder de los drusos y como responsable de las fuerzas izquierdistas contendientes en la guerra civil libanesa. En 1990 fue reelegido presidente del Partido Socialista Progresista Druso.
JUMBO (Voz i.) m. Avión comercial de gran capacidad.
JUMENTO, TA m. y f. Asno, burro.
JUMNA YAMUNA.
JUNCÁCEO, A adj. y f. *Bot.* 1 Se dice de la planta herbácea o arbustiva rizomatosa, angiosperma monocotiledónea, como el junco de esteras. || f. pl. *Bot.* 2 Familia de estas plantas.
JUNCAL adj. 1 *Bot.* Relativo al junco. 2 fig. Flexible, airoso. || m. *Bot.* 3 Lugar poblado de juncos.
JUNCAL Isla de Argentina, en la confluencia de los ríos Paraná y Uruguay. En sus inmediaciones el almirante Brown obtuvo una brillante victoria sobre los brasileños (febrero de 1827).
JUNCAL Cerro de los Andes, entre las provincias de Mendoza (Argentina) y de Santiago (Chile); 5.965 m de altura.
JUNCAR m. *Bot.* JUNCAL, lugar de juncos.
JUNCIA f. *Bot.* Planta herbácea vivaz, perteneciente a la familia ciperáceas, de nombre científico *Cyperus longus.*
JUNCIERA f. Vaso de barro en que se ponen hierbas o raíces aromáticas.
JUNCO¹ (Del lat. *iuncus.*) m. 1 *Bot.* Nombre común de diversas plantas monocotiledóneas, pertenecientes a las familias juncáceas, ciperáceas y alismatáceas, de tallos lisos, cilíndricos, flexibles, puntiagudos y duros, que crecen en parajes húmedos. 2 *Bot.* Cada uno de los tallos de esta planta. 3 Bastón para apoyarse al andar. || **JUNCO FLORIDO** *Bot.* Arbusto de la familia butomáceas que se cría en lugares pantanosos.
JUNCO² (Del port. *junco.*) m. Especie de embarcación pequeña que se usa en las Indias Orientales.
JUNEDA Municipio y lugar de España, provincia de Lleida; 2.996 h.
JUNG, CARL GUSTAV Psiquiatra suizo (Kesswil, 1875 - Küsnacht, 1961). Destacada figura del psicoanálisis, en el que formó su propia escuela. Discípulo y colaborador de Freud, se apartó de su concepción pansexualista para ver en el impulso creador del hombre una fuerza más poderosa. Entre sus obras destacan *Teoría del psicoanálisis* (1913), *Psicología analítica* (1916), *Tipos psicológicos* (1921) y *Lo inconsciente en la vida normal y patológica* (1927).
JÜNGER, ERNST Escritor alemán (Heidelberg, 1895 - Wiflingen, 1998). Combatió en la Primera Guerra Mundial. Defendió el individualismo y los valores heroicos. Próximo al nazismo en un periodo de su vida, se alejó de él progresivamente y llegó a criticarlo en algunas de sus novelas. Entre sus principales obras cabe citar *Los acantilados de mármol* (1939) *Diario* (1951-53), *El nudo gordiano* (1953), *Números y dioses* (1973) y *Eumeswil* (1977).

JUNGFRAU (*La Doncella*) Cumbre de los Alpes Berneses, en Suiza; 4.166 m de altura.
JUNGLA f. 1 *Bot.* Espesura impenetrable de vegetación ecuatorial húmeda. 2 Anglicismo por SELVA.
JUNI, JUAN DE Escultor español de origen francés (Joigny, Borgoña, 1507 - Valladolid, 1577). Es uno de los escultores más representativos de la escuela castellana. Trabajó principalmente en León, Salamanca y Valladolid. Entre sus obras escultóricas de mayor fama figuran *El entierro de Cristo*, en la catedral de Segovia; *La Virgen de los Cuchillos*, en la capilla de las Angustias de Valladolid, y *Cristo yacente*, en el Museo de esta ciudad.
JUNÍN Lago de Perú, en el departamento de su nombre, al S de Cerro de Pasco; 1.248 km². Da origen al río Mantaro. También llamado *Chinchaycocha* o *Reyes.*
JUNÍN Departamento de Perú; 44.197 km² y 1.161.581 h. Capital, Huancayo. Producción agropecuaria. Minas de oro, plata, cobre, cinc, plomo, estaño y molibdeno.
JUNÍN Ciudad de Perú, en el departamento homónimo. En su término se libró una batalla en la que Bolívar obtuvo un brillante triunfo sobre las fuerzas realistas (6 de agosto de 1824).
JUNIO m. *Astron.* Sexto mes del año que consta de treinta días.
JUNIOR (Voz i.) adj. 1 *Dep.* Se dice del deportista comprendido en una categoría inmediatamente inferior a la SENIOR y superior a la JUVENIL, generalmente entre los 18 y 21 años. 2 Término que se agrega a un nombre para diferenciar al hijo del padre cuando ambos tienen el mismo. Es un anglicismo por HIJO y su abreviatura es Jr. ♦ Su pl. es *juniors.*

JÚNIOR, RA m. y f. Religioso joven que aún no ha profesado solemnemente. ♦ Su pl. es *juniores.*
JUNÍPERO m. *Bot.* ENEBRO.
JUNKER (Voz al.) m. *Hist.* Miembro de la aristocracia terrateniente prusiana.
JUNKERS, HUGO Industrial alemán (Rheydt, 1859 - Gauting, 1935). Desarrolló y perfeccionó los primeros motores de aceite pesado para aviación.
JUNO Nombre latino de HERA.
JUNOT, DUQUE DE ABRANTES, JEAN ANDOCHE General francés (Bussy-le-Grand, 1771 - Montbar, 1813). Intervino en las campañas napoleónicas de Italia (1796) y Egipto (1799) y recibió el mando de las tropas de ocupación de Portugal (1807).
JUNQUEIRO, ABILIO GUERRA GUERRA JUNQUEIRO, ABILIO.
JUNQUERA f. *Bot.* Lugar poblado de juncos, siempre cerca de masas de agua dulce o en la costa.
JUNQUILLO m. 1 *Arquit.* Moldura redonda y más delgada que el bocel. 2 *Bot.* Planta perenne no bulbosa, perteneciente a la familia liliáceas, de nombre científico *Aphyllanthes monspeliensis,* de flores amarillas muy olorosas. Crece en las zonas secas del SO de Europa.
JUNTA f. 1 Reunión de varias personas para tratar de un asunto. 2 Cada una de las sesiones que celebran. 3 Unión de dos o más cosas. 4 Conjunto de los individuos nombrados para dirigir los asuntos de una colectividad. 5 *Polít.* Denominación adoptada por algunas comunidades autónomas para designar el conjunto de instituciones de autogobierno de la comunidad (como la Junta de Andalucía o la Junta de Comunidades de Castilla-La Mancha) o únicamente la asamblea legislativa (como en el caso de la Junta General del Principado de Asturias). 6 Parte en que se juntan dos o más cosas, juntura. 7 *Arquit.* Espacio que queda entre las superficies de las piedras o ladrillos contiguos de una pared. 8 *Mar.* Empalme, costura. || **JUNTA MILITAR** *Mil.* Grupo de militares que acceden, en general violentamente, al gobierno de un país, con la intención de regirlo transitoriamente.
JUNTA DE INDIAS *Hist.* Junta de miembros del Consejo de Castilla, dedicados a los asuntos de Indias. Antecedente del Consejo de Indias, funcionó entre 1511 y 1524.
JUNTAR tr. 1 Unir unas cosas con otras. 2 Reunir, congregar. También prnl. 3 Acumular, reunir en cantidad. 4 ENTORNAR puertas y ventanas. || prnl. 5 Arrimarse, acercarse. 6 Acompañarse. 7 Convivir dos personas sin estar casadas.
JUNTERO, RA adj. Perteneciente a una junta o delegado en ella.
JUNTO, TA adj. 1 Unido, cercano. 2 Que actúa o existe juntamente con otro, a la vez o al mismo tiempo que él. Se usa en pl. || **junto a** loc. prep. Cerca de. || **junto con** loc. prep. En compañía de, en colaboración con.
JUNTURA f. 1 Parte o lugar en que se juntan y unen dos o más cosas. 2 *Tecnol.* Pieza que se coloca entre dos tubos o piezas de un aparato para efectuar la unión. 3 *Zool.* Unión de dos huesos.
JÚPITER *Astron.* Planeta exterior del Sistema Solar, el quinto en orden de alejamiento al Sol y el mayor por su tamaño, cuya órbita está comprendida entre las de Marte y Saturno. Tarda 11,86 años en describir una órbita completa alrededor del Sol y el plano de aquélla forma un ángulo de 1,3° con respecto al de la eclíptica.

Jungfrau (Suiza). Vista desde Schilthorn.

Júpiter y sus satélites.

Tiene una forma muy achatada a causa de su gran velocidad de rotación y un diámetro ecuatorial de 141.947,4 km; su tiempo medio de rotación es de 9 h, 55 m, 37 s y el de traslación de 4.332,59 días. Su atmósfera es muy densa, con una altura que oscila entre 100 y 6.000 km, y compuesta de agua, hielo de agua, amoníaco, hielo de amoníaco, hidrógeno, helio y metano. Posee un fuerte campo magnético, de polaridad invertida con respecto al terrestre, que, junto con el cinturón de radiación, es el responsable de una fuerte radiación de radio no térmica. Por su gran masa, ejerce el papel de ordenador de los pequeños planetas o planetoides. Posee dieciséis satélites.

Júpiter Mit. Nombre latino de Zeus.

Juppé, Alain Político francés (Mont de Marsan, 1945). Ministro de Exteriores (1993), ocupó el cargo de primer ministro (1995-97). Fue presidente del partido neogaullista Reagrupación para la República (RPR) (1995-97) y de la Unión por un Movimiento Popular (1997-2004).

jura f. Acción de jurar solemnemente la sumisión a ciertos preceptos u obligaciones. **2** juramento, afirmación o negación de una cosa, poniendo por testigo a Dios. || **jura de la bandera** Mil. Acto solemne en que cada individuo de los reemplazos militares jura obediencia y fidelidad a la bandera de su Estado.

Jura Cadena montañosa de Europa central, que se extiende entre Francia y Suiza, de 300 km de longitud.

Jura Cantón de Suiza; 838 km² y 68.995 h. Capital, Delémont. Se separó del Cantón de Berna en 1978, después de una larga lucha por la separación lingüística y religiosa.

Jura Departamento del E de Francia, en la región de Franco-Condado; 4.999 km² y 250.857 h. Capital, Lons-le-Saunier. Cereales, vid. Industria.

Jura de Suabia Macizo montañoso del SO de Alemania, que separa el Rhin y el Danubio.

jurado, da adj. **1** Que ha prestado juramento al encargarse del desempeño de su función u oficio. || m. **2** Der. Tribunal no profesional ni permanente, cuyo cometido es determinar y declarar el hecho justiciable o la culpabilidad del acusado, quedando al cuidado de los magistrados la imposición de la pena. **3** Cada uno de los individuos que componen dicho tribunal. **4** Conjunto de individuos que constituyen el tribunal examinador en exposiciones, concursos, etc. **5** Cada uno de estos individuos.

Jurado, Katy (María Cristina Jurado García, llamada) Actriz mexicana (Ciudad de México, 1925 - Cuernavaca, 2002). A partir de su intervención en *Solo ante el peligro* (1952) su imagen se hizo indisociable del *western* de la época.

juramentar tr. **1** Tomar juramento a una persona. || prnl. **2** Obligarse con juramento.

juramento m. **1** Afirmación o negación de una cosa, poniendo por testigo a Dios, a sí mismo o a algún ser querido. **2** Palabrota.

Juramento Salado o Salado del Norte.

jurar tr. **1** Afirmar o negar solemnemente una cosa, poniendo algo sagrado, querido o respetado por testigo. **2** Reconocer solemnemente la soberanía de un príncipe. **3** Someterse solemnemente a los preceptos constitucionales de un país, a estatutos, cargos, etc. || intr. **4** Decir palabrotas. || **jurársela**, o **jurárselas**, uno a otro fr. fam. Asegurar que se ha de vengar de él.

jurásico, ca adj. Geol. **1** Se dice del terreno sedimentario que sigue en edad al liásico. También s. **2** Relativo a este terreno. || m. Geol. **3** Segundo de los tres periodos de la era secundaria o mesozoica que sigue al triásico y precede al cretácico. Comenzó hace 190 millones de años y terminó hace 135. Son materiales característicos de este periodo las margas, calizas estratíficas y calizas oolíticas. La fauna de invertebrados está representada principalmente por ammonites y exacoraies. También abundan los belemnites y, algo menos, los pelecípodos, braquiópodos y equínidos. Los reptiles alcanzan su máximo desarrollo y abundan los dinosaurios. En el jurásico aparece el grupo de reptiles precursor de los mamíferos (los pteromorfos), así como las primeras aves (pertenecientes al género *Archaeopteryx*).

jurel m. Zool. Pez teleósteo marino acantopterigio, perteneciente a la familia carángidos, de nombre científico *Trachurus trachurus*. Es un animal gregario y migrador. Vive en el E del Atlántico y Mediterráneo.

jurídico, ca adj. Que atañe al derecho o se ajusta a él.

Jurin, James Físico y médico británico (Londres, 1684 - íd., 1750). Enunció la ley que lleva su nombre, relativo a la ascensión de líquidos en los tubos capilares.

jurisconsulto, ta m. y f. Persona que profesa la ciencia del derecho.

jurisdicción f. **1** Autoridad para gobernar y poner en ejecución las leyes o para aplicarlas en juicio. **2** Término de un lugar. **3** Territorio en que un juez ejerce sus facultades de tal. **4** Autoridad o poder sobre otro. || **jurisdicción contenciosa** Der. La que se ejerce en forma de juicio sobre pretensiones o derechos contrapuestos de las partes litigantes. || **jurisdicción contencioso-administrativa** Der. La que conoce de los recursos contra las decisiones definitivas de la administración. || **jurisdicción especial** Der. La que procede de un fuero especial.

jurisprudencia f. Der. **1** Ciencia del derecho que consiste en la interpretación del mismo por las decisiones de los tribunales, especialmente por las del Tribunal Supremo. **2** Norma de juicio que suple omisiones de la ley, y que se funda en la práctica seguida en casos iguales o análogos.

jurista com. Persona que estudia o profesa la ciencia del derecho.

juro m. **1** Derecho perpetuo de propiedad. **2** Pensión perpetua que se concedía sobre las rentas públicas.

Juruá Río de Brasil, que nace en los Andes peruanos y desemboca en el Amazonas por la orilla derecha; 1.600 km de curso.

Jussieu, Antoine Laurent de Botánico y médico francés (Lyon, 1748 - París, 1836). Sobrino de Bernard y de Joseph. Organizó el Museo de Historia Natural de París, perteneció a la Academia de Ciencias y escribió varias obras de anatomía humana, botánica y zoología.

Jussieu, Bernard de Botánico y médico francés (Lyon, 1699 - París, 1777). Hermano de Joseph y tío de Antoine. Elaboró un sistema natural para la clasificación de las plantas basado en los caracteres anatómicos del embrión.

Jussieu, Joseph de Botánico francés (Lyon, 1704 - París, 1774). Hermano de Bernard y tío de Antoine. Acompañó a La Condamine y a Burguer en su expedición a Perú.

justa f. **1** Pelea y combate singular, a caballo y con lanza. **2** torneo. **3** fig. Competición o certamen en un ramo del saber.

jurásico. Ammonites. Museo de Historia Natural (Milán).

Justiniano I. Mosaico del siglo VI.
Basílica de San Vital (Rávena).

Justa y Rufina, santas Vírgenes y mártires (? - Sevilla, h. 287). Doncellas cristianas, a las que el pretor de Sevilla, Diogeniano, condenó a martirio y muerte en la cárcel en el 287. Son patronas de esta ciudad.

Justamente adv. m. **1** Con justicia. **2** Cabalmente, ni más ni menos. **3** Con igual medida, ajustadamente. || adv. l. o t. **4** En el mismo lugar o tiempo en que sucede una cosa.

Justedad f. **1** Calidad de justo. **2** Correspondencia exacta de una cosa con otra.

Justicia f. **1** Derecho y su aplicación, cumplimiento de la ley. **2** *Der.* Organización y conjunto de tribunales y magistrados que ejercen la justicia dentro de un Estado. **3** *Teol.* Una de las cuatro virtudes cardinales que inclina a dar a cada uno lo que le pertenece. **4** *Teol.* Atributo de Dios por el cual ordena todas las cosas en número, peso y medida. Ordinariamente se entiende por la divina disposición con que castiga o premia, según merece cada uno. **5** Pena o castigo público. **6** Lo que debe hacerse según derecho o razón. || **JUSTICIA ORDINARIA** La jurisdicción común. || **de justicia** loc. adv. Debidamente, según justicia y razón. || **tomarse la justicia por su mano** fr. Vengarse.

Justicialismo m. *Polít.* PERONISMO.

Justicialista, Partido *Polít.* Formación política argentina constituida en 1965 por los seguidores de Juan Domingo Perón, al ser nuevamente legalizada su participación en la política nacional. Desde entonces es la expresión partidaria del peronismo.

Justiciero, ra adj. **1** Que observa y hace observar estrictamente la justicia. **2** Que observa estrictamente la justicia en el castigo de los delitos.

Justificación f. **1** Conformidad con lo justo. **2** Probanza de la inocencia o bondad de una persona, un acto o una cosa. **3** Prueba convincente de una cosa. **4** Longitud de los renglones de la composición tipográfica.

Justificado, da adj. **1** Conforme a la justicia y razón. **2** Que obra según justicia y razón.

Justificante adj. **1** Que justifica o sirve para justificar. || m. **2** Documento o prueba con que se acredita algo.

Justificar tr. **1** Probar una cosa con razones, testigos o documentos. También prnl. **2** Demostrar la inocencia o defender a alguien. También prnl. **3** Hacer que algo no resulte inoportuno, inadecuado, censurable, etc. **4** *A. gráf.* Igualar la longitud de los renglones según la medida exacta que se ha puesto en el componedor.

Justina Augusta Emperatriz romana (?, - Tesalónica, 388). De origen siciliano, se casó sucesivamente con los emperadores Magencio y Valentiniano I (370). A la muerte de su segundo marido (375) ejerció la regencia sobre su hijo Valentiniano II.

Justinianeo, a adj. Se dice de los cuerpos legales del tiempo del emperador Justiniano.

Justiniano Nombre de dos emperadores bizantinos.

Justiniano I (Tauresio, 482 - Constantinopla, 565). Sucesor de su tío Justino I, ejerció el poder entre 527 y 565. En su voluntad de restaurar el esplendor del antiguo imperio romano, mantuvo diversas campañas contra los persas sasánidas, ostrogodos, vándalos y visigodos, a consecuencia de las cuales ocupó Italia, el N de África y el SE de Hispania. Su obra más importante es la recopilación de leyes que, desde el siglo XII, se conoce como *Corpus iuris civilis*. Constituye la fuente primordial para el conocimiento del derecho romano y sirvió de inspiración para la mayoría de las legislaciones posteriores. Mandó construir Santa Sofía de Constantinopla y San Vital de Rávena.

Justiniano II (?, 669 - Sinope, 711). Hijo y sucesor de Constantino IV, fue emperador de 685 a 695 y de 705 a 711. Destronado por una revolución militar, recuperó el trono con el apoyo de mercenarios jázaros y búlgaros, pero seis años después otra revolución militar se lo volvió a arrebatar.

Justino Historiador latino (s. II). Autor de un compendio de las *Historias filípicas*, que es un resumen de la perdida *Historia Universal* de Pompeyo Trogo.

Justino Nombre de dos emperadores bizantinos.

Justino I (Bederiana, h. 450 - Constantinopla, 527). Ocupó el poder entre 518 y 527. Era general del ejército, y a la muerte de Anastasio se apoderó del trono y asoció a él a su sobrino Justiniano. Restableció la unión con Roma.

Justino II (? - Constantinopla, 578). Ocupó el poder entre 565 y 578. Sucesor de su tío Justiniano I, durante su reinado los ávaros invadieron la Iliria y la Tracia, y los persas, Siria hasta Antioquía. En el año 574 asoció al poder a Tiberio.

Justino, san Apologeta y mártir cristiano (Flavia-Neapolis, h. 100 - Roma, h. 165). Fue el primero en establecer una escuela cristiana en Roma. Se le considera el teólogo católico más antiguo. Escribió *Apologías* y *Diálogo con Trifón*.

Justipreciar tr. Apreciar o tasar una cosa.

Justo, ta adj. **1** Que obra según justicia y equidad. **2** Se dice de lo que se ajusta a los principios de la justicia o la moral. **3** Exacto, que no tiene ni más ni menos que lo que debe tener o ser. También s. **4** Apretado, ajustado. **5** *Rel.* Para los creyentes, que vive según la ley de Dios. También s. || adv. m. **6** Justamente, debidamente. **7** Apretadamente, con estrechez.

Justo, Agustín Pedro Militar y político argentino (Concepción del Uruguay, 1876 - Buenos Aires, 1943). Intervino en el movimiento que derrocó al presidente Yrigoyen (1930). Fue presidente de la República entre 1931 y 1938.

Justo, Juan Bautista Político argentino (Buenos Aires, 1865 - Los Cardales, 1928). Fundó el Partido Socialista Obrero (1893), del que fue secretario. Su obra fundamental es *Teoría y práctica de la Historia*.

Justo y Pastor, santos Niños que sufrieron martirio en Alcalá de Henares (304). Se presentaron ante Daciano para confesar su fe en Jesucristo, por lo que fueron degollados.

Juta f. *Ecuad.* y *Perú* Variedad de ganso doméstico.

Jutiapa Departamento de Guatemala; 3.219 km² y 385.909 h. Su capital es la ciudad homónima.

Jutlandia *(Jylland)* Península y región de Dinamarca, constituida por los condados de Aarhus, Nordjylland, Ribe, Ringköbing, Sönderjylland, Vejle y Viborg; 29.775 km² y 2.444.584 h. La riqueza de sus suelos la convierten en una zona esencialmente agrícola. Importante combate naval entre las flotas británica y alemana durante la Primera Guerra Mundial (1916).

Juto, ta adj. y com. *Etnol.* e *Hist.* Se dice de un pueblo germánico, probablemente originario de Jutlandia, que habitó en la desembocadura del Rhin, y desde allí pasó, en el siglo V, a Gran Bretaña.

Juvara, Filippo Arquitecto italiano (Mesina, 1676 - Madrid, 1736). Proyectó para Madrid un palacio real de gran suntuosidad que llevó a cabo, con importantes modificaciones, su discípulo Sacchetti. Trabajó como arquitecto de Víctor Amadeo II en Turín, donde construyó el convento de Superga y el palacio Stupinigi; en Portugal, llamado por Juan V, proyectó el Palacio Real de Ajuda (Lisboa).

Juvenal, Décimo Junio Poeta satírico latino (Aquino, h. 62 - ?, h. 143). Escribió 16 *Sátiras* en cinco libros, de las que se conservan 14, en las que ofreció una aguda crítica de las costumbres romanas de su época.

Juvenco, Cayo Veccio Aquilio Poeta hispanolatino (s. IV). Autor del primer poema épico cristiano con su adaptación poética del Evangelio de San Mateo.

Juvenil adj. **1** Relativo a la juventud. **2** Perteneciente o relativo al estado del desarrollo de los seres vivos que es inmediatamente anterior al estado adulto. **3** *Dep.* Se dice del deportista de edad comprendida entre 15 y 18 años. También s.

Juventud f. **1** Edad que empieza en la pubertad y se extiende a los comienzos de la edad adulta. **2** Estado de la persona joven. **3** Conjunto de jóvenes. **4** Primeros tiempos de alguna cosa. **5** Energía, vigor.

Juventud, Isla de la Provincia e isla de Cuba, en el mar de las Antillas; 2.398 km² y 78.818 h. Capital, Nueva Gerona.

Juzgado m. **1** Conjunto de jueces que se reúnen para dictar sentencia. **2** Tribunal de un solo juez. **3** Término o territorio de su jurisdicción. **4** Lugar donde se celebran los juicios.

Juzgar tr. **1** Deliberar y decidir sobre una cosa como juez o árbitro. **2** Formarse una opinión. **3** Afirmar, previa la comparación de dos o más ideas, la relación que existe entre ellas.

Jwarizmi o **Juwarismi, Mohammed ibn-Musa al-** AL-KHWARIZMI o AL-JWARIZMI, MUHAMMED IBN MUZA.

Jy *Astron.* Símbolo del jansky, unidad de densidad de flujo de radio emisión, adoptada por la Unión Astronómica Internacional, que equivale a 10^{-26} W m^{-2} Hz^{-1}.

Filippo **Juvara.** Fachada del palacio de La Granja (Segovia).

K

K f. Undécima letra del abecedario español, y octava de sus consonantes. Su nombre es ka, y representa un sonido de articulación velar, oclusiva y sorda. Se emplea en palabras de origen griego o extranjero. En las demás, su sonido se representa con c antes de a, o y u, y con qu, antes de e o i. ◆ Su pl. es kas.

K 1 *Fís.* Símbolo del grado Kelvin, unidad básica de la temperatura termodinámica o absoluta. **2** *Quím.* Símbolo del potasio.

K.O. m. *Dep.* En boxeo y otros deportes, expresión que indica que uno de los contendientes ha quedado fuera de combate, tras haber sido derribado y no haber podido levantarse antes de diez segundos.

K2 o **GODWIN AUSTEN** Pico de Asia, al N de Cachemira, entre China y Pakistán, que constituye el punto culminante de los montes Karakorum; 8.611 m. Es el segundo pico más alto del mundo después del Everest.

KA f. Nombre de la letra *k*.

KAABA *Rel.* Principal santuario del Islam, en la mezquita de La Meca. En su pared oriental está la Piedra Negra, un meteorito venerado por los fieles.

KABAH *Geog. hist.* Antigua ciudad maya, situada en la península del Yucatán (México). Una calzada de 15 km la unía a Uxmal. Su principal construcción es el palacio de los Mascarones, del estilo Cheves.

KABALEVSKI, DIMITRI BORISSOVICH Compositor soviético (San Petersburgo, 1904 - Moscú, 1987). De estilo romántico, compuso varias óperas (*Maestro de Clamency, La familia de Taras*), cuatro sinfonías y el oratorio *Requiem*.

KABILIA CABILIA.

KABUKI m. *Teat.* Género teatral japonés, que trata generalmente de asuntos míticos o históricos. Surgió en el siglo XVII y en él solamente actúan hombres.

KABUL Ciudad capital de Afganistán y de la provincia de su nombre; 700.000 h. Centro industrial, comercial y cultural.

KÁDÁR, JÁNOS Político húngaro (Salgótarján, 1912 - Budapest, 1989). Miembro del Partido Comunista desde 1931, fue primer ministro (1956-58 y 1961-65) y secretario general del Partido Comunista (1956-88).

KADARÉ, ISMAIL Escritor albanés (Gjirokastër, 1936). Sus novelas plantean una actitud crítica ante los procesos totalitarios albaneses: *Abril quebrado* (1982), *Crónica de la ciudad de piedra* (1985) y *El palacio de los sueños* (1990).

KAESÖNG Ciudad administrativa de la República Democrática Popular de Corea; 1.255 km² y 331.000 h. Mercado agrícola.

KAFIRISTÁN o **NURISTÁN** Comarca del N de Afganistán, en las inmediaciones del Hindu-Kush.

KAFKA, FRANZ Escritor checo en lengua alemana (Praga, 1883 - sanatorio de Kierling, cerca de Viena, 1924). Sus obras son manifestación de sus conflictos internos: las relaciones con su padre, el amor, la aversión al trabajo burocrático y el papel de la culpa. Entre ellas figuran *Consideraciones* (1913), *La metamorfosis* (1916), *La sentencia* (1916), *La colonia penitenciaria* (1919), *Un artista del hambre* (1924), *El proceso* (1925), *El castillo* (1926) y *Diario 1910-23* (1927).

KAFKIANO, NA adj. Se aplica a las situaciones complicadas y absurdas, por referencia al mundo en que se desarrolla la obra de Franz Kafka.

KAGAME, PAUL Militar y político ruandés (Kigali, h. 1957). En 1994, encabezó el Frente Patriótico Ruandés (FPR). Bajo su inspiración, se organizó una estructura política liderada por el hutu P. Bizimungu, mientras él ocupó la vicepresidencia. En 2000, tras la dimisión de Bizimungu, accedió a la presidencia.

KAGANOVICH, LAZAR MOISEIEVICH Político soviético (Kabany, 1893 - Moscú, 1991). Vicepresidente del gobierno a la muerte de Stalin, en 1957 fue cesado por Kruschev. Posteriormente fue expulsado del Partido Comunista.

Franz **Kafka**. Con su novia Felice Bauer.

KAGAWA Prefectura de Japón, en Shikoku; 1.883 km² y 1.027.004 h. Capital, Takamatsu.

KAGEL, MAURICIO Compositor argentino (Buenos Aires, 1931). Destacado representante de la música aleatoria. Obras: *Transiciones I* (1958-60), *Phonophenie* (1963), *Montage* (1967), *Dúo* (1968), *La pasión según San Bach* (1985), etc.

KAGERA Región de Tanzania; 28.388 km² y 1.607.000 h. Capital, Bukoba.

KAGOSHIMA 1 Prefectura de Japón, en Kiu-shiu; 9.167 km² y 1.794.276 h. **2** Ciudad capital de la misma; 546.294 h.

KAHLO, FRIDA Pintora mexicana (Coyoacán, 1910 - id., 1954). Esposa de Diego Rivera. Mezcla la tradición popular con elementos surrealistas muy imaginativos. Entre sus obras destacan *Frida Kahlo y Diego Rivera* (1931), *Las dos Fridas* (1939), *Autorretrato* (1945).

KAHN, LOUIS Arquitecto estadounidense, de origen estonio (Saaremaa, 1901 - Nueva York, 1974). En su obra se mezclan elementos de la arquitectura racionalista con el funcionalismo. Entre sus realizaciones destacan el barrio de Carver Court War en Coatsville, Pensilvania (1942-43).

KAIFENG o **KAIFONG** (*K'ai-feng*) Ciudad de China, en el N de la provincia de Henan; 507.763 h.

KAIFU, TOSHIKI Político japonés (Nagoya, 1932). Miembro del Partido Liberal Democrático, fue ministro de Educación (1976-77 y 1985-86) y primer ministro (1989-91).

KAIROUAN Ciudad de Turquía; 102.600 h. Es una de las ciudades santas del Islam.

KÁISER m. *Hist.* Título aplicado a los tres emperadores alemanes del Segundo Reich: Guillermo I, Federico III y Guillermo II.

KAISER, GEORG Dramaturgo alemán (Magdeburgo, 1878 - Ascona, 1945). Fue una de las figuras más destacadas del expresionismo de su país. Entre sus obras figuran *Los burgueses de Calais* (1914) y *Un día de octubre* (1928).

KAKAWIN m. *Lit.* Género literario épico de Java. Originario de la India, mantuvo su arraigo entre los siglos IX y XIX.

KAKEMONO m. *Pint.* Pintura japonesa sobre tela, seda o papel, que cuelga de un mástil de madera en el que se puede enrollar.

KAKI m. *Bot.* CAQUI[1].

KALA-AZAR m. *Pat.* Enfermedad debida a la infección del protozoo *Leishmania donovani*, que se caracteriza por fiebre irregular crónica, hipertrofia del bazo y del hígado, anemia y leucopenia.

KALAH Antigua ciudad de Asiria, capital temporal del imperio asirio.

KALAHARI Desierto de África meridional, que se tiende por el S de Botswana y el N de la República Sudafricana; 519.000 km². Árido y seco en el S y más húmedo y con algo de vegetación en el N, zona en la que se encuentra la cuenca del río Okavango. El Kalahari es el último reducto de los bosquimanos. Importantes minas de diamantes. En el SO, se encuentra el parque nacional de Kalahari.

KALAMATA CALAMATA.

KALEVALA Epopeya nacional finlandesa recopilada por Elias Lönnrot a principios del siglo XIX.

KALGAN ZHANGJIAKOU.

KALI *Rel.* En la religión hindú, esposa de Siva. Diosa de la destrucción y la muerte.

KALIDASA Poeta indio (s. V). Se le atribuyen numerosas obras, entre ellas tres dramas y varios poemas épicos. Su drama *Sakuntala* y su poema lírico *Meghaduta* o *Nube mensajera*, son las más conocidas en Occidente.

KALIMANTAN BORNEO.

KALINGA o **CALINGA** adj. **1** *Etnol.* Se dice de una etnia de la isla de Luzón, Filipinas. Hablan una lengua indonesia y viven en pequeñas aldeas. Aplicado a personas, también com. **2** Relativo a esta etnia. || m. *Ling.* **3** Lengua hablada por los kalinga, perteneciente a la familia malayopolinesia.

KALINGA *Hist.* Antiguo reino del E de la India, hoy en el Estado de Orissa. Conquistado en 224 por el emperador Asoka.

KALININ TVER.

KALININ, MIJAIL IVANOVICH Político soviético (Vierjnaia Troika, 1875 - Moscú, 1946). Participó activamente en la revolución de 1905 y contribuyó al triunfo de la de Octubre de 1917. Fue presidente del Comité Central de los Soviets en 1923, y desde 1938 presidente de la URSS.

KALININGRADO (En alemán *Königsberg*) **1** Región de la Federación de Rusia; 15.100 km² y 926.400 h. **2** Ciudad capital de la misma; 419.000 h. Fue capital de Prusia oriental.

KALISZ Ciudad de Polonia; 106.800 h. Industria textil.

Frida **Kahlo**. *Las dos Fridas*. Museo de Arte Moderno (Ciudad de México).

KALMAR 1 Condado de Suecia; 11.171 km^2 y 238.104 h. 2 Ciudad capital del mismo, en la costa del Báltico; 56.863 h. En esta ciudad se formó la Unión de Kalmar.

KALMAR, UNIÓN DE *Hist.* Fusión en una corona de los tres países escandinavos en 1397, al acceder al trono Eric de Pomerania. Fue rota al ocupar Gustavo Vasa (1523) el trono de Suecia.

KALUGA 1 Región de la Federación de Rusia; 29.900 km^2 y 1.095.000 h. 2 Ciudad capital de la misma; 347.000 h.

KALYAN Ciudad de la India, Estado de Maharashtra; 1.014.557 h.

KAMA *Rel.* En la religión hindú, dios del amor, esposo de Rati. También recibe el nombre de *Ananga.*

KAMA Río de la Federación de Rusia, que nace en los Urales y desemboca en el Volga, al S de Kazán; 1.886 km.

KAMACITA f. *Astron.* Aleación de hierro y níquel, propia de los meteoritos.

KAMASUTRA *(Aforismos sobre el amor)* Tratado erótico de la literatura sánscrita, escrito entre los siglos IV y VII, que recoge los derechos y deberes de los esposos. Forma parte de los textos religiosos de la India.

KAMBA adj. *Etnol.* 1 Se dice de una tribu negroafricana de cultura camita y lengua bantú, que habita entre los macizos de Kenia y Kilimanjaro. Aplicado a personas, también com. 2 Relativo a este pueblo. || m. *Ling.* 3 Lengua hablada por este pueblo, perteneciente a la familia bantú.

KAMCHATKA Península de la Federación de Rusia, en el extremo oriental de Siberia, entre el mar de Ojotsk y el de Bering, que forma, con una porción continental, la región de su nombre, en la que se incluye el Distrito Autónomo de Koryak; 472.300 km^2 y 456.500 h. Capital, Petropavlovsk-Kamchatski.

KAME m. *Geol.* Depósito sedimentario de arena y grava estratificada formado por las corrientes que fluyen bajo un glaciar.

KAMENEV (LEV BORISOVICH ROSENFELD, llamado) Político soviético (Moscú, 1883 - íd., 1936). Entre 1909 y 1914 dirigió con Lenin el Partido Socialdemócrata. Formó con Stalin y Zinoviev la troika que sucedió a Lenin en 1922, pero, acusado de traición, fue fusilado. Su figura fue rehabilitada en 1988.

KAMENSKOIÉ DNIEPRODZERZHINSK.

KAMERLINGH-ONNES, HEIKE Físico holandés (Groninga, 1853 - Leiden, 1926). En 1908 licuó el helio y el hidrógeno por primera vez. Premio Nobel de Física por sus investigaciones sobre el estado de la materia a bajas temperaturas.

KAMIKAZE (Voz japonesa.) adj. y m. *Hist.* Nombre que dieron los japoneses a los vientos protectores del país, que destruyeron las flotas de los mongoles en sus invasiones al archipiélago (1274 y 1281). Durante la Segunda Guerra Mundial se dio este nombre a los aviadores y aparatos japoneses que se lanzaban contra los barcos para hacer explotar sobre ellos su carga de bombas.

KAMPALA Ciudad capital de Uganda y del distrito de su nombre, junto al lago Victoria; 773.463 h. Centro comercial e industrial.

KAMPUCHEA Nombre de CAMBOYA desde 1976 hasta 1989.

KÁMUK BLANCO.

KAN m. KHAN.

KANAGAWA Prefectura de Japón, en Honshu; 2.403 km^2 y 8.246.131 h. Capital, Yokohama.

KANAGAWA, TRATADO DE *Hist.* Acuerdo firmado por EE UU y Japón en 1854, por el que se permitía la utilización estadounidense de los puertos japoneses de Shimoda y Hakodate para fines comerciales y como puntos de abastecimiento.

KANANGA Ciudad de la República Democrática del Congo, capital de la región de Kasai Occidental; 393.030 h. Centro comercial diamantífero. Antiguamente se llamó Luluabourg.

KANARIS, KONSTANTINOS Marino y político griego (Psara, 1790 - Atenas, 1877). Héroe de la independencia de su país contra los turcos, fue jefe del gobierno en 1848-49, en 1864-65 y en 1877.

KANATO m. KHANATO.

KANAZAWA Ciudad de Japón, en Honshu, capital de la prefectura de Ishikawa; 446.325 h. Industria textil.

KANCHENJUNGA Pico de la cordillera del Himalaya, en el límite de Nepal y Sikkim (India); 8.585 m.

KANCHIL m. *Zool.* Mamífero artiodáctilo rumiante, de nombre científico *Tragulus kanchii.* Pequeño ciervo de tan sólo 25 cm de altura, con el pelaje amarillo rojizo, las patas muy finas y sin cuernos. Vive en Indochina.

KANCHIPURAM Ciudad de la India, Estado de Tamil Nadu, 144.955 h. Es una de las siete ciudades santas de la India. Notable conjunto de templos brahmánicos de los siglos VIII-XVI.

Vassily **Kandinsky.** *En el óvalo claro.* Museo Thyssen-Bornemisza (Madrid).

KANDAHAR Ciudad de Afganistán, capital de la provincia de su nombre; 237.500 h. Antigua capital del país.

KANDINSKY, VASSILY Pintor ruso (Moscú, 1866 - Neuilly, Francia, 1944). Junto con Klee, Marc y Macke fundó en Munich en 1911 el grupo *Der Blaue Reiter* (El jinete azul). De un impresionismo naturalista pasó al fauvismo y al expresionismo y, finalmente, a la abstracción. De su obra destacan *Abstracción y empatía* (1908), *Casa en Murnau* (1909), *Acuarela abstracta* (1910), *Cuadro con tres manchas* (1914), *Cruz blanca* (1922), *Ligereza flotante* (1927), *Trece ángulos* (1930), *Rosa determinante* (1932), *Serenidad* (1938).

K'ANG HI o **K'ANG HSI** Emperador chino (Pekín, 1654 - íd., 1722). Accedió al trono en 1662. Sofocó las revueltas en Cantón y Yunnan (1676-78), conquistó Formosa (1683), detuvo la infiltración rusa en el Amur y frenó la invasión de los mongoles. Abrió el imperio a las influencias europeas.

KANGWANE Antiguo bantustán de la República Sudafricana. Su capital era Kanyemanzane.

KANJI (Voz japonesa.) m. *Ling.* Cada uno de los signos escritos o ideogramas de que se compone la lengua japonesa.

KANO 1 Estado de Nigeria; 20.131 km^2 y 5.801.001 h. 2 Ciudad capital del mismo; 657.300 h. Fue la capital del antiguo reino de los hausas.

KANPUR Ciudad de la India, Estado de Uttar Pradesh, a orillas del Ganges; 1.874.409 h. Centro industrial.

KANSAS Estado central de EE UU; 213.110 km^2 y 2.688.418 h. Capital, Topeka. Produce maíz, trigo, heno para forraje y frutas. En sus minas se explota carbón, sal, cinc, cobre, petróleo y gas natural. Industrias del vidrio, alimentarias y de cemento. En 1541 fue explorado por Vázquez de Coronado, en 1682 se unió a Luisiana y entre 1762 y 1800 perteneció a España. En 1803 pasó a EE UU, y en 1861 fue admitido como Estado de la Unión.

KANSAS Río del centro de EE UU, tributario del Missouri; 400 km.

KANSAS CITY 1 Ciudad de EE UU, Estado de Missouri; 431.553 h. 2 Ciudad de EE UU, Estado de Kansas, en la confluencia del Kansas con el Missouri; 146.507 h. Centro comercial e industrial.

KANSU GANSU.

KANT, IMMANUEL Filósofo aleman (Könisberg, 1724 - íd., 1804). Profesor de lógica y metafísica de la ciudad de Könisberg, su pensamiento ha ejercido una vastísima influencia en toda la filosofía posterior. Representa un intento de superar, mediante el idealismo trascendental, las dos corrientes filosóficas fundamentales de la modernidad: el racionalismo y el empirismo. En la primera de sus grandes obras, *Crítica de la razón pura* (1781), establece cuáles son los principios y límites del conocimiento científico. Posteriormente en *Fundamentación de la metafísica de las costumbres* (1785) y en *Crítica de la razón práctica* (1788), propone una ética formal, racional, universal y necesaria, que no estableciera ningún fin ajeno a sí misma, sino que tuviera como objetivo actuar conforme al deber. Otras obras: *Sueños de un visionario* (1766), *Disertación* (1770), *Crítica del juicio* (1790).

KANTISMO m. *Filos.* Sistema filosófico ideado por el alemán I. Kant a fines del siglo XVIII, basado en la crítica del entendimiento y de la sensibilidad. Sus principales seguidores fueron: S. Maimon, Fichte, J. Schultz, K. Ch. E. Schmid, K. L. Reinhold y J. S. Beck (véase NEOKANTISMO).

KANTON Ciudad de Kiribati, capital del grupo de islas Fénix.

KANTOR, TADEUSZ Artista plástico y director teatral polaco (Wielopole, 1915 - Cracovia, 1990). Se formó como pintor bajo el surrealismo. Comenzó a trabajar en teatro en 1945, y en 1955 fundó el grupo *Cricot 2.* Sus espectáculos son de carácter simbólico y provocador. Entre sus obras destacan *La clase muerta* (1975), *Wielopole, Wielapole* (1980) y *¡Que se mueran los artistas!* (1986).

KANTOROVICH, LEONID VITALEVICH Economista soviético (San Petersburgo, 1912 - Moscú, 1986). Sus trabajos sobre la planificación de la economía le valieron, en 1975, el premio Nobel de Economía.

KANURI adj. *Etnol.* 1 Se dice de un pueblo africano que habita al N de Nigeria. A partir del siglo IX fueron islamizados, formando un Estado musulmán. Aplicado a personas, también com. 2 Relativo a este pueblo. || m. *Ling.* 3 Lengua hablada por este pueblo, perteneciente a la familia nilosahariana.

KAO-HSIUNG Ciudad de Taiwan que constituye un municipio especial; 154 km^2 y 1.426.518 h. Astilleros.

KAÓN o **MESÓN K** m. *Fís.* Partícula elemental inestable cuya masa es 970 veces la del electrón.

KAPILAVASTU Antigua ciudad del N de la India. Patria de Buda.

KAPITSA, PIOTR LEONIDOVICH Físico soviético (Kronchtadt, 1894 - Moscú, 1984). Descubrió la superfluidez del helio líquido. Premio Nobel de Física en 1978, compartido con A. Penzias y R. Wilson.

KAPPA f. Décima letra del alfabeto griego (Κ, κ); corresponde a nuestra *k,* aunque muchas veces ha pasado a transcribirse con *c* o *q.*

KAPTEYN, JACOBUS CORNELIUS Astrónomo holandés (Barneveld, 1851 - Amsterdam, 1922). Investigó sobre paralajes y movimientos de las estrellas y descubrió la existencia de corrientes en sus desplazamientos.

KAPURTHALA Antiguo principado del NE de la India, incorporado al Punjab.

KAPUTT (Voz al.) adj. Arruinado, derrotado.

KARA Mar del N de Europa, que forma parte del océano Glacial Ártico, entre la península de los Yamal al E, la Federación de Rusia al S y las islas Nueva Zembla y Vaigach al O.

KARA-KIRGUIZ KIRGUIZ.

KARA-KUM Desierto de Turkmenistán, entre el río Amu Daria y las montañas de Kopet Dag (Irán); 270.000 km^2.

KARACHÁI adj. *Etnol.* 1 Se dice de un pueblo turco que habita en el Cáucaso central, en la provincia autónoma de la Federación de Rusia de Karachajevo-Cherkesia. En 1943 Stalin los deportó a Siberia, y en 1957 regresaron a su territorio. Aplicado a personas, también com. 2 Relativo a este pueblo. || m. *Ling.* 3 Lengua hablada por este pueblo, perteneciente al grupo túrcico, de la familia altaica.

KARACHI Ciudad del S de Pakistán, capital de la provincia de Sind, junto a la desembocadura del Indo; 9.863.000 h. Fue capital del Estado (1947-60). Puerto.

KARADENIC BOGAZI BÓSFORO.

KARADZIC, RADOVAN Político serbobosnio (Montenegro, 1946). Líder del Partido Democrático Serbio (1990), dirigió el levantamiento de los nacionalistas serbios de Bosnia. Impulsó una política de limpieza étnica contra la población musulmana. Tras la firma de los acuerdos de paz de Dayton de 1995, el tribunal de La Haya emitió una orden de busca y captura para su procesamiento por crímenes de guerra.

KARAGANDA Ciudad de Kazajstán, capital de la provincia de su nombre; 573.700 h. Centro de una rica cuenca hullera.

KARAGEORGIEVICH *Geneal.* Dinastía serbia fundada por Jorge Petrovic, llamado Karageorge por los turcos, que reinó en Serbia entre 1808 y 1813. También pertenecen a esta dinastía el príncipe Alejandro (1848-58) y los reyes Pedro I (1903-21), Alejandro I de Yugoslavia (1921-24) y Pedro II de Yugoslavia (1934-45).

KARAJAN, HERBERT VON Director de orquesta austriaco (Salzburgo, 1908 - Anif, 1989). Fue director de las orquestas de la ópera de Ulm y del Estado de Berlín (1941-44); de la Filarmónica y de la Staatskapelle de la misma ciudad, de la ópera del Estado, de Viena, de los Festivales de Lucerna y Salzburgo, y director vitalicio de la Orquesta Filarmónica de Berlín, desde 1954.

KARAKAJEVO-CERKESSIA República federada de la Federación de Rusia, situada en el territorio de Stavropol, al N del Cáucaso; 14.100 km^2 y 436.000 h. Capita, Cherkesk.

KARAKORUM Cadena de montañas de Asia central, en el N de Cachemira (India, China y Pakistán), que se extiende desde la meseta de Pamir al N, paralela al Himalaya occidental. Su máxima altura corresponde al pico *K2* (8.611 m).

KARAMANLIS, KONSTANTINOS Político griego (Proti, 1907 - Atenas, 1998). Primer ministro (1955-63), con-

Herbert von **Karajan**

tribuyó a la creación de la República de Chipre (1959) y fundó la Unión Nacional Radical. Derrotado en las elecciones de 1963, estuvo exiliado en París hasta 1974, en que de nuevo fue primer ministro. Ocupó la presidencia de la República (1980-85 y 1990-95).

KARAMI, RASHID Político libanés (Trípoli, 1921 - Efne, 1987). Primer ministro (1958-60, 1965-70 y 1975-76), intervino en la guerra civil libanesa con su partido, el Frente de Salvación Nacional. En 1984, encabezó un gobierno de concentración. Murió asesinado.

KARAMZIN, NIKOLAI MIJAILOVICH Escritor ruso (Mijailovca, 1766 - San Petersburgo, 1826). Entre sus obras destacan *Cartas de un viajero ruso* (1790-92) y *Antología de escritores extranjeros* (1797). Escribió además una inacabada *Historia del imperio ruso* (1816-26).

KARAOKE (Voz japonesa.) m. Grabación del acompañamiento musical de canciones populares que permite que otras personas canten imitando a sus intérpretes originales.

KARATE (Voz japonesa.) m. *Dep.* Modalidad de lucha japonesa que consiste en ejecutar golpes secos con el borde de las manos, puños, codos y pies, dirigidos a los puntos más vulnerables del cuerpo.

KARATEKA o **KARATECA** adj. y com. Que practica el karate.

KARBALA KERBELA.

KARDITZA 1 Nomo de Grecia, región de Tesalia; 2.636 km² y 197.613 h. **2** Ciudad capital del mismo; 27.532 h.

KARIBA Garganta del río Zambeze, donde fue construida una de las más importantes presas del mundo, formando el lago artificial de su nombre, de 5.300 km².

KARIKAL Ciudad del SE de la India, Estado de Tamil Nadu, en la costa de Coromandel. Puerto.

KARIMOV, ISLAM Político uzbeko (Samarcanda, 1938). Elegido en junio de 1989 primer secretario del Partido Comunista Uzbeko, se hizo cargo de la presidencia de la República en marzo de 1990. Tras el fracaso del golpe de Estado de Moscú en 1991, fue elegido presidente del nuevo Estado.

KARKÉMISH *Geog. hist.* Antigua ciudad situada a orillas del Éufrates, al NE de Alepo. Importante centro comercial y conserva ruinas del reino de Mitani.

KARKONOSE RIESENGEBIRGE.

KARL-MARX-STADT Antiguo nombre de la ciudad alemana de CHEMNITZ.

KARLE, JEROME Químico estadounidense (Nueva York, 1918). Sus investigaciones se centran en la elaboración de métodos directos que permiten determinar la estructura de los cristales. Premio Nobel de Química en 1985 compartido con H. A. Hauptmann.

KARLFELDT, ERIK AXEL Poeta sueco (Folkarna, 1864 - Estocolmo, 1931). En su obra, situada dentro de las tendencias decadentistas de la época, destaca *Cantos selváticos y amorosos* (1895), *Flora y Pomona* (1906) y *El cuerno de otoño* (1927). Premio Nobel de Literatura en 1931 a título póstumo.

KARLOFF, BORIS (WILLIAM PRAT, llamado) Actor de cine estadounidense (Dulwich, 1887 - Midhurst, 1969). Destacó por sus interpretaciones de personajes terroríficos. Intervino en *Frankenstein* (1931), *La momia* (1932), *Scarface* (1932), etc.

KARLOVY VARY (En alemán *Carlsbad* o *Karlsbad.*) Ciudad de la República Checa, en Bohemia Occidental; 55.695 h. Fábricas del afamado cristal de Bohemia.

KARLOWITZ o **CARLOWITZ** SREMSKI KARLOVCI.

KARLSBAD KARLOVY VARY.

KARLSBURG ALBA IULIA.

KARLSKRONA Ciudad del SE de Suecia, capital del condado de Blekinge, junto al Báltico; 59.390 h. Puerto.

KARLSRUHE Ciudad de Alemania, Land de Baden-Württemberg, capital del distrito de su nombre; 277.011 h. Centro industrial. Fue capital del antiguo Land de Baden.

KARMA (Voz sánscr.) m. *Fil.* y *Rel.* En el brahmanismo y el budismo, principio que determina el destino del hombre y su reencarnación en una clase inferior o superior según los actos realizados en esta vida o en existencias anteriores.

KARMAL o **KARMEL, BABRAK** Político afgano (Canari, 1929 - Moscú, 1996). Con apoyo soviético, fue primer ministro y presidente la República (1979-86).

KARNAK *Arte.* y *Arqueol.* Yacimiento arqueológico de Egipto, gobernación de Quena, próximo a la antigua ciudad de Tebas. Su principal construcción es el templo de Amón, comenzado durante la XII dinastía y ampliado durante la XVIII.

KARNATAKA Estado del S de la India, a orillas del mar Arábigo; 191.791 km² y 44.977.201 h. Capital, Bangalore.

KARPENISION Ciudad de Grecia, capital del nomo de Euritania; 5.230 h.

KARPOV, ANATOLI Ajedrecista ruso (Zlatoust, 1951). Designado campeón del mundo en 1975, ante la retirada de Fischer, revalidó en varias ocasiones su título. En 1985 fue derrotado por Gari Kasparov. En 1993 fue proclamado campeón del mundo por la Federación Internacional de Ajedrez (FIDE). Alcanzó el mismo triunfo en 1996 y 1997.

KARRER, PAUL Bioquímico suizo (Moscú, 1889 - Zurich, 1971). Premio Nobel de Química en 1937 por sus descubrimientos sobre carotenoides, flavinas y vitaminas A y B.

KARROO m. *Geol.* Formación sedimentaria característica de las mesetas semiáridas de África meridional, compuesta de areniscas procedentes de la era primaria.

KARST m. *Geol.* Tipo de relieve producido por una serie compleja de fenómenos físico-químicos, entre los que siempre se encuentra la acción erosiva o disolvente del agua sobre rocas débiles, como calizas, yesos o dolomías. El paisaje puede adoptar formas *endokársticas* o *exokársticas*, dependiendo de si se han originado por debajo o por encima de la superficie.

KARST (En it. *Carso)* Comarca montañosa de la región costera italiana oriental del Adriático, de Eslovenia y Croacia.

KART (Voz i.) m. *Dep.* Automóvil ligero de cuatro ruedas, monoplaza, usado en competiciones deportivas y también como diversión. ♦ Su pl. es *karts.*

KARYAI Ciudad de Grecia, en Macedonia Central, 235 h. Está habitada por monjes ortodoxos de San Basilio, agrupados en veinte monasterios, y por ermitaños.

KASAI Río de África, afluente del Congo; 1.940 km.

KASAI OCCIDENTAL Región de la República Democrática del Congo; 154.742 km² y 3.117.000 h. Capital, Kananga.

KASAI ORIENTAL Región de la República Democrática del Congo; 170.302 km² y 3.778.000 h. Capital, Mbuji-Mayi.

KASAVUBU, JOSEPH Político congoleño (Mayombé, 1917 - Boma, 1969). Encarcelado en 1959 por intervenir en las revueltas nacionalistas, fue primer presidente de la República (1960-65).

KASHIWA Ciudad de Japón, prefectura de Niigata, en Honshu; 317.752 h.

KASPAROV, GARI Ajedrecista azerí (Bakú, 1963). En 1985 arrebató el título mundial a Anatoli Karpov. En 1993 fue despojado de su título.

KASSEN, ABD AL-KARIM Político iraquí (Bagdad, 1914 - íd., 1963). Capitaneó la revolución que derrocó la monarquía (1958). Convertido en jefe del Estado, impulsó una política neutralista que provocó la oposición de los sectores nasseristas. En 1963 fue derrocado y fusilado.

KASTELLORIZON Isla de Grecia, nomo de Dodecaneso, situada 130 km al E de la de Rodas; 225 km² y 3.400 h. En 1828 se apoderó de ella Grecia, pasando en 1833 a poder de Turquía nuevamente. Terminada la Primera Guerra Mundial, Italia se posesionó de ella, pero en 1946 se la adjudicó finalmente Grecia.

KASTLER, ALFRED HENRI FRÉDÉRIC Físico francés (Guebwiller, 1902 - Grenoble, 1984). Premio Nobel de Física en 1966 por el descubrimiento de los métodos ópticos para el estudio de las resonancias hercianas en los átomos.

KÄSTNER, ERICH Escritor alemán (Dresde, 1899 - Munich, 1974). Autor de novelas y poemas satíricos, su obra más conocida fue *Emilio y los detectives* (1928).

KASTORÍA 1 Nomo de Grecia, en la región de Macedonia Occidental; 1.720 km² y 52.721 h. **2** Ciudad capital del mismo, a orillas del lago homónimo; 20.273 h.

KASTOS, EMIRO RESTREPO, JUAN DE DIOS.

KASTRIOTA GJERGJ SKANDERBEG.

KATAIEV, VALENTIN Escritor soviético (Odesa, 1897 - cerca de Moscú, 1986). Autor de *Los malversadores* (1927), *El hijo del regimiento* (1945) y *Por el poder soviético* (1949), entre otras.

KATANGA Región de la República Democrática del Congo; 496.877 km² y 4.771.000 h. Capital, Lubumbashi. Al independizarse Zaire, intentó, sin éxito, la secesión del gobierno central. Se llamó *Shaba* de 1971 a 1997.

KATAR QATAR.

KATIPUNAN *Hist.* Sociedad secreta filipina creada en Manila en 1892 con el fin de expulsar a los españoles y a las órdenes religiosas de las islas y confiscar los latifundios. Entre sus dirigentes estaban Andrés Bonifacio y Emilio Aguinaldo.

KATIUSKA f. Bota alta de goma impermeable o caucho, que se usa para protegerse del agua.

KATMANDÚ Ciudad capital de Nepal, de la región Central y de la zona administrativa de Bagmati; 535.000 h. Importante centro religioso, administrativo y turístico. Fue fundada en el año 723.

KATOWICE Ciudad de Polonia, capital de la provincia de Slaskie; 355.100 h. Centro de la gran cuenca minera de la Alta Silesia.

KATSINA Ciudad de Nigeria, capital del Estado de su nombre; 201.500 h. Antigua capital del reino hausa de su nombre.

KATTEGAT Estrecho del N de Europa, entre Suecia y Jutlandia (Dinamarca), que comunica el mar del Norte, a través del Skagerrak, y el Báltico, mediante los de Sund y Gran y Pequeño Belt.

KATÚN (Voz maya.) m. *Astron.* En el calendario maya, periodo de veinte años de 360 días.

KATZ, BERNARD Médico y neurobiólogo británico, de origen alemán (Leipzig, 1911). En 1970 compartió el premio Nobel de Fisiología y Medicina con J. Axelrod y U. von Euler, por sus descubrimientos sobre los mensajes de las células.

KAUNAS *(Kovno)* Ciudad de Lituania, capital de la región de su nombre y que constituye por sí misma una entidad administrativa; 429.000 h. Situada en la confluencia del Niemen y Viliya.

KAUNDA, KENNET DAVID Político zambiano (Lubwa, 1924). En 1964 fue elegido para ocupar la presidencia de la República de Zambia, nombre que adoptó Rhodesia del Norte al obtener la independencia. En 1990 ratificó la reforma de la Constitución que introducía el multipartidismo. Un año después fue derrotado en las elecciones presidenciales por Frederick Chiluba.

KAUNITZ-RIETBERG, WENZEL ANTON, PRÍNCIPE VON Político austriaco (Viena, 1711 - íd., 1794). De grandes dotes y reconocida fidelidad a la emperatriz María Teresa, rigió la política exterior del país durante el reinado de la misma y el de sus sucesores inmediatos (1753-92).

KAURISMÄKI, AKI Director de cine finlandés (Orimattila, 1957). En su filmografía destacan *Crimen y castigo* (1983), *Contraté un asesino a sueldo* (1990), *La vida de bohemia* (1991) y *Kauas pilvet karvaavat* (1996).

KAURISMÄKI, MIKA Director de cine finlandés (Orimattila, 1955). Hermano del anterior, saltó al panorama internacional con la película *Helsinki-Nápoles* en 1987. Ha dirigido también *Cha-cha-cha* (1989), *Amazon* (1990) y *Zombie ja kummitusjuna* (1991).

KAUTSKY, KARL Político y escritor alemán (Praga, 1854 - Amsterdam, 1938). Defensor del marxismo ortodoxo, luchó contra el revisionismo de Bernstein. Posteriormente evolucionó hacia el centrismo, enfrentándose a Lenin y Rosa Luxemburgo. Autor de *Las doctrinas económicas de Carlos Marx (1887)* y *La concepción materialista de la historia* (1906).

KAVAFIS, CONSTANTIN Poeta griego (Alejandría, 1863 - Atenas, 1933). Los temas centrales de su producción son el pasado bizantino, la sensualidad, el amor homosexual y la impotencia ante la fugacidad de la belleza. Sus poemas se publicaron por primera vez después de su muerte. Entre ellos destacan *La ciudad* y *Esperando a los bárbaros.*

KAVALA 1 Nomo de Grecia, en la región de Macedonia Oriental y Tracia; 2.111 km² y 135.747 h. **2** Ciudad capital del mismo; 56.705 h.

KAVANAGH, PATRICK Escritor irlandés (Inniskeen, 1905 - Dublín, 1967). Entre sus obras figuran los libros de poemas *El orador y otras poesías* (1936), *El gran hunger* (1942) y *Un alma en venta* (1947); y la novela *Tarry Flinn* (1949).

KAWABATA, YASUNARI Escritor japonés (Osaka, 1899 - Zushi, 1972). Promotor de la «escuela impresionista», sus temas principales son la soledad, la muerte y la decadencia. De su obra destacan *Campo de nieve* (1947), *Nube de pájaros blancos* (1952), *La muchacha dormida* (1961) y *Kyoto* (1962). Premio Nobel de Literatura en 1968.

KAWAGOE Ciudad de Japón, prefectura de Saitama, en Honshu; 323.345 h.

KAWAGUCHI Ciudad de Japón, prefectura de Saitama, en Honshu; 448.801 h. Industria textil.

KAWASAKI Ciudad de Japón, en los alrededores de Tokio; 1.202.811 h. Industria química. Maquinaria.

KAYAK (Voz esquimal.) m. **1** Canoa empleada por los esquimales. **2** *Dep.* Embarcación deportiva ligera, que se usa en competiciones, impulsada por una pala doble; según el número de tripulantes (uno, dos o cuatro), se denomina *k-1, k-2* o *k-4.* ♦ Su pl. es *kayaks.*

KAYSERI Ciudad de Turquía, capital de la provincia de su nombre; 454.000 h. Fue capital de Capadocia, llamada *Cesarea di Capadocia* durante el período romano.

KAZACO, CA o **KAZAKO, KA** adj. y s. KAZAJO, JA.

KAZAJO, JA adj. y s. **1** De Kazajstán. **2** *Etnol.* e *Hist.* Pueblo que habita en Kazajstán y otros países asiáticos. Islamizados en el siglo XIV, adoptaron el rito sunnita. Además de en Kazajstán, existen kazajos en Uzbekistán, Turkmenistán, la Federación de Rusia y en China. || m. *Ling.* **3** Lengua hablada por los kazajos perteneciente al grupo túrcico de la familia altaica. Es la lengua oficial de Kazajstán.

KAZAJSTÁN (*Qazaqstan Respublikasí*) Estado de Asia occidental que hasta 1991 formó parte de la URSS. Limita al N con la Federación de Rusia; al E, con China; al S, con Kirguizistán, Uzbekistán y Turkmenistán, y al O, con el mar Caspio y la Federación de Rusia.

Superficie:
2.724.900 km².
Población:
14.913.000 h.
(kazajos).
Densidad:
5,5 h./km².
Tasa de natalidad: 14,7‰.
Tasa de mortalidad: 10,1‰.
Capital: Astana.
Ciudades principales: Karaganda, Chimkent, Semipalatinsk y Ust-Kamenogorsk.
Grupos étnicos: kazajos (46,0%), rusos (34,8%), ucranianos (4,9%), alemanes (3,1%), uzbecos (2,3%).
Religión: islamismo (47%), ortodoxa rusa (8,2%), protestantismo (2,1%), otras (42,7%).
Idioma: ruso y kazajo.
Moneda: tenge.
Forma de Estado: república.
Producto Nacional Bruto: 20.856 millones de dólares.
Renta per cápita: 1.340 dólares.
División administrativa: 14 provincias, según cuadro.

KAZAJSTÁN

Provincias	Superficie (km²)	Población (h.)	Capitales
Akmola	92.000	845.700	Astana
Aktobe	300.600	752.800	Aktobe
Almaty	224.200	1.684.600	Almaty
Aterau	118.600	459.600	Aterau
Karaganda	115.400	1.270.100	Karaganda
Kazajstán Meridional	117.300	1.987.800	Chimkent
Kazajstán Occidental	151.300	669.800	Uralsk
Kazajstán Oriental	283.300	1.750.500	Kazajstán Oriental
Kazajstán Septentrional	123.200	1.257.900	Petropavl
Kustanay	113.900	1.055.300	Kustanai
Kyzylorda	226.000	606.100	Kyzylorda
Mangistau	165.100	324.400	Aktau
Pavlodar	124.800	943.600	Pavlodar
Zhambyl	144.200	1.039.600	Zhambyl

Geog. A pesar de su gran extensión, es un país de monótona uniformidad de relieve. Se distinguen, no obstante, una zona de estepas al N, que incluye el extremo meridional de la llanura siberiana y la parte más meridional de las alineaciones de los montes Urales; en el centro, las regiones de colinas de la meseta de Kazán; y al SO, los semidesiertos alrededor de los mares Caspio y Aral. Las zonas montañosas del E y SE corresponden a las estribaciones de los montes Altai y Tien Shan. El clima es continental. Los ríos son escasos y en su mayoría de tipo endorreico. Destacan el Ural y el Irtish (afluente del Obi), así como el lago Baljash. La vegetación es de estepa o semidesierto. La población se concentra en las áreas de regadío o en las ciudades (57,4% de población urbana). Notable desarrollo agrícola y sobre todo industrial. Pero la base de su economía se debe fundamentalmente a la intensa explotación de los recursos del subsuelo (carbón, hierro, cobre, manganeso, plomo, cinc, bauxita, níquel, cromo, fosfatos, petróleo y gas natural). Tras la disolución de la URSS, permaneció dentro de la zona de influencia del rublo, que abandonó dos años después al adoptar el tenge como moneda nacional.

Hist. El origen de los kazajos es el resultado de la mezcla de tribus mongolas de la Horda de Oro y tribus turcas. En el siglo XVI surgió el Kanato Kazajo, que se disgregó en tres hordas: la Gran Horda, la Media y la Pequeña Horda. A fines de este siglo se unificaron de nuevo las hordas, que atacaron Transoxania. En el siglo XVIII se produjo un avance ruso sobre la estepa, y los kazajos se colocaron bajo protección de Rusia, que en el siglo XIX suprimió la autonomía de los kanatos, no sin algunos movimientos de resistencia. Tras la revolución de 1905 surgieron los primeros periódicos kazajos y después de la de 1917, los nacionalistas kazajos, dirigidos por Ali Khan Bukei (Bukeikhanov), formaron un gobierno nacionalista conocido como Alash Orda. Entre 1919 y 1920, el ejército rojo ocupó Kazajstán, y se creó la República Autónoma Socialista Soviética de los Kirguizes, que en 1925 cambió su nombre por el de Kazajstán. Desde 1927 se llevó una política de sedentarización de los nómadas kazajos, acompañada del establecimiento de colonos rusos y ucranianos en Kazajstán. En 1936 se transformó en una República Socialista Soviética. Tras el golpe de Estado de agosto de 1991 en la antigua URSS, Kazajstán accedió a la independencia, y en diciembre de 1991 suscribió los acuerdos de Minsk, que creaban la Comunidad de Estados Independientes (CEI). En las elecciones presidenciales celebradas ese mismo año resultó vencedor Nursultan Nazarbaiev. En enero de 1993 se aprobó una constitución, en la que se instituyó un parlamento unicameral, el *Kenges*. Un año después tuvieron lugar las primeras elecciones legislativas multipartidistas. En marzo de 1995 Nazarbaiev disolvió el Parlamento y comenzó a gobernar mediante decretos presidenciales. Fue revalidado en su cargo tras los comicios de 1999.

KAZÁN Ciudad de la Federación de Rusia, capital de la República federada de Tatarstan, a orillas del Volga; 1.098.000 h. Importante centro industrial.

KAZAN, ELIA (ELIA KAZANJOGLUS, llamado) Director de cine estadounidense (Estambul, 1909 - Nueva York, 2003). Fundador del Actor's Studio, en sus películas predomina la preocupación por los temas raciales y sociales. Entre ellas destacan *Un tranvía llamado deseo* (1951), *Viva Zapata* (1952), *La ley del silencio* (1954), *Al este del Edén* (1955), *Esplendor en la hierba* (1961), etc. En 1999 recibió un Oscar por el conjunto de su carrera, que fue acogido con polémica por la comunidad cinematográfica debido a su colaboración con el Co-

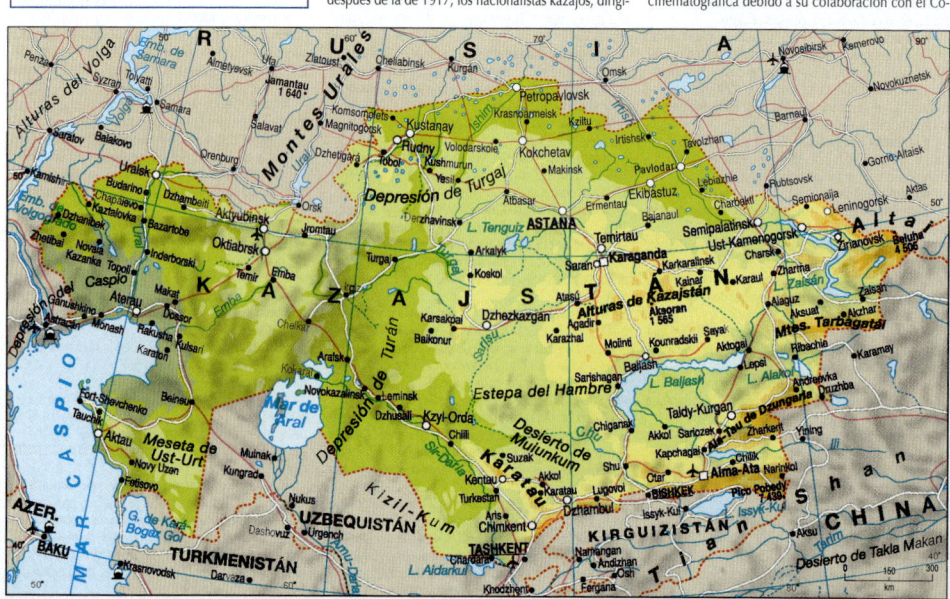

mité de Actividades Antiamericanas durante la llamada «caza de brujas».

Kazantzakis, Nikos Escritor griego (Iraklion, 1883 - Friburgo de Brisgovia, 1957). Escribió, entre otras obras, *Odisea* (1938), extenso poema alegórico y filosófico; las novelas *El alba luce* (1906), *Alexis Zorba* (1946), *Cristo de nuevo crucificado* (1954) y *El pobre de Asís* (1956); y las obras dramáticas *Cristo* (1910) y *Teseo* (1957).

kcal *Fís.* Símbolo de kilocaloría, medida de calor.

kea m. *Zool.* Ave psitaciforme de nombre científico *Nestor notabilis*, cuyo plumaje varía entre el verde oliváceo y el amarillento. Vive en Nueva Zelanda.

Kea Isla de Grecia, en el archipiélago de las Cícladas; 4.000 h. Vino, algodón y seda. Patria de Simónides y de Baquílides. También se ha llamado *Ceos*, *Zea* y *Zia*.

Keating, Paul Político australiano (Sydney, 1944). Portavoz de la oposición (1976-83) y secretario general del Partido Laborista (1991), ocupó la jefatura del gobierno (1991-96).

Keaton, Buster (Joseph Francis Keaton, llamado) Actor y director de cine estadounidense (Pickway, 1895 - Woodland Hills, 1966). Fue una de las más importantes figuras del cine mudo. Películas: *El navegante* (1924), *El maquinista de la General* (1926) y *El cameraman* (1928); y ya en el cine sonoro *El crepúsculo de los dioses* (1950), *Candilejas* (1952) y *Golfus de Roma* (1966).

Keats, John Poeta inglés (Londres, 1795 - Roma, 1821). Considerado uno de los principales poetas en lengua inglesa, destacó por su lírica romática profunda. Autor de largos poemas, como *Endimión* (1818), *Odas* (1819), *Lamia* (1820) e *Hiperión* (1821).

Kebbi *Hist.* Antiguo reino africano, entre el Níger y el Sokoto, poblado por los hausa y los songay.

Keeling Cocos.

kefa o **kaffa** adj. *Etnol.* **1** Se dice de un pueblo africano que habita en Etiopía, que agrupa alrededor de un millón de individuos. En el siglo XV constituyó un Estado que se integró en Etiopía en el siglo XIX. Aplicado a personas, también com. **2** Relativo a este pueblo. ‖ m. *Ling.* **3** Lengua hablada por los kefa, perteneciente al grupo omótico de la familia de lenguas afroasiáticas.

kéfir m. Bebida de origen caucásico, preparada con leche de cabra, vaca u oveja, que sufre fermentación alcohólica y láctica por microorganismos.

Kefrén Cuarto faraón egipcio de la IV dinastía (s. XXVI a. C.). Reinó h. 2850 a. C. Construyó la segunda de las pirámides de Gizeh.

Keitel, Wilhelm Mariscal alemán (Helmscherode, 1882 - Nuremberg, 1946). Jefe de las Fuerzas Armadas (1938-1945), fue condenado y ejecutado en la horca por el Tribunal de Nuremberg.

Kekkonen, Urho Kaleva Político finlandés (Pielavesi, 1900 - Helsinki, 1986). Tras ocupar varios ministerios, fue presidente de la República (1956-82), sucediéndole Mauno Koivisto.

Kekule von Stradonitz, August Químico alemán (Darmstadt, 1829 - Bonn, 1896). Fue uno de los fundadores de la química orgánica. Descubrió la tetravalencia del carbono, determinó la fórmula de estructura del benceno, estudió los ácidos tartárico y succínico, y distinguió entre los compuestos de cadena abierta y los cíclicos.

Kelaa Srarhna, El 1 Provincia de Marruecos; 10.070 km² y 682.428 h. **2** Ciudad capital de la misma; 33.353 h.

Kelang Ciudad de Malasia, Estado de Selangor; 243.698 h.

Keller, Gottfried Escritor suizo (Zurich, 1819 - íd., 1890). Discípulo de Feuerbach, entre sus novelas figuran *Enrique el Verde* (1854-55) y *Martin Salander* (1886). Asimismo escribió las colecciones de cuentos *La gente de Seldwyla* (1856), *Narraciones zuriquesas* (1878) y libros de poemas.

Kellogg, Frank Billings Jurista y político estadounidense (Potsdam, 1856 - Saint Paul, 1937). Fue secretario de Estado bajo la presidencia de Coolidge. Promovió el *Pacto Briand-Kellogg* (1928), firmado por 62 países. Recibió el premio Nobel de la Paz en 1929.

Kelly, Gene Actor, bailarín y director de cine estadounidense (Pittsburgh, 1912 - Beverly Hills, 1996). Renovador del género musical, intervino en películas como *Luz en el alma* (1946), *Levando anclas* (1948), *Un día en Nueva York* (1951), *Un americano en París* (1952), *Cantando bajo la lluvia* (1953), *Brigadoon* (1954).

Kelly, Grace Patrice Actriz de cine estadounidense, posteriormente princesa de Mónaco (Filadelfia, 1928 - Montecarlo, 1982). Fue una de las actrices favoritas de A. Hitchcock. Intervino en *Solo ante el peligro* (1952), *Mogambo* (1954), *La ventana indiscreta* (1954), *Crimen perfecto* (1954) y *Atrapa a un ladrón* (1955). En 1956 contrajo matrimonio con el príncipe Rainiero de Mónaco. Murió en un accidente de tráfico.

kelvin o **kelvinio** m. *Fís.* Unidad de temperatura ab-

William Thomson **Kelvin**. Galería Nacional de Retratos (Edimburgo).

soluta o termodinámica en el sistema internacional, también llamada *grado kelvin*. Su valor es 1/273,16 de la temperatura termodinámica del punto triple del agua. Su símbolo es K.

Kelvin, lord William Thomson Físico matemático e inventor británico (Belfast, 1824 - Netherhall, 1907). Desarrolló la ley de la conservación de la energía y definió la temperatura absoluta por una escala independiente de todo cuerpo termométrico y descubrió el cero absoluto a −273 °C (véase TEMPERATURA). Publicó numerosos estudios teóricos sobre la electricidad, la elasticidad, la física del globo y sobre las mareas, y su tratado sobre la *Teoría dinámica del calor*, que le coloca entre los fundadores de la termodinámica. Inventó el refrigerador que lleva su nombre, el galvanómetro de espejo y el electrómetro de cuadrantes.

Kemal Ataturk Mustafá Kemal.

Kemerovo 1 Región de la Federación de Rusia; 95.500 km² y 3.078.000 h. **2** Ciudad capital de la misma, al S de Siberia occidental; 503.000 h. Centro minero e industrial (siderurgia).

Kempis, Tomás de (Thomas Hemerken, llamado) Escritor ascético alemán (Kempen, 1379 - Sankt Agnetenberg, 1471). Ordenado sacerdote en 1413, produjo muchas obras de espiritualidad y teología, pero debe su renombre a la titulada *Imitación de Cristo*, que algunos críticos atribuyeron al canciller Juan Gerson.

Kendall, Edward Calvin Bioquímico estadounidense (South Norwalk, 1886 - Princeton, 1972). Aisló la tiroxina (1915) y la cortisona (1935), que luego aplicó al tratamiento de la artritis reumática y realizó descubrimientos sobre la corticosterona y el cortisol. Premio Nobel de Fisiología y Medicina en 1950.

Kendall, Henry Way Físico estadounidense (Boston, 1926 - Walculla Springs, 1999). En 1990 recibió el premio Nobel de Física, compartido con J. I. Friedman y R. E. Taylor, por ser los pioneros en demostrar la existencia de los quarks.

Kendrew, John Cowdery Bioquímico británico (Compton, 1917 - Cambridge, 1997).Trabajó sobre la estructura de las proteínas globulares y estableció el primer modelo tridimensional de una proteína, la mioglobina. Premio Nobel de Química en 1962.

Kenia o **Kenya** (*Jamhuri ya Kenya*) Estado de África centrooriental. Limita al N con Sudán y Etiopía; al E, con Somalia y el océano Índico; al S, con Tanzania, y al O, con Uganda.

Geog. El territorio keniano se extiende entre el extremo NE de la meseta de los grandes lagos africanos y el océano Índico. La mitad occidental del país comprende una región de altas mesetas, recorrida de N a S por una fosa de hundimiento, el Rift Valley, en la que se halla el lago Turkana (Rodolfo). Hacia el O, las tierras altas del escudo centroafricano se detienen a orillas del lago Victoria, que comparte con Tanzania y Uganda. En la parte oriental del Rift Valley se alzan una serie de montes volcánicos, entre los que destaca el macizo de Kenia (5.199 m), alrededor del cual existen numerosos parques naturales; el resto es una gran meseta que desciende progresivamente hasta la costa. Sus ríos más importantes son el Tana y el Galana, tributarios del Índico. El clima es tropical, con lluvias irregulares, o ecuatorial de montaña. La vegetación predominante es la sabana, con bosque claro al NE y tropical húmedo en las regiones altas. La población se concentra en las zonas agrícolas alrededor del lago Victoria y de Nairobi. La agricultura en su mayor parte se dedica a cultivos de subsistencia, como maíz, trigo, mijo, mandioca y arroz. Los cultivos de exportación son el té, el sisal, el café, la caña de azúcar, el algodón y las frutas tropicales. La cría de ganado es importante en las mesetas (bovinos y ovinos). Cuenta con industria alimentaria, metalúrgica, química, textil, localizada principalmente en torno a Nairobi y Mombasa. Importante sector turístico.

Hist. Habitado originariamente por bosquimanos, llegaron después pueblos procedentes de razas etíope y bantú (kikuyu, kamba, sagga, etc.). La última gran oleada migratoria tuvo lugar en el siglo XVI, con la llegada de los masai, pastores y guerreros, que controlaron todo el país hasta Tanzania. A partir del siglo XVI llegaron los portugueses, quienes ocuparon Mombasa (1593) y dominaron el litoral. Durante el siglo XVII, la decadencia portuguesa dio paso al dominio árabe, que se mantuvo durante el siglo siguiente. El reparto de África, acordado en el congreso de Berlín de 1885, permitió el establecimiento del Reino Unido en este territorio, que junto a otros de África oriental se constituyó en protectorado (1895) y luego en colonia (1920). Numerosos colonos británicos y emigrantes de Indostán se establecieron en

Superficie: 582.646 km².
Población: 30.340.000 h. (*kenianos*).
Densidad: 52,1 h./km².
Tasa de natalidad: 31,8‰.
Tasa de mortalidad: 13,9‰.
Capital: Nairobi.
Ciudades principales: Mombasa, Kisumu, Nakuru.
Grupos étnicos: kikuyu (17,7%), luhya (12,4%), luo (10,6%), kamba (9,8%), meru, mandi y masai.
Religión: catolicismo (27%), protestantismo (19%), cultos indígenas (19%), islamismo (6%).
Idioma: swahili (oficial), kikuyu, kamba e inglés.
Moneda: chelín keniano.
Forma de Estado: república presidencialista.
Producto Nacional Bruto: 10.201 millones de dólares.
Renta per cápita: 350 dólares.
División administrativa: siete provincias y un área especial, según cuadro.

KENIA

Provincias / Área especial	Superficie (km²)	Población (h.)	Capitales
Central	13.176	3.626.000	Nyeri
Costa	83.603	2.155.000	Mombasa
Nairobi	*684*	*1.678.000*	
Nororiental	126.902	408.000	Garissa
Nyanza	16.162	4.041.000	Kisumu
Occidental	8.360	3.035.000	Kakamega
Oriental	159.891	4.334.000	Embu
Rift Valley	173.868	5.690.000	Nakuru

ella, convirtiendo a Kenia en una colonia de poblamiento. Pronto se iniciaron los enfrentamientos entre los distintos grupos de población (africanos, indios y colonos), y desde 1925 la *Kikuyu Central Association* (KCA), centralizó las reivindicaciones negras. La revuelta de los kikuyu, llamada Mau-Mau, entre 1954 y 1956, impulsó las reformas políticas desde la metrópoli, pero también acentuó las diferencias entre las distintas razas, especialmente entre los kikuyus y los habitantes de la costa, liderados, respectivamente, por la Unión Nacional Africana de Kenia (KANU), que dirigía J. Kenyatta, y la Unión Democrática Africana de Kenia (KADU), encabezada por Ronald Ngala. En 1962 se celebró en Londres una conferencia en la que se acordó la reorganización constitucional de la colonia y, al año siguiente, se celebró otra en el mismo lugar cuyo resultado fue un compromiso entre las tendencias centralistas sostenidas por la Unión Nacional Africana y los partidarios de una constitución de tipo federal. Sobre esta base se elaboró una nueva constitución que dotó a Kenia de autonomía interna y se celebraron elecciones generales; en ellas obtuvo un triunfo rotundo el KANU. Pocos días después de la proclamación de independencia (12 de diciembre de 1963), Kenia fue admitida en la ONU y en la Organización de la Unidad Africana. Jomo Kenyatta fue elegido presidente, y durante su mandato (1964-78) trató de centralizar el poder y controlar la influencia de las tribus. A la muerte de Kenyatta (1978) ocupó la presidencia Daniel Arap Moi, que desarrolló una política continuista. En 1982 se instituyó oficialmente el KANU como partido único, pero a partir de 1988 se sucedieron las manifestaciones en favor del multipartidismo. En diciembre de 1992 se celebraron las primeras elecciones multipartidistas, y Daniel Arap Moi fue reelegido presidente en 1993 y 1997. En 1999 inició una reforma constitucional, frenada por la resistencia del KANU y la desorganización de las fuerzas opositoras. Tras las elecciones de 2002, Mwai Kibaki, de la Coalición Nacional Arco Iris (NARC), fue nombrado presidente del país.

Kenia o **Kenya** Macizo volcánico de África, en el centro de Kenia, al E del lago Victoria; 5.199 m.

keniano, na adj. s. De Kenia.

Kénitra **1** Provincia de Marruecos; 4.745 km² y 979.210 h. **2** Ciudad capital de la misma; 234.000 h. Puerto. Durante el protectorado francés se llamó *Port-Lyautey*.

Kennedy, Cabo Cabo Cañaveral.

Kennedy, Edward Moore Político estadounidense (Brookline, 1932). El menor de los hermanos Kennedy. Senador por Massachusetts desde 1962, en 1980 presentó su candidatura a la nominación en las elecciones presidenciales, pero fue derrotado por J. Carter.

Kennedy, Jacqueline Onassis, Jacqueline.

Kennedy, John F. John Fitzgerald Kennedy, aeropuerto.

Kennedy, John Fitzgerald Político estadounidense (Brookline, 1917 - Dallas, 1963). En 1952 obtuvo el cargo de senador. Candidato demócrata a la presidencia de la República frente al republicano Nixon en 1960, resultó elegido, convirtiéndose en el primer presidente católico de su país. Respaldó la invasión de Cuba por un grupo de exiliados en EE UU (Bahía de Cochinos, 1961), que fracasó. Poco después (1962) se enfrentó a la URSS cuando este país instaló misiles nucleares en Cuba. Creó la Alianza para el Progreso (1961) para potenciar las relaciones con los países americanos, e inició la intervención armada en Vietnam. Elevó al Congreso la ley de derechos civiles en favor de los negros, aunque no fue aprobada hasta 1964. Murió asesinado en Dallas, en circunstancias aún no aclaradas.

Kennedy, Robert Político estadounidense (Brookline, 1925 - Los Ángeles, 1968). Hermano de John Fitzgerald, fue fiscal general (1961-64), senador (1964), y candidato a la presidencia de EE UU por el Partido Demócrata, en 1968. Murió asesinado.

Kennedy Toole, John Escritor estadounidense (Nueva Orleans, 1937 - íd., 1966). Escribió la novela *La conjura de los necios*, sátira de la sociedad estadounidense, rechazada por los editores, lo que influiría de forma fundamental en su suicidio. El libro fue publicado finalmente en 1980.

Kent Hist. Uno de los siete reinos que componían la heptarquía anglosajona. Capital, Canterbury.

Kent Condado del Reino Unido, en el extremo SE de Inglaterra; 1.332.000 h.

kentia f. Bot. Nombre de dos especies de palmeras del género *Howea: H. belmoreana* y *H. forsterana*. Tienen las hojas pinnadas y los frutos pequeños. Proceden de las islas Howe (Oceanía).

Kentucky Estado de EE UU; 104.664 km² y 4.041.769 h. Capital, Frankfort. Excepto en el E (la región de los Alleghany) y el SE (que atraviesan los montes Cumberland), la superficie está ocupada por una sucesión de pequeñas mesetas que no superan los 500 m. Su principal fuente de riqueza es la agricultura (cereales, tabaco); la ganadería es también importante. Industria maderera y alimentaria. Poblado por iroqueses y cheroquís, los primeros exploradores europeos (T. Waker, D. Boone) se adentraron en el territorio en la segunda mitad del siglo XVIII. Estado de la Unión desde 1792.

Kentucky Río de EE UU; 410 km. Nace en los Apalaches, atraviesa el Estado de Kentucky y desemboca en el río Ohio.

Kenya Kenia.

Kenyatta, Jomo (Kamao van Ngengi, llamado) Político keniano (Ichaweri, 1895 - Mombasa, 1978). Organizó el movimiento conocido por Mau-Mau. Fue nombrado presidente de la Unión Nacional Africana de Kenya en 1961 y primer ministro (1963). Ocupó la presidencia de su país entre 1964 y 1978.

Kéops Segundo faraón egipcio de la IV dinastía (s. XXVI a. C.). Mandó construir la Gran Pirámide de Gizeh que lleva su nombre, en la que fue sepultado.

Kepler, Johannes Astrónomo alemán (Weil der Stadt, 1571 - Ratisbona, 1630). Enunció las tres leyes sobre el movimiento de los planetas que llevan su nombre: 1.ª, los planetas describen órbitas elípticas en uno de cuyos focos está el Sol; 2.ª, las áreas descritas por el radio vector de un planeta en tiempos iguales son iguales; y 3.ª, los cuadrados de los tiempos de la revolución de los planetas son proporcionales a los cubos de su distancia media al Sol. Autor de *Paralipómena* (1604), *Astronomia nova de motibus stellae Martis* (1609), *Dióptrice* (1611) y *Harmonices mundi* (1619).

Kerala Estado de la India, en el extremo SO de la península del Decán; 38.863 km² y 29.098.518 h. Capital, Trivandrum.

Kerbela o **Karbala** Ciudad de Irak, capital de la gobernación de su nombre; 296.705 h.

Kerch, Estrecho de Estrecho que une el mar de Azov con el Negro, separando la península de Crimea de la extremidad occidental del Cáucaso.

Kérékou, Mathieu Ahmed Militar de Benín (Natitingou, 1933). Tomó parte en el golpe de Estado que depuso, en 1967, al presidente Soglo. En 1972 encabezó un nuevo golpe. En 1989 aceptó el régimen pluripartidista. Relevado de la presidencia tras las elecciones de 1991, la ocupó de nuevo en 1996 y fue revalidado en 2001.

Kerenski, Alexander Feodorovich Político ruso (Simbirsk, 1881 - Nueva York, 1970). Fue ministro de Justicia en el gabinete formado por Lvoff en marzo de 1917. Al reorganizarse el Gobierno en mayo, se encargó de la cartera de Guerra y Marina. Tras la crisis de julio accedió a la jefatura del gobierno. Perdió el apoyo de los sectores moderados y, tras el fracaso del golpe de Estado de Kornilov (agosto), los bolcheviques se hicieron dueños de la situación. Derrocado por la Revolución de Octubre, abandonó Rusia.

Kerguelen Archipiélago del S del océano Índico, que forma parte de las tierras australes y antárticas francesas, compuesto por la isla de su nombre (5.820 km²) y 300 islotes más.

Kermán 1 Provincia de Irán; 185.675 km² y 1.862.542 h. **2** Ciudad capital de la misma; 311.643 h.

Kermanshahán o **Bakhtaran 1** Provincia de Irán, situada en el NO del país; 24.741 km² y 1.779.000 h. **2** Ciudad capital de la misma; 692.986 h.

kermes m. Quermes.

kermés, quermés o **quermesse** f. **1** Fiesta popular, al aire libre, con bailes, ferias, concursos, etc. **2** Lugar donde se celebra. **3** Nombre dado a las pinturas o tapices flamencos, generalmente del siglo XVII, que representaban fiestas populares.

kernita f. Miner. Mineral borato sódico hidratado, de fórmula $Na_2B_4O_7 \cdot 4H_2O$.

keroseno o **keroseno** m. Quím. Queroseno.

Kerouac, Jack Escritor estadounidense (Lowell, 1922 - San Petersburgo, Florida, 1969). Máximo representante de la generación «beat», escribió las novelas *En el camino* (1957), *El viajero solitario* (1960), *Ancho Sur* (1974) y *Los ángeles de la desolación* (1965).

Kerr, John Físico inglés (Ardrossan, 1824 - Glasgow, 1907). Colaborador de lord Kelvin, descubrió los dos efectos que llevan su nombre: el *efecto Kerr electroóptico* o *birrefringencia eléctrica*, por el que un cuerpo transparente, situado en un intenso campo eléctrico, se convierte en birrefringente; y el *efecto Kerr magnetoóptico*, que explica la alteración del estado de polarización de un haz de rayos de luz que incide sobre una superficie fuertemente magnética.

Kerry Condado de Irlanda, provincia de Munster; 4.701 km² y 121.894 h. Su capital es Tralee.

Kerschensteiner, Georg Pedagogo alemán (Munich, 1854 - íd., 1932). Desarrolló y puso en práctica un plan de enseñanza que recibió el nombre de *escuela de trabajo* y que coordinaba la vida escolar con los intereses prácticos de la sociedad.

Kesselring, Albert Militar alemán (Markstedt, 1885 - Bad Nauheim, 1960). Durante la Segunda Guerra Mundial, dirigió la acción aérea sobre el Reino Unido y organizó la resistencia en Italia.

ketchup m. Salsa de tomate elaborada con diversas especias.

Key West Ciudad de EE UU, en Florida, en la isla de su nombre; 29.312 h. Turismo. Los españoles la llamaron *Cayo Hueso*.

KEYNES, JOHN MAYNARD Economista inglés (Cambridge, 1883 - Sussex, 1946). Estableció una teoría según la cual en periodos de un alto nivel de desempleo se puede mantener una economía equilibrada a través de la intervención estatal en el gasto público. Entre sus obras figuran *Las consecuencias económicas de la paz* (1919), *The End of Laissez-faire* (1926) y *Teoría general del trabajo, el interés y el dinero* (1936).

KEYNESIANISMO m. *Econ.* Corriente de pensamiento económico formada a partir de las teorías de J. M. Keynes. Llamada también Nueva Ciencia Económica, concibe el desempleo como resultado de la caída de la demanda efectiva, provocada, a su vez, por la falta de inversiones. Entre sus representantes destacan T. Balogh, O. Lange y F. Modigliani.

KEYSERLING, HERMANN, CONDE DE Filósofo alemán (Köno, 1880-Innsbruck, 1946). Creador de una filosofía irracionalista con influencias de la filosofía oriental. Entre sus obras destacan *Inmortalidad* (1907), *Diario de viaje de un filósofo* (1919), *Renacimiento* (1925) y *Del sufrimiento a la plenitud* (1938).

KG *Fís.* Abreviatura de KILOGRAMO.

KGB *Hist.* Siglas de *Komitet Gosudarstvennoi Bezopasnosti* (Comité de Seguridad del Estado). Organización creada en 1954 para sustituir al ministerio de Seguridad del Estado. Se encargó de las actividades clandestinas en el extranjero, el control de la población residente en la URSS y de la disidencia, así como el control de fronteras. Desapareció en octubre de 1991.

KGM *Fís.* Abreviatura de KILOGRÁMETRO, unidad de medida del trabajo o energía.

KHABAROVSK o **JABAROVSK** **1** Territorio de la Federación de Rusia; 788.600 km^2 y 1.588.000 h. **2** Ciudad capital del mismo, en la confluencia de los ríos Amur y Ussuri; 618.000 h. Puerto fluvial y centro industrial.

KHAFRA KEFRÉN.

KHALED BEN ABDEL AZIS JALED IBN ABD AL-AZIZ.

KHAMA, SERETSE Político de Botswana (Kanye, 1925 - Gaberones, 1980). Fundador del Partido Democrático de Bechuanalandia (1961) y primer ministro (1965), pasó a ser el primer presidente de la nueva República de Botswana (1966-80).

KHAN o **KAN** m. Título del soberano entre los mongoles y tártaros.

KHAN, MUHAMMAD AYUB AYUB KHAN, MUHAMMAD.

KHAN, YAHYA Militar y político paquistaní (Peshawar, 1917 - Rawalpindi, 1980). Jefe del Estado Mayor (1959) y comandante en jefe del ejército (1966), en 1969 asumió la presidencia de la República. Su política dictatorial le enfrentó con la India y le llevó a invadir Bangla Desh, entonces Pakistán Oriental, ante la decisión de ésta de proclamar su independencia. En 1971 fue sustituido en la presidencia por Alí Bhutto.

KHANATO m. Territorio sometido a la jurisdicción de un khan.

KHANTY-MANSI Distrito autónomo de la Federación de Rusia, que forma parte de la región de Tiumen 523.100 km^2 y 1.326.200 h. Capital, Khanty-Mansiysk.

KHARKOV Ciudad de Ucrania, capital de la provincia de su nombre; 1.555.000 h. Gran centro industrial.

KHATCHATURIAN, ARAM Músico armenio (Tbilisi, 1903 - Moscú, 1978). Discípulo de Gnesin y Myaskovsky, su obra se inspira en motivos folclóricos armenios. Entre sus obras figuran *Primera Sinfonía* (1932), *Oda fúnebre a la memoria de Lenin* (1951), así como los ballets *Gayaneh* (1942) y *Spartacus* (1954).

KHAYYAM, OMAR Poeta y erudito persa (Nishapur, h. 1050 - íd., h. 1123). Elaboró un tratado de álgebra y unas tablas astronómicas de gran fiabilidad, y reformó el calendario persa. Autor de las *rubahiyyat* (cuartetas), obra maestra de la poesía persa.

KHEMISSET **1** Provincia de Marruecos; 8.305 km^2 y 485.541 h. **2** Ciudad capital de la misma; 58.925 h.

KHENIFRA **1** Provincia de Marruecos; 12.320 km^2 y 465.061 h. **2** Ciudad capital de la misma; 38.840 h.

KHIEU SAMPHAN Político camboyano (Svay Rieng, 1931). Miembro de los khmeres rojos, fue presidente de Camboya en 1975. Tras la invasión vietnamita de 1979 volvió a la lucha de guerrillas y desde 1985 es el máximo dirigente de los khmeres rojos.

KHMELNITSKY Ciudad de Ucrania, capital de la provincia de su nombre; 259.000 h.

KHMER o **JEMER** adj. y com. *Etnol.* **1** Pueblo del SE asiático que constituye el 94,1% de la población de Camboya. También se hallan presentes en Tailandia (2,7% de la población) y Vietnam (1,4%). De religión budista, su ocupación fundamental es la agricultura. Presentes en Camboya desde el siglo I, entre los siglos IX y XII conocieron un periodo de esplendor y formaron un imperio importante, con centro en Angkor. Los khmeres alcanzaron un alto grado de civilización. Así lo atestiguan las inscripciones en sánscrito halladas en numerosos lugares de Camboya y construcciones como los santuarios de Phnom Julen, Bakong y Angkor Bat. **2** De este pueblo. || m. *Ling.* **3** Lengua de la familia mon-khmer, hablada por este pueblo. Es la lengua oficial de Camboya.

KHMER, REPÚBLICA CAMBOYA.

KHMERES ROJOS *Hist.* Nombre de los miembros del Partido Comunista de Camboya, fundado en 1960 en oposición a los llamados khmeres issarak, controlados por Vietnam. Dirigidos desde 1962 por Pol Pot, derribaron a Lon Nol en 1975 e instauraron un régimen de terror al que puso fin la intervención vietnamita en 1979. Desde entonces, aliados a las fuerzas de N. Sihanuk, practicaron la oposición armada contra los sucesivos gobiernos camboyanos desde sus bases en el N del país. En 1985 Khieu Samphan sustituyó a Pol Pot en la dirección militar. Tras la retirada del ejército vietnamita (1989), se integraron en un Consejo Nacional (1991), destinado a llevar a cabo la pacificación del país. Sin embargo, un año después abandonaron dicho organismo y reiniciaron la lucha armada. En 1996 una facción disidente encabezada por Ieng Sary abandonó la guerrilla y reconoció la legitimidad del gobierno.

KHORANA, HAR GOBIND Bioquímico estadounidense de origen hindú (Raipur, 1922). Premio Nobel de Fisiología y Medicina en 1968, compartido con R. Holley y M. Nirenberg, por su interpretación del código genético en función de las síntesis de las proteínas.

KHORASÁN o **JORASÁN** Provincia de Irán; 315.687 km^2 y 6.013.200 h. Capital, Mashhad.

KHOURIBGA **1** Provincia de Marruecos; 4.250 km^2 y 480.839 h. **2** Ciudad capital de la misma; 190.000 h.

KHU BON CU Región de Vietnam; 51.187 km^2 y 9.516.900 h. Está integrada por las provincias de Ha Tinh, Nghe An, Quang Binh, Quang Tri Tranh Hoa y Trua Thien-Hue.

KHUFU KÉOPS.

KHULNA Ciudad de Bangla Desh, capital de la provincia de su nombre; 731.000 h. Industria textil.

KHZ *Fís.* Símbolo del KILOHERTZIO.

KIANG m. *Zool.* Mamífero perteneciente a la familia équidos, de nombre científico *Equus hemionus kiang*, variedad local del hemión que vive en el Tíbet.

KIBBUTZ m. *Econ.* y *Agr.* Forma de explotación agrícola comunitaria característica de Israel en la que el trabajo, los medios de producción y la distribución de los rendimientos se realizan de forma colectiva.

KIE-NTEM Provincia de Guinea Ecuatorial, en la región Continental; 3.943 km^2 y 70.202 h. Capital, Ebebiyin.

KIEL Canal de Alemania, que atraviesa la península de Jutlandia, desde la ciudad de Kiel al Elba, y une el Báltico con el mar del Norte; 99 km.

KIEL Ciudad de Alemania, capital del Land de Schleswig-Holstein; 246.586 h. Puerto. Centro industrial.

KIELCE Ciudad de Polonia, capital de la provincia de Swietokrzyskie; 213.800 h. Industrias mecánicas.

KIELLAND, ALEXANDER Novelista noruego (Stavanger, 1849 - Bergen, 1906). Escribió novelas y narraciones de estilo realista, entre las que destacan *Cuentos breves* (1879), *Garman Worse* (1880), *El capitán Worse* (1882) y *Jacob* (1891).

KIERKEGAARD, SÖREN Filósofo danés (Copenhague, 1813 - íd., 1855). En su crítica de la dialéctica hegeliana estableció la primacía de la existencia sobre la esencia; afirmó la imposibilidad de la correspondencia entre ambas y señaló la necesidad de abarcar cualquier realidad desde aquélla, eliminando la especulación abstracta. La importancia que concedió a la subjetividad caracteriza su pensamiento como antecedente del existencialismo. Autor de *O lo Uno o lo Otro* (1843), que contiene *El diario de un seductor*, *Temor y temblor* (1844), *El concepto de la angustia* (1844), *Etapas en el camino de la vida* (1845) y *La enfermedad mortal* (1849).

KIESERITA f. *Miner.* Mineral sulfato magnésico hidratado, con fórmula SO_4MgH_2O, que cristaliza en el sistema monoclínico.

KIESINGER, KURT GEORG Político alemán (Ebingen, 1904 - Tubinga, 1988). Miembro del Partido Nazi desde 1933, tras la Segunda Guerra Mundial se adscribió a la Unión Demócrata-Cristiana. Fue canciller de la RFA entre 1966 y 1969.

KIESLOWSKI, KRZYSZTOF Director de cine polaco (Varsovia, 1941 - íd., 1996). En su filmografía destaca la trilogía *Tres colores*, formada por *Azul* (1993), *Blanco* (1994) y *Rojo* (1994).

KIEV Ciudad capital de Ucrania y de la provincia de su nombre, a orillas del Dniéper; 2.630.000 h. Puerto fluvial. Centro comercial, industrial y cultural. Catedral de Santa Sofía (siglo XI).

KIEV, PRINCIPADO DE *Hist.* Estado de Rusia formado en el siglo X a partir de la unión de diversas ciudades que estaban bajo la hegemonía de los príncipes de Kiev.

KIF m. HACHÍS.

KIGALI Ciudad capital de Ruanda y de la prefectura de su nombre, que constituye por sí misma una prefectura; 116 km^2 y 237.782 h. Centro agrícola y artesanal.

KIGOMA **1** Región de Tanzania, en Tanganika; 37.037 km^2 y 1.015.000 h. **2** Ciudad capital de la misma; 50.044 h.

KIKUYU adj. *Etnol.* **1** Se dice de una tribu negroafricana bantú que habita desde Nairobi a los macizos de Kenya. Dedicada, fundamentalmente, a la agricultura y la ganadería, su organización descansa en consejos colectivos. Integraron la sociedad secreta Mau-Mau, que se opuso al dominio colonial inglés. Más como m. pl. **2** Se dice también de sus individuos. También com. **3** Relativo a esta tribu.

KILDARE Condado de Irlanda, provincia de Leinster; 1.694 km^2 y 122.656 h. Su capital es Naas.

KILI-, KILO- prefs. que significan mil.

KILIÁREA f. *Metrol.* Extensión superficial de 1.000 áreas.

KILIMANJARO Volcán inactivo de Tanzania, en el límite con Kenia; 5.895 m de altura. Es la cumbre más elevada de África.

KILIMANJARO Región de Tanzania, en Tanganika; 13.309 km^2 y 1.308.000 h. Su capital es Moshi.

KILKENNY Condado de Irlanda, provincia de Leinster; 2.061 km^2 y 73.635 h. Su capital es la ciudad del mismo nombre.

KILKIS Nomo de Grecia, región de Macedonia Central; 2.519 km^2 y 81.845 h. Su capital es la ciudad del mismo nombre.

KILO m. **1** *Metrol.* Forma abreviada de KILOGRAMO. **2** fam. Un millón de pesetas.

KILO- pref. KILI-.

KILOBYTE m. *Inform.* Unidad de capacidad de memoria de un ordenador, equivalente a 1.024 bytes. Su símbolo es *K*.

KILOCALORÍA f. *Fís.* Medida de la cantidad de calor equivalente a 1.000 calorías. Su símbolo es *kcal*.

KILOCICLO m. *Fís.* Unidad de frecuencia equivalente a 1.000 ciclos. Su símbolo es *kc*.

KILOGRÁMETRO m. *Fís.* Unidad de trabajo mecánico o esfuerzo capaz de levantar un kilogramo-peso a 1 m de altura. Su símbolo es *kgm*.

KILOGRAMO m. *Metrol.* Unidad métrica fundamental de masa (y peso) que representa la masa de un cilindro de platino-iridio guardado en la Oficina Internacional de Pesos y Medidas de París, y es aproximadamente igual a la masa (o peso) de 1.000 cm^3 de agua a la temperatura de su máxima densidad (4 °C). Equivale a 1.000 gramos. Su símbolo es *kg*. || **KILOGRAMO FUERZA** *Fís.* Unidad de fuerza igual al peso de un kilogramo sometido a la gravedad normal.

KILOHERTZIO o **KILOHERCIO** m. *Fís.* Unidad de frecuencia equivalente a 1.000 hertzios. Su símbolo es *kHz*.

KILOLITRO m. *Fís.* Medida de capacidad que equivale a 1.000 litros. Su símbolo es *kl*.

KILOMETRAJE m. **1** Distancia medida en kilómetros. **2** Acción de kilometrar.

KILOMETRAR tr. Señalar las distancias medidas en kilómetros con postes, mojones, etc.

KILOMÉTRICO, CA adj. **1** Relativo al kilómetro. **2** fig. De larga duración.

KILÓMETRO m. *Metrol.* Medida de longitud que equivale a 1.000 metros. Su símbolo es *km*. || **KILÓMETRO CUADRADO** *Metrol.* Medida de superficie que equivale a la de un cuadrado de 1 km de lado. Se representa por *km^2*.

KILOPONDIO m. *Fís.* KILOGRAMO FUERZA. Su símbolo es *kp*.

KILOTEX m. Múltiplo del TEX, equivalente a una masa mil veces mayor que la de éste. ♦ Su pl. es *kilotex*.

KILOTÓN m. *Metrol.* KILOTONELADA.

KILOTONELADA f. *Fís.* Unidad de energía, equivalente a la liberada por la explosión de una bomba de 1.000 toneladas de trinitrotolueno.

KILOVATIO m. *Fís.* Unidad de potencia equivalente a 1.000 vatios. Su símbolo es *kW*. || **KILOVATIO HORA** *Fís.* Unidad de trabajo o energía equivalente a la energía producida o consumida por una potencia de un kilovatio durante una hora. Su símbolo es *kWh*.

KILOVOLTIO m. *Fís.* Unidad de tensión eléctrica, equivalente a 1.000 voltios. Su símbolo es *kv*.

KILT m. *Folk.* Falda de lana a cuadros que utilizan los hombres en el traje nacional escocés.

KIM DAE-JUNG Político surcoreano (Hungwanri, 1925). De talante demócrata, entre 1972 y 1986 sufrió diversos arrestos y exilios. Elegido presidente en 1997, en 2000 recibió el premio Nobel de la Paz por su política de reconciliación con la República Democrática de Corea.

KIM IL SUNG Político norcoreano (Mangyondae, 1912 - Pyongyang, 1994). En 1947 fue elegido presidente del Comité Popular de Corea del Norte y, tras la proclamación de la República (1948), ocupó el cargo de primer ministro. Fue comandante en jefe de las tropas coreanas durante la guerra contra EE UU (1950-53). En 1972 se convirtió en presidente de la República, cargo desde el que fomentó el culto a su persona, que ocupó hasta su muerte.

Martin Luther **King**

Kim Jong Il Político norcoreano (Jabarovsk, Siberia, 1942). Hijo de Kim Il Sung, en 1981 asumió la dirección del partido y el cargo de comandante en jefe del ejército. Tras la muerte de su padre (1994), se hizo cargo de la jefatura del Estado.

Kim Young Sam Político surcoreano (Koje, 1927). Candidato del Partido Liberal Democrático, asumió la presidencia de la República tras vencer en las elecciones de 1992. En 1997 fue sustituido por Kim Dae-jung.

Kimberley Ciudad de la República Sudafricana, capital de la provincia del Cabo Septentrional; 149.667 h. Centro comercial de oro y diamantes.

Kimberlita f. *Geol.* Roca ultrabásica del grupo de las peridotitas, compuesta por olivino, broncita y flogopita.

Kimono m. Quimono.

Kina m. *Econ.* Unidad monetaria de Papua-Nueva Guinea.

Kindergarten (Voz al.) m. jardín de infancia.

Kinesiterapia f. *Med.* Gimnasia terapéutica correctora de ciertas deformaciones del esqueleto o de parálisis musculares. También se escribe *quinesiterapia*.

King, B. B. (Riley Ben King, llamado) Cantante y guitarrista estadounidense (Ita Bena, Mississippi, 1925). Uno de los más clásicos intérpretes de blues, su estilo ha influido en las nuevas generaciones.

King, Martin Luther Líder del movimiento negro estadounidense (Atlanta, 1929 - Memphis, 1968). Pastor de la Iglesia baptista de Montgomery, ideó una nueva forma de lucha, basada en el boicot a los servicios segregados. En 1957 fundó la Asociación de Cristianos del Sur. Sus campañas en pro de los derechos civiles, inspiradas en la política pacifista de Gandhi, culminaron con una marcha sobre Washington (1963), en la que pronunció su célebre discurso *He tenido un sueño*. Murió asesinado. Premio Nobel de la Paz en 1964.

King, Stephen Escritor estadounidense (Portland, 1946). Célebre autor de novelas y cuentos de terror, entre las que figuran *Carrie* (1974), *El resplandor* (1977), *Danza macabra* (1981), *Cujo* (1981) e *Insomnia* (1994).

Kingsley, Charles Escritor inglés (Holne, 1819 - Eversley, 1875). Uno de los fundadores del «socialismo cristiano», publicó novelas de tesis socialista e históricas: *Fermento* (1848), *Alton Locke* (1850), *Hypatia* (1853), *¡Rumbo al Oeste!* (1855).

Kingston Ciudad capital de Jamaica; 103.771 h. (587.798 en el área metropolitana).

Kingston upon Hull Consejo unitario del Reino Unido, en Inglaterra; 261.800 h.

Kingstown Circunscripción electoral y ciudad capital de San Vicente y Granadinas, en la isla de San Vicente; 16.151 h.

Kinnock, Neil Gordon Político británico (Tredegar, 1942). Miembro del comité nacional ejecutivo del Partido Laborista desde 1978, en 1983 se convirtió en líder de esta agrupación política. Tras ser derrotado en las elecciones de 1987 y 1992, abandonó la dirección del partido.

Kino m. *Bot.* Sustancia formada por una mezcla de gomorresinas y taninos que se halla en la corteza de algunos árboles, como los eucaliptos.

Kinshasa 1 Región de la República Democrática del Congo; 9.965 km² y 4.655.000 h. 2 Ciudad capital de la República Democrática del Congo; 4.655.313 h. Centro industrial y comercial. Puerto fluvial. Industria metalúrgica, textil, del calzado y cervecera. En el período de dominación colonial belga se llamó *Leopoldville*.

Kinyaruanda m. *Ling.* Lengua hablada en Ruanda.

Kiosco m. quiosco.

Kioto Kyoto.

Kiowa adj. *Etnol.* 1 Se dice de un pueblo amerindio de la familia uto-azteca que habitó en los actuales Estados de Oklahoma y Colorado (EE UU). Actualmente, sus miembros viven en reservas. Más como m. pl. 2 Se dice también de sus individuos. Tambien com. 3 Relativo a este pueblo. || m. *Ling.* 4 Lengua hablada por los kiowa.

Kiowa-apache adj. *Etnol.* 1 Se dice de una tribu del pueblo apache, de lengua atapascana, que habitaba en el área de las Grandes Llanuras. En la actualidad, sus miembros viven en el Estado de Oklahoma. Más como m. pl. 2 Se dice también de sus individuos. Tambien com. 3 Relativo a este pueblo. || m. *Ling.* 4 Lengua hablada por esta tribu.

Kip m. *Econ.* Unidad monetaria de Laos.

Kipling, Rudyard Escritor británico (Bombay, 1865 - Londres, 1936). Inspirado en su experiencia como periodista en la India, es autor de narraciones sobre la vida colonial y novelas de aventuras en las que exalta los valores del imperio británico. En su obra narrativa destacan *El libro de la selva* (1894-95), *Capitanes intrépidos* (1897) y *Kim* (1901). En verso escribió *Baladas del cuartel* (1892) y el poema *If*. En 1907 obtuvo el premio Nobel de Literatura.

Kipphardt, Heinar Dramaturgo alemán (Heidersdorf, 1922 - Angelnsbruck, 1982). Su obra dramática se inscribe en el llamado «teatro documental». Obras: *El caso de J. Robert Oppenheimer* (1964) y *Los soldados* (1968).

Kirchhoff, Gustav Robert Físico alemán (Königsberg, 1824 - Berlín, 1887). Descubrió, con Bunsen, el análisis espectral, el cesio y el rubidio. En electricidad estableció las leyes que determinan las corrientes de cada rama o malla de una red eléctrica, cuando se conocen las resistencias y las fuerzas electromotrices de las mismas.

Kirchner, Ernst Ludwig Pintor alemán (Aschaffenburg, 1880 - Frauenkirch, Suiza, 1938). Miembro fundador del grupo *Die Brücke*, contribuyó a la difusión del expresionismo. Autor de grabados e ilustraciones para libros.

Kirchner, Néstor Carlos Político argentino (Río Gallegos, 1950). Desde muy joven militó en el Movimiento Justicialista. Gobernador de Santa Cruz desde 1991, en 2003 fue nombrado presidente del país.

Kirchschläger, Rudolf Político austriaco (Obermühl, 1915). Ministro de Asuntos Exteriores (1970), fue elegido presidente de la República (1974) y reelegido en 1980.

Kirguiz o **Kirguis** adj. *Etnol.* 1 Se dice de un pueblo turco-mongol que habita en Kirguizistán. Tradicionalmente ha sido un pueblo seminómada, dedicado a la cría de ganado. 2 Relativo a este pueblo. Tambien com. || m. *Ling.* 3 Dialecto turco hablado en Kirguizistán y la región china de Pamir.

Kirguizistán (*Kyrgyz Respublikasy*) República de Asia central, junto a la frontera china, que hasta 1991 formó parte de la URSS. Limita al N con Kazajstán; al E, con China; al S, con Tayikistán, y al O, con Uzbekistán.

Geog. Es un país montañoso, con mesetas superiores a los 4.000 m, que forman parte de los montes Tian Shan occidentales, interrumpidas sólo al NE por el lago Issyk-Kul. Las mayores alturas se encuentran junto a la frontera con China (Pobedy, 7.439 m; Jan-Tengri, 6.995

m). El clima es continental y de montaña. El río más importante es el Syr Daria. La economía es predominantemente agrícola y ganadera. La población, mayoritariamente rural, se concentra en las regiones de agricultura intensiva y de regadío, en los llanos del pie de monte septentrional y en la región de Osh, al S. En cuanto a la ganadería, destacan la cabaña ovina, la bovina y la equina. Carbón, petróleo, mercurio, antimonio y uranio. Sus industrias básicas son la textil (algodón y seda), las agroalimentarias (refinerías de azúcar, fábricas de conservas y aceites vegetales) y la del cuero.

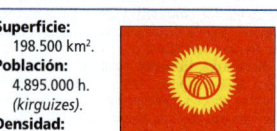

Superficie: 198.500 km².
Población: 4.895.000 h. (*kirguizes*).
Densidad: 24,5 h./km².
Tasa de natalidad: 24,8‰.
Tasa de mortalidad: 7,2‰.
Capital: Bishkek.
Ciudades principales: Osh, Dzhalal-Abad, Tokmak, Przhevalsk, Naryn.
Grupos étnicos: kirguizes (52,4%), rusos (21,5%), uzbekos (12,9%).
Religión: islamismo.
Idioma: kirguiz (mayoritario) y ruso.
Moneda: som.
Forma de Estado: república presidencialista.
Producto Nacional Bruto: 1.771 millones de dólares.
Renta per cápita: 380 dólares.
División administrativa: 6 provincias y 1 municipalidad, según cuadro.

Hist. Los kirguizes se establecieron en el macizo de Tian Shan en el siglo X, donde permanecieron sin grandes cambios, con su vida nómada y organización tribal, durante siglos. Sometidos por Gengis Khan en el siglo XIII, la alianza de las tribus del N logró crear un khanato independiente, que reemplazó al poder mongol durante los siglos XVI y XVII. En el XVIII, el territorio fue sometido por los uzbecos del khanato de Kokand. Las revueltas favorecieron la colonización rusa (1864). A partir de 1867, el Kirguizistán se incorporó a la gobernación general del Turkestán. En 1916 se produjo una sublevación, duramente reprimida. Tras la revolución de 1917, Kirguizistán se convirtió en el refugio de la guerrilla opuesta al régimen soviético. En 1924 pasó a ser una provincia de la República Federativa de Rusia, en 1926 adquirió el estatus de República Autónoma, y en 1936 se proclamó la República Socialista Soviética de Kirguizistán. Tras el intento de golpe de Estado en la URSS, Kirguizistán proclamó su independencia en 1991. Su primer presidente, Askar Akaiev, suscribió los acuerdos de Minsk y Alma-Ata (1991) para la formación de la CEI. En 1992 se aprobó una nueva Constitución. Paralelamente, mientras que en Osh se sucedían los enfrentamientos entre kirguizes y uzbecos. En 1994 el Parlamento bloqueó la acción del pri-

KIRGUIZISTÁN

Provincias Municipalidad	Superficie (km²)	Población (h.)	Capitales
Bishkek		634.100	
Cu	18.700	774.000	Kara-Balta
Dzhalal-Abad	39.500	812.800	Dzalal-Abad
Issyk-Kul	43.500	429.300	Issyk-Kul
Naryn	47.300	267.900	Naryn
Osh	38.100	1.360.900	Osh
Talas	11.400	203.000	Talas

mer ministro, Apas Dzhumagulov; el presidente disolvió la Cámara y convocó elecciones legislativas en 1995. Una gran parte de los escaños fueron conseguidos por fuerzas locales de carácter muy conservador. En 1995 y 2000, Akaiev fue reelegido presidente.

KIRIBATI *(Republic of Kiribati)* Estado insular de Oceanía, situado en el océano Pacífico, a ambos lados de la línea ecuatorial.

GEOG. El país está constituido por los archipiélagos de Gilbert, Fénix y Line y la isla de Banaba Ocean, formados por islas e islotes coralinos o atolones, y habitados en su mayoría por micronesios. El clima es ecuatorial. Sus escasos recursos proceden de la agricultura (coco, palma y árbol del pan) y de la pesca, sector que se ha potenciado en torno a las islas Fénix (atún). La explotación de fosfatos en la isla de Ocean fue su principal fuente de riqueza hasta el agotamiento de los depósitos, a partir de 1979.

HIST. Se cree que las islas fueron descubiertas por los españoles entre 1537 y 1606. En el año 1892 se constituyeron, junto con las Ellice, en protectorado británico; en 1916 se convirtieron en colonia del Reino Unido. Fueron tomadas por los japoneses durante la Segunda Guerra Mundial. En 1977 recibieron la autonomía y en 1979 se declaró su independencia, dentro del ámbito de la Commonwealth británica. Exceptuando un breve periodo, la República estuvo gobernada desde entonces por Jeremia Tabai, al frente de un consejo de ministros que representaban más clanes familiares que partidos.

Superficie: 811 km².
Población: 92.000 h. (kiribatíes).
Densidad: 126,7 h./km².
Tasa de natalidad: 32,9‰.
Tasa de mortalidad: 9,2‰.
Capital: Bairiki, en el atolón de Tarawa.
Religión: catolicismo (53,4%) y protestantismo (39,2%).
Idioma: inglés y gilbertiano, lengua polinésica.
Moneda: dólar australiano.
Forma de Estado: república presidencialista.
Producto Nacional Bruto: 101 millones de dólares.
Renta per cápita: 1.170 dólares.
División administrativa: tres grupos insulares, según cuadro.

En 1991 fue sustituido por Teatao Teannaki. Pese al plan de reformas de éste, su grupo político, el Partido Nacional Progresista, fue derrotado en las elecciones de 1994, lo que originó un nuevo cambio en la presidencia, que fue ocupada por Teburoro Tito, quien resultó reelegido en 1998 y 2003 pero en marzo de ese año no superó una moción de censura y fue sustituido por Tion Otang. En julio Anote Tong fue elegido nuevo presidente.

KIRIE (Del gr. κύριε, vocativo de κύριος, Señor.) m. *Liturg.* Invocación a Dios al principio de la misa, tras el introito. Más en pl.

KIRIELEISÓN (Del gr. κύριε, ¡oh Señor!, y ἐλέησον, ten piedad, a través del lat. cristiano *kyrie eleison.*) m. *Liturg.* KIRIE.

KIRKUK Ciudad de Irak, en el Kurdistán, capital de la gobernación de Ta'mín; 418.624 h. Yacimientos y refinerías de petróleo.

KIROV 1 Región de la Federación de Rusia, República federada de Rusia; 120.800 km² y 1.645.000 h. **2**

KIRIBATI

Grupo de islas Islas	Superficie (km²)	Población (h.)	Capitales
Gilbert o Kiribati	286	71.757	Bairiki
Abaiang	18	6.020	Tuarabu
Abemama	27	3.442	Kariatebike
Aranuka	12	1.015	Takaeang
Arorae	9	1.248	Roreti
Banaba	6	339	Anteeren
Beru	18	2.784	Taubukinberu
Butaritari	13	3.909	Butaritari
Kuria	16	971	Tabontebike
Maiana	17	2.184	Tebangetua
Makin	8	1.830	Makin
Marakei	14	2.724	Rawannawi
Nikunau	19	2.009	Rungata
Nonouti	20	3.042	Teuabu
Onotoa	16	1.918	Buariki
Tabiteuea Septentrional	26	3.383	Utiroa
Tabiteuea Meridional	12	1.404	Buariki
Tamana	5	1.181	Bakaka
Tarawa Septentrional	15	4.004	Abaokoro
Tarawa Meridional	16	28.350	Bairiki
Line	496	5.818	Kiritimati
Islas del Norte	432		
Kiritimati (Christmas)	388	3.225	London
Tabuaerean (Fanning)	34	1.615	Paelau
Teraina (Washington)	10	978	Washington
Islas del Sur (Caroline, Flint, Malden, Starbuck, Vostok)	64		
Fénix (Birnie, Enderbury, Kanton [Canton], McKean, Manra [Sidney], Nikumaroro [Gardner], Orona [Hull], Rawaki [Fénix])	29	83	Kanton

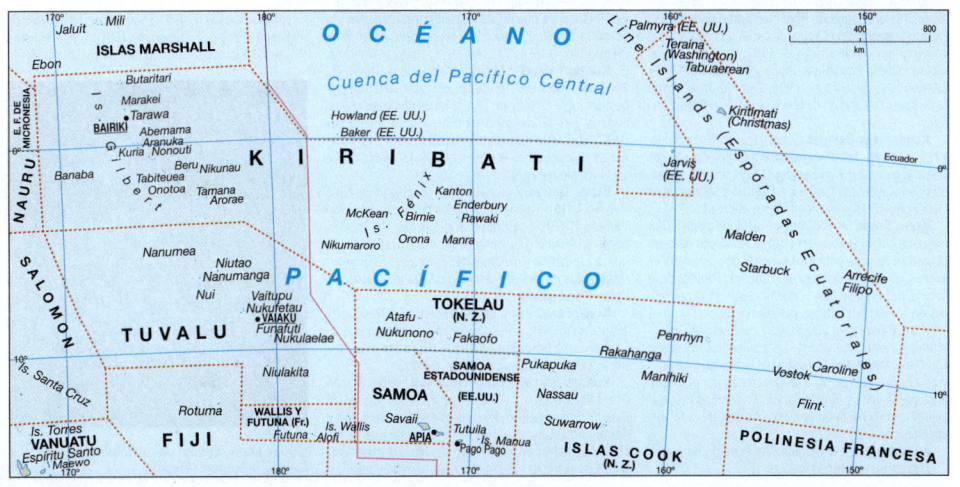

Ciudad capital de la misma; 464.000 h. De 1780 a 1934 se llamó *Vyatka*.

KIRSCH m. Bebida alcohólica, especie de aguardiente, obtenido por destilación del zumo fermentado de las cerezas maduras.

KIRUNDI m. *Ling.* Idioma de Burundi.

KISANGANI Ciudad de la República Democrática del Congo, capital de la región de Alto Zaire; 417.517 h. Centro comercial e industrial. Antiguamente se llamó *Stanleyville*.

KISHINEV CHISINAU.

KISSINGER, HENRY Político estadounidense de origen judeoalemán (Fuerth, 1923). Consejero de Seguridad Nacional del presidente Nixon desde 1969, fue el principal inspirador de la política de distensión con China y la URSS, y de la retirada de las tropas estadounidenses de Vietnam (1973). A partir de 1973, pasó a ser secretario de Estado, cargo que mantuvo con Ford y abandonó tras la llegada a la presidencia de Carter (1977). Durante este periodo desplegó una intensa actividad en Oriente Próximo. Premio Nobel de la Paz 1973, compartido con el norvietnamita Le Duc Tho.

KIT (Voz i.) m. Conjunto de elementos necesarios para montar un aparato, mueble, etc.

KITA-KYUSHU Ciudad de Japón, prefectura de Fukuoka, situada en la isla de Kiu-shiu; 1.019.562 h. Centro industrial. Puerto. Fue creada en 1963 con la reunión de varias ciudades próximas.

KITCHENER, HORATIO HERBERT Militar británico (Bally Longford, 1850 - en el mar, cerca de las Orcadas, 1916). Asumió el mando de las tropas británicas en la guerra de Egipto (1898) y en la de los bóers (1900-02). Jefe del ejército de la India, cónsul general en Egipto y ministro de la Guerra en 1914.

KITSCH (Voz al.) adj. **1** Se dice del objeto artístico y decorativo que resulta cursi o de mal gusto. || m. **2** Tendencia estética caracterizada por la mezcla de elementos de mal gusto y desfasados.

KIU-SHIU Isla de Japón, al SO de Honshu, en el estrecho de Corea; 42.164 km^2 y 13.423.791 h. Está dividida en las prefecturas de Fukuoka, Kagoshima, Kumamoto, Miyazaki, Nagasaki, Oita y Saga. Produce arroz. Carbón. Industria.

KIVI, ALEKSIS (ALEKSIS STENWALL, llamado) Escritor finlandés (Nurmijärvi, 1834 - Tunsula, 1872). Su obra más relevante es *Los siete hermanos* (1870), novela realista cuyos personajes simbolizan las principales características del pueblo finlandés.

KIVU Lago de África central, entre Ruanda y la República Democrática del Congo; 3.900 km^2.

KIWI m. **1** *Bot.* Arbusto trepador perteneciente a la familia actinidiáceas, de nombre científico *Actinidia sinensis*, con hojas ovales, flores de color crema y frutos verdosos comestibles. **2** *Bot.* Fruto de este arbusto. **3** *Zool.* Nombre común de tres especies de aves apterigiformes corredoras, de la familia apterígidos, género *Apteryx*. Son de hábitos nocturnos y propios de Nueva Zelanda.

KIZIL IRMAK Río del N de Turquía, que nace en el Antitauro y desemboca en el mar Negro; 1.182 km de curso.

KJÖLEN Macizo montañoso del NE de Noruega y NO de Suecia. Su altura máxima es el Kebnekaise (2.117 m).

KL *Fís.* Abreviatura de KILOLITRO.

KLAUS, VÁCLAV Político y economista checo (Praga, 1941). En 1990 fue nombrado ministro de Hacienda, cargo desde el que impulsó un proyecto radical de transición a la economía de libre mercado. Fundador del Partido Democrático Cívico, accedió a la jefatura del gobierno tras las elecciones de 1992. Negoció la separación entre la República Checa y Eslovaquia (1993). Obtuvo la reelección en 1996. Dimitió un año más tarde por un escándalo de financiación ilegal de su partido.

KLÉBER, JEAN-BAPTISTE General francés (Estrasburgo, 1733 - El Cairo, 1800). Acompañó a Napoleón a Egipto y, tras la marcha del emperador (1799), asumió la jefatura de los ejércitos franceses. Derrotó a los turcos en Heliópolis (1800) poco antes de ser asesinado.

KLEBS, EDWIN Microbiólogo y patólogo alemán (Königsberg, 1834 - Berna, 1913). Creó el método de la inclusión en parafina para los exámenes de preparaciones microscópicas. Por primera vez observó el agente de la difteria *(bacilo de Klebs-Löffler)* e investigó los gérmenes de las fiebres tifoideas, paludismo, etc.

KLEE, PAUL Pintor suizo (Münchenbuchsee, 1879 - Muralto, 1940). Fue uno de los fundadores del grupo *Der Blaue Reiter* (1912). Enseñó en la Bauhaus de Weimar y de Dessau. Su obra se caracteriza por el predominio de la línea y el color suave. Evolucionó desde el expresionismo hacia un primitivismo cercano a la abstracción.

KLEENEX (Marca registrada.) m. Pañuelo de papel.

KLEFTES m. pl. *Hist.* ARMATOLES.

Heinrich von **Kleist**. Biblioteca Estatal de Berlín.

KLEIN, CHRISTIAN FELIX Matemático alemán (Düsseldorf, 1849 - Gotinga, 1925). Aplicó la teoría de grupos a la geometría, definiendo el *programa de Erlangen*, conjunto de propiedades del espacio que son invariables bajo ciertas transformaciones. Se le debe el concepto de *botella de Klein*, espacio no euclídeo asociado a una figura que sólo tiene un lado.

KLEIN, LAWRENCE ROBERT Economista estadounidense (Omaha, Nebraska, 1920). En 1980 fue galardonado con el premio Nobel de Economía por su aportación en el campo de los modelos económicos y su aplicación al análisis de las políticas económicas. Es autor de *La revolución keynesiana* (1947) y *Manual de econometría* (1968).

KLEIN, MELANIE Psicoanalista británica de origen austriaco (Viena, 1882 - Londres, 1960). Precursora del psicoanálisis infantil, elaboró nuevos métodos de tratamiento e introdujo la técnica del juego para analizar fantasías y ansiedades.

KLEIN, YVES Pintor francés (Niza, 1928 - París, 1962). Participó en la creación del grupo vanguardista Nuevo Realismo (1960). Autor de obras monocromas de gran simbolismo; entre las que figuran *Las esponjas* (1961) y *Los fuegos* (1960-1961).

KLEIST, HEINRICH VON Poeta romántico alemán (Frankfurt del Oder, 1777 - Wansee, 1811). Miembro del *Sturm und Drang*, está considerado uno de los principales autores románticos alemanes. Sus obras más representativas son la novela corta *La marquesa de O* (1806), la comedia *El jarrón roto* (1808), las tragedias *Pentesilea* (1808) y *Catalina de Heilbronn* (1808-1810).

KLEMPERER, OTTO Director de orquesta alemán nacionalizado israelí (Wroclaw, 1885 - Zurich, 1973). Discípulo de Mahler, dirigió la Ópera Kroll de Berlín y la Ópera de Budapest. Era especialista en el repertorio de Haydn, Motzart y Mahler.

KLENZE, LEO VON Arquitecto alemán (Schladen, 1784 - Munich, 1864). Elaboró el proyecto del museo de l'Ermitage de San Petersburgo (1852).

KLERK, FREDERIK DE Político sudafricano (Johannesburgo, 1936). Líder del Partido Nacional, en 1989 asumió la presidencia de la República. En 1992 promovió la promulgación de una nueva Constitución, encaminada a la desaparición del *apartheid*. En las elecciones de 1994, en las que resultó elegido presidente Nelson Mandela, De Klerk obtuvo la vicepresidencia ejecutiva. Premio Nobel de la Paz, en 1993, junto a Mandela.

KLESTIL, THOMAS Político austriaco (Viena, 1932 - íd., 2004). Miembro del Partido Popular austriaco, fue embajador en la ONU y en EE UU antes de ocupar la secretaría general del ministerio de Asuntos Exteriores (1987-92). Tras vencer en las elecciones de 1992, sucedió a K. Waldheim en la presidencia de la República. En 1998 resultó reelegido.

KLIMT, GUSTAV Pintor austriaco (Baumgarten, 1862 - Viena, 1918). Miembro fundador del grupo Secesión Vienesa (1879), contribuyó al desarrollo del modernismo en Austria. Sus pinturas se caracterizan por la riqueza cromática y ornamental; entre ellas figuran los cuadros *Las tres edades de la vida, Salomé* y *Retrato de Adèle Bloch-Bauer.*

KLINE, FRANZ Pintor estadounidense (Wilkes-Barre, 1910 - Nueva York, 1962). Su obra evolucionó desde un figurativismo poscubista hacia el expresionismo abstracto, dentro del llamado *action painting.*

KLINGER, FRIEDRICH MAXIMILIAM VON Escritor alemán (Frankfurt del Main, 1752 - Dorpat, 1831). Amigo de Goethe, fue miembro del movimiento prerromántico *Sturm und Drang,* que tomó el nombre de una de sus comedias, escrita en 1776. Entre sus obras teatrales destaca *Los gemelos* (1776). Escribió también novelas.

KLISTRÓN m. *Fís.* Generador de microondas. Se usa para la emisión de ondas ultracortas y como amplificador y cambiador de frecuencias.

KLITIAS Pintor de cerámica griego (¿Atenas?, s. V a. C.). Señalado representante del estilo ático de figuras negras. Autor de la decoración del célebre vaso *François,* del alfarero Ergótimos.

KLITZING, KLAUS VON Físico alemán de origen polaco (Poznań, Polonia, 1943). Descubrió el efecto Hall cuántico, que permite construir patrones de resistencia muy exactos y medir con gran precisión algunas de las constantes fundamentales de la mecánica cuántica y el electromagnetismo. En 1985 recibió el premio Nobel de Física.

KLONDIKE Río de Canadá, afluente del Yukón, famoso por sus yacimientos de oro, actualmente agotados; 160 km de curso.

KLOPSTOCK, FRIEDRICH GOTTLIEB Poeta alemán (Quedlimburgo, 1724 - Hamburgo, 1803). Su obra más ambiciosa es un poema épico sobre la vida de Cristo, *La Mesíada* (1748-73).

KLOSSOWSKI, PIERRE Escritor y pintor francés (París, 1905 - íd., 2001). Su obra, influida por el marqués de Sade y la filosofía de Nietzsche, revela un marcado interés por el misticismo y el erotismo. Autor de novelas, como *La vocación suspendida* (1950) y la trilogía *Las leyes de la hospitalidad* (1954-60).

KLUG, AARON Científico británico de origen sudafricano (Johannesburgo, 1926). Ha investigado la estructura de los ácidos nucleicos. Participó en el descubrimiento de la estructura del ADN; también investigó la estructura y ensamblaje del virus del mosaico del tabaco y los nucleosomas, subunidades del ADN que contienen histonas. En 1982 recibió el premio Nobel de Química.

KLUGE, HANS GÜNTHER VON Mariscal alemán (Poznań, 1882 - cerca de Metz, 1944). Dirigió el IV ejército alemán en Polonia y en Francia; posteriormente, tomó parte en la campaña rusa. En 1944 sucedió a Von Rundstedt como jefe supremo de las fuerzas del frente occidental. Tras la caída de Cherburgo, propuso la retirada y fue destituido. Involucrado en la conspiración contra Hitler, se suicidó poco después.

KM *Metrol.* Abreviatura de KILÓMETRO.

KM^2 *Metrol.* Abreviatura de KILÓMETRO CUADRADO.

KNOBELSDORFF, HANS GEORG WENCESLAUS Arquitecto y pintor alemán (Kuckshaedel, 1699 - Berlín, 1753). Representante del rococó, fue arquitecto oficial de la corte con Federico II. Construyó el castillo de Sans-Souci (1745-47), cerca de Potsdam, y la Ópera de Berlín (1741-43).

KNOCK-OUT (Expresión i.) *Dep.* FUERA DE COMBATE.

KNOX, FUERTE Fortaleza militar de EE UU, en el Estado de Kentucky, en la que se halla la cámara fuerte donde se guardan las reservas de oro del país.

KNOX, JOHN Reformador escocés (Gilfordgate, 1505 - Edimburgo, 1572). Uno de los fundadores de la iglesia presbiteriana en Escocia. Abrazó la Reforma en 1546. Al subir al trono María Tudor se refugió en Ginebra (1554), donde participó en la traducción inglesa de la *Biblia*. En 1559 regresó a su país. Acogido con entusiasmo por el pueblo, redactó la *Confessio Scotica*, el *Book of Discipline* y el *Book of Common Order*. Tras morir la regente, contribuyó a desterrar el culto católico de la corte y al derrocamiento de María Estuardo.

KNUT o **CANUTO** Nombre de diversos reyes de Dinamarca.

KNUT I EL GRANDE (?, 995 - Shaftesbury, 1035). Rey de Inglaterra (1017-35), Dinamarca (1018-35) y Noruega (1028-35). Completó la conquista de Inglaterra tras la

Gustav **Klimt**. *Retrato de Adèle Bloch-Bauer.* Galería Belvedere (Viena).

muerte de su padre, Sven; heredó la corona danesa de su hermano Harald y conquistó Noruega a Olaf el Santo, creando el imperio danés. Propagó el cristianismo. A su muerte, repartió los reinos entre sus tres hijos.

Knut II el Santo (?, 1040 - Odense, 1086). Hijo de Sven II, sucedió a su hermano Harald en 1080. Murió asesinado en una revuelta en el N de Jutlandia, cuando preparaba una expedición a Inglaterra. Es el patrón de la nación.

Knut III Magnusson (? - Roskilde, 1157). Accedió al trono danés en 1146. Fue destronado por Sven III.

Knut IV Valdemarsson (?, 1163 - Ringsted, 1202). Sucedió a su padre, Valdemar el Grande, en 1182. Dejó el gobierno en manos del obispo Absalón y asumió poderes casi ilimitados al promulgar la ley de 1200.

Knut I Eriksson Rey de Suecia (? - ?, 1196). Hijo de Erik el Santo, accedió al trono en 1167. Combatió a estonios y livonios e introdujo la cultura alemana en Suecia.

Knuth, Donald Ernest Informático estadounidense (Milwaukee, 1938). Ha recopilado y sintetizado todos los conocimientos informáticos de la época en una obra monumental en varios volúmenes, *El arte de la programación de ordenadores*.

ko *Dep.* Siglas de KNOCK-OUT.

koa *Bot.* Árbol perteneciente a la familia leguminosas, de nombre científico *Acacia koa*, con filodios curvos persistentes e inflorescencias en cabezuelas amarillas. Es originario de las islas Hawai.

koala (Voz australiana.) m. *Zool.* Mamífero marsupial australiano perteneciente a la familia falangéridos, de nombre científico *Phascolarctos cinereus*. Es arborícola, trepa con lentitud y se alimenta de hojas de eucaliptos. Es un animal muy pacífico y de hábitos crepusculares, que habita en el E de Australia.

koala

kob o **kobo** m. *Zool.* Nombre de varias especies de mamíferos artiodáctilos rumiantes de la familia bóvidos, género *Kobus*. Son antílopes ligados a las zonas húmedas africanas.

Kobarid *Hist.* Aldea de Eslovenia, junto al río Isonzo; hasta 1947 perteneció a Italia con el nombre de *Caporetto*. En 1917, se celebró en ella una batalla en que las tropas italianas fueron derrotadas por el ejército austroalemán.

Kobe Ciudad de Japón, en Honshu, capital de la prefectura de Hyogo; 1.423.830 h. Industria siderúrgica y naval. Puerto. Forma un aglomerado urbano con Osaka.

Koblenz COBLENZA.

Koch, Robert Médico y microbiólogo alemán (Kaunthal, 1843 - Baden-Baden, 1910). Considerado uno de los fundadores de la bacteriología, descubrió los bacilos de la tuberculosis (1882) y el cólera (1883). En 1905 recibió el premio Nobel de Medicina.

Kochab *Astron.* Segunda estrella más luminosa de la constelación de la Osa Mayor.

Kocher, Emil Theodor Médico y fisiólogo suizo (Berna, 1841 - íd., 1917). En 1909 recibió el premio Nobel de Fisiología y Medicina por sus estudios sobre la fisiopatología de las glándulas linfáticas y el tiroides.

Kochi **1** Prefectura de Japón, en la isla de Shikoku; 7.107 km^2 y 816.772 h. **2** Ciudad capital de la misma; 322.077 h.

Kodály, Zoltan Compositor húngaro (Kecskemét, 1882 - Budapest, 1967). Colaboró con B. Bartók en la investigación del folclore húngaro. Entre sus obras destacan *Psalmus Hungáricus* (1923), la ópera *Hary Janos* (1927), el ballet *Kuruc Mese* (1935), *Missa Brevis* (1944) y *La tumba de los mártires* (1945).

Kodok *Hist.* Población de Sudán, al NE de Malakal. El *Incidente de Fashoda* (nombre de Kodok hasta 1905) estuvo a punto de provocar una guerra entre Francia y el Reino Unido, motivada por el afán expansionista francés (1898).

Koestler, Arthur Escritor inglés, de origen húngaro (Budapest, 1905 - Londres, 1983). Corresponsal en la Guerra Civil española, fue encarcelado por sus denuncias sobre la ayuda alemana e italiana (1937); el diario *Testamento español* (1938) recoge su experiencia en prisión. En sus novelas posteriores está presente el conflicto entre ideología e individualidad: *El cero y el infinito* (1941), *El yogui y el comisario* (1945), *Ladrones en la noche* (1946).

Koffka, Kurt Psicólogo alemán (Berlín, 1886 - Northampton, 1941). Fue el principal impulsor de la teoría del gestaltismo. Su obra más importante es *Principios de psicología de la forma* (1935).

Kohl, Helmut Político alemán (Ludwigshafen, 1930). Elegido presidente de la Unión Cristiano-Demócrata (CDU) en 1973, el voto de censura de Hans-Dietrich Genscher a Helmut Schmidt le dio la posibilidad de formar gobierno con el apoyo de los liberales (1982). Fue confirmado en el cargo tras las elecciones de 1983 y 1987. Canciller de la Alemania unificada de 1990 a 1998. Su mandato se ha caracterizado por la firme defensa de la Unión Europea. En 1999 se vio envuelto en un escándalo de financiación ilegal de su partido.

Köhler, Georg Biólogo alemán (Munich, 1946 - Friburgo, 1995). En 1975 consiguió, junto con Millstein, la unión de un linfocito B con una célula cancerosa. En 1984 recibió el premio Nobel de Fisiología y Medicina, compartido con N. Jerne y C. Milstein.

Köhler, Wolfang Psicólogo alemán (Fürth, 1843 - Nueva York, 1926). Investigó la relación entre el estímulo y las estructuras nerviosas y fue uno de los fundadores del gestaltismo.

koiné f. COINÉ.

Koivisto, Mauno Político finlandés (Turku, 1923). Miembro del Partido Socialdemócrata, fue ministro de Hacienda (1966-67) y primer ministro (1968-70 y 1979-82). Tras la dimisión de Urho Kekkonen (1982), accedió a la presidencia de la República. Confirmado en el cargo en las elecciones de 1988, en los comicios de 1994 fue derrotado por Martti Ahtisaari.

Kokoschka, Oscar Pintor y escritor austriaco (Pöchlarn, 1886 - Villeneuve, Suiza, 1980). Su obra se encuadra dentro del expresionismo y se caracteriza por la pincelada gruesa, los tonos vivos y la penetración psicológica de los personajes. Entre sus numerosos retratos y paisajes, merecen citarse *Herwart Walden* (1910), *La Tempestad* (1914) o *Puerto de Estocolmo* (1917).

Kola Península del NO de la Federación de Rusia, entre el mar de Barents y el mar Blanco. Yacimientos minerales (fosfatos, hierro, cobre, níquel).

Kolakowski, Leszek Filósofo polaco (Random, 1927). Su reflexión, que entronca con el pensamiento marxista, tiene carácter ético-político y religioso, y entremezcla elementos de la filosofía analítica y el existencialismo. Autor de *Conversaciones con el diablo* (1968), *La actualidad del mito* (1973) y *Marxismo: utopía y antiutopía* (1974).

Kolbe, Adolf Wilhelm Hermann Químico alemán (Ellichausen, 1818 - Leipzig, 1884). Trabajó en la síntesis orgánica y en los radicales. Obtuvo la síntesis del ácido acético y una preparación del ácido acetilsalicílico.

Kolhapur Ciudad de la India, Estado de Maharashtra; 406.370 h. Industria maderera, textil y alimentaria. Estudios cinematográficos.

Kolima Río de la Federación de Rusia, en Siberia, que nace en la región de Magadan y desemboca en el océano Glacial Ártico; 1.600 km de curso.

Kolingba, André Militar y político centroafricano (Bangui, 1935). En 1981 accedió a la presidencia de su país tras el golpe de Estado que derrocó a D. Dacko. En 1993 cedió su cargo a A.-F. Patassé, vencedor de las elecciones de ese año.

koljós o **kolkhós** m. *Econ.* Cooperativa de campesinos, base de la colectivización de la agricultura de la URSS. Los primeros koljós aparecieron en 1920, pero no se institucionalizaron hasta 1928. Los medios de producción pertenecían a la comunidad y los trabajos eran organizados conforme a las líneas trazadas por el plan del Estado, que cedía las tierras para su explotación. Los beneficios se repartían proporcionalmente, en función de la tarea realizada por cada miembro.

Kollár, Jan Poeta checoslovaco (Mosovce, 1793 - Viena, 1825). Es el principal representante del paneslavismo romántico. Debe su fama al poema épico-lírico *La hija de Slava* (1924).

Kollontai, Alexandra Política y escritora soviética (San Petersburgo, 1872 - Moscú, 1952). Defendió la independencia sindical. Autora de *Autobiografía de una mujer sexualmente emancipada* (1920).

Kolstov, Mijail Político y periodista soviético (?, 1898 - ?, 1942). Murió víctima de las purgas estalinistas. En 1957 se publicó su *Diario de la guerra de España*.

Kolvenbach, Peter Hans Jesuita holandés (Druten, Nimega, 1929). Rector del Pontificio Instituto Oriental de Roma, en 1983 fue elegido prepósito general de la orden, tras la dimisión de Pedro Arrupe.

Kolwezi Ciudad de la República Democrática del Congo, en la región de Katanga; 417.810 h.

Kolyma KOLIMA.

Komi República federada de la Federación de Rusia; 415.900 km^2 y 1.202.700 h. Su capital es Syktyvkar. Explotación forestal. Petróleo.

Komi-Permyac Distrito autónomo de la Federación de Rusia, en la República federada de Rusia; 32.900 km^2 y 158.800 h. Su capital es Kudymkar.

Kominform *Hist.* y *Polít.* INTERNACIONAL, TERCERA.

Komintern *Hist.* y *Polít.* INTERNACIONAL, TERCERA.

Kommunizma COMUNISMO, pico.

Konakry CONAKRY.

Konaré, Alpha Oumar Político de Malí (Kayes, 1946). Presidente del país desde 1992.

Kondrátiev, Nikolái Dimítrievich Economista ruso (?, 1892 - ?, 1931). Analizando series de indicadores económicos, señaló la existencia de oscilaciones periódicas, conocidas como *ciclo largo* o *ciclo Kondrátiev*. Expuso su teoría en *Los grandes ciclos de la vida económica* (1932).

Koniev, Ivan Mariscal soviético (Lodeyno, 1897 - Moscú, 1973). Durante la Segunda Guerra Mundial, dirigió las tropas que tomaron Polonia (1944) y Bohemia (1945). Ministro adjunto de Defensa (1950-55), fue comandante en jefe del Pacto de Varsovia (1955-60) y de las fuerzas soviéticas en Alemania oriental (1961).

Königgrätz HRADEC KRÁLOVÉ.

Königsberg KALININGRADO.

Konoye, Fuminaro Príncipe y político japonés (Tokio, 1891 - íd., 1945). Jefe del Gobierno (1937-39 y 1940-41), se suicidó al terminar la Segunda Guerra Mundial.

Konya Ciudad de Turquía, en Anatolia Central, capital de la provincia de su nombre; 576.000 h. Yacimientos de plata y oro. Industria.

Kooning, Willem de Pintor estadounidense, de origen neerlandés (Rotterdam, 1904 - Long Island, 1997). Su pintura está dominada por la figura femenina. Está considerado uno de los principales representantes del expresionismo abstracto estadounidense. Obras: *Hombre rojo con bigote* y la serie *Mujer*, comenzada en 1945.

Koopmans, Tjalling Charles Economista estadounidense, de origen holandés (Rotterdam, 1910 - New Have, Connecticut, 1985). Premio Nobel de Economía en 1975, compartido con L. V. Kantorovich.

kopek m. COPEC.

Korcë Región de Albania que comprende los distritos de Kolongë, Korcë y Pogradec; 3.711 km^2 y 316.843 h.

Korda, Alexander Director de cine británico de origen húngaro (Turkeve, 1893 - Londres, 1956). Fundó la London Films. Entre sus trabajos más sobresalientes figuran *La vida privada de Enrique VIII* (1933) y *Lady Hamilton* (1941).

koré f. *Esc.* Escultura oferente femenina, vestida con el traje ceremonial, característica de la época arcaica griega (siglos VII-VI a. C.). ♦ Su pl. es *korái*.

Koriyama Ciudad de Japón, prefectura de Fukushima, en la isla de Hondo; 326.831 h.

Kornberg, Arthur Bioquímico estadounidense (Brooklyn, 1918). Sus investigaciones sobre enzimas le permitieron sintetizar el ADN mediante una ADN-polimerasa. Premio Nobel de Fisiología y Medicina (1959), compartido con Severo Ochoa, por sus trabajos sobre la síntesis biológica de los ácidos nucleicos.

Kornilov, Lavr Georgievich General ruso (Ust Kamenogorsk, 1870 - Ekaterinodar, 1918). En 1917 fue nombrado jefe supremo del ejército. Tras ser depuesto, dirigió el ejército blanco en Ucrania. Murió en el ataque de Ekaterinodar.

Korolenko, Vladimir Galaktionovich Escritor ruso (Jitomir, 1853 - Poltava, 1921). Influido por Tolstoi, su obra narrativa se caracteriza por la habilidad para describir la psicología humana: *El sueño de Makar* (1885), *El músico ciego* (1886), *El bosque murmura* (1886).

Kortrijk Ciudad de Bélgica, provincia de Flandes Occidental; 76.081 h. Victoria de las milicias de Flandes sobre el ejército francés (1302).

Korütürk, Fahri Militar y político turco (Estambul, 1930 - íd., 1987). Almirante de la armada, embajador de su país en la URSS (1960-64) y en España (1964-65). Entre 1973 y 1980 ocupó la presidencia de la República.

Koryak Distrito autónomo de la Federación de Rusia, República Federada de Rusia; 301.500 km^2 y 33.800 h. Su capital es Palana.

Kosovo (Serbia y Montenegro). Paisaje de montaña.

Kos Cos.
Kosciusko Monte de Australia, en el Estado de Nueva Gales del Sur; 2.229 m de altura.
Kosciusko, Tadeusz Patriota polaco (Mereczowszczyna, 1746 - Solothurn, Suiza, 1817). Luchó en la guerra de la Independencia de EE UU (1776-83). De regreso a Polonia, encabezó la sublevación de Cracovia (1794). Tras el éxito de Raclawice y la liberación de Varsovia, fue vencido y hecho prisionero por rusos y prusianos en Maciejowice.
Kosice Distrito de Eslovaquia; 240.915 h.
Kosigin, Alexei Nicolaievich Político soviético (San Petersburgo, 1904 - Moscú, 1980). Miembro del Politburó desde 1948, fue varias veces ministro antes de sustituir a Kruschev como presidente del consejo de ministros, cargo que ocupó de 1966 a 1980.
Kosinski, Jerzy Escritor estadounidense de origen polaco (Lodz, 1933). Autor de: *El pájaro pintado* (1965), *Desde el jardín* (1971), *El árbol del diablo* (1973) y *Pinball* (1982).
kosipo m. *Bot.* Árbol robusto perteneciente a la familia meliáceas, de nombre científico *Entandrophragma candollei*, propio de los bosques húmedos del O de África.
Kosovo Región de Serbia y Montenegro, que comprende el sector SO de la República de Serbia, junto a la frontera albanesa; 10.887 km² y 2.227.742 h. Su capital es Pristina. Agricultura (vid, tabaco) y minería (cobre y cinc). Integrada en Serbia hasta el siglo XIV, pasó luego a formar parte del imperio otomano. En 1912 volvió a Serbia, integrándose en Yugoslavia al finalizar la Primera Guerra Mundial. Tras la Segunda Guerra Mundial se constituyó la región autónoma de Kosovo. El carácter mayoritario de la población albanesa provocó la aparición de movimientos nacionalistas. Las revueltas estallaron intermitentemente (1981) y alcanzaron su punto álgido en 1990, cuando Serbia disolvió el Parlamento y suspendió su autonomía. La crisis se diluyó parcialmente ante el desarrollo de la guerra serbocroata. Tras varios años de conflicto, a instancias de la OTAN se celebraron en 1999 dos rondas de negociaciones en Francia para encontrar la paz, en las que, sin embargo, no se llegó a un acuerdo, lo que provocó la intervención armada de la OTAN (marzo). El enfrentamiento ocasionó una catástrofe humanitaria de grandes proporciones y el éxodo masivo de la población de origen albanés hacia los países vecinos. En junio de ese año, la labor mediadora de Rusia y la UE facilitó la firma de un acuerdo de paz. En noviembre de 2001 se celebraron elecciones legislativas de las que surgió el primer Parlamento de Kosovo que, en marzo de 2002, nombró presidente de la región a Ibrahim Rugova, de la Liga Democrática de Kosovo (LDK), y a Bajram Rexhepi, del Partido Democrático de Kosovo (PDK), primer ministro
Kossel, Albrecht Bioquímico alemán (Rostock, 1853 - Heidelberg, 1927). Investigó sobre química celular en la intervención de los ácidos nucleicos en la herencia y sobre las proteínas. Premio Nobel de Fisiología y Medicina (1910).
Kossuth, Lajos Patriota húngaro (Monok, 1802 - Turín, 1894). En 1948 organizó un ejército nacional, y proclamó la deposición de los Habsburgo y la independencia del país. Consumada la derrota del ejército magiar ante la intervención de las tropas rusas (1849), abandonó el país.
Kostroma Región de la Federación de Rusia, República federada de Rusia; 60.100 km² y 809.000 h. Su capital es la ciudad del mismo nombre.

Kostunica, Vojislav Político serbio (Belgrado, 1944). Líder del Partido Democrático de Serbia, resultó vencedor en las elecciones presidenciales yugoslavas celebradas en 2000 frente a Milosevic. Ante la decisión del Tribunal Constitucional de anular los resultados electorales, la insurrección popular obligó finalmente a Milosevic a reconocer el triunfo de Kostunica. Ocupó el cargo hasta 2003. En 2004 fue nombrado primer ministro de Serbia.
Kotosh *Arqueol.* Yacimiento arqueológico peruano, cerca de la ciudad de Huánuco. Conserva restos anteriores al 2000 a. C.
Kountché, Seyni Militar y político de Níger (Fandou, 1931 - París, 1987). Jefe del Estado Mayor de las fuerzas armadas de Níger (1973), asumió la presidencia de la República y del consejo de ministros tras el golpe de Estado de 1974.
Kovac, Michal Político eslovaco (Praga, 1930). Presidente del parlamento checoslovaco y ministro de Finanzas de Eslovaquia (1989), ocupó la presidencia de la República de 1993 a 1998.
Koweit Kuwait.
Kozani Nomo de Grecia, en Macedonia Occidental; 3.516 km² y 150.159 h. Su capital es la ciudad del mismo nombre.
Kozhikoda Calicut.
Kr *Quím.* Símbolo del criptón, gas noble.
Kra Istmo de Asia, entre el extremo S de Myanmar y el golfo de Siam.
krak f. *Arquit.* Recinto fortificado construido por los cruzados en Siria y Palestina (siglos XII y XIII). El más conocido es el de los Caballeros.
Krakatoa Isla volcánica de Indonesia, entre Sumatra y Java, destruida en gran parte por una erupción volcánica en 1883.
kraker (Voz hol.) com. okupa.
Krasicki, Ignacy Escritor polaco (Dubiek, 1735 - Berlín, 1801). Fue el principal representante polaco de la Ilustración. Autor de la novela *Aventuras de Doswiadczynski* (1776) y de la epopeya burlesca *La guerra de los monjes* (1778).
Krasnodar 1 Territorio de la Federación de Rusia, República federada de Rusia; 76.000 km² y 5.004.000 h. **2** Capital del mismo; 646.000 h.
Krasnogvardeisk Gatchina.
Krasnoyarsk 1 Territorio de la Federación de Rusia, República federada de Rusia; 2.339.700 km² y 3.117.000 h. **2** Ciudad capital del mismo; 869.000 h.
Krause, Karl Kristian Friedrich Filósofo alemán (Eisenberg, 1781 - Munich, 1832). Seguidor de la filosofía de Kant, elaboró una doctrina acerca de Dios fundada en la conciliación entre el teísmo y el panteísmo, el *panenteísmo*. Rechazó la teoría absolutista del Estado y abogó por asociaciones de finalidad universal frente a las limitadas, como la iglesia y el Estado. Autor de *Fundamentos de Derecho Natural* (1804), *Ensayo sobre la base científica de la moral* (1810) y *El ideal de la humanidad* (1811).
krausismo m. *Filos.* Sistema filosófico de Krause. Tuvo una gran repercusión en la España de finales del siglo XIX y constituyó un intento de renovación intelectual desde presupuestos éticos. Fue introducido por J. Sanz del Río, y formó escuela, a la que se adhirieron F. Giner de los Ríos, M. B. Cossío entre otros. Influyó en la política y la pedagogía, a través de la Institución Libre de Enseñanza.

Kravchuk, Leonid Político ucraniano (Velykyi Zhytyn, 1934). Presidente del Sóviet Supremo de Ucrania, tras la proclamación de independencia ocupó la presidencia de la República de 1991 a 1994.
Krebs, Edwin Gerald Bioquímico estadounidense (Iowa, 1918). En 1992 le fue concedido el premio Nobel de Fisiología y Medicina por sus descubrimientos sobre la célula.
Krebs, Sir Hans Adolf Bioquímico británico de origen alemán (Hildesheim, 1900 - Oxford, 1981). Son importantes sus trabajos dedicados a descubrir las dos cadenas de reacción del metabolismo: una que sintetiza la urea en el hígado, y la otra, el ciclo que forman las últimas fases de la oxidación de los componentes del carbono. Compartió el premio Nobel de Fisiología y Medicina (1953) con F. Lipmann.
Krefeld Ciudad de Alemania, Land de Renania del Norte-Westfalia; 249.662 h. Puerto fluvial.
Kreisky, Bruno Político austriaco (Viena, 1911 - íd., 1990). Accedió a la presidencia del Partido Socialdemócrata en 1967. Presidente del gobierno desde 1970, se hizo cargo de la Cancillería tras la muerte de F. Jonas (1974). Fue reelegido en 1975 y 1979, y renunció al cargo en 1983.
Kremlin *Arquit.* Fortaleza de Moscú, antigua residencia de los zares. En ella celebraba sus sesiones el Presidium del Soviet Supremo de la URSS; actualmente es la sede del gobierno ruso. La mayor parte del conjunto fue construida a finales del siglo XV.
Kretschmer, Ernst Psiquiatra alemán (Wüstenroth, 1888 - Tubinga, 1964). En su obra principal, *Estructura corporal y carácter* (1921), expuso una tipología del hombre basada en su conformación física.
Kreutzer, Rodolphe Violinista y compositor francés (Versalles, 1766 - Ginebra, 1831). Profesor del conservatorio de París, compuso óperas y obras para violín. Beethoven le dedicó la *Sonata para violín y piano en la mayor* (op. 47).
krill o **kril** (Voz noruega.) m. *Ecol.* Conjunto de varias especies de pequeños crustáceos marinos, de alto poder nutritivo, que integran el zooplancton y constituyen la principal fuente de alimento para ciertos animales, como las ballenas.
Krishna *Rel.* En la religión hindú, octava encarnación de Visnú. Es símbolo del amor de las almas a Dios.
Krishna Río de la India meridional, que desemboca en el golfo de Bengala; 1.300 km de curso.
Krishnamurti, Jiddu Filósofo espiritualista hindú (Madanapalle, 1895 - Ojai, EE UU, 1986). Propugnó un sistema de meditación práctica que convirtiera las ideas en acción. Autor de *Educación y el significado de la vida* (1953) y *Primera y última libertad* (1954).
Kristeva, Julia Lingüista búlgara (Sofía, 1941). Especialista en semiótica y teoría literaria, ha aplicado los postulados marxistas al estudio de estas disciplinas. Entre sus obras destacan *Semiótica* (1969) y *El lenguaje, ese desconocido* (1981).
Kristianstad Ciudad del S. de Suecia, situada cerca de la costa del Báltico; 72.789 h. Industria química y alimentaria.
Krivoy Rog Ciudad de Ucrania, provincia de Dnipropetrovsk; 720.000 h. Yacimientos de hierro y carbón.
Kroeber, Alfred Louis Antropólogo estadounidense (Hoboken, 1876 - París, 1960). Investigó sobre la lengua, la cultura, la religión y el folclore de los indios. Es autor de *Anthropology* (1923), *Handbook of the Indians of California* (1925) y *The Nature of Culture* (1953).
Krogh, Schack August Steenberg Zoólogo y fisiólogo danés (Grenaa, 1874 - Copenhague, 1949). Premio Nobel de Fisiología y Medicina (1920), por sus trabajos sobre la respiración y la función de los vasos capilares.
krone m. *Econ.* corona.
Kronoberg Condado de Suecia; 8.458 km² y 178.078 h. Su capital es Växjö.
Kronprinz (Voz al.) m. *Hist.* Nombre con que designaba en Alemania y Austria al heredero del trono.
Kronstadt *Hist.* Isla y base naval de Rusia, en el golfo de Finlandia, fundada como fortaleza por Pedro el Grande (1703) como defensa de San Petersburgo. Escenario del alzamiento de los marineros que aseguró el éxito de la revolución de 1917.
kroon m. *Econ.* Unidad monetaria de Estonia.
Kropotkin, Piotr Alexeievich Revolucionario ruso (Moscú, 1842 - Dmitrov, 1921). Tras adherirse a la Internacional en 1872, se convirtió en uno de los teóricos del anarquismo. Predicó el igualitarismo y la justicia social, y defendió la libertad del individuo frente a toda autoridad y una ética social apoyada en la noción de ayuda mutua, concepto que convirtió en fundamento de la sociedad humana. Autor de *La conquista del pan* (1892) y *Memorias de un revolucionario* (1899).
Krosno Ciudad de Polonia; 49.400 h. Refinerías de petróleo.

Kroto, Harold W. Químico británico (Wisbech, Cambridgeshire,1939). En 1985 descubrió los fulerenos, estructuras moleculares del carbono. En 1996 recibió el premio Nobel de Química, compartido con R. F. Curl y R. E. Smalley.

Kruger Lago de Argentina, provincia de Chubut, en el río Futaleufú; 6,5 km².

Kruger, Paul Político sudafricano (Vaalbak, 1825 - Clarens, 1904). Fundador, junto con Pretorius, del Estado del Transvaal (1852) ocupó la vicepresidencia desde 1864. Tras la anexión británica, promovió la insurrección que condujo a la creación de la República del Transvaal (1981) y la presidió (1883-89).

Kruger rand m. RAND.

Krupp Geneal. Familia de industriales alemanes de Essen. El fundador fue Friedrich (1787-1826) que en 1811 estableció una factoría para la fundición de acero. La produccion de cañones de la compañía fue determinante para la victoria de Prusia en la guerra francoprusiana. Continuaron el negocio Alfred (1812-87) y Friedrich-Alfred (1854-1902). Gustav Krupp von Bohlen (1870-1950) obtuvo el monopolio de armamento pesado durante la Primera Guerra Mundial y, posteriormente, apoyó al gobierno nazi. Alfred (1907-67) fue acusado de colaborar con el nazismo. A su muerte, la empresa se convirtió en sociedad anónima (Krupp-Konzern).

Kruschev, Nikita Político soviético (Kalinowka, 1894 - Moscú, 1971). Secretario del comité regional del partido (1935), miembro del Soviet Supremo (1937), del Presidium del Soviet Supremo (1939), organizador de la lucha de guerrillas en Ucrania durante la Segunda Guerra Mundial (1941-44), presidente del consejo de ministros de Ucrania (1944-49), miembro del Presidium del comité central del Partido Comunista (1952-64), primer secretario del comité central del Partido Comunista (1953-64) y jefe del gobierno (1958-64). Combatió la política de Stalin y abogó por la llamada *coexistencia pacífica* entre el capitalismo y el comunismo.

Krusne Hory METÁLICOS, MONTES.

Ksar el'Kébir ALCAZARQUIVIR.

Ku Klux Klan Hist. Sociedad secreta de EE UU organizada en los Estados del Sur (1865), contra la igualdad de derechos de los negros. Declarada fuera de la ley (1870), reapareció en 1915 en Atlanta y se extendió por todo el territorio, ampliando sus actividades a la persecución de judíos, católicos y extranjeros.

Kuala Lumpur Ciudad capital de Malasia que constituye por sí misma un territorio federal; 243 km² y 1.145.075 h. Centro administrativo y comercial del país. Industrias del cemento, caucho y estaño, alimentarias y mecánicas.

Kuba Hist. Antiguo reino africano, entre el Sankuru, el Kasai y el Lulua, en la actual República Democrática del Congo. Tuvo su apogeo durante el siglo XVIII.

Kubala, Ladislao Futbolista español de origen húngaro (Budapest, 1927 - Barcelona, 2002). Fue internacional con las selecciones de Hungría y España. Tras su retirada fue entrenador y seleccionador nacional español entre los años 1969 y 1980.

Kubán Río de la Federación de Rusia, que nace en el Cáucaso, atraviesa el territorio de Krasnodar y desemboca en el mar de Azov; 900 km de curso.

Kubilai Khan o **Kublai Khan** Emperador chino (?, 1215 - ?, 1294). Nieto de Gengis Khan, fue el primer emperador de la dinastía mongol de los Yuan (1260). Estableció la capital en la ciudad de Pekín y completó la conquista de China. Acogió a Marco Polo en la corte y abrió el país a la cultura occidental.

Kubitschek de Oliveira, Juscelino Político brasileño (Diamantina, 1902 - cerca de Rio de Janeiro, 1976). Miembro del Partido Socialdemócrata, fue presidente de la República (1956-60).

Kubrick, Stanley Director, actor y guionista de cine estadounidense (Nueva York, 1928 - Londres, 1999). A su primera película, *Atraco perfecto* (1955), siguió el alegato antimilitarista *Senderos de gloria* (1957) y *Espartaco* (1960). Su consagración llegó con *2001: Una odisea del espacio* (1968). Obras posteriores son *La naranja mecánica* (1972), *Barry Lindon* (1974), *El resplandor* (1980), *Eyes Wide Shut* (1999), etc.

Kucan, Milan Político esloveno (Kricevzi, 1941). Elegido presidente de la República en 1990, declaró la independencia de Eslovenia en 1991. Fue confirmado como jefe de Estado tras los comicios de 1992 y 1997.

kudu o **kudú** m. Zool. Nombre de dos especies de mamíferos artiodáctilos rumiantes de la familia bóvidos. Vive en el E y S de África.

Kuen-Lun Cadena montañosa de Asia central, al N de la meseta del Tíbet, en China. Alcanza su máxima altura en el Muztag (7.546 m).

Kuhn, Richard Bioquímico alemán de origen austriaco (Viena, 1900 - Heidelberg, 1967). Premio Nobel de Química (1938), por sus investigaciones sobre los carotenoides y las vitaminas. Aisló por primera vez la riboflavina o vitamina B_2.

Kuhn, Thomas Samuel Físico y filósofo estadounidense (Cincinnati, 1922 - Cambridge, Massachusetts, 1996). En *La estructura de las revoluciones científicas* (1962), plantea la metodología de la ciencia a partir de una concepción historicista. Otras obras: *La revolución copernicana* (1957) y *La tensión esencial* (1977).

Kuibischev SAMARA.

Kujalsko-Pomoroskie Provincia de Polonia; 18.051 km² y 2.100.300 h. Sus capitales son Bydgoszcz y Torun.

kulán m. Zool. Mamífero perteneciente a la familia équidos, de nombre científico *Equus hemionus hemionus*, variedad del hemión que vive en las estepas y semidesiertos de Mongolia.

Kulturkampf Hist. Nombre con que se designa el conflicto que a partir de 1870 enfrentó al gobierno prusiano presidido por Bismarck con la iglesia católica, al querer limitar la participación y libertades del clero.

Kumamoto 1 Prefectura de Japón, en Kiu-Shiu; 7.408 km² y 1.859.774 h. **2** Ciudad capital de la misma; 650.322 h. Centro industrial.

Kumaratunga, Chandrika Bandaranaike Política de Sri Lanka (Colombo, 1945). Tras el triunfo de la coalición izquierdista Alianza del Pueblo en los comicios de 1994, fue investida primera ministra. Se convirtió en presidenta de la República tras las elecciones presidenciales de ese mismo año.

Kumasi Ciudad de Ghana, capital de la región de Ashanti; 385.192 h. Puerto en el golfo de Guinea.

Kun, Bela Político húngaro (Szilagycseh, 1886 - Uman, Ucrania, 1937). Dirigió la revolución de 1918, que instauró en Hungría una República comunista soviética que no pudo hacer frente a la invasión rumana (1919). Refugiado en la URSS, fue acusado por el Komintern de disidencia y ejecutado.

Kundera, Milan Escritor francés, de origen checo (Brno, 1929). En sus novelas explora la existencia humana y la situación del hombre ante la realidad contemporánea. Obras: *La broma* (1967), *El vals de despedida* (1975), *El libro de la risa y el olvido* (1978), *La insoportable levedad del ser* (1984), *La inmortalidad* (1989), *La lentitud* (1994), *La identidad* (1996), *La ignorancia* (2000), etc.

kung fu (Voz china.) m. Dep. Arte marcial chino, semejante al karate, en el que se lucha con las manos y los pies. De origen budista, ha servido de base para el karate y el taekwondo.

Küng, Hans Teólogo suizo (Sursee, 1928). Catedrático de Teología en Tubinga (1963-75), fue expulsado por criticar a la iglesia católica. Propugnó la reforma de las estructuras eclesiásticas. Autor de *Estructuras de la iglesia* (1962), *Ser cristiano* (1976) y *¿Existe Dios?* (1978).

Kunming (*K'un-ming*) Ciudad de China, capital de la provincia de Yunnan; 1.520.000 h. Industria textil y mecánica.

Kuomintang Hist. y Polít. Partido nacionalista chino fundado en 1912 por Sun Yat-sen. Bajo la dirección de Chiang Kai-shek (1925), su conservadurismo provocó el enfrentamiento con el Partido Comunista, aunque ambos colaboraron durante la invasión japonesa (1937). A partir de 1945 se recrudecieron las hostilidades, que desembocaron en la guerra civil (1946). Tras el triunfo de Mao (1949), el Kuomintang se refugió en Formosa, donde creó la República Nacionalista de China (Taiwan).

Kupka, Frank Pintor checo (Opocno, 1871 - Puteaux, 1957). Se interesó por el fauvismo antes de desarrollar una pintura cercana a la abstracción (hacia 1911). Posteriormente, evolucionó hacia el constructivismo. Autor de *Estudio* y *Nocturno para la fuga*.

Kuprin, Alexandr Ivanovich Novelista ruso (Narovchat, 1870 - Moscú, 1938). Autor naturalista, merecen destacarse sus novelas *Molok* (1896), *El desafío* (1905) y *Yama* (1909-15).

Kura Río de Georgia, que nace en el N de Turquía, recorre el S del Cáucaso y desemboca en el Caspio; 1.500 km de curso.

Kurashiki Ciudad de Japón, prefectura de Okayama, en Honshu; 422.824 h.

Kurchatov, Igor Vasilievich Físico soviético (Sim, 1903 - Moscú, 1960). Llevó a cabo la fabricación de la primera bomba atómica soviética (1949), la primera bomba atómica termonuclear del mundo (1953) y el primer reactor nuclear de la URSS. En 1964 descubrió el *curchatovio*, supuesto elemento químico.

Kurdistán Región montañosa de Asia occidental, que se extiende por el E de Turquía, el N de Irak, Armenia y el NO de Irán. Sus habitantes, agrupados en tribus de religión musulmana, están divididos entre Turquía, Irán, Irak, Siria, Armenia y Azerbaiyán. El tratado de Sèvres (1920) estableció la creación de un Estado independiente que no llegó a constituirse por la oposición de Turquía. Los movimientos kurdos fueron reprimidos y el Kurdistán turco se convirtió en una región militar. En Irak, los kurdos llevaron a cabo una verdadera insurrección bélica desde 1960, apoyados por el régimen iraní. En 1991, a raíz de la guerra del Golfo, se originó una nueva sublevación que fue reprimida por el gobierno de Bagdad. El pueblo kurdo se vio obligado a buscar refugio en Turquía e Irán. La mediación internacional propició la concesión de cierta autonomía al Kurdistán iraquí. Desde entonces, se ha recrudecido la persecución de las guerrillas kurdas en Turquía, especialmente violenta a partir de 1994. En 1996 la situación se vio agravada por los enfrentamientos entre las distintas facciones kurdas de Irak. En 1999 se acentuó nuevamente el conflicto cuando los servicios secretos turcos detuvieron en Nairobi (Kenia) al líder turco Abdalá Ocalam, quien fue acusado de alta traición y juzgado. A pesar de su declaración claudicatoria el tribunal dictó contra él la sentencia de muerte.

Kurdistán Provincia de Irán; 27.858 km² y 1.233.480 h. Su capital es Sanandaj.

kurdo, da adj. y s. **1** De Kurdistán. **2** Etnol. Se dice de un pueblo de Asia occidental, musulmán sunita y seminómada, que habita en el Kurdistán. **3** Perteneciente o relativo a este pueblo. || m. Ling. **4** Lengua de la familia irania hablada por los kurdos.

Küremberg Trovador germánico (?, m. 1160). Es el más antiguo de los *minnesinger* conocidos. Su *Canción de los halcones* está escrita en una métrica parecida a la del *Cantar de los Nibelungos*.

Kurgan 1 Región de la Federación de Rusia, República federada de Rusia; 71.000 km² y 1.117.100 h. **2** Ciudad capital de la misma; 363.000 h.

Kuria Muria Islas de Omán, frente a su costa S; 78 km². De 1854 a 1967 pertenecieron al Reino Unido.

Kuala Lumpur (Malasia).

KURILES, ISLAS Archipiélago de la Federación de Rusia, entre el mar de Ojotsk y el océano Pacífico, que forma parte de la región de Sajalín; 10.215 km². Está formado por 32 islas volcánicas. Sus principales recursos económicos son la caza de animales para la obtención de pieles y la pesca. Perteneció a Japón desde 1875, que tuvo que cederlo a la URSS al finalizar la Segunda Guerra Mundial. Desde entonces, Japón ha reclamado la devolución de las islas Itutup y Kunashir.

KURO-SIVO, CORRIENTE DE *Ocean.* Corriente marina cálida del océano Pacífico, que baña las costas orientales de Taiwan y Japón, describiendo luego un arco en dirección a las islas Hawai.

KUROI m. *Esc.* Escultura del arte griego arcaico que representa a atletas divinizados. Son figuras votivas en bronce o mármol.

KUROSAWA, AKIRA Director de cine japonés (Tokio, 1910 - íd., 1998). Su filmografía ha oscilado entre el retrato histórico y la temática social, y ha ejercido una gran influencia en Occidente. Se dio a conocer internacionalmente con *Rashomon* (1950), a la que siguieron *Vivir* (1952), *Los siete samuráis* (1954), *Barbarroja* (1965), *Dersu Uzala* (1976), *Ran* (1985), etc. En 1990 recibió un Oscar por el conjunto de su carrera.

KURSK 1 Región de la Federación de Rusia; 29.800 km² y 1.349.000 h. **2** Ciudad capital de la misma; 442.000 h.

KURTZ, CARMEN (CARMEN DE RAFAEL MARÉS, llamada) Escritora española (Barcelona, 1911 - íd., 1999). Su obra narrativa se caracteriza por el realismo crítico. Entre sus novelas figuran *Duermen bajo las aguas* (1954), *En la punta de los dedos* (1968), *Al otro lado del mar* (1973) y *El viaje* (1975).

KUSAIE Isla volcánica de las Carolinas orientales, en los Estados Federados de Micronesia; 109 km². Produce copra.

KUSCH, POLYCARP Físico estadounidense de origen alemán (Blankenburg, 1911 - Dallas, 1993). Premio Nobel de Física (1955) por sus trabajos relativos al valor del momento magnético del electrón.

KUTAZAYA BANDA ACEH o BANDA ATJEH.

KUTCHMA, LEONID DANYOLOVYCH Político ucraniano (?, 1938). Miembro del comité central del PCUS, una vez proclamada la independencia de Ucrania accedió a la jefatura del Gobierno (1992-93). Tras su triunfo en las elecciones de 1994, se convirtió en presidente de la República, cargo que revalidó en 1999.

KUWAIT, AL- Ciudad capital del Estado de Kuwait y de la gobernación de su nombre; 28.859 h. Puerto. Refinería y exportación de petróleo.

KUWAIT o **KOWEIT** *(Dawlat al-Kuwait)* Estado de Asia, en la península de Arabia, junto al golfo Pérsico. Limita al N con Irak; al E, con el golfo Pérsico; al S, con Arabia Saudí, y al O, con Irak y Arabia Saudí.

GEOG. El territorio de Kuwait está constituido por una gran llanura desértica que se abre al golfo Pérsico, flanqueada por las islas de Bubiyán y Faylaka. El principal accidente del litoral, bajo y rectilíneo, es la bahía de Kuwait, donde está situada la capital. El clima es desértico y la vegetación se limita a los oasis. La población es mayoritariamente urbana y se concentra en la zona costera. Posee granjas avícolas, agricultura intensiva en las áreas de regadío y pesca. No obstante, sus recursos económicos proceden fundamentalmente del petróleo. Kuwait se ha convertido en uno de los primeros países produc-

Superficie:
17.818 km².
Población:
1.984.000 h.
(kuwaities).
Densidad:
111,3 h./km².
Tasa de natalidad: 22,8‰.
Tasa de mortalidad: 2,4‰.
Capital: al-Kuwait.
Grupos étnicos: árabes (80%), persas, armenios.
Religión: islamismo sunnita (63%), chiísmo (27%), cristianismo (8%).
Idioma: árabe.
Moneda: dinar kuwaití.
Forma de Estado: monarquía.
Producto Nacional Bruto: 35.901 millones de dólares.
Renta per cápita: 20.470 dólares.
División administrativa: 5 gobernaciones, según cuadro.

tores de petróleo y gas natural. Posee una de las rentas *per cápita* más altas del mundo, aunque desigualmente repartida. Mantiene una estructura social anclada en la tradición árabe, y el emir y su familia acaparan, junto a las compañías petrolíferas, la riqueza del país. Los ingresos del petróleo han potenciado la producción industrial: refinado y derivados del petróleo, fertilizantes, materiales de construcción, resinas y pinturas, productos plásticos. Se ha desarrollado también un importante aparato financiero (KIO), principal inversor mundial en sectores como el inmobiliario, hostelería y tecnología avanzada.

HIST. En el siglo XVI, los portugueses se establecieron temporalmente en las costas de Kuwait; su posición estratégica en la ruta comercial hacia la India atrajo el interés de los británicos, que en 1899 firmaron un tratado de protectorado con el jeque Mubarak ibn Sabbah. En 1961 se declaró reino independiente durante el gobierno del emir Abd Allah al-Salim al-Sabbah, si bien suscribió con el Reino Unido un tratado de defensa, ante las pretensiones fronterizas de Irak. En 1965 heredó el trono el emir Sabbah al-Salim al-Sabbah, y a su muerte (1977) le sucedió Jaber al-Ahmed al-Sabbah. La política del emirato se ha visto sometida, desde su independencia, a continuas crisis ante la resistencia real a la creación de un sistema democrático de gobierno.

Durante la guerra irano-iraquí (1980-88), Kuwait, que mantuvo una postura de apoyo a los intereses de Irak, recurrió a la protección internacional para salvaguardar sus petroleros de los ataques iraníes. En 1990 tuvo que afrontar el conflicto fronterizo con Irak, bloqueado desde 1981, cuando las tropas iraquíes invadieron el emirato, que fue anexionado como provincia. La comunidad internacional condenó la invasión y envió una fuerza multinacional. El conflicto armado se desarrolló entre enero y febrero de 1991, finalizando con la retirada iraquí del emirato. Además de las pérdidas huma-

KUWAIT

Gobernaciones	Superficie (km²)	Población (h.)	Capitales
Ahmadi	5.138	303.769	Ahmadi
Farawaniya		483.501	Farawaniya
Hawalli	358	481.121	Hawalli
Jahra	11.324	244.552	Jahra
Kuwait, al-	98	296.327	Kuwait

nas, la infraestructura del país resultó dañada por la guerra. Tras su regreso, el emir impuso la ley marcial, lo que incrementó la oposición al régimen, a pesar de la celebración de elecciones y de la promesa de una mayor apertura política. Los comicios de 1994 no aportaron ninguna novedad ya que los diputados designados directamente por el emir han permitido que el gobierno continúe dominado por los miembros de la familia al-Sabbah. Desde 2003 es primer ministro Sabbah al-Ahmed al-Sabbah, hermano del emir.

KUWAITÍ adj. y com. De Kuwait.

KUZNETS, SIMON Economista estadounidense de origen ucraniano (Kharkov, 1901 - Cambridge, Massachusetts, 1985). Obtuvo el premio Nobel de Economía en 1971 por su verificación empírica del crecimiento económico. Escribió *El crecimiento económico de las naciones* (1971).

KV *Fís.* Abreviatura de KILOVOLTIO.

kW *Fís.* Abreviatura de KILOVATIO.

KWA m. *Ling.* Grupo de lenguas de la familia nigeriano-congoleña, habladas en la región comprendida entre Liberia y la desembocadura del Níger.

KWACHA m. *Econ.* Unidad monetaria de Malawi y Zambia.

KWANGJU Ciudad de la República de Corea, capital de la provincia de Cholla Meridional; 1.257.504 h. Industria textil.

KWANZA f. *Econ.* Unidad monetaria de Angola.

KWASNIEWSKI, ALEKSANDER Político polaco (Poznan, 1954). Tras los cambios políticos de 1990 fundó el Partido Socialdemócrata. Elegido presidente de la República después de los comicios de 1995, fue revalidado en el cargo en 2000.

KWAZULU Antiguo bantustán de la República Sudafricana. Su capital era Ulundi.

KWAZULU-NATAL Provincia de la República Sudafricana; 92.100 km² y 8.713.000 h. Su capital es Ulundi.

kWh *Fís.* Símbolo del KILOVATIO HORA.

KYAT m. *Econ.* Unidad monetaria de Myanmar.

KYD, THOMAS Dramaturgo inglés (Londres, 1558 - íd., 1594). Su obra más importante, *La tragedia española* (1592), es un antecedente del *Hamlet* de Shakespeare.

KYONSONG SEÚL.

KYOTO 1 Prefectura urbana de Japón, en Honshu; 4.613 km² y 2.629.379 h. **2** Ciudad capital de la misma; 1.463.601 h. Centro cultural y artístico. Industria textil, química, aeronáutica y electrónica. Lugar de culto budista. Fue capital imperial entre 794 y 1868.

KYPRIANOU, SPYROS Político chipriota (Limassol, 1932 - Nicosia, 2002). Ministro de Asuntos Exteriores (1960-72) y presidente de la Cámara de Diputados, fue nombrado presidente de Chipre a la muerte de Makarios (1977). Ocupó el cargo hasta 1988.

KYUSHU KIU-SHIU.

Akira **Kurosawa.** Escena de *Ran.*

L

l f. 1 Duodécima letra del abecedario español, y novena de sus consonantes. Su nombre es *ele*, y representa un sonido de articulación ápico-alveolar, lateral, fricativa y sonora. **2** *Fís.* Símbolo del litro.
L Letra numeral que tiene el valor de 50 en la numeración romana.
LA[1] **1** Artículo determinado en género femenino y número singular. Es vulgar su uso antepuesto a nombres propios de persona de este mismo género. **2** *Gram.* Acusativo del pronombre personal de tercera persona en género femenino y número singular. No admite preposición y suele usarse como sufijo (LAÍSMO.) **3** Se emplea como pronombre de acusativo sin referencia a sustantivo expreso, frecuentemente con valor colectivo o cercano al del neutro *lo*. ◆ No se usa el artículo *la* ante sustantivos femeninos que comienzan por el sonido de *a* tónica (véase EL).
LA[2] (Véase FA.) m. *Mús.* Sexta nota de la escala musical.
La *Quím.* Símbolo del lantano.
LA BRUYÈRE, JEAN DE Escritor y moralista francés (París, 1645 - Versalles, 1696). Fue preceptor de Luis de Borbón. Sus experiencias dentro de la corte le permitieron acopiar una valiosa documentación sobre las costumbres de su época. Autor de *Los caracteres* (1688) y *Diálogos sobre el quietismo* (1699).
LA CONDAMINE, CHARLES MARIE DE CONDAMINE, CHARLES MARIE DE LA.
LA CORUÑA CORUÑA, A.
LA FARGE, JOHN Pintor estadounidense (Nueva York, 1835 - Providence, 1910). Influido por los prerrafaelistas ingleses, decoró las iglesias de la Trinidad (Boston), y la Ascensión (Nueva York).
LA FAYETTE, MARIE-JOSEPH MOTIER, MARQUÉS DE General y político francés (Chavarniac, 1757 - París, 1834). Luchó a favor de los insurgentes en la guerra de la Independencia de EE UU. Diputado por la nobleza en los Estados Generales de 1789, fue nombrado comandante de la guardia nacional de París. Durante la revolución de 1830, fue otra vez nombrado comandante de la guardia nacional.
LA FAYETTE o LAFAYETTE, MARIE MADELEINE PIOCHE DE LA VERGNE, CONDESA DE Escritora francesa (París, 1634 - íd., 1693). Regentó en París uno de los principales salones literarios de la época. De ideología jansenista y raciniana, fue la autora de *La princesa de Montpensier* (1662) y de *Zaida, una historia española* (1670) y *La princesa de Clèves* (1678), considerada la primera novela psicológica.
LA FONTAINE, JEAN DE Poeta y fabulista francés (Château-Thierry, 1621 - París, 1695). Fue autor de numerosos poemas (*Elegía a las ninfas de Vaux*, 1661; *Adonis* y *Los amores de Psique y Cupido*, ambos publicados en 1669) y de relatos inspirados en G. Boccaccio y L. Ariosto (*Cuentos y relatos en verso*, 1665-71), pero su fama se la debe a sus *Fábulas* (1668-94).
LA FOSSE, CHARLES DE Pintor francés (París, 1636 - íd., 1716). Amigo y protegido de Le Brun, trabajó en las decoraciones del palacio de lord Montaigu en Londres y del palacio de Versalles, y realizó alguno de los frescos de la iglesia de los Inválidos.
LA FRESNAYE, ROGER DE Pintor y escultor francés (Le Mans, 1885 - Grasse, 1925). Influido por el cubismo, pintó lienzos de grandes dimensiones en los que utilizó colores vivos en la representación de formas equilibradas y fuertemente estructuradas: *La artillería* (1910), *Juana de Arco* (1912), etc.
LA GASCA, PEDRO DE Religioso y hombre de Estado español (El Barco de Ávila, 1485 - Valladolid, 1567). Nombrado presidente de la audiencia de Perú por Carlos I, pacificó este país sofocando la rebelión de Gonzalo Pizarro y estableció una política de protección de la población indígena. A su regreso a España, fue nombrado obispo de Sigüenza y de Palencia.
LA HARPE LAHARPE.
LA HAYA HAYA, LA.
LA LANDE, MICHEL RICHARD DELALANDE, MICHEL RICHARD.
LA MADRID HURTADO, MIGUEL DE MADRID HURTADO, MIGUEL DE LA.
LA MAR Y CORTÁZAR, JOSÉ DE MAR Y CORTÁZAR, JOSÉ DE LA.
LA MARMORA, ALFONSO FERRERO General y político italiano (Turín, 1804 - Florencia, 1878). Ministro de la Guerra (1848-49), estuvo al frente del cuerpo de expedición piamontesa en Crimea. Fue nombrado jefe del gobierno en sustitución de Cavour, cargo en el que se mantuvo hasta 1866.
LA MASSANA MASSANA, LA.
LA MECA MECA, LA.
LA METTRIE, JULIEN OFFROY DE Médico y filósofo materialista francés (Saint-Malo, 1709 - Berlín, 1751). Su obra principal fue *L'Homme-machine*, en la que dio una interpretación mecanicista del funcionamiento de los seres vivos.
LA PALMA PALMA, LA.
LA PAZ PAZ, LA.
LA PÉROUSE, JEAN FRANÇOIS DE GALAUP, CONDE DE Navegante francés (Le Guo, 1741 - isla de Vanikoro, 1788). Llegó a la costa NO de América y al N de las islas Sandwich (Hawai) descubrió la isla Necker y llegó a Macao, pasando por las islas Marianas. En Japón descubrió el estrecho de su nombre.
LA RIOJA RIOJA, LA.
LA ROCHEFOUCAULD, FRANÇOIS, DUQUE DE Escritor francés (París, 1613 - íd., 1680). Participó en las intrigas contra Richelieu e intervino activamente en las guerras de La Fronda a favor de Condé, y tras su derrota se retiró de la política (1652). Figura representativa del espíritu neoclásico francés, es autor de unas *Memorias* (1662).
LA ROCHELLE ROCHELLE, LA.
LA ROMANA ROMANA, LA.
LA SALLE, SAN JUAN BAUTISTA DE JUAN BAUTISTA DE LA SALLE, SAN.
LA SALLE, ROBERT CAVELIER, SEÑOR DE Explorador francés (Rouen, 1643 - Louisiana, 1687). Descubrió el Mississippi en 1673 y llegó al golfo de México. Tomó posesión de todo el territorio descubierto para Francia y le dio el nombre de Louisiana.
LA SPEZIA SPEZIA, LA.
LA TOUR, GEORGES DUMESNIL DE Pintor francés (Vic-sur-Seille, 1593 - Lunéville, 1652). Maestro del claroscuro, sus obras están impregnadas de un hondo sentido religioso. Entre ellas destacan *Magdalena*, *San José carpintero* y *El recién nacido*.
LA VALETTA VALETTA, LA.
LAALAND-FALSTER Región de Dinamarca, constituida por el condado de Storström; 1.795 km^2 y 116.776 h.
LAAYOUNE AAIÚN, EL.
LÁBARO m. **1** *Hist.* Estandarte que usaban los emperadores romanos, en el cual, por mandato de Constantino, se puso la cruz y el monograma de Cristo, compuesto de las dos primeras letras de este nombre en griego. **2** Este mismo monograma.
LABÉ, LOUISE (llamada la BELLE CORDIÈRE) Poetisa francesa (Lyon, 1524 - Parcieux-en-Dombes, 1566). Su amor por el poeta Oliver de Magny inspiró gran parte de sus composiciones contenidas en *Obras* (1555).
LABEL (Voz i.) m. Etiqueta de un producto que garantiza su calidad.
LABELO m. **1** *Bot.* Pétalo medio de la corola de algunas flores, diferente en forma y tamaño al resto. **2** *Zool.* Prolongación del labio de algunos insectos en forma de cuchara.
LABERÍNTICO, CA adj. **1** Relativo al laberinto. **2** fig. Enmarañado, confuso.
LABERINTO m. **1** Lugar artificiosamente formado por calles, caminos, encrucijadas, etc., para que el que está dentro no pueda acertar con la salida. **2** fig. Cosa confusa y enredada. **3** *Anat.* Parte interna del oído del hombre, situada en una cavidad de la pirámide del hueso temporal. **4** *Arquit.* Disposición de algunos pavimentos de las iglesias de la Edad Media. **5** *Poét.* Composición poética hecha de tal forma, que los versos pueden leerse al derecho y al revés sin que dejen de tener sentido. **6** *Zool.* Cualquier estructura corporal con cavidades y canales intrincados.

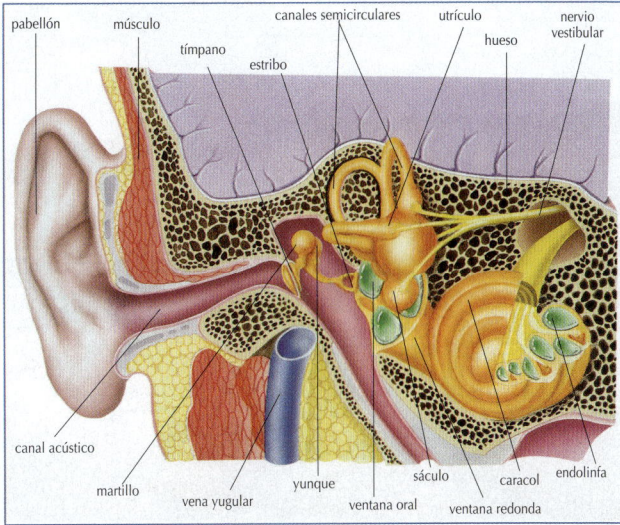

laberinto del oído humano.

LABERINTO *Mit.* Palacio que construyó Dédalo junto a Cnossos, por encargo del rey Minos, para morada del Minotauro.

LABIA f. fam. Verbosidad persuasiva y gracia en el hablar.

LABIADO, DA adj. *Bot.* **1** Se dice de la corola gamopétala dividida en dos partes o labios. **2** Se dice de la planta angiosperma dicotiledónea, herbácea o arbustiva, de corola labiada, e intensamente aromática, como la albahaca, tomillo, espliego, menta, romero, orégano y salvia. También f. || f. pl. *Bot.* **3** Familia de estas plantas.

LABIAL adj. **1** Relativo a los labios. **2** *Fon.* Se dice de la consonante cuya articulación se forma mediante el contacto total o parcial de los labios, como la *b.* Puede ser bilabial o labiodental. **3** Se dice de la letra que representa este sonido. También f.

LABIENO, TITO Militar romano (?, 98 - ?, 45 a. C.). Fue lugarteniente de César en las Galias, pero después se pasó al bando de Pompeyo. Vencido en Tapso, pasó a Hispania.

LABIÉRNAGO m. *Bot.* Arbusto de la familia oleáceas, de nombre científico *Phillyrea angustifolia,* de flores blanquecinas y fruto en drupa negruzca.

LABIHENDIDO, DA adj. Que tiene hendido o partido el labio superior.

LÁBIL adj. **1** Que se desliza fácilmente. **2** Frágil, débil. **3** fig. Poco estable, poco firme en sus resoluciones. **4** *Quím.* Se dice del compuesto inestable, fácil de transformar por calor, oxidación o cualquier otro proceso.

LABIO m. **1** Cada una de las dos partes exteriores, carnosas y movibles de la boca, que cubren la dentadura en los mamíferos. **2** Borde de una herida abierta. **3** Cada uno de los dos pares de pliegues carnosos, externos e internos, de la vulva de los mamíferos. **4** fig. Borde de ciertas cosas. **5** fig. Órgano del habla. || **LABIO LEPORINO** *Med.* Defecto congénito en el hombre, a veces hereditario, en que aparece una hendidura anormal entre el labio superior y la base de la nariz. || **no despegar uno sus labios** fr. fig. Callar o no contestar.

-LABIO, -LEMA, -LEPSIA, -LEPSIS, -LÉPTICO, -LEPTO sufs. que significan captar, captador, captado, etc.: *dilema.*

LABIODENTAL adj. **1** *Fon.* Se dice de la consonante cuya articulación se forma acercando el labio inferior a los bordes de los dientes incisivos superiores, como la *f.* **2** Se dice de la letra que representa este sonido. También f.

LABNÁ *Arqueol.* Ciudad maya situada en la península del Yucatán, México. Destacan el complejo del palacio y un falso arco de 5 m de altura, de estilo puuc (siglo VIII d. C.).

LABOR f. **1** Trabajo o actividad que uno desarrolla. **2** Adorno tejido o hecho a mano, en la tela, o ejecutado de otro modo en otras cosas. También en pl. **3** Obra de coser, bordar, etc. **4** *Agr.* Labranza, en especial la de tierras que se siembran. Referido a otras operaciones agrícolas, más en pl. **5** *Agr.* Vuelta de arado que se da a la tierra. **6** Grupo de productos que se confeccionan en la fábrica de tabacos. || f. pl. **7** Conjunto de actividades que se desarrollan normalmente en la casa. || **sus labores** fr. fig. para designar la dedicación de la mujer a las tareas del hogar.

LABORABLE adj. **1** Se dice del día en que se trabaja. **2** Que se puede trabajar.

LABORAL adj. Relativo al trabajo, en su aspecto económico, jurídico y social.

LABORALISTA com. Abogado especializado en derecho laboral.

LABORAR tr. **1** *Agr.* LABRAR. || intr. **2** Gestionar o intrigar con intención de conseguir algo.

LABORATORIO m. Local dotado de las instalaciones e instrumental necesarios para hacer experimentos científicos y operaciones químicas, farmacéuticas, científicas, técnicas, etc.

LABORDE, ALEXANDRE LOUIS JOSEPH, CONDE DE Diplomático y escritor francés (París, 1774 - íd., 1842). Su visita a España como agregado a la embajada de L. Bonaparte le inspiró sus obras *Itinerario descriptivo de España* (1808) y *Viaje pintoresco e histórico por España* (1806-26).

LABOREAR tr. **1** Labrar o trabajar una cosa. **2** *Min.* Hacer excavaciones en una mina.

LABOREO m. **1** Cultivo de la tierra o del campo. **2** *Min.* Arte de explotar las minas, haciendo las labores o excavaciones necesarias, fortificándolas, disponiendo el tránsito por ellas y extrayendo las menas aprovechables.

LABORIOSO, SA adj. **1** Trabajador, aficionado al trabajo, amigo de trabajar. **2** Trabajoso, penoso.

LABORISMO m. *Polít.* Denominación aplicada a diversos movimientos políticos de ideología socialista.

LABORISTA, PARTIDO (*Lavour Party*) *Hist.* y *Polít.* Formación política británica fundada en 1906. En 1893 se fundó el Partido Laborista Independiente que integró a todos los sindicatos, y en 1906 tomó su nombre actual. Venció en las elecciones de 1924 y 1929 y desde entonces se alterna en el poder con el Partido Conservador. Ha ocupado la presidencia del gobierno en 1945, 1964, 1966, 1974, 1997 y 2001. A. Blair dirige el partido desde 1994.

LABRA f. Acción y efecto de labrar piedra, madera, etc.

LABRADÍO, A adj. y m. *Agr.* LABRANTÍO.

LABRADO, DA adj. **1** Arado. **2** Se dice de las telas o géneros que tienen alguna labor, en contraposición de los lisos. || m. **3** Acción y efecto de labrar. **4** *Agr.* Campo labrado. Más en pl.

LABRADOR, RA adj. y s. **1** Que labra la tierra. || m. y f. **2** Persona que posee tierras y las cultiva por su cuenta.

LABRADOR Península del NE de Canadá, limitada al N por el estrecho de Hudson, al E por el Atlántico y al O por la bahía de Hudson; 1.380.000 km². Comprende gran parte de la provincia de Quebec y de la de Terranova. Su clima es frío y está escasamente poblada. Yacimientos de oro.

LABRADOR, CORRIENTE DEL *Ocean.* Corriente marina fría del Atlántico N que procede del Ártico y bordea las costas de la península del Labrador, transportando agua de reducida salinidad y numerosos icebergs, hasta encontrarse con la corriente del Golfo.

LABRADOR RUIZ, ENRIQUE Escritor cubano (Sagua la Grande, 1902 - Miami, 1991). Considerado uno de los innovadores de la narrativa hispanoamericana, escribió las novelas *El laberinto de sí mismo* (1933), *Anteo*

(1940), *Carne de quimera* (1947) y *Por la sangre hambrienta* (1950).

LABRADORITA f. *Miner.* Mineral feldespato plagioclasa que posee cantidades iguales de anortita y albita.

LABRANTÍO, A adj. y m. Se dice del campo o tierra de labor.

LABRANZA f. **1** Cultivo de los campos. **2** Propiedad agraria.

LABRAR tr. **1** Cultivar la tierra. **2** Arar la tierra a fin de prepararla para la siembra. **3** Trabajar la madera, la piedra, los metales, etc., para darles forma, con fines artísticos. || **labrarse un porvenir** expr. fig. Poner los medios necesarios para asegurarse un futuro desahogado económicamente y en buena situación social.

LABRIEGO, GA m. y f. *Agr.* LABRADOR.

LABRIOLA, ANTONIO Filósofo italiano (Cassino, 1843 - Roma, 1904). De formación hegeliana, fue el principal difusor del marxismo en Italia. Autor de *Della liberta morale* (1873) y *Discorrendo di socialismo e di filosofia* (1898).

LABRO m. *Zool.* **1** En algunos artrópodos, labio superior situado enfrente de las mandíbulas o sobre ellas. **2** En los gasterópodos, borde externo de la concha.

LABROUSSE, CAMILLE-ERNEST Historiador francés (Barbezieux, 1895 - París, 1988). Investigó sobre la crisis del Antiguo Régimen y la Revolución. Autor de *Esquisse du mouvement du prix et de revenus en France au XVIII siècle* (1933), etc.

LABROUSTE, HENRI Arquitecto francés (París, 1801 - Fontainebleau, 1875). Pionero del racionalismo, sus obras más importantes fueron la reconstrucción de la biblioteca de Santa Genoveva y los trabajos de instalación de la Biblioteca Nacional, ambas en París.

LABRUSCA f. *Bot.* Arbusto trepador perteneciente a la familia vitáceas, de nombre científico *Vitis labrusca,* originaria del N de América.

LABURDI Parte más occidental del País Vascofrancés.

LABURDINO, NA adj. *Ling.* **1** Se dice del dialecto eusquera hablado en Laburdi. || m. **2** Este dialecto.

LACA f. **1** *Quím.* Solución de sustancias que forman película en un disolvente volátil. Se utiliza con fines protectores o decorativos. **2** *Quím.* Sustancia resinosa excretada por algunos insectos coccídeos en los árboles de las selvas tropicales, que se utiliza para la fabricación de goma laca. **3** Sustancia aluminosa coloreada que se emplea en la pintura. **4** Cosmético que se usa para dar y mantener la forma del cabello. || **LACA DE UÑAS** Cosmético de color o transparente que se aplica a las uñas para su adorno.

LACAILLE, NICOLAS LOUIS DE Astrónomo y matemático francés (Rumigny, 1713 - París, 1762). Formó parte de la comisión que determinó la longitud del grado de meridiano terrestre y rectificó los catálogos de las estrellas australes.

LACALLE, LUIS ALBERTO Político uruguayo (Montevideo, 1942). Candidato por el Partido Blanco en las elecciones de 1989, fue presidente de la República (1990-94).

LACAN, JACQUES Psicoanalista francés (París, 1901 - íd., 1981). Introductor del estructuralismo en la psiquiatría, fundó en 1964 la Escuela Freudiana de París, que disolvió en 1980. En 1966 apareció su obra más importante, *Écrits.*

LACANDÓN, NA adj. *Etnol.* **1** Se dice de un pueblo amerindio que habita en Guatemala y en el Estado mexicano de Chiapas, en el curso del Usumacinta. Más como m. pl. **2** Se dice también de sus individuos. También s. **3** Relativo a esta tribu. || m. *Ling.* **4** Lengua de la familia maya que hablan estos indios.

LACAR tr. Cubrir una superficie con una capa de laca.

LACAYO m. **1** Criado de librea, cuya principal ocupación era acompañar a su amo a pie, a caballo o en coche. **2** Servil, rastrero.

LACEAR tr. **1** Cazar animales con lazo. **2** Adornar con lazos. **3** *Chile, Perú* Sujetar a un animal con el lazo.

LACEDEMONIA ESPARTA.

LACEDEMONIO, NIA o **LACEDEMÓN, NA** adj. y s. De Lacedemonia.

LACERACIÓN Herida producida por rasgadura.

LACERAR 1 Lastimar, magullar, herir. También prnl. **2** fig. Dañar, vulnerar.

LACERÍA f. Conjunto de lazos, especialmente en labores de adorno.

LACERO, RA m. y f. **1** Persona diestra en manejar el lazo para apresar toros, caballos, etc. **2** Persona que se dedica a coger con lazos la caza menor, por lo común furtivamente. **3** Empleado municipal encargado de coger perros vagabundos.

LACÉRTIDO, DA adj. y m. *Zool.* **1** Se dice del reptil escamoso saurio, provisto de párpados móviles, mandíbula inferior fusionada, con todos los dientes similares y escamas epidérmicas, como los lagartos y lagartijas. || m. pl. *Zool.* **2** Familia de estos animales.

LACHA¹ f. *Zool.* Especie de sardina pequeña.

Labná (México). Arco de la ciudad maya.

LACHA² f. fam. VERGÜENZA, pundonor.

LACHMANN, KARL Filólogo y literato alemán (Brunswick, 1793 - Berlín, 1851). Se le considera uno de los fundadores de la crítica moderna. Son notables sus ediciones de los clásicos griegos y latinos, entre las que destaca *De rerum natura* de Lucrecio.

LACINIA f. *Bot.* Cada una de las tirillas largas e irregulares en que se dividen las hojas o los pétalos de algunas plantas.

LACIO, CIA adj. **1** Marchito, ajado. **2** Flojo, decaído, sin vigor. **3** Se dice del cabello que cae sin formar ondas ni rizos.

LACIO *(Lazio)* Región de Italia central, entre el mar Tirreno al O, los Apeninos al E, Toscana y Umbría al N, y Campania al S; 17.227 km² y 5.197.707 h. Capital, Roma. Comprende las provincias de Frosinone, Latina, Rieti, Roma y Viterbo. Es el antiguo *Latium*, país de los latinos.

LACLOS, PIERRE-AMBROISE-FRANÇOIS CHODERLOS DE Escritor francés (Amiens, 1741 - Tarento, 1803). Autor de la novela *Las amistades peligrosas* (1782), considerada una de las obras maestras de la narrativa epistolar y del tratado *Sobre la educación de las mujeres* (1785).

LACOLITO m. *Geol.* Cuerpo intrusivo de base plana y techo convexo, con forma lenticular y menor extensión que el batolito.

LACÓN m. Pata delantera del cerdo, y especialmente su carne curada.

LACONIA Nomo de Grecia, en el S del Peloponeso; 3.636 km² y 94.916 h. Capital, Esparta.

LACÓNICO, CA adj. **1** Se aplica a lo dicho o escrito de una forma breve y concisa. **2** Se dice de la persona que habla o escribe utilizando pocas palabras.

LACONIO, NIA adj. y s. De Laconia.

LACORDAIRE, HENRI Religioso y orador francés (Recey-sur-Ource, 1802 - Sorèze, 1861). Perteneció a la Orden de Predicadores y fue uno de los oradores más brillantes de su época. Escribió *Consideraciones sobre el sistema de Lamennais* (1834) y *Conferencias de Notre-Dame 1833-51* (1844-51).

LACOSTE, YVES Geógrafo e historiador francés (Fez, 1929). Se ha especializado en el estudio de la geografía económica y social. Autor de *Geografía del subdesarrollo* (1965) y *Unidad y diversidad del Tercer Mundo* (1980).

LACQ Centro industrial del SO de Francia, en el departamento de Pirineos Atlánticos. Explotación de gas y de petróleo.

LACRA f. **1** Secuela de una enfermedad o achaque. **2** Defecto o vicio físico o moral de una cosa.

LACRAR¹ tr. Producir daño en alguien o algo.

LACRAR² tr. Sellar con lacre.

LACRE m. *Quím.* Pasta sólida de color rojo compuesta de goma laca y trementina que, derretida, se utiliza para sellar cartas, paquetes, etc.

LACRIMAL adj. *Anat.* Relativo a las lágrimas y sus glándulas secretoras. || **APARATO LACRIMAL** *Anat.* Órgano anejo del ojo, compuesto por un conjunto de glándulas situadas en el ángulo interior del mismo, que segregan un líquido de acción lubrificante y bactericida, que no permite que la córnea se reseque.

LACRIMÓGENO, NA adj. **1** Que produce lágrimas. Se dice sobre todo de ciertos gases. **2** Se dice del relato, película, etc., que, por su carácter sensiblero, incita al llanto.

LACRIMOSO, SA adj. **1** Que tiene lágrimas. **2** Que mueve a llanto.

LACROSSE (Voz fr.) m. *Dep.* Deporte parecido al hockey sobre hierba que se juega con pequeñas raquetas y una pelota que debe pasar entre dos de los palos. Es muy popular en Canadá.

LACT-, LACTI-, LACTO-; -LACT- prefs. e in. que significan leche: *prolactina*.

LACTALBÚMINA f. *Quím.* Albúmina contenida en el suero de la leche, de alto valor nutritivo.

LACTANCIA f. **1** Acción de mamar. **2** Periodo de la vida en que la criatura mama.

LACTANCIO, LUCILIO CECILIO FIRMIANO Escritor cristiano-romano de origen africano (Cirta, h. 260 - cerca de Tréveris, h. 320). Convertido al cristianismo, fue nombrado preceptor del hijo de Constantino. Escribió obras apologéticas entre las que destacan *Instituciones divinas*, primera obra latina que expone la doctrina cristiana; *Sobre la ira de Dios*, *Sobre la obra de Dios* y *Sobre las muertes de los perseguidores*.

LACTANTE adj. **1** Que lacta o mama, o que se encuentra en el periodo de la lactancia. También com. **2** Que da de mamar. También f.

LACTAR tr. **1** Dar de mamar. **2** Criar con leche.

LACTARIO m. *Bot.* Nombre de varias especies de hongos basidiomicetos del género *Lactarius*, como el níscalo. Algunos contienen látex.

LACTASA f. *Quím.* Enzima que cataliza la transformación de la lactosa o azúcar de la leche en glucosa y galactosa.

Lacio (Italia). Isla Bisentina en el lago de Bolsena.

LACTATO m. *Quím.* Sal o éter del ácido láctico en que el hidrógeno del grupo carboxilo se sustituye por un metal o radical orgánico.

LÁCTEO, A adj. **1** Relativo a la leche. || m. pl. **2** Alimentos que derivan de la leche.

LACTI- pref. LACT-.

LÁCTICO adj. *Quím.* Se dice del ácido orgánico de fórmula $C_3H_6O_3$, que en forma L (levógira) se encuentra en la sangre y tejido muscular como producto del metabolismo de la glucosa y el glucógeno; en forma D (dextrógira), en la fermentación de la sacarosa; y en forma DL (mezcla de las anteriores) en los alimentos preparados por fermentación bacteriana.

LACTÍFERO, RA adj. *Zool.* Se dice del conducto por donde pasa la leche hasta llegar a los pezones de las mamas.

LACTO- pref. LACT-.

LACTOBACILO m. *Biol.* Bacteria de forma bacilar o cocoide que fermenta el azúcar.

LACTOFLAVINA f. *Quím.* VITAMINA B_2.

LACTONA f. *Quím.* Anhídrido intramolecular de un ácido hidroxicarboxílico.

LACTOSA f. *Quím.* Disacárido compuesto por una molécula de glucosa y otra de galactosa, de fórmula $C_{12}H_{22}O_{11}$. Se encuentra exclusivamente en la leche de los mamíferos. Denominado también *azúcar de leche*.

LACUSTRE adj. Relativo a los lagos.

LADA f. *Bot.* Jara, arbusto de la familia cistáceas.

LÁDANO m. *Quím.* Producto resinoso que fluye espontáneamente de las hojas y ramas de algunas jaras.

LADEADO, DA adj. **1** Inclinado, torcido. **2** Desviado de la perpendicular.

LADEAR tr., intr. y prnl. **1** Inclinar y torcer una cosa hacia un lado. || prnl. **2** Inclinarse hacia una cosa; dejarse llevar por ella.

LADERA f. *Geol.* Declive de un monte o altura.

LADILLA f. *Zool.* Insecto anopluro de la familia pedicúlidos, de nombre científico *Phthirus pubis*, parecido al piojo común, que vive parásito entre el pelo del pubis en el hombre; se transmite por contacto sexual.

LADILLO m. *A. gráf.* Composición breve que a veces se coloca en el margen de la plana, para indicar el contenido del texto.

LADINO, NA adj. **1** Se dice de la persona que actúa con astucia y sagacidad para conseguir lo que quiere. También s. **2** *Amér. C.* Mestizo o indio que habla español. **3** *Ling.* Relativo al dialecto judeoespañol y sus variedades. || m. *Ling.* **4** Dialecto judeoespañol que hablan los judíos sefardíes descendientes de los antiguos judíos españoles.

LADISLAO Nombre de varios reyes de Hungría.

LADISLAO I ÁRPAD, SAN (?, h. 1043 - Nitra, 1095). Hijo de Bela I, sucedió a su hermano Geza en 1077. Se anexionó Croacia (1091) y fundó el obispado de Zagreb. Fiel a la ortodoxia gregoriana, fue canonizado en 1198 por Celestino II.

LADISLAO II ÁRPAD (?, 1131 - ?, 1162). Hijo de Bela II el Ciego. En 1161, con ayuda de Manuel I Comneno, usurpó el trono de su sobrino Esteban III quien debía suceder a Geza II, hermano de Ladislao. Fue desposeído a los pocos meses.

LADISLAO III ÁRPAD (?, 1199 - Viena, 1205). Hijo de Emerico I, reinó entre 1204 y 1205 bajo la regencia de su tío el príncipe Andrés II. Destronado por éste, se refugió en Austria.

LADISLAO IV EL CUMANO (?, 1262 - Köröshegy, 1290). Hijo de Esteban V, subió al trono en 1272. Aliado con Rodolfo de Habsburgo, luchó y venció a Otakar II de Bohemia en Durnkrut (1278).

LADISLAO V LADISLAO III JAGELLÓN, rey de Polonia.

LADISLAO VI JAGELLÓN Rey de Bohemia y de Hungría (?, 1456 - Buda, 1516). Hijo de Casimiro IV de Polonia, al trono de Bohemia (1471-1516) y de Hungría (1490-1516). Suprimió el ejército permanente de Corvino y hubo de hacer frente a una revuelta de campesinos (1515).

LADISLAO o **VLADISLAO** Nombre de diversos reyes de Polonia.

LADISLAO I (?, 1260 - Cracovia, 1333). Hijo de Casimiro Conrado, ostentó el título de duque entre 1305 y 1320, fecha en la que fue proclamado rey. Venció a los caballeros de la Orden Teutónica que habían invadido la Gran Polonia.

LADISLAO II JAGELLÓN (?, h.1348 - Gródec, 1434). Hijo del gran duque Olgierd, heredó de éste el gran ducado de Lituania. Se convirtió al catolicismo para casarse con Eduvigis de Anjou, con lo que pasó a ser soberano de Polonia (1386) y fundador de la dinastía Jagellón.

LADISLAO III JAGELLÓN (Cracovia, 1424 - Varna, 1444). Hijo de Ladislao II, fue elegido rey de Polonia (1434-44) y, a la muerte del emperador Alberto III, de Hungría (1440-44), donde reinó con el nombre de Ladislao V. Luchó contra los turcos, conquistando Serbia y Bulgaria (1443).

LADISLAO IV VASA (Cracovia, 1595 - Merecz, 1648). Hijo de Segismundo III, ocupó el trono en 1632. Durante la guerra de los Treinta Años luchó contra los rusos, a los que obligó a firmar la paz de Polanow (1634).

LADISLAO EL MAGNÁNIMO Rey de Nápoles (Nápoles, 1377 - íd., 1414). Accedió al trono en 1386, como sucesor de su padre Carlos III. Aspiró a reinar sobre toda Italia y Hungría (1403), pero fue derrotado en 1411.

LADO m. **1** Costado o mitad del cuerpo desde el pie hasta la cabeza. **2** Parte de una cosa situada cerca de sus

Ladislao II Jagellón. Retrato de Marcello Bacciarelli. Castillo Real (Varsovia).

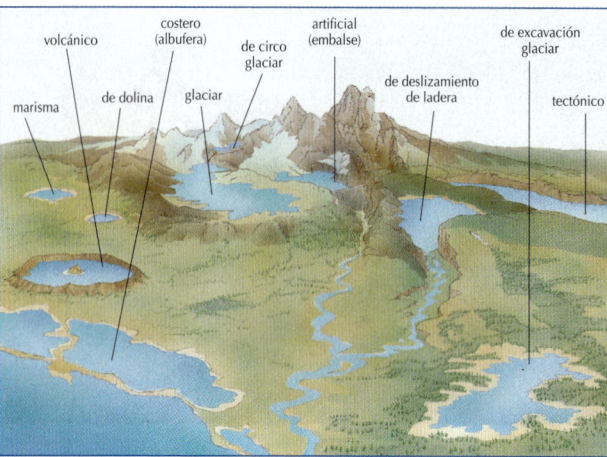

Tipos de **lago**.

extremos. **3** Cualquiera de las partes que limitan un todo. **4** Anverso o reverso de cualquier superficie plana. **5** Cada una de las dos líneas o planos con que se representan las distintas figuras geométricas. **6** Costado o parte del cuerpo de la persona o del animal, comprendida entre el brazo y el hueso de la cadera. **7** Lo que está a la derecha o a la izquierda de un todo. **8** Cualquiera de los parajes que están alrededor de un cuerpo. **9** Sitio, lugar, especialmente con respecto a otro. **10** Línea genealógica. **11** fig. Cada una de las maneras de ver o enfocar un tema. **12** fig. Modo o medio que se toma para conseguir algo. || **al lado** loc. adv. Muy cerca, inmediato. || **dar** a alguien **de lado** fr. fig. y fam. Dejar su trato o su compañía; huir de él con disimulo. || **dejar** una cosa **a un lado** fr. fig. Omitirla en la conversación. || **hacerse** **a un lado** fr. Apartarse, quitarse de en medio. || **mirar de lado**, o **de medio lado** fr. fig. Mirar con enfado y desprecio.

LADOGA Lago de la Federación de Rusia, entre la República federada de Carelia y la ciudad autónoma de San Petersburgo, próximo a Finlandia; 18.400 km² y profundidad máxima de 255 m. Se comunica con el golfo de Finlandia por el río Neva.

LADRAR intr. **1** Dar ladridos el perro. **2** fig. y fam. Amenazar a alguien, pero sin llegar a atacar. **3** fig. y fam. Gritar a alguien insultándole. **4** fam. Hablar de modo desagradable.

LADRIDO m. Voz que emite el perro.

LADRILLO m. **1** Masa de arcilla, en forma de paralelepípedo rectangular, que, después de cocida, sirve para construir muros, solar habitaciones, etc. **2** Cosa pesada y aburrida.

LADRÓN, NA adj. y s. **1** Que hurta o roba. **2** Apelativo cariñoso que se aplica al que ha cometido alguna travesura. || m. **3** Portillo que se hace en un río para sangrarlo, o en las acequias para robar agua. **4** Enchufe eléctrico con tres salidas hembra que permite conectar de uno a tres aparatos en una sola toma de corriente.

LADRÓN DE GUEVARA, DIEGO Obispo y administrador colonial español (Cifuentes, 1641 - México, 1718). Fue obispo de Panamá (1689), Guamanga (1699) y Quito (1705), y virrey del Perú (1710-16).

LADRONES, ISLAS DE LOS MARIANAS.

LADRONZUELO, LA m. y f. **1** Diminutivo de LADRÓN. **2** El que hurta cosas generalmente de poco valor, ratero.

LADY (Voz i.) f. Tratamiento honorífico que se da en el Reino Unido a las mujeres que pertenecen a la nobleza. Es equivalente al *lord* masculino.

LAEKEN o **LAKEN** Ciudad de Bélgica, provincia de Brabante, anexionada a Bruselas en 1921. Famosos tapices. En ella se encuentra la residencia de los reyes de Bélgica.

LAENNEC, RENÉ THÉOPHILE HYACINTHE Médico francés (Quimper, 1781 - Kerlouanec, 1826). Aplicó la acústica al examen de las enfermedades del pecho e inventó el estetoscopio.

LAERTES *Mit.* Rey de Ítaca y padre de Ulises.

LAFARGUE, PAUL Político y escritor francés (Santiago de Cuba, 1842 - Draveil, 1911). Yerno de Karl Marx, fue un propagador fervoroso del marxismo ortodoxo y tomó parte en la Comuna de París (1871). Autor de *El comunismo y la evolución económica* (1892).

LAFAYETTE, CONDESA DE LA FAYETTE, MARIE MADELEINE PIOCHE DE LA VERGNE, CONDESA DE.

LAFERRÈRE, GREGORIO DE Dramaturgo argentino (Buenos Aires, 1867 - íd., 1913). Uno de los principales creadores de la comedia de costumbres argentina. Autor de *Locos de verano* (1905), *Bajo la garra* (1907) y *Los invisibles* (1911).

LAFONTAINE, HENRI Abogado y político belga (Bruselas, 1854 - íd., 1943). Participó en la conferencia de paz de La Haya (1899 y 1907) y fue delegado belga en la conferencia de paz de París (1919). En 1913 obtuvo el premio Nobel de la Paz.

LAFORGUE, JULES Poeta francés (Montevideo, 1860 - París, 1887). Considerado uno de los principales maestros del simbolismo, escribió *Las lamentaciones* (1885), *La imitación de Nuestra Señora la Luna* (1886) y *Últimos versos* (1890).

LAFOURCADE, ENRIQUE Novelista chileno (Santiago de Chile, 1927). Autor de *La fiesta del rey Acab* (1959), *Frecuencia modulada* (1968), *Adiós al führer* (1982), *Antología del nuevo cuento chileno* y varios estudios.

LAGAR m. **1** Recipiente donde se pisa la uva para obtener el mosto. **2** Sitio donde se prensa la aceituna para sacar el aceite, o donde se machaca la manzana para preparar la sidra.

LAGARTERANO, NA adj. y s. De Lagartera, pueblo de Toledo.

LAGARTIJA f. *Zool.* Nombre de varias especies de reptiles saurios del género *Lacerta*, de hasta 25 cm de longitud, con el cuerpo recubierto de escamas imbricadas y la cola larga y con capacidad de regeneración.

LAGARTIJERO, RA adj. *Zool.* Se dice del animal que caza o se alimenta de lagartijas.

LAGARTO, TA m. y f. **1** *Zool.* Nombre de diversos reptiles saurios, de la familia lacértidos, género *Lacerta*, que suelen medir de 50 a 80 cm, con la cabeza ovalada y boca con muchos y agudos dientes, el cuerpo casi cilíndrico, las patas cortas, delgadas y con cinco dedos armados de afiladas uñas. Viven en las regiones templadocálidas de la mayor parte del globo. **2** fig. y fam. Persona pícara, taimada. También adj. || f. *Zool.* **3** Insecto lepidóptero de nombre científico *Lymantria dispar*. || **¡lagarto!** interj. que entre gentes supersticiosas se dice para ahuyentar la mala suerte. Suele usarse repetida.

LAGARTÓN, NA m. y f. fam. Persona astuta, pícara, taimada. También adj.

LAGASH *Geog. hist.* Famosa ciudad de Caldea, cuyo emplazamiento quedaba junto a la actual ciudad de Telloh (Irak).

LAGERKVIST, PÄR Escritor sueco (Växjö, 1891 - Estocolmo, 1974). Influido por el cubismo francés, publicó el manifiesto *Arte de las palabras, arte de las imágenes*. Autor de las colecciones de poemas, *Angustia* (1916) y *Caos* (1919); de las novelas *El verdugo* (1933), *La sibila* (1956) y *Marianne* (1967), y de obras dramáticas. En 1951 recibió el premio Nobel de Literatura.

LAGERLÖF, SELMA Escritora sueca (Marbacka, Värmland, 1858 - íd., 1940). En su producción narrativa destacan *La saga de Gösta Berling* (1891), *Los milagros del Anticristo* (1897) y *Anna Svärd* (1927), y el libro para niños *El maravilloso viaje de Nils Holgersson a través de Suecia* (1906-07). Premio Nobel de Literatura en 1909.

LÁGIDA o **LAGIDA** adj. *Geneal.* **1** Se dice de una dinastía helenística que gobernó en Egipto desde la muerte de Alejandro Magno hasta la conquista del país por Roma (véase EGIPTO, HIST.). **2** Se dice también de sus individuos. También com. y más en m. pl. **3** Relativo a dicha dinastía.

LAGO m. *Geol.* Masa de agua acumulada de forma permanente en una depresión continental. Puede ser de agua dulce o salada.

LAGOMORFO, FA adj. y m. *Zool.* **1** Se dice de los mamíferos lepóridos y ocotónidos, semejantes a los roedores, con un segundo par de incisivos de crecimiento continuo en la mandíbula superior, las extremidades traseras adaptadas al salto y orejas grandes, como los conejos o las liebres. || m. pl. *Zool.* **2** Orden de estos mamíferos.

LAGÓPODO m. *Zool.* Nombre de dos especies de aves galliformes de la familia tetraónidas, género *Lagopus*, de pequeño tamaño y aspecto similar a una perdiz.

LAGOS Ciudad de Nigeria, capital del Estado de su nombre; 1.484.000 h. Fue capital de la nación hasta 1982.

LAGOS, LOS Región X de Chile, situada en el centro del sector meridional del país; 66.997 km² y 957.212 h. Capital, Puerto Montt. Agricultura cerealista extensiva. Zona marisquera.

LAGOS ESCOBAR, RICARDO Político socialista chileno (Santiago, 1938). Licenciado en Derecho y doctor en Economía, Allende le nombró embajador en la URSS, cargo que nunca llegó a ocupar. Ministro de Educación en el Gobierno de P. Aylwin, y de Obras Públicas en el de E. Frei, en 2000 venció en las elecciones presidenciales, al frente de la coalición Concertación de Partidos por la Democracia.

LAGRANGE, JOSEPH-LOUIS, CONDE DE Matemático, físico y astrónomo francés (Turín, 1736 - París, 1813). Creó el cálculo de variaciones, elaboró la teoría de las libraciones de la luna y de los satélites de Júpiter, y estableció la denominada *serie de Lagrange*. Es autor de *Matemática analítica* (1788).

LÁGRIMA f. **1** Cada una de las gotas de líquido segregadas por las glándulas lagrimales. Más en pl. **2** fig. Cualquier objeto en forma de gota. || **lágrimas de cocodrilo** expr. fig. Las que vierte una persona aparentando un dolor que no siente.

LAGRIMAL adj. **1** Se dice del órgano de secreción y excreción de las lágrimas. || m. **2** Extremidad del ojo próxima a la nariz.

LAGRIMEAR intr. Segregar con frecuencia lágrimas.

LAGRIMOSO, SA adj. **1** Se dice de los ojos que tienen lágrimas. **2** Que mueve al llanto.

LAGUARDIA Municipio y lugar de España, provincia de Álava; 1.455 h. Centro vinícola.

LAGUERRE, ENRIQUE ARTURO Escritor puertorriqueño (Moca, 1906). Autor de las novelas *La llamarada* (1935), *Solar Montoya* (1941) y *La resaca* (1949).

LAGUNA f. **1** Depósito natural de agua, generalmente dulce, en depresiones del terreno y, por lo común, de menor dimensión que el lago. **2** fig. En un escrito, exposición, etc., omisión o ausencia involuntaria o accidental de algo. **3** Vacío en un conjunto o serie. **4** Fallo, deficiencia. **5** Ignorancia o falta de conocimiento en algún tema o materia.

LAGUNAJO m. Charco que queda en el campo después de haber llovido o haberse inundado.

LAHARPE o **LA HARPE** (JEAN FRANÇOIS DELHARPE O DELAHARPE, llamado) Crítico francés (París, 1739 - íd., 1803). Autor de *Cours de littérature* (1799), primer intento de una historia crítica de la literatura francesa.

LAHORE Ciudad del NE de Pakistán, capital de la provincia de Punjab; 5.085.000 h. Importante centro agrícola e industrial.

LAICADO m. *Rel.* En el cuerpo de la iglesia, la condición y el conjunto de los fieles no clérigos.

LAICISMO m. Doctrina que defiende la total independencia del hombre y de la sociedad, y más particularmente del Estado, de toda influencia eclesiástica o religiosa.

LAICO, CA adj. **1** Que no tiene órdenes clericales, lego. También s. **2** Se dice de la escuela o enseñanza en que se prescinde de la instrucción religiosa.

LAICO- pref. LAO-.

LAING, RONALD DAVID Psiquiatra británico (Glasgow, 1927 - Saint-Tropez, 1989). Opuesto a la psiquiatría tradicional, destacó los factores genéticos y sociales de la enfermedad mental. Autor de *El yo y los otros* (1961) y *Política de la familia y otros ensayos* (1971).

LAÍSMO m. *Gram.* Empleo de las formas *la* y *las* del pronombre *ella* como complemento indirecto, en lugar de *le* y *les*. (LEÍSMO y LOÍSMO.)

LAISSEZ FAIRE, LAISSEZ PASSER (Expresión fr.) Máxima de los economistas del siglo XVIII que defiende el no intervencionismo estatal en los asuntos económicos.

LAJA f. *Geol.* Fragmento de roca lisa, plana y de poco grosor.

LAJA, LA Río de Chile, que nace en la laguna del mismo nombre y desemboca en el Biobío; 140 km.

LAJAMIENTO m. *Geol.* Proceso de formación de lajas en una piedra. Especialmente frecuente en rocas plutónicas.

LAKAS, DEMETRIO BASILIO Político panameño (Colón, 1925). Tras el intento de la guardia nacional de deponer a Torrijos, fue presidente del Consejo Provisional de Gobierno (1969-72) y, presidente de la República (1972-78).

LAKATOS, IMRE Filósofo británico de origen húngaro (Budapest, 1922 - Londres, 1974). Entre sus obras principales se encuentran *El problema de la lógica inductiva* (1968), *La historia de las ciencias y sus construcciones nacionales* (1971) y *La metodología de los programas de investigación científica* (1977).

LAKEN LAEKEN.

LAKISTA adj. *Lit.* **1** Se dice de un grupo de poetas ingleses que vivieron junto a los lagos del NO de Inglaterra y que compusieron, entre 1798 y 1815, los primeros poemas de tendencia claramente romántica. Los principales fueron W. Wordsworth, S. T. Coleridge y R. Southey. **2** Se dice también de cada uno de ellos. También com. **3** Relativo a los lakistas.

LAKSHADWEEP Territorio de la India, formado por los archipiélagos de Laquedivas, Minikoy y Amindivas, en el mar Arábigo; 32 km² y 51.707 h. Capital, Kavaratti. También se le conoce por el nombre de *Laquedivas, Minikoy* y *Amindivas.*

LALANDE, JOSEPH JÉRÔME LE FRANÇAIS DE Astrónomo francés (Bourg-en-Bresse, 1732 - París, 1807). Autor de una nueva edición mejorada de las tablas de Halley para los planetas y los cometas.

L'ALCÚDIA ALCUDIA.

-LALIA suf. LALO-.

LALÍN Municipio y lugar de España, provincia de Pontevedra; 20.644 h. Ruinas del monasterio de Carboeiro, de estilo románico.

-LALION suf. LALO-.

LALIQUE, RENÉ Vidriero y joyero francés (Hay, Marne, 1860 - París, 1945). Diseñó joyas y elaboró objetos en vidrio tallado o cristal de roca. Fue el ejemplo más característico del modernismo en las artes decorativas.

LALO-; -LALIA, -LALION pref. o sufs. que significan habla: *dislalia.*

LALO, ÉDOUARD Compositor francés (Lille, 1823 - París, 1892). Autor de música para la escena, de rica orquestación *(Le roi d'Ys, Namouna),* obras de inspiración folclórica *(Sinfonía española)* y óperas.

LAM-, LAMPAD-, LAMPR- prefs. que significan brillo.

LAM, WIFREDO Pintor cubano (Sagua la Grande, 1905 - París, 1982). De estilo expresionista, en sus cuadros predominan los temas afrocubanos. Entre sus obras destaca *La posada de la sangre.*

LAMA¹ f. **1** *Geol.* Cieno blando, oscuro y pegajoso, que se halla en el fondo del mar o de los ríos, y en los parajes donde hay o ha habido agua durante mucho tiempo. **2** *Bot. Col., Chile, Hond., Méx.* y *P. Rico* Capa de plantas criptógamas que se forma en aguas dulces. **3** *Bot. Col., Chile* y *Hond.* MUSGO. **4** *Bot. Bol., Col.* y *Méx.* Moho, cardenillo.

LAMA² m. Título honorífico que corresponde a los abades del budismo tibetano, pero que, como muestra de respeto y con el sentido de maestro, se aplica a todos los monjes budistas (LAMAÍSMO).

LAMAÍSMO m. *Rel.* Doctrina budista extendida por el Tíbet y Asia central a partir del siglo VIII d. C., que se organizó jerárquicamente tras la reforma de Tsong-Kha-pa en el siglo XV. Su máxima autoridad es el *Dalai-Lama;* el actual vive exiliado en la India desde la invasión china del Tíbet en 1959.

LAMARCK, JEAN-BAPTISTE DE MONET, CABALLERO DE Naturalista francés (Bazentin, 1744 - París, 1829) En su obra *Filosofía zoológica* (1809), expuso la teoría transformista desarrollaba una explicación causal de la evolución conocida por el nombre de *lamarquismo.*

LAMARQUISMO m. *Biol.* Teoría de Lamarck sobre la evolución de las especies atendiendo a la creación de los órganos vitales, a las modificaciones que desempeñan en este proceso los cambios ambientales y a la fijación hereditaria de estos caracteres.

LAMARTINE, ALPHONSE DE Escritor francés (Mâcon, 1790 - París, 1869). Es considerado uno de los principales poetas románticos franceses. Entre sus obras se encuentran *Meditaciones poéticas* (1820), *Jocelyn* (1836), *La caída de un ángel* (1838), poesía; y *Genoveva, historia de una criada* (1851), novela.

LAMAS, ANDRÉS Político e historiador uruguayo (Montevideo, 1817 - Buenos Aires, 1891). Contribuyó a crear la alianza de oposición al dictador argentino Rosas, formada por Brasil, Montevideo y Entre Ríos. Publicó *La génesis de la revolución e independencia de la América española* y *Noticia histórica sobre la República Oriental del Uruguay.*

LAMATEPEC SANTA ANA.

LAMB, CHARLES Ensayista y crítico inglés (Londres, 1775 - Edmonton, 1834). Su popularidad se debe casi exclusivamente a *Ensayos de Elia* (1823) y *Últimos ensayos de Elia* (1833).

LAMB, WILLIS EUGENE Físico estadounidense (Los Ángeles, 1913). Autor de estudios acerca de la estructura y descomposición de los rayos luminosos y del átomo. Premio Nobel de Física en 1955.

LAMBAYEQUE Departamento de Perú; 14.213 km² y 1.050.280 h. Capital, Chiclayo.

LAMBDA f. Undécima letra del alfabeto griego (Λ, λ); corresponde a nuestra *l.*

LAMBERT, JOHANN HEINRICH Matemático, físico y astrónomo alemán (Mülhausen, 1728 - Berlín, 1777). Demostró la irracionalidad del número π, fue el fundador de la fotometría y estableció la unidad de luminosidad que lleva su nombre.

LAMBERTO Emperador de Occidente y rey de Italia (?, h. 880 - Marengo, 898). Hijo de Guido y duque de Espoleto, fue asociado al trono en 892. Venció a Arnulfo, rey de Germania, que había invadido Italia, y a Adalberto I, marqués de Toscana, en 898.

LAMBÓN, NA adj. fam. *Col.* Adulador.

LAMBRUCEAR intr. Rebañar, apurar lo que queda en un plato o vasija.

LAMBUCEAR intr. Picar, comer a todas horas; lechucear.

LAMÉ (Voz fr.) Tejido brillante hecho con hilos de oro y plata.

LAMECULOS com. vulg. Persona aduladora y servil. ♦ Su pl. es *lameculos.*

LAMEDAL m. *Geol.* Terreno pantanoso originado por aguas estancadas.

LAMEGO Ciudad de Portugal, distrito de Viseo; 10.228 h. Según la tradición, fue sede de las primeras cortes portuguesas (1143). Catedral gótica del siglo XIV. Iglesia románica de San Pedro Balsemao. Ciudadela morisca y baños romanos.

LAMELIBRANQUIO, QUIA adj. y m. *Zool.* **1** Se dice del molusco marino o de agua dulce, con simetría bilateral, región cefálica rudimentaria, branquias foliáceas, pie ventral en forma de hacha, y provisto de una concha bivalva, como la almeja, el mejillón y la ostra. || m. pl. *Zool.* **2** Clase de estos moluscos, llamados también *bivalvos.*

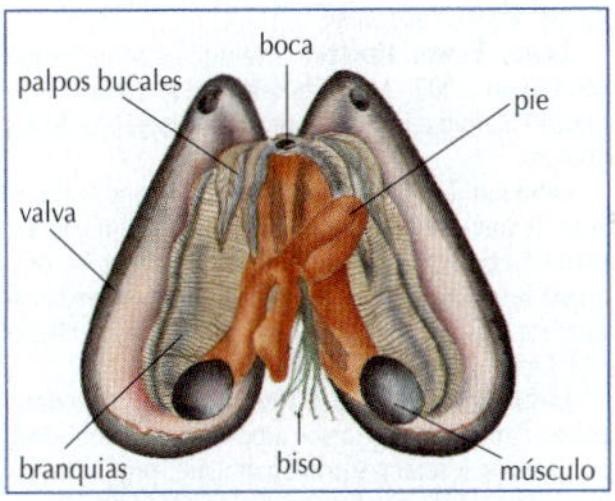

lamelibranquio. Anatomía del mejillón.

LAMENNAIS, FÉLICITÉ-ROBERT DE Filósofo y sacerdote francés (Saint-Malo, 1782 - París, 1854). Defendió en sus comienzos los principios teocráticos y ultramontanos. Posteriormente evolucionó hacia un catolicismo liberal. Sus doctrinas fueron condenadas por la iglesia.

LAMENTABLE adj. **1** Que merece ser sentido o es digno de llorarse. **2** Aplicado al estado o aspecto de una persona o cosa, estropeado, maltrecho.

LAMENTACIÓN f. **1** Expresión de pena o sentimiento. **2** Queja dolorosa acompañada de llanto, suspiros u otras muestras de aflicción.

LAMENTACIONES, LIBRO DE LAS Parte del Antiguo Testamento atribuida a Jeremías. Está compuesto por cinco composiciones en verso que narran la ruina de Jerusalén.

LAMENTAR tr. **1** Sentir una cosa con llanto, sollozos u otras demostraciones de dolor. También prnl. **2** Sentir pena, contrariedad, arrepentimiento, etc., por alguna cosa.

LAMENTO m. Queja con llanto u otras muestras de aflicción, lamentación.

LAMEPLATOS com. **1** fig. y fam. Persona golosa. **2** fig. y fam. Persona que se alimenta de sobras. ♦ Su pl. es *lameplatos.*

LAMER tr. **1** Pasar repetidas veces la lengua por una cosa. También prnl. **2** fig. Tocar blanda y suavemente una cosa al pasar por ella.

LAMERÓN, NA adj. fam. Goloso.

LAMETÓN m. Acción de lamer con ansia.

LAMIA f. **1** *Mit.* Monstruo fabuloso que tenía rostro de mujer y cuerpo de dragón. **2** *Zool.* MARRAJO.

LAMÍA Ciudad de Grecia, capital del nomo de Ftiótida; 41.846 h. Fue uno de los principales escenarios de la guerra lamíaca.

LAMÍACA, GUERRA *Hist.* Enfrentamiento entre macedonios y atenienses a la muerte de Alejandro Magno, que terminó con la victoria del general macedónico Antípatro (322 a. C.).

LAMIDO, DA adj. **1** Se dice de la persona flaca y pálida. **2** RELAMIDO, afectado. **3** *Pint.* Se dice de la pintura muy elaborada y retocada.

LÁMINA f. **1** Plancha delgada de un metal. **2** Plancha de cobre o de otro metal en la cual está grabado un dibujo para estamparlo. **3** Figura que se traslada al papel u otra materia, estampa. **4** fig. Porción de cualquier materia extendida en superficie y de poco grosor. **5** *Biol.* Cualquier estructura similar a una escama. **6** *Geol.* Cuerpo sedimentario de composición uniforme y extensión menor o igual a la del estrato.

LAMINACIÓN f. **1** Proceso industrial de fabricación de láminas. **2** Acción de recubrir algo con láminas.

LAMINADO, DA adj. **1** Recubierto con láminas o planchas de metal. || m. **2** Acción y efecto de laminar.

LAMINADOR, RA adj. **1** Que lamina o sirve para laminar. || m. y f. **2** *Met.* Máquina compuesta esencialmente de dos cilindros que giran, muy próximos, en sentido contrario. Sirve para prensar, reducir a láminas, hacer alambre o tubos, etc. **3** Persona que tiene por oficio hacer láminas de metal.

LAMINAR¹ adj. **1** De forma de lámina. **2** Se dice de la estructura de un cuerpo cuando sus láminas u hojas están sobrepuestas y paralelamente colocadas.

LAMINAR² tr. **1** Hacer láminas o planchas con metales maleables u otro material. **2** Recubrir con láminas.

LAMINARIA f. *Bot.* Nombre de diversas especies de algas del orden laminariales, género *Laminaria.* Tienen color pardo y pueden alcanzar varios metros de longitud.

LAMINERO, RA adj. GOLOSO.

LAMIZANA, SANGOULÉ Militar y político de Burkina Faso (Dianra, 1916). Fue presidente de la República (1966-80). Fue derrocado por un golpe militar.

LAMPA f. *Agr.* AZADA.

LAMPAD- pref. LAM-.

LAMPALAGUA f. *Folk. Amér. m.* Ser fabuloso que vive en los ríos, capaz de secarlos al beberse toda el agua.

LAMPANTE adj. **1** Se dice del aceite de oliva más puro. **2** *Quím.* Se dice del queroseno purificado que se emplea para el alumbrado.

LAMPAR tr. **1** Afectar la boca con una sensación de ardor o picor, alampar. También intr. || prnl. **2** Tener ansiedad por el logro de una cosa, alamparse.

LÁMPARA f. **1** Utensilio para dar luz. **2** Utensilio o aparato para sostener una o varias luces artificiales de cualquier sistema. **3** Elemento electrónico de los aparatos de radio y televisión, parecido en su diseño a una lámpara eléctrica de incandescencia, y que en su forma más simple consta de tres electrodos metálicos: un filamento, una rejilla y una placa. Llamada también *válvula,* ha perdido importancia con la invención de los transistores. **4** fig. y fam. Mancha de grasa en la ropa. || **LÁMPARA DE ARCO** *Fís.* ARCO VOLTAICO. || **LÁMPARA DE FILAMENTO METÁLICO** *Fís.* LÁMPARA DE INCANDESCENCIA. || **LÁMPARA FLUORESCENTE** *Fís.* FLUORESCENTE. || **LÁMPARA DE INCANDESCENCIA** *Fís.* La que produce la luz por calentamiento de una sustancia hasta el rojo. || **LÁMPARA DE LOS MINEROS, DE SEGURIDAD** o **DE DAVY** *Min.* Aquella cuya luz se cubre con un cilindro de tela metálica de malla tan sumamente fina que impide el paso de la llama y la consiguiente inflamación por la presencia de grisú o gases explosivos.

LAMPARERO, RA m. y f. **1** Persona que hace o vende lámparas. **2** Persona que tiene a su cuidado las lámparas.

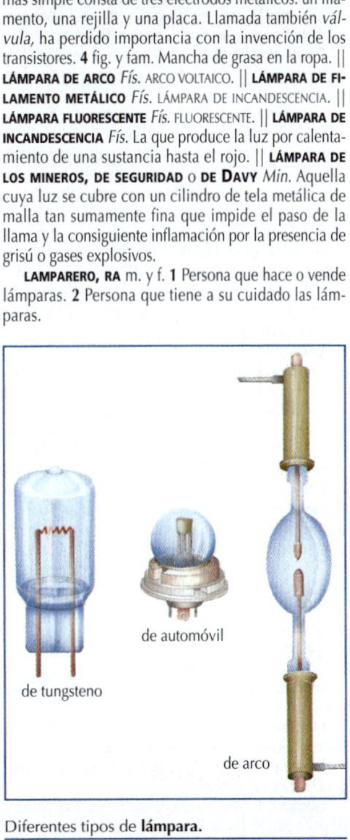

Diferentes tipos de **lámpara.**

LAMPARILLA f. **1** Lámpara pequeña. **2** Pequeña mecha afirmada en un disco flotante, que se enciende en un recipiente que contiene aceite. **3** Recipiente en que ésta se coloca.
LAMPARÍN m. Cerco de metal en que se ponen las lamparillas en las iglesias.
LAMPARÓN f. fig. y fam. Lámpara, mancha de grasa en la ropa.
LAMPAZO m. **1** *Bot.* Planta herbácea de la familia compuestas, género *Arctium*. **2** *Met.* Escobón con ramas verdes que sirve para dirigir la llama en los hornos de fundición de plomo. **3** Manojo hecho con cabos de cuerdas con una gaza en la cabeza, que se usa para enjugar la humedad en la cubierta y costados de los buques.
LAMPEDUSA Isla de Italia, provincia de Agrigento, situada a 200 km al SO de Sicilia; 20 km² y 4.000 h.
LAMPEDUSA, GIUSEPPE TOMASI, DUQUE DE PALMA Y PRÍNCIPE DE Escritor italiano (Palermo, 1896 - Roma, 1957). En vida no publicó ninguna obra, pero después de su muerte apareció *El Gatopardo* (1958), que ha conocido un éxito extraordinario.
LAMPIÑO, ÑA adj. **1** Se dice del hombre que no tiene barba. **2** Que tiene poco pelo o vello. **3** Falto de pelos.
LAMPO m. poét. Resplandor o brillo intenso y fugaz.
LAMPR- pref. LAM-.
LAMPREA f. *Zool.* Nombre de varios peces ciclóstomos, de la familia petromizóntidos, géneros *Lampetra* y *Petromizon*, de cuerpo cilíndrico, con siete pares de bolsas branquiales y boca en forma de embudo.
LAMPREÍLLA o **LAMPREHUELA** f. *Zool.* Pez de río perteneciente a la familia cobítidos, de nombre científico *Cobitis calderoni*, parecido a la lamprea.
LAMPRÓFIDO m. *Geol.* Roca filoniana básica con una composición muy rica en minerales ferromagnesianos, como piroxenos, anfíboles y biotita.
LAMPUGA f. *Zool.* Nombre de diversos peces acantopterigios de la familia coriténidos, género *Coryphaena*.
LÁMSACO LAPSEKI.
LANA f. **1** *Zool.* Pelo suave de diferentes animales, como ovejas, camellos, llamas y otros, que se hila y sirve para hacer paño y otros tejidos. **2** Tejido de lana, y vestido que de él se hace. **3** Hilo de lana.
LANAR adj. Se dice del ganado o la res que tiene lana, como las ovejas, cabras, etc.
LANARKSHIRE MERIDIONAL Distrito unitario del Reino Unido, en Escocia; 306.900 h.
LANARKSHIRE SEPTENTRIONAL Distrito unitario del Reino Unido, en Escocia; 326.700 h.
LANCÁN m. *Mar.* Embarcación filipina, especie de barca de grandes dimensiones, que sirve únicamente para conducir carga, y navega siempre a remolque.
LÁNCARA Municipio de España, provincia de Lugo; 3.445 h. Su capital es Puebla de San Julián.
LANCASHIRE Condado del Reino Unido, en el NO de Inglaterra; 1.136.300 h. Antiguamente se denominó *Lancaster*.
LANCASTER Geneal. Dinastía inglesa fundada en 1267, cuando Enrique III Plantagenet dio el título de conde de Lancaster a su hijo segundo, Edmundo Crouchback (*el Jorobado*). Hijo de éste fue Edmundo, jefe del movimiento de los barones contra Eduardo II, a quien sucedió su hermano Enrique. En 1351 fue creado el ducado de Lancaster, uno de cuyos titulares más insignes fue Juan de Gante (1361-99), cuarto hijo de Eduardo III. Sus sucesores, Enrique IV, Enrique V y Enrique VI, reinaron en Inglaterra hasta 1461. Después de la GUERRA DE LAS DOS ROSAS, fue sustituida en el trono por la casa de York.
LANCASTER LANCASHIRE.
LANCASTER, BURT (BURTON STEPHEN LANCASTER, llamado) Actor de cine estadounidense (Nueva York, 1913 - Los Ángeles, 1994). Actor versátil y de gran personalidad, intervino en *El halcón y la flecha* (1954), *De aquí a la eternidad* (1953), *Duelo de titanes* (1956), *El Gatopardo* (1963), *Novecento* (1976) y *Campo de sueños* (1989).
LANCE m. **1** Acción y efecto de lanzar. **2** Trance u ocasión crítica. **3** *Lit.* En el poema dramático o en la novela, suceso, situación interesante o notable. **4** Encuentro, riña. **5** En el juego, cada uno de los accidentes algo notables que ocurren en él. **6** *Taurom.* Cualquier suerte de la lidia.
LANCEADO, DA adj. *Bot.* LANCEOLADO.
LANCEAR tr. **1** Herir con lanza. **2** *Taurom.* Ejecutar alguna suerte, preferentemente con la capa.
LANCEOLADO, DA adj. *Bot.* Se dice de la hoja, bráctea o pétalo con forma de punta de lanza.
LANCERO m. **1** Soldado que pelea con lanza. **2** El que hace o labra lanzas. **3** *Taurom.* PICADOR.
LANCETA f. *Med.* Instrumento quirúrgico que sirve para hacer pequeños cortes.
LANCHA f. **1** *Geol.* Piedra naturalmente lisa, plana y de poco grosor. **2** *Mar.* Barca grande utilizada para ayu-

Burt **Lancaster.** Escena de *El Gatopardo*, película de Luchino Visconti.

dar en las faenas que se ejecutan en los buques, y para transportar carga y pasajeros en el interior de los puertos. **3** La mayor de las embarcaciones menores que llevan a bordo los grandes buques para su servicio. **4** Cualquier bote pequeño descubierto con asientos para los remeros. || **LANCHA RÁPIDA** *Mil.* Embarcación militar ligera, dotada de gran velocidad y de armamento fuertemente ofensivo.
LANCHOU LANZHOU.
LANCINANTE adj. *Med.* Se dice del dolor semejante al que produciría una herida de lanza.
LAND Denominación que se da a los Estados de Alemania. ♦ Su pl. es *Länder*.
LAND, EDWIN HERBERT Inventor estadounidense (Bridgeport, 1909 - Massachusetts, 1991). Desarrolló la óptica Polaroid e inventó el proceso fotográfico de ese nombre.
LAND ART (Expresión i. que significa *arte de la tierra*.) *Arte.* Tendencia del arte contemporáneo, también llamada *Earth works*. Surgió en EE UU en 1967 y propugna la realización de obras artísticas en y sobre la naturaleza. Sus principales representantes son M. Heizer y D. Oppenheim.
LANDA (Voz célt.) f. *Bot.* Gran extensión de terreno pobre, llano y sin vegetación arbórea, pero sí arbustiva, con brezos y retamas principalmente, propia de las zonas templadas de clima oceánico del O de Europa.
LANDA, DIEGO DE Historiador y religioso español (Cifuentes, 1524 - Mérida, Yucatán, 1579). Viajó a Yucatán, donde se encargó de la evangelización de los mayas. Tercer obispo de Mérida (1572), es autor de la *Relación de las cosas de Yucatán*, fuente primordial para el estudio de la civilización maya.
LANDAETA, JUAN JOSÉ Compositor venezolano (Caracas, 1780 - íd., 1814). Puso música a la composición *Gloria al bravo pueblo* (1810), adoptada en 1884 como himno nacional.
LANDAS, LAS (*Landes*) Departamento de Francia, región de Aquitania; 9.243 km² y 327.334 h. Capital, Mont-de-Marsan. Corresponde a parte de la región natural de Las Landas, gran llanura arenosa entre el Atlántico y el Garona.
LANDAU, LEV DAVIDOVICH Físico soviético (Bakú, 1908 - Moscú, 1968). En 1962 recibió el premio Nobel de Física, por sus teorías sobre la materia condensada, especialmente el helio líquido.
LANDGRAVE m. *Hist.* Título honorífico medieval que usaban algunos grandes señores germánicos que poseían tierras otorgadas por el emperador.
-LANDIA Elemento compositivo que significa *sitio de, lugar de*.
LANDÍVAR, RAFAEL Poeta y jesuita guatemalteco (Guatemala, 1731 - Bolonia, 1793). Autor de *Rusticatio mexicana* (1781), poema latino.
LANDÓ m. Coche de cuatro ruedas, tirado por caballos, con capotas delantera y trasera.
LANDOR, WALTER SAVAGE Poeta y escritor inglés (Warwick, 1775 - Florencia, 1864). Combatió por la independencia española y publicó *Poemas* (1795), la epopeya *Gebir* (1798) y la tragedia *El conde Julián* (1812), de asunto español.
LANDOWSKA, WANDA Clavecinista polaca (Varsovia, 1877 - Lakeville, 1959). Fundó en 1925 la Escuela de Música Antigua y publicó *La música antigua* (1908).

LANDRILLA f. **1** *Zool.* Larva de ciertos insectos dípteros que se fija debajo de la lengua y en las fosas nasales de algunos mamíferos. **2** *Med.* Grano que produce con su picadura.
LAND'S END Cabo del Reino Unido, en Cornualles (Inglaterra). Forma la extremidad SO de la isla de Gran Bretaña.
LANDSBERGIS, VYTAUTAS Político lituano (Kaunas, 1932). Fundador en 1988 del movimiento independentista Sajudis, fue presidente de la República (1990-93) y jefe de gobierno de 1996 a 1998.
LANDSMAAL (Voz noruega que significa *lengua del país*.) m. *Ling.* y *Lit.* Lenguaje literario noruego fundamentado en hablas locales arcaicas y creado por el filólogo Ivar Aasen.
LANDSTEINER, KARL Médico, bacteriólogo y fisiólogo estadounidense de origen austríaco (Viena, 1868 - Nueva York, 1943). Descubrió los grupos sanguíneos de la especie humana y el factor Rh. Fue premio Nobel de Medicina en 1930.
LANERÍA f. Tienda o establecimiento donde se compra o vende lana.
LANFRANCO, GIOVANNI Pintor italiano (Parma, 1580 - Roma, 1647). Principales obras: decoración de las iglesias de San Pablo Extramuros y San Juan de los Florentinos; en Nápoles, los frescos de la Cartuja de San Martín (1637-38) y de la capilla de San Genaro en la catedral (1641-43).
LANG, ANDREW Erudito escocés (Salkirk, 1844 - Banchory, 1912). Tradujo a los clásicos y es autor de *Historia de Escocia* (1900-07), *Baladas de la antigua Francia* (1872) y *Costumbre y mito* (1884).
LANG, FRITZ Director de cine estadounidense, de origen austríaco (Viena, 1890 - Beverly Hills, 1976). Expresionista en una primera etapa: *Metrópolis* (1927); *El Dr. Mabuse* (1933), al subir Hitler al poder se instaló en EE UU, donde dirigió *Furia* (1936); *Sólo se vive una vez* (1937), *La mujer del cuadro* (1954) y *Mientras Nueva York duerme* (1956).
LANGE, CHRISTIAN LONS Historiador y jurista noruego (Stavanger, 1869 - Oslo, 1938). Fue secretario general de la Unión Interparlamentaria y delegado de su país en la Liga de las Naciones. Premio Nobel de la Paz en 1921, que compartió con H. Branting.
LANGE, DOROTHY Fotógrafa estadounidense (Hoboken, 1895 - San Francisco, 1965). Una de las pioneras del llamado documentalismo social, adquirió gran fama por sus reportajes sobre la vida rural en EE UU. Entre sus publicaciones destaca *An American Exodus* (1939), en colaboración con P. S. Taylor.
LANGE, FRIEDRICH ALBERT Filósofo alemán (Wald, 1828 - Marburgo, 1875). Iniciador del neokantismo, es autor de *Historia del materialismo* (1866) y *Estudios lógicos*, contribución a una nueva fundamentación de la lógica y de la teoría del conocimiento (1877).
LANGE, NORAH Escritora argentina (Buenos Aires, 1906 - íd., 1972). Vinculada al grupo «Florida», es autora de *La calle de la tarde* (1924) y *El rumbo de la rosa* (1930), poemas; y *Cuadernos de infancia* (1937), narrativa.
LANGE, OSKAR Economista y político polaco (Tomaszów, 1904 - Londres, 1965). Se especializó en el cálculo racional de los precios y la asignación de recursos escasos en una economía planificada desde un enfoque marxista. Es autor de *La teoría económica del socialismo* (1938) y *Planificación y desarrollo económico* (1961).

Dorothy **Lange.** *Madre emigrante*, 1936.

Langevin, Paul Físico francés (París, 1872 - íd., 1946). Estudió la teoría cinética de los gases, la relatividad y creó la técnica para el empleo del ultrasonido en los sondeos submarinos.

langley m. *Fís.* Unidad de medida de la radiación interceptada por la Tierra. Equivale a 1 cal.g/cm².

Langley, Edmundo de, duque de York Noble inglés (King's Angley, 1341 - íd., 1402). Hijo de Eduardo III, heredó el condado de Cambrigde (1362) y fue el primer duque de York (1385). Participó en la guerra de los Cien Años y, junto a Ricardo II, en la campaña de 1385 contra Escocia.

Langley, Samuel Pierpont Astrónomo e investigador estadounidense (Roxbury, 1834 - Aiken, 1906). Inventó el *bolómetro* y construyó un aeroplano que voló sobre el río Potomac.

Langmuir, Irving Físico estadounidense (Brooklyn, 1881 - Falmouth, 1957). Descubrió el hidrógeno atómico y amplió las teorías de las estructuras electrónicas y de la valencia. En 1932 recibió el premio Nobel de Química.

langosta f. **1** *Zool.* Crustáceo decápodo macruro, perteneciente a la familia palinúridos, género *Pallinurus*. Tienen 5 pares de patas acabadas en uñas, cefalotórax espinoso y es de color pardo, que se vuelve rojo por la cocción. Vive en costas rocosas y su carne es muy apreciada. **2** *Zool.* Nombre de varios insectos ortópteros, de la familia locústidos, con diversos tamaños y colores. Se alimentan de hojas y tallos verdes y constituyen terribles plagas.

langostino m. *Zool.* Nombre de diversos crustáceos marinos decápodos macruros, de la familia peneidos, género *Penaeus*, que pueden alcanzar los 25 cm de largo. Su carne es muy apreciada.

Langreo Municipio de España, provincia de Asturias; 52.023 h. Su capital es el lugar de Sama de Langreo. Centro hullero-metalúrgico.

Languedoc Región histórica de Francia situada entre el Garona-Ariège, al O; el Ródano, al E; el Macizo Central (Cévennes), al N y el Rosellón al S. Debe su nombre a la lengua de oc, hablada en la región.

Languedoc-Rosellón (*Languedoc-Rousillon*) Región del S de Francia, junto al Mediterráneo. Constituida por las regiones históricas del Languedoc y el Rosellón, comprende en la actualidad los departamentos de Lozère, Gard, Hérault, Aude y Pirineos Orientales; 27.376 km² y 2.295.648 h. Capital, Montpellier. En la zona pirenaica se encuentran sus máximas alturas, Carlit (2.921 m) y Puigmal (2.913 m). La zona es mediterránea. Sus principales vías fluviales son el Gard, Tech, Aude y Hérault. Importante producción agrícola e industrial.

languedociano, na adj. y s. De Languedoc.

languidecer intr. Estar física o moralmente en un estado de debilidad o decaimiento. ♦ IRREG. Se conjuga como AGRADECER.

languidez f. **1** Falta de vigor o fuerza física. **2** Falta de espíritu, valor o energía.

lánguido, da adj. **1** Flaco, débil, falto de fuerzas. **2** De poco espíritu, valor y energía.

langur m. *Zool.* Nombre de diversos mamíferos primates de la familia cercopitécidos, géneros *Presbytis*, *Simias*, *Rhinopithecus* y *Pygathrix*, con cola larga, pelo fino y suave, miembros estilizados y ágiles, y rostro menudo y redondeado.

lanilla f. **1** Pelillo que le queda al paño por el derecho. **2** Tejido de poca consistencia hecho con lana fina.

Lanín Parque nacional de Argentina, provincia de Neuquén. En él se encuentra el volcán que da nombre al parque (3.776 m), llamado así por su forma cónica, sin cráter. Lagos y bosques con especies arbóreas únicas.

Lannes, Jean, duque de Montebello Mariscal francés (Lectoure, 1769 - Viena, 1809). Tomó parte en la mayoría de las campañas de Napoleón. En 1808 entró en España con las tropas de Napoleón, dirigió el sitio de Zaragoza y obtuvo la victoria de Tudela.

Lannoy, Carlos de Militar español de origen flamenco (Valenciennes, 1487 - Gaeta, 1527). Acompañó a Carlos V al sitio de Tournai. Fue virrey de Nápoles (1522-24) y se distinguió en la batalla de Pavía.

lanolina f. *Quím.* Mezcla compleja de cuerpos grasos, de consistencia casi sólida y color amarillo, que se extrae de la lana de la oveja. Se utiliza como excipiente en pomadas o cremas penetrantes.

lanosidad f. *Bot.* Pelusa y vello suave que tienen las hojas y los frutos de algunas plantas.

Lansdowne, Henry Charles Keith, marqués de Político inglés (Londres, 1845 - Newton Amer, 1927). Fue gobernador general de Canadá (1883-88), virrey de la India (1888-93), ministro de la Guerra (1895-1900) y de Asuntos Exteriores (1900-06).

lansquenete m. *Hist.* y *Mil.* Soldado mercenario de la infantería alemana que luchó en España al lado de los tercios castellanos durante los siglos XVI y XVII.

Lanzarote (Las Palmas). Puerto del Carmen.

lantana f. *Bot.* BARBADEJO.

lantánido, da adj. y m. *Quím.* **1** Se dice del elemento químico metálico, trivalente, cuyo número atómico está comprendido entre 57 y 71. || m. pl. **2** *Quím.* Grupo formado por estos elementos, que junto a los actínidos constituyen las *tierras raras*.

lantano m. *Quím.* Elemento químico del grupo de los lantánidos del sistema periódico. Masa atómica 139; número atómico 57; punto de fusión 810° C; símbolo *La*.

lanudo, da adj. *Biol.* Que tiene mucha lana o vello.

lanugo m. *Anat.* Vello muy suave del feto, que se mantiene durante un tiempo después del nacimiento.

Lanús Ciudad de Argentina, que forma parte del Gran Buenos Aires; 466.755 h.

Lanusse, Alejandro Agustín Militar argentino (Buenos Aires, 1918 - íd., 1996). Designado comandante en jefe del Ejército en 1968, fue uno de los componentes de la Junta militar que derrocó a Onganía (1970). Ocupó la presidencia de la República (1971-73).

lanza f. **1** Arma ofensiva compuesta de una vara en cuya extremidad está fijo un hierro puntiagudo y cortante. **2** Vara de madera que, unida por uno de sus extremos al juego delantero de un carruaje, sirve para darle dirección. **3** Tubo de metal que remata las mangas de las bombas para dirigir bien el chorro de agua. || **romper lanzas** fr. fig. Quitar las dificultades que impiden la ejecución de una cosa. También, con la prep. *por*, salir a la defensa de una persona o cosa.

lanzacohetes adj. y m. *Astron.* y *Mil.* Se dice de la instalación o artefacto destinados a disparar cohetes espaciales, balísticos, etc.

lanzada f. **1** Golpe que se da con la lanza. **2** Herida que se hace con ella.

lanzadera f. **1** Instrumento de figura barquichuelo, con una canilla dentro, que usan los tejedores para tramar. **2** Pieza de figura semejante que tienen las máquinas de coser. || **lanzadera espacial** *Astron.* Vehículo capaz de transportar al espacio un objeto (misil, satélite, etc.); se puede utilizar varias veces, ya que, cumplida su misión, aterriza en una pista como los aviones.

lanzado, da adj. **1** Se dice de lo que es muy veloz o se emprende con mucho ánimo. **2** Que tiene o actúa con decisión, ímpetu o valentía.

lanzallamas m. *Arm.* Arma utilizada en la guerra para lanzar a distancia un chorro de líquido inflamado. ♦ Su pl. es *lanzallamas*.

lanzamiento m. **1** Acción y efecto de lanzar o arrojar una cosa. **2** *Dep.* Nombre de ciertas disciplinas atléticas, cuatro de las cuales (peso, disco, martillo y jabalina) son olímpicas. **3** *Dep.* En ciertos juegos de balón o pelota, acción de lanzar la pelota para castigar una falta. **4** *Der.* Despojo de una posesión o tenencia por orden judicial o administrativa. || **lanzamiento de peso** *Dep.* Prueba atlética que consiste en lanzar una esfera maciza de metal, cuya masa no es inferior a 7,257 kg. en las pruebas masculinas, y de 4 kg. en las femeninas. Se lanza con una sola mano desde un círculo de 2,135 m de diámetro.

lanzar tr. **1** ARROJAR. También prnl. **2** Emitir sonidos o palabras expresándolos en voz alta. **3** Exhalar. **4** Echar, dirigir ciertas acciones, palabras, etc. **5** Dar a conocer, hacer propaganda. **6** Botar un buque. || prnl. **7** Emprender con decisión o bruscamente una acción. **8** Precipitarse hacia alguien o algo.

Lanzarote Isla de España, la más oriental del archipiélago de las Canarias, provincia de Las Palmas; 846 km² y 72.755 h. En su territorio están incluidos los islotes de Alegranza, Graciosa, Montaña Clara, Roque del Este y Roque del Infierno o del Oeste. Capital, Arrecife. Está constituida por masas basálticas sembradas de cráteres y suelos de lava. Escasas lluvias. Produce hortalizas, frutas y cereales. Ganado lanar y camellos. Turismo.

Lanzarote del Lago *Lit.* Personaje de novelas del ciclo bretón o artúrico, miembro de la Tabla Redonda.

Lanzhou o **Lanchou** Ciudad de China, capital de la provincia de Gansu; 1.5210.000 h. Refinerías de petróleo.

laña f. GRAPA.

lañar tr. Unir, trabar o afianzar algo con lañas.

lao-, laico- prefs. que significan pueblo, referente al pueblo, etc.

Lao-tse o **Laozi** Filósofo y escritor chino (h. el s. VII o VI a. C.). Su existencia histórica no está absolutamente probada. Fue contemporáneo y rival de Confucio. Se le considera el fundador de la corriente filosófica conocida como TAOÍSMO.

Laocoonte o **Laoconte** *Mit.* Legendario sacerdote de Apolo en Troya. Fue ahogado, con sus hijos, por dos serpientes.

Laodicea *Geog. hist.* Antigua ciudad de Frigia (Asia Menor), fundada por Antíoco II (siglo III a. C.). Una de las siete iglesias del Apocalipsis. Sus ruinas están situadas a unos 6 km de la ciudad turca de Denizli.

Laodicea *Geog. hist.* Antigua ciudad de Siria, de tiempo de los fenicios; es la actual Latakia.

laodicense adj. y com. De Laodicea.

Laomedonte *Mit.* Uno de los primeros reyes de Troya. Padre de Príamo.

Laos (*République Démocratique Populaire Lao*) Estado del SE de Asia, en la península de Indochina, que limita al N con China y Vietnam; al E, con Vietnam; al S, con Camboya y Tailandia, y al O, con Tailandia y Myanmar (Birmania).

Superficie:
  236.800 km².
Población:
  5.497.000 h.
  (laosianos).
Densidad:
  23,2 h./km².
Tasa de natalidad: 38,8‰.
Tasa de mortalidad: 13‰.
Capital: Vientiane.
Ciudades principales: Savannakhet, Luang-Prabang, Paksé, Saravane.
Religión: budismo (57,8%), creencias tradicionales (33,6%), cristianismo (1,8%), islamismo (1%).
Idioma: laosiano.
Moneda: kip.
Forma de Estado: república popular.
Producto Nacional Bruto: 1.583 millones de dólares.
Renta per cápita: 320 dólares.
División administrativa: 17 provincias y una municipalidad, según cuadro.

LAOS

Provincias *Municipalidad*	Superficie (km²)	Población (h.)	Capitales
Attopeu	10.320	87.700	Attopeu
Bokeo	6.196	114.900	Houeisai
Bolikhamsai	14.863	164.900	Paksane
Champassak	15.415	503.300	Paksé
Chiengkhouang	15.880	201.200	Phonsavan
Houaphanh	16.500	247.300	Samneua
Khammouane	16.315	275.400	Thakhèk
Luang-Namtha	9.325	115.200	Luang-Namtha
Luang-Prabang	16.875	367.200	Luang-Prabang
Oudomxay	15.370	211.300	Muang Xai
Phongsaly	16.270	153.400	Phongsaly
Región Especial	7.105	54.200	
Saravane	10.691	258.300	Saravane
Savannakhet	21.774	674.900	Savannakhet
Sayaboury	16.389	293.300	Sayaboury
Sekong	7.665	64.200	Sekong
Vientiane	15.927	286.800	Phonhong
Vientiane	*3.920*	*531.800*	

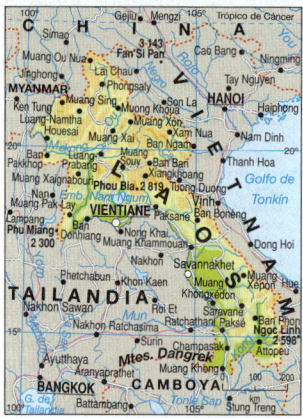

GEOG. Su relieve es muy montañoso. El alto Laos es una región donde se alzan una serie de macizos, cuyo punto culminante es el monte Bia (2.820 m), regada por el Mekong y su afluente el Nam Ou. En su sector oriental, desde el centro en dirección meridional, se extiende la cordillera Annamita, que traza la línea fronteriza con Vietnam. El curso del río Mekong constituye gran parte de la frontera con Tailandia y Myanmar, y en su valle se encuentran las tierras más fértiles y pobladas. El clima está afectado por el régimen de los monzones, que aporta abundantes lluvias en verano, mientras el invierno es seco y fresco. La población pertenece en su mayoría al grupo thai y se concentra en las llanuras junto a los ríos. La economía es de subsistencia. El principal cultivo es el arroz, seguido del maíz, cacahuetes, mandioca, tabaco, algodón, patatas, café, agrios y opio. En la ganadería predominan los búfalos y los bovinos. Es importante su riqueza forestal (teca) y cuenta con abundantes recursos mineros: estaño, plomo, cinc, carbón, potasio, pero están escasamente explotados. La industria continúa siendo prácticamente artesanal (textil, cerámica). Laos es uno de los países más pobres del mundo, en cuanto a renta per cápita.

HIST. Hasta el siglo XIII el territorio que actualmente comprende Laos perteneció a Camboya, reino que introdujo la civilización indokhmer. A mediados del siglo XIV, Fa Ngum fundó un reino que posteriormente cayó bajo la influencia birmana (siglo XVI) y estuvo sumido en la anarquía hasta el reinado de Suliyavongsa (1637-94). Durante este periodo, Laos restableció las relaciones con Vietnam, antiguo enemigo, y recibió la llegada de los primeros europeos. A su muerte, el país se fraccionó y perdió definitivamente su independencia a favor de Birmania y de Siam (siglos XVIII y XIX). A partir de 1833, los franceses instalaron un protectorado y el reino entró a formar parte de la Indochina Francesa (1893). Durante la Segunda Guerra Mundial fue ocupado por Japón, país que favoreció las aspiraciones del movimiento nacionalista laosiano, que proclamó la independencia (1945). Sin embargo, finalizada la contienda, Francia ocupó nuevamente el país y sólo en 1949 le concedió la autonomía en el seno de la Unión Francesa. Instituido el país como una monarquía constitucional, el bloque nacionalista Pathet Lao encabezado por el príncipe Sufanuvong, de ideología comunista, tras una dura acción guerrillera, consiguió su control en 1953. Los acuerdos de Ginebra (julio de 1954) convirtieron a Laos en un país independiente. Los gobiernos de unión nacional formados en 1957 y 1961 sufrieron la intervención directa de EE UU, país que veía en Laos una prolongación de la guerra que estaba desarrollando en Vietnam, y pronto surgieron los enfrentamientos entre las distintas facciones: los derechistas de Fumi Nosavan, ligados a los militares; los centristas de Suvana Fuma, y los comunistas de Sufanuvong. La guerra civil se prolongó hasta 1973, en que se formó un gobierno de coalición entre centristas y comunistas. La derrota de EE UU en Vietnam propició que, en 1975, el Pathet Lao aboliera la monarquía y proclamara la república democrática popular, con Sufanuvong como presidente. La nueva situación propició la aparición de núcleos guerrilleros derechistas, mientras se producía un acercamiento progresivo a Vietnam y crecían las tensiones fronterizas con Tailandia y China. En 1979 el Pathet Lao fue sustituido por el Frente Laosiano de Reconstrucción Nacional, presidido por Sufanuvong y dirigido por el Partido Popular Revolucionario Laosiano (PPRL), mientras que la oposición creaba el Frente Nacional de Liberación Laosiano (1980). A partir de 1983, el jefe del Gobierno, Kaysone Fomvihane, líder del PPRL, incluyó en el gabinete a algunos técnicos y economistas que pusieron en práctica una nueva política económica adoptando algunas medidas de carácter capitalista. Sufanuvong dimitió de la presidencia en 1986 y fue sustituido por Fumi Vongvicht. A partir de esta fecha se restablecieron e intensificaron las relaciones diplomáticas con China y la URSS (1987) y con países de la órbita no comunista. En 1991, Vongvicht fue sustituido en la presidencia por Fomvihane, que murió al año siguiente. De 1992 a 1998 fue presidente Nouhak Phoumsavan. En febrero de este último año fue sustituido por Khamtai Siphandon.

LAOSIANO, NA adj. y s. De Laos.

LAOZI LAO-TSE.

LAPA f. **1** *Zool.* Nombre de varias especies de moluscos marinos gasterópodos de la familia patélidos, géneros *Patella, Acmaea*, etc., de concha cónica, lisa o con estrías, que viven adheridos fuertemente a las rocas de las costas. **2** *Bot.* LAMPAZO, planta. **3** fig. Persona excesivamente insistente e inoportuna.

LAPACHO m. *Bot.* **1** Árbol de la familia bignoniáceas, de nombre científico *Tecoma lapacho*, nativo de América del Sur. **2** Madera de este árbol.

LAPAROSCOPIA f. *Med.* Observación visual del abdomen mediante la introducción en él de un sistema óptico adecuado provisto de luz.

LAPAROTOMÍA f. *Med.* Incisión en la cavidad abdominal con fines exploratorios o para realizar una operación.

LAPIAZ m. *Geol.* Forma de relieve propia de los terrenos cársticos y dolomíticos, y también en los rocobles.

LAPICERO m. **1** Barra de grafito embutida en un cilindro o prisma de madera o de otro material que sirve para escribir o dibujar. **2** Pieza cilíndrica de madera, plástico o metal que hace de soporte de un lápiz o de una mina.

LÁPIDA f. Losa sobre la que se graba una inscripción conmemorativa.

LAPIDAR tr. APEDREAR, matar a pedradas.

LAPIDARIO, RIA adj. **1** Relativo a las piedras preciosas. **2** Relativo a las inscripciones que se ponen en las lápidas. **3** Se dice del enunciado que, por su concisión y solemnidad, parece digno de ser grabado en una lápida. Se usa con frecuencia en sentido irónico. || m. y f. **4** *Miner.* Persona que labra piedras preciosas o comercia con ellas. **5** Persona que hace y graba lápidas.

LAPÍDEO, A adj. De piedra, o relativo a ella.

LAPILLI (Voz it.) m. *Geol.* Emisión volcánica sólida, compuesta por fragmentos entre 1 y 64 mm.

LAPISLÁZULI m. *Miner.* Mineral feldespatoide compuesto de lazurita y asociado con frecuencia a pirita y calcita. De bello color azul intenso, se emplea con fines ornamentales.

LAPITA adj. *Mit.* **1** Se dice de un pueblo de los tiempos heroicos de Grecia, que habitaba en Tesalia, cerca del Olimpo, y que se hizo famoso por su lucha con los centauros en las bodas de Pirítoo. Más como m. pl. **2** Se dice también de sus individuos. También com. **3** Relativo a este pueblo.

LAPITA *Arqueol.* Yacimiento arqueológico de Nueva Caledonia, epónimo de la cultura de su nombre. Los restos más antiguos datan del año 1400 a. C. y son protopolinesios.

LÁPIZ m. **1** Nombre de varias sustancias minerales que sirven para dibujar. **2** LAPICERO, barra de grafito. **3** Barrita de diferentes formas y colores que se usa para el maquillaje. || **LÁPIZ ÓPTICO** *Inform.* Dispositivo electrónico, semejante a un lápiz, que lleva en su extremo un

lapas

Pierre Simon **Laplace**. Retrato de Paulin Guerin. Palacio de Versalles.

sistema fotosensor capaz de transmitir una señal a la pantalla del ordenador.
LAPLACE, PIERRE SIMON, MARQUÉS DE Astrónomo, físico y matemático francés (Beaumont-en-Auge, 1749 - París, 1827). Creó una hipótesis cosmogónica según la cual el sistema solar habría surgido de una nebulosa en rotación. Con Lavoisier, enunció la llamada *ley de la termodinámica*, y colaboró en el diseño de un calorímetro. En matemáticas, aportó muchos avances al cálculo de probabilidades. Autor de *Exposición del sistema del mundo* (1796) y *Mecánica celeste* (1799-1825).
LAPO m. fam. 1 Escupitajo. 2 Bofetada, golpe.
LAPÓN, NA adj. y s. 1 De Laponia. 2 *Etnol.* Se aplica a un pueblo de raza alpina y lengua ugrofinesa, que habita en las regiones árticas de Suecia, Noruega, Finlandia y la Federación de Rusia. Su principal actividad económica es el pastoreo de los renos, la caza y la pesca. ‖ m. *Ling.* 3 Lengua ugrofinesa hablada por los lapones; pertenece al grupo uraloaltaico.
LAPONIA Región del N de Europa, que se extiende, desde los montes Escandinavos, por Suecia, Noruega, Finlandia y la Federación de Rusia hasta la península de Kola, limitada al S por el círculo polar Ártico; 400.000 km² y unos 40.000 h. Tiene clima subártico y está cubierta de bosques y tundra. Cría de renos y yacimientos de hierro.
LAPSEKI Ciudad de Turquía, provincia de Canakkale. En la Antigüedad llevó los nombres de *Lámsaco* y *Pitiusa*.
LAPSO m. 1 Paso o transcurso. 2 Curso de un espacio de tiempo. 3 Error cometido generalmente por descuido.
LAPSUS (Voz lat.) m. Falta o equivocación cometida por descuido. ‖ **LAPSUS CALAMI** Expresión latina que se usa en castellano con su propia significación de error cometido al escribir. ♦ Su pl. es *lapsus*.
LAPTEV, MAR DE Mar del océano Glacial Ártico; 650.000 km². Se extiende a lo largo de la costa siberiana, entre el archipiélago de Nueva Siberia y la Tierra del Norte.
LAPU-LAPU Ciudad de Filipinas, provincia de Cebú, en el NO de la isla de Mactán; 141.000 h. En ella murió, en 1521, Fernando de Magallanes. Antiguamente se llamó *Opón*.
LAQUE (Voz araucana.) m. *Chile* BOLEADORAS.
LAQUEAR tr. Cubrir o barnizar una superficie con laca.
LAQUEDIVAS, MINIKOY y AMINDIVAS LAKSHADWEEP.
LÁQUESIS *Mit.* Una de las tres MOIRAS.
L'AQUILA AQUILA, L'.
LAR m. 1 *Rel.* Entre los romanos, cada uno de los dioses de la casa u hogar. Cada casa tenía su lar privado o dios doméstico. Más en pl. 2 HOGAR, sitio de la lumbre en la cocina. ‖ m. pl. 3 fig. Casa propia u hogar.
LARA Estado de Venezuela; 19.800 km² y 1.717.836 h. Su capital es Barquisimeto.
LARA, AGUSTÍN Compositor mexicano (Ciudad de México, 1897 - íd., 1970). Autor de más de seiscientas canciones de pegadiza melodía como *Imposible, Solamente una vez, Mujer, Madrid, Granada, María Bonita*, etc.
LARARIO m. *Rel.* Entre los romanos, lugar de la casa destinado al culto de los lares.
LARDERA, BERTO Escultor francés, de origen italiano (La Spezia, 1911 - París, 1989). La mayoría de sus esculturas tienen carácter abstracto. Desde 1948 realizó obras tridimensionales de gran monumentalidad.
LARDERO Municipio y lugar de España, provincia de La Rioja; 3.729 h.

LARDIZÁBAL Y URIBE, MANUEL DE Abogado y escritor español de origen mexicano (San Juan del Molino, Tlaxcala, 1739 - Madrid, 1820). Colaboró en la reforma de la legislación criminal proyectada por Carlos III.
LARDIZÁBAL Y URIBE, MIGUEL DE Político español de origen mexicano (San Juan del Molino, Tlaxcala, 1744 - Vergara, 1824). Hermano de Manuel, fue elegido representante de Nueva España en la Junta central y luego miembro de la Regencia. En 1814 Fernando VII lo nombró ministro universal de Indias y después consejero de Estado.
LARDO m. 1 Gordo del tocino, sebo. 2 *Zool.* Grasa de los animales.
LAREDO BRU, FEDERICO Político y militar cubano (San Juan de los Remedios, 1875 - La Habana, 1946). Participó en la guerra de la Independencia (1898-99) y fundó el Partido de Unión Nacionalista. Fue presidente de la República (1936-40).
LARENSE adj. y com. De Lara, Venezuela.
LARES m. pl. LAR.
LARGA f. *Taurom.* Suerte de capa a una mano en la que el diestro cita al toro de frente. ‖ **a la larga** adv. Después de que haya pasado mucho tiempo. ‖ **dar largas** fr. fig. Retrasar algo intencionadamente.
LARGAMENTE adv. m. 1 Con extensión, cumplidamente. 2 fig. Con anchura, sin estrechez. 3 fig. Francamente, con liberalidad. ‖ adv. t. 4 Por mucho o largo tiempo.
LARGAR tr. 1 Soltar, dejar libre. Se dice especialmente de lo que es molesto, nocivo o peligroso. 2 Aflojar, ir soltando poco a poco. 3 *Mar.* Desplegar, soltar una cosa; como la bandera o las velas. 4 Hablar, contar algo aburrido o inconveniente. ‖ prnl. 5 fam. Irse o ausentarse con rapidez o disimulo. ‖ intr. 6 fam. Criticar.
LARGHETTO (Voz it.) m. *Mús.* 1 Segundo movimiento de una sonata o un concierto. ‖ adv. m. 2 Con indicación de movimiento entre *largo* y *andante*.
LARGO, GA adj. 1 Que tiene más o menos longitud. 2 Que pasa de lo justo o indicado. 3 fig. Aplicado en plural a cualquier división de tiempo, suele tomarse por *muchos*. 4 Se dice de la persona muy alta. También s. 5 fig. y fam. Despierto, astuto. 6 *Ling.* Se aplica a la sílaba o vocal de mayor duración en lenguas como el latín o el griego. 7 *Mat.* Aplicado a una cifra, que pasa de lo indicado. ‖ m. 8 *Geom.* Longitud mayor de las superficies planas. 9 En natación, recorrido de la longitud mayor de una piscina. 10 *Mús.* Uno de los movimientos fundamentales de la música, que equivale a despacio o lento. 11 *Mús.* Composición, o parte de ella, escrita en este movimiento. ‖ adv. m. 12 Sin escasez, con abundancia. ‖ **a lo largo** loc. adv. En sentido de la longitud de una cosa. ‖ **a lo largo de** adv. Durante. ‖ **de largo** loc. adv. Desde hace tiempo. ‖ **¡largo!** o **¡largo de ahí!**, o **¡de aquí!** expr. con que se manda a alguien que se vaya inmediatamente. ‖ **largo y tendido** expr. fam. Durante mucho tiempo.
LARGO CABALLERO, FRANCISCO Político español (Madrid, 1869 - París, 1946). Miembro de la UGT y del PSOE, fue condenado a muerte por su participación en la huelga general de 1917. Excarcelado al ser elegido diputado (1918) y designado secretario general de la UGT, apoyó la colaboración con la Dictadura de Primo de Rivera. Ocupó el ministerio de Trabajo en los gobiernos de Alcalá Zamora y Azaña (1931-33). Durante la Guerra Civil, formó en un Gobierno de coalición en el que se reservó la cartera de Guerra (septiembre de 1936). Dimitió tras los sucesos de mayo de 1937 en Barcelona. Emigró a Francia en 1939, donde fue detenido e internado en el campo de concentración de Oraniemburg (1943-45).
LARGOMETRAJE m. *Cin.* Película cuya duración sobrepasa los sesenta minutos.
LARGUERO m. 1 Cada uno de los dos palos o barrotes que se ponen a lo largo de una obra de carpintería, como los de las camas, ventanas, etc. 2 *Dep.* Palo horizontal superior de las porterías de fútbol, balonmano, hockey, etc.
LARGUEZA f. Generosidad.
LARGUIRUCHO, CHA adj. fam. Se dice de la persona alta, delgada y desgarbada.
LARGURA f. Longitud.
-LARI suf. vasco que significa oficio, dedicado a: *aiskolari, versolari*. Véase -ARI.
LARIFORME adj. *Zool.* 1 Se dice del ave marina voladora, con las alas largas y los pies palmeados, que se alimenta normalmente de peces y moluscos, como la gaviota y la golondrina de mar. ‖ m. pl. *Zool.* 2 Grupo de estas aves.
LARING-, LARINGO- prefs. del mismo significado que laringe.
LARINGE f. *Anat.* Parte superior de la tráquea de los animales vertebrados, que funciona protegiendo la entrada de aquélla y, en las formas superiores, como ór-

gano de fonación. Está situada delante de la faringe y constituida por cartílagos.
LARINGECTOMÍA f. *Med.* Extracción de la laringe.
LARINGITIS f. *Med.* Inflamación de la laringe. ♦ Su pl. es *laringitis*.
LARINGO- pref. LARING-.
LARINGÓFONO m. *Med.* Micrófono que se coloca en la tráquea de las personas que han sufrido una laringectomía para que puedan hablar.
LARINGOLOGÍA f. *Med.* Parte de la medicina que estudia la anatomía, fisiología y enfermedades de la laringe.
LARINGOSCOPIO m. *Med.* Instrumento para visualizar el interior de la laringe, inventado por Manuel García.
LARINGOTOMÍA f. *Med.* Incisión que se hace en la laringe para extraer cuerpos extraños, extirpar tumores, pólipos, etc.
LARIONOV, MIJAIL FIODOROVICH Pintor ruso (Traspol, cerca de Odessa, 1881 - Fontenay-aux-Roses, 1964). Junto con su mujer N. Goncharova, fundó el movimiento denominado *rayonismo* (1910), cercano al futurismo italiano.
LARISA 1 Nomo de Grecia, región de Tesalia; 5.381 km² y 269.300 h. **2** Ciudad capital de Tesalia y del nomo de su nombre, a orillas del Peneios; 113.426 h.
LARISTÁN *Hist.* Antiguo reino de Irán, a orillas del golfo Pérsico. Fue anexionado por Persia en el siglo XVIII.
LARKIN, PHILIP Escritor británico (Coventry, 1922 - Hull, 1985). Fue una de las principales figuras del «New Movement». Poemas: *El barco del norte* (1945), *Las bodas de Pentecostés* (1964) y *Ventanas altas* (1974).
LAROCHE, GUY Modisto francés (La Rochelle, 1921 - París, 1989). En 1957 pasó su primera colección en París y a partir de 1970 se centró en la alta costura.
LAROMIGUIÈRE, PIERRE Filósofo francés (Livihac-le-Haut, 1786 - París, 1837). Discípulo de Condillac, fue una figura destacada del espiritualismo. Entre sus obras figuran *Proyectos de unos elementos de metafísica* (1793) y *Lecciones de filosofía sobre los orígenes de la inteligencia* (1815-18).
LARRA, MARIANO JOSÉ DE Escritor español (Madrid, 1809 - íd., 1837). Usó los seudónimos de *Fígaro*, *El Pobrecito Hablador* y *Andrés Niporesas*. Destacado representante del Romanticismo, fue el más notable de los escritores costumbristas de la primera mitad del pasado siglo y se distinguió por su aguda sátira de la sociedad de su tiempo. Aparte de algunas poesías, es autor de un drama romántico, *Macías*, y una novela histórica, *El doncel de don Enrique el Doliente*. Le hicieron famoso sus *Cartas escritas desde las Batuecas por El Pobrecito Hablador a su amigo Andrés Niporesas* (1832). Se suicidó en 1837.
LARRAÑAGA, DÁMASO ANTONIO Religioso, político y naturalista uruguayo (Montevideo, 1771 - ?, 1848). Miembro de la asamblea constituyente de Buenos Aires (1813) y primer senador de Montevideo (1830), realizó numerosos estudios sobre la flora y la fauna uruguayas.
LARRAZÁBAL, UGUETO WOLFGANG Marino y político venezolano (Carúpano, 1911). En 1958 presidió la junta de gobierno instaurada a la caída de Pérez Jiménez.
LARREINAGA, MIGUEL Abogado y político nicaragüense (León, 1771 - Guatemala, 1845). Fue uno de los firmantes del acta de independencia centroamericana (1821).

Mariano José de **Larra**. Retrato de José Gutiérrez de la Vega. Museo Romántico (Madrid).

Enrique **Larreta**.
Retrato
de Ignacio
Zuloaga.

Larreta, Enrique Escritor argentino (Buenos Aires, 1875 - íd., 1961). Escribió, entre otras obras, *Artemis* (1896), *La gloria de don Ramiro* (1908) y *Zogoibi* (1926).

Lars, Claudia (Carmen Brannon, llamada) Poetisa salvadoreña (Armenia, 1899 - San Salvador, 1974). Autora de *Estrellas en el pozo* (1934), *Sonetos* (1947) y *Sobre el ángel y el hombre* (1962).

Larsa *Hist.* Antigua ciudad de Mesopotamia, la actual Senkerah. Fue capital de un reino amorrita desde fines del tercer milenio hasta el año 1736 a. C.

Larsen, Søren Absalon Físico danés (Norre Aby, 1871 - Gentofte, 1957). Se dedicó a la electroacústica e inventó un generador de corrientes alternas de baja frecuencia.

larva f. *Zool.* Nombre aplicado por Linneo a la primera etapa del desarrollo posembrionario de gran número de invertebrados, anfibios y peces. Morfológicamente es distinta del individuo adulto y no puede reproducirse sexualmente.

larvado, da adj. **1** Se dice de las enfermedades que se presentan con síntomas que ocultan su verdadera naturaleza. **2** Por extensión, se aplica también a sentimientos que no se manifiestan abiertamente.

larvario, ria adj. *Zool.* Relativo a la larva.

larvívoro, ra adj. *Zool.* Que se alimenta de larvas.

Las Casas, Bartolomé de Casas, Bartolomé de Las.

Las Heras, Juan Gregorio de Militar y político argentino (Buenos Aires, 1780 - Chile, 1866). Tomó parte en la defensa de Buenos Aires contra los ingleses y en la campaña contra los realistas en Chile y Perú. Gobernador de Buenos Aires (1824-26).

Las Landas Landas, Las.

Las Palmas Palmas, Las.

Las Palmas de Gran Canaria Palmas de Gran Canaria, Las.

Las Vegas Ciudad del SO de EE UU, Estado de Nevada, al O del lago Mead; 327.878 h. Centro turístico. Casinos de juego. Mercado agrícola. Centro atómico.

lasaña f. *Gastron.* Plato de cocina italiana que se hace con una pasta cortada a cuadros, más grandes que los canelones.

lasca f. **1** *Geol.* Trozo pequeño y delgado desprendido de una piedra. **2** *Prehist.* Fragmentos de piedra hechos saltar de un módulo por el hombre prehistórico y aprovechados como utensilios.

Lascaris o **Laskaris** *Geneal.* Dinastía de emperadores bizantinos de Nicea (1204-61), formada por Teodoro I, Irene, Teodoro II y Juan IV.

Lascaux *Prehist.* Localidad de Francia, departamento de Dordoña, cerca de Montignac. Cueva con restos de época prehistórica (14000 a. C.) descubierta en 1940.

lascivia f. Propensión excesiva a los placeres sexuales.

lascivo, va adj. **1** Relativo a la lascivia. **2** Que actúa con lascivia. También s.

láser (Del i. *light amplification by stimulated emission of radiation*: amplificación de la luz por emisión estimulada de radiación.) m. *Fís.* Dispositivo electrónico que amplifica un haz de luz monocromática y coherente de extraordinaria intensidad. Se basa en la excitación de una onda estacionaria entre dos espejos, uno opaco y otro traslúcido, en un medio homogéneo. Suministrando energía desde el exterior, los electrones del medio se elevan a determinado nivel energético; por emisión inducida, un cuanto de luz determinado de determinada frecuencia excita los electrones y

pasan al estado fundamental. Así se origina una onda luminosa de múltiples idas y venidas entre los espejos, que sale por el traslúcido. Tiene numerosas aplicaciones: para la medida exacta de distancias astronómicas, en medicina, como vehículo de telecomunicación y en holografía.

laserpicio m. *Bot.* **1** Planta herbácea de la familia umbelíferas. **2** Semilla de esta planta.

Lasithi Nomo de Grecia, en la isla de Creta; 1.823 km². y 70.762 h. Su capital es San Nicolás. Cítricos, olivo, vid.

lasitud f. Desfallecimiento, cansancio, falta de fuerzas.

laso, sa adj. **1** Cansado. **2** Flojo y macilento.

Lassaigne, Jean-Louis Químico francés (París, 1800 - íd., 1859). Descubridor de los ácidos piromálicos, es célebre por su ensayo del nitrógeno, método de análisis todavía hoy empleado.

Lassalle, Ferdinand Filósofo y político alemán (Breslau, 1825 - Ginebra, 1864). Discípulo de K. Marx, fue partidario de un socialismo de Estado y del establecimiento de organizaciones políticas obreras para luchar por el sufragio universal directo. En 1863 fundó la Asociación General de Obreros Alemanes, origen del Partido Socialdemócrata.

Lasso o **Lassus, Orlando di** Compositor flamenco (Mons, h. 1530 - Munich, 1594). Su obra representa junto con la de Palestrina y del maestro Victoria la culminación de la polifonía renacentista. Compuso más de dos mil obras entre canciones francesas, madrigales italianos, *lieder*, *magníficat*, misas, etc.

Lastarria, José Victorino Escritor y político chileno (Rancagua, 1817 - Santiago de Chile, 1888). Fue ministro de Hacienda (1862) y de Interior (1867). De su obra histórica y filosófica destacan *Investigaciones sobre la influencia social de los españoles en Chile* (1844) y *Lecciones de política positivista* (1857). De su obra literaria, *El mendigo* (1843), *Diario de una loca* (1875) y *Recuerdos literarios* (1878).

lástima f. **1** Sentimiento de compasión que provocan los males de otro. **2** Objeto que excita la compasión. **3** Cualquier cosa que cause disgusto, aunque sea ligero. || **dar,** o **hacer, lástima** fr. Causar lástima o compasión; mover a ella. || **hecho una lástima** adj. fam. Muy estropeado o maltrecho. || **¡lástima!** Exclamación de pesar ante algo que no sucede cuando se esperaba.

lastimar tr. **1** Herir o hacer daño. También prnl. **2** fig. Agraviar, ofender la estimación u honra.

lastimero, ra adj. Se dice de las quejas, gemidos y otras demostraciones de dolor que mueven a lástima y compasión.

lastimoso, sa adj. **1** Que da o produce lástima. **2** Lamentable.

Lastiri, Raúl Alberto Político argentino (Buenos Aires, 1915 - íd., 1978). Miembro del Partido Justicialista, en 1973 fue designado presidente de la Cámara de Diputados. Ese mismo año ocupó interinamente la presidencia de la República.

lastón m. *Bot.* Planta perenne de la familia gramíneas, cuya caña es de unos 60 cm de alto.

lastra f. *Geol.* lancha, piedra plana y delgada.

lastrar tr. **1** Poner lastre a una embarcación. **2** Obstaculizar.

lastre m. **1** Piedra, arena, agua u otra cosa de peso que se pone en el fondo de la embarcación, a fin de que ésta entre en el agua hasta donde convenga. **2** Peso en forma de sacos de arena que llevaban los globos aerostáticos para tirarlos cuando querían ascender. **3** fig. Jui-

cio, peso, madurez. **4** rémora, impedimento para llevar algo a buen término.

lata f. **1** Hojalata. **2** Envase hecho de hojalata, con su contenido o sin él. **3** fam. Cualquier cosa fastidiosa o molesta. || **dar la lata** fr. fig. y fam. Molestar, importunar.

Latakia (*al-Ladhiqiyah*) Ciudad de Siria, capital de la gobernación homónima; 306.535 h. Principal puerto del país. Es la antigua *Laodicea*.

latamente adv. m. **1** Con extensión, largamente. **2** fig. Por extensión, en sentido lato.

latania (Voz indígena.) f. *Bot.* Palma de la isla de Borbón.

lataz m. *Zool.* Nutria que vive a orillas del océano Pacífico.

latazo m. aum. de lata, cosa fastidiosa; pesadez.

Latcham, Alfaro Ricardo Político y escritor chileno (Santiago, 1903 - íd., 1965). Mantuvo una postura antiestadounidense y de crítica al criollismo tradicional. Escribió *Escalpelo* (1926), *Itinerario de la inquietud* (1931) y *Carnet crítico* (1962).

latencia f. **1** Cualidad o condición de latente. **2** *Med.* Periodo de incubación de una enfermedad.

latente adj. Oculto y escondido.

lateral adj. **1** Que está situado en un lado. **2** *Geom.* Relativo a los lados de un polígono o a las caras de un poliedro. **3** *Fon.* Se dice del sonido articulado en cuya pronunciación la lengua impide el aire espirado su salida normal por el centro de la boca, dejándole paso por los lados, como en la *l* y la *ll*. **4** *Fon.* Se dice de la letra que representa este sonido. También f. **5** fig. Lo que no viene por línea recta. || m. **6** Cada uno de los lados de una avenida, separado de la parte central por un seto o por un camino para peatones. **7** *Dep.* En el fútbol y otros deportes de balón, jugador que defiende uno de los lados o bandas del campo de juego.

lateralidad f. *Fisiol.* y *Psicol.* Dominancia de uno u otro de dos órganos o miembros simétricos, como las manos o los ojos.

lateralización f. **1** *Fon.* Acción y efecto de lateralizar o lateralizarse. **2** *Fisiol.* y *Psicol.* Predominio funcional de una parte del cuerpo sobre otra.

lateralizar tr. y prnl. Transformar en consonante lateral la que no lo era, como la *d* del latín *medica* en la *l* de *mielga*.

lateranense adj. Relativo a la basílica romana de San Juan de Letrán.

laterita f. *Geol.* Sedimento residual rojizo, de aspecto arcilloso, formado por alteración química.

látex m. *Bot.* Líquido lechoso segregado por algunas plantas tropicales. Constituye la materia prima del caucho, gutapercha y otros productos industriales.

laticífero, ra adj. *Bot.* Se dice de la planta u órgano vegetal que produce látex, o del conducto por donde circula.

latido m. **1** *Fisiol.* Cada uno de los golpes producidos por el movimiento alternativo de dilatación y contracción del corazón contra la pared del pecho, o de las arterias contra los tejidos que las cubren. **2** *Veter.* Ladrido del perro cuando sigue la caza o siente algún dolor.

latifolio, lia adj. *Bot.* Que tiene la hoja ancha.

latifundio m. *Agr.* Finca rústica de gran extensión con carácter extensivo en su producción, que emplea obreros asalariados y escasa capitalización.

latifundista adj. *Agr.* **1** Perteneciente o relativo al latifundio. **2** Persona que posee uno o varios latifundios.

latigazo m. **1** Golpe dado con el látigo. **2** fig. Golpe restallante al latigazo. **3** Chasquido del látigo. **4** fig. Daño impensado que se hace a uno. **5** fig. y fam. Trago de bebida alcohólica.

látigo m. **1** Instrumento compuesto por una cuerda o correa unida a una vara, con el que se azota, especialmente a las caballerías. **2** Atracción de feria que consiste en una serie de vagonetas que realizan un recorrido casi circular con sacudidas bruscas en las curvas.

latiguillo m. **1** Expresión sin originalidad que se repite constantemente en el discurso. **2** fam. Exageración en la entonación de las palabras o en los gestos del actor u orador.

Latimer, Hugh Teólogo protestante inglés (Thurcaston, 1490 - Oxford, 1555). Se adhirió a la reforma de Enrique VIII y fue promovido al arzobispado de Worcester. En 1539 cayó en desgracia y fue ejecutado en época de María Tudor.

latimeria f. *Zool.* celacanto.

latín m. *Ling.* **1** Lengua indoeuropea que se hablaba en la antigua comarca italiana del Lacio, vehículo principal de la cultura de la antigua Roma, y que dio lugar a las llamadas lenguas románicas o romances. [**Encic.**] **2** Palabra o expresión latina empleada en castellano. Más como pl. || **bajo latín** El escrito después de la caída del imperio romano y durante la Edad Media. ||

LATÍN CLÁSICO El de los escritores del siglo de oro de la literatura latina. || **LATÍN ECLESIÁSTICO** El latín moderno, medieval o posclásico, que empleó la iglesia en sus textos litúrgicos, o que usaron los escritores eclesiásticos en sus obras. || **LATÍN MEDIEVAL** BAJO LATÍN. || **LATÍN VULGAR** El hablado por el vulgo de los pueblos latinos; entre otras particularidades, se distinguía del clásico en que tenía una sintaxis menos complicada. || **saber latín** fr. fig. y fam. Ser astuto o despierto.

LING. El latín pertenece a la rama itálica de las lenguas indoeuropeas. En el siglo I comienza la etapa del latín clásico, cuyo alfabeto de 23 letras se fija definitivamente en este período. Su sistema vocálico está compuesto por cinco unidades (a, e, i, o, u). A partir del siglo III a. C., la distinción en la duración de las vocales se fue perdiendo. Su sistema consonántico está compuesto por dieciséis fonemas. Desde un punto de vista gramatical, el latín es una lengua flexiva. Existen cinco declinaciones, cada una de las cuales contiene seis casos (nominativo, vocativo, acusativo, genitivo, dativo y ablativo). El número puede ser singular o plural y el género masculino, femenino o neutro. En el aspecto sintáctico, se caracteriza por la libertad en la disposición de las palabras, aunque se tiende a colocar el verbo al final de la frase.

LATINA. Provincia de Italia, en el Lacio; 2.250 km² y 489.656 h. Su capital es la ciudad del mismo nombre.
LATINA, LA GALINDO, BEATRIZ.
LATINAJO m. 1 fam. Latín incorrecto o mal utilizado. 2 fam. desp. Voz o frase latina usada en castellano. Más en pl.
LATINI, BRUNETTO Polígrafo italiano (Florencia, h. 1220 - íd., h. 1294). Amigo y consejero de Dante, es autor de *El tesoro* (h. 1265), enciclopedia de los conocimientos medievales.
LATINIDAD f. 1 Cultura latina. 2 Conjunto de pueblos de origen o lengua latinos.
LATINIPARLA f. Forma de hablar o escribir en la que se emplean pedantemente voces o expresiones latinas.
LATINISMO m. Ling. 1 Giro o modo de hablar propio y privativo de la lengua latina. 2 Empleo de tales giros o construcciones en otro idioma.
LATINISTA com. Persona especializada en cultura latina.
LATINIZAR tr. 1 Dar forma latina a voces de otra lengua. 2 Difundir la lengua y la cultura latinas en algún lugar. También prnl. || intr. 3 fam. Emplear latinajos.
LATINO, NA adj. 1 Natural del Lacio o de cualquiera de los pueblos italianos de los que era metrópoli la antigua Roma. También s. 2 Relativo a ellos. 3 Que sabe latín. También s. 4 Ling. y Lit. Relativo a la lengua latina. [Encic.] 5 Se aplica a la iglesia romana o de Occidente en contraposición a la griega, y a lo perteneciente a ella. 6 Suele también decirse de los naturales de los pueblos de Europa en los que se hablan lenguas derivadas del latín, o de lo relativo a ellos. Aplicado a personas, también s. 7 Se aplica a un tipo de vela de forma triangular y a la embarcación que la lleva.

LIT. La literatura latina puede dividirse en tres épocas: preciceroniana, ciceroniana o Edad de Oro, y posciceroniana o Edad de Plata. En la primera brillaron, sobre todo, Andrónico, Nervio y Ennio, dramaturgo, historiador y poeta épico, respectivamente. En la comedia sobresalieron Plauto y Terencio. Con Lucilio, la sátira adoptó su verdadero tono romano. La figura de mayor relieve fue Porcio Catón *el Censor*. En la segunda época desplegó toda su fuerza literaria el genio romano. Su primera generación contó con los grandes poetas en Lucrecio y Catulo; al mismo tiempo la prosa latina llegó a su apogeo con los discursos de Marco Tulio Cicerón. Los principales historiadores de esta época fueron Julio César y Salustio y el biógrafo Cornelio Nepote. Publio Virgilio Marón se inspiró en sus predecesores griegos y romanos para componer sus *Églogas*, sus *Geórgicas* y su gran poema épico la *Eneida*. Horacio produjo sus odas, y Tibulo, Propercio y Ovidio cultivaron con gran éxito la poesía elegíaca. Finalmente, Tito Livio, con su historia, fue una figura de primera magnitud en la época de Augusto. En la llamada *Edad de Plata*, destacan, dentro del estilo épico, Lucano, Valerio Flaco, Silvio Itálico y Estacio. La sátira continuó con Petronio, Persio y Juvenal. Fedro introdujo una forma satírica nueva en sus fábulas, y Marcial dio su distintiva cáustica al epigrama. Séneca *el Joven* frecuentó la sentencia breve en sus tratados filosóficos y epístolas. Quintiliano realizó obras de preceptiva sobre la retórica. El mejor prosista de esta época fue Tácito, al que siguieron Suetonio, Floro y Aulo Gelio. En el siglo II cultivaron el latín con notable pureza los apologistas cristianos Tertuliano, Minucio Félix, Cipriano, Arnobio y Lactancio. La mejor obra conocida del retórico Apuleyo es *El asno de oro*. El latín pervivió como vehículo de expresión de la literatura culta.

LATINO Mit. Héroe epónimo de los latinos. Rey de los aborígenes, pueblo primitivo de Italia.

LATINO DE CONSTANTINOPLA, IMPERIO Hist. Estado que fundaron los caballeros de la cuarta cruzada en 1204, tras la toma de Constantinopla con ayuda de Venecia. Su primer emperador fue Balduino de Flandes. Desapareció en 1261, cuando los bizantinos, dirigidos por Miguel Paleólogo, recuperaron Constantinopla.
LATINOAMÉRICA AMÉRICA LATINA.
LATINOAMERICANO, NA adj. y s. De Latinoamérica.
LATINOS DE LEVANTE, REINOS Hist. Nombre dado a los Estados fundados por los barones cristianos en el Próximo Oriente a raíz de la primera cruzada.
LATINOS DE ORIENTE, REINOS Hist. Nombre dado a los Estados fundados por los cruzados en Grecia y el Próximo Oriente tras la destrucción del Imperio bizantino por la cuarta cruzada.
LATIR[1] intr. 1 Fisiol. Dar latidos el corazón o las arterias. 2 Veter. Dar latidos o ladrar el perro.
LATIR[2] intr. Existir algo oculta o veladamente.
LATIRISMO m. Med. Intoxicación producida por la ingestión de guijas.
LATITUD f. 1 Astron. Distancia angular de un astro o un fenómeno en un cuerpo celeste respecto a un plano de referencia definido. 2 Geog. Distancia angular en grados, minutos y segundos que hay desde un punto de la superficie terrestre al N o S del ecuador, medida sobre el meridiano que pasa por el punto y por los dos polos de la Tierra. 3 Geom. La menor de las dos dimensiones principales que tienen los objetos o figuras planas, en contraposición a la mayor o longitud. 4 Toda la extensión de un país. || **LATITUD NORTE** Geog. Distancia angular al ecuador desde un punto situado en el hemisferio Norte. La distancia se considera positiva y varía de 0° a 90°. || **LATITUD SUR** Geog. Distancia angular al ecuador desde un punto situado en el hemisferio Sur. La distancia se considera negativa y varía de 0° a -90°.
LATITUDINAL adj. Que se extiende a lo ancho.
LATO, TA adj. 1 Dilatado, extendido. 2 fig. Se dice del sentido que, por extensión, se da a las palabras y no es el que exacta, literal o rigurosamente les corresponde.
LATÓN m. Met. Aleación de cobre y cinc, con otros elementos como aluminio, hierro, manganeso, níquel, estaño y plomo. Es de color amarillo pálido y susceptible de gran brillo y pulimento.
LATONA Mit. Nombre latino de LETO.
LATONERO m. Bot. ALMEZ.
LATORRE, LORENZO Militar y político uruguayo (Montevideo, 1840 - Buenos Aires, 1916). Derrocó al presidente Ellauri (1875) para imponer la dictadura de Varela, con quien fue ministro de Guerra y Marina. Le derrocó en 1876 y ocupó él la presidencia hasta 1878. Un año después fue elegido presidente constitucional, pero en 1880 dejó el poder y se alejó del país.
LATORRE, MARIANO Novelista chileno (Cobquecura, 1886 - Santiago de Chile, 1955). Miembro destacado del criollismo, entre sus obras merecen mencionarse *Zurzulita* (1919), *Hombres y zorros* (1937), *Mapu* (1942) y *La isla de los pájaros* (1955).
LATOSO, SA adj. y s. Fastidioso, molesto, pesado.
LATOSOL m. Geol. Suelo laterítico.
-LATRA suf. del mismo origen y significado que *latría*: *zoólatra*.
LATRÍA f. Reverencia y adoración que sólo se debe a Dios.
-LATRÍA suf. del mismo origen y significado que *latría*: *idolatría*.
LATROCINIO m. Hurto o costumbre de hurtar o defraudar en sus intereses a los demás.
LATS m. Econ. Unidad monetaria de Letonia.
LATVIA LETONIA.
LATVIO, VIA adj. y s. De Latvia, letón.
LAUCHA (Voz araucana.) f. Zool. Arg. y Chile Nombre de varias especies de roedores simplicidentados de la familia cricétidos, de aspecto de ratón y color grisáceo o pardo.
LAÚD m. 1 Mús. Instrumento de cuerda; su parte inferior, un tanto ovalada, es cóncava y prominente. 2 Embarcación pequeña del Mediterráneo. 3 Zool. TORTUGA LAÚD.
LAUD, WILLIAM Religioso inglés (Reading, 1573 - Londres, 1645). Arzobispo de Canterbury (1633), apoyó con sus reformas litúrgicas el absolutismo de Carlos I. Su política autoritaria provocó una insurrección en 1637. Abandonado por el rey fue juzgado por los Comunes y ejecutado.
LAUDABLE adj. LOABLE.
LÁUDANO m. Farm. 1 Preparación a base de vino blanco, opio y azafrán. 2 Extracto de opio.
LAUDAR tr. Der. Fallar o dictar sentencia el juez árbitro o el amigable componedor.
LAUDATORIO, RIA adj. Que alaba o contiene alabanza.
LAUDES f. pl. Liturg. Una de las partes del oficio divino, que se reza después de maitines.
LAUDIO LLODIO.

El tocador de laúd. Cuadro de P. P. Rubens. Museo de Bellas Artes (Troyes).

LAUDO m. Der. Decisión que dictan los árbitros o jurados.
LAUE, MAX THEODOR FELIX VON Físico alemán (Pfaffendorf bei Koblenz, 1879 - Berlín, 1960). En 1912, consiguió obtener difracción de los rayos X por los cristales (diagramas de Von Laue), lo que abrió el camino a la cristalografía de rayos X. En 1914 recibió el premio Nobel de Física.
LAUENBURGO Hist. Antiguo ducado del N de Alemania, comprendido en el actual Land de Schleswig-Holstein. Pasó a poder de Hamburgo en el siglo XVIII. Ocupado por los franceses en 1803, perteneció sucesivamente a Hannover (1813-16) y Dinamarca (1816-64). Fue conquistado por Prusia en 1864.
LAUGERUD GARCÍA, KJELL EUGENIO General y político guatemalteco (Guatemala, 1930). Ministro de la Defensa Nacional, fue elegido presidente de la nación (1974-78). Impuso el estado de sitio para combatir a la guerrilla.
LAUGHTON, CHARLES Actor de cine estadounidense, de origen británico (Scarborough, 1899 - Hollywood, 1962). Demostró sus excelentes dotes interpretativas en películas como *La vida privada de Enrique VIII* (1933), *Rebelión a bordo* (1935), *Posada Jamaica* (1939), *Soborno* (1949) y *Testigo de cargo* (1958). Dirigió una única película: *La noche del cazador* (1955).
LAURÁCEO, A adj. Bot. 1 Parecido al laurel. 2 Se dice de la planta angiosperma dicotiledónea, por lo común arbórea, con hojas persistentes y sencillas; la corteza del tallo y las hojas producen un aceite esencial. Hay más de 1.000 especies. También f. || f. pl. Bot. 3 Familia de estas plantas.
LAURANA, FRANCESCO Escultor y arquitecto italiano (Vrana, cerca de Zara, h. 1430 - ¿Aviñón?, h. 1502). En Nápoles, colaboró con Pietro da Milano en el arco de triunfo del Castelnuovo (1458). En Sicilia realizó la *Virgen con el niño* de la iglesia de la Crucifixión de Noto (1468). Posteriormente, en Marsella y Aviñón, esculpió el *Camino del Calvario* de Saint-Didier.
LAURANA, LUCIANO Arquitecto italiano (Zara, Dalmacia, h. 1420 - Pesaro, 1479). Hermano de Francesco.

Charles **Laughton** (en el centro). Con Clark Gable en una escena de *Rebelión a bordo*, dirigida por Frank Lloyd.

laurisilva canaria

Autor del Palacio Ducal de Urbino, el estilo de cuya fachada, llamada de los Torricini, es propio del primer Renacimiento.

LAURASIA Geol. Antiguo continente boreal que, formado por la división de Pangea, estaba separado de Gondwana por el mar de Tetys. En el paleozoico dio origen a América del Norte, Groenlandia y Eurasia, que se separaron a causa de la deriva continental.

LAUREADO, DA adj. y s. Que ha sido recompensado con honor y gloria. Se dice especialmente de los militares que obtienen la cruz de San Fernando, y también de esta insignia.

LAUREAR tr. 1 Coronar con laurel. 2 fig. Premiar, honrar.

LAUREL m. 1 Bot. Árbol perteneciente a la familia lauráceas, de nombre científico Laurus nobilis, procedente de las regiones mediterráneas, siempre verde, con hojas persistentes y aromáticas, flores unisexuales blanco-verdosas, y fruto en drupa verdosa. Las hojas se emplean como condimento culinario y en preparaciones farmacéuticas. 2 fig. Corona, triunfo, premio. || **LAUREL NEGRO** Bot. Árbol perteneciente a la familia lauráceas, de nombre científico Nectandra saligna, propio del N de Argentina, Brasil y Uruguay. Es de gran porte, con hojas persistentes. || **dormirse** uno **sobre los laureles** o **en los laureles** fr. fig. y fam. Descuidarse o abandonarse uno en la actividad emprendida, confiando en los éxitos que ha logrado.

LAUREL, STAN (ARTHUR STANLEY JEFFERSON, llamado) Actor de cine estadounidense (Tyngmouth, 1890 - Santa Mónica, 1965). Formó con Oliver Hardy una pareja cómica de gran éxito, también conocida como «el gordo y el flaco», en la que él hacía de flaco. Sus películas más destacadas fueron Fra Diavolo (1933), Noche de duendes (1930), Pescadores pescados (1932) y Hospital provincial (1932).

LAURENCIO m. Quím. Elemento perteneciente al grupo de los actínidos del sistema periódico. Número atómico 103; símbolo Lr. Se conoce sólo como isótopo (uno de masa atómica 257 y otro 256) y su vida media es de ocho segundos. Es el primer elemento artificial aislado por el método nuclear. Debe su nombre a Ernest Lawrence.

LAURENS, HENRI Escultor francés (París, 1885 - íd., 1954). Influido inicialmente por el cubismo, fue un artista de concepciones monumentales. Entre sus obras figuran Mujer con abanico (1917), El fumador (1919) y La sirena (1944).

LAURENT, AUGUSTE Químico francés (La Folie, 1807 - París, 1853). Se le deben, entre otros descubrimientos, los relativos a la acción de los reactivos sobre los compuestos orgánicos. Descubrió, con Dumas, el antraceno en los alquitranes de hulla.

LAURENTIIS, DINO DE DE LAURENTIIS, DINO.

LAUREOLA o **LAURÉOLA** f. Corona de laurel con que se premiaban las acciones heroicas o se coronaban los sacerdotes de los gentiles.

LAURETANO, NA adj. De Loreto, ciudad de Italia.

LAURIA, ROGER DE Marino italiano al servicio de Aragón (Lauria, h. 1250 - Valencia, 1305). En defensa de Sicilia venció en el golfo de Nápoles a Carlos de Anjou (1284) y se apoderó de la isla de Gerba, en la costa africana. A las órdenes de Pedro el Grande venció a la armada francesa en el golfo de Rosas (1285). Acompañó a Alfonso III de Aragón en la conquista de Mallorca (1285-86). Estuvo al servicio de Jaime de Sicilia y cuando este rey, llegado al trono de Aragón con el nombre de Jaime II, entregó la isla a la Santa Sede (1295), se negó a aceptarlo. Vuelto más tarde a la obediencia del aragonés, derrotó a la flota del nuevo rey de Sicilia, Federico II, en el cabo Orlando (1299).

LÁURICO, ÁCIDO Quím. Nombre común del ácido n-dodecílico, de fórmula $CH_3-(CH_2)_{10}-COOH$, que se encuentra en grasas animales y vegetales.

LAURICOCHA Arqueol. Yacimiento arqueológico peruano, en el departamento de Junín, cerca de la ciudad de Huancayo. Restos de ocupación humana entre los años 8000 y 1200 a. C.

LAURIE Isla del archipiélago argentino de Orcadas del Sur.

LAURILIGNOSA f. Bot. Formación vegetal integrada por especies leñosas siempre verdes, de clima subtropical oceánico.

LAURISILVA f. Bot. Formación arbórea de laurilignosa. Está integrada por bosques de árboles de hoja perenne, propios de ambientes húmedos todo el año, con escasa oscilación térmica, y nieblas frecuentes. || **LAURISILVA CANARIA** Bot. Bosque cerrado, umbroso y termófilo, de frondosas perennes que se disponen en un solo estrato, con las hojas lustrosas y coriáceas como el laurel. La mayor y más amplia representación de laurisilva aparece en la isla de la Gomera, aunque también existen enclaves en La Palma y el extremo N de Tenerife.

LAURO m. 1 Bot. LAUREL, árbol. 2 fig. Gloria, alabanza, triunfo.

LAUS DEO loc. lat. que significa gloria a Dios, y se emplea al terminar una obra.

LAUSANA (Lausanne) Ciudad de Suiza, capital del Cantón de Vaud, a orillas del lago Leman; 114.161 h. Centro comercial y turístico. Industria siderúrgica, mecánica, textil, maquinaria de precisión. Universidad. Catedral del siglo XII, restaurada en el XIX.

LAUTARO Caudillo araucano de Chile (?, 1535 - Peteroa, Chile, 1557). Derrotó y dio muerte a Valdivia, pero, sorprendido después por Francisco de Villagrán, fue vencido y asaeteado. Su figura aparece alabada por Alonso de Ercilla en La Araucana.

LAUTARO, LOGIA Hist. Asociación masónica constituida en Londres por Francisco de Miranda y fundada en Buenos Aires a mediados de 1812 por San Martín y Alvear, cuyo fin principal era conseguir la independencia de la América española. Se extendió por Chile, Perú, Bolivia y Uruguay.

LAUTEM Distrito de Timor Oriental; 1.702 km² y 52.100 h. Su capital es Los Palos.

LAUTO, TA adj. Rico, espléndido, opulento.

LAUTRÉAMONT, CONDE DE (ISIDORE DUCASSE, llamado) Escritor francés (Montevideo, 1846 - París, 1870). Autor de Cantos de Maldoror (1869), se le considera precedente directo del surrealismo.

LAVA f. Geol. Material ígneo fundido, completamente desprovisto de gases, arrojado por los volcanes en sus erupciones, que se desliza por la superficie terrestre en forma de ríos, a más o menos distancia del cráter. Como la composición química de las lavas es muy variable, originan al solidificarse una gran variedad de vidrios y rocas volcánicas.

LAVABO m. 1 Utensilio compuesto de un pie o soporte y un recipiente de porcelana que sirve para lavarse. 2 Pila con grifos y otros accesorios destinada al mismo fin. 3 Habitación de la casa donde se instala.

LAVACOCHES com. Persona encargada de limpiar los coches en los sitios destinados a ello.

LAVADERO m. 1 Lugar utilizado habitualmente para lavar. 2 Sitio especialmente dispuesto para lavar la ropa. 3 Pila de lavar la ropa. 4 Min. Instalaciones para el lavado o preparación de los minerales. 5 Geol. Paraje del lecho de un río o arroyo, donde se recogen arenas auríferas y se lavan allí mismo agitándolas en una batea.

LAVADO, DA adj. 1 Se dice de los colores y de las cosas que los tienen que han perdido intensidad. || m. 2 Acción y efecto de lavar o lavarse. 3 Geol. Arrastre de partículas en suspensión o disolución. || **LAVADO DE CEREBRO** Técnica efectuada sobre un individuo para anular su personalidad e inculcarle las ideas que se deseen.

|| **LAVADO DE ESTÓMAGO** Med. Práctica terapéutica que se utiliza en intoxicaciones y consiste en vaciar el contenido del estómago introduciendo agua y medicamentos a través de sondas.

LAVADOR, RA adj. y s. 1 Que lava o sirve para lavar. || f. 2 Máquina para lavar la ropa.

LAVAFRUTAS m. Recipiente con agua que se pone en la mesa al final de la comida para lavar algunas frutas y enjuagarse los dedos. ♦ Su pl. es lavafrutas.

LAVAJE m. Lavado de las lanas.

LAVAJO m. Geol. Charca de agua de lluvia que rara vez se seca.

LAVAL Ciudad de Canadá, provincia de Quebec; 314.398 h.

LAVAL, PIERRE Político francés (Chateldon, Puy de Dôme, 1883 - Fresnes, 1945). Ministro de la Guerra (1925) y de Justicia (1926), fue presidente del Consejo (1931-32 y en 1935). En 1940, fue nombrado ministro de Estado con el general Pétain, preconizando la colaboración con la Alemania nazi. Impuesto como jefe de gobierno por los alemanes (1942), al acabar la guerra se refugió en España, desde donde fue deportado a Francia, condenado a muerte y ejecutado.

LAVALLE, JUAN Militar argentino (Buenos Aires, 1797 - San Salvador de Jujuy, 1841). Combatió en las guerras de la Independencia bajo las órdenes de Belgrano, San Martín y Bolívar, y en la guerra entre Brasil y Argentina. En 1828 depuso y mandó ejecutar a M. Dorrego. Tras ser derrotado por Rosas, se exilió en Montevideo desde donde intentó, en 1840, una invasión a Buenos Aires.

LAVALLEJA Departamento de Uruguay; 10.016 km² y 60.618 h. Su capital es Minas.

lavandera blanca.

LAVALLEJA, JUAN ANTONIO Militar y político uruguayo (Minas, 1786 - Montevideo, 1853). Desde Buenos Aires dirigió la expedición de los Treinta y Tres en Uruguay, bajo dominio brasileño. Formó parte del triunvirato que gobernó en 1853.

LAVAMANOS m. 1 Recipiente pequeño con agua que se utiliza en la mesa, para enjuagarse los dedos. 2 Depósito de agua con caño, llave y pila para lavarse las manos. ♦ Su pl. es lavamanos.

LAVANDA f. Bot. Nombre de varias especies de matorrales pertenecientes a la familia labiadas, género Lavándula, como el cantueso y el espliego.

LAVANDERA f. Zool. Nombre de varias especies de aves paseriformes del género Motacilla, terrestres, de pequeño tamaño, gráciles, con patas y de cola largas, y pico delgado y corto.

lava. Erupción del volcán Etna (Sicilia).

LAVANDERÍA f. Establecimiento para el lavado de la ropa.
LAVÁNDULA f. *Bot.* Género de plantas de la familia labiadas al que pertenecen el espliego y el cantueso.
LAVAOJOS m. *Farm.* Copita de cristal para aplicar a los ojos líquidos medicamentosos.
LAVAPLATOS m. **1** Máquina para lavar vajilla, cubertería y batería de cocina mediante agua a presión y fuerte temperatura. || com. **2** Persona que tiene por oficio lavar platos. ♦ Su pl. es *lavaplatos*.
LAVAR tr. **1** Limpiar algo con agua u otro líquido. También como prnl. **2** Dar los albañiles la última mano al blanqueo, pulimentándolo con un paño mojado. **3** fig. Purificar, quitar un defecto, mancha o descrédito. **4** *Min.* Purificar los minerales por medio del agua. || intr. **5** Hablando de tejidos, prestarse más o menos al lavado.
LAVARDÉN, MANUEL JOSÉ DE Escritor argentino (Buenos Aires, 1754 - íd., 1809). Autor de *Siripo* (1789), tragedia, y *Oda al majestuoso río Paraná* (1801), poesía neoclasicista.
LAVATER, JOHANN KASPAR Filósofo y escritor suizo en lengua alemana (Zurich, 1741 - íd., 1801). Elaboró un sistema que permitía conocer, por la fisonomía, el carácter de las personas. De su obra literaria y filosófica destacan *Cantos suizos* (1767) y *Visiones de la eternidad* (1786).
LAVATIVA f. *Med.* **1** Introducción de un líquido en el cuerpo a través del ano para limpiar y provocar la evacuación del vientre. **2** Instrumento que se emplea para este fin.
LAVATORIO m. **1** Acción de lavar o lavarse. **2** Ceremonia de lavar los pies a algunas personas en la misa de jueves santo. **3** *Amér.* Jofaina, palangana. **4** *Amér.* Lavabo, pieza de la casa dispuesta para el aseo.
LAVAVAJILLAS m. LAVAPLATOS. ♦ Su pl. es *lavavajillas*.
LAVAZAS f. pl. Agua sucia o mezclada con las impurezas de lo que se lavó en ella.
LAVERAN, CHARLES LOUIS ALPHONSE Médico y microbiólogo francés (París, 1845 - íd., 1922). Descubrió el agente causal del paludismo. Premio Nobel de Fisiología y Medicina (1907).
LAVIGERIE, CHARLES Cardenal francés (Bayona, 1825 - Argel, 1892). Llevó a cabo una labor de evangelización de los nativos de África y Próximo Oriente, para lo cual fundó la congregación de Padres Blancos (1868) y de las Hermanas Misioneras (1869).
LAVINIA *Mit.* Hija de Latino y de Amata, y esposa de Eneas, que fundó en su honor la ciudad de Lavinium.
LAVINIUM *Mit.* Antigua ciudad de Italia, fundada por Eneas.
LAVOISIER, ANTOINE-LAURENT DE Químico francés (París, 1743 - íd., 1794). Se le considera uno de los creadores de la química moderna. Enunció la *ley de la conservación de la masa*, descubrió el oxígeno y que el aire era una mezcla de este gas y nitrógeno; puso de manifiesto la importancia del oxígeno en las combustiones y fue el primero en considerar la respiración como una oxidación destinada a producir energía para el organismo. Llevó a cabo importantes trabajos acerca del calor y, juntamente con Laplace, formuló la *ley de la termoquímica*, según la cual, el calor de descomposición de un compuesto es igual al calor de formación, y de signo contrario.
LAVOTEAR tr. **1** fam. Lavar aprisa, mucho y mal. || prnl. **2** fam. Lavarse una persona repetidamente y con esmero.
LAW, JOHN Financiero escocés (Edimburgo, 1671 - Venecia, 1729). Ideó un sistema para sanear las finanzas públicas, conocido como *sistema Law*, basado en la existencia de un banco emisor y una compañía que monopolizase el comercio exterior. En 1716 fundó en Francia la Banque Générale y, dos años después, la Compañía de las Indias.
LAW, WILLIAM Teólogo inglés (King's Cliffe, 1686 - íd., 1761). Autor de influyentes trabajos sobre ética y misticismo cristianos, como *Treatise Upon Christian Perfection* (1726).
LAWRENCE, D. H. (DAVID HERBERT LAWRENCE, más conocido como) Escritor inglés (Eastwood, 1885 - Vence, 1930). Glorificó a los instintos frente a las restricciones sociales. Sus novelas provocaron el escándalo por su crudeza y explicitud en los pasajes amorosos. Entre ellas figuran *Hijos y amantes* (1913), *Mujeres enamoradas* (1921) y *El amante de lady Chatterley* (1928).
LAWRENCE, ERNEST ORLAND Físico estadounidense (Canton, 1901 - Berkeley, 1958). Preparó un sistema de separación del uranio 235. En 1929 ideó las bases para la construcción del ciclotrón, con el que obtuvo el elemento tecnecio. En 1939 recibió el premio Nobel de Física.
LAWRENCE, SIR THOMAS Pintor inglés (Bristol, 1769 - Londres, 1830). Discípulo de Reynolds, está considerado como uno de los retratistas más importantes de su

Thomas **Lawrence**. *Los niños Calmady*. Museo Metropolitano de Arte (Nueva York).

tiempo. Entre sus obras destacan los retratos de *Mrs. Siddons* (1797), *Francis Baring* (1807), *Lady Blessington* (1822) y *John Nash* (1827).
LAWRENCE, THOMAS EDWARD (más conocido como LAWRENCE DE ARABIA) Militar inglés (Tremadoc, 1888 - Moreton, 1935). Miembro del Servicio de Inteligencia británico en los países de lengua árabe, fue consejero del rey Hussein y principal organizador de la revuelta contra los turcos. Es autor de *Los siete pilares de la sabiduría* (1926).
LAWSONITA f. *Miner.* Mineral silicato hidratado de aluminio y calcio, de fórmula $CaAl_2(OH)_2Si_2O_7 \cdot H_2O$.
LAXANTE adj. **1** Que laxa. || m. *Farm.* **2** Medicamento para mover el vientre y facilitar la evacuación de los intestinos.
LAXAR tr. y prnl. *Med.* Aflojar, disminuir la tensión de una cosa.
LAXE Municipio de España, provincia de A Coruña; 3.479 h.
LAXISMO m. Doctrina en la que predomina la moral laxa.
LAXNESS, HALLDOR Novelista islandés en lengua danesa (Reykiavik, 1902 - íd., 1998). Influido por Strindberg y Joyce, entre sus obras cabe destacar *Salka Valka* (1931-1932) y *Campanas de Islandia* (1943). En 1955 le fue concedido el premio Nobel de Literatura.
LAXO, XA adj. **1** Flojo, sin la tensión que naturalmente debe tener. **2** fig. Se dice de la moral relajada, poco firme o poco severa.
LAY o **LAI** m. *Lit.* Pequeños poemas narrativos, semejantes a novelitas en verso, cantados por los bardos galeses. En el siglo XII fueron traducidos al francés e iniciaron en el continente las leyendas del rey Arturo.
LAYA¹ f. *Agr.* Pala fuerte de hierro con mango de madera, que sirve para labrar la tierra y revolverla.
LAYA² f. Calidad, especie, género.
LAYETANO, NA adj. *Etnol.* e *Hist.* **1** Se dice de un pueblo prerromano que habitaba la actual costa catalana entre los ríos Llobregat y Tordera. Más como m. pl. **2** Se dice también de sus individuos. También s. **3** Relativo a este pueblo.
LAYO *Mit.* Rey de Tebas, esposo de Yocasta y padre de Edipo.
LAZADA f. **1** Atadura o nudo que se suelta tirando de uno de los cabos. **2** Cada anilla que forma un nudo.
LAZAR tr. Coger o sujetar con lazo.
LAZARETO m. **1** Establecimiento sanitario para aislar a los infectados de enfermedades contagiosas. **2** Hospital de leprosos.
LAZARILLO m. Persona o animal que guía o acompaña a un ciego u otra persona necesitada de alguna ayuda. También adj.
LAZARILLO DE TORMES Novela picaresca española de autor desconocido, origen y modelo en su género, que con el título de *Vida de Lazarillo de Tormes y de sus fortunas y adversidades* (1554) apareció simultáneamente en Burgos, Alcalá y Amberes. La obra, dividida en siete capítulos o tratados, está escrita en primera persona y tiene una estructura epistolar. Lázaro, hijo de un ladrón y acemilero, queda huérfano en Salamanca. Comienza entonces una serie de aventuras en las que entra al servicio de diferentes amos y ejerce varios oficios. Supuso una extraordinaria innovación por su estilo llano, por su realismo y por introducir en la literatura española la figura del antihéroe como protagonista.
LÁZARO Pobre leproso de la parábola del rico Epulón, relatada por san Lucas en su *Evangelio*.
LÁZARO, SAN Hermano de Marta y María de Betania, amigo y discípulo de Jesús, quien lo resucitó a los cuatro días de haber sido sepultado.
LÁZARO, HIPÓLITO Tenor español (Barcelona, 1887 - íd., 1974). Estrenó varias obras de Mascagni y escribió una obra didáctica titulada *Mi método de canto* (1947).
LAZO m. **1** Atadura o nudo de cinta, cordón, hilo, etc., que sirve para sujetar algo o como adorno. **2** Cualquier adorno que imita esta forma. **3** Cuerda con una lazada corrediza para sujetar o cazar animales. **4** Trampa; engaño. **5** Vínculo, obligación. || **tender** a uno **un lazo** fr. fig. Atraerle con engaño.
LAZURITA f. *Miner.* Constituyente del LAPISLÁZULI.
LB *Metrol.* Abreviatura de libra, unidad de peso.
LE Dativo del pronombre personal de tercera persona en género masculino o femenino y número singular. Se usa también como acusativo del mismo pronombre en igual número y sólo en masculino. (Véase LEÍSMO.) No admite preposición, y en ambos casos se puede usar como enclítico.
LE BRUN o **LEBRUN, CHARLES** Pintor francés (París, 1619 - íd., 1690). Representante del academicismo clasicista del siglo XVII, fue nombrado primer pintor de Luis XIV (1664). De su obra destacan *Galería de Apolo* (1661), en el Louvre; y el *Salón de los espejos* (1671).
LE CARRÉ, JOHN (DAVID CORNWELL, llamado) Escritor británico (Poole, 1931). Autor de novelas de espionaje cuya temática fundamental gira en torno a la guerra fría. Entre ellas destacan *El espía que surgió del frío* (1963), *El topo* (1974), *La gente de Smiley* (1980), *La chica del tambor* (1983), *La casa Rusia* (1989) y *Nuestro juego* (1995).

Charles **Le Brun**. *El canciller Seguier*. Museo del Louvre (París).

El valle del **Lech** visto desde el pico Rüfikopf (Austria).

Le Châtelier, Henri-Louis Físico y químico francés (París, 1850 - Miribel-les-Échelles, 1936). Construyó el primer pirómetro óptico y formuló diversas leyes de mecánica química. Completó la ley de las fases de Gibbs y estudió los equilibrios físico-químico.

Le Châtelier, principio de Quím. El formulado por Henri-Louis Le Châtelier, que afirma que la influencia externa sobre un sistema en equilibrio induce en éste procesos tendentes a disminuir los efectos de esa influencia.

Le Corbusier (Charles Édouard Jeanneret-Gris, llamado) Arquitecto y urbanista suizo-francés (Le Chaux-de-Fonds, 1887 - Roquebrune-Cap-Martin, 1965). Renovador de las concepciones sobre urbanismo, potenció la funcionalidad y proclamó la reducción de los edificios a las formas geométricas básicas. En los años treinta realizó la Casa de Suiza y la Casa del Ejército de Salvación, en París (1930-33). Obras posteriores son la urbanización y ministerio de Chandigarh (1950-60) y el Capitolio y el Carpenter Center for the Visual Arts, en la Universidad de Harvard (1961).

Le Duan Político vietnamita (Quang Tri, 1908 - Hanoi, 1986). Sucedió a Ho Chi Minh como primer secretario del Partido de los Trabajadores (1960) y desde 1966 participó en las negociaciones de paz con EE UU. Fue secretario general del Partido Comunista desde 1976 hasta su muerte.

Le Duc Anh Político y militar vietnamita (?, 1920). Dirigente del Partido Comunista Vietnamita (PCV), fue nombrado ministro de Defensa y, en septiembre de 1992, jefe de Estado. Dimitió en 1997 alegando razones de salud.

Le Duc Tho Político vietnamita (Nam Ha, 1910 - Hanoi, 1990). Compañero de Ho Chi Minh, participó en la fundación del Vietminh (1941). Representó a su país en la firma de los acuerdos de París sobre la retirada de las tropas estadounidenses de Vietnam, por cuyos esfuerzos le fue concedido, junto con H. Kissinger, el premio Nobel de la Paz (1973), que no aceptó. En 1976 fue elegido miembro del politburó del Partido Comunista del Vietnam, cargo al que renunció en 1986.

Le Fanu, Joseph Sheridan Escritor irlandés (Dublín, 1814 - íd., 1875). Autor de historias de terror, género en el que se le considera un maestro. Son célebres sus novelas *La casa junto al cementerio* (1863) y *Tío Silas* (1864).

Le Goff, Jacques Historiador francés (Tolón, 1924). Especialista en la mentalidad y las clases sociales de la Edad Media, es autor de *Los intelectuales en la Edad Media* (1957) y *La civilización del occidente medieval* (1965).

Le Jeune, Claude o **Claudin** Compositor francés (?, h. 1528 - París, 1600). Su celebridad se basa en las *chansons mesurées à l'antique*, género que influyó en la música monódica.

Le Mans Mans, Le.

Le Nain, Antoine Pintor francés (Laon, 1588 - París, 1648). Sus composiciones están impregnadas de un acento muy humano. Autor de *Reunión de familia*.

Le Nain, Louis Pintor francés (Laon, 1593 - París, 1648). Hermano del anterior. Influido por Caravaggio, cultivó el género religioso y mitológico: *La carreta*, *Cena de campesinos*, *Venus en la fragua de Vulcano*.

Le Nain, Mathieu Pintor francés (Laon, 1607 - París, 1677). Hermano de los anteriores. Influido por Caravaggio, realizó retratos y escenas de género. Entre sus obras destacan *La reunión de músicos aficionados* y *Cuerpo de guardia*.

Le Nôtre, André Arquitecto francés (París, 1613 - íd., 1700). Fue el creador del jardín clásico francés y diseñó los jardines de Versalles.

Le Pen, Jean-Marie Político francés (Trinité-sur-Mer, 1928). Presidente de la formación de extrema derecha Frente Nacional desde 1972. Fue elegido eurodiputado en 1984, 1989 y 1994. En el año 2000 el Parlamento europeo le destituyó de su cargo.

Le Play, Pierre Guillaume Frédéric Economista francés (La Rivière, Saint-Sauveur, Calvados, 1806 - París, 1882). Promotor de un movimiento social basado en la familia. Autor de *Les ouvriers européens* (1855), *Organisation de la famille* (1871), *Organisation du travail* (1872).

Le Prince de Beaumont, Marie-Jeanne Escritora francesa (Rouen, 1711 - Chavanod, 1780). Tuvieron gran éxito sus narraciones para jóvenes, reunidas en *Magacín de los niños* (1760), en el que aparece el célebre cuento *La bella y la bestia*, y *Magacín de los adolescentes* (1760).

Le Sueur, Eustache Pintor francés (París, 1616 - íd., 1655). Academicista y acusadamente espiritual en su serie sobre la *Vida de san Bruno* (Louvre), pintó además la serie de *Musas del palacio de Lambert* y *La misa de san Martín*.

Le Vau, Louis Arquitecto francés (París, 1612 - íd., 1670). Representante del clasicismo inició la construcción del palacio de Vaux-le-Vicomte (1656) y dirigió la ampliación del Louvre (1660-63).

Le Verrier, Urbain Jean Joseph Matemático y astrónomo francés (Saint-Lô, 1811 - París, 1877). Descubrió la existencia de Neptuno y predijo su posición mediante cálculos matemáticos.

Leach, sir Edmund Ronald Antropólogo británico (Sidmouth, 1910 - ?, 1989). Figura fundamental de la antropología cultural, fue uno de los primeros defensores del estructuralismo. Entre sus obras destacan *El estudio estructural del mito y del totemismo* (1967) y *Antropología social* (1982).

Leakey, Louis Seymour Bazett Prehistoriador y antropólogo británico de origen keniano (Kabete, Kenia, 1903 - Londres, 1972). Dirigió numerosas expediciones arqueológicas en la Garganta de Olduvai (Tanzania) y en 1960, descubrió los restos de un antiguo homínido de 1,8 millones de años de antigüedad, precursor del *Homo habilis*.

Leakey, Richard Paleoantropólogo keniano (Nairobi, 1944). Hijo de Louis, en 1972, descubrió el NE del lago Turkana un cráneo fósil de 2,8 millones de años de antigüedad, que se piensa pertenece al primer precursor del *Homo sapiens*.

leal adj. **1** Fiel a personas o cosas. También com. **2** Se dice de las acciones propias de una persona fiel. **3** Fidedigno, verídico y legal.

Leal, António Duarte Gomes Poeta lírico portugués (Lisboa, 1849 - íd., 1921). Discípulo de Guerra Junqueiro, es autor de *Claridades do Sul* (1875), *A historia de Jesus* (1883) y *O Anticristo* (1884).

lealtad f. **1** Cualidad de leal, fiel. **2** Legalidad, verdad, realidad.

Lean, David Director de cine británico (Croydon, 1908 - Londres, 1991). Alcanzó sus mayores éxitos con grandes superproducciones, como *Oliver Twist* (1949), *El puente sobre el río Kwai* (1957) y *Lawrence de Arabia* (1962), por los que recibió sendos Oscar, *Doctor Zhivago* (1965), *La hija de Ryan* (1970) y *Pasaje a la India* (1984).

Leandro Héro.

leasing (Voz i.) m. *Econ*. Sistema de arrendamiento de bienes de equipo, en el que una empresa especializada interviene entre el vendedor y el arrendatario.

Léautaud, Paul Novelista y ensayista francés (París, 1872 - Robinson-sur-Seine, 1956). Sus obras principa-

les son *Poetas de hoy día* (1900), *El amiguito* (1903), *En memoria* y *Pasatiempos* (1929) y *Pequeño debate literario* (1949).

Leavitt, Henrietta Swan Astrónoma estadounidense (Lancaster, 1868 - Cambridge, 1921). Su logro principal fue la demostración de que las estrellas variables o cefeidas tienen una luminosidad cuyo periodo de variación está relacionado con su brillo absoluto. Esta ley se utilizó para medir la distancia de objetos muy lejanos, como las galaxias.

lebaniego, ga adj. y s. De Liébana.

lebeche m. *Meteor*. Viento del SE, cálido y muy seco que sopla en el litoral mediterráneo de la península Ibérica.

leberquisa f. *Miner*. PIRITA MAGNÉTICA.

Lebesgue, Henri Matemático francés (Beauvais, 1875 - París, 1941). Su principal logro fue la *integral de Lebesgue*, que permitió extender la integración y el concepto de área a ciertas funciones no representables gráficamente.

Lebowa Antiguo bantustán de la República Sudafricana. Su capital era Lebowakgomo.

lebrato m. *Zool*. Cría de la liebre que aún no es adulta.

lebrel, la adj. y s. *Zool*. Se dice de la raza de perro de caza, con el labio superior y las orejas caídos.

lebrero, ra adj. y s. **1** Aficionado a las cacerías o carreras de liebres. **2** *Zool*. Se dice del perro que sirve para cazar liebres. También s.

lebrijano, na adj. y s. De Lebrija.

lebrillo m. Vasija de barro más ancha por el borde que por el fondo.

Lebrun, Albert Político francés (Mercy-le-Haut, 1871 - París, 1950). Diputado por la izquierda democrática (1900), ministro de Colonias (1911) y presidente del Senado (1931). En 1932 fue elegido presidente de la República. Reelegido en 1937, cedió la jefatura del Estado al mariscal Pétain en 1940.

Lebrun, Charles Le Brun, Charles.

Lecce 1 Provincia de Italia, en Apulia; 2.759 km^2 y 814.346 h. **2** Ciudad capital de la misma; 100.474 h. Vino, aceite, tabaco. Catedral barroca.

lección f. **1** Conjunto de los conocimientos que un maestro puede enseñar o un alumno aprender de una vez. **2** Cada uno de los capítulos o partes en que están divididos los libros de texto. **3** Lo que cada vez señala el maestro al discípulo para que lo estudie. **4** Experiencia o consejo que enseña. || **dar** a uno **una lección** fr. fig. Hacerle comprender la falta que ha cometido.

Lecco Provincia de Italia, en la región de Lombardía; 816 km^2 y 301.357 h. Su capital es la ciudad del mismo nombre.

Lech Río de Austria y de Alemania, que nace en el Vorarlberg y desemboca en el Danubio, cerca de Ingolstadt; 260 km.

lecha f. *Zool*. **1** Licor seminal de los peces. **2** Cada una de las dos bolsas que lo contienen.

lechada f. **1** Masa de cal o yeso para blanquear paredes. **2** Líquido que tiene en disolución cuerpos insolubles muy divididos.

lechal adj. **1** *Zool*. Se dice del animal de cría que mama, en especial el cordero. También m. **2** *Bot*. Se dice de las plantas y frutos que tienen un zumo blanco semejante a la leche. || m. *Bot*. **3** Este mismo zumo.

lechazo m. *Zool*. Cordero lechal.

leche f. **1** *Bot*. LÁTEX. **2** *Bot*. Jugo blanco que se extrae de algunas semillas menudas y parduscas. **3** *Fisiol*. Líquido blanco que segregan las mamas de las hembras de los mamíferos para alimentar a sus crías, y que contiene agua en proporción variable, lactosa, proteínas como caseína y albúmina, sales de sodio, potasio, calcio y otras, grasas, vitaminas A, C, D, algo de B_1 y B_2, ácido cítrico, y sustancias pigmentarias que funcionan como provitaminas y proporcionan a este líquido un cierto color amarillento. La leche de algunos animales, como la vaca o la cabra, se emplea también como alimento de las personas y para elaborar queso. **4** *Zool*. Con algunos nombres de animales significa que éstos maman todavía. **5** *Zool*. Con algunos nombres de hembras de animales vivíparos significa que éstas se tienen para aprovechar la leche que dan. **6** fig. Primera educación o enseñanza. **7** fig. y fam. Velocidad, genio, golpe, bofetada. Con sentido peyorativo, es voz malsonante. || **leche condensada** La concentrada, en la que se ha eliminado parte del agua y añadido azúcar (17-18%) para darle consistencia. || **leche esterilizada** La que se ha sometido a calentamiento por encima de 120 °C, que elimina todos los gérmenes, aunque altera algo su sabor, color y valor nutritivo. || **leche merengada** La que en repostería se prepara con leche, azúcar en polvo, claras de huevo y canela. || **leche pasteurizada** La que se ha sometido a calentamiento rápido a 62,8 °C ó 95 °C, según el procedimiento empleado, y después se enfría a 10 °C (temperatura de conservación). || **leche en**

POLVO Aquella en que se ha eliminado la totalidad del agua en un proceso a baja presión y temperatura inferior a 50 °C. || **LECHE UPERIZADA** La que se ha sometido a un tratamiento especial por debajo de 120 °C. || **a toda leche** vulg. A toda velocidad.

LECHECILLAS f. pl. *Zool.* **1** Mollejas de cabrito, cordero, ternera, etc. **2** Entrañas del animal, asaduras.

LECHERO, RA adj. **1** Que contiene leche o alguna de sus propiedades. **2** Relativo a la leche. **3** *Gan.* Se dice de las hembras de animales que se tienen para que den leche, como ovejas, cabras, etc. || m. y f. **4** Persona que vende leche. || f. **5** Vasija en que se tiene o sirve la leche.

LECHETREZNA f. *Bot.* Nombre de diversas plantas de la familia euforbiáceas, género *Euphorbia*, cuyo jugo lechoso y acre es usado en medicina.

LECHIGADA f. **1** *Zool.* Conjunto de animales que han nacido de un parto y se crían juntos en el mismo sitio. **2** fig. y fam. Conjunto de pícaros y maleantes.

LECHÍN adj. *Agr.* **1** Se aplica a una especie de olivo que se cultiva en la comarca española de Écija. También m. **2** Se dice de la aceituna de este olivo, muy rica en aceite.

LECHÍN OQUENDO, JUAN Dirigente obrero boliviano (Corocoro, 1912 - La Paz, 2001). Ministro de Energía con Paz Estenssoro y vicepresidente de la República (1960-64), fundó el Partido Revolucionario de la Izquierda Nacionalista (1964), pero, tras el golpe del coronel Banzer, se exilió (1971). Regresó definitivamente en 1983 y fue reelegido secretario general de la Central Obrera Boliviana. En 1987 se retiró de la política.

LECHO m. **1** Cama con colchones, sábanas, etc., para dormir y descansar. **2** fig. Porción de algunas cosas que se ponen extendidas horizontalmente sobre otras. **3** *Arquit.* Superficie de una piedra sobre la cual se ha de asentar otra. **4** *Geol.* Cauce por donde corren las aguas de un río o un arroyo. **5** *Geol.* Fondo del mar o de un lago. **6** *Geol.* Capa de los terrenos sedimentarios, estrato. **7** *Quím.* Masa porosa a través de la cual se pasa un líquido con el propósito de llevar a cabo una reacción química.

LECHÓN, NA m. **1** *Zool.* Cochinillo de leche. || m. y f. **2** Por extensión, puerco macho de cualquier edad. **3** fig. y fam. Persona sucia, desaseada. También adj.

LECHOSO, SA adj. **1** Que tiene cualidades o apariencia de leche. **2** *Bot.* Se dice de las plantas y frutos que tienen un jugo blanco semejante a la leche. || m. *Bot.* **3** PAPAYO, árbol.

LECHUGA f. **1** *Bot.* Planta herbácea perteneciente a la familia compuestas, de nombre científico *Lactuca sativa*, de hojas grandes y comestibles, que se cultiva en huerta y se consume generalmente en ensalada. **2** fam. Billete de mil pesetas. || **ser más fresco que una lechuga** fr. fig. Ser muy descarado.

LECHUGUILLA f. **1** *Bot.* Lechuga silvestre. **2** Cuello o puño de camisa muy almidonado y rizado de uso habitual en tiempos de Felipe II y Felipe III.

LECHUGUINO, NA m. y f. **1** *Bot.* Lechuga pequeña. **2** fig. y fam. Muchacho que presume de ser hombre maduro. También adj. || m. y f. **3** Joven que sigue rigurosamente la moda. También adj.

LECHUZA f. **1** *Zool.* Nombre de varias especies de aves estrigiformes, de las familias titónidas y estrígidas. Es una rapaz nocturna, de unos 34 cm de longitud, plumaje blanco en las partes inferiores y pardo dorado claro con manchas negras en las superiores, y ojos negros. **2** fig. Mujer que se asemeja en algo a la lechuza. **3** fig. Noctámbulo, trasnochador. También adj.

lechuza

LECHUZO, ZA adj. y s. **1** Persona que por su aspecto se asemeja a una lechuza. || m. **2** fam. Tonto, hombre poco despierto. También adj.

LECITINA f. *Fisiol.* Fosfátido derivado del ácido glicerofosfórico que se encuentra en el cerebro, en la yema de huevo, en la mielina y, en general, en el protoplasma celular.

LECLANCHÉ, GEORGES Ingeniero francés (París, 1839 - íd., 1882). En 1877 inventó la pila eléctrica que lleva su nombre.

LECLERC (PHILIPPE DE HAUTECLOCQUE, llamado) Mariscal francés (Belloy-Sainte-Léonard, 1902 - cerca de Colomb-Béchar, 1947). Desembarcó en Normandía, entró en París, donde recibió la rendición de Choltitz (1944), y liberó Estrasburgo (1944).

LECLERC, CHARLES VICTOR EMMANUEL General francés (Pontoise, 1772 - Cap-Français, 1802). Casó con Paulina Bonaparte y fue nombrado comandante de la expedición a Santo Domingo (1802) que consiguió la sumisión de Toussaint-Louverture.

LECONTE DE LISLE, CHARLES-MARIE Poeta francés (isla de Reunión, 1818 - Louveciennes, 1894). Animador del movimiento parnasiano, influyó en P. Verlaine y S. Mallarmé. Es autor de *Poemas antiguos* (1852), *Poemas bárbaros* (1862) y *Poemas trágicos* (1884).

LECOQ, FRANÇOIS Químico francés (Cognac, 1838 - París, 1912). Descubrió varios elementos químicos desconocidos: galio, samario y disprosio.

-LÉCTICA suf. LOG-.

LECTIVO, VA adj. Se aplica al tiempo y días destinados a dar clase en los centros de enseñanza.

LECTOR, RA adj. y s. **1** Que lee. || m. y f. **2** Profesor auxiliar de un idioma extranjero que enseña su lengua materna. **3** En las editoriales, persona que examina los originales recibidos y asesora sobre ellos. || m. *Fís.* **4** Aparato para leer señales grabadas en una cinta, un disco, etc., y transformarlas en sonido, imágenes, etc.

LECTOR ÓPTICO *Fís.* Aparato electrónico que se usa para interpretar e identificar ciertos códigos y señales, como los códigos de barras.

LECTORADO m. **1** Cargo de lector de idiomas en una universidad. **2** Orden de lector, segunda de las antiguas cuatro órdenes menores.

LECTURA f. **1** Acción de leer. **2** Obra o cosa leída. **3** Interpretación del sentido de un texto. **4** Exposición o discurso sobre un tema sorteado en las oposiciones o previamente determinado. **5** Acción de interpretar los datos facilitados por un instrumento o máquina. **6** *Fís.* Operación que consiste en reproducir las señales acústicas almacenadas en una grabación de cualquier naturaleza. || m. pl. **7** Cultura o conocimientos de una persona.

LECUNA LANDER, JUAN VICENTE Compositor venezolano (Valencia, 1899 - Roma, 1954). Autor de *Suite venezolana*, *Sonata* (arpa), *Concierto* (piano) y *Cuarteto* (cuerda).

LECUONA, ERNESTO Compositor y pianista cubano (Guanabacoa, 1896 - Santa Cruz de Tenerife, 1963). Autor de canciones populares como *Malagueña*, *Siboney*, o *Rosa de China*. Escribió una ópera, *El sombrero de yarey*, y numerosas zarzuelas, como *Cafetal* y *María de la O*.

LEDA *Mit.* Esposa de Tindáreo y amada de Zeus, el cual se metamorfoseó en cisne para seducirla. De esta unión nacieron Pólux y Helena.

LEDDA, GAVINO Escritor italiano (Siligo, 1938). En la novela *Padre patrón* (1975) narra su rebeldía contra la incultura a la que le abocaba el ambiente campesino de Cerdeña. Es autor además de *Lengua de hoz* (1977), *El perro, amigo del viento* (1978) y *El muflón* (1985).

LEDERBERG, JOSHUA Bioquímico estadounidense (Montclair, 1925). Premio Nobel de Fisiología y Medicina en 1958, compartido con Tatum y G. Wells Beadle, por sus descubrimientos relativos a la recombinación sexual de los materiales genéticos en las bacterias.

LEDERMAN, LEON MAX Físico estadounidense (Nueva York, 1922). Logró el desarrollo de haces de neutrinos y la demostración de la estructura en dobletes de los leptones mediante el descubrimiento del neutrino muónico. En 1988 recibió el premio Nobel de Física, compartido con M. Schwartz y J. Steinberger.

LEDESMA, ROBERTO Escritor argentino (Buenos Aires, 1901 - íd., 1966). En su obra predominan las oposiciones conceptistas y los juegos verbales: *La llama* (1955), *El pájaro en la tormenta* (1958).

LEDESMA RAMOS, RAMIRO Político español (Alfaraz, 1905 - Paracuellos del Jarama, 1936). Fundó en 1931 las Juntas de Ofensiva Nacional Sindicalista (JONS), que se fusionaron con Falange Española en 1934. En 1935 abandonó la organización por considerar que se había apartado de los ideales nacionalsindicalistas. Fue encarcelado y fusilado al comenzar la Guerra Civil.

LEDOUX, CLAUDE NICOLAS Arquitecto francés (Dormans, 1736 - París, 1806). Al servicio de Luis XVI desde 1773, en cuya obra mezcla elementos clásicos y barrocos. Trazó las nuevas barreras aduaneras de París y construyó, entre otros, el palacio de Mme. du Barry, en Versalles (1772).

LEE, DAVID M. Físico estadounidense (Rye, Nueva York, 1931). En 1996 recibió el premio Nobel de Física, junto a R. C. Richardson y D. D. Osheroff, por el descubrimiento de un nuevo estado de la materia: superfluidez anisótropa.

LEE, ROBERT EDWARD General estadounidense (Stratford, 1807 - Lexington, 1870). Al estallar la guerra de Se-

Leda y el cisne. Cuadro de Tiziano. Galería Sabauda (Turín).

cesión (1861), se unió a los confederados. En 1862 fue general en jefe del ejército de Virginia del Norte, con el que logró varias victorias, pero en 1863 fue vencido en Gettysburg. Capituló ante Grant en Appomattox Court.

LEE, TSUNG DAO Físico estadounidense de origen chino (Shanghai, 1926). En 1957 recibió el premio Nobel de Física, compartido con Ch. N. Yiang, por sus trabajos sobre la no conservación de la paridad en las interacciones débiles.

LEE, YUAN TSEH Químico estadounidense de origen chino (Hsin-chu, 1936). En colaboración con D. R. Herschbach, ha desarrollado la técnica de los haces moleculares cruzados para utilizarla con sustancias complejas. En 1986 recibió el premio Nobel de Química, compartido con Herschbach y J. C. Polanyi.

LEE KUAN YEW Político de Singapur (Singapur, 1923). Artífice de la independencia, negoció la integración de su país en la Federación Malasia, de la que se separó en 1965. Primer ministro de la República de Singapur desde ese año, dimitió en 1990.

LEE THENG-HUI Político de Taiwan (Tamsui, 1923). Vicepresidente con Chiang Ching-kuo, a quien sucedió en la jefatura del Estado en 1988. Confirmado en su cargo en 1990, logró la victoria en las elecciones de 1996. En 2000 fue sustituido por Chen Shui-bian.

LEEDS Ciudad del Reino Unido en el NE de Inglaterra; 721.800 h. Principal centro de la industria textil lanera del país. Universidad.

LEER tr. **1** Pasar la vista por lo escrito o impreso, comprendiendo los signos empleados, y pronunciando o no las palabras representadas. **2** Entender o interpretar un texto. **3** Decir en público el discurso llamado lección, en las oposiciones y otros ejercicios literarios. **4** Descifrar y traducir en sonido las notas musicales. **5** fig. Conocer el interior de alguien o algo por lo que exteriormente muestra. ♦ IRREG. Ver cuadro.

LEER

INDICATIVO
Pres.: leo, lees, lee, leemos, leéis, leen.
Pret. imperf.: leía, leías, etc.
Pret. indef.: leí, leíste, leyó, leímos, leísteis, leyeron.
Fut. imperf.: leeré, leerás, leerá, etc.
Condic.: leería, leerías, leería, etc.
SUBJUNTIVO
Pres.: lea, leas, lea, etc.
Pret. imperf.: leyera, leyeras, etc., o leyese, leyeses, etc.
Fut. imperf.: leyere, leyeres, leyere, etc.
IMPERATIVO: lee, leed.
PARTICIPIO: leído.
GERUNDIO: leyendo.

LEEUWENHOEK, ANTON VAN Naturalista holandés (Delft, 1632 - íd., 1723). Revolucionó la biología con la construcción de diversos microscopios, que empleó en la observación de bacterias, protozoos, espermatozoides, glóbulos rojos de la sangre, células de las levaduras y piezas bucales de los insectos.

LEEWARD ISLANDS BARLOVENTO, ISLAS DE; grupo insular de las Pequeñas Antillas.

Fernand **Léger**. *El remolcador.* Museo de Pintura y Escultura (Grenoble).

LEFA f. SEMEN. Es voz malsonante.
LEFEBVRE, GEORGES Historiador francés (Lille, 1874 - Boulogne-Billancourt, 1959). Especialista en la Revolución Francesa, dirigió los *Annales historiques de la Révolution.*
LEFEBVRE, HENRI Filósofo francés (Hagetmau, 1901 - Pau, 1991). Consideró el pensamiento de Marx como la clave del humanismo, superador de la lucha de clases. Entre sus obras destacan *El marxismo* (1947), *Le langage et la société* (1966), *La fin de l'histoire* (1970) y *Le retour de la dialectique* (1986).
LEFEBVRE, MARCEL Prelado francés (Turcoing, 1905 - Martigny, Suiza, 1991). Durante el concilio Vaticano II defendió la ortodoxia de la iglesia contra la nueva teología. Su ideología se relaciona con las ideas de Maurras. En 1988 fue excomulgado por consagrar obispos sin la aprobación de Juan Pablo II.
LEGACIÓN f. **1** *Polít.* Cargo que da un gobierno a un individuo para que le represente ante otro gobierno extranjero. **2** Conjunto de los empleados que el legado tiene a sus órdenes. **3** Sede de la representación diplomática.
LEGADO[1] (Del lat. *legātus.*) m. **1** Sujeto que una suprema potestad eclesiástica o civil envía a otra para tratar un negocio. **2** Enviado del Papa. **3** Presidente de cada una de las provincias directamente sujetas o reservadas a los emperadores romanos.
LEGADO[2] (Del lat. *legātum.*) m. **1** Disposición especial que incluye un testador en su testamento o codicilo, y que afecta a una o varias personas naturales o jurídicas. **2** Lo que se deja o transmite a los sucesores.
LEGAJO m. Atado de papeles, o conjunto de los que están reunidos por tratar de una misma materia.
LEGAL adj. **1** Establecido por la ley y conforme a ella. **2** Perteneciente o relativo a la ley. **3** Leal, digno de confianza.
LEGALISTA adj. y com. Que antepone a cualquier otra consideración la aplicación literal de las leyes.
LEGALIZAR tr. **1** Dar estado legal a una cosa. **2** Comprobar y certificar la autenticidad de un documento o de una firma.
LÉGAMO m. **1** *Agr.* Parte arcillosa de las tierras de labor. **2** *Geol.* Cieno, lodo o barro pegajoso.
LEGANAL m. *Geol.* Terreno pantanoso, con abundancia de légamo.
LÉGANO m. *Geol.* LÉGAMO.
LEGAÑA f. Secreción sebácea de las glándulas de Meibomio, en el ojo, que se seca en el borde de los párpados y en los ángulos de la abertura de los ojos.
LEGAR tr. **1** Dejar una persona a otra algún legado en el testamento o codicilo. **2** Enviar a uno de legado a algún sitio. **3** fig. Transmitir ideas, artes, etc.
LEGATARIO, RIA m. y f. Persona natural o jurídica a la que se deja algún legado.
LEGAZPI, MIGUEL LÓPEZ DE Navegante y conquistador español (Zumárraga, h. 1510 - Madrid, 1572). Encargado por Velasco, virrey de Nueva España, de la expedición de conquista de Filipinas (1563), fue nombrado gobernador y capitán general del archipiélago (1569). Fundó Manila en 1571.
LEGENDARIO, RIA adj. **1** Relativo a las leyendas. **2** Por extensión, se dice de la persona o cosa que tiene más de tradicional o fabuloso que de histórico. **3** Muy famoso.
LEGENDRE, ADRIEN-MARIE Matemático francés (Toulouse, 1752 - París, 1833). Autor de importantes trabajos sobre la teoría de los números y de una clasificación de las integrales elípticas.

LÉGER, FERNAND Pintor francés (Argentan, 1881 - Gif-sur-Ivette, 1955). A partir del cubismo y del arte abstracto evolucionó hacia un estilo muy personal, en el que subraya los volúmenes en forma geométrica, relacionándolos con imágenes esquemáticas de la vida real o soñada. Entre sus obras destacan *El remolcador* (1918) y *Los ciclistas* (1942-45).
LEGHORN (Voz i.) adj. *Veter.* Se dice de una raza de gallinas muy ponedoras, oriunda de Liorna, Italia.
LEGIBLE adj. Que se puede leer.
-LEGIO suf. -LOGÍA, de escoger.
LEGIÓN f. **1** *Mil. e Hist.* Cuerpo de tropa romana compuesto de infantería y caballería, que se constituyó en la unidad básica del ejército romano. Desde la época de Mario estaba formado por 6.000 hombres. En tiempos del imperio el ejército permanente constaba de 25 a 30 legiones, divididas en cohortes, manípulos y centurias. **2** fig. Número indeterminado de personas y seres vivos. **3** *Mil.* Nombre de ciertos cuerpos de tropas de elite compuestas inicialmente por voluntarios extranjeros. || **LEGIÓN EXTRANJERA ESPAÑOLA** *Mil.* e *Hist.* También se la llama *La Legión*. Unidad militar española creada en el año 1920 por el general Millán Astray con el nombre de Tercio de Extranjeros, para actuar en la guerra de Marruecos. Jugó un importante papel en la Guerra Civil. || **LEGIÓN EXTRANJERA FRANCESA** *Mil.* e *Hist.* Cuerpo militar creado en Argelia en 1831. Fue un elemento decisivo en la expansión colonial francesa durante los siglos XIX y XX. || **LEGIÓN DE HONOR** Orden francesa fundada por Napoleón Bonaparte en 1802, que se destina a premiar servicios relevantes. Es el más alto galardón que concede Francia a civiles y militares.
LEGIONARIO, RIA adj. **1** Relativo a la legión. || m. **2** Soldado que servía en una legión romana. **3** En los ejércitos modernos, soldado de algún cuerpo de los que tienen el nombre de legión.
LEGIONELOSIS f. *Pat.* Enfermedad contagiosa causada por la bacteria *Legionella pneumophilia*, que provoca congestión, fiebre o neumonía y puede causar la muerte del paciente.
LEGISLACIÓN f. **1** Conjunto de leyes de un Estado, o sobre una materia determinada. **2** Ciencia de las leyes. **3** Acción de legislar.
LEGISLAR tr. Dar, hacer, reformar o establecer leyes.
LEGISLATIVO, VA adj. **1** Se dice del derecho o potestad de hacer leyes. **2** Se dice del cuerpo o código de leyes. **3** Autorizado por una ley. **4** PODER LEGISLATIVO.
LEGISLATURA f. **1** Tiempo durante el cual funcionan los cuerpos legislativos de una nación. **2** Período de sesiones de cortes durante el cual subsisten la mesa y las comisiones permanentes elegidas en cada cuerpo colegislador. **3** *Amér.* Congreso o asamblea legislativa.
LEGISMO *Filos.* Escuela filosófica china, opuesta al confucianismo.
LEGISTA com. **1** Persona entendida en leyes civiles o que enseña leyes. **2** Persona que estudia jurisprudencia o leyes.
LEGÍTIMA f. *Der.* Porción de la herencia de la que el testador no puede disponer libremente, por asignarla la ley a determinados herederos llamados forzosos.
LEGITIMAR tr. **1** Convertir algo en legítimo. También prnl. **2** Probar o justificar la legitimidad de una persona o cosa conforme a las leyes. **3** Garantizar la autenticidad de un documento o firma. **4** Hacer legítimo al hijo que no lo era.
LEGITIMIDAD f. **1** Calidad de legítimo. **2** Derecho de un poder político a establecer su autoridad.
LEGITIMISTA adj. y com. Partidario de un príncipe o de una dinastía por considerar que tiene la legitimidad para reinar.

LEGÍTIMO, MA adj. **1** Conforme a las leyes. **2** Cierto, genuino y verdadero en cualquier línea. **3** Se dice del hijo nacido dentro de un matrimonio legalmente establecido.
LEGNANO Ciudad de Italia, provincia de Milán; 50.018 h. Victoria de la Liga lombarda sobre el emperador Federico I Barbarroja (1176).
LEGO, GA adj. **1** Que no tiene órdenes clericales. También s. **2** Falto de instrucción en una materia determinada. || m. **3** En los conventos de religiosos, el que siendo profeso no tiene opción a las sagradas órdenes.
LEGRA f. **1** *Med.* Instrumento que se emplea para legrar. **2** Instrumento que sirve para tallar ciertos objetos de madera.
LEGRADO m. *Med.* **1** Acción y efecto de legrar. **2** Acción de legrar o raspar una cavidad del organismo, especialmente la uterina, para limpiarla de cualquier resto. Se conoce también como *raspado*.
LEGRAR tr. *Med.* **1** Raspar la superficie de los huesos separando la membrana fibrosa que los cubre o la parte más superficial de la sustancia ósea. **2** Hacer un legrado.
LEGUA f. *Metrol.* Medida itineraria que equivale a 5.572 m y 7 dm. || **LEGUA MARINA** *Metrol.* La que se usa para medir distancias marinas y equivale a 5.555 m y 55 cm.
LEGUÍA Y SALCEDO, AUGUSTO BERNARDINO Político peruano (Lambayeque, 1864 - Callao, 1932). Fue presidente de la República (1908-12). En 1919 derrocó al presidente Pardo y Barreda y asumió el poder. Tras reformar la Constitución en 1923, se hizo reelegir dos veces más (1924 y 1929). En 1930 fue derrocado y encarcelado.
LEGUIZAMÓN, MARTINIANO Escritor e historiador argentino (Rosario Tala, 1858 - Buenos Aires, 1935). Dentro de su producción literaria destacan el drama *Calandria* (1896); entre sus estudios literarios e históricos, *El primer poeta criollo del Río de la Plata* (1917) y *Papeles de Rosas* (1935).
LEGULEYO, YA m. y f. desp. El que trata de leyes conociéndolas escasamente.
LEGUMBRE f. *Bot.* **1** Fruto seco dehiscente, derivado de un ovario simple, como el de las judías o guisantes. **2** Cualquier planta que se cultiva en las huertas.
LEGUMINOSO, SA adj. y f. *Bot.* **1** Se dice de la planta herbácea, dicotiledónea cuyo fruto es una vaina o legumbre. || f. pl. *Bot.* **2** Orden de estas plantas.
LÉHAR, FRANZ Compositor húngaro (Vomorn, 1870 - Viena, 1948). Se dedicó, fundamentalmente, a la opereta, género en el que alcanzó gran éxito: *La viuda alegre* (1905).
LEHENDAKARI o **LENDAKARI** (Voz eusquera.) m. *Polít.* Presidente del gobierno autónomo vasco.
LEHN, JEAN MARIE PIERRE Químico francés (Rosheim, 1939). Sus investigaciones se han dirigido al campo de las macromoléculas cíclicas. En 1987 recibió el premio Nobel de Química, compartido con Pedersen y Donald J. Cram.
LEHNINGER, ALBERT LESTER Bioquímico estadounidense (Bridgeport, 1917). Se le debe el descubrimiento de las mitocondrias (1948).
LEIBL, WILHELM Pintor alemán (Colonia, 1844 - Wurzburgo, 1900). Autor de retratos y escenas de gé-

Wilhelm **Leibl**. *Mujeres en la iglesia.* Museo de Arte (Hamburgo).

nero de corte realista, como *La cocotte* o *Campesinas de Dachau.*

LEÍBLE adj. Que se puede leer.

LEIBNIZ, GOTTFRIED WILHELM Filósofo y matemático alemán (Leipzig, 1646 - Hannover, 1716). Afirmó que no existe una sustancia única, sino una pluralidad de ellas, las llamadas *mónadas,* sin más relación entre sí que la que dimana de su común procedencia de Dios. Sostuvo la existencia de una *armonía preestablecida* entre cualquier mónada y el resto del universo, de modo que los acontecimientos del mundo exterior son reflejados en la mónada. Distinguió entre verdades de razón, basadas en el principio de contradicción, y verdades de hecho, fundamentadas en el principio de razón suficiente. Desarrolló el cálculo infinitesimal con independencia de los trabajos de Newton. Escribió *Discurso de Metafísica* (1685), *Nuevo tratado sobre el entendimiento humano* (1701-04), *Ensayos de Teodicea* (1710) y *Monadología* (1714).

LEIBOWITZ, RENÉ Músico francés de origen polaco (Varsovia, 1910 - París, 1972). Discípulo de Ravel y Schoenberg, fue uno de los difusores del dodecafonismo.

LEICESTER Ciudad del Reino Unido, en Inglaterra; 294.300 h. Constituye un Consejo unitario. Actividad comercial e industrial (textiles y calzado).

LEICESTER, ROBERT DUDLEY, CONDE DE Político inglés (?, 1532 - Cornbury, 1588). Favorito de Isabel I, la reina le envió a las Provincias Unidas para apoyar la revuelta contra Felipe II.

LEICESTERSHIRE Condado del Reino Unido, en Inglaterra; 598.700 h.

LEIDEN o **LEYDEN** Ciudad de los Países Bajos, provincia de Holanda Meridional, al NE de La Haya; 115.473 h. Industria metalúrgica, textil y de artes gráficas. Universidad (siglo XVI).

LEIDEN, LUCAS DE Pintor y grabador holandés (Leiden, 1494 - íd., 1533). Sus grabados influyeron en la mayoría de los artistas europeos. Es autor del tríptico *El juicio final* (1526-27).

LEÍDO, DA adj. **1** Se dice de la persona que ha leído mucho y tiene gran erudición. **2** Con algunos adverbios como *más, bastante, muy,* etc., se aplica a las publicaciones que cuentan con muchos o pocos lectores. || f. **3** Acción de leer.

LEIGH, VIVIEN (VIVIAN MARY HARTLEY, llamada) Actriz de cine británica (Darjeeling, India, 1913 - Londres, 1967). Casada con Lawrence Olivier, alcanzó celebridad por sus interpretaciones en *Lo que el viento se llevó* (1939) y *Un tranvía llamado Deseo* (1952), por las que recibió sendos Oscar.

-LEIMA suf. LIPO-, omisión.

LEINSTER Provincia del E de Irlanda; 19.633 km² y 1.860.949 h. Su capital es Dublín.

LEIOA LEJONA.

LEIPZIG Ciudad de Alemania, Land de Sajonia; 481.121 h. Célebre universidad. Centro de la industria editorial alemana. Fábricas de papel, maquinaria y productos químicos. Feria internacional. Victoria de los aliados sobre Napoleón (1813).

LEIRÍA Distrito de Portugal; 3.508 km² y 426.200 h. Su capital es la ciudad del mismo nombre.

LEIRIS, MICHEL Escritor y etnógrafo francés (París, 1901 - íd., 1990). Participó en el movimiento surrealista, al que pertenecen los poemarios *Simulacro* (1925) y *El punto cardinal* (1927).

LEISHMANIASIS f. *Pat.* Enfermedad producida por la infección de protozoos parásitos flagelados del género *Leishmania.*

LEÍSMO m. *Gram.* Empleo de la forma *le* del pronombre en el acusativo masculino singular. Responde a la tendencia de distinguir el objeto directo de personas del de cosas. La Real Academia Española lo admite siempre que el pronombre se refiera a personas, no a cosas. (Véase LAÍSMO y LOÍSMO.)

LEITHA Río de Austria y Hungría, que nace en el NE de la Baja Austria y desemboca en un brazo del Danubio, junto a Mosonmagyarovar; 178 km.

LEITMOTIV (Voz al.) m. **1** Palabra o frase que se repite en una obra o discurso. **2** Tema o idea en torno al cual gira una conversación. **3** Tema musical que se repite insistentemente.

LEITRIM Condado de Irlanda, en Connacht; 1.525 km² y 25.301 h. Su capital es Carrick-on-Shannon.

LEIV, ERIKSSON Explorador noruego (Islandia, h. 970 - Groenlandia, h. 1021). Viajó con su padre, Erik el Rojo, a Groenlandia y después a Noruega. Al intentar volver a Groenlandia (h. 1000), fue desviado por las corrientes a un lugar de las actuales costas estadounidenses, que llamó Vinland.

LEIVA *Geog. hist.* Población de Colombia, en el departamento de Boyacá. En ella se reunió el congreso que proclamó las PROVINCIAS UNIDAS DE NUEVA GRANADA. Tumba de Nariño.

LEIVA, PONCIANO Político y general hondureño (s. XIX). Fue presidente de la República entre 1847 y 1849, interinamente en 1886, y ocupó nuevamente la primera magistratura del país durante el periodo 1891-93.

LEIVA, RAÚL Poeta guatemalteco (Guatemala, 1916 - íd., 1974). Su poesía, desolada y oscura en un principio —*Angustia* (1942)—, evolucionó hacia temas más populares: *Oda a Guatemala* (1953), *Eternidad tu nombre* (1962).

LEIVA Y DE LA CERDA, JUAN FRANCISCO Administrador colonial español (Alcalá de Henares, 1604 - Pastrana, h. 1678). Virrey de Nueva España (1660-64), reprimió las rebeliones indígenas de Tehuantepec y los tarahumaras.

LEIVICK, HALPER Poeta y dramaturgo ruso en lengua yiddish (Igumen, Bielorrusia, 1886 - Nueva York, 1962). Adquirió fama con el poema dramático *El golem* (1921).

LEIZA *(Leitza)* Municipio y lugar de España, provincia de Navarra; 3.140 h.

LEJANÍA f. **1** Cualidad de lejano. **2** Parte remota o distante de otra desde la que se mira.

LEJANO, NA adj. Distante, apartado en el espacio y en el tiempo.

LEJANO OESTE OESTE.

LEJEUNE, JÉRÔME Médico genetista francés (Montrouge, 1926 - París, 1994). Descubrió la trisomía del cromosoma 21, causa del síndrome de Down o mongolismo.

LEJÍA f. **1** *Quím.* Solución alcalina de sosa o potasa con gran poder detergente y blanqueador. **2** fig. y fam. Reprensión fuerte o satírica.

LEJOS adv. l. y t. **1** A gran distancia, en lugar o tiempo distante o remoto. **2** Con verbos como *ir, llegar,* etc., conseguir el éxito o esperar a alguien un futuro muy prometedor. || **a lo lejos, de muy lejos, desde lejos** loc. adv. A larga distancia. || **lejos de** loc. prepos. fig. Precediendo a un infinitivo, indica que no ocurre lo que éste expresa, sino otra cosa muy diferente.

LEK m. *Econ.* Unidad monetaria de Albania.

LEKA I Rey de Albania (Tirana, 1939). Hijo de Zogu I, a la muerte de éste fue proclamado rey en París (1961). Desde el exilio intentó, en 1982, una invasión armada que fracasó.

LEKEITIO LEQUEITIO.

LELO, LA adj. y s. Fatuo, simple.

LELOIR, LUIS FEDERICO Bioquímico argentino de origen francés (París, 1906 - Buenos Aires, 1987). Premio Nobel de Química en 1970, por haber aislado los constituyentes de los ácidos nucleicos existentes en el grano de trigo, precisando su papel en la biosíntesis de los carbohidratos.

LELOUCH, CLAUDE Director de cine francés (París, 1937). La combinación de una técnica cinematográfica cuidada con una serie de acertados valores artísticos y comerciales son las claves de su éxito. Películas: *Un hombre y una mujer* (1966) *Testigo de excepción* (1995) y *Hommes, femmes: mode d'emploi* (1996).

LELY, SIR PETER (PIETER VAN DER FAËS, llamado) Pintor inglés de origen holandés (Soest, 1618 - Londres, 1680). Influido por Van Dyck, fue pintor de cámara de Carlos I y Carlos II.

LEMA m. **1** Frase que expresa un pensamiento que sirve de guía para la conducta de alguien o para un asunto determinado. **2** Letra o mote que se pone en los emblemas. **3** Contraseña que precede a las composiciones literarias presentadas a un concurso. **4** *Lex.* Voz que encabeza cada una de las entradas o artículos de un diccionario o enciclopedia y que aparece definida a continuación.

-LEMA suf. -LABIO.

LEMAN Lago de Suiza y Francia, entre los Alpes de Saboya y el Jura, atravesado de E a O por el Ródano; 70 km de longitud y 12 de anchura media. En sus orillas se hallan las ciudades de Lausana y Ginebra, nombre este último con el que también se conoce. Turismo.

LEMANITA *Miner.* Especie de JADE.

LEMBARIO m. Soldado que combatía a bordo de los bajeles.

LEMBERG LVOV.

LEMING (Voz noruega.) m. *Zool.* Nombre de varias especies de pequeños roedores de la familia cricétidos, géneros *Lemmus* y *Dicrostonys,* con patas cortas y robustas, y uñas adaptadas a la excavación; viven en las regiones árticas de Eurasia y Norteamérica.

LEMMON, JACK Actor de cine estadounidense (Boston, 1925 - Los Ángeles, 2001). Intérprete de gran talento, entre sus películas cabe citar *Escala en Haway* (1955; Oscar al mejor actor secundario), *Con faldas y a lo loco* (1959), *El apartamento* (1960), *Irma la dulce* (1963), *Salvad al tigre* (1975; Oscar al mejor actor), etc.

LEMNÁCEO, A adj. y f. *Bot.* **1** Se dice de la planta angiosperma monocotiledónea, acuática y flotante, como la lenteja de agua. || f. pl. *Bot.* **2** Familia de estas plantas.

lémur

LEMNIO, NIA adj. y s. De Lemnos.

LEMNOS Isla de Grecia, situada en el Nomo de Lesbos, en el mar Egeo. Producción de algodón y tabaco. Pesca.

LEMOND, GREG Ciclista estadounidense (Lakewood, 1961). Ganador del Campeonato del Mundo (1983), el Tour de Francia (1986, 1989 y 1990) y el Campeonato del Mundo (1989). Se retiró de la competición en 1994.

LEMOSÍN, NA adj. y s. **1** De Limoges. **2** De Limousin. || m. *Ling.* **3** LENGUA DE OC o provenzal.

LEMOSÍN LIMOUSIN.

LEMPA Río de América Central, que nace en Guatemala, hace frontera entre Honduras y El Salvador y desemboca en el Pacífico; 300 km de curso.

LEMPIRA f. *Econ.* Unidad monetaria de Honduras.

LEMPIRA Cacique hondureño (?, 1497 - ?, 1537). Al frente de 30.000 indígenas, se enfrentó a los españoles en la comarca de Cerquín. Murió en una celada que le tendió Alonso de Cáceres.

LEMPIRA Departamento de Honduras; 4.290 km² y 180.000 h. Su capital es Gracias. Produce café, tabaco, arroz y trigo. Ganadería porcina. Yacimientos de oro y plata.

LÉMUR m. **1** *Zool.* Nombre de diversos mamíferos primates prosimios de la familia lemúridos, género *Lemur.* Son frugívoros, de costumbres nocturnas, y propios de Madagascar. || m. pl. *Mit.* **2** Genios tenidos generalmente por maléficos entre romanos y etruscos.

LEMÚRIDO, DA adj. y m. *Zool.* **1** Se dice de ciertos mamíferos primates prosimios muy primitivos, con cola desarrollada pero no prensil, y de vida arborícola. || m. pl. *Zool.* **2** Familia de esos animales.

LEMUS, JOSÉ MARÍA Militar y político salvadoreño (La Unión, 1911). Desempeñó varias misiones diplomáticas en Cuba, Honduras, Perú, Colombia y EE UU. Fue uno de los promotores del movimiento de protesta contra las reformas de la ley constitucional. Ocupó la presidencia de la República de 1956 a 1960, en que fue derribado por una junta cívico-militar.

LEN adj. Se dice del hilo o seda cuyas hebras están poco torcidas.

LENA f. Aliento, vigor.

LENA Río de la Federación de Rusia, en Siberia, que nace en la cadena montañosa de la ribera occidental del lago Baikal y desemboca en el océano Glacial Ártico, formando un gran delta; 4.400 km de curso.

LENAPE adj. y com. DELAWARE.

LENARD, PHILIPP EDUARD ANTON Físico alemán de origen húngaro (Pogsony, 1862 - Messelhausen, 1947). Premio Nobel de Física en 1905 por sus trabajos sobre los rayos catódicos.

LENAU, NIKOLAUS (NIKOLAUS NIEMBSCH VON STREHLENAU, llamado) Poeta húngaro en lengua alemana (Csátad, 1802 - Oberdöbling, 1850). Autor de *Cantos de las cañas* (1832), obra de gran musicalidad; *Fausto* (1836), poema dramático, y *Nuevos poemas* (1838).

LENCA adj. *Etnol.* **1** Se dice de un pueblo amerindio que habita las regiones montañosas de El Salvador y Honduras. También com. **2** Relativo a este pueblo. || m. *Ling.* **3** Familia lingüística amerindia.

LENCERÍA f. **1** Ropa interior femenina y tienda donde se vende. **2** Ropa blanca de la casa.

LENDL, IVAN Tenista checoslovaco nacionalizado estadounidense (Ostrava, 1960). Ganador de la Copa Davis (1980), Masters (1981, 1982, 1985, 1986 y 1987), Roland Garros (1984, 1986 y 1987), Flushing Meadows (1985, 1986, 1987 y 1989) y Open de Australia (1990).

LENDRERA f. Peine de púas finas y espesas, a propósito para limpiar la cabeza de liendres.

LENE adj. **1** Suave. **2** Dulce, agradable. **3** Leve, ligero.

LENEAS f. pl. Fiestas atenienses que se celebraban en honor de Baco, durante las que se celebraban certámenes dramáticos.

LENGLEN, SUZANNE Tenista francesa (París, 1899 - íd., 1938). Ganadora del Roland Garros (1920, 1921, 1922, 1923, 1925 y 1926), en Wimbledon (1919, 1920, 1922, 1923 y 1925) y campeona del mundo en tierra batida (1914, 1921, 1922 y 1923). Creó el vestuario moderno del tenis femenino y masculino.

LENGUA f. **1** *Anat.* Órgano muscular situado en la cavidad de la boca de los vertebrados y que sirve para gustar, deglutir y articular los sonidos de la voz. **2** Por extensión, cualquier cosa larga y estrecha de forma parecida a la de este órgano. **3** *Ling.* Sistema de comunicación y expresión verbal propio de un pueblo o nación, o común a varios. **[Encic.]** **4** Vocabulario y gramática peculiares de una época, de un escritor o de un grupo social. || **LENGUA DE BUEY** *Bot.* Planta anual de la familia borragináceas. || **LENGUA DE ESCORPIÓN** fig. LENGUA VIPERINA. || **LENGUA DE ESTROPAJO** fig. y fam. Persona que habla y pronuncia mal. || **LENGUA DE FUEGO** Cada una de las llamas que bajaron sobre las figuras de los apóstoles el día de Pentecostés. También, cada una de las llamas de un incendio. || **LENGUA DE GATO** *Bot.* Planta chilena de la familia rubiáceas. También, bizcochito duro, o chocolatina, alargado y muy delgado. || **LENGUA DE HACHA** fig. y fam. LENGUA VIPERINA. || **LENGUA MADRE** *Ling.* Aquella de la que han nacido o derivado otras. || **LENGUA MATERNA** *Ling.* La que se habla en un país respecto de los naturales de él. || **LENGUA MUERTA** *Ling.* La que antiguamente se habló y no se habla ya como propia de un país o nación. || **LENGUA DE OC** *Ling.* La que antiguamente se hablaba en el mediodía de Francia y cultivaron los trovadores, llamada asimismo provenzal y lemosín. || **LENGUA DE OIL** *Ling.* Francés antiguo, es decir, lengua hablada antiguamente en Francia al N del río Loira. || **LENGUA DE TIERRA** *Geol.* Pedazo de tierra largo y estrecho que entra en el mar, en un río, etc. || **LENGUA DE TRAPO** LENGUA DE ESTROPAJO. También, lengua de los niños cuando todavía no hablan bien. || **LENGUA DE VÍBORA** LENGUA VIPERINA. || **LENGUA VIPERINA** fig. y fam. Persona mordaz y murmuradora. || **LENGUA VIVA** La que actualmente se habla en un país o nación. || **LENGUAS ARIAS** o **INDOEUROPEAS** *Ling.* Las habladas por los pueblos INDOEUROPEOS. || **LENGUAS HERMANAS** *Ling.* Las que se derivan de una misma lengua madre. || **LENGUAS ROMANCES, ROMÁNICAS** o **LATINAS** *Ling.* Aquellas que tienen su origen inmediato en el LATÍN. Han penetrado en los países colonizados por España, Portugal y Francia; la más extendida de todas ellas es el español. || **MALAS LENGUAS** fig. y fam. El conjunto de los murmuradores y de los calumniadores de las vidas y acciones ajenas. || **MEDIA LENGUA** fig. y fam. Persona que pronuncia imperfectamente por impedimento de la lengua. También, fig. y fam., la misma pronunciación imperfecta. || **hacerse lenguas** fr. fig. y fam. Alabar encarecidamente a personas o cosas. || **irse, o írsele,** a uno **la lengua** fr. fig. y fam. Decir inconsideradamente lo que no quería o debía manifestar. || **morderse** uno **la lengua** fr. fig. Contenerse en hablar. || **sacar la lengua** fr. fig. y fam. Burlarse de uno. || **tirar de la lengua** fr. fig. y fam. Provocar a uno para que hable acerca de algo que convendría callar.

LING. Para Saussure, la escuela de Praga y el estructuralismo americano, la lengua es un sistema de relaciones o, más exactamente, un conjunto de sistemas vinculados entre sí, cuyos elementos (sonidos, palabras, etc.) no tienen ningún valor independientemente de las relaciones de equivalencia y de oposición que los vinculan. Saussure reserva el término de *lengua* o «langue» para designar a este sistema, mientras que las variaciones y realizaciones individuales constituyen para él el *habla* o «parole». Está muy aceptada la división de los idiomas en tres grupos o troncos principales: *lenguas monosilábicas,* compuestas exclusivamente de monosílabos invariables; las relaciones de las palabras entre sí se expresan por el lugar de los vocablos en el discurso, de tal manera que su gramática se reduce a la sintaxis; *lenguas aglutinantes,* en las que las raíces de las palabras se aglomeran o aglutinan, sin fundirse completamente, para formar compuestos que expresen las diversas relaciones; y *lenguas de flexión* o *flexivas,* que hacen de las raíces núcleos de composición, a los que se unen ciertos elementos (afijos, desinencias, temas) que modifican el significado esencial del nudo del vocablo.

LENGUADO m. *Zool.* Pez teleósteo marino perteneciente a la familia soleidos, de nombre científico *Solea vulgaris,* de cuerpo comprimido lateralmente, con manchas que lo mimetizan con el fondo. Tiene hábitos nocturnos y vive en aguas no demasiado profundas. Su carne es comestible y muy fina.

LENGUAJE m. **1** Conjunto de sonidos articulados con que el hombre manifiesta lo que piensa o siente. **2** *Ling.*

John **Lennon.** Con su mujer Yoko Ono.

LENGUA, sistema de comunicación. **3** Manera de expresarse. **4** Estilo y modo de hablar y de escribir de cada uno. **5** Uso del habla o facultad de hablar. **6** fig. Conjunto de señales que dan a entender una cosa. **7** *Inform.* Conjunto de caracteres, símbolos, representaciones y reglas que permiten introducir y tratar la información en un ordenador. || **LENGUAJE CORPORAL** Procedimiento o forma de comunicación no verbal, como movimientos, gestos, posturas, etc., que emplea un individuo para expresarse y comunicarse con el exterior. || **LENGUAJE ENSAMBLADOR** *Inform.* Lenguaje muy similar al de máquina, con pequeñas modificaciones mnemotécnicas que facilitan su uso. || **LENGUAJE DE MÁQUINA** *Inform.* Combinación de dígitos binarios, mediante la cual un ordenador funciona correctamente.

LENGUARAZ adj. Deslenguado, atrevido en el hablar.

LENGÜETA f. **1** Tira de piel que suelen tener los zapatos en la parte del cierre por debajo de los cordones. **2** *Mús.* Laminilla movible de metal u otra materia de algunos instrumentos de viento. **3** Epiglotis. **4** Fiel de la balanza, especialmente el de la romana.

LENGÜETADA f. Cada una de las pasadas que se da con la lengua al tomar algo con ella.

LENGÜETAZO m. LENGÜETADA.

LENIDAD f. Blandura, falta de severidad al castigar las faltas.

LENIFICAR tr. Suavizar, ablandar.

LENIN Cumbre de Tayikistán, en la meseta de Pamir; 7.134 m de altura. Antiguamente se llamó *Kaufmann.*

LENIN (VLADIMIR ILICH ULIANOV, llamado) Político y revolucionario ruso (Simbirsk, 1870 - Gorki, 1924). Siendo estudiante de Derecho fue desterrado a Siberia (1891) por sus ideas revolucionarias. Liberado en 1900, se distinguió como jefe de un partido socialista radical, tomó parte en varios congresos y propagó sus doctrinas de inspiración marxista. Provocó la escisión del Partido Obrero Socialdemócrata de Rusia (1903) y pasó a dirigir la facción bolchevique frente a los mencheviques. Participó en la revolución de 1905, pero tuvo que exiliarse de nuevo hasta 1917. Ese año, tras la caída del zarismo, el gobierno alemán le permitió atravesar Alemania y entrar en Rusia, donde se puso al frente de los bolcheviques en oposición a Kerensky. Partidario de la toma del poder por los soviets y opuesto a la alianza con los burgueses, se presentó en la capital, derrocó al gobierno Kerensky y se constituyó en presidente del Consejo de Comisarios del Pueblo, cargo que ocupó hasta su muerte. En 1918 trasladó la sede del Gobierno de San Petersburgo a Moscú. En 1919-20, junto con Trotsky, logró hacer fracasar los intentos de Koltchak, Denikin y Wrangel para derrocar el comunismo. Obras: *Materialismo y empiriocriticismo* (1909), *El imperialismo, fase superior del capitalismo* (1916) y *El Estado y la revolución* (1918).

LENINGRADO Denominación que recibió SAN PETERSBURGO entre 1924 y 1991.

LENINGRADO Región de la Federación de Rusia, en la República federada de Rusia; 85.900 km^2 y 1.674.200 h. Su capital es San Petersburgo.

LENINISMO m. *Polít.* Doctrina política de Lenin, que tiene como objetivo la destrucción del Estado capitalista y defiende, entre otros aspectos, la existencia de un partido jerarquizado y la dictadura del proletariado como fase previa al comunismo. Otros de sus puntos fundamentales, basados en el pensamiento de Marx, son la reivindicación del materialismo dialéctico, el reconocimiento de la autodeterminación de los pueblos, la abolición de la propiedad privada de los medios de producción, y la necesidad de exportar la revolución. Se constituyó luchando contra el revisionismo.

LENITIVO, VA adj. **1** Que tiene la virtud de ablandar y suavizar. || m. **2** *Farm.* Medicamento que sirve para ese fin. **3** fig. Medio para mitigar el sufrimiento.

LENNON, JOHN Músico británico (Liverpool, 1940 - Nueva York, 1980). Alcanzó la fama como miembro del grupo THE BEATLES. Compuso numerosas canciones con P. McCartney y en solitario, entre ellas *Help, Strawberry Fields Forever* y *All you Need is Love.* Tras la disolución del grupo compuso temas como *Imagine, Jealous Guy, Cold Turkey,* etc., y se instaló en Nueva York. Fue asesinado por un psicópata.

LENOCINIO m. **1** Acción de facilitar las relaciones sexuales entre un hombre y una mujer. **2** Oficio de alcahuete. **3** Casa donde hay mujeres que practican la prostitución.

LENOIR, ÉTIENNE Ingeniero francés de origen belga (Mussy-la-Ville, 1822 - La Varenne-Saint-Hilaire, 1900). Descubrió el esmalte blanco sin óxido de estaño y la galvanoplastia en relieve, y diseñó el primer motor de explosión a gas.

LENORMAND, HENRI RENÉ Dramaturgo francés (París, 1882 - íd., 1951). En sus innovadoras piezas intentó enfrentar al hombre con el enigma de su destino. Obras: *El tiempo es un sueño* (1919), *Los fracasados* (1920), *El devorador de sueños* (1922), *El hombre y sus fantasmas* (1924) y *Asia* (1931).

LENTE amb. *Fís.* **1** Cuerpo de materia transparente (cristal, fibra sintética, etc.) con caras cóncavas o convexas, que se emplea en varios instrumentos ópticos. Si es gruesa en el centro y estrecha en los extremos se llama *convergente* o *positiva;* si es estrecha en el centro y gruesa en los extremos, *divergente* o *negativa.* Más como m. **2** Cristal para miopes o hipermétropes, con armadura que permite acercárselo cómodamente a un ojo. || m. pl. **3** Cristales de igual clase con armadura que se colocan ante los ojos. || **LENTE DE CONTACTO** LENTILLA. || **LENTE ELECTRÓNICA** *Fís.* Dispositivo electromagnético capaz de hacer converger o diverger los haces de electrones o partículas cargadas hacia un punto.

LENTEJA f. **1** *Bot.* Planta herbácea anual perteneciente a la familia leguminosas, de nombre científico *Lens culinaria,* que se cultiva por sus semillas, muy alimenticias y nutritivas. Procede del SO de Asia. **2** *Bot.* Semilla de esta planta. **3** Por extensión, objeto con forma similar al de este fruto. || **LENTEJA ACUÁTICA** o **DE AGUA** *Bot.* Planta de la familia lemnáceas, que flota en las aguas estancadas.

LENTEJUELA f. Laminilla de metal u otra materia brillante, con la que se adornan algunas prendas de vestir.

LENTICELA f. *Bot.* Protuberancia visible en el tallo de las plantas leñosas, que presenta una abertura lenticular por donde se efectúa el intercambio de gases.

LÉNTICO, CA adj. *Geol.* Se dice del agua quieta o en movimiento muy lento.

LENTICULAR adj. **1** Parecido en la forma a la semilla de la lenteja. || m. *Anat.* **2** Pequeña apófisis del yunque, huesecillo del oído. También adj.

LENTIFICAR tr. Disminuir la velocidad de algún proceso.

LENTILLA f. *Fís.* Lente pequeña, fabricada con distintos materiales, que se adapta por contacto a la córnea del ojo para corregir defectos de la visión. También llamada *lente de contacto.*

LENTINI Ciudad de Italia, provincia de Siracusa; 31.700 h. Pesca. Restos ciclópeos. Fundada por los griegos en el 729 a. C.

LENTISCAL m. *Bot.* Terreno poblado de lentiscos.

LENTISCO m. *Bot.* Arbusto resinoso perteneciente a la familia anacardiáceas, de nombre científico *Pistacia lentiscus,* de hojas persistentes, flores pequeñas amarillentas o rojizas, y fruto globoso, propio de las regiones mediterráneas.

LENTITUD f. Tardanza, calma.

LENTO, TA adj. **1** Tardo y pausado. **2** Poco vigoroso, poco intenso. || adv. m. **3** Con lentitud.

LÉNTULO ESPÍNTER, PUBLIO Político romano (s. I a. C.). Gobernador en Hispania Citerior en 59 a. C. y cónsul en 57. Amigo de Cicerón, abrazó el partido de Pompeyo. Fue capturado por César, después de la batalla de Farsalia.

LÉNTULO SURA, PUBLIO Político romano (? - Roma, 63 a. C.). Conocido como *Sura,* fue cónsul en 71 y pretor en el 75. Su conducta escandalosa le valió su expulsión del Senado. Tomó parte en la conspiración de Catilina contra la República.

LENZ, HEINRICH FRIEDRICH EMIL Físico ruso (Dorpat, 1804 - Roma, 1865). Dedicó sus estudios a los fenómenos eléctricos y estableció la ley de su nombre, que es la misma de la conservación de la energía aplicada a los fenómenos de inducción. Descubrió el fenómeno de la dependencia de la resistencia eléctrica en relación con la temperatura.

LENZ, JAKOB MICHAEL REINHOLD Poeta y dramaturgo alemán (Seswegen, actual Letonia, 1751 - Moscú, 1792). Representante del *Sturm und Drang,* fue un observador lúcido y sarcástico de la sociedad. Su fama como dramaturgo se la debe a las piezas *El preceptor*

(1774) y *Los soldados* (1776). Escribió poemas (*El amor en el campo*, 1798) y la novela epistolar *El ermitaño* (1797).

LEÑA f. **1** Ramas y trozos de madera seca que se emplean para hacer fuego. **2** fig. y fam. Castigo, paliza. || **dar leña** fr. Pegar. || **echar leña al fuego** fr. Poner medios para acrecentar un mal. También, dar incentivo a un afecto, inclinación o vicio. || **hecho leña** fr. Quebrantado por un trabajo, cansado.

LEÑADOR, RA m. y f. Persona cuyo oficio es cortar leña.

LEÑAZO m. **1** fam. Golpe con un leño, garrote, etc. **2** fam. Cualquier clase de golpe fuerte.

LEÑERO, RA adj. **1** *Dep*. En fútbol se dice del jugador que realiza un juego violento y agresivo. || f. **2** Sitio o mueble para guardar o amontonar leña.

LEÑERO, VICENTE Novelista mexicano (Guadalajara, 1933). En su obra narrativa enfrenta un material realista con una estructura formal rígida: *La polvareda y otros cuentos* (1959), *Los albañiles* (1963), *El garabato* (1967) y *Los periodistas* (1977). Sus obras dramáticas se inspiran a menudo en problemas político-religiosos, desde una óptica de catolicismo de vanguardia: *Pueblo rechazado* (1968), *Compañero* (1970), *El juicio* (1972) y *Martirio de Morelos* (1981).

LEÑO m. **1** Trozo de árbol después de cortado y limpio de ramas. **2** Parte sólida de los árboles bajo la corteza. **3** fig. y fam. Persona de poco talento y habilidad.

LEÑOSO, SA adj. De leña o con las propiedades de la madera.

LEO 1 *Astrol*. Quinto signo del Zodíaco. **2** *Astron*. Constelación zodiacal del hemisferio Norte que en otro tiempo debió de coincidir con el signo de este nombre, pero que, actualmente, se halla delante del mismo y un poco hacia el E. Su estrella principal es *Regulus*.

LEÓN, NA m. y f. **1** *Zool*. Mamífero carnívoro perteneciente a la familia félidos, de nombre científico *Panthera leo*. Su pelaje es entre amarillo y rojo, cabeza grande, dientes y uñas muy fuertes y cola larga rematada con un penacho de pelos a modo de pincel. El macho se distingue por una larga melena que le cubre la nuca y el cuello. Poderoso carnívoro de costumbres crepusculares y polígamas, que se reproduce durante todo el año, encargándose en cada grupo el macho de la defensa y las hembras de la caza. Vive en las estepas y sabanas de África. **2** fig. Persona audaz, imperiosa y valiente. || **LEÓN MARINO** *Zool*. Nombre de varias especies de mamíferos marinos pinnípedos, de la familia otáridos, pertenecientes a diversos géneros, de gran tamaño, cuerpo rechoncho, con las extremidades transformadas en aletas. Aunque en tierra se desplaza torpemente, en el agua es un veloz nadador. Se alimenta de peces y moluscos. Habita, formando grupos, en todos los mares del mundo, especialmente en el hemisferio Sur.

LEÓN Isla de España, provincia de Cádiz, con dos partes unidas por un istmo. En su zona septentrional se levanta la ciudad de Cádiz y en la meridional San Fernando.

LEÓN 1 Provincia del NO de España, en la comunidad autónoma de Castilla y León; 15.468 km² y 506.511 h. Limita al N con la provincia de Asturias, al E con las de Cantabria y Palencia, al S con las de Valladolid y Zamora, y al O con las de Orense y Lugo. Al N de su territorio se alza la cordillera Cantábrica y al NO el macizo galaico. Sus ríos más importantes son: Sil, Órbigo, Esla y Cea. El clima es continental, de inviernos duros con fuertes nevadas y veranos suaves. Los vientos fríos del NE y los del S contribuyen a aumentar la dureza del clima. Entre sus comarcas naturales, la del Bierzo es la más rica, con importantes minas de hierro, hulla y antracita, variados cultivos y abundante ganadería. Produce cereales, legumbres, vid y remolacha azucarera. Ganadería vacuna, lanar y de cerda. Hierro, carbón y canteras de pizarra. Industria química, meta-

león. Macho y hembra.

lúrgica, de construcción, agropecuaria y de la alimentación. **2** Ciudad de España capital de la provincia y el municipio de su nombre; 145.242 h. Centro comercial. Importante sector servicios. Industria de la construcción, metalúrgica, química, textil y alimentaria. Catedral gótica (siglos XIII-XV); Colegiata de San Isidoro, románica (siglo XI), y convento de San Marcos (siglo XVI), plateresco, hoy parador turístico.

LEÓN 1 Departamento de Nicaragua; 5.107 km² y 330.168 h. Caña de azúcar, café y cacao. **2** Ciudad capital del mismo; 172.042 h. Centro comercial. Industrias agropecuarias.

LEÓN Ciudad de México, Estado de Guanajuato; 758.279 h. Centro comercial. Industrias del cuero y del calzado.

LEÓN Nombre de diversos emperadores bizantinos.

LEÓN I EL GRANDE (?, h. 411 - Constantinopla, 474). Emperador de 457 a 474. Confirmó el concilio de Calcedonia, que detuvo al patriarca monofisita de Alejandría (460). Atribuyó un carácter divino al soberano y orientalizó el imperio.

LEÓN II (? - ?, 474). Sucesor de su abuelo León I, ocupó el trono el mismo año de su muerte (474).

LEÓN III EL ISÁURICO (Germanicea, h. 675 - Constantinopla, 741). Instaurador de la dinastía isáurica, fue emperador de 717 a 741. Rompió el cerco musulmán a Constantinopla (717-18) y acabó con el peligro de los búlgaros. Reprimió los levantamientos de Sicilia (718) y Tesalónica (720). Prohibió el culto a las imágenes religiosas dando origen a la querella ICONOCLASTA.

LEÓN IV EL JÁZARO (Constantinopla, 750 - íd., 780). Gobernó entre 775 y 780. Hijo de Constantino V, modificó la política iconoclasta de su padre. Luchó contra sus hermanos Nicéforo y Cristóforo, y asoció el trono a su hijo Constantino. Envió una expedición a Siria (778).

LEÓN V EL ARMENIO (? - Constantinopla, 820). Gobernó entre 813 y 820. Liberó Constantinopla del asalto de los búlgaros (813) y los derrotó en Mesembria (817). Reimplantó la iconoclastia. Destituyó al patriarca Nicéforo y murió en una conjura capitaneada por Miguel el Tartamudo, quien le sucedió.

LEÓN VI EL SABIO (?, 866 - ?, 912). Emperador de 886 a 912. Compartió el reinado con su hermano Alejandro. Puso en vigor las *Basílicas*, obra legislativa iniciada bajo el imperio de su padre Basilio I. Fue derrotado por los búlgaros (893) y perdió Sicilia (907). Desterró al patriarca Focio.

LEÓN Nombre de diversos papas.

LEÓN I MAGNO, SAN (¿Roma?, ? - íd., 461). Ocupó el solio pontificio entre 440 y 461. Defendió Italia de los hunos de Atila (452), pero no pudo evitar el saqueo de la ciudad por los vándalos de Genserico (455). Proclamado doctor de la iglesia (1754) por Benedicto XIV.

LEÓN II, SAN (¿Sicilia?, ? - Roma, 683). Ocupó el solio pontificio entre 682 y 683. Puso fin al cisma de Rávena.

LEÓN III, SAN (Roma, 750 - íd., 816). Ocupó el solio pontificio entre 795 y 816. Coronó emperador a Carlomagno en el 800. Defendió la independencia de la iglesia frente a los teólogos francos en la disputa del *Filioque*.

LEÓN IV, SAN (¿Roma?, ? - íd., 855). Ocupó el solio pontificio entre 847 y 855. Para defender a Roma de los sarracenos, creó la llamada *ciudad leonina*, círculo de murallas que rodeaban San Pedro.

LEÓN V (Ardea, ? - Roma, 903). Ocupó el solio pontificio entre julio y septiembre del 903. Fue derrocado por el sacerdote romano Cristóbal, que le hizo morir en prisión y le reemplazó.

LEÓN VI (Roma, ? - íd., 928). Ocupó el solio pontificio entre mayo y diciembre del año 928. Debió su elección a Marozia, hija de Teofilacto, en lugar de Juan X.

LEÓN VII (¿Roma?, ? - íd., 939). Ocupó el solio pontificio entre 936 y 939. Se dedicó a la reforma monástica inspirado en el espíritu cluniacense del abad Odón.

LEÓN VIII (¿Roma?, ? - ?, 965). Ocupó el solio pontificio entre 963 y 965. Era laico cuando fue elegido por Otón I.

LEÓN IX, SAN (Egisheim, Alsacia, 1002 - Roma, 1054). De nombre Bruno de Egisheim-Dagsburg, fue elegido en la dieta de Worms (1048). Su pontificado abarca de 1049 a 1054. Convocó los concilios de Roma (1049-53), Reims (1049) y Maguncia (1049). Excomulgó al patriarca Cerularío, iniciando el cisma de la iglesia ortodoxa (1054).

LEÓN X (Florencia, 1475 - Roma, 1521). De nombre Giovanni de Médicis, era hijo de Lorenzo el Magnífico. Ocupó el solio pontificio entre 1513 y 1521. Clausuró el concilio de Letrán (1517). Fue un gran mecenas y protegió a humanistas y artistas.

LEÓN XI (Florencia, 1535 - Roma, 1605). De nombre Alejandro de Médicis, ocupó el solio pontificio entre abril y mayo de 1605. Negoció la abjuración de Enrique IV de Francia (1595-98).

LEÓN XII (Genga, 1760 - Roma, 1829). De nombre Annibale Sermattei della Genga, ocupó el solio pontificio entre 1823 y 1829. Trasladó la corte pontificia del Quirinal al Vaticano. Estableció concordatos con los estados renanos.

LEÓN XIII (Carpineto Romano, 1810 - Roma, 1903). De nombre Vicenzo Gioacchino Pecci, ocupó el solio pontificio entre 1878 y 1903. Mantuvo relaciones con las primeras potencias y apoyó la aproximación a la iglesia anglicana. Escribió la encíclica *Rerum novarum* (1891), en la que intentaba crear un orden cristiano basado en la justicia social.

LEÓN, GOLFO DE Entrante del mar Mediterráneo, en las costas del SE de Francia.

LEÓN, FRAY LUIS DE Escritor español (Belmonte, 1527 - Madrigal de las Altas Torres, 1591). Catedrático de Teología en la Universidad de Salamanca, en 1572 fue detenido por la Inquisición bajo la acusación de preferir el texto hebreo de la *Biblia* al latino de la Vulgata, el texto oficial, y de traducir al español el *Cantar de los cantares*, de Salomón. En 1582 se vio implicado en otro proceso inquisitorial que acabó con una amonestación. Conocedor del hebreo, caldeo, italiano y latín, su obra se centró en la explicación del significado alegórico y moral de la *Biblia*. En 1580 apareció su *Comentarios al Cantar de los cantares*, que en 1589 amplió. En 1583 publicó en español *La perfecta casada* y *De los nombres de Cristo*. En su obra poética, publicada por Quevedo en 1631 e inspirada en los clásicos, destacan *Oda a la vida retirada*, *Noche serena*, *La profecía del Tajo*, *Oda a Salinas*, etc.

LEÓN CARPIO, RAMIRO DE Político guatemalteco (?, 1941 - Miami, 2002). Fundó junto a su primo, J. Carpio, el partido Unión de Centro Nacional (UCN). En 1993, fue elegido jefe de Estado, cargo en que se mantuvo hasta 1996.

LEÓN FELIPE FELIPE, LEÓN.

LEÓN HEBREO (YEHUDA ABRABANEL, llamado) Filósofo judeoportugués (Lisboa, h. 1460 - Venecia, h. 1520). Hijo de Isaac Abrabanel, fue expulsado de España en 1492, y residió en Italia. Escribió en italiano la obra filosófica, de orientación neoplatónica y mística, sobre el amor y la belleza, titulada *Diálogos de amor*.

LEÓN MENOR *Astron*. Pequeña constelación del hemisferio Norte celeste, situada por encima de la de Leo.

LEÓN MERA, JUAN MERA, JUAN LEÓN.

LEÓN-PORTILLA, MIGUEL Historiador mexicano (México, 1926). Miembro de las Academias mexicanas de

león marino

Leonardo da Vinci. *La Virgen de las Rocas.*
Galería Nacional (Londres).

la Lengua (1962) y de la Historia (1969), está especializado en las culturas precolombinas. Autor de *La filosofía náhuatl* (1956) y *Los antiguos mexicanos* (1961).
LEONADO, DA adj. De color rubio oscuro.
LEONARDO DA VINCI Pintor, escultor, arquitecto, ingeniero, biólogo, músico, escritor y filósofo italiano (Vinci, 1452 - Clous, 1519). Está considerado el genio más completo de todos los tiempos; su obra abarca la totalidad de los conocimientos de su época. Concibió varios mecanismos y aparatos de los que ejecutó modelos a escala reducida. Dirigió la construcción de la mayor parte de los canales de Lombardía, trabajó en la catedral de Milán y esculpió la estatua ecuestre de Francisco Sforza. Como biólogo, se le deben estudios sobre anatomía. En el terreno de la investigación experimental, fue precursor de Bacon y Galileo. Entre sus cuadros cabe citar de su período de juventud sus dos *Anunciaciones* y la *Adoración de los Magos*; de su estancia en Milán *La Virgen de las Rocas* y la *Santa Cena*; y durante el período florentino, *Santa Ana con la Virgen y el Niño*, la *Batalla de Anghiari*, *Leda* y la *Gioconda*. Escribió un célebre *Tratado de la Pintura*, donde expuso su concepción del arte.
LEONCAVALLO, RUGGIERO Compositor italiano (Nápoles, 1858 - Montecatini, 1919). Representante del verismo, su ópera *Los payasos*, estrenada en Milán en 1892, le proporcionó fama mundial.
LEONE m. *Econ.* Unidad monetaria de Sierra Leona.
LEONE, GIOVANNI Político italiano (Nápoles, 1908 - Roma, 2001). Perteneciente a la Democracia Cristiana, ha sido jefe de gobierno en 1963 y 1968 y presidente de la República (1971-78), cargo del que dimitió a causa de un escándalo financiero.
LEONE, SERGIO Director y productor cinematográfico italiano (Roma, 1929 - íd., 1989). Sus películas constituyen el más alto exponente del *spaghetti-western*. Destacan: *Por un puñado de dólares* (1964) y *La muerte tenía un precio* (1965).
LEONERA f. **1** Lugar en que se tienen encerrados los leones. **2** fig. y fam. Habitación o lugar muy desordenado.
LEONÉS, SA adj. **1** De León, ciudad, provincia o reino de España. También s. || m. *Ling.* **2** Dialecto romance llamado también ASTURLEONÉS. **3** Variedad de castellano hablada en territorio leonés. También m.
LEONI, LEONE Escultor italiano (Menaggio, 1509 - Milán, 1590). Su estilo clasicista y la severidad de su obra encajó con el sentido de la España imperial. Realizó obras de grandes dimensiones, fundidas en bronce. Entre ellas se encuentran el *Sepulcro de Juan Jacobo de Médicis* (catedral de Milán), y el grupo *El emperador con el Furor encadenado a sus pies* (museo del Prado).
LEONI, POMPEO Escultor italiano (Roma, h. 1533 - Madrid, 1608). Hijo del anterior, llegó a España para instalar las obras encargadas por Felipe II a su padre, con destino a El Escorial. De estilo clasicista, se inclinó hacia el naturalismo. Sus mejores realizaciones son los *Grupos orantes de Carlos V y Felipe II y sus familias* (monasterio de El Escorial) y la *Estatua orante de doña Juana de Austria*, en las Descalzas Reales (Madrid).

LEONI, RAÚL Político venezolano (El Manteco, 1905 - Nueva York, 1972). Colaborador de R. Betancourt en la fundación del Partido Democrático Nacional y de la Acción Democrática. Fue presidente de la República entre 1964 y 1969.
LEÓNIDAS f. pl. *Astron.* Estrellas fugaces cuyo punto radiante está en la constelación del León.
LEÓNIDAS Nombre de dos reyes de Esparta.
LEÓNIDAS I (? - Termópilas, 480 a. C.). Perteneciente a la familia de los Ágidas, sucedió a Cleomenes en 490 a. C. En el 480 contuvo, durante dos días, la ofensiva del ejército de Jerjes en las Termópilas, donde murió heroicamente.
LEÓNIDAS II (s. III a. C.). Reinó de 247 a 236 a. C. Sus ideas conservadoras le enfrentaron con Agis IV, quien en 242 le destronó. Recuperó el trono en el año 240.
LEONINO, NA adj. **1** Relativo al león. **2** Se dice del contrato oneroso en el que las condiciones favorecen a una de las partes.
LEONOR DE AQUITANIA Duquesa de Aquitania y de Gascuña, condesa de Poitou, reina de Francia y después de Inglaterra (?, 1122 - Fontevrault, 1204). Hija y heredera de Guillermo X de Aquitania, se casó en 1137 con Luis VII el Joven, rey de Francia, a quien acompañó en la segunda Cruzada (1147-49). Contrajo segundas nupcias con Enrique II Plantagenet, elevado al trono de Inglaterra con el nombre de Enrique II (1154). Apoyó la sublevación de sus hijos contra el rey, por lo que, una vez capturada, fue encerrada de 1173 a 1189. Muerto Enrique II, apoyó a Ricardo Corazón de León frente a Juan Sin Tierra. Protegió y contribuyó a la difusión de la poesía trovadoresca en todos sus dominios.
LEONOR DE ARAGÓN Reina de Navarra y condesa de Foix (?, h. 1420 - Tudela, 1479). Hija de Juan II de Aragón, contrajo matrimonio con Gastón de Foix (1434). En 1457 fue proclamada heredera al trono navarro y se hizo cargo del gobierno (1464). Al reproducirse la guerra entre beamonteses y agramonteses, los primeros exigieron que fuera proclamada reina; pero sus reveses militares y la muerte del conde de Foix aproximaron a Leonor a su padre, que murió poco después. Fue aclamada reina por las cortes de Tudela (1479); falleció a los pocos días.
LEONOR DE AUSTRIA Reina de Portugal y de Francia (Lovaina, 1498 - Talaveruela, 1558). Hija de Felipe I el Hermoso y Juana la Loca, casó en 1519 con Manuel I el Afortunado de Portugal y, muerto éste (1521), con Francisco I de Francia (1530).
LEONOR TELLEZ DE MENESES Reina de Portugal (Trás-os-Montes, ? - Tordesillas, 1405). Casó con Fernando I de Portugal en 1372. Nombrada regente a la muerte del rey (1383), sus intrigas para que su hija Beatriz, casada con Juan I de Castilla, accediera al trono portugués, provocaron la sublevación de la nobleza en apoyo del futuro Juan I, que derrotó en Aljubarrota (1385) al ejército castellano invasor.
LEONTIEV, WASSILY Economista estadounidense de origen ruso (San Petersburgo, 1906 - Nueva York, 1999). Premio Nobel de Economía en 1973 por su desarrollo del método INPUT-OUTPUT.
LEONTINA f. Cinta o cadena colgante del reloj de bolsillo.
LEOPARDI, GIACOMO Escritor italiano (Recanati, 1789 - Nápoles, 1837). Su obra refleja pesimismo, melancolía y escepticismo, contenidos, sin embargo, por un estilo expresivo de corte clásico. Sus más célebres composiciones están recopiladas en *Cantos*, la creación más importante del romanticismo italiano.

Pompeo Leoni. Estatuas orantes de Felipe II y su familia. Monasterio de San Lorenzo de El Escorial (Madrid).

LEOPARDO m. *Zool.* Mamífero carnívoro perteneciente a la familia de los félidos, de nombre científico *Panthera pardus*, de más de dos metros de longitud y pelaje ocre amarillento con manchas negras. La forma melánica (completamente negra) se denomina *pantera*. Es un depredador peligroso capaz de adaptarse a hábitat diversos. Vive en África y Asia.

leopardo

LEOPOLDO Nombre de dos emperadores de Alemania.
LEOPOLDO I (Viena, 1640 - íd., 1705). Rey de Hungría (1655) y de Bohemia (1657), fue coronado emperador a la muerte de su padre, Fernando III (1658). Reclamó la corona de España para su segundo hijo, el archiduque Carlos (1701), con lo que comprometió a Alemania en la guerra de Sucesión de España.
LEOPOLDO II (Viena, 1747 - íd., 1792). Fue proclamado emperador a la muerte de su hermano José II (1790). Adquirió una parte de la Croacia turca y se opuso a la Francia revolucionaria.
LEOPOLDO Nombre de tres reyes de Bélgica.
LEOPOLDO I (Coburgo, 1790 - Laeken, 1865). Príncipe de Sajonia-Coburgo, le fue ofrecida la corona belga cuando tuvo lugar la separación de los Países Bajos y Bélgica, con la consiguiente independencia de ésta, en 1830.
LEOPOLDO II (Bruselas, 1835 - Laeken, 1909). Hijo del anterior. Durante la guerra francoprusiana de 1870 hizo respetar enérgicamente la neutralidad de su territorio. Creó en 1885 el Estado Libre del Congo.
LEOPOLDO III (Bruselas, 1901 - íd., 1983). Accedió al trono en 1934, sucediendo a su padre Alberto I. Al iniciarse la Segunda Guerra Mundial asumió el mando del ejército belga, y en 1940 se rindió a los alemanes. Tras quedar liberado el país, fue suspendido en sus funciones y se le obligó a expatriarse. Abdicó en su hijo Balduino en 1951.
LEOPOLDO II MAI-NDOMBE.
LEOPOLDVILLE KINSHASA.
LEOTARDO m. Prenda de vestir parecida a las medias que sube hasta la cintura. Suele ser de lana o de algún tejido de abrigo.
LEOTÍQUIDES Rey de Esparta (?, 491 -?, 469 a. C.). Sucesor de Demarato, estuvo al mando de la flota que derrotó a los persas en Micala (479 a. C.).
LEOVIGILDO Rey visigodo de Toledo (? - Toledo, 586). Fue asociado al trono por su hermano Liuva, que asumió el gobierno de la Narbonense, en el 568. En los primeros tiempos de su reinado hubo de combatir o someter los numerosos focos que en la Península escapaban al poder real. La crisis más grave la provocó la rebelión de su hijo Hermenegildo, quien se alzó con el apoyo de suevos, bizantinos y la aristocracia fundiaria hispanorromana del valle del Guadalquivir. La toma de Sevilla y Córdoba (585) acabó con la rebelión. Su obra política es tan importante como la militar. Reforzó la autoridad real y fue el forjador de la unidad del reino. Realizó una nueva división territorial y reorganizó la administración. Convocó el Sínodo de Toledo (580), encaminado a lograr la unión religiosa e ideológica del reino, tratando de imponer una forma suavizada de arrianismo. Asoció al trono a su hijo Recaredo.
-LEP- in. LEPID-.
LEPANTO, ESTRECHO DE Paso que une los golfos de Patras y Corinto. En su costa N se encuentra la moderna ciudad de Naupaktos, llamada en italiano Lepanto, junto a la cual se libró, en 1571, la batalla naval de Lepanto entre turcos y cristianos, al mando, respectiva-

mente, de Alí Bajá y de don Juan de Austria, y que terminó con la victoria cristiana.
Lepanto, golfo de Corinto, golfo de.
Lepe Municipio y lugar de España, provincia de Huelva; 17.185 h. Ganadería.
Lepe, Diego de Navegante y descubridor español (Palos, h. 1460 - Portugal, h. 1515). En 1500, siguiendo la ruta de V. Yáñez Pinzón, recorrió la costa brasileña desde el cabo de Santa María al Amazonas y de ahí a la isla de Trinidad.
Lépero, ra adj. **1** *Amér. C.* y *Méx.* Se dice del individuo soez, poco decente. También s. **2** *Cuba* Astuto, perspicaz.
Lepid-, lepido-, lepo-, lepro-, lept-, leptin-, lepto-, -lep-; -lépido prefs., in. o suf. que indica la idea de escama, delgadez o pequeñez, menudo, fino, etc.
Lepidio m. *Bot.* Planta perenne de la familia crucíferas.
Lepido-; -lépido pref. o suf. LEPID-.
Lépido, Marco Emilio General romano (? - Civitavecchia, 13 a. C.). Con Antonio y Octavio formó, en el 43, el segundo triunvirato, correspondiéndole el gobierno de Hispania y la Galia Narbonense.
Lepidolita f. *Miner.* Mineral silicato hidratado de potasio, litio y aluminio, a veces con fluorita, que cristaliza en el sistema monoclínico en agregados escamosos de color rosado a púrpura.

lepidolita

Lepidóptero, ra adj. y m. *Zool.* **1** Se dice del insecto con dos pares de alas membranosas cubiertas de escamas coloreadas, aparato bucal chupador provisto de una larga trompa que se arrolla en espiral *(espiritrompa)* y desarrollo por metamorfosis complicada. A este grupo pertenecen mariposas y polillas. || m. pl. *Zool.* **2** Orden de estos insectos.
Lepisma f. *Zool.* Nombre común de unas 350 especies de insectos tisanuros. Son pequeños, carecen de alas y tienen piezas bucales masticadoras.
Lepo- pref. LEPID-.
Leporino, na adj. **1** Relativo a la liebre. **2** *Med.* LABIO LEPORINO.
Lepra f. *Pat.* Enfermedad infecciosa crónica producida por el bacilo de Hansen *(Bacillus leprae)*, caracterizada por lesiones en la piel, mucosas, nervios y vísceras, sobre todo tubérculos, manchas y úlceras.
Lepro- pref. LEPID-.
-Lepsia, -lepsis suf. -LABIO.
Lept- pref. LEPID-.
-Léptico suf. -LABIO.
Leptin- pref. LEPID-.
Leptis Magna *Geog. hist.* Antigua población de África del N, en Libia, situada al E de Trípoli. Fue colonia fenicia, cartaginesa y romana. Interesantes ruinas.
Lepto- pref. LEPID-.
-Lepto suf. -LABIO.
Leptocéfalo, la adj. *Zool.* Se dice de la fase larvaria de la anguila, muy diferente en aspecto del adulto.
Leptomitáceo, a adj. y f. *Biol.* **1** Se dice del hongo ficomiceto del orden leptomitales, acuático, con el micelio ramificado y zoósporas con dos flagelos. || f. pl. *Biol.* **2** Familia de estos hongos.
Leptón m. *Fís.* Cualquier partícula elemental de masa comparable a la del electrón o inferior a ella.
Leptorrino, na adj. **1** Se dice del individuo con nariz larga y estrecha. **2** *Zool.* Se dice del animal con pico delgado y muy saliente.
Leptospira *Biol.* Género de espiroquetas aerobias, con filamentos axiales de extremidades ganchudas y curvas.
Leptospirosis f. *Pat.* Enfermedad infecciosa producida por espiroquetas del género *Leptospira*.
Leptotena f. *Biol.* Primer estadio de la primera profase de la meiosis, en que los cromosomas comienzan a hacerse más nítidos.
Lequeitio *(Lekeitio)* Municipio y lugar de España, provincia de Vizcaya; 7.579 h. Puerto. Industrias de conservas de pescado y salazones.
Lerdo, da adj. **1** Pesado y torpe en el andar. **2** fig. Tardo y torpe para comprender y ejecutar una cosa.

Lerdo de Tejada, Sebastián Político mexicano (Jalapa, 1823 - Nueva York, 1889). Como miembro del Congreso y secretario de Estado promovió reformas constitucionales. En 1872 se le encomendó la presidencia interina de la República, cargo que ejerció hasta 1876.
Lerense adj. **1** Relativo al río Lérez. **2** fig. De Pontevedra. También com.
Lérez Río de España, provincia de Pontevedra, que desemboca en el Atlántico; 60 km de curso.
Lérida Lleida.
Leridano, na adj. y s. De Lleida (Lérida).
Lerma Río de México, que nace en el Estado de México, pasa por los de Michoacán, Guanajuato y Jalisco, y desemboca en el lago de Chapala; 515 km de curso.
Lerma, Francisco Gómez de Sandoval y Rojas, duque de Político español (?, 1553 - Tordesillas, 1623). Virrey de Valencia bajo Felipe II (1592), le fueron confiados por Felipe III los asuntos de Estado (1598). Su mandato se caracterizó por el cohecho y el abuso generalizado. Fue el principal responsable de la desigualdad tributaria del país y la expulsión de los moriscos, lo que contribuyó a la decadencia económica. En política exterior, firmó la paz con Inglaterra y las Provincias Unidas, lo que alivió en parte la situación financiera; procuró el acercamiento a Francia con su política matrimonial y, en el Mediterráneo, se opuso a los turcos. En 1609 firmó la Tregua de los Doce Años con los Países Bajos.
Lermontov, Mijaíl Yurievich Escritor ruso (Moscú, 1814 - Piatigorsk, 1841). Su obra poética, romántica, se caracteriza por la fascinación hacia la figura del demonio. Es autor de *La muerte de un poeta* (1837), *El demonio* (1838) y *El novicio* (1839).
Lerna *Mit.* Laguna de la Argólida, donde Heracles dio muerte a la hidra.
Lerneo, a adj. **1** De Lerna, ciudad o laguna. **2** Se dice de las fiestas que se celebraban en Lerna en honor de Baco, Ceres y Proserpina. También s.
Lerroux García, Alejandro Político español (La Rambla, Córdoba, 1864 - Madrid, 1949). Fundó el Partido Radicalsocialista. Ministro de Estado (1933) en el gobierno provisional de la II República y varias veces presidente del Gobierno (de 1933 a 1935), su derechismo se acentuó hasta la incorporación al gabinete de tres ministros de la CEDA, en 1934, lo que desencadenó la huelga general y la revolución en Asturias y Barcelona. Barridos él y su partido en las elecciones de 1936, huyó a Portugal al estallar la Guerra Civil, de donde regresó en 1947.
Les Cayes Cayes, Les.
Lesage, Alain René Escritor francés (Sarzeau, 1668 - Boulogne-sur-Mer, 1747). Entusiasta de la literatura española, tradujo varias obras, en las que incluía episodios nuevos, como *El diablo cojuelo* (1707), adaptación de la de Vélez de Guevara; *Historia de Gil Blas de Santillana* (1715-35), *Historia de Guzmán de Alfarache* (1732) o *Historia de Estabanillo González* (1734). Entre sus más de cien comedias destaca *Turcaret o el financiero* (1709).
Lesbianismo m. Homosexualidad en la mujer.
Lesbiano, na adj. **1** LÉSBICO. **2** Se dice del amor o del tipo de relación que se establece entre mujeres homosexuales. || f. **3** Mujer homosexual.
Lésbico, ca adj. Relativo a la relación sexual entre mujeres.
Lesbio, bia adj. y s. **1** De Lesbos. **2** LÉSBICO.
Lesbos Nombre de Grecia, región del Egeo Septentrional; 2.154 km² y 103.700 h. Su capital es Mitilene. Tabaco, frutales.
Lesbos o **Mitilene** Isla de Grecia, en el mar Egeo, frente a las costas de Turquía; y 1.631 km² y 97.000 h.
Lescot, Pierre Arquitecto francés (París, h. 1515 - íd., 1578). Construyó el patio cuadrado del Louvre, obra representativa del renacimiento francés; la fuente de los Inocentes de París y el castillo Vallery.

Alejandro **Lerroux**

Lesión f. **1** Daño corporal por un golpe, una enfermedad, etc. **2** Cualquier daño o perjuicio.
Lesionar tr. y prnl. **1** Causar daño. **2** Causar perjuicio.
Lesivo, va adj. Que causa o puede causar lesión o perjuicio.
Lesko Leszek.
Lesnordeste m. **1** *Meteor.* Viento medio entre el este y el nordeste. **2** Parte desde donde sopla este viento.
Leso, sa adj. **1** Agraviado, lastimado, ofendido; se dice, sobre todo, respecto de la cosa que ha recibido el daño. **2** Turbado, trastornado. **3** *Arg., Chile* y *Bol.* Tonto, necio.
Lesotho *(Kingdom of Lesotho/Muso oa Lesotho)* Estado del SE de África, que forma un enclave en el interior de la República Sudafricana. Antiguamente llamado *Basutolandia*.

Superficie:
30.355 km².
Población:
2.143.000 h (basothos)
Densidad:
70,6 h./km².
Tasa de natalidad: 31,3‰.
Tasa de mortalidad: 13,2‰.
Capital: Maseru.
Ciudades principales: Maputsoe, Teyateyaneng.
Grupos étnicos: bantúes (99,7%).
Religión: catolicismo (42,8%), iglesia evangélica de Lesotho (29,1%), anglicanismo (11,5%).
Idioma: inglés y sesotho.
Moneda: loti (plural, maloti).
Forma de Estado: monarquía.
Producto Nacional Bruto: 1.167 millones de dólares.
Renta per cápita: 570 dólares.
División administrativa: 10 distritos, según cuadro.

LESOTHO

Distritos	Superficie (km²)	Población (h.)	Capitales
Berea	2.222	206.200	Teyateyaneng
Butha-Buthe	1.767	135.400	Butha-Buthe
Leribe	2.828	349.500	Leribe
Mafeteng	2.119	259.000	Mafeteng
Maseru	4.279	400.200	Maseru
Mohale's Hoek	3.530	231.300	Mohale's Hoek
Mokhotlong	4.075	100.300	Mokhotlong
Qacha's Nek	2.349	86.800	Qacha's Nek
Quthing	2.916	151.900	Quthing
Thaba Tseka	4.270	136.200	Thaba Tseka

GEOG. Lesotho es un país muy montañoso. Los dos tercios orientales forman parte de los montes Drakensberg, donde se alzan las mayores alturas del África austral (Thabana Ntlenyana, 3.482 m). En el interior queda flanqueada una región de mesetas cortadas por los valles del Orange y sus afluentes. La zona occidental forma parte de los altiplanos sudafricanos, donde se concentra el 50% de la población. El clima es mediterráneo de interior y de montaña. El índice de crecimiento demográfico es muy alto y es un país subdesarrollado que depende económicamente de la República Sudafricana. La agricultura es básicamente de autoconsumo; produce maíz, trigo, sorgo y hortalizas. Ganadería ovina y caprina. Industria de transformación y preparación de lanas. Yacimientos de diamantes y otras piedras preciosas.

HIST. Los enfrentamientos entre las tribus de basothos, establecidas en el curso alto del río Orange y unificadas bajo la dirección de Moshoesh, y los bóers propiciaron la intervención británica en el territorio y el establecimiento, en 1868, del protectorado de Basutolandia. En 1966 obtuvo la independencia y fue proclamado rey Moshoeshoe II, quien pronto entró en conflicto con el primer ministro Leabua Jonathan, verdadero dirigente del país, partidario de mantener relaciones amistosas con Sudáfrica. La oposición socialista se reagrupó en el Partido del Congreso, que no pudo evitar la progresiva concentración del poder en manos de Jonathan; desde 1975 se mantuvo en la clandestinidad. Suspendida la Constitución y con vistas a evitar una inminente guerra civil, Jonathan puso en práctica una política de distanciamiento de Sudáfrica y de amistad hacia países del bloque socialista. Ello no impidió que, en 1981, el Ejército para la Liberación de Lesotho (LLA), brazo armado del Partido del Congreso, iniciara una intensa acción terrorista contra objetivos sudafricanos. Las actividades del Congreso Nacional Africano (ANC) desde Lesotho contra Sudáfrica fueron el pretexto utilizado por este país para, en 1986, imponer un bloqueo económico y dar su apoyo a un golpe de Estado que, encabezado por el general Justice Lejanye, derrocó a Jonathan y estableció un gobierno de carácter militar. Moshoeshoe II fue obligado a abdicar en favor de su hijo Letsie III, en 1990. Lesotho entonces quedó supeditado a Sudáfrica hasta 1991, en que Lejanye fue derrocado. Las elecciones celebradas en 1993, pospuestas desde finales de 1992, fueron las primeras legislativas libres desde 1970 y dieron la victoria al Partido del Congreso Basotho, liderado por Ntsu Mokhehle. La tensión militar se manifestó nuevamente en 1994, cuando un comando militar secuestró a cuatro ministros y asesinó al de Finanzas. En 1995, Letsie III abdicó en su padre, Moshoeshoe II. En 1996 falleció el rey Moshoeshoe II y fue sucedido por su hijo Letsie III. Por su parte, Mokhehle venció en los comicios de 1998, pero la acusación de fraude por parte de la oposición le obligó a renunciar a su cargo. Le sucedió Bethuel Pakalitha Mosisisli, pero las protestas populares continuaron. Tras controlar un fallido golpe de Estado Letsie III pidió ayuda a Sudáfrica, cuyo ejército consiguió restablecer el orden. En 2002 se celebraron elecciones generales, en las que Mosisisli resultó ratificado en su cargo.

LESSEPS, FERDINAND-MARIE, VIZCONDE DE Diplomático y administrador francés (Versalles, 1805 - La Chenaie, 1894). Hizo construir el canal de Suez (1869) y proyectó el de Panamá. Ingresó en la Academia francesa en 1884.

LESSING, DORIS Escritora británica (Kermanshah, Irán, 1919). Su obra se centra en el examen de la problemática sociopolítica africana, la crítica de la vida tradicional británica y la reflexión sobre la subjetividad femenina. Obras: *La hierba canta* (1950), *El cuaderno dorado* (1962), *Cuentos africanos* (1964), la serie *Canopus in Argos* (1979-1982), *La buena terrorista* (1985) y *African Laughter: Four Visits to Zimbabwe* (1992). En 2001 recibió el premio Príncipe de Asturias de las Letras.

LESSING, GOTTHOLD EPHRAIM Escritor y filósofo alemán (Kamenz, 1729 - Brunswick, 1781). Teórico de la ilustración, preparó el camino para una literatura nacional. Sus principales obras dramáticas son *Miss Sara Sampson* (1755), *Minna von Barnhelm* (1767) y *Natán el Sabio* (1779). En filosofía sus intereses giraron en torno a la estética y la filosofía de la religión: *Laocoonte o sobre los límites de la pintura y la poesía* (1766).

LESTRIGÓN, NA adj. *Mit.* **1** Se dice de una tribu antropófaga que habitaba en Sicilia y Campania, y que según la *Odisea*, encontró Ulises en su navegación. También s. **2** Se dice también de sus individuos. También s. **3** Relativo a esta tribu.

LESUESTE o **LESSUESTE** m. **1** *Meteor.* Viento medio entre el este y el sudeste. **2** Región desde donde sopla este viento.

LESZEK o **LESKO** Nombre de diversos reyes de Polonia.

LESZEK II EL BLANCO (?, h. 1186 - ?, 1227). Hijo de Casimiro II el Justo, ocupó el trono tres veces (1194-1200, 1201 y 1206-27). Murió cuando intentaba someter al gobernador de la Pomerania occidental, Sviatopolk, que se había sublevado.

LESZEK III (?, h. 1241 - Cracovia, 1288). Ocupó el trono de 1279 a 1288.

LETAL adj. Se dice de aquello que causa la muerte.

LETANÍA f. **1** Rogativa hecha a Dios, la Virgen y los santos formada por una serie de invocaciones ordenadas. También pl. **2** Lista, enumeración de nombres, locuciones o frases.

LETÁRGICO, CA adj. **1** Que padece letargo. **2** Perteneciente o relativo a esta enfermedad.

LETARGO m. **1** Estado de inactividad en plantas y animales causado por alguna circunstancia estructural o fisiológica. **2** *Med.* Estado morboso, de somnolencia o estupor, que constituye el síntoma de varias enfermedades nerviosas, infecciosas o tóxicas. **3** fig. Torpeza, modorra.

LETE o **LETEO** *Mit.* Río de los infiernos, en cuyas aguas bebían las almas de los muertos para olvidar su vida pasada.

LETEO, A adj. Relativo al río Lete o Leteo.

LETICIA, CONFLICTO DE *Hist.* Litigio provocado por las pretensiones de Colombia y Perú sobre esta ciudad. Perteneció a Perú hasta 1922, en que fue cedida a Colombia. Asaltada por fuerzas peruanas en 1932, las diferencias se solventaron por el arbitraje de Río de Janeiro (1934), en el que se reconocía la soberanía de Colombia sobre Leticia.

LETÍFICO, CA adj. Que alegra.

LETO *Mit.* Diosa griega, hija del titán Ceo y de la titánide Febe. Concibió de Zeus dos hijos gemelos: Apolo y Artemisa. Es la *Latona* romana.

LETÓN, NA adj. y s. **1** De Letonia. **2** *Etnol.* Se dice de un pueblo báltico, llamado también latvio, así como de cada uno de sus individuos. || m. *Ling.* **3** Idioma letón, dialecto del lituano.

LETONIA (*Latvijas Republika*) Estado de Europa que hasta 1991 formó parte de la URSS. Limita al N con Estonia; al E, con la Federación de Rusia; al SE, con Bielorrusia; al S, con Lituania, y al O, con el mar Báltico. GEOG. El relieve de Letonia es llano, con una altitud media muy baja (el punto más elevado apenas alcanza los 300 m), levemente accidentado por dunas maríti-

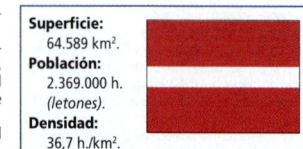

Superficie: 64.589 km².
Población: 2.369.000 h. (letones).
Densidad: 36,7 h./km².
Tasa de natalidad: 7,5‰.
Tasa de mortalidad: 14‰.
Capital: Riga.
Ciudades principales: Daugavpils, Liepaja, Jelgava, Jurmala.
Grupos étnicos: letones (54,8), rusos (32,8), bielorrusos (4,0), ucranios (3,0), polacos (2,2%), lituanos (1,3%).
Religión: luteranismo, ortodoxa y católicismo.
Idioma: letón.
Moneda: lat.
Forma de Estado: república.
Producto Nacional Bruto: 5.917 millones de dólares.
Renta per cápita: 2.420 dólares.
División administrativa: 26 distritos rurales y 7 distritos urbanos, según cuadro.

LETONIA

Distritos urbanos Distritos rurales	Superficie (km²)	Población (h.)
Daugavpils	72	115.450
Jelgava	60	70.931
Jurmala	100	58.865
Liepaja	60	95.427
Rezekne	17	40.557
Riga	307	796.732
Ventspils	46	46.501
Aizkraukle	2.565	42.189
Aluksne	2.243	27.031
Balvi	2.386	31.036
Bauska	1.882	51.464
Cesis	3.067	61.247
Daugavpils	2.525	44.053
Dobele	1.633	40.784
Gulbene	1.877	28.998
Jekabpils	2.998	57.096
Jelgava	1.604	34.797
Kraslava	2.285	37.529
Kuldiga	2.502	38.113
Liepaja	3.594	49.682
Limbazi	2.602	40.558
Ludza	2.569	38.231
Madona	3.346	47.423
Ogre	1.840	63.611
Preili	2.041	41.418
Rezekne	2.655	41.485
Riga	3.059	146.121
Saldus	2.182	38.737
Talsi	2.751	59.261
Tukums	2.447	55.044
Valka	2.437	34.932
Valmiera	2.365	60.174
Ventspils	2.472	13.968

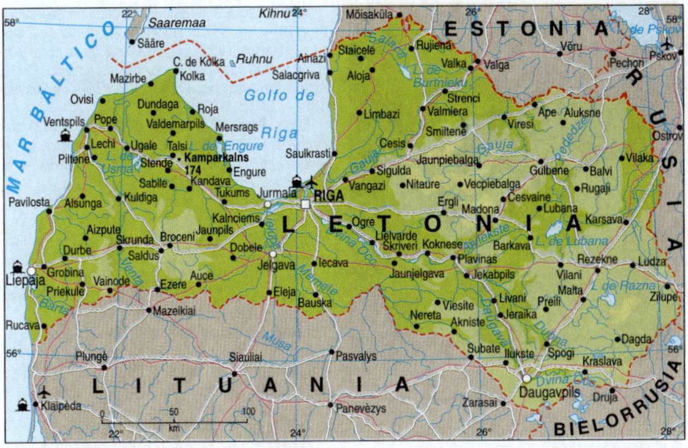

mas. El clima es continental de influencia oceánica. Ganadería bovina y porcina. Explotación forestal. Agricultura. Su escasa producción eléctrica (tan sólo el 40% del consumo total) se obtiene del río Dvina Occidental, su principal vía fluvial. Es importante la pesca, base de la industria conservera. Industrias de construcciones mecánicas y eléctricas, textiles, productos químicos y madera y papel. El 69,5% de la población se concentra en las ciudades y casi la mitad en la capital, Riga, el puerto comercial más activo del país.

HIST. El territorio letón estuvo habitado originariamente por pueblos ugrofineses y bálticos. Desde finales del siglo XII y durante el XIII, fueron cristianizados y germanizados por la Orden de los Portaespadas y la Orden Teutónica, quienes mediante la adquisición sucesiva de territorios llegaron a constituir la Confederación Livonia (siglo XIV). El predominio de la Orden Teutónica persistió hasta 1560, fecha en la que comenzaron las dominaciones polaca (siglo XVI), sueca (siglo XVII) y rusa (siglo XVIII). Entre 1795 y la Primera Guerra Mundial, toda Letonia perteneció a Rusia. Durante la guerra fue ocupada por los alemanes, y finalizado el conflicto, en 1918, proclamó su independencia de Rusia, estableciendo un régimen constitucional parlamentario. Por el tratado de Riga (1920), fue reconocida como tal por el nuevo poder soviético, e ingresó en la Sociedad de Naciones al año siguiente. Tras el pacto germanosoviético (1939), quedó bajo influencia de la URSS, que la ocupó militarmente en 1940 y la incorporó como República Socialista Soviética autónoma de forma definitiva en 1944, después de la ocupación alemana (1941-44). Desde entonces resurgieron los movimientos nacionalistas disidentes del régimen soviético, en especial durante los años setenta, acentuándose en la década siguiente. La *perestroika* de Gorbachov promovió el proceso democratizador e independentista letón desde 1988, tomando forma real en 1990 tras el rechazo a la Constitución y a las leyes soviéticas. El golpe de Estado de agosto de 1991 en la URSS fue determinante para la consecución de la independencia, y en septiembre, Letonia, junto con Lituania y Estonia, era reconocida como nuevo Estado por la comunidad internacional, ingresando a continuación en la ONU. En 1993 Letonia celebró sus primeras elecciones libres al Parlamento desde 1940, en las que triunfó el partido de centro-derecha Vía Letona, liderado por Anatolis Gorbunov y formado por ex comunistas y emigrados. Guntis Ulmanis fue designado presidente de la República por el Parlamento y Valdis Birkaus primer ministro. En 1994, tras más de dos años de negociaciones, se retiraron las últimas tropas rusas. En las legislativas celebradas en 1995 los partidos más votados fueron el Partido Democrático Saimnieks, de centro izquierda, la Vía Letona y la Formación Letona, grupo populista de derechas dirigido por el empresario alemán Joachim Siegeristh. Poco después el Parlamento reeligió a Ulmanis presidente de la República. En 1997 formó Gobierno Andris Skele, sustituido en julio por Guntar Krasts, quien, en 1998, cedió el cargo a Vilis Kristopans. Tras las elecciones de 1999, Vaira Vike-Freiberga fue nombrada presidenta. En julio de ese año, Kristopans presentó su dimisión y Andris Skele pasó a formar un nuevo Gobierno. Skele dimitió en abril de 2000 y Andris Berzins fue nombrado su sustituto. En las legislativas de 2002 resultó vencedor Einars Repse, del partido Nueva Era, que fue nombrado primer ministro. La presidenta Vaira Vike-Freiberga fue reelegida en 2003. En marzo del año siguiente Einars Repse fue sustituido en el cargo por Indulis Emsis, y en mayo, Letonia ingresó en la UE.

LETRA f. **1** Signo o figura con que se representan los sonidos o articulaciones de un idioma. **2** Esos mismos sonidos o articulaciones. **3** Forma de la letra o modo particular de escribir según la persona, el tiempo, el lugar, etc. **4** Texto de una canción. **5** *A. gráf.* Carácter tipográfico que representa uno de los signos del alfabeto. **6** LETRA DE CAMBIO. || f. pl. **7** Conjunto de las ciencias humanísticas que, por su origen y tradición literaria, se distinguen de las exactas, físicas y naturales. || **LETRA BASTARDA** *A. gráf.* La de mano, inventada en Italia en el siglo XV, inclinada a la derecha. || **LETRA DE CAJA ALTA** *A. gráf.* La mayúscula. || **LETRA DE CAJA BAJA** *A. gráf.* La minúscula. || **LETRA DE CAMBIO** *Econ.* Documento mercantil mediante el cual una persona o entidad (librador) da orden a otro (librado) de que pague a un tercero (tenedor) una cantidad de dinero en una fecha determinada. || **LETRA CAROLINA** *A. gráf.* Letra minúscula empleada entre los siglos VIII y XIII, origen de la actual minúscula de imprenta. || **LETRA CORTESANA** *A. gráf.* La gótica cursiva empleada en Castilla en los siglos XV y XVI. || **LETRA CURSIVA** *A. gráf.* La bastardilla. || **LETRA FLORIDA** *A. gráf.* La mayúscula con algún adorno. || **LETRA GÓTICA** *A. gráf.* La de forma rectilínea y angulosa que se utilizó en Europa a partir del siglo XII, por evolución de la carolina. || **LETRA INGLESA** *A. gráf.* La más inclinada que la bastarda. || **LETRA MAYÚSCULA** *A. gráf.* La que con mayor tamaño y distinta figura que la minúscula se emplea como inicial de todo nombre propio, detrás de punto, etc. || **LETRA MINÚSCULA** *A. gráf.* La que es menor que la mayúscula y por lo general de forma distinta, y se emplea en la escritura constantemente, sin más excepción que la de los casos en que se debe usar letra mayúscula. || **LETRA DE MOLDE** *A. gráf.* La impresa. || **LETRA NEGRILLA** o **NEGRITA** *A. gráf.* La negra que resalta en el texto de los tipos ordinarios. También s. || **LETRA PEQUEÑA** o **MENUDA** Parte de un documento o contrato que está impresa en un tipo de letra más pequeño que el del texto principal y suele contener cláusulas importantes que pueden pasar inadvertidas. || **LETRA REDONDA** o **REDONDILLA** *A. gráf.* La vertical y circular. || **LETRA VERSAL** *A. gráf.* La mayúscula. || **LETRA VERSALITA** *A. gráf.* Mayúscula de igual tamaño que la minúscula. || **LETRA VISIGÓTICA** *A. gráf.* La empleada en la península Ibérica desde la llegada de los visigodos hasta la irrupción de la carolina en el siglo XI. || **al pie de la letra** loc. adv. Literalmente; sin variación.

LETRADO, DA adj. **1** Sabio, instruido. || m. y f. **2** Abogado. **3** Jurista de una institución pública encargado de estudiar y preparar sus dictámenes o resoluciones.

LETRÁN, CONCILIOS DE *Hist.* y *Rel.* Nombre de cinco concilios ecuménicos celebrados por la iglesia católica en San Juan de Letrán, en 1123, 1139, 1179, 1215 y 1512-1517. También se llaman *lateranenses.*

LETRÁN, TRATADO DE *Hist.* El firmado entre el Estado italiano y la Santa Sede en 1929, ratificado por Italia en su constitución de 1947, por el que se reconocía la soberanía del Papa en el Estado llamado Ciudad del Vaticano.

LETRERO m. Palabra o conjunto de palabras escritas para dar a conocer una cosa.

LETRASET m. Nombre comercial de un sistema de rotulación consistente en una hoja transparente con letras y signos adhesivos que pueden ser trasladados a otra superficie mediante presión.

LETRILLA f. *Poét.* **1** Composición poética de versos cortos que suele ponerse en música. **2** Composición poética, dividida en estrofas, al fin de cada cual se repite un estribillo.

LETRINA f. **1** Lugar destinado en las casas para verter las inmundicias y expeler los excrementos. **2** fig. Cosa sucia y repugnante.

LETRISTA com. *Mús.* Persona que escribe las letras de las piezas musicales.

LETRONES m. pl. Edicto que en caracteres grandes se ponía en las puertas de las iglesias y en otros lugares para hacer saber que estaban excomulgados los designados en él.

LEU m. *Econ.* Unidad monetaria de Rumania. ♦ Su pl. es *lei.*

LEUC-, LEUCO-, LEUCOS-; -LEUC-; -LEUCO prefs., in. o suf. que significa blanco: *leucemia.*

LEUCADA *(Leukás)* Isla y nomo de Grecia, región de las islas Jónicas; 356 km² y 20.900 h. Su capital es la ciudad del mismo nombre.

LEUCEMIA f. *Pat.* Enfermedad grave que se caracteriza por un aumento incontrolado de leucocitos en la sangre y la hipertrofia y proliferación de uno o varios tejidos linfoides.

LEUCINA f. *Quím.* Aminoácido esencial, monocarboxílico, de fórmula $C_6H_{13}O_2N$, presente en la mayoría de las proteínas.

LEUCIPO Filósofo griego (Abdera, Mileto o Elea, h. 460 - h. 370 a. C.). Fundador, junto con su discípulo Demócrito, del ATOMISMO. Se le atribuyen dos obras: *El gran sistema del mundo* y *Sobre la mente*, de las que sólo quedan fragmentos.

LEUCITA f. *Miner.* Mineral silicato de aluminio y potasio, de fórmula $AlKSi_2O_6$, perteneciente al grupo de los feldespatos. Aparece en las rocas ígneas.

LEUCO-; -LEUCO pref. o suf. LEUC-.

LEUCOBLASTO m. *Biol.* Célula inmadura a partir de la cual se forman los leucocitos.

LEUCOCITEMIA f. *Med.* LEUCOCITOSIS.

LEUCOCITO m. *Biol.* Célula sanguínea, ameboide e incolora, con núcleo y citoplasma granular o agranular. Está presente en los animales en número menor que los eritrocitos; en el hombre, en circunstancias normales, hay entre 6.000 y 9.000 por mm³. Una de sus funciones características es capturar cualquier cuerpo extraño presente en la sangre; lo aprisiona con los seudópodos y, más tarde, lo asimila. Son los defensores del organismo contra influencias extrañas y, en caso de infección, aumentan su número hasta el triple. También denominado *glóbulo blanco.* || **LEUCOCITO AGRANULOSO** *Biol.* El que tiene el citoplasma homogéneo y se produce a partir del tejido linfoide. A este grupo pertenecen los linfocitos y los monocitos. || **LEUCOCITO GRANULOSO** *Biol.* El que presenta abundantes granulaciones en el citoplasma. Constituyen el 70% del total de leucocitos.

LEUCOCITOSIS f. *Med.* Aumento del número de leucocitos en la sangre, producido muchas veces por una infección y también por el embarazo o la simple digestión.

LEUCOMA m. *Med.* Manchita blanca y opaca en la córnea del ojo.

LEUCONIQUIA f. *Med.* Decoloración o manchas blanquecinas en las uñas.

LEUCOPENIA f. *Med.* Disminución de leucocitos en la sangre por debajo del límite normal.

LEUCOPETRA *Geog. hist.* Campo de batalla, en el istmo de Corinto, donde el cónsul romano Lucio Mumio venció a las fuerzas de la Liga Aquea (146 a. C.).

LEUCOPLAQUIA f. *Med.* Alteración patológica del epitelio de algunas mucosas, como la bucal, con la aparición de placas blanquecinas.

LEUCOPLASIA f. LEUCOPLAQUIA.

LEUCORREA f. *Med.* Flujo mucoso y blanquecino de las vías genitales femeninas.

LEUCOS- pref. LEUC-.

LEUCTRA *Geog. hist.* Antigua ciudad de Grecia, en Beocia, en la que Epaminondas derrotó a los espartanos (371 a. C.).

LEUDE m. Militar que seguía libremente en la hueste a los reyes góticos, de quienes percibía sueldo.

LEUDO, DA adj. Se dice de la masa fermentada con levadura.

LEUKÁS LEUCADA.

LEUVEN LOVAINA.

LEV (Voz búlgara.) m. *Econ.* Unidad monetaria de Bulgaria. ♦ Su pl. es *leva.*

LEV- pref. LEVO-.

LEVA f. **1** Salida de las embarcaciones del puerto. **2** Reclutamiento de soldados. **3** *Mec.* Pieza giratoria con muescas que transmite o dirige el movimiento de una máquina.

LEVADIZO, ZA adj. Que se levanta o se puede levantar.

LEVADURA f. **1** *Biol.* Cierto tipo de hongos ascomicetos, la mayoría unicelulares, y eucariotas, que pueden obtener energía a partir de la fermentación de los glúcidos. Se emplean para llevar a cabo las fermentaciones necesarias para producir vino, cerveza o levadura de panadería. **2** *Quím.* Sustancia obtenida sintéticamente que produce la fermentación de un cuerpo.

LEVALLOISIENSE adj. *Prehist.* Se dice de un periodo prehistórico desarrollado durante el paleolítico medio.

Se caracteriza por la extracción de lascas. Recibe su nombre del yacimiento de Levallois-Perret.

LEVANTAMIENTO m. **1** Acción y efecto de levantar o levantarse. **2** Sedición, alboroto popular. **3** *Geol.* Elevación del conjunto de la corteza terrestre en una zona más o menos grande. **4** Conjunto de operaciones necesarias para representar topográficamente un terreno.

LEVANTAR tr. y prnl. **1** Mover de abajo hacia arriba. **2** Poner una cosa en lugar más alto. **3** Poner derecho o en posición vertical una persona o cosa. **4** Separar una cosa de otra sobre la cual descansa o está adherida. **5** Dirigir hacia arriba. **6** Rebelar, sublevar. **7** Animar. **8** Recoger o quitar una cosa de donde está. **9** Hacer que salte la caza y salga del sitio en que estaba. || tr. **10** Edificar. **11** Dar mayor fuerza a la voz. **12** Suprimir penas o prohibiciones impuestas por la autoridad. || prnl. **13** Ponerse de pie. **14** Dejar la cama el que estaba acostado. **15** Sobresalir algo sobre una superficie o plano.

LEVANTE m. **1** *Meteor.* Viento del E que sopla en el estrecho de Gibraltar y en el SE de la Península. **2** Países de la parte oriental del Mediterráneo. **3** *Chile* Derecho de talar madera.

LEVANTE *Astron.* ORIENTE, punto por donde sale el sol.

LEVANTE Nombre genérico de las regiones mediterráneas de España, especialmente Valencia y Murcia.

LEVANTINO, NA adj. y s. De Levante.

LEVANTISCO, CA adj. Inquieto y turbulento.

LEVAR tr. **1** *Mar.* Recoger el ancla. **2** *Mar.* Hacerse a la mar.

LEVE adj. **1** Ligero, liviano. **2** fig. De poca importancia.

LEVI, CARLO Escritor italiano (Turín, 1902 - Roma, 1975). Su obra literaria más famosa es *Cristo se paró en Éboli* (1945), escrita en el destierro que sufrió de 1935 a 1936 por sus ideas antifascistas.

LEVÍ Patriarca hebreo. Fue el tercer hijo de Jacob y de Lía, y el padre de la tribu que lleva su nombre.

LEVÍ, YEHUDA HA- Poeta y apologista judeoespañol (Tudela, h. 1075 - Egipto, h. 1141). Su poesía profana, escrita en hebreo, hace uso de los modelos árabes tanto en la métrica como en el contenido. Obras: *Himno de la creación, Libro de la prueba y de la demostración en defensa de la religión menospreciada* (1130-40), escrito en árabe, y las *Siónidas.*

LEVI-CIVITA, TULLIO Matemático italiano (Padua, 1873 - Roma, 1941). Famoso por haber introducido el cálculo diferencial absoluto.

LEVI-MONTALCINI, RITA Neurobióloga de doble nacionalidad, estadounidense e italiana (Turín, 1909). Investigó sobre los factores de crecimiento del tejido nervioso en los animales y el hombre. En 1986 recibió el premio Nobel de Medicina y Biología.

LÉVI-PROVENÇAL, EVARISTE Arabista francés (Argel, 1894 - París, 1956). Publicó diversos libros acerca de la civilización árabe en España. Entre ellos destaca la *Historia de la España musulmana,* que abarca hasta 1031.

LÉVI-STRAUSS, CLAUDE Filósofo y antropólogo francés de origen belga (Bruselas, 1908). Creador de la antropología cultural, aplicó los modelos del estructuralismo lingüístico al estudio de los sistemas culturales. Obras principales: *Las estructuras elementales del parentesco* (1949), *Raza e historia* (1952), *Tristes trópicos* (1955), *Antropología estructural* (1958), *El pensamiento salvaje* (1962), *Mitológicas* (1964-71), *La huella de las máscaras* (1975) y *El totemismo en la actualidad* (1962). Miembro de la Academia Francesa desde 1973.

LEVIATÁN m. Monstruo marino, descrito en el libro de Job, considerado siempre el demonio, enemigo de las almas.

LEVIGACIÓN f. **1** *Geol.* Migración de materiales del suelo en disolución o suspensión coloidal, que son arrastrados por las aguas de percolación. **2** *Quím.* Reducción de una sustancia a polvo fino, moliéndola en el agua, seguida de una sedimentación fraccionada.

LEVIGAR tr. *Quím.* Separar, en un medio líquido, los distintos componentes de una materia en polvo, de manera que la parte más pesada se deposite en el fondo de la vasija.

LEVINAS, EMMANUEL Filósofo francés de origen lituano (Kaunas, 1905 - París, 1995). Discípulo de Husserl y Heidegger, sintetizó el pensamiento judío con el existencialismo heideggeriano. Obras: *El tiempo del otro* (1948), *Totalidad e infinito* (1961), *Ética e infinito* (1982) y *Entre nous: essais sur le penser-à-l'autre* (1991).

LEVINGSTON, ROBERTO MARCELO Militar argentino (San Luis, 1920). Nombrado presidente de la República por la junta militar que derrocó a Onganía (1970), fue depuesto en 1971.

LEVITA[1] m. **1** *Hist.* Israelita de la tribu de Leví. **2** Eclesiástico de grado inferior al sacerdote.

LEVITA[2] f. Prenda masculina de etiqueta, más larga y amplia que el frac.

LEVITAR intr. Elevarse en el espacio sin intervención de agentes físicos conocidos.

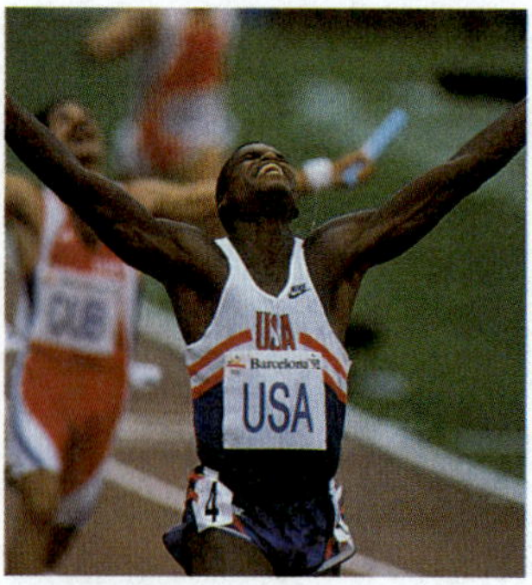

Carl **Lewis**

LEVÍTICO, CA adj. **1** Relativo a los levitas. **2** fig. Influido por los clérigos.

LEVÍTICO Tercer libro del Pentateuco, que versa sobre los ministros del culto y en un sentido más amplio sobre los sacerdotes, hijos de Aarón.

LEVO-, LEV- prefs. que significan lado izquierdo: *levógiro.*

LEVÓGIRO, RA adj. *Fís.* Se dice del cuerpo o sustancia que desvía hacia la izquierda la luz polarizada.

LEVULOSA f. *Quím.* D-fructosa levógira.

LÉVY-BRUHL, LUCIEN Filósofo y etnólogo francés (París, 1857 - íd., 1939). Influido por el positivismo de Comte y por los conceptos durkheimianos de conciencia y representación colectivas, afirmó la correspondencia estructural entre organización social y moral. Obras: *La moral y la ciencia de las costumbres* (1903), *La mentalidad primitiva* (1922), *El alma primitiva* (1927) y *La Mythologie primitive* (1935).

LEWIS, CARL Atleta estadounidense (Birmingham, Alabama, 1961). En los Campeonatos mundiales de Helsinki (1983), consiguió medalla de oro en 100 m lisos, salto de longitud y relevos 4 × 100; en las olimpiadas de Los Ángeles (1984), cuatro medallas de oro (100, 200, 4 × 100 y salto de longitud), en las de Seúl (1988), cuatro medallas de oro (100 y 400 m lisos, 4 × 100, y salto de longitud) y una de plata (200 m lisos); en las de Barcelona (1992), dos medallas de oro (salto de longitud y 4 × 100 m); y en las de Atlanta (1996), una medalla de oro en salto de longitud.

LEWIS, EDWARD B. Biólogo estadounidense (Wilkes-Barre, 1918). En 1995 obtuvo el premio Nobel de Fisiología y Medicina, compartido con E. Wieschaus y Ch. Nüsslein-Volhard, por haber identificado los llamados genes hox, claves para la conformación de todos los organismos vivos.

LEWIS, JERRY Actor y director de cine estadounidense (Newark, 1926). Su comicidad le ha convertido en uno de los actores más populares del cine. Ha intervenido en numerosas películas, algunas de ellas también dirigidas por él, como es el caso de *My Friend Irma* (1949), *El botones* (1960), *El profesor chiflado* (1963), *Jerry calamidad* (1964) y *El mundo loco de Jerry* (1983).

LEWIS, JERRY LEE Cantante y pianista estadounidense (Ferriday, Louisiana, 1935). Desde sus primeras grabaciones en 1956 se ha mantenido entre las principales figuras del rock y de la música country. Entre sus mayores éxitos cabe citar *Great Balls of Fire* o *Whole Lotta Shakin', Goin'On.*

LEWIS, MATHEW GREGORY Escritor inglés (Londres, 1775 - océano Atlántico 1818). Autor de *Ambrosio o El Monje* (1796), novela gótica; de melodramas musicales, como *El espectro del castillo* (1798) o *Aldemorn, el forajido* (1801) y los relatos en verso *Cuentos de terror* (1799).

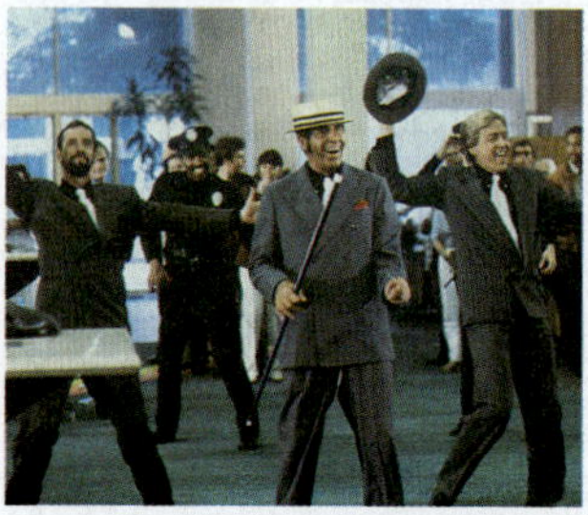
Jerry **Lewis** (en el centro). Escena de *El mundo loco de Jerry.*

LEWIS, OSCAR Antropólogo estadounidense (Nueva York, 1914 - íd., 1970). Se dedicó al estudio de la pobreza y la marginación. Entre sus obras destacan *La vida de un pueblo mexicano: Tepoztlán reestudiado* (1951), *Antropología de la pobreza* (1959), *Los hijos de Sánchez* (1961) y *La vida* (1965).

LEWIS, PERCY WYNDHAM Pintor y escritor británico (Amherst, 1882 - Londres, 1957). Afiliado desde su juventud a movimientos artísticos de vanguardia, se le considera el fundador del VORTICISMO (1912-13).

LEWIS, SINCLAIR Escritor estadounidense (Sauk Center, Minnesota, 1885 - Roma, 1951). Sus obras son reportajes sobre la clase media estadounidense y sátiras sobre su mentalidad. Obras: *Calle mayor* (1920), *Elmer Gantry* (1927), *El hombre que conoció a Coolidge* (1928), *Sangre real* (1947) y *El buscador de Dios* (1949). Premio Nobel de Literatura en 1930.

LEWIS, SIR WILLIAM ARTHUR Economista británico de origen antillano (Santa Lucía, 1915 - Barbados, 1991). Obtuvo el premio Nobel de Economía en 1979, junto con T. W. Shultz, por sus investigaciones sobre los problemas de los países en vías de desarrollo.

LEWIS CARROLL CARROLL, LEWIS.

LEXEMA m. *Ling.* Parte de la palabra que aporta el significado básico. Se opone al morfema.

-LEXIA suf. del mismo origen y significado que LÉXICO.

LEXICALIZAR tr. y prnl. *Ling.* **1** Convertir en uso léxico general el que antes era figurado. **2** Hacer que un sintagma llegue a funcionar como una unidad léxica.

LÉXICO, CA adj. **1** *Ling.* Relativo al vocabulario de una lengua o región. || m. **2** *Ling.* Vocabulario, conjunto de las palabras y giros que componen una lengua, una región, una actividad concreta, etc. **3** Caudal de voces, modismos y giros de un autor.

LEXICOGRAFÍA f. **1** *Lex.* Técnica de componer diccionarios. **2** *Ling.* Parte de la lingüística que se ocupa de los principios teóricos en que se basa la composición de diccionarios.

LEXICOLOGÍA f. *Ling.* Estudio de las unidades léxicas de una lengua, y de las relaciones sistemáticas que se establecen entre ellas.

LEXICÓN m. *Lex.* Léxico, diccionario, especialmente el de una lengua antigua o muerta.

LEY f. **1** Relación necesaria que rige dos o más fenómenos naturales; regla constante que expresa esa relación. **2** *Der.* Norma dictada por una autoridad, en que se manda, regula o prohíbe una cosa. **3** *Der.* En un régimen constitucional, disposición votada por un órgano legislativo. **4** *Der.* Cuerpo del derecho civil. **5** Poder, autoridad. **6** Lealtad, fidelidad, amor. Se usa con los verbos *tener* o *tomar.* **7** Norma de conducta a la que se somete un grupo social. || **LEY DE ACCIÓN DE MASAS** *Quím.* La velocidad de una reacción química es proporcional al producto de las concentraciones de las sustancias que reaccionan. || **LEY DE BASES** La que sólo contiene las normas generales sobre una materia. || **LEY FUNDAMENTAL** *Der.* La que establece los principios por los que debe regirse la producción legislativa de un país. || **LEY MARCIAL** *Der.* La de orden público una vez declarado el estado de guerra. || **LEY DE MOISÉS** *Rel.* Preceptos y ceremonias que Dios dio al pueblo de Israel por medio de Moisés para su gobierno y para el culto divino. || **LEY NATURAL** La dictada por la razón. || **LEY ORGÁNICA** *Der.* La que inmediatamente se deriva de la constitución de un Estado y contribuye a su desarrollo. || **LEY SÁLICA** *Hist.* La que excluye del trono a las mujeres y a sus descendientes. Se introdujo en España en tiempos de Felipe V, pero fue derogada en 1830. || **LEY SECA** *Der.* La que prohíbe el tráfico y consumo de bebidas alcohólicas, como la que rigió en EE UU desde 1920 hasta 1933. || **con todas las de la ley** loc. adv. Reuniendo o cumpliendo todos los requisitos indispensables para su perfección o buen acabamiento. || **de ley** loc. adj. Se aplica al oro y la plata que poseen la cantidad de ese metal señalada por la ley.

LEYENDA f. **1** Narración de sucesos imaginarios. **2** *Poét.* Composición literaria en que se narran estos sucesos. **3** *Num.* Inscripción de monedas, escudos, lápidas, etc. **4** Texto que acompaña a un grabado, plano, cuadro, etc. || **LEYENDA NEGRA** Creencia u opinión negativa, generalmente infundada, sobre una persona o cosa.

LEYENDA NEGRA *Hist.* Expresión con la que se denomina al conjunto de acusaciones vertidas desde el exterior contra la monarquía española en el siglo XVI, época de máximo esplendor del imperio español.

LEYES DE BURGOS *Hist.* Conjunto de leyes para las Indias, promulgadas en 1512, resultado de la reunión de la junta de Burgos. Mantenían el principio de libertad de los indios, pero se autorizaba su repartimiento en encomiendas.

LEYES DE INDIAS *Hist.* Conjunto de disposiciones dictadas, por su aplicación en el Nuevo Mundo, por los organismos de gobierno de la metrópoli (rey, Consejo

Lhasa (China). Palacio de Potala, residencia del Dalai Lama.

de Indias y Casa de la Contratación) o por los de las Indias (virreyes, audiencias, capitanes generales, gobernadores) con facultades para dictar disposiciones de obligado cumplimiento dentro de su demarcación. Su fundamento es la incorporación del Nuevo Mundo a la corona de Castilla como provincias integrantes de la monarquía castellana, y la igualdad entre Castilla e Indias.

Leyes Nuevas Hist. Conjunto de leyes para la gobernación de las Indias promulgadas por Carlos I. Reglamentaban la gobernación de las Indias (instituciones, audiencias, etc.) y regulaban las encomiendas, prohibiendo nuevas concesiones y reduciendo en número y duración las existentes. Su aplicación motivó numerosos conflictos en las Indias, especialmente graves en Perú.

Leyte Archipiélago y provincia de Filipinas; 6.268 km² y 1.302.658 h. Su capital es Tacloban. Victoria aeronaval de EE UU sobre Japón (1944) en el golfo de Leyte.

Leyte del Sur Provincia de Filipinas, en el archipiélago de su nombre; 1.735 km² y 296.294 h. Su capital es Maasin.

Leyva Leiva.

Lezama Lima, José Escritor cubano (La Habana, 1910 - íd., 1976). Tras la revolución cubana pasó a dirigir el departamento de literatura y publicaciones del Consejo Nacional de Cultura y fue vicepresidente de la Unión Nacional de Escritores y Artistas. Inició su carrera poética con *Muerte de Narciso* (1937), a la que siguieron *Aventuras sigilosas* (1945), *La fijeza* (1949), *Dador* (1960) e *Islas* (1961). En 1966 publicó su obra maestra, *Paradiso*. Su segunda novela, *Oppiano Licario* (1977), quedó inconclusa a causa de su muerte.

Lezna f. Instrumento que usan los zapateros para agujerear, coser y pespuntar.

Lezo Municipio y lugar de España, provincia de Guipúzcoa; 5.535 h.

Lezo, Blas de Marino español (Pasajes, 1687 - Cartagena de Indias, 1741). En la defensa de Cartagena de Indias, rechazó una escuadra inglesa al mando del almirante Vernon.

Lhasa Ciudad de China, capital de la región autónoma de Xizang; 106.885 h. Importantes templos y monasterios. Antigua capital del Tíbet, fue residencia oficial del Dalai Lama, cuyo palacio de Potala es la construcción más característica de la ciudad. Centro religioso del budismo. Núcleo comercial.

L'Hermite Archipiélago de Chile, que comprende, entre otras, la isla Hornos.

L'Hopital o **L'Hospital, Guillaume de** Geómetra francés (París, 1661 - íd., 1704). Trabajó sobre análisis infinitesimal. Se ha dado su nombre a la regla que permite obtener el límite de una fracción cuyos dos términos tienden a cero simultáneamente.

L'Hospital, Michel de Político francés (Aigueperse, 1505 - Belesbat, 1573). Canciller de Francia (1560-68), contribuyó a la adopción de una política tolerante hacia los hugonotes.

Lhote, André Pintor y crítico de arte francés (Burdeos, 1885 - París, 1962). Vinculado inicialmente al fauvismo, evolucionó hacia un cubismo racional y accesible.

Lhotse Monte del Himalaya, al SO del Everest; 8.501 m de altura. Situado entre el Tíbet y Nepal.

Li Quím. Símbolo químico del litio.

Li Peng Político chino (Chengdu, 1928). Miembro del Comité Permanente del Politburó, en 1987 sustituyó a Zhao Ziyang como primer ministro. Ocupó el cargo hasta 1998, año en que accedió a la presidencia de la Asamblea Nacional Popular.

Li Po, Li Bo, Li T'ai-po o **Li T'ai-bo** Poeta chino (?, h. 701 - ?, 762). Fue el poeta favorito de la corte en el pe-

ríodo más esplendoroso de la dinastía Tang. Su producción poética está reunida en el *Li T'ai-Po Chi*.

Lía f. 1 Soga de esparto machacado, tejida como trenza. 2 Heces. Más en pl.

Lía Personaje bíblico. Esposa de Jacob.

Liajov Archipiélago de la Federación de Rusia (véase Nueva Siberia).

Liana f. *Bot.* 1 bejuco. 2 Planta vascular que germina en el suelo, manteniendo contacto con él durante toda su vida, y que crece apoyada en otra planta, como la hiedra o la madreselva.

Liaoning Provincia de China, región Nordoriental; 151.000 km² y 40.670.000 h. Su capital es Shenyang. Hierro y carbón.

Liaoyang (*Liao-yang*) Ciudad de China, provincia de Liaoning; 492.559 h.

liar tr. 1 Atar y asegurar un paquete. 2 Envolver una cosa con papeles, cuerdas, cintas, etc. 3 Confundir, enredar. También prnl. 4 Engañar o persuadir a alguien. || prnl. 5 Con la preposición *a*, ponerse a ejecutar algo con intensidad. 6 Tener una persona relaciones amorosas o sexuales con otra. 7 Meterse en un problema.

liásico, ca adj. *Geol.* 1 Se dice del terreno sedimentario que comprende el jurásico inferior. También s. 2 Relativo a este terreno.

libación f. 1 Acción de libar. 2 Antigua ceremonia religiosa pagana que consistía en llenar un vaso de licor y derramarlo después de probarlo.

libanés, sa adj. y s. De Líbano.

Líbano Cordillera de Asia occidental, en el Líbano y Siria, que corre paralela al Mediterráneo. Su máxima altura se sitúa en el monte Qurnat al-Sawda (3.083 m de altura).

Líbano (*Al-Jumhuriya al-Lubnaniya*) Estado del O de Asia, en Oriente Medio. Límita al N y E con Siria; al S, con Israel, y al O, con el mar Mediterráneo.

Geog. Es un país montañoso, que en su mayor parte recorren de N a S dos macizos calizos: la cordillera del Líbano y la cordillera del Antilíbano. Entre ambas se encuentra la meseta interior de Bekaa. Desde la cordillera del Líbano hasta mi mar se extiende una estrecha y discontinua llanura litoral, donde se concentran los principales núcleos de población. El clima es mediterráneo en la costa; de montaña, en las zonas elevadas; y semidesértico, en la depresión interior. Tanto el régimen fluvial como la vegetación son típicamente mediterráneos. En los años sesenta y setenta numerosos inmigrantes se establecieron en el Líbano, atraídos por su progreso económico. Los cultivos agrícolas se diversifican según la altura (cítricos, plátanos, productos hortícolas, remolacha azucarera, vid, frutales, tabaco, olivos, cereales). Tiene ganadería caprina y ovina. Posee yacimientos de hierro e industrias textiles, lana, algodón, tabaqueras, de papel, cerveza y de refino del petróleo. Beirut es el mayor centro industrial del país, seguido por Trípoli, Hadeth y Hazmie. Puertos principales: Beirut, Trípoli, Saida y Sur.

Hist. Por su posición estratégica este territorio fue ocupado sucesivamente por fenicios, asirios, egipcios, griegos, romanos, árabes y turcos. Los cruzados se apoderaron de la región entre 1098 y 1291, pero fue recuperada por los mamelucos y, en 1521, pasó a formar parte del imperio otomano hasta 1918. Después de la Primera Guerra Mundial, la Sociedad de Naciones lo declaró mandato francés. Durante la Segunda Guerra Mundial, tropas francobritánicas ocuparon el país, y en 1943 obtuvo la independencia, convirtiéndose en una república presidencialista. La hostilidad latente entre los cristianos y las distintas comunidades musulmanas se intentó controlar mediante el establecimiento de una fórmula de poder compartido, en la que la presidencia era desempeñada por un cristiano y la jefatura de gobierno por un musulmán sunnita. La guerra árabe-israelí de 1967 aumentó las divergencias existentes entre los grupos palestinos instalados en la región tras el conflicto, y la presencia activa de fuerzas de ocupación sirias e israelíes, al N y S del país, respectivamente, que convirtieron al Líbano en un sangriento y permanente campo de batalla, especialmente a partir de 1975. Los numerosos intentos por llegar a acuerdos de paz fracasaron ante los continuos y sangrientos incidentes, protagonizados por fuerzas de una u otra tendencia: asesi-

Superficie: 10.400 km².
Población: 3.578.000 h. (libaneses).
Densidad: 344 h./km².
Tasa de natalidad: 20,5‰.
Tasa de mortalidad: 6,5‰.
Capital: Beirut.
Ciudades principales: Trípoli, Zahle, Saida.
Grupos étnicos: libaneses (80%), palestinos (12%), armenios (5%), sirios, kurdos y otros (3%).
Religión: islamismo chiíta (32%), islámismo sunnita (21%), cristianismo maronita, catolicismo de rito oriental (24%), drusa (7%), ortodoxa (6,5%).
Idioma: árabe (oficial), francés e inglés.
Moneda: libra libanesa.
Forma de Estado: república presidencialista.
Producto Nacional Bruto: 14.975 millones de dólares.
Renta per cápita: 3.560 dólares.
División administrativa: 5 provincias, según cuadro.

LÍBANO

Provincias	Superficie (km²)	Población (h.)	Capitales
Beirut	18	407.403	Beirut
Beqaa	4.280	399.890	Zahle
Líbano del Norte	1.981	670.609	Trípoli
Líbano del Sur	2.001	283.056	Saida
Monte Líbano	1.950	1.145.458	Baabda

nato del líder radical falangista B. Gemayel (1982), que acababa de ser elegido presidente por el parlamento; avance israelí hacia Beirut; matanzas de Shabra y Chatila (septiembre, 1982); atentados contra la embajada de EE UU y contra el acuartelamiento francoestadounidense en Beirut (1983), etc. A finales de 1983 se iniciaron en Ginebra elecciones conversaciones entre las diferentes formaciones del país con el fin de buscar la pacificación, pero fracasaron. A finales de septiembre de 1984 un atentado contra la nueva sede diplomática de EE UU en Beirut, reivindicado por musulmanes chiítas seguidores de Jomeini, rompía otra vez la convivencia nacional. En 1985 las tropas israelíes se retiraron casi totalmente del Líbano. Posteriormente se sucedieron los enfrentamientos entre las facciones en lucha, agravados en 1988 por una nueva invasión israelí del S del país y el final del mandato presidencial de Gemayel, a quien sucedió como jefe del gobierno provisional el general Michael Aoun, que no fue aceptado por las facciones prosirias. En octubre de 1989 los parlamentarios libaneses, reunidos en Taif, designaron como presidente a René Moawad, asesinado en atentado y sustituido por Elías Haraui. Surgió entonces la lucha entre las distintas facciones cristianas, que terminaría con la capitulación de Aoun en octubre de 1990. En noviembre comenzaba la retirada de las fuerzas milicianas de Beirut. En 1992 se celebraron elecciones legislativas, en las que los musulmanes prosirios lograron la victoria. Poco después, Rafik Hariri formó gobierno con miembros musulmanes y cristianos. La incipiente estabilidad se puso en peligro en los años siguientes por los ataques israelíes contra objetivos palestinos en el S y por la campaña de desarme de las milicias palestinas. En julio de 1993, durante seis días, Israel bombardeó posiciones sirias en Líbano, y en junio de 1994 lanzó un devastador ataque aéreo contra los guerrilleros de Hezbolá estacionados en la frontera libanesa. En 1995 el parlamento aprobó prorrogar por tres años el mandato del presidente Haraui. Un año después se celebraron elecciones legislativas en las que venció de nuevo la lista prosiria, lo que permitió a R. Hariri continuar en su cargo de primer ministro. En 1998, el general Émile Lahud fue designado presidente y encargó formar gobierno a Selim Hoss. En mayo de 2000 el ejército israelí abandonó el S del país y se replegó a la frontera internacional. Tras las elecciones legislativas de ese año, Rafik Hariri fue nombrado primer ministro.

LIBAR tr. **1** Chupar suavemente el jugo de una cosa. **2** Hacer la libación para el sacrificio. **3** Hacer sacrificios u ofrendas a la divinidad. **4** Probar o gustar un licor.

LIBBY, WILLARD FRANK Químico y geofísico estadounidense (Grand Valley, 1908 - Los Ángeles, 1980). Por sus trabajos sobre el radiocarbono y sus investigaciones sobre el tritio, recibió en 1960 el premio Nobel de Química.

LIBELA f. *Num.* Moneda romana de plata.

LIBELÁTICO, CA adj. y s. *Hist.* Se aplica a los cristianos de la iglesia primitiva que para librarse de la persecución se procuraban certificado de apostasía.

LIBELO m. Escrito en que se denigra o infama a personas, ideas o instituciones.

LIBÉLULA f. *Zool.* Nombre de cualquiera de las 5.000 especies de insectos odonatos, agrupados en varias familias y géneros, que cuando están en reposo mantienen las alas horizontales. Tienen el cuerpo estrecho y alargado, de color metálico y brillante, y dos grandes ojos compuestos.

LÍBER m. *Bot.* FLOEMA.

LÍBER IUDICIORUM *Hist.* FUERO JUZGO.

LIBERACIÓN f. **1** Acción de poner en libertad. **2** Cancelación de la hipoteca o carga que grava un inmueble.

LIBERADO, DA adj. **1** Se dice de la persona que ha quedado libre de una carga, obligación, etc. || adj. y s. **2** Se dice de la persona miembro de un partido, organización, sindicato, etc., que es mantenido pecuniariamente por ellos. **3** Se aplica a las personas que no se someten a normas morales convencionales, sobre todo en materia sexual.

LIBERAL adj. **1** Que obra con liberalidad. **2** Se dice de la cosa hecha con ella. **3** Expedito, listo para ejecutar cualquier cosa. **4** Se dice tradicionalmente de las artes o profesiones que principalmente requieren el ejercicio del entendimiento. **5** Que profesa doctrinas favorables a la libertad política en los estados. Aplicado a personas, también s.

LIBERAL, PARTIDO *Hist.* y *Polít.* Organización política estadounidense, fundada en 1834, en oposición a la política del presidente demócrata Jackson. Conocido como el partido *whig,* sus principales líderes fueron J. Q. Adams y H. Clay. Desapareció en las elecciones de 1856.

LIBERAL, PARTIDO *Hist.* y *Polít.* Organización política británica fundada en 1832 y considerada como sucesora de los *whigs,* cuando los *tories* adoptaron la deno-

minación de «conservadores». Su larga permanencia en el poder, favorecida por el equilibrio victoriano, se vio amenazada hacia 1880 con el resurgimiento de los problemas coloniales y la cuestión irlandesa. Tras la derrota de 1922, su representación quedó disminuida en beneficio de los laboristas.

LIBERALIDAD f. **1** Virtud moral que consiste en distribuir uno generosamente sus bienes sin esperar recompensa. **2** Generosidad, desprendimiento.

LIBERALISMO m. **1** *Polít.* Orden de ideas que profesan los partidarios del sistema liberal. **2** *Polít.* Partido o comunión política que forman entre sí. **3** *Polít.* Sistema político-religioso que proclama la absoluta independencia del Estado de todas las religiones positivas. **4** *Econ.* Conjunto de ideas que favorecen el máximo de libertad en el orden económico, sin más intervenciones del Estado que las consideradas como imprescindibles. El liberalismo surgió a finales del siglo XVIII. Limitaba el papel del Estado a la defensa exterior, las obras públicas y sectores no productivos. **5** *Filos.* y *Polít.* Corriente intelectual que proclama la plena libertad del hombre en todas las situaciones humanas.

LIBERALIZAR tr. y prnl. En el orden político, hacer liberal a una persona o cosa.

LIBERAR tr. y prnl. **1** Eximir a uno de una obligación, de un compromiso o de una atadura moral. **2** Poner en libertad o soltar al que está atado o preso.

LIBEREC Ciudad de la República Checa, en Bohemia Septentrional; 100.698 h.

LIBERIA *(Republic of Liberia)* Estado de África occidental. Límita al N con Guinea; al E, con Costa de Marfil; al S, con el océano Atlántico, y al O, con Sierra Leona.

GEOG. El país está ocupado por una región litoral llana que se eleva progresivamente hacia el interior, hasta alcanzar su altura máxima en los montes Nimba. Sus ríos son numerosos aunque de poca importancia (Mano, Lofa, Saint John, etc.). El clima es ecuatorial, y

Superficie:
99.067 km².
Población:
3.164.000 h.
(liberianos).
Densidad:
32,4 h./km².
Tasa de natalidad: 47,8‰.
Tasa de mortalidad: 16,9‰.
Capital: Monrovia.
Ciudades principales: Buchanan, Voinjama, Greenville y Harper.
Grupos étnicos: kpelle (19,4%), bassa (13,8%), grebo (9%), gio (7,8%), kru (7,3%), etc.
Religión: cristianismo (67,7%), islamismo (13,8%), creencias tradicionales y otras (18,5%).
Idioma: inglés (oficial) y dialectos sudaneses.
Moneda: dólar liberiano.
Forma de Estado: república presidencialista.
Producto Nacional Bruto: 1.174 millones de dólares.
Renta per cápita: 490 dólares.
División administrativa: 13 condados, según cuadro.

predomina la vegetación de manglar en la costa, ecuatorial en el interior y de sabana arbolada en las zonas elevadas. La población, compuesta por negros autóctonos y descendientes de inmigrantes afronorteamericanos, es rural en un 54% y ocupa preferentemente las regiones costeras. Posee yacimientos de hierro, oro, diamantes, bauxita y cobre. Cultivos de arroz, mandioca, plátanos, agrios, café, cacao y, sobre todo, hevea para la producción de caucho. Otra fuente importante de ingresos se deriva del préstamo de su bandera a buques mercantes.

HIST. La costa liberiana fue descubierta en el siglo XVI por los portugueses, y frecuentada posteriormente por comerciantes ingleses, holandeses y franceses. El origen de la nación de Liberia data de 1822, al producirse los primeros asentamientos de negros liberados procedentes de EE UU. Se declaró independiente de este país en 1847. También se constituyó (1833) la República de Maryland, que en 1857 se unió con Liberia. En 1917 declaró la guerra a Alemania, por lo que Liberia fue uno de los firmantes del tratado de Versalles y miembro fundador de la Sociedad de Naciones. Participó en la Segunda Guerra Mundial con el bloque aliado. La presidencia de la República fue ocupada desde 1943 a 1971 por U. S. Tubman, cuyo mandato se caracterizó por las grandes facilidades que dio para las inversiones del capital extranjero. Le sucedió William Tolbert, que, en 1980, fue derrocado y asesinado por un golpe militar dirigido por el sargento Samuel K. Doe, que se hizo cargo del poder, suspendió la constitución y declaró la ley marcial. En los comicios presidenciales de 1986 resultó elegido Samuel Doe que, dos años después, consiguió introducir una enmienda a la constitución por la cual el mandato presidencial se prorrogaba indefinidamente. El malestar generalizado por la pésima situación económica y social, promovió el intento de golpe de Estado del Frente de Liberación Patriótico de Liberia, liderado por Charles Taylor, que, aunque fracasó, dio origen a una guerra civil con intervención de diversas naciones que apoyaban a uno u otro bando. El presidente Doe fue asesinado brutalmente (1990), y los esfuerzos para lograr un acuerdo de paz, por parte de las tres facciones en lucha, resultaron infructuosos. En 1992, los 16 países miembros de la Comunidad Económica de los Estados de África Occidental (CEDEAO) enviaron una fuerza multinacional (ECOMOG) e impusieron en la presidencia a Amos Sawyer. Un año después, las principales facciones acordaron iniciar un proceso de paz y eligieron como presidente a Bismark Kuyon, que no fue reconocido por Amos Sawyer. En marzo de 1994 se hizo con la presidencia David Kpormakor, pero la lucha armada

LIBERIA

Condados	Superficie (km²)	Población (h.)	Capitales
Bomi	1.955	67.300	Tubmanburg
Bong	8.099	268.100	Gbarnaga
Grand Bassa	8.759	166.900	Buchanan
Grand Cape Mount	5.827	83.900	Robertsport
Grand Gedeh	17.029	109.000	Zwedru
Grand Kru[1]			Barclayville
Lofa	19.360	261.000	Voinjama
Margibi	3.263	104.000	Kakata
Maryland	5.351	137.700	Harper
Montserrado	2.740	582.400	Monrovia
Nimba	12.043	325.700	Sanniquellie
Riverces	4.385	39.900	Rivercess City
Sinoe	10.254	65.400	Greenville

[1] Los datos de superficie y población de Grand Kru se incluyen en los de Maryland.

continuó hasta que, en 1995, se firmó un alto el fuego que posibilitó la convocatoria de elecciones. Charles Taylor regresó a Liberia y en octubre se formó un gobierno en el que estaban representadas las diferentes facciones. En 1997 se celebraron elecciones presidenciales que otorgaron la victoria a Charles Taylor. Éste tuvo que hacer frente a una importante crisis de gobierno que llegó a tener en 1998 alcance internacional. Desde finales 1999 el grupo rebelde Liberianos Unidos para la Reconciliación y la Democracia (LURD), encabezado por Sekou Damate Conneh, mantiene los enfrentamientos con las tropas gubernamentales, en un intento de derrocar al presidente Taylor. En 2002 éste proclamó el estado de emergencia en el país. En agosto de 2003, la situación interna y las presiones internacionales obligaron a Taylor, que fue sustituido por Moses Blah. En octubre, Gurde Bryant asumió la presidencia del Gobierno de transición hasta la celebración de elecciones.

LIBERIANO[1], **NA** adj. y s. De Liberia.
LIBERIANO[2], **NA** adj. *Bot.* Relativo al líber.
LIBERIO Papa (¿Roma?, ? - íd., 366). Accedió al solio pontificio en 352. Su oposición al arrianismo le enfrentó al emperador Constancio.
LÍBERO m. *Dep.* En el fútbol, jugador defensivo sin posición fija.
LIBÉRRIMO, MA adj. Superlativo de LIBRE.
LIBERTAD f. **1** Facultad natural que tiene el hombre de obrar de una manera o de otra, y de no obrar, por lo que es responsable de sus actos. **2** Estado o condición del que no es esclavo. **3** Estado del que no está preso. **4** Falta de sujeción y subordinación. **5** *Der.* y *Polít.* En los Estados democráticos, conjunto de derechos que facultan a los ciudadanos a ejercer ciertas actividades libremente. **6** Prerrogativa, privilegio, licencia. Más en pl. **7** Condición de las personas no obligadas por su estado al cumplimiento de ciertos deberes. **8** Licencia u osada familiaridad. **9** Exención de etiquetas o formalidades. || **LIBERTAD DE CÁTEDRA** Derecho del docente a exponer sus conocimientos sin sujetarse a una doctrina fijada por el Estado o por las instituciones académicas. || **LIBERTAD DE CONCIENCIA** Posibilidad de profesar cualquier religión o ninguna. || **LIBERTAD CONDICIONAL** *Der.* Beneficio de abandonar la prisión que constituye el último periodo de la condena en los sistemas penitenciarios progresivos. || **LIBERTAD DE EXPRESIÓN** *Der.* y *Polít.* Derecho del individuo a exponer libremente sus pensamientos y opiniones. || **LIBERTAD DE INFORMACIÓN** *Der.* y *Polít.* Derecho del individuo a recibir y emitir información libremente, sin consignas ni censuras. || **LIBERTAD DE PENSAMIENTO** *Der.* y *Polít.* Derecho del individuo a no ser perseguido, sancionado o molestado por sus pensamientos, opiniones o creencias. || **LIBERTAD PROVISIONAL** *Der.* Situación de beneficio de que pueden gozar con fianza o sin ella los procesados, no sometiéndolos durante la causa a prisión preventiva.
LIBERTAD, LA Departamento de El Salvador; 1.653 km² y 522.071 h. Capital, Nueva San Salvador. Café y caña de azúcar.
LIBERTAD, LA Departamento de Perú; 25.495 km² y 1.415.512 h. Capital, Trujillo.
LIBERTADOR GENERAL BERNARDO O'HIGGINS Región VI de Chile, que comprende las provincias de Cachapoal, Colchagua y Cardenal Caro; 16.365 km² y 684.179 h. Su capital es Rancagua. Actividad agropecuaria. Minería.
LIBERTAR tr. **1** Poner en libertad. **2** Librar a uno de una atadura moral.
LIBERTARIO, RIA adj. y s. ANARQUISTA.
LIBERTARIO, MOVIMIENTO *Hist.* Organización creada en 1938 por la Confederación Nacional del Trabajo (CNT), la Federación Anarquista Ibérica (FAI) y la Federación Ibérica de Juventudes Libertarias (FIJL).
LIBERTINAJE m. **1** Desenfreno en las obras o en las palabras. **2** Falta de respeto a la religión.
LIBERTINO, NA adj. y s. Se aplica a la persona que actúa con libertinaje.
LIBERTO, TA m. y f. *Hist.* En Roma, esclavo a quien se concedía la libertad (manumisión).
LIBERTY *Arte.* Término derivado del nombre de unos almacenes londinenses especializados en tejidos y objetos de adorno, con el que en algunos países, como Italia, se designó al MODERNISMO.
LIBIA Desierto del NE de África que ocupa parte de Libia, Egipto y Sudán.
LIBIA (*Jamarihiya al-'Arabiya al-Libiya ash-sha'biya al-ishtirakiya*) Estado de África septentrional. Limita al N con el mar Mediterráneo; al E, con Egipto y Sudán; al S, con Chad y Níger, y al O con Argelia y Tunicia.
Geog. El país está constituido por dos regiones: la costera o mediterránea y la interior o desértica. En la primera hay que distinguir la zona O, la Tripolitania, y la zona oriental o Cirenaica; entre ambas se extiende el desierto sírtico. La región interior forma el desierto de

Superficie: 1.757.000 km².
Población: 5.115.000 h. *(libios).*
Densidad: 2,9 h./km².
Tasa de natalidad: 44,4‰.
Tasa de mortalidad: 3,5‰.
Capital: Trípoli.
Ciudades principales: Bengasi, Misurata, Tobruk y El Beida.
Grupos étnicos: árabes y beréberes (89%).
Religión: islamismo sunnita (97%).
Idioma: árabe (oficial) y beréber.
Moneda: dinar libio.
Forma de Estado: república popular.
Producto Nacional Bruto: 32.662 millones de dólares.
Renta per cápita: 6.700 dólares.
División administrativa: 13 baladiyas, según cuadro.

Libia, con los oasis de Giofra, Sebha, Augila y Kufra. No existen cursos de agua permanentes. El clima es mediterráneo en la costa, Tripolitania y Cirenaica y desértico en el resto. La población se asienta básicamente en las regiones costeras. La producción ganadera y agrícola no llega a cubrir las necesidades del país, por lo que es necesaria la importación de casi todos sus productos. Italia es su principal proveedor. Su principal fuente de riqueza es la explotación de pozos petrolíferos, iniciada en 1961. Los principales yacimientos están unidos por oleoductos a grandes terminales, donde existen importantes refinerías de petróleo y plantas petroquímicas. Los hidrocarburos, sobre todo el petróleo y el gas natural, representan el 96,8% del valor de las exportaciones.

Hist. La región fue lugar de asentamiento de griegos y cartagineses, y tras la derrota de estos últimos fue ocupada por los romanos. Conquistada por los árabes en el siglo VII, más tarde quedó bajo dominio otomano. Fue invadida y anexionada por Italia en 1911 y, por resolución de la ONU, se constituyó el Reino Unido de Libia (enero, 1952), con Idris I como soberano. Un golpe militar derrocó al rey en 1969 y se estableció la república, que, desde 1970, gobierna el coronel Muammar el-Gaddafi. La política exterior de Gaddafi, considerado por EE UU como instigador del terrorismo internacional, desencadenó la llamada guerra del Mediterráneo entre ambos países en 1986. Iniciada la crisis del Golfo (1990), Gaddafi se mostró contrario a la intervención extranjera y, en 1991, apoyó el fracasado golpe de Estado en la URSS. En 1993, la ONU impuso al país un embargo económico al ser acusado su gobierno de proteger el terrorismo. Las sanciones económicas, que fueron finalmente levantadas por la ONU en 2003, provocaron un descenso en el nivel de vida, que se tradujo en un descontento creciente de la población. En 1997 Libia estableció relaciones diplomáticas con el Vaticano.

LÍBICO, CA adj. Perteneciente a Libia.
LIBÍDINE f. Lujuria, lascivia.
LIBIDINOSO, SA adj. Lujurioso, lascivo.
LIBIDO f. *Psicol.* Deseo sexual.
LIBRA f. **1** *Metrol.* Antigua medida de peso usada en España, que valía entre 12 y 20 onzas según las regiones y provincias. **2** *Metrol.* Unidad de masa del sistema británico de unidades, equivalente a 453,592 g; su símbolo es *lb.* **3** *Metrol.* Medida de capacidad, que contiene una libra de un líquido. **4** *Econ.* Unidad monetaria de Chipre, Egipto, Líbano y Siria. **5** En los molinos de

LIBIA

Baladiyas	Superficie (km²)	Población (h.)	Capitales
Bengasi	15.000	512.200	Bengasi
Cufra	484.000	23.800	Cufra
Ez Zauia	4.000	326.500	Ez Zauia
Gebel el Achdar	37.000	308.300	El Beida
Gebel el Gharbi	87.000	204.300	Garian
Golfo de Sirte	376.000	382.100	Sirte
Margib	29.000	408.900	Homs
Murzuch	350.000	45.200	Murzuch
Nigat al Homs	101.000	196.000	Zuara
Sebha	82.000	121.700	Sebha
Tobruch	84.000	110.900	Tobruk
Trípoli	3.000	1.083.100	Trípoli
Uadi al Hait	105.000	49.600	Ubari

aceite, peso que, colocado al extremo de la viga, sirve para oprimir la pasta. **6** *Cuba* Nombre dado a la hoja de tabaco de superior calidad. || **LIBRA ESTERLINA** *Econ.* Unidad monetaria del Reino Unido, dividida en 100 peniques. Hasta 1971 se dividía en 20 chelines (y cada chelín en 12 peniques).

LIBRA 1 *Astrol.* Séptimo signo del Zodiaco (23 de septiembre-22 de octubre). **2** *Astron.* Constelación zodiacal del hemisferio Sur celeste, que se halla delante del mismo signo.

LIBRACIÓN f. *Astron.* Movimiento de aparente oscilación que tiene la Luna, por el que se hacen visibles algunas partes de su cara oculta.

LIBRADO, DA m. y f. *Com.* Persona contra la que se gira una letra de cambio.

LIBRADOR, RA m. y f. **1** *Com.* Persona que libra una letra. || m. **2** Pala pequeña utilizada para coger las mercancías.

LIBRANZA f. Orden de pago que se da, generalmente, por escrito.

LIBRAR tr. **1** Sacar o preservar a alguien de un trabajo, mal o peligro. También prnl. **2** Tratándose de la confianza, ponerla en una persona o cosa. **3** Construido con ciertos sustantivos, dar o expedir lo que éstos significan. **4** Expedir letras de cambio, libranzas, cheques y otras órdenes de pago, a cargo de alguien que tenga fondos a disposición del librador. || intr. **5** Parir la mujer. **6** Expulsar la placenta la mujer que está de parto. **7** fam. Disfrutar de su día de descanso los trabajadores.

LIBRE adj. **1** Que tiene facultad para obrar o no obrar. **2** Que no es esclavo. **3** Que no está preso. **4** Atrevido, desenfrenado. **5** Suelto, no sujeto. **6** Exento, privilegiado, dispensado. **7** Soltero. **8** Independiente. **9** Desembarazado o exento de un daño o peligro. **10** Inocente, sin culpa. **11** Se dice del alumno a quien no obliga la asistencia a las clases, y que sólo tiene el deber de examinarse en el centro donde está inscrito. **12** No ocupado, vacante. **13** Se dice de la traducción que no está ceñida al texto original palabra por palabra, pero que recoge el sentido del texto. **14** Aplicado a caminos, carreteras, etc., no interceptados. **15** Se dice del tiempo que tiene desocupado una persona en medio de su trabajo habitual. **16** *Bot.* Que no está unido lateralmente a ningún otro miembro de la misma clase.

LIBREA f. **1** Traje que los príncipes, señores y algunas otras personas o entidades dan a sus criados. **2** fig. Paje o criado que usa librea. **3** *Zool.* Pelaje de los venados y otras reses.

LIBRECAMBIO m. *Econ.* Sistema económico que se basa en la libre circulación de mercancías.

LIBRECAMBISMO m. *Econ.* Doctrina que defiende la libre circulación de mercancías y la eliminación de las trabas a su desarrollo, en forma de aranceles. Surgió en el siglo XVIII como reacción al intervencionismo mercantilista.

LIBREPENSAMIENTO m. Doctrina que reclama para la razón individual independencia absoluta de todo criterio sobrenatural en materia religiosa. Se aplica fundamentalmente a los pensadores franceses e ingleses de los siglos XVII y XVIII.

LIBRERA f. *Guat.* y *Pan.* Librería, mueble con estanterías para colocar libros.

LIBRERÍA f. **1** BIBLIOTECA, local en que se tienen libros. **2** Tienda donde se venden libros. **3** Ejercicio o profesión de librero. **4** Mueble con estantes para colocar libros.

LIBRERO, RA m. y f. **1** Persona que tiene por oficio vender libros. || m. **2** *Méx.* Librería, mueble con estanterías para colocar libros.

LIBRESCO, CA adj. **1** Perteneciente o relativo al libro. **2** Se dice especialmente del escritor o autor que se inspira en la lectura de los libros.

LIBRETA f. **1** Cuaderno o libro pequeño. **2** Cartilla que se da a los sirvientes. **3** La que expide una caja de ahorros para consignar los movimientos de capital de sus suscriptores.

LIBRETO m. Obra dramática escrita para ser puesta en música.

LIBREVILLE Ciudad capital de Gabón y de la provincia de Estuaire, en el golfo de Guinea; 362.386 h. Centro comercial. Industria de la madera. Puerto.

LIBRILLO m. **1** Cuadernito de papel de fumar. **2** Especie de bisagra diminuta para las cajas muy pequeñas. **3** *Zool.* Libro del estómago de los rumiantes.

LIBRO m. **1** Reunión de muchas hojas de papel, vitela, etc., generalmente impresas, que se han cosido o encuadernado juntas con cubierta de papel, cartón, pergamino u otra piel, etc., y que forman un volumen. **2** Obra científica o literaria de bastante extensión para formar volumen. **3** Cada una de ciertas partes principales en que suele dividirse la obra científica o literaria, y los códigos y leyes de gran extensión. **4** LIBRETO. **5** fig. Contribución o impuesto. **6** *Der.* Para los efectos legales, todo impreso no periódico que contiene 49 páginas o más, excluidas las cubiertas. **7** *Zool.* Tercera de las cuatro cavidades en que se divide el estómago de los rumiantes. || **LIBRO AMARILLO, AZUL, BLANCO, ROJO,** etc. Libro que contiene documentos diplomáticos y que publican en determinados casos los gobiernos. || **LIBRO DE BOLSILLO** El que por su formato poco grueso y peso reducido, puede llevarse cómodamente en el bolsillo. Suele ser de precio bajo. || **LIBRO DE CAJA** *Com.* El que tienen los hombres de negocios y comerciantes para anotar la entrada y salida del dinero. || **LIBRO ELECTRÓNICO** Obra científica o literaria en soporte digital, que permite la incorporación de información heterogénea (texto, imagen y sonido) y un acceso no secuencial a la misma. || **LIBRO DE ESCOLARIDAD** El que recoge las calificaciones obtenidas por el alumno en cada curso. || **LIBRO FACSÍMIL** *A. gráf.* El que se reproduce por procedimiento fotomecánico de una edición. || **LIBRO DE FAMILIA** Libro en que constan sistemáticamente anotados todos los actos que pueden interesar al estado civil de las personas que constituyen una familia (nacimiento, cambio de estado y defunciones). || **LIBRO SAGRADO** *Rel.* Cada uno de los de la sagrada escritura recibidos por la iglesia. Más en pl. || **LIBRO SAPIENCIAL** Cada uno de los cuatro libros de la Biblia llamados los Proverbios, el Eclesiastés, la Sabiduría y el Eclesiástico. Más en pl. || **LIBRO DE TEXTO** El que sirve en las aulas para que por él estudien los escolares.

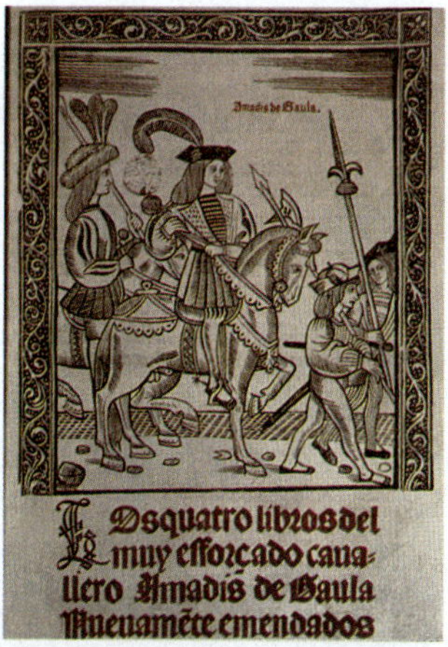

libros de caballerías. Portada de *Amadís de Gaula.*

LIBROS DE CABALLERÍAS *Lit.* Género narrativo, en el que se exalta la figura del caballero andante. Aunque existen precedentes en la literatura española medieval adscritos al género de la literatura caballeresca, como *La leyenda del Caballero del Cisne* o *El Caballero Cifar,* el inicio del género se produjo a finales del siglo XV, con la publicación de *Amadís de Gaula* y de su continuación, *Las sergas de Esplandián,* escritos ambos por Rodríguez de Montalvo. Alcanzó un extraordinario desarrollo durante el Siglo de Oro, pese a las críticas que lo condenaron por su escasa verosimilitud, su inmoralidad y su redacción descuidada. Principales exponentes del género son los dos grandes ciclos de *Amadís* y de *Palmerín,* iniciado en 1511. En el primero destacan el *Lisuarte de Grecia* (1524) y el *Amadís de Grecia* (1530); y en el segundo, *Palmerín de Oliva* (1511), *Primaleón* (1512) y el *Palmerín de Inglaterra* (1547).

LIBURNIA *Hist.* Antigua región de Italia, en Iliria, que comprendía el litoral e islas de la actual Albania.

LIC-, LICO- prefs. que significan lobo.

LICANCÁBUR Volcán andino de Chile, región de Antofagasta, en la frontera con Bolivia; 5.930 m.

LICANTROPÍA f. *Med.* Enfermedad mental en la cual el enfermo se imagina estar transformado en lobo.

LICAÓN m. *Zool.* Mamífero carnívoro perteneciente a la familia cánidos, de nombre científico *Lycaon pictus* y aspecto parecido a la hiena. Se alimenta de antílopes que caza en grupo. Vive en las sabanas del S de África.

LICENCIA f. **1** Facultad o permiso para hacer una cosa. **2** Documento en que consta la licencia. **3** Abusiva libertad en decir u obrar. **4** Grado de licenciado. || f. pl. **5** Las que se dan a los eclesiásticos por los superiores para celebrar, predicar, etc., por tiempo indefinido. || **LICENCIA DE EXPORTACIÓN** *Com.* Documento que otorga la Administración pública a los que solicitan sacar con destino al extranjero una mercancía nacional. || **LICENCIA FISCAL** *Econ.* Impuesto directo que deben pagar las empresas comerciales e industriales por el mero ejercicio de sus actividades, independientemente de la cuantía de beneficios que obtengan en la explotación del negocio. || **LICENCIA POÉTICA** *Lit.* Cada una de ciertas infracciones de las leyes del lenguaje o del estilo que pueden cometerse lícitamente en la poesía.

LICENCIADO, DA adj. **1** Se dice de la persona que se precia de entendida. **2** Dado por libre. || m. y f. **3** Persona que ha obtenido la licenciatura en una facultad universitaria. || m. **4** Tratamiento que se da a los abogados. **5** Soldado que ha recibido su licencia absoluta.

LICENCIAR tr. **1** Dar permiso o licencia. **2** Despedir a uno. **3** Conferir el grado de licenciado. **4** Dar a los soldados su licencia absoluta. **5** Conceder el titular de una patente a otra persona o entidad el derecho de usar aquélla con fines industriales o comerciales. || prnl. **6** Hacerse licencioso o desordenado. **7** Tomar el grado de licenciado.

LICENCIATURA f. **1** Grado de licenciado. **2** Acto de recibirlo. **3** Estudios necesarios para obtener este grado.

LICENCIOSO, SA adj. Libre, atrevido, disoluto.

LICEO m. **1** Uno de los tres antiguos gimnasios de Atenas. **2** Escuela aristotélica. **3** Nombre de ciertas sociedades literarias o de recreo. **4** En algunos países, instituto de enseñanza media.

LICHTENSTEIN, ROY Pintor estadounidense (Nueva York, 1923 - íd., 1997). Uno de los grandes representantes del *pop art.* Utilizó imágenes de *cómic* o de la publicidad, a las que añadió imágenes culturales como templos griegos, pirámides, etc. Entre sus obras destacan *Cocina* (1962), *Whaam!* (1963), *No, thank you,* (1964) y *Sunset* (1965).

LICIA *Geog. hist.* Antigua región de Asia Menor entre Caria, Panfilia, Frigia y Pisidia. El emperador Claudio la convirtió en provincia y la incorporó a la Panfilia.

LICINIO Emperador romano (Iliria, h. 250 - Tesalónica, 325). Augusto romano de Oriente (308-24). Luchó contra Constantino, al que derrotó en 324 en Adrianópolis y en Crisópolis.

LICIO, CIA adj. y s. De Licia.

LICITAR tr. Ofrecer precio por una cosa en subasta o almoneda.

LÍCITO, TA adj. **1** Justo, permitido. **2** Que es de la ley o calidad que se ordena.

LICNOBIO, BIA adj. y s. Se dice de la persona que hace de la noche día, es decir, que vive con luz artificial.

LICO- pref. LIC-.

LICOFRÓN Poeta griego (Calcis, finales del s. IV). Gozó de una gran reputación de trágico y erudito. Se conserva íntegra su obra *Alejandra,* de carácter épico-lírico.

LICOPODÍNEO, A adj. y f. *Bot.* **1** Se dice de la planta criptógama del tipo de las pteridofitas, como el licopodio. || f. pl. *Bot.* **2** Clase de estas plantas.

LICOPODIO m. *Bot.* Nombre de diversos helechos de la familia licopodiáceas, género *Lycopodium.* Tienen tallo rastrero y hojas escamiformes.

LICOPODÓFITO, TA adj. *Bot.* **1** Se dice de la planta herbácea perteneciente a la división pteridofita, de pequeño tamaño, muy diversificada y con representantes tanto en las regiones árticas como en las templadas. || f. pl. *Bot.* **2** División de estas plantas.

LICOR m. **1** Cuerpo líquido. **2** Bebida espiritosa, compuesta de alcohol, agua, azúcar y esencias aromáticas variadas.

LICORERA f. Utensilio de mesa, donde se colocan las botellas o frascos de licor y a veces los vasos o copas donde se sirve.

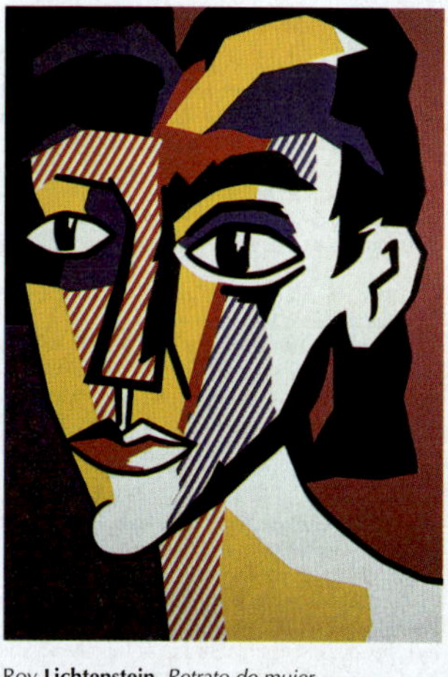

Roy **Lichtenstein.** *Retrato de mujer.* Colección particular.

Max **Liebermann.** *Vendedor de papagallos.* Museo Folkwang (Essen).

LICORERÍA f. Fábrica de licores y tienda donde se venden.

LICUACIÓN f. **1** Acción y efecto de licuar. **2** *Fís.* Paso de un gas real al estado líquido por elevación de la presión o por enfriamiento por debajo de su temperatura crítica. **3** *Quím.* Segregación de un constituyente de una aleación o mineral por fusión parcial, de modo que la fracción fundida pueda separarse.

LICUADORA f. Aparato eléctrico para extraer el zumo de frutas u otros alimentos.

LICUAR tr. y prnl. **1** *Fís.* Hacer líquida una sustancia sólida o gaseosa. **2** *Quím.* Fundir un metal sin que se derritan las demás materias con que se encuentra combinado.

LICUEFACCIÓN f. *Fís.* Proceso de cambio de fase de una sustancia al estado líquido; generalmente del gaseoso.

LICUEFACER tr. *Fís.* Hacer líquida una sustancia sólida o gaseosa. ♦ IRREG. Se conjuga como HACER.

LICURGO, GA adj. **1** fig. Inteligente, astuto, hábil. || m. **2** fig. El que legisla, legislador.

LICURGO Legislador espartano (s. IX a. C.). Era hijo menor de Eumono y fue rey de Esparta. Modificó la constitución de Esparta y la mayoría de sus leyes.

LICURGO Orador griego (?, h. 390 - ?, h. 325 a. C.). Fue discípulo de Platón y de Isócrates, y entre 338 y 326 dirigió la finanzas de Atenas y mejoró su flota.

LID f. **1** Combate, pelea. **2** fig. Disputa, contienda de razones y argumentos. || **en buena lid** loc. adv. Por buenos medios.

LIDA, RAIMUNDO Filólogo y crítico literario argentino, de origen austriaco (Lemberg, 1908 - Cambridge, EE UU, 1979). Obras: *Belleza, arte y poesía en la estética de Santayana* (1943), *Letras hispánicas* (1958) y *Prosas de Quevedo* (1981).

LIDA DE MALKIEL, MARÍA ROSA Crítica literaria y filóloga argentina (Buenos Aires, 1910 - Oakland, 1962). Hermana de R. Lida, es autora de *La originalidad artística de la Celestina* (1962) y *Estudios de literatura española y comparada* (1966).

LÍDER com. **1** Director, jefe o conductor de un partido político, de un grupo social o de otra colectividad. **2** El que va a la cabeza de una competición deportiva.

LIDERATO o **LIDERAZGO** m. Condición de líder o ejercicio de sus actividades.

LIDIA f. Acción y efecto de lidiar.

LIDIA *Geog. hist.* Antiguo país de Asia Menor, situado entre Misia, Frigia, Caria y el mar Egeo. Su capital era Sardes. La monarquía lidia fue destruida por los persas.

LIDIAR intr. **1** Batallar, pelear. **2** fig. Hacer frente a uno, oponérsele. **3** fig. Tratar, comerciar con uno o más personas que causan molestia y ejercitan la paciencia. || tr. *Taurom.* **4** Burlar al toro luchando con él y esquivando sus acometidas hasta darle muerte. (Véase TAUROMAQUIA.)

LIDIO, DIA adj. y s. De Lidia.

LIE TRYGVE, HALVDAN Abogado y político noruego (Grogud, 1896 - Geilo, 1968). Después de la Segunda Guerra Mundial presidió la delegación noruega en la ONU, de la que fue nombrado secretario general para el periodo 1946-48 y reelegido para los de 1949-51 y 1952-54.

LIEBERKÜHN, HANS NATANIEL Anatomista alemán (Berlín, 1711 - íd., 1756). Se le debe la demostración del vacío pleural e interesantes investigaciones sobre anatomía y fisiología de la mucosa intestinal.

LIEBERMANN, JOSÉ Entomólogo argentino (Villaguay, 1897 - Buenos Aires, 1980). Realizó numerosos descubrimientos sobre fauna: describió muchas especies de acrídidos e insectos de otros órdenes, y contribuyó a su localización zoogeográfica.

LIEBERMANN, MAX Pintor alemán (Berlín, 1847 - íd., 1935). Autor de escenas costumbristas, entre sus obras figuran *Los desplumadores de ocas* y *La avenida de los loros en el zoo de Amsterdam.*

LIEBIG, JUSTUS VON Químico y fisiólogo alemán (Darmstadt, 1803 - Munich, 1873). Fue uno de los fundadores de la química orgánica. Creó las condiciones necesarias para el nacimiento de una industria química, que Merck desarrolló con gran éxito. En química fisiológica demostró que la energía vital se debe a combustiones intracelulares; estudió numerosas sustancias animales y vegetales, los fertilizantes, los alimentos, etc.

LIEBKNECHT, KARL Político socialista alemán (Leipzig, 1871 - Berlín, 1919). Diputado en 1912 por el Partido Socialdemócrata, fue uno de los fundadores, junto con Rosa Luxemburgo, del espartaquismo y líder del Partido Comunista Alemán, que se constituyó en el primer congreso de la Liga espartaquista (1918-19).

LIEBKNECHT, WILHELM Político socialista alemán (Giessen, 1826 - Berlín, 1900). Padre de Karl. Intentó en vano implantar la república en Alemania, difundió las ideas de Marx en Prusia, y atacó a Bismarck y Lassalle. Colaboró en la fundación del Partido Obrero Socialista de Alemania (1875).

LIEBRE f. *Zool.* **1** Mamífero lagomorfo per-teneciente a la familia lepóridos, de nombre científico *Lepus capensis.* Tiene la cabeza pequeña, las orejas muy desarrolladas y los pies alargados. Es de color pardo rojizo o amarillento con el vientre blanco. Animal de costumbres nocturnas y muy corredor, que se alimenta exclusivamente de vegetales. Vive en hábitat diversos en toda Europa, Asia y África. **2** fig. y fam. Hombre tímido y cobarde. **3** *Dep.* En las carreras de atletismo de fondo y medio fondo, corredor encargado de establecer un fuerte ritmo durante la primera parte de la prueba para facilitar la consecución de un buen tiempo. || **LIEBRE DE MAR** o **MARINA** *Zool.* Molusco gasterópodo de nombre científico *Aplysia punctata.* || **levantar la liebre** fr. fig. y fam. Atraer la atención sobre algo oculto.

LIEBRECILLA f. *Bot.* ACIANO, planta.

LIECHTENSTEIN (*Fürstentum Liechtenstein*) Estado de Europa central, situado entre Suiza y Austria.

GEOG. Situado a la orilla derecha del Rhin, su sector oriental comprende las estribaciones de los Alpes Réticos. Sus principales recursos económicos derivan del turismo y de las finanzas, dado que las favorables condiciones fiscales del país atraen a las empresas internacionales. El 15,7% de su superficie está dedicado a prados y pastos permanentes, que alimentan a la ganadería bovina. Se cultivan cereales y patatas y cuenta con una industria de alta calidad: construcciones mecánicas, productos químicos y farmacéuticos, textil. Las emisiones filatélicas constituyen también una importante fuente de divisas.

HIST. Principado autónomo de Austria desde 1719, formó parte de la Confederación del Rhin (1806-14) y luego de la Confederación Germánica hasta 1866. Tras la guerra austro-prusiana se desvinculó de Austria, aunque mantuvo la unión aduanera. Después de la derrota de las potencias centrales en la Primera Guerra Mundial, se independizó totalmente de Austria y realizó un acercamiento hacia la Confederación Helvética, que culminó con la unión en las relaciones exteriores (1919), la unión monetaria (1924) y la unión aduanera (1931). A la muerte de Juan II, en 1929, le sucedió Francisco I hasta 1938, en que Francisco José II subió al trono. Durante la Segunda Guerra Mundial, Liechtenstein se mantuvo neutral junto a Suiza. De 1938 a 1970 el Partido Progresista obtuvo la mayoría en todas las elecciones celebradas, hasta la victoria de la Unión Patriótica, que nombró a Alfred Hilbe presidente del Consejo. La Unión Patriótica obtuvo la mayoría de representantes en las elecciones de 1978, 1982, 1986 y 1989. En 1987 participó en la reunión que los micro-estados europeos celebraron en Andorra, en la que acordaron intercambios de ayuda recíproca y un mayor acercamiento a la CEE. En noviembre de 1989 fallecía Francisco José II, sucediéndole el príncipe Hans Adam II. En 1990 Liechtenstein fue admitido como miembro 160 de las Naciones Unidas. Su petición para integrarse en la Asociación Europea de Libre Cambio fue aceptada en mayo de 1991.

Superficie: 160 km².
Población: 32.600 h. *(liechtenstienses).*
Densidad: 203,8 h./km².
Tasa de natalidad: 12,1‰.
Tasa de mortalidad: 6,8‰.
Capital: Vaduz.
Ciudades principales: Planken, Triesen.
Religión: catolicismo (80%), protestantismo (6,9%).
Idioma: alemán.
Moneda: franco suizo.
Forma de Estado: monarquía constitucional.
Producto Nacional Bruto: 714 millones de dólares.
Renta per cápita: 23.000 dólares.
División administrativa: 11 municipios, según cuadro.

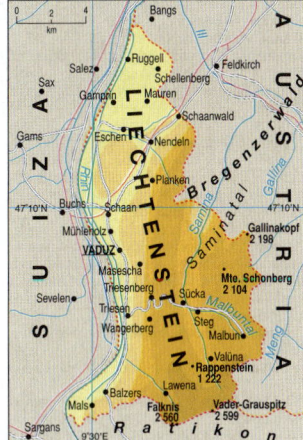

LIECHTENSTEIN

Municipios	Superficie (km²)	Población (h.)
Balzers	19,6	4.118
Eschen	10,3	3.571
Gamprin	6,1	1.173
Mauren	7,5	3.114
Planken	5,3	347
Ruggell	7,4	1.693
Schaan	26,8	5.262
Schellenberg	3,5	955
Triesen	26,4	4.168
Triesenberg	29,8	2.508
Vaduz	17,3	5.106

Liga Santa. *Carlos VIII de Francia entrando en Florencia.* Cuadro de Giuseppe Bezzuoli. Galería de Arte Moderno (Florencia).

En mayo de 1993 resultó elegido primer ministro Markus Büchel, sustituido poco después por Mario Frik. En 1995 se adhirió al Espacio Económico Europeo y en 1997 Frik resultó revalidado en su cargo. En las elecciones celebradas en 2001 Otmar Hasler fue elegido nuevo primer ministro.

LIED (Voz al.) m. *Mús.* Composición vocal de corta duración, asociada por lo general a la música alemana del siglo XIX, con acompañamiento instrumental, normalmente de piano, o sin él. Sus principales representantes fueron Beethoven, Schubert, Schumann, Liszt y Brahms. ♦ Su pl. es *lieder.*

LIEGNITZ LEGNICA.

LIEJA 1 Provincia de Bélgica; 3.862 km² y 1.018.259 h. **2** Ciudad capital de la misma, a orillas del Mosa; 192.393 h. Industria metalúrgica y siderúrgica. Centro carbonífero. Universidad.

LIEJA, JUAN DE Escultor flamenco (? - París, 1383). Trabajó en Inglaterra y en Francia, donde fue escultor de cámara de Carlos V. Su arte adquiere un gran realismo en las estatuas yacentes de Carlos IV de Francia y Jeanne de Evreux.

LIENDRE f. *Zool.* Huevo del piojo.

LIENTUR Cacique araucano (? - Biobío, h. 1630). Dirigió la resistencia indígena bajo el gobierno de Fernández de Córdoba. Contra él fue enviada una expedición al mando de Juan Fernández Rebolledo, a quien derrotó (1629). Murió asesinado.

LIENZA f. Lista o tira estrecha de cualquier tela.

LIENZO m. **1** Tela que se fabrica de lino, cáñamo o algodón. **2** Pañuelo de lienzo, algodón o hiladillo. **3** Pintura que está sobre lienzo. **4** Fachada del edificio o pared. **5** Porción de muralla que corre en línea recta de baluarte a baluarte.

LIERMONTOV, MIJAIL YURIYEVICH LERMONTOV, MIJAIL YURIEVICH.

LIESTAL Ciudad del NO de Suiza, capital del Canton de Basilea Campo; 12.853 h.

LIETAUD, JOSEPH Médico y anatomista francés (Aix-en-Provence, 1703 - Versalles, 1780). Médico de Luis XV, realizó profundos estudios y publicaciones anatómicas. Descubrió el llamado *triángulo de Lietaud.*

LIF- pref. LIPO-, dejar.

LIFTING (Voz i.) m. *Med.* Operación de cirugía estética que consiste en estirar la piel para hacer desaparecer las arrugas, principalmente de la cara.

LIGA f. **1** Cinta o banda de tejido elástico con que se aseguran las medias y los calcetines. **2** Venda o faja. **3** Unión o mezcla. **4** *Met.* Acción y efecto de alear dos metales. **5** Confederación que establecen entre sí los Estados para defenderse de sus enemigos o para atacarlos. **6** Por extensión, agrupación o coalición de individuos o colectividades humanas con alguna finalidad que les es común. **7** *Dep.* Competición deportiva en que cada uno de los equipos participantes ha de jugar con todos los demás, generalmente en dos ocasiones, una en el campo propio y otra en el del contrario.

LIGA AQUEA AQUEA, LIGA.

LIGA ÁRABE o **DE LOS ESTADOS ÁRABES** *Hist.* y *Polít.* Organización internacional fundada en 1945 por Arabia Saudí, Egipto, Irak, Jordania, Líbano, Siria y la República del Yemen, países a los que después se adhirieron Libia (1953), Sudán (1955), Marruecos y Túnicia (1958), Argelia (1962), Kuwait (1964), la República Popular Democrática del Yemen (1967), Bahrein, Qatar y Omán (1971), los Emiratos Árabes (1972), Mauritania (1973), Somalia (1974), la OLP (1976) y Yibuti (1977). Sus objetivos se centran en estrechar las relaciones entre los Estados miembros.

LIGA ESPARTAQUISTA ESPARTAQUISMO.

LIGA FEDERAL *Hist.* Alianza integrada por la Banda Oriental y cuatro provincias argentinas, dirigida por Artigas (1816), para oponerse a Buenos Aires.

LIGA HANSEÁTICA HANSA.

LIGA DEL INTERIOR O **UNITARIA** *Hist.* Coalición formada por nueve provincias interiores argentinas bajo el mando del general José María Paz (1829) para oponerse al federalismo de Buenos Aires. Tras la captura de Paz, la Liga se disolvió (1831).

LIGA DE LEPANTO *Hist.* Coalición contra los turcos, promovida por Pío V (1571), y formada por los Estados Pontificios, Venecia y España. La flota de la Liga, bajo el mando de Juan de Austria, obtuvo en 1571 la victoria de Lepanto. En 1573 se disolvió.

LIGA DEL LITORAL O **PACTO FEDERAL** *Hist.* Alianza constituida por Buenos Aires y otras tres provincias litorales, dirigida por el general Estanislao López (1831), para oponerse a la Liga del Interior, a la que vencieron.

LIGA LOMBARDA *Hist.* Coalición de las ciudades güelfas del norte de Italia, formada por el papa Alejandro III (1167) para oponerse al emperador Federico Barbarroja, que fue vencido en Legnano (1176).

LIGA NORTE (LN) *Polít.* Organización política italiana fundada en 1991 a partir de la Liga Autonomista Lombarda creada por Umberto Bossi en 1984. Entró a formar parte de la coalición electoral de carácter conservador Polo de la Libertad y participó en el gabinete presidido por S. Berlusconi. Posteriormente inició un proceso de radicalización que condujo a la proclamación por parte de Bossi de la República de Padania en 1996.

LIGA REGIONALISTA LLIGA REGIONALISTA.

LIGA SANTA *Hist.* Coalición promovida por Fernando el Católico con Milán, el papado, Venecia y Maximiliano de Austria (1495) contra Carlos VIII de Francia, que había entrado en Italia reivindicando los derechos franceses al reino de Nápoles. La prematura muerte del rey francés (1498) puso fin a la Liga.

LIGA SANTA LIGA DE LEPANTO.

LIGA SANTA *Hist.* Alianza formada por el papa Julio II, Venecia y Fernando el Católico (1511), contra la creciente preponderancia francesa en Italia. A ella se adhirieron Florencia, Inglaterra y Suiza (1513), y Venecia se pasó al bando francés. Derrotado Luis XII de Francia, acordó con el rey Fernando una tregua en Orleans (1514), por la que se disolvía la Liga.

LIGA SANTA *Hist.* Confederación católica, también llamada Santa Unión, fundada por el duque de Guisa (1576) para combatir a los calvinistas durante las guerras de religión en Francia.

LIGA DE SMALCALDA SMALCALDA.

LIGACHEV, EGOR Político ruso (?, 1920). Miembro del Comité Central del PCUS desde 1976, se convirtió en miembro titular del Politburó (1985-90) y en líder de la oposición a la *perestroika.*

LIGADO m. **1** Unión o enlace de las letras en la escritura. **2** *Mús.* Unión de dos notas iguales que sostiene el valor de ellas, nombrándose sólo la primera. **3** *Mús.* Modo de ejecutar una serie de notas diferentes sin interrupción del sonido entre ellas.

LIGADURA f. **1** Vuelta que se da apretando una cosa con liga, venda u otra atadura. **2** Acción y efecto de ligar, usar de un maleficio contra uno. **3** fig. Sujeción con que una cosa está unida a otra. **4** *Med.* Acción de apretar quirúrgicamente vasos o conductos con una venda o cinta hasta estrangularlos. **5** *Med.* Cordón o hilo utilizado para este fin. **6** *Mús.* Curva con la que se expresa gráficamente el ligado. || **LIGADURA DE TROMPAS** O **TUBÁRICA** *Med.* Obstrucción quirúrgica de las trompas uterinas como método anticonceptivo permanente.

LIGAMEN m. *Der.* Impedimento para contraer nuevo matrimonio por no haberse invalidado legalmente uno anterior.

LIGAMENTO m. **1** Acción y efecto de ligar. **2** *Biol.* Tejido conjuntivo fibroso, denso, flexible y de color blanco, que une y a veces encapsula las articulaciones de los huesos. **3** *Zool.* Pliegue membranoso que enlaza o sostiene en la debida posición cualquier órgano del cuerpo de un animal.

LIGAMIENTO m. Acción y efecto de ligar o atar.

LIGANDO m. *Quím.* Molécula, ión o grupo que está unido con el átomo central de un quelado o compuesto de coordinación.

LIGAR tr. **1** ATAR. **2** *Met.* ALEAR. **3** *Met.* Mezclar cierta porción de otro metal con el oro o la plata. **4** Unir o enlazar. **5** fig. Usar de algún maleficio contra uno con el fin de hacerle, según la creencia popular, impotente para la generación. **6** fig. OBLIGAR, compeler; ganar la voluntad de uno mediante dádivas. También prnl. **7** *Taurom.* Ejecutar los pases o suertes sin interrupción aparente. || intr. **8** En ciertos juegos de naipes, juntar dos o más cartas adecuadas al lance. **9** Entablar una relación amorosa, por lo general pasajera. También prnl. || **10** prnl. Confederarse, unirse para algún fin.

LIGAZÓN f. Unión, trabazón, enlace de una cosa con otra.

LIGERAMENTE adv. m. **1** Con ligereza. **2** De paso, levemente. **3** fig. Sin reflexión.

LIGEREZA f. **1** Presteza, agilidad. **2** Levedad o poco peso de una cosa. **3** fig. Inconstancia, volubilidad, inestabilidad. **4** fig. Hecho o dicho irreflexivo o poco meditado.

LIGERO, RA adj. **1** Que pesa poco. **2** Ágil, veloz. **3** Se aplica al sueño que se interrumpe fácilmente. **4** Leve, de poca importancia. **5** fig. Se dice de los alimentos que se digieren pronto y fácilmente. **6** fig. Inconstante, que muda fácilmente de opinión. **7** *Quím.* Se dice de la fracción primera que se produce en una destilación. || **a la ligera** loc. adv. Con prisa, de manera superficial.

LIGETI, GYÖRGY Compositor austriaco de origen húngaro (Dicsöszentmárton, 1923). Su obra está determinada por superficies de timbres de carácter estático: *Articulación* (1958), *Apariciones* (1958-59) y *Atmósferas* (1961), en las que utiliza la técnica serial electrónica.

LIGHT (Voz i.) adj. Se dice del producto en el que se ha suprimido, o reducido, el nivel de alguno de sus componentes ordinarios.

LIGNE, CHARLES JOSEPH, PRÍNCIPE DE Mariscal de campo austriaco (Bruselas, 1735 - Viena, 1814). Combatió en la guerra de los Siete Años y fue hombre de confianza de José II.

LIGNÍCOLA, LA adj. *Ecol.* Que vive en la madera.

LIGNIFICAR tr. *Bot.* **1** Dar contextura de madera. || prnl. **2** Tomar consistencia de madera.

LIGNINA f. *Bot.* Polímero que, junto con la celulosa, impregna la madera y otros tejidos vegetales, comunicándoles su característica consistencia.

LIGNITO m. *Geol.* Carbón fósil de color negro o pardo, en el que pueden reconocerse los restos vegetales de que procede. Su contenido en carbono oscila entre 60 y 75%. Es un combustible de mediana calidad.

LIGNÍVORO, RA adj. *Ecol.* DENDRÓFAGO.

LIGÓN, NA adj. v. s. **1** Que liga mucho, que entabla con frecuencia relaciones amorosas. || m. *Agr.* **2** Especie de azada.

LIGUA f. Hacha de armas usada en Filipinas.

LIGUANO, NA adj. *Chile* Se aplica a una raza de carneros de lana gruesa y larga.

LIGUE m. **1** Acción y efecto de ligar, entablar relaciones amorosas. || m. **2** Persona con quien se liga.

LIGUERO, RA adj. **1** Perteneciente o relativo a una liga deportiva. || m. **2** Especie de cinturón o faja estrecha a la que se sujeta el extremo superior de las ligas de las mujeres.

LIGUILLA f. **1** Cierta clase de liga o venda estrecha. **2** Liga deportiva disputada por un reducido número de equipos.

LÍGULA f. **1** *Bot.* Apéndice membranoso en forma de escama, situado en la hoja o en la vaina foliar de algunas plantas. **2** *Zool.* Pequeño lóbulo que aparece en algunos invertebrados.

LIGUR o **LIGURINO, NA** adj. y s. **1** De Liguria. **2** *Hist.* Se dice de un pueblo que habitó entre el Ródano y el Arno, por el valle del Po y NE de España. Derrotados por los romanos (238-35 a. C.), se aliaron a Cartago en la segunda guerra púnica. Más como pl. **3** Se dice también de sus individuos. También s. **4** Relativo a este pueblo. || m. *Ling.* **5** Lengua de los ligures.

LIGURIA Región del NO de Italia, que comprende las provincias de Génova, Imperia, Savona y La Spezia; 5.418 km^2 y 1.657.500 h. Su capital es Génova. Está accidentada por los Alpes Marítimos y el Apenino Ligur. Centro industrial.

LIGUSTRE m. *Bot.* Flor del ligustro.

LIGUSTRO m. *Bot.* ALHEÑA, arbusto.

LIHN, ENRIQUE Escritor chileno (Santiago, 1929 - íd., 1988). Partió de la anti-poesía para llegar al irrealismo y al textualismo. Obra poética: *Poemas de este tiempo y de otro* (1955), *La pieza oscura* (1963) y *La aparición de la Virgen* (1987).

LIJA f. **1** *Zool.* Pez selacio, del suborden de los escuálidos, familia esciliorrínidos, de nombre científico *Scylliorhinus canicula*. Es un pequeño tiburón de dorso moteado y vientre claro. Vive en las costas de Europa y África del N. **2** Piel seca de este pez o de otro selacio, que se emplea para limpiar y pulir metales y maderas. **3** Papel con polvos o arenillas de vidrio o esmeril adheridos que sirve para pulir maderas o metales.

LIJAR tr. Alisar y pulir una cosa con lija.

LIKUD (En hebr., *consolidación* o *unidad.*) *Polít.* Coalición política israelí de partidos de tendencia conservadora y nacionalista formada en 1973. Entre 1977 y 1984, el Likud constituyó los sucesivos gobiernos israelíes, encabezados por Menahem Begin e Isaac Shamir. Posteriormente formó un gobierno de unidad nacional con el Partido Laborista (1984-90) y con diferentes partidos religiosos (1990-92). Accedió de nuevo al poder tras la victoria electoral de B. Netanyahu. En 1999, sin embargo, el Likud resultó derrotado por el Partido Laborista y poco después Netanyahu abandonó su liderazgo. Le sustituyó en la presidencia del partido Ariel Sharon, quien pasó a encabezar un nuevo gobierno tras vencer en las elecciones celebradas en 2001.

LILA[1] f. **1** *Bot.* Flor del lilo. **2** Color morado claro, como el de esta flor.

LILA[2] adj. fam. Tonto, fatuo.

LILAILA f. **1** Tela fina de lana o seda, filelí. **2** fam. Astucia, treta, bellaquería. Más en pl.

LILANGENI m. *Econ.* Unidad monetaria de Swazilandia. ♦ Su pl. es *emalangeni*.

LILIÁCEA adj. y f. *Bot.* **1** Se dice de la planta angiosperma monocotiledónea, casi siempre herbácea, con bulbo o rizoma, seis estambres y ovario ínfero, como el ajo y el áloe. || f. pl. *Bot.* **2** Familia de estas plantas.

LILIPUTIENSE (Por alusión a los personajes de Liliput, que aparecen en los *Viajes de Gulliver*, de J. Swift.) adj. y com. fig. Se dice de la persona extremadamente pequeña o endeble.

LILLE Ciudad de Francia, capital de la región de Nord-Paso de Calais y del departamento de Nord; 178.301 h. Gran centro comercial e industrial (siderurgia).

LILLO, BALDOMERO Escritor chileno (Lota, 1867 - Santiago, 1923). Cultivó una literatura de asunto social en *Sub Terra* (1904), *Sub Sole* (1907) y *Relatos populares* (1942).

LILLO, GEORGE Dramaturgo inglés (Londres, 1693 - íd., 1739). Creó un nuevo género, la tragedia doméstica, que ejerció gran influencia en Diderot. Autor de *El mercader de Londres* (1731), *Curiosidad fatal* (1736) y *Marina* (1738).

LILLO, MIGUEL Naturalista argentino (San Miguel de Tucumán, 1862 - íd., 1931). Formó un herbario de 200.000 ejemplares, pertenecientes a unas 6.000 especies y realizó estudios sobre fitogeografía del norte argentino.

LILLO, SAMUEL A. Poeta chileno (Lota, 1870 - Santiago, 1958). Hermano de Baldomero. Obras: *Canciones de Arauco* (1908) y *Chile heroico* (1911).

LILO m. *Bot.* Arbusto caducifolio perteneciente a la familia oleáceas, de nombre científico *Syringa vulgaris*. Alcanza de dos a cuatro metros de altura, y posee unas perfumadas flores de color blanco, rosado o malva. Procede del SO de Europa.

LIMA[1] (Del ár. *līma.*) f. *Bot.* **1** Fruto del limero. **2** LIMERO.

LIMA[2] (Del lat. *lima.*) f. **1** Instrumento de acero templado, con la superficie finamente estriada, para desgastar y alisar los metales y otras materias duras. **2** Pequeña barra de material diverso, granulado o esmerilado, que se utiliza para arreglarse las uñas. **3** fam. Persona que come mucho.

LIMA[3] (Del lat. *lima*, terminación femenina de *-mus*, oblicuo.) f. *Arquit.* **1** Ángulo que forman las dos vertientes o faldones de un tejado. **2** Madero que se coloca en dicho ángulo.

-LIMA suf. LIPO-, dejar.

LIMA 1 Departamento de Perú; 34.797 km^2 y 7.194.816 h. **2** Ciudad capital de Perú y del departamento de su nombre; 316.322 h. (7.060.600 h. con su aglomeración urbana). Está integrada por el distrito de Lima y los de Breña, Chorrillos, La Victoria, Lince, Magdalena del Mar, Magdalena Vieja, Miraflores, Rimac, San Isidro, San José de Surco, San Martín de Porres, San Miguel, Santiago de Surco y Surquillo. Centro administrativo, financiero, comercial y cultural del país. Industrias textiles, alimentarias, químicas, del calzado, automovilística y del caucho. Refinerías de petróleo. Arzobispado. Aeropuerto internacional. La rápida y anárquica expansión urbana de los años sesenta se ha visto ligeramente frenada con la promoción de los polos de desarrollo en la llanura costera septentrional del país. Residencia del Gobierno, el Congreso, de los Tribunales supremos de Comercio, de Minas y de Cuentas. Posee varias universidades; entre ellas la Universidad Nacional Mayor de San Marcos es la más antigua de América (1551).

HIST. Fue fundada por Francisco Pizarro, conquistador del Perú, el 18 de enero del año 1535 con el nombre de *Ciudad de los Reyes*. Desde 1542 fue sede de la Real Audiencia de Lima, presidida por un virrey posteriormente. La presencia de las autoridades civiles y religiosas de la Universidad de San Marcos y la acumulación de riquezas mineras y comerciales la convirtieron pronto en una de las principales ciudades de América. En ella proclamó San Martín la independencia del Perú en 1821. En 1684 se rodeó a la ciudad con una muralla para defenderla de los ataques de los piratas. Fundada con una estructura en cuadrícula con plaza central, posee numerosos edificios virreinales. Afectada por varios terremotos sufrió una importante reconstrucción en el siglo XVIII por los virreyes José Antonio Manso de Velasco y Manuel Amat, quienes ordenaron la construcción del cabildo, el Paseo de las Aguas, la Plaza de Toros, el Coliseo de Comedias, etc. De entre sus edificios destacan: la catedral, realizada por Francisco Becerra en el siglo XVI y rematada con un frontón curvo partido en el siglo siguiente; la Iglesia de la Compañía y el Convento de San Francisco, ambos del siglo XVII. El claustro del Colegio de Santo Tomás, el único circular en América, la estructura de los Huérfanos, las portadas de La Merced y San Agustín, son ejemplos del desarrollo alcanzado por el barroco limeño. En la arquitectura civil barroca de Lima destaca la Casa del Marqués de Torre-Taglé (hoy Ministerio de Asuntos Exteriores) y la Quinta de la Presa (sede del Museo de Arte Virreinal).

LIMA, JORGE DE Escritor brasileño (União dos Palmares, 1895 - Rio de Janeiro, 1953). Modernista en sus inicios, evolucionó hacia una poesía religiosa y bíblica. Obra poética: *Poemas* (1927), *Bangué y la negra Fuló* (1930), *Tiempos y eternidad* (1935) y *Poemas negros* (1947).

LIMA, SANTA ROSA DE ROSA DE LIMA, SANTA.

LIMA BARRETO, ALFONSO HENRIQUES DE Novelista brasileño (Rio de Janeiro, 1881 - íd., 1922). Precursor del modernismo brasileño, su obra constituye una amarga reflexión sobre las injusticias sociales y raciales. Novelas: *Memorias del escribano Isaias Caminha* (1909) y *El triste fin de Policarpo Quaresma* (1911).

Lima (Perú). Catedral.

LIMACO m. *Zool.* BABOSA.

LIMADURA f. **1** Acción y efecto de limar. || f. pl. *Met.* **2** Porciones muy menudas que con la lima se arrancan de alguna pieza de metal o de materia semejante.

LIMANTOUR, JOSÉ YVES Economista y político mexicano de origen francés (Ciudad de México, 1854 - París, 1935). Ministro de Hacienda de Porfirio Díaz (1893), reorganizó el sistema bancario y la red de ferrocarriles.

LIMAR tr. **1** Cortar o alisar los metales, la madera, etc., con la lima. **2** Pulir una obra. **3** Debilitar, cercenar alguna cosa.

LIMATÓN m. **1** Lima de figura redonda, gruesa y áspera. **2** *Col.*, *Chile* y *Hond.* LIMA[2] para desgastar metales.

LIMAY Río de Argentina, que nace en el lago Nahuel Huapí y se une al Neuquén para formar el Negro; 420 km.

LIMAZA f. *Zool.* BABOSA.

LÍMBICO, SISTEMA *Anat.* Conjunto de estructuras cerebrales que intervienen en el control de las emociones y de la conducta.

LIMBO m. **1** *Rel.* Lugar o seno donde estaban detenidas las almas de los santos y patriarcas antiguos esperando la redención del género humano. **2** *Rel.* Lugar a donde van las almas de los que, antes del uso de la razón, mueren sin el bautismo. **3** Borde de una cosa. **4** *Astron.* Contorno aparente de un astro. **5** *Biol.* Borde claramente definido por su color o estructura. **6** *Bot.* Porción laminar ensanchada y plana, generalmente delgada y verde, de las hojas, sépalos o pétalos de las plantas. || **estar** uno **en el limbo** fr. fig. y fam. Estar distraído y como alelado.

LIMBOURG o **LIMBOURC** *Geneal.* Familia de miniaturistas e iluminadores franceses de origen flamenco, cuya actividad se desarrolló en la primera mitad del siglo XV. Pol, que fue pintor y escultor, y Hennequin trabajaron a partir de 1402 al servicio de Felipe el Atrevido. Hermann se unió a sus hermanos para ingresar al servicio del duque Juan de Berry (1411).

LIMBURGO Región histórica de Europa, dividida desde 1830 en las dos provincias de Bélgica y Países Bajos.

LIMBURGO Provincia del S de los Países Bajos, entre Alemania y Bélgica; 2.167 km^2 y 1.139.300 h. Su capital es Maastricht.

LIMBURGO Provincia del NE de Bélgica, región de Flandes; 2.422 km^2 y 787.491 h. Su capital es Hasselt.

LIMEN m. **1** Entrada, inicio. **2** poét. Umbral.

LIMEÑO, ÑA adj. y s. De Lima.

LIMERICK 1 Condado de Irlanda, provincia de Munster; 2.686 km^2 y 161.956 h. **2** Ciudad capital del mismo; 56.279 h. Puerto.

LIMERO, RA m. y f. **1** Persona que vende LIMAS[1]. || m. *Bot.* **2** Árbol perennifolio perteneciente a la familia rutáceas, de nombre científico *Citrus aurantifolia*. Su fruto es la lima.

LIMES m. *Mil.* e *Hist.* Línea de fortificaciones situada en las fronteras exteriores del imperio romano. ♦ Su pl. es *limes*.

LIMETA f. Botella de vientre ancho y corto, y cuello largo.

LIMINAR adj. **1** Referente al dintel, a la entrada. **2** Que sirve de prólogo o proemio; preliminar.

LIMITACIÓN f. **1** Acción y efecto de limitar o limitarse. **2** Impedimento o restricción.

LIMITADO, DA adj. Se dice del que tiene corto entendimiento.

LIMITAR tr. **1** Poner límites a un terreno. **2** fig. Acortar, ceñir. También prnl. **3** fig. Fijar la mayor extensión que pueden tener la jurisdicción, la autoridad o los derechos y facultades de uno. || intr. **4** Estar contiguos dos terrenos, lindar. || prnl. **5** fig. Atenerse, ajustarse alguien a algo en sus acciones.

LÍMITE m. **1** Término, confín o lindero de reinos, provincias, posesiones, etc. **2** fig. Fin, término. **3** *Mat.* Término del cual no puede pasar el valor de una cantidad. **4** *Psicol.* Individuo cuya capacidad intelectual se sitúa entre la inteligencia normal y la deficiencia mental. Sus síntomas se manifiestan fundamentalmente durante la escolarización (lentitud en el aprendizaje, retraso escolar, falta de atención, etc.).

LIMÍTROFE adj. Confinante, aledaño, colindante, fronterizo.

LIMÍVORO, RA adj. *Ecol.* Se dice del organismo que se alimenta de limo o de la materia orgánica que contiene.

LIMNÉTICO, CA adj. *Ecol.* Relativo a las aguas dulces y quietas.

LÍMNICO, CA adj. *Zool.* Se dice de la fauna que vive en las aguas continentales, es decir, ríos, lagos, charcas o aguas subterráneas, de una zona geográfica.

LIMNIÓN m. *Ecol.* Conjunto de aguas quietas y dulces.

Limoges (Francia). Estación de los Benedictinos.

LIMNO-, LIMNI- prefs. que significan lago.
LIMNOLOGÍA f. *Biol.* Rama de la biología que estudia las condiciones de vida en las láminas de agua dulce.
LIMO m. *Geol.* 1 Lodo o légamo. 2 Partículas intermedias del suelo, entre 0,002 y 0,05 mm de diámetro. 3 Suelo que contiene, al menos, un 80% de limo y menos del 12% de arcilla.
LIMÓFILO, LA adj. *Bot.* Se dice de la planta adaptada a vivir en agua dulce. Las raíces están fijas al suelo bajo el agua.
LIMOGES Ciudad del centro de Francia, capital de la región de Limousin y del departamento de Alto Vienne; 136.407 h. Famosas industrias de porcelana. Catedral (siglo XIV).
LIMÓN m. *Bot.* Fruto del limonero, hesperidio de color amarillo y pulpa dividida en gajos, comestible, jugosa y de sabor ácido.
LIMONADA f. Bebida compuesta de agua, azúcar y zumo de limón.
LIMONAR m. Sitio plantado de limones.
LIMONCILLO m. *Bot.* Árbol de la familia mirtáceas, cuya madera, de color amarillo, se emplea en ebanistería.
LIMONERO, RA m. y f. 1 Persona que vende limones. || m. *Bot.* 2 Árbol de hoja perenne perteneciente a la familia rutáceas, de nombre científico *Citrus limonum*, de hasta 5 m de altura. Su fruto es el limón.
LIMONITA f. *Miner.* Mineral de hierro, mezcla de óxidos e hidróxidos hidratados. Aparece normalmente como producto de alteración de la mayoría de los minerales de hierro.
LIMOSNA f. Lo que se da para socorrer una necesidad.
LIMOSNEAR intr. Pedir limosnas.
LIMOSNERO, RA adj. y s. 1 Caritativo, inclinado a dar limosnas. 2 Mendigo, pordiosero. || m. 3 Encargado de recoger y distribuir limosnas. || f. 4 Bolsita que usaban las niñas que hacen la primera comunión para guardar el dinero que les dan.
LIMOUSIN Región de Francia, en el sector NO del Macizo Central, que comprende los departamentos de Corrèze, Creuse y Alto Vienne; 16.942 km² y 710.939 h. Su capital es Limoges.
LIMPIA f. 1 Acción y efecto de limpiar. || com. 2 fam. Limpiabotas.
LIMPIABARROS m. Utensilio que suele ponerse a la entrada de las casas para limpiarse el barro del calzado. ♦ Su pl. es *limpiabarros*.
LIMPIABOTAS com. Persona que tiene por oficio limpiar y lustrar botas y zapatos. ♦ Su pl. es *limpiabotas*.
LIMPIACHIMENEAS com. Persona que tiene por oficio deshollinar chimeneas. ♦ Su pl. es *limpiachimeneas*.
LIMPIADIENTES m. Palillo o instrumento semejante de otra materia para limpiar los dientes. ♦ Su pl. es *limpiadientes*.
LIMPIAMENTE adv. m. 1 Con limpieza. 2 Hablando de algunos juegos o habilidades, con suma agilidad. 3 fig. Sinceramente, con candor. 4 fig. Con integridad, honestamente, sin interés.
LIMPIAPARABRISAS m. Mecanismo para limpiar de agua el parabrisas de los coches cuando llueve. ♦ Su pl. es *limpiaparabrisas*.
LIMPIAR tr. 1 Quitar la suciedad de una cosa. También prnl. 2 fig. Quitar imperfecciones o defectos. 3 fig. Echar, ahuyentar de una parte a los que son perjudiciales en ella. 4 fig. Quitar a los árboles las ramas pequeñas que se dañan entre sí. 5 fig. y fam. Hurtar o robar algo. 6 fig. y fam. En los juegos de naipes y otros, ganar todo el dinero.
LIMPIAÚÑAS m. Instrumento que sirve para limpiar las uñas. ♦ Su pl. es *limpiaúñas*.
LÍMPIDO, DA adj. poét. Limpio, terso, puro, sin mancha.
LIMPIEZA f. 1 Calidad de limpio. 2 Acción y efecto de limpiar. 3 fig. Integridad y desinterés con que se procede en los negocios. 4 fig. Precisión con que se ejecutan ciertas cosas. 5 fig. En los juegos, observación estricta de las reglas de cada uno. || **LIMPIEZA DE SANGRE** *Hist.* En la España del siglo XVI, ausencia de antepasados moros, judíos, herejes ni penitenciados por la Inquisición.
LIMPIO, PIA adj. 1 Que no tiene mancha o suciedad. 2 Que no tiene mezcla de otra cosa. 3 Que tiene el hábito del aseo y la pulcritud. 4 fig. Libre, exento de cualquier cosa que lo dañe. 5 fig. y fam. Se dice del que ha perdido todo su dinero. 6 fig. y fam. Se dice del que está falto de conocimientos de una materia. 7 fig. y fam. Con referencia a una contienda, se dice de los golpes, disparos, etc., que han intercambiado adversarios sin hacer uso de otros medios. 8 fig. Neto, no confuso. || adv. m. 9 Con limpieza, limpiamente.
LIMPOPO Río de África, que nace en la República Sudafricana, cruza Mozambique y desemboca en el Índico; 1.680 km.
LIMUSINA f. 1 Antiguo modelo de carruaje con la carrocería cerrada para los ocupantes del asiento posterior y abierta para el asiento delantero. 2 Tipo lujoso de automóvil de gran longitud y cuatro puertas.
LIN PIAO o **LING PIA-HO** Político y mariscal chino (Huanang, Hupeh, 1907 - Mongolia, 1971). Fue ministro de Defensa y se le llegó a considerar como el posible sucesor de Mao Tse-tung. En 1971, tras descubrirse su implicación en un complot contra Mao, huyó en un avión que, según la versión oficial, se estrelló.
LIN YUTANG Escritor chino (Fukien, 1895 - Hong-Kong, 1976). Difusor en Occidente del taoísmo y los temas orientales, es autor de *Mi patria y mi pueblo* (1936) y *La importancia de vivir* (1937).
LINÁCEO, A adj. y f. *Bot.* 1 Se dice de la planta herbácea o arbustiva angiosperma dicotiledónea, con hojas estipuladas y fruto generalmente capsular, cuyo prototipo es el lino. || f. pl. *Bot.* 2 Familia de estas plantas.
LINAJE m. 1 Ascendencia o descendencia de un progenitor común. 2 fig. Clase o condición de una cosa. || m. pl. 3 Vecinos nobles reconocidos por tales e incorporados en el cuerpo de la nobleza.
LINÁLOE m. *Bot.* 1 Áloe, planta. 2 Jugo de esta planta.
LINAR m. *Agr.* Tierra sembrada de lino.
LINARENSE adj. y com. De Linares.
LINARES, JOSÉ MARÍA Político boliviano (Sucre, 1810 - Valparaíso, 1861). Fue proclamado presidente de la República en 1857, e inició un programa de amplias reformas, para lo cual se declaró dictador (1858). Le derrocó un golpe de Estado encabezado por José María de Achá (1861).
LINARES ALCÁNTARA, FRANCISCO Militar y político venezolano (Turmero, 1828 - La Guaira, 1878). Participó en las luchas civiles en el bando federalista. Entre 1877 y 1878 fue presidente de la República.
LINARIA f. *Bot.* Planta herbácea perteneciente a la familia escrofulariáceas, de nombre científico *Linaria vulgaris*.
LINAZA f. *Bot.* Simiente del lino, en forma de granillos elipsoidales. Por presión, rezuma un aceite secante de gran aplicación en la industria.
LINCE m. 1 *Zool.* Nombre de varias especies de mamíferos carnívoros de la familia félidos, género *Lynx*, de pelaje manchado, cola corta y orejas con cerdas puntiagudas de pelos en su extremo. De costumbres solitarias y nocturnas; caza al acecho liebres, roedores, venados jóvenes y pájaros; vive en el bosque y matorral mediterráneo de la Península; su número es muy reducido. 2 fig. Persona aguda, sagaz.
LINCEO, A adj. 1 *Zool.* Perteneciente al lince. 2 fig. y poét. Se dice especialmente de la vista.
LINCEO *Mit.* Héroe legendario, que tomó parte en la expedición de los argonautas.
LINCHAR tr. Castigar, usualmente con la muerte, sin proceso y tumultuariamente, a un sospechoso o a un reo.
LINCOLN, ABRAHAM Político estadounidense (Hodgensville, 1809 - Washington, 1865). En 1856 ingresó en el nuevo Partido Republicano y fue elegido presidente de los Estados Unidos en 1860. Declarada la guerra de Secesión, trabajó para dominarla y proclamó la emancipación de los esclavos en 1863. Reelegido en 1864, un sudista fanático lo asesinó en Washington cuatro días después de la victoria norteña.
LINCOLNSHIRE Condado del Reino Unido, en Inglaterra; 623.100 h.

LINCOLNSHIRE NORORIENTAL Consejo unitario del Reino Unido, en Inglaterra; 156.200 h.
LINCOLNSHIRE SEPTENTRIONAL Consejo unitario del Reino Unido, en Inglaterra; 152.200 h.
LINDAR intr. Estar contiguos dos territorios, terrenos o fincas.
LINDAZO m. Linde, y en especial si se halla señalado con mojones o con un ribazo.
LINDBERG, CHARLES Aviador estadounidense (Detroit, 1902 - Kipahulu, Hawai, 1974). Realizó la primera travesía del Atlántico sin escalas, de Nueva York a París (1927), a bordo de su aparato monoplano *Spirit of Saint Louis*.
LINDBLAD, BERTIL Astrónomo sueco (Orebro, 1895 - Estocolmo, 1965). Utilizó e innovó los métodos espectroscópicos para determinar la magnitud absoluta de las estrellas, e introdujo la idea de rotación de las galaxias en torno a un centro.
LINDE amb. 1 Límite de un país o provincia. 2 Término o fin de algo. 3 Término o línea que divide unas heredades de otras.
LINDE, KARL RITTER VON Físico alemán (Berndorf, 1842 - Munich, 1934). Diseñó aparatos para la refrigeración por compresión utilizando amoníaco, y obtuvo la licuefacción del aire (1895).
LINDEL m. Lintel o dintel de una puerta.
LINDEMANN, FERDINAND VON Matemático alemán (Hannover, 1852 - Munich, 1939). Demostró la imposibilidad de hallar la cuadratura del círculo utilizando el número π.
LINDERO, RA adj. 1 Que linda con una cosa. || m. 2 Linde o lindes de dos terrenos.
LINDEZA f. 1 Calidad de lindo. 2 Hecho o dicho gracioso. || f. pl. 3 irón. Insultos o improperios.
LINDO, DA adj. 1 Hermoso, bello, apacible y grato a la vista. 2 fig. Bueno, cabal, perfecto, primoroso y exquisito. || m. 3 fig. y fam. Hombre afeminado, presumido de hermoso y que cuida demasiado de su compostura y aseo. || **DE LO LINDO** loc. adv. A las mil maravillas. También, mucho o con exceso.
LINDO, HUGO Escritor salvadoreño (La Unión, 1917). Obra poética: *Clavelia* (1936), *Libro de horas* (1948), *Sólo la voz* (1968), y *Este pequeño siempre* (1971). Producción narrativa: *El anzuelo de Dios* (1956) y *Cada día tiene su afán* (1965).
LINDO ZELAYA, JUAN Político hondureño (?, 1790 - ?, 1857). Defensor ardiente de la unión de Centroamérica, fue jefe de Estado en El Salvador (1841-42), y en Honduras (1847-52). Reformó la enseñanza y se opuso a la libertad de cultos.
LINDÓN m. *Agr.* Caballete en el que los hortelanos suelen poner las esparragueras y otras plantas.
LÍNEA f. 1 *Geom.* Extensión considerada en una sola de sus tres dimensiones: la longitud. Básicamente, la línea puede ser recta, curva, espiral, ondulada y quebrada. 2 Medida longitudinal, compuesta de 12 puntos, que equivale a cerca de dos milímetros. 3 Raya en un cuerpo cualquiera. 4 RENGLÓN. 5 Serie de personas o cosas situadas una detrás de otra o una al lado de la otra. 6 *Dep.* En el fútbol y otros deportes, conjunto de jugadores que, al ordenarse el equipo para iniciar el juego, están a igual distancia de la divisoria entre los campos de los dos equipos. 7 Vía terrestre, marítima o

Abraham **Lincoln**. Cuadro de George Peter Alexander. Galería Nacional de Retratos (Washington).

aérea. **8** Clase, género, especie. **9** Serie de personas enlazadas por parentesco. **10** *Mil.* FRENTE, territorio donde combaten dos ejércitos. **11** Hablando de persona, figura esbelta y armoniosa. **12** Dirección, tendencia, orientación o estilo de un artista o de un arte cualquiera. **13** fig. Término, límite. **14** Dosis de cocaína o de cualquier otra droga en polvo. || **LÍNEA CURVA** La que no es recta en ninguna de sus porciones por pequeñas que sean. || **LÍNEA DEL FUERTE** *Mar.* La curva que pasa por los puntos de mayor anchura de todas las cuadernas de un buque. || **LÍNEA QUEBRADA** *Geom.* La que sin ser recta está compuesta de varias rectas. || **LÍNEA RECTA** *Geom.* La que tiene todos sus puntos en la misma dirección. Cumple tres propiedades: es ilimitada; por un punto pueden pasar infinitas rectas; y por dos puntos pasa una sola recta. || **LÍNEA TELEFÓNICA** o **TELEGRÁFICA** *Tecnol.* Conjunto de los aparatos e hilos conductores del teléfono o del telégrafo. || **LÍNEAS PARALELAS** *Geom.* Las que no se juntan por mucho que se prolonguen. || **LÍNEAS PERPENDICULARES** *Geom.* Las que al cortarse forman un ángulo de 90°. || **LÍNEAS SECANTES** *Geom.* Las que se cortan en un punto. || **leer entre líneas** fr. fig. Deducir de un escrito o de una explicación oral algunos conceptos o ideas insinuados, que no son expresados abiertamente.

LINEAL adj. **1** *Geom.* Perteneciente a la línea. **2** *Biol.* Largo y delgado, casi como una línea. **3** *Mat.* Se dice de la ecuación de primer grado de la forma $ax + b = 0$. Su gráfica es una recta. **4** DIBUJO LINEAL.

LINEAMIENTO m. Conjunto de líneas que forman el contorno de un cuerpo.

LINEAR[1] (Del lat. *lineāris.*) adj. **1** *Biol.* LINEAL. **2** *Bot.* Se dice de la hoja cuyo limbo es muy estrecho y alargado

LINEAR[2] (Del lat. *lineāre.*) tr. Hacer un bosquejo.

LÍNEO, A adj. y s. *Bot.* LINÁCEO.

LINF-, LINFO-; -LINFA prefs. o suf. que significan *linfa.*

LINFA f. **1** *Biol.* Líquido claro, transparente y alcalino, que circula por los vasos del sistema linfático. Está constituida por agua, albúmina, fibrina, sales y leucocitos. **2** *Med.* Pus de cierta viruela de las vacas y virus convenientemente preparado para inoculaciones, vacuna. **3** poét. AGUA.

LINFADENITIS f. *Med.* Inflamación de los ganglios linfáticos.

LINFÁTICO, CA adj. *Anat.* y *Fisiol.* **1** Que abunda en linfa. También s. **2** Perteneciente o relativo a este humor. || **SISTEMA LINFÁTICO** *Anat.* y *Fisiol.* Nombre colectivo para los ganglios, capilares y vasos que intervienen en la circulación de la linfa.

LINFO- pref. LINF-.

LINFOBLASTO m. *Biol.* Célula madre de los linfocitos.

LINFOCITO m. *Biol.* Variedad de LEUCOCITO.

LINFOCITOSIS f. *Med.* Aumento absoluto o relativo del número de linfocitos en la sangre.

LINFOMA m. *Pat.* Tumor, generalmente maligno, de los ganglios linfáticos.

LINGOTE m. **1** Trozo o barra de metal en bruto. **2** Masa sólida que se obtiene vaciando el metal líquido en un molde. **3** Cada una de las barras o paralelepípedos de hierro que sirven para balancear la estiba de los buques.

LINGOTERA f. Molde en donde se vierte el material fundido para que al enfriarse tome la forma de aquél.

LINGUAL adj. **1** *Anat.* Perteneciente a la lengua. **2** *Fon.* Se dice de los sonidos que, como la *l*, se pronuncian con el ápice o punta de la lengua. También se llaman *apicales.* **3** *Fon.* Se dice de la letra que representa este sonido. También f.

LINGUE m. *Bot.* **1** Árbol de la familia lauráceas, chileno, cuya corteza se usa para curtir el cuero. **2** Corteza de este árbol.

-LINGÜE suf. que significa lengua.

LINGÜÍSTICA f. *Ling.* Ciencia del lenguaje. **[Encic.]** || **LINGÜÍSTICA APLICADA** *Ling.* Rama de los estudios lingüísticos que, desde supuestos teóricos diversos, se ocupa de los problemas que el lenguaje plantea como medio de relación social, especialmente de los que se refieren a la enseñanza de idiomas. || **LINGÜÍSTICA COMPARADA** *Ling.* Estudio científico del lenguaje que se desarrolla preferentemente en el siglo XIX y que utiliza los métodos de la gramática comparada. || **LINGÜÍSTICA CUANTITATIVA** *Ling.* LINGÜÍSTICA MATEMÁTICA. || **LINGÜÍSTICA DESCRIPTIVA** *Ling.* GRAMÁTICA DESCRIPTIVA. || **LINGÜÍSTICA DIACRÓNICA** *Ling.* Según F. de Saussure, estudio evolutivo de una lengua. || **LINGÜÍSTICA ESTRUCTURAL** *Ling.* ESTRUCTURALISMO. || **LINGÜÍSTICA EVOLUTIVA** *Ling.* LINGÜÍSTICA DIACRÓNICA. || **LINGÜÍSTICA FUNCIONAL** *Ling.* FUNCIONALISMO. || **LINGÜÍSTICA GENERAL** *Ling.* Estudio teórico del lenguaje que se ocupa de métodos de investigación y de cuestiones comunes a las diversas lenguas. || **LINGÜÍSTICA GENERATIVA** *Ling.* GRAMÁTICA GENERATIVA. || **LINGÜÍSTICA HISTÓRICA** *Ling.* GRAMÁTICA HISTÓRICA. || **LINGÜÍSTICA MATEMÁTICA** *Ling.* Estudio de una lengua con procedimientos matemáticos. || **LINGÜÍSTICA SINCRÓNICA** *Ling.* GRAMÁTICA DESCRIPTIVA. || **LINGÜÍSTICA TRANSFORMACIONAL** *Ling.* GRAMÁTICA GENERATIVA. || **LINGÜÍSTICA TRANSFORMATIVA** *Ling.* Término propuesto por E. Alarcos Llorach para designar la lingüística transformacional.

LING. La lingüística se centra en el análisis de los lenguajes hablados y tiende a la construcción de una teoría general de la estructura del lenguaje. No fue hasta principios del siglo XIX, cuando el alemán Franz Bopp, fundamentó la lingüística comparada y centró el estudio de las lenguas en su aspecto evolutivo. Hacia 1870 surgió en la Universidad de Leipzig el grupo de los neogramáticos, o jóvenes gramáticos (August Leskien, Hermann Paul, Karl Brugmann y Germann Osthoff). Afirmaron que todo cambio fonético, en cuanto procede mecánicamente, se realiza siguiendo leyes sin excepción. Con los neogramáticos el estudio del lenguaje escrito pasó a segundo plano y el lenguaje oral se convirtió en el núcleo central de la lingüística. Ferdinand de Saussure, con su teoría del estructuralismo, fue el creador de la lingüística contemporánea. Sus ideas se publicaron póstumamente en *Curso de lingüística general* (1917). El objetivo fundamental del estructuralismo es el estudio sincrónico de la lengua como un sistema de signos dotados de estructura propia y capaces de formar unas reglas para su uso correcto. Saussure estableció la distinción entre la lengua, como sistema de signos, y el habla, realización concreta e individual de la lengua; el signo lingüístico como elemento central del lenguaje, compuesto de un significante (expresión) y un significado (concepto); y la distinción del estudio sincrónico y diacrónico de la lengua. En el contexto del desarrollo del estructuralismo, el Círculo Lingüístico de Praga, surgido en 1926 (N. Trubetzkoi, S. Karcevski y R. Jakobson), defendió la necesidad de profundizar en el estudio de la fonología y estableció la definición del fonema como unidad mínima del significante. Por otra parte, el Círculo Lingüístico de Copenhague, surgido en 1931 (V. Brondal y L. Hjelmslev), formuló los principios de la glosemática. En los años treinta, L. Bloomfield fundó la escuela distribucionalista, que se centró en el estudio de la morfología y la sintaxis. En 1956, Noam Chomsky propuso la lingüística generativa como nueva teoría para el estudio de la lengua, que fue aplicada a disciplinas como la sociolingüística y la psicolingüística. Posteriormente S. L. Lamb estableció la gramática estratificacional y reelaboró determinados aspectos del estructuralismo de Bloomfield.

LINHARES, JOSÉ Político brasileño (Sinimbu, 1886 - Rio de Janeiro, 1957). Fue presidente de la República (1945-46).

LINIER (Voz i.) *Dep.* JUEZ DE LÍNEA.

LINIERS, SANTIAGO DE Marino francés al servicio de España (Niort, Francia, 1753 - Cabeza de Tigre, 1810). Defendió dos veces con éxito la ciudad de Buenos Aires de la invasión inglesa, por lo que fue nombrado virrey del Río de la Plata (1807). Fue fusilado por los patriotas al negarse a reconocer a la junta gubernativa de 1810.

LINIMENTO o **LINIMIENTO** m. *Farm.* Preparación menos espesa que el ungüento que se aplica en fricciones para paliar el dolor muscular.

LINNAEUS LINNÉ, KARL VON.

LINNÉ, KARL VON o **LINNEO** Naturalista y médico sueco (Råshult, 1707 - Upsala, 1778). En *Systema naturae* (1735), su obra más famosa, estableció las bases de la taxonomía natural botánica en función de los órganos sexuales de las plantas, y desarrolló la nomenclatura binaria, todavía vigente.

LINNEO LINNÉ, KARL VON.

LINO m. **1** *Bot.* Planta herbácea anual, perteneciente a la familia lináceas, de nombre científico *Linum usitatissimum.* De su tallo se extraen abundantes fibras utilizadas para producir la hilaza; de sus semillas se extrae aceite de linaza. Parece que procede de Asia. **2** Materia textil que se saca de los tallos de esta planta. **3** Tela hecha de lino. **4** fig. y poét. Vela de nave.

LINO, SAN Papa (Tuscia, ? - ?). Ocupó el solio pontificio del año 67 al 76. Fue convertido por san Pedro, a quien sucedió.

LINOLEICO adj. *Quím.* ÁCIDO LINOLEICO.

LINOLÉNICO adj. *Quím.* ÁCIDO LINOLÉNICO.

LINÓLEO m. **1** Tela fuerte e impermeable, formada por un tejido de yute cubierto con una capa muy comprimida de corcho en polvo amasado con aceite de linaza bien oxidado. **2** Pavimento que se fabrica con este material.

LINÓN m. Tela de hilo muy ligera y fuertemente engomada. || **LINÓN DE ALGODÓN** Tela de algodón parecida a la anterior.

LINOTIPIA f. *A. gráf.* **1** Máquina de componer textos, provista de matrices, de la que sale la línea formando una sola pieza. **2** Arte de componer con esta máquina.

LINOTIPISTA com. Persona que maneja una linotipia.

LINS DO REGO, JOSÉ Escritor brasileño (Corregedor, 1901 - Rio de Janeiro, 1957). Captó la psicología y costumbres de su patria en novelas como *Niño de ingenio* (1932), *Piedra bonita* (1938) y *Cangaceiros* (1953).

Santiago de **Liniers.** Museo del Cabildo (Buenos Aires).

LINTEL m. Lindel o dintel de puertas y ventanas.

LINTERNA f. **1** Aparato eléctrico portátil para iluminar pequeñas superficies, que funciona con pilas y tiene un pequeño foco en un extremo. **2** *Arquit.* Construcción de figuras variadas, pero siempre más alta que ancha y con ventanas, que se pone como remate en algunos edificios y sobre las medias naranjas de las iglesias. **3** *Mar.* Faro de las costas. **4** *Mec.* Rueda formada por dos discos paralelos fijos en el mismo eje y unidos en la circunferencia con barrotes cilíndricos en donde engranan los dientes de otra rueda. || **LINTERNA DE ARISTÓTELES** *Zool.* Aparato masticador y locomotor de la mayoría de los erizos de mar.

LINTERNÓN m. **1** Remate vidriado de una cúpula. **2** Farol de popa de los barcos.

LINYERA m. *Arg.* y *Urug.* **1** Atado en el que se guardan ropa y otros efectos personales. **2** Vagabundo que anda por campos y caminos y vive de la caridad y de raterías.

LINZ Ciudad de Austria, capital del Estado de Austria Superior, a orillas del Danubio; 203.044 h. Centro industrial.

LIÑÁN Y CISNEROS, MELCHOR Prelado y político español (Torrelaguna, ? - ?, 1708). Obispo de Santa Marta (1664) y de Popayán (1666), posteriormente fue capitán general de Nueva Granada (1671-73) y virrey del Perú (1678-81).

LIÑÁN MARTÍNEZ, AMABLE Ingeniero e investigador español (Noceda, 1934). Autor de *El plasma en la alta atmósfera* (1965) y *Técnicas asintóticas en la teoría de la ignición* (1980). Premio Príncipe de Asturias de las Ciencias en 1993.

LIO-, LIS-, LISI-, LISO-; -LIS-, -LUS-; -LISIA, -LISIS, -LITA, -LÍTICO, -LITO prefs., ins. o sufs. que significan disolver: *hidrólisis.*

LÍO m. **1** Porción de ropa o de otras cosas atadas. **2** fig. y fam. EMBROLLO. **3** fig. y fam. Barullo, desorden. **4** fig. y fam. AMANCEBAMIENTO. || **armar un lío** fr. fig. y fam. EMBROLLAR. || **hacerse** uno **un lío** fr. fig. y fam. EMBROLLARSE.

LIOFILIZAR tr. *Fís.* Separar el agua de un material o una disolución, congelándola rápidamente.

LIÓFILO, LA adj. y s. *Quím.* Se dice de la sustancia que espontáneamente forma una disolución coloidal estable cuando está en contacto con un medio de dispersión.

LIONÉS, SA adj. y s. De Lyon.

LIORNA f. fig. y fam. Algazara, desorden, confusión.

LIORNA LIVORNO.

LIOSO, SA adj. **1** Confuso, complicado. **2** Chismoso, que enreda las cosas. También s.

LIOTARD, JEAN ÉTIENNE Pintor suizo (Ginebra, 1702 - íd., 1789). Autor de numerosas escenas de costumbres y retratos como *Madame d'Epinay*, *Clemente XII*, *Condesa de Coventry* y su *Autorretrato.*

LIOUVILLE, JOSEPH Matemático francés (Saint-Omer, 1809 - París, 1882). Se ocupó del análisis matemático y, demostró la existencia de los números trascendentes.

LIP-, LIPAR-, LIPARO- prefs. LIPO-, grasa.

LÍPARI Archipiélago de Italia, de naturaleza volcánica, al norte de Sicilia, provincia de Mesina; 20.000 h. También llamadas Eolias. Lo componen las islas Lípari, Vulcano, Salina, Alicudi, Filicudi, Panaria y Stromboli.

LIPARITA f. *Geol.* RIOLITA.

LIPASA f. *Quím.* Enzima que cataliza la hidrólisis de las grasas o la degradación de las lipoproteínas.

LIPCHITZ, JACQUES Escultor francés, de origen lituano (Druskieniki, 1891 - Capri, 1973). Sus monumentales trabajos están dotados de un gran sentido de la metamorfosis y una especial fuerza plástica. Entre sus obras destacan *Personaje en pie* (1916), *El Canto de las vocales* (1931-32).

LIPES Cordillera de Bolivia, en los Andes, situada en el departamento de Potosí; 6.303 m sobre el nivel del mar.

LIPETSK 1 Región de la Federación de Rusia; 24.100 km² y 1.250.000 h. **2** Ciudad capital de la misma, a orillas del Voronezh; 474.000 h. Industria siderometalúrgica.

LÍPIDO m. *Quím.* Nombre genérico de sustancias orgánicas de diversa naturaleza, que tienen en común ser insolubles en agua y solubles en disolventes orgánicos, como el benceno. Son compuestos ternarios de carbono, hidrógeno y oxígeno, a los que frecuentemente se unen elementos como fósforo, azufre y nitrógeno. En los seres vivos desempeñan principalmente cuatro funciones: componentes estructurales de las membranas celulares; depósito de reserva de combustible metabólico; una forma de transporte del mismo; y, protectores de las paredes celulares de bacterias, de las hojas de las plantas y la piel de los vertebrados.

LIPMANN, FRITZ ALBERT Biólogo y médico estadounidense, de origen alemán (Koenigsberg, 1899 - Nueva York, 1986). Estudió el mecanismo de producción de energía en las células vivas, función de la coenzima A y biosíntesis. En 1953 recibió el premio Nobel de Medicina, compartido con H. A. Krebs.

LIPO-¹, LIF-; -LEIMA, -LIMA, -LIPSE, -LIPSIS, -LÍPTICA prefs. o sufs. que significan omisión, decaimiento: *elipse, elipsis.*

LIPO-², LIP-, LIPAR-, LIPARO- prefs. que significan grasa.

LIPOIDE m. *Quím.* Sustancia semejante a una grasa.

LIPOMA m. *Med.* Tumor benigno de tejido adiposo.

LIPOPROTEÍNA f. *Quím.* Cualquiera de las proteínas conjugadas formadas por una proteína combinada con un lípido.

LIPOSOLUBLE adj. *Quím.* Se dice de la sustancia soluble en las grasas.

LIPOSOMA m. *Biol.* Vesícula lipídica citoplasmática que puede contener también proteínas u otras sustancias.

LIPOSUCCIÓN m. *Med.* Operación médica para extraer grasa acumulada bajo la piel.

LIPOTIMIA f. *Med.* Pérdida súbita y pasajera del sentido y del movimiento por falta de riego sanguíneo.

LIPPI, FILIPPINO Pintor florentino (Prato, 1457 - Florencia, 1504). Hijo de fra Filippo Lippi, fue discípulo de Botticelli. En 1448 completó los frescos de la capilla Brancacci del Carmen de Florencia, iniciada por Masaccio y Masolino.

LIPPI, FRA FILIPPO Pintor florentino (Florencia, h. 1406 - Spoleto, 1469). Padre de Filippino Lippi. Fue discípulo de Masaccio. Es autor de la *Pala Barbadori* (1437), el fondo de la galería Pitti (1452), *La Coronación de la Virgen* (1441-47) y *La Virgen y el Niño* (1460), ambas realizadas para Cosme de Médicis.

LIPPMANN, GABRIEL JONAS Físico luxemburgués (Hollerich, 1845 - en alta mar, 1921). Inventó el electrómetro capilar y un procedimiento para la fotografía en colores. En 1908 recibió el premio Nobel de Física.

LIPSCOMB, WILLIAM NUNN Químico estadounidense (Cleveland, 1919). En 1976 recibió el premio Nobel de Química por sus investigaciones sobre los boranos.

-LIPSE suf. LIPO-, omisión.

LIPSIO, JUSTO (JOOST LIPS, llamado) Humanista y filólogo flamenco (Overijssell, 1547 - Lovaina, 1606). Se convirtió al luteranismo y enseñó en la Universidad de Leiden. La publicación de *De una religione* (1590) atrajo las sospechas de los reformados. Lipsio volvió a convertirse al catolicismo y pasó a enseñar en la Universidad de Lovaina.

-LIPSIS, -LÍPTICA sufs. LIPO-, omisión.

LIQUEN m. *Biol.* Protista formado por la asociación simbiótica entre un alga y un hongo. Los líquenes son los primeros vegetales que colonizan cualquier suelo, por lo que se encuentran repartidos por todo el mundo.

LIQUIÇA Distrito de Timor Oriental; 543 km² y 54.800 h. Su capital es la ciudad homónima.

LIQUIDACIÓN f. **1** Acción y efecto de liquidar. **2** Venta al por menor, generalmente accidental o extraordinaria y con gran rebaja de precios, que hace una casa de comercio por cesación, quiebra, reforma o traslado del establecimiento.

LIQUIDÁMBAR m. **1** *Bot.* Árbol caducifolio perteneciente a la familia hamamelidáceas, de nombre científico *Liquidambar styraciflua.* Crece en tierras bajas, pensas a la inundación, del E y S de EE UU, México y Centroamérica. **2** *Quím.* Bálsamo o goma procedente de la planta anterior.

LIQUIDAR tr. **1** *Fís.* Transformar en líquida una sustancia sólida o gaseosa. También prnl. **2** fig. Hacer el ajuste formal de una cuenta. **3** fig. Saldar, pagar enteramente una cuenta. **4** fig. Poner término a una cosa o a un estado de cosas. **5** fig. y fam. Matar, asesinar. **6** *Com.* Hacer ajuste final de cuentas una casa de comercio para cesar en él. **7** *Com.* Vender mercancías en liquidación.

LIQUIDEZ f. **1** *Fís.* Calidad de líquido. **2** *Econ.* Calidad del activo de un banco que puede fácilmente transformarse en dinero efectivo.

Filippino **Lippi.** *Aparición de la Virgen a San Bernardo.* Badia (Florencia).

LÍQUIDO, DA adj. y s. **1** *Fís.* Se dice del estado de agregación de la materia intermedio entre sólido y gas, en que las moléculas tienen tan poca cohesión que se adaptan a la forma del recipiente que las contiene, y tienden siempre a ponerse a nivel. Es prácticamente incompresible. **2** *Fís.* Se aplica a los cuerpos que tienen este estado. **3** *Econ.* Se aplica al saldo o residuo de cuantía que resulta de la comparación del cargo con la data. **4** *Fon.* Se dice de la consonante que, precedida de una muda y seguida de una vocal, forma sílaba con ellas. En español, la *l* y la *r* son las únicas letras de esta clase. || **LÍQUIDO AMNIÓTICO** *Fisiol.* El que llena la cavidad amniótica y protege al embrión de la desecación y los golpes. || **LÍQUIDO CEFALORRAQUÍDEO** *Fisiol.* El que llena los ventrículos del cerebro y los espacios entre la aracnoides y la piamadre. || **LÍQUIDO IMPONIBLE** *Econ.* Cuantía estimada o fijada oficialmente a la riqueza del contribuyente, como base para señalar su cuota tributaria.

LIRA¹ (Del gr. λύρα, a través del lat. *lyra*.) f. **1** *Mús.* Instrumento musical usado en la Antigüedad, compuesto de varias cuerdas tensas en un marco, que se pulsaban con ambas manos. **2** *Poét.* Combinación métrica de cinco versos (heptasílabos el primero, tercero y cuarto, y endecasílabos los otros dos), de los cuales riman el primero con el tercero, y el segundo con el cuarto y el quinto. **3** *Poét.* Combinación métrica que consta de seis versos de distinta medida, y en la cual riman los cuatro primeros alternadamente, y los dos últimos entre sí. **4** fig. Instrumento que por ficción poética se supone que hace sonar el poeta lírico al entonar sus cantos. **5** fig. Numen o inspiración de un poeta determinado.

LIRA² f. *Econ.* Unidad monetaria de Malta y Turquía.

LIRA o **LYRA, CARMEN** (MARÍA ISABEL CARVAJAL, llamada) Escritora costarricense (San José, 1888 - Ciudad de México, 1949). Miembro del Partido Comunista, tras la revolución de 1948, se exilió en México. Obras: *Las fantasías de Juan Silvestre* (1916) y *Cuentos de mi tía Panchita* (1920).

LIRIA (*Llíria*) Municipio y ciudad de España, provincia de Valencia; 14.732 h. Es la *Lauro* romana.

LÍRICO, CA adj. **1** *Poét.* Perteneciente a la lira o a la poesía propia para el canto. **2** *Lit.* Se aplica a uno de los tres principales géneros en que se divide la poesía, y en el cual se comprenden las composiciones en que el poeta canta sus propios afectos e ideas. En la actualidad suele utilizarse como sinónimo de *poesía.* También f. **3** Se dice del poeta cultivador de este género. También s. **4** *Lit.* Propio, característico de la poesía lírica, o apto o conveniente para ella. **5** *Mús.* y *Teat.* Se dice de las obras de teatro total o principalmente musicales.

LIRIO m. *Bot.* **1** Planta herbácea de la familia iridáceas, género *Iris,* propia de zonas húmedas y que se emplea como ornamental por la belleza de sus flores. **2** Cualquier planta herbácea perenne de la familia liliáceas, que producen hermosas flores. || **LIRIO DE AGUA** *Bot.* CALA. || **LIRIO BLANCO** *Bot.* AZUCENA. || **LIRIO DE LOS VALLES** *Bot.* MUGUETE.

LIRISMO m. *Poét.* **1** Cualidad de lírico. **2** Abuso de las cualidades características de la poesía lírica.

LIRÓN¹ m. **1** *Zool.* Nombre de varias especies de mamíferos roedores de la familia glíridos, pertenecientes a diversos géneros. Propios del Viejo Mundo. **2** fig. Persona dormilona. || **dormir** uno **como un lirón** fr. fig. y fam. Dormir mucho o de continuo.

LIRÓN² m. *Bot.* ALISMA.

LIS f. **1** *Bot.* LIRIO. **2** *Bl.* Forma heráldica de esta flor.
♦ Su pl. es *lises.*

LIS-; -LIS- pref. o in. LIO-.

LISA f. *Zool.* Pez teleóstomo marino perteneciente a la familia mugílidos, de nombre científico *Mugil cephalus,* parecido a la locha.

LISA Y LLANAMENTE loc. adv. Sin ambages ni rodeos.

LISANDRO General espartano (? - ?, 395 a. C.). Derrotó a los atenienses en la batalla de Egos Pótamos (405 a. C.).

LISBOA 1 Distrito de Portugal; 2.758 km² y 2.048.000 h. **2** Ciudad capital de Portugal y del distrito de su nombre, situada en la orilla derecha del estuario del Tajo; 677.790 h. Primer centro comercial e industrial del país. Puerto muy activo. La parte alta conserva su antiguo aspecto medieval (barrio de la Alfama). Notables monumentos: la catedral o *Sé* (siglo XII), el monasterio de los Jerónimos (siglo XV) y la torre de Belem (siglo XVI). Fundada por los fenicios con el nombre de *Olisipo,* fue colonia romana, la ocuparon los visigodos y más tarde los árabes (716). Reconquistada por Alfonso VI en 1147, su desarrollo se consolidó en el siglo XV, durante la «era de los Grandes Descubrimientos». Semidestruida por un terremoto en 1755. Capital cultural europea (1994), inició una profunda remodelación con vistas a la Exposición Universal de 1998.

Lisboa (Portugal).

LISBOA, ANTÓNIO FRANCISCO (llamado EL ALEIJADINHO) Arquitecto y escultor brasileño, (Ouro Preto, 1738 - íd., 1814). De estilo rococó, es autor del conjunto escultórico de la iglesia del Buen Jesús de Matozinhos.

LISBOETA adj. y s. De Lisboa.

LISBONÉS, SA o **LISBONENSE** adj. y s. LISBOETA.

LISCANO, JUAN Poeta y ensayista venezolano (Caracas, 1915 - íd., 2001). De formación vanguardista, en sus poemas predomina el preciosismo formal y el tema onírico: *Tierra muerta de sed* (1954), *Nuevo mundo Orinoco* (1959) y *Fundaciones* (1981).

LISÉRGICO, CA adj. *Quím.* Se dice del ácido indólico de fórmula $C_{16}H_{16}N_2O_2$, que se produce en la hidrólisis alcalina de los alcaloides del cornezuelo del centeno. Es un agente psicomimético.

LISI-; -LISIA pref. o suf. LIO-.

LISIADO, DA adj. Se dice de la persona que tiene alguna imperfección física. También s.

LISIAR tr. y prnl. Producir lesión en alguna parte del cuerpo.

LISIAS Orador griego (Atenas, h. 440 - íd., h. 380 a. C.). Combatió el gobierno de los Treinta. Se han conservado 34 de sus discursos.

LISÍMACO General de Alejandro Magno (?, h. 335 - ?, 281 a. C.). A la muerte del emperador recibió el gobierno de Tracia (323 a. C.). Conquistó Macedonia y Tesalia, y fue derrotado por Seleuco Nicátor en Frigia (281 a. C.).

LISIMAQUIA f. *Bot.* Planta herbácea de la familia primuláceas, que crece en terrenos húmedos.

LISÍMETRO m. *Geol.* Aparato usado para medir la disminución de peso en una porción de suelo.

LISINA f. 1 *Biol.* Anticuerpo capaz de disolver o destruir las células orgánicas o las bacterias. 2 *Quím.* Aminoácido esencial de fórmula $C_6H_{14}N_2O_2$ que se obtiene por hidrólisis de muchas proteínas.

LISIPO Escultor griego (Sicione, s. IV a. C.). Retratista oficial de Alejandro Magno, introdujo modificaciones en el canon clásico de Policleto, alargando el cuerpo y reduciendo la cabeza. Su mejor obra es el *Apoxíómeno*.

LISIS f. Terminación lenta y favorable de una enfermedad.

-LISIS suf. LIO-.

LISO, SA adj. 1 Se dice de una superficie que no presenta asperezas, adornos, realces o arrugas. 2 Se aplica a las telas que no son labradas y a los vestidos que carecen de adornos y otros adornos. 3 Desvergonzado, atrevido, insolente, respondón. || m. *Min.* 4 Cara plana y extensa de una roca. || m. pl. 5 HOLANDA, aguardiente.

LISO- pref. LIO-.

LISONJA f. Alabanza afectada.

LISONJEAR tr. 1 ADULAR. 2 Dar motivo de envanecimiento. También prnl. 3 fig. Deleitar, agradar. Se dice de las cosas materiales, como la música, etc. También prnl.

LISONJERO, RA adj. 1 Que lisonjea. También s. 2 fig. Que agrada y deleita.

LISOSOMA m. *Biol.* Orgánulo celular que contiene las sustancias enzimáticas necesarias para la digestión de los materiales dentro de la célula.

LISP (Acrónimo de *list processing*, proceso de listas). *Inform.* Lenguaje de programación diseñado para el tratamiento de datos no numéricos.

LISSITZKI, EL (LAZAR MARKOVICH LISSITZKI, llamado) Pintor y arquitecto ruso (Smolensko, 1890 - Moscú, 1941). Influido por el suprematismo de Malevich y por el constructivismo, pintó una serie de *Proyectos de afirmación de lo nuevo en el arte* (denominado *Proun*); interpretando la pintura y la escultura como parte del proceso a través del cual alcanzaban su plenitud los productos industriales o arquitectónicos.

LISTA f. 1 Tira de tela, papel, cuero u otra cosa delgada. 2 Señal larga y estrecha o línea que, por combinación de un color con otro, se forma artificial o naturalmente en un cuerpo cualquiera, y especialmente en telas o tejidos. 3 Enumeración, generalmente en forma de columna, de personas, cosas, cantidades, etc., que se hace con determinado propósito. || **LISTA DE CORREOS** Oficina en las casas de correos a la cual se dirigen las cartas y paquetes cuyos destinatarios han de ir a ella a recogerlos.

LISTADO, DA adj. 1 Que forma o tiene listas. || m. LISTA, enumeración. 3 *Inform.* Toda salida producida por la impresora del ordenador o por el dispositivo general de salida. 4 *Zool.* Pez osteíctio perciforme de nombre científico *Katsuwonus pelamis*, parecido al atún. Abunda especialmente en el Pacífico.

LISTAR tr. ALISTAR, sentar o escribir en lista.

LISTEZA f. Calidad de listo; prontitud, sagacidad.

LISTÍN m. 1 Lista pequeña o extractada de otra. 2 Relación de nombres, direcciones y números de teléfono.

LISTO, TA adj. 1 Diligente, pronto, expedito. 2 Apercibido, preparado, dispuesto para hacer una cosa. 3 Sagaz, avisado, inteligente.

LISTÓN m. 1 Pedazo de tabla delgada que sirve para hacer marcos y para otros usos. 2 FILETE, moldura. 3 Moldura de sección cuadrada y poco saliente. 4 *Dep.* Barra que se coloca horizontalmente sobre dos soportes para marcar la altura que se ha de saltar en la prueba atlética de salto. || **poner el listón alto** fr. fam. Exigir demasiado.

LISTONAR tr. Hacer un entablado de listones.

LISURA f. 1 Igualdad y tersura de la superficie de una cosa. 2 fig. Ingenuidad, sinceridad. 3 fig. *Guat.* y *Perú* Palabra o acción grosera e irrespetuosa. 4 fig. *Pan.* y *Perú* Atrevimiento, desparpajo. 5 fig. *Perú* Gracia, donaire.

LISZT, FRANZ o **FERENC** Pianista y compositor húngaro (Raiding, 1811 - Bayreuth, 1886). De estética romántica, transformó la técnica del piano, dotándola de una dinámica especial, y renovó profundamente el lenguaje orquestal. Su inmensa producción se puede dividir en tres campos: obras para piano (2 conciertos; *Sonata en si menor*; 12 *Estudios de ejecución trascendente*; 20 *Rapsodias húngaras*, algunas orquestadas, etc.), obras para orquesta (sinfonías *Fausto* y *del Dante*; 13 poemas sinfónicos, género del que fue creador; 2 episodios del *Fausto* de Lenau, etc.) y obras religiosas.

LITA-; -LIT-; -LITA pref., in. o suf. LITO-, piedra.

-LITA suf. LIO-.

LITAR tr. Hacer un sacrificio a una divinidad.

LITARGIRIO o **LITARGE** m. *Quím.* Óxido de plomo utilizado como secante en pinturas, en el caucho y los acumuladores eléctricos.

LITAS m. *Econ.* Unidad monetaria de Lituania.

LITCHI m. *Bot.* Árbol perteneciente a la familia sapindáceas, de nombre científico *Litchi chinensis*. Procede de China.

LITERA f. 1 Vehículo antiguo capaz para una o dos personas, a manera de caja de coche y con dos varas laterales que se afianzaban en dos caballerías, puestas una delante y otra detrás. 2 Cada una de las camas que se usan en los barcos, cuarteles, etc., y que suelen colocarse una encima de otra.

LITERAL adj. 1 Conforme a la letra del texto, o al sentido exacto de las palabras empleadas en él. 2 Se aplica a la traducción que se vierten todas y por su orden, las palabras del original. 3 Que reproduce lo que se ha dicho o se ha escrito. 4 *Mat.* Se dice de la fórmula o ecuación que se representa con letras.

LITERARIO, RIA adj. Perteneciente o relativo a la literatura.

LITERATO, TA adj. y s. 1 Se aplica a la persona versada en literatura. 2 Persona que profesa o cultiva la literatura.

LITERATURA f. *Lit.* 1 Arte que emplea como instrumento la palabra. Comprende no sólo las producciones poéticas, sino también las obras en que caben elementos estéticos, como las oratorias, históricas y didácticas. 2 Teoría de las composiciones literarias. **[Encic.]** 3 Conjunto de las producciones literarias de una nación, de una época o de un género. 4 Por extensión, conjunto de obras que versan sobre un arte o ciencia. 5 Suma de conocimientos adquiridos con el estudio de las producciones literarias.

Lit. Desde una perspectiva moderna, se considera manifestación literaria cualquier texto verbal que, dentro de los límites de una cultura dada sea capaz de cumplir una función estética. Las primeras manifestaciones literarias en la mayor parte de las comunidades lingüísticas han estado marcadas por la oralidad. Este carácter se mantuvo, incluso, después de haberse fijado la literatura como texto escrito. Así los primeros testimonios literarios suelen constituir la traducción a escritura de composiciones que habían sido transmitidas oralmente, mediante el ajuste a las particularidades formales que exigen los textos escritos. Estas manifestaciones literarias de tipo oral mostraban, generalmente, un carácter colectivo, y manifestaban sentimientos, preocupaciones, creencias, mitos y símbolos con los que los oyentes o lectores pudiesen identificarse fácilmente. Paulatinamente, la actividad literaria fue quedando en manos de una minoría culta que se dedicaba, sobre todo, a respaldar con sus escritos los valores y dogmas defendidos por las jerarquías de poder. En una etapa más tardía, co-

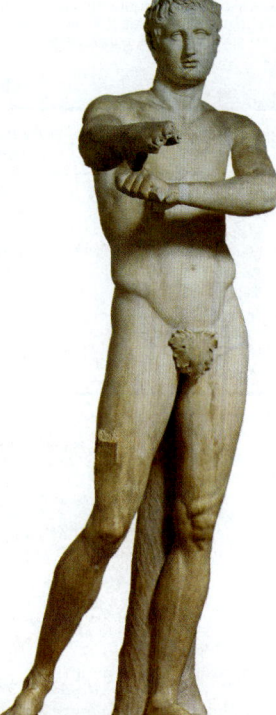
Lisipo. *Apoxíómeno*. Museos Vaticanos (Roma).

Miguel **Littin**. Escena de *Actas de Marusia*.

menzó ésta a desarrollarse y a entenderse como un arte autónomo. El estilo literario se hizo cada vez más elaborado, por lo que la producción literaria se restringió a un público minoritario y necesariamente instruido.

LITIASIS f. *Med.* Formación de cálculos en el organismo.

LÍTICO, CA adj. **1** *Geol.* Perteneciente o relativo a la piedra. **2** *Quím.* Se decía del ácido úrico.

-LÍTICO suf. **1** LITO-, piedra. **2** LÍO-, disolver.

LITIFICACIÓN f. *Geol.* Conjunto de transformaciones que sufren los sedimentos para dar lugar a las rocas sedimentarias.

LITIGAR tr. **1** Pleitear, disputar en juicio sobre una cosa. || intr. **2** fig. Altercar, contender.

LITIGIO m. **1** *Der.* Pleito. **2** fig. Disputa, contienda.

LITINA f. *Quím.* Óxido de litio que aparece en muchas aguas minerales.

LITIO m. *Quím.* Elemento químico del grupo I A del sistema periódico. Masa atómica 6,940; número atómico 3; símbolo Li. Metal alcalino de color blanco, muy ligero, usado en aleaciones y para la fabricación de cristal y cerámica.

LITIO- pref. LITO-, piedra.

LITO-, LITA-, LITO-, -LIT-, -LITA, -LÍTICO, -LITO prefs., in. o sufs. que significan piedra.

-LITO suf. LIO-.

LITOCLASA f. *Geol.* Grieta o fractura en las rocas.

LITÓFAGO, GA adj. *Zool.* Se dice del organismo que perfora las rocas para vivir en ellas.

LITÓFILO, LA adj. *Bot.* Se dice de la planta o comunidad vegetal que vive sobre rocas fijándose directamente a ellas.

LITOFOTOGRAFÍA f. FOTOLITOGRAFÍA.

LITOFOTOGRAFIAR tr. Realizar una fotolitografía.

LITOGENESIA f. *Geol.* Parte de la geología que trata de las causas que han originado las rocas.

LITOGÉNESIS f. **1** *Geol.* Origen y formación de las rocas. **2** *Med.* Proceso de formación de cálculos o piedras.

LITOGRAFÍA f. *Art.* y *A. gráf.* **1** Arte de dibujar o grabar en piedra preparada al efecto para multiplicar los ejemplares de un dibujo o escrito. Fue descubierta en 1796, en Praga, por Aloys Senefelder. El proceso puede tener dos sistemas distintos de aplicación, la CROMOLITOGRAFÍA y la FOTOLITOGRAFÍA. **2** Cada uno de estos ejemplares. **3** Taller en que se ejerce este arte.

LITOGRAFIAR tr. Dibujar o escribir en piedra, para reproducir lo dibujado o grabado.

LITOLOGÍA f. *Geol.* Parte de la geología que trata de las rocas.

LITORAL adj. **1** Perteneciente a la orilla o costa del mar. || m. **2** Franja de terreno que comprende la orilla del mar u océano y las zonas adyacentes. **3** Espacio que se extiende entre los niveles de pleamar y bajamar. Éstos varían a lo largo del año. **4** *Arg., Par.* y *Urug.* Orilla o franja de tierra al lado de los ríos.

LITORAL Región de Argentina, situada al E del país, que comprende las provincias de Buenos Aires, Corrientes, Chaco, Distrito Federal, Entre Ríos, Formosa, Misiones y Santa Fe; 809.258 km² y 22.196.655 h.

LITOSFERA f. *Geol.* Capa rígida de la Tierra integrada por la corteza y la parte más externa del manto superior.

LITOTES o **LITOTES** f. *Ret.* ATENUACIÓN.

LITOTOMÍA f. *Med.* Extirpación quirúrgica de un cálculo.

LITOTRICIA f. *Med.* Desmenuzamiento o pulverización menuda de un cálculo en la vejiga urinaria.

LITRÁCEO, A o **LITRARIEO, A** adj. y f. *Bot.* **1** Se dice de la hierba, arbusto o árbol angiospermo dicotiledóneo, con flores actinomorfas, fruto en cápsula y semillas sin endospermo. || f. pl. *Bot.* **2** Familia de estas plantas.

LITRE m. **1** *Bot.* Árbol chileno, familia anacardiáceas, de nombre científico *Lithraea caustica*; el contacto con sus ramas produce sarpullido. **2** *Bot. Chile* fam. Enfermedad producida por él.

LITRO m. *Fís.* **1** Unidad de capacidad del sistema métrico decimal. Su símbolo es *l*. **2** Volumen que ocupa 1 kg de agua destilada a 4º C y equivale a 1 decímetro cúbico.

LITRONA f. fam. Botella de cerveza de un litro de capacidad.

LITTIN, MIGUEL Director de cine chileno (Palmilla, 1942). Sus películas reflejan la realidad social y política hispanoamericana. En su producción destacan *La tierra prometida* (1972), *Sandino* (1989) y *Los náufragos* (1994).

LITTLE ROCK Ciudad de EE UU, capital del Estado de Arkansas; 178.136 h.

LITTORIA LATINA.

LITTRÉ, ÉMILE Filósofo, filólogo y médico francés (París, 1801 - íd., 1881). Fundador de la *Revue de Philosophie Positive*, fue impulsor de la escuela positivista.

LITUANIA (*Lietuvos Respublika*) Estado del N de Europa, a orillas del Báltico, que hasta 1991 formó parte de la URSS; limita al N con Letonia; al E y S, con Bielorrusia, y al O, con Polonia, Kaliningrado (enclave de la Federación de Rusia) y el mar Báltico.

Geog. Lituania se asienta sobre una región llana y baja, junto al mar Báltico, salpicada de colinas glaciares, lagos y pantanos. La mayor parte del país pertenece a la cuenca del Niemen y su territorio está cubierto por bosques. Tiene un clima continental. Sus recursos económicos proceden fundamentalmente de la industria química y en menor medida de la agricultura: cebada, avena, trigo, remolacha, patatas y productos hortícolas y frutícolas. En la región central abunda el ganado vacuno y porcino. Carece de recursos energéticos.

Hist. El territorio del valle del Niemen fue ocupado por un pueblo balto-eslavo, antepasado del actual lituano, en torno al siglo V. El rey Mindaugas federó en el siglo XIII a los príncipes lituanos y resistió el acoso de los caballeros teutones y de los caballeros portaespadas. A partir de este siglo, una etapa de expansión convirtió a Lituania en una de las grandes potencias europeas del momento; la colonización se fue extendiendo hacia el E, con la fundación de nuevas ciudades, y llegó a extenderse por Ucrania y Bielorrusia. En el siglo XIV, el príncipe Guedimin fundó Vilnius, la capital, y engrandeció el territorio lituano. En 1386 su nieto, el gran duque Ladislao II Jagellón, se convirtió en rey de Polonia, iniciándose así una unión que duraría cuatro siglos. Durante el siglo XV las fronteras lituanas alcanzaron su momento de máximo esplendor, abarcando desde el Báltico hasta el mar Negro. Pero, tras los repartos del siglo XVIII, pasó a manos de Rusia, hasta que, en 1915, durante la Primera Guerra Mundial, fue ocupada por los alemanes. Lituania proclamó la república en 1918, con el reconocimiento de la URSS, y estableció un sistema

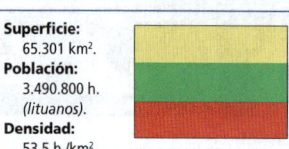

Superficie: 65.301 km².
Población: 3.490.800 h. (lituanos).
Densidad: 53,5 h./km².
Tasa de natalidad: 10‰.
Tasa de mortalidad: 11‰.
Capital: Vilnius.
Ciudades principales: Kaunas y Klaipeda.
Grupos étnicos: lituanos (81,3%), rusos (8,4%), polacos (7%), bielorrusos (1,5%), ucranianos (1%).
Religión: catolicismo (80%) y ortodoxa rusa.
Idioma: lituano.
Moneda: litas (invariable en plural).
Forma de Estado: república.
Producto Nacional Bruto: 9.411 millones de dólares.
Renta per cápita: 2.540 dólares.
División administrativa: 10 condados, según cuadro.

LITUANIA

Condados	Superficie (km²)	Población (h.)	Capitales
Alytus	5.425	188.100	Alytus
Kaunas	8.170	703.200	Kaunas
Klaipeda	5.746	387.000	Klaipeda
Marijampole	4.463	188.100	Marijampole
Panevezys	7.881	301.800	Panevezys
Siauliai	8.751	370.700	Siauliai
Tauragé	3.874	134.500	Tauragé
Telsiai	4.139	180.600	Telsiai
Utena	7.201	186.100	Utena
Vilnius	9.650	850.700	Vilnius

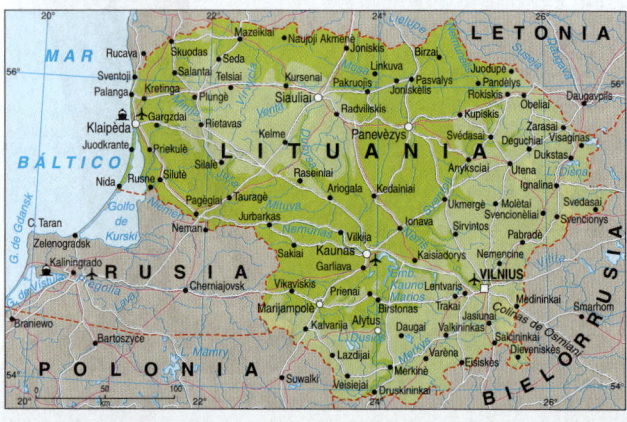

parlamentario que tras la realización de algunas reformas democráticas fue sustituido, en 1926, por un régimen autoritario. Con la firma del pacto germanosoviético (1939), quedó bajo influencia de la URSS, que la ocupó militarmente en 1940, incorporándola como República Socialista Soviética autónoma, de forma definitiva, en 1944, tras un paréntesis (1941-44) en que fue invadida por los alemanes. Desde entonces se han sucedido los movimientos independentistas lituanos, que cobraron una mayor actividad durante los años setenta, acentuándose en la década siguiente. La *perestroika* de Gorbachov promovió el proceso constitutivo del nuevo estado lituano, que tomó fuerza en 1990 con el rechazo a la constitución y a las leyes soviéticas. En marzo de ese año el Parlamento lituano proclamó su independencia de la Unión Soviética. La elección de presidente del Soviet Supremo de Lituania, que siguió a la declaración de independencia, recayó en Vytautas Landsbergis. La oposición de Rusia a la nueva situación de la República alcanzó su momento crítico en enero de 1991, cuando Moscú decidió enviar tropas, con lo que se agravó la situación política y social. Albertas Simenas fue elegido nuevo jefe del gobierno lituano, sustituido días después por Gediminas Vagnorius. El golpe de Estado de agosto de 1991 en la URSS fue el detonante para la independencia de Lituania, proclamada un mes más tarde, y que fue seguida por las otras dos repúblicas bálticas (Estonia y Letonia), con el reconocimiento de la comunidad internacional y el ingreso en la ONU. En julio de 1992 Aleksandras Abisala fue nombrado primer ministro. En las elecciones presidenciales celebradas en noviembre fue elegido presidente Algirdas Brazauskas, líder del Partido Democrático del Trabajo (antiguo Partido Comunista de Lituania). En diciembre Abisala fue sustituido en el cargo por Bronislovas Lubys, y éste a su vez, en marzo de 1993, por Adolfas Slezevicius. En agosto de ese mismo año abandonaron el país las últimas tropas rusas. En junio de 1995 se firmó el acuerdo de asociación de Lituania con la Unión Europea, con un período de transición hasta 1999, en que se iniciaron las negociaciones para la adhesión de Lituania a la Unión. En febrero de 1996 Laurynas Mindaugas Stankevicius se hizo cargo de la jefatura de Gobierno, sustituido en noviembre por Gediminas Vagnorius, de la Unión de la Patria. En febrero de 1998 Valdas Adamkus fue elegido nuevo presidente de la República. En mayo del año siguiente, Gediminas Vagnorius presentó su dimisión como primer ministro. El país se vio sumido en una profunda crisis política, en la que se sucedieron varios primeros ministros: Irena Degutiene (mayo de 1999), Rolandas Paksas (mayo-octubre de 1999), de nuevo Irena Degutiene (octubre-noviembre del mismo año) hasta que Andrius Kubilius asumió la jefatura de gobierno en noviembre de 1999. Kubilius renunció en noviembre del año siguiente y fue sustituido por Rolandas Paksas, que abandonó el cargo en junio de 2001, en que lo ocupó interinamente Eugenijus Gentvilas (junio-julio), después en que el antiguo presidente Algirdas M. Brazauskas fue nombrado primer ministro. Tras las elecciones de 2003 Rolandas Paksas fue elegido presidente del país. En abril de 2004, el Parlamento destituyó a Rolandas Paksas por violar la Constitución; Arturas Paulaskas asumió la presidencia de forma interina. Un mes más tarde, Lituania ingresó en la Unión Europea. En junio, Valdas Adamkus fue elegido presidente.

LITUANO, NA adj. y s. **1** De Lituania. || m. *Ling.* **2** Lengua eslava de la rama báltica, hablada en Lituania.

LITURGIA f. **1** Orden y forma que ha aprobado la iglesia católica para celebrar los oficios divinos, especialmente la misa. **2** Culto público y oficial instituido por otras comunidades religiosas.

LIU SHAO-CHI Político chino (Yiu-shan, 1898 - Kaifeng, 1969). Fue miembro del Comité Central del Partido Comunista (1927) y vicepresidente del Comité revolucionario del pueblo (1943) y de la República Popular China (1949). En 1959 sustituyó a Mao Tse-tung en la presidencia de la República.

LIU SUNG-YUAN o **LIU CHONG-YUAN** Escritor chino (Hedong, 773 - Liuzhou, 819). Sus ensayos, reunidos bajo el título *Liu Sung Chi*, le otorgaron una gran celebridad. Su poesía armoniza las tendencias budistas y taoístas.

LIUZHOU (*Liu-chou*) Ciudad de China, en la región autónoma de Guangxi Zhuang; 609.320 h.

LIVERPOOL Ciudad del Reino Unido, en el NO de Inglaterra, en el condado metropolitano de Merseyside; 474.000 h. Importante puerto. Gran centro industrial.

LIVIA, DRUSILA Emperatriz romana (?, 55 a. C. - ?, 31 d. C.). Se casó en primeras nupcias con Tiberio Claudio Nerón, de quien tuvo al general Druso y a Tiberio. Esposa luego de Octavio (38 a. C.), ejerció una gran influencia sobre el emperador.

LIVIANDAD f. **1** Calidad de liviano. **2** fig. Acción liviana.

Lituania. Castillo de Trakai.

LIVIANO, NA adj. **1** De poco peso. **2** fig. INCONSTANTE. **3** fig. De poca importancia. || m. **4** PULMÓN, sobre todo de las reses para consumo. Más en pl. **5** Burro que va delante y sirve de guía a la recua. || f. **6** Canto popular andaluz.

LÍVIDO, DA adj. **1** Que presenta un color amoratado, entre azul y negro. **2** Intensamente pálido.

LIVINGSTONE, DAVID Explorador británico (Blantyre, 1813 - Chitambo, 1873). Recorrió la región de Kalahari y descubrió el lago Ngami. En 1851 y 1853 descubrió y exploró el río Zambeze, y en 1855 descubrió las cataratas Victoria. En 1865 trató de encontrar, sin éxito, los orígenes del Nilo. Murió de disentería.

LIVIO, TITO TITO LIVIO.

LIVONIA *Geog. hist.* Antigua provincia de la URSS, una de las tres provincias bálticas (con Estonia y Curlandia), dividida en la actualidad entre Estonia y Letonia.

LIVORNO (*Liorna*) **1** Provincia de Italia, región de Toscana; 1.213 km² y 337.061 h. **2** Ciudad capital de la misma; 164.955 h. A orillas del mar Tirreno, posee un activo puerto.

LIXIVIACIÓN f. **1** *Geol.* LEVIGACIÓN. **2** *Met.* Proceso metalúrgico que se utiliza para separar los componentes metálicos de los minerales mediante tratamientos de éstos con disoluciones ácidas.

LIZA f. *Zool.* **1** LISA. **2** Campo dispuesto para que lidien dos o más personas. **3** LID.

LIZANA Y BEAUMONT, FRANCISCO JAVIER DE Prelado español (Arnedo, 1750 - Ciudad de México, 1811). Fue obispo de Zamora y Teruel, arzobispo de México y virrey interino de Nueva España (1809-10).

LIZÁRRAGA, REGINALDO DE Dominico y cronista español (Medellín, 1545 - Asunción, h. 1615). Autor de *Descripción breve de toda la tierra del Perú, Tucumán, Río de la Plata y Chile*, publicada en 1908.

LIZASO, FÉLIX Escritor cubano (Pipián, 1891 - Providence, 1967). Autor de *Martí, místico del deber* (1940) y *Panorama de la cultura cubana* (1949).

LIZO m. **1** Hilo fuerte que sirve de urdimbre para ciertos tejidos. Más en pl. **2** Cada uno de los hilos en los que los tejedores dividen la seda o estambre para que pase la lanzadera con la trama. **3** *Chile* Palito que reemplaza a la lanzadera de los telares.

LL f. Dígrafo que entre 1803 y 1992 fue considerado por la Real Academia Española como la decimocuarta letra del abecedario español y undécima de sus consonantes. Su nombre es *elle*. En la escritura es inseparable, y representa un solo sonido, cuya articulación tradicional es palatal, lateral, fricativa y sonora. En gran parte de los países y regiones hispánicos se pronuncia como y (YEÍSMO). La Academia admite como correcta esta variante de pronunciación, junto a la de articulación lateral. ♦ Su pl. es *elles*.

LLACA f. *Zool.* Especie de zarigüeya de Chile y Argentina, de pelaje ceniciento con una mancha negra sobre cada ojo.

LLAGA f. **1** Úlcera de las personas y animales. **2** *Teol.* ESTIGMA, huella impresa sobrenaturalmente.

LLAGAR tr. Hacer o causar llagas.

LLAGOSTA, LA Municipio y lugar de España, provincia de Barcelona; 11.826 h.

LLAGOSTERA Municipio y lugar de España, provincia de Girona; 5.399 h.

LLAIMA Volcán de Chile, en la provincia de Cautín; 3.124 m.

LLAMA f. **1** *Quím.* Masa gaseosa en combustión, que se eleva de los cuerpos que arden y despide calor y luz de varios colores. **2** fig. Eficacia y fuerza de una pasión o deseo vehemente. **3** *Zool.* Mamífero artiodáctilo rumiante perteneciente a la familia camélidos, de nombre científico *Lama glama*, propio de las regiones andinas.

LLAMADA f. **1** Acción y efecto de llamar. **2** Señal que en impresos y manuscritos sirve para llamar la atención desde un lugar hacia otro en que se pone una nota, corrección o advertencia. **3** Además con que se llama la atención de alguien para engañarle o distraerle.

LLAMADOR m. **1** Aldaba de las antiguas puertas, que se usaba para llamar con ella. **2** Botón del timbre eléctrico.

LLAMAR tr. **1** Dar voces a alguien o hacer ademanes para que venga o para advertirle algo. **2** Pedir auxilio. **3** Convocar, citar. **4** Nombrar, apellidar. **5** Designar con una palabra; aplicar una denominación o calificativo. **6** Hacer llamamiento o designación de personas para una sucesión, cargo, etc. || intr. **7** Hacer sonar el timbre, una aldaba, etc., para que alguien abra la puerta de una casa o acuda donde se ha dado el aviso. **8** Gustar. || prnl. **9** Tener tal o cual nombre o apellido.

LLAMARADA f. **1** Llama que se levanta del fuego y que se apaga pronto. **2** fig. Encendimiento repentino y momentáneo del rostro. **3** fig. Movimiento repentino del ánimo y de poca duración.

LLAMATIVO, VA adj. fig. Que llama la atención exageradamente.

LLAMAZAR m. *Geol.* Terreno pantanoso.

LLAMBRIA f. *Geol.* Parte de un peñasco que forma un plano muy inclinado y de difícil acceso.

LLAMEAR intr. Echar llamas.

LLAMPUGA f. *Zool.* Nombre de varios peces perciformes de la familia coriféinidos, género *Coryphaena*. Tienen cuerpo alargado y comprimido, aleta dorsal muy larga y cabeza abultada.

LLANA f. Herramienta de albañil para extender y allanar el yeso o la argamasa. || *dar de llana* fr. Pasarla por encima del yeso o la argamasa para extenderla sobre un pavimento.

LLANCANELO Lago de Argentina, provincia de Mendoza; 480 km².

LLANEAR intr. **1** Correr con especial facilidad en el llano. **2** Andar por lo llano, evitando pendientes.

LLANERO[1], RA m. y f. Habitante de las llanuras.

LLANERO[2], RA adj. y s. De la región natural colombiana llamada los Llanos Orientales y de la venezolana de los Llanos. Tuvieron un destacado papel en las guerras de independencia.

LLANEZA f. fig. Sencillez, familiaridad en el trato o en el estilo.

LLANISCO, CA adj. y s. De Llanes (Asturias).

LLANITO, TA adj. y s. fam. De Gibraltar.

LLANO, NA adj. **1** Igual y extendido, sin altos ni bajos. **2** fig. Accesible, sencillo. **3** fig. Libre, franco. **4** fig. Claro, evidente. **5** *Gram.* fig. Se dice de las palabras que cargan el acento prosódico en la penúltima sílaba. || m. *Geog.* **6** Llanura de superficie apreciable.

LLANO ESTACADO (*Staked Plain*) Gran llanura de EE UU, en los Estados de Texas y Nuevo México. Forma una árida meseta que termina en el valle del río Pecos.

llantén

LLANOS Región de Venezuela, que se extiende entre las cordilleras de los Andes y del Caribe y el río Orinoco; 300.000 km^2.

LLANQUIHUE Lago de Chile, entre las provincias de Llanquihue y Osorno; 800 km^2. Turismo.

LLANTA f. **1** Planta, especialmente la de semillero o plantel. **2** Berza que tarda mucho en florecer y es de hojas grandes y verdosas. **3** *Mec.* Cerco metálico exterior de las ruedas de coches y carros. **4** Cerco de caucho y otros materiales que cubre la rueda de los vehículos automóviles para suavizar el movimiento.

LLANTÉN m. *Bot.* Nombre de diversas plantas herbáceas de la familia plantagináceas, con diversos géneros, que crecen en lugares húmedos (algunas son acuáticas).

LLANTINA f. fam. Llanto ruidoso y continuo.

LLANTO m. Efusión de lágrimas por los ojos.

LLANURA f. **1** Igualdad de la superficie de algo. **2** Extensión de terreno, generalmente dilatada, que no presenta diferencias de altura.

LLAR m. **1** Fogón de la cocina. || f. **2** Cadena de hierro, pendiente en el cañón de la chimenea, con un garabato en el extremo inferior para colgar la caldera, y a poca distancia otro para subirla o bajarla. Más en pl.

LLARETA f. *Bot.* Césped, a modo de almohadilla, que cubre las peñas andinas por encima de los 3.000 m, constituido por plantas umbelíferas de los géneros *Azorella* y *Laretia.*

LLAVE f. **1** Instrumento que sirve para abrir o cerrar una cerradura. **2** Instrumento que sirve para apretar o aflojar las tuercas en los tornillos que enlazan las partes de una máquina o de un mueble. **3** Instrumento que sirve para facilitar o impedir el paso de un fluido por un conducto. **4** Corchete, en los manuscritos o impresos. **5** En ciertas clases de lucha, lance que consiste en hacer un luchador presa en el cuerpo o miembro del adversario para inmovilizarlo y vencerlo. **6** fig. Medio para descubrir lo oculto o secreto, clave. **7** fig. Principio que facilita el conocimiento de otras cosas. **8** fig. Cosa que sirve de resguardo o defensa a otra u otras. **9** fig. Medio para quitar los estorbos que se oponen a la consecución de un fin. || **LLAVE GRIFA** Herramienta de boca graduable que se utiliza en fontanería para desenroscar elementos móviles. || **LLAVE INGLESA** Herramienta de figura de martillo, en cuya cabeza tiene una rosca que gira y abre más o menos dos piezas enfrentadas, hasta que aquéllas se adaptan al tamaño de la tuerca o tornillo que se quiere mover. || **LLAVE MAESTRA** La que tiene tal disposición que abre y cierra todas las cerraduras de una casa, hotel, etc. || **LLAVE DE PASO** La que se intercala en una tubería para cerrar, abrir o regular el curso de un fluido.

LLAVERO m. Utensilio, generalmente una anilla metálica o una cartera pequeña, en que se llevan las llaves.

LLAVÍN m. Llave pequeña con que se abren las cerraduras modernas.

LLEGADA f. Acción y efecto de llegar a un sitio o paraje.

LLEGAR intr. **1** Venir, arribar de un sitio a otro. **2** Durar hasta época o tiempo determinados. **3** Tocar por su turno una cosa o acción a alguien. **4** Conseguir el fin al que se aspira. **5** Tocar, alcanzar una cosa. **6** Venir el momento de ser o de hacer algo. **7** Ascender, importar. || tr. **8** Arrimar, acercar una cosa hacia otra. || prnl. **9** Acercarse una cosa a otra. **10** Ir a un lugar determinado que esté cercano. **11** Unirse, adherirse. || **¡hasta ahí podríamos llegar!** fr. excl. de indignación ante un posible abuso. || **no llegarle** a alguien **a la suela del zapato** fr. fig. Ser manifiestamente inferior.

LLEIDA o **LÉRIDA** **1** Provincia del NE de España, en la comunidad autónoma de Cataluña, que hasta 1991 se llamó oficialmente *Lérida;* 12.028 km^2 y 359.361 h. La parte septentrional, montañosa, está accidentada por la cordillera pirenaica. La zona centro y meridional es llana y, en su mayor parte, participa de la depresión del Ebro. Su más importante vía fluvial es el Segre, en el que desembocan por la derecha el Noguera Ribagorzana y el Noguera Pallaresa, principalmente, y por la izquierda, el Llobregós. El clima es de montaña al N y continental en la depresión del Ebro. Producción de cereales, legumbres, remolacha, vid, olivo y frutas. Riqueza forestal en la región pirenaica. Industrias hidroeléctricas, alimentarias, textiles, de la construcción y maderas. **2** Ciudad capital de la misma, a orillas del río Segre; 112.035 h. Centro comercial agrícola. Catedrales vieja (siglo XIII) y nueva (siglo XVIII). Notable ayuntamiento (siglo XIII).

LLEIVÚN m. *Bot.* Planta de la familia ciperáceas, chilena, cuyos tallos se emplean para hacer lazos y atar sarmientos.

LLENAR tr. **1** Ocupar con alguna cosa un espacio vacío. También prnl. **2** fig. Ocupar dignamente un lugar o empleo. **3** fig. Satisfacer una cosa. **4** fig. Colmar abundantemente. || intr. *Astron.* **5** Tratándose de la Luna, llegar al plenilunio. || prnl. **6** fam. Hartarse de comida o bebida.

LLENO, NA adj. **1** Ocupado completa o parcialmente de algo. **2** Dicho de una persona, un poco gordo. **3** Saciado de comida. Se usa más con los verbos *estar* y *sentirse.* **4** *Bl.* Se dice del escudo o de la figura que lleva un esmalte distinto del de su campo en dos tercios de su anchura. **5** *Astron.* Hablando de la Luna, plenilunio. || m. **6** Concurrencia que ocupa todas las localidades de un teatro, circo, etc. **7** fam. Abundancia de una cosa. || m. pl. *Mar.* **8** Figura de los fondos del buque cuando se acerca a la redondez. **9** Parte del casco de un buque comprendida entre los raceles.

LLERAS CAMARGO, ALBERTO Político colombiano (Bogotá, 1906 - íd., 1990). Secretario general del Partido Liberal (1929) y diputado (1932), fue varias veces ministro, el primer secretario general de la Organización de Estados Americanos (1948-53) y presidente de la República (1958-62).

LLERAS RESTREPO, CARLOS Político colombiano (Bogotá, 1908 - íd., 1994). Elegido presidente de la República (1966-70), durante su mandato se aprobó la reforma de la constitución.

LLERENA Municipio y lugar de España, provincia de Badajoz; 5.807 h. Iglesia del siglo XIV.

LLERENA, JOSÉ ALFREDO Escritor ecuatoriano (Guayaquil, 1912 - íd., 1977). Autor de: *Segunda vida de una santa* (1953) y *Oleaje en la tierra* (1955).

LLEUDA (Voz cat.) f. *Hist.* Impuesto que en la corona de Aragón gravaba la entrada de mercancías en villas y ciudades.

LLEVADERO, adj. Fácil de sufrir, tolerable.

LLEVAR tr. **1** Transportar, conducir una cosa de una parte a otra. **2** Cobrar el precio de una cosa. **3** Producir los terrenos o plantas. **4** Cortar. **5** Tolerar, sufrir. **6** Inducir, persuadir a alguien. **7** Conducir, dirigir. **8** Traer puesta la ropa, o en los bolsillos dinero u otra cosa. **9** Introducir a alguien en el trato o amistad de otro. **10** Lograr, conseguir. **11** En varios juegos de naipes, ir a robar con un número determinado de puntos o cartas. **12** Tener en arrendamiento una finca. **13** Con nombres que signifiquen tiempo, haberlo pasado en una misma situación o en un mismo lugar. **14** Reservar las decenas de una suma o multiplicación parcial para agregarlas a la suma o producto del orden superior inmediato. || prnl. **15** Estar de moda. || **llevar adelante** fr. Proseguir lo que se ha emprendido. || **llevar las de perder** fr. fam. Estar en situación desventajosa o desesperada. || **llevarse bien,** o **mal** fr. fam. Congeniar o no dos o más personas que viven en compañía o tienen que tratarse con frecuencia.

LLOICA f. fam. *Zool.* LOICA.

LLOQUE YUPANQUI Emperador del Cuzco (s. XIII). Sucedió en el trono a su padre, Sinchi Roca. Amplió el imperio inca.

LLORAR intr. **1** Derramar lágrimas por sentimiento, dolor, o irritación de los ojos. También tr. **2** fig. Caer el licor gota a gota o destilar. También tr. || tr. **3** fig. Sentir una cosa. **4** fig. Exagerar una adversidad o necesidad buscando algún interés.

LLOREDO m. *Bot.* Sitio poblado de laureles.

LLORENS TORRES, LUIS Poeta puertorriqueño (Juana Díaz, 1878 - San Juan, 1944). Trató con preferencia temas autóctonos. Autor de *Sonetos sinfónicos* (1914), *La canción de las Antillas* (1929) y *Alturas de América* (1940).

LLORERA f. Llanto fuerte y continuado.

LLORICA com. Persona que llora con frecuencia y por cualquier motivo.

LLORIQUEAR intr. Llorar sin fuerza y sin bastante causa.

LLORO m. Acción de llorar.

LLORÓN, NA adj. **1** Relativo al llanto. **2** Que llora, especialmente el que lo hace mucho y fácilmente. También s. **3** Que se queja o lamenta frecuentemente. También s. || m. **4** Penacho de plumas largas, como las ramas de un sauce llorón. || f. pl. **5** *Arg.* y *Urug.* Nazarenas, espuelas grandes usadas por los gauchos.

LLOROSO, SA adj. **1** Que tiene señales de haber llorado. **2** Se aplica a las cosas que causan llanto y tristeza.

LLOSETA Municipio y lugar de España, provincia de Baleares, isla de Mallorca; 4.519 h.

LLOVEDIZO, ZA adj. Se dice de las cubiertas que, por defecto, dan fácil acceso al agua de lluvia.

LLOVER intr. **1** Caer agua de las nubes. Se usa alguna vez como tr. **2** fig. Caer sobre alguien con abundancia una cosa. || prnl. **3** Calarse con las lluvias. || **como llovido** loc. adv. fig. De modo inesperado e imprevisto. || **llover sobre mojado** fr. Sobrevenir preocupaciones o cuidados que agravan una situación ya molesta. También, repetirse algo innecesario o enojoso. ♦ En la acepción 1 es un verbo impersonal, aunque en el lenguaje coloquial o poético se usa a menudo como personal. IRREG. Se conjuga como MOVER.

LLOVIZNA f. Lluvia fina e ininterrumpida en gotas pequeñas.

LLOVIZNAR intr. Caer blandamente de las nubes gotas menudas.

LLOYD, HAROLD CLAYTON Actor cinematográfico estadounidense (Burchard, 1893 - Beverly Hills, 1971). Considerado como uno de los mejores actores de cine mudo, sus interpretaciones más conocidas son *Marinero de agua dulce* (1921), *El estudiante novato* (1925), *El hermanito* (1927), *La vía láctea* (1936) y *El pecado de Harold Didlebock* (1947).

LLOYD GEORGE, DAVID Político inglés (Manchester, 1863 - Llanystumdwy, 1945). Dirigió el Partido Liberal hasta 1926. Primer ministro (1916-22), durante su mandato se aprobó la creación del Estado Libre de Irlanda (1921) y restringió el poder de la Cámara de los Lores.

LLUECA adj. y f. *Zool.* Se dice del ave que está para empollar.

LLULL, BEATO RAMON o **LULIO, RAIMUNDO** Escritor y filósofo español (Palma de Mallorca, h. 1233 - ¿Bujía?, 1315). Misionero franciscano, predicó en Asia y África y murió martirizado. Fue profesor en Montpellier y París, y logró la creación en Roma de una escuela de lenguas orientales. Sus poemas pertenecen al género didáctico y lírico *(El desconsuelo* y *Los cien nombres de Dios).* Como filósofo, su obra capital es el *Arte magna,* en la que expone su pensamiento neoplatónico de corte agustiniano, completada con *Arte breve* y el *Árbol de la ciencia.* También es autor de *Sobre los artículos de fe,* obra teológica; *Libro de la contemplación,* mística, y *Blanquerna, Fénix de las maravillas del mundo* y el *Libro del gentil y los tres sabios,* de carácter moral. Su doctrina ejerció una influencia notable hasta el siglo XVI.

LLULLAILLACO Cerro de los Andes, en la frontera entre Chile y Argentina; 5.965 m.

LLUVIA **1** Acción de llover. **2** fig. Cantidad o muchedumbre. **3** *Arg., Chile* y *Nic.* Chorro de agua para lavarse, ducha. || **LLUVIA ÁCIDA** La debida a la contaminación atmosférica y particularmente a la presencia de óxidos de azufre en la alta atmósfera; provoca grandes daños en la vegetación arbórea. || **LLUVIA DE ESTRELLAS FUGACES** *Astron.* Corriente de meteoros. || **LLUVIA MEONA** Llovizna. || **LLUVIA DE METEORITOS** Abundancia de estrellas fugaces. || **LLUVIA DE ORO** *Bot.* CODESO.

LLUVIOSO, SA adj. Se aplica al tiempo o al país en el que llueve mucho.

LM *Fís.* Abreviatura de LUMEN.

LO¹ **1** Artículo determinado, en género neutro. **2** Seguido de un posesivo o de un nombre introducido por la preposición *de,* propiedad poseída por quien se indica. **3** Acusativo del pronombre personal de tercera persona, en género masculino o neutro y número singular. No admite preposición y se puede usar como sufijo (véase LOÍSMO).

LO² m. *Mar.* Cada una de las relingas de caída en las velas redondas.

LOA f. **1** Acción y efecto de loar. **2** *Lit.* y *Teat.* En el teatro clásico español, prólogo o diálogo con que solía darse principio a la función. **3** *Lit.* Composición dramática breve, que se representaba antiguamente antes del poema dramático.

LOA Río del N de Chile, que nace en los Andes, cerca del volcán de Miño y desemboca en el Pacífico; 400 km.

LOABLE adj. Digno de alabanza.

LOACH, KEN Director de cine británico (Londres, 1936). En sus películas propone una reflexión crítica sobre la opresión a las clases sociales más desfavoreci-

das: *Agenda oculta* (1990), *Lloviendo piedras* (1992), *Tierra y libertad* (1994) y *Mi nombre es Joe* (1998).
Loaisa, Jerónimo de Religioso español (Talavera de la Reina, ? - Lima, 1575). Obispo de Cartagena de Indias (1537) y de Lima (1543), ejerció de mediador en las guerras civiles de Perú.
Loaisa García, Jofre de Explorador español (Ciudad Real, ? - océano Pacífico, 1526). Enviado por Carlos V, dirigió una expedición a las Molucas para asegurar el dominio español frente a las pretensiones portuguesas.
Loam *Geol.* Roca sedimentaria detrítica, de granos sueltos y con proporción equilibrada de partículas de los tamaños de arena, limo y arcilla.
Loanda Luanda.
Loar tr. alabar.
Lob Nor o **Lop Nor** *(Puchang Hai)* Lago de China, en la región autónoma de Xinjiang Uygur; 3.000 km².
Lobachevski, Nicolai Matemático ruso (Makarev, 1792 - Kazan, 1856). Estableció las bases de una nueva geometría no euclídea, que llamó *hiperbólica* o *pangeométrica*.
Lobanillo m. 1 *Bot.* Agalla de los árboles. 2 *Med.* Quiste, tumor o bulto subcutáneo, que por lo general no duele.
Lobato m. lobezno.
Lobby (Voz i.) m. Grupo de personas dotadas de influencia y que pueden presionar.
Lobeira lobera.
Lobeira, Vasco de Escritor portugués (Elvas, h. 1360 - íd., 1403). Durante cierto tiempo se le atribuyeron los tres primeros libros del Amadís de Gaula.
Lobería f. 1 Abundancia de lobos. 2 Cacería organizada para exterminarlos.
Lobero, ra adj. 1 *Zool.* Relativo a los lobos. || m. y f. 2 Persona que caza lobos por dinero. || f. 3 Monte en el que, por su espesura, hacen guarida los lobos.
Lobezno m. *Zool.* Cachorro del lobo.
Lobina f. *Zool.* róbalo.
Lobios lovios.
Lobisón m. *Argent., Par.* e *Urug.* Hombre, generalmente el séptimo hijo varón, al que la tradición popular atribuye el poder de transformarse en bestia salvaje en las noches de luna llena.
Lobo¹, ba m. y f. *Zool.* Mamífero carnívoro perteneciente a la familia cánidos, de nombre científico *Canis lupus*. Su pelaje y tamaño varía según las subespecies, pero en general es gris o pardo. Es un depredador que vive y caza en grupos. Muy extendido antes por todo el hemisferio Norte, su presencia se encuentra actualmente muy reducida (península Ibérica, Escandinavia e Italia). El lobo es uno de los antepasados de los actuales perros domésticos. || **Lobo de mar** fig. y fam. Marino viejo y experimentado en su profesión. || **Lobo marino** *Zool.* Nombre de varias especies de mamíferos pinnípedos de gran tamaño y similares a las focas.

lobo

Lobo² m. 1 *Anat.* Perilla de la oreja. 2 Lóbulo, porción redondeada y saliente de un órgano.
Lobo³, ba adj. 1 *Méx.* Hijo de negro e india, o el contrario; zambo.También s. 2 fig. *Chile* Arisco, huraño.
Lobo *Astron.* Pequeña constelación del hemisferio Sur.
Lobos Isla de Uruguay, en el Atlántico, al S de Punta del Este.
Lobos de Afuera Isla de Perú, situada frente a la costa del departamento de Lambayeque. Guano.
Lobos de Tierra Isla de Perú, situada frente a la costa del departamento de Piura. Guano.
Lobotomía f. *Med.* Intervención quirúrgica que consiste en separar el lóbulo frontal del resto del cerebro. Se practicaba en enfermos mentales.
Lóbrego, ga adj. 1 Oscuro, tenebroso. 2 fig. Triste, melancólico.
Lobreguez f. 1 Oscuridad, falta de luz. 2 Dicho de un bosque, densidad muy sombría.

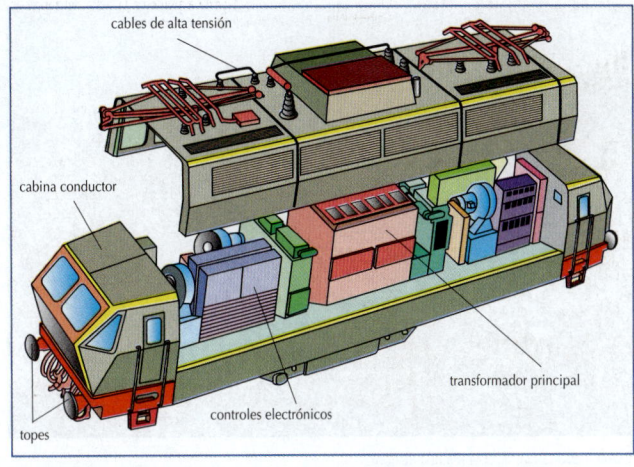

locomotora

Lobulado, da adj. 1 En figura de lóbulo. 2 Que tiene lóbulos. 3 *Bot.* Se dice de la hoja cuyo borde presenta entrantes y salientes redondeados.
Lóbulo m. 1 Cada una de las partes, a manera de ondas, que sobresalen en el borde de una cosa. 2 *Anat.* Perilla de la oreja. 3 *Biol.* Porción redondeada y saliente de un órgano cualquiera.
Local adj. 1 Relativo al lugar. 2 Relativo a un territorio, comarca o país. 3 Municipal o provincial, por oposición a general o nacional. 4 Que sólo afecta a una parte del cuerpo. || m. 5 Sitio o paraje cercado o cerrado y cubierto.
Localidad f. 1 Lugar o pueblo. 2 Cada una de las plazas o asientos en los locales destinados a espectáculos públicos. 3 fig. Entrada, billete, etc., que da derecho a ocupar alguna de estas plazas o asientos.
Localismo m. 1 Preocupación o preferencia por uno por determinado lugar o comarca. 2 *Ling.* Vocablo o locución que sólo tiene uso en una área restringida.
Localista adj. 1 Relativo al localismo. 2 *Lit.* Se dice del escritor que cultiva temas locales. 3 Preocupado por un lugar.
Localizar tr. 1 Fijar, encerrar en límites determinados. También prnl. 2 Averiguar el lugar en que se halla una persona o cosa. 3 Determinar o señalar el emplazamiento que debe tener alguien o algo.
Locarno Población de Suiza, Cantón de Tesino, situada en el extremo N del lago Mayor; 14.200 h. Centro turístico. Allí se firmó el tratado que lleva su nombre o «Pacto de seguridad europea» por Alemania, Bélgica, Francia, Reino Unido e Italia (1925).
Locatario, ria m. y f. Persona que recibe algo en arrendamiento.
Locatelli, Pietro Violinista y compositor italiano (Bérgamo, 1695 - Amsterdam, 1764). Fue discípulo de Corelli e introdujo varias innovaciones en la técnica del violín.
Locatis adj. y com. fam. Se dice de la persona alocada, de poco juicio. ♦ Su pl. es *locatis*.
Locativo, va adj. y m. *Ling.* Se dice del caso de la declinación que expresa fundamentalmente la relación de lugar *en donde*.
Loch m. *Geol.* En Escocia, lago de origen glaciar, de forma alargada, como el lago Ness o el Lomond.
Locha f. *Zool.* Nombre de varias especies de peces teleósteos de la familia cobítidos, la mayoría de pequeño tamaño y con forma de anguila.
Lochner, Stephan Pintor alemán (Meersburgo, h. 1405 - Colonia, 1451). Entre sus obras destacan la *Virgen de la Rosaleta*, *La presentación en el templo* y el altar del *Juicio Universal*.
Loción f. 1 Acción y efecto de lavar, lavadura. Se usa en medicina y cosmética. 2 Producto preparado para la limpieza del cabello o para el aseo corporal.
Lock out (Expr. i.) m. *Econ.* Cierre de una fábrica o empresa dispuesto por el dueño como represalia o defensa contra la huelga de los trabajadores. También se dice *cierre patronal*.
Locke, John Filósofo inglés (Wrington, 1632 - Oates, 1704). Es, con Berkeley y Hume, la figura más representativa del empirismo inglés. Autor de *Ensayo sobre el entendimiento humano* (1690), donde expuso sus teorías empiristas, *Ensayo sobre el gobierno civil* (1690) y *Algunos pensamientos sobre educación* (1693).

Loco, ca adj. 1 Que ha perdido la razón. También s. 2 De poco juicio, disparatado e imprudente. También s. 3 fig. Que excede en mucho a lo ordinario o presumible, tomado siempre en buena parte. 4 fig. Hablando de las ramas de los árboles, pujante. 5 Se dice de la brújula cuando por causas accidentales pierde la propiedad de señalar el norte magnético, y de las poleas u otras partes de las máquinas que en ocasiones giran libre o inútilmente. || **Loco de atar** fig. y fam. Persona que con sus acciones procede como loca. || **estar** o **volverse loco de contento** fr. fig. y fam. Estar intensamente alegre.
Loco citato loc. lat. En el lugar citado.
Locomoción f. Traslación de un punto a otro.
Locomotor, ra adj. 1 Propio para la locomoción. || f. 2 Máquina que arrastra los vagones de un tren.
Locomotriz adj. f. Propia para la locomoción.
Locomóvil adj. Que puede moverse o ser trasladado de un lugar a otro. Se aplica especialmente a las máquinas de vapor montadas sobre ruedas. También f.
Locrense adj. y com. De Lócrida.
Lócrida *Geog. hist.* País de la Grecia antigua, en el golfo de Corinto.
Locro m. Guisado de carne, patatas y maíz o trigo y otros ingredientes, usado en América meridional.
Locuacidad f. Calidad de locuaz.
Locuaz adj. Que habla mucho o demasiado.
Locución f. 1 Modo de hablar. 2 *Gram.* Grupo de palabras que forman sentido, frase. 3 *Gram.* Combinación de palabras que funciona como oración o como elemento oracional y cuyo sentido unitario no se justifica siempre como suma del significado normal de los componentes.
Locuelo, la adj. y s. fam. Se dice de la persona de corta edad, viva y atolondrada.
Lóculo m. *Bot.* Cavidad del fruto, esporangio o antera que contiene las semillas, esporas o polen.
Locura f. 1 Privación del juicio o del uso de la razón. 2 Acción inconsiderada o gran desacierto. 3 fig. Exaltación del ánimo producida por algún afecto u otro incentivo.
Locus (Voz lat.) m. *Biol.* Región ocupada por un gen en un cromosoma. ♦ Su pl. es *loci*.
Locusta Dama romana (?- ?, 68). Colaboradora de la emperatriz Agripina, se le atribuye el envenenamiento de Claudio, y después el de Británico por orden de Nerón.
Locutor, ra m. y f. Persona que habla ante el micrófono en las estaciones de radio y televisión para dar avisos, noticias, conducir programas, etc.
Locutorio m. 1 Lugar destinado a las visitas, en cárceles y conventos de estricta clausura. 2 Local o cabina de una compañía telefónica destinados al uso individual del teléfono público. 3 Lugar especialmente preparado para realizar las audiciones que transmite una emisora de radio.
Lod Ciudad de Israel, situada en el centro del país; 45.500 h. También se llama *Lydda*.
Lodazal o **Lodazar** m. *Geol.* Sitio o paraje lleno de lodo.
Lodi 1 Provincia de Italia, en la región de Lombardía; 782 km² y 189.231 h. 2 Ciudad capital de la misma; 42.344 h.
Lodo *Geol.* Mezcla de tierra, agua y materia orgánica, formada en el suelo por las lluvias, o en el fondo de las aguas, etc.

Lofoten (Noruega). Vista aérea de Nustjord.

LODRA f. *Zool.* NUTRIA.

LÓDZ Ciudad de Polonia, capital de la provincia de Lódzkie; 828.500 h. Es la segunda ciudad del país.

LÓDZKIE Provincia de Polonia; 18.223 km^2 y 2.657.600 h. Su capital es Lódz.

LOESS o **LOES** m. *Geol.* Depósito pulverulento de origen eólico y naturaleza silíceo-margosa, que se deposita formando una capa uniforme en extensas zonas de clima húmedo.

LOEWI, OTTO Fisiólogo, médico y farmacólogo estadounidense de origen alemán (Frankfurt del Mein, 1873 - Nueva York, 1961). En 1936 recibió el premio Nobel de Fisiología y Medicina, compartido con H. Dale, por sus estudios sobre la transmisión química de los impulsos nerviosos.

LOFO- pref. que significa penacho, cresta.

LOFOFÓRIDO, DA adj. *Zool.* 1 Se dice del animal metazoo, celomado y protóstomo, que vive fijo a un sustrato. La boca está rodeada de una corona de tentáculos recubiertos de cilios vibrátiles o *lofóforos*. || m. pl. *Zool.* 2 Tipo de estos animales.

LOFOTEN Archipiélago de Noruega, en el océano Glacial Ártico, prefectura de Nordland, situado al SO del archipiélago de Vesteralen; 1.425 km^2 y 62.900 h.

LOFT (Voz i.) m. Vivienda acondicionada en un antiguo almacén o fábrica.

LOG *Mat.* Abreviatura de logaritmo.

LOG-, LOGO-; -LOGO, -LOGÍA, -LOGIO, -LOGISMO, -LÉCTICA prefs. o sufs. que significan palabra, tratado, etc.: *teólogo, filología, martirologio, silogismo, dialéctica.*

-LOGA suf. -LOGÍA, selección.

LOGAN Pico culminante de Canadá, en los montes de San Elías, junto a la frontera con Alaska; 6.050 m.

LOGANIÁCEAS, A adj. y f. *Bot.* 1 Se dice de la planta herbácea, arbustiva o arbórea, a veces trepadora, de flores hermafroditas y frutos en cápsula, baya o drupa, como el maracure. || f. pl. *Bot.* 2 Familia de estas plantas.

LOGARITMACIÓN f. *Mat.* Una de las dos operaciones inversas a la potenciación (la otra es la radicación).

LOGARITMO m. *Mat.* Referido a un número *a* en una base *b*, es el exponente *c* a que debe elevarse la base *b* para que resulte el número *a*. El empleo de logaritmos simplifica los procedimientos del cálculo aritmético. Los de base 10 se denominan *decimales* o *vulgares* y se representan por *log*; los de base e se denominan *neperianos* o *naturales* y se representan por *ln* o *L*. En ambos, el exponente consta de una parte entera o *característica* y otra decimal o *mantisa*. Para cualquier base distinta de cero, el logaritmo de 1 vale 0.

LOGGIA (Voz it.) f. *Arquit.* Galería techada y abierta, integrada por arquerías apoyadas sobre columnas, que se dispone en la planta baja o en cualquier otro piso de un edificio.

LOGIA f. 1 Local donde se celebran asambleas de francmasones. 2 Asamblea de francmasones.

-LOGÍA^1, -LOGA, -LOGIO, -LOGO, -LEGIO sufs. que significan selección, enumeración: *antología, eucologio, florilegio.*

-LOGÍA^2 suf. LOG-.

LÓGICA f. 1 *Lóg.* Ciencia que expone las leyes, modos y formas del conocimiento científico. 2 Disposición natural para discurrir con acierto sin el auxilio de la ciencia. || **LÓGICA FORMAL** *Lóg.* Ciencia que trata de plantear y resolver los problemas de la lógica mediante un simbolismo de tipo algebraico. También se llama *simbólica* o *matemática.* Tiene sus inicios en el siglo XIX con G. Boole y G. Frege. Sin embargo su sistematización total llegó con la obra *Principia mathematica* de B. Russell y A. Whitehead. || **LÓGICA MATEMÁTICA** o **SIMBÓLICA** LÓGICA FORMAL.

LOGICAL m. *Inform.* Conjunto de programas que realizan las distintas funciones y operaciones de un ordenador. También se llama *soporte lógico* o *software.*

LÓGICO, CA adj. 1 Relativo a la lógica. 2 Que la estudia y sabe. También s. 3 Se dice comúnmente de toda consecuencia natural y legítima; del suceso cuyos antecedentes justifican lo sucedido.

-LOGIO^1 suf. LOG-.

-LOGIO^2 suf. -LOGÍA.

-LOGISMO suf. LOG-.

LOGÍSTICA f. 1 *Mil.* Parte del arte militar que atiende al movimiento y avituallamiento de las tropas. 2 *Lóg.* Lógica que emplea el método y el simbolismo de las matemáticas.

LOGO-; -LOGO pref. o suf. LOG-.

-LOGO suf. -LOGÍA.

LOGO *Inform.* Lenguaje de programación de alto nivel que se ejecuta en multitud de microordenadores. Fue inventado por S. Papert.

LOGOGRIFO m. Enigma que consiste en hacer diversas combinaciones con las letras de una palabra, de modo que resulten otras cuyo significado, además de la voz principal, se propone con falta de claridad.

LOGOPEDA adj. Persona versada en las técnicas de la logopedia.

LOGOPEDIA f. *Med.* Estudio y tratamiento de los trastornos del lenguaje.

LOGOS (Voz gr.) m. 1 *Filos.* Término que equivale a *palabra* o *razón* y a la expresión de la razón en forma de discurso inteligible. 2 *Teol.* Segunda persona de la Santísima Trinidad, según la teología cristiana.

LOGOTIPO m. Distintivo formado por letras, abreviaturas, símbolos, etc., peculiar de una empresa, marca o producto.

LOGRAR tr. 1 Conseguir lo que se intenta. || prnl. 2 Llegar a su perfección una cosa.

LOGRERO, RA m. y f. 1 Persona que invierte dinero para lucrarse. 2 Persona que compra o guarda y retiene los frutos para venderlos después a precio excesivo. 3 Persona que procura lucrarse por cualquier medio. Más en América.

LOGRO m. 1 Acción y efecto de lograr. 2 Ganancia, lucro. 3 Ganancia o lucro excesivo.

LOGROÑÉS, SA adj. y s. De Logroño.

LOGROÑO 1 Antigua denominación de una provincia del N de España que, desde 1980, se denomina oficialmente La Rioja, y que constituye, desde 1982, la Comunidad Autónoma de LA RIOJA. 2 Ciudad de España, capital de la comunidad autónoma y provincia de La Rioja, a orillas del Ebro; 123.841 h. Industrias tradicionales derivadas de la agricultura, de maquinaria y automóvil, químicas, etc. Restos de una muralla medieval con la llamada puerta de Carlos V (siglo XVI). Antigua colegiata de Santa María la Redonda, de estilo barroco, e iglesia de San Bartolomé, gótica con torre mudéjar. Palacio de Espartero (siglo XVIII), convertido hoy en Museo Provincial de Bellas Artes.

LOICA (Voz araucana.) f. *Zool.* Ave paseriforme chilena, algo mayor que el estornino.

LOIR-ET-CHER Departamento de Francia, región Centro; 6.343 km^2 y 314.968 h. Capital, Blois. Producción agrícola.

LOIRA (*Loire*) Río de Francia, el más largo del país, que nace en el SE del Macizo Central, atraviesa la parte meridional de la cuenca de París y Nantes, donde inicia un amplio estuario hasta su desembocadura en el Atlántico; 1.020 km. A lo largo de su valle existen numerosos castillos renacentistas.

LOIRA Departamento de Francia, en la región de Rhône-Alpes; 4.781 km^2 y 728.524 h. Capital, Saint-Étienne. Vid.

LOIRA, ALTO Departamento de Francia, en la región de Auvernia; 4.977 km^2 y 209.113 h. Capital, Le Puy.

LOIRA, PAÍS DEL Región del O de Francia, que comprende los departamentos de Loira Atlántico, Maine-et-Loire, Mayenne, Sarthe y Vendée; 32.082 km^2 y 3.222.051 h. Capital, Nantes.

LOIRA ATLÁNTICO Departamento del O de Francia, región del País del Loira; 6.815 km^2 y 1.134.266 h. Capital, Nantes. Vid. Importante actividad industrial.

LOIRET Departamento de Francia, en la región de Centro; 6.775 km^2 y 618.126 h. Capital, Orleans.

LOÍSMO m. *Gram.* Empleo de la forma acusativa *lo* del pronombre *él* en función de dativo. (Véase LAÍSMO y LEÍSMO.)

LOISY, ALFRED Exegeta y sacerdote francés (Ambrières, 1857 - Ceffonds, 1940). Representante del modernismo, interpretó los dogmas cristianos desde la óptica historicista. Fue excomulgado en 1908. Autor de *El Evangelio y la Iglesia* y *La religión.*

LOJA 1 Provincia de Ecuador; 11.026 km^2 y 404.085 h. 2 Ciudad española de la misma; 114.198 h.

LOJANO, NA adj. y s. De Loja, Ecuador.

LOJEÑO, ÑA adj. y s. De Loja, España.

Logroño (La Rioja). Plaza Mayor.

LOLLOBRIGIDA, GINA Actriz de cine italiana (Subiaco, 1927). Convertida en la diva más popular del cine italiano desde el neorrealismo, adquirió notoriedad internacional con películas como *Fanfan, el invencible* (1951), *Mujeres soñadas* (1952), *Pan, amor y fantasía* (1953) y *Desnuda frente al mundo* (1960).
LOMA f. *Geol.* Pequeña elevación del terreno, alargada y con pendiente suave y uniforme.
LOMAS DE ZAMORA Ciudad de Argentina, que forma parte del Gran Buenos Aires; 572.769 h.
LOMBARD, CAROLE Actriz estadounidense (Fort Wayne, 1909 - Las Vegas, 1942). Famosa estrella durante los años treinta, intervino en comedias y melodramas como *Cuidado con las mujeres* (1930) y *Ser o no ser* (1942).
LOMBARDA f. **1** *Mil.* Cañón antiguo de gran calibre, bombarda. **2** *Bot.* Variedad de col, de color morado. Se cultiva en huerta para su consumo alimentario.
LOMBARDÍA Región del N de Italia, junto a la frontera suiza; 23.872 km^2 y 8.911.750 h. Capital, Milán. Comprende las provincias de Bérgamo, Brescia, Como, Cremona, Lecco, Lodi, Mantua, Milán, Pavía, Sondrio y Varese. Cultivo intensivo de cereales. Destacada ganadería bovina y porcina. Intensa actividad industrial.
LOMBÁRDICO, CA adj. LOMBARDO^1.

Arte **lombardo**. Cruz del rey Desiderio. Museo Cristiano (Brescia).

LOMBARDO^1, DA adj. y s. **1** De Lombardía. **2** *Etnol.* e *Hist.* Se dice de un pueblo germánico que se estableció en Italia en el 568, entre el Elba y el Oder. Se desplazaron hacia el S conducidos por su rey, Alboino, y fundaron en el N de Italia un reino independiente a fines del siglo VI. En el siglo VIII su rey Liutprando se enfrentó a la iglesia romana por las posesiones pontificias y fue combatido por Pipino el Breve y Carlomagno, lo que provocó la desaparición del reino. Su último fue Desiderio. Más como m. pl. **3** Se dice también de sus individuos. También s. **4** Relativo a los lombardos.
LOMBARDO^2, DA adj. Se dice del toro castaño con la parte superior y media del tronco de color más claro que el del resto del cuerpo.
LOMBARDO, PEDRO Teólogo italiano (Novara, h. 1100 - París, 1160). Enseñó Teología en la Universidad de París y fue obispo de esta ciudad desde 1159. Autor de *Cuatro libros de sentencias*, texto de estudio obligado en la teología medieval.
LOMBARDO-VÉNETO, REINO *Geog. hist.* Nombre que recibieron los territorios del Milanesado y de Venecia tras el Congreso de Viena (1815), bajo el dominio de Austria. En 1859 la Lombardía (Milanesado) pasó a Piamonte, integrado en 1861 en el reino de Italia, al que Venecia se unió en 1866.
LOMBOK Isla de Indonesia, en la Sonda Occidental, situada entre Bali, al O, y Sumbawa, al E; 5.435 km^2 y 1.300.234 h. Capital, Mataram.
LOMBRIGUERA adj. y f. Agujero que hacen en la tierra las lombrices.
LOMBRIZ f. *Zool.* Nombre común de un numeroso grupo de gusanos anélidos oligoquetos, de la familia lumbrícidos, pertenecientes a diversos géneros. Vive en terrenos húmedos. || **LOMBRIZ INTESTINAL** *Zool.* Gusano nematelminto de la familia ascáridos, de nombre científico *Ascaris lumbricoides*, que vive parásito en el intestino del hombre. || **LOMBRIZ SOLITARIA** *Zool.* TENIA.
LOMBROSO, CESARE Médico y criminalista italiano (Verona, 1836 - Turín, 1909). Fundador de la antropología criminal. Autor de *El genio y la locura* (1964) y *El hombre criminal* (1976).
LOMÉ Ciudad capital de Togo, de la prefectura de Golfe y de la región Marítima; 513.000 h. Situada en el golfo de Guinea, es el primer puerto del país.
LOMERA f. **1** Correa que se acomoda en el lomo de la caballería, para que mantenga en su lugar las demás piezas de la guarnición. **2** Trozo de piel o de tela que se coloca en el lomo del libro para la encuadernación a media pasta.
LOMETA f. *Geol.* Pequeña loma de un terreno.
LOMILLERÍA f. *Amér. m.* **1** Taller donde se hacen lomillos, riendas, lazos, etc. **2** Tienda donde se venden.
LOMILLO m. **1** Labor de costura o bordado hecha con dos puntadas cruzadas. **2** Parte superior de la albarda. **3** *Amer.* Pieza de los aparejos de montar que se aplica sobre la carona.
LOMO m. **1** Parte inferior y central de la espalda. Más en pl. **2** Tierra que levanta el arado entre surco y surco. **3** En los cuadrúpedos, todo el espinazo desde la cruz hasta las ancas. **4** Carne del cerdo que forma esta parte del animal. **5** Parte del libro opuesta al corte de las hojas. **6** En los instrumentos cortantes, parte opuesta al filo. || m. pl. **7** Costillas.
LOMONOSOV, MIHAIL VASILIEVICH Científico y escritor ruso (Michaninskaia, 1711 - San Petersburgo, 1765). Elaboró una de las primeras teorías cinéticas de los gases. Como filólogo investigó los idiomas eslavos. Escribió comedias y odas.
LOMZA Ciudad de Polonia; 61.500 h.
LONA f. Tela fuerte de algodón o cáñamo para velas de navío, toldos, tiendas de campaña, etc.

Londres (Reino Unido). El río Támesis, con la catedral de Westminster y el Parlamento en primer término.

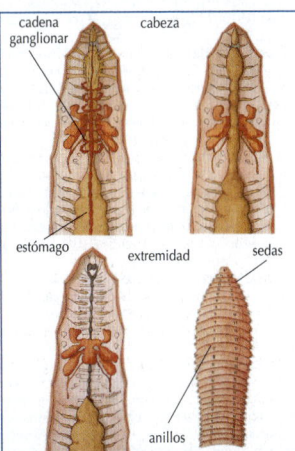

Anatomía de la **lombriz** de tierra.

LONARDI, EDUARDO Militar argentino (Buenos Aires, 1876 - íd., 1956). Jefe de la revolución de septiembre de 1955, tras la caída del general Perón fue presidente provisional de la República durante unos meses. Derrocado por un golpe de Estado.
LONCHA f. **1** *Geol.* Piedra plana delgada, laja, lancha de piedra. **2** Cosa plana delgada de otras materias.
LONDINENSE adj. y s. De Londres.
LONDON Ciudad de Canadá, en la provincia de Ontario; 303.165 h. Centro agrícola e industrial.
LONDON, JACK (JOHN GRIFFITH LONDON, llamado) Novelista estadounidense (San Francisco, 1876 - Glen Ellen, 1916). Llevó una vida aventurera como marinero, buscador de oro en Alaska y corresponsal de guerra. De su obra narrativa destacan *La llamada de la selva* (1903), *El lobo de mar* (1904) y Co*lmillo blanco* (1906).
LONDONDERRY **1** Distrito del Reino Unido, Irlanda del Norte; 387 km^2 y 104.700 h. **2** Ciudad capital del mismo; 72.334 h.
LONDRES (*London*) Ciudad capital del Reino Unido y del condado metropolitano de Gran Londres, situada al SE de Inglaterra, en ambas márgenes del Támesis; 6.679.699 h. Puerto. Figura entre los principales centros mundiales de las finanzas, la cultura y la política. Gran complejo industrial. La *City* concentra las funciones comerciales y financieras. Cuenta con numerosos y notables edificios: catedral de San Pablo (1675-1710); abadía de Westminster (siglo XI); los palacios de Buckingham y de Saint James; Parlamento, con la famosa Torre del Reloj (*Big Ben*) y la Torre de Londres (siglo XI). Son célebres el British Museum y la National Gallery. Cuenta con los aeropuertos de Gatwick y Heathrow. En su emplazamiento existía en época celta un poblado, sobre el que, tras la invasión romana, quedó establecida la ciudad de *Londinium*. Sede del gobierno central desde 1529, fue uno de los centros más importantes de la revolución económica producida desde el siglo XVII. Durante la Segunda Guerra Mundial sufrió graves daños a causa de los ataques aéreos alemanes.
LONDRES, GRAN Condado metropolitano del Reino Unido, en Inglaterra, constituido por la City de Londres y 32 distritos; 7.187.300 h.
LONDRINA Ciudad de Brasil, Estado de Paraná, región Sur; 355.062 h.
LONETA f. Lona delgada que se emplea en velas y botes y otros usos.
LONG BEACH Ciudad de EE UU, en el Estado de California, que forma parte de la aglomeración urbana de Los Ángeles; 433.852 h. Turismo.
LONG ISLAND Isla de EE UU, en el Estado de Nueva York; 4.463 km^2. La parte O (barrios de Brooklyn y Queens) pertenece a la ciudad de Nueva York.
LONG ISLAND Isla del océano Atlántico, archipiélago de las Bahamas; 596 km^2 y 2.954 h.
LONG PLAY (Expresión i.) m. Disco musical de larga duración. Sus siglas son *LP*.
LONGA, FRANCISCO TOMÁS (FRANCISCO TOMÁS DE ANCHÍA, llamado) Guerrillero español (caserío Longa de Mallavia, Vizcaya, 1783 - ?, 1831). En la guerra de la Independencia llegó a mandar la división Iberia.

LONGANIMIDAD f. Grandeza y constancia de ánimo en las adversidades.

LONGANIZA f. Pedazo largo de tripa angosta rellena de carne de cerdo picada y adobada.

LONGAVÍ Volcán de Chile, en la región de Maule; 3.230 m.

LONGEVIDAD f. **1** Cualidad de longevo. **2** Largo vivir.

LONGEVO, VA adj. Muy anciano o de edad avanzada.

LONGFELLOW, HENRY WADSWORTH Poeta estadounidense (Portland, 1807 - Cambridge, 1882). Compuso poesía narrativa de inspiración romántica. Sus poemas más celebrados son *Evangelina* (1847), *Hiawatha* (1855) y *La petición de mano de Miles Standish* (1858). Es también autor de novelas y dramas.

LONGHENA, BALDASSARE Arquitecto italiano (Venecia, 1598 - íd., 1682). Representante del barroco veneciano, es autor de la iglesia de Santa Maria della Salute y de los palacios de Ca' Pesaro y Ca'Rezzonico, situados ello en el Gran Canal.

LONGHI, PIETRO (PIETRO FALCA, llamado) Pintor y grabador italiano (Venecia, 1702 - íd., 1785). Discípulo de Crespi, reprodujo con gran refinamiento la vida de su ciudad: *Lección de baile, El embajador negro* o *Máscaras venecianas*.

LONGI-, LONGU-; -LONGO prefs. o suf. que significan largo.

LONGINO Literato y filósofo griego (?, 213 - Palmira, 273). Perteneciente a la escuela neoplatónica, fue discípulo de Ammonio Sacas. Se han perdido casi todas sus obras, excepto los tratados *Sobre el fin* y *Sobre los principios.*

LONGITUD f. **1** La mayor de las dos dimensiones principales que tienen las cosas o figuras planas, en contraposición a la menor. **2** Magnitud que expresa cada una de las dimensiones de los cuerpos. Para su medida se utilizan las unidades de longitud. || **LONGITUD DE ONDA** *Fís.* Distancia en metros entre dos puntos similares y sucesivos en una onda alterna. || **LONGITUD TERRESTRE** *Geog.* Distancia angular en grados, minutos y segundos desde un punto de la superficie de la Tierra al meridiano central, también conocido como *meridiano 0* (o *de Greenwich*).

LONGITUDINAL adj. Relativo a la longitud; hecho o colocado en el sentido o dirección de ella.

-LONGO suf. LONGI-.

LONGO Novelista griego (finales del s. II o comienzos del s. III). Se le atribuye la novela pastoril *Dafnis y Cloe*, que ha servido de inspiración a numerosas obras de la literatura mundial.

LONGO, LUIGI Político italiano (Fubine, 1900 - Roma, 1980). Secretario del grupo comunista piamontés que fundó el Partido Comunista Italiano (1921). Tomó parte en la liberación de Roma, fue secretario general del Partido Comunista Italiano (1964-72) y presidente del mismo desde 1972.

LONGOBARDO, DA adj. **1** LOMBARDO¹. || m. **2** *Ling.* Lengua hablada por el pueblo longobardo o lombardo.

LONGU- pref. LONGI-.

LONGUI o **LONGUIS, HACERSE EL** fr. fig. y fam. Hacerse el distraído para evitar algo.

LONJA¹ f. Porción larga, ancha y poco gruesa, que se corta o separa de otra.

LONJA² f. **1** Edificio público donde se juntan mercaderes y comerciantes para sus tratos y comercios. **2** *Arquit.* Atrio algo levantado del piso de las calles, al que regularmente salen las puertas de los templos y otros edificios.

LÖNNROT, ELIAS Poeta finlandés (Sammati, 1802 - íd., 1884). Es autor de una larga reelaboración de mitos y leyendas con el nombre de *Kalevala* (1835), que constituye la epopeya nacional de Finlandia.

LONTANANZA f. *Pint.* Términos de un cuadro más distantes del plano principal. || **en lontananza** loc. adv. A LO LEJOS.

Loo, VAN VAN LOO.

LOOK (Voz i.) m. Apariencia, estilo y aspecto personales. Se aplica a la forma de vestir y también al oficio que poseen ciertas personas para diseñar su propia imagen.

LOOR m. Elogio, alabanza.

LOOS, ADOLF Arquitecto austriaco (Brno, 1890 - Kalksburg, 1933). Precursor del racionalismo en arquitectura. A él se deben, en Viena, la casa Steiner y la casa Rufer y en París, la casa de Tristan Tzara (1926).

LOP NOR LOB NOR.

LOPE o **LÓPEZ DE AYALA, PERO** (llamado el CANCILLER DE AYALA) Poeta, historiador y político español (Vitoria, 1332 - Calahorra, 1407). Fue uno de los personajes más destacados de la corte de Pedro I, de quien se separó, pasando al servicio de Enrique de Trastámara, y después de Juan I. Miembro del Consejo de regencia durante la minoría de Enrique III, quien le nombró canciller de Castilla en 1398, como humanista y poeta es una de las figuras emblemáticas de la literatura castellana, dentro

Antonio **López.** *La Gran Vía madrileña.* Colección particular (Madrid).

del *mester de clerecía*. Es autor de el *Libro de cetrería o de las aves de caza*; pero su obra poética fundamental es el *Rimado de Palacio* (1403).

LOPE DE RUEDA RUEDA, LOPE DE.

LOPE DE VEGA CARPIO, FÉLIX VEGA CARPIO, FÉLIX LOPE DE.

LOPERA Municipio y lugar de España, provincia de Jaén; 4.024 h. Castillo árabe.

LOPES, FERNÃO Historiador portugués (s. XV). Autor de crónicas de los reyes don Pedro, don Fernando y don Juan I.

LOPES, FRANCISCO HIGINIO CRAVEIRO Político y militar portugués (Lisboa, 1894 - íd., 1964). Presidente de la República (1951-58), fue sustituido en 1958 por A. Thomaz.

LÓPEZ, ANTONIO Pintor y escultor español (Tomelloso, 1936). Es uno de los máximos representantes del hiperrealismo. En su obra plasma imágenes de la vida cotidiana y paisajes urbanos. Obras: *Aparador* (1965), *Lavabo y espejo* (1967-68) y *La Gran Vía madrileña*. Premio Príncipe de Asturias de las Artes en 1985.

LÓPEZ, CARLOS ANTONIO Político paraguayo (Asunción, 1791 - íd., 1862). Sobrino de José Gaspar Rodríguez de Francia y padre de Francisco Solano, fue presidente de la República (1844-62). Promulgó la Constitución de 1844.

LÓPEZ, DIEGO ABÉN ABOO, ABDALAH.

LÓPEZ, ESTANISLAO Político y militar argentino (Santa Fe, 1786 - íd., 1838). Partidario del federalismo, fue gobernador de Santa Fe, luchó contra el poder central en Cepeda (1820) y dirigió la Liga del Litoral (1831).

LÓPEZ, FRANCISCO SOLANO Político paraguayo (Asunción, 1827 - orillas del Aquidaban, 1870). Hijo de Carlos Antonio López, mandó el ejército expedicionario para luchar contra Rosas, mediador en la lucha de Buenos Aires contra la Confederación Argentina, en 1862 fue designado presidente de la República. Contrario a la ocupación de Uruguay por Brasil, declaró a este país la guerra (1865-70), en la que tuvo que hacer frente a la TRIPLE ALIANZA. Murió en la batalla de Cerro Corá.

LÓPEZ, ISMAEL (llamado CORNELIO HISPANO) Escritor colombiano (Buga, 1880 - Bogotá, 1962). Escribió obras modernistas como *Trofeos* (1906), *El jardín de las Hespérides* (1910), *La leyenda de oro* (1911) y *Elegías caucanas* (1912).

LÓPEZ, JOSÉ HILARIO Militar y político colombiano (Popayán, 1798 - Campoalegre, 1869). Participó en la guerra de la Independencia y, en defensa de la constitución de 1821, se sublevó contra Bolívar (1828). Ministro de Guerra y de Relaciones Exteriores, ocupó la presidencia de la República (1849-53).

LÓPEZ, NARCISO Militar cubano, de origen venezolano (Caracas, 1798 - La Habana, 1851). Luchó con los realistas a las órdenes de Boves. Posteriormente marchó a España, donde combatió en la primera guerra carlista. De vuelta a Cuba, como gobernador de Trinidad, fue destituido por conspirar en favor de EE UU. Fue ejecutado por los españoles.

LÓPEZ, VICENTE Pintor español (Valencia, 1772 - Madrid, 1850). Discípulo de Maella, e influido por Mengs, fue pintor de cámara de Fernando VII. Destacó en el retrato *(Goya anciano).* Su obra más estimable es *La Virgen de la Merced*.

LÓPEZ, VICENTE FIDEL Historiador argentino (Buenos Aires, 1815 - íd., 1903). Emigró a Chile durante la época de Rosas. A su vuelta a Argentina desempeñó los cargos de ministro de Educación y Cultura (1852) y ministro de Hacienda (1890). Autor de *La revolución argentina* (1881) e *Historia de la República Argentina* (1883-93).

LÓPEZ ALBÚJAR, ENRIQUE Escritor peruano (Chiclayo, 1872 - Lima, 1966). Sobresalió en el relato corto de tipo costumbrista. Es autor de *Cuentos andinos* (1920), autobiografía y *Matalache* (1929).

LÓPEZ ARELLANO, OSWALDO Militar y político hondureño (Danlí, 1921). Jefe del levantamiento que derrocó a Villeda Morales (1963), presidió la junta militar que gobernó el país de 1963 a 1965. Fue presidente de la República (1965-71 y 1972-75).

LÓPEZ CONTRERAS, ELEAZAR Militar y político venezolano (Queniquea, 1883 - Caracas, 1973). Intervino en el movimiento revolucionario de 1899. Fue nombrado presidente interino de la República (1935) y reelegido para el periodo 1938-41.

LÓPEZ Y FUENTES, GREGORIO Escritor mexicano (Mamey, 1897 - Ciudad de México, 1966). Adquirió renombre con sus novelas *Campamento* (1931), *Tierra* (1932), *El indio* (1935), *Arrieros* (1937) y *Huasteca* (1939).

LÓPEZ GUTIÉRREZ, RAFAEL Militar y político hondureño (?, 1854 - ?, 1924). Fue nombrado presidente de la República tras la sublevación que depuso a Bertrand en 1919. Se nombró dictador, pero fue derrocado por V. Tosta.

LÓPEZ DE LEGAZPI, MIGUEL LEGAZPI, MIGUEL LÓPEZ DE.

LÓPEZ MATEOS, ADOLFO Político mexicano (Atizapán de Zaragoza, 1910 - Ciudad de México, 1969). Fue secretario general del Sindicato Nacional de Trabajadores, senador (1946), ministro de Trabajo y Previsión Social (1952) y presidente de la República (1958-64).

LÓPEZ DE MENDOZA, ÍÑIGO SANTILLANA, MARQUÉS DE.

LÓPEZ DE MESA, LUIS Escritor y político colombiano (Don Matías, 1884 - Medellín, 1967). Fue ministro de Educación (1934-35) y de Relaciones Exteriores (1938-42). En su producción figuran *El libro de los apólogos* (1918) y *El factor étnico* (1927).

LÓPEZ MICHELSEN, ALFONSO Político y escritor colombiano (Bogotá, 1913). Hijo de A. López Pumarejo. Líder del Movimiento Revolucionario Liberal, fue presidente de la República entre 1974 y 1978. Autor de *La conquista española y sus frutos*.

LÓPEZ Y PLANES, VICENTE Político y escritor argentino (Buenos Aires, 1785 - íd., 1856). En el año 1827 fue presidente interino de la República. Su composición poética *Marcha patriótica* se convirtió en himno nacional argentino.

LÓPEZ-PORTILLO Y PACHECO, JOSÉ Político mexicano (Ciudad de México, 1920 - íd., 2004). Secretario de Hacienda (1973-75), fue elegido presidente de la República (1976-82). En 1981 recibió el premio Príncipe de Asturias de Cooperación Iberoamericana.

LÓPEZ PORTILLO Y ROJAS, JOSÉ Escritor mexicano (Guadalajara, 1850 - Ciudad de México, 1923). Representante del realismo regional, es autor de novelas como *La parcela* (1898), *Los precursores* (1909) y *Fuertes y débiles* (1919).

LÓPEZ PUMAREJO, ALFONSO Político colombiano (Honda, 1886 - Londres, 1959). Líder del Partido Liberal, ejerció la presidencia de la República en los periodos 1934-38 y 1942-45. Fue presidente del Consejo de Seguridad de la ONU en 1947.

LÓPEZ RAYÓN, IGNACIO Patriota mexicano (Tlapujahua, 1773 - Ciudad de México, 1832). Luchó por la independencia junto a Hidalgo, de cuyo gobierno fue secretario de Estado. En 1811, organizó y presidió la junta gubernativa de Zitácuaro.

LÓPEZ DE ROMAÑA, EDUARDO Político e ingeniero peruano (Arequipa, 1847 - íd., 1912). Presidente de la República (1898 - 1903), su administración fue muy beneficiosa para el país.

Vicente **López.** *Goya anciano.* Museo del Prado (Madrid).

LÓPEZ DE SALCEDO, DIEGO Conquistador español (? - Trujillo, 1530). Gobernador de Honduras desde 1525, realizó varias expediciones a Nicaragua.

LÓPEZ SALINAS, ARMANDO Escritor español (Madrid, 1925). Autor de la novela social *La mina* (1959) y coautor de libros de viajes.

LÓPEZ DE SANTA ANNA, ANTONIO Militar y político mexicano (Jalapa, 1794 - Ciudad de México, 1876). Conspiró contra Iturbide en 1822 y proclamó la República en Veracruz. Asumió once veces la presidencia del país, la primera junto con Gómez Farías (1833). En su último periodo (1853-55) ejerció el poder despóticamente. A sus desaciertos se deben en gran parte la separación de Texas (1836) y la guerra con EE UU (1847-48), en la que México perdió gran parte de su territorio.

LÓPEZ VELARDE, RAMÓN Escritor mexicano (Jerez, 1888 - Ciudad de México, 1921). Sus libros de poemas *La sangre devota* (1916) y *1919, Zozobra* (1919) marcaron en su país la transición entre el modernismo y las corrientes de vanguardia.

LÓPEZ DE ZÚÑIGA Y VELASCO, DIEGO Administrador colonial español (? - Lima, 1564). Virrey de Perú (1561-64).

LOPIGIA f. *Med.* Caída del pelo, alopecia.

LOPISTA com. y adj. Especialista en el conocimiento de la vida y obras de Lope de Vega.

LOPOLITO m. *Geol.* Masa lenticular plutónica intercalada entre los estratos de una serie sedimentaria.

LOQUEAR intr. **1** Decir y hacer locuras. **2** fig. Regocijarse con demasiada bulla y alboroto.

LOQUERO, RA m. y f. **1** Persona que por oficio cuida de los locos. || m. **2** fam. MANICOMIO. **3** Barullo ruidoso y molesto.

-LOQUIO, -LOQUIA sufs. que significan habla, discurso: *soliloquio, pectoriloquia*.

LOQUIOS m. pl. *Fisiol.* Material sanguinolento expulsado por vía vaginal durante las primeras semanas después del parto.

LORA f. *Zool.* **1** *Col., C. Rica, Ecuad., Hond.* y *Perú* LORO. **2** *Chile* Hembra del loro.

LORAN (Del i. *Longe Range Navigation*, navegación a larga distancia.) m. *Mar.* Sistema que permite hallar la situación de un buque a grandes distancias por medio de la recepción, a bordo, de señales radioeléctricas emitidas por estaciones terrestres.

LORANTÁCEO, A adj. y f. *Bot.* **1** Se dice de la planta dicotiledónea, semiparásita, cuyos primordios seminales no poseen tegumentos y se hallan englobados en una gran placenta central, como el muérdago. || f. pl. *Bot.* **2** Familia de estas plantas.

LORD (Voz i.) m. Título de honor que se da en Inglaterra a los miembros de la antigua nobleza. También llevan anejo este tratamiento algunos altos cargos. ♦ Su pl. es *lores*.

LORDOSIS f. *Med.* Curvatura exagerada de convexidad anterior de la región lumbar de la columna vertebral.

LOREDAN *Geneal.* Familia aristocrática veneciana muy importante en los siglos XV y XVI. Entre sus miembros destacan Pietro (? - Venecia, 1439), jefe supremo de las fuerzas venecianas; Leonardo (Venecia, 1438 - íd., 1521), dux desde 1501; y Pietro (Venecia, 1481 - íd., 1570), dux de Venecia.

LOREN, SOFÍA (SOFIA SCICCOLONE, llamada) Actriz de cine italiana (Roma, 1934). Fue catapultada a la fama por el productor Carlo Ponti, con el que se casó. Entre sus películas cabe citar *Pan, amor y...* (1955), *Dos mujeres* (1960, por la que consiguió el Oscar), *Los girasoles* (1970) y *Una jornada particular* (1977).

LORENA (*Lorraine*) Región del NE de Francia, lindante con Bélgica, Luxemburgo y Alemania; 23.547 km² y 2.310.376 h. Capital, Nancy. Gran actividad industrial basada en la explotación de los yacimientos de hierro, carbón y sal. Antigua provincia, parte de la cual fue cedida a Alemania en 1871 y recobrada en 1919 (véase ALSACIA-LORENA).

LORENA, CASA DE *Geneal.* Ilustre familia que reinó en el antiguo ducado de Lorena desde la cesión del mismo a Gerardo de Alsacia en 1048 hasta 1738. De ella descienden los Habsburgo.

LORENA, CLAUDIO DE (CLAUDE GELÉE, llamado CLAUDE LORRAIN, y en España) Pintor y grabador francés (Chamagne, 1600 - Roma, 1682). Extraordinario paisajista, su obra tiene como objetivo la plasmación ideal de la naturaleza, que consigue gracias a su dominio de los efectos de la luz: *Embarque de Santa Úrsula, Acis y Galatea*, etc.

LORENÉS, SA adj. y s. De Lorena.

LORENTE DE NÓ, RAFAEL Médico e histólogo estadounidense de origen español (Zaragoza, 1902 - Tucson, 1990). Especialista en histología y discípulo de Cajal, trabajó en Uppsala con el profesor Bárány, en la Fundación Valdecilla (Santander), en Saint Louis (EE UU) y en el Instituto Rockefeller de Nueva York.

LORENTZ, HENDRIK ANTOON Físico y matemático neerlandés (Arnhem, 1853 - Haarlem, 1928). Estableció

Claudio de **Lorena**. *Eneas y Dido*. Museo de Arte (Hamburgo).

las fórmulas que llevan su nombre y que indican las transformaciones de las coordenadas cartesianas espacio-temporales con movimiento uniforme, con lo que hizo posible la teoría espacial de Einstein. Premio Nobel de Física en 1992, compartido con Zeeman.

LORENZ, KONRAD ZACHARIAS Médico, zoólogo y etólogo austriaco (Viena, 1903 - Altenberg, 1989). Se le considera el creador de la etología o ciencia de la conducta de los seres vivos. En 1973 recibió el premio Nobel de Fisiología y Medicina, compartido con Karl von Frisch y N. Tinbergen.

LORENZANA, FRANCISCO ANTONIO DE Prelado español (León, 1722 - Roma, 1804). Obispo de Palencia (1765), arzobispo de México (1766) de Toledo, alcanzó el capelo cardenalicio.

LORENZETTI, AMBROGGIO Pintor italiano (Siena, 1300 - íd., 1348). La influencia de Giotto, con quien trabajó en Florencia, se hace patente en su preocupación por la representación del espacio. Su obra más importante son los frescos para el Palazzo Pubblico de Siena.

LORENZETTI, PIETRO Pintor italiano (Siena, h. 1280 - íd., 1348). Hermano de Ambroggio. Su pintura funde las influencias de Duccio y de Giotto. Obras: *Políptico de la iglesia de Santa Maria de Arezzo* (1320), *La Majestad* (1340), *La natividad de la Virgen* (1342).

LORENZO, SAN Mártir hispano (s. III). Archidiácono del papa Sixto II, según la tradición fue asado vivo el año 258.

LORES, CÁMARA DE LOS CÁMARA DE LOS LORES.

LORETO Departamento de Perú; 368.852 km² y 839.748 h. Capital, Iquitos. Regado por el Amazonas, su principal riqueza son los productos forestales, sobre todo el caucho. Petróleo.

LORIGA f. **1** Armadura para defensa del cuerpo, hecha de láminas pequeñas e imbricadas, por lo común de acero. **2** Armadura del caballo para el uso en la guerra. **3** *Zool.* Cubierta dura de ciertos invertebrados que actúa como exoesqueleto.

LORIS m. *Zool.* Cualquiera de los dos mamíferos primates del suborden lemuroideos. Viven en Indochina. Incluye el loris delgado (*Loris tardigradus*) y el loris lento (*Nycticebus concang*).

LORO¹ m. *Zool.* **1** Cualquiera de las aves de la familia psitaciformes, con pico corto, fuerte y curvo, apto para triturar las semillas de las plantas y como tercer miembro prensil. Generalmente presentan un dimorfismo sexual muy marcado. La mayor variedad de estos animales habita en Australia e islas adyacentes. **2** fig. y fam. Persona que habla mucho sin decir nada interesante.

LORO² m. *Bot.* Árbol perennifolio perteneciente a la familia lauráceas, de nombre científico *Laurus azorica*, de hasta 30 m de altura, flores de color crema y frutos carnosos y negros. Es una de las especies típicas de la laurisilva.

LORQUI Municipio y lugar de España, provincia de Murcia; 5.520 h.

LORQUIANO, NA adj. Perteneciente o relativo a Federico García Lorca.

LORQUINO, NA adj. y s. De Lorca.

LORRAIN, CLAUDE LORENA, CLAUDIO DE.

LORRE, PETER (LASZLO LÖWENSTEIN, llamado) Actor estadounidense de origen checo (Rosemberg, 1904 - Hollywood, 1964). De aspecto enfermizo y torturado,

su físico favoreció sus interpretaciones en películas como *El hombre que sabía demasiado* (1935), *El halcón maltés* (1941) y *Casablanca* (1942).

LORRIS, GUILLAUME DE Poeta francés (Lorris-en-Gâtinais, h. 1200 - ?, h. 1240). Es el autor de la primera parte del *Roman de la Rose*, una de las obras cumbre del amor cortés.

LORZA f. Pliegue que se hace en una prenda para acortarla o como adorno.

LOS ALCÁZARES Municipio y lugar de España, provincia de Murcia; 4.456 h.

LOS ÁNGELES Ciudad del SO de EE UU, en California; 3.448.613 h. (14.531.529 con su aglomeración urbana). En uno de sus distritos, Hollywood, radica el centro cinematográfico más importante del mundo. Entre sus múltiples industrias, destacan la aeronáutica, electrónica, química, naval, alimentaria, de artes gráficas, de materiales de construcción y de automóviles. Cuenta asimismo con refinerías de petróleo. Posee un gran puerto mercantil y 10 aeropuertos. Importancia turística. En 1771, los franciscanos instalaron la misión de San Gabriel y ese mismo año el conquistador español Felipe de Neve, gobernador de la provincia de Alta California, fundó la ciudad. Fue conquistada por EE UU en el transcurso de la guerra con México (1846). En ella se celebraron los XXIII Juegos Olímpicos (1984).

LOSA f. Piedra llana y de poco grosor, casi siempre labrada, que sirve para solar y otros usos.

LOSADA Y QUIROGA, DIEGO DE Conquistador español (Rionegro del Puente, h. 1513 - Tocuyo, 1569). Fue uno de los primeros conquistadores que llegaron a la comarca de Darién y que colonizaron Venezuela. Fundó la ciudad de Santiago de León de Caracas (1567), actualmente conocida como *Caracas*.

LOSADO, NA m. Suelo cubierto de losas, enlosado.

LOSANGE m. Figura de rombo colocado de manera que uno de los ángulos agudos quede por pie y su opuesto por cabeza.

LOSAR tr. Cubrir el suelo con losas, enlosar.

LOSCHMIDT, JOSEPH Químico y físico austriaco (Putschirn, 1821 - Viena, 1895). Calculó el número de moléculas existentes en 1 cm³ de aire, número que se denomina *de Avogadro*.

LOSETA f. **1** Diminutivo de LOSA. **2** Ladrillo fino para solar, baldosa.

LOSEY, JOSEPH Director de cine estadounidense (La Crosse, 1909 - Londres, 1984). Su estilo se caracteriza por un cierto barroquismo visual. Películas: *El sirviente* (1963), *El mensajero* (1971) y *Don Giovanni* (1978).

LOSILLA f. Trampa formada por una losa pequeña, loseta.

LOSONCZI, PÁL Político húngaro (Bolho, 1919). Ministro de Agricultura (1960-67) y presidente de la República (1967-87).

LOT Patriarca bíblico, sobrino de Abraham. Cuando con su familia abandonaba Sodoma, su mujer volvió la cara atrás a pesar de la prohibición de los ángeles y quedó convertida en una estatua de sal.

LOT Departamento de Francia, en la región de Midi-Pyrénées, regado de E a O por el río de su nombre; 5.217 km² y 160.197 h. Capital, Cahors. Ganadería bovina.

LOT Río de Francia, afluente del Garona; 481 km.

Lot-et-Garonne Departamento del SO de Francia, en la región de Aquitania; 5.361 km^2 y 305.380 h. Capital, Agen. Cereales y vid.

lota f. *Zool*. Pez osteíctio gadiforme de nombre científico *Lota lota*. Vive en lagos y ríos de agua fría de Eurasia y Norteamérica, por encima del paralelo 45.

Lotaringia *Geog. hist*. Reino fundado por Lotario II en el siglo IX, que abarcaba desde los Vosgos hasta Frisia. A finales del siglo X se dividió en Alta Lotaringia, futura Lorena, y Baja Lotaringia, que dio lugar al ducado de Brabante.

Lotario Nombre de diversos soberanos carolingios.

Lotario I Emperador carolingio (Aquisgrán, 795 - Prüm, Renania-Palatinado, 855). Hijo y sucesor de Luis el Piadoso, en 820 fue proclamado rey de Italia. Tras la muerte de su padre, ocupó el trono (840), y después de luchar con sus hermanos Luis el Calvo y Carlos el Germánico, abdicó en 855.

Lotario II Rey de Lorena (?, 825 - Plaisance, 869). Hijo del emperador Lotario I, heredó el reino de Austrasia, que desde entonces se llamó Lotaringia o Lorena.

Lotario III Rey de Francia (Laon, 941 - Compiègne, Oise, 986). Hijo y sucesor de Luis IV en 954, fue vasallo del emperador germánico hasta 965.

Lotario II de Supplinburg Emperador germánico (?, h. 1060 - Breitnwang, 1137). Duque de Sajonia, sucedió a Enrique V en el imperio (1125-37), tras vencer al pretendiente Conrado de Hohenstaufen. Hizo nombrar papa a Inocencio II.

lote m. **1** Cada una de las partes en que se divide un todo que se ha de distribuir entre varias personas. **2** Lo que le toca a cada uno en la lotería o en otros juegos en que se sortean sumas desiguales. **3** Cada una de las parcelas en que se divide un terreno destinado a la edificación. **4** En las exposiciones y ferias de ganado, grupo generalmente muy reducido de animales que contiene ciertos caracteres comunes o análogos. **5** Conjunto de objetos similares que se agrupan con un fin determinado.

lotería f. **1** Juego público en el que se premian con diversas cantidades varios billetes sacados a la suerte entre un gran número de ellos que se ponen en venta. También se llama *lotería nacional*. Fue establecida en España por Carlos III (1763). **2** Negocio en el que interviene la suerte o la casualidad. || **Lotería primitiva** Juego público que consiste en apostar por una combinación de 6 números, comprendidos entre el 1 y el 49. || **caerle** o **tocarle** a uno **la lotería** fr. fig. Sobrevenir alguna circunstancia negativa.

lotero, ra m. y f. Persona que tiene a su cargo un despacho de billetes de la lotería.

Lothian Central Distrito unitario del Reino Unido, en Escocia; 80.900 h.

Lothian Occidental Distrito unitario del Reino Unido, en Escocia; 153.100 h.

Lothian Oriental Distrito unitario del Reino Unido, en Escocia; 89.600 h.

loti m. Unidad monetaria de Lesotho. ♦ Su pl. es *maloti*.

Loti, Pierre (Louis Marie Julien Viaud, llamado) Escritor francés (Rochefort, 1850 - Hendaya, 1923). Autor de novelas exóticas: *La novela de un espahí* (1881), *Pescador de Islandia* (1886) y *Madame Chrysanthème* (1887).

lótico, ca adj. *Ecol*. Relativo a las aguas corrientes.

loto m. *Bot*. **1** Planta acuática perenne perteneciente a la familia ninfeáceas, de nombre científico *Nelumbo nucifera*, de bellas flores olorosas, con pétalos de color blanco lechoso y borde rosado. Procede de Asia tropical. **2** Planta acuática perenne perteneciente a la familia ninfeáceas, de nombre científico *Nymphaea lotus*, de flores con muchos pétalos blancos. **3** Flor de estas plantas. **4** Fruto de las mismas.

loto

Museo del **Louvre** (París).

lotófago, ga adj. y s. *Mit*. Se dice del individuo de ciertos pueblos citados en la *Odisea* que habitaban en la costa norte de África y se alimentaban de los frutos del loto. Más en pl.

Lotto, Lorenzo Pintor italiano (Venecia, h. 1480 - Loreto, 1556). Su obra, de técnica depurada y con efectos de gran realismo, recibió la influencia de Bellini, Durero y Rafael. Entre sus principales composiciones se encuentran *Las tres edades de la vida*, *La gloria de san Nicolás* y *Limosna de san Antonio*.

Lotze, Rudolf Hermann Filósofo y fisiólogo alemán (Bautzen, 1817 - Berlín, 1881). Intentó conciliar la concepción mecanicista de la ciencia con una visión idealista del universo. Obras: *Metafísica* (1841), *La idea de lo bello* (1846), *Principios de psicología fisiológica* (1852), *Microcosmos* (1856).

Loubet, Émile Político francés (Marsanne, 1838 - Montélimar, 1929). Ministro de Trabajos Públicos (1887-88), en 1892 fue presidente del Consejo, en 1896 presidente del Senado, y desde 1899 hasta 1906 presidente de la República.

Louis, Joe (Joseph Barrow, llamado) Boxeador estadounidense (Detroit, 1914 - Las Vegas, 1981). Campeón del mundo de los pesos pesados entre 1937 y 1949.

Louisiana Estado meridional de EE UU; 123.677 km^2 y 4.468.976 h. Capital, Baton Rouge. Inmensos bosques. Petróleo, gas natural, azufre y sal. Arroz, maíz, caña de azúcar y algodón. Explorado por los españoles en el siglo XVI, se convirtió en colonia francesa a finales del siglo XVII. En 1762 Francia cedió a España los territorios al O del Mississippi, y un año más tarde, los situados al E del río pasaron al Reino Unido, por el tratado de París. Por el tratado secreto de San Ildefonso, Napoleón consiguió de Carlos IV la devolución de la Louisiana (1802), y la vendió a EE UU en 1803. Se constituyó en Estado de la Unión en 1812, y formó parte de la Confederación hasta la ocupación de Nueva Orleans por los federales, en 1862.

Lourdes Ciudad del S de Francia, en el departamento de Altos Pirineos, situada al SO de Tarbes; 16.581 h. Es uno de los lugares de peregrinación más importantes del culto mariano. En una gruta cercana a la población, según la creencia católica, se produjo en 1858 la aparición de la Virgen María a una niña de catorce años, llamada Bernadette (posteriormente canonizada como santa María Bernadette Soubirous).

Lourenço Marques Maputo.

louro m. *Bot*. Árbol de gran tamaño perteneciente a la familia lauráceas, de nombre científico *Ocotea rodiaei*, de los bosques tropicales de Guayana.

Louvain Lovaina.

L'Ouverture, Toussaint Toussaint L'Ouverture.

Louvois, François Michel Le Tellier, marqués de Político francés (?, 1641 - ?, 1691). Ministro de la Guerra en el reinado de Luis XIV, elevó al ejército francés a su más elevado grado de eficiencia.

Louvre *Arquit*. y *Arte*. Conjunto arquitectónico, en París, hoy convertido en museo de Bellas Artes y Arqueología, alberga una de las mejores colecciones artísticas del mundo. Comenzado a edificar en el siglo XIII, se terminó bajo el reinado de Napoleón III.

Louÿs, Pierre Escritor francés (Gante, 1870 - París, 1925). Publicó en 1894 su poemario *Astarté* (1891). Entre sus principales relatos destacan *Afrodita* (1896), *La mujer y el pelele* (1898) y *Las aventuras del rey Pausole* (1901).

Lovaina (En flam. *Leuven*, en fr. *Louvain*) Ciudad de Bélgica, en la provincia de Brabante; 85.193 h. Industria alimentaria y cervecera. Conjunto monumental. Universidad fundada en 1425.

lovaniense adj. y com. De Lovaina.

Lovecraft, Howard Philip Escritor estadounidense (Providence, 1890 - íd., 1937). Maestro del género fantástico y de horror, es autor del ciclo *Los mitos de Cthulhu* (1929) y *En las montañas de la locura* (1931).

Loveira, Carlos Escritor cubano (El Santo, 1882 - La Habana, 1928). Autor de novelas de tendencia naturalista: *Generales y doctores* (1920), *Los ciegos* (1923) y *Juan Criollo* (1928).

Lovejoy, Arthur Oncken Filósofo estadounidense de origen alemán (Berlín, 1873 - Baltimore, 1962). Adoptó una posición intermedia entre idealismo y realismo. Su obra maestra es *La gran cadena del ser* (1936).

Lovera, Juan Pintor venezolano (Caracas, 1785 - íd., 1840). Autor de los cuadros históricos *El 19 de abril de 1810* y *El 5 de julio de 1811*. Retrató a algunos de los héroes de la independencia venezolana.

Lovios (*Lobios*) Municipio de España, provincia de Orense; 3.172 h. Su capital es Fondevila.

Lowell, Amy Poetisa estadounidense (Brookline, Massachusetts, 1874 - íd., 1925). De tendencia imaginista, escribió *A Dome of Many Coloured Glass* (1912) y *Men, Women and Ghosts* (1916).

Lowell, James Russell Escritor estadounidense (Cambridge, 1819 - íd., 1891). Influyó en el pensamiento de sus contemporáneos, a través de varias revistas. En su producción poética figuran *La vida de un año y otros poemas* (1841) y *Heart's Case and Rue Adresses* (1891).

Lowell, Percival Astrónomo estadounidense (Boston, 1855 - Flagstaff, 1916). Hermano de Amy. En 1905, predijo la presencia de Plutón.

Lowell, Robert Poeta estadounidense (Boston, 1917 - Nueva York, 1977). Su poesía, autobiográfica y visionaria, es estrictamente formalista en metro y rima. Autor de *El castillo de lord Weary* (1946), *Cerca del océano* (1967) y *El delfín* (1974).

Löwith, Karl Filósofo alemán (Munich, 1897 - Heidelberg, 1973). Discípulo de Heidegger y Husserl, realizó sus aportaciones más importantes en el ámbito de la antropología filosófica. Autor de *El individuo en su carácter de prójimo* (1928) y *El sentido de la historia* (1949).

Lowlands (*Tierras bajas*) Nombre con que se designan las Tierras bajas de Escocia, en contraposición a las *Highlands*.

Lowry, Malcolm Novelista inglés (Birkenhead, 1909 - Ripe, 1957). Su técnica narrativa consiste en una serie de *flashbacks* y yuxtaposiciones de elementos contrastantes que debe mucho al cine. Entre sus relatos destacan *Ultramarina* (1933) y *Bajo el volcán* (1947).

loxodonto, ta adj. *Zool*. Que tiene los molares con huecos poco profundos entre las crestas.

loxodromia f. *Mar*. Línea que corta todos los meridianos de la superficie terrestre con un mismo ángulo.

Loy, Myrna (Myrna Williams, llamada) Actriz de cine (Montana, 1905 - Nueva York, 1993). Durante los años veinte y treinta se consagró como una de las más destacadas mujeres fatales de la pantalla. Películas: *Una noche en El Cairo* (1933) y *Los mejores años de nuestra vida* (1946).

Loynaz, Dulce María Poetisa cubana (La Habana, 1903 - íd., 1997). Su obra poética, enmarcada en la corriente posmodernista, se caracteriza por un profundo carácter introspectivo. En ella destacan *Versos 1920-1938* (1938), *Poemas sin nombre* (1953), *Últimos días de una casa* (1958) y *La novia de Lázaro* (1991). Premio Miguel de Cervantes en 1992.

Myrna **Loy**. Escena de *Una noche en El Cairo*, dirigida por Sam Wood.

lucio

LOZA f. **1** Barro fino, cocido y barnizado, del que están hechos los platos, tazas, jícaras, etc. **2** Conjunto de estos objetos destinados al uso doméstico.
LOZANÍA f. **1** *Bot.* Verdor y frondosidad en las plantas. **2** En los hombres y animales, viveza nacida de su vigor y robustez.
LOZANO, NA adj. Que tiene lozanía.
LOZANO DÍAZ, JULIO Político hondureño (Tegucigalpa, 1885 - Miami, 1957). Presidente de la República (1954-56), fue derribado por un golpe militar.
LOZÈRE Departamento de Francia, en la región de Languedoc-Rosellón; 5.167 km² y 73.509 h. Capital, Mende. Ganadería ovina. Bosque.
LP Siglas de LONG PLAY. También se dice *elepé*.
Lr *Quím.* Símbolo químico del laurencio.
LSD m. *Quím.* DIETILAMIDA DEL ÁCIDO LISÉRGICO.
Lu *Quím.* Símbolo químico del lutecio.
Lü Shun LÜSHUM.
Lü Ta LÜDA.
Lu Xun (CHU SHU-JEN o CHU SHUREN, llamado) Escritor chino (Shaoxing, Chekiang, 1881 - Shanghai, 1936). Miembro desde 1930 de la Liga de escritores de izquierda, es autor de *Diario de un loco* (1918) y *La verdadera historia de Ah Q* (1921).
LUACES, JOAQUÍN LORENZO Poeta cubano (La Habana, 1826 - íd., 1867). Entre sus poesías destacan *La caída de Missolonghi* y *La muerte de Lincoln*.
LUALABA Nombre del curso alto del río CONGO.
LUANDA Ciudad capital de Angola y de la provincia de su nombre, situada en la costa del Atlántico; 1.134.000 h. Centro industrial y comercial. Importante refinería de petróleo. Puerto y aeropuerto.
LUANG-PRABANG Ciudad capital residencial de Laos y de la provincia de su nombre, situada en el NO del país, a orillas del Mekong; 68.399 h. Industria y artesanía.
LUBA adj. *Etnol.* **1** Se dice de un grupo de pueblos de raza bantú congolesa, que habita en África, desde el N del lago Tanganika hasta el alto Zambeze. También m. pl. **2** Se dice también de sus individuos. También com. **3** Relativo a este pueblo.
LUBBERS, RUUD Político holandés (Roterdam, 1939). Jefe del ejecutivo al frente de gobiernos de coalición de centro derecha (1982-1994).
LÜBECK Ciudad de Alemania, Land de Schleswig-Holstein; 216.854 h. Puerto. Astilleros. Industria siderúrgica, eléctrica, mecánica y química. Fue una de las ciudades que en la Edad Media constituyeron la HANSA.
LUBELSKIE Provincia de Polonia; 25.115 km² y 2.237.200 h. Su capital es Lublín.
LUBIGANTE m. *Zool.* Bogavante, crustáceo.
LUBINA f. *Zool.* Pez teleósteo marino acantopterigio perteneciente a la familia serránidos, de nombre científico *Dicentrarchus labrax*, de hasta 1 m de longitud y 10 kg de peso. Vive en los mares templados europeos y del N de África. Su carne es muy apreciada.
LUBITSCH, ERNST Director de cine estadounidense de origen alemán (Berlín, 1892 - Hollywood, 1947). Considerado uno de los grandes maestros de la comedia, entre sus mejores películas figuran *Ninotchka* (1939), *Lo que piensan las mujeres* (1941), *Ser o no ser* (1942) y *El diablo dijo no* (1943).
LÜBKE, HEINRICH Político alemán (Enkhausen, 1894 - Bonn, 1972). Miembro del Partido Cristianodemócrata, ocupó la presidencia de la República Federal de Alemania (1959-69).

LUBLÍN (*Lublin*) Ciudad del E de Polonia, capital de la provincia de Lubelskie; 352.500 h. Maquinaria agrícola, automóviles. Universidad.
LUBRICANTE adj. y m. Se dice de toda sustancia útil para lubricar.
LUBRICAR tr. Reducir el rozamiento o hacer resbaladiza una cosa.
LÚBRICO, CA adj. **1** RESBALADIZO. **2** fig. Propenso a un vicio, y particularmente a la lujuria. **3** fig. Libidinoso, lascivo.
LUBRIFICANTE adj. y m. LUBRICANTE.
LUBRIFICAR tr. LUBRICAR.
LUBUMBASHI Ciudad de la República Democrática del Congo; 851.381 h.
LUBUSKIE Provincia de Polonia; 13.985 km² y 1.023.000 h. Sus capitales son Gorzów y Zielona Góra.
LUCA (*Lucca*) **1** Provincia de Italia, en Toscana; 1.773 km² y 376.853 h. **2** Ciudad capital de la misma; 85.735 h. Importante conjunto monumental; catedral románica (siglo XI).
LUCANIA BASILICATA.
LUCANO, NA adj. y s. De Lucania.
LUCANO, MARCO ANNEO Poeta hispanorromano (Córdoba, 39 - Roma, 65). Sobrino de Séneca, destacó en Roma como orador. Implicado en la conjuración de Pisón, Nerón le obligó a suicidarse. Dejó escrita una epopeya histórica en diez cantos, *De bello civili*, conocida por *Farsalia*.
LUCAS, SAN Uno de los cuatro evangelistas, discípulo y compañero de san Pablo. Es autor del tercer *Evangelio* y de los *Hechos de los Apóstoles*.
LUCAS, GEORGE Director y productor de cine estadounidense (Modesto, California, 1945). Director de *American graffiti* (1973), *La guerra de las galaxias* (1977), *Episodio I: la amenaza fantasma* (1999) y *Episodio II: el ataque de los clones* (2002), ha producido, entre otras, *El imperio contraataca* (1980) y *El retorno del Jedi* (1983).
LUCAS, ROBERT E. Economista estadounidense (Yakima, Washington, 1937). Seguidor de las teorías de Milton Friedman, se ha especializado en análisis macroeconómico. En 1995 le fue concedido el premio Nobel de Economía.
LUCAS GARCÍA, ROMEO Militar y político guatemalteco (San Juan Chamelco, 1924). Ha sido ministro de Defensa y presidente de la República (1978-82).
LUCAYAS BAHAMAS.
LUCAYO, YA adj. **1** Originario o procedente de las islas Lucayas. **2** Relativo a ellas. También s.
LUCENSE adj. y com. De Lugo.
LUCERA o **LUCANERA** f. Ventana o claraboya abierta en la parte alta de los edificios.
LUCERNA (*Luzern*) **1** Cantón de Suiza; 1.493 km² y 343.254 h. **2** Ciudad capital del mismo, a orillas del lago de los Cuatro Cantones; 59.900 h. Ganadería. Turismo.
LUCERNA, LAGO DE CUATRO CANTONES, LAGO DE LOS.
LUCERNARIA f. *Zool.* Cualquiera de las medusas de la clase escifozoos, orden lucernarias.
LUCÉRNULA f. *Bot.* Neguilla, planta.
LUCERO m. **1** Cualquier astro de los que aparecen más grandes y brillantes. **2** fig. y poét. Cada uno de los ojos de la cara. Más en pl. || **LUCERO DEL ALBA, MATUTINO** o **VESPERTINO** *Astron.* El planeta Venus.
LUCHA f. **1** Enfrentamiento entre dos personas o animales, o grupos de ellos, en los que se utiliza la fuerza para dominar y abatir al contrario. **2** *Dep.* Deporte en el que se disputa un enfrentamiento similar al anterior, pero sometido a reglas. Existen modalidades universales (*lucha libre, lucha grecorromana*) o regionales (*lucha canaria, lucha americana*). **3** Lid, combate. **4** fig. Contienda, disputa. || **LUCHA DE CLASES** *Sociol.* Concepto básico del pensamiento marxista que hace referencia a la oposición existente entre las clases sociales, interpretada como motor del desarrollo histórico.
LUCHADOR, RA m. y f. **1** Persona que lucha. **2** *Dep.* Persona que se dedica profesionalmente al algún deporte de lucha.
LUCHAR intr. **1** Contender dos personas a brazo partido. **2** Pelear, combatir. **3** fig. Disputar, bregar, abrirse paso en la vida.
LUCHE[1] m. *Chile* Juego de la raya semejante al infernáculo o calderón.
LUCHE[2] (Voz arauc.) m. *Bot.* Alga marina de Chile; es comestible.
LUCÍA, SANTA Virgen y mártir cristiana (ss. III-IV). Sufrió martirio en la persecución de Diocleciano (304). Es patrona de los ciegos.
LUCIANO DE SAMOSATA Escritor griego (Samosata, Siria, h. 125 - ¿Egipto?, h. 192). Creó un nuevo género literario, los diálogos satíricos, en los que criticó las supersticiones y vicios de la época: *Diálogos de los dioses*, *Diálogos de los muertos* y *Diálogos de las cortesanas*.

LUCIDEZ f. Cualidad de lúcido.
LUCIDO, DA adj. Que hace o desempeña las cosas con gracia, liberalidad y esplendor.
LÚCIDO, DA adj. fig. Claro en el razonamiento, en las expresiones, en el estilo, etc.
LUCIÉRNAGA f. *Zool.* Insecto coleóptero perteneciente a la familia lampíridos, de nombre científico *Lampyris noctiluca*. Emite por la noche una luz fosforescente azul-verdosa, producida por oxidación de una sustancia denominada *luciferina*. Vive en Europa.
LUCIFER *Rel.* Uno de los nombres que se dan a Satán o Luzbel, el demonio del cristianismo.
LUCÍFERO, RA adj. Que da luz.
LUCÍFUGO, GA adj. *Biol.* Que huye de la luz.
LUCILIO, CAYO Poeta satírico latino (?, 149 - ?, 103 a. C.). Se conservan fragmentos de sus treinta libros de sátiras.
LUCIMIENTO m. Acción y efecto de lucir.
LUCIO[1] (Del lat. *luctus*.) m. *Zool.* Pez teleósteo acantopterigio perteneciente a la familia esócidos, de nombre científico *Esox lucius*, que puede pasar del metro de longitud y alcanzar los 30 kg de peso. Vive en las aguas dulces del hemisferio boreal.
LUCIO[2], **CIA** (Del lat. *lucĭus*.) adj. **1** Terso, lúcido. || m. *Geog.* **2** Cada uno de los lagunajos que quedan en las marismas al retirarse las aguas.
LUCIO Nombre de diversos papas.
LUCIO I, SAN (Roma, ? - íd., 254). Ocupó el solio pontificio de 253 a 254.
LUCIO II (Bolonia, ? - Roma, 1145). De nombre Gherardo Caccianemici, ocupó el solio pontificio de 1144 a 1145. Enfrentado a la comuna de Roma, murió en una revuelta popular.
LUCIO III (Lucca, ? - Verona, 1185). De nombre Ubaldo Allucingoli, ocupó el solio pontificio de 1181 a 1185. Convocó el concilio de Verona que condenó el maniqueísmo.
LUCIO VERO Emperador romano (Roma, 130 - Altino, 169). Asociado al poder como augusto por su suegro Marco Aurelio (161), combatió a partos, cuados y marcomanos.
LUCIÓN m. *Zool.* Reptil saurio perteneciente a la familia ánguidos, de nombre científico *Anguis fragilis*. Tiene el cuerpo cilíndrico y alargado, de color pardo y con tres series de manchas oscuras en el lomo. Vive en Europa, N de África y O de Asia.
LUCIR intr. **1** Brillar, resplandecer. **2** fig. Sobresalir, aventajar. También prnl. **3** Corresponder el provecho al trabajo en cualquier obra. || tr. **4** Manifestar el poder, la riqueza, etc. **5** Blanquear con yeso las paredes. || prnl. **6** Vestirse y adornarse con esmero. **7** fig. Quedar uno muy bien en un empeño. Se usa frecuentemente con valor irónico. ♦ IRREG. Véase cuadro.

LUCIR

INDICATIVO
Pres.: luzco, luces, luce, lucimos, lucís, lucen.
Pret. imperf.: lucía, lucías, lucía, etc.
Pret. indef.: lucí, luciste, etc.
Fut. imperf.: luciré, lucirás, etc.
Condic.: luciría, lucirías, etc.
SUBJUNTIVO
Pres.: luzca, luzcas, luzca, luzcamos, luzcáis, luzcan.
Pret. imperf.: luciera, lucieras, etc., o luciese, lucieses, etc.
Fut. imperf.: luciere, lucieres, etc.
IMPERATIVO: luce, lucid.
PARTICIPIO: lucido.
GERUNDIO: luciendo.

Muerte de **Lucrecia**. Cuadro de Eduardo Rosales. Museo del Prado (Madrid).

Lucknow Ciudad del N de la India, capital del Estado de Uttar Pradesh; 1.619.115 h. Centro comercial e industrial (textiles). Objetos de artesanía. Universidad.
Lucrar tr. **1** Conseguir uno lo que deseaba. || prnl. **2** Sacar provecho de un negocio o encargo.
Lucrativo, va adj. Que produce utilidad y ganancia.
Lucrecia Dama romana (s. VI a. C.). Esposa de Colatino, se suicidó tras ser violada por Sexto Tarquino, hecho que motivó el levantamiento del pueblo y el fin de la monarquía etrusca.
Lucrecio, Caro Tito Escritor latino (?, h. 98 - ?, h. 55 a. C.). Último representante de la filosofía atomista en la versión de Epicuro. Se le conoce por el gran poema didáctico *De rerum natura* (Sobre la naturaleza de las cosas), corregido por Cicerón, y escrito en versos hexámetros y dividido en seis libros.
Lucro m. Ganancia que se saca de algo.
Luctuoso, sa adj. Triste, fúnebre y digno de llanto.
Lucubración f. **1** Acción y efecto de lucubrar. **2** Vigilia y tarea consagrada al estudio. **3** Obra o producto de este trabajo.
Lucubrar tr. **1** Trabajar aplicadamente con el pensamiento y la imaginación para hacer planes, obras de ingenio, etc. **2** Imaginar sin mucho fundamento.
Lúculo, Lucio Licinio General romano (?, h. 100 - ?, h. 57 a. C.). Destacó combatiendo en Asia Menor, en las campañas contra Mitrídates y Tigranes, derrotando a este último en el año 69.
Lúcuma f. *Bot.* **1** Fruto del lúcumo. **2** LÚCUMO.
Lúcumo m. *Bot.* Árbol de la familia sapotáceas de Chile y Perú; su fruto es del tamaño de una manzana pequeña.
Lucy Nombre dado a los restos del primer prehominido conocido (3.000.000 a. C. aproximadamente); pertenecientes a una hembra de *Australopithecus afarensis*, descubiertos en 1974.
Lüda Ciudad de China, en Manchuria, en la provincia de Liaoning; 2.230.000 h. Importante centro portuario e industrial. Creada en 1958 por la fusión de Dalian y Lüshum.
Ludendorff, Erich General alemán (Kruszewnia, 1865 - Tutzing, 1937). Fue una de las figuras más destacadas de la Primera Guerra Mundial.
Lúder, Ítalo Argentino Abogado y político argentino (Rafaela, Santa Fe, 1916). Presidente del Senado, ocupó interinamente la presidencia de la República en 1975 por enfermedad de María Estela Martínez de Perón.
Ludhiana Ciudad del NO de la India, en el Estado de Punjab; 1.042.740 h. Centro industrial.
Ludibrio m. Escarnio, desprecio, mofa.
Lúdico, ca adj. Relativo al juego.
Ludir tr. Frotar, restregar, rozar una cosa con otra.
Ludismo m. *Hist.* Movimiento obrero surgido en Gran Bretaña en 1811 y cuyo objetivo era la destrucción de la maquinaria fabril.
Ludópata com. *Psicol.* Persona que padece una adicción patológica a los juegos de azar.
Ludovico Pío Luis I, emperador carolingio.
Ludwig, Emil Escritor suizo, de origen judeoalemán (Breslau, 1881 - Ascona, 1948). Destacó en la biografía novelada, género en el que alcanzó fama universal: *Goethe* (1920), *Bismarck* (1926), etc.
Luego adv. t. **1** Después de este tiempo o momento. || conj. **2** Expresa la deducción o consecuencia inferida de un antecedente. || **desde luego** loc. adv. De conformidad, sin duda. || **luego que** expr. ASÍ QUE.
Luengo, ga adj. poét. Largo.
Lúes o **Lúe** f. *Med.* Epidemia infecciosa, especialmente la sífilis.
Luftwaffe *Mil.* Designación de las fuerzas aéreas alemanas durante la Segunda Guerra Mundial, dirigidas por Goering.
Lugano o **Lúgano** m. *Zool.* Ave paseriforme perteneciente a la familia fringílidos, de nombre científico *Carduelis spinus*, de plumaje verde amarillento y negro en el macho. Vive en el centro de Europa.
Lugano Lago subalpino de Suiza e Italia, situado en el Cantón suizo de Tesino; 50 km².
Lugano Ciudad de Suiza meridional, Cantón de Tesino, a orillas del lago de su nombre; 25.334 h. Centro turístico.
Lugansk Ciudad de Ucrania, capital de provincia homónima; 487.000 h. Centro de una comarca minera, en la cuenca del Donetz. Industria siderometalúrgica. Antiguamente se llamó *Voroshilovgrad*.
Lugar m. **1** Espacio ocupado o que puede ser ocupado por un cuerpo cualquiera. **2** Sitio o paraje. **3** *Geog.* Ciudad, villa o aldea. **4** *Geog.* Población pequeña, menor que villa o mayor que aldea. **5** Pasaje, texto, autoridad o sentencia; expresión o conjunto de expresiones de un autor, o de un libro o escrito. **6** Tiempo, ocasión, oportunidad. **7** Puesto, empleo, dignidad, oficio o ministerio. **8** Causa, motivo u ocasión para hacer o no hacer algo. **9** Sitio que en una serie ordenada de nombres ocupa cada uno de ellos. || **lugar común** Expresión trivial, o ya muy empleada en caso análogo. || **dar lugar a** algo fr. Ser causa de ello. || **en lugar de** loc. adv. EN VEZ DE. || **en primer lugar** loc. adv. primeramente. || **tener lugar** algo fr. Ocurrir, suceder, efectuarse.
Lugareño, ña adj. y s. De un lugar o población pequeña.
Lugarteniente com. El que tiene autoridad para sustituir a otro en un cargo.
Lugdunense adj. y com. LIONÉS.
Lugo **1** Provincia de España, en la comunidad autónoma de Galicia; 9.803 km² y 366.934 h. Su estructura orográfica determina una extensa meseta en el interior y una pequeña vertiente cantábrica a la que dan sus aguas el Eo, que forma la ría de Ribadeo; el Masma, que desemboca en Foz; el Oro, el Landrove, que vierte su corriente en la ría de Vivero, y el Sor, en la del Barquero. El resto de la provincia corresponde a la cuenca del Miño, que recorre la meseta lucense de N a S. Ciudades principales: Monforte de Lemos, Villalba, Vivero y Sarria. La producción agrícola se centra en los cereales, principalmente el centeno; legumbres, hortalizas y frutas. Gran importancia tiene la ganadería vacuna y porcina. Industria alimentaria (cárnica y láctea), maderera, hidroeléctrica y del cemento. Notables reservas de mineral de hierro. Abundante pesca. **2** Ciudad capital de la misma, a orillas del río Miño; 85.174 h. Centro administrativo. Mercado agrícola y ganadero. Industria mecánica, alimentaria y de curtidos. Murallas y termas romanas (siglo III). Catedral comenzada en 1129 en estilo románico, con fachada neoclásica del siglo XVIII. Es la *Lucus Augusti* romana.
Lugones, Leopoldo Escritor argentino (Villa María de Río Seco, 1874 - isla del Tigre, 1938). En política evolucionó desde el socialismo hasta el militarismo, pasando por el anarquismo. Representó la corriente localista del modernismo. Su producción literaria se puede dividir en tres etapas: modernista (1887-09), en la que destacan *Las montañas de oro* (1897) y *Los crepúsculos del jardín* (1905); periodo de transición (1910-24), con títulos como *Lunario sentimental* (1909) y *Odas seculares* (1910); y etapa de madurez (1924-38): *Poemas solariegos* (1927) y *Roca* (1938). Se suicidó a la edad de 64 años.
Lugre m. Embarcación pequeña de tres palos.
Lúgubre adj. Triste, funesto, melancólico, tétrico.
Lugués, sa adj. y s. LUCENSE.
Luini, Bernardino Pintor italiano (Luino, h. 1480 - Milán, 1532). Acusó las influencias de Leonardo da Vinci, así como de los pintores umbros y lombardos. Autor de *Virgen con el Niño*, *Crucifixión*, *Bodas místicas de Santa Catalina*, etc.
Luis m. *Num.* Moneda de oro francesa de 20 francos. Estuvo en uso hasta la Primera Guerra Mundial.
Luis Nombre de tres emperadores carolingios.
Luis I el Piadoso o **Ludovico Pío** (Casseuil-sur-Garonne, 778 - cerca de Maguncia, 840). Hijo de Carlomagno y rey de Aquitania (781-814), sucedió a su padre en el año 814. Sostuvo encondadas luchas con sus tres hijos, Lotario, Luis y Carlos el Calvo, quienes a su muerte se repartieron el imperio.
Luis II (?, 825 - Brescia, 875). Hijo del emperador Lotario I, sucedió a éste en 855 después de haber sido coronado rey de Lombardía (844). Pasó su reinado combatiendo a los musulmanes, que habían invadido la Italia meridional.
Luis III el Ciego (Autun, 880 - Arles, 928). Rey de Provenza (887-905) y de Italia (900-905), ocupó el trono imperial entre los años 901-02 y 904-05. Venció en Italia a Berenguer y se hizo nombrar emperador por el papa Benedicto IV.
Luis Nombre de diversos reyes de Francia.
Luis I Luis I el Piadoso, emperador carolingio.
Luis II el Tartamudo (?, 846 - Compiègne, Oise, 879). Hijo de Carlos el Calvo, a quien sucedió en 877.
Luis III (?, h. 863 - Saint Denis, París, 882). Hijo de Luis II el Tartamudo, ocupó el trono con su hermano Carlomán en 879. Al año siguiente Luis tomó Neustria y Carlomán, Aquitania.
Luis IV de Ultramar (?, 921 - Reims, 954). Hijo de Carlos el Simple, accedió al trono en 936. Hizo reconocer su autoridad en Borgoña (1951).
Luis V el Holgazán (?, h. 967 - Compiègne, Oise, 987). Sucedió a su padre Lotario III en 986. Último rey de la dinastía carolingia, a su muerte accedió al trono Hugo Capeto.
Luis VI el Gordo (?, h. 1081 - París, 1137). Hijo de Felipe I, sucedió a su padre en 1108. Contribuyó al fortalecimiento de la monarquía.
Luis VII el Joven (?, h. 1120 - París, 1180). Hijo de Luis el Gordo, accedió al trono en 1137. Fue el promotor de la segunda cruzada.
Luis VIII el León (París, 1187 - Montpensier, 1226). Hijo de Felipe II Augusto, a quien sucedió en 1223.
Luis IX o **San Luis** (Poissy, Seine-et-Oise, 1214 - frente a Túnez, 1270). Hijo de Luis VIII, subió al trono en 1225. Firmó la paz con Inglaterra e hizo de mediador entre el Papa y Federico II. Participó en las dos últimas cruzadas.

Leopoldo **Lugones**. Retrato de Daniel Vázquez Díaz.

Luis XIV el rey Sol. Retrato de Hyacinthe Rigaud. Galería de los Uffizi (Florencia).

Luis X el Obstinado o **el Pendenciero** (París, 1289 - Vincennes, 1316). Hijo de Felipe IV el Hermoso y de Juana de Navarra. A la muerte de su madre ocupó el trono de Navarra con el nombre de Luis I (1305). En Francia sucedió a Felipe IV en 1314.

Luis XI (Bourges, Cher, 1423 - Plessis-lez-Tours, Indre-et-Loire, 1483). Hijo de Carlos VII a quien sucedió en 1461. Combatió el feudalismo, venciendo cuatro coaliciones formadas por Carlos el Temerario, duque de Borgoña. Logró la anexión del Rosellón y de Cerdaña.

Luis XII (Blois, Loir-et-Cher, 1462 - París, 1515). Duque de Orleans, sucedió a Carlos VIII en 1498. Se apoderó del Reino de Nápoles pero fue vencido por el ejército español al mando de Gonzalo de Córdoba.

Luis XIII el Justo (Fontainebleau, 1601 - Saint-Germain-en-Laye, Yvelines, 1643). Hijo de Enrique IV, accedió al trono en 1610, bajo la regencia de su madre, María de Médicis. Estuvo sometido a la influencia de su primer ministro, el cardenal Richelieu. Optó por la política militar de grandeza exterior y, sobre todo, antiespañola.

Luis XIV el Rey Sol (Saint-Germain-en-Laye, Yvelines, 1638 - Versalles, 1715). Sucedió a Luis XIII en 1643. Durante su minoría ejerció la regencia la reina madre, Ana de Austria, que confió el gobierno al cardenal Mazarino, quien tuvo que hacer frente a la oposición de la nobleza en la guerra de la Fronda (1648-53). Casó con María Teresa de Austria en cumplimiento de lo acordado por la paz de los Pirineos (1659). A la muerte de Mazarino asumió personalmente el poder, encarnando el ejemplo más claro de absolutismo monárquico. En la política exterior, siguió hasta 1678 la de Richelieu; así, intervino en la guerra de Devolución y en la guerra de Holanda. Desde 1679 (paz de Nimega), su política expansionista chocó con las potencias europeas, que llevaron a Francia a una guerra de desgaste. La paz de Ryswick (1697), supuso una vuelta al equilibrio. Las paces de Utrecht (1713) y Rastatt (1714) permitieron al rey asegurar a su nieto Felipe de Anjou el trono de España.

Luis XV (Versalles, 1710 - íd., 1774). Sucedió a su bisabuelo Luis XIV en 1715. Fue encomendado a la regencia Felipe de Orleans. Declarado el rey mayor de edad, se hizo cargo del gobierno el duque de Borbón y, posteriormente, el cardenal Fleury, quien, ayudado por Orry, trató de sanear la economía. A partir de 1744, el rey, asumió personalmente el gobierno. El pacto de familia concluido por el nuevo ministro Choiseul, no impidió que Francia, al finalizar la guerra de los Siete Años, perdiera Canadá y la India, compensadas en parte por la incorporación de Lorena (1766) y Córcega (1768). Con la entrega del gobierno a un triunvirato formado por Maupeu, Terray y D'Aiguillon, Luis XV pretendió desarrollar una política autoritaria que incrementó su impopularidad y abrió una crisis que estallaría en el reinado de su sucesor, Luis XVI.

Luis XVI (Versalles, 1754 - París, 1793). Sucedió a su abuelo Luis XV en 1774. En 1770 se casó con María Antonieta de Austria. Los primeros años de su reinado se caracterizaron por el afán reformista, siguiendo los principios del despotismo ilustrado. Fracasada una tardía reacción autoritaria, Luis accedió a la convocatoria de los Estados Generales (1789), que desencadenaron la Revolución. Tras la toma de la Bastilla, buscó ayuda en las cortes europeas; fue detenido en Varennes y repuesto en el trono, aunque con sus poderes muy disminuidos. El manifiesto monárquico de Brunswick (1792) y las intrigas del rey provocaron la indignación popular. En agosto de ese mismo año, invadidas las Tullerías por el pueblo, Luis fue encerrado con su familia en el Temple, de donde salió para comparecer ante la Convención, que le condenó a muerte. Fue guillotinado el 21 de enero de 1793.

Luis XVII (Versalles, 1785 - París, 1795). Hijo segundo de Luis XVI, a quien sucedió en 1793. Tras la muerte de su padre fue puesto bajo la vigilancia de la Comuna (1794).

Luis XVIII (Versalles, 1755 - París, 1824). Nieto de Luis XV y hermano de Luis XVI. Tras ser guillotinado Luis XVI, nombró rey a su sobrino Luis XVII y se arrogó la regencia. Accedió al trono en 1814 y, tras el lapso de los Cien Días, lo recuperó en 1815. Siguió una política reaccionaria; en 1823, envió un ejército a España para restaurar a Fernando VII.

Luis Nombre de cuatro emperadores germánicos.
Luis I Luis I el Piadoso, emperador carolingio.
Luis II Luis II, emperador carolingio.
Luis III Luis III el Ciego, emperador carolingio.
Luis IV de Baviera (Munich, 1287 - Fürstenfeld, 1347). Duque de Baviera (1294), fue elegido emperador en 1328. Invadió Italia, se hizo coronar en Roma, e instaló en el solio pontificio al antipapa Nicolás V. Fue depuesto en 1347.

Luis Nombre de diversos reyes germánicos.
Luis I Luis I el Piadoso, emperador carolingio.
Luis II el Germánico (?, 804 - Frankfurt, 876). Segundo hijo de Luis I el Piadoso, en 817 obtuvo Baviera y la parte oriental del imperio carolingio, que amplió por el tratado de Verdún (843). A la muerte de su hermano Lotario, heredó el reino de Lombardía, que dividió con su otro hermano, Carlos el Calvo.
Luis III el Joven (?, 822 - Frankfurt, 882). Hijo de Luis II el Germánico, en 865 recibió Turingia, Franconia y Sajonia, y tras la muerte de su padre arrebató Baviera a su hermano Carlomán (879).
Luis IV el Niño (Oettinga, 893 - Ratisbona, 911). Hijo del emperador Arnulfo, a quien sucedió en 900. Fue el último soberano carolingio que reinó en Germania.

Luis Nombre de dos reyes de Hungría.
Luis I el Grande Rey de Hungría y de Polonia (Visegrád, 1326 - Nagyszombat, 1382). Hijo de Carlos Roberto, a quien sucedió en el trono de Hungría en 1342. Ocupó el trono de Polonia en 1370. Sus dominios se extendieron desde el Báltico hasta casi el mar Negro y el Adriático.
Luis II Rey de Hungría y de Bohemia (Buda, 1506 - Mohacs, 1526). Hijo de Ladislao VI Jagellón, subió al trono en 1516. Su reinado se caracterizó por la propagación del protestantismo.

Luis I Rey de España (Madrid, 1707 - íd., 1724). Hijo primogénito de Felipe V y de María Luisa de Saboya, accedió al trono en enero de 1724 tras la abdicación de su padre.

Luis I de España. Retrato de Miguel Ángel Houasse. Museo del Prado (Madrid).

Luis Bonaparte Rey de los Países Bajos, hermano de Napoleón Bonaparte (Ajaccio, 1778 - Liorna, 1846). En 1806 fue colocado por Napoleón en el trono de Holanda; abdicó en 1810.

Luis Felipe I Rey de Francia (París, 1773 - Claremont, Reino Unido, 1850). Hijo de Felipe Igualdad, fue proclamado rey de Francia tras la revolución de julio de 1830. Firmó la nueva constitución e intentó establecer un gobierno personal. La negativa a ampliar el derecho electoral y los acontecimientos revolucionarios de 1848 y se vio obligado a abdicar.

Luis Gonzaga, san Religioso jesuita italiano (Castiglione, 1568 - Roma, 1591). Renunció a sus derechos como heredero del marqués de Castiglione e ingresó en la Compañía de Jesús (1583). Murió, contagiado, al cuidar enfermos de la peste.

Luis Mariano (Mariano Eusebio González García, llamado) Cantante francés de origen español (Irún, 1922 - París, 1970). Exiliado en Francia, se especializó en el género de la ópera cómica, con obras de tema español e hispanoamericano.

Luis Napoleón Bonaparte Napoleón III.

luisa f. *Bot.* Mata o pequeño arbusto perteneciente a la familia verbenáceas, de nombre científico *Aloysia triphylla*, originaria de Sudamérica.

Luisa Francisca de Guzmán Reina de Portugal (Sanlúcar de Barrameda, 1613 - Xabregas, 1666). Hija del duque de Medina-Sidonia, se casó en 1633 con el duque de Braganza, futuro Juan IV de Portugal. Muerto su esposo, ejerció la regencia durante la minoría de edad de su hijo.

Luisa de Marillac, santa Religiosa francesa (París, 1591 - íd., 1660). Fundó con san Vicente de Paúl la Compañía de las Hijas de la Caridad.

Luisa de Saboya Reina y regente de Francia (Pont-d'Ain, 1476 - Grez-sur-Loing, 1531). Madre del rey Francisco I, desempeñó la regencia cuando su hijo partió hacia Italia (1515).

luisiana Louisiana.

Luján Ciudad de Argentina, en Buenos Aires; 66.226 h. Basílica de la Virgen de Luján.

lujar tr. *Al.*, *Ecuad.*, *Hond.* y *Nic.* Dar lustre al calzado.

lujo m. **1** Ostentación de riqueza, derroche. **2** Hecho cuya realización pone de manifiesto la abundancia de dinero, tiempo, etc. **3** Abundancia de cosas que pueden no ser necesarias. **4** Gasto de bienes de consumo no necesarios. || **de lujo** expr. Muy selecto, de mucho valor.

lujoso, sa adj. Que tiene o manifiesta lujo.

lujuria f. **1** Deseo sexual desmesurado. **2** Exceso o demasía en algunas cosas.

lujuriante adj. Muy lozano, vicioso y que tiene excesiva abundancia.

Lukács, György Filósofo y ensayista húngaro (Budapest, 1885 - íd., 1971). Formado en la filosofía dialéctica, está considerado uno de los principales teóricos del marxismo y del pensamiento estético del siglo xx. Obras principales: *El alma y las formas* (1911), *Historia y conciencia de clase* (1923) y *Estética* (1965).

Lukashenko, Aleksandr Político bielorruso (Kopys, Orshanske, 1954). El 20 de julio de 1994 accedió a la presidencia del país. Revalidó su cargo en 2001.

Lukasiewicz, Jan Filósofo polaco (Lvov, 1878 - Dublín, 1956). Se distinguió especialmente en el análisis de la lógica tradicional y la metalógica. Obras fundamentales: *Elementos de lógica matemática* (1929), *La silogística de Aristóteles* (1951).

Lule Río del N de Suecia, en el condado de Norrbotten, tributario del golfo de Botnia; 450 km de curso.

Lule, Yusufu Político y académico ugandés (Buganda, 1911 - Londres, 1985). Líder del Frente Nacional de Liberación de Uganda, presidente interino del gobierno tras el derrocamiento de Idi Amin en 1979, comandante en jefe de las Fuerzas Armadas y ministro de Defensa (abril-junio de 1979).

Lulio, Raimundo Llull, beato Ramon.

lulismo m. *Filos.* Sistema del beato Ramon Llull y especialmente su doctrina lógica conocida con el nombre de *Arte Magna*.

Lully o **Lulli, Jean-Baptiste** Músico francés de origen italiano (Florencia, 1632 - Versalles, 1687). Creador de una forma operística típicamente francesa y de la llamada obertura francesa, que alcanzó una extraordinaria difusión en el Barroco. Es autor de tragedias líricas, ballets, música para las comedias de Molière y motetes.

lulú adj. y com. *Veter.* Se dice de una raza de perros de pelaje abundante, como el *spitz* y el *lulú de Pomerania*.

Luluabourg Kananga.

luma (Voz araucana.) f. *Bot.* **1** Árbol perteneciente a la familia mirtáceas, de nombre científico *Myrtus luma*, chileno, de madera es dura y resistente. **2** Madera de este árbol.

August y Louis **Lumière**

LUMAQUELA f. *Geol.* Roca sedimentaria formada por conchas de moluscos.

LUMBAGO m. *Med.* Dolor reumático en la zona lumbar.

LUMBAR adj. *Anat.* **1** Se dice de la zona o región del cuerpo situada en el dorso, entre la última costilla y los glúteos. **2** Perteneciente o relativo a esta zona del cuerpo.

LUMBRE f. **1** Materia combustible encendida, como leña, carbón, etc. **2** Fuego voluntariamente encendido para guisar, calentarse u otros usos. **3** Luz que irradia un cuerpo en combustión. **4** fig. Esplendor, claridad. **5** Espacio de una puerta, claraboya, tronera, etc., que deja pasar la luz. || **dar lumbre** fr. fig. Dar un fumador a otro fuego para encender el cigarrillo.

LUMBRERA f. **1** Cuerpo que despide luz. **2** Abertura o tronera que desde el techo de una habitación o desde la bóveda de una galería comunica con el exterior y proporciona luz y ventilación. **3** *Mar.* Escotilla de un barco. **4** Persona muy destacada por su inteligencia o saber.

LUMEN m. **1** *Bot.* Espacio limitado por las paredes de la célula. **2** *Fís.* Unidad de flujo luminoso equivalente al emitido por segundo en un ángulo sólido, procedente de un foco puntual cuya intensidad es de una bujía. Su símbolo es *lm.*

LUMI f. En argot, RAMERA.

LUMIA f. RAMERA.

LUMIÈRE, AUGUST Biólogo e industrial francés (Besançon, 1862 - Lyon, 1954). Junto con su hermano Louis inventó el cinematógrafo. Como biólogo, investigó sobre las vitaminas, los coloides y la tuberculosis.

LUMIÈRE, LOUIS Químico e industrial francés (Besançon, 1864 - Landon, 1948). Hermano de August. Construyó la primera máquina de cine, capaz de proyectar 16 imágenes por segundo, que fue patentada en 1895. Su obra *Salida de los obreros de la fábrica Lumière* (1895), fue la primera proyección pública de la historia del cine.

LUMINANCIA f. *Fís.* Medida de la luminosidad de una superficie.

LUMINARIA f. **1** Luz que se pone en ventanas, balcones, torres y calles con motivo de alguna fiesta pública. Más en pl. **2** Luz que arde continuamente en las iglesias delante del sagrario.

LUMINISCENCIA f. **1** BIOLUMINISCENCIA. **2** *Fís.* Propiedad que poseen ciertas sustancias de emitir luz por causas ajenas a la elevación de temperatura.

LUMINOSIDAD f. **1** Cualidad de luminoso. **2** *Astron.* Cantidad de energía irradiada por segundo desde una estrella. Depende de la temperatura y el tamaño de la misma. **3** *Fís.* Grado de iluminación de una superficie medido en unidades luz.

LUMINOSO, SA adj. Que despide luz.

LUMINOTECNIA f. Arte de la iluminación con luz artificial para fines industriales o artísticos.

LUMPEN m. *Sociol.* **1** Grupo constituido por los individuos marginados de las sociedades urbanas. || adj. *Sociol.* **2** Perteneciente o relativo a este grupo.

LUMPENPROLETARIADO m. *Sociol.* Término acuñado por Marx para designar a los sectores más pobres del proletariado.

LUMUMBA, PATRICE-ÉMERY Político congoleño (Katako-Kombé, 1925 - Elisabethville, 1961). Fundó en 1958 el Movimiento Nacional Congoleño (MNC). Primer ministro en 1960.

LUNA f. **1** *Astron.* Satélite, cuerpo celeste que se mueve en una órbita elíptica alrededor de un planeta. **2** *Astron.* LUNACIÓN. **3** Tabla de cristal de que se forma el espejo o que se emplea en vidrieras, escaparates y otros usos. || **LUNA DE MIEL** fig. Periodo de tiempo que sigue a la celebración del matrimonio. || **MEDIA LUNA** *Astron.* Figura que presenta la Luna al comenzar a crecer y al fin del cuarto menguante. || *Hist.* Símbolo del islam y de la religión musulmana, sobre todo referido al imperio turco otomano. || **a la luna de Valencia** loc. adv. fig. y fam. Frustradas las esperanzas de lo que se deseaba o pretendía. Se usa con los verbos *dejar* y *quedarse.* || **estar en la luna** fr. fig. y fam. Estar distraído. También, estar fuera de la realidad.

LUNA *Astron.* Cuerpo celeste, único satélite de la Tierra, en torno a la cual gira. Tiene 3.476 km de diámetro, 38.000.000 de km^2 de superficie y su volumen y masa son, respectivamente, 0,012 y 0,020 de las terrestres. De aquí que su densidad sea 3,3 g/cm^3 y la intensidad de su gravedad 161,9 cm/s^2. Su órbita es casi circular y su distancia media a la Tierra es de 384.405 km. La duración de una vuelta alrededor de la Tierra es de 27 días, 7 horas, 43 minutos y 12 segundos, pero como durante éstos la Tierra avanza, aquel periodo se alarga a 29 días, 12 horas y 44 minutos, o lunación, en que se repiten las fases. Simultáneamente al movimiento anterior, la Luna gira sobre sí misma y la duración es igual en ambos movimientos. En la superficie presenta llanuras claras, llenas de circos y cráteres, algunos de hasta 235 km de diámetro, y está condicionada por procesos térmicos endógenos, tectónicos, volcánicos, magmáticos e impactos de meteoros. Su temperatura va desde 100 °C cuando el Sol está en el cenit, hasta -170 °C en las zonas de sombra. A causa de sus condiciones de presión y temperatura, se puede considerar como un cuerpo sólido más o menos macizo. La edad de la Luna se calcula en 4,6 miles de millones de años. El 21 de julio de 1969 tocó su superficie el *Apolo XI* y pisaron por primera vez el suelo lunar los estadounidenses Armstrong y Aldrin.

LUNA, ÁLVARO DE Condestable de Castilla (Cañete, ¿1388? - Valladolid, 1453). Favorito de Juan II, se convirtió en árbitro del reino y ejerció el poder como señor absoluto. Venció a los musulmanes en la batalla de la Higueruela (1431). Se enfrentó a los infantes de Aragón y a la alta nobleza, a quienes derrotó en Olmedo (1445). Por instigación de Isabel de Portugal, segunda esposa del soberano, fue condenado a muerte y decapitado.

LUNA, LA COATÍ, isla de Bolivia.

LUNA, PEDRO DE Antipapa español (Illueca, 1328 - Peñíscola, 1422). Promovido el cisma de Occidente, fue elegido papa con el nombre de Benedicto XIII, para suceder a Cemente VII. No quiso aceptar la renuncia, a pesar de haber sido depuesto por el concilio de Constanza. Cuando perdió todos sus apoyos se retiró a Peñíscola. Era conocido con el nombre de *Papa Luna.*

LUNA CARNÉ, PABLO Compositor español (Alhama de Aragón, 1880 - Madrid, 1942). Autor de populares zarzuelas, como *Molinos de viento* (1910) y *Sangre y arena* (1911).

LUNA PIZARRO, FRANCISCO JAVIER DE Prelado peruano (Arequipa, 1780 - Lima, 1855). Partidario de la independencia, fue presidente del primer congreso constituyente (1822).

LUNACIÓN f. *Astron.* Sucesión de todas las fases lunares. Su duración es de 29 días, 12 horas, 44 minutos y 3 segundos, por término medio.

LUNAR[1] (De *luna,* porque se atribuía a influjo de este astro, o porque tenía su forma) m. **1** *Med.* Pequeña mancha en el rostro u otra parte del cuerpo, producida por una acumulación del pigmento melanina en la piel. **2** Círculo de distinto color que el fondo, que presentan algunas telas, papeles, etc.

LUNAR[2] (Del lat. *lunāris.*) adj. *Astron.* Relativo a la Luna.

LUNÁTICO, CA adj. y s. Que de vez en cuando padece ataques de locura o cambios de carácter.

LUNCH (Voz i.) m. Comida ligera que se hace a mediodía.

LUNDKVIST, ARTUR Poeta sueco (Oderljunga, 1906 - Estocolmo, 1991). Primitivista en sus primeros poemas (*Brasas,* 1928), a partir de 1930 derivó hacia el surrealismo: *Canto de sirena* (1937), *Vía crucis* (1942) e *Instantes y olas* (1962).

LÜNEBURG Distrito de Alemania en el Land de Baja Sajonia; 15.269 km^2 y 1.581.100 h. Su capital es la ciudad del mismo nombre.

LUNES m. Primer día de la semana civil y segundo de la litúrgica. || **cada lunes y cada martes** expr. fam. Con frecuencia. ♦ Su pl. es *lunes.*

LUNETA f. **1** Cada uno de los cristales de las gafas. **2** *Arquit.* LUNETO. || **LUNETA TÉRMICA** Cristal de la ventanilla posterior de un coche provisto de un dispositivo que evita que se empañe.

LUNETO m. *Arquit.* Bovedilla en forma de media luna, abierta en la bóveda principal para dar luz a ésta; luneta.

LUNFARDO m. **1** *Arg.* desus. Ratero, ladrón. **2** *Ling.* Jerga que originariamente empleaba, en la ciudad de Buenos Aires y sus alrededores, que se ha ido extendiendo al lenguaje coloquial.

LUNS, JOSEPH MARIE Político neerlandés (Rotterdam, 1911 - Bruselas, 2002). Ministro de Asuntos Exteriores desde 1952 hasta 1971, en que fue nombrado secretario general de la OTAN.

LÚNULA f. **1** *Anat.* Espacio blanquecino semilunar de la raíz de las uñas. **2** *Geom.* Figura compuesta de dos arcos de círculo que se cortan volviendo la concavidad hacia el mismo lado.

LUO adj. *Etnol.* **1** Se dice de un pueblo africano que habita en Kenia, en las orillas del lago Victoria. Aplicado a personas, también com. **2** Relativo a este pueblo. || m. *Ling.* **3** Lengua hablada por los luos perteneciente al grupo sudánico oriental de la familia nilo-sahariana.

LUOYANG *(Lo-yang)* Ciudad de China, en la provincia de Henan; 1.190.000 h.

LUPA f. *Fís.* Lente convergente de pequeña distancia focal que aumenta el ángulo de visión y da una imagen virtual.

LUPACA adj. *Etnol.* **1** Se dice de un grupo amerindio que habita en las cercanías del lago Titicaca, entre Perú y Bolivia. Aplicado a personas, también com. **2** Relativo a este grupo. || m. *Ling.* **3** Lengua de la familia aimará hablada por los lupaca.

LUPANAR m. Prostíbulo, casa de citas.

LUPERÓN, GREGORIO Militar y político dominicano (Puerto Plata, 1839 - isla de Santo Tomás, 1897). Encabezó con José María Cabral una rebelión contra la dominación española (1863-65). Presidente de la República en 1880.

LUPINO, NA adj. *Zool.* Relativo al lobo.

LUPULINA f. *Bot.* Planta herbácea perteneciente a la familia leguminosas, de nombre científico *Medicago lupulina.* Se cultiva como forrajera en la región mediterránea.

LUPULINO m. *Quím.* Polvo resinoso amarillo y brillante de los frutos del lúpulo que se emplea en medicina como tónico.

LÚPULO m. *Bot.* Planta herbácea trepadora perteneciente a la familia canabáceas, de nombre científico *Humulus lupulus.* Crece en las zonas templadas septentrionales del globo. La sustancia amarga de sus frutos se emplea para aromatizar la cerveza y en medicina.

LUPUS m. *Med.* Enfermedad de la piel o de las mucosas, caracterizada por la producción de tubérculos que se ulceran.

LUQUE, HERNANDO DE Eclesiástico español (Olvera, ? - Panamá, 1532). Se asoció, en 1524, con Pizarro y Diego de Almagro para realizar la conquista de la región aurífera peruana. Fue obispo de Túmbez con el título de protector de las Indias.

LUQUÉS, SA adj. y s. De Luca.

LURÇAT, JEAN Pintor y cartonista de tapices francés (Brueyères, 1892 - Saint-Paul-de-Vence, 1966). Entre sus principales creaciones cabe citar *L'orage* (1936), *Liberté* (1942) y el conjunto *Le chat du monde* (1956-65).

LURDES LOURDES.

LURIA, ALEKSANDER ROMANOVICH Científico soviético (Kazán, 1902 - Moscú, 1977). Considerado el fundador de la escuela soviética de la neuropsicología, en los años treinta estableció las bases de la psicología genética.

LURIA, SALVATORE EDOARDO Biólogo estadounidense de origen italiano (Turín, 1912 - Lexington, 1991). Premio Nobel de Medicina (1969), compartido con M. Delbrück y A. D. Hershev, por sus estudios de replicación genética de estructuras víricas.

-LUS- in. LIO-.

LUSACIA Región de Alemania, que pertenece a los Lander de Brandeburgo y Sajonia. Riqueza minera.

LUSAKA Ciudad capital de Zambia y de la provincia de su nombre; 982.362 h. Importante centro comercial de maíz y tabaco. Industria del algodón.

lúpulo

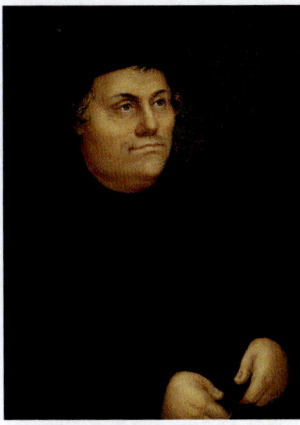

Martín **Lutero**. Retrato de Henriette Rath. Biblioteca de la Universidad de Ginebra.

LUSETANO, NA adj. y s. *Hist*. Se dice de una antigua facción de Navarra acaudillada por el señor de Lusa, y de los individuos de este bando.

LÜSHUM Ciudad de China, provincia de Liaoning. Anteriormente se llamó *Port Arthur*. Perteneció a Rusia y a Japón. (Véase LÜDA.)

LUSINCHI, JAIME Político venezolano (?, 1924). Líder de Acción Democrática, fue presidente de la República entre 1983 y 1989. Le sucedió Carlos Andrés Pérez.

LUSITANIA *Geog. hist*. Una de las provincias en que se dividió la Hispania romana, con capital en Emérita Augusta (Mérida), que comprendía todo Portugal al S del Duero y porciones de León y la Extremadura española.

LUSITANO, NA adj. 1 De Lusitania. También s. 2 *Etnol.* e *Hist.* Se dice de un pueblo prerromano que habitaba la Lusitania. Más como m. pl. 3 Se dice también de sus individuos. También s. 4 Relativo a este pueblo. 5 De Portugal. También s.

LUSO, SA adj. y s. LUSITANO.

LUSSICH, ANTONIO Escritor uruguayo (Montevideo, 1848 - Punta Ballena, 1929). Contribuyó a la poesía gauchesca con *Los tres gauchos orientales* (1872) y *El matrero Luciano Santos* (1873).

LUSTRABOTAS m. *Arg., Bol., Chile* y *Urug*. El que tiene por oficio limpiar el calzado, limpiabotas. ♦ Su pl. es *lustrabotas*.

LUSTRAR tr. Dar lustre a algo, como a los metales y piedras.

LUSTRE m. 1 Brillo de las cosas tersas o bruñidas. 2 fig. Esplendor, gloria.

LUSTRÍN m. *Chile* Lustrabotas, limpiabotas.

LUSTRO m. Espacio de cinco años.

LUSTROSO, SA adj. Que tiene lustre.

LÚTEA f. *Zool*. OROPÉNDOLA.

LUTECIA CITÉ, ÎLE DE LA.

Lutecia Pronunciación española del latín *Lutetia*, nombre de una ciudad galorromana que dio origen a París.

LUTECIO m. *Quím*. Elemento químico perteneciente al grupo de los lantánidos o tierras raras del sistema periódico. Masa atómica 175; número atómico 71; símbolo *Lu*.

LUTEÍNA f. *Bot*. XANTÓFILA.

LUTERANISMO m. 1 Doctrina de Martín Lutero. [Encic.] 2 Conjunto de los que siguen esta doctrina.

HIST. Y REL. El movimiento religioso iniciado por Lutero surge como alternativa a la decadencia de la iglesia católica y con el propósito de renovarla. Tiene sus bases doctrinales en la Confesión de Augsburgo (1530), la *Apología* de Melanchthon (1521), los *Catecismos* de Lutero (1529) y la Fórmula de Concordia de 1580. Para Lutero, la Biblia es el único fundamento de la doctrina de la iglesia, formada ésta solamente por los que viven en la verdadera fe. Se pueden señalar como puntos esenciales del luteranismo: la fundamentación de la salvación por la fe; el principio del sacerdocio universal, y la consiguiente abolición de los votos monásticos; la reducción del número de sacramentos a tres; la supresión del celibato, el culto a las imágenes y las jerarquías religiosas; la negación del sacrificio eucarístico, sustituyendo la transustanciación por la consustanciación. El luteranismo, favorecido por los príncipes alemanes, se extendió por la Europa del siglo XVI dando origen a otros movimientos reformadores, como los de Zwinglio y Calvino, al proceso de Contrarreforma católica y a las guerras de religión.

LUTERANO, NA adj. 1 Que profesa la doctrina de Lutero. También s. 2 Perteneciente o relativo a Lutero.

LUTERO, MARTÍN Religioso agustino alemán, iniciador de la Reforma protestante (Eisleben, Sajonia, 1483 - íd., 1546). Después de cursar estudios en la Universidad de Erfurt ingresó en la orden agustina, y se dedicó a la teología y a la filosofía. Entre 1515 y 1516, tras un viaje a Roma enviado por su orden, escribió *Comentario a la Epístola a los romanos*, que ya incluye algunas de sus tesis reformistas posteriores. Su oposición a la venta de indulgencias destinada a la finalización de las obras de San Pedro del Vaticano, culminó con la publicación, en 1517, de sus 95 tesis en la iglesia del castillo de Wittenberg. Si bien Lutero no pretendía salirse de la iglesia, sino denunciar los abusos, esta publicación marca el inicio de la Reforma protestante. En 1520 escribió las obras que recogían los postulados centrales de su doctrina: *Manifiesto a la nobleza cristiana de Alemania, La cautividad de Babilonia* y *De la libertad del cristiano*. Comenzó la traducción de la Biblia al alemán y siguió publicando obras (*Exhortación a la paz*, 1525; *Catecismo*, 1529), al tiempo que organizaba su iglesia. En 1530 aprobó el documento presentado por Melanchthon a la dieta de Augsburgo (*Confesión de Augsburgo*), en el que se consignaban las diferencias con Zwinglio y que constituiría la confesión de fe de las iglesias luteranas.

LUTITA f. *Geol*. Roca sedimentaria detrítica.

LUTO m. 1 Signo exterior de duelo en ropas y otras cosas, por la muerte de alguien. 2 Periodo de tiempo durante el que se mantienen dichos signos externos. 3 Vestido negro que se usa por la muerte de alguien. 4 Duelo, pena. ∥ **MEDIO LUTO** El que no es riguroso. ∥ *aliviar el luto* fr. Usarlo menos riguroso.

LUTON Ciudad del Reino Unido, en Inglaterra; 183.300 h. Constituye un Consejo unitario.

LUTOSLAWSKI, WINCENTY Filósofo polaco (Cracovia, 1863 - íd., 1955). Destacó principalmente por sus investigaciones sobre el pensamiento de Platón y estableció la cronología de sus diálogos.

LUTOSLAWSKI, WITOLD Compositor polaco (Varsovia, 1913 - íd., 1994). Influido inicialmente por Bartók, desarrolló un estilo personal. Es autor, entre otras obras, de *Variations symphoniques* (1936-1938) y cuatro *Sinfonías*.

LUTYENS, ELISABETH Compositora británica (Londres, 1906 - íd., 1983). Desde 1936 adoptó el sistema dodecafónico. En su producción destacan *Concierto de cámara n.º 1* (1936) y las óperas *The Pit* (1947) e *Isis and Osiris* (1970).

LÜTZEN Ciudad de Alemania, Land de Sajonia-Anhalt. En sus inmediaciones tuvieron lugar dos importantes batallas: una que costó la vida a Gustavo Adolfo de Suecia (1632), y otra en la que prusianos y rusos fueron vencidos por Napoleón (1813).

LUX m. *Metrol*. Unidad de intensidad de iluminación, equivalente a la de una superficie que recibe un flujo luminoso de un lumen por metro cuadrado. Su símbolo es *lx*.

LUXACIÓN f. *Med*. Dislocación permanente de las superficies articulares de los huesos.

LUXEMBURG, ROSA Revolucionaria alemana, de origen polaco (Zamosc, Rutenia, 1870 - Berlín, 1919). Huyó de Polonia y se instaló en Alemania en la década de 1890, ingresando en el Partido Socialdemócrata Alemán (SPD), donde comenzó a desarrollar los fundamentos teóricos opuestos al revisionismo alemán. En 1915 fundó con Liebknecht la Liga espartaquista, y en 1918 participó en la creación del Partido Comunista Alemán, formación que organizaría al año siguiente la insurrección de Berlín, con la que R. Luxemburg no estaba del todo de acuerdo. Fracasada la revolución, fue arrestada y ejecutada.

LUXEMBURGO 1 Cantón de Luxemburgo; 238 km² y 120.500 h. **2** Ciudad capital del Estado de Luxemburgo; 76.446 h. Importante turismo.

LUXEMBURGO Provincia del SE de Bélgica; 4.440 km² y 245.140 h. Capital, Arlón. Bosques. Industria conservera.

LUXEMBURGO (*Grand-Duché de Luxembourg*) Estado de Europa occidental, situado entre Bélgica, Alemania y Francia.

GEOG. El país está accidentado por los montes Ardenas, a la vez que recorrido por el río Mosela (frontera con Alemania) y varios afluentes. Tiene clima semicontinental y vegetación de prados y bosques. Posee agricultura cerealista y de tubérculos, así como ganadería vacuna, porcina y ovina. La principal actividad económica del país es la industria siderúrgica, que ocupa el 18% de la población. Es uno de los Estados de mayor renta per cápita del mundo.

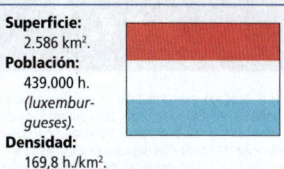

Superficie: 2.586 km².
Población: 439.000 h. *(luxemburgueses).*
Densidad: 169,8 h./km².
Tasa de natalidad: 13‰.
Tasa de mortalidad: 8,8‰.
Capital: Luxemburgo.
Ciudades principales: Esch-sur-Alzette, Dudelange, Diferdange.
Grupos étnicos: luxemburgueses (67,4%), portugueses (12,1%), italianos (4,8%), franceses (3,5%), otros (12,2%).
Religión: catolicismo (94,9%).
Idioma: francés y alemán.
Moneda: euro.
Forma de Estado: monarquía constitucional.
Producto Nacional Bruto: 19.293 millones de dólares.
Renta per cápita: 45.100 dólares.
División administrativa: 12 Cantones, según cuadro.

LUXEMBURGO

Cantones	Superficie (km²)	Población (h.)
Capellen	199	34.200
Clervaux	332	11.300
Diekirch	239	24.600
Echternach	186	13.000
Esch	243	122.700
Grevenmacher	211	19.400
Luxemburgo	238	120.500
Mersch	224	20.600
Redange	267	12.000
Remich	128	14.300
Vianden	54	2.900
Wiltz	265	10.100

Luxor (Egipto). Obelisco y templo de Amenofis III.

Hist. Fundado como condado en el siglo x sobre un territorio de la antigua Lotaringia, fue convertido en ducado en 1354, y más tarde, pasó a pertenecer al duque de Borgoña (1443). Ambos ducados se integraron en las posesiones de los Habsburgo en 1477, por el matrimonio de María de Borgoña con Maximiliano de Austria, convirtiéndose Luxemburgo en una de las provincias de los Países Bajos. Heredado por Carlos I de España y luego por su hijo Felipe II (1555), permaneció unido a España después de la separación de los Países Bajos del Norte (Provincias Unidas). Tras la paz de los Pirineos (1659), la zona S de su territorio pasó a Francia, y por el tratado de Rastatt (1714), el ducado fue cedido a Austria. La Francia revolucionaria lo conquistó en 1795 y fue un departamento hasta su restitución en el congreso de Viena (1815), como posesión de los Países Bajos, cuyo rey, Guillermo I, lo erigió en gran ducado miembro de la Confederación Germánica. Unido a Bélgica en la sublevación de 1830 contra los Países Bajos, fue dividido entre estos dos países. Disuelta la Conferencia Germánica en 1866, el tratado de Londres (1867) declaró su neutralidad y garantizó su independencia. Invadido por los alemanes en las dos guerras mundiales, fue liberado en 1944. Luxemburgo constituyó el Benelux con Bélgica y los Países Bajos (1947) y abandonó su estatuto de neutralidad (1948); ingresó en la OTAN (1949) y fue miembro fundador de la CEE. En 1964, la gran duquesa Carlota, jefe del Estado desde 1919, abdicó en su hijo Juan. En 1974, el Partido Social Cristiano, gobernante desde 1919, perdió las elecciones, lo que favoreció la formación de la coalición entre el Partido Demócrata Liberal y el Partido Socialista Obrero Luxemburgués, que sería sustituida tras las elecciones de 1979 por una coalición entre el Partido Social Cristiano y el Partido Demócrata. Los comicios de 1984, 1989 y 1994 propiciaron el gobierno conjunto del Partido Social Cristiano y el Partido Socialista Obrero. Jacques Santer, representante de la primera de ambas formaciones políticas, accedió a la jefatura del Gobierno en las elecciones de 1989 y fue ratificado en las de 1994. En 1995 ocupó la presidencia de la Comisión Europea y fue sustituido como primer ministro por Jean-Claude Juncker. En 2002 el gran duque Juan abdicó en su hijo Enrique. Jean-Claude Juncker fue ratificado en su cargo tras las elecciones de 1999 y 2004.
Luxemburgo Geneal. Ilustre familia francesa, cuyo nombre procede del castillo de igual denominación, en Lorena. Dio varios emperadores a Alemania y numerosos caudillos militares.
luxemburgués, sa adj. y s. De Luxemburgo.
Luxor (al-Uqsur) Ciudad de Egipto, situada en el Alto Nilo, capital de la gobernación homónima; 155.000 h. Ocupa el sector meridional de la antigua Tebas. En ella se encuentra el templo de su nombre, comenzado por Amenofis III (siglo xiv a. C.).
Luynes, Charles d'Albert, duque de Político francés (Pont-Saint-Esprit, 1578 - Longueville, 1621). En 1617 se convirtió en el ministro más poderoso de Luis XIII. Fracasó en su intento de imponer el catolicismo y fue vencido por los hugonotes en Montauban (1621).
luz f. 1 Fís. Radiación electromagnética de una longitud de onda comprendida entre 380 y 780 nm, que produce percepción visual. Se define como el producto de la visibilidad por el poder radiante, siendo este último la intensidad de propagación de la energía radiante. 2 Fís. En general, radiación electromagnética de cualquier longitud de onda. 3 Quím. Claridad que irradian los cuerpos en combustión, ignición o incandescencia. 4 Geom. Área interior de la sección transversal de un tubo. 5 Utensilio que sirve para alumbrar, como candelero, lámpara, araña, vela, etc. 6 fig. Modelo, persona o cosa capaz de ilustrar y guiar. 7 fig. Día, tiempo que dura la claridad del sol. 8 Arquit. Cada una de las ventanas o troneras por donde se da luz a un edificio. Más en pl. 9 Arquit. Dimensión horizontal interior de un vano o de una habitación. 10 Arquit. Distancia horizontal entre los apoyos de un arco, viga, etc. || f. pl. 11 fig. Ilustración, cultura. 12 Inteligencia. || luz cenital La que en una habitación, patio, iglesia, etc., se recibe por el techo. || luz eléctrica Fís. La producida por medio de la electricidad. || luz monocromática Fís. La que contiene radiaciones de una única longitud de onda. || luz negra Fís. La ultravioleta, invisible, que se hace perceptible cuando incide sobre sustancias fosforescentes o fluorescentes. || luz polar o nórdica Meteor. Aurora boreal. || media luz La que es escasa y no se comunica entera o directamente. || a toda luz, o a todas luces loc. adv. fig. Por todas partes, de todos modos. También, evidentemente, sin duda. || dar a luz fr. Parir la mujer. || dar luz fr. Alumbrar el cuerpo luminoso, o disponer paso para la luz. || entre dos luces loc. adv. fig. Al amanecer. También, en sentido figurado, al anochecer. || sacar a la luz fr. fig. Descubrir, hacer patente lo que estaba oculto. || salir a luz fr. fig. Ser producida una cosa. También, imprimirse, publicarse algo. También, descubrirse lo que estaba oculto. || ver la luz fr. fig. Hablando de personas, nacer.
Luzbel Teol. El príncipe de los ángeles que se rebelaron contra Dios; Lucifer, Satán.
Luzi, Mario Poeta italiano (Castello, Florencia, 1914). Adscrito inicialmente al hermetismo: *La barca* (1935), *Llegada nocturna* (1940), posteriormente su poesía adquirió mayor sobriedad expresiva: *Un brindis* (1946), *Cuaderno gótico* (1947).
Luzón Isla de Filipinas, en el N del archipiélago, la mayor y más poblada de todas; 108.172 km^2 e 23.900.636 h. Es muy montañosa, y la costa, accidentada y con numerosas bahías. Hierro, oro, manganeso y cobre. Madera, arroz, maíz, caña de azúcar, etc. Capital, Manila, en cuyos alrededores se concentra la industria de la isla. Miguel López de Legazpi fundó la ciudad de Manila (1571), mientras Goiti y Salcedo pacificaban la isla. El año 1574 sufrió los ataques del pirata chino Li Ma-Hong y en 1600 el oidor Morga consiguió rechazar al almirante Witter. En 1841 se produjo la insurrección de Apolinario de la Cruz, y en 1872 se originaron levantamientos independentistas en Manila y Cavite. En 1896 se produjo una insurrección nacionalista y, tras la caída de Manila (1898), Luzón, con el resto de Filipinas, pasó a la dominación estadounidense y fue escenario de movimientos nacionalistas. En 1941 se organizó la resistencia frente a Japón, que invadió la isla un año más tarde, siendo finalmente recuperada por el general MacArthur (1945). Tras la Segunda Guerra Mundial, Luzón se convirtió en el campo de operaciones del movimiento independentista de los *hulks*.
Lvov Ciudad de Ucrania, capital de la provincia homónima; 802.000 h. Importante centro industrial y de comunicaciones. Perteneció a Polonia 1349-1772, 1920-1939) y a Austria (1772-1918).
Lvov, Georgi Evgenievich, príncipe Político ruso (Popovka, 1861 - París, 1925). Fue jefe del gobierno provisional surgido tras la revolución de febrero de 1917.
Lw Quím. Símbolo químico del laurencio.
Lwoff, André Michael Biólogo francés de origen polaco (Ainay-le-Château, 1902 - París, 1994). En 1965 recibió el premio Nobel de Fisiología y Medicina, compartido con F. Jacob y J. Monod, por sus investigaciones sobre genética.
lx Fís. Símbolo del lux.
Lyautey, Louis Hubert Gonzalve Mariscal de Francia (Nancy, 1854 - Thorey, 1934). Comisario general y residente general de Francia en el protectorado de Marruecos (1912-24).
lycra f. Tejido sintético y elástico con el que se confeccionan diversas prendas. ♦ También se escribe *licra*.
Lydda Lod.
Lyell, sir Charles Geólogo británico (Kinnordy, 1797 - Londres, 1875). Revolucionó los métodos de la investigación geológica. Se le debe la división del período terciario en tres épocas: eoceno, mioceno y plioceno. Entre sus obras destaca *Principios de geología* (1830-33).
Lyly, John Poeta y novelista inglés (Weald of Kent, h. 1554 - Londres, 1606). Alcanzó gran celebridad con su novela en prosa poética *Euphues o la anatomía del ingenio* (1559), donde realiza una dura crítica de la sociedad londinense. En 1580 publicó una continuación, *Euphues y su Inglaterra*; es el creador del estilo preciosista inglés denominado «eufuismo».
Lyman, Theodore Físico estadounidense (Boston, 1874 - Cambridge, 1954). En 1914 descubrió la serie espectral del átomo de hidrógeno.
Lynch, Benito Escritor argentino (La Plata, 1880 - íd., 1951). Autor de novelas naturalistas de temática gauchesca: *Los caranchos de la Florida* (1916), *Las mal calladas* (1923), *El inglés de los güesos* (1924) y *Romance de un gaucho* (1933).
Lynch, David Director de cine estadounidense (Montana, 1946). Autor de filmes de estética muy personal, y atmósfera inquietante y opresiva. Ha dirigido *El hombre elefante* (1980), *Dune* (1984), *Terciopelo azul* (1986) y *Corazón salvaje* (1990).
Lynch, John Político irlandés (Cork, 1917). Presidente del Fianna Fail (1966-79), ocupó la jefatura del gobierno (1966-73 y 1977-79).
Lynch, Marta Escritora argentina (Buenos Aires, 1925 - íd., 1985). Autora de las novelas *La alfombra roja* (1962), *La señora Ordóñez* (1968), *Un árbol lleno de manzanas* (1976) e *Informe bajo llave* (1983), y de colecciones de relatos: *No te duermas, no me dejes* (1985).
Lynen, Feodor Bioquímico alemán (Munich, 1911 - íd., 1979). Investigó sobre el metabolismo intermediario y la biosíntesis del colesterol y de los ácidos grasos. En 1964 recibió el premio Nobel de Medicina, compartido con K. Bloch.
Lyon Ciudad del SE de Francia, capital de la región de Rhône-Alpes, y del departamento del Rhône, al pie del Macizo Central, en la confluencia del Saona con el Ródano, 422.444 h. (1.262.223 h. en su aglomeración urbana). Centro industrial, financiero y cultural. Catedral (siglos xii-xv). Anfiteatro romano.
Lyra, Carmen Lira, Carmen.
Lys Río de Francia y Bélgica, frontera entre ambos países; 200 km. Desemboca en el Escalda, cerca de Gante.
Lysenko, Trofin Denisovich Biólogo soviético (Kalovka, 1898 - Kiev, 1976). Jefe de la escuela genética rusa, su labor investigadora agrícola, apoyada por Stalin, fue muy controvertida.
Lytton, Edward Bulwer Escritor y estadista inglés (Londres, 1803 - Torquay, 1873). Secretario de Estado para las Colonias (1858-59), escribió numerosas novelas históricas: *Los últimos días de Pompeya* (1834) y *Lucrecia* (1847).

Lyon (Francia). Catedral de Saint-Jean y río Saona.

M¹ f. Decimotercera letra del abecedario español y décima de sus consonantes. Su nombre es *eme*. Representa un sonido de articulación bilabial, nasal, oclusiva y sonora.

M² **1** *Astron.* Símbolo de la magnitud aparente de una estrella. **2** *Fís.* Símbolo del metro, unidad de longitud en el sistema internacional de medidas. **3** *Fís.* Símbolo de masa. **4** *Fís.* Símbolo del minuto.

M¹ f. *Mat.* Letra numeral que tiene el valor de mil en la numeración romana.

M² **1** *Astron.* Símbolo de la magnitud absoluta de una estrella. **2** *Fís.* Símbolo del maxwell, unidad de flujo magnético, en el sistema cegesimal. **3** *Quím.* Símbolo del prefijo *mega*, que equivale a un millón de veces.

mA *Fís.* Símbolo del miliamperio.

Ma *Quím.* Símbolo del elemento químico antiguamente llamado masurio, hoy conocido como tecnecio.

MAALS Río de Noruega, en el condado de Troms, que desemboca en Malanyen; 125 km. Su último tramo es navegable.

MAALOUF, AMIN Escritor libanés (Líbano, 1949). Autor de novelas históricas como *León el Africano* (1986), *Las escalas de Levante* (1996) y *El viaje de Baldassare* (2000).

MAAR (Voz al.) m. *Geol.* Cráter volcánico formado por explosiones gaseosas, sin efusión de lava. Generalmente los maars se convierten en lagos pequeños.

MAASTRICHT Ciudad del S de los Países Bajos, capital de la provincia de Limburgo; 118.341 h. Catedral románica.

MAASTRICHT, CUMBRE DE *Hist.* y *Polít.* Reunión celebrada en esta ciudad holandesa en diciembre de 1991, a la que asistieron los representantes de los doce países miembros de la Comunidad Europea. En ella se acordó un plan de convergencia que permitiera la creación de una moneda única y el establecimiento progresivo de una política exterior y de seguridad común.

MAAZEL, LORIN Director de orquesta y violinista estadounidense de origen eslavo (Neuilly-sur-Seine, 1930). Ha sido director musical de la Ópera de Berlín (1965-71) y de la Ópera de Viena (1982-84) y, desde 1988, la Sinfónica de Pittsburgh.

MABBUL Nombre hebreo del Diluvio. Literalmente significa *gran inundación*.

MABENARO, RA adj. y s. *Etnol.* Se dice de una tribu del pueblo tacana, del grupo lingüístico arauaco, que habita en la región de los ríos Tambopata y Heath, entre Perú y Brasil.

MABÍ m. *Bot. P. Rico* y *Dom.* Árbol de la familia ramnáceas, de corteza amarga.

MABILLON, JEAN Religioso e historiador francés (Saint-Pierremont, 1632 - Saint-Germain-des-Prés, 1707). Monje benedictino, se le considera el fundador de la diplomática por su obra *De re diplomatica libri VI* (1681).

MABINGA f. **1** Tabaco de calidad inferior. **2** *Cuba* y *Méx.* Estiércol y excremento animal.

MABITA com. *Venez.* Persona desafortunada, que tiene desgracia en todo.

MABLY, GABRIEL BONNOT DE Escritor político francés (Grenoble, 1709 - París, 1785). Seguidor de Locke, preconizó una vuelta al comunitarismo primitivo. Obras: *De la legislación* (1776), *Principios de moral* (1784) y *Los derechos y deberes del ciudadano* (1789).

MABOLO m. *Bot.* Árbol de la familia ebenáceas nativo de Filipinas, cuyo fruto es muy semejante al melocotón.

MABRA f. *Zool.* HERRERA.

MABUSE, JAN GOSSAERT, JAN.

MACA f. **1** *Agr.* Señal que queda en la fruta por algún daño que ha recibido. **2** Daño ligero que tienen algunas cosas. **3** fig. Defecto moral. **4** fig. y fam. Disimulo, engaño, fraude.

-MACA suf. MACO-.

MACABEO, JUDAS Caudillo judío (?, h. 200 - Elasa, 160 a. C.). Miembro de la familia de los Macabeos, era hijo del sacerdote Matatías. Junto a sus hermanos, encabezó la insurrección de los judíos contra el rey de Siria, Antíoco IV.

MACABEOS *Geneal.* Familia que encabezó la resistencia de los judíos contra la dominación del rey de Siria Antíoco IV Epífanes. El sacerdote Matatías incitó a los judíos a rebelarse contra Antíoco (166 a. C.), que había tomado Jerusalén y pretendía su helenización. Prosiguieron la lucha sus hijos: Judas, que venció a los generales enviados por Antíoco (165-164 a. C.) y obtuvo la libertad de culto en 162 a. C.; Jonatán, sumo sacerdote, reconocido como jefe de la nación judía por Alejandro Bala; y Simón, que finalmente obtuvo la independencia de su país (142 a. C.).

MACABEOS, LIBRO DE LOS Nombre de los dos libros deuterocanónicos del Antiguo Testamento que contienen la historia de las guerras de Judas Macabeo y sus hermanos contra los reyes de Siria.

MACABRO, BRA adj. Se dice de lo que participa de la fealdad de la muerte y de la repulsión que ésta suele causar.

MACACHÍN m. *Bot. Arg.* y *Urug.* Planta de la familia oxalidáceas cuyas hojas y flores se emplean con fines medicinales.

MACACO¹ m. *Num. Hond.* y *Nic.* Moneda macuquina del valor de un peso.

MACACO², CA adj. **1** *Cuba* y *Chile* Feo, deforme. ‖ m. y f. *Zool.* **2** Nombre de varios mamíferos primates de la familia cercopitécidos. Son monos catarrinos de cuerpo macizo y extremidades robustas, con cola larga y colgante, y callosidades en las nalgas de color rojo chillón. Viven en las regiones cálidas de Asia. Solamente una especie, la mona de Gibraltar *(Macaca sylvana)*, vive en el N de África y Gibraltar. ‖ **MACACO RHESUS** o **RESO** *Zool.* De nombre científico *Macaca rhesus*, vive en las montañas de la India y China. En él se descubrió el FACTOR RH, presente en el hombre.

MACACOA f. **1** *P. Rico* Mala suerte. **2** *Col.* y *Venez.* Murria, tristeza.

MACADAM o **MACADÁN** m. Pavimento de piedra machacada y comprimida con el rodillo. ♦ Su pl. es *macadams* o *macadanes*.

MACAGUA (Voz caribe.) f. **1** *Bot.* Árboles de la familia moráceas, de nombres científicos *Pseudolmedia spuria* y *Exostemma caribaeum*. Proceden de Cuba. **2** *Zool.* Ave falconiforme perteneciente a la familia falcónidas, de nombre científico *Herpetotheres cachinnans*, rapaz diurna de América meridional. **3** *Zool.* Serpiente venenosa de color negro de Venezuela.

macaco rhesus

MACAGÜITA f. *Bot.* **1** Palma espinosa de Venezuela. **2** Fruto de este árbol.

MACAL m. *Bot. Chile* Sitio poblado de plantas de maqui.

MACANA f. **1** Arma ofensiva, a manera de machete, que usaban los indios americanos. **2** *Amér.* Garrote grueso. **3** *C. Rica* Palo con que los indios americanos labraban la tierra, coa. **4** fig. Artículo de comercio que queda sin fácil salida. **5** fig. *Arg.* Destaino, embuste. **6** *Bol.*, *Col.* y *Ecuad.* Especie de chal o manteleta, que usan las mujeres mestizas.

MACANEAR tr. **1** *Cuba*, *Dom.* y *P. Rico* Golpear con la macana. **2** *Col.*, *Nic.* y *Venez.* Desbrozar. **3** *Col.* Dirigir bien un negocio. ‖ intr. **4** *Col.* y *Hond.* Trabajar fuertemente y con asiduidad. En Nicaragua, prnl. **5** *Arg.*, *Bol.*, *Chile*, *Par.* y *Urug.* Decir destainos o tonterías.

MACANUDO, DA adj. *Amér.* **1** Chocante por sus cualidades positivas. **2** Admirable.

MACAO Territorio asiático, en el litoral del SE de China, constituido por la península de Macao y las islas de Taipa y Coloane; 17,3 km² y 355.693 h. Capital, Macao. La población es mayoritariamente china. Sus principales actividades económicas son la pesca y el turismo. Cuenta con industria textil, alimentaria, del tabaco, electrónica y pirotécnica. La unidad monetaria es la pataca. En posesión de Portugal desde 1557, en 1976

Macao (China). Vista general.

Douglas MacArthur

se le concedió un estatuto de autonomía. En 1999 tuvo lugar su devolución a China.

Macao *(Santo Nome de Deus)* Ciudad capital de Macao; 326.460 h.

Macaón m. *Zool.* Insecto lepidóptero de nombre científico *Papilio machaon*. Es una mariposa de gran tamaño, y color amarillo y negro.

Macapá Ciudad de Brasil, capital del Estado de Amapá; 146.523 h.

Macapagal, Diosdado Político filipino (Lubao, 1910 - Manila, 1997). Presidente de la República (1961-65), dirigió la comisión encargada de redactar la nueva Constitución en 1972.

Macará Río de Ecuador, en la provincia de Loja, que delimita la frontera con Perú y desemboca en el Pacífico.

Macareno, na adj. y s. **1** Vecino del barrio de la Macarena, en Sevilla. **2** fam. Guapo, majo.

Macareo m. *Geol.* Flujo de gran violencia y velocidad extraordinaria que producen las mareas altas en la desembocadura de ciertos ríos, en contra de la corriente.

Macarra com. **1** desp. Persona hortera, chabacana, vulgar, de mal gusto. También adj. || m. **2** Hombre que se aprovecha de las ganancias de las prostitutas. **3** Por extensión, el que vive a costa de una mujer.

Macarrón m. **1** Pasta alimenticia hecha con harina de trigo amasada, que tiene forma de canutos alargados. Más en pl. **2** Bollito con azúcar, almendra y otras especias. **3** Extremo de las cuadernas que sale fuera de las bordas del buque. Más en pl. **4** Tubo de plástico que recubre cables eléctricos o alambres. **5** Tubo de plástico que en las motocicletas conduce la gasolina del depósito al motor. **6** MACARRA.

Macarrónico, ca adj. Se aplica al latín defectuoso y al lenguaje vulgar que no sigue las leyes del buen gusto. Por extensión, se dice de cualquier lengua extranjera hablada incorrectamente.

Macarse prnl. Empezar a pudrirse la fruta por los lugares en los que ha recibido golpes.

MacArthur, Douglas Militar estadounidense (Little Rock, Arkansas, 1880 - Washington, 1964). Tomó parte en la Primera Guerra Mundial. Ocupó la jefatura del Estado Mayor de EE UU entre 1930 y 1935. Comandante en jefe de las fuerzas estadounidenses de Filipinas (1941), tuvo que abandonar las islas tras la invasión japonesa (1942) y pasó a dirigir las fuerzas aliadas del Pacífico Sur. Tras la rendición de Japón (1945), fue nombrado comandante de las fuerzas de ocupación. Al estallar la guerra de Corea estuvo al mando de las tropas de la ONU; en 1951 fue destituido por Truman.

Macartismo m. *Hist.* Conjunto de medidas policiacas impulsadas por el senador Joseph McCarthy, presidente del Comité de Actividades Antiamericanas, que entraron en vigor en EE UU en el periodo de la guerra fría (1947-54). Su finalidad era descubrir e inhabilitar profesionalmente a los sospechosos de ser comunistas o simpatizantes de la política de izquierdas.

Macasar m. Trozo de tela o encaje que se coloca en los respaldos y brazos de los sillones para evitar el roce.

Macasar Estrecho de Asia, entre Borneo y Célebes, que comunica el mar de Célebes con el de Java; 900 km de longitud.

Macasar UJUNG PANDANG.

Macaulay, Thomas Babington, barón de Historiador y político británico (Rothley Temple, Leicestershire, 1800 - Londres, 1859). Diputado por el Partido Liberal, en 1834 fue nombrado asesor jurídico del Consejo Supremo de la India.

Macaurel f. *Zool.* Serpiente de Venezuela.

Macazuchil m. *Bot.* Planta de la familia piperáceas cuyo fruto empleaban los habitantes de México para perfumar el chocolate.

Macbeth Rey de Escocia (? - Lumphanan, 1057). Conde de Moray, arrebató el trono y asesinó a Duncan I en 1040. Fue muerto por el hijo de Duncan, Malcolm III, en la batalla de Lumphanan.

Macdonald, Jacques Alexandre Militar francés (Sedán, 1765 - Courcelles, 1840). Participó en las campañas del Rhin y de Italia. Tras la victoria de Wagram (1809), fue nombrado mariscal. Influyó en la abdicación de Napoleón y después sirvió a Luis XVII.

Macdonald, James Ramsey Político inglés (Lossiemouth, Grampian, 1866 - en alta mar, 1937). Jefe del Partido Laborista desde 1911, defendió un socialismo reformista. Presidió el primer gobierno laborista del país (1924) y, posteriormente, en los periodos 1929-30 y 1931-35.

Macear tr. **1** Dar golpes con el mazo. || intr. **2** fig. Molestar repetidamente a alguien.

Macedo, Joaquín Manuel de Escritor brasileño (Rio de Janeiro, 1820 - íd., 1882). Considerado uno de los creadores de la novelística de su país, es autor de *La morenita* (1844), *Rosa* (1849), *El forastero* (1855).

Macedón, na adj. y s. MACEDONIO.

Macedonia Región histórica del SE de Europa, en la península de los Balcanes, hoy dividida entre Grecia, Bulgaria y la República de Macedonia. El pueblo macedonio tiene su origen en las invasiones dorias de los siglos XII y XI a. C. En el siglo VII a. C. se constituyó en reino; Pérdicas I logró la unificación del territorio e instauró la dinastía de los Argéadas. En el siglo IV a. C., Filipo II inició un periodo de expansión; en 338 a. C. había impuesto su hegemonía en toda Grecia. Su hijo Alejandro Magno extendió sus dominios a Egipto, Mesopotamia, Persia y la India. A su muerte, se sucedieron las luchas internas hasta que en 276 a. C. Antígono Gonatas instauró la dinastía de los Antigónidas. La alianza de Filipo V con Aníbal provocó la primera guerra macedónica (200-196 a. C.), que puso fin a su hegemonía en Grecia; tras la tercera (172-168 a. C.), Macedonia cayó bajo el dominio de Roma y fue incorporada como provincia. Tras diversas invasiones eslavas, los búlgaros la anexionaron en el año 927. Volvió a formar parte del imperio bizantino entre 1024 y 1204, cuando se originó el imperio griego de Tesalónica. La región septentrional fue conquistada por los búlgaros en 1230 y, a mediados del siglo XIV, por los serbios. Tras la derrota de Kosovo (1389), Macedonia quedó incluida en el imperio otomano. Durante la última década del siglo XIX y la primera del XX fueron sofocados diversos levantamientos nacionalistas. Como consecuencia de las dos guerras balcánicas, Macedonia fue dividida en tres regiones; la costa pasó a Grecia, el interior a Serbia, y el resto del territorio a Bulgaria. Tras la Primera Guerra Mundial, el tratado de Neuilly (1919) limitó el territorio búlgaro en favor de Yugoslavia. Durante la Segunda Guerra Mundial, Bulgaria, con la ayuda de Alemania, se anexionó la Macedonia yugoslava y griega (1941). Una vez concluida la contienda, se restablecieron las fronteras anteriores. La Macedonia yugoslava formó la República Federal de Macedonia, incorporada a Yugoslavia hasta la declaración de independencia en 1991.

Macedonia Región del N de Grecia, que hace frontera con Albania, la República de Macedonia y Bulgaria y penetra en el Egeo formando la península Calcídica. Está dividida en las regiones de Macedonia Central, Macedonia Occidental y Macedonia Oriental y Tracia. Pasó a manos griegas tras la división del territorio histórico de MACEDONIA acordada en el tratado de Bucarest (1913).

Macedonia, República de *(Republika Makedonija)* Estado balcánico de Europa que perteneció a Yugoslavia hasta 1991. Limita al N con Serbia y Montenegro; al E con Bulgaria; al S con Grecia y al O con Albania.

Superficie: 25.713 km².
Población: 2.041.000 h. (macedonios).
Densidad: 79,4 h./km².
Tasa de natalidad: 14,9‰.
Tasa de mortalidad: 8,4‰.
Capital: Skopje.
Ciudades principales: Kumanovo, Bitolj, Tetovo y Giostivar.
Grupos étnicos: macedonios (66,4%), albanos (23,1%), turcos (3,9%).
Religión: ortodoxa.
Idioma: macedonio.
Moneda: dinar.
Forma de Estado: república parlamentaria.
Producto Nacional Bruto: 2.584 millones de dólares.
Renta per cápita: 1.290 dólares.
División administrativa: 30 distritos, según cuadro.

REPÚBLICA DE MACEDONIA

Distritos	Superficie (km²)	Población (h.)
Berovo	806	19.737
Bitolj	1.798	106.012
Brod	924	10.912
Debar	274	26.499
Delcevo	589	25.052
Demir Hisar	443	10.321
Gevgelija	757	34.767
Giostivar	1.341	108.189
Kavadarci	1.132	41.801
Kicevo	854	53.044
Kocani	570	48.105
Kratovo	376	10.855
Kriva Palanka	720	25.112
Krusevo	239	11.981
Kumanovo	1.212	126.543
Negotino	734	23.094
Ohrid	1.069	60.841
Prilep	1.675	93.248
Probistip	326	16.373
Radovis	735	30.378
Resen	739	17.467
Skopje	1.818	541.280
Stip	815	50.531
Struga	507	62.305
Strumica	952	89.759
Sveti Nikole	649	21.391
Tetovo	1.080	174.748
Titov Veles	1.536	65.523
Valandovo	331	12.049
Vinica	432	19.010

GEOG. El relieve está constituido fundamentalmente por una meseta de entre 600 y 1.000 m de elevación, flanqueada en sus bordes fronterizos por montañas. Las mayores cotas se localizan en el sector occidental (Sar Planina, 2.702 m). El río Vardar, que desemboca en el Egeo, atraviesa el territorio. En el SO se encuentran los lagos Ohrid y Préspa. El clima es continental. La agricultura se basa en los cultivos mediterráneos: vid, cereales, ciruelas, remolacha azucarera, tomates, tabaco y algodón. Ganadería lanar en las zonas montañosas. Yacimientos de carbón, cobre, caolín, hierro, plomo, cinc, cromo y magnesita. El principal centro industrial es Skopje. Cuenta con industrias siderúrgicas, metalúrgicas, de productos derivados del petróleo, mecánicas, químicas, textiles, alimentarias, cementeras y del tabaco.

HIST. El país tiene su origen en la división de la región histórica de MACEDONIA efectuada tras las dos guerras balcánicas de principios del siglo XX. Por el tratado de Bucarest (1913), la zona nordoccidental e interior pasó a ser gobernada por los serbios. Después de la Primera Guerra Mundial se incorporó a Yugoslavia (tratado de Neuilly, 1919). En los años siguientes hubo brotes de nacionalismo en demanda de una Macedonia independiente o incorporada a Bulgaria. En 1922 surgió una asociación probúlgara, que mantuvo la inestabilidad hasta la repatriación de los valacos a Rumania (1927-28) y la mejora de las relaciones entre Yugoslavia y Bulgaria (1930). Esta última, aliada con los alemanes, invadió Macedonia durante la Segunda Guerra Mundial. En 1946, se restablecieron las fronteras anteriores y se formó la República Federal de Macedonia, integrada en Yugoslavia. En septiembre de 1991, la población de Macedonia aprobó en referéndum su independencia. La presidencia de la República recayó en Kiro Gligorov. En abril de 1993, pese a la oposición de Grecia, fue admitida en la ONU. En las elecciones generales de octubre de 1994, Kiro Gligorov fue reelegido presidente de la República; su partido, la Unión para Macedonia, consiguió la mayoría parlamentaria. Se encargó la formación de gobierno al anterior primer ministro, B. Crvenkovski. En 1995, Gligorov resultó herido en un atentado. Fue sustituido transitoriamente por el presidente del Parlamento, Stojan Andov. Ese mismo año Grecia reconoció la existencia de la República. Desde 1997 se han sucedido diversos conflictos en la frontera con Albania, especialmente intensos en 1999 durante la guerra de Kosovo con la llegada masiva a Macedonia de refugiados albano-kosovares. Tras las elecciones legislativas de 1998 el nacionalista liberal Ljubisa Georgievski sustituyó a Crvenkovski en la jefatura de Gobierno. En 1999 Boris Trajkovski sustituyó a Gligorov en la presidencia. En marzo de 2001 un grupo de guerrilleros albanokosovares penetraron en el país y tomaron la ciudad de Tanuseva, conflicto que se unió al originado por los ataques de esta misma guerrilla en la zona serbia del valle de Presevo, que se extendió al resto de la frontera macedonia con Kosovo. En mayo de 2001 el Parlamento aprobó la formación de un Gobierno de unidad nacional presidido por Georgievski, con la participación de partidos macedonios, serbios y albaneses, para preservar la estabilidad del país, a pesar de lo cual los combates continuaron. Tras la firma en agosto de un acuerdo de paz de eslavos y albaneses, en noviembre se aprobó la reforma de la Constitución para aumentar los derechos de la minoría albanesa. La coalición Juntos por Macedonia resultó vencedora en las elecciones legislativas de 2002 y su líder, el socialdemócrata Branko Crvenkovski, fue nombrado primer ministro. Tras la muerte de Boris Trajdovski en febrero de 2004, Ljupco Jordanovski ocupó la presidencia de forma interina. En abril de 2004 se celebraron comicios presidenciales y resultó vencedor Branko Crvenkovski, quien nombró primer ministro a Hari Kostov.

MACEDÓNICA, DINASTÍA *Geneal.* Dinastía bizantina fundada por Basilio I el Macedonio en 876, que gobernó el imperio hasta 1057.

MACEDÓNICAS, GUERRAS *Hist.* Nombre que reciben las tres guerras que enfrentaron a Roma y a Macedonia (215-205 a. C., 200-197 a. C. y 171-168 a. C.). En la tercera, la derrota de Perseo, hijo de Filipo V, supuso el fin del reino de Macedonia.

MACEDÓNICO, CA adj. MACEDONIO.

MACEDONIO, NIA adj. y s. **1** De Macedonia. || f. **2** Ensalada de frutas. || m. *Ling.* **3** Lengua eslava del sur, oficial en la República de Macedonia.

MACEIÓ Ciudad de Brasil, capital del Estado de Alagoas; 554.727 h. Puerto. Centro agrícola.

MACEO, ANTONIO Militar y patriota cubano (Santiago, 1845 - Punta Brava, 1896). Ayudante de Máximo Gómez en la guerra de los Diez Años (1868-78), rechazó la paz de Zanjón y, tras exiliarse en Jamaica, tomó parte en la guerra Chiquita (1879). Al comenzar la guerra de la independencia (1895), regresó a Cuba para unirse a las fuerzas de José Martí. Recibió el mando de las tropas de Santiago de Cuba, con las que logró entrar en La Habana.

MACERAR tr. **1** Ablandar una cosa estrujándola o golpeándola. **2** Mantener sumergida alguna sustancia sólida en un líquido, con el fin de ablandarla o de extraer de ella las partes solubles. **3** fig. Mortificar. También prnl.

MACERATA 1 Provincia de Italia, en la región de Las Marcas; 2.774 km² y 297.877 h. **2** Ciudad capital de la misma; 43.040 h.

MACETA[1] f. **1** Mango de algunas herramientas. **2** Martillo con cabeza de dos bocas iguales y mango corto que usan los canteros. || adj. **3** *P. Rico* Avariento, tacaño. **4** *Amér.* Caballo viejo de cascos crecidos que, por esa causa, anda con dificultad.

MACETA[2] f. **1** Vaso de barro cocido que sirve para criar plantas. **2** Pie o vaso donde se ponen flores artificiales para adorno.

MACETERO m. Soporte para colocar macetas de flores.

MACH m. *Fís.* Nombre internacional de una unidad de velocidad que equivale a la del sonido.

MACH, ERNEST Físico y filósofo austriaco (Turas, 1838 - Viena, 1916). Realizó trabajos sobre termodinámica, óptica y numerosos estudios sobre filosofía de la ciencia. Se le considera uno de los fundadores del positivismo lógico.

MACHA f. *Zool.* Molusco de mar comestible.

MACHACA f. **1** Instrumento con que se machaca. || com. **2** fig. Persona pesada que fastidia con su conversación.

MACHACANTE m. *Mil.* Soldado destinado a servir a los sargentos de una unidad.

MACHACAR tr. **1** Golpear una cosa para deformarla. **2** Reducir una cosa sólida a fragmentos, pero sin triturarla. || intr. **3** fig. Porfiar e insistir pesadamente sobre una cosa.

MACHACÓN, NA adj. y s. Importuno, pesado.

MACHADA f. **1** Conjunto de machos cabríos. **2** Acción valiente. **3** Necedad.

MACHADO m. Hacha para cortar madera.

MACHADO DE ASSIS, JOAQUIM MARIA Escritor brasileño (Rio de Janeiro, 1839 - íd., 1908). Autor de poesía y teatro, lo más relevante de su producción son sus novelas: *Memorias póstumas de Braz Cubas* (1881), *Quincas Borba* (1891), *Don Casmurro* (1900) y *Memorial de Aires* (1908).

MACHADO MORALES, GERARDO Político y militar cubano (Santa Clara, 1871 - Miami, 1939). Fundó el Partido Popular Cubano. Presidente de la República de 1925 a 1931.

MACHADO RUIZ, ANTONIO Poeta español (Sevilla, 1875 - Collioure, 1939). Estudió en la Institución Libre de Enseñanza y fue catedrático de francés en institutos de varias ciudades. En 1939, se exilió en el S de Francia. Miembro de la Generación del 98, es uno de los grandes poetas españoles del siglo XX. En su primer poemario, *Soledades* (1903), se advierte la influencia de Rubén Darío. El peso del modernismo cede ante un estilo propio, más intimista en *Soledades, galerías y otros poemas* (1907). El tono cívico, la preocupación por el destino de España y el paisaje castellano son componentes esenciales de su siguiente libro, *Campos de Castilla* (1912). Poco después moría su esposa, Leonor Izquierdo, con la que había contraído matrimonio en 1909. En *Nuevas canciones* (1924) se acentúa el componente popular de los poemas. En esta época comienza a publicar textos atribuidos a sus heterónimos Juan de Mairena y Abel Martín. En 1936 apareció su obra en prosa, *Juan de Mairena*. Su obra dramática es fruto de la colaboración con su hermano Manuel: *Desdichas de la fortuna o Julianillo Valcárcel* (1926), *Juan de Mañara* (1927), *Las adelfas* (1928), *La Lola se va a los puertos* (1929), *La prima Fernanda* (1930) y *La duquesa de Benamejí* (1930).

MACHADO RUIZ, MANUEL Escritor español (Sevilla, 1874 - Madrid, 1947). Hermano de Antonio, fue una figura destacada del modernismo poético. Autor de *Alma* (1900), *Caprichos* (1905), *Alma, museo y cantares* (1907), *Cante hondo* (1912) y *Sevilla y otros poemas* (1920). En 1917 publicó *Ars Moriendi*. En colaboración con su hermano escribió varias obras dramáticas.

MACHALA Ciudad de Ecuador, capital de la provincia de El Oro; 190.924 h. Centro comercial. Puerto. Minas de oro y plata, rubíes. Pesquerías.

MACHAUT o **MACHAULT, GUILLAUME DE** Compositor y poeta francés (Machaut, h. 1300 - Reims, 1377). Es uno de los principales representantes del Ars Nova. Es autor de la primera misa sinfónica, *Misa de Notre-Dame*.

MACHEAR tr. **1** Fecundar el macho a la hembra. **2** *Bot.* Fecundar las palmeras sacudiendo las inflorescencias masculinas sobre los pies femeninos. || intr. **3** Engendrar los animales más machos que hembras.

MACHEL, SAMORA Político mozambiqueño (Gaza, 1933 - accidente aéreo de Zambia a Maputo, 1986). Presidente del Frente de Liberación Nacional de Mozambique (FRELIMO), tras la independencia, ocupó la presidencia de la República (1975).

MACHETA f. Especie de cuchilla de hoja muy fuerte para picar carne.

MACHETAZO m. Golpe dado con el machete.

MACHETE m. **1** Arma más corta que la espada; es ancha, de mucho peso y de un solo filo. **2** Cuchillo grande.

MACHETEAR tr. **1** Golpear con el machete, amachetear. **2** *Mar.* Clavar estacas.

MACHETERO m. **1** El que despeja con machete los pasos obstaculizados con árboles. **2** El que en los ingenios de azúcar corta las cañas.

MÁCHICA f. Harina de maíz tostado que comen los indios peruanos con azúcar y canela.

MACHIDA Ciudad de Japón, prefectura de Tokio; 360.418 h.

MACHIEMBRAR tr. Ensamblar dos piezas de madera a caja y espiga o a ranura y lengüeta.

MACHÍN m. *Zool. Col., Ecuad.* y *Venez.* Mono.

MACHÍN, ANTONIO Cantante y compositor cubano (Sagua la Grande, 1903 - Madrid, 1977). Fue máxima figura de la música cubana y el bolero. Autor de más de 500 obras, en su repertorio destacan «A Baracoa me voy» y «Mi ángel protector». También inmortalizó temas como «Angelitos negros», «El manisero» y «Dos gardenias».

MACHINA f. **1** Grúa de grandes dimensiones y muy potente. **2** MARTINETE[2], mazo para batir.

MACHISMO m. Actitud que considera al sexo masculino superior al femenino y margina a la mujer en la sociedad.

Antonio y Manuel Machado

MACHO¹ m. 1 *Bot.* Planta que fecunda a otra de su especie con el polen de sus estambres. 2 Animal del sexo masculino. 3 Mulo. 4 Parte del corchete que se engancha en la hembra. 5 En los artefactos, pieza que entra dentro de otra. 6 fig. Hombre necio. También adj. 7 Cada una de las borlas pendientes del canesú en las chaquetillas de luces de los toreros. 8 *Cuba* Puerco cebón. 9 fig. y fam. *Cuba* Grano de arroz con cáscara. 10 Pilar de fábrica que sostiene o fortalece algo. || adj. 11 fig. Fuerte, valiente. || **MACHO CABRÍO** CABRÓN, macho de la cabra. || **MACHO DE ATERRAJAR** Tornillo de acero que sirve para abrir tuercas.

MACHO² m. 1 Mazo grande que hay en las herrerías para forjar el hierro. 2 Banco en que los herreros tienen el yunque pequeño. 3 Yunque cuadrado.

MACHÓN m. 1 Pieza de madera del marco de Soria, que tiene 18 pies de longitud. 2 *Arquit.* Pilar adosado a una pared o embutido en ella para reforzarla.

MACHONA f. fam. *Arg., Par.* y *Urug.* Mujer hombruna, marimacho.

MACHOTA f. 1 fam. Mujer hombruna, marimacho. 2 *P. Rico* Mujer apuesta y lozana.

MACHOTE adj. y m. Se dice del hombre vigoroso, bien plantado, valiente.

MACHU PICCHU *Arqueol.* Ruinas de una antigua ciudad fortificada inca de Perú. Está situada en una de las altas cumbres andinas, junto al cañón del río Urubamba y a unos 90 km de Cuzco. Refugio de los incas tras la conquista española, fue descubierta en 1911 por el arqueólogo estadounidense H. Bingham.

MACHUCAR tr. MACHACAR.

MACHUCHO, CHA adj. 1 Sosegado, juicioso. 2 Entrado en años.

MACIA f. *Bot.* MACIS.

MACÍAS EL ENAMORADO Trovador español (Padrón, ? - Arjonilla, Jaén, 1434). Algunos de sus versos fueron recogidos en el *Cancionero de Baena*. Su figura inspiró a autores como Juan de Mena, Lope de Vega y Larra.

MACÍAS NGUEMA, FRANCISCO Político guineano (Msegayonq, 1922 - Malabo, 1979). Asumió la vicepresidencia del gobierno autónomo en 1964. Tras declararse la independencia de Guinea Ecuatorial (1968), fue elegido presidente de la República. Estableció un régimen dictatorial y en 1972 se proclamó presidente vitalicio. En agosto de 1979 fue derrocado, condenado a muerte y ejecutado.

MACILENTO, TA adj. Flaco, descolorido, triste.

MACILLO m. *Mús.* 1 Pieza del piano con la cual, a impulsos de la tecla, se golpea la cuerda correspondiente. 2 Palillo en forma de mazo de los instrumentos musicales de percusión.

MACIS f. *Bot.* Corteza olorosa y aromática que cubre la nuez moscada. ♦ Su pl. es *macis*.

MACIZAR tr. 1 Rellenar un hueco con material bien apretado. || intr. 2 Arrojar cebo al agua para atraer a la pesca.

MACIZO, ZA adj. 1 Lleno, sin huecos ni vanos; sólido. También m. 2 fig. Sólido y bien fundado. 3 fig. Físicamente atractivo. También s. || m. 4 *Bot.* Agrupación de plantas con que se decoran los cuadros de los jardines. 5 *Geol.* Prominencia del terreno, más o menos rocosa, con la dimensión longitudinal menor que la transversal. 6 *Geol.* Montañas o grupo de ellas, con las características anteriores. 7 Cierto cebo que emplean los pescadores. 8 fig. Conjunto de construcciones apiñadas. 9 *Arquit.* Parte de una pared que está entre dos vanos.

MACIZO CENTRAL Región montañosa de Francia, comprendida entre la cuenca de París al N, la cuenca de Aquitania al O, y los valles del Saona y del Ródano al E; 90.000 km². Tiene una altura media de 700 m.

MACKE, AUGUST Pintor alemán (Meschede, 1887 - Perthes, Champaña, 1914). Tras una primera etapa de influencia impresionista, evolucionó hacia el cubismo y más tarde hacia el expresionismo. Entre sus obras destaca *Dos muchachas* (1912).

MACKENZIE Río de Canadá, el más largo del país; 4.241 km. Emisario del lago de los Esclavos, recorre la parte O de los Territorios del Noroeste y desemboca formando un gran delta en el mar de Beaufort, en el océano Glaciar Ártico.

MACKENZIE, COMPTON Escritor británico (West Hartlepool, 1883 - Edimburgo, 1972). Influenciado por Balzac, sus obras presentan una visión pesimista de la sociedad: *Callejón sin salida* (1913-14) y *Los cuatro vientos del amor* (1937-45).

MACKENZIE KING, WILLIAM LYON Político canadiense (Kietchener, 1874 - Kingsmere, 1950). Líder del Partido Liberal (1919) y primer ministro en diversos periodos (1921-30 y 1935-48), fue uno de los impulsores de la autonomía de Canadá.

MACKINLEY, MONTE Cima culminante de América del N, en la cordillera de Alaska; 6.187 m.

MACKINTOSH, CHARLES RENNIE Arquitecto y diseñador británico (Glasgow, 1868 - Londres, 1928). Vinculado a The Four, fue uno de los principales representantes del modernismo en su país. Su construcción más conocida es la Escuela de Arte de Glasgow (1897-1909).

MACKMURDO, ARTHUR HEYGATE Arquitecto y diseñador británico (Londres, 1851 - Wickham Bishop, 1928). Fundador en 1882 de Century Guild, sus obras muestran una clara influencia prerrafaelista. Construyó numerosas casas particulares londinenses.

MACLA f. *Geol.* Agregado cristalino formado por dos o más cristales del mismo mineral orientados simétricamente, al menos en un elemento. Las maclas pueden ser de contacto, donde los cristales se unen a lo largo de un plano, o de penetración, cuando un cristal crece a través de otro.

MACLAINE, SHIRLEY Actriz de cine estadounidense (Richmond, Virginia, 1934). Ha intervenido en *¿Pero... quién mató a Harry?* (1954), *El apartamento* (1960) y *La fuerza del cariño* (1983), con la que obtuvo el Oscar a la mejor actriz.

MACLAURIN, COLIN Matemático británico (Kilmodan, 1698 - Edimburgo, 1746). Uno de los más eminentes discípulos de Newton. Autor de importantes obras científicas.

MACLEISH, ARCHIBALD Político y poeta estadounidense (Glencoe, 1892 - Boston, 1982). Fue consejero del presidente Roosevelt. Autor de *El tiesto de tierra* (1925), *El conquistador* (1932), *La estación humana* (1972).

MACLENNAN, HUGH Escritor canadiense en lengua inglesa (Glace Bay, Nueva Escocia, 1907 - Montreal, 1990). Su novela *Barómetro ascendente* (1941) sentó las bases de la narrativa contemporánea y la identidad nacional canadienses.

Harold **Macmillan**

MACLEOD, JOHN JAMES RICHARD Fisiólogo británico (Dunkeld, 1876 - Aberdeen, 1935). En 1923 recibió el premio Nobel de Medicina, compartido con F. G. Banting, por el descubrimiento de la insulina.

MACMA, OCLLO Personaje legendario inca, hermana y esposa del fundador del Cuzco y primer soberano inca, Manco Cápac.

MAC-MAHON, EDME PATRICE MAURICE, CONDE DE Político y mariscal de Francia (Sully, 1808 - Loiret, 1893). Luchó en varios frentes y dirigió las tropas que reprimieron a la Comuna de París (1871). Sustituyó a Thiers en la presidencia de la República (1873-79).

MACMILLAN, HAROLD Político inglés (Londres, 1894 - Chelwood Gate, West Sussex, 1986). Jefe del Partido Conservador (1957) y varias veces ministro, sustituyó a Eden como primer ministro. Tras el escándalo de su ministro de Guerra, Profumo, se vio obligado a dimitir (1963).

MACO m. En argot, cárcel.

MACO-; -MACO, -MACA, -MAQUIA pref. o sufs. que significan combate: *tauromaquia*.

MACOLLA f. *Bot.* Conjunto de vástagos que nacen de la base de un mismo pie, sobre todo cuando se trata de plantas herbáceas.

MACÓN m. Panal sin miel, reseco y de color oscuro.

MACONA f. Banasta grande.

MACONDO m. *Bot. Col.* Árbol de la familia bombacáceas, semejante a la ceiba.

MACPHERSON, JAMES Escritor escocés (Ruthven, 1736 - Belville in Badenoch, 1796). Sus dos obras principales son los poemas *Fingal* (1761) y *Temora* (1762), que hizo pasar como originales de un monje céltico del siglo III y ejercieron gran influencia sobre los poetas románticos.

MACQUARIE Dependencia de Australia, formada por cuatro islotes y la isla de Macquarie, en el Pacífico Sur, al SE de Tasmania; 176 km². Parque nacional.

MACRAMÉ m. 1 Tejido hecho con cuerdas entretejidas por medio de nudos, que se asemeja al encaje de bolillos. 2 Hilo con que se prepara este tejido.

MACRINO, MARCO OPELIO Emperador romano (Cesarea, 164 - Calcedonia, 218). Gobernó el imperio desde el año 217. Prefecto del Pretorio con Caracalla (212), hizo matar al emperador y ocupó su lugar. Tras su fracaso en la guerra contra los partos, fue depuesto y asesinado.

MACRO-, MACR- prefs. que significan grande.

MACROBIO Escritor y gramático latino (s. IV). Autor de un comentario neoplatónico al *Somnium Scipionis*, de Cicerón, y de unos diálogos eruditos, *Saturnalia*.

MACROBIOTA f. *Ecol.* Conjunto de organismos que viven en el suelo y que, por su tamaño, pueden observarse a simple vista.

MACROBIÓTICO, CA adj. 1 Apto para alargar la vida. || f. 2 Arte de vivir muchos años. 3 En ciertas filosofías orientales, sistema basado en una alimentación muy equilibrada y en la práctica de ciertas reglas de higiene, para conseguir esta longevidad.

MACROCEFALIA f. 1 *Med.* Cualidad de macrocéfalo. 2 *Sociol.* Fenómeno caracterizado por un crecimiento rápido de ciertas ciudades.

MACROCÉFALO, LA adj. y s. 1 De cabeza anormalmente grande y desproporcionada con relación al cuerpo. 2 Se dice de organismos o entidades cuyo centro dirigente es excesivamente grande.

MACROCITO m. *Med.* Glóbulo rojo, de tamaño más grande de lo normal.

Machu Picchu (Perú).

MACROCOSMO o **MACROCOSMOS** m. El universo, considerado como un ser orgánico y animado semejante al hombre o microcosmo.

MACROECONOMÍA f. *Econ.* Estudio de los sistemas económicos de una nación, región, etc., como un conjunto, empleando magnitudes colectivas o globales, como la renta nacional, las inversiones, exportaciones e importaciones.

MACROESTRUCTURA f. **1** Estructura de amplias dimensiones. **2** *Geol.* Estructura general de una aleación, de minerales o rocas, que se puede apreciar sin la necesidad de microscopio.

MACROEVOLUCIÓN f. *Biol.* Conjunto de procesos evolutivos que han originado el establecimiento de las grandes categorías taxonómicas de los seres vivos: tipo, clase, etc.

MACRÓFAGO, GA adj. **1** Se dice de los animales que se alimentan de partículas nutritivas muy grandes para su ingestión. || m.*Citol.* **2** Gran fagocito del sistema reticuloendotelial.

MACROFOTOGRAFÍA f. *Fot.* **1** Proceso fotográfico por el que se obtienen imágenes de tamaño mayor del natural. **2** Fotografía obtenida por este procedimiento.

MACROMOLÉCULA f. *Quím.* Molécula orgánica de dimensiones mucho mayores que las de estructura química simple, de alto peso molecular y constituida por unidades idénticas entre sí o de diferentes tipos.

MACROPÓDIDO, DA adj. y m. *Zool.* **1** Se dice del mamífero marsupial con las patas posteriores mucho más desarrolladas que las anteriores y aptas para saltar, y cola larga y peluda. Comprende unas 50 especies, distribuidas por Australia, Tasmania y Nueva Guinea. Son los canguros propiamente dichos. || m. pl. *Zool.* **2** Familia de estos mamíferos.

MACROSCÓPICO adj. Lo que se ve a simple vista, sin auxilio del microscopio.

MACROSPORA f. *Bot.* Espora de tamaño grande, el gameto femenino, producida por plantas heterósporas. También denominada *megaspora*.

MACRURO, RA adj. y m. *Zool.* **1** Se dice del crustáceo decápodo cuyo abdomen es largo y con el abanico caudal bien desarrollado, como el bogavante y la langosta. || m. pl. *Zool.* **2** Grupo de estos animales.

MACSURA f. *Arquit.* Recinto reservado en una mezquita para el califa o el imán.

MACTÁN o **MACTAN** Isla de Filipinas, frente a las costas de la isla de Cebú; 50.014 h. En ella murió Magallanes, en la ciudad de Lapu-Lapu.

MACUACHE m. Indio bozal mexicano que no ha recibido instrucción alguna.

MACUBA f. **1** *Agr.* Tabaco aromático que se cultiva en Macuba, población de Martinica. **2** *Zool.* Insecto coleóptero de nombre científico *Aromia moschata*, de color verde brillante.

MACUCA f. *Bot.* **1** Planta de la familia umbelíferas de raíz globosa y fruto parecido al del anís. **2** Arbusto rosáceo parecido al peral, cuya fruta es muy pequeña, colorada e insípida. **3** Fruto de este arbusto.

MACUCO, CA adj. *Chile* Astuto, cuco, taimado. || m. **2** *Arg.* y *Col.* Muchacho grandullón.

MÁCULA f. **1** Mancha de suciedad. **2** fig. Cosa que deslustra y desdora. **3** fig. y fam. Engaño, trampa. **4** *Anat.* Estructura anatómica que tiene la forma de una mancha o una banda.

MACULAR tr. **1** Poner sucia una cosa. **2** Deslustrar la buena fama.

MACULATURA f. *A. gráf.* Pliego mal impreso, que se desecha por manchado.

MACUPA f. *Bot.* Planta de la familia mirtáceas, nativa de Filipinas.

MACUTO (Voz caribe.) m. **1** Mochila. **2** Cesto que usan los pobres en Venezuela para recoger las limosnas.

MADÁCH, IMRE Escritor húngaro (Alsósztregova, 1823 - Balassyarmat, 1864). Autor del drama en verso *La tragedia del hombre* (1861).

MADAGASCAR (*République Démocratique de Madagascar / Repoblika Demokratika Malagasy*) Estado insular de África oriental. Está situado en el océano Índico, separado de la costa oriental africana por el canal de Mozambique.

GEOG. Topográficamente, la isla de Madagascar presenta una meseta central y dos grandes cubetas, antiguos lagos hoy convertidos en llanuras pantanosas. En el interior se eleva el macizo de Tsaratanana (2.886 m) que divide la isla en dos vertientes hidrográficas. Los ríos son cortos y caudalosos; los principales son el Betsiboka, el Onilahy, el Manambao y el Mangoki. El clima es tropical o subecuatorial. La zona oriental de la isla es boscosa, la occidental está ocupada por pastos y estepas y las altiplanicies están cubiertas por la sabana. La población malgache, eminentemente rural, presenta rasgos étnicos característicos de los pueblos negroides del continente africano e indomelanesios. La economía es básicamente agrícola; destaca la producción de arroz,

Superficie: 587.041 km².
Población: 15.506.000 h. (*malgaches*).
Densidad: 26,4 h./km².
Tasa de natalidad: 43,2‰.
Tasa de mortalidad: 13‰.
Capital: Antananarivo.
Ciudades principales: Fianarantsoa, Majunga, Tamatave, Antsirabé, Diego Suárez.
Grupos étnicos: merina (26,6%), betsimisaraka (14,9%), betsileo (11,7%), tsimihety (7,4%), sakalava (6,4%), antandroy (5,3%), otros (27,7%).
Religión: animismo (47%), catolicismo (26%), protestantismo (22,8%), islamismo (1,7%).
Idioma: malgache y francés.
Moneda: franco malgache.
Forma de Estado: república.
Producto Nacional Bruto: 3.741 millones de dólares.
Renta per cápita: 260 dólares.
División administrativa: 6 provincias, según cuadro.

mandioca, patata, batata, mango, maíz, cítricos y bananas. El café constituye la principal fuente de ingresos. Otros cultivos de exportación son la caña de azúcar, el algodón, la vainilla, el cacao, la pimienta y el tabaco. Cuenta con una importante cabaña ganadera, mientras el sector pesquero se encuentra en pleno desarrollo. Importante producción de cromo, grafito, uranio y mica. El sector industrial está limitado a las empresas de transformación de los productos agrícolas.

HIST. La isla estuvo habitada desde el siglo VII por pueblos de origen indonesio. A partir del siglo XII, los árabes se establecieron en las regiones costeras. En 1500 fue descubierta por el portugués Diogo Días. En el siglo XVI Madagascar estaba dividida en reinos de estructura tribal y religión animista. La colonización francesa comenzó en el siglo XVII, con la fundación en la costa SE de Fort Dauphin, abandonado en 1674. En el transcurso del siglo XVIII, el reino merina, que ocupaba la región central, impuso su hegemonía sobre la mayor parte de la isla. El rey Adrianampoinimerina fue el fundador de la dinastía, mientras su hijo Radama I se proclamó rey de Madagascar con la ayuda británica (1817). Durante su reinado fomentó el comercio exterior y favoreció la labor evangelizadora de los misioneros británicos. El mandato de Ranavalona I supuso una reacción a esta política. En 1861 accedió al trono Radama II que abrió nuevamente el país a la influencia extranjera. Desde 1868, año en que el protestantismo se convirtió en religión oficial, el poder estuvo en manos del primer ministro Rainilaiarvony. A finales del siglo XIX, Francia intentó hacer efectivos sus derechos sobre la isla; en 1885 estableció un protectorado y en 1896, tras llegar a un acuerdo con el Reino Unido, conquistó la isla. Se abolió la esclavitud y Madagascar quedó convertida en colonia. Desde 1946 formó parte de la Unión Francesa. En las elecciones de ese mismo año obtuvo el triunfo el nacionalista Movimiento Democrático de Renovación Malgache (MDRM). La sublevación de 1947, violentamente reprimida por las autoridades coloniales, fue achacada al MRDM; el partido fue prohibido y sus miembros detenidos. Tras el referéndum de 1958, se

MADAGASCAR

Provincias	Superficie (km²)	Población (h.)	Capitales
Antananarivo	58.283	3.483.236	Antananarivo
Diego Suárez	43.046	942.410	Diego Suárez
Fianarantsoa	102.373	2.671.150	Fianarantsoa
Majunga	150.023	1.330.612	Majunga
Tamatave	71.911	1.935.330	Tamatave
Tuléar	161.405	1.729.419	Tuléar

proclamó la República Malgache, que no obtuvo la plena independencia hasta 1960. El primer presidente de la nueva república fue Philibert Tsiranana; su política moderada recibió numerosas críticas y propició su caída en 1972. El gobierno fue disuelto, y el poder quedó en manos del general Ramanantsoa, que derogó la Constitución. En 1974 dejó la presidencia en manos del ministro del Interior, Ratsimandrava, asesinado poco después. Se hizo cargo del poder un comité nacional de dirección militar. En 1975 fue designado presidente de la República Didier Ratsiraka. El país tomó el nombre de República Democrática de Madagascar, la oposición fue reprimida y se emprendió una política de inspiración socialista. En julio de 1991 se estableció el estado de emergencia para hacer frente a las manifestaciones que reclamaban una nueva constitución. Ratsiraka fue desplazado del poder por Albert Zafy tras las elecciones de 1993, aunque logró recuperar el cargo al vencer en los comicios de 1996 y nombró primer ministro a Pascal Rakotomavo. Tras las elecciones legislativas de 1998 éste fue sustituido en el cargo por Tantely Adrianarivo. En diciembre de 2001 se celebraron elecciones presidenciales, en las que venció Marc Ravalomanana, resultado no reconocido por Ratsiraka; el anterior presidente. Asumió el cargo de primer ministro Jacques Sylla, ratificado tras las elecciones de 2002.

MADAMA f. Voz con que se ha españolizado la francesa *madame*, usándola como fórmula vulgar de cortesía o título de honor, equivalente en ambos casos a señora o dama.

MADARIAGA, SALVADOR DE Escritor y diplomático español (La Coruña, 1886 - Locarno, 1978). En 1921 ingresó en el secretariado de la Sociedad de Naciones; fue embajador en EE UU (1931) y París (1932), ministro (1934) y delegado en la Sociedad de Naciones. Expatriado después de comenzar la Guerra Civil española, residió en Francia, Reino Unido y Suiza. Elegido académico de la Real Academia Española en 1936, no ocupó su sillón hasta 1976. Autor de *Guía del lector del Quijote* (1926), *España* (1931), *Cristóbal Colón* (1939), *Hernán Cortés* (1941) y *Simón Bolívar* (1951).

MADE IN Expr. inglesa que significa *fabricado en*; designa al origen industrial de una mercancía.

MADEIRA Archipiélago y región autónoma de Portugal en el Atlántico, situado al N de las islas Canarias; 794 km² y 253.800 h. Está formado por la isla homónima, la más importante, y las de Porto Santo y Desertas. Capital, Funchal, en Madeira. Cultivos tropicales y pesca abundante. Industria vitivinícola. Turismo.

MADEJA f. 1 Hilo recogido en vueltas iguales sin ningún soporte. 2 fig. Mata de pelo. 3 fig. y fam. Hombre flojo y dejado.

Salvador de **Madariaga**

MADELEINE, CUEVA DE LA Arqueol. Estación prehistórica de Francia, departamento de Dordoña, en donde se han encontrado relieves rupestres que representan dos mujeres y un caballo. Ha dado su nombre al período magdaleniense.

MADERA f. 1 Estructura leñosa, perdurante y de sostén de los tallos y ramas de los árboles y arbustos, debajo de la corteza. La poseen muchas gimnospermas (pinos) y angiospermas dicotiledóneas (robles). 2 Pieza de madera labrada, que sirve para cualquier obra de carpintería. 3 Materia del casco de las caballerías. 4 fig. y fam. Disposición natural de las personas para determinada actividad. 5 En argot, policía.

MADERA MADERA.

MADERA *(Madeira)* Río de Bolivia y Brasil, que nace en territorio boliviano por la confluencia del Beni y el Mamoré y desemboca en la margen derecha del Amazonas; 3.200 km.

MADERABLE adj. *Bot.* Se aplica al árbol, bosque, etc., que da madera útil para construcciones.

MADERADA f. Conjunto de maderos que se transporta por un río.

MADERAJE o **MADERAMEN** m. Conjunto de maderas que forman la estructura de un edificio.

MADERERÍA f. Sitio donde se recoge la madera para su venta.

MADERERO, RA adj. 1 Relativo a la industria de la madera. || m. y f. 2 Persona que trata en madera. 3 Persona que conduce las armadías o la maderadas por los ríos. 4 Persona que trabaja en madera común.

MADERNA, BRUNO Músico italiano (Venecia, 1920 - Darmstadt, 1973). Difundió la técnica serial. Entre sus obras destacan *Quadrivium* (1948), *Nocturno* (1955) e *Hyperion* (1964).

MADERNA, CARLO Arquitecto italiano (Bisonne, 1556 - Roma, 1629). Representante del periodo de transición entre el manierismo y el primer Barroco. Entre sus obras destaca la fachada de la basílica de San Pedro del Vaticano (1607-16).

MADERO m. 1 Pieza larga de madera escuadrada o rolliza. 2 fig. Nave. 3 fig. y fam. Persona muy necia o insensible. 4 En argot, policía.

MADERO, FRANCISCO INDALECIO Político mexicano (San Pedro de las Colonias, 1873 - Ciudad de México, 1913). En 1910 fundó el Partido Nacional Antirreeleccionista, de oposición a la dictadura de Porfirio Díaz. Tras el estallido de la revolución, fue proclamado presidente provisional por los sublevados. En noviembre de 1911, Madero obtuvo el triunfo en las elecciones presidenciales. Durante su mandato tuvo que hacer frente a las sublevaciones de Zapata y Orozco. En 1913 fue depuesto y asesinado por un movimiento contrarrevolucionario, encabezado por Victoriano Huerta.

MADHYA PRADESH Estado del centro de la India; 443.446 km² y 66.181.170 h. Capital, Bhopal.

MADIANITA adj. y com. *Hist.* Se dice de los miembros de un pueblo bíblico, descendiente de Madián, cuarto hijo de Abraham, que habitó en el SE de Palestina.

MADISON, JAMES Político estadounidense (Port Conway, 1751 - Montpelier, 1836). Miembro de la convención constitucional (1787), fue junto con Jefferson el fundador del Partido Republicano. Ocupó la presidencia de la República en dos periodos sucesivos (1809-17).

MADONA f. 1 Nombre de origen italiano que se le'da a la Virgen María. 2 *Arte.* Imagen de la Virgen, sola o con el Niño.

MADONNA (LOUISE VERONICA CICCONE, llamada) Cantante y actriz estadounidense (Detroit, 1958). *Sex-symbol* del rock estadounidense, ha grabado álbumes como *Like a Virgin* (1984), *Who's That Girl* (1987) y *Ray of Light* (1998). Además ha intervenido en películas como *Buscando a Susan desesperadamente* (1985), *Dick Tracy* (1990), *Ellas dan el golpe* (1992), *Evita* (1996) o *The red door* (1998). En 2004 cambió su nombre por el de «Esther».

MADOR m. *Fisiol.* Ligera humedad que cubre la superficie del cuerpo, sin llegar a ser sudor.

MADRÁS m. Tejido fino de algodón.

MADRÁS Ciudad de la India, capital del Estado de Tamil Nadu; 3.841.396 h. Centro comercial e industrial.

MADRASA f. Entre los musulmanes, escuela teológica.

MADRASTRA f. Mujer del padre respecto de los hijos llevados por éste al matrimonio.

MADRAZA¹ f. fam. Madre muy condescendiente y que mima mucho a sus hijos.

MADRAZA² MADRASA.

MADRAZO Geneal. Familia de pintores españoles. Entre sus miembros destacaron: José (Santander, 1781 - Madrid, 1859). Uno de los principales representantes del neoclasicismo español, pintó retratos (*Carlos IV*, *Isabel II*) y cuadros religiosos (*Jesús en casa de Anás*) y de historia (*La muerte de Viriato*). Federico (Roma, 1815 - Madrid, 1894). Discípulo de su padre, José, y de Ingres, dirigió el Museo del Prado y fue pintor de cámara de Isabel II. Destacó como retratista: *Carolina Coronado*, *Isabel II* y *La condesa de Vilches*. Raimundo (Roma, 1841 - Versalles, 1920). Hijo de Federico. Cultivó la pintura de género y el retrato: *María Cristina de Habsburgo* (1887).

Federico **Madrazo**. *La condesa de Vilches*. Museo del Prado (Madrid).

MADRE f. 1 Hembra que ha parido. 2 Hembra respecto de su hijo o hijos. 3 Matriz en que se desarrolla el feto. 4 Cauce por donde corren las aguas de un río o arroyo. 5 Título que se da a las religiosas. 6 fam. Mujer anciana del pueblo. 7 fig. Origen de una cosa. 8 Acequia principal. 9 Alcantarilla o cloaca maestra. 10 Madero principal donde tienen su sujeción y apoyo otras partes de ciertas armazones. || **MADRE DE LECHE** NODRIZA. || **MADRE POLÍTICA** SUEGRA. || **ésa es, o no es, la madre del cordero** fr. proverb. con que se indica ser, o no ser, una cosa la razón real de un hecho. || **sacar** a uno **de madre** fr. fig. y fam. Inquietarle mucho. || **salir, o salirse,** en algo **de madre** fr. fig. Exceder extraordinariamente de lo acostumbrado o regular.

MADRE CENTROAMERICANA, SIERRA Sistema montañoso de América Central, prolongación de la Sierra Madre de Chiapas de México, que se extiende de NO a SE, hasta Colombia.

MADRE DE CHIAPAS, SIERRA Sistema montañoso de México, que se extiende desde el istmo de Tehuantepec hasta el volcán de Tacaná (4.064 m), en la frontera con Guatemala; 280 km.

MADRE DE DIOS Archipiélago del S de Chile, en el océano Pacífico, formado por la isla de su nombre, las de Guarello, Duque de York y otras menores. Deshabitado. Explotación forestal.

MADRE DE DIOS Departamento de Perú; 85.183 km² y 79.172 h. Capital, Puerto Maldonado.

MADRE DE DIOS Río de Perú y Bolivia, perteneciente a la cuenca amazónica, que se forma en la cordillera de Carabaya y desemboca en el río Beni; 1.448 km de curso.

MADRE DE OAXACA, SIERRA Sistema montañoso de México, que atraviesa el Estado de Oaxaca en dirección NO-SE y se extiende hasta el istmo de Tehuantepec; 300 km.

MADRE OCCIDENTAL, SIERRA Sistema montañoso de México, próximo a paralelo a la costa del golfo de California, que se extiende a lo largo de 1.250 km desde la cuenca del río Yaqui, al N, hasta el río grande de Santiago, al S.

MADRE ORIENTAL, SIERRA Sistema montañoso de México, paralelo a la costa del golfo de México, que se extiende desde el SO del río Bravo, hasta el cofre de Perote, en la cordillera Neovolcánica; 1.300 km de longitud.

Madre del Sur, Sierra Sistema montañoso de México, que se extiende a lo largo de 1.200 km desde la cordillera Neovolcánica hasta el istmo de Tehuantepec.

madreperla f. *Zool.* Molusco bivalvo perteneciente a la familia ptéridos, de nombre científico *Pteria margaritifera,* con la concha casi circular y con el interior recubierto por una gruesa capa de nácar.

madrépora f. *Zool.* Cnidario que desempeña un papel fundamental en la formación de los arrecifes coralinos.

madreselva f. *Bot.* Nombre de diversas plantas dicotiledóneas trepadoras o arbustivas, de la familia caprifoliáceas, género *Lonicera.*

Madrid 1 Provincia de España, en el centro de la península Ibérica, que constituye la Comunidad Autónoma de Madrid. **2** Ciudad capital de España y de la comunidad autónoma, provincia, partido judicial y municipio de su nombre; 2.881.506 h. Situada a orillas del río Manzanares, es la sede del gobierno y de las cortes españolas. Importante sector industrial, aunque es fundamentalmente un centro administrativo, comercial y financiero. Cuenta con aeropuerto internacional y constituye el centro del sistema radial de carreteras y ferrocarriles. Entre sus monumentos figuran el Palacio Real (siglo XVIII), las iglesias de San Jerónimo el Real (siglo XVI), Descalzas Reales, San Isidro y convento de la Encarnación (siglo XVII), y San Francisco el Grande y la ermita de San Antonio de la Florida. En el ámbito cultural destacan Museo Arqueológico, el Centro Nacional de Arte Reina Sofía, el museo Thyssen-Bornemisza, el museo del Prado, la Biblioteca Nacional y la Real Academia Española de la Lengua.

Madrid, Comunidad Autónoma de Comunidad autónoma uniprovincial de España, constituida por la provincia de su nombre. Tiene una superficie de 7.995 km^2 y 5.145.325 h. Capital, Madrid. La parte NO está ocupada por el Sistema Central, desde la sierra de Ayllón hasta la de San Vicente, con las vertientes meridionales de la sierra de Guadarrama y parte de las de Somosierra y Gredos. Casi todo el resto del territorio lo compone una extensa planicie ligeramente ondulada. La riegan el Tajo, y sus afluentes y subafluentes: Guadarrama, Tajuña, Henares, Jarama y Manzanares. El clima es continental. Se cultivan cereales, vid, olivo, cáñamo, forrajes, frutas y hortalizas. Ganadería vacuna y ovina. Toros de lidia. Explotación forestal y canteras. Fuentes hidrotermales. Madrid es la segunda región industrial del país; esta actividad se concentra en la capital y su periferia. El sector terciario es el que tiene un mayor peso en la comunidad. Turismo en el conjunto de El Escorial y Valle de los Caídos, y en Aranjuez, además de en la capital.

Madrid Hurtado, Miguel de la Político, jurisconsulto y economista mexicano (Colima, 1934). Miembro del PRI, fue elegido presidente de la República (1982-88). Durante su mandato intentó mejorar la grave situación económica del país.

madrigal m. **1** *Lit.* Poema breve, generalmente de tema amoroso, en que se combinan versos de siete y de once sílabas. **2** *Mús.* Composición musical para varias voces sin acompañamiento, sobre un texto profano, generalmente lírico.

Madrigal, Alonso de (llamado el Tostado) Prelado y escritor español (Madrigal de las Altas Torres, 1400 - Bonilla de la Sierra, Ávila, 1455). Fue consejero de Juan II de Castilla y obispo de Ávila. Su obra está recogida en *Opera Omnia* (1507-31).

madriguera f. **1** *Zool.* Galería subterránea en que habitan ciertos animales. **2** fig. Lugar donde se oculta la gente maleante.

madrileño, ña adj. y s. De Madrid.

madrina f. **1** Mujer que presenta o asiste a otra persona al recibir ésta algunos sacramentos, honores, etc. **2** fig. La que favorece o protege a otra persona en sus pretensiones. **3** Correa con que se enlazan los bocados de las dos caballerías que forman pareja en un tiro. **4** *Col., Par.* y *Venez.* Ganado manso que sirve para guiar al bravío. **5** *Cuba* Lugar a que, en ciertos juegos infantiles, se acoge un jugador al cual se persigue.

madrinazgo m. **1** Acto de asistir como madrina. **2** Título o cargo de madrina.

Madriz Departamento de Nicaragua; 1.602 km^2 y 99.842 h. Capital, Somoto.

Madriz, José Político nicaragüense (León, 1865 - íd., 1911). Ocupó la presidencia (1909-10). Fue derrocado en 1910 por el general Estrada.

madrona f. Alcantarilla principal.

madroncillo m. *Bot.* Fresa, fruto.

madroñal m. Sitio poblado de madroños.

madroñera f. *Bot.* **1** madroñal. **2** Madroño, arbusto.

madroño m. *Bot.* **1** Árbol o arbusto de la familia ericáceas, de nombre científico *Arbutus unedo,* de fruto comestible, rojo exteriormente y amarillo en el interior. Crece en la región mediterránea y en el O de Europa. **2** Fruto de este arbusto.

madrugada f. **1** El amanecer. **2** Acción de madrugar. || **de madrugada** loc. adv. Al amanecer.

madrugador, ra adj. y s. **1** Que madruga. **2** Que tiene costumbre de madrugar. **3** Astuto.

madrugar intr. **1** Levantarse muy temprano. **2** fig. Ganar tiempo en una empresa. **3** fam. Anticiparse uno a la acción de un rival o de un competidor.

madrugón, na adj. **1** Se aplica al que madruga mucho o frecuentemente. || m. **2** fam. Acción de levantarse muy temprano.

Madugandí Comarca indígena de Panamá; 2.319 km^2 y 3.305 h.

Madura Isla de Indonesia, en Java Oriental; 5.200 km^2. Su puerto principal es Pamekasan.

Madura Madurai.

Madurai Ciudad de la India, Estado de Tamil Nadu; 940.989 h. Centro industrial.

madurar tr. **1** Dar sazón a los frutos. **2** Meditar detenidamente un proyecto, una idea, etc. || intr. **3** Llegar los frutos al punto de desarrollo. **4** Crecer y desarrollarse completamente un organismo. **5** Ir haciéndose la supuración en un tumor.

madurez f. **1** Sazón de los frutos. **2** Edad de la persona que ha alcanzado ya su plenitud vital y todavía no ha llegado a la vejez. **3** fig. Prudencia con que el hombre se gobierna.

maduro, ra adj. **1** Que está en su punto, en su mejor momento. **2** fig. Prudente, juicioso. **3** Dicho de personas, entrado en años.

Maduro Joest, Ricardo Político, economista y empresario hondureño (Panamá, 1946). Militante del Partido Nacional de Honduras, fue presidente del Banco Central durante el gobierno de Rafael Callejas (1990-1994). Tras las elecciones de 2001 fue elegido presidente del país.

Maes, Nicolaes Pintor holandés (Dordrecht, h. 1634 - Amsterdam, 1693). Discípulo de Rembrandt, se especializó en retratos y escenas intimistas, con características barrocas.

maese m. **1** maestro. **2** Tratamiento de respeto que se anteponía al nombre propio.

maestà (Voz it.) f. *Arte.* Nombre que sirve para designar la representación de la Virgen entronizada, generalmente con el Niño en el regazo.

Maestra, Sierra Cordillera del SE de Cuba, que se extiende, paralela a la costa, entre el cabo Cruz y la depresión de Guantánamo. Su punto culminante es el pico Turquino (1.974 m), la máxima altura del país. En ella se originó en 1957 el movimiento revolucionario que provocó la caída de Batista.

maestral m. **1** Relativo al maestro o al maestrazgo. **2** mistral.

maestranza f. **1** *Mil.* Conjunto de los talleres donde se construyen los montajes para las piezas de artillería. **2** Conjunto de operarios que trabajan en ellas. **3** *Hist.* Sociedad de caballeros que se ejercitaban en la equitación y el uso de las armas a caballo. Tienen su origen en el siglo XVI.

maestrazgo m. *Hist.* **1** Dignidad de maestre de cualquiera de las órdenes militares. **2** Dominio territorial o señorío del maestre de una orden militar.

maestre m. **1** Superior de cualquiera de las órdenes militares. **2** *Mar.* Oficial a quien después del capitán correspondía antiguamente el gobierno económico de las naves mercantes.

maestresala m. Criado principal que asistía a la mesa de un señor y hacía la salva para garantizar que la comida no contenía veneno.

maestrescuela m. **1** Dignidad de algunas iglesias catedrales, a cuyo cargo estaba enseñar las ciencias eclesiásticas. **2** Cancelario.

maestría f. **1** Arte y destreza en enseñar. **2** Título de maestro. **3** *Rel.* En las órdenes regulares, dignidad o grado de maestro.

maestro, tra adj. **1** Se dice de la obra que, por su perfección, destaca entre las de su clase. **2** Se aplica a ciertos objetos para destacar su importancia funcional entre los de su clase. || m. y f. **3** Persona que enseña una ciencia, arte u oficio, especialmente la que imparte el primer ciclo de enseñanza. **4** Persona que tiene una gran destreza o profundos conocimientos en alguna materia. **5** Persona que compone música o dirige una orquesta. **6** Todo aquello que enseña o alecciona. || m. **7** Aquel que ha alcanzado un alto grado en su oficio. **8** *Taurom.* Matador de toros. || f. **9** Listón vertical de madera que sirve de guía al construir una pared. || **maestro de ceremonias** El que advierte las ceremonias que deben observarse con arreglo a los usos autorizados. || **maestro de obras** Persona que cuidaba de la construcción material de un edificio, según los planos del arquitecto.

Fernando de **Magallanes.** Retrato anónimo del siglo XVI. Museo de la Marina (Lisboa).

Maeterlinck, Maurice Escritor belga (Gante, 1862 - Niza, 1949). Fue uno de los más destacados representantes del movimiento simbolista. Debe su prestigio a piezas teatrales como *La intrusa* (1890), *Pelléas y Mélisande* (1892), *Mona Vanna* (1902) y *El pájaro azul* (1909). Premio Nobel de Literatura en 1911.

mafia (Voz it.) f. **1** Organización clandestina de criminales sicilianos, ligados por intereses económicos y el juramento de no delación. Su origen se remonta a la primera mitad del siglo XIX, pero fue a finales del siglo cuando comenzó a intervenir en numerosos sectores de la economía. Con la emigración de sicilianos, la mafia pasó a EE UU. **2** Por extensión, cualquier organización clandestina de criminales. **3** *P. Rico* Engaño, trampa, ardid.

Mafra Villa de Portugal, distrito de Lisboa; 8.000 h. Famoso monasterio del siglo XVIII, construido por Juan V.

Magadan 1 Región de la Federación de Rusia; 461.400 km^2 y 279.000 h. **2** Ciudad capital de la misma; 128.000 h.

Magallanes Estrecho de América del Sur, situado entre el extremo S del continente y el archipiélago de la Tierra del Fuego, que comunica los océanos Pacífico y Atlántico. Fue descubierto en 1520 por Fernando de Magallanes, que lo llamó de *Todos los Santos.*

Magallanes, Fernando de Navegante portugués (Sabrosa, Portugal, h. 1480 - Lapu-Lapu, Mactán, 1521). En 1505 se embarcó hacia la India con Francisco Almeida y participó en las expediciones de Sumatra y Malaca (1509), Goa (1510) y de nuevo Malaca (1511). En 1513 regresó a Portugal. Convencido de la existencia de un paso occidental hacia las Molucas, marchó a Sevilla y logró que Carlos V financiara la expedición. Salió de Sanlúcar de Barrameda con cinco carabelas en 1519. Exploró el estuario del Río de la Plata e invernó en la Patagonia. Tras localizar y atravesar el estrecho de su nombre en octubre de 1520, se internó en el océano Pacífico. Después de tres meses de navegación, la expedición llegó a las islas Marianas (1521) y poco más tarde a Filipinas. Murió en la isla de Mactán en un ataque de los indígenas. Elcano tomó el mando y prosiguió el viaje hasta completar la primera vuelta al mundo (1522).

Magallanes y Antártica Chilena Región XII de Chile; 132.034 km^2 y 181.551 h. Capital, Punta Arenas. Ganadería ovina. Yacimientos de petróleo y reservas carboníferas. Pesca.

Magallanes Moure, Manuel Escritor chileno (Santiago, 1878 - La Serena, 1924). Desde 1915 perteneció al «Grupo de los Diez». Poeta de tendencia modernista, es autor de *Facetas* (1902), *Matices* (1904) y *La jornada* (1910).

maganel m. Máquina militar que servía para derribar murallas.

magaña f. **1** Ardid, astucia. **2** Defecto de fundición en el alma de un cañón de artillería.

Magaña, Álvaro Político y financiero salvadoreño (Ahuachapán, 1926 - San Salvador, 2001). Tras las elecciones de marzo de 1982, fue designado por la Asamblea Constituyente presidente provisional de la República (1982-84).

Magariños Cervantes, Alejandro Escritor uruguayo (Montevideo, 1825 - íd., 1893). Autor romántico, entre sus obras figuran la novela histórica *Caramurú*

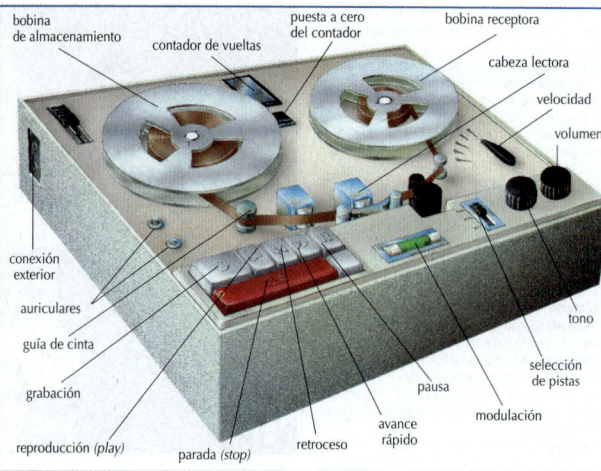

magnetófono

(1850), la leyenda poética *Celiar* (1852) y el poemario *Horas de melancolía* (1852).
MAGATSH adj. y com. *Etnol.* AGACE.
MAGAZINE (Voz i.) m. **1** *Medios.* Revista o periódico ilustrado. **2** *Medios.* Programa en el que se mezclan actuaciones musicales con entrevistas y reportajes.
MAGDALA *Geog. hist.* Población de Palestina, en la ribera del lago Tiberíades. Cuna de María Magdalena. Hoy es una aldea llamada por los judíos *Migdal* y por los árabes *El Majdal*.
MAGDALENA f. **1** Bollo pequeño hecho con los mismos ingredientes que el bizcocho de confitería. **2** Mujer penitente o muy arrepentida de sus pecados.
MAGDALENA Río de Colombia, que nace en los Andes, en el páramo de las Papas, y discurre en dirección S-N hasta desembocar en el mar de las Antillas, junto a Barranquilla, formando un gran delta; 1.550 km. Su principal afluente es el Cauca. Fue descubierto por Rodrigo de Bastidas en 1501, que le dio el nombre de *Río Grande de la Magdalena*.
MAGDALENA Departamento de Colombia; 23.188 km^2 y 1.406.126 h. Capital, Santa Marta.
MAGDALENENSE adj. y com. De Magdalena, Colombia.
MAGDALENIENSE adj. y com. *Prehist.* Se dice del último periodo del paleolítico superior, que se extendió, aproximadamente, entre los años 15000 y 9000 a. C., hasta la fase final de la glaciación de Würm. Se caracteriza por la fabricación de instrumentos en hueso y piedra (arpones, anzuelos, puntas de azagaya) y por el desarrollo de las pinturas rupestres (Altamira, Lascaux).
MAGDALENO, MAURICIO Escritor mexicano (Villa del Refugio, 1906 - Ciudad de México, 1986). Su obra dramática, de tema social y político, se publicó en 1933 con el título general *Teatro revolucionario mexicano* (*Pánuco 1937*, *Emiliano Zapata* y *Trópico*). Alcanzó mayor éxito con las novelas *El resplandor* (1937) y *La tierra grande* (1949).
MAGDEBURGO Ciudad de Alemania, capital del distrito de su nombre y del Land de SajoniaAnhalt, situada a orillas del río Elba; 265.379 h. Fue capital del antiguo distrito Magdeburgo en la RDA. Centro industrial. Puerto fluvial. Catedral gótica.
MAGENTA adj. y m. Se dice del color carmesí oscuro.
MAGENTA Ciudad de Italia, región de Lombardía; 23.895 h. Victoria de los franceses sobre los austriacos en 1859.
MAGGI, CARLOS Escritor uruguayo (Montevideo, 1922). Como narrador destacan sus *Cuentos de humoramor* (1967) e *Invención en Montevideo* (1968). En teatro ha publicado *La trastienda* (1961), *La biblioteca* (1961) y *Esperando a Rodó* (1968).
MAGIA f. **1** Ciencia o arte que enseña a hacer cosas extraordinarias y admirables mediante trucos. **2** *Antropol.* Conjunto de ritos y creencias encaminados a obtener efectos o fenómenos extraordinarios, mediante la manipulación de las fuerzas ocultas de la naturaleza. Se puede dividir en *magia blanca*, destinada a alejar los malos espíritus y obtener efectos beneficiosos para el individuo o el grupo, y *magia negra*, en la que se recurre a los espíritus malignos para causar un daño a los demás. Ha sido practicada en todas las culturas. **3** fig. Encanto, hechizo atractivo con que una cosa deleita y suspende.

MAGIAR adj. y com. **1** *Hist.* Se dice del individuo de un pueblo de lengua afín al finlandés, que habita en Hungría y en Transilvania. Tras saquear repetidas veces los reinos cristianos y ser vencidos por el emperador germánico Otón I (955), se instalaron a orillas del Danubio medio y fundaron un reino, origen de la actual Hungría. **2** Perteneciente a los magiares. || m. *Ling.* **3** Húngaro.
MÁGICO, CA adj. **1** Perteneciente a la magia. **2** Maravilloso, estupendo.
MAGÍN m. fam. IMAGINACIÓN.
MAGINOT, LÍNEA *Hist.* Conjunto de fortificaciones, construidas entre 1927 y 1936 en la frontera francoalemana, en territorio francés, a iniciativa del entonces ministro de Defensa, André Maginot.
MAGISTERIO m. **1** Enseñanza que el maestro ejerce con sus discípulos. **2** Cargo o profesión de maestro. **3** Conjunto de maestros. **4** En la química antigua, precipitado. **5** fig. Gravedad afectada.
MAGISTRADO m. *Der.* **1** Persona que desempeña el oficio de juez o tiene este cargo. **2** Miembro de una sala de audiencia territorial o provincial o del Tribunal Supremo de Justicia.
MAGISTRAL adj. **1** Perteneciente al ejercicio del magisterio. **2** Se dice de lo que se hace con maestría. **3** Hablando del tono, modales, lenguaje, etc., afectado, suficiente.
MAGISTRATURA f. **1** Oficio y dignidad de magistrado. **2** Tiempo que dura. **3** Conjunto de los magistrados.
MAGLOIRE, PAUL-EUGÈNE Político haitiano (Port-au-Prince, 1907 - íd., 2001). Tras la caída de D. Estimé accedió a la presidencia de la República (1950-56).
MAGMA m. *Geol.* Masa ígnea en fusión existente en el interior de la Tierra, que se consolida por enfriamiento. Está compuesta por una mezcla compleja de silicatos fundidos con agua y otras sustancias, principalmente gases en solución.
MAGNA GRECIA *Hist.* Denominación que se dio en la Antigüedad a Sicilia y el S de la península Itálica, a causa de las numerosas colonias fundadas por los griegos a partir del siglo VIII a. C.
MAGNANI, ANNA Actriz de cine italiana (Alejandría, Egipto, 1908 - Roma, 1973). Gran parte de su carrera está ligada al movimiento neorrealista. Intervino en *Roma, ciudad abierta* (1945), *Amor* (1948), *Bellísima* (1950), etc.
MAGNANIMIDAD f. Grandeza y elevación de ánimo.
MAGNASCO, ALESSANDRO (llamado IL LISSANDRINO) Pintor italiano (Génova, 1667 - íd., 1749). Autor postbarroco, sus obras están pobladas de escenas de naufragios, monasterios en ruinas, de paisajes tenebrosos y personajes deformados.
MAGNATE com. Persona muy destacada y poderosa en el mundo de los negocios, la industria o las finanzas.
MAGNENCIO, FLAVIO MAGNO Emperador romano (Amiens, 303 - Lyon, 353). En el año 350 hizo asesinar al emperador Constante y ocupó el trono. Avanzó hacia Panonia y fue rechazado por Constancio II, emperador de Oriente (351).
MAGNESIA f. *Farm.* Óxido de magnesio, sustancia terrosa, blanca, suave, insípida, inodora y casi insoluble en agua, que se usa en medicina.

MAGNESIA *Geog. hist.* Antigua ciudad griega, en Lidia; actualmente es la población turca de Manisa. En ella Escipión *el Asiático* derrotó a Antíoco III en 190 a. C.
MAGNESIA Nomo de Grecia, en la región de Tesalia; 2.636 km^2 y 197.613 h. Capital, Volo. Comprende la franja costera que bordea el golfo de Volo y parte de las Espóradas del Norte.
MAGNESIO m. *Quím.* Elemento químico del grupo II A del sistema periódico. Masa atómica, 24,32; número atómico, 12; punto de fusión, 649 °C; punto de ebullición, 1.120 °C a 760 mm de presión; símbolo, Mg.
MAGNESIOTERMIA f. *Met.* Procedimiento metalúrgico de reducción de un óxido por la acción del magnesio.
MAGNESITA f. *Miner.* Mineral carbonato de magnesio, de fórmula MgCO$_3$. Aparece frecuentemente en cristales pequeños romboédricos o prismáticos, o en masas compactas, granulares o fibrosas.
MAGNÉTICO, CA adj. *Fís.* **1** Perteneciente a la piedra imán. **2** Que tiene las propiedades del imán. **3** Perteneciente al magnetismo.
MAGNETISMO m. **1** *Fís.* Ciencia que estudia los campos magnéticos y sus efectos sobre los materiales, debido al spín descompensado de los electrones de los átomos. Como efecto de esta propiedad, los imanes y las corrientes eléctricas ejercen acciones a distancia, tales como atracciones y repulsiones mutuas, imanación por influencia y producción de corrientes eléctricas inducidas. **2** fig. Atracción o poder que una persona ejerce sobre otra. || **MAGNETISMO TERRESTRE** *Geol.* Acción que ejerce nuestro planeta sobre las agujas imantadas.
MAGNETITA f. *Miner.* Mineral del grupo de los óxidos, de fórmula Fe$_3$O$_4$, que cristaliza en el sistema cúbico. Muy abundante en las rocas eruptivas.
MAGNETIZAR tr. **1** Inducir magnetismo en un material ferromagnético por una corriente continua o de impulsos en una bobina. **2** Aplicar un voltaje alterno a un transformador o bobina cuyo núcleo tenga material ferromagnético. **3** fig. Atraer, fascinar a una o varias personas.
MAGNETO f. *Mec.* Generador de electricidad de alto potencial.
MAGNETO- pref. que significa fuerza magnética, perteneciente al magnetismo, etc.
MAGNETOELECTRÓNICO, CA adj. *Fís.* **1** Se dice del material en el que se produce un campo eléctrico por la acción de un campo magnético. **2** ELECTROMAGNETISMO.
MAGNETÓFONO O **MAGNETOFÓN** m. *Tecnol.* Aparato que permite el registro y reproducción del sonido, utilizando como soporte una cinta magnética.
MAGNETÓMETRO m. *Fís.* Instrumento que mide la intensidad de los campos magnéticos.
MAGNETÓN m. *Fís.* Unidad de medida del momento magnético elemental.
MAGNETOPAUSA f. *Fís.* y *Meteor.* Zona de transición en la atmósfera terrestre entre la magnetosfera y el espacio interplanetario.
MAGNETORRESISTENCIA f. *Fís.* Propiedad que tienen algunos conductores metálicos o semiconductores de variar su resistencia eléctrica por la acción de campos magnéticos.
MAGNETOSCOPIO m. **1** *Fís.* Aparato que sirve para detectar las fuerzas magnéticas. **2** *Tecnol.* Aparato que graba y reproduce videocintas. Se llama también *vídeo*.
MAGNETOSFERA f. *Fís.* y *Meteor.* Zona o región de la atmósfera, que rodea la Tierra por encima de la ionosfera, en la que el campo magnético terrestre ejerce alguna influencia. Se llama también *protonosfera*, ya que se encuentra casi totalmente ionizada, y en ella los protones son más abundantes que el hidrógeno neutro. Su parte final se denomina *magnetopausa*.
MAGNETOSTÁTICA f. *Fís.* Parte de la física que estudia los campos magnéticos que no varían con el tiempo y las corrientes eléctricas estacionarias.
MAGNETOSTRICCIÓN f. *Fís.* Deformación que acompaña la imantación y se utiliza en algunos generadores de ultrasonido.
MAGNETRÓN m. *Tecnol.* Tubo electrónico en forma cilíndrica en el que los electrones producidos por un cátodo caliente en el eje son acelerados por un campo eléctrico radial y a la vez sometidos a la acción de un campo magnético axial, generándose microondas. Se utiliza en equipos de radar.
MAGNICIDIO m. Asesinato de una persona muy importante por su cargo o poder.
MAGNIFICAR tr. y prnl. Engrandecer, alabar, ensalzar.
MAGNÍFICAT m. *Mús.* y *Rel.* Cántico que, según el Evangelio de san Lucas, dirigió al Señor la Virgen Santísima en la visitación a su prima santa Isabel. Se reza o canta al final de las vísperas.
MAGNIFICENCIA f. **1** Liberalidad para grandes gastos o disposición para grandes empresas. **2** Ostentación, grandeza.

MAGNÍFICO, CA adj. **1** Espléndido, suntuoso. **2** Excelente, admirable. **3** Título de honor que se concede a personas ilustres y hoy se aplica en España a los rectores universitarios.

MAGNITUD f. **1** Tamaño de un cuerpo. **2** fig. Grandeza, importancia de una cosa. **3** *Astron.* Tratándose de un astro, medida de la intensidad de su luz. **4** Toda propiedad de los cuerpos que puede ser medida. **5** *Mat.* Conjunto en el que se ha definido una relación de igualdad, formando así el conjunto cociente, sobre el que están definidas una operación + (semigrupo aditivo conmutativo con elemento neutro) y una relación de orden compatible con la operación anterior.

MAGNO, NA adj. GRANDE. Se aplica como epíteto a algunas personas ilustres.

MAGNOL, PIERRE Médico y botánico francés (Montpellier, 1638 - íd., 1715). Se le debe la idea de clasificar las plantas por familias.

MAGNOLIA f. *Bot.* **1** Nombre de diversas especies de árboles de la familia magnoliáceas, género *Magnolia*, originarios de las regiones tropicales de América y Asia. **2** Flor o fruto de este árbol.

MAGNOLIO m. *Bot.* Árbol perteneciente a la familia magnoliáceas, de nombre científico *Magnolia grandiflora*. Tiene hojas grandes, persistentes y correosas; las flores, de gran belleza, son grandes, aromáticas y de color blanco; el fruto tiene el aspecto de una piña.

MAGNUS Nombre de diversos reyes de Noruega, Dinamarca y Suecia.

MAGNUS I EL BUENO Rey de Noruega y Dinamarca (?, 1024 - ?, 1047). Hijo de Olaf el Santo, a quien sucedió en 1035, fue elegido rey de Dinamarca en 1042, a la muerte de Hardiknut. Murió luchando contra Sven II.

MAGNUS II Rey de Noruega (?, h. 1.148 - ?, 1069). Hijo de Harald III, compartió el poder con su hermano Olaf III.

MAGNUS III BARFOT Rey de Noruega (?, 1070 - Ulster, 1103). Sucedió a su padre Olaf III en 1093. Conquistó las islas Hébridas, Orcadas y Man. Luchó contra los suecos.

MAGNUS IV EL CIEGO Rey de Noruega (?, 1115 - Drontheim, 1139). Sucedió a su padre, Sigurd I, en 1130. Accedió al trono junto con su hermano Harald IV, que mandó sacarle los ojos y encerrarle en prisión.

MAGNUS V ERLINGSON Rey de Noruega (?, 1156 - Norefjorden, 1184). Coronado en 1164; su padre, Erling Skakke, ejerció la regencia hasta su mayoría de edad. Fue derrocado y muerto por Sverre.

MAGNUS VI LAGABOTE Rey de Noruega (?, 1238 - Bergen, 1280). Sucedió a su padre, Haakon IV, en 1236. Cedió las islas Hébridas y la isla de Man a Escocia (1266). Reformó la legislación e instituyó la monarquía hereditaria.

Magnus VII Eriksson. Miniatura del siglo XV. Biblioteca de la Universidad de Uppsala.

MAGNUS VII ERIKSSON Rey de Suecia y Noruega (?, 1316 - ?, 1374). Hijo de Erik de Suecia y nieto de Haakon V de Noruega, en 1319 fue proclamado rey de ambos países. Tras hacerse cargo del poder de forma efectiva (1332), se estableció en Suecia. Cedió el trono de Noruega a su hijo Haakon VI (1343) y gran parte de Suecia a su hijo Erik (1356).

MAGNUS, HEINRICH GUSTAV Físico y químico alemán (Berlín, 1802 - íd., 1870). Descubrió el efecto que lleva su nombre, fenómeno que consiste en la aparición de una fuerza perpendicular al eje de giro de una esfera o

René **Magritte**. *La llave de los campos*. Museo Thyssen-Bornemisza (Madrid).

de un cilindro en rotación situado en el interior de una corriente fluida.

MAGO, GA adj. y s. **1** Individuo de la clase sacerdotal en la religión zoroástrica. **2** Que ejerce la magia. **3** Se dice de los tres reyes de Oriente que, según el Evangelio de san Mateo, fueron a adorar a Jesús recién nacido, guiados por una estrella. Una tradición posterior les atribuyó los nombres de Melchor, Gaspar y Baltasar.

MAGÓN Geneal. Familia cartaginesa a la que pertenecieron varios generales. Uno de ellos, hermano de Aníbal, guerreó en la península Ibérica contra los Escipiones.

MAGÓN GONZÁLEZ ZELEDÓN, MANUEL.

MAGREAR tr. fig. vulg. Sobar, palpar, manosear una persona a otra.

MAGREB o **MOGREB** Región del NO de África que comprende el territorio de Tunicia, Argelia y Marruecos. En sentido amplio, incluye también Libia y Mauritania.

MAGREZ f. Calidad de magro.

MAGRITTE, RENÉ Pintor belga (Lessines, 1898 - Bruselas, 1967). Considerado uno de los máximos representantes del surrealismo, introdujo en sus pinturas rasgos del humor dadaísta. Entre sus obras figuran *Los amantes* (1928), *La memoria* (1938), *El maestro de escuela* (1954) o *El hijo del hombre* (1964).

MAGRO, GRA adj. **1** Flaco o enjuto y con poca o ninguna grasa. || m. **2** fam. Carne magra del cerdo próxima al lomo.

MAGSAYSAY, RAMÓN Político filipino (Iba, Zambales, 1907 - Cebú, 1957). Candidato del Partido Nacionalista, fue elegido presidente de la República en 1953. Murió en accidente aéreo.

MAGÜEY (Voz antillana.) m. *Bot.* Planta suculenta perteneciente a la familia agaváceas, de nombre científico *Agave cantala*, sin tronco o con él muy reducido. Puede que su origen esté en México, pero también se cultiva en Filipinas y Malasia.

MAGUILLO m. *Bot.* Manzano silvestre, cuyo fruto es más pequeño y menos sabroso que la manzana común.

MAGUINDANAO Provincia de Filipinas, en Mindanao; 5.048 km^2 y 536.546 h. Capital, Maganoy.

MAGULLADURA f. Acción y efecto de magullar o magullarse.

MAGULLAR tr. y prnl. Causar a un cuerpo contusión, pero no herida.

MAGULLÓN m. MAGULLADURA.

MAGUNCIA (*Mainz*) Ciudad de Alemania, capital del Land de Renania-Palatinado; 184.627 h. Industria papelera y tipográfica. Patria de Gutenberg y de Franz Popp. Célebre catedral (siglo XIII). Capital de la provincia de Germania, fue asolada por alamanes, vándalos y hunos, y en 746 la convirtió en sede del primado de Germania. Alcanzó la categoría de ciudad libre imperial en 1118 y en el siglo XIII se convirtió en uno de los electores. En 1815 pasó a formar parte del gran ducado de Hesse-Darmstadt.

MAGUNTINO, NA adj. y s. De Maguncia, Alemania.

MAHARASHTRA Estado de la India, al O de la península del Decán; 307.690 km^2 y 78.937.187 h. Su capital es Bombay. Gran producción de algodón.

MAHATHIR BIN MOHAMMED Político malayo (Alor Star, 1925). Desde 1981, ocupó la jefatura del Gabinete y la presidencia del Frente Nacional. Fue reelegido en 1982, 1986, 1990 y 1995.

MAHATMA (Voz sánscr.) m. Título honorífico otorgado en la India a personalidades de relevancia espiritual, como Gandhi.

MAHAYANA adj. y m. *Rel.* Forma del budismo que predomina en China, Corea, Japón, Tíbet. Sus doctrinas principales son la creencia en los bodhisatvas; una ética altruista que enseña a hacer el bien al prójimo; la creencia en un gran número de seres sobrenaturales, los budas; y el culto a las imágenes.

MAHDI (Voz ár.) m. *Rel.* En el islam, mesías que será enviado por Alá para instaurar el triunfo de la justicia en la Tierra y derrotar a los infieles.

MAHDISMO m. *Hist.* y *Rel.* Denominación de diversos movimientos político-religiosos islámicos basados en la creencia de la llegada del *mahdi*, que restablecerá la ortodoxia islámica.

MAHÉ Grupo insular de Seychelles, en el grupo Central, compuesto por la isla Mahé y sus islas adyacentes; 158 km^2 y 61.183 h. En la costa NE de la isla de Mahé se encuentra la población de Victoria, capital de la nación.

MAHENDRA BIR BIRKRAN SHA Rey de Nepal (Katmandú, 1920 - Bharatpur, 1972). Accedió al trono en 1955. Impulsó las relaciones con la India y solucionó los contenciosos fronterizos con China. En 1960 disolvió el parlamento y en 1962 promulgó una nueva constitución. Le sucedió su hijo Birendra.

MAHERIR tr. Señalar, buscar, prevenir.

MAHFOUZ, NAGUIB Escritor egipcio (El Cairo, 1911). A través de un análisis social y psicológico, sus obras expresan magistralmente los ritmos de la ciudad y los aspectos marginales de la sociedad egipcia. Entre sus obras destacan *El Cairo Trilogy* (1956-57), que integra las novelas *Entre dos palacios*, *Palacio del deseo* y *La azucarería*, *El ladrón y los perros* (1961), *Los chiquillos de nuestro barrio* (1963), *El mendigo* (1965), *El callejón de los milagros* (1966), *Los espejos* (1972), *El corazón de la noche* (1974) y *Un señor muy respetable* (1994). Premio Nobel de Literatura (1988).

MAHLER, GUSTAV Compositor y director de orquesta austriaco (Kalischt, 1860 - Viena, 1911). Dominó de manera asombrosa los recursos orquestales. Compuso diez *Sinfonías* y varios ciclos de *lieder*, *Kindertotenlieder* (1901-04) y *La canción de la Tierra* (1908-11). Representante del tardío romanticismo, junto con Strauss, Pfitzner y Reger.

MAHMUD, ISKANDAR IBN AL-MARHUM Soberano malayo del Estado de Johore (Johore, 1933). En 1984 sucedió a Hach Ahmad Sah al-Mustain Bilah. Cesó como soberano en 1989.

MAHMUT Nombre de dos sultanes otomanos.

MAHMUT I (Constantinopla, 1696 - íd., 1754). Sucedió a Ahmed III en 1730. Luchó contra los rusos (1736) y perdió Crimea, pero frenó sus avances en el Danubio (1739).

MAHMUT II (Constantinopla, 1785 - íd., 1839). Subió al trono en 1808, tras la deposición de Mustafá IV y el asesinato de Selim III. Sostuvo una guerra con Rusia (1809-12), en la que perdió Besarabia, Moldavia y Valaquia. Afrontó la sublevación de serbios y griegos, el levantamiento de Egipto por su virrey Muhammad Alí y los triunfos de Ibrahim en Turquía.

MAHOMA Profeta y fundador del islam (La Meca, 570 - Medina, 632). De ilustre familia, tras quedar huérfano entró al servicio de Jadiya, con la que luego se casó. Afianzada su posición económica, se dedicó al comercio. Tras una crisis espiritual, según la tradición islámica, el arcángel Gabriel se le apareció en el monte Hira para

Mahoma y sus discípulos. Miniatura del siglo XVI. Museo de Arte Turco e Islámico (Estambul).

revelarle la palabra de Alá. Inspirado en las tradiciones judaicas y cristianas, comenzó a predicar al Dios único, el dios de Abraham, y él mismo se consideró su profeta en la Tierra. Con los principios fundamentales de la unidad de Dios y la inmortalidad del alma fijó el punto de arranque de su doctrina. En los años 614 y 615 recibió el apoyo de numerosos clanes de La Meca, lo que provocó la formación de una oposición, llamada boicot de los Hachemíes. Posteriormente entró en contacto con un grupo de notables del oasis de Yatrib, que solicitaban su apoyo en las luchas de las diferentes tribus árabes y judías. En 622 concertó con ellos un acuerdo que incluía el compromiso de acoger y proteger a los musulmanes procedentes de La Meca. El año de la huida de Mahoma (622) ha servido de punto de partida de la era de los musulmanes (hégira). En Medina (nombre que desde entonces adoptó Yatrib) estableció su poder político y religioso. Estableció la primacía de La Meca sobre Jerusalén como ciudad santa. Inició un proceso de unificación de las tribus árabes e instituyó la guerra santa. En el año 630 tomó La Meca, donde se le reconoció como jefe religioso árabe. La doctrina por él expuesta está contenida en el Corán.

MAHOMET MUHAMMAD.

MAHOMETANO, NA adj. MUSULMÁN.

MAHOMETISMO m. Religión de Mahoma.

MAHOMETISTA adj. y com. **1** Que profesa la religión de Mahoma. **2** Se dice del mahometano bautizado que vuelve a su antigua religión.

MAHOMETIZAR intr. Profesar el mahometismo.

MAHONÉS, SA adj. **1** De Mahón. También s. || f. **2** *Bot.* Planta crucífera de tallos desparramados y flores pequeñas y moradas. Se cultiva en los jardines. **3** *Gastron.* SALSA MAHONESA. **4** *Gastron.* Plato aderezado con la salsa mahonesa.

MAI-NDOMBE Lago de la República Democrática del Congo; 2.300 km². Fue descubierto por Stanley en 1882. Antiguamente se llamó *Leopoldo II*.

MAIAKOVSKI, VLADIMIR Poeta ruso (Bagdad, 1893 - Moscú, 1930). Fundador del futurismo ruso, empleó un tono irónico, apasionado y audaz. Autor de poemas políticos, como *150.000.000* (1920) y *Octubre* (1927), y amorosos: *Amo* (1922), *De esto* (1923).

MAICERO, RA adj. **1** *Col.* Se dice de los habitantes del departamento de Antioquia cuyo alimento principal es el maíz. || m. y f. **2** Persona que se dedica al cultivo o a la venta de maíz.

MAICILLO m. **1** *Bot.* Planta de la familia gramíneas muy parecida al mijo y cuyo fruto es muy nutritivo. **2** *Agr. Chile* Arena gruesa con que se cubre el pavimento de jardines y patios.

MAÍDO m. *Zool.* Acción de mayar.

MAILER, NORMAN Novelista estadounidense (Long Branch, Nueva Jersey, 1923). Considerado el escritor de la alienación y la neurosis norteamericanas, es autor de *Los desnudos y los muertos* (1948), *Parque de ciervos* (1955), *El sueño de América* (1965), *Marilyn* (1973), *La canción del verdugo* (1979), *Los hombres duros no bailan* (1984), *El fantasma de Hamlet* (1991) y *Oswald, un misterio americano* (1995).

MAILING (Voz i.) m. Envío masivo de publicidad por correo.

MAILLOL, ARISTIDE Escultor francés (Banyuls-sur-Mer, 1861 - íd., 1944). Fue discípulo de Cabanel y Gérome; inspirado por Gauguin, llegó a una etapa de superficies planas con acentuación de líneas. Como escultor, casi toda su obra gira en torno a la figura femenina. Obras: *La noche* (1902), *Pomona* (1907), *Venus* (1924), *Las tres ninfas* (1936-38), *El río* (1939-43) y *La armonía* (1944).

MAILLOT m. **1** Prenda elástica parecida a un bañador que se usa en ballet, gimnasia, etc. **2** *Dep.* Jersey o camiseta utilizado por los ciclistas. **3** Traje de baño femenino de una pieza.

MAIMÓNIDES (MOSEH IBN MAIMÓN, llamado) Filósofo hispanojudío (Córdoba, 1135 - Alejandría, 1204). Se estableció en Alejandría, donde fue médico del sultán Saladino. Conocedor de las ciencias judaicas y árabes, en filosofía griega, en medicina, matemáticas, astronomía, etc. Obras: *Siraj* o *Dilucidación* (1168); *Mischné-Torah* o *Repetición de la Ley* (1180) y *Dalalat-al-Haïrin* (1190).

MAIN Río de Alemania, que nace en los montes Fichtelgebirge, atraviesa Baviera y Hesse, y desemboca en el Rhin; 495 km de curso.

MAINA Región de Grecia, limitada por el golfo de Corón o de Mesenia al O y el de Laconia o Maratonisi al E. Forma una península de 60 km de longitud. Cereales.

MAINE *Hist.* Acorazado estadounidense cuyo hundimiento ante La Habana (1898), producido por una explosión provocada, fue utilizado por EE UU como justificación de la guerra que sostuvo contra España.

MAINE Estado de EE UU; 85.801 km² y 1.274.923 h. Su capital es Augusta. Limita al E con el océano Atlántico, con las provincias canadienses de Quebec y Nueva Brunswick al N, y con el Estado de New Hampshire al S y al O. Situado en el sistema apalachiano, está atravesada por ríos como el Saint John y el Penobscot. Posee un clima frío y húmedo. Explotación forestal, agricultura, minería y pesca. Debe su nombre a los primeros colonos procedentes de la región francesa del Maine. Poblado inicialmente por indios algonquinos. Colonizado inicialmente por los franceses (1604-05), los ingleses fundaron los primeros establecimientos permanentes: Monhegan (1622), Saco (1623) y York (1629). Estuvo adscrito a Massachussets desde 1652 hasta su constitución en Estado de la Unión en 1820.

MAINE-ET-LOIRE Departamento de Francia, región de País del Loira; 7.166 km² y 732.942 h. Su capital es Angers. Vid.

MAINEL m. *Arquit.* Elemento arquitectónico que divide un hueco en dos partes verticalmente.

MAINLAND Isla del Reino Unido, en Escocia, la mayor de las Shetland; 1.053 km² y 14.000 h. Pesquerías.

MAINTENON, FRANÇOISE D'AUBIGNÉ, MARQUESA DE Dama francesa (Niort, 1635 - Saint-Cyr, 1719). Educadora de los hijos del rey Luis XIV, con quien se casó en secreto en 1684.

MAIPO Volcán de los Andes, en la frontera de Chile (Región Metropolitana) y Argentina (provincia de Mendoza); 5.290 m.

MAIPO Río de Chile, que nace al pie del volcán de su nombre y desemboca en el Pacífico; 250 km de curso.

MAIPÚ, BATALLA DE *Hist.* Nombre que recibe la batalla ganada en 1818, en los llanos de la orilla N del río Maipo, por el general San Martín, sobre las fuerzas realistas mandadas por Osorio. Esta victoria aseguró la independencia de Chile.

MAIRENA, ANTONIO (ANTONIO CRUZ GARCÍA, llamado) Cantaor español (Mairena del Alcor, 1909 - Sevilla, 1983). Considerado uno de los grandes maestros del cante flamenco. Es autor, junto con R. Molina, de *Mundo y formas del cante flamenco* (1963).

MAIRENA DEL ALCOR Municipio y lugar de España, provincia de Sevilla; 15.730 h. Agricultura. Industria alimentaria.

MAIRENA DEL ALJARAFE Municipio y lugar de España, provincia de Sevilla; 28.551 h.

MAISÍ Punta de Cuba, en el extremo SO de la isla, provincia de Guantánamo. Es el punto más cercano a Haití.

MAISTRE, JOSEPH, CONDE DE Escritor y filósofo francés (Chambéry, 1753 - Turín, 1821). Adversario del pensamiento de la Ilustración y representante del ultramontanismo, escribió *Essai sur le principe générateur des constitutions politiques* (1808), *Veladas de San Petersburgo* (1821) y *Examen de la philosophie de Bacon* (1826).

MAITINES m. pl. *Liturg.* Primera de las horas canónicas que se rezaba y en muchas iglesias se reza todavía antes de amanecer.

MAÎTRE (Voz fr.) com. Jefe de comedor de un restaurante.

MAÍZ m. *Bot.* **1** Planta herbácea anual perteneciente a la familia gramíneas, de nombre científico *Zea mays;* produce unas mazorcas con granos gruesos y amarillos muy nutritivos. Su producción se extiende por todo el mundo. **2** Grano de esta planta.

MAÍZ, ISLAS DEL CORN ISLANDS.

MAIZIÈRE, LOTHAR DE Político alemán (Nordhausen, 1940). En 1989 asumió la presidencia de la Unión Cristiano Demócrata en la RDA y fue nombrado viceprimer ministro del gobierno de H. Modrow. Tras la victoria de la Alianza por Alemania en las elecciones de 1990 se ocupó del Gobierno e inició las conversaciones con Kohl para reunificar Alemania.

maíz

MAJÁ (Voz caribe.) m. **1** *Zool.* Reptil escamoso perteneciente a la familia boidos, de nombre científico *Epicrates angulifer.* Serpiente grande no venenosa y de color amarillento que vive en la isla de Cuba. **2** *Cuba* fig. y fam. Persona holgazana.

MAJA *Astron.* Estrella de las Pléyades, muy luminosa.

MAJADA f. **1** Lugar o paraje donde se recoge de noche el ganado y se albergan los pastores. **2** Excremento humano. **3** Estiércol de los animales. **4** *Arg.* Manada o rebaño de ganado lanar.

MAJADEREAR tr. e intr. **1** *Amér.* Molestar a una persona. || intr. **2** *Amér.* Insistir con terquedad en algo.

MAJADERÍA f. Dicho o hecho necio, imprudente o molesto.

MAJADERO, RA adj. **1** fig. Necio, inoportuno y porfiado. También s. || m. **2** Mano de almirez o de mortero. **3** Maza o pértiga para majar. **4** Bolillo para hacer encaje.

MAJAGUA (Voz caribe.) f. *Bot.* Árbol de la familia malváceas, de hasta 12 m de altura cuya madera es fuerte y correosa. Crece en terrenos anegadizos de Cuba.

MAJAL m. *Zool.* Banco de peces.

MAJANO m. *Geol.* Montón de cantos sueltos.

MAJAR tr. **1** Aplastar una cosa a golpes. **2** fig. y fam. Molestar.

MAJARA o **MAJARETA** com. Persona distraída y chiflada.

MAJENCIO, MARCO AURELIO Emperador romano (?, h. 280 - Roma, 312). Hijo de Maximiliano, ocupó el imperio de 306 a 312, al proclamarse príncipe y posteriormente augusto tras la abdicación de Diocleciano. Fue derrotado por Constantino el Grande en el puente Milvio (312) y murió ahogado en el Tíber.

MAJESTAD f. **1** Aspecto o condición de las personas que despierta admiración y respeto. **2** En mayúscula, título o tratamiento que se da a Dios y también a emperadores y reyes.

MAJESTUOSO, SA adj. Imponente, elegante.

MAJO, JA adj. **1** Se dice de la persona que por su aspecto, comportamiento o simpatía resulta agradable. También s. **2** fam. Bonito y vistoso. **3** Bien arreglado y vestido. || m. y f. *Hist.* **4** A finales del siglo XVIII y principios del XIX, habitantes de ciertos barrios populares madrileños que se distinguían por una indumentaria vistosa y un comportamiento desenvuelto y arrogante.

MAJOR, JOHN Político británico (Londres, 1943). Miembro del Partido Conservador fue secretario del Tesoro (1987-89), ministro de Asuntos Exteriores (1989) y canciller del Exchequer (1989-90). Sustituyó a M. Thatcher como primer ministro (1990-1997).

MAJORERO, RA adj. y s. Natural de la isla de Fuerteventura.

MAJORETTE (Voz fr.) f. Muchacha que desfila en los festejos, ataviada con traje vistoso.

MAJZÉN m. En Marruecos, gobierno o autoridad suprema.

MAKALU Monte de Nepal, en el Himalaya central, en la frontera entre Nepal y Tíbet; 8.515 m de altura.

MAKARIOS, MIRIARTES Prelado ortodoxo y político chipriota (Panayia, 1913 - Nicosia, 1977). Obispo de Kition (1948) y arzobispo de Chipre (1950), personificó la lucha nacionalista de los chipriotas que propugnaban la unión a Grecia. En 1959 fue elegido presidente de la República. Tras la guerra civil entre griegos y turcos (1963-64), se mostró partidario de la independencia de la isla. En 1974, un golpe de Estado favorable a la *enosis* lo depuso, aunque reasumió su cargo a finales de ese año hasta su muerte.

MAKATI Ciudad de Filipinas, que forma parte de la aglomeración urbana de Manila; 453.000 h.

MAKETO, TA MAQUETO, TA.

MAKEYEVKA Ciudad de Ucrania, provincia de Yusovka; 409.000 h. Centro industrial. Antes se denominó *Dmitryevsk.*

MAKORÉ m. *Bot.* Árbol perteneciente a la familia sapotáceas, de nombre científico *Tieghemelle hekelii,* de más de 70 m de altura y procedente de la zona comprendida entre Sierra Leona y Ghana hasta la República Democrática del Congo.

MAL adj. **1** Apócope de MALO. Se usa antepuesto al sustantivo masculino y a algunos infinitivos. || m. **2** Lo contrario al bien, lo malo. **3** Daño material o moral. **4** Desgracia. **5** Enfermedad. || adv. m. **6** Al contrario de lo que debería ser, o de lo que sería deseable. **7** Difícilmente. || **MAL DE MONTAÑA** *Med.* Malestar que se manifiesta en las grandes alturas cuando, a causa de la disminución de la presión atmosférica, el organismo no consigue adecuarse a las diferentes condiciones de disponibilidad de oxígeno. || **MAL DE OJO** Influjo maléfico que, según algunas creencias, puede ejercer una persona sobre otra mirándola de cierta manera. || **MAL DE PIEDRA** *Med.* LITIASIS. || **de mal en peor** loc. adv. Cada

Miriartes **Makarios**

vez peor. || **mal que bien** loc. adv. Conseguir algo tras superar una serie de obstáculos. || **tomar** uno algo **a mal** fr. Resentirse, formar queja de ello.

MAL LARA, JUAN DE Humanista español (Sevilla, 1524 - íd., 1571). En 1548 fundó una escuela de humanidades en Sevilla y regentó una academia literaria con la que estuvieron relacionados J. de la Cueva y F. de Herrera.

MALA PUNTA Cabo del S de Panamá, en el extremo sudoriental de la península de Azuero.

MALABAR adj. **1** Natural de Malabar. También com. **2** Perteneciente a este país de Indostán. || adj. pl. **3** Se dice de los juegos de destreza que consisten en lanzar al aire objetos y recogerlos, manteniendo el equilibrio. || m. Ling. **4** Lengua de los malabares.

MALABAR, COSTA DE Sector litoral del SO de la India, en el mar Arábigo, al O de la península del Decán, entre Goa y el cabo Comorín. Desempeñó un papel importante en el comercio del océano Índico.

MALABARISMO m. **1** fig. Arte de realizar juegos de destreza y agilidad. **2** Habilidad para salir airoso en una situación difícil. **3** Arte de manejar conceptos para deslumbrar al oyente o lector.

MALABO Ciudad capital de Guinea Ecuatorial y de la provincia de Bioko Norte; 30.418 h. Puerto. Centro comercial. Hasta 1973 se llamó *Santa Isabel*.

MALABSORCIÓN f. Med. Asimilación defectuosa o inadecuada.

MALACA Estrecho del océano Índico, en Asia, entre la isla de Sumatra y Malasia; 780 km de longitud. Une el golfo de Bengala con el mar de la China meridional. Es la vía natural de comunicación de la India y Europa con el SE de Asia y Australia.

MALACA MELAKA.

MALACA Península del S de Asia, situada entre el mar de la China y el mar de las Indias, unida al continente por el istmo de Kra. Está dividida entre los Estados de Malasia, Tailandia y Myanmar. Los antiguos la denominaban *Quersoneso de Oro*.

MALACATÉPETL Pico de México, punto culminante de la sierra de Ajusco, en el Distrito Federal; 4.094 m.

MALACIA f. Med. **1** Ablandamiento anormal de tejidos de un órgano. **2** Deformación del apetito que consiste en el deseo de comer alimentos fuertes, muy especiados o de sabor ácido.

-MALACIA suf. MALACO-.

MALACITANO, NA adj. y s. MALAGUEÑO.

MALACO-; -MALACIA pref. o suf. que significan blando, ablandamiento: *malacobdela, osteomalacia*.

MALACÓFILO, LA adj. Bot. Se dice del vegetal xerófilo de hoja blanda, no crasa, propio de las regiones semiáridas y capaz de soportar la escasez de agua.

MALACOLOGÍA f. Zool. Parte de la zoología que trata de los moluscos.

MALACÓLOGO, GA m. y f. Zool. Zoólogo especializado en el estudio de los moluscos.

MALACONSEJADO, DA adj. y s. Que obra desatinadamente llevado de malos consejos.

MALACOPLAQUIA f. Med. Acumulación de histiocitos modificados en una mucosa, generalmente en la vejiga urinaria.

MALACÓPTERO, RA adj. Zool. Que tiene los radios de las aletas blandos.

MALACOSTRÁCEO, A adj. y m. Zool. **1** Se aplica a los crustáceos con el cuerpo dividido en veinte segmentos,

trece cefalotorácicos y siete abdominales. Son fundamentalmente marinos. Representantes de este grupo son el langostino, bogavante, cangrejo, gamba y cochinilla de la humedad. || m. pl. Zool. **2** Subclase de estos crustáceos.

MALACOSTUMBRADO, DA adj. **1** Que tiene malos hábitos y costumbres. **2** Muy mimado.

MALACRIANZA f. Amér. Descortesía, grosería.

MALADETA Macizo montañoso de España, provincia de Huesca, que con el pico de Aneto (3.404 m) constituye el punto culminante de los Pirineos.

MÁLAGA m. Vino dulce elaborado con la uva de Málaga.

MÁLAGA 1 Provincia de España, en la comunidad autónoma de Andalucía; 7.276 km² y 1.258.084 h. Accidentada por el macizo penibético, en su parte central se abre la Hoya de Málaga. Entre sus ríos están el Guadiaro, Guadalhorce y Vélez. De clima mediterráneo, en la zona meridional y costera, cuenta con inviernos suaves y veranos cálidos. Produce cereales, vid, caña de azúcar y remolacha, frutos (naranjo, limonero, granado, uva, etc.), algodón, tabaco y hortalizas. Fabricación de vinos dulces. Minas de hierro y cobre. Importante turismo, centralizado en la costa. **2** Ciudad capital de la provincia, del partido judicial y del municipio de su nombre; 549.135 h. Centro comercial, industrial y turístico. Importante puerto. Ruinas de un teatro romano (siglo I); alcazaba árabe (siglo XI); castillo de Gibraltar (siglo XIV); catedral renacentista (siglos XVI-XVIII).

MALAGANA f. fam. Desfallecimiento, desmayo.

MALAGUEÑO, ÑA adj. y s. **1** De Málaga. || f. Folk. **2** Baile y cante popular, característico de la provincia de Málaga. Es una de las modalidades del fandango.

MALAGUETA f. Bot. **1** Fruto pequeño, aovado, de color canela y olor y sabor aromáticos, que se usa como especia, y es producto de un árbol mirtáceo tropical. **2** Árbol que da este fruto.

MALAJE adj. y com. And. **1** Soso. **2** Malintencionado.

MALAMBO m. Amér. Folk. Danza popular de zapateo, ejecutada por hombres, con acompañamiento de guitarra.

MALAMUD, BERNARD Escritor estadounidense (Brooklyn, 1914 - íd., 1986). La temática de sus obras giró en torno a la comunidad judía. Novelas: *The Natural* (1952), *The Asistant* (1956), *El hombre de Kiev* (1966) y *El sombrero de Rembrandt* (1973).

MALANDANZA f. Mala fortuna, desgracia.

MALANDRÍN, NA adj. y s. Maligno, perverso, bellaco.

MALANG Ciudad de Indonesia, provincia de Java Oriental; 650.295 h. Comercio agrícola. Industria textil y del tabaco.

MALAPARTE, CURZIO (KURT SUCKERT, llamado) Escritor italiano (Prato, 1898 - Roma, 1957). Afiliado al fascismo hasta la caída del régimen, y comunista después, sus obras fueron muy polémicas: *La piel* (1949) y *Malditos toscanos* (1956). Escribió obras teatrales como *Das Kapital* (1951).

MALAPATA com. **1** Patoso. || f. **2** Mala suerte.

MALAQUÍAS Último de los profetas menores (siglo V a. C.), a quien se atribuye el libro de la Biblia que lleva su nombre, escrito en hebreo. Predijo la venida del Mesías.

MALAQUÍAS, SAN Prelado irlandés (Armagh, 1094 - Clairvaux, 1148). Obispo de Connor (1124) y arzobispo de Armagh (1132), se le atribuyeron falsamente las *Profecías de Malaquías*. Fue canonizado en 1190.

MALAQUITA f. Miner. Mineral carbonato básico de cobre, de fórmula $Cu_2CO_3(OH)_2$, de color verde, susceptible de pulimento; se emplea en joyería.

MALAR adj. Anat. **1** Perteneciente a la mejilla. || m. **2** Prominencia del hueso de cada mejilla; pómulo.

MÄLAR o **MÄLAREN** Lago del SE de Suecia; 1.140 km² y 60 m de profundidad máxima. Posee numerosas islas e islotes.

MALARET, AUGUSTO Filólogo puertorriqueño (Sabana Grande, 1878 - Río Piedras, 1967). Autor de obras jurídicas y lexicográficas, como su *Diccionario de americanismos* (1925).

MALARIA f. Med. Enfermedad infecciosa endémica que afecta al hombre, producida por protozoos parásitos de la sangre del género *Plasmodium*, y transmitida por la picadura de mosquitos *Anopheles*. Se caracteriza por fiebres intermitentes, remitentes, tercianas o cuartanas.

MALASIA Conjunto de islas situado entre la costa SE de Asia y la NO de Australia. Está poblado por malayos y comprende las islas de Andamán, Nicobar, Sumatra, Java, Borneo, Célebes, Molucas y Filipinas, como grupos principales. En otro tiempo se consideró parte integrante de Oceanía; hoy se denomina archipiélago asiático o Insulindia (Asia insular).

MALASIA o **MALAYSIA** (*Persekutuan Tanah Malysia*) Estado federado del S de Asia, formado por la parte S de la península de Malaca (Malasia Occidental o Peninsular) y el N de la isla de Borneo (Malasia Oriental). Limita al N con Tailandia, Brunei y el mar de la China Meri-

Superficie: 329.735 km².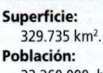
Población: 23.260.000 h. *(malayos o malaysios).*
Densidad: 70,5 h./km².
Tasa de natalidad: 24,4‰.
Tasa de mortalidad: 4,4‰.
Capital: Kuala Lumpur.
Ciudades principales: Ipoh, Johor Baharu, Kuantan, Kota Kinabalu, Kelang y Seremban.
Grupos étnicos: malayos (59,97%), chinos (29,9%), indios (9,5%) y paquistaníes (0,7%).
Religión: islamismo (52,9%), budismo (17,3%), confucianismo (11,6%), hinduismo (7%), cristianismo (6,4%) y otras (4,8%).
Idioma: malayo o malaysio.
Moneda: ringgit o dólar malayo.
Forma de Estado: monarquía federal.
Producto Nacional Bruto: 81.311 millones de dólares.
Renta per cápita: 3.670 dólares.
División administrativa: 13 Estados y 2 territorios federales, según cuadro.

MALASIA o MALAYSIA

Estados Territorios	Superficie (km²)	Población (h.)	Capitales
Malasia Oriental			
Sabah	73.620	1.734.685	Kota Kinabalu
Sarawak	124.449	1.642.771	Kuching
Malasia Occidental			
Johor	18.986	2.069.740	Johor Baharu
Kedah	9.426	1.302.241	Alor Setar
Kelantán	14.943	1.181.315	Kota Baharu
Melaka	1.650	506.321	Melaka
Negeri Sembilan	6.643	692.897	Seremban
Pahang	35.965	1.045.003	Kuantan
Perak	21.005	1.877.471	Ipoh
Perlis	795	183.824	Kangar
Pulau Pinang	1.031	1.064.166	George Town
Selangor	7.956	2.297.159	Shah Alam
Terengganu	12.955	766.244	Kuala Terengganu
Territorios Federales			
Kuala Lumpur	243	1.145.342	
Labuan	91	54.241	

dional, al E y al S, con Indonesia y Singapur, y al O, con Indonesia y el estrecho de Malaca.

GEOG. Malasia Peninsular u Occidental, en la península de Malaca, está recorrida de NO a SE por cadenas montañosas, cuyas alturas dominantes son los montes Temiang (1.241 m), Tahan (2.190 m), Besar (1.748 m) y Ledang (1.276 m). Sus ríos más notables son el Perak y el Muar, que desembocan en el estrecho de Malaca, y el Pahang y el Rompin, que lo hacen en la costa oriental. En el litoral se encuentran las islas de Langkawi Penang, Bintan y Tioman. Malasia Oriental posee una cadena de montañas con alturas de 3.000 m. La costa es baja y los ríos más importantes son el Kinabatangon y el Rejang. El clima es ecuatorial, con pocas oscilaciones térmicas. Las lluvias son abundantes. La vegetación dominante es la jungla. La mayor parte de la población se concentra en Malasia Peninsular, sobre todo en la costa occidental. Agricultura de subsistencia y comercial. Pesca. Caucho y estaño. Industrias conserveras, de producción de látex y neumáticos y fundiciones metalúrgicas. Producción de petróleo, gas natural, bauxita y cobre.

HIST. La situación de la península de Malaca, entre el golfo de Bengala, el de Tailandia y el mar de la China, la convertían en un lugar de paso para los comerciantes. De influencia cultural hindú, estuvo sometida a diversos imperios asiáticos hasta la llegada del islam en el siglo XIV. En 1511 los portugueses tomaron Malaca, hasta 1641, cuando fueron expulsados por los holandeses. El dominio británico comenzó con la ocupación de Malaca en 1795, que, junto con Penang y Singapur fueron agrupados bajo el nombre de Establecimiento de los Estrechos. Durante la Segunda Guerra Mundial la península fue ocupada por los japoneses, en 1945, recuperada por Gran Bretaña, se constituyó la Unión Malaya bajo protectorado británico. Su legislación, que limitaba la autoridad de los sultanes y los privilegios de los malayos frente a los chinos, provocó la oposición de aquellos y la formación de la United Malayas National Organization. En 1948 se transformó en Federación Malaya. La Federación obtuvo la independencia en 1957. En 1963 se creó la nueva Federación de la Gran Malasia, formada tras la incorporación de las antiguas colonias británicas de Sabah, Sarawak y Singapur, que abandonó la federación en 1965. Durante los años siguientes la política exterior de la federación estuvo protagonizada por los conflictos con Filipinas e Indonesia, que reclamaban Sabah y Sarawak respectivamente. En 1966 se firmó la paz con Indonesia y, en 1977, con Filipinas. Paralelamente en el interior del país se vivía una grave crisis étnica entre la población china y la malaya, que culminó en las elecciones de 1969, en las que el gobierno del UMNO perdió parte de la mayoría y se afianzó la oposición no malaya. En 1970 fue elegido primer ministro Tun Abdul Razak, sustituyendo a Abdul Rahman. Tras su fallecimiento en 1976 ocupó el cargo Hussein bin Onn, quien prosiguió la política anticomunista de sus predecesores, hasta su renuncia en 1981, en favor de Mahathir bin Mohammed, confirmado en las elecciones de 1986. Este resultado le permitió mantener el plan de desarrollo del país, con el que se pretendía corregir los desequilibrios económicos entre los diferentes grupos étnicos de la nación. Pero el intento de hacer un nuevo reparto de la riqueza provocó el fortalecimiento de una oposición que defendía los intereses de la minoría china encabezada por Li Kit Siang. En 1989 la conferencia de sultanes eligió como nuevo monarca al sultán Azlan Muhibbudin Shah y un año después se celebraron elecciones que dieron la victoria al UMNO, con lo que Mahathir bin Mohammed pudo mantenerse en el cargo. Durante los años siguientes se desató una pugna por el poder entre la conferencia de sultanes y el gobierno que intentó dejar a la institución monárquica con una función puramente ceremonial. En 1994 fue entronizado rey Tuanku Ja'afar Abdul Rahman. Mahathir bin Mohammed fue revalidado en su cargo en 1995 y 1999. En ese año Salahuddin Abdul Aziz Shah sucedió a Tuanku Ja'afar Abdul Rahman, pero murió en 2001 y Tuanku Syed Sirajuddin fue nombrado nuevo monarca. En octubre de 2003 dimitió Mahathir bin Mohamad de su cargo de primer ministro y fue sustituido por Abdullah Ahmad Badawi.

MALASOMBRA com. Persona patosa.

MALASPINA, ALEJANDRO Marino siciliano al servicio de España (Palermo, 1754 - Pontremoli, 1810). Entre 1782 y 1789 realizó diferentes viajes de exploración, uno de ellos alrededor del mundo. Entre 1789 y 1794 recorrió las costas americanas hasta Alaska y realizó una segunda circunnavegación del globo. Dejó escrito Viaje politicocientífico alrededor del mundo (1885).

MALATERÍA f. Hospital de leprosos.

MALATESTA Geneal. Familia aristocrática italiana, establecida en Rímini, en el siglo XIV extendió su dominio por casi toda la Marca de Ancona y una parte de la Romagna. Su miembro más destacado fue Sigismondo Pandolfo (1417-68).

MALATESTA, ENRICO Anarquista italiano (Santa Maria Capua Vetere, 1853 - Roma, 1932). Encabezó las revueltas de Bolonia (1874) y Benevento (1877), y fue encarcelado.

MALATO, TA adj. y s. Leproso.

MALAVENIDO, DA adj. Mal avenido.

MALAVENTURADO, DA adj. Infortunado.

MALAWI Lago del SE de África, situado entre Malawi, Tanzania y Mozambique; 30.800 km² de superficie. Fue explorado por Livingstone en 1859.

MALAWI (Republic of Malawi) Estado de África centrooriental, que limita al N con Tanzania, al E y S, con Mozambique, y al O, con Mozambique y Zambia.

Superficie: 118.484 km².
Población: 10.386.000 h. (malawianos).
Densidad: 110,2 h./km².
Tasa de natalidad: 39,2‰.
Tasa de mortalidad: 22,3‰.
Capital: Lilongwe.
Ciudades principales: Blantyre, Nkhota-Kota, Zomba.
Grupos étnicos: maravi (58,3%), lomwe (18,4%), yao (13,2%).
Religión: protestantismo (33,7%), catolicismo (27,6%), islamismo (16,2%), creencias tradicionales (19%).
Idioma: inglés y chichewa.
Moneda: kwacha malawi.
Forma de Estado: república.
Producto Nacional Bruto: 2.168 millones de dólares.
Renta per capita: 210 dólares.
División administrativa: 3 regiones con 26 distritos, según cuadro.

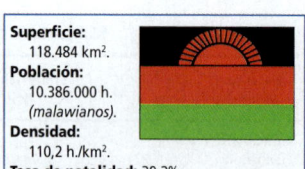

GEOG. El país se extiende al E del lago Malawi y en el valle del Shiré, emisario del lago hacia el río Zambeze. Constituye el extremo sur del Rift Valley. Los bordes de esta fosa, al E y O, superan los 200 m de altitud, frente a los 400 m del fondo del valle. En el S, los montes Mulanje alcanzan los 3.000 m. El lago Malawi y los de Chilwa y Chiuta ocupan una quinta parte del país. El clima es tropical, pero templado a causa de su altitud; las precipitaciones son relativamente abundantes. La vegetación característica del país es la sabana arbolada. Es un país muy pobre en materias primas. Produce cultivos de subsistencia, y comerciales, dedicados a la exportación (tabaco, té, azúcar, algodón y café). Ganadería. Pesca fluvial. Gran riqueza maderera (teca, caoba y cedro), sin explotar. Su débil estructura industrial se reduce prácticamente a la elaboración de tabaco y azúcar, y pequeñas fábricas de cemento.

HIST. Habitado originariamente por tribus bosquimanas y bantúes, los portugueses llegaron a este territorio en el siglo XVIII convirtiéndolo en un importante centro de trata de esclavos. Livingstone lo exploró entre 1859 y 1863, y en 1891 Gran Bretaña estableció un protectorado, que en 1907 adoptó el nombre de Nyasalandia. Formó parte de la Federación de Rhodesia y Nyasalandia (1953-64). El temor al predominio de los colonos blancos de Rhodesia del Sur dentro de la Federación hizo nacer en Nyasalandia un movimiento en favor de la separación, que fue fomentado por Hastings K. Banda y su Partido del Congreso. En 1963, Nyasalandia fue dotada de autogobierno y Banda nombrado primer ministro. Pocos meses después el gobierno británico declaró disuelta la Federación de Rhodesia y Nyasalandia, y el país accedió a la independencia en 1964. El nuevo Estado tomó el nombre de Malawi y se convirtió en una república presidencialista de partido único en 1966. En los años siguientes, Banda promovió una política exterior de acercamiento a Mozambique, a Rhodesia y a la República Sudafricana, mientras que en

MALAWI

Distritos Regiones	Superficie (km²)	Población (h.)	Capitales
Chitipa	4.288	125.619	Chitipa
Karonga	3.355	194.275	Karonga
Mzimba	10.430	610.058	Mzimba
Nkhata Bay	4.089	171.134	Nkhata Bay
Rumphi	4.769	128.274	Rumphi
Septentrional	*26.931*	*1.229.360*	*Mzuzu*
Dedza	3.624	483.136	Dedza
Dowa	3.041	309.087	Dowa
Kasungu	7.878	476.018	Kasungu
Lilongwe	6.159	1.337.777	Lilongwe
Mchinji	3.356	318.759	Mchinji
Nkhota-Kota	4.259	230.361	Nkhota-Kota
Ntcheu	3.424	370.988	Ntcheu
Ntchisi	1.655	167.353	Ntchisi
Salima	2.196	248.157	Salima
Central	*35.592*	*4.041.636*	*Lilongwe*
Balaka	2.193	252.046	Balaka
Blantyre	2.012	782.226	Blantyre
Chikwawa	4.755	342.664	Chikwawa
Chiradzulu	767	235.123	Chiradzulu
Machinga	3.771	366.196	Machinga
Mangochi	6.273	599.935	Mangochi
Mulanje	2.056	428.079	Mulanje
Mwanza	2.295	136.910	Mwanza
Nsanje	1.942	194.481	Nsanje
Phalombe	1.394	231.448	Phalombe
Thyolo	1.715	457.954	Thyolo
Zomba	2.580	540.428	Zomba
Meridional	*31.753*	*4.567.490*	*Blantyre*

el interior inició una dura represión contra cualquier intento de oposición a su régimen. En 1971 se constituyó en presidente vitalicio de la República y en las elecciones de 1979 prohibió la presentación de candidatos no oficiales. En 1993 fue aprobada en referéndum la introducción de un sistema multipartidista. Un año después se celebraron las primeras elecciones libres, en las que venció Bakili Muluzi, del Frente Democrático Unido, reelegido en 1999. Tras las presidenciales de 2004 fue sustituido por su correligionario Bingu Mutharika.

MALAYO, YA adj. y s. **1** De la península de Malaca. **2** *Etnol.* Se dice del individuo de piel morena perteneciente a una raza que se halla esparcida por Indonesia, la península de Malaca y Filipinas y está compuesta por una serie de pueblos a los que se da el nombre de malayos. || m. *Ling.* **3** Grupo de lenguas de la familia indonesia, hablada en casi todas las islas indonesias y en la costa de la península malaya.

MALAYOPOLINÉSICO, CA adj. *Ling.* Se aplica a un grupo o familia de lenguas que se hablan en una extensa zona del Pacífico entre las que figuran el indonesio y las lenguas polinesias.

MALAYOS, ESTADOS Grupo de Estados de la península de Malaca que, en 1948, pasaron a formar parte de la Federación Malaya.

MALAYSIA MALASIA.

MALBARATAR tr. **1** Malvender. **2** Malgastar.

MALCASAR tr., intr. y prnl. Casar a una persona sin las circunstancias que se requieren para la felicidad del matrimonio.

MALCOLM Nombre de diversos reyes de Escocia.

MALCOLM I (? - ?, 954). Subió al trono en 943. Murió luchando contra sus vasallos rebeldes de los Highlands del Norte.

MALCOLM II (? - ?, 1034). Hijo de Keneth II. Accedió al trono en 1005 tras dar muerte a su antecesor, Keneth III. Aliado con Sigurd, conde de Oakney, venció a los daneses en 1008 y 1018.

MALCOLM III CANMORE (? - cerca de Alnwick, 1093). Hijo de Duncan I, al que asesinó Macbeth, derrotó a éste y ocupó el trono (1057). Casó con Margarita, nieta del rey anglosajón Edmundo Brazo de Hierro, huido de Inglaterra ante la ocupación normanda. Invadió varias veces Inglaterra y murió en la batalla de Alnwick.

MALCOLM IV (?, 1141 - ?, 1165). Hijo de David I, fue elevado al trono en 1153.

MALCOLM X (MALCOLM LITTLE, llamado) Activista negro estadounidense (Onaha, 1925 - Nueva York, 1965). Ingresó en 1952 en el Movimiento de los Musulmanes Negros. Posteriormente se alejó de su líder Elijah Muhammad y fundó en 1964 la Organización de la Unidad Afroamericana. Murió asesinado.

MALCOMER tr. Comer escasamente o con poco gusto.

MALCRIAR tr. Educar mal a los hijos, condescendiendo demasiado con sus gustos y caprichos.

MALDAD f. **1** Calidad de malo. **2** Acción mala e injusta.

MALDECIR tr. **1** Echar maldiciones contra una persona o cosa. || intr. **2** Hablar de alguien con mordacidad. ♦ IRREG. Se conjuga COMO DECIR, menos en el *futuro imperfecto de indicativo* y en el *potencial*, que son regulares, y la segunda persona de singular del *imperativo* (*maldice tú*).

MALDENTADO, DA adj. y m. *Zool.* **1** Se aplica al mamífero euterio primitivo que carece de dientes anteriores o los tiene todos iguales como los armadillos, osos hormigueros y perezosos. || m. pl. *Zool.* **2** Orden de estos mamíferos.

MALDICIÓN f. Imprecación dirigida contra una persona o cosa.

MALDISPUESTO, TA adj. **1** Indispuesto. **2** Que no tiene la disposición de ánimo necesaria para una cosa.

MALDITO, TA adj. **1** Dañino, molesto, malvado. **2** Se aplica a aquello o aquellos sobre los que pesa una maldición. También s. **3** fam. Ninguno, ni una sola cosa.

MALDIVAS

MALDIVAS *(Republic of Maldives)* Estado insular de Asia meridional, constituido por el archipiélago de su nombre. Está situado en el océano Índico, al SO de la India.

GEOG. El archipiélago consta de 20 atolones con un total de 1.087 islas de origen coralino, de las que sólo 220 están habitadas. De clima ecuatorial, muy lluvioso, la vegetación es sobre todo de palmeras. Su principal actividad económica es la pesca, especialmente de bonito y atún. En torno a esta pesca se ha creado una industria. Produce copra y aceite de coco. Los recursos agrícolas son muy limitados. El turismo constituye la base de su economía.

Superficie: 298 km².
Población: 285.000 h. (maldivos).
Densidad: 956,4 h./km².
Tasa de natalidad: 34,5‰.
Tasa de mortalidad: 6,9‰.
Capital: Male.
Ciudad principal: Male.
Grupos étnicos: población de origen cingalés y árabe.
Religión: islamismo (mayoría).
Idioma: divehi (dialecto cingalés).
Moneda: rupia maldiva (rufiyaa).
Forma de Estado: república.
Producto Nacional Bruto: 296 millones de dólares.
Renta per cápita: 1.130 dólares.
División administrativa: 20 atolones, según cuadro.

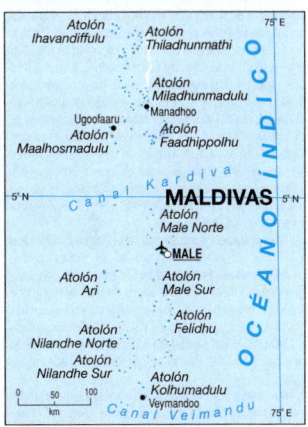

MALDIVAS

Atolones	Población (h.)	Capitales
Addu	17.648	Hithadhoo
Ari Dhekunu Gofi	6.404	Mahibadhoo
Ari Uthuru Gofi	5.340	Rasdhoo
Faadhippolhu	8.847	Naifaru
Felidhu	1.779	Felidhoo
Foammulah	6.971	Foahmulah
Hadhdhunmathi	10.192	Hithadhoo
Huvadhu Norte	8.164	Viligili
Huvadhu Sur	11.984	Thinadhoo
Kolhumadulu	9.651	Veymandoo
Maalhosmadulu Norte	12.528	Ugoofaaru
Maalhosmadulu Sur	8.727	Eydhafushi
Male	11.650	Thulusdhoo
Miladhunmadulu Norte	10.462	Farukolhu-funandhoo
Miladhunmadulu Sur	10.096	Manadhoo
Mulakatholhu	4.810	Muli
Nilandhe Norte	3.167	Magoodhoo
Nilandhe Sur	4.825	Kudahuvadhoo
Thiladhunmathi Norte	13.657	Dhidhdhoo
Thiladhunmathi Sur	14.769	Nolhivaranfaru

Malí. Mercado de Djenné.

HIST. A partir del siglo XII, la población budista de las islas fue islamizada y gobernada por sultanes dependientes de Ceilán. Después, el territorio fue colonizado por portugueses (siglo XVI), holandeses (siglo XVII) y británicos (1796), que establecieron un protectorado (1887). En 1948 consiguió la autonomía y en 1965, la independencia, abandonando la Commonwealth e ingresando en la ONU. Un referéndum aprobó la nueva Constitución, según la cual se abolía la monarquía y se convertía en República (1968), separándose de la Commonwealth. Fue elegido presidente de la misma Amin Ibrahim Nasir que se mantuvo en el cargo hasta 1978, en que, acusado de delitos financieros, tuvo que exiliarse en Sri Lanka. Le sucedió Maumoon Abdul Gayoom, que estableció un régimen autoritario. En 1980, un intento de golpe de Estado de partidarios de Ibrahim Nasir, fue neutralizado con ayuda de la India. Maldivas reingresó en la Commonwealth en 1982, como miembro especial. Un año después, Maumoon fue confirmado en el cargo. En 1988, tras un referéndum en que el presidente era el único candidato, se mantuvo el régimen autoritario. La estabilidad política se vio amenazada por el ataque de tropas de mercenarios provenientes de Sri Lanka. A pesar de que se recuperó la calma, el país se enfrentó a serias dificultades económicas. Las presidenciales de 1993 y 1998 confirmaron en su cargo a Gayoom.
MALDONADO Departamento de Uruguay; 4.793 km² y 113.884 h. Su capital es la ciudad del mismo nombre.
MALDONADO, FRANCISCO Noble español (Salamanca, ? - Villalar, 1521). Jefe comunero de Salamanca, participó con Bravo y Padilla en la guerra de las Comunidades de Castilla. Derrotado en Villalar, murió decapitado.
MALE Ciudad capital de Maldivas, en la isla de su nombre; 62.973 h. Puerto pesquero. Centro administrativo.
MALEABLE adj. Se aplica a los metales que pueden extenderse en planchas muy delgadas, como el cobre.
MALEANTE com. Ladrón, delincuente.
MALEAR tr. y prnl. 1 Dañar, estropear. 2 fig. Pervertir.
MALEBRANCHE, NICOLAS DE Filósofo francés (París, 1638 - íd., 1715). Es uno de los principales filósofos del ocasionalismo. Trató de demostrar la armonía entre el cartesianismo y la religión. Escribió *Investigación de la verdad* (1764-75), *Conversaciones cristianas* (1677) y *Tratado de moral* (1683).
MALECÓN m. 1 Muro construido como protección contra las aguas. 2 ROMPEOLAS, muelle.
MALEDICENCIA f. Acción de maldecir, denigrar.
MALEDUCADO, DA adj. y s. Grosero, irrespetuoso.
MALEDUCAR tr. Educar mal a los hijos, condescendiendo demasiado con sus gustos, caprichos.
MALEFICIO m. 1 Daño causado por arte de hechicería. 2 Hechizo empleado para causarlo.
MALÉFICO, CA adj. 1 Que hace daño a otro con maleficios. || m. y f. 2 Persona que practica hechicerías.
MALENCARADO, DA adj. y s. 1 Que tiene cara de enfado. 2 Maleducado, insolente. 3 Que tiene aspecto desagradable.
MALENKOV, GEORGI MAXIMILIANOVICH Político soviético (Oremburgo, 1902 - Moscú, 1988). Ingresó en el Partido Comunista en 1920 y en 1932 se convirtió en secretario personal de Stalin. Vicepresidente del Consejo y miembro del Politburó desde 1946, a la muerte de Stalin ocupó la presidencia del consejo de ministros y la jefatura del partido, cargo que cedió poco después a Kruschev. En 1957, tras participar en un intento de desplazar a Kruschev, fue depuesto de todos sus cargos.

MALENTENDIDO m. Mala interpretación, equivocación o desacuerdo en el entendimiento de una cosa.
MALÉOLO m. Anat. Protuberancia de la tibia y el peroné.
MALESHERBES, CHRÉTIEN GUILLAUME DE LA-MOIGNON DE Político francés (París, 1721 - íd., 1794). Ministro de Información, protegió a los enciclopedistas. Fue ministro de Estado de Luis XVI, a quien defendió ante la Convención. Murió en la guillotina.
MALESPÍN, FRANCISCO Militar y político salvadoreño (? - San Fernando, 1846). Comandante general de armas (1840), fue elegido presidente de la República en 1844. Aliado con Honduras, declaró la guerra a Nicaragua por el apoyo de ésta a los liberales. Fue derrocado por el vicepresidente, general Guzmán.
MALESTAR m. Desazón, incomodidad indefinible.
MALETA f. 1 Especie de caja confeccionada en algún material resistente y con asa que sirve para guardar y transportar objetos cuando se viaja. || com. 2 fam. Mal torero. 3 Por extensión, persona que practica con torpeza cualquier actividad.
MALETERO, RA m. y f. 1 Persona que hace o vende maletas. 2 Persona que transporta equipajes. 3 Espacio reservado en los vehículos para llevar equipajes. 4 Lugar de la vivienda para guardar maletas.
MALETILLA com. Joven aspirante a torero.
MALETÍN m. Maleta pequeña, generalmente rectangular y aplanada, en la que se llevan documentos, papeles, etc.
MALEVICH, KAZIMIR Pintor ruso (Kiev, 1878 - Leningrado, 1935). En su primera época cultivó el cubismo y fue creador y teórico del SUPREMATISMO. Su obra se caracteriza por la utilización de formas geométricas simples, y colores y fondos planos.
MALEVO, VA adj. y s. R. Plata Malévolo, malhechor, matón.
MALÉVOLO, LA adj. y s. Malintencionado.
MALEZA f. 1 Abundancia de hierbas malas que perjudican a los sembrados. 2 Espesura enmarañada que cubre un terreno debido a la abundancia de arbustos y matorrales espinosos. 3 Refugio o abrigo de vegetación para los animales. 4 Bot. Col. y Chile Cualquier mala hierba. 5 Med. Nic. y Dom. Enfermedad.
MALFORMACIÓN f. Med. Deformidad o defecto congénito en alguna parte del organismo.
MALGACHE adj. y com. 1 De Madagascar. || m. Ling. 2 Lengua del grupo malayo de la familia lingüística malayo-polinesia hablada en Madagascar. Tiene numerosos dialectos.

MALGAMA f. Combinación del mercurio con otro metal.
MALGASTAR tr. Gastar o emplear algo de forma inadecuada.
MALGÚS Pico de Ecuador, región de Carchi; 3.944 m de altura.
MALHABLADO, DA adj. y s. Se dice de la persona que se expresa de forma vulgar y grosera.
MALHADADO, DA adj. Infeliz, desventurado.
MALHECHO, CHA adj. De cuerpo mal formado o contrahecho.
MALHECHOR, RA adj. y s. Se dice de la persona que comete delitos habitualmente.
MALHERBE, FRANÇOIS DE Poeta francés (Caen, 1555 - París, 1628). Reformador de la poesía lírica en Francia, gozó de la protección de María de Médicis y Enrique IV. Formó una escuela poética caracterizada por el formalismo extremo.
MALHERIR tr. Herir gravemente. ♦ IRREG. Se conjuga como SENTIR.
MALHUMORADO, DA adj. Que está de mal humor.
MALHUMORAR tr. y prnl. Poner a uno de mal humor.
MALÍ *(République du Mali)* Estado de África NO, que limita al N con Argelia; al E, con Níger y Argelia; al S, con Burkina Faso, Costa de Marfil y Guinea, y al O, con Senegal y Mauritania.
GEOG. La zona N del país está ocupada por el desierto del Sahara. El S y el E están accidentados por montañas de poca elevación que forman macizos aislados como los de Manding o Senufo y Hombori. La máxima altura es el pico de Hombori Tondo (1.155 m). Sus ríos pertenecen a la cuenca del Níger, que atraviesa el territorio de O a E. El Senegal atraviesa su zona occidental. En el país se distinguen tres zonas climáticas: al N, con el desierto del Sahara, hay fuertes oscilaciones térmicas diarias y anuales y escasas precipitaciones. En el centro, las temperaturas son más suaves y las precipitaciones más abundantes. El S tiene clima tropical senegalés y sudanés, con pocas oscilaciones térmicas y precipitaciones abundantes. Es uno de los países más pobres del mundo. La agricultura, muy primitiva, da productos alimentarios e industriales. Ganadería. Industria escasa, de transformación de los productos

Superficie: 1.248.574 km².
Población: 10.686.000 h. *(malienses)*.
Densidad: 8,6 h./km².
Tasa de natalidad: 49,6‰.
Tasa de mortalidad: 19,5‰.
Capital: Bamako.
Ciudades principales: Ségou, Mopti, Sikasso, Gao.
Grupos étnicos: bambara (31,9%), fulani (13,9%), senufo (12%), soninke (8,8%), tuareg (7,3%) y otros (26,1%).
Religión: islamismo (90%), animismo (9%) y cristianismo (1%).
Idioma: francés.
Moneda: franco CFA.
Forma de Estado: república.
Producto Nacional Bruto: 2.646 millones de dólares.
Renta per cápita: 250 dólares.
División administrativa: 8 regiones y 1 distrito urbano, según cuadro.

MALÍ

Regiones Distrito urbano	Superficie (km²)	Población (h.)	Capitales
Gao[1]	170.572	408.000	Gao
Kayes	119.743	1.245.000	Kayes
Kidal	151.430	—	Kidal
Koulikoro	95.848	1.462.000	Koulikoro
Mopti	79.017	1.423.000	Mopti
Ségou	64.821	1.546.000	Ségou
Sikasso	70.280	1.579.000	Sikasso
Tombouctou	496.611	462.000	Tombouctou
Bamako	265	913.000	

[1] La población de Gao comprende la de Kidal.

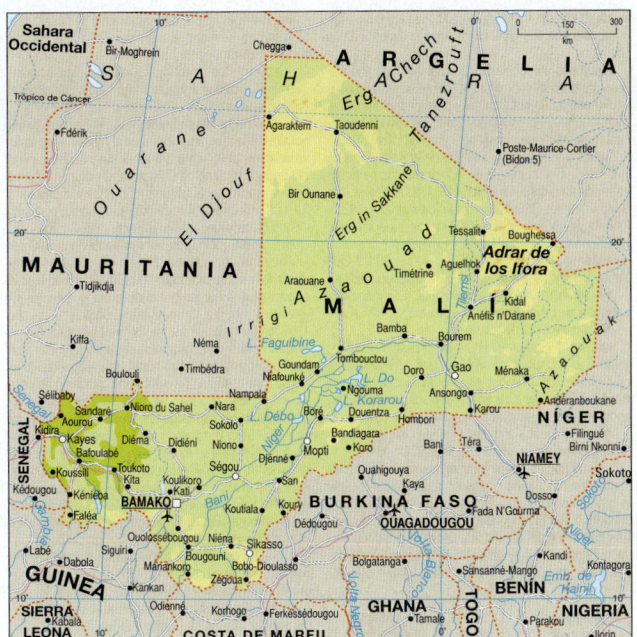

agrícolas. Yacimientos de sal en la zona de Taudenni (Sahara).

Hist. El territorio perteneció al imperio de Ghana desde el siglo III hasta el XIII, en que se independizó y formó el imperio de Malí, pero estuvo sometido durante siglos a las amenazas de tribus fronterizas. A principios del siglo XIX, los tucoror conquistaron el país, pero en la segunda mitad de ese siglo se inició la intervención militar francesa y el territorio pasó a denominarse Sudán francés (1920). Tras un referéndum, en 1958 nació la República Sudanesa, unida a Senegal en la Federación de Malí. Al romperse la Federación (1960), Sudán asumió el nombre de Malí y, poco después, obtuvo la plena independencia e ingresó en la ONU. Su primer presidente, Modibo Keita, estableció un régimen de inspiración socialista, que finalizaría con el golpe militar de 1968 dirigido por el teniente Moussa Traoré. Éste se acercó a las potencias occidentales. En 1974 hizo promulgar una Constitución de carácter autoritario. Tras contrarrestar un intento de golpe de Estado, y para evitar nuevos ataques a su poder, Traoré modificó la Constitución y creó un partido único, la Unión Democrática del Pueblo Maliano, al frente del cual volvió a vencer en las legislativas y presidenciales de 1979. Sin embargo, la oposición a su régimen siguió creciendo, particularmente en el movimiento estudiantil que desde 1979 a 1981 protagonizó diferentes protestas. A pesar de ello y tras superar un nuevo intento de golpe de Estado (1980), Traoré se afianzó en el poder y promovió un plan económico de recuperación de la sequía. Este mismo año se celebraron nuevas elecciones que le confirmaron como presidente. Los problemas fronterizos con Burkina Faso por el control del corredor de Agacher estallaron en el conflicto bélico de 1985-1986, resuelto tras la intervención mediadora de la corte internacional de justicia. En 1990 se produjo el progresivo regreso de tuaregs nómadas, quienes habían emigrado hacia Argelia y Libia durante los últimos periodos de sequía en el Sahel. Los problemas entre los derechos tradicionales de los tuaregs y las exigencias del gobierno de Bamako provocaron enfrentamientos armados entre ambas partes. Mientras tanto, el descontento general contra el régimen culminó con el golpe de Estado, protagonizado por Amadou Toumani Touré en 1991, que derrocó a Traoré. En 1992 el país celebró las primeras elecciones parlamentarias y presidenciales multipartidistas desde la independencia. Resultó vencedor Alpha Umar Konaré, candidato de la Alianza para la Democracia en Malí (ADEMA). En 1993 concluyó el juicio contra Traoré, que fue sentenciado a la pena de muerte, aunque su ejecución quedó en suspenso. Ese mismo año graves disturbios populares provocaron la caída del gobierno. Konaré nombró jefe del gabinete a Abdulaye Sekou Sou, pero los desórdenes se reprodujeron a fines de año y principios de 1994, por lo que Sekou Sou dimitió del cargo y fue sustituido por Ibrahim Boubakar Keita. En 1996 se logró la normalización definitiva del N del país, escenario de lucha entre el ejército y los combatientes tuareg. En las elecciones presidenciales y legislativas de 1997 ADEMA revalidó su triunfo. En febrero de 2000 Mande Sibide fue nombrado primer ministro. Dimitió en marzo de 2002, y Modibo Keita ocupó la jefatura del Gobierno. Amadou Toumani Touré, que en 1991 había liderado el golpe de Estado que derrocó a Traoré, fue elegido presidente en mayo de ese año y nombró primer ministro a Ahmed Mohamed Ag Hamani, quien dimitió en 2004 y fue sustituido en el cargo por Ousmane Issoufi Maïga.

MALICIA f. **1** Mala intención, maldad. **2** Inclinación a lo malo. **3** Tendencia a pensar mal de los demás. **4** Picardía. **5** Sutileza, sagacidad. || f. pl. **6** Sospecha o recelo.

MÁLICO adj. *Quím.* Se dice del ácido hidroxibutanodioico, de fórmula COOH–CHOH–CH$_2$– COOH, que se halla en los frutos sin madurar, como manzanas o cerezas, y en los vinos.

MALIGNO, NA adj. **1** Propenso a pensar u obrar mal. También s. **2** Nocivo, perjudicial, dañino. **3** *Med.* Se dice de la lesión o enfermedad que evoluciona de modo desfavorable y especialmente de los tumores cancerosos.

MALINAS Ciudad de Bélgica, al S de Amberes; 75.622 h. Tejidos y muebles. Catedral gótica.

MALINCHE Dama amerindia (primera mitad del s. XVI). Hija de un cacique amerindio fue bautizada por los españoles como *Marina*. Ayudante de Cortés por su conocimiento del nahua, fue su compañera y madre de su hijo, Martín.

MALINCHE, LA Volcán de México, entre los Estados de Tlaxcala y Puebla; 4.451 m de altura. En lengua indígena es llamado *Matlalcueyatl*.

MALINOVSKI, RODION YACOULEVICH Militar soviético (Odesa, 1898 - Moscú, 1967). Durante la Segunda Guerra Mundial tomó parte en la defensa de Stalingrado, liberó parte de Ucrania y avanzó sobre Rumania, Hungría, Checoslovaquia y Austria. Tras la capitulación alemana dirigió las operaciones contra Japón.

MALINOWSKI, BRONISLAW Etnólogo inglés, de origen polaco (Cracovia, 1884 - New Haven, 1942). Impulsó la antropología social y fue uno de los fundadores de la teoría funcionalista. Autor de *Argonautas del Pacífico Occidental* (1922).

MALINTENCIONADO, DA adj. y s. Que tiene mala intención.

MALINTERPRETAR tr. Interpretar erróneamente.

MALKIEL, YAKOV Lingüista estadounidense de origen ucraniano (Kiev, 1914 - ?, 1998). Fue el fundador, en 1947, de la revista *Romance Philology*. Autor de *Estudio sobre la reconstrucción de familias de palabras hispano-latinas* (1954) y del diccionario etimológico *A Typological Survey* (1976).

MALLA f. **1** Tejido de pequeños anillos o eslabones de hierro o de otro metal, enlazados entre sí. **2** Cada uno de los cuadriláteros que constituyen el tejido de la red. **3** Por extensión, tejido semejante al de la malla de la red. **4** Vestido de tejido de punto muy fino que, ajustado al cuerpo, usan los artistas de circo, bailarines y gimnastas. **5** *Arg.* y *Urug.* Bañador.

MALLARINO, MANUEL MARÍA Político y jurisconsulto colombiano (Cali, 1808 - Bogotá, 1872). Fue secretario de Estado (1846) y vicepresidente (1854). Sustituyó al general Obaldía en la presidencia de la República (1855-57).

MALLARMÉ, STÉPHANE Poeta francés (París, 1842 - Valvins, 1898). Iniciador con Verlaine del simbolismo. Su poesía se caracteriza por la brevedad del lenguaje y la exquisitez de la forma. Obras: *La siesta de un fauno* (1874), *Epitafio sobre la tumba de Edgar Poe* (1876), etc.

MALLE, LOUIS Director de cine francés (Thumeries, 1932 - Los Ángeles, 1995). Miembro de la *nouvelle vague*, en su filmografía destacan *Los amantes* (1958), *Zazie en el metro* (1960), *Atlantic City* (1980), *Adiós muchachos* (1987) y *Herida* (1992).

MALLEA, EDUARDO Escritor argentino (Bahía Blanca, 1903 - Buenos Aires, 1982). Su narrativa destaca por la observación psicológica: *Cuentos para una inglesa desesperada* (1926), *La bahía del silencio* (1940) y *La razón humana* (1960).

MALLÉN Municipio y lugar de España, provincia de Zaragoza; 3.006 h.

MALLORCA Isla de España, en el Mediterráneo, la mayor del archipiélago de Baleares; 3.626 km² y 609.150 h. Su capital es Palma. Al SO se encuentra la gran bahía de Palma, y en la punta más occidental la isla Dragonera y los cabos de la Mola y de Groser; el litoral corre en dirección SO-NE, hasta cabo Formentor, el punto más septentrional de la isla; en el NE se forman

Mallorca (Baleares). La Calobra.

las bahías de Pollensa y Alcudia, y más al S los cabos Ferrutx, Pera y Vermey; la costa meridional presenta el cabo Salinas, ante el cual se hallan las islas Cabrera y Conejera, entre otras. En el NO se encuentran las cumbres del Puig Major (1.445 m) y el Massanella (1.340 m); y en el SE, las grutas de Artá y la del Drach. De clima mediterráneo, sus principales fuentes de riqueza son la agricultura, pesca, comercio y turismo. Industria del calzado, bisutería, muebles y metalurgia.
MALLORQUÍN, NA adj. y s. **1** De Mallorca. || m. *Ling.* **2** Variedad del catalán hablada en Mallorca.
MALMANDADO, DA adj. y s. Que no obedece, o que hace las cosas de mala gana.
MALMBERG, BERTIL Lingüista sueco (Hälsinborg, 1913). Destacan sus trabajos sobre fonología y lingüística comparada: *La fonética* (1954), *Los nuevos caminos de la lingüística* (1962), *Estudios de fonética hispánica* (1965), etc.
MALMETER tr. **1** Enemistar a dos o más personas entre sí. **2** Inducir a alguien a hacer algo malo. **3** Malgastar.
MALMIRADO, DA adj. Se dice de la persona que está mal considerada.
MALMÖ Ciudad de Suecia, capital del condado de Skane, junto al estrecho de Sund; 237.438 h. Importante puerto. Industria naval y aeronáutica.
MALNACIDO, DA adj. y s. Se dice, a modo de insulto, de quien se considera despreciable, indeseable.
MALNUTRICIÓN f. *Med.* Estado de nutrición defectuoso debido a una ingestión inadecuada o escasa de nutrientes.
MALO, LA adj. **1** Que carece de bondad. También s. **2** Que se opone a la razón o la moralidad. **3** Que lleva mala vida o tiene malas costumbres. También s. **4** Travieso, enredador. **5** Nocivo para la salud. **6** Enfermo. **7** Deteriorado, estropeado. **8** De poca calidad. **9** De poca utilidad, efectividad o habilidad. **10** Difícil o que presenta dificultades. **11** Desagradable, molesto. **12** Equivocado o con consecuencias desagradables. **13** Se dice de lo que no gusta o no satisface. || **a malas** loc. adv. Con enemistad. Se usa generalmente con los verbos *andar* o *estar*. || **de malas** loc. adv. Con mala intención. Se usa con el verbo *venir*. También, con los verbos *estar, hallarse*, etc., de mal humor y poco complaciente. || **por las malas** loc. adv. POR FUERZA.
MALÓFAGO, GA adj. *Zool.* **1** Se aplica al insecto de tamaño microscópico, ectoparásito de aves y mamíferos, que se alimenta de pelos y plumas; también puede utilizar como alimento la sangre que mana de las heridas. || m. pl. *Zool.* **2** Orden de estos insectos.
MALOGRADO, DA adj. Se dice de la persona que muere joven.
MALOGRAR tr. **1** Estropear o no aprovechar algo. || prnl. **2** Frustrarse lo que se pretendía conseguir. **3** No alcanzar el desarrollo esperado.
MALOLIENTE adj. Que desprende mal olor.
MALOLOS Ciudad de Filipinas, en la isla de Luzón, capital de la provincia de Bulacán; 95.699 h. Fue el foco principal de la insurrección contra EE UU (1899).
MALÓN (Voz arauc.) m. *Amér.* m. Irrupción o ataque inesperado de indios.
MALÓNICO adj. *Quím.* Se aplica al ácido propanodioico, de fórmula HOOC– CH_2 –COOH, sólido, soluble en agua y en alcohol.
MALOPOLSKIE Provincia de Polonia; 15.242 km² y 3.218.600 h. Su capital es Cracovia.
MALORY, THOMAS Escritor inglés (Newbold Revwel, h. 1408 - Londres, 1471). Encarcelado por varios delitos, escribió en prisión *La muerte de Arturo*, novela de caballerías impresa en 1485, considerado el primer libro en prosa poética inglés.
MALPARADO, DA adj. Que ha resultado perjudicado en cualquier aspecto.
MALPELO Isla de Colombia, en el Pacífico; 2 km².
MALPENSADO, DA adj. y s. Se dice de la persona que en los casos dudosos se inclina generalmente a pensar mal.
MALPIGHI, MARCELLO (también llamado MALPIGIO) Anatomista italiano (Crevalcore, 1628 - Roma, 1694). Descubrió, entre otras estructuras que llevan su nombre, los glomérulos, corpúsculos vascularizados en la sustancia cortical del riñón.
MALPIGIÁCEO, A adj. y f. *Bot.* **1** Se dice de la planta dicotiledónea, de porte arbóreo o arbustivo, con flores de cinco pétalos laciniados o dentados, tres carpelos y varios estambres fértiles; los frutos son indehiscentes. Agrupa especies tropicales americanas como el curare de Cuba, el cerezo de Lima y el nanchi de México. || f. pl. *Bot.* **2** Familia de estas plantas.
MALPLAQUET *Hist.* Ciudad de Francia, departamento de Nord. Las tropas francesas, mandadas por el mariscal Villars, fueron derrotadas por las fuerzas coligadas de la Alianza de La Haya dirigidas por Marlborough y el príncipe Eugenio de Saboya-Carignan (1709), durante la guerra de Sucesión española.
MALQUEDA com. fam. Persona que incumple sus compromisos.

MALQUERENCIA f. Mala voluntad contra alguien o algo.
MALQUISTAR tr. y prnl. Enemistar a una persona con otras.
MALQUISTO, TA adj. Se dice de la persona que está mal considerada por otras, o por la que se siente antipatía.
MALRAUX, ANDRÉ Escritor y político francés (París, 1901 - Créteil, 1976). Simpatizante del Partido Comunista, tomó parte en la revolución china (1926-27) y en la Guerra Civil española. Fue jefe de la Resistencia en la Segunda Guerra Mundial. Posteriormente, participó en varios gobiernos del general De Gaulle. Obras: *Los conquistadores* (1928), *La condición humana* (1933), *Psicología del arte* (1947-50), *Las voces del silencio* (1952) y *Antimemorias* (1967).
MALSANO, NA adj. **1** Perjudicial para la salud. **2** Que parece enfermo, de mala salud. **3** fig. Moralmente dañino.
MALSONANTE adj. **1** Que suena mal. **2** Se dice de la palabra o expresión incorrecta u grosera.
MÄLSTRÖM MOSKENSTRAUMEN.
MALTA f. **1** Grano de cereal, generalmente cebada, germinado y después calentado y seco, que se emplea en la fabricación de bebidas como la cerveza y el whisky. **2** Esta misma cebada, preparada para hacer un cocimiento, que se utiliza como sucedáneo del café.
MALTA (*Repubblika ta'Malta*) Estado insular de la Europa mediterránea, situado al S de Sicilia.
GEOG. El archipiélago está compuesto por las islas de Malta, Gozo y Comino, y algunos islotes, todos ellos de escasa altitud. El clima y la vegetación son de tipo mediterráneo. Sus principales cultivos son hortalizas, frutas y flores. Ganadería porcina, vacuna y ovina. La producción de energía eléctrica permite el desarrollo del sector industrial, especialmente en la capital: construc-

Superficie: 316 km².
Población: 382.000 h. *(malteses).*
Densidad: 1.209 h./km².
Tasa de natalidad: 11,9‰.
Tasa de mortalidad: 9,1‰.
Capital: La Valetta.
Ciudades principales: Birkirkara, Qormi, Hamrun.
Grupos étnicos (por nacionalidad): malteses (95,7%), británicos (2,1%), otros (2,2%).
Religión: catolicismo (98,9%), otras (1,1%).
Idioma: inglés y maltés.
Moneda: lira maltesa.
Forma de Estado: república.
Producto Nacional Bruto: 3.807 millones de dólares.
Renta per cápita: 10.100 dólares.
División administrativa: 6 regiones, según cuadro.

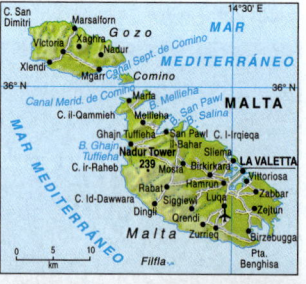

ciones navales y mecánicas, elaboración de tabaco, textil, cervecera, de materiales plásticos y de la madera. Importante turismo.
HIST. Los restos arqueológicos más antiguos datan del 3800 a. C. Entre los siglos VIII y VII a. C., los cartagineses desembarcaron en el archipiélago, y en el año 218 a. C. cayó bajo el control de Roma. Malta fue evangelizada por san Pablo, que desembarcó en el 60 d. C. Con la división del imperio romano en 395, pasó a formar parte del imperio romano de Oriente, hasta que en 870 los árabes invadieron el territorio. En 1091 el normando Roger I, señor de Sicilia, derrotó a los árabes restableciendo el cristianismo. Bajo el dominio de Sicilia, el archipiélago fue gobernado por una sucesión de señores feudales hasta principios del siglo XVI, cuando fue cedida a los caballeros de Rodas (1530). Éstos cambiaron el nombre de su orden por el de Malta, y entre los siglos XVII y XVIII resistieron el ataque de los turcos. En 1798 fue conquistada por Napoleón. La devolución de Malta a la Orden por el tratado de Amiens (1802) provocó la protesta de los habitantes, que reconocieron al rey de Gran Bretaña como soberano a cambio de conservar la Iglesia católica y reconocer la Declaración de Derechos de Malta, lo que fue aceptado por el tratado de París (1814). Permaneció desde entonces bajo dominio británico hasta su independencia dentro de la Commonwealth (1964). Declarada República en 1974, el Reino Unido retiró definitivamente su base aérea y naval en 1979. Las elecciones de 1981 dieron la victoria de nuevo, aunque exigua, al Partido Laborista de Dom Mintoff (en el poder desde 1971), quien dimitió como primer ministro en 1984. Le sustituyó en el cargo Carmelo Bonnici. Tras las elecciones de 1987, ocupó el cargo de primer ministro Edward Fenech Adami, líder del Partido Nacional, y en 1989 fue elegido presidente de la República Vicent Tabone, de la misma formación política. En 1990 Malta solicitó su ingreso en la Comunidad Europea. Es miembro de la ONU y del Consejo de Europa. En 1994 resultó elegido presidente Ugo Mifsud Bonnici. Dos años después se produjo la victoria de los laboristas en las elecciones legislativas y Alfred Sant fue nombrado primer ministro. Tras los comicios de 1998, este último fue sustituido en el cargo por Edward Fenech Adami. En 1999 Guido de Marco sustituyó a Ugo Mifsud Bonnici en la presidencia de la República En 2003 Fenech Adami fue ratificado como primer ministro. En marzo del año siguiente, Lawrence Gonzi fue nombrado primer ministro y, dos semanas después, Fenech Adami pasó a ocupar la presidencia del país. En mayo Malta ingresó en la Unión Europea.
MALTA, ORDEN DE ORDEN DE LOS HERMANOS HOSPITALARIOS.
MALTASA f. *Quím.* Enzima que cataliza la hidrólisis de la maltosa en dos moléculas de dextrosa. Se encuentra en muchas levaduras, en el hígado, riñón, páncreas y otros órganos, así como en los jugos digestivos de muchos animales.
MALTÉS, SA adj. y s. **1** De Malta. || m. *Ling.* **2** Dialecto vulgar del árabe, cuajado de elementos italianos. Es, con el inglés, lengua oficial de Malta. Se escribe con caracteres latinos.
MALTHUS, THOMAS ROBERT Economista inglés (The Rookery, 1766 - Haileybury, 1834). Es considerado, junto con A. Smith y D. Ricardo, uno de los fundadores de la escuela clásica de economía. Sostuvo que el origen de la pobreza era el acrecentamiento ilimitado de la población. Escribió *Ensayo sobre el principio de la población* (1798) e *Investigaciones sobre la naturaleza y el progreso de la renta* (1815).
MALTOSA f. *Quím.* Disacárido de fórmula $C_{12}H_{22}O_{11}$, cristalino, blanco, que no existe en estado libre en la naturaleza. Por hidrólisis se convierte en d-glucosa. Es un azúcar reductor. También conocida como *azúcar de malta*.
MALTRAER tr. Maltratar, destruir. || **llevar** o **traer** a uno **a maltraer** fr. Maltratarlo. ♦ IRREG. Se conjuga como TRAER.
MALTRATAR tr. **1** Tratar mal a alguien de palabra u obra. También prnl. **2** Producir daños o desperfectos.
MALTRECHO, CHA adj. Malparado, maltratado.

MALTA		
Regiones	Superficie (km²)	Población (h.)
Gozo y Comino	70	29.180
Inner Harbour	15	88.413
Occidental	69	52.279
Outer Harbour	32	113.119
Septentrional	78	45.043
Sudoriental	53	51.484

MALTUSIANISMO m. *Econ.* Conjunto de las teorías sobre la población de T. R. Malthus.
MALUCAS MOLUCAS.
MALUCO, CA adj. y s. Del archipiélago de las Molucas.
MALUYA MULUYA.
MALVA f. **1** *Bot.* Nombre de varias especies de plantas de la familia malváceas, género *Malva*. La malva común (*Malva sylvestris*) se usó en medicina por el mucílago que contiene. **2** *Bot.* Flor de esta planta. || adj. **3** Se dice de lo que es de color morado pálido, como el de esta flor. || m. **4** Color malva. || **MALVA LOCA, REAL** O **RÓSEA** *Bot.* Planta herbácea, anual o bianual, perteneciente a la familia malváceas, de nombre científico *Althaea rosea*, de 2 a 3 m de altura, con flores grandes, encarnadas, blancas o rosadas, propia de Asia Menor. || **criar malvas** fr. fig. y fam. Estar muerto y enterrado. || **ser uno como una, o una malva** fr. fig. y fam. Ser dócil, bondadoso y apacible.
MALVÁCEO, A adj. y f. *Bot.* **1** Se dice de la planta dicotiledónea, herbácea, de flores vistosas, aisladas o en inflorescencias, con los pétalos imbricados o arrollados, entre las cuales se cuentan la malva, el malvavisco y el algodonero. || f. pl. *Bot.* **2** Familia de estas plantas.
MALVADO, DA adj. y s. Muy malo, perverso.
MALVASÍA f. **1** *Agr.* Uva dulce producida por una variedad de vid cuyos sarmientos transportaron los catalanes desde Quíos, en tiempo de las cruzadas, y que se cultiva también en Sicilia, Cerdeña, Canarias, Azores, Sitges (Barcelona), etc. **2** Vino que se hace con esta uva.
MALVASÍA (*Monemvasía*) Localidad de Grecia; 3.380 h. Vinos famosos.
MALVAVISCO m. *Bot.* Planta herbácea vivaz perteneciente a la familia malváceas, de nombre científico *Althaea officinalis*. Crece en orillas de ríos y zonas húmedas de Europa. Su raíz se usa como emoliente y para las afecciones catarrales.
MALVENDER tr. Vender a bajo precio, con poca o ninguna ganancia.
MALVERSAR tr. Invertir ilícitamente los fondos ajenos que uno tiene a su cargo, especialmente si son públicos.
MALVINA DEL ESTE SOLEDAD.
MALVINA DEL OESTE GRAN MALVINA.
MALVINAS Archipiélago que integra la provincia argentina de Tierra del Fuego, en el océano Atlántico, objeto de litigio con Reino Unido; 11.410 km² y 2.050 h. Está formado por varias islas e islotes, entre ellos Gran Malvina, Soledad y San José. Su ciudad principal es Puerto Argentino, en la isla Soledad. Las Malvinas se levantan sobre una elevada meseta submarina, que apenas llega a 150 m de profundidad y enlaza las islas con la Patagonia. El clima es de tipo marítimo, muy uniforme. Ganadería ovina. Pesca. Su descubrimiento documentado corresponde al holandés Sebald de Weert, en 1600. En 1690, John Strong, reconoció el estrecho que separa las dos islas mayores, al que dio el nombre de *Falkland*. Objeto de disputas entre el Reino Unido y Argentina, este último país proclamó su soberanía en la isla, que no fue reconocida por los británicos, quienes la ocuparon en 1833. Desde entonces, Argentina reclama la soberanía sobre las islas. Tras la guerra que enfrentó a Argentina y al Reino Unido por su dominio (abril-junio de 1982) y que finalizó con la nueva invasión inglesa, en 1995 ambos gobiernos firmaron una serie de acuerdos que, entre otras cosas, prevén la explotación conjunta de los recursos naturales de la zona.

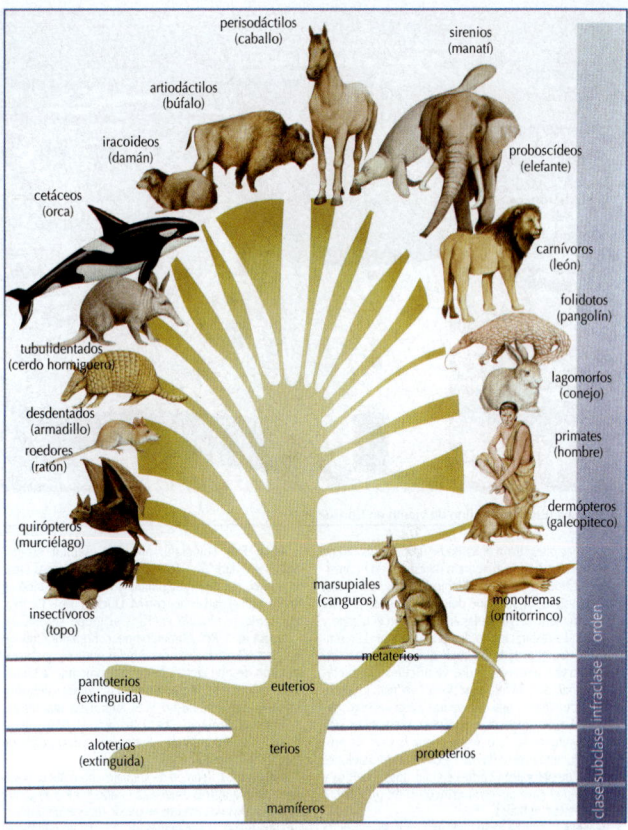

mamíferos

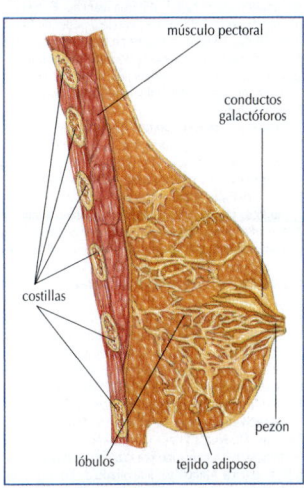

Anatomía de la **mama** humana.

MALVINERO, RA adj. y s. De las islas Malvinas.
MALVÍS m. *Zool.* Zorzal alirrojo, ave paseriforme.
MALVIVIR intr. Vivir mal, pobremente o con penalidades.
MAMA f. **1** *Zool.* Glándula mamaria de las hembras de los mamíferos. **2** *Zool.* Órgano secretor de leche, característico de todos los mamíferos. En número variable para cada especie, están constituidas por la piel, en la que sobresale el pezón con su areola, y tejido adiposo subcutáneo que rodea por todas partes a la glándula propiamente dicha. **3** fam. Madre.
MAMÁ f. fam. Madre.
MAMACOCHA *Mit.* Divinidad del antiguo Perú. Era mujer de Pachacamac y diosa del mar.
MAMACONA f. *Hist.* Cada una de las mujeres vírgenes y ancianas dedicadas al servicio de los templos entre los antiguos incas, y a cuyo cuidado estaban las vírgenes del Sol.
MAMADA f. **1** Acción de mamar. **2** Cantidad de leche que mama la criatura cada vez que se pone al pecho. **3** *Arg.* y *Urug.* Embriaguez, borrachera.
MAMADERA f. **1** Instrumento para descargar los pechos de las mujeres en el periodo de la lactancia. **2** *Amér.* Biberón. **3** *Cuba* y *P. Rico* Tetilla del biberón.
MAMALONI, SALOMÓN Político salomonés (Arosi, 1943). Fue jefe del gobierno de las Islas Salomón bajo la administración británica (1974-76). Fundó y dirigió el Partido Progresista Popular. Fue primer ministro en los periodos 1981-84, 1989-93 y 1994-97.
MAMANTÓN, NA adj. Se dice del animal que mama todavía.
MAMAR tr. **1** Chupar la leche de los pechos. **2** fig. Aprender algo en la infancia. || prnl. **3** fam. Emborracharse.
MAMARIO, RIA adj. *Zool.* Perteneciente o relativo a las mamas. || **GLÁNDULAS MAMARIAS** *Zool.* Aquellas que segregan leche en las hembras de los mamíferos.
MAMARRACHADA f. fam. Acción desconcertada y ridícula.
MAMARRACHO m. **1** fam. Figura defectuosa y ridícula, adorno mal hecho o mal pintado. **2** fam. Persona que viste o se comporta de modo ridículo o extravagante.
MAMBA f. *Zool.* Nombre genérico de diversos reptiles escamosos del suborden serpientes, familia elápidos, género *Dendroaspis*, de hasta 4 m de longitud. Son muy venenosos. Su color puede ser verde o negro. Viven en las selvas de África tropical.

MAMBÍ o **MAMBÍS** m. *Hist.* Insurrecto contra la soberanía de España en las guerras de independencia de Santo Domingo y Cuba mantenidas en el siglo XIX.
MAMBO m. *Danza.* Baile cubano que combina elementos tomados del jazz y ritmos e instrumentos afrocubanos.
MAMELLA f. *Zool.* Cada uno de los apéndices largos y ovalados que tienen a los lados de la parte anterior e inferior del cuello algunos animales, particularmente las cabras.
MAMELUCO m. *Hist.* Soldado de origen turcocaucásico empleado en la guardia de los príncipes en Persia y Egipto. En este último país llegaron a tomar el mando y pasaron a dominar el ejército y los servicios del Estado. Detuvieron la expansión mongol en Siria y derrotaron a los cruzados de los reinos de Levante. Napoleón los derrotó en las Pirámides (1798) y los reclutó para su servicio. Fueron prácticamente exterminados por Muhammad Ali a principios del siglo XIX.
MAMERTINO, NA adj. *Hist.* **1** Se dice de ciertos soldados mercenarios itálicos que, en el siglo III pasaron al servicio de Agatocles, tirano de Siracusa. También m. **2** Relativo a estos soldados.
MAMERTO, TA adj. y s. Tonto, bobo.
MAMET, DAVID Escritor, guionista y director de cine estadounidense (Chicago, 1947). Su obra se caracteriza por su crítica de las convenciones sociales. Entre sus obras publicadas destacan *Glengarry Glen Ross* (1983), *Casa de juegos* (1987) y *Algunos monstruos* (1989). En 1987 debutó como director con una adaptación de su obra *Casa de juegos*.
MAMEY (Voz caribe.) m. *Bot.* **1** Árbol perteneciente a la familia gutíferas, de nombre científico *Mammea americana*, nativo de América y cultivado en zonas tropicales. Sus frutos, de pulpa amarilla y aromáticos, son comestibles y muy sabrosos. De ellos se extrae un licor. **2** Fruto de este árbol.
MAMÍFERO, RA adj. y m. *Zool.* **1** Se dice del animal vertebrado, tetrápodo, de temperatura constante, cuya principal característica es la presencia de glándulas mamarias en las hembras de todas las especies. El esqueleto presenta tres regiones: la *cabeza*, con el cráneo y la cara; el *tronco*, con la columna vertebral dividida en varias regiones; y las *extremidades*, que pueden sufrir

La Mancha (España). Molino de viento en Consuegra.

transformaciones según el modo de desplazamiento de la especie. En cuanto al aparato digestivo, está constituido por boca (con dientes, labios y lengua), faringe, esófago, estómago, intestino delgado, intestino grueso, recto y una serie de glándulas anejas, como el hígado y páncreas. La respiración es de tipo pulmonar; la circulación es doble, cerrada y completa, con el corazón dividido en dos aurículas y dos ventrículos completamente separados. Su reproducción es vivípara (excepto en los monotremas, que es ovípara) y con los sexos separados. La piel, generalmente espesa, presenta un sustrato subcutáneo repleto de grasa que le sirve de protección contra las pérdidas de calor. Otras formaciones cutáneas de naturaleza córnea son las uñas, cuernos y el pico (en el caso del ornitorrinco). || m. pl. *Zool.* 2 Clase de estos animales.
MAMILA f. *Anat.* 1 Parte principal de la mama de la hembra, exceptuando el pezón. 2 Tetilla en el hombre.
MAMILAR adj. *Anat.* Relativo al pezón o con forma de pezón.
MAMILITIS f. *Med.* Inflamación del pezón.
MAMOGRAFÍA f. *Med.* Exploración radiológica de la mama.
MAMÓN, NA adj. y s. 1 Que todavía está mamando. 2 Que mama mucho, o más tiempo del habitual. || m. y f. 3 vulg. Despreciable, indeseable. 4 *Bot.* Árbol de la familia sapindáceas, nativo de América intertropical, cuya pulpa es comestible, como la almendra del hueso. 5 *Bot.* Fruto de este árbol.
MAMOPLASTIA f. *Med.* Cirugía plástica que se lleva a cabo para variar la forma de la mama.
MAMORÉ Río de Bolivia que con el Beni forma el Madera; 1.800 km de curso. En su curso alto se le conoce con los nombres de *Grande* y *Guapay*.
MAMOTRETO m. 1 desp. Libro o legajo muy abultado. 2 desp. Armatoste u objeto grande y difícil de manejar.
MAMPARA f. Bastidor de madera, cristal, etc., que sirve para dividir una habitación o para aislar parte de la misma.
MAMPARO m. *Mar.* Tabique con que se divide en compartimientos el interior de un barco.
MAMPORRO m. Golpe, coscorrón, puñetazo.
MAMPOSTERÍA f. 1 Obra hecha con piedras desiguales unidas con argamasa sin que éstas sigan un orden establecido. 2 Oficio del que realiza este tipo de obras.
MAMPUESTO, TA adj. 1 Se dice del material que se emplea en la obra de mampostería. || m. 2 Piedra sin labrar que se puede colocar en obra con la mano. 3 *Amér.* Cualquier objeto en que se apoya el arma de fuego para tomar mejor la puntería.
MAMUT m. *Zool.* Mamífero proboscídeo fósil perteneciente a la familia elefántidos, de nombre científico *Elephas primigenius*. Elefante de gran tamaño, con enormes incisivos superiores curvados hacia atrás, y piel muy robusta y cubierta de abundante pelaje lanoso. Fue contemporáneo del hombre, que dejó testimonio de su existencia en las pinturas rupestres. Vivió durante el último periodo glaciar cuaternario en Europa, Asia y América.
MAN Isla del mar de Irlanda, que constituye un territorio autónomo dependiente del Reino Unido; 588 km² y 69.788 h. Su capital es Douglas. Agricultura, ganadería y pesca. Turismo.

MAN RAY Fotógrafo, pintor y escultor estadounidense (Filadelfia, 1890 - París, 1976). Intentó crear un nuevo arte, fusión de pintura y fotografía. Fundó en Nueva York el dadaísmo, con M. Duchamp y F. Picabia. Más tarde se vinculó en París al grupo surrealista.
MANÁ m. 1 *Rel.* Alimento que, sobrenaturalmente, dio Dios a los israelitas durante los años en que peregrinaron desde Egipto a la tierra prometida. 2 *Quím.* Sustancia azucarada que rezuman los troncos de varios árboles, como el fresno y el tamarisco manníferо.
MANABÍ Provincia de Ecuador; 18.879 km² y 1.180.375 h. Su capital es Portoviejo. Cacao, caña de azúcar y tabaco. Caucho.
MANADA f. 1 Reunión de animales, domésticos o salvajes, de una misma especie. 2 Grupo grande de gente. 3 Porción de una cosa que se puede recoger de una vez con una mano. || **a manadas** loc. adv. En gran número.
MANAGEMENT (Voz i.) m. *Econ.* Actividades de planificación, gestión y dirección de una empresa.
MANAGER (Voz i.) com. Persona encargada de llevar la gestión de una empresa, de dirigir profesionalmente a un artista, o un deportista.
MANAGUA 1 Departamento de Nicaragua; 3.672 km² y 1.056.702 h. Caña de azúcar, café y algodón. 2 Ciudad capital de Nicaragua y del departamento de su nombre; 864.201 h. Centro político, cultural, comercial e industrial. Refinería de petróleo. Declarada capital del país en 1848, la ciudad fue destruida por los terremotos de 1931 y 1972.
MANAGUA Lago de Nicaragua; 1.010 km². Se halla en comunicación con el lago Nicaragua por medio del río Tipitapa.
MANANTIAL adj. 1 Se dice del agua que mana. || m. 2 *Geol.* Caudal de agua que sale a la superficie procedente de aguas subterráneas, cuando el nivel freático corta a dicha superficie. 3 fig. Origen y principio de donde proviene una cosa.
MANAOS MANAUS.
MANAPIRE Río de Venezuela, en el Estado de Guárico, afluente del Orinoco; 260 km de curso.
MANAR intr. 1 Brotar o salir un líquido. También tr. 2 fig. Abundar algo.
MANASÉS Rey de Judá (?, 706 - ?, 639 a. C.). Hijo de Ezequías, a quien sucedió en 689. Se desvió de la ley mosaica y destacó por sus crímenes, entre ellos el suplicio del profeta Isaías. Vencido y cautivo del rey de Asiria, fue deportado.
MANASÉS Patriarca hebreo (s. XVIII a. C.). Hijo de José y de la egipcia Asnath. Dio su nombre a una de las tribus de Israel.
MANASLU Monte de Nepal, en el Himalaya central; 8.156 m.
MANATÍ (Voz caribe.) m. *Zool.* Nombre de dos especies de mamíferos acuáticos sirenios, pertenecientes a la familia triquéquidos, de nombres científicos *Trichechus manatus* y *T. inunguis*. Pueden llegar a pesar hasta 400 kg, las extremidades anteriores se transforman en aletas, las posteriores desaparecen, y la cola termina en una aleta horizontal. El manatí común (*T. manatus*) vive en la costa del Caribe y la atlántica, hasta las Guayanas y los grandes ríos; la segunda especie vive en la cuenca del Amazonas y costas próximas a su desembocadura y se considera en peligro de extinción.

MANATÍ AGAMABA.
MANATUTO Distrito de Timor Oriental; 1.706 km² y 34.900 h. Su capital es la ciudad homónima.
MANAUS o **MANAOS** Ciudad de Brasil, capital del Estado de Amazonas; 1.005.634 h.
MANAZAS com. y adj. Torpe, desmañado. ♦ Su pl. es *manazas*.
MANCAR tr. Herir a uno en las manos u otro miembro, imposibilitándole su uso.
MANCEBÍA f. Casa pública de prostitución.
MANCEBO, BA m. y f. 1 Persona joven. 2 Dependiente de una farmacia.
MANCERA f. *Agr.* ESTEVA del arado.
MANCHA f. 1 Marca que ensucia o estropea algo. 2 Parte de alguna cosa con distinto color del general o dominante en ella. 3 fig. Deshonra, desdoro. 4 *Astron.* Cada una de las partes oscuras del Sol o de la Luna. 5 *A. gráf.* Superficie impresa de una página. || **MANCHA AMARILLA** *Anat.* Punto amarillo de la retina en donde se localiza la mayor agudeza visual. Está compuesta de conos retinianos.
MANCHA Departamento de Francia, región de Baja Normandía; 5.938 km² y 481.471 h. Su capital es Saint-Lô. Comprende la península de Cotentin. Pastos.
MANCHA, CANAL DE LA Brazo de mar formado por el Atlántico, entre Francia y el Reino Unido, que se comunica con el mar del Norte por el Paso de Calais.
MANCHA, LA Comarca de España, que comprende parte de las provincias de Ciudad Real, Toledo, Cuenca y Albacete; 25.000 km².
MANCHAR tr. y prnl. 1 Poner sucia una cosa con manchas. 2 fig. Dañar la buena fama de una persona, familia o linaje.
MANCHEGO, GA adj. y s. De La Mancha.
MANCHESTER Ciudad del Reino Unido, en Inglaterra; 431.100 h. Primer centro algodonero del mundo y una de las áreas más industrializadas del país. Antigua fortificación romana, durante la Baja Edad Media fue una pequeña ciudad-mercado hasta que en el siglo XVIII conoció un importante crecimiento económico con el desarrollo de la industria textil.
MANCHESTER, GRAN Condado metropolitano del Reino Unido, en Inglaterra; 2.577.400 h.
MANCHÓN m. 1 Mancha grande. 2 *Agr.* En los sembrados, partes en las que crecen las plantas muy espesas. 3 *Agr.* Parte de una tierra de labor que durante un año se deja para pasto del ganado. 4 *Geol.* Espacio de terreno en el que se encuentran materiales de diferente composición a los circundantes.
MANCHÚ adj. y s. 1 De Manchuria. Aplicado a personas. 2 *Etnol.* Se dice de un pueblo perteneciente a la rama meridional de los tungueses. Viven en pequeños grupos en los altos valles montañosos del S de Manchuria y N de la República Popular China. 3 Se dice de sus individuos. 4 Relativo a este pueblo. ♦ Su pl. es *manchús* o *manchúes*.
MANCHUKUO *Geog. hist.* Nombre con que se designó a MANCHURIA mientras fue, bajo la influencia japonesa, Estado independiente (1932-45).
MANCHURIA Región de Asia que abarca las actuales provincias de China de Heilungkiang, Kirin y Lianoning. Es una amplia llanura limitada por varios sistemas montañosos (Gran y Pequeño Khingan y montes Wanda). Importante zona agrícola e industrial. Minería. Formó parte del imperio chino bajo la dinastía manchú. Perteneció al imperio ruso (1899-1905); volvió a poder de China entre 1906 y 1931, y en esta fecha fue conquistada por Japón, que al año siguiente la declaró Estado independiente con el nombre de Manchukuo. En 1934 se convirtió en monarquía. En 1945 volvió a formar parte del territorio chino.
-MANCIA, -MANCÍA, -MANTE sufs. que significan adivinación o adivino: *quiromancia*, *nigromante*.
MANCILLA f. *Mancha*, deshonra.
MANCILLAR tr. y prnl. 1 Dañar el honor o la fama de alguien. 2 Deslucir, ajar.
MANCO, CA adj. 1 Se dice de la persona o animal al que le falta un brazo o una mano, o tiene perdido el uso de cualquiera de estos miembros. También s. 2 fig. Defectuoso, falto de alguna parte necesaria. || m. 3 *Chile* Caballo malo o flaco. || **no ser** uno **manco** fr. fig. y fam. Ser hábil.
MANCO CÁPAC Primer soberano inca (s. XII). En la confluencia de los ríos Huatanay y Tullumayo lanzó una vara de oro que se clavó en el suelo, y allí fundó la ciudad del Cuzco y levantó un templo al Sol. Los incas, bajo su mando, se impusieron a los aimará que habitaban en la región cuzqueña. Le sucedió Sinchi Roca.
MANCO INCA Emperador inca (?, h. 1500 - ?, 1544). Hijo de Huayna Cápac, y hermano de Huascar y Atahualpa, fue reconocido por Pizarro como emperador a la muerte de Atahualpa. Fue aliado de los españoles en la lucha final contra los quiteños de Atahualpa, pero se sublevó contra los españoles y sitió Lima y Cuzco.

Fue derrotado y se refugió en los Andes. Murió asesinado.

MANCOMUNAR tr. **1** Unir personas, fuerzas o caudales para un fin. También prnl. **2** Der. Obligar a dos o más personas a que paguen o ejecuten una cosa de forma conjunta, entre todas y por partes.

MANCOMUNIDAD f. **1** Efecto de mancomunar. **2** Der. Corporación y entidad legalmente constituidas por agrupación de municipios o provincias.

MANCUERNA f. **1** Pareja de animales o cosas atados por los cuernos. **2** Dep. Pesa de mano que se usa en gimnasia. **3** Amér. Cada uno de los gemelos de los puños de la camisa.

MANDA f. **1** Oferta que uno hace a otro de darle una cosa. **2** Legado de un testamento.

MANDALA m. Rel. Representación simbólica del cosmos, circular, de carácter estético-religioso, propia del budismo y del tantrismo hindú.

MANDALAY Ciudad de Myanmar, capital de la provincia de su nombre; 532.949 h. Importante nudo de comunicaciones.

MANDAMÁS com. irón. Persona que desempeña una función de mando. ♦ Su pl. es *mandamás* o *mandamases*.

MANDAMIENTO m. **1** Precepto u orden de un superior a un inferior. **2** Cada uno de los preceptos del decálogo y de la iglesia. **3** Orden judicial por escrito, mandando ejecutar alguna cosa.

MANDANGA f. **1** Flema, indolencia, pachorra. **2** fam. Marihuana. **|| f. pl. 3** Tonterías, cuentos.

MANDAR tr. **1** Ordenar algo. **2** Enviar. **3** Encargar. **|| intr. y tr. 4** Gobernar, tener el mando.

MANDARÍN m. **1** Hist. y Polít. Individuo que en la China y otros países asiáticos tenía a su cargo el gobierno de una ciudad o la administración de justicia. **2** Ling. Dialecto chino que constituye la lengua oficial de la República Popular China. Pertenece al grupo chinotibetano, y es, con el cantonés, el principal de los dialectos dominantes en el país. También adj.

MANDARINA f. Bot. Fruta del mandarino, hesperidio de color anaranjado, con la pulpa dividida en gajos de sabor dulce.

MANDARINO m. Bot. Pequeño árbol perteneciente a la familia rutáceas, de nombre científico *Citrus reticulata*, de hoja perenne y fruto muy dulce parecido a la naranja. Procede del SE de Asia y Filipinas, pero se cultiva en otros muchos lugares.

MANDATARIO m. Der. Persona que acepta del mandante representarlo personalmente, o la gestión o desempeño de uno o más negocios. **2** Polít. Jefe, gobernante.

MANDATO m. **1** Orden. **2** Contrato por el que una persona confía a otra una gestión. **3** Soberanía temporal ejercida por un país en un territorio en nombre de la Sociedad de Naciones y que la ONU ha sustituido por la *tutela*. **4** Encargo o representación que por la elección se confiere a los diputados, concejales, etc. **5** Periodo en que alguien actúa como mandatario de alto rango.

MANDEÍSMO m. Rel. Secta gnóstica subsistente en la actualidad en la Mesopotamia inferior que deriva de las religiones iraníes.

Nelson **Mandela**

MANDELA, NELSON Político sudafricano (Transkei, 1918). Organizó el Congreso Nacional Africano (ANC) y dirigió la resistencia pacífica contra el *apartheid*, por lo que fue condenado a cadena perpetua (1964). En 1990 fue liberado. Elegido presidente del ANC en 1991, sus negociaciones con De Klerk culminaron en 1992 con el referéndum que puso fin al *apartheid*. En las primeras elecciones interraciales celebradas en la República resultó vencedor por mayoría. En 1994 fue proclamado presidente de Sudáfrica. Premio Príncipe de Asturias de Cooperación Internacional (1992) y premio Nobel de la Paz, compartido con F. de Klerk (1993).

MANDELSTAM, OSIP EMILIÉVICH Poeta y ensayista ruso (Varsovia, 1891 - Vladivostok, 1938). Máximo exponente del acmeísmo, sus poemas, inspirados en la cultura grecolatina, tienen gran musicalidad: *La piedra* (1913), *Tristia* (1922) y *Poemas* (1928). Acusado de antirrevolucionario fue deportado en 1934 y murió en un campo de concentración estalinista.

MANDÍ (Voz guaraní.) m. Zool. Especie de pez bagre de Argentina, de unos 60 cm de largo y carne muy delicada.

MANDÍBULA f. **1** Anat. Cada uno de los dos huesos que forman la boca en el hombre. **2** Zool. Cada una de las dos piezas, óseas o cartilaginosas, que limitan la boca de los animales vertebrados y en las cuales están implantados los dientes. **3** Zool. Cada una de las piezas bucales de muchos invertebrados, que les sirven para apresar y triturar el alimento. **|| reír a mandíbula batiente** fr. fam. Dar rienda suelta a la risa.

MANDIBULADO, DA adj. Zool. **1** Se dice del artrópodo con antenas, apéndices masticadores en la boca y ojos laterales. Incluye a los crustáceos, miriápodos e insectos. **|| m. pl.** Zool. **2** Subtipo de estos animales.

MANDIL m. Delantal.

MANDINGA o **MANDINGO** adj. y com. **1** Etnol. Se dice de los negros de gran parte de Sudán occidental, de Senegal, Costa de Marfil, Guinea y Mali. Se caracterizan por su elevada estatura. **|| m. 2** Amér. Nombre del diablo en el lenguaje de los campesinos. **3** Arg. fig. y fam. Muchacho travieso. **4** Ling. Idioma hablado por los negros del Sudán occidental.

MANDINGA Cordillera de Bolivia, en el departamento de Chuquisaca. Forma las estribaciones de los Andes. Se extiende de NO a SE. Minas de plata y cobre.

MANDIOCA (Del guaraní *mandiog*.) f. Bot. **1** Nombre de dos especies de arbustos o pequeños árboles pertenecientes a la familia euforbiáceas, de nombres científicos *Manihot dulcis* y *M. esculenta*. Proceden de América del Sur. Su raíz se utiliza para extraer una harina con la que se fabrica la tapioca. **2** Fécula granulada de la raíz de este arbusto, tapioca.

MANDO m. **1** Autoridad y poder que tiene el superior sobre sus súbditos. **2** Tiempo que dura este poder. **3** Personas que lo detentan. **4** Cualquier dispositivo que actúa sobre un mecanismo para iniciar, suspender o regular su funcionamiento. **|| MANDO A DISTANCIA** Tecnol. Regulador automático a distancia, para la conexión, interrupción, volumen, etc. de un receptor.

MANDOBLE m. **1** Golpe que se da esgrimiendo el arma con ambas manos. **2** fam. Espada grande. **3** Bofetada.

MANDOLINA f. Mús. Instrumento musical de cuatro cuerdas y de cuerpo curvado como el laúd, bandolina.

MANDÓN, NA adj. y s. Que manda en exceso.

MANDORLA (Voz it.) f. B. Art. Aureola en forma de óvalo truncado, y más tarde despuntado por arriba y por abajo, que en la Edad Media presentaban algunas imágenes religiosas. Se dice también *almendra mística* (véase PANTOCRÁTOR).

MANDRÁGORA f. Bot. Planta herbácea venenosa de la familia solanáceas, género *Mandragora*. Se ha usado en medicina como narcótico.

MANDRIA adj. y com. Apocado, de escaso o ningún valor.

MANDRIL m. **1** Zool. Mamífero primate catarrino perteneciente a la familia cercopitécidos, de nombre científico *Mandrillus sphinx*. Animal fuerte que llega hasta los 40 kg de peso, con el pelaje pardo por el dorso y gris amarillento en el vientre, la cara sin pelo y arrugas de coloración variable según el sexo y la edad, el hocico alargado, la cola rudimentaria y una potente y afilada dentadura. Vive formando grupos en las selvas del O de África. **2** Pieza de madera o metal, de forma cilíndrica, en que se asegura lo que se ha de tornear. **3** Mec. Nombre con que se designan diversos elementos mecánicos, que tienen en común su forma alargada. **4** Punzón que, golpeado con martillos o mazos, sirve para perforar el hierro candente.

mandril

MANDUCA f. fam. Alimento, comida.

MANDUCAR intr. y tr. fam. Comer.

MANDUVIRÁ Río de Paraguay, que nace en la cordillera de los Altos y desemboca en el Paraguay; 100 km de curso.

MANECILLA f. **1** Aguja que señala los números o divisiones de diversos instrumentos de medición. **2** Broche con el que se sujetan algunas cosas.

MANEJAR tr. **1** Usar o traer entre manos una cosa. **2** Servirse de cualquier cosa, utilizarla. **3** Gobernar, dirigir. **4** Amér. Conducir. **|| prnl. 5** Moverse, adquirir agilidad y desenvoltura.

MANEJO m. **1** Acción y efecto de manejar. **2** fig. Dirección y gobierno de un negocio. **3** fig. Maquinación, intriga.

MANERA f. **1** Modo y forma en que se ejecuta o sucede una cosa. **2** Porte y modales de una persona. Más en pl. **3** Carácter de las personas. **|| a la manera de** loc. adv. A semejanza de. **|| de cualquier manera** loc. adv. Sin cuidado, sin interés. También, en cualquier caso. **|| de esa manera** loc. adv. Según eso. **|| de mala manera** loc. adv. fam. Sin orden ni concierto alguno, de mala gana, torpe y atropelladamente. **|| de manera que** loc. conjunt. que indica consecuencia y resultado. **|| de ninguna manera** loc. adv. que niega enérgicamente, o intensifica el valor de una negación anterior. **|| sobre manera** adv. Excesivamente, en extremo.

MANES m. pl. Mit. En la mitología romana, las almas de los muertos. Eran considerados dioses domésticos. Acabaron confundiéndose con los LARES y PENATES.

MANET, ÉDOUARD Pintor francés (París, 1832 - íd., 1883). Precursor del impresionismo, su pintura se caracteriza por la luminosidad del colorido y la soltura de la pincelada. Algunos de sus cuadros causaron gran escándalo por sus atrevidos desnudos. Entre sus principales lienzos se encuentran *El bebedor de ajenjo* (1858), *Merienda campestre* (1863), *El tocador de pífano* (1866) y *El bar de Folies-Bergère* (1882).

MANETÓN Sacerdote e historiador egipcio (? - ?, 280 a. C.). Autor de una *Historia de Egipto*, escrita en griego durante el reinado de Tolomeo.

MANEZUELA f. Broche con que se cierran algunas cosas.

MANFREDO Príncipe de Tarento y rey de Sicilia (?, 1232 - Benevento, 1266). Hijo natural del emperador germánico Federico II, ocupó el trono de 1258 a 1266. Fue excomulgado por el Pontífice y murió en la batalla contra Carlos de Anjou.

MANGA[1] (Del lat. *manica*.) f. **1** Parte del vestido por donde se mete el brazo. **2** Parte del eje de un carruaje,

Édouard **Manet**. *Torero muerto*. Galería Nacional (Washington).

donde entra y voltea la rueda. **3** Tubo largo que se adapta a las bombas o bocas de riego, para aspirar o dirigir el agua. **4** Tela dispuesta en forma cónica que sirve para colar líquidos. **5** Utensilio de tela, de forma cónica, provisto de un pico de metal u otro material duro, que se usa para añadir nata a algunos postres, decorar tartas, etc. **6** Tubo que pone en comunicación con el aire libre el que está contenido en un espacio cerrado más bajo. **7** *Dep.* Recorrido de una competición de eslalon. **8** *Geog.* Lengua de mar entre dos costas opuestas y distantes. **9** *Mar.* Anchura mayor de un buque. || **MANGA ANCHA** fig. Excesiva tolerancia. || **MANGA CORTA** La que no llega al codo. || **MANGA RAGLÁN** o **RANGLAN** La que empieza en el cuello y cubre el hombro. || **andar manga por hombro** fr. fig. y fam. En desorden. || **en mangas de camisa** loc. adv. Vestido sin ninguna prenda encima de la camisa. || **sacarse** algo **de la manga** fr. fig. y fam. Decir o hacer algo sin tener fundamento para ello.

MANGA[2] (Voz japonesa.) m. Estilo de cómic de origen japonés, de dibujo característico y temática generalmente violenta y erótica.

MANGANESA f. *Miner.* PIROLUSITA.

MANGANESO f. *Quím.* Elemento químico del grupo VII B del sistema periódico. Masa atómica, 54,93; número atómico, 25; punto de fusión, 1.245 °C; punto de ebullición, 1.900 °C; símbolo, *Mn.* Es un metal de color blanco brillante con tintes rojizos, quebradizo y de estructura cristalina complicada, de dureza 6 en la escala de Mohs.

MANGANETA f. *Hond.* Engaño, treta.

MANGANGÁ m. **1** *Zool. Arg., Par.* y *Urug.* Insecto himenóptero parecido al abejorro, de cuerpo grueso y velludo. **2** *Arg., Bol., Par.* y *Urug.* Persona molesta por su continua insistencia.

MANGANITA f. *Miner.* Mineral hidróxido de manganeso, de fórmula MnO(OH), de color gris de acero a negro de hierro, que cristaliza en el sistema monoclínico. Mena del manganeso.

MANGANO, SILVANA Actriz de cine italiana (Roma, 1930 - Madrid, 1989). Miss Italia en 1946. Su primera aparición como protagonista fue en *Arroz amargo* (1949), a la que siguieron *Ana* (1951), *Cinco mujeres marcadas* (1960), *Muerte en Venecia* (1970) y *Ojos negros* (1987).

MANGANTE adj. y com. **1** Que manga. **2** Se aplica al ladrón de poca categoría. **3** Persona que vive aprovechándose de otros.

MANGANZÓN, NA adj. *Amér.* Holgazán.

MANGAR tr. fam. Hurtar, robar.

MANGLAR m. *Bot.* **1** Terreno que cubren de agua las grandes mareas, lleno de esteros que lo cortan formando muchas islas bajas, donde crecen los árboles que viven en el agua salada. **2** Sitio poblado de mangles.

MANGLE m. *Bot.* Nombre de numerosas plantas leñosas que crecen en las costas protegidas de las regiones tropicales y subtropicales. Presentan la capacidad exclusiva de desarrollarse en ambientes salinos con suelos típicamente anaeróbicos.

MANGO[1] (Del lat. *manĭcus.*) m. Parte alargada o estrecha con un extremo libre, por el cual se agarra un instrumento o útil.

MANGO[2] (Voz i.) m. *Bot.* **1** Árbol de hoja persistente perteneciente a la familia anacardiáceas, de nombre científico *Mangifera indica.* Su fruto, de forma oval y hasta 1 kg de peso, es aromático, contiene mucho azúcar y ácido cítrico y es de sabor agradable. Es originario de las zonas tropicales más secas de la India, Malasia e Indonesia. **2** Fruto de este árbol.

MANGONEAR intr. **1** fam. Dominar, dirigir a alguien. **2** fam. Entremeterse uno en cosas que no le incumben, con la intención de dirigirlas.

MANGOSTA f. *Zool.* Nombre de varias especies de mamíferos carnívoros de la familia vivérridos, género *Herpestes* y otros. Se caracterizan por su cuerpo alargado, hocico puntiagudo, patas cortas, prolongada cola y ágiles movimientos. Habitan en África y Asia y, una sola de las especies, la mangosta común o meloncillo, en el S de España.

MANGOSTÁN m. *Bot.* Árbol de la familia gutíferas, de hojas grandes y fruto en baya, que se cultiva como frutal en los países tropicales.

MANGUAL m. Arma ofensiva usada en la Edad Media, compuesta de unas cadenas terminadas en bolas de hierro que penden de un mango de madera.

MANGUERA f. Tubo de goma o de otro material flexible que toma líquido por un extremo y por otro lo expulsa.

MANGUETA f. *Mec.* **1** En algunos vehículos automóviles, cada una de las piezas que corresponden a los extremos del eje delantero, articuladas de forma que permiten el cambio de dirección de la rueda. **2** Cada uno de los extremos del eje de un vehículo.

MANGUITO m. **1** Rollo o bolsa, con aberturas en ambos lados, comúnmente de piel que usaban las mujeres para abrigarse las manos. **2** *Mec.* Cilindro hueco que sirve para empalmar dos piezas o tubos cilíndricos iguales unidos al tope en una máquina o en una conducción de agua, aire comprimido, etc.

MANGURUYÚ m. *Zool.* Pez muy grande de los ríos y arroyos de Argentina, Brasil y Paraguay. Es de carne comestible.

MANHATTAN adj. y com. *Etnol.* Se dice de una tribu amerindia perteneciente al pueblo delaware.

MANHATTAN Isla de EE UU, en el Estado de Nueva York, sobre la que se levanta la parte central de la ciudad de Nueva York; 56 km^2 y 1.539.233 h. Está limitada por el río Hudson al O y los ríos Harlem y East River al E. Es el principal de los cinco distritos en que se divide la gran urbe.

MANI-; -MANÍA, -MANO pref. o sufs. que significan locura, manía, aficionado, etc.

MANI o **MANIQUEO** Religioso persa (?, 216 - ?, h. 277). De ascendencia irania, fue el fundador del MANIQUEÍSMO. Enseñó sus doctrinas bajo la protección del rey Sapor I. Extendió su doctrina por Persia, Partia, Egipto y los países limítrofes.

MANÍ m. **1** Cacahuete, planta. **2** Fruto de esta planta.

MANÍA f. **1** *Psiquiat.* Desequilibrio mental caracterizado por una fuerte agitación. **2** Preocupación fija y obsesiva por un tema o cosa determinada. **3** Capricho. **4** fam. Mala voluntad contra otro, ojeriza. || **MANÍA PERSECUTORIA** Preocupación maniática de ser objeto de la mala voluntad de alguien.

-MANÍA suf. MANI-.

MANIACO, CA o **MANÍACO, CA** adj. y s. Enajenado, que padece manía.

MANIATAR tr. Atar las manos.

MANIÁTICO, CA adj. y s. Que tiene manías.

MANICOMIO m. Hospital para enfermos mentales.

MANICURO, RA m. y f. **1** Persona que tiene por oficio cuidar las manos y principalmente cortar y pulir las uñas. || f. **2** Operación que consiste en el cuidado y embellecimiento de las uñas.

MANIDO, DA adj. **1** Muy trillado, poco original. **2** Manoseado, muy usado.

MANIERISMO m. *Arte.* Estilo artístico que se inició en Italia a partir de 1520 y se propagó por Europa e Hispanoamérica hasta principios del siglo XVII. Se caracteriza por composiciones forzadas con fuertes escorzos, por la iluminación irreal, por la presencia de la mitología y el progreso de la alegoría. Sus principales representantes son: J. Pontormo, R. Fiorentino, Bronzino y Vasari; en España, P. Machuca, L. de Morales y El Greco. En escultura la figura más destacada del manierismo es B. Cellini; en España sobresalieron A. Berruguete, J. de Juni y G. Becerra.

MANIFESTACIÓN f. **1** Acción y efecto de manifestar. **2** Reunión pública, generalmente al aire libre, en la cual los asistentes a ella reclaman algo o expresan su protesta por alguna cosa. **3** *Hist.* Despacho o provisión que libraban los lugartenientes del Justicia de Aragón a las personas que imploraban este auxilio, para que se les guardase justicia y se procediese en las causas según derecho. **4** *Hist.* Nombre con que se distinguió en Zaragoza la cárcel llamada también de la libertad, donde se custodiaban los presos acogidos al fuero de Aragón.

MANIFESTAR tr. **1** Declarar, dar a conocer. También prnl. **2** Descubrir, poner a la vista. También prnl. || prnl. **3** Tomar parte en una manifestación. ♦ IRREG. Se conjuga como ACERTAR.

MANIFIESTO, TA adj. **1** Descubierto, patente. **2** Escrito en que se hace pública declaración de doctrinas o propósitos de interés general. || **poner** algo **de manifiesto** fr. Manifestarlo, exponerlo al público.

manierismo. *La Virgen del sufragio.* Cuadro de Pedro Machuca. Museo del Prado (Madrid).

MANIFIESTO COMUNISTA *Polít.* Documento en que se expuso la doctrina del socialismo científico, por Marx y Engels. Se publicó en 1848 y fue redactado a petición de la Liga de los Comunistas después del congreso celebrado en Londres (1847). Este documento expone ya las directrices de la teoría y práctica revolucionarias: reconocimiento de la lucha de clases como ley y motor fundamental de la sociedad; misión del proletariado en el derrocamiento final del capitalismo y fin de las contradicciones en la sociedad sin clases.

MANIGUA f. **1** *Bot.* En las Antillas, terreno con frecuencia pantanoso, cubierto de maleza tropical. **2** *Bot. Col.* Bosque tropical pantanoso e impenetrable. **3** fig. Abundancia desordenada de alguna cosa; confusión, cuestión intrincada.

MANIJA f. **1** Abrazadera de metal con la que se asegura alguna cosa. **2** Mango, puño o manubrio de ciertos utensilios y herramientas. **3** Palanca pequeña que se utiliza para accionar el pestillo de puertas y ventanas, la cual sirve también de tirador.

MANILA Ciudad capital de Filipinas, en el SO de la isla de Luzón, situada al fondo de la bahía de su nombre, en el mar de China meridional; 1.581.082 h. El río Pasig la divide en dos partes. Centro comercial y financiero. Catedral. Universidad de Santo Tomás, fundada por los dominicos españoles en 1611. Puerto y aeropuerto internacional. Fundada en 1571 por Miguel López de Legazpi como capital de la colonia española de Filipinas, fue invadida por los chinos, en 1574, y ocupada por Inglaterra (1762-64) y pasó a ser administrada por EE UU en 1898.

MANILENSE o **MANILEÑO, ÑA** adj. y s. De Manila.

MANILLA f. **1** MANGO[1]. **2** MANIJA, mango, mecanismo para abrir puertas o manejar herramientas. **3** Manecilla del reloj.

MANILLAR m. Pieza de los vehículos de dos ruedas encorvada por sus extremos para formar un doble mango en el que se apoyan las manos, y sirve para dirigir la máquina.

MANIN, DANIELE Patriota italiano (Venecia, 1804 - París, 1857). Dirigió la lucha contra la dominación austriaca y fue presidente de la República de Venecia (1848-1849).

MANIOBRA f. **1** Cualquier operación material que se ejecuta con las manos. **2** Operaciones que se ejecutan para manejar una máquina. **3** fig. Artificio y manejo con que uno interviene en un negocio. Suele usarse en sentido peyorativo. **4** *Mar.* Arte de gobernar las embarcaciones. **5** *Mar.* Faena que se hace a bordo de los buques con su aparejo, velas, etc. || f. pl. **6** *Mil.* Evoluciones y simulacros en que se ejercita la tropa. **7** Operaciones que se hacen en las estaciones de las vías férreas para la formación o división de los trenes. **8** Operaciones que se hacen con otros vehículos para cambiar de rumbo.

MANIOBRAR intr. Ejecutar maniobras.

MANIOTA f. **1** Cuerda con la que se atan las patas de un animal para evitar que huya. **2** Cadena que se usa en algunos lugares para el mismo fin.

MANIPULAR tr. **1** Operar con las manos o con cualquier instrumento. **2** Trabajar demasiado una cosa, sobarla, manosearla. **3** fig. Intervenir de forma poco honesta en algún asunto, con frecuencia para satisfacer los intereses propios o ajenos.

MANÍPULO m. **1** *Liturg.* Banda o tira de tela que llevaba el sacerdote colgando del brazo izquierdo durante la celebración de la misa. **2** *Hist.* Enseña de los soldados romanos. **3** *Hist.* Cada una de las treinta unidades tácticas en que se dividía la antigua legión romana.

MANIPUR Estado del NE de la India, junto a la frontera de Myanmar; 22.327 km^2 y 1.837.149 h. Su capital es Imphal. Caña de azúcar , arroz y tabaco.

MANIQUEÍSMO m. *Rel.* Religión fundada por Mani en el siglo III. Similar al gnosticismo, integraba elementos del cristianismo y el budismo. El maniqueísmo negaba el libre albedrío y la responsabilidad del pecado; rechazaba el Antiguo Testamento y parte del Nuevo. Muy perseguido por el cristianismo, se extinguió casi totalmente en el siglo V.

MANIQUEO, A adj. **1** De Mani. **2** Se profesaba el maniqueísmo. **3** Se dice de la persona que mantiene posturas extremas, sin puntos intermedios. También s.

MANIQUEO MANI.

MANIQUÍ m. **1** Figura movible que puede ser colocada en diversas actitudes. **2** Armazón en figura de cuerpo humano, que se usa para probar, arreglar o exhibir prendas de ropa. || com. **3** Persona que exhibe prendas de vestir, modelo. **4** fig. y fam. Persona débil que se deja gobernar por los demás. ♦ Su pl. es *maniquíes* o *maniquís.*

MANIR tr. Hacer que las carnes y otros alimentos se pongan más tiernos y sazonados, dejando pasar el tiempo necesario antes de condimentarlos o comerlos.

MANIRROTO, TA adj. y s. Derrochador, que gasta demasiado.
MANISA 1 Provincia de Turquía, región de Mármara y Costas del Egeo; 13.237 km² y 1.151.800 h. 2 Ciudad capital de la misma; 187.500 h.
MANISERO, RA m. y f. *Amér. m.* y *Ant.* Vendedor de maní.
MANISMO m. *Rel.* Conjunto de creencias basadas en el culto a los antepasados.
MANITAS com. y adj. Persona habilidosa. || **hacer manitas** fr. fam. Acariciarse con discreción una pareja.
MANITO m. *Méx.* Amigo, compadre.
MANITOBA Provincia de Canadá, al O del país, en la región de las Praderas; 649.950 km² y 1.143.391 h. Su capital es Winnipeg. Cultivo de cereales. Ganadería. Yacimientos de níquel, cobre, cinc, plomo y plata. Industria.
MANITÚ *Mit.* Divinidad suprema entre los indios de América del Norte.
MANIVELA f. Palanca doblada en ángulo recto que, unida a un eje, sirve para accionar un mecanismo.
MANIZALEÑO, ÑA adj. y s. De Manizales, Colombia.
MANIZALES Ciudad de Colombia, capital del departamento de Caldas, situada al pie del volcán Nevado del Ruíz; 327.358 h. Café. Centro comercial e industria textil. Minas de oro y plata. Universidad.
MANJAR m. Cualquier alimento, especialmente el exquisito.
MANJÚA f. *Zool. Cuba* Nombre de varios peces teleósteos fisóstomos, de unos 10 cm de longitud, color plateado y boca muy abierta, que nadan en grandes bancos. Los más característicos son los del género *Engraulis*, parecidos al boquerón.
MANKIEWICZ, JOSEPH LEO Director, productor y guionista de cine estadounidense (Wilkes Barre, 1909 - Bedford, 1993). Entre sus filmes caracterizados por la penetración psicológica de los personajes, destacan *Eva al desnudo* (1950), *La condesa descalza* (1954), *Cleopatra* (1963) y *La huella* (1972).

Joseph Leo **Mankiewicz**

MANLEY, MICHAEL NORMAN Político jamaicano (Kingston, 1923 - id., 1997). Líder del Partido Nacional del Pueblo desde 1969. Fue primer ministro de 1972 a 1980 y de 1989 a 1992.
MANLIO CAPITOLINO, MARCO Cónsul romano (s. IV a. C.). Según la leyenda, salvó el Capitolio (390 a. C.) del ataque de los galos, al ser despertado por los gansos sagrados. Quiso convertirse en tirano y fue precipitado desde la roca Tarpeya.
MANN, HEINRICH Novelista alemán (Lübeck, 1871 - Santa Mónica, 1950). Hermano de Thomas. Defensor de la República de Weimar, su subsiguiente oposición al nazismo lo llevó al exilio. Obras: *El país de Jauja* (1900), *El profesor Unrat* (1905), la trilogía titulada *El imperio* (1914-25), *La juventud de Enrique IV* (1935), etc.
MANN, THOMAS Escritor alemán (Lübeck, 1875 - Zurich, 1955). Hermano de Heinrich. Considerado uno de los grandes maestros de la novela contemporánea, se dio a conocer con *Los Buddenbrook: decadencia de una familia* (1901). En su narrativa estudia con particular atención los problemas de la creación artística, la decadencia de la sociedad y la cultura europeas. Otras obras: *Tristán* (1903), *La muerte en Venecia* (1913), *La montaña mágica* (1924), la tetralogía *José y sus hermanos* (1933-43) y *El Doctor Fausto* (1947). En 1929 le fue otorgado el premio Nobel de Literatura.
MANNERHEIM, CARL GUSTAF EMIL, BARÓN DE Militar y político finlandés (Vilnàs, 1867 - Lausana, 1951). Expulsó a los bolchevicos de su país (1918). Durante la Segunda Guerra Mundial dirigió las operaciones contra la URSS. Presidente de la República (1944-46), firmó el armisticio con los soviéticos y declaró la guerra a Alemania (1945).
MANNHEIM, KARL Sociólogo alemán de origen húngaro (Budapest, 1893 - Londres, 1947). Intentó establecer las condiciones reales del conocimiento humano y

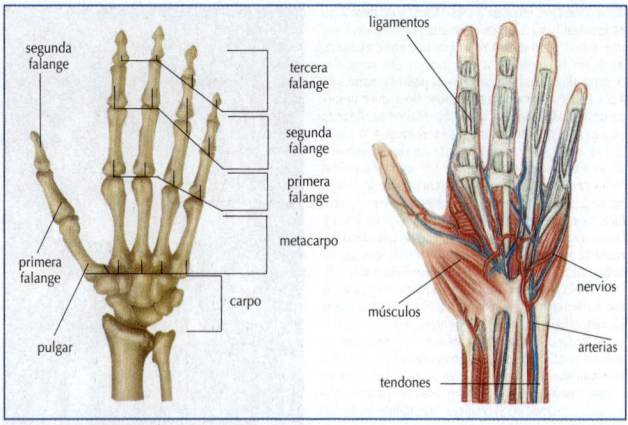

Anatomía de la **mano** humana.

afirmó que las ideologías de los distintos grupos sociales están determinadas socialmente. Obras: *Ideología y utopía* (1919) y *Ensayos sobre sociología de la cultura* (1956).
MANO f. 1 *Anat.* Parte del cuerpo humano unida a la extremidad del antebrazo y que comprende desde la muñeca inclusive hasta la punta de los dedos. 2 *Zool.* En algunos animales, extremidad cuyo dedo pulgar puede oponerse a los otros. 3 *Zool.* En los animales cuadrúpedos, cualquiera de los dos pies delanteros. 4 *Zool.* En los artrópodos, ensanchamiento proximal del propodito de la quela. 5 En las reses de carnicería, cualquiera de los cuatro pies o extremos después de cortados. 6 Cada uno de los dos lados, derecho e izquierdo, en que está o sucede una cosa respecto de la situación local de otra. 7 Majadero o instrumento de madera, hierro u otra materia, que sirve para machacar, moler o desmenuzar una cosa. 8 Capa de color, barniz, etc., que se da sobre lienzo, pared, chapa, etc. 9 *A. gráf.* Conjunto de cinco cuadernillos de papel, o sea, vigésima parte de la resma. 10 Partida de los juegos de azar. 11 fig. Vuelta que se da a una cosa para su perfección o enmienda. 12 fig. Habilidad, destreza. 13 fig. Persona que ejecuta una cosa. 14 fig. Poder, imperio, mando, facultades. Se usa comúnmente con los verbos *dar* y *tener*. 15 fig. Auxilio, socorro. 16 *Chile* Conjunto de cuatro objetos de una misma clase. || com. 17 En el juego, el primero en orden de los que juegan. || **MANO BLANDA** fig. Falta de severidad en el mando o en el trato personal. || **MANO DERECHA** O **DIESTRA** La que corresponde al lado del cuerpo opuesto a aquel en el que el hombre siente latir el corazón. También, dirección o situación correspondiente a esta mano. || **MANO DURA** fig. Severidad en el mando o en el trato personal. || **MANO IZQUIERDA** La que corresponde al lado del cuerpo en que el hombre siente latir el corazón. También, dirección o situación correspondiente a esta mano. En sentido fig., habilidad o astucia para manejarse o resolver situaciones difíciles. || **MANO LARGA** O **MANOS LARGAS** Propensión a pegar o golpear. También, las de quien tiene inclinación al hurto o al robo. || **MANO DE OBRA** Trabajo manual de los obreros. También, precio que se paga por este trabajo y conjunto de asalariados de un país, o de un sector concreto. || **MANO DE SANTO** fig. y fam. Remedio que consigue del todo o rápidamente su efecto. || **MANO SINIESTRA** O **ZURDA** MANO IZQUIERDA. || **a la mano** fig. Cerca, cercano, próximo. || **a mano** loc. adv. Con la mano, sin otro instrumento o auxilio. También, fig., cerca, cercano, próximo. || **a manos llenas** loc. adv. fig. Con generosidad, liberalmente. También, en sentido fig., colmadamente, con gran abundancia. || **alargar la mano** fr. Presentarla a otro solicitando la suya. También, extenderla para coger o alcanzar una cosa. || **alzar la mano** a uno fr. fig. Levantarla amenazándole. || **apretar la mano** fr. Estrechar la de una persona, por lo general en muestra de cariño y estimación. También, en sentido fig. y fam., aumentar el rigor. || **atar las manos** fr. Impedir a alguien que haga una cosa. || **atarse uno las manos** fr. Quitarse a sí mismo la libertad de obrar en adelante según le convenga. || **bajo mano** loc. adv. fig. Oculta o secretamente. || **caer en manos de** fr. y fam. Caer en poder de alguien; ser apresado; quedar sometido a su arbitrio. || **caerse un libro de las manos** fr. fig. y fam. Ser muy aburrido, no ofrecer ningún interés ni deleite alguno. || **cambiar de manos** fr. fig. Pasar una cosa de la propiedad de uno a la de otro. || **con la mano en el corazón** loc. adv. Con absoluta franqueza o sinceridad. ||

con las manos cruzadas loc. adv. fig. mano sobre mano. || **con las manos en la masa** loc. adv. fig. y fam. En el acto de estar haciendo una cosa. Más con los verbos *coger* y *estar*. || **con las manos vacías** loc. adv. fig. Junto con los verbos *irse, venirse* y *volverse*, no lograr lo que se pretendía. También, fig., sin presentes ni dádivas. || **con una mano detrás** (o **atrás**) **y otra delante**, o **con una mano delante y otra detrás** (o **atrás**) expr. fig. Con pobreza o miseria, dicho de personas. || **conocer** uno una cosa, o a una persona, **como a sus manos**, o **como a la palma de la mano** fr. fam. Conocerla muy bien. || **dar a** alguien **la mano** fr. fig. Alargársela. También, fig., ampararlo, ayudarlo, favorecerlo. || **dar la última mano** fr. fig. Repasar una obra para corregirla o perfeccionarla. || **darse** una cosa **a** otra **la mano** fr. fig. Fomentarse o ayudarse mutuamente. || **darse buena mano en** una cosa fr. fig. y fam. Proceder en ella con presteza y habilidad. || **de la mano de la mano** loc. adv. Asidos de la mano. || **de mano** loc. adj. Se dice de las cosas que se manipulan directamente y de las portátiles, a diferencia de las fijas. || **de mano a mano** loc. adv. fig. De una persona en otra. Se emplea para dar a entender que un objeto pasa sucesivamente por las manos de varias personas. || **de primera mano** loc. fig. Del primer vendedor. También, tomado o aprendido directamente del original. || **de segunda mano** loc. fig. Del segundo vendedor. Más con los verbos *comprar, tomar*, etc. También, tomado de un trabajo de primera mano. || **dejar** una cosa **de la mano** fr. fig. Abandonarla, cesar en su ejecución o dejar de ocuparse en ella. || **echar a** una persona **una mano** fr. Ayudarla en lo que se trae entre manos. || **echar mano de** una persona o cosa fr. fig. Valerse de ella para un fin. || **en buenas manos** loc. adv. fig. Con los verbos *estar, caer, dejar*, etc., al cuidado de alguien capaz de manejar o hacer bien la cosa de que se trata. || **estar** uno **dejado de la mano de Dios** fr. fig. Se dice de la persona que yerra en cuanto emprende. || **estar** una cosa **en mano de** alguien fr. fig. Depender de su elección; ser libre en elegirla; poder ejecutarla, conseguirla o disponer de ella. || **estrechar la mano** fr. Tomar uno en su mano la de otra persona, como fórmula de saludo o expresión de afecto. || **frotarse las manos** fr. fig. y fam. Manifestar gran satisfacción por algo. || **ganar** uno **por la mano** fr. fig. Anticipársele en hacer o lograr una cosa. || **imponer las manos** fr. Ejecutar los obispos, y demás ministros de la iglesia a quienes compete, la ceremonia eclesiástica llamada imposición de manos. || **ir** uno **por su mano** fr. Transitar por el lado de la vía que le corresponde. || **írsele** a uno una cosa **de** (**entre**) **las manos** fr. Desaparecer y escaparse una cosa con gran velocidad y presteza. || **írsele** a uno **la mano** fr. fig. Hacer con ella una acción involuntaria, excederse. || **lavarse** uno **las manos** fr. fig. Desentenderse de un negocio en el que hay inconvenientes, o manifestar la repugnancia con que se toma parte en él. || **levantar a** alguien **la mano** fr. Amenazarlo. || **llegar a las manos** fr. fig. Reñir, pelear. || **mano a mano** loc. adv. ig. Se dice de toda acción realizada por dos personas colaborando o compitiendo. También, entre jugadores y luchadores, sin ventaja de uno a otro. || **mano sobre mano** loc. adv. fig. Ociosamente, sin hacer nada. || **manos a la obra** expr. con que se alienta uno a sí mismo, o se anima a los demás, a emprender o proseguir un trabajo. || **¡manos arriba!** loc. interj. con que una persona armada conmina a otra a alzar los brazos para que no se defienda. || **meter mano a** una cosa fr. fig. y fam. Cogerla, echar mano de ella. También, fig. y fam., tratándose de

obras o trabajos, empezar a ejecutarlos. || **no dejar** algo **de la mano** fr. fig. Continuar en ello con empeño y sin intermisión. || **no saber** uno **lo que trae entre manos** fr. fig. y fam. No tener capacidad para aquello en que se ocupa o de que está encargado. || **pedir la mano** loc. fig. Solicitar de su familia en matrimonio a una mujer. || **poner a** uno **la mano encima** fr. fig. Maltratarle de obra o castigarle. || **poner las manos en el fuego** fr. fig. con que se asegura la verdad y certeza de algo. || **ponerse** un animal **de manos** fr. Levantar el cuerpo apoyándose en las patas de atrás. || **ponerse en manos de** alguien fr. fig. Someterse a su arbitrio con entera confianza. || **quitarle** a uno **las cosas de las manos** fr. fig. Vender una cosa con gran rapidez y facilidad. || **ser** uno **la mano derecha de otro** fr. fig. Servirle de auxiliar o de ejecutor indispensable. || **tender a** uno **la mano,** o **una mano** fr. Ofrecérsela para estrechar la suya o para darle apoyo. || **tener a mano** fr. fig. Refrenar, contener. || **tener la mano blanda,** o **ligera** fr. fig. Tratar benignamente, proceder con suavidad. || **tener mano con** alguien fr. fig. Tener influjo sobre él. || **tener mano izquierda** fr. fig. y fam. Poseer habilidad para resolver situaciones difíciles. || **traer** o **traerse entre manos** algo fr. fig. Estar ocupado en ello o estar tramándolo. || **venir a las manos** fr. Reñir.
-MANO suf. MANI-.
MANOJO m. **1** Conjunto de cosas que se puede coger con la mano. **2** Por extensión, conjunto de cosas agrupadas. || **a manojos** loc. adv. fig. En abundancia.
MANOLA f. Coche de cuatro asientos con dos puertas laterales.
MANOLETINA f. **1** *Taurom.* Pase en el que el torero se sitúa de frente al toro y sujeta la muleta por detrás de la espalda. **2** Calzado plano semejante al que usan los toreros.
MANOLO, LA m. y f. Mozo o moza del pueblo bajo de Madrid.
MANÓMETRO m. *Fís.* Instrumento destinado a medir la presión de los gases o fluidos encerrados en determinados recipientes.
MANOPLA f. **1** Guante sin separaciones para los dedos, excepto para el pulgar. **2** Pieza de la armadura antigua con que se protegía la mano.
MANOSEAR tr. Tocar o acariciar repetidamente una cosa.
MANOTAZO o **MANOTADA** m. Golpe dado con la mano.
MANOTEAR tr. **1** Dar golpes con las manos. || intr. **2** Mover las manos para dar mayor fuerza a lo que se habla, o para mostrar un afecto del ánimo.
MANQUEDAD f. Condición de manco.
MANRESANO, NA adj. y s. De Manresa.
MANRIQUE, JORGE Escritor español (Paredes de Nava, 1440 - castillo de Garcimuñoz, 1479). Sobrino de Gómez Manrique, tomó parte en las luchas civiles de la época a favor de don Alfonso, hermano de Enrique IV, y de Isabel. Destaca sobre todo por la *Coplas a la muerte de su padre,* compuesta en 1476 y publicada en 1494. Se trata de una elegía a la desaparición de su padre, en estrofas de pie quebrado.
MANRIQUE, JOSÉ MARÍA Escritor y político venezolano (Caracas, 1846 - íd., 1907). Diputado, gobernador y ministro, escritor de novelas, leyendas, cuentos, cuadros de costumbre y dramas.
MANS, LE Ciudad de Francia, capital del departamento de Sarthe, a orillas de este río; 148.465 h. Circuito automovilístico.
MANSALVA, A loc. adv. **1** Mucho, en cantidad. **2** Sin ningún peligro; sobre seguro.
MANSART, JULES HARDOUIN Arquitecto francés (París, 1646 - Marly, 1708). Arquitecto real de Luis XIV en 1681, se dedicó principalmente a la ampliación y restauración del palacio de Versalles.
MANSEDUMBRE f. Condición de manso.
MANSFIELD, KATHERINE (KATHLEEN MANSFIELD BEAUCHAMP, llamada) Escritora neozelandesa (Wellington, 1888 - Fontainebleau, 1923). Es autora de *En una pensión alemana* (1911), *Preludio* (1917) y *Felicidad* (1920).
MANSILLA, LUCIO VICTORIO Militar y escritor argentino (Buenos Aires, 1831 - París, 1913). Tomó parte en la campaña del Paraguay y en la expedición contra los indios ranqueles. Obras principales: *Una tía* (1864), *Una excursión a los indios ranqueles* (1870) y *Retratos y recuerdos* (1894).
MANSIÓN f. Casa grande y señorial.
MANSO, SA adj. **1** De condición benigna y suave. **2** Se aplica a los animales que no son bravos. **3** fig. Apacible, sosegado. Se dice de ciertas cosas insensibles. || m. **4** Carnero, macho o buey que sirve de guía a los demás.
MANSO Pico de Argentina, en la provincia de Mendoza; 5.800 m de altura.
MANSO Río andino, que nace en Argentina (Río Negro), cruza Chile, se une con el Puelo y desemboca en el Pacífico; 135 km.

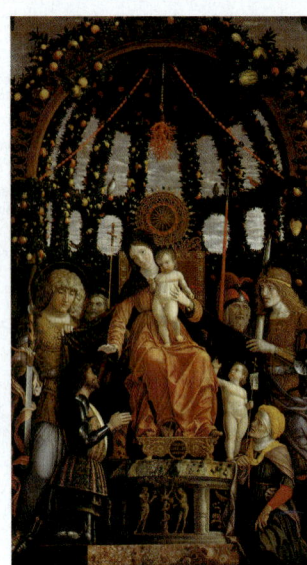

Andrea **Mantegna.** *Virgen de la Victoria.* Museo del Louvre (París).

MANSO Río de Brasil, en el Estado de Mato Grosso, afluente del Araguala; 900 km de curso.
MANSO DE VELASCO, JOSÉ ANTONIO, CONDE DE SUPERUNDA, Militar y gobernante español (Logroño, 1688 - ?, 1765). Después de haber combatido en Flandes e Italia, fue gobernador y capitán general de Chile (1735-45) y virrey de Perú (1745-61).
MANSON, PATRICK Médico y biólogo británico (Old Meldrum, 1844 - Londres, 1922). Creador de la medicina tropical y autor de *Enfermedades tropicales.*
MANSUR, ABU YAFAR 'ABD ALÁ BEN MUHAMMAD BEN ALÍ BEN ABBAS BEN ABD EL-MOTALIB AL- Segundo califa abasí (Hachemich, 712- ?, 775). Sucedió a su hermano Abul Abbas en 754. Protector de las ciencias y las artes, durante su reinado se proclamó independiente la España árabe.
MANSURRÓN, NA adj. fam. Manso con exceso.
MANTA f. **1** Prenda suelta de lana o algodón que sirve para abrigarse en la cama, a la intemperie o en los viajes. **2** Tela ordinaria de algodón, que se fabrica y usa en México. **3** fig. Tunda, paliza. **4** *Mil.* Tablón chapeado que servía de resguardo contra los tiros del enemigo. **5** *Min.* Costal de pita que se usa en las minas de América. **6** Cubierta que sirve de abrigo a las caballerías. **7** *Zool.* RAYA². **8** *Zool.* Cada una de las doce plumas que tiene el ave de rapiña a continuación de las aguaderas. || **MANTA ELÉCTRICA** Manta calentada eléctricamente por medio de una resistencia interior. || **liarse** o **la manta a la cabeza** fr. fig. Tomar una decisión precipitada o actuar de modo irreflexivo. || **ser** uno **la manta** fr. fig. y fam. No tener habilidad para alguna cosa. || **tirar de la manta** fr. fig. y fam. Descubrir lo que había interés en mantener secreto.
MANTA Ciudad de Ecuador, provincia de Manabí; 149.353 h. Importante puerto. Centro industrial.
MANTARO Río de Perú, que nace en el lago de Junín y forma con el Apurímac el Ene; 550 km de curso.
-MANTE suf. -MANCIA.
MANTEAR tr. **1** Hacer saltar a uno en una manta, de cuyas esquinas tiran varias personas. **2** Dar una zurra a alguien.
MANTECA f. **1** Grasa de los animales, especialmente la del cerdo. **2** Sustancia grasa de la leche. **3** Producto alimenticio elaborado a partir de la grasa de la leche. **4** Sustancia grasa extraída de ciertos vegetales.
MANTECADA f. **1** Rebanada de pan untada con manteca de vaca y azúcar. **2** Especie de bollo compuesto de harina de flor, huevos, azúcar y manteca de vaca, que suele cocerse en una cajita de papel.
MANTECADO m. **1** Bollo amasado con manteca de cerdo. **2** Compuesto de leche, huevos y azúcar, con el que se elabora una especie de sorbete.
MANTEGNA, ANDREA Pintor italiano (Isola di Carturo, 1431 - Mantua, 1506). Fue una de las grandes figuras del Renacimiento. En su utilización de la perspectiva llegó a la creación de espacios fingidos que se consideran como un antecedente de las soluciones del Barroco. Fue pintor oficial de Ludovico Gonzaga (1459), para quien realizó los murales de la capilla del palacio y de la Camera degli Sposi, en Mantua.
MANTEL m. **1** Pieza de tela que se pone en la mesa para comer. **2** Lienzo mayor con que se cubre la mesa del altar. **3** *Bl.* Pieza triangular del escudo cortinado.
MANTELERÍA f. Juego de mantel y servilletas.
MANTELETA f. Pequeña capa que llevan las mujeres sobre los hombros como adorno o para abrigo.
MANTENEDOR, RA adj. **1** Que mantiene. || m. y f. **2** Persona encargada de mantener un concurso, certamen, etc.
MANTENER tr. **1** Proveer a uno del alimento necesario. También prnl. **2** Conservar una cosa en su ser, darle vigor y permanencia. **3** Costear las necesidades económicas de alguien. **4** Proseguir voluntariamente en lo que se está ejecutando. **5** Defender o sustentar una opinión o sistema. **6** Sostener un torneo, justa, etc. **7** *Der.* Amparar a uno en la posesión o disfrute de una cosa. || prnl. **8** Estar un cuerpo en un medio o en un lugar, sin caer o haciéndolo muy lentamente. **9** Perseverar, no variar de estado o resolución. **10** fig. Fomentarse, alimentarse. ♦ IRREG. Se conjuga como TENER.
MANTEO¹ (De *mantear.*) m. Acción y efecto de mantear.
MANTEO² (Del fr. *manteau.*) m. Capa larga con cuello, que llevan los eclesiásticos sobre la sotana, y en otro tiempo usaron los estudiantes.
MANTEQUERÍA f. Tienda donde se venden mantequilla, quesos, fiambres y otros artículos semejantes.
MANTEQUILLA f. **1** Manteca de leche de las vacas. **2** Producto obtenido de la leche o de la crema por agitación o por batimiento.
MÁNTICA f. Conjunto de ritos y prácticas adivinatorias.
MANTILLA f. **1** Paño de seda, lana u otro tejido que usan las mujeres para cubrirse la cabeza. **2** Pieza de tejido con que se abriga y envuelve por encima a los niños. Más en pl. **3** Paño con que se cubre el lomo de la cabalgadura. || **estar** algo **en mantillas** fr. fig. y fam. Estar en sus comienzos. || **estar** uno **en mantillas** fr. fig. y fam. Ignorar gran parte de lo concerniente a un asunto.
MANTILLO m. **1** *Agr.* Abono y enmienda orgánica que resulta de la fermentación y putrefacción del estiércol o de otras materias orgánicas. **2** *Geol.* Capa superior del suelo, formada en gran parte por la descomposición de materias orgánicas.
MANTINEA *Geog. hist.* Antigua ciudad de Grecia, en el Peloponeso, al N de Trípoli. En ella tuvo lugar la batalla de su nombre, en la que Epaminondas derrotó a Esparta (362 a. C.).
MANTIQUEIRA, SIERRA DE LA Cadena montañosa de Brasil, que atraviesa los Estados de Río de Janeiro, São Paulo y Minas Gerais. Sus cimas más importantes son Pico Bandeira (2.884 m) y Agulhas Negras (2.787 m).
MANTIS o **MANTIS RELIGIOSA** f. *Zool.* Insecto ortóptero perteneciente a la familia mántidos, de nombre científico *Mantis religiosa.* De unos 9 cm de longitud, es de coloración verdosa o pajiza, con la cabeza pequeña y móvil, y las patas anteriores robustas y prensiles, que cuando el animal permanece en reposo suelen estar erguidas y juntas en actitud que recuerda la de las manos

mantis

de una figura orante. El macho es de menor tamaño que la hembra. Es un animal agresivo y muy voraz, que se alimenta de otros insectos; incluso la hembra suele devorar al macho después del apareamiento. Vive en el centro y S de Europa, N de África y Asia. Se llama también *santateresa*. ♦ Su pl. es *mantis*.

MANTISA f. *Mat.* Fracción decimal que sigue a la característica en un logaritmo.

MANTO m. **1** Ropa suelta, a modo de capa, que cubre desde la cabeza o los hombros hasta los pies. **2** Fachada de la campana de una chimenea. **3** fig. Lo que encubre y oculta una cosa. **4** *Anat.* Conjunto formado por las circunvoluciones, cuerpo calloso y fórnix del cerebro. **5** *Geol.* Capa del globo terrestre situada entre la corteza y el núcleo, constituida por rocas ultrabásicas (peridotitas, dunitas, etc.), integradas por minerales de elevada densidad y color oscuro. Constituye el 82% del volumen total terrestre. **6** *Geol.* Masa rocosa arrastrada sobre un yacente con el que anteriormente no tenía ninguna relación. **7** *Min.* Capa de mineral, de poco espesor, que se extiende sobre una superficie. **8** *Zool.* Repliegue cutáneo del cuerpo de los moluscos y algunos crustáceos. **9** *Zool.* Dorso y plumaje de las alas de un ave, distinguible del resto por su colorido uniforme. **10** *Zool.* Grasas del redaño que envuelve las vísceras de los animales.

MANTÓN m. **1** Pieza cuadrada o rectangular de abrigo, que se echa sobre los hombros. **2** Pañuelo grande que se echa sobre los hombros. **3** *Zool.* Manta del ave de rapiña. || **MANTÓN DE MANILA** El de seda y bordado con colores brillantes.

MANTUA *(Mantova)* **1** Provincia de Italia, región de Lombardía; 2.339 km² y 368.516 h. **2** Ciudad del N de Italia, capital de la provincia de su nombre, a orillas del Mincio; 50.661 h. Entre los siglos XIV y XVII constituyó un activo centro cultural y comercial. Destacado conjunto monumental.

MANTUANO, NA adj. y s. **1** De Mantua. **2** Por antonomasia, el poeta Virgilio.

MANTUDO, DA adj. *Zool.* Se dice del ave cuando tiene caídas las alas y está como arropada con ellas.

MANÚ Legislador hindú, supuesto autor del código de este nombre, compendio de leyes religiosas, sociales y morales.

MANUAL adj. **1** Que se ejecuta con las manos. **2** Fácil de manejar. **3** Que exige más habilidad de manos que inteligencia. **4** Casero, de fácil ejecución. **5** fig. Fácil de entender. || m. **6** Libro en que se compendia lo principal de una materia.

MANUALIDAD f. Trabajo hecho con las manos.

MANUBRIO m. **1** Empuñadura o manija de un instrumento. **2** *Mec.* Empuñadura o pieza compuesta de dos ramas en ángulo recto, que se emplea para dar vueltas a una rueda, a un eje, etc. **3** *Zool.* Fragmento superior del esternón que se articula por ambos lados con las clavículas, en el hombre y otros animales. **4** *Zool.* En los pólipos hidrozoos, prolongación que lleva la boca, situada en la cara inferior de la umbrela.

MANUEL Nombre de dos emperadores bizantinos.

MANUEL I COMNENO (?, h. 1122 - ?, 1180). Hijo de Juan II Comneno, fue emperador de 1143 a 1180. Extendió los dominios del imperio por el S de Italia, Hungría, Dalmacia y Serbia. Fue derrotado por los turcos en 1176.

MANUEL II PALEÓLOGO (?, 1348 - ?, 1425). Hijo de Juan V, ocupó el trono desde 1391 hasta 1425. Corregente con Juan VII (1398-1412), la derrota de Bayaceto por Tamerlán en Ankara (1402) le permitió reconquistar su imperio. Sin embargo, el nuevo asedio impuesto por Murat II (1422) obligó a Manuel II a prestar vasallaje al sultán.

MANUEL Nombre de dos reyes de Portugal.

MANUEL I EL AFORTUNADO (Alcochete, 1469 - Lisboa, 1521). Sucedió a su primo Juan II en 1495. Intentó consumar la reunión de los reinos peninsulares bajo una sola corona, por lo que casó sucesivamente con dos de las hijas de los Reyes Católicos (doña Isabel, en 1495 y doña María, en 1500) y con una hermana del emperador don Carlos, doña Leonor de Castilla (1518). En su reinado, Vasco da Gama descubrió las Indias Orientales y Álvarez Cabral conquistó Brasil. Expulsó de su reino a judíos y moriscos. En su época se construyeron el monasterio de Belem y la catedral de Elvas, en un estilo que, en su honor, se conoce como MANUELINO.

MANUEL II (Lisboa, 1889 - Twickenham, 1932). En 1908 sucedió a su padre, Carlos I, después del asesinato de éste y de su hermano mayor, pero fue destronado en 1910, al implantarse la república.

MANUEL FILIBERTO Duque de Saboya (Chambéry, 1528 - Turín, 1580). Hijo de Carlos III de Saboya, accedió al título ducal en 1535 pero, despojado de sus Estados por Francisco I de Francia (1544), pasó al servicio de la corona española. Al mando del ejército español, obtuvo las victorias de San Quintín (1557) y Gravelinas (1558). Sustituyó al duque de Alba en el gobierno de los Países Bajos (1555-59).

MANUELINO, NA adj. *Arte.* Se dice del estilo artístico que se desarrolló en Portugal durante el reinado de Manuel I el Afortunado. Se manifestó, sobre todo, en la arquitectura. Considerado la última manifestación del gótico tardío, es un arte ornamental, que se caracteriza por el dinamismo y por una decoración exuberante, superpuesta sobre amplias superficies lisas. Principales representantes: Alfonso Domingues, Diogo Boytac, João del Castilho y Francisco de Arruda.

MANUFACTURA f. **1** Obra hecha a mano o con máquinas. **2** Lugar donde se fabrica. **3** *Econ.* e *Indus.* Establecimiento industrial donde las primeras materias o los productos intermedios se transforman en productos dispuestos para la venta.

MANUFACTURADO, DA adj. *Econ.* e *Indus.* Se dice del producto que resulta de la transformación industrial de ciertas materias en una manufactura.

MANUFACTURAR tr. Fabricar con medios mecánicos.

MANUFAHI Distrito de Timor Oriental; 1.325 km² y 37.200 h. Su capital es Same.

MANUMISIÓN f. Acción y efecto de manumitir.

MANUMITIR tr. *Der.* Dar libertad al esclavo.

MANUSCRITO, TA adj. **1** Escrito a mano. || m. **2** Papel o libro escrito a mano. **3** Particularmente, el que tiene algún valor o antigüedad, o es de mano de un escritor o personaje célebre.

MANUTENCIÓN f. Acción y efecto de mantener.

MANUZIO o **MANUCIO, ALDO** Impresor y humanista veneciano (Bassiano, 1450 - Venecia, 1515). Fue el creador del tipo llamado *cursivo* o *cancilleresco*, que luego tomó el nombre de *aldino* o *itálico*. Colaboró con los principales humanistas de la época.

MANZANA f. **1** *Bot.* Fruto del manzano. Pomo carnoso, de piel delgada y suave, y semillas pequeñas situadas en el interior de la pulpa, encerradas en un endocarpo coriáceo. **2** Espacio urbano, edificado o destinado a la edificación, generalmente cuadrangular, delimitado por calles por todos sus lados. || **MANZANA DE ADÁN**. *Amér.* Nuez de la garganta. || **MANZANA DE LA DISCORDIA** fig. Lo que es ocasión de discrepancia en los ánimos y opiniones.

MANZANILLA f. **1** *Bot.* Planta herbácea anual, perteneciente a la familia compuestas, género *Matricaria*. Se caracteriza por sus flores olorosas en cabezuelas solitarias con centro amarillo y circunferencia blanca. Procede de Europa y SO de Asia. También proporciona un tinte dorado utilizado en perfumería. **2** *Bot.* Flor de esta planta. **3** Infusión de esta flor, que se usa mucho como estomacal, antiespasmódica y febrífuga. **4** Vino blanco que se hace en Sanlúcar de Barrameda y en otros lugares de Andalucía. || adj. f. *Bot.* **5** Se dice de una variedad de aceituna pequeña muy fina. También f.

MANZANILLERA f. *Bot.* ABRÓTANO, subarbusto.

MANZANILLO adj. y m. *Bot.* **1** OLIVO MANZANILLO. || m. *Bot.* **2** Árbol de hojas persistentes, perteneciente a la familia euforbiáceas, de nombre científico *Hippomane mancinella*, que crece en las zonas litorales del S de Florida, México, América Central, Antillas, Colombia, Ecuador y Venezuela. Produce unos frutos muy atractivos, pero también muy venenosos. La madera se emplea en carpintería.

MANZANILLO Bahía de la costa N de la República Dominicana y Haití. Manglares.

MANZANILLO Ciudad de Cuba, provincia de Granma; 107.650 h. Cultivos de caña de azúcar, café, arroz, tabaco y frutales. Puerto.

MANZANO m. *Bot.* Árbol caducifolio de la familia rosáceas, género *Malus*, cuyo fruto es la manzana. Existen muchas variedades; el manzano cultivado *(Malus domestica)* se explota por su fruto. Procede del SE de Europa y SO de Asia.

MANZONI, ALESSANDRO Escritor italiano (Milán, 1785 - íd., 1873). Su romanticismo, de corte católico, aparece en los *Himnos sacros* (1812-22), y se manifiesta en sus odas, así como en dramas, sin embargo, debe su fama a la publicación de la novela histórica *Los novios* en 1827 (con revisiones, en 1840-42), considerada su obra maestra y un clásico universal.

MANZÚ, GIACOMO Escultor italiano (Bérgamo, 1908 - Roma, 1991). Artista autodidacta, sus obras se basan en la ligereza de personajes, la sutilidad, el intimismo y una marcada espiritualidad.

MAÑA f. **1** Destreza, habilidad. **2** Artificio o astucia. **3** Vicio o mala costumbre. Más en pl. || **darse maña** fr. Ingeniarse, disponer los negocios con habilidad.

MAÑANA f. **1** Tiempo que transcurre desde que amanece hasta mediodía. **2** Espacio de tiempo desde la medianoche hasta el mediodía. || m. **3** Tiempo futuro próximo a nosotros. || adv. t. **4** En el día que seguirá inmediatamente al de hoy. **5** fig. En tiempo venidero. || **de mañana** loc. adv. Al amanecer. || **muy de mañana** loc. adv. Muy temprano. || **pasado mañana** loc. adv. En el día que seguirá inmediatamente al de mañana.

MAÑANITA f. **1** Prenda de vestir, de punto o tela, que cubre de los hombros a la cintura. || f. pl. **2** Canción popular mexicana dedicada a alguien y que se canta generalmente al amanecer.

MAÑO, ÑA m. y f. fig. y fam. ARAGONÉS, de Aragón.

MAÑOSO, SA adj. **1** Que tiene maña. **2** Que se hace con maña. **3** Que tiene mañas o resabios.

MAO Ciudad de la República Dominicana, capital de la provincia de Valverde; 33.527 h.

MAO TSE-TUNG o **MAO ZEDONG** Político chino (Shao Sahn, Hunan, 1893 - Pekín, 1976). Participó en la fundación del Partido Comunista Chino (1921), del que fue secretario en Hunan, donde organizó los primeros levantamientos de campesinos y la lucha contra el Kuomintang (1927). En 1931 controlaba ya Hunan y Jiangxi, donde llevó a cabo la reforma agraria y proclamó la República Soviética China, de la que fue primer presidente. Años después inició la llamada Larga Marcha, con cien mil hombres, logrando en 1935 la jefatura absoluta del comunismo chino. Victorioso en la guerra civil contra los nacionalistas (1945-49), proclamó la República Popular. Presidente del gobierno (1949) y de la República (1954), fue el inspirador de la gran transformación china en el orden económico y social. En la década de 1960 dirigió la revolución cultural, encaminada a depurar el aparato burocrático del partido y restablecer su total primacía en el poder. En 1965 publicó el *Libro Rojo*, obra que constituye una recopilación de sus citas y pensamientos.

MAO ZEDONG MAO TSE-TUNG.

MAOÍSMO m. *Polít.* Ideología política derivada de las doctrinas de Mao Tse-tung. Aplica la teoría marxista-leninista a la situación especial de China, desplazando el centro de la acción revolucionaria de la ciudad al medio agrario, y establece como elemento básico la revolución cultural permanente para contrarrestar la influencia y poder de la nueva clase de burócratas dentro de la organización del Partido Comunista. Influyó en algunos movimientos revolucionarios de América Latina.

MAOÍSTA adj. **1** Relativo al maoísmo. **2** Partidario de la doctrina de Mao Tse-tung. También com.

MAORÍ adj. *Etnol.* **1** Se dice del individuo de un pueblo de raza polinesia, que habita las dos islas de Nueva Zelanda. Socialmente están divididos en tribus dirigidas por un jefe, que se subdividen en familias de tipo patriarcal, cada una de las cuales habita una casa comunal. El número de indígenas es actualmente de 200.000, la mayoría convertidos al cristianismo por misioneros anglicanos, católicos y wesleyanos. Son agricultores sedentarios y su arte alcanza un nivel muy elevado. También s. y más en pl. **2** Perteneciente o relativo a este pueblo. || m. *Ling.* **3** Lengua hablada en ciertas zonas de Nueva Zelanda.

MAPA m. *Geog.* **1** Representación gráfica, a escala, de la Tierra o parte de ella en una superficie plana. **2** Representación geográfica de una parte de la superficie terrestre, en la que se da información relativa a una ciencia determinada. || **MAPA CELESTE** o **ESTELAR** *Astron.* Reproducción cartográfica de la disposición de las estrellas sobre la esfera. || **MAPA GENÉTICO** o **CROMOSÓMICO** *Biol.* Representación gráfica de la localización lineal de los genes en un cromosoma. || **MAPA DEL TIEMPO** *Meteor.* El usado para señalar, mediante símbolos convencionales, el estado de la atmósfera en un lugar y tiempo determinados. || **borrar del mapa** fr. fig. y fam. Hacer que algo desaparezca o matar a alguien.

MAPACHE m. *Zool.* Mamífero carnívoro perteneciente a la familia prociónidos, de nombre científico *Procyon lotor*. Mide unos 60 cm de longitud y tiene pelaje denso, suave y de color amarillo grisáceo con una especie de antifaz negro en la cara; la cola presenta una serie de anillos claros y oscuros. Es omnívoro, de costumbres nocturnas. Habita en el N de América.

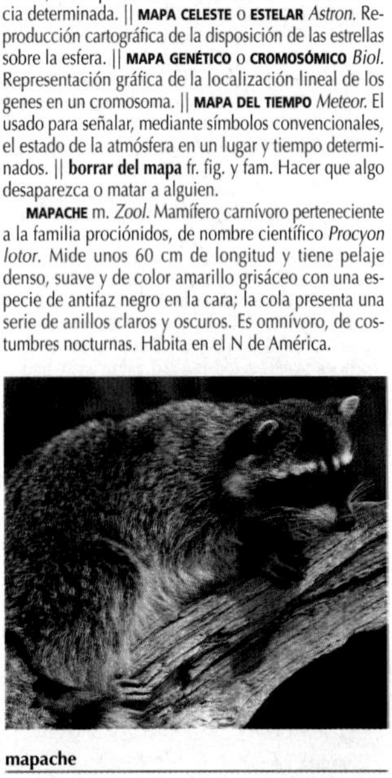

mapache

Mar del Plata (Argentina).

MAPAMUNDI m. Mapa que representa toda la superficie de la Tierra dividida en dos hemisferios.
MAPANARE f. *Zool.* Culebra de Venezuela, muy venenosa.
MAPEO m. *Biol.* Determinación del orden de los genes en y entre los cromosomas.
MAPIMÍ Población de México, Estado de Durango; 2.737 h. Fue fundada en 1531. En sus cercanías se encuentra el *Bolsón de Mapimí*, región árida que forma parte de la altiplanicie septentrional. Minas de plata.
MAPLES ARCE, MANUEL Poeta mexicano (Papantla, 1898 - Ciudad de México, 1981). Promulgador del movimiento poético «estridentista», que supuso la entrada en México de la lírica de vanguardia: *Andamios interiores* (1922), *Urbe* (1924), *Poemas interdictos* (1927) y *Memorial de la sangre* (1947).
MAPOCHO Río de Chile, que nace en el cerro del Plomo, en la cordillera de los Andes, recorre la región de Santiago y desemboca en el Maipo; 110 km de curso.
MAPPLETHORPE, ROBERT Fotógrafo estadounidense (Nueva York, 1946 - Boston, 1989). Destacó por su habilidad para captar el cuerpo humano, subrayando al máximo su expresividad.
MAPUCHE adj. y com. *Etnol.* **1** Se dice del indio araucano que, en la época de la conquista española, habitaba en la región central de Chile. Por extensión, se aplica a todos los araucanos. || m. *Ling.* **2** Lengua de los mapuches.
MAPURITE m. *Zool.* Nombre que en algunas zonas de América Central recibe la mofeta.
MAPUTO Ciudad capital de Mozambique, y de la provincia de su nombre, que constituye por sí misma una entidad administrativa; 931.591 h. Industrias mecánicas, textiles, de materiales de construcción y alimentarias. Turismo. Es uno de los principales puertos de África oriental.
MAQUERONTE *Geog. hist.* Antigua fortaleza judía, al SO de la actual Madaba (Jordania), al E del mar Muerto. Construida por Alejandro Janneo (57 a. C), en ella Herodes mandó decapitar a san Juan Bautista. La arrasaran los romanos el año 72.
MAQUETA f. **1** Modelo en tamaño reducido de un monumento, edificio, etc. **2** *Cin.* Modelo plástico en cartón, madera u otro material de un monumento, edificio, etc., o de una parte de los mismos, que sirve de escenario artificial de una película o de algunas de sus secuencias cuando el rodaje no se realiza en los mismos lugares reales en que sucede la acción del filme. **3** *A. gráf.* Boceto para apreciar de antemano el volumen, formato y encuadernación de un libro.
MAQUETISTA com. **1** Especialista que realiza una reproducción con arreglo a un plano, o a un dibujo, y a una escala especial. **2** Especialista en hacer maquetas.
MAQUETO, TA adj. Se aplicaba peyorativamente a los inmigrantes que, procedentes de otras regiones de España, se asentaron en el País Vasco. También s.
MAQUI¹ (Voz araucana.) m. *Bot.* Arbusto chileno de la familia liliáceas.
MAQUI² com. MAQUIS.
MAQUI m. *Bot.* Formación vegetal típicamente mediterránea, caracterizada por densas formaciones de matas y arbustos esclerófilos, de no más de 3 m de altura, generalmente de las familias leguminosas, labiadas y cistáceas.
-MAQUIA suf. MACO-.

MAQUIAVÉLICO, CA adj. **1** Perteneciente al maquiavelismo. **2** Que sigue las máximas de Maquiavelo. **3** Que actúa con suspicacia y doblez.
MAQUIAVELISMO m. **1** *Polít.* Doctrina de Maquiavelo fundada en la preeminencia de la razón de Estado sobre cualquier otra de carácter moral. **2** fig. Modo de proceder con astucia, doblez y engaño.
MAQUIAVELO, NICOLÁS Político e historiador italiano (Florencia, 1469 - íd., 1527). Secretario del Consejo de los Diez de Florencia, estuvo encargado de diversas misiones diplomáticas. Su pensamiento político, basado en la reflexión sobre la esencia del Estado y sobre la necesidad de un principio rector que establezca el orden social, quedó recogido en *El Príncipe* (1512), obra decisiva en toda la filosofía política posterior, así como en los *Discursos sobre la primera década de Tito Livio* (1513-17). Escribió además *Sobre el arte de la guerra* (1519-20), *Vida de Castruccio Castracani da Lucca* (1520) e *Historia de Florencia* (1520-25).
MAQUILLADOR m. y f. Persona que se dedica a maquillar.
MAQUILLAJE m. **1** Acción y efecto de maquillar. **2** Sustancia para maquillar.
MAQUILLAR tr. y prnl. Componer con afeites el rostro para embellecerlo o para conseguir determinados efectos.
MÁQUINA f. **1** *Fís.* Aparato que transforma las fuerzas y la energía y permite realizar un trabajo con menos esfuerzo. Ejemplos típicos de máquinas sencillas son la palanca, el plano inclinado, la polea y el tornillo. **2** Locomotora de tren. **3** Bicicleta, motocicleta o automóvil de carreras. **4** Tramoya de teatro. **5** Aparato eléctrico o electrónico que funciona con monedas y del que se obtienen premios. || **MÁQUINA DE AFEITAR** La que corta el pelo mecánicamente. || **MÁQUINA DE COSER** La que realiza operaciones de costura. || **MÁQUINA DE ESCRIBIR** La que permite escribir rápido mediante un teclado. || **a máquina** adv. Mediante máquina y no a mano. || **a toda máquina** adv. Al máximo rendimiento o velocidad.
MAQUINACIÓN f. Proyecto o asechanza artificioso y oculto, dirigido regularmente a mal fin.
MAQUINAL adj. **1** Perteneciente a los movimientos y efectos de la máquina. **2** fig. Se aplica a los actos y movimientos ejecutados sin deliberación.
MAQUINAR tr. **1** Urdir, tramar algo en secreto y con malas intenciones. **2** Trabajar una pieza por medio de una máquina.
MAQUINARIA f. **1** Arte que enseña a fabricar las máquinas. **2** Conjunto de máquinas para un fin determinado. **3** Mecanismo que da movimiento a un artefacto.
MAQUINILLA f. Máquina de afeitar.
MAQUINISMO m. Empleo predominante de las máquinas en la industria moderna.
MAQUINISTA com. **1** Persona que inventa o fabrica máquinas. **2** La que las dirige o gobierna, especialmente el conductor de una locomotora. **3** *Cin.* Ayudante del operador de cámara.
MAQUINIZACIÓN f. Acción y efecto de maquinizar.
MAQUINIZAR tr. Emplear en la producción industrial, agrícola, etc., máquinas que sustituyen o mejoran el trabajo del hombre.
MAQUIS com. **1** Persona que, huida a los montes, vive en rebeldía y oposición armada al sistema político establecido. **2** *Hist.* Denominación aplicada a los miembros de la Resistencia francesa durante la Segunda Guerra Mundial. Posteriormente el nombre se aplicó a los guerrilleros antifranquistas que entraron en España, para

unirse a la resistencia armada que funcionó desde el final de la Guerra Civil hasta los años cincuenta. No varía en pl. || m. **3** Organización de esta oposición.
MAR amb. **1** *Ocean.* Masa de agua salada que cubre la mayor parte de la superficie de la Tierra. **2** *Ocean.* Cada una de las partes en que se considera dividido un océano. **3** fig. Se llama así a algunos lagos, como el Caspio, el Aral o el Muerto. **4** fig. La agitación misma del mar o el conjunto de sus olas, y aun el tamaño de éstas. **5** fig. Abundancia extraordinaria de ciertas cosas. || **ALTA MAR** Parte del mar que está a bastante distancia de la costa. || **MAR GRUESA** La muy agitada por las olas, que llegan hasta la altura de seis metros. || **MAR INTERIOR** *Geol.* Gran lago totalmente delimitado por tierra. || **a mares** loc. adv. Abundantemente. || **hacerse a la mar** fr. Salir del puerto para navegar. || **la mar de** loc. adv. MUCHO.
MAR AUSTRAL *Astron.* Llanura oscura de la Luna, situada en el borde SE de la cara visible, que se prolonga hasta la cara oculta. También se denomina *Mare Australe*.
MAR CHICA Pequeño mar de la costa de Marruecos, situado a 5 km al E de Melilla, enfrente de las islas Chafarinas.
MAR CHIQUITA Laguna del centro de Argentina, en la provincia de Córdoba; 1.853 km². Situada a unos 70 m de altura, está formada por una gran depresión con aguas ricas en sales.
MAR Y CORTÁZAR, JOSÉ DE LA Militar y político peruano (Cuenca, 1776 - San José de Costa Rica, 1830). Presidió la primera Junta de Gobierno (1822-23) y fue presidente de la República (1827-28). Promulgó la Constitución de 1828. Fue derrocado en la guerra con Colombia.
MAR DE LAS CRISIS *Astron.* Llanura oscura de la Luna, situada en el borde oriental de la cara visible. Se conoce también por su nombre latino, *Mare Crisium*.
MAR DE LOS HUMORES *Astron.* Llanura oscura de la Luna, situada en la región SO de la cara visible. Tiene una superficie de 130.000 km². También conocido como *Mare Humorum*.
MAR DE LAS LLUVIAS *Astron.* Llanura oscura de la Luna, situada en la región NO de la cara visible. Con una superficie de 800.000 km², es el mayor de todos los mares lunares. Se conoce también por su nombre latino, *Mare Imbrium*.
MAR DEL NÉCTAR *Astron.* Llanura oscura de la Luna, situada en la región E de la cara visible. Tiene una superficie de 260.000 km². También conocido como *Mare Nectaris*.
MAR DEL PLATA Ciudad de Argentina, provincia de Buenos Aires; 512.880 h. Puerto comercial y pesquero a orillas del Atlántico. Turismo. Es célebre como ciudad balnearia, conocida con el nombre de *Perla del Atlántico*. Posee hermosos paseos, amplias avenidas, campos de golf y uno de los mayores casino de América del Sur.
MAR DE LA SERENIDAD *Astron.* Llanura oscura de la Luna, situada en la región NE de la cara visible. Con sus orillas bien delimitadas, tiene una superficie de 325.000 km². Se conoce también por su nombre latino, *Mare Serenitatis*.
MAR DE LA TRANQUILIDAD *Astron.* Llanura oscura de la Luna, situada en la región E de la cara visible. De contorno circular. Tiene una superficie de 400.000 km². Se conoce también por su nombre latino, *Mare Tranquillitatis*.
MAR DE LOS VAPORES *Astron.* Llanura oscura de la Luna, situada en la región E de la cara visible. Con un perfil poco regular, tiene una superficie de 160.000 km². Se conoce también por su nombre latino, *Mare Vaporum*.
MARÁ m. *Zool.* Mamífero roedor de nombre científico *Dolichotis australis*. Su pelaje es castaño por el dorso y blanco por el vientre, y tiene las orejas largas. Animal gregario, vive en madrigueras y se alimenta de vegetales. Habita en Argentina.
MARA, KAMISESE KAPAIWAI TUIMACILAI Político de las islas Fiji (Fiji, 1920 - Suva, 2004). Primer ministro bajo la administración británica (1967-70), fundó el Foro del Pacífico Sur, y fue jefe del Gobierno desde la independencia en 1970.
MARABÚ m. **1** *Zool.* Ave ciconiforme perteneciente a la familia cicónidos, de nombre científico *Leptostilos crumeniferus*. Tiene 1,5 m de longitud y 3,5 m de envergadura, plumaje negro y blanco; de la garganta pende una bolsa de unos 30 cm de longitud. Vive en las zonas húmedas de África tropical y Asia. **2** Adorno hecho de sus plumas. ♦ Su pl. es *marabúes* o *marabús*.
MARABUNTA f. **1** *Zool.* Cantidad enorme de hormigas voraces que devoran todo cuanto encuentran en su itinerario, generalmente imprevisible. **2** fam. Aglomeración de gente que produce mucho ruido y desorden.
MARACA f. **1** Instrumento musical que consiste en una calabaza con granos de maíz o chinas en su interior, para acompañar el canto. Actualmente se hace también de metal o materiales plásticos. **2** *Chile* y *Perú* Juego de azar que se juega con tres dados especiales. **3** fig. *Chile* Ramera, prostituta.

MARACAIBERO, RA adj. y s. De Maracaibo, Venezuela.
Maracaibo Ciudad de Venezuela, capital del Estado de Zulia; 1.619.472 h. Centro industrial y comercial. Sede administrativa de las actividades petroleras del lago Maracaibo. Puerto. Es sede administrativa de las actividades petroleras del lago de Maracaibo. En ella se encuentra la Universidad del Zulia. La ciudad fue fundada por Ambrosio Alfinger en 1529. Ocupa en la historia venezolana un lugar importante, por haberse celebrado en sus inmediaciones el combate naval (24 de julio de 1823), en que las fuerzas patriotas, al mando del almirante Padilla, destruyeron la escuadra realista mandada por Ángel Laborde.
Maracaibo Lago de Venezuela que comunica con el mar de las Antillas por el golfo de Venezuela; 16.360 km². Fue descubierto en 1499 por Alonso de Ojeda.
Maracaibo, Golfo de Venezuela, Golfo de.
Maracaná m. *Zool. Arg.* guacamayo.
Maracay Ciudad de Venezuela, capital del Estado de Aragua; 979.727 h. Industrias químicas y de derivados de la madera. Fue fundada en el siglo XVII por Pérez de Almarza.
Maracayá m. *Zool. Amér.* Pequeño mamífero carnívoro de la familia félidos, de cola larga y piel con manchas, tigrillo.
Maracena Municipio y lugar de España, provincia y partido judicial de Granada; 13.855 h.
Maradona, Diego Armando Futbolista argentino (Lanús, Buenos Aires, 1960). Considerado el mejor jugador de la década de los ochenta, ha jugado en el Boca Juniors, el Fútbol Club Barcelona (1982-84), el Nápoles (1984-91) y el Sevilla C. F. (1992-93). La última etapa de su carrera se vio afectada por el consumo de estupefacientes.
Maragato, TA adj. y s. De La Maragatería.
Marajá o **Maharajá** m. Título que significa *gran rey*, utilizado por los príncipes de los distintos Estados de la India hasta su unificación.
Marajó Isla del NE de Brasil, entre la desembocadura del Amazonas y la del Tocantins; 42.000 km².
Maranhão Estado de Brasil, situado en la región Nordeste; 333.366 km² y 5.222.183 h. Su capital es São Luis. Agricultura, ganadería y pesca. Explotación forestal.
Marantáceo, A adj. y f. *Bot.* 1 Se dice de la planta angiosperma monocotiledónea, de un solo estambre funcional con un saco polínico, primordios seminales solitarios en cada lóculo, y semillas con arilo, como la caña de Indias. || f. pl. *Bot.* 2 Familia de estas plantas.
Maraña f. 1 *Bot.* Árbol semejante a la encina, coscoja. 2 Lugar riscoso o cubierto de maleza que lo hace impracticable. 3 *Zool.* Conjunto de hebras bastas que forman la parte exterior de los capullos de seda. 4 Tejido hecho con estas hebras. 5 fig. Maraña de los hilos o del cabello. 6 fig. Embuste inventado para enredar o descomponer un negocio. 7 fig. Situación o asunto intrincado o de difícil salida.
Marañón m. 1 *Bot.* Árbol perennifolio, perteneciente a la familia anacardiáceas, de nombre científico *Anacardium occidentale*, nativo de las Antillas y de América Central, cuyo fruto, en forma de riñón y con pedicelo carnoso, es comestible. || adj. y m. 2 Se dice del habitante de las proximidades del río Marañón o Amazonas. || m. pl. 3 Nombre que recibieron los seguidores de Lope de Aguirre tras asesinar a Pedro de Ursúa.
Marañón Río de Perú, que nace en la vertiente N de la cordillera de Huayhuash y, al unirse con el Ucayali, forma el Amazonas; 1.280 km de curso.
Marañón y Posadillo, Gregorio Médico y ensayista español (Madrid, 1887 - íd., 1960). Especialista en endocrinología, realizó numerosos ensayos históricos, en los que enfatizó las características médicas y psicológicas de sus protagonistas. Entre su abundante pro-

Gregorio **Marañón**. Retrato de Ignacio Zuloaga. Colección particular (Madrid).

Franz **Marc**. *Caballos y águila*. Museo Sprengel (Hannover).

ducción cabe citar *Biología y feminismo* (1920), *Amor, conveniencia y eugenesia* (1929), *El conde-duque de Olivares o la pasión de mandar* (1936), *Ensayos liberales* (1946) y *Cajal. Su tiempo y el nuestro* (1950). Fue miembro de las Reales Academias de la Lengua, de la Historia, de Ciencias, de Medicina y de Bellas Artes de San Fernando.
Marasmo m. 1 *Med.* Extremado enflaquecimiento del cuerpo humano, sobre todo en los niños, debido a la malnutrición. 2 fig. Suspensión, paralización, en lo moral y lo físico. 3 Gran confusión.
Marat, Jean-Paul Médico y político francés (Boudry, 1743 - París, 1793). Defensor de la causa de la Revolución, desempeñó en ella un papel crucial. Fue uno de los líderes revolucionarios más radicales e intransigentes. Diputado por París en la Convención, contribuyó decisivamente a la condena a muerte de Luis XVI y a la caída del poder de los girondinos. Fue asesinado en su baño por la girondina Charlotte Corday. Escribió ensayos filosóficos.
Maratón amb. 1 *Dep.* Carrera pedestre de resistencia, la de mayor recorrido de las olímpicas (42.195 m). 2 *Dep.* Por extensión, designa algunas otras competiciones deportivas de resistencia. 3 fig. Actividad dura y prolongada.
Maratón *Hist.* Lugar del Ática, en cuyos alrededores el general griego Milcíades venció al ejército persa, mandado por Datis y Artafernes (490 a. C.). La carrera deportiva del mismo nombre tiene su origen en la carrera que hizo un soldado, participante en la batalla, hasta Atenas para comunicar la victoria de sus compatriotas. La distancia recorrida fue de 42,195 km; tras comunicar la noticia, cayó muerto de cansancio.
Maravedí m. *Num.* Moneda española, efectiva unas veces y otras imaginaria, que ha tenido diferentes valores y calificativos. El último que circuló era de cobre y valía la trigésima cuarta parte del real de vellón. ♦ Su pl. es *maravedís*, *maravedises* y *maravedíes*.
Maravilla f. 1 Suceso o cosa extraordinaria que causa admiración. 2 Acción y efecto de maravillarse o admirarse. 3 *Bot.* Planta herbácea perteneciente a la familia compuestas, de nombre científico *Pharbitis hederacea*. El cocimiento de sus flores se ha usado en medicina como antiespasmódico. 4 *Bot.* Especie de enredadera, originaria de América. 5 *Bot.* Dondiego de noche, planta. 6 *Bot.* caléndula. 7 *Bot.* Flor de esta planta. || **Maravilla del mundo** *B. Art.* Cada una de las siete grandes obras de arquitectura o estatuaria que en la Antigüedad tenían fama de ser las creaciones más admirables del hombre (pirámides de Egipto; mausoleo de Halicarnaso, en Caria; faro de Alejandría; coloso de Rodas; jardines de Semíramis, en Babilonia; estatua de Júpiter Olímpico, de Fidias, y templo de Diana, en Éfeso). || **a las mil maravillas** o **de maravilla** loc. adv. fig. Muy bien, perfectamente. || **decir**, o **hacer, maravillas** fr. fig. y fam. Exponer algún concepto o ejecutar alguna acción con extraordinario primor. || **ser** una cosa **la octava maravilla** fr. fig. Ser muy extraordinaria y admirable.
Maravillar tr. 1 Causar admiración. || prnl. 2 Ver con admiración.
Maravilloso, SA adj. Extraordinario, excelente, admirable.
Marbellí adj. y com. De Marbella. ♦ Su pl. es *marbellís* o *marbellíes*.

Marbete m. 1 Rótulo que se adhiere a las piezas de tela, cajas, botellas, u otros objetos, en el que consta la marca de fábrica, sus cualidades, uso, precio, etc. 2 Orilla, perfil, borde.
Marboré Macizo montañoso de España, en los Pirineos centrales, entre la provincia de Huesca y el departamento francés de Altos Pirineos. Alturas principales: el Taillón (3.145 m) y el Marboré (3.253 m).
Marburgo Ciudad de Alemania, Land de Hesse; 48.300 h. Universidad construida en 1527.
Marburgo, escuela de *Filos.* Corriente filosófica neokantiana que surgió en Alemania a finales del siglo XX. Miembros principales: Hermann Cohen, Paul Natorp y Ernst Cassirer.
Marc, Franz Pintor alemán (Munich, 1880 - Verdún, 1916). De estilo expresionista, formó parte de *Der Blaue Reiter*. Se centró en las figuras de animales, especialmente de caballos.
Marca f. 1 Acción de marcar. 2 Señal hecha en una persona, animal o cosa, para distinguirla de otra. 3 Instrumento para medir, señalar o caracterizar algo. 4 *Der.* Signo externo reconocido legalmente que certifica la autenticidad de un producto. 5 Provincia, distrito fronterizo. 6 *Dep.* El mejor resultado técnico que tiene acreditado el practicante individual o equipo de diversos deportes como natación, atletismo, etc. (Véase PLUSMARCA.) 7 *Ling.* Propiedad fonológica que sirve para distinguir parejas de consonantes mediante la presencia o ausencia de dicha marca. 8 *Mar.* Cualquier punto fijo que sea característico de la costa, que por sí solo, o combinado en enfilación con otros, sirve de señal para saber la situación de la nave y dirigir su rumbo del modo conveniente según las circunstancias. || **marca de correlación** *Ling.* Rasgo distintivo que identifica una serie de fonemas por oposición a otra. || **marca registrada** *Der.* Marca de fábrica o de comercio que, inscrita en el registro competente, goza de protección legal. || **batir una marca** fr. *Dep.* Superar una marca homologada. || **de marca** loc. adj. fig. Se dice de los productos de marca conocida. || **de marca mayor** loc. adj. fig. con que se declara que una cosa es excesiva en su línea.
Marca Hispánica *Geog. hist.* Antigua región de España que Carlomagno conquistó a los musulmanes para anexionarla a su imperio (770). La Marca, una región geográfica sin autonomía administrativa, se extendía desde los Pirineos al Llobregat. Perteneciente al reino de Aquitania, su administración dependía directamente del conde de Tolosa. Con la extinción de la dinastía carolingia en 987 desapareció la Marca Hispánica.
Marcabrú o **Marcabrun** Trovador provenzal (¿Gascuña?, primera mitad del s. XII). De su obra han quedado 42 composiciones. Partiendo del lenguaje popular, censuró la sociedad de su tiempo.
Marcación f. *Mar.* Ángulo que la visual dirigida a una marca o a un astro forma con el rumbo que lleva el buque o con otro determinado.
Marcado, DA adj. 1 Muy perceptible. 2 *Ling.* Se dice del término lingüístico que posee una marca.
Marcador, RA adj. y s. 1 Que marca. || m. 2 Aparato en que se marcan los tantos en el juego del balón y otros análogos. || **marcador isotópico** *Fís.* TRAZADOR ISOTÓPICO.
Marcaje m. Acción y efecto de marcar a un jugador del equipo contrario.

marcapasos m. **1** *Fisiol.* Órgano o sistema de regulación fisiológica que permite iniciar y mantener el ritmo de alguna de las funciones del organismo, como por ejemplo los latidos del corazón. **2** *Med.* Aparato electrónico que regula el ritmo cardiaco en los enfermos de corazón. ♦ Su pl. es *marcapasos.*

marcar tr. **1** Señalar con signos distintivos. **2** Bordar en la ropa las iniciales de su dueño. **3** Herir con herida que deje señal. **4** Obtener el peinado deseado colocando en el cabello pinzas, rulos, etc. **5** Calificar, en general peyorativamente. **6** Determinar, fijar. **7** Indicar un aparato cantidades o magnitudes. **8** Dividir espacios realmente, con hitos o señales de cualquier clase, o dividirlos mentalmente. **9** Tratándose de géneros de comercio, poner en ellos la indicación de su precio. **10** Señalar la situación o dirección de lo que se busca. **11** Dar pauta o señalar un orden a algunos movimientos. **12** Destacar o poner de relieve alguna cosa. **13** Accionar en el disco o teclado de un teléfono los números de otro para comunicar con él. **14** *Dep.* En el fútbol y algunos otros deportes, conseguir tantos metiendo la pelota en la meta contraria. **15** *Dep.* En el fútbol y algunos otros deportes, situarse un jugador cerca de un contrario para dificultar la actuación de éste. **16** *Mar.* Determinar la situación de un buque por medio de marcaciones.

Marcas, Las *(Marche)* Región de Italia central, junto a la costa del Adriático; 9.693 km² y 1.441.589 h. Capital, Ancona. Comprende las provincias de Ancona, Ascoli Piceno, Macerata y Pésaro e Urbino. Agricultura. Pesca. Yacimientos de azufre.

marcasita f. *Miner.* Variedad de pirita de hierro que cristaliza en el sistema ortorrómbico.

Marceau, Marcel Mimo francés (Estrasburgo, 1923). Gran renovador del arte del mimo y de la pantomima modernos. Creó el personaje de Bip.

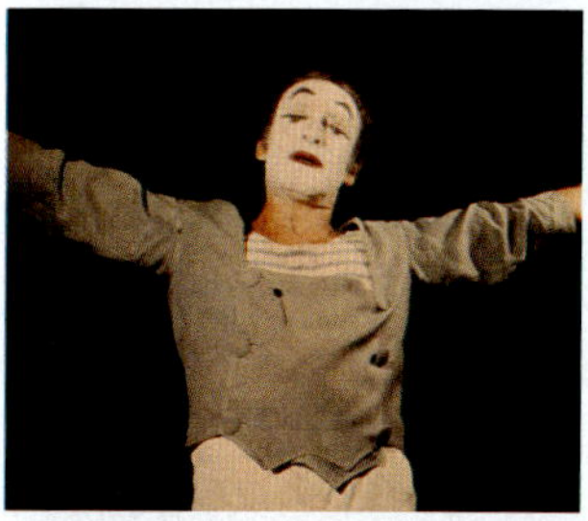

Marcel **Marceau**

Marcel, Étienne Político francés (?, h.1315 - París, 1358). Intentó el acceso al poder de la burguesía. Fue nombrado regente (1358). Murió asesinado.

Marcel, Gabriel Filósofo y escritor francés (París, 1889 - íd., 1973). Fue uno de los máximos representantes del existencialismo católico. Autor de *Diario metafísico* (1923), *Ser y tener* (1935), etc.

Marcelino, san Papa italiano (Roma, ? - íd., 304). Ocupó el solio pontificio de 296 a 304.

Marcelo Nombre de dos papas italianos.

Marcelo I, san (? - ?, 309). Ocupó el solio pontificio de 308 a 309. Restauró la actividad eclesiástica después de una vacante del papado de casi cuatro años. Murió en el exilio.

Marcelo II (Montepulciano, 1501 - Roma, 1555). De nombre Marcello Cervini, ocupó el solio pontificio de abril a mayo de 1555. Preparó la restauración del concilio de Trento.

Marcelo, Marco Claudio General romano (?, 268 - ?, 208 a. C.). Fue cónsul cinco veces, a partir del año 222. Alcanzó brillantes victorias sobre los galos, venció dos veces a Aníbal durante el asedio a la ciudad de Nola, en la segunda guerra púnica, y tomó Siracusa (212). Murió en una emboscada.

Marcelo, Marco Claudio Noble romano (s. I a. C.). Hijo de Octavia. Designado heredero por Augusto en el año 25 a. C. Virgilio escribió un elogio suyo en su *Eneida.*

marceo m. Limpieza de las colmenas que se realiza anualmente al comienzo de la primavera.

marcescente adj. *Bot.* Se dice del cáliz o la corola que, después de marchitarse la flor, aún persisten alrededor del ovario, así como de la hoja que permanece seca en la planta hasta que brotan las nuevas.

March, Ausias Poeta español en lengua catalana (Gandía, 1397 - Valencia, 1459). Su obra poética, escrita en lengua vernácula e influenciada por los trovadores provenzales y el *dolce stil nuovo,* trata el amor cortés, la muerte y consideraciones de carácter religioso. Ejerció notable influencia en la poesía castellana de los siglos XV y XVI. Se han conservado 138 poemas, entre ellos *Cants d'amor, Cants de mort, Cants morals* y *Cant espiritual.*

March, Susana Escritora española (Barcelona, 1918 - íd., 1991). Poeta intimista y apasionada, entre sus obras poéticas figuran *La pasión desvelada* (1946), *Ardiente voz* (1948) y *Esta mujer que soy* (1959).

March y Ordinas, Juan Financiero español (Santa Margarita, Mallorca, 1880 - Madrid, 1962). En poco tiempo hizo una gran fortuna, consolidando la sociedad familiar *March Hermanos.* Apoyó financieramente al bando nacionalista en la Guerra Civil española. En 1955 constituyó la Fundación March.

marcha f. **1** Acción de marchar. **2** Grado de celeridad en el andar de un buque, locomotora, etc. **3** Actividad o funcionamiento de un mecanismo, órgano o entidad. **4** Desarrollo de un proyecto o empresa. **5** *Mec.* En el cambio de velocidad, cualquiera de las posiciones motrices. **6** Desplazamiento a pie de personas con un fin común. **7** *Mús.* Pieza de música, de ritmo binario, destinada a indicar el paso reglamentario de la tropa, o de un numeroso cortejo en ciertas solemnidades. **8** *Dep.* Carrera deportiva, derivada de la forma de andar, en la que el atleta debe tener siempre un pie en el suelo. Son pruebas olímpicas los 20 km y los 50 km en categoría masculina y los 10 km en categoría femenina. **9** *Mil.* Movimiento de las tropas para trasladarse de un punto a otro. **10** fam. Euforia individual o colectiva; por extensión, juerga, diversión. || **marcha atrás** *Mec.* Acción de retroceder un vehículo automóvil. También, mecanismo para el retroceso de esta clase de vehículos. || **a marchas forzadas** loc. adv. Con gran esfuerzo, sin parar. || **dar marcha atrás** loc. fig. y fam. Desistir de un empeño. || **poner en marcha** loc. Hacer que un mecanismo empiece a funcionar. || **sobre la marcha** loc. adv. Deprisa. También, a medida que se va haciendo alguna cosa.

Marcha sobre Roma *Hist.* Nombre del golpe de Estado protagonizado por Mussolini el 29 de octubre de 1922. El rey Víctor Manuel II nombró jefe del gobierno a Mussolini.

Marcha Verde *Hist.* Marcha popular organizada por el rey Hassan II de Marruecos, en 1975, con la finalidad de ocupar pacíficamente el territorio español en el Sahara que forzó a España a ceder el territorio a Marruecos y Mauritania.

Marchais, Georges Político francés (La Hoguette, 1920 - París, 1997). Secretario general del Partido Comunista (1972-94). Elaboró con François Mitterrand y Robert Fabre el programa común de la izquierda con el que participaron en las elecciones presidenciales de 1974 y en las legislativas de 1978 y 1981.

marchamo m. **1** Señal o marca que se pone en los bultos en las aduanas. **2** Carácter distintivo de una cosa. **3** Marca que se pone a ciertos productos.

marchante, ta m. y f. **1** Persona que comercia, especialmente con cuadros u obras de arte. **2** *And.* y *Amér.* Cliente habitual de una tienda.

marchapié m. *Mar.* Cabo pendiente a lo largo de las vergas, que sirve para sostener a la marinería que trabaja en ellas.

marchar intr. **1** Caminar. **2** Irse o partir de un lugar. También prnl. **3** Funcionar un aparato. **4** fig. Funcionar o desenvolverse una cosa. **5** Ir o caminar la tropa con cierto orden y compás.

Marchena Municipio y lugar de España, provincia de Sevilla; 17.823 h. Cereales y olivares. Conjunto histórico-artístico.

Marchena, Antonio Fraile franciscano y astrónomo español (s. XV). Mantuvo relación con Cristóbal Colón, al que acompañó en su segundo viaje a América.

marchitar tr. y prnl. **1** Ajar, deslucir y quitar el jugo y frescura a las hierbas, flores y otras cosas. **2** fig. Quitar el vigor.

marchito, ta adj. Ajado, falto de vigor.

marchoso, sa adj. y s. fam. Animado, alegre, juerguista.

marcial adj. **1** Perteneciente a la guerra o a la milicia. **2** fig. Bizarro, varonil. || **artes marciales** *Dep.* Conjunto de deportes de combate que proceden de antiguas técnicas de lucha de Extremo Oriente. Entre los más difundidos figuran el judo, el karate y el taekwondo.

Marcial, Marco Valerio Poeta hispanolatino (Bílbilis, Calatayud, h. 40 - íd., h. 104). En su obra destacan sus célebres *Epigramas,* en los que reflejó con mano maestra e ingenio las costumbres y corrupción de la sociedad romana de la época.

marciano, na adj. **1** *Astron.* Relativo al planeta Marte, o propio de él. || m. y f. **2** Supuesto habitante del planeta Marte. **3** fam. EXTRATERRESTRE. **4** fig. y fam. Tipo raro, excéntrico.

Marciano Emperador romano de Oriente (Tracia, 391 - ?, 457). Senador, contrajo matrimonio con Pulqueria, hermana de Teodosio II, y accedió al trono en 450. Combatió a los hunos y convocó el concilio de Calcedonia (451).

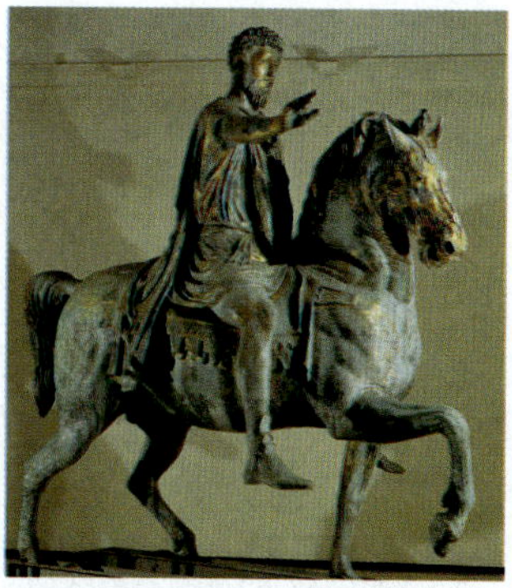

Marco Aurelio. Estatua ecuestre en bronce. Museo Capitolino (Roma).

Marciano, Rocky (ROCCO FRANCIS MARCHEGIANO, llamado) Boxeador estadounidense (Brockton, 1923 - Newton, Iowa, 1969). Campeón del mundo de los pesos pesados desde 1952 a 1956, año en que se retiró invicto.

marco m. **1** Cerco que rodea a alguna cosa, y aquel en donde se encaja una puerta, ventana, pintura, etc. **2** fig. Límites en que se encuadra un problema, cuestión, etapa histórica, etc. **3** fig. Ambiente o paisaje que rodea algo. **4** *Econ.* Unidad monetaria de Finlandia y Alemania hasta 2002, en que fue sustituida por el euro. **5** *Metrol.* Patrón o tipo por el cual deben regularse o contrastarse las pesas y medidas.

Marco Antonio General romano (?, 83 - ?, 30 a. C.). Cónsul con César en el año 44 a. C., formó con Octavio y Lépido el segundo triunvirato (43 a. C.). Tuvo una actuación decisiva en la batalla de Filipos contra los asesinos de César y se hizo cargo del gobierno de Oriente tras la paz de Brindisi (40 a. C.). Contrajo matrimonio con Octavia y, posteriormente, con Cleopatra. Su ambición política motivó que, en el año 32 a. C., el Senado le retirara sus poderes de triunviro; derrotado por las tropas de Octavio en Accio (31 a. C.), huyó a Egipto, donde se suicidó.

Marco Aurelio, Antonino Emperador y filósofo romano (Roma, 121 - Viena, 180). De familia hispana, fue adoptado por Antonino Pío, al que sucedió en 161. Compartió el poder con su hermano adoptivo Vero y, a partir de 177, asoció al trono a su hijo Cómodo. Durante su reinado, reforzó la centralización administrativa y el poder imperial. Arrebató parte de Mesopotamia a los partos (165) y tuvo que hacer frente a las invasiones de marcomanos, sármatas y vándalos. Su obra filosófica está recogida en *Meditaciones.*

Marco Polo POLO, MARCO.

Marcomania *Geog. hist.* Antiguo país de Europa, habitado por los MARCOMANOS, que comprendía la mayor parte de Bohemia.

marcomano, na adj. *Hist.* **1** Se dice de un pueblo germánico de origen suevo que fue expulsado por Druso de su asentamiento entre los ríos Oder y Elba en el año 9 a. C., trasladándose a Bohemia. Desde allí se extendieron hacia el S del Danubio, y mantuvieron luchas con el imperio romano. Hacia el siglo VI, algunos marcomanos se asentaron en Baviera, adoptando el nombre de bávaros. También s. **2** Perteneciente a este pueblo. También s.

Marconi, Guglielmo Inventor e ingeniero italiano (Bolonia, 1874 - Roma, 1937). En 1895 logró realizar transmisiones de telegrafía sin hilos. En 1901 consiguió establecer comunicación inalámbrica entre Europa (Cornwall) y América (Terranova). En 1909 recibió el premio Nobel de Física, compartido con F. Braun.

Marcos, san Uno de los cuatro evangelistas (Jerusalén, ? - Egipto, h. 66). Es autor del segundo Evangelio del Nuevo Testamento, escrito en griego hacia el año 70. Se le atribuye la fundación de la iglesia de Alejandría.

Marcos, Ferdinand Político filipino (Sarrat, 1917 - Honolulú, 1989). Fue elegido presidente de la República como candidato del Partido Nacionalista en 1965, cargo en el que se mantuvo hasta 1986. Promulgó una nueva constitución y asumió poderes dictatoriales. Tras las fraudulentas elecciones de 1986, tuvo que abandonar el país.

Marcus, Rudolph A. Químico estadounidense de origen canadiense (Montreal, 1923). Entre 1956 y 1965 desarrolló un modelo teórico para describir la transferencia de un electrón entre dos moléculas y las modificaciones que se producen en la estructura de éstas. Premio Nobel de Química en 1992.

MARCUSE, HERBERT Filósofo estadounidense, de origen alemán (Berlín, 1898 - Stamberg, 1979). Discípulo de Heidegger y miembro de la escuela de Frankfurt, su pensamiento está marcado por la obra de Hegel y Marx, que intentó conciliar con las teorías freudianas. Sus teorías ejercieron una gran influencia en los movimientos estudiantiles de 1968. Autor de *Razón y revolución* (1941), *Eros y civilización* (1955), *El hombre unidimensional* (1964) y *El final de la utopía* (1968).

MARDONIO General persa (? - Platea, 479 a. C.). Yerno de Darío I, durante la primera guerra médica dirigió la expedición militar contra los macedonios (492 a. C.). En la segunda, tomó parte en las batallas de las Termópilas y Salamina (480 a. C.), y en la de Platea (479 a. C.), donde murió.

MARDOQUEO Personaje bíblico. Tío y tutor de Ester, colaboró con ella en la liberación de los judíos bajo el dominio babilónico.

MARDUINOS *(Mordvinia)* República autónoma de la Federación de Rusia; 26.200 km^2 y 960.000 h. Su capital es Saransk. Cereales. Ganadería.

MARE NOSTRUM expr. lat. con que los antiguos romanos designaban al mar MEDITERRÁNEO.

MAREA f. **1** *Ocean.* Movimiento periódico y alternativo de ascenso y descenso de las aguas del mar, producido por la atracción del Sol y de la Luna sobre ellas. Este ciclo se repite cada 12 horas y 25 minutos, llevándose a cabo un desplazamiento horizontal de los límites del agua: el máximo o ascenso se denomina *pleamar* o *marea alta,* y el mínimo *bajamar* o *marea baja.* **2** Viento suave que sopla del mar. **3** fig. Multitud, masa de gente que invade un lugar. || **MAREA NEGRA** *Ecol.* Mancha de petróleo que se extiende en el mar, como consecuencia de un naufragio o accidente, y pone en peligro la fauna y flora del lugar.

MAREAJE m. *Mar.* **1** Arte o profesión de marear o navegar. **2** Rumbo que lleva un barco.

MAREAR tr. **1** Poner en movimiento una embarcación en el mar. **2** fig. y fam. Aturdir, molestar. También intr. || prnl. **3** Padecer mareo. **4** Estropearse las mercancías en el mar. **5** Embriagarse ligeramente.

MARECHAL, LEOPOLDO Escritor argentino (Buenos Aires, 1900 - íd., 1970). Su obra poética, influida en sus comienzos por los cánones ultraístas, evolucionó hacia formas emparentadas con la lírica barroca española. Su novela *Adán Buenosayres* (1948), marca para algunos autores el inicio del «boom» de la narrativa hispanoamericana.

MAREJADA f. **1** *Ocean.* Movimiento tumultuoso de grandes olas. **2** fig. Situación de nerviosismo en un grupo de personas.

MAREMÁGNUM o **MAREMAGNO** m. fam. Multitud confusa de personas o cosas.

MAREMOTO m. *Geol.* Terremoto cuyo epicentro se sitúa en el fondo del mar u océano. Afecta a regiones submarinas y la propagación de las ondas por el mar da lugar a olas gigantescas, que se desplazan a gran velocidad y provocan graves destrozos en las zonas costeras a las que llegan.

MARENGO adj. **1** GRIS MARENGO. || m. **2** Tela de lana tejida con hilos de distintos colores y que da el aspecto de mezclilla.

MARENGO Población de Italia, 10 km al SE de Alessandria; 2.500 h. Victoria de Bonaparte sobre los austriacos (1800).

MARENZIO, LUCA Compositor italiano (Coccaglio, Brescia, 1553 - Roma, 1599). Uno de los grandes madrigalistas de finales del siglo XVI. Introdujo importantes innovaciones en el género.

MAREO m. **1** Malestar que se manifiesta con náuseas, pérdida del equilibrio y, en algunos casos, pérdida momentánea de la conciencia. **2** fig. y fam. Molestia, enfado, ajetreo.

MAREÓGRAFO m. *Ocean.* Instrumento que registra el nivel de las aguas por efecto de las mareas.

MARERO m. *Meteor.* Viento procedente del mar, debido a las diferencias de temperatura existentes entre aquél y la tierra.

MARFIL m. **1** Materia dura, compacta y blanca que forma los dientes de los vertebrados. El de los colmillos de los elefantes se utiliza para la fabricación de numerosos objetos. **2** Color de esta materia, entre el blanco y el amarillo. También adj.

MARFILINA f. *Indus.* Cierta pasta que imita al marfil.

MARGA f. *Geol.* Roca sedimentaria compuesta principalmente de una mezcla de carbonato de cal y arcilla.

MARGAJITA f. *Miner.* MARCASITA, pirita.

MARGARINA f. Sustancia grasa de origen generalmente vegetal y blanda, que tiene los mismos usos que la mantequilla.

MARGARITA f. **1** *Bot.* Nombre de diversas plantas herbáceas de la familia compuestas, con flores de centro amarillo y corola blanca. **2** *Bot.* Flor de estas plantas. **3** Perla de los moluscos. **4** Cóctel preparado con tequila, limón y sal.

MARGARITA Nombre de dos reinas de Dinamarca.

MARGARITA I (Soeborg, 1353 - Flensburg, 1412). Hija de Valdemar IV de Dinamarca, casó con Haakon VI de Noruega (1363). Fue regente durante la minoridad de su hijo Olaf V, a quien sucedió en el trono de Dinamarca y Noruega (1388). En 1389 ocupó Suecia.

MARGARITA II (Copenhague, 1940). Hija de Federico IX, sucedió a su padre en el trono danés en 1972.

MARGARITA RUWENZORI.

MARGARITA Isla de Venezuela, en el mar de las Antillas, Estado de Nueva Esparta; 1.115 km^2 y 100.000 h. Capital, La Asunción. Pesca. Turismo.

MARGARITA DE ANGULEMA Reina de Navarra (Angulema, 1492 - Odos, 1549). Hermana de Francisco I de Francia, contrajo matrimonio con el duque de Alençon y en segundas nupcias con Enrique de Albret. Protegió a los humanistas protestantes y contribuyó a la difusión del neoplatonismo.

MARGARITA DE ANJOU Reina de Inglaterra (Pont-à-Mousson, 1430 - castillo de Dampierre, Anjou, 1482). Esposa de Enrique VI, al perder éste la razón, prosiguió la guerra de las Dos Rosas al lado de los Lancaster.

MARGARITA MARÍA ALACOQUE, SANTA Religiosa salesa (Verosvres, 1647 - Paray-le-Monial, 1690). Manifestó haber tenido tres visiones de Cristo, en las que le encomendó extender la devoción al Sagrado Corazón de Jesús. Su mensaje obtuvo una gran difusión en los siglos XIX y XX.

MARGARITA DE PARMA Gobernadora de los Países Bajos (Oudenarde, 1522 - Ortona, 1586). Hija natural de Carlos V, contrajo matrimonio en segundas nupcias con Octavio Farnesio (1538), de cuya unión nacería Alejandro Farnesio. Fue gobernadora de los Países Bajos (1559-67).

MARGARITA DE PROVENZA Reina de Francia (?, 1221 - Saint-Marcel, 1295). Hija del conde de Provenza, Ramón Berenguer, en 1234 contrajo matrimonio con Luis IX el Santo, rey de Francia. Durante el reinado de su hijo Felipe III, intentó destruir el poder de Carlos de Anjou.

MARGARITA DE SABOYA Reina de Italia (Turín, 1851 - Bordighera, 1926). Hija del duque de Génova, contrajo matrimonio en 1868 con Humberto I. Madre de Víctor Manuel III.

MARGARITA TUDOR Reina de Escocia (Westminster, 1489 - Methven, 1541). Hija de Enrique VII, se casó en 1503 con Jacobo IV; desempeñó la regencia de su hijo, Jacobo V.

MARGARITEÑO, ÑA adj. y s. **1** De Santa Margarita. **2** De la isla venezolana de Margarita.

MARGEN amb. **1** Extremidad y orilla de una cosa, especialmente en los ríos. **2** Diferencia que se calcula entre un resultado previsto y el dato real. **3** Espacio que queda en blanco a cada uno de los cuatro lados de una página manuscrita o impresa. **4** fig. Ocasión, oportunidad, espacio para un acto o suceso. **5** Límite de tiempo, espacio, oportunidades, etc. **6** Cuantía del beneficio que se puede obtener en un negocio. || **al margen** loc. que se emplea para indicar que una persona o cosa no tiene intervención en el asunto de que se trata.

MARGGRAFF, ANDREAS SIGISMUND Químico alemán (Berlín, 1709 - íd., 1782). Se le deben, entre otros descubrimientos, el manganeso y el del azúcar contenido en la remolacha.

MARGINACIÓN f. Acción y efecto de marginar. || **MARGINACIÓN SOCIAL** Situación de un individuo o grupo de individuos que no está integrado en la sociedad.

MARGINAL adj. **1** Perteneciente al margen. **2** Que está al margen. **3** fig. Se dice del asunto, cuestión, aspecto, etc., de importancia secundaria o escasa. **4** fig. Se dice de las personas o grupos que viven fuera de las normas sociales admitidas.

MARGINALISMO m. *Econ.* Corriente de pensamiento económico, surgida a finales del siglo XIX, que se basa en el concepto de utilidad marginal, es decir, en la importancia subjetiva que para los individuos tiene la última unidad disponible de un determinado bien. Los fundamentos teóricos de esta corriente se deben a Jevons Menger y Walras.

MARGINAR tr. **1** Poner acotaciones al margen de un texto. **2** fig. Dejar al margen un asunto o cuestión. **3** fig. Preterir a alguien, ponerlo o dejarlo al margen de alguna actividad, prescindir o hacer caso omiso de él. **4** Poner o dejar a una persona o grupo en condiciones sociales de inferioridad. **5** Dejar márgenes en un escrito.

MARGRAVE m. *Hist.* Título de dignidad de los señores encargados del gobierno de las marcas o regiones fronterizas en el Sacro Imperio Romano Germánico.

MARI- pref. que interviene en la formación de palabras relacionadas con la mujer, en tono irónico o despectivo: *marimandona; marimacho.*

MARI EL *(Mariis)* República autónoma de la Federación de Rusia, al NE de Moscú; 23.200 km^2 y 766.000 h. Capital, Yoskar-Ola.

MARÍA f. **1** fam. Mujer sencilla de escasa cultura. **2** fam. Asignatura fácil de aprobar. **3** En argot, marihuana.

MARÍA Madre de Jesús de Nazaret. Según el Nuevo Testamento, vivía en Nazaret, desposada con el artesano José, y recibió la visita del arcángel Gabriel, quien le anunció que concebiría por obra del Espíritu Santo al hijo de Dios. Alumbró a Jesús en Belén y huyó después con su esposo a Egipto para librar a su hijo de la persecución de Herodes. Acompañó a Jesús en su niñez y juventud. A partir de entonces, sólo aparece mencionada en Galilea, en el transcurso de las predicaciones, y en el Calvario, al pie de la cruz. El concilio de Éfeso (431) proclamó su condición de madre de Dios y el de Letrán (649), su virginidad. Durante la Edad Media, especialmente a partir del siglo XII, el culto mariano alcanzó una enorme difusión. La Reforma condenó estos excesos; no obstante la devoción hacia María continuó desarrollándose hasta originar una rama teológica específica, la mariología. Posteriormente, la iglesia católica estableció los dogmas de la Inmaculada Concepción (1854) y de la Asunción (1950).

MARÍA Nombre de varias reinas de Escocia.

MARÍA I ESTUARDO (Linlithgow, 1542 - Fotheringay, 1587). Hija de Jacobo V y de María de Guisa. Soberana de Escocia bajo la tutela de su madre, fue educada en el catolicismo. En 1558 contrajo matrimonio con Francisco II, pero, al quedar viuda (1560), regresó a su país donde se casó con su primo lord Darnley y, tras el asesinato de éste (1567), con uno de sus supuestos instigadores, Bothwell, lo que provocó la sublevación de la nobleza. Abdicó en su hijo Jacobo VI y se refugió en Inglaterra y fue acusada de conspirar contra Isabel I, y condenada a muerte.

MARÍA II ESTUARDO MARÍA II ESTUARDO, reina de Inglaterra.

MARÍA Nombre de varias reinas de Inglaterra.

MARÍA I TUDOR Reina de Inglaterra e Irlanda (Greenwich, 1516 - Londres, 1558). Hija de Enrique VIII y Catalina de Aragón, ocupó el trono a la muerte de su hermanastro Eduardo VI (1553) y un año después contrajo matrimonio con Felipe II de España. Restableció el culto católico y desató la represión antiprotestante, lo que le valió el sobrenombre de *Bloody Mary* (María la Sanguinaria).

MARÍA II ESTUARDO Reina de Inglaterra, Escocia e Irlanda (Londres, 1662 - íd., 1694). Hija de Jacobo II, casó con Guillermo de Orange-Nassau en 1677. Tras la abdicación de su padre en 1689, heredó el trono conjuntamente con su marido, que gobernó con el nombre de Guillermo III.

MARÍA Nombre de varias reinas de Portugal.

MARÍA I DE BRAGANZA (Lisboa, 1734 - Rio de Janeiro, 1816). Sucedió a su padre José I en 1777, compartiendo el trono con su tío y esposo Pedro III. Despidió al ministro Pombal e intentó algunas reformas de corte ilustrado. Tras la muerte de su marido y de su hijo primogénito, perdió la razón.

MARÍA II DE BRAGANZA (Rio de Janeiro, 1819 - Lisboa, 1853). Hija de Pedro I, emperador de Brasil, que renunció a la corona de Portugal en su favor en 1826 y la desposó con su tío Miguel, al que nombró regente. Miguel se hizo proclamar rey en 1828, y María tuvo que huir a Brasil. Recuperó la corona con la ayuda de su padre en 1833.

MARÍA ANA VICTORIA DE BORBÓN (Madrid, 1718 - Lisboa, 1781). Hija de Felipe V de España, en 1729 contrajo matrimonio con el príncipe José, heredero al trono portugués. Reina consorte desde 1750, mantuvo un continuo enfrentamiento con el ministro Pombal.

MARÍA AMALIA DE SAJONIA Reina de Nápoles y de España (Dresde, 1724 - Madrid, 1760). Hija de Augusto III, rey de Polonia, se casó con el rey de Nápoles, Carlos VII, que posteriormente accedería al trono español con el nombre de Carlos III.

MARÍA ANTONIETA Reina de Francia (Viena, 1755 - París, 1793). Hija del emperador Francisco I de Austria y de María Teresa, contrajo matrimonio con el futuro Luis XVI, en 1770. Acusada de servir a los intereses austriacos, su oposición a los ministros reformistas y la ligereza de su carácter la desacreditaron ante el pueblo. Fue juzgada por el tribunal revolucionario y guillotinada.

MARÍA DE AUSTRIA Reina de Hungría (Bruselas, 1505 - Cigales, 1558). Hija de Felipe el Hermoso y Juana la Loca, contrajo matrimonio con Luis II, rey de Hungría y Bohemia en 1522. Al enviudar, Carlos V la nombró gobernadora de los Países Bajos (1531-55).

MARÍA DE BETANIA Según el Evangelio, hermana de Lázaro y de Marta. Se ha identificado con MARÍA MAGDALENA.

MARÍA DE BORGOÑA Soberana de Borgoña (Bruselas, 1457 - Brujas, 1482). Hija de Carlos el Temerario y de

María Teresa de Austria, reina de Francia.
Escuela de Beaubrun. Galería Palatina (Florencia).

Isabel de Borbón, sucedió a su padre en 1477. Contrajo matrimonio con Maximiliano de Austria. Madre de Felipe el Hermoso y Margarita de Austria.

María de Cleofás, santa Personaje evangélico. Esposa de Cleofás, prima de la Virgen María y madre de Santiago el Menor. Acompañó a Jesús y asistió a su suplicio.

María de Francia Escritora francesa (Normandía, segunda mitad del s. XII). Se conservan un conjunto de fábulas (*Isopet*) y los *Lais* dedicados a Enrique II.

María Galante Isla de las Pequeñas Antillas, al E de Guadalupe, que depende de este departamento de ultramar francés; 158 km^2 y 13.473 h. Capital, Grand Bourg.

María Leszczynska Reina de Francia (Breslau, 1703 - Versalles, 1768). Hija de Estanislao I de Polonia, en 1725 contrajo matrimonio con Luis XV.

María Luisa de Habsburgo-Lorena Emperatriz de Francia (Viena, 1791 - Parma, 1847). Hija del emperador de Austria, Francisco II, en 1810 se casó con Napoleón Bonaparte, con el que tuvo un hijo, el rey de Roma. En 1813, tras la abdicación de su esposo, fue nombrada regente.

María Magdalena o de Magdala, santa Personaje evangélico (s. I). Una de las primeras discípulas de Jesucristo. Estuvo presente en la pasión y muerte de Jesús, y fue la primera a la que éste se apareció tras su Resurrección.

María de Médicis Reina de Francia (Florencia, 1573 - Colonia, 1642). Hija del gran duque de Toscana, se casó en 1600 con Enrique IV. Asumió la regencia a la muerte de su esposo (1610). Al alcanzar la mayoría de edad, su hijo Luis XIII, aconsejado por Luynes, la desterró. La intervención de Richelieu facilitó su reconciliación. Marchó al exilio en 1630.

María de Molina Reina de Castilla (?, 1265 - Valladolid, 1321). Hija del infante Alfonso de Molina, en 1281 contrajo matrimonio con su primo, el futuro Sancho IV, sin obtener la dispensa papal. Tras la muerte de su esposo, asumió la regencia de su hijo Fernando IV (1295-1301), durante la minoría de su nieto Alfonso XI (1313-21).

María Teresa de Austria Reina de Francia (Madrid, 1638 - Versalles, 1683). Hija de Felipe IV de España, contrajo matrimonio con Luis XIV en 1660, en cumplimiento de lo estipulado en la paz de los Pirineos.

María Teresa de Austria Emperatriz de Alemania y reina de Hungría y de Bohemia (Viena, 1717 - íd., 1780). Hija del emperador Carlos VI y esposa de Francisco Esteban, duque de Lorena (1736). A la muerte de su padre (1740), combatió contra el rey de Prusia y los electores de Baviera y Sajonia, que le disputarían la sucesión. Intervino en la guerra de los Siete Años (1756-63).

María Trinidad Sánchez Provincia de la República Dominicana; 1.271 km^2 y 124.957 h. Capital, Nagua.

María Victoria Duquesa de Aosta y reina de España (París, 1847 - San Remo, 1876). Esposa de Amadeo I (1867).

Mariache MARIACHI.

Mariachi o Mariachis m. *Mús.* 1 Música y baile popular mexicanos, procedentes del Estado de Jalisco y muy extendidos por todo el país. 2 Orquesta que interpreta esta música. 3 Cada uno de los músicos que la componen.

Mariana, Juan de Historiador español (Talavera de la Reina, 1535 - Toledo, 1624). Fue cronista real de Felipe IV. Autor de *Historia general de España* (1592), *De rege et regis institutione* (1599) y *Siete Tratados* (1609), obra que fue incluida en el Índice y por la que fue encarcelado.

Marianas, fosa de las Fosa submarina situada al SE del archipiélago del mismo nombre; 11.034 m de profundidad.

Marianas o de los Ladrones, islas Archipiélago de Oceanía, al E de Filipinas, descubierto por Magallanes en 1521. En 1978 las islas se incorporaron a EE UU en régimen de Estado asociado. Están divididas administrativamente en GUAM y MARIANAS SEPTENTRIONALES.

Marianas Septentrionales, islas Dependencia de EE UU, en el océano Pacífico, que forma con Guam el archipiélago de las islas Marianas; 477 km^2 y 43.345 h. Capital, Garapan.

Mariánica, cordillera SIERRA MORENA.

Marianista adj. y m. *Rel.* Se dice de los miembros de la Compañía de María, congregación dedicada especialmente a la enseñanza, fundada en Burdeos por el padre Chaminade en 1817.

Mariano, na adj. Perteneciente a la Virgen María, especialmente a su culto.

Marías o Tres Marías, Las Grupo de islas de México, Estado de Nayarit, en el océano Pacífico.

Mariátegui, José Carlos Escritor y político peruano (Lima, 1895 - Nueva York, 1930). Después de militar en la Alianza Popular Revolucionaria Americana (APRA), fundó el Partido Comunista del Perú (1928). Está considerado uno de los iniciadores del pensamiento indigenista.

Mariazell Ciudad de Austria, Estado de Estiria; 2.300 h. Famoso santuario mariano.

Maribor Ciudad de Eslovenia, capital del distrito de su nombre; 134.979 h.

Marica m. fig. y fam. Hombre afeminado u homosexual.

Maricastaña Personaje proverbial, símbolo de antigüedad muy remota.

Maricón, na m. y f. 1 vulg. Persona malintencionada. || m. 2 vulg. Marica.

Mariconada f. 1 vulg. Acción propia del maricón. 2 fig. y fam. Acción malintencionada e indigna contra otro. 3 fam. Tontería.

Mariconera f. fam. Bolso de mano para hombres.

Maricultura f. Cultivo de las plantas y animales marinos.

Maricunga Laguna de Chile, en la provincia de Copiapó. Está situada en los Andes, a 3.860 m de altitud.

Maridaje m. 1 Enlace y conformidad de los casados. 2 Unión, analogía o conformidad con que unas cosas se enlazan o corresponden entre sí.

Maridar intr. 1 Casar o unir en matrimonio. 2 Hacer vida matrimonial. 3 tr. fig. Unir, enlazar. También prnl.

Marido m. Hombre casado, con respecto a su mujer.

Mariette, Auguste Egiptólogo francés (Boulogne-sur-Mer, 1821 - El Cairo, 1881). Conservador del museo del Louvre, dirigió numerosas excavaciones en Egipto.

Marignac, Jean-Charles Galissard de Químico suizo (Ginebra, 1817 - íd., 1894). Descubrió el iterbio y el gadolinio y determinó los pesos atómicos de numerosos elementos.

Marignano, batalla de *Hist.* Acción bélica de las guerras de Italia que se desarrolló los días 13 y 14 de septiembre de 1515, en que las tropas de Francisco I de Francia y sus aliados venecianos vencieron a los confederados suizos cerca de la ciudad de Marignano (actual Melegnano), en Lombardía, Italia.

Marigot Ciudad de Dominica; 2.919 h.

Marihuana o Mariguana f. *Bot.* CÁÑAMO ÍNDICO.

Marimacho m. fam. Mujer que parece un hombre.

Marimandón, na m. y f. Persona dominante y autoritaria.

Marimba f. *Mús.* 1 Especie de tambor de algunos pueblos africanos. 2 Instrumento musical de percusión, semejante al xilófono. 3 *Amér.* Instrumento musical parecido al tímpano.

Marimorena f. fam. Riña, pendencia, camorra.

Marín, Juan Escritor chileno (Talca, 1900 - Santiago, 1963). De su obra narrativa destaca *Paralelo 53° Sur* (1936), *Cuentos de viento y agua* (1949).

Marín Cañas, José Novelista costarricense (San José, 1904 - íd., 1980). Entre sus novelas destacan *Lágrimas de acero* (1929), *Pedro Arnáez* (1942) y *Tierra de conejos* (1971).

Marina f. 1 Conjunto de los barcos de una nación. 2 *Pint.* Cuadro o pintura que representa el mar. 3 Arte o profesión que enseña a navegar. 4 Costa junto al mar. || **Marina de guerra** *Mar.* y *Mil.* Conjunto de barcos y de fuerzas militares destinados a la guerra en el mar y a la defensa de las costas. || **Marina mercante** *Mar.* Conjunto de los buques de una nación que se emplean en el transporte de personas y mercancías.

Marina, Doña MALINCHE.

Marina de Cudeyo Municipio de España, provincia de Cantabria; 4.603 h.

Marinar tr. 1 Adobar el pescado para conservarlo. 2 Equipar un barco.

Marine (Voz i.) m. *Mil.* Soldado de infantería de marina de las fuerzas británicas y estadounidenses.

Marinear intr. Trabajar como marinero.

Marinello, Juan Ensayista y político cubano (San Diego del Valle, 1898 - La Habana, 1977). Su obra ensayística analiza la proyección popular del arte en el ámbito hispanoamericano: *Americanismo y cubanismo literarios* (1931).

Marineo Sículo, Lucio Humanista italiano (Bidino, Sicilia, 1460 - en España, 1533). Profesor en Palermo y en Salamanca, fue capellán y cronista en la corte de Fernando el Católico. Influyó en el desarrollo del Renacimiento español.

Mariner *Astron.* Nombre de un proyecto estadounidense de exploración planetaria dirigido por la NASA.

Marinería f. 1 Profesión o ejercicio de marinero. 2 Conjunto de marineros.

Marinero, ra adj. 1 *Mar.* Se dice de la embarcación cuyas características le permiten navegar con facilidad y seguridad en cualquier circunstancia. 2 Se dice también de lo que pertenece a la marina o a los marineros. || m. 3 Hombre de mar, que presta servicio en una embarcación. 4 *Mar.* Persona que sirve en la Armada en un grado inferior. 5 *Zool.* ARGONAUTA, molusco.

Marinetti, Filippo Tommaso Escritor italiano (Alejandría, 1876 - Bellagio, 1944). Fundador del FUTURISMO, su nacionalismo exaltado le llevó a vincularse al movimiento fascista. Autor de *La conquista de las estrellas* (1902), *Mafarka el futurista* (1910) y *Zang Tumb Tumb* (1914).

Marini, Marino Escultor italiano (Pistoia, 1901 - Milán, 1980). Su obra, en bronce y madera, evolucionó desde el realismo esquemático inicial hacia un expresionismo dramático.

Marinismo m. *Poet.* Estilo poético que se desarrolló en Italia en el siglo XVII y cuya figura principal fue G. Marino, a quien debe su nombre. Se caracteriza por el uso abundante de la metáfora, el gusto por la expresión aguda e ingeniosa y la musicalidad.

Marinista adj. y com. Se dice del pintor de marinas.

Marino, na adj. 1 Perteneciente al mar. || m. 2 El que se ejercita en la náutica. 3 El que sirve en la marina.

Marino o Marini, Giambattista Poeta italiano (Nápoles, 1569 - íd., 1625). Es el poeta más representativo del MARINISMO. Autor de *La lira* (1608), *La galería* (1619), *La zampoña* (1620), *Adonis* (1623) y *La degollación de los inocentes* (1632).

Satélite espacial Mariner.

Mariño, Santiago General venezolano (isla de Margarita, 1788 - La Victoria, 1854). Participó en las campañas independentistas junto a Bolívar (1814) e intervino en la batalla de Carabobo (1821). Se unió al levantamiento de Páez (1828). Fue el candidato de los militares a la presidencia de la República en 1835; derrotado por Vargas, promovió un fallido golpe de Estado. Sofocó la sublevación de Páez contra Monagas (1848).

Mario, Cayo General y político romano (Arpino, 155 - Roma, 86 a. C.). Alcanzó el consulado por primera vez en 107 a. C. y fue reelegido de forma ininterrumpida entre 104 y 100 a. C. El año 88 a. C., su rivalidad con Sila desembocó en una guerra civil. Con la ayuda de Cinna logró apoderarse de Roma (86 a. C.) y se proclamó cónsul por séptima vez.

marión m. *Zool.* Esturión, pez.

marioneta f. **1** Títere o muñeco que se mueve por medio de hilos. **2** fig. Persona de poco carácter que es fácilmente manejada por otra.

Mariotte, Edmé Físico y biólogo francés (Dijon, 1620 - París, 1684). Se le debe la invención del aparato empleado para comprobar las leyes de choque de los cuerpos elásticos y fue el primero en experimentar la ley ya enunciada antes por Boyle y conocida desde entonces por ley Boyle-Mariotte.

mariposa f. **1** *Zool.* Fase adulta de los insectos lepidópteros, que presenta dos pares de alas membranosas de vistosos colores y una espiritrompa de la que se sirve para libar el néctar de las flores. **2** *Zool.* Ave paseriforme perteneciente a la familia ploceidos, de nombre científico *Passerina ciris,* de unos 14 cm de longitud, que habita en el centro y N de América, especialmente en la isla de Cuba. **3** Especie de candelilla flotante, que se pone en un vaso con aceite y, encendida, sirve para tener luz de noche. **4** Luz encendida a este efecto. **5** Tuerca con dos aletas que se enrosca con los dedos. **6** *Dep.* En natación, modalidad en que los brazos se proyectan simultáneamente hacia delante y por encima del agua y las piernas se mueven juntas de arriba abajo. || m. **7** fam. Hombre afeminado u homosexual. || **mariposa de la seda** *Zool.* La que procede del gusano de seda, que se usa comúnmente en la industria.

mariposear intr. fig. **1** Variar con frecuencia de aficiones y caprichos. **2** Andar o vagar insistentemente alrededor de alguien.

mariposón m. **1** Persona que anda insistentemente alrededor de alguien. **2** fam. Persona inconstante en aficiones o amores. **3** desp. Homosexual.

mariquita f. *Zool.* **1** Nombre de varias especies de insectos coleópteros de la familia coccinélidos, con varios géneros. **2** Insecto hemíptero sin alas membranosas. Por encima es de color encarnado con manchitas negras y por debajo de color pardo. **3** Perico, ave psitaciforme. || m. **4** fam. Hombre afeminado. También adj.

marisabidilla f. fam. Mujer presumida y sabia.

mariscador, ra adj. y s. **1** Que pesca mariscos. **2** Que se dedica a fomentar la reproducción del marisco.

mariscal m. **1** *Mil.* En la milicia antigua, oficial inferior al condestable que ejercía de juez en el ejército. **2** *Mil.* En algunos países, grado máximo del ejército. **3** *Mil.* El que antiguamente tenía el cargo de aposentar la caballería. || **mariscal de campo** *Mil.* Oficial general, llamado hoy general de división, inmediatamente inferior al teniente general.

marisco m. *Zool.* Cualquier animal marino invertebrado; se da este nombre especialmente a los crustáceos y moluscos comestibles.

marisma f. *Geol.* Terreno bajo y pantanoso que se inunda por la subida de las aguas del mar.

marismeño, ña adj. Perteneciente o relativo a la marisma, o propio de ella.

marismo m. *Bot.* Orzaga, planta marina.

marisquero, ra adj. **1** Perteneciente o relativo a los mariscos. || m. y f. **2** Persona que pesca mariscos. **3** La que los vende.

marista adj. y com. *Rel.* **1** Se dice del religioso que pertenece al Instituto de los Hermanos Maristas de la Enseñanza, fundado por el beato Marcelino Champagnat en 1817. Se aplica también a los miembros de la Sociedad de María, fundada en 1822 por el abate Colin, y a las Misioneras de la Sociedad de María. **2** Perteneciente o relativo a dichas congregaciones.

Maritain, Jacques Filósofo francés (París, 1882 - Toulouse, 1973). Considerado una de las principales figuras del neotomismo, es autor de *La filosofía bergsoniana* (1913), *Arte y escolástica* (1920) y *Humanismo integral* (1936).

marital adj. Perteneciente al marido o a la vida conyugal.

marítimo, ma adj. Perteneciente al mar, o por su naturaleza o por su cercanía.

maritornes f. fig. y fam. Criada ordinaria, fea y hombruna. ♦ Su pl. es *maritornes.*

Maritza Río del SE de Europa, que atraviesa Bulgaria, sirve de frontera entre Grecia y Turquía, y desemboca en el Egeo; 490 km.

Mariupol Ciudad de Ucrania, importante puerto en el mar de Azov; 510.000 h. Centro industrial.

Mariut Laguna del Bajo Egipto separada del Mediterráneo por una estrecha faja de tierra donde se encuentra Alejandría. Antiguamente se llamó *Mareotis.*

Marivaux, Pierre Carlet de Chamblain de Escritor francés (París, 1688 - íd., 1763). Creó un nuevo estilo de comedia, risueño, exquisito e ingenioso. Entre sus obras destacan *La doble inconstancia* (1723) y *El triunfo del amor* (1732).

marjal m. Terreno bajo y pantanoso.

marjor m. *Zool.* Mamífero artiodáctilo rumiante, de nombre científico *Capra falconeri.* Vive en Cachemira y Afganistán.

Mark Twain Twain, Mark.

Markab *Astron.* Estrella más luminosa de la constelación de Pegaso.

marketing (Voz i.) m. *Econ.* Conjunto de técnicas de estudio de mercado destinadas a conseguir el máximo rendimiento en la comercialización de un producto o de un servicio.

Markevitch, Igor Compositor y director de orquesta soviético, nacionalizado italiano (Kiev, 1912 - Antibes, Francia, 1983). Director de la Orquesta de la Radio y Televisión Española desde su creación (1965). Influido por Stravinsky, compuso los ballets *Rébuts* (1931) y *El vuelo de Ícaro* (1933).

markka m. *Econ.* Unidad monetaria de Finlandia. En 2002 fue sustituida por el euro.

Markov, Andrei Andreievich Matemático ruso (Riazán, 1856 - Petrogrado, 1922). Estudió un particular proyecto probabilístico (cadena o proceso de Markov), en el cual el paso de un sistema desde una estado inicial a uno final no depende de los estados intermedios.

Markovic, Ante Político croata (Konjic, 1924). Ingresó en el Partido Comunista en 1943. Primer ministro de la República de Croacia (1982-86), ocupó la jefatura del gobierno federal yugoslavo de 1989 a 1991.

Markowitz, Harry Economista estadounidense (Chicago, 1927). Está considerado como uno de los pioneros de la moderna economía financiera. En 1990 recibió, junto con William Sharpe y Merton Miller, el premio Nobel de Economía.

Marlborough, John Churchill, duque de General inglés (Ashe, 1650 - Granbourne Lodge, 1722). Apoyó a Guillermo de Orange, quien le nombró miembro del comité de regencia. En la guerra de Sucesión española, fue capitán general de las tropas inglesas.

Marley, Bob (Robert Nesta, llamado) Cantante y compositor jamaicano (Rhoden Hall, 1945 - Miami, 1981). Fue el más destacado representante de la música *reggae.* Entre sus principales grabaciones figuran *Catch a Fire* (1973), *Natty Dread* (1974), *Survival* y *Uprising* (1981).

Marlowe, Christopher Dramaturgo inglés (Canterbury, 1564 - Deptford, 1593). Supo expresar el espíritu vitalista de la época isabelina y ejerció una notable influencia en el romanticismo. Autor de *Tamerlán el Grande* (1587-88) *La trágica historia del doctor Fausto* (1588), *La famosa tragedia del rico judío de Malta* (1589), el drama histórico *Eduardo II* (1592) y *La matanza de París* (1593).

Mármara Mar interior del Mediterráneo, situado en territorio turco, entre la península Balcánica y la de Anatolia, que comunica con el Egeo por el estrecho de los Dardanelos y con el mar Negro por el del Bósforo. En su interior se localiza la isla de Mármara. Antiguamente se denominó *Propóntide.*

Mármara y Costas del Egeo Región de Turquía asiática, dividida en 9 provincias; 85.560 km^2 y 11.794.400 h.

marmita f. Olla de metal con tapadera ajustada.

marmitako (Voz eusquera.) m. *Gastron.* Guiso de patatas con bonito.

marmitón m. Pinche de cocina.

mármol m. **1** *Geol.* Roca metamórfica carbonatada, generalmente constituida por calcita o dolomita recristalizada, y procedente del morfismo de calizas o dolomías sedimentarias. Comercialmente se denominan así a rocas que son calizas y pueden utilizarse pulimentadas en arquitectura, decoración y escultura. **2** fig. Obra artística de mármol. **3** En los hornos y fábricas de vidrio, plancha de hierro en que labran las piezas y se trabaja la materia para formarlas.

Mármol, José Escritor argentino (Buenos Aires, 1817 - íd., 1871). Perseguido durante la dictadura de Juan Manuel de Rosas, se exilió en Montevideo. Tras el triunfo de los unitarios, regresó a Buenos Aires. Autor de *Amalia* (1851-55), una de las novelas románticas latinoamericanas de mayor relevancia.

marmolería f. **1** Conjunto de mármoles. **2** Obra de mármol. **3** Taller donde se trabaja el mármol.

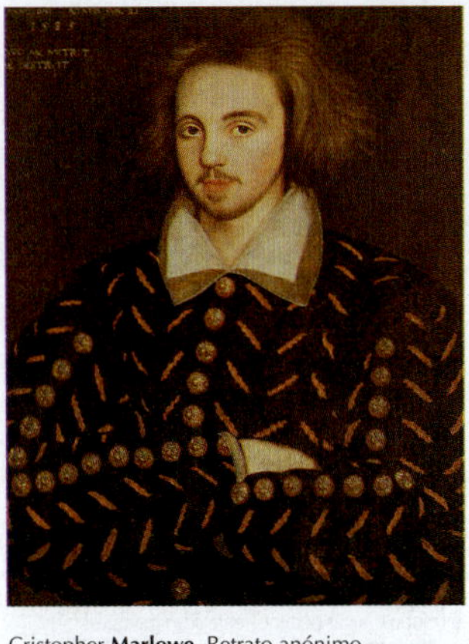

Cristopher **Marlowe.** Retrato anónimo. Colegio de Maestros y Alumnos del Corpus Christi (Cambridge).

marmolillo m. **1** Poste de piedra. **2** fig. zote.

marmolista com. **1** Persona que trabaja en mármoles o los vende. **2** Por extensión, el que trabaja en otras piedras y, especialmente, el que se dedica a labrar lápidas funerarias.

Marmont, Auguste Frédéric Louis Viesse de Mariscal francés (Chatillon-sur-Seine, 1774 - Venecia, 1852). Ayudante de campo de Napoleón en Italia y Egipto, se distinguió en la conquista de Dalmacia (1806), por lo que recibió el título de duque de Ragusa. Intervino en las campañas de España y Alemania antes de negociar con Alejandro I la capitulación de París (1814). Ministro de Estado con Luis XVIII, dirigió las tropas encargadas de reprimir la revolución de 1830.

Marmontel, Jean-François Escritor francés (Bort-les-Orques, 1723 - Abbeville, 1799). Protegido de Voltaire, colaboró en la *Enciclopedia.*

Marmora, Alfonso Ferrero La La Marmora, Alfonso Ferrero.

marmóreo, a adj. **1** De mármol. **2** Semejante al mármol en algunas de sus cualidades.

marmota f. **1** *Zool.* Nombre de varias especies de mamíferos roedores de la familia esciúridos, género *Marmota.* La marmota europea *(Marmota marmota)* vive formando grupos, en los Alpes, Cárpatos y Altai; ha sido introducida en los Pirineos. **2** fig. Persona que duerme mucho. **3** fig. y fam. Criada, mujer dedicada al servicio doméstico.

Marne Departamento del NE de Francia, en la región de Champaña-Ardenas; 8.162 km^2 y 565.229 h. Capital, Châlons-sur-Marne. Rica zona agrícola.

Marne Río del NE de Francia, afluente del Sena, que nace en la meseta de Langres, atraviesa Champagne y desemboca en las inmediaciones de París; 525 km.

Marne, Alto Departamento del NE de Francia, en la región de Champaña-Ardenas; 6.211 km^2 y 194.873 h. Capital, Chaumont. Bosques. Agricultura.

Marne, batallas del *Hist.* Nombre que reciben dos batallas entre los ejércitos francés y alemán en las cercanías del río Marne durante la Primera Guerra Mundial. En la primera batalla (septiembre, 1914), las tropas francesas, dirigidas por el general Joffre, lograron frenar la ofensiva alemana. En la segunda (julio, 1918), denominada también batalla de Château-Thierry, los aliados consiguieron detener el ataque germano sobre Reims y obligaron al ejército alemán a abandonar sus posiciones, hecho que influyó decisivamente en el resultado final de la contienda.

maro m. *Bot.* Planta de la familia labiadas, de olor muy fuerte y sabor amargo. Se usa como excitante y antiespasmódico.

marojo m. *Bot.* **1** Hojas inútiles o que sólo se aprovechan para el ganado, etc. **2** Árbol semejante al roble. **3** Planta muy parecida al muérdago.

maroma f. **1** Cuerda gruesa de esparto, cáñamo u otras fibras vegetales o sintéticas. **2** *Amér.* Función de circo en la que se hacen ejercicios de acrobacia. **3** fig. *Amér.* Cambio oportunista de opinión o partido.

maromo m. fam. **1** Individuo, fulano. **2** Novio, amante, esposo.

Maroni Río de América del S. Sirve de límite entre la Guayana francesa y Surinam, y desemboca en el Atlántico; 680 km.

maronita adj. y com. *Rel.* Se dice de los miembros de determinadas comunidades cristianas de oriente, que se originaron en torno al monasterio de San Marón, situado en el S de Siria, en el siglo VII. Unidos a la Iglesia católica desde 1736, conservan su propia liturgia, en siríaco y árabe. La comunidad más importante está en Líbano, donde reside el patriarca.

Maros Mures.

Marot, Clément Poeta francés (Cahors, 1496 - Turín, 1544). Fue secretario de Francisco I. De ideas reformistas, su obra refleja influencias humanistas. Autor de *Adolescencia clementina* (1532) y el poema *El infierno* (1539).

Maroua Ciudad de Camerún, capital de la provincia de Extremo-Norte y del departamento de Diamaré; 140.000 h.

Marqués, sa m. y f. **1** Título de nobleza inmediatamente inferior al de duque y superior al de conde. **2** *Hist.* En la alta Edad Media, señor de una marca o territorio fronterizo.

Marqués, René Escritor puertorriqueño (Arecibo, 1919 - íd., 1979). De su obra narrativa destacan las colecciones de cuentos *Otro día nuestro* (1956) y *En una ciudad llamada San Juan* (1960), y la novela *La víspera del hombre* (1956).

Marquesado m. **1** Título o dignidad de marqués. **2** Territorio o lugar perteneciente a un marqués.

Marquesas Archipiélago de Polinesia francesa, en Oceanía; 1.274 km² y 7.358 h. Capital, Nuku-Hiva. La parte meridional fue descubierta por Álvaro Mendaña de Neira en 1595. Fueron ocupadas por los franceses en 1842.

Marquesina f. **1** Especie de alero, cubierta o tejadillo que se coloca a la entrada de edificios públicos, palacios, etc. **2** Construcción protegida por los lados y cubierta, destinada, en las paradas de transportes públicos, a guardar del sol y la lluvia a los que esperan.

Marquesita f. *Miner.* Marcasita, pirita.

Marquet, Albert Pintor francés (Burdeos, 1875 - París, 1947). Discípulo de G. Moreau, es uno de los principales representantes del fauvismo.

Marquetería f. **1** Trabajo con maderas finas, ebanistería. **2** *A. dec.* Trabajo artístico que consiste en realizar diseños variados en tablas de madera incrustando en ellas diversos materiales.

Marquette, Jacques Misionero jesuita francés (Laon, 1637 - lago Michigan, 1675). Descubrió el curso superior del río Mississippi en 1673.

Márquez, José Ignacio de Político colombiano (Ramiriquí, 1793 - Bogotá, 1880). Vicepresidente de la República con Santander (1835), asumió la presidencia (1837-41). Durante su mandato se promulgó el código penal.

Márquez Bustillos, Victoriano Político venezolano (Guanare, 1858 - Caracas, 1941). Tomó parte en el levantamiento que originó la dictadura de Joaquín Crespo (1892). Elegido presidente provisional de la República en 1914, se mantuvo en el cargo hasta 1922, aunque de hecho fue un simple instrumento en el gobierno despótico de Juan Vicente Gómez.

Márquez Sterling, Manuel Político cubano (Lima, 1872 - Washington, 1934). Fue ministro de Relaciones Exteriores y, en 1934, asumió brevemente la presidencia de la República.

Marquina-Jemein *(Markina-Xemein)* Municipio y lugar de España, provincia de Vizcaya; 4.837 h.

Marra f. **1** Falta de una cosa donde debiera estar. **2** *Bot.* Fallo de plantación o desarrollo que se produce en repoblaciones efectuadas en años anteriores. **3** Mazo para romper piedras.

Marrajo, ja adj. **1** Se dice del toro traicionero. **2** fig. Cauto, astuto. || m. *Zool.* **3** Pez seláceo perteneciente a la familia isúridos, de nombre científico *Isurus oxyrhinchus*. Es un tiburón de hasta 4 m de longitud. Abunda en aguas profundas del Atlántico y Pacífico.

Marrakech **1** Provincia de Marruecos; 14.755 km² y 1.501.000 h. **2** Ciudad capital de la misma, en el piedemonte del Alto Atlas; 602.000 h. Centro comercial de los nómadas del Sahara y del Atlas. Importante núcleo turístico.

Marranada f. **1** Cosa sucia, chapucera, repugnante. **2** Acción grosera.

Marrano, na m. y f. **1** Cerdo, especialmente aquel de más de tres años y, por extensión, jabalí. **2** fig. y fam. Persona sucia y desaseada. También adj. **3** fig. y fam. Persona que actúa de forma grosera o con malas intenciones. También adj. || adj. *Hist.* **4** Se aplicaba despectivamente al converso que seguía practicando su religión en secreto.

Marrar intr. **1** Fallar, errar. También tr. **2** fig. Desviarse de lo recto.

Marras, de loc. adj. Hace referencia con humor o desprecio a una cosa o persona ya conocida.

Marrasquino m. Licor hecho con zumo de cierta variedad de cerezas amargas y azúcar.

Marro m. **1** Juego que se ejecuta hincando en el suelo un bolo u otra cosa, y, tirando con el marrón o

piedra, gana el que logra ponerlo más cerca. **2** Regate o ladeo del cuerpo. Se usa frecuentemente hablando de los animales acosados. **3** Falta, yerro.

Marrón[1] m. Piedra con que se juega al marro.

Marrón[2] adj. **1** Dícese del color castaño, o de matices parecidos. || m. **2** fam. Cosa molesta o desagradable. || **marrón glacé** Castaña cocida y cubierta de una capa de azúcar. || **pillar** a alguien **de marrón** loc. Sorprenderle desprevenido.

Marronazo m. *Taurom.* Acción de marrar alguna suerte del toreo.

Marroquí o **marroquín, ina** adj. y s. **1** De Marruecos. || m. **2** Cuero bruñido más delgado que el cordobán, tafilete. ♦ El pl. de la primera forma es *marroquís* o *marroquíes*.

Marroquín, José Manuel Político y escritor colombiano (Bogotá, 1827 - íd., 1908). Vicepresidente de la República, se hizo cargo provisionalmente de la presidencia en 1898. En 1900 encabezó el golpe de Estado que derrocó a Sanclemente y asumió el poder. Tuvo que aceptar la independencia de Panamá.

Marroquinería f. **1** Manufactura de artículos de piel o imitación, como carteras, bolsos, billeteros, etc. **2** Este género de artículos. **3** Taller donde se fabrican o tienda donde se venden.

Marrubio m. *Bot.* Planta herbácea vivaz perteneciente a la familia labiadas, de nombre científico *Marrubium vulgare*. Muy abundante en parajes secos, zonas ruderales y lugares no cultivados.

Marruecos *(Al-Mamlaka al-Maghrib-ya)* Estado del NO de África. Limita al N con el mar Mediterráneo; al E, con Argelia; al S, con Argelia y Mauritania, y al O, con el océano Atlántico.

Geog. El territorio marroquí está compuesto por una región montañosa, con cuatro macizos diferentes. El Rif, al N, corre casi en paralelo a la costa mediterránea; al S del Rif se localizan el Atlas Medio y el Gran Atlas, donde se hallan las mayores alturas (Tubkal, 4.165 m, y M'Goun, 4.070 m); el Anti-Atlas es la cordillera más meridional y desciende paulatinamente hasta llegar al desierto presahariano, situado al S del país. Al O se ex-

Superficie: 458.730 km².
Población: 28.822.000 h. *(marroquíes).*
Densidad: 62,8 h./km².
Tasa de natalidad: 25,3‰.
Tasa de mortalidad: 6,1‰.
Capital: Rabat.
Ciudades principales: Casablanca, Fez, Marrakech, Meknes, Tánger, Oujda, Kénitra, Tetuán y Essaouira.
Grupos étnicos: árabes (70%), beréberes (30%).
Religión: islamismo (98,7%) y cristianismo (1,1%).
Idioma: árabe (oficial), beréber y francés.
Moneda: dirham.
Forma de Estado: monarquía constitucional.
Producto Nacional Bruto: 34.421 millones de dólares.
Renta per cápita: 1.240 dólares.
División administrativa: 35 provincias y 2 prefecturas, según cuadro.

tienden las anchas planicies de la costa atlántica. El litoral mediterráneo, donde se ubican las ciudades españolas de Ceuta y Melilla, es accidentado, mientras el Atlántico es más rectilíneo. Los ríos principales, de régimen estacional, son el Draa, el Oum-er-Rebia y el Tensift, que desembocan en el Atlántico, y el Muluya, que desagua en el Mediterráneo. El clima es de tipo mediterráneo en el N, de interior y de montaña en el Atlas, con grandes variaciones estacionales, y desértico en el S. La población es mayoritariamente rural, aunque tiende a

MARRUECOS

Provincias Prefecturas	Superficie (km²)	Población (h.)	Capitales
Agadir	5.910	921.000	Agadir
Alhucemas (El-Hoceïman)	3.550	383.000	Alhucemas (El-Hoceïman)
Azilal	10.050	455.000	Azilal
Béni-Mellal	7.075	870.000	Béni-Mellal
Ben-Slimane	2.760	213.000	Ben-Slimane
Boulemane	14.395	162.000	Boulemane
Chefchaouen	4.350	439.000	Chefchaouen
El-Jadida	6.000	971.000	El-Jadida
El-Kelaa Srarhna	10.070	682.000	El-Kelaa Srarhna
Errachidia	59.585	522.000	Errachidia
Essaouira	6.335	434.000	Essaouira
Fez	5.400	1.161.000	Fez
Figuig	55.990	117.000	Figuig
Guelmin	28.750	147.000	Guelmin
Ifrane	3.310	128.000	Ifrane
Kénitra	4.745	979.000	Kénitra
Khemisset	8.305	486.000	Khemisset
Khenifra	12.320	465.000	Khenifra
Khouribga	4.250	481.000	Khouribga
Marrakech	14.755	1.608.000	Marrakech
Meknès	3.995	789.000	Meknes
Nador	6.130	684.900	Nador
Ouarzazate	41.550	695.000	Ouarzazate
Oujda	20.700	968.000	Oujda
Safi	7.285	823.000	Safi
Settat	9.750	847.000	Settat
Sidi Kacem	4.060	646.000	Sidi Kacem
Tánger	1.195	628.000	Tánger
Tan-tan	17.295	58.000	Tan-tan
Taounate	5.585	629.000	Taounate
Taroudannt	16.460	694.000	Taroudannt
Tata	25.925	119.000	Tata
Taza	15.020	708.000	Taza
Tetuán (Tétouan)	6.025	537.000	Tetuán (Tétouan)
Tiznit	6.960	348.000	Tiznit
Casablanca (Dar el-Beida)	1.615	2.434.000	
Rabat-Salé	1.275	1.500.000	

desplazarse hacia las regiones costeras, donde se localizan la mayor parte de las grandes ciudades. El sector agrícola ocupa al 35,7% de la población activa; los principales cultivos son los cereales (cebada, trigo), olivos, vides, tomates, patatas, legumbres y frutas. El sector pesquero ha experimentado un notable desarrollo en los últimos años. En el sector minero destacan los fosfatos, que constituyen una de las principales fuentes de riqueza del país. Las industrias más desarrolladas son la agroalimentaria y la textil. El turismo se encuentra en constante expansión.

Hist. En el siglo XI a. C., los fenicios fundaron en el litoral marroquí diversas factorías, que a partir del siglo VI a. C. quedaron bajo la influencia de Cartago. Desde el siglo III a. C., el país estuvo poblado por mauritanos y gétulos, antecesores de los beréberes. Tras las guerras púnicas, dio comienzo la dominación de Roma, que no logró la anexión del territorio marroquí hasta el año 40. Dos años después se constituyó la provincia de Mauritania Tingitana. Desde 429, Marruecos estuvo ocupado por los vándalos, aunque Ceuta y Tánger cayeron en poder de los bizantinos en 534. La conquista árabe comenzó en los años 684-85 y fue concluida por Musa ibn Nusayr en 702. Los beréberes aceptaron el islam, pero se inclinaron mayoritariamente por la secta jariyí, en cuyo nombre se originó la sublevación de 739-40. El país estuvo dividido en numerosos principados hasta que, en 788, la dinastía idrisí logró imponer su supremacía e instaló la capital en Fez. A partir de 830 se sucedieron las guerras internas y las revueltas, apoyadas por los fatimíes y los omeya. A mediados del siglo XI los almorávides lograron unificar gran parte del Magreb y anexionar al-Andalus. Este vasto imperio fue conquistado por los almohades a mediados del siglo XII; Marruecos vivió bajo dominio almohade una época de esplendor cultural y comercial que alcanzó su apogeo durante el califato de al-Mansur (1184-99). La toma de Marrakech (1269) marca el comienzo de la dominación de los benimerines. En 1465 les sucedió la dinastía wattasida, que mantuvo el control del país hasta 1549. Paralelamente, comenzó la colonización de portugueses, que tras la conquista de Ceuta (1415) y Tánger (1417) se extendieron por toda la costa, y españoles (conquista de Melilla, 1497). El reino quedó sumido en la anarquía hasta que la dinastía saadita consiguió restablecer la unidad política y económica, especialmente tras derrotar en Alcazarquivir (1578) a los portugueses. Se reemprendieron los intercambios comerciales y Marruecos vivió una nueva etapa dorada durante el reinado de al-Mansur (1549-1603). La dinastía alauita accedió al trono en 1660. Tras la muerte de Mulay-Ismail (1727), comenzó la decadencia del país. A finales del siglo XIX, las potencias europeas empezaron a demostrar su interés por controlar Marruecos, que fue repartido entre Francia y España, convirtiéndose a partir de 1912 en protectorado de ambos. España ocupó la región del Rif y los territorios de Ifni y Tarfaya; Francia, el resto del país. La ocupación francoespañola hubo de hacer frente a la rebelión de Abd el-Krim en el Rif, que no fue sofocada hasta 1926 (MARRUECOS, CAMPAÑAS DE). Desde entonces, se fue gestando el movimiento nacionalista; en 1943 se creó el partido Istiqlal (partido de la Independencia), apoyado por el sultán Muhammad V. Las manifestaciones y disturbios de 1952 provocaron el endurecimiento de la política francesa; con el apoyo de las facciones más conservadoras del país, el gobierno de París logró la abdicación del sultán en 1953. No obstante, en 1955 Francia se vio obligada a permitir la vuelta del sultán. Marruecos lograría finalmente su independencia en 1956. España conservó Ceuta, Melilla, Ifni y el Sahara Occidental. Tras la muerte de Muhammad V (1961), accedió al trono su hijo Hassan II. A finales de ese mismo año fue aprobada por referéndum una Constitución. En las elecciones legislativas de 1963, el partido progubernamental obtuvo el triunfo frente al Istiqlal y la Unión Nacional de las Fuerzas Populares (UNFP). A partir de entonces, se sucedieron las protestas de la oposición. La represión, organizada por el general Ujkir, fue muy dura, especialmente en 1965, cuando se declaró el estado de excepción. A fines de ese mismo año, fue asesinado en París Ben Barka, líder de la UNFP. En 1971 se organizó un fallido golpe de Estado y, en 1972, Hassan II fue víctima de un atentado promovido por Ufkir. A pesar de la promulgación de una nueva constitución en 1972, continuó la agitación social en el interior del país. La ocupación del Sahara por Marruecos tras el abandono español en 1975 desencadenó la guerra con el Frente Polisario, apoyado por Argelia. En junio de 1981, el gobierno marroquí aceptó la propuesta de la ONU de celebrar un referéndum para determinar el futuro del Sahara Occidental. Las objeciones de Marruecos impidieron la celebración del referéndum en la fecha prevista (1986). La solución del contencioso se fue aplazando hasta que en 1997, el gobierno marroquí y el Frente Polisario acordaron celebrar el referéndum en 2000; a pesar de ello, a principios de 2004 todavía no se había celebrado. Se avanzó en otros frentes: se reanudaron las relaciones con Argelia (1988) y con Siria (1989), y Marruecos participó en la creación de la Unión del Magreb Árabe (1989). Como medida de una cierta apertura democrática, fueron convocadas las elecciones legislativas de 1993, que llevaron a la jefatura del Gobierno a Mohamed Karim Lamrani. Sin embargo, no mejoró la situación de desconfianza entre la corona y la oposición democrática, ni tan siquiera cuando Hassan II nombró nuevo jefe de gobierno (mayo de 1994) al ministro de Asuntos Exteriores Abdelatif Filali, político de talante liberal. En 1996 se aprobó por referéndum la modificación de la Constitución de 1992, estableciendo un sistema parlamentario bicameral por sufragio directo. En las elecciones legislativas de diciembre del año siguiente, la coalición opositora Kutla logró la victoria. Sin embargo, su triunfo se vio atenuado al lograr la mayoría en el Senado la coalición gubernamental, Wifak. En febrero de 1998, Hassan II encargó la formación de gobierno a Abderramán Yussufi, de la Unión Socialista de Fuerzas Populares. En julio de 1999 murió el rey Hassan II. Le sucedió su hijo Mohamed VI. Tras las legislativas de 2002, Driss Jettou fue nombrado primer ministro.

MARRUECOS, CAMPAÑAS DE Hist. Conjunto de operaciones militares efectuadas por las tropas españolas en el protectorado de Marruecos entre 1909 y 1927. En la conferencia internacional de Algeciras se acordó confiar a España y Francia la pacificación del territorio. En 1910, a consecuencia del tratado de Algeciras, el gobierno español ocupó Tetuán, Alcazarquivir, Arcila y Larache y, el gobierno francés, Fez en 1911. Al año siguiente, un tratado entre Francia y España fijó los límites fronterizos de ambos, quedando Tánger sujeto a un estatuto especial. La lentitud de los avances en la ocupación de los territorios asignados por este tratado provocó la sustitución del general Jordana en 1919. El general Berenguer se encargó de la zona occidental y el general Fernández Silvestre de la oriental. El levantamiento de Abd el-Krim (1921), que intentó sofocar el general Silvestre, dio lugar al llamado «desastre de Annual», que provocó 10.000 bajas en el ejército español. Ello motivó la creación de un comité de responsabilidades (expediente Picasso) y la caída del Gobierno. En 1925 Abd el-Krim inició otra acción contra los franceses, quienes sufrieron grandes derrotas en el Atlas. Concertada la colaboración francoespañola, fue bombardeado el litoral de Alhucemas y posteriormente ocupado por las fuerzas españolas (8 de septiembre de 1925). En noviembre del mismo año se avanzó sobre Axdir, capital de los territorios de Abd el-Krim, que se rindió el 27 de junio de 1926. En la primavera de 1927, se sometieron el resto de los sublevados.

MARRULLERÍA f. Astucia con que halagando a alguien se pretende engañarle.

MARSALA m. Vino dulce típico de Sicilia.

MARSALA Ciudad de Italia, en Sicilia, provincia de Trapani; 80.419 h. Puerto. Desembarco de Garibaldi, en 1860, para iniciar la campaña de Sicilia.

MARSÉ, JUAN Escritor español (Barcelona, 1933). Gran parte de su obra, cercana al realismo social, retrata el ambiente de las clases medias y bajas de Barcelona. Autor de *Últimas tardes con Teresa* (1966), *Si te dicen que caí* (1973), *El amante bilingüe* (1990) y *Rabos de lagartija* (2000).

MARSELLA (*Marseille*) Ciudad del SE de Francia, capital de la región de Provenza-Alpes-Costa Azul y del departamento de Bouches-du-Rhône; 807.726 h. Primer puerto de Francia y del Mediterráneo. Gran centro industrial. Fue fundada en el siglo VI a. C. por jonios procedentes de Focea.

MARSELLÉS, SA adj. y s. De Marsella.

MARSELLESA, LA Mús. Himno nacional francés desde 1795, compuesto por C. J. Rouget de L'Isle en 1792.

MARSHALL, ALFRED Economista británico (Londres, 1842 - Cambridge, 1924). Fundador y uno de los principales representantes de la escuela neoclásica, escribió *Principios de economía* (1890).

MARSHALL, GEORGE CATLETT General estadounidense (Uniontown, 1880 - Washington, 1959). Jefe del Estado Mayor desde 1939, y secretario de Estado del presidente Truman (1947-49), organizó el plan económico de ayuda a Europa que lleva su nombre. Premio Nobel de la Paz en 1953.

Marruecos. Cascadas en Ouzoud, en la región del Atlas.

MARSHALL, ISLAS *(Republic of the Marshall Islands)* Estado de Oceanía formado por el archipiélago del mismo nombre. Está situado en el océano Pacífico, al NO de las islas Gilbert, entre los 4° 20′ y 14° 45′ N y los 161° 5′ y 173° 55′ E del meridiano de Greenwich.

GEOG. El archipiélago se divide en dos grandes grupos de islas: Ratak, al E, con 16 grupos de islas y atolones, y Ralik, al O, con 18. Sus principales atolones son Jaluit, Kwajalein, Eniwetok y Bikini. El clima es ecuatorial. La economía está basada en la agricultura y en la ganadería de subsistencia. Produce copra, cacao, mandioca, frutas y árbol de pan. Pesca. Industrias agroalimentarias y textiles. Turismo.

HIST. Descubiertas por Diego de Saavedra en el siglo XVI, pertenecieron a Alemania desde 1878. Tras la Primera Guerra Mundial pasaron a poder de Japón. A partir de 1947 el archipiélago constituyó un fideicomiso de EE UU, que utilizó el atolón Bikini para realizar pruebas atómicas. Tras obtener un régimen autonómico en 1979, en el referéndum de 7 de septiembre de 1983 se aprobó un acuerdo de libre asociación con EE UU, que entró en vigor el 23 de octubre de 1986. Como Estado independiente fue admitido en la ONU en 1991. Tras las elecciones de 1991, Amata Kabua fue nombrado presidente de la República. A su muerte, en 1997, le sustituyó Imata Kabua, sustituido en enero de 2000 por Kessai Note, quien revalidó el cargo en enero de 2004.

Superficie: 181,48 km².
Población: 51.600 h. *(marshaleses).*
Densidad: 285,1 h./km².
Tasa de natalidad: 45,2‰.
Tasa de mortalidad: 6,4‰.
Capital: Majuro.
Ciudades principales: Dalap-Uliga-Darrit, Ebeye.
Grupos étnicos: marsaleses (96,9%), otros micronesios (1,7%), filipinos (0,5%).
Religión: protestantismo (90,1%), catolicismo (8,5%).
Idioma: inglés y marsalés.
Moneda: dólar estadounidense.
Forma de Estado: república presidencialista.
Producto Nacional Bruto: 96 millones de dólares.
Renta per cápita: 1.540 dólares.
División administrativa: 26 atolones/ islas, según cuadro.

ISLAS MARSHALL

Atolones/islas	Superficie (km²)	Población (h.)
Ailinglaplap	14,69	1.715
Ailuk	5,36	488
Arno	12,95	1.656
Aur	5,62	438
Bikini	6	10
Ebon	5,75	741
Enewetak y Ujelanj	7,59	715
Jabat	0,57	112
Jaluit	11,34	1.709
Kili	0,93	602
Kwajalein	16,39	9.311
Lae	1,45	319
Lib	0,93	115
Likiep	10,28	482
Majuro	9,71	19.664
Maloelap	9,82	796
Mejit	1,86	445
Mili	15,93	854
Namorik	2,77	814
Namu	6,27	801
Rongelap	7,95	0
Ujae	1,86	448
Utrik	2,43	409
Wotho	4,32	90
Wojte	8,18	646
Otros atolones	10,49	0

MARSHALL, PLAN *Hist.* Programa de ayuda económica estadounidense para la reconstrucción europea tras la Segunda Guerra Mundial, propuesto por el general Marshall.

MARSIAS *Mit.* Sátiro de Frigia, inventor de la flauta. Desafió a Apolo a que superase con su lira la belleza de la música de su flauta. Éste le degolló.

MÁRSICO, CA adj. Perteneciente o relativo a los marsos.

MARSILIO DE PADUA Filósofo italiano (Padua, 1275 - Munich, 1343). Rector de la Universidad de París, su aportación más importante al pensamiento político fue la defensa del Estado civil frente a la Iglesia (1328). Autor de *Defensor pacis* (1324).

MARSO, SA adj. y s. *Hist.* **1** Se dice del individuo de un antiguo pueblo italiano que habitaba cerca del lago Fucino. **2** Dícese del individuo de un antiguo pueblo germano.

MARSOPA o **MARSOPLA** f. *Zool.* Nombre de diversas especies de mamíferos cetáceos de la familia focénidos, género *Phocaena*, de pequeño tamaño, característicos de los mares fríos.

MARSUPIAL adj. y m. *Zool.* **1** Se aplica al mamífero metaterio cuya hembra carece de placenta y tiene una bolsa abdominal o marsupio, donde se alojan las mamas, y el embrión completa su desarrollo después del nacimiento. Viven fundamentalmente en Australia. Pertenecen a este grupo los canguros, bandicuts, cenagüeyas, falangeros, etc. || m. pl. *Zool.* **2** Orden de estos mamíferos.

MARSUPIO m. *Zool.* Repliegue a modo de bolsa que tienen en el abdomen las hembras de los mamíferos marsupiales.

MARTA f. *Zool.* **1** Mamífero carnívoro perteneciente a la familia mustélidos, de nombre científico *Martes martes*, de unos 50 cm de longitud, con cabeza pequeña, cuerpo esbelto, larga cola y pelaje castaño muy denso y suave. Vive en los bosques de Europa y centro y N de Asia. **2** Piel de este animal. || **MARTA CEBELLINA** o **CIBELINA** *Zool.* De nombre científico *M. zibellina*, tiene un pelaje suave, espeso y castaño con reflejos grises y azules, muy estimado. Vive en la taiga euroasiática.

MARTA, SANTA Hermana de Lázaro y de María de Betania, que acompañó a Jesús hasta el Calvario.

MARTAGÓN m. **1** *Bot.* Planta herbácea de la familia liliáceas, cuya raíz, se emplea como emoliente. || m. y f. **2** fam. Persona astuta.

MARTE m. **1** *Quím.* Entre los alquimistas y los químicos antiguos, hierro, metal. **2** fig. La guerra.

MARTE *Astron.* Cuarto planeta del sistema solar contado desde el Sol y, de los exteriores, el más próximo a la Tierra. Dista unos 227,9 millones de km del Sol, en torno al cual gira, entre las órbitas de la Tierra y Júpiter, en 687 días. También presenta un movimiento de revolución en torno a su eje, con una duración de 24 horas y 37,4 minutos. Posee dos satélites: Fobos y Deimos. En 2003 fue enviada la sonda Mars Express, con el fin de explorar la atmósfera y la superficie del planeta.

MARTE *Mit.* Antigua divinidad itálica, probablemente relacionada en origen con los ritos agrarios, que fue identificada en la mitología romana con el dios griego de la guerra ARES.

MARTEL, CARLOS CARLOS MARTEL.

MARTEL, JULIÁN MIRÓ, JOSÉ MARÍA.

MARTELLINA f. Martillo de cantero con las dos bocas con dientes prismáticos.

MARTENS, WILFRIED Político belga (Sbidinge, 1936). Dirigente del Partido Socialcristiano, ocupó la presidencia del gobierno (1979-81 y 1981-92).

MARTES m. Segundo día de la semana civil, tercero de la litúrgica.

MARTÍ, FARABUNDO Político salvadoreño (?, 1893 - San Salvador, 1932). Colaborador de Sandino en Nicaragua y fundador del Partido Socialista Centroamericano en Guatemala (1925), promovió un levantamiento campesino en El Salvador (1932); fue juzgado por un tribunal militar y fusilado.

MARTÍ, JOSÉ Escritor y político cubano (La Habana, 1853 - Dos Ríos, 1895). Iniciada la guerra de los Diez Años, tomó partido por la causa de la independencia. Fundador del Partido Revolucionario Cubano (1892), en 1895 redactó el *Manifiesto de Monte Christi*, programa para la revolución cubana. Murió en un combate contra las tropas españolas poco después de desembarcar en Cuba. Entre su obra poética destacan *Ismaelillo* (1882), *Versos sencillos* (1891) y *Versos libres* (1896). Dejó también una novela, *Amistad funesta* (1885), y algunas piezas dramáticas, como *Adúltera* (1874).

MARTILLAR tr. **1** Batir y dar golpes con el martillo. **2** fig. Oprimir, atormentar. También prnl.

MARTILLEAR tr. **1** Dar repetidos golpes con el martillo. **2** fig. Atormentar con cualquier acción muy reiterada.

MARTILLEO m. **1** Acción y efecto de martillear. **2** fig. Cualquier ruido parecido al que producen los golpes repetidos del martillo.

MARTILLO m. **1** Herramienta de percusión, compuesta de una cabeza y un mango. **2** *Anat.* Uno de los tres huesecillos, el más externo, que hay en la parte media del oído. **3** Llave con que se templan algunos instrumentos de cuerda. **4** *Zool.* PEZ MARTILLO. **5** fig. Establecimiento autorizado, donde se venden efectos en pública subasta. **6** *Dep.* En atletismo, esfera metálica unida a un cable de acero con empuñadura que el deportista lanza en la modalidad atlética de lanzamiento de martillo. **7** *Arm.* Pieza del mecanismo de algunas armas de fuego que golpea el percutor para inflamar la carga. **8** fig. El que persigue una cosa con el fin de sofocarla o acabar con ella. || **MARTILLO NEUMÁTICO** *Tecnol.* Aparato de percusión que funciona con aire comprimido y que mediante un émbolo actúa sobre una herramienta. || **a macha martillo** loc. adv. fig. De forma convincente o consistente.

MARTÍN Nombre de diversos papas.

MARTÍN I, SAN (Todi, 590 - Querson, 655). Fue elegido en el año 649. Ese mismo año, el concilio de Letrán condenó la herejía de los monotelitas y las confesiones de fe del emperador Constantino II, por lo que fue encarcelado.

MARTÍN II o MARINO I (Roma, ? - íd., 884). Ocupó el solio pontificio de 882 a 884. Sucedió a Juan VIII. Presidió el concilio de Constantinopla.

MARTÍN III o MARINO II (Roma, ? - íd., 946). Ocupó el solio pontificio de 942 a 946.

MARTÍN IV (Montpensier, h. 1210 - Perugia, 1285). Llamado Simone de Brion. Ocupó el solio pontificio de 1281 a 1285. Excomulgó a Pedro de Aragón.

MARTÍN V (Genazzano, 1368 - Roma, 1431). Llamado Oddone Colonna. Ocupó el solio pontificio de 1417 a 1431. Fue elegido en el concilio de Constanza, que puso fin al Cisma de Occidente.

MARTIN, ARCHER JOHN PORTER Bioquímico británico (Londres, 1910 - ?, 2002). Desarrolló la cromatografía por reparto, método para la separación e identificación de los componentes de una sustancia. Premio Nobel de Química (1952).

MARTIN, PAUL Político canadiense (Windsor, Ontario, 1938). Licenciado en Derecho, entró en el mundo de la política en 1988. En 1990 aspiró al liderazgo del Partido Liberal, pero fue derrotado por Jean Chrétien, en cuyo gobierno ocupó el cargo de ministro de Economía entre 1993 y 2002. En 2003 se convirtió en jefe de su partido y, tras la renuncia de Chrétien, en primer ministro.

MARTÍN I EL HUMANO Rey de Aragón, Cerdeña y Sicilia (Perpiñán, 1356 - Barcelona, 1410). Hijo de Pedro IV el Ceremonioso, sucedió a su hermano Juan I en el trono de Aragón y Cerdeña en 1396. Trató de terminar con las luchas nobiliarias. Medió en el Cisma de Occidente y acogió al papa Benedicto XIII en Aragón. A la muerte de su hijo Martín el Joven, se convirtió en rey de Sicilia (1409). Murió sin dejar heredero, lo que dio origen al compromiso de Caspe (1412).

MARTÍN DÍAZ, JUAN EMPECINADO, EL.

MARTIN DU GARD, ROGER Escritor francés (Neuilly-sur-Seine, 1881 - Belleme, 1958). Alcanzó celebridad con las ocho novelas del ciclo *Los Thibault* (1921-40). En 1937 recibió el premio Nobel de Literatura.

MARTÍN DE DUMIO, SAN Arzobispo de Braga, Portugal (Panonia, h. 510 - Braga, h. 580). Predicó el Evangelio a los suevos y convirtió al rey Teodomiro.

MARTÍN GAITE, CARMEN Escritora española (Salamanca, 1925 - Madrid, 2000). Se dio a conocer con el libro de relatos *El balneario* (1955) y con la novela *Entre visillos* (1958). La meditación sobre la soledad humana y la carencia de horizontes caracterizan *Retahílas*

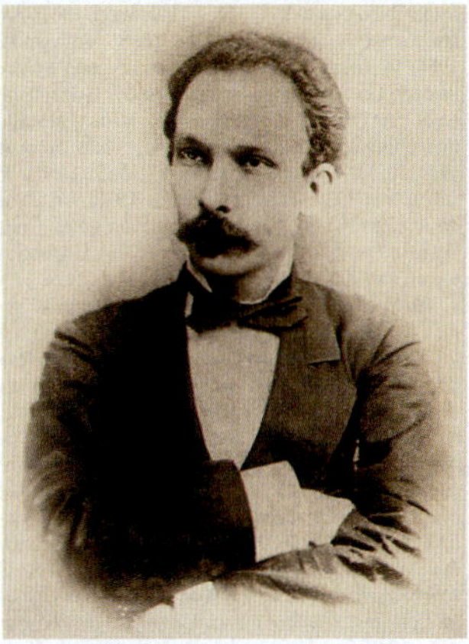

José **Martí**

(1974), *Fragmentos de interior* (1976) y *El cuarto de atrás* (1978). Obras posteriores son *Desde la ventana* (1987), *Nubosidad variable* (1992), *Lo raro es vivir* (1996), *Irse de casa* (1998), *Poemas* (2001) y *Los parentescos* (2001), póstumos. Ha publicado ensayos. Premio Príncipe de Asturias de las Letras en 1988.

MARTÍN GARCÍA Isla de Argentina, provincia de Buenos Aires, situada en el Río de la Plata, cerca de la desembocadura del Uruguay; 2 km^2. Reserva natural.

MARTÍN EL JOVEN Rey de Sicilia (?, 1376 - Caller, Cerdeña, 1409). Hijo de Martín el Humano, accedió al trono de Sicilia en 1396. Heredero de la corona aragonesa, tras lograr la pacificación de Sicilia hubo de hacer frente a la sublevación de los sardos, a los que venció en Sant Lluri (1409).

MARTÍN PESCADOR m. *Zool.* Ave coraciforme perteneciente a la familia alcedínidos, de nombre científico *Alcedo atthis*, de bellísimo plumaje azul verdoso. Vive siempre en las proximidades del agua dulce, alimentándose de animales acuáticos que captura lanzándose en picado desde cierta altura. Se distribuye por las zonas templadas de Europa, N de África, y Asia.

MARTÍN DE PORRES, SAN Religioso dominico peruano (Lima, 1579 - íd., 1639). Mulato, hijo de español y panameña, estableció en su ciudad natal el primer orfanato. Fue canonizado por Juan XXIII en 1962.

MARTÍN DE TOURS, SAN Prelado galorromano (Sabaria, Panonia, 316 - Candes, 396). Militar del ejército romano, se convirtió al cristianismo y fue ordenado sacerdote. Obispo de Tours (371), fundó el primer monasterio de las Galias.

MARTINET, ANDRÉ Lingüista francés (Saint-Albans-des-Villards, 1908 - Châtenay-Malabry, 1999). Destacan sus teorías lingüísticas referidas a la doble articulación y el carácter funcional del lenguaje, y los estudios de fonología histórica. Autor de *Economía de los cambios fonéticos* (1955).

MARTINETE[1] m. *Zool.* Ave ciconiforme perteneciente a la familia ardeidos, de nombre científico *Nycticorax nycticorax*. Es una garza nocturna.

MARTINETE[2] m. **1** *Mús.* Mazo pequeño que golpea la cuerda del piano. **2** Mazo, generalmente de gran peso, para batir algunos metales, abatanar los paños, etc. **3** Máquina que sirve para clavar estacas o pilotes, principalmente en el mar y en los ríos. **4** *Mús.* Cante flamenco que no necesita acompañamiento de guitarra; proviene del cante de los forjadores, caldereros, etc., que se acompañaban con el martillo.

MARTÍNEZ, EFRAÍN Pintor colombiano (Popayán, 1898 - íd., 1958). Fundador de la Escuela de Bellas Artes de Bogotá, sobresalió como retratista. Sus obras se caracterizan por la fuerza del colorido: *Misa en Popayán, Monjas cantando*.

MARTÍNEZ, JOSÉ MARÍA Político hondureño (s. XIX). Jefe del Estado en 1838, durante su breve mandato se produjo la separación de Honduras de las Provincias Unidas de Centroamérica.

MARTÍNEZ, TOMÁS Militar y político nicaragüense (León, 1812 - íd., 1873). Líder del Partido Conservador presidente de la república junto a Máximo Pérez (1857-59) y en solitario (1859-67).

MARTÍNEZ ESTRADA, EZEQUIEL Escritor argentino (San José de la Esquina, 1895 - Bahía Blanca, 1964). Escribió libros de poesía posmodernista, como *Oro y piedra* (1918), *Nefelibal* (1922), *Argentina* (1927) o *Humoresca* (1929), cuentos, entre los que destaca *Marta Riquelme* (1956).

MARTÍNEZ DE IRALA, DOMINGO Conquistador español (Vergara, h. 1510 - Asunción, 1556). Tomó parte en la expedición de Pedro de Mendoza al Río de la Plata en 1535 y, tras la fundación de Buenos Aires (1536), remontó junto con Juan de Ayolas los ríos Paraguay y Paraná. Una vez conocida la muerte de Ayolas, Martínez de Irala asumió el gobierno y decidió abandonar Buenos Aires para trasladarse a Asunción (1541). Sustituido por Alvar Núñez Cabeza de Vaca en 1542, exploró el Chaco y fundó el Puerto de los Reyes (1543); pero, tras urdir una conspiración, logró la expulsión del adelantado y se convirtió en gobernador del Río de la Plata (1545), cargo en el que fue confirmado en 1552.

MARTÍNEZ MONTAÑÉS, JUAN MONTAÑÉS, JUAN MARTÍNEZ.

MARTÍNEZ MORENO, CARLOS Novelista uruguayo (Montevideo, 1918 - Ciudad de México, 1986). Gran parte de su producción narrativa desarrolla temas polémicos, sin renunciar a aquellos aspectos más sórdidos de la realidad. Autor de *El paredón* (1963), *Con las primeras luces* (1966) y *El color que el infierno me escondiera* (1981).

MARTÍNEZ DE NAVARRETE, JOSÉ MANUEL (conocido como FRAY MANUEL DE NAVARRETE) Religioso y poeta mexicano (Zamora, 1768 - Tlalpujahua, 1809). De estilo neoclásico, es autor de *Entretenimientos poéticos* (1823), conjunto de su obra en verso publicada póstumamente.

MARTÍNEZ DE PERÓN, MARÍA ESTELA PERÓN, MARÍA ESTELA MARTÍNEZ DE.

MARTÍNEZ DE LA ROSA, FRANCISCO Político y escritor español (Granada, 1787 - Madrid, 1862). Diputado en 1813, estuvo preso (1814-20). Ministro de Estado (1822), se exilió (1823-1831). Fue encargado de formar gobierno en 1834. Marchó de nuevo al exilio durante la regencia de Espartero y, a partir de 1843, desempeñó diversos cargos políticos y diplomáticos. Su obra literaria es representativa del periodo de transición entre el neoclasicismo y el romanticismo. Autor de *La niña en casa y la madre en la máscara* (1821), las tragedias *La viuda de Padilla* (1812) y *Edipo* (1832), así como su *Poética* (1827). Entre sus dramas románticos, destaca *La conjuración de Venecia* (1834).

MARTÍNEZ DE ROZAS, JUAN Político chileno (Mendoza, 1759 - íd., 1813). Fue vocal de la primera junta de gobierno (1810), y accedió a la presidencia tras la muerte de Toro Zambrano (1811). Tras su disolución, se trasladó a Concepción donde creó una Junta independiente. Sus tropas fueron derrotadas por J. M. Carrera en 1812.

MARTÍNEZ RUIZ, JOSÉ AZORÍN.

MARTÍNEZ DE TOLEDO, ALFONSO ARCIPRESTE DE TALAVERA.

MARTÍNEZ TRUEBA, ANDRÉS Político uruguayo (Florida, 1884 - Montevideo, 1959). Miembro del Partido Colorado, ocupó la presidencia de la República (1950-52). Promulgó la constitución de 1952 y fue el primer presidente del Consejo Nacional de Gobierno, hasta 1955.

MARTÍNEZ ZUVIRÍA, GUSTAVO WAST, HUGO.

MARTINGALA f. **1** Artimaña, treta para engañar. **2** Asunto pesado e incómodo. **3** Cada una de las calzas que llevaban los guerreros debajo de la armadura a la altura de los muslos. Más en pl.

MARTINI, GIAMBATTISTA Compositor y teórico de la música italiano (Bolonia, 1706 - íd., 1784). Maestro de Mozart y Johann Christian Bach, fue uno de los mejores tratadistas de su época; conocido, sobre todo, por su *Historia de la música*.

MARTINI, SIMONE Pintor italiano (Siena, 1285 - Aviñón, 1344). Representante de la escuela gótica sienesa, su aportación fue decisiva para la formación del gótico internacional. Obras: destacan la *Maestà* (1314), el *políptico de Pisa* (1319), el retrato ecuestre del condotiero *Guidoriccio da Fogliano* (1328) y *La Anunciación* (1333).

MARTINICA *(Martinique)* Isla del mar Caribe, en las Pequeñas Antillas, grupo de Barlovento, que constituye un departamento francés de ultramar; 1.128 km^2 y 359.572 h. Capital, Fort-de-France. El terreno es volcánico, y lo cruza de NO a SE una sierra, que culmina en la Montagne Pelée (1.397 m). La población está compuesta por negros, criollos y mestizos. Caña de azúcar y bananas. Fue descubierta por Colón en 1493. En 1635 tomaron posesión de ella los franceses, quienes la retuvieron hasta 1793, en que fue tomada por los ingleses. Hasta 1814 no fue reintegrada a Francia. En 1947 pasó a ser departamento francés.

MARTINSON, HARRY EDMUND Escritor sueco (Jämshog, 1904 - íd., 1978). Se opuso a los mitos tecnológicos que caracterizan el mundo moderno. De su obra destacan *Florecen las ortigas* (1935), *El camino de Klockrike* (1948) En su producción poética, *Nómadas* (1931) y *Aniara* (1956). Compartió, en 1974, el premio Nobel de Literatura con Eyvind Johnson.

MÁRTIR com. **1** Persona que padece martirio en defensa de su religión. **2** Por extensión, persona que muere o padece mucho en defensa de sus opiniones. **3** fig. Persona que sufre grandes penalidades.
MÁRTIR DE ÁNGLERÍA, PEDRO Humanista y escritor italiano (Arona, 1457 - Granada, 1526). Se trasladó a España en 1487 y fue consejero de Indias. Asistió a la guerra de Granada y estuvo en relación con Cristóbal Colón y los grandes descubridores y conquistadores, lo que le sirvió para escribir *De Orbe Novo* (1510), historia del descubrimiento del Nuevo Mundo.
MARTIRIO m. **1** Muerte o sufrimiento padecidos por causa de la religión o por ideales u opiniones. **2** fig. Cualquier trabajo largo y muy penoso.
MARTIRIZAR tr. **1** Hacer padecer el martirio. **2** fig. Afligir, atormentar, maltratar. También prnl.
MARTIROLOGIO 1 Libro o catálogo de los mártires. **2** Por extensión, el de todos los santos conocidos.

Bernat **Martorell.** *Nacimiento de san Juan Bautista.* Museo de Arte de Cataluña (Barcelona).

MARTORELL, BERNAT Pintor español (San Celoni, finales del s. XIV - Barcelona, 1452). Discípulo de Borrassà, es una de las principales figuras de la pintura gótica catalana. Realizó retablos, miniaturas y modelos para vidrieras. Obras: *Nacimiento de san Juan Bautista* (1420), el *Retablo del castillo de Púbol* (1437-42), el *Retablo de San Jorge* y el *Retablo de la Transfiguración* de la catedral de Barcelona (1445-52).
MARTORELL, JOANOT Escritor español (Gandía, h. 1413 - ?, 1468). Autor de las tres primeras partes del libro de caballerías en catalán *Tirant lo Blanc* (impreso por primera vez en Valencia, 1490), que continuó Joan Martí Galba.
MARTOV (JULI TSEDERBAUM, llamado) Político ruso (Constantinopla, 1873 - Schömberg, 1923). Fundador del Partido Socialdemócrata ruso, en 1903 dirigió la facción menchevique opuesta a Lenin y se opuso a la participación de Rusia en la Primera Guerra Mundial. En 1917 se exilió a Alemania.
MARVELL, ANDREW Poeta y escritor satírico inglés (Winestead, 1621 - Londres, 1678). Fue miembro de la Cámara de los Comunes (1659). Autor de *Horatian Ode upon Cromwell's Return from Ireland.* Su obra poética se publicó en 1681 bajo el título *Miscellaneous Poems.*
MARX, HERMANOS Familia de actores estadounidenses formada por Julius Marx, llamado Groucho (Nueva York, 1890 - Los Ángeles, 1977), Leonard, llamado Chico (Nueva York, 1886 - Hollywood, 1961), Arthur, llamado Harpo (Nueva York, 1888 - Hollywood, 1964), y en ocasiones Herbert, llamado Zeppo y Milton, llamado Gummo. Procedentes del vodevil, debutaron en el cine en 1929. Su humor disparatado y absurdo marcó un hito en la historia del cine. Filmes: *Sopa de ganso* (1933), *Una noche en la ópera* (1935), *Un día en las carreras* (1936), *El hotel de los líos* (1938), *Una tarde en el circo* (1939), *Los hermanos Marx en el Oeste* (1940) y *Una noche en Casablanca* (1946). El grupo se separó en 1950.
MARX, KARL Filósofo, sociólogo y economista alemán (Tréveris, 1818 - Londres, 1883). Perteneciente a los jóvenes hegelianos de izquierda, ya desde su tesis doctoral, *Diferencia entre las filosofías de la naturaleza de Demócrito y Epicuro* (1841), dio una orientación materialista a su filosofía. A causa de sus ideas revolucionarias sufrió el exilio en Francia, Bélgica e Inglaterra. En 1844 inició su amistad con F. Engels, de quien recibió ayuda moral y financiera, especialmente durante su exilio en Londres, desde 1848. Con él escribió *La sagrada familia* (1845), *La ideología alemana* (1846), *Las tesis sobre Feuerbach* (1888) y, tras su ingreso en la Liga de los Comunistas, ambos redactaron el *Manifiesto comunista* (1848). Tras las jornadas revolucionarias de 1848, escribió en su exilio de Londres *La lucha de clases en Francia.* Reemprendió luego sus estudios de economía política e inició la redacción de *El capital,* considerada una continuación de la *Crítica de la economía política* (1859). En 1864 participó en la fundación de la I Internacional Obrera, de la que redactó la memoria inaugural y los estatutos. Colaboró también en el *Anti-Dühring* (1878) de Engels. Otros escritos suyos de importancia son *Manuscritos económico-filosóficos* (1844), *El 18 Brumario de Luis Bonaparte* (1852) y *Crítica del programa de Gotha* (1875).
MARX, WILHELM Político y jurista alemán (Bogotá, 1863 - Bonn, 1946). Estuvo afiliado al partido del centro, que dirigió entre 1920 y 1928, y ocupó el cargo de canciller del Reich (1923-24 y 1926-28).
MARXISMO m. **1** Filos. Doctrina económica, política y filosófica elaborada por Karl Marx, partiendo del estudio de las relaciones económicas de la producción. Se funda en la interpretación materialista de la dialéctica de Hegel aplicada al proceso histórico y económico de la humanidad, y es la base teórica del comunismo y algunas corrientes del socialismo. Como doctrina económica subraya la importancia del trabajo en el proceso de la producción, y ha señalado los conceptos de la plusvalía como base de la acumulación capitalista y de la LUCHA DE CLASES como principal agente de transformación social. Para el marxismo, el *infraconsumo* de las clases obreras traerá la ruina de la economía capitalista, porque elimina la mano de obra y crea el ejército de reserva industrial (paro). Como doctrina política, sostiene la instauración de un régimen socialista que sea la representación del proletariado. Además ha sentado las bases del MATERIALISMO DIALÉCTICO y del MATERIALISMO HISTÓRICO. Tras la muerte de Marx, se produjo una adaptación de las teorías marxistas a la nueva situación política, que se manifestó fundamentalmente en la progresiva integración del Partido Socialdemócrata en el sistema político alemán. Surgió entonces el llamado revisionismo, cuyo principal representante fue E. Bernstein, que fue combatido por marxistas ortodoxos como K. Kautsky. Posteriormente, R. Luxemburgo, desarrolló la noción de capital y adaptó la doctrina a la nueva situación del imperialismo. Los análisis de Lenin se centraron también en el imperialismo, y además, en la po-

Karl **Marx.** Retrato de Zhang Wun. Museo Marx (Tréveris).

sibilidad de la revolución en los países no industrializados y en la organización de un partido comunista, como vanguardia de la clase obrera. A partir de ese momento el marxismo fue desarrollado por teóricos como Antonio Gramsci, György Lukács, Theodor W. Adorno, Karl Korsch y Louis Althusser. **2** *Polít.* Designación de varios movimientos políticos fundados en una interpretación más o menos estricta de este sistema.
MARXISMO-LENINISMO m. *Filos.* y *Polít.* Doctrina comunista inspirada en los principios de Marx y Lenin (véase LENINISMO).
MARYLAND Estado oriental de EE UU, en la costa atlántica; 27.078 km² y 5.296.486 h. Capital, Annapolis. La bahía de Chesapeake divide al Estado en dos zonas. El E se haya incluido en la llanura costera y alberga al piedemonte apalachiano. El O forma parte de la península de Delaware. La red hidrográfica está compuesta por el Potomac y el Susquehanna. El clima es templado y húmedo. Yacimientos de hulla, hierro, talco y pizarra. Producción de cereales y ganadería bovina. Astilleros, industria siderúrgica, química y petrolera, concentrada fundamentalmente en Baltimore. Estas costas fueron descubiertas en 1498 por John Cabot. En 1638 Carlos I cedió el territorio a Cecil Calbert, segundo Lord Baltimore. La colonia se declaró independiente en 1776 y en 1788 se constituyó en Estado de la Unión.
MARYULT Laguna de Egipto, separada del Mediterráneo por una faja de tierra donde se encuentra la ciudad de Alejandría.
MARZO m. Tercer mes del año; tiene treinta y un días.
MAS conj. adv. **1** PERO². **2** SINO².
MÁS adv. comp. **1** Denota idea de exceso, aumento, ampliación o superioridad en comparación expresa o sobrentendida. Se une al nombre, al adjetivo, al verbo, a otros adverbios y a modos adverbiales, y cuando la comparación se expresa pide la conjunción *que.* **2** También se construye con el artículo determinado en todos sus géneros y números, formando el superlativo relativo. Se usa también como s. **3** Denota a veces aumento indeterminado de cantidad expresa. **4** Denota idea de preferencia. || m. *Mat.* **5** Nombre que se da al signo de la suma o adición (+). || **a lo más** loc. adv. A lo sumo. || **a más no poder** loc. adv. Todo lo posible. || **a más y mejor** loc. adv. con que se denota intensidad o plenitud de acción. || **de más** loc. adv. De sobra o demasía. || **en más** loc. adv. En mayor grado o cantidad. || **los** o **las más** loc. La mayor parte de las personas o cosas a que se hace referencia. || **más bien** loc. adv. que en la contraposición de dos términos acompaña al que se considera más adecuado, sin serlo por completo. || **más que** loc. conjunt. SINO, denotando idea de excepción. || **más tarde o más temprano** loc. adv. Alguna vez. || **ni más ni menos** loc. adv. Justa y cabalmente; sin faltar ni sobrar. || **sin más ni más** loc. adv. fam. Sin reparo ni consideración; precipitadamente.
MÁS AFUERA JUAN FERNÁNDEZ.
MAS D'AZIL, LE Población de Francia, departamento de Ariège, en el Pirineo francés; 1.532 h. Gruta prehistórica.
MÁS A TIERRA JUAN FERNÁNDEZ.
MASA f. **1** *Fís.* Propiedad fundamental de la materia, que expresa la cantidad de aquella que tiene un cuerpo.

Los hermanos **Marx.** Cartel de la película *Una tarde en el circo.*

Se expresa mediante la ecuación: m = V.d, donde *m* es la masa del cuerpo a medir, *V* su volumen y *d* su densidad. **2** *Fís.* Magnitud fundamental que se mide en gramos, sus múltiplos y submúltiplos. **3** Mezcla que proviene de la incorporación de un líquido a una materia pulverizada, de la cual resulta un todo espeso, blando y consistente. **4** La que resulta de la harina con agua y levadura, para hacer el pan. **5** Volumen, conjunto, reunión. **6** Agrupación numerosa e indiferenciada de personas o cosas. **7** La gente en general, el pueblo. Más en pl. || **MASA DE AIRE** *Meteor.* Volumen atmosférico más homogéneo, con determinadas características de temperatura y humedad propias. || **MASA ATÓMICA** *Fís.* Valor absoluto de la masa media de un átomo expresada en unidades de masa atómica. || **MASA CRÍTICA** *Fís.* Masa mínima de materia escindible necesaria para que se produzca la reacción en cadena. || **MASA INERCIAL** O **INERTE** *Fís.* Magnitud física característica de cada cuerpo, que motiva la aparición de fuerzas, de mayor o menor intensidad, para imprimir a aquél un movimiento determinado. || **en masa** loc. adv. En conjunto, totalmente, con intervención de todos o casi todos los componentes de una colectividad. También loc. adj.
MASACCIO (TOMMASO DI GIOVANNI, llamado) Pintor italiano (San Giovanni Valdarno, 1401 - Roma, 1428). Junto con Brunelleschi y Donatello renovó el *quattrocento* florentino. Revolucionó la pintura al emplear la perspectiva y exponer el cuerpo humano sin convencionalismos medievales. En Florencia realizó los frescos de la capilla Brancacci, en la iglesia de Santa María del Carmine (1426-27).
MASACRE f. Matanza de personas generalmente indefensas.
MASAGETA adj. y com. *Hist.* Se dice del individuo de un antiguo pueblo de Escitia.
MASAI adj. *Etnol.* **1** Se dice de un pueblo negroafricano, de unos 200.000 individuos, que habita en Kenia y Tanzania. Son seminómadas y están organizados en clanes patriarcales. Se dedican al pastoreo y a la agricultura. **2** De ese pueblo. También com.
MASAJE m. Operación que consiste en presionar, frotar o golpear rítmicamente con intensidad adecuada de terminadas regiones del cuerpo, principalmente las masas musculares, con fines terapéuticos, deportivos, etc.
MASAN Ciudad de la República de Corea, capital de la provincia de Kyongsang Meridional; 441.358 h. Puerto.
MASANASA *(Massanassa)* Municipio y lugar de España, provincia de Valencia; 7.833 h.
MASANIELLO (TOMMASO ANIELLO, llamado) Caudillo napolitano (Nápoles, 1623 - íd., 1647). Organizó la rebelión contra Rodrigo Ponce de León, virrey español que representaba a Felipe IV (1647). Murió asesinado.
MASARYK, TOMÁUS GARRIGUE Político checo (Göding, 1850 - castillo de Lany, 1937). Catedrático en las universidades de Viena y Praga, en 1900 figuró a la cabeza del Partido Popular Checo. En 1918, al disgregarse el imperio austrohúngaro, fue elegido presidente del nuevo Estado de Checoslovaquia. Desempeñó el cargo hasta 1935.
MASAYA Departamento de Nicaragua; 590 km² y 236.107 h. Su capital es la ciudad del mismo nombre. Tabaco, café, caña de azúcar y yuca.
MASBATE Isla y provincia de Filipinas; 4.048 km² y 584.520 h. Su capital es la ciudad del mismo nombre.
MASCAGNI, PIETRO Compositor italiano (Liorna, 1863 - Roma, 1945). Autor de *Cavallería rusticana*, estrenada en 1890, y de otras óperas más, de estilo verista y gran fuerza dramática, como *El amigo Fritz* (1891), *Máscaras* (1901) y *Nerón* (1935).
MASCAR tr. **1** Partir y desmenuzar la comida con los dientes. **2** fig. y fam. Triturar la comida con la dentadura torpemente. || prnl. **3** Considerarse como inminente un hecho importante. **4** *Mar.* Rozarse un cabo.
MÁSCARA f. **1** Figura de cartón, tela, etc., con que una persona puede taparse el rostro para no ser reconocida. **2** Traje original o extravagante con que alguien se disfraza. **3** Careta que se usa para impedir la entrada de gases nocivos en las vías respiratorias. **4** *Zool.* Careta de colmenero. **5** fig. Pretexto, disfraz. || com. **6** fig. Persona enmascarada. **7** Reunión de gentes vestidas de máscaras y sitio en que se reúnen.
MASCARA Vilaya de Argelia; 566.901 h. Su capital es la ciudad del mismo nombre.
MASCARADA f. **1** Fiesta de personas enmascaradas. **2** Comparsa de máscaras. **3** fig. Fraude, farsa, engaño.
MASCAREÑAS Archipiélago del océano Índico, al E de Madagascar, compuesto por las islas de Mauricio, Reunión, Rodríguez y el grupo de Cargados Carajos. Llevan este nombre en recuerdo de Pedro de Mascareñas, que descubrió la isla de Reunión en 1505.
MASCARILLA f. **1** Máscara que cubre el rostro desde la frente hasta el labio superior. **2** *Farm.* Máscara que cubre la boca y la nariz para proteger al que respira, o a quien está en su proximidad, de agentes patógenos o tóxicos. **3** *Farm.* Aparato que se aplica a la cara y nariz para facilitar la inhalación de ciertos gases. **4** Vaciado que se saca sobre el rostro de una persona o escultura. **5** Capa de productos cosméticos con que se cubre la cara o el cuello con fines estéticos.
MASCARÓN m. **1** Aumentativo de MÁSCARA. **2** *Arquit.* Adorno arquitectónico en forma de rostro humano. || **MASCARÓN DE PROA** Figura colocada como adorno en lo alto del tajamar de los barcos.
MASCLETÁ (Voz valenciana.) f. Petardos que explotan uno tras otro, típicos de las fallas y otras fiestas populares valencianas.
MASCONES m. pl. *Astron.* Anomalías gravitatorias locales sobre la Luna. Se desconoce si se trata de grandes meteoritos ferruginosos que han constituido la formación, o si son cuerpos magnéticos de intrusión.
MASCOTA f. Persona, animal o cosa que sirve de talismán, que trae buena suerte.
MASCULINIZAR tr. y prnl. Dar carácter masculino.
MASCULINO, NA adj. **1** *Biol.* Se dice del ser que está dotado de órganos para fecundar. **2** Relativo a este ser. **3** *Gram.* Se dice del género gramatical al que pertenecen los sustantivos que designan a personas o animales del sexo masculino, y también el que se aplica convencionalmente, por su terminación, a algunas realidades inmateriales.
MASCULLAR tr. fam. Hablar entre dientes o pronunciar mal las palabras.
MASEFIELD, JOHN Poeta inglés (Ledbury, 1878 - Abigdon, 1967). Cultivó la poesía narrativa, el drama en verso y la prosa autobiográfica. Escribió *The Everlasting Mercy* (1911), *Reynard the Fox* (1919) y *So Long to Learn* (1952).
MÁSER m. *Tecnol.* Aparato, similar al láser, para producir y amplificar microondas por emisión inducida de radiación.
MASERA f. **1** Artesa grande para amasar. **2** Paño con que se envuelve la masa para que fermente. **3** *Zool.* Crustáceo marino, especie de cangrejo común del Cantábrico.
MASERÍA f. Casa de campo, masía.
MASERU Ciudad capital de Lesotho y del distrito de su nombre; 170.000 h.
MASETERO adj. y m. *Zool.* Se dice de cada uno de los dos músculos masticatorios que sirven para elevar la mandíbula inferior en los vertebrados superiores.
MASHHAD *(Meshed)* Ciudad de Irán, capital de la provincia de Khorasán; 1.759.155 h.
MASÍA f. Casa de campo característica de Cataluña.
MASICOTE m. *Miner.* Monóxido de plomo que cristaliza en el sistema ortorrómbico.
MASIENO, NA adj. *Hist.* **1** Se dice del individuo de un pueblo antiguo de la Bética. También s. **2** Relativo a este pueblo.
MASILIO, LIA O **MASILO, LA** adj. y s. **1** *Hist.* Se dice del individuo de un pueblo de África antigua, que habitaba en la parte oriental de Numidia. **2** Relativo a este pueblo. **3** Por extensión, MAURITANO.
MASILLA f. Pasta hecha de tiza y aceite de linaza, para sujetar los cristales.
MASINA, GIULIETTA Actriz italiana (San Giorgio de Piano, 1920 - Roma, 1994). Dotada de recursos dramáticos y cómicos, intervino en películas de F. Fellini, con quien se casó en 1943. Entre ellas figuran *La strada* (1954), *Las noches de Cabiria* (1957), *Giulietta de los espíritus* (1965) y *Ginger y Fred* (1986).

máscara de la cultura Senufo (Costa de Marfil).

MASINISA Rey de Numidia (?, 238 - ?, 148 a. C.). Luchó en Hispania al lado de los cartagineses en la segunda guerra púnica (212-206 a. C.). A su regreso fue desposeído del trono por Sifax. Cuando los romanos desembarcaron en África (204 a. C.), se unió a ellos y recuperó el trono. Su caballería intervino decisivamente en la batalla de Zama.
MASIP, VICENTE JUAN JUAN DE JUANES.
MASIRE, QUETT KETUMILE JONNY Político botswano (Kanye, 1925). Perteneciente al Partido Democrático, ocupó la presidencia (1980-98).
MASITA f. **1** Cantidad de dinero que del haber de los soldados y cabos retenía el capitán para proveerlos de zapatos y ropa interior. **2** *Arg.* y *Urug.* Pasta o pastelillo dulces.
MASIVO, VA adj. **1** Relativo a las masas humanas. **2** fig. Se dice de lo que se aplica en gran cantidad. **3** *Farm.* Se dice de la dosis de un medicamento cuando se acerca al límite máximo de tolerancia del organismo.
MASLO m. **1** *Bot.* Tallo de una planta. **2** *Zool.* Tronco de la cola de los cuadrúpedos.
MASÓ, BARTOLOMÉ Patriota, militar y político cubano (Manzanillo, 1830 - íd., 1907). Intervino en las guerras de la Independencia de 1868, 1879 y 1898 y fue presidente de la República en Armas (1897-98).
MASOCA com. fam. Masoquista.
MASOLINO DA PANICALE (TOMMASO DI CRISTOFORO FINI, llamado). Pintor italiano (Panicali, 1383 íd., h. 1447). Alumno de Masaccio, su pintura es exponente de la transición entre el gótico florentino y el primer Renacimiento. Autor de *Escenas de la vida de la Virgen* en la colegiata de Castiglione d'Olona.
MASÓN, NA m. y f. Que pertenece a la masonería.
MASONERÍA f. *Hist.* Sociedad secreta, extendida por diversos países del mundo, cuyos miembros, agrupados en logias, profesan la fraternidad y ayuda mutua, se reconocen mediante signos y emblemas, y practican un rito esotérico. Su origen se remonta a las corporaciones gremiales de la Edad Media, en especial a las de la construcción. Se extendió rápidamente por Europa y América, donde jugó un importante papel en el proceso de independencia. Durante este siglo, estuvo unida a la ideología liberal de la burguesía. Fue condenada por Clemente XIII en 1738 y por Benedicto XIV en 1751. Un siglo más tarde recibió una nueva condena por parte de León XIII (1884). En razón de los métodos empleados y del propio espíritu que la guiaba, comenzaron a diferenciarse dos corrientes masonas: la sajona, caracterizada por la tolerancia religiosa, y la latina, antirreligiosa y liberal. En el transcurso del siglo XIX se convirtió en una institución conservadora y burguesa que, tras la Primera Guerra Mundial, comenzó a ser rechazada y criticada hasta llegar a su prohibición tanto en los países de ideología fascista (Italia, 1925; Alemania, 1934; España, 1940) como en los socialistas. En cuanto a su organización, la base está constituida por la llamada masonería externa o grados simbólicos: aprendices, oficiales y maestros. La masonería oculta, de acceso restringido, consta de 30 grados. En España se introdujo a principios del siglo XVIII en los círculos ilustrados. Proscrita en 1940, fue legalizada en 1979.

Masaccio. *San Pedro y el tribuno*. Capilla Brancacci en la iglesia de Santa María del Carmen (Florencia).

Massachusetts (Estados Unidos). Capitolio.

MASOQUISMO m. 1 *Psicol.* Perversión sexual del que goza con verse humillado o maltratado por otra persona. 2 fig. Complacencia o afición a considerarse maltratado, disminuido, etc., en cualquier suceso o actividad.
MASORA f. *Rel.* Doctrina crítica de los rabinos acerca del sagrado texto hebreo.
MASORETA m. *Rel.* Cada uno de los gramáticos hebreos que se ocuparon, en los siglos VI al X, en fijar la verdadera lectura de la Biblia.
MASPA PAPALLACTA.
MASPERO, GASTON Egiptólogo francés (París, 1846 - íd., 1916). Exploró las pirámides de Sakkara y descubrió las pinturas coptas del siglo VI en Bauit.
MASS MEDIA (Voz i.) *Sociol.* Expresión que designa a los medios de comunicación que alcanzan a un mayor número de personas (radio, televisión, cine, prensa, etc.).
MASSA, JUAN BAUTISTA Compositor argentino (Buenos Aires, 1885 - Rosario, 1938). Escribió música teatral, como *Toraida* y *L'Eveso*. Cultivó también la música de cámara y es autor del poema sinfónico *La muerte del Inca*.
MASSA-CARRARA Provincia de Italia, en Toscana; 1.157 km² y 200.281 h. Su capital es Massa.
MASSACHUSETTS Estado de EE UU; 21.399 km² y 6.349.097 h. Su capital es Boston. El sector occidental es accidentado (montes Berkshire y Hoosac), mientras que el oriental es llano. Está atravesado de N a S por el río Connecticut y sus afluentes. Ganadería bovina y pesca. Industria de maquinaria, textil y de calzado. Turismo. El proceso de colonización comenzó en 1620 con la fundación de Plymouth por parte de los peregrinos del Mayflower. De esta ciudad partió el movimiento, *Boston Tea Party* (1773), que condujo a la guerra de la Independencia. En 1788 se convirtió en uno de los Estados fundadores de EE UU.
MASSANA, LA Parroquia de Andorra; 65 km² y 5.302 h. Su capital es la ciudad del mismo nombre.
MASSÉNA, ANDRÉ, DUQUE DE RIVOLI Y PRÍNCIPE DE ESSLING, Mariscal de Francia (Niza, 1758 - París, 1817). Nombrado mariscal en 1804, conquistó Nápoles (1806) y participó en la campaña del Danubio (1809). En 1810 pasó a dirigir el ejército de Portugal. Fue derrotado por Wellington en Fuentes de Oñoro (1811) y sustituido por Marmont.
MASSENET, JULES Compositor francés (Montaud, 1842 - París, 1912). Influido por Meyerbeer y Gounod, utilizó elementos de Wagner y del verismo italiano. Compuso obras escénicas de carácter sentimental, como *Manon* (1884), *Werther* (1892), *Thaïs* (1894) y *Don Quijote* (1910).
MASSINE, LEONID Bailarín y coreógrafo ruso (Moscú, 1896 - Colonia, 1979). Incorporado por Diaghilev a su Compañía de Ballets Rusos, interpretó su primer gran papel en *La légende de Joseph* (1914). Trabajó para el Ballet Ruso de Montecarlo (1932-41) y el Teatro Nacional de Ballet de Nueva York (1941-44). A partir de 1960, fue director artístico del Ballet Europeo; en 1966 dirigió el Ballet Ruso de Montecarlo.
MASSINGER, PHILIP Dramaturgo inglés (Salisbury, 1583 - Londres, 1640). Colaboró con J. Fletcher en algunas obras. Entre sus tragedias propias destacan *The Maid of Honour* (1621) y *A New Way to Pay Old Debts* (1633).
MAST-, MASTO-; -MASTE, -MASTIA prefs. o sufs. que significan mama, teta.
MASTABA f. *Arquit.* Monumento funerario, del período tinita egipcio, utilizado para enterrar a ministros y funcionarios y edificado en torno a la pirámide real. De forma trapezoidal, comprendía cámara funeraria y capilla.
-MASTE suf. MAST-.
MASTECTOMÍA f. *Med.* Extirpación quirúrgica de una mama.
MASTELERO m. *Mar.* Palo o mástil menor que se pone en los navíos y demás embarcaciones de vela redonda sobre cada uno de los mayores, asegurado en la cabeza de éste.
MÁSTER (Voz i.) m. *Pedag.* Curso de especialización generalmente reservado para los titulados universitarios.
MASTERS (Voz i.) m. *Dep.* Torneo deportivo, generalmente de golf o tenis, que reúne a los jugadores que encabezan la clasificación mundial de la temporada.
-MASTIA suf. MAST-.
MASTICADOR, RA adj. y s. 1 Que mastica. 2 *Zool.* Se dice del aparato bucal preparado para la masticación y del animal que lo tiene. || m. 3 Instrumento para triturar los alimentos.
MASTICAR tr. 1 Triturar algo con los dientes. 2 Meditar.
MASTIENO, NA adj. 1 *Hist.* Se dice de los antiguos pobladores de la costa S de España, desde Cartagena al estrecho de Gibraltar. En el siglo III el nombre fue sustituido por el de los bastetanos. También s. 2 Relativo a los mastienos.
MASTIGADOR m. *Veter.* Aparato que se pone al caballo para excitarle la salivación y el apetito.
MASTIGÓFORO, RA adj. *Biol.* FLAGELADO.
MÁSTIL m. 1 *Mar.* Palo de una embarcación. 2 *Mar.* Palo menor de una vela. 3 Palo que sirve para mantener una cosa derecha. 4 Torre o estructura vertical de una máquina. 5 *Bot.* Pie o tallo de una planta cuando se hace grueso y leñoso. 6 *Zool.* Parte del astil de la pluma, en cuyos costados nacen las barbas. 7 *Mús.* Pieza estrecha y larga de los instrumentos de arco, púa y pulsación, sobre la cual están tensas las cuerdas. 8 Especie de taparrabos, con extremos decorados que usaban los aztecas.

MASTÍN, NA adj. y s. *Veter.* Se dice de una raza de perro, grande, fuerte, de cabeza redonda y orejas caídas.
MÁSTIQUE m. Pasta para igualar las superficies que se han de pintar o decorar.
MASTITIS f. *Med.* Inflamación de la mama.
MASTO- pref. MAST-.
MASTODONTE m. 1 *Zool.* y *Paleon.* Mamífero fósil perteneciente a diversos géneros, de tamaño parecido al elefante, con un par de incisivos bien desarrollados en cada mandíbula. Abundaron en Europa durante el mioceno (era terciaria). || com. 2 fig. Persona o cosa muy voluminosa.
MASTOFAUNA f. *Zool.* Fauna de los mamíferos.
MASTOIDEO, A o **MASTOIDES** adj. y m. *Zool.* 1 De forma de pezón. 2 Se dice de la apófisis del hueso temporal de los mamíferos, situada debajo de la oreja.

mastranzo

MASTOIDITIS f. *Med.* Inflamación de la apófisis mastoidea.
MASTOZOOLOGÍA f. *Zool.* Parte de la zoología que trata de los mamíferos.
MASTRANZO o **MASTRANTO** m. *Bot.* 1 Planta herbácea anual perteneciente a la familia labiadas, de nombre científico *Mentha rotundifolia*, muy común a orillas de las corrientes de agua. 2 Nombre de diversas plantas aromáticas del género *Hyptis*.
MASTROIANNI, MARCELLO Actor italiano (Fontana Liri, Frosinone, 1924 - París, 1996). De gran temperamento dramático y versatilidad, interpretó obras de teatro dirigidas por Visconti y películas como *Rufufú* (1958), *La Dolce Vita* (1959), *Fellini 8½* (1962), *Divorcio a la italiana* (1966), *Ojos negros* (1987), *El ladrón de niños* (1991), *Sostiene Pereira* (1995), *Tres vidas y una sola muerte* (1996) y *Viaje al principio del mundo* (1997).

Marcello **Mastroianni** (en el centro). Escena de *Ojos negros*, dirigida por Nikita Mihalkov, con Silvana Mangano y E. Sofonova.

Mastronardi, Carlos Poeta argentino (Gualeguay, 1901 - Buenos Aires, 1976). Adscrito al ultraísmo, escribió *Tierra amanecida* (1926) y *Conocimiento de la noche* (1937).

mastuerzo m. 1 *Bot.* Planta herbácea hortense de la familia crucíferas. De sabor picante, se come en ensalada. 2 *Bot.* berro. 3 fam. Necio, majadero. También adj.

masturbación f. Estimulación de los órganos genitales o de zonas erógenas con la mano o por otro medio para proporcionar goce sexual.

masturbar tr. y prnl. Practicar la masturbación.

Masur, Kurt Director de orquesta alemán (Brieg, Silesia, 1927). Ha dirigido la Orquesta Filarmónica de Dresde, la de la Ópera de Berlín oriental, la de la Gewandhaus de Leipzig y la Filarmónica de Nueva York. En 2002 asumió la dirección de la Orquesta Nacional de Francia y de la Filarmónica de Londres.

mata f. 1 *Bot.* Planta que vive varios años y tiene tallo bajo, ramificado desde su base y leñoso. 2 *Bot.* Cualquier planta de pequeño tamaño. 3 *Bot.* Ramito o pie de una hierba. 4 *Bot.* Grupo de vegetales de una misma especie que se disponen de forma compacta y se distinguen bien del resto de la vegetación. 5 *Quím.* Sulfuro múltiple que se forma al fundir menas azufrosas crudas o incompletamente calcinadas.

Mata-Hari (Margaretha Geertruida Zelle, llamada) Bailarina y espía holandesa (Leeuwarden, 1879 - Vincennes, 1917). Con las danzas brahmánicas y orientales triunfó en Europa. Durante la Primera Guerra Mundial realizó labores de espionaje a favor de Alemania, por lo que fue detenida y fusilada.

mata-mata f. *Zool.* Reptil quelonio de nombre científico *Chelus fimbriatus,* de unos 20 cm de longitud, con el caparazón convexo y las placas dispuestas de forma piramidal y con protuberancias. Vive en las aguas dulces de la vertiente atlántica de América del Sur. Despide un olor desagradable.

matabuey f. *Bot.* Planta de la familia umbelíferas, de sabor amargo.

matacabras m. *Meteor.* Viento norte fuerte. Levante en el golfo de Cádiz.

matacán m. 1 *Fort.* Obra voladiza en lo alto de un muro, de una torre o de una puerta fortificada, con parapeto para observar y atacar al enemigo. 2 *Quím.* Composición venenosa para matar perros, estricnina. 3 *Zool.* Mamífero artiodáctilo rumiante, de nombre científico *Mazama gonazoubira,* ciervo de poco más de 1 m de longitud que vive en zonas abiertas, desde México a Argentina.

matacandelas m. Instrumento en forma de cucurucho, con mango, que sirve para apagar las velas y candelas.

matacandil m. *Bot.* Planta herbácea anual, de la familia crucíferas, común en terrenos húmedos. Se ha usado contra el escorbuto.

matacandiles m. Planta herbácea de la familia liliáceas, con flores moradas, común en terrenos secos y sueltos.

matachín m. 1 El que mata las reses. 2 fig. y fam. Hombre pendenciero, camorrista.

mataco, ca adj. 1 *Etnol.* Se dice de un grupo de indios que habita la región del Gran Chaco, al N de Argentina. Hasta el siglo xviii vivieron concentrados en las reducciones jesuíticas. En el siglo xix quedaron mermados por epidemias y guerras. Más en m. pl. 2 Se dice también de sus individuos. También s. 3 Relativo a este grupo.

matadero m. 1 Sitio donde se mata y desuella el ganado. 2 fig. Trabajo penoso. 3 *Chile* En las riñas de gallos, testuz de éstos. || **ir**, o **venir**, uno, o **llevar** a otro, **al matadero** fr. fig. y fam. Meterse, o poner a otro, en peligro.

matador, ra adj. y s. 1 Que mata. 2 fig. y fam. Muy pesado o molesto. 3 fig. y fam. Muy feo, de mal gusto. || m. y f. *Taurom.* 4 Persona que mata en la fiesta de toros.

matadura f. Llaga o herida que se hace la bestia por rozarla el aparejo.

matafaluga f. *Bot.* anís, planta umbelífera.

Matagalpa Departamento de Nicaragua; 8.523 km^2 y 364.790 h. Su capital es la ciudad del mismo nombre. Producción de café.

Matala Ciudad de Mozambique; 337.239 h.

matalahúva o **matalahúga** f. *Bot.* anís.

matalón, na adj. y s. Se dice de la caballería flaca, endeble y llena de mataduras.

matalotaje m. 1 *Mar.* Provisión de comida que se lleva en una embarcación. 2 fig. y fam. Conjunto de muchas cosas diversas y mal ordenadas.

matambre m. *Arg.* Capa de carne y grasa que se saca de entre el cuero y el costillar de los animales vacunos.

matamoros adj. Que se jacta de valiente, valentón.

Matamoros Ciudad de México, Estado de Tamaulipas, fronterizo con EE UU; 266.055 h.

Matamoros, Mariano Patriota mexicano (Ciudad de México, 1770 - Valladolid, 1814). Cura del pueblo de Jantetelco, se unió a Morelos en la campaña de Oaxaca (1811) y venció a los realistas en Tonalá y San Agustín del Palmar (1813). Murió ejecutado por las fuerzas de Iturbide.

matamoscas m. Instrumento para matar moscas, compuesto de un enrejado de hilos metálicos con un mango.

matanza f. 1 Acción y efecto de matar. 2 Mortandad de personas en una batalla, etc. 3 Acción de matar el cerdo y de preparar y adobar su carne. 4 Época del año en que se matan los cerdos. 5 Ganado de cerda destinado para matar. 6 Conjunto de piezas que resultan de la matanza del cerdo, y que se comen frescas, adobadas o en embutido.

Matanza, La Partido de Argentina, provincia de Buenos Aires, que forma parte del Gran Buenos Aires; 1.111.811 h.

Matanzas 1 Provincia de Cuba; 11.978 km^2 y 654.516 h. Caña de azúcar. 2 Ciudad capital de la misma; 123.843 h. Fue fundada en 1693 con el nombre de San Carlos y San Severino de Matanzas. Puerto. Industria textil.

Mataquito Río de Chile, en la región de Maule, que desemboca en el Pacífico; 320 km de curso.

matar tr. 1 Quitar la vida. También prnl. 2 Producir dolor, hacer sufrir. 3 Molestar. 4 Extinguir algo no material. 5 Extinguir o apagar el fuego o la luz. 6 Quitar la fuerza a la cal o al yeso echándoles agua. 7 Apagar el brillo de los metales. 8 Apagar los colores. 9 Tratándose de aristas, esquinas, etc., redondearlos o achaflanarlos. 10 Inutilizar los sellos en las oficinas de correos. 11 *Ocio.* En los juegos de cartas, echar una superior a la que ha jugado el contrario. || prnl. 12 Perder la vida. 13 Suicidarse. 14 Trabajar duro para conseguir algo. || **estar a matar con** alguien fr. fig. Estar enemistado o irritado con él. || **matarlas callando** fr. fig. y fam. Hacer cosas indebidas con apariencias de bondad. ♦ Aunque es verbo regular, a veces se usa como participio *muerto,* que es el de *morir.*

matarife com. Persona que mata las reses en el matadero.

matarile m. Estribillo de una canción infantil.

mataronés, sa adj. y s. De Mataró.

matarratas m. 1 *Quím.* raticida. 2 fig. y fam. Aguardiente de ínfima calidad y muy fuerte.

matarrubia f. *Bot.* coscoja.

matasanos com. fig. y fam. Curandero o mal médico.

matasellos m. Estampilla con que se inutilizan en las oficinas de correos los sellos de las cartas.

matasiete com. fig. y fam. Fanfarrón.

matasuegras m. Tubo de papel enrollado en espiral que, al soplar por un extremo, se desenrosca bruscamente.

Matatías Sacerdote judío, padre de los Macabeos (? - ?, 166 a. C.). Se opuso a la política de helenización del rey seléucida Antíoco IV Epífanes.

match (Voz i.) m. *Dep.* Enfrentamiento o encuentro.

match-ball (Voz i.) m. *Dep.* Tanto que adjudica la victoria al jugador o equipo que lo consigue.

mate[1] adj. 1 Sin brillo. 2 Amortiguado. || m. 3 *Ocio.* Jugada final de una partida de ajedrez, porque el rey de uno de los jugadores no puede salvarse de las piezas que le amenazan. 4 *Dep.* En baloncesto, canasta obtenida cerca del aro introduciendo la pelota de arriba abajo con una o dos manos.

mate[2] m. 1 *R. Plata.* Infusión que se obtiene de las hojas secas de una planta medicinal americana parecida al acebo. 2 *R. Plata.* Estas hojas y la misma planta. 3 *R. Plata.* Calabaza que, seca, vaciada y convenientemente abierta, o cualquier recipiente que se usa para preparar dicha infusión, que se sorbe mediante una bombilla.

mateada f. *R. Plata* Acción de matear.

matear intr. *R. Plata* Tomar la infusión de yerba mate.

matemáticas f. pl. *Mat.* Ciencia lógico-deductiva que estudia las propiedades de los entes abstractos (números, formas, etc.) y las relaciones que existen entre ellos. Los griegos utilizaban esta palabra para designar la matemática pura y diferenciarla de la práctica. Las matemáticas son, en realidad, un compendio de varias disciplinas relacionadas: lógica, aritmética, teoría de conjuntos, álgebra, análisis, cálculo de probabilidades, geometría, etc. || **matemáticas aplicadas** o **mixtas** *Mat.* Aplicación de las matemáticas para medir y resolver ecuaciones físicas, estadísticas, etc. || **matemáticas puras** *Mat.* Estudio de los sistemas matemáticos en abstracto.

matemático, ca adj. 1 Relativo a las matemáticas. 2 Exacto, preciso. || m. y f. 3 Persona que profesa las matemáticas o tiene en ellas especiales conocimientos.

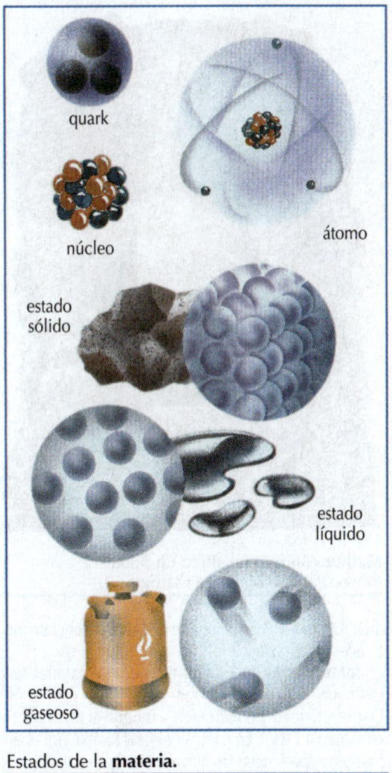

Estados de la **materia.**

matematismo m. *Filos.* Tendencia a tratar los problemas filosóficos según el espíritu y los métodos propios de las matemáticas.

Mateo, maestro Escultor y arquitecto probablemente español (s. xii). Autor del pórtico de la Gloria de la catedral de Santiago de Compostela (1168-88).

Mateo, san Personaje evangélico. Uno de los doce apóstoles y autor del primer Evangelio. Cuando era recaudador de impuestos, fue llamado por Jesús para que dejara sus labores y le acompañara. No se conocen más datos acerca de él. Según la tradición, ejerció el apostolado en Palestina y Etiopía, donde fue martirizado.

Mateo Díez, Luis Díez, Luis Mateo.

Matera Provincia de Italia, en Basilicata; 3.447 km^2 y 204.061 h. Su capital es la ciudad del mismo nombre.

materia f. 1 *Fís.* Sustancia que compone los cuerpos físicos. Está formada por una serie de *partículas elementales* (protón, neutrón, electrón o quarks, entre otras) que aparecen agrupadas y constituyen los átomos. Se caracteriza por tener las propiedades de extensión, inercia y gravitación. 2 Sustancia de las cosas, consideradas respecto a un agente determinado. 3 Tema del que se escribe o habla. 4 Asignatura. 5 Lo opuesto al espíritu. || **materia orgánica** *Biol.* La compuesta por moléculas orgánicas, y constituyente o procedente de los seres vivos. || *Geol.* Componente edáfico constituido por los restos procedentes de plantas y animales, y la biomasa de flora y fauna habitantes del suelo. || **materia prima** *Econ.* Cada una de las que emplea la industria para su conversión en productos elaborados. || **entrar en materia** fr. Empezar a tratar algo después de algún preliminar.

material adj. 1 Relativo a la materia. 2 Opuesto a lo espiritual. 3 Opuesto a la forma. 4 fig. Grosero, sin ingenio. || m. 5 Elemento que forma parte de algunos compuestos. 6 Cuero curtido. 7 Cualquiera de las materias que se necesitan para una obra, o el conjunto de ellas. Más en pl. 8 Conjunto de máquinas, herramientas y otros objetos necesarios para el desempeño de un servicio o el ejercicio de una profesión.

materialismo m. *Filos.* Doctrina filosófica que consiste en admitir como única sustancia la materia, negando la espiritualidad y la inmortalidad del alma humana. || **materialismo dialéctico** *Filos.* Formulado y desarrollado por Engels en el *Anti-Dühring,* afirma que los fenómenos materiales son procesos que se desarrollan dialécticamente. La naturaleza procede según tres grandes leyes dialécticas: ley del paso de la cantidad a la cualidad, ley de la interpenetración de los contrarios (u opuestos) y ley de la negación de la negación. || **materialismo histórico** *Filos.* Método marxista de interpretación histórica. Explica el curso de la historia por causas materiales y económicas, afirmando que la vida política, social y espiritual (superestructura) está determinada por las cuestiones económicas (estructura).

materialista adj. 1 Relativo al materialismo. 2 Se dice de la persona excesivamente preocupada por los bienes materiales. También com. || com. 3 Partidario del

Mathura (India). Escultura de Buda. Museo Arqueológico de Mathura.

materialismo. **4** Persona que se dedica a la venta de materiales de construcción.
MATERIALIZAR tr. **1** Considerar como material una cosa que no lo es. **2** Realizar, efectuar una cosa. **3** fig. Dar efectividad y concreción a un proyecto, proposición, etc. **4** *Ocult.* En parapsicología, formar con el ectoplasma apariencias de personas, animales o cosas. || prnl. **5** Dejar que en uno mismo domine la materia sobre el espíritu.
MATERNAL adj. MATERNO.
MATERNIDAD f. **1** Estado o calidad de madre. **2** Establecimiento donde se atiende a las parturientas.
MATERNIZAR tr. **1** Conferir propiedades de madre o tratar como tal. **2** *Quím.* Dotar a la leche de vaca de las propiedades que posee la de la mujer.
MATERNO, NA adj. Relativo a la madre.
MATHIEU, GEORGES Pintor francés (Boulogne-sur-Mer, 1921). Creador del abstraccionismo lírico. Obras: *Reino blanco* (1949), *La batalla de Tiberiades* (1958) y *Homenaje a los hermanos Boisserée* (1967).
MATHURA o **MUTTRA** Ciudad de la India, Estado de Uttar Pradesh; 226.850 h. Centro religioso. Lugar de nacimiento de Krishna.
MATÍAS Emperador de Alemania (Viena, 1557 - íd., 1619). Hijo de Maximiliano II, fue rey de Hungría (1608-18) y de Bohemia (1611-17). A la muerte de su hermano Rodolfo II, fue elegido emperador (1612). Nombró como heredero a su primo Fernando lo que provocó la sublevación de los calvinistas checos en 1618.
MATÍAS, SAN Apóstol cristiano (? - Jerusalén, 63). Apóstol elegido después de la muerte de Cristo para reemplazar a Judas Iscariote. Sufrió martirio en Judea (63 d. C.).
MATÍAS I CORVINO Rey de Hungría (Klausenburg, 1440 - Viena, 1490). Accedió al trono en 1458. Obtuvo Moravia y Silesia. Favoreció la difusión del Renacimiento italiano en su reino.
MATILDE Emperatriz de Alemania y reina de Inglaterra (Londres, 1102 - Rouen, 1167). Hija de Enrique I de Inglaterra, contrajo matrimonio con el emperador Enrique V (1114) y después con Godofredo Plantagenet (1128). A la muerte de su hermano Guillermo, fue declarada heredera del trono de Inglaterra (1126).
MATILDE, SANTA Reina de Germania (Westfalia, h. 890 - Quedlinburg, 968). Esposa de Enrique el Pajarero desde 909, fue madre de Otón I.
MATILDE DE TOSCANA Soberana de Toscana y parte de Lombardía (Canosa, 1046 - Bondeno, 1115). Hija de Bonifacio II el Piadoso. A su muerte donó sus Estados al papa Gregorio VII.
MATINAL adj. De la mañana.
MATINÉ f. Sesión de un espectáculo que tiene lugar a primeras horas de la tarde.
MATISSE, HENRI Pintor y escultor francés (Le Cateau, 1869 - Niza, 1954). Discípulo de Moreau e influido por Cézanne, superó el impresionismo de su primera época para realizar una pintura en colores puros y luminosos y convertirse en una de las máximas figuras del fauvismo. Obras: *El tejedor bretón* (1896), *Modelos en el taller* (1900), *El marinero de la gorra* (1907), *La danza y la música* (1910), *Ventana en Niza* (1919), *Odalisca con pantalones rojos* (1922), *Lectora sobre fondo negro* (1938) y *La blusa rumana* (1940). Su obra escultórica se caracterizó por su ritmo lineal y su equilibrio monumental.

MATIZ m. **1** Cada uno de los grados de un mismo color. **2** Aspecto. **3** Rasgo que da un carácter especial a algo.
MATIZAR tr. **1** Precisar, señalando las diferencias de algo. **2** Dar a algo un determinado matiz. **3** Armonizar diversos colores. **4** Suavizar.
MATLALCUEYATL MALINCHE.
MATO GROSSO Estado de Brasil, región Centro-Oeste; 906.807 km^2 y 2.235.832 h. Su capital es Cuiabá.
MATO GROSSO DO SUL Estado de Brasil, región Centro-Oeste; 358.159 km^2 y 1.927.834 h. Su capital es Campo Grande.
MATOJO m. *Bot.* **1** Mata de tallo bajo, ramificado y leñoso. **2** Planta de monte muy poblada y espesa.
MATÓN m. **1** Fanfarrón. **2** Persona que utiliza medios ilícitos en su propio beneficio o en el de aquel para quien trabaja. **3** Guardaespaldas.
MATORRAL m. *Bot.* **1** Formación vegetal constituida por plantas leñosas de pequeño tamaño, ramificadas desde la base y que dominan un territorio determinado. **2** Grupo de arbustos bajos y ramosos.
MATOS FRAGOSO, JUAN DE Escritor portugués (Alvito, 1608 - Madrid, 1689). Compuso en español comedias de estilo calderoniano, muchas de ellas en colaboración con Moreto, Gil Enríquez y otros. Autor asimismo de poesías como *Fábula de Eco y Narciso* (1658).
MATRA, MONTES Macizo del N de Hungría, donde se encuentra la máxima altura del país, monte Kékes (1.015 m).
MATRACA f. **1** Rueda de tablas fijas en forma de aspa, entre las que cuelgan mazos que, al girar ella, producen ruidos desapacibles. Se usa en Semana Santa en lugar de campanas. **2** CARRACA. **3** fig. y fam. Lata, incordio.
MATRAQUEAR intr. **1** fam. Hacer ruido continuo y molesto con la matraca. **2** fig. y fam. Dar matraca, importunar.
MATRAZ m. *Quím.* Recipiente de vidrio generalmente de forma esférica, que termina en un tubo angosto y recto. Se emplea en los laboratorios químicos.
MATRERÍA f. Perspicacia astuta y suspicaz.
MATRERO, RA adj. **1** Astuto, resabido. **2** Suspicaz, receloso. **3** Engañoso, pérfido. **4** *Amér.* Fugitivo, vagabundo. También s.
MATRIARCADO m. **1** *Antrop.* Organización social, tradicionalmente atribuida por etnólogos evolucionistas del siglo XIX a algunos pueblos primitivos, en la que el mando residía en las mujeres. **2** fig. Predominio o fuerte ascendiente femenino en una sociedad o grupo.
MATRICARIA f. *Bot.* MANZANILLA, planta.
MATRICIAL adj. *Mat.* Relativo al cálculo de matrices.
MATRICIDA adj. y com. Persona que mata a su madre.
MATRICIDIO m. Delito que comete quien mata a su madre.
MATRÍCULA f. **1** Acción y efecto de matricular o matricularse. **2** Lista o catálogo oficial de nombres, bienes, entidades, etc., que se anotan para un fin determinado. **3** Documento en que se acredita este asiento. **4** Inscripción oficial y placa que llevan los vehículos para indicar el número de matriculación. || **MATRÍCULA DE HONOR** *Pedag.* Mejora de la nota de sobresaliente que se concede en los exámenes y da derecho a una matrícula gratuita en el curso siguiente.
MATRICULAR tr. **1** Inscribir o hacer inscribir el nombre de uno en la matrícula. **2** *Mar.* Inscribir las embarcaciones mercantiles en el registro del distrito marítimo a que pertenecen. || prnl. **3** Hacer uno que inscriban su nombre en cierta matrícula.
MATRILINEALISMO m. *Antrop.* Sistema de herencia y filiación que se regula por vía materna.

Henri **Matisse.** *La blusa rumana.* Museo de Arte Moderno Centro Georges Pompidou (París).

MATRIMONIAR intr. Unir en matrimonio, casar.
MATRIMONIO m. **1** Institución social, reconocida como legítima por la sociedad, por la cual un hombre y una mujer se unen para constituir una familia. **2** *Rel.* En la religión católica, sacramento instituido para santificar la legítima unión de un hombre y una mujer a la que confiere carácter indisoluble. **3** *Der.* Contrato bilateral entre un hombre y una mujer (algunas legislaciones admiten tácita y excepcionalmente el matrimonio entre personas del mismo sexo) para formar una comunidad de vida. **4** fam. Marido y mujer. || **MATRIMONIO CANÓNICO** *Der.* El que se celebra conforme a la legislación eclesiástica. || **MATRIMONIO CIVIL** *Der.* El que se contrae según la ley civil. || **MATRIMONIO MORGANÁTICO** *Der.* El contraído entre un príncipe y una mujer de linaje inferior, o viceversa, en el cual cada cónyuge conserva su condición anterior. || **contraer matrimonio** fr. Celebrar el contrato matrimonial.
MATRITENSE adj. y com. De Madrid.
MATRIZ f. **1** *Biol.* Sustancia intercelular de un tejido. **2** *Geol.* Material intersticial de grano fino que aparece en rocas sedimentarias detríticas, siempre que se haya depositado al mismo tiempo que los granos o partículas mayores. **3** *Geol.* Material intersticial amorfo o cristalino en rocas ígneas. **4** *Mat.* Conjunto de números o símbolos algebraicos distribuidos en filas y columnas formando un cuadro rectangular de elementos. **5** Molde en que se funden objetos de metal. **6** *Min.* Roca en cuyo interior se ha formado un mineral. **7** *Zool.* ÚTERO. **8** Tuerca. **9** Parte del libro talonario que queda al cortar los talones. || adj. **10** fig. Principal. **11** Se dice de la escritura o instrumento que queda en el oficio o protocolo para que con ella se cotejen el original y los traslados.
MATRONA f. **1** Persona especialmente preparada para asistir a las parturientas. **2** *Hist.* En la antigua Roma, madre de familia noble. **3** Mujer encargada de registrar a las personas de su sexo en las aduanas.
MATSUDO Ciudad de Japón, en la isla de Honshu, prefectura de Chiba; 461.489 h.
MATSUYAMA Ciudad de Japón, en la isla de Shikoku, capital de la prefectura de Ehime; 460.870 h. Refinerías de petróleo. Astilleros. Puerto.
MATTA ECHAURREN, ROBERTO Pintor y arquitecto chileno (Santiago, 1911 - Civitavecchia, 2002). En sus comienzos trabajó con Le Corbusier y después se dedicó a la pintura dentro del surrealismo. Premio Príncipe de Asturias de las Artes en 1992.
MATTEOTTI, GIACOMO Político italiano (Fratta Polesine, 1885 - Roma, 1924). Secretario del Partido Socialista (1922), su asesinato por fascistas provocó la retirada del Parlamento de los partidos de oposición a Mussolini.
MATTERHORN CERVINO.
MATTHAU, WALTER (WALTER MATTHOW, llamado) Actor de cine estadounidense (Nueva York, 1920 - Santa Mónica, 2000). Películas: *La extraña pareja* (1968), *Primera plana* (1974), *Un enredo para dos* (1980), *Dos viejos gruñones* (1993), etc.
MATTO DE TURNER, CLORINDA (llamada también CARLOTA DUMONT) Novelista peruana (Cuzco, 1854 - Buenos Aires, 1909). Escribió novelas y libros de viajes: *Tradiciones cuzqueñas* (1884-86), *Aves sin nido* (1889) y *Herencia* (1895).
MATURÍN Ciudad de Venezuela, capital del Estado de Monagas; 206.654 h.
MATURIN, CHARLES ROBERT Escritor irlandés (Dublín, 1782 - íd., 1824). Es autor de *Bertram* (1816), tragedia, y de la novela *Melmoth el errabundo* (1820).
MATURINES, SA adj. y s. De Maturín, Venezuela.
MATURRANGO, GA adj. **1** *Amér.* m. Se dice del mal jinete. También s. **2** *Chile* Se dice de la persona pesada y tosca en sus movimientos. || f. **3** Trampa, engaño. Más en pl.
MATUSALÉN m. Hombre de mucha edad.
MATUSALÉN Patriarca hebreo, abuelo de Noé, que según la Biblia vivió 969 años.
MATUTE m. **1** Introducción de géneros en una población sin pagar el impuesto de consumos. **2** Género así introducido. **3** Casa de juegos prohibidos.
MATUTINO, NA adj. **1** Relativo a las horas de la mañana. **2** Que ocurre o se hace por la mañana.
MAU-MAU *Hist.* Organización secreta de Kenya, formada por individuos de la tribu kikuyu a raíz del discriminatorio reparto de tierras realizado por los británicos (1950). Llevó a cabo actos terroristas contra los ingleses y sus colaboradores hasta la liberación de su líder, Jomo Keniatta, en 1959.
MAUÁ Ciudad de Brasil, Estado de São Paulo; 294.631 h. Industria petroquímica.
MAUER *Prehist.* Localidad de Alemania, a 10 km de Heidelberg. En 1907 se descubrió en ella la denominada *mandíbula de Mauer*, perteneciente al homínido fósil más antiguo de Europa, el *Homo heidelbergensis*.
MAUGHAM, WILLIAM SOMERSET Escritor inglés (París, 1874 - Saint-Jean-Cap-Ferrat, 1965). Autor, entre otras

Antonio **Maura**

obras, de las novelas *Liza of Lambeth* (1897), *La servidumbre humana* (1915), *Soberbia* (1919), *El velo pintado* (1925), *El filo de la navaja* (1944) y *Comienza un amanecer* (1944).

MAULA[1] f. **1** Cosa inútil y despreciable. **2** Retal. **3** Engaño. || com. **4** fig. y fam. Persona tramposa o mala pagadora. **5** fig. y fam. Persona perezosa y haragana. || adj. y com. **6** *Arg.* y *Urug.* Cobarde, despreciable.

MAULA[2] m. *Hist.* En el islam medieval, esclavo manumitido que entra a formar parte de la clientela de su señor y de su clan. ◆ Su pl. es *mawali*.

MAULE Región VII de Chile; 30.302 km² y 902.646 h. Su capital es Talca. Comprende las provincias de Curicó, Talca, Linares y Cauquenes.

MAULE Río de Chile, que nace en la laguna del mismo nombre y desemboca en el Pacífico; 196 km de curso.

MAULLAR intr. Dar maullidos el gato.

MAULLIDO o **MAYIDO** m. *Zool.* Sonido que emite el gato.

MAULNIER, THIERRY (JACQUES TALAGRAND, llamado) Escritor francés (Alès, 1909 - íd., 1988). Estuvo adscrito a las corrientes humanistas y liberales de la posguerra. Es autor de *Nietzsche* (1933), *La course des rois* (1947) y *La maison de la nuit* (1953).

MAUNA KEA Volcán apagado de Hawai, punto culminante de la isla; 4.207 m.

MAUNA LOA Volcán activo de la isla de Hawai; 4.172 m de altura. Comprende varios cráteres de enorme actividad.

MAUPASSANT, GUY DE Escritor francés (castillo de Mirosmenil, Normandía, 1850 - París, 1893). Influido por Flaubert, es autor de relatos naturalistas. Se dio a conocer con el cuento *Bola de sebo* (1880), aparecido en el libro de relatos *Las veladas de Médan*, al que siguieron *Mademoiselle Fifí* (1882), *Miss Harriet* (1884) y de las novelas *Una vida* (1883), *Bel-Ami* (1885), *Fuerte como la muerte* (1889) y *Nuestro corazón* (1890).

MAUPEOU RENÉ, AUGUSTIN Político francés (París, 1714 - Thuit, Eure, 1792). Canciller de Francia y presidente del Parlamento en 1763, formó parte del triunvirato antiparlamentario formado al final del reinado de Luis XV.

MAUPERTUIS, PIERRE LOUIS MOREAU DE Matemático y físico francés (Saint-Malo, 1698 - Basilea, 1759). Introductor en Francia de la teoría de la gravitación, demostró que la Tierra está achatada por los polos. Obras: *Comentarios a los principios de Newton* (1732) y *Ensayo sobre cosmología* (1750).

MAURA Y MONTANER, ANTONIO Político y jurista español (Palma de Mallorca, 1853 - Torrelodones, 1925). Diputado por Palma (1881), fue vicepresidente del Congreso (1886) ministro de Ultramar (1892) y ministro de Gracia y Justicia (1895). Tras el desastre de 1898, propugnó la reforma del sistema político de la Restauración e ingresó en el Partido Conservador (1902). Ministro de la Gobernación con Silvela ese mismo año, en 1903 fue elegido jefe del partido y nombrado presidente del consejo de ministros. Dimitió un año después por desavenencias con Alfonso XIII. Ocupó de nuevo el cargo en 1907 e inició una serie de reformas (ley electoral, ley de huelgas, reorganización de la marina). Dimitió en 1909 como consecuencia de la represión ejercida en la Semana Trágica. Renunció al cargo de jefe del Partido Conservador en 1913, y en torno suyo se aglutinó un movimiento político denominado maurismo. Presidió dos gobiernos de concentración nacional en 1918 y 1921.

MAURIAC, FRANÇOIS Escritor francés (Burdeos, 1885 - París, 1970). En su obra analiza los conflictos entre pasión y fe, e individuo y familia. Novelas: *Nido de víboras* (1932), *El cordero* (1954), *Un adolescente de antaño* (1969) y *Maltaverne* (1972). Premio Nobel de Literatura en 1952.

MAURICIO (*Mauritius*) Estado insular de África sudoriental, situado en el océano Índico, 750 km al E de Madagascar.

GEOG. Está compuesto por las islas de Mauricio, Rodríguez, Agalega y el grupo de Cargados Carajos. Mauricio, la mayor de ellas, es de origen volcánico y está rodeada de arrecifes coralinos. Tiene diversas llanuras rodeadas de montañas que no superan los 1.000 m de altitud. Sus ríos son cortos y poco caudalosos. La economía se basa en la agricultura. Industrias de transformación de productos agrícolas, textiles, electrónicas y de talla de diamantes. Refinería de petróleo. Turismo.

HIST. Fue descubierta en 1505 por los portugueses, a quienes expulsaron los holandeses en 1598. Posteriormente pasó a ser posesión francesa (1715), y en 1810 fue conquistada por el Reino Unido. En 1957 obtuvo del gobierno británico la autonomía. En las elecciones de 1963 venció el Partido Laborista y fue elegido primer ministro Seewoosagur Ramgoolam. Dos años después se formó el Partido de la Independencia, fusión del Partido Laborista y del Comité de Acción Musulmana, que obtuvo la victoria en las elecciones de 1967 y consiguió la independencia de la isla en 1968. Desde esta fecha hasta 1982 gobernó como primer ministro Ramgoolam. Las elecciones de ese año dieron la victoria a la coalición formada por el Movimiento Militante de Mauricio y el Partido Socialista de Mauricio. Fue nombrado primer ministro Aneerood Jugnauth, líder del primero. Rota la coalición en 1983, se celebraron nuevas elecciones a las que Jugnauth acudió al frente del Movimiento Socialista de Mauricio, en coalición con laboristas y socialdemócratas. Jugnauth confirmó su cargo en los comicios de 1987, debido al éxito del programa económico de su gobierno, y en 1992. Ese año Casam Uteen asumió la presidencia de la República. En las elecciones en 1995 venció el Partido Laborista de Mauricio, aunque tuvo que pactar con el Movimiento Militante de Mauricio para formar gobierno; a la cabeza del mismo se situó N. Ramgoolam. En 1998 se rompió la coalición y el PLM pasó a gobernar en solitario. En septiembre de 2000, Ameroood Jugnauth accedió a la jefatura del gobierno. En 2002 dimitió el presidente Uteem. Ocupó el cargo Angidi Chettiar, quien dimitió poco después. El Parlamento eligió entonces a Karl Offmann como nuevo presidente. En septiembre de 2003 dimitió Aneerood Jugnauth, siendo sustituido por Paul Bérenger. En octubre el presidente Karl Offmann abandonó el cargo y el Parlamento eligió a Aneerood Jugnauth para ocupar la presidencia del país.

MAURICIO, CONDE DE SAJONIA (llamado EL MARISCAL DE SAJONIA) General francés (Goslar, 1696 - Chambord, 1750). Hijo de Augusto II de Polonia, en 1720 pasó al servicio del rey de Francia. Destacó en la guerra de Sucesión austriaca (1740-1748).

MAURICIO, FLAVIO TIBERIO Emperador bizantino (Arabiso, 539 - Constantinopla, 602). Sucesor de Tiberio (582), intentó una reorganización del imperio y pretendió asegurar sus fronteras. El ejército se sublevó contra él y proclamó emperador a Focas.

MAURICIO DE NASSAU Estatúder de los Países Bajos (Dillenburg, 1567 - La Haya, 1625). Hijo de Guillermo de Orange, con el apoyo del Enrique IV de Francia, tomó a los españoles las plazas de la orilla derecha del Rhin.

MAURICIO DE SAJONIA Duque de Sajonia (Freiberg, 1521 - Sieversbausen, 1553). Subió al poder en 1541 y en 1547 fue nombrado elector. Pese a ser protestante se alió con Carlos V. Posteriormente se distanció e ingresó en la Liga de Könisberg. En 1552 tomó Augsburgo e Innsbruck, obligando a Carlos V a firmar la paz de Passau.

MAURIER, DAPHNE DU Novelista británica (Londres, 1907 - íd., 1989). Autora de *La posada de Jamaica* (1936), *Rebeca* (1938), *The Years Between* (1945) y *September Tide* (1948).

Superficie: 2.040 km².
Población: 1.184.000 h. *(mauricianos).*
Densidad: 580,4 h./km².
Tasa de natalidad: 16,9‰.
Tasa de mortalidad: 6,9‰.
Capital: Port Louis.
Ciudades principales: Beau Bassin-Rose Hill, Curepipe, Quatre Bornes, Vacoas, Phoenix.
Grupos étnicos: hindúes (68%), criollos (27%), chinos (3%), europeos (2%).
Religión: hinduismo (50,6%), catolicismo (27,2%), islamismo (16,3%), protestantismo y otras (4,8%).
Idioma: inglés.
Moneda: rupia de Mauricio.
Forma de Estado: república.
Producto Nacional Bruto: 4.329 millones de dólares.
Renta per cápita: 3.730 dólares.
División administrativa: 9 distritos y 3 dependencias, según cuadro.

MAURICIO

Distritos Dependencias	Superficie (km²)	Población (h.)
Black River	259	52.600
Flacq	298	122.900
Grand-Port	260	105.900
Moka	231	73.500
Pamplemousses	179	115.400
Plaines Wilhems	203	354.300
Port Louis	43	137.500
Rivière du Rempart	148	97.000
Savanne	245	65.400
Agalega		—
Cargados Carajos	71*	—
Rodríguez	104	35.200

* Engloba la superficie de la dependencia de Agalega.

MAURITANIA *Geog. hist.* Antigua región de África septentrional, correspondiente a parte de Marruecos y Argelia, que constituyó un reino hacia el siglo II a. C., convertido por Calígula en provincia romana en el año 40.

MAURITANIA (*al-Jumhu-ri-ya al-Isla-mi-ya al-Mu-ri-tani-ya*) Estado de África noroccidental, que limita al N con Marruecos y Argelia; al E, con Malí; al S, con Malí y Senegal, y al O, con el océano Atlántico.

Superficie: 1.030.700 km².
Población: 2.668.000 h. (mauritanos).
Densidad: 2,3 h./km².
Tasa de natalidad: 43,7‰.
Tasa de mortalidad: 14,3‰.
Capital: Nouakchott.
Ciudades principales: Nouadhibou, Kaédi, Néma, Rosso, Akjoujt, Zouèrate y Atar.
Grupos étnicos: árabe (70%) y bantú (30%).
Religión: islamismo (99,5%).
Idioma: francés y árabe (oficiales).
Moneda: ouguiya.
Forma de Estado: república presidencialista.
Producto Nacional Bruto: 1.033 millones de dólares.
Renta per cápita: 410 dólares.
División administrativa: 12 regiones y 1 distrito, según cuadro.

GEOG. Una gran parte del país está ocupada por el desierto del Sahara. En el centro destaca el macizo de Adrar (830 m). Al S se encuentran las mesetas de Tagant y Assaba, que bordean el valle del río Senegal. Este río es el más importante y sólo recibe por la derecha algunos afluentes de curso irregular. Son abundantes los paisajes de dunas. El clima es desértico, con precipitaciones escasas. El valle del río Senegal, con un clima tropical y vegetación de bosque de acacias, marca la división con el desierto. Tan sólo el 39,1% de la población es urbana, debido en parte al predominio del nomadismo. Las sequías han provocado la emigración a los núcleos urbanos, que ha traído consigo la formación de suburbios pobres. La zona más poblada es la del S-SO, en torno al río Senegal. Económicamente es un país subdesarrollado. La producción agrícola (mijo, sorgo, arroz, legumbres, cacahuetes y hortalizas) sólo es posible en las regiones del S y en algunos oasis, pero no cubre la demanda interna. Importante pesca. Su mayor riqueza es el hierro, principal producto de exportación. El desarrollo industrial es muy escaso y se reduce a los sectores textil y alimentario.

HIST. El territorio fue invadido por nómadas beréberes en el siglo II y por los árabes en el VII, creando los imperios almorávide, hasta el siglo XII, y almohade, hasta el XV. Comerciantes portugueses, holandeses, españoles y franceses crearon asentamientos en sus costas. Desde el siglo XIX, Francia, instalada en Senegal, intentó convertir el territorio en colonia, lográndolo en 1924. Alcanzó su independencia en 1960 y Moktar Uld Daddah fue nombrado presidente. Tras la descolonización del Sahara español (1975), el Frente Polisario organizó una guerrilla contra Mauritania. En 1978, un golpe de Estado dirigido por el teniente coronel Mustafá Uld Mohamed Salek derrocó al gobierno presidido por Uld Daddah. En 1979 se firmó en Argel un acuerdo de paz con el Frente Polisario, por el que renunciaba a toda reclamación territorial en el Sahara Occidental. Ese mismo año Salek renunció a la jefatura del Estado. Su sustituto, el teniente coronel Mohamed Louly, fue reemplazado en 1980 por Mohamed Khouna Uld Haidalla, que permaneció en el cargo hasta 1984, en que un golpe de Estado elevó a la presidencia a Maaouya Sid'Ahmed Taya. El nuevo gobierno reforzó su apoyo y reconocimiento a la República Árabe Saharaui Democrática. Las tensiones entre la elite política árabe y la mayoría negra se incrementaron a partir de 1985, culminando en un estallido de violencia en 1989 y fracasados golpes de Estado (1987 y 1989). La fuerte represión gubernamental encontró la oposición internacional, lo que propició cierto aperturismo político iniciado con la amnistía de 1991 para los presos políticos y la celebración de elecciones presidenciales multipartidistas en 1992. Taya alcanzó la mayoría y la oposición las impugnó por supuesto fraude. La oposición de raza negra, agrupada en el seno de la Unión de Fuerzas Democráticas, decidió boicotear las ulteriores elecciones legislativas, en las que la formación del presidente, el Partido Republicano Democrático y Social, obtuvo mayoría. Este partido venció nuevamente en las elecciones legislativas celebradas en 2001. En las elecciones presidenciales de 2003 el presidente Taya fue confirmado en el cargo.

MAURITANO, NA adj. y s. De Mauritania.

MAURITANIA

Regiones Distrito	Superficie (km²)	Población (h.)	Capitales
Adrar	215.300	89.425	Atar
Assaba	36.000	200.640	Kiffa
Brakna	33.800	225.531	Aleg
Dakhlet Nouadhibou	22.300	97.639	Nouadhibou
Gorgol	13.600	211.565	Kaédi
Guidimaka	10.300	141.350	Sélibaby
Hodh ech Chargui	182.700	261.203	Néma
Hodh el Gharbi	53.400	194.103	Aïoun-el-Atrous
Inchiri	46.800	13.718	Akjoujt
Tagant	95.200	76.908	Tidjikja
Tiris Zemmour	252.900	42.617	Zouèrate
Trarza	67.800	206.801	Rosso
Nouakchott	1.000	608.228	

MAUROIS, ANDRÉ (ÉMILE HERZOG, llamado) Escritor francés (Elbeuf, 1885-París, 1967). Miembro de la Academia Francesa, escribió novelas, biografías y obras históricas, como *Los discursos del doctor O'Grady* (1921), *Disraeli* (1927), *Ariel o la vida de Shelley* (1932) e *Historia de Inglaterra* (1937).

MAUROY, PIERRE Político francés (Cartignies, 1928). Secretario federal de la SFIO desde 1961, participó junto a François Mitterrand en el congreso de Epinay (1971), del que surgió el nuevo Partido Socialista Francés. Tras la victoria de Mitterrand en las elecciones de 1981 fue designado jefe del gobierno (1981-84) y ocupó la secretaría general del partido (1988-92). Presidente de la Internacional Socialista.

MAURRAS, CHARLES Escritor francés (Martigues, 1868 - Saint-Symphorien, 1952). Fue director del periódico *L'Action Française*, desde el que promovió campañas contra la democracia. Autor de *Mis ideas políticas* (1937) y *El orden y el desorden* (1948).

MAURYA *Geneal.* Dinastía hindú fundada hacia el 321 a. C. por Chandragupta. Estableció su capital en Pataliputra. Sus sucesores crearon el primer imperio hindú, que dominó casi toda la India. Fue derrocada (h. 185 a. C.) por Pusyamitra.

MÁUSER m. *Arm.* Fusil de repetición inventado por los armeros alemanes Wilhelm y Paul Mauser. El primer modelo apareció en 1871.

MAUSOLEO m. Sepulcro magnífico y suntuoso.

MAUSOLO Rey de Caria (s. IV a. C.). Reinó entre 377 y 353. Su tumba, el *Mausoleo*, era una de las siete maravillas de la Antigüedad.

MAUSS, MARCEL Sociólogo y antropólogo francés (Épinal, 1872 - París, 1950). Sentó las bases de la etnología francesa a través del estudio de las sociedades y las religiones primitivas. Considerado uno de los fundadores del estructuralismo, es autor de *Mélange d'histoire des religions* (1909), *Ensayo sobre el don* (1925) y *Manuel d'ethnographie* (1947).

MAUTHAUSEN Ciudad de Austria, Estado de Alta Austria, junto al Danubio; 4.400 h. Durante la Segunda Guerra Mundial, los nazis establecieron en esta localidad un campo de concentración.

MAXILA f. *Zool.* En algunos artrópodos, cada uno de los dos pares de piezas bucales posteriores a las mandíbulas.

MAXILAR adj. *Anat.* **1** Relativo a la mandíbula superior. || m. *Anat.* **2** Hueso que forma la mandíbula superior.

MAXILÍPEDO m. *Zool.* En los artrópodos, especialmente en los crustáceos, apéndice situado después de las maxilas.

MÁXIMA f. **1** Regla, principio o proposición generalmente admitidos por todos los que profesan una ciencia. **2** Sentencia o doctrina buenos para la dirección de las acciones morales. **3** Norma de conducta.

maximalismo m. Idea o cosa maximalista.
maximalista adj. y com. fig. Extremista, categórico, especialmente respecto a las cuestiones políticas.
máxime adv. m. Con más motivo o más razón.
Maximiano, Aurelio Valerio Emperador romano (Panonia, 250 - Marsella, 310). General de Diocleciano, quien le asoció al trono y le dio el título de augusto (286), con dominio sobre las provincias occidentales.
Maximiliano Nombre de dos emperadores de Alemania.
Maximiliano I (Wiener-Neustadt, 1459 - Wels, 1519). Emperador de Alemania (1493-1519), su labor organizadora y su política matrimonial sentaron las bases de la casa de Austria. Primogénito de Federico III, su matrimonio con María de Borgoña (1477), heredera de Carlos el Temerario, le permitió controlar las posesiones borgoñonas en los Países Bajos. Su matrimonio con Blanca Sforza (1494), le permitió intervenir en los asuntos de Italia y entrar en la Liga Santa contra Italia. Consiguió unificar Austria, Estiria, Carintia, Carniola y el Tirol como Estados hereditarios.
Maximiliano II Emperador de Alemania, rey de Bohemia y Hungría (Viena, 1527 - Ratisbona, 1576). Hijo de Fernando I, se educó en España y fue gobernador de los Países Bajos hasta 1550. Ascendió al trono en 1564.
Maximiliano I el Grande Duque y elector de Baviera (Munich, 1573 - Ingolstadt, 1651). Jefe de los católicos alemanes, organizó la Santa Liga (1609). Luchó con Fernando II de Austria en la guerra de los Treinta Años y venció a Federico, elector del Palatinado (1620). En 1623 fue nombrado elector.
Maximiliano I de Habsburgo, Fernando José Emperador de México (Schönbrunn, 1832 - Querétaro, 1867). Archiduque de Austria y hermano de Francisco José I, aceptó la corona que le ofrecío la junta de notables durante la ocupación de la Ciudad de México por los franceses (1863). Juárez, que no había abandonado la presidencia, le venció y tras un consejo de guerra fue ajusticiado.
Maximiliano José Nombre de dos soberanos de Baviera.
Maximiliano I José (Mannheim, 1756 - Nymphenburg, 1825). Hijo del general francés Federico de Deux Ponts, fue elector desde 1799 y, aliado con Napoleón, éste le reconoció el título de rey de Baviera (1806).
Maximiliano II José (Munich, 1811 - íd., 1864). Sucedió a su padre, Luis I, tras su abdicación en 1848. Opuesto a la hegemonía de Prusia, propuso una confederación de los Estados pequeños germanos. Favoreció las artes.
Maximino, Cayo Julio Vero Emperador romano (Tracia, h. 173 - Aquileia, 238). Ocupó el trono entre 235 y 238. Sucedió a Alejandro Severo, después de hacerle asesinar. Reforzó las fronteras del imperio y venció a los alamanes.
Maximino Daya, Galerio Valerio Emperador romano (? - Tarso, 313). En 305, su tío Galerio le nombró césar con atribuciones sobre Oriente, excepto Asia Menor e Iliria. En 310 fue nombrado augusto por el ejército. Derrotado por Licinio, se envenenó. Protegió la religión pagana.
maximizar tr. **1** *Mat.* Buscar el máximo de una función. **2** Intentar obtener el máximo provecho de algo.
máximo, ma adj. **1** Superlativo de grande. **2** Se dice de lo mayor o más importante en su género. || m. **3** Límite superior o extremo que puede alcanzar una cosa. **4** *Mat.* Mayor valor que puede tomar una función.

Maximino. Escultura romana del siglo III. Museo Capitolino (Roma).

Cultura **maya.** Templo de los Guerreros y pirámide de Kukulkán en Chichén Itzá.

Máximo Magno Emperador romano (Hispania, ? - Aquileia, 388). Jefe de las tropas de Britania, abrazó el cristianismo y se hizo proclamar emperador en 383 frente a Graciano. En 387 invadió Italia, en manos de Valentiniano II, enfrentándose a Teodosio, que lo venció y lo hizo decapitar.
máximum m. Límite o extremo a que puede llegar una cosa, el máximo.
Maxtla Rey tepaneca (? - Azcapotzalco, 1430). Sucedió a su padre, Tezozomoc, en 1427 y fue derrotado y muerto por Nezahualcóyotl.
maxwell o **maxvelio** m. *Fís.* Unidad de flujo magnético en el sistema cegesimal. Equivale al flujo de un campo magnético, cuya intensidad es de un gaus y que atraviesa una superficie de 1 cm² dispuesta perpendicularmente a la dirección del campo. Equivale a 10^{-8} weber.
Maxwell, James Clerk Físico y matemático británico (Edimburgo, 1831 - Cambridge, 1879). Ideó la teoría dinámica del campo electromagnético, demostró la naturaleza ondulatoria de los fenómenos electromagnéticos y formuló las ecuaciones que llevan su nombre, de las que dedujo las acciones electrostáticas y electromagnéticas. Autor de *Tratado de electricidad y magnetismo* (1873).
Maxwell, Robert Editor y político británico, de origen checoslovaco (Selo Slatina, 1923 - Canarias, 1991). En 1947 fundó la editorial Pergamon Press. Inició su expansión editorial a partir de 1984, formando la Maxwell Communication Corporation.
May, Karl Escritor alemán (Hohenstein-Ernstthal, 1842 - Radebeul, 1912). Autor de novelas de aventuras desarrolladas en paisajes exóticos, entre las que destacan *Winnetou* (1893), *El tesoro del lago de plata* (1894) y *El legado de los incas* (1895).
maya[1] f. **1** *Bot.* Planta herbácea perenne, perteneciente a la familia compuestas, de nombre científico *Bellis perennis*, con flor única similar a una margarita. **2** Muchacha a la que, en algunos pueblos, con motivo de las fiestas de mayo, visten con galas. **3** mayo, árbol o palo alto. **4** Canción que se entona en las fiestas de mayo.
maya[2] adj. **1** *Etnol.* Se dice de una familia de pueblos amerindios, establecida en la parte meridional de México, en Guatemala y en algunos territorios de El Salvador y Honduras. Se divide en tres grupos: *huaxtecas*, en Tamaulipas y Veracruz; *mayas* propiamente dichos, en Yucatán, Chiapas y Petén, y *quichés*, en Guatemala. Más com. m. pl. [**Encic.**] **2** Se dice de sus individuos. También com. **3** Relativo a los mayas. **4** *Mat.* Se dice del sistema de numeración que empleaban los pueblos mayas, en que los números podían representarse únicamente por una combinación de sólo tres signos. || m. *Ling.* **5** Lengua hablada por los mayas.

Hist., Etnol. y *Cult.* Alrededor del año 1500 a. C., grupos de gentes de habla maya se hallaban establecidos en el N de lo que hoy es Guatemala y comenzaron a desarrollar las raíces de esta civilización, basada casi exclusivamente en rudimentarias técnicas agrícolas. Es el periodo denominado *arcaico*. Sin embargo, en algunos núcleos comenzaron a surgir culturas locales, y al final de este periodo tenían una organización más desarrollada. El *periodo clásico* (317-987) se caracteriza por la aparición del calendario, la escritura y diversas innovaciones artísticas. Al final de este periodo se produjo una decadencia por causas no determinadas. El *periodo posclásico* (987-1697) se desarrolló en la península del Yucatán y en las tierras altas de Guatemala. Cuando se inició la conquista española del Yucatán, en 1527, la civilización maya se encontraba en un periodo de descomposición política. Poseían dos tipos de calendario: el ritual, o *tzolkin*, y el civil, o *haab*, de 260 y 365 días respectivamente, que se complementaban y coincidían cada 52 años solares. La escritura jeroglífica, utilizada en estelas y códices, ha sido interpretada atendiendo al calendario y las observaciones astronómicas. La religión maya era de gran complejidad, con numerosos dioses y un culto muy organizado dirigido por la clase sacerdotal. En arte abundan los bajorrelieves, estelas, máscaras y construcciones arquitectónicas al servicio del culto. En arquitectura, destaca la pirámide de cuatro lados, con escalinatas a modo de plataformas sucesivas, en cuya cima se levanta el templo, y bóveda maya (falsa bóveda). En el *periodo clásico* destacan las ciudades de Tikal, Uaxactún, Copán, Quiriguá y Palenque, y en el *posclásico*, Chichén Itzá, Uxmal y Kabah. Para la escultura usaron piedra caliza, estuco, barro y madera. Representaron la figura humana de frente y de perfil, con gran vigor expresivo. Las estelas de Palenque, Copán y Quiriguá son las mejores muestras de la escultura maya. En pintura sobresalieron los frescos, de los que son representativos los de Bonampak. En cuanto a la alfarería se distinguieron por la finura de la pasta y la belleza de la decoración pintada.
Maya, Rafael Escritor colombiano (Popayán, 1897 - Bogotá, 1980). De tendencia clásica, en su poesía se da un equilibrio entre tradición y modernidad. Obras: *La vida en la sombra* (1925), *Después del silencio* (1938) y *Navegación nocturna* (1959).
maya-tolteca adj. Perteneciente al periodo de influencia tolteca en la cultura maya. El ejemplo más característico es la ciudad de Chichén Itzá.
Mayaguana Isla del océano Atlántico, en el archipiélago de las Bahamas; 285 km² y 312 h. Pesca. Base naval estadounidense.
Mayagüez Municipio de Puerto Rico; 101.684 h. Puerto. Industria del bordado.
Mayapán *Hist.* Antigua ciudad maya, en la península del Yucatán (México). Formó, con Uxmal y Chichén Itzá, la Liga de Mayapán (987) y, al disolverse ésta, se alzó con el predominio en el nuevo imperio (1194). Sus gobernantes, del linaje cocom, expulsaron a los itzaes de Chichén Itzá, quienes huyeron hacia el Petén.
mayar intr. maullar.
mayear intr. Hacer el tiempo propio del mes de mayo.
Mayenne Departamento de Francia, región de País del Loira; 5.175 km² y 285.338 h. Su capital es Laval.
Mayer, Julius Robert von Físico y médico alemán (Heilbronn, 1814 - íd., 1878). Determinó el equivalente mecánico del calor y estableció el principio de conservación de la energía.
Mayer, Maria Goeppert Física estadounidense de origen alemán (Kattovitz, 1906 - La Jolla, 1972). Investigó la estructura y constitución del núcleo atómico. Premio Nobel de Física (1963), compartido con Wigner y Jensen.

MAYESTÁTICO, CA adj. **1** Relativo a la majestad. **2** PLURAL MAYESTÁTICO.

MAYÉUTICA f. *Filos.* En la filosofía socrática, método por el cual el maestro, mediante preguntas adecuadas, provoca en el alumno el hallazgo de la verdad que éste ya tenía dentro de sí.

MAYFLOWER *Hist.* Nombre del barco que, en 1620, transportó a los primeros colonizadores de Nueva Inglaterra (EE UU).

MAYIDO m. MAULLIDO.

MAYO m. **1** Quinto mes del año, con treinta y un días. **2** Árbol o palo alto, adornado, que se pone en los pueblos en mayo, y al que acuden los mozos y mozas a divertirse.

MAYO Río de México, en el Estado de Chihuahua, que desemboca en el golfo de California; 350 km de curso.

MAYO, PRIMERO DE *Hist.* y *Polít.* Día mundial de las reivindicaciones obreras. Fue instaurado por el Congreso de la II Internacional (1889) en memoria de los muertos y detenidos en la manifestación que tuvo lugar en Chicago durante el mes de mayo de 1886.

MAYO, REVOLUCIÓN DE *Hist.* Levantamiento de los patriotas argentinos en Buenos Aires (22-25 de mayo de 1810), que dio inicio a la independencia del Río de la Plata. Propició la constitución de un cabildo abierto, que destituyó al virrey Hidalgo de Cisneros, y la formación de una junta de gobierno.

MAYO FRANCÉS *Hist.* y *Polít.* Revuelta estudiantil contra el gobierno francés, extendida más tarde al sector obrero, que tuvo lugar en mayo y junio de 1968. Una reforma estructural de la enseñanza fue aprovechada por las tendencias más radicales de la izquierda, dirigidas por D. Cohn-Bendit, entre otros, para promover una *contestación* generalizada a los valores de la sociedad burguesa. La deserción del Partido Comunista y el moderantismo de la sindical Confederación General del Trabajo debilitaron la lucha. La crisis se saldó con un fortalecimiento del gaullismo y la debacle de la izquierda en las elecciones legislativas de ese año. El movimiento ejerció una gran influencia en la cultura y la vida cotidiana posterior.

MAYÓLICA f. Loza común con esmalte metálico, fabricada antiguamente por los árabes y españoles.

MAYONESA f. *Gastron.* Salsa que se hace batiendo aceite crudo y yema de huevo.

MAYOR adj. **1** Comparativo de GRANDE. Que excede a una cosa en cantidad, calidad, edad, intensidad o importancia. **2** Se dice de la persona entrada en años, de edad avanzada. || m. **3** Superior o jefe de una comunidad o cuerpo. **4** Oficial primero de una secretaría u oficina. || m. pl. **5** Abuelos y demás progenitores de una persona. || f. *Lóg.* **6** Primera proposición de un silogismo. || **MAYOR QUE** *Mat.* Signo matemático (>) que, colocado entre dos cantidades, indica que la de la izquierda es mayor que la de la derecha. || **al por mayor** o **por mayor** loc. adv. En cantidad grande.

MAYOR *(Maggiore)* Lago subalpino de Italia y Suiza, atravesado por el río Tesino; 212 km². Turismo.

MAYORAL, LA m. **1** Pastor principal que cuida de los rebaños o cabañas. **2** Capataz de las cuadrillas de trabajadores del campo. **3** Cochero de diligencias y otros carruajes. || f. **4** Mujer del mayoral.

MAYORAZGO, GA m. **1** *Der.* e *Hist.* Institución del derecho civil cuya función es perpetuar en la familia la propiedad de ciertos bienes. **2** Conjunto de estos bienes. || m. y f. **3** Poseedor de los bienes vinculados. **4** Hijo mayor de una persona que posee mayorazgo o de cualquier persona.

MAYORDOMO, MA m. y f. **1** Criado principal de una casa o hacienda. || m. **2** Oficial administrador de una congregación o cofradía.

MAYORGA, MARTÍN DE Administrador colonial español (s. XVIII). Fue gobernador de Guatemala (1773-79) y virrey de Nueva España (1779-83). Fortificó Veracruz y sofocó una rebelión indígena en 1780.

MAYORÍA f. **1** La mayor parte de algo. **2** Edad que la ley fija para tener uno pleno derecho de sí y de sus bienes, mayor de edad. **3** Mayor número de votos conformes en una votación. **4** Parte mayor de los individuos que componen una nación, ciudad o cuerpo. **5** *Mar.* Oficina del mayor general. **6** *Mil.* Oficina del sargento mayor. || **MAYORÍA ABSOLUTA** *Polít.* La que consta de más de la mitad de los votos. || **MAYORÍA RELATIVA** *Polít.* La formada por el mayor número de votos, no con relación al total de éstos, sino al número que obtiene cada una de las personas o cuestiones que se votan a la vez.

MAYORIANO, JULIO VALERIO Emperador romano de Occidente (?, h. 405 - Tortona, 461). Gobernó entre 457 y 461. Combatió a los visigodos en la Galia y obligó a Teodorico a firmar la paz. Reformó los impuestos.

MAYORISTA com. **1** Comerciante que vende al por mayor. || adj. **2** Se dice del comercio en que se vende o compra al por mayor.

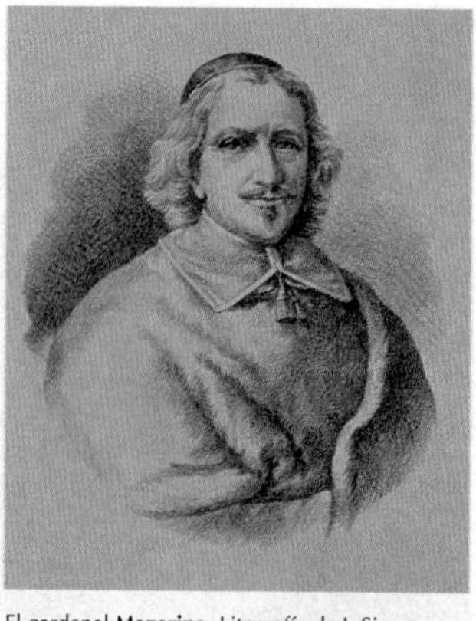

El cardenal **Mazarino.** Litografía de J. Sierra.

MAYOTTE Isla del océano Índico, en el archipiélago de las Comores; 374 km² y 94.410 h. Su capital es Dzaoudzi. Industria azucarera. Pesca. Constituye una colectividad territorial de ultramar de Francia, reivindicada por la República de Comores.

MAYTA CÁPAC Emperador inca (s. XIII). Su reinado está envuelto en la leyenda. Se le atribuye la fundación de Arequipa. Le sucedió su hijo Cápac Yupanqui.

MAYÚSCULO, LA adj. **1** Algo mayor que lo ordinario en su especie. **2** fam. Grandísimo, enorme. || f. **3** LETRA MAYÚSCULA.

MAZA f. **1** Instrumento pesado, con mango, que sirve para machacar. **2** Arma antigua, de madera recubierta de hierro, o toda de hierro, con la cabeza gruesa. **3** Insignia de los maceros. **4** Pelota forrada de cuero, con mango, para tocar el bombo. **5** Extremo más grueso de los tacos de billar.

MAZACOTE m. **1** Comida seca o apelmazada, que debería haber resultado más jugosa o esponjosa. **2** Hormigón. **3** Obra de arte pesada, sin gracia. **4** *Amér.* Pasta hecha de los residuos del azúcar después de refinado.

MAZAGÁN JADIDA, EL.

MAZAMORRA f. *Gastron.* Comida compuesta de harina de maíz con azúcar o miel.

MAZAPÁN m. *Gastron.* Pasta dulce de almendras molidas y azúcar, cocida al horno. Se suele consumir en Navidad.

MAZARICOS Municipio de España, provincia de A Coruña; 7.319 h. Su capital es el lugar de Atán.

MAZARINO, JULES Estadista y cardenal francés, de origen italiano (Pescina, 1602 - París, 1661). Valedor de la política francesa en Italia, fue nuncio extraordinario en París (1635) y logró el favor de Luis XIII y Richelieu. Gracias a él logró el capelo cardenalicio (1641) y el cargo de ministro de Estado (1642). Político hábil y sinuoso, dirigió el país durante la regencia de Ana de Austria y la minoría de edad de Luis XIV, firmando con el imperio la paz de Westfalia (1648); hizo frente a la revuelta de la Fronda (1649), impuso a España la paz de los Pirineos (1659) y preparó el matrimonio de Luis XIV con la infanta española María Teresa de Austria.

MAZAS m. Hombre musculoso. ♦ Su pl. es *mazas.*

MAZATECO, CA o **MAZATLECO, CA** adj. y s. De Mazatlán, México.

MAZATLÁN Ciudad de México, Estado de Sinaloa; 262.705 h. Puerto comercial y pesquero. Turismo.

MAZAZO m. **1** Golpe dado con la maza o el mazo. **2** Cosa que causa fuerte impresión.

MAZDEÍSMO m. *Rel.* Religión de la antigua Persia, llamada también zoroastrismo, por su fundador Zoroastro. Se basaba en el dualismo de dos principios: el bien, simbolizado por la luz, y el mal, por las tinieblas, y personificados, respectivamente, por Ormuz y por Ahrimán, quienes se encontraban en continua lucha, de la que siempre resultaba vencedor el primero. Su libro sagrado es el Avesta. Floreció entre los siglos VI y IV a. C.

MAZEPPA, IVÁN STEPHANOVICH General de los cosacos (Mazepintzi, 1644 - Bander, 1709). En 1687 fue elegido general de los cosacos de Ucrania. Gozó del favor de Pedro el Grande, que le nombró príncipe. Posteriormente prestó sus servicios a Carlos XII de Suecia, con el que tuvo que huir tras ser derrotados en Poltava (1709).

MAZMORRA f. Prisión subterránea.

MAZO m. **1** Martillo grande de madera. **2** Porción de cosas unidas formando grupo.

MAZORCA f. *Bot.* Espiga densa y apretada del maíz.

MAZORRAL adj. Grosero, rudo.

MAZOVIA *Hist.* Región de Polonia, entre el Vístula medio y el bajo Bug. Ducado hereditario de 1138 a 1526, en esa fecha pasó a formar parte del reino de Polonia.

MAZOWIECKI, TADEUSZ Político polaco (Plock, 1927). Colaborador de Walesa, en 1989 fue nombrado primer ministro como representante de la primera coalición gubernamental no comunista del bloque soviético desde la Segunda Guerra Mundial. Dimitió en 1990.

MAZOWIECKIE Provincia de Polonia; 35.715 km² y 5.064.900 h. Su capital es Varsovia.

MAZURCA f. *Folk.* y *Mús.* **1** Danza de origen polaco, de movimiento moderado y compás ternario. Es la danza nacional polaca, originaria de la antigua provincia de Mazuria. **2** Música de esta danza.

MAZURIA Región de Polonia, junto al Báltico, entre el delta del Vístula y la frontera de la Federación de Rusia. Fue colonizada en el siglo XII por los duques de Mazovia, incorporada al ducado de Prusia en el siglo XVI y pasó a Brandemburgo en 1618. En 1945 se convirtió en territorio polaco.

MAZZINI, GIUSEPPE Político revolucionario italiano (Génova, 1805 - Pisa, 1872). Se inscribió en el carbonarismo hacia 1827. Exiliado en 1830, fundó al año siguiente la *Joven Italia,* con el fin de construir una patria unida, libre y republicana, y poco después la *Joven Europa* (1834). Instalado en Suiza, propagó sus ideas a traves de *La Jeune Suisse* hasta su expulsión del país en 1837. En París fundó en 1848 la Asociación Nacional Italiana, continuadora de la *Joven Italia.* Ese mismo año regresó a Italia, donde dirigió la resistencia contra los austriacos en Milán y se convirtió en jefe del triunvirato de la República de Roma (1849). Al caer ésta, se exilió en Londres. En la década siguiente fracasaron sus insurrecciones. Tras la proclamación de la monarquía, llevó a cabo varios intentos de subversión y fundó la Alianza Republicana Universal.

MB *Fís.* Símbolo del milibar.

MBA, LÉON Político gabonés (Libreville, 1902 - París, 1967). Primer ministro al obtener Gabón la autonomía, fundó el Partido de Unión Nacional (1960). Un año después fue elegido presidente de la República. Derrocado por un golpe de Estado el 18 de febrero de 1964, la intervención de los franceses le permitió recuperar el poder al día siguiente. Fue reelegido en 1967 y desempeñó el cargo hasta su muerte.

MBABANE Ciudad capital de Swazilandia y de la región de Hhohho; 38.290 h. Minas de estaño.

MBARACAYÚ Cordillera de Paraguay, departamento de Canendiyú, que sirve en parte de frontera con Brasil. Su altura media es de 200 m.

MBAYÁ adj. y com. **1** *Etnol.* Se dice de un pueblo amerindio caduveo, perteneciente al grupo guaicurú. En el siglo XVI ocupaban gran parte del Chaco y combatieron muchas veces contra los conquistadores de Asunción. **2** Relativo a esta tribu. || m. *Ling.* **3** Lengua de estos indígenas.

MBEYA Región de Tanzania, en Tanganika; 60.350 km² y 1.742.000 h. Su capital es la ciudad del mismo nombre.

MBUJI-MAYI Ciudad de la República Democrática del Congo, capital de la región de Kasai Oriental; 806.475 h. Es el mayor centro comercial de diamantes del mundo. Antiguamente se llamó *Bakwanga.*

MCADAM, JOHN LOUDON Ingeniero británico (Ayr, 1756 - Moffat, 1836). Inventor de un sistema de pavimentación para carreteras denominado *macadán,* que empezó a utilizarse hacia 1823.

MCBRIDE, SEAN Político irlandés (Dublín, 1904 - íd., 1988). Fundador del partido nacionalista republicano Clann a Poblachta, ministro de Asuntos Exteriores de su país (1948-51) y vicepresidente de la OECE, participó en la organización de la Convención de los derechos humanos, y, en 1961, fue elegido presidente del Consejo internacional de Amnistía. Premio Nobel de la Paz, en 1974.

MCCAREY, LEO Director de cine estadounidense (Los Ángeles, 1898 - Santa Mónica, 1969). Realizó películas cómicas protagonizadas muchas de ellas por S. Laurel, O. Hardy, H. Lloyd y los hermanos Marx: *Esposa a medias* (1931), *El buen Sam* (1949) y *Un marido en apuros* (1962).

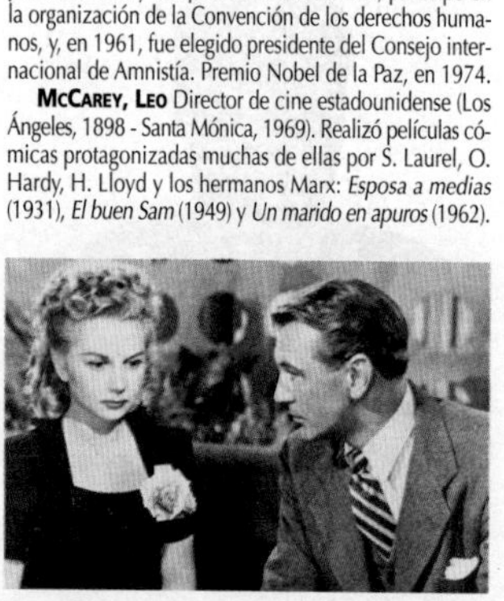

Leo **McCarey.** Escena de *El buen Sam,* protagonizada por Joan Lorring y Gary Cooper.

meandro

McCARTHY, JOSEPH RAYMOND Político estadounidense (Grand Chute, 1908 - Bethesda, 1957). Juez de Wisconsin y senador por este Estado (1946), en 1950 emprendió una campaña anticomunista contra altas personalidades del país, conocida como «caza de brujas», presidiendo el Comité de Actividades Antiamericanas.

McCARTHY, MARY Escritora estadounidense (Seattle, 1912 - Nueva York, 1989). De sus obras narrativas destacan *The Company She Leeps* (1942), *The Groves of Academe* (1952), *Una vida encantada* (1955) y *El grupo* (1963).

McCARTNEY, PAUL Músico británico (Liverpool, 1942). Miembro fundador del grupo THE BEATLES, fue el cantante y compositor de muchas de sus canciones. Disuelto el grupo en 1970, grabó en solitario y creó su propio grupo, Wings, en 1973.

McCLINTOCK, BÁRBARA Bióloga estadounidense (Hartford, 1902 - Huntington, 1992). En 1983 recibió el premio Nobel de Fisiología y Medicina por su descubrimiento sobre la existencia de estructuras móviles en la masa genética.

McCULLERS, CARSON Escritora estadounidense (Columbus, 1917 - Nyack, 1967). Influida por Faulkner, expresó el sentimiento de soledad y la dificultad de comunicación humanos. Autora de la novela *El corazón es un cazador solitario* (1940).

McENROE, JOHN PATRICK Tenista estadounidense (Nueva York, 1959). Considerado uno de los mejores jugadores del mundo, entre sus victorias figuran el campeonato de Wimbledon (1981, 1983 y 1984), el Open de EE UU (1979-82 y 1984) y el Forest Hills (1984).

McKINLEY, WILLIAM Político estadounidense (Niles, 1843 - Buffalo, 1901). En 1896 fue elegido presidente de la República. Durante su mandato tuvo lugar la guerra contra España, la anexión de las islas Hawai y el establecimiento definitivo de la administración de Samoa. Reelegido en 1900 fue asesinado por un anarquista.

McLUHAN, HERBERT MARSHALL Sociólogo canadiense (Edmonton, 1911 - Toronto, 1980). Especialista en medios de comunicación. Autor de *La novia mecánica: folclore del hombre industrial* (1951) y *La Galaxia Gutenberg* (1962).

McMILLAN, EDWIN MATTISON Físico estadounidense (Redondo Beach, 1907 - Montreal, 1991). Compartió el premio Nobel de Química (1951) con Glenn T. Seaborg por sus descubrimientos en la desintegración atómica.

McNAMARA, ROBERT STRANGE Político estadounidense (San Francisco, 1916). Secretario de defensa con Kennedy y Johnson, dirigió la escalada de la guerra en Vietnam (1965-67). Presidente del Banco Mundial entre 1968 y 1981.

MD *Quím.* Símbolo del mendelevio.

ME Dativo o acusativo del pronombre personal de primera persona, masculino o femenino, y singular.

MEA CULPA expr. lat. que significa *por mi culpa*. Se utiliza sustantivada con el artículo masculino.

MEAD, MARGARET Antropóloga estadounidense (Filadelfia, 1901 - Nueva York, 1978). Realizó numerosos estudios etnográficos en Oceanía para investigar los comportamientos en las sociedades primitivas. Obras: *Adolescencia, sexo y cultura en Samoa* (1928), *Sexo y temperamento en las sociedades primitivas* (1935) y *Cultura y compromiso* (1970).

MEADA f. 1 vulg. Porción de orina que se expele de una vez. 2 vulg. Sitio que moja o señal que deja una meada.

MEADE, JAMES EDWARD Economista británico (Dorset, 1907 - Londres, 1995). Destacan sus aportaciones teóricas a la coyuntura de crecimiento de los sistemas económicos internacionales. Premio Nobel de Economía en 1977, junto con B. Ohlin.

MEADO m. vulg. Porción de orina que se expele de una vez.

MEANDRO m. 1 *Geol.* Cada una de las curvas pronunciadas más o menos regulares que describe el curso de un río. Se originan por la dinámica y tendencia al equilibrio de aquél. 2 Por extensión, la misma disposición de un camino. 3 *Arquit.* Adorno de líneas sinuosas y repetidas.

MEANDRO *(Menderes)* Río del SO de Turquía, tributario del mar Egeo; 380 km.

MEAPERROS m. *Bot.* BOTONERA.

MEAPILAS adj. y com. desp. y vulg. Se dice de una persona beata. ♦ Su pl. es *meapilas*.

MEAR intr., tr. y prnl. vulg. Orinar.

MEATH Condado de Irlanda, en la provincia de Leinster; 2.338 km² y 105.370 h. Su capital es Trim.

MEATO m. 1 *Anat.* Orificio o conducto del cuerpo. 2 *Bot.* Espacio hueco intercelular en los tejidos parenquimatosos de las plantas.

MEAUCA f. *Zool.* PARDELA.

MECA f. Lugar que atrae por ser centro donde una actividad tiene su mayor o mejor desarrollo.

MECA *(Makkah)* Provincia de Arabia Saudí; 1.754.000 h. Su capital es La Meca.

MECA, LA *(Makkah)* Ciudad de Arabia Saudí, capital del reino de Hejazz y de la provincia de Meca; 550.000 h. Ciudad santa del Islam, su monumento principal es la Gran Mezquita. Cuna de Mahoma y centro sagrado de peregrinación islámica.

¡MECACHIS! interj. de extrañeza y de enfado.

MECÁNICA f. 1 *Fís.* Parte de la física que estudia el movimiento de los cuerpos y las causas o fuerzas que lo producen, así como el efecto que producen en las máquinas. Comprende tres ramas principales: *cinemática*, que estudia los movimientos independientemente de las fuerzas que los producen; *estática*, que estudia el equilibrio y la acción de las fuerzas sobre los cuerpos, en ausencia de todo movimiento, y *dinámica*, que investiga el movimiento de los cuerpos en virtud de las fuerzas que actúan sobre ellos. 2 *Mec.* Aparato o resorte interior que da movimiento a una máquina. || **MECÁNICA CELESTE** *Astron.* Parte de la astronomía que estudia los movimientos de los cuerpos materiales, naturales y artificiales, bajo el efecto de sus mutuas atracciones. || **MECÁNICA CLÁSICA** *Fís.* La que estudia el comportamiento de los cuerpos a nivel macroscópico. || **MECÁNICA CUÁNTICA** *Fís.* Parte de la física que estudia los fenómenos atómicos y subatómicos. || **MECÁNICA DE LOS FLUIDOS** *Fís.* La que estudia el movimiento y las condiciones de equilibrio de los fluidos y de los cuerpos en ellos sumergidos. || **MECÁNICA ONDULATORIA** *Fís.* La que estudia el mecanismo de los movimientos ondulatorios. || **MECÁNICA RACIONAL** o **ANALÍTICA** *Mat.* La de carácter abstracto y exclusivamente matemático. || **MECÁNICA RELATIVISTA** *Fís.* La que se basa en los principios de la teoría de la relatividad de Einstein.

MECANICISMO m. *Filos.* Doctrina filosófica materialista y determinista que sostiene que todos los fenómenos naturales deben ser explicados en términos de materia y movimiento, y de las leyes que los rigen. A partir de la obra de Descartes —quien afirmó que todos los fenómenos físicos son explicables a partir de principios mecánicos—, tuvo un desarrollo extraordinario en los siglos XVII y XVIII, y ejerció un papel determinante en la actividad científica moderna.

MECÁNICO, CA adj. 1 Relativo a la mecánica o a las máquinas. 2 *Mec.* Que se ejecuta por un mecanismo o máquina. 3 Se dice de los oficios u obras que exigen más habilidad manual que intelectual. 4 Rutinario, que no requiere esfuerzo mental. || m. y f. 5 Persona dedicada al manejo y arreglo de las máquinas. || **MECÁNICO DENTISTA** *Med.* Persona que realiza prótesis dentarias. También se llama *protésico dental*.

MECANISMO m. 1 Estructura interna que hace funcionar algo. 2 Modo de funcionamiento, desarrollo.

MECANIZACIÓN f. 1 Acción y efecto de mecanizar. 2 Implantación del uso de maquinaria para realizar funciones que antes dependían exclusivamente de acciones humanas.

MECANIZADO, DA m. Proceso de elaboración mecánica.

MECANIZAR tr. 1 Implantar el uso de las máquinas en cualquier actividad. También prnl. 2 Someter a elaboración mecánica.

MECANO m. Juguete a base de piezas, generalmente metálicas y atornillables, con las que pueden componerse diversas construcciones.

MECANOGRAFÍA f. Técnica de escribir a máquina.

MECANOTERAPIA f. *Med.* Empleo de aparatos especiales para producir movimientos activos o pasivos en el cuerpo humano, con objeto de curar o aliviar ciertas enfermedades.

MECAPAL m. *Guat., Hond.* y *Méx.* Faja de fibra o cuero para llevar carga a cuestas.

MECAPALERO m. *Guat., Hond.* y *Méx.* Mozo de cordel, cargador que usa el mecapal.

MECATE m. *Guat., Hond.* y *Méx.* Cuerda de pita.

MECEDOR, RA adj. 1 Que mece. || m. 2 Instrumento para mover líquidos. 3 COLUMPIO. || f. 4 Silla de brazos, cuyos pies descansan sobre dos arcos, en la cual puede mecerse el que se sienta.

MECENAS com. fig. Persona o institución que patrocina o apoya económicamente una manifestación cultural o artística, individual o colectiva. ♦ Su pl. es *mecenas*.

MECENAS, CAYO CILNIO Estadista romano (?, 69 - ?, 8 a. C.). Favorito de Octavio, sobre el que ejerció gran

La **Meca** (Arabia Saudí). Santuario de la Kaaba.

Medellín (Colombia).

influencia. Protector de las artes y las letras, patrocinó a Horacio, Virgilio y Propercio. Su nombre se ha utilizado para denominar a la persona que patrocina el arte.
MECENAZGO m. **1** Cualidad de mecenas. **2** Protección dispensada por una persona a un escritor o artista.
MECER tr. **1** Mover una cosa compasadamente sin que cambie de lugar, como la cuna de los niños. **2** *Fís.* Mover un líquido para que se mezcle o incorpore.
MECHA f. **1** Cuerda retorcida o cinta tejida hecha de filamentos combustibles para los mecheros, velas o bujías. **2** Tubo relleno de pólvora para dar fuego a minas y barrenos. **3** Trozo de jamón, tocino u otro alimento para rellenar aves, carne y otras cosas. **4** Mechón de cabellos. **5** Mechón de cabellos de diferente tonalidad obtenida por decoloración o teñido. **6** Procedimiento de robo en tiendas o almacenes que consiste en guardar lo robado entre las ropas.
MÉCHAIN, PIERRE Astrónomo francés (Laon, 1744 - Castellón de la Plana, 1804). Colaboró con Delambre en la medición del arco de meridiano de Dunkerque a Barcelona.
MECHAR tr. *Gastron.* Rellenar con tocino, jamón u otro ingrediente aves o carnes.
MECHERO, RA m. y f. **1** Persona que roba por el procedimiento de la mecha. || m. **2** ENCENDEDOR. **3** Canutillo en el que se pone la mecha o torcida para alumbrar o para encender lumbre. **4** Cañón de los candeleros, en donde se coloca la vela. **5** Boquilla de los aparatos de alumbrado.
MECHÍN, T. P. PERALTA LAGOS, JOSÉ MARÍA.
MECHINAL m. **1** Agujero cuadrado que se deja en las paredes cuando se construye un edificio, para meter en él un palo horizontal del andamio. **2** fig. y fam. Habitación o cuarto muy reducido.
MECHNIKOV, ELIE Biólogo y zoólogo ruso (Ivanorna, 1845 - París, 1916). Descubrió los fagocitos y el fenómeno de la fagocitosis. En terapéutica introdujo el uso de los fermentos lácticos para modificar la fermentación pútrida en el intestino. Premio Nobel de Fisiología y Medicina en 1908.
MECHÓN m. **1** Aumentativo de MECHA. **2** Porción de pelos, hebras o hilos.
MECKEL, JOHANN FRIEDRICH Médico alemán (Wetzlar, 1724 - Berlín, 1774). Describió el divertículo que lleva su nombre. Se trata de un apéndice a fondo ciego en el intestino íleon, que representa un resto del canal onfalomesentérico de la vida fetal y que, a veces, provoca en el adulto una hernia interior.
MECKEL, JOHANN FRIEDRICH Médico alemán (Halle, 1781 - íd., 1833). Nieto del anterior, fue uno de los fundadores de la anatomía comparada y de la teratología. Describió el cartílago que lleva su nombre.
MECKLEMBURGO-ANTEPOMERANIA Land de Alemania, situado junto a la costa del Báltico; 23.170 km² y 1.815.800 h. Capital, Schwerin. Mecklemburgo fue un antiguo ducado que en 1952 desapareció, dando paso a una región que comprendía los distritos de Nueva Brandeburgo, Schwerin y parte del de Rostock. Se incorporó como Land a Alemania en 1990.
MECO, CA adj. **1** *Méx.* Se dice de ciertos animales de color bermejo con mezcla de negro. || m. y f. **2** *Méx.* Indio salvaje.
MECONIO m. **1** Excremento del recién nacido. **2** Jugo que se extrae de las cabezas de las adormideras.
MECÓPTERO, RA adj. *Zool.* **1** Se dice del insecto con aparato bucal masticador y cuatro alas membranosas, como la mosca escorpión. || m. pl. *Zool.* **2** Orden de estos insectos.
MEDALLA f. **1** *Num.* Pieza de metal batido o acuñado con alguna figura, inscripción, símbolo o emblema. **2** *Esc.* Bajorrelieve redondo o elíptico. **3** Distinción honorífica o premio.
MEDALLÓN m. **1** Aumentativo de MEDALLA. **2** *Esc.* Bajorrelieve de figura redonda o elíptica. **3** Joya en forma de caja pequeña o chata, donde generalmente se colocan retratos, pinturas, rizos u otros objetos de recuerdo. **4** Rodaja de alimento, especialmente de pescado.
MEDAN Ciudad de Indonesia, capital de la provincia de Sumatra Septentrional; 1.685.972 h.
MÉDANO m. *Geol.* **1** DUNA. **2** Montón de arena casi a flor de agua, situado donde del mar tiene poco fondo.
MEDAWAR, PETER BRIAN Zoólogo y fisiólogo británico, de origen brasileño (Petrópolis, 1915 - Londres, 1987). Premio Nobel de Fisiología y Medicina (1960), con F. MacFarlane, por sus experimentos sobre la tolerancia a la inmunización.
MEDEA *Mit.* Hija de Eetes, rey de Cólquida. Célebre hechicera, adormeció al dragón que custodiaba el vellocino de oro. Se casó con Jasón, pero al ser abandonada por éste, degolló a sus hijos.
MÉDEA 1 Vilaya de Argelia; 8.834 km² y 652.863 h. **2** Ciudad capital de la misma; 84.062 h.
MEDELLÍN Ciudad de Colombia, capital del departamento de Antioquia; 1.698.777 h. Industria agroalimentaria, química y del automóvil. Fue fundada en 1675. Bellos paseos y jardines, y edificios modernos. Catedral de estilo romántico. Universidad. Hermoso parque-jardín de Bolívar con raros ejemplares de la flora americana. Fabricación de hilados, tejidos, maquinaria, etc.
MEDELLÍN Municipio y lugar de España, provincia de Badajoz, partido judicial de Don Benito; 2.547 h. Teatro y puente romanos. Castillo (siglo XIII).
MEDELLINENSE adj. y com. De Medellín, Colombia.
MEDIA¹ f. **1** Mitad de algunas cosas, especialmente de unidades de medida. **2** Promedio, valor esperado. **3** *Biol.* Capa muscular media de la pared de las venas, arterias y vasos linfáticos. **4** *Dep.* En los equipos de fútbol conjunto de jugadores cuya función es organizar el juego y enlazar las líneas defensiva y delantera. || f. pl. *Ocio.* **5** En el juego del mus, reunión de tres naipes del mismo valor en una mano. || **MEDIA ARITMÉTICA** *Mat.* Cociente entre la suma de los términos de una sucesión y el número de ellos. || **MEDIA PROPORCIONAL** *Mat.* Cantidad que puede formar proporción geométrica con otras dos.
MEDIA² f. **1** Prenda de punto que cubre el pie y parte de la pierna. **2** *Amér.* Calcetín.
MEDIA *Geog. hist.* Antigua región histórica de Asia, al N de la meseta de Irán. Estuvo habitada por los medos, pueblo de raza aria. Su primer monarca fue Deyoces (?-?, 655 a. C.), a quien sucedió su hijo Fraortes, fundador de la capital, Ecbatana. Con Ciájares, el imperio medo alcanzó su mayor esplendor. Éste, con ayuda de Babilonia, conquistó Asiria. En 556 a. C., Ciro el Grande se sublevó contra su abuelo Astiages, rey de Media, y le derrotó cerca de Pasargadas. Media pasó a ser una satrapía del imperio persa.
MEDIACAÑA f. **1** Moldura cóncava de perfil semicircular. **2** Listón de madera con algunas molduras lisas con el que se guarnecen las orillas de las colgaduras de las salas, frisos, etc. **3** Formón de boca arqueada. **4** Lima cuya figura es la de medio cilindro macizo terminado en punta. ♦ Su pl. es *mediascañas*.

MEDIADO, DA adj. Se dice de lo que sólo contiene la mitad de su cabida. || **a mediados** loc. adv. Hacia la mitad.
MEDIADOR, RA adj. y s. Que media.
MEDIALUNA f. **1** Cualquier cosa en forma de media luna. **2** Instrumento en forma de media luna para desjarretar toros en la lidia. **3** Pan o bollo en forma de media luna. **4** Fortificación de los baluartes. ♦ Su pl. es *mediaslunas*.
MEDIANA f. **1** Taco de billar de mayor tamaño que los comunes. **2** Correa fuerte con que se ata el barzón al yugo de las yuntas. **3** *Estad.* Término que ocupa el lugar central de una serie cuando está ordenada en sentido creciente o decreciente. **4** *Geom.* En un triángulo, segmento que une un vértice con el punto medio del lado opuesto.
MEDIANAMENTE adv. m. **1** Sin tocar en los extremos. **2** No muy bien; de manera mediana.
MEDIANEJO, JA adj. **1** desp. MEDIANO. **2** fam. Menos que mediano.
MEDIANERÍA f. **1** Pared común a dos casas u otras construcciones contiguas. **2** Cerca, vallado o seto vivo común a los dos predios rústicos que deslinda.
MEDIANERO, RA adj. **1** Se dice de la cosa que está en medio de otras dos. **2** Se dice de la persona que media e intercede para que otra consiga una cosa o para un arreglo o trato. Más como s. || m. y f. **3** Dueño de una casa que tiene medianería con otra u otras. **4** Mediero, aparcero.
MEDIANÍA f. **1** Término medio entre dos extremos. **2** fig. Persona que carece de cualidades relevantes.
MEDIANO, NA adj. **1** De calidad intermedia. **2** Moderado. **3** fig. y fam. Casi nulo, de mala calidad.
MEDIANOCHE f. **1** Hora en que el sol está en el punto opuesto al mediodía. **2** fig. Bollo pequeño partido longitudinalmente en dos mitades, para hacer bocadillos. ♦ Su pl. es *mediasnoches*.
MEDIANTE adj. **1** Que media. || adv. m. **2** Por medio de, con, con la ayuda de. || **Dios mediante** loc. adv. Si no pasa nada que lo impida.
MEDIAR intr. **1** Llegar a la mitad de una cosa. **2** Interceder o rogar por alguien. **3** Interponerse entre dos o más que riñen o contienden. **4** Existir o estar una cosa en medio de otras. **5** Dicho del tiempo, pasar, transcurrir.
MEDIASTINO *Anat.* Espacio irregular comprendido entre las dos pleuras, que divide el pecho en dos partes laterales.
MEDIATIZAR tr. **1** Privar al gobierno de un Estado de la autoridad suprema, que pasa a otro Estado, pero conservando aquél la soberanía nominal. **2** Dificultar o impedir la libertad de acción de una persona o institución.
MEDIATO, TA adj. Se dice de lo que en tiempo, lugar o grado está próximo a una cosa, mediando otra entre las dos.
MEDIATRIZ f. *Geom.* Cada una de las tres perpendiculares a los lados de un triángulo en sus partes medias. Se cortan en un solo punto llamado circuncentro.
MEDICACIÓN f. *Med.* **1** Administración de uno o más medicamentos con un fin terapéutico. **2** Conjunto de medicamentos.
MEDICAMENTO m. *Med.* Sustancia que se utiliza para producir un efecto curativo.
MEDICAMENTOSO, SA adj. Que tiene las cualidades de un medicamento.
MEDICAR tr. y prnl. Administrar medicinas.
MÉDICAS, GUERRAS *Hist.* Conjunto de las guerras sostenidas entre Grecia y Persia en el siglo V a. C. La *primera guerra médica* tuvo sus antecedentes en la sublevación de Mileto (499). En 494, Mileto fue destruida por los persas. Seguidamente, Darío I encomendó a su yerno Mardonio la conquista de Tracia y Macedonia. La escuadra de Mardonio fue deshecha por una tempestad frente al monte Atos. Otro contingente, al mando de Datis y Artafernes, desembarcó en la costa de Ática, pero fue derrotado por Milcíades en la llanura de Maratón (490). En la *segunda guerra médica*, Jerjes, hijo de Darío, cruzó el Helesponto (480) con un numeroso ejército. Durante dos días el avance persa fue detenido en el desfiladero de las Termópilas por el rey de Esparta, Leónidas, que pereció al frente de sus 300 espartanos. Atenas cayó en poder de Jerjes y fue incendiada. Sin embargo, poco después, la flota persa era aniquilada por Temístocles en Salamina. Por su parte, el espartano Pausanias vencía al ejército de Mardonio en las inmediaciones de Platea (479), mientras que el resto de la flota era derrotada en Mícala. Tras estas victorias se creó, en 476, la liga de Delos, con el fin de liberar las ciudades griegas de Asia. La liga, dirigida por el ateniense Cimón, llevó la guerra a las costas de Asia y venció a los persas a orillas del río Eurimedonte (468). En 449 Pericles firmó la paz con Persia (paz de Calias).
MEDICASTRO m. **1** Médico indocto. **2** Curandero.
MEDICINA f. *Med.* **1** Ciencia que trata de las enfermedades humanas y de la curación de las mismas. Conocida ya probablemente desde la edad de piedra, la

práctica de la medicina estuvo asociada a la magia y la hechicería. Los egipcios aplicaron algunas técnicas de cirugía. En Grecia se elaboró por primera vez el concepto de enfermedad, considerándola como una disarmonía del organismo. Sus representantes más destacados fueron Hipócrates y Galeno. Los árabes (Avicena, Averroes) difundieron por Europa, a través de España, el pensamiento de Galeno. Durante el Renacimiento hubo un especial desarrollo el estudio de la anatomía. En los siglos XVII y XVIII el progreso de la medicina fue notable debido al aumento de medios técnicos, como el microscopio. A fines del siglo XIX se intensificó el estudio de la microbiología y la endocrinología, al tiempo que comenzaron a aparecer vacunas y, ya en nuestro siglo, antibióticos que, junto a la moderna técnica, han conseguido un aumento de las expectativas de vida. 2 MEDICAMENTO. || **MEDICINA FORENSE** o **LEGAL** *Der.* y *Med.* Aplicación de la ciencia médica a los propósitos de la ley civil o criminal.

MEDICINAL adj. 1 Relativo a la medicina. 2 Que tiene propiedades curativas.

MEDICINAR tr. y prnl. Administrar o dar medicinas al enfermo.

MEDICIÓN f. Acción y efecto de medir.

MÉDICIS o **MEDICI** Geneal. Antigua familia güelfa florentina dedicada a las finanzas, que gobernó Florencia (desde mediados del siglo XV) y Toscana (siglos XVI-XVIII).

MÉDICIS, ALEJANDRO LEÓN XI, papa.

MÉDICIS, COSME DE (llamado CÓSIMO EL VIEJO) Estadista florentino (Florencia, 1389 - Careggi, 1464). Protegido del antipapa Juan XXIII, fue a su vez protector de éste cuando se anuló su elección. Consolidó el negocio familiar y dirigió el partido popular de Florencia. Fundó la Academia platónica florentina.

MÉDICIS, COSME I DE Duque de Florencia y primer gran duque de Toscana (Florencia, 1519 - Villa di Castello, 1574). Fue hijo del llamado Juan de las Bandas Negras (véase GIOVANNI DE MÉDICIS). Su poder, amenazado por los intentos de restaurar la república de los Strozzi, fue mantenido por la fuerza. Mandó construir la galería de los Uffizi.

MÉDICIS, GIOVANNI DE LEÓN X, papa.

MÉDICIS, GIOVANNI DE (llamado JUAN DE LAS BANDAS NEGRAS) General italiano (Forli, 1498 - Mantua 1526). Estuvo al servicio del Papa, de Florencia y de Francia. Fue el último de los grandes condotieros italianos.

MÉDICIS, GIULIO DE CLEMENTE VII, papa.

MÉDICIS, LORENZO I DE (llamado LORENZO EL MAGNÍFICO) Estadista y poeta florentino (Florencia, 1449 - Careggi, 1492). Hijo de Pedro II y de Lucrecia Tornabuoni, gobernó Florencia tras la muerte de aquél (1469). Prototipo del príncipe renacentista, supo combinar la violencia, la intriga y la diplomacia frente a los patricios, el Papa, la familia Pazzi y el rey de Nápoles, con una amplia reforma administrativa y el desarrollo de su propia obra literaria. Entre sus obras destacan *La caza con halcón*, *Altercado*, *Cantos carnavalescos* y *Selvas de amor*.

MÉDICO[1], CA adj. 1 Relativo a la medicina. || m. y f. 2 *Med.* Persona que se halla legalmente autorizada para profesar y ejercer la medicina. || **MÉDICO DE CABECERA** *Med.* El que asiste especialmente y de continuo al enfermo.

MÉDICO[2], CA adj. Relativo a Media.

MEDIDA f. 1 Acción y efecto de medir. 2 Expresión de una cantidad o dimensión con relación a una unidad previamente determinada. 3 Cualquiera de las unidades que se emplean para medir longitudes, áreas o volúmenes de líquidos o áridos. 4 *Métr.* Número y clase de sílabas que ha de tener el verso. 5 Proporción o correspondencia que ha de tener una cosa con otra. 6 Disposición, prevención. Más en pl. 7 Grado, intensidad. 8 Cordura, prudencia.

MEDIDOR, RA adj. y s. 1 Que mide. || m. 2 Oficial que mide los granos o líquidos. 3 *Amér.* Contador de agua, gas o energía eléctrica.

MEDIERO, RA m. y f. 1 Persona que hace o vende medias. 2 Cada una de las personas que tienen un negocio a medias.

MEDIEVAL adj. Relativo a la Edad Media de la historia.

MEDIEVALISMO m. 1 Calidad o carácter de medieval. 2 Estudio de la historia en la Edad Media.

MEDIEVO m. Edad Media.

MEDINA (*al-Madinah*) Ciudad de Arabia Saudí, capital de la provincia de su nombre; 290.000 h. Segunda ciudad santa del Islam. Suntuosa mezquita con la tumba de Mahoma.

MEDINA, JOSÉ MARÍA Militar y político hondureño (?, 1826 - ?, 1878). Gobernó dictatorialmente el país en los períodos 1864-72 y 1874-78, año en el que fue obligado a dimitir.

MEDINA, JOSÉ RAMÓN Escritor venezolano (San Francisco de Macaria, 1921). Autor de *Texto sobre el tiempo* (1952), *Sobre la tierra yerma* (1971) y *Certezas y presagios* (1984).

MEDINA, JOSÉ TORIBIO Historiador y bibliógrafo chileno (Santiago de Chile, 1852 - íd., 1930). Uno de los más eruditos historiadores sudamericanos, de su inmensa producción cabe destacar *Historia de la literatura colonial de Chile* (1878) y *Diccionario biográfico colonial de Chile* (1906).

MEDINA ANGARITA, ISAÍAS Militar y político venezolano (San Cristóbal, 1897 - Caracas, 1953). Fue ministro de Guerra y Marina (1936-41) y presidente de la República (1941-45), cargo en que cesó a consecuencia de un movimiento revolucionario.

MEDINA-SIDONIA, ALONSO PÉREZ DE GUZMÁN, DUQUE DE Político español (Sanlúcar, 1550 - íd., 1619). Capitán general de la costa de Andalucía, a la muerte de Álvaro de Bazán, Felipe II le encomendó el mando de la ARMADA INVENCIBLE.

MEDINA ZAHARA o **MEDINA AZZAHRA** *Geog. hist.* Célebre ciudad de la España musulmana, creada en la época del califato. Tuvo el carácter de residencia de recreo de los califas. Sus ruinas distan unos 5 km de la ciudad de Córdoba. Fue comenzada en 936 por Abderramán II.

MEDINÉS, SA adj. y s. De Medina.

MEDIO, DIA adj. 1 La mitad de una cosa. 2 Se dice de lo que está entre dos extremos, en el centro de algo o entre dos cosas. 3 Que está intermedio en lugar o tiempo. 4 Que corresponde a los caracteres o condiciones más generales de un grupo social, pueblo, época, etc. 5 *Fon.* Se dice del fonema que se articula en la zona central de la cavidad bucal. || m. 6 Parte que en una cosa equidista de los extremos. 7 Lo que puede servir para determinado fin. 8 Persona que en el magnetismo animal o en el espiritismo reúne condiciones a propósito para que en ella se manifiesten los fenómenos magnéticos o para comunicar con los espíritus. 9 Diligencia o acción conveniente para conseguir una cosa. 10 Elemento en que vive o se mueve una persona, animal o cosa. 11 Conjunto de circunstancias culturales, económicas y sociales en que vive una persona. 12 Sector, círculo o ambiente social. 13 *Anat.* El dedo central de la mano. 14 *Dep.* En el fútbol y otros deportes, cada uno de los jugadores que en la formación del equipo se sitúan entre los defensas y los delanteros. 15 *Mat.* Fracción que tiene por denominador el número 2. 16 *Num.* Antigua moneda de Colombia y México. 17 *Cuba* Moneda de cinco centavos. 18 *Nic.* Unidad de medida para granos. || m. pl. 19 Caudal, renta o hacienda que uno posee o goza. 20 *Taurom.* Tercio correspondiente al centro del ruedo. || adv. m. 21 No del todo, no enteramente. || **MEDIO AMBIENTE** Conjunto de circunstancias físicas, químicas y biológicas que rodean a los seres vivos y actúan sobre ellos. Por extensión, conjunto de circunstancias físicas, culturales, económicas, sociales, etc., que rodean a las personas. || **a medias** loc. adv. Por mitad; tanto a uno como a otro. También algo, no del todo, ni exactamente la mitad. || **corto de medios** loc. Escaso de fondos. || **de medio a medio** loc. adv. Completamente, enteramente. || **en medio** loc. adv. En lugar o en tiempo igualmente distante de los extremos. También, entre tanto. || **estar de por medio** fr. Mediar en un negocio o asunto. || **meterse de por medio** o **en medio** fr. Interponerse en una riña.

MEDIOCRE adj. 1 De calidad media. 2 Bastante malo.

MEDIODÍA m. 1 Hora en que el Sol está en el punto más alto de su elevación sobre el horizonte. 2 Período de extensión imprecisa alrededor de las doce de la mañana. 3 *Geog.* Punto opuesto al norte, sur.

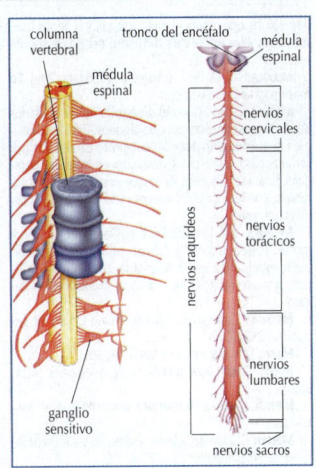

médula espinal

MEDIODÍA-PIRINEOS MIDI-PYRÉNÉES.

MEDIOEVO m. MEDIEVO.

MEDIOMETRAJE m. *Cin.* Película cinematográfica cuya longitud es inferior a 1.500 m.

MEDIOPENSIONISTA adj. y com. Se dice de la persona que vive en alguna institución, en régimen de media pensión.

MEDIR tr. 1 Comparar una cantidad con su respectiva unidad, con el fin de averiguar cuántas veces la primera contiene la segunda. 2 Tratándose de versos, comprobar su medida. 3 fig. Comparar una cosa no material con otra. || intr. 4 Tener determinada dimensión, ser de determinada altura, longitud, etc. || prnl. 5 fig. Contenerse o moderarse en decir o ejecutar una cosa. ♦ IRREG. Se conjuga como PEDIR.

MEDITABUNDO, DA adj. Que medita, cavila o reflexiona en silencio.

MEDITACIÓN f. Acción y efecto de meditar.

MEDITAR tr. Aplicar con atención el pensamiento a la consideración de algo, o discurrir sobre los medios de conocerlo o conseguirlo.

MEDITERRÁNEO, A adj. Relativo al mar Mediterráneo o a los territorios que baña. Aplicado a personas, también s.

MEDITERRÁNEO Gran mar interior, comprendido entre Europa meridional, el N de África y el O de Asia. Se comunica con el océano Atlántico por el estrecho de Gibraltar, y con el océano Índico a través del canal de Suez; 2.505.000 km^2 y 5.120 m de profundidad máxima, al S del cabo Matapán. Ha constituido desde la Antigüedad un importante medio de comunicación entre los pueblos de su litoral, y es ruta obligada para la navegación entre Europa y Oriente, cuyo tráfico se vio en gran manera intensificado con la apertura del canal de Suez. Fue llamado *Mare Nostrum* por los romanos.

MÉDIUM com. Persona a la que se considera dotada de facultades paranormales que le permiten actuar de mediadora en la consecución de fenómenos parapsicológicos o de hipotéticas comunicaciones con los espíritus.

MEDO, DA adj. 1 De Media. 2 *Etnol.* e *Hist.* Se dice de un grupo étnico, perteneciente a los pueblos iranios que aparecieron en el I milenio a. C. en Irán, formando un Estado feudal, que más tarde formaría parte del imperio persa. (Véase MEDIA.) Más en m. pl. 3 Se dice también de los individuos de este grupo. También s. 4 Relativo a este grupo.

MEDOC Comarca del mediodía de Francia, enclavada en el departamento de Gironde. Vinos.

MEDRAR intr. 1 Crecer adecuadamente los animales y plantas. 2 fig. Mejorar uno de fortuna aumentando sus bienes, reputación, etc.

MEDROSO, SA adj. 1 Temeroso, pusilánime, que tiene miedo de cualquier cosa. También s. 2 Que infunde o causa miedo.

MÉDULA o **MEDULA** f. 1 Sustancia grasa, blanquecina o amarillenta (tuétano), que se halla dentro de algunos huesos de los animales. 2 Sustancia esponjosa que se halla dentro de los troncos y tallos de diversas plantas. 3 fig. Sustancia principal de una cosa no material. || **MÉDULA ESPINAL** *Anat.* Parte del sistema nervioso, en continuidad con el encéfalo; cordón del tejido nervioso que se aloja en el conducto vertebral, desde el agujero occipital hasta la región sacra. || **MÉDULA ÓSEA** *Anat.* Te-

Cosme de **Médicis**. Retrato de Jacobo da Pontormo. Galería de los Uffizi (Florencia).

jido celular que ocupa el conducto central de los huesos largos y los intersticios del hueso trabecular esponjoso.

MEDULAR adj. **1** *Biol.* Relativo a la médula. **2** fig. Lo más importante de una cosa.

MEDUSA f. *Zool.* Fase del desarrollo de los cnidarios de la clase escifozoos, aunque algunos hidrozoos también la pueden presentar. Su cuerpo se caracteriza por ser una masa gelatinosa y traslúcida en forma de paraguas, llamada *umbrela*, de la que pende un *manubrio* tubular, con la boca en el extremo inferior y también células urticantes.

MEDUSA *Mit.* Una de las tres Gorgonas, la única mortal. Perseo le cortó la cabeza, utilizando el escudo como espejo para evitar su mirada, con la que petrificaba a sus enemigos. Del cuello de Medusa brotó Pegaso.

MEDWAY Consejo unitario del Reino Unido, en Inglaterra; 242.600 h.

MEER, JAN VAN DER VAN DER MEER, JAN.

MEER, SIMON VAN DER VERMEER o VAN DER MEER, SIMON.

MEERSCH, MAXENCE VAN DER VAN DER MEERSCH, MAXENCE.

MEERUT Ciudad de la India, Estado de Uttar Pradesh, al NE de Nueva Delhi; 753.778 h.

MEFISTÓFELES Personificación del diablo, popularizado por el *Fausto* de Goethe.

MEFISTOFÉLICO, CA adj. **1** Relativo a Mefistófeles. **2** Diabólico, perverso.

MEFÍTICO, CA adj. Se dice de lo que, respirado, puede causar daño, y especialmente cuando es fétido.

MEGA m. *Inform.* Apócope de MEGABYTE.

MEGA-, MEGAL-, MEGALO-; -MEGALIA prefs. o suf. **1** Elementos compositivos que significan grande, grandeza, etc. **2** Con el significado de 10^6 (un millón) se emplea para formar nombres de múltiplos de determinadas unidades, utilizando como símbolo *M: megaciclo, megavatio.*

MEGABYTE m. *Inform.* Medida de capacidad de almacenamiento de un ordenador, equivalente a un millón de bytes o caracteres. Su símbolo es *MB* o *Mbyte.*

MEGACICLO m. *Fís.* Unidad de frecuencia equivalente a un millón de ciclos.

MEGAFLOPS (Del inglés *MEGA FLoating point Operation per Second*) m. *Inform.* Unidad de medida que indica la potencia de cálculo o rendimiento de la CPU de un ordenador.

MEGAFONÍA f. **1** Técnica que se ocupa de los aparatos e instalaciones precisos para aumentar el volumen del sonido. **2** Conjunto de micrófonos, altavoces, etc., que aumentan el volumen del sonido en un lugar de gran concurrencia.

MEGÁFONO m. Artefacto usado para dirigir la voz, amplificándola.

MEGAHERCIO m. *Fís.* Unidad de frecuencia equivalente a un millón de hercios. Su símbolo es *MHz.*

MEGAL- pref. MEGA-.

-MEGALIA suf. MEGA-.

MEGALITO m. *Arqueol.* Monumento prehistórico construido con grandes piedras sin labrar.

MEGALO- pref. MEGA-.

MEGALOMANÍA f. Manía o delirio de grandeza.

MEGALÓMANO, NA adj. Que padece megalomanía.

MEGALÓPOLIS (Voz gr.) f. *Geog.* Gran concentración urbana, formada por varias ciudades o núcleos de población y sus zonas industriales. ♦ Su pl. es *megalópolis.*

MEGALÓPOLIS *Geog. hist.* Antigua ciudad de Grecia, en el Peloponeso, capital de la liga Arcadia.

MEGALÓPTERO, RA adj. *Zool.* **1** Se dice del insecto de medianas dimensiones, con dos pares de alas membranosas bien desarrolladas y aparato bucal masticador. || m. pl. *Zool.* **2** Orden de estos insectos.

MÉGANO m. *Geol.* Duna, médano.

MEGAPODIO OCELADO m. *Zool.* Ave galliforme de nombre científico *Leipoa ocellata*, que se caracteriza por el enorme nido que construye el macho. Vive en Australia.

MEGARA Ciudad de Grecia, en el Nomo de Ática, al O de Atenas; 20.814 h. Fundada por los carios, llegó a rivalizar con Atenas y Corinto. En ella se estableció la famosa escuela filosófica de su nombre.

MEGARA, ESCUELA DE *Filos.* Escuela filosófica fundada hacia el año 400 a. C. por Euclides de Megara. Desarrolló la lógica y la dialéctica.

MEGARENSE adj. y com. De Megara.

MEGARÓN m. *Arqueol.* Nombre con que se denomina la sala principal de los palacios micénicos.

MEGATERIO m. *Paleon.* Mamífero desdentado, fósil, de la familia megatéridos, género *Megatherium*, de tamaño comparable al del elefante. Vivió en el S de América durante el pleistoceno.

MEGATÓN m. *Fís.* Unidad de potencia explosiva de los ingenios nucleares; equivalente a la de un millón de toneladas de trilita o trinitrotolueno.

MEGAVATIO m. *Fís.* Unidad de potencia equivalente a un millón de vatios. Su símbolo es *Mw.*

MEGERA *Mit.* Una de las tres Erinias, símbolo del rencor y la envidia.

MEGHALAYA Estado del NE de la India, fronterizo con Bangla Desh; 22.429 km^2 y 1.774.778 h. Capital, Shillong.

MEGIDDO Ciudad de Israel, al SO de Nazaret. Fue una de las plazas fuertes de Canaán, punto estratégico en las luchas entre Egipto y Asia, conquistada por Tuthmosis III (h. 1467 a. C.).

MEHALA f. En el N de África, campamento castrense, y ejército que en él se halla. Por extensión, conjunto de los soldados que forman una columna expedicionaria, o un ejército en campaña.

MEHMET o **MEHEMET** MUHAMMAD.

MEHMET ALI MUHAMMAD ALI.

MEHTA, ZUBIN Director de orquesta indio (Bombay, 1936). Ha sido director de la Orquesta Filarmónica de Israel (desde 1970) y de la de Nueva York (1976-91).

MEIGO, GA (Voz gall.) m. y f. Brujo.

MEIJI TENNO (MUTSUHITO, llamado) Emperador de Japón (Kyoto, 1852 - Tokio, 1912). Sucesor de su padre Komei (1867), sentó las bases del Estado moderno japonés, suprimiendo el régimen feudal e implantando una monarquía constitucional. Instaló la nueva capital del imperio en Tokio (1869).

MEILLET, ANTOINE Lingüista francés (Moulins, 1866 - Chateaumeillant, 1936). Estudió el cambio lingüístico y el carácter social del lenguaje. Se le considera creador de la lingüística general. Autor de *Lingüística histórica y lingüística general* (1921).

MEIOSIS f. *Biol.* Proceso por el que, a partir de una célula diploide, se originan cuatro células haploides.

MEIR, GOLDA (GOLDA MABOVITZ, llamada) Política israelí, de origen ucraniano (Kiev, 1898 - Jerusalén, 1978). Embajadora en Moscú (1948-49), ministra de Trabajo y de Asuntos Sociales (1949-56) y de Asuntos Exteriores (1956-66), en 1969 fue designada primera ministra. Tras el enfrentamiento árabe-israelí de 1973 y el descalabro militar con que se cerraba la conflagración, presentó la dimisión.

MEIRELES, CECILIA Poetisa brasileña (Rio de Janeiro, 1901 - íd., 1964). Adscrita al modernismo, entre su obra destacan *Poema de los poemas* (1924), *Baladas para el rey* (1924), *Viaje* (1939) y *Retrato del natural* (1949).

MEISSEN Ciudad de Alemania, Land de Sajonia; 37.621 h. Fábricas de porcelana.

Jean-Louis-Ernest **Meissonier.** *Arco del triunfo del Carrousel visto desde las ruinas de las Tullerías.* Museo d'Orsay (París).

MEISSONIER, JEAN-LOUIS-ERNEST Pintor francés (Lyon, 1815 - París, 1891). Maestro en los asuntos de género y militares, pintó sobre las hazañas militares de Napoleón.

MEISTERSINGER (Voz al.) m. pl. *Mús.* y *Lit.* Nombre utilizado para designar a los músicos y poetas que formaban parte de asociaciones destinadas a difundir la música y la poesía alemanas entre los siglos XIV y XVI. El más conocido de los *meistersinger* fue Hans Sachs.

MEJANA f. Isleta en un río.

MEJÍA, HIPÓLITO Ingeniero y político social-demócrata dominicano (Gurabo, Santiago, 1941). Militante del Partido Revolucionario Dominicano, de 1978 a 1982 fue ministro de Agricultura. En mayo de 2000 fue elegido presidente de la República.

MEJÍA, LIBORIO Político colombiano (Rionegro, 1792 - Bogotá, 1816). Sucedió a Fernández Madrid en la presidencia (1816) y, hecho prisionero, fue fusilado.

MEJÍA, TOMÁS Militar mexicano (Santa Catarina, 1820 - Querétaro, 1867). Luchó contra Juárez y fue fusilado junto con el emperador Maximiliano y el general Miramón.

MEJÍA LEQUERICA, JOSÉ Político ecuatoriano (Quito, 1775 - Cádiz, 1813). Vino a España al estallar la guerra de Independencia y fue miembro de las Cortes de Cádiz (1812), donde sostuvo la igualdad de derechos de españoles y americanos.

MEJÍA SÁNCHEZ, ERNESTO Poeta nicaragüense (Masaya, 1923 - Mérida, México, 1985). Entre sus obras destacan *Ensalmos y conjuros* (1947), *La carne contigua* (1948), *El retorno* (1950) y *Recolección a mediodía* (1972).

MEJÍA VALLEJO, MANUEL Escritor colombiano (Jericó, 1923). En su obra se produce una peculiar fusión entre elementos oníricos, fantásticos y realistas que lo acercan al «realismo mágico». Autor de las novelas *La tierra éramos nosotros* (1952), *Al pie de la ciudad* (1958), *Aire de tango* (1973) y *Años de indulgencia* (1989).

MEJÍA VICTORES, ÓSCAR HUMBERTO General y político guatemalteco (Guatemala, 1930). Ministro de Defensa con Efraín Ríos Montt. Dirigió el golpe militar que le derrocó y ocupó la presidencia entre 1983 y 1986.

MEJICANO, NA adj. y s. MEXICANO.

MÉJICO MÉXICO, grafía más usada en este país, aunque la *x* tiene sonido gutural aspirado, como la *j* en España.

MEJILLA f. **1** Cada una de las prominencias que hay en el rostro humano debajo de los ojos. **2** Parte más carnosa de la cara, carrillo.

MEJILLÓN m. *Zool.* Nombre de dos especies de moluscos lamelibranquios bivalvos pertenecientes a la familia mitílidos, de nombres científicos *Mytillus edulis* y *M. galloprovincialis.* Viven fijos a las rocas. La concha es casi negra, y el animal, amarillo, con pie violáceo pardusco.

MEJOR adj. **1** Comparativo de BUENO. Superior a otra cosa y que la excede en una cualidad natural o moral. || adv. m. **2** Comparativo de BIEN. Más bien, de manera más conforme a lo bueno o lo conveniente. **3** Antes o más, denotando idea de preferencia. || **a lo mejor** loc. adv. fam. con que se anuncia la incertidumbre o posibilidad de algo. || **mejor que mejor** expr. Mucho mejor. || **tanto mejor,** o **tanto que mejor** exprs. Mejor todavía.

MEJORA f. **1** Acción y efecto de mejorar. **2** Progreso o aumento de algo. **3** Cambio o modificación realizados en alguna cosa con el fin de mejorarla. **4** Porción que de sus bienes deja el testador a alguno o algunos de sus hijos o nietos además de la legítima estricta.

MEJORANA f. *Bot.* Planta herbácea vivaz de la familia labiadas, de nombre científico *Origanum majorana.* Sus hojas se emplean como condimento culinario. También se cultiva para la obtención de un aceite esencial utilizado en perfumería y farmacia.

MEJORAR tr. **1** Acrecentar algo, haciéndolo pasar de un estado bueno a otro mejor. **2** Poner mejor, hacer recobrar la salud perdida. **3** *Der.* Dejar en el testamento mejora a uno o a varios hijos o nietos. || intr. y prnl. **4** Restablecerse el enfermo. **5** Ponerse el tiempo más benigno. **6** Ponerse en lugar o grado ventajoso respecto del que antes se tenía.

MEJORÍA f. **1** Mejora. **2** Alivio en un padecimiento o enfermedad. **3** Ventaja o superioridad de una cosa respecto de otra.

MEJUNJE m. desp. Mezcla extraña, rara, en algo que se ingiere o que se aplica sobre la piel.

MEKNÈS **1** Provincia de Marruecos; 3.995 km^2 y 741.000 h. **2** Ciudad capital de la misma; 401.000 h. Centro comercial.

MEKONG Río del SE de Asia, que nace en el reborde oriental del Tíbet (China), penetra en Laos, Camboya y Vietnam antes de desembocar en el mar de China Meridional, donde forma un vasto delta al S de Saigón; 4.500 km.

MEL-, MELO-; -MELIA, -MÉLICO, -MELO prefs. o sufs. que significan miembro: *focomelia, rizomélico.*

MELA-, MELAN-, MELANO-; -MELANA, -MELANOS prefs. o sufs. que significan negro: *lepidomelana.*

-MELA suf. MELO-^{2}, canto.

MELA, POMPONIO Geógrafo hispanolatino (s. I). Autor de *De situ orbis*, descripción de todas las partes del mundo hasta entonces conocidas.

MELÁFIDO m. *Geol.* Roca compuesta de feldespato y augita con algo de hierro magnético.

MELAKA Ciudad de Malasia, capital del Estado de su nombre; 295.999 h. Puerto comercial. Antiguamente se llamó *Malaca.*

MELAN- pref. MELA-, negro.
-MELANA suf. MELA-, negro.
MELANCHTHON, PHILIPP (PHILIPP SCHWARZERD, llamado) Teólogo alemán (Bretten, 1497 - Wittenberg, 1560). Fue uno de los más ardientes partidarios de Lutero, al que defendió contra la Sorbona, con su *Apología pro Luthero* (1521). Redactó la *Confesión de Augsburgo* y la defendió, tras la refutación de los teólogos católicos, en una *Apología* (1530-31). Líder del luteranismo a la muerte de su fundador (1546).
MELANCOLÍA f. Tristeza vaga, difusa y permanente.
MELANCÓLICO, CA adj. **1** Relativo a la melancolía. **2** Que tiene melancolía. También s.
MELANESIA Conjunto de islas y archipiélagos que, junto con Australasia, Polinesia y Micronesia constituyen el continente de Oceanía. Comprende las islas situadas al N y NE de Australia: Nueva Guinea, Bismarck, Salomón, Nuevas Hébridas, Nueva Caledonia, Lealtad, Fiji y Rotuma.
MELANESIO, A adj. **1** *Etnol.* Se dice de un pueblo que habita en Melanesia. También s. **2** *Ling.* Se dice de las lenguas nativas de Melanesia. También m.
MELANINA f. *Quím.* Cualquiera de los pigmentos negros o pardos presentes en forma de gránulos en el protoplasma de ciertas células animales.
MELANITA f. *Miner.* Variedad del granate, muy brillante, negra y opaca.
MELANO- pref. MELA-, negro.
-MELANOS suf. MELA-, negro.
MELANOSIS f. *Med.* Alteración de los tejidos orgánicos, caracterizada por el color oscuro que presentan.
MELAR¹ adj. Que sabe a miel.
MELAR² intr. Cocer por segunda vez el zumo de la caña, hasta que adquiere la consistencia de la miel. ♦ IRREG. Se conjuga como ACERTAR.
MELASTOMATÁCEO, A o **MELASTOMÁCEO, A** adj. y f. *Bot.* **1** Se dice de la planta dicotiledónea, con ovario ínfero, placentación axilar, hasta el doble de estambres que de pétalos o sépalos y hojas con nervios prominentes, como el cordobán. || f. pl. *Bot.* **2** Familia de estas plantas.
MELAZA f. Líquido más o menos viscoso, de sabor muy dulce, que queda como residuo de la cristalización del azúcar de caña o de remolacha.
MELBOURNE Ciudad de Australia, capital del Estado de Victoria, en el estrecho de Bass; 3.218.100 h. Centro financiero, comercial y cultural.
MELBOURNE, WILLIAM LAMB, VIZCONDE DE Político inglés (Londres, 1779 - Melbourne House, 1848). Ministro del Interior entre 1830-34, fue primer ministro (1834 y 1835-41).
MELCHOR Nombre de uno de los tres Reyes Magos, según la tradición.
MELCOCHA f. **1** Miel que, estando muy concentrada y caliente, se echa en agua fría y queda muy correosa. **2** Cualquier pasta comestible compuesta principalmente de esta miel elaborada.
MELE f. **1** *Dep.* Jugada característica del rugby en la que los delanteros de los dos equipos forman grupos compactos y se empujan mutuamente con el fin de sacar el balón y que le recoja otro de sus jugadores que está en el exterior. **2** Por extensión, apelotonamiento de gente.
MELEAGRO *Mit.* Hijo de Eneo, rey de Calidón. Ártemis envió un jabalí gigantesco que asolaba sus campos. Meleagro logró matarlo en una cacería a la que concurrieron numerosos héroes.
MELENA¹ f. **1** Cabello que desciende por el rostro, y especialmente el que cae sobre los ojos. **2** El que cae por atrás y cuelga sobre los hombros. **3** Cabello suelto y despeinado. **4** *Zool.* Crin del león.
MELENA² f. *Med.* Pérdida de sangre ennegrecida por el ano, debida a hemorragias en el aparato digestivo.
MELÉNDEZ, CARLOS Político salvadoreño (San Salvador, 1861 - ?, 1919). Presidente provisional de la República a la muerte de M. E. Araujo (1913-14), fue elegido después presidente efectivo (1915-18).
MELÉNDEZ, CONCHA Escritora puertorriqueña (Caguas, 1904 - San Juan, 1983). Autora de *Psiquis doliente* (1923), poesía; *La novela indianista en Hispanoamérica* (1933) y *La inquietud sosegada* (1946), ensayo.
MELÉNDEZ, JORGE Político salvadoreño (San Salvador, 1871 - íd., 1953). Hermano de Carlos Meléndez, ejerció la presidencia de la República entre 1919 y 1923.
MELÉNDEZ VALDÉS, JUAN Poeta y jurista español (Ribera del Fresno, Badajoz, 1754 - Montpellier, 1817). Sirvió a José Bonaparte, por lo que, terminada la guerra de la Independencia, emigró a Francia. Firmó sus primeros poemas con el pseudónimo de *Batilo*. Cultivó la poesía lírica y pastoril, las composiciones de tipo moral, social y filosófico. Autor de *Las bodas de Camacho el rico* (1784), *Poesías* (1785), *A Llaguno* (1794), *Sobre el fanatismo* (1795), *Alarma española* (1808), *Odas a José*

Juan **Meléndez Valdés**. Retrato de Goya. Biblioteca Nacional (Madrid).

Bonaparte (1810-11), *Prólogo de Nîmes* (1815) y *Discursos forenses* (1821).
MELENERA f. **1** Parte de la testuz de los bueyes en la cual se asienta el yugo. **2** Almohadilla o piel que se pone a los bueyes en la frente al uncirlos.
MELERO, RA m. y f. **1** Persona que vende miel. || m. **2** Lugar donde se guarda la miel.
MELGAR, MARIANO Poeta y patriota peruano (Arequipa, 1792 - Lima, 1815). Autor de varias composiciones llamadas yaravíes. Héroe de la Independencia, murió fusilado por los españoles en el levantamiento de Pumacahua.
MELGAR CASTRO, JUAN ALBERTO Militar hondureño (Marcala, 1930). Ministro de Gobernación y Justicia (1972-75) en el Gobierno de López Arellano, derrocó a éste tras un golpe militar y se proclamó presidente de la República (1975-78).
MELGAREJO, MARIANO Militar y político boliviano (Tarata, 1818 - Lima, 1871). Derribó al presidente Achá y se hizo elegir en su lugar (1864-71). Impuso la Constitución de 1868 y firmó tratados de límites con Chile y Brasil.
MELI- pref. MELIT-.
-MELI suf. MEL-.
MELIÁCEO, A adj. y f. *Bot.* **1** Se dice de la planta angiosperma dicotiledónea, con hojas alternas y de climas cálidos, como el cinamomo y la caoba. || f. pl. *Bot.* **2** Familia de estas plantas.
MELIANA Municipio y lugar de España, provincia de Valencia; 9.120 h.
-MÉLICO suf. MEL-.
MELIDE *Mit.* MELLID.
MÉLIÈS, GEORGES Director de cine francés (París, 1861 - Orly, 1938). Entre 1896 y 1912 realizó más de cuatrocientas películas cortas, generalmente de tipo imaginativo y llenas de trucos, como *El ilusionista* (1900), *Viaje a la Luna* (1902), etc. En 1897 construyó el primer estudio cinematográfico.
MELÍFERO, RA adj. Que lleva o tiene miel.
MELIFICAR tr. e intr. *Zool.* Hacer las abejas la miel.
MELIFLUO, FLUA adj. **1** Que tiene miel o es parecido a ella en sus propiedades. **2** fig. Dulce, suave, delicado y tierno en el trato o en la manera de hablar.
MELILLA 1 Comunidad Autónoma y provincia de España, en la costa septentrional del continente africano que comprende el municipio especial de Melilla, los peñones de Alhucemas y Vélez de la Gomera, y las islas Chafarinas; 13,4 km² y 56.929 h. **2** Ciudad capital del municipio, de la provincia y de la Comunidad Autónoma de su nombre. Intensa vida comercial. Puerto. La ciudad representa un interés turístico por ser puerto franco.
MELILLENSE adj. y com. De Melilla.
MELILOTO m. *Bot.* Planta de la familia leguminosas.
MELINDRE m. **1** *Gastron.* Dulce de masa frita, elaborada con miel y harina. **2** *Gastron.* Dulce de pasta de mazapán con baño espeso de azúcar blanco, generalmente en forma de rosquilla muy pequeña. **3** fig. Delicadeza afectada y excesiva en palabras, acciones y ademanes. Más en pl.
MELINDREAR intr. Hacer melindres o ademanes afectados.
MELINDROSO, SA adj. y s. Que afecta melindres o demasiada delicadeza en acciones y palabras.
MELINITA f. *Quím.* Sustancia explosiva cuyo componente principal es el ácido pícrico.
MELISA f. *Bot.* Planta herbácea de la familia labiadas, de nombre científico *Melissa officinalis*.
MELISMA m. *Mús.* Grupo de notas de paso sucesivas, que se cantan sobre una misma vocal con una finalidad ornamental.
MELISO Filósofo griego (Samos, s. v a. C.). Discípulo de Parménides, es el último representante de la escuela de Elea.
MELIT-, MELI-; -MELIT- prefs. o in. que significan miel: *hemelitemo*.
MELÍVORA f. *Zool.* RATEL.
MELLA f. **1** Rotura o hendidura en el filo de un arma o herramienta, o en el borde o en cualquier ángulo saliente de otro objeto. **2** Vacío o hueco que queda en una cosa por faltar lo que la ocupaba. **3** fig. Menoscabo, merma, aun en cosa no material. || **hacer mella** fr. fig. Causar efecto en uno la represión, el consejo o la súplica. También, ocasionar pérdida o menoscabo.
MELLA, RAMÓN Libertador dominicano (? -Ciudad de Santo Domingo, 1863). Colaboró en el movimiento que liberó Santo Domingo de la dominación haitiana (1844), proclamando la segunda independencia y estableció la República.
MELLADO, DA adj. y s. Falto de uno o más dientes.
MELLAR tr. y prnl. **1** Hacer mellas. **2** fig. Menoscabar, disminuir algo no material.
MELLIZO, ZA adj. **1** *Biol.* Nacido del mismo parto. También s. **2** Igual a otra cosa.
MELLOCO m. *Bot.* Planta de la familia baseláceas, que crece en la selva ecuatorial. **2** Tubérculo, feculento y comestible, de esta planta.
MELLONI, MACEDONIO Físico italiano (Parma, 1798 - Portici, 1854). Especializado en el estudio del calor radiante, estableció definitivamente la identidad entre las formas de energía luminosa y calorífica, e inventó la *pila termoeléctrica* junto con Nobili.
MELO-¹; -MELO pref. o suf. MEL-.
MELO-²; -MELO-; -MELA pref., in. o suf. que significan canto, música, canto con acompañamiento de música, etc.: *ornitomelografía, filomela*.
MELO Ciudad de Uruguay, capital del departamento de Cerro Largo; 42.329 h. Fue fundada en 1795.
MELO, FRANCISCO MANUEL DE Escritor y militar portugués (Lisboa, 1611 - íd., 1667). Sirvió a Felipe IV como militar en las guerras de Flandes y Cataluña. Sus poesías acusan la influencia de Góngora y de Quevedo. Como historiador, escribió *Historia de los movimientos, separación y guerra de Cataluña* (1645).
MELO, JOSÉ MARÍA Militar y político colombiano (Chaparral, 1800 - México, 1860). Derrocó al presidente

Melilla (España).

Obando y asumió la dictadura (1854). Finalmente, fue vencido y desterrado.

MELO DE PORTUGAL Y VILLENA, PEDRO Administrador colonial español (Badajoz, 1733 - Pando, 1797). Gobernador de Paraguay (1794), en 1795 sucedió a Arredondo como virrey de Río de la Plata.

MELOCOTÓN m. *Bot.* Fruto del melocotonero. Es una drupa redondeada, de color amarillo con manchas encarnadas, pulpa muy jugosa, y con semilla en hueso con cresta saliente.

MELOCOTONERO m. *Bot.* Pequeño árbol perteneciente a la familia rosáceas, de nombre científico *Prunus persica,* cuyo fruto es el melocotón.

MELODÍA f. *Mús.* Sucesión de notas de diferente duración y altura ordenadas rítmicamente, cuyo resultado se percibe como una forma organizada dotada de un sentido musical. Se usa en oposición a *armonía,* combinación de sonidos simultáneos diferentes pero acordes.

MELODIOSO, SA adj. Dulce y agradable al oído.

MELODRAMA m. **1** *Mús.* Drama musicado; ÓPERA. **2** Drama compuesto para este fin, letra de la ópera. **3** *Teat.* Drama que se representaba acompañado de música instrumental en varios de sus pasajes. **4** *Cin.* y *Teat.* Obra teatral o cinematográfica en que se exageran las escenas sentimentales y patéticas con intención de conmover al público, y género en el que se clasifica.

MELODRAMÁTICO, CA adj. **1** Perteneciente o relativo al melodrama. **2** Se dice también de lo que en composiciones literarias de otro género, y aun en la vida real, participa de las malas cualidades del melodrama.

MELODREÑA adj. Se dice de la piedra de amolar.

MELOGRAFÍA f. Escritura de signos musicales.

MELOJO m. *Bot.* Árbol perteneciente a la familia fagáceas, de nombre científico *Quercus pyrenaica.* Su distribuye por el O de Francia, península Ibérica y NO de Marruecos.

MELOLONTA m. *Zool.* Insecto coleóptero pentámero, nocivo para las plantas.

MELOMANÍA f. Afición exagerada por la música.

MELÓN[1] m. *Bot.* **1** Planta herbácea anual perteneciente a la familia cucurbitáceas, de nombre científico *Cucumis melo,* originaria de Asia y África. **2** Fruto de esta planta. De forma redondeada o elipsoidal, de color amarillo o verde. La parte interior central es hueca y tiene muchas pepitas de corteza amarilla. La pulpa es jugosa, azucarada y aromática.

MELÓN[2]**, NA** adj. y s. fig. y fam. Persona torpe, imbécil.

MELONCILLO m. *Zool.* Mamífero carnívoro perteneciente a la familia vivérridos. Vive en el S de España y Portugal, Asia Menor y gran parte de África.

MELONHUE m. *Zool. Chile* Nombre de diversos moluscos gasterópodos prosobranquios, de la familia tróquidos. Son marinos, parecidos a los bígaros y comestibles.

MELOPEA f. **1** *Mús.* MELOPEYA. **2** *Mús.* Canto monótono. **3** fam. Embriaguez, borrachera.

MELOPEYA f. *Mús.* **1** Arte de producir melodías. **2** Entonación rítmica.

MELOS Isla de Grecia, en el Egeo. (Véase MILO.)

MELOSO, SA adj. **1** Parecido a la miel. **2** fig. Se aplica a la persona, palabras o actitudes excesivamente empalagosas o dulces. Se usa más en sentido peyorativo.

MELOZZO DA FORLI, MARCO Pintor italiano (Forli, 1438 - íd., 1494). Fue discípulo de Piero della Francesca. Su obra más importante fue la decoración del ábside de la iglesia de los Santos Apóstoles de Roma, de la que se conservan algunos fragmentos como *La Ascensión* y los *Ángeles músicos.*

MELPÓMENE *Mit.* Musa de la tragedia.

MELQUISEDEC Rey sacerdote de Salem (Jerusalén), contemporáneo de Abraham, a quien bendijo y le ofreció pan y vino después de la derrota de Codorlahomor. Su sacerdocio es considerado por el cristianismo una prefiguración del de Jesucristo.

MELQUITA adj. *Rel.* **1** Nombre que los monofisitas de Egipto, Siria y Palestina dieron al grupo de cristianos de los patriarcados de Alejandría, Antioquía y Jerusalén que acataron las disposiciones del concilio de Calcedonia (año 451); como esta ortodoxia era también la del emperador de Bizancio, de ahí el nombre de melquitas (en siríaco *melek* significa rey). Después de que la iglesia de Constantinopla abandonara la comunión con Roma tras el cisma de Miguel Cerulario, peligró, y en muchos casos fue rota, la unidad de los melquitas con Roma. En el siglo XVIII se inició la serie de patriarcas melquitas católicos (y también la de los no católicos u *ortodoxos),* existiendo en la actualidad los patriarcados nominales de Alejandría, Jerusalén y Antioquía, unidos de hecho en el de Antioquía, cuyo titular reside en Damasco. Los melquitas, asimismo denominados *grecomelquitas,* utilizan como lengua litúrgica el griego y el árabe. Más como m. pl. **2** Se dice también de sus individuos. También com. **3** Relativo a los melquitas.

MELUN Ciudad de Francia, capital del departamento de Sena y Marne; 35.319 h. Iglesia de Notre-Dame (siglo XII).

MELVA f. *Zool.* Pez marino perteneciente a la familia escómbridos, de nombre científico *Auxis thazard,* muy parecido al bonito.

MELVILLE Isla de Canadá, en el Territorio del Noroeste, situada en el océano Ártico; 42.396 km^2. Es la mayor de las islas del archipiélago de Parry.

MELVILLE Península de Canadá, en el Territorio del Noroeste, entre la isla de Southampton y la Tierra de Baffin; 61.000 km^2. Está unida al continente por el istmo de Rae.

MELVILLE Bahía de Groenlandia, parte NO de la bahía de Baffin.

MELVILLE, HERMAN Escritor estadounidense (Nueva York, 1819 - íd., 1891). Considerado uno de los mejores prosistas en lengua inglesa, es autor de *Taipi* (1846), *Omoo* (1847), *Moby Dick* (1851), *Israel Potter* (1855), *Benito Cereno y otros cuentos de la veranda* (1856), *El estafador y sus máscaras* (1857) y *Billy Budd* (1924).

MEMBRANA f. **1** Piel delgada y flexible que recubre algo. **2** *Biol.* Capa fina de tejido que rodea una parte del cuerpo, y separa o comunica cavidades adyacentes. || **MEMBRANA CELULAR** *Biol.* Película delgada que separa el interior de la célula del medio externo y a través de la cual se regula la entrada y salida de los materiales que se transforman durante el metabolismo. También denominada *membrana plasmática.* || **MEMBRANA MUCOSA** *Biol.* La que tapiza cavidades del cuerpo que tienen comunicación con el exterior. || **MEMBRANA SEROSA** *Biol.* La que tapiza las cavidades cerradas del cuerpo.

MEMBRANOSO, SA adj. **1** Compuesto de membranas. **2** Parecido a la membrana.

MEMBRETE m. **1** Nombre o título de una persona o corporación puesto a la cabeza de la primera plana. **2** Nombre o título de una persona, oficina o corporación, estampado en la parte superior del papel.

MEMBRILLERO m. *Bot.* Arbusto o pequeño árbol perteneciente a la familia rosáceas, de nombre científico *Cydonia oblonga.* Procedente de Asia.

MEMBRILLO m. *Bot.* Fruto del membrillero.

MEMBRUDO, DA adj. Fornido y robusto de cuerpo y miembros.

MEMENTO m. *Liturg.* Cada una de las dos partes del canon de la misa, en que se pide por los vivos y por los difuntos.

MEMEZ f. Simpleza, tontuna, mentecatez.

MEMLING, HANS Pintor flamenco, de origen alemán (Seligenstadt, h. 1433 - Brujas, 1494). Discípulo de Van der Weiden, Bouts y Van der Goes, realizó magistrales retratos. Entre sus obras destacan *Juicio final, Relicario de santa Úrsula* y *Las bodas místicas de santa Catalina.*

Hans **Memling.** *Las bodas místicas de santa Catalina.* Museo Memling (Brujas).

MEMNÓN *Mit.* Rey de los etíopes, hijo de la Aurora y de Titono. Acudió al sitio de Troya, donde fue muerto por Aquiles. Las gotas de rocío que aparecen en los campos al amanecer son las lágrimas que Aurora vertió por su hijo. Se identificaba a este personaje con el coloso de Memnón, erigido por Amenhotep III en Tebas.

MEMO, MA adj. y s. Tonto, simple, mentecato.

MEMORABLE adj. Digno de ser recordado.

MEMORÁNDUM o **MEMORANDO** m. **1** Resumen escrito de las cuestiones más importantes de un asunto. **2** Nota diplomática. **3** Agenda. **4** *Chile* Resguardo bancario. ♦ Su pl. es *memoranda* o *memorandos.*

MEMORAR tr. y prnl. Recordar una cosa.

MEMORIA f. **1** Facultad del intelecto, por medio de la cual se retiene y recuerda lo pasado. **2** Recuerdo. **3** Monumento para recuerdo o gloria de algo. **4** Relación de gastos hechos en una dependencia o negociado. **5** Exposición de hechos, datos o motivos referentes a determinado asunto. **6** Estudio o disertación escrita sobre algo. **7** *Psicol.* Facultad de fijar e integrar percepciones, de modo que quede influido el comportamiento posterior, relacionado con dicha percepción. **8** *Inform.* Parte del ordenador destinada a almacenar temporalmente los resultados del cálculo o bien información permanente. Puede ser de tipo ROM *(Read Only Memory)* o RAM *(Random Access Memory).* **9** *Liturg.* En el calendario litúrgico de la iglesia, simple recuerdo de un santo en el aniversario de su paso por este mundo, cuando dicho bienaventurado no goza litúrgicamente de solemnidad o fiesta. Antes se decía *conmemoración.* || f. pl. **10** p. us. Saludo o recado cortés o afectuoso a un ausente. **11** Libro o cuaderno en que se apunta algo para tenerlo presente. **12** Libro o relación escrita en la que el autor narra su propia vida o acontecimientos de ella. || **de memoria** loc. adv. Reteniendo en ella puntualmente lo que se leyó u oyó. || **hacer memoria** fr. Recordar, acordarse.

MEMORIAL m. **1** Cuaderno en que se escriben determinadas cosas que se desea recordar. **2** Papel o escrito en el que se solicita algo. **3** Boletín o publicación oficial de algunas colectividades.

MEMORIALISTA com. Persona que por oficio escribe memoriales, peticiones.

MEMORISMO m. *Pedag.* Sistema de aprendizaje que se basa en la memorización.

MEMORIZACIÓN f. Acción y efecto de memorizar.

MEMORIZAR tr. Fijar en la memoria algo, como discurso, conjunto de datos, serie de números, etc.

MEMPHIS Ciudad del SE de EE UU, Estado de Tennessee, en la orilla izquierda del Mississippi; 614.289 h. Puerto comercial.

MEN-; -MEN- pref. o in. MENI-.

MENA[1] f. *Geol.* **1** Masa de mineral que puede proporcionar algún recurso, especialmente metales útiles en proporción predominante y listos para su explotación metalúrgica, previa separación física, química o térmica. **2** Mineral del que puede extraerse un metal o elemento determinado.

MENA[2] f. *Zool.* Pez marino teleósteo acantopterigio.

MENA, JUAN DE Escritor español (Córdoba, 1411 - Torrelaguna, 1456). Secretario y cronista de Juan II. Hacia 1422 vertió al castellano la *Ilias Latina* con el título *Omero romançeado,* y en 1438 acabó la *Coronación,* en homenaje al marqués de Santillana. Sus principales producciones poéticas son el poema moral *Los siete pecados capitales,* inacabado, y *Laberinto de Fortuna* o *Las trescientas* (1444).

MENA, PEDRO DE Escultor barroco español (Granada, 1628 - Málaga, 1688). Discípulo de Alonso Cano, es uno de los principales representantes de la escuela granadina del siglo XVII y de la escultura barroca española. Alcanzó un extraordinario dominio técnico en las tallas de madera. Sus imágenes se caracterizan por su misticismo y profunda religiosidad: *San Pedro de Alcántara* (San Antón, Granada), *San Francisco de Asís* (catedral de Toledo), *La Magdalena penitente* (Museo de Valladolid) y *La Dolorosa* (Descalzas Reales, Madrid).

MÉNADE f. Sacerdotisa de Baco, bacante.

MENAJE m. Conjunto de utensilios, muebles y ropas de una casa.

MENAM Río de Tailandia, que se forma por la confluencia del Nam-Ping y el Nam-Yom, atraviesa Bangkok y desemboca en el golfo de Siam; 350 km.

MENANDRO Comediógrafo griego (Atenas, h. 342 - íd., h. 291 a. C.). Representante de la «comedia nueva», escribió un gran número de piezas, de las cuales sólo *El misántropo,* encontrado en 1957, nos ha llegado entera. Influyó en Plauto y Terencio, y en épocas posteriores, en Molière y Goldoni. Otras comedias: *El arbitraje, El adulador, El héroe, El amante, La mujer de Samos, El esclavo* y *El cartaginés.*

MENARQUÍA f. *Fisiol.* Primera menstruación en la mujer, normalmente entre los 12 y 15 años.

MENCHEVIQUE adj. y com. *Hist.* **1** Nombre que recibió el grupo de integrantes del Partido Obrero Social-Demócrata Ruso que se escindió en el Congreso de Bruselas de 1903. Los leninistas, partidarios de incluir medidas revolucionarias en el programa de acción del partido, tomaron el nombre de *bolcheviques* (mayoritarios), mientras que los *mencheviques* (minoritarios), defendían la evolución del país hacia un régimen parlamentario. Participaron en la revolución de 1905 y en el proceso de formación de los *soviets* en 1917, pero a partir de la toma de poder por los bolcheviques, fueron paulatinamente relegados de la política e ilegalizados a partir de 1922. Más como m. pl. **2** Se dice también de los individuos de aquel grupo. También com. **3** Relativo a los mencheviques.

MENCHIKOV, ALEKSANDR DANILOVICH, PRÍNCIPE Estadista ruso (Vladimir, 1673 - Berëzov, 1729). General de Pedro I el Grande, gobernó el país durante los frecuentes viajes del monarca. Conservó su influencia bajo el reinado de Catalina I.

MENCHÚ, RIGOBERTA Líder indigenista guatemalteca (Chimel, Uspantán, 1959). En 1992 le fue concedido el premio Nobel de la Paz por su trabajo en favor de la justicia social y la reconciliación entre los diferentes grupos étnicos de Guatemala, y en 1998 el Príncipe de Asturias de Cooperación Internacional junto con otras seis mujeres.

MENCIO (MENG TSE, llamado) Filósofo chino (Tsou, 371 - Lu, 289 a. C.). Está considerado el mejor intérprete de la doctrina confucianista, que desarrolló en su vertiente moral y jurídica.

MENCIÓN f. Recuerdo o memoria que se hace de una persona o cosa, nombrándola, contándola o refiriéndola. || **MENCIÓN HONORÍFICA** Distinción o recompensa de menos importancia que el premio y el accésit.

MENCIONAR tr. **1** Hacer mención de una persona. **2** Referir, citar o contar una cosa para que se tenga noticia de ella.

MENDA pron. pers. **1** fam. El que habla. Se usa con el verbo en 3.ª persona, precedido de *el, este, mi*. || pron. indet. **2** Una persona cualquiera.

MENDAZ adj. y com. MENTIROSO.

MENDEL, GREGOR Biólogo y religioso austriaco (Heizendorf, 1822 - Brünn, 1884). Realizó una serie de cruzamientos (hibridaciones) con diversas variedades de guisante y estudió la descendencia producida en cada caso. Resumió sus descubrimientos en tres leyes que habrían de constituir los fundamentos de la genética. Su labor pasó inadvertida hasta 1901.

MENDEL, LEYES DE *Biol*. Conjunto de principios sobre la herencia en organismos superiores, descubiertos por Gregor Mendel en 1865. Primera ley o *de uniformidad de la primera generación*: la primera generación del cruzamiento entre individuos homozigotos *AA* y *aa* es uniforme *(Aa)* e idéntica en fenotipo a uno de los padres o bien intermedia entre ambos. Segunda ley o *de segregación*: al formarse los gametos de la primera generación, los genes *A* y *a* se separan y se forman en números iguales de gametos portadores del gen *A* que del *a*. Tercera ley o *de independencia de caracteres*: cuando están en segregación varias parejas alélicas, las diferentes combinaciones de genes que reciben los gametos se producen al azar, a menos que haya genes situados sobre el mismo cromosoma.

MENDELÉIEV, DIMITRI IVANOVICH Químico ruso (Tobolsk, 1834 - San Petersburgo, 1907). Se le debe la clasificación periódica de los elementos químicos y el establecimiento de la ley periódica, según la cual las propiedades de los elementos son función de sus pesos atómicos. Dejó en su *Tabla* algunos lugares vacíos que corresponderían a elementos entonces desconocidos.

MENDELEVIO m. *Quím*. Elemento químico perteneciente al grupo de los actínidos del sistema periódico. Masa atómica 256; número atómico 101; símbolo Mv o Md.

MENDELISMO m. *Biol*. Teoría acerca de la herencia de los caracteres, formulada por G. Mendel. (Véase MENDEL, LEYES DE.)

MENDELSOHN, ERICH Arquitecto alemán (Allenstein, 1887 - San Francisco, 1953). Influido por el expresionismo, combinó en sus construcciones elementos propios de la arquitectura funcionalista con otros más decorativos. Entre sus trabajos destacan el observatorio de Einstein en Potsdam (1920), los almacenes Schocken en Stuttgart (1927).

MENDELSSOHN, MOSES Filósofo alemán (Dessau, 1729 - Berlín, 1786). Destacado representante de la Ilustración alemana, reivindicó los derechos de los judíos y defendió la separación entre iglesia y Estado, así como la libertad religiosa.

MENDELSSOHN-BARTHOLDY, FELIX Compositor alemán (Hamburgo, 1809 - Leipzig, 1847). Era nieto del filósofo Moses Mendelssohn. Destacado representante del romanticismo musical, fue un gran admirador de J. S. Bach, cuya obra contribuyó a difundir. Entre sus obras destacan las sinfonías *Italiana* (1833) y *Escocesa* (1842); la obertura *Ruy Blas* (1839); los oratorios *Paulus* (1836) y *Elías* (1846); el *Concierto en mi menor*, para violín y orquesta (1844); y la música de escena para el *Sueño de una noche de verano* (1843), donde figura la famosa *Marcha Nupcial*.

MENDERES, ADNAM Político turco (Aydin, 1899 - Yassi-Ada, 1961). Colaboró en la fundación del Partido Demócrata, con cuyo apoyo llegó a ocupar el cargo de primer ministro (1950-60). La oposición política le expulsó del poder mediante un golpe de Estado militar. Declarado culpable de haber violado la Constitución, fue condenado a muerte y ahorcado.

MENDÈS-FRANCE, PIERRE Político francés (París, 1907 - íd., 1982). En el periodo 1932-40 fue diputado radicalsocialista. Como presidente del Consejo de Ministros (1954-55) puso fin a la guerra de Indochina y firmó los acuerdos de la conferencia de Londres que supusieron la creación de la Unión Europea Occidental.

MÉNDEZ, JUAN Militar y político mexicano (Tetela, 1820 - México, 1894). Participó en las guerras de Intervención y de Reforma. Triunfante la revolución de Tuxtepec, asumió la presidencia de la República (1876-77).

MÉNDEZ CALZADA, ENRIQUE Escritor argentino (General Belgrano, 1898 - Barcelona, 1940). Publicó entre otros libros *Devociones de Nuestra Señora la Poesía* (1923), *Nuevas devociones* (1924) y *El jardín de Perogrullo* (1925).

MÉNDEZ CAPOTE, DOMINGO Político cubano (Cárdenas, 1863 - La Habana, 1934). Se sumó al movimiento revolucionario contra España y fue nombrado general jefe del Estado Mayor de Máximo Gómez. Llegó a ser vicepresidente de la República en armas (1895).

MÉNDEZ MANFREDINI, APARICIO Político uruguayo (Rivera, 1904 - Montevideo, 1988). Miembro del conservador Partido Blanco, fue presidente de la República (1976-81).

MÉNDEZ MONTENEGRO, JULIO CÉSAR Político guatemalteco (Guatemala, 1915). En el año 1965 asumió la jefatura del ala izquierda del Partido Revolucionario y fue presidente de la República (1966-70).

MÉNDEZ NÚÑEZ, CASTO Marino español (Vigo, 1824 - íd., 1869). En 1865 se le designó al frente de la fragata *Numancia*, con dirección al Pacífico, y tras la muerte del almirante Pareja se hizo cargo de toda la escuadra. Durante la guerra de España contra Chile y Perú, bombardeó Valparaíso y El Callao (1866).

MENDICANTE adj. **1** Que mendiga. También com. **2** Se dice de las órdenes religiosas que tienen por instituto pedir limosna, y de las que por privilegio gozan de ciertas inmunidades, así como de sus miembros.

MENDICIDAD f. **1** Condición de mendigo. **2** Acción de mendigar.

MENDIGANTE adj. y com. Que mendiga.

MENDIGAR tr. **1** Pedir limosna de puerta en puerta. **2** fig. Solicitar el favor de alguien con importunidad y hasta con humillación.

MENDIGO, GA m. y f. Persona que habitualmente pide limosna.

MENDIVE, RAFAEL MARÍA DE Poeta cubano (La Habana, 1821 - íd., 1886). Destacan sus poemarios *Pasionarias* (1847) y *Poesías* (1860).

MENDIZÁBAL (JUAN ÁLVAREZ MÉNDEZ, llamado) Político liberal español (Cádiz, 1790 - Madrid, 1853). Condenado a muerte durante la reacción absolutista de 1823, emigró a Gran Bretaña. De nuevo en España (1835), fue ministro de Hacienda y primer ministro (1835-36), y dos veces más ocupó la cartera de Hacienda (1836 y 1843). Sus reformas económicas fueron de extraordinaria trascendencia. (Véase DESAMORTIZACIÓN.)

MENDOCINO, NA adj. y s. De Mendoza, ciudad o provincia de Argentina.

MENDOCINO Cabo de la costa O de EE UU.

MENDOZA 1 Provincia de Argentina, situada en la región Andina; 148.827 km² y 1.500.818 h. **2** Ciudad capital de la misma; 773.113 h. Fundada en 1560, fue reedificada en 1861 tras su destrucción por un terremoto.

MENDOZA, ALONSO DE Capitán español, de origen extremeño (siglo XVI). Intervino en la conquista de México. Fue comisionado por Pedro De La Gasca para fundar la ciudad de Nuestra Señora de la Paz (1548).

MENDOZA, ANTONIO DE Militar y noble español (Granada o Valladolid, ? - Lima, 1552). Primer virrey de Nueva España (1535). Fomentó y reglamentó el trabajo en las minas, el comercio y la agricultura, fundó la universidad y estableció la imprenta. Fue también virrey del Perú (1551-52).

MENDOZA, CRISTÓBAL Político colombiano (Trujillo, 1772 - Caracas, 1829). La Real Audiencia le confirió el título de protector de los indios, tarea a la que se consagró hasta el estallido del movimiento independentista, al que se adhirió. Fue miembro del triunvirato de la primera República y primer presidente del país en 1811.

MENDOZA, DIEGO DE HURTADO DE MENDOZA, DIEGO.

MENDOZA, EDUARDO Escritor español (Barcelona, 1943). Se dio a conocer con *La verdad sobre el caso Savolta* (1975), novela que se convirtió en uno de los símbolos de la renovación literaria de la España posfranquista. Autor además de *El misterio de la cripta embrujada* (1979), *El laberinto de las aceitunas* (1982), *La ciudad de los prodigios* (1986), *El año del diluvio* (1992), *Una comedia ligera* (1996), *La aventura del tocador de señoras* (2001), *El último trayecto de Horacio Dos* (2002) y la obra teatral *Restauración* (1990).

MENDOZA, GONZALO DE Conquistador español (Baeza, comienzos del s. XVI - ?, 1558). Acompañó al capitán Juan de Salazar en la fundación de Asunción (1537). Sucedió a Martínez de Irala interinamente en el gobierno de Río de la Plata (1556).

MENDOZA, ÍÑIGO LÓPEZ DE SANTILLANA, ÍÑIGO LÓPEZ DE MENDOZA, MARQUÉS DE.

MENDOZA, JAIME Médico y escritor boliviano (Sucre, 1874 - íd., 1939). Publicó las novelas de contenido social *En las tierras de Potosí* (1911), *Páginas bárbaras* (1914) y *Los malos pensamientos* (1916).

MENDOZA, PEDRO DE Conquistador español (Guadix, 1487 - océano Atlántico, 1537). En 1534 se le nombró primer adelantado, gobernador y capitán general de las tierras que conquistase en las regiones del Plata. En

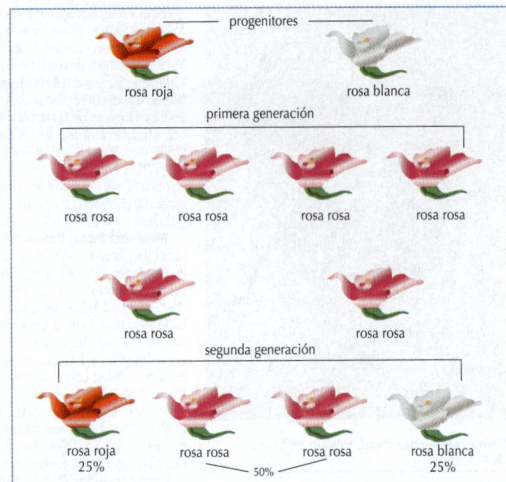

Representación esquemática de las leyes de **Mendel**.

Pedro de **Mendoza**. Retrato anónimo. Biblioteca Colombina (Sevilla).

Ramón **Menéndez Pidal**. Retrato de Joaquín de la Puente.

1536 fundó un fuerte que constituyó el origen de la ciudad de Buenos Aires. Encomendó el mando a Ayolas y decidió regresar a España, falleciendo en la travesía.

Mendoza Caamaño y Sotomayor, José Antonio de, marqués de Villagarcía Político español (? - cabo de Hornos, 1745). Fue embajador en Venecia y virrey de Cataluña (1705). Virrey del Perú (1735-45), reprimió las sublevaciones indígenas de 1739 y 1742.

Mendoza de la Cerda, Ana Éboli, Ana Mendoza de la Cerda, princesa de.

Mendoza y Luna, Juan de, marqués de Montesclaros Político español (Guadalajara, 1571 - Madrid, 1628). Virrey de Nueva España (1603-07) y del Perú (1607-15). Su administración favoreció la condición de los indios.

Mendrugo m. 1 Pedazo de pan duro o desechado. 2 fig. y fam. Tonto, necio, zoquete. También adj.

Menear tr. 1 Mover una cosa de una parte a otra. También prnl. || prnl. 2 fig. y fam. Darse prisa en hacer algo. || **de no te menees** adj. fig. y fam. Importante, impresionante.

Menelao Mit. Rey legendario de Esparta, hermano de Agamenón y esposo de Helena.

Menelao de Alejandría Matemático griego (finales del s. I). Autor del tratado *Sphaerica*, en el que se hallan los fundamentos de la trigonometría esférica.

Menelik II o **Menilek** Negus de Etiopía (?, 1844 - Addis Abeba, 1913). Accedió al trono en 1889. Un año antes había fundado la nueva capital, Addis Abeba. En 1898 derrotó a los italianos en Adua, con lo que obtuvo la independencia para su país.

Menem, Carlos Saúl Político argentino (Anillaco, Argentina, 1930). Hijo de una familia de emigrantes sirios, se graduó de abogado en la Universidad de Córdoba en 1955. Ejerció como abogado laboralista y pronto se vinculó al Partido Justicialista. Gobernador de La Rioja en 1973, tras el golpe militar en 1976 fue destituido y encarcelado. Tras la vuelta a la democracia (1983), fue nuevamente nombrado gobernador de La Rioja. Se convirtió en uno de los principales líderes del peronismo y como tal, se presentó a las elecciones presidenciales de 1989, en las que venció. Intentó normalizar las relaciones con Gran Bretaña, decretó la amnistía para los responsables de la dictadura y puso en marcha una política económica de corte neoliberal, que, aunque no evitó el empobrecimiento de algunos sectores de la sociedad, tuvo resultados perceptibles. Fue reelegido en 1995 y ocupó el cargo hasta los comicios de octubre de 1999. Acusado de tráfico ilegal de armas en 2001, fue finalmente absuelto.

Menéndez, Francisco Militar y político salvadoreño (Ahuachapán, 1830 - San Salvador, 1890). En 1885, con un grupo de exiliados, estableció un gobierno provisional contrario al presidente Zaldívar. Fue éste, ocupó la presidencia de la República (1887-90).

Menéndez de Avilés, Pedro Marino español (Avilés, 1519 - Santander, 1574). Al mando de la flota de Indias en 1560 y 1561, exploró la Florida, de la que fue adelantado y gobernador general (1565). Gobernador de Cuba (1567), en 1574 fue reclamado por el rey para organizar la Armada Invencible, pero la muerte le sobrevino antes de que pudiera finalizar su misión.

Menéndez Pelayo, Marcelino Historiador y filólogo español (Santander, 1856 - íd., 1912). Su gran labor en el campo de la investigación y crítica literaria, histórica y filosófica, estuvo condicionada por su conservadurismo y religiosidad. Entre sus trabajos destacan *Antología de poetas líricos castellanos* (1890-1906), *Historia de la poesía castellana en la Edad Media* (1890-1908), *Antología de poetas líricos castellanos* (1890), *Calderón y su teatro* (1891), *Antología de poetas hispanoamericanos* (1892), *Estudios de crítica literaria* (1893-1908) y *Orígenes de la novela* (1905-14), historia y crítica literaria; *Historia de los heterodoxos españoles* (1880-82), *Historia de las ideas estéticas en España* (1883-91) y *Ensayos de crítica filosófica* (1892), historia y crítica filosófica; *Horacio en España* (1885) y *Bibliografía hispanolatina clásica* (1902), de erudición clásica; y *Epístola a Horacio* (1877), poéticas.

Menéndez Pidal, Ramón Filólogo e historiador español (La Coruña, 1869 - Madrid, 1968). Fue discípulo de Menéndez Pelayo. Fue miembro de la Academia de la Historia y presidente de la Real Academia Española (1925-1939 y 1947-1968). Su mayor empresa fue el estudio de la historia de la lengua española y de la literatura de la Edad Media sobre la base de documentos vivos y originales. En esta línea se consideran sus libros fundamentales el *Cantar de Mio Cid, texto, gramática y vocabulario* (1908-11 y 1944), *La España del Cid* (1930 y 1947) y *En torno al poema del Cid* (1936). Otras obras: *La leyenda de los infantes de Lara* (1896), *Crónicas generales de España* (1898), *Manual de gramática histórica española* (1904), *La epopeya castellana a través de la literatura española* (1910), *Poesía juglaresca y juglares* (1924), *Orígenes del español* (1926 y 1951), *Flor nueva de romances viejos* (1928), *Idea imperial de Carlos V* (1940), *Romance hispánico: hispano-portugués, americano y sefardí* (1953), *La chanson de Roland y el neotradicionalismo* (1959), *El padre Las Casas, su doble personalidad* (1962). Desde 1947 dirigió la *Historia de España*, publicada por Espasa Calpe.

Meneo m. 1 Acción y efecto de menear. 2 fig. y fam. Vapuleo, tunda.

Meneptah Faraón de Egipto (s. XIII a. C.). Miembro de la XIX dinastía, fue hijo y sucesor de Ramsés II. Defendió Egipto de las invasiones de los pueblos del Mar. Es el faraón que aparece en el Éxodo bíblico.

Menes Faraón de Egipto (s. XXX a. C.). Su nombre inicia la I dinastía. Reunió bajo sus dominios los reinos del Alto y Bajo Egipto, y fundó Menfis.

Meneses, Guillermo Escritor venezolano (Caracas, 1911 - íd., 1978). Es autor de novelas como *Canción de negros* (1934), *Campeones* (1938), *El mestizo José Vargas* (1942), *El falso cuaderno de Narciso Espejo* (1953) y *La misa de Arlequín* (1963).

Menesicles o **Mnesicles** Arquitecto griego (Atenas, s. V a. C.). Construyó los Propileos de la Acrópolis de Atenas entre el 437 y 432 a. C., en los órdenes dórico y jónico. Quedaron inconclusos a causa de la guerra del Peloponeso.

Menester m. 1 Falta o necesidad de una cosa. 2 Trabajo, ocupación. || m. pl. 3 Necesidades fisiológicas. || **ser menester** fr. Ser preciso algo o haber necesidad de ello.

Menesteroso, sa adj. y s. Falto, necesitado.

Menestra f. Guisado compuesto con diferentes hortalizas y carne o jamón.

Menestral, la m. y f. Persona que tiene un oficio manual.

Menfis (Men-nefer) Geog. hist. Ciudad de Egipto, una de sus antiguas capitales situada en una llanura, en la margen izquierda del Nilo. Se atribuye su fundación al rey mítico Menes (IV milenio a. C.). Su monumento más importante era el gran templo de Ptah, a quien estaba consagrada la ciudad. La necrópolis de Saqqarah ocupaba una considerable extensión de terreno, con las pirámides de reyes de las dinastías III, V y VI.

Menfita adj. y com. De Menfis.

Meng Tse Mencio.

Mengano, na m. y f. Nombre con que se designa a una persona cualquiera.

Menger, Karl Economista austriaco (Nowy Sacz, 1840 - Viena, 1921). Cofundador de la escuela de la utilidad marginal, se opuso al método histórico y dio el valor de los bienes una motivación psicológica.

Mengíbar Municipio y lugar de España, provincia de Jaén; 8.563 h.

Mengistu Hailé Mariam Militar y político etíope (Harar, 1937). Miembro del Consejo Militar Administrativo Provisional (DERG), del que después sería vicepresidente y presidente, tomó parte activa en el derrocamiento de Haile Selassie. Tras el asesinato de T. Benti fue nombrado jefe de Estado (1977-91).

Mengs, Anton Raphael Pintor alemán (Aussig, 1728 - Roma, 1779). Trabajó en Roma, donde realizó *El Parnaso* para la villa Albani; en Dresde, bajo la protección del elector Augusto III, y en Nápoles. A instancias de Carlos III se trasladó a España (1761), donde fue nombrado pintor de cámara. Representante del neoclasicismo, en Madrid realizó los frescos del Palacio Real y la decoración del salón del teatro de Aranjuez (*Crucifixión*), además de varios retratos.

Mengua f. 1 Acción y efecto de menguar. 2 Pobreza; escasez que se padece de algo. 3 fig. Descrédito, deshonra.

Menguado, da adj. y s. 1 Empequeñecido, acortado. 2 Tímido, pusilánime. 3 Tonto, falto de juicio. 4 Miserable, ruin o mezquino. || m. 5 Cada uno de aquellos puntos que se disminuyen al hacer punto o ganchillo.

Menguante adj. 1 Que mengua. 2 Fase de la Luna, intermedia entre la luna llena y la nueva. 3 Disminución del caudal de los ríos o arroyos por el calor o sequedad. 4 Descenso del agua del mar por efecto de la marea. 5 fig. Decadencia o disminución de algo.

Menguar intr. 1 Disminuir o irse consumiéndose física o moralmente algo. También tr. 2 Hablando de la Luna, disminuir la parte iluminada del astro. 3 En las labores de punto, ir reduciendo regularmente los puntos que están prendidos en la aguja, para que resulte disminuido su número en la vuelta siguiente. || tr. 4 Disminuir o aminorar.

Mengue m. fam. El diablo.

Menhir m. *Arqueol.* Monumento megalítico que consiste en una piedra, de mayor longitud que largura, hincada verticalmente en el suelo por uno de sus extremos.

Meni-, men-, meno-; -men-; -menia prefs., in. o suf. que significan luna o mes.

-menia suf. meni-.

Mening-, meningo-; -mening- prefs. o in. que significan membrana, especialmente la que recubre el encéfalo: *perimeningitis*.

Meninge f. *Anat.* Cada una de las tres membranas que envuelven el encéfalo y la médula espinal. Son tres en los mamíferos: *piamadre, aracnoides* y *duramadre*; en las formas inferiores hay sólo una o dos.

Meningitis f. *Pat.* Inflamación de las meninges debida a agentes víricos, bacterianos o protozoarios.

Meningo- pref. mening-.

Meningococo m. *Biol.* Diplococo gram negativo, de nombre científico *Neisseria meningitidis*, causante de la meningitis cerebroespinal epidémica.

Menino, na m. y f. *Hist.* Miembro de la nobleza que desde niño entraba en palacio a servir a la reina o a los príncipes niños.

Menipo Filósofo griego y escritor griego (s. III a. C.). Perteneciente a la escuela cínica, escribió sátiras, que dieron inicio al género de las *sátiras menípeas*.

Menisco m. 1 *Anat.* Cartílago en forma de media luna presente en ciertas articulaciones, como la de la rodilla. 2 *Fís.* Superficie libre de un líquido, que está próxima a las paredes del recipiente y curvada a causa de la tensión superficial.

Menispermáceo, a adj. y f. *Bot.* 1 Se dice de la planta dicotiledónea, leñosa y trepadora, con las hojas generalmente alternas y simples, flores unisexuales y dioica, propia de países cálidos, como la coca de Levante, el colombo y la butua. || f. pl. *Bot.* 2 Familia de estas plantas.

Menkauka Micerino.

Anton Raphael **Mengs**. *Crucifixión*. Palacio Real de Aranjuez (Madrid).

MENKENT *Astron.* Estrella anaranjada de la constelación del Centauro. Es de magnitud 2,2 y su nombre científico es *alfa-Centauri.*
MENNO SIMONS Reformador neerlandés (Witmarsun, 1492 - Wüstenfeld, 1559). Sacerdote católico primero, siguió después a Lutero. Más tarde se adhirió a los anabaptistas, a los que abandonó luego, dando origen a la facción de los *mennonitas.*
MENNONITA o **MENONITA** adj. **1** *Rel.* Se dice del individuo disidente de los anabaptistas que acepta la doctrina de Menno. Son pacifistas, rehúsan desempeñar cargos públicos, y siguen las enseñanzas del Nuevo Testamento. Existen colonias de esta secta en Canadá, México, EE UU, Paraguay y Rusia. También com. **2** Perteneciente o relativo a dicha doctrina.
MENO- pref. MENI-.
MENOCAL, MARIO GARCÍA GARCÍA MENOCAL, MARIO.
MENOLOGIO m. Martirologio de los cristianos griegos ordenado por meses.
MENOMINI adj. *Etnol.* **1** Se dice de una tribu de amerindios de la familia lingüística algonquina, que habita en la región comprendida entre el lago Michigan y el Superior (Canadá). Aplicado a personas, también com. **2** Perteneciente o relativo a esta tribu.
MENONITA MENNONITA.
MENOPAUSIA f. *Fisiol.* Cese natural de la menstruación en la mujer. Se suele producir a partir de los 45 años.
MENOR adj. **1** Comparativo de PEQUEÑO. Que tiene menos cantidad, tamaño, extensión, etc., que otra cosa de la misma especie. **2** De menos importancia. **3** Se dice de la persona que aún no ha alcanzado la mayoría de edad. También com. || m. pl. *Gram.* **4** En los estudios de gramática, clase tercera, en que se enseñaban las oraciones y construcciones más fáciles de la lengua latina. || f. *Lóg.* **5** Segunda proposición de un SILOGISMO, premisa menor. || **MENOR DE EDAD** *Der.* Se dice de la persona que aún no ha alcanzado la mayoría de edad. Suele decirse, simplemente, *menor,* como adjetivo sustantivado. || **MENOR QUE** *Mat.* Signo matemático representado por < y que se coloca entre dos cantidades para indicar que la primera es menor que la segunda. || **al por menor** loc. adv. que se usa cuando las cosas se venden en pequeñas cantidades.
MENORAH (Voz hebr.) f. En la historia bíblica, candelabro de siete brazos que había de arder día y noche en el tabernáculo del templo de Jerusalén. Junto con la estrella de David, es el símbolo más popular de la religión de Israel.
MENORCA Isla de España, en el archipiélago y provincia de Baleares, la más oriental y la segunda en extensión de éste; 701,84 km² y 68.027 h. Capital, Mahón. Está separada de la isla de Mallorca por el canal de Menorca. Turismo. Monumentos prehistóricos (*navetas y talayotes*).
MENORQUÍN, NA adj. y s. De Menorca.
MENORRAGIA f. *Med.* Hemorragia excesiva durante la menstruación.
MENOS adv. comp. **1** Denota idea de falta, disminución, restricción o inferioridad en comparación expresa o sobreentendida. Se une al nombre, al adjetivo, al verbo, a otros adverbios y a modos adverbiales, y cuando la comparación es expresa, se construye con la conjunción *que.* Unido al artículo determinado en todos sus géneros y números, forma el superlativo relativo de inferioridad. También m. **2** Denota a veces limitación indeterminada de cantidad expresa. En *Mat.* asimismo idea opuesta a la de preferencia. || m. *Mat.* **4** Signo de sustracción o resta, que se representa por una rayita horizontal (–). || prep. **5** EXCEPTO. || **a menos que** loc. conj. A no ser que. || **al, a lo, o por lo, menos** loc. conj. con que se denota una expectación o salvedad. También, ya que no sea otra cosa, o ya que no sea más. || **de menos** loc. adv. que denota falta de número, peso o medida. || **por lo menos** loc. conjunt. Como mínimo.
MENOSCABAR tr. **1** Disminuir algo en valor, importancia o prestigio. También prnl. **2** fig. Deteriorar y deslustrar una cosa, quitándole parte de la estimación o lucimiento que antes tenía. **3** fig. Causar mengua o descrédito en la honra o en la fama.
MENOSPRECIAR tr. **1** Tener a una cosa o a una persona en menos de lo que merece. **2** Desdeñar, despreciar.
MENOSPRECIO m. **1** Poco aprecio, poca estimación. **2** Desprecio, desdén.
MENOTTI, GIAN CARLO Compositor estadounidense de origen italiano (Cadegliano, 1911). Autor de las óperas *La médium* (1946), *El teléfono* (1947), *El cónsul* (1950), *Amahl y los visitantes nocturnos* (1951).
MENSAJE m. **1** Recado de palabra o por escrito que una persona envía a otra. **2** Aportación religiosa, moral, intelectual o estética de una persona, doctrina u obra. **3** Conjunto de señales, signos o símbolos que son objeto de una comunicación.

Menorca (Baleares). Puerto de Ciudadela.

MENSAJERÍA f. **1** Servicio de reparto de avisos, paquetes, etc. **2** Empresa o sociedad que se encarga de este servicio.
MENSAJERO, RA m. y f. Persona que lleva un recado, despacho o noticia a otra. También adj.
MENSTRUACIÓN f. *Fisiol.* Descarga periódica de un conjunto de líquidos sanguíneos, coágulos y material celular procedente de la superficie uterina, que periódicamente expulsa la mujer cuando no se ha producido la fecundación de un óvulo en el ciclo reproductor. Aparece en la pubertad, desaparece en la menopausia y, temporalmente, en el embarazo. Se produce durante 3 a 6 días, en intervalos de 28 a 30.
MENSTRUO, TRUA adj. **1** Perteneciente a la menstruación. || m. *Fisiol.* **2** Menstruación.
MENSUAL adj. **1** Que sucede o se repite cada mes. **2** Que dura un mes.
MENSUALIDAD f. **1** Sueldo de un mes. **2** Cantidad que se paga mensualmente por una compra aplazada, un servicio, etc.
MÉNSULA f. *Arquit.* Elemento arquitectónico de madera o piedra, perfilado con diversas molduras, que sobresale de un plano vertical y sirve para recibir o sostener alguna cosa, como el alero del tejado, la cornisa, etc.
MENSURABLE adj. Que se puede medir.
MENSURAR tr. MEDIR.
MENTA f. *Bot.* **1** Nombre de diversas plantas herbáceas de la familia labiadas, género *Mentha.* Las especies más comunes son: menta común (*M. piperita*), hierbabuena (*M. viridis*) y poleo (*M. pulegium*). De la menta común se extrae una esencia muy utilizada con fines medicinales y en la preparación de caramelos, licores, dentífricos, perfumes, etc. **2** Esencia extraída de esta planta y licor e infusión preparados a base de la misma.

menta

MENTALIDAD f. **1** Capacidad, actividad mental. **2** Cultura y modo de pensar que caracteriza a una persona, a un pueblo, a una generación, etc.
MENTALISMO m. Nombre que reciben aquellas corrientes de pensamiento que basan sus teorías en el estudio de la conciencia.
MENTALIZAR tr. Preparar o predisponer la mente de alguien de modo determinado. También prnl.
MENTAR tr. Nombrar, mencionar, citar. Se usa más en lenguaje popular. ♦ IRREG. Se conjuga como ACERTAR.

MENTE f. **1** Capacidad intelectual humana. **2** Pensamiento. **3** Actitud. **4** Propósito, voluntad. **5** *Psicol.* Conjunto de las actividades o procesos psíquicos conscientes e inconscientes.
-MENTE suf. Elemento que se pospone a los adjetivos femeninos para formar adverbios de modo.
MENTECATO, TA adj. y s. **1** Tonto, falto de juicio. **2** De escaso juicio y entendimiento.
MENTIDERO m. fam. Lugar donde se reúne la gente para conversar.
MENTIR intr. **1** Decir o manifestar lo contrario de lo que se sabe, cree o piensa. **2** Inducir a error. ♦ IRREG. Se conjuga como SENTIR.
MENTIRA f. **1** Expresión o manifestación contraria a lo que se sabe, cree o piensa. **2** fig. y fam. Manchita blanca que suele aparecer en las uñas. || **parece mentira** expr. hiperbólica con que se da a entender la extrañeza o sorpresa que causa alguna cosa.
MENTIRIJILLAS, DE loc. adv. fam. En broma, aparentando sinceridad.
MENTIROSO, SA adj. **1** Que tiene costumbre de mentir. También s. **2** Engañoso, falso.
MENTÍS m. Acción de desmentir lo dicho por otra persona. ♦ Su pl. es *mentís.*
MENTOL m. *Quím.* Alcohol saturado de fórmula $C_{10}H_{20}O$, que es el principal componente de la esencia de menta y se usa como antiséptico y para aromatizar diversos productos.
MENTÓN m. Barbilla o prominencia de la mandíbula inferior.
MENTOR m. **1** fig. Consejero o guía de otro. **2** fig. El que sirve de ayo.
MENTOR *Mit.* Amigo de Ulises, que, al partir hacia Troya, le encargó el cuidado de sus bienes y su familia y la educación de su hijo Telémaco.
MENTUHOTEP Nombre de diversos faraones egipcios de la XI dinastía, que reinaron durante el Imperio medio (siglo XXI a. C.).
MENÚ m. **1** Conjunto de platos que constituyen una comida. **2** Carta del día donde se relacionan las comidas, postres y bebidas. **3** Comida de precio fijo que ofrecen hoteles y restaurantes, con posibilidad limitada de elección. **4** *Inform.* Lista de funciones opcionales dentro de un determinado programa que aparecen en la pantalla de un ordenador.
MENUDEAR tr. **1** Hacer algo muchas veces, repetidamente. || intr. **2** Caer o suceder alguna cosa con frecuencia.
MENUDENCIA f. **1** Pequeñez de algo. **2** Cosa de poco aprecio y estimación. || f. pl. **3** Morcillas, longanizas y otros despojos semejantes que se sacan del cerdo. **4** MENUDILLO de las aves.
MENUDILLO m. **1** *Zool.* En los cuadrúpedos, articulación entre la caña y la cuartilla. || m. pl. **2** Interior de las aves, que se reduce a higadillo, molleja, madrecilla y yemas.
MENUDO, DA adj. **1** Pequeño, chico o delgado. **2** Despreciable, de poca o ninguna importancia. **3** *Min.* Se dice del carbón mineral lavado cuyos trozos han de tener un tamaño reglamentario que no exceda de doce milímetros. || **a menudo** loc. adv. Muchas veces y con continuación.
MENUHIN, YEHUDI Violinista y director de orquesta estadounidense (Nueva York, 1916 - Berlín, 1999). Está considerado como uno de los mejores violinistas del siglo XX. En 1997 recibió el premio Príncipe de Asturias de la Concordia.

MENZEL, ADOLF VON Pintor, diseñador y grabador alemán (Breslau, 1815 - Berlín, 1905). Autor de cuadros históricos y costumbristas como *El concierto de flauta* (1850), revelan un estilo naturalista y un interés por el detalle.

MENZIES, SIR ROBERT GORDON Político australiano (Jeparit, 1894 - Melbourne, 1978). Sucedió a J. Lyons al frente del Partido Australia Unida y como primer ministro (1939-41), cargo que volvió a ocupar con el Partido Liberal de 1949 a 1966.

MEÑIQUE adj. y m. *Anat.* Se dice del dedo más pequeño de la mano.

MEOLLO m. **1** fig. Parte esencial de algo. **2** fig. Juicio o entendimiento.

MEÓN, NA adj. y s. Que mea mucho o frecuentemente.

MEQUETREFE com. fam. Persona entrometida, petulante e inútil.

MEQUINEZ MEKNÈS.

MER-; -MER-; -MER pref., in. o suf. MERO-.

-MERA suf. MERO-.

MERA, JUAN LEÓN Escritor y político ecuatoriano (Ambato, 1832 - íd., 1894). Fue gobernador de Tungurahua y presidente del Tribunal de Cuentas. Autor de varios libros de poemas y de *Cumandá o un drama entre salvajes* (1879), novela romántica indigenista. Compuso la letra del Himno Nacional.

MERAMENTE adv. m. Solamente, simplemente.

MERAR tr. Mezclar un licor con otro.

MERCACHIFLE m. **1** BUHONERO. **2** desp. Comerciante de poca importancia.

MERCADANTE, SAVERIO Compositor italiano (Altamura, 1795 - Nápoles, 1870). Autor de veinte misas, cantatas, y sinfonías, es conocido, sobre todo, por sus óperas: *Elisa e Claudio* (1821), *Los tunantes* (1830), *Leonora* (1844).

MERCADEAR intr. Comerciar.

MERCADEO m. **1** Acción y efecto de mercadear. **2** Conjunto de operaciones por las que ha de pasar una mercancía desde el productor al consumidor.

MERCADER, RA m. y f. Persona que trata o comercia con géneros vendibles.

MERCADERÍA f. MERCANCÍA.

MERCADILLO m. Mercado de pequeñas dimensiones en el que suelen venderse géneros baratos.

MERCADO m. **1** Contratación pública en lugar destinado al efecto y en días señalados. **2** Sitio público destinado permanentemente, o en días señalados, para vender, comprar o permutar géneros o mercancías. **3** Concurrencia de gente en un mercado. **4** Conjunto de operaciones comerciales que afectan a un determinado sector de bienes. **5** Plaza o país de especial importancia o significación en un orden comercial cualquiera. **6** Conjunto de consumidores capaces de comprar un producto o servicio. **7** Estado y evolución de la oferta y la demanda en un sector económico dado. || **MERCADO CENTRAL DE ABASTOS** *Com.* Centro donde se realizan operaciones de compraventa de productos alimenticios al por mayor en los grandes núcleos de población. || **MERCADO DE DIVISAS** *Econ.* Mercado en el que las mercancías intercambiadas son monedas extranjeras. || **MERCADO LIBRE** *Econ.* Centro de compra y venta de mercancías sin intervención de las autoridades económicas y en el que los precios se fijan por la ley de la oferta y la demanda. || **MERCADO NEGRO** *Econ.* Tráfico clandestino de divisas monetarias, mercancías no autorizadas o mercancías escasas en el mercado a precios superiores a los legales. || **MERCADO DE TRABAJO** *Sociol.* Conjunto de relaciones entre la oferta y la demanda de trabajo. || **MERCADO DE VALORES** *Econ.* BOLSA.

MERCADO COMÚN UNIÓN EUROPEA.

MERCADO COMÚN DEL SUR (MERCOSUR) *Econ.* y *Polít.* Institución económica supranacional formada por Argentina, Brasil, Uruguay y Paraguay, cuyo tratado de constitución, conocido como tratado de Asunción, fue firmado en junio de 1991. Chile y Bolivia son miembros asociados.

MERCADOTECNIA f. MARKETING.

MERCANCÍA f. *Econ.* **1** Todo objeto, servicio o moneda cuyo cambio habitual constituye una fuente de beneficio para el que hace el tráfico. **2** Bien económico que, por sus características, puede ser objeto de compra y venta en el mercado.

MERCANCÍAS m. Tren que solamente transporta géneros o productos. ♦ Su pl. es *mercancías.*

MERCANTE adj. **1** Que comercia. También com. **2** Perteneciente o relativo al comercio marítimo.

MERCANTIL adj. Relativo al comercio.

MERCANTILISMO m. *Econ.* Política económica vigente en Europa entre los siglos XVI y XVIII, basada en el fomento de la agricultura y la manufactura, a fin de aumentar las exportaciones y restringir las importaciones. Preconizaba el proteccionismo ejercido por el Estado y la acumulación de metales preciosos como signo del enriquecimiento de una nación.

MERCANTILIZAR tr. Hacer mercantil lo que no lo es o no debería serlo.

MERCAR tr. y prnl. COMPRAR.

MERCATOR, GERARDUS (GERHARD KREMER, llamado) Matemático y geógrafo flamenco (Rupelmonde, 1512 - Duisburg, 1594). En 1569 construyó un mapa del mundo utilizando la proyección geográfica cilíndrica que lleva su nombre. Aplicó por primera vez el nombre de *atlas* a una colección de mapas.

MERCED f. **1** Dádiva, regalo, favor. **2** Voluntad o arbitrio de alguien. **3** Tratamiento o título de cortesía que se usaba con aquellos que no tenían título o grado por donde se les debieran otros tratamientos superiores. || **MERCEDES ENRIQUEÑAS** *Hist.* Donaciones hechas por Enrique II de Castilla a sus partidarios aristócratas. || **a merced de** adv. Sometido al dominio de alguien o de algo. || **merced a** loc. adv. Gracias a.

MERCEDARIO, RIA adj. **1** *Hist.* y *Rel.* Se dice de la Orden de la Bienaventurada Virgen María de la Merced, fundada por san Pedro Nolasco e instituida por Jaime el Conquistador, cuya misión principal era redimir cautivos. Más como s. pl. **2** Se dice también de sus individuos. También s. **3** Relativo a esta orden.

MERCEDARIO Pico de los Andes argentinochilenos, en la provincia argentina de San Juan; 6.769 m de altura.

MERCEDES DE ORLEANS MARÍA DE LAS MERCEDES DE ORLEANS.

MERCENARIO, RIA adj. **1** Se dice del soldado que combate por dinero. También s. || m. y f. **2** Asalariado.

MERCERÍA f. **1** Tienda donde se venden artículos para costura. **2** Conjunto de estos artículos y comercio que se hace con ellos.

MERCHÁN, RAFAEL MARÍA Escritor y político cubano (Manzanillo, 1844 - Bogotá, 1905). Abogó por la independencia en su obra *La honra de España en Cuba* y, una vez instaurada la República, fue nombrado ministro plenipotenciario en España.

MERCHERO, RA adj. y s. Se dice del quinqui que se dedica a la venta ambulante.

MERCIA *Hist.* Uno de los reinos de la HEPTARQUÍA ANGLOSAJONA, situado en el centro de Inglaterra (región de los Midlands) y fundado a fines del siglo VI por los anglos. Su capital era Liccidfeld, la actual Lichfield. Conoció su apogeo durante el reinado de Penda (632-654). A la muerte de Offa en 796 fue anexionado al reino de Wessex.

MERCIER, DESIRÉE JOSEPH Prelado belga (Braine l'Alleud, 1851 - Bruselas, 1926). En Lovaina difundió las teorías de renovación del tomismo. Arzobispo de Malinas y primado de Bélgica (1906), mantuvo una firme postura frente a la ocupación alemana durante la Primera Guerra Mundial.

MERCKX, EDDY Ciclista belga (Meensel-Kiezegem, 1945). Campeón del mundo de fondo en carretera en tres ocasiones (1967, 1971 y 1974), y cinco veces campeón del *Giro* de Italia (1968, 1970, 1972, 1973 y 1974) y del *Tour* de Francia (1969, 1970, 1971, 1972 y 1974), ganó la Vuelta a España en 1973. Estableció el récord mundial de la hora en 1972.

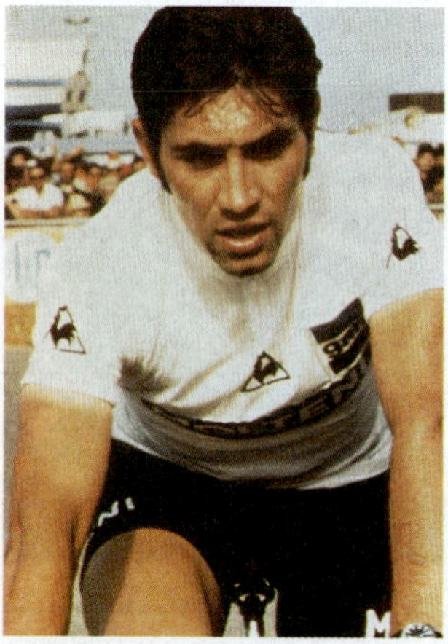

Eddy **Merckx**

MERCOSUR Acrónimo de MERCADO COMÚN DEL SUR.

MERCURIAL adj. **1** Perteneciente o relativo al dios mitológico o al planeta Mercurio. **2** Perteneciente al mercurio. || f. *Bot.* **3** Planta herbácea dicotiledónea perteneciente a la familia euforbiáceas, de nombre científico *Mercurialis annua,* de 30 a 50 cm de altura, venenosa, con hojas lanceoladas de color verde amarillento y flores verdosas.

MERCÚRICO, CA adj. **1** *Quím.* Relativo al mercurio. **2** Perteneciente al dios Mercurio o al planeta Mercurio.

MERCURIO m. *Quím.* Elemento químico del grupo II B del sistema periódico. Número atómico, 80; masa atómica, 200,5; punto de fusión, –38,5 °C; punto de ebullición, 356,7 °C; símbolo, *Hg.* Es el único metal líquido a la temperatura ordinaria, de color plateado brillante y muy pesado. Se encuentra algunas veces puro, pero normalmente está combinado con el azufre formando el cinabrio, su principal mena. Tiene la propiedad de disolver los metales y formar amalgamas. Se usa para hacer termómetros y barómetros, en medicina, electrotecnia, la industria química y de los plásticos. Cuando se inhala o ingiere daña el sistema nervioso, produciendo graves envenenamientos.

MERCURIO *Astron.* Planeta más pequeño y próximo al Sol del sistema solar, que gira en una órbita muy excéntrica entre aquél y el planeta Venus. Sus características esenciales son: diámetro ecuatorial de 4.880 km; masa aproximadamente 0,055 la de la Tierra, pero su densidad es casi el doble; la distancia al Sol varía entre 69,7 y 45,9 millones de km. El tiempo medio de rotación es de 59 días, y el de traslación 88 días. Su constitución interna parece ser semejante a la de la Tierra (un núcleo de hierro con una corteza de silicatos), con indicios de una acentuada tectónica de contracción. Su superficie es similar a la de la Luna, sembrada de numerosos cráteres y con un gran sistema de mares. La temperatura media de la superficie oscila entre 350 y –170 °C. El planeta está envuelto por una fina atmósfera de gases nobles y posee un fuerte campo magnético. No tiene satélites conocidos.

MERCURIO *Mit.* Dios latino del comercio, asimilado en una fase posterior a la divinidad griega HERMES.

MERCUROCROMO m. *Farm.* Nombre comercial de la merbromina, sal disódica del dibromo-hidroximercurilfluoresceína, colorante rojo derivado de la eosina; por su poder antibacteriano, se utiliza en solución acuosa para uso tópico en las heridas.

MERECER tr. **1** Hacerse uno digno de premio o de castigo. **2** Conseguir algo. **3** Tener cierto valor una cosa. || intr. **4** Hacer méritos. || **merecer** algo **la pena** Compensar. ♦ IRREG. Se conjuga como AGRADECER.

MEREDITH, GEORGE Escritor inglés (Portsmouth, 1828 - Box Hill, 1909). Considerado uno de los escritores más importantes de época victoriana, se dio a conocer como poeta con *Poemas* (1851), obra a la que siguieron *El amor moderno* (1862) y *Baladas y poemas de la vida trágica* (1887). Entre sus novelas destacan *La prueba de Ricardo Feverel* (1859), *El egoísta* (1879), *Uno de nuestros conquistadores* (1891), *La extraña boda* (1895).

MEREJKOVSKI, DIMITRI MEREZHKOVSKI, DIMITRI.

MERENDAR intr. **1** Tomar la merienda. || tr. **2** Tomar en la merienda una u otra cosa. ♦ IRREG. Se conjuga como ACERTAR.

MERENDERO m. Bar, quiosco o establecimiento similar, emplazado en un sitio campestre y adonde va la gente a merendar.

MERENDONA o **MERENDOLA** f. Merienda espléndida y abundante.

MERENGUE m. **1** Dulce hecho con claras de huevo y azúcar y cocido al horno. **2** fig. Persona de complexión delicada. **3** *Dom.* Danza popular, conocida también en otros países del Caribe.

MERETRIZ f. Prostituta.

MEREZHKOVSKI o **MEREJKOVSKI, DIMITRI** Escritor ruso (San Petersburgo, 1865 - París, 1941). Inició su carrera literaria con el poemario modernista *Símbolos* (1893), al que siguió una trilogía de novelas históricas formada por *Juliano el Apóstata o la muerte de los dioses* (1896), *Leonardo da Vinci o la resurrección de los dioses* (1901) y *Pedro y Alexis* (1920).

MERGENTHALER, OTTMAR Relojero e inventor estadounidense de origen alemán (Hachtel, Württemberg, 1854 - Baltimore, 1899). Inventor de la linotipia (1884).

MERGO m. *Zool.* **1** SERRETA grande. **2** SOMORMUJO.

MERI- pref. MERO-.

-MERIA o **-MERÍA** sufs. MERO-.

MÉRIDA Municipio y ciudad de España, provincia de Badajoz; 51.830 h. Capital de la Comunidad Autónoma de Extremadura. Productos cárnicos. Industria química y textil. Con el nombre de *Emérita Augusta,* fue una de las ciudades más importantes de la Hispania romana. Notables restos arqueológicos: teatro (siglos I a. C. - IV d. C.), uno de los más notables del Imperio; templos corintios de Diana y Marte; restos de dos acueductos; anfiteatro, circo, dos puentes, uno sobre el Guadiana y otro sobre el Albanegas, arco de Trajano y casa-basílica cristiana (siglo IV).

MÉRIDA Ciudad de México, capital del Estado de Yucatán, región del Golfo de México; 523.422 h. Es el centro económico más importante de la península del Yucatán. Industria textil, harinera, azucarera, de muebles, cigarrillos y materiales de construcción. Comercio

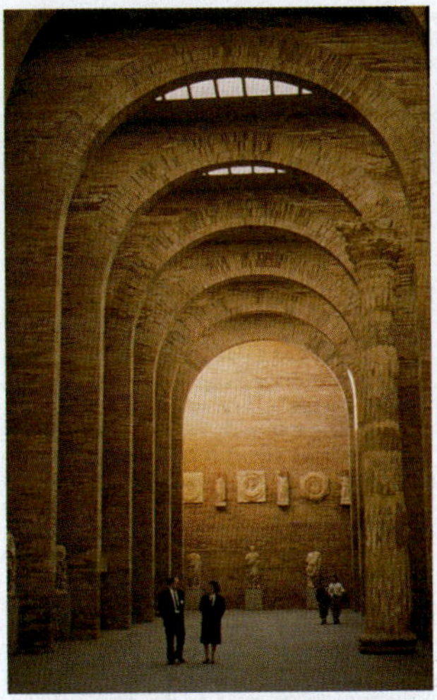

Mérida (Badajoz). Museo Nacional de Arte Romano.

activo. Posee notables edificios, de los cuales los más interesantes son la llamada *Casa de los Montejo,* edificada en 1549, la catedral y el estadio Revolución. Universidad. Centro turístico. Fue fundada en 1542 por Francisco de Montejo, sobre el emplazamiento de una antigua ciudad maya: Tiho. Las pirámides construidas por esta civilización fueron destruidas y sus materiales utilizados para levantar la nueva ciudad.

Mérida 1 Estado de Venezuela; 11.300 km^2 y 805.487 h. 2 Ciudad capital del mismo; 170.902 h. Centro comercial e industrial. Universidad de los Andes. Fue fundada en 1542, con el nombre de *Santiago de los Caballeros de Mérida,* por Juan Rodríguez Suárez.

Mérida, cordillera de Cadena montañosa que forma parte de los Andes Venezolanos. Su punto culminante es el pico Bolívar o La Columna (5.007 m de altura). También se llama *Sierra Nevada de Mérida.*

merideño, ña adj. y s. De Mérida, Venezuela.

meridiano, na adj. 1 Relativo a la hora del mediodía. 2 Clarísimo, muy luminoso. || m. 3 *Astron.* Círculo máximo de la esfera celeste, que pasa por ambos polos así como por el cenit y nadir. Corta el horizonte en los puntos N y S, y la línea de unión de ambos se denomina *línea de mediodía.* 4 *Geog.* Cualquiera de los círculos máximos de la esfera terrestre que pasan por los dos polos y un determinado punto de la Tierra. 5 *Geog.* Cualquier semicírculo de la esfera terrestre que va de polo a polo. || f. *Geom.* 6 Sección de una superficie de revolución, que resulta de la intersección de esa superficie por un plano que pasa por el eje. || **meridiano cero** *Geog.* El que arbitrariamente se toma como punto de partida para contar los grados de longitud geográfica de cada lugar de la Tierra. Desde la conferencia de Washington, en 1884, es el que pasa por Greenwich (Londres).

-meridio suf. mero-.

meridional adj. *Geog.* Relativo al sur o mediodía. Aplicado a personas, también com.

merienda f. Comida ligera que se hace por la tarde antes de la cena. || **merienda de negros** fig. y fam. Confusión y desorden en que nadie se entiende.

Mérimée, Ernest Hispanista francés (Lyon, 1846 - Madrid, 1924). Padre de Henri, entre sus obras se encuentran *Ensayo sobre la vida y la obra de Quevedo* (1886) y *Manual de historia de la literatura española* (1908).

Mérimée, Henri Hispanista francés (Toulouse, 1878 - íd., 1926). Hijo de Ernest, se dedicó especialmente al estudio de los poetas y dramaturgos valencianos. Autor de *L'art dramatique à Valence* (1912).

Mérimée, Prosper Escritor francés (París, 1803 - Cannes, 1870). Su narrativa es de temática romántica, aunque con numerosos rasgos realistas. Autor de novelas históricas, como *La jacquerie* (1928) y, sobre todo, de narraciones y novelas cortas: *Las ánimas del purgatorio* (1834), *La Venus de Ille* (1837), *Carmen* (1845), famosa por la ópera homónima de G. Bizet, y *La habitación azul* (1866).

Mérin o **Mirim** Laguna del NE de Uruguay y del SE de Brasil; 2.966 km^2. Recibe las aguas de los ríos Yaguarón, Tacuarí y Cebollati, entre otros. Comunica con la laguna de los Patos a través del río San Gonzalo.

merindad f. 1 Sitio o territorio de la jurisdicción del merino o juez. 2 Oficio de merino. 3 *Hist.* Distrito con una ciudad o villa importante que defendía y dirigía los intereses de los pueblos y caseríos de su demarcación.

merino, na adj. y s. 1 *Veter.* Se dice de una raza de carneros y ovejas procedentes del N de África. Tienen el cuerpo robusto y la cabeza grande, patas largas, piel con muchos repliegues y lana muy fina, corta y rizada. || m. 2 Juez que era delegado del rey en un territorio, en donde tenía amplia jurisdicción.

Merino Reyes, Luis Escritor chileno (Tokio, 1912). Autor de las obras poéticas *Islas de música* (1936) y *Coloquios de los goces* (1942), y de las novelas *Regazo amargo* (1955) y *La última llama* (1959).

Meriño, Fernando Arturo de Prelado y político dominicano (Llamasa, 1833 - ?, 1906). Contrario al proyecto de anexión a EE UU del presidente Báez, alcanzó la presidencia de la República en 1880, y ocupó el cargo hasta 1882. Arzobispo de Santo Domingo desde 1885.

merist- pref. mero-.

meristemo m. *Bot.* Tejido vegetal embrionario formado por células indiferenciadas que conservan durante mucho tiempo la facultad de dividirse, provocando así el crecimiento de la planta.

mérito m. 1 Acción que hace al hombre digno de premio o de castigo. 2 Resultado de las buenas acciones que hacen digno de aprecio a un hombre. 3 Hablando de las cosas, lo que les hace tener valor. || **de mérito** loc. adj. Notable. || **hacer méritos** fr. fig. Preparar el logro de una pretensión con servicios, diligencias, etc.

meritorio, ria adj. 1 Digno de premio. || m. y f. 2 Persona que trabaja sin sueldo y para aprender un oficio.

merla f. *Zool.* mirlo, pájaro.

Merleau-Ponty, Maurice Filósofo francés (Rochefort-sur-Mer, 1908 - París, 1961). Fundó, con Sartre y Beauvoir, la revista *Les Temps Modernes.* Es autor de *Fenomenología de la percepción* (1945), *Sentido y sin sentido* (1948), *Elogio de la filosofía* (1953) y *La aventura de la dialéctica* (1955).

merlo m. *Zool.* 1 mirlo, pájaro. 2 Zorzal marino, pez.

Merlo Ciudad de Argentina, provincia de Buenos Aires; 170 km^2 y 386.304 h. Forma parte del Gran Buenos Aires.

merluza f. 1 *Zool.* Pez teleósteo marino de la familia gádidos, de nombre científico *Merluccius merluccius,* que puede alcanzar más de 1 m de longitud y unos 10 kg de peso. La boca es grande, con dientes y bien adaptada a la predación. Vive en aguas templadas y templado-frías del Atlántico oriental y Mediterráneo. Su carne es muy apreciada. 2 fig. y fam. Embriaguez, borrachera.

merluzo, za m. y f. fig. y fam. Hombre bobo.

mermar intr. y prnl. 1 Bajar o disminuir una cosa o consumirse una parte de ella. || tr. 2 Quitar una parte de algo.

mermelada f. Conserva de fruta cocida con miel o azúcar.

mero[1] m. *Zool.* Pez teleósteo marino perteneciente a la familia pércidos, de nombre científico *Epinephelus guaza,* con la cabeza y la boca muy grandes, y esta última provista de numerosos dientes. Vive en las costas rocosas del Atlántico y Mediterráneo. Su carne es muy apreciada.

mero[2]**, ra** adj. 1 Puro, simple. 2 Insignificante.

mero-, merist-, meri-, mer-; -mer-; -mer, -mero, -mera, -meria o **-mería, -meridio** prefs., in. o sufs. que significan parte: *acantomeria, gonomeridio.* Como sufijo se utiliza generalmente en química orgánica para diferenciar distintas formas estructurales: *polímero, isómero.*

merodear intr. Vagar por las inmediaciones de algún lugar, en general con malos fines.

Merope *Astron.* Una de las estrellas más luminosas de las Pléyades.

merostoma adj. *Zool.* 1 Se dice del artrópodo marino quelicerado, de vida acuática y con apéndices abdominales con órganos respiratorios. La mayoría de las especies son fósiles y únicamente tres viven aún, como la cacerola de mar. || m. pl. *Zool.* 2 Clase de estos artrópodos.

Meroveo Rey franco (? - ?, h. 458). Fundador de la dinastía merovingia, probablemente reinó de 448 a 457. Intervino en la batalla de los Campos Cataláunicos (451) contra los hunos.

merovingio, gia adj. 1 *Hist.* Se dice de la familia o dinastía de los primeros reyes de Francia, fundada por Meroveo a mediados del siglo v. Le sucedió su hijo Clodoveo I, en cuya época la dinastía alcanzó su mayor esplendor. Su muerte en 511 supuso la división del reino merovingio en tres circunscripciones: Austrasia, Neustria y Borgoña. Después de los reinados de Clotario I, Clotario II y Dagoberto I, quien había restablecido la unidad del reino, el poderío de la dinastía decreció y el poder efectivo pasó a manos de los mayordomos. El último rey merovingio, Childerico III, fue depuesto por Pipino el Breve, mayordomo de Austrasia, en el año 751, dando lugar a la dinastía carolingia. Más como m. pl. 2 Se dice también de sus miembros. También s. 3 Relativo a esta familia o dinastía. 4 *Arte.* Se dice del arte que se desarrolló en la Galia entre los siglos v y vii, fuertemente influenciado por el arte tardorromano, que supuso una transición hacia el renacimiento carolingio.

Merrifield, Robert Bruce Químico estadounidense (Texas, 1921). Ideó un procedimiento revolucionario para la síntesis de proteínas. Premio Nobel de Química en 1984.

Mersch Cantón de Luxemburgo; 224 km^2 y 20.600 h.

Merseyside Condado metropolitano del Reino Unido, en el NO de Inglaterra; 1.409.400 h.

Mersin Ciudad de Turquía, capital de la provincia de Icel; 523.000 h. Puerto comercial.

Merthyr Tydfil Distrito unitario del Reino Unido, en Gales; 57.100 h.

Merton, Robert King Sociólogo estadounidense (Filadelfia, 1910 - Nueva York, 2003). Sus teorías y métodos quedan reflejados en *Teoría social y estructura social* (1949).

Merton, Thomas Escritor estadounidense (Prades, 1915 - Bangkok, 1968). Monje trapense, es autor de *La montaña de los siete círculos* (1948), *Semillas de contemplación* (1949), *El signo de Jonás* (1953), *No Man is an Island* (1955), etc.

mes m. 1 Cada una de las doce partes en que se divide el año, regida por el tiempo de duración de un recorrido de la Luna alrededor de la Tierra. 2 Menstruación. 3 Número de días consecutivos comprendidos entre una fecha cualquiera y la misma del mes siguiente. 4 Sueldo de un mes. || **mes anomalístico** *Astron.* Tiempo transcurrido entre dos apogeos de la Luna. Equivale a 27,55 días. || **mes embolismal** o **intercalar** El que cada tres años se añadía a los doce lunares de cada año solar para ganar los 12,25 días que se pierden en cada año de doce meses lunares. || **mes lunar periódico** *Astron.* Tiempo que invierte la Luna en dar una vuelta completa alrededor de la Tierra. || **mes sinódico** *Astron.* Tiempo transcurrido entre dos conjunciones de la Luna con el Sol. Su duración es de 29,53 días. Éste es realmente el mes lunar o lunación, siendo algo mayor que el mes periódico. || **mes solar astronómico** *Astron.* Tiempo que tarda el Sol en recorrer con su movimiento propio aparente un signo del Zodiaco.

mes-, meso- prefs. que significan medio.

mesa f. 1 Mueble, generalmente de madera, que se compone de una tabla lisa sostenida por uno o varios pies, y que sirve para comer, escribir, jugar u otros usos. 2 En las asambleas políticas, colegios electorales y otras corporaciones, conjunto de las personas que las dirigen. 3 *Geol.* Terreno elevado, de cumbre plana y vertientes escarpadas, en especial si está aislado. Es un tipo de cerro testigo. 4 *Geol.* Cima plana de una montaña. || **mesa camilla** La armada con bastidores y tarima para el brasero. || **mesa redonda** Grupo de personas versadas en determinada materia, que se reúnen para confrontar sus opiniones sin diferencia de jerarquía entre los participantes. || **a mesa puesta** loc. adv. Sin trabajo, gasto ni cuidado. || **levantarse** uno **de la mesa** fr. Abandonar el sitio que ocupa en la mesa de comer. || **poner la mesa** fr. Prepararla para comer. || **quitar** o **recoger la mesa** Retirar todos los utensilios que han servido para comer. || **sentarse** uno **a la mesa** Ocupar cada uno su asiento para comer. || **servir la mesa** fr. Asistir a los comensales llevando y repartiendo las comidas y bebidas.

Mesa Gisbert, Carlos Periodista, historiador y político boliviano (La Paz, 1953). Mesa, que no milita en ningún partido, llegó a la política en 2002 acompañando a Gonzalo Sánchez de Lozada en su candidatura a la presidencia y, tras la victoria de éste, fue designado vicepresidente del Gobierno y presidente del Congreso. En octubre de 2003 sucedió a Sánchez de Lozada en el cargo.

Mesa Redonda, caballeros de la Tabla Redonda, caballeros de la.

Mesalina Emperatriz romana (?, h. 22 - ?, 48). Hija de Valerio Mesala, tercera esposa del emperador Claudio I y madre de Británico y Octavia. Célebre por su vida licenciosa, intervino activamente en las tareas de gobierno. Se casó con Cayo Silio sin mediar divorcio, por lo que el emperador mandó asesinarla.

mesana amb. *Mar.* 1 Mástil que está más a popa en el buque de tres palos. || f. *Mar.* 2 Vela que va contra este mástil envergada en un cangrejo.

mesar tr. y prnl. Arrancar los cabellos o barbas con las manos.

MESAS, SIERRA DE LAS Nombre que toma la Sierra Madre Oriental, en el Estado de Tamaulipas (México).
MESCAL m. *Bot.* MEZCAL.
MESCALERO, RA adj. **1** *Etnol.* Se dice de una tribu amerindia del pueblo apache, de la familia lingüística atapasca, que habita al SE de Nuevo México (EE UU), entre el río Pecos y el río Grande. Más como m. pl. **2** Se dice también de sus individuos. También s. **3** Relativo a esta tribu.
MESCALINA f. *Quím.* MEZCALINA.
MESCOLANZA f. fam. Mezcla rara o mal hecha, mezcolanza.
MESEGUERO, RA adj. *Agr.* **1** Perteneciente a las mieses. || m. y f. **2** Persona que guarda las mieses.
MESENCÉFALO m. *Anat.* Ensanchamiento de la región anterior del encéfalo, situado por delante del puente de Varolio y con un hueco interno, estrecho y largo que recibe el nombre de *acueducto de Silvio*. Realiza funciones relacionadas con el tono muscular y otras reflejas que regulan los movimientos del cuerpo frente a estímulos luminosos o sonoros.
MESENIA Nomo de Grecia, en el SO del Peloponeso; 2.991 km² y 167.292 h. Su capital es Calamata. Corresponde a la región de la antigua Grecia, que fue sometida por Esparta, en el año 700 a. C., después de largas luchas, y más tarde aliada de Macedonia y Atenas.
MESÉNQUIMA m. *Biol.* Parte del mesodermo embrionario de la que derivan los tejidos conjuntivos, vasos sanguíneos y linfáticos, sangre y corazón.
MESENTÉRICO, CA adj. *Anat.* Se dice de lo relacionado con el mesenterio.
MESENTERIO m. *Anat.* Nombre que se da a los diversos repliegues peritoneales que fijan el intestino delgado a la pared abdominal.
MESERO, RA m. y f. *Amér. C. y m.* Camarero.
MESETA f. **1** Piso horizontal en que termina un tramo de escalera. **2** *Geol.* Cualquier terreno de gran extensión, más o menos plano, elevado respecto al nivel del mar, incluso si está rodeado de una orla montañosa.
MESHED MASHHAD.
MESIA (En gr. *Mysia*, en lat. *Moesia*) *Geog. hist.* Antigua comarca europea, que limitaba con Tracia, al S, y con Dacia, al N. Provincia romana desde el año 9, en 378, cayó en poder de los godos.
MESIANISMO m. **1** *Rel.* Creencia en la llegada futura al mundo de un ser providencial que establecerá un nuevo orden basado en la justicia y la felicidad. **2** fig. Confianza inmotivada o desmedida en un agente bienhechor que se espera.
MESÍAS m. *Rel.* El Hijo de Dios, Salvador y Rey, descendiente de David, prometido por los profetas al pueblo hebreo. Para el cristianismo, el Mesías es Jesucristo.
MESIDOR m. Décimo mes del calendario republicano francés, cuyos días primero y último coincidían, respectivamente, con el 19 de junio y el 18 de julio.
MESILLA f. Mueble pequeño que se coloca junto a la cabecera de la cama. También se llama *mesilla de noche*.
MESINA (*Messina*) **1** Provincia de Italia, en Sicilia; 3.248 km² y 653.416 h. **2** Ciudad capital de la misma; 233.845 h.
MESINA, ESTRECHO DE Paso marítimo que separa la península Itálica de Sicilia y comunica los mares Jónico y Tirreno.
MESINÉS, SA adj. y s. De Mesina.
MESMER, FRANZ ANTON Médico austriaco (Iznang, Suabia, 1734 - Mersburgo, 1815). Elaboró una teoría, denominada *mesmerismo*, según la cual las enfermedades son resultado de un desequilibrio en el *magnetismo animal* del paciente, por lo que podrían curarse por medio de imanes, o si otro ser humano canalizase hacia el enfermo su propio magnetismo a través de la hipnosis. Rechazado en su época, influyó un siglo más tarde en Charcot y en Freud, creadores de la psicoterapia.
MESMERISMO m. *Psicol.* Doctrina del magnetismo animal, expuesta en la segunda mitad del siglo XVIII por Mesmer.
MESNADA f. **1** *Hist.* Compañía de gente de armas que servían al rey o a un caballero principal. **2** fig. Compañía, congregación.
MESO- pref. MES-.
MESOAMÉRICA Región que comprende desde el N de Ciudad de México hasta los territorios de América Central correspondientes a Nicaragua y Honduras. En ella se desarrollaron las civilizaciones olmeca, tolteca, zapoteca, azteca y maya.
MESOAMERICANO, NA na. adj. y s. De Mesoamérica.
MESOCARPO m. *Bot.* Capa media de las tres que forman el pericarpo de los frutos; vulgarmente se conoce como «carne» del fruto.
MESOCÉFALO adj. *Anat.* Se dice de la forma de cráneo con índice cefálico horizontal, intermedio entre el de los dolicocéfalos y los braquicéfalos.

MESOCRACIA f. **1** *Polít.* Forma de gobierno en la que predomina la clase media. **2** fig. Clase social acomodada, burguesía.
MESODERMO m. *Biol.* Capa u hoja media embrionaria, localizada entre el endodermo y el ectodermo, en que se disponen las células del blastodermo del embrión después de haberse efectuado la segmentación.
MESOGLEA f. *Zool.* Capa gelatinosa situada entre el ectodermo y el endodermo de los celenterados y algunas esponjas.
MESOLÍTICO, CA adj. y m. *Prehist.* Se dice del periodo prehistórico de transición entre el paleolítico superior y el neolítico. Los límites cronológicos del mesolítico varían según el lugar: en Europa, h. 8000 h. 3500 a. C., mientras que en Asia, h. 10000-h. 7000 a. C. Se caracteriza por la templanza climática, el desarrollo de la pesca y el perfeccionamiento creciente de los útiles para la caza: instrumento de sílex precursor directo del hacha neolítica. En el mesolítico se encuadran las comunidades que se encuentran en vías de transformación hacia una economía productora (domesticación de animales o cultivo de la tierra).
MESOMERÍA f. *Quím.* Caso particular de la isomería que presentan algunas moléculas, en la que no es posible asignarles una única fórmula estructural.
MESÓN¹ m. **1** Hospedaje público donde, por dinero, se da albergue a los viajeros. **2** Establecimiento donde se sirven comidas y bebidas.
MESÓN² m. *Fís.* Cada una de las partículas elementales inestables de masa intermedia entre el electrón y el nucleón, con carga positiva, negativa o cero, y espín cero o entero, que intervienen en las interacciones fuertes. Se clasifican en tres grupos: *piones, muones y kaones*.
MESONERO ROMANOS, RAMÓN DE Escritor y periodista español (Madrid, 1803 - íd., 1882). Se consagró con *Manual de Madrid, descripción de la Corte y de la Villa* (1831). Publicó sus cuadros de costumbres, recogidos en *Panorama matritense* (1835), *Escenas matritenses* (1842) y *Tipos y caracteres* (1862), bajo el seudónimo «El curioso parlante» Deben citarse, además, las comedias *El antiguo Madrid* (1861), *Obras jocosas y satíricas* (1862) y *Memorias de un setentón* (1880).
MESOPAUSA f. *Meteor.* Zona de la atmósfera terrestre que constituye el límite superior de la mesosfera.
MESOPLANCTON m. *Ecol.* Comunidad formada por los animales, vegetales y bacterias que viven en suspensión en el agua y cuyo tamaño se encuentra entre 1 y 5 mm.
MESOPOTAMIA *Geog. hist.* Región de Asia, situada entre el Éufrates y el Tigris. Fue cuna de la civilización caldeoasiria y babilónica. Hacia el VI milenio a. C., tuvo lugar la ocupación de los valles del Tigris y el Éufrates por los sumerios y los acadios. De los sumerios, la Baja Mesopotamia tomó el nombre de SUMER, cuyas ciudades-Estado más importantes fueron Ur, Uruk, Lagash y Larsa. Los acadios se establecieron en la orilla izquierda del Éufrates, en la región que se denominó Acad. Los sumerios, que originaron la civilización babilónica, sucumbieron al poder de Acad durante el IV milenio a. C. Hacia el año 2752 a. C., Sargón de Acad unificó las dos regiones bajo un gobierno central, que se mantuvo hasta la invasión de los gudeos, pastores procedentes de Zagros que restablecieron el imperio sumerio. Con Gudea (hacia 2500 a. C.), sacerdote-rey de Lagash, Ur se convirtió en el centro hegemónico hasta la llegada de los amorreos, al N, y de los elamitas, al S. Junto a estos pueblos, se afianzó como potencia la monarquía asiria. La nueva unificación de Mesopotamia la llevó a cabo Hammurabi, rey de la ciudad de Babilonia, controlada por los amorreos. Tras Hammurabi, el imperio babilónico cayó bajo la influencia de los hurritas del reino de Mitani, que a su vez fue absorbido por Asiria (hacia 1250 a. C.). El imperio asirio alcanzó su mayor expansión en tiempos de Asurnasirpal II (hacia 883 a. C.) y su sucesor, Asurbanipal (siglo VII a. C.). Después de la derrota de Asiria en Carquemis (612 a. C.), se inició un nuevo imperio babilónico que se mantuvo hasta el año 538 a. C., en que Ciro conquistó Babilonia. En 331 a. C. Alejandro Magno se apoderó del territorio.
MESOPOTAMIA ARGENTINA Región de Argentina, que se extiende entre los ríos Iguazú, Paraná y Uruguay y comprende las provincias de Misiones, Corrientes y Entre Ríos.
MESOSFERA f. *Meteor.* Zona de la atmósfera terrestre inmediatamente superior a la estratopausa; en ella, primero la temperatura aumenta hasta 80 °C, y después desciende hasta un mínimo de −65 °C.
MESOSOMA m. **1** *Biol.* En una célula procariota, cada una de las extensiones de la membrana celular, que posiblemente intervenga en la división celular y en la fijación de cromosomas hijos que sigue a la replicación del ADN. **2** *Zool.* En los artrópodos quelicerados, porción anterior del abdomen. **3** *Zool.* Parte central del cuerpo de algunos invertebrados.
MESOTELIO m. *Biol.* Tejido epitelial simple de células escamosas que reviste las cavidades pleural, pericardiaca y escrotal.
MESOTÓRAX m. *Zool.* Segmento medio o central del tórax de los insectos.
MESOTORIO m. *Quím.* Elemento radiactivo de la familia del torio.
MESOZOICO, CA adj. y m. *Geol.* Se dice de la era geológica, llamada también SECUNDARIA.
MESOZOO adj. *Zool.* **1** Se dice del animal de pequeñas dimensiones (microscópico) y aspecto vermiforme, que vive como parásito interno de invertebrados marinos. || m. pl. *Zool.* **2** Tipo de estos animales.
MESSAGER, ANDRÉ Compositor y director de orquesta francés (Montluçon, 1853 - París, 1929). Discípulo de Saint-Saëns, es autor de óperas cómicas y operetas como *Madame Chrysantème* (1893) y *Pélleas et Mélisande* (1902).
MESSERSCHMITT, WILLY Ingeniero aeronáutico alemán (Frankfurt, 1898 - Munich, 1978). Construyó el primer avión a reacción del mundo, que entró en combate en 1944 durante la Segunda Guerra Mundial.
MESSÍA DE LA CERDA, PEDRO, MARQUÉS DE LA VEGA DE ARMIJO Militar y administrador colonial español (Córdoba, 1700 - Madrid, 1783). Virrey de Nueva Granada (1761-72), se encargó de la expulsión de los jesuitas (1767).
MESSIAEN, OLIVIER Compositor francés (Aviñón, 1908 - París, 1992). El carácter místico de su obra se ha

Mesopotamia. Batalla de Til-Tuba, relieve procedente de Nínive. Museo Británico (Londres).

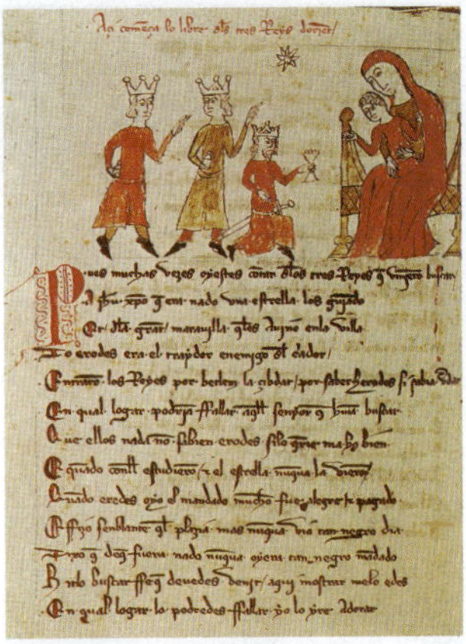

mester de clerecía. Manuscrito del *Libro de Apolonio.* Biblioteca del Monasterio de El Escorial (Madrid).

valido de los medios más diversos, desde el canto gregoriano hasta los ritmos hindúes. Es autor de obras religiosas *(Tres pequeñas liturgias de la presencia divina,* 1944), de investigación de nuevos ritmos *(Études de rythme,* 1949; *Chronochromie,* 1962) y de temas legendarios *(Sinfonía Turangalila,* 1946-48).

MESTA, HONRADO CONCEJO DE LA *Hist.* Asociación de los dueños de ganados mayores y menores de Castilla, que cuidaban de su crianza y pasto y vendían para el abastecimiento público. Fue organizada oficialmente por Alfonso X en 1273, si bien a finales de la monarquía visigoda ya existían *mestas* regionales. Se ocupaba del buen estado de las tres cañadas reales: leonesa, segoviana y manchega. Estaba gobernada de hecho por la nobleza, e integrada por los llamados *hermanos,* que se reunían periódicamente. La época de su mayor esplendor abarca los siglos XIII al XVI. A partir del XVII, la disminución del comercio de lanas, las guerras de Cataluña y Portugal, y ya en el siglo XVIII, el cambio de mentalidad económica, influyeron en su decadencia. En 1836, fue sustituida por la Asociación General de Ganaderos del Reino.

MESTER m. Antiguamente, arte, oficio. || **MESTER DE CLERECÍA** *Lit.* Género literario y escuela poética española de los siglos XIII y XIV. Sus autores son cultos, y se caracteriza por el didactismo, la temática religiosa, mística o litúrgica, y el uso de la cuaderna vía o tetrástrofo monorrimo. Pertenecen a este mester el *Libro de Apolonio,* el de *Alexandre,* el *Poema de Fernán González,* Berceo, el Arcipreste de Hita y P. López de Ayala. || **MESTER DE JUGLARÍA** *Lit.* Nombre con que se designa el conjunto de poesías de carácter épico, anónimo y popular, destinado a su recitación por los juglares. Las gestas y poemas épicos debieron de comenzar a componerse en el siglo X. Dentro de ellas destaca el CANTAR DE MIO CID.

MESTIZAJE m. **1** Cruzamiento de razas diferentes. **2** Conjunto de individuos que resultan de este cruzamiento. **3** fig. Mezcla de culturas distintas, que da origen a una nueva.

MESTIZO, ZA adj. **1** Se dice de la persona nacida de padre y madre de razas diferentes. También s. **2** Se dice del animal o vegetal que resulta de haberse cruzado dos razas distintas. **3** fig. Aplícase a la cultura, hechos espirituales, etc., provenientes de la mezcla de culturas distintas.

MESURA f. **1** Gravedad, compostura. **2** Cortesía. **3** Moderación, comedimiento.

META f. **1** *Dep.* Término señalado a una carrera. **2** *Dep.* Portería de algunos deportes. **3** Pilar cónico que señalaba en el circo romano cada uno de los dos extremos de la espina. **4** fig. Fin a que se dirigen las acciones o deseos de una persona.

META-, MET- prefs. **1** Significan junto a, después, entre, con. **2** *Quím.* Se utilizan con el significado de después y más allá.

META Río de Colombia, afluente izquierdo del Orinoco, que nace en el glaciar de Sumapaz y riega los territorios de Marayal, Maquivar, Orocué, Santa Rosalía, San Simón, Calabozo y Antiguo; 1.110 km de curso, la mayoría navegables. Fue descubierto en 1531 por Diego de Ordás.

META Departamento de Colombia; 85.635 km^2 y 772.853 h. Su capital es Villavicencio.

METÁBASIS f. *Ling.* Fenómeno por el que una palabra cambia de función y de categoría gramatical. ♦ Su pl. es *metábasis.*

METABOLISMO m. *Fisiol.* Conjunto de transformaciones fisicoquímicas que tienen lugar en los seres vivos, y cuya finalidad es el intercambio de materia y energía entre la célula y su entorno. || **METABOLISMO BASAL** *Fisiol.* Suma total de las actividades anabólicas y catabólicas de un organismo en estado de reposo, que suministran la energía mínima necesaria para mantener las funciones vitales.

METABOLITO m. *Biol.* Producto intermedio originado en los procesos metabólicos de los seres vivos o tomado directamente del ambiente, que es transformado e incorporado a reacciones metabólicas, sin que se acumule en la célula como material de reserva o de desecho.

METACARPO m. *Anat.* Conjunto de los cinco huesos de la mano situados entre el carpo y las falanges.

METACENTRO m. *Fís.* En un cuerpo simétrico flotante, punto de intersección de la vertical que pasa por el centro de flotación y de la vertical del nuevo centro de flotación que se produce al inclinarse el cuerpo.

METACRILATO m. *Quím.* Éster del ácido metacrílico. El más importante de sus compuestos es el de metilo, que constituye la base para obtener la resina plástica llamada *plexiglás.*

METACRÍLICO, CA adj. *Quím.* **1** Se dice del ácido a partir de cuyos ésteres polimerizados se obtienen las resinas acrílicas. **2** Relativo a este ácido.

METADONA f. *Farm.* Fármaco analgésico narcótico, de efectos semejantes a la morfina, que en forma de clorhidrato se emplea en el tratamiento contra la adicción a la heroína. Puede producir dependencia.

METAFASE f. *Biol.* **1** Segunda fase de la mitosis celular en que los cromosomas, totalmente espiralizados, se colocan en la placa ecuatorial formando un círculo. **2** Segunda fase de la primera división meiótica, en que los cromosomas se disponen en el huso de forma similar a como lo hacían en la metafase mitótica.

METAFÍSICA f. *Filos.* Parte de la filosofía que trata del ser, considerado éste en su aspecto más general. Su objeto es la indagación de las primeras causas y principios de las cosas, la naturaleza íntima y el destino de los seres. El nombre fue dado por los comentaristas de Aristóteles al tratado filosófico que éste llamó *Filosofía primera* y *Teología.* La metafísica, desde Wolff, se ha dividido en *ontología* o doctrina del ser, y *metafísica especial,* que se subdivide en *cosmología,* que trata de la naturaleza, causas y origen del mundo; *psicología racional,* que hace el mismo estudio con relación al alma humana, y *teología natural* o *teodicea,* cuyo objeto es la demostración de la existencia de Dios, la naturaleza divina y sus relaciones con el mundo.

METÁFISIS f. *Anat.* Capa fina de cartílago que se sitúa entre la epífisis y la caña del hueso largo.

METÁFORA f. *Ret.* Figura que consiste en usar una palabra o frase en un sentido distinto del que tiene, pero manteniendo con éste una relación de analogía o semejanza.

METAGOGE f. *Ret.* Variedad de metáfora que consiste en aplicar a los seres inanimados palabras que significan cualidades o sentimientos propios de seres animados.

METAL m. **1** *Quím.* Cada uno de los elementos químicos buenos conductores del calor y de la electricidad, con un brillo característico y sólidos a temperatura ordinaria, salvo el mercurio. Sus átomos tienen tendencia a ceder los electrones de su capa más externa, convirtiéndose en iones positivos. **2** *Met.* Latón. **3** fig. Timbre de la voz. **4** fig. Calidad o condición de una cosa. **5** *Mús.* Término que designa los instrumentos de viento de una orquesta. || **METAL BLANCO** *Met.* Serie de aleaciones de cobre (52-80%), cinc (10-35%) y níquel (5-35%), que se emplean para guarniciones de barcos y automóviles, resistencias eléctricas, y como base para galvanoplastia sustituyendo a la plata (por su color, brillo y dureza similares a aquélla). También denominada *alpaca y plata alemana.* || **METAL NOBLE** o **PRECIOSO** Oro, plata o platino. || **el vil metal** loc. fam. El dinero.

METALDEHÍDO m. *Quím.* Polímero del acetaldehído que se forma por la acción de los ácidos a temperaturas inferiores a 0° C, y se emplea como combustible sólido.

METALENGUAJE m. **1** *Ling.* Lenguaje especializado que se utiliza para describir un sistema lingüístico natural u otro lenguaje considerado objeto de análisis. **2** *Filos.* Lenguaje que se utiliza para hablar de un lenguaje-objeto.

METALEPSIS f. *Ret.* Tropo, especie de metonimia, que consiste en tomar el antecedente por el consiguiente, o al contrario. ♦ Su pl. es *metalepsis.*

METÁLICO, CA adj. **1** *Met.* De metal o relativo a él. || m. **2** Dinero en efectivo.

METÁLICOS, MONTES Cordillera de Europa central, entre Alemania y la República Checa, de unos 140 km de longitud (altura media, 800 m) y orientación SO-NE. Está cubierta de bosques y es rica en yacimientos mineros (uranio, lignito, plata).

METALINGÜÍSTICA f. *Ling.* Estudio de las relaciones entre los hechos lingüísticos y los hechos culturales no lingüísticos dentro de una determinada comunidad. La metalingüística se originó en EE UU a partir de la publicación de los trabajos de B. L. Whorf.

METALISMO m. *Econ.* Teoría monetaria que equipara el valor nominal de las monedas a la cantidad real de metal que contienen. En vigor durante la Edad Media y el mercantilismo.

METALIZAR tr. **1** *Met.* Cubrir una sustancia con una capa de metal. **2** *Quím.* Hacer que un cuerpo adquiera propiedades metálicas. || prnl. **3** *Quím.* Convertirse una cosa en metal o adquirir sus características. **4** fig. Hacer que alguien se interese exageradamente por el dinero.

METALO- pref. que significa metal.

METALOGRAFÍA f. **1** *Met.* Rama de la metalurgia que estudia la estructura, composición y aleaciones de los metales. **2** *A. gráf.* Sistema de impresión litográfica directa sobre planchas de metal, muy utilizado a mediados del siglo XIX.

METALOIDE m. *Quím.* Cada uno de los elementos químicos que presentan características externas de un metal, pero se comportan químicamente de modo indistinto, como metal o como no metal, como el arsénico y el antimonio. Actualmente se utiliza preferentemente la denominación *no metal.*

METALURGIA f. *Met.* Ciencia que trata los metales, desde su extracción de los minerales hasta la preparación de aleaciones y fabricación de objetos metálicos.

METAMERISMO m. **1** *Quím.* Forma de isomería producida por la unión de diferentes radicales a un mismo átomo o grupo polivalente central, siendo igual el comportamiento de los diferentes compuestos. **2** *Zool.* Cualidad del cuerpo de un animal caracterizada por la repetición de segmentos similares.

METÁMERO m. *Zool.* Cada uno de los segmentos en que se divide el cuerpo de un animal con metamerismo.

METAMÓRFICO, CA adj. *Geol.* Se dice del mineral o de la roca que ha sufrido metamorfismo.

METAMORFISMO m. *Geol.* Transformación natural que sufren las rocas como consecuencia de las fuertes presiones y altas temperaturas a que son sometidas después de su consolidación primitiva.

METAMORFOSEAR tr. y prnl. TRANSFORMAR.

METAMORFOSIS f. **1** Transformación de una cosa en otra. **2** fig. Cambio en el carácter, estado, etc., de una persona. **3** *Med.* Cambio degenerativo en un tejido o la estructura de un órgano. **4** *Zool.* Cambio estructural que experimentan muchos animales durante su desarrollo posembrionario, y que se manifiesta no sólo en la variación de su forma, sino también en las funciones y en el género de vida. **5** *Mit.* Transformación reversible o definitiva de una persona en un animal, objeto o fuerza de la naturaleza. Es un símbolo del poder de los dioses.

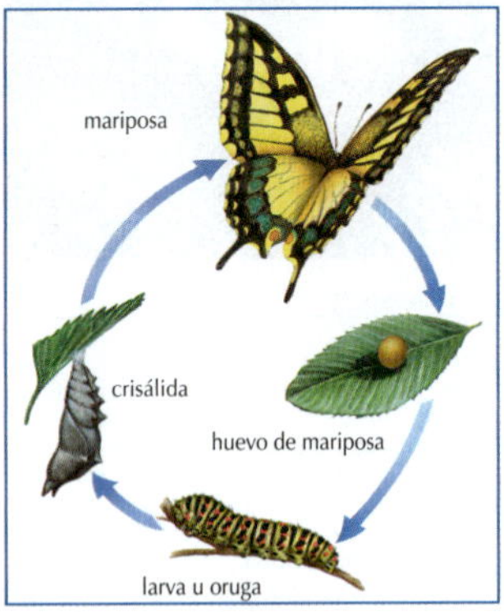

metamorfosis de la mariposa.

METANO m. **1** *Astron.* Gas constituyente de la atmósfera de los grandes planetas y los cometas. **2** *Quím.* El más simple de los hidrocarburos alifáticos o parafinas, de fórmula CH_4. Es gaseoso e incoloro, y se produce en la descomposición de sustancias vegetales; se desprende naturalmente del cieno de algunos pantanos *(gas de los pantanos)* y en las minas de carbón por descomposición lenta de las materias orgánicas. Mezclado con el aire es muy explosivo *(gas grisú).* Es uno de los principales componentes del gas del alumbrado.

METANOL m. *Quím.* Alcohol metílico, de fórmula CH_3OH, incoloro y muy tóxico, que se obtiene de la destilación de la madera. Se usa para la fabricación de lacas, barnices, resinas, gomas, explosivos, etc.

METAPSÍQUICA f. PARAPSICOLOGÍA.
Metastasio, Pietro (Pietro Trapassi, llamado) Poeta y dramaturgo italiano (Roma, 1698 - Viena, 1782). Se dio a conocer con la cantata *Los jardines de las Hespérides* (1721) y el melodrama *Dido abandonada* (1724). Fue libretista de Mozart, Porpora, Haendel y Pergolesi. Entre sus obras destacan además *La clemencia de Tito* (1734) y *Ciro reconocido* (1736).
METÁSTASIS f. *Med.* Transmisión de un agente causante de una enfermedad desde un foco primario a otro lugar distante del organismo, a través de los vasos sanguíneos o linfáticos.
METATARSO m. *Anat.* Conjunto de los cinco huesos del pie situados entre el tarso y las falanges.
METATE m. *Agr. Méx.* Piedra de moler grano.
METATEORÍA f. **1** Teoría que tiene por objeto una teoría formalizada cualquiera. **2** Disciplina que estudia las propiedades de un sistema formal valiéndose de un METALENGUAJE.
METATERIO, RIA adj. y m. *Zool.* **1** Se aplica al mamífero que se caracteriza por su reducido volumen craneano, poseer 50 dientes y presentar un par de huesos marsupiales que se articulan con la pelvis. || m. pl. *Zool.* **2** Infraclase de estos animales, que incluye un único orden, los marsupiales.
METÁTESIS f. *Gram.* Cambio de lugar de algún sonido en un vocablo. ♦ Su pl. es *metátesis.*
METATÓRAX m. *Zool.* Segmento posterior del tórax de los insectos.
Metauro Río de Italia, provincia de Pésaro y Urbino; 110 km de curso. En sus orillas, los romanos vencieron y mataron a Asdrúbal (207 a. C.).
Metaxas, Ioannis Militar y político griego (Ítaca, 1871 - Atenas, 1941). Ministro de Comercio y primer ministro desde 1935, disolvió el Parlamento (1936) y gobernó con poderes dictatoriales hasta su muerte.
METAZOO adj. y m. *Zool.* **1** Se dice del animal cuyo cuerpo está constituido por varias células, cada una de ellas o cada grupo especializado en una función determinada. Se clasifican en *diblásticos* (esponjas, hidras, medusas) y *triblásticos* (nemátodos, moluscos, artrópodos, equinodermos, cordados). || m. pl. *Zool.* **2** Reino de estos animales.

metazoo. Esponja.

METECO adj. y m. **1** En la Grecia antigua, extranjero que se establecía en Atenas. **2** Extranjero o forastero. **3** No natural.
Metelo, Lucio Cecilio General romano (s. III a. C.). Destacó en la primera guerra púnica, especialmente en la derrota de los cartagineses, al mando de Asdrúbal, en Palermo el año 250 a. C. Fue cónsul en 251.
Metelo, Quinto Cecilio (llamado EL MACEDÓNICO) Cónsul romano (s. II a. C.). Nieto del anterior, derrotó al hijo de Perseo en Macedonia (148 a. C.) y a las fuerzas de la Liga Aquea en Escarfea (Lócrida). Fue cónsul (143) y censor (131).
Metelo, Quinto Cecilio (llamado EL NUMÍDICO) Cónsul romano (s. II-I a. C.). Sobrino del anterior, fue nombrado cónsul el año 109 a. C. Venció a Yugurta en Numidia. Debido a las intrigas de Mario, fue sustituido el año 107 y desterrado a Rodas.
Metelo, Quinto Cecilio Pretor romano (s. I a. C.). Hijo del anterior, ocupó el cargo en 88 a. C. y compartió con Sila el consulado del año 80. Fue enviado a Hispania para dirigir la lucha contra Sertorio. Fue asesinado en la conspiración de Perpenna.
Metelo Escipión, Quinto Cecilio Cónsul romano (s. I a. C.). Hijo adoptivo del anterior, fue colega de Pompeyo en el consulado del año 52 a. C. Derrotado por César en Tapso (46 a. C.), al caer prisionero se suicidó.

METEMPSICOSIS o **METEMPSÍCOSIS** f. *Filos.* y *Rel.* Doctrina de varias escuelas orientales, renovada por otras de Occidente, según la cual las almas transmigran después de la muerte a otros cuerpos más o menos perfectos, conforme a los merecimientos alcanzados en la existencia anterior. ♦ Su pl. es *metempsicosis* o *metempsícosis.*
METENSE adj. y com. De Meta, Colombia.
METEOR-; -METEOR-, -METEORO- pref. o ins. que significan, literalmente, levantado más arriba (de la Tierra).
METEORISMO m. *Med.* Abultamiento del abdomen por gases acumulados en el tubo digestivo.
METEORITO m. *Astron.* Cuerpo sólido, de tamaño inferior al de un planeta, que se encuentra en el espacio o ha caído sobre la superficie terrestre.
METEORIZACIÓN f. *Geol.* **1** Acción y efecto de meteorizarse la Tierra. **2** Conjunto de fenómenos físicos y químicos que sufre una roca al ser expuesta a los agentes atmosféricos.
METEORIZAR tr. **1** *Geol.* Causar meteorización. **2** *Med.* Padecer meteorismo. || prnl. *Astron.* **3** Recibir la Tierra la influencia de los meteoros.
METEORO o **METEÓRO** m. **1** *Astron.* Fenómeno luminoso por el que las partículas de materia que penetran en la alta atmósfera son frenadas, calentadas, se evaporan parcial o totalmente, se irradian y constituyen un canal de plasma. Según el tamaño de la partícula, se presenta el fenómeno de la *estrella fugaz* (entre 10^{-3} y 10 g de masa) o de la *bola de fuego* (más de 10 g). **2** *Meteor.* Fenómeno atmosférico. Dependiendo de su naturaleza se divide en: *hidrometeoro,* relacionado con el agua y sus formas (lluvia, niebla); *litometeoro,* relacionado con las partículas sólidas (calina); *fotometeoro,* relacionado con fenómenos ópticos (arco iris); y *electrometeoro,* relacionado con descargas eléctricas en la atmósfera (aurora polar).
-METEORO- in. METEOR-.
METEOROLOGÍA f. *Meteor.* Ciencia que estudia los fenómenos atmosféricos.
Meteosat *Astron.* Nombre de los satélites meteorológicos de la Agencia Espacial Europea (ESA). El M-2 (lanzado en 1981) envía tres imágenes de la Tierra cada media hora.
METEPATAS com. Persona que mete la pata; inoportuno, indiscreto. ♦ Su pl. es *metepatas.*
METER tr. **1** Introducir o incluir una cosa dentro de otra o en alguna parte. También prnl. **2** Introducir algún género defraudando las rentas públicas. **3** Promover o levantar chismes, enredos, etc. **4** Producir, ocasionar. **5** Inducir o mover a alguien a determinado fin. **6** Ingresar dinero. **7** Invertir dinero. **8** Embeber o encoger en las costuras de una prenda de ropa la tela que sobra. **9** Engañar. **10** Dar puñetazos, bofetadas, etc. || prnl. **11** Introducirse en una parte, o en el trato y comunicación con una. **12** Con nombres que signifiquen profesión o estado, seguirlo. **13** Introducirse la tierra en el mar o el mar en la tierra. || **a todo meter** loc. adv. fam. Con gran velocidad o con gran ímpetu y vehemencia. || **meter un cuento, una mentira, una trola** fr. fig. Decir que falso para engañar. || **meterse** uno **con otro** fr. Armarle camorra. || **meterse** uno **donde no lo llaman,** o **donde nadie lo llama,** o **en lo que no le importa,** o **en lo que no le va ni le viene** fr. fam. Entrometerse. || **meterse** uno **en sí,** o **en sí mismo** fr. fig. Pensar o meditar por sí solo las cosas, sin querer pedir consejo o explicar lo que siente. || **meterse** uno **en todo** fr. fig. y fam. Introducirse inoportunamente en cualquier negocio, dando su dictamen sin que se le pida.
METETE adj. fam. *Amér. C.* y *Chile* Entrometido. También com.
METICHE adj. *Amér. C.* y *Chile* Entrometido. También com.
METICÓN, NA adj. y s. Se dice de la persona entrometida.
METICULOSO, SA adj. **1** Que hace las cosas con mucho cuidado y precisión. También s. **2** Se dice de las cosas así hechas.
METIDO, DA adj. **1** Abundante. **2** Concentrado, comprometido. **3** *Amér. C.* Se dice de la persona entrometida. También s. || m. y f. **4** Empuje, impulso. || m. **5** Golpe. **6** Tela sobrante que se mete en las costuras.
METIJÓN, NA adj. y s. METICÓN.
METÍLICO, CA adj. *Quím.* Se dice de los compuestos que contienen el radical metilo.
METILO m. *Quím.* Radical monovalente, de fórmula -CH$_3$, raro en estado libre ya que es muy inestable.
METIONINA f. *Quím.* Aminoácido esencial para el organismo, de fórmula $C_5H_{11}O_2NS$.
Metis *Astron.* Satélite de Júpiter descubierto por la sonda *Voyager* en 1980, que posee una órbita regular, con un periodo de revolución de 7 horas y 5 minutos.
METÓDICO, CA adj. **1** Hecho con método. **2** Que sigue un método o que lo parece por su orden o rigor.

Satélite meteorológico **Meteosat.**

Metodio, san Apóstol de los eslavos (Tesalónica, h. 825 - Velhrad, 885). Hermano de san Cirilo y obispo de Moravia y Panonia. A ambos hermanos se les atribuye la invención del alfabeto cirílico. Asimismo, tradujeron el Evangelio al eslavo y organizaron la liturgia, con la creación de un clero nacional.
METODISMO m. *Rel.* Movimiento religioso evangélico iniciado en Inglaterra, en 1729, por los hermanos John y Charles Wesley, con el fin de promover un renacimiento del cristianismo primitivo en la iglesia anglicana. Concibe el credo evangélico como un mensaje y modo de vida más que como un dogma; afirma la libertad humana frente a la predestinación del calvinismo, y defiende el sacerdocio universal, o ministerio de los laicos, la conversión por la fe (aunque sin olvidar las obras), y sólo reconoce dos sacramentos, el bautismo y la eucaristía. Se difundió rápidamente por Inglaterra y conoció subdivisiones, la principal, en América, constituida por el *metodismo episcopal* (1784), que readmite la institución del episcopado.
METODIZAR tr. Poner orden y método en una cosa.
MÉTODO m. **1** Modo de hacer o decir con orden una cosa. **2** Modo de obrar o proceder; hábito o costumbre que cada uno tiene y observa. **3** *Filos.* Procedimiento que se sigue en las ciencias para hallar la verdad y enseñarla; puede ser analítico o sintético.
METODOLOGÍA f. **1** Ciencia del método. **2** Conjunto de métodos que se siguen en una investigación científica o en una exposición doctrinal.
METOMENTODO com. fam. Persona entrometida.
METÓN Astrónomo griego (siglo V a. C.). Inventor de un ciclo lunisolar de 19 años.
METONIMIA f. *Ret.* Figura que consiste en designar una cosa con el nombre de otra, tomando el efecto por la causa, o viceversa, el autor por sus obras, el signo por la cosa significada.
METOPA o **MÉTOPA** f. *Arquit.* Espacio que media entre dos triglifos en el friso dórico.
METOPOSCOPIA f. Adivinación del porvenir por las líneas del rostro.
METR-^{1}, METRI-, METRO-; -METR-, -METRO, -METRA, -METRÍA, o **-MÉTRICA, -MÉTRICO** prefs., in. o sufs. que significan medida: *higrómetro.*
METR-^{2}, METRI-; -METR-, -METRA, -METRIO, -METRO prefs., in. o sufs. que significan matriz, útero.
-METRA suf. **1** METR-^{1}, medida. **2** METR-^{2}, matriz.
METRAJE m. *Cin.* Longitud de una película cinematográfica.
METRALLA f. **1** Munición menuda con que se cargan las piezas de artillería y otros explosivos. **2** Conjunto de fragmentos en que se divide un proyectil al estallar. **3** Conjunto de cosas inútiles y desechadas. También en sentido fig.
METRALLAZO m. **1** Disparo hecho con metralla por una pieza de artillería. **2** Daño ocasionado por el mismo.
METRALLETA f. Arma de fuego portátil y automática, capaz de disparar de forma repetida.
METRI- pref. METR-^{1}, medida.
-METRÍA o **-MÉTRICA** suf. METR-^{1}, medida.
MÉTRICA f. *Métr.* Arte que trata de la medida o estructura de los versos, de sus clases y de las distintas combinaciones que con ellos pueden formarse.
MÉTRICO, CA adj. **1** Relativo al metro o medida. **2** *Métr.* Relativo a la medida del verso.

-**MÉTRICO** suf. METR-[1], medida.
METRIFICAR intr. y tr. Versificar.
-**METRIO** suf. METR-[2], matriz.
METRITIS f. *Med.* Inflamación aguda o crónica del útero.
METRO[1] m. **1** *Metrol.* Unidad de longitud del Sistema Internacional que se define desde 1983 como la distancia que recorre la luz en el vacío durante 1/299.792.458 milésimas de segundo. Su símbolo es *m*. **2** Instrumento que tiene marcada la longitud del metro y sus divisiones, y que se emplea para medir. **3** Cantidad de materia que tiene la longitud de un metro. **4** *Métr.* Medida de un verso. || **METRO CUADRADO** *Metrol.* Unidad de superficie del Sistema Internacional que equivale a la superficie de un cuadrado cada uno de cuyos lados mide un metro. Su símbolo es *m*². También, cantidad de una cosa cuya superficie mide un metro cuadrado. || **METRO CÚBICO** *Metrol.* Unidad de volumen del Sistema Internacional que equivale al volumen de un cubo cada uno de cuyos lados mide un metro. Su símbolo es *m*³. También, cantidad de alguna cosa cuyo volumen mide un metro cúbico. || **METRO PATRÓN** *Fís.* Unidad de longitud establecida en 1791 como la diezmillonésima parte del cuadrante del meridiano que pasa por París. Esta medida se materializó en una barra de platino (1796). En 1875 la Convención del Metro construyó un metro-patrón más exacto, consistente en una barra de platino e iridio que en 1889 fue adoptado como metro-patrón internacional.
METRO[2] m. Abreviación de METROPOLITANO, ferrocarril subterráneo.
METRO-[1], **-METRO** pref. o suf. METR-[1], medida.
METRO-[2] pref. METR-[2], matriz.
METROLOGÍA f. *Metrol.* Ciencia que tiene por objeto el estudio de los sistemas de pesas y medidas.
METRÓNOMO m. *Mús.* Instrumento para medir el tiempo e indicar el compás de las composiciones musicales.
METRÓPOLI o **METRÓPOLIS** f. **1** Ciudad principal, cabeza de provincia o Estado. **2** Estado o ciudad respecto de sus colonias. **3** Iglesia arzobispal que tiene dependientes otras sufragáneas. **4** *Geog.* Gran centro de actividades urbanas, con un mínimo de población cifrado en torno al millón de habitantes.
METROPOLITANO, NA adj. **1** Relativo a la metrópoli. **2** Perteneciente o relativo al conjunto urbano formado por una ciudad y sus suburbios. **3** Perteneciente o relativo al arzobispo. || m. **4** Ferrocarril subterráneo o aéreo que pone en comunicación distintas zonas de las grandes ciudades. **5** Arzobispo.
METRORRAGIA f. *Med.* Hemorragia uterina fuera del periodo menstrual.
METSU, GABRIËL Pintor holandés (Leiden, 1629 - Amsterdam, 1667). Fue uno de los pintores más notables de la vida familiar neerlandesa del siglo XVII. Entre sus obras se encuentran *El niño enfermo*, *El desayuno* y *Lección de música*.
METSYS, MATSYS o **METZYS, QUENTIN** Pintor flamenco (Lovaina, 1466 - Amberes, 1530). Recogió la herencia de las tradiciones artísticas flamencas del siglo XV e introdujo las novedades del arte italiano. Pintó grandes trípticos, como el *Linaje de santa Ana* (1510) y el *Entierro de Cristo* (1509-11); retratos, como el de *Erasmo* y temas de género: *El prestamista y su esposa*, *La cortesana acariciando a un anciano*.
METTERNICH, KLEMENS, PRÍNCIPE DE Político y diplomático alemán (Coblenza, 1773 - Viena, 1859). Ministro de Relaciones Exteriores, negoció el matrimonio de Napoleón I con María Luisa. Tras la derrota de éste en Leipzig (1813) consagró todo su talento a conseguir que Austria fuese una gran potencia. Por espacio de 34 años fue uno de los árbitros de la política europea. Fue el principal promotor de la creación de la *Santa Alianza* entre Prusia, Austria y Rusia. Su rígido conservadurismo contribuyó al desarrollo de la crisis que en 1848 desembocó en la sublevación de Viena, con lo que se vio obligado a retirarse de la política.
METTRIE, JULIEN OFFROY DE LA LA METTRIE, JULIEN OFFROY DE.
METZ Ciudad de Francia, capital del departamento de Mosela; 123.920 h. Catedral (siglos XIII-XVI). Importante producción agrícola. Centro comercial e industrial. Junto con Toul y Verdún constituyó LOS TRES OBISPADOS, de los que España había intentado apoderarse y a los que renunció por el tratado de Cateau-Cambrésis (1559). Por la paz de Westfalia (1648) pasaron a Francia. Entre 1870 y 1919 perteneció a Alemania.
METZINGER, JEAN Pintor francés (Nantes, 1883 - París, 1956). Neoimpresionista y fauvista al principio, en 1908 se adhirió al cubismo, para orientarse, a partir de la Primera Guerra Mundial, hacia un academicismo realista.
MEUNIER, CONSTANTIN Escultor y pintor belga (Etterbeck, 1831 - Ixelles, 1905). El tema principal de sus obras lo constituye el hombre en pleno trabajo, y en particular los mineros, a los que retrató de un modo realista. Entre sus obras destacan *Grisú*, *La muerte del hijo*, *El pudelador* y *El gran monumento*.

MEURTHE Y MOSELA (*Meurthe-et-Moselle*) Departamento del NE de Francia, en Lorena; 5.241 km² y 713.779 h. Su capital es Nancy. Industria siderometalúrgica y yacimientos de hierro.
MeV *Fís.* Símbolo del megaelectronvoltio.
MEXCAL m. *Bot.* MEZCAL.
MEXCALINA f. *Quím.* MEZCALINA.
MEXICA adj. y com. AZTECA.
MEXICALI Ciudad de México, capital del Estado de Baja California; 438.377 h. Industrias agroalimentarias y químicas. Pese a estar situada en el centro de una zona desértica, gracias a la irrigación del río Colorado, tiene importantes cultivos de trigo y algodón. Ganado lanar.
MEXICANISMO m. Vocablo, giro o modo de hablar peculiar de los mexicanos. ♦ En esta voz, la *x* se pronuncia como *j*.
MEXICANO, NA adj. y s. **1** De México. || m. **2** AZTECA, idioma azteca. ♦ En esta voz, la *x* se pronuncia como *j*.
MÉXICO Estado de México, en la parte central de la República; 21.355 km² y 12.222.891 h. Su capital es Toluca. Producción minera (oro, plata, hierro, cobre y azufre) y agrícola. Industria textil y alimentaria.
MÉXICO (*Estados Unidos Mexicanos*) Estado situado en el extremo meridional de América del N. Limita al N con EE UU; al E, con el golfo de México y el mar Caribe; al S, con Belice, Guatemala y el océano Pacífico, y al O, con el océano Pacífico.
GEOG. *Geografía física.* El relieve está constituido por una gran altiplanicie, la Meseta Central, bordeada al E y al O por Sierra Madre Oriental y Occidental y al S por la cordillera Neovolcánica. En esta última se encuentran los picos más importantes, como el Popocatépetl (5.452 m), el Orizaba (5.700 m) y el Iztaccíuatl (5.286 m). Al S de la depresión del río Balsas están la Sierra Madre del Sur, el istmo de Tehuantepec y la península de Yucatán.

Superficie: 1.964.375 km².
Población: 97.361.711 h. (*mexicanos*).
Densidad: 50 h./km².
Tasa de natalidad: 21‰.
Tasa de mortalidad: 4,4‰.
Capital: México, D. F.
Ciudades principales: Ciudad de México, Guadalajara, Monterrey, Puebla, León, Ciudad Juárez, Tijuana, San Luis Potosí, Mérida, Toluca, Chihuahua, Acapulco, Tampico, Cuernavaca.
Religión: catolicismo.
Idioma: español. Aproximadamente 6.381.314 de indígenas hablan alguna de las 62 lenguas que aún perviven.
Moneda: peso.
Forma de Estado: república federal.
Producto Nacional Bruto: 503.400 millones de dólares.
Renta per cápita: 5.074 dólares.
División administrativa: 31 Estados y 1 Distrito Federal, según cuadro.

MÉXICO

Estados Regiones físicas	Superficie (km²)	Población (h.)	Capitales
Baja California	71.505	2.487.700	Mexicali
Baja California Sur	73.948	423.516	La Paz
Nayarit	27.103	919.739	Tepic
Sinaloa	58.359	2.534.835	Culiacán
Sonora	180.605	2.213.370	Hermosillo
Pacífico Norte	*411.520*	*8.579.160*	
Chihuahua	245.962	3.047.867	Chihuahua
Coahuila	150.615	2.295.808	Saltillo
Durango	122.792	1.445.922	Durango
Nuevo León	64.742	3.826.240	Monterrey
San Luis Potosí	63.778	2.296.363	San Luis Potosí
Tamaulipas	79.686	2.747.114	Ciudad Victoria
Zacatecas	73.829	1.351.207	Zacatecas
Norte	*801.404*	*17.010.521*	
Aguascalientes	5.272	943.506	Aguascalientes
Guanajuato	31.032	4.656.761	Guanajuato
Hidalgo	20.664	2.231.392	Pachuca
Jalisco	79.085	6.321.278	Guadalajara
Estado de México	21.419	13.083.359	Toluca
Michoacán	58.585	3.979.177	Morelia
Morelos	4.961	1.552.878	Cuernavaca
Puebla	34.155	5.070.346	Puebla
Querétaro	12.114	1.402.010	Querétaro
Tlaxcala	4.052	961.912	Tlaxcala
Distrito Federal	1.525	8.591.309	
Centro	*272.864*	*48.793.928*	
Campeche	57.033	689.656	Campeche
Quintana Roo	39.201	873.804	Chetumal
Tabasco	24.612	1.889.367	Villahermosa
Veracruz	72.005	6.901.111	Xalapa
Yucatán	43.577	1.655.707	Mérida
Golfo de México	*236.428*	*12.009.645*	
Chiapas	73.628	3.920.515	Tuxtla Gutiérrez
Colima	5.466	540.679	Colima
Guerrero	64.791	3.075.083	Chilpancingo
Oaxaca	93.147	3.432.180	Oaxaca
Pacífico Sur	*237.032*	*10.968.457*	
Islas deshabitadas	5.126	—	

MÉXICO

En el NO se halla la península de California. El clima es tropical, húmedo en el S, seco o desértico en el N y con las correcciones que impone la altitud en el centro. La hidrografía está dominada por el río Bravo o Grande del Norte, que sirve de frontera con Estados Unidos, y por el Usumacinta, en la frontera con Guatemala. Otros ríos importantes son el Balsas, Grande de Santiago, Pánuco y Colorado.

Geografía humana y económica. México es el país hispano de mayor número de habitantes y su capital, Distrito Federal, la mayor ciudad del planeta. El 71,3% de la población es urbana. La economía tiene dos sectores dominantes: la actividad agraria y la minera. México posee una agricultura muy variada. Desde los cereales, como trigo, cebada, sorgo y maíz, hasta los cultivos tropicales, como la caña de azúcar, café, bananas, cacao, algodón, etc. También produce fríjoles, agrios, henequén (tipo de sisal), sésamo, soja, tomates, etc. La cabaña ganadera es igualmente importante, especialmente la bovina y caballar. En cuanto a la minería, es el 6° productor mundial de petróleo y el 8° de gas natural, con sus yacimientos del golfo de México. Tradicionalmente ha sido un país rico en plata (1° del mundo), plomo, cobre, manganeso, cinc, hierro, oro, mercurio, antimonio, etc. Importante industria petroquímica, siderúrgica, alimentaria, metalúrgica, etc. La población indígena de México todavía es muy considerable. Se calcula que los grupos étnicos comprenden el 11% de la población total y viven dispersos por todo el territorio nacional. Entre las comunidades que perviven destacan: los chichimecas, los chontales, los huicholes, los lacandones, los mixes, los mixtecos, los nahuas, los pimas, los purépechas, los seris, los tarahumaras, los tarascos, los totonacas, los triquis y los tzotziles.

HIST. *Época prehispánica.* Se han hallado innumerables vestigios arqueológicos en las tierras altas del centro de México y los abrigos rocosos del Estado de Tamaulipas, donde se comenzó a cultivar el maíz entre los años 7000 y 5000 a. C. Sin embargo, la primera gran cultura del México precolombino se desarrolló en la costa veracruzana del golfo de México. La cultura *olmeca* (1500-100 a. C.) inició el periodo *formativo,* que se caracteriza por la edificación de centros ceremoniales, el uso de la pirámide, el desarrollo de un sistema de calendario propio y la aparición del dios-jaguar, constantes de las culturas mesoamericanas que se inician entonces. Destacan los centros de San Lorenzo, La Venta y Tres Zapotes. La influencia olmeca se difundió en tres direcciones; una hacia el valle de México (Tlatilco, Cuicuilco), otra hacia el valle de Oaxaca (fases más antiguas de Monte Albán), y la tercera hacia la costa del Pacífico, a través del istmo de Tehuantepec, que se extendió hacia las tierras altas guatemaltecas. Con la decadencia olmeca se inició el periodo *clásico,* cuyo máximo exponente es Teotihuacán (principios de nuestra era-750), ciudad situada al N del lago de Texcoco, que llegó a tener más de 100.000 h. En el valle de Oaxaca se desarrolló la cultura *zapoteca,* con centro en Monte Albán. Durante este periodo surgieron en la península de Yucatán y en las márgenes del Usumacinta ciudades mayas: Uxmal, Palenque, Yaxchilán y Bonampak, aunque el corazón de la cultura maya se encontraba en el Petén guatemalteco. Con la decadencia de Teotihuacán y las ciudades mayas se inicia el periodo *posclásico.* La cultura *tolteca* (900-1168) recogió las características teotihuacanas y las impregnó de un marcado cariz guerrero. El centro de la cultura maya se desplazó a la zona yucateca tras la decadencia de los centros clásicos y la llegada de nuevos grupos, con lo que se inició un periodo caracterizado por la actividad militar: Uxmal, Chichén Itzá, Mayapán. Tras la llegada de los españoles, el Yucatán continuó resistiendo hasta su conquista en 1540 por Francisco de Montejo. Mientras, en el valle de Oaxaca, los *mixtecas* se habían impuesto a los *zapotecas* anteriores, a los que asimilaron a su cultura. La llegada de pueblos *chichimecas* significó la caída de Tula y el surgimiento de nuevos centros en torno a las lagunas del valle de México. El último de estos pueblos que llegó al valle fue el de los *mexicas* o *aztecas,* que fundaron Tenochtitlán (1325) en un islote del lago de Texcoco. Formaron la Triple Alianza con las ciudades de Texcoco y Tlacopán e iniciaron su expansión, hasta llegar a formar un amplio imperio, que en tiempos de Moctezuma II abarcaba desde las costas del golfo hasta el Pacífico, donde impusieron su idioma, el nahuatl.

La conquista española. El 4 de marzo de 1517, Francisco Hernández de Córdoba llegó al cabo Catoche, en Yucatán, y un año más tarde Juan de Grijalva exploró la costa del golfo de México. Diego Velázquez, gobernador de Cuba, determinó enviar una expedición dirigida por Hernán Cortés. Sin embargo, más tarde se propuso destituirlo, y enterado Cortés de sus intenciones, decidió partir de La Habana, sin el conocimiento de Velázquez, el 10 de febrero de 1519, con un total de 665 hombres. Después de vencer a los mayas de Tabasco, tuvo un encuentro con los emisarios de Moctezuma en San Juan de Ulúa. Buscando legitimar su situación ante la justicia real, Cortés fundó la ciudad Villa Rica de Veracruz el 3 de mayo de 1519, dotándola de un cabildo. Emprendió la marcha, y en la ciudad de Tlaxcala tuvo un enfrentamiento con sus habitantes. Después de vencerlos, los tlaxcaltecas se unieron a las fuerzas de Cortés, y un ejército de 400 españoles y un millar de indios marchó hacia Tenochtitlán. Tras realizar una matanza en Cholula, ciudad enemiga de Tlaxcala, llegaron a Tenochtitlán, donde Moctezuma recibió a Cortés con grandes honores. Enterado éste de que los indígenas ha-

México. Desierto de Sonora.

bían atacado la guarnición de Veracruz, apresó al monarca en calidad de rehén. Velázquez, que desconfiaba de Cortés, envió contra él a Pánfilo de Narváez. Cortés marchó contra él, dejando una guarnición al mando de Pedro de Alvarado. En Cempoala se enfrentó con Narváez y le derrotó. Al regresar a Tenochtitlán, halló la ciudad sublevada. Moctezuma fue lapidado por la multitud, incitada por Cuauhtémoc, lo que obligó a los españoles a retirarse de la ciudad durante la *Noche Triste* del 30 de junio de 1520. Tras su marcha, se enfrentaron y vencieron en la llanura de Otumba a un ejército azteca. Se refugiaron en Tlaxcala y, con el apoyo de la ciudad de Texcoco, iniciaron el cerco a Tenochtitlán, que concluyó con el ataque del 13 de agosto de 1521, en el que los aztecas fueron vencidos y su soberano, Cuauhtémoc, capturado. Cortés decidió fundar la Ciudad de México en el mismo lugar donde había estado Tenochtitlán. La corona mostró rápidamente un gran interés por las tierras recién conquistadas. Pese a que había otorgado a Cortés el título de gobernador de la Nueva España, fue desterrado en 1527. En 1528 se creó la audiencia de México. Durante este periodo, la encomienda, introducida por Cortés, enfrentó a los conquistadores con los funcionarios reales.

El virreinato. En 1535 se creó el virreinato de Nueva España, con Antonio de Mendoza como primer virrey. La actividad conquistadora prosiguió, y nuevas expediciones al N y al O fueron añadiendo tierras al virreinato: Nueva Galicia (1548), Nueva Vizcaya (1562), Nuevo León (1579), Nuevo México (1583), mientras que Montejo iniciaba en 1535 la conquista del Yucatán. El N del virreinato estaba dedicado a la actividad minera; el S, a los cultivos de tierras calientes (caña de azúcar), y el comercio se centraba en torno a los puertos de Acapulco, para Asia y la costa pacífica, y Veracruz, para España y el mundo antillano. Entre los siglos XVI y XVII, la población indígena sufrió un significativo descenso por las condiciones del trabajo y las enfermedades. Esto trajo consigo la falta de mano de obra en las comunidades que abastecían a las ciudades y a las minas, propiciando la aparición de la hacienda. El visitador Gálvez, a partir de 1674, impulsó la conquista de nuevas tierras al N, la Alta California, a la vez que fomentaba la producción colonial. En 1786 se crearon las intendencias, que, pese a liberalizar relativamente la economía, no satisficieron a los criollos. El descontento se extendería también entre las clases mestizas e indígenas, y a ello se unió el proceso de independencia de EE UU. La invasión francesa de España provocó que los criollos, que dominaban el cabildo, solicitaran una mayor autonomía, mientras que las instituciones reales defendían el sometimiento a la junta de Cádiz.

La independencia. Tras el derrocamiento del virrey Iturrigaray y su sustitución por Pedro Garibay, comenzó una represión que radicalizó la postura criolla. El 16 de septiembre de 1810, Miguel Hidalgo, cura de Dolores, al frente de un grupo de mestizos, indios y criollos, tomó conciencia y se proclamó en el primer alzamiento contra la corona (*grito de Dolores*). Pero el temor de la aristocracia criolla hizo que se aliara a los peninsulares, e Hidalgo fue capturado en 1811. Mientras, en el S, Morelos se apoderó de Oaxaca (1812), y convocó un congreso en Chilpancingo (1813), donde se abolió la esclavitud y se proclamó la independencia, adoptando la forma republicana. Pero, en 1815, Morelos fue capturado y ajusticiado por los realistas. Tras estas luchas, la clase criolla ascendió al poder y aparecieron los caciques locales. Cuando en España estalló la revolución liberal, la oligarquía criolla y peninsular temió por sus privilegios y se enfrentó a las autoridades metropolitanas, defendiendo la independencia. El jefe del ejército del S, Agustín de Iturbide, publicó el *plan de Iguala*, favorable a la independencia. Este plan fue aceptado por el gobierno español.

La etapa imperial. El 28 de septiembre de 1821, Iturbide proclamó la independencia, y se creó un gobierno provisional. Iturbide se impuso a los monárquicos y a los republicanos, y se hizo nombrar emperador constitucional de México. Pero la falta de apoyo le hizo abdicar en marzo de 1823. Se proclamó, entonces, una constitución federal (1824). En este periodo, los territorios de la audiencia de Guatemala se separaron de la república mexicana. En 1832 el general Santa Anna se sublevó en Veracruz, y tras un periodo liberal, instauró un gobierno conservador que implantó una República centralista (1834). A partir de este momento comenzaron los problemas con EE UU. La mitad del territorio mexicano se encontraba al N del río Bravo o río Grande, que hoy constituye la frontera. Cuando se abolió la República federal, Texas, donde había habido una penetración de colonos estadounidenses, se rebeló, apoyada por EE UU. El ejército de Santa Anna fue derrotado en 1836, Texas se declaró independiente (1837) y, posteriormente, entró a formar parte de la Unión (1845). En mayo de 1846, EE UU, pretextando un conflicto fronterizo, invadió el territorio mexicano. Santa Anna se vio obligado a reponer el federalismo y ceder la presidencia a Frías. En septiembre de 1847 las tropas estadounidenses tomaron la capital, y por el Tratado de Guadalupe-Hidalgo, México reconoció la cesión de los territorios ocupados de la Alta California y Nuevo México, fijando la frontera en el río Bravo. Santa Anna tomó nuevamente el poder en 1853, ejerciendo una dictadura de hecho. En 1854 se produjo la rebelión de Álvarez y Comonfort contra Santa Anna, que triunfó un año más tarde. El nuevo gobierno, entre cuyos miembros se encontraba Juárez, puso en marcha un plan de reformas que suscitó la oposición de los sectores eclesiásticos y conservadores. En 1857 se promulgó una nueva constitución, la cual suscitó la llamada *guerra de los Tres Años*, que terminó con la victoria de Benito Juárez al frente de los liberales. La suspensión de pagos de las deudas contraídas con el extranjero provocó la intervención armada de Inglaterra, España y Francia. Las dos primeras llegaron a un acuerdo con Juárez y se retiraron, pero los franceses tomaron el Distrito Federal el 7 de junio de 1863 y sometieron casi todo el país. Una junta de nobles, de inspiración francesa, aprobó la monarquía y ofreció la corona a Maximiliano de Habsburgo, hermano del emperador de Austria. La marcha del ejército francés y la actuación de las fuerzas republicanas, dirigidas por Juárez y Porfirio Díaz, hicieron que el imperio fuese totalmente derrotado en mayo de 1867. Maximiliano fue juzgado y fusilado.

El gobierno de Porfirio Díaz y la revolución. En 1867 fue elegido presidente Juárez, que murió un año después, en 1871, pero Porfirio Díaz aprovechó para alzarse en armas en 1876. Entre 1880 y 1884, Díaz cedió la presidencia a Manuel González. A su vuelta continuó reforzando la posición internacional de México y potenciando el poder central y la economía. La represión de los movimientos obreros y la crisis mundial con la caída de los precios de la plata y el cobre, provocaron que Díaz perdiera el apoyo de la clase política y se iniciaran las rebeliones de Orozco y Zapata. En las elecciones de 1910 resultó vencedor Díaz, que había encarcelado a su rival, Madero. El levantamiento triunfó en varias ciudades, y las fuerzas revolucionarias al mando de *Pancho* Villa, Emiliano Zapata y Pascual Orozco derrotaron a Díaz, que se vio obligado a huir. Madero fue elegido presidente tras las elecciones de 1911. Zapata y Orozco se rebelaron, y este último fue vencido por Huerta quien, gracias al ejército, fue adquiriendo mayor importancia. En 1913, Huerta destituyó a Madero, que fue asesinado poco después. Zapata y Carranza no reconocieron al nuevo presidente; a ellos se unieron Villa y Obregón. Apoyados por EE UU, Zapata atacó el Distrito Federal por el S; Villa derrotó al ejército federal en Zacatecas, y Obregón entró en la ciudad en 1915, huyendo Huerta al exilio. La división entre Carranza, por un lado, y Villa y Zapata, por otro, provocó una nueva guerra civil. Villa y Zapata tomaron la capital y pasaron a la ofensiva; pero la falta de unión entre ellos hizo que fueran derrotados. Paralelamente, se reunió un congreso constituyente en Querétaro, que proclamó presidente a Carranza y redactó una constitución liberal. Pero se produjo una nueva rebelión encabezada por Obregón, Elías Calles y De la Huerta.

El México posrevolucionario y la época contemporánea. El asesinato de Carranza (1920) supuso la subida

México. Iglesia de la Compañía de Jesús, en Guanajuato.

México. Vicente Fox, presidente del país desde 2000.

al poder de Obregón, que desarrolló una política de carácter populista. En 1934 alcanzó la presidencia Lázaro Cárdenas, que potenció la enseñanza y los sindicatos obreros, nacionalizó la industria petrolera, elaboró un plan para la repartición de las tierras, fomentó la industria y desarrolló la red vial. Cárdenas impulsó la creación del Partido de la Revolución Mexicana (PRM), que a partir de entonces dominó la vida política mexicana. En las elecciones de 1940 resultó elegido Ávila Camacho, candidato del PRM, que cambió su nombre por el de Partido Revolucionario Institucional (PRI). El presidente Miguel Alemán (1946-52) aumentó las inversiones públicas, sobre todo en infraestructura e industrialización. La matanza de Tlatelolco, realizada bajo el gobierno de Díaz Ordaz contra una manifestación estudiantil, provocó una grave crisis política y motivó que su sucesor, Echeverría, llevara a cabo una apertura democrática. La crisis económica mundial afectó a su gobierno y al de su sucesor, López Portillo. Durante la presidencia de Miguel de la Madrid, México apoyó las iniciativas de paz en Centroamérica. En las elecciones de 1988, aunque resultó nuevamente elegido el candidato del PRI, Salinas de Gortari, la oposición consiguió un importante aumento de votos. Durante la presidencia de Salinas de Gortari se firmó el acuerdo de creación de una zona de libre comercio entre México, EE UU y Canadá (NAFTA). Al inicio de 1994 se produjo el levantamiento del Ejército Zapatista de Liberación, en el Estado de Chiapas, acompañado de la ocupación de tierras por organizaciones campesinas; tras la firma de un acuerdo en marzo, quedó temporalmente superado. Ese mismo mes fue asesinado en Tijuana el candidato del PRI a la presidencia, Luis Donaldo Colosio. Fue sustituido en la candidatura por Ernesto Zedillo Ponce, que en las elecciones (agosto de 1994) resultó elegido. El inicio del mandato de Zedillo coincidió con el agravamiento de la crisis financiera mexicana. En las elecciones de 1997 para renovar la Cámara de Diputados, parte del Senado y seis gobiernos estatales, el PRI perdió la mayoría absoluta; y en las de la alcaldía del Distrito Federal, Cuauhtémoc Cárdenas alcanzó un triunfo histórico. En diciembre de 1997, la situación en Chiapas, donde el proceso negociador se había paralizado, se vio agravada al producirse una matanza de indígenas en el poblado de Acteal. En las elecciones locales celebradas en 1998, el PRI perdió la mayoría en el gobierno del Estado de Aguascalientes, aunque la conservó en los de Veracruz y Oaxaca. En julio de 2000 se celebraron elecciones presidenciales en las que venció el candidato del Partido de Acción Nacional, Vicente Fox.

MÉXICO Distrito Federal, capital de la nación; 1.479 km² y 8.483.623 h. (más de 20.000.000 h. en el área metropolitana, que abarca al Distrito Federal y a dos estados limítrofes: el estado de México e Hidalgo). Centro geográfico, político, económico y cultural del país. Industrias de fabricación de alcoholes, cigarros, calzado, productos alimenticios, tejidos de lana y algodón, papel y derivados, curtidos y jabón. Activo comercio. Tiene una excelente red de comunicaciones. Sus principales edificios son la catedral, que data del reinado de Felipe II; el templo del Sagrario (siglo XVIII); el palacio nacional, que fue residencia de los virreyes; el palacio del ayuntamiento (siglo XVII); y el castillo de Chapultepec. Museos de Arqueología e Historia Natural, de Antropología e Historia. Biblioteca Nacional. Fue sede de la XIX Olimpiada (1968).

HIST. La ciudad se levantó sobre las ruinas de Tenochtitlan, conquistada en 1521 por Hernán Cortés. Inmediatamente fue constituida en obispado (1530), en sede del virreinato de Nueva España (1535) y en 1546 alcanzó el rango de arzobispado. Al mismo tiempo se fundó la universidad (1533), se instituyó la Casa de la Moneda (1535) y, posteriormente, se estableció el Tribunal de la Inquisición (1571). Su población, sin embargo, fue inferior a la que albergó la antigua Tenochtitlan debido a los trastornos provocados por el proceso de colonización y las epidemias. Durante el siglo XVIII la población se recuperó, al tiempo que se emprendían una serie de mejoras urbanísticas que la dotaron de una fisionomía barroca. Designada capital de la República en 1824, sufrió la ocupación de las tropas estadounidenses (1847-48) y de las tropas francesas (1863). El crecimiento de la ciudad se aceleró en la segunda mitad del siglo XX y se convirtió en una de las mayores aglomeraciones urbanas del mundo. En 1968 estalló en ella un movimiento estudiantil que culminó con una matanza en la zona de Tlatelolco. En 1985 sufrió un terremoto que afectó a una extensa zona del centro de la ciudad. Durante 1991-92 se declaró un plan de emergencia para combatir la contaminación.

MÉXICO, GOLFO DE Mar interior del Atlántico, limitado por las costas de EE UU, México y Cuba. El sector SO se denomina golfo de Campeche.

MEYA f. *Zool.* Especie de centolla, noca.

MEYER, CONRAD FERDINAND Escritor suizo (Zurich, 1825 - Kilchberg, 1898). Es uno de los principales exponentes del realismo suizo, autor de narraciones históricas: *El santo* (1879), *La boda del monje* (1884) y *Angela Borgia* (1891).

MEYER, VIKTOR Químico alemán (Berlín, 1848 - Heidelberg, 1897). Inventó un método para determinar las densidades del vapor (1897), y descubrió el tiofeno.

MEYERBEER, JAKOB (JAKOB BEER, llamado) Compositor alemán (Berlín, 1791 - París, 1864). Instalado en París desde 1824, creó el melodrama musical romántico. Es autor de las óperas *Roberto el diablo* (1831), *Los hugonotes* (1836), *El profeta* (1849) y *La Africana* (1865).

MEYERHOFF, OTTO Fisiólogo alemán (Hannover, 1884 - Filadelfia, 1951). Estudió el mecanismo de la oxidación celular y estableció la analogía entre respiración y fermentación alcohólica. En 1922 recibió el premio Nobel de Medicina, compartido con A. V. Hill.

MEYERHOLD, VSEVOLOD EMILIEVICH Actor, director de teatro y de cine soviético (Penza, 1874 - Moscú, 1940). Debutó en 1898, con Stanislavski. Director de los teatros imperiales (1907), tras la Revolución de 1917 se adhirió al nuevo régimen. Prescindió del convencionalismo escénico (escenarios desnudos, objetos en lugar de decorados, disposición intencional de movimientos), lo que desagradó a la ortodoxia estalinista. Detenido en 1939, fue fusilado. Puso en escena *Misterio bufo* (1918), de Maiakovski, y *El inspector general* (1926), de Gogol, entre otras obras.

MEYERSON, ÉMILE Filósofo francés de origen polaco (Lublín, 1859 - París, 1933). Especializado en el estudio de la filosofía de la ciencia, entre sus obras destacan *Identidad y realidad* (1908), *De la explicación en las ciencias* (1921) y *La deducción relativista* (1925).

MEYNELL, ALICE Poetisa inglesa (Barnes, 1850 - Londres, 1922). Dentro de su obra poética destaca el libro de poemas *Preludes*.

MEYOSIS f. *Biol.* MEIOSIS.

MEYRINK, GUSTAV Escritor austriaco (Viena, 1868 - Starnberg, Baviera, 1932). Autor de las novelas *El golem* (1915), *El rostro verde* (1916), *La noche de Walpurgis* (1917) y *El dominico blanco* (1921).

MEZCAL m. 1 *Bot.* Nombre que se da en México a varias plantas de la familia amarilidáceas, género *Agave*. 2 *Bot.* Peyote. 3 Aguardiente que se obtiene por fermentación y destilación de las cabezas de esta planta. Se dice también *mescal* y *mexcal*.

MEZCALINA f. *Quím.* Alcaloide del mezcal o peyote. Se ha usado como alucinógeno, desde la Antigüedad, entre los indios de México y el SO de EE UU. Se denomina también *mescalina*.

MEZCLA f. 1 Acción y efecto de mezclar. 2 Agregación o incorporación de varias sustancias o cuerpos que no tienen entre sí acción química. 3 Tejido de hilos de diferentes clases y colores. 4 Argamasa de cal, arena y agua.

MEZCLABLE adj. Que se puede mezclar.

MEZCLADOR, RA m. y f. 1 Persona que mezcla, une e incorpora una cosa con otra. || f. 2 Máquina que sirve para mezclar.

MEZCLAR tr. 1 Juntar, unir una cosa con otra. También prnl. 2 Alterar el orden de las cosas, desordenarlas. 3 Meter a alguien en algo que no le interesa.

MEZCLILLA f. Tejido de menos cuerpo que la mezcla.

MEZCOLANZA f. fam. Mezcla extraña y confusa.

MEZQUINAR tr. 1 *Amér.* Escatimar, obrar con tacañería. También intr. 2 *Arg.* Esquivar, apartar. 3 *Col.* Librar a alguien de un castigo.

MEZQUINDAD f. 1 Calidad de mezquino. 2 Cosa mezquina.

MEZQUINO, NA adj. 1 Pobre, necesitado. 2 Avaro, miserable. 3 Pequeño, diminuto. 4 Desdichado, infeliz. || m. 5 En la Edad Media, siervo de la gleba de raza española.

MEZQUITA f. *Arquit.* y *Rel.* Edificio en que los musulmanes practican sus ceremonias religiosas.

MEZQUITAL m. *Bot.* Sitio poblado de mezquites.

MEZQUITAL Río de México, en los Estados de Durango y Nayarit; 700 km. También se llama *San Pedro Mezquital*.

MEZQUITE m. *Bot.* Pequeño árbol perteneciente a la familia leguminosas, de nombre científico *Prosopis juliflora*, nativo de América tropical.

MEZZOGIORNO (Voz it.) m. Zona meridional de Italia; 123.053 km² y 20.536.904 h. Comprende las regiones de Abruzos, Molise, Basilicata, Campania, Apulia, Calabria, Sicilia y Cerdeña. Históricamente ha sido una región subdesarrollada, dedicada a la producción agrícola.

MEZZOSOPRANO (Voz it.) f. *Mús.* 1 Voz femenina de tono intermedio entre el de soprano y el de contralto. 2 Mujer que tiene esta voz.

MG *Fís.* Símbolo del miligramo.

MG *Quím.* Símbolo del magnesio.

MHZ *Fís.* Símbolo del megahertzio.

MI¹ m. *Mús.* Tercera nota de la escala musical.

MI², MIS adj. posesivo, apócope de MÍO, MÍA, MÍOS, MÍAS. No se emplea sino antepuesto al nombre.

MI- pref. MIO-.

MÍ Forma del pronombre personal de primera persona en género masculino o femenino y número singular, que se emplea para las funciones de complemento con preposición. Cuando la preposición es con, se dice CONMIGO.

MÍA f. *Hist.* y *Mil.* En el antiguo protectorado español en Marruecos, unidad regular indígena compuesta de unos cien hombres de infantería o de otros tantos de caballería. También se da este nombre a unidades análogas de otros ejércitos coloniales.

MIAJA f. MIGAJA.

MIALGIA f. *Med.* Dolor de los músculos.

MIALMAS, COMO UNAS expr. fam. de agrado y satisfacción.

MIAMI adj. *Etnol.* Se dice de un pueblo amerindio, de lengua algonquina, que habitó en los Estados de Indiana, Illinois, Ohio y Michigan. En la actualidad residen en Oklahoma e Indiana. Aplicado a personas, también com. 2 Relativo a este pueblo.

MIAMI Ciudad del SE de EE UU, Estado de Florida; 373.024 h. (1.719.000 h. en su área metropolitana). Importante centro comercial, industrial y turístico.

MIAR intr. MAULLAR.

-MIARIO suf. MIO-.

MIASMA m. Emanación perniciosa que se desprende de materias corruptas o aguas estancadas. Más en pl.

MIASMÁTICO, CA adj. 1 Que produce o contiene miasmas. 2 Ocasionado por los miasmas.

MIASTENIA f. Debilitación progresiva de la fuerza muscular.

MIAU 1 Onomatopeya del maullido del gato. || m. 2 Voz del gato, maullido.

MIC-; -MIC- pref. o in. MICET-.

mezquita de Muhammad Ali (El Cairo, Egipto).

Miami (Estados Unidos).

MICA f. *Miner.* Mineral del grupo de los silicatos, compuesto de hojuelas brillantes, elásticas, sumamente delgadas, que se rayan con la uña. Tiene colores muy diversos y forma parte de varias rocas.
MICÁCEO, A adj. *Miner.* Que contiene mica o se asemeja a ella.
MICACITA f. *Geol.* Roca metamórfica, rica en micas, de textura pizarrosa, de aspecto muy semejante a los esquistos, y colores verdosos.
MICADO m. MIKADO.
MICALA *Hist.* Monte de Asia Menor, en Jonia. Célebre por el combate naval librado en sus costas meridionales (479 a. C.), en el que los griegos incendiaron la flota persa.
MICCIÓN f. Acción de mear.
MICELA f. *Quím.* Conjunto de partículas que constituyen la fase dispersa de una solución coloidal.
MICELIO m. *Biol.* Masa de filamentos muy ramificados que constituyen el cuerpo vegetativo de un hongo. Los filamentos pueden estar o no tabicados.
MICENAS *Hist.* Antigua ciudad de Grecia, en la Argólida, a 30 km de Corinto. Fundada por Perseo, según la leyenda, y ocupada en el tercer milenio a. C. Su periodo de máximo esplendor tuvo lugar entre 1400 y 1200 a. C., momento en el que fue destruida por los dorios. En 1876, el arqueólogo alemán H. Schliemann descubrió las primeras tumbas y numerosos objetos fúnebres. La ciudad estaba rodeada de una muralla de aparejo ciclópeo, en la que se encuentra la llamada puerta de los Leones. Destacan además los restos del palacio real y las cámaras sepulcrales circulares o Tholoi, entre los que destaca el llamado Tesoro de Atreo.
MICÉNICA, CIVILIZACIÓN *Arte.* y *Prehist.* Cultura que se desarrolló en la Grecia continental en el segundo milenio y cuyo centro fue la ciudad de MICENAS. La cultura micénica se extendió por el Peloponeso y Grecia central, por algunas islas del Egeo y llevó sus relaciones comerciales hasta Sicilia y Asia Menor. Comprende el periodo que abarca desde el siglo XV hasta el XII a. C. Desapareció a finales del II milenio a. C. como consecuencia de la invasión de los dorios. La forma más característica del poblamiento fue la ciudad, situada en lugares altos y de fácil defensa natural. Los ejemplos más notables son Micenas y Tirinto. La arquitectura micénica se caracteriza por el colosalismo de sus construcciones, la estructura rectangular de sus palacios en torno a la sala principal (*megarón*), sus ciudades amuralladas y sus enterramientos (*tolos*). Las restantes manifestaciones artísticas están fuertemente influidas por el arte minoico. La pintura al fresco, de carácter esquemático, representa escenas de guerreros y cacerías. La orfebrería cobró un importante desarrollo (máscara de Agamenón). La cerámica evolucionó a través de varios estilos.
MICÉNICO, CA adj. Relativo a Micenas.
MICER m. Título antiguo honorífico de la corona de Aragón.
MICERINO o **MENKAURA** Faraón egipcio (s. XXVI a. C.). Perteneció a la IV dinastía. Sucedió a Khafra. Hizo construir la más pequeña de las pirámides de Gizeh.

MICET-, MICETO-, MICO-, MIC-; -MICET-, -MIC-; -MICES, -MICETE, -MICETAL, -MICETO, -MICÓTICO prefs., ins. o sufs. que significan hongo.
MICETOLOGÍA f. *Biol.* MICOLOGÍA.
MICHA f. fam. *Zool.* Gata, animal.
MICHAËLIS DE VASCONCELOS, CAROLINA Ensayista alemana (Berlín, 1851 - Oporto, 1925). Estuvo casada con el portugués Joaquim de Vasconcelos. Autora de *Romancero del Cid* (1870), *Tres flores del teatro antiguo* (1876) y *El cancionero de Ajuda* (1904).
MICHATOYA Río de Guatemala, que nace en el lago Amatitlán y desemboca en el Pacífico por Iztapa; 88 km.
MICHAUX, HENRI Poeta francés, de origen belga (Namur, 1899 - París, 1984). Perteneció a la escuela surrealista, para cultivar luego una poesía de carácter hermético. Autor de *Un bárbaro en Asia* (1933), *Un tal Pluma* (1937), *Ideogramas en China* (1975) y *Días de silencio* (1978).
MICHEL, HARTMUT Bioquímico alemán (Ludwigsburg, 1948). Premio Nobel de Química en 1988, junto con R. Huber y J. Deisenhofer, por la determinación de la estructura de proteínas de la membrana.
MICHELET, JULES Historiador y escritor francés (París, 1798 - Hyères, 1874). De ideas liberales, es considerado un precursor de la historiografía francesa. Autor de *Introducción a la historia universal* (1831), *Historia de Francia* (1833-67) e *Historia de la Revolución Francesa* (1847-53).
MICHELÍN m. fam. Pliegue de gordura que se forma en alguna parte del cuerpo. Más en pl.
MICHELIN, ANDRÉ Industrial francés (París, 1853 - íd., 1931). Inventó, junto con su hermano Édouard (Orcines, 1859 - Puy-de-Dome, 1940), el neumático desmontable.
MICHELOZZI, MICHELOZZO Arquitecto y escultor renacentista italiano (Florencia, 1396 - íd., 1472). Como arquitecto, fue continuador de la obra de Brunelleschi y contribuyó a definir el lenguaje arquitectónico florentino del *quattrocento*. Entre sus realizaciones destacan el convento de San Marcos (1436-44) y el palacio Medici-Ricardi (1444-59), ambos en Florencia. Como escultor fue discípulo y colaborador de Donatello (púlpito de la catedral de Prato, 1433) y Luca della Robbia (puerta de la sacristía de la catedral de Florencia).
MICHELSON, ALBERT ABRAHAM Físico estadounidense de origen prusiano (Strelno, 1852 - Pasadena, 1931). Junto con Morley, estudió la velocidad de la luz y demostró que ésta es independiente de la velocidad del foco emisor y de la del observador. Publicó trabajos fundamentales para el desarrollo de la teoría de la relatividad. En 1907 recibió el premio Nobel de Física.
MICHIGAN Lago de EE UU, el segundo en superficie de los cinco que forman la cuenca de los Grandes Lagos; 58.014 km².
MICHIGAN Estado de EE UU, en la región de los Grandes Lagos; 250.466 km² y 9.938.444 h. Capital, Lansing. Importante sector agrícola, ganadero y forestal. Yacimientos de hierro y petróleo. Su ciudad principal es Detroit. Cuenta industria automovilística, metalúrgica y química.
MICHOACÁN Estado de México; 59.928 km² y 3.925.450 h. Capital, Morelia. Producción agrícola y minera.

Micerino entre la diosa Hator y la divinidad de Kynopolis. Museo Arqueológico (El Cairo).

MICHOACANO, NA adj. y s. De Michoacán.
MICIPSA Rey de Numidia (s. II a. C.). Hijo de Masinisa, reinó entre los años 148 y 118 a. C. Al morir dejó el reino a sus dos hijos, Adérbal y Hiémpsal, y a su sobrino Yugurta, que logró eliminarlos.
MICKEY MOUSE Ratón antropomórfico creado por Walt Disney y se convirtió en uno de los personajes más populares del dibujante estadounidense.
MICKIEWICZ, ADAM Poeta polaco (Novogrudok, 1798 - Constantinopla, 1855). Autor de *Baladas y romances* (1822), el drama *Dziady* (1823), *Grazyna*, *Sonetos* (1826), *Konrad Wallenrod* (1828) y *El señor Tadeuzs* (1834), obra cumbre del romanticismo polaco.
MICMAC adj. *Etnol.* 1 Se dice de un grupo de tribus amerindias de la familia lingüística algonquina que habitaban al S del curso bajo del río San Lorenzo y en Nueva Escocia. Pertenecen a este grupo las tribus penobskot, passa, makoddy y malesit. Aplicado a personas, también com. 2 Relativo a este pueblo.
MICO m. 1 *Zool.* Mono de cola larga. 2 fig. y fam. Persona pequeña y muy fea. 3 fig. y fam. Apelativo festivo y cariñoso aplicado a niños. 4 Hombre lujurioso. || **volverse mico** fr. fam. No ser posible o resultar muy difícil a alguien realizar alguna cosa.
MICO- suf. MICET-.
MICOLOGÍA f. *Biol.* Parte de la botánica que estudia los hongos.
MICORRIZA f. *Biol.* Asociación simbiótica entre las hifas de algunos hongos y las raíces de plantas superiores.
MICOSIS f. *Med.* Conjunto de enfermedades provocadas por hongos parásitos del hombre.
-MICÓTICO suf. MICET-.
MICR- pref. MICRO-.
MICRA f. *Metrol.* Medida de longitud equivalente a la millonésima parte del metro. Se representa por la letra griega μ.
MICRO m. Apócope de micrófono.
MICRO- m. 1 Pref. que significa pequeño. 2 También se utiliza en el Sistema Internacional de Unidades (SI) para expresar el múltiplo 10^{-6} de una unidad. Su símbolo es m.
MICROANÁLISIS m. Análisis de pequeñísimas cantidades de materia. ◆ Su pl. es *microanálisis*.
MICROBALANZA f. *Fís.* Balanza muy sensible.
MICROBIANO, NA adj. *Biol.* Relativo a los microbios.
MICROBIO m. *Biol.* Nombre genérico que designa a los microorganismos, seres vivos sólo visibles al microscopio; especialmente se aplica a los de naturaleza patógena.
MICROBIOLOGÍA f. *Biol.* Rama de la biología que estudia los organismos microscópicos, incluyendo protozoos, algas, hongos, bacterias, virus y rickettsias.
MICROBIOLÓGICO, CA adj. *Biol.* Relativo a la microbiología.
MICROBIÓLOGO, GA m. y f. *Biol.* Persona que profesa la microbiología o tiene en ella especiales conocimientos.
MICROBÚS m. Autobús de un número reducido de plazas.
MICROCEFALIA f. *Med.* Calidad de microcéfalo.
MICROCÉFALO, LA adj. y s. Se dice del individuo que tiene la cabeza anormalmente pequeña.
MICROCINTA f. Cinta cinematográfica mucho más estrecha que la ordinaria.
MICROCITO m. *Med.* Hematíe o glóbulo rojo con un diámetro o volumen inferior al normal.
MICROCLIMA m. Conjunto de condiciones climáticas que caracterizan una zona, generalmente de dimensiones muy reducidas.
MICROCOCO m. *Biol.* COCO.
MICROCOPIA f. MICROFILME.
MICROCOSMO m. El hombre, concebido como resumen completo del universo o macrocosmos.
MICROCOSMOS MICROCOSMO.
MICROECONOMÍA f. *Econ.* Parte de la teoría económica que analiza la lógica subyacente del comportamiento individual de agentes económicos individuales.
MICROELECTRÓNICA f. *Fís.* Técnica de diseñar y construir circuitos electrónicos a pequeña escala.
MICROESTRUCTURA f. *Biol.* y *Quím.* Estructura detallada de un cuerpo en la que se aprecian sus componentes.
MICROFARADIO m. *Fís.* Medida de capacidad equivalente a una millonésima de faradio; su símbolo es *mF*.
MICROFILMACIÓN f. Acción y efecto de microfilmar.
MICROFILMADOR, RA adj. 1 Que microfilma. || f. 2 Máquina para microfilmar.
MICROFILMAR tr. Reproducir en microfilme una imagen o figura, como manuscritos o impresos.
MICROFILME m. *Fot.* Película que se usa principalmente para fijar en ella, en tamaño reducido, imágenes de impresos, manuscritos, etc., de modo que permita ampliarlos después en proyección o fotografía.

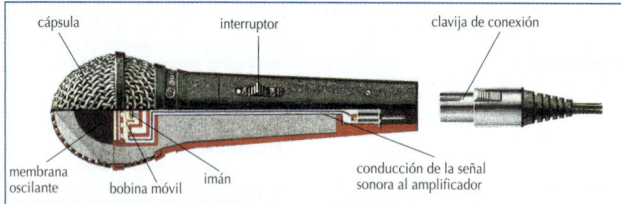

cápsula · interruptor · clavija de conexión
membrana oscilante · bobina móvil · imán · conducción de la señal sonora al amplificador

micrófono

MICRÓFITO, TA m. *Biol.* Microbio de naturaleza vegetal.

MICRÓFONO m. *Fís.* Aparato que transforma las variaciones de las vibraciones sonoras en variaciones de corriente eléctrica.

MICROFOTOGRAFÍA f. **1** Fotografía de tamaño muy pequeño. **2** Procedimiento por el cual se copia fotográficamente la imagen microscópica de una preparación.

MICROFOTOGRÁFICO, CA adj. Relativo a la microfotografía.

MICROFTALMÍA f. Pequeñez anormal de uno o de los dos ojos.

MICROGLIA f. *Biol.* Célula pequeña del tejido nervioso, con largas prolongaciones, que en condiciones patológicas presenta actividad ameboide y fagocítica.

MICROGRAFÍA f. Descripción de objetos vistos con el microscopio.

MICROGRÁFICO, CA adj. Relativo a la micrografía.

MICROGRAFO, FA m. y f. Persona que profesa la micrografía o tiene en ella especiales conocimientos.

MICROMÉTRICO, CA adj. Relativo al micrómetro.

MICRÓMETRO m. **1** Instrumento para medir cantidades lineales o angulares muy pequeñas. **2** MICRA.

MICROMILÍMETRO m. *Metrol.* Medida de longitud equivalente a la millonésima parte del milímetro.

MICRÓN m. *Mat.* MICRA.

MICRONESIA Denominación de un grupo de islas de Oceanía, situado al E de Filipinas y al N de Nueva Guinea. Ocupa unos 2.800 km². Está integrado por los archipiélagos de Volcanes, Bonin, Marianas, Carolinas, Marshall y Gilbert. Sus habitantes se llaman micronesios y se les considera como mestizos de melanesios y polinesios. Desde un punto de vista político, comprende la llamada Micronesia estadounidense (archipiélagos de las Marianas y Guam) y parte de los Estados de Kiribati, Tuvalu, Islas Marshall, Estados Federados de Micronesia y Palaos. Los primeros asentamientos humanos fueron realizados por grupos procedentes de Indonesia y Filipinas en la Micronesia Occidental a mediados del II milenio a. C. El primer europeo que llegó a la Micronesia fue Magallanes, quien en 1520 descubrió la isla de Taongui (Carolinas). Los españoles las vendieron a Alemania entre 1885 y 1899. Japón las ocupó en 1914 y en 1920 le fue concedida su administración por la Sociedad de Naciones. En 1947 las Naciones Unidas concedieron a EE UU la administración de las islas en régimen de fideicomiso. Tras una larga negociación fue aprobado un plan de autogobierno interno, refrendado por los distritos de Yap, Truk, Konake y Ponape, que se constituyeron en la entidad autónoma de los ESTADOS FEDERADOS DE MICRONESIA, y rechazado por los de MARIANAS, ISLAS MARSHALL y PALAOS.

MICRONESIA, ESTADOS FEDERADOS DE *(Federated States of Micronesia)* Estado de Oceanía, en el océano Pacífico. Está situado entre las islas Marianas Septentrionales e Islas Marshall, al N; las islas Palaos, al O; Papua-Nueva Guinea, al S; y las Islas Marshall y Bairiki al E.

GEOG. Su territorio comprende más de 600 islas e islotes, distribuidas en un área de 2.500 km² y divididas en los grupos de las islas CAROLINAS Orientales (Ponape, Truk y Kosrae), y, al O, las integradas en el Estado Yap. Son en su mayoría de origen volcánico y coralino. El relieve de algunas de ellas es montañoso y su clima es tropical. La mayor parte de la población está integrada por micronesios y se concentra en los Estados de Ponape y Truk. Su economía se reduce a la práctica de la agricultura, la ganadería y el turismo.

HIST. En 1978, los territorios del Pacífico que estaban bajo administración fiduciaria de EE UU desde 1947, se constituyeron en entidades autónomas, una de las cuales fue la de los Estados Federados de Micronesia. La firma del tratado de libre asociación con EE UU por quince años fue ratificada por referéndum en 1983. Desde 1986, en que cesó el fideicomiso, comenzó a establecer relaciones diplomáticas con otros países y, como Estado soberano, se integró en la ONU en septiembre de 1991. Sus cuatro Estados tienen gobiernos autónomos. En 1991 fue nombrado presidente de la federación Bailey Olter, sustituido en 1997 por Jacob Nena, y éste, tras las elecciones de 1999, por Leo Falcam. En 2003 Joseph J. Urusemal fue elegido presidente del país.

MICRONESIO, SIA adj. Relativo a Micronesia.

MICROOHMIO m. *Fís.* Unidad de resistencia eléctrica equivalente a la millonésima parte del ohmio. Su símbolo es *mW*.

MICROONDA f. *Fís.* Onda electromagnética cuya longitud de onda está comprendida entre 0,3 y 30 cm, y corresponde a frecuencias entre 1 y 100 gigaherz. || **HORNO MICROONDAS** Electrodoméstico que permite calentar, descongelar o cocinar rápidamente los alimentos, y cuyo funcionamiento se basa en estas ondas electromagnéticas.

MICROORDENADOR m. *Inform.* Ordenador de pequeño tamaño, que utiliza un microprocesador como control central y elemento aritmético.

MICROORGANISMO m. *Biol.* Organismo microscópico.

MICROPILO m. *Bot.* Diminuta abertura del tegumento situada en el extremo de un primordio seminal, a través de la cual penetra el tubo polínico. Persiste en las semillas como una cicatriz.

MICROPROCESADOR m. *Inform.* Unidad central de tratamiento de la información en un microordenador, constituido por uno o varios circuitos integrados, de alta escala de integración.

MICROSCOPIA o **MICROSCOPÍA** f. *Fís.* **1** Construcción y empleo del microscopio. **2** Conjunto de métodos para la investigación por medio del microscopio.

MICROSCÓPICO, CA adj. **1** Relativo al microscopio. **2** Hecho con ayuda del microscopio. **3** Tan pequeño, que no puede verse sino con el microscopio. **4** Muy pequeño.

MICROSCOPIO m. *Fís.* Instrumento óptico que amplía la imagen de los objetos extremadamente diminutos, lo que permite su mejor observación. || **MICROSCOPIO ELECTRÓNICO** El que amplifica las imágenes utilizando un haz de electrones enfocados por lentes electrónicas. Su poder de ampliación es muy superior al del microscopio óptico.

MICROSURCO adj. y m. Se dice del disco de gramófono de estrías finísimas y muy próximas unas de otras.

MICROTOMO m. Instrumento para cortar secciones extremadamente delgadas de los objetos que se han de observar con el microscopio.

MICROTRÓN m. *Fís.* Acelerador de partículas que sirve para acelerar electrones.

MICURÉ m. *Zool.* Especie de zarigüeya de Paraguay.

MIDA m. Larva de la mariposa de la encina y del roble, brugo.

MIDAS Rey legendario de Frigia (h. 715 - 676 a. C.). Según la tradición griega, Dioniso le otorgó el don de convertir en oro todo cuanto tocase.

MIDDELBURGO Ciudad del SO de los Países Bajos, capital de la provincia de Zelanda, en la isla de Walcheren; 40.105 h.

MIDDLESBROUGH Ciudad del Reino Unido, en Inglaterra; 145.100 h. Constituye un Consejo unitario.

MIDDLETON, THOMAS Dramaturgo inglés (Londres, 1580 - íd., 1627). Autor prolífico, en su producción destacan *La temporada otoñal* (¿1605?), *Una casta doncella de Cheapside* (1611), *Mujeres, guardaos de las mujeres* (1612) y *Una partida de ajedrez* (1624). Gran parte de su obra la escribió en colaboración con W. Rowley.

MIDEROS ALMEIDA, VÍCTOR Pintor ecuatoriano (Ibarra, 1898 - Quito, 1969). Entre su producción destaca un mural sobre Antonio José de Sucre en la catedral de Quito.

MIDHAT, BAJÁ Político otomano (Constantinopla, 1822 - Taíf, Arabia, 1884). Fue jefe del Partido Progresista y gran visir. Depuso al sultán 'Abd Al-Aziz (1876) y aunque ocupó diversos cargos con el nuevo sultán, Abdul-Hamid II, al poco tiempo fue acusado del asesinato del primero y ejecutado.

MIDI Nombre de dos montañas de los Pirineos en Francia: el *Midi d'Ossau*, departamento de Pirineos Atlánticos, 2.885 m., y el *Midi de Bigorre*, departamento de Altos Pirineos, 2.877 m.

MIDI-PYRÉNÉES Región del S de Francia que limita con España y Andorra; 45.348 km² y 2.551.687 h. Está compuesta por los departamentos de Alto Garona, Altos Pirineos, Ariège, Aveyron, Gers, Lot, Tarn y Garona. Capital, Toulouse.

MIDLANDS Región del Reino Unido que ocupa la parte central de Inglaterra, desde Gales hasta la bahía de Wash.

Superficie: 701,4 km².
Población: 118.000 h. *(micronesios).*
Densidad: 168,2 h./km².
Tasa de natalidad: 27,1‰.
Tasa de mortalidad: 6‰.
Capital: Palikir, en la isla Ponape.
Religión: catolicismo y protestantismo.
Idioma: inglés.
Moneda: dólar estadounidense.
Forma de Estado: república federal.
Producto Nacional Bruto: 204 millones de dólares.
Renta per cápita: 1.800 dólares.
División administrativa: 4 Estados autónomos, según cuadro.

ESTADOS FEDERADOS DE MICRONESIA

Estados	Superficie (km²)	Población (h.)
Kosrae	109,6	7.317
Ponape (Ponhpei)	345,2	33.692
Truk (Chuuk)	127,2	53.319
Yap	118,9	11.178

MIDLANDS OCCIDENTALES Condado metropolitano del Reino Unido, en el centro de Inglaterra; 2.628.200 h.
MIDRIASIS f. *Med.* Dilatación anormal de la pupila con inmovilidad del iris.
MIDWAY Archipiélago de Oceanía, al NO de Hawai, formado por las islas Sand y Eastern más algunos atolones; 5,2 km^2 y 450 h. En sus aguas se libró una batalla aeronaval (3-6 de junio de 1942) en la que la flota estadounidense derrotó a la japonesa.
MIE Prefectura de Japón, en Honshu; 5.778 km^2 y 1.818.000 h. Capital, Tsu. Producción agrícola e industrial.
MIEDITIS f. fam. MIEDO.
MIEDO m. **1** Perturbación angustiosa del ánimo por un riesgo o mal real o imaginario. **2** Recelo o aprensión que uno tiene de que le suceda una cosa contraria a lo que deseaba. || **MIEDO CERVAL** El grande o excesivo. || **de miedo** expr. coloquial intensamente ponderativa, con valor adjetival.
MIEDOSO, SA adj. y s. fam. Que tiene miedo de cualquier cosa.
MIEL f. Sustancia viscosa, amarillenta y muy dulce, que elaboran las abejas a partir del néctar de las flores y que depositan en panales. || **dejar** a uno **con la miel en los labios** fr. fig. y fam. Privarle de lo que empezaba a gustar y disfrutar. || **hacerse** uno **de miel** fr. fig. Portarse blanda y suavemente.
MIEL-, MIELO-; -MIEL-, -MIELO-; -MIELIA, -MIELÍA prefs., ins. o sufs. que significan médula.
MIELGA^1 f. *Bot.* Nombre de diversas plantas herbáceas de la familia leguminosas, género *Medicago*, de raíz larga y recia. Crecen en la región mediterránea.
MIELGA^2 f. *Zool.* Pez condictrio selacio perteneciente a la familia escuálidos, de nombre científico *Squalus acanthias*. Es un tiburón bastante frecuente en el Atlántico y Mediterráneo.
MIELGA^3 f. *Agr.* Faja de tierra que se señala para la siembra, amelga.
-MIELIA, -MIELÍA sufs. MIEL-.
MIELINA f. *Anat.* Envoltura blanquecina que recubre algunas células nerviosas.
MIELÍTICO, CA adj. *Med.* Que padece mielitis.
MIELITIS f. *Pat.* Inflamación de la médula espinal.
MIELO-; -MIELO- pref. o in. MIEL-.
MIELOGRAFÍA f. *Med.* Radiografía de la médula espinal.
MIELOMA m. *Med.* Tumor maligno que se presenta en la médula de los huesos.
MIELOPATÍA f. *Med.* Enfermedad de la médula espinal.
MIEMBRO m. **1** Cualquiera de las extremidades del hombre o de los animales, articuladas con el tronco. **2** Órgano sexual del hombre y algunos animales. **3** Individuo que forma parte de una comunidad. **4** *Mat.* Cualquiera de las dos expresiones algebraicas de una ecuación separadas por el signo de igualdad (=) o de desigualdad (≠).
MIENTE f. Pensamiento. Más en pl. en algunas frases. || **caer en mientes** fr. Venir a la imaginación, hacerse presente en el pensamiento una cosa. || **parar,** o **poner, en mientes** una cosa fr. Considerarla.
MIENTRAS adv. t. y conj. t. Durante el tiempo en que. || **mientras más** loc. adv. CUANTO MÁS.

MIER, SERVANDO TERESA DE (conocido por FRAY SERVANDO) Dominico y escritor mexicano (Monterrey, 1765 - Ciudad de México, 1827). Pronunció un famoso sermón contra las apariciones de la Virgen de Guadalupe (1794), que le valió el destierro a España. Opuesto a Iturbide, defendió la República centralista. Escribió *Cartas de un americano al español* (1811-12).
MIER Y TERÁN, MANUEL Militar mexicano (Ciudad de México, 1789 - Padilla, 1832). Se incorporó al movimiento insurgente y luchó en Oaxaca, Puebla y Veracruz. En 1821 se puso a las órdenes del general Nicolás Bravo y tres años después fue nombrado ministro de la Guerra en el gobierno del general Guadalupe Victoria. En 1832 fue enviado a pacificar Tamaulipas. Se suicidó.
MIERA f. *Bot.* Resina que fluye del tronco de los pinos a través de las grietas practicadas al efecto.
MIÉRCOLES m. Tercer día de la semana civil, cuarto de la litúrgica. || **MIÉRCOLES DE CENIZA** *Rel.* Primer día de la cuaresma.
MIERDA f. **1** Excremento. **2** fig. y fam. Suciedad, porquería. **3** fig. y fam. Cosa sin valor o mal hecha. || com. **4** fig. y fam. Persona sin cualidades ni méritos.
MIERDICA com. fam. Cobarde, apocado.
MIERRA f. Narria, cajón.
MIES f. **1** Cereal maduro. Tiempo de la siega y cosecha de granos. || f. pl. **2** Los sembrados.

MIES VAN DER ROHE, LUDWIG Arquitecto alemán, nacionalizado estadounidense (Aquisgrán, 1886 - Chicago, 1969). Es uno de los creadores del estilo funcional. Construyó el pabellón alemán en la Exposición Internacional de Barcelona, amueblado también por él, en el que figuraba la llamada *silla Barcelona*. Director de la Bauhaus (1930-33), del resto de sus obras destacan la casa Hermann Lange, en Krefeld (1928); los rascacielos de Lake Shore en Chicago (1949-57) y el edificio Seagram de Nueva York (1958).
MIESZKO Nombre de diversos soberanos de Polonia.
MIESZKO I (?, 931 - ?, 992). Duque de la dinastía Piast y fundador del Estado polaco. Ocupó el trono en 960. Tras su matrimonio con Dombrowka (965), hermana del príncipe de Bohemia Boleslao, se convirtió al cristianismo (966). Engrandeció Polonia al ocupar Silesia, el Oder y la costa del Báltico.
MIESZKO II (?, 990 - ?, 1034). Hijo de Boleslao I, ocupó el trono de 1025 a 1033. En 1031 cedió la corona a su hermano, y la recuperó a la muerte de éste en 1032.
MIESZKO III (?, 1131 - ?, 1202). Ocupó el trono de 1173 a 1177, intervalo en el que logró la reunificación del país, y de 1198 a 1202.
MIGA f. **1** Porción pequeña de pan o de cualquier cosa. **2** Parte interior y más blanda del pan. **3** fig. y fam. Sustancia de las cosas físicas. || f. pl. **4** *Gastron.* Pan picado, humedecido con agua y sal y rehogado en aceite muy frito, con algo de ajo y pimentón. || **hacer** dos o más personas **buenas,** o **malas, migas** fr. fig. y fam. Avenirse bien en su trato y amistad, o al contrario.
MIGAJA f. **1** Parte pequeña y menuda del pan, que suele saltar o desmenuzarse al partirlo. **2** Porción menuda y pequeña de cualquier cosa. **3** fig. Parte pequeña de una cosa no material. **4** fig. Nada o casi nada. || f. pl. **5** fig. Desperdicios o sobras de uno, que utilizan otros.
MIGAJADA f. Porción pequeña de una cosa.
MIGAJÓN m. **1** Miga de pan o parte de ella. **2** fig. y fam. Sustancia de una cosa.

migala

MIGALA O **MIGALE** f. *Zool.* Arácnido perteneciente a la familia aviculáridos, de nombre científico *Avicularia avicularia*. Es una araña gigante con el cuerpo cubierto de una abundante pilosidad castaño oscura. Vive en las regiones tropicales de América del Sur. Su picadura puede ser mortal para el hombre.
MIGAR tr. **1** Desmenuzar o partir el pan en pedazos pequeños para hacer migas. **2** Echar estos pedazos en un líquido.
MIGNARD, NICOLAS Pintor francés (Troyes, 1606 - París, 1668). Trabajó en la corte, donde se convirtió en un apreciado retratista. Entre su obra destacan *Natividad, Marte y Venus,* y los retratos de Francisca de Orleans, Luis XIV y Richelieu.
MIGNARD, PIERRE Pintor francés (Troyes, 1612 - París, 1695). Discípulo de Vouet, se formó en París y en Italia. Entre sus obras destacan los frescos para la cúpula de Val-de-Grace y el castillo de Saint Claud, así como los retratos *La marquesa de Seigneday como Tetis; Felipe de Orleans, regente de Francia* y *Enriqueta de Inglaterra, duquesa de Orleans*.
MIGNE, JACQUES PAUL Teólogo francés (Saint Flour, 1800 - París, 1875). Ordenado sacerdote en 1824. Estableció una editorial, destinada a producir obras de estudio para el clero. En su *Biblioteca Universal del Clero* publicó *Scripturae Sacrae cursus completus* (1838-40), *Theologiae cursus completus* (1840-45), enciclopedias teológicas y *Patrología latina* (1844-55) y *Patrología griega* (1857-66).
MIGNONE, FRANCISCO Músico brasileño (São Paulo, 1897 - Rio de Janeiro, 1986). Discípulo de Ferrari, posteriormente siguió las tendencias de la escuela nacional brasileña. Es autor de las óperas *O contratador dos diamantes* (1924) y *O Inocente* (1928); de los ballets *Maracatú de Chico-Rey* (1939), *Iara* (1946) y *Guarda-Chuva* (1954); y de los poemas sinfónicos *Caramuru* (1917) y *Suite brasileira* (1937). Compuso además música de cámara y coral.
MIGRACIÓN f. **1** EMIGRACIÓN. **2** Acción de pasar de un país a otro para establecerse en él. **3** *Zool.* Viaje estacional de las aves, peces u otros animales migratorios.
MIGRAÑA f. *Med.* JAQUECA.
MIGRATORIO, RIA adj. **1** Que emigra. **2** Perteneciente o relativo a la migración o emigración de personas. **3** *Zool.* Relativo a la migración.
MIGUEL Nombre de diversos emperadores bizantinos.
MIGUEL I RHANGABEES (? - ?, h. 840). Ocupó el imperio entre 811 y 813. Depositó su confianza en León el Armenio y emprendió una campaña contra los búlgaros, que lo derrotaron en Versinkia (813). Fue depuesto por el ejército y sucedido por León *el Armenio*.

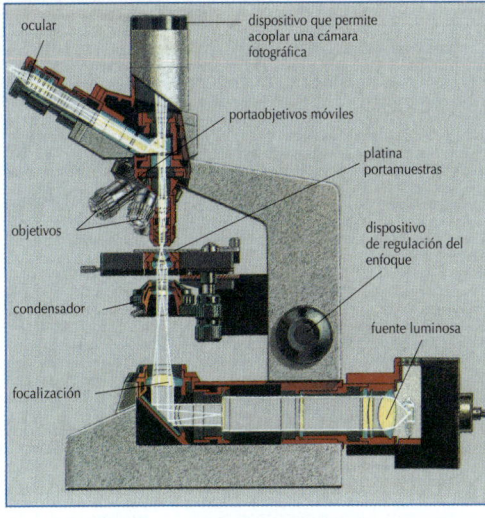

ocular
dispositivo que permite acoplar una cámara fotográfica
portaobjetivos móviles
platina portamuestras
objetivos
dispositivo de regulación del enfoque
condensador
fuente luminosa
focalización

microscopio

migración de la cigüeña.

Miguel Ángel. Frescos de la bóveda de la Capilla Sixtina (Ciudad del Vaticano).

MIGUEL II EL TARTAMUDO (? - ?, 829). Apoyó a León V el Armenio en su acceso al trono (813). En 820 le sucedió tras ordenar su asesinato y se mantuvo en el trono hasta su muerte.

MIGUEL III EL BEODO (?, h. 835 - ?, 867). Ocupó el imperio entre 842 y 867. Inició su reinado bajo la tutela de su madre, Teodora, que restableció el culto a las imágenes. Posteriormente la recluyó en un convento y depositó su confianza en su tío Bardas. En su tiempo comenzó el cisma de Oriente. Murió asesinado por Basilio I, a quien había nombrado coemperador en 866.

MIGUEL IV EL PAFLAGONIO (? - Sant' Argiro, 1041). Ocupó el imperio entre 1034 y 1041. Segundo esposo de la emperatriz Zoe, dejó las tareas de gobierno a su hermano Juan.

MIGUEL V EL CALAFATE (s. XI). Sucedió a su tío Miguel IV en 1041, pero el poder le fue disputado por Zoe. Fue cegado y condenado al exilio en 1042.

MIGUEL VI ESTRATIÓTICO (? - ?, 1059). General del ejército, sucedió a Teodora en 1056, lo que provocó una sublevación militar dirigida por el futuro Isaac Comneno. Derrotado en la batalla de Hades (1057), se vio obligado a abdicar.

MIGUEL VII DUCAS PARAPINAKES (s. XI). Suplantó a su suegro Romano IV, prisionero de los turcos, y ocupó el imperio entre 1071 y 1078. Fue depuesto por Nicéforo III.

MIGUEL VIII PALEÓLOGO (?, 1224 - Pacomio, 1282). Emperador de Nicea entre 1259 y 1261 y de Constantinopla entre 1261 y 1282. Fue general de los emperadores de Nicea Juan III y Teodoro II. Tutor del joven Juan IV Lascaris, se asoció al trono en 1259. Dos años después conquistó Constantinopla y restauró el imperio bizantino. Poco después hizo cegar a Juan IV e instauró la dinastía Paleólogo.

MIGUEL IX PALEÓLOGO (?, 1277 - Tesalónica, 1320). Gobernó asociado con su padre Andrónico II (1295 - 1320). Fue derrotado por los turcos en 1302 y su padre solicitó el auxilio de los almogávares catalanes para frenar su avance. Miguel se enfrentó a Roger de Flor, jefe de los almogávares, lo que provocó la llamada «venganza catalana».

MIGUEL, SAN Rel. Arcángel citado en la Biblia, protector del pueblo de Israel y, según el Apocalipsis, el ejecutor de la victoria contra Satanás. Fiesta, el 29 de septiembre.

MIGUEL I Rey de Portugal (Queluz, 1802 - Brombach, 1866). Tercer hijo de Juan IV, en 1827 fue designado regente de Portugal cuando su hermano Pedro I ocupó el trono de Brasil y nombró sucesora a su hija María. En 1828, apoyado por los absolutistas, se hizo proclamar rey, lo que originó una guerra civil (1832-34) que terminó con la victoria de Pedro I y los liberales. Abdicó tras la firma del tratado de Évora-Monte (1834).

MIGUEL I Rey de Rumanía (Sinaia, 1921). Hijo de Carlos II, en 1927 ocupó el trono bajo la tutela de un consejo de regencia hasta que su padre hizo valer sus derechos en 1930. Ascendió de nuevo al trono en 1940 por renuncia de su padre. Abdicó en diciembre de 1947 y, al instaurarse la República Popular, partió al exilio.

MIGUEL III FEODOROVICH Zar de Rusia (?, 1596 - Moscú, 1645). Fundador de la dinastía Romanov, fue proclamado zar en 1613. Fortaleció el sistema feudal y puso fin a los conflictos con Suecia (paz de Stolbovo, 1617) y con Polonia (armisticio de Déulino, 1617, y paz de Polianovo, 1634).

MIGUEL ÁNGEL (MICHELANGELO BUONARROTI, conocido en español como) Arquitecto, escultor y pintor renacentista italiano (Caprese, 1475 - Roma, 1564). La grandiosidad de sus concepciones, la musculatura sobrehumana de sus personajes y el dramatismo de sus composiciones lo convierten en un precursor del barroco. Ingresó a los trece años en el taller de Ghirlandaio, y a los quince trabajaba con Bertoldo en el jardín de San Marcos. En estos años esculpió la *Batalla de Centauros* (1490) y *La Madonna de la Escalera*. De su primera época en Roma data su *Baco ebrio* (1496-1497) y la *Pietà* de San Pedro de Roma (1499). A su regreso a Florencia realizó el *Tondo Pitti*, el *Tondo Taddei*, *La Virgen con el niño*, la *Sagrada familia* y el *David* (1504). En 1505, fue llamado a Roma por Julio II, quien le encargó la realización de su sepulcro, que finalmente se redujo a una sencilla tumba, para la cual utilizó esculturas como *Lía y Raquel*, y el famoso *Moisés*. Al mismo tiempo se le encargó la realización de las pinturas al fresco de la Capilla Sixtina. En 1520 se comprometió a proyectar una capilla mortuoria en la iglesia de San Lorenzo para albergar las tumbas de la familia de los Médicis. El proyecto fue cambiado y quedaron dos tumbas de las cuatro iniciales, las de Julián y Lorenzo. En 1534 fijó su residencia en Roma. Entre 1536 y 1541 realizó en las paredes del altar de la Capilla Sixtina el gran fresco del *Juicio Final*. Posteriormente, diseñó los planos de la cúpula de San Pedro y realizó otros monumentos como la Porta Pia, el palacio Farnesio y la urbanización de la plaza del Capitolio. Sus últimas obras escultóricas son tres piedades: la de la catedral de Florencia, la de Palestina, y la Rondanini.

MIGUERO, RA adj. Relativo a las migas.

MIHAILOVICH, DRAJA General yugoslavo (Ivanitza, 1893 - Belgrado, 1946). Organizó con éxito la resistencia nacional frente a Alemania en la Segunda Guerra Mundial. El Reino Unido le retiró su ayuda a fines de 1943 para concedérsela a Tito. En 1946 fue declarado culpable de crímenes de guerra y fusilado.

MIHRAB m. Nicho u hornacina que en las mezquitas señala el sitio adonde han de mirar los que oran.

MIHURA, MIGUEL Dramaturgo español (Madrid, 1905 - íd., 1977). Renovó el lenguaje y los argumentos del teatro cómico español. Autor de *Ni pobre ni rico, sino todo lo contrario* (1943; en colaboración con A. Lara), *El caso de la mujer asesinadita* (1946; con A. de Laiglesia), *Tres sombreros de copa* (1952), *Sublime decisión* (1955), *Maribel y la extraña familia* (1959), *Ninette y un señor de Murcia* (1964) y *Sólo el amor y la luna traen fortuna* (1968). En 1976 fue elegido miembro de número de la Real Academia Española.

MIJAS Municipio y lugar de España, provincia de Málaga; 34.598 h. Conjunto histórico-artístico.

MIJO m. *Bot.* **1** Planta herbácea anual perteneciente a la familia gramíneas, de nombre científico *Panicum miliaceum*, originaria de las regiones templadas de la India. Con su semilla se elabora una harina de uso alimentario. **2** Semilla de esta planta.

MIKADO m. Título de los emperadores japoneses. En la actualidad se prefiere el de TENNO.

MIKOYAN, ANASTASI IVANOVICH Político soviético (Tiflis, 1895 - Moscú, 1978). Se mostró partidario de la política de apertura de Kruschev y fue nombrado primer vicepresidente del Consejo de Ministros (1955-64) y presidente del presidium del Soviet Supremo (1964-65).

MIL adj. **1** Diez veces cien. **2** MILÉSIMO. **3** fig. Se dice del número o cantidad grande indefinidamente. || m. **4** *Mat.* Signo o conjunto de signos con que se representa el número mil. En la numeración arábiga, 1.000, y en la romana, M. **5** Conjunto de mil unidades, millar. Más en pl. || **las mil y quinientas** expr. fig. y fam. Hora demasiado tardía.

MIL-REIS m. *Num.* Moneda antigua portuguesa y brasileña. ♦ Su pl. es *milréis*. (Véase REIS.)

MILADY (Voz i.) f. Tratamiento que se da en Inglaterra a las señoras de la nobleza (pronunciado *mileidi*).

MILAGREAR intr. Hacer milagros.

MILAGRERÍA f. Narración o cuento de hechos maravillosos que se quiere hacer aparecer como milagros.

MILAGRERO, RA adj. **1** Se dice de la persona que toma con facilidad por milagros cosas que acaecen naturalmente. **2** Se dice de la persona que finge milagros. **3** fam. Que hace milagros.

MILAGRO m. **1** Hecho no explicable por las leyes naturales y que se atribuye a intervención sobrenatural de origen divino. **2** Suceso o cosa rara, extraordinaria o maravillosa. **3** Ofrenda, exvoto. || **de milagro** loc. adv. para expresar algo que ha ocurrido cuando parecía imposible que ocurriese, o que no ha ocurrido cuando todo hacía creer que iba a suceder.

MILAGROSAMENTE adv. m. **1** Por milagro. **2** De una manera extraordinaria, sorprendente.

MILAGROSO, SA adj. **1** Que excede a las fuerzas y facultades de la naturaleza. **2** Que obra o hace milagros. **3** Maravilloso, asombroso.

MILAMORES f. *Bot.* Hierba anual de la familia valerianáceas, de flores pequeñas rojas o blancas.

MILÁN 1 Provincia de Italia, en la región de Lombardía; 1.983 km² y 3.720.789 h. **2** Ciudad del N de Italia, capital de Lombardía y de la provincia de su nom-

Milán (Italia). Plaza del Duomo y Palacio Real.

bre; 1.334.171 h. Principal centro industrial y comercial del país. Entre sus monumentos destacan *Il Duomo* o catedral, obra maestra del gótico florido italiano, la Biblioteca Ambrosiana (siglo XVIII) y el famoso teatro de la Scala (siglo XVIII).

MILÁN, EDICTO DE *Hist.* Rescripto proclamado por los emperadores Constantino y Licinio (313), por el que se concedía libertad religiosa a los súbditos del imperio romano. Aseguró a los cristianos sus derechos civiles y la devolución de los bienes que les habían sido confiscados.

MILANÉS, SA adj. y s. De Milán.

MILANESA f. *Arg.* Filete de carne empanado.

MILANESADO *Hist.* Antiguo Estado del N de Italia, formado en torno a MILÁN. Disputado por españoles y franceses en el siglo XVI, pasó, tras la guerra de Sucesión española, al imperio austríaco. Se incorporó al reino de Italia en 1859.

MILANO m. *Zool.* **1** Nombre de varias especies de aves falconiformes de la familia falcónidos, género *Milvus.* Viven en Europa, Asia y África. Las especies más comunes son: el milano real *(M. milvus)* y el milano negro *(M. migrans).* **2** Pez marino acantopterigio, de aletas pectorales tan desarrolladas que le sirven para dar saltos sobre la superficie del agua.

MILCÍADES General ateniense (?, 540 a. C. - Atenas, h. 489 a. C.). Sucedió a su hermano Esteságoras (hijos ambos de Cimón) como tirano en Quersoneso de Tracia. Durante la revuelta de Jonia contra los persas ocupó Lemnos e Imbros, pero tras la caída de Mileto, se refugió en Atenas. Allí fue elegido estratego, y bajo su mando los griegos ganaron la batalla de Maratón (490 a. C.).

MILDIU o **MILDEU** m. *Biol.* **1** Enfermedad de la vid y otras plantas producida por hongos de la familia peronosporáceos. **2** El hongo productor de la enfermedad.

MILENARIO, RIA adj. **1** Relativo al número mil o al millar. || m. **2** Espacio de mil años. **3** Milésimo aniversario de algún acontecimiento notable.

MILENARISMO m. **1** *Rel.* Doctrina o creencia que suponía que Jesucristo reinaría en la tierra durante mil años antes del Juicio Final. **2** *Rel.* Doctrina de los que pensaban que el fin del mundo acaecería en el año mil. **3** *Antrop.* Movimiento religioso que se basa en la creencia de un reino nuevo, similar en términos espirituales y materiales al existente en el origen de los tiempos o en una mítica edad de oro.

MILENARISTA adj. Relativo al milenarismo.

MILENIO m. Periodo de mil años.

MILENO, NA adj. Se dice de las telas cuya urdimbre se compone de mil hilos.

MILENRAMA f. *Bot.* Planta herbácea de la familia compuestas, género *Achillea,* con flores blancas y a veces rojizas y fruto seco con una semilla suelta.

MILEÓN m. *Zool.* Águila ratonera.

MILÉSIMA f. Milésima parte de la unidad monetaria.

MILÉSIMO, MA adj. **1** Que sigue inmediatamente en orden al o a lo noningentésimo nonagésimo nono. **2** Se dice de cada una de las mil partes en que se divide un todo. También s.

MILESIO, SIA adj. y s. De Mileto. Se aplica especialmente a los filósofos Tales, Anaximandro y Anaxímenes.

MILETO *Geog. hist.* Antigua ciudad de Asia Menor, situada en la desembocadura del Meandro. Fue colonizada por los jonios en el siglo XII y se convirtió en una de las más florecientes ciudades griegas del litoral asiático. Patria de Tales, Anaxímenes, Arístides, etc.

MILETO, ISIDORO DE Arquitecto bizantino (s. VI). Construyó, junto con Antemio de Tralles, la basílica de Santa Sofía de Constantinopla.

MILGRANAR m. *Agr.* Campo plantado de granados.

MILHAUD, DARIUS Compositor francés, de origen judío (Aix-en-Provence, 1892 - Ginebra, 1974). Fue uno de los principales representantes del politonalismo. Perteneció al grupo de *Los Seis.* Entre sus obras destacan las óperas *Les malheurs d'Orphée* (1924), *Cristóbal Colón* (1930), *Bolívar* (1950) y *Saint Louis, roi de France* (1970); las obras para piano *Suite* (1933) y *Scaramouche* (1937), y el ballet *L'homme et son désir* (1918).

MILHOJAS f. Pastel de hojaldre y merengue.

MILHOMBRES m. fam. Apodo que se da al hombre pequeño y bullicioso y que no sirve para nada. ♦ Su pl. es *milhombres.*

MILI f. fam. Servicio militar.

MILI- pref. que significa la milésima parte: *milímetro.*

MILIAR adj. **1.** Que tiene el tamaño y la forma de un grano de mijo. **2** *Med.* Se dice de una erupción de vejiguillas del tamaño de granos de mijo, y también la fiebre acompañada de erupción de esta clase. **3** Se dice de la columna, piedra, etc., que antiguamente indicaba la distancia de mil pasos.

MILIÁREA f. *Geom.* Medida de superficie equivalente a la milésima parte de un área, diez decímetros cuadrados.

milano

MILIARIO, RIA adj. **1** Relativo a la milla. **2** Columna o piedra que indica la distancia de mil pasos.

MILIBAR m. *Fís.* Unidad de presión atmosférica equivalente a 1.000 dinas por cm^2.

MILICIA f. **1** *Mil.* Arte de hacer la guerra y de disciplinar a los soldados para ella. **2** Servicio o profesión militar. **3** Tropa o gente de guerra. **4** Coros de los ángeles. || **MILICIA NACIONAL** o **URBANA** *Hist.* Conjunto de los cuerpos sedentarios de organización militar, instituidos en España durante las luchas políticas del siglo XIX, para defensa del sistema constitucional. || **MILICIA POPULAR** *Hist.* Cuerpos armados de voluntarios que apoyaron al ejército regular durante la Guerra Civil española (1936-39) en favor de la República.

MILICIANO, NA adj. **1** Relativo a la milicia. || m. **2** Individuo de una milicia, y especialmente el perteneciente a la milicia popular.

MILICO m. desp. *Arg., Bol., Chile* y *Urug.* Militar, soldado.

MILIGRAMO m. *Metrol.* Medida de masa, equivalente a la milésima parte de un gramo. Su símbolo es *mg.*

MILILITRO m. *Metrol.* Medida de capacidad, equivalente a la milésima parte de un litro. Su símbolo es *ml.*

MILÍMETRO m. *Metrol.* Medida de longitud, equivalente a la milésima parte de un metro. Su símbolo es *mm.*

MILIRREM m. REM.

MILITAR[1] adj. **1** Relativo a la milicia o a la guerra, por contraposición a civil. || com. **2** Persona que profesa la milicia.

MILITAR[2] intr. **1** Servir en la guerra o profesar la milicia. **2** fig. Figurar en un partido o en una colectividad. **3** fig. Haber o concurrir en una cosa alguna razón o circunstancia particular.

MILITARISMO m. **1** Preponderancia de los militares, de la política militar o del espíritu militar en una nación. **2** Modo de pensar de quien propugna dicha preponderancia.

MILITARISTA adj. **1** Relativo al militarismo. **2** Partidario del militarismo. También com.

MILITARIZAR tr. **1** Infundir la disciplina o el espíritu militar. **2** Someter a la disciplina militar. **3** Dar carácter u organización militar a una colectividad.

MÍLITE m. Soldado.

MILIVATIO m. *Fís.* Unidad de potencia, equivalente a una milésima de vatio. Su símbolo es *mW.*

MILIVOLTIO m. *Fís.* Unidad de tensión, equivalente a una milésima de voltio. Su símbolo es *mV.*

MILL, JAMES Filósofo e historiador inglés (Northwater Bridge, 1773 - Londres, 1836). Su obra está emparentada con la tradición empirista del siglo XVIII e influida por J. Bentham. Autor de *Historia de la India* (1818) y *Análisis de los fenómenos de la mente humana* (1829).

MILL, JOHN STUART Filósofo y economista inglés (Londres, 1806 - Aviñón, 1873). Hijo del anterior, es la figura más importante del utilitarismo inglés y uno de los grandes pensadores liberales del siglo XIX. Autor de *Un sistema de Lógica* (1843), *Principios de economía política* (1845-47), *El utilitarismo* (1863) y *Autobiografía* (1873).

MILLA f. **1** *Metrol.* Unidad de longitud marina, equivalente a un minuto de arco de meridiano terrestre o 1.852 m. **2** *Metrol.* Unidad de longitud terrestre, que varía según los países; en Gran Bretaña equivale a 1.609,342 m y en EE UU a 1.609,347 m. **3** *Metrol.* Unidad de longitud para las vías romanas, de ocho estadios, equivalente a cerca de un cuarto de legua.

MILLACA f. *Bot.* Carrizo, planta; cañota.

MILLAIS, SIR JOHN EVERETT Pintor inglés (Southampton, 1829 - Londres, 1896). Fue uno de los iniciadores del prerrafaelismo. Entre sus obras destacan *Ofelia muerta* (1852), *La adolescencia de Raleigh* (1870) y *Un soldado de la guardia real* (1877).

MILLAR m. **1** Conjunto de mil unidades. **2** *Mat.* Signo (ID) usado para indicar que son millares los guarismos colocados delante de él. **3** Número grande indeterminado. **4** Cantidad de cacao, que en unas partes es tres libras y media y en otras más. **5** En las dehesas, espacio de terreno en que se pueden mantener mil ovejas o dos hatos de ganado.

MILLARADA f. Cantidad como de mil.

MILLARES, LOS *Prehist.* Facies cultural de la primera Edad del Bronce, que se desarrolló en Almería durante el III milenio a. C. El yacimiento homónimo es uno de los focos megalíticos más notables del Mediterráneo. Está situado en una colina junto al río Andarax, en el término municipal de Santa Fe de Mondújar (Almería). Otros centros importantes son Almizaraque, Llano de Atalaya y Llano de Jautón.

MILLE, CECIL BLOUNT DE Director y productor de cine estadounidense (Ashfield, 1881 - Los Ángeles, 1959). Pionero de la industria cinematográfica estadounidense, realizó películas de tema histórico o bíblico caracterizadas por las grandes puestas en escena. Entre ellas destacan *El mestizo* (1913), *El virginiano* (1914), *Los diez mandamientos* (1923), *Rey de reyes* (1926), *Cleopatra* (1934), *Las cruzadas* (1935), *Unión Pacífico* (1939), *Los inconquistables* (1947) y una nueva versión de *Los diez mandamientos* (1956).

MILLER, ARTHUR Dramaturgo estadounidense (Nueva York, 1915). Es autor de *Todos eran mis hijos* (1947), *La muerte de un viajante* (1949), *Las brujas de Salem* (1953), *Panorama desde el puente* (1955), *Vidas rebeldes* (1960), *Después de la caída* (1964), *El precio* (1968), *El reloj americano* (1980), *Una chica cualquiera* (1997) y *Vueltas al tiempo* (1987), autobiografía. Premio Príncipe de Asturias de las Letras (2002).

MILLER, GLENN Músico estadounidense (Clarinda, Iowa, 1904 - ?, 1944). Director de orquesta y gran intérprete de trombón y clarinete, fue uno de los grandes creadores de *swing.* Entre sus composiciones destacan *Serenata a la luz de la luna, En forma* y *American patrol.* Murió en un accidente de aviación.

MILLER, HENRY Novelista estadounidense (Nueva York, 1891 - Pacific Palisades, 1980). Sus libros carecen de una armazón estructural precisa; en ellos se mezclan el arrebato lírico, la crítica sangrienta y una notable crudeza expositiva. Entre sus obras destacan *Trópico de Cáncer* (1934), *El universo de la muerte* (1938), *Trópico de Capricornio* (1939), *Pesadilla del aire acondicionado* (1945) y la trilogía *La crucifixión rosada,* compuesta por *Sexus* (1949), *Plexus* (1952) y *Nexus* (1959).

MILLER, MERTON H. Economista y financiero estadounidense (Boston, 1953 - Chicago, 2000). En 1990 fue galardonado, junto con Harry Markowitz y William Sharpe, con el premio Nobel de Economía, por sus trabajos sobre la teoría del valor de las empresas.

MILLER, WILLIAM Religioso estadounidense (Pittsfield, 1782 - Hampton, 1849). Fundador del ADVENTISMO, el fracaso de sus predicciones provocó la escisión de sus seguidores.

MILLERAND, ALEXANDRE Político francés (París, 1859 - Versalles, 1943). Afiliado al Partido Radical, fue elegido diputado en 1885. Posteriormente evolucionó hacia el socialismo y en 1899 formó parte del gabinete Waldeck-Rousseau como ministro de Industria y Comercio. Más tarde desempeñó la cartera de Trabajos Públicos (1909-10) y la de Guerra (1912-15). En 1920 sucedió a Clemenceau en la jefatura del Gobierno. Un año después fue elegido presidente de la República (1921-24).

MILLET, JEAN FRANÇOIS Pintor francés (Gruchy, 1814 - Barbizon, 1875). Encuadrado dentro del realismo social francés del siglo XIX, entre sus cuadros más notables figuran *La lechería* (1844), *Las espigadoras* (1857), *El Angelus* (1859), *Primavera* (1873) y *La iglesia de Gréville* (1874).

MILLET I PAGET, LLUÍS Compositor español (Masnou, 1867 - Barcelona, 1941). En 1891, junto con Amadeo Vives, fundó el Orfeó Català, del cual fue director hasta su muerte. Entre sus composiciones figuran *El cant de la senyera, Jovenívola, Cançó muntanyenca, Sospirs,* etc.

MILLIKAN, ROBERT ANDREWS Físico estadounidense (Morrison, 1868 - San Marino, 1953). Dedicado a la investigación, obtuvo el premio Nobel de Física en 1923 por sus trabajos sobre las cargas elementales de los electrones. Investigó también la fotoelectricidad y el espectro ultravioleta de los rayos X.

Venus de **Milo**. Museo del Louvre (París).

MILLO m. *Bot.* Mijo, planta.

MILLÓN m. **1** Mil veces mil. **2** fig. Número muy grande indeterminado.

MILLONADA f. Cantidad como un millón.

MILLONARIO, RIA adj. y s. Muy acaudalado.

MILLONÉSIMO, MA adj. **1** Se dice de cada una de los millón de partes iguales en que se divide un todo. También s. **2** Que ocupa en una serie el lugar al cual preceden 999.999 lugares.

MILMILLONÉSIMO, MA adj. y s. Se dice de cada una de las partes iguales de un todo dividido en mil millones de ellas.

MILNE EDWARDS, HENRI Médico y naturalista francés (Brujas, 1800 - París, 1885). Fue uno de los fundadores de la fisiología francesa. Autor de *Investigaciones anatómicas y paleontológicas para la historia de las aves fósiles de Francia*.

MILO Isla de Grecia, en el Egeo (Cícladas); 151 km². Aquí se halló, en 1820, la célebre estatua de la *Venus de Milo*, que se conserva en el Museo del Louvre (París).

MILOCA f. *Zool.* Ave rapaz nocturna, lechuza de Tengmalm.

MILOCHA f. Cometa, armazón con papel o tela que se eleva en el aire.

MILÓN Político romano (?, 95 - ?, 48 a. C.). Acusado de la muerte de su enemigo Clodio, Cicerón le defendió en su discurso *Pro Milone*. Sin embargo, fue hallado culpable y condenado al destierro en Marsella.

MILÓN DE CROTONA Atleta griego (Crotona, s. VI a. C.). Era hijo de Diotino y discípulo de Pitágoras. Fue vencedor seis veces en los juegos olímpicos, merced a su fuerza prodigiosa.

MILONGA f. *Mús.* Tonada popular del Río de la Plata, surgida hacia 1870, que se canta al son de la guitarra, y danza que se ejecuta con este son.

MILONGUERO, RA m. y f. **1** Cantor de milongas. **2** Persona que la baila. **3** *Arg.* Aficionado o concurrente asiduo a los bailes populares.

MILORD m. Tratamiento que se da a los lores o señores de la nobleza inglesa. ♦ Su pl. es *milores*.

MILOS I OBRENOVICH Príncipe de Serbia (Srednia Dobrna, 1780 - Belgrado, 1860). Tras triunfar al frente de un levantamiento nacional fue reconocido príncipe (1815-39) e instauró un régimen absolutista, por lo que fue obligado a abdicar. Volvió a reinar de 1858 a 1860.

MILOSEVIC, SLOBODAN Político serbio (Pozarevac, 1941). Miembro de la Liga de los Comunistas desde 1959, en 1990 fue nombrado presidente del Partido Socialista Serbio y presidente de la República Serbia (1990-97). En 1997 fue elegido presidente de la República Federal de Yugoslavia. La represión llevada a cabo por su régimen sobre la población albanesa de Kosovo, que desembocó en guerra abierta en 1999, provocó que el Tribunal Internacional de La Haya dictara contra él y sus más directos colaboradores un auto de procesamiento. Acabada la guerra, EE UU puso precio a su cabeza. En la primera vuelta de las elecciones presidenciales celebradas en septiembre de 2000, Vojislav Kostunica, candidato de la Oposición Democrática de Serbia (DOS), alcanzó la mayoría relativa. La decisión del Tribunal Constitucional de impugnar los comicios fue el detonante de una insurrección popular que obligó a Milosevic a reconocer finalmente el triunfo de Kostunica. En abril de 2001, Milosevic fue detenido, acusado de malversación de fondos y abuso de poder y trasladado a La Haya para comparecer ante el Tribunal Penal Internacional por sus responsabilidades en las guerras de Croacia, Bosnia y Kosovo.

MILOSZ, CZESLAW Escritor estadounidense de origen polaco (Vilna, Lituania, 1911 - Cracovia, 2004). Sus escritos combinan la reflexión moral y religiosa con el análisis de problemas históricos. De su obra poética destacan *Poema del tiempo congelado* (1933), *Salvación* (1945), *La ciudad sin nombre* (1969) y *Donde surge y donde se pone el sol* (1974). Es autor además de las novelas *El poder cambió de manos* (1953) y *El valle de Issa* (1955); y de los ensayos *El pensamiento cautivo* (1953) y *El jardín de las ciencias* (1979). Premio Nobel de Literatura en 1980.

MILPIÉS m. *Zool.* Nombre de varias especies de invertebrados artrópodos miriápodos de la familia júlidos, de cuerpo cilíndrico y cabeza diferenciada del tronco, que está dividido en segmentos.

MILRAYAS m. Tejido con rayas muy finas y apretadas.

MILSTEIN, CÉSAR Bioquímico argentino nacionalizado británico (Bahía Blanca, 1927 - Cambridge, 2002). En 1984 recibió el premio Nobel de Medicina, compartido con N. K. Jerne y G. J. Kölher, por sus trabajos sobre desarrollo de los anticuerpos monoclonales.

MILTOMATE m. *Bot. Amér.* **1** Planta herbácea, cuyo fruto es parecido al tomate, pero del tamaño y color de una uva blanca. **2** Fruto de esta planta.

MILTON, JOHN Poeta inglés (Londres, 1608 - íd., 1674). Secretario del consejo de Estado de Cromwell, sufrió prisión con la Restauración. Considerado como uno de los más grandes escritores ingleses, su obra maestra es el poema *El Paraíso perdido*, que tuvo una segunda parte en *El Paraíso reconquistado* (1671).

MILTON KEYNES Consejo unitario del Reino Unido, en Inglaterra; 203.200 h.

MILWAUKEE Ciudad de EE UU, Estado de Wisconsin; 617.044 h. Puerto. Centro industrial.

-MIMA Suf. MIMO-.

MIMADOR, RA adj. Que mima.

MIMAR tr. **1** Hacer caricias y halagos. **2** Tratar con excesivo regalo y condescendencia a alguien.

MIMAS *Astron.* Segunda luna más interna de Saturno, con 500 km de diámetro.

MIMBRAL m. Sitio poblado de mimbres.

MIMBREAR tr. y prnl. Abrumar, humillar.

MIMBRE amb. *Bot.* **1** MIMBRERA. **2** Cada una de las varillas que produce la mimbrera.

MIMBREAR intr. y prnl. Moverse o agitarse con flexibilidad, como el mimbre.

MIMBREÑO, ÑA adj. **1** *Bot.* De naturaleza de mimbre. **2** *Etnol.* Se dice de un grupo de tribus del pueblo apache, de la familia lingüística atapasca, que habita en el valle de Mimbres, al O de río Grande.

MIMBRERA f. *Bot.* **1** Arbusto o pequeño arbolillo perteneciente a la familia salicáceas, de nombre científico *Salix viminalis*, cuyo tronco, de 2 a 3 m de altura, se puebla desde el suelo de ramillas largas, delgadas, flexibles; su madera blanca. Procede de Europa y Asia y es común a la orilla de los ríos. **2** Lugar poblado de estos arbustos. **3** Nombre de varias especies de sauces.

MIMBROSO, SA adj. *Bot.* **1** Relativo al mimbre. **2** Hecho de mimbres. **3** Abundante en mimbreras.

MIME m. *Zool.* P. Rico Especie de mosquito.

MIMEO- pref. MIMO-.

MIMEOGRAFIAR tr. Reproducir en copias por medio del mimeógrafo.

MIMEÓGRAFO m. Multicopista que reproduce textos o figuras grabados en una lámina de papel especial.

MIMESIS o **MÍMESIS** f. *Ret.* Figura retórica que consiste en la imitación de los gestos y ademanes de una persona, ordinariamente con el fin de burlarse de ella. ♦ Su pl. es *mímesis* o *mimesis*.

-MIMESIS suf. MIMO-.

MIMÉTICO, CA adj. Relativo al mimetismo.

MIMETISMO m. Propiedad que poseen algunos animales y plantas de asemejarse en forma, color o actitud, a otros seres vivos u objetos inanimados entre los cuales viven.

MIMETIZAR intr. Ocultar o disimular un ser vivo sus formas confundiéndolas con el medio que le rodea.

-MIMIA suf. MIMO-.

MÍMICA f. Arte de imitar, representar o hacerse entender por medio de gestos, ademanes, etc.

MÍMICO, CA adj. **1** Relativo al mimo y a la representación de sus fábulas. **2** Relativo a la mímica.

MIMO[1] m. Cariño, halago o demostración de ternura.

MIMO[2] m. *Teatr.* **1** Entre griegos y romanos, farsante, bufón hábil en articular y en imitar a otras personas en la escena o fuera de ella. **2** Entre griegos y romanos, representación teatral ligera, festiva y generalmente obscena. **3** PANTOMIMA. **4** Actor, intérprete teatral que se vale exclusiva o preferentemente de gestos y de movimientos corporales.

MIMO-, MIMEO-; -MIMA, -MIMESIS, -MIMIA prefs. o sufs. que significan imitación, actor, etc.

MIMODRAMA m. PANTOMIMA, representación por figura y gestos sin que intervengan palabras.

MIMÓGRAFO, FA m. y f. Autor de mimos o farsas.

MIMOSA f. *Bot.* Nombre de diversos árboles pertenecientes a la familia leguminosas, género *Acacia*, nativas del SE asiático y Oceanía. || **MIMOSA PÚDICA** o **VERGONZOSA** *Bot.* SENSITIVA, planta.

MIMOSÁCEO, A adj. *Bot.* **1** Se dice de los arbustos o árboles angiospermos dicotiledóneos, con fruto en legumbre, hojas compuestas y flores regulares con estambres libres y corolas normalmente ramificadas, como la sensitiva y la acacia. || f. pl. *Bot.* **2** Familia de estas plantas.

MIMOSO, SA adj. Melindroso, muy dado a las caricias.

MINA[1] f. Unidad de peso, y moneda teórica griega antigua, equivalente a cien dracmas.

MINA[2] f. **1** Criadero de minerales de útil explotación. **2** *Min.* Excavación que se hace por pozos, galerías o socavones, o a cielo abierto, para extraer un mineral. **3** Paso subterráneo, abierto artificialmente para alumbrar o conducir aguas o establecer otra comunicación. **4** Nacimiento u origen de las fuentes. **5** Barrita de grafito que va en el interior del lápiz. **6** fig. Oficio, empleo o negocio en el que con poco trabajo se obtiene mucho interés y ganancia. **7** fig. Aquello que abunda en cosas dignas de aprecio, o de lo que puede sacarse algún provecho o utilidad. También, dicho de una persona. **8** Galería subterránea que se abre durante el sitio de una plaza, poniendo al fin de ella una recámara llena de pólvora u otro explosivo para volar las fortificaciones. **9** Artificio explosivo provisto de espoleta que, enterrado o camuflado, produce su explosión al ser rozado por una persona, vehículo, etc. || **MINA SUBMARINA** *Mil.* Torpedo fijo que se emplea para la defensa de puertos, radas y canales, contra los buques enemigos. || **encontrar** uno **una mina** fr. fig. Hallar medios de vivir o de enriquecerse con poco trabajo.

MINADOR, RA adj. **1** Que mina. **2** Se dice del buque destinado a colocar minas submarinas. También m. || m. y f. **3** Ingeniero que abre minas².

MINAL adj. *Min.* Relativo a la mina².

MINAR tr. **1** Abrir caminos o galerías por debajo de tierra. **2** fig. Hacer grandes diligencias para conseguir alguna cosa. **3** fig. Consumir, destruir poco a poco. **4** *Mar.* Colocar minas submarinas para impedir el paso de buques enemigos. **5** *Mil.* Hacer y fabricar minas en la tierra para poner explosivos.

MINARETE m. ALMINAR.

MINAS Ciudad del SE de Uruguay, capital del departamento de Lavalleja; 34.634 h.

MINAS GERAIS Estado de Brasil, en la región de Sudeste; 588.384 km² y 16.672.613 h. Capital, Belo Horizonte. Rica zona agrícola y minera.

John **Milton**. Galería Nacional de Retratos (Londres).

Minerva. Escultura de Girolamo Campagna. Museo de L'Hermitage (San Petersburgo).

MINCIO Río de Italia, afluente del Po; 80 km.
MINDANAO Isla de Filipinas, en el S del archipiélago; 99.311 km^2 y 10.350.004 h. El volcán Apo, en el SE de la isla, es el punto más alto del país; 2.955 m.
MINDEL m. Geol. Segunda de las cuatro glaciaciones de la era cuaternaria.
MINDONIENSE adj. y com. De Mondoñedo.
MINDORO Isla de Filipinas, al SO de Luzón; 10.245 km^2 y 669.369 h. Carbón.
MINERAL adj. Miner. 1 Relativo al grupo de las sustancias inorgánicas o a alguna de sus partes. || 2 m. Miner. Sustancia sólida cristalizada, inorgánica, de origen natural, que se halla en la superficie o en las diversas capas de la corteza terrestre, y cuya composición química, estructura cristalina y propiedades físicas varían entre límites determinados.
MINERALIZACIÓN f. Geol. Proceso edáfico, fundamentalmente biológico, de transformación de los restos animales y vegetales en sustancias minerales inorgánicas sencillas y solubles.
MINERALIZAR tr. y prnl. Miner. 1 Comunicar a una sustancia un mineral en el seno de la tierra las condiciones de mineral o mena. || prnl. Geol. 2 Cargarse las aguas de sustancias minerales en su curso subterráneo.
MINERALOGÉNESIS f. Miner. Proceso de formación de los minerales.
MINERALOGÍA f. Miner. Parte de la geología que estudia la forma, estructura, composición, propiedades, yacimientos y evolución de los minerales. Se divide en: cristalografía, que trata de su forma y estructura; mineralogía química, que trata de las propiedades químicas; mineralogía física, que trata de las propiedades físicas; mineralogenia, sobre el origen y formación; mineralogía analítica, que trata de los análisis y ensayos mineralógicos; y mineralogía descriptiva, que trata de la clasificación y descripción de los mismos.
MINERÍA f. Min. 1 Arte de explotar las minas. 2 Conjunto de los individuos que se dedican a este trabajo. 3 Conjunto de las minas y explotaciones mineras de una nación o comarca.
MINERO, RA adj. 1 Min. Relativo a la mina. || m. y f. 2 Persona que trabaja en las minas. 3 Persona que se beneficia por su cuenta o especula en ellas. || m. 4 Criadero de minerales. 5 Excavación que se hace para extraerlos. 6 fig. Origen, principio o nacimiento de una cosa.
MINEROMEDICINAL adj. Med. Se dice del agua mineral utilizada con fines terapéuticos.
MINERVA f. 1 Mente, inteligencia. 2 Rel. Procesión del Santísimo que, en algunos lugares, sale sucesivamente de cada parroquia en las dominicas después del Corpus. 3 Med. Aparato de ortopedia o vendaje enyesado para mantener erguida la cabeza en casos de fractura de la columna vertebral. 4 A. gráf. Máquina de cortas dimensiones para tirar impresos pequeños.
MINERVA Mit. Diosa romana identificada con la Atenea griega. Junto con Júpiter y Juno formaba parte de la tríada capitolina. Se le consideraba la diosa de la sabiduría y la patrona de las Artes y los Oficios.
MINERVISTA com. A. gráf. Persona que maneja una minerva de imprenta.
MING Geneal. Dinastía china integrada por 16 emperadores que reinó desde 1368 hasta 1644. Fundada por Chu Yuang-chuan, supuso para China una época de desarrollo económico, comercial, artístico e intelectual. Fue desplazada por los manchúes.

MINGA^1 f. 1 Arg., Col., Chile y Par. Reunión de amigos y vecinos para hacer algún trabajo en común, sin más remuneración que la comilona que les paga el dueño cuando les terminan. 2 Perú Chapuza que en día festivo hacen los peones en las haciendas a cambio de un poco de chicha, coca o aguardiente.
MINGA^2 vulg. Pene.
MINGITORIO, RIA adj. 1 Relativo a la micción. || m. 2 Urinario en forma de columna.
MINGO m. Bola que, al empezarse cada mano del juego del billar, se coloca en el punto determinado de la cabecera de la mesa.
MINGUS, CHARLIE Músico estadounidense (Nogales, 1922 - Cuernavaca, 1979). Fue uno de los principales representantes del free jazz. Entre sus grabaciones destacan Pithecanthropus Erectus (1956), Nostalgia in Times Square (1959) y Three of Our Shades of the Blues (1977).
MINI- pref. que entra en la formación de algunas voces españolas con el significado de pequeño, breve, corto, etc.
MINIAR tr. Pintar miniaturas.
MINIATURA (Voz it.) f. Arte. Pintura de tamaño pequeño, hecha al temple sobre vitela o marfil, o al óleo sobre chapas metálicas o cartulinas.
MINIATURISTA com. Pintor de miniaturas.
MINIATURIZACIÓN f. Arte de producir piezas y mecanismos de tamaño sumamente pequeño.
MINIBAR m. Mueble fijo o portátil destinado a guardar bebidas y los objetos necesarios para servirlas.
MINICADENA f. Equipo de música de alta fidelidad cuyos elementos son de pequeñas dimensiones.
MINICINE m. Sala de cine de pequeñas dimensiones.
MINIEH MINYA, EL-.
MINIFALDA f. Falda muy corta.
MINIFUNDIO m. Explotación agrícola de reducida extensión y escasa rentabilidad.
MINIGOLF m. Juego parecido al golf que se practica en un campo de pequeñas dimensiones y con obstáculos artificiales.
MINIKOY, ISLAS LAKSHADWEEP.

minimalismo. Donald Judd. Escultura. Fundación La Caixa (Barcelona).

MINIMALISMO m. Arte. Movimiento estético del siglo XX, también llamado arte reducido y estructuras primarias, que surgió en EE UU a partir de 1965, como reacción contra el pop-art. Se caracteriza por su simplificación formal. Los principales representantes de este movimiento son D. Judd, T. Smith, L. Bell, C. André, D. Flavin y R. Morris.
MINIMIZAR tr. 1 Empequeñecer, quitar importancia a una cosa. 2 Mat. Buscar el mínimo de una función.
MÍNIMO, MA adj. 1 Superlativo de PEQUEÑO. 2 Se dice de lo que es tan pequeño en su especie, que no lo hay menor ni igual. 3 MINUCIOSO. 4 Se dice del religioso o religiosa de la Orden de San Francisco de Paula. También s. || m. 5 Límite inferior, o extremo a que se puede reducir una cosa. 6 Bot. Hond. Fruta del guineo. 7 Meteor. Zona de baja presión. | f. Mús. 8 Nota musical cuyo valor es la mitad de una semibreve. || **MÍNIMO COMÚN MÚLTIPLO** Mat. El menor de los múltiplos comunes a varios números. || **como mínimo** expr. fam. Por lo menos. || **ni mínimo** expr. fam. que en frases negativas, significa «nada en absoluto».
MÍNIMUM m. MÍNIMO, límite o extremo.
MININO, NA m. y f. fam. Gato.
MINIO m. Quím. Cuerpo pulverulento cristalino, de color más o menos rojo. Es un óxido de plomo que se aplica como pintura protectora.
MINIORDENADOR m. Inform. Ordenador de pequeño tamaño. Este término ya está en desuso.
MINISTERIAL adj. 1 Relativo al ministerio o gobierno del Estado, o a alguno de los ministros encargados de su despacho. 2 Se dice del que en las cortes apoya habitualmente un ministerio. También com.

MINISTERIO m. 1 Polít. Gobierno del Estado, considerado en el conjunto de los varios departamentos en que se divide. 2 Empleo de ministro. 3 Tiempo que dura su ejercicio. 4 Cuerpo de ministros de Estado. 5 Polít. Cada uno de los departamentos en que se divide la gobernación del Estado. 6 Edificio en que se halla la oficina o secretaría de cada departamento ministerial. 7 Cargo, empleo, oficio. 8 Uso o destino que tiene alguna cosa. || **MINISTERIO PÚBLICO** Der. Representación de la ley y de la causa del bien público, que está atribuida al fiscal ante los tribunales de justicia.
MINISTRABLE adj. Se dice de la persona en quien, sin haber sido ministro de un departamento, se aprecian probabilidades y aptitud para ser ministro.
MINISTRADOR, RA adj. y s. Que ministra.
MINISTRANTE adj. 1 Que ministra. || com. Med. 2 Practicante de un hospital.
MINISTRAR tr. 1 Servir u ejercer un oficio, empleo o ministerio. También intr. 2 Dar, suministrar a uno una cosa.
MINISTRIL com. 1 Ministro inferior de justicia. || m. 2 El que en funciones de iglesia y otras solemnidades tocaba algún instrumento de viento.
MINISTRO, TRA m. y f. 1 Persona que ministra alguna cosa. 2 Juez que se emplea en la administración de justicia. 3 Persona empleada en el gobierno para la resolución de los negocios políticos o económicos. 4 Polít. Jefe de cada uno de los departamentos en que se divide la gobernación del Estado. 5 Persona que va comisionada o enviada por otra. 6 Representante o agente diplomático. 7 fig. Persona que ejecuta lo que otra quiere o dispone. || m. 8 En algunas religiones, prelado ordinario de cada convento. || **MINISTRO DE DIOS** SACERDOTE. || **MINISTRO PLENIPOTENCIARIO** Polít. Agente diplomático que ocupa la segunda categoría de los reconocidos por el derecho internacional. || **MINISTRO SIN CARTERA** Polít. El que participa de la responsabilidad general política del gobierno, pero no tiene a su cargo la dirección de ningún departamento. || **PRIMER MINISTRO** Polít. Jefe del gobierno o presidente del consejo de ministros.
MINKOWSKI, HERMANN Matemático ruso (Alexoten, 1864 - Gotinga, 1909). Formuló los fundamentos de la teoría de la relatividad y fundó la geometría de los números (nueva rama de la matemática), expuesta en su obra Geometrie der Zahlen.
MINNEAPOLIS Ciudad de EE UU, Estado de Minnesota, a orillas del Mississippi; 354.590 h.
MINNELLI, LIZA Actriz y cantante estadounidense (Los Ángeles, 1945). Hija de V. Minnelli y J. Garland. Entre sus películas destacan Cabaret (1972), por la que obtuvo el Oscar a la mejor actriz, New York, New York (1977), El rey de la comedia (1983) y Un paso adelante (1991).
MINNELLI, VINCENTE Director de cine estadounidense (Chicago, 1913 - Los Ángeles, 1986). Fue uno de los padres del musical cinematográfico. En su filmografía destacan Una cabaña en el cielo (1943), El pirata (1948), Madame Bovary (1949), El padre de la novia (1950), Un americano en París (1951), Melodías de Broadway (1953), Brigadoon (1954), Extraños en el paraíso (1955), El loco del pelo rojo (1956), Gigi (1958), Oscar a la mejor dirección, y A Matter of Time (1976).
MINNESINGER (Voz. al.) m. Lit. En la literatura germánica de los siglos XII al XIV, poeta cortesano. Los géneros poéticos que cultivaron fueron generalmente tres: el lied, o canción formada por estrofas simétricas que se acompañaba con música; el leich, una estrofa libre, con acompañamiento musical; y el spruch, especie de epigrama, de carácter político y moralizante, que carecía de acompañamiento.
MINNESOTA Estado septentrional de EE UU, al O del lago Superior; 225.182 km^2 y 4.919.479 h. Capital, Saint Paul, aunque el centro de la actividad económica se sitúa en Minneapolis.
MINOICO, CA adj. y s. 1 De Creta. 2 Cult. e Hist. Se dice de lo referente a la civilización prehelénica de la isla de Creta, cuyo nombre procede del mítico rey Minos. [**Encic.**]
CULT. e HIST. El origen de la civilización minoica se remonta a las últimas fases del periodo neolítico en la isla de Creta, hacia el 3000 a. C. y se prolonga hasta el 1100 a. C. Arthur Evans, que emprendió las primeras excavaciones de la ciudad de Cnosos en 1900, estableció un marco cronológico que comprende tres grandes fases: minoico antiguo (3000-2200 a. C.); minoico medio (2200-1570 a. C.) y minoico reciente (1570-1100 a. C.). Durante el minoico antiguo, los vestigios arqueológicos se concentran en la parte oriental de la isla. La población se concentraba en pequeños núcleos y la forma característica de enterramiento era la tumba colectiva de falsa cúpula. Abunda además la cerámica subneolítica y los objetos de metal de influencia asiática. Durante el minoico medio tuvo lugar una importante evolución social y económica. Es el periodo de los

Cultura **minoica.** Sarcófago procedente del palacio de Hagia Triada. Museo Arqueológico (Iraklión).

primeros palacios (Cnosos, Festos, Malia), edificios principales de aglomeraciones no fortificadas y, probablemente, centro de diferentes principados feudales. En este periodo, Creta se convirtió en una importante potencia comercial y marítima (talasocracia). Hacia el 1700 a. C., sobrevino un periodo de destrucciones, cuyas causas son objeto de diferentes teorías. Poco después los palacios fueron reconstruidos. En este momento se produjo un claro predominio de Cnosos, que dio lugar a una monarquía centralizada, la de Minos. Asimismo se desarrollaron centros como Hagia Triada y Tiliso. Durante el minoico reciente se mantuvo el auge artístico del periodo anterior hasta que en 1450 a. C. tuvo lugar una nueva destrucción de los palacios. Posteriormente, la civilización cretense sucumbió a la invasión aquea y doria. Pese a la importancia del toro en grabados y frescos, la religión está dominada por un principio femenino, representada a veces como una figura de mujer sosteniendo una serpiente. A principios del minoico medio se adoptó un tipo de escritura jeroglífica y en épocas posteriores se desarrollarían dos formas de escritura: la lineal A y la lineal B.

MINORAR tr. y prnl. AMINORAR.

MINORATIVO, VA adj. **1** Que minora o tiene virtud de minorar. **2** Se dice del medicamento que purga suavemente. También m.

MINORÍA f. **1** En las juntas, asambleas, etc., conjunto de votos dados en contra de lo que opina el mayor número de los votantes. **2** Fracción de un cuerpo deliberante, generalmente opuesta a la política del gobierno. **3** Parte de la población de un Estado que difiere de la mayoría de la misma población por la raza, la lengua o la religión. **4** Menor edad legal de una persona. **5** fig. Tiempo de la menor edad legal de una persona.

MINORIDAD f. MINORÍA, menor edad legal y tiempo de esta edad.

MINORISTA adj. *Com.* **1** Se aplica al comercio al por menor. **2** Comerciante al por menor.

MINORITARIO, RIA adj. Relativo a la minoría.

MINOS *Mit.* En la leyenda griega, rey y legislador de Creta. Era hijo de Zeus y de Europa. Mientras algunos relatos lo representan como un monstruo de crueldad, otros lo celebran como gran monarca, que hizo de Creta una potencia marítima y fomentó el bienestar de sus súbditos. Después de muerto fue uno de los jueces que juzgaban a los difuntos en el Hades o infierno.

MINOT, GEORGE RICHARD Médico estadounidense (Boston, 1885 - Brooklyn, 1950). Premio Nobel de Fisiología y Medicina en 1934 por sus trabajos sobre las enfermedades de la sangre.

MINOTAURO *Mit.* Monstruo con cabeza de toro y cuerpo de hombre, fruto de la unión de un toro con Pasífae, esposa de Minos. Encerrado en un laberinto construido por Minos, se alimentaba de carne humana. Fue muerto por Teseo.

MINSK Ciudad capital de Bielorrusia y de la provincia de su nombre; 1.700.000 h. Importante centro de comunicaciones e industrial.

MINTOFF, DOM Político maltés (Cospicua, 1916). Líder del Partido Laborista desde 1949, fue jefe del gobierno en los periodos 1955-58 y 1971-84.

MINUCIA f. Menudencia, pequeñez.

MINUCIO, FÉLIX MARCO Apologista cristiano (? - Roma, h. 250). Autor del diálogo *Octavius*, escrito en Roma durante el periodo de las persecuciones, a finales del siglo II.

MINUCIOSO, SA adj. Que se detiene en las cosas más pequeñas.

MINUÉ m. **1** *Danza.* Baile francés para dos personas, que estuvo de moda en el siglo XVIII. **2** *Mús.* Composición musical de compás ternario, que se canta y se toca para acompañar este baile. **3** MINUETO.

MINUENDO m. Cantidad de la que se resta otra en una sustracción.

MINUETO m. *Mús.* Composición instrumental, en compás ternario y movimiento moderado, que se intercala entre los tiempos de una sonata, cuarteto o sinfonía.

MINÚSCULO, LA adj. Que es de muy pequeñas dimensiones, o de muy poca entidad.

MINUSVALÍA f. Detrimento o disminución del valor de alguna cosa.

MINUSVÁLIDO, DA adj. y s. Se dice de la persona que adolece de invalidez parcial.

MINUSVALORAR tr. Subestimar, valorar alguna cosa en menos de lo debido.

MINUTA f. **1** Extracto o borrador de un contrato, escritura, oficio, etc. **2** Borrador original que en una oficina queda de cada orden o comunicación que por ella se expide. **3** Apuntación que por escrito se hace de una cosa para tenerla presente. **4** Cuenta que de sus honorarios o derechos presentan los abogados y curiales. **5** Lista o catálogo de personas o cosas.

MINUTAR tr. **1** Hacer el borrador de una consulta, o poner en extracto un instrumento o contrato. **2** Efectuar el cómputo de los minutos y segundos que dura algo.

MINUTARIO m. Cuaderno en el que el escribano o el notario pone los borradores o minutas.

MINUTERO m. Manecilla que señala los minutos en el reloj.

MINUTISA f. *Bot.* Planta herbácea de la familia cariofiláceas, de flores olorosas, y colores variados del blanco al rojo.

MINUTO m. **1** Cada una de las sesenta partes iguales en que se divide una hora. **2** *Geom.* Cada una de las sesenta partes iguales en que se divide un grado de círculo.

MINYA, EL- Ciudad de Egipto, en el valle del Nilo, capital de la gobernación de Minya; 208.000 h.

MIÑO Río de España, que nace en la laguna de Fuentemiña, en la sierra de Meira. Pasa por Lugo, Ourense y Tuy. Sirve en su curso inferior, a lo largo de 76 km, de límite entre España y Portugal y desemboca en el Atlántico, junto a La Guardia; 310 km.

MIÑÓN m. *Hist.* **1** Soldado de tropa ligera destinado a la persecución de ladrones y contrabandistas, o a la custodia de los buques reales. **2** Individuo perteneciente a la milicia foral de las provincias de Álava y Vizcaya.

MIÑONA f. *A. gráf.* Carácter de letra de siete puntos tipográficos.

MIO-, MI-, MIOS-; -MIARIO, -MISIO prefs. o sufs. que significan músculo, y también, ratón.

MÍO, MÍA, MÍOS, MÍAS pron. pos. de primera persona en género masculino o femenino, singular o plural. Con la terminación de masculino en singular, también neutro.

MIOCARDIO m. *Anat.* Capa muscular de la pared del corazón de los vertebrados, situada entre el pericardio y el endocardio.

MIOCARDITIS f. *Med.* Inflamación del miocardio.

MIOCENO adj. *Geol.* **1** Se dice del periodo con el que comienza el terciario superior o neógeno. Su duración aproximada es de 12 millones de años. En los continentes, las materiales características son las margas y arcillas coronadas por calizas y sobre una base de conglomerados. En las regiones lagunares los materiales son grandes depósitos de sales y margas. Los vegetales son muy similares a los actuales y se produce una importante migración de especies debida a los cambios del clima. La fauna marina está representada por moluscos, equínidos exocíclicos y pectínidos, microforaminíferos, flagelados y diatomeas. En la continental abundan los mamíferos y las aves. También m. **2** Relativo a este periodo o época.

MIOGLOBINA f. *Quím.* Pigmento proteínico, similar a la hemoglobina, presente en las fibras musculares del organismo.

MIOGRAFÍA f. *Anat.* Parte de la anatomía que tiene por objeto la descripción de los músculos.

MIOLEMA m. *Anat.* Membrana fina que envuelve cada fibra muscular.

MIOLOGÍA f. *Med.* Estudio de los músculos en estado normal y patológico.

MIOMA m. *Med.* Tumor benigno uterino formado principalmente por células musculares lisas. **2** Neoplasia originada en el músculo.

MIOPATÍA f. *Pat.* Enfermedad de los músculos.

MIOPE adj. y s. **1** Se dice del ojo o del individuo que tiene miopía. **2** fig. Corto de alcances o de mira.

MIOPÍA f. **1** *Med.* Defecto de la visión consistente en que la imagen focal se forma delante de la retina del ojo. Vulgarmente se llama *vista corta.* **2** fig. Cortedad de alcances o de miras.

MIOS- pref. MIO-.

MIOSINA f. *Quím.* Proteína insoluble que representa hasta el 50% del total de las proteínas musculares. Es la responsable de la rigidez cadavérica.

El río **Miño** en Tuy (Pontevedra).

MIOSIS f. *Med.* Contracción artificial y permanente de la pupila del ojo.

MIOSOTA f. *Bot.* RASPILLA, planta.

MIOTONÍA f. *Med.* Espasmo muscular tónico que aparece tras una lesión o infección.

MIQUEAS Profeta judío, el sexto entre los menores (s. VIII a. C.). Contemporáneo de Isaías, escribió el libro del Antiguo Testamento que lleva su nombre (finales del siglo VIII). En él denunció las injusticias sociales a las que eran sometidas las clases más pobres y predijo el castigo de Samaria y Jerusalén.

MIR (Voz rusa.) m. *Hist.* Antigua organización rural y colectiva de Rusia en la que las tierras eran repartidas para una explotación periódica. Subsistió hasta 1917.

MIR *Astron.* ESTACIÓN ESPACIAL rusa compuesta por diversos módulos puestos sucesivamente en órbita, lanzado el primero de ellos en 1986, y ha permanecido en el espacio hasta 2001.

MIRA f. **1** Pieza que en ciertos instrumentos sirve para dirigir la vista hacia un objeto. **2** Piezas de las armas de fuego para asegurar la puntería. **3** fig. Intención, objeto o propósito, generalmente concreto. Más en pl. **4** Cada uno de los renglones que se fijan verticalmente al levantar un muro. **5** *Topog.* Regla graduada. || **con miras a** expr. Con propósito de. || **poner la mira en una cosa** fr. fig. Intentar conseguirla.

Mira *Astron.* Estrella variable de la constelación de la Ballena.

Mira Río de América del S, que nace en los Andes Ecuatorianos, sirve de frontera con Colombia, penetra en este país y desemboca en el Pacífico; 300 km de curso.

MIRABEAU HONORÉ, GABRIEL RIQUETI, CONDE DE Político francés (Bignon, 1749 - París, 1791). Ocupó la presidencia de los Jacobinos y de la Junta Nacional y fue consejero a sueldo de Luis XVI. Su muerte repentina facilitó el desarrollo de la Revolución.

MIRABEL m. *Bot.* Planta herbácea de la familia quenopodiáceas, que se cultiva en los jardines.

MIRADA f. **1** Acción y efecto de mirar. **2** Vistazo, ojeada. **3** Modo de mirar.

MIRADERO m. Lugar desde el que se contempla un panorama amplio, hermoso, etc.

MIRADO, DA adj. **1** Cauto y reflexivo. **2** Que despierta buena o mala opinión.

MIRADOR m. **1** Lugar desde el que se contempla un paisaje. **2** Balcón cerrado de cristales.

MIRAGUANO m. **1** *Bot.* Palmera de poca altura, que crece en las regiones cálidas de América y Oceanía, de cuyo fruto se obtiene una materia semejante al algodón. **2** Esta materia, que se emplea para rellenar almohadas, cojines, edredones, etc.

MIRAMAMOLÍN m. CALIFA. En España, esta forma se empleó casi exclusivamente para designar a los califas almohades.

MIRAMELINDOS m. *Bot.* BALSAMINA, planta.

MIRAMIENTO m. **1** Acción de mirar, atender o considerar una cosa. **2** Respeto, atención y circunspección que se observan al ejecutar una acción o se guardan a una persona.

MIRAMÓN, MIGUEL Militar y político mexicano (Ciudad de México, 1832 - Querétaro, 1867). Mandó el ejército del Norte y sustituyó después a Zuloaga en la presidencia de la República (1859-60), pero, vencido por Juárez, hubo de huir a Europa. De regreso en México (1866) siguió al emperador Maximiliano, junto al que fue fusilado.

MIRANDA, DE loc. adv. fam. Sin hacer nada el que debía realizar una actividad determinada.

Miranda *Astron.* Satélite de Urano, el quinto y más interno, descubierto en 1948.

Miranda Estado de Venezuela; 7.950 km² y 2.911.718 h. Su capital es Los Teques.

Miranda, Francisco de Militar venezolano (Caracas, 1752 - Cádiz, 1816). Al servicio de Francia en 1792, fue acusado de alta traición y compareció ante el tribunal revolucionario que lo absolvió. De regreso a su país, sublevó a sus compatriotas y organizó un gobierno republicano en Caracas, pero, vencido por los españoles, fue conducido a Cádiz, donde falleció en prisión.

Mirandola, Pico della PICO DELLA MIRANDOLA.

MIRAR tr. **1** Fijar la vista en un objeto. También prnl. **2** Tener uno por fin alguna cosa en lo que ejecuta. **3** Observar las acciones de uno. **4** Apreciar, estimar, tener en cuenta. **5** Estar enfrente. **6** Concernir, pertenecer, tocar. **7** fig. Pensar, juzgar. **8** Cuidar, atender. **9** fig. Buscar. También prnl. || intr. **10** fig. Cuidar, atender o defender a una persona o cosa. Se usa con la preposición *por*. || **de mírame y no me toques** expr. fig. y fam. Se aplica a las personas delicadas de genio o de salud, y también a las cosas de poca resistencia. || **mirar** a uno **bien** fr. fig. Tenerle afecto. || **mirar** a uno **mal** fr. fig. Tenerle aversión.

MIRASOL m. *Bot.* GIRASOL, planta.

MIRAVALLES (Ugao-Miraballes) Municipio y lugar de España, provincia de Vizcaya; 4.170 h.

Miravalles Volcán de Costa Rica, en la cordillera de Guanacaste; 2.020 m de altura.

MIRBEAU, OCTAVE Escritor francés (Trévières, 1848 - París, 1917). Escribió novelas realistas como *Memorias de una doncella* (1900) y *El jardín de los suplicios* (1898). Autor de piezas escénicas, como *Los negocios son los negocios* (1903).

MIRIA-, MIRIO- pref. que significa diez mil, en el sistema métrico decimal: *miriámetro*; equivale también a mucho: *miriápodo* (muchas patas).

MIRÍADA f. *Mat.* Cantidad muy grande, pero indefinida.

MIRIÁMETRO m. *Metrol.* Medida de longitud, equivalente a diez mil metros.

MIRIÁPODO o **MIRIÓPODO** adj. y m. *Zool.* **1** Se dice del artrópodo terrestre, con cuerpo largo dividido en segmentos articulados, en el que no se pueden distinguir bien las diferentes regiones, a excepción de la cabeza. Representativos de este grupo son el ciempiés, milpiés y la escolopendra. || m. pl. *Zool.* **2** Clase de estos animales.

Joan **Miró**.
Interior holandés I.
Museo de
Arte Moderno
(Nueva York).

MIRÍFICO, CA adj. poét. Admirable, maravilloso.

MIRILLA f. **1** Abertura en la pared o en la puerta para observar quién es la persona que llama. **2** Ventanillo. **3** Pequeña abertura que tienen algunos instrumentos y sirve para dirigir visuales.

MIRIM MÉRIN.

MIRIÑAQUE m. **1** Alhajuela de poco valor. **2** Especie de falda usada como prenda interior, de tela rígida o muy almidonada y a veces con aros, que solían ponerse las mujeres. **3** *Arg.* Armadura de hierro que llevan las locomotoras en la parte delantera para apartar a un lado los objetos que impiden la marcha.

Miriñay Río de Argentina, provincia de Corrientes, que nace en el estero de su nombre, corre de N a S y después hacia el SO, hasta desembocar en el Uruguay; 260 km de curso.

MIRIO- pref. MIRIA-.

MIRÍSTICA f. *Bot.* Árbol de la familia mirísticáceas, de fruto amarillento en baya globosa, cuya semilla es la nuez moscada.

MIRISTICÁCEO, A adj. y f. *Bot.* **1** Se dice del árbol angiospermo dicotiledóneo, dioico, que tiene flores irregulares y apétalas, y fruto carnoso con arilo también carnoso, como la mirística. || f. pl. *Bot.* **2** Familia de estas plantas.

MIRLIFLOR com. Persona vanidosa o presumida.

MIRLO m. **1** *Zool.* Ave paseriforme perteneciente a la familia muscicápidos, de nombre científico *Turdus merula*, de unos 25 cm de longitud. El macho tiene el plumaje negro y el pico amarillo; en la hembra es pardo con el pico oscuro. Es común en Europa y NO de África. Su canto es muy agradable. **2** fig. y fam. Gravedad y afectación en el rostro. || **ser** una cosa o persona **un mirlo blanco** fr. fig. y fam. Ser de rareza extraordinaria por sus buenas cualidades.

MIRMECOCORIA f. *Bot.* Tipo de diseminación llevada a cabo por las hormigas. Las especies mirmecócoras tienen diásporas con unos apéndices o *eleosomas* que contienen sustancias atractivas para los insectos.

MIRMIDÓN adj. y com. **1** *Mit.* Se dice del individuo de un pueblo legendario que habitaba en Tesalia. Participaron en la guerra de Troya mandados por Aquiles. Se les creía descendientes de las hormigas, convertidas en hombres por Zeus, debido a una súplica de Éaco. || m. **2** Hombre muy pequeño.

Miró, Gabriel Escritor español (Alicante, 1879 - Madrid, 1930). En sus obras destacan las imágenes originales, un léxico rico y un estilo a la vez realista y poético. Autor de *Nómada* (1908), *Las cerezas del cementerio* (1910), *Figuras de la Pasión del Señor* (1916), *Libro de Sigüenza* (1917), *El humo dormido* (1919), *Nuestro padre San Daniel* (1921), *El obispo leproso* (1926) y *Años y leguas* (1928).

Miró, Joan Pintor, grabador, escultor, ceramista y escenógrafo español (Barcelona, 1893 - Palma de Mallorca, 1983). Tras una etapa fauvista, seguida de otra en la que predominan los paisajes detallistas (*La masía*, 1921-22), su obra desemboca en los años veinte en un surrealismo mágico personal, rico en color y grafismos (*Carnaval del arlequín*, las series de *Interiores holandeses* y *Constelaciones* y el mural cerámico de la sede de la UNESCO en París). Diseñó murales para la exposición universal de Osaka, el aeropuerto de Barcelona, la Kunsthaus de Zurich y la cinemateca de París. En 1971 creó el texto y las ilustraciones de *El lagarto de las plumas de oro*. Su obra es una de las más importantes de las vanguardias europeas del siglo XX.

Miró, José María (llamado JULIÁN MARTEL) Escritor argentino (Buenos Aires, 1867 - íd., 1896). Escribió una única novela *La bolsa*, publicada por entregas en 1891 y en forma de libro en 1898.

Miró, Ricardo Escritor panameño (Panamá, 1883 - íd., 1940). Fundador de la revista *Nuevos Ritos* (1907), renovó la poesía panameña partiendo del modernismo. Autor de *Preludios* (1908), *Flor de María* (1922) y *Caminos silenciosos* (1929).

Miró Argenter, José Militar e historiador cubano (Sitges, 1854 - La Habana, 1925). Jefe del Estado Mayor de Maceo durante la última guerra hispanocubana. Obras: *Vida del general Antonio Maceo* (1897), *Crónicas de la guerra* (1899-1909), etc.

Miró Cardona, José Político cubano (La Habana, 1903 - San Juan de Puerto Rico, 1974). Jefe del primer Gobierno revolucionario castrista (enero-febrero de 1959), en 1960 rompió con Fidel y se expatrió a EE UU, donde presidió el Consejo revolucionario cubano en el exilio (1960-63).

MIROBÁLANO o **MIROBÁLANOS** m. *Bot.* **1** Árbol de la India, de la familia de las combretáceas. **2** Fruto de este árbol.

MIROBOLANO m. *Bot.* Arbusto o pequeño árbol perteneciente a la familia rosáceas, de nombre científico *Pru-*

Misa de san Martín de Tours. Anónimo.
Museo Histórico de Bellas Artes (Budapest).

nus cerasifera, nativo del O y centro de Asia hasta los Balcanes.

MIRÓBRIGA *Geog. hist.* Nombre antiguo de una ciudad de la provincia romana de Lusitania, actualmente Ciudad Rodrigo.

MIRÓN, NA adj. y s. Que mira demasiado o con curiosidad.

MIRÓN Escultor griego (Eléuteras, Beocia, s. v a. C.). Utilizó las formas ideales clásicas basadas en la ley de las proporciones numéricas y representó con gran realismo el movimiento del cuerpo humano. Sólo se sabe con certeza que realizó tres obras, conocidas a través de copias: el *Discóbolo*, las estatuas del grupo *Atenea y Marsias* y el *Anadoumenos*.

MIRRA f. *Bot.* Gomorresina aromática y brillante en su estructura que proviene de diversos árboles de la familia burseráceas. Se emplea como estimulante y astringente.

MIRRADO, DA adj. Compuesto o mezclado con mirra.

MIRRINA f. *Cuba* Pizca, parte mínima de una cosa, porción insignificante de algo.

MIRRLEES, JAMES A. Economista británico (Miunigraff, Escocia, 1936). Junto a W. Vickrey enunció la teoría sobre los incentivos bajo condiciones de información asimétrica, por la que ambos recibieron el premio Nobel de Ciencias Económicas en 1996.

MIRSINÁCEO, A adj. y f. *Bot.* 1 Se dice de la planta angiosperma dicotiledónea, generalmente leñosa, con hojas con punteaduras glandulares, flores sin estaminodios y fruto en drupa o baya. || f. pl. *Bot.* 2 Familia de estas plantas.

MIRTÁCEO, A adj. y f. *Bot.* 1 Se dice de la planta angiosperma dicotiledónea, con ovario ínfero, numerosos estambres, anteras que de ordinario se abren por fisuras, y fruto en baya, drupa o cápsula, como el mirto. || f. pl. *Bot.* 2 Familia de estas plantas.

MIRTAL adj. y f. *Bot.* 1 Se dice de la planta dicotiledónea con hojas enteras, simples y opuestas, y flores con pistilo compuesto. || m. pl. *Bot.* 2 Orden de estas plantas.

MIRTÍDANO m. *Bot.* Pimpollo que nace al pie del mirto.

MIRTILO o **MIRTILLO** m. *Bot.* ARÁNDANO.

MIRTINO, NA adj. *Bot.* De mirto o parecido a él.

MIRTO m. *Bot.* ARRAYÁN, arbusto.

MIRZA m. Título honorífico persa, equivalente al de señor.

MISA f. 1 *Liturg.* Rito cristiano. Sacrificio incruento en el que, bajo las especies de pan y vino, el sacerdote ofrece a Dios el cuerpo y sangre de Jesucristo. 2 Orden del presbiterado. 3 *Mús.* Composición musical basada en las partes invariables u ordinarias del texto de la misa: Kyrie, Gloria, Credo, Sanctus y Agnus Dei. || **MISA DE CAMPAÑA** *Liturg.* La que se celebra al aire libre. || **MISA CANTADA** *Liturg.* La que se celebra con cantos. || **MISA DEL GALLO** *Liturg.* La que se dice a medianoche de la víspera, o al comenzar la madrugada de Navidad. || **MISA MAYOR** *Liturg.* La que se canta a determinada hora del día para que concurra todo el pueblo. || **MISA REZADA** *Liturg.* La que se celebra sin canto. || **MISAS GREGORIANAS** *Liturg.* Las que en sufragio de un difunto se dicen durante 30 días seguidos. || **cantar misa** fr. Decir la primera misa un nuevo sacerdote. || **como en misa** loc. fig. En profundo silencio. || **decir misa** fr. Celebrar el sacerdote este santo sacrificio. || **no saber uno de la misa la media**, o **la mitad** fr. fig. y fam. Ignorar una cosa o no poder dar razón de ella. || **oír misa** fr. Asistir a ella.

MISACANTANO m. 1 Sacerdote que celebra la primera misa. 2 Clérigo que está ordenado en todas las órdenes y celebra misa.

MISAL adj. y m. 1 Se aplica al libro en que se contiene el orden y modo de celebrar la misa. || m. *A. gráf.* 2 Grado de letra entre peticano y parangona.

MISANTROPÍA f. Cualidad de misántropo.

MISÁNTROPO, PA m. y f. Persona que manifiesta aversión al trato humano.

MISCELÁNEA f. 1 Mezcla de unas cosas con otras. 2 Obra o escrito en que se tratan muchas materias inconexas y mezcladas.

MISCELÁNEO, A adj. Mixto, compuesto de cosas distintas o de géneros diferentes.

MISENO Cabo de Italia, cerca de Nápoles, en la extremidad SO del golfo de Pozzuoli, frente a Prócida.

MISERABLE adj. 1 Desdichado, infeliz. 2 Abatido, sin valor ni fuerza. 3 Avariento, que escatima en el gasto, mezquino. 4 Perverso, abyecto, canalla.

MISERERE m. *Liturg.* 1 Salmo cincuenta, que empieza con esta palabra. 2 Canto solemne que se hace del mismo. 3 Función religiosa de la cuaresma en que se canta este salmo.

MISERIA f. 1 Desgracia, penalidad, infortunio. 2 Estrechez, falta de lo necesario para el sustento u otra cosa. 3 Avaricia, mezquindad y demasiada parsimonia. 4 *Med.* Plaga pedicular producida por el sumo deseaseo de la persona que la padece. 5 fig. y fam. Cantidad insignificante.

MISERICORDIA f. 1 Virtud que inclina el ánimo a compadecerse de los trabajos y miserias ajenos. 2 Porción pequeña de alguna cosa, como la que suele darse de limosna. 3 *Teol.* Atributo de Dios, en cuya virtud perdona los pecados y miserias de sus criaturas. 4 Pieza en los asientos de los coros de las iglesias para descansar cuando se está en pie.

MISERICORDIOSO, SA adj. y s. Se dice del que se conduele y lastima de los trabajos y miserias ajenos.

MÍSERO, RA adj. 1 Desdichado, infeliz. 2 Abatido, sin fuerza. 3 Avariento, tacaño. 4 De pequeño valor.

MISÉRRIMO, MA adj. Superlativo de MÍSERO.

MISHIMA, YUKIO (HIRAOKA KIMITAKE, llamado) Escritor japonés (Tokio, 1925 - íd., 1970). Fundó el grupo paramilitar ultranacionalista «Sociedad del Escudo» para luchar en favor del restablecimiento de los valores tradicionales japoneses. Su protesta finalizó dándose pública muerte ritual («hara-kiri»). Autor de novelas: *Confesiones de una máscara* (1949), *Sed de amor* (1950), *El rumor de las olas* (1954), *El pabellón de oro* (1956) y la tetralogía *Mar de la fertilidad* (1964-70), compuesta por *Nieve de primavera*, *El templo del alba*, *Caballos desbocados* y *El ángel en descomposición*; piezas teatrales, y ensayos.

MISIA *Geog. hist.* Antigua comarca del NO de Asia Menor, situada entre el mar Egeo y el Helesponto.

MISIL o **MÍSIL** m. *Mil.* Proyectil equipado con una o varias cabezas explosivas, nucleares o convencionales, teledirigido y dotado de un sistema de autopropulsión. Según el lugar de destino y el punto de donde proceden se clasifican en: aire-aire (AAM), superficie-aire (SAM), aire-superficie (ASM), y superficie-superficie (SSM).

MISIO, SIA adj. *Hist.* 1 De Misia, antigua región de Asia. También s. 2 Perteneciente o relativo a esta región.

-MISIO suf. MIO-.

MISIÓN f. 1 Cometido que una persona o colectividad consideran necesario llevar a cabo. 2 Poder que se da a una persona para desempeñar algún cometido. 3 *Rel.* Peregrinación que hacen los religiosos de pueblo en pueblo predicando el Evangelio. 4 *Rel.* Conjunto de sermones que predican los misioneros en las peregrinaciones evangélicas. 5 *Rel.* Cada uno de estos sermones y territorio donde se predican. 6 *Rel.* Conjunto de los edificios, en que los misioneros desempeñan sus actividades espirituales y temporales. 7 Expedición de carácter científico para analizar sobre el terreno el objeto de estudio.

MISIONAR intr. y tr. Predicar o dar misiones, una serie de sermones o cada uno de éstos.

MISIONARIO, RIA m. y f. 1 Persona enviada de una parte a otra con un encargo. 2 *Rel.* Eclesiástico que predica la religión cristiana en tierra de infieles; misionero.

MISIONERO[1], RA adj. 1 Relativo a la misión evangélica. || m. y f. 2 Persona que predica la religión cristiana en las misiones.

MISIONERO[2], RA adj. y s. De Misiones, Argentina.

MISIONES Provincia de Argentina, región Litoral; 29.801 km^2 y 877.904 h. Su capital es Posadas. Gran riqueza forestal.

MISIONES Departamento de Paraguay; 9.556 km^2 y 98.607 h. Su capital es San Juan Bautista.

MISIONES DEL PARAGUAY o **MISIONES JESUÍTICAS DEL PARAGUAY** *Hist.* y *Rel.* Misiones organizadas por los jesuitas a finales del siglo XVI en las cuencas de los ríos Uruguay y Alto Paraguay para catequizar a los guaraníes, organizados en comunidades agrarias llamadas *reducciones*. Tuvieron gran importancia social y política, y desaparecieron cuando Carlos III decretó la expulsión de los jesuitas (1767).

MISIVO, VA adj. y f. Se aplica al papel, billete o carta que se envía a uno.

MISKITO, TA adj. y s. *Etnol.* MOSQUITO[2].

MISKOLC Ciudad de Hungría, capital del condado de Borsod-Abaúj-Zemplén; 180.000 h.

MISLATA Municipio y lugar de España, provincia de Valencia; 40.302 h. Forma parte de la aglomeración urbana de la capital.

MISMIDAD f. *Filos.* 1 Condición de ser uno mismo. 2 Aquello por lo cual se es uno mismo. 3 La identidad personal.

MISMO, MA adj. 1 Idéntico, no otro. 2 Semejante o igual. 3 Por pleonasmo se añade a los pronombres personales y a algunos adverbios para dar más aseveración y energía a lo que se dice. || **así mismo** loc. adv. Del mismo modo; también.

MISNÁ, MISNAH o **MISHNÁ** *Rel.* Conjunto de las prescripciones rituales y jurídicas, éticas y religiosas del pueblo judío. Los estudios críticos que se hicieron sobre ellas fueron compilados en otro libro llamado *Gemará*, que unido a la Misná dio origen al *Talmud*.

MISOGINIA f. Aversión u odio a las mujeres.

MISÓGINO, NA adj. Que odia a las mujeres. Más como m.

MISOLONGHI Ciudad de Grecia, capital del nomo de Acarnania y Etolia, región de Grecia Occidental; 11.375 h. Durante la guerra de la independencia fue escenario de la resistencia por parte de los griegos, dirigidos por Botzaris, frente a los turcos (1826).

MISONEÍSMO m. Actitud hostil hacia las novedades.

MISQUITO, TA adj. y s. *Etnol.* MOSQUITO[2].

MISS f. 1 Tratamiento inglés equivalente a señorita. 2 Ganadora de un concurso de belleza.

MISSISSAUGA Ciudad de Canadá, provincia de Ontario; 463.388 h. Forma parte del área suburbana de Toronto. Centro industrial. Aeropuerto internacional de Toronto.

MISSISSIPPI Estado de EE UU; 123.530 km^2 y 2.844.658 h. Su capital es Jackson. Agricultura (algodón y arroz) y ganadería bovina. Recursos forestales y producción de petróleo.

MISSISSIPPI Río de EE UU, que nace en el lago Itasca (Minnesota), atraviesa de N a S el país, sirviendo de frontera a varios Estados, y desemboca en el golfo de México por un amplio delta que se extiende al SE de Nueva Orleans; 3.778 km de curso. Su cuenca ocupa 3.222.000 km^2. En su curso alto tiene un régimen nival y las aguas de sus principales tributarios, el Missouri y

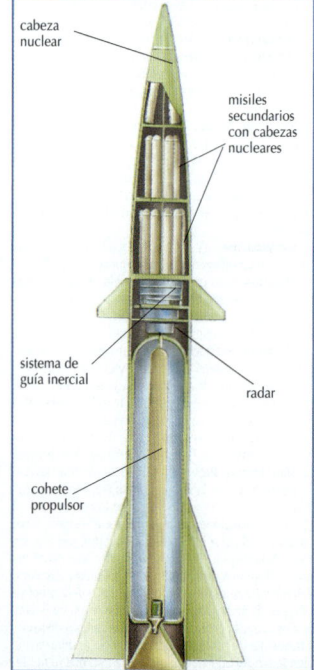

misil

El río **Mississippi** (Estados Unidos). Puente de Natchez.

el Ohio, las recibe hacia la mitad de su recorrido. Entre sus principales afluentes, aparte de los citados se encuentran el Minnesota, Arkansas, Red River y Des Moines, al O, y el Wisconsin, Illinois y Big Black, al E. Es una de las vías comerciales más activas del mundo.

MISSOURI adj. *Etnol.* **1** Se dice de un pueblo amerindio, de lengua sioux, que habitó en el área de las Grandes Llanuras. Actualmente residen en el Estado de Oklahoma. Aplicado a personas, también com. **2** Relativo a este pueblo.

MISSOURI Estado de EE UU; 180.546 km^2 y 5.595.211 h. Su capital es Jefferson City. Producción agrícola (soja, maíz y trigo). Ganadería vacuna y porcina. Explotación forestal. Yacimientos de cinc, cobre y plomo. Ciudades principales: Kansas City y Saint Louis.

MISSOURI Río de EE UU, que nace en el Estado de Montana, formado por la confluencia de los ríos Madisson, Jefferson y Gallatin, en las Montañas Rocosas. Es el principal tributario del río Mississippi, en el que desemboca cerca de Saint Louis, tras 3.725 km de curso.

MISTAGOGO m. *Rel.* **1** En el mundo grecorromano, sacerdote que iniciaba en los misterios de su religión. **2** Catequista que explicaba los misterios sagrados.

MISTELA f. **1** Bebida que se hace con aguardiente, agua, azúcar y otros ingredientes, como canela, hierbas aromáticas, etc. **2** Líquido resultante de la adición de alcohol al mosto de uva.

MÍSTER m. **1** Tratamiento inglés equivalente a señor. **2** Ganador de un concurso de belleza. **3** *Dep.* Apelativo con el que los jugadores de fútbol suelen referirse a su entrenador.

MISTÉRICO, CA adj. *Rel.* Relativo a los misterios, ritos. Esta denominación se aplica fundamentalmente a las antiguas religiones mediterráneas que daban a los misterios un carácter iniciático: el *grupo griego*, que rendía culto a Dioniso y Orfeo, y el *oriental*, a su vez subdividido en tres ramas principales, la frigia, la siriaca y la egipcia.

MISTERIO m. **1** Arcano o cosa secreta en cualquier religión. **2** Negocio secreto y muy reservado. **3** *Rel.* En la religión cristiana, cosa inaccesible a la razón y que debe ser objeto de fe. **4** *Rel.* Cada uno de los pasos de la vida, pasión y muerte de Jesucristo, cuando se consideran por separado. **5** *Lit.* En teatro, nombre que reciben los dramas religiosos de la Edad Media en que se representaban escenas de la historia sagrada, especialmente de la vida, pasión y muerte de Cristo, y las escenas de los mártires de los primeros siglos. || m. pl. *Rel.* **6** Ritos religiosos antiguos practicados en presencia de personas preparadas por medio de una iniciación gradual (*iniciados*) y bajo el vínculo del secreto.

MISTERIOSO, SA adj. **1** Que encierra misterio. **2** Se aplica al que da a entender cosas recónditas donde no las hay.

MISTI Volcán de Perú, en un ramal de los Andes, próximo a la ciudad de Arequipa; 5.842 m de altura.

MÍSTICA f. **1** *Teol.* Experiencia íntima y elevada mediante la cual el alma humana entra en contacto con la divinidad. Aunque su aparición depende de la gracia de Dios, el hombre tiene la posibilidad de aproximarse a este encuentro mediante la práctica del ASCETISMO. **2** *Teol.* Parte de la teología que trata de la vida espiritual y contemplativa y del conocimiento y dirección de los espíritus. **3** *Lit.* Manifestación literaria de las experiencias religiosas que tienen lugar en la llamada vía unitiva, caracterizada por el conocimiento y la unión con Dios, a la que se llega mediante la purificación ascética.

MISTICETO, TA adj. y m. *Zool.* **1** Se aplica al mamífero cetáceo marino, de gran tamaño, sin dientes, y con láminas córneas filtrantes, llamadas *barbas*, suspendidas de la mandíbula superior. Se alimenta de plancton. Son misticetos las ballenas y rorcuales. || m. pl. *Zool.* **2** Suborden de estos mamíferos.

MISTICISMO m. *Rel.* **1** Estado de la persona que se dedica mucho a Dios o a las cosas espirituales. **2** Estado extraordinario de perfección religiosa. **3** Doctrina religiosa y filosófica que enseña la comunicación inmediata y directa entre el hombre y la divinidad, en la visión intuitiva o en el éxtasis.

MÍSTICO[1] m. *Mar.* Embarcación costanera de tres palos, y algunas veces de dos, con velas latinas, usada en el Mediterráneo.

MÍSTICO[2]**, CA** adj. **1** Que incluye misterio. **2** Perteneciente a la MÍSTICA. **3** Que se dedica a la vida espiritual. También s. **4** Que escribe o trata de mística. También s.

MISTIFICAR tr. **1** Engañar, embaucar. **2** Falsear, deformar.

MISTINGUETT (JEANNE BURGEOIS, llamada) Cantante y actriz francesa (Soisy-sous-Montmorency, 1875 - Bougival, 1956). Se distinguió en el *music-hall*. Formó pareja, entre otros artistas, con M. Chevalier, con quien creó varias revistas musicales.

MISTOL m. *Bot. Arg.* y *Par.* Planta de la familia ramnáceas, de fruto castaño, ovoide y de más o menos 1 cm de longitud, con el que suele elaborarse arrope y otros alimentos. Se utiliza también en medicina.

MISTRAL adj. y m. *Meteor.* Se dice del viento frío y seco del N, que sopla en la costa mediterránea francesa cuando hace buen tiempo; maestral.

MISTRAL, FRÉDÉRIC Filólogo y poeta francés en lengua provenzal (Maillane, 1830 - íd., 1914). Renovador de la poesía en lengua provenzal, es autor de una novela en verso, *Mireya* (1859), ambientada en su tierra. En 1904 obtuvo el premio Nobel de Literatura, compartido con J. Echegaray. En su obra destacan *Calendal* (1867); *Las islas de oro* (1875), poesía; *El tesoro del felibrismo* (1878-86), diccionario de la lengua de oc; *La reina Juana* (1890), teatro; *El poema de la rosa* (1897); *Memorias* (1906), y *La aceitunera* (1912).

MISTRAL, GABRIELA (LUCILA GODOY ALCAYAGA, llamada) Escritora chilena (Vicuña, 1889 - Nueva York, 1957). En su primer libro de poemas, *Desolación* (1922), aparecen ya los dos temas básicos de su obra, el dolor y el amor. Otras obras poéticas: *Ternura* (1924), *Tala* (1938), *Poemas de las madres* (1950) y *Lagar* (1954). Póstumamente se publicaron *Recados contando a Chile* y su *Epistolario*, ambos en 1957. En su prosa, de gran brillantez, destacan los artículos periodísticos y la *Oración de la maestra*. En 1945 obtuvo el premio Nobel de Literatura.

MISTRESS (Voz i.) f. Tratamiento que se da a la mujer casada, en los países de habla inglesa, y que significa señora.

MISURI adj. MISSOURI.

MISURI MISSOURI.

MIT-; -MITA pref. o suf. MITO-.

MITA f. *Hist.* **1** Repartimiento que en América se hacía por turno en los pueblos de indios, para sacar el número correspondiente de vecinos que debían emplearse en los trabajos públicos. **2** Tributo que pagaban los indios de Perú. **3** En el imperio inca, sistema de prestación de trabajos para el Estado, al que se hallaban sujetos los plebeyos o *mitayoc*.

MITA, LUIGI CIRIACO DE Político italiano (Fusco, 1928). Miembro de la Democracia Cristiana, ha sido ministro de Industria y Comercio (1973-74), Asuntos Exteriores (1974-76), sin cartera (1976-79) y jefe del Gobierno (1988-89).

MITAD f. **1** Cada una de las dos partes iguales en que se divide un todo. **2** Parte que en una cosa equidista de sus extremos. || **mitad y mitad** loc. adv. Por partes iguales.

MITADENCO adj. **1** Se dice del censo que se pagaba mitad en dinero y mitad en especie. || m. *Agr.* **2** Mezcla, en partes iguales, de trigo y centeno.

MITÁN m. Lienzo para forros de vestidos; holandilla.

MITANI *Hist.* Antiguo reino situado en la parte septentrional de Mesopotamia, cerca de la actual Armenia. Sus habitantes procedían de una rama de los hurritas. Alcanzó su maximo esplendor en el siglo xv a. C. Fue vasallo del imperio hitita, y terminó siendo absorbido por Asiria.

MITAYO m. *Hist.* **1** Indígena que realizaba la mita. **2** Indio que en América daban por sorteo y repartimiento los pueblos para el trabajo. **3** Indio que llevaba lo recaudado de la mita.

MITCHELL, MARGARET Escritora estadounidense (Atlanta, 1900 - íd., 1949). Alcanzó gran éxito con su única novela, *Lo que el viento se llevó* (1936), llevada luego a la pantalla.

MITCHELL, PETER DENNIS Químico británico (Mitcham, 1920 - Bodmin, Cornualles, 1992). Aportó nuevos descubrimientos para la comprensión de la transferencia de la energía biológica a través de la formulación de la teoría quimiosmótica. Premio Nobel de Química en 1978.

MITCHUM, ROBERT Actor de cine estadounidense (Bridgeport, 1917 - Santa Bárbara, 1997). Ha intervenido en *Retorno al pasado* (1947), *Vuelve a amanecer* (1948), *Odio y orgullo* (1951), *Una aventura en Macao* (1952), *Cara de Ángel* (1953), *La noche del cazador* (1955), *Sólo Dios lo sabe* (1957), *Más alla de Río Grande* (1959), *Con él llegó el escándalo* (1960), *Página en blanco* (1960), *El Dorado* (1966), *La hija de Ryan* (1970), *La ira de Dios* (1972), *El último magnate* (1976), *Los amantes de María* (1984) y *Backfire!* (1994).

MITHRA MITRA.

MITICULTURA f. Cría industrial del mejillón.

MITIFICAR tr. **1** Convertir en MITO[1]. También prnl. **2** fig. Estimar extraordinariamente una teoría, persona, suceso, etc.

MITIGAR tr. y prnl. Moderar, disminuir o suavizar una cosa rigurosa o áspera.

MITILENE Ciudad de Grecia, capital del Nomo de Lesbos; 24.991 h.

MITIN m. Reunión donde se discuten públicamente asuntos políticos o sociales. || **dar el mitin** fr. fig. y fam. Armar un escándalo.

MITLA *Arqueol.* Centro arqueológico precolombino, de la civilización mixteca-zapoteca, situado en la actual San Pablo Villa de Mitla (México). Fue fundado en tiempos de Monte Albán, y era conocido por los zapotecas como *Lyobaa* (Lugar de Muertos). Alcanzó su máximo esplendor con la llegada de los mixtecas. Predominan las construcciones cuadrangulares cuyos muros están adornados con dibujos geométricos y mosaicos, que

Gabriela **Mistral**

mitología. *El nacimiento de Venus.* Cuadro de Sandro Botticelli. Galería de los Uffizi (Florencia).

fueron construidos con grandes bloques de piedra (triquita).

Mitlantecuhtli *Mit.* Dios de los muertos del pueblo nahua.

mito[1] m. **1** *Mit.* Narración anónima, más o menos fabulosa y con un contenido religioso, de algo acontecido en un tiempo remoto e impreciso, caracterizada por su naturaleza explicativa y en la que generalmente se refieren hazañas de dioses y héroes. Los mitos constituyen un esfuerzo intelectual por dar una respuesta al misterio, a todos los interrogantes que se le plantean al hombre en su existencia. Asimismo, sirven para establecer los fundamentos de la sociedad. **2** Ilustración, en forma de relato, de una idea o doctrina. **3** Persona o cosa rodeada de extraordinaria estima.

mito[2] m. *Zool.* Ave paseriforme perteneciente a la familia páridos, de nombre científico *Aegithalos caudatus.* Vive en Europa y parte de Asia.

mito-, mit-; -mito, -mita prefs. o sufs. que significan filamento.

mitocondria f. *Biol.* Orgánulo citoplasmático de la célula eucariota, en forma de gránulos esféricos, cortos bastones o largos filamentos. Su papel es llevar a cabo la función respiratoria; es el lugar de degradación de las moléculas orgánicas para la obtención de energía y también donde se efectúa la fosforilación oxidativa (respiración).

mitografía f. Ciencia que trata del origen y explicación de los mitos.

mitología f. *Mit.* **1** Conjunto de los mitos que se refieren a los dioses, semidioses y héroes de una religión politeísta. La creación hablada o escrita de mitos y leyendas es explicada por algunos autores como propia de pueblos preindustrializados. Sumerios, egipcios, griegos, romanos, mayas y algunos pueblos contemporáneos gozan de una mitología muy rica. La existencia de mitos en el mundo moderno (Tarzán, la mujer fatal, los héroes de *comics*), defendida por R. Barthes, se contrapone a la desaparición de las mitologías, lógica desde el punto marxista de la interpretación de la realidad social (Marx, Mao Tse-tung), por cuanto las fuerzas de la naturaleza dominadas por los mitos a través de la imaginación o por ella misma, han sido ya, a su vez, dominadas por el hombre. **2** Ciencia que estudia todo tipo de mitos.

mitomanía f. Tendencia a desfigurar, engrandeciéndola, la realidad de lo que se dice.

mitómano, na adj. y s. Se dice de la persona propensa a la mitomanía.

mitón m. Guante de punto, que sólo cubre desde la muñeca, inclusive, hasta la mitad del pulgar y el nacimiento de los demás dedos.

mitosis f. *Biol.* Tipo de división celular caracterizada por la partición de una célula madre en dos células hijas, cada una de las cuales tiene el mismo número de cromosomas que su progenitora. Es el mecanismo de división que presentan las células de un organismo, excepto las implicadas en la reproducción sexual. Se desarrolla en cuatro fases: *profase, metafase, anafase y telofase.*

mitote m. **1** Especie de baile o danza que practicaban los indios. **2** *Amér.* Fiesta casera. **3** *Amér.* Melindre, aspaviento. **4** *Méx.* Bulla, pendencia, alboroto.

mitotero, ra adj. y s. fig. *Amér.* **1** Que hace mitotes o melindres. **2** fig. Bullanguero, amigo de diversiones. **3** fig. Que hace mitotes o pendencias.

mitra f. **1** Toca alta y apuntada que llevan los arzobispos, obispos y algunas otras personas eclesiásticas. **2** fig. Dignidad de arzobispo u obispo y territorio de su jurisdicción.

mitra *Mit.* Divinidad masculina de culto remoto entre los persas e indos. Simbolizaba la luz creada y la verdad, y era protector de los hombres. Su culto, importado a Europa, se extendió por el mundo romano.

mitrado, da adj. **1** Se dice de la persona que puede usar mitra. || m. **2** Arzobispo u obispo.

mitral adj. *Anat.* VÁLVULA MITRAL.

mitrar intr. fam. Obtener un obispado.

Mitre, Bartolomé Político argentino (Buenos Aires, 1821 - íd., 1906). Opuesto a Rosas, tuvo que huir a Uruguay, Bolivia, Perú y Chile. Se incorporó al ejército de Urquiza, pero, enemistado con éste, luchó contra él y fue vencido en Cepeda (1859), aunque resultó victorioso en Pavón (1861). Como presidente de la República (1862-68), dirigió la guerra contra Paraguay. En 1874 acaudilló la revolución contra el presidente Avellaneda, pero fue derrotado. Fundó el diario *La Nación* (1870). Entre sus obras cabe citar *Historia de Belgrano y de la independencia argentina* (1887) e *Historia de San Martín y de la emancipación sudamericana* (1889-90).

Mitrídates VI el Grande Rey del Ponto (?, 132 - ?, 63 a. C.). Reinó de 120 a 63 a. C. Extendió su dominio a Crimea, la Cólquida y parte de Armenia. Junto con Nicomedes III de Bitinia, sometió Paflagonia, Galacia y Capadocia. Mantuvo tres guerras contra los romanos entre 88 y 63 a. C. En el 86 fue derrotado por éstos y se vio obligado a firmar un oneroso tratado de paz. Emprendió nuevamente la guerra; pero, derrotado por Pompeyo en Crimea, se hizo dar muerte por un soldado.

mitridatismo m. *Med.* Resistencia a los efectos de un veneno, adquirida mediante la administración prolongada y progresiva del mismo.

Mitscherlich, Eilhard Químico alemán (Neuende, 1794 - Schöneberg, 1863). Descubrió la ley del *isomorfismo.*

Mitsotakis, Constantino Político griego (Chania, Creta, 1918). Diputado en 1946 por el Partido Liberal, fue ministro de Economía y Hacienda con Papandreu. Líder de la conservadora Nueva Democracia (1984), fue jefe de Gobierno (1989-93).

Mitterrand, François Político francés (Jarnac, 1916 - París, 1996). Presidió la Unión Democrática y Socialista de la Resistencia y en la Cuarta República fue ministro de Excombatientes (1947-48), Ultramar (1950-51), Estado (1952-53), Interior (1954-55) y Justicia (1956-57). A la llegada de la Quinta República (1958) se convirtió en líder izquierdista de la oposición. En las elecciones presidenciales de 1965 fue derrotado por De Gaulle, y, como primer secretario del Partido Socialista Francés (1971), por Giscard d'Estaing en las de 1974. Accedió a la presidencia de la República en 1981. Fue reelegido en 1988, y sustituido por J. Chirac en 1995.

François **Mitterrand**

Mitú Ciudad de Colombia, capital del departamento del Vaupés; 13.890 h. Agricultura y minería (oro e ilmenita). Aeropuerto.

Mitumba Cadena montañosa de África central, en el E de la República Democrática del Congo, que separa las cuencas hidrográficas de los ríos Congo y Zambeze.

Mitxelena, Koldo Lingüista y escritor español en euskera y castellano (Rentería, 1915 - íd., 1987). Obras principales: *Historia de la literatura vasca* (1960), *Fonética histórica vasca* (1961), *Sobre el pasado de la lengua vasca* (1964) y *Lengua e historia* (1985).

miura m. **1** Toro de la ganadería de Miura, famosa por la bravura de sus reses. **2** fig. y fam. Persona aviesa, de malas intenciones. **3** fig. y fam. Persona de gran coraje y fiereza.

mix-, mixo-; -mixo- prefs. o in. que significan moco, mucosidad.

Mixcoatl Guerrero nahua, convertido en divinidad azteca. Murió asesinado en el año 935 ó 947.

mixedema m. *Med.* Síndrome que consiste en alteraciones del cutis, merma de las facultades mentales y atrofia del tiroides.

mixo-; -mixo- pref. o in. mix-.

mixoma m. *Med.* Tumor benigno formado por tejido conjuntivo mucoso.

mixomicete o **mixomiceto** adj. y m. *Biol.* **1** Se dice del organismo de organización intermedia entre los animales y vegetales, con una etapa asimiladora plurinucleada (*plasmodio*) y otra reproductora por mixosporangios que producen mixosporas. || m. pl. *Biol.* **2** Clase de estos organismos.

mixteca adj. *Etnol.* **1** Se dice de un pueblo amerindio perteneciente a la familia lingüística macro-otomangue, repartido en tres zonas geográficas e históricas: la Mixteca Baja, al N y NO del valle de Oaxaca; la Mixteca Alta, al E y S del valle de Oaxaca; y la Mixteca de la Costa, que ocupa las tierras bajas costeras del Estado de Oaxaca. Hacia el año 1200 los habitantes de la Mixteca Alta comenzaron a bajar hacia el valle de Oaxaca, asentándose en los centros zapotecas: Mitla, Yagul y Monte Albán. Resistieron la expansión azteca hasta la llegada de los españoles. Los mixtecas actuales practican la agricultura, la recolección, la caza, la pesca y la artesanía. **2** Se dice también de sus individuos. También m. **3** Relativo a este pueblo.

mixtilíneo, a adj. *Geom.* Se dice de toda figura con unos lados rectos y otros curvos.

mixtión f. **1** Mezcla, mixtura. **2** Color heráldico de púrpura.

mixto, ta adj. **1** Mezclado. **2** Compuesto de varios elementos distintos. Más como m. **3** Dicho de un animal o vegetal, mestizo. || m. **4** Cerilla, fósforo.

mixtura f. **1** Mezcla de varias cosas. **2** Pan de varias semillas. **3** Poción compuesta de varios ingredientes.

mixturar tr. Mezclar una cosa con otra.

Miyagi Prefectura de Japón, en Honshu; 7.292 km² y 2.328.815 h. Su capital es Sendai.

Miyazaki Prefectura de Japón, en Kiu-Shiu; 7.735 km² y 1.175.804 h. **2** Ciudad capital de la misma; 300.054 h. Centro comercial agrícola. Puerto.

Miyazawa, Kiichi Político japonés (Hiroshima, 1919). Colaboró en la fundación del Partido Liberal Democrático, de cuya presidencia se hizo cargo a partir de 1986. Ministro de Industria y Comercio (1970-71), Asuntos Exteriores (1974-76) y Finanzas (1986-88) y primer ministro (1991-93). En 1998 fue nombrado ministro de Hacienda.

Mizar *Astron.* La mediana de las tres estrellas de la cola de la constelación Osa Mayor. En realidad, constituye un sistema múltiple de estrellas dobles.

mizcal o **metical** m. *Num.* **1** Antigua moneda árabe, equivalente a cuatro gramos y cuarto. **2** Moneda fraccionaria de Marruecos. **3** Antigua moneda de vellón, usada en España en el siglo XIII.

mízcalo m. *Bot.* NÍSCALO.

mizo, za m. y f. fam. Gato, animal; micho.

Mizoguchi, Kenji Director de cine japonés (Tokio, 1898 - Kyoto, 1956). En su filmografía destacan *Historia de los crisantemos tardíos* (1939), *Los cuarenta y siete samuráis* (1942), *Mujeres de la noche* (1948), *La vida de O'Haru, mujer galante* (1952), *Cuentos de la luna pálida de agosto* (1953) y *La calle de la vergüenza* (1956).

MIZORAM Estado de la India, que limita con Myanmar y Bangla Desh; 21.081 km² y 689.756 h. Su capital es Aizawl.

MKS *(Sistema metro-kilogramo-segundo) Metrol.* Sistema de unidades de medida, que adopta como magnitudes fundamentales el metro (longitud), el kilogramo (masa) y el segundo (tiempo). Constituye el origen del vigente Sistema Internacional de Unidades.

MKSA *(Sistema metro-kilogramo-segundo-amperio) Fís.* Sistema de unidades de medida, semejante al MKS, al que incorpora el amperio como unidad fundamental de intensidad de corriente eléctrica.

ML *Fís.* Símbolo del mililitro.

MLADENOV, PETAR Político búlgaro (Toshevtsi, 1936 - Sofía, 2000). Ministro de Asuntos Exteriores desde 1977, en 1989 fue nombrado secretario general del Partido Comunista Búlgaro (PCB), en sustitución de T. Zivkov, cargo del que dimitió en 1990. Ese mismo año fue elegido presidente de la República, pero dimitió a los tres meses.

MM *Mat.* Símbolo del milímetro.

MN *Quím.* Símbolo del manganeso.

MNEMO-, NEMO-; -MNESIA, -MNESIS, -MNISTÍA prefs. o sufs. que significan recuerdo: *amnesia.*

MNEMÓNICA f. MNEMOTECNIA.

MNEMÓNICO, CA adj. Relativo a la memoria.

MNEMÓSINE *Mit.* Hija de Gea y Urano. Personifica la memoria. Fue madre de las nueve musas.

MNEMOTECNIA o **MNEMOTÉCNICA** f. **1** Arte que procura, por medio de reglas, aumentar las facultades de la memoria. **2** Método por medio del cual se forma una memoria artificial.

MNEMOTÉCNICO, CA adj. **1** Perteneciente a la mnemotecnia. **2** Que sirve para auxiliar a la memoria.

-MNESIA, -MNESIS sufs. MNEMO-.

MNESICLES Arquitecto griego (s. v a. C.). Entre 437 y 432 a. C. construyó los propileos de la Acrópolis de Atenas.

-MNISTÍA suf. V. MNEMO-.

MO *Quím.* Símbolo del molibdeno.

MOA f. *Paleont.* Ave fósil perteneciente a la familia dinornítidos, de nombre científico *Megalapteryx didina*, de gran tamaño, patas fuertes, alas atrofiadas y cabeza pequeña. Era incapaz de volar y desapareció hace unos 300 años como consecuencia de cambios climáticos. Habitaba en Nueva Zelanda.

MOAB *Geog. hist.* Región de Oriente Medio, al E del mar Muerto, territorio de un antiguo reino independiente. Sostuvo luchas con hebreos, persas, egipcios y sirios, que lo conquistaron sucesivamente hasta desaparecer en el s. III a. C.

MOABITA adj. y com. **1** Natural de la región de Moab. **2** Perteneciente a esta región.

MOARÉ m. Tela fuerte que forma aguas; muaré.

MOAWAD, RENÉ Político libanés (Zghorta, 1925 - Beirut, 1989). Tras ocupar varias carteras ministeriales, fue elegido presidente de la República en 1989. Pocos días después, murió asesinado.

MOAXAJA f. *Lit.* Poema en árabe o hebreo, de versos cortos, dispuestos en estrofas y basados rítmicamente en el acento. Se caracterizan porque sus versos finales están escritos en lengua mozárabe (véase JARCHA).

MOBILIARIO, RIA adj. **1** MUEBLE. Se aplica generalmente a los efectos públicos al portador o transferibles por endoso. || m. **2** Conjunto de muebles de una casa.

MOBILIDESERTA f. *Bot.* Formación vegetal no climática, asentada sobre un sustrato móvil de origen diverso, e integrada por plantas adaptadas a la xerofilia.

MÖBIUS, AUGUST FERDINAND MOEBIUS.

MOBUTU SESE SEKO (llamado hasta 1972 JOSEPH-DÉSIRÉ MOBUTU) Militar y político de la República Democrática del Congo (Lisala, 1931 - Rabat, 1997). Ministro de Defensa y jefe del Estado Mayor, dio un golpe de Estado contra el Gobierno de Lumumba (1960). Destituyó al presidente Kasavubu (1965) y se erigió presidente de la República instaurando un régimen autoritario. Fue derrocado en 1997. Murió en el exilio.

MOBUTU SESE SEKO, LAGO ALBERTO, lago.

MOCA m. Café de buena calidad que se trae de la ciudad de Arabia del mismo nombre.

MOCÁN m. *Bot.* Pequeño árbol perteneciente a la familia teáceas, de nombre científico *Visnea mocanera*, de hasta 8 m de altura. Especie endémica de las islas Canarias y Madeira.

MOCÁRABE m. *Arquit.* Elemento decorativo de la arquitectura árabe formado por la combinación geométrica de prismas acoplados, cuyo extremo inferior se corta en forma de superficie cóncava. Se usa como adorno de cornisas y bóvedas.

MOCASÍN m. **1** Calzado que usan los indios, hecho de piel sin curtir. **2** Calzado moderno hecho a imitación del anterior.

MOCEAR intr. **1** Ejecutar acciones propias de gente joven. **2** Desmandarse en travesuras deshonestas.

Mnesicles. Propileos de la Acrópolis de Atenas.

MOCEDAD f. Época de la vida humana que comprende desde la pubertad hasta la edad adulta.

MOCEJÓN m. *Zool.* Molusco lamelibranquio que vive adherido a las peñas de la costa.

MOCEJÓN Municipio y lugar de España, provincia de Toledo; 4.032 h.

MOCETÓN, NA m. y f. Persona joven, alta y corpulenta.

MOCHA f. **1** Reverencia que se hacía bajando la cabeza. **2** fam. Cabeza humana.

MOCHADA f. Golpe con la mocha o cabeza.

MOCHALES adj. fam. Se dice de la persona chiflada o medio loca. ♦ Su pl. es *mochales*.

MOCHAR tr. **1** Dar golpes con la cabeza. **2** Desmochar, cortar.

MOCHE adj. y com. MOCHICA.

MOCHETA f. **1** Extremo opuesto a la parte cortante de ciertas herramientas, como azadones, hachas, etc. **2** Rebajo en el marco de las puertas y ventanas. **3** *Arquit.* Ángulo diedro entrante, que se deja o se abre en la esquina de una pared, o resulta al encontrarse el plano superior de un miembro arquitectónico con un paramento vertical. **4** *Arquit.* Telar del vano de una puerta o ventana.

MOCHETE m. *Zool.* Cernícalo, ave.

MOCHICA o **MOCHE** adj. y com. *Etnol.* e *Hist.* Se dice de un pueblo que vivió en la costa N de Perú y que se extendió por los valles de Chicama, Moche, Virú, Nepeña, Santa, Casma y Pacasmayo, entre los años 300 a 1000. Los restos arquitectónicos hallados son casas de adobe, centros ceremoniales, construidos igualmente en adobe, y restos de fortalezas. En el valle del Moche se levantan las pirámides gemelas *Huaca* del Sol y *Huaca* de la Luna. Desarrollaron una cerámica antropomorfa y zoomorfa. Dominaron la metalurgia, la artesanía de la madera y el tejido.

Arte **mochica**. Vaso antropomorfo de cerámica. Museo Nacional de Antropología y Arqueología (Lima).

MOCHIL m. Muchacho que sirve a los labradores para llevar o traer recados a los mozos del campo.

MOCHILA f. **1** Especie de bolsa provista de correas que se cuelgan de los hombros y se lleva sobre la espalda. **2** Caja forrada de cuero que usan los soldados para llevar el equipaje, poniéndosela a la espalda sujeta con correas. **3** MORRAL. **4** *Méx.* Maleta, cofre pequeño.

MOCHÍN m. Verdugo, ejecutor de la justicia.

MOCHO, CHA adj. **1** Se dice de todo aquello a lo que le falta la punta o la debida terminación, como el animal cornudo que carece de astas. **2** fig. y fam. Pelado. **3** fig. *Chile* Se dice del religioso motilón y de la religiosa lega. También s. || m. **4** Remate grueso y romo de un instrumento largo, como la culata de un arma de fuego. **5** Parte de la fregona, en su extremo inferior, formada por tiras absorbentes.

mochuelo

MOCHUELO m. **1** *Zool.* Ave rapaz nocturna perteneciente a la familia estrígidos, de nombre científico *Athene noctua*. De aspecto rechoncho, cabeza redondeada, y pico corto y ganchudo. Se distribuye por el centro y S de Europa. **2** fig. y fam. Asunto o trabajo difícil o enojoso. **3** Cierta vasija usada antiguamente en el servicio doméstico. || **cada mochuelo a su olivo** fr. fig. con que se indica que ya es hora de recogerse o de que cada cual esté en su puesto cumpliendo con su deber.

MOCIÑO, JOSÉ MARIANO Naturalista mexicano (Temascaltepesc, 1757 - Barcelona, 1821). Con M. de Sessé dirigió la expedición científica que recorrió los territorios entre California y Costa Rica. En España dirigió el gabinete de Historia Natural de Madrid. De sus obras destacan *Flora mexicana* y *Plantas de Nueva España*, en colaboración con Sessé.

MOCIÓN f. **1** Acción y efecto de moverse. **2** fig. Alteración del ánimo. **3** Inspiración interior. **4** Proposición que se hace en una junta que delibera. **5** *Ling.* En las lenguas semíticas, nombre que se da a las vocales y a los signos que las representan. **6** *Gram.* Cambio que se da en la terminación de un sustantivo para indicar el género.

modernismo. Lluís Domènech. Interior del Palau de la Música. Barcelona.

MOCITO, TA adj. y s. Que está en el principio de la mocedad.

MOCO m. **1** *Fisiol.* Líquido espeso que segregan las membranas mucosas, y especialmente el que fluye por la nariz. **2** Escoria que sale del hierro encendido cuando se martilla. **3** Materia pegajosa y medio fluida que forma grumos dentro de un líquido. **4** Dilatación candente de la extremidad del pabilo en una luz. **5** Porción derretida de las velas, que se va cuajando a lo largo de ellas. || **llorar a moco tendido** fr. fig. y fam. Llorar sin parar. || **no ser** una cosa **moco de pavo** fr. fig. y fam. No ser despreciable.

MOCOSO, SA adj. **1** Que tiene mocos. **2** fig. y despect. Se aplica al niño atrevido y al joven poco experimentado. Más como s.

MOCOSUENA adv. m. fam. Atendiendo más al sonido que al significado de las palabras.

MOCOVÍ adj. **1** *Etnol.* Se dice de la tribu indígena que ocupó territorios entre los ríos Bermejo y Salado, en el N de Argentina. Aplicada a personas, también com. **2** Relativo a los indígenas de esta tribu. || m. *Ling.* **3** Lengua de estos indios, perteneciente a la familia guaycurú.

MOCTEZUMA PÁNUCO, río de México.

MOCTEZUMA Nombre de varios reyes aztecas.

MOCTEZUMA I ILHUICAMINA (?, h. 1390 - ?, 1469). Quinto emperador azteca, gobernó de 1440 a 1469. Amplió el imperio azteca hasta Cuernavaca, a lo largo del valle de Morelos, y hasta Coixtlahuaca por el río Balsas y la región de la Mixteca. Construyó el acueducto de Chapultepec.

MOCTEZUMA II XOCOYOTZIN (Tenochtitlán, 1466 - íd., 1520). Noveno emperador azteca, fue hijo de Axayácatl y sustituyó a su tío Ahuitzotl en 1502. Extendió los dominios del imperio, pero no logró darle cohesión. Los aztecas esperaban la llegada del dios Quetzalcóatl, que volvería para instaurar un nuevo orden político. Hernán Cortés fue tomado por dicho dios, por lo que Moctezuma intentó infructuosamente pactar con él. El emperador le invitó a Tenochtitlán para tenderle una emboscada, pero finalmente cayó prisionero de los españoles. De la muerte de Moctezuma existen dos versiones: la de los españoles afirma que murió apedreado por sus propios súbditos cuando intentaba apaciguarlos; según las crónicas aztecas murió asesinado por los conquistadores.

MOD adj. y com. *Cult.* Movimiento juvenil que surgió entre las clases populares del Reino Unido a principios de los años sesenta. Musicalmente están vinculados al *rythm'n'blues* y al *soul.*

MODA f. **1** Uso, modo o costumbre que está en boga durante algún tiempo, especialmente en los trajes, telas o adornos. **2** *Estad.* Medida de tendencia central que, dentro de una determinada experiencia aleatoria, corresponde al término o suceso que más se repite. || **estar** una cosa **de moda** fr. Usarse o estilarse, o practicarse generalmente. || **pasar** o **pasarse** una cosa **de moda** fr. Perder actualidad o vigencia.

MODAL adj. **1** Que comprende o incluye modo o determinación particular. **2** Relativo al modo gramatical. || m. pl. **3** Acciones externas de cada persona, con que se hace notar y se singulariza entre las demás.

MODALIDAD f. **1** Modo de ser o de manifestarse una cosa. **2** *Lóg.* Forma de relacionarse el predicado con el sujeto en una proposición. **3** *Mús.* Cada uno de los distintos modos de distribución de los tonos y semitonos en la escala diatónica.

MODELADO m. Acción y efecto de modelar.

MODELAR tr. **1** Formar de cera, barro u otra materia blanda una figura o adorno. **2** fig. Configurar, dar una forma especial a una cosa no corpórea. **3** *Pint.* Presentar con exactitud el relieve de las figuras. || prnl. **4** Ajustarse a un modelo.

MODÉLICO, CA adj. Que puede servir de modelo, ejemplar.

MODELISMO m. Técnica de construcción de modelos.

MODELO m. **1** Arquetipo o punto de referencia para imitarlo o reproducirlo. **2** En las obras de ingenio y en las acciones morales, ejemplar que por su perfección se debe seguir e imitar. **3** Representación en pequeño de alguna cosa. **4** Vestido con características únicas, creado por un modisto, y, en general, cualquier prenda de vestir que esté de moda. **5** Objeto, construcción, etc., o conjunto de ellos realizados con arreglo a un mismo diseño. **6** En empresas, indica que lo designado por el nombre anterior ha sido creado como ejemplar o se considera que puede serlo. || com. **7** Persona que exhibe prendas de vestir. **8** *Esc.* y *Pint.* Persona u objeto que copia el artista.

MÓDEM (Expresión abreviada de *modulador y demodulador.*) m. *Inform.* Convertidor de señales digitales en otras susceptibles de trasladarse por una línea de telecomunicación (telegráfica o telefónica), o viceversa. Se usa para conectar dispositivos digitales a través de líneas analógicas de transmisión.

MÓDENA 1 Provincia de Italia, región de Emilia-Romagna; 2.690 km² y 608.550 h. **2** Ciudad capital de la misma; 176.588 h. Catedral (siglo XIII). Universidad fundada en 1175.

MODENÉS, SA adj. y s. De Módena, Italia.

MODERACIÓN f. **1** Acción y efecto de moderar. **2** Sensatez.

MODERADO, DA adj. **1** Que tiene moderación. **2** Que guarda el medio entre los extremos. **3** Relativo al PARTIDO MODERADO. Aplicado a personas, también s.

MODERADOR, RA adj. y s. **1** Que modera. || m. y f. **2** Persona que preside o dirige un debate, asamblea, etc. || m. **3** Presidente de una reunión o asamblea en las iglesias protestantes. **4** *Fís.* Sustancia que reduce la energía cinética de los neutrones sin absorberlos.

MODERANTISMO m. *Polít.* **1** Doctrina del Partido Moderado. **2** Ideología política moderada.

MODERAR tr. y prnl. Templar, ajustar, arreglar una cosa, evitando el exceso.

MODERATO (Voz it.) adv. m. *Mús.* **1** Con movimiento de velocidad intermedia entre la del andante y la del alegro. || m. *Mús.* **2** Composición, o parte de ella, que se ha de ejecutar con dicho movimiento.

MODERATORIO, RIA adj. Que templa o reduce a lo justo las cosas que tienen exceso.

MODERNIDAD f. **1** Calidad de moderno. **2** Edad Moderna.

MODERNISMO m. **1** Afición excesiva a las cosas modernas. **2** *Rel.* Movimiento religioso de finales del siglo XIX y comienzos del XX que pretendió poner en consonancia la doctrina cristiana con la filosofía y la ciencia de la época. Fue condenado por Pío X en la encíclica *Pascendi* (1907). **3** *Arte.* Movimiento artístico que se desarrolló en Europa y EE UU entre 1890 y 1910.

[Encic.] *ARTE.* **4** *Lit.* Movimiento literario que se inicia en la América de habla hispana hacia 1880, adquiere su afirmación y plenitud entre 1888 y 1905 con la publicación de *Azul* y *Prosas profanas*, de R. Darío, y se da por terminado en 1916. [Encic.] *LIT.*

ARTE. El modernismo adoptó rasgos peculiares en los distintos países. Se llamó *modernisme* en Cataluña y Valencia; en Alemania, *Jugendstil;* en Gran Bretaña, *Modern Style;* en Francia, *Art Nouveau;* en Italia, *Liberty;* y en Austria, *Sezession.* Derivó esencialmente del prerrafaelismo inglés, el simbolismo francés y la influencia oriental, especialmente del arte japonés y chino, así como precursores a Gauguin, Toulouse-Lautrec, Van Gogh y Munch. Frente a la producción industrial en serie, estableció una alianza entre arte e industria y se propuso dotar de una nueva dignidad a los objetos de uso cotidiano. Sus diseños, ricos en colorido y de formas singulares, sólo eran realizables a partir de técnicas artesanales. Abundaron los motivos iconográficos de gran complejidad compositiva que se prestaban a los arabescos, como las cabelleras femeninas, flores, pavos reales, cisnes y mariposas. Entre los pintores más representativos cabe citar a Khnopff, J. Toorop, F. Hodler y G. Klimt. En Inglaterra destacan el arquitecto y decorador A. H. Mackmurdo, A. Beardsley y Ch. R. Mackinstosh; en Francia, Ch. Plumet, V. Guimard y E. Gallé; en Bélgica, V. Horta y H. van de Velde; en Austria, los arquitectos J. M. Olbricht y J. Hoffman. En España se desarrolló, sobre todo, en Barcelona, presidido por la figura del arquitecto Gaudí. La arquitectura catalana siguió una línea medieval y orientalista: E. Rogent, J. Martorell, L. Domènech i Montaner, A. M. Gallissà, y J. Puig i Cadafalch; en escultura se mostró una clara preferencia por los efectos de luz y penumbra: J. Llimona y E. Clarassó; los pintores trataron de expresar lo raro: J. Llimona, J. Brull, I. Nonell, J. Mir y E. Chicharro.

LIT. El modernismo renovó la literatura española e hispanoamericana, tanto en aspectos formales como en sus orientaciones estéticas, incorporando las innovaciones de parnasianos y simbolistas franceses. Entre sus características destacan la búsqueda de la belleza, la evasión de la realidad a través de la creación de mundos idílicos, la riqueza expresiva, el cromatismo y el gusto por lo exótico. Los modernistas trataron el lenguaje de forma artística, valiéndose fundamentalmente de la adjetivación, y enriqueciéndolo con galicismos, americanismos, arcaísmos casticistas, cultismos, barbarismos, Amores Novos, voces coloquiales y neologismos. En cuanto a la métrica, españolizaron las formas de los simbolistas franceses, utilizando preferentemente los versos dodecasílabos y alejandrinos, y el soneto como principal forma poética. Además de R. Darío, otras figuras destacadas del modernismo literario americano fueron J. Martí, J. del Casal, M. Gutiérrez Nájera, J. A. Silva, J. Herrera y Reissig, L. Lugones, G. Valencia, R. López Velarde, S. Díaz Mirón, A. Nervo, J. E. Rodó, D. Agustini y E. Gómez Carrillo. De América se extendió a España, donde contó con seguidores como J. R. Jiménez, F. Villaespesa, S. Rueda, M. Machado, R. del Valle-Inclán, R. Pérez de Ayala, A. Machado, J. Benavente, G. Martínez Sierra, M. Reina, J. Maragall y R. Gil.

MODERNIZAR tr. Dar aspecto moderno a cosas antiguas.

MODERNO, NA adj. **1** Que existe desde hace poco tiempo. **2** Que ha sucedido recientemente. **3** Se dice de lo que en cualquier tiempo se ha considerado contrapuesto a lo clásico. También s. || m. **4** En los colegios y otras comunidades, el que es nuevo. || m. pl. **5** Los que viven en la actualidad o han vivido hace poco tiempo.

MODESTIA f. **1** Cualidad de la persona que no presume de sus méritos o no les da importancia. **2** Sencillez. **3** Pobreza, escasez de medios, recursos, etc.

MODESTO, TA adj. y s. **1** Que tiene modestia. **2** Sencillo, sin lujo, sin vanidad.

MODI *Mit.* Divinidad de la mitología escandinava que simboliza el valor y la ira. Era hijo de Thor y de Sif.

MÓDICO, CA adj. Moderado, escaso, limitado.

MODIFICACIÓN f. **1** Acción y efecto de modificar. **2** *Biol.* Cualquier cambio que se produce en los caracteres anatómicos o fisiológicos de un ser vivo y que no se transmite por herencia.

MODIFICAR tr. **1** Transformar o cambiar una cosa transformando alguno de los accidentes. **2** *Filos.* Dar un nuevo modo de existir a la sustancia material.

MODIGLIANI, AMEDEO Pintor y escultor italiano, de origen judío (Liorna, 1884 - París, 1920). En su escultura, influida por las obras arcaicas griegas y el arte africano, alcanzó una síntesis volumétrica y lineal. Esta influencia influyó en su obra pictórica, caracterizada por la importancia de la línea, la simplificación de la imagen y la estilización de la figura. Obra escultórica: serie de cabezas (1911-12) y serie de cariátides (1913-14). Pinturas: retrato de *Max Jacob* (1916), retrato de *Hanka Zborowska* (1917), *Desnudo acostado* (1917), retrato de

Elvira sentada, acodada en la mesa (1918) y la serie de retratos de su compañera, Jeanne Ébuterne, realizados a partir de 1917.

Modigliani, Franco Economista estadounidense, de origen italiano (Roma, 1918). En 1985 recibió el premio Nobel de Economía por sus estudios sobre el ahorro doméstico y las formas de funcionamiento de los mercados financieros.

modillón m. *Arquit.* Miembro voladizo sobre el que asienta una cornisa o alero, o los extremos de un dintel.

modio m. *Agr.* Medida para áridos, que usaron los romanos y equivalía aproximadamente a dos celemines castellanos.

modismo m. *Gram.* **1** Expresión fija, propia de una lengua, cuyo significado no se deduce de las palabras que la forman. **2** IDIOTISMO.

modistilla f. **1** fam. Modista de poca habilidad. **2** fam. Aprendiza de modista.

modisto, ta m. y f. Persona que diseña y hace trajes y otras prendas de vestir.

modo m. **1** Forma variable de ser o hacerse una cosa. **2** Moderación, templanza. **3** *Geol.* Composición mineral verdadera de una roca, expresada en porcentajes de peso. **4** *Gram.* Accidente gramatical del verbo que expresa la actitud del hablante en el momento de la enunciación. Los modos del verbo castellano son cuatro: infinitivo, indicativo, imperativo y subjuntivo. **5** *Mús.* Disposición de los sonidos que forman una escala musical. || m. pl. **6** Urbanidad o cortesía, en el comportamiento o en el trato con los demás. || **modo condicional** *Gram.* En la gramática tradicional, el que expresa la acción del verbo como posible; corresponde al actual tiempo condicional. || **modo imperativo** *Gram.* El del verbo que expresa ruego, orden o mandato. En español no tiene más formas peculiares que las de la segunda persona; las restantes coinciden en las del presente del subjuntivo. No va nunca subordinado. || **modo indicativo** *Gram.* El del verbo que presenta la acción verbal como una realidad en la que no participa afectivamente el sujeto. Con él se indica o denota una afirmación o negación sencilla y absoluta. Es el modo por excelencia de la oración principal. || **modo infinitivo** *Gram.* El del verbo, que no expresa números ni personas ni tiempo determinado. Comprende las formas no personales del verbo: además del infinitivo, el gerundio y el participio. || **modo mayor** *Mús.* Disposición de los sonidos en una escala diatónica de tal manera que uno de sus semitonos está situado entre los grados tercero y cuarto, y el otro entre el séptimo y el octavo. || **modo menor** *Mús.* Disposición de los sonidos en una escala diatónica de tal manera que uno de sus semitonos está situado entre los grados segundo y tercero, y el otro entre el quinto y el sexto. || **modo optativo** *Gram.* En la conjugación griega y la sánscrita, el que indica deseo de que se verifique lo expresado por el verbo. En latín se refundió con el subjuntivo. || **modo potencial** *Gram.* En la gramática tradicional, el que expresa la acción del verbo como posible. || **modo de producción** *Econ.* En el pensamiento marxista, forma en la que una sociedad produce sus medios de existencia que se configura a partir de la relación entre las fuerzas productivas y las relaciones de producción. || **modo subjuntivo** *Gram.* El que expresa la acción del verbo con significación de duda, posibilidad o deseo. Generalmente se usa en oraciones subordinadas. || **a mi, tu, su, nuestro, vuestro modo** loc. adv. Según puede, sabe o acostumbra la persona de que se trate. || **al,** o **a, modo** loc. adv. Como, a manera de.

modorra f. **1** Somnolencia, sopor profundos. **2** Sueño muy pesado y, a veces, patológico. **3** *Veter.* Aturdimiento que sobreviene al ganado lanar, y raramente al vacuno, por la presencia en el cerebro de larvas de la tenia *Multiceps multiceps.*

modorrar tr. Causar modorra.

modorrilla f. fam. Tercero de los cuartos en que se dividía la noche para los centinelas.

modorro, rra adj. **1** Que padece modorra. **2** Se dice del operario que se ha azogado en las minas. También s. **3** Se dice de la fruta que pierde el color y empieza a fermentar. **4** fig. Inadvertido, ignorante. También s.

modoso, sa adj. Que guarda modo y compostura en su conducta.

Modula *Inform.* Lenguaje de programación que es un desarrollo del Pascal y se utiliza para la programación concurrente.

modulación f. **1** Acción y efecto de modular. **2** *Fís.* Proceso por el que se modifica la característica de una onda para la mejor transmisión y recepción del sonido o de una señal cualquiera. Puede ser de *amplitud* (AM), de *frecuencia* (FM), de *impulsos,* de *fase,* etc. En televisión, la parte de la imagen emplea la AM, mientras que el sonido utiliza la FM. En radiodifusión se utilizan ambas. || **modulación de frecuencia** *Fís.* Sistema de radiodifusión en el cual la transmisión de información se efectúa por la variación de la frecuencia de la señal. Este sistema de transmisión apenas sufre interferencias, por lo que se utiliza para la radio de alta calidad.

modulador, ra adj. y s. **1** Que modula. || m. *Fís.* **2** Circuito electrónico capaz de modular una onda portadora a partir de una señal moduladora.

modular[1] tr. **1** Variar el tono en el habla o el canto, dando con facilidad y suavidad el que corresponda. **2** *Fís.* Variar el valor de amplitud, frecuencia o fase de una onda portadora en función de una señal de vídeo, o de otra clase, para su transmisión radiada. || intr. *Mús.* **3** Pasar de una tonalidad a otra.

modular[2] adj. Relativo al módulo.

módulo m. **1** Dimensión que convencionalmente se toma como unidad de medida, y más en general, todo lo que sirve de norma o regla. **2** Pieza o conjunto unitario de ellas que se repiten en una construcción de cualquier tipo, para hacerla más fácil, regular y económica. **3** *Arquit.* Medida que se usa para las proporciones de los cuerpos arquitectónicos; en la antigua Roma era el semidiámetro del fuste en su parte inferior. **4** Aparato dispuesto para regular la cantidad de agua que se introduce en una acequia o que pasa por un orificio. **5** *Num.* Diámetro de una medalla o moneda. **6** *Astron.* Vehículo espacial independiente y, por lo general, autónomo, que forma parte de un tren espacial. **7** *Mat.* Cantidad que sirve de tipo de comparación en determinados cálculos. **8** *Mat.* Divisor entero necesario entre números congruentes para que éstos lo sean. **9** *Mat.* Estructura matemática similar al espacio vectorial que, en vez de definirse sobre un cuerpo, se hace sobre un anillo. **10** *Mat.* Referido a un número real es un valor positivo. Referido a un número complejo z, tal que $z = x + iy$, el módulo se representa entre barras y es $|z| = (x^2 + y^2)$.

modus operandi loc. lat. Manera especial de actuar o trabajar para alcanzar el fin propuesto.

modus vivendi loc. lat. Modo de vivir, base o regla de conducta, arreglo, ajuste o transacción entre dos partes.

Moebius (Jean Giraud, llamado Gir o) Dibujante francés (Fontenay-sous-Bois, 1938). Autor de cómics de gran colorido y diseño vanguardista, donde aborda la aventura y la ciencia-ficción. Es el creador de *Teniente Blueberry* y fundador de la revista *Metal Hurlant.*

moer m. Tela fuerte que hace aguas, moaré, muaré.

Moers Ciudad de Alemania, Land de Renania del Norte-Westfalia; 107.011 h. Industria siderúrgica y minería.

Moesbauer, Rudolf Físico alemán (Munich, 1929). En 1961 recibió el premio Nobel de Física, compartido con R. Hofstadter, por sus investigaciones sobre la radiación gamma.

mofa f. Burla y escarnio que se hace de una persona o cosa.

mofadura f. MOFA.

mofar intr. y prnl. Hacer mofa.

mofeta f. **1** *Geol.* Fumarola fría, que se manifiesta después de una erupción volcánica, en la que se desprenden anhídrido carbónico y óxido de carbono. **2** *Min.* Cualquiera de los gases perniciosos que se desprenden de las minas. **3** *Zool.* Mamífero carnívoro perteneciente a la familia mustélidos, de nombre científico *Mephitis mephitis.* Tiene cuerpo alargado, hocico puntiagudo y pelaje denso, negro con rayas blancas. Se caracteriza por el desagradable olor del líquido que segregan dos glándulas anales y que expulsa cuando se siente en peligro. Propio del N de EE UU y S de Canadá.

moflete m. fam. Carrillo demasiado grueso y carnoso.

mofletudo, da adj. Que tiene mofletes.

Mogadiscio Ciudad de Somalia, capital del país y de la región de Benadir; 900.000 h. Centro comercial e industrial. Puerto.

Mogador ESSAOUIRA.

mogate m. Baño que cubre alguna cosa, y particularmente el barniz que usan los alfareros.

mogol, la adj. MONGOL. || **gran mogol** *Hist.* Título de los soberanos de una dinastía musulmana en la India.

mogólico, ca adj. **1** MONGÓLICO. **2** Perteneciente o relativo al gran mogol, y a la dinastía mogol de la India.

mogolla f. **1** *Col.* MOYUELO. **2** *Col.* Pan moreno hecho de salvado. **3** *Cuba* Recorte de las hojas superiores que se emplean para rellenar cigarros puros. **4** *Chile* Acto de conseguir gratis un servicio o trabajo estimable.

mogollón m. **1** Abundancia. **2** Barullo producido por mucha gente reunida.

Mogollón *Etnol.* e *Hist.* Cultura amerindia que se desarrolló entre los años 200 a. C. y 1200 d. C. en las montañas Mogollón, en las Rocosas, Estados de Arizona, Nuevo México, y N de México. Se piensa que los pueblos que la formaban fueron los primeros, dentro del área cultural del SO, en adoptar la agricultura, la cerámica y la arquitectura. Entre el 1200 y el 1400 la cultura mogollón fue absorbida por la anasazi.

mogón, na adj. Se dice de la res vacuna a la cual le falta un asta, o la tiene rota por la punta.

mogote m. **1** *Geol.* Cualquier elevación, grande o pequeña, del terreno, que recuerda la forma de un monte. **2** Cada una de las dos cuernas de los gamos y venados, desde que les comienzan a nacer hasta que alcanzan un palmo de largo. **3** MOJÓN, montón de piedras. **4** Montón de haces en forma piramidal.

Mogreb MAGREB.

Mohacs Ciudad de Hungría, junto al Danubio; 21.100 h. En ella tuvo lugar la batalla en la que Solimán II el Magnífico derrotó y dio muerte a Luis II de Hungría (1526). A partir de entonces parte de Hungría pasó a depender del imperio turco, hasta que en 1687 sus ejércitos fueron vencidos por Carlos V de Lorena.

mohada f. *Agr.* Medida agraria.

mohair m. Tejido que se hace con el pelo de la cabra de Angora.

Mohamed o **Mohammed** MUHAMMAD.

Mohamed VI Rey de Marruecos (Rabat, 1963). Hijo de Hassan II, estudió derecho en Rabat, Bruselas y Niza, donde se licenció en Derecho Internacional. Sucedió a su padre tras la muerte de éste en julio de 1999.

Mohamed VI de Marruecos.

Mohammedia Ciudad de Marruecos, prefectura de Casablanca; 156.000 h. Industrias de conservas de pescado, neumáticos, curtidos y construcciones eléctricas. Puerto y refinería de petróleo. Salinas.

moharra f. Punta de la lanza, que comprende la cuchilla y el cubo con que se asegura en el asta.

moharracho o **moharrache** m. **1** Persona que se disfraza ridículamente en una función. **2** fig. y fam. Figura mal hecha. **3** Persona de ningún mérito.

mohatra f. **1** Venta fingida que se hace fraudulentamente. **2** Fraude, engaño.

mohave o **mojave** adj. **1** *Etnol.* Se dice de un pueblo amerindio que habitó en el área del SO de EE UU. Actualmente residen en Arizona y California. Aplicado a personas, también com. **2** Relativo a este pueblo. || m. *Ling.* **3** Lengua hablada por los mohave, perteneciente al grupo de lenguas yumas de la familia hocana.

Mohave o **Mojave, desierto de** Región desértica de EE UU, en el S de California, atravesada por el río de su nombre. Yacimientos de plata, tungsteno y oro.

mohecer tr. y prnl. Cubrir de moho, enmohecer.

moheda f. Monte alto con jarales y maleza.

mohedal m. *Bot.* MOHEDA.

Mohenjo-Daro *Geog. hist.* Antigua ciudad de Pakistán donde floreció una cultura que data del año 3000 a. C. Fue una de las poblaciones más importantes de la civilización del Indo.

mohicano, na adj. *Etnol.* **1** Se dice de un pueblo amerindio de la familia algonquina, ya extinguido, originariamente establecido a orillas del río Hudson y forzado más tarde por los colonizadores a emigrar hacia el O. Más como m. pl. **2** Se dice también de sus individuos. También s. **3** Relativo a esta tribu.

mohín m. Mueca o gesto.

mohína f. **1** Enojo, disgusto, tristeza. **2** Mohín, mueca o gesto de disgusto. **3** Pendencia, reyerta.

mohíno, na adj. **1** Triste, melancólico, disgustado. **2** Se dice de las caballerías y reses vacunas que tienen el pelo, y sobre todo el hocico, de color muy negro. También s. **3** Se dice del macho o mula hijos de caballo y burra. || m. **4** *Zool.* RABILARGO, pájaro. **5** En el juego, aquel contra quien van los demás que juegan.

Moisés. Escultura de Miguel Ángel. Iglesia de San Pietro in Vincoli (Roma).

moho m. 1 *Biol.* Hongo microscópico que se desarrolla sobre materia orgánica en descomposición y a simple vista adquiere un aspecto lanoso. Algunos provocan la podredumbre de alimentos, como *Mucor mucedo* en las frutas, o constituyen plagas agrícolas (cornezuelo del centeno); otros, como los del género *Penicillium*, se usan para elaborar antibióticos. 2 Capa que se forma en la superficie de un metal, como la herrumbre o el cardenillo.
Moholy-Nagy, Laszlo Artista plástico húngaro (Bacsbarsord, 1895 - Chicago, 1946). En 1919 fundó la revista y el grupo *Ma* (Hoy). De 1923 a 1928 impartió clases en la Bauhaus, de la que fue uno de los principales representantes. En la Nueva Bauhaus de Chicago, fundada por él en 1937 y luego transformada en el Institute of Design (1939), experimentó con nuevas técnicas y materiales. Anticipó el arte cinético. Obras: *Gris-negro-azul* (1921) y *Modulador espacio-luz* (1922-30).
mohoso, sa adj. Cubierto de moho o de herrumbre.
Mohr, Karl Friedrich Químico alemán (Coblenza, 1806 - Bonn, 1879). Entre sus inventos sobresalen la *balanza de Mohr*, para determinar densidades, y el *método de Mohr*, para la valoración cuantitativa de los cloruros o del ácido clorhídrico.
Mohs, Friedrich Mineralogista alemán (Gernrode, 1773 - Agordo, 1839). Estableció una escala para determinar la dureza de los minerales (véase DUREZA).
mohūr m. *Num.* Moneda de oro de la India británica, equivalente a 15 rupias de plata.
Moi, Daniel Arap Político keniano (Sacho, 1924). Colaborador de Jomo Kenyatta, ocupó la vicepresidencia de la República en 1967. A la muerte de aquél fue elegido presidente de Kenia (1978), y reelegido en 1983, 1988, 1992 y 1997.
Moiras *Mit.* Nombre de tres divinidades, hijas de Nix, ejecutoras del destino. Regulaban la vida de cada mortal con la ayuda de un hilo, que Cloto —la primera de ellas— hilaba, Láquesis enrollaba y Átropos cortaba cuando la correspondiente existencia llegaba a su fin. Son las *Parcas* romanas.
moisés m. Cestillo con asas, que sirve de cuna portátil. ◆ Su pl. es *moisés*.
Moisés Profeta y legislador hebreo del Antiguo Testamento (finales del s. XIV o principios del XIII a. C.). Nacido en Egipto en la tribu de Leví, en cumplimiento de una orden faraónica fue arrojado al Nilo, pero lo encontró una hija del faraón, quien lo adoptó y educó. Según narra el Pentateuco, fue elegido por Yahveh para liberar al pueblo judío, al que condujo a través del desierto durante cuarenta años, hasta llegar a la tierra prometida. Durante este *éxodo* Dios le entregó en el Monte Sinaí el Decálogo, conjunto de leyes por las que se regiría el pueblo de Israel. Le sucedió Josué.
Moissan, Ferdinand Frédéric Henri Químico francés (París, 1852 - íd., 1907). Inventor del horno eléctrico y premio Nobel de Química en 1906. Fue el primero en aislar el flúor.
Moix, Terenci Escritor español (Barcelona, 1943 - íd., 2003). Son características de su obra el interés por el mito, el erotismo, la admiración por la Antigüedad y la utilización de elementos autobiográficos. Obras: *El día que murió Marilyn* (1970; reescrita en 1984), *Amami, Alfredo!* (1984), *Nunca digas que fue un sueño* (1986), *El sueño de Alejandría* (1988), *Bonaparte* (1994), *Mujercísimas* (1995), *El amargo don de la belleza* (1996), *Extraño en el Paraíso* (1998), *Chulas y famosas* (1999) y *El arpista ciego* (2002).
mojábana f. Torta de harina con queso, almojábana.
mojado, da adj. 1 Húmedo de agua u otro líquido. 2 *Fon.* Se dice del sonido pronunciado con un contacto relativamente amplio del dorso de la lengua contra el paladar. || m. 3 Acción y efecto de mojar.
mojador, ra adj. y s. 1 Que moja. || m. 2 Receptáculo pequeño con una esponja empapada de agua. 3 Depósito de agua limpia en que se mojaba el papel antes de la impresión.
mojadura f. Acción y efecto de mojar.
mojama f. Cecina de atún.
mojar tr. 1 Humedecer una cosa con agua u otro líquido. También prnl. 2 fig. y fam. Dar de puñaladas a alguien. 3 fig. y fam. Convidar, celebrar. || intr. 4 fig. Introducirse o tener parte en una dependencia o negocio. 5 fig. y fam. ORINAR. || prnl. 6 fig. y fam. Comprometerse con una opción clara en un asunto conflictivo. Más como prnl.
mojarra f. 1 *Zool.* Pez teleósteo acantopterigio perteneciente a la familia espáridos, de nombre científico *Diplodus vulgaris*. Se pesca en las costas del Mediterráneo y es de carne estimada. 2 Lancha pequeña al servicio de las almadrabas. 3 *Amér.* Cuchillo ancho y corto.
moje m. Salsa de cualquier guisado.
mojera f. *Bot.* Mostellar o mostajo, árbol.
mojí f. 1 Torta hecha en cazuelas, de pan rallado, queso y otros ingredientes. 2 Golpe que se da en la cara con la mano.
mojicón m. 1 Especie de bizcocho hecho de mazapán y azúcar, cortado en trozos y bañado. 2 Especie de bollo fino para tomar chocolate. 3 fam. Golpe que se da en la cara con la mano.
mojiganga f. 1 Fiesta pública con disfraces ridículos y máscaras. 2 Obrilla dramática muy breve para hacer reír. 3 fig. Cualquier cosa ridícula con la que parece que uno se burla de otro.
mojigatería f. 1 Calidad de mojigato. 2 Acción propia de él.
mojigato, ta adj. y s. 1 Disimulado, que afecta humildad y cobardía. 2 Que se escandaliza fácilmente.
mojinete m. *Arquit.* 1 Tejadillo de los muros. 2 Línea horizontal más alta del tejado, caballete. 3 *Amér.* Frontón o remate triangular de la fachada principal de un edificio.
mojino, na adj. CAZUELA MOJÍ O MOJINA.
mojo m. 1 MOJE. 2 REMOJO. || **mojo picón** *Gastron. Can.* Salsa que se hace con un majado de ajos, guindilla y orégano, y que también lleva vinagre, aceite, sal y pimentón.
mojón m. 1 Señal permanente que se pone para fijar los linderos de fincas, términos y fronteras. 2 Por extensión, señal que se coloca en un lugar despoblado para que sirva de guía. 3 Chito en que se pone el dinero y al que se tira jugando. 4 Porción compacta de excremento humano que se expele de una vez. 5 Catavinos de oficio.
mojonar tr. Poner en las lindes mojones, amojonar.
mojonera f. 1 Lugar o sitio donde se ponen mojones. 2 Serie de mojones que señalan la confrontación de dos términos o jurisdicciones.
mol m. *Fís.* Cantidad de sustancia de un sistema que contiene tantas entidades elementales como átomos hay en 0,012 kg de carbono ^{12}C.
mola f. 1 Harina de cebada, tostada y mezclada con sal, que usaban los gentiles en sus sacrificios. 2 *Med.* Masa carnosa e informe que se desarrolla en el interior del útero. 3 *Col.* y *Pan.* Especie de blusa femenina, confeccionada por las indias del archipiélago de San Blas.
molalidad f. *Quím.* En una disolución, concentración de ésta expresada en moles de soluto por 1.000 g de disolvente.
molar intr. fam. Gustar, agradar.
molar adj. 1 *Anat.* Se dice del diente adaptado para triturar. 2 *Anat.* De o de cualquiera de las tres pares de dientes situados detrás de los premolares a cada lado de ambas mandíbulas en el hombre. 3 Apto para moler. También s.
molaridad f. *Quím.* En una disolución, número de moles de soluto disuelto en un litro de solución.
molasa f. *Geol.* Roca calcárea de formación sedimentaria, blanda y fácil de tallar.
Molay, Jacques de Último gran maestre de la orden del Temple (Molay, h. 1243 - París, 1314). Defensor de los santos lugares, fue apresado por orden de Felipe IV de Francia, celoso del poder de los templarios en este país. Murió en la hoguera.
moldar tr. 1 Ajustar a un molde. 2 Hacer molduras en una cosa.
Moldava o **Vltava** Río de la República Checa, en la provincia de Bohemia Central. Se forma en la selva de Bohemia, corre en dirección SE y luego N hasta su desembocadura en el Elba; 425 km de curso.
Moldavia (*República Moldova*) Estado de Europa oriental que formó parte de la URSS hasta 1991. Limita al N, E y S con Ucrania y al O con Rumania.
Geog. Formada por la zona central de Besarabia, se encuadra entre los ríos Prut al O y Dniéster al E. El relieve es suave, formado por colinas y llanuras aluviales. Es un país eminentemente agrícola, sector al que se dedica casi el 80% de la población activa. Destaca el cultivo de uva, con la que se elaboran los famosos vinos que exporta a otros países; otros productos de importancia son los cereales, la remolacha azucarera, las frutas y el tabaco. Explotación forestal y pesca. Posee yacimientos de lignito y fosforita, así como industrias textiles y alimentarias.

Superficie: 33.700 km^2.
Población: 4.298.000 h. (*moldavos*).
Densidad: 127,5 h./km^2.
Tasa de natalidad: 12,9‰.
Tasa de mortalidad: 12,6‰.
Capital: Chisinau.
Ciudades principales: Tiraspol, Beltsy, Bendery, Soroca y Râbnita.
Grupos étnicos: moldavos (64,5%), ucranianos (13,8%), rusos (13%) y gaganzos (3,5%).
Religión: ortodoxa.
Idioma: moldavo (variante del rumano).
Moneda: leu moldavo.
Forma de Estado: república.
Producto Nacional Bruto: 1.652 millones de dólares.
Renta per cápita: 380 dólares.
División administrativa: 40 distritos rurales, según cuadro.

Hist. Ocupada por los romanos, fue invadida, entre los siglos III y XIII, por godos, hunos, eslavos, ávaros, búlgaros, magiares y tártaros. Siendo un voivodato de Hungría se rebeló, creando el principado de Moldavia (1359). En 1526 se reconoció vasallo del Imperio otomano. La influencia rusa fue desplazando a la griega y, tras invadir varias veces el territorio moldavo, Rusia consiguió incorporarse Besarabia en 1812. Entre 1854 y 1856 Austria invadió Moldavia. En 1859 una asamblea moldava nombró príncipe al coronel Cuza, que se mantuvo en el poder hasta ser derrocado por un golpe de Estado en 1866. Tras la revolución de 1917 se originó un movimiento separatista prorrumano en la Moldavia rusa (Besarabia), que en 1918 se unió a Rumania, lo que no fue reconocido por la Rusia soviética. En 1924 se proclamó la República Socialista Soviética Autónoma de Moldavia en un territorio rumano en la margen izquierda del Dniéster. En 1940 este territorio, aumentado con regiones de Bucovina y Besarabia, pasó a formar parte integrada en Ucrania, y se convirtió en la República Socialista Soviética de Moldavia. Durante la Segunda Guerra Mundial (1941) Rumania ocupó la República de

MOLDAVIA

Distritos rurales	Superficie (km²)	Población (h.)	Distritos rurales	Superficie (km²)	Población (h.)
Aneni Noi	830	77.468	Hancesti (Kotovsk)	1.350	118.255
Basarabeasca	660	43.765	Ialoveni	930	87.749
Brinceni	810	83.340	Leova	720	51.987
Cahul	800	44.489	Nisporeni	760	81.626
Cainari	—	42.755	Ocnita	660	63.073
Calaras	760	84.442	Orhei	1.100	95.523
Camenca	820	59.356	Râbnita	850	32.793
Cantemir	860	61.126	Rezina	670	55.494
Causeni	1.120	72.999	Riscani	1.000	83.456
Ciadar-Lunga	720	68.698	Sangerei	1.020	91.684
Cimislia	1.170	61.089	Slobozia	960	113.823
Comrat	840	71.273	Soldanesti	560	46.696
Criuleni	850	91.783	Soroca	870	58.097
Donduseni	890	66.483	Stefan-Voda (Suvorovo)	1.030	76.702
Drochia	780	80.828	Strasenti	760	96.107
Dubasari	670	53.962	Taraclia	620	45.912
Edinet	860	90.948	Telenesti	860	76.886
Falesti	1.070	95.025	Ungheni	1.070	79.525
Floresti	830	76.987	Vulcanesti	930	62.193
Glodeni	760	65.781			
Grigoriopol	820	52.326			

Moldavia, que se reincorporó a la URSS en 1944. En febrero de 1990 se celebraron elecciones parlamentarias y se constituyó un parlamento multipartidista que creó la nacionalidad moldava y declaró la ilegalidad de las anexiones soviéticas de 1940. El 27 de agosto de 1991 Moldavia se declaró independiente, y en diciembre del mismo se incorporó a la CEI. Su primer presidente fue Mircea Snegur. Tras los conflictos étnicos del Transdniéster y la intervención militar rusa en esta zona, en 1993 Mircea Snegur firmó un acuerdo de cooperación económica e inició la negociación para instaurar un estatuto especial en la orilla izquierda del Dniéster, que concluyó en 1997. En elecciones parlamentarias celebradas en 1994 resultó vencedor el Partido Agrario Democrático, principal formación independiente de Moldavia. Las elecciones presidenciales de diciembre de 1996 dieron la victoria a Petru Lucinschi, candidato de la izquierda prorrusa. En los comicios legislativos de 1998 venció el Partido Comunista que, sin embargo, no logró gobernar debido a la coalición formada por los partidos de la oposición que situó al frente del Ejecutivo a Ion Ciubuc, que dimitió en 1999. Fue sustituido por Ion Sturza, y éste, tras perder una moción de censura, por Dimitru Braghis. En las elecciones parlamentarias de 2001 resultó vencedor el Partido Comunista, liderado por Vladimir Voronin. En las legislativas de 2001 venció el Partido Comunista, liderado por Vladimir Voronin, que fue nombrado presidente. Vasile Tarlev pasó a ocupar la jefatura del Gobierno.

MOLDAVO, VA adj. y s. De Moldavia.

MOLDE m. 1 Pieza en la que se hace un hueco la figura que en sólido quiere darse a la materia fundida, que en él se vacía. 2 Cualquier instrumento que sirve para una cosa. 3 fig. Persona que por llegar al sumo grado en una cosa, puede servir de regla y norma en ella. 4 *A. gráf.* Conjunto de letras o forma ya dispuesta para imprimir.

MOLDEABLE adj. Que puede ser moldeado.

MOLDEAR tr. 1 Hacer molduras en una cosa. 2 Sacar el molde de una figura. 3 Formar una materia echándola en un molde.

MOLDEO m. *Met.* Proceso por el que se obtienen piezas echando materiales fundidos en un molde. También en sentido figurado.

MOLDOVA MOLDAVIA.

MOLDURA f. Parte saliente de perfil uniforme, que sirve para adornar o reforzar obras de arquitectura, carpintería, etc.

MOLDURAR tr. Hacer molduras en una cosa.

MOLE¹ adj. Muelle, blando.

MOLE² f. 1 Cosa muy voluminosa y pesada. 2 Corpulencia o bulto grande.

MOLE³ m. *Gastron.* Guisado de carne característico de México, cuya salsa se hace con chile colorado, ajonjolí y otros ingredientes.

MÔLE SAINT-NICOLAS Población de Haití, departamento de Nord-Ouest; 80.000 h.

MOLÉCULA f. *Quím.* Grupo de átomos que se mantienen unidos por fuerzas químicas. La molécula es la unidad más pequeña de materia que puede separarse de un cuerpo sin alterar su composición química. || **MOLÉCULA-GRAMO** *Quím.* MOL.

MOLECULAR adj. *Quím.* 1 Relativo a las moléculas. 2 Relativo a la molécula-gramo.

MOLEDERO, RA m. y f. 1 Persona que muele en los molinos. 2 Persona que muele el chocolate.

MOLEDOR, RA adj. y s. 1 Que muele. 2 fig. y fam. Se dice de la persona necia que cansa con su pesadez. || m. 3 Cada uno de los cilindros del trapiche o molino en que se machacan las cañas en los ingenios de azúcar.

MOLEDURA f. 1 Acción de moler. 2 fam. Fatiga, cansancio.

MOLEJÓN m. 1 Instrumento de afilar con una piedra que al girar se moja en el agua, mollejón. 2 *Cuba* Roca alta y tajada que sobresale en el mar, farallón.

MOLEÑO, ÑA adj. Se dice de la roca empleada para hacer piedras de molino.

MOLER tr. 1 Quebrantar un cuerpo aplastándolo y frotándolo sobre superficies duras, hasta reducirlo a partículas muy menudas. 2 Exprimir la caña de azúcar. 3 fig. Cansar o fatigar mucho materialmente. Se usa más en p.p. con los verbos *estar*, *dejar*, *quedar*. 4 fig. Estropear, maltratar. 5 fig. Molestar gravemente y con impertinencia. ◆ IRREG. Se conjuga como MOVER.

MOLESTAR tr. y prnl. Causar molestia.

MOLESTIA f. 1 Perturbación. 2 Enfado, fastidio. 3 Desazón originada por un daño físico leve o por falta de salud. 4 Falta de comodidad para los libres movimientos del cuerpo.

MOLESTO, TA adj. 1 Que causa molestia. 2 fig. Que la siente.

MOLETA f. 1 Piedra que se emplea para moler drogas, colores, etc. 2 En las fábricas de cristales, aparato que sirve para alisarlos y pulirlos.

MOLFETTA Ciudad del SE de Italia, provincia de Bari; 66.839 h. Basílica bizantina.

MOLIBDENITA f. *Miner.* Mineral disulfuro de molibdeno, de fórmula S_2Mo, que cristaliza en el sistema hexagonal. Mena de molibdeno, se usa en siderurgia y para preparar desinfectantes.

MOLIBDENO m. *Quím.* Elemento químico del grupo VI B del sistema periódico. Número atómico, 42; masa atómica, 96; punto de fusión, 2.450 °C; punto de ebullición, 3.200 °C; símbolo, *Mo*. Es muy refractario y se utiliza para la fabricación de aceros especiales, en aleaciones de gran resistencia mecánica y térmica, como pigmento lubricante sólido, y en electrotecnia.

MOLICIE f. 1 Blandura de las cosas al tacto. 2 fig. Gusto por la vida cómoda.

MOLIENDA f. 1 Acción de moler. 2 Cantidad de caña de azúcar, trigo, etc., que se muele de una vez. 3 Temporada que dura la operación de moler la aceituna o la caña de azúcar. 4 fig. Acción de molestar a uno. 5 fig. Cosa que causa molestia.

MOLIÈRE (JEAN-BAPTISTE POQUELIN, llamado) Comediógrafo y actor francés (París, 1622 - íd., 1673). Su temprana vocación teatral le llevó a enrolarse en una compañía de cómicos, llamada *L'Illustre-Théâtre*, con la que recorrió el S de Francia durante doce años. En 1659 se instaló en París, donde estrenó *Las preciosas ridículas*, con gran éxito. Gran observador y excepcional creador de personajes, manejó magistralmente todos los recursos de la comicidad; su obra constituye un vívido retrato de la sociedad de su época. Entre sus principales obras sobresalen, *La escuela de las mujeres* (1662), *Tartufo* (1664), *Don Juan o el convidado de piedra* (1665), *El misántropo* (1666), *El médico a palos* (1666), *El Avaro* (1668), *El señor de Pourceaugnac* (1669), *El burgués gentilhombre* (1670), *Las mujeres sabias* (1672) y *El enfermo imaginario* (1673), en cuya cuarta representación Molière falleció repentinamente.

MOLIFICAR tr. y prnl. Ablandar o suavizar.

MOLIMIENTO m. 1 Acción de moler. 2 fig. Fatiga, molestia.

MOLINA, ARTURO ARMANDO Militar y político salvadoreño (San Salvador, 1927). Líder del Partido de Conciliación Nacional, fue presidente de la nación (1972-77).

MOLINA, ENRIQUE Escritor argentino (Buenos Aires, 1910). Autor de *Las cosas y el delirio* (1941), *Pasiones terrestres* (1946), *Las bellas furias* (1966) y *Monzón Napalm* (1968).

MOLINA, JUAN IGNACIO Naturalista y jesuita chileno (Guaraculen, 1740 - Bolonia, 1829). Obras: *Compendio de la historia geográfica, natural y civil del reino de Chile* (1776) y *Ensayo sobre la historia civil de Chile* (1786).

MOLINA, MARIO Químico estadounidense de origen mexicano (Ciudad de México, 1943). Formuló la teoría según la cual la ozonosfera se destruye por la acción de ciertas sustancias como los clorofluorocarbonos, utilizados de forma masiva en aerosoles y refrigeradores. En 1995 recibió el premio Nobel de Química, compartido con Rowland y P. Crutzen.

MOLINA, PEDRO Político guatemalteco (Ciudad de Guatemala, 1777 - íd., 1854). Fue miembro de la junta provisional de las Provincias Unidas de Centro América (1823) y jefe del Estado de Guatemala (1830).

MOLINA, TIRSO DE TIRSO DE MOLINA.

MOLINAR m. Sitio donde están los molinos.

MOLINARI, RICARDO Poeta argentino (Buenos Aires, 1898 - íd., 1996). Es autor de una poesía elegante y hermética: *El imaginero* (1927), *Hostería de la rosa y el clavel* (1933), *El huésped y la melancolía* (1946), *Un día, el tiempo y las nubes* (1964) y *Las sombras del pájaro tostado* (1975).

MOLINER, MARÍA Filóloga y lexicógrafa española (Paniza, 1900 - Madrid, 1981). En 1966 publicó su *Diccionario de uso del español*, considerado como una de las mejores aportaciones hechas al campo de la lexicografía española contemporánea.

MOLINERÍA f. 1 Conjunto de molinos. 2 Industria molinera.

MOLINERO, RA adj. 1 Perteneciente al molino o a la molinería. || m. y f. 2 Persona que tiene a su cargo un molino. 3 Persona que trabaja en él.

MOLINÉS, SA adj. y s. De Molina.

MOLINETE m. 1 MOLINILLO, juguete. 2 *Danza*. Figura de baile en que todos los participantes, asidos de las manos, formaban círculo girando en diferentes direcciones. 3 *Dep.* En esgrima, movimiento circular que se hace con el arma alrededor de la cabeza, para defenderse de los golpes del enemigo. 4 *Taurom.* Suerte de la lidia en la que el matador gira airosamente en sentido contrario al de la embestida del toro.

MOLINILLO m. 1 Instrumento pequeño para moler. 2 Mazo cilíndrico con una rueda gruesa y dentada para batir el chocolate u otras cosas. 3 Juguete formado por una varilla en cuya punta hay una estrella de papel que gira movida por el viento.

MOLINISTA¹ (De Luis de *Molina*.) adj. 1 Partidario del molinismo. También com. 2 Perteneciente a él.

MOLINISTA² (De Miguel de *Molinos*.) adj. 1 Partidario del molinosismo, molinosista. También com. 2 Perteneciente a él.

MOLINO m. 1 Máquina para moler. 2 Casa o edificio en que hay molino. 3 fig. Persona sumamente inquieta

Molière. Retrato de Pierre Mignard. Museo Condé (Chantilly).

Mombasa (Kenia). Puerto.

y bulliciosa. **4** fig. Persona muy molesta. || **MOLINO DE VIENTO** El movido por el viento, cuyo impulso recibe en lonas tendidas sobre aspas grandes colocadas en la parte exterior del edificio.

MOLINOSISMO m. *Hist.* y *Teol.* Doctrina de Miguel de Molinos, condenada como herética por Inocencio XI (1687).

MOLINOSISTA adj. **1** Partidario del molinosismo. Aplicado a personas, también com. **2** Perteneciente a él.

MOLISE Región del SE de Italia, junto al Adriático, que comprende las provincias de Campobasso e Isernia; 4.438 km² y 331.683 h. Capital, Campobasso.

MOLITIVO, VA adj. Se dice de lo que molifica.

MOLLA f. Parte magra de la carne.

MOLLAR adj. **1** Blando y fácil de partir. **2** fig. Se dice de las cosas que dan mucha utilidad, sin carga considerable. **3** fig. y fam. Se aplica al que es fácil de engañar.

MOLLEJA f. *Zool.* Porción muscular del estómago de la mayoría de las aves, donde se trituran los alimentos.

MOLLEJO, JA adj. **1** Blando al tacto. || m. **2** Porción de cosa blanda.

MOLLEJÓN m. Piedra de amolar.

MOLLERA f. **1** fam. Parte más alta del casco de la cabeza. **2** fam. Espacio situado en la parte más alta de la frente, donde se unen los huesos. **3** fig. Caletre, seso. || **ser** uno **duro de mollera** fr. fig. y fam. Ser porfiado o terco. También, ser torpe.

MOLLET, GUY Político francés (Flers, 1905 - París, 1975). Secretario general del Partido Socialista (1946-69), fue delegado de su país en la Asamblea Consultiva del Consejo de Europa (1949-56) y presidente de la misma (1954-56); presidente del Consejo de Ministros (1956-57) y ministro de Estado (1958-59).

MOLLETA f. Torta de pan de la flor de harina, que algunas veces suele amasarse con leche.

MOLLETAS f. pl. DESPABILADERAS.

MOLLETE m. **1** Panecillo esponjado y poco cocido. **2** En algunas partes, parte carnosa del brazo. **3** Carrillo grueso.

MOLLETUDO, DA adj. De carrillos gruesos.

MOLLINO, NA adj. **1** Se dice del agua de lluvia que cae menuda y blandamente. || f. **2** Llovizna.

MOLNÁR, FERENC Escritor húngaro (Budapest, 1878 - Nueva York, 1952). Autor de obras teatrales y de relatos de carácter realista: *El diablo* (1907), *El guardia de corps* (1910), *La fábula del lobo* (1912), *El cisne* (1920), etc.

MOLOC m. *Zool.* Reptil escamoso saurio de nombre científico *Moloch horridus*. Tiene el cuerpo de color amarillo con grandes manchas pardas y cubierto de aguijones cónicos. Vive en Australia.

MOLOC, MOLOCH o **MOLOK** *Mit.* Divinidad fenicia y cartaginesa, dios del fuego al que se inmolaban víctimas humanas, principalmente niños. En Israel también se le dio culto.

MOLÓN m. Trozo de piedra sin labrar.

MOLOSO, SA adj. y s. **1** De la antigua Molosia, ciudad de Epiro. **2** Se aplica a cierta casta de perros procedentes de Molosia. || m. *Métr.* **3** Pie de la poesía griega y latina, compuesto de tres sílabas largas.

MOLOTOV (VIACHESLAV MIJAILOVICH SCRIABIN, llamado) Político soviético (Kukarta, 1890 - Moscú, 1986). Afiliado al Partido Bolchevique, tomó parte en la Revolución de octubre. Desplegó gran actividad política junto a Stalin; presidente del Komintern (1929) y del Consejo de comisarios del Pueblo (1930), y ministro de Asuntos Exteriores (1939-49). Ante sus divergencias con la política de Kruschev, fue cesado de sus cargos (1956) y, en 1962, expulsado del partido (1962). Se le rehabilitó en 1984.

MOLTKE, HELMUTH JOHANN LUDWIG VON Militar alemán (Gersdorff, 1848 - Berlín, 1916). Sobrino del conde de Moltke, tomó parte en la guerra francoprusiana. Jefe del Estado Mayor cuando estalló la Primera Guerra Mundial, fue relevado de su cargo tras el fracaso del Marne (1914).

MOLTKE, HELMUTH KARL BERNHARD, CONDE DE Militar alemán de origen danés (Parchin, 1800 - Berlín, 1891). Jefe de Estado Mayor general, planeó las campañas de Dinamarca y Austria. En 1870 preparó y dirigió la campaña contra Francia.

MOLTURAR tr. Moler granos o frutos.

MOLUCAS Archipiélago y provincia de Indonesia, entre el archipiélago de Célebes y la isla de Timor; 74.505 km² y 2.094.700 h. Capital, Ambon. Comprende, entre otras, las islas de Morotai, Halmahera, Ternate, Batjan, archipiélago de Obi, archipiélago de Sula, Buru, Ceram, Ambon, archipiélago de Kai, archipiélago de Arú y archipiélago de Tanimbar. Se las llamó *islas de las Especias*.

MOLUSCO adj. y m. *Zool.* **1** Se dice del animal invertebrado metazoo, no segmentado y con simetría bilateral primitiva, que en muchos de ellos ha desaparecido por un arrollamiento helicoidal secundario, como el caracol, la almeja o el calamar. Son animales de cuerpo blando, dividido en tres partes: cabeza, no siempre diferenciada, masa visceral y pie. La masa visceral está recubierta por una compleja membrana denominada *manto*, que es la que segrega la concha, de naturaleza caliza, y casi siempre de una o dos valvas, aunque en algunas clases se hace interna o llega a desaparecer. El grupo de los moluscos incluye unas 100.000 especies, la mayoría marinas o de agua dulce. Sus principales clases son: *anfineuros, escafópodos, gasterópodos, lamelibranquios* y *cefalópodos*. || m. pl. *Zool.* **2** Tipo de estos animales.

MOMA f. *Méx.* Juego de muchachos, gallina ciega.

MoMA Siglas de *Museum of Modern Art* de Nueva York.

MOMBASA Ciudad de Kenia, en el océano Índico, capital de la provincia de Costa; 600.000 h. Está situada en la isla homónima. Centro comercial, exportador de café, té y algodón. Turismo. Fue la capital del imperio portugués en el África oriental entre los años 1529 y 1698.

MOMENTÁNEO, A adj. **1** Que no dura o no tiene permanencia. **2** Que se ejecuta pronto y sin dilación.

MOMENTO m. **1** Porción de tiempo muy breve en relación con otra. **2** Instante, porción brevísima de tiempo. **3** Oportunidad, ocasión propicia. **4** Situación en el tiempo actual o presente. **5** *Fís.* Producto de un vector **DE INERCIA** *Fís.* Suma de los productos que resultan de multiplicar la masa (a veces del área) de cada elemento de una figura por el cuadrado de su distancia a una línea fija. || **a cada momento** loc. adv. Con mucha frecuencia, continuamente. || **al momento** loc. adv. Al instante, sin dilación, inmediatamente. || **de momento**, o **por el momento** loc. adv. POR DE PRONTO. También, por ahora, en el tiempo actual. || **de un momento a otro** loc. adv. Pronto, sin tardanza. || **por momentos** loc. adv. Sucesiva y continuadamente.

MOMIA f. **1** Cadáver que, naturalmente o por preparación artificial, se deseca con el transcurso del tiempo sin entrar en putrefacción. **2** fig. Persona muy seca y morena.

MOMIFICAR tr. y prnl. Convertir en momia un cadáver.

MOMIO, MIA adj. y m. **1** Magro y sin gordura. || m. **2** fig. Lo que se da u obtiene sobre lo que corresponde legítimamente. **3** fig. Cosa que se adquiere a poca costa, ganga.

MOMMSEN, THEODOR Historiador y arqueólogo alemán (Garding, 1817 - Charlottenburgo, 1903). Dirigió la edición del *Corpus inscriptionum latinarum*. Autor de *Historia de Roma* (1854-85). Premio Nobel de Literatura en 1902.

MOMO m. Gesto, figura o mofa.

MOMÓRDIGA f. *Bot.* BALSAMINA, planta.

MOMOTOMBO Volcán de Nicaragua, departamento de Managua; 1.865 m de altura.

MOMPOU, FEDERICO Compositor español (Barcelona, 1893 - íd., 1987). Su producción comprende composiciones para piano, de carácter intimista (*Impresiones íntimas*, 1911-14; *Suburbios*, 1917; *Música callada*, 1965), piano y voz (*Quatre melodies*, 1926-28; *Becquerianas*, 1972), guitarra (*Suite compostelana*, 1961), obras sinfónicas (*Variaciones sobre un tema de Chopin*, 1963), etc.

MON-, MONO-; -MONAD-; -MONA, -MÓNADA, -MONADAL, -MONAS prefs., in. o sufs. que significan solo, único o unidad: *diplomonádido, biomónada, cloromonadal*.

MONA¹ f. **1** Hembra del mono. **2** fig. y fam. Persona que hace las cosas por imitar a otra. **3** fig. y fam. Borrachera. **4** fig. y fam. Persona ebria. **5** Cierto juego de naipes. **6** Cierto refuerzo que se ponen los lidiadores a caballo en la pierna derecha. || **MONA DE GIBRALTAR** *Zool.* Mamífero primate perteneciente a la familia cercopitécidos, de nombre científico *Macaca sylvana*. Vive en Gibraltar y N de África.

MONA² f. Rosca con huevos, hornazo. || **a freír monas** loc. fig. y fam. A FREÍR ESPÁRRAGOS.

-MONA suf. MON-.

MONA Isla de Puerto Rico, en las Antillas, situada en el canal de su nombre, entre las islas de Puerto Rico y Santo Domingo; 100 km².

MONA, CANAL DE LA Estrecho de las Antillas, entre las islas de Santo Domingo y Puerto Rico.

MONACAL adj. Relativo a los monjes o a las monjas.

MONACATO m. **1** Estado o profesión de monje. **2** *Hist.* y *Rel.* Institución monástica. El monacato es característico de varias religiones históricas: del judaísmo, del hinduismo, del budismo, etc. En el ámbito del cristianismo, surgió en Egipto y Mesopotamia en el siglo IV como evolución del eremitismo de san Antonio. Se considera que su fundador fue san Pacomio, quien reunió a un grupo de eremitas para hacer vida en común, organizada mediante una regla. La regla monástica fue perfeccionada por san Basilio en Oriente y tras su llegada a Occidente, de manos de san Atanasio y san Juan Casiano (fines del siglo IV), alcanzó su máxima expresión con san Benito de Nursia (siglo V) creador de la regla benedictina.

MONACHIL Municipio y lugar de España, provincia de Granada; 4.871 h.

MONACITA f. *Miner.* Mineral accesorio, de color amarillento o marrón, que cristaliza en prismas del sistema monoclínico, generalmente pequeños. Constituye la principal fuente de torio. Se extrae en Brasil, India, Sri Lanka y EE UU.

MÓNACO (*Principauté de Monaco*) Principado independiente del S de Europa, junto al Mediterráneo, en-

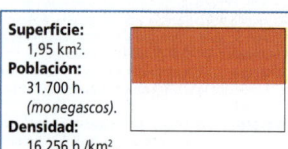

Superficie: 1,95 km².
Población: 31.700 h. (*monegascos*).
Densidad: 16.256 h./km².
Tasa de natalidad: 10,2‰.
Tasa de mortalidad: 13,2‰.
Capital: Mónaco.
Ciudades principales: Montecarlo y La Condamine.
Grupos étnicos: monegascos, franceses, italianos.
Religión: catolicismo (mayoría).
Idioma: francés.
Moneda: euro.
Forma de Estado: monarquía constitucional.
Producto Nacional Bruto: 765 millones de dólares.
Renta per cápita: 24.460 dólares.
División administrativa: 4 áreas urbanas, según cuadro.

clavado, a excepción de una estrecha franja costera mediterránea, en el departamento francés de Alpes Marítimos.

GEOG. Está situado en un promontorio de la Costa Azul, formado por las últimas estribaciones de los Alpes. De clima mediterráneo, su principal actividad es el turismo. Consta de una aglomeración urbana, dividida en tres núcleos: la capital, Mónaco; Montecarlo, con su famoso casino, y La Condamine, donde se halla la industria de artesanía, productos de precisión y editorial, y el puerto.

MÓNACO

Áreas urbanas	Superficie (km²)	Población (h.)
Fontvieille	0,33	1.961
La Condamine	0,61	12.158
Mónaco	0,19	1.151
Montecarlo	0,82	14.702

Mónaco. Puerto deportivo de Fontvieille.

HIST. A fines del siglo XIII las luchas entre güelfos y gibelinos obligaron a la familia güelfa Grimaldi a expatriarse de Génova y a refugiarse en Provenza. Francisco Grimaldi, con un grupo de partidarios, se apoderó de la fortaleza de Mónaco, que tenían los genoveses (1297). Carlos I tomó el título de señor de Mónaco, en 1331. En 1731 pasó el principado a la rama femenina, tras la boda de Luisa Hipólita con Jaime de Goyon-Matignon, que adoptó el apellido Grimaldi. El Congreso de Viena (1815) puso a Mónaco bajo la protección de Cerdeña y, cuando ésta cedió a Francia el condado de Niza, Carlos III de Mónaco hizo otro tanto con las villas de Menton y Roquebrune, aunque el acuerdo consagró la independencia de lo que resta del principado (1861). En 1911 se publicó una constitución democrática que abolió la monarquía absoluta. Dicha constitución fue suspendida en 1959 por el príncipe Raniero III, nieto y sucesor en 1949 de Luis II, promulgándose una nueva en 1962 que reconoce a Mónaco como país de régimen monárquico constitucional hereditario. El cargo de ministro de Estado lo ejerce un diplomático francés elegido por el príncipe de una terna presentada por el gobierno francés. Aunque es un régimen multipartidista, los resultados electorales siempre han concedido la mayoría de la representación parlamentaria a la Unión Nacional y Democrática. Desde 1991 han ocupado la jefatura del Gobierno J. Dupont (1991-94), P. Dijond (1994-97), M. Lévêque (1997-2000) y Patrick Leclercq (desde 2000).

MÓNACO Área urbana de Mónaco, capital del Principado de su nombre; 17,19 km² y 1.151 h.

MONACO, MARIO DEL Tenor italiano (Florencia, 1915 - Venecia, 1982). Titular de La Scala de Milán y del Metropolitan Opera House de Nueva York, está considerado uno de los mejores tenores del siglo XX.

MONACORDIO m. Mús. Instrumento musical de teclado, parecido a la espineta, pero de mayor extensión.

-MONAD-; -MÓNADA in. o suf. MON-.

MONADA f. 1 Acción propia de mono. 2 Gesto o figura afectada y de enfado. 3 Cosa pequeña, delicada y primorosa. 4 fig. Halago. 5 fig. Acción graciosa de los niños. 6 fig. Cosa fútil impropia de personas adultas.

MÓNADA f. 1 Filos. Cada uno de los seres indivisibles, pero de naturaleza distinta, que componen el universo según el sistema de Leibniz. 2 Zool. Cualquiera de los protozoos flagelados de pequeño tamaño que viven en las aguas estancadas.

-MONADAL suf. MON-.

MONADELFO, FA adj. Bot. 1 Se dice de la flor, planta, etc., cuyos estambres están soldados en un solo haz. 2 Se dice de estos estambres.

MONADOLOGÍA f. Teoría de las mónadas.

MONAGAS Estado de Venezuela; 28.900 km² y 638.902 h. Capital, Maturín. Café, tabaco y algodón. Petróleo y gas natural. Turismo.

MONAGAS, JACINTO Patriota venezolano (?, 1785 - Boyacá, 1819). Se unió a Bolívar y a Francisco Miranda en la sublevación contra España (1811) y fue mortalmente herido en la batalla de Boyacá.

MONAGAS, JOSÉ GREGORIO Militar y político venezolano (Maturín, 1795 - Maracaibo, 1858). Hermano de José Tadeo. Intervino en el movimiento independentista de su país. Ejerció la presidencia de la República (1851-55) y fue el artífice de la abolición de la esclavitud.

MONAGAS, JOSÉ RUPERTO Político venezolano (s. XIX). Hijo de José Tadeo. Fue presidente de la República (1868-70).

MONAGAS, JOSÉ TADEO Militar y político venezolano (Maturín, 1784 - Caracas, 1868). Hermano de José Gregorio y padre de José Ruperto. Luchó por la independencia de su país y fue presidente de la República (1847-51 y 1855-58).

MONAGUILLO m. Niño que ayuda a misa y hace otros servicios en la iglesia.

MONAQUISMO m. Profesión de monje.

MONARCA com. Príncipe soberano de un Estado.

MONARQUÍA f. Polít. 1 Estado regido por un monarca. 2 Forma de gobierno en el que el poder supremo corresponde con carácter vitalicio a un príncipe, designado generalmente según orden hereditario a y veces por elección. 3 fig. Tiempo durante el cual ha perdurado este régimen político en un país.

MONÁRQUICO, CA adj. 1 Relativo al monarca o a la monarquía. 2 Partidario de la monarquía. También s.

MONARQUISMO m. Adhesión a la monarquía.

-MONAS suf. MON-.

MONASTERIO m. 1 Casa o residencia donde viven en comunidad los monjes. Suele responder a una estructura determinada de acuerdo con las reglas de la Orden que la ocupa o del monacato cristiano en general. 2 Por extensión, casa de religiosos o religiosas.

MONASTERIO MONESTERIO.

MONÁSTICO, CA adj. Perteneciente al estado de los monjes o al monasterio.

MONCADA Municipio y ciudad de España, provincia de Valencia; 17.738 h.

MONCADA, JOSÉ MARÍA Militar y político nicaragüense (San Rafael del Sur, 1871 - Managua, 1945). Ministro del Interior, de Guerra y senador, en 1929 se apoderó de la presidencia por las armas, y mantuvo el cargo hasta 1932.

MÖNCHENGLADBACH Ciudad del O de Alemania, Land de Renania del Norte-Westfalia; 266.073 h. Industria química y textil. Productos petrolíferos. Hasta 1950 se llamó München-Gladbach.

MONCK, GEORGE MONK, GEORGE.

MONCLOVA Ciudad de México, en el Estado de Coahuila; 177.792 h. Importante centro siderúrgico. Antiguamente se llamaba Santiago de Mendoza.

MONDA f. 1 Acción y efecto de mondar. 2 Bot. Tiempo propicio para la poda de los árboles. 3 Mondadura. || **ser la monda** loc. Muy divertido. También increíble o indignante.

MONDADIENTES m. Instrumento que se usa para limpiar los dientes y sacar lo que se mete entre ellos. ♦ Su pl. es mondadientes.

MONDADURA f. 1 Acción y efecto de mondar. 2 Despojo, cáscara o desperdicio de las cosas que se mondan. Más en pl.

MONDALE, WALTER FREDERICK Político estadounidense (Ceylon, 1928). Miembro del Partido Demócrata, fue senador por Minnesota (1964-76). Ocupó la vicepresidencia del país durante el mandato de J. Carter (1977-80). Candidato a la presidencia en las elecciones de 1984, fue derrotado por R. Reagan.

MONDAR tr. 1 Limpiar una cosa quitándole lo superfluo. 2 Limpiar el cauce de un río o acequia. 3 Bot. Podar. 4 Quitar la cáscara a las frutas. 5 Cortar a alguien el pelo. 6 fig. Quitar a alguien lo que tiene. 7 fig. y fam. Azotar, apalear. || prnl. 8 fig. y fam. MONDARSE DE RISA. || **mondarse de risa** fr. fig. y fam. Reírse mucho.

MONDARAJAS f. pl. fam. Mondaduras.

MONDEGO Río del centro de Portugal, que nace en la sierra de la Estrella, pasa por Coimbra y desemboca en el Atlántico junto a Figueira da Foz; 225 km de curso, en parte navegables.

MONDO, DA adj. Limpio de cosas superfluas. || **mondo y lirondo** loc. fig. y fam. Limpio, sin añadidura alguna.

MONDONGO m. 1 Intestino y panza de las reses. 2 fam. Los del hombre. 3 fig. Guat. Méx. y P. Rico Traje o adorno ridículo. || **hacer el mondongo** fr. Emplear los intestinos y la panza de las reses en hacer morcillas, chorizos, etc.

MONDOVI Ciudad de Italia, provincia de Cuneo, en Piamonte; 20.770 h. Catedral del siglo XV. En ella tuvo lugar la victoria de Napoleón sobre los piamonteses (1796).

MONDRIAN, PIET (PIETER CORNELIS MONDRIAN o MONDRIAAN, llamado) Pintor holandés (Amersfoort, 1872 - Nueva York, 1944). Principal representante de la abstracción geométrica, se inició en el paisaje academi-

Piet **Mondrian**. Composición, 1921. Museo de Arte (Basilea).

Claude **Monet**. *La estación Saint-Lazare*. Museo d'Orsay (París).

cista, para evolucionar hacia un tratamiento simplificado de las formas y una gama personal de colores. Sus lienzos presentan formas cuadrangulares en las que adopta tres colores primarios: rojo, amarillo y azul, que combina con los no-colores (gris, negro y blanco). En 1940 se instaló en Nueva York y su pintura sufrió una transformación: abandonó los no-colores, para crear obras conformadas por líneas que separan rectángulos de colores.

MONEDA f. 1 *Econ*. Pieza de metal acuñada con el busto del soberano o el sello del gobierno que tiene la prerrogativa de fabricarla, y que sirve de medida común para el precio de las cosas y para facilitar los cambios. 2 Signo representativo del precio de las cosas. 3 fig. y fam. Dinero, caudal. 4 *Econ*. Conjunto de signos representativos del dinero circulante en cada país. || **MONEDA CORRIENTE** *Econ*. La legal y usual. || **MONEDA DIVISIONARIA** *Econ*. La que equivale a una fracción exacta de la unidad monetaria legal. || **MONEDA FIDUCIARIA** *Econ*. La que representa un valor que intrínsecamente no tiene. || **MONEDA METÁLICA** *Econ*. Dinero amonedado, para distinguirlo del papel representativo del valor. || **acuñar moneda** fr. Fabricarla. || **pagar con la misma moneda** fr. fig. Ejecutar una acción por correspondencia a otra, o por venganza.

MONEDAJE m. *Hist*. 1 Derecho que se pagaba al soberano por la fabricación de moneda. 2 Servicio o tributo de doce dineros por libra que impuso en Aragón y Cataluña sobre los bienes muebles y raíces el rey don Pedro II.

MONEDERO m. Bolsa o saquito en cuyo interior se lleva dinero en metálico.

MONEGASCO, CA adj. y s. De Mónaco.

MONEMA m. *Ling*. Unidad lingüística elemental, según la teoría de A. Martinet.

MÓNERA adj. y f. *Biol*. 1 Se aplica al ser vivo unicelular procariota, que habita en todos los medios (terrestre, acuático, parasitario). Son los organismos más antiguos sobre la Tierra, como las bacterias y las algas cianofíceas. || f. pl. *Biol*. 2 Reino constituido por estos seres.

MONERÍA f. 1 Acción propia de mono. 2 fig. Gesto, ademán o acción graciosa de los niños. 3 fig. Cosa poco importante.

MONESTERIO o **MONASTERIO** Municipio y lugar de España, provincia de Badajoz; 5.133 h.

MONET, CLAUDE Pintor francés (París, 1840 - Giverny, 1926). Es el iniciador y uno de los más destacados representantes del impresionismo, denominación inicialmente peyorativa que procede de un lienzo suyo presentado en la exposición de París de 1874: *Impression soleil levant*. Su técnica desintegra las formas en masas de colores intensos y vibrantes, e impone una visión subjetiva de la realidad *(El puente del ferrocarril en Argenteuil, 1874; La estación de Saint-Lazare, 1877)*. A partir de 1888, pintó series *(Catedral de Rouen, 1892-94; Vistas del Támesis, 1900-09)*. En sus últimos años pintó una y otra vez los nenúfares del jardín de su casa en Giverny (serie de las *Ninfeas*); con estos últimos cuadros llegó al máximo en su experimentación de la luz y el color, y anticipó la pintura abstracta.

MONETA, ERNESTO Publicista italiano (Milán, 1833 - íd., 1918). En 1907 obtuvo el premio Nobel de la Paz, compartido con L. Renault, en reconocimiento a su libro *Las guerras, las insurrecciones y la paz en el siglo XIX*.

MONETARIO, RIA adj. 1 Relativo a la moneda. || m. 2 Colección ordenada de monedas y medallas.

MONETARISMO m. *Econ*. Doctrina económica de carácter liberal neocapitalista que enfatiza la importancia de la moneda y de otros medios de pago existentes en la regulación de la economía.

MONETIZAR tr. 1 *Econ*. Dar curso legal como moneda a billetes de banco u otros signos pecuniarios. 2 Hacer moneda.

MONFERRATO Región histórica de Italia, en el Piamonte, a orillas del Po. Fue marquesado y ducado.

MONFÍ m. *Hist*. Moro o morisco que formaba parte de las cuadrillas de salteadores de Andalucía, después de la Reconquista. Más en pl.

MONFORT, SIMÓN DE Noble y militar francés (?, h. 1150 - Toulouse, 1218). Dirigió la cruzada contra los albigenses en 1209, a los que arrebató el Languedoc, territorio que pasó a depender de Francia.

MONFORTINO, NA adj. y s. De Monforte de Lemos.

MONFRAGÜE, PARQUE NATURAL DE *Ecol*. Espacio protegido español perteneciente a la Comunidad Autónoma de Extremadura, situado en el centro de la provincia de Cáceres. Posee 17.852 ha de extensión.

MONGAT *(Montgat)* Municipio y lugar de España, provincia de Barcelona; 7.793 h.

MONGE, GASPARD Geómetra francés (Beaune, 1746 - París, 1818). Creador de la geometría descriptiva, participó en el Comité de Pesas y Medidas que instauró el sistema métrico decimal (1791).

MONGE, LUIS ALBERTO Político costarricense (Palmares, 1925). Miembro moderado de Partido de Liberación Nacional (PLN), ocupó la presidencia de la República (1982-86).

MONGOL, LA adj. 1 Natural de Mongolia. También s. 2 Perteneciente a este país de la Tartaria china. [**Encic.**] 3 Dinastía musulmana de la India (1526-1858). || m. *Ling*. 4 Lengua de los mongoles.

Hist. Dedicados a la caza o al pastoreo nómada, los mongoles eran un grupo de pueblos nómadas que habitaban las estepas de Asia central. Las distintas tribus podían unirse en confederaciones bajo el mando de un jefe único, denominado gran khan. Uno de ellos, Gengis Khan, fue nombrado en 1206 khan universal por la asamblea de los jefes de todas las tribus. Gengis Khan extendió su dominio hasta China y Asia central, con lo que consiguió organizar un poderoso imperio. A su muerte en 1227, el imperio fue dividido entre sus hijos; uno de ellos, Ogodei, fue nombrado gran khan en 1229. Bajo su reinado los mongoles se extendieron por Irán, Corea, Armenia, Georgia, Polonia y Hungría. El reinado de Kublai Khan (1260-94) restableció temporalmente la unidad del imperio, que se extendió hasta Persia, Armenia, el Cáucaso, Turquestán y Samarcanda, antes de dividirse en diferentes *khanats*, como el de Persia, fundado por Hulagu Khan, el Quipcap, fundado por Yuci Khan o el de Yagatay, hasta desaparecer en la segunda mitad del siglo XIV. Actualmente los mongoles, unos dos millones y medio de individuos, habitan una vasta región que se extiende desde Siberia meridional hasta Zungaria (Mongolia) y en diversos puntos aislados de China, Tíbet y Manchuria. En general llevan la vida típica de los pastores nómadas.

MONGOLIA *(Búgd Najramdah Mongol Ard Uls: República Popular de Mongolia)* Estado centrooriental de Asia, que limita al N con la Federación de Rusia (Siberia), y al E, S y O, con la República Popular China.

Superficie: 1.564.160 km².
Población: 2.399.000 h. *(mongoles).*
Densidad: 1,5 h./km².
Tasa de natalidad: 22,4‰.
Tasa de mortalidad: 6,4‰.
Capital: Ulan Bator.
Ciudades principales: Darhan, Erdenet, Bulgan.
Grupos étnicos: mongoles (78,8%), kazajos (5,9%) y otros (9,5%).
Religión: lamaísmo y budismo.
Idioma: mongol.
Moneda: tugrik.
Forma de Estado: república.
Producto Nacional Bruto: 995 millones de dólares.
Renta per cápita: 380 dólares.
División administrativa: 21 provincias y 1 ciudad autónoma, según cuadro.

MONGOLIA

Provincias / Ciudad autónoma	Superficie (km²)	Población (h.)	Capitales
Bayan Khongor	116.000	91.600	Bayan Khongor
Bayan Ulegej	45.700	96.200	Ulegej
Bulgan	48.700	66.100	Bulgan
Central	74.000	113.700	Dzun Mod
Darhan-Uul	3.280	94.200	Darhan
Dezabhan	82.500	105.000	Ulyasutay
Dornod	123.600	84.300	Cojbalsan
Gobi Altai	141.400	74.900	Altai
Gobi Oriental	109.500	49.900	Sayn Shanda
Gobi Central	74.700	54.400	Mandal Gobi
Gobi Meridional	165.400	46.200	Dalan Dzadagad
Gobi-Sumber	5.540	13.100	Choyr
Hangay Meridional	62.900	116.900	Arbay Here
Hangay Septentrional	55.300	103.700	Tsetserlik
Hentey	80.300	77.700	Undur Khan
Hubsugul	100.600	123.600	Muren
Kobdo	76.100	93.000	Kobdo
Orhon	840	72.500	Erdenet
Selenga	41.200	107.000	Suhe Bator
Suhe Bator	82.300	59.700	Barun Urt
Ubsa-nor	69.600	100.500	Ulankom
Ulan Bator	*4.700*	*668.800*	—

MONGOLIA

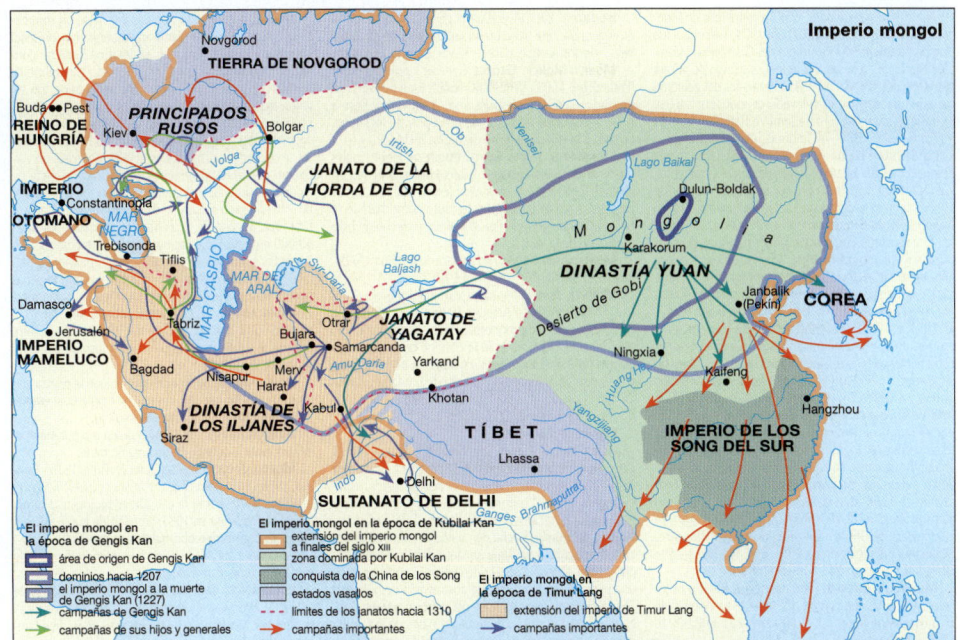

Imperio mongol

GEOG. Mongolia es una vasta meseta, con dos regiones muy diferenciadas; la parte N y NO, con altas montañas y gran número de lagos, y la parte S y SE, ocupada por el gran desierto de Gobi. Los ríos más importantes son el Selenga y el Kerulen. El clima es continental. Cultivos predominantes: trigo, patatas, avena y cebada. Su principal fuente de recursos reside en la ganadería, especialmente caballar. Importantes riquezas mineras: carbón, petróleo, estaño. En Ulan Bator se ha creado un complejo industrial con fábricas textiles, de artículos de cuero y manufacturas metálicas.

HIST. Los orígenes de Mongolia son poco conocidos. Se menciona por primera vez en los anales chinos de la dinastía de los Tung (618-907 d. C.). Su primer jefe fue el *Budantsar*. Sus sucesores, entre ellos Gengis Khan, engrandecieron los dominios mongoles (MONGOL, *HIST.*). Bajo el nombre de Mongolia Exterior, fue una provincia china (1686-11), un Estado autónomo bajo la protección de la URSS (1912-19), y nuevamente una provincia china (1919-21). En 1921 se constituyó un Gobierno provisional que declaró la independencia del país. En 1924, el Gobierno proclamó la constitución del país en República popular. Por un tratado entre la URSS y China (1945), esta última reconoció la independencia de Mongolia Exterior. A partir de entonces los lazos de la URSS siguieron estrechándose con la firma de diversos acuerdos de amistad, ayuda mutua

Mongolia. Monasterio de Erdeni Zuu, en Khudjirt.

(1946 y 1965) y comercio (1957), y el ingreso de Mongolia en el COMECON (1962). En 1974, Tsedenbal fue elegido presidente del Presidium del Gran Hural (Asamblea Nacional), a la vez que retenía su cargo de primer secretario del PPRM. En 1984, a instancias del gobierno soviético, Tsedenbal fue relevado de todos sus cargos; se designó para sustituirle a Jambyn Batmönh (primer ministro desde 1974), en la dirección del partido, y a Tserendashiyen Namsray, en el Politburó. Unos meses después se eligió a Batmönh presidente del Gran Hural, y a Dumaagiyn Sadnom primer ministro. A partir de 1989 comenzó la democratización del régimen. La dimisión del presidente Batmönh en 1990 situó a Ochirbat Gombosuren como nuevo líder de Mongolia. Las primeras elecciones multipartidistas, celebradas ese año, dieron la victoria al PRPM, formado por los antiguos comunistas, que confirmó a Ochirbat Gombosuren como presidente de la República, cargo que renovó en 1993. En 1992 se aprobó una nueva constitución y ese mismo año se celebraron las primeras elecciones parlamentarias bajo régimen democrático. En ellas volvió a vencer el PRPM y Puntsagiin Jasray fue nombrado primer ministro. En 1996 Mendsayhany Enhsayhan, líder de la coalición Unión Democrática, fue elegido primer ministro. Pero en las presidenciales celebradas un año después logró el triunfo el ex comunista Nachagin Bagabandi. La falta de acuerdo entre el presidente y el primer ministro provocó la dimisión de Enhsayhan en 1998. Babagandi rechazó todos los candidatos propuestos desde entonces. En 2000 Nambaryn Enkhbayar, del PRPM, fue elegido primer ministro. Bagabandi fue reelegido en 2001. En 2004 Tsakhiagiyn Elbegdorj fue nombrado primer ministro.

Mongolia Interior *(Nei Monggol)* Región autónoma de China, que comprende la parte sudoriental de la antigua Mongolia; 1.177.500 km² y 22.600.000 h. Capital, Hohhot.

mongólico, ca adj. **1** Mongol, perteneciente a la Tartaria china. **2** Que padece mongolismo.

mongolismo m. *Med.* Enfermedad congénita, también llamada *síndrome de Down,* caracterizada por la coexistencia de un retraso mental. Se produce por la triplicación del cromosoma 21.

mongoloide adj. y com. Se dice de las personas pertenecientes a la raza blanca que recuerdan por alguno de sus rasgos físicos a los individuos de las razas mongólicas.

monicaco, ca m. **1** desp. Persona de poco carácter. **2** fam. Niño pequeño.

monición f. Advertencia que se hace a uno.

monigote m. **1** fig. y fam. Muñeco o figura ridícula. **2** fig. y fam. Persona sin carácter, que se deja manejar por otros. **3** fig. y fam. Pintura o estatua mal hecha. **4** Lego de convento.

monillo m. Jubón de mujer, sin faldillas ni mangas.

monimiáceo, a adj. y f. *Bot.* **1** Se dice del árbol, arbusto o planta leñosa sarmentosa, de hojas simples, flores comúnmente unisexuales en inflorescencias cimosas, y fruto en drupa o nuez con semilla de endospermo abundante y oleoso, como el boldo. || f. pl. *Bot.* **2** Familia de estas plantas.

monipodio m. Convenio de personas que se confabulan para fines ilícitos.

monismo m. *Filos.* Concepción común a todos los sistemas filosóficos que tratan de reducir los seres y fenómenos del universo a una idea o sustancia única, de la cual derivan y con la cual se identifican. Se contrapone a dualismo.

monitor¹ m. **1** *Fís.* Cualquier aparato que revela la presencia de las radiaciones y da una idea más o menos precisa de su intensidad. **2** Aparato receptor que toma las imágenes directamente de las instalaciones filmadoras y sirve para controlar la transmisión.

monitor², ra m. y f. **1** Persona que guía el aprendizaje deportivo, cultural, etc. || m. **2** En el ejército, ayudante de los profesores de educación física. **3** *Mil.* Barco de guerra acorazado, que navega casi sumergido para ofrecer menos blanco vulnerable, y cuyo pequeño calado le permite hacer el servicio de exploración por vías fluviales.

monja f. **1** *Rel.* Religiosa de alguna de las órdenes aprobadas por la iglesia, que se liga por votos solemnes, y generalmente está sujeta a clausura. **2** Por extensión, cualquier religiosa, aunque no sea de votos solemnes. || **monja blanca** *Bot.* Cierta planta orquidácea; es la flor nacional de Guatemala.

monje m. **1** *Rel.* Miembro de una orden religiosa sujeto a una regla común, y que vive en un monasterio. **2** Individuo que vive retirado, dedicado a la oración y la penitencia.

monjía f. Derecho, prebenda o plaza que el monje, como tal, tiene en su monasterio.

monjil adj. Relativo a las monjas.

monjío m. **1** Estado de monja. **2** Conjunto de monjas.

monjita f. *Zool.* Avecilla del género *Xolmis,* nativa de Argentina, que tiene blanco el pecho y negra la cabeza, de forma que parece llevar en ella una toca.

Monk o **Monck, George** General y político inglés (Potheridge, 1608 - Whitehall, 1670). Estuvo al servicio de Carlos I, se alió después con Cromwell, y pese a haber reconocido a éste como preceptor de Inglaterra, favoreció la subida al trono de Carlos II (1660).

Monmouth, James Scott, duque de Noble inglés (Rotterdam, 1649 - Londres, 1685). Hijo natural de Carlos II de Inglaterra y general del ejército real (1670), fue propuesto por el partido protestante como heredero, frente al duque de York. Fue derrotado y ejecutado bajo el reinado de Jacobo.

Monmouthshire Distrito unitario del Reino Unido, en Gales; 86.300 h.

Monnet, Jean Economista y político francés (Cognac, 1888 - Montfort-l'Amaury, 1979). Promotor del primer plan francés de modernización, conocido como plan Monnet (1946-50). Se le conoce como *padre de Europa* por haber impulsado la creación de la CECA, y por su participación en el proceso de unidad europea. Ocupó la presidencia del Comité para los Estados Unidos de Europa entre 1955 y 1975.

Monnòver MONÓVAR.

mono, na adj. **1** fig. y fam. Bonito, gracioso. || m. **2** *Zool.* Nombre genérico con que se designa a cualquiera de los animales mamíferos del orden primates, especialmente a los del suborden simios. **3** fig. Persona que hace gestos parecidos a los del mono. **4** fig. Figura humana o de animal, hecha de cualquier materia, o pintada o dibujada. **5** fig. Traje de faena propio de mecánicos y otros obreros. Consta de cuerpo y pantalones en una pieza. **6** fig. Síndrome de abstinencia de la droga. Se usa más con *tener* o *estar con.* || **mono araña** *Zool.* Nombre de diversos mamíferos primates de la familia cébidos, género *Ateles,* nativos de América meridional, caracterizados por sus largas extremidades y la cola prensil. || **mono aullador** *Zool.* Nombre de diversos mamíferos platirrinos de la familia cébidos, género *Alouatta,* nativos de América meridional, que poseen un órgano bucal con el que emiten un bramido muy sonoro. || **ser** alguien **el último mono** loc. fig. y fam. Ser una persona insignificante, no contar para nada.

mono- pref. MON-.

monoaural adj. *Tecnol.* Se dice de la grabación gramofónica captada con un solo micrófono y que origina un sonido semejante al escuchado con un solo oído, carente, por tanto, de la sensación espacial que proporciona la audición estereofónica.

monocameral adj. *Polít.* Se dice del poder legislativo compuesto de una sola cámara o asamblea parlamentaria.

monocarpelar adj. *Bot.* Con un solo carpelo.

monocárpico, ca adj. y f. *Bot.* Se dice de la planta que florece una sola vez y muere después de dar el fruto.

monocarril adj. **1** Que tiene un solo carril. || m. **2** Tren o sistema de transporte que se desliza sobre un solo carril.

monocarril

monociclo m. Velocípedo de una sola rueda.

monoclamídeo, a adj. y f. *Bot.* Se dice de la flor que posee una sola clase de envoltura floral, cáliz o corola.

monoclínico, ca adj. *Miner.* Se dice del sistema cristalino cuyas formas holoédricas se caracterizan por tener, como mínimo, un eje binario o un plano y, como máximo, los dos elementos a la vez y un centro de simetría.

monocolor adj. De un solo color.

monocorde adj. **1** Se dice del grito, canto u otra sucesión de sonidos que repiten una misma nota. **2** Monótono, insistente, sin variaciones.

monocordio m. **1** *Fís.* Cordón de conmutador terminado en una clavija. **2** *Fís.* Aparato llamado también sonómetro, que sirve para el estudio de las propiedades acústicas de una cuerda tensa. **3** *Mús.* Instrumento antiguo de caja armónica, como la guitarra, y una sola cuerda.

monocotiledóneo, a adj. y f. *Bot.* **1** De un solo cotiledón. **2** Se dice de la planta angiosperma que presenta las siguientes características: el embrión tiene un cotiledón; cada verticilo floral está integrado generalmente por tres piezas, es decir, la flor tiene tres pétalos, tres sépalos, tres estambres y tres carpelos o un número múltiplo de tres *(flor trímera);* en las hojas la nerviación suele distribuirse de forma paralela; los haces vasculares se encuentran dispersos en el tallo; no existe un verdadero crecimiento secundario, con la presencia de cambium vascular; y el grano de polen suele presentar un solo pliegue o surco y se denomina *monocolpado.* || f. pl. *Bot.* **3** Clase de estas plantas, formada por unas 60.000 especies, que incluye vegetales tan conocidos como las gramíneas, yuca, pita, enea, palmeras, palmito, plataneras, azucenas, orquídeas, azafrán, muchas plantas superiores dulceacuícolas y todas las marinas.

monocromático, ca o **monocromo, ma** adj. **1** De un solo color. **2** *Med.* Se dice del individuo que sufre una ceguera total para los colores, incluso a altos niveles de luminosidad.

monocular adj. Se dice de la visión que se realiza con un solo ojo y de los aparatos que se emplean al efecto.

monóculo m. Lente para un solo ojo.

monocultivo m. *Agr.* Cultivo único o predominante de una especie vegetal en una región dada.

Monod, Jacques Biólogo francés (París, 1910 - Cannes, 1976). En la obra *El azar y la necesidad* (1975) presenta sus teorías sobre la causalidad biológica. Premio Nobel de Medicina en 1965, compartido con F. Jakob y A. Lwoff, por sus descubrimientos en genética.

monodia f. *Mús.* Canto en que interviene una sola voz con acompañamiento musical.

monofásico, ca adj. *Fís.* **1** Se dice del circuito de corriente alterna que utiliza una de las tres fases y el neutro, por medio de dos conductores. **2** Se dice también de esa corriente.

monofilo, la adj. *Bot.* Se dice del órgano de la planta que consta de una sola hojuela o de varias soldadas entre sí.

monofisismo m. *Hist.* y *Rel.* Doctrina surgida en la iglesia de Oriente en el siglo V, enunciada por Eutiques, que negaba las dos naturalezas de Jesucristo y sólo admitía la divina. Fue condenada por la iglesia en el concilio de Calcedonia (451).

monofonía f. *Mús.* Música con una sola línea melódica, sin contrapuntos ni armonías. Fue utilizada en la Grecia clásica y en el canto gregoriano.

monofoto f. *Fot.* Máquina de composición mecánica por medio de la fotografía, que se emplea preferentemente para la impresión en offset.

monogamia f. **1** Calidad de monógamo. **2** Régimen familiar que prohíbe la pluralidad de esposas.

monógamo, ma adj. y s. Casado con una sola mujer o un solo hombre.

monogenismo m. *Antrop.* Doctrina según la cual todas las razas humanas descienden de una sola pareja inicial.

monografía f. Descripción o tratado especial de determinada parte de una ciencia, o de algún asunto en particular.

monograma m. CIFRA que como abreviatura se emplea en sellos, marcas, etc.

monoico, ca adj. *Bot.* Se dice de la planta en que las flores masculinas y femeninas aparecen sobre el mismo pie.

monolingüe adj. y com. **1** Que habla una sola lengua. **2** Escrito en una sola lengua.

monolítico, ca adj. **1** Relativo al monolito. **2** Que está hecho de una sola pieza.

monolito m. Monumento de piedra de una sola pieza.

monologar intr. Recitar monólogos.

monólogo m. **1** SOLILOQUIO. **2** *Lit.* Obra dramática, o parte de ella en la que solamente habla un personaje. || **monólogo interior** *Lit.* Recurso narrativo mediante el cual se crea la ilusión de inmediatez al presentar los pensamientos y emociones de un personaje, intentando reflejar en la estructura discursiva los procesos psíquicos y la organización ilógica del inconsciente humano.

monomanía f. Locura parcial sobre una sola idea o un solo orden de ideas.

monomaniaco, ca o **monomaníaco, ca** adj. y s. Que padece monomanías.

monómero m. *Quím.* Molécula o grupo molecular simple, de bajo peso y aislable, capaz de reaccionar consigo misma o con otras similares para formar polímeros. Es la base fundamental de la industria de los plásticos sintéticos.

monometalismo m. *Econ.* Sistema monetario que tiene como patrón un solo metal.

monomio m. *Mat.* Expresión algebraica que consta de un solo término. Incluye cualquier número entero o fraccionario, variable *x* y producto de un número por variables.

MONONIMIA f. Uso de una sola palabra para designar a las personas.

MONONUCLEAR adj. *Biol.* Se dice de la célula que tiene un solo núcleo.

MONONUCLEOSIS f. *Pat.* Leucocitosis con aumento del número de leucocitos mononucleares. ♦ Su pl. es *mononucleosis.*

MONOPARTIDISMO m. *Polít.* Régimen político basado en un partido único.

MONOPATÍN m. Vehículo de dos ruedas, bajo una tabla para poner los pies, que sirve de juguete a los niños para desplazarse rápidamente.

MONOPÉTALO, LA adj. *Bot.* Se dice de la flor o su corola con un solo pétalo.

MONOPLANO m. Aeroplano con sólo un par de alas que forman un mismo plano.

MONOPLAZA adj. y m. Vehículo de una sola plaza.

MONOPOLIO m. **1** *Econ.* Concesión otorgada por la autoridad competente a una empresa para que ésta aproveche con carácter exclusivo alguna industria o comercio. **2** *Econ.* Convenio entre comerciantes para vender un género a un determinado precio. **3** En ciertos casos, acaparamiento. **4** Ejercicio exclusivo de una actividad.

MONOPOLIZAR tr. Adquirir o atribuirse uno el exclusivo aprovechamiento de una industria, facultad o negocio.

MONOPOLO m. *Fís.* Partícula atómica elemental que ha sido definida en algunas teorías físicas aunque todavía no se ha descubierto, y que constituiría la única partícula con carga magnética norte o sur, que no poseería la opuesta.

MONOPSONIO m. *Econ.* Situación comercial en que hay un solo comprador para un determinado producto o servicio.

MONOPTERIGIO, GIA adj. *Zool.* Se dice del pez que tiene una sola aleta.

MONÓPTERO, RA adj. *Arquit.* Se dice del edificio redondo que tiene, en vez de muros, un círculo de columnas que sustentan el techo.

MONOPTONGAR tr., intr. y prnl. Fundir en una sola voz los elementos de un diptongo.

MONOPTONGO m. Vocal que resulta de una monoptongación.

MONORRAÍL m. MONOCARRIL.

MONORREFRINGENCIA f. *Fís.* Propiedad de algunos cuerpos de producir un solo rayo por cada rayo incidente.

MONORRIMO, MA adj. De una sola rima.

MONORRÍTMICO, CA adj. De un solo ritmo.

MONOSACÁRIDO, DA adj. y s. *Quím.* Se dice del glúcido o azúcar más sencillo, con un número de átomos de carbono comprendido entre tres y ocho, y de fórmula general $(CH_2O)_n$. Los monosacáridos son sustancias cristalizables de color blanco, sabor dulce, totalmente solubles en agua, medianamente en alcohol e insolubles en disolventes orgánicos.

MONOSEMIA f. *Ling.* Fenómeno semántico mediante el cual a un significante corresponde un único significado.

MONOSÉMICO, CA adj. *Ling.* Se dice del morfema o palabra que tiene un solo sentido.

MONOSÉPALO, LA adj. *Bot.* Se dice de la flor o su cáliz con un solo sépalo.

MONOSILÁBICO, CA adj. **1** *Gram.* Relativo al monosílabo. **2** *Ling.* Se dice de las lenguas que sólo emplean monosílabos.

MONOSILABISMO m. **1** *Gram.* Calidad o condición de monosilábico. **2** *Ling.* Conjunto de los caracteres propios de las lenguas monosilábicas.

MONOSÍLABO, BA adj. y m. *Gram.* Se dice de la palabra de una sílaba.

MONOSPERMO, MA adj. v s. *Bot.* Se dice del fruto que contiene una sola semilla.

MONÓSTROFE f. *Poét.* Composición poética de una sola estrofa.

MONOTEÍSMO m. *Rel.* Doctrina de los que reconocen un solo DIOS.

MONOTELISMO m. *Hist.* y *Teol.* Doctrina herética predicada por Sergio, patriarca de Constantinopla, según la cual en Jesucristo solo hay una voluntad, la divina. Fue condenada en el tercer concilio de Constantinopla (680-681).

MONOTIPIA f. **1** *A. gráf.* Máquina utilizada en imprenta para componer y fundir tipos móviles. Fue inventada en 1887 por el estadounidense Tolbert Lanston. **2** Arte de componer con esta máquina.

MONOTIPO m. *A. gráf.* MONOTIPIA.

MONOTONÍA f. **1** Igualdad de tono en el que se habla, en la música, etc. **2** fig. Falta de variedad en el estilo, en la manera de vivir, etc.

MONÓTONO, NA adj. Que adolece de monotonía.

MONOTREMA adj. y m. *Zool.* **1** Se dice del mamífero prototerio que se caracteriza por poner huevos que incuban en nidos o en el interior de una bolsa o repliegue cutáneo, y tiene cloaca. Los dientes faltan en el adulto

Mont Blanc (frontera entre Francia, Italia y Suiza).

y en las patas traseras del macho aparecen unos espolones córneos en comunicación con glándulas venenosas. Su supervivencia ha sido posible gracias al aislamiento y a la falta de competencia con mamíferos superiores. A este grupo pertenecen el ornitorrinco y el equidna. || m. pl. *Zool.* **2** Orden de estos animales.

MONOVALENTE adj. *Quím.* Se dice del elemento que actúa con valencia uno.

MONÓXIDO m. *Quím.* Cada uno de los óxidos cuya molécula contiene un solo átomo de oxígeno. || **MONÓXIDO DE CARBONO** *Quím.* Gas de fórmula CO que se produce en la combustión del carbón en una atmósfera deficitaria en oxígeno, o cuando se hace pasar el dióxido sobre determinados metales caldeados. Es un agente venenoso y reductor.

MONREALE Ciudad de Italia, en Sicilia, provincia de Palermo; 23.700 h. Catedral románico-lombarda (siglo XII).

MONROE, JAMES Político estadounidense (Westmoreland, 1751 - Nueva York, 1831). Presidente de la República durante los periodos 1817-21 y 1821-25, reconoció los nuevos países independientes americanos. Es conocido por su teoría sobre política exterior, *doctrina Monroe* (1823), en la que rechazaba toda intervención de Europa en los asuntos del continente americano.

MONROE, MARILYN (NORMA JEAN BAKER MORTENSON, llamada) Actriz de cine estadounidense (Los Ángeles, 1926 - íd., 1962). Mito erótico de los años cincuenta, murió a consecuencia de una sobredosis de somníferos. Entre sus películas destacan *Niágara* (1953), *Los caballeros las prefieren rubias* (1953), *Cómo casarse con un millonario* (1953), *Río sin retorno* (1954), *Luces de candilejas* (1954), *La tentación vive arriba* (1955), *Con faldas y a lo loco* (1959) y *Vidas rebeldes* (1961).

MONROVIA Ciudad capital de Liberia y del condado de Montserrado; 668.000 h. Puerto.

MONROY Y SILVA, CRISTÓBAL DE Escritor español (Alcalá de Guadaira, 1612 - íd., 1649). Discípulo de Lope, es autor de *Epítome de la historia de Troya* (1641), y una refundición de *Fuenteovejuna*.

MONS Ciudad de Bélgica, capital de la provincia de Hainaut, en la región de Valonia; 92.666 h. Iglesia gótica del siglo XV.

MONSEÑOR m. **1** Título de honor que concede el Papa a determinados eclesiásticos. **2** En algunos lugares se aplica a los prelados. **3** *Hist.* En Francia se daba en propiedad al delfín, y por extensión o cortesía a otros sujetos de alta dignidad, como duques, pares o presidentes de consejos.

MONSEÑOR NOUEL Provincia de la República Dominicana; 992 km² y 149.318 h. Su capital es Bonao.

MONSERGA f. **1** fam. Lenguaje confuso y embrollado. **2** Exposición o petición fastidiosa o pesada. Más en pl.

MONSTRUO m. **1** Ser contrario a la naturaleza por diferir de forma notable de la de su especie. **2** Persona, animal o cosa desmesurada en tamaño, fealdad, etc., y que por ello causa extrañeza y rechazo. **3** Persona muy cruel o malvada. **4** Personaje fantástico que aparece en el folclore, la literatura, etc., generalmente caracterizado de forma negativa por su maldad, fealdad, tamaño, etc. **5** fig. y fam. Persona que posee cualidades extraordinarias para algo.

MONSTRUOSIDAD f. **1** Desorden grave en la proporción que deben tener las cosas. **2** Suma fealdad física o moral.

MONSTRUOSO, SA adj. **1** Contrario al orden de la naturaleza. **2** Excesivamente grande o extraordinario en

cualquier línea. **3** Muy feo. **4** Enormemente vituperable o execrable.

MONT BLANC Macizo montañoso y pico más alto de los Alpes, el segundo de Europa, entre Francia e Italia; 4.810 m de altura. Turismo.

MONT-SAINT-MICHEL Abadía benedictina de Francia, en el pequeño islote de su nombre, en las costas del departamento de Mancha. Sus orígenes se remontan al año 708, y las últimas obras, de estilo románico y gótico, se iniciaron en el siglo XII.

MONTA f. **1** Acción y efecto de montar. **2** Suma de varias partidas. **3** Valor, calidad y estimación intrínseca de algo. **4** Sitio en que el caballo o burro cubre a la yegua. || **de poca monta** loc. De poca importancia.

MONTACARGAS m. Ascensor para elevar peso. ♦ Su pl. es *montacargas.*

MONTADERO m. Poyo para montar.

MONTADO, DA adj. **1** *Mil.* Se dice del que sirve en la guerra a caballo. También s. **2** Se dice del caballo dispuesto con todos los arreos para poderlo montar. || m. **3** Loncha de jamón, lomo, etc., sobre una rebanada de pan. || **estar montado** fr. fam. Estar bien situado, tener dinero.

MONTAIGNE, MICHEL EYQUEM, SEÑOR DE Pensador francés (castillo de Montaigne, Périgord, 1533 - íd., 1592). Hombre de sólida formación humanística, fue consejero del Parlamento de Perigueux y del de Burdeos. Su obra maestra son sus *Ensayos*, compendio de filosofía, historia, política, etc., comenzados en 1571 y cuya edición definitiva en tres volúmenes data de 1595. Escribió también un *Diario de viaje* que no se publicó hasta 1774.

MONTAGNIER, LUC Investigador médico francés (Chabris, 1932). Director del Servicio de Oncología del Instituto Pasteur desde 1972, en 1984 anunció el descubrimiento de un virus, denominado LAV, presuntamente implicado en el desarrollo del sida. Meses después, el investigador estadounidense Robert Gallo hizo público un hallazgo similar. En 1992, Gallo reconoció que el equipo de Montagnier había sido el primero en aislar el virus del sida. En 2000 ambos fueron galardonados con el premio Príncipe de Asturias de Investigación Científica y Técnica.

MONTAJE m. **1** Acción y efecto de armar o poner en su lugar las piezas de un aparato o máquina. **2** Combinación de las diversas partes de un todo. **3** *Cin.* Selección y ordenación del material ya rodado para constituir la versión definitiva de una película. **4** *Teat.* Ajuste y coordinación de todos los elementos de la representación, sometiéndolos al plan artístico del director del espectáculo. **5** *Tecnol.* Grabación compuesta por la combinación de dos o más grabaciones. **6** Ajuste y acoplamiento de las diversas partes de una joya. **7** fig. Lo que solo aparentemente corresponde a la verdad. || **MONTAJE FOTOGRÁFICO** *Fot.* Fotografía conseguida con trozos de otras fotografías y diversos elementos con fines decorativos, publicitarios, etc. También, trucaje de laboratorio conseguido unificando en una sola copia fragmentos de dos o más negativos.

MONTALE, EUGENIO Poeta italiano (Génova, 1896 - Milán, 1981). Su poesía hermética y crepuscular se ha asociado con las de Ungaretti y Quasimodo. De su obra poética destacan: *Huesos de sepia* (1925), *Ocasiones* (1939), *La tormenta y otras cosas* (1956), *Autos de fe. Crónicas en otros tiempos* (1966), *Satura* (1971), *Cuaderno de cuatro años* (1974) y *Otros versos* (1981). Premio Nobel de Literatura en 1975.

Montalvo, Juan Escritor ecuatoriano (Ambato, 1832 - París, 1889). Su obra está centrada en los problemas políticos de su país, sobre todo en la crítica de las dictaduras militares. Destacan *Catilinarias* (1880), *Mercurial eclesiástica* (1883), *Capítulos que se le olvidaron a Cervantes. Ensayo de imitación de un libro inimitable* (1885) y el texto póstumo *Geometría moral* (1902).

Montana Estado del NO de EE UU; 380.849 km² y 902.195 h. Capital, Helena. En su término se encuentran los parques naturales Glacier y Yellowstone. Agricultura y ganadería. Industria maderera. Minas de cobre, plomo, plata y pozos petrolíferos.

Montand, Yves (Ivo Livi, llamado) Cantante y actor francés de origen italiano (Monsummano Alto, 1921 - París, 1991). Intervino en las películas *El salario del miedo* (1953), *Napoleón* (1954), *Mi dulce geisha* (1961), *La guerra ha terminado* (1966), *La confesión* (1969), *Delirios de grandeza* (1971), *Las rutas del Sur* (1978), etc.

montanear intr. Pastar el ganado de cerda en los montes o dehesas.

montanero, ra m. y f. **1** Guarda de monte o dehesa. || f. **2** Tiempo en que el ganado de cerda pasta la bellota o hayuco en los montes o dehesas. **3** Este mismo pasto.

montanismo m. *Hist.* y *Teol.* Herejía de Montano, fundada en el siglo II. A ella se adhirió Tertuliano, quien introdujo diversas innovaciones.

montano, na adj. Relativo al monte.

Montano Heresiarca frigio (primera mitad del s. II). Antes de convertirse al cristianismo había sido sacerdote de Cibeles. Fundador del montanismo, en su doctrina negaba la posibilidad de la justificación en los que hubieran cometido pecado mortal después del bautismo, rechazaba las segundas nupcias e imponía un riguroso ascetismo.

montante adj. **1** Que importa, monta o tiene determinada cuantía. || m. **2** Importe, monto, cuantía. **3** Listón o columna que divide el vano de una ventana. **4** Ventana sobre la puerta de una habitación.

montaña f. **1** *Geol.* Elevación natural del terreno. **2** *Geol.* Territorio cubierto y erizado de montes. **3** Cualquier gran acumulación de algo. **4** fig. y fam. Dificultad.

Montaña, Partido de la *Hist.* y *Polít.* Denominación del ala más radical de la Convención Nacional (1792-95) durante la Revolución Francesa. Sus miembros, llamados montañeses (*montagnards*) por ocupar los escaños más altos de la Asamblea, se oponían a los girondinos y se apoyaban en los sectores más extremistas de la Revolución. Pertenecientes en su mayoría al club de los jacobinos y a los *cordeliers*, no formaban un partido político concreto, sino que integraban varias tendencias que coincidían en su oposición a la Monarquía, la defensa del centralismo parisiense, etc. Entre sus principales miembros se encontraban Desmoulins, Fabré d'Eglantine, Saint-Just, Danton, Marat y Robespierre. Se disolvieron tras la caída del régimen de Robespierre (1795).

Montaña Blanca (Bílá Hora) *Hist.* Colina cercana a Praga, donde, al comienzo de la guerra de los Treinta Años (1620), tuvo lugar el enfrentamiento entre el ejército imperial austríaco, dirigido por Tilly, apoyado por la Liga Santa Católica, contra el ejército nacional checo y Federico V de Bohemia, que fueron derrotados.

montañero, ra adj. **1** Relativo a la montaña. || m. y f. **2** Persona que practica el montañismo.

montañés, sa adj. **1** Natural de una montaña. También s. **2** Relativo a la montaña. **3** Natural de La Montaña (Cantabria). También s. **4** Relativo a esta región. **5** santanderino. También s.

Montañés, Juan Martínez Escultor español (Alcalá la Real, 1568 - Sevilla, 1648). Creador de la escuela sevillana de escultura naturalista del siglo XVI. Desarrolló su actividad fundamentalmente en Sevilla: retablo de San Isidoro del Campo, Cristo de los Cálices, Cristo de la Pasión, San Cristóbal, Santo Domingo Penitente, La cieguecita y San Bruno. Sus tallas fueron policromadas por afamados pintores sevillanos, entre ellos Francisco Pacheco.

montañismo m. Deporte de montaña, alpinismo.

montañoso, sa adj. **1** Relativo a las montañas. **2** Abundante en ellas.

montar intr. **1** Ponerse o subirse encima de algo. También prnl. **2** Subir en una cabalgadura. También tr. y prnl. **3** Ir a caballo, cabalgar. También tr. **4** En las cuentas, importar una cantidad total las partidas diversas unidas y juntas. **5** Estar puesta una cosa cubriendo parte de otra. **6** fig. Ser una cosa de importancia, consideración o entidad. || tr. **7** Cubrir el caballo o el burro a la yegua. **8** Armar las piezas de cualquier aparato o máquina. También en sentido fig. **9** Poner en una casa todo lo necesario para habitarla, o en un negocio, para que empiece a funcionar. **10** Batir la clara de huevo o la nata, hasta ponerla esponjosa y consistente. **11** En el teatro, disponer lo necesario para la representación de

Juan Martínez **Montañés**. *La cieguecita*. Capilla de los Alabastros de la catedral de Sevilla.

una obra. **12** Tratándose de piedras preciosas, engastar. **13** Hablando de armas de fuego portátiles, ponerlas en condiciones de disparar. **14** Poner en el disparador un arma de fuego. **15** *Cin.* Seleccionar y ajustar los elementos de una filmación para obtener la copia definitiva de la película.

montaraz adj. **1** Que anda o está hecho a andar por los montes o se ha criado en ellos. **2** fig. Rudo, tosco.

montazgar tr. Cobrar y percibir el montazgo.

montazgo m. Tributo pagado por el tránsito de ganado por un monte.

Montcalm de Saint-Veran, Louis Joseph, marqués de General francés (castillo de Candiac, 1712 - Quebec, 1759). Luchó en la guerra de sucesión de Austria e Italia, y en 1759 fue enviado a Canadá como general en jefe de las fuerzas francesas contra los ingleses.

monte m. **1** Tierra sin cultivar cubierta de árboles, arbustos o matas. **2** montaña. **3** fig. Grave estorbo o inconveniente que se halla en los negocios, difícil de vencer o superar. **4** fam. monte de piedad. || **monte alto** *Ecol.* El poblado de una masa arbórea nacida de semilla y desarrollada en ese mismo lugar. También, estos mismos árboles. || **monte bajo** *Ecol.* El poblado por una masa forestal de árboles o arbustos, crecidos por un tratamiento forestal a partir de brotes de cepa o raíz, con podas periódicas de rejuvenecimiento. También, estos árboles o arbustos. || **monte de piedad** Establecimiento público, combinado generalmente con una caja de ahorros, que hace préstamos con interés módico. || **monte pío** montepío. || **monte de Venus** Pubis de la mujer. || **echarse al monte** fr. fig. Ponerse fuera de la ley en partida insurrecta o en bandolerismo.

Monte Albán *Arqueol.* Centro arqueológico de México, en las cercanías de Oaxaca, sobre una plataforma que se eleva 450 m sobre el valle. Ruinas de un centro ceremonial que arrancan desde el periodo *formativo* (500 a. C.-300 d. C.), donde se aprecia influencia olmeca. Durante el *clásico* (300-750) fue sede de la cultura zapoteca y se aprecian influencias recíprocas con Teotihuacán. En el *posclásico* (750-1520) su importancia decayó, aunque los mixtecas ocuparon la ciudad por su prestigio religioso.

Monte Cassino Cassino.

Monte Cristi Provincia de la República Dominicana; 1.925 km² y 95.705 h. Capital, San Fernando de Monte Cristi.

Monte Cristi, sierra de Septentrional, Cordillera.

Monte Palomar Montaña de EE UU, en el Estado de California, a unos 70 km al NNE de San Diego. De unos 1.800 m sobre el nivel del mar, alberga el segundo observatorio del mundo por su telescopio reflector.

Monte Plata Provincia de la República Dominicana; 2.633 km² y 167.148 h. Su capital es la ciudad homónima.

Monte Wilson Montaña de EE UU, en California; 1.700 m. Alberga un observatorio.

Monteagudo, Bernardo Político y escritor argentino (Tucumán, 1787 - Lima, 1825). Colaboró con San Martín y O'Higgins en la independencia de Perú. En este país fue ministro de Guerra y Marina (1820) y de Relaciones Exteriores (1821). Escribió *Memorias y escritos políticos*.

Montealegre, José María Político costarricense (San José, 1815 - San Francisco de California, 1887). Presidente de la República (1859-63), durante su mandato se aprobó una Constitución liberal y se reformó la administración pública.

montear tr. Buscar y perseguir la caza en los montes, u ojearla hacia un sitio.

Montecarlo Área urbana del principado de Mónaco; 0,82 km² y 14.702 h. Célebre casino.

Montecassino Cassino.

Monteforte Toledo, Mario Escritor y político guatemalteco (Guatemala, 1911). Perteneciente al Partido Radical, fue delegado de su país ante la ONU (1946) y vicepresidente de la República (1948). Obras: *Anaité* (1946), *Donde acaban los caminos* (1953) y *Una manera de morir* (1957), novelas; y *Las piedras vivas* (1966), ensayo.

Montejo, Francisco Conquistador español (Salamanca, 1479 - Sevilla, 1553). Tomó parte en las expediciones de Cortés, de quien fue procurador ante Carlos I. Gobernó Yucatán y Cozumel.

Montemayor, Jorge de Poeta y novelista hispano-portugués (Montemor-o-Velho, h. 1520 - Piamonte, 1561). Mantuvo una posición ecléctica entre la tradición española y la escuela italianizante. Publicó tres *Autos de Navidad* (hacia 1547), un *Cancionero* (1554) y la novela pastoril *Los siete libros de la Diana* (hacia 1559).

montenegrino, na adj. y s. De Montenegro (Serbia y Montenegro).

Montenegro (Crna Gora) República de Serbia y Montenegro, junto al Adriático y a Albania; 13.812 km² y 631.164 h. Su capital es Podgoritza. Es un territorio montañoso, accidentado por los Alpes Dináricos Durmitor. Sus ríos principales son el Drina y el Moraca. Clima continental. Cultiva maíz, avena, patatas y ce-

Monte Albán (México).

bada. Ganadería trashumante. Yacimientos de bauxita y carbón; salinas. La industria es escasa, excepto en el sector de transformación de productos minerales. Entre los siglos XI-XIV formó parte del Estado de Zeta, en el seno de la Gran Serbia. Tras la batalla de Kosovo (1389), los serbios derrotados se refugiaron en Montenegro. En 1799 se reconoció su independencia, y en 1918, formó un territorio de Yugoslavia. En 1945 pasó a ser una República integrada en la República Federal de Yugoslavia. Tras la desintegración de Yugoslavia se constituyó en 1992 la nueva Federación Yugoslava integrada por Serbia y Montenegro. Las elecciones presidenciales celebradas en 1997 dieron la victoria a Milo Djukanovic, que sustituyó a Momir Bulatovic. Su formación, el Partido Democrático Socialista, venció en los comicios parlamentarios de 1998 y 2001, pero la victoria de los partidarios de la secesión fue insuficiente para plantear un referéndum sobre la independencia. En un intento de acabar con estas aspiraciones secesionistas, en marzo de 2002 Serbia y Montenegro firmaron un acuerdo para la creación de nuevo Estado. En las legislativas celebradas en 2002 venció por mayoría absoluta la coalición independentista encabezada por el presidente Djukanovic. Presentó éste la dimisión para así ocupar el cargo de primer ministro, y Filip Vujanovic fue nombrado presidente, cargo que renovó en 2003.

MONTENEGRO, CARLOS Escritor cubano (Galicia, 1900 - Miami, 1981). Corresponsal periodístico en España durante la Guerra Civil. En su obra narrativa destacan *Hombre sin mujer* (1938), *Los héroes* (1941) y *Un sospechoso* (1944).

MONTENEGRO NERVO, ROBERTO Pintor mexicano (Guadalajara, 1885 - Morelia, 1968). Miembro del movimiento muralista, se convirtió en uno de los propagadores de folclore indígena. Entre sus obras destaca *La fiesta de Santa Cruz.*

MONTEPIADO, DA adj. y s. *Chile* Se dice de la persona que recibe un montepío o pensión.

MONTEPÍO m. **1** Depósito de dinero formado de los descuentos hechos a los individuos de un cuerpo para socorrer a sus viudas y huérfanos o para otras ayudas. **2** Establecimiento fundado con ese objeto. **3** Pensión que se recibe de este depósito.

MONTERA f. **1** Prenda para abrigo de la cabeza. **2** Gorro que usan los toreros. **3** *Min.* Masa mineral cercana a la superficie terrestre y que se ha formado por alteración de otros materiales.

MONTERÍA f. **1** Caza de jabalíes, venados y otros animales de caza mayor. **2** Arte de cazar.

MONTERÍA Ciudad de Colombia, capital del departamento de Córdoba; 243.322 h.

MONTERIANO, NA adj. y s. De Montería, Colombia.

MONTERO, RA m. y f. Persona que busca y persigue la caza en el monte, o la ojea hacia el sitio en que la esperan los cazadores. || **MONTERO DE CÁMARA** o **DE ESPINOSA** *Hist.* Criado distinguido de la Casa Real de Castilla, cuyo oficio era quedarse por la noche en la pieza inmediata a la cámara donde dormían las personas reales, para guardarlas. Debía ser hidalgo y natural u originario de Espinosa (Villarcayo, Burgos). || **MONTERO MAYOR** *Hist.* Oficial de palacio que dirigía las batidas cuando el rey iba de caza.

MONTERO, JOSÉ PÍO Político paraguayo (? - Asunción, 1927). Elegido vicepresidente de la República (1916), asumió la presidencia a la muerte de Manuel Franco (1919-20).

MONTERO, JUAN ESTEBAN Político chileno (Santiago de Chile, 1879 - Lima, 1948). Presidente de la República (1931-32), fue destituido por un golpe de Estado.

MONTERO, LISARDO Político y marino peruano (Ayabaca, 1832 - Lima, 1905). Vicepresidente de la República (1881), tras la destitución de García Calderón, fue nombrado presidente, cargo que ocupó hasta 1883.

MONTERREY Ciudad de México, capital del Estado de Nuevo León; 1.068.996 h. Es una de las ciudades industriales más importantes del país, cuenta con fundiciones de hierro, construcción de maquinaria, automóviles, electrodomésticos e industrias textiles, del papel, del cemento, del vidrio y cerveceras. Refinería de petróleo. Universidad. Pese al grave problema de falta de agua y a la crisis del sector siderúrgico, la ciudad mantiene su importancia gracias, sobre todo, a su pujante sector terciario.

MONTERROSO, AUGUSTO Escritor guatemalteco de origen hondureño (Tegucigalpa, 1921 - Ciudad de México, 2003). Maestro del relato breve, entre sus obras destacan *La oveja negra y demás fábulas* (1969), *Movimiento perpetuo* (1972) y *Lo demás es silencio* (1978). En 2000 fue galardonado con el premio Príncipe de Asturias de las Letras.

MONTÉS adj. Que anda, está o se cría en el monte.

MONTES, ISMAEL Político y militar boliviano (La Paz, 1861 - íd., 1933). Miembro del Partido Liberal, ocupó la presidencia en 1904-09 y 1913-17. Fundó el Banco Nacional. Solucionó el problema del Acre con Brasil y firmó con Chile el tratado de paz, que legalizó la cesión de litoral boliviano a este país.

Barón de **Montesquieu.** Palacio de Versalles.

MONTES o **MONTEZ, LOLA** (MARÍA DOLORES ELIZA GILBERT, llamada) Bailarina y aventurera irlandesa (Limerick, 1818 - Nueva York, 1861). Se presentó como bailarina española en Londres (1843), y pronto triunfó en París, Alemania, Polonia y Rusia. Amante de Luis I, rey de Baviera, apoyó a los liberales en la revolución de 1848, tras la cual fue desterrada.

MONTES DE OCA, MARCO ANTONIO Poeta mexicano (Ciudad de México, 1932). Influido por Huidobro y Octavio Paz, entre sus libros de poemas, destacan *Delante de la luz cantan los pájaros* (1959), *Cantos al sol que no se alcanza* (1961) y *Vaivén* (1986).

MONTESCO *Geneal.* Apellido de una familia de Verona, célebre por su rivalidad con la de los Capuletos. A ella perteneció Romeo, cuyos amores con Julieta inmortalizó Shakespeare.

MONTESINO, NA adj. De monte, montés.

MONTESQUIEU, CHARLES-LOUIS DE SECONDAT, BARÓN DE Escritor y filósofo francés (La Brède, 1689 - París, 1755). Sentó las bases de la moderna teoría del Estado al propugnar la soberanía popular, los derechos del hombre y la necesidad de constituciones escritas. Su obra fundamental, de carácter jurídico y filosófico, es *Del espíritu de las leyes* (1748). Es también autor de *Cartas persas* (1721), *Consideraciones sobre las causas de la grandeza de los romanos y su decadencia* (1734) y *Ensayo sobre el gusto* (1757).

MONTESSORI, MARÍA Pedagoga italiana (Chidravella, 1870 - Noordwijk, 1952). Ideó el método pedagógico que lleva su nombre, basado en la libertad completa del niño para desarrollar su propia iniciativa.

MONTEVERDE *Bot.* LAURISILVA.

MONTEVERDI, CLAUDIO Compositor italiano (Cremona, 1567 - Venecia, 1643). Creador del drama musical, en el que supo adaptar fielmente a la música a las peculiaridades dramáticas del texto. Compuso un elevado número de madrigales, himnos, motetes y misas, entre las que se encuentran algún *Magníficat* y las *Vísperas de Santa María Virgen* (1610). Otras obras: las óperas *Orfeo* (1607), *Arianna* (1608), *El combate de Tancredo y Clorinda* (1624) y *La coronación de Popea* (1642).

Claudio **Monteverdi.** Conservatorio de San Pietro a Maiella (Nápoles).

MONTEVIDEANO, NA adj. y s. De Montevideo.

MONTEVIDEO 1 Departamento de Uruguay; 530 km² y 1.378.705 h. **2** Ciudad capital de Uruguay y del departamento de su nombre, situada a orillas y cerca de la desembocadura del Río de la Plata; 1.311.976 h. Centro administrativo y comercial del país, posee un magnífico puerto. Industrias de conserva de carnes, cueros, textiles, químicas, farmacéuticas, papeleras, del caucho, materiales para la construcción, refinerías de petróleo y fábricas de bebidas, cemento y calzado. Importante centro turístico. Está situada en una pequeña península entre el río de La Plata y una bahía, cuya extremidad S la forma la ciudad, que se extiende hacia el interior por el E, bordeando la ensenada por tres lugares distintos. Cerca del centro de la ciudad se encuentran varias playas que se extienden hasta el Atlántico; entre ellas se destacan Pocitos, Carrasco y El Buceo. Es una de las ciudades mejor construidas del hemisferio occidental, con hermosas playas y bellos edificios como la universidad, el palacio legislativo y la catedral (1790).

HIST. Fundada por los españoles en 1726, fue poblada por colonos procedentes de las islas Canarias y de Galicia. Alcanzó pronto un gran desarrollo debido fundamentalmente a la gran actividad de su puerto y a la excelencia de las comunicaciones con Buenos Aires. En 1828, conseguida la independencia del país se convirtió en capital del Estado y llegó a ser uno de los puertos más importantes del río de La Plata.

MONTEZUMA MOCTEZUMA.

MONTFORT, SIMÓN DE, CONDE DE LEICESTER Noble inglés de origen francés (?, h. 1208 - Evesham, 1265). Consejero de Enrique III de Inglaterra, fue uno de los promotores de las Provisiones de Oxford (1256), que limitaban la autoridad real, lo que originó su enemistad con el monarca. Como lord protector del reino (1264) se convirtió en el verdadero gobernante del país hasta que fue derrotado y muerto en Evesham.

MONTGAT MONGAT.

MONTGOLFIER, JOSEPH MICHEL y **JACQUES ÉTIENNE** Industriales franceses (Vidalons-lès-Annonay, 1740 - Balarue-lès-Bains, 1810; Vidalons-lès-Annonay, 1745 - Serrières, 1799). Perfeccionaron la industria del papel e inventaron el globo aerostático, realizando la primera ascensión en 1783.

MONTGOMERY, BERNARD LAW, PRIMER VIZCONDE DE MONTGOMERY Y DEL ALAMEIN Mariscal inglés (Londres, 1887 - Isington Mill, 1976). Durante la Segunda Guerra Mundial, venció a Rommel en El Alamein (1942). Mariscal en 1944, firmó por su país la capitulación de Alemania (1945).

MONTHERLANT, HENRI MILLON DE Escritor francés (París, 1892 - íd., 1972). En su obras exaltó el valor de lo individual con un sentido esteticista. Obra narrativa: *El sueño* (1922), *Las olímpicas* (1924), *Los bestiarios* (1925) y *Solsticio de junio* (1941) y *La rosa de arena* (1968). También es autor de las piezas teatrales *El maestre de Santiago* (1947), *El cardenal de España* (1960), *Port Royal* (1954) y *La guerra civil* (1965).

MONTI, VINCENZO Poeta italiano (Alfonsine, 1754 - Milán, 1828). Máximo representante, junto con U. Foscolo, de la corriente neoclásica italiana, entre sus composiciones destacan *Pensamientos de amor* (1782), *Prosopopeya de Pericles* (1783) e *Invitación a Palas* (1819). Piezas teatrales: *Cayo Graco* (1802), *Teseo* (1804) y *Los pitagóricos* (1808).

MONTÍCULO m. Monte pequeño, por lo común aislado.

MONTIEL, SARA (MARÍA ANTONIA ABAD FERNÁNDEZ, llamada) Actriz de cine y cantante española (Campo de Criptana, 1928). Alcanzó fama internacional con sus trabajos en México y EE UU. Ha intervenido en *Locura de amor* (1948), *Veracruz* (1954), *Yuma* (1957), *El último cuplé* (1957), *La violetera* (1958), etc.

MONTIEL BALLESTEROS, ADOLFO Escritor uruguayo (Paysandú, 1888 - Montevideo, 1971). Es autor de *Cuentos uruguayos* (1920), *Alma nuestra* (1922) y *Mundo en ascuas* (1957).

MONTIJO Golfo de Panamá, en el océano Pacífico, entre las penínsulas de Las Palmas, al O, y la de Azuero, al E.

MONTILLA m. Vino de fina calidad que se cría y elabora en Montilla (Córdoba, España).

MONTILLA, MARIANO Militar venezolano (Caracas, 1782 - íd., 1851). Estuvo en la guardia de corps de España y, ya en Venezuela, luchó por la independencia de su país. Defendió Cartagena contra Morillo (1815) y tomó la ciudad a los españoles en 1821. Fue diputado al Congreso de Angostura y el primer representante de Venezuela en Europa.

MONTMARTRE Colina de Francia, situada en el N de París, que da nombre a un célebre barrio. En la cima de la colina se encuentra la basílica del Sacré-Coeur.

MONTMORENCY *Geneal.* Familia noble francesa y belga, originaria del Reino Unido, cuyo primer barón fue Buchardo (958). Entre sus miembros se encuentran Mathieu I (muerto hacia 1160), Mathieu II (1174-1230), condestable de Francia; Anne (1493-1567), condestable de Francia; François, mariscal de Francia; Henri II (1595-1632), almirante y mariscal de Francia; etc. Se extinguió en el siglo XIX.

MONTO m. Suma de varias partidas, monta.

MONTÓN m. **1** Conjunto de cosas puestas sin orden unas encima de otras. **2** fig. y fam. Número considerable de cosas. || **a montones** loc. adv. fig. y fam. Con abundancia. || **ser** uno **del montón** fr. fig. y fam. Ser corriente y vulgar.

MONTONERA f. **1** Montón. **2** *Col.* Montón de hierba o paja. **3** *Amér. m.* Grupo de gente a caballo que intervenía como fuerza irregular en las guerras civiles de algunos países sudamericanos.

MONTONERO m. **1** Individuo de la montonera. **2** *Chile* y *Perú* El que lucha en los montes. **3** *Hist.* Nombre de un grupo guerrillero surgido en Argentina en 1966. De ideas antiimperialistas y simpatizantes con la revolución cubana, luchó desde la clandestinidad por la caída de la dictadura militar instaurada en 1976.

MONTORO, RAFAEL Político y escritor cubano (La Habana, 1852 - íd., 1933). Representó a Cuba en las Cortes españolas y durante el periodo de la autonomía cubana fue secretario de Hacienda, candidato a la presidencia de la República por la convención del Partido Conservador, secretario de la Presidencia con Menocal y de Estado con Zayas.

MONTPARNASSE Barrio situado en el S de la ciudad de París, en la margen izquierda del Sena.

MONTPELIER Ciudad del NE de EE UU, capital del Estado de Vermont; 8.247 h.

MONTPELLIER Ciudad del S de Francia, capital de la región de Languedoc-Rosellón y del departamento de Hérault; 210.866 h. Centro vitivinícola e industrial. Renombrada universidad.

MONTPENSIER, ANTONIO MARÍA FELIPE DE ORLEANS, DUQUE DE ORLEANS, ANTONIO MARÍA FELIPE DE, DUQUE DE MONTPENSIER.

MONTREAL Ciudad del E de Canadá, provincia de Quebec, a orillas del río San Lorenzo; 1.017.666 h. Puerto. Centro comercial e industrial. Sede de la Exposición Universal (1967) y de los Juegos Olímpicos (1976).

MONTREUIL, PIERRE Arquitecto francés (Montreuil, h. 1200 - París, 1266). Representante de la escuela gótica, es autor de la nave de la abadía de Saint-Denis y de la conclusión de las obras de la fachada S de Notre-Dame. Asimismo se le atribuye la construcción de la Sainte-Chapelle.

MONTROIG *(Mont-Roig del Camp)* Municipio y lugar de España, provincia de Tarragona; 5.354 h.

MONTSERRAT Macizo montañoso de España, provincia de Barcelona, en la cordillera prelitoral catalana; alcanza su máxima altura en Sant Jeroni (1.224 m). En uno de los repliegues de la montaña, y a 721 m de altitud, se encuentra el célebre santuario y monasterio benedictino de Nuestra Señora de Montserrat, fundado en 1023-25. La basílica actual, de una sola nave, fue construida en la segunda mitad del siglo XVI. En su altar mayor se venera la imagen titular, *la Moreneta,* patrona de Cataluña, talla de madera policromada de fines del siglo XII.

MONTSERRAT Isla de las Pequeñas Antillas, que constituye una colonia del Reino Unido; 98 km² y 12.000 h. Capital, Plymouth. Pesca. Turismo.

MONTT, JORGE Marino y político chileno (Casablanca, 1846 - Santiago, 1922). Hijo de Manuel Montt, contribuyó a la caída de Balmaceda, al apoderarse de los principales puertos del N de Chile (1891). Elegido presidente de la República (1891-96).

MONTT, MANUEL Político chileno (Petorca, Aconcagua, 1809 - Santiago, 1880). Ministro de Justicia e Instrucción Pública (1841) y Relaciones Exteriores (1845) con Bulnes, fue elegido presidente de la República en 1851. Reelegido para un segundo mandato (1857-61), tuvo que hacer frente a la revolución de Copiapó (1859).

MONTT, PEDRO Político chileno (Santiago, 1848 - Brema, 1910). Hijo de M. Montt, participó en el movimiento revolucionario que destituyó a Balmaceda. Presidente de la República (1906-10), reprimió el movimiento obrero de Iquique (1907).

MONTUBIO, BIA adj. y s. *Amér.* Se dice de la persona montaraz, grosera.

MONTÚFAR, CARLOS Militar y político ecuatoriano (Quito, 1780 - Puga, 1816). Tomó parte en guerra de la Independencia española. Llegó a Quito como comisionado regio (1810), e instaló una junta de gobierno que declaró la independencia. Capturado por los realistas (1813), logró escapar y se unió a las tropas de Bolívar. Tras la derrota de Cuchilla del Tambo (1815), cayó prisionero y fue fusilado.

MONTÚFAR, JUAN PÍO Patriota ecuatoriano (Quito, 1759 - Cádiz, 1816). Presidente de la junta suprema de gobierno de Quito (1809), fue apresado por los realistas y desterrado a Cádiz.

MONTUOSIDAD f. Calidad de montuoso.

MONTUOSO, SA adj. **1** Relativo a los montes. **2** Abundante en ellos.

MONTURA f. **1** Animal sobre el que se puede cabalgar. **2** Conjunto de los arreos de una cabalgadura, en especial la silla. **3** Acción de montar las piezas de una máquina o aparato. **4** Armadura en la que se colocan los cristales de las gafas.

MONUMENTAL adj. **1** Relativo al monumento, obra pública u objeto de utilidad para la historia. **2** fig. y fam. Excelente o señalado en su línea. **3** fig. y fam. Muy grande.

MONUMENTALIZAR tr. Dar carácter de monumental a una cosa.

MONUMENTO m. **1** Obra pública de arquitectura o escultura, que se levanta en memoria de un personaje famoso o un suceso. **2** Por extensión, construcción que posee valor artístico, histórico, etc. **3** Objeto o documento de utilidad para la historia. **4** fig. y fam. Persona de gran belleza y bien proporcionada físicamente. **5** Obra científica, artística o literaria, que se hace memorable por su mérito excepcional. **6** *Liturg.* Altar que el Jueves Santo se forma en las iglesias, colocando en él la segunda hostia que se consagra en la misa de aquel día, para reservarla hasta los oficios del Viernes Santo. || **MONUMENTO NACIONAL** *Arte.* En España, obra de interés histórico-artístico que toma bajo su protección el Estado.

MONZA Ciudad de Italia, provincia de Milán; 120.882 h. Célebre circuito automovilístico. Catedral gótica del siglo XIII donde se halla la corona de hierro de los reyes de Italia (siglo IX).

MONZÓN m. Viento periódico que sopla en ciertos mares, particularmente en el océano Índico, y origina lluvias abundantes.

MOÑA f. **1** Lazo con que se adornan la cabeza las mujeres. **2** Adorno de cintas o flores que se colocaba en lo alto de la divisa de los toros. **3** Lazo de cintas negras que, sujeto con la coleta, se ponían los toreros para lidiar. **4** fig. y fam. Borrachera.

MOÑINO, JOSÉ FLORIDABLANCA, JOSÉ MOÑINO, CONDE DE.

MOÑO m. **1** Rodete que se hace con el cabello para tenerlo recogido o por adorno. **2** Lazo de cintas. **3** *Zool.* Grupo de plumas que sobresale en la cabeza de algunas aves. || **ponérsele** a uno algo **en el moño** fr. fig. y fam. Antojársele, empeñarse en ello.

MOOCK, ARMANDO Escritor chileno (Santiago de Chile, 1894 - Buenos Aires, 1942). Autor de *Pueblecito* (1918), *Monsieur Ferdinand Pontac* (1922) y *Rigoberto* (1935).

MOORE, GEORGE Escritor irlandés (Ballyglass, 1852 - Londres, 1932). Representante del decadentismo inglés, participó en el movimiento de renacimiento de la literatura gaélica. Autor de *Un drama de muselina* (1885), *Confesiones de un joven* (1888), *Esther Waters* (1894) y la la trilogía autobiogáfica *Salutación y adiós* (1911-14).

MOORE, GEORGE Filósofo inglés (Upper Norwood, 1873 - Cambridge, 1958). Precursor de la filosofía analítica, fundó la escuela de Cambridge. En el campo de la ética, se opuso a la llamada *falacia naturalista.* Autor de *Refutación del idealismo* (1903) *Principia Ethica* (1903) y *Estudios filosóficos* (1922).

MOORE, HENRY Escultor y pintor inglés (Castleford, 1898 - Much Hadham, Herfordshire, 1986). Su obra, en principio figurativa e influenciada por el arte primitivo, evolucionó hacia la abstracción con elementos surrealistas. La monumentalidad, el predominio de las curvas y la importancia del espacio son sus características esenciales. Obras: *Grupo de familia* (1945), *Rey y reina* (1952-53), *Guerrero caído* (1956-57) o *Figura tendida* (1957).

MOORE, MARIANNE Poeta estadounidense (Kirkwood, Missouri, 1887 - Nueva York, 1972). Poeta experimentalista, entre sus obras destacan *Poesías* (1921), *Observaciones* (1924), *El pangolín y otras poesías* (1936) y *Poesías escogidas* (1951).

MOORE, STANFORD Bioquímico estadounidense (Chicago, 1913 - Nueva York, 1982). En 1972 recibió el premio Nobel de Química, compartido con Ch. B. y W. Stein, por su contribución al descubrimiento estructural de las enzimas.

MOORE, THOMAS Escritor inglés (Dublín, 1779 - Sloperton, 1852). Poeta romántico, su reputación literaria está ligada a *Melodías irlandesas* (1807-34) y al poema orientalista *Lalla Rookh* (1817). Merece destacarse, igualmente, su *Vida de lord Byron* (1830).

MOPTI Ciudad de Malí, capital de la región de su nombre; 78.000 h.

MOQUEAR intr. Echar mocos.

MOQUEGUA 1 Departamento de Perú; 15.734 km² y 142.475 h. **2** Ciudad capital del mismo; 37.900 h.

MOQUEO m. Secreción nasal abundante.

MOQUERO m. Pañuelo para limpiarse los mocos.

MOQUETA f. Tela fuerte de lana, cuya trama es de cáñamo, y de la cual se hacen alfombras y tapices.

MOQUILLO m. **1** *Veter.* Enfermedad vírica contagiosa de los mamíferos, de tipo catarral. **2** *Ecuad.* Nudo corredizo con que se sujeta el labio superior del caballo para domarlo.

MOQUITEAR intr. Moquear, especialmente llorando.

MOR m. Aféresis de amor. || **por mor de** loc. poét. Por amor de; a causa de.

MORA¹ f. **1** *Der.* Tardanza en cumplir una obligación; por lo común, la de pagar cantidad líquida y vencida. **2** *Gram.* Unidad de medida de la cantidad, equivalente a una sílaba breve.

MORA² f. *Bot.* **1** Fruto del moral, formado por la agregación de globulillos carnosos, blandos, agridulces, de color morado. **2** Fruto de la morera. **3** Fruto de la zarzamora. **4** En algunos puntos, fresa silvestre.

MORA, JOSÉ MARÍA LUIS Escritor mexicano (Chamacuero, 1794 - París, 1850). Impulsó la reforma educativa durante el régimen de Gómez Farías. En 1834 se exilió en París, donde publicó *México y sus revoluciones* (1836) y *Obras sueltas* (1837).

MORA FERNÁNDEZ, JUAN Político costarricense (San José, 1784 - íd., 1854). Primer jefe de Estado de Costa Rica, se mantuvo en el poder entre 1824 y 1833. Vicepresidente con Braulio Carrillo (1835-37), fue desterrado en 1838.

MORA PORRAS, JUAN RAFAEL Político costarricense (San José, 1814 - Punta Arenas, 1860). Elegido presidente de la República en 1849, dirigió una campaña contra W. Walker (1856-57). Derrocado por una sublevación conservadora (1859), al intentar recuperar el poder fue apresado y fusilado.

MORABITO m. *Rel.* **1** Santo musulmán que profesa cierto estado religioso, parecido al de los anacoretas o ermitaños. **2** Especie de ermita en la que vive un morabito.

MORÁCEO, A adj. y f. *Bot.* **1** Se dice de la planta leñosa angiosperma dicotiledónea, que segrega látex, como el moral, la higuera y el árbol del pan. || f. pl. *Bot.* **2** Familia de estas plantas.

MORADA f. **1** Casa o habitación. **2** Residencia algo continuada en un paraje o lugar.

MORADABAD Ciudad del N de la India, Estado de Uttar Pradesh; 429.214 h. Fundada en 1625.

MORADO, DA adj. y f. De color entre carmín y azul. || **pasarlas moradas** loc. fig. y fam. Pasarlo muy mal.

MORADOR, RA adj. y s. Que habita en un sitio.

MORADURA f. Mancha morada y oscura de la piel por un golpe o presión, cardenal.

MORAES, FRANCISCO DE Escritor portugués (Braganza, 1500 - Évora, 1572). Tesorero de Juan III, es autor de *Palmerín de Inglaterra,* publicada en 1567.

MORAES, VINICIUS DE Escritor y cantante brasileño (Rio de Janeiro, 1909 - íd., 1980). Su obra poética evolucionó desde el catolicismo místico inicial hacia la protesta social: *Forma y exégesis* (1935), *Cinco elegías* (1943), *Nuevos poemas* (1959), *El arca de Noé* (1978). Contribuyó a la internacionalización de la «bossa nova» con canciones como *La chica de Ipanema.*

MORAGA f. *And.* Acto de asar con fuego de leña y al aire libre frutas secas, sardinas u otros peces.

MORAIS E BARROS, PRUDENTE JOSÉ DE Político brasileño (Itu, 1841 - Piracicaba, 1902). Fundador del Partido Republicano, presidió la Asamblea Constituyente (1890-91) y fue el primer presidente civil de la República (1894-98). Consiguió la pacificación del Estado de Rio Grande do Sul (1895).

MORAL¹ adj. **1** Relativo a las acciones o caracteres de las personas, desde el punto de vista de la bondad o malicia. **2** Que no cae bajo la jurisdicción de los sentidos, por ser de la apreciación del entendimiento o de la conciencia. **3** Que no concierne al orden jurídico, sino al fuero interno o al respeto humano. || f. **4** *Filos.* Ciencia que trata del bien en general, y de las acciones humanas en orden a su bondad o malicia. **5** Conjunto de facultades del espíritu, por contraposición a lo físico. **6** Ánimos, arrestos. **7** Estado de ánimo, individual o colectivo.

MORAL² m. *Bot.* Árbol perteneciente a la familia moráceas, de nombre científico *Morus nigra,* de 10 a 15 m de altura, con las hojas lobuladas y caedizas, y los frutos reunidos en infrutescencias carnosas de color entre rojo y negro-violáceo.

MORALEDA f. *Bot.* Lugar plantado de moreras.

MORALEJA f. Enseñanza provechosa que se deduce de un cuento, fábula, anécdota, etc.

MORALES, AGUSTÍN Militar y político boliviano (La Paz, 1810 - íd., 1872). Derrocó a Melgarejo y se proclamó presidente de la República en 1871. Fue asesinado.

Morales, Andrés Navegante español (Sevilla, 1477 - ?, 1517). Acompañó a Colón en su tercer viaje y se instaló en las Antillas. Estudió las corrientes del Atlántico.

Morales, Francisco General español (Agüimes, 1781 - Las Palmas, 1844). Establecido en Venezuela, se sumó a las tropas realistas en 1812. Venció a Bolívar en Aragua y fue derrotado en Carabobo (1821). Posteriormente, fue capitán general de Canarias (1827-34).

Morales, Luis de Pintor renacentista español, (Badajoz, 1509 - íd., 1589). Su pintura se inscribe en la corriente manierista y acusa la influencia de Rafael, Leonardo da Vinci y los primitivos flamencos. Los temas predilectos de sus composiciones son la Virgen con el Niño (*Virgen del pajarito*, *Virgen de la leche*) y los últimos momentos de la vida de Jesucristo (*Ecce homo*, *Cristo con la cruz*, *Cristo muerto*).

Morales-Bermúdez, Remigio Militar y político peruano (Pica, Tarapacá, 1836 - Lima, 1894). Presidente de la República (1890-94), reprimió el motín de Lima (1890), organizado por los seguidores de Piérola.

Morales-Bermúdez Cerruti, Francisco Militar y político peruano (Lima, 1921). Nieto de Remigio Morales-Bermúdez, fue ministro de Hacienda con Belaúnde Terry (1968) y durante el régimen militar (1969-74). En 1975 encabezó un golpe de Estado que derrocó a Velasco Alvarado. En 1980 dejó el poder en manos del nuevo presidente constitucional, Belaúnde.

moralidad f. **1** Conformidad de una acción o doctrina con los preceptos de la moral. **2** Cualidad de las acciones humanas que las hace buenas.

moralina f. Moralidad inoportuna, superficial o falsa.

moralismo m. Doctrina religiosa o filosófica basada en la moral.

moralista com. **1** Profesor de moral. **2** Autor de obras de moral. **3** Persona que estudia moral.

moralizar tr. y prnl. **1** Reformar las malas costumbres enseñando las buenas. || intr. **2** Discurrir sobre un asunto con aplicación a la enseñanza de las buenas costumbres.

moralmente adv. m. **1** Según las reglas morales, o con moralidad. **2** Según las facultades del espíritu, por contraposición a físicamente.

Morand, Paul Escritor francés (París, 1889 - íd., 1976). Alcanzó cierta celebridad con sus narraciones de ambiente cosmopolita: *Abierto durante la noche* (1922), *Cerrado durante la noche* (1923), *La tierra nada más* (1926), *El último día de la inquisición* (1946) o *Venecias* (1971).

Morandi, Giorgio Pintor italiano (Bolonia, 1890 - íd., 1964). Autor figurativo, estableció una relación esporádica con las tendencias italianas de vanguardia, especialmente con el arte metafísico.

Morante, Elsa Escritora italiana (Roma, 1918 - íd., 1985). Estuvo casada con el novelista Alberto Moravia. Autora de *El juego secreto* (1941), *Mentira y sortilegio* (1948), *La isla de Arturo* (1957), *El mundo salvado por los niños* (1968), *La historia* (1974) y *Aracoeli* (1982).

morapio m. fam. Vino oscuro, tinto.

morar intr. Residir habitualmente en un lugar.

Morata de Tajuña Municipio y lugar de España, provincia de Madrid; 5.274 h.

Luis de **Morales**. *Virgen con el Niño*. Museo Lázaro Galdiano (Madrid).

Moratalla Municipio y lugar de España, provincia de Murcia; 8.975 h.

Moratín, Leandro Fernández de Escritor español (Madrid, 1760 - París, 1828). Hijo de Nicolás, fue uno de los más destacados representantes del neoclasicismo español. Recibió dos premios de la Academia por sus obras poéticas *La toma de Granada por los Reyes Católicos* (1779) y *Lección poética*. *Sátira contra los vicios introducidos en la poesía castellana* (1782). En 1798 publicó *La derrota de los pedantes*, obra satírica en prosa. Colaborador de los franceses durante la guerra de la Independencia, en 1818 tuvo que exiliarse en Francia. Su fama se debe a las comedias *El viejo y la niña* (1790), *La comedia nueva o El café* (1792), *El barón* (1803), *La mojigata* (1804) y *El sí de las niñas* (1806).

Moratín, Nicolás Fernández de Escritor español (Madrid, 1737 - íd., 1780). Padre de Leandro, su obra se inscribe en la corriente neoclasicista. Entre sus poesías más célebres figuran las quintillas *Fiestas de toros en Madrid* y la *Oda a Pedro Romero*, a las que habría que añadir la composición épica *Las naves de Cortés destruidas* (1785) y *El arte de las putas*, prohibido por la Inquisición en 1797. Entre sus obras teatrales destacan la comedia *La petimetra* (1762) y las tragedias *Lucrecia* (1763), *Hermesinda* (1770) y *Guzmán el Bueno* (1777).

moratiniano, na adj. *Lit.* Propio y característico de cualquiera de los dos Moratín como escritores.

moratón m. fam. CARDENAL.

moratoria f. *Der.* Plazo que se otorga para solventar una deuda vencida.

Morava Río de la República Checa y Austria que desemboca en el Danubio, cerca de Bratislava; 380 km.

Morava Río de Serbia y Montenegro, afluente derecho del Danubio, formado por la unión del Morava Occidental y el Morava Meridional; 563 km.

Moravia (*Morava*) Región de la República Checa, dividida administrativamente en las provincias de MORAVIA MERIDIONAL y MORAVIA SEPTENTRIONAL. Está atravesada de N a S por el río Morava, que le da nombre. Región agrícola. Ganadería. Minas de hierro, plata, plomo y cinc. Industria siderúrgica y metalúrgica. Habitada desde la Edad del Bronce por pueblos celtas, fue invadida por tribus germánicas, que desplazaron a los celtas hacia el O. En el siglo V se establecieron los eslavos y, a mediados del siglo VI, el territorio fue ocupado por los ávaros. Los francos conquistaron Moravia en 799. En el siglo IX, el príncipe eslavo Mojmir fundó el imperio de la Gran Moravia. Las invasiones húngaras de comienzos del siglo X precipitaron su desaparición en 920, y Moravia fue motivo de disputa entre Polonia y Bohemia, a quien quedó unida a partir de 1030 como feudo. Entre 1479 y 1490 perteneció a Hungría, y a partir de 1526 pasó a poder de los Habsburgo austriacos, formando parte del imperio austrohúngaro hasta su desaparición en 1918. Después de la Primera Guerra Mundial, se integró en Checoslovaquia, y en 1939 fue convertida en protectorado de Alemania junto a Bohemia. En 1969 formó, con Bohemia, una de las dos repúblicas de Checoslovaquia, que en 1993 se independizó en el nombre de República Checa.

Moravia, Alberto (ALBERTO PINCHERLE, llamado) Escritor italiano (Roma, 1907 - íd., 1991). Autor de las novelas *Los indiferentes* (1929), *La mascarada* (1941), *Agostino* (1944), *El conformista* (1951) y *El desprecio* (1954), y de *Cuentos romanos* (1954-59). A partir de *El tedio* (1960) su obra adquirió una nueva orientación experimental: *Yo y él* (1971), *El hombre que mira* (1985).

Moravia Meridional Provincia de la República Checa; 15.028 km^2 y 2.051.832 h. Capital, Brno.

Moravia Septentrional Provincia de la República Checa; 11.068 km^2 y 1.964.888 h. Capital, Ostrava.

moravo, va adj. y s. De Moravia.

Moray Distrito unitario del Reino Unido, en Escocia; 85.900 h.

Morazán Departamento de El Salvador, en la Zona Oriental; 1.447 km^2 y 160.146 h. Capital, San Francisco Gotera.

Morazán, Francisco Militar y político hondureño (Tegucigalpa, 1792 - San José de Costa Rica, 1842). Presidente del consejo de Estado (1824-27), al estallar la guerra civil centroamericana asumió el poder en Honduras (1827) y tomó Guatemala al frente de un ejército liberal (1829). Fue uno de los promotores de la República Federal de las Provincias Unidas del Centro de América y ostentó su presidencia (1830-40). Limitado su poder a El Salvador (1839-40), fue acusado de intentar restablecer la federación por la fuerza y huyó a Panamá. En 1842, derrocó a B. Carrillo y ocupó la jefatura de Estado de Costa Rica; derrotado por las tropas de Carrera, fue fusilado.

morbidez f. Calidad de mórbido, delicado.

mórbido, da adj. **1** Que padece enfermedad o lo ocasiona. **2** Blando, delicado, suave.

Morbihan Departamento de Francia, en Bretaña; 6.823 km^2 y 643.873 h. Capital, Vannes.

Leandro Fernández de **Moratín**. Retrato de Francisco de Goya. Real Academia de Bellas Artes de San Fernando (Madrid).

morbilidad f. Proporción de personas que enferman en un lugar y en un período de tiempo determinados, con relación a la población total.

morbo m. **1** Sentimiento de atracción hacia lo cruel, lo desagradable o lo prohibido. **2** Enfermedad, alteración de la salud.

morboso, sa adj. **1** Que causa enfermedad, o concierne a ella. **2** Que manifiesta inclinación al morbo. También s.

morcar tr. Dar el golpe el toro con las astas o topar con la cabeza otros animales.

morcilla f. **1** Trozo de tripa rellena de sangre cocida, condimentada con cebolla y especias y a la que suelen añadírsele otros ingredientes como arroz, miga de pan, etc. **2** fig. y fam. Añadidura de palabras o cláusulas de su invención que hacen los malos comediantes al papel que representan.

morcillero, ra m. y f. **1** Persona que hace o vende morcillas. **2** fig. y fam. Que acostumbra a meter morcillas en el papel que representa.

morcillo m. **1** Parte carnosa del brazo, desde el hombro hasta cerca del codo. **2** Parte alta, carnosa, de las patas de los bovinos destinados al consumo.

Morcillo, Diego Religioso español (Villarrobledo, 1642 - Lima, 1730). Virrey interino de Perú desde 1716 y luego en propiedad (1720-24) y arzobispo de Lima (1723).

morcillón m. Estómago del cerdo, carnero u otro animal, relleno como la morcilla.

morcón m. Embutido hecho del intestino ciego o parte más gruesa de las tripas del animal.

mordacidad f. Calidad de mordaz.

mordaz adj. **1** Que corroe o tiene actividad corrosiva. **2** fig. Que murmura o critica con acritud o malignidad no exentas de ingenio.

mordaza f. **1** Instrumento que se pone en la boca para impedir el hablar. También en sentido figurado. **2** Aparato formado por dos piezas entre las que se coloca un objeto para su sujeción.

mordedura f. **1** Acción de morder. **2** Daño ocasionado con ella.

mordente m. **1** *Quím.* MORDIENTE, sustancia que se emplea para fijar los colores. **2** *Mús.* QUIEBRO, adorno musical de dos, tres o cuatro notas que se ejecutan rápidamente antes de otra.

morder tr. **1** Asir y apretar con los dientes una cosa clavándolos en ella. **2** Corroer los ácidos un material. **3** Asir una cosa a otra, haciendo presa en ella. **4** Gastar insensiblemente, o poco a poco, quitando partes muy pequeñas. **5** fig. y fam. Precedido de *estar que*, manifestar uno de algún modo su ira. ♦ IRREG. Se conjuga COMO MOVER.

mordido, da adj. **1** Menoscabado, incompleto. || f. **2** *Amér.* Dinero obtenido de un particular por un funcionario o empleado, como soborno por realizar algún servicio o evitar una sanción.

mordiente m. *Quím.* **1** Sustancia que fija los colorantes a las células, textiles y otros materiales. **2** Agua fuerte con que se corroe una lámina o plancha para grabar.

mordiscar tr. MORDISQUEAR.

mordisco m. **1** Acción y efecto de morder. **2** Mordedura leve. **3** Trozo que se arranca al morder. **4** fig. Beneficio que se saca de alguna cosa.

MORDISQUEAR tr. Morder algo repetidamente con poca fuerza o sacando pequeñas porciones.

MORE, HENRY Filósofo inglés (Grautham, 1604 - Cambridge, 1687). Fue uno de los máximos representantes de la escuela platónica de Cambridge. Autor de *Antídoto contra el ateísmo* (1652) y *Manual de metafísica* (1671).

MÖRE OG ROMSDAL Condado de Noruega; 15.104 km² y 242.538 h. Capital, Molde.

MORÉAS, JEAN (JOANNIS PAPADIAMANTOPULOS, llamado) Poeta francés de origen griego (Atenas, 1856 - París, 1910). Autor del manifiesto simbolista (1886), a partir de 1891 abandonó este movimiento para fundar la «escuela romántica», que retomaba los elementos clásicos. Autor de *Las estancias* (1899-1920).

MOREAU, GUSTAVE Pintor francés (París, 1822 - íd., 1898). Adscrito al simbolismo, su obra ejerció una considerable influencia en el movimiento surrealista.

MOREAU, JEANNE Actriz francesa (París, 1928). Una de las actrices favoritas de los directores de la *nouvelle vague*, ha intervenido en *Los amantes* (1958), *La noche* (1961), *Diario de una camarera* (1964) y *Una historia inmortal* (1969).

MOREL, CARLOS Pintor argentino (Buenos Aires, 1813 - Quilmes, 1894). Reflejó en su obra escenas y figuras de los gauchos. Autor del álbum de litografías *Usos y costumbres del Río de la Plata* (1841).

MORELENSE adj. y com. Del Estado mexicano de Morelos, o de diversas poblaciones del mismo nombre.

MORELIA Ciudad de México, capital del Estado de Michoacán; 428.486 h. Fundada en 1541 con el nombre de Valladolid.

Morelia (México). Catedral.

MORELOS Estado de México; 4.950 km² y 1.496.030 h. Capital, Cuernavaca. Maderas preciosas. Minas de oro, plata y cobre.

MORELOS Y PAVÓN, JOSÉ MARÍA Patriota mexicano (Valladolid, hoy Morelia, 1765 - San Cristóbal Ecatepec, 1815). Cura de Carácuaro, en 1810 se unió a la insurrección de Hidalgo y se hizo cargo de la revolución del S de México. Tras la toma de Acapulco (1813), convocó el Congreso de Chilpancingo, que le entregó el poder ejecutivo y declaró la independencia de México. La derrota de Lomas de Santa María (1813) dio comienzo a su declive político y militar. En 1814 fue nombrado jefe de gobierno por el Congreso. Apresado por las tropas realistas en 1815, murió fusilado.

MORENA[1] f. *Zool.* Pez osteíctio perteneciente a la familia murénidos, de nombre científico *Muraena helena*, de cuerpo alargado de color pardo con vetas amarillas, dientes fuertes y branquias reducidas a dos agujeros pequeños.

MORENA[2] f. Hogaza o pan moreno.

MORENA[3] f. 1 *Agr.* Montón de mieses que los segadores hacen en las tierras después de segarlas. 2 *Geol.* MORENA.

MORENA, SIERRA Cadena montañosa de España que constituye el reborde S de la meseta castellana en su línea de tránsito al valle del Guadalquivir; 1.323 m de altura máxima en el pico de la Bañuela. Antiguamente se llamó *cordillera Mariánica* o *Bética*.

MORENEZ f. 1 Color oscuro que tira a negro. 2 En la raza blanca, color menos claro de la piel.

MORENO, NA adj. 1 Se aplica a la persona que tiene el pelo castaño o negro. 2 Se aplica a la persona que

morena

tiene la piel oscura o bronceada. También s. 3 fam. Se dice de la persona mulata o de raza negra. También s. 4 Se dice del color o tono que es oscuro y tira más o menos a negro. 5 *Cuba* Nacido de negra y blanco o de blanca y negro, mulato. || m. 6 Color más oscuro que toma la piel expuesta al sol.

MORENO, FRANCISCO Naturalista y geógrafo argentino (Buenos Aires, 1852 - íd., 1919). Exploró la Patagonia, Tierra del Fuego y la cordillera de los Andes, y estudió la flora y fauna del estrecho de Magallanes.

MORENO, JACOB LEVY Psicólogo estadounidense de origen rumano (Bucarest, 1892 - Beacon, 1974). Creador del *psicodrama* y *sociodrama*; elaboró una teoría psicológica, la sociometría, a partir de la cual definió la psicoterapia de grupo.

MORENO, MARIANO Político argentino (Buenos Aires, 1778 - en el Atlántico, 1811). Intervino en la revolución de mayo de 1810 y fue secretario de la Junta de Buenos Aires. Fue enviado como ministro plenipotenciario a Londres y murió en la travesía. Autor *Representación de los hacendados* (1809).

MORENO, MARIO CANTINFLAS.

MORERA f. *Bot.* Árbol perteneciente a la familia moráceas, de nombre científico *Morus alba*. Muy cultivado para aprovechar la hoja, que sirve de alimento al gusano de seda.

MORERAL m. *Bot.* Sitio plantado de moreras.

MORERÍA f. 1 *Hist.* En España, barrio donde vivían los mudéjares y, posteriormente, los moriscos. 2 País o región habitado por moros.

MORETTI, NANNI Director de cine italiano (Brunico, 1953). En su filmografía destacan *La misa ha terminado* (1986), *Pallombella rossa* (1988), *Caro diario* (1994) y *Aprile* (1998).

MORETÓN m. MORATÓN.

-MORF- in. MORFO-.

-MORFA pref. MORFO-.

MORFE- pref. MORFO-.

MORFEMA m. *Ling.* Término empleado en lingüística con distinta significación según las escuelas. La gramática tradicional lo aplica solamente a los elementos mínimos que en una lengua expresan relaciones o categorías gramaticales, como las preposiciones o las desinencias verbales. La gramática distribucional lo define como la unidad lingüística mínima con significado, que no se puede dividir en unidades menores sin pasar al nivel fonológico: *pan, sol, trabaj-amos*.

MORFEO *Mit.* En la mitología grecorromana, dios del sueño, hijo del Sueño y de la Noche.

-MORFIA suf. MORFO-.

-MORFÍA suf. MORFO-.

-MÓRFICO suf. MORFO-.

MORFINA f. *Quím.* Alcaloide del opio empleado en farmacología como sedante y anestésico. Produce hábito y dependencia.

MORFINISMO m. *Med.* Intoxicación producida por el abuso de la morfina o el opio.

MORFINOMANÍA f. *Med.* Uso indebido y persistente de la morfina o el opio.

MORFO-, MORFE-; -MORFO-, -MORF-; -MORFA, -MORFIA O -MORFÍA, -MÓRFICO, -MORFO prefs., ins. o sufs. que significan forma: *dimorfia, antropomorfo*.

MORFOLOGÍA f. 1 *Biol.* Parte de la biología que trata de la estructura y forma de los seres orgánicos y de las modificaciones que experimenta. 2 *Geol.* Estudio de las formas del relieve terrestre, de su origen y de su evolución. 3 *Ling.* Parte de la gramática que estudia la estructura interna de las palabras, su flexión, derivación y composición.

MORFONOLOGÍA f. *Ling.* Parte de la fonología que estudia la estructura fonológica de los morfemas.

MORFOSINTAXIS f. *Ling.* Estudio de la forma y función de los elementos lingüísticos dentro del texto. ♦ Su plural es *morfosintaxis*.

MORGA f. *Bot.* Líquido fétido de las aceitunas, alpechín.

MORGAGNI, GIOVANNI BATTISTA Anatomista y médico italiano (Forlì, 1682 - Padua, 1771). Se le considera el fundador de la anatomía patológica.

MORGAN, AUGUSTUS DE Lógico y matemático británico (Madrás, 1806 - Londres, 1871). Uno de los precursores de la lógica matemática.

MORGAN, CHARLES LANGBRIDGE Escritor inglés (Bromley, Kent, 1894 - Londres, 1954). Autor de las piezas teatrales *El río deslumbrante* (1938) y *El cristal ardiente* (1953), y de las novelas *Retrato en un espejo* (1929), *La fuente* (1932), *Sparkenbroke* (1936) y *El viaje* (1940).

MORGAN, HENRY JOHN Corsario inglés (Llanrhymney, Gales, h. 1635 - Port Royal, Jamaica, 1688). Conquistó Panamá (1671), violando el tratado de paz con España, por lo que fue arrestado. Carlos II lo rehabilitó nombrándolo lugarteniente general de Jamaica (1674-83).

MORGAN, LEWIS HENRY Sociólogo y etnógrafo estadounidense (Aurora, 1818 - Rochester, 1881). Basándose en el análisis de las sociedades primitivas, elaboró el primer estudio sistemático del parentesco. Autor de *Sistemas de consanguinidad y afinidades de la familia humana* (1871), *Sociedad primitiva* (1877).

MORGAN, THOMAS HUNT Biólogo estadounidense (Lexington, Kentucky, 1866 - Nueva York, 1945). Investigó en el campo de la herencia sobre localización de genes y mutación de los mismos. Premio Nobel de Medicina en 1933.

MORGANÁTICO, CA adj. 1 MATRIMONIO MORGANÁTICO. 2 Se dice del que contrae este matrimonio.

MORGENSTERN, OSKAR Economista estadounidense de origen alemán (Görlitz, 1902 - Princeton, 1977). Junto con Janos von Neumann, formuló la teoría matemática de los juegos, que aplicó a la resolución de los problemas creados por los monopolios y las coaliciones económicas, en la obra *Teoría de los juegos y conducta económica* (1944).

MORGUE (Voz fr.) f. Depósito de cadáveres.

MORI, CAMILO Pintor chileno (Valparaíso, 1896 - Santiago de Chile, 1973). Su obra, en la que mezcla aspectos reales e imaginarios, es realista con influencias impresionistas.

MORIBUNDO, DA adj. Que está muriendo o muy cercano a morir. Aplícase a personas, también s.

MORICHE m. *Bot.* Árbol de la familia palmáceas, de nombre científico *Mauritia minor*. Crece en el borde de los cauces fluviales de la Amazonia y el Orinoco.

MORICZ, ZSIGMOND Novelista húngaro (Tiszakécske, 1879 - Budapest, 1942). Maestro del naturalismo húngaro, entre sus novelas figuran *Oro en el barro* (1910), *La antorcha* (1917), *Sé leal hasta la muerte* (1920) y *Bandido* (1936).

MORIGERACIÓN f. Moderación en las costumbres y forma de vida.

MORIGERADO, DA adj. De buenas costumbres.

MORIGERAR tr. y prnl. Moderar los excesos de los afectos y acciones.

MÖRIKE, EDUARD Poeta alemán (Ludwigsburg, 1804 - Stuttgart, 1875). De su obra poética merecen destacarse *Poemas* (1838) e *Idilio en el lago Constanza* (1846), y, en prosa, *El pintor Nolten* (1832) y *Mozart camino de Praga* (1856).

MORILES m. Vino de fina calidad que se cría y elabora en el término municipal de Moriles, en Córdoba. ♦ Su plural es *moriles*.

MORILLO m. Caballete de hierro que se pone en el hogar para apoyar la leña; se usan dos generalmente.

MORILLO, PABLO General español (Fuentesecas, 1778 - Barèges, Francia, 1837). Se distinguió en la guerra de

Pablo **Morillo**. Museo Naval (Madrid).

la Independencia y, en 1815, pasó a Nueva Granada para sofocar la rebelión de los independentistas americanos. Se apoderó de Cartagena de Indias y de Santa Fe de Bogotá; pero, tras la derrota de Boyacá (1819), firmó la tregua de Trujillo (1820). A su regreso a España, se unió a los liberales y obtuvo la capitanía general de Castilla la Nueva. Al restablecerse el absolutismo en 1823, se inclinó por éste, pero, ante la desconfianza de Fernando VII, optó por exiliarse en Francia. Regresó a España en 1832 y luchó en el bando isabelino durante la primera guerra carlista.

MORINGÁCEO, A adj. y f. *Bot.* **1** Se dice de la planta leñosa angiosperma dicotiledónea, con hojas pinnadas y flores pentámeras y cigomorfas, como el ben. || f. pl. *Bot.* **2** Familia de estas plantas.

MORÍÑIGO MARTÍNEZ, HIGINIO Militar y político paraguayo (Paraguarí, 1897 - ?, 1983). Ministro del Interior (1939) y de Guerra y Marina (1940). Presidente de la República (1940-48), fue derrocado por un movimiento revolucionario que le obligó a exiliarse en Argentina.

MORIOKA Ciudad de Japón, en Honshu, capital de la prefectura de Iwate; 286.478 h.

MORIR intr. **1** Acabar la vida. También prnl. **2** fig. Acabar del todo cualquier cosa, aunque no sea viviente ni material. También prnl. **3** fig. Sentir violentamente algún afecto, pasión u otra cosa. También prnl. **4** fig. Hablando del fuego, la luz, etc., apagarse. También prnl. **5** fig. Cesar algo en su curso o acción. || **morir,** o **morirse,** uno **por** una persona o cosa fr. fig. Amar en extremo a aquélla, o desear ésta muy vehementemente. ♦ IRREG. Se conjuga como DORMIR. Su p. p. es MUERTO.

MORISCO, CA adj. **1** Moruno, moro. **2** *Hist.* Se dice de los musulmanes que tras la reconquista de España se quedaron en ella bautizados, y de sus descendientes. También s. **[Encic.]** **3** Relativo a ellos. **4** *Méx.* Se dice del descendiente de mulato y europea o de mulata y europeo. También s.

HIST. Obligados a convertirse al cristianismo en 1502, los moriscos siguieron practicando ocultamente el islam y no llegaron a integrarse con el resto de la población española. El edicto promulgado por Felipe II en 1567, que prohibía el uso de su vestimenta tradicional, así como de sus costumbres y de la lengua árabe, provocó un levantamiento en el barrio granadino del Albaicín que se extendió rápidamente por las Alpujarras (ALPUJARRAS, GUERRAS DE LAS). Los sublevados lograron resistir hasta 1571, año en que la rebelión fue sofocada por Juan de Austria. Como consecuencia, los moriscos granadinos fueron expulsados a otras regiones de la península. Felipe III y su valido Lerma, temerosos de una nueva sublevación, decretaron su expulsión gradual en 1609. La operación, que afectó a cerca de 300.000 personas, y se dio por concluida en 1614.

MORISMA f. **1** Los moros, considerados en conjunto. **2** Multitud de moros.

MORISOT, BERTHE Pintora impresionista francesa (Bourges, 1841 - París, 1895). Entre sus obras destacan *La cuna* (1873), *Psique* (1876) y *Muchacha cosiendo en el jardín* (1881).

MORISQUETA f. **1** Ardid o treta propia de moros. **2** fig. y fam. Acción con que uno pretende burlar a otro.

MORLACO m. **1** Toro de lidia de gran tamaño. **2** *Amér.* Peso duro, patacón. || adj. y s. **3** Que finge tontería o ignorancia.

MORLEY, EDWARD WILLIAM Físico y químico estadounidense (Newark, 1838 - West Harford, 1923). Colaboró con Michelson en sus experimentos sobre la velocidad de la luz.

MORMÓN, NA m. y f. *Rel.* Persona que profesa el mormonismo.

MORMÓN *Rel.* Según las doctrinas mormónicas, último profeta, que escribió el libro de su nombre sobre planchas de oro y reveló a Joseph Smith, por medio del espíritu de su hijo Moroni, dónde estaban escondidas.

MORMONISMO m. *Rel.* **1** Movimiento cristiano milenarista fundado por Joseph Smith (1830) en EE UU, bajo el nombre de *Iglesia de Jesucristo de los Santos de los Últimos Días*. Su sucesor, Brigham Young, se trasladó con sus adeptos a Utah (1846-47), donde crearon Salt Lake City. Los mormones adoptaron originalmente una forma de vida inspirada en los antiguos patriarcas bíblicos. Cuenta más de cuatro millones de seguidores. Sus libros sagrados son la Biblia y el *Libro del Mormón*. **2** Conjunto de máximas, ritos y costumbres del mormonismo.

MORMURAR intr. ant. MURMURAR. Se usa en México.

MORO, RA adj. **1** Natural del N de África, donde estaba la antigua provincia de la Mauritania. También s. **2** Relativo a esta parte de África y a sus habitantes. **3** Por extensión, musulmán. **4** Se aplica a la población musulmana que habita la isla de Mindanao en Filipinas y otras islas de Malasia. También s. **5** Se aplica a los musulmanes de al-Andalus, que invadieron España en el siglo VIII. También s. **6** fig. y fam. Se dice del adulto que no ha sido bautizado. También s. **7** Se dice del caballo

Antonio **Moro.** *Retrato de dama.* Museo del Prado (Madrid).

o yegua de pelo negro con una estrella o mancha blanca en la frente y calzado de una o dos extremidades. || **MOROS Y CRISTIANOS** *Folk.* Fiesta popular que se celebra en distintas localidades españolas, en la que individuos disfrazados de moros y cristianos simulan una batalla en la que vencen estos últimos. || **haber moros en la costa** loc. fam. con que se recomienda precaución y cautela, por la cercanía de otras personas.

MORO, ALDO Político italiano (Maglie, 1916 - Roma, 1978). Ministro de Justicia (1955) y Educación (1957), sustituyó a Fanfani como secretario general de la Democracia Cristiana (1959-64). Elegido primer ministro en 1963, formó el primer gobierno de coalición con los socialistas y encabezó diversos gabinetes de centro-izquierda. Tras ocupar la cartera de Exteriores (1969-72 y 1973-74), volvió a asumir la jefatura de gobierno (1974-76). En 1978 fue secuestrado y asesinado por las Brigadas Rojas.

MORO, ANTONIO (ANTHONIS MOR VAN DASHORST, llamado) Pintor holandés (Utrecht, 1519 - Amberes, 1576). Pintor de cámara de Carlos V y Felipe II. Autor de retratos de corte, su estilo seco y realista es una síntesis del Renacimiento italiano y la tradición holandesa. Merecen destacarse los retratos del cardenal Granvela (1549), Maximiliano de Austria (1550), Felipe II y María Tudor (1554) y *Retrato de dama*.

MORO, TOMÁS TOMÁS MORO O MORE.

MOROCHO, CHA adj. fig. y fam. **1** *Amér.* Tratándose de personas, robusto, fresco, bien conservado. **2** *Argent., Perú* y *Urug.* Se dice de la persona que tiene pelo negro y tez blanca.

MOROJO m. *Bot.* MADROÑO, fruto.

MORÓN Ciudad Argentina, una de las que forman el Gran Buenos Aires; 641.541 h.

MORONA Río de América del S, que nace en Ecuador, penetra en Perú y desemboca en el Marañón; 730 km.

MORONA-SANTIAGO Provincia de Ecuador, en la región de Oriente; 25.690 km^2 y 113.300 h. Capital, Macas.

MORONDO, DA adj. Pelado o mondado de cabellos o de hojas.

MORONI Ciudad capital de Comores, en la isla de Gran Comore; 22.000 h. Puerto.

MORONI, GIOVANNI BATTISTA Pintor italiano (Albino, h. 1525 - Brescia, 1578). Influido por Lotto, destacó fundamentalmente como retratista.

MOROSIDAD f. **1** Lentitud en la forma de actuar. **2** Demora en el pago de una deuda.

MOROSO, SA adj. **1** Que incurre en morosidad. También s. **2** Que la denota o implica.

MOROSOLI, JUAN JOSÉ Escritor uruguayo (Minas, 1899 - ?, 1957). Autor de los cuentos *Hombres* (1932) *Los albañiles de los Tapes* (1936), *Hombres y Mujeres* (1944), *Vivientes* (1953).

MORRA f. **1** Parte superior de la cabeza. **2** Juego entre dos personas que a un mismo tiempo dicen cada una un número que no pase de diez e indican otro con los dedos de la mano; gana el que acierta el número que coincide con el que resulta de la suma de los indicados por los dedos. **3** El puño, que en este juego vale por cero.

MORRADA f. **1** Golpe dado con la cabeza, especialmente cuando topan dos, una con otra. **2** fig. Guantada, bofetada.

MORRAL m. **1** Talego que contiene el pienso y se cuelga de la cabeza de los animales para que coman cuando no están en el pesebre. **2** Saco que usan los cazadores, soldados y viandantes para echar la caza, llevar provisiones o transportar alguna ropa.

MORRALLA f. **1** Pescado menudo. **2** fig. Multitud de gente de baja condición. **3** fig. Conjunto de cosas inútiles y despreciables.

MORREAR intr., tr. y prnl. vulg. Besarse en la boca largo tiempo.

MORRENA f. *Geol.* Depósito y acumulación de los materiales erosionados, transportados y deformados por la acción del hielo y los glaciares.

MORREO m. **1** Juego de muchachos en que el que pierde queda obligado a sacar con la boca un palillo clavado en la tierra. **2** vulg. Beso prolongado en la boca.

MORRILLO m. Porción carnosa que tienen las reses en la parte superior y anterior del cuello.

MORRIÑA f. **1** *Veter.* Hidropesía de las ovejas y otros animales, comalia. **2** fig. y fam. Tristeza, melancolía, especialmente la nostalgia de la tierra natal.

MORRIÓN m. **1** Armadura de la parte superior de la cabeza, hecha en forma de casco, y que suele tener en lo alto un plumaje o adorno. **2** Prenda del uniforme militar, a manera de sombrero de copa sin alas y con visera, que se usaba para cubrir la cabeza. **3** Especie de vahído o vértigo que padecen las aves de altanería.

MORRIS, CHARLES Filósofo estadounidense (Denver, 1901 - íd., 1979). Sistematizó una teoría de los signos o semiótica que recoge las influencias del neopositivismo y el pragmatismo americanos. Autor de *Fundamento de la teoría de los signos* (1938).

MORRIS, WILLIAM Poeta y artista inglés (Walthamstow, 1834 - Hammersmith, 1896). Miembro del grupo de los prerrafaelistas e influido por las teorías de Ruskin, contribuyó decisivamente a la renovación de las artes decorativas desde la Morris and Co. (1861). A partir de 1888, organizó las exposiciones de Arts and Crafts. Autor de la novela utópica *Noticias de ninguna parte* (1891).

MORRISON, TONI Escritora estadounidense (Lorain, Ohio, 1931). Sus novelas se centran en la vida de la sociedad afroamericana. Entre sus publicaciones destacan *Sula* (1973), *La canción de Salomón* (1981), *Beloved* (1988) y *Jazz* (1992). En 1993 recibió el premio Nobel de Literatura.

MORRO m. **1** Parte de la cabeza de algunos animales en que están la nariz y la boca. **2** Labios de una persona, especialmente los abultados. **3** Monte o peñasco pequeño y redondo. **4** Cualquier cosa redonda cuya figura sea semejante a la de la cabeza. **5** Extremo delantero y prolongado de ciertas cosas. **6** Monte o peñasco escarpado que sirve de marca a los navegantes en la costa. || **beber a morro** fr. fam. Beber sin vaso, aplicando directamente la boca al chorro, corriente o botella. || **estar de morros** fr. fig. y fam. Estar enojado.

MORROCOTUDO, DA adj. fam. De mucha importancia o dificultad.

MORROCOYO m. *Zool.* Galápago americano, común en la isla de Cuba.

MORRÓN adj. **1** *Bot.* PIMIENTO MORRÓN. || m. **2** fam. Golpe, porrazo.

MORSA f. *Zool.* Mamífero carnívoro perteneciente a la familia odobénidos, de nombre científico *Odobenus rosmarus*. De cuerpo muy voluminoso, el macho se caracteriza por sus dos enormes caninos superiores. Vive en el océano Glacial Ártico.

MORSANA f. *Bot.* Arbolillo de la familia cigofiláceas, nativo de Asia y África.

MORSE m. **1** Sistema de telegrafía inventado por Morse, que utiliza un alfabeto a base de puntos y rayas. **2** Aparato que sirve para la transmisión y recepción de estas señales.

MORSE, SAMUEL FINLEY BREESE Inventor estadounidense (Charlestown, 1791 - Nueva York, 1872). Los des-

morsa

cubrimientos de Ampère le sugirieron la idea de un telégrafo eléctrico (1835). Logró establecerlo entre Washington y Baltimore (1844).

MORTADELA f. Embutido muy grueso de carne de cerdo y de vaca muy picada con tocino.

MORTAJA f. **1** Vestidura en que se envuelve el cadáver para enterrarlo. **2** fig. *Amér.* Hoja de papel con que se lía el tabaco del cigarrillo.

MORTAL adj. **1** Que ha de morir. **2** Por antonomasia, se dice del hombre. Más como com. **3** Que ocasiona o puede ocasionar muerte espiritual o temporal. **4** Se dice también de aquellas pasiones que mueven a desear a uno la muerte. **5** fig. Fatigoso, abrumador. **6** SALTO MORTAL.

MORTALIDAD f. **1** Calidad de mortal. **2** *Geog.* Número proporcional de defunciones en una población o tiempo determinados. || **TASA DE MORTALIDAD** *Geog.* Relación entre el número anual de defunciones en una población y el número de personas que la forman durante el tiempo de observación. Se suele expresar en tantos por mil.

MORTALMENTE adv. m. De manera mortal.

MORTANDAD f. Multitud de muertes causadas por epidemia, cataclismo o guerra.

MORTECINO, NA adj. fig. **1** Apagado y sin vigor. **2** fig. Que está casi muriendo o apagándose.

MORTERADA f. Porción de vianda, condimento o salsa que se prepara de una vez en el mortero.

MORTERO m. **1** Utensilio a manera de vaso, que sirve para machacar en él especias, semillas, drogas, etc. **2** *Arm.* Pieza de artillería destinada a lanzar proyectiles explosivos. **3** En albañilería, conglomerado o masa constituida por arena, conglomerante y agua. **4** Piedra plana, circular y de gran espesor, sobre la cual se echa la aceituna para molerla en los molinos de aceite.

MORTERUELO m. *Gastron.* Guisado de hígado de cerdo, machacado y desleído con especias y pan rallado. Es típico de la provincia de Cuenca.

MORTÍFERO, RA adj. Que ocasiona o puede ocasionar la muerte.

MORTIFICACIÓN f. **1** Acción y efecto de mortificar. **2** Lo que mortifica.

MORTIFICAR tr. y prnl. **1** fig. Castigar el cuerpo como penitencia o sacrificio. **2** fig. Afligir, desazonar o causar pesadumbre o molestia.

MORTIS CAUSA loc. adj. *Der.* Se dice del testamento y de ciertos actos de liberalidad, cuyo fin está determinado por la muerte y sucesión del causante.

MORTON, JAMES DOUGLAS, CONDE DE Político escocés (Dalkeith, h. 1525 - Edimburgo, 1581). Nombrado canciller (1563), se enfrentó a la política de Bothwel, esposo de María Estuardo. Posteriormente fue consejero de Murray y regente de Escocia (1572-78). Acusado de complicidad en el asesinato de Darnley, fue condenado a muerte y ejecutado.

MORTUORIO, RIA adj. Relativo al muerto o a las honras que se hacen por él.

MORUCHO m. *Taurom.* **1** Novillo embolado para que los aficionados lo lidien en la plaza de toros. **2** Designación popular del toro negro.

MORUECO m. Carnero padre o que ha servido para la fecundación.

MÓRULA f. *Biol.* Estado del desarrollo de un embrión, formado por una masa sólida de blastómeros con aspecto de mora.

MORUNO, NA adj. MORO, relativo a la antigua Mauritania o a sus naturales.

MORURO m. *Bot.* Especie de acacia de la isla de Cuba, cuya corteza sirve para curtir pieles.

MOS Municipio de España, provincia de Pontevedra; 13.905 h. Su capital es Regenjo.

MOSA Río de Europa, que nace al NE de Francia, atraviesa la Lorena, penetra en Bélgica, sirve de frontera con los Países Bajos y desemboca en el mar del Norte, formando un delta común con el Rhin; 950 km.

MOSA Departamento del NE de Francia, en la región de Lorena; 6.216 km² y 192.198 h. Capital, Bar-le-Duc.

MOSADDEQ (MUHAMMAD HIDALYAT, llamado) Político iraní (Teherán, h. 1880 - íd., 1967). En 1929 fundó el Frente Nacional y en 1951 fue investido primer ministro. Destituido en 1953, se negó a abandonar el cargo y fue derrocado días más tarde por un golpe de Estado.

MOSAICO¹, CA adj. Relativo a Moisés.

MOSAICO², CA adj. y m. *Arte.* Se dice de la obra que resulta de encajar pequeñas piezas de piedras o vidrios, generalmente de varios colores, para formar un dibujo.

MOSAÍSMO m. **1** *Rel.* LEY DE MOISÉS. **2** Civilización mosaica.

MOSCA f. **1** *Zool.* Nombre común de numerosísimas especies de insectos dípteros, de diferentes familias y géneros, con dos alas, tres pares de patas, ojos compuestos, antenas cortas, y boca picadora-chupadora en forma de trompa suctora. De distribución cosmopolita, las más conocidas son: mosca común (*Musca domestica*), mosca de la fruta (*Ceratitis capitata*), mosca del vinagre (*Drosophila melanogaster*), etc. **2** Pelo que nace al hombre entre el labio inferior y el comienzo de la barba, y que algunos dejan crecer aun no llevando perilla. **3** Pequeña mancha negra o muy oscura. **4** fig. y fam. Persona molesta, impertinente y pesada. || **MOSCA MUERTA** Persona que parece de ánimo o genio apagado, pero que no pierde ocasión para obtener provecho. || **MOSCA TSÉ-TSÉ** *Zool.* Insecto díptero perteneciente a la familia glosínidos, de nombre científico *Glossinia palpalis*, que es el agente transmisor de la enfermedad del sueño. Vive en el C y O de África. || **cazar moscas** fr. fig. y fam. Ocuparse en cosas inútiles o vanas. || **papar moscas** fr. fig. y fam. Estar embelesado o sin hacer nada, con la boca abierta. || **picarle** a uno **la mosca** fr. fig. y fam. Sentir o venirle a la memoria una idea que le inquieta, desazona y molesta. || **por si las moscas** fr. fig. y fam. Por si acaso, por lo que pueda suceder. || **tener la mosca en,** o **detrás de, la oreja** fr. fig. y fam. Estar escamado o receloso de algo.

MOSCA, GAETANO Jurista italiano (Palermo, 1858 - Roma, 1941). Autor de *De la teoría de los gobiernos y del gobierno parlamentario* (1884) y *Elementos de ciencia política* (1895).

MOSCADA adj. *Bot.* NUEZ MOSCADA.

MOSCARDA f. *Zool.* MOSCARDÓN.

MOSCARDÓN m. **1** *Zool.* Nombre de diversos insectos dípteros. Son moscas de tamaño mediano o grande, con el cuerpo de color azul o verde con brillo metálico. **2** *Zool.* Especie de mosca zumbadora. **3** *Zool.* Especie de avispa grande, avispón. **4** fig. y fam. Hombre impertinente que molesta con pesadez y picardía.

MOSCATEL adj. *Agr.* **1** UVA MOSCATEL. También amb. **2** Se dice del vino que se hace de esta uva. También m.

MOSCICKI, IGNACY Político y físico polaco (Mierzanow, 1867 - Versoix, Suiza, 1946). Inventó el condensador que lleva su nombre. En 1926 fue elegido presidente de la República y reelegido en 1933. Tras la invasión alemana (1939) se refugió en Rumania y, posteriormente, en Suiza.

MOSCO, CA adj. *Zool.* **1** *Chile* Se dice del caballo o yegua de color muy negro y algún que otro pelo blanco entremezclado entre los negros. || m. **2** Mosquito, insecto.

MOSCO Poeta griego (Siracusa, s. II a. C.). Imitador de Teócrito, se le atribuyen dos composiciones de tema mitológico: *Europa* y *Eros fugitivo*.

MOSCÓN m. **1** *Zool.* Especie de mosca, de mayor tamaño que la común, que tiene las alas manchadas de rojo. **2** *Zool.* Especie de mosca zumbadora que deposita sus huevos en las carnes frescas. **3** fig. y fam. Hombre pesado y molesto.

MOSCONEAR tr. **1** Importunar, molestar con impertinencia y pesadez. || intr. **2** Porfiar para lograr un propósito fingiendo ignorancia.

MOSCOSO RODRÍGUEZ, MIREYA ELISA Política panameña (Panamá, 1946). Viuda del presidente Arnulfo Arias, fue presidenta del Partido Arnulfista de 1991 a 1996. Candidata por la alianza «Unión por Panamá», venció en las elecciones presidenciales de 1999.

MOSCOVA Río de la Federación de Rusia, que nace en Smolensko, pasa por Moscú y desemboca en el Oka, cerca de Kolomna; 491 km.

MOSCOVIA *Hist.* Principado ruso situado en la región de Moscú, que existió desde el siglo XIII hasta el XVII. Fundado por Alejandro Nevski, se extendió por el Volga con Iván IV el Terrible y hasta el Cáucaso y mar Caspio por el S, y casi al Báltico por el N durante el gobierno de los primeros Romanov, constituyendo el germen del imperio ruso creado por Pedro I el Grande (1689-1725).

MOSCOVITA adj. y s. **1** De Moscovia. **2** De Moscú. || f. *Miner.* **3** Variedad de mica.

MOSCÚ (*Moskva*) **1** Región de la Federación de Rusia; 47.000 km² y 6.626.000 h. **2** Ciudad autónoma, capital de la Federación de Rusia y de la región de su nombre, a orillas del Moscova; 8.717.000 h. Fue capital de la URSS hasta 1991. Centro industrial de primer orden. Importante puerto fluvial. Entre sus monumentos más sobresalientes se encuentran el KREMLIN, que con la emblemática plaza Roja constituye el corazón de Moscú, la catedral de San Basilio (siglo XVI), la mansión de los boyardos Romanov (siglo XVI), los monasterios fortificados de Novodiévichi y Donskói (siglos XVI-XVIII) o la iglesia de San Salvador (siglo XIX). En el ámbito de la cultura merecen citarse instituciones como la Academia de las Ciencias o el teatro Bolshoi y, sus diversos museos: la Galería Tretjakov; el Museo Pushkin; y el Museo de Historia. Fundada en 1147, en el siglo XIII pasó a ser el centro del principado de Moscovia. Sede metropolitana desde 1326, se convirtió desde finales del siglo XV, en capital del Estado centralizado. En 1713, la capitalidad fue trasladada por Pedro I el Grande a San Petersburgo. Ocupada por las tropas napoleónicas en 1812. Tras la revolución (1917), se convirtió en la capital de la Unión de Repúblicas Socialistas Soviéticas. Tras la desaparición de la URSS en 1991, ha mantenido la capitalidad de la Federación de Rusia.

MOSELA Departamento del NE de Francia, en la región de Lorena; 6.216 km² y 1.023.447 h. Capital, Metz.

MOSELA Río de Francia y Alemania, que nace en los Vosgos, atraviesa Lorena, pasando por Nancy y Metz, y el Macizo Renano y desemboca en el Rhin, en Coblenza; 550 km. Sus principales afluentes son el Sarre y el Ruwer.

MOSELEY, HENRY GWYN-JEFFREYS Físico y químico inglés (Weymouth, 1887 - Gallípoli, 1915). Ayudante de Rutherford, demostró que cada elemento posee una radiación característica en la región de los rayos X, lo que determina su número atómico. Estableció la ley que lleva su nombre, según la cual, la raíz cuadrada de las frecuencias de las rayas correspondientes, en los espectros de rayos X, a los diversos elementos está en relación lineal con el número atómico de tales elementos.

MOSÉN m. **1** *Hist.* Título que se daba a los nobles de segunda clase en el antiguo reino de Aragón. **2** Tratamiento que en Cataluña se da a los sacerdotes.

MOSER, FRANCESCO Ciclista italiano (Palu di Giovo, 1951). Fue campeón del mundo de fondo en carretera en 1977. En 1984 se impuso en el Giro de Italia, y en 1986, superó el récord de la hora.

MOSHINSKY, MARCOS Físico mexicano, de origen ucraniano (Kiev, 1921). Sus investigaciones se han centrado fundamentalmente en las ecuaciones diferenciales no lineales. Premio Príncipe de Asturias de Investigación Científica y Técnica (1988).

MOSKENSTRAUMEN o **MÄLSTRÖM** *Ocean.* Nombre de una corriente y remolinos marinos que se originan en las costas noruegas, al S de las islas Lofoten.

MOSQUEAR tr. fig. **1** Hacer concebir sospechas. También prnl. **2** fig. Molestar disimuladamente. || prnl. **3** fig. Molestarse fácilmente y sin motivo.

MOSQUERA, JOAQUÍN Político colombiano (Popayán, 1787 - íd., 1877). Participó en la junta de Popayán

Moscú (Rusia). Plaza Roja.

(1810-12) y tomó parte en las luchas por la independencia (1812-16). Elegido jefe de Estado de la Gran Colombia (1830), se alejó del poder al producirse el levantamiento de Urdaneta. Ocupó la vicepresidencia de la República entre 1833 y 1835.

Mosquera, Tomás Cipriano de Político y militar colombiano (Popayán, 1798 - íd., 1878). Hermano del anterior, tomó parte en las luchas por la independencia. Fue presidente de la República de Nueva Granada (1845-49) y de los Estados Unidos de Colombia (1863-1864 y 1866-67).

Mosquera Narváez, Aurelio Político y médico ecuatoriano (Quito, 1884 - íd., 1939). Dirigente del Partido Radical Liberal, ocupó la presidencia de la República (1938-39). Restableció la Constitución de 1906.

mosquero m. **1** Tira de cierto papel, que se cuelga del techo para atrapar moscas. **2** *And.* Fleco de correíllas o cordones que se pone en las cabezadas y jáquimas para que las caballerías se espanten las moscas. **3** *Amér.* Hervidero o abundancia de moscas.

mosqueta f. *Bot.* Rosal con tallos espinosos y flores blancas y de olor almizclado.

mosquetazo m. **1** Disparo hecho con mosquete. **2** Herida y daño producidos por este tiro.

mosquete m. *Arm.* Arma de fuego de los siglos XVI y XVII, más larga y de mayor calibre que el fusil, que se disparaba apoyándola sobre una horquilla.

mosquetería f. **1** Tropa formada de mosqueteros. **2** En los antiguos corrales de comedias, conjunto de mosqueteros, o espectadores que estaban de pie.

mosquetero m. **1** Soldado armado de mosquete. **2** En los antiguos corrales de comedias, el que las veía de pie desde la parte posterior del patio.

mosquetón m. **1** *Arm.* Arma de fuego más corta que el fusil y de cañón rayado. **2** Anilla que se abre y cierra mediante un muelle.

mosquitera f. **1** Tela que cubre la cama para impedir que pasen los mosquitos. **2** Objeto que se utiliza para espantar insectos.

mosquitero m. **1** mosquitera. **2** *Zool.* Nombre de diversas aves paseriformes, del género *Phylloscopus*, con plumaje verde oliva en el dorso y blanco en el vientre, cola ahorquillada y pico delgado y corto. Viven en Europa, Asia y África.

Mosquitia Mosquitos, Costa de los.

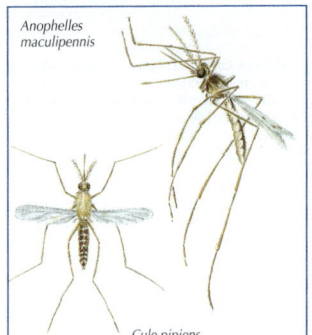

Anopheles maculipennis

Cule pipiens

mosquito

mosquito[1] m. *Zool.* Nombre de diversas especies de insectos dípteros picadores, de formas delgadas, largas patas y alas transparentes y estrechas; la hembra chupa la sangre de las personas y los animales de piel fina, produciendo con la picadura una inflamación rápida acompañada de picor. Sus larvas viven en las aguas estancadas.

mosquito[2], **ta** adj. **1** *Etnol.* Pueblo amerindio de América Central, que habita en Nicaragua y Honduras. Localizados antiguamente en el interior de Nicaragua, se desplazaron hacia la costa de los Mosquitos, donde se mezclaron con esclavos negros. Más como m. **2** Se dice también de sus individuos. También s. **3** Relativo a este pueblo. || m. **4** *Ling.* Lengua de este pueblo, de la familia misumalpa, relacionada probablemente con el chibcha.

Mosquitos, Costa de los Región natural de Nicaragua, que comprende toda la llanura aluvial de la costa del mar de las Antillas. Debe su nombre a sus principales pobladores, los mosquitos. También se llama *Mosquitia*.

Mosquitos, golfo de los Amplia ensenada de la costa N de Panamá, en el mar de las Antillas. En él se encuentra la isla de Escudo de Veraguas.

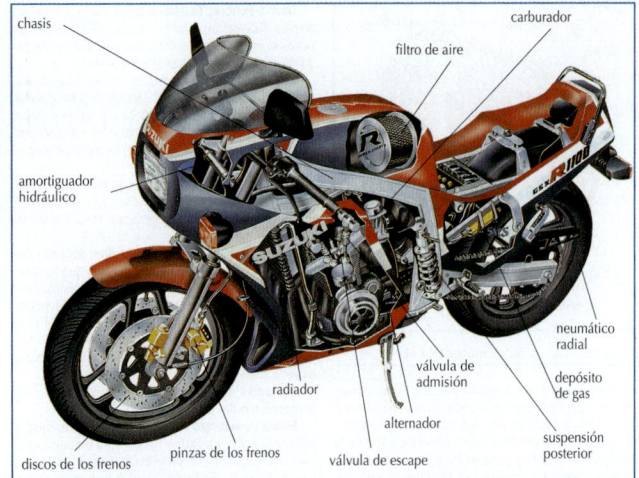

motocicleta

Moss Ciudad del SE de Noruega, capital del condado de Östfold, junto al fiordo de Oslo; 25.001 h. Puerto.

Mössbauer, Rudolf Físico alemán (Munich, 1929). Descubrió el efecto que lleva su nombre sobre las partículas elementales. Premio Nobel de Física (1961), compartido con R. Hofstadter.

mostacera f. Tarro o frasco en que se prepara y sirve la mostaza para la mesa.

mostacero m. mostacera.

mostacho m. Bigote del hombre.

mostachón m. Bollo pequeño de almendra, azúcar y canela u otra especia fina.

mostacilla f. **1** Munición pequeña para la caza de pájaros y animales pequeños. **2** Abalorio de cuentecillas muy menudas. **3** Cosa de tamaño muy pequeño.

mostaza f. **1** *Bot.* Nombre de diversas plantas herbáceas anuales de la familia crucíferas, que abundan en los campos; su semilla molida posee propiedades estimulantes y se emplea frecuentemente en condimentos y medicina. **2** Semilla de esta planta. **3** Salsa que se hace de esta semilla.

mostela f. *Agr.* Haz o gavilla.

mostellar m. *Bot.* Árbol de la familia rosáceas, cuya madera se emplea en ebanistería.

mostense adj. y m. *fam.* premonstratense.

mosto m. Zumo exprimido de la uva, antes de fermentar y hacerse vino.

mostra (Voz it.) f. Italianismo innecesario por *exposición* o *exhibición*.

mostrador, ra adj. y s. **1** Que muestra. || m. **2** Mesa o tablero que hay en las tiendas para presentar los géneros. **3** Especie de mesa, cerrada en su parte exterior, que en los bares, cafeterías y otros establecimientos análogos, se utiliza para servir lo que piden los clientes.

mostrar tr. **1** Exponer a la vista algo; señalarlo para que se vea. **2** Explicar, dar a conocer una cosa o convencer de su certidumbre. **3** Hacer patente un efecto real o simulado. **4** Dar a entender o conocer con las acciones una calidad del ánimo. || prnl. **5** Portarse uno como corresponde a su oficio, dignidad o calidad, o darse a conocer de alguna manera. ♦ IRREG. Se conjuga como contar.

mostrativo, va adj. Se dice de lo que muestra o se refiere a la acción de mostrar.

mostrenco, ca adj. **1** *Econ.* Se dice de los bienes muebles o los semovientes que, por no tener dueño conocido, se aplican al Estado. **2** fig. y fam. Se dice del que no tiene casa ni hogar. **3** fig. y fam. Ignorante o tardo en discurrir o aprender. También s. **4** fig. y fam. Se dice del sujeto muy gordo y pesado. También s.

Mosul Ciudad del N de Irak, a orillas del Tigris, en el Kurdistán, capital de la gobernación de Nineveh; 664.221 h. Petróleo.

mota f. **1** Nudillo o granillo que se forma en el paño, y se quita o corta con pinzas o tijeras. **2** Pequeña partícula de alguna cosa. **3** fig. Defecto insignificante. **4** Mancha, pinta o dibujo redondeado o muy pequeño. **5** Elevación de poca altura que se levanta en un llano. **6** pasa, mechón de cabellos cortos y crespos.

motacila f. *Zool.* lavandera.

Motagua Río de Guatemala, que nace en el departamento de Quiché y desemboca en el golfo de Honduras, formando un delta; 547 km. En su primer tramo se denomina también *Grande*.

mote[1] m. **1** *Bl.* Frase que adoptaban los antiguos caballeros como lema en las justas y torneos. **2** Sobrenombre que se da a una persona por una cualidad o condición, apodo. **3** *Chile* Error gramatical en un escrito.

mote[2] m. **1** Maíz desgranado y cocido con sal, que se emplea como alimento en algunas partes de América. **2** *Chile* Guiso o postre de trigo quebrantado o triturado después de haber sido cocido en lejía y deshollejado.

motear tr. Salpicar de motas una tela, para darle variedad y hermosura.

motejar tr. Aplicar calificativos despectivos.

motel m. Hotel de carretera en el que cada habitación tiene entrada independiente desde fuera.

motero, ra adj. *Chile* **1** Que vende mote[2]. Más como m. **2** Aficionado a comer mote[2]. **3** Relativo al mote[2].

motero, ra adj y s. Aficionado al motociclismo.

motete m. *Mús.* Forma musical polifónica, de origen religioso, con o sin acompañamiento instrumental.

Motherwell, Robert Pintor estadounidense (Aberdeen, 1915 - Provincetown, 1991). Influenciado en sus comienzos por el surrealismo, se convirtió, posteriormente, en uno de los principales representantes del expresionismo abstracto.

motilar tr. Cortar el pelo o raparlo.

motilidad f. Facultad de moverse que tienen los seres vivos.

motilón, na adj. **1** Que tiene muy poco pelo, pelón. También s. **2** *Etnol.* Se dice del pueblo amerindio, perteneciente a la familia lingüística caribe, que vive en la región montañosa fronteriza entre Venezuela y Colombia. Más como m. pl. **3** Se dice también de sus individuos. También s. **4** Relativo a este pueblo.

motín m. Movimiento o levantamiento popular, por lo común contra la autoridad constituida.

motivación f. **1** Acción y efecto de motivar. **2** motivo, causa de algo. **3** Estimulación mental orientada hacia la consecución de un objetivo.

motivar tr. **1** Dar causa o motivo para una cosa. **2** Dar o explicar la razón o motivo que se ha tenido para hacer una cosa. **3** Preparar mentalmente una acción.

motivo m. **1** Causa o razón que mueve para una cosa. **2** Dibujo que se repite en una decoración. **3** *Mús.* Tema o asunto de una composición.

moto f. Forma abreviada de motocicleta.

moto-; -moto pref. o suf. que significa movimiento; el pref. suele significar que ese movimiento se efectúa por medio de un motor industrial más o menos grande.

motocarro f. *Mec.* Vehículo cuyo elemento motor está constituido por una motocicleta, a la que se acopla una carrocería, que descansa sobre dos ruedas, para transportar carga.

motocicleta f. *Mec.* Vehículo automóvil de dos ruedas, movido por un motor de explosión, con uno o dos sillines, que parece haber sido ideado por el mecánico alemán Gottlieb Daimler en 1884.

motociclismo m. *Dep.* Deporte que se practica sobre una motocicleta; existen diversas modalidades, agrupadas en pruebas de velocidad en asfalto y pruebas de campo, como el *motocrós* y el *trial*. La principal

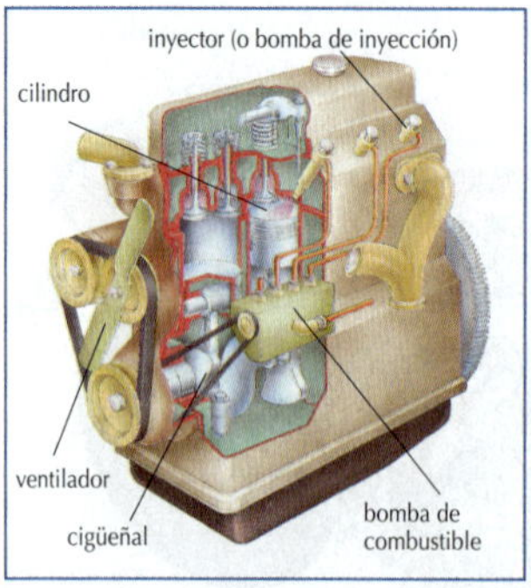

Estructura interna de un **motor Diesel.**

competición en asfalto es el campeonato del mundo de pilotos y constructores, que comenzó a celebrarse en 1949. En la actualidad, está dividida en tres categorías, 125 cc, 250 cc y moto GP (que sustituyó en 2002 a la categoría de 500 cc), y consta de dieciséis pruebas o *grandes premios,* disputados en circuitos de distintos países.

MOTOCICLISTA com. Persona que conduce una motocicleta.

MOTOCRÓS m. *Dep.* Carrera de motos que se celebra en el campo, en circuitos cerrados accidentados natural o artificialmente.

MOTOESQUÍ m. *Dep.* Deporte que consiste en desplazarse por la nieve con una moto.

MOTOLINÍA (FRAY TORIBIO DE BENAVENTE, llamado) Historiador español (Benavente, h. 1490 - México, 1569). Misionero franciscano, en 1524 marchó a México, donde los indios le pusieron el apodo con que es conocido, y que en nahua significa «pobre». Se opusó a las tesis de Las Casas, que consideraba demasiado idealistas, en su *Carta al emperador Carlos V* (1555). Autor de *Historia de los indios de la Nueva España* (1541) y *Memoriales* (1541).

MOTOLITO, TA adj. y s. Necio, bobalicón.

MOTONÁUTICA f. *Dep.* Deporte que consiste en navegar con embarcaciones de motor.

MOTONAVE f. Nave de motor.

MOTOPESQUERO m. Barco pesquero movido por motor.

MOTOR adj. **1** Que produce movimiento. También m. **2** *Fisiol.* Se dice del nervio eferente que inerva músculos y glándulas. || m. *Mec.* **3** Máquina destinada a producir movimiento a expensas de otra fuente de energía. Según la clase de ésta, el motor se llama eléctrico, térmico, hidráulico, etc. || **MOTOR DE COMBUSTIÓN INTERNA** *Mec.* Aquel en que la fuerza se produce por la combustión (explosión) brusca de un gas o un líquido en un cilindro, en cuyo interior se mueve un émbolo o pistón que aprovecha esta fuerza para producir el movimiento. || **MOTOR DIESEL** *Mec.* El de explosión en que el carburante se inflama por la compresión a que se somete el aire en la cámara de combustión, sin necesidad de bujías. Se llama así por el nombre de su inventor. || **MOTOR DE EXPLOSIÓN** *Mec.* Nombre en desuso del MOTOR DE COMBUSTIÓN INTERNA. || **MOTOR FUERA BORDA, FUERA BORDO, FUERA DE BORDA** o **FUERA DE BORDO** Pequeño motor, generalmente de dos tiempos, provisto de una hélice, que se coloca en la parte exterior de la popa de ciertas embarcaciones de recreo. || **MOTOR DE REACCIÓN** *Mec.* Ingenio cuyo movimiento se obtiene mediante expulsión de un chorro de gases producido por él mismo.

MOTORA f. Embarcación menor con motor.

MOTORISTA com. **1** Persona que conduce una motocicleta. **2** Persona aficionada al motociclismo.

MOTORIZAR tr. y prnl. Dotar de medios mecánicos de tracción o transporte a un ejército, industria, etc.

MOTOROLA f. Teléfono móvil.

MOTRICIDAD f. *Fisiol.* Acción del sistema nervioso central, que determina la contracción muscular.

MOTRIZ adj. f. Que mueve.

MOTT, JOHN RALEIGH Filántropo estadounidense (Livingston, 1865 - Orlando, 1954). Fue secretario general del Consejo Nacional y del Comité Internacional de la Asociación de Jóvenes Cristianos (YMCA) y dirigió el Consejo Mundial de las Iglesias. Compartió con E. G. Balch el premio Nobel de la Paz en 1946.

MOTT, SIR NEVILL Físico británico (Leeds, 1905 - Milton Keynes, 1996). En 1977 recibió el premio Nobel de Física, compartido con P. Anderson y J. Hasborck van Vleck, por sus trabajos teóricos fundamentales sobre la estructura electrónica de los sistemas magnéticos desordenados.

MOTTE-FOUQUÉ, FRIEDRICH DE LA Poeta y novelista alemán (Brandeburgo, 1777 - Berlín, 1843). Autor romántico, entre sus obras figuran la novela *El anillo encantado* (1818) y el cuento *Ondina* (1811).

MOTTELSON, BEN Físico estadounidense, naturalizado danés (Chicago, 1926). En 1975 recibió el premio Nobel de Física, compartido con A. Böhr y J. Rainwater, por haber descubierto la conexión entre los movimientos colectivos y los desplazamientos de partículas en el átomo.

MOTU PROPRIO (Literalmente, *con movimiento propio.*) loc. adv. lat. **1** Por propia voluntad o iniciativa. || m. *Der. can.* **2** Resolución pontificia dictada por iniciativa propia.

MOTUDO, DA adj. y s. *Amér.* Se dice del pelo dispuesto en forma de mota y de la persona que lo tiene.

MOULIN, JEAN Dirigente de la Resistencia francesa (Béziers, 1899 - Metz, 1943). Coordinó los movimientos de la Resistencia, bajo el mando de De Gaulle; en 1943 fue designado primer presidente del Consejo Nacional de la Resistencia, pero cayó prisionero de los alemanes y murió en el trayecto a Alemania.

MOULINS Ciudad del centro de Francia, capital del departamento de Allier; 22.799 h.

MOULINS, MAESTRO DE Pintor gótico francés (finales del s. XV). Activo en París y Borgoña, la influencia flamenca es patente en la *Natividad* de Autum (1480) y en los retratos de los Borbones. Su obra maestra es el tríptico de la catedral de Moulins (1498-1500).

MOUNIER, EMMANUEL Filósofo francés (Grenoble, 1905 - Chatenay-Malabry, 1950). Fundador y director de la revista *Esprit* (1932), fue el principal representante del personalismo.

MOUNTBATTEN Nombre inglés de la familia alemana de Battenberg, adoptado en 1917.

MOUNTBATTEN DE BIRMANIA, LOUIS Marino inglés (Windsor, 1900 - costa occidental de Irlanda, 1979). Durante la Segunda Guerra Mundial dirigió las fuerzas aliadas que consiguieron expulsar a los japoneses del océano Índico. Virrey de la India (1947), fue comandante de la flota de la OTAN en el Mediterráneo (1952-54) y jefe del Estado Mayor de la Defensa (1959-65). Murió en un atentado del IRA.

MOVEDIZO, ZA adj. **1** Fácil de moverse o ser movido. **2** Inseguro, que no está firme. **3** fig. Que se mueve constantemente. **4** fig. Inconstante.

MOVER tr. **1** Hacer que un cuerpo ocupe un lugar distinto del que ocupa. También prnl. **2** Menear o agitar una cosa o parte de algún cuerpo. **3** fig. Dar motivo para una cosa; persuadir, inducir o incitar a ella. **4** fig. Seguido de la prep. *a,* causar u ocasionar. **5** fig. Alterar, conmover. **6** fig. Excitar o dar principio a una cosa en lo moral. || prnl. **7** Echar a andar, irse. ♦ IRREG. Véase cuadro.

MOVER

INDICATIVO
Pres.: muevo, mueves, mueve, movemos, movéis, mueven.
Pret. imperf.: movía, movías, etc.
Pret. indef.: moví, moviste, etc.
Fut. imperf.: moveré, moverás, etc.
Condic.: movería, moverías, etc.
SUBJUNTIVO
Pres.: mueva, muevas, mueva, movamos, mováis, muevan.
Pret. imperf.: moviera, movieras, etc., o moviese, movieses, etc.
Fut. imperf.: moviere, movieres, etc.
IMPERATIVO: mueve, moved.
PARTICIPIO: movido.
GERUNDIO: moviendo.

MOVIBLE adj. **1** Que puede moverse por sí, o por impulso ajeno. **2** fig. Variable, voluble.

MOVIDO, DA adj. **1** Se dice del lapso de tiempo en que se ha tenido ajetreo. **2** Se dice de lo que ha transcurrido o se ha desarrollado con agitación o con incidencias imprevistas. **3** Se dice de reuniones donde hay discusión viva. || f. **4** fig. y fam. Acción o situación especial o preocupante. **5** fig. y fam. Confusión, agitación, jolgorio. **6** fig. Movimiento cultural urbano.

MÓVIL adj. **1** Que por sí puede moverse. **2** Que no tiene estabilidad o permanencia. || m. **3** Lo que mueve material o moralmente a una cosa. **4** Cuerpo en movimiento.

MOVILIDAD f. **1** Cualidad de movible. **2** Capacidad de poderse mover.

MOVILIZAR tr. **1** Poner en actividad o movimiento tropas, etc. **2** Convocar, incorporar a filas, poner en pie de guerra tropas u otros elementos militares.

MOVIMIENTO m. **1** Acción y efecto de mover. **2** *Fís.* Variación de la posición de un cuerpo con el tiempo, relativa a otras posiciones. No existen movimientos absolutos, ya que, según la teoría de la relatividad, no existe ningún sistema de referencia absoluto. **3** *Estad.* y *Econ.* Alteración numérica en el estado o cuenta durante un tiempo determinado, que tiene lugar en los cómputos mercantiles y en algunas estadísticas. **4** fig. Alteración, inquietud o conmoción. **5** Alzamiento, rebelión. **6** fig. Primera manifestación de un afecto, pasión o sentimiento, como celos, risa, ira, etc. **7** Desarrollo y propagación de una tendencia religiosa, política, social, estética, etc., de carácter innovador. **8** Conjunto de alteraciones o novedades ocurridas durante un periodo de tiempo en algunos campos de la actividad humana. **9** fig. Variedad y animación en el estilo, o en la composición poética o literaria. **10** *Astron.* Adelanto o atraso de un reloj en un intervalo fijo. **11** *Dep.* En esgrima, cambio rápido en la posición del arma. **12** *Mús.* Velocidad del compás. **13** *Mús.* Nombre que se da a cada uno de los fragmentos de una sonata o sinfonía, de acuerdo con el contraste de tiempo existente entre ellos. || **MOVIMIENTO ACELERADO** *Fís.* Aquel en que la velocidad aumenta en cada instante de su duración. || **MOVIMIENTO COMPUESTO** *Fís.* El que resulta de la concurrencia de dos o más fuerzas en diverso sentido. || **MOVIMIENTO CONTINUO** *Fís.* El que se pretende hacer durar por tiempo indefinido, sin gasto de fuerza motriz. || **MOVIMIENTO ONDULATORIO** *Fís.* El producido por una perturbación en un punto de un medio, que se propaga a otros puntos del mismo sin que exista transporte de materia, pero sí de energía. || **MOVIMIENTO RETARDADO** *Fís.* Aquel en que la velocidad va disminuyendo. || **MOVIMIENTO DE ROTACIÓN** *Fís.* Aquel en que un cuerpo se mueve alrededor de un eje. || **MOVIMIENTO SÍSMICO** *Geol.* TERREMOTO. || **MOVIMIENTO DE TRASLACIÓN** *Astron.* El de los astros a lo largo de sus órbitas. || *Fís.* El de los cuerpos que siguen curvas de gran radio en relación con sus propias dimensiones. || **MOVIMIENTO UNIFORME** *Fís.* Aquel en que la velocidad es igual y constante. || **MOVIMIENTO UNIFORMEMENTE ACELERADO** *Fís.* Aquel en que la velocidad aumenta proporcionalmente al tiempo transcurrido. || **MOVIMIENTO UNIFORMEMENTE RETARDADO** *Fís.* Aquel en que la velocidad disminuye proporcionalmente al tiempo transcurrido.

MOVIOLA (Marca comercial.) f. *Cin.* Máquina empleada en los estudios cinematográficos y de televisión, que permite proyectar un filme, secuencia a secuencia, sobre una pequeña pantalla incorporada al mismo, con el fin de efectuar un montaje adecuado.

MOYA DE CONTRERAS, PEDRO Religioso y administrador español (¿Córdoba?, ? - Madrid, 1591). En 1571 se trasladó a México para instaurar el tribunal del Santo Oficio y, dos años después, ocupó la sede arzobispal. Virrey de Nueva España en 1585, regresó a la Península y fue nombrado presidente del Consejo de Indias (1591).

MOYA MURILLO, RAFAEL Político costarricense (San Antonio de Belén, 1800 - ?, 1864). Ocupó provisionalmente la jefatura del Estado (diciembre, 1844-abril, 1845) por renuncia de Oreamuno.

MOYANA f. *Arm.* Pieza antigua de artillería, semejante a la culebrina, pero de calibre mayor.

MOYANO, CARLOS MARÍA Marino argentino (Mendoza, 1854 - Buenos Aires, 1910). Fue jefe de la Comisión Exploradora de la Patagonia (1889).

MOYO m. Medida de capacidad que se usa para el vino y en algunas comarcas para áridos.

MOYUELO m. Salvado muy fino, el último que se separa al apurar la harina.

MOZALBETE m. Mozo de pocos años, mocito, mozuelo.

MOZAMBIQUE Canal del océano Índico, entre las costas de Mozambique y la isla de Madagascar.

MOZAMBIQUE *(República de Moçambique)* Estado de África oriental, que limita al N con Tanzania; al E, con el océano Índico; al S, con la República Sudafricana, y al O, con Swazilandia, República Sudafricana, Zimbabwe, Zambia y Malawi.

GEOG. El territorio comprende una zona litoral; la meseta interior, uniforme altiplanicie de la que surgen bruscamente picos graníticos; y el sector montañoso del O. Los lagos Malawi y Chilwa se extienden por Mozambique y Malawi. Los ríos principales son el Rovuma, Messalo, Lúrio, Ligonha, Zambeze, Pungue, Save, Limpopo, Sabi y Maputo. El clima es tropical húmedo. La economía es básicamente agrícola. Algunos productos se emplean para el consumo local (mandioca, maíz, arroz largo, frutas), mientras que otros se destinan al comercio (caña de azúcar, algodón). Importante explotación maderera. El subsuelo es muy rico en recursos minerales, pero solamente se explotan con regularidad el carbón y la bauxita. Su industria es escasa.

Superficie: 812.379 km².
Población: 19.105.000 h. (*mozambiqueños*).
Densidad: 23,9 h./km².
Tasa de natalidad: 38‰.
Tasa de mortalidad: 23,3‰.
Capital: Maputo.
Ciudades principales: Beira, Nampula, Quelimane.
Grupos étnicos: makua (47,3%), tsonga (23,3%), malawi (12%), shona (11,3%).
Religión: animismo (47,8%), catolicismo (31,4%), islamismo (13%).
Idioma: portugués (oficial) y dialectos bantúes.
Moneda: metical.
Forma de Estado: república.
Producto Nacional Bruto: 3.478 millones de dólares.
Renta per cápita: 210 dólares.
División administrativa: 10 provincias y 1 ciudad, según cuadro.

MOZAMBIQUE			
Provincias	Superficie (km²)	Población (h.)	Capitales
Cabo Delgado	82.625	1.287.814	Pemba
Gaza	75.709	1.062.380	Xai-Xail
Inhambane	68.615	1.123.079	Inhambane
Manica	61.661	974.208	Chimoio
Maputo	25.756	806.179	Maputo
Maputo (ciudad)	602	966.837	
Nampula	81.606	2.975.747	Nampula
Niassa	129.055	756.287	Lichinga
Sofala	68.018	1.289.390	Beira
Tete	100.724	1.144.604	Tete
Zambezia	105.008	2.891.809	Quelimane

Hist. En los primeros siglos de nuestra era, griegos y romanos comerciaban ya con las poblaciones costeras del actual Mozambique. En el siglo VIII mercaderes árabes visitaron regularmente sus puertos en busca de oro y cobre. El portugués Covilha llegó a sus costas en 1489 y Vasco da Gama las exploró en 1498. En 1507, los portugueses se apoderaron de la ciudad de Mozambique, y en 1510 de todo el litoral. A mediados del siglo XVI comenzaron a penetrar hacia el interior aprovechando la vía del Zambeze. La influencia de Portugal en el territorio mozambiqués sufrió, desde el siglo XVI al XIX, diversas alternativas. Después de la Primera Guerra Mundial, Portugal arrebató a Alemania la región de Kionga. En 1951 pasó a ser provincia ultramarina de Portugal, al tiempo que comenzaban a surgir diversos movimientos nacionalistas, que en 1962 se fundieron en el Frente de Liberación de Mozambique (FRELIMO). En 1972 se logró el estatuto de autonomía para el país, y su independencia total llegaría en 1975, gracias al cambio de régimen en Portugal, proclamándose la república popular con Samora Machel, líder del FRELIMO, como presidente. Mozambique inició un proceso de nacionalizaciones y una reforma agraria, mientras que en política exterior se acercaba a la URSS, daba su apoyo a la guerrilla contraria al gobierno de Rhodesia del Sur, Zimbabwe, y también al ANC en su lucha contra el régimen sudafricano. A partir de 1979 comenzó a actuar dentro de Mozambique una guerrilla anticomunista, el movimiento de Resistencia Nacional Mozambiqueña (RENAMO). Entre 1983 y 1984, se produjo un cambio en la política del gobierno, al tiempo que mejoraban las relaciones con el régimen sudafricano. En 1986 murió en accidente aéreo el presidente Samora Machel, sustituido por Joaquim Chissano. En 1990 fue aprobada una nueva constitución, que aceptaba el pluripartidismo y la economía de mercado. En 1991 se iniciaron las conversaciones de paz entre el gobierno y el RENAMO y un año después se firmó un acuerdo de paz. En octubre de 1994, se celebraron las primeras elecciones presidenciales y legislativas democráticas en las que resultó ganador el FRELIMO y su líder, Joaquim Chissano, fue elegido presidente. El RENAMO se distanció después de los principios del acuerdo y boicoteó las elecciones locales de 1998. A principios de 2000, y tras varias semanas de lluvias torrenciales, Mozambique sufrió una situación catastrófica al quedar anegadas extensas zonas del país, situación que volvió a repetirse a principios del año siguiente.

MOZÁRABE adj. **1** *Hist.* Individuo de las minorías hispánicas que vivieron en la España musulmana durante varios siglos conservando su religión cristiana. También com. [**Encic.**] **2** *Hist.* Individuo de las mismas comunidades que fueron emigrando a los reinos cristianos del N, llevando consigo elementos culturales musulmanes. También com. [**Encic.**] **3** *Hist.* y *Rel.* Individuo de la comunidad toledana de este tipo, subsistente durante mucho tiempo, que ha podido, por especial privilegio, conservar la vieja liturgia visigótica frente a la romana. También com. **4** Se dice de todo lo relativo o perteneciente a las comunidades antedichas. **5** *Ling.* Se aplica con mayor o menor exactitud a la lengua romance, heredera del latín vulgar visigótico, que, contaminada del árabe, era hablada en la España islámica, bilingüe hasta entrado el siglo XII; también a alguna de sus manifestaciones literarias (por ejemplo, las jarchas). Ejerció bastante influencia en el léxico español. También m. **6** *Rel.* Se aplica particularmente al conjunto de reglas y ceremonias religiosas del culto cristiano, conservadas desde la dominación visigótica, por lo que se llama también rito visigótico o toledano.

Hist. Los mozárabes, atraídos por el superior nivel cultural musulmán, se arabizaron, sin llegar a islamizarse. Estaban autorizados para la práctica de su religión y de su idioma, y poseían legislación y jueces propios. La tolerancia de las autoridades cordobesas se interrumpió en algún momento, como en tiempo del emir Muhammad I (siglo IX), lo que motivó la sublevación de los mozárabes de Toledo y Aragón; la constitución, en la parte oriental de Andalucía, de un Estado independiente, que tuvo su capital en Bobastro; y el comienzo de la emigración mozárabe a los reinos cristianos. Abderramán III restableció los derechos de los mozárabes, que mantuvieron la organización de su iglesia hasta las invasiones almorávides del siglo XI. En este periodo, el aumento de la presión religiosa y social provocó una emigración masiva a los reinos cristianos.

Arte. El arte mozárabe alcanzó su máximo desarrollo en los reinos cristianos y se inspiró en el del califato, aunque con influencia visigótica. Su principal manifestación es la arquitectura, que se desarrolló entre los siglos IX y XI. En la zona musulmana, sólo se conservan las ruinas de las iglesias de Bobastro (Málaga) y de Santa María de Melque (Toledo). En la España cristiana (siglo X), ejemplos destacados son las iglesias de San Mi-

Wolfgang Amadeus **Mozart** en su estudio de Kahlenberg. Museo del Estado (Viena).

guel de Escalada y Santiago de Peñalba (León), la de San Cebrián de Mazote (Valladolid), San Baudelio de Berlanga (Soria) y San Miguel de Celanova (Orense). Son muy interesantes también la miniatura, la talla en marfil y la orfebrería.

MOZARABÍA f. Gente mozárabe de una ciudad o región.

MOZARABISMO m. **1** Rasgo lingüístico peculiar de los mozárabes. **2** Elemento artístico típico del arte mozárabe. **3** Conjunto de caracteres socioculturales de la mozarabía.

MOZARRÓN, NA m. y f. Aumentativo de MOZO.

MOZART, WOLFGANG AMADEUS Compositor austriaco (Salzburgo, 1756 - Viena, 1791). Demostró una asombrosa precocidad. Utilizó formas y estructuras ya establecidas, pero con gran perfección y equilibrio formal. Del catálogo de sus obras, destacan 23 óperas, entre ellas *El rapto del serrallo* (1782), *Las bodas de Fígaro* (1786), *Don Giovanni* (1787), *Così fan tutte* (1790) y *La flauta mágica* (1791); 18 misas, como la *Misa de la Coronación* (1779) y el *Réquiem* (1791), que dejó incompleto; 51 sinfonías, entre las que destacan *Haffner* (1782), *Praga* (1786), *Júpiter* (1788) y la *Sinfonía n.º 40 en sol menor* (1788); 23 divertimentos y 10 serenatas para orquesta, 29 conciertos para piano y orquesta, 6 para violín, 5 para trompa, 23 cuartetos de cuerda, 35 sonatas para violín y piano y 23 sonatas para piano solo.

MOZO, ZA adj. y s. **1** Joven. **2** Soltero. || m. y f. **3** Persona que sirve en oficios humildes. || m. **4** Individuo sometido a servicio militar, desde que es alistado hasta que ingresa en la caja de reclutamiento. || **BUEN MOZO** Hombre de aventajada estatura. || **MOZO DE CUERDA** Hombre que en algunos lugares públicos lleva cosas de carga mandado por otra persona. || **MOZO DE ESPUELA** ESPOLIQUE, mozo. || **MOZO DE ESTOQUES** *Taurom.* El que cuida de las espadas del torero.

MOZUELO, LA m. y f. **1** Diminutivo de MOZO. **2** Chico, muchacho.

MTS *Fís.* SISTEMA METRO-TONELADA-SEGUNDO.

MU 1 Onomatopeya con que se representa la voz del toro y de la vaca. || m. **2** MUGIDO. || **no decir ni mu** fr. fam. No decir palabra alguna, permanecer en silencio.

Arte **mudéjar**. Catedral de Santa María, en Teruel.

MUARÉ m. Tela fuerte de seda, lana o algodón, tejida de manera que forma aguas.

MUBARAK, MUHAMMAD HOSNI Militar y político egipcio (Kafr El-Moseilha, Minufiya, 1928). Ocupó la jefatura del ejército del aire entre 1972 y 1975. Ese último año fue nombrado vicepresidente del Gobierno. Tras el asesinato de Sadat (1981), asumió la presidencia y la jefatura del Gobierno. Fue reelegido en 1987, 1993, 1995 y 1999.

MUC- pref. MUCO-.

MUCAMO, MA m. y f. *Arg., Chile, Perú y Urug.* Sirviente, criado.

MUCETA f. Esclavina que cubre el pecho y la espalda y que, abotonada por delante, usan como señal de su dignidad los prelados, doctores, etc.

MUCHACHADA f. **1** Acción propia de muchachos. **2** Conjunto de muchachos.

MUCHACHO, CHA m. y f. **1** Niño o niña. **2** Mozo o moza que sirve. **3** fam. Persona que se halla en la mocedad. También adj.

MUCHEDUMBRE f. Multitud, abundancia.

MUCHO, CHA adj. **1** Abundante, numeroso, o que excede de lo regular o preciso. || adv. c. **2** Con abundancia, en alto grado. **3** Con otros adverbios, denota comparación. **4** A veces, denota dificultad o extrañeza. **5** Con verbos expresivos de tiempo, denota larga duración. || **ni con mucho** loc. adv. que expresa la gran diferencia que hay de una cosa a otra. || **ni mucho menos** loc. adv. con que se niega una cosa o se encarece su inconveniencia.

MUCI- pref. MUCO-.

MUCÍLAGO o **MUCILAGO** m. *Quím.* Cualquiera de las sustancias viscosas del grupo de los polisacáridos complejos, que se encuentran en las plantas y ayudan a retener el agua.

MUCO-, MUC-, MUCI- prefs. que significan moco.

MUCOSIDAD f. *Fisiol.* Materia mucosa.

MUCOSO, SA adj. **1** Semejante al moco. **2** Que tiene mucosidad o la produce. **3** *Biol.* MEMBRANA MUCOSA. También f.

MÚCURA (Voz cumanagota.) f. **1** *Bol., Col.* y *Venez.* Ánfora de barro. || adj. **2** *Col.* Inhábil, tonto.

MUDA f. **1** Acción de mudar una cosa. **2** Conjunto de ropa que se muda de una vez. **3** Paso de un timbre de voz a otro que experimentan los muchachos en la pubertad. **4** *Zool.* Cambio periódico de la pluma en las aves o el pelo en los mamíferos, así como el exoesqueleto en artrópodos y nematópodos.

MUDANZA f. **1** Acción y efecto de mudar. **2** Cambio de casa o habitación. **3** Cierto número de movimientos de baile. **4** Inconstancia en afectos y decisiones.

MUDAR[1] m. *Bot.* Arbusto asclepiadáceo de la India.

MUDAR[2] tr. **1** Tomar otra naturaleza, estado, figura, lugar, etc. **2** Dejar una cosa y tomar otra. **3** Cambiar de sitio o empleo. **4** Efectuar un muchacho la muda de la voz. **5** *Zool.* Efectuar las aves o los mamíferos la muda de la pluma y el pelo, respectivamente. **6** *Zool.* Cambiar periódicamente su cubierta algunos animales. || intr. **7** fig. Cambiar, variar. || prnl. **8** Cambiar de vestido, refiriéndose sobre todo a la ropa blanca. **9** Dejar la casa que se habita y pasar a vivir a otra.

MUDÉJAR adj. **1** Se dice del musulmán español que en la Edad Media vivía en los reinos cristianos peninsulares, como súbdito de sus reyes. También com. y en pl. [Encic.] **2** Relativo a los mudéjares. **3** *Arte.* Se dice del estilo arquitectónico que, derivado de la fusión de elementos cristianos y árabes, especialmente almohades y nazaritas, se desarrolló en España durante los siglos XI al XVI. [Encic.]

Hist. Los mudéjares, dedicados a la agricultura y a las labores de artesanía, vivían en barrios propios de las ciudades reconquistadas o en el campo. Se les permitía el culto de su religión y el sostenimiento de sus mezquitas. El nombramiento del cardenal Cisneros como arzobispo de Granada (1499) supuso el inicio de un proceso de cristianización por la fuerza. Si la diferenciación legal entre mudéjar y MORISCO es clara y puede concretarse en torno a las medidas de conversión forzada dictadas por los Reyes Católicos en 1502, la histórica ofrece más dificultades por cuanto las conversiones al cristianismo fueron escalonadas (del siglo XII al XVI) y, en muchos casos, puramente externas.

Arte. Al carecer de peculiaridad fuera del campo decorativo, el mudéjar, caracterizado por el empleo del ladrillo, se acomodó a la disposición y estructura de los edificios cristianos. Los núcleos más importantes son el aragonés (ábside y linterna de la Seo, de Zaragoza, y torres del Salvador y San Martín, en Teruel); el toledano (Santa María la Blanca, Cristo de la Luz y Puerta del Sol); el andaluz (Alcázar de Sevilla y claustro del monasterio de La Rábida, en Huelva), y el extremeño (monasterio de Guadalupe).

MUDEZ f. **1** Imposibilidad física de hablar. **2** Silencio deliberado y persistente.

MUDO, DA adj. **1** Privado físicamente de la facultad de hablar. También s. **2** Muy silencioso y callado.

MUEBLE adj. y m. **1** BIENES MUEBLES. || m. **2** Cada uno de los enseres, efectos o alhajas que sirven para el adorno o comodidad de las casas. **3** Cada una de las piezas pequeñas que se representan en el escudo, como anillos, lises o besantes.

MUECA f. Contorsión del rostro.

MUECÍN m. ALMUECÍN O ALMUÉDANO.

MUELA f. **1** Piedra de molino. **2** Piedra de afilar. **3** Almorta. **4** Cantidad de agua necesaria para hacer andar una rueda de molino. **5** *Geol.* Cerro escarpado en la parte superior y con cima plana. **6** *Zool.* Cada uno de los dientes posteriores a los caninos, que sirven para moler y triturar los alimentos. || **MUELA CORDAL** *Anat.* Cada una de las que en la edad adulta nacen en las extremidades de las mandíbulas del ser humano. || **MUELA DEL JUICIO** *Anat.* MUELA CORDAL. || **haberle salido** a uno **la muela del juicio** fr. Ser prudente, mirado.

MUELAR m. *Agr.* Tierra sembrada de muelas, almortas.

MUELLAJE m. Derecho impuesto a los barcos que entran en un puerto.

MUELLE[1] adj. **1** Suave, blando. **2** Voluptuoso. || m. **3** Pieza elástica, ordinariamente de metal, colocada de modo que pueda utilizarse la fuerza que hace para recobrar su posición natural cuando ha sido separada de ella.

MUELLE[2] m. **1** Obra construida en la orilla del mar, de un lago o río navegable para facilitar el embarque y desembarque y, a veces, para abrigo de las embarcaciones. **2** Andén alto que en las estaciones de ferrocarril se destina a la carga y descarga de mercancías.

MUERA f. Sal de cocina.

MUÉRDAGO m. *Bot.* Planta herbácea parásita perteneciente a la familia lorantáceas, de nombre científico

muérdago

Víscum album. Crece sobre los troncos y ramas de los árboles en el centro y N de Europa. Se ha utilizado en medicina como tónico.

MUERDO m. fam. Acción y efecto de morder.

MUERMO m. 1 *Veter.* Enfermedad bacteriana de las caballerías, caracterizada por alteración y flujo de la mucosa nasal, transmisible a los seres humanos. 2 fam. Persona, situación o cosa que produce aburrimiento, hastío o decaimiento. 3 fam. Estado de abatimiento o somnolencia producido por el aburrimiento o la fatiga, o motivado por la ingestión de alcohol o drogas.

MUERMOSO, SA adj. *Veter.* Se dice de la caballería que padece muermo.

MUERTE f. 1 Cesación de la vida. 2 En el pensamiento tradicional, separación del cuerpo y el alma. 3 Homicidio. 4 Pena capital. 5 Esqueleto humano que simboliza la muerte. 6 fig. Destrucción, aniquilación. || **MUERTE NATURAL** *Med.* La que sobreviene por causas naturales, y no por lesión traumática. || **a muerte** loc. adv. Hasta morir uno de los contendientes. || **de mala muerte** loc. adj. fig. y fam. De poco valor o importancia. || **de muerte** loc. adv. fig. y fam. Estupendamente, magníficamente. || **hasta la muerte** loc. con que se explica la firme resolución de ejecutar una cosa y permanecer constante.

MUERTE, VALLE DE LA Depresión de EE UU, en el E del Estado de California, formada por una cuenca de hundimiento a 86 m bajo el nivel del mar.

MUERTO, TA adj. 1 Sin vida. También s. 2 Apagado, desvaído, aplicado al carácter. 3 fig. y fam. Muy fatigado. || **cargar con el muerto** fr. fig. y fam. Tener que encargarse de un asunto desagradable. || **echar** a uno **el muerto** fr. fig. y fam. Atribuirle una culpa. || **el muerto al hoyo, y el vivo al bollo** ref. con el que se critica a los que olvidan pronto a un allegado muerto. || **hacerse** uno **el muerto** fr. fig. Permanecer inactivo y silencioso. ♦ Es el p. p. irregular de MORIR.

MUERTO, MAR Lago de Palestina, entre Israel y Jordania; 76 km de longitud y 17 de anchura. Ocupa la mayor depresión continental de Asia, con 395 m bajo el nivel del mar. Su alta salinidad hace imposible la vida animal. Es el antiguo lago *Asfaltites*.

MUESCA f. 1 Hueco que se hace en una cosa para encajar otra. 2 Corte que se hace al ganado vacuno en la oreja a modo de señal.

MUESTRA f. 1 Rótulo que anuncia sobre las puertas de las tiendas la mercancía que en cada una se despacha, o el oficio o profesión del que las ocupa. 2 Porción de mercancía que sirve para conocer la calidad del género. 3 Ejemplar o modelo que se ha de copiar o imitar. 4 Parte extrema de una pieza de paño donde va la marca de fábrica. 5 Porte, ademán. 6 fig. Señal, indicio, demostración o prueba de una cosa. 7 Detención que hace el perro en acecho de la caza para levantarla a su tiempo. 8 fig. Indicio, demostración o prueba. 9 *Mil.* REVISTA, inspección.

MUESTRARIO m. Colección de muestras de mercaderías.

MUESTREO m. *Estad.* 1 Acción de escoger muestras representativas de la calidad de un todo. 2 Técnica empleada para esta selección. 3 Conjunto de operaciones que se realizan para estudiar la distribución de algunos caracteres en la totalidad de una población partiendo de una fracción de la misma.

MUFLA f. Hornillo que se coloca dentro de un horno para reconcentrar el calor y conseguir la fusión de diversos cuerpos.

MUFLÓN m. *Zool.* Mamífero artiodáctilo rumiante perteneciente a la familia bóvidos, de nombre científico *Ovis musimon*. El macho posee grandes cuernos arqueados hacia atrás con estrías transversales. Es fitófago y muy gregario. Oriundo de Córcega y Cerdeña, ha sido introducido en otros países.

MUFTÍ m. Jurisconsulto musulmán cuyas decisiones son consideradas como leyes.

MUGA f. *Zool.* 1 Desove de los peces. 2 Fecundación de las huevas, en los peces y anfibios.

MUGABE, ROBERT Político de Zimbabwe (Kutama, 1925). Dirigió la guerrilla contra el régimen de Ian Smith. Venció en las primeras elecciones libres y accedió a la jefatura del gobierno (1980-87). En 1987 fue elegido presidente de la República. Fue reelegido en 1995 y 2000.

MUGARDOS Municipio y lugar España, provincia de A Coruña; 6.544 h. Puerto.

MUGÍA *(Muxía)* Municipio y lugar de España, provincia de A Coruña; 6.767 h. Puerto.

MUGIDO m. Voz del toro y de la vaca.

MUGIR intr. 1 Dar mugidos la res vacuna. 2 fig. Producir gran ruido el viento o el mar. 3 Manifestar uno su ira con gritos.

MUGRE f. Suciedad grasienta.

MUGRIENTO, TA o **MUGROSO, SA** adj. Lleno de mugre.

muflón

MUGRÓN m. *Bot.* 1 Sarmiento que sin cortarlo de la vid se entierra para que arraigue. 2 Vástago de otras plantas.

MUGUASAJA f. MOAXAJA.

MUGUETE m. *Bot.* Planta herbácea rizomatosa perteneciente a la familia liliáceas, de nombre científico *Convallaria majalis*, con flores blancas, colgantes y olorosas. Los frutos son bayas rojas.

MUHAMMAD Nombre de diversos soberanos islámicos de Córdoba.

MUHAMMAD I Emir independiente de Córdoba (Córdoba, 823 - íd., 886). Hijo de Abderramán II, accedió al trono en 852. Venció a los asturianos en Guazalete (858) y dominó una revuelta mozárabe, terminada con la ejecución de San Eulogio (859). Tuvo que hacer frente a varias rebeliones muladíes.

MUHAMMAD II BEN HIXEM AL-MAHDI Califa omeya de Córdoba (? - ?, 1010). Nieto de Abderramán III, accedió al trono en 1009. Forzó la abdicación de Hixem II, pero no logró atraerse a eslavos y bereberes. Huyó a Toledo y con el apoyo del gobernador de la marca superior recuperó Córdoba. Murió asesinado.

MUHAMMAD III AL-MUSTAKFI Califa omeya de Córdoba (?, h. 975 - Uclés, 1025). Accedió al trono en 1024, a raíz de una revuelta popular antibereber.

MUHAMMAD Nombre de diversos reyes nazaríes de Granada.

MUHAMMAD I BEN YUSUF IBN NASAR (?, 1194 - ?, 1273). Fundador de la dinastía nazarí. Aprovechó la decadencia del imperio almohade para apoderarse de Jaén, Cádiz, Lorca y Baeza y establecerse como soberano en Granada. Reinó de 1238 a 1272. En 1246 se declaró vasallo de Fernando III. Inició la construcción de la Alhambra.

MUHAMMAD XI (? - Granada, 1455) Asociado al trono por Muhammad IX, le sucedió en 1454. Murió asesinado.

MUHAMMAD Nombre de diversos sultanes de Marruecos.

MUHAMMAD I (?, h. 1500 - ?, 1557). Fundador de la dinastía sadí, accedió al trono en 1549. Firmó con España una alianza contra el imperio turco.

MUHAMMAD V BEN YUSUF (Fez, 1909 - Rabat, 1961). Hijo de Muley Yusuf. Accedió al trono en 1927. Se enfrentó con la administración francesa, por lo que fue depuesto (1953-55). Una vez conseguida la independencia de su país (1956), decretó la transformación del sultanato en reino (1957) y emprendió una serie de medidas nacionalizadoras.

MUHAMMAD IBN ARAFA EL-ALAUI (?, 1890 - Niza, 1976). Accedió al trono en 1953, tras ser depuesto Muhammad V. No logró la pacificación del país y renunció en 1955.

MUHAMMAD, MEHMET o **MEHEMET** Nombre de diversos sultanes otomanos.

MUHAMMAD I (?, h. 1378 - Adrianópolis, 1421). Hijo de Bayaceto I, accedió al trono en 1403. Restauró la unidad del imperio (1413).

MUHAMMAD II EL CONQUISTADOR (Adrianópolis, 1432 - Tekfur Cayiri, 1481). Sucedió a Murat II en 1451. Tomó Constantinopla (1453), que convirtió en la capital de su imperio (1458).

MUHAMMAD III (Manisa, 1566 - Constantinopla, 1603). Sucedió a Murat III en 1595. Derrotó a las tropas de los Habsburgo en Keresztes (1596). No logró frenar el avance persa.

MUHAMMAD IV EL CAZADOR (Constantinopla, 1642 - Adrianópolis, 1693). Accedió al trono en 1648. Las pérdidas territoriales en Hungría y la derrota en Mohacs provocaron una revuelta de los jenízaros y su destitución en 1687.

MUHAMMAD V (Constantinopla, 1844 - íd., 1918). Accedió al trono en 1909. Su gobierno estuvo controlado por el movimiento de los Jóvenes Turcos. Durante la Primera Guerra Mundial se alineó con las potencias centrales.

MUHAMMAD VI (Constantinopla, 1861 - San Remo, 1926). Sucedió a su tío Muhammad V en 1918. Capituló ante los aliados y colaboró con ellos contra los nacionalistas turcos. Tras la abolición del sultanato (1922), huyó de Constantinopla. Con él concluyó el imperio otomano.

MUHAMMAD ALI Bajá de Egipto (Karvala, Macedonia, 1769 - Alejandría, 1849). Al mando de tropas del sultán turco Selim III, se apoderó de Egipto (1810) y acabó con los jefes mamelucos. Más tarde extendió su autoridad sobre Arabia, Sudán, Siria y Adana; fundó Jartum (1823). A cambio de renunciar a algunas de sus conquistas (Adana, Siria, Creta), obtuvo el reconocimiento hereditario de Egipto como virrey (1840). Fue el fundador del moderno Estado egipcio.

MUHAMMAD IBN MUZA AL-KHUWARISMI AL-KHWARIZMI O AL-JWARIZMI, MUHAMMAD IBN MUZA.

MUHAMMAD IBN YACUB AL-NASIR Califa almohade (Sevilla, 1179 - Marruecos, 1213). Fijó su residencia en Fez, desde donde emprendió sus correrías por el Mediterráneo, conquistando Baleares (1207), hasta que fue derrotado en la batalla de las Navas de Tolosa (1212).

MUHAMMAD REZA PAHLEVI REZA PAHLEVI, MUHAMMAD.

MÜHLBERG Ciudad de Alemania, Land de Sajonia, en la orilla derecha del Elba; 4.500 h. Victoria de Carlos V sobre el ejército protestante de la liga de Smalcalda (1547).

MUISCA adj. CHIBCHA.

MUJER f. 1 Persona del sexo femenino. 2 La que ha llegado a la edad de la pubertad. 3 La casada, con relación al marido. || **MUJER DE SU CASA** La que ejecuta las tareas domésticas. || **MUJER OBJETO** Aquella que se adapta de modo sumiso al hombre y asume el papel tradicionalmente asignado a la mujer. || **MUJER PÚBLICA** PROSTITUTA. || **MUJER DE VIDA AIRADA, DEL PARTIDO, DE MALA VIDA, DE MAL VIVIR** PROSTITUTA. || **ser mujer** fr. Haber llegado una adolescente al estado de menstruar.

MUJERES Isla de México, Estado de Quintana Roo, en el mar de las Antillas, al NE de la península de Yucatán. Fue descubierta por los españoles en 1517. Ruinas mayas.

MUJERIEGO, GA adj. 1 Relativo a la mujer. 2 Se dice del hombre muy dado a mujeres. También m. || m. 3 MUJERÍO.

MUJERIL adj. 1 Relativo a la mujer. 2 Afeminado.

MUJERÍO m. Conjunto de mujeres.

MUJERZUELA f. 1 Mujer de poca estimación. 2 Mujer de mala vida, ramera.

Muhammad I, sultán otomano.

Manuel **Mujica Láinez**

Mujica Láinez, Manuel Escritor argentino (Buenos Aires, 1910 - La Cumbre, Córdoba, 1984). En su obra narrativa destacan *Los ídolos* (1953), *Invitados en el Paraíso* (1957), *Bomarzo* (1962), *El unicornio* (1965), *Crónicas reales* (1967), *El laberinto* (1974) y *El escarabajo* (1982).

Mujik (Voz rusa.) m. Campesino ruso.

Mújol m. *Zool.* Pez teleósteo acantopterigio perteneciente a la familia mugílidos, de nombre científico *Mugil provensalis*, muy abundante en el Mediterráneo, de carne y huevas muy estimadas.

Mukden Shenyang.

Mula¹ f. *Zool.* Hembra del mulo.

Mula² f. 1 Múleo. 2 Calzado de los papas.

Mulada f. *Veter.* Hato de ganado mular.

Muladar m. 1 Sitio donde se echa el estiércol o basura. 2 fig. Lo que ensucia material o moralmente.

Muladí adj. y com. 1 *Hist.* Se dice del cristiano español que, durante la dominación árabe, abrazó el islamismo. 2 Se dice del hijo de padre mahometano y madre cristiana, o viceversa. ♦ Su pl. es *muladíes* o *muladíes*.

Mular adj. *Zool.* Relativo al mulo o a la mula.

Mulata f. *Bot.* cortejo.

Mulato, ta adj. y s. 1 Se dice de la persona que ha nacido de negra y blanco, o al contrario. También s. 2 De color moreno. 3 Por extensión, se dice de lo que es moreno en su línea. 4 *Miner.* Mineral de plata de color oscuro o verde cobrizo.

Mulde Río de Alemania, que nace en los montes Metálicos, afluente del Elba; 252 km.

Mulder, Gerardus Johannes Químico holandés (Utrecht, 1802 - Bénnekom, 1880). Estudió las propiedades de la albúmina, investigó la composición del humus e intentó definir la estructura química de los ácidos úlmico, húmico, crénico y apocrénico.

Múleo m. Calzado que usaban los patricios romanos.

Muleque m. *Cuba* Esclavo africano de siete a diez años.

Mulero m. El encargado de cuidar las mulas.

Muleta f. 1 Apoyo de madera u otro material que se acomoda debajo de la axila y en su parte media lleva un agarrador; sirve para cargar el cuerpo en él y aliviar el empleo de las piernas de quien no puede caminar. 2 *Taurom.* Palo que lleva pendiente o lo largo un paño o capa, comúnmente encarnada, de que se sirve el torero para engañar al toro y ayudarle bajar la cabeza cuando va a matarlo. 3 fig. Cosa que ayuda en parte a mantener otra.

Muletada f. *Veter.* MULADA.

Muletilla f. 1 MULETA de los toreros. 2 Botón largo de pasamanería para sujetar la ropa. 3 Bastón cuyo puño forma travesaño. 4 fig. Voz o frase que se repite mucho por hábito. 5 Travesaño en el extremo de un palo.

Muleto, ta m. y f. *Zool.* Mulo pequeño.

Muletón m. Tela suave y afelpada de algodón o lana.

Muley (Voz árabe.) m. Título que se daba a los sultanes en Marruecos. Fue utilizado también en la España musulmana.

Muley Hacén Abú-l-Hasan Ali.

Mulhacén, pico de Pico de España, en Sierra Nevada, provincia de Granada; 3.478 m de altura. Es el punto más alto de la península Ibérica.

Mulhouse Ciudad del NE de Francia, en el S de Alsacia, departamento de Alto Rhin; 109.905 h.

Múlido, da adj. y m. *Zool.* Se dice del pez teleóstomo del orden perciformes, de vivos colores, con el perfil anterior de la cabeza truncado en forma de pico de flauta, dos aletas dorsales bien separadas y un par de barbillas sensitivas carnosas y móviles debajo del extremo de la mandíbula inferior, como el salmonete. || m. pl. *Zool.* 2 Familia de estos peces.

Mulillas f. pl. *Taurom.* Tiro de mulas que arrastra los toros muertos en las corridas.

Mulillero m. Encargado de arrear las mulillas.

Müller, Hermann Joseph Biólogo estadounidense (Nueva York, 1890 - Indianápolis, 1967). Investigó sobre genética y se dedicó a la producción experimental de mutaciones de este orden mediante radiaciones ionizantes. En 1946 recibió el premio Nobel de Medicina y Fisiología.

Müller, Karl Físico suizo (Basilea, 1927). Premio Nobel de Física en 1987, compartido con G. Bednorz, por sus descubrimientos de la superconductividad de materiales cerámicos.

Müller, Paul Hermann Bioquímico suizo (Olten, 1899 - Basilea, 1965). Descubridor del dicloro-difenil-triclorometilmetano, más conocido por DDT. En 1948 se le concedió el premio Nobel de Medicina y Fisiología.

Mullido m. 1 Cosa blanda utilizada para rellenar colchones, asientos, aparejos, etc. || f. 2 Montón de paja que en los corrales sirve de cama al ganado.

Mullidor, ra adj. y s. Que mulle.

Mulliken, Robert Sanderson Físico y químico estadounidense (Newburyport, 1896 - Arlington, 1986). Investigó sobre los orbitales atómicos y la función que desempeñan en el enlace entre átomos. En 1966 recibió el premio Nobel de Química.

Mullir tr. 1 Ahuecar y esponjar una cosa. 2 fig. Disponer las cosas para la consecución de un intento. 3 *Agr.* Cavar alrededor de las cepas, ahuecando la tierra. ♦ IRREG. Véase cuadro.

MULLIR

INDICATIVO
Pres.: mullo, mulles, etc.
Pret. imperf.: mullía, mullías, etc.
Pret. indef.: mullí, mulliste, mulló, mullimos, mullisteis, mulleron.
Fut. imperf.: mulliré, mullirás, etc.
Condic.: mulliría, mullirías, etc.
SUBJUNTIVO
Pres.: mulla, mullas, etc.
Pret. imperf.: mullera, mulleras, mullera, mulléramos, mullerais, mulleran;
o mullese, mulleses, mullese, mullésemos, mulleseis, mullesen.
Fut. imperf.: mullere, mulleres, mullere, mulléremos, mullereis, mulleren.
IMPERATIVO: mulle, mullid.
PARTICIPIO: mullido.
GERUNDIO: mullendo.

Mullis, Kary B. Químico estadounidense (Lenoir, 1945). En 1983 puso a punto la reacción en cadena de la polimerasa, método que permite la multiplicación o amplificación de cualquier fragmento de ADN. Premio Nobel de Química en 1993, compartido con M. Smith.

Mulo m. 1 *Zool.* Animal híbrido y estéril resultante del cruce entre yegua y asno, o caballo y burra. Es menos esbelto y de tamaño algo inferior al caballo, pero más ágil y potente que el asno. Puede ser macho o hembra. 2 fig. y fam. Hombre muy bruto. 3 fig. y fam. Persona fuerte y vigorosa.

Mulroney, Martin Brian Abogado y político canadiense (Baie Comeau, Quebec, 1939). Líder del Partido Conservador Progresista, fue primer ministro (1984-93).

Multa f. 1 Pena pecuniaria por una falta, delito, infracción, etc. 2 Papel en que consta.

Multan Ciudad de Pakistán, provincia de Punjab; 1.257.000 h. Centro agrícola. Industria textil.

Multar tr. Imponer a uno pena pecuniaria.

Multatuli (Eduard Douwes Dekker, llamado) Escritor holandés (Amsterdam, 1820 - Nieder-Ingelheim, 1887). Autor de la novela *Max Havelaar o Las subastas de café de la sociedad mercantil holandesa* (1860) e *Ideas* (1862-77).

Multi- pref. que significa multiplicidad: *multicolor*.

Multicine m. Cine con varias salas de proyección.

Multicolor adj. De muchos colores.

Multicopista f. Máquina que por diversos procedimientos reproduce en numerosas copias sobre láminas de papel, textos impresos, mecanografiados o manuscritos.

Multidimensional adj. 1 *Estad.* Conjunto de datos multivariables definidos sobre distintas escalas de valor. 2 *Geom.* Que tiene más de tres dimensiones.

Multiforme adj. De muchas formas.

Multilateral adj. 1 Relativo a varios lados, partes o aspectos. 2 *Ling.* Se dice de la oposición fonológica cuya base de comparación no se reduce a dos términos.

Multimedia adj. 1 *Inform.* Se dice del equipo informático capaz de trabajar simultáneamente con textos, imágenes fijas, sonido e imágenes de vídeo. 2 Se dice de los grupos empresariales que integran a varios medios de comunicación.

Multimillonario, ria adj. y s. Se dice de la persona cuya fortuna asciende a muchos millones.

Multinacional EMPRESA MULTINACIONAL.

Multípara adj. *Zool.* Se dice de la hembra que tiene varios hijos en un solo parto.

Múltiple adj. Vario, de muchas maneras, opuesto a simple.

Multiplex adj. y m. Se dice del sistema telegráfico que permite transmitir simultáneamente varios despachos en una misma línea.

Multiplicación f. 1 Acción y efecto de multiplicar. 2 *Mat.* Operación aritmética que consiste en sumar un número (*multiplicando*), tantas veces como indique otro (*multiplicador*). El resultado se llama *producto*.

Multiplicador, ra adj. y m. 1 Que multiplica. También s. 2 *Mat.* Se dice del término de una multiplicación que indica las veces que hay que sumar el multiplicando consigo mismo para obtener el resultado o producto. Más como m.

Multiplicando adj. y m. *Mat.* Se dice del factor que ha de ser multiplicado.

Multiplicar tr. 1 Aumentar considerablemente una cantidad o un número. También intr. y prnl. 2 *Mat.* Realizar una MULTIPLICACIÓN. || prnl. 3 Afanarse, desvelarse.

Multiplicidad f. 1 Calidad de múltiple. 2 Abundancia excesiva.

Multiplico m. Acción y efecto de multiplicarse por reproducción orgánica, especialmente el ganado.

Múltiplo, pla adj. y s. *Mat.* Se dice del número o expresión algebraica que contiene a otro varias veces exactamente.

Multipropiedad f. 1 Propiedad que se comparte con una o varias personas más. 2 Forma de acceso a la propiedad inmobiliaria, consistente en la compra de una parte de una vivienda, que da derecho a su disfrute durante un periodo del año.

Multisecular adj. Antiguo, de muchos siglos.

Multitud f. 1 Número grande de personas o cosas. 2 fig. Vulgo, plebe.

Multitudinario, ria adj. 1 Que forma multitud. 2 Propio de ella.

Multiuso adj. Que puede ser utilizado para diferentes fines.

Mulud m. Pascua musulmana.

Muluya Río de Marruecos, que nace en el Atlas y desemboca en el Mediterráneo, al E de Melilla; 450 km.

Mumio, Lucio Cónsul romano (s. II a. C.). Pretor de la Hispania Ulterior (153-52 a. C.) y cónsul en 146 a. C. Ese mismo año derrotó a las fuerzas de la liga Aquea y conquistó Corinto.

Munch, Edvard Pintor y grabador noruego (Löiten, 1863 - Ekely, 1944). Su pintura afirma una visión del mundo angustiosa, en la que el amor y la muerte aparecen de manera obsesiva. En Alemania favoreció la eclosión del secesionismo y preparó el camino al ex-

Edvard **Munch**. *El grito*. Museo Munch (Oslo).

presionismo. Entre sus obras destacan la serie *El friso de la vida* (1893-1918), *El grito* (1893) y *La danza de la vida* (1899-1900).
München Munich.
Mönchengladbach Mönchengladbach.
Münchhausen, Karl Hieronymus, barón de Oficial alemán (Gut Bodenwerder, Hannover, 1720 - íd., 1797). Combatió al lado de los rusos contra los turcos (1740-41). Se le atribuyen diecisiete cuentos de *Vademécum para gente divertida* (1781-83), obra en la que se basó G. A. Bürger para escribir las *Divertidas aventuras del barón de Münchhausen*.
mundanal adj. Mundano.
mundano, na adj. **1** Relativo al mundo. **2** Se dice de la persona que atiende demasiado a las cosas del mundo. **3** Que frecuenta fiestas y reuniones de la buena sociedad.
mundial adj. Relativo a todo el mundo, universal.
mundillo m. **1** fig. Conjunto limitado de personas que tienen una misma posición social, profesión o quehacer. **2** Almohadilla para hacer encaje.
Mundir, al- Emir independiente de Córdoba (Córdoba, 844 - Bobastro, 888). Hijo de Muhammad I, a quien sucedió en 886, participó en diferentes campañas contra los reinos cristianos. Murió en una expedición contra el rebelde de Bobastro, Omar ibn Hafsum.
mundo m. **1** Conjunto de todas las cosas creadas. **2** La tierra que habitamos. **3** El género humano. **4** Sociedad humana. **5** Parte de la sociedad humana caracterizada por alguna cualidad o circunstancia común. **6** Vida secular, en contraposición a la monástica. **7** Según la doctrina cristiana, uno de los enemigos del alma. **8** Esfera en que se representa el globo terráqueo. **9** Experiencia de la vida y del trato social. **10** Ambiente en el que vive o trabaja una persona. || **Mundo antiguo** El conocido de los antiguos, es decir, parte de Europa, Asia y África. Durante la sociedad humana durante la Edad Antigua. || **Nuevo Mundo** Las dos Américas, descubiertas a fines del siglo xv. || **El otro mundo** Según algunas religiones, la vida que viene después de la muerte. || **Tercer Mundo** Denominación que se da al grupo de países caracterizados por su subdesarrollo económico y su situación de dependencia con respecto a los países desarrollados. || **andar** o **estar el mundo al revés** fr. fig. y fam. Estar las cosas trocadas de como deben ser. || **desde que el mundo es mundo** expr. fig. y fam. para explicar la antigüedad de una cosa. || **hacer un mundo de** una cosa fr. fig. y fam. Dar demasiada importancia a algo. || **medio mundo** loc. fig. y fam. Mucha gente. || **no ser un mundo** fr. fig. Estar demasiado abstraído de las cosas terrenas. || **ponerse** uno **el mundo por montera** fr. fig. y fam. No tener en cuenta para nada las opiniones ajenas. || **un mundo** loc. fig. y fam. Mucho. **2** fig. hermosa.
mundología f. Experiencia y habilidad para gobernarse en la vida.
Mundovisión Telev. Red de televisión constituida por numerosos países que permite la transmisión mundial de determinados acontecimientos.
Muni, Río Guinea Ecuatorial, república de.
Munich (*München*) Ciudad de Alemania, capital del Land de Baviera; 1.244.676 h. Industria química, metalúrgica, de construcciones mecánicas, eléctrica y electrónica. Fábricas de cerveza. Catedral (siglo xv); iglesia de San Pedro (siglo xi). Edificios clasicistas del tiempo del rey Luis I. Célebre pinacoteca. En ella se firmó el pacto de Munich (1938). Sede de la XX Olimpiada (1972).
Munich, pacto de Hist. Tratado firmado en dicha ciudad la noche del 29-30 de septiembre de 1938 por Alemania, Italia, Francia y Reino Unido con el fin de acabar con la crisis germano-checa, y en virtud del cual se acordó la entrega de la región de los Sudetes a Alemania tras un plebiscito supervisado internacionalmente.
munición f. **1** Mil. Pertrechos y bastimentos necesarios en un ejército o plaza fuerte. **2** Arm. Pedazos de plomo de forma esférica con que se cargan las escopetas de caza menor. **3** Arm. Carga que se pone en las armas de fuego.
municipal adj. **1** Relativo al municipio. || com. **2** Guardia municipal.
municipalizar tr. Hacer depender del municipio un servicio público que estaba a cargo de empresas privadas.
municipio m. **1** Hist. Entre los romanos, ciudad principal y libre que se gobernaba por sus propias leyes. **2** Conjunto de habitantes de un mismo término jurisdiccional regido por un ayuntamiento. **3** El mismo ayuntamiento. **4** El mismo término municipal.
munificencia f. Generosidad extremada.
munificente adj. Que ejerce la liberalidad con munificencia.
munífico, ca munificente.
muniqués, sa adj. y s. De Munich.

Munich (Alemania). Vista aérea.

Munk, Kaj Pastor protestante y dramaturgo danés (Maribo, 1898 - cerca de Silkeborg, 1944). Logró el reconocimiento con *La palabra* (1932). Contrario al antisemitismo, durante la ocupación alemana fue el portavoz de la resistencia nacional danesa, reflejada en *Niels Ebbesen* (1942) y *Antes de Canne* (1943).
Munkácsy, Mihály (Michael von Lieb, llamado) Pintor húngaro (Munkács, 1844 - Endenich, 1900). Influido por Courbet, sus lienzos, religiosos e históricos, se caracterizan por su teatralidad: *El último día de un condenado* (1870).
Munster Provincia del SO de Irlanda; 24.127 km² y 1.009.533 h. Comprende los condados de Clare, Cork, Kerry, Limerick, Tipperary (Riding Norte), Tipperary (Riding Sur) y Waterford. Su capital es Cork.
Münster Ciudad de Alemania, Land de Renania Septentrional-Westfalia; 264.887 h. Núcleo industrial. Universidad. Aquí y en la ciudad de Osnabrück se firmó, en 1648, la *paz de Westfalia*, que puso fin a la guerra de los Treinta Años.
Muntenia Valaquia.
Munthe, Axel Médico y escritor sueco (Oskarshamn, 1857 - Estocolmo, 1949). Alcanzó celebridad con obras de carácter autobiográfico: *Historia de San Michele* (1929).
Münzer o **Muntzer, Thomas** Reformador alemán (Stolberg, 1491 - Mühlhausen, 1525). Admirador de Lutero, fue consagrado pastor en 1519. Principal personalidad de los *profetas de Zwickau*, fundó la secta de los anabaptistas, a la que Lutero y los príncipes alemanes se opusieron frontalmente. Se unió a la rebelión campesina en Mülhausen y murió ejecutado.
muñeco, ca m. y f. **1** Figurilla humana o animal que sirve de juguete. || m. **2** fam. Hombre que se deja manejar por los demás. || f. **3** Anat. Parte del brazo donde se articula la mano con el antebrazo. **4** Pelotilla de trapo, embebida de un líquido, para diversos usos. **5** fig. y fam. Mujer frívola. **6** fig. y fam. Joven hermosa.
muñeira f. **1** Danza. Baile popular de Galicia. **2** Mús. Son con que se baila.
muñequear tr. **1** Arg. y Par. Mover influencias para obtener algo. **2** Dep. En esgrima, jugar las muñecas meneando la mano.
muñequero, ra m. y f. **1** Persona que se dedica a la fabricación y venta de muñecos. || f. **2** Tira de cuero con que se aprieta la muñeca cuando está relajada. **3** Pulsera de reloj. **4** Pulsera de adorno de mujer.
muñequilla f. **1** muñeca, pieza o pelotilla de trapo. **2** Agr. Chile Mazorca que empieza a formarse.
muñidor m. **1** Criado de cofradía que avisa a los hermanos los ejercicios a que deben concurrir. **2** Persona que concierta tratos o fragua intrigas.
muñir tr. **1** Convocar los muñidores a las juntas. **2** Concertar, manejar las voluntades de otros. ♦ IRREG. Se conjuga como MULLIR.
muñón m. **1** Parte de un miembro cortado que permanece adherida al cuerpo. **2** Anat. El músculo deltoides, y la región del hombro limitada por él. **3** Cada una de las dos piezas cilíndricas de ambos lados del cañón, que sirven para sostenerse en la cureña, permitiéndole girar verticalmente.
Muñoz, Gil Sánchez Clemente VIII, antipapa.
Muñoz, Rafael Felipe Escritor mexicano (Chihuahua, 1899 - Ciudad de México, 1972). Novelista de la revolución mexicana, entre sus obras destacan los cuentos *¡Vámonos con Pancho Villa!* (1931) y *Si me han de matar mañana...* (1933), y la novela *Se llevaron el cañón para Bachimba* (1941).
Muñoz Gamero, Benjamín Marino chileno (Santiago de Chile, 1820 - ?, 1851). Fue comisionado por el gobierno para explorar la región austral de la República.
Muñoz Marín, Luis Político puertorriqueño (San Juan, 1898 - íd., 1980). Gobernador del Estado Libre Asociado de Puerto Rico (1952-64), se opuso a la incorporación de su país a EE UU sin contrapartidas autonómicas.
Muñoz Molina, Antonio Novelista español (Úbeda, Jaén, 1956). Es uno de los representantes más notables de la narrativa española actual. Ha escrito las novelas *Beatus Ille* (1986), *El invierno en Lisboa* (1987), *Beltenebros* (1989), *El jinete polaco* (1991), *Plenilunio* (1997), *Carlota Fainberg* (1999) y *Sefarad* (2001). En 1995 ingresó en la Real Academia Española.
Muñoz Rivera, Luis Político y escritor puertorriqueño (Barranquitas, 1859 - Santurce, 1916). Ministro de Gobernación y de Gracia y Justicia del gobierno autónomo (1898). Fundó el Partido Federal (1900) y Unión de Puerto Rico (1902). Escribió *Tropicales*.
Muñoz Seca, Pedro Autor teatral español (El Puerto de Santa María, 1879 - Paracuellos, 1936). Creador del astracán, su colaboración con P. Pérez Fernández y E. García Álvarez marcó el apogeo de este género: *La venganza de don Mendo* (1919), *Anacleto se divorcia* (1921), *Los extremeños se tocan* (1926) y *Es usted Ortiz* (1927). Murió fusilado por fuerzas republicanas durante la Guerra Civil.
muón m. Fís. Partícula elemental inestable del grupo de los leptones, de masa equivalente a unas 207 veces la del electrón e igual carga eléctrica. Se desintegra en un electrón, un neutrino y un antineutrino.
murajes m. pl. Bot. Hierba primulácea.
mural adj. **1** Relativo al muro. **2** Se dice de las cosas que, extendidas, ocupan buena parte de pared o muro. || m. **3** Pintura o decoración mural.
muralismo m. Arte. Práctica artística consistente en la utilización de grandes superficies murales que sirven de soporte a la pintura, el mosaico, etc. || **muralismo mexicano** Arte. Movimiento artístico surgido en México en los años veinte que utilizó esta técnica artística con el objetivo de magnificar la revolución. Sus principales representantes fueron Clemente Orozco, Diego Rivera y David Alfaro Siqueiros.
muralista com. Artista que cultiva la pintura o decoración mural.
muralla f. Muro u obra defensiva que rodea una plaza fuerte o protege un territorio.
Muralla China, Gran Hist. Línea fortificada de la China septentrional, cuya construcción se inició hacia mediados del siglo iii a. C. por el emperador Tsin-chi-Hoang-ti, para contener las invasiones de los tártaros. Su longitud total aproximada es de 6.000 km.
Murano Ciudad de Italia, provincia de Venecia; 7.595 h. Industria del vidrio.
murar[1] tr. amurallar.
murar[2] tr. Cazar el gato a los ratones.
Murasaki Shikibu Novelista japonesa (?, 975 - ?, 1025). Autora de la novela *La historia de Genji*, que evoca el esplendor cortesano del Japón del siglo x.
Murat o **Amurates** Nombre de diversos sultanes otomanos.
Murat I (?, h. 1319 - Kosovo, 1389). Accedió al trono en 1359. Conquistó Adrianópolis, que convirtió en ca-

*Joachim **Murat** preso en el puente sobre el Danubio en la batalla de Austerlitz.* Palacio de Versalles.

pital (1365), y redujo a vasallaje al emperador Juan V Paleólogo. En 1389 derrotó a los serbios y sus aliados en Kosovo.

Murat II (?, h. 1401 - Adrianópolis, 1451). Accedió al trono en 1421. Venció a Ladislao III Jagellón en Varna (1444) y a Hunyadi en Kosovo (1448).

Murat III (Manisa, 1546 - Estambul, 1595). Accedió al trono en 1574. Conquistó Azerbaiyán y Daguestán al imperio persa.

Murat IV (Estambul, h. 1609 - íd., 1640). Accedió al trono en 1623. Arrebató a los persas Tabriz (1629) y Bagdad (1640).

Murat V (Estambul, 1840 - íd., 1904). Accedió al trono en 1876, pero a los tres meses fue depuesto por su hermano Abdul-Hamid II.

Murat, Joachim Mariscal de Francia (Labastide-Fortunière, actualmente Labastide-Murat, 1767 - Pizzo, Calabria, 1815). General en 1796, tomó parte activa en el golpe de Brumario (1799). Un año después se casó con la hermana menor de Napoleón, Carolina. Ascendido a mariscal en 1804, intervino en la campaña de Alemania (1805-07). En 1808 pasó a dirigir el ejército de España y reprimió duramente el alzamiento del 2 de mayo. Nombrado el mismo año por Napoleón rey de Nápoles (1808-14), pero tras la derrota de la Francia napoleónica, el Congreso de Viena no le reconoció como rey.

Muratori, Ludovico Antonio Historiador y arqueólogo italiano (Vignola, 1672 - Módena, 1750). Su principal trabajo es *Rerum italicarum scriptores praecipui ab anno 500 ad annum 1500* (1723-38). Del resto de su obra destacan *Reflexiones sobre el buen gusto en las ciencias y en las artes* (1708) y *Anales de Italia* (1749).

Murcia 1 Provincia del SE de España que constituye la Comunidad Autónoma de la Región de Murcia. **2** Ciudad de España, capital de la Comunidad Autónoma de la Región de Murcia y de la provincia de su nombre; 345.759 h. Centro comercial agrícola. Industrias derivadas de la agricultura (conservas vegetales), textil, química, muebles y maquinaria. Catedral gótica consagrada en 1467, con fachada principal barroca (siglo XVII). Museo de Salzillo instalado en la antigua iglesia de Jesús (siglo XVIII). Fundada en el siglo IX, se convirtió en la capital de la *cora* de Todmir. Fue incorporada a Castilla en 1244. En el reinado de Carlos V se sumó al alzamiento comunero. Sufrió el saqueo de las tropas francesas en 1810 y durante la Primera República española, en 1873, fue uno de los focos del movimiento cantonalista. En la Guerra Civil se mantuvo en poder de la República hasta 1939.

Murcia, Comunidad Autónoma de la Región de Comunidad autónoma de España, constituida por la provincia de su nombre. Tiene una superficie de 11.317 km^2 y 1.131.128 h. El interior montañoso contrasta con una extensa zona llana que incluye el litoral y el prelitoral. La red hidrográfica está formada por el Segura y sus afluentes, Sangonera y Mula. El clima es mediterráneo en la zona costera y semiárido en el interior. Su economía se basa principalmente en la agricultura: cereales, frutas, hortalizas, vino (Jumilla, Yecla), pimentón. Yacimientos de minerales de plomo, hierro, cobre y cinc. Fábricas de conservas vegetales. Construcciones navales (Cartagena). Complejo petroquímico y térmico en Escombreras. Ciudades principales: Alcantarilla, Cartagena, Cieza, Jumilla y Lorca.

Murciano, na adj. y s. De Murcia.

Murciélago m. *Zool.* Nombre de diversas especies de mamíferos quirópteros, caracterizados por ser los únicos mamíferos que pueden volar. Son nocturnos y en su vuelo se ayudan de un sistema similar al sónar.

Murena f. *Zool.* MORENA^1, pez.

Murena, Héctor Álvarez Escritor argentino (Buenos Aires, 1923 - íd., 1975). Entre sus obras destacan las novelas *Las leyes de la noche* (1958), *Epitalámica* (1969) y *Polipuercón* (1970). Publicó asimismo varios libros de poemas: *Relámpago de duración* (1962).

Murena, Lucius Licinius Cónsul romano (? - ?, 60 a. C.). Acusado por Catón de haber intrigado para obtener la magistratura, fue defendido por Cicerón.

Mures o **Maros** Río de Rumanía y Hungría, que nace en los Cárpatos orientales y desemboca en el Tisza; 829 km.

Muret Ciudad de Francia, en el departamento de Alto Garona; 16.192 h. Victoria de Simón de Monfort sobre los albigenses y Pedro II de Aragón (1213).

Murga f. fam. Compañía de músicos callejeros. || **dar la murga** fr. fam. Molestar, importunar.

Murger, Henri Escritor francés (París, 1822 - íd., 1861). Autor de *Escenas de la vida bohemia* (1848), que sirvió de base a Puccini para componer la ópera *La bohème*.

Murgón m. *Zool.* ESGUÍN.

Muriático, ca adj. *Quím.* Se dice del ácido clorhídrico y cualquiera de las combinaciones del cloro con el hidrógeno.

Múrice m. **1** *Zool.* Nombre de varios moluscos gasterópodos marinos del género *Murex*. Segrega, como la púrpura, un licor muy usado en tintorería por los antiguos. **2** poét. Color de púrpura.

Múrido, da adj. y m. *Zool.* **1** Se dice del mamífero roedor, como la rata y el ratón. || m. pl. *Zool.* **2** Familia de estos animales.

Murillo, Bartolomé Esteban Pintor español (Sevilla, 1617 - Cádiz, 1682). Destacado representante del estilo barroco, se formó en la escuela sevillana. Hacia 1646 realizó una serie sobre la historia de la orden religiosa de los capuchinos, marcada por un fuerte realismo y el empleo del claroscuro. Entre 1650 y 1655 realizó para los franciscanos de Sevilla la *Inmaculada Concepción*, tema sobre el que creó grandes obras maestras, como la *Inmaculada de Soult*. A este periodo pertenecen también *La Sagrada Familia del pajarito*, *La cena* y la *Visión de san Antonio de Padua*. A partir de 1660 adoptó tonalidades más claras y coloristas: *Santo Tomás de Villanueva repartiendo limosnas a los pobres*, las *Inmaculadas* de Aranjuez y de San Ildefonso, la *Virgen de la servilleta*. Murillo destacó asimismo como pintor de niños (*El Buen Pastor*, *San Juanito*) y de escenas callejeras y de pilluelos (*El piojoso*, *Niños comiendo melón y uvas*).

Murillo, Gerardo Atl, Doctor.

Murillo, Pedro Domingo Patriota boliviano (La Paz, 1756 - íd., 1810). Encabezó el alzamiento de La Paz (julio de 1809). Murió ejecutado.

Murillo Toro, Manuel Político y periodista colombiano (Chaparral, 1816 - Bogotá, 1880). Dirigente del Partido Liberal, ocupó la presidencia de la República en los periodos 1864-66 y 1872-74.

Murmansk 1 Región de la Federación de Rusia; 144.900 km^2 y 1.067.000 h. **2** Ciudad capital de la misma, junto al mar de Barents; 407.000 h. Puerto. Centro industrial.

Murmullo m. **1** Ruido que se hace hablando, especialmente cuando no se percibe lo que se dice. **2** Ruido continuado y confuso.

Murmuración f. Conversación en perjuicio de un ausente.

Murmurador, ra adj. y s. Que murmura.

Murmurar intr. **1** Hacer ruido blando y apacible. **2** fig. Hablar entre dientes manifestando queja o disgusto por alguna cosa. También tr. **3** fig. y fam. Conversar en perjuicio de un ausente. También tr.

Murnau, Friedrich Wilhelm (Friedrich Wilhelm Plumpe, llamado) Director de cine alemán (Bielefeld, 1889 - Santa Bárbara, 1931). Evolucionó desde el expresionismo de sus primeras obras hacia el realismo lírico de su periodo norteamericano. Dirigió *Nosferatu, el vampiro* (1922), *El último* (1924), *El nuevo Fantomas* (1922), *Fausto* (1926), *Amanecer* (1927) y *Tabú* (1931), en colaboración con Flaherty.

Muro m. **1** Pared o tapia. **2** MURALLA. || **muro de las Lamentaciones** *Hist.* y *Rel.* Célebre muro de Jerusalén, la parte mejor conservada de lo que fue el templo de Salomón destruido por el emperador Tito el año 70 d. C. Venerado por los judíos, los devotos se dirigen a él para

Bartolomé Esteban **Murillo**. *El Buen Pastor*. Museo del Prado (Madrid).

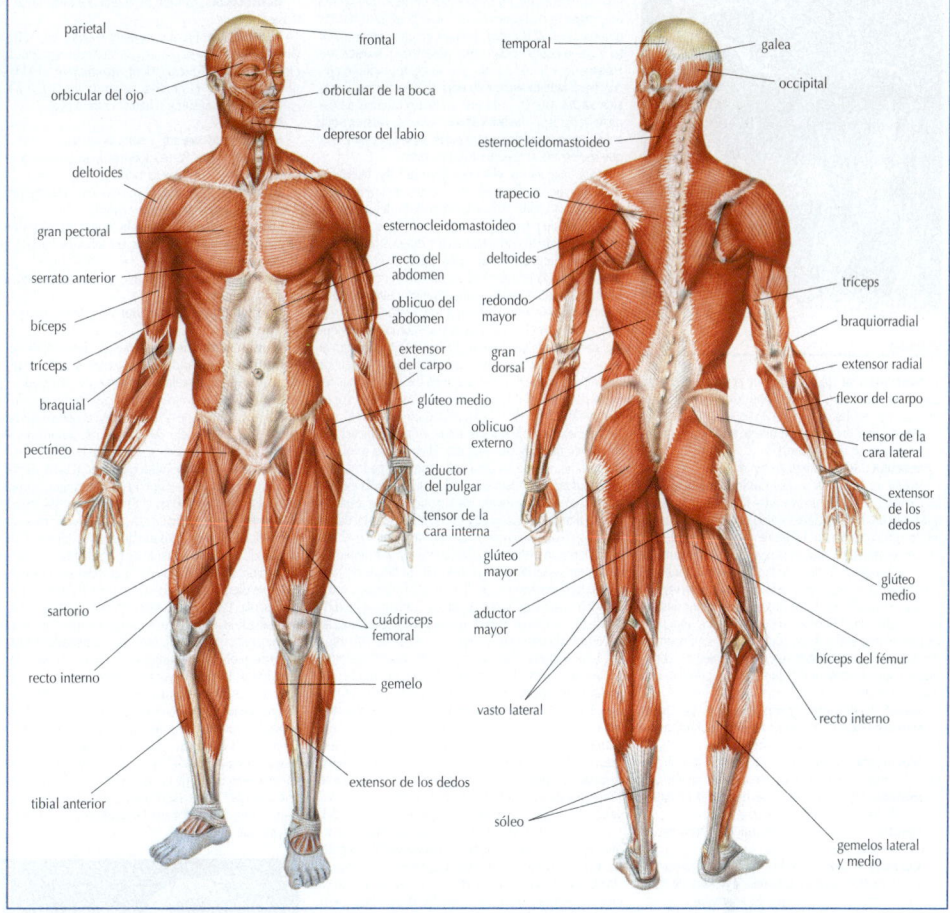

músculos del cuerpo humano.

llorar la destrucción de Jerusalén e implorar la venida del Mesías.

MURPHY, WILLIAM PARRY Médico estadounidense (Stoughton, 1892 - Cambridge, 1987). En 1934 recibió el premio Nobel de Medicina, compartido con G. Minot y G. Whipple, por sus investigaciones sobre el tratamiento de la anemia perniciosa.

MURRAY Río de Australia, que nace cerca del límite oriental del Estado de Victoria, y desemboca en el océano Índico por la bahía de Encounter; 2.587 km.

MURRAY, JACOBO ESTUARDO, CONDE DE Príncipe escocés (?, h. 1531 - Linlithgow, 1570). Hijo de Jacobo V y consejero de María Estuardo, fue regente de Escocia (1567-70). Murió asesinado.

MURRAY, JOSEPH EDWARD Médico estadounidense (Milford, Massachusetts, 1919). Premio Nobel de Medicina y Fisiología en 1990, compartido con D. E. Thomas, por sus investigaciones sobre trasplantes de órganos.

MURRIA f. Tristeza, melancolía.

MURRIAR tr. *Col.* Impregnar una superficie con cemento muy diluido en agua.

MÚRRINO, NA adj. Se dice de un vaso muy estimado en la Antigüedad, hecho de un mineral procedente de Oriente cuya naturaleza aún se desconoce.

MURRIO, RRIA adj. Que tiene murria.

MURRY, JOHN MIDDLETON Escritor inglés (Peckham, 1889 - Londres, 1957). Casado con la novelista Katherine Mansfield, en 1933 publicó una biografía de su esposa. Es autor de una autobiografía, *Entre dos mundos* (1935).

MURTA (Voz lat.) f. *Bot.* Arrayán.

MURTAL m. *Bot.* Sitio poblado de murtas.

MURTILLA o **MURTINA** f. **1** *Bot.* Arbusto de la familia mirtáceas, y su fruto. **2** Licor fermentado que se hace con ese fruto.

MURUCUYÁ f. *Bot.* Granadilla o pasionaria.

Mururoa Atolón de Polinesia francesa, en el archipiélago Gambier, Oceanía. Centro de experimentación de armas nucleares de Francia entre 1966 y 1995.

MURVIEDRO SAGUNTO.

MUS (Voz eusquera) m. Juego de naipes y de envite.

MUSA f. **1** *Mit.* Cada una de las deidades que, según la fábula, habitaban, presididas por Apolo, en el Parnaso, y protegían las ciencias y las artes liberales, especialmente la poesía. Su número varía en la mitología, pero generalmente se creyó que eran nueve: *Clío, Euterpe, Talía, Melpómene, Terpsícore, Erato, Polimnia, Urania* y *Calíope.* **2** fig. Inspiración del poeta. **3** fig. Ingenio poético propio de cada poeta. **4** fig. Poesía. || f. pl. **5** fig. Ciencias y artes liberales.

MUSA IBN NUSAYR General árabe (La Meca, h. 640 - íd., 718). Gobernador de Ifriqiyya (Túnez), envió a su lugarteniente Tariq a la conquista de la Hispania visigoda. Posteriormente, pasó el estrecho y sometió Andalucía occidental y Extremadura, llegando a Aragón, la cuenca del Duero y Galicia. En el año 715 hubo de regresar a Damasco, donde fue condenado por abusos cometidos en su mandato.

MUSÁCEO, A adj. y f. *Bot.* **1** Se dice de la planta angiosperma monocotiledónea, perenne, con hojas y brácteas dispuestas en espiral, flores unisexuales y fruto carnoso e indehiscente, como el banano y el abacá. || f. pl. *Bot.* **2** Familia de estas plantas.

MUSAGETA adj. y m. Se dice de Apolo y Hércules como conductores de las musas. También en sentido figurado.

MUSARAÑA f. **1** *Zool.* Mamífero insectívoro perteneciente a la familia sorícidos, de nombre científico *Crocidura russula,* de muy pequeño tamaño, con ojos minúsculos, hocico puntiagudo, patas cortas y pelaje gris pardo. Vive en toda Europa, excepto en las islas Británicas y Escandinavia. **2** *Zool.* Por extensión, cualquier sabandija, insecto o animal pequeño. **3** fig. y fam. Figura contrahecha o fingida de una persona. **4** fig. y fam. Nubecilla delante de los ojos. **5** fig. *Chile, El Salv., Nicar.* y *Sto. Dom.* Mueca que se hace con el rostro. ||

mirar uno **a las musarañas** fr. fig. y fam. Estar distraído. || **pensar** uno **en las musarañas** fr. fig. y fam. No atender a lo que él mismo u otro hace o dice.

MUSCARINA f. *Quím.* Sustancia tóxica contenida en la seta *Amanita muscaria,* que produce intoxicación aguda y grave del sistema nervioso.

MUSCULAR adj. *Biol.* Se dice del tejido animal que tiene su origen en la tercera hoja embrionaria o mesodermo y es esencial para la locomoción y movimiento. Se caracteriza porque las células, denominadas *fibras,* tienen una forma muy alargada y están dotadas de contractilidad.

MUSCULATURA f. *Zool.* **1** Conjunto y disposición de los músculos. **2** Grado de desarrollo de los mismos.

MÚSCULO m. **1** *Anat.* Órgano contráctil compuesto de tejido muscular, que cambia de tamaño y efectúa el movimiento cuando se le estimula. **2** *Biol.* MUSCULAR, tejido. || **MÚSCULO ABDUCTOR** *Anat.* ABDUCTOR. || **MÚSCULO ADUCTOR** *Anat.* ADUCTOR. || **MÚSCULO COMPLEXO** *Anat.* Uno de los principales para el movimiento de la cabeza. || **MÚSCULO DELTOIDES** *Anat.* DELTOIDES. || **MÚSCULO ESTERNOCLEIDOMASTOIDEO** *Anat.* ESTERNOCLEIDOMASTOIDEO. || **MÚSCULO GEMELO** *Anat.* GEMELO. || **MÚSCULO GLÚTEO** *Anat.* GLÚTEO. || **MÚSCULO INVOLUNTARIO** *Fisiol.* Aquel cuyo movimiento no está bajo el control de la voluntad. Normalmente es tejido muscular liso situado en la pared de un vaso o asociado a la piel. || **MÚSCULO LUMBRICAL** *Anat.* Cada uno de los cuatro de forma de lombriz, que en la mano y en el pie sirven para el movimiento de todos sus dedos menos el pulgar. || **MÚSCULO SARTORIO** *Anat.* SARTORIO. || **MÚSCULO SERRATO** *Anat.* SERRATO. || **MÚSCULO SUBESCAPULAR** *Anat.* SUBESCAPULAR. || **MÚSCULO TENSOR** *Fisiol.* El que estira o pone tensa una parte. || **MÚSCULO VOLUNTARIO** *Fisiol.* Aquel cuyo movimiento se encuentra bajo control directo de la voluntad del organismo. || **MÚSCULOS INTERCOSTALES** *Anat.* Los de movimiento involuntario que se sitúan entre las costillas adyacentes.

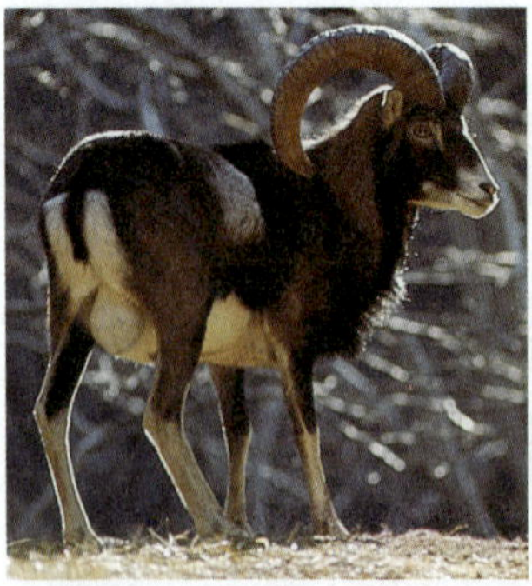

musmón

MUSCULOSO, SA adj. **1** Se dice de la parte del cuerpo que tiene músculos. **2** Que tiene los músculos muy abultados y visibles.

MUSEL, EL Denominación que se da al puerto exterior de Gijón, en el Cantábrico.

MUSELINA f. Tela fina y poco tupida.

MUSEO m. **1** Edificio o lugar destinado al estudio de las ciencias, letras humanas y artes liberales. **2** Lugar en que se guardan colecciones de objetos artísticos, científicos o de otro tipo, y en general, de valor cultural, convenientemente colocados para que sean examinados. **3** Institución, sin fines de lucro, abierta al público, cuya finalidad consiste en la adquisición, conservación, estudio y exposición de los objetos que mejor ilustran las actividades del hombre, o culturalmente importantes para el desarrollo de los conocimientos humanos. **4** Por extensión, lugar donde se exhiben objetos o curiosidades que pueden atraer el interés del público, con fines turísticos.

MUSEO Poeta mítico griego, discípulo de Orfeo.

MUSEOGRAFÍA f. Conjunto de técnicas y prácticas relativas al funcionamiento de un museo.

MUSEOLOGÍA f. Ciencia que trata del museo, su historia, las técnicas de conservación y catalogación, etc.

MUSEROLA f. Correa de la brida, que rodea el hocico del caballo por encima de la nariz.

MUSETTE (Voz fr.) f. *Mus.* Instrumento musical de viento parecido a la cornamusa.

MUSGAÑO m. *Zool.* Nombre de dos mamíferos insectívoros pertenecientes a la familia sorícidos, de nombre científico *Neomys fodiens* y *N. anomalus.*

MUSGO m. *Bot.* **1** Cada una de las plantas criptógamas pertenecientes a la división briofitas. Crecen sobre las partes húmedas y umbrías de piedras, cortezas de árboles, etc. **2** Conjunto de estas plantas que cubren una determinada superficie. || m. pl. *Bot.* **3** Clase de estas plantas.

MUSIC-HALL (Expr. i.) m. **1** *Mús.* Espectáculo de variedades (números cómicos, acrobáticos, de prestidigitación, etc.) en que la música sirve de telón de fondo. **2** Teatro o lugar donde se representan estos espectáculos. ♦ Su pl. es *music-halls.*

MÚSICA f. **1** *Mús.* Arte de combinar los sonidos de la voz humana o de los instrumentos, o de unos y otros a la vez para causar un efecto estético. **2** *Mús.* Combinación de sonidos siguiendo las normas de la armonía, melodía y ritmo. **3** *Mús.* Composición musical. **4** *Mús.* Conjunto de composiciones de un músico, una época, un país. **5** Por extensión, cualquier sonido grato al oído. || **MÚSICA ABSOLUTA** *Mús.* La instrumental que tiene realidad en sí misma, en oposición a las *de programa, vocal,* etc., que necesitan de apoyaturas extramusicales. || **MÚSICA ALEATORIA** *Mús.* Sistema de composición musical en el que determinados aspectos de la ejecución de una pieza dependen del azar y de la libre elección del intérprete. || **MÚSICA DE CÁMARA** *Mús.* La composición musical para pocos músicos: voz y piano, trío, cuarteto, quinteto, etc. || **MÚSICA CLÁSICA** *Mús.* La correspondiente al periodo situado entre el barroco y el romanticismo, cuyos máximos representantes son Haydn y Mozart. || **MÚSICA CONCRETA** *Mús.* Tendencia musical que se basa en la producción de sonidos derivados de otros por medio de instrumentos electrónicos. || **MÚSICA ELECTRÓNICA** *Mús.* La que se obtiene de las oscilaciones de un generador electrónico. Estas oscilaciones, convertidas en sonidos mediante un altavoz, son grabadas en una cinta magnetofónica, sobre la cual el compositor realiza un trabajo de selección de los sonidos. || **MÚSICA LIGERA** *Mús.* La fácil y sin trascendencia. || **MÚSICA POP** POP. || **MÚSICA PROFANA** *Mús.* La compuesta sobre un texto o tema no religioso. || **MÚSICA DE PROGRAMA** *Mús.* Aquella en la que el autor se propone describir una serie de escenas o situaciones diversas que siguen un programa o argumento en lugar de desarrollar las proporciones y las formas propias de una composición tal y como ocurre en la MÚSICA ABSOLUTA. || **MÚSICA RATONERA** fig. y fam. La mala, por su composición o ejecución. || **MÚSICA ROCK AND ROLL** ROCK AND ROLL. || **MÚSICA SACRA** *Mús* La inspirada en textos o temas de carácter religioso. || **MÚSICA SERIAL** SERIAL. || **MÚSICA SOUL** SOUL. || **con la música a otra parte** expr. fig. y fam. con que se despide al que viene a incomodar.

MÚS. Pitágoras fue el teórico musical más importante de la Antigüedad. Formuló el concepto de armonía y a partir de sus análisis sobre la naturaleza del sonido se creó el cálculo pitagórico de intervalos y las escalas modales. Durante los primeros siglos del cristianismo la música se circunscribió al canto litúrgico. En la época precarolingia la liturgia estaba muy diversificada; paralelamente al rito romano se desarrollaron otros como el milanés o AMBROSIANO, el hispano y el francés. Carlomagno impuso el canto GREGORIANO como liturgia oficial de la iglesia católica. A partir del siglo XI surgió la música polifónica, que alcanzó su máximo esplendor durante los siglos XII y XIII en uno de los centros más representativos de la llamada ARS ANTIQUA, la ESCUELA DE NOTRE-DAME. En el siglo XIV nació en Francia el ARS NOVA, caracterizada por sus innovaciones rítmicas, y el desarrollo de la música profana. El *Ars Nova* se extendió a Italia, donde su desarrollo estuvo ligado al del *dolce stil nuovo.* Durante el siglo XV la polifonía experimentó un extraordinario desarrollo por la escuela franco-flamenca, cuya actividad sentó las bases de las grandes creaciones polifónicas del siglo XVI. En el Renacimiento se institucionalizó la música instrumental; se crearon repertorios para vihuela (L. Milán, L. de Narváez), para órgano (A. Schlick, A. de Cabezón, A. G. Gabrieli), para virginal (W. Byrd, O. Gibbons) y laúd (T. Morley, J. Dowland, A. de Roy). La polifonía alcanzó su máxima expresión con la obra de O. de Lasso, Palestrina y T. L. de Victoria. Durante el periodo BARROCO se mostró un gran interés hacia nuevas técnicas como la monodia acompañada, el estilo recitativo y el bajo continuo. En 1607 Monteverdi compuso *Orfeo,* considerada la primera ópera moderna. La revolución musical del barroco también se manifiesta en la proliferación de formas musicales nuevas: el oratorio, la cantanta, la ópera, la sonata, la suite, el *concerto grosso* o la sinfonía. Entre los principales músicos del periodo cabe citar a A. Vivaldi, J. B. Lully, H. Purcell, F. Couperin, G. F. Haendel, J. S. Bach y J. P. Rameau. En la segunda mitad del siglo XVIII apareció el estilo galante y rococó. Fue la época de perfeccionamiento del trío, el cuarteto, la sonata y la sinfonía, que culminó en el estilo clasicista de la escuela vienesa, representado por J. Haydn, W. A. Mozart y L. van Beethoven. En el romanticismo se desarrollaron simultáneamente tres estilos diferentes: la música orquestal, con un claro dominio de la sinfonía (L. van Beethoven, F. Schubert, J. Brahms, H. Berlioz); la música para un solo instrumento, especialmente para piano (F. Chopin, F. Listz y R. Schumann); y la música vocal, sobre todo el lied (F. Schubert, H. Wolf y posteriormente G. Mahler) y la ópera (C. M. von Weber y G. Rossini). Hacia mediados del siglo XIX, el nacionalismo musical añadió elementos del folclore y la cultura popular. Pertenecientes a esta escuela son B. Smetana, A. Dvorak, E. Grieg, N. Rimski-Korsakov, A. Borodin, P. Chaikovski, I. Albéniz y J. Sibelius. La escuela impresionista obtuvo un importante desarrolló en Francia con la obra de C. Debussy y M. Ravel. Durante el siglo XIX, el género operístico gozó de una gran aceptación, gracias a músicos como R. Wagner y R. Strauss, en Alemania; Ch. Gounod, G. Bizet y J. Massenet, en Francia; y V. Bellini, G. Donizetti, G. Verdi y G. Puccini, en Italia. La música del siglo XX está marcada por la obra de la escuela vienesa, encabezada por A. Schönberg, A. Berg y A. von Webern. En sus composiciones abandonaron la música tonal y se perdieron las nociones clásicas de melodía y armonía. Schönberg formuló los principios del dodecafonismo en 1921. La música contemporánea se vio enormemente enriquecida durante las primeras décadas del siglo con compositores de la talla de I. Stravinski, B. Bartók, A. Honneger, D. Milhaud, S. Prokofiev y M. de Falla. A partir de la Segunda Guerra Mundial aparecieron nuevas corrientes: la música serial y aleatoria, el minimalismo, la música concreta, la música electroacústica, el postserialismo, etc. En este contexto sobresalieron músicos como P. Boulez, K. Stockhausen, B. Maderna, L. Berio y J. Cage.

MUSICAL adj. **1** Perteneciente o relativo a la música. **2** Se dice del sonido agradable al oído. || m. **3** Espectáculo con números de música y, generalmente, baile.

MÚSICO, CA adj. **1** Relativo a la música. || m. y f. **2** Persona que se dedica a la música.

MUSICÓGRAFO, FA m. y f. Persona que se dedica a escribir sobre música.

MUSICOLOGÍA f. Estudio de la teoría e historia de la música.

MUSIL, ROBERT Escritor austriaco (Klagenfurt, 1880 - Ginebra, 1942). En su producción destacan *Las tribulaciones del joven Törless* (1906), *Tres mujeres* (1924) y su obra maestra, *El hombre sin atributos* (1930-43).

MUSITAR intr. Susurrar o hablar entre dientes.

MUSKIZ MUSQUES.

MUSLIM o **MUSLIME** adj. y com. MUSULMÁN.

MUSLO m. *Anat.* Parte superior de la pierna, comprendida entre la pelvis y la rodilla.

MUSMÓN m. *Zool.* Mamífero rumiante híbrido, producto del cruce entre carnero y cabra.

MUSOLA f. *Zool.* Pez elasmobranquio escualiforme, de nombre científico *Mustelus mustelus,* de hasta 2 m de longitud.

MUSQUES *(Muskiz)* Municipio de España, provincia de Vizcaya; 6.367 h.

MUSSCHENBROEK, PIETER VAN VAN MUSSCHENBROEK, PIETER.

MUSSET, ALFRED DE Escritor francés (París, 1810 - íd., 1857). Entre sus obras destacan *La confesión de un hijo del siglo* (1836), novela autobiográfica, *Lorenzaccio* (1834), drama histórico, *Un espectáculo en un sillón* (1834), recopilación de obras teatrales, el poema *Las noches* (1835-37), reflejo de su relación amorosa con George Sand, y *Comedias y proverbios* (1853).

MUSSOLINI, BENITO Político italiano (Dovia di Predappio, Forli, 1883 - Giulino di Mezzegra, Como, 1945). En 1900 ingresó en el Partido Socialista, siendo nombrado por sus posturas extremistas director de su órgano oficial, *Avanti.* Acusado durante la Primera Guerra Mundial de estar a sueldo de Francia, fue expulsado del partido. En 1919 fundó los fascios italianos de combate que dieron lugar a la creación del Partido Nacional Fascista (1921). Para tomar el poder organizó la marcha sobre Roma y el rey le encargó la formación de gobierno (1922). Mussolini, que había adoptado el título de *Duce,* prohibió los partidos y sindicatos no fascistas, suprimió la libertad de prensa y reunión e inició una política antisemita. Su política exterior se caracterizó por la agresividad, puesta en evidencia en la anexión de Albania, la conquista de Abisinia y la intervención en la Guerra Civil española. Aliado del III Reich en la Segunda Guerra Mundial (1940), los desastres militares italianos fueron causa de su detención por el Gran Consejo Fascista (1943). Liberado por los alemanes, proclamó la República de Salò. Detenido por la resistencia italiana, fue ejecutado.

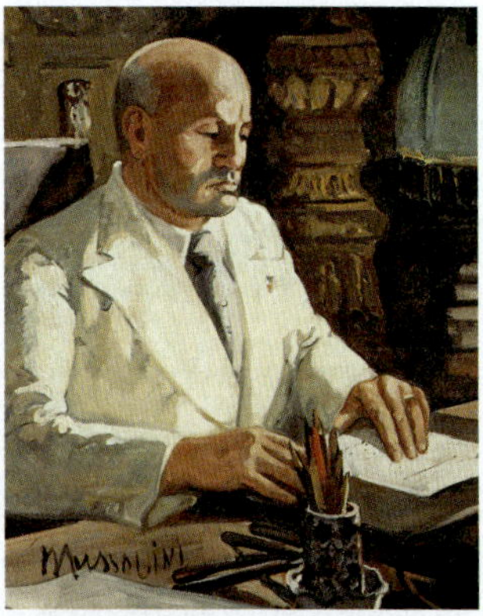

Benito **Mussolini.** Retrato de Yves Prayer.

MUSSORGSKI, MODEST PETROVICH Compositor ruso (Karevo, 1839 - San Petersburgo, 1881). Miembro eminente del Grupo de los Cinco, entre sus óperas destacan *Boris Godunov* (1872), *Kovantchina* (1880), *La feria de Sorochinski* (1881). Autor asimismo de algunas obras orquestales, como *Una noche en el monte Pelado* (1867) y numerosas piezas para piano, entre las que destaca *Cuadros de una exposición* (1874).

MUSTAFÁ Nombre de diversos sultanes otomanos.

MUSTAFÁ I (Constantinopla, 1591 - íd., 1639). Sucedió a su hermano Ahmet en 1617. Destronado a los tres meses, volvió a ocupar el trono en 1622. Fue depuesto un año después.

MUSTAFÁ II (Constantinopla, 1664 - íd., 1703). Sobrino de Ahmet II, a quien sucedió en 1695. Una rebelión de los jenízaros le obligó a abdicar en favor de su hermano, Ahmet III, en 1703.

MUSTAFÁ III (Constantinopla, 1717 - íd., 1774). Sucedió en 1757 a su primo Osmán III. Declaró la guerra a

Modest Petrovich **Mussorgski**. Retrato de Ilya Repin. Museo de Arte (Berlín).

Rusia (1678), pero fue vencido y perdió Moldavia, Valaquia y Crimea.

Mustafá IV (Constantinopla, 1779 - íd., 1808). Accedió al trono en 1807. Fue derrocado y ejecutado por Mahmut II.

Mustafá Kemal Military político turco (Salónica, 1881 - Ankara, 1938). Fue el principal promotor del movimiento político que cristalizó en la Gran Asamblea Nacional de Turquía, que en noviembre de 1922 abolió el sultanato. En octubre de 1923 fue nombrado presidente de la República. Gobernó dictatorialmente. Recibió el apelativo de *Atatürk* (padre de los turcos).

Mustang o **Mustango** m. *Zool.* Tipo de caballo del N de América, descendiente de los que llevaron los conquistadores españoles.

Mustela f. *Zool.* COMADREJA.

Musteriense adj. *Prehist.* Complejo industrial que caracteriza al paleolítico medio junto al LEVALLOISIENSE. Se desarrolló durante el interglaciar Riss-Würm y el comienzo de la glaciación Würn, entre el 95.000 a. C. y el 35.000 a. C., en Europa, Asia y el N de África. Está relacionada con el hombre de Neandertal.

Mustiarse prnl. Marchitarse.

Mustio, tia adj. 1 Melancólico, triste. 2 Lánguido, marchito.

Musulmán, na adj. 1 Que profesa la religión del Islam, revelada por Mahoma. También s. 2 Perteneciente o relativo al Islam, o a la cultura y al Estado islámicos. || **Musulmanes negros** *Hist.* Movimiento nacionalista y religioso de la comunidad afroamericana de EE UU, contrario a la integración social de la población negra.

Mutación f. 1 Acción y efecto de mudar. 2 Cambio escénico en el teatro. 3 *Biol.* Proceso por el que se altera el genotipo de una especie. 4 *Biol.* Fenotipo producido por aquellas alteraciones. 5 *Meteor.* Destempe de la estación en determinado tiempo del año.

Mutacionismo m. *Biol.* Teoría que supone que la causa principal de la evolución de las especies biológicas es la mutación.

Mutamid, Muhammad ibn Abbad ALMOTÁMID MUHAMMAD IBN ABBAD.

Mutanabbi, al- (Abu-Tayyid Ahmad ibn Husayn, llamado) Poeta árabe (Kufa, 915 - Bagdad, 965). Maestro de la corriente neoclásica árabe, renovó la *qasida*.

Mutante adj. *Biol.* 1 Que muta. 2 Se dice del nuevo gen, cromosoma o genoma que ha surgido por mutación de otro preexistente. 3 Se dice del organismo producido por mutación. 4 Se aplica a la descendencia de un organismo mutante.

Mutar tr. 1 Mudar, transformar. También prnl. 2 Mudar o apartar de un puesto o empleo.

Mutatis mutandis loc. lat. Cambiando lo que se debe cambiar.

Muti, Riccardo Director de orquesta italiano (Nápoles, 1941). Es uno de los mejores especialistas de su generación. Ha dirigido las formaciones orquestales filarmónicas de Londres, Filadelfia, Viena y de la Scala de Milán, de la que fue nombrado director en 1990.

Mutilar tr. 1 Cortar una parte del cuerpo. 2 Quitar una parte de otra cosa.

Mutis m. 1 Voz que se usa en el teatro para hacer que un actor se retire de la escena. 2 Acto de retirarse de la escena y, por extensión, de otros lugares. 3 fam. Voz que se emplea para imponer silencio o para indicar que una persona queda callada. || **hacer mutis** loc. Salir de la escena o de otro lugar. También, callar. ♦ Su pl. es *mutis*.

Mutis, Álvaro Escritor colombiano (Bogotá, 1923). En su obra poética destacan *Los elementos del desastre* (1953) y *Los trabajos perdidos* (1961); en su producción narrativa, *La mansión de Araucaíma: relato de tierra caliente* (1973), *Ilona llega con la lluvia* (1988), *La última escala de «Tramp Steamer»* (1990) y *Abdul Bashur, soñador de navíos* (1991). Obtuvo el premio Príncipe de Asturias (1997) y el Cervantes (2001).

Mutis, José Celestino Naturalista español (Cádiz, 1732 - Santa Fe de Bogotá, 1808). Se trasladó a América en 1760, donde se consagró al estudio de la flora. Consiguió que se crease en 1783 la *Expedición Botánica*, instituto científico donde se elaboró la obra *Flora de la Real Expedición Botánica del Nuevo Reino de Granada*.

Mutismo m. 1 Silencio voluntario o impuesto. 2 Imposibilidad de hablar por motivos psíquicos.

Mutriku MOTRICO.

Mutra MATHURA.

Mutualidad f. 1 Calidad de mutuo, recíproco. 2 Régimen de prestaciones mutuas. 3 Denominación de algunas sociedades que tienen este régimen.

Mutualismo m. 1 Sistema de mutualidad. 2 Reunión o asociación de mutualistas. 3 Práctica de la mutualidad. 4 Organización social caracterizada por el predominio de las asociaciones mutualistas.

Mutualista adj. 1 Relativo a la mutualidad. || com. 2 Accionista de una mutualidad, sociedad de socorros mutuos.

Mutuo, tua adj. y s. 1 Recíproco. || f. 2 MUTUALIDAD, sociedad de socorros mutuos. || m. *Der.* 3 Contrato por el que una de las partes entrega a otra una determinada cantidad de cosas fungibles mediante la obligación de restituir otro tanto de igual género.

Muwassaha f. MOAXAJA.

Muxía MUGÍA.

Muy adv. que se antepone a nombres adjetivados, participios, adverbios y modos adverbiales, para denotar en ellos grado superlativo de significación.

Muysca adj. y com. CHIBCHA.

Muza MUSA IBN NUSAYR.

Múzquiz, Melchor Military político mexicano (Santa Rosa, hoy Múzquiz, 1790 - México, 1844). Luchó por la independencia y fue presidente interino de la República en 1832.

mV *Fís.* Símbolo del milivoltio.

Mv *Quím.* Símbolo del mendelevio.
MV *Fís.* abr. de megavoltio.
mW *Fís.* abr. de megavatio.
mW *Fís.* Símbolo del miliavatio.
Mweru Lago de África, entre Zambia y la República Democrática del Congo; 4.920 km².
Mx *Fís.* Símbolo químico del maxvelio o maxvell, unidad de flujo magnético en el sistema CGS.
my f. Duodécima letra del alfabeto griego (M, μ); corresponde a nuestra *m*.
Myanmar (*Soshelit Thamata Pyidaogsu Myanma Nainggam-Daw*) Estado del SE de Asia, que limita al N con China; al E, con China, Laos y Tailandia; al S, con el océano Índico, y al O, con Bangla Desh e India.

Superficie: 676.577 km²
Población: 41.735.000 h. *(birmanos).*
Densidad: 61,7 h./km².
Tasa de natalidad: 20,8‰.
Tasa de mortalidad: 9,1‰.
Capital: Rangún.
Ciudades principales: Mandalay, Moulmein, Pegu, Bassein.
Grupos étnicos: birmanos (69%), shan (8,5%), karen (6,2%), rakhine (4,5%), mon (2,4%), chinos (2,2%).
Religión: budismo (89,1%), cristianismo (4,9%), islamismo (3,8%).
Idioma: birmano (oficial) e inglés.
Moneda: kyat.
Forma de Estado: república.
Producto Nacional Bruto: 119.334 millones de dólares.
Renta per cápita: 2.610 dólares.
División administrativa: 7 Estados y 7 divisiones, según cuadro.

MYANMAR

Estados / Divisiones	Superficie (km²)	Población (h.)	Capitales
Arakan	36.778	2.482.000	Sittwe
Chin	36.019	438.000	Haka
Kachin	89.041	1.135.000	Myitkyina
Karen	30.383	1.323.000	Paan
Kayah	11.733	2.183.000	Loikaw
Mon	12.297	2.482.000	Moulmein
Shan	155.801	4.416.000	Taunggyi
Irrawady	35.138	6.107.000	Bassein
Magwe	44.820	4.067.000	Magwe
Mandalay	37.024	5.823.000	Mandalay
Pegu	39.404	4.607.000	Pegu
Rangún	10.171	5.037.000	Rangún
Sagaing	94.625	4.889.000	Sagaing
Tenasserim	43.343	1.187.000	Tavoy

Myanmar. Pagoda Shwezigon, en Pagan.

Hist. En el siglo III los hindúes se establecieron en la costa, introduciendo el budismo. La unificación del territorio vino de manos de los reyes de Pagán (siglo XI), y perduró hasta el siglo XIII en que fue ocupado por los mongoles. Dividido desde entonces en pequeños Estados, logró de nuevo la unidad bajo la dinastía Toungoo (siglo XVI). El moderno Estado fue creado en el siglo XVIII por Alompra y sus sucesores, que entraron en conflicto con la Compañía inglesa de la India oriental. En el siglo XIX sostuvo tres guerras contra los ingleses, que en 1886 dominaban la totalidad del país. Birmania quedó unida a la India hasta 1937, año en que pasó a constituir una colonia dependiente de la Corona. Fue ocupada por Japón durante la Segunda Guerra Mundial y alcanzó su independencia en 1948 con el nombre de Unión Federal de Birmania. La tendencia autoritaria del gobierno de U Nu provocaría la actuación de la guerrilla comunista y la rebelión de la etnia karen. En octubre de 1958, el ejército se hizo cargo del poder. El nuevo jefe de gobierno, el general Ne Win, inclinó su política sensiblemente hacia el lado occidental. En 1960 se celebraron elecciones que llevaron de nuevo a U Nu al cargo de primer ministro; el golpe militar de 1962 disolvió el parlamento y atribuyó plenos poderes a un consejo revolucionario, imponiendo una estructura socialista centralizada de partido único, que fue ratificada en la Constitución de 1974. Disuelto el consejo revolucionario, la asamblea popular eligió a Ne Win como presidente de la República. En 1980 fue sustituido por San Yun, aunque continuó gobernando en la sombra. En 1988 Ne Win dimitió como jefe de su partido y fue sustituido por Sein Lwin, quien tuvo que dimitir 15 días después. Su sucesor, Maung Maung, adoptó medidas conciliadoras. En septiembre se convocaron elecciones, pero un golpe militar entregó el poder al general Saw Maung. La oposición estudiantil y la creación de la Liga Nacional para la Democracia, liderada por Aung San Suu Kyi, condujo al régimen militar a suprimir el unipartidismo. En 1989 Birmania cambió su nombre por el de Unión de Myanmar, y en 1990 se celebraron las primeras elecciones democráticas, que proporcionaron un triunfo aplastante a la LND, declarada ilegal unos meses más tarde. En 1992 Saw Maung fue sustituido en la presidencia por el general Than Shwe. En la segunda mitad de 1995 la junta militar alcanzó acuerdos de pacificación con diferentes grupos étnicos y con la guerrilla. Sin embargo, la ruptura en marzo de 1996 del alto el fuego firmado con la guerrilla Karen y la limitación, meses después, de las actividades de Aung San Suu Kyi y de la LND, provocó un nuevo aumento de la tensión política. En 1997 la Junta militar fue disuelta y sustituida por un Consejo para la Paz y el Desarrollo presidido por el general Than Shwe y en el que entraban a formar parte algunos civiles. Un año más tarde se produjeron numerosas manifestaciones populares a favor de Aung San Suu Kyi y otros miembros de la LND que habían sido detenidos. Esto provocó la puesta en marcha de duras medidas represivas por parte del CPD. En 2002 la junta militar dejó en libertad a San Suu Kyi y a varios opositores, pero en 2003 fueron detenidos nuevamente.

Myrdal, Alva Diplomática sueca (Uppsala, 1904 - Estocolmo, 1986). Premio Nobel de la Paz en 1982, compartido con el mexicano A. G. Robles.

Myrdal, Karl Gunnar Economista y político sueco (Gustafs, 1898 - Estocolmo, 1987). Esposo de Alva Myrdal. Premio Nobel en 1974, junto con F. A. von Hayek, por su contribución a la teoría de las fluctuaciones económicas y monetarias.

Mysore KARNATAKA.

Mysore (*Maisur*) Ciudad del S de la India, Estado de Karnataka; 480.692 h. Fue capital del Estado que llevó su nombre.

myxomiceto adj. *Biol.* MIXOMICETE.

Geog. El país está accidentado al O por los montes Naga y Arakan y al E por la meseta de Shan. De N a S está recorrido por los ríos Irawadi y Salween. Su clima es tropical monzónico. La principal actividad económica es la agricultura. Ganadería bovina y de búfalos. Importante producción de madera y caucho. Producción petrolífera en la costa y el centro del país. El opio y la heroína constituyen una importante fuente de ingresos de la economía sumergida.

N

N f. **1** Decimocuarta letra del abecedario español y undécima de sus consonantes. Su nombre es *ene*. Representa un sonido de articulación nasal, oclusiva y sonora. **2** Signo con que se suple en un escrito el nombre de una persona que no se sabe o no se quiere expresar. **3** *Mat.* Exponente de una potencia indeterminada, o signo que representa un número indeterminado. **4** *Mat.* Símbolo del pref. NANO-.

N 1 *Fís.* Símbolo del newton, unidad de fuerza. **2** *Geog.* Abreviatura del punto cardinal norte. **3** *Mat.* Símbolo del conjunto de los números naturales. **4** *Quím.* Símbolo químico del nitrógeno. **5** *Quím.* Símbolo de normalidad.

NA En lenguaje familiar, apócope de *nada*.

NA *Quím.* Símbolo químico del sodio.

NABA f. *Bot.* **1** Planta herbácea anual o perenne perteneciente a la familia crucíferas, de nombre científico *Brassica rapa*, con raíz carnosa; se emplea como alimento. **2** Raíz de esta planta.

NABAB m. **1** Gobernador de una provincia de la India musulmana. **2** Hombre sumamente rico.

NABAL o **NABAR** adj. **1** Relativo a los nabos. || m. *Agr.* **2** Tierra sembrada de nabos.

NABAL Personaje bíblico. Del linaje de Caleb y marido de Abigaíl, ante su negativa a cederle a David parte de sus riquezas el rey intentó castigarle, aunque se libró gracias a la estratagema de su esposa, con quien David se casó una vez muerto Nabal.

NABATEO, A adj. *Etnol.* e *Hist.* **1** Se dice de un antiguo pueblo de origen árabe que vivió al NO de Arabia, fundador del reino de Petra (siglo III a. C. - siglo I). También s. y más en pl. **2** Se dice también de sus individuos. También s. **3** Relativo a este pueblo.

NABÍ m. Entre los árabes, PROFETA.

NABICOL m. *Bot.* NABA.

NABINA f. *Bot.* Semilla del nabo.

NABIS *Arte.* Escuela artística surgida en Francia en 1888. Fundada por M. Denis y P. Sérusier, entre sus representantes se encuentran los pintores E. Vuillard, F. Valloton, L. Valtat, P. Ranson y P. Bonnard, y escultores como A. Maillol. Sus obras se caracterizan por la simplificación del dibujo, la supresión de la profundidad y el modelado, la utilización de colores puros y el empleo de arabescos. Su estética se plantea como una superación del academicismo, el naturalismo, el impresionismo y el puntillismo. El nombre de la escuela, creado por el poeta H. Cazalis, procede del término árabe *nabî*, que significa *profeta*.

NABIZA f. **1** Hoja tierna del nabo. Más en pl. **2** Raicillas tiernas de la naba.

NABO m. **1** *Bot.* Planta herbácea anual o bianual perteneciente a la familia crucíferas, de nombre científico *Brassica napus*, con raíz carnosa comestible, blanca o amarillenta, que se cree procede de China y se cultiva en todo el mundo. De sus semillas se extrae un aceite. **2** *Bot.* Raíz de esta planta. **3** *Bot.* Cualquier raíz gruesa y fusiforme. **4** *Arquit.* Cilindro vertical colocado en el centro de una armazón, y en el cual se apoyan las diversas piezas que la componen; como los peldaños de una escalera de caracol. **5** fig. Tronco de la cola de las caballerías. **6** fig. y vulg. PENE. **7** *Mar.* Madero redondo que sostiene una verga.

NABOKOV, VLADIMIR Escritor estadounidense de origen ruso (San Petersburgo, 1899 - Montreux, 1977). Exiliado en Alemania tras la revolución de octubre, escribió bajo el seudónimo de *Sirine* y en ruso *Mashenka* (1926), *Rey, dama, criado* (1928), *El ojo* (1930), *Camera obscura* (1932) y *Gloria* (1933). Durante su estancia en EE UU su producción se caracteriza por el afán por reflejar la esencia de la sociedad estadounidense a través de sus convenciones culturales: *La verdadera vida de Sebastian Knight* (1941), *Lolita* (1955), *Pnin* (1957), *Pálido fuego* (1962), *Ada o el ardor* (1969), *Mira los arlequines* (1974) y *Habla, memoria* (1967).

NABONASAR Rey de Babilonia (s. VIII a. C.). Reinó del 747 al 734 a. C., como vasallo de Tiglath Pileser III.

NABOPOLASAR Rey de Babilonia (s. VII a. C.). Reinó del 625 al 605 a. C. Proclamó la independencia de Caldea, en poder de Asiria. Aliado con Ciaxares, rey medo, destruyó Nínive (612 a. C.), lo que supuso el fin del imperio asirio y el comienzo del neobabilónico, que a su muerte rigió su hijo Nabucodonosor II.

NABORÍ com. NABORÍA.

NABORÍA com. *Hist.* **1** En los primeros tiempos de la conquista de América, indio o india de servicio. || f. *Hist.* **2** Repartimiento de indios en los primeros tiempos de la conquista de América, adjudicando cierto número de indios, en calidad de criados, para el servicio personal.

NABOT Personaje bíblico. Poseía una viña, que no quiso vender al rey Acab, por lo que fue acusado de hereje y muerto. El rey se apoderó de la viña, pero Elías le profetizó que moriría en el mismo lugar que Nabot.

NABUCO DE ARAUJO, JOAQUÍN AURÉLIO BARRETO Escritor y diplomático brasileño (Pernambuco, 1849 - Washington, 1910). Diputado desde 1879, defendió la abolición de la esclavitud en su país. Es autor de *Abolicionismo* (1883).

NABUCODONOSOR o **NEBUKADREZZAR** Nombre de dos reyes de Babilonia.

NABUCODONOSOR I (? - ?, 1103 a. C.). Perteneciente a la II dinastía de Isin, ocupó el trono del 1146 al 1103 a. C. Invadió el Elam y se enfrentó a Asiria, pero resultó vencido.

NABUCODONOSOR II (? - ?, h. 562 a. C.). Hijo y sucesor de Nabopolasar, ocupó el trono del 605 al 562 a. C. Derrotó a egipcios y asirios en Carquemis (605). Conquistó Palestina y se apoderó de Jerusalén (587), ciudad que destruyó. Tras trece años de asedio, tomó la ciudad de Tiro. Reconstruyó numerosos templos de Babilonia e hizo de esta ciudad una de las más bellas de la Antigüedad.

NÁCAR m. **1** *Quím.* Material iridiscente compuesto de capas paralelas de carbonato cálcico y una sustancia orgánica, que constituye la capa interna de la concha de los moluscos lamelibranquios. **2** *Zool.* Molusco bivalvo de nombre científico *Pinna squamosa*, con la concha alargada y triangular.

NACARADO, DA adj. **1** Se dice del color y brillo del nácar. **2** Adornado con nácar.

NACARÓN m. *Quím.* Nácar de inferior calidad.

NACATETE m. *Zool. Méx.* Pollo que aún no ha echado la pluma.

NACER intr. **1** Salir del claustro materno los animales vivíparos. **2** Salir del huevo los animales ovíparos. **3** *Bot.* Empezar a brotar un vegetal de su semilla. **4** Salir el vello, pelo o pluma en el cuerpo del animal o aparecer las hojas, flores, etc., en la planta. **5** fig. Empezar a dejarse ver un astro en el horizonte. **6** fig. Tomar principio una cosa de otra. **7** fig. Prorrumpir o brotar. **8** fig. Tener propensión natural para algo. **9** fig. Empezar una cosa desde otra. **10** fig. Inferirse una cosa de otra. **11** fig. Sobrevenir de repente una cosa. **12** fig. Junto con *para* o *a*, tener una cosa o persona propensión natural o estar destinada para un fin. **13** Junto con *a*, iniciarse en una actividad. || prnl. **14** *Bot.* Entallecerse una raíz o semilla al aire libre. **15** Salir una persona de un peligro sin daño alguno. ♦ IRREG. Se conjuga como AGRADECER.

NACIANCENO, NA adj. y s. De Nacianzo.

NACIANZO *Geog. hist.* Antigua ciudad de Asia Menor, en Capadocia.

NACIDO, DA adj. **1** Se dice de cualquiera de los seres humanos pasados o presentes. También s. y en pl. **2** *Der.* Se dice del feto con figura humana que vive, al menos durante veinticuatro horas, separado del seno materno. || **bien** o **mal nacido** De noble u oscuro origen, juzgado generalmente según sus obras.

NACIENTE adj. **1** Que nace. **2** fig. Muy reciente.

NACIENTE *Geog.* Este, punto cardinal.

NACIMIENTO m. **1** Acción y efecto de nacer. **2** Lugar donde brota un manantial. **3** Ese mismo manantial. **4** Lugar o sitio donde uno tiene su origen o principio. **5** Principio de una cosa o tiempo en que empieza. **6** Representación del nacimiento de Cristo. **7** Origen y descendencia de una persona en orden a su calidad. || **de nacimiento** loc. adv. que explica que un defecto se padece porque se nació con él.

NACIÓN f. *Polít.* **1** Conjunto de personas que generalmente hablan un mismo idioma, y tienen un mismo origen étnico, una tradición común, un mismo territorio y la conciencia de un destino común. **2** Territorio de ese mismo país. **3** Entidad jurídica y política formada por el conjunto de los habitantes de un país regido por el mismo gobierno.

NACIONAL adj. y s. **1** De una nación. **2** *Hist.* Del bando franquista durante la Guerra Civil española. Más com. m. pl.

Cultura **nabatea.** Tumba de los Obeliscos en Petra. Siglo III a. C.

nacionalsocialismo. Cartel propagandístico de Adolf Hitler.

NACIONALIDAD f. **1** Carácter peculiar de los pueblos o individuos de una nación. **2** Estado propio de la persona nacida o naturalizada en una nación. **3** Región que, a sus peculiaridades, une otras (idioma, historia, cultura, gobierno propios) que le confieren una personalidad dentro de la nación en que está enclavada. || **DOBLE NACIONALIDAD** *Der.* La concedida recíprocamente a los naturales de dos naciones que les permite gozar de las mismas prerrogativas que a los nacionales respectivos.
NACIONALISMO m. **1** Apego de los naturales de una nación a ella. **2** Doctrina que exalta la personalidad nacional. **3** *Polít.* Aspiración de un pueblo o raza a constituirse en ente autónomo dentro de un Estado o a alcanzar la independencia.
NACIONALISTA adj. *Polít.* **1** Partidario del nacionalismo. También com. **2** Perteneciente o relativo a esta doctrina. **3** NACIONAL, del bando franquista durante la Guerra Civil.
NACIONALIZAR tr. **1** Admitir en un país como nacional a un extranjero. También prnl. **2** Hacer que pasen a los naturales de un país bienes o títulos de empresas que se hallaban en poder de extranjeros. **3** *Econ.* Hacer que pasen a un gobierno medios de producción y servicios explotados por particulares.
NACIONALSOCIALISMO m. *Hist.* y *Polít.* Movimiento político alemán dirigido por A. Hitler. También se llamó *nazismo*. La doctrina que lo sustentaba entronca con el pensamiento pangermánico del siglo XIX. Las duras condiciones impuestas en el tratado de Versalles crearon un sentimiento de frustración que alimentó la creación de organizaciones ultranacionalistas, como el Partido Obrero Alemán de Drexler. Hitler, que militaba en esta formación, tomó su dirección en 1921 y constituyó a partir de ella el Partido Nacionalista. La violencia era propugnada por el nacionalsocialismo como instrumento necesario para la conquista del espacio vital alemán y la eliminación de los enemigos de la nación alemana (demócratas, socialistas, judíos). La purificación de la raza aria era considerada un requisito imprescindible para regenerar la nación alemana. Propugnó un sistema autoritario de partido único, que se puso en vigor una vez Hitler accedió a la cancillería. Dentro de la organización paramilitar del partido nazi, destacaban las SA y SS, guardia personal de Hitler. El expansionismo de la Alemania hitleriana condujo al estallido de la Segunda Guerra Mundial y su derrota en el conflicto provocó el desmoronamiento del nacionalsocialismo.
NACIONES UNIDAS ORGANIZACIÓN DE LAS NACIONES UNIDAS.
NACOZARI, SIERRA DE Nombre que toma un sector de la Sierra Madre Occidental de México, en el Estado de Sonora.
NACRITA f. *Miner.* Mineral arcilloso con la misma composición del caolín, pero que se diferencia de él por algunas propiedades ópticas y su estructura atómica.
NADA f. **1** El no ser, o la carencia absoluta de todo ser. **2** Cosa mínima. || pron. indef. **3** Ninguna cosa, la negación absoluta de las cosas. **4** Poco o muy poco. || adv. neg. **5** De ninguna manera. || **antes de nada** loc. adv. Antes de cualquier cosa. || **como si nada** loc. Sin

dar la menor importancia. || **de nada** loc. adj. Respuesta cortés cuando a uno le dan las gracias por algo. También, de escaso valor. || **en nada** loc. adv. fig. En muy poco. || **nada menos** loc. con que se pondera la importancia de una persona o cosa. || **no ser nada** fr. fig. con que se pretende minorar el daño producido por un lance o disgusto. || **por nada** loc. Por ninguna cosa. También fig., por cualquier cosa.
NADADERA f. Cualquier utensilio que se suele emplear para aprender a nadar.
NADADOR, RA adj. y s. **1** Que nada. || m. y f. **2** Persona diestra en nadar.
NADAR intr. **1** Trasladarse una persona o un animal en el agua, ayudándose de los movimientos necesarios, y sin tocar el suelo ni otro apoyo. **2** Flotar en un líquido. **3** Mantenerse sin hundirse en el agua u otro líquido. **4** fig. Abundar en una cosa. **5** fig. y fam. Estar algo muy holgado. || **nadar entre dos aguas** fr. fig. Procurar agradar a dos partes o partidos contrarios entre sí.
NADAR (GASPARD-FÉLIX TOURNACHON, llamado) Fotógrafo francés (París, 1820 - id., 1910). Fue el primero en conseguir, desde un globo, una fotografía aérea. Fotografió a Baudelaire, Balzac, Wagner, Bakunin, Delacroix y Gautier.
NADERÍA f. Cosa de poca entidad.
NADIE pron. indet. **1** Ninguna persona. || com. **2** fig. Persona insignificante. || **ser un don nadie** fr. fig. y fam. Ser un hombre sin personalidad, insignificante.
NADIR m. *Astron.* Punto de la esfera celeste opuesto al CENIT.
NADIR SHA Rey de Afganistán (Dehra Dun, 1880 - Kabul, 1933). Primo del rey Aman Allah, fue ministro de la Guerra (1919-23). Participó en la revuelta contra el rey (1929) y ocupó Kabul, tras lo cual fue nombrado rey. Murió asesinado.
NADIR SHAH (NADIR KULI BEG, llamado) Rey de Persia (Dareh Gaz, 1688 - Fethabad, 1747). A la muerte de Abbas III en 1736, se proclamó rey, tomó Afganistán (1738) e invadió la India (1739).
NADO, A loc. adv. Nadando.
NADOR Provincia de Marruecos; 683.914 h. Su capital es la ciudad del mismo nombre.
NAFT-; -NAFT- pref. o in. con el mismo significado que nafta.
NAFTA f. *Geol.* **1** Mezcla de hidrocarburos del alquitrán de hulla, del petróleo o de aceites de esquistos. Se usa como materia prima en petroquímica y como disolvente. **2** En algunos países de América, gasolina.
NAFTALENO m. *Quím.* Hidrocarburo aromático de fórmula $C_{10}H_8$, formado por dos anillos de benceno. Es un sólido procedente del alquitrán de la hulla. Se utiliza como insecticida y desinfectante.
NAFTALINA f. *Quím.* Nombre comercial del naftaleno.
NAFTOL m. *Quím.* Compuesto de fórmula $C_{10}H_7OH$, derivado del naftaleno del que se conocen dos isómeros (*a* y *b*), que se encuentran en el alquitrán de hulla y tienen gran interés en la industria de colorantes.
NAFUD, NEFUD o **NUFUD** Gran desierto arenoso del centro de Arabia que se extiende de O a E desde el golfo de Aqaba hasta el golfo Pérsico.
NAGA adj. y com. *Etnol.* Se dice del individuo de un pueblo asiático de lengua del tronco tibetobirmano y raza paleomongol, que habita en el país montañoso del NE de la India, entre el río Brahmaputra y el alto Chinduin. Más en m. pl.
NAGALAND Estado de la India, fronterizo con Myanmar; 16.579 km² y 1.209.546 h. Su capital es Kohima.

NAGANO 1 Prefectura de Japón, en la isla de Honshu; 13.585 km² y 2.193.986 h. **2** Ciudad capital de la misma; 358.512 h.
NAGASAKI 1 Prefectura de Japón, en la isla de Kiushiu; 4.113 km² y 1.545.045 h. **2** Ciudad capital de la misma; 438.724 h. Puerto. Industria naval, metalúrgica, química y textil. En esta ciudad lanzaron los estadounidenses, durante la Segunda Guerra Mundial, la segunda bomba atómica (9 agosto de 1945), que semidestruyó la ciudad y causó 20.000 muertos.
NAGEL, ERNEST Filósofo estadounidense de origen checoslovaco (Nove Mesto, 1901 - Nueva York, 1985). Recibió la influencia del positivismo lógico y se ha dedicado a la filosofía de la ciencia. Obras: *Una introducción a la lógica y al método científico* (1934), *La razón soberana* (1954) y *La estructura de la ciencia* (1961), en colaboración con Newman.
NÄGELI, KARL WILHELM VON Botánico suizo (Kilchberg, 1817 - Munich, 1891). Colaboró con Schleiden en el desarrollo de la teoría celular y descubrió la división de la célula vegetal, así como los gametos de los helechos.
NAGORNO-KARABAJ Región de Azerbaiyán; 4.400 km² y 193.300 h. Su capital es Jarkendi. Anexionada a la República de Azerbaiyán desde 1923, este enclave está poblado, sin embargo, por una mayoría armenia, lo que ha supuesto numerosos problemas a lo largo de su historia (véase AZERBAIYÁN y ARMENIA).
NAGOYA Ciudad de Japón, en la isla de Honshu, capital de la prefectura de Aichi; 2.152.258 h.
NAGPUR Ciudad de la India, Estado de Maharashtra; 1.624.752 h.
NAGUAL m. **1** *Amér. C.* y *Méx.* Brujo. **2** *Guat., Hond., Méx.* y *Nic.* Animal que una persona tiene de compañero inseparable.
NAGUAPATE m. *Bot. Hond.* Planta de la familia crucíferas.
NAGUIB, MUHAMMAD Militar y político egipcio (Jartum, 1901 - El Cairo, 1984). Comandante de las fuerzas armadas, derrotó a Faruk (1952), al que obligó a abdicar en su hijo Fuad II, y, al proclamarse la República (1953), fue presidente y primer ministro hasta que fue derrocado por Nasser en 1954.
NAGY, IMRE Político húngaro (Kaposvar, 1896 - Budapest, 1958). Lugarteniente de Bela Kun en la revolución comunista húngara (1919). Fue ministro de Agricultura en el Gobierno provisional, ministro del Interior (1945), presidente de la Asamblea Nacional (1947), ministro de Abastecimientos (1950), ministro de Agricultura (1952-53) y jefe del Gobierno (1953-55 y 1956). Fracasado el alzamiento nacional contra los rusos, fue procesado y ejecutado.
NAHA Ciudad de Japón, capital de la prefectura de Okinawa; 301.928 h.
NAHUA, NÁHOA, NÁHUATL, NÁHUATLE o **NÁGUATE** adj. **1** *Etnol.* Se dice de un grupo amerindio de México que constituye el principal grupo étnico del país, y habita en los territorios de la Meseta Central, entre la Sierra Madre Oriental y la Sierra Madre Occidental. Más como m. pl. [Encic.] **2** Se dice también de sus individuos. También com. **3** Relativo a los nahuas. || m. *Ling.* **4** Idioma de este pueblo. La lengua nahua clásica ha desaparecido, aunque queda literatura de los siglos XVI y XVII.
Etnol. e *Hist.* Probablemente originarios del Estado de Utah (EE UU), hacia el año 2000 a. C. los nahuas se extendieron hacia el S, en busca de tierras más prósperas para la agricultura, ocupando territorios centroamericanos. Pronto se diferenciaron dentro del grupo nahua varios pueblos repartidos por el área mexicana, que tenían en común la lengua nahua o náhuatl, entre ellos los AZTECAS, los TOLTECAS, los chinampanecas, los nahuas tlahuicas y los CHICHIMECAS. La economía tradicional nahua se basa en la agricultura de roza, la fabricación de cerámica, tejidos, objetos de plata y otras artesanías. Su unidad básica es la familia y se agrupan en poblados donde el cacique controla la vida comunitaria. Practican un sincretismo religioso donde se mezclan las prácticas shamánicas ancestrales con la religión católica.
NAHUEL HUAPI Lago de Argentina, cerca de la frontera chilena, en las provincias de Neuquén y Río Negro; 550 km². La profundidad máxima conocida es de 438 m. Ocupa una depresión de origen glaciar en la que desembocan numerosos riachuelos; su emisario principal es el Limay, afluente del Negro. Pesca de trucha y salmón. Parque Nacional de Nahuel Huapi, de 7.850 km², que constituye el principal centro del país para deportes de invierno, con centro en San Carlos de Bariloche.
NAHÚN Uno de los profetas menores, autor del libro del Antiguo Testamento que lleva su nombre.
NAIF o **NAÏF** (Voz fr.) adj. *Arte.* Se dice de la corriente artística surgida después del posexpresionismo. Los temas más frecuentes están ligados a la vida cotidiana

Nadar. Retrato de Eugène Delacroix.

naif. *El pájaro azul.* Cuadro de Tomislav Petranovic-Rvat.

NAMIBIA (*Republic of Namibia*) Estado del SO de África, que corresponde a la antigua África del Sudoeste y limita con Angola y Zambia al N; al E, con Botswana y la República Sudafricana; al S, con la República Sudafricana, y al O, con el océano Atlántico.

GEOG. De N a S el país está ocupado por una gran meseta, con una altitud entre 900 y 1.200 m, separada del mar por el desierto de Namib, entre los ríos Orange y Kuzeb. En el centro destaca un relieve montañoso, con alturas de más de 2.600 m. La zona SE forma parte del desierto del Kalahari. Al N y E de la meseta se abren depresiones, como la de Etosha. Las costas son bajas, desérticas y poco recortadas. Parte de la frontera N está constituida por el río Cunene y Cubango y la del S por el Orange. El clima es desértico en la costa y subdesértico en el centro y SO. Produce maíz, mijo y sorgo. Ganadería. Importante pesca. La minería es la principal riqueza del país: diamantes, uranio, cinc, plomo y cobre. La industria depende fundamentalmente de la ganadería y de la pesca: obtención de harinas y conservas. El ganado lanar está especializado en la obtención de pieles (astracán), del cordero *Karabul*. Existen otras industrias, como son la metalúrgica y la cervecera.

HIST. Los habitantes más antiguos del territorio fueron los bosquimanos, de los que quedan vestigios gracias a las pinturas rupestres que pueden datarse hacia el año 1500 a. C. Éstos fueron expulsados por los hotentotes hacia el desierto en los primeros años de nuestra era, y a su vez, los nuevos pobladores tuvieron que replegarse hacia el S ante la presión de los bantúes durante el primer milenio. Descubierta su costa por los portugueses

Superficie: 825.118 km².
Población: 1.771.000 h. (*namibianos*).
Densidad: 2,1 h./km².
Tasa de natalidad: 35,7‰.
Tasa de mortalidad: 18,3‰.
Capital: Windhoek.
Ciudades principales: Swakopmund, Rundu, Keetmanshoop.
Grupos étnicos: ovambo (47,4%), kavango (8,8%), herero (7,1%), damara (7,1%), blancos (6,1%), nama (4,6%) y otros (18,9%).
Religión: cristianismo (82%, incluye protestantismo, catolicismo y anglicanismo).
Idioma: inglés (oficial), alemán, afrikaans y dialectos bantúes.
Moneda: dólar namibiano.
Forma de Estado: república.
Producto Nacional Bruto: 3.217 millones de dólares.
Renta per cápita: 1.940 dólares.
División administrativa: 13 regiones, según cuadro.

NAMIBIA

Regiones	Superficie (km²)	Población (h.)	Capitales
Erongo*	63.719	98.500	Omaruru
Hardap	109.888	80.000	Mariental
Karas	161.324	73.000	Keetmanshoop
Khomas	36.804	161.000	Windhoek
Kunene	144.254	58.550	Opuwo
Liambezi	19.532	92.000	Katima Mulilo
Ohamgwena	10.582	178.000	Oshikango
Okavango	43.417	136.000	Rundu
Omaheke	84.731	56.600	Gobabis
Omusati	13.637	158.000	Ongandjera
Oshana	5.290	159.000	Oshakati
Oshikoto	26.607	176.000	Tsumeb
Otjozondjupa	105.327	85.000	Grootfontein

* Incluido el distrito de Walvis Bay (1.124 km² y 23.000 h.), que fue administrado conjuntamente con la República Sudafricana desde noviembre de 1992 hasta marzo de 1994.

urbana y a los sueños, con una tendencia a la simplificación de las formas y a la utilización de colores vivos. Por su sencillez se asemeja al de los pintores primitivos de la Edad Media. Entre los principales artistas que han cultivado esta tendencia se encuentran A. Bauchant, C. Bombois, L. Vivin y S. de Senlis, en Francia; G. Moses, H. Pippin y M. Hirshfield, en EE UU; J. Busquets, Capel y Boliche, en España; H. Hippolyte, en Haití; Theophilos, en Grecia; A. Ligabue, en Italia; I. Generali, en Croacia; etc.

NAIFE m. *Miner.* Diamante de calidad superior.
NAIGUATÁ Monte de Venezuela, en la cordillera de la Costa; 2.765 m de altura.
NAILON o **NYLON** (Del i. *nylon.*) m. *Quím.* Fibra textil sintética obtenida a partir de una amida polimerizada de la que se hacen filamentos elásticos muy resistentes. Se emplea en la fabricación de géneros de punto y tejidos diversos.
NAIN, ANTOINE LE LE NAIN, ANTOINE.
NAIN, LOUIS LE LE NAIN, LOUIS.
NAIN, MATHIEU LE LE NAIN, MATHIEU.
NAIPE m. *Ocio.* **1** Cada una de las cartulinas rectangulares que están cubiertas de un dibujo uniforme por una cara y llevan pintados en la otra cierto número de objetos, de uno a nueve en la baraja española, y de uno a diez en la francesa, o una de las tres figuras correspondientes a cada uno de los cuatro palos de la baraja. || m. pl. *Ocio.* **2** Baraja.
NAIRA f. *Econ.* Unidad monetaria de Nigeria.
NAIROBI Ciudad capital de Kenia, que constituye en sí misma un área administrativa especial; 684 km² y 1.678.000 h. Industrias metalúrgicas, alimenticias y textiles. Centro turístico. Fue fundada en 1900.
NAJA f. *Zool.* Nombre de diversas serpientes venenosas de la familia elápidos, género *Naja*, como la cobra y el áspid de Cleopatra.
NAJA, SALIR DE fr. fig. y fam. Marcharse precipitadamente.
NAJAF (*an-Najab*) Ciudad de Irak, capital de la gobernación de su nombre; 309.010 h. Centro de peregrinaciones.
NAJICHEVAN República autónoma de Azerbaiyán; 5.500 km² y 305.700 h. Su capital es la ciudad del mismo nombre.
NAKASONE, YASUHIRO Político japonés (Takasaki, 1918). Ministro de Transportes (1967-68), Estado (1970-71 y 1980-82) e Industria y Comercio (1972-74), en 1982 accedió a la presidencia del Partido Liberal Democrático, y del gobierno. Reelegido en 1983, en 1987, abandonó todos sus cargos.
NALCA f. *Bot.* **1** *Chile* Pecíolo comestible del pangue. **2** *Chile* Por extensión, la planta.
NALÉ ROXLO, CONRADO Escritor argentino (Buenos Aires, 1898 - íd., 1971). Usó los seudónimos *Alguien* y *Chamico*. En su obra, lírica y humorística, destacan *El grillo* (1923) y *Claro desvelo* (1937), poemas; *La cola de la sirena* (1941) y *El pacto de Cristina* (1947), dramas; *Una viuda difícil* (1943), comedia; *Judith y las rosas*, farsa poética (1956), y *Extraño accidente* (1960) y *Las puertas del purgatorio* (1968), cuentos.
NALGA f. *Anat.* Cada una de las dos porciones carnosas y redondeadas posteriores a la articulación de la cadera. Más en pl.
NAMANGAN Ciudad de Uzbekistán, capital de la provincia de su nombre; 341.000 h.
NAMBIRA f. *Hond.* Mitad de una calabaza que, quitada la pulpa, sirve para usos domésticos.

Namibia. Cañón del Fish River.

en el siglo XV, se instalaron posteriormente factorías holandesas, inglesas y alemanas. Fue colonia alemana a partir de 1892. Al terminar la Primera Guerra Mundial (1919) pasó a ser fideicomiso de la Sociedad de Naciones, confiado a la Unión Sudafricana, entonces dominio británico; mandato que la ONU revocó en 1966 por la política de *apartheid* aplicada por el gobierno de Pretoria. A pesar de ésta y las sucesivas resoluciones de las Naciones Unidas en favor de la autonomía de Namibia, la República Sudafricana rehusó aplicar tales decisiones. Los partidarios de la independencia crearon la Organización del Pueblo de África del Sudoeste (SWAPO), liderados por Sam Nujoma, que durante veinte años mantuvo una lucha constante con las tropas y las autoridades sudafricanas, y fue reconocida por la ONU como única representante auténtica del pueblo de Namibia. El proceso real de independencia comenzó a desarrollarse en los primeros meses de 1989 con la ONU como mediadora. Ese año se celebraron elecciones para la creación de una asamblea constituyente, en las que venció la SWAPO, y en 1990 se aprobó la nueva Constitución. Sam Nujoma fue elegido primer presidente del país, mientras que Hage Geingob ocupaba la presidencia del Gobierno. En 1994 ambos renovaron sus cargos. En las elecciones de 1999, Nujoma renovó el cargo. En 2002 Theo-Ben Gurirab fue nombrado primer ministro.

Namora, Fernando Gonçalves Escritor y médico portugués (Condeixa-Nova, 1919 - Lisboa, 1989). De estilo neorrealista, es autor de las novelas *Relevos* (1938), *Mar de Sargaços* (1940) y *Terra* (1941), poemas; *As Sete Partidas do Mundo* (1938), *Fuego en la noche oscura* (1943), *La noche y la madrugada* (1950), *Domingo por la tarde* (1961) y *Os Clandestinos* (1972).

Namur 1 Provincia de Bélgica; 3.666 km² y 431.205 h. 2 Ciudad capital de la misma; 105.014 h. Centro administrativo, religioso, comercial y turístico. Catedral del siglo XVIII. En época romana se llamó *Namurcum*.

Nana f. 1 fam. ABUELA. 2 Canto con que se arrulla a los niños. 3 NIÑERA. 4 *Amér.* NODRIZA. 5 Saco pequeño que sirve de abrigo a los niños de pecho. 6 *Amér.* Voz afectiva con que se alude a las lastimaduras o enfermedades de los niños.

Nana Sahib (DUNDHU PANT, llamado) Príncipe indio (?, h. 1825 - Nepal, 1862). Dirigió la rebelión de los cipayos contra los ingleses (1857). Derrotado en Kanpur, se refugió en Nepal.

nanacate m. *Bot. Méx.* Hongo, seta.

nanay expr. fam. con que se niega rotundamente una cosa.

nance m. *Bot.* 1 *Hond., Méx.* y *Nic.* Arbusto de la familia malpigiáceas. 2 Fruto de este arbusto.

Nanchang (*Nan-ch'ang*) Ciudad de China, capital de la provincia de Jiangxi, 1.350.000 h. Arroz, té y algodón. Centro industrial.

Nancy Ciudad de Francia, capital de la región de Lorena y del departamento de Meurthe y Mosela; 102.410 h. Fortificaciones medievales.

Nanda Devi Pico del N de la India, Estado de Uttar Pradesh; 7.186 m de altura.

Nanga Parbat Pico del Himalaya, en Cachemira, al N de Pakistán; 8.125 m de altura.

nanjea f. *Bot.* Árbol perteneciente a la familia moráceas, de nombre científico *Artocarpus maxima*, nativo de Filipinas. Alcanza entre 5 y 6 m de altura.

Nanjing (*Nanking*) Ciudad de China, capital de la provincia de Jiangsu, región Oriental; 2.500.000 h. Importante centro industrial, su fundación data del siglo II a. C. y fue capital del país durante varios períodos.

Nanning (*Nan-ning*) Ciudad de China, capital de la región autónoma de Guangxi Zhuang, región Centromeridional; 1.070.000 h. Centro comercial.

nano- pref. 1 Enano, pequeño. 2 *Mat.* Representa la milmillonésima parte de la unidad a la que precede, es decir 10^{-9}. Su símbolo es *n*.

nanómetro m. *Metrol.* Medida de longitud equivalente a la milmillonésima parte del metro, o 10^{-9} m.

nanquín m. Tela antigua de algodón, de color amarillo, usada en los siglos XVIII y XIX. Se fabricaba en la población china del mismo nombre.

nansa f. 1 Nasa de pescar. 2 Estanque pequeño para peces.

Nansen, Fridtjof Explorador noruego (Store Fröen, 1861 - Oslo, 1930). En 1888 cruzó Groenlandia de E a O, y publicó los resultados de la expedición a su regreso (*A través de Groenlandia*). En 1893 dirigió una expedición polar en el buque *Fram*. Premio Nobel de la Paz en 1922. Comisionado de la Liga de las Naciones para la repatriación de prisioneros en la URSS y delegado de Noruega en la Conferencia del Desarme de 1927.

Nanterre Ciudad de Francia, capital del departamento de Hauts-de-Seine, región de Isla de Francia, al O de París, de cuya área urbana forma parte; 84.565 h.

Nantes Ciudad de Francia, capital de la región de País del Loira y del departamento de Loira Atlántico; 252.029 h. Castillo gótico (siglo XV), residencia de los duques de Bretaña; catedral gótico-flamígera (siglos XV-XVII); ayuntamiento (siglo XVII). Enrique IV promulgó el *Edicto de Nantes* en el que se regulaban los derechos de los protestantes tanto en el plano religioso como en el civil y político. Fue revocado por Luis XIV en 1685.

nao f. NAVE.

naonato, ta adj. y s. Se dice de la persona nacida en una embarcación que navega.

naos f. *Arquit.* Parte interior y principal de los templos griegos, romanos y egipcios, donde se guardaba la imagen de una divinidad. ♦ Su pl. es *naos*.

napa f. 1 Conjunto de las fibras textiles que se agrupan, al salir de una máquina cardadora, para formar un conjunto continuo de espesor constante y de igual anchura que la máquina. 2 Piel de algunos animales, después de curtida y preparada para ciertos usos. También, un producto que imita esta piel.

napalm m. *Mil.* y *Quím.* Gel de aceites hidrocarbonados y jabones, inflamable y de fácil manejo que, al explotar, se disgrega en partículas que se adhieren al blanco mientras está ardiendo; se emplea con fines militares para incendiar extensas áreas.

napelo m. *Bot.* ACÓNITO.

napias f. pl. fam. Nariz, órgano de la cara humana, especialmente cuando es muy grande.

Napier, John NEPER, JOHN.

Napo Provincia de Ecuador, región de Oriente; 11.431 km² y 79.610 h. Su capital es Tena.

Napo Río de Ecuador y Perú, que se forma con varios torrentes que descienden de la cordillera Oriental de los Andes, entre las provincias de Tungurahua y Cotopaxi; riega Ecuador y Perú y desemboca en el Amazonas; 885 km de curso.

napoleón m. *Num.* Moneda francesa de plata, de 5 francos, que tuvo curso en España con el valor de 19 reales.

Napoleón Nombre de tres emperadores de Francia.

Napoleón I Bonaparte (Ajaccio, 1769 - Longwood, Santa Elena, 1821). Comenzó la carrera militar en Córcega, pero pronto se instaló en París, donde llegó a ser oficial de artillería. Mostró su capacidad militar en el sitio de Tolón (1793). Destituido y preso a la caída de Robespierre por su amistad con los jacobinos, en 1795 se le rehabilitó y fue ascendido a general de división. Contrajo matrimonio con Josefina de Beauharnais en 1796 y fue nombrado comandante en jefe del ejército francés en Italia. A su regreso, el Directorio le encomendó el mando de una expedición a Egipto (1798). A su vuelta a Francia fue nombrado comandante del ejército de París y dio el golpe de Estado del 18 Brumario, tras lo cual fue nombrado primer cónsul. Emprendió una campaña contra Austria, que ocupaba el norte de Italia, y consiguió la victoria de Marengo (1800), a la que siguió la firma del tratado de Amiens con el Reino Unido (1802). Ante el descontento popular con la política del Consulado, propició su nombramiento como cónsul vitalicio en 1802. En 1804 se le nombró emperador y fue consagrado por Pío VII. En 1805 asumió el título de rey de Italia. Pretendió la formación de un sistema unificado continental bajo la hegemonía de Francia, que excluía a Gran Bretaña. Ésta fue causa de la coalición de los soberanos europeos de Gran Bretaña, Austria, Rusia y las Dos Sicilias. Organizó la *Grande Armée*, con la que pensaba invadir Inglaterra, pero fue derrotado en Trafalgar (1805). En guerra con Austria y Rusia, logró los triunfos de Ulm y Austerlitz (1805). Con la victoria de Jena (1806), sometió a Prusia, y al año siguiente venció a los rusos en Friedland y firmó la paz de Tilsit, por la que Westfalia pasó a manos de su hermano Jerónimo. Invadió España en 1808, y situó en el trono a su hermano José. Las victorias francesas en Abensberg, Ratisbona, Eckmühl, Essling y Wagram condujeron a la firma de la paz de Viena (1809), por la que se anexionó el reino de Holanda. Ese mismo año acrecentó su imperio con los Estados Pontificios. Divorciado de Josefina, contrajo matrimonio con María Luisa de Austria, en 1810. Por desacuerdos con el zar Alejandro I, emprendió la campaña de Rusia de 1812, que concluyó con una estrepitosa derrota. Luchó en Europa central contra una nueva coalición, que le derrotó en Leipzig (1813). Invadida Francia por los aliados (1814), abdicó en Fontainebleau y se retiró a la isla de Elba, de donde, en 1815, volvió y recuperó el poder durante los llamados *Cien días*, que terminaron con la derrota de Waterloo (1815). Abdicó nuevamente en su hijo y, apresado por los ingleses, fue confinado en la isla de Santa Elena, donde murió. **Napoleón II** (FRANCISCO CARLOS BONAPARTE, DUQUE DE REICHSTADT, llamado) (París, 1811 - Schönbrunn, 1832). Hijo de Napoleón I y de María Luisa de Austria, a su nacimiento fue proclamado rey de Roma. Su padre abdicó en él en 1814 y 1815, aunque no fue reconocido por los países vencedores. **Napoleón III** (CARLOS LUIS NAPOLEÓN BONAPARTE, llamado) (París, 1808 - Chislehurst, 1873). Hijo de Luis Bonaparte, fue considerado, a la muerte de Napoleón II, jefe del partido bonapartista. Tras el fracaso de la conspiración de Estrasburgo (1836), se exilió. A su vuelta a Francia tras la revolución de 1848, fue miembro de la Asamblea constituyente y presidente de la II República. Aprovechó la impopularidad de la Asamblea para dar

Napoleón I Bonaparte. Retrato de Antoine Jean Gros. Museo del Louvre (París).

Campañas de Napoleón

(Mapa de Europa mostrando las campañas napoleónicas, con leyenda)

Leyenda:
- Francia en 1789
- el Gran Imperio (1812)
- reinos de la familia Bonaparte
- Confederación del Rin y Gran Ducado de Varsovia
- estados bajo la influencia napoleónica
- primera campaña de Italia (1796-97)
- campaña de Egipto (1798-99)
- segunda campaña de Italia (1800)
- campaña de la 3ª coalición (1805)
- campaña de la 4ª coalición (1806-1807)
- campaña de la 5ª coalición (1809)
- campaña de la península ibérica (1808-1814)
- campaña de Rusia (1812)
- campaña de la 6ª coalición (1813)
- campaña de Francia (1814)
- campaña de Bélgica (1815)
- batallas importantes
- tratados

---

un golpe de Estado (1851) y se proclamó emperador (1852), dando inicio al SEGUNDO IMPERIO FRANCÉS. En 1853 contrajo matrimonio con Eugenia de Montijo. En política exterior, participó en la guerra de Crimea contra Rusia (1854-56), se apoderó de Cochinchina (1859-62) y ayudó a la liberación de Italia (1859). La desafortunada intervención en México (1862) y la declaración de guerra a Prusia —que acabó con la derrota de Sedán (1870) y el encarcelamiento del emperador en el castillo de Wilhelmshöhe—, motivó su destitución, tras lo cual se exilió en Inglaterra.

NAPOLEÓN III, ESTILO *Arte.* Estilo artístico surgido en Francia durante el reinado de este emperador (1852-70), caracterizado por una vuelta al pasado, con elementos modernos. En pintura cabe destacar las obras de la escuela de Barbizon y pintores como Millet, Courbet o Daumier.

NÁPOLES *(Napoli)* **1** Provincia de Italia, región de Campania; 1.171 km² y 3.095.077 h. **2** Ciudad de Italia, capital de la región de Campania y de la provincia de su nombre; 1.061.583 h. Gran centro industrial y comercial. Puerto comercial y turístico. Catedral (siglo XIII). Fundada por los griegos de Cumas hacia 600 a. C. con el nombre de *Parténope.* Fue capital del antiguo reino de Nápoles.

NÁPOLES Golfo de Italia, en el mar Tirreno. Al S se halla limitado por la isla de Capri.

NÁPOLES, REINO DE *Hist.* Antiguo reino que comprendía la parte meridional de Italia peninsular y la de Sicilia. Tomado por los normandos en el siglo XI, estuvo bajo dominio árabe hasta que éstos fueron expulsados por Roger I (1061-91). Su sucesor, Roger II (1127-54), se convirtió en rey de Sicilia en 1130. En 1265 el papa Clemente IV concedió el reino de Sicilia a Carlos I de Anjou, quien reinó sobre Nápoles y la isla de 1266 a 1285. Pero la revuelta de los sicilianos (1282) obligó a Carlos I a traspasar el trono de Sicilia a Pedro III de Aragón. La independencia de Sicilia fue reconocida por su sucesor Carlos II, mientras que Nápoles quedaba bajo el poder de los angevinos. En 1442 y tras una guerra entre los herederos de Juana II, el reino pasó a manos de Alfonso V de Aragón, quien reunió bajo su poder Nápoles y Sicilia (primer reino de las DOS SICILIAS, 1442-58). Desde comienzos del siglo XVI y hasta 1707 Nápoles estuvo vinculado a la corona aragonesa y era gobernado por un virrey. Tras la guerra de Sucesión española pasó a manos de Austria en 1711, con Carlos VI como rey. Carlos de Borbón (luego Carlos III de España), rey desde 1734, inició reformas ilustradas, continuadas por su sucesor Fernando I, en el trono desde 1759. Los Borbones se mantuvieron en el reino de Nápoles hasta que en 1806, se vinculó a Francia con el advenimiento de José Bonaparte y, tras la subida de éste al trono de España, con el reinado de Murat (1808-14). Tras la derrota de Napoleón en 1815, el Congreso de Viena decretó la vuelta de los Borbones al trono de Nápoles, que volvió a adoptar el nombre de reino las Dos Sicilias. En 1860 entraron en el reino las tropas patrióticas al mando de G. Garibaldi (1860) y obligaron al rey a abdicar; el reino de las Dos Sicilias pasó a formar parte del recién instaurado reino de Italia.

NAPOLITANO, NA adj. y s. **1** De Nápoles. **2** *Pint.* Se dice de la escuela que engloba el conjunto de la producción artística de la ciudad de Nápoles, en especial la pintura del periodo Barroco. || m. *Ling.* **3** Dialecto italiano del S, hablado en Nápoles y su región.

NAR EL-ASI ORONTES.

NARA **1** Prefectura de Japón, en la isla de Honshu; 3.692 km² y 1.430.845 h. **2** Ciudad capital de la misma; 359.234 h.

NARAM-SIN Rey de Acad (s. XXIII a. C.). Nieto y sucesor de Sargón, extendió sus dominios por Asia Menor y se atribuyó condición divina.

NARANJA f. **1** *Bot.* Fruto comestible del naranjo, de forma globosa, casi esférica, colores que van del amarillo al rojo oscuro, y pulpa, dulce o agridulce, dividida en gajos. **2** *Mil.* Bala de cañón antiguo del tamaño de una naranja. || m. **3** Color anaranjado. También adj. invariable. || MEDIA NARANJA fig. y fam. Persona que se adapta perfectamente a otra. || **¡naranjas!** o **¡naranjas de la China!** interj. con que se denota asombro, extrañeza, etc. Sirve también para negar.

NARANJADA f. Bebida hecha con zumo de naranja, agua y azúcar.

Napoleón III. Retrato de Franz Xaver Winterhalter. Museo Napoleónico (Roma).

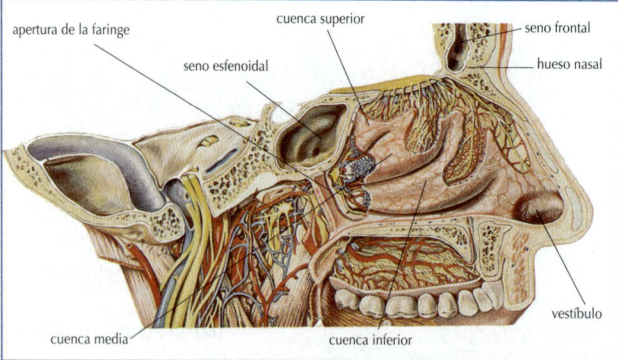

Anatomía de la **nariz** humana.

NARANJAL m. Agr. Sitio plantado de naranjos.
NARANJILLA f. **1** Naranja verde y pequeña para conservas. **2** Bot. Ecuad. Planta de la familia solanáceas. **3** Fruto de esta planta.
NARANJO m. Bot. **1** Árbol perteneciente a la familia rutáceas, de nombre científico *Citrus aurantium*, siempre verde, que se cultiva en España y en el área mediterránea para extraer el aceite esencial de hojas, flores y brotes, o como portainjerto. Su flor es el azahar. **2** Madera de este árbol.
NARANJO Geog. hist. Antiguo centro de la civilización maya en Guatemala, cerca de Tikal.
NARBADA Río de la India central, que nace en la vertiente meridional del Amarkantak, meseta de los montes Maikal, y después de 1.289 km de curso desemboca en el golfo de Camboya. Sirve de límite entre el Indostán y el Decán. Considerado río sagrado, antiguamente se llamó *Nerbudda*.
NARBONA (*Narbonne*) Ciudad de Francia, departamento de Aude; 42.657 h. Vinos. Catedral del siglo XIII.
NARBONENSE o **NARBONÉS, SA** adj. y s. De Narbona.
NARBONENSE Geog. hist. Provincia romana de la Galia meridional. Situada junto a la costa mediterránea, su territorio se extendía desde los Alpes y el lago Leman, hasta los Pirineos y Garona. Fue conquistada hacia el año 121 a. C. y tuvo como capitales Narbona y, en época de Antonino Pío, Nîmes.
NARCEÍNA f. Quím. Alcaloide del opio.
NARCISISMO m. Psicol. Amor o admiración desmesurados de una persona hacia sí mismo.
NARCISO m. Bot. **1** Planta herbácea bulbosa perteneciente a la familia amarilidáceas, género *Narcissus*. Crecen en China, Japón y el área mediterránea. **2** Bot. Flor de esta planta. **3** fig. Persona que cuida demasiado de su aspecto físico.
NARCISO Mit. Hijo del río Cefiso y de la ninfa Leiríope. Dotado de gran belleza, se enamoró de sí mismo al contemplar su imagen reflejada en una fuente. Ante la imposibilidad de alcanzar el objeto de su amor, se dejó morir deleitándose en su imagen. Fue convertido en la flor de su nombre.
NARCO- pref. que significa sopor.
NARCOSIS m. Med. Estado de profundo estupor, inconsciencia o actividad deprimida producido por un narcótico. || **NARCOSIS DE LAS PROFUNDIDADES** Med. Estado de inconsciencia que padecen los buceadores al descender a más de 40 m, debido a la presencia de nitrógeno gaseoso a gran presión en la sangre, los tejidos y el cerebro. ♦ Su pl. es *narcosis*.
NARCÓTICO, CA adj. y m. Farm. Se dice de la sustancia que, en dosis terapéuticas, produce sopor, relajación muscular y embotamiento. En dosis elevadas causa estupor, coma o convulsiones. Son narcóticos el cloroformo, opio, belladona, etc.
NARCOTINA f. Quím. Alcaloide del opio.
NARCOTISMO m. Med. **1** Estado más o menos profundo de adormecimiento, que procede del uso de los narcóticos. **2** Conjunto de los efectos producidos por los narcóticos.
NARCOTIZAR tr. y prnl. **1** Producir narcotismo. También fig. **2** Suministrar un narcótico.
NARCOTRAFICANTE com. Delincuente que practica el narcotráfico.
NARCOTRÁFICO m. Comercio de drogas tóxicas en grandes cantidades.
NARDINO, NA adj. Quím. Compuesto con nardo, o que participa de sus cualidades.
NARDO m. Bot. **1** Planta bulbosa perteneciente a la familia amarilidáceas, de nombre científico *Polianthes tuberosa*. **2** Flor de esta planta. **3** Perfume extraído de ella.

NAREW Río de Polonia, afluente del Vístula; 480 km de curso.
NARGUILE m. Pipa para fumar, que usan los orientales, compuesta de un tubo flexible, el recipiente en que se quema el tabaco y un vaso con agua perfumada, a través de la cual se aspira el humo.
NARIGÓN, NA adj. y s. **1** NARIGUDO. || m. **2** Aumentativo de NARIZ. **3** Agujero en la ternilla de la nariz. **4** Argolla que se coloca en las narices de algunos animales.
NARIGUDO, DA adj. y s. De nariz grande.
NARINA f. Anat. Cada uno de los orificios nasales externos.
NARIÑENSE adj. y com. De Nariño, Colombia.
NARIÑO Departamento de Colombia, junto a la frontera ecuatoriana; 33.268 km² y 1.775.973 h. Su capital es Pasto. Cultiva caña de azúcar, café, cacao, tabaco y algodón. En la zona del Pacífico se extrae oro, plata y platino.
NARIÑO, ANTONIO Político colombiano (Bogotá, 1765 - Leiva, 1823). Tradujo y difundió clandestinamente la *Declaración de derechos del hombre y del ciudadano*, por lo que fue apresado y conducido a España. Regresó a Bogotá en 1797, donde fue de nuevo encarcelado (1797-1803) y deportado a Cartagena (1809). Al proclamarse la independencia de Cartagena (1811) fue liberado y fundó en Bogotá el periódico *La Bagatela*. Reconocido como presidente de la Unión, combatió a los realistas, pero fue derrotado y encarcelado. Como vicepresidente de la Gran Colombia (1821), defendió el federalismo. Al no poder llevar a cabo su programa, dimitió en 1823.
NARIZ f. **1** Anat. Parte saliente del rostro humano, entre la frente y la boca, con dos orificios que comunican con la membrana pituitaria y el aparato respiratorio. En ella reside el sentido del olfato. También en pl. **2** Zool. Parte de la cabeza de muchos vertebrados, que tiene la misma situación y oficio que la del hombre. **3** fig. Sentido del olfato. **4** fig. Hierro en figura de nariz, en que encaja el picaporte o pestillo. **5** fig. Extremidad aguda o en punta, que se forma en algunas obras para cortar el aire o agua. **6** fig. Cañón del alambique, de la retorta, etc. || f. pl. **7** Valor, ánimo. || **NARIZ AGUILEÑA** Aquella cuya punta tira hacia arriba. || **NARIZ RESPINGONA** Aquella cuya punta tira hacia arriba. || **asomar** uno **las narices** fr. fig. y fam. Aparecer en un lugar, por husmear || **darle** a uno una cosa **en la nariz** fr. fig. y fam. Sospechar. || **hinchársele** a uno **las narices** fr. fig. y fam. Enojarse demasiado. || **meter** uno **en una cosa las narices** fr. fig. y fam. Curiosear. || **no ver** uno **más allá de sus narices** fr. fig. y fam. Ser poco espabilado, corto de alcances.
NARIZOTAS com. pl. **1** Persona que tiene la nariz grande. || f. pl. **2** Nariz muy grande.
NARÓN Municipio de España, provincia de A Coruña; 31.926 h. Su capital es la aldea de Gándara. Iglesia románica de San Martín de Jubia, conjunto histórico-artístico.
NARRA f. Bot. **1** Árbol de la familia leguminosas, nativo de Filipinas. **2** Madera de este árbol, muy dura, de grano fino, color rojo vivo y susceptible del hermoso pulimento.
NARRACIÓN f. **1** Acción y efecto de narrar. **2** Ret. Una de las partes en que se considera dividido el discurso retórico, y en la que se refieren los hechos para esclarecimiento del asunto de que se trata.
NARRADOR, RA adj. y s. Que narra.
NARRAR tr. Contar, referir lo sucedido.
NARRATIVA f. Lit. Forma de discurso literario, generalmente en prosa, que ordinariamente se circunscribe a la novela y al cuento.

NARRATIVO, VA adj. Perteneciente o relativo a la narración.
NARRIA (Voz eusquera.) f. Cajón o escalera de carro, para llevar arrastrando cosas de gran peso.
NARSÉS General bizantino (?, h. 478 - ?, h. 573). Consejero de Justiniano I, colaboró con él en el gobierno del país y en las expediciones guerreras. Recobró Italia tras la victoria sobre los godos y fue prefecto (554-67). En 567 fue destituido por Justiniano II de todos sus cargos.
NÁRTEX o **NARTHEX** m. Arquit. Atrio de las basílicas paleocristianas, destinado a recibir a penitentes y catecúmenos que recibían instrucción los cuarenta días antes de la Pascua. A veces presenta la forma de pórtico. ♦ Su pl. es *nártex* o *narthex*.
NARVÁEZ, FRANCISCO Escultor venezolano (Porlamar, 1908). Inicialmente interesado por las antiguas civilizaciones indígenas, posteriormente evolucionó hacia la abstracción simbólica. Es autor de *Las fuentes del silencio* (1994) y *Representación de la cultura* (1954).
NARVÁEZ, PÁNFILO DE Conquistador español (Valladolid o Cuéllar, 1470 ó 1480 - estrecho de la Florida, 1528). En 1512 fue a Cuba para cooperar en su conquista a las órdenes de D. Velázquez, quien le envió en 1520 contra H. Cortés; éste le venció e hizo prisionero en Zempoala. En 1526 fue nombrado adelantado del Río de las Palmas; fracasó en la conquista de la Florida en 1528 y murió en un naufragio.
NARVÁEZ, RAMÓN MARÍA, PRIMER DUQUE DE VALENCIA Militar y político español (Loja, 1800 - Madrid, 1868). Luchó contra la guardia real (1822) en favor de la Constitución de 1812, y en la primera guerra carlista alcanzó el grado de mariscal. Su rivalidad con Espartero motivó que fuese declarado rebelde (1838), por lo que se refugió en Francia hasta que en 1843 desembarcó en Valencia, para participar en el movimiento contra el general, al que venció cerca de Madrid. Nombrado regente, entregó el mando a un Gobierno provisional. Fue ascendido a teniente general y nombrado capitán general de las dos Castillas y, en 1844, presidente del Consejo como jefe del partido moderado, cargo que mantuvo, con algunas interrupciones, hasta 1851, tras el pronunciamiento de O'Donnell (1856-57), y entre 1864-65 y 1866-68. Su muerte precipitó el destronamiento de Isabel II.
NARVAL m. Zool. Mamífero cetáceo marino perteneciente a la familia monodóntidos, de nombre científico *Monodon monoceros*, propio del Ártico, que mide hasta 6 m de longitud. En el macho, el canino superior izquierdo está muy desarrollado, enroscado en espiral.
NASA f. **1** Arte de pesca que consiste en un cilindro de juncos entretejidos, red, etc., con un embudo dirigido hacia adentro en una de sus bases. **2** Cesta de boca estrecha que sirve para echar la pesca. **3** Vasija para guardar pan, harina, etc.
NASA (Siglas de *National Aeronautics and Space Administration*) Astronáut. y Aviac. Organismo paraestatal estadounidense creado en 1958, para coordinar los estudios espaciales y aeronáuticos. Ha desarrollado proyectos espaciales como Mercurio, Géminis, Apolo, Skylab, Columbia, Pioneer y Voyager, Challenger, Discovery, Atlantis y Mars Pathfinder.
NASAL adj. **1** Relativo a la nariz. **2** Anat. Se dice del hueso par membranoso que forma parte del esqueleto de la nariz. **3** Fon. Se dice del sonido en cuya pronunciación la corriente espirada sale total o parcialmente por la nariz. **4** Fon. Se dice de la letra que representa este sonido, como la *n*. También f.
NASALIDAD f. **1** Calidad de nasal. **2** Fon. Resonancia nasal con valor fonológico debida a la salida del aire por las fosas nasales, durante la articulación de una vocal o de una consonante.
NASALIZACIÓN f. Fon. **1** Acción y efecto de nasalizar. **2** Proceso mediante el cual un sonido oral se hace nasal. Suele producirse en las vocales cuando van seguidas de una consonante nasal a final de sílaba.
NASALIZAR tr. Producir nasalización.
NASARDO m. Mús. Registro del órgano que produce un sonido nasal.
NASCENCIA f. Bot. EMERGENCIA.
NASCIMENTO, FRANCISCO MANUEL DO (llamado FILINTO ELYSIO) Poeta portugués (Lisboa, 1734 - París, 1819). Presbítero de ideas liberales, participó con sus sátiras contra el grupo de la Anadia en la llamada «guerra de los poetas». Denunciado a la Inquisición por su madre en 1778, se exilió a París, donde, tras su muerte, fueron editadas sus *Obras completas* (1817-19).
NASH, JOHN Matemático y economista estadounidense (Virginia, 1928). En 1994 recibió el premio Nobel de Economía, compartido con J. C. Harsanyi y R. Selten, por su tesis sobre la teoría de los juegos.
NASH o NASHE, THOMAS Escritor inglés (Lowestoft, 1567 - Londres, 1601). Influido por Aretino y Rabelais, escribió sátiras (*Lágrimas de Jerusalén* o *Terrores noc-*

turnos), la novela picaresca *The Unfortunate Traveller*, y obras teatrales, algunas en colaboración con Marlowe.

Nashik o **Nasik** Ciudad de la India; Estado de Maharashtra; 656.925 h.

Nashville-Davidson Ciudad de EE UU, capital del Estado de Tennessee; 504.505 h. Centro industrial. Capital de la música *countrie*. Hasta 1963 se llamó solamente *Nashville*.

Nasik Nashik.

Nasir al-Din sha Sha de Persia (Teherán, 1831 - íd., 1896). En 1848 ocupó el trono y durante su reinado tuvo que hacer frente a las insurrecciones de los babistas e intentó modernizar el país. Murió asesinado por un fanático musulmán.

nasofaríngeo, a adj. *Anat.* Se dice de lo que está situado en la faringe por encima del velo del paladar y detrás de las fosas nasales.

Nasrin, Taslima Escritora bengalí (Mymensingh, 1962). Defensora de los derechos de la mujer, a raíz de la publicación de su novela *Vergüenza* (1993), se enfrentó a la sentencia de muerte dictada contra ella en 1994 por un grupo fundamentalista, tras lo cual se exilió en Suecia.

Nassau Ciudad capital de Bahamas, en la isla de Nueva Providencia; 172.196 h. Turismo.

Nassau, casa de *Geneal.* Familia noble de Europa, descendiente de los condes de Lauremburgo, que construyeron el castillo de Nassau (1100) y adquirieron posesiones en la margen derecha del Rhin. Fue dividida en dos ramas desde el siglo XIII —la de los descendientes de Walram II, y la de los de Otón I—. De los primeros destacan a Carlos Augusto de Nassau-Weilburg, príncipe del Sacro Imperio (1737). Entre los descendientes de Otón se encuentran Guillermo I el Taciturno, que encabezó el levantamiento de los Países Bajos contra Felipe II; Guillermo III, rey de Inglaterra; Guillermo IV, estatúder de las Provincias Unidas, y Guillermo I, rey de los Países Bajos (1815).

Nasser Lago artificial de Egipto y Sudán formado por las aguas de la presa de Assuan, en el Nilo; 500 km de longitud. Gran potencial hidroeléctrico.

Nasser, Gamal Abdel Político y militar egipcio (Beni-Morr, 1918 - El Cairo, 1970). Se distinguió en la guerra con Israel (1948), dirigió el golpe de Estado que derrocó al rey Faruk (1952) y asumió la presidencia del gobierno, mientras Naguib se hacía cargo de la de la República. De 1954 a 1956 fue primer ministro y gobernador militar de Egipto y, derrocado Naguib (1954), le sucedió en su cargo al frente de la República (1956-58). Nacionalizó el canal de Suez, estrechó las relaciones con la URSS y fue derrotado por Israel en la guerra de los Seis Días (1967).

nastia f. *Bot.* Movimiento de los vegetales inducido por factores externos y que no depende de la dirección de éstos.

nastuerzo m. *Bot.* mastuerzo, planta.

nata f. 1 Sustancia espesa, untuosa, blanca o amarillenta, que forma una capa sobre la leche que se deja en reposo. Batida, produce la manteca. 2 Por extensión, sustancia espesa que se forma en la superficie de algunos líquidos. 3 fig. Lo principal y más estimado de cualquier cosa. También se dice *la flor y nata*. 4 *Min. Amér.* Escoria de la copelación. || f. pl. 5 Nata batida con azúcar. 6 natillas.

Natá Población de Panamá, provincia de Coclé; 13.284 h. Primer lugar de la costa del Pacífico en que se establecieron los españoles.

natación f. 1 Acción y efecto de nadar. 2 *Dep.* Práctica y deporte consistentes en nadar. Desde los años cincuenta, los estilos que se practican en competición son: *crawl* (o libre), *braza*, *espalda* y *mariposa*. Las principales pruebas que se disputan en las categorías masculina y femenina son: en *estilo libre*, 50 m, 100 m, 200 m, 400 m, 800 m y 1.500 m; en *braza*, 100 m y 200 m; en *espalda*, 100 m y 200 m, y en *mariposa*, 100 m y 200 m.

natación. Estilo mariposa.

naturalismo. *Señoritas a orillas del Sena*. Cuadro de Gustave Courbet. Petit Palais (París).

Otras actividades clásicas practicadas en este deporte son: a) *natación de fondo*, consistente en realizar largas travesías; b) *natación sincronizada*, modalidad artístico-deportiva femenina en la que se representan temas coreográficos con acompañamiento de música; y c) *saltos de competición*, que se realizan desde una plataforma, trampolín o palanca.

natal adj. 1 Relativo al nacimiento. 2 Relativo al lugar donde uno ha nacido.

Natal Kwazulu-Natal.

Natal Ciudad de Brasil, capital del Estado de Rio Grande do Norte, región Nordeste; 459.827 h. Puerto. Centro comercial.

natalicio, cia adj. y m. Relativo al día del nacimiento.

natalidad f. *Geog.* Número proporcional de nacimientos en una población y tiempo determinados. || **control de natalidad** Conjunto de medidas encaminadas a impedir el embarazo y limitar el número de nacimientos. || **tasa de natalidad** *Geog.* Número de nacimientos por cada mil personas de un grupo humano considerado.

Natán Profeta hebreo (s. x a. C.). Contemporáneo de David y Salomón, fue quien propuso a David la parábola del hombre rico y el pobre e intervino en la proclamación de Salomón como rey de Israel. Escribió parte de la historia de David, y participó en la redacción de las ordenanzas davidianas relativas al canto sagrado y ceremonias litúrgicas.

Natanael Discípulo de Jesucristo, natural de Caná, identificado con Bartolomé o con Mateo.

natátil adj. Capaz de nadar o flotar sobre el agua.

naterón m. Cuajada, requesón.

Nathans, Daniel Científico estadounidense (Wilmington, Delaware, 1928). Sus investigaciones se han centrado en el virus oncógeno SV40. En 1978 recibió el premio Nobel de Medicina, compartido con W. Arber y H. Smith.

natillas f. pl. *Gastron.* Dulce que se obtiene mezclando yemas de huevo, leche y azúcar, y cociéndolo hasta que tome consistencia.

National Aeronautics and Space Administration NASA.

National Basketball Association NBA.

natividad f. 1 Nacimiento, y especialmente el de Jesucristo, el de la Virgen María y el de san Juan Bautista, celebrados por la iglesia católica. 2 Tiempo inmediato al día de Navidad. ♦ En ambas acepciones suele utilizarse como nombre propio.

nativo, va adj. 1 Que nace naturalmente. 2 Relativo al país o lugar en que uno ha nacido. 3 Natural. 4 Innato, conforme a la naturaleza de cada cosa. 5 *Miner.* Se dice de los minerales que se presentan como elementos aislados, sin combinar con otros.

nato, ta adj. 1 De nacimiento. 2 Se dice del título de honor o del cargo inseparables de la persona que los desempeña. 3 Se dice de las aptitudes, cualidades y defectos connaturales. ♦ Es el p. p. irregular de nacer.

NATO Siglas de *North Atlantic Treaty Organization* (Organización del Tratado del Atlántico Norte).

Natorp, Paul Filósofo y pedagogo alemán (Düsseldorf, 1854 - Marburgo, 1924). Fue discípulo de H. Cohen, con quien fundó la escuela de Marburgo. Obras: *Pedagogía social* (1899), *La teoría de las ideas de Platón* (1903), *Kant y la Escuela de Marburgo* (1912), etc.

natrón m. *Quím.* 1 Sal blanca, translúcida, cristalizable, eflorescente, que se halla en la naturaleza o se obtiene artificialmente. Es el carbonato sódico usado en las fábricas de jabón, vidrio y tintes. 2 Cenizas de la barrilla, planta.

Natrón Lago salino del N de Tanzania, donde se localiza una importante colonia de flamencos rosas.

Natsume Soseki (Natsume Kinnosuke, llamado) Escritor japonés (Tokio, 1867 - íd., 1916). Fundador del círculo literario «Yoyuha» y representante de la narrativa neorromántica de su país, escribió *Yo soy un gato* (1905), *Más allá de la muerte* (1912), *El paseante* (1913) y *Alma* (1914).

Natta, Giulio Químico italiano (Imperia, 1903 - Bérgamo, 1979). En 1963 recibió el premio Nobel de Química, compartido con K. Ziegler, por sus trabajos sobre la tecnología de los polímeros de índices elevados.

Nattier, Jean-Marc Pintor francés (París, 1685 - íd., 1766). Tras una primera etapa como grabador, realizó retratos femeninos de la familia real francesa y de la corte de Rusia, como el de *Adelaida de Francia*. Como pintor oficial de la corte rusa, realizó por encargo de Pedro el Grande *La batalla de Poltava*.

natura f. 1 Naturaleza. 2 *Mús.* Escala natural del modo mayor.

natural adj. 1 Relativo a la naturaleza o conforme a la calidad o propiedad de las cosas. 2 Nativo, originario de un pueblo o nación. También s. 3 Hecho sin elaboración ni transformación. 4 Ingenuo y sin doblez en su modo de proceder. 5 Se dice de las cosas que imitan a la naturaleza con propiedad. 6 Normal, lógico. 7 Que se produce por solas las fuerzas de la naturaleza, como contrapuesto a sobrenatural y milagroso. 8 *Mús.* Se dice de la nota no modificada por sostenido ni bemol. 9 *Taurom.* Pase de muleta con la mano izquierda y sin estoque, en el que el torero da salida al toro por el mismo lado de la mano en que tiene la muleta. También m. || m. 10 Genio, temperamento, complexión o inclinación propia de cada uno. 11 Instinto de los animales irracionales. 12 *Esc.* y *Pint.* Forma exterior de una cosa que se toma como modelo para la pintura y escultura. || **al natural** loc. adj. y adv. Sin artificio ni mezcla o elaboración. || **copiar del natural** fr. *Esc.* y *Pint.* Copiar el modelo vivo.

naturaleza f. 1 *Biol.* Ámbito en el que se desarrolla la vida, y en cuya creación no ha intervenido el hombre. 2 Principio o fuerza cósmica que se supone rige y ordena todas las cosas creadas. 3 Esencia y propiedad característica de cada ser. 4 El campo, por oposición a la ciudad. 5 Constitución física de una persona o animal. 6 Carácter, complexión, temperamento. 7 Especie, género, clase. 8 Origen de cada individuo según la ciudad o país en el que ha nacido. 9 Condición que da derecho a la ciudadanía. || **naturaleza muerta** *Pint.* Cuadro que representa animales muertos o cosas inanimadas.

naturalidad f. 1 Calidad de natural. 2 Espontaneidad. 3 Conformidad de las cosas con las leyes ordinarias y comunes.

naturalismo m. 1 *Arte.* Tendencia artística que trata de seguir y representar lo más fielmente posible a la naturaleza, alejándose del idealismo y del simbolismo. 2 *Filos.* Sistema filosófico que atribuye todas las cosas a la naturaleza como primer principio. 3 *Lit.* Movimiento literario que surgió en Francia en la segunda mitad del siglo XIX, opuesta al Romanticismo. [**Encic.**] || **NATURALISMO FRANCÉS** *Cin*. Movimiento cinematográfico vigente en Francia durante las primeras décadas del siglo XX. Se caracterizó por exponer los aspectos más sórdidos de la sociedad con gran realismo. Entre sus miembros destaca J. Duvivier.

Lit. En el naturalismo literario confluyeron la corriente del realismo narrativo (Balzac, Flaubert y Stendhal) y las ideas del positivismo científico y filosófico (Comte, Berthelot y Taine). Émile Zola estableció sus bases en *La novela experimental* (1880). Su temática naturalista se fijó especialmente en los casos de carácter patológico y construyó sus personajes determinados por su herencia biológica y por las circunstancias sociales. La última década del siglo XIX marcó el inicio de la decadencia aunque algunos de sus postulados siguieron influyendo hasta el primer tercio del siglo XX. En España se denomina naturalistas a E. Pardo Bazán, B. Pérez Galdós, Clarín y N. Oller, entre otros.

NATURALISTA com. **1** Persona entendida en ciencias naturales. **2** Artista que sigue la tendencia del naturalismo.

NATURALIZADO, DA adj. *Ecol.* ASILVESTRADO.

NATURALIZAR tr. **1** Admitir en un país, como si de él fuera natural, a persona extranjera. **2** Conceder oficialmente a un extranjero, en todo o en parte, los derechos y privilegios de los naturales del país en que obtiene esta gracia. **3** Introducir y emplear en un país, como si fueran naturales o propias de él, cosas de otros países. También prnl. || prnl. **4** Vivir en un país una persona extranjera como si fuera natural de él. **5** Adquirir los derechos y privilegios de los naturales de un país.

NATURALMENTE adv. m. Sin duda; consecuentemente.

NATURISMO m. **1** *Med.* Doctrina que preconiza el empleo de los agentes naturales para la conservación de la salud y el tratamiento de las enfermedades. **2** Desnudismo. **3** *Rel.* Doctrina religiosa que diviniza los seres y fenómenos naturales.

NATURISTA adj. y com. **1** Relativo al naturismo. || com. **2** Persona que profesa y practica el naturismo.

NATUSCH BUSCH, ALBERTO Militar boliviano (Magdalena, 1933). Accedió a la presidencia de la República mediante un golpe de Estado que destituyó a W. Guevara, en 1979. Retuvo el poder unos días, hasta la designación interina de L. Gueiler. En 1981 fue expulsado del país, pero volvió e intentó otra sublevación que, aunque fracasó, obligó a dimitir al presidente García Meza.

NAU-, NAUT-, NAUTO-; -NAUTA prefs. o suf. que significan marino, referente a la marina o a la navegación.

NAUCAMPATÉPETL COFRE DE PEROTE.

NAUFRAGAR intr. **1** Irse a pique la embarcación. Se dice también de las personas que van en ella. **2** fig. Salir mal un intento o negocio.

NAUFRAGIO m. **1** Acción y efecto de naufragar. **2** Pérdida o ruina de la embarcación en el mar. **3** fig. Pérdida grande; desgracia, desastre.

NÁUFRAGO, GA adj. y s. Que ha naufragado.

NAUMAQUIA m. **1** *Hist.* Combate naval que, como espectáculo, se practicaba entre los antiguos romanos en un estanque o lago. **2** Lugar destinado a este espectáculo.

NAUPLIA Ciudad de Grecia, en el Peloponeso, capital del Nomo de la Argólida; 10.611 h.

NAURU *(Republic of Nauru)* Estado insular de Oceanía, situado en el océano Pacífico, casi en la línea ecuatorial, al E de Nueva Guinea.

Geog. Es un atolón rodeado de arrecifes, que alcanza una altura máxima de 65 m en el O. El clima es ecuatorial y gran parte de su superficie está cubierta por palmeras. Es uno de los Estados más pequeños del mundo y cuenta con una de las rentas per cápita más altas gracias a sus yacimientos de fosfatos, única base de su riqueza, pero próximas a agotarse. Puerto marítimo.

Superficie: 21,2 km².
Población: 11.800 h. *(nauruanos).*
Densidad: 557 h./km.²
Capital: Yaren.
Grupos étnicos: nauruanos (57%), chinos y europeos.
Religión: protestantismo (mayoría) y catolicismo.
Idioma: inglés y nauruano.
Moneda: dólar australiano.
Forma de Estado: república.
Producto Nacional Bruto: 128 millones de dólares.
Renta per cápita: 11.538 dólares.
División administrativa: 14 distritos, según cuadro.

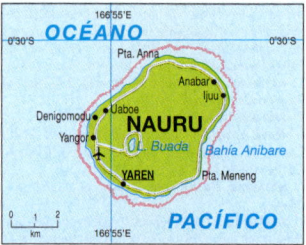

Hist. Descubierta por el inglés Fearn en 1798, la isla fue alemana hasta la Primera Guerra Mundial; fue administrada por Australia desde 1920, como mandato y fideicomiso de la ONU, y en 1968 se proclamó República independiente. Es miembro especial de la Commonwealth. Desde entonces han sido presidentes del país: Hammer DeRoburt (1968-1976), Bernard Dowiyogo (1976-1978), Lagumot Harris (1978), Hammer DeRoburt (1978-1986), Kennan Adeang (1986), Hammer DeRoburt (1986), Kennan Adeang (1986), Hammer DeRoburt (1986-1989), Kenas Aroi (1989), Bernard Dowiyogo (1989-1995), Lagumot Harris (1995-1996), Bernard Dowiyogo (1996), Kennan Adeang (1996), Rueben Kun (1996-1997), Kinza Clodumar (1997-1998), Bernard Dowiyogo (1998-1999), René Harris (1999-2000), Bernard Dowiyogo (2000-2001), René Harris (2001-2003), Bernard Dowiyogo (2003), René Harris (2003), Bernard Dowiyogo (2003), Derog Gioura (2003), Ludwig Scotty (2003), René Harris (2003-2004) y Ludwig Scotty (desde enero de 2004). El próximo agotamiento del fosfato, base de la economía del país, ha afectado a la estabilidad de la vida política en los últimos años.

NAURU		
Distritos	**Superficie (km²)**	**Población (h.)**
Aiwo	1,1	1.072
Anabar	1,5	320
Anetan	1	427
Anibare	3,1	165
Baitsi	1,2	450
Boe	0,5	750
Buanda	2,6	661
Denigomodu	0,9	2.548
Ewa	1,2	355
Ijuw	1,1	206
Meneng	3,1	1.269
Nibok	1,6	577
Uaboe	0,8	447
Yaren	1,5	672

NÁUSEA f. **1** Arcada, ganas de vomitar. Más en pl. **2** fig. Repugnancia o aversión que causa una cosa. Más en pl.

NAUSEABUNDO, DA adj. **1** Que causa o produce náuseas. **2** Propenso al vómito.

NAUSÍCAA *Mit.* Princesa feacia hija de Alcinoo y Arete. Descubrió a Ulises después de su naufragio, y lo llevó a la corte de su padre.

NAUTA m. Navegante, marino.

NÁUTICA f. *Mar.* Arte de la navegación.

NÁUTICO, CA adj. Relativo a la navegación.

NAUTILO m. *Zool.* Nombre de varios moluscos cefalópodos tetrabranquiales pertenecientes a la familia nautílidos, género *Nautilus*. Están provistos de una concha espiral con cámaras separadas pero comunicadas entre sí por un sifón central. Normalmente vive a grandes profundidades en los océanos Pacífico e Índico.

NAUTLA Río de México, que nace en las Siete Sierras de Tulancingo, Estado de Puebla, y desemboca en la barra de su nombre, Estado de Veracruz; 112 km. También llamado *San Rafael*.

NAUTO- pref. NAU-.

NAVA f. *Geol.* Tierra baja y llana, a veces pantanosa, situada entre elevaciones más o menos pronunciadas del terreno.

NAVAGERO, ANDREA Diplomático, humanista y poeta italiano (Venecia, 1483 - Blois, 1529). Nombrado embajador en París y luego en Madrid, conoció a J. Boscán, a quien recomendó el uso de la métrica italiana. Autor de *Lusus* (1530), *Viaje por España y Francia* (1563) y *Opera omnia* (1718).

NAVAJA f. **1** Cuchillo cuya hoja puede doblarse sobre el mango para que el filo quede guardado entre las dos cachas o en una hendidura a propósito. **2** *Zool.* Moluscos lamelibranquios marinos, pertenecientes a la familia solénidos, géneros *Ensis* y *Solen*, cuya concha se compone de dos valvas simétricas lisas, de forma alargada y rectangular. **3** fig. Colmillo de jabalí y de algunos otros animales. **4** fig. Aguijón cortante de algunos insectos. **5** fig. y fam. Lengua de los maldicientes y murmuradores. || **NAVAJA BARBERA,** o **DE AFEITAR** La de filo muy agudo, de acero, que sirve para afeitarse.

NAVAJADA f. NAVAJAZO.

NAVAJAZO m. **1** Golpe que se da con la navaja. **2** Herida que resulta de este golpe.

NAVAJERO, RA adj. y s. **1** Delincuente que utiliza la navaja como arma. || m. **2** Estuche o bolsa en que se guardan las navajas, especialmente las de afeitar. **3** Paño o taza metálica en que se limpia la navaja de afeitar. || m. y f. **4** Persona que tiene por oficio fabricar, reparar o vender navajas.

NAVAJO, JA adj. **1** *Etnol.* Se dice del individuo de una tribu amerindia de América del N, de la familia lingüística atapascana, que habita en Arizona y Nuevo México (EE UU). Las primeras noticias que se tienen de ellos son de comienzos del siglo XVII. Dominados por el ejército de EE UU en la segunda mitad del siglo XIX, fueron integrados en una reserva situada entre los Estados de Utah, Arizona y Nuevo México. **2** Relativo a esta tribu. || m. *Ling.* **3** Lengua de esta tribu, perteneciente a la familia atapascana.

NAVAL adj. Relativo a las naves y a la navegación.

NAVARCA m. **1** Jefe o comandante de una armada griega. **2** Capitán de un buque romano.

NAVARINO PILOS.

NAVARRA O **NAFARROA** Provincia de España que constituye la COMUNIDAD FORAL DE NAVARRA. Su capital es Pamplona.

NAVARRA, COMUNIDAD FORAL DE *(Nafarroa)* Comunidad autónoma uniprovincial de España; 10.421 km² y 538.009 h. Limita al N con Francia, al E con Huesca y Zaragoza, al S con esta última y con La Rioja, y al O con las provincias de Álava y Guipúzcoa. Su capital es Pamplona. En el límite con Álava y Guipúzcoa se yerguen las montañas vasconavarras, con las sierras de Urbasa, Andía y Aralar, que terminan en el puerto de Belate. Al N, los Pirineos navarros representan la porción occidental de la cadena y se extienden desde el pico de Anie hasta el monte de La Rhune. El resto de la provincia es llano y desciende hasta el Ebro. Los ríos principales son el Ebro y sus afluentes (Ega, Arga y Aragón), y el Urumea y Bidasoa que desaguan en el Cantábrico. En la región N domina un clima de alta montaña. En la zona NO es húmedo y brumoso, de influencia cantábrica, y en la parte S los inviernos son templados y los veranos, secos y calurosos. La agricultura está dominada por los cultivos mediterráneos (trigo, olivo y vid) y, junto a los ríos, las huertas. Ganadería ovina, bovina y equina. Bosques de robles, hayas, pinos y abetos. Fuentes hidrotermales. Industrias de transformados metálicos, construcción y obras públicas, alimentarias, cárnicas, papel y artes gráficas, textiles, de la piel y calzados. Turismo.

NAVARRA, REINO DE *Hist.* Reino medieval hispánico. Véase su historia en NAVARRA, COMUNIDAD FORAL DE, *HIST.*

Navarrete, fray Manuel de Martínez de Navarrete, José Manuel.

navarro, rra adj. **1** De Navarra. También s. **2** *Ling.* Se dice de la variedad navarra del dialecto romance navarroaragonés. También m. **3** *Ling.* Se dice de la variedad del castellano hablado en Navarra. También m.

Navarro, Gustavo Adolfo (llamado Tristán Maróf) Escritor boliviano (Sucre, 1896 - Santa Cruz, 1979). Autor de novelas como *Suetonio Pimienta: memorias de un diplomático de la República de Zanahoria* (1924) y *Wall Street y hambre* (1931).

Navarro Luna, Manuel Escritor cubano (Jovellanos, 1894 - La Habana, 1966). Iniciador del modernismo en su país, evolucionó hacia el vanguardismo y más tarde hacia la poesía social. Obras: *Surco* (1928), *La tierra herida* (1936) y *Poemas mambises* (1944), poesía, y *Siluetas aldeanas* (1924) y *Los pasos del hombre* (1948), en prosa.

Navarro Villoslada, Francisco Escritor español (Viana, 1818 - íd., 1895). En 1840 escribió el poema de exaltación de las fuerzas liberales *Luchana*, para luego convertirse en diputado por el Partido Tradicionalista y secretario del pretendiente don Carlos. En 1860 fundó *El pensamiento español*. Escribió novelas históricas: *Doña Blanca de Navarra* (1848), *Doña Urraca de Castilla* (1849) y *Amaya o los vascos en el siglo VIII* (1879).

navarroaragonés, sa o **navarro-aragonés, sa** adj. **1** Relativo a Navarra y Aragón. **2** *Ling.* Se dice del dialecto romance nacido en Navarra y Aragón como resultado de la peculiar evolución experimentada allí por el latín. Tuvo uso cancilleresco y literario hasta el siglo XV. Hoy subsiste en el habla rústica del Alto Aragón. También m.

navaza f. *Geol.* Nava pequeña.

navazo m. *Agr.* Huerto situado en arenales próximos a la costa y con altos niveles freáticos que suministran el agua necesaria para los cultivos.

nave f. **1** Barco. **2** Embarcación de cubierta, con velas y sin remos. **3** *Arquit.* Espacio entre los nudos o filas de arcadas en los templos u otros edificios importantes. **4** *Arquit.* Por extensión, cuerpo o crujía seguida de un edificio, como almacén, fábrica, etc. || **nave espacial** *Astronáut.* Vehículo de características especiales provisto de medios de propulsión y dirección que le permiten navegar en el espacio exterior. || **quemar las naves** fr. fig. y fam. Tomar una determinación extrema. Se dice por alusión a las naves destruidas por Hernán Cortés al comenzar la conquista de México.

Nave de Argos Astron. Carina.

navegable adj. Se dice del río, etc., donde se puede navegar.

navegación f. **1** Acción de navegar. **2** Viaje que se hace con la nave. **3** Tiempo que éste dura. **4** Ciencia y arte de navegar, náutica. || **navegación de altura** *Mar.* La que se hace por mar fuera de la vista de la tierra. || **navegación de cabotaje** *Mar.* La que se hace sin perder de vista la costa.

navegante adj. y com. Que navega.

navegar intr. **1** Viajar por el agua con una embarcación o nave. También tr. **2** Andar el buque o la embarcación. **3** Por analogía, viajar por el aire en globo, avión u otro vehículo. **4** fig. Transitar o trajinar de una parte a otra. **5** *Inform.* Moverse dentro de las estructuras de almacenamiento de información que permiten los sistemas informáticos y redes de comunicación.

naveta f. **1** Vaso o cajita que sirve en las iglesias para guardar el incienso. **2** Gaveta de escritorio. **3** *Arqueol.* Construcción megalítica de la Edad de Bronce, con planta circular u elíptica truncada, cubierta con falsa bóveda apoyada sobre columnas o pilares. Se cree que eran construcciones de carácter funerario. Es característica de Menorca.

navícula f. *Bot.* Alga diatomea muy abundante en las aguas dulces y marinas.

navicular adj. *Bot.* De forma abarquillada o de navecilla.

Navidad f. **1** Natividad de Jesucristo. **2** Día en que se celebra, que es el 24 de diciembre. **3** Tiempo inmediato a este día, hasta la festividad de Reyes. También en pl. ◆ Se escribe frecuentemente con mayúscula.

Navidad, La Fuerte construido por Colón en la isla La Española, con los restos de la *Santa María*, en diciembre de 1492, que constituyó el primer establecimiento español del Nuevo Mundo. Colón dejó en él una guarnición al mando de Diego de Arana, y al regresar en 1493, había sido destruido y todos los españoles muertos por el cacique Caonabó.

navideño, ña adj. Perteneciente o relativo a la Navidad.

Naviego, ga adj. y s. De Navia.

naviero, ra adj. **1** Relativo a las naves o a la navegación. || m. **2** El que avitualla un buque mercante. || m. y f. **3** Persona o sociedad propietaria y responsable de un barco y de la mercancía transportada.

NBA. Michael Jordan, de los Chicago Bulls, en un partido contra los New Jersey Nets.

navío m. **1** Bajel de guerra. **2** Bajel grande, de cubierta, con velas y muy fortificado, para el comercio, correos, etc.

Navío de Argos Astron. Carina.

Navratilova, Martina Tenista estadounidense de origen checo (Praga, 1956). Ganó en nueve ocasiones el torneo de Wimbledon entre 1978 y 1990, así como el Roland Garros, Flushing Meadows, Open de EE UU, Masters, etc. En 1994 se retiró de la competición.

Naxos Isla de Grecia, en el Egeo, la mayor del archipiélago de las Cícladas; 449 km² y 19.980 h. Restos arqueológicos de época griega. Colonizada por los jonios, alcanzó un gran desarrollo y dominó el archipiélago durante la época arcaica. Su apogeo se produjo a finales del siglo VI, bajo el gobierno del tirano Lygdamis. Formó parte de la Liga de Delos. Posteriormente fue colonia de Atenas (470-404 a. C.), estuvo en poder de Venecia (1207-1566) y de los turcos (1579-1821).

náyade f. **1** *Mit.* Ninfa que residía en los ríos y en las fuentes. **2** *Zool.* Ninfa de un insecto hemimetabólico.

Nayarit Estado de México, región de Pacífico Norte; 26.979 km² y 903.886 h. Su capital es Tepic. Cereales, algodón, tabaco, maíz y caña de azúcar. Minas de oro, plata, cobre y plomo.

Nayarit, sierra del Nombre que toma la Sierra Madre Occidental de México, en el Estado del mismo nombre.

nayarita o **nayaritense** adj. y com. De Nayarit, México.

nayuribe f. *Bot.* Planta herbácea de la familia amarantáceas, de flores moradas que se emplean en tintorería.

Nazarbayev, Nursultán Político kazajo (Chemolgan, 1940). Fue secretario del Partido Comunista (PC) de Kazajstán (1989-91). Es presidente de Kazajstán desde su independencia (1991).

nazarena, escuela *Pint.* Escuela pictórica que surgió en Alemania a principios del siglo XIX, caracterizada por la temática religiosa y cuyos principales representantes, entre los que se encuentran Cornelius y Overbeck, se inspiraron en Durero y Rafael, adoptaron sistemas compositivos lineales y usaron una estudiada distribución de los colores.

nazareno, na adj. y s. **1** De Nazaret. **2** Se dice del que entre los hebreos se consagraba particularmente al culto de Dios. **3** Cristiano. || m. **4** Imagen de Jesucristo vistiendo una túnica morada. **5** Penitente que en las procesiones de Semana Santa va vestido con túnica. **6** *Bot.* Árbol de la familia ramnáceas, nativo de América. || f. pl. **7** *R. Plata* Lloronas, espuelas grandes usadas por los gauchos.

Nazaret Ciudad de Israel, al O del lago Tiberíades; 50.600 h. Según los *Evangelios*, en ella pasó Jesús la mayor parte de su vida.

nazarí o **nazarita** adj. *Hist.* **1** Se dice de la dinastía fundada por Yusuf ben Nasr en 1231. Su primer soberano fue Muhammad ibn Nasr, rey de Granada desde 1238. Mantuvieron el reino de Granada a su poder hasta finales del siglo XV, cuando su último soberano, Boabdil, rindió la ciudad granadina a los Reyes Católicos (Granada, reino nazarí de). El ejemplo más representativo del arte de este período es la Alhambra. También com. y más en pl. **2** Perteneciente o relativo a esta dinastía. ◆ El pl. de *nazarí* es *nazaríes* o *nazarís*.

Nazas Río de México, que nace en el Estado de Durango y desemboca en la laguna de Mayrán; 580 km de curso. Sólo es navegable en su última parte.

Nazca *Arqueol. e Hist.* Cultura preincaica desarrollada en los valles de Nazca, Ica y en la zona costera del S de Perú (400 a. C.-1000 d. C.), conocida a través de las cerámicas policromadas y de los tejidos encontrados en los enterramientos, de ella no existen restos de arquitectura importante, ni grandes obras de ingeniería. Sí se han conservado momias adornadas con joyas de oro y piedras semipreciosas. Hacia el año 1000 el reino de Nazca fue invadido y sometido por el de Tiahuanaco. Perteneciente a esta cultura son las llamadas *líneas de Nazca*, trazadas con piedrecillas amontonadas en una planicie árida y desprovista de arena, formando dibujos geométricos y zoomorfos, cuya finalidad se desconoce, aunque sólo pueden ser apreciados con claridad desde una perspectiva aérea.

Nazca Ciudad de Perú, departamento de Ica; 32.142 h.

nazi adj. **1** Relativo al nacionalsocialismo. **2** Partidario del nacionalsocialismo. También com. **3** Por extensión, se aplica a quienes sustentan teorías o actitudes semejantes a las de los nacionalsocialistas alemanes. También com.

nazismo m. Nombre abreviado del nacionalsocialismo.

Nb *Quím.* Símbolo del niobio.

NBA (Siglas de *National Basketball Association*) *Dep.* Liga de baloncesto profesional estadounidense creada en 1949.

Nd *Quím.* Símbolo del neodimio.

N'Djamena Ciudad capital de Chad y de la prefectura de Chari-Baguirmi; 530.965 h. Antes se llamó *Fort Lamy.*

Ndola Ciudad de Zambia, capital de la provincia de Copperbelt; 376.311 h. Industria azucarera y metalúrgica.

ne-; -ne- pref. o in. NEO-¹, nuevo.

Ne *Quím.* Símbolo del neón.

NE *Geog.* Abreviatura de nordeste o noreste.

Ne Win, Bo (Maung Shu Maung, llamado) Político y militar birmano (Paungdale, 1911 - Rangún, 2002). En 1962 encabezó un golpe de Estado que le llevó al poder, desde donde ejerció una política autoritaria. Abandonó el gobierno en 1981.

-nea suf. NEO-², aire.

Neagh Lago del Reino Unido, en Irlanda del Norte, el mayor de las islas Británicas (396 km²). Desagua en el Atlántico por el río Bann.

Neandertal o **Neanderthal** *Antrop. y Paleont.* Raza de hombres prehistóricos (*Homo sapiens neanderthalensis*) que habitaron en Europa y en el área del Mediterráneo durante el pleistoceno. Los primeros restos se hallaron en 1848, en el peñón de Gibraltar, pero no se les prestó atención hasta que en 1856 se descubrió un esqueleto en Neandertal, cerca de Düsseldorf, Alemania. El hombre de Neandertal vivió en Europa durante la etapa interglaciar Riss-Würm; utilizaba venablos con puntas de piedra, enterraba a sus muertos y empleaba el fuego. Era de cuerpo robusto.

NEARCO Almirante griego (s. IV a. C.). General de Alejandro Magno, con quien exploró el curso del río Indo hasta el mar (325-324 a. C.), remontando su flota por el océano Índico para llegar al Éufrates.

NEÁRTICA adj. *Zool.* Se dice de la región continental perteneciente al reino holártico, que comprende EE UU, México y Canadá. Su fauna más característica la componen el antílope americano, los sapos del género *Ascaphus* y los urodelos de la familia ambistómidos.

NEATH AND PORT TALBOT Distrito unitario del Reino Unido, en Gales; 138.800 h.

NÉBEDA f. *Bot.* Planta herbácea de la familia labiadas, de olor y sabor parecidos a los de la menta.

NEBLADURA f. **1** *Agr.* Daño que con la niebla reciben los sembrados. **2** *Veter.* Modorra del ganado lanar.

NEBLÍ o **NEBÍ** m. *Zool.* Nombre aplicado al halcón común, sobre todo en la Edad Media y por los cetreros.

NEBLINA f. Nubes en contacto con el terreno, que producen una bruma fina que reduce la visibilidad.

NEBLINOSO, SA adj. Que abunda en neblinas.

NEBO Monte de Jordania, al E del mar Muerto, donde, según la Biblia, murió Moisés tras contemplar la Tierra Prometida.

NEBRASKA Estado de EE UU; 200.360 km^2 y 1.711.263 h. Su capital es Lincoln. Su principal vía fluvial es el Platte. El clima es continental seco. Produce cereales (maíz, trigo, sorgo, centeno, avena), patatas, remolacha. Ganadería bovina y porcina. Industria. Yacimientos de petróleo y gas natural.

NEBRASKA, GLACIACIÓN DE *Geol.* Primera de las glaciaciones del cuaternario que tuvieron lugar en América del Norte.

NEBREDA f. *Bot.* Sitio poblado de enebros.

NEBRIJA, ELIO ANTONIO DE (ANTONIO MARTÍNEZ DE CALA, llamado) Humanista español (Lebrija, 1444 - Alcalá de Henares, 1522). Estudió en Salamanca y fue catedrático en las universidades de Sevilla, Salamanca y Alcalá. Por encargo del cardenal Cisneros revisó los textos latinos y griegos de la *Biblia Políglota Complutense* (1502) y fue cronista real desde 1509. Escribió *Introducciones a la gramática latina* (1481), en latín y luego en castellano; *Gramática de la lengua castellana* (1492), la primera escrita en lengua vulgar; *Diccionario latino-español* (1492) y *español-latino* (1495), y *Reglas de ortografía castellana* (1517). Publicó otras obras de derecho, teología, arqueología y pedagogía.

Elio Antonio de **Nebrija**. Biblioteca Colombina (Sevilla).

NEBRINA f. *Bot.* Fruto del enebro.

NEBRISENSE adj. y com. Lebrijano.

NEBULIZADOR, RA adj. **1** Que nebuliza. || m. *Tecnol.* **2** Aparato, generalmente eléctrico, para nebulizar.

NEBULIZAR tr. *Fís.* Convertir un líquido en partículas finísimas que forman una especie de niebla.

NEBULOSA f. *Astron.* Masa de materia cósmica celeste, de dimensiones gigantescas, difusa y luminosa, que ofrece diversas formas, en general de contorno impreciso.

NEBULOSO, SA adj. **1** Que abunda en nieblas, o cubierto de ellas. **2** Oscurecido por las nubes. **3** fig. Sombrío, tétrico. **4** fig. Falto de lucidez y claridad. **5** fig. Difícil de comprender.

NECAO o **NECO** Nombre de dos soberanos egipcios.

NECAO I Príncipe de Sais y Menfis (s. VII a. C.). Padre de Saméticro I, accedió al trono en 607 a. C.

NECAO II (?, 609 - ?, 593 a. C.). Hijo de Saméticro I, fue el segundo soberano de la XXVI dinastía y ocupó el trono de 609 a 595 a. C. Dio muerte a Josías, rey de

necrópolis de Dein el Babari en Luxor (Egipto).

Judá, y obligó a este reino a pagarle tributo (609); restableció la dominación egipcia en Siria, pero vencido en Karkemish (604) por Nabucodonosor, rey de Babilonia, perdió sus conquistas. Patrocinó el viaje que efectuaran marinos fenicios alrededor de África.

NECEDAD f. **1** Calidad de necio. **2** Dicho o hecho necio.

NECESARIO, RIA adj. **1** Que forzosa e inevitablemente ha de suceder. **2** Se dice de lo que se hace y ejecuta por obligación y de las causas que obran sin libertad y por determinación de su naturaleza. **3** Que es preciso, o hace falta para un fin.

NECESER m. Caja o estuche con diversos objetos de tocador, costura, etc.

NECESIDAD f. **1** Impulso que hace que las causas obren infaliblemente en cierto sentido. **2** Todo aquello a lo cual es imposible sustraerse, faltar o resistirse. **3** Falta de las cosas que son precisas para la conservación de la vida. **4** Falta continuada de alimento que hace desfallecer. **5** Riesgo o peligro que requiere auxilio inmediato. **6** Evacuación corporal. Más en pl. || **de primera necesidad** expr. que se aplica a las cosas de las que no se puede prescindir. || **necesidad extrema** Estado en que perderá uno la vida si no es auxiliado o no se convertirá en peligro. || **obedecer a la necesidad** fr. fig. Obrar como exigen las circunstancias. || **por necesidad** loc. adv. Por un motivo irresistible.

NECESITADO, DA adj. y s. Pobre, que carece de lo necesario.

NECESITAR tr. **1** Obligar a ejecutar una cosa. || intr. y tr. **2** Tener necesidad de una persona o cosa.

NECIO, CIA adj. **1** Ignorante, que no sabe lo que podía o debía saber. También s. **2** Imprudente; terco y porfiado. También s. **3** Se dice de las cosas ejecutadas con imprudencia, ignorancia o presunción.

NECK m. *Geol.* Morfología volcánica procedente de la erosión de lava solidificada.

NECKAR Río de Alemania, en el Land de Baden-Württemberg, que nace en la Selva Negra y desemboca en el Rhin; 367 km de curso, de los cuales 180 son navegables.

NECKER, GERMAINE STAËL, MADAME DE.

NECKER, JACQUES Político y hacendista francés (Ginebra, 1732 - Coppet, 1804). Banquero en París desde 1763, después de publicar *Ensayo acerca de la legislación y del comercio de granos* (1775), en el que criticaba la política de Turgot, fue nombrado interventor del Tesoro (1776) y director general de Hacienda (1777). Tras su dimisión, en 1788 fue nombrado por Luis XVI ministro de Estado. Se ganó la oposición de la aristocracia por su defensa de la doble representación para el Tercer Estado.

NECO NECAO.

NÉCORA f. *Zool.* Crustáceo decápodo braquiuro perteneciente a la familia portúnidos, de nombre científico *Portunus puber*, de cuerpo liso y elíptico, con el primer par de patas transformadas en pinzas, y el quinto aplanado y útil para nadar. Vive en las costas del Atlántico; su carne es muy apreciada.

NECR-, NECRO-, NIGRO- prefs. que significan muerto.

NECRÓFAGO, GA adj. y s. Que se alimenta de cadáveres.

NECROFILIA f. **1** Afición por la muerte o por alguno de sus aspectos. **2** *Psiquiat.* Desviación sexual de quien trata de obtener placer erótico con cadáveres.

NECRÓFORO, RA adj. y s. *Zool.* Se dice del insecto coleóptero que entierra los cadáveres de otros animales para depositar en ellos sus huevos.

NECROLATRÍA f. Adoración que se dedica a los muertos.

NECROLOGÍA f. **1** Biografía de una persona notable, muerta hace poco tiempo. **2** Lista o noticia de personas muertas.

NECROMANCIA o **NECROMANCÍA** f. Adivinación por evocación de los muertos, nigromancia.

NECRÓPOLIS f. Cementerio de gran extensión, en el que abundan los monumentos fúnebres. ♦ Su pl. es *necrópolis*.

NECROSIS f. *Biol.* Muerte localizada o general de los tejidos de un organismo vivo, a menudo caracterizada por la coloración marrón o negruzca que adquieren aquéllos. ♦ Su pl. es *necrosis*.

NECTANEBO Nombre de dos faraones egipcios de la XXX dinastía.

NECTANEBO I (? - ?, 360 a. C.). Fundador de la dinastía, rechazó la invasión persa de Artajerjes II.

NECTANEBO II (?, 360 - ?, 343 a. C.). Accedió al trono tras promover una sublevación contra el faraón reinante Tachos. Con la ayuda griega rechazó una invasión persa (351 a. C.), pero una nueva ofensiva de Artajerjes le obligó a huir al Alto Egipto (343 a. C.). Fue el último faraón independiente.

NÉCTAR m. **1** *Bot.* Jugo azucarado producido por los nectarios de las flores, que chupan las abejas y otros insectos. **2** *Mit.* Bebida deliciosa que proporcionaba la inmortalidad a los dioses de algunas religiones. **3** fig. Cualquier licor suave y gustoso.

NECTÁREO, A adj. Que destila néctar o sabe a él.

NECTARINO, NA adj. **1** NECTÁREO. || f. *Bot.* **2** Variedad de melocotón de fruto lampiño y carne no adherida al hueso.

NECTARIO m. *Bot.* Glándula de las flores de ciertas plantas que segrega un jugo azucarado o néctar.

NECTON m. *Zool.* Conjunto de los animales marinos o lacustres pelágicos que pueden moverse por su propio impulso a través del agua, a diferencia de los planctónicos.

NEDDERMEYER, SETH HENRY Físico estadounidense (Richmond, 1907 - Seattle, 1988). Junto con Anderson, descubrió la existencia de las partículas llamadas *muones* en los rayos cósmicos (1938).

NEDERLAND Nombre holandés de los PAÍSES BAJOS.

NEDITCH, MILIUTIN General y político yugoslavo (Grocka, 1892 - Belgrado, 1947). En 1941, durante la invasión de su país por las fuerzas alemanas, ocupó el cargo de primer ministro. En 1945 fue apresado y entregado a las autoridades yugoslavas. Al intentar evadirse de la cárcel fue muerto por los guardianes.

NÉEL, LOUIS EUGÈNE FÉLIX Físico francés (Lyon, 1904 - íd., 2000). Especialista en cuestiones de magnetismo, ha publicado abundantes trabajos sobre esta materia. En 1970 recibió el premio Nobel de Física, compartido con H. O. Gösta Alfven.

NEERLANDÉS, SA adj. y s. **1** HOLANDÉS. || m. *Ling.* **2** Lengua germánica del oeste, perteneciente al grupo bajo alemán. Es la lengua oficial de los Países Bajos y de Bélgica y de ella son dialectos el flamenco (en las provincias de Flandes, en Bélgica y en Francia) y el holandés (en las provincias de Holanda). Su sustrato está formado por lenguas celtas, el latín y la lengua de frisones, sajones, bátavos y francos. Es la segunda lengua de 4 millones de afrikaanders en África del Sur y lengua minoritaria en Francia (departamento Norte).

NEERWINDEN Hist. Población de Bélgica, en la provincia de Brabante. En ella tuvo lugar la victoria del mariscal de Luxemburgo sobre Guillermo III de Orange (1693).

NEFANDO, DA adj. Indigno, torpe, repugnante.

NEFASTO, TA adj. **1** Triste, funesto, ominoso. **2** Referido a una persona o cosa, desgraciado, detestable.

NEFEL-, NEFELI-, NEFELO-, NEFO- prefs. que significan nube.

NEFEL- pref. NEFEL-.

NEFELINA f. Miner. Mineral silicato de aluminio y sodio, con fórmula $NaAlSiO_4$, de color blanco o gris, que cristaliza en el sistema hexagonal.

NEFELINITA f. Geol. Roca ígnea de grano fino, que se presenta normalmente en las corrientes de lava.

NEFELIO m. Med. Pequeña nube formada en la córnea del ojo.

NEFELISMO m. Meteor. Conjunto de caracteres con que se presentan las nubes: forma, altura, color, etc.

NEFELO- pref. NEFEL-.

NEFELÓMETRO m. Fís. Aparato que, por difracción de la luz, mide la densidad de partículas de una suspensión (turbidez).

NEFERITES Nombre de dos faraones de Egipto, pertenecientes a la XXIX dinastía, que reinaron durante el siglo IV a. C.

NEFERTARI Reina de Egipto (1304-1223 a. C.). Esposa favorita del faraón Ramsés II, quien hizo construir en su honor un templo en Abu Simbel y una estatua monumental en el templo de Karnak. Su tumba, en el Valle de las Reinas, en Tebas, es una de las más decoradas y mejor conservadas del periodo.

NEFERTITI, NEFRETETE o **NOFRETETE** Reina de Egipto (s. XIV a. C.). Esposa del faraón Akenatón o Amenofis IV, con quien colaboró en la reforma religiosa que supuso la instauración del culto a Atón. Separada del faraón por razones religiosas, se retiró a su palacio del N de Tell el-Amarna. Su busto policromado fue descubierto en 1912 en Tell el-Amarna.

NEFO- pref. NEFEL-.

NEFR-, NEFRO-; -NEFR-; -NEFROS prefs, in. o suf. que significan riñón.

NEFRETETE NEFERTITI.

NEFRIDIO m. Zool. Tipo de órgano excretor propio de algunos grupos de animales invertebrados.

NEFRITA f. Uno de los minerales que se agrupa bajo el nombre genérico de jade. Es una actinolita o tremolita compactas y de grano fino.

NEFRÍTICO, CA adj. Med. **1** Renal, relativo a los riñones. **2** Que padece nefritis. También s.

NEFRITIS f. Med. Inflamación de los riñones. ♦ Su pl. es nefritis.

NEFRO- pref. NEFR-.

NEFROCITO m. Biol. Cualquiera de las células de animales invertebrados que almacenan excreciones y se trasladan a la superficie corporal para eliminar esos desechos.

Nefertiti y Akenatón. Escultura egipcia en caliza pintada. Museo del Louvre (París).

Jorge **Negrete** (a la derecha). Escena de ¡Ay Jalisco, no te rajes!, dirigida por Joselito Rodríguez.

NEFROGÉNICO, CA adj. Zool. **1** De origen renal. **2** Que tiene el potencial de transformarse en tejido renal.

NEFROLISIS f. Med. **1** Disolución del tejido renal por la acción de una nefrolisina. **2** Separación quirúrgica de las adherencias circundantes a un riñón.

NEFROLITIASIS f. Med. Formación de cálculos renales.

NEFROLITOTOMÍA f. Med. Escisión de los cálculos del riñón.

NEFROLOGÍA f. Med. Rama de la medicina que estudia el riñón y sus enfermedades.

NEFROMA m. Med. Tumor renal.

NEFROMEGALIA f. Med. Agrandamiento del riñón.

NEFRÓN o **NEFRONA** f. Anat. Unidad anatómica funcional del riñón, constituida por el glomérulo renal con su cápsula y un túbulo urinífero.

NEFROPATÍA f. Med. Cualquier enfermedad renal.

-NEFROS suf. NEFR-.

NEFROSIS f. Pat. Enfermedad degenerativa o regresiva del riñón. ♦ Su pl. es nefrosis.

NEFROTOMOGRAFÍA f. Med. Visualización radiológica del riñón mediante tomografía.

NEFTALÍ Uno de los hijos de Jacob, que dio nombre a una de las doce tribus de Israel.

NEFUD NAFUD.

NEGACIÓN f. **1** Acción y efecto de negar. **2** Carencia o falta total de una cosa. **3** Gram. Partícula o voz que sirve para negar. **4** fig. Torpeza, incapacidad.

NEGADO, DA adj. y s. **1** Incapaz, inepto. **2** Rel. Se dice de los primitivos cristianos que renegaban de la fe.

NEGAR tr. **1** Decir que algo no es verdad. **2** No reconocer alguna cosa. **3** Decir que no o a lo que se pretende o se pide, o no concederlo. **4** Prohibir, impedir. **5** Olvidarse o retirarse de lo que antes se estimaba y se frecuentaba. **6** No confesar uno el delito del que se le hace cargo. **7** No reconocer como propia una cosa. **8** Ocultar, disimular. || prnl. **9** Excusarse de hacer una cosa. || **negarse** uno **a sí mismo** fr. No condescender con sus deseos y apetitos. ♦ IRREG. Se conjuga como ACERTAR.

NEGATIVA f. **1** Negación o denegación, o lo que la contiene. **2** Repulsa o no concesión de lo que se pide.

NEGATIVISMO m. Pat. Actitud absolutamente negativa de ciertos enfermos mentales frente a cualquier insinuación del exterior.

NEGATIVO, VA adj. **1** Que incluye o contiene negación o contradicción. **2** Relativo a la negación. **3** Perjudicial. **4** Pesimista. **5** Fís. Se dice de la imagen fotográfica, radiográfica, etc., que ofrece invertidos los claros y oscuros, o los colores complementarios de aquellos que reproduce. También s.

NEGATOSCOPIO m. Aparato con una pantalla luminosa para examinar, por transparencia, radiografías o cualquier tipo de negativos.

NEGATRÓN m. Fís. Partícula de carga eléctrica negativa, también llamada electrón.

NEGLIGENCIA f. **1** Descuido, omisión. **2** Falta de aplicación.

NEGOCIACIÓN f. Acción y efecto de negociar.

NEGOCIADO m. **1** Dependencia para despachar determinadas clases de asuntos en ciertas organizaciones administrativas. **2** NEGOCIO. **3** Amér. Negocio ilegítimo y escandaloso.

NEGOCIANTE adj. y com. **1** Que negocia. || com. **2** Comerciante.

NEGOCIAR intr. **1** Tratar y comerciar. **2** Ajustar el traspaso, cesión o endoso de un vale, efecto o letra. **3** Tratándose de valores, descontarlos. **4** Tratar asuntos públicos o privados.

NEGOCIO m. **1** Cualquier ocupación, quehacer o trabajo. **2** Dependencia, pretensión. **3** Todo lo que es objeto o materia de una ocupación lucrativa o de interés. **4** Acción y efecto de negociar. **5** Utilidad o interés que se logra en lo que se trata, comercia o pretende. **6** Local en el que se negocia o comercia. || **NEGOCIO REDONDO** fig. y fam. El muy ventajoso.

NEGRA Laguna de Uruguay, departamento de Rocha, que comunica con la de Merín. También llamada Laguna de los Difuntos.

NEGREAR intr. **1** Mostrar color negro o negruzco. **2** Tirar a negro. || tr. **3** Pan. y Perú Insultar a alguien llamándole negro.

NEGRERO, RA adj. y s. **1** Dedicado a la trata de negros. || m. y f. **2** fig. Persona de condición dura y cruel para sus subordinados.

NEGRETA f. Zool. NEGRÓN, ave anseriforme.

NEGRETE, JORGE Cantante y actor de cine mexicano (Guanajuato, 1911 - Los Ángeles, 1953). Protagonizó películas de tema folclórico y melodramas musicales. Filmes: ¡Ay Jalisco, no te rajes! (1941), Así se quiere en Jalisco (1942), El rapto (1953), Gran Casino (1947), Si Adelita se fuera con otro (1948), etc.

NEGRI, ADA Escritora italiana (Lodi, 1870 - Milán, 1945). Las míseras condiciones de vida de las clases pobres italianas, la mujer, la soledad humana y la religión son constantes de su obra. Libros de poemas: Fatalidad (1892), Maternidad (1904), Exilio (1914), Vespertina (1930) y El don (1936). En prosa escribió Las solitarias (1917) y Hermanas (1929).

NEGRI, POLA (BARBARA APOLONIA CHALUPIEC, llamada) Actriz de cine alemana de origen polaco (Lipno, 1897 - San Antonio, Texas, 1987). Fue la primera figura del Ballet Imperial Ruso y una de las grandes figuras del cine mudo. Películas: Carmen (1918), Madame Dubarry (1919), Sumurum (1920), La frivolidad de una dama (1924) y Hotel Imperial (1927).

NEGRILLA f. **1** Bot. Hongo microscópico que vive parásito en las hojas del olivo y de otras plantas. **2** Zool. Especie de congrio que tiene el lomo de color oscuro.

NEGRILLO, LLA adj. **1** A. gráf. LETRA NEGRILLA O NEGRITA. También f. || m. **2** Bot. OLMO. **3** Min. Amér. Mena de plata cuprífera de color muy oscuro.

NEGRÍN LÓPEZ, JUAN Médico y político español (Las Palmas, 1892 - París, 1956). Alumno de Ramón y Cajal y maestro de Severo Ochoa, fue catedrático de la Universidad de Madrid (1922). Ingresó en el PSOE (1929), fue diputado a Cortes (1931) y ministro de Hacienda (1936-37). En 1937 sustituyó a Largo Caballero al frente del gobierno, con el apoyo de parte de los socialistas, de comunistas y republicanos. Poco antes de acabar la Guerra Civil, marchó a Francia, donde presidió el gobierno republicano en el exilio hasta 1945.

NEGRITA adj. y f. A. gráf. LETRA NEGRILLA O NEGRITA.

NEGRITO m. Zool. **1** Pez elasmobranquio escualiforme, de nombre científico Etmopterus spinax, con órganos fosforescentes en el vientre. Es el tiburón más pequeño del Atlántico N. **2** Cuba Pájaro de color negro, con alas blancas, de tamaño y canto parecido al canario.

NEGRITUD f. Sociol. Conjunto de características sociales y culturales atribuidas a la raza negra. Estos valores son: sentido comunitario, sentido del símbolo, sentido de las formas y sentido del ritmo.

Pandit Jawaharlal **Nehru**

NEGRO, GRA adj. **1** De color totalmente oscuro, como el carbón. También s. **2** Se dice del individuo cuya piel es de color moreno oscuro y de la raza a la que pertenece. También s. **3** Moreno, o que no tiene la blancura que le corresponde. **4** Oscuro u oscurecido. **5** fig. y fam. Tostado por el sol. **6** *Lit.* y *Cin.* Se dice de la novela o del cine de tema criminal y terrorífico, que se desarrolla en ambientes sórdidos y violentos. **7** fig. Triste, melancólico. **8** fig. Infeliz. || m. y f. **9** *Amér.* Voz de cariño usada entre casados, novios o personas que se quieren. || m. **10** El que hace trabajos literarios que firma otro; por extensión, el que trabaja anónimamente para lucimiento y provecho de otro. || f. *Mús.* **11** Nota cuya duración es la mitad de una blanca. || **estar**, o **ponerse, algo negro** fr. fig. y fam. Tener, o tomar mal cariz un asunto. || **estar**, o **ponerse, uno negro** fr. fig. y fam. Estar enfadado o enfadarse. || **pasarlas negras** loc. fig. y fam. Encontrarse en una situación difícil, dolorosa o comprometida. || **tener la negra** fr. fig. y fam. Tener mala suerte. || **trabajar más que un negro**, o **como un negro** fr. fig. y fam. Trabajar mucho. || **verse uno negro para** hacer algo fr. fig. y fam. Tener mucha dificultad para realizarlo.

Negro Río de América del Sur, afluente del Uruguay, que nace en Brasil y atraviesa Uruguay en dirección NE-SO; 800 km de curso. En su curso medio destaca su gran lago artificial.

Negro Río de América del Sur, que nace en Colombia con el nombre de *Guainía*, recibe al Casiquiare, pasa por Venezuela y Brasil y desemboca en el Amazonas; 2.000 km de curso. Es el principal afluente por la izquierda del Amazonas.

Negro Río de América Central, que nace en Nicaragua, penetra en Honduras, tras servir de límite entre los dos países, y desemboca en el golfo de Fonseca; 100 km de curso.

Negro Río de Argentina, a una de cuyas provincias da nombre, formado por la confluencia del Limay y del Neuquén, que desemboca en el Atlántico; 1.013 km de curso.

Negro Río de Guatemala (Usumacinta).

Negro Mar interior de Europa oriental, entre Ucrania, Federación de Rusia, Georgia, Turquía, Bulgaria y Rumania. Está comunicado con el mar de Azov a través del estrecho de Kertsch y con el Mediterráneo a través de los de Bósforo y Dardanelos; 411.500 km². La salinidad es baja y las mareas nulas. Sus puertos principales son Varna, Constanza, Sulina, Odessa, Sebastopol, Batum, Trebisonda, Sansum y Zonguldak. Antiguamente se denominó *Ponto Euxino*.

Negro, Príncipe Eduardo el Príncipe Negro.

negroide adj. y s. Se dice de lo que presenta alguno de los caracteres de la raza negra o de su cultura.

negrón m. *Zool.* Nombre de varias especies de aves anseriformes de la familia anátidas.

Negros Isla de Filipinas, en el grupo de las Bisayas, entre las de Cebú al E y Panay al NO; 13.328 km² y 2.749.700 h. Está dividida en dos provincias: Negros Occidental y Negros Oriental.

Néguev Zona desértica de Israel, que comprende la parte meridional del país, entre Egipto y Jordania. Yacimientos petrolíferos, de fosfatos y manganeso.

neguilla f. **1** *Bot.* Planta herbácea anual, de la familia cariofiláceas, abundante en los sembrados. **2** *Bot.* Semilla de esta planta. **3** *Bot.* Arañuela, planta. **4** *Veter.* Mancha negra en la cavidad de los dientes de las caballerías.

neguillón m. *Bot.* Neguilla, planta.

negundo m. *Bot.* Árbol perteneciente a la familia aceráceas, de nombre científico *Acer negundo*.

negus m. Título que se daba al emperador de Etiopía.

Nehemías Personaje bíblico (s. v a. C.). Fue gobernador de los judíos y promotor de la restauración de las murallas de Jerusalén y de la reforma religiosa. Lleva su nombre un libro de la Biblia, que también se denomina II de Esdras.

Neher, Erwin Médico y biólogo alemán (Landsberg, 1944). En 1991 recibió el premio Nobel de Fisiología y Medicina, compartido con B. Sakmann, por su trabajo sobre la comunicación de las células con el exterior a través de canales iónicos.

Nehru, Pandit Jawaharlal Político indio (Allahabad, 1889 - Nueva Delhi, 1964). Tras la consecución de la independencia del país, asumió la jefatura del gobierno independiente hasta su muerte. Fue presidente del Partido del Congreso de 1951 a 1954. Intentó guardar equilibrio entre las potencias occidentales, por una parte, y la URSS y los países de su influencia por otra. Autor de *Descubrimiento de la India* (1946) y *Sigo siendo*, autobiografía.

Neiba Ciudad de la República Dominicana, capital de la provincia de Bahoruco; 13.359 h. Centro agropecuario.

Neiba Sierra del SO de la República Dominicana, al S de la Cordillera Central.

Neill, Alexander Pedagogo británico (Forfar, 1883 - Aldeburgh, 1973). Concibió un sistema educativo basado en la defensa de los derechos del niño a vivir libremente. Autor de *The Free Child* (1953), *Summerhill. Un punto de vista radical sobre la educación de los niños* (1960).

Neipperg, Adam Albrecht, conde de Militar austriaco (Salzburgo, 1775 - Parma, 1829). Participó en las campañas contra Francia. Embajador en Suecia (1811-13), estableció una alianza secreta con Murat en 1814. Contrajo matrimonio morganático con María Luisa, viuda de Napoleón en 1821.

neis m. *Geol.* gneis.

Neisse Río de Europa, que nace en los Sudetes (República Checa), sirve de frontera entre Alemania y Polonia, y desemboca en el Oder; 225 km.

Neiva Ciudad de Colombia, capital del departamento de Huila, a orillas del río Magdalena; 235.648 h. Fue fundada en 1550.

neivano, na adj. y s. De Neiva, Colombia.

nejayote m. *Méx.* Agua amarillenta en la que se ha cocido el maíz.

Nekrasov, Nikolai Alexeievich Poeta ucraniano (Vinnitsa, 1821 - San Petersburgo, 1878). Su obra gira en torno a la condición de las clases campesinas. Autor de *Sueños y sonidos* (1840), *Fisiología de San Petersburgo* (1846), *Los ambulantes* (1861), *El hielo en la nariz colorada* (1863), *Las mujeres rusas* (1872-73) y *¿Quién vive bien en Rusia?* (1866-79).

Nelson Río de Canadá, provincia de Manitoba, que nace en el lago Winnipeg y desemboca en la bahía de Hudson; 650 km.

Nelson, Horatio, vizconde de Almirante británico (Burham Thorpe, 1758 - Trafalgar, 1805). Atacó infructuosamente Tenerife (1797), donde perdió un brazo; venció en la batalla del cabo San Vicente (1797); derrotó en Abukir a la flota francesa (1798); conquistó Malta, y en 1801 obtuvo la victoria de Copenhague. Finalmente venció a las fuerzas francoespañolas en Trafalgar (1805), donde fue mortalmente herido.

NELUMBIO o **NELUMBO** m. *Bot.* Planta de la familia ninfáceas, de flores blancas o amarillas y hojas aovadas.

NEMA f. Cierre o sello de una carta.

NEMA-; -NEMA pref. o suf. nemat-.

NEMAT-, NEMA-, NEMATO-, NEMO-; -NEMA prefs. o suf. que significan hilo.

NEMATELMINTO adj. y m. *Zool.* nematodo.

NEMATO- pref. nemat-.

NEMATOBLASTO m. **1** *Bot.* Filamento del protoplasma de las células vegetales. **2** *Zool.* Célula característica del ectodermo de los celentéreos cnidarios.

NEMATÓCERO, RA adj. y m. **1** Se dice del insecto díptero, de pequeñas o medianas dimensiones, cuerpo esbelto, alas estrechas y largas, patas delgadas y aparato bucal de tipo picador-chupador. A este grupo pertenecen los mosquitos y las típulas. || m. pl. *Zool.* **2** Suborden de estos insectos.

NEMATOCISTO m. *Zool.* Órgano intracelular de los celenterados en forma de tubo enrollado, que puede dispararse rápidamente e inyectar un líquido tóxico. Se emplea para conseguir alimento o defenderse.

NEMATODO adj. y m. *Zool.* **1** Se dice de cualquier gusano asquelminto, animal metazoo triblástico con simetría bilateral. El cuerpo tiene forma cilíndrica o filiforme, está insegmentado y cubierto de una gruesa cutícula quitinosa. El aparato digestivo, con boca y ano, tiene forma rectilínea y atraviesa el cuerpo del animal. Todos los nematodos son unisexuales y con fecundación interna. Varios de los animales de este grupo tienen importancia para el hombre por parasitar su tracto digestivo, como las lombrices intestinales (*Ascaris lumbricoides* y *Oxyurus vermicularis*) y la triquina (*Trichinella spiralis*). || m. pl. *Zool.* **2** Tipo de estos animales.

NEMATOMORFO, FA adj. y m. *Zool.* **1** Se dice del gusano de forma cilíndrica, delgado (1 a 2 mm de diámetro) y largo (1 m de longitud). En estado larvario parasitan artrópodos y, cuando son adultos, viven libres en el mar, en aguas dulces o en sitios húmedos. || m. pl. *Zool.* **2** Tipo de estos animales.

Nemea *Geog. hist.* Valle de Grecia, en la Argólida. Según la leyenda, Heracles dio muerte a un león que asolaba la comarca.

NEMEO, A adj. *Hist.* Se dice de los juegos que se celebraban en honor de Hércules, por haber dado muerte al león que habitaba la montaña y selva próximas a la ciudad de Nemea.

NEMERTINO, NA adj. y m. *Zool.* **1** Se dice del animal invertebrado acelomado, con simetría bilateral y tubo digestivo completo, con boca y ano. || m. pl. *Zool.* **2** Tipo de estos animales. También llamados *rincocelos*.

Némesis *Mit.* Deidad griega que personifica la venganza divina.

Nemeth, Laszlo Escritor húngaro (Nagybanya, actualmente Baia Mare, 1901 - Budapest, 1975). Escribió novelas como *El hombre y la parte* (1934), *El duelo* (1935) y *Piedad* (1965).

Nemirovich-Danchenko, Vladimir Ivanovich Escritor y director de escena georgiano (Tbilisi, 1858 - Moscú, 1943). Le dieron popularidad sus cuentos y novelas. Fue cofundador del Teatro de Arte de Moscú (1898).

NEMO- pref. **1** mnemo-. **2** nemat-.

NEMOTECNIA o **NEMOTÉCNICA** f. mnemotecnia.

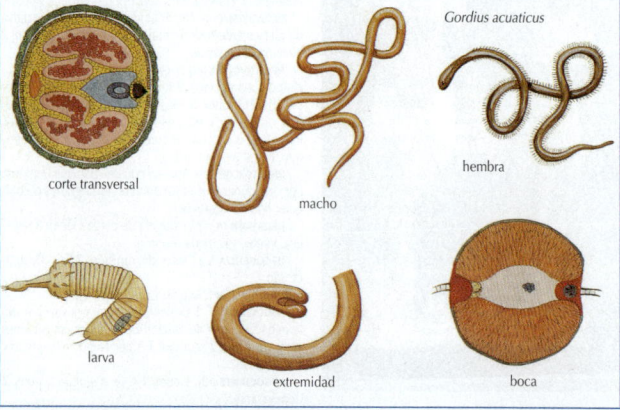

nematodo

neobarroco. Teatro de la Gran Ópera (París).

NEMROD *Mit.* Rey legendario de Babilonia. Se le ha identificado con Gilgamés.

NENE, NA (Voz infantil.) m. y f. **1** fam. Niño pequeño. **2** fam. Suele usarse como expresión de cariño, sobre todo en la terminación femenina.

NENETS Distrito Autónomo de la Federación de Rusia que forma parte de la región de Arkángel; 176.400 km² y 49.300 h. Capital, Naryan-Mar.

NENNI, PIETRO Político y periodista italiano (Faenza, 1891 - Roma, 1980). Militante del Partido Socialista desde 1921, fue su secretario general (1944-68) y presidente (1968-80). Estuvo a cargo de la vicepresidencia del gobierno (1945-46 y 1963-68) y del Ministerio de Asuntos Exteriores (1946-47 y 1968-69).

NENÚFAR m. *Bot.* **1** Nombre de varias plantas acuáticas de la familia ninfeáceas, géneros *Nymphaea* y *Nuphar*, con hojas enteras, casi redondas, que flotan en la superficie del agua, y flores amarillas, rosadas o blancas. **2** Flor de esta planta.

NEO m. *Quím.* NEÓN, gas noble.

NEO-¹, NE-¹ -NE- prefs. o in. que significan nuevo.

NEO-², NEUMA-, NEUMAT-, NEUMATO-, NEUMON-, NEUMONO-, PNEUMATO-; NEUMO-; -NEA, -NEUMÓN, -PNEA, -PNEO, -PNEUMÓN, -PNÉUSTICO, -PNEUSTO, -PNOO prefs., in. o sufs. que indican la idea de aire, respiración, etc.

NEOBARROCO m. *Arte.* Movimiento artístico europeo del siglo XIX que propugnaba un retorno a la utilización de los elementos propios del arte barroco. Se inició en el marco de la restauración borbónica, tras la caída de Napoleón. Entre las construcciones que caracterizan este estilo destacan la Gran Ópera de París de C. Garnier (1861-74), el palacio de Justicia de Bruselas de J. Polaert (1866-83) y, en el campo del urbanismo, las grandes reformas de los bulevares de París por R. Haussman.

NEOCAPITALISMO m. *Econ.* Nombre que reciben los sistemas capitalistas a partir de las transformaciones que se produjeron en ellos tras la Segunda Guerra Mundial. Se caracterizan básicamente por la intervención estatal en la economía, el rápido desarrollo tecnológico, el aumento del consumo público y privado, y la cooperación económica internacional.

NEOCATOLICISMO m. *Rel.* y *Polít.* Doctrina político-religiosa que aspira a restablecer en todo su rigor las tradiciones católicas en la vida social y en el gobierno del Estado.

NEOCELANDÉS, SA adj. NEOZELANDÉS.

NEOCLASICISMO m. *Arte.* y *Lit.* Movimiento artístico y literario caracterizado por buscar su inspiración y modelos en la Antigüedad clásica, que floreció a mediados del siglo XVIII y se extendió durante las primeras décadas del siglo XIX. **[Encic.]**

ARTE. Tuvo su origen en una transformación de las ideas políticas y morales, estimulada por la corriente filosófica de la Ilustración, y en el redescubrimiento de la Antigüedad (excavaciones de Pompeya y Herculano, el Foro romano). En *arquitectura* se trató de reproducir edificios clásicos. Destacaron en este campo J. Gabriel, Soufflot, Peyre, Wailly, Percier, Fontaine, los hermanos R. y J. Adam, J. Wedgwood, Piermarini, Del Cagnola, G. Valadier, Simonetti, T. Thomon, R. de Montferrand, C. Rossi, K. F. Schinkel, J. Villanueva, P. M. Cerdeño, L. von Klenze y Th. Jefferson. La pintura sufrió una gran innovación; se mostró una clara preferencia por las imágenes estáticas, gélidas y cómo en arquitectura, se siguieron los modelos clásicos. Su figura principal fue J. L. David. También cabe mencionar a Gros, Prud'hon, J. D. A. Ingres, N. A. Abildgaard, J. S. Copley, F. Bayen, A. R. Meng y B. West. En escultura se buscó la perfección suprahumana y se dedicó un culto especial al mármol. Los artistas más sobresalientes fueron A. Canova, Thorvaldsen, Bartolini, Rude, D'Angers, Pradier, J. Flaxman, Powers, Brown, Palmer y J. Álvarez. En el terreno literario, el neoclasicismo supuso una prolongación del clasicismo francés. La literatura estaba regida por principios como el orden, la lógica, el buen gusto, la armonía y el control de las emociones. Se cultivó sobre todo el ensayo, la crítica, la poesía didáctico-moral y la fabulística. En España destacaron N. y L. F. de Moratín, J. Meléndez Valdés, M. J. Quintana, T. de Iriarte, F. M. de Samaniego, J. Cadalso, R. de la Cruz, B. J. de Feijoo, De Luzán, J. F. de Isla, D. de Torres Villarroel, J. P. Forner y G. M. de Jovellanos.

NEOCLÁSICO, CA adj. *Arte.* y *Lit.* **1** Relativo al neoclasicismo. **2** Partidario del neoclasicismo. También s. **3** Se dice del arte o estilo moderno que trata de imitar los usados antiguamente en Grecia y Roma.

NEOCOLONIALISMO m. *Polít.* Colonialismo encubierto puesto en práctica tras la Segunda Guerra Mundial. Consiste en el control de un país, políticamente independiente, pero económicamente subdesarrollado, por otro más evolucionado en este aspecto.

NEOCONDUCTISMO m. *Psicol.* Término que abarca el conjunto de las teorías formuladas en el ámbito del conductismo entre 1930 y 1950 aproximadamente. Entre sus principales representantes figuran C. L. Hull, B. F. Skinner y E. Ch. Tolman.

NEOCRITICISMO m. NEOKANTISMO.

NEODARVINISMO m. *Biol.* Teoría biológica que intenta combinar el darvinismo con los conocimientos actuales sobre genética.

NEODIMIO m. *Quím.* Elemento químico perteneciente al grupo de los lantánidos o tierras raras del sistema periódico. Masa atómica 144,3; número atómico 60; símbolo *Nd*. Metal brillante, con propiedades paramagnéticas, cuyas sales son de color rosa.

NEOESCOLASTICISMO m. *Filos.* Movimiento filosófico-teológico del siglo XIX que se propuso restaurar la escolástica medieval, confrontando sus tesis con las filosofías modernas. Sus principales representantes fueron J. Maritain y E. Gilson.

NEOESPARTANO, NA adj. y s. De Nueva Esparta, Venezuela.

NEOFASCISMO m. *Polít.* Nombre que se da desde la Segunda Guerra Mundial a todo movimiento inspirado en el fascismo.

NEÓFITO, TA m. y f. **1** Persona recién convertida a una religión. **2** Persona adherida recientemente a una causa, o incorporada a una agrupación o colectividad.

NEÓGENO, NA adj. y s. *Geol.* Se dice de la subdivisión del periodo terciario, que comprende las épocas miocena y pliocena, durante las cuales la fauna y flora, así como la distribución de mares y tierras, son ya casi las actuales.

NEOGONGORISMO m. *Lit.* Movimiento literario español, coincidente con el tercer centenario de Góngora en 1927, que trató de revalorizar y actualizar el estilo del lírico barroco. El estudio de D. Alonso sobre las *Soledades*, y algunas composiciones de R. Alberti son las obras capitales de este movimiento.

NEOGOTICISMO m. NEOGÓTICO.

NEOGÓTICO m. *Arte.* Movimiento artístico que revalorizó el arte y la cultura medieval especialmente la arquitectura. Sus principales representantes fueron Pugin, Barry, Street y Viollet-le-Duc, y su gran teórico Ruskin; en España cabe mencionar a N. Pascual Colomer, el marqués de Cubas, J. Martorell, etc.

NEOGRAMÁTICA f. *Ling.* Escuela lingüística alemana de fines del siglo XIX, caracterizada por sostener la inmutabilidad de las leyes fonéticas y por su formulación teórica de la gramática comparada. Entre sus principales representantes se encuentran G. Curtius, R. Brugmann, A. Leskien y H. Osthoff.

NEOIMPRESIONISMO m. *Pint.* Movimiento pictórico surgido como reacción contra el impresionismo (1884-86), en el que los colores eran aplicados en toda su pureza y mezclados ópticamente según un método racional y científico. Fueron sus representantes principales Seurat, Signac y Pissarro.

NEOKANTISMO m. *Filos.* Movimiento filosófico de finales del siglo XIX y principios del XX, que propugnaba la vuelta al pensamiento kantiano. Entre sus representantes destacan E. Zeller, O. Liebmann, H. Cohen, W. Windelband, P. Natorp, E. Cassirer, H. Rickert y A. Riehl.

NEOLATINO, NA adj. Que procede o se deriva de los latinos o de la lengua latina.

NEOLEONÉS, SA adj. y s. De Nuevo León, México.

NEOLIBERALISMO m. *Econ.* Forma moderna de liberalismo económico, que concede al Estado una intervención muy limitada. Está representado, sobre todo, por F. A. von Hayek y M. Friedman.

NEOLINGÜÍSTICA f. *Ling.* Escuela lingüística italiana que surge como reacción frente a la neogramática. Se caracteriza por negar el carácter inmutable de las leyes fonéticas, interpretar psicológicamente los hechos lingüísticos y dar importancia a la geografía lingüística. Sus representantes son M. Bartoli y G. Bertoni.

neoclasicismo. Iglesia de la Magdalena de París. Obra de Alexander-Pierre Vignon.

neolítico. Útiles de hueso procedentes de Belvedere, Cetona. Museo Arqueológico Nacional (Perugia).

NEOLÍTICO, CA adj. y m. *Prehist.* Se dice del período prehistórico, también conocido como de la piedra pulimentada, que se desarrolló entre el mesolítico y la Edad de los Metales. El comienzo del neolítico varía según las regiones: en Egipto y Oriente Próximo tiene lugar h. 7000 a. C.; en el Mediterráneo oriental, h. 4000 a. C., y en Europa occidental, h. 3000 a. C. Durante este período se produjo el desarrollo de la agricultura y la ganadería, así como la aparición del comercio y un espectacular crecimiento demográfico. La población tendió a hacerse sedentaria y se construyeron un gran número de monumentos funerarios de tipo megalítico. Desde el punto de vista técnico, los grandes cambios se produjeron en la utilización de la cerámica, del telar y del pulimento de la piedra.

NEOLOGISMO m. **1** Vocablo, acepción o giro nuevo en una lengua. **2** Uso de estos vocablos nuevos.

NEOMICINA f. *Farm.* Antibiótico de amplio espectro bacteriostático y, en dosis mayores, bactericida, que produce una cepa de *Streptomyces fradiae*, descubierto por Waksman.

NEÓN m. *Quím.* Elemento químico perteneciente al grupo de los gases nobles del sistema periódico. Masa atómica 20,183; número atómico 10; punto de fusión -248,67 °C; punto de ebullición -245,9 °C; símbolo Ne. Gas monoatómico, incoloro e inodoro, que se encuentra en pequeñas cantidades en la atmósfera terrestre. Fue obtenido por primera vez, juntamente con el xenón y el criptón por Ramsay (1908). Se utiliza en lámparas luminiscentes.

NEONATO, TA adj. y s. Se dice del recién nacido.

NEONAZI adj. y com. *Polít.* Se dice de la persona u organización política de extrema derecha que, en nuestros días, sigue las doctrinas del desaparecido nazismo alemán.

NEOPATRIA, DUCADO DE *Hist.* Ducado fundado por los almogávares h. 1319, en el imperio bizantino. Entre 1379 y 1391, dependió de la corona de Aragón, hasta que fue conquistado por Ranieri I Acciaiuoli.

NEOPITAGORISMO m. *Filos.* Escuela filosófica que floreció entre los siglos I y III d. C., cuyas doctrinas son una renovación del pitagorismo clásico mezclado con doctrinas platónicas, aristotélicas y estoicas.

NEOPLASIA f. *Med.* Nuevo crecimiento de un tejido en que la multiplicación de las células no se encuentra completamente controlada por los sistemas reguladores del organismo.

NEOPLASTICISMO m. *Pint.* Movimiento pictórico que surgió en los Países Bajos en la segunda década del siglo XX. Su fundación coincide con la revista *De Stijl*. Representado por T. van Doesburg, P. Mondrian y G. Vantongerloo, defendía las propuestas cubistas y el rigor de los medios de expresión.

NEOPLATÓNICO, CA adj. **1** Relativo al neoplatonismo. **2** Seguidor de esta doctrina. También s.

NEOPLATONISMO m. *Filos.* Escuela filosófica griega, que adquirió su forma definitiva en el siglo III con la figura de Plotino, y que realizó una renovación de la filosofía platónica bajo la influencia del pensamiento oriental. Algunos de sus miembros más destacados fueron Porfirio, Jámblico, Proclo y Damascio.

NEOPOSITIVISMO m. *Filos.* Denominación que, junto con las de *empirismo lógico* y *positivismo lógico*, se ha dado a la filosofía del CÍRCULO DE VIENA. El neopositivismo tiene sus orígenes en el POSITIVISMO y en el EMPIRISMO. Defendió la utilización del análisis lógico y rechazó todo concepto metafísico y apriorístico. Sus principales investigaciones tuvieron lugar en el campo de la filosofía del lenguaje. Surgió a partir de las teorías de B. Russell y L. Wittgenstein.

NEOPRENO m. *Quím.* Caucho sintético incombustible y resistente al frío.

NEOPTÓLEMO o **PIRRO** *Mit.* Hijo de Aquiles. Luchó en la guerra de Troya y le correspondió como botín Andrómaca. Mató a Príamo y fue muerto, a su vez, por Orestes.

NEORREALISMO m. *Cin.* Movimiento cinematográfico nacido en Italia en 1945, que se caracteriza por una temática realista, en ocasiones dramática, que muestra sin disimulos la sociedad de posguerra. Su principal teórico fue Cesare Zavatini y entre sus principales representantes figuran de Sica, Castellani, Emmer, Visconti, Lattuada, Germi, etc.

NEOTOMISMO m. *Filos.* Movimiento filosófico desarrollado en la segunda mitad del siglo XIX que se inspira en las doctrinas de Tomás de Aquino. Su actividad se centra en el análisis de problemas modernos a la luz de la escolástica. Entre sus representantes se encuentran G. Sanseverino, J. Klautgen, S. Ramírez, J. Marechal, C. Fabro y J. Zaragüeta. En ocasiones se ha identificado con el NEOESCOLASTICISMO.

NEOVOLCÁNICA, CORDILLERA Sistema montañoso de México que se extiende, a lo largo de 880 km, desde la costa del Pacífico a la del golfo de México. En él se encuentran las mayores alturas del país, como el Pico de Orizaba (5.700 m) y Popocatépetl (5.452 m).

NEOYORQUINO, NA adj. y s. De Nueva York.

NEOZELANDÉS, SA adj. y s. De Nueva Zelanda.

NEOZOICO, CA adj. *Geol.* CUATERNARIO.

NEP Siglas de NUEVA POLÍTICA ECONÓMICA.

NEPAL (*Nepal Athirajya*) Estado de Asia central, en el Himalaya. Limita con Tíbet (China) al N, y con India al E, S y O.

GEOG. Es un país montañoso de forma alargada. El territorio alberga cuatro regiones bien definidas: la parte meridional es una llanura, Terai, de relieve poco acentuado y terreno pantanoso, después el terreno se eleva un poco, 2.500 a 3.000 m; entre estas elevaciones y las del Himalaya hay una serie de valles longitudinales; la zona septentrional está formada por la gran barrera del Himalaya, donde se encuentran las mayores cumbres del mundo: Everest, 8.848 m; Kangchenjunga, 8.603 m; Makalu, 8.475 m. Los ríos pertenecen todos a la cuenca del Ganges (Kori, Gandak y Sarda). La población se concentra en las regiones más bajas del país, especialmente en el valle de Katmandú y en la región de Terai. Su economía, basada en la explotación agropecuaria depende, casi por entero, de la India. Dentro del sector agrícola destaca la producción de arroz, maíz, patata, trigo y caña de azúcar. La explotación de su cabaña ganadera (vacunos, caprinos, ovinos y búfalos) se realiza de forma rudimentaria. Su principal recurso minero es la mica. También posee yacimientos de lignito, cobre, cobalto y hierro. La industria (textil y alimentaria) se concentra en torno a la capital. Turismo.

HIST. La historia del país comienza en el siglo VIII con el inicio de la influencia india. Las invasiones musulmanas lo convirtieron, durante el siglo XII, en refugio de los monjes budistas y de algunos soberanos indios expulsados de sus reinos. En 1450 los conflictos dinásticos llevaron a la división del país en tres reinos principales y varios principados, que controlaban las rutas comerciales entre la India y Tíbet. En 1769 el principado de los gurkas se hizo con el dominio de todo Nepal. Tras guerras con China (1792), Reino Unido (1814-16) y Tíbet (1854-56), el país se encontró controlado por Gran Bretaña y no vio reconocida su independencia hasta

Superficie: 147.181 km².
Población: 24.702.000 h. *(nepaleses)*.
Densidad: 167,8 h./km².
Tasa de natalidad: 33,8‰.
Tasa de mortalidad: 10,1‰.
Capital: Katmandú.
Ciudades principales: Biratnagar, Janakpur, Pokhara, Baglung, Bhaktapur y Patan.
Grupos étnicos: nepaleses (53,2%), biharis (18,4%) y otros.
Religión: hinduismo (86,2%), budismo (7,8%), islamismo (3,8%).
Idioma: nepalí.
Moneda: rupia nepalí.
Forma de Estado: monarquía constitucional.
Producto Nacional Bruto: 4.889 millones de dólares.
Renta per cápita: 210 dólares.
División administrativa: 14 zonas administrativas divididas en 5 regiones, según cuadro.

NEPAL

Zonas administrativas Regiones	Superficie (km²)	Población (h.)	Capitales
Bagmati	9.428	2.250.805	Bhaktapur
Janakpur	9.669	2.061.816	Sindhulimadi
Narayani	8.313	1.871.334	Hetauda
Central	*27.410*	*6.183.955*	*Katmandú*
Mahakali	6.989	664.952	Dadheldura
Seti	12.550	1.014.349	Sigaldhi
Extremoccidental	*19.539*	*1.679.301*	*Dipayal*
Bheri	10.545	1.103.043	Nepalganj
Karnali	21.351	260.529	Manma
Rapti	10.482	1.046.842	Tulsipur
Mediocccidental	*42.378*	*2.410.414*	*Surkhet*
Dhawalagiri	8.148	490.877	Baglung
Gandaki	12.275	1.266.128	Chame
Lumbini	8.975	2.013.673	Butawal
Occidental	*29.398*	*3.770.678*	*Pokhara*
Koshi	9.669	1.728.247	Dharan
Mechi	8.196	1.118.210	Ilam
Sagarmatha	10.591	1.600.292	Rajbiraj
Oriental	*28.456*	*4.446.749*	*Dhankuta*

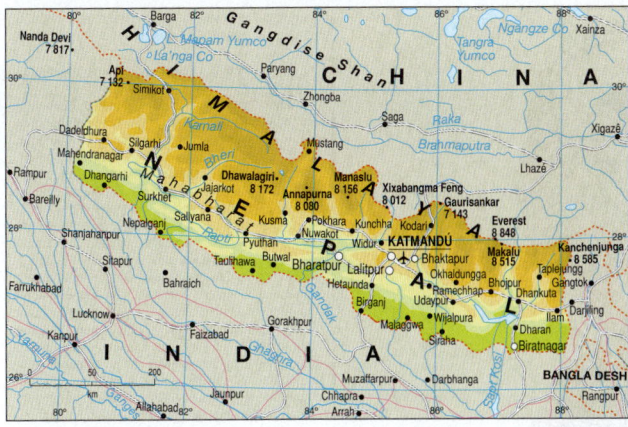

1923. La vida política estuvo continuamente alterada por el enfrentamiento entre el soberano y el primer ministro, elegido hereditariamente desde 1846 entre los miembros de la familia Rana, hasta el golpe de Estado organizado por el rey Tribhuvana, que instauró una monarquía constitucional (1951) y expulsó del poder a los Rana. A su muerte en 1955, le sucedió su hijo Mahendra, quien promulgó una nueva Constitución por la que se estableció un parlamento bicameral en 1959, disuelto por él un año después. Mahendra fue sucedido en 1972 por su hijo Birendra Bir Bikram. En 1980 se celebró un referéndum que ratificó el sistema de gobierno establecido según la Constitución de 1962, sin partidos políticos. A partir de 1985 hizo su aparición el terrorismo en Katmandú. En 1990 una rebelión popular dirigida por el Movimiento para la Recuperación de la Democracia (MRD), exigió la reimplantación del multipartidismo. En mayo de 1991 se convocaron elecciones libres en las que resultó vencedor el Partido del Congreso Nepalés, y Girija Prasad Koirala fue nombrado primer ministro. Celebradas nuevas elecciones en 1994 el Partido Comunista consiguió la victoria y Man Mohan Adhikari pasó a ser primer ministro. La presión de la oposición le obligó a dimitir en el año siguiente. Fue sustituido por Sher Behedur Deuba, líder del Partido del Congreso. En 1997 se formó un gobierno de coalición presidido por Lokendra Bahadur Chand. A partir de entonces se sucedieron los gobiernos de Surya Bahadur Thapa (1997-98), Chand (1998), Girija Prasad Koirala (1998-99), Krishna P. Bhattarai (1999-2000) y G. P. Koirala. En circunstancias poco esclarecidas, en junio de 2001 murió asesinada la mayor parte de la familia real, entre ellos el rey Birendra y el príncipe heredero. Fue entonces coronado Gyanendra, hermano de Birendra, lo que dio lugar a violentas protestas populares debido al talante absolutista del nuevo rey. Koirala dimitió en julio de 2001 ante la crisis en que se encontraba el país a raíz de la revuelta de los rebeldes maoístas, y fue sustituido por Sher Bahadur Deuba. En noviembre, el rey Gyanendra declaró el estado de emergencia para intentar terminar con la guerrilla maoísta. En 2002, Bahadur Deub fue sustituido en el cargo por Lokendra Bahadur Chand, quien dimitió en el año siguiente. Surya Bahadur Thapa, su sucesor, renunció al cargo en mayo de 2004. En junio, Sher Bahadur Deuba fue nombrado primer ministro.

NEPALÉS, SA adj.␣␣ y s. NEPALÍ.
NEPALÍ adj. y com. **1** De Nepal. || m. *Ling.* **2** Lengua del grupo indoario, hablada en Nepal.
NEPENTÁCEO, A adj. y f. *Bot.* **1** Se dice del arbusto o subarbusto trepador, dicotiledóneo, casi siempre epífito y dioico. Las plantas del grupo son carnívoras, de hojas alternas con un zarcillo terminal terminado en un ascidio, estructura muy ensanchada en forma de receptáculo, con glándulas secretoras de un líquido que permite digerir el cuerpo de los insectos y otros animalillos que penetran en él. || f. pl. *Bot.* **2** Familia de estas plantas.
NÉPER m. *Fís.* Unidad de amortiguamiento que equivale a 8,686 decibelios.
NEPER o **NAPIER, JOHN, SEÑOR DE MERCHISTON** Matemático escocés (Merchiston, 1550 - Edimburgo, 1617). Se le considera el inventor de los logaritmos y de varias reglas y fórmulas de trigonometría esférica.
NEPOTE m. Pariente y privado del papa.
NEPOTE, CORNELIO Historiador latino (s. I a. C.). Compuso al parecer un elevado número de obras, buena parte de las cuales se han perdido. Es autor de *De viris illustribus* (colección de biografías de hombres célebres).
NEPOTE, FLAVIO JULIO Emperador romano de Occidente (Dalmacia, ? - Salona, 480). Sobrino de Constantino, recibió el nombramiento de León I, en 474, tras vencer y destronar a Glicerio. Al año siguiente fue depuesto por el patricio Orestes, cuyo hijo, Rómulo Augústulo, ocupó el trono.
NEPOTISMO m. Tendencia a preferir a parientes o amigos a la hora de adjudicar cargos o empleos públicos, sobre todo aquellos cuyas condiciones laborales y económicas son ventajosas.
NEPTUNO *Mit.* Dios itálico del agua, asimilado al Poseidón del panteón griego.
NEPTUNO *Astron.* Planeta del sistema solar, el octavo por su distancia al Sol. Leverrier determinó su existencia y posición y el alemán Galle lo descubrió en 1846. Distancia al Sol, 4.504 millones de km; radio, 22.299 km; masa, 103.221. 10^{21} kg; densidad, 2,27 g/cm³. Tiene dos satélites, Tritón y Nereida. En 1989 la sonda espacial *Voyager 2* detectó la existencia de otros seis pequeños satélites.
NEREIDA f. *Astron.* Segundo satélite de NEPTUNO.
NEREIDAS *Mit.* Nombre que se aplica a cada una de las 50 hijas de Nereo y Doris. Personifican las olas del mar. Las más importantes son Anfítrite, Tetis y Galatea.
NEREIDO, DA adj. y m. *Zool.* **1** Se dice del gusano anélido, en su mayoría marino, con la cabeza bien diferenciada, el cuerpo vermiforme y muy segmentado, y parápodos complejos y grandes en la mayoría de los segmentos. || m. pl. *Zool.* **2** Familia de estos gusanos.
NEREO *Mit.* Dios marino, hijo de Ponto y Gea. Es padre, con Doris, de las 50 Nereidas.
NERETVA Río de Bosnia-Herzegovina. Nace en las montañas Dináricas y desemboca en el Adriático; 218 km.
NERITA f. *Zool.* Molusco gasterópodo marino, de concha gruesa y redonda.
NERNST, WALTER HERMANN Físico alemán (Briesen, 1864 - Ober-Zibelle, 1941). En 1920 recibió el premio Nobel de Química por sus trabajos de termodinámica. Formuló el principio que lleva su nombre, que constituye el tercer principio de la termodinámica, según el cual la entropía de un cuerpo homogéneo sólido o líquido es nula en el cero absoluto.
NERÓN m. fig. Hombre muy cruel.
NERÓN (LUCIO DOMICIO ENOBARBO, llamado) Emperador romano (Antium, 37 - Roma, 68). Hijo de Agripina la Menor, y de Lucio Domicio. Sucedió a Claudio I (54). Los primeros años de su reinado fueron muy fructíferos, debido a la entente establecida entre su madre Agripina, el precepto Burro y su tutor Séneca. Poco a poco se fue deshaciendo de ellos e inició un régimen arbitrario y cruel. También hizo envenenar a Británico y repudió a su mujer Octavia, hija de Claudio, para casarse con Popea, a la que mató poco después. Parece ser que fue él quien dispuso el incendio de Roma, por el que se acusó a los cristianos. Declarado enemigo público por el Senado, se suicidó.
NERUDA, JAN Escritor checo (Praga, 1834 - íd., 1891). Considerado uno de los renovadores de la literatura checa, de su obra poética destacan *Las flores del cementerio* (1857), *Cantos cósmicos* (1878) y *Cantos del Viernes Santo* (1896); y entre su producción en prosa *Gente diversa* (1871) y *Cuentos de la Malá Strana* (1878).

Pablo **Neruda**

NERUDA, PABLO (NEFTALÍ RICARDO REYES BASOALTO, llamado) Escritor chileno (Parral, 1904 - Santiago de Chile, 1973). Fue cónsul de Chile en Madrid (1934-37), donde entró en contacto con la Generación poética del 27. Ingresó en el Partido Comunista Chileno en 1945. Fue senador en 1943 y 1945 y tuvo que pasar a la clandestinidad y posteriormente exiliarse (1949). En 1970 apoyó la candidatura de Allende, que lo nombró embajador en París. Su obra poética acusa las diferentes tendencias de la poesía de este siglo. En ella destacan *Crepusculario* (1919), *Veinte poemas de amor y una canción desesperada* (1924), *Residencia en la tierra* (1933 y 1935), *España en el corazón* (1937), *Tercera residencia* (1942), *Canto general* (1950), *Odas elementales* (1954), y *Estravagario* (1958), *Una casa de arena* (1966), *La barcarola* (1967), *Las manos del día* (1968), *Fin del mundo* (1969), *Aún* (1971), *La espada encendida* (1972), *Geografía infructuosa* (1972), *La rosa separada* (1973) y su autobiografía *Confieso que he vivido* (1974). En 1971 recibió el premio Nobel de Literatura.

Nepal. Pashupatinath. Templo del Oro y templo de Bakales Vari.

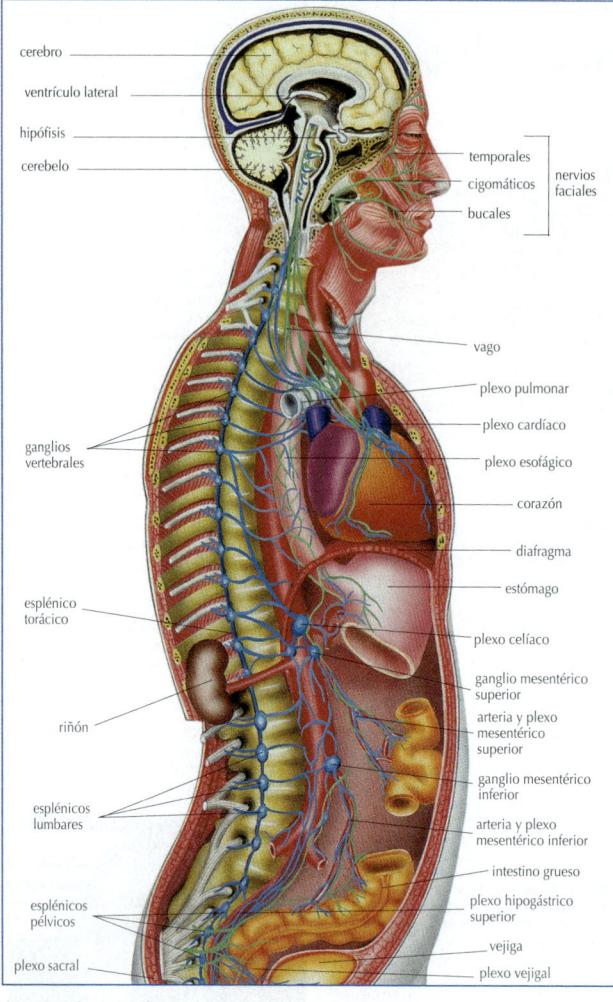

sistema nervioso central

Nerva, Marco Coceyo Emperador romano (Narnia, 32 - Roma, 98). Sucedió a Domiciano en el año 96 instaurando la dinastía de los Antoninos.

NERVADURA f. **1** *Arquit.* NERVIO, arco que sirve para formar la estructura de las bóvedas de crucería. **2** Conjunto de estos nervios. **3** *Bot.* Conjunto de los nervios de una hoja.

Nerval, Gérard de (Gérard Labrunie, llamado) Escritor romántico francés (París, 1808 - íd., 1855). En su obra, plena de elementos oníricos y simbología hermética que le convierten en precursor del surrealismo, destacan *Viaje a Oriente* (1851), *Los iluminados* (1852), *Las quimeras* (1854), recopilación de sonetos; *Las hijas del fuego* (1854), *La bohemia galante* (1855) y *Aurelia o el sueño y la vida* (1855), obra que dejó inacabada.

Nervi, Pier Luigi Ingeniero y arquitecto italiano (Sondrio, 1891 - Roma, 1979). Entre sus obras más importantes figuran el edificio de Pirelli en Milán (1955-61) y la Sala de Audiencias Generales en la Ciudad del Vaticano (1971).

NERVIO m. **1** *Anat.* Paquete de fibras o terminaciones nerviosas unidas por tejido conjuntivo. Éste, a su vez, se rodea de una vaina o *epineuro*, muy gruesa e integrada por fibroblastos y fibras de colágeno irrigados por vasos sanguíneos. **2** *Bot.* Haz fibroso de las hojas de las plantas. **3** *Cuerda* de los instrumentos musicales. **4** Cada una de las cuerdas que se colocan al través en el lomo de un libro para encuadernarlo. **5** fig. Fuerza y vigor. **6** fig. Eficacia y vigor de la razón. **7** *Arquit.* Arco que, cruzándose con otro u otros, sirve para formar la bóveda de crucería. Es un elemento característico del estilo gótico. **8** *Mar.* Cabo firme en la cara alta de una verga. || m. pl. **9** Nerviosismo. || **NERVIO ABDUCTOR** *Anat.* En vertebrados, sexto nervio craneal, par, somático motor, que se origina en el cuarto ventrículo del cerebro. Inerva los músculos rectos laterales del ojo. || **NERVIO CIÁTICO** *Anat.* El más grueso del cuerpo, terminación del plexo sacro, que se distribuye en los músculos posteriores del muslo, en los de la pierna y en la piel de ésta y del pie. || **NERVIO COLINÉRGICO** *Fisiol.* Aquel cuyas terminaciones liberan una sustancia de acción transmisora de impulsos nerviosos. || **NERVIO COMPUESTO** *Fisiol.* El que consta de fibras sensitivas y motoras. || **NERVIO DEPRESOR** *Fisiol.* Aquel cuya estimulación disminuye la presión sanguínea en una zona determinada o en todo el organismo. || **NERVIO MIXTO** *Fisiol.* NERVIO COMPUESTO. || **NERVIO MOTOR** *Fisiol.* El formado totalmente por fibras motoras. || **NERVIO ÓPTICO** *Anat.* El que desde el ojo transmite al cerebro las impresiones luminosas. || **NERVIO SENSITIVO** *Fisiol.* El formado totalmente por fibras sensitivas. || **NERVIO VAGO** *Anat.* Nervio par que nace del bulbo de la médula espinal, desciende por las partes laterales del cuello, penetra en las cavidades del pecho y vientre, y termina en el estómago y plexo solar. || **NERVIOS CRANEALES** *Anat.* Doce pares de tipo motor, sensitivo o mixto, cuyas fibras presentan distinta funcionalidad, ya que pueden ser somáticas aferentes o eferentes, y viscerales aferentes o eferentes. Los pares de nervios craneales son: olfativo, óptico, motor ocular común, patético, trigémino, motor ocular externo, facial, auditivo, glosofaríngeo, vago, accesorio e hipogloso. || **NERVIOS RAQUÍDEOS** *Anat.* Cualquiera de los que forman los 31 pares que emergen a ambos lados de la columna vertebral y se distribuyen en ocho pares cervicales, doce pares torácicos, cinco pares lumbares, cinco pares sacros y un par coxígeo. Son nervios mixtos, aunque en su nacimiento las ramas aparecen separadas; después de alejarse de la médula, cada nervio raquídeo se divide a su vez en dos ramas de nervios mixtos: la anterior inerva algunos músculos y zonas cutáneas, y la posterior los músculos profundos del dorso y la piel.

NERVIOSISMO m. Estado pasajero de excitación nerviosa.

NERVIOSO, SA adj. **1** Que tiene nervios. **2** Relativo a los nervios. **3** Se dice de la persona cuyos nervios se excitan fácilmente. **4** fig. Por extensión, se dice de la persona inquieta e incapaz de permanecer en reposo. **5** Fuerte y vigoroso. || **SISTEMA NERVIOSO** *Anat.* Conjunto de órganos y tejidos que traducen la información exterior en una respuesta nerviosa y regulan el proceso. La parte que relaciona al organismo con el medio circundante se denomina *somática* y la que actúa sobre las glándulas y órganos internos, así como sobre las funciones tróficas y vasorreguladoras de la parte somática, *vegetativa* o *visceral*. || **SISTEMA NERVIOSO AUTÓNOMO** *Anat.* Parte del sistema nervioso vegetativo encargada de la regulación motora de los órganos internos, los vasos, las glándulas y la musculatura lisa. Sus acciones son involuntarias. Las fibras nerviosas que lo componen nacen de las astas laterales de la médula, nervios y ganglios y no alcanzan directamente al órgano efector, sino que se ponen en comunicación con otra neurona cuya prolongación sí llega a aquél. Está integrado por los sistemas simpático y parasimpático. || **SISTEMA NERVIOSO CENTRAL** *Anat.* El constituido por el encéfalo y la médula espinal, ambos protegidos por tres membranas denominadas *meninges*. Los huecos de estos órganos están llenos de un líquido incoloro y transparente, el *líquido cefalorraquídeo*, que sirve como medio de intercambio a determinadas sustancias, sistema de eliminación de productos residuales, como amortiguador mecánico y para mantener el equilibrio iónico adecuado. || **SISTEMA NERVIOSO PARASIMPÁTICO** *Anat.* Parte del sistema nervioso autónomo cuyas fibras nacen del tronco encefálico (bulbo raquídeo y puente de Valorio) y de la región sacra de la médula. Se caracteriza porque las neuronas preganglionares (las que nacen de la médula) son muy largas, mientras que las posganglionares (las que llegan al órgano efector) son cortas. Este sistema inerva el músculo ciliar, el de la pupila del ojo, las glándulas salivares y lacrimales, parótidas, órganos del cuello, tórax y abdomen, vejiga urinaria, uréteres, recto y demás órganos de la pelvis. || **SISTEMA NERVIOSO PERIFÉRICO** *Anat.* El formado por los nervios raquídeos, craneales y sus ramificaciones periféricas. || **SISTEMA NERVIOSO SIMPÁTICO** *Anat.* Parte del sistema nervioso autónomo cuyas fibras nacen de las astas laterales de las regiones torácica y lumbar de la médula espinal. Se caracteriza porque la neurona preganglionar (la que nace de la médula) es corta, mientras que la posganglionar (la que llega al órgano efector) es mucho más larga. Este sistema inerva el corazón, las arterias carótidas, vasos, órganos del cuello y la cabeza, plexo solar del abdomen, aorta, esófago, bronquios y pulmones. || **TEJIDO NERVIOSO** *Citol.* Tejido animal que se caracteriza porque sus células poseen capacidad para transmitir la excitación de un punto a otro (*conductibilidad*) y la de reaccionar a diversos agentes físicos y químicos (*irritabilidad*). Este tejido, que se forma a partir del ectodermo, constituye el sistema nervioso, cuya función es establecer las comunicaciones en el organismo.

Nervo, Amado Escritor mexicano (Tepic, 1870 - Montevideo, 1919). En una primera etapa, su obra acusa la influencia del simbolismo francés y del modernismo. A ella pertenecen *Perlas negras* (1898), *Las místicas*

Amado **Nervo**. Retrato de Daniel Vázquez Díaz.

Neuchâtel (Suiza). Palacio neoclásico de Dupeyrou.

(1898) y *Poemas* (1901). *Jardines Interiores* (1905) abre una segunda etapa, caracterizada por la obsesión por el dolor, la muerte y el misticismo. Otros libros suyos son *El bachiller* (1896), *Serenidad* (1914), *Elevación* (1917), *Plenitud* (1918) y *La amada inmóvil* (1922).

NERVURA f. Conjunto de las partes salientes que en el tomo de un libro forman los nervios.

NESGA f. 1 Pieza triangular que se añade a los vestidos para darles vuelo. 2 fig. Pieza triangular unida con otras.

NESGAR tr. Cortar una tela en dirección oblicua a la de sus hilos.

NESO-; -NESO, -NESIA pref. o sufs. que significan isla: *Peloponeso, Polinesia.*

NESO *Mit.* Centauro que intentó violar a Deyanira. Heracles lo mató con una saeta mojada en la sangre de la hidra de Lerna. Antes de morir, engañó a Deyanira para que fabricara un filtro con su sangre y su semen. Deyanira entregó a Heracles una túnica, impregnada con este filtro, que corroyó su cuerpo.

NESS Lago del Reino Unido, en el N de Escocia; 57,6 km². Una tradición popular dice que está habitado por un monstruo acuático.

NESSELRODE, KARL ROBERT, CONDE DE Político y diplomático ruso (Lisboa, 1780 - San Petersburgo, 1862). Representó al zar en el Congreso de Viena y fue nombrado ministro de Asuntos Exteriores (1816-56).

NÉSTOR *Mit.* Rey legendario de Pilos. Intervino en la guerra de Troya, donde destacó por su prudencia y sus buenos consejos.

NESTORIANISMO m. *Hist.* y *Rel.* Doctrina cristológica herética de la iglesia bizantina, predicada en el siglo V por Nestorio, patriarca de Constantinopla, que afirmaba que en Jesucristo hay dos personas, una divina y otra humana. Fue condenada como herética en el concilio de Éfeso (431).

NESTORIO Heresiarca sirio (?, 381 - ?, 451). Patriarca de Constantinopla (428-31). Predicó la herejía nestoriana (NESTORIANISMO), afirmando la doble personalidad humana y divina de Cristo. Fue condenado en el concilio de Éfeso (431) y el emperador Teodosio II le desterró, en Arabia y Egipto.

NETÁCEO, A adj. *Bot.* GNETÁCEO.

NETANYAHU, BENJAMIN Político israelí (Tel Aviv, 1949). Representante permanente de la ONU (1984-88) y viceministro de Asuntos Exteriores en 1989. Líder del Likud desde 1992, fue primer ministro de 1996 a 1999. Ese mismo año dimitió de su cargo en el Likud. Ocupó la cartera de Exteriores (2002-03) en el Gobierno de A. Sharon, y en este último año pasó a la de Finanzas.

NETO, TA adj. 1 Limpio y puro. 2 Que resulta líquido en una cuenta, después de comparar el cargo con la data; o en el precio, después de deducir los gastos. || m. *Arquit.* 3 Pedestal de la columna. || **PESO NETO** El de una mercancía una vez descontado el peso del envase.

NETO, ANTÓNIO AGOSTINHO Político angoleño (Ico-e-Bengo, 1922 - Moscú, 1978). Desde 1957 fue miembro del Movimiento Popular para la Liberación de Angola (MPLA) y en 1962 pasó a ocupar la presidencia del mismo. Tras proclamarse la República de Angola (1975), fue el primer presidente del país.

NETZAHUALCÓYOTL Ciudad de México, en el Estado de México; 1.255.456 h. Unido al Distrito Federal. Importante centro comercial e industrial.

NETZAHUALCÓYOTL Rey de Texcoco (?, 1402 - ?, 1471). Venció a los tecpanecas, que habían arrebatado el trono a su padre, y se proclamó rey en 1428.

NETZAHUALPILLI Rey de Texcoco (?, 1465 - ?, 1516). Hijo de Nezahualcóyotl. Astrólogo e impulsor de las ciencias, al final de su reinado vio desmembrarse sus Estados, que pasaron al dominio de Moctezuma II.

NEUCHÂTEL 1 Cantón de Suiza; 803 km² y 165.594 h. **2** Ciudad capital del mismo, situada en la orilla NO del lago de su nombre, al pie del Jura; 31.700 h. Turismo.

NEUCHÂTEL Lago del NO de Suiza, en la vertiente oriental del Jura; 240 km².

NEUMA[1] m. *Mús.* **1** Signo que se empleaba para escribir la música antes del sistema actual. **2** Grupo de notas de adorno con que solían concluir las composiciones musicales de canto gregoriano y que se vocalizaba con sólo la última sílaba de la palabra final.

NEUMA[2] amb. *Ret.* Declaración de lo que se siente o quiere, por medio de movimiento o señas, o bien por medio de una interjección o de voces de sentido imperfecto.

NEUMA- pref. NEO-², aire.

NEUMANN, FRANZ ERNST Físico y mineralogista alemán (Joachimsthal, 1798 - Könisberg, 1895). Estableció la fórmula de la ley de la inducción, trabajó sobre el calor específico de los cuerpos y enunció la ley que lleva su nombre, según la cual el calor molecular de un cuerpo compuesto es igual a la suma de los calores atómicos de sus componentes.

NEUMANN, JOHANN BALTHASAR Arquitecto alemán (Eger, 1687 - Wurzburgo, 1753). Entre sus obras destacan el castillo de Werneck en Schweinfurt (1733), la escalinata de la residencia de Wurzburgo (1719-44) y el proyecto para la residencia real de Stuttgart (1746).

NEUMANN, JOHN (JANOS VON NEUMANN, llamado) Matemático estadounidense, de origen húngaro (Budapest, 1903 - Washington, 1957). Realizó aportaciones a la mecánica cuántica, termodinámica, teoría de los operadores funcionales, teoría de los grupos, topología, cibernética, etc.

NEUMAT- pref. NEO-², aire.

NEUMÁTICO, CA adj. **1** Se dice de los aparatos destinados a operar con el aire. || m. **2** Tubo de goma que, lleno de aire comprimido, sirve de superficie de rodadura a las ruedas de los automóviles, bicicletas, aeroplanos, etc.

NEUMATO- pref. NEO-², aire.

NEUMO-; -NEUMO- pref. o in. NEO-², aire.

NEUMOCOCO m. *Biol.* Microorganismo de forma lanceolada, que es el agente patógeno de ciertas pulmonías.

NEUMOLOGÍA f. *Med.* Estudio o tratado de las enfermedades de los pulmones o de las vías respiratorias en general.

NEUMON-; -NEUMÓN pref. o suf. NEO-², aire.

NEUMONÍA f. *Med.* Inflamación aguda o crónica del pulmón.

NEUMONO- pref. NEO-², aire.

NEUMOTÓRAX m. *Pat.* Enfermedad producida por la presencia de aire o gas en la cavidad pleural. || **NEUMOTÓRAX ARTIFICIAL** *Med.* El producido con fines terapéuticos mediante la inyección de aire u otro gas para inmovilizar el pulmón.

NEUQUÉN 1 Provincia de Argentina, situada en la Patagonia; 94.078 km² y 460.395 h. **2** Ciudad capital de la provincia homónima, en la confluencia de los ríos Neuquén y Limay; 243.803 h. Fundada en 1904, posee importantes industrias.

NEUQUÉN Río de Argentina, que nace en los Andes y se une al Limay, para formar el río Negro; 400 km.

NEUQUINO, NA adj. y s. De Neuquén, Argentina.

NEUR-, NEURO-; -NEUR-, -NEURIA, -NEURO, -NEUROSIS prefs., in. o sufs., que significan nervio.

NEURA f. fam. NEURASTENIA.

NEURALGIA f. *Med.* Dolor a lo largo de un nervio y de sus ramificaciones.

NEURÁLGICO, CA adj. **1** Relativo a la neuralgia. **2** fig. Se dice del momento, lugar, etc., más importante en un asunto, problema, etc.

NEURASTENIA f. Conjunto de estados nerviosos, entre los que son constantes la tristeza, el cansancio, el temor y la emotividad.

NEURATH, KONSTANTIN VON Político y diplomático alemán (Klein - Glattbach, 1873 - Enzweihingen, 1956). Miembro del Partido Nacionalsocialista, fue ministro de Asuntos Exteriores (1932-38) y protector de Bohemia-Moravia (1939-41). En el juicio de Nuremberg (1946) se le condenó a quince años de reclusión en Spandau.

NEURATH, OTTO Filósofo austriaco (Viena, 1882 - Oxford, 1945). Fue uno de los representantes más destacados del CÍRCULO DE VIENA. Junto con Ch. Morris y R. Carnap editó la *Enciclopedia Internacional de Ciencia Unificada* (1938).

Neuquén (Argentina). Estribaciones de la cordillera andina.

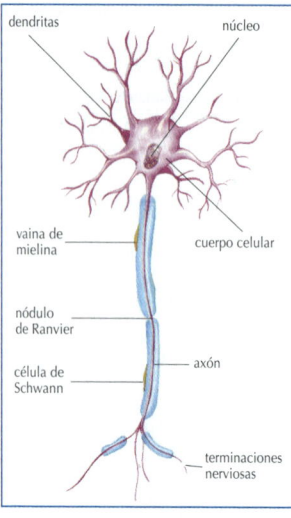

neurona

-NEURIA suf. NEUR-.
NEURISMA f. *Med.* ANEURISMA.
NEURITA f. *Anat.* Prolongación filiforme de una neurona.
NEURITIS f. *Med.* Inflamación de un nervio y sus ramificaciones, caracterizada por dolor y trastorno nervioso.
NEURO-; **-NEURO** pref. o suf. NEUR-.
NEUROCIRUGÍA f. *Med.* Rama de la cirugía dedicada a las enfermedades del sistema nervioso.
NEUROCIRUJANO m. *Med.* Médico especializado en cirugía del sistema nervioso.
NEUROCITO m. *Biol.* NEURONA.
NEUROESQUELETO m. *Zool.* Esqueleto interno, formado por piezas óseas o cartilaginosas, de los animales vertebrados.
NEUROFIBROMATOSIS f. *Pat.* Enfermedad hereditaria caracterizada por la presencia de neurofibromas (tumores de elementos nerviosos periféricos) en la piel o a lo largo de la trayectoria de los nervios periféricos. También denominada *enfermedad de Smith-Recklinghausen*.
NEUROFISIOLOGÍA f. *Fisiol.* Parte de la fisiología que estudia el funcionamiento del sistema nervioso.
NEUROGLÍA f. *Anat.* Conjunto de células provistas de largas prolongaciones ramificadas, que están situadas entre las células y las fibras nerviosas.
NEUROLOGÍA f. *Med.* Tratado del sistema nervioso, en sus aspectos morfológico, fisiológico y patológico.
NEURÓLOGO, GA m. y f. *Med.* Persona especializada en neurología.
NEURONA f. *Anat.* Célula nerviosa que posee la capacidad de excitarse y de propagar el impulso nervioso a otra neurona. En su superficie hay regiones especiales de recepción, las dendritas, y de emisión o salida, el axón o neurita.
NEUROPATÍA f. *Pat.* Afección nerviosa.
NEUROPATOLOGÍA f. *Pat.* Parte de la patología que trata de las enfermedades del sistema nervioso.
NEUROPSIQUIATRÍA f. *Psiquiat.* Estudio de las enfermedades, neurológicas y psiquiátricas, del sistema nervioso.
NEURÓPTERO, RA adj. y m. *Zool.* 1 Se dice del insecto con metamorfosis complicada, grandes antenas, cuatro alas membranosas y reticulares, y aparato bucal chupador o masticador, como la hormiga león. || m. pl. *Zool.* **2** Orden de estos insectos.
NEUROSIS f. *Psicol.* Trastorno parcial de los aspectos funcionales de la individualidad. Se distingue de la locura en que afecta sobre todo a las emociones y deja relativamente inmunes las potencias discursivas.
-NEUROSIS suf. NEUR-.
NEURÓTICO, CA adj. **1** Que padece neurosis. También s. **2** Perteneciente o relativo a la neurosis.
NEUROTRANSMISOR m. *Fisiol.* Sustancia que sintetizan las neuronas del sistema nervioso, cuya función es transmitir la información nerviosa en las sinapsis.
NEUROVEGETATIVO, VA adj. *Anat.* SISTEMA NERVIOSO AUTÓNOMO.
NEUSIEDL Lago de Europa central, situado entre Austria y Hungría; 350 km^2.
NEUSTON m. *Ecol.* Comunidad de organismos animales y vegetales de dimensiones reducidas, que viven errantes y en contacto con la película superficial de las aguas.

NEUSTRIA *Geog. hist.* Reino merovingio occidental de las Galias, situado al N y NE de la actual Francia. Su capital era Soissons.
NEUTONIO m. *Fís.* NEWTON.
NEUTRA, RICHARD JOSEPH Arquitecto estadounidense, de origen austriaco (Viena, 1892 - Wuppertal, 1970). Entre sus proyectos destacan la ciudad futurista de Rush City Reformed (1923-30) y el palacio de la Sociedad de Naciones en Ginebra (1928).
NEUTRAL adj. y com. **1** Que no es ni de uno ni de otro; que, entre dos partes que contienden, permanece sin inclinarse a ninguna de ellas. **2** *Polít.* Se dice de la nación o Estado que no toma parte en conflictos promovidos por otros.
NEUTRALIZACIÓN f. **1** Acción y efecto de neutralizar. **2** *Ling.* Desaparición de la oposición pertinente que existe entre dos fonemas, que pasan a realizarse como un archifonema.
NEUTRALIZAR tr. **1** Hacer neutral. También prnl. **2** Hacer neutra una disolución (pH de 7). **3** fig. Debilitar el efecto de una causa por la concurrencia de otra diferente u opuesta. También prnl.
NEUTRINO m. *Fís.* Partícula elemental ligera, de la familia de los leptones, de carga eléctrica neutra y masa cero.
NEUTRO, TRA adj. **1** *Gram.* GÉNERO NEUTRO. **2** VERBO NEUTRO. **3** Indiferente en política o que se abstiene de intervenir en ella. **4** *Fís.* Se dice del cuerpo que posee cantidades iguales de los dos tipos de electricidad, positiva y negativa. **5** *Quím.* Se dice del compuesto que no tiene carácter ácido ni básico, y del líquido en que está disuelto.
NEUTRÓN m. *Fís.* Partícula elemental pesada, de carga eléctrica neutra y masa aproximadamente igual a la del protón. Todos los átomos tienen neutrones en su núcleo, que con los protones constituyen dicho núcleo, menos el del isótopo de hidrógeno, llamado protio.
NEVA Río de la Federación de Rusia, emisario del lago Ladoga, que desemboca en el golfo de Finlandia, junto a San Petersburgo; 74 km.
NEVADA f. **1** Acción y efecto de nevar. **2** Cantidad de nieve que ha caído de una vez.
NEVADA Estado occidental de EE UU, en las Rocosas; 286.368 km^2 y 1.998.257 h. Capital, Carson City. Producción agrícola y ganadera. Zona rica en minerales. Turismo en Reno y Las Vegas.
NEVADA, SIERRA Nombre dado a un sector de la cordillera Neovolcánica de México, entre los Estados de México y Puebla. Su punto culminante es el Popocatépetl (5.452 m).
NEVADA, SIERRA Cordillera del O de EE UU, paralela a la costa (California), que constituye una prolongación de la de las Cascadas. El monte Whitney es su cima culminante (4.418 m).
NEVADA, SIERRA Sierra de España, en las provincias de Granada y Almería. Forma parte como núcleo principal del sistema Penibético. Su punto culminante es el Mulhacén (3.478 m).
NEVADA DE CHITA Sierra de Colombia, departamento de Boyacá, de unos 5 km de ancho. También se llama *Cocuy*.
NEVADA DE MÉRIDA, SIERRA MÉRIDA, CORDILLERA DE.
NEVADA DE SANTA MARTA, SIERRA Cadena montañosa de Colombia. Su altura máxima es el pico Cristóbal Colón (5.800 m).
NEVADILLA f. *Bot.* **1** Planta herbácea anual, de la familia cariofiláceas, con flores pequeñas, verdosas, y fruto seco con una sola semilla de albumen harinoso. **2** ALADIERNA, arbusto.
NEVADO, DA adj. **1** Cubierto de nieve. **2** fig. Blanco como la nieve. || m. **3** *Amér.* Cumbre elevada de nieves persistentes.
NEVAR intr. **1** Caer nieve. || tr. **2** fig. Poner blanca una cosa. ◆ IRREG. Se conjuga como ACERTAR.

NEVERA f. **1** Mueble frigorífico para el enfriamiento o conservación de alimentos y bebidas. **2** fig. Pieza o habitación fría.
NEVERO m. *Geol.* **1** Paraje de las montañas donde se conserva la nieve todo el año. **2** Esta misma nieve.
NEVERS Ciudad de Francia, capital del departamento de Nièvre, a orillas del Loira; 41.968 h. Importante conjunto monumental.
NEVES, TANCREDO Político brasileño (São João do Rei, 1910 - São Paulo, 1985). Ministro de Justicia en el gobierno de G. Vargas, fue primer ministro (1961-62). Senador en 1978, en 1985 fue elegido presidente de la República como candidato de Alianza Democrática, pero no llegó a tomar posesión del cargo.
NEVIS Isla del mar de las Antillas; 93,2 km^2 y 9.130 h. Junto con la de Saint Kitts constituye el Estado de Saint Kitts y Nevis. Capital, Charlestown. Goza de un régimen de autonomía interna.
NEVISCAR intr. Nevar ligeramente o en pequeña cantidad.
NEVSKI ALEJANDRO NEVSKI.
NEW DEAL (Expresión i. que significa *Nuevo trato*.) *Polít.* y *Econ.* Nombre dado al conjunto de medidas llevadas a cabo en EE UU por el presidente Roosevelt desde 1933, para hacer frente a la crisis económica.
NEW HAMPSHIRE Estado de EE UU, en Nueva Inglaterra; 24.043 km^2 y 1.235.786 h. Capital, Concord. Explotación forestal. Producción de maíz, patatas y avena. Industria textil, electrónica, maderera y del papel. Turismo.
NEW HAVEN Ciudad de EE UU, en el Estado de Connecticut; 119.604 h. Puerto. Universidad de Yale, fundada en 1701.
NEW YORK NUEVA YORK.
NEWARK Ciudad de EE UU, Estado de Nueva Jersey, al SO de Nueva York, de cuya aglomeración forma parte; 258.751 h. Puerto.
NEWCASTLE Ciudad de Australia, Estado de Nueva Gales del Sur, en la desembocadura del Hunter; 466.000 h. Puerto.
NEWCASTLE-UPON-TYNE Ciudad del Reino Unido, en Inglaterra, en el condado metropolitano de Tyne y Wear; 283.600 h. Puerto.
NEWCOMB, SIMON Astrónomo estadounidense (Vallace, 1835 - Washington, 1909). Se ocupó de la distribución estelar, la constitución del universo, la velocidad de la luz, y los pequeños planetas.
NEWCOMEN, THOMAS Ingeniero británico (Darmouth, 1663 - Londres, 1729). Inventor de la primera máquina de vapor utilizada en la industria.
NEWMAN, JOHN HENRY Teólogo inglés (Londres, 1801 - Birmingham, 1890). Fundó en el Reino Unido la Congregación del Oratorio y recibió el capelo cardenalicio en 1879. Autor de *Pérdida y ganancia* (1848), *Calixta* (1856) y *Gramática del asentimiento* (1870).
NEWMAN, PAUL Actor de cine estadounidense (Cleveland, 1925). Ha intervenido en *Marcado por el odio* (1956), *La gata sobre el tejado de cinc* (1958), *El largo y cálido verano* (1958), *Éxodo* (1960), *Dos hombres y un destino* (1969), *El golpe* (1973), *Veredicto final* (1982), *El color del dinero* (1986; Oscar al mejor actor), *Al caer el sol* (1998) y *Mensaje en una botella* (1999). Oscar por el conjunto de su obra en 1985.
NEWPORT Ciudad del Reino Unido, en Gales; 139.200 h. Constituye un Distrito unitario. Puerto de exportación.
NEWTON o **NEUTONIO** m. *Fís.* Unidad de fuerza en el Sistema Internacional de unidades. Equivale a la fuerza necesaria para que un cuerpo de 1 kg adquiera una aceleración de 1 m/s^2. Su símbolo es N.
NEWTON, SIR ISAAC Matemático, físico, astrónomo y filósofo inglés (Woolsthorpe, 1642 - Kensington, 1727). En matemáticas, descubrió, al mismo tiempo que Leib-

Isaac Newton descubriendo la refracción de la luz. Cuadro de Pelagio Palagi. Pinacoteca Tosio Matinengo (Brescia).

niz, el cálculo diferencial e integral, que él llamó *cálculo de fluxiones*, y generalizó la fórmula del binomio demostrando que era aplicable para cualquier exponente. Sus investigaciones sobre óptica le llevaron a establecer la composición de la luz blanca y a desarrollar la teoría corpuscular de la luz. Formuló las tres leyes fundamentales de la dinámica (NEWTON, LEYES DEL MOVIMIENTO DE). Demostró matemáticamente que el curso de los planetas alrededor del Sol se explica admitiendo la atracción mutua entre los astros, que generalizó a toda clase de masas, las cuales se atraen, según la célebre *ley de la gravitación universal* (GRAVITACIÓN). Desarrolló sus teorías en la obra *Philosophiae naturalis principia mathematica*, fundamento de los métodos de la ciencia moderna.

NEWTON, LEYES DEL MOVIMIENTO DE *Fís.* Se agrupan en tres postulados principales: 1° Todo cuerpo continúa en su estado de reposo o de movimiento uniforme y rectilíneo si sobre él no actúa ninguna fuerza (*principio de inercia*); 2° Si sobre un cuerpo actúa una fuerza, se produce un cambio de movimiento proporcional a la fuerza y en la misma dirección de ésta (*ecuación fundamental de la dinámica*, cuya expresión es $F = ma$); y 3° Cuando un cuerpo ejerce una fuerza sobre otro, este último reacciona con igual fuerza sobre aquél (*principio de acción y reacción*).

NEXAPA Río de México, afluente del Balsas; 143 km.

NEXO m. **1** Unión y vínculo de una cosa con otra. **2** *Ling.* Elemento lingüístico que sirve para relacionar un término con otro. **3** *Ling.* En glosemática, conjunto de sintagmas que equivalen a una oración.

NEY, MICHEL Mariscal de Francia, duque de Moscova (Sarrelouis, 1769 - París, 1815). Se distinguió en España, Portugal y en la batalla de Borodino. Vueltos los Borbones a Francia, les rindió homenaje, pero al regresar Napoleón de nuevo abrazó su causa. Tras la abdicación de éste fue procesado y fusilado.

NEZAHUALCÓYOTL NETZAHUALCÓYOTL.

NGO DINH DIEM Político vietnamita (Quang Binh, 1901 - Saigón, 1963). Primer ministro de Vietnam del Sur (1954), tras deponer al emperador Bao Day, proclamó la República de Vietnam del Sur, de la que fue el primer presidente (1955). Fue derrocado y fusilado (1963).

NGOBE BUGLÉ Comarca indígena de Panamá; 6.673 km² y 110.080 h. Su capital es Chichica.

NGUEMA MBASOGO, TEODORO OBIANG OBIANG NGUEMA, TEODORO.

NGULTRUM m. *Econ.* Unidad monetaria de Bhután.

NGUYEN Nombre de una dinastía vietnamita que gobernó entre 1802 y 1945.

NGUYEN HUU THO Político vietnamita (Cholon, 1910 - Ciudad de Ho Chi-Mihn, 1996). Fue vicepresidente de la República Socialista del Vietnam (1976-80) y presidente del país (1980-81).

NGUYEN VAN THIEU General y político vietnamita (Phang Rang, 1923 - Boston, 2001). Presidente de la República (1967-75), se vio obligado a dimitir con el desarrollo de la guerra con Vietnam del Norte.

NGWANE SWAZILANDIA.

NHA TRANG Ciudad de Vietnam, capital de la provincia de Khanh Hoa; 221.331 h. Puerto.

NI conj. cop. **1** Enlaza vocablos o frases que denotan negación, precedida o seguida de otra u otras igualmente negativas: *ni lo sé ni quiero saberlo*. **2** Toma a veces el carácter de conjunción disyuntiva, equivalente a *o*. || adv. neg. **3** Y no. || **ni bien** loc. adv. desus. No del todo. || **ni que** loc. fam. Seguida de un verbo en forma condicional, sirve para negar un supuesto y equivale a *como si*: *¡ni que yo fuera tonto!*

NI *Quím.* Símbolo del níquel.

NIACINA f. *Quím.* VITAMINA B.

NIÁGARA Río de América del N que comunica los lagos Erie y Ontario, sirve de frontera entre EE UU y Canadá y forma las cataratas que llevan su nombre.

NIÁGARA, CATARATAS DEL Saltos de agua en el curso inferior del río Niágara. Importante centro de atracción turística.

NIAL m. Almiar, montón de hierba.

NIAMEY Ciudad de Níger, capital del país, situada en la orilla izquierda del río Níger; 391.876 h. Puerto fluvial sobre el Níger.

NIARA f. Almiar, nial.

NIBELUNGO, GA adj. y s. *Mit.* Según la leyenda alemana, se dice de una raza que poseía grandes tesoros guardados por el enano Alberich, al que derrotó Sigfrido, convirtiéndose en su rey.

NIBELUNGOS, CANCIÓN DE LOS (*Nibelungenlied*) Poema épico alemán escrito en Austria a comienzos del siglo XIII en alto alemán medio. Consta de 39 cantos distribuidos en dos partes. La primera de ellas narra cómo Sigfrido, rey de los nibelungos, ayuda a Günther para conquistar a Brunilda, y las intrigas de ésta hasta conseguir la muerte de Sigfrido; en la segunda se cuenta la venganza de Crimilda, esposa de Sigfrido, para acabar con los asesinos de su esposo.

NICARAGUA (*República de Nicaragua*) Estado de América Central. Limita al N con Honduras; al E, con el mar Caribe; al S, con Costa Rica, y al O, con el océano Pacífico.

GEOG. *Geografía física*. En el relieve de Nicaragua se distingue una amplia meseta central, bordeada al E por la cordillera Chontaleña. En el O destaca una cadena volcánica, que al N es conocida como sierra de Marabios, y una fosa tectónica ocupada por los grandes lagos de Managua y Nicaragua. En la vertiente atlántica o del Caribe destacan los ríos Coco o Segovia, el más caudaloso del país; el Grande de Matagalpa y el San Juan, notable por conectar el lago de Nicaragua con ese mar. Los que vierten en el Pacífico son cortos y de escaso caudal. Los lagos son muchos y notables; sobresalen entre ellos el Nicaragua, el Managua y la laguna de las Perlas. Físicamente, pueden distinguirse tres regiones naturales en Nicaragua. La más extensa es la meseta que limita por el N con Honduras, por el S con el N del río San Juan, y una de cuyas caras corre paralelamente al mar de las Antillas; la llanura costera de tierras bajas conocida como Mosquitia o Costa de los Mosquitos; la región más pequeña es la parte de tierras bajas que se extiende desde el golfo de Fonseca hasta el límite con Costa Rica. En ella se concentra más del 60% de la población del país, así como la producción agrícola, minera y las principales industrias.

Geografía humana y económica. La agricultura es la principal fuente de riqueza del país. De gran importancia es la producción de algodón y café, y también la de cacao, caña de azúcar, plátano, maíz, tabaco, trigo y sésamo. Sus grandes zonas boscosas producen maderas valiosas, como caoba, cedro y palisandro. El subsuelo proporciona plata, cobre, hierro, plomo y antimonio. Son importantes las industrias elaboradoras de café, cacao, cerveza y azúcar, así como las de cemento, conservas de carne y manufacturas de tabaco.

Superficie: 131.812 km².
Población: 5.070.000 h. (*nicaragüenses*).
Densidad: 41,8 h./km².
Tasa de natalidad: 29,1‰.
Tasa de mortalidad: 5‰.
Capital: Managua.
Ciudades principales: León, Granada, Masaya, Chinandega, Matagalpa.
Grupos étnicos: mestizos (69%), blancos (17%), negros (9%) y amerindios (5%).
Religión: catolicismo (89,3%), otras (10,7%).
Idioma: español.
Moneda: córdoba.
Forma de Estado: república.
Producto Nacional Bruto: 1.756 millones de dólares.
Renta per cápita: 370 dólares.
División administrativa: 15 departamentos y dos regiones autónomas, según cuadro.

NICARAGUA

Departamentos / Regiones autónomas	Superficie (km²)	Población (h.)	Capitales
Boaco	4.244	136.949	Boaco
Carazo	1.050	149.407	Jinotepe
Chinandega	4.926	350.212	Chinandega
Chontales	6.378	144.635	Juigalpa
Estelí	2.335	174.894	Estelí
Granada	929	155.683	Granada
Jinotega	9.755	257.933	Jinotega
León	5.107	336.894	León
Madriz	1.602	107.567	Somoto
Managua	3.672	1.093.760	Managua
Masaya	590	241.354	Masaya
Matagalpa	8.523	383.776	Matagalpa
Nueva Segovia	3.123	148.492	Ocotal
Río San Juan	7.473	70.143	San Carlos
Rivas	2.155	140.432	Rivas
Atlántico Norte	32.159	192.716	Puerto Cabezas
Atlántico Sur	27.407	272.252	Bluefields

HIST. El territorio de Nicaragua estuvo habitado en época precolombina por los *nicaraos* y *chorotegas,* que ocupaban la región del Pacífico y los lagos; los *chontales,* que poblaban la zona central, y los *misquitos,* asentados en la costa del mar Caribe. La costa oriental fue descubierta por Colón en su cuarto viaje (1502). En 1522 partieron de Panamá Gil González Dávila y Andrés Niño. Dávila recorrió los dominios del cacique Nicoya, junto al golfo de su nombre, y del cacique Nicarao, en las orillas del lago Coabolco (Nicaragua), que fue bautizado como *mar Dulce,* y junto al golfo de Fonseca se enfrentó con el cacique Diriangen. Pedrarias Dávila, gobernador de Panamá, envió a Francisco Hernández de Córdoba para realizar las primeras fundaciones (1524): Bruselas, en el golfo de Nicoya; Granada, en el *Mar Dulce,* y León, a orillas del lago Xolotlán (Managua). La actuación de Hernández de Córdoba motivó las sospechas de Pedrarias, que le prendió y ajustició. En 1527 Nicaragua fue instituida en gobernación, y en 1539 se incorporó a la audiencia de Panamá, hasta 1543, en que pasó a la audiencia de los Confines de Guatemala. El descontento de la población criolla e indígena fue aumentando durante el siglo XVIII. En 1811 hubo un intento de independencia, pero fue dominado por el capitán general de Guatemala. El 15 de septiembre de 1821 se proclamó la independencia de los territorios de la Capitanía General de Guatemala, que se incorporaron al imperio mexicano de Iturbide (octubre 1821). El 24 de junio de 1823 se declaró en Guatemala la independencia de las Provincias Unidas de Centroamérica, y en 1824 una constitución proclamó la República Federal de las Provincias Unidas, compuesta por Guatemala, El Salvador, Honduras, Nicaragua y Costa Rica. En abril de 1838, Nicaragua dejó de pertenecer a la Federación y proclamó su independencia. De 1825 a 1848 el país se vio envuelto en frecuentes guerras civiles, en las que los liberales de León y los conservadores de Granada lucharon sin tregua. En 1843 Nicaragua fue invadida por las tropas de Honduras y El Salvador. En 1855 el filibustero estadounidense William Walker se apoderó de la ciudad de Granada, y se autoproclamó presidente. Mientras, el presidente «legítimo» solicitó la ayuda de los gobiernos centroamericanos, y los distintos bandos se unieron contra Walker, logrando vencerle en 1857. Comenzó un periodo de normalidad gobernado por los conservadores, que duró hasta 1893, cuando el liberal José Santos Zelaya se convirtió en dictador. Se creó la República Mayor de Centroamérica, integrada por El Salvador, Honduras y Nicaragua. Una revuelta conservadora, apoyada por EE UU, puso fin al gobierno de Zelaya, y colocó como presidente a Juan José Estrada (1909). Los préstamos solicitados por Estrada motivaron que el congreso le destituyera, nombrando para ocupar su lugar a Luis Mena, no reconocido por EE UU, que apoyó a Adolfo Díaz. Éste solicitó la ayuda de las tropas estadounidenses, que en 1912 desembarcaron en Corinto, y Díaz fue nombrado presidente. Las elecciones de 1924 provocaron una nueva guerra civil, pero otro desembarco de tropas de *marines* finalizó con la contienda (1927), comprometiéndose las partes a aceptar el resultado de unas elecciones supervisadas por los EE UU. En ellas resultó vencedor el liberal Moncada (1929), que tuvo que luchar contra la guerrilla antiestadounidense de Sandino. El triunfo electoral de Sacasa (1932) y la marcha de las tropas estadounidenses motivaron que Sandino cesara su lucha (1933). Pero un año más tarde fue asesinado por instigación de Anastasio Somoza, jefe de la guardia nacional. En 1937 Somoza ascendió al poder, instaurando una dinastía que dominó la vida política nicaragüense. Anastasio Somoza gobernó el país entre 1937-47 y 1950-56. En 1956 murió víctima de un atentado, y le sucedió su hijo Luis Somoza. En 1963 le sucedió René Schick, y a su muerte en 1966 gobernó un gabinete interino, hasta que en 1967 fue proclamado presidente Anastasio *Tachito* Somoza, en plena crisis política. En 1970 se creó el Frente de Liberación Nacional, con un gran apoyo entre el campesinado, y convertido poco después en el Frente Sandinista de Liberación Nacional (FSLN). El asesinato, en 1978, del periodista Pedro Chamorro motivó que la oposición moderada se uniera al FSLN. Aislado, Somoza abandonó el país en 1979, y una Junta de Reconstrucción Nacional presidida por el sandinista Daniel Ortega se hizo cargo del poder. Se declaró abolida la pena de muerte, confiscados los bienes del dictador, se nacionalizó la banca y comenzó la reforma agraria. El régimen mantuvo desde sus inicios estrechas relaciones con la URSS, Cuba y otros países socialistas. El Gobierno tuvo que enfrentarse pronto a dos fuerzas de oposición importantes: en el norte del país, la Fuerza Democrática Nicaragüense (FDN), compuesta esencialmente por ex miembros de la Guardia Nacional somocista que, sostenida por EE UU, operaba desde Honduras; y, en el sur, desde Costa Rica, la Alianza Revolucionaria Democrática (ARDE), constituida por Violeta Chamorro y Alfonso Borelo, y dirigida en su rama militar por Edén Pastora. La presión de EE UU se intensificó a partir de 1981, pues acusaba a Nicaragua de servir de plataforma para la penetración comunista en Centroamérica, y no se limitó al terreno militar sino que también se extendió a lo económico. En 1984 se celebraron elecciones, en las que venció Daniel Ortega. El agotamiento de la economía nicaragüense, debido a la guerra y al bloqueo económico, y los esfuerzos de los países vecinos para conseguir un acuerdo (reuniones de Contadora y Esquipulas), motivaron que se llegara a una solución negociada del conflicto. Las elecciones de 1990 dieron la victoria a la Unión Nacional Opositora (UNO) y, su candidata, Violeta Chamorro accedió a la presidencia del país. Las elecciones presidenciales de 1996 dieron la victoria a la formación política conservadora Alianza Liberal, liderada por Arnoldo Alemán. En 1998 el país se vio gravemente afectado tras el paso por Centroamérica del huracán Mitch. En las elecciones presidenciales de noviembre de 2001 resultó vencedor Enrique Bolaños, del Partido Liberal Constitucionalista. En 2002 los múltiples casos de corrupción en la clase política provocaron una gran crisis en el país.

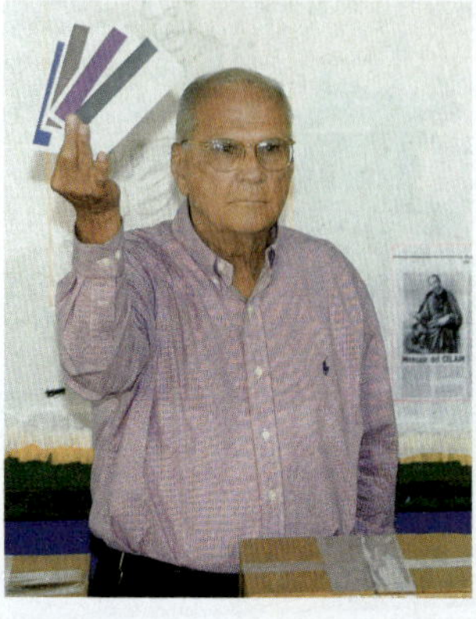
Nicaragua. Enrique Bolaños, presidente del país desde 2001.

NICARAGUA Lago del país homónimo; 8.029 km^2. En él vierte sus aguas el río Tipitapa procedente del lago Managua. Desagua por el río San Juan al mar de las Antillas. Contiene centenares de islas, siendo la más importante la de Ometepe.

NICARAGÜENSE adj. y com. De Nicaragua.

NICARAO adj. *Etnol.* e *Hist.* **1** Se dice de un pueblo amerindio del grupo nahua, de la gran familia lingüística uto-azteca, que habitaba entre el lago de Nicaragua y la costa; hoy extinguida. Más como m. pl. **2** Se dice también de sus individuos. También com. **3** Relativo a esta tribu.

NICARAO Cacique indio nicaragüense, del tiempo de la conquista española (s. XVI). Colaboró en un principio con Gil González Dávila, pero después luchó contra él. Dio nombre al país.

NICEA *Geog. hist.* Antigua ciudad de Asia Menor, en Bitinia, en la que se celebraron dos concilios ecuménicos: el de 325 contra el arrianismo; y el de 787, contra los iconoclastas. Fue capital del imperio bizantino (imperio de Nicea) de 1204 a 1261.

NICEA, IMPERIO DE *Hist.* Estado fundado por los bizantinos en 1204, tras la conquista de Constantinopla en la cuarta cruzada. Su primer gobernante fue Teodoro I de Lascaris. En 1261, Miguel VIII Paleólogo, con la ayuda de los genoveses, reconquistó Constantinopla y restauró el imperio bizantino.

NICÉFORO Nombre de diversos emperadores bizantinos.

NICÉFORO I LOGOTETA (Seleucia, Pisidia, ? - Bulgaria, 811). Emperador bizantino desde el 802 al 811. Practicó el culto a las imágenes y restableció el dominio bizantino en la península balcánica. Fue vencido por los árabes y los búlgaros.

NICÉFORO II FOCAS (Capadocia, 912 - Constantinopla, 969). A la muerte de Romano II (963) despojó del trono a sus hijos y se proclamó emperador. Reconquistó Cilicia en 964 y un año después se apoderó de Tarso y de Chipre. Murió asesinado.

NICÉFORO III (? - ?, 1081). Ocupó el trono desde 1078 hasta 1081. Fue proclamado emperador por las tropas que se habían sublevado contra Miguel VII. Su general Alejo Comneno le arrebató el poder y le encerró en un convento.

NICÉFORO, SAN Patriarca de Constantinopla (Constantinopla, 758 - en el exilio, 829). Ocupó la silla patriarcal del 806 al 815. Enemigo declarado de los iconoclastas, fue depuesto por el emperador León V el Armenio, quien lo desterró a Studium.

NICENO, NA adj. y s. De Nicea.

NICHO m. **1** Concavidad en el espesor de un muro para colocar una estatua, un jarrón, etc. **2** Por extensión, cualquier concavidad para colocar una cosa, como en los cementerios un cadáver.

NICHOLSON, BEN Pintor inglés (Denham, 1894 - Londres, 1982). Principal representante del arte abstracto inglés. Entre sus obras destacan *El Sena por París, Saint Rémy, Juego de cartas, Barco de pesca, Relieves pintados, Relieves blancos* y *Naturalezas muertas.*

NICHOLSON, JACK Actor de cine estadounidense (Neptune, Nueva Jersey, 1937). Alcanzó gran popularidad con películas como *Easy Rider* (1969), *Conocimiento carnal* (1971), *Chinatown* (1974), *Alguien voló sobre el nido del cuco* (1975; Oscar al mejor actor), *El resplandor* (1980), *El cartero siempre llama dos veces* (1981), *La fuerza del cariño* (1984; Oscar al mejor actor secundario), *El honor de los Prizzi* (1985), *Batman* (1989), *Lobo* (1994), *Mejor... imposible* (1998; Oscar al mejor actor), *El juramento* (2001), *A propósito de Schmidt* (2002) y *Cuando menos te lo esperas* (2003).

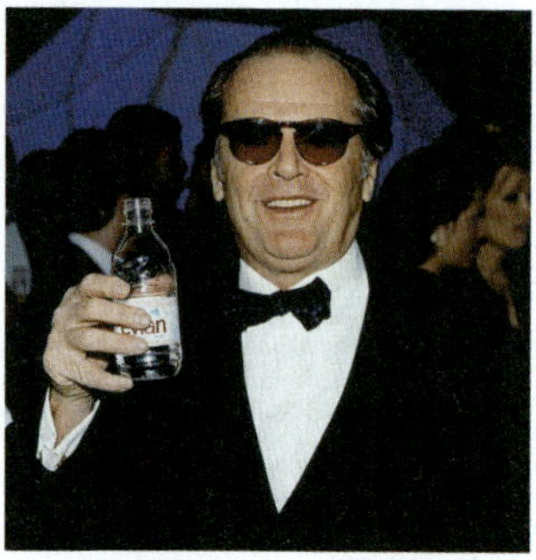
Jack **Nicholson**.

NICHOLSON, WILLIAM Físico y químico inglés (Londres, 1753 - íd., 1815). Inventó el densímetro (1787) y muchos otros instrumentos, y descubrió el fenómeno de la electrólisis.

NICIAS General y político ateniense (Atenas, 470 - Siracusa, 413 a. C.). En 415 a. C. le fue confiado el mando, junto con Alcibíades, de una expedición contra Siracusa. Aunque logró una brillante victoria cayó en poder de los siracusanos, que le dieron muerte.

NICIAS Pintor ateniense (s. IV a. C.). Discípulo de Antídoto, en sus obras concedió primacía al color y al volumen. Ideó un procedimiento para realzar más los colores y fue el primero que usó el ocre calcinado.

NICLE m. *Miner.* Variedad de calcedonia listada.

NICOBAR, ISLAS Archipiélago de la India, en el golfo de Bengala, que forma parte del territorio de ANDAMAN Y NICOBAR.

NICOCIANA f. *Bot.* Tabaco, planta.

NICODEMO, SAN Personaje bíblico (s. I). Miembro del Sanedrín que se convirtió en discípulo de Jesús y ayudó a Juan de Arimatea a darle sepultura. Predicó el cristianismo, atrayéndose las iras de los jefes fariseos, quienes le desterraron, confiscaron sus bienes y le mandaron azotar.

NICOL, WILLIAM Físico y mineralogista inglés (Edimburgo, 1768 - íd., 1851). Inventó el prisma que lleva su nombre, con el que consiguió, por primera vez, analizar y producir luz polarizada.

NICOLA, ENRICO DE Político italiano (Nápoles, 1877 - Torre del Greco, 1959). Aunque de filiación monárquica, su prestigio le llevó al cargo de primer presidente de la República italiana, por designación de la Asamblea constituyente (1946-48).

NICOLAI, OTTO Compositor alemán (Königsberg, 1810 - Berlín, 1849). Director de la orquesta de la Ópera imperial en Viena (1841), en 1847 pasó a dirigir los coros de la catedral de Berlín, así como la orquesta de la Ópera real de la misma ciudad. Su obra más famosa es *Las alegres comadres de Windsor* (1849).

NICOLÁS Nombre de diversos papas.

NICOLÁS I, SAN (Roma, 820 - íd., 867). Ocupó el solio pontificio de 858 a 867. Provocó la ruptura con Bizancio al anular la elección del patriarca Focio. Proclamó la santidad del matrimonio. Excomulgó al arzobispo Juan de Rávena y se opuso al emperador Lotario I por sus relaciones adúlteras.

NICOLÁS II (Chevron, ? - Florencia, 1061). De nombre real Gerardo de Borgoña, ocupó el solio pontificio de 1059 a 1061. Al tiempo de su elección, la nobleza tusculana votó al cardenal Mincio de Velletri, que tomó el nombre de Benedic-to X, a pesar de lo cual fue reconocido. Convocó el segundo concilio de Letrán y reformó la Curia. Ordenó el celibato de los clérigos.

NICOLÁS III (Roma, 1216 - Viterbo, 1280). De nombre real Giovanni Gaetano Orsini, ocupó el solio pontificio de 1277 a 1280. Empleó su extraordinaria habilidad diplomática para poner paz entre los reyes de Castilla y de Francia, y entre Carlos de Anjou y Rodolfo de Habsburgo.

NICOLÁS IV (Ascoli, ? - Roma, 1292). De nombre real Girolamo Masci, ocupó el solio pontificio de 1288 a 1292. Había sido general de los franciscanos (1274), coronó a Carlos de Anjou como rey de Sicilia y otorgó el reino de Hungría a Carlos Martel. Combatió a los espirituales franciscanos.

NICOLÁS V (Sarzana, 1397 - Roma, 1455). De nombre real Tommaso Parentucelli, ocupó el solio pontificio de 1447 a 1455. Coronó emperador a Federico III (1450) y envió a Nicolás de Cusa a Alemania. Protector de las artes y las letras, sentó las bases de la Biblioteca Vaticana.

NICOLÁS V RAINALDUCCI, PIETRO, antipapa.

NICOLÁS Nombre de dos zares de Rusia.

NICOLÁS I (Zarskoje Selo, 1796 - San Petersburgo, 1855). Hijo del emperador Pablo I y de su segunda esposa, María Feodorovna, sucedió a su hermano Alejandro I en 1825. Al poco tiempo estalló una revolución militar fomentada por sociedades secretas, que el emperador reprimió implacablemente. Monarca absolutista, sofocó la sublevación polaca de 1830 y ayudó a Austria a controlar la revuelta húngara de 1848. Su política expansionista dio lugar a la guerra de CRIMEA (1853-56).

NICOLÁS II (San Petersburgo, 1868 - Yekaterinburgo, 1918). Hijo y sucesor de Alejandro III, continuó la política absolutista de su padre. Tras la guerra con Japón (1904-05) se vio obligado a realizar ciertas reformas constitucionales. En la Primera Guerra Mundial luchó junto con Francia y el Reino Unido contra Alemania. Al estallar la revolución de 1917, abdicó y se retiró a Crimea, pero fue preso y conducido a Yekaterinburgo, donde fue asesinado junto con su familia.

NICOLÁS I Príncipe y rey de Montenegro (Njegos, 1841 - Antibes, 1921). Sucedió en el principado de Montenegro a su tío Danilo en 1860. En 1878 fue reconocida la independencia de su país, que dependía del imperio turco, y en 1910 tomó el título de rey. Invadido su Estado por las tropas austro-alemanas, en 1916, se refugió en Francia, en donde murió.

NICOLÁS DE BARI, SAN Obispo de Mira, en Licia, Asia Menor (s. IV). Sufrió la pena de cárcel bajo la persecución de Diocleciano. Patrón de Rusia, de la juventud y de los navegantes. Muy popular en el N de Europa, donde la leyenda le describe repartiendo juguetes a los niños la víspera de Navidad. Durante la Reforma se transformó, en Alemania y otros países, en Papá Noel. Los colonizadores holandeses de Nueva Amsterdam, actual Nueva York, cambiaron el nombre de san Nicolás por el de santa Claus.

NICOLAYEV NIKOLAYEV.

NICOLLE, CHARLES Bacteriólogo francés (Rouen, 1862 - Túnez, 1936). En 1928 recibió el premio Nobel de Medicina por haber demostrado que los piojos transmiten el tifus exantemático.

NICÓMACO DE GERASA Filósofo griego (s. I). Se distinguió también como matemático y músico. Su *Enchiridion harmonices (Egcheridion harmonikes*, manual de la armonía) es la fuente más antigua sobre la teoría musical pitagórica; pero lo que cimentó su fama fue su *Introducción a la Aritmética*.

NICOMEDES Nombre de tres reyes de Bitinia.

NICOMEDES I (? - ?, 250 a. C.). Reinó del 278 al 250 a. C. Fundó Nicomedia.

NICOMEDES II (? - ?, 128 a. C.). Reinó del 149 al 128 a. C. Llevó a cabo una política conciliadora con Roma.

NICOMEDES III (? - ?, 94 a. C.). Reinó del 128 al 94 a. C. Fue hijo y sucesor de Nicomedes II, aliado de los romanos y enemigo de Mitrídates del Ponto. Por disposición testamentaria legó su reino a Roma.

NICOMEDIA *Geog. hist.* Antigua ciudad de Asia Menor, capital de Bitinia, que fue fundada por Nicomedes I alrededor del año 264 a. C. Corresponde a la actual *Izmit*.

NICOMEDIENSE adj. y com. De Nicomedia.

NICOSIA Ciudad capital de Chipre y del distrito de su nombre, situada en la llanura de Mesaria; 186.400 h.

NICOTAMIDA f. *Quím*. Nombre que también recibe el ácido nicotínico.

NICOTINA f. *Quím*. Alcaloide venenoso, de fórmula $C_{10}H_{14}N_2$, líquido, oleaginoso, incoloro, de olor nauseabundo, que se extrae de las hojas del tabaco.

NICOTINAMIDA f. *Quím*. Amida del ácido nicotínico, de fórmula $C_6H_6NO_2$, cristalina, y convertible en ácido nicotínico en los seres vivos.

NICOYA Cacique indio de Centroamérica, del tiempo de la conquista española.

NICOYA 1 Gran golfo de Costa Rica, en la costa del océano Pacífico. Alberga numerosas islas, siendo la de mayor extensión la de Chira. **2** Península occidental de Costa Rica, entre el golfo de su nombre, al E, y el océano Pacífico, al O.

NICTAGINÁCEO, A O **NICTAGÍNEO, A** adj. y f. *Bot*. **1** Se dice de la hierba, bejuco, arbusto o árbol angiospermo dicotiledóneo, como el dondiego. || f. pl. *Bot*. **2** Familia de estas plantas.

NICTE *Mit*. En la mitología griega, personificación de la Noche, brotada primero del Caos. Engendró por sí sola las Hespérides y una serie de abstracciones de las que son importantes: Némesis, Eris y las Moiras.

NICUESA, DIEGO DE Conquistador español (Baeza, ? - ?, 1511). Fue nombrado gobernador de Veragua y Darién (1508). Recorrió la costa atlántica de Panamá y Costa Rica y fundó la ciudad de Nombre de Dios (1510). Al conocer que algunos colonos se habían establecido en Darién, trató de expulsarlos, pero éstos le embarcaron en un navío del que nada se volvió a saber.

NID- pref. CNIDO-.

NIDADA f. **1** Conjunto de huevos puestos en el nido. **2** Conjunto de crías mientras están en el nido.

NIDAL 1 Lugar donde las aves domésticas ponen sus huevos. **2** Huevo que se deja en un lugar señalado para que la gallina acuda a poner allí. **3** fig. Sitio donde acude con frecuencia y le sirve de acogida, o en donde reserva o esconde una cosa. **4** fig. Fundamento o motivo de que prosiga o suceda una cosa.

NIDARIO, RIA O **CNIDARIO, RIA** adj. y s. *Zool*. CELENTÉREO.

Tipos diversos de **nido**.

NIDÍCOLA adj. y s. *Zool*. Se dice del ave cuyas crías permanecen en el nido hasta alcanzar un desarrollo determinado.

NIDIFICAR intr. *Zool*. Hacer nidos las aves.

NIDÍFUGO, GA adj. y s. *Zool*. Se dice de las aves cuyas crías abandonan el nido inmediatamente después de nacer.

NIDO m. **1** *Zool*. Lecho utilizado por ciertos animales, en especial las aves, para poner sus huevos, incubarlos y criar su descendencia. **2** *Zool*. Por extensión, cavidad, agujero o conjunto de celdillas donde procrean diversos animales. **3** Lugar donde ponen las aves, nidal. **4** Sitio donde se acude con frecuencia. **5** Estancia de un hospital o maternidad donde se acoge a los recién nacidos. **6** fig. Casa, patria o habitación. **7** fig. Lugar donde se juntan gentes de mala conducta. **8** fig. Lugar originario de ciertas cosas inmateriales. || **caerse** uno **de un nido** fr. fig. y fam. Pecar de inocente y crédulo.

NIDO- pref. CNIDO-.

NIDWALDEN Semicantón de Suiza central; 276 km² y 37.320 h. Capital, Stans.

NIEBLA f. **1** Nube en contacto con la tierra y que oscurece más o menos la atmósfera. **2** Nube o mancha en la córnea. **3** Honguillo oscuro de los cereales, añublo. **4** fig. Confusión y oscuridad que no deja percibir y apreciar debidamente las cosas. **5** fig. Munición de perdigones menudísimos para armas de caza. || **BOSQUE DE NIEBLA** *Bot*. LAURISILVA.

NIEBLA Municipio y ciudad de España, provincia de Huelva, partido judicial de Moguer, 4.415 h. Fue llamada *Hipla* en la época romana y *Lebla* en la musulmana, en que fue un reino taifa. Enrique II la erigió en condado a favor de Juan Alonso de Guzmán.

NIEDERMEYER, LOUIS Compositor suizo (Nyon, 1802 - París, 1861). Fundó la escuela de música Niedermeyer. Tras escribir algunas óperas como *María Estuardo* (1844) y *La Fronda* (1853), cultivó sobre todo la música religiosa.

NIEL m. Labor en hueco sobre metales preciosos, rellena con un esmalte negro.

NIEMEN Río de Bielorrusia y Lituania, que nace cerca de Minsk y desemboca en el Báltico; 879 km. Es navegable casi en su totalidad.

NIEMEYER SOARES FILHO, OSCAR Arquitecto brasileño (Río de Janeiro, 1907). Colaboró en la proyección del edificio de la ONU en Nueva York y en 1956 asumió la dirección de la construcción de Brasilia. En 1989 recibió el Príncipe de Asturias de las Artes.

NIEPCE, JOSEPH-NICEPHORE Químico francés (Chalon-sur-Saone, 1765 - Saint-Loup-de-Varennes, 1833). Fue uno de los pioneros de la fotografía. Descubrió la heliografía y en 1829 se asoció con Daguerre, quien aprovechó gran parte de sus ideas para el descubrimiento del daguerrotipo.

NIEREMBERG, JUAN EUSEBIO Escritor y jesuita español (Madrid, 1595 - íd., 1658). Su obra, de variada temática, se compone de 73 títulos, entre los que cabe citar *Vida divina y camino real para la perfección* (1633), *De la diferencia entre lo temporal y lo eterno*, *Crisol de desengaños* (1640) y *De la hermosura de Dios y su amabilidad* (1641).

NIETO, TA m. y f. **1** Respecto de una persona, hijo o hija de su hijo o de su hija. **2** Por extensión, descendiente de una línea en las terceras, cuartas y demás generaciones.

El zar **Nicolás II** con su esposa Alessandra y sus hijas Olga, Tatiana, María y Anastasia.

NIETZSCHE, FRIEDRICH Filósofo alemán (Röcken, Lützen, 1844 - Weimar, 1900). Su filosofía se caracteriza por el vitalismo y por un sentido especial de la existencia. Si en una primera época realizó una interpretación crítica de la cultura, en las obras finales aporta lo principal de su doctrina: la caracterización del Super-hombre, el que está más allá de la moral, y el mito del eterno retorno, deudor en gran parte de la filosofía de Heráclito. Entre sus obras destacan *El nacimiento de la tragedia griega en el espíritu de la música* (1870), *Sobre la verdad y la mentira en el sentido extramoral* (1873), *Consideraciones intempestivas* (1873-76), *Humano, demasiado humano* (1878), *La gaya ciencia* (1882), *Así habló Zaratustra* (1883-85), *Más allá del bien y del mal* (1886), *El crepúsculo de los ídolos* (1889), *El anticristo* (1896) y *Ecce Homo* (1908).

NIEVE f. 1 *Meteor.* Precipitación en copos constituidos por cristales hexagonales de hielo, de tamaño microscópico, que caen al suelo con poca velocidad y forman en él capas de estructura esponjosa. 2 *Meteor.* Temporal en que nieva mucho. 3 Nieve caída. 4 fig. Blancura de cualquier cosa.

NIEVE DEL OLIMPO *Astron.* Configuración volcánica del planeta Marte. Es el punto más alto de la superficie del planeta (unos 26.000 m).

NIEVO, IPPOLITO Escritor italiano (Padua, 1831 - Mar Tirreno, 1861). Participó junto a Garibaldi en la expedición de los Mil y murió en un naufragio de regreso a Sicilia. Su obra maestra es *Confesiones de un italiano* (1867).

NIÈVRE Departamento de Francia, en Borgoña; 6.817 km² y 225.198 h. Capital, Nevers.

NIFABLEPSIA f. *Med.* Deterioro visual transitorio causado por la exposición de los ojos a los rayos ultravioleta reflejados en la nieve. También denominada *foftalmia solar*.

NIFE m. *Geol.* Núcleo de la endosfera formado por minerales pesados, principalmente níquel y hierro.

NÍGER Río de África occidental. Nace en la zona montañosa de las fronteras de Sierra Leona y Guinea, pasa por Malí y Níger, hace frontera entre Níger y Benín, atraviesa Nigeria, y se precipita en el golfo de Guinea; 4.160 km de curso. El más importante de sus tributarios es el Benue.

NÍGER (*République du Niger*) Estado de África centroseptentrional. Limita al N con Argelia y Libia; al E, con Chad; al S, con Nigeria y Benín, y al O, con Burkina Faso y Malí.

Superficie: 1.186.408 km².
Población: 10.076.000 h. (*nigerinos* o *nigerianos*).
Densidad: 8 h./km².
Tasa de natalidad: 52,1‰.
Tasa de mortalidad: 23,6‰.
Capital: Niamey.
Ciudades principales: Zinder, Maradi, Tahoua, Diffa y Agadès.
Grupos étnicos: hausa (53%), djerma (21,2%), tuareg (10,4%), fulani (9,8%).
Religión: islamismo (98,7%), animismo (1,4%).
Idioma: francés.
Moneda: franco CFA.
Forma de Estado: república.
Producto Nacional Bruto: 2.023 millones de dólares.
Renta per cápita: 200 dólares.
División administrativa: 7 departamentos y un distrito autónomo, según cuadro.

GEOG. Níger es un país continental, estepario y desértico. Dos tercios de su territorio están ocupados por el desierto del Sahara. En éste destaca el macizo del Aïr (2.022 m) y numerosos lechos que corresponden a antiguos ríos. Al S de este desierto se encuentra el Sahel, zona subdesértica, con una altitud media entre 200 y 700 m. Tan sólo el S del país, en torno al río Níger y al lago Chad, es apto para el cultivo, la vegetación y el poblamiento humano. Salvo el río Níger, ninguna otra corriente fluvial recorre el país. Níger es uno de los países más pobres del mundo. Su economía depende sobre todo de la agricultura (mijo, sorgo, legumbres) y la ganadería (vacunos, caprinos, ovinos), a los que se dedica la mayor parte de la población. La industria es muy reducida. Cuenta con importantes minas de uranio, cuya explotación constituye la mayor parte del valor de las exportaciones (71,5%).

HIST. Habitado desde el siglo X por la etnia hausa, fue visitado por los europeos a finales del siglo XIX, y ocupado militarmente por Francia en 1900, que lo convirtió en colonia en 1922. Mantuvo este estatus hasta 1960 en que obtuvo la independencia bajo la presidencia de Hamani Diori, profrancés que estableció un gobierno autoritario y resultó reelegido en las elecciones de 1965 y 1970. En 1974 fue derrocado por un golpe de Estado militar dirigido por el coronel Seyni Kountché, jefe de Estado Mayor del Ejército, que asumió la presidencia, prohibió los partidos políticos y disolvió el Parlamento. Tras la muerte de Kountché en 1987, le sustituyó en la presidencia el coronel Ali Seibou. En septiembre de 1989 fue aprobada por referéndum la redacción de un nuevo texto constitucional, y también se convocaron elecciones presidenciales y legislativas, en las que salió reelegido Seibou. A finales de 1990 el presidente anunció su propósito de autorizar el multipartidismo; en 1991 los poderes presidenciales quedaron reducidos y se nombró un gobierno de transición al sistema multipartidista, presidido por Amadou Cheiffou. Las elecciones presidenciales de marzo de 1993 pusieron al frente del país al economista y socialdemócrata Mahamane Usmane. Las legislativas de enero de 1995 dieron una ajustada mayoría a los partidos de la oposición, y finalmente Hama Amadu se convirtió en primer ministro. En enero del año siguiente los militares dieron un golpe de Estado que derrocó al presidente Usmane. El jefe del Estado Mayor, Ibrahim Baré Maïnassara, anunció la suspensión de todos los partidos políticos y fue nombrado presidente de la República, tras vencer en las elecciones presidenciales celebradas en julio de ese mismo año. En 1998 fue descubierto un complot para asesinar a Maïnassara, como consecuencia de lo cual se produjo la detención del primer ministro Hama Amadou. El triunfo de la oposición en las elecciones locales de 1998 y el anuncio de la anulación de los resultados por parte de Maïnassara dieron lugar a una revuelta popular que concluyó con el asesinato del jefe de Estado. Se hizo cargo del poder el primer ministro Ibrahim Assane Mayaki, quien suspendió todas las garantías constitucionales hasta la celebración de nuevos comicios, que se celebraron en noviembre de 1999, tras los que Mamadou Tandja fue elegido presidente. Éste nombró primer ministro a Hama Amadou.

NIGERIA (*Federal Republic of Nigeria*) Estado de África centro-occidental. Limita al N con Níger; al E, con Chad y Camerún; al S, con el golfo de Guinea, y al O, con Benín.

GEOG. Su relieve presenta tres zonas bien diferenciadas. El S y SO es una amplia llanura costera, en gran parte regada por el río Níger. Hacia el N se forman mesetas, como la de Bauchi, mientras que al E la línea fronteriza con Camerún está orlada de montañas, como los montes Gotel, Shebshi (pico Vogel, 2.042 m) y Mandara. El clima varía desde el ecuatorial, en la costa, al tropical (sudanés en el centro y senegalés al N). Su red hidrográfica está formada esencialmente por los ríos Komadugu Gana, que desemboca en el lago Chad, y el

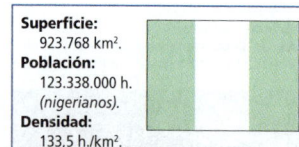

Superficie: 923.768 km².
Población: 123.338.000 h. (*nigerianos*).
Densidad: 133,5 h./km².
Tasa de natalidad: 45,4‰.
Tasa de mortalidad: 15,4‰.
Capital: Abuja (hasta septiembre de 1982 fue Lagos).
Ciudades principales: Lagos, Ibadan, Kano, Ogbomosho, Oshogbo, Ilorin, Abeokuta, Port Harcourt.
Grupos étnicos: hausa (21,3%), yoruba (21,3%), ibo (18%), fulani (11,2%), ibibio (5,6%), etc.
Religión: islamismo (50%), protestatismo (21,4%), catolicismo (9,9%), etc.
Idioma: inglés.
Moneda: naira.
Forma de Estado: república federal.
Producto Nacional Bruto: 36.373 millones de dólares.
Renta per cápita: 300 dólares.
División administrativa: 36 Estados y un Territorio de la Capital Federal, según cuadro.

NÍGER

Departamentos / Distrito autónomo	Superficie (km²)	Población (h.)	Capitales
Agadès	634.209	189.000	Agadès
Diffa	140.216	227.000	Diffa
Dosso	31.002	982.000	Dosso
Maradi	38.581	1.415.000	Maradi
Tahoua	106.677	1.373.000	Tahoua
Tillabéry	89.623	1.418.000	Tillabéry
Zinder	145.430	1.467.000	Zinder
Niamey	670	400.000	

NIGERIA

Estados Territorio de la Capital Federal	Superficie (km²)	Población (h.)	Capitales
Abia[1]	6.320	2.569.362	Umuahia
Adamawa	36.917	2.374.892	Yola
Akwa Ibom	7.081	2.638.413	Uyo
Anambra	4.844	3.094.783	Awka
Bauchi[2]	64.605	4.801.569	Bauchi
Bayelsa[5]	—	—	Yeagoa
Benue	34.059	3.108.754	Makurdi
Borno	70.898	2.903.238	Maiduguri
Cross River	20.156	2.085.926	Calabar
Delta	17.698	2.873.711	Asaba
Ebony[1]	—	—	Abakaliki
Edo	17.802	2.414.919	Benin City
Ekiti[3]	—	—	Ado-Ekiti
Enugu[1]	12.831	3.534.633	Enugu
Gombe[2]	—	—	Gombe
Imo	5.530	2.779.028	Owerri
Jigawa	23.154	3.164.134	Dutse
Kaduna	46.053	4.438.007	Kaduna
Kano	20.131	6.297.165	Kano
Katsina	24.192	4.336.363	Katsina
Kebbi	36.800	2.305.768	Birnin-Kebbi
Kogi	29.833	2.346.936	Lokoja
Kwara	36.825	1.751.464	Ilorin
Lagos	3.345	6.357.253	Ikeja
Nassarawa[4]	—	—	Lafia
Níger	76.363	2.775.526	Minna
Ogun	16.762	2.614.747	Abeokuta
Ondo[3]	20.959	4.343.230	Akure
Osun	9.251	2.463.185	Oshogbo
Oyo	28.454	3.900.803	Ibadan
Plateau	58.030	3.671.498	Jos
Rivers[5]	21.850	4.454.337	Port Harcourt
Sokoto[6]	65.735	4.911.118	Sokoto
Taraba	54.573	1.655.443	Jalingo
Yobe	45.502	1.578.172	Damaturu
Zamfara[6]	—	—	Gusau
Abuja	*7.315*	*423.391*	

[1] Abia y Enugu incluyen los datos de Ebonyi
[2] Bauchi incluye los datos de Gombe
[3] Ondo incluye los datos de Ekiti
[4] Plateau incluye los datos de Nassarawa
[5] Rivers incluye los datos de Bayelsa
[6] Sokoto incluye los datos de Zamfara.

tado del 31 de diciembre de 1983, bajo el mando del general Mohamed Buhari, acabó nuevamente con el régimen democrático. Otro golpe de Estado en 1985 colocó a Ibrahim Babandiga en el poder. En abril de 1990 se produjo un fallido golpe de Estado para derrocar al general Babandiga, siendo juzgados y fusilados los responsables. En enero de 1993 el gobierno de la nación fue asumido por el consejo de transición y el consejo de defensa y seguridad nacional. En junio de ese mismo año tuvieron lugar elecciones presidenciales, ganadas por el líder de la oposición y jefe del Partido Social Demócrata, Moshood Abiola, pero el régimen militar anuló su resultado, encarceló a Abiola, que murió en prisión en 1998, y entregó la presidencia al general Sani Abacha. Como un primer paso hacia la democratización, en diciembre de 1997 se celebraron elecciones de representantes a la Asamblea de los 36 estados de la nación, en las que venció el Partido Único del Congreso, que apoyaba al general Abacha. En junio de 1998 falleció el general Abacha. Le sucedió Abdusalam Abubakar. En 1999 y 2003 se celebraron elecciones legislativas y presidenciales en las que venció el Partido Democrático Popular de Olesegun Obasanjo, pese a las acusaciones de fraude electoral del principal partido opositor.

NIGERIANO, NA adj. y s. De Nigeria.
NIGERINO, NA adj. y s. De Níger.
NIGHT CLUB (Expr. i.) m. Club nocturno.
NIGHTINGALE, FLORENCE Enfermera inglesa (Florencia, 1820 - Londres, 1910). Es la fundadora de las escuelas de enfermeras profesionales.
NIGRÁN Municipio de España, provincia de Pontevedra; 15.197 h. Capital, lugar de Ceán.
NIGRO- pref. NECR-.
NIGROMANCIA o **NIGROMANCÍA** f. **1** Arte de adivinar el futuro evocando a los muertos. **2** fam. Magia negra o diabólica.
NIGROMANTE com. Persona que practica la nigromancia.
NIGUA (Voz caribe.) f. *Zool.* Insecto afaníptero perteneciente a la familia túngidos, de nombre científico *Tunga penetrans*, originario de América y muy extendido por África, parecido a la pulga, pero más pequeño y de trompa más larga.
NIHIL OBSTAT (Expr. lat. que significa *nada se opone*.) Fórmula empleada por la censura eclesiástica para declarar que no ha encontrado nada reprochable en una obra.
NIHILISMO m. **1** Negación de toda creencia. **2** *Filos.* Tendencia filosófica que denota un escepticismo radical ante la existencia. **3** *Hist.* y *Polít.* Doctrina política de negación del orden social, que se desarrolló en Rusia durante la segunda mitad del siglo XIX. Instigó la ejecución de numerosos atentados terroristas, en uno de los cuales murió el zar Alejandro II. Tras este suceso en 1881, los nihilistas fueron perseguidos por las autoridades rusas hasta su exterminio.
NIIGATA 1 Prefectura de Japón, en Honshu; 12.579 km² y 2.488.400 h. **2** Ciudad de Japón, capital de la prefectura de su nombre; 494.785 h.
NIJINSKI, VASLAV FOMICH Bailarín ruso (Kiev, 1890 - Londres, 1950). En 1907 se convirtió en solista del tea-

Níger, que penetra por el NO, procedente de Malí. Sus afluentes más importantes son: el Kebbi, el Kaduna, el Gurara y el Benue, el más importante y caudaloso de ellos, con numerosos tributarios, entre los que destaca el Gongola. El Níger ha construido sobre el Atlántico, en el que vierte, un amplio delta, ocupado por manglares, de más de 10.000 km² y cuya punta avanzada separa los golfos de Biafra y Benin. La población se concentra en el sudoeste y en el valle del Níger. Posee una agricultura muy importante y diversificada. Destacan las producciones de mijo, sorgo, arroz, maíz, ñames, mandioca, cacao, caña de azúcar, bananas, sésamo, cacahuete, aceite de palma, algodón, etc. La cabaña ganadera es importante, así como la producción de madera y caucho. Sin embargo, la base de su economía exterior son el petróleo y el gas natural, que han permitido una industrialización incipiente.

HIST. Habitado por la etnia hausa, el territorio comenzó a ser explorado por los portugueses en el siglo XV, y un siglo más tarde por los ingleses, que se dedicaron al comercio de esclavos. Fue protectorado y colonia británica hasta 1960, año en que obtuvo una plena independencia, pasó a ser miembro de la Commonwealth e ingresó en la ONU. En 1963 fue proclamada la República, y elegido como presidente de la misma el hasta entonces gobernador general, doctor Nnamdi Azikiwe. Las diferencias étnicas, sobre todo entre la tribu ibo y las demás, originaron el golpe del general Ironsi (1966), quien implantó una constitución unitaria que perjudicaba al N del país, lo que desencadenó violentas revueltas contra los ibos. En marzo de ese mismo año tuvo lugar un contragolpe por parte del general Gowon, que retornó al federalismo inmediatamente posterior a la independencia. Las matanzas de ibos en el N produjeron la secesión de la región de Biafra, bajo el mando del general Ojukwu, y la consiguiente guerra civil, que terminó con el triunfo del gobierno central (1967-70). En 1975 un golpe de Estado derrocó a Gowon. La promulgación de una nueva constitución, con una más amplia división administrativa del país, dio paso a un gobierno civil presidido por Shehu Shagari (octubre de 1979), pero el golpe de Es-

Anaïs **Nin**

tro Mariinsky en San Petersburgo. En 1909 se enroló como bailarín principal en los Ballets rusos de Sergey Diaghilev, cuyo coreógrafo, Michel Fokine, creó expresamente para él algunos ballets como *El espectro de la rosa*, *Petruchka* y *Scheherazade*. Es una de las figuras más geniales del ballet de todos los tiempos.

NIKÉ o **NICE** *Mit.* Personificación griega de la Victoria.

NIKOLAYEV Ciudad de Ucrania, capital de la provincia de su nombre; 508.000 h.

NILAD (Voz tagala.) m. *Bot.* Arbusto rubiáceo de Filipinas, de hojas aovadas y flores blancas.

NILGAU o **NILGÓ** m. *Zool.* Mamífero artiodáctilo rumiante perteneciente a la familia bóvidos, de nombre científico *Buselaphus tragocamelus*. Es un antílope de gran tamaño, color gris oscuro el macho y pardo la hembra y cuernos cortos, que vive en las llanuras de la India.

NILO Río de África, el más largo del mundo, aunque no el más caudaloso; 6.671 km. Su nacimiento se sitúa en Burundi, en el río Kagera, que desagua en el lago Victoria. Con el nombre de *Nilo Victoria*, sale de este lago, desagua en el lago Alberto y recorre Sudán, denominándose *Nilo Blanco*. En Jartum recibe al *Nilo Azul*, que viene de Etiopía, y ya con el nombre de Nilo o Gran Nilo, cruza todo Egipto y desemboca en el Mediterráneo, al N de El Cairo, formando un amplio delta. Una vez al año se desbordaba y depositaba sobre la tierra un fértil limo del que dependían las cosechas. La vida de Egipto depende del Nilo, única arteria que irriga su suelo, por lo que se han hecho varios proyectos para el mejor aprovechamiento de sus aguas. La obra más importante es la gran presa de Assuan, que da origen al lago de Nasser. Esta presa hizo desaparecer las tradicionales crecidas del río.

NILÓN m. *Quím.* NAILON.

NILÓTICO, CA adj. y s. **1** Del Nilo. **2** *Etnol.* Se dice de un conjunto de pueblos negroafricanos que viven en Sudán y S de Egipto, en el curso alto del Nilo.

NILSON, LARS FREDRIK Químico sueco (Sköberge, 1840 - Estocolmo, 1899). Investigó las tierras raras y el berilio, y descubrió el escandio.

NIMBO m. **1** Aureola, disco luminoso de la cabeza de las imágenes. **2** Círculo que en ciertas medallas, y particularmente en las del bajo imperio romano, rodea la cabeza de algunos emperadores. **3** *Astron.* Círculo luminoso que rodea a los astros, especialmente al Sol y a la Luna. **4** *Meteor.* NIMBOESTRATO.

NIMBOESTRATO m. *Meteor.* Tipo de nube de color gris oscuro y de aspecto casi uniforme, que generalmente produce lluvia o nieve.

NIMEGA (*Nijmegen*) Ciudad del SE de los Países Bajos, provincia de Güeldres, a orillas del Waal, afluente del Rhin; 147.365 h. Centro industrial y comercial. Tratado de paz (1679) que puso fin a la guerra de Francia contra los Países Bajos, por el que España tuvo que ceder a Francia el Franco Condado y diversas plazas fuertes de Flandes.

NIMES Ciudad del S de Francia, capital del departamento de Gard; 133.607 h. Importantes restos romanos, entre los que destaca el anfiteatro.

NIMIEDAD f. **1** Calidad de nimio. **2** Cosa nimia.

NIMIO, MIA adj. **1** Excesivo, exagerado. **2** Prolijo, minucioso, escrupuloso. **3** Insignificante, sin importancia.

NIN, ANAÏS Escritora estadounidense de origen francés (París, 1903 - Los Ángeles, 1977). Hija de Joaquín Nin. Influida por el movimiento surrealista y el psicoanálisis elaboró un estilo muy personal, marcado por el lenguaje de los sueños y de los símbolos. Entre sus títulos destacan *La casa del incesto* (1936), *Invierno del artificio* (1939), *Una espía en la casa del amor* (1954), el libro de relatos eróticos *Delta de Venus* (1977) y en especial su extenso *Diario* (1966-80), considerado su obra maestra.

NIN, JOAQUÍN Pianista, compositor y musicógrafo español (La Habana, 1883 - íd., 1949). Padre de Anaïs Nin. Sus volúmenes de *Classiques espagnoles du piano* y *Veinte cantos populares españoles* obtuvieron difusión internacional. Entre sus composiciones más célebres se encuentran *El jardín de Lindaraja* (1927), *Suite espagnole* (1929) y *Rapsodie Ibérienne* (1930).

NINFA f. **1** Cualquiera de las fabulosas deidades de las aguas, bosques, selvas, etc. **2** fig. Joven hermosa. **3** *Zool.* Estadio intermedio de la metamorfosis de un insecto, equivalente al de pupa, que sigue a la fase de larva y precede al adulto. **4** *Zool.* Margen de la valva que se unen los ligamentos de la charnela en los moluscos bivalvos. || pl. *Anat.* **5** Labios pequeños de la vulva.

NINFÁLIDO, DA adj. y m. *Zool.* **1** Se aplica al insecto lepidóptero perteneciente a la superfamilia papilionoideos. Viven en todos los continentes. || m. pl. *Zool.* **2** Familia de estos lepidópteros.

NINFEA m. *Bot.* NENÚFAR, planta.

NINFEÁCEO, A adj. y f. *Bot.* **1** Se dice de la planta angiosperma dicotiledónea, acuática, con raíces, hojas alternas, y flores actinomorfas, como el nenúfar y el loto. || f. pl. *Bot.* **2** Familia de estas plantas.

NINFÓMANA f. Mujer que padece de ninfomanía.

NINFOMANÍA f. Incremento patológico del deseo sexual en la mujer.

NINFOSIS f. *Zool.* Proceso de desarrollo en una ninfa o una pupa.

NINGBO (*Ning-po*) Ciudad de China, en la provincia de Zhejiang. 1.090.000 h. Importante puerto comercial. Fabricación de objetos de laca.

NINGXIA HUI (*Ningsia Hui*) Región Autónoma de China; 66.400 km² y 5.040.000 h. Capital, Yinchuan.

NINGÚN adj. Apócope de NINGUNO. Se emplea sólo antepuesto a nombres masculinos singulares.

NINGUNO, NA adj. **1** Ni uno solo. || pron. indef. **2** Nulo y sin valor. **3** Ninguna persona, nadie.

NÍNIVE *Geog. hist.* Antigua ciudad de Asia, una de las capitales de Asiria, situada en la margen izquierda del río Tigris. Debió principalmente su fama a Senaquerib, quien mandó construir el majestuoso palacio de Kuyunjik y el arsenal de Nebi Yunus. Fue destruida por los medos y babilonios en 612 a. C., liderados por Nabopolasar y Ciaxares.

NINIVITA adj. y com. De Nínive.

NINO *Mit.* Rey legendario de Asiria, fundador de Nínive, asesinado por su mujer, Semíramis.

NINOT m. Muñeco que en las fallas valencianas se indulta del fuego y se conserva.

NIÑERA f. Criada destinada a cuidar niños.

NIÑERÍA f. **1** Acción propia de niños. **2** Poquedad y cortedad de las cosas. **3** fig. Hecho o dicho de poca entidad o sustancia.

NIÑEZ f. Periodo de la vida humana, que se extiende desde la infancia a la pubertad.

NIÑO, ÑA adj. y s. **1** Que se halla en la niñez. **2** Por extensión, que tiene pocos años. **3** Que tiene poca ex-

periencia o madurez. **4** fam. Hijo. **5** fam. En el trato afectivo, persona que ha pasado de la niñez. Se usa más en vocativo. || m. y f. **6** En varios países de América, tratamiento que se da a las personas de categoría social más alta. || f. *Anat.* **7** Pupila del ojo. || **LA NIÑA BONITA** En la lotería, nombre con el que se designa al número quince. || **NIÑO PROBETA** *Med.* El concebido por fecundación externa del óvulo, que luego se implanta en el útero de la madre. || **como niño con zapatos nuevos** loc. fam. Se aplica a la persona que se muestra muy feliz por algo que acaba de obtener. || **como un niño** loc. De forma espontánea, con frescura o ingenuidad. || **ser** una persona o cosa **la niña de los ojos** de uno loc. fam. Serle muy querido, apreciarla mucho.

NIÑO, ANDRÉS Navegante y explorador español (?, h. 1475 - ?, h. 1532). Buscando un paso entre el Pacífico y el Atlántico, costeó América Central hacia el Norte. Visitó el lago de Nicaragua y descubrió el golfo que denominó de Fonseca, entre El Salvador, Honduras y Nicaragua.

NIÑO, PEDRO ALONSO Navegante y explorador español (Moguer, 1468 - ?, h. 1505). Acompañó a Colón en el primer y tercer viaje, y entre ambos efectuó otro para llevar provisiones a Santo Domingo. En 1499 zarpó con una carabela fletada por el comerciante Cristóbal Guerra, con el que exploró la costa de Venezuela. De regreso en España fue procesado por haber faltado a las capitulaciones del viaje.

NIÑOS HÉROES *Hist.* Episodio de la guerra entre México y EE UU, en el que se distinguieron los alumnos del Colegio Militar de México, en el castillo de Chapultepec (1847).

NÍOBE *Mit.* Hija de Tántalo y esposa de Anfión, de quien tuvo siete hijos y siete hijas. Llevada por su orgullo, declaró ser superior a Leto, que sólo tenía dos hijos. Leto pidió a Apolo y a Ártemis que la vengasen. Ambos dioses mataron a flechazos a los hijos de Níobe.

NIOBIO m. *Quím.* Elemento químico del grupo V B del sistema periódico. Masa atómica 92,9; número atómico 41; punto de fusión 1950º C; símbolo *Nb*. Metal pulverulento de color gris brillante, que se asemeja al tántalo y le acompaña en ciertos minerales.

NIORT Ciudad del O de Francia, capital del departamento de Deux-Sèvres; 57.012 h. Curtidos, guantes. Iglesia de Nuestra Señora del siglo XV.

NIPA f. *Bot.* Árbol perteneciente a la familia nipáceas, de nombre científico *Nipa fruticans*, tipo de palma que abunda en las marismas de las islas de la Oceanía intertropical. De ella se obtiene la tuba y con las hojas se fabrican tejidos bastos.

NIPIS m. Tela fina que tejen en Filipinas con las fibras de las hojas del abacá.

NIPKOW, PAUL GOTTLIEB Ingeniero alemán (Lauenburg, 1860 - Berlín, 1940). Inventó en 1884 el disco que lleva su nombre y que habría de permitir años más tarde la transmisión y recepción de imágenes a distancia, por lo que se le considera el precursor de la televisión.

NIPÓN, NA adj. y s. De Japón.

NIPPUR *Geog. hist.* Antigua ciudad de Mesopotamia, al SE de Babilonia, junto al río Éufrates. Conoció un gran desarrollo durante los siglos III y IV a. C., como importante centro religioso y cultural de los sumerios.

NÍQUEL m. **1** *Quím.* Elemento químico del grupo VIII B del sistema periódico. Masa atómica, 58,69; número atómico, 28; punto de fusión, 145 ºC; símbolo, *Ni*. Metal de color blanco ligeramente amarillento y brillo semejante al de la plata, muy duro, magnético y algo

Ninfa y sátiro. Cuadro anónimo. Museo del Prado (Madrid).

más pesado que el hierro. Se encuentra en estado nativo en pequeña cantidad en el hierro meteórico. Lo más común es que aparezca combinado con el arsénico y el azufre. Es uno de los principales elementos metálicos por su amplia aplicación en la fabricación de aleaciones. Las más habituales son las de los aceros, mientras que la de níquel-cromo se utiliza para recubrimientos electrolíticos. **2** *Cuba* y *P. Rico* Moneda de cinco centavos. **3** *Urug.* Moneda. **4** *Urug.* Caudal, bienes.

NIQUELAR tr. *Quím.* Revestir una pieza metálica con un baño de níquel mediante electrólisis.

NIQUELINA f. *Miner.* Mineral arseniato natural de níquel rojo, de fórmula NiAs. Se encuentra normalmente en las rocas ígneas, junto con la calcopirita y los sulfuros de níquel.

NIQUI o **NIKI** m. Prenda de vestir, especie de camiseta de punto.

NIRENBERG, MARSHALL WARREN Bioquímico estadounidense (Nueva York, 1927). Investigó la interpretación del código genético en función de la síntesis de las proteínas. En 1968 recibió el premio Nobel de Medicina, compartido con R. W. Holley y H. G. Khorana.

NIRO, ROBERT DE Actor de cine estadounidense (Nueva York, 1943). Actor de gran popularidad, en su filmografía destacan *Malas calles* (1973), *El Padrino, segunda parte* (1974; Oscar al mejor actor secundario), *Taxi Driver* (1976), *Novecento* (1976), *New York, New York* (1977), *El cazador* (1978), *Toro salvaje* (1980; Oscar al mejor actor principal), *Érase una vez en América* (1984), *La Misión* (1985), *Uno de los nuestros* (1990), *Una historia del Bronx* 1993; dirigida por él mismo), *Casino* (1995), *Heat* (1995), *Sleepers* (1996), *Jackie Brown* (1998), *Cortina de humo* (1998), *Una terapia peligrosa* (1999), *Los padres de ella* (2000), *Un golpe maestro* (2001) y *Condenado* (2002).

NIRVANA (Voz sánscrita.) m. *Rel.* En el budismo, estado de bienaventuranza obtenido por la absorción e incorporación del individuo en la esencia divina.

NIS Ciudad del E de Serbia y Montenegro, en la República de Serbia, a orillas del Nisava; 175.391 h. Industria mecánica, textil. Universidad.

NISA f. *Bot.* TUPELO.

NÍSCALO m. *Bot.* Hongo basidiomicete de la familia rusuláceas, género *Lactarius*, comestible, muy sabroso y de color anaranjado, que crece en los pinares y es fácil de distinguir por su color, que se torna verdoso al cortarlo o por el roce.

NISHINOMIYA Ciudad de Japón, en la prefectura de Hyogo, en la isla de Honshu; 390.388 h. Destilerías de sake. Puerto sobre el golfo de Osaka.

NÍSPERA f. *Bot.* Níspero, fruto.

NÍSPERO m. *Bot.* **1** Arbusto o pequeño árbol perteneciente a la familia rosáceas, de nombre científico *Mespilus germanica*, de hojas caedizas y lanceoladas, flores blancas y fruto áspero. **2** Fruto de este árbol. **3** *Amér.* Zapote, chicozapote, árbol. **4** Fruto de este árbol. **5** *Nic.* y *Salv.* Árbol de la familia sapotáceas, con frutos de pulpa dulce y aromática. || **NÍSPERO DEL JAPÓN** *Bot.* Arbusto siempre verde, perteneciente a la familia rosáceas, de nombre científico *Eriobotrya japonica*, de hojas grandes, flores blancas con olor de almendra y fruto amarillento, casi esférico y comestible. Es originario del Japón.

NÍSPOLA f. *Bot.* Fruto del níspero. Es aovado, amarillento, rojizo, dulce y comestible cuando está pasado.

NISSL, FRANZ Médico alemán (Frankental, 1860 - Munich, 1919). Uno de los fundadores de la histología patológica, especialmente del sistema nervioso.

NISTAGMO m. *Med.* Oscilación espasmódica involuntaria del globo ocular, reveladora de ciertas alteraciones del sistema nervioso o del oído interno.

NITERÓI Ciudad de Brasil, Estado de Rio de Janeiro; 400.586 h. Integrada en el área metropolitana de la ciudad de Rio de Janeiro.

NITHARD, JOHANNES EBERHARD Religioso y político alemán al servicio de España (Falkenstein, 1607 - Roma, 1681). Miembro de la Compañía de Jesús, el emperador de Alemania Fernando III le nombró preceptor de sus hijos Leopoldo y Mariana. Cuando ésta se casó con Felipe IV de España, la acompañó como director espiritual. Muerto el rey, pasó a controlar el gobierno. Su impopularidad (prohibición de las corridas de toros y de la representación de comedias) y los fracasos en el exterior propiciaron el pronunciamiento de Juan José de Austria. Fue destituido (1669) y enviado a Roma como embajador permanente, donde fue investido con el capelo cardenalicio (1672).

NÍTIDO, DA adj. **1** Limpio, resplandeciente. **2** Preciso, que se percibe claramente.

NITO m. **1** *Bot.* Helecho de Filipinas, de cuyos pecíolos se obtiene un filamento usado para fabricar sombreros y petacas. || m. pl. **2** fam. Se usa como respuesta para ocultar lo que se come o se lleva.

Robert de **Niro**

NITR-; **-NITR-** pref. o in. NITRO-.

NITRAR tr. *Quím.* Introducir en un compuesto orgánico el grupo funcional positivo, formado por un átomo de nitrógeno y dos de oxígeno.

NITRATINA f. *Quím.* Nitrato de sodio, de fórmula NO_3Na, abundante en las zonas secas de Chile y muy utilizado como abono.

NITRATO m. *Quím.* **1** Sal o éter que se obtiene por reacción del ácido nítrico con una base, con óxidos metálicos o con carbonatos. Los nitratos son las sales más difundidas desde el punto de vista industrial. Son fácilmente solubles en agua y se descomponen al calentarse. **2** Cualquier compuesto que contenga el radical NO_3^-. || **NITRATO DE AMONIO** *Quím.* Compuesto de fórmula NH_4NO_3, sólido cristalino e incoloro, soluble en agua y utilizado como abono nitrogenado. || **NITRATO DE CALCIO** *Quím.* Compuesto de fórmula $Ca(NO_3)_2$, de color blanco, soluble en agua y utilizado como abono nitrogenado. || **NITRATO DE CHILE** CALICHE. || **NITRATO DE SODIO** *Quím.* Compuesto de fórmula $NaNO_3$, sólido blanco, soluble en agua y utilizado como abono nitrogenado.

NÍTRICO, CA adj. *Quím.* Relativo al nitro o al nitrógeno. || **ÁCIDO NÍTRICO** *Quím.* Compuesto inorgánico de fórmula NO_3H, que se encuentra en el agua de lluvia durante las tormentas. Se puede obtener directamente del aire o por oxidación catalítica del amoniaco. Se emplea para disolver metales, grabar al aguafuerte y en la fabricación de nitratos, ácido sulfúrico y explosivos. || **ANHÍDRIDO NÍTRICO** *Quím.* Compuesto de fórmula N_2O_5, que se disuelve en el agua produciendo ácido nítrico. || **ÓXIDO NÍTRICO** *Quím.* Gas incoloro de fórmula NO que, en contacto con el aire, produce vapores rojizos y oscuros de peróxido de nitrógeno.

NITRILOS m. pl. *Quím.* Grupo de compuestos orgánicos, de fórmula general R–C≡N. Son líquidos incoloros y tóxicos. Cuando se reducen se convierten en aminas.

NITRITO m. *Quím.* Sal o éter formada por la combinación del ácido nitroso con una base.

NITRO-, **NITR-**; **-NITRO-**, **-NITR-** prefs. o ins. utilizados en química para indicar los compuestos derivados del ácido nítrico.

NITRO m. *Geol.* Nitrato potásico, de fórmula KNO_3, que se encuentra en forma de agujas o de polvillo blanquecino en la superficie de los terrenos húmedos y salados. Se utiliza para la fabricación de la pólvora común.

NITROBENCENO m. *Quím.* Líquido oleoso, incoloro o amarillo claro, que se obtiene tratando el benceno con una mezcla de ácidos nítrico y sulfúrico concentrados, de fórmula $C_6H_5–NO_2$. Es tóxico y se emplea para obtener anilina, para refinar aceites lubricantes y en síntesis orgánicas.

NITROCELULOSA f. *Quím.* Compuesto orgánico que se obtiene por la actuación de los ácidos nítrico y sulfúrico sobre la celulosa. Las nitrocelulosas son utilizadas en algunas preparaciones de materias plásticas, como el celuloide, para fabricar seda artificial, laca, etc.

NITRÓGENO m. *Quím.* Elemento químico no metálico del grupo V A del sistema periódico. Masa atómica, 14,008; número atómico, 7; densidad, 1,2506; punto de ebullición, –195,8 ºC; punto de fusión, –209,86 ºC; símbolo, N. En condiciones normales es un gas diatómico (N_2), tri o pentavalente, incoloro, insípido e inodoro, que no sirve para la respiración ni la combustión. Es muy abundante en la naturaleza, tanto libre como formando combinaciones; libre, constituye las 4/5 partes del aire en volumen, y combinado se encuentra en los nitratos y nitritos, en el amoniaco y la urea, y formando parte de proteínas vegetales y animales. En relación con la materia viva es un elemento fundamental, por su función reguladora de los procesos de combustión y por las importantes combinaciones orgánicas en que interviene.

NITROGLICERINA f. *Quím.* Éster nítrico de la glicerina, de fórmula $C_3H_5(ONO_2)_3$, en el que sus tres grupos alcohólicos han sido esterificados por otros tres de ácido nítrico. Es un líquido aceitoso, incoloro e inodoro, más pesado que el agua e insoluble en ella, que se prepara tratando la glicerina con una mezcla fría de ácidos nítrico y sulfúrico concentrados. Arde sin explosión cuando está en capas delgadas, pero detona con gran violencia por efecto del calor, del roce o de un choque; estalla con una fuerza siete veces mayor que la de la pólvora.

NITROSO, SA adj. *Quím.* **1** Que tiene nitro o se le parece en algunas de sus propiedades. **2** Se dice en general de los compuestos oxidados del nitrógeno en grado inferior al ácido nítrico.

NITROTOLUENO m. *Quím.* Compuesto orgánico, derivado del tolueno, de fórmula $CH_3–C_6H_4–NO_2$. Se utiliza en la industria de explosivos y de colorantes sintéticos.

NITRURO m. *Quím.* Combinación binaria del nitrógeno con un elemento metálico.

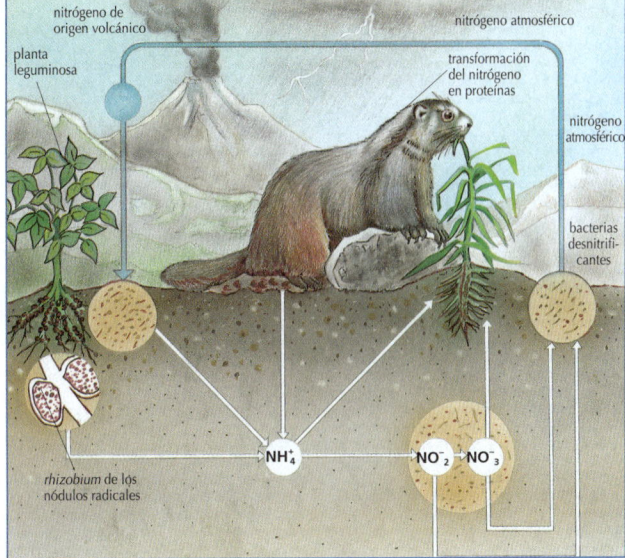

Ciclo del **nitrógeno**.

Niza (Francia).

Niue o **Savage** Atolón de Oceanía, dependiente de Nueva Zelanda, al S de Samoa; 259 km² y 2.267 h. Su capital es Alofi. Tiene autonomía interna desde 1974.

nival adj. Perteneciente o relativo a la nieve.

nivel m. 1 Instrumento para averiguar la diferencia de altura entre dos puntos o planos, o comprobar si tienen la misma. 2 Cualidad de horizontal. 3 *Miner.* Galería de una mina. 4 Altura que una cosa alcanza, o a la que está colocada. 5 Igualdad o equivalencia en cualquier línea o especie. 6 Grado o altura que alcanzan ciertos aspectos de la vida social. 7 *Fís.* En acústica, magnitud de un sonido. 8 *Fís.* Valor de la energía de un electrón o una partícula nuclear. 9 Altura que alcanza la superficie de un líquido. || **nivel trófico** *Ecol.* El de todos aquellos organismos que obtienen su alimento a través del mismo número de eslabones. En el primer nivel trófico se encuentran los *productores primarios* (plantas verdes y bacterias quimiosintéticas), en el siguiente los *consumidores primarios* (herbívoros que se alimentan directamente de plantas), en el siguiente los *consumidores secundarios* (carnívoros que se alimentan de herbívoros) y, en el último, los *consumidores terciarios* (predadores que se alimentan de otros carnívoros). || **nivel de vida** *Sociol.* Grado de bienestar, principalmente material, alcanzado por la generalidad de los habitantes de un país, los componentes de una clase social, etc. || **a nivel** loc. adv. En un plano horizontal.

niveladores (En i. *levellers.*) m. pl. *Hist.* Nombre que recibieron los miembros de un movimiento político republicano y democrático que se desarrolló en Inglaterra entre 1645 y 1649, durante la revolución inglesa. Sus líderes, John Liburne, Richard Overton, William Walwyn, pertenecían a los sectores más radicales del Parlamento. Defendían la transferencia de la soberanía al Parlamento y la adopción de medidas que lo dotasen de mayor representatividad. También m.

nivelar tr. 1 Utilizar el nivel para reconocer si existe o falta la horizontalidad. 2 Poner un plano en la posición horizontal. 3 Poner a igual altura dos o más cosas. 4 fig. Igualar una cosa con otra. También prnl.

Niven, David Actor de cine británico (Kirriemuir, 1909 - Château d'Oex, Suiza, 1983). Alcanzó gran popularidad en el papel de gentleman inglés. Películas principales: *La vuelta al mundo en ochenta días* (1956), *Buenos días, tristeza* (1957), *La pantera rosa* (1963) y *Muerte en el Nilo* (1978).

níveo, a adj. poét. De nieve o semejante a ella.

Nix *Mit.* Nicte.

Nixon, Richard Milhous Político estadounidense (Yorba Linda, 1913 - Nueva York, 1994). Miembro del Partido Republicano, fue senador (1950) y vicepresidente de la República durante los dos mandatos de Eisenhower (1953-61). Presidente de la nación (1968-74). No terminó su segundo mandato, ya que se vio obligado a dimitir, debido a su implicación en el llamado *caso Watergate*.

Niza (*Nice*) Ciudad del SE de Francia, capital del departamento de Alpes Marítimos, a la costa mediterránea; 345.674 h. Turismo.

Niza, Marcos Religioso y explorador italiano (Niza, México, 1558 - ?). Exploró Nuevo México y Arizona. Autor de una *Relación del descubrimiento de las siete ciudades.*

Nizan o **Nizami, Abu Muhammad ben Yusuf** Poeta persa (Gendscha, Azerbaiyán, 1141 - íd., h. 1209). Su obra más famosa, *Quinteto* o *Los cinco tesoros* (*Jamseh*), está compuesta por los poemas, *El tesoro de los secretos, Cosroes y Shirin, Layla y Maynun, Las siete princesas* y *El libro de Alejandro.*

Nizan, Paul Escritor francés (Tours, 1905 - Audruicq, 1940). Militante comunista desde 1927, abandonó el partido en 1939. Combatió en la Segunda Guerra Mundial y murió en la acción de Dunkerque. Entre sus obras destacan *Los perros guardianes* (1932), ensayo; y *La conspiración* (1938), novela.

nizardo, da adj. y s. De Niza.

nízcalo m. *Bot.* níscalo.

Nizhny Novgorod 1 Región de la Federación de Rusia, en la República Federada de Rusia; 74.800 km² y 3.741.800 h. 2 Ciudad capital de la misma; 1.383.000 h. Importante centro industrial. Entre 1932 y 1991 se llamó *Gorki.*

Nizhni Tagil Ciudad de la Federación de Rusia, región de Sverdlovsk; 409.100 h. Gran centro siderúrgico.

Nkrumah, Kwame Político ghanés (Nkroful, 1909 - Bucarest, 1972). Líder de la independencia de su país, fue primer ministro de Costa de Oro (1952-57), primer ministro de Ghana (1957-60) y presidente de la República (1960-66).

no adv. neg. 1 Se emplea principalmente respondiendo a pregunta. 2 En sentido interrogativo, suele emplearse como reclamando o pidiendo contestación afirmativa. 3 En frases en las que va seguido de la preposición *sin,* forma con ella sentido afirmativo. 4 Término que se utiliza en las negaciones proposicionales. || **¿a que no?** fr. Especie de reto que se dirige a uno, en el sentido de que no puede contradecir a otro. || **no bien** loc. adv. Tan pronto como. || **no más** expr. *Amér.* Sólo.

no o **noh** m. *Teat.* Drama lírico del teatro tradicional japonés, que integra poesía, danza, música y diálogos en prosa.

No *Quím.* Símbolo del nobelio.

NO *Geog.* abr. de noroeste.

Noailles, Adrien Maurice, duque de Militar y político francés (París, 1678 - íd., 1766). Tomó parte en la guerra de Sucesión de Austria y en la española, contribuyendo a la victoria de Villaviciosa. A su regreso a Francia, fue nombrado presidente del Consejo de Finanzas (1715-18), ministro de Estado (1743) y de Asuntos Exteriores (1744-45).

Noailles, Anne Brancovan, condesa de Escritora francesa (París, 1876 - íd., 1933). Obra poética: *La sombra de los días* (1902) y *El honor de sufrir* (1924). Novelas: *La nueva esperanza* (1903) y *La dominación* (1905).

Nobel, Alfred Ingeniero químico, inventor e industrial sueco (Estocolmo, 1833 - San Remo, 1896). Descubrió la dinamita (1866), y varios explosivos más, así como un método para la destilación continua del petróleo. Dejó su fortuna para costear los premios que llevan su nombre.

Nobel, premios Los creados por Alfred Nobel, quien en su testamento dejó su fortuna para premiar anualmente a las personas o instituciones que hubieran destacado en los campos de la Medicina y Fisiología, Química, Física, Literatura y de la Paz. Se comenzaron a otorgar en 1901. En 1969 se creó el de Ciencias Económicas. Los premios de Física y Química y de Ciencias Económicas los otorga la Real Academia de Ciencias, de Estocolmo; el de Fisiología y Medicina, el Real Instituto Médico Carolino, de la misma ciudad; el de Literatura, la Academia sueca, y el de la Paz, un comité de cinco personas nombrado por el *Storting,* Parlamento noruego. La distinción consiste en una medalla de oro con la efigie del fundador, un diploma nominal en que se especifica la causa del premio y una suma en metálico.

nobelio m. *Quím.* Elemento químico del grupo de los actínidos del sistema periódico. Masa atómica, 254; número atómico, 102; símbolo, *No.* Es un elemento radiactivo artificial que se obtuvo bombardeando el curio con iones de carbono.

Nobile, Umberto Aviador y explorador italiano (Lauro, 1885 - Roma, 1978). Con Amundsen sobrevoló el Polo Norte a bordo del dirigible *Norge.* Dos años después, en una nueva expedición ártica a bordo del dirigible *Italia,* cayó sobre Svalbard.

nobiliario, ria adj. 1 Perteneciente o relativo a la nobleza. 2 Se aplica al libro que trata de la nobleza y genealogía de las familias. También m.

noble adj. 1 Preclaro, ilustre, generoso. 2 Principal en cualquier línea. 3 Se dice en sentido estricto de la persona que por su ilustre nacimiento o por gracia de un príncipe usa algún título del reino; y por extensión, de sus parientes. También com. 4 Aplicado a lo irracional e insensible, singular o particular en su especie. 5 Honroso, estimable. 6 Título de honor que daba el rey de Aragón. 7 *Quím.* Se dice de la sustancia que no reacciona con otra y permanece inalterable, como los metales o platino o los gases helio y argón. || m. *Num.* 8 Moneda de oro que se usó en España, dos quilates más fina que el escudo.

nobleza f. 1 Calidad de noble. 2 Conjunto o cuerpo de los nobles de un Estado o de una región.

Noboa, Gustavo Abogado y político ecuatoriano (?, 1938). Vicepresidente del Gobierno con Jamil Mahuad, fue nombrado presidente de la República tras el golpe de Estado de 2000. Sustituido en el cargo en 2002 por Lucio Gutiérrez, el año siguiente fue acusado de presuntas irregularidades económicas en su gestión, ante lo que pidió asilo en la República Dominicana.

Noboa y Arteta, Diego Político ecuatoriano (Guayaquil, 1789 - íd., 1870). Formó parte del primer triunvirato de gobierno (1845) y fue presidente de la República (1850-51).

noceda o **nocedal** f. o m. *Bot.* Sitio plantado de nogales.

noche f. 1 Tiempo comprendido entre la salida y la puesta del Sol. 2 Oscuridad que corresponde a este intervalo de tiempo. 3 Tiempo que se dedica a dormir y que coincide aproximadamente con este intervalo de tiempo. 4 Confusión, oscuridad, tristeza. || **noche de bodas** La del día de la boda. || **noche buena** nochebuena. || **noche cerrada** Espacio de tiempo en que la oscuridad de la noche es total. || **noche toledana** fig. y fam. La que uno pasa sin dormir. || **noche vieja** nochevieja. || **buenas noches** expr. fam. que se emplea como salutación y despedida durante la noche. || **de la noche a la mañana** fr. fig. Inopinadamente, de pronto. || **de noche** loc. adv. Después del crepúsculo vespertino. || **hacerse de noche** fr. Anochecer.

noche de los cristales rotos *Hist.* Nombre con el que es conocido el pogrom que tuvo lugar la noche del 9

Alfred **Nobel**

RELACIÓN NOMINAL CRONOLÓGICA Y POR ESPECIALIDADES DE LOS PREMIOS NOBEL (1901-2003)

Años	Física	Fisiología y Medicina	Literatura	Paz	Química	Ciencias Económicas
1901	W. C. Roentgen (Alemania)	E. A. von Behring (Alemania)	Sully-Prudhomme (Francia)	H. Dunant (Suiza) F. Passy (Francia)	J. H. van't Hoff (Países Bajos)	
1902	H. A. Lorentz (Países Bajos) P. Zeeman (Países Bajos)	sir R. Ross (Reino Unido)	T. Mommsen (Alemania)	E. Ducommun (Suiza) K. A. Gobat (Suiza)	F. Fischer (Alemania)	
1903	H. A. Becquerel (Francia) P. Curie (Francia) M. Curie (Francia)	N. R. Finsen (Dinamarca)	B. Björnson (Noruega)	sir W. R. Cremer (Reino Unido)	S. A. Arrhenius (Suecia)	
1904	J. W. Rayleigh (Reino Unido)	I. P. Pavlov (Rusia)	F. Mistral (Francia) J. Echegaray (España)	Instituto de Derecho Internacional (Bélgica)	sir W. Ramsay (Reino Unido)	
1905	Ph. Lenard (Alemania)	R. Koch (Alemania)	H. Sienkiewicz (Polonia)	B. von Suttner (Austria)	A. von Baevey (Alemania)	
1906	J. J. Thomson (Reino Unido)	C. Golgi (Italia) S. Ramón y Cajal (España)	G. Carducci (Italia)	Th. Roosevelt (EE UU)	H. Moissan (Francia)	
1907	A. A. Michelson (EE UU)	Ch. L. A. Laveran (Francia)	R. Kipling (Reino Unido)	F. Moneta (Italia) I. Renault (Francia)	E. Buchner (Alemania)	
1908	G. Lippmann (Francia)	P. Ehrlich (Alemania) I. Mechnikov (Rusia)	R. Eucken (Alemania)	F. Bajer (Dinamarca) K. P. Arnoldson (Suecia)	E. Rutherford (Reino Unido)	
1909	G. Marconi (Italia) K. F. Braun (Alemania)	E. Th. Kocher (Suiza)	S. Lagerlöf (Suecia)	A. M. F. Beernaert (Bélgica) P. H. B. Balluat d'Estournelles de Constan (Francia)	W. Ostwald (Alemania)	
1910	J. D. van der Waals (Países Bajos)	A. Kossel (Alemania)	P. von Heyse (Alemania)	Oficina Internacional Permanente de la Paz (Suiza)	O. Wallach (Alemania)	
1911	W. Wien (Alemania)	A. Gullstrand (Suecia)	M. Maeterlinck (Bélgica)	T. M. C. Asser (Países Bajos) A. H. Fried (Austria)	M. Curie (Francia)	
1912	G. Dalen (Suecia)	A. Carrel (Francia)	G. Hauptmann (Alemania)	E. Root (EE UU)	V. Grignard (Francia) P. Sabatier (Francia)	
1913	H. Kamerlingh Onnes (Países Bajos)	Ch. Richet (Francia)	R. Tagore (India)	H. Lafontaine (Bélgica)	A. Werner (Suiza)	
1914	M. von Laue (Alemania)	R. Bárány (Austria)	No se concedió	No se concedió	T. W. Richards (EE UU)	
1915	W. H. Bragg (Reino Unido) W. L. Bragg (Reino Unido)	No se concedió	R. Rolland (Francia)	No se concedió	R. Willstätter (Alemania)	
1916	No se concedió	No se concedió	V. von Heidenstam (Suecia)	No se concedió	No se concedió	
1917	Ch. G. Barkla (Reino Unido)	No se concedió	K. Gjellerup (Dinamarca) H. Pontoppidan (Dinamarca)	Cruz Roja Internacional	No se concedió	
1918	M. Planck (Alemania)	No se concedió	No se concedió	No se concedió	F. Haber (Alemania)	
1919	J. Stark (Alemania)	J. Bordet (Bélgica)	C. Spitteler (Suiza)	W. Wilson (EE UU)	No se concedió	
1920	Ch. E. Guillaume (Suiza)	S. A. S. Krogh (Dinamarca)	K. Hamsun (Noruega)	I. Bourgeois (Francia)	W. Nernst (Alemania)	
1921	A. Einstein (Alemania)	No se concedió	A. France (Francia)	C. H. Branting (Suecia) Ch. L. Lange (Noruega)	F. Soddy (Reino Unido)	
1922	N. Bohr (Dinamarca)	A. V. Hill (Reino Unido) O. Meyerhof (Alemania)	J. Benavente (España)	F. Nansen (Noruega)	F. W. Aston (Reino Unido)	
1923	R. A. Millikan (EE UU)	F. G. Banting (Canadá) J. J. Macleod (Reino Unido)	W. B. Yeats (Irlanda)	No se concedió	P. Pregl (Austria)	
1924	K. M. G. Siegbahn (Suecia)	W. Einthoven (Países Bajos)	W. Reymont (Polonia)	No se concedió	No se concedió	
1925	J. Franck (Alemania) G. Hertz (Alemania)	No se concedió	G. B. Shaw (Reino Unido)	C. G. Dawes (EE UU) sir A. Chamberlain (EE UU)	R. Zsigmondy (Alemania)	
1926	J. Perrin (Francia)	J. Fibiger (Dinamarca)	G. Deledda (Italia)	A. Briand (Francia) G. Stresemann (Alemania)	Th. Svedberg (Suecia)	
1927	A. H. Compton (EE UU) Ch. T. R. Wilson (Reino Unido)	J. Wagner von Jauregg (Austria)	H. Bergson (Francia) F. Buisson (Francia)	L. Quidde (Alemania)	H. Wieland (Alemania)	
1928	sir O. W. Richardson (Reino Unido)	Ch. Nicolle (Francia)	S. Undset (Noruega)	No se concedió	A. Windaus (Alemania)	
1929	L. V. de Broglie (Francia)	F. G. Hopkins (Reino Unido) G. Eijkman (Países Bajos)	T. Mann (Alemania)	F. B. Kellogg (EE UU)	A. Harden (Reino Unido) H. von Euler-Chelpin (Suecia)	
1930	C. V. Raman (India)	K. Landsteiner (EE UU)	S. Lewis (EE UU)	N. Söderblom (Suecia)	H. Fischer (Alemania)	
1931	No se concedió	O. H. Warburg (Alemania)	E. A. Karlfeldt (Suecia)	J. Addams (EE UU) N. M. Butler (EE UU)	K. Bosch (Alemania) F. Bergius (Alemania)	
1932	W. Heisenberg (Alemania)	C. S. Sherrington (Reino Unido) E. D. Adrian (Reino Unido)	J. Galsworthy (Reino Unido)	No se concedió	I. Langmuir (EE UU)	
1933	P. A. M. Dirac (Reino Unido) E. Schrödinger (Austria)	T. H. Morgan (EE UU)	I. Bunin (Rusia)	sir N. Angell (Reino Unido)	No se concedió	
1934	No se concedió	G. R. Minot (EE UU) W. P. Murphy (EE UU) G. H. Whipple (EE UU)	L. Pirandello (Italia)	A. Henderson (Reino Unido)	H. C. Urey (EE UU)	
1935	J. Chadwick (Reino Unido)	H. Spemann (Alemania)	No se concedió	C. von Ossietzky (Alemania)	F. e I. Joliot-Curie (Francia)	
1936	C. D. Anderson (EE UU) V. F. Hess (Austria)	sir H. H. Dale (Reino Unido) O. Loewi (Austria)	E. G. O'Neill (EE UU)	C. de Saavedra Lamas (Argentina)	P. J. W. Debye (EE UU)	
1937	C. J. Davisson (EE UU) G. P. Thomson (Reino Unido)	A. von Szent-Györgyi (Hungría)	R. Martin du Gard (Francia)	R. E. A. Cecil (Reino Unido)	W. N. Haworth (Reino Unido) P. Karrer (Suiza)	

RELACIÓN NOMINAL CRONOLÓGICA Y POR ESPECIALIDADES DE LOS PREMIOS NOBEL (1901-2003)

Años	Física	Fisiología y Medicina	Literatura	Paz	Química	Ciencias Económicas
1939	E. O. Lawrence (EE UU)	G. Domagk (Alemania)	F. E. Sillanpää (Finlandia)	No se convocó	A. Butenandt (Alemania) I. Ruzicka (Suiza)	
1940-42	No se convocó	No se convocó	No se convocó	No se convocó	No se convocó	
1943	O. Stern (EE UU)	E. A. Doisy (EE UU) C. P. H. Dam (Dinamarca)	No se convocó	No se convocó	J. G. von Hevesy (Suecia)	
1944	I. I. Rabi (EE UU)	J. Erlanger (EE UU) H. S. Gasser (EE UU)	J. V. Jensen (Dinamarca)	Cruz Roja Internacional	O. Hahn (Alemania)	
1945	W. Pauli (Austria)	sir H. W. Florey (Reino Unido) E. Boris Chain (Reino Unido) sir A. Fleming (Reino Unido)	G. Mistral (Chile)	C. Hull (EE UU)	A. I. Virtanen (Finlandia)	
1946	P. W. Bridgman (EE UU)	H. J. Müller (EE UU)	H. Hesse (Suiza)	J. Mott (EE UU) E. G. Balch (EE UU)	J. B. Summer (EE UU) J. H. Northrop (EE UU) W. M. Stanley (EE UU)	
1947	sir E. V. Appleton (Reino Unido)	C. F. Cori y su esposa G. T. Cori (EE UU) B. A. Houssay (Argentina)	A. Gide (Francia)	Consejo del Servicio de Amistad (EE UU)	sir R. Robinson (Reino Unido)	
1948	P. M. S. Blackett (Reino Unido)	P. H. Müller (Suiza)	T. S. Eliot (Reino Unido)	No se convocó	A. W. K. Tiselius (Suecia)	
1949	H. Yukawa (Japón)	W. R. Hess (Suiza) A. C. A. F. Egas Moniz (Portugal)	W. Faulkner (EE UU)	J. Boyd Orr (Reino Unido)	W. F. Giauque (EE UU)	
1950	C. F. Powell (Reino Unido)	P. S. Hench (EE UU) E. C. Kendall (EE UU) T. Reichstein (Suiza)	B. Russell (Reino Unido)	R. Bunche (EE UU)	O. Diels (Alemania) K. Alder (Alemania)	
1951	sir J. D. Cockcroft (Reino Unido) E. T. S. Walton (Irlanda)	M. Theiler (EE UU)	P. Lagerkvist (Suecia)	L. Jouhaux (Francia)	E. M. McMillan (EE UU) G. T. Seaborg (EE UU)	
1952	F. Bloch (EE UU) E. M. Purcell (EE UU)	S. A. Waksman (EE UU)	F. Mauriac (Francia)	A. Schweitzer (Francia)	A. J. P. Martin (Reino Unido) R. L. M. Synge (Reino Unido)	
1953	F. Zernike (Países Bajos)	F. A. Lipmann (EE UU) H. A. Krebs (Reino Unido)	sir W. Churchill (Reino Unido)	G. C. Marshall (EE UU)	H. Staudinger (Alemania)	
1954	M. Born (Reino Unido) W. Bothe (Alemania)	T. H. Weller (EE UU) F. C. Robbins (EE UU) J. F. Enders (EE UU)	E. Hemingway (EE UU)	Comisión de Refugiados de las Naciones Unidas	I. Pauling (EE UU)	
1955	W. E. Lamb (EE UU) P. Kusch (EE UU)	A. H. Theorell (Suecia)	H. K. Laxness (Islandia)	No se convocó	V. du Vigneaud (EE UU)	
1956	W. Shockley (EE UU) J. Bardeen (EE UU) W. H. Brattain (EE UU)	W. Forssmann (Alemania) A. Cournand (EE UU) D. W. Richards (EE UU)	J. R. Jiménez (España)	No se convocó	sir C. N. Hinshelwood (Reino Unido) N. N. Semenov (URSS)	
1957	Chen Ning Yang (EE UU) Tsung Dao Lee (EE UU)	D. Bovet (Suiza)	A. Camus (Francia)	L. Pearson (Canadá)	sir A. Todd (Reino Unido)	
1958	P. A. Cherenkov (URSS) I. M. Frank (URSS) I. E. Tamm (URSS)	G. W. Beadle (EE UU) E. L. Tatum (EE UU) J. Lederberg (EE UU)	B. Pasternak (URSS) (declinó el premio)	D. G. Pire (Bélgica)	F. Sanger (Reino Unido)	
1959	O. Chamberlain (EE UU) E. Segré (EE UU)	S. Ochoa (España) A. Kornberg (EE UU)	S. Quasimodo (Italia)	P. J. Noel Baker (Reino Unido)	J. Heyrovsky (Checoslovaquia)	
1960	D. A. Glaser (EE UU)	F. MacFarlane Burnet (Austria) P. B. Medawar (Reino Unido)	Saint-John Perse (Francia)	A. J. Luthuli (R. Sudafricana)	W. F. Libby (EE UU)	
1961	R. Hofstadter (EE UU) R. Mössbauer (Alemania)	G. von Békésy (EE UU)	I. Andric (Yugoslavia)	D. H. Hammarskjöld (Suecia)	M. Calvin (EE UU)	
1962	L. D. Landau (URSS)	F. H. C. Crick (Reino Unido) M. H. F. Wilkins (Reino Unido) J. D. Watson (EE UU)	J. Steinbeck (EE UU)	A. C. Pauling (EE UU)	J. Cowdery Kendrew (Reino Unido) M. F. Perutz (Reino Unido)	
1963	E. P. Wigner (EE UU) M. Goeppert-Mayer (EE UU) H. D. Jensen (Alemania)	A. F. Huxley (Reino Unido) A. Lloyd Hodgkin (Reino Unido) sir J. C. Eccles (Australia)	G. Seferis (Grecia)	Cruz Roja Internacional	K. Ziegler (Alemania) G. Natta (Italia)	
1964	C. H. Townes (EE UU) N. Basov (URSS) A. Prokhorov (URSS)	K. Bloch (EE UU)	J. P. Sartre (Francia) (declinó el premio)	M. Luther King (EE UU)	D. C. Hodgkin (Reino Unido)	
1965	J. S. Schwinger (EE UU) R. Feynman (EE UU) S. Tomonaga (Japón)	F. Jacob (Francia) A. Lwoff (Francia) J. Monod (Francia)	M. Sholojov (URSS)	UNICEF	R. B. Woodwardt (EE UU)	
1966	A. H. F. Kastler (Francia)	F. P. Rous (EE UU) C. B. Huggins (EE UU)	N. Sachs (Suecia) S. J. Agnon (Israel)	No se concedió	R. S. Mulliken (EE UU)	
1967	H. A. Bethe (EE UU)	R. Granit (Suecia) H. K. Hartline (EE UU) G. Wald (EE UU)	M. A. Asturias (Guatemala)	No se concedió	R. G. Wreyford Norrish (Reino Unido) G. Porter (Reino Unido) M. Eigen (Alemania)	
1968	L. W. Álvarez (EE UU)	R. W. Holley (EE UU) H. G. Khorana (EE UU) M. W. Nirenberg (EE UU)	Y. Kawabata (Japón)	R. Cassin (Francia)	L. Onsager (EE UU)	
1969	M. Gell-Mann (EE UU)	M. Delbrück (EE UU) A. D. Hershey (EE UU) S. E. Luria (EE UU)	S. Beckett (Irlanda)	OIT (Organización Internacional del Trabajo)	O. Hassel (Noruega) D. H. R. Barton (Reino Unido)	R. Frisch (Noruega) J. Tinbergen (Países Bajos)
1970	H. Alfvén (Suecia) L.-E.-F. Neel (Francia)	B. Katz (Reino Unido) U. von Euler (Suecia) J. Axelrod (EE UU)	A. I. Solzhenítsin (URSS)	N. Borlaug (EE UU)	L. F. Leloir (Argentina)	P. A. Samuelson (EE UU)

RELACIÓN NOMINAL CRONOLÓGICA Y POR ESPECIALIDADES DE LOS PREMIOS NOBEL (1901-2003)

Años	Física	Fisiología y Medicina	Literatura	Paz	Química	Ciencias Económicas
1971	D. Gabor (Reino Unido)	E. W. Sutherland (EE UU)	P. Neruda (Chile)	W. Brandt (Alemania)	G. Herzberg (Canadá)	S. Kuznets (EE UU)
1972	J. Bardeen (EE UU) L. Cooper (EE UU) J. R. Schrieffer (EE UU)	G. M. Edelman (EE UU) R. R. Porter (Reino Unido)	H. Böll (Alemania)	No se concedió	C. Anfinsen (EE UU) S. Moore (EE UU) E. H. Stein (EE UU)	J. R. Hicks (Reino Unido) K. J. Arrow (EE UU)
1973	L. Esaki (Japón) I. Giaever (Noruega) B. D. Josephson (Reino Unido)	K. von Frisch (Austria) K. Lorenz (Austria) N. Tinbergen (Países Bajos)	P. White (Austria)	H. Kissinger (EE UU) Le Duc Tho (Vietnam del Norte) (declinó el premio)	G. Wilkinson (Reino Unido) E. O. Fischer (Alemania)	W. W. Leontief (EE UU)
1974	sir M. Ryle (Reino Unido) A. Hewish (Reino Unido)	G. E. Palade (EE UU) A. Claude (Bélgica) C. R. de Duve (Bélgica)	H. E. Martinson (Suecia) E. Johnson (Suecia)	E. Sato (Japón) S. McBride (Irlanda)	P. J. Flory (EE UU)	F. A. von Hayek (Austria) K. G. Myrdal (Suecia)
1975	A. Bohr (Dinamarca) B. R. Mottelson (EE UU) J. Rainwater (EE UU)	D. Baltimore (EE UU) H. Temin (EE UU) R. Dulbecco (EE UU)	E. Montale (Italia)	A. D. Sajarov (URSS)	J. W. Cornforth (Reino Unido) V. Prelog (Suiza)	T. C. Koopmans (EE UU) L. V. Kantorovich (URSS)
1976	B. Richter (EE UU) S. C. Ting (EE UU)	C. Gajdusek (EE UU) B. S. Blumberg (EE UU)	S. Bellow (EE UU)	B. Williams (Reino Unido) M. Corrigan (Reino Unido)	W. N. Lipscomb (EE UU)	M. Friedman (EE UU)
1977	P. W. Anderson (EE UU) J. H. van Vleck (EE UU) sir N. F. Mott (Reino Unido)	R. S. Yalow (EE UU) R. Guillemin (Francia) A. Schally (Polonia)	V. Aleixandre (España)	Amnistía Internacional	I. Prigogine (Bélgica)	J. E. Meade (Reino Unido) B. Ohlin (Suecia)
1978	P. L. Kapitsa (URSS) A. A. Penzias (EE UU) R. Wei Wilson (EE UU)	W. Arber (Suiza) D. Nathans (EE UU) H. O. Smith (EE UU)	I. B. Singer (EE UU)	A. el-Sadat (Egipto) M. Begin (Israel)	P. D. Mitchell (Reino Unido)	H. A. Simon (EE UU)
1979	S. L. Glashow (EE UU) S. Weinberg (EE UU) A. Salam (Pakistán)	A. M. Cormack (EE UU) G. N. Hounsfield (Reino Unido)	O. Elytis (Grecia)	Teresa de Calcuta (India) G. Wittig (Alemania)	H. C. Brown (EE UU) W. A. Lewis (Reino Unido)	T. W. Schultz (EE UU) A. W. Lewis (Reino Unido)
1980	J. W. Cronin (EE UU) V. L. Fitch (EE UU)	B. Benacerraf (EE UU) G. D. Snell (EE UU) J. Dausset (Francia)	C. Milosz (EE UU)	A. Pérez Esquivel (Argentina)	P. Berg (EE UU) W. Gilbert (EE UU) F. Sanger (Reino Unido)	L. R. Klein (EE UU)
1981	N. Bloembergen (EE UU) A. L. Schawlow (EE UU) K. M. Siegbahn (EE UU)	R. W. Sperry (EE UU) D. H. Hubel (EE UU) T. N. Wiesel (Suecia)	E. Canetti (Reino Unido)	Alta Comisaría de la ONU para los Refugiados	K. Fukui (Japón) R. Hoffmann (EE UU)	J. Tobin (EE UU)
1982	K. G. Wilson (EE UU)	S. K. D. Bergström (Suecia) B. I. Samuelsson (Suecia) J. R. Vane (Reino Unido)	G. García Márquez (Colombia)	A. Myrdal (Suecia) A. G. Robles (México)	A. Klug (R. Sudafricana)	G. Stigler (EE UU)
1983	S. Chandrasekhar (EE UU) W. A. Fowler (EE UU)	B. McClintock (EE UU)	W. Golding (Reino Unido)	L. Walesa (Polonia)	H. Taube (EE UU)	G. Debreu (EE UU)
1984	C. Rubbia (Italia) S. van der Meer (Reino Unido)	C. Milstein (Argentina) N. K. Jerne (Reino Unido) G. J. Köhler (Alemania)	J. Seifert (Checoslovaquia)	Desmond Tutu (R. Sudafricana)	R. B. Merrifield (EE UU)	R. Stone (Reino Unido)
1985	K. von Klitzing (Alemania)	M. S. Brown (EE UU) J. L. Goldstein (EE UU)	C. Simon (Francia)	Asociación Internacional de Médicos para la Prevención de la Guerra Nuclear	J. Karle (EE UU)	F. Modigliani (EE UU)
1986	E. Ruska (Alemania) G. Binning (Alemania) H. Rohrer (Suiza)	R. Levi-Montalcini (Italia) S. Cohen (EE UU)	Wole Soyinka (Nigeria)	E. Wiesel (EE UU)	J. C. Polanyi (Canadá) D. R. Herschbach (EE UU) Yuan Tseh Lee (EE UU)	J. Buchanan (EE UU)
1987	J. G. Bednorz (Alemania) K. A. Müller (Suiza)	S. Tonegawa (Japón)	J. Brodsky (EE UU)	O. Arias Sánchez (Costa Rica)	D. J. Cram (EE UU) J.-M. Lehn (Francia) C. J. Pedersen (EE UU)	R. M. Solow (EE UU)
1988	L. Lederman (EE UU) M. Schwartz (EE UU) J. Steinberger (EE UU)	J. W. Black (Reino Unido) G. B. Elion (EE UU) G. H. Hitchings (EE UU)	N. Mahfouz (Egipto)	Fuerzas de Paz de las Naciones Unidas	H. Michel (Alemania) S. Deisenhofer (Alemania) R. Huber (Alemania)	M. Allais (Francia)
1989	N. F. Ramsey (EE UU) H. G. Dehmelt (Alemania) W. Paul (Alemania)	J. M. Bishop (EE UU) H. E. Varmus (EE UU)	C. J. Cela (España)	T. Giatso (dalai-lama China-Tíbet)	S. Altman (Canadá) T. Cech (EE UU)	T. Haavelmo (Noruega)
1990	J. I. Friedman (EE UU) H. W. Kendall (EE UU) R. E. Taylor (Canadá)	J. E. Murray (EE UU) E. D. Thomas (EE UU)	O. Paz (México)	M. Gorbachov (URSS)	E. J. Corey (EE UU)	H. M. Markowitz (EE UU) W. F. Sharpe (EE UU) M. H. Miller (EE UU)
1991	P. G. de Gennes (Francia)	B. Sakmann (Alemania) E. Neher (Alemania)	N. Gordimer (R. Sudafricana)	D. Aung San Suu Kyi (Myanmar)	R. Ernst (Suiza)	R. H. Coase (Reino Unido)
1992	G. Charpak (Francia)	E. Fischer (EE UU) E. Krebs (EE UU)	D. Walcott (Trinidad)	R. Menchú (Guatemala)	R. Marcus (EE UU)	G. Becker (EE UU)
1993	R. A. Hulse (EE UU) J. H. Taylor (EE UU)	P. Sharp (EE UU) R. Roberts (Reino Unido)	T. Morrison (EE UU)	N. Mandela (R. Sudafricana) F. de Klerk (R. Sudafricana)	K. B. Mullis (EE UU) M. Smith (Canadá)	D. C. North (EE UU) R. W. Fogel (EE UU)
1994	C. Shull (EE UU) B. Brockhouse (Canadá)	A. G. Gilman (EE UU) M. Rodbell (EE UU)	K. Oé (Japón)	Y. Arafat (Palestina) S. Peres (Israel) I. Rabin (Israel)	G. A. Olah (EE UU)	J. F. Nash (EE UU) J. C. Harsanyi (EE UU) R. Selten (Alemania)
1995	M. Perl (EE UU) F. Reines (EE UU)	E. B. Lewis (EE UU) C. Nüsslein-Volhard (Alemania) E. Wiesschauss (Suiza)	S. Heaney (Reino Unido)	J. Rotblat (Polonia)	M. Molina (EE UU) S. Rowland (EE UU) P. Crutzen (Países Bajos)	R. E. Lucas (EE UU)
1996	D. M. Lee (EE UU) R. C. Richardson (EE UU) D. D. Osheroff (EE UU)	P. C. Doherty (Australia) R. M. Zinkernagel (Suiza)	W. Szymborska (Polonia)	C. F. Ximenes Belo (Indonesia) J. Ramos Horta (Indonesia)	R. E. Smalley (EE UU) R. F. Curl (EE UU) H. W. Kroto (Reino Unido)	J. A. Mirrlees (Reino Unido) W. Vickrei (Canadá)
1997	S. Chu (EE UU) W. D. Phillips (EE UU) C. Cohen-Tannoudji (Francia)	S. Prusiner (EE UU)	D. Fo (Italia)	Campaña Internacional contra las Minas Antipersonas (ICBL)	P. D. Boyer (EE UU) J. E. Walker (Reino Unido) J. C. Skou (Dinamarca)	R. C. Merton (EE UU) M. S. Scholes (EE UU)
1998	R. Laughlin (EE UU) D. Tsui (EE UU) H. Störmer (Alemania)	R. Furchgott (EE UU) L. Ignarro (EE UU) F. Murad (EE UU)	J. Saramago (Portugal)	J. Hume (Irlanda) D. Trimble (Irlanda)	W. Kohn (EE UU) J. Pople (Reino Unido)	A. Sen (India)

RELACIÓN NOMINAL CRONOLÓGICA Y POR ESPECIALIDADES DE LOS PREMIOS NOBEL (1901-2003)

Años	Física	Fisiología y Medicina	Literatura	Paz	Química	Ciencias Económicas
1999	G't Hofft (Holanda) M. J. G. Veltman (Holanda)	G. Blobel (Alemania)	G. Grass (Alemania)	Médicos sin Fronteras	A. H. Zewail (Egipto)	R. A. Mundell (Canadá)
2000	Z. Alferov (Rusia) J. S. Kilby (EE UU) H. Kroemer (EE UU)	A. Carlsson (Suecia) P. Greengard (EE UU) E. Kandel (EE UU)	G. Xingjian (China)	Kim Dae-jung (Rep. de Corea)	A. Heeger (EE UU) A. McDiarmid (EE UU) H. Shirakawa (Japón)	J. J. Heckman (EE UU) D. L. McFadden (EE UU)
2001	E. A. Cornell (EE UU) W. Ketterle (Alemania) C. E. Wieman (EE UU)	L. Hartwell (EE UU) T. Hunt (Reino Unido) P. Nurse (Reino Unido)	V. S. Naipul (Reino Unido)	ONU K. Annan (Ghana)	W. S. Knowle (EE UU) R. Noyori (Japón) B. Sharpless (EE UU)	G. A. Akerlof (EE UU) A. M. Spence (EE UU) J. E. Stiglitz (EE UU)
2002	R. Davis Jr. (EE UU) R. Giacconi (EE UU) M. Koshiba (Japón)	S. Brenner (Reino Unido) H. R. Horvitz (EE UU) J. E. Sulston (Reino Unido)	I. Kertész (Hungría)	J. Carter (EE UU)	J. B. Fenn (EE UU) K. Tanaka (Japón) K. Wüthrich (Suiza)	D. Kahneman (EE UU) V. L. Smith (EE UU)
2003	A. A. Abrikosov (EE UU y Rusia) V. L. Ginzburg (Rusia) A. J. Leggett (Reino Unido y EE UU)	P. C. Lauterbur (EE UU) Sir P. Mansfield (Reino Unido)	J. M. Coetzee (Rep. Sudafricana)	S. Ebadi (Irán)	P. Agre (EE UU) R. MacKinnon (EE UU)	R. F. Engle (EE UU) C. W. J. Granger (Reino Unido)

al 10 de noviembre de 1938, organizado por dirigentes del Partido Nacionalsocialista contra propiedades judías.

NOCHE DE SAN BARTOLOMÉ *Hist.* Matanza de hugonotes a manos de católicos que tuvo lugar en la noche del 23 al 24 de agosto de 1572, en París. Por orden del rey Carlos IX de Francia, que se basó en una supuesta conspiración contra la familia real, fueron asesinados unos 3.000 hugonotes, reunidos en París con motivo del matrimonio de Enrique de Navarra con Margarita de Valois.

NOCHE TRISTE *Hist.* Denominación que recibe la noche transcurrida entre el 30 de junio y el 1 de julio de 1520, en la que Hernán Cortés se vio obligado a abandonar precipitadamente Tenochtitlán como consecuencia de la sublevación azteca provocada por la represión llevada a cabo por Alvarado.

NOCHEBUENA f. Noche del 24 de diciembre que precede al día de Navidad.

NOCHERO m. 1 *Chile* y *Urug.* Vigilante nocturno. 2 *Col.* y *Ecuad.* Mesita de noche.

NOCHEVIEJA f. Última noche del año.

NOCIÓN f. 1 Conocimiento o idea que se tiene de una cosa. 2 Conocimiento elemental. Más en pl.

NOCIVO, VA adj. Dañoso, pernicioso.

NOCTÁMBULO, LA adj. Que anda vagando durante la noche.

NOCTILUCA f. *Zool.* 1 LUCIÉRNAGA. 2 Protozoo flagelado marino, perteneciente a la familia noctilúcidos, de nombre científico *Noctiluca scintillans*, microscópico, con flagelo y cirro, que forma parte del plancton superficial y causa la luminosidad nocturna observable en los mares cálidos.

NOCTURNIDAD f. 1 Calidad o condición de nocturno. 2 Condición de los seres vivos nocturnos. 3 *Der.* Circunstancia agravante de responsabilidad, resultante de ejecutarse de noche un delito.

NOCTURNO, NA adj. 1 Perteneciente a la noche, o que se hace en ella. 2 fig. Que anda siempre solo. 3 *Ecol.* Se aplica al animal que de día permanece oculto y durante la noche busca su alimento, así como de la planta que sólo de noche tiene abiertas sus flores. || m. 4 *Liturg.* Cada una de las tres partes del oficio de maitines. 5 *Mús.* Serenata de carácter sentimental que alcanzó, en el piano, especial relevancia durante las épocas romántica e impresionista (Chopin, Debussy).

NODDACK, WALTER KARL FRIEDRICH Físico y químico alemán (Berlín, 1893 - Bamberg, 1960). Sus trabajos, en colaboración con Ida Eva Tacke, dieron como resultado el descubrimiento de los nuevos elementos tecnecio y renio.

NODIER, CHARLES Escritor y erudito francés (Besançon, 1780 - París, 1844). Precursor del romanticismo, es autor de *Los proscritos* (1802) y *El pintor de Salzburgo* (1803).

NODO m. 1 *Astron.* Cada uno de los dos puntos opuestos en que la órbita de un astro corta la eclíptica. 2 *Fís.* Cada uno de los puntos que permanecen fijos en un cuerpo vibrante. 3 *Pat.* Tumor producido por el depósito del ácido úrico en los huesos, tendones o ligamentos.

NODRIZA f. 1 Mujer que cría a sus pechos una criatura ajena. 2 Se aplica como nombre en aposición a *buque* o *avión* para indicar que sirven para aprovisionar a otros de combustible.

NÓDULO m. 1 Concreción de cualquier materia redondeada y poco volumen. 2 *Bot.* Pequeño acúmulo de células que forma un bulto diminuto en el tallo y las ramas de las plantas. 3 *Geol.* Masa que aparece en el interior de ciertas rocas, de composición distinta a éstas y forma globular.

Noé Patriarca bíblico, padre de Sem, Cam y Jafet. Construyó por mandato de Dios un arca, en la que se salvaron él, su familia y animales de todas las especies del diluvio universal.

NOEL, PAPÁ NICOLÁS DE BARI, SAN.

NOEL BAKER, PHILIP JOHN Político británico (Londres, 1889 - íd., 1982). Diputado laborista desde 1936, entre 1945 y 1951 ocupó diferentes cargos ministeriales. Escribió *El protocolo de Ginebra* (1925) y *La carrera de armamentos* (1958). Premio Nobel de la Paz en 1959.

NOEMA- pref. NOO-.

NOEMA m. *Filos.* Pensamiento como contenido objetivo del pensar, a diferencia del acto intencional o noesis. Es término usado en fenomenología.

NOESIS f. *Filos.* 1 Visión intelectual, pensamiento. 2 En fenomenología, acto intencional de intelección o intuición. ♦ Su pl. es *noesis*.

NOETHER, AMALIE EMMY Matemática alemana (Erlangen, 1882 - Byrn Mawr, 1935). Realizó investigaciones sobre álgebra superior y topología.

NOGAL m. 1 *Bot.* Árbol de la familia juglandáceas, de nombre científico *Juglans regia*, de hasta 20 m de altura; su madera es muy apreciada en ebanistería. 2 Madera de este árbol. || adj. 3 Color de la madera de este árbol.

NOGALINA f. Colorante obtenido de la cáscara de la nuez, usado para pintar imitando el color del nogal.

NOGARET, GUILLAUME DE Político francés (?, h. 1260 - ?, 1313). Desde 1296, dirigió la lucha de Felipe IV de Francia contra el papa Bonifacio VIII, al que apresó en Anagni (1303). Impulsó la persecución contra los templarios.

NOGUERA f. *Bot.* NOGAL, árbol.

NOGUERAL m. *Bot.* Sitio plantado de nogales.

-NOIA, -NOICO sufs. NOO-.

Noia NOYA.

NOIRET, PHILIPPE Actor de teatro y cine francés (Lille, 1931). Películas principales: *La grande bouffe* (1973), *Que empiece la fiesta* (1975), *Una mujer en la ventana* (1976), *Cinema Paradiso* (1988) y *El cartero* (y Pablo Neruda) (1995).

NOLDE, EMIL (EMIL HANSEN, llamado) Pintor alemán (Nolde, Schleswig, 1867 - Seebüll, 1956). Tras sus inicios impresionistas, pasó a formar parte de *Die Brücke.* Autor de *Danza salvaje de niños* (1909), *Tríptico de Santa María Egipciaca* (1912), *Sol tropical* (1914) y *Hermano y hermana* (1919).

NOLÉ ROXLO, CONRADO Escritor argentino (Buenos Aires, 1898 - íd., 1971). Popularizó los seudónimos de *Chamico* y *Alguien.* Escribió *El grillo,* poesías; *La cola de la sirena,* teatro; *Extraño accidente,* novela, y *Antologías apócrifas.*

NOLÍ o **NOLI** m. *Bot. Col.* Palma cuyo fruto da aceite.

NOLI ME TANGERE 1 loc. lat. que significa *no me toques,* y que el evangelio pone en boca de Jesucristo cuando se le apareció a María Magdalena. El tema ha sido tratado en numerosas ocasiones por la pintura religiosa. || m. 2 *Med.* Úlcera maligna que no se puede tocar sin peligro. 3 Cosa que se considera o se trata como exenta de contradicción o examen.

NOLICIÓN f. *Filos.* Acción de no querer.

NOM-, NOMO-; -NOM-, -NOMO-; -NOMIA o **-NOMÍA, -NOMIO, -NOMO** prefs., ins. o sufs. que significan gobierno, regla.

NÓMADA adj. y com. Se aplica a las personas y animales que no tienen asentamiento fijo.

NOMADISMO m. *Antrop.* Estado social y condición de determinados grupos humanos, consistente en no poseer un asentamiento fijo y cambiar con frecuencia de lugar de vivienda, para conseguir mejores pastos, climas, etc.

NOMBRAMIENTO m. 1 Acción y efecto de nombrar. 2 Cédula o despacho en que se designa a uno para un cargo u oficio.

NOMBRAR tr. 1 Decir el nombre de una persona o cosa. 2 Hacer mención particular, generalmente hono-

Noli me tangere. Cuadro de Duccio di Buoninsegna. Museo de la Ópera (Siena).

Isidro **Nonell**. *Pobres esperando la sopa*. Museo de Arte Moderno (Barcelona).

rífica, de una persona o cosa. **3** Elegir a alguien para un cargo, empleo u otra cosa.
NOMBRE m. **1** Palabra que se apropia o se da a los objetos y a sus calidades para hacerlos conocer y distinguirlos de otros. **2** Título de una cosa por el cual es conocida. **3** Fama, opinión. **4** Sobrenombre que se da a alguien. **5** *Gram.* Categoría de palabras que comprende el nombre sustantivo y el adjetivo. || **NOMBRE ABSTRACTO** *Gram.* El sustantivo que no designa una cosa real, sino alguna cualidad de los seres. || **NOMBRE ADJETIVO** *Gram.* En español, clase de palabras caracterizadas formalmente por el hecho de poseer variación de número y en general variación de género. || **NOMBRE AMBIGUO** *Gram.* El nombre común de cosa que se emplea como masculino y femenino. || **NOMBRE ANIMADO** *Gram.* El que designa personas, animales o seres considerados vivientes. || **NOMBRE APELATIVO** SOBRENOMBRE. También, NOMBRE COMÚN. || **NOMBRE CIENTÍFICO** *Astron.* Denominación con que se designan internacionalmente los cuerpos celestes. || *Bot.* y *Zool.* Denominación única internacional con que se designa cada especie animal o vegetal. || **NOMBRE COLECTIVO** *Gram.* El que en singular expresa un número determinado de cosas de la misma especie, o muchedumbre o conjunto. || **NOMBRE COMERCIAL** Denominación distintiva de un establecimiento. || **NOMBRE COMÚN** *Gram.* El que se aplica a personas o cosas pertenecientes a conjuntos de seres a los que conviene igualmente por poseer las mismas propiedades. También, el apelativo de persona que no posee género gramatical determinado y se construye con artículos, adjetivos y pronombres masculinos y femeninos para aludir a personas de sexo masculino o femenino, respectivamente. || **NOMBRE CONCRETO** *Gram.* El sustantivo que designa seres reales. || **NOMBRE EPICENO** *Gram.* El nombre común perteneciente a la clase de los animados que, con un solo género gramatical, masculino o femenino, puede designar al macho o a la hembra indistintamente. || **NOMBRE GENÉRICO** NOMBRE COMÚN. || **NOMBRE INANIMADO** *Gram.* El que designa seres considerados sin vida animal. || **NOMBRE NUMERAL** *Gram.* El que significa número. || **NOMBRE DE PILA** El que se da a la criatura cuando se bautiza. También, por extensión, el del nombre que se inscribe en el registro civil. || **NOMBRE PROPIO** *Gram.* El que se aplica a seres animados o inanimados para designarlos y diferenciarlos de otros de su misma clase, y que, por no evocar necesariamente propiedades de dichos seres, pueden llevarlo más de uno, e incluso seres de distinta clase. || **NOMBRE SUSTANTIVO** *Gram.* Clase de palabra caracterizada en español por poseer género inherente, masculino o femenino, expresado normalmente en el caso de los animales por medios gramaticales o léxicos; presentan frecuentemente variación numérica y, sobre todo, pueden desempeñar, entre otras, las funciones de sujeto racional sin cambiar de categoría gramatical y de vocativo. Pueden ser comunes y propios. || **en nombre de** alguien. loc. adv. Actuando en representación suya.
Nombre de Dios *Hist.* Corregimiento de Panamá, provincia de Colón; 734 h. Fundada por Diego Nicuesa en 1510 y fortificada en 1594, se convirtió en uno de los puertos hispanoamericanos más importantes.
NOMENCLÁTOR o **NOMENCLADOR** m. Catálogo de nombres.
NOMENCLATURA f. **1** Lista de nombres de personas o cosas, nómina. **2** Conjunto de las voces técnicas y propias de una facultad.
NOMEOLVIDES f. *Bot.* Flor de la raspilla.

-NOMIA o **-NOMÍA** suf. NOM-.
NOMINA f. **1** Lista o catálogo de nombres de personas o cosas. **2** Relación nominal de los individuos que en una oficina pública o particular han de percibir haberes. **3** Retribución que percibe el personal de una empresa.
NOMINAL adj. **1** Perteneciente al nombre. **2** Que tiene nombre de una cosa y le falta la realidad de ella en todo o en parte. **3** Partidario del nominalismo. **4** Perteneciente al nominalismo.
NOMINALISMO m. *Filos.* Corriente filosófica surgida en Europa a finales de la Edad Media. Se caracterizó por negar la existencia objetiva de los universales, se opuso al realismo y al idealismo. Su fundador fue Guillermo de Occam.
NOMINAR tr. **1** Dotar de nombre a una persona o cosa. **2** Designar a alguien para un cargo, premio, etc.
NOMINATIVO, VA adj. *Com.* **1** Se aplica a los títulos e inscripciones, ya del Estado, ya de sociedades mercantiles, que han de extenderse a nombre o a favor de uno y han de seguir teniendo poseedor designado por el nombre, en oposición a los que son al portador. || m. *Gram.* **2** Caso de la declinación que designa el sujeto de la significación del verbo, o incluso el atributo, y no lleva preposición.
NOMO m. GNOMO.
NOMO m. División administrativa de Grecia, equivalente a la provincia.
NOMO-; **-NOMO-**; **-NOMO**, **-NOMIO** pref., in. o sufs. NOM-.
NOMOGRAFÍA f. *Mat.* Disciplina que estudia la teoría y aplicaciones de los ábacos y nomogramas.
NOMOGRAMA m. *Mat.* Representación gráfica de tres escalas graduadas con distintas variables, que permite realizar con rapidez cálculos numéricos aproximados.
NOMON m. *Astron.* GNOMON.
NOMÓNICA f. *Astron.* GNOMÓNICA.
NON adj. y m. **1** IMPAR. || m. pl. **2** Negación repetida de una cosa. || **de non** loc. adj. Sin pareja.
NON PLUS ULTRA expr. lat. que se usa en castellano para ponderar las cosas.
NONA f. **1** Última de las cuatro partes iguales en que dividían los romanos el día artificial. **2** *Rel.* En el rezo eclesiástico, última de las horas menores. || f. pl. **3** En el calendario romano y en el eclesiástico, el día 7 de marzo, mayo, julio y octubre, y el 5 de los demás meses.
NONADA f. Cosa de valor insignificante.
NONAGENARIO, RIA adj. y s. Que ha cumplido la edad de noventa años y no llega a la de cien.
NONAGÉSIMO, MA adj. **1** Que sigue inmediatamente en orden al o al octogésimo nono. **2** Se dice de cada una de las 90 partes iguales en que se divide un todo. También s.
NONÁGONO, NA adj. y m. *Geom.* Se dice del polígono de nueve ángulos y nueve lados.
NONATO, TA adj. **1** *Med.* No nacido naturalmente, sino mediante cesárea. **2** fig. Se dice de la cosa que aún no existe.
Nonell, Isidro Pintor español (Barcelona, 1873 - íd., 1911). Obras: *Gitana sentada* (1903), *Miseria* (1904), *Juana* (1906) y *Laxitud* (1909).
NONINGENTÉSIMO, MA adj. **1** Que sigue inmediatamente en orden al o al octingentésimo nonagésimo nono. **2** Se dice de cada una de las 900 partes iguales en que se divide un todo. También s.
NONIO o **NONIUS** m. *Mat.* Instrumento de medida para apreciar con exactitud fracciones pequeñas de las divisiones menores.

Nonius, Petrus NUNES, PEDRO.
NONO, NA adj. NOVENO.
Nono de Panópolis Escritor griego (Panópolis, Alto Egipto, s. V). Autor en su juventud del poema épico *Las Dionisíacas*. Posteriormente se convirtió al cristianismo y compuso en hexámetros la *Paráfrasis del Santo Evangelio de Juan*.
NOO-, **NOEMA-**; **-NOIA**, **-NOICO** prefs. o sufs. que significan mente, pensamiento: *paranoia*.
Noort, Adan van VAN NOORT, ADAN.
NOOSFERA f. *Ecol.* Parte de la biosfera directamente influida por el hombre.
NOPAL m. *Bot.* Nombre de diversas plantas crasas arborescentes pertenecientes a la familia cactáceas, género *Opuntia*, originarias de México, con tallos aplastados, carnosos, y cuyo fruto es el higo chumbo. || **NOPAL DE LA COCHINILLA** *Bot.* De nombre científico *Opuntia cochenillifera*, propia de América tropical, sobre la que vive la cochinilla.
NOPALEDA o **NOPALERA** f. *Bot.* Terreno poblado de nopales.
Nopaltzin Rey de los chichimecas (?, - Tenayuca, 1263). Durante su reinado (32 años), los aztecas llegaron al valle de México.
NOQUEAR tr. En boxeo, dejar fuera de combate.
NORAY m. Poste para amarrar los barcos en los muelles.
Nord Departamento de Haití; 2.106 km² y 759.318 h. Capital, Cap-Haïtien.
Nord Departamento de Francia, en la región Nord-Paso de Calais; 5.742 km² y 2.555.020 h. Capital, Lille.
Nord-Est Departamento de Haití; 1.805 km² y 248.764 h. Capital, Fort Liberté.
Nord-Ouest Departamento de Haití; 2.176 km² y 420.971 h. Capital, Port de Paix.
Nord-Paso de Calais Región de Francia, que integra los departamentos de Nord y Paso de Calais; 12.413 km² y 3.996.588 h. Su capital es Lille. Zona agrícola y ganadera. Primera cuenca hullera del país. Industrias siderometalúrgicas y mecánicas.
Nordenskjöld, Adolf Erik Explorador sueco (Helsinki, 1832 - Dalbyö, 1901). En 1861 y 1864 realizó sendas expediciones a Spitzberg, y en 1868 organizó una expedición polar. En 1878-80, a bordo del *Vega*, descubrió el paso del Nordeste (ruta marítima del Ártico al Pacífico por el estrecho de Bering).
NORDESTE o **NORESTE** m. **1** *Geog.* Punto del horizonte entre el norte y el este. Su abreviatura es NE. **2** Viento que sopla de esta parte.
NÓRDICO, CA adj. **1** Perteneciente o relativo a los pueblos del norte de Europa. También s. || m. *Ling.* **2** Nombre que recibe el germánico septentrional, hablado en Escandinavia. Es la lengua germánica más antiguamente atestiguada (siglo II), en inscripciones escritas en alfabeto rúnico. Desde el siglo XI comprende cuatro dialectos principales: danés, sueco, noruego e islandés.
Nordjylland Condado de Dinamarca, región de Jutlandia; 6.173 km² y 492.155 h. Capital, Aalborg. Agricultura, pesca.
Nordland Condado del NO de Noruega; 38.327 km² y 238.457 h. Su capital es Bodö. Pesca.
Nördlingen Ciudad de Alemania, Land de Baviera. Escenario de las batallas durante la guerra de los Treinta Años: en la primera (1634), que cerró el período sueco de dicha guerra, los católicos vencieron a los protes-

Nördlingen (Alemania).

tantes de Horn y Bernardo de Sajonia; en la segunda (1645), Condé y Turena derrotaron a los imperiales.

NORESTE *Geog.* NORDESTE.

NORFOLK Condado del Reino Unido, en el SE de Inglaterra; 790.300 h. Agricultura y pesca.

NORFOLK Isla de Oceanía, al N de Nueva Zelanda; 36,26 km² y 2.367 h. Capital, Kingston. Depende de Australia y tiene autonomía interna desde 1979.

NORIA f. **1** Máquina compuesta de dos grandes ruedas, una horizontal, movida con una palanca de que tira una caballería, y otra vertical que engrana en la primera y lleva colgada una maroma con arcaduces para sacar agua de un pozo. **2** Pozo del cual sacan el agua con la máquina. **3** fig. y fam. Cualquier cosa en que se trabaja mucho y se anda como dando vueltas. **4** En las ferias, instalación recreativa consistente en una rueda que gira y en la que cuelgan asientos.

NÓRICA *Hist.* Nombre de una de las provincias del imperio romano, en el siglo I d. C. Estaba situada entre Recia y Panonia. Toda la comarca fue sometida por Druso y Tiberio. Su ciudad principal era Virutum. Producía hierro, oro y sal.

NORIEGA, MANUEL ANTONIO Militar y político panameño (Panamá, 1938). Desde 1981 ocupó la cúpula del poder militar. En 1985 provocó la dimisión del presidente de la República, Ardito Barleta. En 1989 anuló las elecciones, ganadas por la oposición, y se autoproclamó jefe de gobierno, lo que provocó la invasión del país por parte de las tropas estadounidenses. Trasladado a EE UU, fue condenado por narcotráfico (1992).

NORMA f. **1** Escuadra utilizada por los artesanos para arreglar y ajustar los maderos, piedras y otras cosas. **2** Regla que se debe seguir o a la que se deben ajustar las conductas, tareas, actividades, etc. **3** Precepto jurídico. **4** *Ling.* En la división tripartita de E. Coseriu (sistema-norma-habla) que sustituye a la dicotomía de F. de Saussure (lengua-habla), la norma representa lo más usual, elementos sociales de carácter general.

NORMAL adj. **1** Se dice de lo que se halla en su estado natural. **2** Que sirve de norma o regla. **3** Se dice de lo que por su naturaleza, forma o magnitud se ajusta a ciertas normas fijadas de antemano. **4** *Geom.* Se aplica al plano perpendicular a otro plano. || f. *Geom.* **5** Línea recta perpendicular a otra línea, a un plano o a una superficie.

NORMALIDAD f. **1** Cualidad o condición de normal. **2** *Quím.* Unidad de medida que expresa la concentración de una disolución según el número de equivalentes químicos de soluto que hay en un litro de disolución.

NORMALIZAR tr. **1** Regularizar o poner en buen orden lo que no lo estaba. **2** Hacer que una cosa sea normal. **3** TIPIFICAR, ajustar a un tipo, modelo o norma.

NORMANDAS, ISLAS CANAL, ISLAS DEL.

NORMANDÍA *Hist.* Antigua provincia del NO de Francia, dividida en las actuales regiones de Alta y Baja Normandía, junto a las costas del canal de La Mancha. Su capital era Rouen. Poblada por celtas, belgas y ligures, fue conquistada por Titurio Sabino en el 56 a. C. Los normandos se establecieron en ella en el siglo IX. En 912 su jefe Rollón fue nombrado duque de Normandía por Carlos el Simple. Posteriormente, los duques de Normandía fueron independizándose de los reyes de Francia y establecieron un Estado centralizado. Tras la conquista de Inglaterra por Guillermo el Conquistador, ambos territorios quedaron unidos bajo una misma autoridad nominal. Normandía permaneció en poder de los reyes de Inglaterra hasta 1204, en que fue recuperada por Felipe II Augusto de Francia. Durante la Segunda Guerra Mundial tuvo lugar en sus costas el desembarco de las tropas aliadas, al mando del general Eisenhower (1944), que significó la ruptura del frente alemán y la posterior liberación de Francia.

NORMANDÍA, ALTA *(Haute-Normandie)* Región del NO de Francia, que comprende los departamentos de Eure y Seine-Maritime; 12.317 km² y 1.780.192 h. Capital, Rouen. Actividad industrial y comercial.

NORMANDÍA, BAJA *(Basse-Normandie)* Región del NO de Francia, que comprende los departamentos de Calvados, Mancha y Orne; 17.589 km² y 1.422.193 h. Su capital es Caen. Pesca. Ganadería. Hierro. Turismo.

NORMANDO, DA adj. **1** *Hist.* Se dice de un conjunto de pueblos escandinavos de raza germánica. Más en pl. **[Encic.]** **2** Se dice también de sus individuos. También s. **3** Relativo a los normandos. **4** De Normandía (Francia). También s.

HIST. Su expansión se inició como consecuencia de la superpoblación de sus áreas de origen. Los normandos iniciaron a finales del siglo VIII sus campañas de saqueo por Europa. En ese tiempo ya se distinguían entre ellos tres grupos bien definidos: noruegos, daneses y suecos o varegos. Así, mientras los primeros ocupaban Irlanda, Islandia, Groenlandia y llegaban, a principios del siglo XI, a Nueva Escocia, los daneses asolaban las costas de Inglaterra, península Ibérica y noroeste de Francia, cuyo rey Carlos el Simple cedió en feudo (912) un territorio, llamado posteriormente Normandía, al jefe normando Rollón. Por su parte los varegos alcanzaban a mediados del siglo XII el Dniéper y el Volga, llegando al mar Negro y al Caspio. La conquista de Inglaterra por Guillermo el Conquistador (1066) y la del sur de Italia y Sicilia por Roberto Guiscardo (1053-76) constituyen sus últimos hechos notables.

NORMATIVO, VA adj. **1** Que sirve de norma. || f. **2** Conjunto de normas aplicables a una determinada materia o actividad.

NORNAS *Mit.* Diosas de la leyenda escandinava, cuyos nombres son *Urd* (el pasado), *Verdande* (el presente) y *Skuld* (el porvenir). Corresponden a las Parcas latinas.

NORNORDESTE m. **1** *Geog.* Punto del horizonte entre el norte y el nordeste. Su abreviatura es NNE. **2** Viento que sopla de esta parte.

NORNOROESTE o **NORNORUESTE** m. **1** *Geog.* Punto del horizonte entre el norte y el noroeste. Su abreviatura es NNO. **2** Viento que sopla de esta parte.

NORODOM SIHANUK Príncipe de Camboya (Phnom-Penh, 1922). Elegido soberano en 1941, en 1955 abdicó en favor de su padre, Norodom Suramarit, para ocupar el cargo de primer ministro. Tras la muerte de éste, fue nombrado jefe del Estado. Destituido en 1970, se exilió en China. Tras la victoria comunista en 1975, ocupó de nuevo la jefatura del Estado. Reelegido en 1976, renunció a su magistratura. Jefe de un gobierno de oposición en el exilio (1982-87), en 1991 fue designado presidente del consejo supremo nacional. Recuperó el trono al ser implantada la monarquía parlamentaria en Camboya (1993).

NOROESTE Provincia de la República Sudafricana; 118.710 km² y 3.352.000 h. Su capital es Mafikeng.

NOROESTE, PASO DEL Vía de navegación que comunica los océanos Atlántico y Pacífico a través del archipiélago ártico canadiense. Fue recorrido por primera vez por Amundsen entre 1903 y 1905.

NOROESTE, TERRITORIO DEL Territorio septentrional de Canadá; 1.224.920 km² y 41.668 h. Capital, Yellowknife. Comprende una parte continental y el amplio archipiélago ártico. Bosques. Minería (uranio y oro). Pieles.

NORRBOTTEN Condado del N de Suecia, en Laponia, entre Noruega y Finlandia; 98.911 km² y 260.473 h. Capital, Lulea.

NORRIS, FRANK Novelista estadounidense (Chicago, 1870 - San Francisco, 1902). Miembro de la escuela naturalista, escribió *Mc Teague* (1899), *The Octopus* (1901) y *The Pit* (1903).

NORRISH, RONALD GEORGE WREYFORD Físico y químico británico (Cambridge, 1897 - íd., 1978). Premio Nobel de Química en 1967, compartido con G. Porter y M. Eigen, por sus estudios de las reacciones químicas muy rápidas.

NORRLAND Región septentrional de Suecia, que se eleva desde el golfo de Botnia hasta los Alpes escandinavos. Explotación forestal e industrias del papel. Yacimientos de hierro.

NORTADA f. *Meteor.* Vendaval de viento del N.

NORTE m. **1** *Geog.* Punto cardinal del horizonte, que cae frente a un observador a cuya derecha esté el Oriente. Es la dirección de referencia principal sobre la Tierra, según la que están orientados casi todos los mapas y a la que apunta la aguja magnética libre de la brújula. **2** *Geog.* POLO NORTE. Su abreviatura es N. **3** Viento que sopla de esta parte. **4** fig. Dirección, guía.

NORTE Región de Argentina, que comprende las provincias de Jujuy, Salta, Santiago del Estero y Tucumán; 367.582 km² y 3.409.786 h.

NORTE Región geográfica de México a la que pertenecen los Estados de Chihuahua, Coahuila, Durango, Nuevo León, San Luis Potosí, Tamaulipas y Zacatecas; 798.729 km² y 15.917.300 h.

NORTE, CABO Cabo de Noruega, en la isla de Mageró (océano Glacial Ártico). Es el punto más septentrional de Europa.

NORTE, CANAL DEL Paso marítimo, entre Irlanda y Escocia, que comunica el Atlántico y el mar de Irlanda.

NORTE, MAR DEL Mar interior del Atlántico norte, comprendido entre las islas Shetland, al N; las costas de Noruega, Dinamarca y parte de Alemania, al E; las de Alemania, Holanda, Bélgica y Francia, al S, y las de Inglaterra, al O. Los estrechos de Skarregak y Kattegat lo comunican con el Báltico y el Paso de Calais con el canal de La Mancha. Forma parte de la plataforma continental y ocupa una amplia cuenca sedimentaria plana y de escasa profundidad. Tiene una extensión de 580.000 km². Es muy rico en pesca. Grandes yacimientos de petróleo y de gas natural. Es una zona de gran densidad de tráfico marítimo. Alberga tres de los mayores puertos del mundo: Rotterdam, Londres y Hamburgo.

NORTE DE SANTANDER Departamento de Colombia; 21.658 km² y 1.494.219 h. Su capital es Cúcuta.

NORTEAFRICANO, NA adj. y s. Del norte de África.

NORTEAMÉRICA Nombre que se aplica al conjunto de países de América del Norte, y más comúnmente a EE UU. (Véase AMÉRICA.)

NORTEAMERICANO, NA adj. y s. De América del Norte y especialmente de EE UU.

NORTEÑO, ÑA adj. **1** Perteneciente o relativo al norte. **2** Que está situado en la parte norte de un país.

NORTH, CECIL DOUGLAS Economista estadounidense (Cambridge, 1920). En 1993 fue galardonado con el premio Nobel de Economía, que compartió con R. Fogel, por su modelo de estudio de economías en fase de desarrollo.

NORTH YORK Ciudad de Canadá, provincia de Ontario, perteneciente a la aglomeración urbana de Toronto; 562.564 h.

NORTHAMPTON Ciudad del Reino Unido, en Inglaterra; 187.200 h.

NORTHAMPTONSHIRE Condado del Reino Unido, en Inglaterra; 615.800 h.

NORTHROP, JOHN HOWARD Bioquímico estadounidense (Yonkers, Nueva York, 1891 - Wickenberg, Arizona, 1987). En 1946 recibió el premio Nobel de Química, compartido con W. M. Stanley y J. B. Summer, por sus descubrimientos sobre las enzimas, las bacterias y los bacteriófagos.

NORTHUMBERLAND Condado del Reino Unido, en Inglaterra; 309.600 h.

NORTHUMBERLAND, JOHN DUDLEY, DUQUE DE Militar y político inglés (?, 1502 - Londres, 1553). Gozó de la confianza de Eduardo VI, a quien persuadió para que nombrara sucesora del trono a Juana Grey. Murió ejecutado.

NORTHUMBRIA *Hist.* Uno de los siete reinos que componían la Heptarquía anglosajona, fundado por los anglos en el siglo VI.

NÓRTICO, CA adj. Del norte.

NORUEGA *(Kongeriket Norge)* Estado de Europa septentrional, en la península escandinava. Limita al N con el océano Glacial Ártico; al E, con la Federación de Rusia, Finlandia y Suecia; al S, con el mar del Norte, y al O, con el océano Atlántico.

GEOG. La parte N del país (Finnmark) está formada por una serie de mesetas y planicies. Hacia el SO se elevan los Alpes escandinavos, con dirección N-S. Esta cordillera desciende en altitud hasta llegar a la depresión de Trondheim (400 m) para volver a elevarse hacia el S, dando lugar a una región de relieve alpino en la fachada atlántica y otra de mesetas en la zona del estrecho de Skagerrak. Casi en toda su extensión el litoral está protegido por un *skjärgaard*, es decir, un archipiélago de islas, islotes y escollos. Toda la costa, especialmente la parte occidental y norte, está cortada por numerosos fiordos: Sogne, Hardanger, Oslo, Nord y Trondheim. Destacan asimismo los archipiélagos de Lofoten y Vesteralen. Los ríos noruegos son cortos y torrenciales, navegables tan sólo en la parte que invade el fiordo; el más importante es el Glama. El clima es oceánico. Es un país poco poblado; la mayor densidad se da en el SE, en las provincias de Akersus y Oslo. La población es eminentemente urbana (73%). Su sector primario, especialmente la pesca y la ganadería, ocupa uno de los prime-

Superficie: 323.878 km².
Población: 4.487.000 h. *(noruegos).*
Densidad: 13,6 h./km².
Tasa de natalidad: 13,2‰.
Tasa de mortalidad: 10‰.
Capital: Oslo.
Ciudades principales: Bergen, Trondheim, Stavanger, Kristiansand.
Grupos étnicos: noruegos (96%), lapones, fineses.
Religión: protestantismo (87,9%).
Idioma: noruego, en sus variantes *bokmal* y *nynorsk* (ambos oficiales).
Moneda: corona noruega.
Forma de Estado: monarquía constitucional.
Producto Nacional Bruto: 152.049 millones de dólares.
Renta per cápita: 34.310 dólares.
División administrativa: 19 condados, según cuadro.

NORUEGA

Condados	Superficie (km²)	Población (h.)	Capitales
Agder Occidental	7.281	153.998	Kristiansand
Agder Oriental	9.212	101.487	Arendal
Akershus	4.917	460.564	
Buskerud	14.927	235.018	Drammen
Finnmark	48.637	74.061	Vadsö
Hedmark	27.388	186.321	Hamar
Hordaland	15.634	431.882	Bergen
Möre og Romsdal	15.104	242.538	Molde
Nordland	38.327	238.547	Bodö
Oppland	25.191	182.239	Lillehammer
Oslo	454	502.867	Oslo
Östfold	4.183	246.018	Moss
Rogaland	9.141	369.059	Stavanger
Sogn og Fjordane	18.620	107.648	Leikanger
Telemark	15.315	164.523	Skien
Troms	25.954	150.200	Tromsö
Tröndelag Meridional	18.838	260.855	Trondheim
Tröndelag Septentrional	22.396	126.797	Steinkjer
Vestfold	2.216	210.707	Tönsberg

ros lugares del mundo. También es destacable la explotación de los bosques. Bergen es el gran centro de la industria de la pesca, con Trondheim y Stavanger. De gran importancia son los yacimientos de hidrocarburos del mar del Norte. También se extrae carbón, cobre, magnesio, cadmio, plomo, cinc y hierro. La producción de electricidad es su principal fuente de energía, a la que se debe el desarrollo de las industrias electrometalúrgica, electroquímica y de fertilizantes. Oslo, Bergen, Narvik y Trondheim son los mayores puertos de Noruega.

HIST. Noruega no comenzó su existencia como nación hasta el siglo IX, en que Harald I se proclamó rey de gran parte del territorio. En los siglos XII y XIII, el país sufrió periodos de disgregación y se vio envuelto en una serie de guerras dinásticas contra los reinos vecinos. El matrimonio de Haakon VI con Margarita de Dinamarca propició la unión de ambos reinos y en 1397 ingresó en la Unión de Kalmar. Tras la separación de Suecia de la unión en 1523, Noruega continuó sometida a Dinamarca, que impuso el protestantismo y la lengua danesa. Como consecuencia de la alianza de Dinamarca con Napoleón, en 1814 pasó a depender de Suecia. Bernadotte reconoció a los noruegos una constitución con una asamblea legislativa o *Storting*. Sin embargo, el sentimiento nacional se agudizó a lo largo del siglo XIX. Tras la celebración de un referéndum en 1905, Noruega accedió a la independencia, y se convirtió en una monarquía cuyo primer soberano fue Haakon VII. Inicialmente, el país estuvo gobernado por gobiernos liberales que implantaron una democracia avanzada y mantuvieron la neutralidad durante la Primera Guerra Mundial. A pesar de adoptar una posición neutral en la Segunda Guerra Mundial, Noruega fue invadida por Alemania, que impuso en el país un gobierno presidido por V. Quisling. Terminado el conflicto, se restableció la monarquía. Su política internacional se orientó hacia las potencias occidentales (suscribió el Pacto del Atlántico Norte). A la muerte del rey Haakon VII (1957), ocupó el trono su hijo Olaf V. En las elecciones de 1965 venció una coalición conservadora. En 1971 el gobierno de coalición centrista, presidido por Per Borten, dimitió como

Noruega. Vista de Isterdalen.

consecuencia de la crisis interna planteada ante la posibilidad de ingresar en la CEE. El rey encargó la formación de gobierno al jefe del Partido Laborista, T. Bratteli, quien acordó con su gobierno el ingreso de Noruega en el Mercado Común Europeo (1972). El resultado negativo del referéndum sobre el ingreso en el citado organismo provocó la caída del gabinete. Tras un breve mandato de L. Korvald, Bratteli recuperó el poder a finales de 1973. Durante su mandato se descubrieron importantes depósitos de petróleo y de gas natural bajo la plataforma del mar del Norte y se flexibilizaron las relaciones con la URSS. O. Nordli sustituyó a Bratteli al frente del gobierno en 1976 y confirmó su mandato un año después, gracias a la victoria electoral laborista. En 1981 Gro Harlem Brundtland sustituyó a Nordli en el gobierno laborista. Tras las elecciones de 1981, fue elegido primer ministro el conservador K. Willoch, que encabezó una coalición con centristas y cristiano-populares. Confirmado en el cargo después de las elecciones de 1985, dimitió un año después. La líder de la oposición, Gro Harlem Brundtland, aceptó la invitación del rey Olaf para formar gobierno. Las elecciones de 1989 dieron la victoria a una coalición de tres partidos conservadores, encabezados por J. P. Syse como nuevo jefe de gobierno. La división en el interior del gobierno sobre la política de acercamiento a la CEE provocó su caída un año después. Gro Harlem Brundtland formó un nuevo gobierno buscando el apoyo de centristas, cristianos populares y socialistas de izquierda. En 1991 falleció el rey Olaf V. Le sucedió su hijo, con el nombre de Harald V. Las elecciones legislativas de 1993 dieron el triunfo al Partido Laborista y confirmaron en el cargo a Brundtland, que venía impulsando la integración de su país en la Unión Europea. Su adhesión plena, junto con Suecia, Finlandia y Austria, estaba prevista para 1995, pero en 1994 la población decidió en referéndum mantenerse fuera de la UE. En 1996 dimitió Brundtland, que fue sustituida por Thornbjorn Jagland. Tras las elecciones de 1997, Jagland dimitió y le sucedió el democristiano Kjell Magne Bondevik, quien dimitió en marzo de 2000. El laborista Jens Stoltenberg se encargó de formar gobierno. En las legislativas de 2001 venció el Partido Laborista y Bondevik fue nuevamente nombrado primer ministro.

Noruego, ga adj. y s. **1** De Noruega. || m. *Ling.* **2** Dialecto nórdico hablado en Noruega. Desaparece como lengua literaria a fines de la Edad Media, siendo sustituido por el *danés* como lenguaje escrito y religioso, hasta fines del siglo XVII, momento en que se instauran el *riksmaal* o *bokmal*, al SE del país, y el *landsmaal* o *nynorsk*, al O.

Norwich Ciudad del Reino Unido, en Inglaterra; 128.800 h. Antiguo centro del reino de Wessex.

Nos Forma del dativo y acusativo plural del pronombre personal de primera persona en género masculino o femenino. No admite preposición y se puede usar como enclítica. Empleado en vez de nosotros, puede estar en cualquier caso de la declinación, excepto en vocativo. Este modo de hablar es anticuado, pero a veces se usa aún cuando se aplican a sí mismas el número plural ciertas personas de muy alta categoría, como el rey, el papa, los obispos.

Nos-, noso-; -nosis prefs. o suf. que significa enfermedad.

Noseología f. GNOSEOLOGÍA.

-nosis suf. NOS-.

Noso- pref. NOS-.

Nosología f. *Med.* Parte de la medicina que tiene por objeto describir, diferenciar y clasificar las enfermedades.

Nosotros, tras Nominativo masculino y femenino del pronombre personal de primera persona en número plural.

Nostalgia f. **1** Pena de verse ausente de la patria o de los amigos. **2** Tristeza melancólica originada por el recuerdo de una dicha perdida.

Nosticismo m. GNOSTICISMO.

Nostocáceo, a adj. y f. *Bot.* **1** Se dice del alga que vive en tallos, hojas y raíces de plantas acuáticas. || f. pl. *Bot.* **2** Familia de estas plantas.

Nostradamus (MICHEL DE NOTRE-DAME, llamado) Médico y astrólogo francés (Saint-Rémy-de-Provence, 1503 - Salon, 1566). Médico de Carlos IX desde 1564. Su obra principal, *Centurias Astrológicas* (1555), contiene una serie de profecías de carácter enigmático.

Not- pref. V. NOTO-.

Nota f. **1** Escrito breve que recuerda algo o avisa de alguna cosa. **2** Advertencia, explicación o comentario a un texto, que se incluye en el mismo de forma separada para diferenciarlo del texto principal. **3** Calificación de un tribunal de examen. **4** Apunte que se toma sobre alguna materia. **5** Factura, cuenta. **6** *Mús.* Cualquiera de los signos utilizados para representar los sonidos de la escala musical. Son siete: *do, re, mi, fa, sol, la, si*. Sus nombres, excepto el *do*, adoptado en el siglo XVII en lugar de *ut*, fueron tomados en el siglo XI por Guido d'Arezzo de la primera sílaba de cada verso latino del himno a san Juan Bautista. **7** *Mús.* Cada uno de estos sonidos.

Nota bene loc. lat. que se emplea en castellano con su propia significación de *nota, observa* o *repara bien*, especialmente en impresos o manuscritos.

Notable adj. **1** Digno de nota o cuidado. **2** Se dice de lo que es grande y excesivo en su línea. **3** Una de las calificaciones usadas en los exámenes de alumnos. || m. pl. **4** Personas principales en una localidad o en una colectividad.

Notación f. **1** Acción y efecto de notar. **2** Escritura musical. **3** *Mat.* Sistema de signos convencionales que se adopta para expresar ciertos conceptos matemáticos.

Notar tr. **1** Señalar una cosa. **2** Reparar o advertir. **3** Apuntar brevemente una cosa. **4** Poner notas a los escritos o libros. **5** Censurar. **6** Percibir una sensación o darse cuenta de ella.

Notaría f. **1** Oficio de notario. **2** Oficina donde despacha el notario.

Notario, ria m. y f. Funcionario público autorizado para dar fe de los contratos, testamentos y otros actos extrajudiciales, conforme a las leyes.

Noticia f. **1** Noción, conocimiento. **2** Divulgación o publicación de un hecho. **3** El hecho divulgado.

Noticiario m. *Medios.* Espacio de televisión radio o prensa en el que se difunden noticias.

Noticiero, ra adj. **1** Que da noticias. Se utiliza a veces como nombre propio de periódicos. || m. y f. **2** Persona que da noticias como por oficio.

Notificar tr. **1** Hacer saber una resolución de la autoridad. **2** Por extensión, dar extrajudicialmente noticia de una cosa.

Noto-, not- prefs. que significa espalda, lomo o dorso.

Notocordio f. *Zool.* Cordón celular macizo de tejido cartilaginoso, dispuesto a lo largo del cuerpo de los animales procordados, que en los cordados es sustituido por la columna vertebral.

Notonecta f. *Zool.* GARAPITO.

Notoriedad f. **1** Cualidad de notorio. **2** Fama.

Notorio, ria adj. **1** Público y sabido de todos. **2** Evidente, claro.

Notre-Dame, catedral de *Arquit.* Catedral de París, en la Île de la Cité. Obra cumbre del gótico occidental, fue comenzada en 1163 sobre un templo de trazado merovingio. Entre 1198 y 1208, se completó el interior y se construyó la fachada encuadrada por dos torres sólidas y simétricas.

Notre-Dame, escuela de *Mús.* Importante centro musical durante los siglos XII y XIII. Sus miembros elaboraron el primer repertorio de música polifónica. Principales representantes: Leonin y Perotin.

Nottingham Ciudad del Reino Unido, en Inglaterra; 286.800 h. Constituye un Consejo unitario.

Nottinghamshire Condado del Reino Unido, en Inglaterra; 744.800 h.

Nouakchott Ciudad capital de Mauritania, en el océano Atlántico, que constituye un distrito; 735.000 h. Centro comercial agrícola. Puerto.

Noúmeno m. *Filos.* En el pensamiento kantiano, término opuesto a *fenómeno* que designa la «cosa en sí», realidad incognoscible que se halla fuera de toda experiencia posible.

Nourissier, François Escritor francés (París, 1927). Su obra más destacada es una trilogía autobiográfica titulada *La Malaise générale*; compuesta por *Azul como la noche* (1958), *Un pequeño burgués* (1964) y *Una historia francesa* (1966).

Nouveau roman (nueva novela) *Lit.* Tendencia literaria surgida a mediados del siglo XX en Francia. Se caracterizó por la supresión de cualquier expresión que delatara la personalidad del autor; por poner en entredicho la evolución psicológica de los personajes y el desarrollo lineal de los acontecimientos narrados; y por la voluntad de apartarse de aquellas valoraciones que supusieran un compromiso social y político. Principales representantes: A. Robbe-Grillet, M. Butor, M. Duras, C. Simon, J. Ricardou y N. Sarraute.

Nouvelle vague (nueva ola) *Cin.* Denominación aplicada a un movimiento cinematográfico articulado en torno a un grupo de críticos y cineastas franceses que a finales de los años cincuenta publicaron la revista *Cahiers du Cinéma*. Postulaban una temática no con-

Nottingham (Reino Unido). Wollaton Hall.

nouvelle vague. Escena de *El año pasado en Marienbad,* dirigida por Alain Resnais.

vencional, y la simplificación de los procedimientos formales que redujera los costes de producción. A ella pertenecieron, entre otros, A. Resnais, F. Truffaut, J. L. Godard, C. Chabrol y E. Rohmer.

NOVA adj. y f. *Astron.* Estrella que, en la etapa final de su vida, tras fusionar todo su contenido de hidrógeno y convertirlo en helio, comienza a fusionar los átomos de este gas para transformarlos en núcleos de hierro, aumentando considerablemente su emisión de energía y su luminosidad. Cuando todas las reservas de helio han sido consumidas, la estrella explosiona y se convierte en una supernova.

NOVA IGUAÇU Ciudad de Brasil, Estado de Rio de Janeiro; 562.062 h. Centro industrial.

NOVACIANISMO m. *Rel.* e *Hist.* Herejía iniciada por Novaciano en el siglo III. Negaba a la iglesia el poder de perdonar los pecados.

NOVACIANO Antipapa y heresiarca romano (s. III). Se proclamó papa en el año 251. Principal promotor de novacianismo.

NOVAK, KIM (MARILYN NOVAK, llamada) Actriz de cine estadounidense de origen checo (Chicago, 1933). Ha encarnado papeles de mujer enigmática y distante. Filmografía: *La casa número 392* (1954), *Picnic* (1956), *Me enamoré de una bruja* y *Vértigo* (1958), *La misteriosa dama de negro* (1962), *Moll Flanders* (1965) y *La leyenda de Lylah Clare* (1968).

NOVALIS (FRIEDRICH VON HARDENBERG, llamado) Poeta romántico alemán (Oberwiederstedt, 1772 - Weissenfels, 1801). Fue una de las más importantes figuras del romanticismo alemán. Entre sus obras destacan *Fragmentos* (1798), *Cristiandad o Europa* (1799), los *Himnos a la noche* (1800) y *Enrique de Ofterdingen,* novela inacabada, escrita entre 1798 y 1801 y publicada en 1802, paradigma del romanticismo.

NOVARA 1 Provincia de Italia, en la región de Piamonte; 1.139 km^2 y 339.014 h. **2** Ciudad capital de la misma; 102.388 h.

NOVÁS CALVO, LINO Escritor cubano de origen español (Granas de Sor, 1905 - Miami, 1983). Influido por Faulkner y Hemingway, y por la técnica cinematográfica. Obras: *Pedro Blanco, el negrero* (1933), *No sé quién soy* (1945), novelas; y *Un dedo encima* (1943), relatos.

NOVATADA f. **1** Broma pesada que, en algunas colectividades, se hace a los recién llegados. **2** Por extensión, error cometido por inexperiencia.

NOVATO, TA adj. y s. Nuevo o principiante.

NOVECENTISMO m. *Cult.* Término con que se designa el movimiento español de renovación cultural, artística y literaria que abarca, aproximadamente, de 1906 a 1923. Sus miembros más destacados en España son E. d'Ors, J. Ortega y Gasset, B. Jarnés, R. Pérez de Ayala y G. Miró.

NOVECENTO *Arte.* Movimiento artístico que surgió en Italia en 1922. Buscaba imponer de nuevo los valores nacionales y los principios formativos del arte clásico italiano. Fue fomentado por el fascismo.

NOVECIENTOS, TAS adj. y s. **1** Nueve veces ciento. **2** NONINGENTÉSIMO, ordinal. || m. **3** Conjunto de cifras que representan este número.

NOVEDAD f. **1** Estado de las cosas recién hechas o discurridas. **2** Mutación de las cosas que por lo general tienen estado fijo. **3** Suceso reciente, noticia. **4** Alteración en la salud. **5** fig. Extrañeza o admiración que causan las cosas antes no vistas ni oídas. || f. pl. **6** Géneros o mercancías adecuadas a la moda.

NOVEL adj. Nuevo, inexperto.

NOVELA f. **1** *Lit.* Obra literaria de cierta extensión, escrita en prosa, que narra sucesos ficticios, o reales en parte, y describe la evolución de los personajes. **2** *Lit.* Género literario formado por estas obras. Es el más tardío de todos los géneros. Surgió en la Edad Antigua, pero no logró implantarse plenamente hasta la Edad Media. Alcanzó su pleno desarrollo en el siglo XIX con el realismo y el naturalismo. **3** fig. Hechos reales que parecen ficticios. **4** fig. Ficción o mentira. **5** *Der.* Cualquiera de las constituciones o leyes nuevas que dieron Teodosio II y Justiniano. || **NOVELA DE ANTICIPACIÓN** *Lit.* Denominación aplicada a una serie de narraciones que presentan aventuras imaginarias situadas en un futuro utópico pero fundamentado narrativamente en hipótesis científicas de la época. Entre sus cultivadores destacan Julio Verne y H. G. Wells. || **NOVELA DE AVENTURAS** *Lit.* Denominación general que se aplica a los relatos en los que se presta una atención primordial a la acción por encima de los restantes constituyentes narrativos. || **NOVELA BIZANTINA** *Lit.* La cultivada en el imperio bizantino durante la Edad Media. Se trata de una narrativa en verso o en prosa que supone la continuación, sin grandes innovaciones, de la NOVELA GRIEGA. A esta corriente pertenecen las obras anónimas *Bertrando y Clisantza* y *Calímaco y Crisorroe* (siglo XIII). También se denomina así a un tipo de narraciones, cultivadas en Occidente a partir de la baja Edad Media y hasta el siglo XVIII, que retoman los patrones temáticos y formales de la novela griega. En España se cultivó durante los siglos XVI y XVII. Su iniciador fue A. Núñez de Reinoso. || **NOVELA DE CABALLERÍAS** *Lit.* LIBROS DE CABALLERÍAS. || **NOVELA DE CIENCIA-FICCIÓN** *Lit.* La que se inspira en temas relacionados fantásticamente con la técnica y la ciencia (véase CIENCIA-FICCIÓN). || **NOVELA CORTA** *Lit.* Narración de ficción en prosa, de menor extensión que la *novela,* emparentada en sus orígenes con el cuento y la anécdota. Surge en Italia a finales del siglo XIII y se configuró como género independiente a mediados del siglo XIV, con Boccaccio. || **NOVELA CORTESANA** *Lit.* Género narrativo que se desarrolla en España durante el siglo XVII. Su escenario es la corte o grandes ciudades con su vida de aventuras y erotismo. Sus cultivadores son A. de Eslava, Lope de Vega, D. Ágreda y Vargas, A. de Liñán y Verdugo, G. de Céspedes, A. J. de Salas Barbadillo, J. Pérez de Montalbán, M. de Zayas y A. de Castillo Solórzano. || **NOVELA DE COSTUMBRES** *Lit.* La que narra la vida diaria de una sociedad concreta. Son costumbristas algunas novelas de Fernán Caballero y Felipe Trigo. || **NOVELA EPISTOLAR** *Lit.* Aquella que muestra la evolución de acción y personajes mediante cartas. Adquirió su máximo desarrollo en el siglo XVIII. || **NOVELA EXPERIMENTAL** *Lit.* Nombre con el que se designa a una corriente surgida en el primer tercio del siglo XX. Se caracteriza por la presentación subjetiva y dispersa de la acción, que puede aparecer enfocada desde distintas perspectivas y fragmentada en el tiempo, o bien narrada con arreglo a técnicas cinematográficas. Esta corriente, íntimamente relacionada con los movimientos de vanguardia, alcanza su culminación en el NOUVEAU ROMAN francés. || **NOVELA FANTÁSTICA** *Lit.* Se dice de aquellas narraciones cuya acción se ve afectada sustancialmente por la brusca irrupción de lo sobrenatural. || **NOVELA FOLLETINESCA** o **POR ENTREGAS** *Lit.* Forma narrativa cultivada durante el siglo XIX que aparecía en publicaciones periódicas. Mantuvo su vigencia durante el siglo XX. Dirigida a un gran público, sus cultivadores más destacados fueron A. Dumas, E. Sué y W. Ayguals de Izco. || **NOVELA GÓTICA** *Lit.* Narración fantástica que surge en Inglaterra en la segunda mitad del siglo XVIII bajo influencias germánicas y alcanza su madurez en las primeras décadas del siglo XIX, al calor del Romanticismo. Se propone conmocionar al lector mediante relatos en los que intervienen seres de ultratumba que irrumpen en el universo cotidiano de los vivos. Entre sus principales representantes figuran A. Radcliffe, H. Walpole y M. G. Lewis. || **NOVELA GRIEGA** *Lit.* Novela de aventuras cultivada en Grecia entre los siglos II a VI, centrada en las peripecias que sufren dos enamorados, separados bruscamente por el destino, antes de conseguir reunirse nuevamente. Es la primera forma novelística de que se tiene noticia y ejerció un influjo esencial en géneros posteriores. Entre sus cultivadores destacaron Jenofonte de Éfeso, Heliodoro de Emesa y Aquiles Tacio. || **NOVELA HISTÓRICA** *Lit.* La que mezcla sucesos y personajes históricos con los fingidos, con cierta preferencia hacia los primeros. Entre sus representantes destacan W. Scott, M. J. de Larra, J. de Espronceda, E. Gil y Carrasco y M. Yourcenar. || **NOVELA MORISCA** *Lit.* Tipo de relato cultivado en España durante los Siglos de Oro, que, inspirándose en fuentes históricas y legendarias relativas a la Reconquista, narra aventuras de tipo caballeresco-amoroso en las cuales intervienen moros y cristianos. Entre las diversas novelas moriscas merecen citarse *Historia del Abencerraje y la hermosa Jarifa* y las *Guerras civiles de Granada,* de G. Pérez de Hita. || **NOVELA NATURALISTA** o **EXPERIMENTAL** *Lit.* NATURALISMO. || **NOVELA NEGRA** *Lit.* Género narrativo derivado de la *novela policiaca,* surgido en EE UU en los años veinte y que, muestra una visión descarnada del universo social, privilegiando el contenido testimonial sobre la construcción de intrigas detectivescas. Destacan en el género D. Hammett, R. Chandler, R. Whitfield, F. Nebel, P. Cain, H. McCoy, W. Irish, F. Brown, B. Fisher, R. Deming, D. Goodis, R. MacDonald, Ch. Himes, etc. || **NOVELA PASTORIL** *Lit.* Género narrativo de carácter lírico e introspectivo desarrollado en Europa durante los siglos XVI y XVII, en el que unos pastores idealizados exponen sus cuitas amorosas en un marco bucólico. Se inicia con la *Diana,* de Montemayor, y termina con *Los pastores del Betis,* de G. de Saavedra. Otros cultivadores fueron G. Gil Polo, A. Pérez Gálvez de Montalvo, B. de la Vega, A. de Lofraso, B. de Balbuena, C. Suárez de Figueroa, Lope de Vega y Cervantes. || **NOVELA PICARESCA** *Lit.* PICARESCA. || **NOVELA POLICIACA** *Lit.* Género narrativo surgido a mediados del siglo XIX que presenta enigmas criminales aparentemente inexplicables que son esclarecidos tras la intervención de un investigador mediante métodos deductivos y psicológicos. Se caracteriza por subrayar dos aspectos: la acción o intriga, entendida como un entramado de hechos vinculados entre sí por una relación lógica de causa/efecto, y la figura del héroe, en este caso el detective. Entre sus representantes han destacado A. Conan Doyle, A. Christie, etc. || **NOVELA PSICOLÓGICA** *Lit.* La que pospone la narración a la descripción de los estados de ánimo, pasiones y conflictos psicológicos. || **NOVELA REALISTA** *Lit.* La que con una técnica casi fotográfica pretende dar una descripción lo más exacta posible de la realidad. Específicamente, se dice de la novela burguesa cultivada a partir de la segunda mitad del siglo XIX (véase REALISMO). || **NOVELA ROSA** *Lit.* La que generalmente utiliza el tema del amor tratado con cierta ingenuidad y superficialidad. || **NOVELA SENTIMENTAL** *Lit.* Género narrativo culto de extensión generalmente breve, surgido en el siglo XV y cultivado hasta la primera mitad del XVI. Autores importantes dentro del género son J. Rodríguez del Padrón y D. de San Pedro. También recibe esta designación cierta modalidad narrativa cultivada en el siglo XVIII que buscaba ejemplificar la concepción burguesa de la virtud a través de la exposición dramatizada de conflictos de conducta, basados generalmente en el enfrentamiento *amor/virtud* y protagonizada por mujeres. || **NOVELA SOCIAL** *Lit.* Género narrativo que centra sus descripciones en la vida de seres humanos en cuanto pertenecientes a un grupo o clase social. || **NOVELA DE TERROR** *Lit.* Narración fantástica derivada de la NOVELA GÓTICA. El paso de la novela gótica a la novela de terror se inició con A. Machen y H. P. Lovecraft fijó los elementos del género. En la actualidad destaca la producción del estadounidense Stephen King. || **NOVELA DE TESIS** *Lit.* La que da más importancia a las intenciones del autor, generalmente ideológicas, que a la narración. Muy cultivada en el siglo XIX, especialmente por Fernán Caballero y L. Coloma.

Kim **Novak**

NOVELAR tr. **1** Referir un suceso con forma o apariencia de novela. || **2** intr. Componer o escribir novelas. **3** fig. Contar, publicar cuentos y patrañas.

NOVELISTA com. Persona que escribe novelas.

NOVELÍSTICA f. **1** Tratado histórico o preceptivo de la novela. **2** Literatura novelesca.

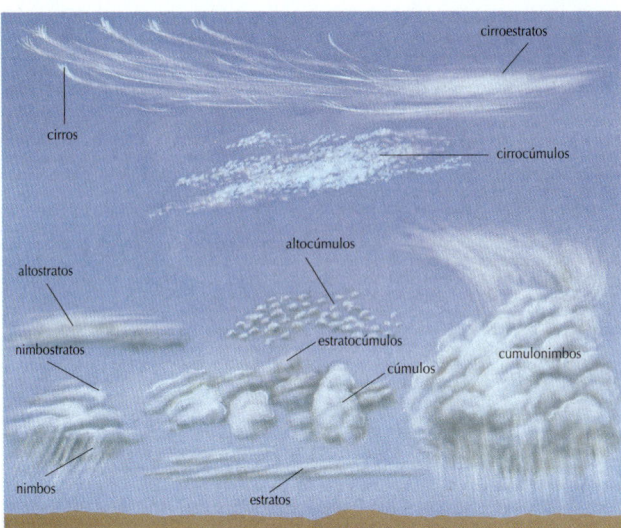

Diferentes tipos de **nube**.

NOVENA f. **1** *Rel.* Ejercicio devoto que se practica durante nueve días. **2** Libro en el que se contienen las oraciones y preces de una novena.
NOVENO, NA adj. **1** Que sigue inmediatamente en orden al o a lo octavo. **2** Se dice de cada una de las nueve partes iguales en que se divide un todo. También s.
NOVENTA adj. **1** Nueve veces diez. **2** NONAGÉSIMO, ordinal. || m. **3** Conjunto de signos con que se representa el número noventa.
NOVGOROD 1 Región de la Federación de Rusia, en la República Federada de Rusia; 55.300 km² y 746.000 h. **2** Ciudad capital de la misma, al S de San Petersburgo; 233.000 h. Construcciones religiosas de los siglos XI-XIV. Importante centro comercial en la Edad Media.
NOVI SAD Ciudad de Serbia y Montenegro, capital de Vojvodina (Serbia), a orillas del Danubio; 179.626 h. Centro comercial e industrial.
NOVIAZGO m. **1** Condición o estado de novio o novia. **2** Tiempo que dura.
NOVICIADO m. **1** *Rel.* Tiempo destinado para la probación en las religiones, antes de profesar. **2** Casa o cuarto en que habitan los novicios. **3** Conjunto de novicios. **4** Régimen y ejercicio de los novicios.
NOVICIO, CIA m. y f. **1** Persona que, en la religión donde tomó el hábito, no ha profesado todavía. **2** fig. Principiante en cualquier arte o facultad. También adj.
NOVIEMBRE m. Noveno mes del año, según la cuenta de los antiguos romanos, y undécimo del calendario actual.
NOVILLADA f. **1** Conjunto de novillos. **2** *Taurom.* Lidia o corrida de novillos.
NOVILLERO, RA m. y f. **1** Persona que cuida de los novillos. **2** *Taurom.* Lidiador de novillos.
NOVILLO m. y f. **1** *Zool.* Toro joven, a partir de un año y hasta que llega a adulto. **2** *Veter. Chile* y *Méx.* Ternero castrado. || m. pl. **3** Lidia de novillos. || **hacer novillos** fr. fam. Dejar uno de asistir a alguna parte en contra de su obligación.
NOVILUNIO m. *Astron.* Luena nueva, conjunción de la Luna con el Sol.
NOVIO, VIA m. y f. **1** Persona que mantiene relaciones con otra en expectativa de futuro matrimonio. **2** Persona que mantiene con otra una relación sentimental o amorosa. **3** Persona recién casada.
Novo, Salvador Escritor mexicano (Ciudad de México, 1904 - íd., 1974). Figura emblemática de la vanguardia mexicana. Entre sus publicaciones poéticas figuran *XX poemas* (1925), *Nuevo amor* (1933), *Decimos: «nuestra tierra»* (1944) y *Sonetos* (1964); de su producción teatral destacan *La culta dama* (1951), *A ocho columnas* (1956) y *Diálogo* (1966).
NOVOKUZNETSK Ciudad de la Federación de Rusia, región de Kemerovo, en el S de Siberia; 572.000 h. Gran centro siderúrgico y de la industria química. Desde 1932 hasta 1961 se llamó *Stalinsk*.
NOVOSIBIRSK 1 Región de la Federación de Rusia; 178.200 km² y 2.749.000 h. **2** Ciudad capital de la misma, en el SO de Siberia, a orillas del Obi; 1.369.000 h. Nudo de comunicaciones y principal centro administrativo y comercial de Siberia.
NOVOTNY, ANTONIN Político checo (Letnany, 1904 - Praga, 1975). Elegido miembro del Comité Central del Partido Comunista en 1946, fue nombrado posteriormente secretario miembro del Presidium (1951) y viceprimer ministro (1953). Ejerció la presidencia de la República (1957-68).
NÓVULA f. *Astron.* Nova que vuelve.
NOYA (Noia) Municipio y lugar de España, provincia de La Coruña, partido judicial de su nombre; 14.422 h. Puerto pesquero en la ría de Muros y de Noya.
NOYCE, ROBERT Ingeniero estadounidense (Burlington, 1927 - Austin, 1990). Descubrió el *chip* o circuito integrado, elemento de fundamental importancia en el desarrollo de la electrónica y de la informática. Fundó la Intel Corporation.
NOYON Ciudad de Francia, departamento de Oise; 9.548 h. En ella fue coronado emperador Carlomagno y rey Hugo Capeto.
Np *Quím.* Símbolo químico del neptunio.
Nu, U Político birmano (Wakema, 1907 - Rangún, 1995). Líder nacionalista contra la ocupación inglesa, tras la independencia del país fue primer ministro en 1948-56, 1957-58 y 1960-62. Derrocado en 1958 y 1962 por dos golpes militares dirigidos por Ne Win, vivió en el exilio hasta 1980.
NUBARRÓN m. **1** *Meteor.* Nube grande y densa. **2** fig. Aquello que anuncia dificultades o problemas.
NUBE f. **1** *Meteor.* Agrupación de pequeñas gotas de agua o cristales de hielo suspendidos en la atmósfera, que se forman por la condensación, sobre partículas en suspensión, del vapor de agua procedente de la evaporación del agua de mares y otras grandes masas acuosas. Las nubes adquieren diversas formas y características dependiendo de su formación y altura en la atmósfera: cirros, estratos, cúmulos, nimbos, etc. **2** *Miner.* Entre los lapidarios, sombra que aparece en las piedras preciosas, oscureciendo sus luces. **3** *Med.* Pequeña mancha blanquecina que se forma en la capa exterior de la córnea. **4** Agrupación de cosas, como el polvo, el humo, insectos, etc. **5** fig. Abundancia, multitud de una cosa. **6** fig. Cualquier cosa que oscurece o encubre otra. || **NUBE DE VERANO** *Meteor.* La que suele presentarse en verano con lluvia fuerte y repentina. || **estar,** o **vivir, en las nubes** fr. fig. Ser despistado, soñador, no darse cuenta de la realidad. || **estar por las nubes** fr. fig. Ser muy caro. || **poner por las nubes** fr. fig. Alabar a algo o a alguien.
NUBES DE MAGALLANES *Astron.* MAGALLANES, NUBES DE.
NUBIA Región de África septentrional, entre las primera y sexta cataratas del Nilo y el mar Rojo, que comprende el Alto Egipto y N de Sudán.
NUBIENSE adj. y com. NUBIO.
NÚBIL adj. Se dice de la persona que ha llegado a la edad en que físicamente es apta para tener hijos.
NUBIO, BIA adj. y s. **1** De Nubia. || m. *Ling.* **2** Lengua de Nubia.
NUBLADO m. NUBE, especialmente la que amenaza tempestad. **2** fig. Suceso que produce riesgo inminente de adversidad o daño.
NUBLAR tr. y prnl. **1** Ocultar las nubes el cielo, el Sol o la Luna. **2** Oscurecer, empañar algo material o inmaterial.
NUBOSIDAD f. *Meteor.* Estado del cielo cuando se halla cubierto de nubes.

NUCA f. *Anat.* Parte alta de la cerviz.
NUCHE m. *Zool. Col.* Larva que se introduce en la piel de los animales.
NUCLEACIÓN f. *Fís.* En termodinámica, formación de núcleos que, en una estructura y composición estables, darán lugar a una nueva estructura.
NUCLEAR adj. **1** Relativo al núcleo. **2** *Fís.* Relativo al átomo o a la energía atómica. **3** Que emplea ENERGÍA NUCLEAR.
NUCLEICO, CA adj. *Quím.* Se dice de ciertos ácidos orgánicos complejos, componentes no proteicos de las nucleoproteínas. Tienen elevado peso molecular y están formados por cadenas de nucleótidos.
NUCLEIDO m. *Fís.* Cuerpo simple cuyos átomos no sólo tienen el mismo número de protones nucleares, sino también el mismo número de neutrones.
NÚCLEO m. **1** *Astron.* Parte más densa y luminosa de un astro. **2** *Biol.* Órgano principal de las células eucariotas, contenido en el citoplasma del que se separa una membrana. **3** *Bot.* Orgánulo celular que en los vegetales se halla separado del citoplasma por una doble membrana (*membrana nuclear*). En su interior se aprecia un corpúsculo esférico o *nucleolo*, que da origen a los ribosomas, y una serie de fibras delgadas y granos de ADN combinados con proteínas, que corresponden a los *cromosomas*. Las dos principales funciones que realiza el núcleo son: controlar el desarrollo de las actividades celulares (qué sustancias y en qué momento deben producirse), y almacenar la información genética que pasará de padres a hijos. **4** *Bot.* Almendra o parte blanda de los frutos que tienen cáscara dura. **5** *Bot.* Hueso de las frutas. **6** *Biol.* Conjunto de neuronas en el sistema nervioso central. **7** *Fís.* Pieza de hierro dulce que se coloca en el interior de una bobina para aumentar la intensidad del campo magnético. **8** *Zool.* Estructura celular, generalmente esférica u ovoidea, que tiene gran importancia en la herencia celular, ya que en él se encuentran las instrucciones que rigen la morfología y el metabolismo de la célula completa. En el núcleo se pueden distinguir las siguientes partes: *membrana nuclear*, finísima capa que lo separa del citoplasma y que posee algunos poros que permiten el intercambio de materiales; *cromatina*, sustancia constituida químicamente por ácido desoxirribonucleico (ADN), portador de la información genética, que durante el reposo nuclear se presenta formando una simple red de filamentos, pero al entrar en actividad reproductora adquiere una estructura especial formando cuerpos denominados *cromosomas*; por último, el *nucleolo*, estructura redondeada fácilmente distinguible, está formado por ácido ribonucleico (ARN). **9** fig. Elemento principal al cual se van agregando otros para formar un todo. **10** fig. Centro o punto central de alguna cosa. || **NÚCLEO ATÓMICO** *Fís.* y *Quím.* Parte central del átomo, de carga eléctrica positiva y que contiene la mayor parte de la masa atómica. Está compuesto por una partícula elemental llamada *nucleón*, que se presenta en dos estados distintos: *protones*, que son los que determinan el número atómico y permanecen invariables para un mismo elemento, y *neutrones*, que determinan la masa y cuyo número puede variar para un mismo elemento denominándose en este caso *isótopo*. En 1919, Rutherford descubrió la posibilidad de conseguir transmutaciones atómicas y obtener nuevos núcleos por transmutación. Con este descubrimiento nació la *física nuclear*. Heisenberg afirmó que protones y neutrones están ligados entre sí por unas fuerzas, a las que llamó nucleares, y en consecuencia cualquier cambio en las características del núcleo se realizaba liberando energía. Con el descubrimiento de la radiactividad artificial (1934) por los esposos Joliot-Curie, el desarrollo posterior de los aceleradores de partículas y un mejor conocimiento de la estructura nuclear que han hecho posible la fisión y fusión del núcleo en cadena, se dispone de un nuevo potencial energético: la energía nuclear. || **NÚCLEO TERRESTRE** *Geol.* NIFE, zona más interna del globo terráqueo que representa el 16,4% del volumen total terrestre y el 31% de su masa. Abarca desde los 2.900 km hasta el centro de la Tierra, tiene una densidad media de 10,7, su presión oscila entre 1,3 y 3,5 millones de atmósferas, y la temperatura es de 4.000º C. En él se genera el campo magnético terrestre y se cree que está formado por níquel y hierro. En el núcleo se pueden distinguir tres partes: una *externa*, que va desde los 2.900 km de profundidad (discontinuidad de Gutenberg) hasta los 4.980 km, tiene consistencia líquida y está separada de la siguiente capa por la discontinuidad de Wiechert; una *zona de transición*, desde los 4.980 a los 5.120 km; y otra *interna*, que va desde los 5.120 km de profundidad hasta el centro de la Tierra, situado a unos 6.370 km, y es sólida.
NUCLEÓFILO, LA adj. *Fís.* Se aplica a la partícula cuyo núcleo tiende a compartir alguno de sus electrones con su capa externa. También s.

NUCLEOLO o **NUCLÉOLO** m. *Biol.* Corpúsculo nuclear diminuto y esférico, constituido por proteínas y ácido ribonucleico, que interviene en la síntesis de las proteínas.

NUCLEÓN m. *Fís.* Cada una de las partículas elementales, protón o neutrón, que constituyen el núcleo atómico.

NUCLEOSOMA m. *Biol.* Unidad de ADN morfológicamente repetida, que contiene 190 pares de bases de ADN plegado junto con ocho moléculas de histona.

NUCLEÓTIDO m. *Biol.* Compuesto orgánico formado por una molécula de ácido fosfórico, un azúcar (ribosa o desoxirribosa) y una base nitrogenada (purina o pirimidina). La unión de varios nucleótidos forma los ácidos nucleicos ADN y ARN.

NUCO m. *Zool. Chile* Ave estrigiforme, rapaz nocturna semejante al autillo.

NUDIBRANQUIO, QUIA adj. y m. *Zool.* **1** Se dice del molusco opistobranquio sin concha en estado adulto pero con ella en la fase larvaria. Carece de cavidad paleal y las branquias son muy numerosas, aunque no homólogas a las del resto de los gasterópodos. || m. pl. *Zool.* **2** Orden de estos moluscos.

NUDILLO m. **1** *Anat.* Parte exterior de cualquiera de las articulaciones de los dedos de la mano. **2** Cada uno de los puntos que forman la costura de las medias.

NUDISMO m. Práctica de los que exponen su cuerpo desnudo.

NUDISTA adj. **1** Relativo al nudismo. **2** Se dice de la persona que practica el nudismo. También s.

NUDO m. **1** Lazo que se estrecha y cierra, de modo que dificulte su pueda soltar por sí solo. **2** *Anat.* Masa pequeña y redondeada de tejido. **3** *Bot.* En los árboles y demás plantas, botón o protuberancia situada en el tronco o las ramas, donde se insertan y de donde parten los órganos apendiculares y ramificaciones, respectivamente. **4** *Fís.* Refiriéndose a la velocidad de una nave, equivale a milla por hora. **5** *Med.* Bulto o tumor que suele formarse en los tendones o en los huesos. **6** Enlace de los sucesos que preceden al desenlace, en los poemas épico y dramático, en la novela y en el cine. **7** fig. Principal dificultad o duda en algunas materias. **8** fig. Unión. **9** Lugar donde se cruzan varias vías de comunicación. || **NUDO GORDIANO** El que ataba el yugo a la lanza del carro de Gordio, antiguo rey de Frigia, del cual dicen que no se podían descubrir los dos cabos. También, en sentido figurado dificultad insoluble. || **tener un nudo en la garganta** fr. fig. Aflicción o congoja que impide el explicarse o el hablar.

NUERA f. Respecto de una persona, mujer de su hijo.

NUESTRO, TRA, TROS, TRAS Pronombre posesivo de primera persona en género masculino y femenino. Con la terminación del primero de estos géneros en singular, también se emplea como neutro.

NUEVA f. Especie o noticia de una cosa que no se ha dicho o no se ha oído.

NUEVA ANDALUCÍA Nombre que dieron los españoles a la parte oriental de Venezuela.

NUEVA BRETAÑA Isla principal del archipiélago de Bismarck, en Melanesia; 36.519 km² y 148.817 h. Ocupada por los alemanes en 1884, le dieron el nombre de *Nueva Pomerania* hasta 1921, en que pasó a depender de Australia.

NUEVA BRUNSWICK Provincia de Canadá; 73.440 km² y 754.741 h. Capital, Fredericktown.

NUEVA CALEDONIA Isla de Oceanía, al E de Australia; 16.117 km² (19.058 con las dependencias) y 164.173 h. Capital, Nouméa. Constituye un territorio ultramarino de Francia. Descubierta por el capitán Cook en 1774, pasó al dominio de Francia en 1853.

NUEVA CASTILLA *Hist.* Antiguo nombre del actual Perú, que constituyó un virreinato durante la época colonial española.

NUEVA CÓRDOBA CUMANÁ.

NUEVA DELHI Ciudad capital de la India, en los alrededores de Delhi; 301.297 h. Sede del gobierno y de la administración federal.

NUEVA ÉCIJA Provincia de Filipinas, en la isla de Luzón; 5.284 km² y 1.069.049 h. Capital, Palayan. Arroz.

NUEVA ESCOCIA Provincia del SE de Canadá; 55.490 km² y 940.825 h. Capital, Halifax.

NUEVA ESPAÑA Nombre de MÉXICO durante la dominación española. También se dio este nombre a los territorios cercanos que dependían del virrey.

NUEVA ESPARTA Estado de Venezuela, constituido por las islas Margarita, Coche y Cubagua; 1.150 km² y 425.065 h. Capital, La Asunción, en la isla Margarita. Industrias derivadas de la pesca.

NUEVA EXTREMADURA *Hist.* Nombre dado por los españoles al territorio mexicano que en 1824 se convirtió en el Estado de Coahuila.

NUEVA EXTREMADURA *Hist.* Nombre dado por Valdivia a Chile.

Nueva Guinea (Oceanía). Danza papua.

NUEVA FIGURACIÓN *Arte.* Término artístico que indica el abandono del abstracto y el retorno del artista a la realidad objetiva de la figuración para expresar conceptos políticos y sociales. Sus iniciadores fueron Giacometti y Bacon.

NUEVA FRANCIA *Hist.* Nombre de los territorios franceses en Canadá hasta 1763.

NUEVA GALES DEL SUR Estado de Australia; 801.600 km² y 6.341.600 h. Su capital es Sydney.

NUEVA GALICIA *Hist.* Una de las provincias del virreinato de Nueva España que comprendía los Estados actuales de Aguascalientes, Jalisco y parte de los de Zacatecas, Durango, Nayarit y San Luis Potosí.

NUEVA GRANADA *Hist.* Nombre que dio Jiménez de Quesada a la actual Colombia (1564).

NUEVA GRANADA *Hist.* Nombre que adoptó la actual Colombia al desmembrarse la Gran Colombia (1832-58).

NUEVA GRANADA *Hist.* Virreinato español que comprendía Colombia, Ecuador, Venezuela, Panamá y parte de Perú y Brasil. Desapareció en 1819 para formar la Gran Colombia.

NUEVA GRANADA, PROVINCIAS UNIDAS DE PROVINCIAS UNIDAS DE NUEVA GRANADA.

NUEVA GUATEMALA Denominación con que también se conoce la actual capital de Guatemala.

NUEVA GUINEA Isla de Oceanía, la segunda más grande del mundo después de Groenlandia, al N de Australia, de la que está separada por el estrecho de Torres; 784.000 km². El clima es muy húmedo y está cubierta en gran parte por selva ecuatorial. Está habitada por melanesios, papúes y pigmeos, en las zonas selváticas del interior, que conservan culturas muy primitivas. Es muy montañosa, con varios picos que superan los 4.000 m de altura (Sukarno, 5.029 m es el pico más alto). Café, cacao, copra. Oro y níquel. La parte occidental pertenece a Indonesia y forma parte de la provincia de Irián Occidental. La oriental, hoy integrada en el Estado independiente de Papua-Nueva Guinea, estuvo a su vez dividida en dos partes: NUEVA GUINEA NORDORIENTAL y PAPUASIA.

NUEVA GUINEA NORDORIENTAL *Hist.* Antiguo fideicomiso de la ONU, y antigua colonia alemana, encomendado a Australia en 1920. Comprendía el NE de la isla de Nueva Guinea y el archipiélago de Bismark. Desde 1975 forma parte del Estado de Papua-Nueva Guinea.

NUEVA HOLANDA *Hist.* Colonia holandesa en América del N fundada en el siglo XVII, que estaba formada por los actuales Estados de Nueva York, Nueva Jersey y Delaware. Su núcleo era la isla de Manhattan. En 1667 pasó a poder de Inglaterra y fue dividida en dos colonias: Nueva York y Nueva Jersey.

NUEVA INGLATERRA Región del NE de EE UU que comprende los Estados de Connecticut, Maine, New Hampshire, Massachusetts, Vermont y Rhode Island. Sus habitantes descienden de los presbiterianos escoceses y puritanos ingleses.

NUEVA JERSEY Estado del NE de EE UU, en el Atlántico; 20.169 km² y 8.414.350 h. Capital, Trenton. Notable industria pesquera. Extracción de cinc y productos arcillosos. Posee gran desarrollo industrial y financiero.

NUEVA OBJETIVIDAD *Arte.* Movimiento artístico surgido en Alemania al inicio de los años veinte. Se caracterizó por la utilización del realismo con diferentes matizaciones. Entre sus principales representantes figuran A. Kanoldt, G. Schrimpf, C. Grossberg, F. Radziwill, O. Dix, M. Beckmann y Ch. Schad.

NUEVA ORLEANS (*New Orleans*) Ciudad de EE UU, Estado de Louisiana, entre el Mississippi y el lago Pontchartrain; 484.149 h. Gran centro industrial.

NUEVA POLÍTICA ECONÓMICA *Hist.* Sistema económico soviético de rasgos capitalistas, establecido por Lenin para hacer frente a la precaria situación de la economía soviética tras la Primera Guerra Mundial. Se mantuvo en vigor entre 1921 y 1928.

NUEVA POMERANIA NUEVA BRETAÑA.

NUEVA SAN SALVADOR Ciudad de El Salvador, capital del departamento La Libertad; 116.575 h. Fundada en 1854, fue capital del país de 1855 a 1859. Antes se llamó *Santa Tecla*.

NUEVA SEGOVIA Departamento de Nicaragua; 3.123 km² y 151.324 h. Capital, Ocotal.

NUEVA SIBERIA (*Novosibirskie*) Archipiélago de la Federación de Rusia (Yakuzia); 6.200 km². Al S se encuentran las islas Liajov, consideradas parte de este archipiélago.

NUEVA TOLEDO CUMANÁ.

NUEVA VIZCAYA Provincia de Filipinas, en la isla de Luzón; 3.904 km² y 241.690 h. Su capital es Bayombong.

NUEVA VIZCAYA *Hist.* Antigua provincia del virreinato español de Nueva España, que comprendía los actuales Estados de Durango y Chihuahua y parte de Coahuila.

nueva objetividad. *Retrato del conde de Saint Genois d'Anneancourt.* Cuadro de Christian Schad. Colección particular (Hamburgo).

Nueva York (Estados Unidos). Atentado contra las Torres Gemelas del World Trade Center, el 11 de septiembre de 2001.

NUEVA YORK 1 Estado del NE de EE UU, entre la región de los Grandes Lagos y el Atlántico; 137.304 km² y 18.976.457 h. Capital, Albany. Extraordinaria actividad industrial (papel, artes gráficas, curtidos y pieles, confección, maquinaria eléctrica), comercial y financiera, debido a sus grandes recursos agrícolas y mineros y a sus excelentes comunicaciones. **2** Ciudad de EE UU, en el Estado de su nombre, junto a la desembocadura del río Hudson; 7.420.166 h. (y 18.087.251 h. en la conurbación, con Newark y Jersey City). La ciudad está dividida administrativamente en cinco distritos: Manhattan, Bronx, Brooklyn, Richmond y Queens. Es el mayor centro financiero mundial, y uno de los mayores núcleos industriales y comerciales del país. Centro universitario y foco de una intensa vida cultural y política (la ciudad alberga la sede de la ONU). Es uno de los puertos más activos del mundo. El 11 de septiembre de 2001 dos aviones secuestrados se estrellaron contra las Torres Gemelas del World Trade Center de Nueva York, y un tercero contra el edificio del Pentágono en Washington, sucesos que ocasionaron miles de víctimas. La organización Al Qaeda, dirigida por Osama bin Laden, fue considerada culpable del atentado.

NUEVA ZAMORA MARACAIBO.

NUEVA ZELANDA *(New Zealand)* Estado insular de Oceanía, situado en el océano Pacífico, al SE de Australia.

GEOG. Está compuesto por dos grandes islas, la del Norte y la del Sur, separadas por el estrecho de Cook y otras islas e islotes menores. En la Isla del Sur destacan los Alpes neozelandeses, con alturas de más de 3.000 m. Su proximidad a la costa O determina una vertiente corta y abrupta, mientras que la otra ladera desciende de manera suave hasta la llanura del litoral oriental. Destacan los ríos Waitaki y Mataura. El O de la Isla del Norte está accidentado por cadenas montañosas separadas por valles. El resto de la isla es una meseta volcánica; destacan los volcanes Ruapehu (2.796 m), Ngauruhoe (2.500 m) y Egmont (2.518 m). De esta meseta central descienden numerosos ríos, de los que el Waikato es el más importante. Entre la costa occidental de Nueva Zelanda y la oriental de Australia se extiende el llamado mar de Tasmania. El clima es oceánico. En las llanuras hay vegetación estepraria, los bosques son de coníferas, hayas y helechos. Habitada originariamente por los maoríes, la población autóctona fue diezmada en el siglo XIX y en la actualidad es mayoritariamente de origen europeo. A principios de los noventa del presente siglo se produjo el asentamiento de un importante contingente de población asiática. Un 80% de la misma es urbana y se concentra en la Isla del Norte. La principal actividad económica es la ganadería (los pastos ocupan más del 50% del territorio) y las principales industrias derivan de ella: textil, lana, pieles, cueros y alimentaria. Los recursos del subsuelo son modestos, a excepción del carbón, el lignito y el gas natural. Turismo.

HIST. Descubierta por Tasman en 1642 y estudiada por Cook desde 1769 a 1777, fue colonizada por ingleses procedentes de Australia a partir de 1814, en medio de luchas sangrientas contra los maoríes. Se convirtió en colonia inglesa en 1840, en dominio en 1907 y en 1931 fue reconocido como Estado soberano dentro de la Commonwealth. Tras 23 años de dominio del Partido Reformista, en 1935 ganó las elecciones el Partido Laborista, que situó como primer ministro a M. J. Savage. Nueva Zelanda intervino activamente dentro del bando aliado en la Segunda Guerra Mundial. El Partido Laborista perdió las elecciones en 1949, en favor del recién creado Partido Nacional, que, bajo el mando de S. G. Holland, permaneció en el poder hasta 1957. Nueva Zelanda fue miembro fundador de la ONU y, en 1951, firmó con EE UU y Australia un pacto de defensa mutua, el ANZUS. En las elecciones de 1972, el Partido Laborista se hizo con el poder y fue nombrado primer ministro N. Kirk, quien durante su mandato promovió una campaña internacional contra las pruebas nucleares francesas en el Pacífico. Conforme a los resultados de las elecciones generales de 1975, en las que triunfó el Partido Nacional, asumió el cargo de primer ministro

Superficie:
270.534 km².
Población:
3.737.000 h.
(neozelandeses).
Densidad:
13,8 h./km².
Tasa de natalidad: 14,6‰.
Tasa de mortalidad: 6,9‰.
Capital: Wellington.
Ciudades principales: Auckland, Christchurch, Manukau, Dunedin, Hamilton.
Grupos étnicos: europeos (73,8%) y maoríes (9,6%).
Religión: protestantismo (74%) y catolicismo (15,2%).
Idioma: inglés y maorí.
Moneda: dólar neozelandés.
Forma de Estado: monarquía constitucional bajo la corona británica.
Producto Nacional Bruto: 55.356 millones de dólares.
Renta per cápita: 14.600 dólares.
División administrativa: 9 regiones en la Isla del Norte, 7 en la del Sur y varias islas exteriores, según cuadro.

NUEVA ZELANDA

Regiones *Islas*	Superficie (km²)	Población (h.)	Capitales
Auckland	5.201	1.158.891	Auckland
Bay of Plenty	9.126	239.412	Tauranga
Gisborne	11.461	43.974	Gisborne
Hawke's Bay	13.790	142.297	Napier
Manawatu-Wanganui	17.454	220.089	Palmerston North
Northland	12.604	140.133	Whangarei
Taranaki	7.876	102.858	New Plymouth
Waikato	29.992	357.726	Hamilton
Wellington	8.273	423.765	Wellington
Isla del Norte	*115.777*	*2.829.145*	
Canterbury	37.955	481.431	Christchurch
Marlborough	-	39.555	
Nelson	-	41.568	Nelson
Otago	39.572	181.539	Dunedin
Southland	27.716	91.002	Invercargill
Tasman	-	41.352	
West Coast	22.893	30.303	Greymouth
Isla del Sur	*151.215*	*906.750*	
Islas cercanas a la costa	3.542	723	

Nueva Zelanda. Bahía de las Islas Russell.

R. D. Muldoon, reelegido sucesivamente en 1978 y 1981. Tras las elecciones de julio de 1984, en las que resultó vencedor el Partido Laborista, ocupó el cargo de primer ministro David Lange. Su política, hostil al armamento nuclear, produjo grandes tensiones con los EE UU y Francia en 1985. En 1989 dimitió el primer ministro David Lange, siendo sustituido por Geoffrey Palmer, que apenas permaneció un año en el cargo, ya que, tras las elecciones de octubre de 1990, la victoria de los conservadores del Partido Nacional situó a James Bolguer al frente del gobierno, quien confirmó su cargo en los comicios de 1993 y 1996. Tras su dimisión en 1997, le sustituyó Jenny Shipley. En las legislaturas de 1999 venció el Partido Laborista, liderado por Helen Clark, quien pasó a encabezar el nuevo Gobierno. Fue ratificada en el cargo tras los comicios de 2002.

Nueva Zembla Archipiélago de la Federación de Rusia, en el océano Glacial Ártico, entre el mar de Barents y el mar de Kara; 82.179 km². Está constituido por dos grandes islas, separadas por el estrecho de Matochkin.

Nuevas Hébridas Vanuatu.

nueve adj. **1** Ocho y uno. **2** noveno, ordinal. Aplicado a los días del mes, también s. || m. **3** Mat. Signo o cifra con que se representa el número nueve. **4** Carta o naipe con nueve señales.

nuevo, va adj. **1** Recién hecho o fabricado. **2** Que se ve o se oye por primera vez. **3** Repetido o reiterado para renovarlo. **4** Distinto o diferente de lo que antes había o se tenía aprendido. **5** Que sobreviene o se añade a una cosa que había antes. **6** Recién llegado a un país o lugar. **7** Novicio, principiante. **8** Agr. Se dice del producto agrícola de cosecha recentísima. **9** fig. En oposición a viejo, se dice de lo que está poco o nada usado. || **de nuevo** loc. adv. Otra vez.

Nuevo González, río de México.

Nuevo Hampshire New Hampshire.

Nuevo Laredo Ciudad de México, Estado de Tamaulipas; 218.413 h. Puesto fronterizo con EE UU.

Nuevo León Estado de México, fronterizo con EE UU; 64.924 km² y 3.684.845 h. Capital, Monterrey. Agricultura e industria. Minas de oro, plata y cobre.

Nuevo México Estado del SO de EE UU, fronterizo con México; 314.939 km² y 1.819.046 h. Su capital es Santa Fe. Gran riqueza agrícola y ganadera. Yacimientos de uranio, petróleo, gas natural, sales potásicas y cobre. Formó parte del virreinato de Nueva España. Incorporado a México en 1821, fue ocupado por EE UU (1847) y anexionado por el tratado de Guadalupe Hidalgo (1848).

Nuevo Testamento Biblia.

nuez f. **1** Anat. Prominencia que forma el cartílago tiroides en la parte anterior del cuello del varón adulto. **2** Bot. Fruto seco indehiscente, monospermo, parecido al aqueno, y con la cubierta muy dura. **3** Bot. Fruto comestible del nogal. **4** Bot. Fruto de otros árboles. **5** Hueso sujeto al talón de la ballesta para afirmar o armar la cuerda. **6** Mús. Pieza movible que en el extremo inferior del arco del violín e instrumentos análogos sirve para dar, por medio de un tornillo, más o menos tensión a las cerdas. || **nuez moscada** Bot. Fruto de la mirística. Se utiliza como condimento después de extraer el arilo que rodea la semilla. También produce un aceite empleado en medicina y perfumería. || **nuez vómica** Bot. Semilla de un árbol perteneciente a la familia loganiáceas, de nombre científico *Strychnos nux-vomica*, nativo de la India, que contiene un venenosísimo alcaloide, la estricnina.

nueza f. Bot. Planta herbácea perteneciente a la familia cucurbitáceas, de nombre científico *Bryonia cretica*, cuyo fruto son bayas encarnadas; común en España.

Nufud Nafud.

Nujoma, Sam Daniel Político namibio (Ongandjera, 1929). Fundó en abril de 1959 la Organización de Pueblos de África de Sudoeste (SWAPO), que preside desde entonces, y mantuvo la guerra contra la República Sudafricana. Su partido venció en las elecciones de 1989, por lo que obtuvo la presidencia de la República en 1990. Fue reelegido en 1994.

Nuku'alofa Ciudad capital de Tonga y de la división de Tongatapu, en la isla del mismo nombre; 21.383 h. Puerto y aeropuerto. Centro turístico.

Nules Municipio y lugar de España, provincia de Castellón; 11.680 h.

nulidad f. **1** Calidad de nulo. **2** Vicio que disminuye o anula la estimación de una cosa. **3** Incapacidad, ineptitud. **4** Persona incapaz, inepta.

nulo, la adj. **1** Falto de valor y fuerza para obligar o tener efecto. **2** Incapaz, física o moralmente, para una cosa. **3** Ni uno solo, ninguno. **4** Mat. Conjunto vacío. Se representa por Ø. **5** Dep. En boxeo, se dice del combate sin vencedor, por haber conseguido ambos púgiles igual número de puntos.

Numa Pompilio Segundo de los siete reyes legendarios de la antigua Roma (s. VII a. C.). Se calcula que reinó de 715 a 673 a. C. Estableció el estado sacerdotal de Roma y reunió a los artesanos en gremios o asociaciones según sus oficios.

numantino, na adj. y s. De Numancia.

numbat m. Zool. Mamífero marsupial de nombre científico *Myrmecobius fasciatus*, de unos 40 cm de longitud, con el pelaje castaño con bandas blancas transversales en el dorso y blanco amarillento en el vientre. Vive en el SO de Australia.

Numeiry, Gaafar Muhammad el- Militar y político sudanés (Omdurman, 1930). Comandante en jefe del ejército, se hizo con el poder (1969) tras un golpe de Estado izquierdista. Creó un partido único, la Unión Socialista Sudanesa. Fue elegido presidente en octubre de 1971 y reelegido en 1977 y 1983. En 1985 fue derrocado por un golpe de Estado.

numen m. **1** Rel. Nombre que recibía cada una de las divinidades que, en los primeros tiempos de la religión de Roma, estaban relacionadas con las fuerzas de la naturaleza. **2** Inspiración del artista o escritor.

numeración f. **1** Acción y efecto de numerar. **2** Arte de expresar de palabra o por escrito todos los números con una cantidad limitada de vocablos y de caracteres o guarismos. || **numeración arábiga** o **decimal** Mat. Sistema, hoy casi universal, que con el valor absoluto y la posición relativa de los diez signos (0, 1, 2, 3, 4, 5, 6, 7, 8, 9) introducidos por los árabes en Europa, puede expresar cualquier cantidad. || **numeración romana** Mat. La que usaban los romanos y que expresa los números por medio de siete letras del alfabeto latino, que son: I = 1, V = 5, X = 10, L = 50, C = 100, D = 500 y M = 1.000.

numerador m. **1** Mat. Guarismo que señala el número de partes iguales de la unidad, que contiene una fracción. **2** Aparato con que se marca la numeración correlativa.

numeral adj. Mat. Perteneciente o relativo al número. Tradicionalmente los numerales se suelen dividir en varios tipos o clases: cardinales, ordinales, distributivos, colectivos, partitivos y proporcionales o múltiples, y pueden tener función sustantiva, adjetiva o pronominal.

numerar tr. **1** Mat. Contar por el orden de los números. **2** Expresar numéricamente la cantidad. **3** Marcar con números.

numerario, ria adj. **1** Mat. Perteneciente al número. **2** Se dice del individuo que, con carácter fijo, forma parte de una corporación, sociedad, etc. También s. || m. Moneda acuñada o dinero efectivo.

numérico, ca adj. Mat. **1** Perteneciente o relativo a los números. **2** Compuesto o ejecutado con ellos.

número m. **1** Mat. Expresión de la cantidad computada con relación a una unidad. **2** Mat. Signo o conjunto de signos con que se representa el número. **3** Mat. Cada una de las clases que resultan al clasificar los conjuntos finitos respecto de la relación *ser coordinables*. **4** Cantidad de personas o cosas de determinada especie. **5** Condición, categoría o clase de personas o cosas. **6** Tratándose de publicaciones periódicas, cada una de las hojas o cuadernos correspondientes a distinta fecha de edición, en la serie cronológica respectiva. **7** Cada una de las partes de un espectáculo. **8** Gram. Accidente gramatical que expresa, por medio de cierta diferencia en la terminación de las palabras, si éstas se refieren a una sola persona o cosa o a más de una. **9** Individuo sin graduación en algunos cuerpos militares. **10** fam. Acción extravagante o inconveniente con que se llama mucho la atención. Se usa generalmente con los verbos *montar*, *hacer* y *dar*. || **número arábigo** Mat. Cifra perteneciente a la numeración arábiga. || **número atómico** Quím. El que indica el número de protones que existen en el núcleo atómico y de electrones en la envoltura y es, a su vez, el número de orden del elemento en el sistema periódico. || **número cardinal** Mat. Cada uno de los números enteros en abstracto. || **número complejo** Mat. Par ordenado de números reales a + bi, donde i es la unidad imaginaria o símbolo que cumple la condición $i^2 = -1$. || **número compuesto** Mat. El que no es primo. || **número decimal** Mat. El racional que se expresa en fracciones de denominador 10 o múltiplo de 10. || **número dígito** Mat. El que se expresa con un solo guarismo. || **número entero** Mat. El que consta de una o más unidades a diferencia de los quebrados y los mixtos. || **número impar** Mat. El natural no divisible exactamente por dos. || **número irracional** Mat. El real que no puede expresarse como razón de dos enteros. || **número mágico** Fís. En física nuclear, cada uno de los números 2, 8, 50, 82 y 126. Los núcleos que contienen un número mágico de protones o neutrones son de una estabilidad excepcional. || **número másico** Quím. El que indica el número total de protones y neutrones que contiene un núcleo atómico. || **número mixto** Mat. El compuesto de parte entera y parte fraccionaria. || **número natural** Mat. El entero positivo. || **número negativo** Mat. El menor que cero. || **número ordinal** Mat. El que expresa ideas de orden o sucesión. || **número par** Mat. El que es exactamente divisible por dos. || **número plural** Gram. El de la palabra que se refiere a dos o más personas o cosas. || **número positivo** Mat. El mayor que cero. || **número primo** Mat. El natural que sólo es exactamente divisible por sí mismo y por la unidad. || **número racional** Mat. El real que se puede expresar como razón de dos enteros. || **número romano** Mat. El que se significa con letras del alfabeto latino. || **número singular** Gram. El de la palabra que se refiere a una sola persona o cosa. || **números reales** Mat. Aquellos que permiten establecer una aplicación biyectiva con el conjunto de puntos de una recta. || **teoría de los números** Mat. Parte de las matemáticas puras que se ocupa de las propiedades y relaciones entre los números naturales y entre los números enteros. || **de número** loc. adj. Se dice de cada uno de los individuos de una corporación compuesta por un número limitado de personas. || **en números rojos** loc. Con saldo negativo en una cuenta bancaria. || **hacer números** loc. fig. y fam. Hacer cuentas.

Vasco **Núñez de Balboa.** Grabado del siglo XIX.

NÚMEROS m. *Lit.* y *Rel.* Cuarto libro del Pentateuco, con censo o numeración de los israelitas.
NUMEROSO, SA adj. Que incluye gran número de personas, animales o cosas.
NUMERUS CLAUSUS expr. lat. para indicar la limitación de personas que pueden ser admitidas en un lugar o cargo, y especialmente en un centro docente.
NÚMIDA adj. y com. De Numidia.
NUMIDIA Geog. hist. Antigua región del N de África, que corresponde a la actual Argelia. Durante la segunda guerra púnica, estaba dividida en los reinos de Sifax y Masinisa, aliados a Cartago y a Roma respectivamente. En 201 a. C. Masinisa se adueñó del territorio y creó un Estado con capital en Cirta. A la muerte de Micipsa, Roma impuso una nueva división entre sus dos hijos y su sobrino Yugurta, quien encabezó una rebelión contra Roma y fue derrotado por Mario. Su rey Juba I apoyó a Pompeyo durante la guerra civil y fue derrotado por César en Tapsos (46 a. C.), que anexionó el reino.
NUMISMA m. Moneda acuñada.
NUMISMÁTICA f. **1** *Num.* Ciencia que estudia las monedas, las medallas y objetos relacionados con las mismas (téseras, ponderales, etc.) a través de los tiempos en todos sus aspectos: historia, arte, arqueología (epigrafía), economía, etc. **2** Coleccionismo de monedas.
NUMITOR *Mit.* Rey legendario de Alba. Derrotado por su hermano Amulio, sus nietos Rómulo y Remo le repusieron en el trono.
NUMMULITES m. *Paleon.* Protozoo foraminífero fósil de la familia numulítidos, unicelular pero de gran tamaño (más de 1 cm de diámetro), de forma lenticular, con el caparazón enrollado sobre sí mismo en espiral y tabiques radiales que unían las distintas vueltas. Formaba parte del plancton marino y fue abundante durante el paleoceno. ♦ Su pl. es *nummulites*.
NUNATAK m. *Geol.* Montículo o elevación aislada formada por masas de hielo o nieve, que sobresale de la superficie del casquete glacial. Abundan en Groenlandia y la Antártida.
NUNAVUT Territorio de Canadá; 2.201.400 km² y 27.668 h. Su capital es Iqaluit.
NUNCA adv. t. **1** En ningún tiempo. **2** Ninguna vez. || **nunca jamás** loc. adv. En ningún tiempo, con sentido enfático.
NUNCIATURA f. **1** Cargo o dignidad de nuncio. **2** Tribunal de la Rota de la nunciatura apostólica en España. **3** Casa del nuncio.
NUNCIO m. **1** El que lleva aviso, noticia o encargo de un sujeto a otro. **2** Representante diplomático del Papa. **3** fig. Anuncio o señal. || **NUNCIO APOSTÓLICO** Nuncio del Papa.
NUNES, PEDRO Cosmógrafo y matemático portugués (Alcacer do Sal, 1492 - Coimbra, 1577). Su principal contribución científica fue la invención del nonio.
NÚÑEZ, JOSÉ Político nicaragüense (s. XIX). Ocupó interinamente la jefatura de Estado (1834-35) y en 1838 fue elegido presidente. Durante su mandato se declaró la independencia de Nicaragua respecto de las Provincias Unidas de Centroamérica.

NÚÑEZ, RAFAEL Político y escritor colombiano (Cartagena, 1825 - íd., 1894). Fue secretario del Tesoro (1830), ministro de Estado (1853-54) y de Guerra y Hacienda (1854-57). Ostentó la presidencia de la República en los periodos 1880-82, 1884-86, 1987-88 y 1992-94. En 1894 delegó voluntariamente en el vicepresidente Caro. Promulgó la constitución de 1886 que convirtió a Colombia de federativa en unitaria.
NÚÑEZ DE BALBOA, VASCO Conquistador español (Jerez de los Caballeros, 1475 - Acla, 1517). Después de tomar parte en la expedición de Bastidas al Darién (1501), se erigió en jefe de la colonia allí fundada, desde la cual, y mientras Fernández de Enciso conspiraba contra él en España, organizó la expedición que, a través del istmo de Panamá, iba a llevar al descubrimiento del Mar del Sur, después llamado océano Pacífico (25 de septiembre de 1513). Tuvo grandes diferencias con el nuevo gobernador de Castilla del Oro, Pedrarias Dávila, que, bajo la acusación de sedición, le hizo condenar y ejecutar.
NÚÑEZ CABEZA DE VACA, ÁLVAR CABEZA DE VACA, ÁLVAR NÚÑEZ.
NÚÑEZ DE CÁCERES, JOSÉ Político y escritor dominicano (?, 1772 - México, 1846). En 1821 encabezó el movimiento secesionista que proclamó la independencia de Santo Domingo. Un año después el país fue invadido por Haití, por lo que tuvo que refugiarse en Venezuela y, posteriormente, en México.
NÚÑEZ DE PINEDA Y BASCUÑÁN, FRANCISCO Escritor y militar chileno (Chillán, 1607 - ?, 1682). En 1673 escribió *Cautiverio feliz y razón individual de las guerras dilatadas de Chile.*
NÚÑEZ DEL PRADO, MARINA Escultora boliviana (La Paz, 1910 - Lima, 1995). Recreó con sus esculturas la cultura andina. Obras: *Nocturno, Pachamama, Unidad andina, Espíritu de la nube,* etc.
NÚÑEZ RODRÍGUEZ, EMILIO Político cubano (Sagua la Grande, 1855 - ?, 1922). Luchó por la independencia. Ascendido a general, fue gobernador de La Habana (1899), secretario de Agricultura y vicepresidente de la República (1917-21).
NÚÑEZ VELA, BLASCO Militar y noble español (s. XVI). Nombrado primer virrey de Perú, llegó a Lima en 1544. Intentó contener la rebelión de Pizarro y murió en la batalla de Añaquito (1548).
NUORO Provincia de Italia, en Cerdeña; 7.044 km² y 272.752 h. Su capital es la ciudad homónima.
NUPCIAL adj. Perteneciente o relativo a las nupcias.
NUPCIAS f. pl. Casamiento.
NUREMBERG Ciudad de Alemania, Land de Baviera; 495.845 h. Gran centro industrial, es el principal mercado europeo del lúpulo. En ella se celebraron los juicios contra los criminales de guerra nazis (1945-46).
NUREYEV, RUDOLF Bailarín británico, de origen ruso (Irkutsk, 1938 - París, 1993). Primera figura del ballet Kirov de Leningrado. Estuvo considerado como una de las máximas figuras del ballet. Entre sus mejores coreografías destacan *El lago de los cisnes, La bella durmiente, Cascanueces y Romeo y Julieta.*
NURISTÁN KAFIRISTÁN.
NURMI, PAAVO Atleta finlandés (Turku, 1897 - Helsinki, 1973). Ganó nueve medallas de oro en carreras de fondo y mediofondo en las olimpiadas de Amberes (1920), París (1924) y Amsterdam (1928).
NURSE f. NIÑERA.
NÜSSLEIN-VOLHARD, CHRISTIANE Bióloga alemana (Magdeburgo, 1942). En 1995 recibió el premio Nobel de Medicina, compartido con E. Wieschaus y E. Lewis, por sus importantes descubrimientos acerca de los llamados *genes hox.*
NUT *Mit.* En Egipto, diosa del cielo, esposa de Geb, madre de Isis y Osiris. Se la representa como una mujer a gatas.
NUTACIÓN f. **1** *Astron.* Oscilación periódica del eje de la Tierra causada por la inclinación de este mismo eje y el efecto de la órbita lunar, inclinada respecto a la eclíptica. **2** Oscilación periódica de un eje en movimiento.
NUTRIA f. *Zool.* Nombre de varias especies de mamíferos carnívoros de la familia mustélidos adaptados a la vida en el agua.
NUTRICIÓN f. *Fisiol.* Acción y efecto de nutrir, actividad que se manifiesta con dos clases de fenómenos opuestos: procesos asimilativos con almacenamiento de energía (*anabolismo*), y procesos de desintegración o eliminación de materia con pérdida de energía (*catabolismo*).
NUTRIDO, DA adj. fig. Lleno, abundante.
NUTRIENTE m. *Fisiol.* Alimento o sustancia que sirve para la nutrición de un ser vivo.
NUTRIR tr. **1** *Fisiol.* Aumentar la sustancia del cuerpo animal o vegetal por medio del alimento. También prnl. **2** fig. Vigorizar, alentar. También prnl. **3** fig. Llenar, colmar abundantemente.
NUTRITIVO, VA adj. Capaz de nutrir.
NUTTALL, GEORGE FALKINER Biólogo estadounidense (San Francisco, 1862 - Londres, 1938). Descubrió la propiedad bactericida del suero en la sangre y describió el bacilo de la gangrena gaseosa. Escribió más de doscientos ensayos sobre bacteriología, parasitología y fisiología.
NUUK Ciudad capital de Groenlandia, en el SO de la isla; 13.148 h. Principal centro urbano y sede de la administración de la isla. Puerto pesquero.
NY f. Decimotercera letra del alfabeto griego (N, v); corresponde a nuestra *n.*
NYASALANDIA MALAWI.
NYASSA MALAWI, lago de África.
NYERERE, JULIUS KAMBARAGE Político tanzano (Butiama, 1921 - Londres, 1999). En 1954 fundó la Unión Nacional Africana de Tanganika (TANU). Ocupó la presidencia de la República después de la proclamación de la independencia de Tanganika (1962). Al unirse Tanganika y Zanzíbar en 1964, accedió a la presidencia de la República Unida de Tanzania. Fue reelegido en 1965, 1970, 1975 y 1980. Presidió la OUA en 1984-85.
NYÍREGYHÁZA Ciudad del NE de Hungría, capital del condado de Szabolcs-Szatmár-Bereg; 113.000 h.
NYKØBING FALSTER Ciudad de Dinamarca, capital del condado de Storstrøm; 25.232 h.
NYKÖPING Ciudad del SE de Suecia, capital del condado de Södermanland, en la costa del Báltico; 48.093 h. Puerto. Iglesia del siglo XIII.
NYLON O **NYLÓN** m. NAILON.
NYSTAD UUSIKAUPUNKI.

Proceso de **Nuremberg.**

ñandú

Ñ f. Decimoquinta letra del abecedario español y duodécima de sus consonantes. Su nombre es *eñe*. Representa un sonido de articulación nasal, palatal y sonora.

ÑA f. En algunas partes de América, tratamiento vulgar por doña o señora.

ÑACANINA f. *Zool.* Serpiente grande, muy venenosa, abundante en el Chaco, en tierras de Argentina, Bolivia y Paraguay.

ÑACUNDA m. *Zool. Arg.* Ave nocturna, de color acanelado, con algo de negro y blanco.

ÑACURUTÚ m. *Zool. Amér.* Ave estrigiforme nocturna perteneciente a la familia estrígidos, de nombre científico *Bubo cassirrostris*, semejante a la lechuza, pero con el plumaje amarillo y gris.

ÑAJU m. *Bot. Perú* Especie de QUINGOMBÓ.

ÑAME m. *Bot.* Planta herbácea perenne, perteneciente a la familia dioscoreáceas, de nombre científico *Dioscorea batatas*, con hojas acorazonado-albardadas, agudas, con nueve nervios arqueados, bien señalados, y tallo cilíndrico, algo retorcido. Procede de China, pero se cultiva en las Antillas y en todas las zonas tropicales y subtropicales americanas, como alimento. Su tubérculo, grueso y harinoso, es muy rico en hidratos de carbono. || **ÑAME AJE** *Bot. Perú* Planta dioscoreácea, variedad del ñame. || **ÑAME ISLEÑO** *Bot.* Árbol del mismo género que el árbol del pan y originario, como éste, de las Molucas. Produce un fruto comestible y es originario de Venezuela.

ÑANCULAHUEN f. *Bot. Chile* Planta arbustiva, especie de valeriana americana, cuya raíz, por sus propiedades antiespasmódicas y cicatrizantes, se usa en terapéutica. Crece en las zonas de alta montaña.

ÑANDÚ m. *Zool.* Ave corredora perteneciente al orden reiformes, familia reidas, de nombre científico *Rhea americana*. De gran tamaño (alcanza 1,50 m de altura), tiene plumaje gris ceniza, el cuello largo, y las alas y cola atrofiadas. Su aspecto general es similar al del avestruz africano, del que se diferencia por tener tres dedos en cada pie y ser algo más pequeño y de plumaje más fino. ♦ Su pl. es *ñandús* o *ñandues*.

ÑANDUBAY m. *Bot. R. Plata* Planta de la familia mimosáceas, especie de acacia de tronco muy grueso y rugoso, amplia copa, y cuya altura se eleva a más de 10 m. Su madera es muy consistente.

ÑANDUTÍ m. *Amér.* m. Tejido muy fino, que imita el de cierta telaraña; lo hacen principalmente las mujeres de Paraguay, pero hoy está muy generalizado en América del S para toda clase de ropa blanca.

ÑANGA adj. **1** *Amér.* Inútil. || f. **2** *Hond.* Estero de fondo pantanoso.

ÑANGUÉ m. *Bot. Cuba* TÚNICA DE CRISTO, planta.

ÑAÑO, ÑA adj. **1** *Col.* Consentido, mimado. **2** *Ecuad.* y *Perú* Unido por amistad íntima. || m. y f. **3** *Chile* y *Ecuad.* Hermano o hermana mayor. || f. **4** *Chile* Niñera.

ÑAPA f. **1** *Amér.* y *Can.* Propina, regalo de pequeño valor que hace el vendedor al comprador. **2** *Méx.* En la parte SE, principalmente en Tabasco, robo o hurto, en sentido eufemístico. || **de ñapa** loc. adv. Por añadidura, además.

ÑAPANGO, GA adj. **1** *Col.* MESTIZO. **2** MULATO.

ÑAPINDÁ m. *Bot.* Arbusto semitrepador perteneciente a la familia leguminosas, de nombre científico *Acacia bonariensis*. Es una planta espinosa, con aguijones de forma curvada en las ramas y más pequeños en el raquis de las hojas. Crece en las zonas subtropicales de Argentina, Paraguay, Uruguay y Brasil.

ÑAPO m. *Bot. Chile* Especie de junquillo con que se tejen canastos.

ÑAQUE m. Conjunto de cosas inútiles.

ÑATO, TA adj. **1** *Amér.* De nariz corta y aplastada, chato. || f. *Veter.* **2** Variedad de vaca propia del Río de la Plata.

ÑEEMBUCÚ Departamento de Paraguay; 12.147 km^2 y 86.965 h. Su capital es Pilar. Está regado por los ríos Paraguay, Paraná y Tebicuary, que originan extensas praderas. Algodón, tabaco, arroz, maíz, caña de azúcar y agrios.

ÑEQUE adj. **1** *C. Rica* y *Nic.* Fuerte, vigoroso. || m. **2** *Chile*, *Ecuad.*, *Hond.* y *Perú* Fuerza, energía. **3** *Perú* Valor, coraje.

ÑIQUE m. *Ocio. Hond.* En el juego del trompo, golpe que se da a un trompo con la púa de otro, con objeto de partirlo, arrancarle astillas o rayarlo.

ÑIRE m. *Bot.* Arbusto o pequeño árbol perteneciente a la familia fagáceas, de nombre científico *Nothofagus antarctica*. Crece de forma natural en Chile y los bosques andino-patagónicos de Argentina, alcanzando su mayor desarrollo en Tierra de Fuego.

ÑISÑIL m. *Bot. Chile* Especie de anea que crece en los pantanos y con cuyas hojas se tejen canastillos y se cubren ranchos.

ÑOCHA f. *Bot. Chile* Planta de la familia bromeliáceas usada para hacer cordeles, sombreros, esteras, sillas y otras clases de tejidos.

ÑOCLO m. *Gastron.* Especie de pastel hecho de masa de harina, azúcar, manteca de vaca, huevos, vino y anís, con el que se elaboran unos panecitos del tamaño de nueces, los cuales se cuecen en el horno sobre papeles polvoreados de harina.

ÑOCO, CA adj. *Col.* y *Venez.* Se dice de la persona a la que le falta un dedo de la mano.

ÑONGUÉ m. *Bot. Venez.* Planta medicinal, con cuya hoja seca, picada muy menuda, se hacen cigarrillos que sirven de sedante a los enfermos asmáticos.

ÑOÑA f. *Perú* y *Chile* Estiércol.

ÑOÑERÍA f. **1** Cualidad de ñoño. **2** Acción propia del ñoño.

ÑOÑO, ÑA adj. **1** fam. Se dice de la persona sumamente apocada y de corto ingenio. **2** fam. Dicho de las cosas, soso, de poca sustancia.

ÑOQUI m. *Gastron.* Masa hecha con patatas, mezcladas con harina de trigo, mantequilla, leche, huevo y queso rallado, dividida en trocitos, que se cuecen en agua hirviente con sal. || **ÑOQUI A LA ROMANA** *Gastron.* Masa análoga a la anterior hecha con sémola y que, hervida en leche, se corta en redondeles una vez enfriada y se acaba de guisar colocándola en el horno.

ÑORA f. *Bot.* Pimiento muy picante, guindilla, que se cultiva en la zona E de España.

ñu

ÑORBO m. *Bot. Amér. C., Ecuad.* y *Perú* Planta de la familia pasifloráceas, pasionaria de flores verduscas con vetitas moradas, cubiertas de pelos glandulosos que segregan un líquido pegajoso y hediondo; crece silvestre en todas las regiones tropicales.

ÑU m. *Zool.* Nombre de varias especies de mamíferos artiodáctilos rumiantes, perteneciente a la familia bóvidos, género *Connochaetes*. Es un antílope de patas delgadas, cabeza maciza, pelaje parduzco y larga cola. Los cuernos, presentes en los dos sexos, están curvados hacia arriba y hacia atrás. Animal de costumbres gregarias, vive formando grandes rebaños en las sabanas africanas.

ÑUBLE Río de Chile, afluente del Itata, que nace en los Andes y atraviesa de E a O la provincia a la que da nombre; 200 km de curso.

ÑUBLINO, NA adj. y s. Natural de Ñuble, o perteneciente a esta provincia de Chile.

ÑUCCHU m. *Bot.* Planta indígena de Perú, herbácea, anual, de tallo cuadrangular, que alcanza entre 20 y 30 cm de altura.

ÑUCO, CA adj. *Hond.* Se dice del ganado de asta que carece de ella o la tiene poco desarrollada.

ÑUDO m. NUDO.

ÑURUMÍ m. *Arg.* y *Par.* OSO HORMIGUERO.

O

o¹ f. **1** Decimosexta letra del abecedario español, y cuarta de sus vocales. **2** *Lóg.* Signo de la proposición particular negativa. **3** *Mat.* Término de enlace en las disyunciones lógicas. **4** *Mat.* Letra con la que se señala el origen de coordenadas, centro de figuras, curvas, etc. ♦ Su pl. es *oes*.

o² conj. disyunt. **1** Denota diferencia, separación o alternativa entre dos o más personas, cosas o ideas. Se emplea con acento cuando va entre dos cifras. **2** Precede a cada uno de dos o más términos contrapuestos. **3** Denota idea de equivalencia, significando *o sea*, *o lo que es lo mismo*.

O *Quím.* Símbolo del oxígeno.

O, GENOVEVO DE LA Revolucionario mexicano (Ahuacatitlán, 1876 - Santa María, 1952). Se unió a la revolución en 1910 y, aliado con Zapata desde 1911, llegó a ser su lugarteniente. Comandante militar del Estado de Morelos (1920-24), al finalizar el mandato de Cárdenas, creó el zapatista Frente Unido (1940).

OAHU Isla de Hawai, la más importante y poblada del archipiélago; 1.549 km² y 836.231 h. Su capital es Honolulú. De origen volcánico. Turismo. Base naval de Pearl Harbor.

OAK RIDGE Ciudad de EE UU, en el Estado de Tennessee. Centro de investigación y desarrollo atómico.

OAKLAND Ciudad de EE UU, Estado de California; 366.926 h. Forma parte de la aglomeración urbana de San Francisco.

OAS Siglas de *Organisation de l'Armée Secrète* (ORGANIZACIÓN DEL EJÉRCITO SECRETO).

OASIS m. *Bot.* Zona de agua y vegetación que se encuentra aislada en los desiertos arenosos de África y Asia. **2** fig. Tregua, descanso, refugio en las penalidades o contratiempos de la vida. ♦ Su pl. es *oasis*.

OATES, TITUS Aventurero inglés (Oakham, 1649 - Londres, 1705). Urdió una supuesta conspiración de los Jesuitas contra Carlos II, para colocar en el trono al duque de York, que habría de restaurar el catolicismo. La conjura costó la vida a varias personalidades católicas. Al acceder al trono Jacobo II (1685), fue condenado por perjurio. Obtuvo el indulto de Guillermo III.

OAXACA 1 Estado de México; 93.952 km² y 3.286.175 h. Café, tabaco, cereales, cacao y caña de azúcar. Yacimientos minerales (oro, plata, antimonio, petróleo). Ruinas zapotecas de Mitla y Monte Albán. **2** Ciudad capital del mismo; 212.818 h. Centro comercial y turístico. Industrias alimentarias y textiles. Catedral barroca (siglo XVIII), convento de Santo Domingo (siglo XVII) e iglesias de la Soledad (siglo XVII), Felipe Neri (siglo XVIII) y de la Compañía (siglo XVIII).

OAXAQUEÑO, ÑA adj. y s. De Oaxaca.

OB- pref. que significa contra, por causa de: *obsoleto*.

OB OBI.

OBALDÍA, JOSÉ Político colombiano (Panamá, 1806 - David, 1889). Vicepresidente de Colombia (1853), tras la caída de Melo se hizo cargo interinamente de la presidencia de la República (1854-55).

OBALDÍA, JOSÉ DOMINGO DE Político panameño (David, 1845 - Panamá, 1910). Gobernador de la provincia de Panamá, tras la independencia, fue embajador en EE UU (1904), vicepresidente (1904-08) y presidente de la República (1908-10).

OBANDO, JOSÉ MARÍA Militar y político colombiano (Caloto, 1795 - Sobachoque, 1861). Oficial del ejército realista, se opuso al régimen dictatorial de Bolívar (1828). Como vicepresidente de la República (1831-32), asumió provisionalmente la jefatura de Estado al renunciar Caicedo. En 1840, tras organizar una fallida sublevación contra Márquez, tuvo que exiliarse. Regresó a Colombia en 1850. Elegido presidente de la República en 1853, fue depuesto por la facción proteccionista del Partido Liberal, encabezada por Melo (1854).

OBCECACIÓN f. Ofuscación tenaz y persistente.

OBCECAR tr. y prnl. Cegar, deslumbrar u ofuscar.

OBEDECER tr. **1** Cumplir la voluntad de quien manda. **2** fig. Ceder una cosa inanimada al esfuerzo que se hace para cambiar su forma o estado. || intr. **3** fig. Tener origen una cosa. ♦ IRREG. Se conjuga como AGRADECER.

OBEDIENCIA f. **1** Acción de obedecer. **2** Precepto del superior, especialmente en las órdenes regulares.

OBEDIENTE adj. Que acostumbra a obedecer.

OBELISCO m. *Arte.* Monumento formado por un pilar muy alto, de cuatro caras iguales un poco convergentes, y terminado por una punta piramidal muy achatada. Característico del arte del antiguo Egipto.

OBENQUE m. *Mar.* Cada uno de los cabos gruesos que sujetan la cabeza de un palo o de un mastelero a la mesa de guarnición o a la cofa correspondiente.

OBERHAUSEN Ciudad de Alemania, Land de Renania del Norte-Westfalia; 225.443 h. Centro minero.

OBERLAND BERNÉS Sector montañoso de Suiza, al N del Ródano, en el Cantón de Berna. Constituye una zona de altos macizos, entre los que destaca el de la Jungfrau.

OBERÓN *Astron.* El satélite más exterior de Urano, con unos 800 km de diámetro.

OBERÓN *Mit.* Según la tradición escandinava, rey de los elfos; el personaje se incorporó a los cantares de gesta franceses y, posteriormente, a la literatura inglesa.

OBERTURA f. *Mús.* Pieza sinfónica que precede o sirve de intoducción a una obra musical.

OBESIDAD f. *Med.* Cualidad de obeso.

OBESO, SA adj. *Med.* Se dice de la persona que tiene excesiva gordura.

OBI (*Ob*) Río de la Federación de Rusia, en Siberia occidental, que nace en la cordillera de Altai, pasa por Novosibirsk y desemboca en el golfo de su nombre, en el océano Glacial Ártico; 4.700 km de curso.

OBIANG NGUEMA, TEODORO Militar y político guineano (Akoakam-Esaugui, Mongomo, 1942). Viceministro de Defensa, dirigió el golpe militar que derrocó a Macías en 1979. Asumió la presidencia de la República, confirmada por la Constitución de 1982, y se convirtió en máximo dirigente del partido único, el PDGE, en 1987. Reelegido en 1989, promulgó un nuevo texto constitucional (1991) y legalizó varios partidos políticos (1992); este aperturismo favoreció el nuevo triunfo del PDGE en los comicios de 1993, cuyos resultados no fueron reconocidos por la comunidad internacional. Tras las presidenciales de 1996, 1999 y 2002 fue confirmado en su cargo.

ÓBICE m. Obstáculo, embarazo, impedimento, estorbo.

OBIDOS, JOSEFA DE AYALA O AIALA, JOSEFA DE.

OBISPADO m. **1** Dignidad de obispo. **2** Territorio o distrito asignado a un obispo para ejercer sus funciones y jurisdicción. **3** Local o edificio donde funciona la curia episcopal.

OBISPALÍA f. **1** Palacio o casa del obispo. **2** Dignidad de obispo. **3** Territorio de jurisdicción del obispo.

OBISPAR intr. Obtener un obispado; ser nombrado para él.

OBISPO m. **1** Clérigo que ha recibido el orden sagrado del episcopado, el más elevado de la jerarquía religiosa cristiana, a cuyo cargo está el gobierno eclesiástico de una diócesis. **2** *Zool.* Pez elasmobranquio rayiforme, milobátido, de 2,5 m de longitud y 60 kg de peso, propio del Atlántico oriental y del Mediterráneo. || **OBISPO AUXILIAR** El que no tiene jurisdicción propia, pero es nombrado para que ayude en sus funciones a un obispo diocesano. || **OBISPO ELECTO** El que sólo tenía el nombramiento del rey, sin estar aún consagrado. || **OBISPO SUFRAGÁNEO** El de una diócesis que con otra u otras componen la provincia del metropolitano. || **OBISPO TITULAR** El que toma título de país ocupado por los infieles y en el cual no reside.

ÓBITO m. Fallecimiento de una persona.

OBITUARIO m. **1** Libro parroquial en que se registran las partidas de defunción y de entierro de una colectividad. **2** Sección necrológica de un periódico.

OBIUBI m. *Zool. Venez.* Nombre de varias especies de mamíferos primates del género *Aotus*.

OBJECIÓN f. Razón que se propone o dificultad que se presenta en contra de una opinión o designio, o para impugnar una proposición. || **OBJECIÓN DE CONCIENCIA** *Der.* Oposición a cumplir leyes o disposiciones contrarias a las creencias personales.

OBJETAR tr. **1** Oponer reparo a una opinión o designio; proponer una razón contraria a lo que se ha dicho o intentado. || intr. **2** Acogerse a la objeción de conciencia.

OBJETIVAR tr. Dar carácter objetivo a una idea o sentimiento.

OBJETIVISMO m. *Filos.* **1** Doctrina ética que defiende la independencia de los valores morales respecto de la opinión o conciencia de los individuos. **2** Doctrina que defiende la primacía del objeto frente al sujeto. Se opone a *subjetivismo*.

OBJETIVO, VA adj. **1** Relativo al objeto en sí y no a nuestro modo de pensar o sentir. **2** Desinteresado, desapasionado. **3** *Filos.* Se dice de lo que existe realmente, fuera del sujeto que lo conoce. || m. **4** *Fis.* Lente o sistema de lentes colocadas en los anteojos y otros aparatos de óptica en la parte que se dirige hacia los objetos a observar. **5** *Fot.* Lente o conjunto de lentes a través del cual llega la luz a la película de una cámara fotográfica o de cine. **6** OBJETO,

Oaxaca (México). Vista de Puerto Ángel.

propósito. 7 *Mil.* Posición, cuerpo de ejército o plaza enemigos, contra los que se dirige una acción bélica. También, blanco para ejercitarse en el tiro y cualquier otro objeto sobre el que se dispara un arma de fuego.

OBJETO m. 1 Cosa material. 2 *Filos.* Aquello que es pensado o percibido, en oposición a sujeto. 3 Lo que sirve de materia al ejercicio de las facultades mentales. 4 Finalidad, aquello a que se dirige o encamina una acción u operación. 5 Materia y sujeto de una ciencia. 6 *Ling.* El complemento directo o indirecto, por oposición al sujeto. || **OBJETO VOLANTE NO IDENTIFICADO** (OVNI) Cada uno de los reales o supuestos aparatos voladores de forma más o menos parecida a la de un plato invertido y origen pretendidamente extraterrestre, que parecen haber sido vistos por habitantes de la Tierra. || **al,** o **con objeto de** loc. conjunt. final. Con la finalidad de; para. Se une con el infinitivo. || **al,** o **con objeto de que** loc. conjunt. final. Para que. Se une con el subjuntivo.

OBJETOR, RA adj. 1 Que objeta. || m. y f. 2 OBJETOR DE CONCIENCIA. || **OBJETOR DE CONCIENCIA** Persona que hace objeción de conciencia.

OBJETUAL, ARTE *Arte.* Tendencia artística que surgió en los años setenta, caracterizada por el uso de objetos reales en la composición de las obras.

OBLACIÓN f. Ofrenda y sacrificio que se hace a Dios.

OBLADA f. *Zool.* Pez marino perteneciente a la familia espáridos, de nombre científico *Oblada melanura.* Abunda en el Mediterráneo.

OBLAST m. División administrativa de la Federación de Rusia, equivalente a la región.

OBLATA f. *Rel.* En la misa, la hostia y el vino, antes de ser consagrados.

OBLATO, TA adj. y s. *Rel.* 1 Se decía del niño que era ofrecido a los monjes en los monasterios, bien para su educación o para que, si sentía vocación, permaneciese en ellos haciendo vida claustral. || m. 2 Entre los benedictinos, seglar vestido con hábito que les asiste como sirviente. || m. y f. 3 Religioso de alguna de las diversas congregaciones como la del Santísimo Redentor o la de María Inmaculada, ambas fundadas en el siglo XIX.

OBLEA f. 1 Hoja muy delgada de masa de harina y agua cocida en molde, o de goma arábiga, que, dividida en trozos, se empleaba para cerrar sobres. 2 Hoja delgada de pan ázimo de la que se sacan las hostias y las formas.

OBLICUÁNGULO, LA adj. *Geom.* Se dice de la figura o del poliedro en que ninguno de sus ángulos es recto.

OBLICUAR tr. 1 Dar a una cosa dirección oblicua con relación a otra. || intr. *Mil.* 2 Marchar con dirección diagonal sin perder el frente de formación.

OBLICUIDAD f. 1 Dirección al sesgo, al través, con inclinación. 2 *Geom.* Inclinación que aparta del ángulo recto la línea o el plano que se considera respecto de otra u otro. || **OBLICUIDAD DE LA ECLÍPTICA** *Astron.* Ángulo que forma la órbita terrestre y el plano del ecuador celeste.

OBLICUO, CUA adj. 1 Sesgado, inclinado al través o desviado de la horizontal. 2 *Geom.* Se dice del plano o línea que se encuentra con otro u otra, y forma con él o ella un ángulo que no es recto. || m. *Anat.* 3 Se dice del músculo que tiene un extremo que no se inserta en el hueso.

OBLIGACIÓN f. 1 f. Aquello que alguien está obligado a hacer. 2 Vínculo que sujeta a hacer o abstenerse de hacer una cosa. 3 Correspondencia que uno debe tener y manifestar al beneficio que ha recibido de otro. 4 *Econ.* Título, comúnmente amortizable, al portador y con interés fijo, que representa una suma prestada o exigible por otro concepto a la persona o entidad que lo

arte **objetual.** *Cólera del violín.* Cuadro de Arman. Museo Cantini (Marsella).

emitió. 5 *Der.* Relación jurídica entre dos o más personas por la que una, el deudor, ha de realizar en favor de otra, el acreedor, una determinada prestación. 6 Carga, reserva o incumbencia inherente al estado, a la dignidad o a la condición de una persona.

OBLIGADO, RAFAEL Poeta argentino (Buenos Aires, 1851 - Mendoza, 1920). Autor romántico y costumbrista, en 1883 publicó *Poesías,* ampliado en 1906.

OBLIGAR tr. 1 Mover e impulsar a hacer o cumplir una cosa. 2 Ganar la voluntad de uno con beneficios u obsequios. 3 Hacer fuerza en una cosa para conseguir un efecto. || prnl. 4 Comprometerse a cumplir algo.

OBLIGATORIO, RIA adj. Se dice de lo que obliga a su cumplimiento y ejecución.

OBLITERAR tr. 1 Anular, tachar, borrar. 2 *Med.* Cerrar un conducto o cavidad. También prnl. 3 *Med.* Eliminar completamente un órgano o parte del cuerpo.

OBLONGO, GA adj. Más largo que ancho.

OBNUBILAR tr. y prnl. 1 Oscurecer, ofuscar la razón. 2 Dejar embelesado o fascinado. 3 Poner borrosa la visión.

OBOE m. *Mús.* 1 Instrumento musical de viento, de la familia de la madera, semejante a la dulzaina, provisto de doble lengüeta, con seis agujeros y un número variable de llaves. 2 Persona que ejerce o profesa el arte de tocar este instrumento.

ÓBOLO m. 1 Antiguo peso griego equivalente a 6 decigramos. 2 *Num.* Moneda de plata de los antiguos griegos. 3 fig. Cantidad exigua con que se contribuye para un fin determinado.

OBOTE, MILTON Político ugandés (Ankokoro, 1924). Al proclamarse la independencia de Uganda, ocupó el cargo de primer ministro (1962-66). En 1966 forzó al rey Mutesa II al exilio, asumió la presidencia de la República y promulgó una nueva Constitución. Derrocado en 1971 por Idi Amin Dada, se refugió en Tanzania. En 1980 regresó a su país y fue elegido presidente de la República; detentó el poder hasta el golpe de Estado del general Okello (1985) y, posteriormente, se exilió en Zambia.

OBRA f. 1 Cosa hecha por alguien o por algo. 2 Cualquier creación humana en ciencias, letras o artes, especialmente la que tiene importancia. 3 Volumen o volúmenes que contienen un trabajo literario completo. 4 Edificio o terreno en construcción. 5 Conjunto de arreglos o cambios que se hacen en un edificio. 6 Medio, virtud o poder por el que se realiza algo. || **BUENA OBRA** OBRA DE CARIDAD. || **OBRA DE CARIDAD** La que se hace en bien del prójimo. || **OBRA DE FÁBRICA** Puente, viaducto, alcantarilla u otra de las construcciones semejantes que se ejecutan en una vía de comunicación, acueducto, etc., diferentes de las explanaciones. || **OBRA PÚBLICA** La que es de interés general y se destina a uso público; como carretera, puerto, faro, etc. || **de obra** loc. adv. que con algunos verbos significa que la acción de éstos se efectúa de manera material y corpórea, por oposición a la verbal o inmaterial.

OBRADA f. *Agr.* 1 Labor que en un día hace un hombre cavando la tierra, o una yunta arándola. 2 Medida agraria usada en las provincias de Palencia, Segovia y Valladolid, en equivalencia, respectivamente, de 53 áreas y 8,32 centiáreas, de 39 áreas y 30,3 centiáreas y de 46 áreas y 58,2 centiáreas.

OBRADOR, RA adj. y s. 1 Que obra. || m. 2 Taller destinado a tareas artesanales, especialmente el de confitería y repostería.

OBRADOVI'C, DOSITEJ Escritor serbio (Chakovo, 1742 - Belgrado, 1811). Está considerado como uno de los creadores de la prosa serbia. Dejó una interesante autobiografía, *Vida y aventuras de Dositej Obradovi'c* (1783), y tradujo las *Fábulas de Esopo* (1788).

OBRADURA f. Lo que de cada vez se exprime en el molino de aceite en cada prensa.

OBRAJE m. 1 Obra hecha a mano o con una máquina. 2 Oficina o lugar donde se labran paños y otros objetos para el uso común. 3 *Hist.* En América, manufactura en la que trabajaban los indios durante el periodo de dominación colonial.

OBRAR tr. 1 Hacer una cosa, trabajar en ella. 2 Ejecutar o practicar una cosa no material. 3 Causar o hacer efecto una cosa. 4 Construir, edificar, hacer una obra. || intr. 5 Evacuar el vientre, defecar. 6 Existir una cosa en sitio determinado.

OBREGÓN m. *Rel.* Cada uno de los miembros de la congregación de hospitalarios fundada en Madrid por Bernardino de Obregón en 1565. Más en pl.

OBREGÓN, ALEJANDRO Pintor colombiano (Barcelona, 1920 - Cartagena de Indias, 1992). Su pintura de madurez, en la que elementos de la naturaleza de raíz autóctona (cóndores, barracudas) están sometidos a un intenso cromatismo de procedencia abstracta, ha sido calificada como expresionismo barroco.

OBREGÓN, ÁLVARO Militar y político mexicano (Siquisiba, 1880 - San Ángel, 1928). Secundó a Madero y, desde 1913, a Carranza en su enfrentamiento contra Huerta. Después de la convención de Aguascalientes

movimiento obrero. Cartel ruso: *Muerte del imperialismo mundial.* Museo Lenin (Praga).

(1914), luchó contra Villa y Zapata. Ministro de la Guerra con Carranza, fue presidente de la República de 1920 a 1924. Promovió una política radical: reforma agraria, consolidación de los sindicatos, impulso de la educación pública. Tras su triunfo en las presidenciales de 1928, murió asesinado por un católico.

OBRENOVI'C *Geneal.* Dinastía serbia fundada por Milos Obrenovi'c, que gobernó el país de 1815 a 1903, excepto de 1842 a 1858, en que lo hizo la dinastía rival Karageorgievich.

OBRERISMO m. 1 *Econ.* Régimen económico fundado en el predominio del trabajo obrero como elemento de producción y creador de riqueza. 2 *Econ.* Conjunto de obreros, considerado como entidad económica. 3 *Polít.* Conjunto de actitudes y doctrinas sociales encaminadas a mejorar las condiciones de vida de los obreros. 4 Exaltación de los valores de la clase obrera.

OBRERO, RA adj. 1 Que trabaja. También s. 2 Perteneciente o relativo al trabajador. || m. y f. 3 Trabajador manual retribuido. || **MOVIMIENTO OBRERO** *Hist.* y *Polít.* Proceso de lucha reivindicativa y organización política paralela de la clase trabajadora que se originó como reacción a las nuevas condiciones sociales impuestas por la Revolución Industrial.

O'BRIEN, FLANN (BRIAN O'NUALLAIN, llamado) Escritor irlandés (Strabane, 1911 - Dublín, 1966). En 1939 publicó su primera novela, *En Nadar-Dos-Pájaros,* obra que analiza la realidad irlandesa de la primera mitad del siglo XX. A ésta siguieron *La vida dura* (1962), *El archivo de Dalkey* (1964) y *El tercer policía* (póstuma, 1967).

OBSCENO, NA adj. Impúdico, ofensivo al pudor.

OBSCURANTISMO m. OSCURANTISMO.

OBSCURECER tr., terciop. y prnl. OSCURECER.

OBSCURIDAD f. OSCURIDAD.

OBSCURO, RA adj. y m. OSCURO.

OBSEQUIAR tr. 1 Agasajar a uno con atenciones, servicios o regalos. 2 Enamorar, requebrar a una mujer.

OBSEQUIO m. 1 Acción de obsequiar. 2 Regalo que se hace. 3 Deferencia, afabilidad.

OBSEQUIOSO, SA adj. Complaciente, atento y dispuesto a hacer la voluntad de otro.

OBSERVACIÓN f. Acción y efecto de observar.

OBSERVADOR, RA adj. y s. 1 Que observa. || m. y f. 2 Persona que es admitida en congresos, reuniones científicas, literarias, etc., sin ser miembro de pleno derecho.

OBSERVANCIA f. Cumplimiento exacto y puntual de lo que se manda ejecutar; como ley, religión, estatuto o regla.

OBSERVAR tr. 1 Examinar atentamente. 2 Guardar y cumplir exactamente lo que se manda y ordena. 3 Advertir, reparar.

OBSERVATORIO m. 1 Lugar o posición que sirve para hacer observaciones. 2 Edificio e instalación dotado del personal e instrumentos apropiados, dedicado a realizar observaciones, por lo común astronómicas o meteorológicas.

OBSESIÓN f. 1 *Psiquiat.* Perturbación anímica producida por una idea fija. 2 Idea que con tenaz persistencia asalta la mente.

OBSESIONAR tr. y prnl. Causar obsesión.

OBSESO, SA adj. Que padece obsesión.

OBSIDIANA f. *Geol.* Roca eruptiva volcánica vítrea, compuesta fundamentalmente de sílice, de color negro o verde muy oscuro. Se talla como piedra semipreciosa.

OBSOLETO, TA adj. 1 Poco usado. 2 Anticuado.

OBSTACULIZAR tr. Impedir o dificultar la consecución de un propósito.

OBSTÁCULO m. 1 Impedimento, embarazo, inconveniente. 2 *Dep.* En algunos deportes, cada una de las dificultades, como las vallas, que presenta una pista.

OBSTANTE, NO loc. conjunt. Sin embargo, sin que estorbe ni perjudique para una cosa.

OBSTAR intr. Impedir, estorbar, ser inconveniente una cosa a otra. Se usa en tercera persona y en frases negativas.

OBSTETRICIA f. *Med.* Parte de la medicina que trata de la gestación, el parto y el puerperio.

OBSTINADO, DA adj. Perseverante, tenaz.

OBSTINARSE prnl. Mantenerse uno en su resolución sin dejarse convencer ni vencer por obstáculos o reveses.

OBSTRUCCIÓN f. **1** Acción de obstruir u obstruirse. **2** En asambleas deliberantes, táctica que pretende retardar o impedir los acuerdos. **3** *Med.* Oclusión o estenosis de una víscera hueca, conducto o vaso.

OBSTRUCCIONISMO m. *Polít.* Ejercicio de la obstrucción en asambleas políticas.

OBSTRUIR tr. **1** Estorbar el paso, cerrar un conducto o camino. **2** Impedir la acción. **3** fig. Impedir la operación de un agente físico o inmaterial. || prnl. **4** Cerrarse o taparse una abertura. ♦ IRREG. Se conjuga como HUIR.

OBTENCIÓN f. Acción y efecto de obtener.

OBTENER tr. **1** Conseguir una cosa que se merece, solicita o pretende. **2** Fabricar o extraer un material o un producto a partir de otro. ♦ IRREG. Se conjuga como TENER.

OBTURACIÓN f. **1** Cierre de una abertura o conducto. **2** *Med.* Tipo de oclusión intestinal en que la luz es ocupada por el contenido normal o por cuerpos extraños.

OBTURADOR, RA adj. y s. **1** Se dice de lo que sirve para obturar. || m. *Fot.* **2** Dispositivo de los aparatos ópticos, sobre todo de las cámaras fotográficas, que regula el periodo de tiempo en que penetra la luz a través del objetivo.

OBTURAR tr. Tapar o cerrar una abertura o conducto introduciendo o aplicando un cuerpo.

OBTUSÁNGULO adj. y m. *Geom.* TRIÁNGULO OBTUSÁNGULO.

OBTUSO, SA adj. **1** Sin punta. **2** fig. Torpe, tardo de comprensión. **3** *Geom.* ÁNGULO OBTUSO. También m.

OBÚS m. **1** *Arm.* Pieza de artillería de tiro curvo, de longitud menor que la del cañón y mayor que la del mortero, en relación a su calibre. **2** *Arm.* Proyectil que se dispara con esta pieza. **3** *Mec.* Piececita que sirve de cierre a la válvula del neumático.

OBVENCIÓN f. Retribución, fija o eventual, además del sueldo que se disfruta. Más en pl.

OBVIAR tr. Evitar, rehuir, apartar y quitar de en medio obstáculos o inconvenientes.

OBVIO, VIA adj. **1** Que se encuentra o pone delante de los ojos. **2** fig. Muy claro o que no tiene dificultad.

OBWALDEN Semicantón de Suiza; 491 km^2 y 31.989 h. Su capital es Sarnen. Industria láctea.

OC *Ling.* LENGUA DE OC.

OCA f. **1** *Zool.* GANSO, ave palmípeda. **2** *Ocio.* Juego que consiste en una serie de 63 casillas en espiral, pintadas sobre un cartón o tabla, que representan objetos diversos. Los dados deciden la suerte.

OCAL adj. *Bot.* Se dice de ciertas peras y manzanas y otras frutas de gusto agradable y delicado, y de algunas variedades de rosas.

OCALEAR intr. *Zool.* Hacer los gusanos los capullos ocales.

OCAMPO, MELCHOR Político y escritor mexicano (Pateo, 1814 - Tepexi del Río, 1861). Gobernador de Michoacán y secretario de Hacienda con Herrera, tras el triunfo de la revolución de Ayutla (1855) fue nombrado ministro de Asuntos Exteriores, pero renunció al cargo. Presidió el congreso constituyente (1856) y dirigió los ministerios de Hacienda y Fomento con Juárez. Tras la victoria de los liberales en Calpulalpan (1861), fue aprehendido por una partida conservadora y fusilado.

OCAMPO, SEBASTIÁN DE Navegante español (? - Sevilla, h. 1514). Fue uno de los primeros pobladores de La Española, y emprendió, por encargo de N. de Ovando, una expedición que circunnavegó la isla y demostró la insularidad de Cuba (1508). Luego recorrió con Diego Velázquez la provincia de Santiago.

OCAMPO, SILVINA Escritora argentina (Buenos Aires, 1909 - íd., 1993). En sus relatos de suspense, alternó el realismo costumbrista con la escritura fantástica: *Las invitadas* (1961) e *Y así sucesivamente* (1987). En 1940, publicó junto a su marido, A. Bioy Casares, y J. L. Borges, una famosa *Antología de la literatura fantástica.*

OCAMPO, VICTORIA Escritora argentina (Buenos Aires, 1891 - San Isidro, 1979). En 1931 fundó la revista *Sur.* Sus reflexiones sobre la realidad social, política y cultural fueron recopiladas en *Testimonios* (1939-77). A título póstumo se publicó su *Autobiografía* (1979-84).

OCANTOS, CARLOS MARÍA Escritor argentino (Buenos Aires, 1860 - Madrid, 1949). Desde 1918, residió en España. Es conocido por sus novelas realistas, en las que ofrece una visión crítica de la sociedad de su país: *León Zaldívar* (1888), *Quilito* (1891), *Entre dos luces* (1892), *Don Perfecto* (1902).

OCAÑA Ciudad de Colombia, departamento de Norte de Santander. Aquí se reunió en 1828 la Convención Nacional de la Gran Colombia, en la que se intentó reformar la Constitución.

OCAÑA, LUIS Ciclista español (Priego, 1945 - Caupenne de Armagnac, 1994). Ganó la Vuelta a España (1970), el Gran premio de las Naciones (1971) y el Tour de Francia (1973). Se retiró en 1978.

OCARINA f. *Mús.* Instrumento musical de viento de la familia de las flautas; tiene forma ovoide y, generalmente, está hecha de barro, con ocho agujeros dispuestos en dos líneas.

O'CASEY, SEAN Dramaturgo irlandés (Dublín, 1880 - Torquay, 1964). En 1924 publicó su obra más conocida, *Juno y el pavo real,* que describe con realismo la miseria del proletariado de Dublín.

OCASIÓN f. **1** Oportunidad favorable que se da para hacer o conseguir algo. **2** Causa o motivo por el que se hace o sucede algo. **3** Peligro o riesgo. || **de ocasión** loc. adv. Se dice de lo que se compra barato, aprovechando una oportunidad.

OCASIONAL adj. Que sobreviene por una ocasión o accidentalmente.

OCASIONALISMO m. *Filos.* Doctrina del siglo XVII, que defiende la existencia de una sola causa eficiente, Dios. Entre sus representantes figura Nicolás Malebranche, considerado su fundador.

OCASIONAR tr. Ser causa o motivo de que algo suceda.

OCASO m. **1** Puesta del Sol al trasponer el horizonte. **2** Occidente, punto cardinal. **3** fig. Decadencia, acabamiento.

OCCAM, GUILLERMO DE Filósofo inglés (Ockham, 1285 - Munich, 1349). Ingresó en la orden franciscana y estudió teología en Oxford. En 1324 se trasladó a Aviñón, donde polemizó con Juan XXII sobre la cuestión de la pobreza absoluta de los franciscanos. Excomulgado, huyó a Munich en 1328 y continuó su actividad filosófica bajo la protección del emperador Luis IV de Baviera. Es el creador y principal exponente del NOMINALISMO. Sostuvo que es imposible conciliar lógicamente la fe y la razón, y consideró indemostrable la existencia de Dios. Ha sido considerado como un precursor del empirismo. Obras: comentarios al *Libro de las sentencias* de Pedro Lombardo, *Summa totius logicae* y *De imperatorum et pontificum potestate.*

OCCAMISMO m. *Filos.* Doctrina elaborada por G. de Occam, muy difundida en los siglos XIV y XV, que defendía la separación entre razón y fe y entre el poder laico y el poder religioso.

OCCIDENTAL adj. **1** Relativo al occidente. **2** Natural de Occidente. También s.

OCCIDENTAL Región de Paraguay; 246.925 km^2 y 126.214 h. Comprende los departamentos de Alto Paraguay, Boquerón y Presidente Hayes.

OCCIDENTAL, CORDILLERA Cordillera de América del Sur, que constituye la rama más inmediata al Pacífico de la cordillera de los Andes. Comienza al N de Chile, hace de frontera con este país y Bolivia, y cruza Perú, Ecuador y Colombia, hasta las inmediaciones del mar de las Antillas.

OCCIDENTAL, ZONA Región de El Salvador; 4.489 km^2 y 1.066.824 h. Comprende los departamentos de Ahuachapán, Santa Ana y Sonsonate.

OCCIDENTE m. **1** *Geog.* Punto cardinal del horizonte, por donde se pone el Sol en los días equinocciales. **2** *Geog.* Lugar de la esfera celeste o región de la Tierra que, respecto de otro con el cual se compara, cae hacia donde se pone el Sol.

OCCIDENTE Denominación genérica del conjunto de naciones de la parte occidental de Europa y de aquellas que tienen en ella el origen de sus lenguas y culturas.

OCCIDENTE, IMPERIO ROMANO DE *Hist.* Imperio formado por la división del romano después de la muerte de Teodosio (395). Desde el acceso al trono del primer emperador, Honorio, se sucedieron las invasiones germánicas. El último emperador, Rómulo Augústulo, fue depuesto por Odoacro en 476, fecha que tradicionalmente se ha considerado término de la Edad Antigua. La idea imperial fue resucitada por Carlomagno, que fundó el año 800 el sacro imperio romano, y por Otón I, creador del sacro imperio romano germánico en el 862.

Victoria **Ocampo**

OCCIPITAL adj. *Anat.* **1** Relativo al occipucio. **2** Se dice de cada uno de los dos huesos del cráneo correspondientes, en los vertebrados, al occipucio. **3** Se dice de la arteria originada como una rama de la carótida externa.

OCCIPUCIO m. *Zool.* Parte posterior de la cabeza de un insecto o un vertebrado.

OCCISO, SA adj. Muerto violentamente.

OCCITANIA Nombre que recibe el conjunto de las regiones situadas en la zona meridional de Francia, en las cuales se hablaba la lengua de oc. También se denomina *Languedoc.*

OCCITANO, NA adj. y s. **1** De Occitania. || m. *Ling.* **2** LENGUA DE OC.

OCDE Siglas de ORGANIZACIÓN PARA LA COOPERACIÓN Y EL DESARROLLO ECONÓMICO.

OCEANÍA Uno de los cinco continentes en que se divide la Tierra; está situado en el Pacífico, entre el S de Asia, América del Sur, el océano Índico y la Antártida.

GEOG. Oceanía es el más pequeño de los continentes. El 86% de su superficie total está ocupada por Australia, fragmento del antiguo continente austral que quedó parcialmente sumergido bajo las aguas. Las otras grandes islas, Nueva Guinea y Nueva Zelanda, son de formación más reciente. El resto del continente está integrado por un numeroso conjunto de pequeñas islas y archipiélagos, divididos tradicionalmente en tres grandes grupos: Melanesia, Micronesia y Polinesia. Melanesia se extiende al NE de Australia, desde Nueva Guinea hasta las islas Fiji, y comprende las islas Salomon, Bismark, Nuevas Hébridas y Nueva Caledonia. Al N, se localiza Micronesia, que incluye, entre otras, las islas Marianas, Carolinas, Marshall y Kiribati. Polinesia está formada por las islas y archipiélagos orientales, desde

Superficie: 8.505.070 km^2.

Población: 29.318.000 h.

Densidad: 3,4 h./km^2.

Religiones: protestantismo, catolicismo, islamismo, hinduismo, bahaísmo, animismo, wesleyanismo.

Cordilleras: Gran Cordillera Divisoria, Alpes Australianos, Montes Durack, Hamersley, Darling, Macdonnell, Musgrave y Flinders, en Australia; Alpes del Sur y Maoke en Nueva Zelanda; Bismarck y Owen Stanley, en Nueva Guinea.

Ríos: Murray-Darling (3.490 km), Warburton, Cooper Creek, Victoria, Mitchell, Fitzroy, Fortescue, Ashburton, Gascoyne, Murchison (Australia), Sepik, Fly, Sungai (Nueva Guinea), Waikato (Nueva Zelanda).

Lagos: Eyre, Torrenas, Gairdner, en Australia; Taupo, en Nueva Zelanda.

Penínsulas: del cabo York, en Australia; de Beran, en Nueva Zelanda.

Cabos: York, Byron, Howe, Wilson, Catástrofe, Leeuwin, Noroeste, Londonderry y Arnhem, en Australia; Norte, Este, Palliser, Farewell y Providence, en Nueva Zelanda; Vals y Cretin, en Nueva Guinea.

Golfos: Carpentaria, Spencer, Gran Bahía Australiana y José Bonaparte, en Australia; Hauraki, Plenty, Hawke, sur de Taranaki y Tasmania, en Nueva Zelanda; Cendawrash, Huon y Papua, en Nueva Guinea.

Mares: Arafura, Timor, Salomon, del Coral, Tasman y océanos Índico y Pacífico.

Islas: Australia, Nueva Guinea, Tasmania, Norte y Sur, en Nueva Zelanda; Nueva Guinea, Salomon, Fiji, Bismarck, Nueva Caledonia y Nuevas Hébridas, en Melanesia; Marianas, Marshall, Palau, Carolinas, y Gilbert, en Micronesia; Cook, Hawai, Marquesas, Line, Ellice, Phoenix, Samoa, Sociedad, Tuamotu, Tubuai, Tonga y Kermadee, en Polinesia.

Estrechos: Torres, Bass, Cook.

Oceanía. Parque Nacional de Uluru (Australia).

Nueva Zelanda hasta Hawai: Samoa, Tonga, Cook, Tuvalu y la Polinesia Francesa. La mayoría de estas islas son volcánicas o coralinas. Nueva Zelanda y Australia poseen cordilleras alpinas, pero la máxima altura se encuentra en Nueva Guinea (Puncak Jaya, 5.030 m). El clima es de tipo tropical húmedo o ecuatorial; constituyen una excepción Nueva Zelanda y la costa S y SE de Australia, donde oscila entre el oceánico y el mediterráneo. La gran meseta australiana tiene clima desértico. Algunas islas de Melanesia se ven afectadas regularmente por ciclones. La red hidrográfica es escasa, si se exceptúa el Murray-Darling, en Australia, y algunos ríos de Nueva Zelanda, Tasmania y Nueva Guinea. La vegetación se caracteriza por el gran número de especies endémicas: cocoteros en las islas polinesias, selva ecuatorial y sabanas en Nueva Guinea, y bosques de coníferas y frondosas en Nueva Zelanda y sudeste de Australia.

Es el continente menos poblado, con la excepción de la Antártida. Gran parte de su población es autóctona (aborígenes australianos, maoríes neozelandeses, papúes, melanesios y polinesios), pero la mayoría de los habitantes de Australia, Nueva Zelanda y Tasmania son descendientes de los colonos europeos. En las islas menores y en Australia existen también importantes colonias de inmigrantes asiáticos (chinos, malayos, filipinos). La economía está muy desarrollada en Australia y Nueva Zelanda, mientras el resto de las islas mantiene un sistema de vida tradicional, basado en la recolección y la pesca. Destacan los productos tropicales, como la copra, el aceite de coco, el plátano o el café, y los cereales y frutas en Australia y Nueva Zelanda. Estos dos países poseen importantes cabañas ovina y bovina. Importante minería en Australia. Yacimientos de carbón, hierro, oro (Papua-Nueva Guinea), uranio, cromo, antimonio, tungsteno, níquel (Nueva Caledonia), cinc, estaño, cobre, plomo, bauxita y manganeso. La industria sólo está desarrollada en Australia y Nueva Zelanda: sectores metalúrgico, textil, químico y alimentario. Turismo.

HIST. El origen de los pueblos aborígenes de Oceanía está en sucesivas oleadas migratorias procedentes del sudeste asiático. Aún cuando existían importantes diferencias culturales entre ellos, todos formaban parte del grupo lingüístico malayo-polinésico y mantenían un sistema económico basado en la pesca, los cultivos de subsistencia y la cría de cerdos y aves. Durante los siglos XVI y XVII, las islas fueron descubiertas y exploradas por portugueses, españoles y holandeses. En 1511, los portugueses visitaron Sumatra y, en 1513, Java y Borneo. Magallanes arribó a las costas de Guam. Á. Saavedra, en 1528, dio a conocer la existencia de Nueva Guinea. Por su parte, Á. de Mendaña descubrió las islas Salomon en 1565 y las Marquesas en 1595. P. Fernández de Quirós llegó a Tahití y a las Nuevas Hébridas (1605-06). L. Váez de Torres descubrió el estrecho de su nombre, que separa Australia de Nueva Guinea. En el siglo XVII, los holandeses comenzaron a explorar Australia y descubrieron Tasmania, Nueva Zelanda, Tonga y las Fiji. A partir de 1764, Inglaterra y Francia reanudaron las expediciones, pero hasta los viajes del capitán Cook, que recorrió el archipiélago (1768 -78), no se tuvo un conocimiento global del territorio. Desde 1840, la mayor parte del continente estuvo controlado por los países europeos. En el último cuarto de siglo, EE UU se anexionó Hawai, Guam y Wake. En 1900, Australia consiguió la independencia del Reino Unido. Tras la Primera Guerra Mundial, Alemania perdió el imperio colonial del Pacífico; el territorio se distribuyó entre Australia, Nueva Zelanda y Japón, que obtuvo las Marshall, Carolinas y Marianas. En 1931, Nueva Zelanda accedió a la independencia, en el marco de la Commonwealth. Tras la Segunda Guerra Mundial, Hawai se incorporó a EE UU como Estado de pleno derecho (1959); Samoa Occidental, fideicomiso de la ONU administrado por Nueva Zelanda, se convirtió en Estado independiente (1962); la parte O de la isla de Nueva Guinea, en poder de los holandeses, pasó a manos de Indonesia (1963), pero la parte E, junto con las islas que le estaban asignadas, accedió a la independencia bajo el nombre de Papua-Nueva Guinea; Nauru, fideicomiso de la ONU bajo la tutela de Australia, se proclamó independiente en 1968, en el ámbito de la Commonwealth; Fiji, colonia británica desde 1874, se constituyó en Estado independiente y se incorporó, asimismo, a la Commonwealth (1970); también accedieron a la independencia las islas Salomon (1978), las Ellice, con el nombre de Tuvalu (1978); las Gilbert (1979), con el nombre de Kiribati; las Nuevas Hébridas, con el nombre de Vanuatu (1980); las Marshall (1986); y los Estados Federados de Micronesia (1991).

OCEÁNICA, CA adj. 1 Relativo al océano. **2** *Geog.* Se dice del clima templado cuyas características dependen de la influencia marítima, con inviernos y veranos suaves y lluvias todo el año.

OCEANICULTURA f. *Ocean.* Cultivo de las plantas y animales oceánicos, como alimento o para otros fines.

OCEÁNIDAS u **OCEÁNIDES** f. pl. *Mit.* Ninfas protectoras de los arroyos, fuentes, etc., hijas de Océano.

OCÉANO m. *Geol.* **1** Extensión de agua salada que cubre el 71% de la superficie terrestre (362 millones de km²) y circunda los continentes rellenando las depresiones mayores de la superficie de la geosfera. **2** Cada una de las grandes subdivisiones de esta extensión: Atlántico, Pacífico, Índico, Glacial Ártico y Glacial Antártico. Los dos primeros unen la región ártica con la antártica, y el Índico queda al S del trópico de Cáncer.

Océano *Mit.* Hijo de Urano y Gea, primogénito de los titanes. Personifica el agua. Con su hermana Tetis engendró los ríos y las oceánidas.

OCÉANO ÍNDICO, TERRITORIO BRITÁNICO DEL Colonia del Reino Unido, constituida por el archipiélago de Chagos, situado en el océano Índico, al NE de Madagascar; 48 km². Copra.

OCEANOGRAFÍA f. *Ocean.* Ciencia que estudia los mares y sus fenómenos, su fauna y su flora.

OCELO m. *Zool.* **1** Cada uno de los ojos simples que, en número variable, forman el ojo compuesto de los artrópodos. **2** Mancha redonda y bicolor de las alas de algunos insectos, las plumas de ciertas aves y el pelaje de algunos mamíferos.

OCELOTE m. *Zool.* Mamífero carnívoro perteneciente a la familia félidos, de nombre científico *Felis pardalis*.

ocelote

Vive en las regiones tropicales y subtropicales del continente americano, desde el S de EE UU hasta el N de Argentina.

-OCESIS suf. ECO-, casa.

OCHAVA f. Octava parte de un todo. **2** CHAFLÁN. **3** Parte de la acera correspondiente al chaflán.

OCHAVADO, DA adj. *Geom.* Se dice de la figura con ocho ángulos iguales y cuyo contorno tiene ocho lados, cuatro alternados iguales y los otros cuatro también iguales entre sí.

OCHAVO m. **1** *Num.* Moneda de cobre con peso de un octavo de onza y valor de dos maravedíes, mandada labrar por Felipe III. Se siguió acuñando hasta mediados del siglo XIX. **2** fig. Cosa insignificante, de poco o ningún valor.

OCHAVÓN, NA adj. *Cuba* Se dice del mestizo nacido de blanco y cuarterona o de cuarterón y blanca.

OCHENTA adj. **1** Ocho veces diez. **2** OCTOGÉSIMO, ordinal. || m. **3** Conjunto de signos con que se representa el número ochenta.

OCHENTAVO, VA adj. y s. OCTOGÉSIMO.

OCHENTÓN, NA adj. y s. fam. OCTOGENARIO.

OCHO adj. **1** Siete y uno. **2** OCTAVO, ordinal. Apl. a los días del mes, también m. || m. **3** Signo o cifra con que se representa el número ocho. **4** Carta o naipe que tiene ocho señales.

OCHOA, SEVERO Médico y bioquímico estadounidense, de origen español (Luarca, 1905 - Madrid, 1993). Residió en EE UU (1941-85), donde realizó importantes investigaciones sobre la síntesis de los ácidos ribonucleico y desoxirribonucleico. Premio Nobel de Fisiología y Medicina en 1959, compartido con Arthur Komberg. Premio Santiago Ramón y Cajal a la investigación (1982).

OCHOCIENTOS, TAS adj. **1** Ocho veces ciento. **2** OCTINGENTÉSIMO, ordinal. || m. **3** Conjunto de signos con que se representa el número ochocientos.

OCI- pref. OXI-.

OCIO m. **1** Cesación del trabajo, inacción o total omisión de la actividad. **2** Tiempo libre de una persona. **3** Diversión u ocupación reposada, especialmente en obras de ingenio, por descanso de las labores habituales.

OCIOSO, SA adj. **1** Se dice de la persona que está sin trabajo o sin hacer alguna cosa. También s. **2** Perezoso. **3** Inútil.

OCKEGHEM, JOHANNES Músico flamenco (Flandes, h. 1425 - Tours, h. 1495). Maestro del contrapunto, está considerado uno de los máximos representantes de la polifonía franco-flamenca. Compuso un *Requiem* y un *Credo*, además de misas, canciones, y motetes.

OCLUIR tr. y prnl. Cerrar un conducto o abertura, con algo que lo obstruya. ♦ IRREG. Se conjuga como HUIR.

OCLUSIÓN f. **1** Acción y efecto de ocluir. **2** *Fon.* Cierre completo del canal vocal de una articulación.

OCLUSIVO, VA adj. **1** Relativo a la oclusión. **2** Que la produce. **3** *Fon.* Se dice del sonido consonántico en cuya articulación los órganos articulatorios forman en algún punto del canal vocal un contacto que interrumpe la salida del aire espirado, y de la letra que representa este sonido; como *p, t, k*. También f.

OCNÁCEO, A adj. *Bot.* **1** Se dice de la planta del orden parietales, géneros *Lophira* y *Ochna*, entre otros. Son dicotiledóneas, leñosas, con hojas simples y estipuladas, flores generalmente en panículas y fruto en racimo o en baya, como el roble africano. Originarias de América del Sur y África. También s. || f. pl. *Bot.* **2** Familia de estas plantas.

O'CONNELL, DANIEL Patriota irlandés (Carhan, 1775 - Génova, 1847). Fundó la *Catholic Association* (1823) y fue elegido diputado (1828); su actividad en la cámara fue decisiva para que se suprimieran parte de las discriminaciones jurídicas por motivos religiosos. La creación del movimiento *Joven Irlanda*, de carácter revolucionario, quebrantó su liderazgo a partir de 1845.

O'CONNOR, FLANNERY Novelista estadounidense (Savannah, 1925 - Georgia, 1964). Su obra, rica en imágenes expresionistas, recrea la vida del S estadounidense: *Sangre sabia* (1952), novela, y *Un hombre bueno es difícil de encontrar* (1955) y *Todo lo que se levanta debe converger* (1965), cuentos.

OCOSIAL m. *Bot. Perú* Terreno deprimido, húmedo y con alguna vegetación.

OCOSITO TILAPA.

OCOTAL m. *Bot.* Sitio poblado de ocotes.

OCOTE m. *Bot. Guat.* y *Méx.* Árbol perteneciente a la familia pináceas, de nombre científico *Pinus teocote*, tipo de pino muy resinoso, con acículas largas, rígidas, de color verde brillante y reunidas en grupos de tres. Crece en las zonas templadas del centro y S de México.

OCOTEPEQUE Departamento de Honduras; 1.680 km² y 77.000 h. Su capital es Nueva Ocotepeque. Minas de cobre y plata. Agricultura y ganadería.

OCOZOAL m. *Zool.* Nombre de diversos reptiles ofidios de la familia vipéridos, género *Crotalus*, serpientes de cascabel nativas de México, de unos dos metros de longitud.

Odessa (Ucrania). Teatro Lírico.

OCOZOL m. *Bot.* Árbol norteamericano de la familia hamamelidáceas, cuyo tronco y ramas exudan el ámbar líquido.

OCR (Siglas de *Optical Character Recognition.*) m. *Inform.* Dispositivo que permite a algunos ordenadores reconocer y procesar caracteres escritos. Requiere un sistema periférico de entrada de datos provisto de capacidades ópticas y un programa específico de tratamiento de la información.

OCRE adj. y m. **1** Se dice del color de los minerales de este nombre. || m. *Miner.* **2** Mineral terroso, de color amarillo, que es un óxido de hierro hidratado. **3** Cualquier mineral terroso que tiene color amarillo. || **ROJO OCRE** *Miner.* ALMAGRE.

OCRIDA OHRID.

OCT-, OCTA- prefs. OCTO-.

OCTACORDIO m. *Mús.* **1** Antiguo instrumento musical griego que tenía ocho cuerdas. **2** Sistema musical compuesto de ocho sonidos.

OCTAEDRO m. *Geom.* Poliedro regular de ocho caras o planos, que son otros tantos triángulos.

OCTÁGONO, NA adj. *Geom.* Se dice del polígono de ocho ángulos o lados. Si éstos son iguales, se denomina regular.

OCTANAJE m. *Quím.* Índice de octano de un carburante.

OCTANO m. *Quím.* Hidrocarburo alifático saturado de fórmula C_8H_{18}. Es un líquido incoloro que se obtiene del petróleo y se toma como unidad para expresar el poder antidetonante de la gasolina o de otros carburantes, en relación con cierta mezcla de hidrocarburos que se toma como base.

OCTANOL m. *Quím.* Alcohol derivado del octano, con fórmula $CH_3-(CH_2)_6-CH_2OH$. Es un líquido incoloro y oloroso, utilizado en perfumería y como agente antiespumoso.

OCTAVA f. **1** *Liturg.* Espacio de ocho días, durante los cuales celebra la iglesia una fiesta solemne o hace conmemoración del objeto de ella. **2** *Liturg.* Último de los ocho días. **3** *Métr.* Combinación métrica de ocho versos endecasílabos, con rima consonante entre el primero, tercero y quinto; el segundo, cuarto y sexto, y el séptimo y octavo. Se denomina también *octava real* y *octava rima*. **4** *Métr.* Toda combinación métrica de ocho versos. **5** *Mús.* Sonido que forma la consonancia más sencilla y perfecta con otro. **6** *Mús.* Serie diatónica en que se incluyen los siete sonidos constitutivos de una escala y la repetición del primero de ellos. || **OCTAVA REAL** *Métr.* OCTAVA de versos endecasílabos.

OCTAVAR intr. *Mús.* Formar octavas o diapasones en los instrumentos de cuerda.

OCTAVIA Emperatriz romana (?, h. 42 - ?, 62). Hija de Tiberio Claudio y Mesalina, se casó en el 53 con Nerón a instancias de Agripina. Su marido la repudió para casarse con Popea y la desterró a la isla Pandataria, donde fue obligada a suicidarse.

OCTAVIA Noble romana (?, 70, - ?, 11 a. C.). Hermana de Augusto, se casó en primeras nupcias con Marcelo y en segundas con Marco Antonio, que la abandonó por Cleopatra y la repudió en el 32 a. C.

OCTAVIANO Sobrenombre que recibió el emperador Augusto cuando fue adoptado por Julio César.

OCTAVILLA f. **1** *A. gráf.* Octava parte de un pliego de papel. **2** Impreso de propaganda política o social. **3** *Métr.* Estrofa de ocho versos de arte menor.

OCTAVO, VA adj. **1** Que sigue inmediatamente en orden al séptimo. **2** Se dice de cada una de las ocho partes iguales en que se divide un todo. También s. || **OCTAVO DE FINAL** Cada una de las ocho competiciones cuyos ganadores pasan a los cuartos de final de un campeonato o concurso que se gana por eliminación del contrario y no por puntos. Más en pl. || en **octavo** loc. adj. Se dice del libro, folleto, etc., de papel de tina, cuyas hojas corresponden a ocho por pliego. Se dice también de otros libros cuya altura es de 16 a 22 cm.

OCTETO m. *Mús.* **1** Composición musical para ocho instrumentos u ocho voces. **2** Conjunto musical de cámara compuesto por ocho instrumentos o voces.

OCTINGENTÉSIMO, MA adj. **1** Que sigue inmediatamente en orden al o a lo septingentésimo nonagésimo nono. **2** Se dice de cada una de las 800 partes iguales en que se divide un todo. También s.

OCTO-, OCT-, OCTA-, OGDO- prefs. que significan ocho u octavo.

OCTOCORALARIO, RIA adj. y m. *Zool.* **1** Se dice del celentéreo antozoo cuya boca está rodeada por ocho tentáculos pinnados o plumosos. Ejemplos del grupo son los corales y las gorgonias. || m. pl. *Zool.* **2** Subclase de estos animales.

OCTODÓNTIDO, DA adj. y s. *Zool.* **1** Se dice del mamífero roedor simplicidentado, propio de América del Sur, de pequeño tamaño y orejas grandes, como el degú y el cururo, ambos de Chile. || m. pl. *Zool.* **2** Familia de estos mamíferos.

OCTOGENARIO, RIA adj. y s. Que ha cumplido 80 años y no llega a los 90.

OCTOGÉSIMO, MA adj. **1** Que sigue inmediatamente en orden al septuagésimo nono. **2** Se dice de cada una de las ochenta partes iguales en que se divide un todo. También s.

OCTÓGONO, NA adj. y m. *Geom.* OCTÁGONO.

OCTÓPODO, DA adj. y m. *Zool.* **1** Se dice del molusco cefalópodo dibranquial que tiene ocho tentáculos provistos de ventosas, todos aproximadamente iguales. La concha es rudimentaria o no existe, suelen ser sedentarios y viven en todos los mares, como el pulpo. || m. pl. *Zool.* **2** Orden de estos animales.

OCTOSÍLABO, BA adj. **1** De ocho sílabas. || m. *Métr.* **2** Verso que tiene ocho sílabas.

OCTUBRE m. Décimo mes del año, que sigue a septiembre y precede a noviembre; tiene 31 días.

OCTUBRE, REVOLUCIÓN DE *Hist.* REVOLUCIÓN RUSA.

ÓCTUPLE u **ÓCTUPLO, PLA** adj. y s. Que contiene ocho veces una cantidad.

OCUJE m. *Bot.* Cuba CALAMBUCO, árbol.

OCULAR adj. **1** Relativo a los ojos o que se hace por medio de ellos. || m. *Fís.* **2** En los instrumentos ópticos compuestos, lente o sistema de lentes colocado en la parte por donde mira el observador, y que amplía la imagen dada por el objetivo.

OCULISTA com. *Med.* Médico que se dedica especialmente a las enfermedades de los ojos.

OCULTAR tr. **1** Esconder, tapar. También prnl. **2** Reservar el Santísimo Sacramento. **3** Callar advertidamente lo que se pudiera o debiera decir, o disfrazar la verdad.

OCULTISMO m. *Ocult.* **1** Conjunto de conocimientos y prácticas mágicas y misteriosas, con las que se pretende penetrar y dominar los secretos de la naturaleza. **2** Dedicación a las ciencias ocultas.

OCULTO, TA adj. Escondido, ignorado, que no se da a conocer ni se deja ver ni sentir.

OCUME m. *Bot.* **1** Árbol perteneciente a la familia burseráceas, de nombre científico *Aucoumea klaineana*, nativo de los bosques tropicales de Guinea Ecuatorial, Gabón y la República Democrática del Congo. **2** Madera de este árbol.

OCUMO m. *Bot. Venez.* Planta de la familia aráceas, cuyo rizoma es casi esférico y tiene mucha fécula; es comestible.

OCUPACIÓN f. **1** Acción y efecto de ocupar. **2** Trabajo o cuidado que impide emplear el tiempo en otra cosa. **3** Empleo, oficio. **4** *Der.* Modo natural y originario de adquirir la propiedad de ciertas cosas que carecen de dueño. **5** *Ret.* ANTICIPACIÓN.

OCUPAR tr. **1** Apoderarse de una cosa. **2** Obtener un empleo, dignidad, mayorazgo, etc. **3** Llenar un espacio. **4** Habitar una casa. **5** Dar que hacer o en qué trabajar, especialmente en un oficio o arte. **6** Estorbar a alguien. **7** fig. Llamar la atención de alguien. || prnl. **8** Emplearse en un trabajo, ejercicio o tarea. **9** Preocuparse por una persona prestándole atención. **10** Poner la consideración en un asunto o negocio.

OCURRENCIA f. Frase inesperada, pensamiento, dicho agudo u original que viene a la imaginación.

OCURRENTE adj. Se dice del que tiene ocurrencias o dichos agudos.

OCURRIR intr. **1** Acaecer, suceder algo. || prnl. **2** Pensar o idear algo, por lo general de forma repentina.

OD-, -ODÍA, -ODO pref. o sufs. que significan canto: *melodía*.

ODA f. *Lit.* Composición poética del género lírico que admite asuntos, tonos y formas muy diversos. Tiene su origen en la Grecia clásica, donde se acompañaba de música y designaba por igual los poemas heroicos de Píndaro y las canciones amorosas de Anacreonte. Los romanos imitaron el modelo griego (Horacio). La oda resurgió en el Renacimiento italiano (B.Tasso) y fue adoptada en el siglo XVI por autores como Ronsard, fray Luis de León o F. de Herrera.

O'DALAIGH, CEARBHALL Político irlandés (condado de Wicklaw, 1911 - Snean, Kerry, 1978). En 1974 se hizo cargo de la presidencia de la República; ejerció su mandato hasta 1976.

ODALISCA f. **1** Esclava dedicada al servicio del harén del sultán en la Turquía otomana. **2** Concubina turca.

-ODE suf. EIDO-.

ODECA Siglas de ORGANIZACIÓN DE ESTADOS CENTROAMERICANOS.

ODENSE Ciudad de Dinamarca, capital de la isla y del condado de Fionia; 182.617 h.

-ODEO suf. HODO-.

ODEÓN m. *Arqueol.* Teatro o lugar destinado en Grecia para los espectáculos musicales.

ODER Río de Europa central; nace en Moravia septentrional, y desemboca en el golfo de Szczecin, en el Báltico. Traza, en parte, la frontera entre Alemania y Polonia; 860 km de curso.

ODER-NEISSE, LÍNEA *Hist.* Límite fronterizo occidental de Polonia, establecido por acuerdo en la conferencia de Potsdam (1945), tras la Segunda Guerra Mundial. No fue reconocido por la República Federal de Alemania hasta 1970.

ODESSA 1 Provincia de Ucrania; 33.300 km² y 2.586.500 h. **2** Capital de la misma; 1.046.000 h. Puerto en el mar Negro. Centro industrial.

ODETS, CLIFFORD Dramaturgo estadounidense (Filadelfia, 1906 - Hollywood, 1963). Marcado por la depresión de los años treinta, es uno de los iniciadores del teatro proletario. Obras: *Esperando a Lefty* (1935), *El paraíso perdido* (1935) y *Choque nocturno* (1941).

-ODÍA suf. OD-.

ODIAR tr. Tener odio.

ODIEL Río de España que nace en la sierra de Aracena, pasa por Huelva, se une al río Tinto y desemboca en el golfo de Cádiz, en el Atlántico, formando un estuario; 121 km de curso.

Odín recibiendo a los guerreros vikingos en el Walhalla. Estela de arte vikingo. Museo de Historia (Estocolmo).

ODIN-, ODINO-; -ODINIA, -ODINO prefs. o sufs. que significan dolor: *pleurodinia, anodino.*

ODÍN o **WOTAN** *Mit.* Dios supremo de la mitología escandinava. Protector de la cultura, inventor de las runas y dios de la sabiduría, la poesía, y la magia. Como dios de la guerra, era el jefe y señor de las walkirias; los guerreros que sucumbían en la batalla eran ofrecidos a Odín, quien los recibía en el Walhalla.

-ODINIA suf. ODIN-.

ODINO-; -ODINO pref. o suf. ODIN-.

-ODINO suf. HODO-.

ODIO m. Antipatía y aversión hacia alguna cosa o persona cuyo mal se desea.

-ODIO suf. **1** EIDO-. **2** HODO-.

ODIOSO, SA adj. Digno de odio.

ODISEA f. **1** fig. Viaje largo y en el cual abundan las aventuras adversas y favorables al viajero. **2** Por extensión, sucesión de peripecias, por lo general desagradables, que le ocurren a uno.

ODISEO *Mit.* Nombre griego de Ulises, protagonista de la obra épica de Homero la *Odisea.*

ODO- pref. HODO-.

-ODO suf. **1** OD-. **2** EIDO-.

ODOACRO Rey germánico de Italia (?, h. 434 - Rávena, 493). Oficial en Roma, encabezó al frente de los hérulos, la sublevación que depuso a Rómulo Augústulo y puso fin al imperio romano de Occidente (476). Fue vencido por los ostrogodos (493). Murió asesinado en el sitio de Rávena.

ODÓMETRO m. Aparato que cuenta los pasos, podómetro.

-ODON suf. ODONT-.

ODÓN, SAN Religioso francés (Maine, 879 - Tours, 943). Segundo abad de Cluny, continuó y difundió la reforma de la congregación. Fue asesor de los papas León VII y Esteban VIII.

-ODONCIA suf. ODONT-.

O'DONNELL Y JORIS, LEOPOLDO, CONDE DE LUCENA Y DUQUE DE TETUÁN General y político español (Santa Cruz de Tenerife, 1809 - Biarritz, 1867). Se distinguió durante la primera guerra carlista por su auxilio a la plaza de Lucena. En 1841 conspiró contra Espartero y, tras el fracaso de la sublevación de Diego de León, tuvo que emigrar a Francia. Regresó en 1844, tras la caída del regente, y fue nombrado capitán general de Cuba. En 1854, unido a otros generales, dirigió la *Vicalvarada,* cuyo triunfo dio paso a un gobierno progresista presidido por Espartero; O'Donnell fue nombrado ministro de la Guerra y, tras fundar la Unión Liberal, ocupó la presidencia de gobierno (julio-octubre, 1856). Fue sustituido por Narváez al no aceptar las exigencias reales sobre la desamortización eclesiástica. Se mantuvo alejado del poder hasta 1858, en que volvió al gobierno. Durante su mandato, que se prolongó hasta 1863, se desarrolló la guerra de África. En 1865 ocupó de nuevo la presidencia del gobierno, desde la que intentó atraerse la simpatía de los progresistas. Después de sofocar los pronunciamientos de Prim y de los sargentos de San Luis, dimitió al no obtener el apoyo de Isabel II (1866) y se trasladó a Francia.

O'DONOJÚ, JUAN General español (Sevilla, 1762 - México, 1821). Secretario de Guerra (1814), capitán general de Andalucía (1820) y último virrey de Nueva España. Llegó a México en 1821, cuando la revolución capitaneada por Iturbide había triunfado y firmó con él los tratados de Córdoba para poner fin a la lucha. Formó parte de la junta que redactó el acta de Independencia y, posteriormente, del consejo de regencia.

ODONT-, ODONTO-; -ODONT-; -ODONTE, -ODON, -ODONTO, -ODONCIA prefs., in. o sufs. que significan diente, dientes.

-ODONTE suf. ODONT-.

ODONTO-; -ODONTO pref. o suf. ODONT-.

ODONTOLOGÍA f. **1** *Med.* Rama de la medicina que estudia las enfermedades de los dientes, su prevención y tratamiento. **2** *Zool.* Rama de la ciencia que estudia la formación y desarrollo de los dientes.

ODONTORNITES f. pl. *Paleont.* Cualquiera de las aves fósiles acuáticas, no especializadas en el vuelo, que presentaban dientes en el pico. Eran de gran tamaño, ya que podían alcanzar más de 1,5 m de longitud.

ODORÍFERO, RA adj. Que huele bien o tiene buen olor.

ODRE m. **1** Cuero, generalmente de cabra, que, cosido y cubierto de pez por todas partes menos por la correspondiente al cuello del animal, sirve para contener líquidos, como vino o aceite. **2** fig. y fam. Persona borracha o muy bebedora.

ODRÍA AMORETTI, MANUEL APOLINARIO Militar y político peruano (Tarma, 1897 - Lima, 1974). Ministro de la Guerra con Bustamante (1947), abandonó el cargo para dirigir el golpe de Estado que le condujo al poder como jefe de la junta de gobierno (1948). Fue presidente de la República (1950-56) y gobernó dictatorialmente. En 1961 fundó la Unión Nacional Odrista.

Kenzaburo **Oé**

ODRINA f. Odre hecho con el cuero de un buey.

ODRISIO, SIA adj. *Hist.* **1** Se dice del individuo de un antiguo pueblo de Tracia, que en el siglo V a. C. llegó a constituir un vasto imperio que se extendía hasta el Danubio. También s. **2** Perteneciente a este pueblo. **3** De Tracia. **4** Perteneciente a Tracia.

ODUBER QUIRÓS, DANIEL Político costarricense (San José, 1921 - íd., 1991). Ministro de Relaciones Exteriores (1962-64), fue presidente del Partido de Liberación Nacional (1970). Ocupó la presidencia de la República de 1974 a 1978. Legalizó los partidos de izquierda y se enfrentó a las compañías bananeras estadounidenses.

OÉ, KENZABURO Escritor japonés (Ose, isla de Shikoku, 1935). Su narrativa se caracteriza por el empleo de una prosa compleja, repleta de metáforas y de imágenes sensuales. Novelas: *En nuestros días* (1956), *Nacido demasiado tarde* (1961), *Una cuestión personal* (1964) y *El grito silencioso* (1967). Premio Nobel de Literatura 1994.

OEA Siglas de ORGANIZACIÓN DE ESTADOS AMERICANOS.

OECE Siglas de ORGANIZACIÓN EUROPEA DE COOPERACIÓN ECONÓMICA.

OECOLAMPADIUS ECOLAMPADIO.

OEHLENSCHLÄGER, ADAM GOTTLOB Poeta danés (Copenhague, 1779 - íd., 1850). Escribió poemas líricos, baladas, dramas, tragedias y sagas. Su composición *Los cuernos de oro,* incluida en *Poemas* (1803), inaugura el romanticismo danés.

OEIN Siglas de ORGANIZACIÓN EUROPEA DE INVESTIGACIÓN NUCLEAR.

OERSTED, HANS CHRISTIAN Físico y químico danés (Rudkoebing, 1777 - Copenhague, 1851). Formuló las leyes sobre los campos magnéticos creados por las corrientes eléctricas, y dio nombre al oerstedio.

OERSTEDIO u **OERSTED** m. *Fís.* Unidad electromagnética de intensidad de campo, en el sistema cegesimal, hoy en desuso.

OERTER, ALFRED Atleta estadounidense (Astoria, Nueva York, 1936). Plusmarquista mundial de lanzamiento de disco, consiguió cuatro medallas olímpicas de oro: Melbourne (1956), Roma (1960), Tokio (1964) y México (1968).

OESTE m. **1** *Geog.* Occidente, punto cardinal. Su abreviatura es O. **2** *Meteor.* Viento que sopla de Occidente.

OESTE Se da este nombre por antonomasia al O de EE UU, concretamente al territorio situado entre los montes Apalaches y el océano Pacífico. Su colonización se desarrolló en el siglo XIX y ha dado lugar a un popular género cinematográfico (WESTERN). Se conoce también como *Lejano Oeste.*

OESTENOROESTE adj. y m. **1** *Geog.* Se dice del punto del horizonte situado entre el oeste y el noroeste. **2** *Meteor.* Se dice del viento que sopla de esta parte.

OESTESUDOESTE u **OESTESUROESTE** adj. y m. **1** *Geog.* Se dice del punto del horizonte situado entre el oeste y el sudoeste. **2** *Meteor.* Se dice del viento que sopla de esta parte.

OF- pref. OFI-.

OFALIA, NARCISO DE HEREDIA, MARQUÉS DE HEREDIA Y CONDE DE Político español (Madrid, 1777 - íd., 1843). Ministro de Gracia y Justicia (1823), Estado (1824) y Fomento (1832-33) con Fernando VII, fue secretario de la regencia de María Cristina (1833). De 1837 a 1838 encabezó un gobierno moderado.

OFANTO Río del SE de Italia, en la Campania y Apulia, que desemboca en el Adriático, cerca de Barletta; 134 km de curso.

OFENDER tr. **1** Hacer daño a alguien físicamente. **2** Causar daño a la dignidad o al honor de alguién. **3** Enfadar. || prnl. **4** Sentirse herido o enfadarse por lo que hace o dice alguien.

OFENSA f. Acción y efecto de ofender.

OFENSIVO, VA adj. **1** Que ofende o puede ofender. || f. **2** Situación o estado del que trata de ofender o atacar.

OFERTA f. **1** Promesa que se hace de dar, cumplir o ejecutar algo. **2** Presente que se ofrece a alguien para que lo acepte. **3** Propuesta para contratar. **4** *Econ.* Conjunto de bienes o mercancías que los agentes económicos ponen en el mercado a cierto precio en un momento determinado. **5** Puesta a la venta de un producto rebajado de precio, y este mismo producto. || **LEY DE LA OFERTA Y LA DEMANDA** *Econ.* Ley que sostiene que, en una economía de mercado, el precio de un bien está determinado por el equilibrio entre oferta y demanda.

OFERTAR tr. **1** Ofrecer en venta un producto. **2** *Amér.* Ofrecer, prometer algo. **3** *Amér.* Ofrecer, dar voluntariamente una cosa. **4** *Amér.* Consagrar algo a Dios, la Virgen o los santos.

OFERTORIO m. **1** *Liturg.* Parte de la misa en la cual, antes de consagrar, ofrece a Dios el sacerdote la hostia y el vino del cáliz. **2** *Liturg.* y *Mús.* Antífona que se reza o canta después del Credo y antes de ofrecer la hostia y el cáliz.

OFF (Voz i.) *Cin.* y *Teat.* Se emplea en la expresión *en off,* que designa una voz, sonido o ruido cuyo origen es exterior a la escena presentada. || **off the record** *Period.* expresión inglesa que literalmente significa *fuera de registro.* Se aplica a los aspectos de entrevistas periodísticas o conversaciones que son confidenciales, reservadas o extraoficiales.

OFFALY Condado del centro de Irlanda, en Leinster; 1.998 km^2 y 58.494 h. Su capital es Tullamore. Ganadería.

OFFENBACH, JACQUES Compositor francés de origen alemán (Colonia, 1819 - París, 1880). Compuso operetas y óperas bufas: *Orfeo en los Infiernos* (1858), *La bella Helena* (1864), *La Périchole* (1868), y la ópera *Los cuentos de Hoffmann* (1881).

OFFENBACH AM MAIN Ciudad de Alemania, Land de Hesse; 116.482 h. Industrias de curtidos y de piel.

OFFICE (Voz fr.) m. Cuarto adosado a la cocina.

OFFSET (Voz i.) m. *A. gráf.* Procedimiento de impresión indirecta que tiene como base la litografía. Un cilindro, preparado por sistema litográfico, cede o imprime el texto o ilustración en otro cilindro de caucho, y éste ya sobre el papel.

OFFSIDE (Voz i.) m. *Dep.* FUERA DE JUEGO.

OFI-, OF-, OFID-, OFIO-; -OFIDIO prefs. o suf. que significa serpiente: *saurofidio.*

OFICIAL adj. **1** Que tiene autenticidad y emana de la autoridad derivada del Estado, y no particular o privada. **2** Se dice de las instituciones, edificios, centros de enseñanza, etc., que se sufragan con fondos públicos y están bajo la dependencia del Estado o de las entidades territoriales.

OFICIAL, LA m y f. **1** Persona que se ocupa o trabaja en un oficio. **2** Persona que en un oficio manual ha terminado el aprendizaje y no es maestro todavía. || m. **3** Juez eclesiástico diocesano, provisor. **4** *Mil.* Militar que posee un grado o empleo, superior al de los suboficiales e inferior al de los jefes, y que comprende los grados de alférez o segundo teniente, teniente y capitán. || **OFICIAL DE LA SALA** *Der.* Auxiliar de los tribunales colegiados, de grado jerárquico inferior al de secretario. || **OFICIAL MAYOR** *Adm.* En algunos organismos del Estado, funcionario público del que dependen servicios comunes, como inspección del personal administrativo, habilitación, registro, archivo, etc. || **PRIMER OFICIAL** *Mar.* El más antiguo de los oficiales enrolados en un buque mercante con título de capitán o piloto, jefe de los servicios de puente y cu-

Hans Christian **Oersted**

OFICIALÍA f. **1** Empleo de oficial de contaduría, secretaría o cosa semejante. **2** Calidad de oficial, que adquiere un artesano al terminar el aprendizaje. || **OFICIALÍA MAYOR** Oficina del oficial mayor.

OFICIALIDAD f. **1** Conjunto de oficiales de ejército o de parte de él. **2** Cualidad o carácter oficial de algo.

OFICIALIZAR tr. Dar carácter o validez oficial a lo que antes no lo tenía.

OFICIANTE m. El que oficia en las iglesias; preste.

OFICIAR tr. **1** Ayudar a cantar las misas y demás oficios divinos. **2** Celebrar misa y demás oficios divinos. **3** Comunicar una cosa oficialmente y por escrito.

OFICINA f. **1** Local donde se hace, se ordena o trabaja una cosa. **2** Departamento donde trabajan los empleados públicos o particulares. **3** Laboratorio de farmacia.

OFICIO m. **1** Ocupación habitual. **2** Cargo, ministerio. **3** Profesión de algún arte mecánica. **4** Función propia de alguna cosa. **5** Comunicación escrita, referente a los asuntos del servicio público en las dependencias del Estado, y por extensión, la que media entre individuos de varias corporaciones particulares sobre asuntos concernientes a ellas. **6** *Liturg.* OFICIO DIVINO. || m. pl. *Liturg.* **7** Conjunto de ceremonias y oraciones litúrgicas, más particularmente las de Semana Santa. || **OFICIO DE DIFUNTOS** *Liturg.* El que tiene destinado la iglesia para rogar por los muertos. || **OFICIO DIVINO** *Liturg.* Rezo diario a que los eclesiásticos están obligados, compuesto de maitines, laudes, etc. || **OFICIO PARVO** *Liturg.* El que la iglesia ha establecido en honor de la Virgen, a semejanza del oficio divino. || **de oficio** loc. adv. *Der.* Se dice de las diligencias que se practican judicialmente sin instancia de parte y de las costas que, según lo sentenciado, nadie debe pagar. || **estar** un **sin oficio ni beneficio** o **no tener** uno **oficio ni beneficio** fr. fig. y fam. Estar ocioso, sin carrera ni ocupación.

OFICIOSO, SA adj. **1** Por contraposición a oficial, se dice de lo que hace o dice alguien sin atenerse a las formalidades propias del cargo público que se tiene. **2** *Period.* Se dice del periódico al que se atribuye cierta conexión con organismos oficiales, partidos políticos, sindicatos u otras entidades.

OFID- pref. OFI-.

OFIDIO adj. y s. *Zool.* **1** Se dice del reptil escamoso de cuerpo cilíndrico y alargado, cubierto de escamas o escudos y sin extremidades. En algunos casos quedan vestigios de las patas posteriores. Se desplazan mediante movimientos más o menos ondulatorios, apoyándose en los escudos ventrales. Los dientes son largos, curvados hacia atrás y, en algunas especies, llevan un conducto o canal por el cual se inyecta el veneno en la presa. La lengua es bífida y tiene función táctil, y los ojos van protegidos por párpados transparentes. Ejemplos del grupo son la boa, víbora, culebras, etc. || m. pl. *Zool.* **2** Suborden de estos reptiles.

-OFIDIO suf. OFI-.

OFIMÁTICA f. *Inform.* **1** Aplicación de recursos y técnicas informáticas a la actividad de las oficinas. Incluye procesamiento de textos y gráficos, gestión documental y contable, mensajería electrónica, etc. **2** Conjunto de esos recursos y técnicas.

OFIO- pref. OFI-.

OFIOLATRÍA f. Culto idólatra a las serpientes.

OFIÓMACO m. *Zool.* Especie de langosta, insecto ortóptero.

OFITA f. *Geol.* Roca eruptiva plutónica, compuesta de feldespato, piroxeno y nódulos calizos o cuarzosos, que se emplea como piedra de adorno.

OFIURA m. *Zool.* Nombre de diversos invertebrados marinos del orden ofiuroideos, con el disco central cubierto de placas.

OFIUROIDEO, A adj. *Zool.* **1** Se aplica al equinodermo con el cuerpo en forma de estrella con un disco central circular y cinco brazos cilíndricos articulados formados por una serie de piezas o vértebras que encajan entre sí. Es muy semejante al de la estrella de mar, pero carece de ano y ciegos intestinales. El animal más representativo del grupo es la ofiura. También s. || m. pl. *Zool.* **2** Clase de estos equinodermos.

O'FLAHERTY, LIAM Novelista irlandés (Inishmore, 1896 - Dublín, 1984). Autor de *El delator* (1925), llevada al cine por J. Ford, *El cisne salvaje* (1932) y *Hambre* (1937).

OFRECER tr. **1** Prometer, obligarse uno a dar, hacer o decir algo. **2** Presentar y dar voluntariamente una cosa. **3** Manifestar y poner patente una cosa para que todos la vean. **4** Presentar, implicar. **5** Dedicar o consagrar a Dios, la Virgen o un santo la buena obra que se hace; un objeto piadoso, y también el daño que se recibe o padece, sufriendo resignadamente. **6** Exponer qué cantidad se está dispuesto a pagar por algo. || prnl. **7** Venirse impensadamente una cosa a la imaginación. **8** Ocurrir o sobrevenir. **9** Brindarse voluntariamente a otro para hacer alguna cosa. ♦ IRREG. Se conjuga como AGRADECER.

OFRENDA f. **1** Don que se dedica a Dios, la Virgen o los santos, para implorar su auxilio o una cosa que se desea, y también para cumplir con un voto u obligación. **2** Pan, vino u otras cosas que llevan los fieles a la iglesia por sufragio a los difuntos, durante la misa y en otras ocasiones. **3** Por extensión, regalo o favor en muestra de gratitud o amor.

OFRENDAR tr. **1** Ofrecer dones y sacrificios a Dios por un beneficio recibido o en señal de adoración. **2** Entregar algo en beneficio de personas, ideas, etc., por amor, o solidaridad.

OFTALM- pref. OP-.

-OFTALMIA u **-OFTALMÍA** suf. OP-.

OFTALMÍA f. *Med.* Inflamación de los ojos.

OFTALMO-; **-OFTALMO** pref. o suf. OP-.

OFTALMOLOGÍA f. *Med.* Parte de la medicina que estudia la anatomía, fisiología y enfermedades de los ojos.

OFTALMÓLOGO, GA m. y f. *Med.* Especialista en las enfermedades de los ojos, oculista.

OFUSCAMIENTO m. **1** Turbación que padece la vista por un gran reflejo de luz que da en los ojos, o por vapores o flujos que dificultan la visión. **2** fig. Oscuridad de la razón que confunde las ideas.

OFUSCAR tr. **1** Deslumbrar, turbar la vista. También prnl. **2** Oscurecer y hacer sombra. **3** fig. Trastornar, confundir las ideas; alucinar. También prnl.

OGADÉN Región del SE de Etiopía, en la frontera con Somalia. Zona semidesértica y poco poblada. Pastoreo.

OGASAWARA Archipiélago de Japón, en el Pacífico, prefectura de Tokio. Se denomina también *Bonin*. Caña de azúcar, plátanos y piñas.

OGBOMOSHO Ciudad de Nigeria, Estado de Oyo; 711.900 h.

OGDO- pref. OCTO-.

OGÉ, JACQUES VINCENT Político haitiano (Dondon, 1750 - Haití, 1791). Representante en la Asamblea Constituyente francesa (1789), negoció la igualdad de derechos civiles para la población negra. Al negarse el gobernador a aplicar el decreto, encabezó una sublevación contra las autoridades coloniales (1791). Fue apresado y ajusticiado.

OGINO, KIASAKU Ginecólogo japonés (Togohashi, 1882 - Niigata, 1975). Ideó, junto a H. Knaus, un método que permite determinar los días fértiles de la mujer, según el momento de la ovulación y el promedio de vida de los espermatozoos.

OGLIO Río del N de Italia, en Lombardía, afluente del Po; 280 km. Antiguamente se llamó *Ollius*.

OGODEI u **OGODAI KHAN** Emperador mongol (?, 1185 - ?, 1241). Hijo de Gengis Khan, a quien sucedió en 1229. Reorganizó el imperio y estableció la capital en Karakourum. Conquistó Corea, el N de China, Georgia y Armenia, y llegó hasta las inmediaciones de Viena.

OGOOUÉ Río de África ecuatorial; nace en el Congo, atraviesa Gabón y desemboca en el Atlántico, formando un gran delta; 900 km. Es navegable en su curso bajo.

O'GORMAN, JUAN Arquitecto y pintor mexicano (Coyoacán, 1905 - Ciudad de México, 1982). Autor de murales como *La conquista del aire por el hombre* (1936-37), en el aeropuerto de México; la *Alegoría de las Comunicaciones* (1953), en la Secretaría de Comunicaciones y Transportes; el de la Biblioteca Gertrudis Bocanegra, en Pátzcuaro (1942), y *Homenaje a Cuauhtémoc* (1957), en Taxco. Como arquitecto, ha proyectado viviendas de estilo funcionalista y la Biblioteca de la Ciudad Universitaria de México (1953).

OGRO m. *Mit.* Gigante que, según las mitologías y leyendas populares de los pueblos del norte de Europa, se alimentaba de carne humana. **2** fig. Persona cruel.

¡OH! interj. que expresa sorpresa, tristeza o alegría.

OHANA, MAURICE Compositor francés de origen español (Casablanca, 1914 - París, 1992). Autor del oratorio *Llanto por Ignacio Sánchez Mejías* (1950), *Suite* (1951), *Imágenes de don Quijote* (1956), *Autodafé* (1971) y *La Celestina* (1988).

O'HARA, JOHN HENRY Escritor estadounidense (Pottsville, 1905 - Princeton, 1970). Su narrativa describe con realismo la sociedad estadounidense. Autor de las novelas *Cita en Samarra* (1934), *Butterfield 8* (1935), *Pal Joey* (1940) y *Desde la terraza* (1958).

O'HARA, MAUREEN (MAUREEN FITZSIMMONS, llamada) Actriz estadounidense de origen irlandés (Millwall, Dublín, 1920 - Nueva York, 1998). Intervino en *Posada Jamaica* (1939), y, en Hollywood, rodó *Esmeralda la zíngara* (1939) y trabajó con J. Ford: *¡Qué verde era mi valle!* (1941), *Río Grande* (1950), *El hombre tranquilo* (1952) y *Escrito bajo el sol* (1957). Otros filmes: *El cisne negro* (1942) y *Nuestro hombre en La Habana* (1959).

O'HIGGINS Lago de Chile, en la región andina, provincia de Capitán Prat. La parte oriental pertenece a Argentina, donde recibe el nombre de lago *San Martín*.

O'HIGGINS, AMBROSIO Político y general español de origen irlandés (Ballinary, h. 1720 - Lima, 1801). Combatió contra los araucanos y, desde 1788, fue gobernador y capitán general de Chile. Como virrey de Perú (1796-1800), abolió las encomiendas, fomentó el comercio y mejoró las comunicaciones.

O'HIGGINS, BERNARDO Militar y político chileno (Chillán, 1776 - Lima, 1842). Al estallar la revolución de Santiago (1810), se unió a la junta de gobierno y, en 1813, accedió a la jefatura del ejército. El triunfo de los realistas en Rancagua (1814) le obligó a refugiarse en Argentina, donde se incorporó al ejército de San Martín. En 1817 inició la reconquista de Chile; tras la vic-

Juan **O'Gorman**. *Gertrudis Bocanegra*. Mural en la Biblioteca Bocanegra de Pátzcuaro (México).

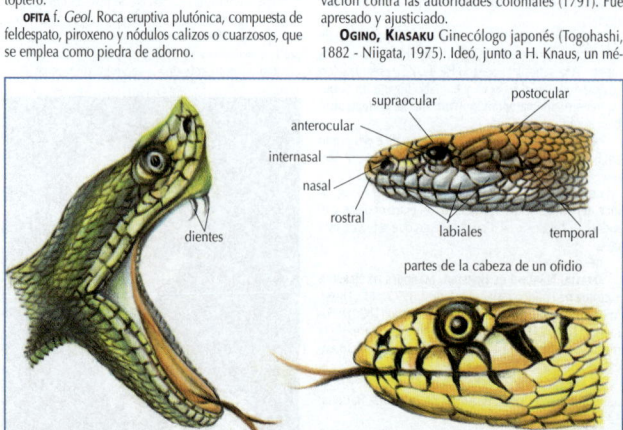

ofidio

toria de Chacabuco, fue director supremo del país por renuncia de San Martín. La batalla de Maipú (1818) aseguró definitivamente la independencia. Promulgó una Constitución dictatorial, aseguró el dominio naval del Pacífico y emprendió una política de fomento de las obras públicas y la educación nacional. En 1823, tras la sublevación de Freire, renunció al poder y se trasladó a Perú.

Ohio Estado del NE de EE UU; 116.104 km² y 11.353.140 h. Su capital es Columbus. Produce cereales (maíz, trigo, avena, cebada), tabaco, hortalizas y frutas. Ganadería bovina. Yacimientos de carbón, petróleo y gas natural. Es uno de los Estados más industrializados: neumáticos, siderometalurgia, mecánicas, químicas, electrónicas y alimentarias.

Ohio Río de EE UU, principal afluente por la izquierda del Mississippi, que se forma por la unión del Monogahela y el Allegheny, en Pensilvania, y discurre en dirección SO, formando la frontera entre los Estados de Ohio, Indiana, e Illinois; 1.578 km. Es navegable. Su principal afluente es el Tennessee.

Ohlin, Bertin Economista sueco (Klippan, 1899 - Estocolmo, 1979). En 1977 compartió con J. E. Meade el premio Nobel de Economía, por su contribución a la teoría de los movimientos de capital y del comercio internacional.

ohm m. *Fís.* Nombre del ohmio, en la nomenclatura internacional.

Ohm, Georg Simon Físico alemán (Erlangen, 1787 - Munich, 1854). Su investigación en galvanoeléctrica le llevó al descubrimiento de las leyes sobre las corrientes eléctricas que llevan su nombre, cuyos enunciados son: 1ª) «En todo conductor de diámetro uniforme, a una temperatura dada, el cociente entre la diferencia de potencial de dos puntos y la intensidad de corriente se denomina resistencia, y es una constante»; y 2ª) «La resistencia de un conductor de sección uniforme depende del material, es directamente proporcional a la longitud e inversamente proporcional a la sección». Dio nombre al ohmio.

ohmio m. *Fís.* Unidad de resistencia eléctrica en el Sistema Internacional. Es la resistencia eléctrica que da paso a una corriente de un amperio cuando entre sus extremos existe una diferencia de potencial de un voltio.

Ohrid u **Ocrida** Lago del SO de la península Balcánica, dividido entre Albania y Macedonia; 348 km².

Oiapoque Oyapock.

oico-; -oico pref. o suf. eco-, casa.

-oico suf. *Quím.* Se usa como terminación propia de los nombres de ácidos orgánicos, aunque está más extendido su empleo en los de la serie alifática y, en general, limitado a los más sencillos: *ácido etanoico*.
◆ **-oid-** in. -oide-.
-oidal, -oide, -oideo, -oides, -oidia sufs. eido-.

oídas, de loc. adv. que se utiliza para referirse a lo que se conoce por haberlo oído de otros pero sin poder atestiguarlo personalmente.

oídio m. *Biol.* Cualquier hongo parásito perteneciente a la familia erisifáceas, que se establecen y desarrollan en los órganos aéreos de las plantas, provocando diversas enfermedades.

oído m. **1** *Anat.* Cada uno de los órganos que sirven para la audición en los vertebrados. En el hombre consta de tres partes: *externo, medio e interno*. El oído externo está formado por la *oreja*, el *conducto auditivo externo* y la *membrana timpánica* o *tímpano*. El oído medio se extiende desde la membrana timpánica hasta las ventanas oval y redonda del oído interno; está lleno de aire, tapizada por una membrana mucosa y limitada por la pared ósea del hueso temporal. En él se localiza la *trompa de Eustaquio* y una cadena de huesecillos formada por el *estribo*, el *yunque* y el *martillo*; cuya misión es transmitir las vibraciones del tímpano al interior. Por último, el oído interno se sitúa en la cavidad de la pirámide del hueso temporal; está integrado por el *laberinto óseo* y el *membranoso*. **2** *Fisiol.* Sentido que permite percibir los sonidos. **3** Aptitud para percibir y reproducir con exactitud la altura relativa de los sonidos musicales. || **aguzar** uno el **oído** fr. fig. Escuchar con atención. || **al oído** loc. adv. Se dice de lo que se aprende oyendo, sin más ayuda que la memoria. También, con verbos como *decir, comunicar*, etc., en voz muy baja, cerca de la oreja para que nadie más lo oiga. || **dar** o **prestar oídos** fr. Dar crédito a lo que se dice, o por lo menos escucharlo con gusto y aprecio. || **de oído** loc. adv. que indica la manera de aprender alguna cosa, o a cantar o tocar un instrumento sin conocer las reglas del arte. || **duro de oído** loc. Se dice del que es algo sordo. || **entrar,** o **entrarle,** a uno una cosa **por un oído,** y **salir,** o **salirle, por el otro** fr. fig. No hacer caso ni aprecio de lo que le dicen. || **oído al parche** fr. fig. con que en sentido exclamativo se llama la atención hacia algo. || **regalar** a uno **el oído** fr. fig. y fam. Lisonjearle, diciéndole cosas que le agraden. ||

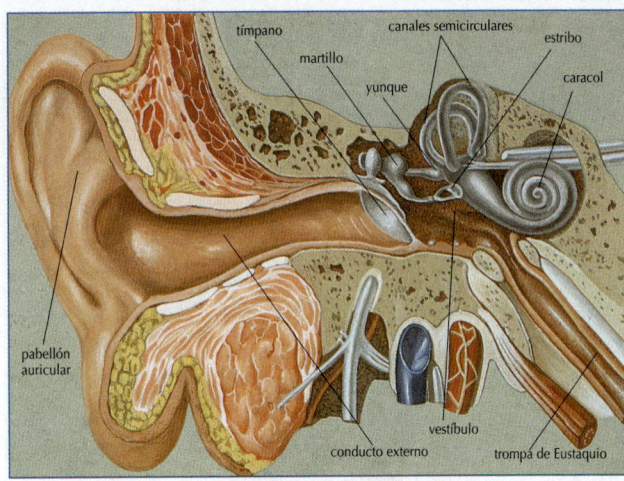

Anatomía del **oído** humano.

ser uno **todo oídos** fr. fig. Escuchar uno con atención. || **tener** uno **oído,** o **buen oído** fr. Tener disposición para la música.

oidor m. *Hist.* Juez togado que en las audiencias del reino oía y sentenciaba las causas y pleitos.

oír tr. **1** Percibir los sonidos. **2** Atender los ruegos, súplicas o avisos de alguien. **3** Hacerse uno cargo de aquello de que le hablan. **4** *Der.* Admitir la autoridad peticiones, razonamientos o pruebas de las partes antes de resolver. || **como quien oye llover** expr. fig. y fam. con que se denota el poco aprecio que se hace de lo que se escucha o sucede. ◆ irreg. Véase cuadro.

OÍR

INDICATIVO
Pres.: oigo, oyes, oye, oímos, oís, oyen.
Pret. imperf.: oía, oías, etc.
Pret. indef.: oí, oíste, etc.
Fut. imperf.: oiré, oirás, etc.
Condic.: oiría, oirías, etc.
SUBJUNTIVO
Pres.: oiga, oigas, oiga, oigamos, oigáis, oigan.
Pret. imperf.: oyera, oyeras, etc., u oyese, oyeses, etc.
Fut. imperf.: oyere, oyeres, etc.
IMPERATIVO: oye, oíd.
PARTICIPIO: oído.
GERUNDIO: oyendo.

Oirat u **Oirot** Gorno Altai.

Oise Río de Francia, afluente por la orilla derecha del Sena; 300 km de curso.

Oise Departamento del N de Francia, región de Picardía; 5.860 km² y 766.441 h. Su capital es Beauvais. Agricultura.

Oistraj, David Fedorovich Violinista ruso (Odessa, 1908 - Amsterdam, 1974). Intérprete de gran virtuosismo, su repertorio incluía obras de autores clásicos, como Bach, Beethoven y Brahms, y compositores rusos contemporáneos.

OIT Siglas de Organización Internacional del Trabajo.

Oita Prefectura de Japón, en Kiu-shiu; 6.338 km² y 1.231.297 h. **2** Ciudad capital de la misma; 426.981 h. Industria alimentaria. Puerto comercial.

ojal m. Hendidura ordinariamente reforzada en sus bordes y a propósito para abrochar un botón u otra cosa semejante.

¡ojalá! interj. con que se denota deseo de que suceda algo.

ojeada f. Mirada rápida y ligera.

ojeador m. El que ojea o espanta con voces la caza.

ojear tr. **1** Dirigir los ojos y mirar con atención a determinada parte. **2** Espantar la caza, acosándola hasta que llega al sitio donde se le ha de tirar o coger con redes, lazos, etc.

Ojeda, Alonso de Conquistador español (Cuenca, 1466 - Santo Domingo, 1515). Acompañó a Colón en su segundo viaje. En 1499, con Juan de la Cosa y Américo Vespucio, exploró las costas de la Guayana y Venezuela, así como las islas Margarita y Trinidad; descubrió Curaçao y terminó su expedición en la península de Guajira.

ojén m. Aguardiente preparado con anís y azúcar hasta la saturación.

ojeo m. Acción y efecto de ojear.

ojera f. Mancha más o menos lívida, perenne o accidental, alrededor de la base del párpado inferior. Más en pl.

ojeriza f. Enojo y mala voluntad contra alguien.

ojete m. **1** Abertura pequeña y redonda, generalmente reforzada en su contorno con cordoncillo o con anillos de metal, para meter por ella un cordón o cualquier otra cosa que afiance. **2** fam. ano.

ojibway o **chippewa** adj. **1** *Etnol.* Se dice de los individuos de un pueblo amerindio, que habitó en el área subártica y en la zona de las Grandes Llanuras. En la actualidad viven en reservas en Canadá y Estados Unidos. Aplicado a personas, también com. **2** Relativo a este pueblo. || m. *Ling.* **3** Lengua de la familia algonquina hablada por los ojibways, perteneciente al grupo chippewa.

ojiva f. **1** *Geom.* Figura formada por dos arcos de círculo iguales que se cortan en uno de sus extremos y volviendo la concavidad el uno al otro. **2** *Arquit.* Arco que tiene esta forma. **3** *Arm.* Extremo de un proyectil, en el que generalmente va la carga explosiva.

ojival adj. **1** De figura de ojiva. **2** *Arte.* Se dice del estilo arquitectónico que dominó en Europa durante los tres últimos siglos de la Edad Media, y cuyo fundamento consistía en el empleo de la ojiva para toda clase de arcos. Más conocido como estilo gótico.

ojo m. **1** *Anat.* Órgano de la vista en el hombre y en los animales. Tiene forma esférica y está integrado por un sistema óptico que permite la formación de las imágenes en una capa de células sensibles a la luz. En él se pueden distinguir las siguientes partes: *túnica fibrosa*, situada en la parte anterior del ojo e integrada por la córnea y la esclerótica; *túnica vascular*, formada por el iris, el cuerpo ciliar (ensanchamiento musculoso de fibra lisa que permite el cambio de curvatura del cristalino) y el coroides; la *retina*, sobre la que se forma la imagen de los objetos; el *cristalino*; los *humores vítreo* y *acuoso*; y una serie de órganos anejos que sirven de protección al ojo (cejas, pestañas, párpados, aparato lagrimal y aparato motor). **2** *Fisiol.* Sentido que permite percibir los objetos por la vista. Los rayos luminosos, para llegar a la retina, deben atravesar la córnea, el humor acuoso, la pupila, el cristalino y el humor vítreo. El cristalino es la lente del aparato óptico y, rodeado por el músculo ciliar, aumenta o disminuye su curvatura para que las imágenes se formen en el fondo de la retina, aunque los objetos estén cerca o lejos del ojo. **3** *Geol.* Manantial que surge en un llano. **4** *Geol.* Aparición de las aguas de un río sobre la superficie de la tierra después de haber recorrido un tramo bajo el suelo. **5** Agujero que tiene la aguja para que entre el hilo. **6** Abertura o agujero que atraviesa de lado alguna cosa. **7** Agujero por donde se mete la llave en la cerradura. **8** Espacio entre dos estribos o pilas de un puente. **9** Palabra que se pone como señal al margen de manuscritos o impresos para llamar la atención hacia una cosa. **10** Atención, cuidado o advertencia que se pone en una cosa. **11** Cada

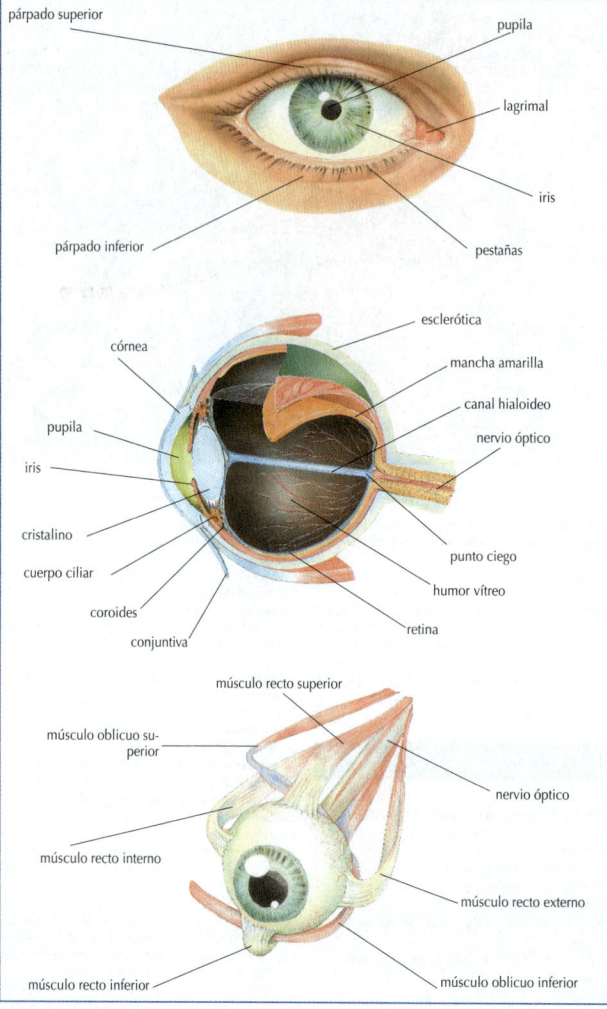

Anatomía del **ojo** humano.

uno de los huecos o cavidades que tienen dentro de sí el pan, el queso y otras cosas esponjosas. **12** fig. Aptitud singular para apreciar rápidamente las circunstancias que concurren en algún caso. || **ojo de besugo** fig. y fam. El que está medio vuelto, porque se parece a los del besugo cocido. || **ojo de buey** Ventana o claraboya circular. || **ojo compuesto** Zool. El de muchos artrópodos, especialmente insectos y crustáceos, formado por multitud de ojos simples, generalmente independientes y separados por células pigmentarias. || **abrir** a uno **los ojos** fr. fig. Desengañarle en un asunto. También, descubrirle algo de que estaba ajeno. || **andar** uno **con cien ojos** fr. fig. y fam. Vivir prevenido o receloso. || **comer** uno **con los ojos** fr. fig. y fam. Apetecer o desear la comida cuando tiene un buen aspecto externo. || **costar** una cosa **un ojo de la cara** fr. fig. y fam. Ser excesivo su precio, o mucho el gasto que se ha tenido en ella. || **echar** a algo **el ojo** fr. fig. y fam. Mirarlo con atención, mostrando deseo de ella. || **en un abrir y cerrar de ojos** fr. fig. y fam. En un instante. || **estar en el ojo del huracán** fr. fig. Estar en una situación excepcional, de máxima tensión, o en plena actualidad. || **írsele** a uno **los ojos por,** o **tras,** algo fr. fig. Desearlo con vehemencia. || **meter** una cosa **por los ojos** fr. fig. Encarecerla, ofreciéndola insistentemente para que alguien la compre o acepte. || **mirar** a uno **con otros ojos** fr. fig. Hacer de él diferente concepto, estimación y aprecio del que antes se hacía o del que otros hacen. || **no pegar ojo** fr. fig. y fam. No poder dormir. || **¡ojo!** interj. para llamar la atención sobre algo. || **ojo avizor** expr. Alerta, con cuidado. || **poner los ojos en blanco** fr. fig. Denotar gran admiración o asombro. || **ser** uno **el ojo derecho de otro** fr. fig. y fam. Ser de su mayor confianza y cariño. || **valer** una cosa **un ojo de la cara** fr. fig. y fam. Ser de mucha estimación y aprecio.
ojoche m. Bot. C. Rica Árbol de gran altura cuyo fruto sirve de alimento al ganado.
Ojos del Salado Cumbre de los Andes, en la línea fronteriza de Argentina y Chile; 6.879 m.
ojota f. Amér. m. Especie de sandalia, hecha de cuero o de filamento vegetal, que usaban los indios de Perú y de Chile.
Ojotsk u **Ohkostk** Mar del océano Pacífico, en las costas del NE de la Federación de Rusia; 1.580.000 km². Sus principales puertos son Magadan y Korsakow.
Ojukwu, Odumegwu Militar y político nigeriano (Nnewi, 1933). Proclamó en 1967 la independencia de la región Oriental, que recibió la denominación de Biafra. Se exilió en Costa de Marfil en 1970, tras ser derrotado por las tropas del gobierno federal.
OK Expresión inglesa que significa de acuerdo, correcto, muy bien.
Oka Río de la Federación de Rusia, afluente del Volga, que nace en la meseta central rusa, al N de Kursk, y desemboca junto a Gorki; 1.495 km.
okapi m. Zool. Mamífero artiodáctilo rumiante perteneciente a la familia jiráfidos, de nombre científico Okapia johnstoni. Habita las zonas forestales de África central. Su existencia se desconoció hasta principios del siglo XX.
Okayama 1 Prefectura de Japón, en Honshu; 7.092 km² y 1.951.159 h. **2** Ciudad capital de la misma; 604.513 h. Industria textil y química.
Okazaki Ciudad de Japón, prefectura de Aichi, en la isla de Honshu; 322.615 h.

O'Keefe, Georgia Pintora estadounidense (Wisconsin, 1887 - Nuevo México, 1986). Trató temas urbanos, especialmente rascacielos, paisajes de Nuevo México y primeros planos de flores trabajados en el límite de la abstracción. Obras: Iris negro (1926), El edificio radiador americano (1927) y Malva real negra, espuela de caballero azul (1930).
O'Kelly, Sean Thomas Político irlandés (Dublín, 1882 - íd., 1966). Colaboró en la fundación del Sinn Fein (1902). Presidente de Eire desde 1945, fue el primer jefe de Estado de la República de Irlanda (1949-59).
Oken, Lorenz (Lorenz Ockenfuss, llamado) Naturalista alemán (Bohlsbach, 1779 - Zurich, 1851). Desarrolló la teoría sobre la composición vertebral del cráneo, ya apuntada por Goethe. Autor de Ensayo de un sistema de anatomía y fisiología e Historia natural general.
Okinawa Prefectura de Japón, formada por el archipiélago de Riukiu; 2.255 km² y 1.273.508 h. Su capital es Naha. La isla principal, denominada también Okinawa, fue conquistada por los EE UU durante la Segunda Guerra Mundial.
Oklahoma Estado de EE UU; 181.049 km² y 3.450.654 h. Su capital es Oklahoma City. Produce maíz, trigo, avena y algodón. Ganadería bovina. Importantes yacimientos petrolíferos y de gas natural. Industria de refinado de petróleo.
Oklahoma City Ciudad de EE UU, capital del Estado de Oklahoma; 463.201 h. Refinerías de petróleo. Universidad.
okrug División administrativa de la Federación de Rusia, equivalente al distrito autónomo.
okume m. Bot. OCUME.
okupa com. fam. Persona que habita ilegalmente una vivienda.
-ol Quím. suf. usado como caracterización propia de los compuestos orgánicos con grupos alcohólicos, que contienen uno o varios hidroxilos: etanol, benzol.
ola f. **1** Onda de gran amplitud que se forma en la superficie de las aguas. **2** Meteor. Fenómeno atmosférico que produce variación repentina en la temperatura de un lugar. **3** fig. Movimiento impetuoso de mucha gente apiñada, oleada.
Olaf u **Olav** Nombre de dos reyes de Dinamarca.
Olaf I (?, 1052 - ?, 1095). Hijo de Sven II, sucedió a su hermano Knut II en 1086.
Olaf II (Akershus, 1370 - Falsterbo, 1387). Hijo de Haakon VI de Noruega, accedió al trono de Dinamarca en 1375 y al de Noruega en 1380.
Olaf u **Olav** Nombre de diversos reyes de Noruega.
Olaf I Tryggvesson (?, h. 964 - Svolder, 1000). Nieto de Harald I, accedió al trono en 995, tras destronar a Haakon el Grande. Implantó el cristianismo en Noruega.
Olaf II Haraldsson, san (?, h. 995 - Stiklestad, 1030). Rey desde 1015, adoptó el cristianismo y trató de implantarlo en sus Estados. En 1028 Knut I de Dinamarca le arrebató el trono.
Olaf Kyrro III (? - ?, 1093). Combatió a los ingleses en compañía de su padre, Harald III, al que sucedió en 1066. Hasta 1069, gobernó junto con su hermano Magnus II. Organizó la iglesia noruega.
Olaf IV (? - ?, 1115). Hijo de Magnus III, accedió al trono en 1103, junto con sus hermanos Sigurd y Eystein.

okapi

Olaf V

OLAF V (Appleton House, 1903 - Oslo, 1991). Sucedió a su padre, Haakon VII, en 1957. Durante la Segunda Guerra Mundial estuvo al mando de las fuerzas noruegas.
OLAH, GEORGE A. Químico estadounidense de origen húngaro (Budapest, 1927). Recibió en 1994 el premio Nobel de Química por su descubrimiento de los *carbocationes*.
OLANCHO Departamento de Honduras; 24.351 km^2 y 309.000 h. Su capital es Juticalpa.
OLAND Isla del SE de Suecia, en el mar Báltico; 1.345 km^2. Está separada del país por el estrecho de Kalmar. Su ciudad principal es Borgholm.
OLAÑETA, ANTONIO PEDRO Militar español (Vizcaya, ? - Tunausla, 1825). Defensor del absolutismo, se autoproclamó virrey y, apoyado por las fuerzas de Maroto y Aguilera, se adueñó de todo el Alto Perú. No se acogió a las capitulaciones de Ayacucho y continuó la lucha hasta que la sublevación del coronel Medinaceli en Tumusla puso fin a su vida.
OLAÑETA, CASIMIRO Político boliviano (Sucre, 1796 - íd., 1860). Presidente del Congreso Constituyente de 1826, se opuso a la política de Sucre. En 1836, fue enviado como plenipotenciario a Chile por Santa Cruz para gestionar la paz. Ejerció una considerable influencia en el gabinete de Velasco (1848).
OLAV OLAF.
OLAVIDE Y JÁUREGUI, PABLO DE Político y escritor peruano (Lima, 1725 - Baeza, 1803). Oidor de la Audiencia de Lima, en 1750 se trasladó a España. Residió en Francia e Italia, antes de regresar a Madrid, donde organizó una tertulia político-literaria que fue foco de difusión de las ideas ilustradas. En 1767 obtuvo el cargo de intendente de Andalucía; dirigió la repoblación de Sierra Morena, trató de reorganizar la enseñanza con su *Plan de estudios universitarios* (1767) y proyectó un *Informe sobre la Ley Agraria* (1768), de carácter reformista. Condenado por la Inquisición, logró huir a Francia en 1780. Aunque celebró la llegada de la Revolución Francesa, criticó su radicalismo y fue encarcelado durante la época del Terror. Autor de *El evangelio en triunfo o Historia de un filósofo desengañado* (1797) apología del cristianismo reformista. En 1798 se retiró a Baeza.
OLAYA HERRERA, ENRIQUE Político colombiano (Guateque, 1881 - Roma, 1937). En 1909 fundó, junto con Carlos Restrepo, el Partido Republicano. Elegido presidente de la República (1930-34).
OLDEMBURGO OLDENBURG.
OLDEMBURGO *Geog. hist.* Región histórica del NO de Alemania. El condado de Oldenburgo, dependiente del ducado de Sajonia, se convirtió en feudo del imperio en 1180. Tras pasar a manos del arzobispo de Lübeck, fue erigido en ducado en 1777; se convirtió en gran ducado en 1815 y en Estado del imperio alemán en 1871. En 1932 quedó unido a Prusia, y al constituirse la RFA se incorporó al Land de Baja Sajonia.
OLDENBARNEVELT, JOHAN VAN Político holandés (Amersfoort, 1547 - La Haya, 1619). Fue uno de los promotores de la Unión de Utrecht (1579). Artífice de la alianza con Francia e Inglaterra (1596), fundó la Compañía de las Indias Orientales (1602) y concertó la tregua de los Doce Años con Felipe III. Se enfrentó a Mauricio de Nassau, que mandó decapitarlo.
OLDENBURG Ciudad de Alemania, Land de Baja Sajonia; 149.691 h.

OLDENBURG, CLAES Pintor y escultor estadounidense de origen sueco (Estocolmo, 1929). Representante del *pop-art* estadounidense, a finales de los cincuenta se convirtió en uno de los pioneros del *happening*, con montajes inspirados en la vida urbana.
OLDHAM Ciudad del Reino Unido, en Inglaterra, que forma parte del Gran Manchester; 220.400 h.
OLE interj. **1** ¡OLÉ! || m. **2** Cierto baile andaluz. **3** Son de este baile.
OLE-; -OLE- pref. o in. OLEO-.
¡OLÉ! interj. con que se anima y aplaude. También s. y en pl.
OLEÁCEO, A adj. y f. *Bot.* **1** Se dice de la planta arbórea o arbustiva angiosperma dicotiledónea, que tienen fruto en drupa o en baya, como el olivo y el fresno. || f. pl. *Bot.* **2** Familia de estas plantas.
OLEADA f. **1** Ola grande. **2** Embate y golpe de la ola. **3** fig. Movimiento impetuoso de mucha gente apiñada.
OLEAGINOSO, SA adj. Oleoso, aceitoso.
OLEAJE m. Sucesión continuada de olas.
O'LEARY, DANIEL FLORENCIO Militar irlandés (Cork, 1800 - Bogotá, 1852). Edecán de Bolívar en la campaña de Boyacá (1819), alcanzó el generalato después de la batalla de Tarqui.
OLEI- pref. OLEO-.
OLEICO, ÁCIDO m. *Quím.* Ácido orgánico carboxílico insaturado, de fórmula CH$_3$–(CH$_2$)$_7$– CH=CH –(CH$_2$)$_7$-COOH, presente en grasas y aceites vegetales y animales. Muy utilizado en la industria cosmética, textil, etc.
OLEICULTURA f. *Agr.* Arte de cultivar el olivo y mejorar la producción del aceite.
OLEÍFERO, RA adj. *Bot.* Se dice de la planta que contiene aceite.
OLEÍNA f. *Quím.* Éster glicérico del ácido oleico. Sustancia líquida, ligeramente amarillenta, que entra en la composición de las grasas y mantecas y más en la de los aceites.
OLEO-, OLE-, OLEI-; -OLE- prefs. o in. que significan aceite.
ÓLEO m. **1** *Agr.* Aceite de oliva. **2** Por antonomasia, el que usa la iglesia en los sacramentos y otras ceremonias. Más en pl. **3** Acción de administrar los santos óleos. **4** *Pint.* Pintura que se obtiene por la disolución de los pigmentos en aceites vegetales, generalmente aceite de linaza, que actúan como aglutinantes. || **SANTOS ÓLEOS** *Liturg.* Aceite consagrado que se emplea en la unción de los enfermos, así como en otros sacramentos y ceremonias religiosas.
OLEODUCTO m. Tubería provista de bombas y otros aparatos para conducir el petróleo a larga distancia.
OLEOGRAFÍA f. *A. gráf.* Procedimiento de impresión que imita la pintura al óleo.
OLEÓMETRO m. *Quím.* Instrumento usado para medir la intensidad de los aceites.
OLER tr. **1** Percibir los olores. **2** Procurar percibir o identificar un olor. También intr. **3** fig. Conocer o adivinar una cosa que se juzgaba oculta, barruntarla. También prnl. **4** fig. Inquirir con curiosidad y diligencia lo que hacen otros. || intr. **5** Exhalar y desprender olor. **6** fig. Tener visos de una cosa, que generalmente es mala. || **no oler** una cosa **bien** fr. fig. Dar sospecha de que encubre un daño o fraude. ♦ IRREG. Se conjuga como MOVER. Las formas de este verbo que comienzan por *ue* se escriben con *h* inicial.
OLFATEAR tr. **1** Oler con ahínco y persistentemente. **2** fig. y fam. Indagar.
OLFATO m. **1** *Fisiol.* Sentido con que los seres animados perciben los olores. En los vertebrados, el órgano olfativo está constituido por células especiales situadas en la membrana pituitaria, y en los invertebrados suele estar formado por elementos tegumentarios, por las antenas, palpos, etc. **2** fig. Sagacidad para descubrir o entender lo que está disimulado.
OLÍBANO m. Incienso aromático.
-ÓLICO suf. HOL-.
OLID, CRISTÓBAL DE Conquistador español (Baeza o Linares, 1488 - Naco, Honduras, 1524). Participó en la conquista del imperio azteca. En 1523, partió hacia Honduras como enviado de Cortés, pero a su paso por La Habana, pactó con Velázquez el reparto de las nuevas tierras. Apresó a Francisco de las Casas y a a González Dávila, quienes urdieron un complot que acabó con su vida.
OLIFANTE m. Cuerno de marfil que figura entre los arreos militares de los caballeros medievales y particularmente el cuerno de Roldán.
OLIFANTS Río del S de África, que nace en la República Sudafricana, pasa a Mozambique y desemboca en el Limpopo; 700 km de curso.
OLIG-, OLIGO- prefs. que significan pequeño, poco.
OLIGARCA m. Cada uno de los individuos que componen una oligarquía.
OLIGARQUÍA f. **1** *Polít.* Forma de gobierno en la cual el poder supremo es ejercido por un reducido grupo de personas. **2** fig. Conjunto de algunos poderosos negociantes que se aúnan para que todos los negocios dependan de su arbitrio.
OLIGÁRQUICO, CA adj. Perteneciente a la oligarquía.
OLIGISTO m. *Miner.* HEMATITES.
OLIGO- pref. OLIG-.
OLIGOCENO, NA adj. *Geol.* **1** Se dice de la época o período del terciario, que sigue al eoceno y con el que finaliza el terciario antiguo o paleógeno. Su duración aproximada es de once millones de años y durante esta época aparecen inmensas regiones pantanosas y lagunares en la mayoría de Europa. Los materiales geológicos son calizas nummulíticas y alveolinas intercaladas con margas. En cuanto a la vegetación, es importante señalar que algunas especies se fijan ya en determinadas áreas geográficas que guardan relación con el clima. En fauna desaparecen los nummulites y las regiones pantanosas favorecen el desarrollo de los anfibios. También s. **2** Perteneciente o relativo a esta época o período.
OLIGOELEMENTO m. *Biol.* Elemento mineral presente en los seres vivos en concentraciones inferiores al 1%,

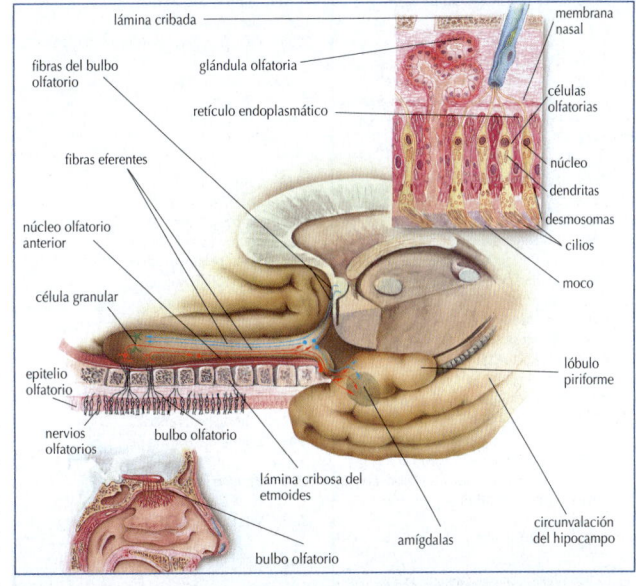
olfato

pero cuya presencia resulta indispensable para el desarrollo normal.

OLIGOFRENIA f. *Psiquiat.* Nombre genérico con que se designan los diversos tipos de desarrollo deficiente de la inteligencia: debilidad mental, imbecilidad e idiocia.

OLIGOFRÉNICO, CA adj. *Psiquiat.* **1** Se dice del que padece oligofrenia. También s. **2** Perteneciente o relativo a la oligofrenia.

OLIGOQUETO, TA adj. y s. *Zool.* **1** Se dice del gusano anélido con cuerpo cilíndrico, sin parápodos y con sedas muy escasas y finas. En el primer tercio del cuerpo presentan unos anillos más abultados que reciben el nombre de *clitelo*. Son animales hermafroditas, con fecundación interna y el adulto se desarrolla directamente a partir del huevo. El ejemplo más representativo es la lombriz de tierra. || m. pl. *Zool.* **2** Clase de estos anélidos.

OLIGOSACÁRIDO m. *Quím.* Azúcar compuesto por dos o más unidades de monosacáridos unidas por enlaces glucosídicos.

OLIMAR Río de Uruguay, que nace en la Cuchilla Grande y desemboca en el Cebollatí.

OLIMPIA *Geog. hist.* Antigua ciudad de Grecia, en Élide, a orillas del río Alfeo. En ella radicaba el santuario principal del mundo griego, dedicado a Zeus, y se celebraban los juegos olímpicos.

OLIMPIA Reina de Macedonia (? - ?, 316 a. C.). En el año 357 a. C. contrajo matrimonio con el rey Filipo II, del cual tuvo a Alejandro Magno. Fue apresada y ejecutada por Casandro.

OLIMPIADA u **OLIMPÍADA** f. **1** *Dep.* e *Hist.* Fiesta o juego que se hacía cada cuatro años en la antigua ciudad de Olimpia. Los juegos olímpicos fueron fundados probablemente el año 776 a. C. Se celebraron durante casi mil doscientos años, hasta que el emperador Teodosio las suprimió (año 384 d. C.). **2** *Dep.* Competición deportiva que se celebra cada cuatro años. La realización de los juegos olímpicos modernos se debe al barón Pierre de Coubertin. En la época moderna se celebraron por primera vez bajo el patronato del rey de Grecia en 1896. En 1924 se inició un ciclo separado de juegos de invierno. La dirección de las olimpiadas modernas y la regulación de los juegos es realizada por el COMITÉ OLÍMPICO INTERNACIONAL, con sede en Lausana. Entre los principales deportes incluidos en el programa olímpico figuran el atletismo, balonmano, baloncesto, boxeo, remo, piragüismo, ciclismo, equitación, esgrima, fútbol, gimnasia, hockey sobre hierba, judo, halterofilia, lucha libre y grecorromana, natación y saltos, pentatlón moderno, tiro, tiro con arco, voleibol, vela y waterpolo. También suelen presentarse dos deportes de exhibición. Los juegos de invierno se componen de competiciones de esquí, el patinaje, el hockey sobre hielo, las carreras de trineos y el bobsleigh.

OLÍMPICO, CA adj. **1** Perteneciente al Olimpo. **2** Perteneciente a Olimpia, antigua ciudad de Grecia. **3** Perteneciente o relativo a los juegos de las olimpiadas. **4** fig. Altanero, soberbio.

OLIMPO m. *Mit.* **1** Morada de los dioses griegos. **2** Conjunto de todos los dioses de la mitología griega que residían en el monte Olimpo.

OLIMPO Macizo montañoso de Grecia, en la frontera entre Tesalia y Macedonia, donde se encuentra la máxima altura del país (2.914 m). En su cúspide, coronada de nieve, colocaban los antiguos griegos la morada de sus dioses.

OLINDA Ciudad de Brasil, Estado de Pernambuco; 341.059 h. Fundada en 1537.

OLINGO m. *Zool. Hond.* Mono de los llamados aulladores.

OLINTO *Geog. hist.* Antigua ciudad de Grecia, en la península de Calcidia, destruida por Filipo de Macedonia en 348 a. C.

OLISCAR tr. **1** Oler algo con cuidado y persistencia. **2** fig. Averiguar, inquirir. || intr. **3** Empezar a oler mal una cosa.

OLISQUEAR tr. **1** Oler una cosa. **2** Husmear uno, curiosear.

OLIVA f. **1** *Bot.* Olivo, árbol. **2** *Bot.* Fruto del olivo, aceituna. **3** *Zool.* Lechuza, ave.

OLIVA OLIWA.

OLIVA OLIBA.

OLIVÁCEO, A adj. De coloración verde semejante a la oliva.

OLIVAR¹ m. *Bot.* Sitio plantado de olivos.

OLIVAR² tr. **1** *Agr.* Podar las ramas bajas de los árboles, como se hace a los olivos. || prnl. **2** Levantarse ampollas en el pan al ser cocido.

OLIVARDA f. *Bot.* Planta de la familia compuestas, con hojas pobladas de pelillos glandulosos que segregan una especie de resina viscosa.

OLIVARERO, RA adj. **1** Relativo al cultivo del olivo y a sus industrias derivadas. **2** Que se dedica a este cultivo. También s.

OLIVARES Villa de España, provincia de Sevilla; 7.093 h.

OLIVARES, GASPAR DE GUZMÁN Y PIMENTEL, DUQUE DE SANLÚCAR LA MAYOR Y CONDE DE (llamado el CONDE-DUQUE DE OLIVARES) Político español (Roma, 1587 - Toro, 1645). Gracias a su matrimonio con Isabel de Velasco, dama de honor de la reina Margarita, consiguió el nombramiento de gentilhombre del príncipe de Asturias. Felipe IV puso en sus manos el gobierno de la monarquía,

Retrato ecuestre del conde-duque de **Olivares**. Diego Velázquez. Museo del Prado (Madrid).

al frente del cual permaneció durante 22 años. En política internacional desencadenó las guerras con Holanda, con el resultado de la independencia de las Provincias Unidas. En el orden interno su política unificadora provocó la sublevación de Cataluña y de Portugal en 1640. Fue desterrado en 1643 a Loeches y luego a Toro, donde murió.

OLIVEIRA, FRANCISCO XAVIER DE Escritor portugués (Lisboa, 1702 - Hackney, 1783). Su obra muestra influjos enciclopedistas. Autor de *Memorias de viajes* (1741), *Discurso patético* (1756) y *Reflexiones de Félix Vieyra* (1767).

OLIVEIRA SALAZAR, ANTÓNIO DE SALAZAR, ANTÓNIO DE OLIVEIRA.

OLIVERO m. Sitio donde se coloca la aceituna en la recolección.

OLIVETE o **DE LOS OLIVOS, MONTE** Colina situada al E de Jerusalén, de la que está separado por el torrente Cedrón. Desde su cumbre, según la Biblia, Jesús ascendió al cielo; en su base se encuentra Getsemaní.

OLIVICULTURA f. *Agr.* Cultivo y mejoramiento del olivo.

OLIVIER, LAURENCE (SIR LAURENCE KERR, llamado) Actor y director británico (Dorking, 1907 - Steyning, 1989). Considerado uno de los actores más destacados de todos los tiempos, interpretó magistralmente a Shakespeare. De su filmografía destacan *Cumbres borrascosas* (1939), *Rebeca* (1940), *Espartaco* (1960) y *Richard Wagner* (1982). Como actor y director realizó: *Enrique V* (1944; Oscar a la mejor realización), *Hamlet* (1948; Oscar a la mejor película y al mejor actor principal), *Ricardo III* (1955) y *El príncipe y la corista* (1957).

OLIVILLA f. *Bot.* **1** Mata o pequeño arbusto perteneciente a la familia labiadas, de nombre científico *Teucrium fruticans*. Propio de los países de la zona occidental del Mediterráneo. **2** LABIÉRNAGO.

OLIVINO m. *Miner.* Mineral petrográfico cristalino, silicato de magnesio y hierro, de fórmula $(Mg, Fe)_2SiO_4$. Es de color verde amarillento.

OLIVO m. *Bot.* **1** Árbol perteneciente a la familia oleáceas, de nombre científico *Olea europaea*, de hojas

CRONOLOGÍA DE LAS OLIMPIADAS

JUEGOS DE VERANO		JUEGOS DE INVIERNO	
Años	Sedes	Años	Sedes
1896	Atenas (Grecia)		
1900	París (Francia)		
1904	Saint Louis (EE UU)		
1908	Londres (Reino Unido)		
1912	Estocolmo (Suecia)		
1916	Asignadas a Berlín (no llegaron a celebrarse a causa de la Primera Guerra Mundial)		
1920	Amberes (Bélgica)		
1924	París (Francia)	1924	Chamonix (Francia)
1928	Amsterdam (Países Bajos)	1928	Saint-Moritz (Suiza)
1932	Los Ángeles (EE UU)	1932	Lake Placid (EE UU)
		1934	Garmisch Partenkirchen (Alemania)
1936	Berlín (Alemania)		
1940	Asignadas a Tokio y luego a Helsinki (no se celebraron a causa de la Segunda Guerra Mundial)		
1944	(no se celebraron por por igual motivo)		
1948	Londres (Reino Unido)	1948	Saint-Moritz (Suiza)
1952	Helsinki (Finlandia)	1952	Oslo (Noruega)
1956	Melbourne (Australia)	1956	Cortina d'Ampezo (Italia)
1960	Roma (Italia)	1960	Squaw Valley (EE UU)
1964	Tokio (Japón)	1964	Innsbruck (Austria)
1968	Ciudad de México (México)	1968	Grenoble (Francia)
1972	Munich (República Federal de Alemania)	1972	Sapporo (Japón)
1976	Montreal (Canadá)	1976	Innsbruck (Austria)
1980	Moscú (URSS)	1980	Lake Placid (EE UU)
1984	Los Ángeles (EE UU)	1984	Sarajevo (Yugoslavia)
1988	Seúl (República de Corea)	1988	Calgary (Canadá)
1992	Barcelona (España)	1992	Albertville (Francia)
		1994	Lillehamer (Noruega)
1996	Atlanta (EE UU)		
		1998	Nagano (Japón)
2000	Sydney (Australia)		
		2002	Salt Lake City (EE UU)
2004	Atenas (Grecia)		
		2006	Turín (Italia). Designada
2008	Pekín (China). Designada		

olivo. Árbol, hoja, flor y fruto.

persistentes coriáceas cuyo fruto es la aceituna. Crece en climas mediterráneos. **2** Madera de este árbol. || **OLIVO MANZANILLO** *Bot.* El que da aceituna manzanilla. || **OLIVO SILVESTRE** *Bot.* El silvestre, menos ramoso que el cultivado y de hojas más pequeñas.

OLIVOS, MONTE DE LOS OLIVETE.

OLIWA Antigua ciudad de Polonia, actualmente anexionada a Gdansk. En 1660 se firmó en ella el tratado de paz, por el que se puso fin a la guerra de Sucesión entre Polonia y Suecia.

OLLA f. **1** Vasija redonda de barro o metal que sirve para cocer alimentos, calentar agua, etc. **2** Vianda preparada con carne, tocino, legumbres y hortalizas. **3** *Geol.* Concavidad u hondura profunda en la tierra producida por un remolino de las aguas marinas o de un río. || **OLLA A PRESIÓN** o **EXPRÉS** Olla en la que, por estar herméticamente cerrada, el contenido hierve a presión, por lo cual se cuece con más rapidez que en un recipiente normal. Posee una válvula de seguridad.

OLLAGÜE Volcán de los Andes, entre Chile y Bolivia; 5.869 m.

OLLANTAYTAMBO Población de Perú, departamento de Cuzco. Restos de edificios de la época de los incas.

OLLAO u **OLLADO** m. *Mar.* Cualquiera de los ojetes que se abren en las velas, toldos, fundas, etc.

OLLAR[1] m. Cada uno de los dos orificios de la nariz de las caballerías.

OLLERA f. *Zool.* Herrerillo, pájaro.

OLLERÍA f. **1** Fábrica donde se hacen ollas y otras vasijas de barro. **2** Tienda o barrio donde se venden. **3** Conjunto de ollas y otras vasijas de barro.

OLLETA f. *Venez.* Guiso de maíz.

OLLIUS Oglio.

OLLUCO m. *Bot. Perú* MELLOCO, planta.

OLMA f. *Bot.* Olmo de mucha edad muy corpulento y frondoso.

OLMECA adj. **1** *Etnol.* Se dice de un pueblo amerindio que habitó, entre el 850 y el 1521, la costa mexicana del golfo, desde la laguna de Alvarado (Veracruz) a la laguna de Términos (Campeche). Se les llama olmecas *históricos* para diferenciarlos de los olmecas *arqueológicos*, que desarrollaron la CULTURA OLMECA. Más como m. pl. **2** Se dice también de sus individuos. También com. **3** Relativo a este pueblo. || **CULTURA OLMECA** *Hist.* La cultura olmeca fue la primera cultura formativa mesoamericana, que se desarrolló entre los actuales Estados de Veracruz y Tabasco. Algunos de sus centros más destacados son San Lorenzo, Laguna de los Cerros, La Venta y Tres Zapotes. Se caracteriza por la construcción de centros ceremoniales; de la cabezas colosales en rocas de basalto; aras monolíticas decoradas con bajorrelieves; y una cerámica tradicional, en la que aportaron la decoración en negativo y las vasijas trípodes. Los olmecas crearon una sociedad estructurada en clase dirigente, campesinos y especialistas. Su base económica fue la agricultura, complementada con la caza y la recolección. La cultura olmeca se difundió por todo el área mesoamericana, y en ella surgieron algunas de las características que fueron comunes a todas las culturas de la zona, como la edificación de centros ceremoniales, la utilización de la pirámide y de un sistema calendárico, el culto al dios-jaguar, etc.

OLMEDA f. *Bot.* OLMEDO.

OLMEDANO, NA adj. y s. De Olmedo.

OLMEDO m. *Bot.* Sitio plantado de olmos.

OLMEDO Municipio y lugar de España, provincia de Valladolid; 3.645 h. Iglesias mudéjares.

OLMEDO, JOSÉ JOAQUÍN DE Poeta y político ecuatoriano (Guayaquil, 1780 - íd., 1847). Diputado de las Cortes de Cádiz, fue presidente de la Junta de Gobierno (1820-22). Escribió poemas didácticos y morales inspirados en la escuela salmantina: *Canto a Bolívar* (1825) y la *Oda al general Flores, vencedor de Miñarica* (1836).

OLMO m. *Bot.* Árbol perteneciente a la familia ulmáceas, de nombre científico *Ulmus minor*, con más de 20 m de altura, tronco recto de corteza gruesa, y hojas simples, dentadas, asimétricas y caedizas.

olmo. Árbol, hoja, flor y fruto.

OLOF SKÖTKONUNG Rey de Suecia (? - ?, 1020). Hijo de Erik Segersäll, reinó desde el 994 hasta su muerte. En 1008 recibió el bautismo y favoreció el catolicismo.

OLÓGRAFO, FA adj. y m. **1** Se aplica al testamento de puño y letra del testador. **2** Escrito de mano del autor, autógrafo.

OLOPOPO m. *Zool. C. Rica* Especie de mochuelo de gran tamaño, que abunda en las costas del Pacífico.

OLOR m. **1** Impresión que los efluvios de los cuerpos producen en el olfato. **2** Lo que es capaz de producir esa impresión. **3** Olfato, sentido corporal. **4** fig. Lo que causa o motiva una sospecha. **5** fig. Fama, opinión y reputación.

OLOROSO, SA adj. **1** Que exhala de sí fragancia. || m. **2** Vino de Jerez de color dorado oscuro y mucho aroma.

OLOT Municipio y lugar de España, provincia de Girona; 27.639 h. Centro comercial. Turismo.

OLP Siglas de ORGANIZACIÓN PARA LA LIBERACIÓN DE PALESTINA.

OLSON, CHARLES Poeta estadounidense (Worcester, 1910 - Nueva York, 1970). Fue uno de los más célebres autores de la llamada «generación beat». En 1947 publicó *Llamadme Ismael* y en 1950 el ensayo *Poesía proyectiva*, en el que expuso su teoría poética.

OLSZTYN Ciudad del NE de Polonia, capital de la provincia de Warminsko-Mazurskie; 164.900 h. Industria textil.

OLT Río de Rumania, afluente del Danubio; 560 km.

OLTENIA VALAQUIA.

OLVERA Municipio y lugar de España, provincia de Cádiz; 9.144 h.

OLVIDADIZO, ZA adj. **1** Que con facilidad se olvida de las cosas. **2** fig. Desagradecido.

OLVIDAR tr. **1** Dejar de tener en la memoria lo que se tenía o debía tener. **2** Dejar de tener en el afecto o afi-

ción a una persona o cosa. **3** No tener en cuenta alguna cosa. También prnl.

OLVIDO m. **1** Cesación de la memoria que se tenía. **2** Cesación del afecto que se tenía. **3** Descuido de una cosa que se debía tener presente.

OLYMPIA Ciudad del NO de EE UU, capital del Estado de Washington; 33.840 h. Puerto pesquero.

OM-, OMO-; -OMIO prefs. o suf. que significan espalda u hombro.

-OMA suf. -OMAT-.

OMAGUA adj. **1** *Etnol.* Se dice de una tribu amerindia de Perú, perteneciente a la gran familia tupí-guaraní. Se instalaron primero en las islas del Amazonas, entre las desembocaduras del Jurúa y del Napo, y posteriormente se establecieron en los ríos Napo y Ucayali, donde viven todavía. Más como m. pl. **2** Se dice de sus individuos. También com. **3** Relativo a esta tribu. || m. *Ling.* **4** Lengua hablada por esta tribu.

OMAHA Ciudad de EE UU, en el Estado de Nebraska; 345.033 h. Centro agrícola y ganadero.

-ÓMALO suf. HOMALO-.

OMÁN (*Saltanat 'Oman*) Estado de Asia, en el extremo SE de la península de Arabia. Limita al N con el golfo de Omán; al E y al S, con el mar Arábigo; y al O, con Emiratos Árabes Unidos, Yemen y Arabia Saudí.

GEOG. En el norte del territorio destaca una región montañosa paralela a la costa: la cordillera de Hayar (3.018 m en el Yabel Ajdar). Excepto esta zona, que recibe algunas precipitaciones gracias al monzón de verano, el resto del país es una vasta llanura arenosa y desértica. Le separa de la península Arábiga el desierto de Rub al-Jalí. La principal fuente de ingresos del país es el petróleo. Cuenta asimismo con importantes reservas de gas natural, yacimientos de cobre, oro y platino.

HIST. La región de Omán estuvo gobernada por sultanes independientes hasta 1508 y posteriormente fue ocupada por los portugueses durante una centuria. El puerto de Muscat perteneció a los persas desde 1650 hasta 1741, año en que lo recobró Ahmed ben Said, de origen yemenita, que fue elegido imán y dio origen a una dinastía que viene reinando desde entonces. En 1800 los británicos establecieron un protectorado hasta la independencia del sultanato en 1915, en que se volvería a unir con Muscat, separado en 1796, para formar un solo Estado gobernado por un sultán y denominado Sultanato de Muscat y Omán. Desde 1963 se incre-

Superficie: 309.500 km².
Población: 2.416.000 h. (omaníes).
Densidad: 7,8 h./km².
Tasa de natalidad: 38‰.
Tasa de mortalidad: 4,2‰.
Capital: Muscat.
Ciudades principales: Nizwa, Hajmah, Salalah, Sur, Suhar.
Grupos étnicos: omaníes (73,5%), pakistaníes (21%), bengalíes (2,5%) y otros (3%).
Religión: islamismo (75%), hinduismo (13%), otras (1%).
Idioma: árabe (oficial).
Moneda: rial omaní.
Forma de Estado: monarquía absoluta.
Producto Nacional Bruto: 13.135 millones de dólares.
Renta per cápita: 5.950 dólares.
División administrativa: 5 regiones y 3 gobernaciones, según cuadro.

OMÁN

Regiones / Gobernaciones	Superficie (km²)	Población (h.)	Capital
al-Batinah	12.500	640.600	Ar-Rustaq
ad-Dakhiliyah	31.900	260.728	Nizwa
al-Wusta	79.700	19.356	Hayma
ash-Sharqiyah	36.800	293.098	Ibra
az-Zahirah	44.000	205.389	al-Buraymi
Musandam	1.800	32.541	Khasab
Muscat	3.500	621.719	Muscat
Zufar	99.300	214.211	Salalah

OMÁN

mentó la lucha guerrillera en el país dirigido por el Frente de Liberación de Omán, que, unida al carácter feudal del régimen mantenido por el sultán Said, obstaculizaba el desarrollo económico interno. En 1970, tras un golpe de Estado que llevó al poder al sultán Qabus ibn Said, el país pasó a denominarse Sultanato de Omán e ingresó en la ONU (1971). En 1981 Omán entró a formar parte del Consejo de Cooperación de los Países del Golfo Pérsico. Tras la invasión iraquí de Kuwait (1990), Omán se unió al bloqueo impuesto por la ONU. La política de modernización del sultanato continuó a lo largo de 1991 con la creación de un consejo consultivo. En 1996 entró en vigor una nueva Constitución.

OMÁN, GOLFO DE Golfo del océano Índico, sector del mar Arábigo, entre Arabia e Irán.

OMÁN, MAR DE ARÁBIGO, MAR.

OMAR Segundo califa musulmán (La Meca, 581 - Medina, 644). Sucedió a Abu Bakr en 634. Fue uno de los principales colaboradores de Mahoma. Durante su califato sometió Mesopotamia, Siria, Palestina y Egipto. Instituyó la era de la hégira.

OMAR KHEYYÁM, HAKIM Astrónomo, matemático y poeta persa (Nishapur, h. 1047 - íd., 1123). Colaboró en la reforma del calendario persa (1074), compuso tablas astronómicas y escribió tratados de matemáticas. Su obra más conocida es *Rubaiyat*, colección de poemas de tipo anacreóntico.

OMASO m. *Zool*. LIBRO.

-OMAT-; -OMA in. o suf. que significan tumor u otras alteraciones patológicas: *mixomatosis, fibroma*.

-OMATO-; -OMATO in. o suf. OP-.

OMBLIGADA f. Parte que en los cueros corresponde al ombligo.

OMBLIGO m. **1** Cicatriz redonda y arrugada en medio del vientre, que marca el lugar del cordón umbilical. **2** fig. Medio o centro de cualquier cosa. ‖ **OMBLIGO DE VENUS** *Bot*. Planta de la familia crasuláceas con flores amarillentas que crece en los tejados.

OMBLIGUERO m. Venda que se pone a los niños recien nacidos para sujetar el pañito que cubre el ombligo.

OMBRÍA f. Parte sombría de un terreno, umbría.

OMBÚ m. *Bot*. Árbol perteneciente a la familia fitolacáceas, de nombre científico *Phytolacca dioica*, de tronco robusto y nativo de Brasil, Uruguay y N de Argentina. Se utiliza como ornamental. ♦ Su pl. es *ombúes* u *ombús*.

OMBUDSMAN (Voz i.) com. Persona encargada de controlar a la administración y de defender a los ciudadanos a la hora de aplicar individualmente un derecho reconocido por la ley. En España, se llama DEFENSOR DEL PUEBLO.

OMEGA f. **1** Vigesimocuarta letra del alfabeto griego (Ω, ω), *o* larga; corresponde a nuestra *o*. **2** *Fís*. Símbolo del ohmio (Ω).

OMENTO m. *Anat*. Pliegue del peritoneo que conecta o soporta las vísceras abdominales.

-OMEO suf. HOMEO-.

OMERO m. *Bot*. Aliso, árbol.

OMETEPE Isla de Nicaragua, en el lago de Nicaragua; 276 km². En ella se encuentra el volcán Concepción. Es célebre por su fina cerámica de la época precolombina.

OMETEPEC Río de México, Estado de Oaxaca y Guerrero, que desemboca en el Pacífico; 40 km de curso.

OMETEPEC Ciudad de México, Estado de Guerrero. Fundada a mediados del siglo XVI. Comercio agrícola.

OMEYA *adj. Hist*. **1** Se aplica a cada uno de los miembros de la dinastía que fundó el califato islámico de Damasco en 660 y fue derrocada por los abasíes en 750. También com. **2** Relativo a este linaje y dinastía.
[Encic.]

HIST. La dinastía de los omeya tuvo su origen en Muhawiyya I, bisnieto de Banu Umayya, del que tomaron nombre. A principios del siglo VII los omeyas ocupaban en La Meca un lugar preponderante, que perdieron con el triunfo del islamismo. Pero a la muerte de Alí, yerno de Mahoma, fue proclamado soberano Muhawiyya I, quien declaró hereditario el califato y trasladó la capital a Damasco. La dinastía omeya reinó de 661 a 750, año en que el último de sus soberanos, Marwan II, fue asesinado junto con toda su familia por el primero de los califas abasíes. De esta matanza sólo se salvó Abd al-Rahman, quien se refugió en la península Ibérica y fundó la dinastía omeya de Córdoba, que se mantuvo en el poder hasta el siglo XI.

ÓMICRON f. Decimoquinta letra del alfabeto griego (O, o), *o* breve; corresponde a nuestra *o*.

OMINAR tr. Predecir el futuro por señales de superstición.

OMINOSA, DÉCADA *Hist*. Período de la historia de España que comprendió los años 1823 a 1833 del reinado de Fernando VII, en los que gobernó de forma absolutista.

OMINOSO, SA adj. De mal agüero, abominable, vitando.

-OMIO suf. OM-.

OMISIÓN f. **1** Abstención de hacer o decir. **2** Falta por haber dejado de hacer algo necesario o conveniente. **3** Descuido del que está encargado de un asunto.

OMITIR tr. **1** Dejar de hacer una cosa. **2** Pasar en silencio una cosa. También prnl.

ÓMNIBUS m. Vehículo de gran capacidad, que sirve para transportar personas, generalmente dentro de las poblaciones.

OMNÍMODO, DA adj. Que lo abraza y comprende todo.

OMNIPOTENTE adj. **1** Que todo lo puede. Es atributo sólo de Dios. **2** fig. Que puede muchísimo.

OMNIPRESENCIA f. **1** Presencia a la vez en todas partes, en realidad condición sólo de Dios. **2** fig. Presencia intencional del que quisiera estar en varias partes y acude deprisa a ellas.

OMNIPRESENTE adj. **1** El que está presente a la vez en todas partes, atributo sólo de Dios. **2** fig. Que procura acudir deprisa a ellas.

OMNISCIENCIA f. **1** Conocimiento de todas las cosas reales y posibles, atributo exclusivo de Dios. **2** Conocimiento de muchas ciencias o materias.

OMNISCIENTE adj. Que tiene omnisciencia.

OMNÍVORO, RA adj. y s. *Zool*. Se dice del animal que come toda clase de alimentos, tanto animales como vegetales.

OMO- pref. OM-.

OMÓPLATO u **OMOPLATO** m. *Anat*. Cada uno de los dos huesos anchos, casi planos, situados a uno y otro lado de la espalda.

OMRI o **AMRI OMRI** Sexto rey de Israel (? - Samaria, 874 a. C.). Sucedió a Zimri en 885. Estableció la capital de su reino en Samaria y dio la unidad política a las tribus septentrionales.

OMS Siglas de ORGANIZACIÓN MUNDIAL DE LA SALUD.

OMS DE SANTA PAU, MARQUÉS DE CASTELLDOSRIUS, MANUEL DE Administrador colonial español (? - Lima, 1710). Fue virrey de Mallorca y, desde 1707, de Perú. Fundó una academia literaria (1709) y ejerció de mecenas de poetas indígenas.

OMSK **1** Región de la Federación de Rusia; 139.700 km² y 2.180.000 h. **2** Ciudad capital de la misma; 1.163.000 h. Puerto fluvial.

-ÓN¹ *Fís*. suf. tomado de la terminación de la voz *electrón*, que se aplica a diversas palabras en la nomenclatura de las ciencias físicas: *mesón*.

-ÓN² -ONA.

ONA adj. *Etnol*. **1** Se dice de un pueblo amerindio, prácticamente extinguido, perteneciente al grupo pata-

Califato **omeya**. Mezquita de los omeyas en Damasco (Siria).

Aristóteles **Onassis**

gón, que vive en la Tierra del Fuego chilena. Más com. m. pl. **2** Se dice de sus individuos. También com. **3** Relativo a este pueblo.

-ONA, -ÓN *Quím.* sufs. usados como terminaciones de los nombres de cetonas y de algunas proteínas: *acetona, interferón*.

Onagra f. *Bot.* Arbusto perteneciente a la familia oenoteráceas, de nombre científico *Oenothera biennis*, de raíz blanca, que una vez seca despide un olor como a vino.

Onagro m. **1** *Zool.* Mamífero perisodáctilo perteneciente a la familia équidos, de nombre científico *Equus onager*. Especie de asno salvaje, que habita en Asia central. **2** *Arm.* Máquina antigua de guerra, parecida a la ballesta.

Onán Personaje bíblico, segundo hijo de Judá, que se vio obligado por la ley a casarse con la viuda de su hermano Her para asegurar la descendencia. Para evitar que su esposa concibiera, interrumpía el acto sexual, por lo que fue castigado por Dios.

Onanismo m. MASTURBACIÓN.

Onassis, Aristóteles Sókrates Armador y hombre de negocios griego (Esmirna, 1906 - París, 1975). En 1936 se hizo armador y llegó a ser propietario de importantes flotas petroleras, balleneras y de transporte de viajeros. En el año 1968 contrajo matrimonio con Jacqueline Bouvier, viuda de J. F. Kennedy.

Onassis, Jacqueline (JACQUELINE LEE BOUVIER, llamada) Dama estadounidense (East Hampton, 1929 - Nueva York, 1994). En 1953 se casó con el futuro presidente de EE UU, John F. Kennedy. Tras el asesinato de su esposo, contrajo matrimonio con Aristóteles Onassis en 1968.

Once adj. **1** Diez y uno. **2** UNDÉCIMO, ordinal. Aplicado a los días del mes, también m. || m. **3** Conjunto de signos con que se representa el número once. **4** Equipo de jugadores de fútbol, por constar de once individuos.

ONCE (Siglas de *Organización Nacional de Ciegos Españoles*.) Corporación pública fundada en 1938 para procurar la integración social y laboral de invidentes.

Onceavo, va adj. y m. Undécimo, partitivo.

Oncejo m. *Zool.* VENCEJO, pájaro.

-Oncia suf. ONCO-.

Onco-; -Oncosis, -Oncia, -Onco pref. o sufs. que significan tumor; también gancho, uña: *adenoncosis, nefronco*.

Oncogén m. *Med.* Cada uno de los genes capaces de transformar una célula normal en otra cancerosa.

Oncología f. *Med.* Parte de la medicina que trata de los tumores.

-Oncosis suf. ONCO-.

Onda f. **1** *Fís.* Cada una de las elevaciones que se forman al perturbar la superficie de un líquido. **2** *Fís.* Propagación de una vibración en un medio determinado o en el vacío. **3** Cada una de las curvas, como eses, que se forman en algunas cosas flexibles, como el pelo, las telas, etc. Más en pl. || **ONDA CORTA** *Fís.* La que tiene una longitud de onda comprendida entre 100 y 10 m. || **ONDA ELECTROMAGNÉTICA** *Fís.* Perturbación que se propaga hacia el exterior de cualquier carga eléctrica que oscila o es acelerada. Lejos de la carga se forman campos eléctricos y magnéticos que se mueven a la velocidad de la luz y son perpendiculares entre sí y a la dirección del movimiento. Atraviesan los cuerpos no metálicos y, aunque su intensidad decrece según el cuadrado de la distancia, pueden ser captadas muy lejos mediante aparatos de alta sensibilidad. Entre las ondas electromagnéticas, para las cuales se emplean, según su frecuencia, nombres especiales, como ondas radioeléctricas o microondas, se cuentan las utilizadas en las comunicaciones de radiodifusión, televisión y radar, las infrarrojas, la luz visible, las radiaciones ultravioleta y los rayos X, gamma y cósmicos. || **ONDA HERCIANA** o **HERTZIANA** *Fís.* La descubierta por Hertz, que transporta energía electromagnética y tiene la propiedad de propagarse en el vacío a la misma velocidad que la luz. || **ONDA LARGA** *Fís.* La que tiene una longitud de onda comprendida entre 10.000 y 1.000 m. || **ONDA MEDIA** o **NORMAL** *Fís.* La que tiene una longitud de onda comprendida entre 1.000 y 100 m. || **ONDA ULTRACORTA** *Fís.* La que tiene una longitud de onda comprendida entre 1 y 0,1 m.

Onda Municipio y lugar de España, provincia de Castellón; 18.680 h.

Ondárroa Municipio y lugar de España, provincia de Vizcaya; 10.247 h. Puerto pesquero.

Ondear intr. **1** Hacer ondas el agua. **2** Moverse otras cosas en el aire formando ondas. **3** fig. Formar ondas una cosa.

Ondina f. Ninfa, ser fantástico o espíritu elemental del agua según algunas mitologías.

Ondulación f. **1** Acción y efecto de ondular. **2** Movimiento que se propaga en un fluido o en un medio elástico sin traslación permanente de sus moléculas. **3** Formación en ondas de una cosa.

Ondular intr. **1** Moverse una cosa formando giros en figura de eses como las banderas agitadas por el viento. || tr. **2** Hacer ondas en el pelo.

Ondulatorio, ria adj. **1** Que se extiende en forma de ondulaciones. **2** Que ondula, ondulante.

Onega Lago de la Federación de Rusia; 9.752 km². Está situado entre la República autónoma de Carelia y la región de Arkángel. Importante vía de comunicación.

Onega Río de la Federación de Rusia, que nace en el lago Lacha, atraviesa la región de Arkángel y desemboca en el mar Blanco; 416 km. Es navegable desde el golfo de Onega (mar Blanco) hasta Kargopol, en el lago Lacha.

Oneida adj. **1** *Etnol.* Se dice de un pueblo amerindio, perteneciente a la Confederación Iroquesa, que habitaba en la zona del NE de EE UU. En la actualidad vive en Ontario y Nueva York. Aplicado a personas, también com. **2** Relativo a este pueblo. || m. *Ling.* **3** Lengua hablada por los oneida, perteneciente a la familia iroquesa.

O'Neill, Eugene Gladstone Dramaturgo estadounidense (Nueva York, 1888 - Boston, 1953). Sus piezas constituyen una crítica del mundo moderno. Autor de *Más allá del horizonte* (1920), *Ana Christie* (1922), *Todos los hijos de Dios tienen alas* (1924), *El gran Dios Brown* (1926), *Extraño Interludio* (1928), *Los millones de Marco Polo* (1929), *A Electra le sienta bien el luto* (1931), *Días sin fin* (1934), *Cometh, el repartidor de hielo* (1946) y *La llamada del poeta* (1958). Premio Nobel de Literatura en 1936.

Oneroso, sa adj. **1** Pesado, molesto. **2** *Der.* Que incluye conmutación de prestaciones recíprocas, a diferencia de lo que se adquiere a título lucrativo.

Onetti, Juan Carlos Escritor uruguayo (Montevideo, 1909 - Madrid, 1994). Su obra, influida por la narrativa de W. Faulkner, refleja el drama del individuo en la ciudad moderna. Autor de *El pozo* (1939), *Tierra de nadie* (1941), *La vida breve* (1950), *Los adioses* (1954),

Eugene **O'Neill**

Para una tumba sin nombre (1959), *El astillero* (1961), *Tan triste como ella* (1963), *Juntacadáveres* (1964), *Dejemos hablar al viento* (1979), *Cuando entonces* (1987), *Cuando ya no importe* (1993) y *Cuentos completos* (1994). En 1980 le fue concedido el premio Cervantes.

Onfal-, Onfalo-; -Ónfalo prefs. o suf. que significan ombligo: *hidrónfalo*.

Ónfale *Mit.* Reina de Lidia, que tuvo a Heracles como esclavo en su corte, haciéndole hilar lino a sus pies. Posteriormente se casó con él.

ONG (Siglas de *Organización No Gubernamental*.) *Polít.* Cada una de las entidades independientes del Estado que centran su actividad en tareas de tipo humanitario, medioambientales, etc. y que ejercen una importante labor de ayuda y apoyo a los países del Tercer Mundo.

Onganía, Juan Carlos Político y militar argentino (Marcos Paz, Buenos Aires, 1914 - Buenos Aires, 1995). Comandante en jefe del Ejército entre 1963 y 1965, en junio de 1966, mediante un golpe de Estado, se hizo cargo de la presidencia de la República. Fue derribado por una Junta militar encabezada por Lanusse en 1970.

Onic-, Onico-; -Onic-; -Oniquia prefs., in. o suf. que significan uña: *anonicosis, anoniquia*.

Ónice f. *Miner.* Mineral de cuarzo, variedad de ágata con listas rectas de colores alternativamente claros y muy oscuros.

ónice

Onicóforo, ra adj. y m. *Zool.* **1** Se dice del animal invertebrado con características que le asemejan a los anélidos y artrópodos. Tiene el cuerpo blando y segmentado, con una cutícula quitinosa y apéndices ambulacrales terminados en uñas y antenas. Sólo viven en el hemisferio austral. || m. pl. *Zool.* **2** Tipo de estos animales.

-Onimia, -Ónimo sufs. ONOM-.

-Onio *Quím.* suf. usado como terminación propia de los nombres de compuestos alifáticos que contienen átomos de nitrógeno pentavalente.

-Oniquia suf. ONIC-.

Onir-, Oniro- prefs. que significan ensueño.

Onírico, ca adj. Relativo a los sueños.

Onirismo m. **1** Estado de sueño. **2** *Psicol.* Actividad mental patológica caracterizada por la percepción de alucinaciones e ilusiones en el campo visual, en las que el sujeto participa activamente. **3** *Arte.* Tendencia artística que intenta llevar los sueños a la realidad mediante imágenes.

Oniro- pref. ONIR-.

Oniromancia u **Oniromancía** f. Arte supersticioso de adivinar lo porvenir interpretando los sueños.

Onís, Federico de Crítico literario español (Salamanca, 1885 - San Juan de Puerto Rico, 1966). Autor de *Disciplina y rebeldía* (1915), y *Antología de la poesía española e hispanoamericana* (1934).

Onitsha Ciudad de Nigeria; 362.700 h. Puerto a orillas del Níger. Centro comercial.

Ónix f. *Miner.* Ónice, ónique.

Onocrótalo m. *Zool.* Pelícano, alcatraz.

Onom-, Onoma-, Onomato-, Onomasio-; -Ónimo, -Onimia, -Onomasia prefs. o sufs. que significan nombre: *parónimo, metonimia, antonomasia*.

Onomasio-, -Onomasia pref. o suf. ONOM-.

Onomasiología f. *Ling.* Rama de la semántica que investiga los significados que corresponden a un concepto dado.

Onomástico, ca adj. **1** Relativo a los nombres y especialmente a los propios. || f. **2** Día en que se celebra el santo de alguien. **3** *Ling.* Ciencia que trata de la catalogación y estudio de los nombres propios.

Onomato- pref. ONOM-.

Onomatopeya f. **1** Imitación del sonido de una cosa en el vocablo que se forma para significarla. **2** El mismo vocablo que imita el sonido de la cosa nombrada con él. **3** *Ret.* Empleo de vocablos onomatopéyicos para imitar el sonido de las cosas con ellos significadas.

Onondaga adj. **1** *Etnol.* Se dice de un pueblo amerindio, perteneciente a la Confederación Iroquesa, que habitaba en la zona del NE de EE UU. En la actualidad vive en Ontario y Nueva York. Aplicado a personas, también com. **2** Relativo a este pueblo. || m. *Ling.* **3** Lengua hablada por los onondaga.

ONOQUILES f. *Bot.* Planta herbácea perenne de la familia borragináceas, de nombre científico *Alkanna tinctoria,* de cuyas raíces se extrae una tintura roja muy estimada por perfumistas y confiteros.

ONSAGER, LARS Químico y físico estadounidense de origen noruego (Oslo, 1903 - Miami, 1976). En 1968 recibió el premio Nobel de Química, por sus estudios sobre la termodinámica de los procesos irreversibles.

ONTARIO Provincia de Canadá; 1.068.580 km^2 y 11.560.899 h. Capital, Toronto. Importante producción agrícola y ganadera. Reservas forestales. Minería.

ONTARIO Lago de América del Norte, entre Canadá y EE UU, el más oriental de los Grandes Lagos; 18.941 km^2. Lo alimentan los ríos Niágara, Genesee, Owego, Black y Trent. Está unido con el lago Erie por el canal Welland, con el río Ottawa por el canal Rideau y con el océano Atlántico por el río San Lorenzo.

-ONTE suf. ONTO-.

ONTINA f. *Bot.* Mata de pequeño tamaño perteneciente a la familia compuestas, de nombre científico *Artemisia herba-alba.* Característica de España y S de Francia.

ONTINAR m. *Bot.* Terreno poblado de ontinas, formación vegetal de matorral claro.

ONTINYENT ONTENIENTE.

ONTO-; -ONTO-; -ONTE pref., in. o suf. que significan el ser: *paleontografía, haplonte.*

ONTOGENIA f. *Biol.* Formación y desarrollo del individuo desde su concepción hasta la madurez.

ONTOLOGÍA f. *Filos.* Parte de la metafísica que trata del ser en general y de sus propiedades trascendentales.

ONTOLOGISMO m. *Filos.* Denominación que recibe todo sistema filosófico que acentúa la importancia del Ser absoluto en el conocimiento, afirmando que todas las cosas son conocidas por nosotros *en* y *mediante* Dios. Entre los filósofos ontologistas modernos figuran los italianos Gioberti y Rosmini.

ONU *Polít.* Siglas de ORGANIZACIÓN DE LAS NACIONES UNIDAS.

ONUBENSE adj. y com. **1** De la antigua Onuba, actualmente Huelva. **2** Huelvense.

ONZA[1] f. **1** Peso que consta de 16 adarmes y equivale a 287 dg. **2** Duodécima parte del as o libra romana. **3** Por extensión, duodécima parte de varias medidas antiguas. || **ONZA DE ORO** *Num.* Antigua moneda española que valía 320 reales.

ONZA[2] f. *Zool.* GUEPARDO.

OÑA, PEDRO DE Poeta chileno (Angol de los Infantes, 1570 - Cuzco, h. 1643). Autor de *Arauco domado* (1596), inspirado en *La araucana,* de Alonso de Ercilla, *Temblor de Lima* (1609), *El vasauro* (1635) e *Ignacio de Cantabria* (1639).

OÑATE, CRISTÓBAL DE Conquistador español (?, h. 1504 - ?, 1567). Gobernador interino de Nueva Galicia en 1529 y 1541. Fundó Espíritu Santo, la primitiva Guadalajara.

OÑATE, JUAN DE Conquistador español (Minas de Pánuco, h. 1555 - ?, h. 1625). Hijo de Cristóbal, en 1598 llegó al Río Grande y tomó posesión de Nuevo México. Exploró la región de Kansas (EE UU) y en 1604 llegó al golfo de California, donde fundó, en 1605, la ciudad de Santa Fe.

OÑATI OÑATE.

OO- pref. que significa huevo.

OOCITO m. *Biol.* Huevo antes de completarse la maduración.

OOGAMIA f. *Biol.* Tipo de reproducción sexual en la que un gameto inmóvil, llamado *ovocélula,* de tamaño relativamente grande, se une a un gameto móvil flagelado, llamado *espermatozoide* o *anterozoide,* de menor tamaño.

OOGÉNESIS f. *Fisiol.* Serie de procesos relacionados con la producción y desarrollo de las células sexuales femeninas.

OOGONIA f. *Biol.* Descendiente de la célula germinal primitiva que sufrirá el proceso de oogénesis.

OOGONIO m. *Bot.* Órgano sexual femenino en algas y hongos oógamos.

OOLITO m. *Geol.* Gránulo esférico de diámetro inferior a 2 mm, compuesto por un núcleo mineral revestido por sucesivos estratos concéntricos.

OOSFERA f. *Bot.* Célula sexual femenina que se produce en el óvulo de los vegetales y que en el momento de la fecundación se une con el elemento masculino.

OP-, OPO-, OPS-, OPSO-, OPSI-, OPTO-, OFTALM-, OFTALMO-; -OPS-, -OMATO-; -OPA, -OPE, -OPÍA, -OPS, -OPSIA, -OPSIS, -OPSO, -OMATO, -ORAMA, -OPTIA, -ÓPTICO, -OFTALMIA U -OFTALMÍA, -OFTALMO prefs., ins. o sufs. que significan vista, ojo, aspecto, etc.: *autopsia, miopía, estilomatóforo.*

OP-ART m. *Pint.* Tendencia artística desarrollada en la década de los sesenta, cercana al arte cinético que busca producir una ilusión óptica mediante la combinación de colores y la superposición de entramados geométricos. Entre sus principales representantes figuran Victor Vasarely, Bridget Riley, Gyula Kosice y Jesús Rafael Soto.

-OPA suf. OP-.

OPA (Siglas de *Oferta Pública de Acciones.) Econ.* Operación de bolsa que consiste en la notificación pública a los accionistas de una sociedad cotizada de la disposición de adquirir sus títulos a un precio superior al de su cotización en bolsa. Se emplea para adquirir o reforzar el dominio sobre una sociedad.

OPACAR tr. y prnl. *Amér.* Oscurecer, nublar.

OPACIDAD f. Capacidad de absorción de un medio óptico, determinada por la relación entre el rayo luminoso incidente y el saliente.

OPACO, CA adj. **1** Que impide el paso de la luz, a diferencia de diáfano. **2** Oscuro, sombrío. **3** fig. Triste y melancólico.

OPALESCENTE adj. Que parece de ópalo o irisado como él.

OPALINO, NA adj. **1** Relativo al ópalo. **2** De color entre blanco y azulado con reflejos irisados. **3** Se dice del vidrio opalescente. **4** Se dice de cualquier objeto fabricado con dicho vidrio.

ÓPALO m. *Miner.* Mineral hidróxido de silicio amorfo, de lustre resinoso, translúcido u opaco, duro pero quebradizo y de colores diversos.

OPARIN, ALEXANDR IVANOVICH Bioquímico soviético (Uglich, 1894 - Moscú, 1980). Se distinguió por sus estudios sobre el origen de la vida, en los que defiende que se originó en el mar, en forma de organismos unicelulares primitivos (el caldo oceánico).

OPCIÓN f. **1** Libertad o facultad de elegir. **2** La elección misma. **3** Derecho que se tiene a un oficio, dignidad, etc. **4** *Der.* Derecho a elegir entre dos o más cosas, fundado en precepto legal o en negocio jurídico.

-OPE[1] suf. EPO-.

-OPE[2] suf. OP-.

OPEN (Voz i.) m. Competición abierta a todas las categorías.

OPEP Siglas de ORGANIZACIÓN DE PAÍSES EXPORTADORES DE PETRÓLEO.

ÓPERA f. *Mús.* **1** Género musical constituido por las obras artísticas en las que se asocia la música a la acción dramática, y que están concebidas para ser representadas y cantadas con un acompañamiento orquestal. **2** Poema dramático escrito para este fin; letra de la ópera. **3** Música de la ópera. || **ÓPERA PRIMA** *Arte.* En cine, música y otras expresiones artísticas, primera obra.

OPERACIÓN f. **1** Acción y efecto de operar. **2** Ejecución de una cosa. **3** Negociación o contrato sobre valores o mercancías. **4** *Mat.* Conjunto de reglas que permiten, partiendo de una o varias cantidades o expresiones, llamadas datos, obtener otras cantidades o expresiones llamadas resultados. En aritmética, las cuatro operaciones fundamentales son: adición, sustracción, multiplicación y división. **5** *Med.* Acto terapéutico ejecutado sobre el cuerpo del paciente siguiendo principios quirúrgicos más o menos definidos.

OPERADOR, RA adj. y s. **1** Que opera. **2** *Cin.* y *Telev.* Técnico encargado de la parte fotográfica del rodaje. **3** Técnico encargado de proyectar la película. || m. **4** *Biol.* Secuencia situada al final de un operón sobre la que actúa un represor, regulando de este modo la transcripción del operón. **5** *Mat.* Aplicación que lleva los elementos del conjunto original al conjunto imagen mediante una operación o conjunto de ellas.

OPERAR tr. **1** Realizar, llevar a cabo. También prnl. **2** Ejecutar sobre el cuerpo animal vivo, con ayuda de instrumentos adecuados, diversos actos curativos, como extirpar, amputar, etc., órganos, miembros o tejidos. || intr. **3** Producir las cosas el efecto para el que se destinan. **4** Obrar, trabajar. **5** Negociar, especular, realizar acciones comerciales de compra, venta, etc. **6** Llevar a cabo acciones de guerra. || prnl. **7** Someterse a una intervención quirúrgica.

OPERARIO, RIA m. y f. OBRERO.

OPERATIVO, VA adj. Se dice de lo que obra y produce su efecto.

OPERATORIO, RIA adj. **1** Que puede operar. **2** Relativo a las operaciones quirúrgicas.

OPÉRCULO m. *Zool.* Repliegue de la piel que proporciona protección externa al aparato branquial en la mayoría de los peces. Puede estar endurecido por placas óseas y cubierto por escamas.

OPERETA f. *Mús.* Género teatral ligero en el que los fragmentos cantados alternan con los hablados, y que muchas veces encierra propósitos de parodia o sátira.

OPERÓN m. *Biol.* Unidad funcional del cromosoma.

OPEROSO, SA adj. **1** Se dice de la persona que trabaja mucho. **2** Se dice de las cosas que cuestan mucho trabajo o fatiga.

OPHÜLS, MAX (MAXIMILIAN OPPENHEIMER, llamado) Director de cine francés de origen alemán (Saarbrücken, 1902 - Hamburgo, 1957). En su filmografía destacan *Amoríos* (1933), *Carta de una desconocida* (1948), *La Ronda* (1950), *Almas desnudas* (1954) y *Lola Montes* (1955).

-OPÍA suf. OP-.

OPIÁCEO, A adj.**1** Se dice de los compuestos de opio. **2** fig. Que calma, como el opio.

OPILACIÓN f. **1** Obstrucción. **2** Supresión del flujo menstrual. **3** Hidropesía.

OPIMO, MA adj. Rico, fértil, abundante.

OPINAR intr. **1** Formar o tener opinión. **2** Expresarla de palabra o por escrito. **3** Discurrir sobre las razones, probabilidades o conjeturas referentes a la certeza de una cosa.

OPINIÓN f. **1** Concepto que se forma sobre un asunto cuestionable. **2** Fama o concepto en que se tiene a una persona o cosa. || **OPINIÓN PÚBLICA** Parecer en que coincide la generalidad de las personas acerca de asuntos determinados.

OPIO m. **1** *Bot.* ADORMIDERA. **2** *Farm.* Producto que resulta de la desecación del jugo que se hace fluir por incisiones de las cabezas verdes de la adormidera *(Papaver somniferum).* Es opaco, moreno, amargo y de olor fuerte. Se emplea como narcótico. El opio crudo contiene diversos alcaloides (codeína, tebaína, narcotina, etc.), de los que el más importante es la morfina, con propiedades sedantes y narcóticas. Las zonas de mayor producción son Asia Menor, Irán y la India.

OPIO, GUERRA DEL *Hist.* Nombre con que se conoce la lucha entre China y Gran Bretaña (1839-42), por haber prohibido el emperador chino la importación de opio que llevaban a cabo los ingleses. Finalizó con la paz de Nanking (1842), por la que Gran Bretaña obtuvo importantes beneficios económicos y la isla de Hong-Kong.

OPIÓMANO, NA adj. y s. Se dice de la persona adicta a fumar o mascar opio.

OPÍPARO, RA adj. Copioso y espléndido, tratándose de banquete, comida, etc.

OPISTOBRANQUIO, QUIA adj. y m. *Zool.* **1** Se dice del gasterópodo marino con branquias situadas detrás del corazón, y concha reducida o inexistente, como la oreja de mar. || m. pl. *Zool.* **2** Subclase de estos moluscos.

OPISTÓDOMO u **OPISTODOMO** m. *Arquit.* Habitación situada en la parte posterior de algunos templos griegos de época clásica, opuesta al pronaos.

OPITZ, MARTIN Poeta y crítico de arte alemán (Bunzlau, 1597 - Danzig, 1639). Reformó la métrica alemana, sustituyendo el esquema silábico por el basado en la acentuación: *Libro de la poesía alemana* (1624). Compuso además la *Pastoral de la ninfa Hercinia* (1630) y *Dafne* (1627), libreto de ópera.

-OPL-; -OPLIA, -OPLINO in. o sufs. HOPLO-.

OPLOTECA f. Museo de armas antiguas, preciosas o raras.

OPO- pref. OP-.

OPOBÁLSAMO m. *Farm.* Resina amarga, olorosa y astringente que fluye de un árbol burseráceo y se emplea en medicina.

OPOLE Ciudad de Polonia, capital de la provincia de Opolskie; 130.600 h.

OPOLSKIE Provincia de Polonia; 9.412 km^2 y 1.088.700 h. Su capital es Opole.

OPÓN LAPU-LAPU.

OPONENTE adj. **1** Que opone o se opone. **2** Con respecto a una persona, se dice de la que opina lo contrario. También com.

OPONER tr. **1** Poner una cosa contra otra para estorbarle o impedirle su efecto. También prnl. **2** Proponer una razón contra lo que otro dice. || prnl. **3** Ser una cosa contraria a otra. **4** Estar una cosa situada enfrente de otra. **5** Impugnar. ♦ IRREG. Se conjuga como PONER.

OPOPÓNACO m. *Farm.* Gomorresina rojiza de olor aromático muy fuerte, que se saca de la pánace. Tiene uso en farmacia y en perfumería.

OPORTO m. Vino de color oscuro y muy aromático, fabricado en Oporto (Portugal).

OPORTO *(Porto)* **1** Distrito de Portugal; 2.341 km^2 y 1.652.000 h. **2** Ciudad capital del mismo, en la desembocadura del Duero; 310.600 h. Comercio de vinos. Industria. Puerto. Capital cultural europea en 2001, junto con Rotterdam.

OPORTUNIDAD f. Sazón, coyuntura, conveniencia de tiempo y de lugar.

OPORTUNISMO m. Actitud que consiste en aprovechar al máximo las circunstancias para obtener el mayor beneficio posible, sin tener en cuenta principios ni convicciones.

OPORTUNO, NA adj. **1** Que se hace cuando conviene. **2** Se dice también del que es ocurrente y pronto en la conversación.

OPOSICIÓN f. **1** Acción y efecto de oponer. **2** Disposición de algunas cosas de modo que estén unas enfrente de otras. **3** Contrariedad de una cosa con otra. **4** Procedimiento selectivo consistente en una serie de ejercicios

Oporto (Portugal).

en que los aspirantes a un puesto de trabajo muestran su respectiva competencia, juzgada por un tribunal. Más en pl. **5** *Polít.* Grupos, partidos o fracciones de la opinión pública que en un país se oponen a la política del gobierno o al poder constituido. **6** Contradicción o resistencia a lo que otro u otros dicen. **7** *Astrol.* Aspecto de dos astros que ocupan casas celestes diametralmente opuestas. **8** *Astron.* Situación relativa de dos o más planetas y otros cuerpos celestes cuando tienen longitudes que difieren en dos ángulos rectos. **9** *Ling.* Relación de los elementos homogéneos de un sistema que permite su diferenciación. || **OPOSICIÓN FONOLÓGICA** *Fon.* Diferencia distintiva entre dos unidades fónicas. Se llama también *oposición distintiva, pertinente* o *relevante,* y se opone a la *no distintiva, irrelevante* o *no pertinente,* que no posee carácter diferenciador.

OPOSITAR intr. Hacer oposiciones a un cargo o empleo.

OPOSITOR, RA m. y f. **1** Persona que se opone a otra en cualquier materia. **2** Aspirante a una cátedra, empleo, cargo o destino que se ha de proveer por oposición o concurso. **3** *Amér.* Partidario de la oposición política.

OPOSUM m. *Zool.* Nombre de diversos mamíferos marsupiales, característicos de América y Australia, apreciados por su piel.

OPOTERAPIA f. *Med.* Procedimiento curativo por el empleo de jugos o extractos de órganos animales.

OPPENHEIMER, JULIUS ROBERT Físico estadounidense (Nueva York, 1904 - Princeton, 1967). Investigó sobre los rayos cósmicos, las partículas elementales y ciertas reacciones nucleares. Fue nombrado director del laboratorio de Los Álamos (1943-45), donde se realizó la primera bomba atómica.

OPPLAND Condado de Noruega; 25.191 km^2 y 182.239 h. Capital, Lillehammer.

OPRESIÓN f. Acción y efecto de oprimir. || **OPRESIÓN DE PECHO** Dificultad de respirar.

OPRESOR, RA adj. y s. Que abusa de su poder o autoridad para dominar y limitar la libertad de un individuo, pueblo, nación, etc.

OPRIMIR tr. **1** Ejercer presión sobre una cosa. **2** fig. Someter por medio de la fuerza a una persona, pueblo, nación, etc.

OPROBIAR tr. Vilipendiar, infamar.

OPROBIO m. Ignominia, afrenta, deshonra.

OPS-; **-OPS-;** **-OPS** pref., in. o suf. OP-.

OPSI-; **-OPSIA,** **-OPSIS** pref. o sufs. OP-.

OPSO-; **-OPSO** pref. o suf. OP-.

OPTAR tr. **1** Escoger una cosa entre varias. También intr. **2** Entrar en la dignidad, empleo u otra cosa a que se tiene derecho.

OPTATIVO, VA adj. **1** Que está pendiente de una opción o la admite. **2** *Gram.* MODO OPTATIVO.

-OPTIA suf. OP-.

ÓPTICA f. **1** *Fís.* Parte de la física que estudia las leyes y los fenómenos de la luz o radiación electromagnética, desde el extremo de onda larga de rayos X hasta el extremo de onda corta del radio (longitudes de onda comprendidas entre 1 nanómetro y 1 mm). El estudio de la óptica se divide en dos partes: *óptica geométrica* y *óptica física.* La primera se ocupa de los fenómenos de radiación luminosa en medio homogéneo, sin considerar su naturaleza u origen; la segunda estudia la velocidad, la naturaleza y las características de la luz. **2** Conjunto de técnicas para construir lentes e instrumentos para mejorar la visión. **3** Aparato compuesto de lentes que sirve para ver dibujos agrandados. **4** fig. punto de vista, modo de considerar un asunto u otra cosa. **5** Establecimiento donde se comercia con instrumentos de óptica. || **ÓPTICA ELECTRÓNICA** *Fís.* Parte de la óptica que estudia el comportamiento de los electrones a su paso a través de las lentes electromagnéticas.

ÓPTICO, CA adj. **1** Relativo a la óptica. || m. y f. **2** Persona con titulación oficial para trabajar en materia de óptica.

-ÓPTICO suf. OP-.

OPTIMACIÓN f. **1** Acción y efecto de optimar. **2** *Mat.* Método matemático para determinar los valores de las variables que hacen máximo el rendimiento de un proceso o un sistema.

OPTIMISMO m. **1** *Filos.* Sistema filosófico que consiste en atribuir al universo la mayor perfección posible, como obra de un ser infinitamente perfecto. Según esta teoría formulada por Leibniz, vivimos en el mejor de los mundos posibles. **2** Propensión a ver y juzgar las cosas en su aspecto más favorable.

OPTIMIZAR u **OPTIMAR** tr. Buscar la mejor manera de realizar una actividad.

ÓPTIMO, MA adj. Superlativo de BUENO. Sumamente bueno.

OPTO- pref. OP-.

OPTOMETRÍA f. *Fís.* Parte de la óptica que mide la agudeza visual, calcula la dirección de los rayos luminosos en el ojo y elige los cristales adecuados para la corrección de los defectos visuales.

OPTÓMETRO m. *Fís.* Instrumento para medir el límite de la visión distinta, calcular la dirección de los rayos luminosos en el ojo y elegir cristales.

OPUESTO, TA adj. **1** Enemigo o contrario. **2** *Bot.* Se dice de las hojas, flores, ramas y otras partes de la planta cuando nacen del mismo punto del tallo, pero en direcciones opuestas.

OPUGNAR tr. **1** Hacer oposición con fuerza y violencia. **2** Asaltar o combatir una plaza o ejército. **3** Contradecir, oponerse.

OPULENCIA f. **1** Abundancia, riqueza y sobra de bienes. **2** fig. Sobreabundancia de cualquier otra cosa.

OPUS (Voz lat.) m. *Mús.* Término que, seguido de un número, se utiliza para catalogar cada una de las obras de un compositor en el conjunto de toda su producción. Su abreviatura es *op.*

OPUS DEI *Rel.* Institución religiosa fundada en Madrid, en 1928, por el sacerdote español Josemaría Escrivá de Balaguer, canonizado en 2002. Sus miembros, seglares y religiosos, se dedican a buscar la perfección cristiana y a ejercer el apostolado dentro de su estado, y cada uno en el ejercicio de su propia profesión u oficio. Fue aprobada como *instituto secular* en 1947 por Pío XII, y en 1982 Juan Pablo II la convirtió en *prelatura personal.*

OPÚSCULO m. Obra científica o literaria de poca extensión.

OQUEDAD f. **1** Espacio que en un cuerpo sólido queda vacío. **2** fig. Insustancialidad de lo que se habla o escribe.

OQUEDAL m. Monte sólo de árboles, limpio de hierba y matas.

OQUENDO, ANTONIO DE Marino español (San Sebastián, 1577 - La Coruña, 1640). Participó en la batalla naval de Pernambuco (1630) y fue vencido por las escuadras de Holanda y de Inglaterra en la batalla de las Dunas (1639).

OQUENDO DE AMAT, CARLOS Poeta peruano (Puno, 1906 - Madrid, 1936). Militante comunista, murió en la Guerra Civil española. Escribió *Cinco metros de poemas* (1927).

OR- pref. ORO-.

ORA conj. dist. Aféresis de AHORA.

ORACIÓN f. **1** Obra de elocuencia, razonamiento pronunciado en público a fin de persuadir a los oyentes o mover su ánimo. Algunas de ellas toman su nombre de su asunto o de la ocasión en que se pronuncian. **2** *Rel.* Súplica, ruego que se hace a Dios y a los santos. **3** *Rel.* En la misa, en el rezo eclesiástico y rogaciones públicas, deprecación particular que empieza o se distingue con la voz *Oremus.* **4** *Gram.* Palabra o conjunto de palabras con que se expresa un sentido gramatical completo. || f. pl. *Rel.* **5** Primera parte de la doctrina cristiana que se enseña a los niños, y es el padrenuestro, el avemaría, etc. **6** Momento del día en que se toca en las iglesias la campana para que recen los fieles el avemaría. || **ORACIÓN ACTIVA** *Gram.* Aquella en la que el sujeto gramatical del verbo realiza la acción expresada por él. || **ORACIÓN ADJETIVA** *Gram.* La oración compuesta en que el nexo es un pronombre relativo en la oración subordinada, cuyo antecedente está en la principal, o es la principal. Su función corresponde a la de un adjetivo. || **ORACIÓN ADVERBIAL** o **CIRCUNSTANCIAL** *Gram.* Oración subordinada que constituye un complemento circunstancial de lugar, modo, tiempo, etc., de la principal, a la que se une mediante adverbios o conjunciones. || **ORACIÓN ADVERSATIVA** *Gram.* Oración coordinada, cuyo nexo es una conjunción adversativa. || **ORACIÓN ATRIBUTIVA** *Gram.* Es la que consta de un predicado nominal o atributo, y un verbo de los llamados copulativos o atributivos (*ser, estar,* etc.). || **ORACIÓN CAUSAL** *Gram.* Oración subordinada que contiene la causa de lo expresado en la oración principal. || **ORACIÓN COMPARATIVA** *Gram.* La que establece una comparación. || **ORACIÓN COMPUESTA** *Gram.* Conjunto de dos o más oraciones simples enlazadas gramaticalmente. || **ORACIÓN CONCESIVA** *Gram.* Oración subordinada que contiene la expresión de una circunstancia que, siendo naturalmente o pudiendo ser un inconveniente para la realización de lo expresado en la principal, en la ocasión de que se trata no lo es. || **ORACIÓN CONDICIONAL** *Gram.* La subordinada que impone una condición para que se realice lo expresado en la principal. || **ORACIÓN CONSECUTIVA** *Gram.* La que contiene una consecuencia de lo expresado en la principal. || **ORACIÓN COORDINADA** *Gram.* Oración compuesta en que la unión de las componentes se realiza por coordinación. || También cada una de estas oraciones. || **ORACIÓN COPULATIVA** *Gram.* Oración coordinada, cuyo nexo es una conjunción copulativa. || **ORACIÓN DISTRIBUTIVA** *Gram.* Oración coordinada en que se contraponen acciones distributivas entre varios agentes, lugares o tiempos. || **ORACIÓN DISYUNTIVA** *Gram.* Oraciones coordinadas entre las cuales existe una relación de disyunción. || **ORACIÓN ENUNCIATIVA** o **DECLARATIVA** *Gram.* Oración en que se expone un hecho en forma afirmativa o negativa, pero sin que se exprese duda, interrogación o afecto por parte del hablante. || **ORACIÓN EXCLAMATIVA** *Gram.* La proferida con entonación característica que revela un intenso interés subjetivo por parte del hablante. || **ORACIÓN FINAL** *Gram.* Oración subordinada que indica una finalidad de la ac-

Antonio de **Oquendo**. Retrato anónimo. Colección Duque del Infantado (Sevilla).

ción del verbo principal. || **ORACIÓN IMPERSONAL** *Gram.* Aquella cuyo sujeto es indeterminado, bien por imprecisión en la información del hablante, o bien porque el sujeto sea la generalidad de la gente. Puede tener forma de tercera persona del plural, o de oración pronominal con *se.* Algunas de ellas se llaman *terciopersonales,* que son las que emplean verbos de fenómenos atmosféricos. || **ORACIÓN INFINITIVA** O **DE INFINITIVO** *Gram.* La subordinada sustantiva que emplea el infinitivo como forma verbal y sirve de sujeto o complemento de la oración principal. || **ORACIÓN INTERROGATIVA** *Gram.* Sirve para dirigirse a un oyente en espera de que su respuesta resuelva una duda del que habla. Puede ser directa, o indirecta. || **ORACIÓN INTRANSITIVA** *Gram.* Aquella cuyo predicado es un verbo intransitivo o usado como tal. || **ORACIÓN PASIVA** *Gram.* Oración en la que el sujeto gramatical del verbo no realiza la acción expresada por él, sino que es el objeto en que esa acción se realiza. || **ORACIÓN PASIVA REFLEJA** *Gram.* Aquella que teniendo su verbo en forma activa, tiene significado pasivo. Se construye con el pronombre y el verbo en 3.ª persona. || **ORACIÓN PREDICATIVA** *Gram.* La que consta de un predicado verbal, a diferencia de la *atributiva,* que lleva predicado nominal. || **ORACIÓN PRINCIPAL** *Gram.* Aquella de las compuestas que no va afectada por nexo conjuntivo, ni lleva el nombre relativo cuando éste es el que establece la unión, ni constituye un elemento de la otra, ni tiene el verbo en infinitivo ni gerundio. || **ORACIÓN PRONOMINAL** *Gram.* Cualquier oración en que el sujeto se encuentra reproducido por un pronombre personal. || **ORACIÓN REFLEXIVA** *Gram.* Oración pronominal en que el término de la acción es el mismo sujeto. || **ORACIÓN RELATIVA** O **DE RELATIVO** *Gram.* ORACIÓN ADJETIVA. || **ORACIÓN SUBORDINADA** *Gram.* Oración que en la compuesta por subordinación no es la principal y lleva los nexos subordinales. || **ORACIÓN SUSTANTIVA** *Gram.* La sustantivada mediante la conjunción *que.* Cumple papel de sujeto o complemento de la oración principal. || **ORACIÓN TEMPORAL** *Gram.* La adverbial que expresa el tiempo en que se realiza la acción de la principal. || **ORACIÓN TRANSITIVA** *Gram.* La predicativa en que hay complemento directo.

ORÁCULO m. **1** Respuesta que da Dios por sí o por sus ministros. **2** Contestación que las pitonisas y sacerdotes de la gentilidad pronunciaban como dada por los dioses a las consultas que ante sus ídolos se hacían. **3** Lugar, estatua o simulacro que representaba la deidad cuyas respuestas se pedían. **4** fig. Persona a quien todos escuchan con respeto y veneración por su mucha sabiduría y doctrina. || **ORÁCULO DEL CAMPO** *Bot.* Manzanilla, planta. También, flor de esta planta.

ORADEA u **ORADEA MARE** Ciudad del NO de Rumania, capital del distrito de Bihor; 221.559 h.

ORADOR, RA m. y f. **1** Persona que ejerce la oratoria; que habla en público para persuadir a los oyentes o mover su ánimo. **2** Persona que pide y ruega. || m. **3** Predicador evangélico.

ORAL adj. **1** Perteneciente o relativo a la boca. **2** Expresado con la boca o con la palabra, a diferencia de escrito.

-ORAMA suf. OP-.

ORÁN 1 Vilaya del NO de Argelia, entre el Mediterráneo, la vilaya de Argel y al S el desierto del Sahara; 2.114 km^2 y 932.473 h. **2** Ciudad capital de la misma, a orillas del Mediterráneo; 609.823 h.

ORANÉS, SA adj. y s. De Orán, Argelia.

ORANGE Río de África; nace en Lesotho, atraviesa la República Sudafricana y desemboca en el Atlántico; 2.100 km.

ORANGE, CONDADO Y PRINCIPADO DE *Geog. hist.* Condado medieval del SE de Francia. En el siglo XVI pasó a pertenecer a la CASA DE NASSAU. Tras la muerte de Guillermo III (1702), Luis XIV hizo del principado un feudo de la corona francesa. Desde que se constituyó el reino de los Países Bajos (1815), el título de príncipe de Orange lo ostenta la casa de Nassau, dinastía reinante en dicho país.

ORANGE, ESTADO LIBRE DE Provincia del NE de la República Sudafricana; 129.480 km^2 y 2.782.000 h. Capital, Bloemfontein. Fue colonizada por los bóers en el siglo XIX y reconocida como Estado libre en 1854. En 1899 los bóers entraron en guerra con Inglaterra, que, en 1900, se anexionó el territorio con el nombre de Colonia del río Orange. En 1907 tuvo Gobierno autónomo y en 1910 se incorporó a la Unión Sudafricana.

ORANGE-NASSAU *Geneal.* Linaje de la aristocracia holandesa de la que procedieron los estatúder de los Países Bajos desde mediados del siglo XVI hasta principios del siglo XVIII. Su origen se encuentra en la unión del PRINCIPADO DE ORANGE con el ducado de Nassau.

ORANGUTÁN m. *Zool.* Mamífero primate antropoide perteneciente a la familia póngidos, de nombre científico *Pongo pygmaeus.* Es un mono antropomorfo de 1,5 m de altura y hasta 2,40 m de brazada, con un peso de 80 kg. El pelaje es castaño rojizo y su cuerpo se caracteriza por el dorso curvado y el vientre voluminoso. Los brazos o patas anteriores son muy largos y musculosos; las posteriores son cortas y débiles. Es de costumbres arborícolas. Vive en las selvas de Borneo y Sumatra.

ORANJESTAD Ciudad capital de Aruba, dependencia autónoma de los Países Bajos; 20.046 h. Puerto.

ORAR intr. **1** Hablar en público para persuadir y convencer a los oyentes. **2** Hacer oración a Dios. || tr. **3** Rogar, pedir, suplicar.

ORARIO m. **1** Banda que los antiguos romanos se ponían en el cuello, y cuyas puntas bajaban por el pecho. **2** Estola grande que usa el Papa.

ORATE com. **1** Persona que ha perdido el juicio. **2** fig. y fam. Persona de poco juicio, moderación y prudencia.

ORATORIA f. Arte de hablar con elocuencia; de deleitar, persuadir y conmover por medio de la palabra.

ORATORIO m **1** Lugar destinado para hacer oración. **2** Sitio de las casas particulares donde por privilegio se celebraba la misa. **3** Congregación de presbíteros fundada por san Felipe Neri. **4** *Mús.* Composición musical dramática basada en un texto religioso, escrita para solistas coro y orquesta, que carece de representación escénica.

ORBE m. **1** Redondez o círculo. **2** Esfera celeste o terrestre. **3** Conjunto de todas las cosas creadas, mundo. **4** *Zool.* Pez teleósteo, plectognato, que vive en el mar de las Antillas.

ORBEGOZO, LUIS JOSÉ DE Militar y político peruano (Huamachuco, 1795 - Trujillo, 1847). Designado por el Congreso presidente provisional de la República (1833-35), hubo de enfrentarse a los gamarristas y a Salaverry, que lo derrocó. Con la ayuda de Santa Cruz recuperó el poder. En 1837 pactó con él la formación de la Confederación Peruano-boliviana y obtuvo la presidencia del Estado norperuano (1838).

ORBICULAR adj. Redondo o circular.

ÓRBITA f. **1** *Anat.* Cavidad ósea situada por debajo del hueso frontal en número par, que contiene el globo del ojo. **2** *Astron.* Trayectoria recorrida por un cuerpo celeste en el espacio sometido a la acción gravitatoria ejercida por los astros. **3** *Fís.* Trayectoria que recorren las partículas sometidas a campos electromagnéticos en los aceleradores de partículas. **4** *Fís.* Trayectoria que recorre un electrón alrededor del núcleo del átomo. **5** fig. Espacio a que alcanza la virtud de un agente.

ORBITAL adj. **1** Relativo a la órbita. **2** *Anat.* Se aplica a los huesos que forman la órbita ocular. **3** *Fís.* Según la mecánica cuántica, cada una de las funciones que describen la región espacial en la que es posible encontrar los electrones en un átomo, molécula, etc.

ORCA f. *Zool.* Mamífero cetáceo del suborden odontocetos, familia delfínidos, nombre científico *Orcinus orca.* Alcanza los 10 m de longitud y los 850 kg de peso. La cabeza es redondeada y el hocico obtuso, con dientes cónicos en ambas mandíbulas. Su cuerpo es negro en la parte superior y blanco en la inferior.

orca

ORCADAS, ISLAS Archipiélago y Distrito unitario del Reino Unido, en el N de Escocia, de cuyas costas está separado por el estrecho de Pentland; 976 km^2 y 19.600 h.

ORCADAS DEL SUR Archipiélago de la Antártida argentina; 750 km^2. Sus principales islas son: Coronación, Laurie, Powel, Signy e Inaccesible. Fueron descubiertas en 1821 por George Powell.

ORCAGNA (ANDREA DI CIONE, llamado) Pintor, escultor y arquitecto italiano (Florencia, h. 1308 - íd., h. 1369). Autor de las pinturas de la capilla Strozzi, en la iglesia de Santa Maria Novella de Florencia (1357). Su obra escultórica se reduce al tabernáculo de Orsammichelle de Florencia, del que también fue maestro de obras (1356).

ORCANETA f. *Bot.* ONOQUILES, planta.

ORCHILA Isla de Venezuela, en el mar de las Antillas.

ORCHILLA f. *Biol. Ecuad.* Especie de liquen, urchilla.

ORCO m. **1** Lugar, contrapuesto a la Tierra, a donde iban a parar los muertos, según la creencia extendida en la Roma clásica. **2** En lenguaje poético, reino de la muerte, infierno.

ORCÓMENOS *Geog. hist.* Antigua ciudad de Grecia, en Beocia. En sus alrededores se libró la batalla de este nombre en la que Sila venció a Arquelao, general de Mitrídates, el 86 a. C.

ÓRDAGO m. Envite del resto en el juego del mus.

ORDALÍA f. *Hist.* Durante la Edad Media, conjunto de pruebas a las que se sometía a los acusados de un delito para probar su inocencia o culpabilidad. Se llamaron también *juicios de Dios.*

ORDAZ, DIEGO DE Conquistador español (Castroverde de Campos, h. 1480 - en el mar, 1532). Acompañó a Hernán Cortés en la expedición a Nueva España. Regresó a España en 1523, donde el emperador le nombró regidor de Segura de la Frontera. En 1531 comenzó sus exploraciones por la costa de Paria. Intentó llegar a El Dorado siguiendo el curso del río Orinoco. Murió cuando regresaba a la Península.

ORDEN amb. **1** Colocación de las cosas en el lugar que les corresponde. **2** Concierto, buena disposición de las cosas entre sí. **3** Regla o modo que se observa para hacer las cosas. **4** Serie o sucesión de las cosas. || m. **5** Sexto de los siete sacramentos de la iglesia, por el cual son instituidos los obispos, sacerdotes y diáconos (véase POTESTAD DE ORDEN). **6** Relación de una cosa con otra. **7** En determinadas épocas, grupo o categoría social. **8** *Arquit.* Cierta disposición y proporción de los cuerpos principales que componen un edificio. **9** *Fon.* Conjunto de fonemas que, en una lengua, poseen el mismo punto de articulación. **10** *Mat.* Calificación que se da a una línea según el grado de la ecuación que la representa. **11** Nombre que se aplica a las diversas filas de granos que forman la espiga. **12** *Biol.* Categoría taxonómica situada por debajo de la clase y encima de la familia. **13** *Quím.* Clasificación de las reacciones según el número de moléculas que parecen entrar en ellas. **14** *Teol.* Categoría de espíritus angélicos. || f. **15** Mandato que se debe obedecer, observar y ejecutar. **16** *Rel.* Instituto religioso aprobado por el Papa y cuyos individuos viven bajo las reglas establecidas por su fundador. **17** Cada uno de los institutos civiles o militares creados para premiar por medio de condecoraciones a las personas beneméritas. || **ORDEN DE CABALLERÍA** *Mil.* y *Rel.* Dignidad, título de honor que se daba a los hombres que prometían defender con las armas la religión, al rey, la patria y a los agraviados y menesterosos. || **ORDEN COMPUESTO** *Arquit.* El que en el capitel de sus columnas reúne las volutas del jónico con las dos filas de hojas de acanto del corintio. || **ORDEN CORINTIO** *Arquit.* El que tiene la columna de unos diez módulos o diámetros de altura, el capitel adornado con hojas de acanto y caulículos, y la cornisa con modillones. || **ORDEN DÓRICO** *Arquit.* El que tiene la columna de ocho módulos o diámetros como máximo de altura, el capitel sencillo y el friso adornado con metopas y triglifos. || **ORDEN JÓNICO** *Arquit.* El que tiene la columna de unos nueve módulos o diámetros de altura, el capitel adornado con grandes volutas, y dentículos en la cornisa. || **ORDEN MAYOR** *Rel.* Nombre que se daba a cada uno de los grados de subdiácono, diácono y sacerdote. Más en pl. || También cada uno de los dos ministerios clericales, diaconado y presbiterado. || **ORDEN MENOR** *Rel.* Nombre que se daba a cada uno de los grados de ostiario, lector, exorcista y acólito, que fueron suprimidas por Pablo VI en 1972. Más en pl. || **ORDEN MILITAR** *Hist.* Cualquiera de las de caballeros fundadas en diferentes tiempos y con varias reglas y constituciones, las cuales se establecieron, por lo regular, para hacer guerra a los infieles. || **ORDEN PÚBLICO** Situación y estado de legalidad normal en que las autoridades ejercen sus atribuciones propias y los ciudadanos las respetan y obedecen sin protesta. || **ORDEN TERCERA** *Rel.* Agrupación de seglares que, dependiendo de las órdenes mendicantes (franciscanos, dominicos, carmelitas, etc.), se guían para su perfección espiritual, en cierta medida, por la regla de la orden correspondiente. También se dice *tercera orden.* || **ORDEN TOSCANO** *Arquit.* El que se distingue por ser más sólido y sencillo que el dórico. || **ÓRDENES MENDICANTES** *Rel.* Las surgidas en el siglo XIII para dar relieve a la práctica de la pobreza cristiana, fundamentalmente en medios urbanos. Se considera mendicantes a franciscanos, dominicos y agustinos. || **estar a la orden del día** una cosa fr. Estar de moda. || **llamar** a alguien **al orden** fr. Reprenderle o advertirle para que corrija su mal comportamiento.

ORDEN DE AGUSTINOS RECOLETOS *Rel.* Nombre con que fue reformada la Orden de Hermanos de San Agustín. Iniciada la reforma en Italia y Portugal, en España fue aprobada por el Papa y aceptada por el Capítulo en 1588. A sus miembros se les llama *agustinos recoletos.*

ORDEN DE LA BIENAVENTURADA VIRGEN MARÍA DE LA MERCED *Rel.* Orden religiosa fundada por san Pedro Nolasco en 1218, aprobada por el papa Gregorio IX en 1235. En sus comienzos fue una orden militar que tenía como finalidad el rescate de cautivos. Actualmente se dedica a actividades misioneras. A sus miembros se les conoce como *mercedarios.*

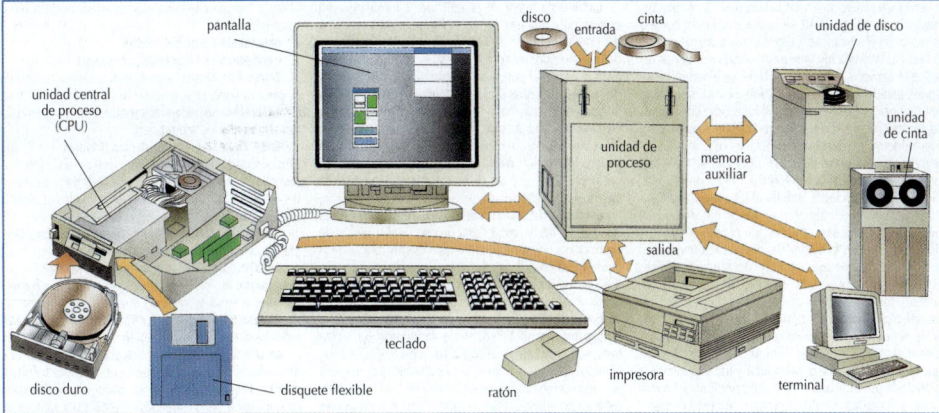

Elementos del **ordenador**.

ORDEN DE LOS CABALLEROS DE MALTA O RODAS *Mil.* y *Rel.* ORDEN DE LOS HERMANOS HOSPITALARIOS.

ORDEN DE LA CARTUJA *Rel.* Orden religiosa de regla muy austera, fundada por san Bruno en 1084 y aprobada por el papa Alejandro III en 1166. A sus miembros se les llama *cartujos*.

ORDEN CISTERCIENSE O DEL CISTER *Rel.* CISTERCIENSE.

ORDEN CISTERCIENSE REFORMADA O DE LA ESTRICTA OBSERVANCIA *Rel.* Orden religiosa procedente del movimiento llamado *de la estricta observancia*, nacido en el monasterio de Claraval en 1602, y que se afianzó en 1664 en LA TRAPA. Sus miembros son conocidos como *trapenses*.

ORDEN DE CLÉRIGOS REGULARES POBRES DE LA MADRE DE DIOS DE LAS ESCUELAS PÍAS *Rel.* Orden religiosa fundada a fines del siglo XVI por san José de Calasanz para dedicarse a la educación y enseñanza de niños pobres. A sus miembros se les llama vulgarmente *escolapios*.

ORDEN DE CLÉRIGOS REGULARES PREMONSTRATENSES *Rel.* PREMONSTRATENSE.

ORDEN DE CLÉRIGOS REGULARES TEATINOS *Rel.* TEATINO.

ORDEN DE CLUNY *Rel.* ORDEN DE SAN BENITO.

ORDEN DE LOS DOMINICOS, DE SANTO DOMINGO O DE PREDICADORES *Rel.* DOMINICO.

ORDEN DE LAS ESCUELAS PÍAS *Rel.* ORDEN DE CLÉRIGOS REGULARES POBRES DE LA MADRE DE DIOS DE LAS ESCUELAS PÍAS.

ORDEN FRANCISCANA *Rel.* ORDEN DE HERMANOS MENORES.

ORDEN DE HERMANOS DE LA BIENAVENTURADA VIRGEN MARÍA DEL MONTE CARMELO, DEL CARMEN O CARMELITANA *Rel.* Orden religiosa fundada en el siglo XII y cuya regla definitiva fue aprobada por Inocencio IV en 1245. La orden, en un principio austerísima, fue relajándose, quedando finalmente definidas dos partes, la de la *observancia* y la de los *conventuales*. Una reforma de la orden fue llevada a cabo por san Juan de la Cruz (1564). La rama femenina de la orden fue fundada en 1451 por el beato Jean Soreth, y reformada por santa Teresa de Jesús en 1562. Sus miembros son conocidos por el nombre de *carmelitas*.

ORDEN DE HERMANOS DESCALZOS DE LA BIENAVENTURADA VIRGEN MARÍA DEL MONTE CARMELO O CARMELITAS DESCALZOS *Rel.* Rama de la orden carmelitana que tuvo su origen en la reacción de santa Teresa de Jesús contra la decadencia de la antigua orden. En 1593 logró su total independencia canónica.

ORDEN DE LOS HERMANOS HOSPITALARIOS O DE SAN JUAN DE JERUSALÉN *Mil.* y *Rel.* Orden hospitalaria y militar fundada en Jerusalén en 1099 por el provenzal Gerardo Tom. Tenía por objeto recibir y cuidar a los peregrinos, y, a partir de 1113, defenderlos de los ataques musulmanes. Llegó a ser una orden militar, cuyos individuos seguían la regla de san Agustín. Después de la toma de Jerusalén por Saladino (1186) pasaron a Rodas y, más tarde, a Malta, llamándose por ello Caballeros u Orden de Rodas o Malta. En Malta permanecieron durante más de tres siglos hasta que el general Bonaparte les arrebató la isla (1798). Establecidos en Roma a partir de 1834, actualmente la orden está considerada una institución soberana, cuyo territorio se limita a la residencia del gran maestre en Roma.

ORDEN DE HERMANOS MENORES *Rel.* Orden religiosa de tipo mendicante, fundada por san Francisco de Asís en 1209. La regla franciscana fue confirmada por Ho-

norio III en 1223. A causa de la relajación de la estrecha pobreza, la orden sufrió una escisión, dividiéndose los religiosos en conventuales y observantes. Posteriormente los religiosos observantes se subdividieron en reformados, descalzos, recoletos y capuchinos. En 1897, todas estas ramas, excepto los conventuales y capuchinos, se unieron formando el Orden de Hermanos Menores. Sus miembros reciben el nombre de *franciscanos*.

ORDEN DE HERMANOS MENORES CAPUCHINOS *Rel.* Rama autónoma de la Orden de Hermanos Menores, aprobada por Clemente VII en 1528, a petición del P. Mateo de Bassi. A sus miembros se les llama vulgarmente *capuchinos*.

ORDEN DE HERMANOS DE SAN AGUSTÍN *Rel.* Orden religiosa, tercera de las mendicantes, fundada en 1256 por mandato del papa Alejandro IV, que ordenó la fusión de todas las comunidades agustinas, que carecían de una regla unificada, pero seguían las inspiraciones de san Agustín de Hipona. La reforma más importante de esta orden se llevó a cabo en el siglo XVI. A sus miembros se les llama *agustinos*. (Véase ORDEN DE AGUSTINOS RECOLETOS.)

ORDEN DE LA INMACULADA CONCEPCIÓN *Rel.* Tercera Orden franciscana, fundada por Beatriz de Silva, hermana de Jaime I, conde de Portalegre. A sus miembros se les llama *concepcionistas*.

ORDEN DE LOS MÍNIMOS *Rel.* Orden religiosa fundada en 1435 por san Francisco de Paula. En 1474 Sixto IV la aprobó, con el nombre de *Ermitaños de San Francisco de Asís*, denominación que sustituyó Alejandro VI por la de *Hermanos Mínimos*. A sus miembros se les llama *mínimos*.

ORDEN DE PREDICADORES *Rel.* DOMINICO.

ORDEN DE SAN BENITO *Rel.* Orden religiosa fundada por san Benito de Nursia. En 580, al ser saqueado por los lombardos Monte Cassino, los monjes que allí residían se refugiaron en Roma, donde propagaron el conocimiento de la regla de san Benito. De allí se exten-

Alegoría de la **Orden del Carmelo**. Cuadro de Pancho Cossío. Convento de Carmelitas (Madrid).

dieron a otros lugares de Italia y después a Francia. El gran impulsor de la reforma benedictina y unificador de monasterios bajo una sola regla fue el de Cluny, cerca de Macon, Francia (909-911), en cuyo ámbito florecieron las artes plásticas. Una serie de grandes abades de este centro influyeron decisivamente en la difusión de la regla reformadora y en la vida religiosa en general. En torno a él se fueron agrupando las casas que pronto se extendieron por toda Europa, ejerciendo dos funciones trascendentales: el cultivo del campo y la transmisión de la cultura a través de las escuelas monásticas. Nuevas crisis y ulteriores reformas han salpicado la vida de la orden hasta nuestros días. Desde 1893, los benedictinos forman una confederación, presidida por un abad general. Sus miembros son conocidos como *benedictinos*.

ORDEN DE SAN FRANCISCO *Rel.* ORDEN DE HERMANOS MENORES.

ORDEN DE SAN JERÓNIMO *Rel.* Orden religiosa española fundada h. 1370 por un grupo de eremitas agrupados en torno a la iglesia de San Bartolomé de Lupiana, Guadalajara, y aprobada en 1373 por el papa Gregorio XI. En 1835, tras la desamortización de Mendizábal, quedó extinguida. La orden fue restaurada en 1925 por Manuel Sanz. Sus miembros son conocidos por el nombre de *jerónimos*.

ORDEN DE LA SANTÍSIMA TRINIDAD PARA LA REDENCIÓN DE LOS CAUTIVOS *Rel.* Orden religiosa fundada por san Juan de Mata y san Félix de Valois para la redención de los cautivos en poder de los berberiscos y aprobada por el papa Inocencio III en 1198. Comúnmente recibe el nombre de *Orden Trinitaria*, y sus miembros el de *trinitarios*.

ORDEN DE SANTO DOMINGO *Rel.* DOMINICO.

ORDEN DE LA TRAPA *Rel.* ORDEN CISTERCIENSE REFORMADA O DE LA ESTRICTA OBSERVANCIA.

ORDEN TRINITARIA *Rel.* ORDEN DE LA SANTÍSIMA TRINIDAD PARA LA REDENCIÓN DE LOS CAUTIVOS.

ORDEN DE LA VISITACIÓN DE NUESTRA SEÑORA *Rel.* Orden religiosa femenina fundada en el siglo XVII en Francia por san Francisco de Sales y santa Juana Francisca Frémiot de Chantal. Sus miembros se denominan popularmente *salesas*.

ORDENACIÓN f. **1** Disposición, prevención. **2** Acción y efecto de ordenar u ordenarse. **3** Colocación de las cosas en el lugar que les corresponde. **4** Buena disposición de las cosas. **5** Mandato, precepto. **6** Cierta oficina de cuenta y razón, como la ordenación de pagos en algunos ministerios. **7** *Pint.* Parte de la composición de un cuadro, según la cual se arreglan y distribuyen las figuras del modo conveniente.

ORDENADA adj. y f. *Mat.* Se aplica a la coordenada vertical en el sistema cartesiano.

ORDENADOR, RA adj. y s. **1** Que ordena. || m. **2** Jefe de una ordenación de pagos o de una oficina de cuenta y razón. **3** *Inform.* Máquina o sistema que a partir de unos datos de entrada es capaz de elaborar una información o resultados, siguiendo una serie de operaciones para las cuales ha sido previamente programada. [Encicl.] || **ORDENADOR PERSONAL** *Inform.* Microordenador que, por sus características y configuración, se utiliza para trabajos personales y como ayuda a algunos profesionales.

INFORM. Desde que Pascal en 1642 consiguiera sumar y restar números enteros por combinación de ruedas dentadas, hasta los modernos ordenadores, han existido distintos modelos y técnicas que se pueden reunir en cinco generaciones fundamentales. La *primera generación,* de 1937 a 1948, se caracteriza por el empleo de válvulas electrónicas. Destacan los trabajos de J. P. Eckert y J. W. Mauchly, que tras diversos prototipos diseñan el *Univac I,* que ya utiliza técnicas binarias. La *segunda generación,* de 1950 a 1960, se distingue de la anterior por el cambio de las válvulas por transistores. La *tercera generación* se caracteriza por el empleo de una moderna tecnología y la utilización de circuitos integrados monolíticos. Se habla de una *cuarta generación,* que algunos sitúan en torno a 1971, con la aparición de la integración a gran escala. La *quinta generación* supone principalmente el desarrollo de nuevas herramientas lógicas *(software)* que permiten a los ordenadores superar la rigidez de formalización y estructuración de sus lenguajes para acceder a ellos mediante el lenguaje habitual (lenguaje natural). Destacan, en este sentido, los ordenadores de computación paralela. En un ordenador existen dos partes fundamentales: el *hardware,* o conjunto mecánico que constituye el equipo electrónico, y el *software,* conjunto de programas de que el sistema dispone para traducir y tratar la información dada por el usuario. La parte principal del *hardware* es la unidad central de proceso; ésta se compone de: a) *unidad de control,* que supervisa y distribuye las tareas que el resto de las unidades van a realizar, emitiendo las señales necesarias para su ejecución a la unidad aritmético-lógica (unidad de cálculo); b) *unidad aritmético-lógica,* que realiza las operaciones aritméticas y lógicas; c) *memoria principal,* sistema de almacenamiento de programas y datos de la unidad central.

ORDENAMIENTO m. **1** Acción y efecto de ordenar. **2** Ley que da el superior para que se observe una cosa. **3** *Der.* Breve código de leyes promulgadas al mismo tiempo, o colección de disposiciones referentes a determinada materia.

ORDENANZA f. **1** Método, orden y concierto en las cosas que se ejecutan. **2** Conjunto de preceptos referentes a una materia. Más en pl. **3** Mandato, disposición, arbitrio y voluntad de alguien. || m. **4** Soldado que está a las órdenes de un oficial o de un jefe. || com. **5** Empleado subalterno de ciertas oficinas.

ORDENAR tr. **1** Poner en orden, concierto y buena disposición una cosa. **2** Mandar. **3** Encaminar y dirigir a un fin. **4** Conferir las órdenes a uno. || prnl. **5** Recibir las órdenes sagradas.

ÓRDENES *(Ordes)* Municipio y lugar de España, provincia y partido judicial de La Coruña; 11.916 h.

ORDEÑADOR, RA adj. y s. **1** Que ordeña. || f. **2** Instalación destinada al ordeño mecánico de las vacas.

ORDEÑAR tr. **1** Extraer la leche exprimiendo la ubre. **2** fig. Coger la aceituna, rodeando con la mano el ramo para que éste las vaya soltando.

ORDES ÓRDENES.

ORDESA Y MONTE PERDIDO, PARQUE NACIONAL DE Alto valle pirenáico en la provincia de Huesca. Parque nacional.

ORDINAL adj. **1** Se aplica a lo que tiene relación con el orden. **2** *Gram.* ADJETIVO ORDINAL.

ORDINARIEZ f. Falta de urbanidad y cultura.

ORDINARIO, RIA adj. **1** Común, regular y habitual. **2** Contrapuesto a noble, plebeyo. **3** Bajo, basto, vulgar y de poca estimación. **4** Que no tiene grado o distinción en su línea. **5** Se dice del gasto de cada día que tiene cualquiera en su casa, y también de lo que suele comer. También s. **6** Se dice del juez o tribunal de la justicia civil en oposición a los del fuero privilegiado; y también del superior eclesiástico que tiene jurisdicción en el fuero externo. También s. **7** Se decía del correo que venía en periodos fijos y determinados. También s. **8** Se dice del correo que se despacha por tierra o por mar, para diferenciarlo del aéreo y del certificado.

ORDOVICIENSE adj. y com. *Geol.* Se dice del segundo periodo de la era primaria o paleozoica, comprendido entre el cámbrico y el silúrico.

ORÉADE, OREA u **ORÉADA** f. *Mit.* Cualquiera de las ninfas que, según la mitología pagana, residían en los bosques y montes.

OREAMUNO, FRANCISCO MARÍA Político costarricense (Cartago, 1800 - San José de Costa Rica, 1856). Elegido presidente de la República en noviembre de 1844, renunció al poder un mes después. En 1856 fue nuevamente designado para este cargo. Murió durante la campaña contra Walker.

OREAR tr. y prnl. Airear, dar el viento en una cosa, refrescándola o quitándole la humedad.

ÖREBRO **1** Condado de Suecia; 8.517 km^2 y 274.584 h. **2** Ciudad capital de este condado; 122.641 h.

ORÉGANO m. *Bot.* Planta perenne perteneciente a la familia labiadas, de nombre científico *Origanum vulgare.*

OREGÓN Estado del NO de EE UU, en el Pacífico; 251.364 km^2 y 3.421.399 h. Capital, Salem. Producción agrícola, forestal y ganadera.

OREJA f. **1**. Órgano de la audición. **2** Ternilla que en el hombre y muchos animales forma la parte externa del órgano del oído. **3** Sentido de la audición. **4** Parte del zapato que, sobresaliendo a un lado y otro, sirve para ajustarlo al empeine del pie. **5** Cada una de las dos partes simétricas que suelen llevar en la punta o en la boca ciertas armas y herramientas. Más en pl. **6** Cada una de las asas de una vasija. || **OREJA DE MAR** *Zool.* Molusco gasterópodo marino perteneciente al género *Haliotis.* || **OREJA DE OSO** *Bot.* Planta de la familia primuláceas, de flores olorosas. || **OREJA DE RATÓN** *Bot.* VELLOSILLA.

OREJERA f. **1** Cada una de las dos piezas de la gorra que cubren las orejas. **2** Cada una de las dos piezas de acero que a uno y otro lado tenían ciertos cascos antiguos. **3** Cada una de las dos piezas que el arado común lleva introducidas oblicuamente a uno y otro lado del dental y que sirve para ensanchar el surco. **4** Rodaja que se metían los indios en un agujero abierto en la oreja.

OREJÓN, NA m. **1** Pedazo de melocotón o de otra fruta, secado al aire y al sol. **2** Tirón de orejas. **3** *Hist.* Entre los antiguos peruanos, persona noble que, después de varias ceremonias y pruebas, una de las cuales consistía en horadarle las orejas, podía aspirar a los primeros puestos del imperio. **4** Nombre que se dio a varias tribus de América. **5** *Col.* Sabanero de Bogotá, y por extensión, persona zafia y tosca. **6** Cuerpo que sale fuera del flanco de un baluarte.

OREJUDO, DA adj. **1** Que tiene orejas grandes o largas. || m. *Zool.* **2** Mamífero quiróptero de nombre científico *Plecotus auritus,* de unos 9 cm de longitud. Vive en Eurasia y N de África.

OREJUELA f. Cada una de las dos asas pequeñas que suelen tener algunos utensilios.

OREL *(Oryol)* **1** Región de la Federación de Rusia; 24.700 km^2 y 916.000 h. **2** Ciudad capital de la misma; 348.000 h.

ORELIO, ANTONIO I TOUNENS, ORÉLIE ANTOINE.

ORELLANA Provincia de Ecuador, región de Oriente; 22.500 km^2 y 85.771 h. Su capital es Francisco de Orellana.

ORELLANA, FRANCISCO DE Explorador y conquistador español (Trujillo, h. 1511 - río Amazonas, 1546). Tomó parte con Pizarro en la conquista de Perú y repobló la ciudad de Guayaquil (1537). A través del Coca y el Napo alcanzó el río Amazonas, que descubrió, y tras ocho meses de navegación fluvial llegó al Atlántico.

ORELLANA, JOSÉ MARÍA General y político guatemalteco (Jícaro, 1872 - Ciudad de Guatemala, 1926). Diputado en la Asamblea Nacional, en 1921 dirigió el movimiento que derrocó a Herrera. Fue elegido presidente de la República en 1922.

ORELLANA, MANUEL General y político guatemalteco (? - ?, 1940). Fue presidente de la República (1930-31).

ORENBURG **1** Región de la Federación de Rusia; 124.000 km^2 y 2.223.000 h. **2** Ciudad capital de la misma; 555.400 h. Centro industrial. Desde 1938 a 1958 se denominó *Chkalov.*

ORENSANO, NA adj. y s. De Orense.

ORENSE *(Ourense)* **1** Provincia de España, en la comunidad autónoma de Galicia; 7.278 km^2 y 345.620 h. El suelo forma parte del Macizo Galaico y lo bañan los ríos Miño, con sus afluentes Sil, Avia y Arnoya, y el Limia, Tamega y Camba. Su economía se basa en la agricultura minifundista (maíz, patata, trigo, centeno, vid) y la ganadería (vacuna, lanar y de cerda). Yacimientos de cobre, hierro y antimonio. Explotación forestal. Es famosa la comarca del *Ribeiro,* en la que prospera la vid. Importante producción de energía hidroeléctrica. **2** Municipio y ciudad capital de la misma, cabeza del partido judicial de su nombre; 107.060 h. La ciudad de Orense, situada junto al río Miño, es un importante centro administrativo y comercial. Catedral gótica (siglos XII-XVI).

OREO m. Soplo del aire que da suavemente en una cosa.

OREOSELINO m. *Bot.* Planta umbelífera de flores pequeñas y blanquecinas.

ORESTES *Mit.* Hijo de Agamenón y Clitemnestra. Ayudado por su hermana Electra, mató a su madre y al amante de ésta, Egisto. Fue perseguido por las Erinias hasta ser absuelto por el Areópago. Posteriormente, fue rey de Argos.

ORESTES General romano (? - Piacenza, 476). Organizó un motín contra Julio Nepote y puso en el trono del imperio romano de Occidente a su hijo Rómulo Augústulo. Fue decapitado por Odoacro.

ORFANATO m. Asilo de huérfanos.

ORFANDAD f. **1** Estado de huérfano. **2** *Der.* Pensión que por derecho disfrutan algunos huérfanos. **3** fig. Falta de ayuda en que se encuentran una persona o cosa.

ORFANI STRIMONIKÓS.

ORFEBRE com. **1** Persona que labra objetos artísticos de oro, plata y otros metales preciosos, o aleaciones de ellos. **2** Persona que labra objetos artísticos de cobre u otros metales.

ORFEBRERÍA f. Arte del orfebre.

ORFELINATO m. Galicismo por ORFANATO.

ORFEO *Mit.* Músico y poeta mítico de Tracia, hijo de la musa Calíope. Se le atribuye la invención de la cítara.

ORFEÓN m. Sociedad de cantantes en coro, sin instrumentos que los acompañen.

ORFF, CARL Compositor alemán (Munich, 1895 - íd., 1982). Compuso obras de tipo coral de difícil instrumentación, basadas en la música medieval. Los mejores ejemplos son sus dos cantatas dramáticas *Carmina Burana* (1937) y *Catulli carmina* (1942).

ORFISMO m. *Rel.* Religión mistérica de la antigua Grecia, cuya fundación se atribuía a Orfeo.

ORFO m. *Zool.* Pescado semejante al besugo.

ORGANDÍ m. Tela blanca de algodón muy fina y transparente. ♦ Su pl. es *organdís* u *organdíes.*

ORGANICISMO m. *Med.* Doctrina médica que atribuye todas las enfermedades a la lesión material de un órgano.

ORGÁNICO, CA adj. **1** Se aplica al cuerpo que está con disposición para vivir. **2** Que tiene armonía y consonancia. **3** fig. Se dice de lo que atañe a la constitución de corporaciones o entidades colectivas o a sus funciones. **4** *Med.* Se dice de los síntomas o trastornos en los cuales la alteración patológica de los órganos va acompañada de lesiones duraderas. **5** *Quím.* Se dice de la sustancia compuesta fundamentalmente por cadenas o anillos de carbono e hidrógeno, con o sin oxígeno, nitrógeno y otros elementos.

ORGANIGRAMA m. Sinopsis o esquema de la organización de una entidad, de una empresa o de una tarea.

ORGANILLERO, RA m. y f. Persona que tiene por ocupación tocar el organillo.

ORGANILLO m. *Mús.* Órgano pequeño o piano que se hace sonar por medio de un cilindro con púas movido por un manubrio.

ORGANISMO m. **1** Conjunto de órganos del cuerpo animal o vegetal. **2** Ser viviente. **3** fig. Conjunto de leyes, usos y costumbres por que se rige un cuerpo o institución social. **4** fig. Conjunto de oficinas, dependencias o empleos que forman un cuerpo o institución.

ORGANISTA com. *Mús.* Persona que ejerce o profesa el arte de tocar el órgano.

ORGANIZACIÓN f. **1** Acción y efecto de organizar. **2** *Biol.* Disposición de los órganos de la vida, o manera de estar organizado el cuerpo animal o vegetal. **3** Conjunto de personas con los medios adecuados que funcionan para alcanzar un fin determinado. **4** fig. Disposición, arreglo, orden.

ORGANIZACIÓN PARA LA ALIMENTACIÓN Y LA AGRICULTURA (OAA; en i., *Food and Agricultural Organization, FAO) Polít.* y *Econ.* Organismo especializado de las Naciones Unidas con sede en Roma, creado el 16 de octubre de 1945 en Quebec. Sus funciones son elevar el nivel alimenticio de los pueblos, fomentar la conservación de los recursos naturales y difundir nuevas técnicas.

ORGANIZACIÓN PARA LA COOPERACIÓN Y EL DESARROLLO ECONÓMICO (OCDE; en i., *Organization for Economic Cooperation and Development, OECD) Polít.* y *Econ.* Organismo internacional, fundado el 14 de di-

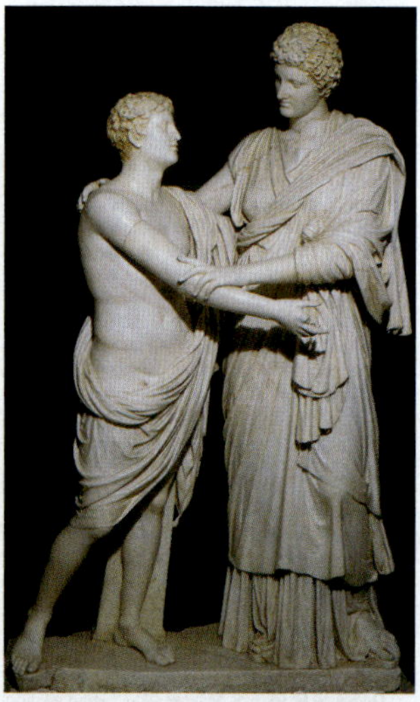

Orestes y Electra. Escultura griega del siglo I. Museo Nacional de las Termas (Roma).

Organización para la Liberación de Palestina (OLP). Regreso triunfal de Yasser Arafat tras 27 años de exilio.

ciembre de 1960 en París, para sustituir a la *Organización Europea de Cooperación Económica* (OECE), creada asimismo en París en 1948 y que tuvo como fin primordial canalizar la ayuda del PLAN MARSHALL. La OCDE entró en funcionamiento en 1961. Sus objetivos son: conseguir un mejor nivel de vida en los países miembros y contribuir al desarrollo del comercio mundial.

ORGANIZACIÓN DEL EJÉRCITO SECRETO (OAS; en fr. *Organisation de l'Armée Secrète*) *Polít.* Grupo nacionalista paramilitar francés fundado en 1961, cuya finalidad era evitar la independencia de Argelia. Realizó una campaña de atentados terroristas tanto en Francia como en Argelia.

ORGANIZACIÓN DE ESTADOS AMERICANOS (OEA) *Polít.* y *Econ.* Organización de países americanos, creada por los participantes de la IX Conferencia Panamericana, celebrada en Bogotá en 1948. La OEA representa la actualización de la *Unión Internacional de Repúblicas Americanas*, creada en 1890, durante la Primera Conferencia Internacional Panamericana. Debido al triunfo de la revolución castrista, Cuba fue expulsada de la organización en 1962. Su sede se encuentra en Washington. Tiene como principales objetivos la defensa de la democracia representativa y el apoyo económico y social entre sus miembros.

ORGANIZACIÓN DE ESTADOS CENTROAMERICANOS (ODECA) *Polít.* y *Econ.* Agrupación de cinco naciones de América Central: Costa Rica, El Salvador, Guatemala, Honduras y Nicaragua, creada el 14 de diciembre de 1951 según el acuerdo conjunto denominado *Carta de San Salvador*. Sus objetivos son la cooperación económica, cultural y social de los miembros.

ORGANIZACIÓN EUROPEA DE COOPERACIÓN ECONÓMICA (OECE) *Polít.* y *Econ.* ORGANIZACIÓN PARA LA COOPERACIÓN Y EL DESARROLLO ECONÓMICO.

ORGANIZACIÓN EUROPEA DE INVESTIGACIÓN NUCLEAR (OEIN) *Tecnol.* Organización cooperativa para contribuir a los estudios nucleares iniciada en París en 1953, también denominada CERN, siglas de *Centre Européen pour la Recherche Nucléaire*.

ORGANIZACIÓN INTERNACIONAL DE AVIACIÓN CIVIL (OIAC; en i., *International Civil Aviation Organization, ICAO*) *Polít.* y *Aviac.* Organismo especializado de las Naciones Unidas, creado en la Conferencia de Chicago de 1944, con los fines de establecer normas y reglamentos y promover el empleo de nuevas técnicas. Tiene su sede en Montreal.

ORGANIZACIÓN INTERNACIONAL DE ENERGÍA ATÓMICA (OIEA) *Polít.* y *Tecnol.* Institución dependiente de la ONU cuya finalidad es el control y la utilización racional de la energía atómica. También se conoce por el nombre de *Agencia Internacional de Energía Atómica (AIEA)*.

ORGANIZACIÓN INTERNACIONAL DEL TRABAJO (OIT; en i., *International Labour Organization, ILO*) *Polít.* y *Econ.* Fundada en 1919, como organismo de la Sociedad de Naciones, fue reconocida por la ONU en 1946. Sus principales objetivos se centran en procurar una acción internacional encaminada a aumentar el nivel de vida de los países y a mejorar sus condiciones laborales. En 1969 se le concedió el premio Nobel de la Paz. Tiene su sede en Ginebra.

ORGANIZACIÓN PARA LA LIBERACIÓN DE PALESTINA (OLP) *Polít.* Organismo creado en Jerusalén en mayo de 1964, como representante legal de las aspiraciones del pueblo palestino que, mediante la lucha armada, pretendía la desaparición del Estado de Israel. Fue admitida en la ONU como observadora (1974) y como miembro de pleno derecho en la Liga Árabe (1976). Su presidente es Yasser Arafat. (Véase PALESTINA, *HIST.*)

ORGANIZACIÓN MUNDIAL DEL COMERCIO ACUERDO GENERAL SOBRE ARANCELES Y COMERCIO.

ORGANIZACIÓN MUNDIAL DE LA SALUD (OMS; en i., *World Health Organization, WHO*) *Polít.* y *Med.* Organismo especializado de las Naciones Unidas, creado en julio de 1946, con los fines de estimular los trabajos tendentes a la desaparición de las enfermedades epidémicas, elevar el nivel general de salud de los pueblos más atrasados y promover la investigación. Tiene su sede en Ginebra.

ORGANIZACIÓN NACIONAL DE CIEGOS ONCE.

ORGANIZACIÓN DE LAS NACIONES UNIDAS (ONU; en i., *United Nations Organization*, aunque también se utiliza la forma abreviada, *United Nations*) *Polít.* Organización internacional fundada por los Estados firmantes de la Carta de San Francisco (26 de junio de 1945) y el estatuto del Tribunal Internacional de Justicia, con el fin de garantizar el mantenimiento de la paz y fomentar las relaciones amistosas entre las naciones. Son miembros originarios los cincuenta participantes en la Conferencia de San Francisco que firmaron la Carta. Los miembros admitidos son los estados pacíficos que aceptan cumplir las obligaciones contenidas en dicha Carta. En 1991 el número total de miembros era de 166. La ONU tiene seis órganos principales: 1) *Asamblea General*. Formada por representantes de todos los Estados miembros. Se reúne reglamentariamente una vez al año. 2) *Consejo de Seguridad*. Su cometido principal es el mantenimiento de la paz y la seguridad internacionales. Se compone de cinco miembros permanentes (EE UU, Reino Unido, Federación de Rusia, China y Francia) y otros diez miembros elegidos por un periodo de dos años. Los cinco grandes tienen asegurado el derecho al veto. 3) *Consejo Económico y Social*. Integrado por 27 miembros, elegidos por la Asamblea para un periodo de tres años. 4) *Consejo de Tutela o Administración Fiduciaria*. Formado por Estados encargados de administrar territorios bajo tutela. 5) *Tribunal Internacional de Justicia*. Es el órgano judicial principal, con sede en La Haya. 6) *Secretaría General*. La Asamblea General, previa propuesta del Consejo de Seguridad, elige al secretario general por un periodo de cinco años, reelegible. Los secretarios generales han sido Tryge H. Lie (1946-52), Dag H. Hammarskjöld (1953-61), U. Thant (1961-71), Kurt Waldheim (1972-1981), Javier Pérez de Cuéllar (1982-91), Boutros Ghali (1992-96) y Kofi Annan (desde 1996). Aparte de estos órganos, están vinculados a la organización una serie de organismos o instituciones especializadas: Unión Postal Universal (UPU), Organización Internacional de Trabajo (OIT), Organización Mundial de la Salud (OMS), Organización Mundial para la Alimentación y la Agricultura (FAO), Organización de las Naciones Unidas para la Educación, la Ciencia y la Cultura (UNESCO); Organización Internacional de la Aviación Civil (ICAO), Fondo Monetario Internacional (FMI), Acuerdo General sobre Aranceles y Comercio (GATT), Agencia Internacional de Energía Atómica (IAEA), Conferencia de las Naciones Unidas para el Comercio y el Desarrollo (UNCTAD), Banco Internacional para la Reconstrucción y el Desarrollo, más conocido por Banco Mundial (BIRD); Corporación Financiera Internacional (IFC); Organización Consultiva Marítima Intergubernamental (IMCO), Organización Meteorológica Mundial (WMO), Organización de las Naciones Unidas para el Desarrollo Industrial (ONUDI), Unión Internacional de Telecomunicación (ITU). Durante los últimos años, la ONU ha emprendido operaciones de paz en la antigua Yugoslavia, Angola, Somalia, Mozambique, Camboya, Afganistán, Chipre y Líbano.

ORGANIZACIÓN DE LAS NACIONES UNIDAS PARA LA EDUCACIÓN, LA CIENCIA Y LA CULTURA (En i., *United Nations Educational, Scientific and Cultural Organization*; UNESCO) *Cult.* y *Polít.* Organismo especializado de las Naciones Unidas, creado el 4 de noviembre de 1946. Desde 1958 tiene su sede en París y a él pertenecen todos los países de la ONU, salvo EE UU y el Reino Unido. Su fin es contribuir a la paz y seguridad mundiales, promoviendo la colaboración entre las naciones a través de la educación, la ciencia y la cultura. Desde 1987 hasta 1999 el español Federico Mayor Zaragoza fue su director general. Le sustituyó en el cargo Koichiro Matsuura.

ORGANIZACIÓN NO GUBERNAMENTAL ONG.

ORGANIZACIÓN DE PAÍSES EXPORTADORES DE PETRÓLEO (OPEP) *Econ.* y *Polít.* Organización económica internacional creada en 1960 durante la Conferencia de Bagdad, con el fin de unificar la política petrolera y defender los intereses de los Estados productores de petróleo. Tiene su sede en Viena y, en la actualidad, forman parte de ella Arabia Saudí, Argelia, Gabón, Indonesia, Irak, Irán, Kuwait, Libia, Nigeria, Unión de Emiratos Árabes y Venezuela.

ORGANIZACIÓN PARA LA SEGURIDAD Y LA COOPERACIÓN EN EUROPA (OSCE) *Polít.* Organismo internacional formado en 1994 a partir de la CONFERENCIA DE SEGURIDAD Y COOPERACIÓN EN EUROPA, y encargado de desarrollar misiones de mediación en conflictos bélicos y de garantía del respeto a los derechos humanos y democráticos. De él forman parte todos los países europeos.

ORGANIZACIÓN DEL TRATADO DEL ATLÁNTICO NORTE (OTAN; en i., *North Atlantic Treaty Organization*, NATO) *Mil.* y *Polít.* Organización defensiva creada en Washington el 4 de abril de 1949 por EE UU y sus aliados europeos, fundamentada en el mutuo apoyo militar en caso de agresión de terceros. En la actualidad, tiene su sede en Bruselas. Inicialmente formada por Bélgica, Canadá, Dinamarca, EE UU, Francia, Reino Unido, Países Bajos, Islandia, Italia, Luxemburgo, Noruega y Portugal; en 1952 se integraron Grecia y Turquía, Alemania en 1955 y España en 1982. Tras la desaparición del Pacto de Varsovia, en 1994, la OTAN pidió a varios países que habían pertenecido al Pacto su integración en la Organización. En 1999, ante la negativa serbia de encontrar un acuerdo negociado al conflicto de Kosovo, la OTAN inició una intervención militar en esta región yugoslava. De 1995 a 1999 Javier Solana fue el secretario general de la Organización. A finales de ese año fue sustituido por George Robertson. En 1999 se incorporaron Hungría, Polonia y la República Checa. En 2004 Jaap de Hoop Scheffer fue nombrado nuevo secretario general de la Organización, en sustitución de Robertson. Ese año pasaron a integrarse en la Alianza Bulgaria, Eslovaquia, Eslovenia, Estonia, Letonia, Lituania y Rumania.

ORGANIZACIÓN DEL TRATADO DEL SUDESTE DE ASIA (En i., *South-East Asia Treaty Organization*; SEATO) *Mil.* y *Polít.* Alianza defensiva de carácter anticomunista, creada por el Pacto de Manila en 1954 e integrada inicialmente por EE UU y sus aliados: Australia, Filipinas, Francia, Gran Bretaña, Nueva Zelanda, Pakistán y Tailandia. Fue disuelta en junio de 1977.

Organización del Tratado del Atlántico Norte (OTAN). El secretario general Jaap de Hoop Scheffer.

ORGANIZACIÓN DE LA UNIDAD AFRICANA (OUA) *Polít.* Organización internacional regional, creada en mayo de 1963 en Addis Abeba. Se regula por la Carta de África y tiene por objeto coordinar la política, la economía, la educación y la defensa de todos los países miembros. Está integrada por todas las naciones del continente, salvo Marruecos que la abandonó en 1984, al ser admitida la República Árabe Saharaui Democrática.

ORGANIZAR tr. **1** Planificar o estructurar la realización de algo, distribuyendo convenientemente los medios materiales y personales con los que se cuenta y asignándoles funciones determinadas. También prnl. **2** Disponer y preparar un conjunto de personas, con los medios adecuados, para lograr un fin determinado. También prnl. **3** Hacer o producir algo. **4** Poner orden.

ÓRGANO m. **1** *Biol.* Estructura diferenciada de un organismo, compuesta por varias células o tejidos, y adaptada para una función específica. **2** *Mús.* Instrumento musical de viento compuesto de diversos tubos, de madera y de metal, de diversa longitud, donde se produce el sonido, unos fuelles que impulsan el aire, un teclado y varios registros ordenados para modificar el timbre de las voces. **3** fig. Medio o conducto que pone en comunicación dos cosas. **4** fig. Persona o cosa que sirve para la ejecución de un acto o un designio. **5** fig. Periódico o medio de difusión que es portavoz de las ideas de un partido, entidad, etc. || m. pl. *Mús.* **6** Serie de columnas basálticas en forma de prismas con apariencia de tubos de órgano. || **ÓRGANO DE CORTI** *Zool.* Parte del oído interno de los mamíferos.

ORGANOGENIA f. *Biol.* Estudio de la formación y desarrollo de los órganos.

ORGANOGRAFÍA f. *Biol.* Parte de la biología que tiene por objeto la descripción de los órganos animales y vegetales.

ORGANOLOGÍA f. *Biol.* Tratado de los órganos de animales y vegetales.

ÓRGANOS, SIERRA DE LOS Cadena montañosa del O de Cuba, en la provincia de Pinar del Río, que forma parte de la cordillera de Guaniguanico. Su altura oscila entre los 300 y los 600 m.

ORGÁNULO m. *Biol.* Estructura celular especializada que realiza actividades específicas.

ORGASMO m. *Fisiol.* **1** Culminación del placer sexual producida cuando la estimulación genital llega a su mayor intensidad. **2** Exaltación de la vitalidad de un órgano.

ORGÍA u **ORGIA** f. **1** Fiesta en la que se busca experimentar todo tipo de placeres sensuales especialmente en lo relacionado con la comida, la bebida y el sexo. **2** Satisfacción desenfrenada.

ORGULLO m. Arrogancia, vanidad, exceso de estimación propia.

ORI-[1] pref. ORO-.

ORI-[2] pref. AURI-.

ORÍ m. **1** Grito que en el juego del escondite dan los escondidos para que los empiecen a buscar. **2** Por extensión, este juego.

ORIBASIO DE PÉRGAMO Médico griego (s. IV). Recopiló las obras de Galeno y otros tratadistas en sus *Colecciones médicas.*

ORIBE m. Artífice que trabaja el oro.

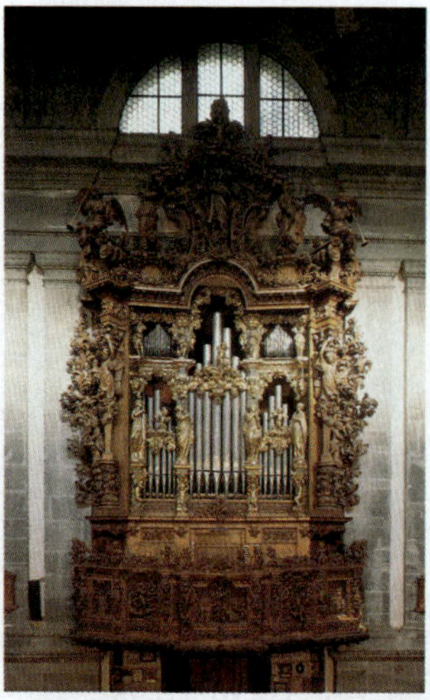

órgano del siglo XVII. Santuario de Gracia en Grosotto (Italia).

ORIBE, EMILIO Poeta y ensayista uruguayo (Melo, 1893 - Montevideo, 1975). Autor de *El castillo interior* (1917), *El nunca usado mar* (1922), *La serpiente y el tiempo* (1936).

ORIBE, MANUEL Militar y político uruguayo (Montevideo, 1792 - íd., 1857). Formó parte del grupo de los Treinta y Tres, que liberó a su país de la dominación brasileña. Presidente de la República (1835-38), para combatir a Rivera, alzado en armas en 1836, aceptó la ayuda del general argentino J. M. de Rosas; en este momento surgió la distinción entre *blancos,* partidarios de Oribe, y *colorados,* acaudillados por Rivera. Fue derrotado y se expatrió a Buenos Aires. Dirigió el ejército federal en la lucha contra Lavalle. Posteriormente invadió Uruguay y puso sitio a Montevideo (1843-51). Tras el fin de la guerra, fue desterrado.

ORIENTACIÓN f. **1** Acción y efecto de orientar. **2** Posición o dirección de una cosa respecto a un punto cardinal.

ORIENTAL adj. **1** Perteneciente al oriente. **2** Natural de Oriente. También com. **3** De las regiones de Oriente. **4** URUGUAYO. También com. **5** *Astron.* Se aplica al planeta Venus, porque sale por la mañana antes de nacer el Sol.

ORIENTAL Nombre que recibe en Ecuador la cordillera de los Andes más alejada de la costa.

ORIENTAL Cordillera de Perú, que constituye un ramal de los Andes sudamericanos.

ORIENTAL Zona de El Salvador; 7.728 km^2 y 4.959.111 h. Comprende los departamentos de Morazán, Francisco Gotera, San Miguel, La Unión y Usulután.

ORIENTAL Región de Paraguay; 159.827 km^2 y 4.959.111 h. Comprende los departamentos de Alto Paraná, Amambay, Asunción Caaguazú, Caazapá, Canindiyú, Central, Concepción, Cordillera, Guairá, Itapúa, Misiones, Ñeembucú, Paraguarí y San Pedro.

ORIENTAL, CORDILLERA Cadena andina de Colombia, que constituye la rama E de los Andes.

ORIENTALISMO m. **1** Conocimiento de la civilización y costumbres de los pueblos orientales. **2** Predilección por las cosas de Oriente. **3** Carácter oriental.

ORIENTAR tr. **1** Colocar una cosa en posición determinada respecto a los puntos cardinales. **2** Determinar la posición o dirección de una cosa respecto a un punto cardinal. **3** Informar a uno de lo que ignora acerca de un asunto o negocio o aconsejarle sobre la forma más acertada de llevarlo a cabo. También prnl. **4** fig. Dirigir una cosa hacia un fin determinado. También prnl. **5** *Geog.* Designar en un mapa el punto septentrional para situar en él los objetos que comprende. **6** *Mar.* Disponer las velas de un buque de manera que reciban el viento de lleno.

ORIENTE m. **1** *Geog.* Punto cardinal del horizonte, por donde nace el Sol en los equinoccios. **2** *Geog.* Lugar de la Tierra que, respecto de otro con el cual se compara, cae hacia donde sale el Sol. **3** *Meteor.* Viento que sopla de la parte de oriente. **4** Nacimiento de una cosa. **5** Brillo especial de las perlas. **6** fig. Mocedad o edad temprana del hombre.

ORIENTE Región de Ecuador, que comprende las provincias de Morona-Santiago, Napo, Pastaza, Sucumbíos y Zamora-Chinchipe; 130.832 km^2 y 615.000 h.

ORIENTE Denominación genérica con que se designa a las tierras situadas al E de Europa. Puede dividirse en *Extremo Oriente,* también llamado *Lejano Oriente,* y *Oriente Medio,* que en ocasiones se denomina *Próximo Oriente* y *Cercano Oriente.*

ORIENTE, EXTREMO o **LEJANO** Denominación genérica con que se designa a los países más orientales de Asia: Japón, Corea, Vietnam, etc.

ORIENTE, IMPERIO ROMANO DE Uno de los dos imperios formados por la división del imperio romano después de la muerte de Teodosio. Se conoce también como IMPERIO BIZANTINO.

ORIENTE, PRÓXIMO o **CERCANO** ORIENTE MEDIO.

ORIENTE MEDIO Denominación genérica con que se designa a los países asiáticos que rodean la parte oriental del Mediterráneo (Turquía, Siria, Líbano, Israel, Jordania, Irak, Arabia Saudí, Bahrein, Chipre, Emiratos Árabes Unidos, Irán, Kuwait, Libia, Omán, Qatar y Yemen) y a Egipto. Se emplean también los términos *Próximo Oriente* y *Cercano Oriente.*

ORIFICAR tr. Rellenar con oro la picadura de un diente.

ORÍFICE com. Artífice que trabaja en oro.

ORIFICIO m. **1** Boca o agujero. **2** *Biol.* Cada una de las aberturas del cuerpo que comunican con el exterior.

ORIFLAMA f. **1** *Hist.* Estandarte de la abadía de San Dionisio, de seda encarnada, bordado de oro, que como pendón guerrero usaban los antiguos reyes de Francia. **2** Por extensión, cualquier estandarte.

ORIGEN m. **1** Principio, nacimiento o causa de algo. **2** Lugar de procedencia de una persona o cosa. **3** Medio económico y social en el que nace una persona. **4** *Mat.* Punto de intersección de los ejes en un sistema de coordenadas cartesianas.

ORÍGENES Escritor griego cristiano (Alejandría, h. 185 - Tiro, 254). Fue director de la Escuela Catequística de Alejandría. Está considerado como uno de los pensadores más relevantes de la Antigüedad cristiana. De su extensa producción sólo se conservan *Contra Celso,* tratado apologético; *Primeros Principios; Sobre la oración y exhortación al martirio;* y algunos fragmentos de las *Hexapla,* crítica textual del Antiguo Testamento.

ORIGENISMO m. *Hist.* y *Rel.* **1** Conjunto de las doctrinas heréticas atribuidas a Orígenes. **2** Secta que las profesaba.

ORIGINAL adj. **1** Perteneciente al origen. **2** Se dice de la obra científica, artística o literaria producida literalmente por su autor sin ser copia, imitación o traducción de otra. También m. **3** Se dice asimismo de la lengua en que se escribió una obra o se rodó una película, a diferencia del idioma o idiomas al que se han traducido o doblado. **4** También se aplica al escritor o al artista que da a sus obras cierto carácter de novedad. **5** Aplicado a personas o a cosas de la vida real, extraño, contrario a lo acostumbrado. Aplicado a personas, también com. || m. **6** Manuscrito que se da a la imprenta para que con arreglo a él se haga impresión de una obra. **7** Cualquier escrito que se tiene a la vista para sacar de él una copia. **8** Persona retratada, respecto del retrato.

ORIGINAR tr. **1** Ser instrumento, motivo, principio u origen de una cosa. || prnl. **2** Proceder una cosa de otra.

ORIGINARIO, RIA adj. **1** Que da origen a una persona o cosa. **2** Que trae su origen de algún lugar.

ORILLA[1] f. **1** Término, límite o extremo de la extensión de algunas cosas. **2** Extremo o remate de una tela o de otra cosa que se teje. **3** Senda que en las calles se toma para poder andar por ella, arrimado a las casas. **4** fig. Límite, término o fin de una cosa no material. **5** *Geog.* Faja de tierra que está más inmediata al agua del mar, de un lago, río, etc. || f. pl. **6** *Arg.* y *Méx.* Arrabales, afueras de una población.

ORILLA[2] f. Vientecillo fresco.

ORILLAR tr. **1** fig. Concluir, arreglar, desenredar un asunto. || intr. **2** Arrimarse a las orillas. También prnl. **3** Dejar orillas a una tela. **4** Guarnecer la orilla de una tela.

ORILLO m. Orilla del paño.

ORÍN[1] m. *Quím.* Óxido rojizo que se forma en la superficie del hierro por la acción del aire húmedo.

ORÍN[2] m. ORINA. Más en pl.

ORINA f. *Fisiol.* Líquido excretado por los riñones, desde donde pasa a la vejiga y es eliminado a través de la uretra.

ORINAL m. Recipiente para recoger los excrementos humanos.

ORINAR intr. *Fisiol.* **1** Expeler la orina. También prnl. || tr. **2** Expeler por la uretra algún otro líquido.

ORINOCO Río de América del Sur, en Venezuela, que nace en la sierra Parima, cerca de la frontera de Brasil, y desemboca en el Atlántico, por un extenso delta de siete brazos. Su curso total es de unos 3.000 km. Son afluentes suyos el Boca Grande, Mánamo, Pedernales y Macareo, por la derecha, y el Meta, el Arauca y el Apure, por la izquierda.

ORIOL m. *Zool.* OROPÉNDOLA.

ORIOLANO, NA adj. y s. De Orihuela.

ORIÓN *Mit.* Gigante de gran belleza que intentó violar a Artemisa. La diosa envió un escorpión que le picó en el talón produciéndole la muerte. Tanto el escorpión como Orión fueron transformados en constelaciones.

ORIÓN *Astron.* Constelación ecuatorial situada al E del Toro y al O del Can Menor y del Mayor.

ORIÓNIDAS f. pl. *Astron.* Corriente de meteoros, visible del 15 al 25 de octubre, cuyo punto radiante está en la constelación de Orión.

-ORISMO, -ORISTO sufs. que significan definido, limitado: *aoristo, aforismo.*

ORISSA Estado de la India, junto al golfo de Bengala; 155.707 km^2 y 31.659.736 h. Su capital es Bhubaneswar.

ORISTANO Provincia de Italia en Cerdeña; 2.631 km^2 y 157.693 h. Su capital es la ciudad del mismo nombre.

ORIUNDO, DA adj. Que tiene su origen en algún lugar.

ORIVE com. Artífice que trabaja en oro.

ÓRIX m. *Zool.* Nombre de varias especies de mamíferos artiodáctilos rumiantes pertenecientes a la familia bóvidos, género *Oryx.*

ORIZABA Pico volcánico de México, el más elevado del país, en el límite de los Estados de Puebla y Veracruz; 5.700 m de altura.

ORLA f. **1** Orilla de telas, vestidos u otras cosas, con algún adorno que la distingue. **2** Adorno que se dibuja, pinta, graba o imprime en las orillas de una hoja de papel, vitela o pergamino, en torno de lo escrito o impreso, o rodeando un retrato, viñeta, cifra, etc. **3** Retrato

Constelación de **Orión**.

colectivo, que se hacen los alumnos de una misma promoción académica con sus profesores, como recuerdo de la misma. **4** *Bl.* Pieza hecha en forma de filete y puesta dentro del escudo.

Orlando Ciudad de EE UU, Estado de Florida; 176.948 h. En sus proximidades se encuentra el parque recreativo *Disneyland*.

Orlar tr. **1** Adornar un vestido u otra cosa con guarniciones al canto. **2** *Bl.* Poner la orla en el orlo.

Orleans Ciudad de Francia, capital de la región del Centro y del departamento de Loiret, a orillas del Loira; 107.965 h. Restos de murallas; catedral (siglos XIII-XVIII).

Orleans Geneal. Nombre de cuatro familias sucesivas y de origen real de Francia. La primera tuvo por jefe a Felipe, quinto hijo de Felipe VI de Valois (1344), que murió sin descendencia. Fue cabeza de la segunda Luis I (1372-1407), al que sucedieron su hijo Carlos y su nieto Luis II, que reinó en Francia con el nombre de Luis XII. La tercera tuvo como único representante a J. B. Gastón, hermano de Luis XIII (1608-60). La cuarta tuvo por cabeza a Felipe, hermano de Luis XIV, y en ella se destacaron su hijo Felipe, duque de Orleans, el Regente; Luis Felipe José, llamado Felipe Igualdad, y Luis Felipe I, rey de Francia.

Orleans, Felipe, duque de Regente de Francia (Saint-Cloud, 1674 - Versalles, 1723). Sobrino de Luis XIV, fue conocido como el *Regente de Orleans*. Combatió en la guerra de Sucesión de España y tuvo pretensiones sobre el trono español. Fue regente durante la minoría de Luis XV (1715-23).

Orleans, Luis Felipe José, duque de Príncipe francés (Saint-Cloud, 1747 - París, 1793). Es conocido como *Felipe Igualdad*. Influido por las ideas ilustradas y masónicas, fue desterrado por Luis XV (1771-72). Apoyó la Revolución y fue diputado de la Convención. Murió guillotinado. Su hijo Luis Felipe sería rey de Francia.

Orley, Bernaert van Van Orley, Bernaert.

Orlich Bolmarich, Francisco José Político y militar costarricense (San Ramón, 1907 - San José de Costa Rica, 1969). Fue presidente de la República (1962-66).

Orló[1] m. *Mús.* **1** Oboe rústico usado en los Alpes, de sonido intenso y monótono. **2** Registro por medio del cual da el órgano un sonido semejante al del orló.

Orló[2] m. Base cuadrada de poca altura, plinto.

Orly Población de Francia, al SSE de París; 21.646 h. Aeropuerto internacional de París inaugurado en 1971.

Ormesí m. Tela fuerte de seda que hace visos y aguas.

Ormino m. *Bot.* CRESTA DE GALLO, planta.

Ormonde, James Butler, duque de Político irlandés (Londres, 1610 - Kingston Lacy, 1688). Fue comandante en jefe de las tropas inglesas de ocupación en Irlanda (1641). Abandonó la isla ante las presiones de Cromwell y regresó en 1661, como lugarteniente general.

Ormuz Ahura-Mazda.

Ormuz Estrecho del SO de Asia, entre las costas de Irán al N y las de la península de Arabia al S, que comunica el golfo Pérsico con el de Omán; 60 km de anchura, aproximadamente.

Ormuz Isla de Irán en el estrecho de su nombre; 37 km² y 3.817 h. Importante centro comercial en la Antigüedad y base portuguesa de la ruta de las Indias entre los años 1514 y 1622.

Ornamentar tr. Engalanar con adornos, adornar.

Ornamento m. **1** Adorno. **2** fig. Cualidades y prendas morales del sujeto. **3** *Arquit.* y *Esc.* Ciertas piezas que se ponen para acompañar a las obras principales. || m. pl. **4** Vestiduras sagradas y adornos del altar.

Ornar tr. y prnl. Engalanar con adornos, adornar.

Ornato m. Adorno, atavío.

Orne Río del NO de Francia, en la Baja Normandía, que nace cerca de Sees y desemboca en el canal de la Mancha; 125 km.

Orne Departamento del NO de Francia, en la región de Baja Normandía; 6.103 km² y 292.337 h. Su capital es Alençon. Ganadería (queso).

Ornit-, ornito-; -ornita prefs. o suf. que significan pájaro: *neornita*.

Ornitodelfo, fa adj. *Zool.* Que dispone de un único orificio de expulsión de los huevos y los excrementos.

Ornitología f. *Zool.* Parte de la zoología que trata del estudio y clasificación de las aves.

Ornitorrinco m. *Zool.* Mamífero monotrema perteneciente a la familia ornitorrínquidos, de nombre científico *Ornithorhynchus anatinus*, de hasta 50 cm de longitud. Su cuerpo es cilíndrico y recubierto de abundante pelo de color pardo oscuro, posee pico de pato. Se reproduce por huevos. Vive en los ríos y lagos del E de Australia.

ornitorrinco

Oro m. **1** *Quím.* Elemento químico del grupo I B del sistema periódico. Masa atómica, 196,96; número atómico, 79; peso específico, 19,3; punto de fusión, 1.063 °C; punto de ebullición, 2.808 °C; símbolo, Au. Metal amarillo brillante y ligeramente rojizo en estado puro, el más dúctil y maleable de todos y uno de los más pesados, sólo atacable por el agua regia. Aparece en estado nativo, casi siempre aleado con plata o cobre y, más raramente, con paladio y sodio. Es uno de los metales preciosos. [**Encic.**] **2** Color amarillo como el de este metal. También adj. **3** Moneda o monedas de oro. **4** Joyas u otros adornos de esta especie. **5** Cualquiera de los naipes del palo de oros. **6** *Dep.* Medalla de oro, primer premio de algunas competiciones, especialmente las olímpicas. || m. pl. **7** Uno de los cuatro palos de la baraja española. || **oro batido** *Met.* El reducido a hojas sutilísimas, que sirve para dorar. || **como oro en paño** loc. adv. fig. que explica el aprecio que se hace de una cosa por el cuidado que se tiene con ella. || **de oro** loc. adj. fig. Precioso, inmejorable. || **el oro y el moro** loc. fig. y fam. con que se ponderan ciertas ofertas ilusorias, y que expresa también el exagerado aprecio de lo que se espera y posee. || **hacerse un de oro** fr. fig. Adquirir muchas riquezas. || **valer** uno o una cosa **más oro que pesa**, **más que su peso en oro**, **tanto oro como pesa**, **todo el oro del mundo** fr. fig. y fam. Ser muy valioso o de gran excelencia.

Econ. El oro tiene un valor extraordinario en la economía mundial, y por su escasez se utilizó como medio de cambio hasta principios del siglo XIX, en que se estableció el patrón-oro; después de la Segunda Guerra Mundial dejó de ser moneda legal en casi todo el mundo y fue sustituido por la moneda-papel (véase DINERO).

Quím. El oro es uno de los pocos elementos que aparecen en estado nativo y cristaliza en el sistema cúbico en forma de cristales generalmente octaédricos, pero se presenta más frecuentemente en grupos arborescentes y placas irregulares, escamas o masas. Se encuentra en todo el mundo, si bien en pequeñas cantidades, en filones que, sometidos a la acción de los agentes erosivos, lo liberan y, o bien queda en el manto del suelo, o bien es arrastrado y aparece nativo en los lechos de los arroyos, en forma de pepitas (*placeres*). El procedimiento más ventajoso de obtención del oro es el de *cloruración*, por el que el oro se convierte en cloruro de oro, soluble en agua, y la solución, tratada con sulfato ferroso, da origen a oro finamente dividido, que, fundido con bórax, deja oro puro. La pureza del oro se expresa en quilates: 24 quilates = 100% de oro. Sus aplicaciones son bastante numerosas: joyería, odontología, acuñaciones, chapado, toberas, utensilios de laboratorio, artes decorativas (cerámica), electrónica, instrumentos para vehículos espaciales, etc.

oro-, or-, ori- prefs. que significan monte.

Oro, El Provincia de Ecuador, en la región de la Costa; 5.850 km² y 515.664 h. Su capital es Machala. Producción agrícola. Minas de oro, cobre y plomo.

Oro Maini, Atilio dell' Político y jurista argentino (Buenos Aires, 1895 - íd., 1974). Fue ministro de Educación del Gobierno provisional (1955-56). En 1970 fue elegido presidente de la Conferencia General de la Unesco.

Orobanca f. *Bot.* Nombre de varias plantas de la familia orobancáceas, género *Orobanche*, nativas de Europa, que viven parásitas sobre las raíces de algunas leguminosas.

Orobancáceo, a adj. y s. *Bot.* **1** Se dice de la planta angiosperma dicotiledónea, herbácea, que vive parásita sobre las raíces de otras plantas, con escamas en lugar de hojas y fruto en cápsula con multitud de semillas, como la orobanca o hierba tora. || f. pl. *Bot.* **2** Familia de estas plantas.

Orogénesis f. *Geol.* Proceso mediante el cual se forman las cordilleras de montañas.

Orogenia f. *Geol.* Periodo de formación de montañas.

Orografía f. *Geog.* **1** Parte de la geografía física, que trata de la descripción de las montañas y su representación. **2** Conjunto de montes de una comarca, región, país, etc.

Orondo, da adj. **1** Se dice de las vasijas de mucha concavidad, hueco o barriga. **2** fam. Hueco, hinchado, esponjado. **3** fig. y fam. Lleno de presunción y muy contento de sí mismo. **4** fig. y fam. Grueso, gordo.

Oronimia f. Parte de la toponimia que estudia el origen y significación de los orónimos.

Orónimo m. Nombre de cordillera, montaña, colina, etc.

Orontes o **Nar el-Asi** Río de Asia Menor, que nace en el Líbano, cerca de Baalbek, pasa por Siria y desemboca en el Mediterráneo, después de bañar Antioquía; 570 km.

Oropel m. **1** *Met.* Lámina de latón, muy batida y adelgazada, que imita al oro. **2** fig. Cosa de poco valor y mucha apariencia. **3** fig. Adorno de una persona.

Oropéndola f. *Zool.* Ave paseriforme perteneciente a la familia oriólidos, de nombre científico *Oriolus oriolus*, con plumaje amarillo y alas y cola negras, que cuelga el nido de las ramas horizontales de los árboles. Anida en el centro y S de Europa y pasa el invierno en África.

Oropimente m. *Miner.* Mineral compuesto de arsénico y azufre, de fórmula As_2S_3, color de limón, textura laminar y fibrosa, y brillo nacarado. Es venenoso y se emplea en pintura y tintorería.

Orosio, Paulo Escritor eclesiástico hispano (Tarragona, h. 390 - ?, h. 420). Discípulo de san Agustín, ayudó a san Jerónimo a combatir la herejía pelagiana (415). Es autor de *Historiarum adversus paganos libri septem* (hacia 418).

Orozco, Alonso de Escritor español (Oropesa, 1500 - Madrid, 1591). En 1522 profesó en la orden de San Agustín. Fue consejero de Carlos V y de Felipe II. En su obra, de carácter doctrinal, destacan *De los nueve nombres de Cristo*, *Vergel de oración* y *Epistolario cristiano para todos los estados*. En 1882 fue beatificado por León XIII.

Orozco, José Clemente Pintor mexicano (Zapotlán el Grande, hoy Ciudad Guzmán, 1883 - Ciudad de México, 1949). Es considerado uno de los renovadores de la pintura mural, de carácter social y revolucionario. Decoró la Escuela Nacional Preparatoria de México (1922-27) y entre sus murales destacan, además, los de la Casa de los Azulejos (1926), el Pomona College de Claremont en California (1930) y el Palacio de Bellas Artes (1934).

OROZCO, PASCUAL Militar mexicano (Santa Isabel, Chihuahua, 1882 - El Paso, 1915). Se sumó a los adeptos de Madero y participó en el levantamiento de Chihuahua (1910). Posteriormente se sublevó contra Madero, al que acusó de traición a los ideales revolucionarios. En 1913, apoyó a Huerta en su ascenso al poder; la caída del nuevo presidente provocó su huida a Texas, donde murió asesinado.

OROZUZ m. *Bot.* REGALIZ.

ORPESA OROPESA.

ORQU-; -ORQU- pref. o in. ORQUI-.

ORQUESTA f. *Mús.* **1** Conjunto de instrumentos, principalmente de cuerda, viento y percusión, que participan en la ejecución de una obra musical. **2** Conjunto de músicos que no son de banda y tocan en el teatro o en un concierto. **3** Lugar destinado para los músicos, comprendido entre la escena y el patio de butacas.

ORQUESTAR tr. *Mús.* Instrumentar para orquesta.

ORQUESTINA f. *Mús.* Orquesta de pocos y variados instrumentos, dedicada por lo general a tocar música moderna bailable.

ORQUI-, ORQUIO-, ORQU-; -ORQU-; -ORQUIDIA prefs. in. o suf. que significan testículo: *orquitis.*

ORQUIDÁCEO, A adj. y f. *Bot.* **1** Se dice de la planta angiosperma monocotiledónea, vivaz, con flores irregulares de forma y coloración variadas, semillas microscópicas muy numerosas, sin endosperma y contenidas en una cápsula, como la zapatilla de Venus y la vainilla. || f. pl. *Bot.* **2** Familia de estas plantas.

ORQUÍDEO, A adj. y s. *Bot.* **1** ORQUIDÁCEO. || f. *Bot.* **2** Nombre de diversas plantas herbáceas perennes, pertenecientes a la familia orquidáceas, con más de 15.000 especies, propias de regiones templadas y cálidas de todo el mundo. Algunas se cultivan para uso ornamental. **3** Flor de una planta orquidácea.

-ORQUIDIA suf. ORQUI-.

ORQUIECTOMÍA f. *Med.* Extirpación quirúrgica de uno o ambos testículos.

ORQUIO- pref. ORQUI-.

ORQUITIS f. *Pat.* Inflamación de un testículo.

ORREGO, ANTENOR Escritor peruano (Chota, 1892 - Lima, 1960). Entre sus ensayos literarios figuran *Notas marginales* (1922) y *Monólogo eterno* (1929); su ideario político está recogido en *El pueblo continente* (1939) y *Hacia un humanismo americano* (1966).

ORREGO SALAS, JUAN Compositor chileno (Santiago de Chile, 1918). Es autor de *Cantata de Navidad* (1945), *Obertura festiva* (1947), el oratorio *Los días de Dios* (1976), *Concierto para violín y orquesta* (1983), etc.

ORS, EUGENIO D' Escritor español (Barcelona, 1882 - Vilanova i la Geltrú, 1954). Considerado el impulsor del NOVECENTISMO, destacó como ensayista, filósofo, historiador de la cultura y articulista. En su producción destacan la novela *La bien plantada* (1912), *Glosario* (1906), *Aprendizaje y heroísmo* (1915), *Oceanografía del tedio* (1916), *Nuevo glosario* (1921) y *El novísimo glosario* (1947). Fue, además, un lúcido crítico de arte: *Tres horas en el Museo del Prado* (1923), *Arte y vida de Goya* (1929), *Lo barroco* (1936).

ORSAY m. *Dep.* En algunos deportes de equipo, FUERA DE JUEGO. || **estar** uno **en orsay** fr. fig. y fam. Estar distraído.

ORSINI *Geneal.* Familia principesca italiana, perteneciente a la facción güelfa, cuyo origen se remonta al siglo XII. Muchos de ellos ocuparon elevados cargos, como Giovanni, elegido Papa con el nombre de Nicolás III (1277-80) y Pietro Francesco (1649-1730), luego Papa con el nombre de Benedicto XIII.

ORSINI, FELICE Revolucionario italiano (Meldola, 1819 - París, 1858). Miembro de la Joven Italia, formó parte del Gobierno de Roma durante la República de 1849. En 1858 atentó en París contra Napoleón III. Murió ejecutado.

ORT-; -ORT- pref. o in. ORTO-.

ORTEGA f. *Zool.* Ave columbiforme perteneciente a la familia pteróclidas, de nombre científico *Pterocles orientalis.* Habita en estepas secas de la península Ibérica, N de África y C de Asia.

ORTEGA, DANIEL Político nicaragüense (La Libertad, 1945). En 1962 se integró en el Frente Sandinista de Liberación Nacional (FSLN), partido del que es presidente. Formó parte de la Junta de Reconstrucción Nacional que se hizo con el poder tras la dimisión de A. Somoza (julio de 1979) y, posteriormente, coordinó la Junta de Gobierno. En noviembre de 1984 fue elegido presidente de la República, cargo que desempeñó hasta 1990.

ORTEGA Y GASSET, JOSÉ Filósofo y ensayista español (Madrid, 1883 - íd., 1955). Desde 1911 ostentó la cátedra de Metafísica de la Universidad de Madrid. En 1923 fundó la *Revista de Occidente.* Fue diputado durante la primera etapa de la República. En 1936 abandonó España y no regresó a ella hasta 1955. Formado filosóficamente en la escuela neokantiana de Marburgo, recibió influencias del vitalismo de Driesch y, posteriormente, del historicismo de Dilthey. Elaboró un sistema filosófico al que denominó RACIOVITALISMO. En el aspecto político y social, subrayó el aislamiento de España y abogó por su europeización. Es autor, entre otras obras, de *Meditaciones del Quijote* (1914), *España invertebrada* (1922), *El tema de nuestro tiempo* (1923), *El espectador* (1916-34), *La deshumanización del arte* (1925), *La rebelión de las masas* (1929) e *Ideas y creencias* (1940).

ORTIGA f. *Bot.* Planta herbácea rizomatosa perteneciente a la familia urticáceas, de nombre científico *Urtica dioica,* cuyo tallo y hojas se encuentran cubiertos de pelos que segregan un líquido urticante y muy irritante.

ORTIZ, ADALBERTO Escritor ecuatoriano (Esmeralda, 1914). Se dio a conocer con la novela *Juyungo* (1942), a la que siguieron *Los contrabandistas* (1945) y *El espejo y la ventana* (1961). También es autor de libros de poemas.

ORTIZ, JOSÉ JOAQUÍN Escritor colombiano (Tunja, 1814 - Bogotá, 1892). Está considerado como uno de los creadores de la escuela romántica en su país. Obras: *Horas de descanso* (1834), *La Goajira y Poesías* (1880), poesías; *María Dolores o la historia de mi casamiento* (1841), *Huérfanos de madre* (1848), novelas.

ORTIZ, ROBERTO MARÍA Político argentino (Buenos Aires, 1886 - íd., 1942). Ministro de Obras Públicas (1925-28) y de Hacienda (1935-37), entre 1938 y 1942 ejerció la presidencia de la República; renunció por motivos de salud.

ORTIZ DE DOMÍNGUEZ, JOSEFA Patriota mexicana (Valladolid, hoy Morelia, 1768 - Ciudad de México, 1829). Conocida como la *corregidora de Querétaro,* actuó como enlace entre los caudillos de la independencia mexicana. Fue detenida y recluida en 1810.

ORTIZ FERNÁNDEZ, FERNANDO Jurista y escritor cubano (La Habana, 1881 - íd., 1969). Publicó, fundamentalmente, estudios sociológicos y etnográficos: *Hampa afrocubana. Los negros brujos* (1906), *Glosario de afronegrismo* (1924) e *Historia de una pelea cubana contra los demonios* (1959).

ORTIZ ROCASOLANO, LETIZIA Princesa de Asturias (Oviedo, 1972). Periodista de profesión, trabajó en la prensa escrita (el periódico *Siglo 21,* de México, los diarios *La Nueva España* y *ABC,* así como en la redacción de Internacional de la Agencia EFE) y en televisión (en las cadenas Bloomberg TV, CNN Plus y Televisión Española). El 22 de mayo de 2004 contrajo matrimonio con el príncipe Felipe de Borbón.

ORTIZ DE ROZAS, DOMINGO Militar y administrador español (Rozas, 1680 - Cabo de Hornos, 1756). Gobernador y capitán general del Río de La Plata, fue nombrado, posteriormente, gobernador de Chile. Fundó, en 1741, la Universidad de San Felipe en Santiago.

ORTIZ RUBIO, PASCUAL Ingeniero y político mexicano (Morelia, 1877 - Ciudad de México, 1963). Elegido presidente de la República (1930) como candidato del PNR, renunció al poder (1932) por sus desavenencias con el general Calles.

ORTIZ DE ZÁRATE, JUAN Conquistador español (Orduña, h. 1521 - Asunción, 1576). Marchó a América con el primer virrey del Perú, Blasco Núñez de Vela. En 1567 fue nombrado adelantado del Río de La Plata. Fundó Zaratina de San Salvador (1574).

ORTO m. *Astron.* Salida o aparición del Sol o de otro astro por el horizonte.

ORTO-, ORT-; -ORT- prefs. o in. que significan recto, derecho, correcto.

ORTOCROMÁTICO, CA adj. *Fot.* Se dice de la emulsión fotográfica sensible a los colores del arco iris, pero no a la luz roja ni naranja oscura.

ORTODONCIA f. *Med.* Rama de la odontología que se ocupa del estudio, y en su caso corrección, de las malformaciones y defectos de la dentadura.

Eugenio d'Ors. Retrato de Ramón Casas.

José **Ortega y Gasset.** Retrato de Zuloaga. Colección particular (Madrid).

ORTODOXIA f. **1** Conformidad con el dogma de una religión. **2** Por extensión, conformidad con la doctrina fundamental de cualquier secta o sistema. **3** Por extensión, conformidad con doctrinas o prácticas generalmente admitidas. **4** Conjunto de las iglesias cristianas orientales.

ORTODOXO, XA adj. **1** Conforme con el dogma de una religión. Entre católicos, conforme con el dogma católico. También s. **2** Por extensión, conforme con la doctrina tradicional en cualquier rama del saber. **3** *Hist.* y *Rel.* Se dice de las religiones cristianas de Europa oriental, como la griega y la rusa, no católicas. [Encic.] **4** Relativo a estas religiones. También s.

Hist. y *Rel.* El cisma de la iglesia ortodoxa fue promovido por Focio, quien se erigió en patriarca de Constantinopla y, tras ser excomulgado por el papa Nicolás I (863), reunió un concilio (866-867) que, a su vez, excomulgó al Papa y acordó la ruptura con Roma. Este brote cismático se extinguió poco después; pero, renovado por Sergio (1034), fue consumado por Miguel Cerulario (1054). Comprende tres grupos, distintos no solamente por sus ritos, sino también por sus dogmas: nestorianos, monofisitas y ortodoxos.

ORTOFONÍA f. *Fon.* Pronunciación considerada como correcta y normal de un fonema o de una serie de fonemas.

ORTOGONAL adj. *Geom.* Se dice de lo que está en ángulo recto.

ORTOGRADISMO m. *Biol.* Marcha en posición erguida o bípeda, específica de la especie humana y de algunos monos antropomorfos.

ORTOGRAFÍA f. **1** *Geom.* Delineación del alzado de un edificio u otro objeto. **2** *Gram.* Parte de la gramática que enseña a escribir correctamente, por el acertado

orquídea

empleo de las letras y de los signos auxiliares de la escritura. **3** Forma correcta de escribir respetando las normas de la ortografía.
ORTOLOGÍA f. *Ling.* Parte del estudio de una lengua que trata de la buena pronunciación.
ORTÓN Río de Bolivia, afluente por la izquierda del Beni; 550 km de curso.
ORTOPEDA com. *Med.* Médico especializado en ortopedia.
ORTOPEDIA f. *Med.* Rama de la cirugía que trata de la corrección de deformidades del cuerpo humano por medio de ciertos aparatos o ejercicios corporales.
ORTOPEDISTA com. *Med.* Especialista en ortopedia.
ORTÓPTERO, RA adj. y s. *Zool.* **1** Se dice del insecto cuyo primer par de alas (élitros) muestra el aspecto de una lámina apergaminada, mientras que el segundo es de consistencia membranosa. Pertenecen al grupo los saltamontes, grillos, mantis, etc. || m. pl. **2** *Zool.* Orden de estos insectos.
ORTOSA f. *Miner.* Feldespato de estructura laminar blanco o gris amarillento.
ORUGA f. **1** *Bot.* Planta herbácea anual de la familia crucíferas; sus hojas se usan como condimento por su sabor picante. **2** *Zool.* Nombre común dado a la larva de los insectos lepidópteros, de cuerpo blando y con apéndices abdominales de función locomotora. **3** Llanta articulada a manera de cadena sin fin, que se aplica a las ruedas de cada lado del vehículo para permitirle avanzar por terreno escabroso.
ORUJO m. **1** Hollejo de la uva, después de exprimida en el lagar. **2** Residuo de la aceituna molida y prensada, del cual se saca aceite de calidad inferior.
ORUMIYAH Ciudad de Irán, capital de la provincia de Azerbaiyán Occidental; 357.399 h.
ORURO **1** Departamento de Bolivia; 53.588 km² y 393.991 h. **2** Ciudad capital del mismo, al N del lago Poopó; 183.194 h. Fue fundada en 1590 con el nombre de *Real Villa de San Felipe de Austria*.
ORWELL, GEORGE (ERIC BLAIR, llamado) Escritor británico de origen indio (Motihari, 1903 - Londres, 1950). Su consagración como escritor se produjo con las novelas *Rebelión en la granja* (1945), fábula mordaz sobre el estalinismo ruso, y *1984* (1949), en la que anticipa un mundo dividido en bloques militares y sometido por el totalitarismo.
ORZA f. Vasija vidriada de barro, alta y sin asas.
ORZAGA f. *Bot.* Mata perteneciente a la familia quenopodiáceas, de nombre científico *Atriplex halimus*, propia de terrenos salinos.

Osaka (Japón).

ORZAR intr. *Mar.* Inclinar la proa la embarcación hacia la parte de donde viene el viento.
ORZUELO m. *Med.* Inflamación forunuclar del tejido conjuntivo del borde de los párpados, junto a un folículo piloso.
OS Dativo y acusativo del pronombre de segunda persona en género masculino o femenino y número plural. No admite preposición y puede usarse como sufijo. En el tratamiento de *vos* hace indistintamente oficio de singular o plural. Cuando se emplea como sufijo con las segundas personas del plural del imperativo de los verbos, pierden estas personas su *d* final, a excepción de la forma *idos*, del verbo *ir*.
Os *Quím.* Símbolo químico del osmio.
-OSA *Quím.* suf. utilizado como terminación propia de nombres de carbohidratos.
OSA MAYOR *Astron.* Constelación boreal, siempre visible, y fácil de reconocer por el brillo de siete de sus estrellas que adoptan la forma de un carro sin ruedas.
OSA MENOR *Astron.* Constelación boreal de forma semejante a la Osa Mayor. Su estrella principal es la Polar, que dista menos de grado y medio del Polo Norte celeste, por lo que se toma como punto de orientación, en el hemisferio septentrional.
OSADÍA f. Atrevimiento, audacia.
OSAKA 1 Prefectura de Japón, en la isla de Honshu; 1.869 km² y 8.797.147 h. **2** Ciudad capital de la misma; 2.602.352 h. Importante centro industrial. Puerto. Posee una fortaleza de época shogun y un templo budista del siglo VII.
OSAMENTA f. *Zool.* **1** Esqueleto del hombre y de los animales. **2** Los huesos sueltos del esqueleto.
OSAR intr. y tr. Atreverse.
OSARIO m. **1** Lugar destinado en las iglesias o los cementerios para reunir los huesos que se sacan de las sepulturas. **2** Cualquier lugar donde se hallan huesos.
OSASCO Ciudad de Brasil, Estado de São Paulo; 566.949 h. Forma parte de la aglomeración urbana de São Paulo.
OSBORNE, JOHN JAMES Dramaturgo inglés (Londres, 1929 - íd., 1994). Se dio a conocer como dramaturgo con *Mirando atrás con ira* (1956), su obra más célebre, que le convirtió en uno de los máximos exponentes de la generación de los *angry young men* o «jóvenes airados».
OSCAR m. *Cin.* Galardón cinematográfico que desde 1928 concede la Academia de Ciencias y Artes Cinematográficas de Hollywood a las figuras más destacadas del año en la dirección, producción, interpretación, música, guión, vestuario, producción extranjera, etc. Consiste en una estatuilla de bronce recubierta de oro que fue diseñada por el escenógrafo C. Gibbons y realizada por el escultor G. Stanley. ♦ Su pl. es *Oscar*.

PREMIOS OSCAR DE LA ACADEMIA DE ARTES Y CIENCIAS DE HOLLYWOOD (1928-2003)

Año	Película	Actriz protagonista	Actor protagonista	Director
1928	*Alas*, de W. Wellman, y *Amanecer*, de F. W. Murnau.	Janet Gaynor, en *El séptimo cielo*, *El ángel de la calle* y *Amanecer*.	Emil Jannings, en *El destino de la carne* y *La última orden*.	Frank Borzage, por *El séptimo cielo*, y Lewis Milestone, por *Hermanos de armas*.
1929	*Melodías de Broadway*, de H. Beaumont.	Mary Pickford, en *Coqueta*.	Warner Baxter, en *En el viejo Arizona*.	Frank Lloyd, por *La mujer divina*.
1930	*Sin novedad en el frente* de L. Milestone.	Norma Shearer, en *La divorciada*.	George Arliss, en *Disraeli*.	Lewis Milestone, por *Sin novedad en el frente*.
1931	*Cimarrón*, de W. Ruggles.	Marie Dressler, en *Min y Bill*.	Lionel Barrymore, en *Alma libre*, y Frederic March, en *El hombre y el monstruo*.	Norman Taurog, por *Las peripecias de Shippy*.
1932	*Gran Hotel*, de E. Goulding.	Helen Hayes, en *El pecado de Madelon Claudet*.	Charles Laughton, en *La vida privada de Enrique VIII*.	Frank Borzage, por *Bad girl*.
1933	*Cabalgata*, de F. Lloyd.	Katharine Hepburn, en *Gloria de un día*.	Wallace Beery, en *Champ, el campeón*.	Frank Lloyd, por *Cabalgata*.
1934	*Sucedió una noche*, de F. Capra.	Claudette Colbert, en *Sucedió una noche*.	Clark Gable, en *Sucedió una noche*.	Frank Capra, por *Sucedió una noche*.
1935	*Rebelión a bordo*, de F. Lloyd.	Bette Davis, en *Peligrosa*.	Victor McLaglen, en *El delator*.	John Ford, por *El delator*.
1936	*El gran Ziegfeld*, de R. Z. Leonard.	Luise Rainer, en *El gran Ziegfeld*.	Paul Muni, en *La tragedia de Louis Pasteur*.	Frank Capra, por *El secreto de vivir*.
1937	*La vida de Emilio Zola*, de W. Dieterle.	Luise Rainer, en *La buena tierra*.	Spencer Tracy, en *Capitanes intrépidos*.	Leo McCarey, por *La pícara puritana*.
1938	*¡Vive como quieras!*, de F. Capra.	Bette Davis, en *Jezabel*.	Spencer Tracy, en *La ciudad de los muchachos*.	Frank Capra, por *¡Vive como quieras!*
1939	*Lo que el viento se llevó*, de V. Fleming.	Vivien Leigh, en *Lo que el viento se llevó*.	Robert Donat, en *¡Adiós, Mr. Chips!*	Victor Fleming, por *Lo que el viento se llevó*.
1940	*Rebeca*, de A. Hitchcock.	Ginger Rogers, en *Espejismo de amor*.	James Stewart, en *Historias de Filadelfia*.	John Ford, por *Las uvas de la ira*.
1941	*¡Qué verde era mi valle!*, de J. Ford.	Joan Fontaine, en *Sospecha*.	Gary Cooper, en *El sargento York*.	John Ford, por *¡Qué verde era mi valle!*
1942	*La señora Miniver*, de W. Wyler.	Greer Garson, en *La señora Miniver*.	James Cagney, en *Yanqui dandy*.	William Wyler, por *La señora Miniver*.
1943	*Casablanca*, de M. Curtiz.	Jennifer Jones, en *La canción de Bernadette*.	Paul Lukas, en *Vigilancia en el Rhin*.	Michael Curtiz, por *Casablanca*.
1944	*Siguiendo mi camino*, de L. McCarey.	Ingrid Bergman, en *Luz que agoniza*.	Bing Crosby, en *Siguiendo mi camino*.	Leo McCarey, por *Siguiendo mi camino*.
1945	*Días sin huella*, de B. Wilder.	Joan Crawford, en *Alma en suplicio*.	Ray Milland, en *Días sin huella*.	Billy Wilder, por *Días sin huella*.
1946	*Los mejores años de nuestra vida*, de W. Wyler.	Olivia de Havilland, en *Vida íntima de Julia Norris*.	Frederic March, en *Los mejores años de nuestra vida*.	William Wyler, por *Los mejores años de nuestra vida*.
1947	*La barrera invisible*, de E. Kazan.	Loretta Young, en *La hija del granjero*.	Ronald Colman, en *Doble vida*.	Elia Kazan, por *La barrera invisible*.
1948	*Hamlet*, de L. Olivier.	Jane Wyman, en *Belinda*.	Laurence Olivier, en *Hamlet*.	John Huston, por *El tesoro de Sierra Madre*.
1949	*El político*, de R. Rossen.	Olivia de Havilland, en *La heredera*.	Broderick Crawford, en *El político*.	Joseph L. Mankiewicz, por *Carta a tres esposas*.

PREMIOS OSCAR DE LA ACADEMIA DE ARTES Y CIENCIAS DE HOLLYWOOD (1928-2003) *(continuación)*

Año	Película	Actriz protagonista	Actor protagonista	Director
1950	Eva al desnudo, de J. L. Mankiewicz.	Judy Holliday, en *Nacida ayer*.	José Ferrer, en *Cyrano de Bergerac*.	Joseph L. Mankiewicz, por *Eva al desnudo*.
1951	Un americano en París, de V. Minnelli.	Vivien Leigh, en *Un tranvía llamado deseo*.	Humphrey Bogart, en *La reina de África*.	George Stevens, por *Un lugar en el sol*.
1952	El mayor espectáculo del mundo, de C. B. De Mille.	Shirley Booth, en *Vuelve pequeña Sheba*.	Gary Cooper, en *Solo ante el peligro*.	John Ford, por *El hombre tranquilo*.
1953	De aquí a la eternidad, de F. Zinnemann.	Audrey Hepburn, en *Vacaciones en Roma*.	William Holden, en *Traidor en el infierno*.	Fred Zinnemann, por *De aquí a la eternidad*.
1954	La ley del silencio, de E. Kazan.	Grace Kelly, en *La angustia de vivir*.	Marlon Brando, en *La ley del silencio*.	Elia Kazan, por *La ley del silencio*.
1955	Marty, de D. Mann.	Anna Magnani, en *La rosa tatuada*.	Ernest Borgnine, en *Marty*.	Delber Mann, por *Marty*.
1956	La vuelta al mundo en 80 días, de M. Anderson.	Ingrid Bergman, en *Anastasia*.	Yul Brynner, en *El rey y yo*.	George Stevens, por *Gigante*.
1957	El puente sobre el río Kwai, de D. Lean.	Joanne Woodward, en *Las tres caras de Eva*.	Alec Guinness, en *El puente sobre el río Kwai*.	David Lean, por *El puente sobre el río Kwai*.
1958	Gigi, de V. Minnelli.	Susan Hayward, en *¡Quiero vivir!*	David Niven, en *Mesas separadas*.	Vincente Minnelli, por *Gigi*.
1959	Ben-Hur, de W. Wyler.	Simone Signoret, en *Un lugar en la cumbre*.	Charlton Heston, en *Ben-Hur*.	William Wyler, por *Ben-Hur*.
1960	El apartamento, de B. Wilder.	Elizabeth Taylor, en *Una mujer marcada*.	Burt Lancaster, en *El fuego y la palabra*.	Billy Wilder, por *El apartamento*.
1961	West Side Story, de J. Robbins y R. Wise.	Sofia Loren, en *Dos mujeres*.	Maximilian Schell, en *Vencedores o vencidos*.	Robert Wise y Jerome Robbins, por *West Side Story*.
1962	Lawrence de Arabia, de D. Lean.	Anne Bancroft, en *El milagro de Ana Sullivan*.	Gregory Peck, en *Matar a un ruiseñor*.	David Lean, por *Lawrence de Arabia*.
1963	Tom Jones, de R. Richardson.	Patricia Neal, en *Hud*.	Sydney Poitier, en *Los lirios del valle*.	Tony Richardson, por *Tom Jones*.
1964	My Fair Lady, de G. Cukor.	Julie Andrews, en *Mary Poppins*.	Rex Harrison, en *My Fair Lady*.	George Cukor, por *My Fair Lady*.
1965	Sonrisas y lágrimas, de R. Wise	Julie Christie, en *Darling*.	Lee Marvin, en *La ingenua explosiva*.	Robert Wise, por *Sonrisas y lágrimas*.
1966	Un hombre para la eternidad de F. Zinnemann.	Elizabeth Taylor, en *¿Quién teme a Virginia Woolf?*	Paul Scofield, en *Un hombre para la eternidad*.	Fred Zinnemann, por *Un hombre para la eternidad*.
1967	En el calor de la noche, de N. Jewison.	Katharine Hepburn, en *Adivina quién viene esta noche*.	Rod Steiger, en *En el calor de la noche*.	Mike Nichols, por *El graduado*.
1968	Oliver, de C. Reed.	Katharine Hepburn, en *Un león en invierno*.	Cliff Robertson, en *Charly*.	Carol Reed, por *Oliver*.
1969	Cowboy de medianoche, de J. Schlesinger.	Barbra Streisand, en *Funny Girl*, y Maggie Smith, en *The Prime of Miss Jean Brodie*.	John Wayne, en *Valor de ley*.	John Schlesinger, por *Cowboy de medianoche*.
1970	Patton, de F. J. Schaffner.	Glenda Jackson, en *Mujeres enamoradas*.	George C. Scott, en *Patton*.	Franklin J. Schaffner, por *Patton*.
1971	French Connection, de W. Friedkin.	Jane Fonda, en *Klute*.	Gene Hackman, en *French Connection*.	William Friedkin, por *French Connection*.
1972	El padrino, de F. Ford Coppola.	Liza Minnelli, en *Cabaret*.	Marlon Brando, en *El padrino*.	Bob Fosse, por *Cabaret*.
1973	El golpe, de G. Roy Hill.	Glenda Jackson, en *Un toque de distinción*.	Jack Lemmon, en *Salvad al tigre*.	George Roy Hill, por *El golpe*.
1974	El padrino II, de F. Ford Coppola.	Ellen Burstyn, en *Alicia ya no vive aquí*.	Art Caney, en *Harry y Tonto*.	Francis Ford Coppola, por *El padrino II*
1975	Alguien voló sobre el nido del cuco, de M. Forman.	Louise Fletcher, en *Alguien voló sobre el nido del cuco*.	Jack Nicholson, en *Alguien voló sobre el nido del cuco*.	Milos Forman, por *Alguien voló sobre el nido del cuco*.
1976	Rocky, de J. Avildsen.	Faye Dunaway, en *Un mundo implacable*.	Peter Finch, en *Un mundo implacable*.	John Avildsen, por *Rocky*.
1977	Annie Hall, de Woody Allen.	Diane Keaton, en *Annie Hall*.	Richard Dreyfus, en *La chica del adiós*.	Woody Allen, por *Annie Hall*.
1978	El cazador, de M. Cimino.	Jane Fonda, en *El regreso*.	Jon Voight, en *El cazador*.	Michael Cimino, por *El cazador*.
1979	Kramer contra Kramer, de R. Benton.	Sally Field, en *Norma Rae*.	Dustin Hoffman, en *Kramer contra Kramer*.	Robert Benton, por *Kramer contra Kramer*.
1980	Gente corriente, de R. Redford.	Sissy Spacek, en *Quiero ser libre*.	Robert de Niro, en *Toro salvaje*.	Robert Redford, por *Gente corriente*.
1981	Carros de fuego, de H. Hudson.	Katharine Hepburn, en *En el estanque dorado*.	Henry Fonda, en *En el estanque dorado*.	Warren Beatty, por *Rojos*.
1982	Gandhi, de R. Attenborough.	Meryl Streep, en *La decisión de Sofía*.	Ben Kingsley, en *Gandhi*.	Richard Attenborough, por *Gandhi*.
1983	La fuerza del cariño, de J. L. Brooks.	Shirley MacLaine, en *La fuerza del cariño*.	Robert Duvall, en *Gracias y favores*.	James L. Brooks, por *La fuerza del cariño*.
1984	Amadeus, de M. Forman.	Sally Field, en *En un lugar del corazón*.	F. Murray Abraham, en *Amadeus*.	Milos Forman, por *Amadeus*.
1985	Memorias de África, de S. Pollack.	Geraldine Page, en *The Trip of Bountiful*.	William Hurt, en *El beso de la mujer araña*.	Sydney Pollack, por *Memorias de África*.
1986	Platoon, de O. Stone.	Marlee Martlin, en *Hijos de un dios menor*.	Paul Newman, en *El color del dinero*.	Oliver Stone, por *Platoon*.
1987	El último emperador, de B. Bertolucci.	Cher, en *Hechizo de luna*.	Michael Douglas, en *Wall Street*.	Bernardo Bertolucci, por *El último emperador*.
1988	Rain Man, de B. Levinson.	Jodie Foster, en *Acusados*.	Dustin Hoffman, en *Rain Man*.	B. Levinson, por *Rain Man*.
1989	Paseando a Miss Daisy, de B. Beresford.	Jessica Tandy, en *Paseando a Miss Daisy*.	Daniel Day-Lewis, en *Mi pie izquierdo*.	Oliver Stone, por *Nacido el 4 de julio*.
1990	Bailando con lobos, de K. Costner.	Kathy Bates, en *Misery*.	Jeremy Irons, en *El misterio von Bulow*.	Kevin Costner, por *Bailando con lobos*.
1991	El silencio de los corderos, de J. Demme.	Jodie Foster, en *El silencio de los corderos*.	Anthony Hopkins, en *El silencio de los corderos*.	Jonathan Demme, por *El silencio de los corderos*.
1992	Sin perdón, de Clint Eastwood.	Emma Thompson, en *Regreso a Howards End*.	Al Pacino, en *Esencia de mujer*.	Clint Eastwood, por *Sin perdón*.
1993	La lista de Schindler, de S. Spielberg.	Holly Hunter, en *El piano*.	Tom Hanks, en *Philadelphia*.	Steven Spielberg, por *La lista de Schindler*.
1994	Forrest Gump, de R. Zemeckis.	Jessica Lange, en *Las cosas que nunca mueren*.	Tom Hanks, en *Forrest Gump*.	Robert Zemeckis, por *Forrest Gump*.
1995	Braveheart, de M. Gibson.	Susan Sarandon, en *Pena de muerte*.	Nicholas Cage, en *Leaving Las Vegas*.	Mel Gibson, por *Braveheart*.
1996	El paciente inglés, de A. Minghella.	Frances McDormand, en *Fargo*.	Geoffrey Rush, en *Shine*.	Anthony Minghella, por *El paciente inglés*.
1997	Titanic, de J. Cameron.	Helen Hunt, en *Mejor... imposible*.	Jack Nicholson, en *Mejor... imposible*.	James Cameron, por *Titanic*.
1998	Shakespeare enamorado, de John Madden.	Gwyneth Paltrow, en *Shakespeare enamorado*.	Roberto Benigni, en *La vida es bella*.	Steven Spielberg, por *Salvar al soldado Ryan*.
1999	American beauty, de Sam Mendes.	Hilary Swank, en *Boys don't cry*.	Kevin Spacey, en *American beauty*.	Sam Mendes, por *American beauty*.
2000	Gladiator, de Ridley Scott.	Julia Roberts, en *Erin Brockovich*.	Russell Crowe, en *Gladiator*.	Steven Soderbergh, por *Traffic*.
2001	Una mente maravillosa, de Ron Howard.	Halle Berry, en *Monster'sball*	Denzel Washington, en *Día de entrenamiento*.	Ron Howard, por *Una mente maravillosa*.
2002	Chicago, de Martin Walsh.	Nicole Kidman, en *Las horas*.	Adrien Brody, en *El pianista*.	Roman Polanski, por *El pianista*.
2003	El Señor de los Anillos: el retorno del rey, de Peter Jackson.	Charlize Theron, en *Monster*.	Sean Penn, en *Mystic River*.	Peter Jackson, por *El Señor de los Anillos: el retorno del rey*.

Óscar Nombre de dos reyes de Suecia y Noruega.
Óscar I (París, 1799 - Estocolmo, 1859). Hijo de Carlos XIV, reinó desde 1844. En 1857 perdió la razón y su hijo Carlos asumió la regencia.
Óscar II (Estocolmo, 1829 - íd., 1907). Hijo de Óscar I y sucesor de su hermano, Carlos XV, en 1872. Durante su reinado Noruega se declaró reino independiente (1905).
OSCE Siglas de ORGANIZACIÓN PARA LA SEGURIDAD Y LA COOPERACIÓN EN EUROPA.
oscense adj. y com. **1** De Osca, hoy Huesca. **2** De Huesca.
oscilación f. **1** Acción y efecto de oscilar. **2** *Fís.* Cada uno de los vaivenes de un movimiento oscilatorio.
oscilar intr. **1** Efectuar movimientos de vaivén a la manera de un péndulo o de un cuerpo colgado de un resorte o movido por él. **2** fig. Crecer y disminuir alternativamente la intensidad de algunas manifestaciones o fenómenos. **3** fig. Titubear, vacilar.
oscilatorio, ria adj. Se dice del movimiento de los cuerpos que oscilan y de su aptitud o disposición para oscilar.
oscilatriz adj. y f. *Fís.* Se aplica a la válvula de tres o más electrodos que produce oscilaciones eléctricas continuas.
oscilógrafo m. **1** *Fís.* Aparato para la medida e inscripción de valores instantáneos de la corriente y del potencial. **2** *Med.* Instrumento para registrar las oscilaciones eléctricas y que, adaptado a un galvanómetro, aprecia la presión cardiaca.
oscilómetro m. *Med.* Instrumento que mide la elasticidad y movilidad de las paredes arteriales.
osco, ca adj. **1** *Hist.* Se dice de un antiguo pueblo que habitaba en Campania (Italia), en tres federaciones: Capua, Nola y Nocera. Recibió una importante influencia griega y fue sometido por los samnitas, aunque conservó su lengua hasta el siglo I a. C. Más como m. pl. **2** Se dice también de sus individuos. También s. **3** Relativo a los oscos. || m. *Ling.* **4** Idioma de este pueblo.
osculatriz adj. y f. *Geom.* Se dice de la circunferencia que tiene con otra curva un contacto de segundo orden en el punto considerado, o sea, cuando son iguales sus dos primeras derivadas.
ósculo m. **1** Beso. **2** *Zool.* Orificio principal exhalante de las esponjas.
oscurantismo m. Oposición sistemática a que se difunda la instrucción en las clases populares.
oscurecer tr. **1** Privar de luz y claridad. **2** fig. Disminuir la estimación y esplendor de las cosas. **3** fig. Ofuscar la razón, alterando y confundiendo la realidad de las cosas, para que no se conozcan o parezcan diversas. **4** fig. Dificultar la inteligencia del concepto, por los términos empleados para expresarlo. **5** *Pint.* Dar mucha sombra a una parte de la composición para que otras resalten. || impers. **6** Ir anocheciendo, faltar la luz y claridad desde que el Sol empieza a ocultarse. || prnl. **7** Aplicado al día, a la mañana, al cielo, etc., nublarse.
♦ IRREG. Se conjuga como AGRADECER.
oscuridad f. **1** Falta de luz o claridad que dificulta la percepción de las cosas. **2** Falta de claridad en lo escrito o hablado que dificulta la comprensión de algo que se comunica. **3** Falta de información sobre un hecho, sus causas o circunstancias. **4** Falta de claridad mental, por escasez de inteligencia o por confusión de las ideas. **5** fig. Humildad, baja condición social.
oscuro, ra adj. **1** Que carece de luz o claridad. **2** Se dice del color que casi llega a ser negro, y del que se contrapone a otro más claro de su misma clase. También s. **3** fig. Humilde, bajo o poco conocido. **4** fig. Confuso, falto de claridad, poco inteligible. Se dice del lenguaje y de las personas. **5** fig. Incierto, peligroso, temeroso. **6** *Pint.* Parte en que se representan las sombras. || m. **7** En las representaciones teatrales, oscurecimiento de la escena que puede desempeñar distintas funciones, entre ellas las propias del telón. || **a oscuras** loc. adv. Sin luz. También, en sentido fig., sin conocimiento de una cosa; sin comprender lo que se oye o se lee. || **estar**, o **hacer, oscuro** tr. Faltar claridad en el cielo por estar nublado, y especialmente cuando es de noche.
Oseas Último rey de Israel (s. VIII a. C.). Gobernó del 730 al 722 a. C. Fue destronado por Salmanasar V.
Oseas Profeta hebreo (s. VIII a. C.). El primero de los profetas menores, según el orden de la Vulgata. Predijo la destrucción del reino de Israel y la dispersión de sus habitantes.
óseo, a adj. *Anat.* **1** De hueso. **2** De la naturaleza del hueso.
osera f. *Zool.* Cueva donde vive el oso.
Osetia Septentrional República federada de la Federación de Rusia, en el N del Cáucaso; 8.000 km² y 658.000 h. Su capital es Vladikavkaz.
osezno m. *Zool.* Cachorro del oso.
Osheroff, Douglas D. Físico estadounidense (Aberdeen, Rusia, 1945). Formó parte del grupo de investigación dirigido por los profesores D. M. Lee y R. C. Richardson, participando en el descubrimiento de un nuevo estado de la materia, la «superfluidez». En 1996 recibió el premio Nobel de Física junto con Lee y Richardson.

oso. 1. Blanco. 2. Pardo.

Oshima, Nagisa Director de cine japonés (Kyoto, 1932). Entre lo más destacado de su filmografía, merece citarse *La ceremonia* (1970), *El imperio de los sentidos* (1976), *Max, mi amor* (1983) y *Hollywood Zen* (1992).
Oshogbo Ciudad del SO de Nigeria; 465.000 h.
Osián OSSIAN.
Osiander, Andreas (ANDREAS HOSEMANN, llamado) Filósofo y teólogo alemán (Gunzenhausen, 1498 - Königsberg, 1552). Se adhirió a la Reforma y participó en el Coloquio de Marburgo (1519) y en la dieta de Augsburgo (1530). Fue el primer catedrático de teología de la Universidad de Königsberg (1549). Editó *De revolutionibus*, de Copérnico.
-ósido *Quím.* suf. que se une al nombre de sustancias que, por la acción de ciertos agentes, se desdoblan en un hidrato de carbono y un compuesto de naturaleza alcohólica, fenólica o nitrogenada: *glucósido*.
osificación f. *Fisiol.* Proceso de transformación del tejido conjuntivo o cartilaginoso en óseo, que en el ser humano se desarrolla lentamente, finalizando hacia los 18 años.
osificarse prnl. *Fisiol.* Convertirse en hueso.
Osiris *Mit.* Divinidad egipcia. Hijo de la Tierra y del Firmamento, fue hermano y marido de Isis, y padre de Horus. Se le considera el introductor en Egipto de la agricultura y las leyes, por lo que se le elevó a la categoría de dios solar, equiparándolo a Ra.
-osis suf. que significa proceso o estado, por lo general anormal o patológico: *tuberculosis*.
Oslo Ciudad capital de Noruega y del condado de Akershus, situada en el golfo más interior del fiordo de Oslo, que constituye en sí misma un condado autónomo; 454 km² y 502.867 h. Sede real y del gobierno. Principal centro comercial, industrial y cultural del país. Destruida por un incendio en 1624, fue reconstruida por Cristián IV con el nombre de *Cristianía* (1624), que cambió por el actual en 1925.
osm-¹ pref. OZO-.
osm-², osmo-; -ósmosis prefs. o suf. que significan impulso: *exósmosis*.

Osiris en sus tres representaciones. Esculturas egipcias en oro y lapislázuli. Museo del Louvre (París).

osma- pref. OZO-.
Osmán Nombre de diversos sultanes otomanos.
Osmán I (Sogut, 1259 - íd., 1326). Ocupó el trono de 1300 a 1336 y fue el fundador de la dinastía otomana.
Osmán II (Constantinopla, h. 1603 - íd., 1622). Sucesor de su tío Mustafá I, gobernó desde 1618. Participó en la guerra contra Polonia (1621) y fue asesinado en una revuelta de los jenízaros.
Osmán III (Constantinopla, h. 1699 - íd., 1757). Gobernó desde 1754. Su reinado discurrió en una época de paz.
osmanlí adj. y com. Turco, otomano.
-osmático suf. OZO-.
Osmeña, Sergio Político filipino (Isla de Cebú, 1878 - Manila, 1961). Jefe del Partido Nacionalista, ocupó la presidencia de la República entre 1944 y 1946.
-osmia suf. OZO-.
osmio m. *Quím.* Elemento químico del grupo VIII B del sistema periódico. Masa atómica, 190,2; número atómico, 76; símbolo, Os. Metal semejante al platino, empleado por su dureza en la fabricación de plumas estilográficas, aleaciones y circuitos eléctricos.
osmo-¹ pref. OZO-.
osmo-² pref. OSM-².
ósmosis u **osmosis** f. *Fís.* Paso del disolvente a través de una membrana semipermeable que separa dos soluciones de diferente concentración. El paso se produce en el sentido de igualar las concentraciones.
-ósmosis suf. OSM-².
Osnabrück Ciudad de Alemania, Land de Baja Sajonia, a orillas del Haase; 168.050 h. Catedral del siglo XIII. En esta ciudad y en Münster se firmó, en 1648, la *paz de Westfalia*, que puso fin a la guerra de los Treinta Años.
oso, sa m. y f. *Zool.* Nombre de varias especies de mamíferos carnívoros plantígrados de la familia úrsidos, con diversos géneros. || **oso blanco** o **polar** *Zool.* De nombre científico *Thalarctos maritimus*, es el carnívoro más grande de la zona polar, con más de 3 m de longitud. Su cuerpo aparece recubierto de un denso pelaje blanco que con la edad amarillea. Vive en los hielos de las zonas más septentrionales del hemisferio N. || **oso hormiguero** *Zool.* Nombre de varios mamíferos desdentados de la familia mirmecofágidos, propios de América, desde el S de México al N de Argentina. Su alimentación se basa en hormigas y termitas, que consigue destruyendo los hormigueros con sus fuertes garras e introduciendo por los huecos su larga y viscosa lengua. || **oso marino** *Zool.* Nombre de varias especies de mamíferos carnívoros marinos de la familia otáridos, géneros *Callorhinus* y *Arctocephalus*. || **oso marsupial** *Zool.* KOALA. || **oso panda** PANDA². || **oso pardo** *Zool.* De nombre científico *Ursus arctos*, tiene la cabeza ancha, el hocico puntiagudo, el tronco pesado y las manos y pies cortos y provistos de fuertes uñas. Es un animal omnívoro, nocturno y solitario, que vive en los bosques de Europa y gran parte de Asia. || **hacer** uno **el oso** fr. fig. y fam. Hacer o decir tonterías exponiéndose a las burlas de la gente.
-oso *Quím.* suf. que indica una valencia más baja que la significada por el suf. -ICO.
OSO *Geog.* Abreviatura de OESTESUDOESTE.
Oso, Gran Lago del (*Great Bear Lake*) Lago de Canadá, en los territorios del Noroeste; 31.792 km².
Oso Grande, Lago del OSO, GRAN LAGO DEL.
Osorio, Óscar Militar y político salvadoreño (Sonsonate, 1910 - Houston, 1969). Desterrado en México, regresó a su país en 1948 y participó en el Consejo del gobierno revolucionario. A partir de 1950 ocupó la presidencia de la República, cargo en el que se mantuvo 1956.

OSORIO LIZARAZO, JOSÉ ANTONIO Novelista colombiano (Bogotá, 1900 - Buenos Aires, 1964). Su obra, de carácter naturalista, manifiesta desde una posición crítica sus inquietudes sociales: *La cara de la miseria* (1927), *Casa de vecindad* (1930), *El hombre bajo la tierra* (1944), *El día del odio* (1952).

OSORNINO, NA adj. y s. De Osorno.

OSORNO Ciudad de Chile, región de Los Lagos; 123.055 h. Importante centro turístico. Industria agroalimentaria.

OSORNO Volcán de Chile, en la región de Los Lagos; 2.652 m.

OSOS, GRAN LAGO DE LOS OSO, GRAN LAGO DEL.

OSOS, ISLA DE LOS SVALVARD.

OSOSO, SA adj. **1** Relativo al hueso. **2** Que tiene hueso.

OSPINA, PEDRO NELL Político colombiano (Bogotá, 1858 - Medellín, 1927). Miembro del partido conservador, fue ministro de la Guerra y, posteriormente, presidente de la República (1922-26).

OSPINA PÉREZ, MARIANO Político colombiano (Medellín, 1891 - Bogotá, 1976). Miembro del ala moderada del Partido Conservador, entre 1946 y 1950 ostentó la presidencia de la República.

OSPINA RODRÍGUEZ, MARIANO Político colombiano (Guasca, 1806 - Medellín, 1870). Dirigente del Partido Conservador, ocupó la presidencia de la República entre 1857 y 1861. En 1858 sancionó la Constitución que organizaba el país en la llamada Confederación Granadina. El enfrentamiento entre los centralistas y los federalistas desembocó en una guerra civil (1860-62), tras la cual fue desterrado.

OSSA Monte de Grecia, en Tesalia, Nomo de Larisa; 1.978 m de altura. En la mitología griega se le consideraba la residencia de los centauros y gigantes.

OSSIAN Héroe y bardo legendario escocés (s. III). La tradición lo considera el gran poeta del pueblo gaélico, autor de poemas (baladas y cantos) y cuentos. En el siglo XVIII, Macpherson publicó algunos fragmentos de supuestos cantos de Ossian que dijo haber descubierto en la tradición oral de los Highlands, aunque tan reelaborados que se puso en duda su autenticidad. Alcanzaron mucho éxito en Europa y ejercieron una notable influencia en los autores prerrománticos.

OSSIETZKY, CARL VON Publicista y político alemán (Hamburgo, 1889 - Berlín, 1938). Pacifista activo, fundó movimientos y publicaciones de carácter antimilitarista, como *Marzo* y *La Revolución*. Premio Nobel de la Paz en 1935.

OST-; -OST- pref. o in. OSTE-.

OSTADE, ADRIAEN VAN VAN OSTADE, ADRIAEN.

OSTE-, OST-, OSTEO-; -OST-; -ÓSTEO, -OSTIO prefs., in. o sufs. que significan hueso: *periostio*.

OSTEÍCTIO, TIA u **OSTEICTIO, TIA** adj. y m. *Zool.* **1** Se aplica al pez que posee un esqueleto total o parcialmente osificado, con el cuerpo fusiforme y cubierto de escamas imbricadas; las aletas aparecen en la proporción de tres impares y dos pares, y la caudal puede ser homo u heterocerca. Ejemplos muy conocidos son la carpa, trucha, merluza, pescadilla y caballito de mar. || m. pl. *Zool.* **2** Clase de estos peces.

OSTEÍTIS f. *Med.* Inflamación de los huesos.

OSTENDE Ciudad del O de Bélgica, en Flandes Occidental; 68.527 h.

OSTENSIBLE adj. **1** Que puede manifestarse o mostrarse. **2** Claro, manifiesto, patente.

OSTENTACIÓN f. **1** Acción y efecto de ostentar. **2** Jactancia y vanagloria. **3** Magnificencia exterior y visible.

OSTENTAR tr. **1** Hacer patente una cosa. **2** Hacer gala de grandeza, lucimiento y boato.

OSTENTOSO, SA adj. Magnífico, suntuoso.

OSTEO-; -ÓSTEO pref. o suf. OSTE-.

OSTEOLITO m. *Paleon.* Hueso fósil.

OSTEOLOGÍA f. *Anat.* Parte de la anatomía que trata de los huesos.

OSTEOMA m. *Med.* Tumor benigno de naturaleza ósea.

OSTEOMALACIA f. *Med.* Afección consistente en el reblandecimiento de los huesos.

OSTEOMIELITIS f. *Med.* Inflamación simultánea del hueso y de la médula ósea.

OSTEONA f. *Biol.* Sistema haversiano con sus laminillas y canal de Havers.

OSTEOPATÍA f. *Med.* Término general para designar cualquier alteración ósea.

OSTEOPOROSIS f. *Pat.* Pérdida de tejido óseo, con aumento de la médula y los espacios de Havers.

ÖSTERGÖTLAND Condado de Suecia; 10.562 km² y 412.411 h. Su capital es Linköping.

ÖSTFOLD Condado de Noruega; 4.183 km² y 246.018 h. Su capital es Moss.

OSTIA Población de Italia, cercana a la desembocadura del Tíber, que fue fundada sobre los restos de la antigua ciudad de Ostia *(Ostia Antica)*. Su puerto tuvo gran importancia para el abastecimiento de Roma.

OSTIAL m. **1** Lugar en que se pescan perlas. **2** Conchas en que se crían las perlas.

OSTIARIADO m. *Hist.* y *Rel.* Orden de ostiario, la inferior de las cuatro menores, hoy suprimida (ORDEN MENOR).

-OSTIO suf. OSTE-.

OSTÍOLO m. *Bot.* Orificio del estoma de las plantas.

OSTIÓN m. OSTRÓN.

-OSTR- in. OSTRAC-.

OSTRA f. **1** *Zool.* Nombre de varias especies de moluscos lamelibranquios acéfalos de la familia ostreidos, géneros *Ostrea* y *Crassostrea*, marinos, con concha de valvas desiguales y ásperas. Es comestible. **2** *Zool.* Concha de la madreperla. **3** fig. y fam. El misántropo o de carácter aburrido. También adj. || **aburrirse como una ostra** fr. fig. y fam. Aburrirse extraordinariamente.

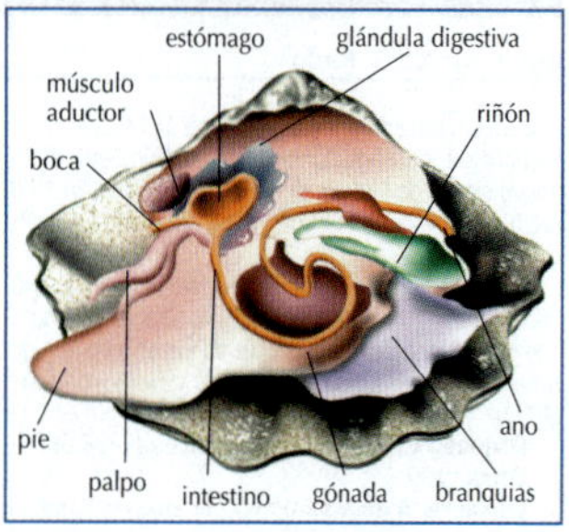

Anatomía de la **ostra**.

OSTRAC-, OSTRACO-; -OSTR-; -ÓSTRACO prefs., in. o suf. que significan concha.

OSTRACISMO m. **1** *Hist.* En la antigua Grecia, destierro político. Fue introducido por Clístenes en Atenas (508 a. C.). **2** fig. Exclusión voluntaria o forzosa de los cargos políticos. **3** fig. Aislamiento al que se somete a una persona, generalmente por no resultar grata.

OSTRACO-; -ÓSTRACO pref. o suf. OSTRAC-.

OSTRAL m. Criadero de ostras.

OSTRAVA Ciudad de la República Checa, capital de la provincia de Moravia Septentrional, cerca de la frontera polaca; 325.827 h.

OSTRERO, RA adj. *Zool.* **1** Relativo a las ostras. || m. y f. **2** Persona que vende ostras. || m. **3** Criadero de ostras. **4** Ave caradriforme perteneciente a la familia hematopódidos, de nombre científico *Haematopus ostralegus*, de unos 43 cm de longitud, plumaje blanco y negro, y pico y patas largos y rojos. Se alimenta de moluscos. Vive en las zonas costeras de Eurasia, América, S de África y Australia.

OSTRICULTURA f. *Zool.* Arte de criar ostras.

OSTRO m. **1** *Zool.* Molusco cuya tinta servía para dar a las telas el famoso color de púrpura. **2** fig. Color o tinte de púrpura.

OSTROGODO, DA adj. **1** *Hist.* Se dice de la rama oriental del pueblo godo. Más como m. pl. **[Encic.]** **2** Se dice también de sus individuos. También s. **3** Relativo a los ostrogodos.

HIST. Los ostrogodos se asentaron al E de Europa Central, donde fundaron un reino hacia el 350. Teodorico el Grande los condujo hacia la península itálica y, tras la victoria de Verona (493) contra los hérulos, estableció el reino ostrogodo de Italia. Tras la caída de Nápoles y Roma, las tropas bizantinas asediaron al rey Vitigio en Rávena, donde fue vencido por Belisario (540). El sucesor de Vitigio, Totila, reconquistó Italia, excepto Rávena, pero cayó en combate frente a Narses en Tadinae. Su sucesor, y último rey, Teya, murió poco después en Nápoles, y los bizantinos pasaron a controlar toda la península.

OSTROLEKA Ciudad de Polonia, junto al río Narew; 52.400 h.

OSTRÓN m. *Zool.* Especie de ostra, mayor y más basta que la común.

OSTROVSKI, ALEXANDR NICOLAIEVICH Dramaturgo ruso (Moscú, 1823 - Schelicovo, 1886). Su obra retrata con gran realismo los diferentes estratos sociales: *Con los nuestros nos apañamos* (1850), *No te sientes sobre el trineo ajeno* (1853), *No puedes vivir como te parezca* (1855). En 1886 fue nombrado director de los teatros de Moscú.

OSTWALD, WILHELM Químico-físico alemán (Riga, 1853 - Grossbothen, 1932). En 1909 recibió el premio Nobel de Química por su teoría de la catálisis y por sus investigaciones sobre los principios del equilibrio químico.

OSUNA, FRANCISCO DE Escritor místico español (Osuna, h. 1497 - ?, h. 1542). Miembro de la orden franciscana, su obra más destacada es *Abecedario espiritual* (1525-54).

OSUNO, NA adj. Relativo al oso.

OSWIECIM AUSCHWITZ.

OT-, OTO-; -OTO-; -OTA, -OTIA, -ÓTICO, -ÓTIDA, -OTINO, -OTIS, -OTO prefs., in. o sufs. que significan oído: *otitis, parótida*.

OTAKAR u **OTOKAR** Nombre de dos reyes de Bohemia.

OTAKAR I PREMYSL (? - ?, 1230). Hijo del duque Ladislao II, y a su vez duque de Bohemia (1197-98), en 1198 Felipe de Suabia le concedió el título real, que le fue confirmado por Inocencio III en 1214.

OTAKAR II PREMYSL (?, 1230 - Dürnkrut, 1278). Hijo de Wenceslao I, ocupó el trono en 1253. Enemigo de Rodolfo de Habsburgo, perdió ante él la elección al Sacro Imperio (1273) y, posteriormente, se vio obligado a cederle los territorios austriacos.

OTALGIA f. *Med.* Dolor de oídos.

OTAN Siglas de ORGANIZACIÓN DEL TRATADO DEL ATLÁNTICO NORTE.

OTARIA f. *Zool.* LEÓN MARINO.

OTAWA OTTAWA.

OTEAR tr. **1** Mirar, registrar desde un lugar alto lo que está abajo. **2** Escudriñar.

OTERO m. Cerro aislado que domina un llano.

OTERO, LISANDRO Escritor cubano (La Habana, 1932). Entre sus novelas, merecen citarse *La situación* (1963), *Pasión de Urbino* (1966), *Ciudad semejante* (1970), *Árbol de la vida* (1991).

OTERO SILVA, MIGUEL Escritor venezolano (Barcelona, 1908 - Caracas, 1985). Entre sus novelas, de temática social, destacan *Fiebre* (1939), *Casas muertas* (1955), *Cuando quiero llorar no lloro* (1970), *Lope de Aguirre, príncipe de la libertad* (1979). Publicó asimismo varios poemarios: *Agua y cauce* (1937), *Sinfonías tontas* (1966).

OTHÓN, MANUEL JOSÉ Escritor mexicano (San Luis Potosí, 1858 - íd., 1906). Su obra poética, de transición entre posromanticismo y modernismo, es un canto a la naturaleza de su país: *Poemas rústicos* (1882), *Idilio salvaje* (1905). Escribió, asimismo, dramas como *Después de la muerte* (1884) y *El último capítulo* (1906).

-OTIA, -ÓTICO suf. OT-.

-ÓTIDA suf. OT-.

-OTINO suf. OT-.

-OTIS suf. OT-.

OTITIS f. *Med.* Inflamación del oído.

OTMÁN UTMAN IBN AFFAN.

OTO-; -OTO-; -OTO pref., in. o suf. OT-.

OTOBA f. *Bot.* Árbol tropical americano cuyo fruto es muy parecido a la nuez moscada.

OTOLOGÍA f. *Med.* Rama de la medicina que estudia el oído y sus enfermedades.

OTOMÁN m. Tela de tejido acordonado.

OTOMANA f. Sofá otomano, o sea al estilo de los que usan los turcos o los árabes.

OTOMANO, NA adj. y s. De Turquía.

OTOMANO, IMPERIO *Hist.* Estado creado por los turcos originarios del Asia central, que recibió su nombre de Otomán u Otmán (1259-1326), sultán desde 1299. En 1453 los otomanos tomaron Constantinopla, ocuparon inmensos territorios en el SE de Europa y en el N de África, y prosiguieron su avance hasta llegar a las puertas de Viena. El imperio otomano alcanzó su apogeo a mediados del siglo XVI con Solimán el Magnífico, después del cual se inició la decadencia, en parte contenida durante los reinados de Murat IV y sus sucesores Ibrahim y Muhammad IV, en la primera mitad del siglo XVII. Ya en el siglo XIX, el imperio fue perdiendo territorios: Grecia (1829), Rumania (1856), Montenegro (1862-63), Bulgaria y Bosnia-Herzegovina (1878). Tras las guerras balcánicas de 1912, quedó reducido, en Europa, a Constantinopla y a parte de Tracia. Su desaparición tuvo lugar al término de la Primera Guerra Mundial, dando origen a la moderna Turquía.

OTOMÍ adj. **1** *Etnol.* Se dice de un grupo de pueblos amerindios del altiplano central de México, al N de Ciudad de México, que estaba sometido a los aztecas y que a la llegada de los españoles tenía una cultura bastante avanzada. Más como m. pl. **2** Se dice también de sus individuos. También com. **3** Relativo a este grupo de pueblos. || m. *Ling.* **4** Lengua del grupo lingüístico otomangue, hablada por unas 300.000 personas en el Estado de Guanajuato, alrededor de Querétaro y hasta Dolores-Hidalgo.

OTÓN Nombre de diversos emperadores del sacro imperio romano germánico.

OTÓN I EL GRANDE (Walhausen, 912 - Memleben, 973). Hijo y sucesor de Enrique I el Pajarero (936), tras someter a la nobleza nacional, consolidó su poder en Alemania. En 951 se proclamó rey de Italia y, posteriormente, fue coronado emperador en Roma (962). Fue el fundador del sacro imperio romano germánico. Rechazó la invasión magiar (Lechfeld, 955) y realizó campañas contra los eslavos.

OTÓN II EL ROJO (?, 955 - Roma, 983). Hijo de Otón I, le sucedió en el trono de Germania (961) y a su muerte fue proclamado emperador (973). Restableció la autoridad alemana en Italia.

OTÓN III (Kessel, 980 - Paterno, 1002). Hijo de Otón II, le sucedió en el trono de Germania en el 983 y fue proclamado emperador en el 996. Alumno del Gerberto de Aurillac, a quien hizo papa con el nombre de Silvestre II (999). Trasladó la capital a Roma.

OTÓN IV (Normandía, 1175 - Harzburgo, 1218). Hijo de Enrique el León, duque de Baviera y Sajonia. Elegido rey en 1197, fue proclamado emperador (1198) por la facción güelfa, pero no se le reconoció hasta la muerte de Felipe de Suabia (1208). Fue excomulgado por Inocencio III (1210) y derrotado por Federico II (1214).

OTÓN, MARCO SALVIO Emperador romano (Ferentinum, 32 - Brixellum, 69). Urdió una conspiración contra Galba y se proclamó emperador (69). Inmediatamente después, las legiones eligieron en Germania a Vitelio, y Otón fue derrotado.

OTÓN I Rey de Grecia (Salzburgo, 1815 - Bamberg, 1867). Hijo de Luis I de Baviera, fue designado rey por la Conferencia de Londres (1832). Abdicó en 1862.

OTOÑADA f. **1** Otoño, estación del año. **2** *Agr.* Época de recolección de los productos de la tierra y abundancia de pastos, que se da en el otoño.

OTOÑAR intr. **1** Pasar el otoño. **2** Brotar la hierba en el otoño. || prnl. **3** Adquirir estado fértil la tierra en otoño.

OTOÑO m. **1** Una de las cuatro estaciones del año que, en el hemisferio N, comienza con el equinoccio de otoño (23 de septiembre) y termina con el solsticio de invierno (21 de diciembre), y en el S está comprendida entre el equinoccio de primavera (21 de marzo) y el solsticio de verano (21 de junio). **2** *Ecol.* Segunda hierba o heno que producen los prados en la estación del otoño. **3** fig. Periodo de la vida humana en que ésta declina de la plenitud hacia la vejez.

O'TOOLE, PETER Actor británico (Connemara, Galway, 1932). Su primer éxito cinematográfico llegó con *Lawrence de Arabia* (1962). Posteriormente, ha intervenido en *Becket* (1964), *Lord Jim* (1964), *El león en invierno* (1967), *Calígula* (1979), *Isabelle Eberhardt* (1992), *La séptima moneda* (1993), *Phantoms* (1996) y *Juana de Arco* (1999).

OTORGAMIENTO m. **1** Permiso, consentimiento, parecer favorable. **2** *Der.* Acción de otorgar un instrumento: como poder, testamento, etc. **3** *Der.* Escritura de contrato o de última voluntad. **4** *Der.* Parte final del documento notarial en que éste se aprueba, cierra y solemniza.

OTORGAR tr. **1** Consentir o conceder. **2** Hacer merced o gracia de algo. **3** *Der.* Disponer, establecer, estipular algo, especialmente cuando interviene la fe notarial.

OTORREA f. *Med.* Flujo mucoso o purulento procedente del oído.

OTORRINOLARINGOLOGÍA f. *Med.* Parte de la medicina que trata de las enfermedades del oído, nariz y garganta.

OTOSCLEROSIS f. *Pat.* Esclerosis progresiva del oído interno, que produce sordera.

OTOSCOPIA f. *Med.* Exploración del oído.

OTRANTO, CANAL DE Estrecho que separa Albania de Italia y comunica los mares Adriático y Jónico.

OTRO, TRA adj. **1** Se aplica a la persona o cosa distinta de aquella de que se habla. También s. **2** Se usa muchas veces para explicar la semejanza entre dos cosas o personas distintas. **3** Con artículo y ante sustantivos como *día, tarde, noche,* los sitúa en un pasado cercano. **4** Con a y artículo, ante sustantivos como *día, semana, mes, año,* equivale a siguiente. **5** Se aplica a cualquier persona distinta de la que habla o piensa. || **esa es otra** expr. que indica un nuevo despropósito o dificultad. || **¡otra!** Voz con que en espectáculos públicos se pide la repetición de una actuación que ha gustado mucho. También, interj. que denota impaciencia por los errores del interlocutor. || **otro,** u **otra, que tal** o **que tal baila** exp. fig. y fam. con las que se da a entender la semejanza de defectos entre dos personas o cosas.

OTRORA adv. t. En otros tiempos.

OTROSÍ adv. c. **1** Además. Se usa en lenguaje jurídico. || m. *Der.* **2** Cada una de las consideraciones o peticiones que se ponen después de la principal.

OTTAWA Río de Canadá, que nace al O de la provincia de Quebec y desemboca en el San Lorenzo; 1.000 km de curso.

OTTAWA Ciudad capital de Canadá, provincia de Ontario, en la confluencia del Rideau con el Ottawa; 313.987 h. Manufacturas de papel, jabón, maquinaria, muebles y conservas. Fundada en 1827 con el nombre

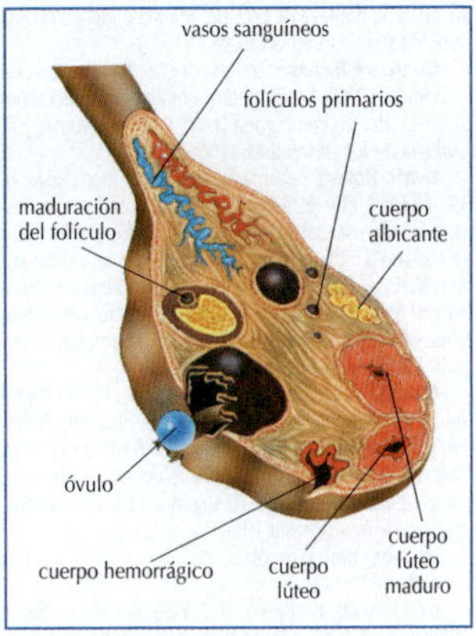

Anatomía del **ovario** humano.

de *Bytown,* pasó a ser capital del país en 1858 para poner fin a la rivalidad entre Montreal y Toronto.

OTTO, NIKOLAUS Ingeniero alemán (Holzhausen, 1832 - Colonia, 1891). Diseñó el primer motor de gasolina de dos tiempos (1871) y el primer motor de cuatro tiempos (1876).

OTTO, RUDOLF Teólogo y filósofo alemán (Peine, 1869 - Marburgo, 1937). Influido por la fenomenología, es autor de *Lo santo* (1917).

OTWAY, THOMAS Autor dramático inglés (Trotten, 1652 - Londres, 1685). Alcanzó la fama como autor de tragedias, entre las que destacan *Alcibiades* (1675) y, especialmente, *Venice Preserved* (1682).

OUA Siglas de ORGANIZACIÓN DE LA UNIDAD AFRICANA.

OUAGADOUGOU Ciudad capital de Burkina Faso y de la provincia de Kadiogo; 441.514 h.

OUARZAZATE Provincia de Marruecos; 41.550 km^2 y 649.000 h. Su capital es la ciudad del mismo nombre.

OUD, JACOB JAN PETER Arquitecto holandés (Purmeren, 1890 - Wassenaar, 1963). Junto con Mondrian y Van Doesburg, fundó, en 1917, el grupo *De Stijl.* Entre sus proyectos figuran las residencias de la colonia Oud-Mathenesse y las viviendas para obreros construidas en el Hoek van Holland.

OUESSANT Isla de Francia, en el Atlántico, frente a las costas del departamento de Finisterre; 15 km^2 y 1.940 h.

OUEST Departamento de Haití; 4.827 km^2 y 2.494.862 h. Su capital es Puerto Príncipe.

OUEZZANE Ciudad de Marruecos, al NE de Fez; 40.500 h. Centro de peregrinaciones musulmanas.

OUGUIYA m. *Econ.* Unidad monetaria de Mauritania.

OUIJA f. *Ocult.* Tablero que utilizan los mediums para comunicarse supuestamente con los espíritus.

OUJDA 1 Provincia de Marruecos; 20.700 km^2 y 974.000 h. **2** Ciudad capital de la provincia del mismo nombre; 260.082 h.

OULU *(Ulea)* Lago de Finlandia, en la provincia de Oulu; de él parte el río de su nombre; 900 km^2.

OURENSE ORENSE.

OURO PRETO Ciudad de Brasil, Estado de Minas Gerais. Famosa por su arquitectura barroca colonial. Fue capital del Estado (1823-97).

OUTEIRO DE REI OTERO DE REY.

OUTPUT (Voz i.) m. **1** *Econ.* Producto que resulta, en un proceso económico, de la combinación de los diversos factores de producción. **2** *Inform.* Cualquier sistema de salida de información de un ordenador.

OV-, OVI-, OVO- prefs. que significan huevo.

OVA f. *Bot.* Cualquiera de las algas unicelulares y filamentosas que se crían en el agua. Más en pl.

OVACIÓN f. **1** *Hist.* Uno de los triunfos menores que concedían los romanos por haber vencido a los enemigos sin derramar sangre, o por alguna victoria de no mucha consideración. **2** fig. Aplauso ruidoso que se tributa colectivamente.

OVACIONAR tr. Aclamar, tributar una ovación, aplauso.

OVADO, DA adj. **1** De figura de huevo. **2** *Bot.* Se dice de las hojas unidas por el extremo ancho.

OVAL adj. **1** De figura de óvalo. **2** *Bot.* Se dice de la hoja cuyo limbo semeja un óvalo.

OVALADO, DA adj. De figura de óvalo.

OVALAR tr. Dar a una cosa figura de óvalo.

OVALLE, ALONSO DE Escritor chileno (Santiago de Chile, 1601 - Lima, 1651). Perteneciente a la Compañía de Jesús, ha sido considerado como el primer historiador chileno. Es autor de la *Histórica relación del reino de Chile* (1646).

OVALLE, JOSÉ TOMÁS Político chileno (Santiago de Chile, 1788 - íd., 1831). Vicepresidente de la República (1829), se hizo cargo del Ejecutivo tras la renuncia de Ruiz Tagle (1830).

OVALLE, JUAN ANTONIO Político chileno (s. XIX). Presidió el primer congreso nacional en 1811 al frente de los moderados. En 1814 fue desterrado por los españoles a la isla de Juan Fernández.

ÓVALO m. *Geom.* Curva cerrada con dos ejes de simetría perpendiculares entre sí, compuesta de varios arcos de circunferencia tangentes entre sí.

OVANDO, NICOLÁS DE Administrador colonial español (Brozas, 1460 - Sevilla, 1518). Gobernador de las Indias Occidentales (1501-09), emprendió la reorganización del gobierno colonial.

OVANDO CANDÍA, ALFREDO Militar y político boliviano (Cobija, 1918 - La Paz, 1982). En 1969, mediante un golpe de Estado que derrocó a Luis Adolfo Siles Salinas, asumió la presidencia de Bolivia. Se mantuvo en el poder hasta octubre de 1970, fecha en que fue destituido por el general Miranda.

OVAR intr. Aovar.

OVARIO m. **1** *Anat.* Órgano par situado en la cavidad de la pelvis y a ambos lados del útero. Su misión es la producción de células y hormonas femeninas. En él se pueden distinguir una *zona medular,* con gran cantidad de nervios y vasos sanguíneos, y una *zona cortical* con pequeños sacos o folículos en cuyo interior está la célula sexual. **2** *Arquit.* Moldura adornada con óvalos. **3** *Bot.* Pared basal y ensanchada del carpelo de la flor que contiene los primordios seminales.

OVEJA f. *Zool.* Mamífero artiodáctilo herbívoro, perteneciente a la familia bóvidos, de nombre científicico *Ovis aries.* De la oveja doméstica existen más de 400 razas distintas criadas por diversos motivos, carne, grasa, lana o leche. || **oveja negra** fig. Persona que, en una familia o colectividad, difiere desfavorablemente de las demás.

OVEJERÍA f. **1** *Amér. m.* Ganado ovejuno y hacienda destinada para su crianza. **2** *Chile* Crianza de ovejas.

OVEJERO, RA adj. y s. Que cuida de las ovejas.

OVERA f. *Zool.* Ovario de las aves.

OVERBECK, JOHANN FRIEDRICH Pintor alemán (Lübeck, 1789 - Roma, 1869). Propugnó el retorno a la historia nacional y a la religión como fuentes de inspiración: *Entrada de Cristo en Jerusalén* (1809-24), *Autorretrato con la mujer y el hijo del pintor* (1820), *El triunfo de la religión* (1840).

OVERBOOKING (Voz i.) m. Práctica ilegal de contratar más plazas que las disponibles, especialmente en los hoteles y en los vuelos comerciales.

OVERIJSSEL Provincia de los Países Bajos, entre el lago Ijssel y Alemania; 3.337 km^2 y 1.070.400 h. Su capital es Zwolle.

OVERO, RA adj. **1** Se dice de las caballerías de color parecido al melocotón. También s. **2** *Amér.* Se dice de las caballerías de color pío.

OVETENSE adj. y com. De Oviedo.

OVI- pref. OV-.

OVICIDA adj. y m. *Quím.* Se dice de los productos químicos que se emplean contra los insectos y ácaros en la fase de huevo.

OVIDIO NASÓN, PUBLIO Poeta romano (Sulmona, 43 a. C. - Constanza, Rumania, 17 d. C.). Por motivos desconocidos fue deportado a Tomis, en el Ponto Euxino. Su obra fue acusada de inmoral y los ejemplares quemados en público. Considerado como el más ingenioso de los poetas romanos, combinó en sus composiciones la espontaneidad y la sencillez con un estilo cuidado. Su obra puede dividirse en tres categorías: eróticas, mitológicas o de la madurez y poemas del exilio. En la primera se incluyen los *Amores,* las *Heroidas, Ars amandi, Remedios de amor* y *De los medicamentos de la cara.* La etapa de madurez comprende *Las Metamorfosis,*

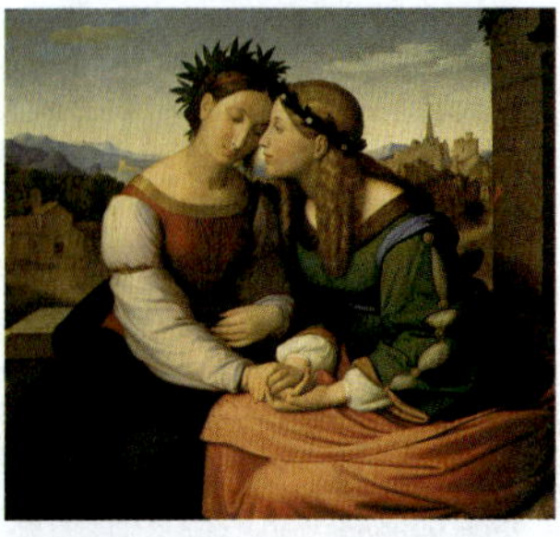

Johann Friedrich **Overbeck.** *Italia y Germania.* Nueva Pinacoteca (Munich).

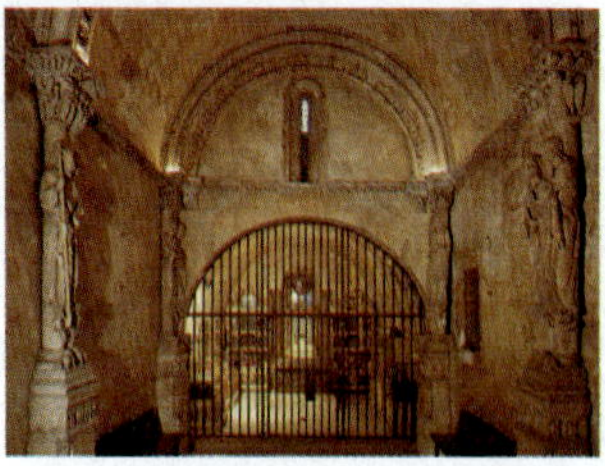

Oviedo (Asturias). Cámara Santa de la catedral.

vasto poema en el que se tratan las transformaciones de distintos personajes mitológicos. Los poemas del exilio son *Ibis*, las *Tristes*, las *Pónticas* y *La pesca*, poema didáctico.

óvido adj. y m. *Zool.* **1** Se aplica al mamífero artiodáctilo bóvido, pequeño, generalmente cubierto de abundante lana, como la cabra y la oveja. || m. pl. *Zool.* **2** Subfamilia de estos mamíferos.

oviducto m. *Anat.* Conducto que lleva los óvulos desde el ovario al exterior. En los mamíferos se llama también *trompa de Falopio.*

Oviedo Municipio y ciudad de España, provincia de su nombre; 200.049 h. La ciudad es capital del Principado de Asturias y de la provincia de Asturias. Centro comercial. Industrias metalúrgicas, químicas. Universidad. Arzobispado. Catedral gótica (siglos XIV-XVI), que se levanta sobre un primitivo templo edificado por Fruela I en el siglo VIII.

ovillado m. Operación de preparar los ovillos de hilo de urdimbre o trama, cintas, etc., que se hace a mano o, más generalmente, de forma mecánica en las ovilladoras.

ovillador, ra adj. y s. **1** Que ovilla. || m. y f. **2** Persona que dirige la máquina que arrolla el hilo en ovillos. || f. **3** Máquina que lleva a cabo el ovillado.

ovillar intr. **1** Hacer ovillos. || prnl. **2** Hacerse un ovillo.

ovillo m. **1** Bola que se forma al devanar una fibra textil. **2** fig. Cosa enredada y de figura redonda. **3** fig. Montón confuso de cosas. || **hacerse** uno **un ovillo** fr. fig. y fam. Encogerse, acurrucarse. También, fig. y fam. Confundirse al hablar o discurrir.

ovino, na adj. y m. *Zool.* **1** Se dice del mamífero rumiante de la familia bóvidos, al que pertenecen los carneros y ovejas domésticos, el muflón, etc. || m. pl. *Zool.* **2** Subfamilia de estos mamíferos.

ovíparo, ra adj. y s. *Zool.* Se dice de la especie animal que se reproduce por huevos, que se desarrollan y eclosionan fuera del cuerpo materno.

oviscapto m. *Zool.* Órgano perforador que tienen en el extremo del abdomen las hembras de muchos insectos, con el que abren un hueco en la tierra o a través de tejidos vegetales y animales, hueco en el que depositan los huevos.

OVNI Siglas de OBJETO VOLANTE NO IDENTIFICADO.

ovo- pref. OV-.

ovogénesis f. *Fisiol.* OOGÉNESIS.

ovogonia f. *Biol.* OOGONIA.

ovoide adj. y s. De figura de huevo.

óvolo m. *Arquit.* Adorno en figura de huevo con puntas de flecha intercaladas.

ovoteste m. *Med.* Gónada con tejido testicular y ovárico. Es causa de hermafroditismo verdadero.

ovovivíparo, ra adj. y s. *Zool.* Se dice del animal que produce huevos que se desarrollan internamente y eclosionan antes o poco después de su expulsión.

ovulación f. *Fisiol.* Proceso de maduración del óvulo y su salida del folículo rompiendo la pared. El óvulo cae en la trompa de Falopio. En el punto del ovario donde se rompe un folículo se desarrolla una estructura amarillenta *(cuerpo lúteo).* Si el óvulo es fecundado, éste permanece hasta el nacimiento sirviendo de glándula de secreción interna, mientras que en caso contrario degenera y deja en su lugar una cicatriz.

ovular[1] adj. *Fisiol.* Perteneciente o relativo al óvulo o a la ovulación.

ovular[2] intr. *Fisiol.* Salir el óvulo del ovario.

óvulo m. *Anat.* Gameto o célula reproductora femenina.

Owen, Gilberto Escritor mexicano (El Rosario, 1905 - Filadelfia, 1952). Su prosa esteticista queda plasmada en la novela *Novela como nube* (1928). En su producción poética destacan *Desvelo* (1925), *Línea* (1930) y *Libro de Ruth* (1944).

Owen, Glendower Príncipe galés (?, h. 1359 - Monington, 1415). Enfrentado a Enrique IV, en 1400 encabezó una sublevación que contó con el apoyo de un sector de la nobleza de Escocia, Irlanda e Inglaterra. Fue vencido y muerto en combate.

Owen, sir Richard Zoólogo inglés (Lancaster, 1804 - Londres, 1892). Escribió, entre otras obras, *Lecciones sobre anatomía comparada* (1843-46) y *Anatomía y fisiología de los vertebrados* (1866-68).

Owen, Robert Reformador social británico (Newton, 1771 - íd., 1858). Está considerado uno de los más destacados representantes del socialismo utópico. En 1824 se trasladó a Indiana, y allí fundó sin éxito una aldea comunitaria donde pretendió llevar a la práctica sus teorías. Al regresar a Inglaterra, tomó parte activa en el movimiento sindical y contribuyó definitivamente al impulso del movimiento cooperativista.

Owens, Jesse (James Cleveland Owens, llamado) Atleta estadounidense (Danville, 1913 - Tucson, 1980). Fue cuádruple campeón olímpico en Berlín (1936), en 100 y 200 m, salto de longitud y relevos 4 x 100 m. En 1936 igualó la marca de 10 segundos en 100 m lisos, que no fue batida hasta 1960.

ox-; -ox- pref. o in. OXI-.

oxa- pref. OXI-.

oxalidáceo, a adj. y f. *Bot.* **1** Se dice de la planta angiosperma dicotiledónea herbácea, con flores regulares y fruto en cápsula, como la aleluya y el carambolo. || f. pl. *Bot.* **2** Familia de estas plantas.

Oxenstierna, Axel Gustafsson Estadista sueco (Fanö, 1583 - Estocolmo, 1654). Canciller del reino (1612), en 1626 fue nombrado gobernador general de Prusia. Tras la muerte de Gustavo Adolfo (1632), se encargó de la regencia de la reina Cristina. Introdujo reformas mediante la Constitución de 1634.

Oxford Ciudad del Reino Unido, en Inglaterra, a orillas del Támesis y al NO de Londres; 132.000 h. Centro industrial. Turismo. Destacado centro cultural. Debe su fama a su universidad, construida en estilo gótico (siglo XII). Catedral románico-normanda (1141-80).

Oxford, escuela de *Filos.* Escuela de filosofía integrada por frailes franciscanos de esta universidad en el siglo XIII. Prestaron especial atención al conocimiento científico, y se les considera los difusores del pensamiento aristotélico en Occidente. Entre sus componentes destacaron Duns Scoto y Roger Bacon.

Oxford, movimiento de *Rel.* Movimiento religioso que se formó en el seno de la iglesia anglicana a principios del siglo XIX, con el fin de recobrar los antiguos valores cristianos y hacer frente al racionalismo. Entre sus miembros destacaron John H. Newman y E. Pusey.

Oxford, provisiones o **estatutos de** *Hist.* Conjunto de reformas impuesto al rey de Inglaterra Enrique III en 1258. Entre ellas figuraba la existencia de un Parlamento formado por barones que se reuniría tres veces al año para recibir las quejas del pueblo y elegir a los grandes cargos. Además, regulaba la formación de un consejo permanente, cuyas decisiones deberían ser seguidas por el rey, cuyo poder quedaba, por tanto, limitado. Fueron anuladas por la sentencia de Kenilworth, en 1266.

Oxfordshire Condado del Reino Unido, en Inglaterra; 616.700 h.

oxi-, oci-, ox-, oxa-; -ox-, -oxi-; -oxi, -oxia, -oxo prefs., ins. o sufs. que significan agudo, ácido, rápido, fino, etc.: *desoxirribonucleico, paroxismo.*

-oxia suf. OXI-.

oxiacetilénico, ca adj. *Quím.* **1** Relativo a la mezcla de oxígeno y acetileno. **2** Se dice de los sopletes que emplean dicha mezcla.

oxidación f. *Quím.* **1** Acción y efecto de oxidar. **2** Combinación del oxígeno con cualquier otra sustancia. **3** Reacción en la que un compuesto o radical cede electrones a otro.

oxidar tr. y prnl. *Quím.* Transformar un cuerpo por la acción del oxígeno o de un oxidante.

óxido m. *Quím.* Compuesto inorgánico del oxígeno con otro elemento, de acuerdo con la valencia de éste. Los óxidos metálicos en contacto con el agua producen hidróxidos, a diferencia de los óxidos de los elementos no-metálicos, o anhídridos, que forman ácidos. Los óxidos se clasifican, según el número de valencias del elemento que se une con el oxígeno, en *normales,* cuando el elemento presenta las valencias corrientes de sus sales; *subóxidos,* en los que el elemento presenta una valencia inferior a la de cualquier serie de sus sales; *peróxidos,* si la valencia del elemento es superior a la de cualquier serie de sus sales, y *mixtos,* en los que la valencia del elemento aparece con un valor fraccionario entre dos números enteros. || **óxido de bario** *Quím.* BARITA.

oxigenar tr. y prnl. *Quím.* **1** Combinar el oxígeno formando óxidos. || prnl. **2** fig. Airearse, respirar el aire libre.

oxígeno m. *Quím.* Elemento químico del grupo VI A o de los anfígenos del sistema periódico. Masa atómica, 16; número atómico, 8; punto de ebullición, –183 °C; punto de fusión, –218 °C; símbolo, *O.* Gas incoloro, inodoro e insípido, muy electronegativo, es el elemento más difundido en la naturaleza ya que entra en la composición de la zona de contacto tierra-aire-agua en la proporción del 50%, del cual el 20% está libre en el aire y el resto combinado con el agua, rocas, óxidos, etc. Se encuentra libre o combinado con otros elementos químicos. Es esencial para el metabolismo de los seres vivos, excepto para algunos microorganismos.

oxigenoterapia f. *Med.* Procedimiento curativo a base de respiración de oxígeno.

oxihemoglobina f. *Fisiol.* Pigmento de color rojo que se forma en la sangre por combinación de la hemoglobina con el oxígeno.

oxítono, na adj. *Fon.* AGUDO, que carga el acento en la última sílaba.

oxiuro m. *Zool.* Gusano asquelminto nematodo perteneciente a la familia oxiurídáceos, de nombre científico *Oxyuris vermicularis,* filiforme, que vive como parásito en el intestino del hombre y de varios animales.

-oxo suf. OXI-.

oxoniense adj. y com. De Oxford.

oxte Voz que se emplea para rechazar a persona o cosa. || **sin decir oxte ni moxte** expr. adv. fam. Sin hablar palabra.

Oxus Nombre latino del río AMU-DARIA.

Oya Shivo u **Oya-shio** *Ocean.* Corriente marina fría del océano Pacífico. Procede del mar de Bering y se desplaza hasta Japón.

oyamel m. *Bot.* Árbol perteneciente a la familia pináceas, de nombre científico *Abies religiosa,* de hasta 50 m de altura, porte cónico, acículas con el ápice redondeado, y piñas cilíndricas. Crece en México.

Oyapock *(Oiapoque)* Río de América del Sur, que sirve de límite entre la Guayana Francesa y Brasil; nace en los montes de Tumuc-Humac y desemboca en el Atlántico; 485 km de curso.

oyente adj. y s. **1** Que oye. || com. **2** Asistente a un aula, no matriculado como alumno.

Ozal, Turgut Político turco (Malatya, 1927 - Ankara, 1993). Viceprimer ministro (1980-82), en 1983 fue elegido primer ministro. Desde 1989 hasta su muerte fue presidente de la República.

Ozama Río de la República Dominicana, que nace en el monte Gran Hilera y desemboca en el mar de las Antillas junto a la ciudad de Santo Domingo; 100 km de curso.

Ozawa, Seiji Director de orquesta japonés (Fenytien, actual Shenyang, China, 1935). Asistente de Leonard Bernstein en la Filarmónica de Nueva York, ha sido director titular de la Sinfónica de Boston (1973-2002) y desde entonces es director musical de la Ópera Estatal de Viena.

Ozenfant, Amédée Pintor y teórico del arte francés (Saint-Quentin, 1886 - Cannes, 1966). Creador del *orfismo,* movimiento derivado del cubismo en el que también participó Le Corbusier. Ambos expresaron su pensamiento en *Después del cubismo* (1918).

Ozías AZARÍAS.

ozo-, osm-, osma-, osmo-; -osmia, -osmático prefs. o sufs. que significan olor.

ozono m. *Quím.* Estado alotrópico del oxígeno, cuya molécula está formada por tres átomos (O_3), producido por la electricidad, de cuya acción resulta un gas muy oxidante, de olor fuerte a marisco. De color azul en estado gaseoso, azul-negruzco como líquido, y negro en estado sólido. A pesar de encontrarse en muy pequeñas proporciones en la atmósfera terrestre, cumple dos funciones importantes: evita que lleguen a la Tierra dosis altas de radiaciones ultravioletas e influye en el balance térmico.

ozonómetro m. Reactivo preparado para graduar el ozono existente en el aire.

ozonosfera f. *Meteor.* Zona de la atmósfera caracterizada por la presencia de ozono, comprendida entre los 20 y 25 km de altura. Juega un papel muy importante al interceptar las radiaciones ultravioletas solares de longitud de onda inferior a 300 nanómetros, actuando también como escudo protector para los seres vivos. La detección, en los últimos años, de zonas de menor espesor de esta capa, especialmente en la Antártida, plantea un gran peligro para la vida en la Tierra, ya que su equilibrio se puede ver afectado por la presencia en la atmósfera de cuerpos extraños emitidos por actividades humanas, como son los óxidos de nitrógeno y los compuestos clorofluocarbonados (CFC).

Ozu, Yasujiro Director de cine japonés (Tokio, 1900 - íd., 1963). Entre sus títulos más significativos figuran *La espada del arrepentido* (1927), *El corazón de Tokio* (1931), *El hijo único* (1937), *Primavera tardía* (1941), *Cuando el grano madura* (1951), *Primavera temprana* (1956), *El último otoño* (1961), y *Tarde de otoño* (1962).

P

P f. Decimoséptima letra del abecedario español, y decimotercera de sus consonantes. Su nombre es *pe*, y representa un sonido de articulación bilabial, oclusiva y sorda.

P **1** *Biol.* Símbolo de la generación paterna. **2** *Fís.* Símbolo del peso. **3** *Quím.* Símbolo químico del fósforo.

P Abreviatura de padre o Padre, título que se suele dar a los sacerdotes. ♦ Su pl. es *PP*.

PA 1 *Fís.* Símbolo del pascal, unidad de medida de la presión. **2** *Quím.* Símbolo químico del protactinio.

PA'ANGA m. *Econ.* Unidad monetaria de Tonga.

PAASIKIVI, JUHO KUSTI Político finlandés (Tampere, 1870 - Helsinki, 1956). Fue primer ministro (1918), ministro sin cartera (1939-40) y de nuevo primer ministro (1944-46). Ocupó la presidencia de la República desde 1946 hasta su muerte.

PAASIO, KUSTAA RAFAEL Político finlandés (Uskela, 1903 - Turku, 1980). Fue presidente del Partido Socialdemócrata (1963 y 1975) y primer ministro (1966-68 y 1972).

PABELLÓN m. **1** Tienda de campaña en forma de cono. **2** Colgadura de una cama, un altar, etc. **3** Bandera nacional. **4** Ensanche cónico con que termina la boca de algunos instrumentos de viento, como la corneta y el clarinete. **5** *Arm.* Grupo de fusiles que se forman enlazándolos por las bayonetas y apoyando las culatas en el suelo. **6** Edificio, por lo común aislado, pero que forma parte de otro o está contiguo a él. **7** Cada una de las construcciones que forman parte de un conjunto. **8** Cada una de las habitaciones donde se alojan en los cuarteles los jefes y oficiales. **9** fig. Nación a la que pertenecen las naves mercantes. **10** fig. Patrocinio. ‖ **PABELLÓN AURICULAR** Oreja.

PABILO o **PÁBILO** m. **1** Cordón que está en el centro de la vela. **2** Parte carbonizada de este cordón.

PABLO Nombre de diversos papas italianos.

PABLO I, SAN (Roma, h. 700 - íd., 767). Ocupó el solio pontificio de 757 a 767. Pidió, con ayuda a Pipino para defender los Estados Pontificios de los ataques del rey lombardo y del exarca de Rávena. Durante su pontificado la iconoclastia desembocó en una dura persecución.

PABLO II (Venecia, 1417 - Roma, 1471). De nombre Pietro Bargo, ocupó el solio pontificio de 1464 a 1471. Instituyó el capelo como insignia de cardenal.

PABLO III (Canino, 1468 - Roma, 1549). De nombre Alessandro Farnesio, ocupó el solio pontificio de 1534 a 1549. Aprobó los estatutos de la Compañía de Jesús

Pablo I, zar de Rusia. Retrato anónimo. Palacio de Versalles (Francia).

Pachacamac (Perú). Templo preincaico de Huapi-Huachac.

(1540) y restableció la Inquisición (1542). Convocó el concilio de Trento (1545).

PABLO IV (Avellino, 1476 - Roma, 1559). De nombre Gian Pietro Carafa, ocupó el solio pontificio de 1555 a 1559. Fundó, junto con san Cayetano, la Orden de Clérigos Regulares Teatinos (1524). Durante su pontificado suspendió el concilio de Trento, reforzó la Inquisición, estableció la *Congregación del Índice* (1557) y combatió la política española.

PABLO V (Roma, 1550 - íd., 1621). De nombre Camillo Borghese, ocupó el solio pontificio de 1605 a 1621. Inauguró la basílica de San Pedro (1615).

PABLO VI (Concesio, 1897 - Castelgandolfo, 1978). De nombre Giovanni Battista Montini. Colaborador de Pío XII, en 1954 fue nombrado cardenal-arzobispo de Milán. Fue elegido Papa en 1963. Concluyó el concilio Vaticano II.

PABLO, SAN Apóstol del cristianismo (Tarso, h. 10 - Roma, h. 67). De familia judía y fariseo intransigente, capitaneaba una hueste dedicada a perseguir la religión cristiana. Cuando se dirigía a Damasco oyó una voz del cielo y se convirtió al cristianismo. Se retiró al desierto de Arabia, donde permaneció tres años, e inició una vida de predicación en Damasco y Jerusalén, donde Bernabé le introdujo en el círculo de Pedro y de Santiago. Posteriormente realizó tres viajes apostólicos: Asia Menor, Grecia y Roma. Al regresar a Jerusalén fue detenido a instancias de los judíos y conducido a Roma para ser juzgado; apeló al emperador en su calidad de ciudadano romano y, probablemente, fue absuelto. A partir de entonces, la principal fuente sobre su vida, los *Hechos de los Apóstoles*, detiene su relato. Según algunos autores murió en Roma entre 62 y 64; otras tradiciones sostienen que, tras su liberación, reanudó su labor evangelizadora y fue decapitado en Roma (67). La doctrina de san Pablo, al que puede considerarse como el primer teólogo del cristianismo, está desarrollada en sus *Epístolas*.

PABLO I Zar de Rusia (San Petersburgo, 1754 - íd., 1801). Hijo de Pedro III y de Catalina II. Asumió el poder en 1796. Admirador de las reformas de Pedro el Grande, al acceder al trono, sin embargo, gobernó autocráticamente. Se unió a las potencias aliadas contra Napoléon, para después cambiar de estrategia y buscar la alianza francesa, con el fin de aplastar a los Borbones. Murió asesinado; le sucedió su hijo Alejandro I.

PABLO I Rey de Grecia (Atenas, 1901 - íd., 1964). Hijo de Constantino I. Abandonó su país en 1923, a raíz de la proclamación de la República; regresó tras la restauración de la monarquía (1935) y subió al trono al morir su hermano, Jorge II (1947). Puso fin a la guerra civil (1949).

PABLO DE LA CRUZ, SAN Religioso italiano (Ovada, 1694 - Roma, 1775). Fundador de la Congregación de los Pasionistas y del monasterio de Orbetello (1733), sede de la nueva orden.

PABÓN SUÁREZ DE URBINA, JESÚS Historiador y político español (Sevilla, 1902 - Madrid, 1976). Fue director de la Real Academia de la Historia, (1971-76). Obras: *La revolución portuguesa* (1941-45), *Cambó* (1952-68) y *España y la cuestión romana* (1972).

PABST, GEORG WILHELM Director de cine alemán (Raudnitz, 1885 - Viena, 1967). Perteneciente al posexpresionismo, entre sus películas se encuentran *Bajo la máscara del placer* (1925), *La ópera de cuatro cuartos* (1931), *Don Quijote* (1934) y *Los bosques de mis sueños* (1956).

PÁBULO m. **1** Comida, alimento para la subsistencia. **2** fig. Cualquier sustento en las cosas inmateriales.

PACA[1] m. *Zool.* Mamífero roedor perteneciente a la familia dasipróctidos, de nombre científico *Cuniculus paca*. Tiene cabeza alargada y el cuerpo voluminoso y cubierto de pelo pardo con manchas amarillas. Vive en el centro y S de América.

PACA[2] f. Fardo o bulto.

PACANA f. *Bot.* Árbol perteneciente al orden fagales, de nombre científico *Carya illinoensis*, de gran altura, hojas caducas y fruto nuciforme comestible, oblongo y de corteza fina.

PACARAIMA Sierra de América del Sur, entre Venezuela y Brasil, que forma parte del macizo de las Guayanas. Su punto culminante es el monte Roraima (2.772 m).

PACATO, TA adj. **1** De condición innecesariamente pacífica. También s. **2** Se dice de lo que es de poco valor. **3** Timorato, que muestra excesivos escrúpulos.

PACAY m. *Bot.* **1** *Amér.* GUAMO, árbol. **2** *Amér.* Fruto de este árbol. ♦ Su pl. es *pacayes* o *pacaes*.

PACENSE adj. y com. **1** De Beja **2** De Badajoz (llamada en época romana *Pax Augusta*).

PACER intr. y tr. **1** Comer el ganado la hierba en los campos, prados, dehesas, etc. ‖ tr. **2** Comer o gastar una cosa. **3** Dar pasto a los ganados. ♦ IRREG. Se conjuga como NACER.

PACHA f. **1** *Nic.* Biberón. **2** *Nic.* Botella pequeña y aplanada para llevar licor.

PACHÁ m. BAJÁ. ‖ **VIVIR COMO UN PACHÁ** loc. Vivir con opulencia.

PACHACAMAC *Arqueol.* Población de Perú, departamento de Lima. En sus alrededores están las ruinas de una antigua ciudad preincaica (h. 200 a. C. - 600 d. C.), entre cuyos monumentos sobresale el templo de Pachacamac, creador de la Luna.

PACHACUTI o **PACHACÚTEC** Soberano inca (? - ?, h. 1471). Hijo y sucesor de Viracocha, durante su reinado amplió el imperio inca desde el lago Titicaca al Junín (1438-63) y hasta el litoral desde el Rimac a Quito (1463-71). Reedificó el templo del Sol y reconstruyó Cuzco, perfeccionó el sistema de los mitimaes y construyó obras de regadío.

PACHANGA f. 1 Danza originaria de Cuba. 2 Música pegadiza propia de fiestas populares. 3 Alboroto, diversión bulliciosa.

PACHARÁN m. Licor que se obtiene de la endrina.

PACHECO, ALONSO Militar y conquistador español (Talavera de la Reina, 1527 - Trujillo, 1576). Contribuyó a la fundación de la ciudad de Burburala y, en 1571, fundó Nueva Zamora, hoy Maracaibo.

PACHECO, GREGORIO Político boliviano (Potosí, 1823 - íd., 1899). Sucedió a Campero en la presidencia de la República (1884-86).

PACHECO, JOSÉ EMILIO Escritor mexicano (Ciudad de México, 1939). Autor de los libros de poemas *Los elementos de la noche* (1963), *Trabajos del mar* (1983) y *Ciudad de la memoria* (1989); y las novelas *Morirás lejos* (1968), *Las batallas en el desierto* (1981).

PACHECO, MARÍA LUISA Pintora boliviana (La Paz, 1919 - Nueva York, 1982). Su realismo inicial evolucionó hasta una pintura totalmente abstracta y expresiva, inspirada en las montañas y la luz de los Andes.

PACHECO ARECO, JORGE Político y periodista uruguayo (Montevideo, 1920). Elegido diputado en 1962, accedió a la vicepresidencia de la República (1966) y, tras la muerte de Gestido, asumió la presidencia del país (1967-72).

PACHECO DE LA ESPRIELLA, ABEL Psiquiatra y político costarricense (Limón, 1933). Fue candidato a la vicepresidencia por el partido Unificación Nacional en 1978, y por el Partido Unidad Social Cristiana en 1994, del que fue presidente (1996-98), y diputado (1996-98 y 1998-02). En 2002 fue elegido presidente del país.

PACHECO Y OBES, MELCHOR Militar y político uruguayo (Buenos Aires, 1805 - íd., 1857). Participó en la campaña de Lavalleja (1825) y, como ministro de Guerra y Marina (1843), organizó la defensa de Montevideo contra la invasión de Oribe.

PACHELBEL, JOHANN Compositor alemán (Nuremberg, 1653 - íd., 1706). Organista y maestro del contrapunto, fue autor de corales, motetes y cantatas, como *Pensamientos musicales sobre la muerte* (1683) y *Divertimento musical* (1690).

PACHITEA Río de Perú, en el departamento de Huánuco; desemboca en el Ucayali; 370 km.

PACHO, CHA adj. 1 Indolente. 2 *Méx.* y *Nic.* Flaco, aplastado.

PACHÓN, NA adj. 1 *Veter.* PERRO PACHÓN. También s. 2 *Amér.* Peludo, lanudo. || m. y f. 3 Persona de carácter flemático.

PACHORRA f. Flema, indolencia.

PACHUCA Ciudad de México, capital del Estado de Hidalgo; 174.013 h. Centro industrial.

PACHUCHO, CHA adj. 1 Pesado, de puro maduro. 2 fig. Flojo, alicaído, algo enfermo.

PACHULÍ m. 1 *Bot.* Planta perteneciente a la familia labiadas, de nombre científico *Pogostemon patchouli*, procedente de Asia y Oceanía, de la que por destilación se obtiene un perfume muy fuerte. 2 Ese mismo perfume.

PACIENCIA f. 1 Virtud consistente en soportar con resignación infortunios, ofensas, etc. 2 Capacidad para hacer cosas pesadas o minuciosas. 3 Facultad de saber esperar cuando algo se desea mucho. 4 Resalte inferior del asiento de una silla de coro, para que, levantado aquél, pueda servir de apoyo a quien está de pie. 5 Bollo redondo y muy pequeño hecho con harina, huevo, almendra y azúcar. 6 fig. Tolerancia.

PACIENTE adj. 1 Que soporta con paciencia. 2 Que hace las cosas con paciencia. || com. 3 Enfermo. || m. *Filos.* 4 Sujeto que recibe o padece la acción del agente.

PACIFICACIÓN f. 1 Tranquilidad pública. 2 Convenio entre los Estados para dar fin a una guerra.

PACIFICAR tr. 1 Restablecer la paz. 2 Reconciliar. || intr. 3 Tratar de asentar la paz. || prnl. 4 Sosegarse.

PACÍFICO, CA adj. 1 Amigo de la paz. 2 Tranquilo. 3 Que no halla oposición, contradicción o alteración en su estado.

PACÍFICO El mayor de los océanos, cuya superficie, de unos 179.650.000 km², es mayor que la totalidad de la tierra del planeta. En su parte austral se llama también mar del Sur, o mares del Sur. Baña las costas de América, Asia y Oceanía, y se comunica con los océanos Glacial Antártico, Glacial Ártico (por el estrecho de Bering) y Atlántico (por el canal de Panamá). En él se encuentran el mar de Bering o Behring, entre la península de Kamchatka y Alaska; mar de Ojostk, entre Sajalin y Kamchatka; mar de Japón, entre este país y el continente; mar de China, entre Filipinas e Indonesia y el continente; mar Amarillo, en la costa de China; mar de Célebes, entre Borneo y Filipinas; mar de Arafura, entre Papua-Nueva Guinea y Australia, y mar del Coral, entre Australia, las islas Salomon y Nueva Caledonia. Su profundidad media es de 4.300 m. En él se encuentra, al SO de la isla de Guam, la fosa de Challenger (11.091 m), la mayor profundidad marina del mundo. Sus corrientes principales son las de Kuro-Sivo y Humboldt. Sus costas son muy propensas a terremotos (el llamado cinturón de fuego del Pacífico). Descubierto por Núñez de Balboa, que lo llamó mar del Sur, fue denominado por Magallanes con su actual nombre.

PACÍFICO, CAMPAÑAS DEL *Hist.* Enfrentamientos aeronavales y terrestres de Estados Unidos y Japón, que se desarrollaron en el océano Pacífico durante la Segunda Guerra Mundial.

PACÍFICO, GUERRA DEL *Hist.* Conflicto armado que enfrentó a España con Perú y Chile (1864-66). La negativa peruana a satisfacer la deuda que había contraído con España hizo que, en 1864, ésta ocupase las islas Chincha, productoras de guano. Pese a que fueron devueltas en 1865, Chile declaró la guerra a España y se alió con Perú. En 1866, la escuadra española bombardeó Valparaíso y El Callao; la paz se firmó en 1871.

PACÍFICO, GUERRA DEL *Hist.* En el tratado de 1874, Chile renunció a los derechos generados por las exportaciones mineras de los territorios ubicados entre los paralelos 23 y 24, que irían en su totalidad a Bolivia. Al no cumplir este país los acuerdos, se desencadenó la guerra del Pacífico (1879-84). La guerra con Perú finalizó con el Tratado de Ancón, que determinó la cesión a Chile, a perpetuidad, de la provincia de Tarapacá. Con Bolivia se acordó establecer una tregua indefinida, quedando los territorios entre el río Loa y el paralelo 23 bajo ocupación chilena. Las diferencias no se resolvieron hasta 1904 con Bolivia, y 1929 con Perú.

PACÍFICO, ISLAS DEL ISLAS DEL PACÍFICO.

PACÍFICO NORTE Región geográfica de México que comprende los Estados de Baja California, Baja California Sur, Nayarit, Sinaloa, Sonora.

PACÍFICO SUR Región geográfica de México que comprende los Estados de Chiapas, Colima, Guerrero y Oaxaca.

PACIFISMO m. 1 Conjunto de doctrinas encaminadas a mantener la paz entre las naciones. 2 Por extensión, tendencia a evitar la violencia en cualquier campo.

PACINO, AL (ALFRED JAMES PACINO, llamado) Actor estadounidense (Nueva York, 1940). Formado en el teatro, entre sus filmes se encuentran *El padrino* (1972), *Serpico* (1973), *El padrino II* (1974), *El padrino III* (1990), *Esencia de mujer* (1992), por la que recibió el Oscar en 1993; *Heat* (1995), *Donnie Brasco* (1996), *Pactar con el diablo* (1997), *Un domingo cualquiera* (1999), *El dilema* (1999), *Insomnio* (2002), *Relaciones confidenciales* (2003) y *La prueba* (2004).

PACIOLI o **DI BORGO, LUCA** Religioso y matemático italiano (Borgo San Sepolcro, 1445 - Roma, h. 1510). Autor de *Suma de Aritmética, Geometría, proporciones y proporcionalidad* (1494).

PACO m. 1 *Zool.* PACA¹. 2 *Zool.* LLAMA, mamífero. 3 *Miner. Amér.* Mineral de plata con materia ferruginosa. 4 Francotirador.

PACOMIO, SAN Monje egipcio (Sne, 287 Phboou, 347). Convertido al cristianismo, edificó su primer monasterio en Tabennisi, junto a Denderath (h. 320). Considerado el fundador del cenobitismo.

PACOTILLA f. Porción de géneros que los tripulantes de un barco pueden embarcar por su cuenta libres de flete. || **ser** una cosa **de pacotilla** fr. fig. Ser de calidad inferior.

Al Pacino con Charlize Theron y Keanu Reeves.

Ignacy **Paderewski**

PACTAR tr. 1 Poner condiciones o conseguir estipulaciones para concluir un negocio o asunto entre partes, que se obligan mutuamente a su observancia. 2 Contemporizar una autoridad.

PACTISMO m. Resolución de conflictos políticos, sociales o de otra índole mediante pactos.

PACTO m. 1 Convenio, tratado o acuerdo entre personas físicas o jurídicas, que se obligan a su observancia. 2 Lo estipulado por tal pacto.

PACTO ANDINO *Polít.* e *Hist.* Acuerdo firmado en mayo de 1969 en Cartagena de Indias (Colombia), entre Bolivia, Colombia, Chile, Ecuador y Perú, para promover el desarrollo económico de los países firmantes y sentar las bases de un mercado único. En 1973 se unió Venezuela. Chile lo abandonó en 1976, y Perú, en 1992.

PACTO TRIPARTITO *Hist.* El firmado por Alemania, Italia y Japón en 1940; en él se reconocía la dirección germanoitaliana en la creación de un orden nuevo en Europa y se aseguraba a Japón la de crear otro en Extremo Oriente.

PACTOLO Antiguo río de Lidia, famoso por sus arenas auríferas.

PACUVIO, MARCO Poeta latino (?, 220 - ?, 130 a. C.). Cultivó la pintura y la poesía. Especializado en el drama serio, fundó la tragedia latina.

PADANG Ciudad de Indonesia, capital de la provincia de Sumatra Occidental; 477.344 h.

PADDLE *Dep.* Juego parecido al tenis que se juega en un terreno más pequeño y limitado por muros y paredes de cristal, con raquetas de plástico de menores dimensiones.

PADECER tr. 1 Sentir daño, enfermedad, pena o castigo. 2 Sentir agravios, injurias, etc. 3 Haber incurrido en error, equivocación, etc. 4 Soportar, sufrir. 5 fig. Recibir daño las cosas. ♦ IRREG. Se conjuga como AGRADECER.

PADERBORN Ciudad de Alemania, Estado de Renania del Norte-Westfalia; 131.513 h.

PADEREWSKI, IGNACY Compositor, pianista y político polaco (Kurilowka, 1860 - Nueva York, 1941). Partidario de la independencia de Polonia, en 1919 fue nombrado presidente del Consejo de Estado. Fue uno de los firmantes del tratado de Versalles. Compuso la *Sinfonía polaca*, un concierto para piano y las óperas *Manru* (1901) y *Sakuntala* (1903).

PADILLA, HEBERTO Poeta cubano (Puerta de Golpe, 1932 - Auburn, Alabama, 2000). Autor de *Las rosas audaces* (1948), *Fuera del juego* (1968), *Provocaciones* (1971) y *El hombre junto al mar* (1981).

PADILLA, JOSÉ Militar colombiano (Riohacha, 1778 - Bogotá, 1828). Con la armada española participó en la batalla de Trafalgar y desde 1811 luchó por la independencia de su país. Participó en la expedición de los Cayos y en la defensa de Cartagena (1815). Acusado en 1828 de complicidad en una conspiración contra Bolívar, fue condenado a muerte y ejecutado.

PADRASTRO m. 1 Marido de la madre, respecto de los hijos de ella habidos en anterior matrimonio. 2 fig. Mal padre. 3 fig. Obstáculo, inconveniente. 4 fig. Pedacito de pellejo que se levanta de la carne inmediata a las uñas de las manos.

PADRAZO m. fam. Padre indulgente y cariñoso con sus hijos.

PADRE m. 1 Varón respecto de su hijo o hijos. 2 Cabeza de una descendencia, familia o pueblo. 3 Macho destinado en el ganado para la generación y procreación. **4** Religioso o sacerdote llamado así por quienes deseen expresar respeto o veneración hacia él. **5** fig. Cosa de quien procede o proviene otra. **6** fig. Autor o inventor respecto de lo creado o inventado. **7** fig. El que ha creado o adelantado notablemente una ciencia. || m. pl. **8** El padre y la madre. **9** Los antepasados. || adj. **10** fam. Muy grande e importante. || **PADRE CONSCRIPTO** SENADOR romano. || **PADRE ESPIRITUAL** Entre los católicos, confesor que cuida del espíritu y conciencia de uno o varios penitentes. || **PADRE ETERNO** *Rel.* Dios padre, primera persona de la Trinidad. || **PADRE DE FAMILIA** Cabeza de una casa o familia. || **PADRE NUESTRO** *Rel.* Oración. || **PADRE DE LA PATRIA** Sujeto respetado por su ancianidad o por sus destacados servicios. También, título de honor concedido a los emperadores romanos y luego a otros monarcas. También, fam. e irón., diputado y senador de un país. || **PRIMEROS PADRES** Adán y Eva. || **SANTO PADRE** El Papa. || **de padre y muy señor mío** fr. fam. Muy grande e importante.

PADRE, EL *Rel.* Primera persona de la Santísima Trinidad.

PADREAR intr. **1** Parecerse uno a su padre. **2** Ejercer el animal macho las funciones de la generación.

PADRENUESTRO m. PADRE NUESTRO.

PADRINA f. MADRINA.

PADRINAZGO m. **1** Acto de asistir como padrino a un bautismo o a una función pública. **2** Cargo de padrino. **3** fig. Protección.

PADRINO m. **1** El que presenta o asiste a otra persona que va a recibir el bautismo, se va a casar, recibe algún honor o grado, etc. **2** El que asiste a otro para sostener sus derechos en certámenes literarios, desafíos, etc. || m. pl. **3** El padrino y la madrina. **4** Influencias de que uno dispone por relaciones o amistades, para conseguir algo o desenvolverse en la vida.

PADRÓN m. **1** Relación de los vecinos de un municipio. **2** Patrón o dechado. **3** Columna con una lápida o inscripción que recuerda un suceso notable. **4** Nota de infamia o ignominia.

PADRÓN, JULIÁN Escritor venezolano (San Antonio de Maturín, 1910 - Caracas, 1954). Autor de las novelas *La Guaricha* (1934), *Madrugada* (1939) y *Este mundo desolado* (1954).

PADROTE m. *Amér.* Macho destinado en el ganado para la generación y procreación.

PADUA f. **1** Provincia de Italia, en Véneto; 2.141 km² y 833.331 h. **2** Ciudad capital de la misma; 213.255 h. Centro comercial e industrial. Basílica de San Antonio, de estilo bizantino (s. XIII-XV), catedral renacentista (s. XVI).

PADUA, ESCUELA DE *Filos.* Escuela filosófica y científica que nació en el seno de la Universidad de Padua y estuvo vigente entre los siglos XIV y XVI. Basándose en el aristotelismo naturalista, propugnaba el conocimiento de la naturaleza a través del método científico.

PAELLA f. **1** *Gastron.* Plato de arroz seco, con carne, pescado, mariscos, legumbres, etc., típico de Valencia. **2** Paellera.

PAELLERA f. Sartén de hierro, de poco fondo y con dos asas, que sirve para hacer la paella.

PAER, FERDINANDO Compositor italiano (Parma, 1771 - París, 1839). Compuso óperas, como *Maestro de capilla* (1821), oratorios y cantatas.

PAES, SIDONIO BERNARDINO Military político portugués (Caminha, 1872 - Lisboa, 1918). Contribuyó a la instauración de la República en Portugal, fue jefe del gobierno provisional (1917) y presidente de la República (1918). Murió en atentado.

Paestum (Italia). Templo de Deméter.

PAESTUM *Hist.* Antigua ciudad de Italia, en la costa del golfo de Salerno. Ruinas de dos templos griegos dedicados a Poseidón y Deméter.

PÁEZ, FEDERICO Político ecuatoriano (Quito, 1877 - íd., 1974). En 1935 una asamblea de oficiales del ejército le encargó el mando supremo de la República. Elegido presidente interino (1937), dejó el poder a causa del golpe militar del general Enríquez.

PÁEZ, JOSÉ ANTONIO Military político venezolano (Curpa, 1790 - Nueva York, 1873). Tras la batalla de Carabobo fue nombrado comandante general de Venezuela. Promovió la desmembración de la Gran Colombia y fue el primer presidente de Venezuela (1830-35, 1839-43 y 1861-63).

¡PAF! Voz onomatopéyica con la que se expresa el ruido de una persona o cosa al chocar.

PAFLAGONIA *Geog. hist.* Antigua región de Asia Menor, al S del Ponto Euxino. Su población principal era Sinope.

PAGA f. **1** Acción de pagar. **2** Cantidad de dinero que se da en pago. **3** Satisfacción de la culpa por medio de la pena. **4** Cantidad con que se paga la culpa, o pena con que se satisface. **5** Entre empleados y militares, sueldo de un mes.

PAGADERO, RA adj. **1** Que se ha de pagar. **2** Que puede pagarse. || m. **3** Tiempo y plazo en que uno ha de pagar lo que debe.

PAGADO, DA adj. Ufano, satisfecho.

PAGADURÍA f. Oficina donde se paga.

PÁGALO m. *Zool.* Nombre de varias especies de aves caradriformes estercorácidas, género *Stercorarius*, marinas, parecidas a las gaviotas.

PAGALU ANNOBÓN.

PAGANINI com. fam. PAGANO, persona incauta.

PAGANINI, NICCOLÒ Violinista y compositor italiano (Génova, 1782 - Niza, 1840). Utilizó técnicas desconocidas en su tiempo. De su producción destacan sus *Conciertos*, 24 *Capricci* para violín solo (1820), 12 sonatas para violín y guitarra (1820), 60 variaciones para guitarra y violín (1821), cuartetos y fugas.

PAGANISMO m. **1** Nombre dado por los primitivos cristianos al politeísmo, religión de los paganos o gentiles. **2** Nombre dado por los cristianos al estado religioso de los pueblos no relacionados con la cultura cristiano-judaica. **3** Nombre dado por los cristianos al estado religioso de los pueblos no evangelizados.

PAGANO, NA adj. **1** Relativo al paganismo. **2** Adepto al paganismo. También s. || m. y f. **3** fam. Persona incauta a quien siempre le toca pagar el gasto común cuando va en grupo.

PAGANO, JOSÉ LEÓN Escritor argentino (Buenos Aires, 1875 - íd., 1964). Cultivó la crítica artística: *A través de la España literaria* (1904), *El arte de los argentinos* (1938), *Motivos de estética* (1940) y *Nuevos motivos de estética* (1948).

PAGAR tr. **1** Dar uno a otro, o satisfacer, lo que le debe. **2** Adeudar derechos los géneros que se introducen en el país. **3** fig. Satisfacer el delito o falta por medio de la pena correspondiente. **4** fig. Corresponder a un sentimiento o beneficio. || prnl. **5** Aficionarse. **6** Ufanarse de una cosa. || **pagar** uno **el pato** expr. fam. Cargar con la culpa de otro. || **pagarla, o pagarlas** loc. verbal fam. Sufrir el culpable su castigo o venganza.

PAGARÉ m. *Com.* Papel de obligación por una cantidad que ha de pagarse a tiempo determinado. || **PAGARÉ DEL TESORO** *Com.* Obligación emitida por el Estado.

PAGEL m. *Zool.* Pez teleósteo acantopterigio perteneciente a la familia espáridos, de nombre científico *Pagellus erythrinus*. Carne estimada.

PÁGINA f. **1** Cada una de las dos caras de una hoja de un libro o cuaderno. **2** Lo escrito o impreso en una página. **3** fig. Suceso, lance o episodio en el curso de una vida. || **PÁGINA WEB** *f. Inform.* Documento situado en una red informática, al que se accede mediante enlaces de hipertexto.

PAGINAR tr. Numerar páginas o planas.

PAGNOL, MARCEL Dramaturgo y cineasta francés (Aubagne, 1895 - París, 1974). Admirador del cine sonoro, entre sus obras dramáticas destacan *Los mercaderes de la gloria* (1925), *Jazz* (1926), *Topaze* (1928), y *Marius* (1929).

PAGO m. **1** Entrega de un dinero o especie que se debe. **2** Recompensa. **3** Distrito determinado de tierras o heredades. **4** Aldea. **5** Lugar en que uno ha nacido o está arraigada una persona, y por extensión, lugar, pueblo o región. Más en pl. || **en pago** loc. adv. fig. En satisfacción, descuento o recompensa.

-PAGO suf. PEGMA-.

PAGO PAGO Ciudad capital de Samoa Estadounidense, en la isla de Tutuila; 3.075 h. Puerto.

PAGODA f. *Arquit.* Nombre dado por los europeos a ciertos templos y torres construidas por algunos pueblos de oriente en honor de sus divinidades, sobre todo a los templos budistas de varios pisos, adornados con tejadillos y agujas.

PAHISSA I JO, JAUME Compositor español (Barcelona, 1880 - Buenos Aires, 1962). Vinculado a la *Renaixença*, renovó la música española. Compuso piezas sinfónicas para orquesta (*Manodia*, 1925 y *Suite intertonal*, 1926) y óperas (*La presó de Lleida*, 1906, y *La princesa Margarida*, 1928).

PAHLEVI, PAHLAVI o **PAHLEVÍ** Geneal. Dinastía imperial que ocupó el trono de Irán de 1925 a 1979. Fue instaurada por Reza Pahlevi, a quien sucedió su hijo Muhammad Reza en 1941. Desapareció al ser implantada en Irán la República islámica.

PAI HO Río de la República Popular China, región de Hebei; nace junto a la Gran Muralla, cerca de Kuyuan, y desemboca en el golfo de Chihli, cerca de Tangku.

PAIDO-, PED-, PEDO-; -PEDIA, -PÉDICO, -PEDÉUTICA prefs. o sufs. que significan niño: *pediatra*.

PAILA f. **1** Vasija grande de metal redonda y poco profunda. **2** *Amér.* Sartén, vasija. **3** Dispositivo metálico que permite calentar el agua en las cocinas de carbón.

PAILEBOTE m. Goleta pequeña, sin gavias.

PAINE, THOMAS Escritor y revolucionario estadounidense, de origen inglés (Theford, 1737 - Nueva York,

Padua (Italia). Basílica de San Antonio.

1809). Establecido en América del Norte en 1774, tomó partido a favor de la independencia de las colonias. A su regreso a Inglaterra, defendió la Revolución Francesa, aunque posteriormente se enemistó con los jacobinos. Es autor de *El sentido común* (1776), *Los derechos del hombre* (1791-92) y *La edad de la razón* (1794-96).

PAINLEVÉ, PAUL Político y matemático francés (París, 1863 - íd., 1933). Estudió la teoría de funciones y las ecuaciones diferenciales. Ocupó diversos ministerios y fue jefe del gobierno en 1917. Censurado por el fracaso de la ofensiva francesa de 1917, recuperó durante algunos meses de 1925 la jefatura del gabinete. De 1926 a 1930 fue ministro de la Guerra.

PAÍÑO m. *Zool.* Nombre de varias aves procelariformes marinas de la familia hidrobátidos, con diversos géneros, de pequeño tamaño y color pardo. Anidan en tierra. Viven en el Atlántico y Mediterráneo.

PAIPA Población de Colombia, departamento de Boyacá; En sus cercanías se encuentra el pantano de Vargas, donde Bolívar venció a los realistas (1819).

PAIPAÍ m. Abanico de palma en forma de pala y con mango. ♦ Su pl. es *paipáis*.

PAIRAR intr. *Mar.* Estar quieta la nave.

PAIRO m. *Mar.* Estado de la nave quieta, pero con las velas extendidas. Se usa comúnmente en la loc. adv. *al pairo*.

PAÍS m. **1** Patria, nación, provincia o territorio. **2** Territorio correspondiente a un pueblo o nación. **3** Estado independiente. **4** Papel, piel o tela que cubre la parte superior del varillaje del abanico.

PAÍS DE GALES GALES.

PAÍS VASCO VASCO, PAÍS.

PAISAJE m. **1** Extensión de terreno que se ve desde un determinado lugar. **2** Cuadro que representa una porción de campo, río, etc. **3** Porción de terreno considerada en su aspecto artístico.

PAISANAJE m. **1** Conjunto de paisanos. **2** Circunstancia de ser de un mismo país dos o más personas y vínculo que de ella procede.

PAISANO, NA adj. y s. **1** Que es del mismo país, provincia y lugar que otro. || m. y f. **2** Campesino, habitante del campo. || m. **3** El que no es militar. || **de paisano** loc. adv. Se dice de los militares o eclesiásticos cuando no visten uniforme o hábito.

PAÍSES BAJOS (*Koninkrijk der Nederlanden*) Estado de Europa nordoccidental, comúnmente llamado *Holanda*. Límita al N con el mar del Norte; al E, con Alemania; al S, con Bélgica y Alemania, y al O, con Bélgica y el mar del Norte.

Superficie: 41.526 km².
Población: 15.896.000 h. (*neerlandés* u *holandeses*).
Densidad: 382,8 h./km².
Tasa de natalidad: 12,7‰.
Tasa de mortalidad: 8,9‰.
Capital: Amsterdam.
Ciudades principales: Rotterdam, La Haya, Utrecht, Eindhoven.
Grupos étnicos: neerlandeses (94,9%), turcos (1,3%), norteafricanos (1,1%), alemanes (0,3%), otros (1,9%).
Religión: catolicismo, cristianismo reformado alemán, protestantismo.
Idioma: holandés o neerlandés y frisón.
Moneda: euro.
Forma de Estado: monarquía constitucional.
Producto Nacional Bruto: 389.055 millones de dólares.
Renta per cápita: 24.780 dólares.
División administrativa: 12 provincias, según cuadro.

PAÍSES BAJOS

Provincias	Superficie (km²)	Población (h.)	Capitales
Brabante Septentrional	4.938	2.337.700	Hertogenbosch
Drenthe	2.652	467.100	Assen
Flevoland	1.426	306.500	Lelystad
Frisia	3.361	621.200	Leeuwarden
Groninga	2.344	560.000	Groninga
Güeldres	4.995	1.906.800	Arnhem
Holanda Meridional	2.860	3.378.800	La Haya
Holanda Septentrional	2.660	2.503.200	Haarlem
Limburgo	2.167	1.139.300	Maastricht
Overijssel	3.337	1.070.400	Zwolle
Utrecht	1.356	1.098.700	Utrecht
Zelanda	1.792	370.600	Middelburgo

GEOG. El sector costero del país corresponde al inmenso delta del Rhin, del Mosa y del Escalda; es una llanura litoral característica, llamada *región de los pólders*, situada bajo el nivel del mar y en buena parte ganada a éste por desecación, mediante la construcción de grandes diques. El sector interior constituye el límite NO de la llanura europea, caracterizada por la presencia de landas, colinas, arenales y áreas pantanosas. El Mosa se divide en dos brazos: el izquierdo o Wall, más caudaloso, y el derecho o Rhin inferior. El Escalda envuelve en sus bocas las islas de Beveland y Walcheren; su brazo izquierdo, o Escalda occidental, es utilizado para la navegación. Cerca de la costa, generalmente baja y arenosa, se hallan las islas de Zelanda, en el S, y las Frisias Occidentales, en el N. El clima es oceánico. Tiene una de las mayores densidades de población del mundo. Cuenta con una agricultura avanzada, practicada fundamentalmente en los pólders. La hortofloricultura (tulipanes, jacintos) es una importante fuente de ingresos. Ganadería vacuna de leche y porcina. Pesca de arenque y ostricultura. Yacimientos de petróleo y gas natural. Industria.

HIST. Habitado primitivamente por menapios, nervios, eburones y celtas, el país fue sometido por los romanos y después por los francos. Desmembrado el imperio carolingio, del que formó parte, quedó integrado en el sacro imperio. Con el régimen feudal se fraccionó en múltiples señoríos que, a finales de la Edad Media, pasaron a la casa de Borgoña y, más tarde, a la de Habsburgo (1477), al unirse en matrimonio María de Borgoña y Maximiliano I. Perteneció a la corona española desde Carlos V, hasta que la paz de Westfalia (1648) estableció el reconocimiento de su independencia. A partir del siglo XVII los Países Bajos conocieron una gran prosperidad económica, debido a la formación de su extenso imperio colonial. Conquistados por los ejércitos de la Revolución Francesa, se formó la República de Batavia (1795), transformada en monarquía por Napoleón Bonaparte (1806), que la incorporó a su imperio. El congreso de Viena (1815) ratificó la unión de los Países Bajos del N y del S (Holanda, Bélgica y Luxemburgo) bajo el príncipe Guillermo I. Sin embargo, Bélgica se declaró independiente en 1830 y el ducado de Luxemburgo recobró su autonomía a finales del siglo XIX. Durante la Segunda Guerra Mundial el país fue invadido por las fuerzas alemanas (1940-45). La historia de los acontecimientos posteriores ha venido marcada por la pérdida de la mayor parte de sus colonias y la formación de la unión aduanera y económica con Bélgica y Luxemburgo (Benelux), integrada en 1951 en la CEE. En 1980, la reina Juliana, en el trono desde 1948, abdicó en su hija Beatriz. El cambio alternativo de partidos al frente del gobierno, fundamentalmente el Socialista, el Demócrata Cristiano y el Liberal, ha presidido la vida política del país. En política internacional, los Países Bajos asumen las directrices marcadas por los organismos supranacionales a los que pertenecen. Tras las elecciones de 1994 formó gobierno el socialista Wim Kok, en coalición con los partidos Liberal, Conservador y del Trabajo. Dicha coalición revalidó su triunfo en las elecciones de 1998, pero la falta de acuerdo entre los partidos que la formaban provocó su ruptura, aunque Wim Kok continuó al frente del gobierno. Tras la dimisión en pleno del Gobierno en abril de 2002, al ser acusado de pasividad en la matanza de Srebrenica ocurrida en 1995, en mayo se celebraron elecciones, en las que venció el Partido Demócrata Cristiano, liderado por Jan Peter Balkenende. Sin embargo, la coalición que formó gobierno se derrumbó debido a luchas internas, por lo que vol-

pájaro

vieron a convocarse elecciones en enero del año siguiente. En ellas Balkenende resultó de nuevo vencedor, aunque tampoco obtuvo la mayoría absoluta.

PAÍSES BAJOS *Hist.* Denominación que se dio, en época de Carlos V, a las provincias que comprendían los actuales reinos de los Países Bajos y Bélgica, y parte de Francia.

PAÍSES NO ALINEADOS *Polít.* e *Hist.* Denominación con que se conoce al grupo de países que en los años posteriores a la Segunda Guerra Mundial mantuvieron una posición neutral y contraria a la integración en cualquiera de los dos grandes bloques liderados, respectivamente, por EE UU y la URSS. En la primera conferencia, celebrada en Belgrado en 1961, se fijaron las bases para la admisión de nuevos países; el mantenimiento de una política de independencia pacífica; el apoyo a los movimientos de liberación nacional y la no pertenencia a ninguna alianza militar.

PAISIELLO, GIOVANNI Compositor italiano (Tarento, 1741 - Nápoles, 1815). Destacó, especialmente, en el género de la ópera bufa: *El barbero de Sevilla* (1782), *Il re Teodoro in Venezia* (1784) y *La molinara* (1788).

PAIVA, FÉLIX Político paraguayo (Caazapá, 1877 - Asunción, 1965). Entre 1920 y 1921 ocupó la vicepresidencia de la República. En 1937 el ejército destituyó a Franco y otorgó a Paiva el cargo de presidente, que desempeñó hasta 1939.

PAJA f. 1 *Bot.* Caña de las gramíneas después de seca y separada del grano. 2 *Bot.* Conjunto de estas cañas. 3 *Bot.* Estas cañas trituradas. 4 *Bot.* Brizna de una hierba. 5 Canuto delgado, generalmente de plástico, para sorber líquidos. 6 fig. Cosa de poca consistencia. 7 fig. Lo inútil y desechado en cualquier materia.|| **hacerse una paja** fr. vulg. Masturbarse. || **por un quítame allá esas pajas** loc. fig. y fam. Por cosa de poca importancia.

PAJA, MAR DE LA Amplio estuario que forma el río Tajo en su desembocadura por Lisboa.

PAJAR m. *Agr.* Lugar donde se encierra y conserva paja.

PÁJARA f. 1 *Zool.* Pájaro, ave. 2 Cometa, juguete. 3 Papel doblado en forma de pájaro. 4 *Dep.* En ciclismo y otros deportes, desfallecimiento.

PAJARERÍA f. 1 Gran cantidad de pájaros. 2 Tienda donde se venden pájaros y otros animales domésticos.

PAJARERO, RA adj. 1 Relativo a los pájaros. 2 fam. Se dice de la persona festiva y bromista. 3 fam. Se dice de las telas, adornos o pinturas de colores fuertes y mal combinados. 4 *Amér.* Se dice de las caballerías asustadizas, recelosas. || m. y f. 5 Persona que caza, cría o vende pájaros. || m. 6 *Amér.* Muchacho encargado de espantar a los pájaros en los sembrados.

PAJARITA f. 1 Figura de papel que resulta de doblarlo varias veces hasta conseguir la forma de pájaro. 2 Tipo de corbata que se anuda por delante en forma de lazo.

PÁJARO m. 1 *Zool.* Nombre genérico de todas las aves de pequeño tamaño, en particular de los miembros del orden paseriformes. 2 Perdiz macho de reclamo. 3 fig. Hombre astuto, sagaz y cauteloso. También adj. || **PÁJARO ARAÑERO** *Zool.* TREPARRISCOS. || **PÁJARO BOBO** *Zool.* Cualquiera de las aves esfenisciformes de la familia esfenísicos, con diversos géneros, que habitan en el hemisferio austral, también llamadas pingüinos. || **PÁJARO BURRO** *Zool.* RABIHORCADO. || **PÁJARO CARPINTERO** *Zool.* Nombre de numerosas especies de aves piciformes de la familia pícidos, con diversos géneros, que anidan, por lo general, en agujeros de los árboles que ellas mismas hacen. || **PÁJARO DE CUENTA** fig. y fam. Hombre a quien por sus condiciones hay que tratar con cautela y respeto. También, persona de quien se debe desconfiar por su conducta. || **PÁJARO MOSCA** *Zool.* COLIBRÍ. || **PÁJARO MOSCÓN** *Zool.* Ave paseriforme perteneciente a la familia páridos, de nombre científico *Remiz pendulinus*, que cuelga su nido de los árboles de ribera. Se alimenta de insectos y semillas y vive en zonas pantanosas del S de Europa. || **PÁJARO NIÑO** *Zool.* PÁJARO BOBO. || **matar dos pájaros de un tiro** fr. fig. y fam. Lograr dos cosas con una sola diligencia.

PAJARRACO m. 1 desp. Pájaro grande del que generalmente se ignora el nombre. 2 fig. y fam. Hombre disimulado y astuto.

PAJE m. 1 Criado joven que acompaña a sus amos, asiste en las antesalas, sirve la mesa, etc. 2 Muchacho destinado en las embarcaciones para su limpieza y aseo y para aprender el oficio de marinero. 3 Pajo o familiar de un prelado. 4 fig. Mueble formado por un espejo con pie alto y una mesilla para utensilios de tocador. || **PAJE DE ARMAS** El que llevaba las de su amo.

PAJEL m. *Zool.* PAGEL.

PAJILLERO, RA adj. y s. 1 Se dice de la persona que se masturba frecuentemente. || f. 2 Prostituta que masturba a sus clientes.

PAJIZO, ZA adj. 1 Hecho y cubierto de paja. 2 De color de paja.

PAJOLERO, RA adj. 1 Se dice de toda cosa molesta a la persona que habla. 2 Se dice de la persona impertinente y molesta. También s. 3 fam. Según el contexto, modifica el sentido bien hostil o afectivo del nombre al cual acompaña.

PAJÓN m. *Bot.* 1 Caña alta y gruesa de las rastrojeras. 2 *Cuba* Hierba gramínea.

PAKANBARU Ciudad de Indonesia, capital de la provincia de Riau; 341.328 h.

PAKISTÁN (*Islām-ī Jamhūrīya-e Pākistān*) Estado de Asia meridional, a orillas del mar Arábigo que limita al N con Afganistán y China; al E, con India; al S, con India y el mar Arábigo; al O, con Irán y Afganistán.

Superficie: 796.095 km².
Población: 141.553.775 h. (paquistaníes).
Densidad: 177,8 h./km².
Tasa de natalidad: 33,1‰.
Tasa de mortalidad: 9,8‰.
Capital: Islamabad.
Ciudades principales: Karachi, Lahore, Faisalabad, Rawalpindi, Hyderabad, Peshawar.
Grupos étnicos: indoafganos patán, tadjik y kafir, mongoles, turcomanos.
Religión: islamismo (95%), cristianismo (2%), hinduismo (1,8%) y otras (0,2%).
Idioma: urdu e inglés.
Moneda: rupia paquistaní.
Forma de Estado: república federal.
Producto Nacional Bruto: 61.451 millones de dólares.
Renta per cápita: 470 dólares.
División administrativa: 4 provincias y un distrito de la capital federal, según cuadro.

PAKISTÁN

Provincias Distrito de la capital federal	Superficie (km²)	Población (h.)	Capitales
Beluchistán	347.190	6.511.000	Quetta
Frontera del Noroeste	74.521	17.555.000	Peshawar
Punjab	205.344	72.585.000	Lahore
Sind	140.914	29.991.000	Karachi
Islamabad	906	799.000	

GEOG. En su relieve se distinguen cinco grandes regiones: la zona montañosa del N (Cachemira occidental), accidentada por el Karakorum y las estribaciones del Hindu Kush y del Himalaya, con cimas como el Nanga Parbat y el K 2; las altiplanicies pedregosas y desérticas del macizo afgano, y el Beluchistán, al SO; el valle aluvial del Indo, y sus afluentes Jhelum, Chenab, Sutlej y Kabul, que componen el Punjab o «país de los cinco ríos»; el desierto de Thar, en el SE, y la llanura aluvial del Sind, en el S. El clima es continental y la vegetación estepari. El sector agrícola constituye la base de la economía paquistaní. Produce cereales, algodón y cáñamo. La industria se concentra en el Punjab y Karachi.

HIST. La historia primitiva de Pakistán se confunde con la de la India. La penetración de pueblos musulmanes a través del mar Arábigo y las montañas del O, hizo que esta región se convirtiera en uno de los más islamizados del mundo hindú. Las diferencias existentes entre los distintos Estados, hindúes y musulmanes, establecidos en la región fueron neutralizados tras la llegada del imperio mongol. Fue colonizado por el Reino Unido en 1765, que tras la Segunda Guerra Mundial decidió conceder la independencia a la India y, en 1947, aceptó la partición del territorio en dos Estados: uno hindú, la Unión India, y otro musulmán, Pakistán, que comprendía un sector occidental y otro oriental (Bengala). Las relaciones entre ambas zonas empeoraron a raíz de la victoria electoral del partido nacionalista bengalí Liga Awami, y al proclamar su líder Mujibur Rahman la República independiente de Bengala (marzo 1971), se desencadenó la guerra civil. La intervención india en el conflicto condujo a la rendición de Pakistán y a la independencia de Bangla Desh (1972). Alí Bhutto fue elegido presidente en 1971, y después de la aprobación de una nueva Constitución, ocupó el cargo de primer ministro. En 1977 Bhutto fue derrocado (más tarde sería procesado y ejecutado) por un golpe militar dirigido por Muhammad Zia ul-Haq, que asumió plenos poderes y la presidencia de la República en 1978. El nuevo régimen emprendió un programa de islamización de la sociedad, ratificado por referéndum en 1984. Al año siguiente tuvieron lugar elecciones legislativas, en las que participó la oposición agrupada en el Movimiento para la Restauración de la Democracia y se levantó la ley marcial impuesta desde 1977. El regreso de Benazir Bhutto, líder del Partido del Pueblo Paquistaní (PPP), dio inicio a un periodo de violencia. La muerte en accidente de Zia, en 1988, propició la celebración de elecciones, en las que resultó vencedor el PPP de Bhutto, que fue designada primera ministra por el presidente Ishaq Jan (reelegido en diciembre del mismo año). Bhutto fue destituida en 1990; la sustituyó Mustafa Jatoi, líder de la oposición. Celebradas elecciones ese año, venció la Alianza Democrática Islámica, próxima al ejército, liderada por Nawaz Sharif, que fue nombrado primer ministro. La victoria del PPP, en octubre de 1993, permitió que Benazir Bhutto volviera a encabezar el gobierno. Ese mismo año fue elegido presidente Faruq Legari. El mandato de Bhutto se vio alterado por la conflictividad en las regiones de Sind y Punjab y las acusaciones de corrupción. Finalmente, el presidente Legari destituyó a Bhutto y convocó elecciones para 1997, en las que venció la Liga Musulmana de Pakistán, cuyo líder Nawaz Sharif fue nombrado primer ministro. En las presidenciales de ese mismo año venció Mohammad Rafiq Tarar, de la Liga Musulmana de Pakistán. Las pruebas nucleares llevadas a cabo durante 1998 por India y Pakistán elevaron la tensión entre los dos países y provocaron la imposición de sanciones económicas internacionales a ambos países. En mayo de 1999 se produjo una escalada de tensión en la región de Cachemira. Ese año el ejército dio un golpe de Estado incruento, destituyó al gobierno en pleno y el general Pervez Musarraf asumió el poder y en 2001 se autoproclamó presidente. Por el apoyo del Gobierno a EE UU en la guerra de Afganistán, tras los ataques suicidas de septiembre de 2001, el país sufrió momentos de alta tensión social y política. Por el apoyo del Gobierno a EE UU en la guerra de Afganistán, tras los ataques suicidas de septiembre de 2001, el país sufrió momentos de alta tensión social y política. En 2002 un referéndum, considerado como fraudulento, prorrogó cinco años el mandato de Musharraf. Tras las legislativas de octubre de ese año, Mir Zafarullah Khan Jamali, de la Liga Musulmana de Pakistán, fue nombrado primer ministro. En 2003 India y Pakistán firmaron un alto el fuego en Cachemira. Tras la dimisión de Jamali en junio de 2004, ocupó el cargo Chaudhry Shujaat Hussain, quien dimitió dos meses más tarde y fue sustituido por Shaukat Aziz.

PAKISTANÍ adj. y com. PAQUISTANÍ. ◆ Su pl. es *pakistaníes* o *pakistanís*.

PAKULA, ALAN J. Director y productor de cine estadounidense (Nueva York, 1928 - íd., 1998). En su filmografía destacan *Klute* (1971), *El último testigo* (1974), *Todos los hombres del presidente* (1976), *La decisión de Sophie* (1982), *Presunto inocente* (1990) y *El informe Pelícano* (1993).

PAL m. 1 *Bl.* Palo o partición y mueble del escudo. 2 *Mar.* Linguete grande.

PAL (Siglas del i. *Phase Alternation Line:* línea con alternancias de fase.) Sistema alemán de televisión en color.

PALA f. 1 Instrumento compuesto de una tabla o plancha rectangular o redondeada y un mango, que sirve para diversos usos. 2 Hoja de hierro, generalmente en figura de trapecio, que forma parte de las azadas, hachas, etc. 3 Parte ancha de diversos objetos. 4 *Dep.* Tabla con mango para jugar a la pelota. 5 *Dep.* Especie de cucharón de madera con que se coge y lanza la bola en el juego de la argolla. 6 *Dep.* Raqueta de red para lanzar la pelota, volante, etc. 7 Parte ancha del remo, con la cual se hace fuerza en el agua. 8 Cuchilla rectangular con mango corto y perpendicular al dorso, que sirve a los curtidores para descarnar las pieles. 9 Parte superior del calzado. 10 Cada una de las chapas de que se compone una bisagra. 11 Parte lisa de la charretera, que se sujeta al hombro. 12 Hombrera del uniforme, en la cual se ostentan las insignias del empleo o grado. 13 Diente incisivo superior. 14 *Mar.* Vela supletoria. 15 *Mar.* Cada una de las aletas de una hélice. 16 *Mús.* En los instrumentos de viento, parte ancha y redondeada de las llaves que tapan los agujeros.

PALABRA f. 1 Sonido o conjunto de sonidos articulados que expresan una idea. 2 Representación gráfica de estos sonidos. 3 Facultad de hablar. 4 Aptitud oratoria. 5 Promesa verbal muy formal y seria. 6 Derecho, turno para hablar. 7 Refuerzo a una negación. || f. pl. 8 Dichos vanos que no corresponden a ninguna realidad. 9 Dicciones o voces que usan los hechiceros. 10 Pasaje o texto de un autor o escrito.

PALABRA *Teol.* Segunda persona de la Santísima Trinidad.

PALABREJA f. dim. Palabra de poca importancia.

PALABRERÍA f. Abundancia de palabras vanas.

PALABRO m. 1 Palabra mal dicha o estrambótica. 2 PALABROTA.

PALABROTA f. desp. Dicho ofensivo o indecente.

PALACETE m. Casa de recreo construida y adornada como un palacio, pero más pequeña.

PALACIEGO, GA adj. 1 Relativo a palacio. 2 Se dice del que asistía en palacio. También s. 3 fig. CORTESANO. También s.

PALACIO m. 1 Edificio destinado a residencia de los reyes, altos personajes o corporaciones. 2 Casa solariega de una familia noble.

PALACIO VALDÉS, ARMANDO Novelista español (Entralgo, 1853 - Madrid, 1938). Colaboró con Clarín en varias publicaciones y escribió *La literatura española en 1881* (1881). Próximo a Maupassant en sus primeras obras, su conversión religiosa (1899) imprimió un giro tradicional a su producción: *El señorito Octavio* (1881), *José* (1885), *La hermana San Sulpicio* (1889), *La espuma* (1891), *La fe* (1893), *La alegría del capitán Ribot* (1899), *La aldea perdida* (1903) y *La novela de un novelista* (1921).

PALACIOS, FERMÍN Político salvadoreño (s. XIX). Fue presidente interino de la República en 1844, 1845 y 1846.

PALADA f. 1 Cantidad que la pala puede coger de una vez. 2 Golpe que se da al agua con el remo. 3 *Mar.* Cada una de las revoluciones de la hélice.

PALADAR m. 1 *Zool.* Parte interior y superior de la boca del animal vertebrado. 2 fig. Gusto y sabor que se percibe en los alimentos. 3 fig. Gusto, sensibilidad para discernir. || **PALADAR BLANDO** *Anat.* Parte posterior del paladar compuesta por músculos. || **PALADAR DURO** *Anat.* Porción anterior del techo de la boca, parte fija y ósea del mismo.

PALADE, GEORGE EMIL Médico estadounidense, de origen rumano (Iasi, 1912). Ha investigado la estructura y organización funcional de la célula. Premio Nobel de Fisiología y Medicina, con A. Claude y Ch. de Duve, en 1974.

PALADEAR tr. 1 Tomar poco a poco el gusto de una cosa. También prnl. 2 Limpiar la boca o el paladar a los animales para que apetezcan el alimento. 3 Poner en el paladar al recién nacido miel u otra cosa suave para que se aficione al pecho. 4 fig. Tomar gusto a una cosa por medio de algo que complazca y entretenga. || intr. *Fisiol.* 5 Empezar el niño recién nacido a dar, con movimientos de la boca, señas de que quiere mamar.

PALADIAL adj. 1 Relativo al paladar. 2 *Fon.* Se dice del sonido que se articula en cualquier punto del paladar, palatal.

PALADÍN m. 1 Caballero que se distingue por sus hazañas en la guerra. 2 fig. Defensor denodado de alguna persona o cosa.

PALADINO, NA adj. 1 Público, claro y patente. || m. 2 PALADÍN.

PALADIO m. *Quím.* Elemento químico del grupo VIII B del sistema periódico. Masa atómica, 106,7; número atómico, 46; punto de fusión, 1.550 °C; punto de ebullición, 2.500 °C; símbolo, *Pd*. Metal perteneciente al grupo del platino, de color blanco con brillo fuerte, maleable y dúctil.

PALADIO, ANDREA DI PALLADIO.

PALADIÓN *Mit.* Estatua de Palas que se veneraba en Troya. De su conservación dependía el destino de la ciudad. Fue robada por Diomedes y Ulises.

PALAFITO m. Vivienda lacustre primitiva, construida sobre estacas o pies derechos.

PALAFOX Y MELCI, JOSÉ REBOLLEDO DE General español (Zaragoza, 1776 - Madrid, 1847). Capitán general de Aragón, se distinguió en la defensa de Zaragoza.

PALAFOX Y MENDOZA, JUAN Prelado español (Fitero, 1600 - Osma, 1659). Obispo de Puebla (1639) y visitador general (1640), depuso al virrey de Nueva España, marqués de Villena, y gobernó en su lugar (1642).

PALAFRÉN m. 1 Caballo manso en que solían montar las damas, y muchas veces los reyes y príncipes. 2 Caballo en que va montado el criado que acompaña a su amo.

PALAFRENERO m. 1 Criado que lleva del freno el caballo. 2 Mozo de caballos. 3 Criado que monta el palafrén.

PALAMAS, KOSTIS Escritor griego (Patras, 1859 - Atenas, 1943). Renovador de la literatura griega, entre sus poemarios destacan *Cantos de mi patria* (1886), *Dodecálogo del cíngaro* (1907), *La flauta del rey* (1910) y *Las noches de Femio* (1935).

PALAMEDES *Mit.* Rey legendario de Eubea. Tomó parte en la guerra de Troya. Descubrió a Ulises, que se fingía loco para no ir a la guerra. Éste escondió en su tienda cierta cantidad de oro y le acusó de haberlo robado. Fue lapidado por los griegos.

PALAMÓS Municipio y lugar de España, provincia de Girona; 13.913 h. Centro turístico.

PALANCA f. 1 *Fís.* Barra inflexible, recta, angular o curva, con un punto de apoyo (fulcro) y dos puntos de aplicación de sendas fuerzas llamadas potencia y resistencia. Sirve para transmitir una fuerza. 2 fig. Valimiento, intercesión o influencia que se emplea para lograr algún fin. 3 *Fort.* Fortín construido de estacas y tierra. 4 *Mar.* Cabo de carga los puños de las velas mayores. 5 *Dep.* Plataforma desde la que salta al agua el nadador.

PALANGANA f. 1 Jofaina. || com. 2 fig. *Arg.* y *Perú* Fanfarrón, pedante. También adj.

PALANGANEAR intr. *Perú* Fanfarronear.

PALANGANERO m. Mueble donde se coloca la palangana para lavarse.

PALANGRE m. Arte de pesca que se compone de un cordel largo y grueso del cual penden a trechos unos ramales con anzuelos en sus extremos.

PALANGRERO m. 1 Barco de pesca con palangre. 2 Pescador que usa este aparejo.

PALANQUETA f. 1 Diminutivo de PALANCA. 2 Barreta de hierro que sirve para forzar las puertas o las cerraduras. 3 *Mar.* y *Mil.* Barreta de hierro con dos cabezas gruesas que se empleaba en la carga de la artillería de marina para romper las jarcias y la arboladura de los buques enemigos.

PALANQUÍN m. 1 Mozo de cordel que lleva cargas de una parte a otra. 2 *Mar.* Cada uno de los cabos que sirven para cargar los puños de las velas mayores, llevándolos a la cruz de sus vergas respectivas. 3 *Mar.* Aparejo que se usa a bordo para meter los cañones en batería, después de hecha la carga. 4 Especie de andas usadas en Oriente para llevar en ellas a las personas.

PALAOS, PALAU o **BELAU** (*Belu'u era Belau*) Estado de Oceanía, en la Micronesia, formado por un archipiélago perteneciente a las Carolinas Occidentales.

GEOG. Está compuesto por siete islas mayores y 20 menores, algunas de origen volcánico y las demás de formación coralina. Las principales son Babelthuap y Angaur. Se hallan rodeadas de un arrecife, que termina al N, en el canal de Kossol. Goza de un clima tropical. Su economía se basa en la agricultura de subsistencia (naranjas, plátanos), la cría de cerdos y gallinas, y la pesca. Las principales exportaciones son aceite de coco, copra y atún.

HIST. Descubiertas en 1543 por Villalobos, pertenecieron nominalmente a España hasta 1899, en que las vendió a Alemania. Este país impulsó la producción de copra y fosfatos. En 1914 fueron ocupadas por Japón, que se mantuvo en ellas tras la Primera Guerra Mundial. Al finalizar la Segunda Guerra Mundial pasaron a EE UU como fideicomiso. Tras la aprobación de una Constitución en 1980, consiguieron una independencia parcial en 1981, negociaron un tratado de libre asociación en 1982 y se transformaron en República, Hauro I Remeliik como presidente. En 1993 alcanzó la plena independencia de EE UU, y Kumiuro Nakamira fue nombrado presidente, cargo que mantuvo hasta 2000, en que fue sustituido por Tommy Remengesau.

PALAS *Astron.* Segundo de los asteroides, descubierto por Olbers en 1802.

PALAS ATENEA ATENEA.

PALASTRO m. 1 Chapa o planchita sobre la cual se coloca el pestillo de una cerradura. 2 Hierro o acero laminado.

PALATAL adj. 1 *Anat.* Relativo al paladar. 2 *Fon.* Se dice del sonido cuya articulación se forma en cualquier punto del paladar, y más propiamente de la vocal o consonante que se pronuncia aplicando o acercando el dorso de la lengua al paladar duro, como la *i* y la *ñ*. || f. 3 Letra que representa este sonido.

Superficie:
488 km².
Población:
18.800 h.
(*palauanos*).
Densidad:
38,5 h./km².
Tasa de natalidad: 20,1‰.
Tasa de mortalidad: 7,5‰.
Capital: Koror.
Grupos étnicos: palauanos (83,2%), filipinos (9,8%), micronesios (2%), chinos (1,2%).
Religión: catolicismo (40,8%), protestantismo (24,8%), creencias tradicionales (24,8%).
Idioma: inglés y palauano.
Moneda: dólar estadounidense.
Forma de Estado: república.
Producto Nacional Bruto: 159.800 millones de dólares.
Renta per cápita: 8.806 dólares.
División administrativa: 16 Estados y una circunscripción administrativa, según cuadro.

PALAOS

Estados Circunscripción administrativa	Superficie (km²)	Población (h.)
Aimeliik	52	419
Airai	44	1.481
Angaur	8	193
Hatohobei	3	51
Kayangel	3	124
Koror	18	12.299
Melekeok	28	261
Ngaraard	36	421
Ngardmau	47	253
Ngaremlengui	65	162
Ngatpang	47	221
Ngchesar	41	228
Ngerchelong	10	281
Ngiwal	26	176
Peleliu	13	575
Sonsorol	3	80
Rock Islands	47	

paleolítico. Venus de Lespugne. Museo Chiericati (Vicenza).

PALATALIZACIÓN f. *Ling.* Modificación por la cual una realización fonética traslada su zona de articulación hacia la parte ósea del paladar.
PALATINADO Región de Alemania que con Renania forma el Land de Renania-Palatinado.
PALATINO, NA adj. *Anat.* 1 Relativo al paladar. 2 Se dice del hueso par que contribuye a formar la bóveda del paladar. También s. 3 Relativo a palacio o propio de los palacios. 4 Se dice de los que antiguamente tenían oficio principal en los palacios de los príncipes. También s.
PALATINO Una de las siete colinas de la antigua Roma. Augusto mandó construir allí su residencia.
PALAU PALAOS.
PALCO m. 1 Localidad independiente con balcón, en los teatros y otros lugares de recreo. 2 Tablado donde se coloca la gente para ver una función.
PALE- pref. PALEO-.
PALEMBANG Ciudad de Indonesia, capital de la provincia de Sumatra Meridional; 1.084.483 h.
PALENA Río de Argentina y Chile, que nace en Argentina, donde recibe el nombre de *Encuentro,* y desemboca en el Pacífico; 300 km de curso.
PALENA Lago de Chile, región de Los Lagos, cuya parte oriental corresponde a Argentina, con el nombre de General Paz; 10.810 km².
PALENCIA 1 Provincia de España, en Castilla y León; 8.029 km² y 179.465 h. Se extiende desde las estribaciones meridionales de la cordillera Cantábrica hasta la Tierra de Campos, regada por el Pisuerga y su afluente, el Carrión. Otros ríos destacados son el Arlanzón, Boedo, Valdavia, Valdejinate y Odra. El clima es continental. Produce cereales, garbanzos, alubias, patatas, lino, cáñamo, vino y hortalizas. Ganadería vacuna, mular y lanar. Carbón, hierro, cinc, calamina y cobre. Industrias alimentarias, de transformados metálicos y de la construcción. 2 Ciudad capital de la misma y del partido judicial de su nombre; 77.842 h. Catedral gótica (siglos XIV-XV), iglesia de San Miguel (siglo XIII), convento de San Pablo y monasterio de Santa Clara (1378).
PALENQUE m. 1 Valla de madera o estacada. 2 Terreno cercado por una estacada para celebrar algún acto solemne. 3 *Amér.* Estaca para amarrar animales. 4 *R. Plata* Poste grueso que se asegura en la tierra para palenquear animales bravos.
PALENQUE *Arqueol.* Antigua ciudad maya, en México, Estado de Chiapas, que corresponde al antiguo imperio maya y conserva importantes restos arqueológicos. Permanecen casi intactos el Templo del Sol, el de la Cruz Enramada, el de la Cruz, el de las Leyes, el del Relieve y el Palacio.
PALENQUEAR tr. *R. Plata* Atar a un potro con bozal y cabestro grueso para que se amanse y cedan sus primeras rebeldías.
PALENSE adj. y com. De Palos de la Frontera.
PALENTINO, NA adj. y s. De Palencia.
PALEO-, PALE- prefs. que significan antiguo, primitivo.
PALEOANTROPOLOGÍA f. *Antrop.* Rama de la antropología que se ocupa del estudio del hombre fósil.
PALEOBIOLOGÍA f. *Biol.* Rama de las ciencias rales que estudia los modos de vida de los organismos fósiles.
PALEOBOTÁNICA f. *Paleon.* Rama de la paleontología que estudia las plantas primitivas y la vegetación fosilizada en anteriores tiempos geológicos.
PALEOCENO, NA adj. *Geol.* Se dice del periodo o época más antiguos de los que constituyen la era terciaria.
PALEOCRISTIANO, NA adj. *Arte.* Se aplica al arte cristiano primitivo que se desarrolló a partir del siglo II hasta el siglo VI. También s.
PALEOFITOLOGÍA f. PALEOBOTÁNICA.
PALEOFITOPATOLOGÍA f. *Paleon.* Ciencia que estudia las huellas dejadas por la enfermedad en restos de plantas fósiles.
PALEÓGENO, NA adj. *Geol.* Se aplica a una subdivisión del periodo terciario que comprende sus estratos más antiguos, es decir, las épocas paleocena, eocena y oligocena, que se caracterizan por el utillaje a base de guijarros, nódulos y lascas de sílex, entre los que destacan los numulites.
PALEOGEOGRAFÍA f. *Geog.* Geografía de los primitivos periodos de la historia del mundo, o de las geografías extinguidas.
PALEOGRAFÍA f. *Hist.* Disciplina auxiliar de la historia que estudia la escritura y signos de los libros y documentos antiguos.
PALEOLÍTICO, CA adj. y m. *Prehist.* Se dice del periodo más antiguo y largo de la prehistoria humana, conocido como el de la piedra tallada (1.000.000-h. 10.000 a. C.). Se suele dividir en: *paleolítico inferior,* que corresponde al tiempo de las primeras glaciaciones; es el periodo de los prehomínidos y se caracteriza por el utillaje a base de guijarros, nódulos y lascas de sílex; *paleolítico medio,* que termina en los comienzos de la última glaciación conocida; es el periodo del hombre de Neandertal, y *paleolítico superior,* que comienza al finalizar la última glaciación; es el periodo del *Homo sapiens sapiens,* que progresa en la caza e inicia el arte mobiliario. En este periodo, son de gran interés sus pinturas rupestres, como las de Altamira, Castillo, Lascaux, Niaux, etc. Otra división del paleolítico, atendiendo a sus etapas culturales fundamentales, es: abevillense o chelense y achelense, (pertenecientes al paleolítico inferior), musteriense (paleolítico medio) y auriñaciense, solutrense y magdaleniense (perteneciente al superior).
PALEOLOGÍA f. Conocimiento de las culturas antiguas y de los idiomas de otras épocas.
PALEÓLOGO, GA m. y f. Persona que profesa la paleología o versado en ella.
PALEÓLOGO *Geneal.* Última dinastía de emperadores bizantinos. Ocuparon el trono de Bizancio desde 1261, en que accedió al poder Miguel VIII, hasta 1453, fecha de la toma de Constantinopla por los turcos.
PALEONTOGRAFÍA f. Descripción de los seres orgánicos cuyos restos o vestigios son fósiles.
PALEONTOLOGÍA f. *Biol.* Ciencia que estudia los seres vivos que han existido en épocas pasadas a través de los fósiles.
PALEOTERIO m. *Zool.* Mamífero perisodáctilo.
PALEOZOICO, CA adj. y m. *Geol.* Se dice de la era también llamada PRIMARIA.
PALEOZOOLOGÍA f. *Paleon.* Parte de la paleontología que estudia los animales primitivos a través de sus restos fósiles.
PALERMO 1 Provincia de Italia, en Sicilia; 4.992 km² y 1.240.851 h. 2 Ciudad de Italia, capital de Sicilia y de la provincia de su nombre; 691.796 h.
PALES *Mit.* Genio protector de los rebaños entre los romanos.
PALÉS MATOS, LUIS Poeta puertorriqueño (Guayama, 1899 - San Juan, 1959). Fue uno de los fundadores del «diepalismo». Obras: *Azaleas* (1915) y *Tuntún de pasa y grifería* (1937).
PALESTESIA f. *Med.* Sensibilidad de un hueso a los estímulos vibratorios.
PALESTINA Región del SO de Asia, en Oriente Próximo, que se extiende entre el Líbano, la depresión del Jordán hasta el golfo de Aqaba (mar Rojo), la península del Sinaí y el Mediterráneo, actualmente dividida entre Israel y Jordania, aunque desde 1967 viene coincidiendo con el territorio reivindicado como definitivo por aquel país. Su capital es Jerusalén.
Hist. Después de estar sometida durante varios siglos a Egipto, Palestina cayó en poder de los filisteos (h. 1100 a. C.), de los cuales tomó el nombre. Los hebreos, aliados con los cananeos, expulsaron a los filisteos, y desde entonces, bajo el gobierno de David, llegó a un alto grado de prosperidad. Desde el siglo IX al VI a. C. Asiria y Babilonia dominaron alternativamente el país. Después pasó a poder de Persia (siglos VI-IV), de Alejandro Magno (333 a. C.), de Egipto, con la dinastía de los Tolomeos, y de Roma, bajo cuyo dominio surgió el cristianismo. En el año 635 de nuestra era, la caída de Damasco puso a Palestina bajo el poder de los musulmanes, y desde el siglo VII al XI fue gobernada por los califas. Tras las cruzadas siguió bajo el poder de los turcos, que habían comenzado a dominarla desde el siglo XI. En 1517 fue incorporada al imperio otomano hasta el término de la Primera Guerra Mundial, en que la Sociedad de Naciones la colocó, como mandato, bajo la administración del Reino Unido. La inmigración de judíos de la diáspora empezó a originar graves problemas entre las comunidades musulmana y judía, que comenzaron a organizarse políticamente. Inglaterra trasladó la cuestión palestina a la ONU, cuya Asamblea General recomendó la partición del país en dos Estados independientes: uno

Palestina. Escolares palestinos en un puesto de control israelí en la carretera entre Ramala y Jerusalén.

judío y otro árabe. Tras la proclamación del Estado de Israel (1948), estalló la primera guerra árabe-israelí (1948-49), en que este país adquirió vastos territorios a expensas del propuesto Estado palestino. Tras la siguiente derrota árabe en el conflicto de 1967 y la ocupación israelí de Gaza y Cisjordania, los palestinos incrementaron su actividad guerrillera. El grupo más importante de la resistencia palestina era la Organización para la Liberación de Palestina, con Y. Arafat como máximo responsable. Sin embargo, el movimiento palestino se dividió a raíz de la guerra del Yom Kippur (1973). La OLP fue reconocida por diversos organismos internacionales como única representante palestina, en 1974, y a partir de 1982 conoció las disidencias internas y el rechazo de algunos países árabes, como Siria. Israel, por su parte, recrudeció las acciones contra los palestinos de los territorios ocupados (incluido el sur del Líbano desde 1978), dando lugar a un movimiento de desobediencia civil conocido como *intifada*. En 1988, tras renunciar Hussein de Jordania a sus derechos sobre Gaza y Cisjordania en favor de los palestinos, el Consejo Nacional Palestino proclamó en Argel la constitución del Estado de Palestina; en 1989, Arafat fue nombrado su presidente. En 1991 se reunió en Madrid una conferencia internacional de paz en la que participaron Israel y los países árabes, incluida una delegación palestina. En 1993 se produjo un encuentro en Washington entre el primer ministro israelí, I. Rabin, y Arafat, en el que se pactó la concesión de la autonomía a la franja de Gaza y Jericó. El acuerdo se hizo efectivo en 1994, y en el mes de julio se constituyó una Autoridad Nacional Palestina (ANP), gobierno del futuro Estado, presidida por Arafat. A lo largo de 1995 se produjo el repliegue israelí de las principales ciudades de Cisjordania y, en 1996, resultó elegido presidente Y. Arafat, y su formación, al Fatah, pasó a dominar el Parlamento. Las negociaciones sufrieron un bloqueo al ser elegido primer ministro israelí B. Netanyahu. Los acuerdos de Wye Plantation (1998) relanzaron el proceso. La sustitución en 1999 de Netanyahu por el laborista E. Barak en la presidencia de Israel favoreció la reapertura de las negociaciones entre ambos países, aunque a mediados de 2000 las revueltas palestinas estancaron el proceso una vez más. Reanudadas las conversaciones en julio, culminaron sin un tratado definitivo de paz. En septiembre se reabrieron las negociaciones pero la tensión en la zona provocó una nueva intifada que se extendió a los territorios autónomos palestinos. Ante esta situación, Israel congeló el proceso de paz por tiempo indefinido. En abril de 2001 se recrudecieron los ataques israelíes en Gaza y Cisjordania en respuesta a la intifada. Tras los atentados contra las Torres Gemelas de Nueva York, del 11 de septiembre de 2001, Sharon aumentó sus represalias en los territorios palestinos. En diciembre de ese año y en marzo de 2002, el ejército de Israel tomó Ramala y amplió el asedio a otras ciudades palestinas, que levantó más tarde. En marzo de 2003 Mahmoud Abbas (Abu Mazen) fue nombrado primer ministro, pero dimitió en septiembre por sus diferencias con Arafat; fue sustituido en el cargo por Ahmed Qureia (Abu Ala). En abril de 2003, la Unión Europea, Rusia, Estados Unidos y la ONU presentaron a palestinos e israelíes la Hoja de Ruta, plan de paz que incluía entre sus propuestas la creación de un Estado palestino. Sin embargo, la aplicación de la Hoja de Ruta se estancó ante el no desmantelamiento de las organizaciones armadas palestinas, por la negativa de Israel de congelar los asentamientos israelíes y por la construcción de un muro en Cisjordania que delimita las tierras palestinas.

PALESTINO, NA adj. y s. De Palestina.

PALESTRA f. **1** Sitio o lugar donde se lidia o lucha. **2** fig. poét. La misma lucha. **3** fig. Sitio en que se celebran ejercicios literarios públicos o se discute sobre cualquier asunto.

PALESTRINA (GIOVANNI PIERLUIGI, llamado) Compositor italiano (Palestrina, 1524 - Roma, 1594). Con él, la polifonía sagrada llegó a su apogeo. Escribió 96 misas, 500 motetes y 4 libros de madrigales, himnos y ofertorios.

PALETA f. **1** Diminutivo de PALA. **2** Tabla pequeña con un agujero en un extremo, por donde se introduce el dedo pulgar para sostenerla, en la cual el pintor ordena los colores. **3** Instrumento para cocinar. **4** Badil u otro instrumento semejante con que se remueve la lumbre. **5** Utensilio que usan los albañiles para manejar la mezcla o mortero. **6** Cada una de las tablas, planos o curvas, que se fijan en las ruedas hidráulicas para recibir la acción del agua. **7** Pieza de los ventiladores, hélices, etc., que recibe y utiliza el choque o la resistencia del aire. **8** Anat. Omóplato, paletilla. **9** Anat. PALA, diente incisivo superior. **10** Mar. Cada una de las piezas que, unidas a un núcleo central, constituyen la hélice marina. **11** *Amér.* Dulce o helado en forma de pala, que se chupa cogiéndolo por un palo que sirve de mango.

PALETADA f. **1** Porción que la paleta puede coger de una vez. **2** Golpe que se da con la paleta.

PALETILLA f. **1** Cada uno de los dos huesos anchos de la espalda, omóplato. **2** Ternilla en que termina el esternón. **3** Palmatoria.

PALETO, TA adj. y s. **1** desp. Tosco e ignorante. **2** desp. Se aplica al individuo falto de cultura y de trato social. || m. **3** GAMO.

PALETÓ m. Gabán de paño grueso, largo y entallado, pero sin faldas.

PALETÓN m. Parte de la llave donde se encuentran los dientes y guardas.

PALI adj. y m. *Ling.* Se dice de una lengua, de la familia del sánscrito, una de las más importantes lenguas religiosas del budismo en Ceilán y en Indochina. Hoy día es una lengua muerta.

PALIA f. *Rel.* **1** Lienzo sobre el que se extienden los corporales para decir misa. **2** Cortina o mampara exterior que se pone delante del sagrario. **3** Lienzo que se pone sobre el cáliz.

PALIAR tr. **1** Encubrir, disimular. **2** Mitigar la violencia de ciertas enfermedades.

PALIATIVO, VA adj. **1** fig. Capaz de disimular una cosa. **2** Se dice de lo que mitiga, suaviza o atenúa. Se usa especialmente referido a los remedios que se aplican a las enfermedades incurables.

PALIDECER intr. **1** Ponerse pálido. **2** fig. Padecer una cosa disminución o atenuación de su importancia o esplendor. ♦ IRREG. Se conjuga como AGRADECER.

PALIDEZ f. Decoloración de la piel humana y, por extensión, de otros objetos.

PÁLIDO, DA adj. **1** Amarillo, macilento. **2** Descolorido, desvaído. **3** fig. Desanimado, falto de expresión y colorido.

PALIER (Voz fr.) m. *Mec.* En algunos vehículos automóviles, cada una de las dos mitades en que se divide el eje de las ruedas motrices.

PALILALIA f. *Med.* Repetición patológica de palabras o frases.

PALILLERO, RA m. y f. **1** Persona que hace o vende mondadientes. || m. **2** Pieza en que se colocan los palillos o mondadientes para ponerlos a la mesa. **3** Mango de la pluma de escribir.

PALILLO m. **1** Varilla en la que encaja la aguja para hacer media. **2** Mondadientes de madera. **3** Bolillos para hacer encajes y pasamanería. **4** Vena gruesa de la hoja del tabaco. **5** Cada una de las dos varitas, rematadas en forma de perilla, que sirven para tocar el tambor. **6** Varita con que un cantador de flamenco lleva el compás. **7** fig. Conversación de poca importancia. **8** fig. y fam. Persona muy delgada. || m. pl. **9** Bolillos que se ponen en el billar en ciertos juegos. **10** Palitos de madera dura para modelar el barro. **11** fig. y fam. Primeros principios o reglas menudas de las artes o ciencias. **12** fig. y fam. Lo insustancial y poco importante de una cosa.

PALIM- pref. PALIN-.

PALIMPSESTO m. **1** Manuscrito antiguo que conserva huellas de una escritura anterior borrada artificialmente. **2** Tablilla antigua en que se podía borrar el escrito para volver a escribir.

PALIN-, PALIM- prefs. que significan de nuevo.

PALÍNDROMO m. Palabra o frase que se lee igual de izquierda a derecha que de derecha a izquierda.

PALINGENESIA f. Regeneración de los seres.

PALINODIA f. Retractación pública de lo que se había dicho. Se utiliza sobre todo en la expresión *cantar la palinodia*.

PALINOLOGÍA f. *Paleon.* Parte de la paleontología que estudia las esporas y el polen, vivos o fósiles.

PALIO m. **1** Prenda principal, exterior, del traje griego, cuadrada o cuadrilonga, a manera de manto. **2** Capa o balandrán. **3** Insignia pontifical que da el Papa a los arzobispos y a algunos obispos, la cual es como una faja blanca de la que, sobre pecho y espalda, caen dos tiras del mismo ancho; está adornada con cruces negras, y pende de los hombros sobre el pecho. **4** *Liturg.* Dosel colocado sobre cuatro o más varas largas, bajo el cual se lleva procesionalmente el Santísimo Sacramento.

PALIQUE m. fam. Conversación ligera.

PALISANDRO m. *Bot.* **1** Cualquiera de las especies de árboles tropicales de la familia leguminosas, género *Dalbergia*. **2** Madera de estos árboles.

PALISSY, BERNARD Ceramista francés (Saintes, 1510 - París, 1589). Autor de piezas decoradas con figuras en relieve de animales y motivos naturalistas.

PALITROQUE o **PALITOQUE** m. **1** Palo pequeño, tosco o mal labrado. **2** *Taurom.* Banderilla.

PALIZA f. **1** Zurra de golpes dados con palo. **2** fig. y fam. Disputa en que uno queda confundido y maltrecho. || **dar la paliza** fr. fig. y fam. Soltar un rollo o discurso pesado. || **ser un paliza** fr. fig. y vulg. Ser muy pesado y latoso.

PALIZADA f. **1** Sitio cercado de estacas. **2** Defensa hecha con estacas y terraplenada para impedir la salida de los ríos o dirigir su corriente. **3** *Bl.* Conjunto de piezas en forma de palos encajadas las unas en las otras. **4** *Fort.* EMPALIZADA.

Palladio. Palacio de la Razón (Vicenza).

PALLADIO o **PALADIO** (ANDREA PIETRO, llamado) Arquitecto italiano (Vicenza, 1518 - íd., 1580). Está considerado como el más destacado representante del último período del clasicismo renacentista. En la construcción de villas la aportación de Palladio fue extraordinaria. Entre las más importantes, figuran la Malcontenta (1560) y, sobre todo, la villa Capra, en Vicenza, conocida por villa Rotonda.

PALLADOR m. Coplero y cantor errante en América meridional.

PALLAIS, AZARÍAS Poeta nicaragüense (León, 1884 - íd., 1954). Posmodernista, escribió *A la sombra del agua* (1917) y *Espumas y estrellas* (1921), *Caminos* (1921) y *Glosas* (1940).

PALLAS, PETER SIMON Naturalista, explorador y médico alemán (Berlín, 1741 - íd., 1811). Realizó importantes estudios geológicos y etnográficos y descubrió restos de mamuts.

PALLOZA f. Construcción en piedra, de planta redonda u elíptica con cubierta de paja.

PALM BEACH Población de EE UU, Estado de Florida. Lujoso centro turístico de invierno.

PALMA f. **1** *Anat.* Parte inferior y algo cóncava de la mano, desde la muñeca hasta los dedos. **2** *Anat.* fig. Mano del hombre. **3** *Bot.* Árbol de las palmas, palmera. **4** *Bot.* Hoja de la palmera. **5** *Bot.* DATILERA. **6** *Bot.* PALMITO¹, planta. **7** *Bot.* PALMÁCEA. **8** *Veter.* Parte inferior del casco de las caballerías. **9** fig. Gloria, triunfo, victoria. || f. pl. **10** Palmadas de aplauso. **11** *Bot.* Familia de las palmáceas. || **PALMA BRAVA** *Bot.* Árbol de la familia palmáceas que crece en Filipinas, parecido al burí. || **PALMA CANA** *Bot.* PALMITO¹, planta. || **PALMA ENANA** *Bot.* PALMITO¹. || **PALMA INDIANA** *Bot.* COCO¹, árbol. || **PALMA NEGRA** *Bot. Amér.* CARANDAY. || **PALMA REAL** *Bot.* Árbol de familia palmáceas, muy abundante en Cuba. || **batir palmas** loc. Aplaudir, dar palmadas de aplauso. || **llevarse uno la palma** fr. fig. Sobresalir.

PALMA Municipio y ciudad de España, provincia de Baleares; capital de las Islas Baleares, 322.008 h. Situada en la costa SO de la isla de Mallorca, es conocida con el nombre de *Palma de Mallorca*. Puerto. Importante centro turístico. Entre sus monumentos destacan la catedral gótica (siglos XIII-XIV), el palacio de la Almudaina; el castillo de Bellver (siglo XIV), la Lonja (siglo XV) y el Ayuntamiento (siglo XVII).

PALMA, LA Isla de España, en las Canarias, provincia de Santa Cruz de Tenerife; 708 km² y 81.724 h. De origen volcánico, su terreno es montañoso. Capital, Santa Cruz de la Palma.

PALMA, RICARDO Escritor peruano (Lima, 1833 - Miraflores, 1919). Se inició como escritor con el drama *Rodil* (1851). Dentro de su obra poética figuran *Poesías* (1887) y *Filigranas* (1892). A los temas históricos y lingüísticos dedicó *Anales de la Inquisición en Lima* (1863), *Cachivaches* (1890) y *Papeletas lexicográficas* (1903). Debe su fama a *Tradiciones peruanas* (1872-1915), narraciones sobre la época colonial.

PALMA EL JOVEN (JACOPO NIGRETTI, llamado) Pintor veneciano, hijo de un sobrino de PALMA EL VIEJO (Venecia, 1544 - íd., 1628). Se distinguió en asuntos religiosos.

PALMA DE MALLORCA PALMA.

PALMA EL VIEJO (JACOPO NIGRETTI, llamado) Pintor veneciano (Serimolta, 1480 - Venecia, 1528). Cultivó asuntos religiosos y mitológicos.

PALMÁCEO, CEA adj. y f. *Bot.* **1** Se dice de la planta angiosperma monocotiledónea, siempre verde, generalmente leñosa, con estípite sin ramas, recto y coronado por un penacho de hojas grandes, como la palmera el cocotero, el burí y el palmito. || f. pl. *Bot.* **2** Familia de estas plantas.

PALMACRISTI f. *Bot.* RICINO.

PALMADA f. **1** Golpe dado con la palma de la mano. **2** Ruido que se hace golpeando una con otra las palmas de las manos. ♦ Más en pl.

PALMADO, DA adj. De figura de palma.

PALMAR¹ adj. **1** Relativo a la palma de la mano y a la palma del casco de los animales. **2** Se dice de lo relativo a las palmas. **3** Relativo al palmo o que consta de un palmo. **4** fig. Claro, patente y manifiesto. || m. **5** Sitio o lugar donde se crían palmas. **6** Cabeza de la cardencha, que se utiliza para cardar el paño.

PALMAR² intr. fig. **1** Morir una persona. **2** fig. Ser derrotado en el juego o en el deporte.

PALMARÉS m. galic. **1** Lista de vencedores en una competición o ganadores de un concurso. **2** Historial, hoja de servicios.

PALMARIO, RIA adj. Claro, patente, manifiesto.

PALMAS, LAS Provincia insular de España, en las islas Canarias; 4.099 km² y 872.669 h. Comprende las islas de Fuerteventura, Gran Canaria y Lanzarote y los islotes de Alegranza, Graciosa, Lobos, Montaña Clara, Roque del Este y Roque del Oeste. Capital, Las Palmas de Gran Canaria, en la isla de Gran Canaria. De suelo volcánico. Producción agrícola. Turismo. En 1982, junto con la provincia de Santa Cruz de Tenerife, constituyeron la Comunidad Autónoma de CANARIAS.

PALMAS DE GRAN CANARIA, LAS Municipio y ciudad de España, provincia de Las Palmas, en la isla de Gran Canaria; capital de la comunidad autónoma de Canarias (comparte la capitalidad con Santa Cruz de Tenerife) y de la provincia de su nombre; 355.563 h. Importante puerto, llamado de La Luz. Industria de la construcción y alimentaria. Turismo. Catedral (1570). Fue fundada en 1478 por Juan Rejón. Se convirtió en un lugar de escala en las rutas marítimas de Europa, América y África. En 1927 obtuvo la capitalidad de la provincia de Gran Canaria.

PALMATORIA f. **1** Palmeta. **2** Especie de candelero bajo.

PALME, SVEN OLOF Político sueco (Estocolmo, 1927 - íd., 1986). Afiliado al Partido Socialdemócrata (1956), fue presidente de su partido y primer ministro (1969-76 y 1982-86). Murió asesinado.

PALMEADO, DA adj. **1** De figura de palma. **2** *Bot.* Se dice de las hojas, raíces, y otras estructuras que semejan una mano abierta. **3** *Zool.* Se dice de los dedos de aquellos animales que los tienen ligados entre sí por una membrana interdigital.

Palma de Mallorca (España). Catedral.

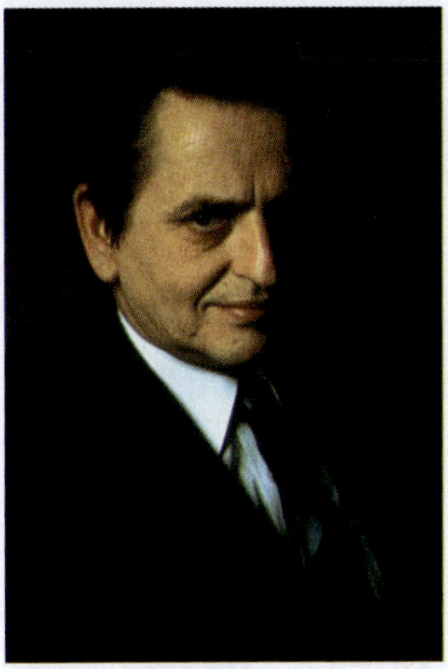

Olof **Palme**

PALMEAR intr. **1** Dar golpes con las palmas de las manos una con otra en señal de regocijo o aplauso. || tr. **2** *A. gráf.* Nivelar la forma o molde. **3** *Mar.* Trasladar una embarcación tirando con las manos. **4** *Dep.* En baloncesto, impulsar el balón hacia la cesta con la palma de la mano tras un tiro fallado. || prnl. *Mar.* **5** Asirse a un cabo o cable fijo y avanzar valiéndose de las manos. También intr.

PALMENSE adj. y com. De Las Palmas de Gran Canaria.

PALMEO m. **1** Medida por palmos. **2** Acción de palmear.

PALMER Península de la Antártida. (Véase TIERRA DE SAN MARTÍN.)

PALMERA f. *Bot.* **1** Nombre genérico de los árboles de la familia de las palmáceas. La palmera datilera *(Phoenix Dactylifera),* que puede alcanzar los 20 m de altura. **2** Hoja de estas plantas.

PALMERAL m. *Bot.* Bosque de palmeras.

PALMERINES *Lit.* Serie de LIBROS DE CABALLERÍAS españoles desarrollada durante el siglo XVI, formada por *Palmerín de Olivia* u *Oliva* y *Palmerín de Inglaterra.*

PALMERO[1] m. **1** Peregrino de Tierra Santa que traía una palma en señal de su romería. **2** El que ata las hojas de la palma para que se pongan verdes.

PALMERO[2], RA adj. y s. De La Palma.

PALMERO[3], RA m. y f. Persona que acompaña con palmas los cantes y bailes andaluces.

PALMERSTON, HENRY TEMPLE, VIZCONDE DE Político inglés (Broadlands, 1784 - Brocket Hall, 1865). Inicialmente adscrito al ala conservadora, evolucionó más tarde hacia posturas liberales. Fue ministro de Guerra (1809-28), Asuntos Exteriores (1830-41 y 1846-51), Interior (1852-55) y primer ministro (1855-58 y 1859-65).

PALMESANO, NA adj. y s. De Palma de Mallorca.

PALMETA f. **1** Instrumento que se usaba en las escuelas para golpear en la mano, como castigo, a los niños. **2** Golpe dado con dicho instrumento.

PALMÍPEDO, DA adj. y s. *Zool.* **1** Se aplica a cualquier animal vertebrado con membranas interdigitales en uno o en ambos pares de extremidades, adaptado a la vida acuática, como el pato, el ganso y la gaviota. || f. pl. *Zool.* **2** Antiguo orden de estos animales que actualmente están comprendidos en el orden anseriformes.

PALMIRA Antigua ciudad de Siria, situada en el desierto de Tadmor, al NE de Damasco.

PALMIRA Ciudad de Colombia, departamento de Valle del Cauca; 256.823 h. Centro industrial.

PALMITA f. Diminutivo de PALMA. || **llevar, recibir, tener** o **traer** a uno **en palmitas** fr. fig. Complacerle y darle gusto en todo.

PALMITO[1] m. *Bot.* **1** Mata, arbusto o pequeña palmera perteneciente a la familia palmáceas, de nombre científico *Chamaerops humilis.* Es la única especie de palmera que crece espontáneamente en Europa. **2** Cogollo de esta planta.

PALMITO[2] m. **1** fig. y fam. Cara agraciada de mujer. **2** fig. y fam. Talle esbelto de la mujer y, por extensión, atractivo.

PALMO m. **1** *Metrol.* Medida de longitud, cuarta parte de la vara, equivalente a unos 21 centímetros. **2** Distancia que va desde el extremo del pulgar hasta el del meñique, estando la mano extendida y abierta. Se usa como medida de longitud. **3** Juego de muchachos que consiste en tirar monedas contra una pared. || **PALMO DE TIERRA** fig. Espacio muy pequeño de ella. || **PALMO MENOR** Ancho que dan unidos los cuatro dedos, índice, mayor, anular y meñique. || **dejar** a uno **con un palmo de narices** fr. fig. y fam. Darle un chasco, privándolo de lo que esperaba conseguir. || **palmo a palmo** loc. adv. fig. con que se expresa la dificultad o lentitud en la consecución de una cosa. También fig., de modo completo y minucioso.

PALMOTEAR intr. Dar una palma de la mano con otra.

PALMYRA Islote deshabitado de Oceanía, en el grupo de las Line, posesión de EE UU; 1,2 km^2.

PALO m. **1** Trozo de madera mucho más largo que grueso, generalmente cilíndrico y manejable. **2** Madera de árbol. **3** Golpe que se da con un palo. **4** Suplicio que se ejecuta en un instrumento de palo, como la horca, el garrote, etc. **5** Cada una de las cuatro series en que se divide la baraja de naipes, y que en la española se denominan oros, copas, espadas y bastos. **6** Trazo de algunas letras que sobresale de las demás por arriba o por abajo, como el de la *d* y la *p.* **7** fig. y fam. Daño o perjuicio. **8** *R. Plata* Pedacito del tronco de la rama que, en la yerba mate, se mezcla con la hoja triturada. **9** *Bot. Amér.* Árbol o arbusto. **10** *Bl.* Pieza heráldica en forma de rectángulo que desciende desde el jefe a la punta del escudo. **11** *Dep.* En algunos deportes, como béisbol, golf, polo, etc., instrumento con que se golpea la pelota. **12** *Mar.* Cada uno de los maderos redondos fijos en una embarcación, más o menos perpendicularmente a su quilla, a los cuales se agregan los masteleros. || m. pl. **13** Palillo del billar. **14** Una de las principales suertes del juego del billar, que consiste en derribar los palos con las bolas. || **PALO DEL ÁGUILA** *Bot.* Madera de un árbol de la familia timeleáceas, parecido al palo áloe. || **PALO DE BAÑÓN** *Bot.* ALADIERNA. || **PALO BLANCO** *Bot.* Árbol perteneciente a la familia oleáceas, de nombre científico *Picconia excelsa.* Especie integrante de la laurisilva, crece en Madeira y algunas de las islas Canarias. || *Bot.* ACEITUNO. || **PALO BORRACHO** *Bot.* Árbol de la familia bombáceas, propio de Argentina. || **PALO BRASIL** o **DE BRASIL** *Bot.* Nombre común de varios árboles de la familia samarubáceas, de Canarias y América. || **PALO CAJÁ** *Bot.* Árbol silvestre cubano de la familia sapindáceas, con madera de color anaranjado. || **PALO DE CAMPECHE** o **CAMPECHE** *Bot.* Arbusto o pequeño árbol perteneciente a la familia leguminosas, propio de la península mexicana de Yucatán y de las Antillas. Su madera produce un tinte rojo púrpura. || **PALO DE CIEGO** Daño o injuria que se hace por desconocimiento o por irreflexión. || **PALO COCHINO** *Bot.* Árbol silvestre cubano de la familia burseráceas cuya madera se aprovecha para toneles. || **PALO CORTADO** Vino de Jerez con sabor del oloroso y con olor del amontillado. || **PALO DULCE** *Bot.* REGALIZ. || **PALO DUZ** *Bot.* REGALIZ. || **PALO ENJABONADO** o **JABONADO** *Arg., Par.* y *Urug.* Cucaña, palo untado de jabón o grasa. || **PALO DE FERNAMBUCO** o **DE PERNAMBUCO** *Bot.* Especie de palo brasil, de color menos encarnado. || **PALO DE HULE** *Bot.* Uno de los árboles que produce la goma elástica o caucho. || **PALO DE JABÓN** *Bot.* Líber de un árbol de la familia rosáceas, nativo de América tropical que, macerado en agua, da un líquido espumoso que quita las manchas de las telas. || **PALO MACHO** *Mar.* Cada una de las perchas principales que constituyen la arboladura de un buque. || **PALO MAYOR** *Mar.* El más alto del buque y que sostiene la vela principal. || **PALO NEFRÍTICO** *Bot.* Madera del ben, cuya infusión se ha empleado contra las enfermedades de las vías urinarias. || **PALO NEGRO** *Bot.* COCOBOLO. || **PALO DE ROSA** *Bot.* Madera de un árbol de la familia borragináceas, americano, roja con vetas negras, muy estimada en ebanistería. || **PALO DE SANGRE** *Bot.* Arbusto perteneciente a la familia rosáceas, de nombre científico *Marcetella moquiniana,* con tallos de color rojizo. Es una especie endémica de las islas Canarias. || **PALO SANTO** o **DE LA INDIA** *Bot.* GUAYACÁN. || **PALOS FLAMANTES** *Bl.* Los ondeados y piramidales en forma de llamas. || **a palo seco** loc. adv. fig. Sin comer ni beber. También, escuetamente, sin nada accesorio o complementario. || **cada palo que aguante su vela** expr. fig. y fam. que indica que cada uno debe cargar con las consecuencias derivadas de sus actos. || **caérsele** a uno **los palos del sombrajo** fr. fig. y fam. Abatirse, desanimarse. || **dar** a uno **un palo** fr. fig. y fam. Proporcionarle un daño o disgusto. || **de tal palo, tal astilla** fr. prov. Que tiene las propiedades o inclinaciones conforme a su principio u origen.

PALO ALTO Ciudad de EE UU, Estado de California; 55.900 h. Universidad de Stanford. Investigación y fabricación de misiles.

PALOMA f. **1** *Zool.* Nombre de diversas aves columbiformes de la familia colúmbidos, género *Columba,* que se caracterizan por su tronco corto y grueso, pico largo y débil, alas largas y puntiagudas, tarsos cortos y dedos sin membrana interdigital. Presentan una distribución cosmopolita. La paloma bravía *(Columba livia)* ha sido domesticada desde antiguo, y hoy existe un gran número de razas que se diferencian por el tamaño o el color, como la *calzada,* la *de moño* o *moñuda,* la *de toca* o *monjil,* la *mensajera,* etc. **2** fam. Bebida compuesta de agua y aguardiente anisado. **3** fig. Persona de genio apacible. **4** *Mar.* Parte media o cruz de una verga. || f. pl. **5** Ondas espumosas que se forman en el mar cuando empieza a soplar viento fresco.

PALOMA *Astron.* Constelación austral compuesta de 15 estrellas pequeñas y dos más brillantes.

PALOMAR m. Edificio en que se recogen y crían las palomas.

PALOMAR, MONTE MONTE PALOMAR.

PALOMETA f. **1** *Zool.* Pez acantopterigio perteneciente a la familia carángidos, de nombre científico *Trachynotus ovatus.* Vive en el Atlántico N y el Mediterráneo. **2** Palomilla, armazón triangular. **3** Roseta de maíz tostado.

PALOMILLA f. **1** FUMARIA, hierba. **2** Parte anterior de la grupa de las caballerías. **3** Caballo de color muy blanco. **4** Mariposa nocturna, pequeña, que causa grandes daños en los graneros. **5** Cualquier mariposa muy pequeña. **6** Ninfa de un insecto. **7** Punta que sobresale en el remate de algunas albardas. **8** Armazón triangular para sostener tablas, estantes u otras cosas. **9** Chumacera, pieza en que gira un eje. **10** Grano de maíz tostado. **11** Paloma, agua con aguardiente anisado. || f. pl. **12** Ondas espumosas del mar.

PALOMINA f. **1** Variedad de uva de color oscuro. **2** Excremento de las palomas.

PALOMINO m. **1** *Zool.* Pollo de la paloma. **2** fam. Mancha de excremento en la ropa interior.

PALOMITA f. **1** Roseta de maíz tostado o reventado. **2** Refresco de agua con algo de anís.

PALOMO m. *Zool.* Macho de la paloma.

PALOTE m. **1** Palo mediano. **2** Trazo que los niños hacen en el papel pautado para aprender a escribir.

PALPABLE adj. **1** Que puede tocarse con las manos. **2** fig. Patente, evidente.

PALPACIÓN f. **1** Acción y efecto de palpar. **2** *Med.* Método exploratorio que se ejecuta aplicando los dedos o las manos sobre las zonas externas del cuerpo o las cavidades accesibles, con el fin de diagnosticar alguna enfermedad.

PALPAR tr. **1** Tocar con las manos una cosa para percibirla o reconocerla. **2** Andar a tientas o a oscuras, valiéndose de las manos para no tropezar. **2** fig. Conocer algo con claridad.

PÁLPEBRA f. *Anat.* PÁRPADO.

PALPITACIÓN f. **1** Movimiento interior, involuntario y trémulo de algunas partes del cuerpo. **2** Latido del corazón, sensible e incómodo, y más frecuente que el normal.

PALPITAR intr. **1** Contraerse y dilatarse alternativamente el corazón. **2** Aumentar la palpitación natural del corazón. **3** Moverse o agitarse una parte del cuerpo interiormente. **4** fig. Manifestarse vehementemente algún afecto o pasión.

PÁLPITO m. Presentimiento, corazonada.

PALPO m. Apéndice articulado que tienen los artrópodos alrededor de la boca y posee función táctil o gustativa.

PALQUI m. Arbusto de la familia solanáceas, americano, de olor fétido.

PALTA f. *Bot. Amér. m.* AGUACATE, fruto.

PALTO m. *Bot. Amér. m.* AGUACATE, árbol.

PALU Ciudad de Indonesia, capital de la provincia de Célebes Central; 298.584 h.

PALUDISMO m. *Med.* MALARIA.

PALURDO, DA adj. y s. Tosco.

PALUSTRE[1] m. Paleta de albañil.

PALUSTRE[2] adj *Ecol.* Relativo a laguna o pantano.

PAM- pref. PAN-.

PAMELA f. Sombrero de mujer, bajo de copa y ancho de alas.

PAMEMA f. **1** fam. Hecho o dicho fútil y de poca entidad. **2** MELINDRE, delicadeza afectada y excesiva en palabras, acciones y ademanes. **3** Fingimiento, simulación.

PAMIR Región montañosa de Asia central, que pertenece en su mayor parte a Tayikistán, entre Afganistán y China. Constituye un conjunto de mesetas por encima de los 4.000 m, con bloques y aristas superiores a 7.000 m (picos Comunismo, 7.495 m, y Lenin, 7.134 m). De ella parten los macizos de Karakorum, Hindu-Kush y Tian Shan.

PAMPA adj. y s. **1** PUELCHE. || f. *Ecol.* **2** Llanuras extensas de América meridional, sin vegetación arbórea.

PAMPA Extensa llanura de Argentina, que ocupa el centro del país, entre el Chaco, al N, y el río Colorado, al S. Gran riqueza agrícola y ganadera.

PAMPA, LA Provincia de Argentina, región Centro; 143.440 km^2 y 280.876 h. Su capital es Santa Rosa.

PÁMPANA f. *Agr.* Hoja de la vid.

PÁMPANO m. **1** Sarmiento verde, tierno y delgado, o pimpollo de la vid. **2** Hoja de la vid, pámpana. **3** Salpa, pez.

PAMPEAR intr. *Amér. m.* Recorrer la pampa.

Pamplona (Navarra). Catedral. La Puerta Preciosa.

PAMPERO, RA adj. **1** Natural de las pampas, o perteneciente a ellas. También s. **2** Se aplica al viento fuerte y frío que procede de la región de Río de la Plata. También s.

PAMPLINA f. **1** *Bot.* ÁLSINE, planta. **2** *Bot.* Planta herbácea anual de la familia cariofiláceas, género *Stellaria*, de flores amarillas, que abunda en los sembrados. **3** fig. y fam. Dicho o hecho de poco fundamento o utilidad. Más en pl.

PAMPLONA (*Iruña*) Municipio y ciudad de España, capital de la Comunidad Foral de Navarra y de la provincia de Navarra; 166.279 h. Centro industrial. Catedral del siglo XI reconstruida en el XIV. Ayuntamiento de estilo barroco. Son famosas sus fiestas de San Fermín.

PAMPLONÉS, SA o **PAMPLONICA** adj. y s. De Pamplona.

PAMUE adj. y com. **1** *Etnol.* Se dice del indígena de la República de la Guinea Ecuatorial y del norte de la República Popular del Congo. || m. *Ling.* **2** Lengua de los pamues.

PAN m. **1** Alimento hecho de harina, mezclada con agua y sal, que, después de amasada formando una pasta y fermentada por la acción de la levadura, se cuece al horno. **2** Masa muy sobada, con manteca o aceite, para pasteles y empanadas. **3** fig. Masa de otras cosas, con forma de pan. **4** fig. Todo lo que en general sirve para el sustento diario. **5** fig. Trigo. **6** fig. Hoja de harina cocida entre dos hierros, que sirve para hostias, obleas, etc. **7** fig. Hoja que forman los batidores de oro, plata y otros metales que sirve para dorar o platear. || m. pl. *Agr.* **8** Los trigos, centenos, cebadas, etc., desde que nacen hasta que se siegan. || **PAN ÁZIMO** El que se ha hecho sin poner levadura en la masa. || **PAN BENDITO** El que suele bendecirse en la misa y se reparte a los fieles en la comunión. También fig. y fam., cosa que se reparte entre muchos. || **PAN CANDEAL** El que se hace con harina de trigo candeal. || **PAN EUCARÍSTICO** Hostia consagrada. || **PAN FRANCÉS** Pan muy esponjoso, hecho con harina de trigo. || **PAN INTEGRAL** El fabricado con harina que conserva todos los componentes del trigo, previamente sometido a limpieza. || **PAN DE MOLDE** El que tiene forma rectangular en su totalidad. || **a pan y agua** fr. Sin otro alimento que pan y agua. También fig. || **con su pan se lo coma** expr. fig. con que uno da a entender la indiferencia con que mira la mejora, la conducta o resolución de otra persona. || **ser algo pan comido** fr. fig. y fam. Ser muy fácil de conseguir. || **ser una cosa el pan nuestro de cada día** fr. fig. y fam. Ocurrir frecuentemente.

PAN-, PAM-, PANTO-, -PASÓN prefs. o suf. que significan totalidad: *diapasón*.

PAN *Mit.* Dios de los pastores y de los rebaños de la Arcadia, representa el poder de la naturaleza en estado salvaje. Se le representaba coronado con ramas de pino, con el torso de hombre y la parte inferior de macho cabrío, y portando el cayado de pastor. En Roma se identificaba con *Fauno* y con *Silvano*.

PAN, TIERRA DEL TIERRA DEL PAN.

PAN DE AZÚCAR Monte de Argentina, provincia de Jujuy; 3.800 m.

PAN DE AZÚCAR Cerro de Brasil, en la Serra do Mar, situado en la bahía de Guanabara, junto a Río de Janeiro; 395 m.

PAN DE AZÚCAR Cerro de Colombia, entre los departamentos de Huila y Cauca; 4.670 m.

PANA f. Tela gruesa, semejante en el tejido al terciopelo.

PÁNACE f. *Bot.* Planta de la familia umbelíferas, de la que se extrae el opopónaco.

PANACEA f. **1** Medicamento al que se atribuye eficacia para curar diversas enfermedades. **2** fig. Remedio o solución general para cualquier mal. || **PANACEA UNIVERSAL** Remedio que buscaban los antiguos alquimistas para curar todas las enfermedades.

PANACHÉ m. Mezcla de diversos vegetales cocidos.

PANADERÍA f. **1** Oficio de panadero. **2** Sitio donde se hace o vende pan.

PANADERO, RA m. y f. **1** Persona que tiene por oficio hacer o vender pan. || m. pl. **2** Baile español semejante al zapateado.

PANADIZO m. *Med.* Inflamación aguda del tejido celular de los dedos, principalmente de su primera falange.

PANAFRICANISMO m. *Polít.* Tendencia política que aspira al entendimiento e integración de las naciones de África.

PANAL m. **1** Conjunto de celdillas de cera que las abejas construyen dentro de la colmena para depositar sus crías y la miel. **2** Cuerpo de estructura semejante, que fabrican las avispas. **3** Azucarillo, bolado.

PANAMÁ m. **1** Sombrero de pita, con el ala recogida o encorvada. **2** Tela de algodón de hilos gruesos, apta para el bordado.

PANAMÁ (República de Panamá) Estado de América Central, que limita al N con el mar Caribe; al E, con Colombia; al S, con el océano Pacífico, y al O, con Costa Rica.

Geog. Enclavado en el istmo del mismo nombre, el país está recorrido por dos cadenas montañosas bordeadas por llanuras aluviales. En el O se alzan las estribaciones de la cordillera de Talamanca, con el volcán Barú o Chiriquí (3.475 m), Cerro Pando (2.468 m) y Cerro Santiago (2.826 m), y en el E, el extremo septentrional de los Andes. Próximas a las costas NO y O del golfo de Panamá se extienden las serranías de Maje y del Sapo, de poca elevación. Sus ríos son de corta longitud. En la vertiente del mar de las Antillas destacan el Sixaola y el Chagres. Entre los del Pacífico se distinguen el Chiriquí, el Tuira, el Chepo o Bayano, el Chucunaque y el Sambu. Sus principales accidentes costeros son la laguna de Chiriquí y los golfos de los Mosquitos y de San Blas, en la costa antillana, y en la del Pacífico, el golfo de Chiriquí, la gran península de Azuero y el amplio golfo de Panamá, donde se encuentran la bahía de este mismo nombre y los golfos de Parita y de San Miguel. Sus principales islas son, en el mar de las Antillas, el archipiélago de Bocas del Toro y las Mulatas, y en el Pacífico, la isla de Coiba y Jicarón. El clima es tropical, cálido y lluvioso en los litorales y tierras bajas, y templado y lluvioso en las tierras altas. La agricultura es la principal fuente de riqueza del país, seguida de la pesca. Un significativo recurso son las ostras perlíferas, en el archipiélago de Las Perlas. Cuenta con importantes recursos forestales de caoba, cedro y ébano. La minería está poco explotada; se extrae oro en Veraguas y Darién, sal y pequeñas cantidades de plata y cobre. La industria se basa fundamentalmente en la transformación de los productos agrícolas y ganaderos. Panamá posee una de las más importantes flotas mercantes y petroleras del mundo.

Hist. Descubrimiento y colonización. El territorio panameño, que desde el O había recibido el influjo cul-

Superficie: 75.517 km².
Población: 2.823.000 h. (*panameños*).
Densidad: 37,4 h./km².
Tasa de natalidad: 20,1‰.
Tasa de mortalidad: 5‰.
Capital: Panamá.
Ciudades principales: San Miguelito, David, Colón, La Palma, La Chorrera, Chitré, Santiago de Veraguas.
Grupos étnicos: mestizos (64%), negros y mulatos (14%), blancos (10%), amerindios (8%) y asiáticos (4%).
Religión: catolicismo (80%), protestantismo (10%), islamismo (5%).
Idioma: español.
Moneda: balboa.
Forma de Estado: república presidencialista.
Producto Nacional Bruto: 8.275 millones de dólares.
Renta per cápita: 2.990 dólares.
División administrativa: 9 provincias y 5 comarcas indígenas, según cuadro.

PANAMÁ

Provincias / Comarcas indígenas	Superficie (km²)	Población (h.)	Capitales
Bocas del Toro	4.601	89.269	Bocas del Toro
Chiriquí	6.477	368.790	David
Coclé	4.927	202.461	Penonomé
Colón	4.891	204.208	Colón
Darién	11.091	40.284	La Palma
Herrera	2.341	102.465	Chitré
Los Santos	3.805	83.495	Las Tablas
Panamá	9.633	1.388.052	Panamá
Veraguas	10.677	209.076	Santiago de Veraguas
Emberá Wounan	*4.398*	*8.246*	*Cirilo Guainora*
Kuna Yala	*2.393*	*32.446*	*Narganá*
Madugandí	*2.319*	*3.305*	
Ngobe Buglé	*6.673*	*110.080*	*Chichica*
Wargandi	*775*		

Panamá. Fortaleza de Portobelo, en la provincia de Colón.

tural de los mayas primero y de los aztecas después, a la llegada de los españoles estaba habitado por los chibchas, que ocupaban las tierras altas orientales; los caribes, pueblo belicoso establecido en las costas del mar de las Antillas, y los chocoes, que habitaban el S del país. En 1501, Rodrigo de Bastidas, acompañado por Juan de la Cosa y Vasco Núñez de Balboa, descubrió el istmo de Panamá. Un año más tarde, en su cuarto y último viaje, Colón desembarcó en la costa septentrional. El 8 de junio de 1508, Fernando el Católico concedió la primera gobernación del istmo a Diego de Nicuesa, quien, en 1510, fundó el puerto de Nombre de Dios. El istmo de Panamá fue punto de partida para el descubrimiento del océano Pacífico, realizado el 25 de septiembre de 1513 por Vasco Núñez de Balboa. Pedrarias Dávila, gobernador del Darién, fundó la ciudad de Panamá. En 1535 fue creada la real audiencia de Panamá, que dependió sucesivamente de la Capitanía General de Guatemala, del virreinato del Perú y del virreinato de Nueva Granada.

Independencia y época contemporánea. El país se independizó de España en 1821, pasando a formar parte de la Gran Colombia de Bolívar con el nombre de Departamento del Istmo. Disuelta la Gran Colombia (1830), y tras varios intentos separatistas fracasados, el general Tomás Herrera proclamó la independencia del Estado del Istmo (1840), que hubo de integrarse nuevamente en Colombia a finales de 1841. En noviembre de 1903 fue proclamada la plena independencia de la República. Ese mismo año, mediante la firma del tratado Hay-Bunau-Varilla, con los Estados Unidos, se creó la Zona del Canal de Panamá, bajo dominio estadounidense. En 1952, tras una etapa de relativa estabilidad política, llegó a la presidencia el coronel José Antonio Remón, que planteó a EE UU la revisión del tratado referente a la Zona del Canal, y murió asesinado en enero de 1955. Le sucedió el vicepresidente, José Ramón Guizado, quien, acusado de complicidad en el crimen, fue depuesto y procesado. En 1956 resultó triunfante la candidatura a la presidencia encabezada por Ernesto de la Guardia, apoyada por nacionalistas y comunistas. Le sucedió en el cargo

Panamá. Martín Torrijos, presidente del país desde 2004.

el candidato de la coalición Unión Nacional de Oposición, Roberto Francisco Chiari (1960-64). Tras Marco A. Robles, elegido en 1964, llegó al poder, en 1968, Arnulfo Arias Madrid, que fue derrocado a los pocos días por una junta militar presidida por el coronel José María Pinilla. Éste cedió el gobierno al general Omar Torrijos Herrera, quien ejerció el poder ejecutivo, incluso después de haber sido elegido presidente provisional de la República, en 1969, y ratificado en su cargo en 1972, Demetrio Basilio Lakas. En 1977 fue abolido el tratado de 1903 y Panamá recuperó la soberanía sobre la Zona del Canal. En 1978 fue elegido presidente Arístides Royo. Durante su mandato murió el general Omar Torrijos en accidente de aviación (1981). En 1982 fue elegido presidente Ricardo de la Espriella, quien dimitió en febrero de 1984, y fue sucedido por el vicepresidente, Jorge Enrique Illueca Sibauste. Éste ocupó la presidencia hasta el 11 de octubre, fecha en que fue sustituido por Nicolás Ardito Barletta, vencedor de las elecciones celebradas en el mes de mayo del mismo año. Barletta tuvo que dimitir antes de cumplir un año de mandato (1985). Fue sustituido por el vicepresidente, Eric Delvalle. Aunque el poder se encontraba nominalmente en manos de Delvalle, el auténtico hombre fuerte de Panamá era el general Noriega. En 1988 la administración de EE UU decidió procesar a Noriega por narcotráfico y crimen organizado. Delvalle anunció la dimisión de Noriega, pero al día siguiente la asamblea, a instancias de Noriega, decretó el cese del presidente y el nombramiento de Manuel Solís de Palma. En mayo de 1989 Noriega anuló las elecciones celebradas, que según los observadores habían dado la victoria al candidato de la oposición, Guillermo Endara. El 15 de diciembre la asamblea popular nombró a Noriega jefe del Gobierno y declaró a Panamá y EE UU en estado de guerra. El día 20, fuerzas estadounidenses invadieron el país y capturaron a Noriega. Guillermo Endara juró el cargo de presidente en una base estadounidense. En las elecciones presidenciales de mayo de 1994 resultó vencedor Ernesto Pérez Balladares, del Partido Revolucionario Democrático. Tras los comicios de 1999, éste fue sustituido en el cargo por Mireya Moscoso. En diciembre de ese año Panamá recuperó la soberanía sobre la Zona del Canal. Martín Torrijos, hijo del general Torrijos, venció en las elecciones presidenciales celebradas en 2004.

PANAMÁ 1 Provincia de Panamá; 9.633 km² y 1.385.052 h. 2 Ciudad capital de Panamá y de la provincia de su nombre; 463.093 h. Puerto. Fundada en 1519 por Pedrarias Dávila.

PANAMÁ Bahía de Panamá, en la costa N del golfo de Panamá.

PANAMÁ, CANAL DE Canal interoceánico que comunica el Atlántico y el Pacífico a través del istmo de Panamá. Tras un intento francés fallido en 1878, Colombia rechazó la construcción por parte de EE UU; entonces el gobierno de Washington apoyó a la oligarquía panameña en el alzamiento que produjo la independencia de Panamá, y firmaron el tratado de Hay-Bunau-Varilla (1903), por el cual se delimitaban las condiciones de construcción y mantenimiento del Canal, y Panamá concedía a EE UU la llamada Zona del Canal. El 12 de julio de 1920 fue oficialmente abierto al tráfico. El Canal tiene una longitud de 79,6 km. Sus esclusas funcionan por la fuerza de la caída de las aguas de los lagos Gatún y Madden. El Canal estuvo administrado hasta 1979 por la Panama Canal Company, y tras el tratado de octubre de 1979, por una junta compuesta de cinco miembros norteamericanos y cuatro panameños, hasta que, a finales de 1999, pasó totalmente a manos panameñas.

PANAMÁ, CONGRESO DE Primera reunión panamericana convocada por Simón Bolívar en la ciudad de Panamá, en 1826, cuyo objetivo era la creación de una confederación de estados recientemente independizados de España.

PANAMÁ, GOLFO DE Amplia ensenada del océano Pacífico, en la costa SE de Panamá, que se extiende entre la península de Azuero, al O, y la intersección de las costas panameñas y colombianas al E. Forma, entre otros accidentes, la bahía de Panamá y los golfos de Parita y San Miguel.

PANAMÁ, ISTMO DE Brazo de tierra que une América Central y la del Sur. Comprende, en líneas generales, la totalidad del territorio panameño y forma una doble curva con una longitud de unos 730 km. Lo atraviesa un canal artificial interoceánico.

PANAMÁ, ZONA DEL CANAL DE Territorio del centro de Panamá, que se extiende unos 8 km a cada margen del Canal de Panamá, desde el océano Atlántico hasta el Pacífico; 1.676 km² y 35.000 h. Entre 1903 y 1979 permaneció bajo jurisdicción estadounidense, en virtud de los términos del tratado de Hay-Bunau-Varilla (1903). En 1974, una resolución del Consejo General de la ONU reconocía la soberanía panameña sobre el Canal. Las negociaciones con EE UU se resolvieron con la firma, en septiembre de 1977, de los acuerdos Carter-Torrijos, que llevaron a la consecución de un nuevo tratado, que entró en vigor el 1 de octubre de 1979. EE UU reconocía la soberanía panameña sobre la Zona del Canal, que pasó en un 60% a control panameño, mientras que el resto iría cediéndose paulatinamente en el plazo de veinte años. EE UU se comprometió a reducir sus bases militares, mientras que la defensa del canal quedó bajo su responsabilidad hasta diciembre de 1999.

PANAMEÑO, ÑA adj. y s. De Panamá.

PANAMERICANISMO m. *Polít.* Doctrina política que preconiza el conocimiento y la colaboración de todas las naciones de América.

PANARABISMO m. *Polít.* Tendencia política a fomentar las relaciones de todo orden entre los pueblos de origen árabe.

PANATENEAS f. pl. *Mit.* Fiestas que se celebraban en Atenas en honor de la diosa Atenea.

PANAY Isla de Filipinas, en el centro del archipiélago, pertenece al grupo de las Bisayas; 11.515 km². Fue conquistada por Legazpi en 1569.

PANCARTA f. 1 Pergamino que tiene copiados varios documentos. 2 Cartel que se exhibe en manifestaciones públicas.

PANCETA f. Tocino y jamón ahumados, de la panza y del pescuezo del cerdo.

PANCHE adj. 1 *Etnol.* Se dice de una tribu amerindia de la familia chibcha, que vivía a orillas del Magdalena, Colombia. En la actualidad está extinguida. Más como m. pl. 2 Se dice de sus individuos. También s. 3 Relativo a los panches.

PANCHEN LAMA *Rel.* Título del jefe religioso y espiritual del lamaísmo tibetano. Comparte el poder con el Dalai Lama.

PANCHIAO Ciudad de Taiwan, capital del condado de Taipei; 539.115 h.

PANCHO[1] m. *Zool.* Cría del besugo.

PANCHO[2]**, CHA** adj. 1 Tranquilo, inalterado. 2 Satisfecho.

PANCISMO m. Actitud de quienes acomodan su comportamiento a lo que creen más conveniente para su provecho y tranquilidad.

PANCISTA com. Persona que practica el pancismo.

PANCREA-, PANCREAT-, PANCREATO-, PANCREO- prefs. que significan páncreas.

PÁNCREAS m. *Anat.* Glándula abdominal de los vertebrados, asociada al aparato digestivo, que presenta un carácter mixto (con secreciones endocrinas y exocrinas), y contiene tres tipos de células, cada una de las cuales secreta una hormona distinta. Estas hormonas son insulina, glucagón y gastrina.

PANCREAT- pref. PANCREA-.

PANCREATITIS f. *Med.* Inflamación del páncreas.

PANCREATO- pref. PANCREA-.

PANCREO- pref. PANCREA-.

PANCROMÁTICO, CA adj. *Fot.* Se dice de las placas fotográficas y películas cuya sensibilidad es aproximadamente igual para los diversos colores.

PANCRONÍA f. *Ling.* Término propuesto por F. de Saussure (1906) y que hace referencia a un estudio de la lengua que trascienda los fenómenos diacrónicos, teniendo en cuenta los fenómenos que permanecen invariables a través del tiempo.

PANDA¹ f. **1** Galería de un claustro. **2** Pandilla.

PANDA² m. *Zool.* Nombre que se aplica a dos mamíferos carnívoros de la familia prociónidos, de los que el más conocido es el panda gigante *(Ailuropoda melanoleucus)*, también llamado oso panda. Vive en ciertas zonas de China sudoccidental y se alimenta casi exclusivamente de bambú. El panda menor, denominado también oso gato *(Ailurus fulgens)*, vive en el Himalaya y en algunas zonas cercanas.

PANDANÁCEO, A o **PANDÁNEO, A** adj. y f. *Bot.* **1** Se dice de la planta angiosperma monocotiledónea, como el bombonaje. || f. pl. *Bot.* **2** Familia de estas plantas.

PANDEAR intr. y prnl. Torcerse una cosa encorvándose, especialmente en el medio.

PANDECTAS f. pl. *Der.* e *Hist.* **1** Recopilación de varias obras, especialmente las del derecho civil que el emperador Justiniano puso en los 50 libros del Digesto. **2** Código del mismo emperador. **3** Conjunto del Digesto y del Código. **4** Cuaderno con abecedario en el que se anotan folios de cuentas corrientes, etc.

PANDEMIA f. *Med.* Enfermedad epidémica que se extiende a muchos países.

PANDEMÓNIUM m. **1** Capital imaginaria del reino infernal. **2** fig. y fam. Lugar en el que hay mucho ruido y confusión.

PANDERA f. PANDERO.

PANDERETA f. Pandero con sonajas o cascabeles.

PANDERETE m. TABIQUE DE PANDERETE.

PANDERO m. **1** *Mús.* Instrumento rústico de percusión formado por uno o dos aros superpuestos, provistos de sonajas, y cuyo vano está cubierto con piel muy lisa y estirada. **2** fig. y fam. Persona necia y que habla mucho. **3** fig. y fam. CULO.

PANDILLA f. **1** Grupo de amigos. **2** Liga o unión. **3** Unión que forman algunos para engañar a otros o hacerles daño. **4** Trampa, fullería. **5** Bando.

PANDIT m. Título honorífico que se da en la India a personas de gran competencia cultural, especialmente a los brahmanes.

PANDO, DA adj. **1** Que pandea. **2** Se dice de lo que se mueve lentamente. **3** Poco profundo. **4** fig. Pausado y espacioso. || m. *Geog.* **5** Terreno llano entre dos montañas.

PANDO Departamento septentrional de Bolivia; 63.827 km² y 53.316 h. Capital, Cobija.

PANDO, JOSÉ MANUEL Militar y político boliviano (La Paz, 1851 - íd., 1917). Jefe de la Junta Federal de Gobierno que derrocó a Fernández Alonso (1898), fue presidente de la República (1899-1904).

PANDORA *Mit.* Nombre de la primera mujer, creada por Hefesto, por orden de Zeus, como regalo de los dioses a los hombres para su desgracia. Epimeteo, que tenía una caja en la que estaban encerrados los males, tomó a Pandora por esposa. Ésta abrió la caja y todos los males se esparcieron por el mundo. Sólo quedó en el fondo la esperanza.

PANECILLO m. **1** Pan pequeño. **2** Que tiene forma de pan pequeño.

PANECIO Filósofo griego (Rodas, 185 - Atenas, 110 a. C.). Representante de la escuela estoica, es autor de *Sobre los deberes*.

panda gigante.

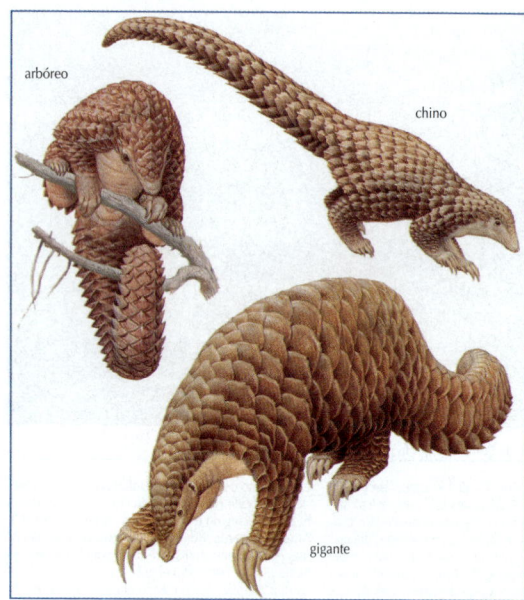

arbóreo
chino
gigante
pangolín

PANEGÍRICO, CA adj. **1** Laudatorio, encomiástico. || m. **2** Discurso de alabanza de una persona. **3** Elogio de una persona.

PANEL m. **1** Compartimientos en que se dividen los lienzos de una pared, las hojas de puertas, etc. **2** Elemento prefabricado para construir divisiones en los edificios. **3** Cartel de propaganda. **4** Lista de jurados. **5** Grupo de personas que discuten un asunto en público. || **PANEL SOLAR** Generador de energía a base de células solares.

PANENTEÍSMO m. KRAUSISMO.

PANERA f. **1** Cámara donde se guardan los cereales, el pan o la harina. **2** Cesta grande sin asa que sirve para transportar el pan. **3** Nasa. **4** Recipiente para colocar el pan en la mesa.

PANERO m. **1** Canasta redonda que sirve en las tahonas para echar el pan. **2** Estera redonda.

PANESLAVISMO m. *Polít.* Movimiento político y cultural que propugna la unidad de todos los pueblos eslavos.

PANFILIA *Geog. hist.* Antigua región del Asia Menor, entre Licia y Cilicia.

PÁNFILO, LA adj. y s. Tardo en obrar.

PANFLETO m. **1** Libelo difamatorio. **2** Opúsculo de carácter agresivo.

PANGEA f. *Geol.* Hipotético supercontinente que se suponía formado por la corteza continental primitiva, y que posteriormente se fraccionó por deriva continental en Laurasia y Gondwana.

PANGELÍN m. *Bot.* Árbol de la familia leguminosas.

PANGERMANISMO m. *Polít.* Doctrina política que defiende la unión y el predominio de todos los pueblos de origen germánico.

PANGOLÍN m. *Zool.* Nombre de varias especies de mamíferos folidotos de la familia mánidos, género *Manis*. Viven en las regiones ecuatoriales de África y Asia.

PANGUE m. *Bot.* Planta acaule, de la familia gunneráceas, con grandes hojas orbiculares y lobuladas, fruto en drupa y rizoma astringente.

PANHELÉNICO, CA adj. Relativo a toda Grecia.

PANHELENISMO m. *Polít.* Movimiento y doctrina política que preconiza la unión en un solo Estado de todos los pueblos griegos.

PANIAGUA CORAZAO, VALENTÍN Abogado y político peruano (Cuzco, 1936). Ministro de 1965 a 1966 y en 1984 y presidente del Parlamento de 1982 a 1983 y en 2000, en noviembre de ese año accedió a la jefatura del Estado tras la dimisión de Fujimori, hasta las elecciones en 2001.

PANIAGUADO, DA m. **1** Servidor de una casa, que recibe del dueño de ella habitación, alimento y salario. || m. y f. **2** Persona que está protegida por otra y se ve favorecida por ella.

PÁNICO, CA adj. **1** Se dice del miedo grande y temor excesivo. Más como m. **2** Referente al dios Pan.

PANÍCULA f. *Bot.* Racimo ramificado o compuesto en el que las ramas secundarias suelen ser también racimosas.

PANÍCULO m. *Anat.* Capa de tejido adiposo situada debajo de la piel de los vertebrados.

PANIEGO, GA adj. **1** Que come mucho pan. **2** Se dice del terreno que produce trigo.

PANIFICADORA f. Instalación industrial para la elaboración de pan.

PANIFICAR tr. Convertir la harina en pan.

PANIN, NIKITA IVANOVICH, CONDE Político ruso (Danzig, 1718 - San Petersburgo, 1783). Contribuyó al derrocamiento de Pedro III y fue ministro de Catalina II.

PANISLAMISMO m. *Polít.* Movimiento político y religioso moderno que pretende lograr la independencia política, religiosa y cultural de los pueblos musulmanes.

PANIZO m. **1** *Bot.* Planta de la familia gramíneas, de nombre científico *Setaria italica*, cuyas semillas sirven de alimento especialmente a las aves. **2** *Bot.* Grano de esta planta. **3** *Bot.* MAÍZ. **4** *Min. Chile* Criadero de minerales. **5** *Chile* Persona de la que se piensa obtener gran provecho.

PANKHURST, EMMELINE GOULDEN Sufragista británica (Manchester, 1858 - Londres, 1928). Fundó la Unión Femenina Social y Política (1903).

PANLOGISMO m. *Filos.* Doctrina filosófica que enseña que toda la realidad es completamente racional.

PANO adj. **1** *Etnol.* Se dice de un pueblo amerindio que vive en las márgenes del río Ucayali (Perú). También com. **2** *Ling.* Familia lingüística americana extendida en las regiones entre el río Ucayali y las cabeceras del Juruá y Purús, entre Perú y Brasil.

PANOCHA f. **1** *Agr.* PANOJA. **2** fig. fam. DINERO.

PANOCHO, CHA adj. **1** Relativo a la huerta de Murcia. || m. y f. **2** Habitante de la huerta de Murcia. || m. *Ling.* **3** Habla o lenguaje huertano.

PANOFSKY, ERWIN Historiador y crítico de arte estadounidense de origen alemán (Hannover, 1892 - Princeton, 1968). Autor de *La perspectiva como forma simbólica* (1924), *Estudios de iconología* (1939) y *El significado en las artes visuales* (1940).

PANOJA f. **1** *Agr.* Mazorca. **2** *Agr.* Racimo de uvas o de otra fruta. **3** *Agr.* Conjunto de espigas que nacen de un pie o pedúnculo común. **4** Conjunto de pescados pequeños, que se fríen pegados por las colas.

PANOLI adj. y com. Se dice de la persona simple y sin voluntad.

PANONIA *Geog. hist.* Antigua región centroeuropea, situada entre Dalmacia y el Danubio, que hoy forma parte del O de Hungría y de Croacia.

PANOPLIA f. **1** Armadura completa. **2** Colección de armas. **3** *Arqueol.* Parte de la arqueología que estudia las armas de mano y las armaduras antiguas. **4** Tabla donde se colocan floretes, sables y otras armas de esgrima.

PANÓPTICO, CA adj. y m. *Arquit.* Se dice del edificio construido de modo que toda su parte interior se pueda ver desde un solo punto.

PANORAMA m. **1** Vista pintada en un gran cilindro hueco, en cuyo centro hay una plataforma circular para los espectadores, y cubierta por lo alto a fin de hacer invisible la luz cenital. **2** Vista de un territorio muy dila-

tado que se contempla desde un punto de observación. **3** fig. Aspecto de conjunto de una cuestión.
Panorámico, ca adj. **1** Relativo al panorama. **2** Se dice de lo hecho o lo visto a una distancia que permite contemplar el conjunto de lo que se quiere abarcar. || f. **3** *Cin.* y *Fot.* Fotografía o sucesión de fotografías que muestran un amplio sector del campo visible desde un punto. **4** *Cin.* y *Telev.* Amplio movimiento giratorio de la cámara, sin desplazamiento.
Panormita, el (Antonio Baccadelli, llamado) Humanista italiano (Palermo, 1394 - Nápoles, 1471). Fue secretario y cronista de Alfonso V de Nápoles. Escribió *Hermaphroditus* y *De dictis et factis Alphonsi Regis memorabilius.*
Panormitano, na adj. y s. De Palermo.
Panque m. *Bot.* pangue, planta.
Pantagruélico, ca adj. Se dice de las comidas en cantidad excesiva.
Pantalán m. Muelle o embarcadero pequeño para barcos de poco tonelaje.
Pantalla f. **1** Lámina que se coloca delante o alrededor de la luz artificial, para que no dañe a los ojos. **2** Mampara que se pone delante de las chimeneas. **3** Telón sobre el que se proyectan las imágenes cinematográficas. **4** Por extensión, mundo que rodea a la televisión o al cine. **5** fig. Persona o cosa que, puesta delante de otra, la oculta o le hace sombra. **6** *Inform.* Superficie de un tubo de rayos catódicos, en la que mediante cargas electrostáticas se pueden visualizar caracteres. || **pequeña pantalla** fam. televisión.
Pantalón m. Prenda de vestir que se ciñe al cuerpo en la cintura y baja cubriendo cada pierna hasta los tobillos. Más en pl. || **pantalón bombacho** bombacho. || **pantalón vaquero** vaquero.
Pantalonero, ra m. y f. Persona especialmente dedicada a coser pantalones.
Pantanal f. *Geol.* Tierra pantanosa.
Pantano m. **1** Hondonada natural donde se detienen y recogen las aguas, con fondo más o menos cenagoso. **2** Depósito artificial de agua. **3** fig. Dificultad, estorbo.
Pantano de Vargas Paipa.
Pantanoso, sa adj. **1** Se dice del terreno donde hay pantanos. **2** Se dice del terreno donde abundan los charcos o cenagales. **3** fig. Lleno de inconvenientes o dificultades.
Panteísmo m. *Filos.* Doctrina filosófica que identifica los términos *Dios* y *mundo*, por lo que las cosas del mundo son modos de la sustancia universal única.
Pantelaria o **Pantelleria** Isla de Italia, provincia de Trapani, al SO de Sicilia; 83 km² y 10.000 h.
Panteón m. **1** Conjunto de las divinidades adoradas por un pueblo. **2** Monumento destinado a enterramiento de varias personas. **3** *Amér.* Cementerio.
Pantera f. **1** *Miner.* Ágata amarilla. **2** *Zool.* leopardo.
Panteras Negras *(Black Panthers) Hist.* y *Polít.* Organización política estadounidense formada para luchar por los derechos de los negros. Fue fundada en 1966 por H. P. Newton y B. G. Seale. Adoptó posturas cada vez más extremistas en favor de un «Poder Negro» *(Black Power)*. Se inspiraba en las doctrinas de Malcolm X.
Panto- pref. pan-.
Pantocrátor m. *Arte.* En el arte bizantino y románico, representación de Cristo sentado, bendiciendo, y enmarcado en la mandorla o almendra mística.
Pantógrafo m. *Geom.* Instrumento que sirve para copiar, ampliar o reducir dibujos a escala.

pantocrátor. Fresco del ábside de San Clemente de Tahull. Museo de Arte de Cataluña (Barcelona).

Pantoja de la Cruz, Juan Pintor español (Madrid, 1551 - íd., 1608). Fue discípulo de Sánchez Coello y pintor de cámara de Felipe II y Felipe III. Cultivó la pintura religiosa pero se distinguió, especialmente, como retratista de corte. En su última época aparecen en su obra rasgos tenebristas que preludian la pintura del siglo XVII. Su mejor retrato es el de *Felipe II anciano*.
Pantómetra f. **1** Compás de proporción. **2** Instrumento de topografía para medir ángulos horizontales.
Pantomima f. **1** Representación por figura y gestos sin que intervengan palabras. **2** fig. Comedia, farsa, acción de fingir algo que no se siente.
Pantoque m. Parte casi plana de un barco junto a la quilla.
Pantorrilla f. Parte carnosa y abultada de la pierna, por debajo de la corva.
Pantoténico, ca adj. *Quím.* vitamina B_5.
Pantufla o **pantuflo** f. o m. Chinela o zapato sin talón, que se usa para estar en casa.
Panty (Voz i.) m. Media utilizada por las mujeres, que cubre el pie y la pierna hasta la cintura, y está fabricada en un punto de tejido muy fino, generalmente de licra, seda u otro similar. Más en pl. ♦ Su pl. es *pantys* o *pantis.*
Pánuco Río de México, que nace en el Estado de México, a la unión con el Cuautitlán y desemboca en el golfo de México, por Tampico; 510 km.
Panza f. **1** Barriga. **2** Parte convexa y más saliente de ciertas vasijas o de otras cosas. **3** *Zool.* Primera de las cuatro cavidades en que se divide el estómago de los rumiantes.
Panzada f. **1** Golpe que se da con la panza. **2** fam. Hartazgo o atracón.
Pañal m. Sabanilla o pedazo de lienzo en que se envolvía a los niños de teta. Actualmente se denomina así a la tira de tela o celulosa absorbente que se pone a los niños pequeños o a las personas que sufren incontinencia de orina. También en pl. || **estar** uno **en pañales** fr. fig. y fam. Tener poco o ningún conocimiento de una cosa.
Paño m. **1** Tela de lana muy tupida y con pelo tanto más corto cuanto más fino es el tejido. **2** Tela de diversas clases de hilos. **3** Ancho de una tela cuando varias piezas de ella se cosen unas al lado de otras. **4** Tapiz u otra colgadura. **5** Trozo de tela cuadrada o rectangular, usado para secar vajillas, sacar brillo, etc. **6** *Med.* Mancha oscura que varía el color natural del cuerpo, especialmente del rostro. **7** Excrecencia membranosa que desde el ángulo interno del ojo se extiende a la córnea, interrumpiendo la vista. **8** Accidente que disminuye el brillo o la transparencia de algunas cosas. **9** Enlucido o capa de yeso, estuco, etc., que se da a las paredes. **10** Lienzo de pared. **11** Velas que lleva desplegadas el navío. || m. pl. **12** Cualquier género de vestiduras. **13** *Esc.* y *Pint.* Ropas de amplio corte que forman pliegues. || **paño de altar** mantel, lienzo mayor para cubrir la mesa del altar. || **paño de cáliz** Cuadrado de tela con que se cubre el cáliz. || **paño de hombros** humeral. || **paño de lágrimas** fig. Persona en quien se encuentra frecuentemente atención, consuelo o ayuda. || **paños calientes** fig. y fam. Diligencias que se aplican para mitigar el rigor con que se ha de proceder en una materia. También, remedios paliativos e ineficaces. || **paños menores** Ropa interior que se lleva debajo de la de vestir.
Pañol m. *Mar.* Cualquiera de los compartimientos del buque, para guardar víveres, municiones, pertrechos, herramientas, etc.

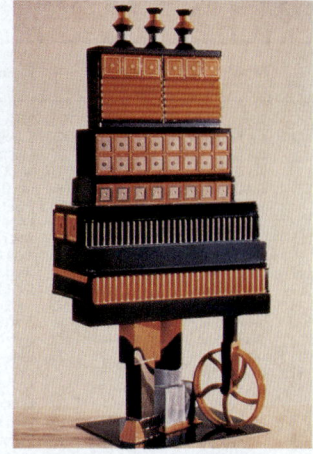

Eduardo **Paolozzi.** *La ciudad del círculo y el cuadrado.* Tate Gallery (Londres).

Pañoleta f. **1** Prenda triangular, a modo de medio pañuelo, que se pone al cuello como adorno o abrigo. **2** Corbata estrecha de nudo que se ponen al cuello los toreros con el traje de luces.
Pañuelo m. **1** Pedazo de tela cuadrado y de una sola pieza, que sirve para diferentes usos. **2** El que se usa para abrigarse o como accesorio.
Paolozzi, Eduardo Escultor británico (Leith, 1924). Sus esculturas, generalmente antropomorfas, representan fragmentos de maquinaria y adquieren el aspecto de grotescos monstruos mecánicos. Desempeñó un papel destacado en la formación del arte *pop* británico.
Papa[1] m. *Rel.* Sumo Pontífice romano, vicario de Cristo, sucesor de san Pedro en el gobierno universal de la iglesia católica, del cual es cabeza visible, y padre espiritual de todos los fieles. Como doctor supremo, el Papa goza del privilegio de la infalibilidad.

ANTIPAPAS	
Nombre	Años de pontificado
san Hipólito	217-235
Novaciano	251
Félix II	355-365
Ursino	366-367
Eulalio	418-419
Lorenzo	498-505
Dióscoro	septiembre-octubre 530
Teodoro	687
Pascual	687
Constantino II	767-769
Felipe	31 agosto 768
Juan	844
Anastasio	agosto-septiembre 855
Cristóbal	903-904
Bonifacio VII	974-985
Juan XVI	997-998
Gregorio VI	1012
Benito X	1058-1059
Honorio II	1061-1072
Clemente III	1080-1100
Teodorico	1100-1102
Alberto	1102
Silvestre IV	1105-1111
Gregorio VIII	1118-1121
Celestino II	1124
Anacleto II	1130-1138
Víctor IV	marzo-mayo 1138
Víctor IV (sic)	1159-1164
Pascual III	1164-1168
Calixto III	1168-1178
Inocencio III	1179-1180
Nicolás V	1328-1330
Clemente VII	1378-1394
Benedicto XIII	1394-1423
Alejandro V	1409-1410
Juan XXIII	1410-1415
Félix V	1439-1449

PAPAS

#	Papas	Años de pontificado
	Siglo I	
1	san Pedro	33-67
2	san Lino	67-76
3	san Cleto	76-88
4	san Clemente I	88-97
	Siglo II	
5	san Evaristo	97-105
6	san Alejandro I	105-112
7	san Sixto I	115-125
8	san Telesforo	125-136
9	san Higinio	136-140
10	san Pío I	140-155
11	san Aniceto	155-166
12	san Sotero	166-175
13	san Eleuterio	175-189
14	san Víctor I	189-199
	Siglo III	
15	san Ceferino	199-217
16	san Calixto I	217-222
17	san Urbano I	222-230
18	san Ponciano	230-235
19	san Antero	235-236
20	san Fabián	236-250
21	san Cornelio	251-253
22	san Lucio I	253-254
23	san Esteban I	254-257
24	san Sixto II	257-258
25	san Dionisio	259-268
26	san Félix I	269-274
27	san Eutiquiano	275-283
28	san Cayo	283-296
29	san Marcelino	296-304
	Siglo IV	
30	san Marcelo I	308-309
31	san Eusebio	310-310
32	san Melquíades	311-314
33	san Silvestre I	314-335
34	san Marcos I	336-336
35	san Julio I	337-352
36	san Liberio	352-366
37	san Dámaso I	366-384
38	san Siricio	384-399
39	san Anastasio I	399-401
	Siglo V	
40	san Inocente I	401-417
41	san Zósimo	417-418
42	san Bonifacio I	418-422
43	san Celestino I	422-432
44	san Sixto III	432-440
45	san León I el Grande	440-461
46	san Hilario	461-468
47	san Simplicio	468-483
48	san Félix III[1]	483-492
49	san Gelasio	492-496
50	Anastasio II	496-498
51	san Símaco	498-514
	Siglo VI	
52	san Hormisdas	514-523
53	san Juan I	523-526
54	san Félix IV	526-530
55	san Bonifacio II	530-532
56	san Juan II	533-535
57	san Agapito I	535-536
58	san Silverio I	536-537
59	Vigilio	537-555
60	Pelagio I	556-561
61	Juan III	561-574
62	Benedicto I	575-579
63	Pelagio II	579-590
64	san Gregorio I	590-604

#	Papas	Años de pontificado
	Siglo VII	
65	Sabiniano	604-606
66	Bonifacio III	607-607
67	san Bonifacio IV	608-615
68	san Diosdado	615-618
69	Bonifacio V	619-625
70	Honorio I	625-638
71	Severino	640-640
72	Juan IV	640-642
73	Teodoro I	642-649
74	san Martín I	649-655
75	san Eugenio I	655-657
76	san Vitaliano	657-672
77	Diosdado II	672-676
78	Dono I	676-678
79	san Agatón	678-681
80	san León II	682-683
81	san Benedicto II	684-685
82	Juan V	685-686
83	Conon	686-687
84	san Sergio I	687-701
	Siglo VIII	
85	Juan VI	701-705
86	Juan VII	705-707
87	Sisinio	708-708
88	Constantino	708-715
89	san Gregorio II	715-731
90	san Gregorio III	731-741
91	san Zacarías	741-752
92	Esteban II[2]	752-757
93	san Pablo I	757-767
94	Esteban III	768-772
95	Adriano I	772-795
96	san León III	795-816
	Siglo IX	
97	san Esteban IV	816-817
98	san Pascual I	817-824
99	Eugenio II	824-827
100	Valentín	827-827
101	Gregorio IV	827-844
102	Sergio II	844-847
103	san León IV	847-855
104	Benedicto III	855-858
105	san Nicolás I	858-867
106	Adriano II	867-872
107	Juan VIII	872-882
108	Marino I (Martín II)	882-884
109	san Adriano III	884-885
110	Esteban V	885-891
111	Formoso	891-896
—	Bonifacio VI	896-896
112	Esteban VI	896-897
113	Romano	896-897
114	Teodoro II	897-897
115	Juan IX	898-900
	Siglo X	
116	Benedicto IV	900-903
117	León V	903-903
118	Sergio III	904-911
119	Anastasio III	911-913
120	Landón	913-914
121	Juan X	914-928
122	León VI	928-928
123	Esteban VII	928-931
124	Juan XI	931-935
125	León VII	936-939
126	Esteban VIII	939-942
127	Marino II (Martín II)	942-946
128	Agapito II	946-955
129	Juan XII	955-964
130	León VIII	963-965
131	Benedicto V	964-966
132	Juan XIII	965-972

#	Papas	Años de pontificado
133	Benedicto VI	973-974
134	Benedicto VII	974-983
135	Juan XIV[3]	983-984
136	Juan XV	985-996
137	Gregorio V	996-999
138	Silvestre II	999-1003
	Siglo XI	
139	Juan XVII[4]	1003-1003
140	Juan XVIII	1004-1009
141	Sergio IV	1009-1012
142	Benedicto VIII	1012-1024
143	Juan XIX	1024-1032
144	Benedicto IX	1032-1044
—	Silvestre III	1045-1045
—	Benedicto IX (segunda vez)	1045-1045
145	Gregorio VI	1045-1046
146	Clemente II	1046-1047
—	Benedicto IX (tercera vez)	1047-1048
147	Dámaso II	1048-1048
148	san León IX	1049-1054
149	Víctor II	1055-1057
150	Esteban IX	1057-1058
151	Nicolás II	1059-1061
152	Alejandro II	1061-1073
153	san Gregorio VII	1073-1085
154	beato Víctor III	1086-1087
155	beato Urbano II	1088-1099
156	Pascual II	1099-1118
	Siglo XII	
157	Gelasio II	1118-1119
158	Calixto II	1119-1124
159	Honorio II	1124-1130
160	Inocencio II	1130-1143
161	Celestino II	1143-1144
162	Lucio II	1144-1145
163	beato Eugenio III	1145-1153
164	Anastasio IV	1153-1154
165	Adriano IV	1154-1159
166	Alejandro III	1159-1181
167	Lucio III	1181-1185
168	Urbano III	1185-1187
169	Gregorio VIII	1187-1187
170	Clemente III	1187-1191
171	Celestino III	1191-1198
172	Inocencio III	1198-1216
	Siglo XIII	
173	Honorio III	1216-1227
174	Gregorio IX	1227-1241
175	Celestino IV	1241-1241
176	Inocencio IV	1243-1254
177	Alejandro IV	1254-1261
178	Urbano IV	1261-1264
179	Clemente IV	1265-1268
180	beato Gregorio X	1271-1276
181	beato Inocencio V	1276-1276
182	Adriano V	1276-1276
183	Juan XXI[5]	1276-1277
184	Nicolás III	1277-1280
185	Martín IV	1281-1285
186	Honorio IV	1285-1287
187	Nicolás IV	1288-1292
188	san Celestino V	1294-1294
189	Bonifacio VIII	1294-1303
	Siglo XIV	
190	beato Benedicto XI	1303-1304
191	Clemente V	1305-1314
192	Juan XXII	1316-1334
193	Benedicto XII	1334-1342
194	Clemente VI	1342-1352
195	Inocencio VI	1352-1362

#	Papas	Años de pontificado
196	beato Urbano V	1362-1370
197	Gregorio XI	1370-1378
198	Urbano VI	1378-1389
199	Bonifacio IX	1389-1404
	Siglo XV	
200	Inocencio VII	1404-1406
201	Gregorio XII	1406-1415
202	Martín V	1417-1431
203	Eugenio IV	1431-1447
204	Nicolás V	1447-1455
205	Calixto III	1455-1458
206	Pío II	1458-1464
207	Pablo II	1464-1471
208	Sixto IV	1471-1484
209	Inocencio VIII	1484-1492
210	Alejandro VI[6]	1492-1503
	Siglo XVI	
211	Pío III	1503-1503
212	Julio II	1503-1513
213	León X	1513-1521
214	Adriano VI	1522-1523
215	Clemente VII	1523-1534
216	Pablo III	1534-1549
217	Julio III	1550-1555
218	Marcelo II	1555-1555
219	Pablo IV	1555-1559
220	Pío IV	1559-1565
221	san Pío V	1566-1572
222	Gregorio XIII	1572-1585
223	Sixto V	1585-1590
224	Urbano VII	1590-1590
225	Gregorio XIV	1590-1591
226	Inocencio IX	1591-1591
227	Clemente VIII	1592-1605
	Siglo XVII	
228	León XI	1605-1605
229	Pablo V	1605-1621
230	Gregorio XV	1621-1623
231	Urbano VIII	1623-1644
232	Inocencio X	1644-1655
233	Alejandro VII	1655-1667
234	Clemente IX	1667-1669
235	Clemente X	1670-1676
236	beato Inocencio XI	1676-1689
237	Alejandro VIII	1689-1691
238	Inocencio XII	1691-1700
	Siglo XVIII	
239	Clemente XI	1700-1721
240	Inocencio XIII	1721-1724
241	Benedicto XIII	1724-1730
242	Clemente XII	1730-1740
243	Benedicto XIV	1740-1758
244	Clemente XIII	1758-1769
245	Clemente XIV	1769-1774
246	Pío VI	1775-1799
	Siglo XIX	
247	Pío VII	1800-1823
248	León XII	1823-1829
249	Pío VIII	1829-1830
250	Gregorio XVI	1831-1846
251	Pío IX	1846-1878
252	León XIII	1878-1903
	Siglo XX	
253	san Pío X	1903-1914
254	Benedicto XV	1914-1922
255	Pío XI	1922-1939
256	Pío XII	1939-1958
257	Juan XXIII	1958-1963
258	Pablo VI	1963-1978
259	Juan Pablo I	1978-1978
260	Juan Pablo II	1978-

[1] San Félix III. Debería llevar el número II, puesto que Félix II fue antipapa.

[2] Esteban II. Se inicia aquí una serie de confusiones en los papas de este nombre. Hubo un Esteban —presbítero romano— que murió cuatro días después de su elección, antes de su consagración. Dado que, según el derecho canónico del tiempo, la consagración marcaba el comienzo del pontificado, el nombre de Esteban —presbítero— no ha sido recogido en el *Liber Pontificalis*, ni en ninguna otra lista de papas.

[3] Juan XIV. A finales del siglo XVI los catálogos de papas y las compilaciones históricas cometieron el error de repartir el pontificado de Juan XIV entre dos supuestos papas de nombre Juan. Asimismo consideraron dentro de la serie de papas legítimos el número XVI, que perteneció a un antipapa. Estas son las causas de las dudas de nomenclatura surgidas entre los papas de este nombre.

[4] Juan XVII. Debería ser el número XVI, puesto que Juan XVI fue antipapa.

[5] Juan XXI. Debería ser el número XX, pues Gregorio VI admitió un Juan XX, antipapa, que no ha existido.

[6] Alejandro VI. Debería llevar el número V, puesto que Alejandro V fue antipapa.

Otras anomalías de la lista se deben a diversas causas. Por ejemplo: a que hubo períodos de sede vacante; a la existencia de papas que eran considerados legítimos por unos y antipapas por otros, a la destitución de algunos pontífices en concilios, conciliábulos, etc.

papa[2] m. fam. Padre.

papa[3] f. PATATA. || **papa dulce** BATATA.

papa[4] f. **1** fam. Tontería, paparrucha. || f. pl. **2** Sopas blandas. **3** Masa blanda de barro o de otra cosa. || **ni papa** loc. adv. Con los verbos *saber, entender* y semejantes, en frases negativas, nada.

papá m. **1** fam. Padre. || m. pl. **2** fam. El padre y la madre.

papada f. **1** Abultamiento carnoso o graso que se forma debajo de la barba, o entre ella y el cuello. **2** Pliegue cutáneo que sobresale en el borde inferior del cuello de ciertos animales, y se extiende hasta el pecho.

papadilla f. Papada pequeña.

papado m. **1** Dignidad de Papa. **2** Tiempo que dura.

Papadopoulos, Georgios Militar y político griego (Heliokhorion, 1919 - Atenas, 1999). Fue el promotor del golpe militar de 1967. Tras abandonar el país el rey Constantino, ocupó el cargo de primer ministro y asumió la jefatura del Estado (1972), al nombrarse regente. En 1973 proclamó la República. Elegido presidente, ese mismo año fue derrocado por un golpe de Estado.

papafigo m. *Zool.* **1** Pájaro abundante en España, que se alimenta de insectos y a veces de frutas, sobre todo de higos. **2** OROPÉNDOLA.

papagaya f. *Zool.* Hembra del papagayo.

papagayo m. **1** *Bot.* Planta herbácea perteneciente a la familia amarantáceas, de nombre científico *Amaranthus tricolor,* originaria de China, que sirve de adorno en nuestros jardines. **2** *Bot.* Planta vivaz de la familia aráceas, originaria de Brasil, y que en Europa se cultiva en invernadero. **3** *Zool.* Nombre de varias especies de aves psitaciformes, de la familia psitácidos, con diversos géneros, propias de las selvas tropicales de todos los continentes. Algunas aprenden a repetir palabras y frases enteras. **4** *Zool.* Pez marino acantopterigio perciforme perteneciente a la familia serránidos, de nombre científico *Callanthias ruber.* **5** *Zool.* Víbora muy venenosa de Ecuador. **6** Denunciador, soplón. **7** *Arg.* Botella que se usa para recoger la orina del varón que está en cama. || **hablar como el,** o **como un, papagayo** fr. fig. Hablar mucho. También, decir algunas cosas sin inteligencia ni conocimiento.

Papagayo Golfo de Costa Rica, en la costa del Pacífico.

Papagos, Alexandros Mariscal y político griego (Atenas, 1883 - íd., 1955). Puso término a la guerra civil con la victoria sobre los guerrilleros comunistas de Markos (1949). Fundó el partido de la Unión Griega y desempeñó el cargo de jefe del Gobierno (1952), hasta su muerte.

Papaioannou, Kostas Filósofo y sociólogo griego (Volos, 1925 - París, 1981). Miembro del Partido Comunista, participó en la insurrección de Atenas de 1944. Posteriormente se alejó de esta formación. Es autor de numerosas obras de crítica a la teoría marxista: *La crisis del marxismo* (1954), *Hegel* (1962) y *Marx et les marxistes* (1965).

papal[1] adj. Relativo al Papa.

papal[2] m. *Agr. Amér.* Terreno sembrado de papas[3].

papalina f. **1** Gorra o birrete con dos puntas, que cubre las orejas. **2** Cofia de mujer generalmente de tela ligera y con adornos. **3** fam. Embriaguez, borrachera.

Papallacta Río de Ecuador, afluente del Coca. En uno de sus tramos se denomina *Maspa.*

Papaloapán Río de México, en la Sierra Madre, que nace en el Estado de Oaxaca y desemboca en el golfo de Campeche, por la laguna de Alvarado; 420 km.

papamoscas m. **1** *Zool.* Nombre de varias especies de aves paseriformes, familia muscicápidos, género *Muscicapa,* que tienen el pico largo y algo curvo que se alimentan de moscas y otros insectos. **2** fig. y fam. Hombre simple y crédulo.

papanatas m. fig. y fam. Hombre simple y crédulo o demasiado cándido y fácil de engañar. ♦ Su pl. es *papanatas.*

Papandreu, Andreas Político griego (Quíos, 1919 - Atenas, 1996). Hijo de Georgios, en 1940 se exilió en EE UU. De vuelta a su país en 1959, ocupó diversas carteras ministeriales. Nuevamente en el exilio tras el golpe militar de los coroneles (1967), dirigió el Movimiento de Liberación Panhelénico de Resistencia (PAK), que, en 1974, se convirtió en el Movimiento Socialista Panhelénico (PASOK). Fue primer ministro en 1981-89 y en 1993-96.

Papandreu, Georgios Político griego (Patras, 1888 - Atenas, 1968). En 1935 fundó el Partido Democrático, luego Partido Socialdemócrata. Durante el régimen de Metaxas (1936-41) se expatrió y, a su regreso, fue detenido por los ocupantes italianos (1942-44). Logró evadirse y presidió el Gobierno griego en el exilio. Recuperada la libertad de su país, estuvo al frente del Gobierno de unión nacional (1944-45). Posteriormente se adhirió al Partido Liberal. Volvió a ser designado jefe de Gobierno en 1963 y 1964-65.

Papanicolaou, George Histólogo estadounidense de origen griego (Kyme, 1883 - Miami, 1962). Inventó una técnica histológica, que lleva su nombre, para el diagnóstico del cáncer.

Papanin, Iván Dimitrievich Explorador y almirante ruso (Sebastopol, 1894 - Moscú, 1986). Director de la Estación polar en la bahía de la Tranquilidad, estuvo al frente de diversas expediciones a través del Ártico.

Papantla de Olarte Ciudad de México, Estado de Veracruz; 23.773 h. En sus alrededores se encuentran las interesantes ruinas de EL TAJÍN.

paparrucha f. **1** fam. Noticia falsa y desatinada. **2** fam. Tontería, estupidez, cosa insustancial y desatinada.

papaveráceo, a adj. y f. *Bot.* **1** Se dice de la planta angiosperma dicotiledónea, con flores regulares, numerosos estambres, un sistema laticífero desarrollado, y fruto capsular con muchas semillas oleaginosas y de albumen carnoso, como la adormidera. || f. pl. *Bot.* **2** Familia de estas plantas.

papaverina f. *Quím.* Alcaloide blanco y cristalino contenido en el opio, que se utiliza como relajante de músculos y analgésico débil.

papaya f. *Bot.* Fruto del papayo.

papayáceo, a adj. *Bot.* CARICÁCEO.

papayo m. *Bot.* Árbol perteneciente a la familia caricáceas, de nombre científico *Carica papaya,* de hojas muy divididas y frutos grandes y comestibles.

papear intr. fam. Comer.

Papeete Ciudad capital de Polinesia Francesa y de la isla de Tahití; 23.555 h.

papel m. **1** Hoja delgada hecha con pasta vegetal molida y blanqueada que tiene múltiples aplicaciones. **2** Pliego, hoja o pedazo en blanco de ese material, manuscrito o impreso. **3** Conjunto de resmas, cuadernos o pliegos de ese material. **4** Carta, credencial, título, documento o manuscrito de cualquier clase. **5** Impreso que no llega a formar libro. **6** Parte de la obra dramática representada por el actor. **7** Personaje de la obra dramática representado por el actor. **8** fig. Cargo o función que uno desempeña en alguna situación o en la vida. **9** Documento que contiene la obligación del pago de una cantidad. **10** Conjunto de valores mobiliarios que salen a negociación en el mercado. || m. pl. **11** Documentos con que se acredita el estado civil o la calidad de una persona. || **papel de aluminio** Lámina muy fina de aluminio o estaño aleado, utilizada para envolver alimentos y en la fabricación de condensadores eléctricos. || **papel de añafea** PAPEL DE ESTRAZA. || **papel de barba** o **de barbas** El de tina, que no está recortado por los bordes. || **papel biblia** El que es muy delgado, propio para imprimir obras muy extensas. || **papel en blanco** El que no está escrito ni impreso, por contraposición al que lo está. || **papel de calcar** o **de calco** PAPEL CARBÓN. || **papel carbón** El fino y entintado por una de sus caras que sirve para la obtención de copias a mano o a máquina. || **papel cebolla** El de escribir, muy delgado, que suele emplearse para copias. || **papel celo** Cinta de celulosa o plástico, adhesiva por uno de sus lados, que se emplea para pegar. También se dice *celo.* || **papel continuo** El que se hace a máquina en piezas de mucha longitud. || **papel cuché** El muy satinado y barnizado que se emplea principalmente en revistas y obras que llevan grabados o fotograbados. || **papel ecológico** El fabricado sin utilizar algunas sustancias químicas altamente contaminantes, como el cloro, que se emplean en la fabricación tradicional. || **papel del Estado** *Der.* Diferentes documentos que emite el Estado reconociendo créditos, sean o no reembolsados o amortizables, a favor de sus tenedores. || **papel de estaño** PAPEL DE ALUMINIO. || **papel de estraza** Papel muy basto, áspero, sin cola y sin blanquear. || **papel higiénico** Papel fino, acondicionado en hojas plegadas o en rollos, propio para usos sanitarios. || **papel de lija** Hoja de papel fuerte, con vidrio molido, arena cuarzosa o polvos de esmeril, encolados en una de sus caras, que se emplea para lijar y pulir superficies, generalmente de madera. || **papel mojado** fig. El de poca importancia. También, fig. y fam., cualquier cosa inútil o inconsistente. || **papel moneda** *Econ.* El que por autoridad pública sustituye al dinero en metálico y tiene curso como tal. || **papel offset** El de baja calidad, pero flexible y de grano fino, por lo que admite la impresión en color. || **papel pintado** El de varios colores y dibujos que se emplea para revestir las paredes. || **papel de plata** PAPEL DE ALUMINIO. || **papel reciclado** *Ecol.* El obtenido a partir de una pasta creada con restos de papel ya usado, trapos, etc. || **papel secante** El esponjoso y sin cola, que se emplea para enjugar lo escrito, a fin de que no se emborrone. || **papel de seda** El muy fino, transparente y flexible que se parece a la tela de seda. || **papel sellado** *Der.* El que tiene estampadas las armas de la nación, con el precio de cada pliego, y clase, como impuesto de timbre, y sirve para formalizar documentos y para otros usos oficiales. || **papel de tornasol** *Quím.* El impregnado en la tintura de tornasol, que sirve como reactivo para reconocer la acidez o basicidad de una sustancia. || **papel vegetal** El satinado y transparente que usan los dibujantes, arquitectos, etc. || **papel vergé, vergueteado** o **verjurado** El que lleva una filigrana de rayitas o puntizones muy menudos y otros más separados que los cortan perpendicularmente. || **papel vitela** El liso y sin grano, de gran calidad, cuya superficie permite la reproducción detallada de los dibujos más finos. || **hacer** uno **buen,** o **mal, papel** fr. fig. Estar o salir lucida o desairadamente en algún acto o negocio. || **hacer** uno **su papel** fr. fig. Cumplir con su cargo o ministerio. || **perder** uno **los papeles** fr. fig. Perder el control de una determinada situación o de su propia persona.

papaya

papela f. En argot, carnet de identidad.

papeleo m. Exceso de trámites en un asunto.

papelera f. **1** Recipiente para echar los papeles inútiles y otros desperdicios. **2** Fábrica de papel.

papelería f. **1** Tienda en que se vende papel y otros objetos para escribir o dibujar. **2** Conjunto de papeles esparcidos y sin orden.

papelero, ra m. y f. Persona que fabrica o vende papel.

papeleta f. **1** CÉDULA. **2** Papel en el que el profesor anota la calificación obtenida por el alumno en un examen. **3** Papel en el que figura cierta candidatura o dictamen, y con el que se emite el voto en unas elecciones. **4** fig. y fam. Asunto difícil de resolver.

papelillo m. **1** Cigarro de papel. **2** Paquete de papel que contiene una pequeña dosis medicinal en polvo.

papelina f. En el lenguaje de la droga, envoltorio pequeño que contiene una dosis.

papelón fig. y fam. Actuación deslucida o ridícula de alguien.

papelorio m. desp. Fárrago de papeles.

papelote m. **1** desp. Papel o escrito despreciable. **2** Desperdicios de papel, y papel usado. **3** *Cuba* Cometa, juguete.

Papen, Franz von Militar y político alemán (Werl, 1879 - Obersasbach, 1969). Fue canciller (1932) y vicecanciller después de la depuración de junio de 1934; embajador en Austria y, en 1939, de Turquía. Absuelto por el Tribunal de Nuremberg, fue condenado por un tribunal alemán a ocho años de trabajos forzados.

papera f. **1** *Pat.* Inflamación del tiroides, bocio. **2** *Pat.* Inflamación de las glándulas salivares. **3** *Veter.* Tumor inflamatorio y contagioso que en los caballos jóvenes se produce a la entrada del conducto respiratorio o en los ganglios submaxilares. || f. pl. *Pat.* **4** Enfermedad infecciosa provocada por el virus *Myxovirus parotiditis,* que produce la inflamación de la glándula parótida, y afecta sobre todo a niños y adolescentes. **5** Escrófulas, lamparones.

papiamento m. *Ling.* Lengua criolla que se habla en la isla de Curaçao.

Papigochic YAQUI.

papila f. *Biol.* Cualquier pequeña prominencia en forma de pezón, formada en la piel y en las membranas mucosas, así como en ciertos órganos vegetales.

PAPILIONÁCEO 1018

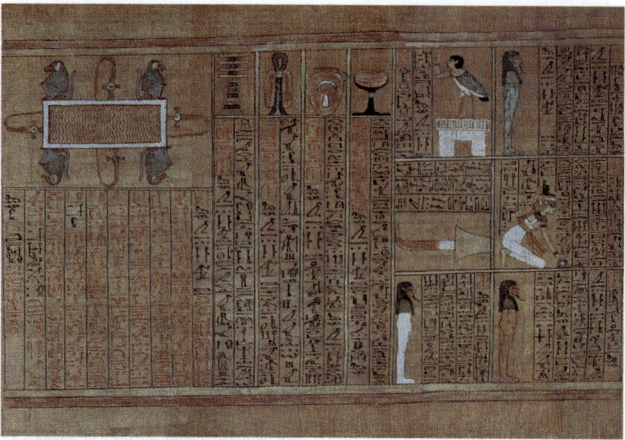

papiro egipcio. British Museum (Londres).

PAPILIONÁCEO, A adj. **1** De figura de mariposa. **2** *Bot.* LEGUMINOSO.

PAPILLA f. **1** Comida muy triturada, hecha a base de varios ingredientes, para la alimentación de niños y enfermos. **2** fig. Cautela o astucia halagüeña para engañar a alguien.

PAPILOMA m. *Med.* Variedad de epitelioma caracterizada por el aumento de volumen de las papilas de la piel o de las mucosas.

PAPIN, DENIS Físico francés (Chitenay, 1647 - Londres, 1714). Inventó la marmita que lleva su nombre, primitivo autoclave y construyó una máquina de vapor que aplicó al movimiento de vehículos.

PAPINEAU, LOUIS JOSEPH Político canadiense (Montreal, 1786 - Montebello, 1871). En 1837 acaudilló un movimiento que reivindicaba una mayor autonomía para el Canadá francés.

PAPINI, GIOVANNI Escritor italiano (Florencia, 1881 - íd., 1956). Autor de *La tragedia cotidiana* (1903), *La experiencia futurista* (1919), y las obras de tema religioso *Historia de Cristo* (1921), *Gog* (1931) y *El diablo* (1953).

PAPINIANO, EMILIO Jurista romano (Emesa, h. 140 - Roma, 212). Fue decapitado por orden de Caracalla, por no aprobar el asesinato de su hermano Geta. Obras: *Quaestiones, Responsa, Definitiones* y *De adulteriis*.

PAPIÓN m. *Zool.* Nombre de varias especies de mamíferos primates africanos, de la familia cercopitécidos, género *Papio*. Viven en grupos de hasta 30 individuos en Arabia y África tropical.

PAPIRO m. **1** *Bot.* Planta acuática perteneciente a la familia ciperáceas, de nombre científico *Cyperus papyrus*, propia de África y SO de Asia, que crece en las cercanías de ríos y lagos. **2** Lámina sacada del tallo de esta planta y que empleaban los antiguos para escribir en ella. **3** Documento escrito en estas láminas.

PAPIROFLEXIA f. Arte y técnica de hacer diversas figuras mediante dobleces de una hoja de papel.

PAPIROLOGÍA f. *Hist.* Ciencia auxiliar de la historia que estudia los papiros.

PAPIROTADA o **PAPIROTAZO** f. Golpe en la cabeza.

PAPIROTE m. **1** Golpe en la cabeza. **2** fig. y fam. Tonto, bobo.

PAPISA f. Mujer papa. La palabra se inventó y se ha usado únicamente para designar a la papisa Juana.

PAPISTA adj. y s. **1** Nombre que protestantes y cismáticos dan al católico romano. **2** fam. Partidario de la rigurosa observación de las disposiciones del sumo pontífice.

PAPO m. **1** Nombre vulgar del bocio en las regiones donde es endémico. **2** *Zool.* Parte abultada del animal entre la barba y el cuello. **3** *Zool.* Buche de las aves.

PAPPUS DE ALEJANDRÍA Matemático griego (s. IV). Autor de *Colección matemática*, fuente de documentación de los conocimientos matemáticos griegos, escrita en ocho volúmenes.

PAPRIKA f. Variedad de pimentón, fuerte y aromática, de uso muy extendido en Europa central.

PAPÚ adj. y s. **1** De Papua-Nueva Guinea. || m. *Ling.* **2** Familia lingüística formada por unas 620, habladas por los habitantes de Nueva Guinea e islas vecinas. ♦ Su pl. es *papúes*.

PAPUA-NUEVA GUINEA (*Independent State of Papua New Guinea*) Estado de Oceanía, en Melanesia, que limita al N y E con el océano Pacífico; al S, con el mar del Coral, y al O, con Indonesia.

Geog. Papua-Nueva Guinea ocupa el sector oriental de la isla de Nueva Guinea, además del archipiélago Bismarck, las islas Bougainville y Buka, en el sector N de las Salomon, las islas de Entrecasteaux, el archipiélago de la Luisiada y otras islas e islotes. El relieve del sector oriental de Nueva Guinea es muy montañoso; de NO a SE se extienden su cordillera Central, montes Bismarck (donde se encuentra la mayor altura del país, el monte Wilheim; 4.719 m), y Owen y Stanley. Sus principales ríos son el Sepik y el Ramu, al N, y el Fly y Strickland, al S. La vegetación es ecuatorial, y el clima cálido y húmedo. Su economía está basada en la minería, sobre todo el cobre, y la explotación forestal. Ganadería. La industria está muy poco desarrollada.

Hist. Tribus de cazadores y recolectores habitaron Nueva Guinea y el archipiélago Bismarck hace más de 30.000 años. La isla de Nueva Guinea fue descubierta por el portugués Jorge de Meneses en 1526. Su deno-

Superficie: 462.840 km².
Población: 4.927.000 h. (*papúes*).
Densidad: 10,6 h./km².
Tasa de natalidad: 32,7‰.
Tasa de mortalidad: 8‰.
Capital: Port Moresby.
Ciudades principales: Lae, Madang, Wewak, Goroka.
Grupos étnicos: papúes (84%), melanesios (15%), otros (1%).
Religión: protestantismo (58,4%), catolicismo (32,8%), anglicanismo (5,4%), cultos tradicionales indígenas (2,5%), otras (0,9%).
Idioma: pisin, inglés y motu.
Moneda: kina.
Forma de Estado: monarquía constitucional (corona británica).
Producto Nacional Bruto: 4.104 millones de dólares.
Renta per cápita: 890 dólares.
División administrativa: 19 provincias y un distrito nacional, según cuadro.

PAPUA-NUEVA GUINEA

Provincias / Distrito nacional	Superficie (km²)	Población (h.)	Capitales
Central	29.500	140.584	Port Moresby
Chimbu	6.100	183.801	Kundiawa
Enga	12.800	238.357	Wabag
Gulf	34.500	68.060	Kerema
Highlands Meridional	23.800	302.724	Mendi
Highlands Occidental	8.500	291.090	Mount Hagen
Highlands Oriental	11.200	299.619	Goroka
Madang	29.000	270.299	Madang
Manus	2.100	32.830	Lorengau
Milne Bay	14.000	157.288	Alotau
Morobe	34.500	363.535	Lae
Nueva Bretaña Este	15.500	184.408	Rabaul
Nueva Bretaña Oeste	21.000	127.547	Kimbe
Nueva Irlanda	9.600	87.194	Kavieng
Occidental	99.300	108.705	Daru
Bougainville	9.300	155.600	Arawa
Sepik Este	42.800	248.308	Wewak
Sepik Oeste	36.300	135.185	Vanimo
Septentrional	22.800	96.762	Popondetta
Port Moresby	240	193.242	

minación actual se debe al español Ortiz de Retes. Los primeros navegantes que exploraron sus costas fueron W. Dampier y P. Carteret, y el primero en bordear la isla completamente fue J. Cook. Australia, que administraba Papuasia como colonia, desde 1906, y Nueva Guinea Nordoriental y las islas Bismarck como mandato de la Sociedad de Naciones, desde 1921, unificó la administración de ambos territorios en 1949 y reconoció su autonomía interna en 1973. En 1975 estos territorios fueron proclamados Estado independiente dentro de la Commonwealth. En 1977 el Partido Pangu Pati, de Michael Somare, en coalición con el Partido Unido ganó las primeras elecciones democráticas y Somare fue nombrado primer ministro, cargo que ostentó hasta 1980, en que su gobierno perdió el voto de confianza en el parlamento; fue elegido Julius Shan para sustituirle. En 1982 Somare retornó al poder. Tras una oleada de violencia provocada por el proceso de destribalización y el desempleo, Somare fue depuesto por una moción de censura en 1985. Las elecciones de 1987 dieron la victoria al Movimiento Democrático del Pueblo, y Paias Wingti fue nombrado presidente del Gobierno, cargo que ocupaba interinamente desde 1985. En 1988 fue sustituido por Rabbie Namaliu, del Pangu Pati. En 1990 el ejército revolucionario de la isla de Bougainville declaró unilateralmente su independencia. Pese al tratado de paz firmado un año después con la mediación de Nueva Zelanda, el conflicto prosiguió durante los gobiernos de Paias Wingti (1992-94) y Julius Shan (1994-97) y Bill Skate desde 1997. Un año después se logró un acuerdo de alto el fuego con los secesionistas de Bougainville. En 1999, tras la dimisión de Skate, Mekere Morauta fue nombrado jefe del Gobierno, hasta que las legislativas de 2002 le sustituyó en el cargo Michael Somare.

PAPUASIA Colonia de Australia desde 1906, que comprendía el SE de la isla de Nueva Guinea. Desde 1975 forma parte del estado independiente de Papua-Nueva Guinea.

PÁPULA. f. **1** *Biol.* Pequeña papila. **2** *Med.* Pequeña erupción de la piel sin pus ni serosidad.

PAQUEBOTE o **PAQUEBOT** m. Embarcación que lleva la correspondencia pública y pasajeros de un puerto a otro.

PAQUETE[1] m. **1** Lío o envoltorio que se hace con algo, generalmente para transportarlo. **2** Persona torpe o molesta. **3** En las motocicletas, persona que va de acompañante. **4** Castigo o sanción. **5** vulg. Genitales masculinos. || **PAQUETE DE ACCIONES** *Econ.* Conjunto grande de acciones de una compañía, pertenecientes a un solo titular. || **PAQUETE DE APLICACIÓN** *Inform.* Conjunto de programas dirigido a ciertas aplicaciones que puede ser adaptado a las necesidades de un caso específico de aplicación. También denominado *paquete de programas*. || **PAQUETE BOMBA** El manipulado para que explote en el momento de su apertura. || **PAQUETE DE MEDIDAS** fig. Conjunto de disposiciones tomadas para poner en práctica alguna decisión. || **PAQUETE TURÍSTICO** Oferta que realizan las empresas mayoristas o las agencias de viajes a sus clientes, que incluye transporte y estancia. || **meter** a uno **un paquete** fr. fig. y fam. Castigarlo, multarlo o censurarlo por alguna cosa.

PAQUETE[2]**, TA** adj. *Arg.* Se dice de la persona bien vestida y de las casas o locales bien puestos. También s.

PAQUI- pref. que significa espeso, engrosar, etc.

PAQUIDERMO adj. y m. *Zool.* **1** Se dice del mamífero no rumiante, de piel muy gruesa y dura, como el rinoceronte, hipopótamo y elefante. || m. pl. *Zool.* **2** Grupo de estos animales sin categoría taxonómica. Comprende proboscídeos, ciertos artiodáctilos y bastantes perisodáctilos.

PAQUISTÁN PAKISTÁN.

PAQUISTANÍ adj. y com. De Pakistán.

PAQUITENA f. *Biol.* Tercer estadio de la primera profase de la meiosis.

PAR adj. **1** *Anat.* Se dice del órgano que corresponde simétricamente a otro igual. **2** *Mat.* Se dice de todo número entero múltiplo de dos. || m. **3** Conjunto de dos personas o dos cosas de una misma especie. **4** Igualdad o semejanza con alguna cosa. **5** Título de alta dignidad en algunos Estados. **6** *Dep.* En el golf, número máximo de golpes que un jugador puede realizar para meter la pelota en el hoyo. || f. pl. *Anat.* **7** Placenta del útero. || **PAR ORDENADO** *Mat.* Pareja de elementos dados en orden. Se escriben dentro de un paréntesis. También se llama *cupla*. || **PAR TERMOELÉCTRICO** *Fís.* TERMOPAR. || **a la par** loc. adv. Juntamente a un tiempo. También, igualmente, sin distinción o separación. También, tratándose de monedas, efectos públicos, etc., con igualdad entre su valor nominal y el que obtienen en cambio. || **de par en par** loc. adv. que se utiliza para referirse a las puertas o ventanas que se encuentran enteramente abiertas. También, fig., sin impedimento. || **sin par** loc. adj. fig. Que no tiene igual o semejante.

PAR- pref. PARA-.

Papua-Nueva Guinea. Costa del golfo de Huon, en Lae.

PARA prep. **1** Indica finalidad o destino. **2** Expresa tiempo o duración, a veces de manera imprecisa. **3** Indica dirección. **4** Desde el punto de vista o según la opinión de alguien. **5** Forma parte de algunas frases de sentido comparativo que expresan desproporción entre dos cosas o acciones. || **para con** loc. prepos. Respecto de. || **para que** loc. conjunt. final. Se usa con sentido interrogativo y afirmativo.

PARA- o **PARÁ-, PAR-** prefs. que significan contigüidad, semejanza o apariencia.

-PARA, -PARO sufs. que significan que pare, que se reproduce.

PARÁ Estado de Brasil, región Norte; 1.253.165 km^2 y 5.510.849 h. Su capital es Belem. El Amazonas lo atraviesa de O a NE.

PARABIÉN m. FELICITACIÓN.

PARÁBOLA. f. **1** Narración de un suceso inventado, de la que se deduce una enseñanza moral. **2** *Geom.* Curva abierta, lugar geométrico de los puntos equidistantes de otro llamado foco, y de una recta denominada directriz.

PARABÓLICO, CA adj. **1** Perteneciente o relativo a la parábola. **2** Se dice de la antena de televisión que permite captar emisoras situadas a gran distancia. También f. **3** *Geom.* Relativo a la parábola.

PARABOLIZAR tr. e intr. Representar, simbolizar.

PARABRISAS m. Bastidor con cristal que lleva el automóvil en su parte anterior. ◆ Su pl. es *parabrisas*.

PARACA m. *Meteor.* Viento o brisa del Pacífico.

PARACAÍDAS m. **1** Artefacto usado por los aeronautas para atenuar la velocidad de la caída cuando tienen que lanzarse al espacio. Consiste en una armadura de tela fuerte y ligera a la vez que, al abrirse en el aire, toma una forma hemisférica o rectangular, de cuyo borde arrancan cuerdas que terminan en el sistema de suspensión, al cual va sujeto el paracaidista. **2** Por extensión, lo que sirve para evitar o disminuir el golpe de una caída. ◆ Su pl. es *paracaídas*.

PARACAIDISMO m. Práctica del lanzamiento en paracaídas.

PARACAIDISTA com. *Aviac.* y *Mil.* Persona conocedora del manejo del paracaídas, que se arroja con él desde un vehículo aéreo para aterrizar sin peligro.

PARACAS *Arqueol.* Pequeña península de Perú, formada por colinas arenosas con clima seco. Entre 1925 y 1930 se descubrieron en ella enterramientos divididos cronológicamente en *Paracas Cavernas* (500-300 a. C.) y *Paracas Necrópolis* (300 a. C.-500 d. C.).

PARACELSO (THEOPHRASTUS BOMBASTUS VON HOHENHEIM, llamado) Médico y alquimista suizo (Einsiedeln, h. 1494 - Salzburgo, 1541). Combatió la medicina clásica de Galeno y Avicena y fomentó el uso de la alquimia para la fabricación de medicamentos. Se opuso a las teorías astrológicas que ligaban la salud humana a las posiciones de los astros y afirmó que cada enfermedad necesita un tratamiento, en contra de la teoría de la panacea universal. Autor de *La gran cirugía* (1536).

PARACENTESIS f. *Med.* Punción de la pared de una cavidad llena de fluido, mediante una aguja hueca que permite extraerlo.

PARACETAMOL m. *Farm.* Medicamento analgésico y antipirético.

PARACHOQUES m. Pieza de algunos vehículos para amortiguar los efectos de un choque. ◆ Su pl. es *parachoques*.

PARÁCLITO o **PARACLETO** Nombre dado al Espíritu Santo.

PARACUTÍN PARICUTÍN.

PARADA f. **1** Acción de parar o pararse. **2** Lugar o sitio donde se para. **3** *Dep.* Detención del balón por el portero. **4** *Dep.* Quite, movimiento defensivo. **5** *Mil.* Formación de tropas para pasarles revista o exhibirlas en una solemnidad.

PARADERO m. **1** Lugar o sitio donde para o se va a parar. **2** fig. Fin o término de una cosa. **3** *Cuba* Estación de ferrocarril. **4** *Col.* Parada de autobuses.

PARADIGMA m. **1** Ejemplo o ejemplar. **2** *Filos.* Conjunto de teorías técnicas, normas metodológicas, ideas filosóficas, etc., que dominan en el seno de una comunidad científica. **3** *Ling.* Cada uno de los esquemas formales a que se ajustan las palabras, según sus respectivas flexiones. **4** *Ling.* Conjunto de elementos de una misma clase gramatical, que pueden aparecer en un mismo contexto.

PARADIGMÁTICO, CA adj. **1** Perteneciente o relativo al paradigma. **2** Ejemplar. **3** *Ling.* Se dice de las relaciones que existen entre los elementos de un paradigma.

PARADISIACO o **PARADISÍACO, CA** adj. Perteneciente o relativo al paraíso.

PARADISO, GRAN Cumbre de los Alpes Graios, en Italia, cerca de la frontera francesa; 4.061 m de altura.

PARADO, DA adj. **1** Quieto. **2** Tímido. **3** Sin empleo. **4** *Amér.* Derecho o en pie. **5** *Chile* y *P. Rico* Orgulloso, engreído. || **quedar** o **salir bien** o **mal parado** loc. Tener buena o mala fortuna en un asunto.

PARADOJA f. **1** Contradicción entre dos cosas o ideas. **2** *Filos.* Figura de pensamiento que consiste en emplear expresiones o frases que envuelven contradicción.

PARADÓJICO, CA adj. Que incluye paradoja o que usa de ella.

PARADOR, RA adj. **1** Que para o se para. **2** Se dice del caballo o yegua que se para con facilidad, y del que lo hace bien. **3** Se dice del jugador que para mucho. También s. || m. **4** MESÓN. || **PARADOR NACIONAL DE TURISMO** En España, cierto tipo de establecimiento hotelero dependiente de organismos oficiales.

PARAESTATAL adj. Se dice de las instituciones, organismos y centros que cooperan a los fines del Estado sin formar parte de la administración pública.

PARAFERNALES adj. pl. *Der.* Se dice de los bienes que lleva la mujer al matrimonio fuera de la dote y los que adquiere durante él por título lucrativo, como herencia o donación.

PARAFERNALIA f. Conjunto de ritos o de instrumentos que rodean determinados actos o ceremonias.

PARAFINA f. *Quím.* **1** Nombre común de los hidrocarburos saturados o alcanos. **2** Sustancia sólida, opalina, inodora, menos densa que el agua y fácilmente fusible, que se obtiene normalmente como subproducto de la fabricación de aceites lubricantes derivados del petróleo, y tiene múltiples aplicaciones industriales y farmacéuticas.

PARÁFRASIS f. **1** Explicación o interpretación de un texto. **2** Traducción libre en verso de un texto. ◆ Su pl. es *paráfrasis*.

PARAGOGE f. *Gram.* Adición de algún sonido al final de un vocablo. Era figura de dicción según la preceptiva tradicional.

PARAGOLPES m. Parachoques. ◆ Su pl. es *paragolpes*.
PARÁGRAFO m. PÁRRAFO.

PARAGUA Río de Venezuela, Estado de Bolívar, que nace en la sierra de Paracaima. Afluente del Caroní; 700 km.

PARAGUANÁ Península de Venezuela, en el Estado de Falcón. Está unida al continente por el istmo de Médanos. Refinerías de petróleo.

PARAGUARÍ Departamento de Paraguay; 8.705 km² y 247.675 h. Caña de azúcar, algodón, maíz y mandioca. Su capital es la ciudad del mismo nombre.

PARAGUAS m. Utensilio portátil para resguardarse de la lluvia, compuesto de un bastón y un varillaje cubierto de tela que puede extenderse o plegarse. ♦ Su pl. es *paraguas*.

PARAGUAY Río de América del Sur, que nace en el Estado de Matto-Grosso (Brasil), atraviesa Paraguay, sirviendo de frontera desde Asunción con Argentina, y se une, cerca de Corrientes, al Paraná; 2.800 km de curso, navegables.

PARAGUAY (*República de Paraguay*) Estado de América del Sur; que limita al N con Bolivia y Brasil; al E, con Brasil; al S, con Argentina, y al O, con Argentina y Bolivia.

Superficie: 406.752 km².
Población: 5.496.000 h. (paraguayos).
Densidad: 13,5 h./km².
Tasa de natalidad: 31,6‰.
Tasa de mortalidad: 4,9‰.
Capital: Asunción.
Ciudades principales: Ciudad del Este, San Lorenzo, Lambaré, Fernando de la Mora.
Grupos étnicos: mestizos (90,8%), amerindios (3%), alemanes (1,7%), otros (4,5%).
Religión: catolicismo (93,1%), otras (6,9%).
Idioma: español y guaraní.
Moneda: guaraní.
Forma de Estado: república presidencialista.
Producto Nacional Bruto: 9.172 millones de dólares.
Renta per cápita: 1.760 dólares.
División administrativa: 2 regiones divididas en 17 departamentos, según cuadro.

GEOG. El río Paraguay cruza el país de N a S y lo divide en dos regiones: una oriental, montañosa, con las sierras de Amambay, Mbaracayú, San Joaquín y Caaguazú, y otra occidental, formada por una dilatada llanura conocida como Chaco, limitada al S por el río Pilcomayo. El Paraná, por su parte, constituye la frontera con Brasil y Argentina. El tercer río en importancia es el Pilcomayo, que sirve de frontera entre Paraguay y Argentina y desemboca en el Paraguay, cerca de Asunción. En las tierras bajas existen grandes pantanos o *esteros*; los más importantes son el Ypoá, Ypacaraí, Verá y Ñeembucú. El clima es tropical. La población, mayoritariamente mestiza, se concentra en la región Oriental, mientras el Chaco está prácticamente deshabitado. La agricultura, la ganadería y los productos forestales, constituyen el factor principal de la economía. Maderas preciosas. Hierro, cobre, manganeso, carbón y mica. En el

Chaco se han localizado grandes reservas petrolíferas. Industria del tabaco, cerveza, cemento, elaboración de yerba mate, refinerías de azúcar, extracción de tanino y preparación de carnes y pieles.

HIST. Antes de su descubrimiento, el territorio de Paraguay estaba habitado por tribus de la familia *tupí-guaraní*. En 1521, el portugués Alejo García, náufrago de la armada de Juan Díaz de Solís, partió desde la costa brasileña, cruzó el Chaco en compañía de indios guaraníes y llegó hasta las estribaciones de los Andes. En 1527 Caboto llegó hasta Paraguay remontando el río Paraná. En 1536, Juan de Ayolas y Martínez de Irala exploraron parte del territorio, y en 1537, Gonzalo de Mendoza y Juan de Salazar, fundaron el *Fuerte de Nuestra Señora de Santa María de la Asunción*, origen de la capital. En 1541, Martínez de Irala, instigado por el veedor de funciones, Alonso Cabrera, desalojó la ciudad de Buenos Aires y concentró a los españoles del Río de la Plata en Asunción. Ocupó el cargo de gobernador hasta la llegada, en 1542, del segundo adelantado del Río de la Plata, Álvar Núñez Cabeza de Vaca, que fue derrocado por un grupo de conquistadores en 1544. El gobierno de Hernando Arias de Saavedra o Hernandarias (1592-1618) marcó una época; en este periodo se separaron las administraciones de Buenos Aires y Paraguay (1617) y se emprendieron grandes expediciones al Chaco. El Guairá Paraguay quedó reducido a los distritos de las ciudades de Asunción, Villarrica, Santiago de Jerez y Ciudad Real, y subordinado al virreinato del Perú. Paralelamente, los jesuitas se establecieron en el territorio a comienzos del siglo XVII y fundaron numerosas *reducciones*, organizadas en régimen de comunidad y exentas del pago de tributos. Junto a la enseñanza religiosa, fomentaron el desarrollo de la agricultura y las pequeñas industrias. El abaratamiento de los productos agrícolas provocó la animadversión de los encomenderos, privados de mano de obra, y originó la revolución de los comuneros en 1717. Este movimiento reclamaba la restricción de la autoridad real, de la que dependían directamente las misiones y, aunque fue definitivamente derrotado en 1735, representó uno de los primeros pasos hacia la independencia. La expulsión de los jesuitas, en 1767, provocó el declive de las antiguas reducciones. A lo largo del siglo XVIII, se establecieron los límites coloniales con Portugal, y Paraguay pasó a depender del virreinato de Río de la Plata, creado en 1776. Al mismo tiempo, se fue gestando el espíritu nacional, acrecentado tras las invasiones británicas de comienzos del XIX. En 1811, el teniente coronel Fulgencio Yegros, el capitán Pedro Juan Caballero y el alférez Vicente Ignacio Iturbe depusieron sin resistencia al gobernador Bernardo de Velasco y declararon la independencia. Un congreso nombró una junta de gobierno, presidida por Yegros. En 1813, el congreso proclamó la República y creó un consulado anual, integrado por Yegros y José Gaspar Rodríguez de Francia. En 1814, Rodríguez de Francia se declaró dictador perpetuo. Su mandato se prolongó hasta 1840 y se caracterizó por el gobierno autárquico y la represión. A su muerte, dos cónsules se encargaron del gobierno: Antonio López y Mariano Roque Alonso. La Constitución de 1844 suprimió el consulado y estableció el régimen presidencial. El progresista Carlos Antonio López fue el primer presidente del país. En 1862, le sucedió su hijo, el mariscal Francisco Solano López, que perdió la vida durante la guerra contra la Triple Alianza, integrada por Argentina, Uruguay y Brasil (1864-70). La contienda diezmó la población de Paraguay, que tuvo que ceder parte del Chaco y de Misiones, y provocó el caos económico. El último tercio de siglo se caracterizó por la inestabilidad y los continuos cambios políticos. El Partido Colorado o conservador se mantuvo en el poder hasta 1904. Con el triunfo del liberal Partido Blanco el país conoció una etapa de desarrollo, favorecido por el estallido de la Primera Guerra Mundial. En 1932, bajo la presidencia de José Guggiari, Paraguay se vio envuelto en una nueva guerra, con Bolivia, por la posesión del Chaco Boreal. La contienda se prolongó hasta 1938; el tratado de paz concedió a Paraguay las tres cuartas partes del territorio en

PARAGUAY

Departamentos *Regiones*	Superficie (km²)	Población (h.)	Capitales
Alto Paraguay	82.349	13.831	Fuerte Olimpo
Boquerón	91.669	35.238	Filadelfia
Presidente Hayes	72.907	77.145	Pozo Colorado
Región Occidental	*246.925*	*126.214*	
Alto Paraná	14.895	595.276	Ciudad del Este
Amambay	12.933	127.011	Pedro Juan Caballero
Caaguazú	11.474	442.161	Coronel Oviedo
Caazapá	9.496	141.559	Caazapá
Canindiyú	14.667	133.075	Salto del Guairá
Central	2.582	1.724.272	Asunción
Concepción	18.051	185.496	Concepción
Cordillera	4.948	215.663	Caacupé
Guairá	3.846	173.668	Villarrica
Itapúa	16.525	454.757	Encarnación
Misiones	9.556	98.607	San Juan Bautista
Ñeembucú	12.147	86.965	Pilar
Paraguarí	8.705	247.675	Paraguarí
San Pedro	20.002	332.926	San Pedro
Región Oriental	*159.827*	*4.959.111*	

Paraguay. Misión jesuítica de Trinidad, en Misiones.

disputa, mientras Bolivia obtuvo acceso al río Paraguay. En 1939 fue elegido presidente el general Estigarribia, héroe del Chaco, quien promulgó una nueva Constitución de tipo centralista. Un año después, el general Higinio Morínigo se hizo con el poder (1940-48) mediante un golpe de Estado. Un nuevo golpe militar permitió a Alfredo Stroessner alzarse con la presidencia en 1954 y fue reelegido en sucesivas ocasiones. La oposición moderada salió por primera vez a la calle para mostrar su desacuerdo con el régimen en 1984. No obstante, la situación no se modificó sustancialmente hasta 1989, fecha del golpe de Estado promovido por el general Andrés Rodríguez, con el apoyo del sector más tradicionalista del Partido Colorado. Rodríguez permitió a Stroessner exiliarse en Brasil y se proclamó interinamente presidente. Ese mismo año fue ratificado en el cargo al vencer en las elecciones presidenciales. El candidato oficialista del Partido Colorado, Juan Carlos Wasmosy, ganó en 1993 las que se han considerado primeras elecciones multipartidistas auténticamente libres en la historia del país. En 1996 el general Lino César Oviedo ordenó acuartelar sus tropas y negó la orden presidencial que lo obligaba a cesar como comandante Supremo del Ejército. Elegido candidato presidencial por una facción del Partido Colorado, en 1998 fue condenado a diez años de prisión acusado de intento de golpe de Estado. En las presidenciales de 1998 resultó elegido Raúl Cubas Grau, del Partido Colorado. La supuesta participación del ex general Oviedo, apoyado por Cubas, en el asesinato del vicepresidente L. M. Argaña, provocó, en 1999, un estallido de protesta popular, que acabó con la dimisión de Cubas, quien fue sustituido por L. González Macchi. Cubas Grau y Lino Oviedo abandonaron el país. En 2000 un intento fallido de golpe de Estado obligó al presidente a decretar el estado de excepción en el país. En las elecciones presidenciales celebradas en 2003 resultó vencedor Nicanor Duarte, del Partido Colorado.

Paraguay. Nicanor Duarte, presidente del país desde 2003.

PARAGUAYO, YA adj. y s. **1** De Paraguay. ‖ m. **2** Cuba Machete de hoja larga y recta. **3** *Bol.* Rosquete que se hace de azúcar, clavo y almidón. ‖ f. *Bot.* **4** Fruta de hueso semejante al pérsico.
PARAGÜERO, RA m. y f. **1** Persona que hace o vende paraguas. ‖ m. **2** Mueble dispuesto para colocar los paraguas y bastones.
PARAÍBA Estado de Brasil; 56.585 km² y 3.305.616 h. Su capital es João Pessoa.
PARAÍBA DO NORTE Río de Brasil, Estado de Paraíba; nace en la sierra de Jabitacá y desemboca en el Atlántico; 450 km.
PARAÍBA DO SUL Río de Brasil, que nace en la sierra del Mar, atraviesa los Estados de São Paulo y Rio de Janeiro y desemboca en el Atlántico; 1.045 km de curso.
PARAÍSO m. **1** *Rel.* Según el *Génesis*, lugar donde vivieron Adán y Eva antes de ser expulsados por Dios. Se denomina también *paraíso terrenal*. **2** *Rel.* En la religión cristiana, CIELO. **3** *Teat.* Conjunto de asientos del piso más alto de algunos teatros. **4** fig. Cualquier sitio o lugar muy ameno. ‖ **PARAÍSO FISCAL** Estado con legislación fiscal permisiva, especialmente con el capital extranjero. ‖ **PARAÍSO TERRENAL** *Rel.* PARAÍSO.
PARAÍSO, EL Departamento de Honduras; 7.218 km² y 277.000 h. Su capital es Yuscarán.
PARAJE m. Lugar, sitio.
PARALAJE, PARALASIS o **PARALAXI** f. **1** Error al leer una escala si la dirección ojo-indicador-escala no está fijada. **2** *Astron.* Diferencia entre las posiciones aparentes que en el cielo tiene un astro, según el punto desde donde se observa.
PARALELEPÍPEDO m. *Geom.* Sólido cuyas bases son paralelogramos iguales.
PARALELISMO m. *Geom.* Calidad de paralelo o continuada igualdad de distancia entre líneas o planos.
PARALELO, LA adj. **1** Correspondiente o semejante. ‖ m. **2** *Geog.* Cada uno de los círculos imaginarios terrestres menores paralelos al ecuador y que sirven para determinar la latitud. **3** *Geom.* Cada uno de los círculos que en una superficie de revolución resultan de cortarla por planos perpendiculares a su eje. **4** Cotejo o comparación de una cosa con otra.
PARALELOGRAMO m. *Geom.* Cuadrilátero cuyos lados opuestos son paralelos entre sí, como el cuadrado, el rectángulo, el rombo y el romboide.
PARALIPÓMENOS CRÓNICAS, LIBROS DE LAS.
PARÁLISIS f. *Med.* Privación o disminución de la función motora o sensitiva. ‖ **PARÁLISIS INFANTIL** *Med.* POLIOMIELITIS.
PARALÍTICO, CA adj. y s. Enfermo de parálisis.
PARALIZACIÓN f. fig. Detención que experimenta una cosa dotada de acción o movimiento.
PARALIZAR tr. y prnl. **1** Causar parálisis. **2** fig. Detener, impedir la acción y movimiento de una cosa.
PARALOGISMO m. *Lóg.* Razonamiento incorrecto.
PARAMAGNÉTICO, CA adj. *Fís.* Se dice del material que tiene mayor permeabilidad magnética que el vacío y es ligeramente atraído por imanes.
PARAMARIBO Capital de Surinam, que forma por sí misma un distrito urbano; 200.970 h. Industria alimentaria. Puerto.
PARAMECIO m. *Zool.* Nombre de los protozoos ciliados holótricos, de la familia paramécidos, género *Paramecium*, unicelulares, de forma ovalada, que habitan tanto en aguas dulces como salobres.
PARAMÉDICO, CA adj. Que tiene relación con la medicina sin pertenecer propiamente a ella.
PARAMENTO m. **1** Adorno con que se cubre una cosa. **2** Sobrecubiertas o mantillas del caballo. **3** *Arquit.* Cualquiera de las dos caras de una pared. **4** Cualquiera de las seis caras de un sillar labrado.
PARÁMETRO m. *Mat.* Variable que, en una familia de elementos, sirve para identificar cada uno de ellos mediante su valor numérico.
PARAMILITAR adj. Se dice de la organización civil con estructura o disciplina de tipo militar.
PÁRAMO m. **1** *Ecol.* Llanura alta, desprotegida de los vientos y cuya vegetación se encuentra adaptada a una fuerte irradiación y sequedad ambiental. **2** fig. Cualquier lugar sumamente frío y desamparado. **3** *Bol., Col.* y *Ecuad.* Llovizna.
PARANÁ Río de América del Sur, el mayor del continente después del Amazonas; 4.700 km de curso. Se forma por la unión del Grande y el Paranaíba, en Brasil, donde recibe a sus tributarios Verde, Ivaí, Tieté, Paranapanema e Iguazú; durante 200 km sirve de frontera entre Brasil y Paraguay, tramo en el que están las cataratas de Guairá; delimita los territorios de Paraguay y Argentina, incrementa su caudal con las aguas de su principal afluente, el Paraguay, y discurre por tierras argentinas; poco antes de su desembocadura en el Río de la Plata, forma un gran delta.
PARANÁ Estado de Brasil, región Sur; 199.709 km² y 9.003.804 h. Su capital es Curitiba.
PARANÁ Ciudad de Argentina, capital de la provincia de Entre Ríos; 211.936 h. Puerto fluvial.
PARANÁ GUAZÚ Brazo septentrional del delta del Paraná, en comunicación con el río Uruguay.
PARANÁ DE LAS PALMAS Brazo austral del delta del Paraná.
PARANÁ PAVÓN Brazo central del delta del Paraná.
PARANAÍBA Río de Brasil, que nace en la vertiente occidental de la Serra da Matta da Corda en Minas Gerais y, al unirse con el Grande, da origen al Paraná; 725 km de curso.
PARANAPANEMA Río de Brasil, afluente del Paraná, entre los Estados de São Paulo y Paraná; 650 km de curso.
PARANGÓN m. Comparación o semejanza.
PARANGONAR tr. **1** Hacer comparación de una cosa con otra. **2** *A. gráf.* Justificar en una línea las letras, adornos, etc., de cuerpos desiguales.
PARANINFO m. **1** Salón de actos académicos en algunas universidades. **2** En las universidades, el que anunciaba la entrada del curso.
PARANOIA f. *Psiquiat.* Perturbación mental fijada en una idea o en un orden de ideas, que ocasionan un estado de delirio sistemático.
PARANOICO, CA adj. **1** Perteneciente o relativo a la paranoia. **2** Que la padece. También s.
PARONOMASIA f. *Ling.* PARONOMASIA.
PARANORMAL adj. Se dice de los fenómenos y problemas que estudia la parapsicología.
PARANZA f. Chozo o puesto donde el cazador de montería se oculta para esperar a las presas.
PARAPENTE m. *Dep.* **1** Planeador flexible de forma rectangular dotado de tirantes para controlar su dirección. **2** Deporte que consiste en lanzarse con este paracaídas desde la pendiente de un monte o lugar elevado.
PARAPETARSE prnl. **1** Resguardarse con parapetos u otra cosa que supla la falta de éstos. También tr. **2** fig. Precaverse de un riesgo por algún medio de defensa.
PARAPETO m. **1** *Arquit.* Pared o baranda que se pone para evitar caídas. **2** *Fort.* Terraplén corto, que defiende a los soldados de los ataques enemigos.
PARAPLEJIA o **PARAPLEJÍA** f. *Med.* Parálisis de la mitad inferior del cuerpo.
PARAPLÉJICO, CA adj. *Med.* **1** Perteneciente o relativo a la paraplejía. **2** Que la padece. También s.
PARAPSICOLOGÍA f. Estudio de los fenómenos y comportamientos psicológicos de cuya naturaleza y efectos no ha dado hasta ahora explicación la psicología científica, como la telepatía, la levitación, las premoniciones, etc.
PARAR intr. **1** Cesar un movimiento o acción. También prnl. **2** Llegar a cierto estado, condición, etc., después de haber pasado por distintos sucesos. **3** Alojarse, hospedarse; también, frecuentar un lugar. ‖ tr. **4** Detener e impedir un movimiento o acción. **5** *Dep.* En fútbol y otros deportes, interceptar el balón para que no entre en la portería. **6** En una lucha, interceptar el golpe del contrario. ‖ prnl. **7** Construido con la preposición *a* y el infinitivo de algunos verbos que significan entendimiento, ejecutar dicha acción con atención y sosiego. **8** *Amér.* Estar de pie. ‖ **¡dónde vamos, iremos, etc., a parar** fr. fam. con la que se expresa asombro o consternación ante nuevas cosas o situaciones. ‖ **no parar** fr. fig. con

que se pondera la eficacia, viveza o instancia con que se ejecuta una cosa o se solicita hasta conseguirla. || **quedar** o **salir bien** o **mal parado** loc. Tener buena o mala fortuna en un asunto. || **sin parar** loc. adv. Luego, al punto. || **y pare usted de contar** loc. con que se pone fin a una cuenta, narración o enumeración.

PARARRAYOS o **PARARRAYO** m. *Tecnol.* Dispositivo que se coloca sobre los edificios o los buques para preservarlos de los efectos de los rayos o descargas eléctricas procedentes de la atmósfera.

PARASIMPÁTICO, CA adj. *Anat.* SISTEMA NERVIOSO PARASIMPÁTICO.

PARASÍNTESIS f. *Gram.* Formación de palabras mediante la composición y la derivación. ♦ Su pl. es *parasíntesis*.

PARÁSITO, TA o **PARASITO, TA** adj. y s. 1 *Biol.* Se dice del organismo que vive a expensas de otro. 2 *Fís.* Se dice de los ruidos que perturban las transmisiones radioeléctricas. || m. y f. 3 fig. Persona que vive a costa ajena.

PARASITOLOGÍA f. *Biol.* Parte de la biología que trata de los parásitos.

PARASOL m. 1 QUITASOL. 2 Accesorio móvil dispuesto en el interior de un vehículo, para evitar el deslumbramiento del conductor.

PARATAXIS f. *Gram.* Coordinación. ♦ Su pl. es *parataxis*.

PARATIFOIDEA f. *Pat.* Infección intestinal parecida a la fiebre tifoidea.

PARATIROIDES adj. y f. *Anat.* Se dice de un conjunto de cuatro glándulas de secreción interna situadas en los extremos de cada uno de los dos lóbulos del tiroides. Segregan la hormona paratiroidea, polipéptido que regula la absorción de calcio a nivel intestinal y la excreción de fosfatos por vía urinaria.

PARAY-LE-MONIAL Población de Francia, departamento de Saône-et-Loire. Santuario conmemorativo de las apariciones del Sagrado Corazón a santa Margarita María de Alacoque.

PARAZOO m. *Zool.* 1 Se dice exclusivamente de las esponjas, los metazoos más primitivos, ya que no presentan diferenciación celular. || m. pl. *Zool.* 2 Grupo de estos animales, sin categoría taxonómica.

PARCAS f. *Mit.* Nombre latino de las MOIRAS, divinidades que representaban la omnipotencia del Destino: Nona, Decima y Morta. Presidían, respectivamente, el nacimiento, el matrimonio y la muerte.

PARCELA f. 1 Pequeña porción o partición de terreno. 2 Parte de una cosa.

PARCELAR tr. Dividir un terreno en parcelas.

PARCHE m. 1 Trozo de tela, etc., que se pone sobre algo para tapar un roto o una falta. 2 Venda u otra cosa que se pone en una herida o parte enferma del cuerpo. 3 fig. Cosa que se añade a otra y desentona. 4 Arreglo provisional. 5 Cada una de las dos pieles del tambor. 6 Tambor, instrumento musical.

PARCHÍS m. *Ocio.* Juego que se practica en un tablero con cuatro salidas en el que cada jugador, provisto de cuatro fichas del mismo color, trata de hacerlas llegar a la casilla central.

PARCIAL adj. 1 Sólo de una parte. 2 Que no es justo o equitativo. || m. 3 Examen que el alumno hace de una parte de la asignatura.

PARCIALIDAD f. 1 Cualidad de parcial. 2 Bando, partido.

PARCO, CA adj. Sobrio y moderado en cualquier aspecto.

PARDAL adj. 1 Se aplicaba a la gente de las aldeas, por andar regularmente vestidas de pardo. || m. 2 *Bot.* Acónito o anapelo. 3 *Zool.* Pardillo, ave. 4 fig. y fam. Hombre bellaco, astuto.

PARDEAR intr. 1 Sobresalir o distinguirse el color pardo. 2 Ir tomando una cosa color pardo.

PARDELA f. *Zool.* Nombre de varias especies de aves procelariformes de la familia proceláridos, género *Puffinus*, marinas, que viven en el Atlántico y Mediterráneo.

¡PARDIEZ! interj. fam. Se utiliza como fórmula de juramento.

PARDILLA f. *Zool.* Perdiz.

PARDILLO, LLA adj. y s. 1 Aldeano, paludro. 2 Se dice de la persona simple e inocente, que es fácil de engañar. || m. *Zool.* 3 Nombre de varias especies de aves seriformes de la familia fringílidos. El macho tiene el dorso y las alas pardas, la frente y el pecho rojos, y la cabeza gris; la hembra carece de los tonos rojos.

PARDO, DA adj. 1 Del color marrón rojizo. 2 OSCURO. 3 *Cuba, P. Rico* y *Urug.* MULATO. También s.

PARDO, MANUEL Político peruano (Lima, 1834 - íd., 1878). Ministro de Hacienda (1866), alcalde de Lima (1870) y fundador del Partido Civil, ocupó la presidencia de la República (1872-76).

PARDO Y ALIAGA, FELIPE Escritor peruano (Lima, 1806 - íd., 1868). Monárquico y conservador, fue ministro de Relaciones Exteriores en 1843 y 1848. Escribió letrillas satíricas y comedias de inspiración neoclásica: *Frutos de la educación* (1829) y *Don Leocadio* (1853).

PARDO Y BARREDA, JOSÉ Político peruano (Lima, 1864 - Miraflores, Lima, 1947). Candidato del Partido Civil, llevó a cabo una política liberal como presidente de la República (1904-08). Elegido nuevamente en 1915, se vio apartado del poder por el golpe de Estado de Leguía (1919).

PARDO BAZÁN, EMILIA Escritora española (La Coruña, 1851 - Madrid, 1921). Influida por el realismo galdosiano y por E. Zola, defendió una versión personal y cristiana del naturalismo, desarrollada en la colección de artículos *La cuestión palpitante* (1882-83) y llevada a cabo en las novelas *La tribuna* (1883), *Los Pazos de Ulloa* (1886), *La madre naturaleza* (1887), *Insolación* (1889), etc. Sus novelas posteriores, *Una cristiana* (1890), *Doña Milagros* (1894) y *Memorias de un solterón* (1896), se aproximan al modernismo. Autora de las narraciones breves *Cuentos de Marineda* (1892), *Un destripador de antaño* (1900) y *El fondo del alma* (1907).

PARDO DE FIGUEROA, MARIANO THEBUSSEM, DOCTOR.

PARDO GARCÍA, GERMÁN Poeta y diplomático colombiano (Ibagué, 1902 - Ciudad de México, 1992). Su poesía inicial, heredera del modernismo, dejó paso, a partir de 1949, a temas como la guerra y la crueldad del mundo moderno. Obras: *Voluntad* (1930), *Lucero sin orillas* (1952) e *Himnos de la noche* (1975).

PARÉ, AMBROISE Cirujano francés (Bourg-Hersent, h. 1509 - París, 1590). Introdujo la ligadura de arterias en las amputaciones y el tratamiento de las heridas de bala con linimentos en lugar de cauterizarlas con aceite hirviendo.

PAREADO, DA adj. *Métr.* VERSOS PAREADOS.

PAREAR tr. 1 Juntar, igualar dos cosas comparándolas entre sí. 2 Formar pares de las cosas. 3 *Taurom.* Poner banderillas.

PARECER¹ m. 1 Opinión, juicio o dictamen. 2 Orden de las facciones del rostro y disposición del cuerpo.

PARECER² intr. 1 Aparecer o dejarse ver alguna cosa. 2 Opinar, creer. Más como impers. 3 Encontrarse lo que se tenía por perdido. 4 Tener determinada apariencia o aspecto. || prnl. 5 Tener semejanza. ♦ IRREG. Se conjuga como AGRADECER.

PARECIDO, DA adj. 1 Se dice del que se parece a otro. 2 Con los adverbios *bien* o *mal*, que tiene buena o mala disposición de facciones, o bien o mal aspecto. 3 Con el verbo *ser* y los adverbios *bien* o *mal*, bien o mal visto. || m. 4 SEMEJANZA.

PARED f. 1 Obra de albañilería vertical, para cerrar un espacio o sostener el techo. 2 Tabique. 3 Placa o lámina con que está cerrado o limitado un espacio. 4 *Dep.* En alpinismo, corte vertical en la cara de una montaña. 5 Cara o superficie lateral de un cuerpo. || **PARED MAESTRA** *Arquit.* Cualquiera de las principales y más gruesas que mantienen y sostienen el edificio. || **PARED MEDIANERA** *Arquit.* La común a dos casas. || **darse contra las paredes** fr. fig. y fam. Apurarse y fatigarse sin acertar con lo que desea. || **entre cuatro paredes** loc. adv. fig. con que se explica que uno está encerrado en algún lugar. || **las paredes oyen** expr. fig. que aconseja tener muy en cuenta dónde y a quién se dice una cosa. || **subirse por las paredes** fr. fig. Mostrarse extraordinariamente irritado.

PAREDAÑO, ÑA adj. Que sólo está separado por una pared de aquello a lo que se alude.

PAREDES, JOSÉ GREGORIO Matemático, astrónomo y médico peruano (Lima, 1779 - ?, 1839). Publicó 22 *almanaques* que contienen observaciones fisicomédicas, astronómicas, históricas, etc.

PAREDES, MARIANO Político guatemalteco (?, 1800 - Granada, Nicaragua, 1856). En 1849, tras sofocar el movimiento independentista de Quezaltenango, accedió a la presidencia de la República con el apoyo de los conservadores. En 1851, renunció al cargo y fue sustituido por Carrera.

PAREDES Y ARRILLAGA, MARIANO Militar y político mexicano (Ciudad de México, 1797 - íd., 1849). Tomó parte en la guerra de la Independencia a las órdenes de Iturbide. En 1841, contribuyó a la caída de Bustamante. Posteriormente, encabezó la sublevación contra José Joaquín Herrera y ocupó la presidencia de la República (1846). Derrocado por un movimiento popular, marchó a Europa. A su regreso, fracasó al intentar promover una nueva rebelión (1848).

PAREDÓN m. 1 Pared que queda en pie, como ruina de un edificio antiguo. 2 Muro donde se llevan a cabo los fusilamientos.

PAREJA f. 1 Conjunto de dos personas o cosas que tienen alguna correlación o semejanza. 2 Cada una de estas personas o cosas considerada en relación con la otra. || f. pl. *Ocio.* 3 En el juego de dados, los dos números o puntos iguales que salen de una tirada. 4 En los naipes, dos cartas de igual valor o figura.

PAREJA, JOSÉ MANUEL Marino español (Lima, 1813 - Valparaíso, 1865). Comandante de la escuadra del Pacífico, su intransigencia con Chile fue la causa del estallido de la guerra del Pacífico, durante la que se suicidó.

PAREJA DÍEZ-CANSECO, ALFREDO Escritor ecuatoriano (Guayaquil, 1908). Perteneciente al «grupo de Guayaquil», es autor de las novelas *El muelle* (1933), *Hombre sin tiempo* (1941) y la trilogía *Los nuevos años* (1956-64).

PAREJO, JA adj. 1 Igual o semejante. 2 Liso, llano.

PAREMIA f. Refrán, proverbio, adagio.

PAREMIOLOGÍA f. Tratado de refranes.

PARÉNQUIMA m. *Biol.* Tejido vegetal, uno de los más primitivos, que se puede localizar en cualquier parte de la planta.

PARENTELA f. Conjunto de todos los parientes de alguien.

PARENTERAL adj. *Med.* Se dice del método de administrar alimentos o medicamentos a través de una vía distinta a la digestiva, como la intravenosa, intramuscular o subcutánea.

PARENTESCO m. 1 Unión o vínculo que existe entre los parientes. 2 fig. Relación o semejanza que existe entre las cosas.

PARÉNTESIS m. 1 *Gram.* Signo ortográfico ( ) en que suele encerrarse esta oración o frase. 2 *Gram.* Esta palabra, oración o frase intercalada en el discurso. 3 fig. Parada o interrupción. 4 *Mat.* Signo igual al ortográfico que, aislando una expresión algebraica, indica que una operación se efectúa sobre toda esta expresión. ♦ Su pl. es *paréntesis*.

PAREO m. Pañuelo grande que, anudado a la cintura o bajo los brazos, usan las mujeres, generalmente sobre el bañador, para cubrir su cuerpo.

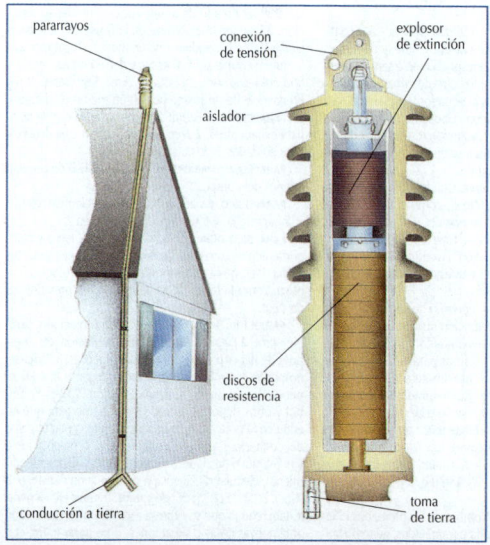

pararrayos
conexión de tensión
explosor de extinción
aislador
discos de resistencia
conducción a tierra
toma de tierra

pararrayos

paresia f. *Med.* Parálisis leve de las contracciones musculares.

parestesia f. *Med.* Sensación de hormigueo, adormecimiento o ardor en la piel.

Pareto, Vilfredo Frederigo Samaso, marqués de Sociólogo y economista italiano (París, 1848 - Celigny, 1923). Es conocido fundamentalmente por su teoría sobre la «circulación de las elites»: el proceso histórico es el resultado de la lucha entre grupos de la elite por alcanzar el poder, hecho que garantiza el equilibrio social. Su pensamiento influyó en las doctrinas del fascismo italiano.

pargo m. *Zool.* Pez teleósteo perteneciente a la familia espáridos, de nombre científico *Pagrus pagrus*. Vive en el Atlántico y Mediterráneo.

parhelio m. *Meteor.* Fenómeno luminoso poco común, que consiste en la aparición simultánea de varias imágenes del sol reflejadas en las nubes.

parhilera f. *Arquit.* Madero en que se afirman los pares y que forma el lomo de la armadura.

paria com. **1** *Sociol.* y *Rel.* Entre los hindúes brahmánicos, persona del grupo social inferior, excluida del sistema de castas. **2** fig. Persona considerada insignificante.

Paria Golfo de América del Sur, en la costa de Venezuela, situado entre la península de su nombre y las bocas del Orinoco. Yacimientos petrolíferos.

Paria Península de Venezuela, en el Estado de Sucre, situada entre los golfos de Paria y Cariaco, y bañada por el mar de las Antillas. Se denomina también *Araya-Paria*.

parias f. pl. *Hist.* Tributo anual que los cristianos imponían a los reinos musulmanes de taifas de la península Ibérica durante la Edad Media.

Paricutín Volcán de México, situado en la cordillera Neovolcánica, Estado de Michoacán; se formó en 1943 y destruyó el pueblo de Parangaricutiro; 2.774 m.

parida f. **1** Tontería, insensatez, sandez. || adj. f. **2** Se dice de la hembra que ha parido hace poco.

paridad f. **1** Igualdad de las cosas entre sí. **2** *Econ.* Relación de valor de una moneda con el patrón monetario internacional vigente o de dos monedas nacionales entre sí.

párido, da adj. *Zool.* **1** paseriforme. || m. pl. *Zool.* **2** Familia de estas aves.

parienta f. fam. Mujer respecto del marido.

pariente adj. **1** Se dice de la persona que pertenece a la misma familia que otra. Más como s. **2** Semejante o parecido. || m. **3** fam. El marido respecto de la mujer.

parietal adj. **1** Perteneciente o relativo a la pared. **2** *Anat.* Se dice de cada uno de los dos huesos situados en las partes media y lateral de la cabeza. Más como s.

parificar tr. Probar con una paridad o ejemplo lo que se ha dicho o propuesto.

parihuela f. **1** Artefacto en forma de mesa o cajón para transportar cargas o pesos entre dos. Más en pl. **2** Cama portátil o camilla. También en pl.

Parinacota Cerro volcánico de la cordillera Occidental de los Andes, en la frontera entre Chile y Bolivia; 6.330 m.

paripé m. Ficción, simulación, engaño. || **hacer el paripé** fr. fam. Presumir, darse tono.

paripinnado, da adj. *Bot.* Se dice de la hoja pinnada constituida por un número par de folíolos.

parir intr. **1** Expulsar la hembra el feto que tenía en su vientre. También tr. || tr. **2** fig. Producir o causar una cosa. **3** fig. Hacer salir a luz o al público.

Paris *Mit.* Héroe troyano, hijo de Príamo y Hécuba. Actuó como juez en el litigio que enfrentaba a Afrodita, Hera y Atenea sobre la manzana de oro, arrojada durante las bodas de Tetis y Peleo por Éride, para que fuese entregada a la más bella de las diosas. Paris eligió a Afrodita, que le había prometido el amor de Helena, y se atrajo el odio de Hera y Atenea. Marchó a Esparta, donde sedujo y raptó a Helena en ausencia de su marido, Menelao, lo que dio origen a la guerra de Troya, en la que Paris acabó con la vida de Aquiles y murió por los efectos de una flecha envenenada de Filoctetes.

París (*Paris*) **1** Departamento de Francia, región de Isla de Francia; 105 km² y 2.125.246 h. **2** Ciudad capital de Francia y del departamento de su nombre; 2.123.261 h. (9.060.257 h. en la aglomeración urbana). Situada en la confluencia del río Sena con el Marne y el Oise, es la ciudad más poblada de Europa y una de las más importantes metrópolis del mundo. Industria automovilística, aeronáutica, química, de artes gráficas, alimentaria, eléctrica, de la moda y artículos de lujo. Importante sector servicios. Turismo. Catedral de Notre-Dame (siglo XII), torre Eiffel (siglo XIX), símbolo de la ciudad; iglesia abacial de Saint-Germain-des-Prés, merovingia; iglesia de la Sainte-Chapelle, gótica; palacio-museo del Louvre, renacentista; iglesias de la Sorbona y los Inválidos (s. XVII); Panteón e iglesia de La Madeleine, neoclásicos; Ópera (s. XIX); edificio de la UNESCO y Centro Georges Pompidou (s. XX).

París (Francia). La isla de Saint-Louis, en el río Sena.

Hist. Su emplazamiento originario fue la isla de la Cité, ocupada por la tribu gala de los *parisii* hacia el año 100 a. C. Los romanos la denominaron *Lutetia* y, hacia 496, pasó a ser capital del reino merovingio. En los siglos XII y XIII París vivió una época de desarrollo comercial y cultural. El primer proyecto urbanístico se llevó a cabo en época de Luis XIV, que derribó las antiguas murallas. Su transformación en gran ciudad tuvo lugar en tiempos de Napoleón III, a mediados del siglo XIX. En 1871 se proclamó la Comuna de París, reprimida por Thiers. Las exposiciones universales de 1878, 1889 y 1900 incrementaron su prestigio internacional. La ciudad fue ocupada por los alemanes durante la Segunda Guerra Mundial (1940), aunque subsistieron núcleos de resistencia, que contribuyeron decisivamente a su liberación, en 1944. Ha sido centro de acontecimientos políticos y sociales como las manifestaciones populares contra la guerra de Argelia (1958-61) o la crisis del Mayo Francés de 1968.

París, Conferencia de Paz de *Hist.* Nombre de la reunión celebrada entre el 18 de enero de 1919 y el 20 de enero de 1920 por los países vencedores en la Primera Guerra Mundial. Tras ella se firmaron tratados con cada uno de los países derrotados: Versalles, Saint-Germain-en-Laye, Sèvres, Neuilly y Trianon.

París, cuenca de Región natural de Francia, abierta al canal de la Mancha y encuadrada por el macizo Armoricano, las Ardenas, los Vosgos y el macizo Central. Está avenada por cuatro sistemas fluviales: Sena, Loira, Mosa y Mosela.

París, escuela de *Filos.* Nombre de un grupo de pensadores que, influidos por el nominalismo, desarrollaron una importante actividad científica en esta ciudad durante el siglo XIV. Entre sus representantes figuran Nicolás de Oresme, Jean Buridan y Alberto de Sajonia.

París, región de Isla de Francia.

París, tratado de *Hist.* Acuerdo firmado en 1763 entre Francia, Reino Unido, Portugal y España, que puso fin a la guerra de los Siete Años.

París, tratado de *Hist.* Acuerdo firmado el 10 de diciembre de 1898 entre EE UU y España, que puso fin a la guerra de Cuba.

París, tratados de *Hist.* Acuerdos de paz firmados en 1947, tras la Segunda Guerra Mundial, entre los aliados y los países del Eje, salvo Alemania: Italia, Rumanía, Hungría, Bulgaria y Finlandia; se les impusieron pérdidas territoriales, reparaciones económicas y garantías políticas y militares.

París Gordillo, Gabriel Militar y político colombiano (Ibagué, 1910). Ministro de la Guerra con Rojas Pinilla, tomó parte en el golpe de Estado que provocó su caída (1957) y presidió la junta militar que ocupó el poder hasta 1958.

parisién adj. y com. parisiense.

parisiense adj. y com. De París.

parisílabo, ba o **parisilábico, ca** adj. *Gram.* y *Métr.* Se aplica al vocablo o al verso que consta de igual número de sílabas que otro.

parisino, na adj. y com. parisiense.

paritario, ria adj. Se dice de los organismos, comisiones o asambleas en que los diversos grupos que los integran tienen igual número de representantes y derechos.

Park, Mungo Explorador británico (Fowlshiels, 1771 - Busa, 1806). En 1795, recorrió la región de los ríos Volta, Níger y Gambia. En 1805 emprendió un segundo viaje en el que pereció ahogado en el Níger junto con sus compañeros.

Park, Robert Ezra Sociólogo estadounidense (Pensilvania, 1864 - Chicago, 1944). Representante del formalismo, introdujo la distinción entre sociología realista y sociología nominalista.

parka f. Chaquetón impermeable con capucha.

Parker, Charlie (llamado también Bird) Saxofonista de jazz estadounidense (Kansas City, 1920 - Nueva York, 1955). Considerado uno de los creadores del *be-bop*. Colaboró con Dizzy Gillespie (1945) y formó su propio quinteto, en el que figuraba Miles Davis.

parking (Voz i.) m. aparcamiento.

Parkinson, James Médico y geólogo británico (Hoxton, 1755 - Londres, 1824). Estudió la parálisis agitante, enfermedad senil que lleva su nombre (parkinsonismo).

parkinsonismo m. *Med.* Enfermedad causada por una disfunción de los ganglios basales del cerebro, caracterizada por temblores y rigidez muscular; afecta a personas ancianas.

parla f. **1** Acción de parlar con desembarazo o expedición. **2** Verbosidad persuasiva y gracia en el hablar, labia. **3** Verbosidad insustancial.

parlamentar intr. Hablar o conversar para llegar a un acuerdo o solución.

parlamentario, ria adj. **1** Perteneciente al parlamento. || m. y f. **2** Miembro de un parlamento.

parlamentarismo m. *Polít.* Doctrina política en la que el parlamento ejerce el poder legislativo y desempeña una acción de control sobre los actos del gobierno.

parlamento m. **1** *Polít.* Cámara o asamblea nacional o provincial, que tiene como funciones básicas elaborar y aprobar las , y controlar la actividad del gobierno. **2** *Hist.* Asamblea de los grandes del reino, que bajo los primeros reyes de Francia se convocaba para tratar negocios importantes. **3** *Hist.* Cada uno de los tribunales superiores de justicia que en Francia tenían además atribuciones políticas y de policía. **4** *Polít.* La Cámara de los Lores y la de los Comunes en el Reino Unido. **5** Razonamiento u oración que se dirigía a un congreso o junta. **6** Entre actores, relación larga en verso o prosa. **7** Acción de parlamentar.

Parlamento Europeo *Polít.* Asamblea de representantes de los países miembros de la UE, fundada en 1958. Tiene su sede en Estrasburgo. Desde 1979, los parlamentarios son elegidos por sufragio universal y se organizan por afinidad ideológica. Tiene tres funciones esenciales: función legislativa y función presupuestaria, ambas compartidas con el Consejo de la Unión Europea, y efectúa un control democrático sobre la Comisión.

parlanchín, na adj. y. s. fam. Que habla mucho.

parlar intr. Hablar, conversar. También tr.

parlero, ra adj. **1** Que habla mucho. **2** Que lleva chismes o cuentos de una parte a otra.

parleta f. fam. Conversación ligera.

parlón, na adj. y s. fam. Que habla mucho.

parlotear intr. fam. Hablar mucho y sin sustancia.

Parma 1 Provincia de Italia, región de Emilia-Romagna; 3.449 km² y 391.521 h. **2** Ciudad capital de la misma; 168.035 h. Centro comercial. Industrias alimentarias (queso), mecánicas y químicas. Catedral ro-

Il **Parmigiano.** *La Virgen del cuello largo.* Galería de los Uffizi (Florencia).

mánica, con campanil gótico (1284); baptisterio del siglo XII.

PARMÉNIDES Filósofo griego (Elea, finales del s. VI a. C.). Fundador de la escuela eleática, es autor del poema filosófico *De la naturaleza*, del que sólo se conservan algunos fragmentos. Su pensamiento, opuesto al de Heráclito, toma como elemento fundamental del universo al ser, inmutable, único, eterno y permanente. Para Parménides, la multiplicidad y los cambios de la naturaleza no son sino apariencias. Está considerado el fundador de la ontología. Influyó en Platón, quien le dedicó uno de sus diálogos.

PARMENTIER, ANTOINE AUGUSTIN Químico, farmacéutico y agrónomo francés (Montdidier, 1737 - París, 1813). Propagó en su país el cultivo de la patata y otros vegetales.

PARMESANO, NA adj. y s. 1 De Parma. 2 Se dice de un queso de pasta dura, fabricado con leche de vaca y originario de la llanura de Lombardía en Italia.

PARMIGIANO o **PARMIGIANINO, IL** (FRANCESCO MAZZOLA, llamado) Pintor y grabador italiano (Parma, 1503 - Casalmaggiore, 1540). Excelente dibujante, su estilo, refinado y sensual, se inscribe en el manierismo. Obras: *Autorretrato ante el espejo* (1524), *La visión de san Jerónimo* (1525-26) y *La Virgen del cuello largo* (1535).

PARNAÍBA Río de Brasil, entre los Estados de Maranhão y Piauí, tributario del Atlántico; 1.500 km de curso.

PARNASIANISMO m. *Lit.* Movimiento poético francés que floreció entre 1860 y 1870 como reacción contra el sentimentalismo romántico. Se caracteriza por una lírica despersonalizada y positivista, y por la búsqueda de la belleza formal. Entre sus representantes figuran Leconte de Lisle, Sully-Prudhomme y J. M. de Heredia.

PARNASO m. 1 fig. Conjunto de los poetas de un lugar o tiempo determinado. 2 fig. Colección de poesías de varios autores.

PARNASO Monte de Grecia central, en las estribaciones sudorientales de la cadena del Pindo; 2.457 m. Célebre en la mitología griega, estaba consagrado a Apolo y a las Musas. En su vertiente S se hallaba la ciudad de Delfos.

PARNÉ m. 1 Dinero, moneda. 2 Hacienda, caudal.

PARNELL, CHARLES STEWART Político irlandés (Avondale, 1846 - Brighton, 1891). Líder del Partido Nacionalista Irlandés desde 1877, tras la llegada al gobierno de Gladstone (1886), colaboró con él en favor de la institución del Home Rule.

PARO m. 1 fam. Acción y efecto de parar, cesar un movimiento o una acción. 2 Suspensión de la jornada industrial o agrícola. 3 Interrupción de un ejercicio o de una explotación industrial o agrícola por parte de los empresarios. 4 Huelga. 5 *Econ.* Situación del que se encuentra privado de trabajo contra su voluntad, y conjunto de todos aquellos individuos que no están empleados. 6 *Zool.* Nombre de diversas aves de la familia páridos, como los carboneros. || **PARO CARDIACO** *Med.* Cese de las contracciones del corazón. || **PARO ESTACIONAL** *Econ.* El relacionado con las alteraciones periódicas en la oferta laboral, ligadas a sectores como el agrícola y el turístico. || **PARO ESTRUCTURAL** *Econ.* El permanente, resultado del desajuste general entre la oferta laboral y la población activa. || **PARO RESPIRATORIO** *Med.* Cese súbito de la respiración espontánea.

-PARO suf. -PARA.

PARODIA f. 1 Imitación burlesca de una obra seria de literatura, del estilo de un autor o de todo un género. 2 Cualquier imitación burlesca de una cosa seria.

PARODIAR tr. 1 Hacer una parodia. 2 Remedar, imitar.

PARÓNIMO, MA adj. *Gram.* Se aplica a cada uno de dos o más vocablos que tienen entre sí relación o semejanza por su etimología, su forma o su sonido.

PARONOMASIA f. 1 *Gram.* Semejanza fonética entre dos vocablos con significación distinta. 2 *Gram.* Conjunto de dos o más vocablos que forman paronomasia. 3 *Ret.* Figura que consiste en el uso de parónimos con el fin de producir un efecto de estilo.

PAROS Isla de Grecia, en el Egeo, que forma parte del archipiélago de las Cícladas; 195 km² y 7.300 h. Su capital es Paros. Turismo. Célebre en la Antigüedad por sus mármoles blancos.

PARÓTIDA f. *Anat.* Cada una de las dos glándulas situadas debajo del oído y detrás de la mandíbula inferior, y que segregan la saliva.

PAROXISMO m. 1 *Med.* Acceso violento de una enfermedad. 2 fig. Exaltación extrema de los afectos y pasiones.

PAROXÍTONO, NA adj. *Gram.* Se dice del vocablo llano o grave, esto es, del que lleva su acento tónico en la penúltima sílaba.

PARPADEAR intr. 1 Abrir y cerrar repetidamente los párpados. 2 fig. Vacilar la luminosidad de un cuerpo o de una imagen.

PÁRPADO m. *Anat.* Porción de piel móvil que cubre y resguarda el globo ocular.

PARPAR intr. *Zool.* Dar graznidos los patos.

PARQUE m. 1 Terreno o sitio cercado y con plantas, para caza o para recreo. 2 Terreno arbolado y ajardinado situado en el interior de una población como lugar de recreo. 3 Conjunto de instrumentos, aparatos o materiales destinados a un servicio público. 4 Pequeño recinto protegido de diversas formas, donde se deja a los niños que aún no andan, para que jueguen. || **PARQUE DE ARTILLERÍA** *Mil.* Paraje o cuartel en que se reúnen las piezas pertenecientes a la artillería. || **PARQUE DE ATRACCIONES** *Ocio.* Centro recreativo en el que hay diversos espectáculos, juegos y atracciones mecánicas, como norias, montañas rusas, caballitos, autos de choque, etc. || **PARQUE MÓVIL** Conjunto de material rodante, propiedad del Estado o de algún ministerio u organismo político. || **PARQUE NACIONAL** *Ecol.* Paraje extenso donde los ecosistemas no se encuentran significativamente alterados por el hombre y que se halla protegido por el Estado del país correspondiente. || **PARQUE NATURAL** *Ecol.* Paraje natural que incluye elementos antropógenos y asentamientos humanos autóctonos, preservado y accesible al público. || **PARQUE ZOOLÓGICO** Lugar en que se conservan, cuidan y crían ejemplares de la fauna de todo el mundo, con fines recreativos y pedagógicos.

PARQUÉ m. 1 Entarimado hecho con maderas finas de varios tonos. 2 *Econ.* En el lenguaje financiero, conjunto de valores bursátiles.

PARQUEDAD f. 1 Moderación en el uso de las cosas. 2 Moderación, parsimonia.

PARQUÍMETRO m. Aparato que, en los aparcamientos, marca el tiempo de permanencia de un automóvil, a efectos de pago de la tarifa correspondiente.

PARRA f. 1 *Bot.* VID, especialmente la que está levantada artificialmente y extiende mucho sus vástagos. 2 *Bot. Amér. C.* Especie de bejuco.

PARRA, AQUILEO Político colombiano (Barichara, 1825 - Pacho, 1900). Miembro del Partido Liberal, fue elegido presidente de la República (1876-78), cargo desde el que tuvo que hacer frente a la guerra civil.

PARRA, NICANOR Poeta chileno (San Fabián de Alico, Ñuble, 1914). En su producción destacan las «antipoesías», caracterizadas por una eficaz violencia semántica, el erotismo y el sarcasmo. Obras: *Cancionero sin nombre* (1937), *Poemas y antipoemas* (1954) y *La cueca larga* (1958).

PARRA, TERESA DE LA (ANA TERESA PARRA SANOJO, llamada) Novelista venezolana (París, 1889 - Madrid, 1936). Se dio a conocer con *Ifigenia: diario de una señorita que escribió porque se fastidiaba* (1924), a la que siguió *Memorias de Mamá Blanca* (1929).

PARRA, VIOLETA Cantautora chilena (San Carlos, Ñuble, 1917 - Santiago, 1966). Compuso canciones reivindicativas, inspiradas en el folclore chileno. El éxito de temas como *Gracias a la vida* y *Volver a los diecisiete* contribuyó decisivamente a la difusión de la canción protesta hispanoamericana.

PARRAFADA f. 1 Conversación detenida y confidencial entre dos o más personas. 2 Trozo largo y pesado de charla.

PÁRRAFO m. 1 Cada una de las divisiones de un escrito que termina con punto y aparte al final del trozo de escritura. 2 *Gram.* Signo ortográfico (§) con que, a veces, se denota cada una de estas divisiones.

PARRAL m. *Agr.* 1 Conjunto de parras. 2 Sitio donde hay parras. 3 Viña que se ha quedado sin podar.

PARRANDA f. 1 Juerga. 2 Cuadrilla de músicos o aficionados que salen de noche tocando o cantando para divertirse.

PARRASIO Pintor griego (s. v a. C.). Rival de Zeuxis e introductor del claroscuro en pintura. Autor de la alegoría del *Demos de Atenas*.

PARRICIDA com. y adj. 1 Persona que mata a su padre, o a su madre, o a su cónyuge. 2 Por extensión, persona que mata a alguno de sus parientes o de los que son tenidos por padres.

PARRICIDIO m. *Der.* Delito cometido por el que mata a su padre, a su madre o a su cónyuge.

PARRILLA f. 1 Utensilio de hierro con forma de rejilla, con mango y pies, que se usa para poner a la lumbre lo que se ha de asar o tostar. 2 Restaurante en que se preparan asados a la vista de la clientela. || **PARRILLA DE SALIDA** *Dep.* Espacio señalado al principio del circuito de carreras, en el que se sitúan los vehículos para tomar la salida.

PARRILLADA f. *Gastron.* 1 Plato compuesto de diversos pescados o mariscos, asados a la parrilla. 2 Plato compuesto de carne de vaca, chorizo, morcilla y diversas asaduras (mollejas, riñones, etc.) asadas a la parrilla.

PÁRROCO m. y adj. Cura que tiene una feligresía.

PARROQUIA f. 1 *Rel.* Iglesia en que se administran los sacramentos y se atiende espiritualmente a los fieles de una feligresía. 2 *Rel.* Conjunto de feligreses. 3 *Rel.* Te-

El **Parnaso.** Cuadro de Nicolas Poussin. Museo del Prado (Madrid).

rritorio que está bajo la jurisdicción espiritual del cura de almas. **4** Conjunto de personas que acuden asiduamente a una misma tienda, establecimiento público, etc. **5** Demarcación administrativa local, dentro del municipio.

PARROQUIAL adj. Relativo a la parroquia.

PARROQUIANO, NA adj. y s. **1** Perteneciente a determinada parroquia. || m. y f. **2** Persona que acostumbra a frecuentar una misma tienda o establecimiento público.

PARRY, WILLIAM EDWARD Explorador inglés (Bath, 1790 - Greenwich, 1855). En 1816, tomó parte en el viaje de Ross al mar de Baffin. Posteriormente, realizó varias expediciones a las regiones árticas en busca de un paso hacia el NO. En 1819, exploró el estrecho de Lancaster y la isla de Melville y, en 1827, intentó llegar al Polo Norte.

PÁRSEC (Del i. *PARallax SECond.*) m. *Astron.* Unidad de longitud astronómica, equivalente a 3,26 años luz.

PARSI adj. y s. *Etnol.* y *Rel.* **1** Se dice de un pueblo de la antigua Persia, seguidor de la religión de Zoroastro, que entre los siglos VII-VIII se trasladó a la India, huyendo de las invasiones musulmanas. **2** Se dice también de sus individuos. También com. **3** Relativo a este pueblo. || m. *Ling.* **4** Sistema de transcripción en alfabeto árabe persa de los textos pāhlavi.

PARSIMONIA f. **1** Frugalidad y moderación en los gastos. **2** Circunspección, templanza. **3** CACHAZA, lentitud.

PARSISMO m. *Rel.* MAZDEÍSMO.

PARSONS, CHARLES ALGERNON Ingeniero inglés (Londres, 1854 - Kingston, 1931). Inventó la turbina de vapor.

PARSONS, TALCOTT Sociólogo estadounidense (Colorado Spring, 1902 - Munich, 1979). Representante de la escuela funcionalista, es autor de *La estructura de la acción social* (1937), *El sistema social* (1951) y *Estructuras políticas y sociales* (1969).

PARTE f. **1** Cada una de las porciones que se distinguen en un todo. **2** Porción que le corresponde a alguien en un reparto, cuota, etc. **3** Sitio o lugar. **4** Cada una de las personas que han hecho un contrato o que tienen participación o interés en un mismo negocio. **5** Cada una de las personas o grupo de ellas enfrentadas en una disputa, pleito, etc. **6** Con la preposición *a* y el demostrativo *esta,* significa el tiempo presente o la época de que se trata, con relación al tiempo pasado. **7** Cada uno de los aspectos que pueden considerarse en una persona o cosa. || m. **8** Comunicación de cualquier clase. || f. pl. **9** Órganos sexuales. || **PARTE ACTORA** *Der.* ACTOR, demandante o acusador. || **PARTE ALICUANTA** La que no divide exactamente a un todo. || **PARTE ALÍCUOTA** La que divide exactamente a un todo. || **cargar a,** o **sobre, una parte** fr. Encaminarse, dirigirse a ella. También, aglomerarse, inclinarse, hacer peso a un lado. || **dar parte** fr. Dar cuenta a uno de lo que ha sucedido. También, dar participación en un negocio; admitir en él a alguien. || **de mi parte** loc. adv. POR MI PARTE. También, en nombre mío; se usa también con los demás posesivos. || **de parte a parte** loc. adv. Desde un lado al extremo opuesto, o de una cara a la otra opuesta. || **de parte de** loc. adv. A FAVOR DE. También, en nombre de. || **en parte** loc. adv. En algo de lo que pertenece a un todo; no enteramente. || **hacer** uno **de su parte** fr. Aplicar los medios que están en su mano para el logro de un fin. || **llevar** uno **la mejor,** o **la peor, parte** fr. Estar próximo a vencer, o ser vencido. || **no ir** una cosa **a ninguna parte** fr. fig. y fam. No tener o no merecer importancia. || **no parar en ninguna parte** fr. Mudar de habitación con frecuencia o viajar de continuo. || **no ser parte en** algo fr. No tener influjo en ello. || **poner** uno **de su parte** fr. HACER DE SU PARTE. || **ponerse de parte de uno** fr. Adherirse a su opinión. || **por mi parte** loc. adv. Por lo que a mí toca o yo puedo hacer. Se usa con los demás pronombres posesivos o con nombres sustantivos. || **por partes** loc. adv. Con distinción y separación de los puntos o circunstancias de la materia que se trata. || **tener parte en** algo fr. Tener participación en ello. || **tomar parte en algo** fr. Interesarse de modo activo en ello.

PARTELUZ m. *Arquit.* Mainel o columna delgada que divide en dos un hueco de ventana.

PARTENAIRE (Voz fr.) com. Galicismo por compañero o compañera, pareja.

PARTENOGÉNESIS f. *Biol.* Sistema de reproducción sexual que consiste en la formación de un nuevo ser a partir de divisiones de los gametos de uno solo de los progenitores, generalmente la hembra, sin necesidad de que sean fecundados por los gametos de sexo contrario.

PARTENÓN *Arquit.* Templo griego dedicado a Atenea Parthenos en la Acrópolis de Atenas, construido en época de Pericles por Ictino y Calícrates (447-432 a. C.), bajo la supervisión de Fidias. De estilo dórico períptero, planta rectangular y realizado en mármol del Pentélico, estaba dividido en *pronaos,* que daba paso a la *cella,* desde la que se accedía al *Partenon,* que contenía el tesoro de la diosa; al O, el *opistódomos,* simétrico del pronaos, completaba el conjunto. La decoración de sus frisos, frontones y metopas se debe a Fidias y a sus discípulos.

Partenón. Acrópolis de Atenas (Grecia).

PARTENOPEA, REPÚBLICA *Hist.* Estado fundado por el Directorio francés en el antiguo reino de Nápoles el 23 de enero de 1799. Se mantuvo hasta el 13 de junio, en que fue tomado por las tropas del cardenal Ruffo.

PARTENOPEO, A adj. De Parténope, Nápoles.

PARTERO, RA m. y f. Persona que asiste a la mujer en el parto.

PARTERRE m. Jardín o parte de él con césped, flores y paseos.

PARTESANA f. *Arm.* Arma ofensiva, a modo de alabarda.

PARTIA *Geog. hist.* Nombre antiguo de Jorasán, en Irán, cuna del imperio parto, que se extendía desde el mar Caspio al Indo y al Éufrates.

PARTICIÓN f. División o repartimiento que se hace entre algunas personas, de hacienda, herencia o cosa semejante.

PARTICIPACIÓN f. **1** Acción y efecto de participar. **2** Aviso, parte o noticia que se da a alguien. **3** Parte que se juega en un décimo de la lotería, y billete en que consta.

PARTICIPAR intr. **1** Tener uno parte en una cosa o tocarle algo de ella. **2** Compartir, tener las mismas opiniones o ideas que otra persona. Más con la preposición *de.* || tr. **3** Dar parte.

PARTÍCIPE adj. y com. Que tiene parte en una cosa, o entra con otros a la parte en la distribución de ella.

PARTICIPIO m. *Gram.* Forma no personal del verbo, llamada así porque en sus varias aplicaciones participa, ya de la naturaleza del verbo, ya de la del adjetivo. || **PARTICIPIO ACTIVO** o **DE PRESENTE** *Gram.* El formado en castellano con los sufijos *-ante* o *-iente,* que expresa una acción que se está realizando paralelamente a la del verbo principal. || **PARTICIPIO PASIVO** o **DE PASADO** *Gram.* El que tiene sentido pasivo y expresa una acción pasada, anterior a la del verbo de la oración principal. Se forma regularmente con los sufijos *-ado* o *-ido,* según pertenezcan a la primera conjugación o a la segunda y la tercera.

PARTÍCULA f. **1** Parte pequeña. **2** *Ecol.* Materia sólida o líquida dispersa en el aire y con diámetro inferior a 500 micras. **3** *Gram.* Término de diversa amplitud con que suelen designarse las partes invariables de la oración. || **PARTÍCULA ALFA** *Fís.* Núcleo de helio procedente de una desintegración nuclear. || **PARTÍCULA BETA** *Fís.* Electrón o positrón emitido de un núcleo por desintegración beta. || **PARTÍCULA ELEMENTAL** *Fís.* La que no puede descomponerse en otras y es, por consiguiente, un componente último de la materia. Cada partícula tiene una masa, carga eléctrica, espín, vida media, etc., determinados. Teniendo en cuenta el espín, se dividen en *fermiones,* espín semientero, como los leptones y los bariones, y *bosones,* espín cero o entero, como los fotones y mesones. En cuanto a su masa, se dividen en *fotones,* masa nula, que intervienen en las reacciones electromagnéticas; *leptones,* masa pequeña, como el electrón, neutrino y muón, que intervienen en las interacciones débiles; *mesones,* masa intermedia, como los piones y kaones, que intervienen en las interacciones fuertes; y *bariones,* con una masa igual a la del nucleón, que intervienen en las interacciones fuertes, como el protón y neutrón, o una masa mucho mayor, como los hiperones o partículas pesadas. A cada partícula corresponde una antipartícula de iguales características, pero de carga eléctrica de signo opuesto.

PARTICULAR adj. **1** Propio y privativo de una cosa, o que le pertenece con singularidad. **2** Especial, extraordinario, o pocas veces visto en su línea. **3** Singular o individual como contrapuesto a universal o general. **4** Se dice de lo privado, de lo que no es de propiedad o uso públicos. **5** Se dice del acto extraoficial o privado que ejecuta la persona que tiene oficio o carácter público. || m. **6** Punto o materia de que se trata. || **sin otro particular** loc. adv. Sin más cosas que decir o añadir. También, con el exclusivo objeto de.

PARTICULARIDAD f. **1** Singularidad, individualidad. **2** Cada una de las circunstancias o partes menudas de una cosa.

PARTICULARISMO m. **1** Preferencia excesiva que se da al interés particular sobre el general. **2** Propensión a obrar por el propio albedrío, sin tener en cuenta a los demás.

PARTICULARIZAR tr. **1** Expresar algo con todas sus circunstancias. **2** Hacer distinción especial de una persona en el afecto o en la atención. || prnl. **3** Distinguirse, singularizarse en una cosa.

PARTIDA f. **1** Acción de partir o salir de un punto. **2** *Der.* Registro o asiento de bautismo, confirmación, matrimonio o entierro, que se escribe en los libros de las parroquias o del registro civil. **3** *Der.* Copia certificada de alguno de estos registros o asientos. **4** Cada uno de los artículos y cantidades parciales que contiene una cuenta. **5** Porción de un género de comercio. **6** Cuadrilla, reunión de personas de un mismo arte u oficio. **7** Pequeño grupo de tropas o grupo de paisanos armados sin un mando militar superior. **8** Cada una de las manos de un juego de cartas, o conjunto de ellas previamente convenido. **9** fam. Comportamiento o proceder. Se usa generalmente con calificativo o en tono exclamatorio. || **PARTIDA DOBLE** *Com.* Método de contabilidad, en que se llevan a la par el cargo y la data.

PARTIDARIO, RIA adj. y s. **1** Que sigue un partido o bando, o entra en él. **2** Adicto a una persona o idea.

PARTIDISMO m. **1** Adhesión a las opiniones de un partido con preferencia a los intereses generales. **2** Inclinación hacia alguien o algo en un asunto en que se debería ser imparcial.

PARTIDO, DA adj. **1** *Bl.* Se dice del escudo, pieza o animal heráldico divididos de arriba abajo en dos partes iguales. || m. **2** Parcialidad o coligación entre los que siguen una misma opinión o interés. **3** Provecho, ventaja o conveniencia. **4** Medio apto y proporcionado que se adopta para conseguir algo. **5** Territorio de una jurisdicción o administración que tiene por cabeza un pueblo principal. **6** Conjunto de personas que siguen una misma facción, opinión o causa. **7** Competencia o lucha deportiva. **8** Trato, convenio o concierto. **9** Piso o cuarto de una casa. || **PARTIDO JUDICIAL** *Adm.* Distrito o territorio que comprende varios pueblos de una provincia, en que, para la administración de justicia, ejerce jurisdicción un juez de primera instancia. || **PARTIDO POLÍTICO** *Polít.* Organización política estable que, apoyada en una ideología afín entre sus afiliados, aspira a ejercer el poder para desarrollar su programa. || **ser un buen partido** fr. fig. y fam. que se aplica a la persona casadera que disfruta de una buena posición. || **tomar partido** fr.

Hacerse partidiario de una de las partes enfrentadas. También, determinarse o resolverse el que estaba suspenso o dudoso en decidirse.

PARTIQUINO, NA m. y f. *Mús.* Cantante que ejecuta en las óperas una parte muy breve o de muy escasa importancia.

PARTIR tr. **1** Dividir algo en dos o más partes. **2** Repartir algo entre varios. **3** Hender, rajar. **4** Romper o cascar los huesos de algunas frutas, o las cáscaras duras, para sacar su almendra. **5** *Mat.* DIVIDIR. || intr. **6** Tomar un hecho, una fecha o cualquier otro antecedente como base para un razonamiento o cómputo. **7** Empezar a caminar, ponerse en camino. También prnl.

PARTISANO, NA m. y f. Guerrillero, miembro de un grupo armado de gente civil.

PARTITA f. *Mús.* Antigua denominación de la *suite*.

PARTITIVO, VA adj. **1** Que puede partirse o dividirse. **2** ADJETIVO PARTITIVO O FRACCIONARIO.

PARTITOCRACIA f. Sistema en que los partidos políticos ejercen un control exhaustivo sobre la vida pública de una nación.

PARTITURA f. *Mús.* Texto completo de una obra musical para varias voces o instrumentos.

PARTO[1] m. **1** *Med.* Acción de parir. **2** fig. Cualquier producción física, o del entendimiento o ingenio humano.

PARTO[2]**, TA** adj. **1** *Etnol.* e *Hist.* Se dice de un pueblo de origen escita que se asentó en la meseta de Irán. Construyeron un poderoso imperio, fundado por Arsaces hacia 284 a. C., que se extendió hasta 226 d. C. Partia fue invadida en 115 d. C. por Trajano, que se apoderó de Ctesifonte. Sin embargo, tuvo que retroceder. El poderío parto fue sustituido por la dinastía sasánida de Ardashir. Más como m. pl. **2** Se dice también de sus individuos. También s. **3** Relativo a los partos. || m. *Ling.* **4** Lengua de la familia irania que hablaban los partos; fue sustituida por el persa medio.

PARTURIENTA adj. y f. Se dice de la mujer que está de parto o recién parida.

PARTY (Voz i.) amb. Reunión o fiesta que se celebra generalmente en una casa particular.

PARUSÍA f. *Rel.* En la religión cristiana, regreso glorioso de Jesucristo al final de los tiempos.

PARVA f. *Agr.* Mies tendida en la era para trillarla, o después de trillada, antes de separar el grano.

PARVEDAD f. **1** Pequeñez, poquedad. **2** Corta porción de alimento que se toma por la mañana en los días de ayuno.

PARVO, VA adj. Pequeño, escaso.

PARVULARIO m. **1** Centro de enseñanza preescolar. **2** Conjunto de niños que reciben educación preescolar.

PÁRVULO, LA adj. **1** De muy corta edad. **2** NIÑO. Más como s. **3** fig. Inocente, que sabe poco o es fácil de engañar. **4** fig. Humilde, cuitado.

PASA f. **1** Uva seca enjugada naturalmente en la vid, o artificialmente. **2** Cada uno de los mechones de cabellos cortos, crespos y ensortijados de los negros. || **estar** uno **hecho una pasa**, o **quedarse como una pasa** fr. fig. y fam. Estar o volverse una persona muy seca de cuerpo y arrugada de rostro.

PASABOLA o **PASEBOLA** m. *Dep.* Lance del juego del billar en que la bola impulsada por el jugador toca lateralmente a otra y va a dar en la banda opuesta, desde donde vuelve para tocar a la tercera.

PASACALLE m. Marcha popular de compás muy vivo.

PASADA f. **1** Acción de pasar de una parte a otra. **2** Acción y efecto de planchar ligeramente. **3** Acción y efecto de dar un último repaso o retoque a un trabajo cualquiera. **4** fig. y fam. Mal comportamiento de una persona con otra. Se usa generalmente acompañada del adjetivo *mala*. **5** Puntada larga que se da en la ropa al bordarla o zurcirla. **6** vulg. Acción inmoderada, exceso.

PASADENA Ciudad de EE UU, en el Estado de California, que forma parte de la aglomeración urbana de Los Ángeles; 129.292 h. En sus cercanías se halla el observatorio de Monte Wilson.

PASADERA f. **1** Cada una de las piedras que se ponen para atravesar a pie charcos, arroyos, etc. **2** Cualquier cosa convenientemente colocada para que, caminando sobre ella, pueda atravesarse una corriente de agua. **3** *Mar.* Cordel de tres o más filásticas.

PASADERO, RA adj. **1** Que se puede pasar con facilidad. **2** Medianamente bueno de salud. **3** Se dice de la cosa que es tolerable y puede pasar, aunque tenga defecto o tacha. || m. **4** Cada una de las piedras que sirven para atravesar un río, charco, arroyo, etc. **5** Cualquier cosa que se pone para atravesar una corriente.

PASADIZO m. **1** Paso estrecho que en las casas o calles sirve para ir de una parte a otra atajando camino. **2** fig. Cualquier otro medio que sirve para pasar de una parte a otra.

PASADO m. **1** Tiempo que pasó; cosas que sucedieron en él. **2** Militar que ha desertado de un ejército y sirve en el enemigo. **3** *Gram.* Pretérito. || m. pl. **4** Ascendientes o antepasados.

PASADO Cabo de Ecuador, en la costa del océano Pacífico, al N de la bahía de Caráquez.

PASADOR m. **1** Barreta de hierro sujeta con grapas a una hoja de puerta o ventana, o a una tapa, y que sirve para cerrar corriéndola hasta hacerla entrar en una hembrilla fija en el marco. **2** Varilla de metal que en las bisagras, charnelas y piezas semejantes une las palas pasando por los anillos y sirve de eje para el movimiento de estas piezas. **3** Utensilio cónico con fondo agujereado, que se usa para colar. **4** Aguja grande de metal, concha u otra materia, que usan las mujeres para sujetar el pelo recogido o algún adorno de la cabeza.

PASAJE m. **1** Acción de pasar de una parte a otra. **2** Derecho que se paga por pasar por un lugar. **3** Sitio o lugar por donde se pasa. **4** Precio que se paga en los viajes marítimos o aéreos por el transporte de una o más personas. **5** Boleto o billete para un viaje. **6** Totalidad de los pasajeros. **7** Trozo o lugar de un libro o escrito, oración o discurso. **8** Paso público entre dos calles, algunas veces cubierto. **9** *Mús.* Tránsito o mutación hecha con arte, de una voz o de un tono a otro.

PASAJERO, RA adj. **1** Que pasa pronto o dura poco. **2** Se dice de la persona que viaja en un vehículo, especialmente en avión, barco, tren, etc., sin pertenecer a la tripulación. También s.

PASAMANERÍA f. **1** Obra o fábrica de pasamanos. **2** Oficio de pasamanero. **3** Taller donde se fabrican pasamanos. **4** Tienda donde se venden.

PASAMANO m. **1** Género de galón o trencilla, cordones, borlas, flecos y demás adornos de oro, plata, seda, algodón o lana, que se hace y sirve para guarnecer y adornar los vestidos y otras cosas. **2** Listón que se coloca sobre las barandillas.

PASAMONTAÑAS m. Gorro que cubre toda la cabeza hasta el cuello, salvo los ojos y la nariz.

PASAMUROS m. Aislante que hace posible el paso de un conductor eléctrico a través de un muro o una pared metálica no aislada de tierra.

PASANTE com. Ayudante de un abogado.

PASAPORTAR tr. Dar o expedir pasaporte.

PASAPORTE m. Documento personal expedido oficialmente por el ministerio del Interior, que permite el paso de un Estado a otro.

PASAPURÉS m. Especie de colador para homogeneizar preparados espesos como purés de patatas, de lentejas, etc.

PASAR tr. **1** Llevar, conducir de un lugar a otro. **2** Mudar, trasladar a uno de un lugar o de una clase a otros. También intr. y prnl. **3** Cruzar de una parte a otra. **4** Enviar, transmitir. **5** Con nombres que indican límite, ir más allá de él. **6** Penetrar o traspasar. **7** Hablando de géneros prohibidos o que adeudan derechos, introducirlos o extraerlos sin registro. **8** Exceder, aventajar. También prnl. **9** Transferir algo de un sujeto a otro. También intr. **10** Sufrir, tolerar. **11** Llevar una cosa por encima de otra de modo que la vaya tocando. **12** Introducir una cosa por el hueco de otra. **13** Colar un líquido. **14** Cerner. **15** Hablando de comida o bebida, deglutir, tragar. **16** No poner reparo en algo. **17** Callar u omitir algo de lo que se debía decir o tratar. **18** Disimular algo o no darse por enterado de una cosa. **19** Hacer de pasante. **20** Recorrer un libro o escrito. **21** Leer o estudiar sin reflexión, o rezar sin devoción o sin atención. **22** Moverse, trasladarse de un lugar a otro. **23** Proyectar una película cinematográfica. || intr. **24** Transitar por algún sitio **25** Extenderse algo, como se dice de los contagios y otras cosas. **26** Mudarse, trocarse o convertirse una cosa en otra, mejorándose o empeorándose. **27** Tener lo necesario para vivir. **28** En algunos juegos de naipes, no jugar una baza o no aceptar un envite, y en el dominó, dejar de poner ficha por no tener ninguna adecuada. **29** Con la preposición *a* y los infinitivos de algunos verbos, proceder a la acción de lo que significan éstos. **30** Con referencia al tiempo, ocuparlo bien o mal. **31** Durar o mantenerse aquellas cosas que se podrían gastar. **32** Cesar algo. También prnl. **33** fig. Ofrecerse ligeramente algo al discurso o a la imaginación. **34** Seguido de la preposición *por,* más adjetivo, ser tenido en concepto de. **35** Con la preposición *sin* y algunos nombres, no necesitar lo significado por ellos. También prnl. || impers. **36** Ocurrir, suceder. || prnl. **37** Tomar un partido u opinión distinto al que antes se tenía. **38** Acabarse o dejar de ser. **39** Borrarse de la memoria algo. **40** Perder la sazón las frutas, carnes o cosas semejantes. **41** Excederse en algo. || **lo pasado, pasado** expr. con que se exhorta a olvidar. || **pasar de** algo o alguien, o **de hacer** determinada cosa fr. vulg. Desentenderse de ello, no hacerlo.|| **pasar de largo** fr. Ir por una parte sin detenerse. || **pasarlo** loc. con que se denota el estado de salud o de fortuna de una persona. || **un buen pasar** Modo de hablar con que se explica que uno goza de medianas comodidades.

PASARELA f. **1** Puente pequeño o provisional. **2** En los buques de vapor, puentecillo transversal colocado delante de la chimenea. **3** Pasillo estrecho y algo elevado destinado al desfile de artistas, modelos de ropa, etc., para que puedan ser contemplados por el público.

PASARGADAS *Geog. hist.* Antigua ciudad de Persia, capital del imperio aqueménida. Fundada por Ciro II hacia 550 a. C., perdió la capitalidad en favor de Persépolis en tiempos de Darío I. Se conserva la tumba de Ciro II y las ruinas de varios palacios.

PASATIEMPO m. **1** Diversión y entretenimiento en que se pasa el rato. || m. pl. **2** Nombre común de diversos juegos, como crucigramas, dameros, jeroglíficos, etc., que aparecen generalmente en una sección fija de periódicos y revistas.

PASAVOLANTE m. Acción ejecutada ligeramente, o con brevedad y sin reparo.

PASCAL m. **1** *Fís.* Unidad de la presión, en el Sistema Internacional de Unidades, que equivale a un newton por m^2 y su símbolo es *Pa.* **2** *Inform.* Lenguaje de ordenador de alto nivel.

PASCAL, BLAISE Científico y filósofo francés (Clermont-Ferrand, 1623 - París, 1662). Se dedicó primero a la geometría y publicó, a los dieciséis años, el *Tratado de las secciones cónicas.* Desarrolló la teoría de las combinaciones y creó las bases del cálculo de probabilidades. En 1654 se retiró a la abadía de Port-Royal. Con motivo de la polémica entre jansenistas y jesuitas, escribió contra estos últimos *Cartas provinciales* (1657). Póstumamente se publicó *Pensamientos* (1669).

Blaise **Pascal.** Retrato anónimo.
Palacio de Versalles.

PASCAL, PRINCIPIO DE *Fís.* Teoría sobre el equilibrio de los líquidos enunciada por Blaise Pascal, según la cual «toda presión ejercida sobre un líquido es transmitida por igual a todos los puntos de su masa y actúa perpendicularmente sobre las paredes del recipiente que lo contiene».

PASCANA f. *Arg., Bol., Col., Ecuad.* y *Perú* **1** Etapa o parada en un viaje. **2** Posada, tambo, mesón.

PASCO Nudo montañoso del centro de Perú, al NE de Lima, en el que confluyen los ramales andinos. Su punto culminante es el cerro de Pasco; 4.359 m.

PASCO Departamento de Perú; 25.320 km^2 y 245.651 h. Capital, Cerro de Pasco.

PASCOÃES, TEIXEIRA DE (JOAQUIM PEREIRA TEIXEIRA DE VASCONCELOS, llamado) Poeta portugués (Gatão, 1879 - Amarante, 1952). Cabeza del «saudosismo» y de la «renascença portuguesa», en su obra destacan *Embriones* (1895), *Siempre* (1898) y *Sombras* (1907).

PASCOLI, GIOVANNI Poeta italiano (San Mauro di Romagna, 1855 - Bolonia, 1912). Es autor de *Myricae* (1891), *Primeros poemas* (1897), *Canto de Castelvecchio* (1903) y *Poemas del rey Enzo* (1909).

PASCUA f. **1** *Rel.* La fiesta más solemne de los hebreos, que se celebra a la mitad de la luna de marzo, en memoria de la libertad del cautiverio de Egipto. **2** *Rel.* En la iglesia católica, fiesta de la resurrección del Señor, que se celebra, en el rito latino, el domingo siguiente al plenilunio posterior al 20 de marzo. **3** *Rel.* Por extensión, cualquiera de las solemnidades del nacimiento del Señor, del reconocimiento y adoración de los Reyes Magos y de la venida del Espíritu Santo sobre el colegio apostólico. || **PASCUA FLORIDA** *Rel.* La de Resurrección. || **hacer la pascua** a uno fr. fig. y fam. Fastidiarlo, molestarlo, perjudicarlo. || **santas pascuas** loc. fam. con que se da a entender que es forzoso conformarse con lo que sucede, se hace o se dice.

PASCUA, ISLA DE Isla de Chile, en el océano Pacífico, una de las más orientales de Polinesia; 162,5 km^2 y 2.095 h. Capital, Hanga Roa. Administrativamente pertenece a la región de Valparaíso. Turismo. Observatorio. Es famosa por los gigantescos monumentos megalíticos *(moais),* diseminados de forma irregular por toda la isla.

Pascual Nombre de diversos papas.
Pascual I, san (Roma, 759 - íd., 824). Ocupó el solio pontificio en 817. Consiguió de Ludovico Pío el reconocimiento de los derechos del papado sobre los Estados Pontificios.
Pascual II (Rávena, h. 1050 - Roma, 1118). De nombre Rainiero de Bieda, ocupó el solio pontificio en 1099. Se enfrentó y excomulgó a Enrique IV por la QUERELLA DE LAS INVESTIDURAS.
Pascual III Antipapa (Crema, h. 1100 - Roma, 1168). De nombre Guido da Crema, fue reconocido por el emperador Federico I Barbarroja en 1164.
Pascuense adj. y com. De la isla chilena de Pascua.
Pase¹ m. **1** Acción y efecto de pasar. **2** *Dep.* Acción y efecto de pasar el balón un jugador a otro en ciertos deportes. **3** Cada una de las sesiones de una película o una obra de teatro. **4** Desfile de modelos. **5** Cada uno de los movimientos de manos de un mago o un magnetizador. **6** Cada una de las veces que el torero, después de haber citado al toro con la muleta, lo deja pasar, sin intentar clavarle la espada.
Pase² m. **1** Permiso que da un tribunal o superior para que se use de un privilegio, licencia o gracia. **2** Dado por escrito, se suele tomar por pasaporte en algunos países. **3** Licencia por escrito, para pasar algunos géneros de un lugar a otro, para transitar por algún sitio, para abandonar por un soldado, para acceder en un local, etc. **4** *Der.* El que da el Estado a los rescriptos y bulas pontificias y a los agentes extranjeros. || **PASE DE PERNOCTA** *Mil.* Pase que se otorga a los soldados para que puedan pasar habitualmente la noche fuera del cuartel.
Pasear intr. **1** Caminar por distracción o por ejercicio. También tr. y prnl. **2** Ir con iguales fines, a caballo, en carruaje, etc. También prnl. || tr. **3** Hacer pasear. **4** fig. Llevar algo de una parte a otra, o hacerlo ver acá y allá.
Paseo m. **1** Acción de pasear. **2** Lugar o sitio público para pasearse. **3** Distancia corta, que puede recorrerse paseando. || **a paseo** loc. fig. y fam. con que se manifiesta el desagrado por lo que alguien propone. Se usa frecuentemente con los verbos *echar, enviar* o *mandar*. || **anda**, o **andad, a paseo** expr. fig. y fam. para despedir con enfado o para rehusar o denegar alguna cosa. || **dar un paseo** fr. Pasear a pie, a caballo, en una embarcación, etc. || **vete**, o **idos, a paseo** expr. fig. y fam. ANDA, O ANDAD, A PASEO.
Paseriforme adj. y m. *Zool.* **1** Se dice del ave canora, generalmente de pequeño tamaño, que construye nidos y posee un tipo de alimentación insectívora, granívora o frugívora, como la golondrina, el mirlo o la alondra. Comúnmente se les conoce como *pájaros*. || m. pl. *Zool.* **2** Orden de estas aves.
Pashtu m. *Ling.* Lengua indoeuropea de la familia irania; junto con el persa, oficial de Afganistán.
Pasiego, ga adj. y s. Del valle del río Pas, situado en Cantabria, España.
Pasífae *Mit.* Hija de Helio y esposa de Minos, se enamoró de forma irresistible de un toro blanco; Dédalo, a instancias de la reina, construyó una vaca de madera, en la que se introdujo Pasífae para unirse al toro. De esta unión nació el Minotauro.
Pasiflora f. *Bot.* PASIONARIA, planta.
Pasifloráceo, a adj. y m. *Bot.* **1** Se dice de la planta, a menudo trepadora, tropical, sobre todo de América del Sur, con flores polipétalas y semillas con arilo y endospermo oleaginoso, como la pasionaria. || f. pl. *Bot.* **2** Familia de estas plantas.
Pasil m. **1** Piedra colocada para pasar un río o un arroyo. **2** Lugar por donde se puede atravesar una corriente de agua sin mojarse. **3** Vereda, paso estrecho.
Pasillo m. Pieza de paso, larga y angosta, de cualquier edificio.
Pasión f. **1** Acción de padecer. **2** *Rel.* Por antonomasia, la de Jesucristo. En esta acepción se suele escribir con mayúscula. **3** Cualquier perturbación o afecto desordenado del ánimo. **4** Inclinación o preferencia muy viva de una persona a otra. **5** Apetito o afición vehemente hacia algo.
Pasión, isla de la CLIPPERTON.
Pasionaria f. *Bot.* **1** Planta de la familia pasifloráceas, género *Passiflora*, originaria de Brasil. Se cultiva en jardines. **2** Flor de esta planta.
Pasionaria IBÁRRURI, DOLORES.
Pasito m. **1** Diminutivo de PASO. || adv. m. **2** Con gran tiento, blandamente. **3** En voz baja.
Pasivo, va adj. **1** Se dice del sujeto que recibe la acción del agente, sin cooperar con ella. **2** Se dice del que deja obrar a los otros sin hacer por sí cosa alguna. **3** *Der.* Se dice del haber o pensión que disfrutan algunas personas en virtud de servicios que prestaron o del derecho ganado con ellos y que les fue transmitido. **4** *Gram.* VOZ PASIVA. También s. **5** *Gram.* ORACIÓN PASIVA. **6** *Gram.* PARTICIPIO PASIVO. || m. *Com.* **7** Importe total de los débitos y gravámenes que tiene contra sí una persona o entidad, y también el coste o riesgo que contrapesa los prove-

El **Paso** (Estados Unidos). Misión de San Elizario.

chos de un negocio; todo lo cual se considera como disminución de su activo.
Pasma m. En argot, policía secreta.
Pasmar tr. **1** Enfriar mucho o bruscamente. También prnl. **2** Causar suspensión o pérdida de los sentidos y del movimiento. Más como prnl. **3** fig. Asombrar extraordinariamente. También intr. y prnl. || prnl. **4** *Chile* Desmedrarse, encanijarse.
Pasmarote m. fam. Persona embobada o pasmada por alguna cosa de poca importancia.
Pasmo m. **1** Efecto de un enfriamiento que se manifiesta por dolor de cabeza, de huesos y otras molestias. **2** fig. Admiración y asombro, que dejan como en suspenso la razón y el discurso.
Paso m. **1** Movimiento de cada uno de los pies para ir de una parte a otra. **2** Espacio que comprende la longitud de un pie y la distancia entre éste y el talón del que se ha movido hacia adelante para ir de una parte a otra. **3** Acción de pasar. **4** Diligencia que se hace en solicitud de algo. Más en pl. **5** Huella que queda impresa al andar. **6** Concesión de poder pasar sin estorbo. **7** Efigie o grupo que representan un suceso de la pasión, muerte o resurrección de Cristo, y se saca en procesión en Semana Santa. **8** Cada uno de los movimientos y figuras que se hacen en los bailes. **9** Cláusula o pasaje de un libro o escrito. **10** Acto de la vida o conducta del hombre. **11** *Teat.* Pieza dramática muy breve, generalmente de asunto ligero. **12** Lugar más o menos estrecho por el que resulta posible efectuar el tránsito por una zona de montaña o un terreno abrupto. **13** Estrecho de mar. **14** Distancia entre dos resaltes sucesivos en la hélice de un tornillo. || m. pl. *Dep.* **15** En baloncesto, falta en que incurre el jugador que da más de tres pasos llevando la pelota en la mano. || **PASO DE CEBRA** Paso de peatones, sin semáforo, en el que unos listones tienen preferencia sobre los vehículos. || **PASO A DISTINTO NIVEL** El de dos carreteras o calles en distinto plano. || **PASO DEL ECUADOR** fig. Fiesta que celebran los estudiantes en el curso que hace la mitad de la carrera. || **PASO ELEVADO** PASO A DISTINTO NIVEL. || **PASO A NIVEL** Sitio en que un ferrocarril se cruza con una carretera o camino, a la misma altura. || **PASO DE PEATONES** Espacio de calzada destinado al cruce de viandantes de una acera a otra; normalmente su uso está regulado por semáforos. || **a buen paso** loc. adv. Aceleradamente, deprisa. || **a cada paso** loc. adv. fig. A menudo. || **a dos pasos** loc. adv. fig. A corta distancia. || **a paso de tortuga** loc. adv. fig. Con mucha lentitud. || **a pasos agigantados** loc. adv. Con rapidez. || **a pocos pasos** loc. adv. A poca distancia. || **andar en malos pasos** fr. fig. Tener mala conducta. || **apretar el paso** fr. fam. AVIVAR EL PASO. || **avivar el paso** fr. fam. Alargar el paso, caminar a mayor velocidad. || **ceder el paso** fr. Dejar una persona, por cortesía, que otra pase antes que ella. También, detenerse los automóviles en los cruces en que no se tiene preferencia. || **cerrar el paso** fr. Entorpecerlo o cortarlo. También, fig., impedir el progreso de un negocio. || **de paso** loc. adv. Al ir a otra parte. También, fig., al tratar de otro asunto. También, ligeramente, sin detención. || **llevar el paso** fr. Seguirlo en una forma regular, acomodándolo a compás y medida, o bien al de la persona con quien se va. || **marcar el paso** fr. *Mil.* Continuar la tropa en formación la acción de levantar y descender alternativamente los pies sobre el mismo terreno, sin avanzar ni retroceder, conservando el ritmo y cadencia de la marcha. || **no dar paso** fr. fig. No hacer gestiones para el despacho de un negocio. || **no poder dar paso**, o **un paso** fr. fig. No poder andar, o no poder adelantar en algún intento. ||

paso a paso loc. adv. Poco a poco. || **paso por paso** loc. adv. fig. Se usa para denotar la exactitud y lentitud con que se hace o adquiere algo. || **salir al paso de** una cosa fr. fig. Impugnar su veracidad o su fundamento. || **salir uno del paso** fr. fig. y fam. Desembarazarse de cualquier manera de un asunto, compromiso, dificultad, apuro o trabajo. || **salirle** a uno **al paso** fr. Encontrarlo de improviso o deliberadamente, deteniéndolo en su marcha. También, fig., contrariarlo, atajarlo en lo que dice o intenta. || **seguir los pasos** a uno fr. fig. Observar su conducta para averiguar si es fundada una sospecha que se tiene de él. || **volver** uno **sobre sus pasos** fr. fig. Desdecirse, rectificar su dictamen o su conducta.
Paso, El Ciudad de EE UU, en el Estado de Texas, a orillas del río Bravo; 579.307 h. Refinerías de petróleo.
Paso, Fernando del Escritor mexicano (Ciudad de México, 1935). Es autor de las novelas *José Trigo* (1966), *Palinuro de México* (1977) y *Noticias del Imperio* (1987).
Paso, Juan José Político argentino (Buenos Aires, 1758 - íd., 1833). Formó parte del primer y segundo Triunvirato (1811 y 1812). Fue secretario y presidente del Congreso de Tucumán.
Paso de Calais (Pas-de-Calais) Departamento de Francia, en la región de Nord-Paso de Calais; 6.671 km² y 1.441.568 h. Capital, Arrás.
Pasodoble m. **1** *Mús.* Música de origen español, de ritmo vivo y marcado, a cuyo compás puede llevar la tropa el paso ordinario. **2** *Danza.* Baile que se ejecuta al compás de esta música.
Pasolini, Pier Paolo Escritor y director de cine italiano (Bolonia, 1922 - Ostia, 1975). Como escritor, cultivó la crítica, la poesía y la narración. De sus filmes destacan *Accatone* (1961), *Mamma Roma* (1962), *El evangelio según San Mateo* (1964), *Edipo, el hijo de la fortuna* (1967), *El decamerón* (1971), *Los cuentos de Canterbury* (1972), *Teorema* (1968), *Las mil y una noches* (1974) y *Saló o los 120 días de Sodoma* (1975).

Pier Paolo **Pasolini** en una escena de *El decamerón*.

Louis **Pasteur**. Retrato de Henri Callot. Casa natal de Pasteur en Dole (Francia).

-PASÓN suf. PAN-.

PASOTA com. fam. Persona, joven generalmente, que rechaza las normas o principios de la sociedad establecida (cultura oficial, política, familia, trabajo alienante, etc.).

PASPARTÚ m. Galicismo por orla, marco de cuadro.

PASQUÍN m. Escrito anónimo que se fija en sitio público.

PASQUINI, BERNARDO Compositor italiano (Massa di Valdinievole, 1637 - Roma, 1710). Sus partitas y, sobre todo, sus sonatas para órgano y clavecín fueron precursoras de las de Domenico Scarlatti.

PÁSSIM adv. l. Aquí y allí, en una y otra parte, en lugares diversos. Se usa en las anotaciones de impresos y manuscritos.

PASSWORD (Voz i.) m. *Inform.* Contraseña o nombre en clave que permite el acceso a un sistema informático.

PASSY, FRÉDÉRIC Jurista y economista francés (París, 1822 - Neuilly-sur-Seine, 1912). En 1901 compartió el premio Nobel de la Paz con J. H. Dunant. Autor de *Malthus y su doctrina* (1868) e *Historia del trabajo* (1873).

PASTA f. **1** Masa hecha de una o diversas cosas machacadas. **2** Masa de harina de trigo, de la que se hacen fideos, tallarines, macarrones, raviolis, canelones, etc. **3** Designación genérica de estas variedades. **4** pop. Dinero, caudal. **5** Cartón que se hace de papel deshecho y machacado. **6** Masa que resulta de macerar y machacar el trapo, madera y otras materias para hacer papel. **7** Encuadernación de los libros que se hace de cartones cubiertos con pieles bruñidas y generalmente jaspeadas.

PASTAFLORA f. Pasta de harina, azúcar y huevo.

PASTAR tr. **1** Llevar o conducir el ganado al pasto. || intr. **2** Pacer el ganado el pasto.

PASTAZA Provincia de Ecuador; 29.774 km² y 61.412 h. Capital, Puyo.

PASTAZA Río de Ecuador y Perú, en la Amazonía; 600 km.

PASTEL m. **1** *Gastron.* Masa, cocida al horno, de harina y manteca, en que ordinariamente se envuelve crema o dulce, y a veces carne, fruta o pescado. **2** Pastelillo de dulce. **3** Lápiz compuesto de una materia colorante y agua de goma. **4** PINTURA AL PASTEL. **5** fig. y fam. Convenio secreto entre algunos con malos fines, o con excesiva transigencia. **6** *A. gráf.* Defecto que sale por haber dado demasiada tinta o estar ésta muy espesa. **7** *A. gráf.* Conjunto de letra inútil destinada para fundirse de nuevo. **8** *A. gráf.* Conjunto de tipos, líneas o planas desordenados. || **descubrirse el pastel** fr. fig. y fam. Publicarse algo que se deseaba ocultar.

PASTELERÍA f. **1** Local donde se hacen pasteles o pastas. **2** Tienda donde se venden. **3** Arte de trabajar pasteles, pastas, etc. **4** Conjunto de pasteles o pastas.

PASTELES, GUERRA DE LOS *Hist.* Conflicto entre México y Francia (1838-39) originado por la reclamación de indemnizaciones para súbditos franceses residentes en México, entre los que se encontraba un pastelero, por los daños ocasionados en un motín.

PASTENCO, CA adj. y s. *Veter.* Se dice de la res recién destetada que se pone a pastar por primera vez.

PASTERIZAR tr. *Quím.* PASTEURIZAR.

PASTERNAK, BORIS Escritor ruso (Moscú, 1890 - Peredelkino, 1960). Autor destacado de libros de poemas, entre los que cabe citar *Más allá de las barreras* (1917), *Mi hermana la vida* (1922), *Segundo nacimiento* (1932) y *Relato* (1933), y de la novela *El doctor Zhivago* (1957). Premio Nobel de Literatura en 1958.

PASTEUR, LOUIS Químico y microbiólogo francés (Dole, 1822 - Villeneuve l'Étang, 1895). En 1889 asumió la dirección del instituto que lleva su nombre. Se le considera uno de los fundadores de la estereoquímica. Demostró que las fermentaciones se deben a microorganismos. Probó que todo ser vivo procede de otro y, por consiguiente, que la *generación espontánea* es imposible en las circunstancias actuales. Descubrió igualmente la vacuna antirrábica y la anticarbuncosa.

PASTEURIZAR o **PASTERIZAR** tr. *Quím.* Higienizar cualquier producto (leche, vino, etc.) por medio del calor para destruir los gérmenes patógenos y aumentar el tiempo de conservación.

PASTICHE (Voz fr.) m. **1** Imitación, sobre todo refiriéndose a obras de arte. **2** Obra de arte cuyas características no corresponden a su tiempo, sino a un estilo anterior.

PASTILLA f. **1** En sentido estricto, porción muy pequeña de pasta compuesta de azúcar y alguna sustancia agradable. **2** Porción de pasta, de uno u otro tamaño y figura, y ordinariamente pequeña y cuadrangular o redonda. **3** *Fís.* Dispositivo de pequeño tamaño que se emplea en electrónica, en instrumentos musicales eléctricos y otros usos.

PASTINACA f. *Zool.* Pez elasmobranquio rayiforme, de nombre científico *Dasyatis pastinaca*, de 1,5 a 2 m de longitud, color azul oscuro, y cola larga y flexible con un aguijón aserrado en comunicación con una glándula venenosa.

PASTIZAL m. Terreno de abundante pasto.

PASTO m. **1** Hierba que el ganado pace en el mismo terreno donde se cría. **2** Cualquier cosa que sirve para el sustento del animal. **3** Sitio en que pasta el ganado. Más en pl. **4** fig. Materia que sirve a la actividad de los agentes que consumen las cosas, como el combustible, la hacienda del jugador, etc. **5** fig. Hecho, noticia u ocasión que sirve para fomentar alguna cosa. || **a pasto** loc. adv. Hablando de la comida o bebida, hasta saciarse, hasta no poder más. || **a todo pasto** loc. adv. con que se da a entender que el uso de una cosa se puede hacer o se hace copiosamente y sin restricciones. || **de pasto** loc. De uso diario.

PASTO Ciudad de Colombia, capital del departamento de Nariño; 269.130 h.

PASTO, NUDO o **MACIZO DE** Núcleo montañoso de los Andes de Colombia, departamento de Nariño.

PASTÓN m. Gran cantidad de dinero.

PASTOR, RA m. y f. **1** Persona que guarda, guía y apacienta el ganado. || m. **2** Prelado o cualquier otro eclesiástico que tiene súbditos y obligación de cuidar de ellos.

PASTOR JUSTO Y PASTOR, SANTOS.

PASTOR, EL BUEN Nombre que en ciertos contextos religiosos se da a Jesucristo.

PASTORAL adj. **1** Relativo al pastor. **2** Relativo a los prelados. **3** CARTA PASTORAL.

PASTOREAR tr. Llevar los ganados al campo y cuidar de ellos mientras pacen.

PASTORELA f. **1** Tañido y canto sencillo y alegre a modo del que usan los pastores. **2** *Lit.* Composición poética de los provenzales, especie de égloga o de idilio, usada aún hoy en la literatura gallega.

PASTORIL adj. Característico de los pastores.

PASTOSO, SA adj. **1** Se dice de las cosas que al tacto son suaves y blandas a semejanza de la masa. **2** Se dice de la voz que sin resonancias metálicas es agradable al oído. **3** *Amér.* Se dice del terreno que tiene buenos pastos.

PASTRANA ARANGO, ANDRÉS Político colombiano (Bogotá, 1954). Vinculado desde joven al Partido Conservador alcanzó, en 1988, la alcaldía de la capital. Tras las elecciones de 1998 se ocupó del gobierno del país e inició las negociaciones de paz con la guerrilla de las FARC. Ocupó la presidencia hasta junio de 2002.

PASTRANA BORRERO, MISAEL Político colombiano (Neiva, 1924 - Bogotá, 1997). Afiliado al Partido Conservador, fue elegido presidente de la nación (1970-74).

PASTURA f. **1** Sitio con pasto o hierba. **2** Pasto o hierba de que se alimentan los animales. **3** Porción de comida que se da de una vez a los bueyes.

PASTURAJE m. **1** Lugar de pasto abierto o común. **2** Derechos o tributos con que se contribuye para poder pastar los ganados.

PASTUSO, SA adj. De Pasto, Colombia.

PATA f. **1** *Zool.* Pie y pierna de los animales. **2** *Zool.* Hembra del pato. **3** Pie de un mueble. **4** fam. Pierna de una persona. || **PATA DE BANCO** fig. y fam. Absurdo, despropósito. || **PATA DE GALLO** fig. Arruga que se forma en el ángulo externo de cada ojo. || **PATA DE PALO** Pieza de madera con que se suple la falta de la pierna de una persona. || **a cuatro patas** loc. adv. fam. A GATAS. || **a pata** loc. adv. A PIE. || **estirar la pata** fr. fig. y fam. Morir. || **meter** uno **la pata** fr. fig. y fam. Intervenir en alguna cosa con dichos o hechos inoportunos. || **patas arriba** loc. adv. y fam. Al revés. También, fig. y fam., loc. con que se da a entender el desconcierto o trastorno de una cosa. || **tener** uno **mala pata** fr. fam. Tener poca o mala suerte.

-PATA suf. PATO-.

PATACHE m. *Mar.* Antigua embarcación de guerra que en las escuadras llevaba los avisos.

PATACHE CUTUCHI.

PATADA f. **1** Golpe dado con la planta del pie o con lo llano de la pata del animal. **2** fam. Paso, visita o gestión para un fin. || **a patadas** loc. adv. fig. y fam. Con excesiva abundancia y por todas partes.

PATAGÓN adj. y s. **1** TEHUELCHE. **2** De Patagonia.

PATAGONIA Región que se extiende en forma de punta triangular por el S del continente sudamericano. Sus límites, por el N, que es donde presenta mayor indeterminación, comienzan en Bahía Blanca (39° S), si bien en general se considera el río Negro como su línea de separación; al E, el Atlántico; al S, el estrecho de Magallanes, y al O, el Pacífico. La parte situada a occidente de los Andes, y toda ella a partir del paralelo 52° hacia el S, corresponde en la actualidad a Chile. La Patagonia argentina está constituida por las provincias de Chubut, Neuquén, Río Negro, Tierra del Fuego y Santa Cruz; 787.291 km² y 1.690.901 h.

PATALEAR intr. **1** Mover las piernas o patas violentamente y con rapidez, echado en la cama o por causa de un accidente o dolor. **2** Dar patadas en el suelo violentamente y con prisa por enfado o pesar.

Patagonia (Argentina). Montes Fitz Roy. Parque Nacional Los Glaciares.

pataleta f. fam. Convulsión, rabieta, especialmente cuando se cree que es fingida.

patán m. 1 fam. Aldeano o rústico. 2 fig. y fam. Hombre zafio y tosco. También adj.

Patarroyo, Manuel Científico colombiano (Ataco, 1946). Ha investigado sobre las vacunas parala lepra, la tuberculosis y la malaria. Premio Príncipe de Asturias de Investigación Científica y Técnica en 1994.

patata f. 1 *Bot.* Planta herbácea perenne, perteneciente a la familia solanáceas, de nombre científico *Solanum tuberosum,* originaria de la región templada de los Andes. Tiene gruesos tubérculos subterráneos, redondeados, carnosos, muy feculentos, pardos por fuera, amarillentos o rojizos por dentro, que constituyen uno de los alimentos más útiles para el hombre. 2 *Bot.* Cada uno de los tubérculos de esta planta. 3 fig. y fam. Designación que, en el ejército, se da al oficial que procede de la clase de tropa.

patatero, ra adj. 1 *Bot.* Relativo a la patata. 2 Que se dedica al comercio de patatas. También s. 3 Se dice de la persona que con frecuencia se alimenta con patatas.

patatín, que si patatán, que si fr. 1 fam. Argucias, disculpas del que no quiere entrar en razones. 2 Conversaciones, argumentos, etc., opuestos y de los que no resulta nada. 3 PALABRERÍA.

patatús m. fam. Desmayo, lipotimia.

paté m. *Gastron.* Pasta de carne o hígado triturado, sobre todo de cerdo y aves.

patear tr. 1 fam. Dar golpes con los pies. 2 Mostrar el público su desaprobación en un espectáculo golpeando con los pies en el suelo. 3 fig. y fam. Tratar desconsiderada y rudamente a uno. || intr. 4 fam. Dar patadas en señal de enojo o desagrado. 5 fig. y fam. Andar mucho.

patena f. Platillo de oro o plata o de otro material, dorado, en el cual se pone el pan de la eucaristía en la misa. || **limpio como una patena,** o **más limpio que una patena** locs. figs. Muy limpio.

patentar tr. 1 Conceder y expedir patentes. 2 Obtenerlas, tratándose de las de propiedad in-dustrial.

patente adj. 1 Manifiesto, visible. 2 fig. Claro, perceptible. || f. 3 Documento expedido por la hacienda pública que acredita el pago que la ley exige para el ejercicio de algunas profesiones o industrias. 4 Cualquier testimonio que acredita una cualidad o mérito. 5 PATENTE DE INVENCIÓN. || **patente de corso** *Hist.* Permiso que daba un Estado a ciertas embarcaciones para navegar al corso, es decir, navegar haciéndose pasar por mercantes y atacar y abordar las embarcaciones enemigas. || **patente de invención** *Com.* Documento en que oficialmente se otorga un privilegio de invención y propiedad industrial de lo que el documento acredita.

patentizar tr. Hacer patente o manifiesta una cosa.

pateo m. Acción de patear, en señal de enojo, de desagrado.

páter m. fam. Capellán de un regimiento militar o de una institución de enseñanza.

Pater, Walter Escritor inglés (Shadwell, 1839 - Oxford, 1894). En su obra crítica figuran *El Renacimiento* (1883), *Retratos imaginarios* (1887) y *Apreciaciones* (1889).

patera f. Pequeña embarcación de madera con motor fuera borda.

paterfamilias m. Individuo de la antigua Roma que ejercía la máxima autoridad sobre los miembros de una familia.

Paterna Municipio y lugar de España, provincia de Valencia; 45.944 h.

paternal adj. Propio del afecto, cariño o solicitud de padre.

paternalismo m. Tendencia a aplicar las formas de autoridad y protección propias del padre en la familia tradicional a relaciones sociales de otro tipo: políticas, laborales, etc. Se usa con carácter peyorativo.

paternidad f. 1 Calidad de padre. 2 Tratamiento que en algunas órdenes religiosas se da a ciertos superiores.

paterno, na adj. Relativo al padre.

pateta m. 1 Escrito con mayúsculas, el diablo. || com. 2 fam. Persona que tiene un defecto en los pies o en las piernas.

patético, ca adj. Se dice de lo que es capaz de conmover el ánimo infundiéndole afectos vehementes, y en particular dolor, tristeza o melancolía.

Pathé, Charles Ingeniero francés (Vincennes, 1863 - Montecarlo, 1957). Productor y pionero de la industria fonográfica y cinematográfica francesa, junto a su hermano Émile (París, 1860 - íd., 1937) inventó el primer disco de grabación vertical. Fundó la primera fábrica de película virgen.

Pathfinder *Astron.* Nave espacial no tripulada enviada por la NASA a Marte en 1997. Llevó al planeta un robot móvil, el *Sojourney,* para estudiar las condiciones geofísicas del planeta. Se dio su misión por concluida en marzo de 1998.

-patía suf. PATO-.

Patía Río de Colombia, que nace en el volcán de Sotorá y desemboca en el Pacífico; 450 km.

patibulario, ria adj. 1 Perteneciente o relativo al patíbulo. 2 Se aplica a las personas, y al aspecto, rasgos, gestos, etc., de las mismas, que producen desagrado, prevención o miedo, por ser característicos de delincuentes o personas de vida airada.

patíbulo m. Lugar en que se ejecuta la pena de muerte.

-pático suf. PATO-.

patidifuso, sa adj. Que se queda parado de asombro.

patiestevado, da adj. De piernas arqueadas. También s.

patilla f. 1 Porción de barba que se deja crecer en cada uno de los costados de la cara, como prolongación del cabello. 2 Gozne de las hebillas. || m. pl. 3 Usado como m. sing., el diablo.

patín m. 1 Aparato para patinar que consiste en una plancha que se adapta a la suela del calzado y lleva una especie de cuchilla o dos pares de ruedas, según sirva para ir sobre el hielo o sobre pavimento. 2 Patinete.

pátina f. 1 Especie de barniz duro, de color aceitunado y reluciente, que por la acción de la humedad se forma en los objetos antiguos de bronce. 2 Tono sentado y suave que da el tiempo a las pinturas al óleo. Se aplica también a otros objetos antiguos. 3 Este mismo tono obtenido artificialmente.

patinaje m. 1 Acción de patinar. 2 Práctica de este ejercicio como deporte. || **patinaje sobre hielo** *Dep.* Modalidad deportiva en la que se utilizan patines con cuchilla para deslizarse sobre el hielo. || **patinaje sobre ruedas** *Dep.* Modalidad que utiliza patines con ruedas.

patinar intr. 1 Deslizarse o ir resbalando con patines sobre el hielo o sobre un pavimento duro, llano y muy liso. 2 Deslizarse o resbalar las ruedas de un vehículo, sin rodar, por falta de adherencia con el suelo. 3 fig. y fam. Perder la buena dirección o la eficacia en lo que se está haciendo o diciendo, errar, equivocarse. || tr. 4 Dar pátina a un objeto.

patinazo m. 1 Acción y efecto de patinar bruscamente. 2 fig. y fam. Desliz notable en que incurre una persona.

patinete m. Juguete, vehículo que consta de una plancha, montada sobre dos o tres ruedas y provista en la parte anterior de un mástil, que gira sobre la plancha, y con un manillar en la parte superior para conducirlo. Cuando este juguete o vehículo carece de mástil y manillar se llama monopatín.

Patinir o **Patenier, Joachim** Pintor flamenco (Dinant o Bouvignes, h. 1480 - Amberes, 1524). Destacó, fundamentalmente, como paisajista. Entre sus obras destacan *Las tentaciones de san Antonio Abad* y *El paso de la laguna Estigia.*

patio m. Espacio cerrado con paredes o galerías, que en las casas y otros edificios se deja al descubierto. || **patio de butacas** En los teatros, planta baja que ocupan las butacas.

patita f. Diminutivo de PATA.

patitieso, sa adj. fig. y fam. Que se queda sorprendido por la novedad o extrañeza que le causa una cosa.

patituerto, ta adj. 1 Que tiene torcidas las piernas o patas. 2 fig. Se aplica a lo que está mal hecho o torcido.

patizambo, ba adj. y s. Que tiene las piernas torcidas hacia afuera y junta mucho las rodillas.

Patmore, Coventry Kersey Dighton Poeta inglés (Woodford, 1823 - Lymington, 1896). Vinculado al grupo de los prerrafaelistas, es autor de *El ángel de la casa* (1854-62) y *Eros desconocido* (1877).

Patmos Isla de Grecia, archipiélago y nomo del Dodecaneso, en el mar Egeo; 35 km² y 4.200 h. En ella escribió san Juan el Apocalipsis.

Patna Ciudad de la India, capital del Estado de Bihar, a orillas del Ganges; 917.243 h.

pato, ta m. y f. 1 *Zool.* Nombre genérico de las aves anseriformes de la familia anátidas, con varios géneros. Son de mediano tamaño, con el cuello largo, pico más ancho que alto y con laminillas laterales, plumaje denso y untuoso, y con membranas interdigitales entre los dedos. 2 *Cuba* Botella de forma especial, que se usa para recoger la orina del varón encamado. 3 fig. *P. Rico* y *Venez.* Hombre afeminado. 4 *Arg.* Juego de fuerza y habilidad entre jinetes, que consiste en disputarse la posesión de un pato metido en una bolsa y con el pescuezo fuera. En la actualidad se ha sustituido el pato por una pelota.

pato-; -patía, -pata, -pático pref. o sufs. que significan afección: *cardiopatía, sicópata.*

pato, pagar uno el fr. fig. y fam. Padecer o llevar pena o castigo no merecido, o que ha merecido otro.

patochada f. Disparate, dicho necio o grosero.

patogenia f. *Pat.* Parte de la patología que estudia el origen y desarrollo de una enfermedad.

patinaje artístico sobre hielo.

patógeno, na adj. *Pat.* Se dice del elemento y medio que origina y desarrolla una enfer-medad.

patojo, ja adj. 1 Que tiene las piernas o pies torcidos o desproporcionados, e imita al pato en andar meneando el cuerpo de un lado a otro. || m. y f. 2 *Guat.* Niño, muchacho.

patología f. *Med.* Parte de la medicina que trata del estudio de las enfermedades.

patológico, ca adj. *Med.* 1 Relativo a la patología. 2 Que se convierte en enfermedad.

Patos, Laguna de los Albufera del S de Brasil, en Rio Grande do Sul, comunicada con el Atlántico por el canal Rio Grande, y con la de Merín por el río San Gonzalo; 10.144 km².

patoso, sa adj. 1 Se dice de la persona que, sin serlo, presume de chistosa y aguda. 2 Se dice de la persona inhábil o desmañada.

patraña f. Mentira o noticia fabulosa, de pura invención.

Patras Ciudad de Grecia, capital de la región de Grecia Occidental y del nomo de Acaya; 155.180 h. Puerto.

Patras, golfo de El situado al N del Peloponeso, entre el estrecho de Lepanto y el mar Jónico.

patria f. 1 Tierra natal o adoptiva a la que se pertenece por vínculos afectivos, históricos o jurídicos. 2 Lugar, ciudad o país en que se ha nacido. || **patria celestial** Cielo o gloria. || **patria chica** Lugar, pueblo, ciudad o región en que se ha nacido.

Patria Boba *Hist.* Denominación del primer periodo de la lucha por la independencia de Nueva Granada (1810-16).

Patria Nueva *Hist.* Nombre que recibe el periodo de la revolución chilena comprendido entre 1817 y 1823, que consolida la independencia.

Patria Vieja *Hist.* Denominación del primer periodo de la revolución chilena (1810-14).

patriarca m. 1 Nombre que se da a algunos personajes del Antiguo Testamento, por haber sido cabezas de numerosas familias. 2 Título de algunos obispos de iglesias principales, como las de Alejandría, Jerusalén y Antioquía. 3 Por extensión, título de algunos prelados sin ejercicio ni jurisdicción. 4 Cualquiera de los fundadores de las órdenes religiosas. 5 fig. Persona que por su edad y sabiduría ejerce autoridad moral en una familia o colectividad.

patriarcado m. 1 Dignidad de patriarca. 2 Territorio de la jurisdicción de un patriarca. 3 Tiempo que dura la dignidad de un patriarca. 4 Gobierno o autoridad del patriarca. 5 *Antrop.* Organización social primitiva en que la autoridad se ejerce por un varón jefe de cada familia, extendiéndose este poder a los parientes aun lejanos de un mismo linaje. 6 Periodo de tiempo en que predomina este sistema.

patricio, cia adj. 1 *Hist.* En la Roma clásica, descendiente de los primeros senadores establecidos por Rómulo, y clase a la que pertenecían éstos. También s. 2 Se dice del que obtenía la dignidad del patriciado. Más como s. 3 Relativo a los patricios.

Patricio, san Patrón de Irlanda (Bannauenta, Bretaña, h. 385 - Saul, 461). Fue enviado a evangelizar Irlanda por orden del papa Celestino I (432).

patrimonial adj. 1 Relativo al patrimonio. 2 Perteneciente a uno por razón de su patria, padre o antepasados.

patrimonio m. 1 Hacienda que una persona ha heredado de sus ascendientes. 2 fig. Bienes propios ad-

Patroclo muerto en combate. Crátera griega del siglo VI a. C. Museo Nacional (Atenas).

quiridos por cualquier título. **3** *Der.* Conjunto de bienes pertenecientes a una persona natural o jurídica, o afectos a un fin, susceptibles de estimación económica. ||
PATRIMONIO NACIONAL *Econ.* Suma de los valores asignados, para un momento en el tiempo, a los recursos disponibles de un país, que se utilizan para la vida económica.
PATRIO, TRIA adj. **1** Relativo a la patria. **2** Perteneciente al padre o que proviene de él.
PATRIOTA com. Persona que tiene amor a su patria.
PATRIOTERÍA f. Alarde propio del patriotero.
PATRIOTERO, RA adj. *fam.* Que alardea excesiva e inoportunamente de patriotismo. También s.
PATRIÓTICO, CA adj. **1** Perteneciente o relativo al patriota. **2** Se aplica al acto, pensamiento, impulso, etc., que es provocado por el amor a la patria.
PATRIOTISMO m. **1** Amor a la patria. **2** Sentimiento y conducta propios del patriota.
PATRÍSTICA f. *Rel.* **1** Ciencia que tiene por objeto el conocimiento de la doctrina, obra y vida de los padres de la iglesia católica. **2** Doctrina o estudios de dichos padres. Son considerados santos padres, Gregorio Nacianceno, Basilio, Atanasio, Juan Crisóstomo, Cirilo de Alejandría, Ambrosio, Agustín, Gregorio Magno, Jerónimo, Isidoro de Sevilla, Juan Damasceno, Efrén, León Magno, etc.
PATROCINADOR, RA adj. y s. Que patrocina.
PATROCINAR tr. **1** Proteger, amparar, favorecer. **2** Sufragar una empresa, con fines publicitarios, los gastos de un programa de radio o televisión, de una competición deportiva, etc.
PATROCINIO m. Amparo, protección, auxilio.
PATROCLO *Mit.* Héroe legendario, amigo de Aquiles. Murió a manos de Héctor en la guerra de Troya.
PATROLOGÍA f. **1** PATRÍSTICA. **2** Tratado sobre los padres de la iglesia católica. **3** Colección de sus escritos.
PATRÓN, NA m. y f. **1** Defensor, protector. **2** Que tiene cargo de patronato. **3** Santo titular de una iglesia. **4** Protector escogido de un pueblo o congregación. **5** Dueño de la casa donde uno se aloja u hospeda. **6** Amo, señor. **7** PATRONO, persona que emplea obreros. || m. **8** El que manda y dirige un pequeño buque mercante. **9** Modelo que sirve de muestra para sacar otra cosa igual. **10** *Econ.* Metal que se toma como tipo para la evaluación de la moneda en un sistema monetario. || **cortado por el mismo patrón** loc. Se dice de la persona o cosa en la que se advierte gran semejanza con otra.
PATRONAL adj. **1** Relativo al patrono. || f. **2** Asociación o conjunto de patronos.
PATRONATO m. **1** Derecho, poder o facultad que tiene el patrono. **2** Corporación que forman los patronos. **3** Fundación de una obra pía. **4** Consejo formado por varias personas, que ejercen funciones rectoras en una fundación para que cumpla debidamente sus fines.
PATRONÍMICO, CA adj. **1** Entre los griegos y romanos, se decía del nombre del, derivado del perteneciente al padre u otro antecesor, y aplicado al hijo u otro descendiente, denotaba en éstos la calidad de tales. **2** Se dice del apellido formado del nombre de los padres.
PATRONO, NA m. y f. **1** Protector, defensor. **2** Persona que tiene derecho o cargo de patronato. **3** Santo titular de una iglesia o de un pueblo o congregación. **4** Dueño

de la casa donde alguien se hospeda. **5** Persona que emplea obreros.
PATRULLA f. **1** Pequeña partida de gente armada que ronda para mantener el orden y la seguridad. **2** Grupo de buques o aviones que prestan servicio. **3** Este mismo servicio. **4** fig. Pequeño número de personas que van acuadrilladas.
PATRULLAR intr. **1** Rondar una patrulla. **2** Prestar servicio de patrulla los buques o aviones.
PATTON, GEORGE SMITH General estadounidense (San Gabriel, 1885 - Heidelberg, 1945). Durante la Segunda Guerra Mundial, mandó las fuerzas estadounidenses en Túnez y Sicilia (1943). Jefe del III ejército en la batalla de Normandía, en 1945 atravesó el Rhin.
PATUCA Río de Honduras, que nace en el departamento de Olancho con el nombre de Guayape y desemboca en el mar de las Antillas; 485 km.
PATUCO m. Calzado de punto, generalmente en forma de bota, que usan los niños pequeños.
PATULEA f. **1** fam. Soldadesca desordenada. **2** fam. Gente maleante. **3** fam. Muchedumbre de chiquillos.
PÁTZCUARO Lago de México, en el Estado de Michoacán.
PAU Ciudad de Francia, capital del departamento de los Pirineos Atlánticos; 82.157 h. Centro turístico.
PAUKER, ANA Política rumana (Codaesti, 1893 - Bucarest, 1960). Fue secretaria general del Partido Comunista (1944) y ministra de Asuntos Exteriores (1947). En la pugna de 1952 fue destituida de todos sus cargos.
PAÚL[1] m. *Ecol.* Sitio pantanoso cubierto de hierbas.
PAÚL[2] adj. y s. Se dice del clérigo regular de la congregación de misioneros fundada en Francia por san Vicente de Paúl en el siglo XVII.
PAUL, WOLFGANG Físico alemán (Lorenzkirch, 1913 - Bonn, 1993). Realizó trabajos en el campo de la espectroscopia atómica de precisión. En 1989 recibió el premio Nobel de Física, compartido con H. G. Dehmelt y N. F. Ramsey.

George Smith **Patton**

PAULAR m. Pantano o atolladero.
PAULATINO, NA adj. Que procede u obra despacio o lentamente.
PAULHAN, JEAN Escritor francés (Nîmes, 1884 - Neuilly, 1968). Entre sus obras destacan *Las flores de Tarbes* (1941), *Claves de la poesía* (1944) y *Fautrier l'enragé* (1962).
PAULI, WOLFGANG Físico estadounidense de origen austriaco (Viena, 1900 - Zurich, 1958). Realizó investigaciones de física nuclear y de la teoría cuántica de los campos y formuló el principio de exclusión. En 1945 recibió el premio Nobel de Física.
PAULING, LINUS CARL Bioquímico estadounidense (Portland, 1901 - Big Sur, California, 1994). Realizó importantes estudios sobre la estructura de las moléculas de las proteínas. En 1954 recibió el premio Nobel de Química y, en 1962, el de la Paz.
PAULINO, NA adj. Relativo al apóstol san Pablo.
PAULINO DE AQUILEA, SAN Teólogo y obispo de Aquilea (Aquilea, h. 730 - Cividale, 802). Tomó parte activa en la condena del adopcionismo en los concilios de Ratisbona (792), Frankfurt (794) y Friul (796).
PAULINO DE NOLA, SAN (PONCIO MEROPIO ANICIO PAULINO, llamado) Obispo de Nola (Burdeos, 353 - Nola, 431). Considerado uno de los poetas cristianos más destacados, compuso trece *Carmina natalicia* a san Félix, *Poemas* y *Cartas*.
PAULO Nombre de diversos papas (véase PABLO).
PAULO, JULIO Jurisconsulto romano (fines del s. II a. C.). Fue consultor de Septimio Severo.
PAULO, LUCIO EMILIO Cónsul romano (s. III a. C.). Ocupó el consulado en 219 y 216 a. C. Tomó parte con Terencio Varrón en la batalla de Cannas (216 a. C.), en la que murió.
PAULO, LUCIO EMILIO General romano (Roma, h. 230 - íd., 160 a.C.). Padre de Publio Cornelio Escipión. Fue pretor de la España Ulterior, donde combatió contra los lusitanos (191-190 a. C.). Ocupó el consulado en 186 y 182 a. C. En 168 volvió a ser designado cónsul y, enviado a Macedonia, sometió a Perseo en Pidna, por lo que se ganó el sobrenombre de *el Macedonio*.
PAULONIA f. *Bot.* Árbol perteneciente a la familia bignoniáceas, de nombre científico *Paulownia tomentosa*, originario de Japón, de flores azules y olorosas.
PAULUS, FRIEDRICH VON Militar alemán (Breitenau, 1890 - Dresde, 1957). Al mando del VI ejército, fue derrotado en la batalla de Stalingrado.
PAUPERISMO m. Existencia de gran número de pobres en un Estado, en particular cuando procede de causas permanentes.
PAUPÉRRIMO, MA adj. Superlativo de pobre.
PAURÓPODO, DA adj. y m. *Zool.* **1** Se dice del miriápodo de unos milímetros de longitud, con el tronco formado por 11 ó 12 segmentos provistos de nueve o diez pares de patas, con respiración cutánea y los sexos separados. Son cosmopolitas. || m. pl. *Zool.* **2** Orden de estos miriápodos.
PAUSA f. **1** Breve interrupción del movimiento, acción o ejercicio. **2** Tardanza, lentitud. **3** *Mús.* Intervalo breve. **4** *Mús.* Signo de la pausa en la música escrita.
PAUSANIAS General espartano (? - ?, h. 471 a. C.). Venció a los persas en Platea (479 a. C.). Acusado de conspiración, fue encerrado en el templo de Minerva hasta morir de hambre.
PAUSANIAS Geógrafo griego (Magnesia, h. 150 - ?). Escribió *Itinerario de Grecia*, que constituye una fuente interesante para el estudio de la mitología y la arqueología griegas.
PAUSTOVSKI, KONSTANTIN GEORGIEVICH Escritor ruso (Moscú, 1892 - íd., 1968). Escribió numerosas narraciones. Su obra más importante es su autobiografía *Historia de una vida* (1946-62).
PAUTA f. **1** Instrumento para rayar el papel en que los niños aprenden a escribir o conjunto de rayas hechas con este instrumento. **2** PENTAGRAMA. **3** fig. Cualquier instrumento o norma que sirve para gobernarse. **4** fig. Dechado o modelo.
PAUTAR tr. **1** Rayar el papel con la pauta. **2** fig. Dar reglas o determinar el modo de ejecutar una acción. **3** Señalar en el papel las rayas necesarias para escribir las notas musicales, o pentagrama.
PAUTE Río de Ecuador, que nace en la cordillera Occidental de los Andes. Recorre 176 km hasta unirse al río Zamora y formar el Santiago.
PAVA f. **1** Hembra del pavo. **2** fig. y fam. Mujer sosa y desgarbada. También adj. **3** *Arg.* y *Par.* Recipiente de metal con asa en la parte superior, tapa y pico para calentar agua. **4** *Pan.* Sombrero de mujer, de ala ancha. **5** *Venez.* Mala suerte. || **pelar la pava** fr. fig. y fam. Conversar los mozos y las mozas a través de las rejas o balcón.
PAVADA f. **1** Manada de pavos. **2** Cierto juego de niños. **3** fig. y fam. Sosería, insulsez.
PAVANA f. **1** *Danza*. Danza antigua, española según unos, italiana según otros, cuyas características son el

movimiento grave y pausado. **2** *Mús.* Música de esta danza. **3** Especie de esclavina.

PAVAROTTI, LUCIANO Tenor italiano (Módena, 1935). Dotado de una bellísima y potente voz, se ha convertido en una de las estrellas más destacadas de la historia operística.

PAVELIC, ANTE Político yugoslavo (Bradina, 1889 - Madrid, 1959). En 1929 creó la organización terrorista croata *Ustacha*. Organizó el asesinato del rey Alejandro I (1934), en Marsella y fue jefe del Estado de Croacia (1941).

PAVERO, RA m. y f. **1** Persona que cría y vende pavos. || m. **2** Sombrero de ala ancha y recta y copa cónica.

PAVÉS m. **1** Escudo oblongo que cubría casi todo el cuerpo del combatiente. **2** Pieza de vidrio moldeado que se usa en construcción para levantar marquesinas.

PAVESA f. *Quím.* Chispa que salta de una materia inflamada y se convierte en ceniza.

PAVESE, CESARE Escritor italiano (Santo Stefano Belbo, 1908 - Turín, 1950). Es, junto a E. Vittorini, el iniciador del neorrealismo italiano. Autor de *De tu tierra* (1941), *Fiestas de Agosto* (1945), *Diálogos con Leucò* (1947), *Antes que el gallo cante* (1948), *El bello verano* (1949) y *La luna y las fogatas* (1950). Póstumante, se publicaron la colección de poesías *Vendrá la muerte y tendrá tus ojos* (1951), su diario, *El oficio de vivir* (1952), la colección de cuentos *Notte di festa* (1954) y la novela *Fuoco grande* (1959).

PAVEZNO m. *Zool.* PAVIPOLLO.

PAVÍA f. *Agr.* **1** Variedad de melocotonero, de fruto con carne jugosa y pegada al hueso. **2** Fruto de este árbol.

PAVÍA 1 Provincia de Italia, en la región de Lombardía; 2.965 km^2 y 493.319 h. **2** Ciudad de Italia, capital de la provincia de su nombre, a orillas del Tesino; 75.373 h. Universidad y cartuja renacentista. Victoria de las tropas imperiales de Carlos V (1525) sobre las francesas de Francisco I.

PAVIANO, NA adj. Natural de Pavía, o perteneciente a esta ciudad. También s.

PÁVIDO, DA adj. Tímido, medroso.

PAVIMENTAR tr. Solar, poner suelo.

PAVIMENTO m. Suelo, piso artificial.

PAVIPOLLO m. *Zool.* Pollo del pavo.

PAVISOSO, SA adj. Bobo, sin gracia.

PAVLOV, IVÁN PETROVICH Fisiólogo y médico ruso (Leningrado, 1849 - Moscú, 1936). Realizó investigaciones sobre las glándulas digestivas y desarrolló el concepto de reflejo condicionado. En 1904 recibió el premio Nobel de Fisiología y Medicina.

PAVLOVA, ANA Bailarina rusa (San Petersburgo, 1885 - La Haya, 1931). Actuó varias temporadas con los ballets rusos de Diaghilev y destacó especialmente en la interpretación de *La muerte del cisne*.

PAVO, VA m. y f. *Zool.* Ave galliforme perteneciente a la familia faisánidos, de nombre científico *Meleagris gallopavo*, de más de un metro de altura, con el plumaje de color pardo verdoso, cabeza y cuello sin plumas y cubiertos de carúnculas rojas, así como la membrana eréctil que lleva encima del pico. **2** fig. y fam. Hombre soso o incauto. También adj. **3** fig. *Chile* Pasajero clandestino, polizón. || **PAVO REAL** *Zool.* Ave galliforme perteneciente a la familia faisánidos, de nombre científico *Pavo cristatus*, con plumaje de vistosos colores azules, verdes, amarillos y negros con reflejos metálicos, en el macho. || **comer pavo** fr. fam. En un baile, quedarse sin bailar una mujer. || **subírsele** a uno **el pavo** fr. fig. y fam. RUBORIZARSE.

PAVO *Astron.* Pequeña constelación del cielo sur.

PAVÓN m. **1** *Zool.* PAVO REAL. **2** *Zool.* Nombre que se da a algunas mariposas de la familia saturnidos, género *Saturnia*, por las manchas redondeadas de sus alas. **3** *Met.* Capa superficial de óxido abrillantado, de color azulado, negro o café, con que se cubren las piezas de acero para mejorar su aspecto y evitar la corrosión.

PAVÓN *Astron.* PAVO.

PAVÓN, BATALLA DE *Hist.* Nombre de dos confrontaciones armadas que tuvieron lugar en 1820 y 1861, respectivamente, a orillas del arroyo Pavón. En la primera, el ejército de Buenos Aires, a las órdenes de Dorrego, se enfrentó con las fuerzas del gobernador de Santa Fe, Estanislao López. En la segunda se enfrentaron el ejército de Buenos Aires, dirigido por Mitre, y las fuerzas confederadas, a las órdenes de Urquiza. La victoria de Mitre supuso el fin de la Confederación Argentina y el predominio de Buenos Aires sobre el resto de las provincias.

PAVONAR tr. *Met.* Dar pavón al hierro o al acero.

PAVONEAR intr. **1** Alardear, presumir. También prnl. **2** fig. y fam. Hacer desear una cosa a uno.

PAVONEO m. Acción de pavonar o pavonearse.

PAVOR m. Temor, con espanto o sobresalto.

PAYA f. *Arg.* y *Chile Folk.* Composición dialogada que improvisan y acompañan en la guitarra los payadores.

La **Paz** (Bolivia). Vista aérea.

PAYADA f. *Arg.*, *Chile* y *Urug.* Canto del payador. || **PAYADA DE CONTRAPUNTO** *Folk.* Certamen poético y musical de los payadores.

PAYADOR m. *Arg.*, *Chile* y *Urug.* Cantor popular errante, pallador.

PAYAGUÁ adj. **1** Se dice de un pueblo amerindio del grupo guaycurú que habitaba en el Chaco paraguayo. Más como m. pl. **2** Se dice también de sus individuos. También com. **3** Relativo a este pueblo. || m. *Ling.* **4** Dialecto de los payaguaes o payaguás.

PAYÁN, ELISEO General y político colombiano (Cali, 1825 - Puya, 1895). Fue vicepresidente de la República en 1886 y presidente interino en 1887 y 1888.

PAYASO, SA m. y f. **1** Artista de circo que hace de gracioso, con trajes, ademanes, dichos y gestos apropiados. || adj. **2** Persona poco seria, propensa a hacer reír con sus dichos o hechos. También s.

PAYÉS, SA m. y f. Campesino o campesina de Cataluña o Baleares.

PAYNO, MANUEL Escritor mexicano (México, 1810 - San Ángel, 1894). Es autor de dos extensos relatos como *Los bandidos de Río Frío* (1889-91) y *El fistol del diablo* (1845-46), y la novela *El hombre de la situación* (1861).

PAYO, YA adj. y m. **1** Aldeano. || m. **2** Campesino ignorante y rudo. **3** Para el gitano, el que no pertenece a su raza.

PAYO, OBISPO CHETUMAL.

PAYRÓ, ROBERTO Escritor argentino (Mercedes, 1867 - Buenos Aires, 1928). Autor de novelas como *El casamiento de Laucha* (1906), *Cuentos de Pago Chico* (1908), y las obras dramáticas *Canción trágica* (1902) y *Sobre las ruinas* (1904).

PAYSANDÚ 1 Departamento de Uruguay; 13.922 km^2 y 107.706 h. **2** Ciudad capital del mismo; 75.081 h. Centro comercial agrícola y ganadero. Activo puerto en el río Uruguay. Fue fundada en 1772 por Gregorio Soto.

PAZ f. **1** Situación y relación mutua de quienes no están en guerra. **2** Tratado o convenio que se concuerda entre las partes beligerantes para poner fin a una guerra. También pl. **3** Sosiego, en contraposición a riña o pleito. **4** Reconciliación. Más en pl. **5** Tranquilidad y sosiego del alma. **6** Genio pacífico, sosegado y apacible. **7** *Liturg.* En la misa, rito que precede a la comunión y que consiste en que a las palabras del sacerdote *daos fraternalmente la paz*, los miembros de la asamblea se la ofrecen unos a otros con un gesto adecuado: inclinación, apretón de manos, etc. **8** PORTAPAZ. || **PAZ OCTAVIANA** fig. Quietud y sosiego generales, como se gozaban en el imperio romano en la época de Octavio Augusto. || **a la paz de Dios** loc. fam. Usada como fórmula de saludo o despedida. || **estar en paz** fr. En el juego, tener igualdad de dinero o tantos. || **ir en paz**, o **con la paz de Dios** fr. con que cortésmente despide a uno al que estaba en su compañía o conversación. || **¡paz!** interj. que se usa para ponerla o solicitarla entre los que riñen.

PAZ, JOSÉ MARÍA Militar y escritor argentino (Córdoba, 1791 - Buenos Aires, 1854). Venció a los caudillos Bustos y Quiroga. Hecho prisionero, consiguió huir a Uruguay donde organizó la defensa de Montevideo contra Oribe. Caído Rosas, fue ministro de la Guerra.

PAZ, JUAN CARLOS Compositor argentino (Buenos Aires, 1901 - íd., 1972). Evolucionó desde el impresionismo hacia el neoclasicismo, para desembocar definitivamente en el dodecafonismo y el serialismo.

PAZ, LA Departamento de El Salvador; 1.224 km^2 y 245.915 h. Capital, Zacatecoluca.

PAZ, LA Departamento de Bolivia; 133.985 km^2 y 2.406.377 h. **2** Ciudad capital administrativa de Bolivia y del departamento de su nombre, al pie del Illimani y al SE del lago Titicaca, situada a 3.630 m de altura; 1.000.899 h. Se llama oficialmente *La Paz de Ayacucho*; es la capital efectiva del país y sede del gobierno, aunque por razones históricas sea Sucre la capital oficial. Bellos edificios, entre ellos el palacio del gobierno, el parlamento, la catedral y la universidad. Fue fundada en 1548 por el capitán Alonso de Mendoza, sobre un antiguo asiento minero indígena.

PAZ, LA Departamento de Honduras; 2.331 km^2 y 112.000 h. **2** Ciudad capital del mismo; 11.238 h. Fue fundada en 1792.

PAZ, LA Ciudad de México, capital del Estado de Baja California Sur; 137.641 h. Centro turístico: estación balnearia y pesca deportiva.

PAZ, OCTAVIO Escritor mexicano (Ciudad de México, 1914 - íd., 1998). Su obra está situada en una perspectiva crítica de la modernidad, combinada con la experiencia religiosa oriental. Cultiva la poesía, nacida en el postsimbolismo, estructurada después en una enumeración verbal libre: *Luna silvestre* (1933), *Libertad bajo palabra* (1949), *Semillas para un himno* (1954), *La estación

Octavio **Paz** recibiendo el premio Cervantes de manos del rey Juan Carlos I.

violenta (1958), *Ladera este* (1969), *Árbol adentro* (1987) y *Delta de cinco brazos* (1994). Entre sus ensayos destacan *El laberinto de la soledad* (1950), *El arco y la lira* (1956), *Cuadrivio* (1965), *Conjunciones y disyunciones* (1969), *Los hijos del limo* (1973), *El mono gramático* (1974), *El ogro filantrópico* (1979), *Sor Juana Inés de la Cruz o las trampas de la fe* (1983) y *La otra voz: poesía y fin de siglo* (1990). Premio Cervantes en 1981 y Nobel de Literatura 1990.

Paz, Río de la Río de América Central, que nace en Guatemala y desemboca en el Pacífico; 57 km.

Paz Barahona, Miguel Político hondureño (? - ?, 1937). Presidente de la República (1925-29). Firmó un tratado de paz con El Salvador y Guatemala (1927).

Paz Estenssoro, Víctor Político boliviano (Tarija, 1907 - íd., 2001). En 1941 fundó el Movimiento Nacional Revolucionario. Elegido presidente de la República (1950), un golpe de Estado militar impidió que tomara posesión. Posteriormente, ocupó la presidencia (1952-56 y 1960-64). Pese a ser reelegido, las huelgas mineras motivaron el golpe de Estado del general Barrientos y su caída (octubre de 1964). Años después, asumió por cuarta vez la presidencia de la República (1985-89).

Paz García, Policarpo Militar y político hondureño (Goascorán, 1932). Encabezó la junta militar que derrocó a Melgar Castro (1978). Fue designado por presidente interino por la Asamblea constituyente (1980-82).

Paz Soldán, Edmundo (José Edmundo Paz Soldán, más conocido como) Escritor boliviano (Cochabamba, 1967). Autor de las novelas *Días de papel* (1992), *Alrededor de la torre*, *Río Fugitivo* (1999) y *Sueños digitales* (2000) y los volúmenes de cuentos *Las máscaras de la nada* (1990), *Desapariciones* (1994) y *Amores imperfectos* (1998).

Paz Soldán, Mariano Felipe Historiador y político peruano (Arequipa, 1821 - Lima, 1886). Fue ministro de Relaciones Exteriores en el gobierno del general Castilla, y de Justicia en el de Balta. Autor de *Historia del Perú independiente* (1868-74) y *Narración histórica de la guerra del Pacífico* (1984).

Paz Soldán y Unanue, Pedro (llamado Juan de Arona) Escritor peruano (Lima, 1839 - íd., 1895). En su obra poética, adscrita al romanticismo, destacan *Ruinas* (1863) y *Sonetos y chispazos* (1885).

Paz Zamora, Jaime Político boliviano (La Paz, 1943). Líder del Movimiento de Izquierda Revolucionario (MIR), ocupó la vicepresidencia de la República durante el segundo mandato de Siles Zuazo. Presidente de la República (1989-93).

pazguato, ta adj. y s. Simple, que se pasma o admira de lo que ve u oye.

pazo m. En Galicia, casa solariega, y especialmente la edificada en el campo.

pazote m. *Bot.* Planta herbácea de la familia quenopodiáceas, aromática. Sus flores y hojas se toman en infusión, a manera de té.

Pazzi Geneal. Familia florentina que gozó de gran influencia en los últimos tiempos de la República de Florencia y fue rival de los Médicis.

Pb *Quím.* Símbolo del plomo.
pc *Astron.* Abreviatura de parsec.
PC m. *Inform.* Siglas de ordenador personal.
PCE Comunista de España, Partido.
¡pche! o **¡pchs!** Interjecciones que denotan indiferencia, displicencia o reserva.

PCR Siglas de la expresión inglesa *Polymerase Chain Reaction*, reacción en cadena de las polimerasas. Técnica que permite multiplicar infinitas veces cualquier fragmento de material genético.

PCUS (Siglas de *Partido Comunista de la Unión Soviética*.) *Polít.* e *Hist.* Partido político fundado por Lenin en 1898. Se mantuvo en el poder como partido único desde 1917 hasta 1991, año en el que se disolvió.

Pd *Quím.* Símbolo del paladio.
pe f. Nombre de la letra *p.* || **de pe a pa** loc. adv. fig. y fam. Enteramente, desde el principio al fin.
-pea suf. poe-.

Peace Río de Canadá, afluente del Esclavo; 1.600 km.
Peacok, Thomas Love Escritor inglés (Weymouth, 1785 - Lower Halliford, 1866). Autor de novelas satíricas como *Headlong Hall* (1816), *Nightmare Abbey* (1818), etc.

peaje m. Derecho de tránsito.
peal m. 1 Parte de la media que cubre el pie. 2 Media sin pie que se sujeta a éste con una trabilla. 3 Paño con que se cubre el pie. 4 Esterilla circular de esparto que se pone en las jaulas de los reclamos de perdiz. 5 fig. y fam. Persona inútil, torpe. 6 *Amér.* Cuerda con que se amarran o traban las patas de un animal. 7 *Amér.* Lazo que se arroja a un animal para derribarlo.

Peale, Charles Wilson Pintor y grabador estadounidense (Chesterton, 1741 - Filadelfia, 1827). Notable retratista, representó en varias ocasiones a Washington.
peana f. 1 Basa o apoyo para colocar encima una figura u otra cosa. 2 Tarima del altar.

Peano, Giuseppe Lógico y matemático italiano (Cuneo, 1858 - Turín, 1932). Considerado uno de los padres de la lógica simbólica, aplicó ésta a los fundamentos de la matemática. Ideó un sistema de signos que permitía expresar todas las proposiciones lógicas sin recurrir al lenguaje ordinario.

Pearl Harbor *Hist.* Base naval y aérea de EE UU, Estado de Hawai, en la costa meridional de la isla de Oahu. El ataque sorpresa de que fue víctima por parte de los japoneses originó la entrada de EE UU en la Segunda Guerra Mundial (7 de diciembre de 1941).

Pearson, Karl Matemático y estadístico británico (Londres, 1856 - íd., 1936). Aplicó la estadística a la biología.

Pearson, Lester Bowles Político canadiense (Toronto, 1897 - Ottawa, 1972). Ministro de Asuntos Exteriores (1948-57), fue designado presidente de la Asamblea General de la ONU (1952). Premio Nobel de la Paz en 1957, por su mediación en el conflicto de Suez (1956). Ocupó el cargo de primer ministro en 1963-67.

Peary, Robert Edwin Explorador y geógrafo estadounidense (Cresson Springs, 1856 - Washington, 1920). Exploró el N de Groenlandia y fue el primero en llegar al Polo Norte (1909).

peatón, na m. y f. 1 Persona que camina a pie, en contraposición a quien va en vehículo. || m. 2 Valijero o correo de a pie.

pebete¹ m. 1 Pasta de polvos aromáticos que encendida exhala un humo fragante. 2 Canutillo de pólvora que sirve para encender los fuegos artificiales. 3 fig. y fam. Cualquier cosa que tiene mal olor.

pebete², ta m. y f. *Arg.* y *Urug.* Muchacho o muchacha, pibe.

pebetero m. Vaso para quemar perfumes.

pebre amb. 1 Salsa de pimienta, ajo, perejil y vinagre. || m. 2 *Chile* Puré de patatas.

peca f. Mancha pigmentaria que aparece normalmente en la cara.

pecado m. 1 Acción, conducta, pensamiento, etc., condenado por la religión. 2 Por extensión, cualquier falta. 3 Estado de la persona que ha pecado. 4 fig. y fam. El diablo. || **pecado contra natura** o **contra naturaleza** *Teol.* Según la iglesia católica, sodomía o cualquier acto carnal contrario a la generación. || **pecado mortal** *Teol.* Según la iglesia católica, el que es muy grave y causa la condenación. || **pecado original** *Teol.* Aquel en que es concebido el hombre por descender de Adán. || **pecado venial** *Teol.* El que es leve.

pecaminoso, sa adj. 1 Relativo al pecado o al pecador. 2 fig. Se aplica a las cosas contaminadas por el pecado.

pecán m. *Bot.* Árbol perteneciente a la familia juglandáceas, de nombre científico *Carya illinoinensis*. Crece en EE UU. Sus frutos son nueces.

Peçanha, Nilo Político brasileño (Campos, 1857 - Rio de Janeiro, 1924). En 1906 ocupó la vicepresidencia de la República y, a la muerte de Moreira Penna (1909), la presidencia, cargo que abandonó en 1910.

pecar intr. 1 Quebrantar la ley divina. 2 Faltar a una obligación o a la observancia de una regla o precepto.

pecarí m. *Zool.* Nombre de varias especies de mamíferos artiodáctilos americanos de la familia tayasuidos, género *Tayassu*, parecidos a los jabalíes, pero de tamaño inferior.

pecblenda o **pechblenda** f. *Miner.* Mineral de uranio, de composición muy compleja, en la que entran ordinariamente varios metales raros, entre ellos el radio.

peccata minuta expr. fam. Error, falta o vicio leve.
pecera f. Vasija o globo de cristal, que se llena de agua y sirve para tener a la vista uno o varios peces.

Peces *Astron.* Constelación zodiacal, cuyo nombre científico es *Pisces*, aunque por error suele decirse *Piscis*. Debido a la precesión de los equinoccios, el signo del Zodiaco no coincide con la constelación de su nombre, sino con la de Acuario.

pechada f. 1 *Amér.* Golpe, encontronazo dado con el pecho o con los hombros. 2 *Amér.* Golpe que da el jinete con el pecho del caballo. 3 fam. *Arg.* Acto de sacar dinero a alguien, sablazo.

pechador, ra m. y f. *Amér.* Sablista, estafador.
pechar tr. 1 Pagar pecho o tributo. 2 *Amér.* Sablear, estafar. || intr. 3 Asumir una carga.
pechblenda f. *Miner.* pecblenda.

pechera f. 1 Pedazo de lienzo o paño que se pone en el pecho para abrigarlo. 2 Chorrera de la camisola. 3 Parte de la camisa y otras prendas de vestir que cubren el pecho. 4 Pedazo de vaqueta forrado de cordobán y relleno de borra o cerdas que se pone en el pecho a los caballos y mulas de tiro. 5 fam. Parte exterior del pecho.

pechero, ra adj. y s. 1 Obligado a pagar o contribuir con pecho o tributo. 2 Plebeyo.

pechina f. 1 Concha de los peregrinos. 2 *Arquit.* Cada uno de los cuatro triángulos curvilíneos que forman el anillo de la cúpula con los arcos torales.

pechirrojo m. *Zool.* Pardillo, ave.

pecho¹ m. 1 *Anat.* Parte del cuerpo humano que se extiende desde el cuello hasta el vientre, y en cuya cavidad se localizan el corazón y los pulmones. 2 Cada una de las mamas de la mujer. 3 *Zool.* Parte anterior del tronco de los cuadrúpedos. 4 Cuesta, repecho. 5 fig. Interior de hombre. 6 fig. Valor, fortaleza. || **a pecho descubierto** loc. adv. Sin resguardo. También, fig., con sinceridad y nobleza. || **abrir uno su pecho a**, o **con**, otro fr. fig. Descubrirle o declararle su secreto. || **dar el pecho** fr. Dar de mamar. || **entre pecho y espalda** loc. fig. y fam. En el estómago. || **tomar** uno **a pecho** una cosa fr. fig. Darle mucha importancia. || **tomar el pecho** fr. Mamar el niño.

pecho² m. 1 *Hist.* Tributo que se pagaba al rey o señor territorial por los bienes o haciendas. 2 fig. Contribución que se paga por obligación.

Pechora o **Petchora** Río de la Federación de Rusia; nace en los Urales y desemboca en el mar de Barents; 1.809 km.

Pechstein, Max Hermann Pintor alemán (Zwickau, 1881 - Berlín, 1955). En 1906 se unió al grupo *Die Brücke*. Obras: *Muchacha*, *El puente de Leba*, *Autorretrato con pipa*, etc.

pechuga f. 1 Pecho de ave. 2 Cada una de las dos partes del pecho del ave. 3 fig. y fam. Pecho de hombre o de mujer. 4 *Perú* Abuso de confianza.

pechugón, na adj. 1 Se dice de la mujer de pecho abultado. También f. 2 *Chile* Se dice de la persona de mucho empuje y resolución. También s. 3 *Amér.* Sinvergüenza, gorrón. También s. || m. 4 Golpe fuerte que se da con la mano en el pecho de otro. 5 fig. Esfuerzo extremado o impulso fuerte.

Pearl Harbor (Estados Unidos). El acorazado *Maryland* en llamas, durante el ataque japonés de diciembre de 1941.

Max Hermann **Pechstein**. *El puente de Leba*. Galería Nacional (Praga).

PECINA f. Charco negruzco que se forma en los charcos o cauces.
PECIO m. Fragmento de la nave que ha naufragado o porción de lo que ella contiene.
PECÍOLO o **PECIOLO** m. *Bot.* Estructura delgada, a modo de rabillo, que une el limbo foliar al tallo. Tienen carácter aglutinante o gelificante.
PECK, GREGORY (GREGORY ELDRED, llamado) Actor de cine estadounidense (La Jolla, 1916 - Los Ángeles, 2003). Ha intervenido en *Duelo al sol* (1947), *Moby Dick* (1956), *Matar a un ruiseñor* (1962; por la que recibió un Oscar), *La profecía* (1976) y *Gringo viejo* (1989).
PECKINPAH, SAM Director de cine estadounidense (Fresno, California, 1925 - Los Ángeles, 1984). Renovó el *western* y se especializó en filmes de violencia: *Perros de paja* (1971), *Pat Garrett y Billy el Niño* (1973) y *Clave Omega* (1983).
PÉCORA f. Res o cabeza de ganado lanar. || **MALA PÉCORA** fig. y fam. Persona astuta, taimada o viciosa.
PECOS Río de EE UU, que nace en la parte central de Nuevo México y desemboca en el río Grande. 1.490 km.
PECOSO, SA adj. Que tiene pecas.
PECQUET, JEAN Anatomista francés (Dieppe, 1622 - París, 1674). Investigó sobre la retina y descubrió la *cisterna* que lleva su nombre.
PÉCS Ciudad del SO de Hungría, capital del condado de Baranya; 163.000 h.
PECT- pref. PEGMA-.
PECTINA f. *Quím.* Cualquiera de los polisacáridos muy abundantes en las cortezas de las raíces y los frutos. Tienen carácter aglutinante o gelificante.
PECTÍNEO adj. *Anat.* Se dice del músculo que nace en el pubis y se inserta en el fémur. También m.
PECTINIFORME adj. *Biol.* De figura de peine.
PECTO- pref. PEGMA-.
PECTORAL adj. 1 Relativo al pecho. 2 Útil y provechoso para el pecho. También m. || m. 3 Cruz que los obispos llevan sobre el pecho. 4 Racional del sumo pontífice en la ley antigua.
PECTOSA f. *Quím.* Carbohidrato constitutivo de las plantas, que se convierte en pectina por la acción de la enzima pectosinasa.
PECUARIO, RIA adj. Relativo al ganado.
PECULIAR adj. Propio o privativo de cada persona o cosa.
PECULIO m. 1 Dinero del que dispone una persona. 2 Hacienda o caudal que el padre o señor permitía al hijo o siervo para su uso y comercio.
PECUNIA f. fam. Moneda o dinero.
PECUNIARIO, RIA adj. Relativo al dinero efectivo.
PED- pref. PAIDO-.
-PEDA suf. PAIDO-.
PEDAGOGÍA f. Ciencia que se ocupa de la educación y la enseñanza.
PEDAGÓGICO, CA adj. Relativo a la pedagogía.
PEDAL m. 1 Palanca que pone en movimiento un mecanismo oprimiéndola con el pie. 2 *Mús.* En la armonía, sonido prolongado sobre el cual se suceden diferentes acordes. 3 *Mús.* Cada uno de los juegos mecánicos y de voces, que se mueven con los pies para reforzar o debilitar la intensidad del sonido.
PEDALADA f. Impulso dado a un pedal con el pie.

PEDALIÁCEO, A adj. y com. *Bot.* Se dice de la planta angiosperma dicotiledónea, como la alegría. || f. pl. *Bot.* 2 Familia de estas plantas.
PEDANTE adj. y com. Se dice del que hace inoportuno alarde de erudición.
PEDANTERÍA f. 1 Vicio del pedante. 2 Dicho o hecho pedante.
PEDAZO m. Parte o porción de una cosa separada del todo. || **a pedazos** loc. adv. Por partes, en porciones. || **estar** uno **hecho pedazos** fr. fig. y fam. Estar muy cansado. || **ser** uno **un pedazo de pan** fr. fig. y fam. Ser muy bondadoso.
PEDERASTA m. El que comete pederastia.
PEDERASTIA f. 1 Abuso deshonesto cometido contra los niños. 2 Sodomía.
PEDERNAL m. 1 *Geol.* Variedad de cuarzo, de color gris amarillento más o menos oscuro. Da chispas al ser golpeado con un eslabón. 2 fig. Dureza grande.
PEDERNALES Provincia de la República Dominicana; 2.070 km² y 18.054 h. Su capital es la ciudad homónima.
PEDERSEN, CHARLES Químico estadounidense de origen noruego (Pusan, Corea, 1904 - Salem, 1989). En 1987 recibió el premio Nobel de Química, compartido con D. J. Cram y J. Lehn, por el conjunto de su obra sobre los ésteres en corona.
PEDESTAL m. 1 Cuerpo sólido con basa y cornisa, que sostiene una columna, estatua, etc. 2 Pie o peana. 3 fig. Fundamento.
PEDESTRE adj. 1 Que anda a pie. 2 Se dice del deporte que consiste en andar y correr. 3 fig. Vulgar, inculto.
PEDESTRISMO m. Conjunto de deportes pedestres.
-PEDÉUTICA suf. PAIDO-.
PEDI-; -PEDA, -PEDO pref. o sufs. que significan pie.
-PEDIA suf. PAIDO-.
PEDIATRA o **PEDÍATRA** com. *Med.* Especialista en pediatría.
PEDIATRÍA f. *Med.* Rama de la medicina que estudia las enfermedades del niño.
PEDICELO m. *Bot.* Columna carnosa que sostiene el sombrerillo de las setas.
-PÉDICO suf. PAIDO-.
PEDÍCULO m. 1 *Anat.* Tallo que une una formación normal o anormal, como verruga o cáncer, al órgano o tejido correspondiente. 2 *Bot.* Pedúnculo de la hoja, flor o fruto.
PEDICULOSIS f. *Pat.* Enfermedad cutánea producida por piojos o ladillas.
PEDICURO, RA m. y f. *Med.* Persona que tiene por oficio cuidar las alteraciones menores de los pies.
PEDIDO, DA m. 1 Encargo hecho a un fabricante o vendedor. 2 Acción y efecto de pedir. || f. 3 Petición de mano.
PEDIGRÍ m. 1 Genealogía de un animal. 2 Documento en que consta.
PEDIGÜEÑO, ÑA adj. y s. Que pide con frecuencia e importunidad.
PEDIMENTO m. 1 Escrito que se presenta ante un juez. 2 Cada una de las solicitudes que en el escrito se formulan.
PEDIPALPO m. *Zool.* Cada uno de los apéndices que, en número de dos y simétricamente dispuestos, poseen los arácnidos en el cefalotórax.

PEDIR tr. 1 Rogar o demandar a uno para que dé o haga una cosa. 2 Poner precio. 3 Requerir una cosa, exigirla como necesaria o conveniente. 4 Querer, desear o apetecer. 5 En el juego de naipes, obligar a servir la carta del palo que se ha jugado. || intr. 6 Pedir limosna
♦ IRREG. Véase cuadro.

PEDIR

INDICATIVO
Pres.: pido, pides, pide, pedimos, pedís, piden.
Pret. imperf.: pedía, pedías, etc.
Pret. indef.: pedí, pediste, pidió, pedimos, pedisteis, pidieron.
Fut. imperf.: pediré, pedirás, etc.
Condic.: pediría, pedirías, etc.
SUBJUNTIVO
Pres.: pida, pidas, pida, pidamos, pidáis, pidan.
Pret. imperf.: pidiera, pidieras, etc., o pidiese, pidieses, etc.
Fut. imperf.: pidiere, pidieres, etc.
IMPERATIVO: pide, pedid.
PARTICIPIO: pedido.
GERUNDIO: pidiendo.

PEDO m. 1 Ventosidad que se expele del vientre por el ano. 2 vulg. BORRACHERA. 3 Estado similar al de la borrachera, producido por alguna droga. || **PEDO DE LOBO** *Bot.* BEJÍN.
PEDO- pref. PAIDO-.
-PEDO suf. PEDI-.
PEDORREAR intr. Expeler pedos repetidos.
PEDORRETA f. Sonido hecho con la boca, imitando el pedo.
PEDORRO, RRA adj. y s. Que echa pedos repetidamente.
PEDRADA f. 1 Acción de arrojar con impulso una piedra. 2 Golpe que se da con la piedra tirada. 3 Señal que deja. 4 Adorno de cinta que usaban antiguamente los soldados para llevar plegada el ala del sombrero. 5 Lazo que se ponían las mujeres a un lado de la cabeza. 6 fig. y fam. Expresión dicha con intención de que otro la sienta y se dé por aludido.
PEDRARIAS DÁVILA (PEDRO ARIAS DÁVILA, llamado) Conquistador español (Segovia, 1440 - León, Nicaragua, 1530). Enviado como gobernador a Castilla del Oro (1514), organizó diversas expediciones y coadyuvó a otras, como la conquista del Cuzco por Pizarro y Almagro. Fundó la ciudad de Panamá (1519). En 1527, le fue otorgada la gobernación de Nicaragua.
PEDREA f. 1 Acción de apedrear. 2 Combate a pedradas. 3 Acto de caer piedras de las nubes. 4 fam. Conjunto de los premios menores de la lotería nacional.
PEDREGAL m. Terreno cubierto de piedras sueltas.
PEDREGOSO, SA adj. Se dice del terreno cubierto de piedras.
PEDRELL, CARLOS Compositor uruguayo (Minas, 1878 - París, 1941). Sobrino y discípulo de Felipe Pedrell, compuso la ópera *Ardid de amor* (1917) y el ballet *Aleluya* (1936).
PEDRERA f. Cantera de donde se sacan las piedras.
PEDRERÍA f. Conjunto de piedras preciosas.
PEDRISCAL m. Pedregal.
PEDRISCO o **PEDRISCA** m. o f. 1 Conjunto de piedras sueltas. 2 *Meteor.* Granizo grueso y abundante.
PEDRO Nombre de dos emperadores de Brasil.
PEDRO I (Lisboa, 1798 - íd., 1834). Hijo de Juan VI de Portugal. Emigró a Brasil con su familia durante la invasión francesa. Tras el regreso de su padre a Portugal, quedó como príncipe regente (1821). En septiembre de 1822 proclamó la independencia y fue coronado emperador. Al morir Juan VI (1826), heredó la corona de Portugal, pero abdicó en favor de su hija María II. Tras la insurrección de Río de Janeiro, abdicó en su hijo, Pedro II. Organizó un ejército contra su hermano Miguel, que había destronado a la reina María.
PEDRO II (Río de Janeiro, 1825 - París, 1891). Sucedió a su padre, Pedro I, en 1831 y se le nombró un regente hasta 1840. Abdicó en 1889 al proclamarse la república.
PEDRO Nombre de diversos reyes de Aragón.
PEDRO I Rey de Aragón y Navarra (?, 1074 - Huesca, 1104). Primogénito de Sancho I Ramírez, tras la muerte de su padre (1094), fue proclamado rey. Reafirmó la alianza con el Cid y, en 1096, conquistó Huesca. Posteriormente, combatió en Valencia y en 1101 reconquistó Barbastro. Durante su reinado se reglamentó el fuero de los infanzones.
PEDRO II EL CATÓLICO Rey de Aragón y de Cataluña (?, 1174 - Muret, Francia, 1213). Hijo de Alfonso II y

padre de Jaime I el conquistador. Accedió al trono en 1196. Tomó parte, unido a Castilla y Navarra, en la batalla de las Navas de Tolosa (1212). Murió en la batalla de Muret, en defensa de sus vasallos albigenses.

PEDRO III EL GRANDE Rey de Aragón, Cataluña y Valencia (?, 1239 - Villafranca del Penedés, 1285). Hijo de Jaime I el Conquistador, le sucedió en 1276. Hizo la guerra a los musulmanes de Valencia; redujo a los nobles en Balaguer y convirtió en feudatario a su hermano, el rey de Mallorca. Batió a la flota de Carlos de Anjou y se apoderó de la isla de Sicilia (1282-83), de la que fue proclamado rey. El Papa le excomulgó y concedió sus Estados a Carlos de Valois.

PEDRO IV EL CEREMONIOSO Rey de Aragón y Cataluña (Balaguer, 1317 - Barcelona, 1387). Hijo de Alfonso IV, a quien sucedió en 1336. Se apoderó de Mallorca y el Rosellón y contuvo la sublevación de Cerdeña (1355). Casó a su hija Constanza con el rey de Sicilia y, muerto su yerno, se proclamó rey (1277). Apoyó a Enrique de Trastámara en la guerra de Castilla (1356-1369). Escribió una *crónica* de su reinado con Bernat Descoll.

Pedro IV el Ceremonioso, rey de Aragón.
Anónimo de la escuela valenciana.
Museo de Arte de Cataluña (Barcelona).

PEDRO Nombre de diversos reyes de Portugal.
PEDRO I (Coimbra, 1320 - Estremoz, 1367). Hijo de Alfonso IV, le sucedió en 1357. Durante su reinado se reunieron las cortes de Elvas (1361), en las que apoyó al tercer estado frente al clero y la nobleza.
PEDRO II (Lisboa, 1648 - Coimbra, 1706). Tercero de los hijos de Juan IV y de Luisa de Guzmán, en 1667 arrebató el trono a su hermano Alfonso IV, lo deportó a las islas Terceras y se nombró regente hasta su muerte (1683), fecha en que fue coronado. Mediante el tratado de Madrid (1668) estableció la paz con Carlos II de España. Durante la guerra de Sucesión se alió con el archiduque Carlos.
PEDRO III Rey consorte de Portugal (Lisboa, 1717 - íd., 1786). Casó con su sobrina María I (1760). Entregó el gobierno al marqués de Pombal. Firmó con España el acta de El Pardo (1778).
PEDRO IV PEDRO I, emperador de Brasil.
PEDRO V (Lisboa, 1837 - íd., 1861). Hijo de María II, a quien sucedió en 1853 bajo la regencia de su padre, Fernando II.

PEDRO Nombre de diversos zares de Rusia.
PEDRO I EL GRANDE (Moscú, 1672 - San Petersburgo, 1725). De 1682 a 1689 reinó con su hermanastro Iván V hasta 1689. En 1703 trasladó la capital a San Petersburgo. Reformó las circunscripciones militares, suprimió la duma y concentró en sus manos todo el poder como jefe del ejército y de la iglesia. Fomentó la traducción de libros extranjeros y, en 1724, fundó la Academia de Ciencias de San Petersburgo. Venció a Carlos XII de Suecia en Poltava (1709). Por el tratado de Nystad (1721) obtuvo Livonia, Estonia y Finlandia. Le sucedió su esposa, Catalina I.
PEDRO II (San Petersburgo, 1715 - íd., 1730). Hijo de Alejo y nieto de Pedro el Grande. Sucedió a Catalina I en 1727. Dejó el gobierno en manos de sus favoritos. Murió sin descendencia.
PEDRO III (Kiel, 1728 - Ropcha, 1762). Único descendiente masculino de Pedro I, ocupó el trono a la muerte de su tía, la emperatriz Isabel (1761). Casó en

Pedro I el Grande, zar de Rusia. Retrato de Jean Marc Nattier. Museo Histórico (Moscú).

1745 con una princesa alemana, la futura Catalina II. Sus adversarios se organizaron en torno a Catalina, que, aprovechando un viaje del zar, se hizo proclamar emperatriz. Forzado a abdicar, lo asesinaron miembros de su guardia.

PEDRO Nombre de dos reyes de Serbia y Yugoslavia.
PEDRO I KARAGEORGIEVICH Rey de Serbia (Belgrado, 1844 - íd., 1921). Fue elegido por la asamblea nacional en 1903, tras el asesinato del rey Alejandro. En 1918 dejó la regencia a su hijo Alejandro.
PEDRO II KARAGEORGIEVICH Rey de Yugoslavia (Belgrado, 1923 - Los Ángeles, 1970). Tras el asesinato de su padre en 1934, fue declarado sucesor y se hizo cargo de la regencia el príncipe Pablo. En 1941 accedió al poder debido a la oposición desencadenada contra la política germanófila del regente. Abandonó el país ese mismo año al producirse la invasión alemana. En 1945 se proclamó la República.

PEDRO, SAN Apóstol de Jesús y primer papa de la iglesia. (Betsaida, ? - Roma, 67). Pescador en Galilea, siguió a Jesús junto con su hermano Andrés. A la muerte del Maestro, se convirtió en líder del colegio apostólico y predicó el Evangelio en Galacia, Bitinia y Capadocia. Primer obispo de Antioquía, se trasladó después a Roma, cuya sede ocupó durante veinticinco años. Padeció el martirio durante la persecución de Nerón. Escribió dos *epístolas católicas*.

PEDRO I EL CRUEL O **EL JUSTICIERO** Rey de Castilla y León (Burgos, 1334 - Montiel, 1369). Hijo de Alfonso XI, le sucedió en 1350. Casado con Blanca de Borbón en 1353, la abandonó para unirse a María de Padilla. Se apoyó en la pequeña nobleza, los judíos conversos y los comerciantes andaluces, y se enfrentó a la aristocracia terrateniente. Durante su reinado se sucedieron las guerras civiles promovidas por Enrique de Trastámara, hermanastro del rey, quien se alió con el rey de Aragón y trajo a su servicio las Compañías Blancas mandadas por el francés Beltrán Du Guesclin. Pedro I se trasladó a Bayona, donde concertó el apoyo de Inglaterra y Navarra que le permitió derrotar a su rival en Nájera (1367). Tras perder el apoyo inglés en 1369, fue derrotado en Montiel y asesinado.

Pedro I el Cruel, rey de Castilla. Dobla de oro acuñada entre 1339 y 1369. Museo Arqueológico Nacional (Madrid).

PEDRO CELESTINO, SAN CELESTINO V, SAN.
PEDRO CLAVER, SAN Religioso jesuita español (Verdú, 1580 - Cartagena, Colombia, 1654). Embarcó hacia Perú en 1610. Ejerció un ardiente apostolado entre los esclavos negros. Fue canonizado por León XIII en 1888.
PEDRO DAMIÁN, SAN Prelado italiano (Rávena, 1007 - Faenza, 1072). Destacó por su labor diplomática en favor de la iglesia y como promotor de la reforma eclesiástica.
PEDRO DE HUNGRÍA (llamado EL ALEMÁN) Rey de Hungría (Venecia, 999 - Alba Real, 1047). Sobrino del rey san Esteban, al que sucedió en 1038. Destronado en 1041, recuperó el poder en 1044. Fue definitivamente derrocado en 1046.
PEDRO JUAN CABALLERO Ciudad de Paraguay, capital del departamento de Amambay; 37.331 h.
PEDRO LOMBARDO Teólogo italiano (Novara, h. 1100 - París, 1160). Discípulo de Abelardo, fue arzobispo de París. Es llamado *El Maestro de las Sentencias* debido a su obra *Libri quattuor sententiarum*, comentario a las Sagradas Escrituras.
PEDRO DE MORÓN, SAN CELESTINO V, SAN.
PEDRO EL VENERABLE Monje cluniacense (Montboissier, h. 1092 - Cluny, 1156). Abad de Cluny de 1122 a 1156, fue un gran impulsor de su orden.
PEDROJIMÉNEZ m. **1** Variedad de uva propia de algunos pagos de Andalucía, y especialmente de Jerez de la Frontera. **2** Vino dulce hecho de esta uva.
PEDROSO, SA adj. Se dice del terreno con muchas piedras.
PEDROSO, REGINO Poeta cubano (Unión de Reyes, 1896 - La Habana, 1983). Su poesía evolucionó desde el modernismo hacia la protesta social y antiimperialista: *La ruta de Bagdad y otros poemas* (1918-23) y *Los días tumultuosos* (1933-36).
PEDRUSCO m. fam. Pedazo de piedra sin labrar.
PEDUNCULADO, DA adj. *Biol.* Se dice de cualquier estructura que tiene o crece sobre un pedúnculo.
PEDÚNCULO m. **1** *Bot.* Pie de la hoja, flor o fruto. **2** *Zool.* Prolongación que soporta el cuerpo de algunos animales de vida sedentaria, como los percebes.
PEEL, ROBERT Político inglés (Chamber Hall, 1788 - Londres, 1850). Diputado *tory*, desempeñó los cargos de secretario para Irlanda (1812-18) y ministro de Interior (1821-27 y 1828-30). Fue primer ministro (1834-35 y 1841-46).
PEENEMÜNDE Base militar alemana situada cerca de la actual Rostock, en la costa báltica. En la Segunda Guerra Mundial fue centro de investigación y lanzamiento de los proyectiles teledirigidos V-1 y V-2.
PEER intr. y prnl. Expeler la ventosidad del vientre por el ano.
PEERS, EDGAR ALLISON Hispanista inglés (Leighton Buzzard, 1891 - íd., 1952). Se dedicó al estudio de los místicos y del Romanticismo. Escribió *Estudios sobre los místicos españoles* (1927-30), *Ramon Llull, una biografía* (1927) y *El Romanticismo en España* (1940).
PEGA f. **1** Acción de pegar o conglutinar una cosa con otra. **2** Sustancia cualquiera que sirve para pegar. **3** Baño que se da con pez a los vasos o vasijas. **4** Remiendo. **5** fam. Chasco, engaño. **6** Pregunta capciosa o difícil de contestar. **7** Obstáculo, contratiempo, dificultad que se presenta por lo común de modo imprevisto. **8** *Mil.* Acción de pegar fuego a un barreno. **9** *Col., Cuba, Chile y Perú* Trabajo, empleo. **10** *Cuba y P. Rico* Liga para cazar pájaros. **11** *Chile* Periodo en que se transmiten las enfermedades contagiosas. **12** *Chile* Edad en que culminan los atractivos de una persona. **13** *Chile* Entretenimiento, jarana. || **de pega** loc. adj. De mentira, falso.
PEGADIZO, ZA adj. **1** Que se pega o adhiere con facilidad. **2** Que se graba en la memoria con facilidad. **3** Que se comunica o contagia fácilmente. **4** Postizo, falso.
PEGADO, DA adj. **1** fam. Adherido. || m. **2** Parche impregnado por sustancias que se pegan.
PEGAJOSO, SA adj. **1** Que se pega con facilidad. **2** Contagioso o que se comunica fácilmente. **3** fig. y fam. Suave, meloso. **4** fig. y fam. Sobón, fastidioso.
PEGAMENTO m. Sustancia propia para pegar o conglutinar.
PEGAMOIDE m. *Quím.* Celulosa disuelta con que se impregna una tela o papel para obtener una especie de hule resistente.
PEGAMOSCAS f. *Bot.* Planta perteneciente a la familia cariofiláceas, de nombre científico *Ononis natrix*, cuya flor tiene el cáliz cubierto de pelos pegajosos.
PEGAR tr. **1** Adherir una cosa con otra. **2** Unir o juntar. **3** Arrimar o aplicar una cosa a otra, de modo que entre las dos no quede espacio alguno. **4** Transmitir, comunicar una enfermedad, un vicio, etc. También prnl. **5** fig. Castigar o maltratar a alguien. **6** fig. Junto con algunos nombres como *voces, saltos,* etc., expresa la acción que éstos significan. **7** *Bot.* Arraigar una planta. || intr. **8**

Causar impresión en el ánimo una cosa. **9** Caer bien una cosa, ser oportuna. **10** Estar una cosa próxima o contigua a otra. **11** Tropezar. **12** Realizar una acción con decisión y esfuerzo. **13** Asirse o unirse por su naturaleza una cosa a otra, de modo que sea dificultoso separarla. **14** Rimar los versos. **15** Incidir intensamente la luz o el sol en una superficie. || prnl. **16** Reñir, enredarse a golpes o en pelea dos o más personas. **17** Quemarse los guisos en la olla o cazuela en que se cuecen. **18** fig. Meterse uno donde no le llaman. **19** fig. Aficionarse mucho a una cosa. || **pegársela** a uno fr. fam. Chasquearle, burlar su confianza o fidelidad.

PEGÁSIDES Mit. Musas.

PEGASO Mit. Caballo alado, que nació de la sangre de Medusa al ser decapitada por Perseo. Montado sobre él, Belerofonte mató a la Quimera.

PEGASO Astron. Constelación boreal situada entre las de Andrómeda y el Águila.

PEGATINA f. Adhesivo pequeño que tiene impreso un dibujo, un lema o propaganda política, comercial, etc.

-PEGIA suf. PEGMA-.

PEGMA-, PEGMAT-, PECT-, PECTO-; -PEGIA, -PEXIA, -PÉXICO, -PAGO prefs. o sufs. que denotan la idea de fijación: escenopegia, gastropexia, areópago.

PEGMATITA f. Geol. Roca filoniana ácida formada por grandes cristales de cuarzo, feldespato potásico, plagioclasas y moscovita.

PEGO m. Fullería en los juegos de naipes. || **dar el pego** fr. fig. y fam. Aparentar lo que no se es, engañar.

PEGO Municipio y lugar de España, provincia de Alicante; 9.403 h. Restos prerromanos.

PEGOTE m. **1** Emplasto de pez u otra cosa pegajosa. **2** Bot. Fruto del cadillo. **3** fig. Adición o intercalación inútil e impertinente en alguna obra literaria o artística. **4** fig. y fam. Cualquier cosa que está muy espesa y se pega. **5** fig. y fam. Persona impertinente que no se aparta de otra. **6** fig. y fam. PARCHE, cualquier cosa sobrepuesta.

PEGOTEAR tr. Pegar mal una cosa, sin cuidado y ensuciándola.

PEGUERO, RA m. y f. **1** Persona que fabrica o vende pez. || f. **2** Hoyo donde se quema leña de pino para sacar alquitrán y pez.

PEGUJAL m. **1** fig. Cantidad pequeña de siembra, ganado o caudal. **2** Pequeña porción de terreno que el dueño de una finca agrícola cede al guarda para que la cultive por su cuenta.

PEGUJALERO m. **1** Labrador que tiene poca siembra o labor. **2** Ganadero que tiene poco ganado.

PEGUJÓN m. Conjunto de lanas o pelos que se aprietan y pegan unos con otros.

PEGULLÓN m. Pella de lanas o pelos pegados.

PÉGUY, CHARLES Escritor francés (Orleans, 1873 - Villeroy, 1914). En su extensa producción destacan De Jean Coste (1902) y Víctor María, conde Hugo (1911). Desde 1910 compuso poesía religiosa: El misterio de los santos inocentes (1912). Murió en la batalla del Marne.

PEI HO PAI HO.

PEINADO, DA adj. **1** fam. Se dice del hombre que se adorna con esmero excesivo. **2** fig. Se dice del estilo muy cuidado. || m. **3** Adorno y compostura del pelo. **4** En la industria textil, operación que se realiza para depurar fibras textiles.

PEINADOR, RA adj. y s. **1** Que peina. || m. **2** Toalla o lienzo que cubre el cuerpo del que se peina o afeita. || adj. y f. **3** En la industria textil, máquina que efectúa la operación de peinado.

PEINAR tr. **1** Desenredar o componer el cabello. También prnl. **2** fig. Desenredar o limpiar el pelo o lana de algunos animales. **3** Tocar o rozar ligeramente una cosa a otra. **4** Cortar o quitar parte de piedra o tierra de una roca o montaña, escarpándola. **5** fig. Rastrear minuciosamente un territorio diversas personas en busca de alguien o de algo.

PEINAZO m. Listón que atraviesa entre los largueros de puertas y ventanas para formar los cuarterones.

PEINE m. **1** Utensilio que tiene una serie de dientes paralelos, con el cual se limpia y compone el pelo. **2** Carda, instrumento para cardar. **3** Barra con púas, entre las cuales pasan en el telar los hilos de la urdimbre. **4** En algunas armas de fuego, pieza metálica que contiene proyectiles. **5** En los teatros, enrejado con poleas, de donde se cuelgan las decoraciones.

PEINETA f. **1** Peine convexo que usan las mujeres por adorno o para asegurar el peinado. **2** Almohadilla de cuero que se corresponde con el arzón trasero de la silla vaquera.

PEIPUS Lago situado entre Estonia y la Federación de Rusia; 3.512 km². Desagua en el golfo de Finlandia por el río Narova.

PEIRCE, CHARLES SANDERS Filósofo, físico y matemático estadounidense (Cambridge, 1839 - Milford, 1914). Considerado uno de los fundadores del pragmatismo, su obra está reunida en Collected Papers of Charles Sanders Peirce (1931; 6 vols.).

Pekín (China). Templo Xiaoxi.

PEIXOTO, AFRANIO Escritor brasileño (Lenções, 1876 - Rio de Janeiro, 1947). Cultivó el teatro, el ensayo y la novela: Maria Bonita y Uma mulher como as outras.

PEIXOTO, FLORIANO Militar y político brasileño (Maceió, 1842 - Rio de Janeiro, 1895). Participó en la guerra con Paraguay (1865-70) y, posteriormente, apoyó el pronunciamiento republicano que forzó la abdicación de Pedro II (1889). Fue elegido vicepresidente (1891) y, poco después, presidente de la República (1891-94).

PEJE m. **1** Zool. Pez, animal. **2** fig. Hombre astuto. || **PEJE ÁNGEL** Zool. ANGELOTE, pez. || **PEJE ARAÑA** Zool. Pez teleósteo marino, acantopterigio, de carne comestible. || **PEJE DIABLO** Zool. CABRACHO.

PEJESAPO m. Zool. RAPE².

PEJIGUERO, RA m. y f. **1** Persona que pone defectos a todo. También adj. || f. **2** Cosa de poco provecho que causa muchas molestias y dificultades.

PEKÍN (Beijing) Ciudad capital de la República Popular de China, en la región Septentrional, que forma por sí sola una municipalidad; 16.800 km² y 12.570.000 h. Consta de dos grandes conjuntos amurallados: la ciudad interior o tártara, al N, que incluye la ciudad prohibida, donde residía el emperador, hoy sede de servicios gubernamentales, y la ciudad exterior o china, de carácter principalmente comercial. Gran centro industrial. De 1928 a 1949 se llamó Peiping.

PEKINÉS, SA adj. PEQUINÉS.

PELA f. fam. Peseta.

PELADA, MONTAÑA (Mont Pelé) Volcán de las Antillas francesas, en la isla de Martinica; 1.350 m.

PELADILLA f. **1** Almendra confitada. **2** Canto rodado pequeño.

PELADO, DA adj. **1** fig. Que aparece desprovisto de lo que por naturaleza suele adornarlo, cubrirlo o rodearlo. **2** Se dice del número que consta de decenas, centenas o millares justos. **3** Se dice de la persona pobre o sin dinero. También s. || f. **4** Méx. Persona de las capas sociales menos pudientes y de inferior cultura. || m. **5** Acción y efecto de pelar o cortar el cabello.

PELADO, EL Pico de Ecuador, provincia de Carchi; 4.119 m.

PELADURA f. **1** Acción y efecto de pelar o descortezar una cosa. **2** Monda, hollejo, cáscara.

PELAFUSTÁN, NA m. y f. fam. PELAGATOS.

PELAG-, PELAGO-; -PIÉLAGO prefs. o suf. que significan mar.

PELAGATOS m. fig. y fam. Hombre pobre y desvalido.

PELAGIANISMO m. Hist. y Rel. Secta herética de los seguidores de Pelagio, y doctrina por ellos profesada. Rechaza la doctrina del pecado original y de la predestinación.

PELÁGICO, CA adj. Ecol. **1** Se aplica al conjunto de ambientes propios de los mares o lagos. **2** Se dice del conjunto de organismos vivos que habitan en esta zona.

PELAGIO Teólogo y heresiarca britano (?, 360 - Palestina, 420). Predicó una doctrina sobre la gracia conocida como PELAGIANISMO. En 415 se le acusó de herejía; absuelto por el sínodo de Jerusalén, fue expulsado de Roma (418).

PELAGIO Nombre de dos papas.

PELAGIO I (Roma, h. 500 - íd., 561). Ocupó el solio pontificio de 556 a 561. Conjuró el cisma que amenazaba a la iglesia después de la muerte del papa Virgilio y combatió la simonía.

PELAGIO II (Roma, 520 - íd., 590). Ocupó el solio pontificio de 579 a 590. Durante su pontificado tuvo lugar el cisma de los prelados de Istria.

PELAGO- pref. PELAG-.

PELAGOSCOPIO m. Geol. Instrumento que sirve para estudiar el fondo del mar.

PELAGRA f. Med. Enfermedad crónica, con lesiones cutáneas y perturbaciones nerviosas, producida por deficiencia de la vitamina niacina o ácido nicotínico.

PELAIRE m. El que prepara la lana que ha de tejerse.

PELAJE m. **1** Naturaleza y calidad del pelo o de la lana que tiene un animal. **2** fig. y fam. Aspecto exterior de alguien o algo.

PELAMBRE amb. **1** Pieles que se han pelado. **2** Conjunto del pelo de todo el cuerpo. **3** Mezcla de agua y cal con que se pelan los pellejos.

PELAMBRERA f. **1** Sitio donde se apelambran las pieles. **2** Porción de pelo o vello espeso y crecido. **3** Pelo o vello abundante y revuelto.

PELAMEN m. fam. Conjunto de pelo, pelambre.

PELANAS com. fam. Persona inútil y despreciable. ♦ Su pl. es pelanas.

PELANDUSCA f. Prostituta.

PELAR tr. **1** Cortar, raer o quitar el pelo. También prnl. **2** Quitar las plumas al ave. **3** fig. Despellejar, quitar la piel a un animal. **4** fig. Quitar la monda, corteza o cáscara. **5** fig. Quitar con engaño o violencia los bienes a otro. **6** fig. y fam. Dejar a uno sin dinero. **7** fig. Criticar, despellejar. || prnl. **8** Perder el pelo por enfermedad o accidente. **9** Sufrir desprendimiento de piel por tomar con exceso el sol, por rozadura, etc. || **duro de pelar** loc. fig. y fam. Difícil de conseguir o ejecutar. También se dice de la persona difícil de convencer. || **pelárselas** expr. fig. y fam. Ejecutar con vehemencia o rapidez una cosa.

PELARGONIO m. Bot. GERANIO.

PELÁSGICO, CA adj. Relativo a los pelasgos.

PELASGO, GA adj. Hist. **1** Se dice de un antiguo pueblo prehelénico que se estableció en territorios de Grecia y de Italia. En la actualidad se cuestiona su realidad histórica. Más como m. pl. **2** Se dice también de sus individuos. También s. **3** Relativo a los pelasgos. **4** De Pelasgia o de cualquier otro territorio del Peloponeso, o de la Grecia antigua. También s.

PELAYO Primer rey de Asturias (? - Cangas de Onís, 737). Hijo de un noble visigodo, el duque Favila. En 718 fue elegido rey. Bajo su mando, los astures vencieron en la batalla de Covadonga (hacia 725), considerada tradicionalmente el inicio de la Reconquista.

PELDAÑO m. Cada una de las partes de un tramo de escalera.

PELÉ (EDSON ARANTES DO NASCIMENTO, llamado) Futbolista brasileño (Tres Corações, 1940). Llegó a ser considerado el mejor jugador del mundo. Consiguió con la selección de su país tres copas del mundo (Suecia, 1958; Chile, 1962, y México, 1970).

PELÉ, MONT PELADA, MONTAÑA.

PELEA f. **1** Combate, batalla, riña. **2** fig. Riña entre animales. **3** fig. Afán, fatiga.

PELEANO, NA adj. Geol. ERUPCIÓN PELEANA.

PELEAR intr. **1** Batallar, combatir, contender, reñir. **2** fig. Luchar los animales entre sí. **3** fig. Oponerse las cosas unas a otras. **4** fig. Trabajar por vencer las pasiones y apetitos. **5** fig. Afanarse por conseguir una cosa. ||

pelícano

prnl. 6 Reñir dos o más personas. 7 fig. Desavenirse, enemistarse.

PELECHAR intr. 1 Echar los animales pelo o pluma. 2 Cambiar de pluma las aves. 3 fig. y fam. Comenzar a mejorar.

PELECÍPODO, DA adj. *Zool.* BIVALVO.

PELELE m. 1 Muñeco de paja o trapos con figura humana. 2 Traje de punto de una pieza que se pone a los niños para dormir. 3 fig. y fam. Persona simple o inútil.

PELENDÓN, NA adj. *Hist.* 1 Se dice de un pueblo celtíbero de la España prerromana, que ocupaba las fuentes del Duero. Más como m. pl. 2 Se dice también de sus individuos. También s. 3 Relativo a los pelendones.

PELEO *Mit.* Rey legendario de Ptía, en Tesalia. Esposo de la diosa Tetis y padre de Aquiles.

PELEÓN, NA adj. 1 Pendenciero, camorrista. || f. 2 fam. Pendencia, riña.

PELETERÍA f. 1 Oficio de componer y adobar las pieles finas o de hacer con ellas prendas de abrigo. 2 Comercio de pieles finas; conjunto o surtido de ellas. 3 Tienda donde se venden.

PELETERO, RA m. y f. 1 Persona que tiene por oficio trabajar en pieles finas o venderlas. 2 Relativo a la peletería.

PELIAGUDO, DA adj. 1 Se dice del animal que tiene el pelo largo. 2 fig. y fam. Difícil, enojoso. 3 fig. y fam. Sutil, mañoso.

PELICANIFORME o **PELECANIFORME** adj. *Zool.* 1 Se dice del ave acuática o semiacuática, con el pico largo y, a menudo, provisto de un gran saco membranoso inferior. || f. pl. *Zool.* 2 Orden de estas aves.

PELÍCANO o **PELICANO** m. 1 *Zool.* Nombre de varias especies de aves pelicaniformes de la familia pelecánidos, género *Pelecanus.* El pelícano vulgar *(P. onocrotalus)* es un ave muy grande, de plumaje blanco con algo de negro en las alas, y pico muy ancho y largo, que en la mandíbula inferior lleva una membrana grande y rojiza, a modo de bolsa, en la cual deposita los peces que captura. 2 *Med.* Gatillo de sacar dientes y muelas. || m. pl. *Bot.* 3 AGUILEÑA, planta.

PELICORTO, TA adj. Que tiene corto el pelo.

PELÍCULA f. 1 Piel o capa de cualquier materia delgada y delicada. 2 *Biol.* Membrana protectora muy fina. 3 Hollejo de la fruta. 4 *Cin.* Cinta de celuloide que contiene una serie continua de imágenes fotográficas para reproducirlas proyectándolas en la pantalla cinematográfica o en otra superficie adecuada. 5 *Fot.* Cinta de celuloide dispuesta para ser impresionada fotográficamente. 6 Obra cinematográfica. || **de película** loc. adj. con que se indica lo extraordinario o convencional de algo. También, fig. y fam., fastuoso, lujoso.

PELICULERO, RA adj. 1 Relativo a la película de cine. 2 fig. y fam. Persona fantasiosa. || m. y f. 3 fam. Artista de cine. También, persona que trabaja en la industria cinematográfica.

PELICULÓN m. 1 fam. Película cinematográfica larga y aburrida. 2 fam. Película muy buena.

PELIGRAR intr. Estar en peligro.

PELIGRO m. 1 Riesgo inminente de que suceda algún mal. 2 Lugar, paso, obstáculo o situación en que aumenta la inminencia del daño. || **correr peligro** fr. Estar expuesto a él.

PELIGROS Municipio y lugar de España, provincia de Granada; 6.983 h.

PELIGROSO, SA adj. 1 Que ofrece peligro o puede ocasionar daño. 2 fig. Turbulento, arriesgado.

PELILLO m. fig. y fam. Causa o motivo leve de desazón. Más en pl. || **pelillos a la mar** fr. fig. y fam. Olvido de agravios y restablecimiento del trato amistoso.

PELIÓN Monte de Grecia, en el nomo de Magnesia, entre el mar Egeo y la ribera septentrional del golfo de Volo; 1.618 m de altura. En la mitología antigua fue morada de los centauros.

PELIRROJO, JA adj. y s. Que tiene rojo el pelo.

PELITA f. *Geol.* FANGOLITA.

PELITRE m. *Bot.* 1 Planta herbácea anual perteneciente a la familia compuestas, de nombre científico *Anacyclus pyretrum,* de raíz casi cilíndrica que, reducida a polvo, se usa como insecticida. 2 Raíz de esta planta.

PELLA f. 1 Masa unida y prieta, generalmente en forma redonda. 2 *Bot.* Conjunto de los tallitos de la coliflor y otras plantas semejantes, antes de florecer. 3 *Met.* Masa de los metales fundidos o sin labrar. 4 *Min.* Masa de amalgama de plata que se obtiene al beneficiar con azogue minerales argentíferos. 5 Manteca del puerco tal como se quita de él. 6 fig. y fam. Cantidad o suma de dinero. || **hacer pellas** fr. fig. y fam. Hacer novillos, no ir los estudiantes a clase.

PELLA Nomo del N de Grecia, en Macedonia central; 2.506 km² y 138.261 h. Su capital es Edessa. Industria textil. Fue antigua capital de Macedonia.

PELLADA f. 1 Porción de yeso o argamasa que se puede sostener en la mano o en la llana. 2 Masa unida y prieta, generalmente redondeada; pella.

PELLEGRINI, ALDO Escritor y crítico de arte argentino (Rosario de Santa Fe, 1904 - Chacarita, 1973). Impulsor del surrealismo en Argentina. Libros de poesía: *El muro secreto* (1949), *La valija de fuego* (1952), *Construcción de la destrucción* (1957). Entre sus obras críticas destaca *Nuevas tendencias en la pintura* (1966).

PELLEGRINI, CARLOS Político argentino (Buenos Aires, 1846 - íd., 1906). Fue ministro de Guerra (1880) y vicepresidente de la República (1886). Tras la dimisión de Juárez Celman, accedió a la presidencia de la República (1890-92).

PELLEJA f. 1 Piel quitada del cuerpo del animal. 2 Toda la lana que se esquila de un animal. 3 Cuero curtido con la lana o el pelo. 4 Prostituta.

PELLEJERÍA f. 1 Lugar donde se adoban o venden pellejos. 2 Oficio o comercio de pellejero. 3 Conjunto de pieles o pellejos.

PELLEJO m. 1 Piel de los animales, especialmente cuando está separada del cuerpo. 2 Piel del hombre. 3 Piel de algunas frutas y hortalizas. 4 Odre. || **jugarse el pellejo** loc. fig. y fam. Arriesgar la vida. || **salvar** uno **el pellejo** fr. fig. y fam. Librar la vida de un peligro.

PELLETIER, PIERRE JOSEPH Farmacólogo francés (París, 1788 - Clichy-la-Garenne, 1842). Realizó importantes estudios sobre los alcaloides. En 1820 descubrió la quinina, en colaboración con Caventou.

PELLICA f. 1 Cobertor hecho de pellejos finos. 2 Zamarra hecha de pieles finas y adobadas. 3 Piel pequeña adobada.

PELLICER, CARLOS Poeta mexicano (Villahermosa, 1899 - Ciudad de México, 1977). Autor de *Colores en el mar y otros poemas* (1921), *Camino* (1929), *Recinto* (1941), *Con palabras y fuego* (1963), etc.

PELLICO m. 1 Zamarra de pastor. 2 Vestido de pieles que se le parece.

PELLICO, SILVIO Escritor italiano (Saluzzo, 1789 - Turín, 1854). Por su adhesión a la sociedad carbonaria, estuvo encarcelado durante 10 años, experiencia que inspiró su libro más célebre: *Mis prisiones* (1832).

Silvio **Pellico.** Retrato de Iorfino. Galería de Arte Moderno (Florencia).

PELLIZA f. 1 Prenda de abrigo hecha o forrada de pieles finas. 2 Chaqueta de abrigo con el cuello y las bocamangas reforzadas de otra tela. 3 Chaqueta del uniforme del cuerpo de cazadores.

PELLIZCAR tr. 1 Apretar entre los dedos una pequeña porción de piel y carne, como caricia o para hacer daño. También prnl. 2 Tomar una pequeña cantidad de algo.

PELLIZCO m. 1 Acción y efecto de pellizcar. 2 Señal que deja en la carne un pellizco. 3 Porción pequeña de una cosa, que se toma o se quita.

PELLÓN m. 1 Vestido talar antiguo hecho de pieles. 2 *Amér.* Pelleja curtida que forma parte del recado de montar.

PELMA com. fam. Pelmazo.

PELMAZO m. y f. 1 fig. y fam. Persona tarda o pesada en sus acciones. 2 fig. y fam. Persona molesta e inoportuna.

PELO m. 1 Filamento cilíndrico, delgado, de naturaleza córnea, que nace y crece entre los poros de la piel de casi todos los mamíferos. 2 Conjunto de estos filamentos. 3 Cabello de la cabeza humana. 4 Vello de algunas frutas y plantas. 5 *Bot.* Parte fibrosa de la madera, que se separa de las demás al cortarla o labrarla. 6 *Med.* Enfermedad que padece la mujer en el pecho cuando está criando, por obstrucción de los conductos de la leche. 7 *Min.* Raya opaca en las piedras preciosas. 8 *Veter.* Enfermedad que padecen las caballerías en los cascos, que provoca que se abran y se les levante una parte de ellos. 9 *Zool.* Plumón de las aves. 10 *Zool.* Capa o color de los caballos y otros animales. 11 Hebra delgada de lana, seda, etc. 12 Cuerpo extraño que se agarra a los puntos de la pluma de escribir. 13 Muelle en que descansa el gatillo de algunas armas de fuego cuando están montadas. 14 En los tejidos, parte que queda en la superficie y cubre el hilo. 15 Seda en crudo. 16 Raya o grieta por donde con facilidad saltan las piedras, el vidrio y los metales. 17 fig. Cosa mínima o de poca importancia. || **PELOS Y SEÑALES** fig. y fam. Pormenores y circunstancias de una cosa. || **a pelo** loc. adv. fam. Sin protección y, referido a caballerías, sin montura. || **así me, te, nos,** etc., **luce el pelo** fr. irón. fig. y fam. que significa que la persona está perdiendo el tiempo sin hacer nada, o que no saca provecho de lo que hace. || **caérsele** a uno **el pelo** fr. fig. y fam. Recibir una reprimenda, castigo o sanción una persona si se descubre que ha hecho una cosa mal. || **dar** a uno **para el pelo** fr. fig. y fam. Darle una tunda o azotaina. || **de pelo en pecho** loc. fig. y fam. Se dice de la persona vigorosa y robusta. || **no tener** un **pelo de tonto** fr. fig. y fam. Ser listo y sagaz. || **no tener** uno **pelos en la lengua** fr. fig. y fam. Decir sin reparos lo que se piensa. || **no ver** o **vérsele** a uno **el pelo** fr. fig. y fam. Que denota la ausencia en los lugares a donde solía acudir. || **ponérsele** a uno **los pelos de punta** fr. fig. y fam. Erizársele el cabello; sentir pavor. || **por los pelos** loc. En el último instante. || **tirarse** uno **de los pelos** fr. fig. y fam. Arrepentirse de algo. También, estar muy furioso. || **tomar** a uno **el pelo** fr. fig. y fam. Burlarse de él.

PELÓN, NA adj. y s. 1 Que no tiene pelo o tiene muy poco. 2 Que lleva cortado el pelo al rape. También s. 3 fig. y fam. Que tiene muy escasos recursos económicos.

PÉLOPE *Mit.* Hijo de Tántalo, rey de Frigia, siendo niño su padre le descuartizó y sirvió con él un banquete a los dioses. Éstos, castigaron a Tántalo y resucitaron a Pélope, quien se convirtió en copero de los dioses. Pélope se casó con Hipodamía, con la que engendró a Atreo y Tiestes.

PELÓPIDAS General tebano (¿, h. 410 - Cinoscéfalos, 364 a. C.). En 382, tras la toma de Tebas por Fébidas, huyó a Atenas, donde organizó la rebelión que expulsó a los espartanos de la ciudad, e instauró la democracia. Participó en la victoria de Leuctra (371). Venció a Alejandro de Feres en la batalla de Cinoscéfalos (364), donde murió.

PELOPONESIO, SIA adj. y s. Del Peloponeso.

PELOPONESO *(Pelopónnisos)* Región del S de Grecia, constituida por la península de su nombre, entre los mares Egeo y Jónico, que comprende los nomos de Acaya, Arcadia, Argólida, Corinto, Élide, Laconia y Mesenia; 15.490 km² y 605.663 h. Su capital es Patras. Su relieve, montañoso, es una continuación de la cordillera del Pindo. Está unida al continente por el istmo de Corinto. Cereales, vid, olivo, cítricos, tabaco y frutales. Habitada inicialmente por los pelasgos, el Peloponeso conoció la civilización egea en la primera mitad del III milenio. Los jónicos, primeros invasores helénicos (siglo XX a. C.), relegaron a los pelasgos hacia la Arcadia. Tras éstos, los aqueos (siglo XVII a. C.) implantaron la civilización micénica. En el siglo XII a. C. los aqueos fueron confinados en Acaya y Arcadia, donde los dorios los sometieron a la esclavitud. Éstos se asentaron en el S y fundaron la ciudad de Esparta, enfrentada con Atenas en la segunda mitad del siglo V a. C. por la hegemonía de

Peloponeso (Grecia). Costa de Arcadia.

Grecia. Al frente de la llamada LIGA DEL PELOPONESO, Esparta venció a Atenas en el siglo VI a. C. En el siglo III fue dominada por la segunda LIGA AQUEA, que disolvió el imperio romano (146). Reconquistada por Bizancio entre 1262 y 1460, en que pasó a poder otomano con el nombre de *Moreia;* en 1828 se unió definitivamente a Grecia.

PELOPONESO, GUERRAS DEL *Hist.* Guerras entre Esparta y Atenas (431-405 a. C.), motivadas por la política imperialista desarrollada por Atenas a través de la Liga de Delos. En ellas tomaron parte todas las ciudades griegas que se encontraban divididas en ambos bandos. La lucha se desarrolló en dos fases: la primera, iniciada en 431 con el asedio de Atenas por los espartanos, concluyó con la paz de Nicias (421); rota la tregua por Atenas, la flota ateniense fue vencida en Sicilia (413), y aunque se rehízo y consiguió algunas victorias, fue definitivamente derrotada en Egospótamos (405). La capitulación de Atenas en 404 marcó el inicio de su declive y el apogeo de Esparta.

PELOPONESO, LIGA DEL *Hist.* Coalición formada en el siglo VI a. C. por los Estados del Peloponeso, excepto Argos y Acaya, bajo la dirección de Esparta, para su defensa común. En el 431 a. C. declaró la guerra a Atenas, a la que venció en 404 a. C., para desaparecer definitivamente a mediados del siglo IV a. C. ante el poder de Tebas.

PELOTA f. **1** Bola pequeña de goma elástica, recubierta de lana, pelote u otra materia y forrada de cuero o paño, que se utiliza en distintos juegos. **2** BALÓN. **3** Juego que se hace con este objeto. **4** Bola de materia blanda, como nieve, barro, etc., que se amasa fácilmente. **5** Bala de piedra, plomo o hierro con que se cargaban los arcabuces, mosquetes, cañones y otras armas de fuego. || com. **6** fig. y fam. Adulador, persona que hace la rosca. || **PELOTA VASCA** *Dep.* Deporte en que los jugadores lanzan la pelota contra un frontón, valiéndose de una pala, cesta o de las propias manos. || **devolver a alguien la pelota** fr. fig. fr. fig. Rebatir lo que otro dice, con sus mismas razones o fundamentos. || **en pelota** o **pelotas** loc. adv. Desnudo, en cueros. || **hacer la pelota** fam. Adular a alguien para conseguir algo.

PELOTARI (Voz eusquera.) com. Persona que tiene por oficio jugar a la pelota en un frontón.

PELOTAS Ciudad de Brasil, Estado de Rio Grande do Sul, región Sur; 260.510 h.

PELOTAZO m. **1** Golpe dado con una pelota. **2** fam. Trago de bebida alcohólica.

PELOTE m. Pelo de cabra, que se emplea para rellenar muebles y otros usos industriales.

PELOTEAR tr. **1** Repasar y señalar las partidas de una cuenta, y cotejarlas con sus justificantes respectivos. || intr. **2** Jugar a la pelota por entretenimiento sin hacer partido. **3** fig. Arrojar una cosa de una parte a otra. **4** fig. Reñir dos o más personas entre sí. **5** Hacer la pelota a alguien.

PELOTERO, RA m. y f. **1** fam. Persona que hace la pelota. **2** *Amer.* Jugador de pelota, especialmente de fútbol o béisbol. || f. **3** fam. Riña, disputa.

PELOTILLA f. **1** Bolita de cera, armada de puntas de vidrio, que usaban los disciplinantes. **2** PELOTILLERO.

PELOTILLERO, RA adj. fig. Que adula para obtener algún beneficio. También s.

PELOTÓN m. **1** Conjunto de personas en tropel. **2** *Dep.* Grupo numeroso de ciclistas que, durante una prueba, marchan juntos. **3** *Mil.* Pequeña unidad de infantería que suele estar a las órdenes de un sargento o un cabo.

PELTIER, JEAN-CHARLES Físico francés (Ham, 1785 - París, 1845). En 1834 descubrió el efecto que lleva su nombre, que consiste en que, al pasar una corriente eléctrica por el contacto entre dos metales (o semiconductores) diferentes, se produce un desprendimiento o absorción de calor proporcional a la cantidad de electricidad que atraviesa el contacto.

PELTON, LESTER ALLEN Ingeniero estadounidense (Vermilion, 1829 - Oakland, 1908). Inventor de la turbina hidráulica que lleva su nombre.

PELTRE m. *Met.* Aleación de cinc, plomo y estaño.

PELUCA f. **1** Cabellera postiza. **2** fig. y fam. Persona que la trae o la usa.

PELUCHE m. **1** FELPA, tejido con pelo largo, hecho de diversas fibras. **2** Muñeco hecho de este tejido.

PELUCÓN Nombre popular que a partir de 1823 se dio en Chile al Partido Conservador.

PELUDO, DA adj. **1** Que tiene mucho pelo. || m. **2** Ruedo afelpado que tiene los espartos largos y majados. **3** *Arg., Bol., Par.* y *Urug.* Borrachera.

PELUQUEAR tr. y prnl. *Amér.* Cortar el pelo a una persona.

PELUQUERÍA f. Tienda y oficio de peluquero.

PELUQUERO, RA m. y f. **1** Persona que tiene por oficio peinar, cortar el pelo o hacer y vender pelucas, rizos, etc. **2** Dueño de una peluquería.

PELUQUÍN m. **1** Peluca pequeña que sólo cubre parte de la cabeza. **2** Peluca con bucles y coleta que se usó a fines del siglo XVIII y a principios del XIX.

PELUSA f. **1** Pelusilla de algunas frutas. **2** Pelo menudo que con el uso se desprende de las telas. **3** Vello tenue que aparece en la cara de las personas y en el cuerpo de los polluelos de algunas aves. **4** Aglomeración de polvo y suciedad que se forma generalmente debajo de los muebles. **5** fig. y fam. Envidia propia de los niños.

PELUSILLA f. *Bot.* VELLOSILLA, planta.

PELUSIO Antigua ciudad de Egipto cuyas ruinas se encuentran a unos 32 km al SE de Port Said.

PELVI adj. y m. *Ling.* Se aplica a la lengua irania o persia media, en la época sasánida, y a lo que se escribió en ella.

PELVIS f. *Anat.* **1** Porción del esqueleto en forma de embudo formado por los dos caderas, el sacro, el cóccix y las vértebras caudales. **2** Cavidad de los huesos de la pelvis. **3** Cavidad principal del riñón, en forma de embudo, en la que las nefronas vierten la orina.

PEMBROKESHIRE Distrito unitario del Reino Unido, en Gales; 113.700 h.

PEN, JEAN-MARIE LE LE PEN, JEAN-MARIE.

PEN CLUB (De las siglas de *Poets, Playwrights, Editors, Essayist and Novelist.*) *Lit.* Asociación internacional de escritores, fundada en Londres en 1921.

PENA[1] f. **1** Castigo impuesto por autoridad legítima al que ha cometido un delito. **2** Cuidado, aflicción o sentimiento. **3** Dolor o sentimiento corporal. **4** Dificultad, trabajo. **5** Cinta adornada con una joya en cada punta, que usaban las mujeres anudándola al cuello. **6** Velo de luto riguroso que, sujeto del sombrero, llevaban las mujeres, flotante sobre la espalda. || **PENA CAPITAL** La de muerte. || **PENA DEL TALIÓN** *Hist.* La que imponía al reo un daño igual al que él había causado. || **a duras penas** loc. adv. || **a penas** loc. adv. APENAS. || **valer** o **merecer** una cosa **la pena** fr. que denota que se puede dar por bien empleado el trabajo que cuesta.

PENA[2] f. **1** *Zool.* Cada una de las plumas mayores del ave. **2** Pluma de escribir. **3** *Mar.* Parte extrema y más delgada de una entena.

PENA, ALFONSO AUGUSTO MOREIRA Político brasileño (Santa Bárbara, 1847 - Rio de Janeiro, 1909). Liberal, ocupó varios cargos ministeriales antes de ser elegido presidente (1906-09).

PENACHO m. **1** *Zool.* Grupo de plumas que tienen algunas aves en la parte superior de la cabeza. **2** Adorno de pluma. **3** fig. Lo que tiene forma o figura de tal. **4** fig. y fam. Vanidad, presunción o soberbia.

PENADO, DA adj. **1** Penoso. **2** Difícil, trabajoso. **3** Se dice de una especie de vasija usada antiguamente en España para beber, la cual se hacía muy estrecha de boca. También m. || m. y f. **4** Delincuente condenado a una pena.

PENAL adj. **1** Relativo a la pena o a las leyes, instituciones o acciones destinadas a perseguir crímenes o delitos. || m. **2** Lugar en que los penados cumplen condenas superiores a las del arresto.

PENALIDAD f. **1** Trabajo aflictivo, incomodidad. **2** *Der.* Sanción impuesta por la ley penal, las ordenanzas, etc.

PENALISTA adj. y com. Se dice del jurisconsulto o del abogado que se dedica al estudio o práctica del derecho penal.

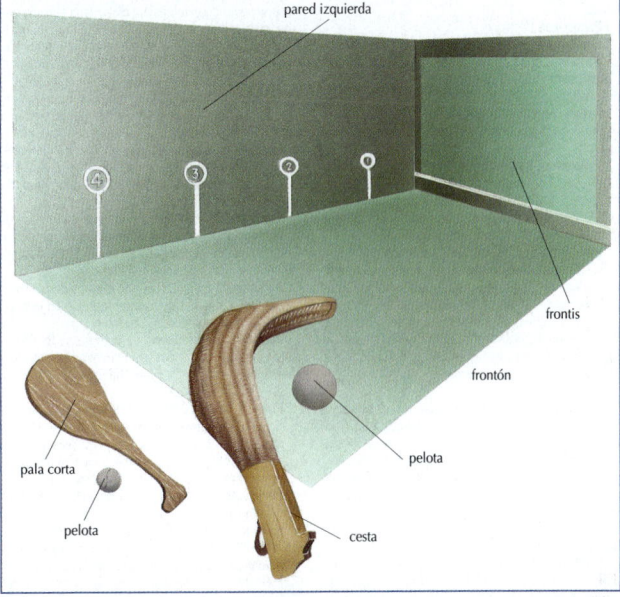

pelota vasca

Alpes **Peninos** (Italia). Vista aérea del Gran Sasso.

PENALIZAR tr. Imponer una sanción o castigo.

PENALTI m. *Dep.* En el fútbol y otros deportes, máxima sanción que se aplica a ciertas faltas del juego cometidas por un equipo dentro de su área. || **casarse de penalti** fr. fam. Casarse por quedar embarazada la mujer.

PENAR tr. 1 Imponer pena. 2 *Der.* Señalar la ley castigo para un acto u omisión. || intr. 3 Padecer, sufrir, tolerar un dolor o pena. 4 Padecer las penas de la otra vida en el purgatorio. 5 Agonizar mucho tiempo. || prnl. 6 Afligirse.

PENAS Golfo de Chile, en la región de Aisén del General Carlos Ibáñez del Campo.

PENATES m. pl. *Mit.* Dioses domésticos de la religión romana.

PENCA f. *Bot.* Hoja, o tallo en forma de hoja, craso o carnoso, de algunas plantas. 2 *Bot.* Nervio principal y pecíolo de las hojas de ciertas plantas, como la acelga, el cardo, etc. 3 *Bot.* Tronco o tallo de ciertas hortalizas. 4 *Zool.* Maslo, tronco de la cola de algunos cuadrúpedos. 5 fig. Tira de cuero o vaqueta con que el verdugo azotaba a los delincuentes.

PENCK, ALBRECHT Geógrafo alemán (Leipzig, 1858 - Praga, 1945). Su obra fundamental es *Morfología de la superficie terrestre* (1894).

PENCO m. 1 Caballo flaco o matalón. 2 En Andalucía y algunos países de América, penca de ciertas plantas. 3 Persona tosca.

PENDEJADA f. fam. Estupidez, acción propia de un pendejo.

PENDEJO, JA m. y f. 1 fam. Persona de vida desordenada. 2 fig. y fam. Persona cobarde y pusilánime. 3 fig. y fam. Persona estúpida. || **4** PENDÓN. || m. 5 Pelo que nace en el pubis. 6 *Bot.* Muérdago. 7 *Bot.* Especie de calabaza.

PENDELIKÓN PENTÉLICO.

PENDENCIA f. Contienda, riña de palabras o de obras.

PENDENCIERO, RA adj. Propenso a riñas o pendencias.

PENDENTIF (Voz fr.) m. Adorno o joya que se cuelga del cuello.

PENDER intr. 1 Estar colgada una cosa. 2 Estar algo en espera de solución. 3 Existir un peligro sobre alguien o algo.

PENDERECKI, KRZYSZTOF Compositor polaco (Debica, 1933). Sus obras más conocidas son *Trenos por las víctimas de Hiroshima* (1960), *Pasión según san Lucas* (1965), *Misa rusa* (1970), *Réquiem polaco* (1983), *Sinfonía de Navidad* (1984) y *Veni creator* (1987).

PENDIENTE adj. 1 Que pende. 2 Inclinado, en declive. 3 fig. Que está por resolverse. 4 Sumamente atento, preocupado por algo que se espera o sucede. || m. 5 Arete con adorno colgante o sin él. 6 Joya que se lleva colgando. 7 *Bl.* Parte inferior de los estandartes y banderas. 8 Inclinación de las armaduras de los techos para el desagüe. 9 *Min.* Cara superior de un criadero. || f. *Geol.* 10 Cuesta o declive de un terreno.

PENDJAB PUNJAB.

PÉNDOLA f. 1 Varilla metálica que con sus oscilaciones regula el movimiento de algunos relojes. 2 fig. Reloj que tiene dicha varilla. 3 *Arquit.* Cualquiera de los maderos de un faldón de armadura que van desde la solera a la lima tesa. 4 *Arquit.* Cualquiera de las varillas verticales que sostienen el piso de un puente colgante o tiene función parecida en otras obras.

PENDOLISTA com. 1 Persona que escribe con muy buena letra. 2 MEMORIALISTA.

PENDÓN m. 1 Insignia militar que consistía en una bandera más larga que ancha. 2 Divisa o insignia que tienen las iglesias y cofradías para guiar las procesiones. 3 *Bot.* Vástago que sale del tronco principal del árbol. 4 Persona de vida irregular y desordenada. || m. pl. 5 Riendas para gobernar las mulas de guías.

PENDONEAR intr. PINDONGUEAR.

PÉNDULO, LA adj. 1 Que pende, pendiente. || m. 2 Cuerpo pesado que puede oscilar suspendido de un punto por un hilo o varilla. 3 Péndola del reloj. || **PÉNDULO DE COMPENSACIÓN** El que se hace de metales de dilatación diferente, para evitar que los agentes atmosféricos alteren la regularidad de sus movimientos.

PENE m. *Zool.* Órgano sexual masculino para la copulación, en el hombre y otros vertebrados.

PENÉLOPE *Mit.* Esposa de Ulises, madre de Telémaco y símbolo de la fidelidad conyugal. Ante la prolongada ausencia de su esposo, se comprometió a casarse con alguno de sus pretendientes tan pronto como hubiese terminado un manto, del que destejía por la noche lo que había tejido durante el día.

PENENE com. fam. Antigua categoría de profesor no numerario de instituto o universidad.

PENEO *Mit.* Hijo de Océano y Tetis, es el dios-río de Tesalia, y su leyenda está relacionada con los orígenes de los lapitas.

PENEO (*Piniós*) Río de Grecia (Tesalia), que nace en Tríccala y desemboca en el Egeo; 220 km.

PENETRACIÓN f. 1 Acción y efecto de penetrar. 2 Inteligencia cabal de una cosa difícil. 3 Perspicacia de ingenio, agudeza.

PENETRANTE adj. 1 Que penetra. 2 Que entra mucho en alguna cosa, profundo. 3 Se dice del sonido agudo.

PENETRAR tr. 1 Introducir un cuerpo en otro por sus poros. 2 Insertar un cuerpo en otro, específicamente, el pene en la vagina durante el acto sexual. 3 Introducirse en lo interior de un espacio, aunque haya dificultad. 4 Hacerse sentir con violencia o demasiada eficacia una cosa, como el frío, los gritos, etc. 5 fig. Llegar lo agudo del dolor, sentimiento u otro afecto a lo interior del alma. 6 fig. Comprender el interior de uno, o una cosa dificultosa. También intr. y prnl.

PENIBÉTICO, SISTEMA Conjunto de alineaciones montañosas de España, que se extienden desde Gibraltar hasta el cabo de la Nao. Comprende, entre otras y de O a E, las sierras de Almenara, Carbonera, Ronda, Antequera, Alhama, Almijara, Nevada (donde se encuentran las mayores altitudes de la península), Gádor, Baza, Estancias, Ronda, Alhamilla y Filabres.

PENICILINA f. *Farm.* Sustancia antibiótica extraída de los cultivos del moho *Penicillium notatum*. Fue descubierta por Alexander Fleming en el año 1928, y elaborada por Howard Florey y Ernst Chain en 1940.

PENILLANURA f. *Geol.* Territorio constituido por rocas antiguas, que, después de haber sufrido plegamiento, la erosión lo ha convertido en casi llano.

PENINOS, ALPES Cadena montañosa de los Alpes, entre Italia y Suiza, donde se encuentran las máximas alturas de la cordillera: Mont Blanc (4.810 m), Rosa (4.633 m) y Cervino (4.478 m).

PENINOS, MONTES Cordillera del Reino Unido, en el N de Inglaterra. Su altura máxima es el Cross Fell (881 m).

PENÍNSULA f. *Geog.* Porción de tierra cerrada por el agua, y que sólo por una parte mantiene comunicación con un continente u otra tierra de extensión mayor.

PENINSULAR adj. 1 Natural de una península. También s. 2 Perteneciente a una península.

PENIQUE m. Moneda inglesa de cobre, que vale la centésima parte de la libra (LIBRA ESTERLINA Y CHELÍN[1]).

PENITENCIA f. 1 *Rel.* Sacramento en el cual, por la absolución del sacerdote, se perdonan los pecados. 2 *Rel.* Virtud que consiste en el dolor de haber pecado y el propósito de no pecar más. 3 Cualquier acto de mortificación interior o exterior. 4 Pena que impone el confesor al penitente. 5 *Hist.* Castigo público que imponía el tribunal de la Inquisición a algunos reos. 6 *Hist.* Casa donde vivían estos penitenciados.

PENITENCIARÍA f. 1 Establecimiento penitenciario en que sufren sus condenas los penados. 2 Prebenda del canónigo penitenciario.

PENITENCIARÍA *Rel.* Tribunal eclesiástico de Roma.

PENITENCIARIO, RIA adj. 1 Se aplica a cualquiera de los sistemas adoptados para castigo y corrección de los penados. 2 Se aplica al presbítero que tiene la obligación de confesar a los penitentes en una iglesia determinada. También s. 3 Se dice de la prebenda del canónigo penitenciario. También s. || m. 4 Cardenal presidente del Tribunal de la Penitenciaría en Roma.

PENITENTE adj. 1 Perteneciente a la penitencia. 2 Que tiene penitencia. || com. 3 Persona que hace penitencia. 4 Persona que se confiesa sacramentalmente. 5 Persona que en las procesiones va vestida de túnica en señal de penitencia.

PENJAB PUNJAB.

PENN, WILLIAM Colonizador británico (Londres, 1644 - Rushamb, 1718). Organizador del movimiento cuáquero, obtuvo del rey de Inglaterra, Carlos II, la concesión de un vasto territorio, donde condujo a sus correligionarios (1682) y que fue llamado, en su honor, *Pennsylvania*. Fundó la ciudad de Filadelfia.

PENNSYLVANIA PENSILVANIA.

PENOL m. *Mar.* Punta o extremo de las vergas.

PENOSO, SA adj. 1 Trabajoso. 2 Que padece una aflicción o pena. 3 De muy mala calidad.

PENROSE, ROGER Matemático y físico británico (Colchester, 1931). Sus investigaciones se han centrado en lo que ocurre en el interior de los agujeros negros, las llamadas singularidades espacio-temporales, el teorema de la finitud del tiempo y la ciencia de la mente.

PENSADO, DA adj. Con el adverbio *mal*, propenso a interpretar desfavorablemente las acciones, intenciones o palabras ajenas.

PENSADOR, RA adj. 1 Que piensa. || m. y f. 2 Persona que se dedica a estudios muy elevados y profundiza mucho en ellos.

PENSAMIENTO m. 1 Potencia o facultad de pensar. 2 Acción y efecto de pensar. 3 Idea inicial o capital de una obra cualquiera. 4 Conjunto de ideas propias de una persona o colectividad. 5 fig. Sospecha. 6 *Bot.* Planta herbácea rizomatosa perteneciente a la familia violáceas, de nombre científico *Viola tricolor*, con flores aterciopeladas de colores variados.

PENSAR tr. 1 Imaginar, considerar o descubrir. 2 Reflexionar. 3 Intentar o formar ánimo de hacer una cosa. || **ni pensarlo** expr. fig. con que se niega el permiso para hacer algo. ◆ IRREG. Se conjuga como ACERTAR.

PENSATIVO, VA adj. Que medita intensamente y está absorto y embelesado.

PENSEL m. *Bot.* Flor que se vuelve al sol, como los girasoles.

PENSIL o **PÉNSIL** adj. 1 Pendiente o colgado en el aire. || m. 2 fig. Jardín delicioso.

PENSILVANIA o **PENNSYLVANIA** Estado de EE UU, situado al NE del país; 118.515 km[2] y 12.281.054 h. Capital, Harrisburg. Hierro, carbón y petróleo. Producción agrícola, principalmente de heno, trigo y avena. Industria siderúrgica, metalúrgica, textil y del cuero.

Pensilvania (Estados Unidos). Paisaje de Contea Lancaster.

PENSIÓN f. **1** Cantidad periódica, temporal o vitalicia que se asigna a alguien desde las instituciones de la seguridad social. **2** Renta que se impone sobre una finca. **3** Casa donde se reciben huéspedes mediante precio convenido. **4** Precio que se paga por el hospedaje en dicho establecimiento. **5** Beca que se concede para ampliar estudios. || **MEDIA PENSIÓN** Régimen de hospedaje en que los huéspedes tienen derecho a habitación y una comida diaria. || **PENSIÓN COMPLETA** Régimen de hospedaje que incluye habitación y todas las comidas del día.
PENSIONADO, DA adj. y s. **1** Que tiene o cobra una pensión. || adj. y m. **2** Lugar donde se vive en régimen de pensión.
PENSIONAR tr. **1** Imponer una pensión o un gravamen. **2** Conceder pensión a una persona o establecimiento.
PENSIONISTA com. **1** Persona que tiene derecho a percibir y cobrar una pensión. **2** Persona que paga cierta pensión por sus alimentos y enseñanza.
PENT- pref. PENTA-.
PENTA-, PENT-, PENTE- prefs. que significan cinco.
PENTADECÁGONO adj. *Geom.* Se dice del polígono de quince ángulos y quince lados.
PENTAEDRO m. *Geom.* Sólido con cinco caras.
PENTÁGONO, NA adj. y m. *Geom.* Se aplica al polígono de cinco ángulos o lados.
PENTÁGONO, EL Edificio en Washington que alberga las oficinas del Estado Mayor y de la secretaría de Defensa estadounidense. El 11 de septiembre de 2001 un avión secuestrado se estrelló contra él, y otros dos contra las Torres Gemelas del World Trade Centre de Nueva York, sucesos que ocasionaron miles de víctimas. La organización Al Qaeda, dirigida por Osama bin Laden, fue considerada culpable de los atentados.
PENTAGRAMA o **PENTÁGRAMA** m. *Mús.* Renglonadura formada con cinco rectas paralelas y equidistantes, sobre la cual se escribe la música.
PENTÁMERO, RA adj. **1** *Bot.* Se dice del verticilo que consta de cinco piezas y de la flor que tiene corola y cáliz con este carácter. **2** *Zool.* Se dice del insecto coleóptero que tiene cinco artejos en cada tarso. También m. || m. pl. *Zool.* **3** Suborden de estos animales.
PENTÁMETRO adj. y m. VERSO PENTÁMETRO.
PENTÁPOLIS *Geog. hist.* Nombre que se daba en la Antigüedad a una agrupación de cinco ciudades. La más famosa fue la de Tierra Santa, compuesta por Sodoma, Gomorra, Adama, Seboim y Segor, que, según la Biblia, fue destruida por un cataclismo geológico, salvándose sólo Segor.
PENTASÍLABO, BA adj. y s. Que consta de cinco sílabas.
PENTATEUCO *Rel.* Parte de la Biblia, que comprende los cinco primeros libros canónicos del Antiguo Testamento, escritos por Moisés, y que son el *Génesis*, el *Éxodo*, el *Levítico*, los *Números* y el *Deuteronomio*.
PENTATHLON o **PENTATLÓN** m. *Dep.* Conjunto de ejercicios atléticos que comprende cinco pruebas: carreras de 200 m y de 1.500 m; lanzamientos de jabalina y de disco, y salto de longitud. La modalidad femenina consta de: carreras de 800 m lisos y de 100 m vallas; saltos de altura y longitud, y lanzamiento de peso. || **PENTATHLON MODERNO** *Dep.* Modalidad implantada por primera vez en los Juegos Olímpicos de Estocolmo (1912) y que consta de las siguientes pruebas: tiro, natación, esgrima, hípica y atletismo.
PENTATÓNICO, CA adj. *Mús.* Se dice de la escala de cinco tonos y del fragmento musical basado en dicha escala.
PENTAVALENTE adj. *Quím.* Que tiene cinco valencias.
PENTE- PENTA-.
PENTECOSTÉS *Rel.* **1** Fiesta de los judíos instituida en memoria de la ley que Dios les dio en el monte Sinaí, que se celebraba cincuenta días después de la Pascua del Cordero. **2** Festividad de la Venida del Espíritu Santo que celebra la iglesia el domingo, quincuagésimo día que sigue al de Pascua de Resurrección, contando ambos.
PENTÉLICO Monte de Grecia, en el nomo de Ática, famoso por sus canteras de mármol; 1.109 m. En la actualidad se llama *Pendelikón.*
PENTESILEA *Mit.* Reina de las amazonas, hija de Ares. Tras la muerte de Héctor, acudió al sitio de Troya con un destacamento de amazonas para ayudar a Príamo. Fue muerta por Aquiles.
PENTOSA f. *Quím.* Azúcar que posee en su molécula cinco átomos de carbono.
PENTOTAL m. *Farm.* Droga cuyo origen es el ácido barbitúrico, empleada como anestésico en las operaciones quirúrgicas.
PENÚLTIMO, MA adj. y s. Inmediatamente anterior a lo último.
PENUMBRA f. Sombra débil entre la luz y la oscuridad, que no deja percibir dónde empieza la una o acaba la otra.
PENURIA f. Escasez.

El **Pentágono**, en Washington (Estados Unidos). Vista aérea.

PENZA 1 Región de la Federación de Rusia, en la República federada de Rusia; 43.200 km² y 1.566.000 h. **2** Ciudad capital de la misma; 534.000 h.
PENZIAS, ARNO Astrofísico estadounidense de origen alemán (Munich, 1933). En 1978 recibió el premio Nobel de Física, compartido con Wilson y P. L. Kapitza, por sus descubrimientos sobre las radiaciones de fondo de las microondas cósmicas.
PEÑA f. **1** Piedra grande sin labrar. **2** Monte o cerro peñascoso. **3** Grupo de amigos o camaradas.
PEÑA, MIGUEL Político venezolano (Valencia, 1780 - íd., 1833). En 1830 presidió el congreso de Valencia, que confirmó la separación de Venezuela y Colombia.
PEÑA BARRENECHEA, ENRIQUE Poeta peruano (Lima, 1904 - íd., 1987). Autor de *El aroma en la sombra* (1926), *Retorno a la sombra* (1935) y *Zona de angustia* (1956).
PEÑA Y PEÑA, MANUEL DE LA Jurista y político mexicano (Tacuba, 1789 - Ciudad de México, 1850). Como presidente de la Corte Suprema, asumió interinamente el ejecutivo (septiembre-octubre de 1847 y enero-junio de 1848).
PEÑARANDA, ENRIQUE General y político boliviano (Larecaja, 1892 - Madrid, 1969). Fue ministro de Defensa Nacional (1939) y presidente de la República (1940-43). Fue depuesto por un movimiento revolucionario encabezado por el mayor Villarroel.
PEÑASCO m. **1** Peña grande y elevada. **2** MÚRICE, molusco. **3** Posición del hueso temporal de los mamíferos que forma parte del oído interno. **4** Tela llamada así por ser de mucha duración.
PEÑAZO adj. y com. fam. Persona o cosa aburrida, pesada o molesta.
PEÑOLA f. Pluma de ave para escribir.
PEÑÓN m. Monte peñascoso.
PEÓN m. **1** Peatón, persona que camina a pie. **2** Jornalero que trabaja en cosas materiales que no requieren arte ni habilidad. **3** Infante o soldado de a pie. **4** Juguete de madera, de figura cónica, al cual se enrolla una cuerda para lanzarlo y hacerle bailar. **5** Cualquiera de las piezas del juego de damas; de las ocho negras y ocho blancas, respectivamente iguales, del ajedrez, y de algunas de otros juegos también de tablero. **6** Árbol de la noria o de cualquier otra máquina que gira. || **PEÓN DE BREGA** Torero subalterno que ayuda al matador. || **PEÓN CAMINERO** Obrero destinado a la conservación y reparo de los caminos públicos.
PEONADA f. **1** Obra que un peón hace en un día. **2** *Agr.* Medida agraria usada en algunas provincias y equivalente a 3 áreas y 804 miliáreas. **3** Conjunto de peones que trabajan en una obra.
PEONAJE m. Conjunto de peones.
PEONÍA f. *Bot.* **1** Planta vivaz perteneciente a la familia ranunculáceas, género *Paeonia*, con grandes flores rojas o rosáceas. También denominada *saltaojos*. **2** *Amér.* m. y *Cuba* Planta de la familia leguminosas, especie de bejuco trepador, medicinal toda ella, tallo, flores, semillas y raíces.
PEONZA f. **1** Peón, trompo. **2** Juguete de madera, semejante al peón, pero sin punta de hierro, y que se hace bailar azotándolo con un látigo. **3** fig. y fam. Persona chiquita y bulliciosa.
PEOR adj. **1** Comparativo de MALO. || adv. m. **2** Comparativo de MAL. || **peor que peor** expr. que se usa para significar que lo que se propone por remedio o disculpa de una cosa la empeora.

PEPINAZO m. **1** Disparo de arma. **2** Estallido de un proyectil. **3** *Dep.* En fútbol, chut muy fuerte.
PEPINILLO m. Variedad de pepino de pequeño tamaño, en adobo.
PEPINO m. **1** *Bot.* Planta herbácea anual perteneciente a la familia cucurbitáceas, de nombre científico *Cucumis sativus*, con tallos rastreros y fruto comestible. **2** *Bot.* Fruto de esta planta. **3** fig. Cosa insignificante, de poco o ningún valor.
PEPIRÍ-GUAZÚ o **PEPIRÍ-MINÍ** Río de Argentina, afluente del Uruguay; 238 km.
PEPITA f. **1** *Veter.* Enfermedad que las gallinas suelen tener en la lengua, y es un bulto pequeño que no las deja cacarear. **2** *Bot.* Simiente de algunas frutas, como el melón, la pera, etc. **3** *Min.* Trozo rodado de oro y otros metales nativos.
PEPITO m. Bocadillo de filete de ternera.
PEPITORIA f. **1** *Gastron.* Guisado que se hace con todas las partes comestibles del ave y cuya salsa tiene yema de huevo. **2** fig. Conjunto de cosas diversas y sin orden.
PEPITOSO, SA adj. **1** Abundante en pepitas. **2** Se aplica a la gallina que padece pepita.
PEPLO m. Especie de vestidura exterior, amplia y suelta, sin mangas, y que bajaba de los hombros a la cintura. La usaban las mujeres en la Grecia antigua.
PEPÓN m. Sandía, fruto.
PEPONA f. Muñeca grande de cartón.
PEPÓNIDE f. *Bot.* Tipo de fruto carnoso formado a partir de un ovario ínfero, con la parte más externa del pericarpo endurecida y una cavidad central, como la calabaza.
PEPS-, PEPT-; -PEPSIA prefs. o suf. que significan digestión: *dispepsia*.
PEPSINA f. *Fisiol.* Enzima proteolítica presente en el jugo gástrico de mamíferos, aves, reptiles y peces.
PEPT- pref. PEPS-.
PEPTIDASA f. *Fisiol.* Enzima que cataliza la hidrólisis de péptidos a aminoácidos.
PÉPTIDO m. *Quím.* Compuesto formado por la unión de dos o más aminoácidos.
PEPTONA f. *Quím.* Mezcla hidrosoluble de proteasas y aminoácidos, derivada de la albúmina, carne o leche.

pepino

Samuel **Pepys**. Retrato anónimo. Galería Nacional de Retratos (Londres).

Pepys, Samuel Escritor británico (Londres, 1633 - Clapham, 1703). Redactó un *Diario* (1660-69) de notable valor histórico.

pequeñez f. 1 Calidad de pequeño. 2 Infancia, corta edad. 3 Cosa de leve importancia. 4 Mezquindad, bajeza de ánimo.

pequeño, ña adj. 1 Corto, limitado. 2 Se dice de personas o cosas que tienen poco o menor tamaño que otras de su misma especie. 3 De muy corta edad. 4 fig. Bajo, abatido y humilde, como contrapuesto a poderoso y soberbio. 5 fig. Corto, breve o de poca importancia.

Pequeño Sol o **Pequeño Sole** Zona de bajos fondos del océano Atlántico, situada al O del departamento de Finisterre, en Francia (Gran Sol).

pequeñoburgués, sa adj. Relativo a la pequeña burguesía. También s.

pequín m. Tela de seda de varios colores.

Pequín Pekín.

pequinés, sa adj. y s. 1 De Pekín. 2 *Zool*. Se dice de una raza de perro de lujo originaria de China, de talla muy pequeña, cabeza redonda, nariz ancha y chata, y pelaje abundante.

per-; -per- pref. o in. que esfuerza o aumenta la significación o la fuerza de las voces españolas simples a que se halla unido: *perdurable*. En el compuesto *perjurar* denota falsedad.

per cápita fr. adv. lat. Por cabeza, individualmente. Se utiliza normalmente en la expresión *renta per cápita*.

per saecula saeculorum expr. lat. Por los siglos de los siglos, para siempre.

per se expr. lat. Por sí o por sí mismo. Se usa en lenguaje filosófico.

pera f. 1 *Bot*. Fruto del peral. 2 Recipiente de goma en forma de este fruto, que se usa para impulsar líquidos, aire, etc. 3 Llamador de timbre o interruptor de luz de forma parecida a una pera. 4 fig. Porción de pelo que se deja crecer en la punta de la barba, perilla. 5 adj. fig. y fam. Se dice de la persona muy elegante y refinada. || **pedir peras al olmo** fr. fig. y fam. que se usa para explicar que en vano se esperaría de uno lo que naturalmente no puede provenir de su educación o de su carácter. || **poner a uno las peras a cuarto** fr. fig. y fam. Obligarle a ejecutar o conceder lo que no quería.

perada f. 1 Conserva que se hace de la pera rallada. 2 Bebida alcohólica que se obtiene por fermentación del zumo de la pera.

peral m. *Bot*. 1 Árbol de la familia rosáceas, género *Pyrus*, nativo de Eurasia y cultivado en todo el mundo. 2 Madera de este árbol.

peraleda f. Terreno poblado de perales.

peralejo m. *Bot*. Árbol perteneciente a la familia malpigiáceas, de nombre científico *Byrsonima spinaca*, cuya corteza se emplea como curtiente.

Peralta, Gastón de, marqués de Falces Administrador colonial español (Pau, 1516 - ?, 1578). Fue virrey de Nueva España (1566-69).

Peralta Azurdía, Alfredo Enrique Militar y político guatemalteco (Ciudad de Guatemala, 1908 - íd., 1995). Presidió la Junta de gobierno que destituyó al presidente Ydígoras (1963-66).

Peralta Barnuevo, Pedro de Escritor peruano (Lima, 1663 - íd., 1743). De su obra poética, dominada por la influencia de Góngora, destacan el poema *Lima fundada* (1732) y *Pasión y triunfo de Christo* (1738). Como autor dramático, escribió *Triunfos de amor y poder* (1711) y *La Rodoguna* (1719).

Peralta Lagos, José María Escritor salvadoreño (Santa Tecla, 1873 - Guatemala, 1944). Autor de artículos costumbristas que publicó bajo el seudónimo de T. P. Mechín, de novelas (*La muerte de la tórtola*, 1933) y comedias (*Candidato*, 1923).

peraltado, da adj. Se dice de lo que forma peralte.

peraltar tr. 1 Levantar la curva de un arco más de lo que corresponde al semicírculo. 2 En las carreteras, vías férreas, etc., levantar el nivel de la parte exterior de una curva.

peralte m. 1 Lo que en la altura de un arco excede al semicírculo. 2 En las carreteras, vías férreas, etc., mayor elevación de la parte exterior de una curva en relación con la interior.

peralto m. Altura, dimensión de alto a bajo.

perantón m. 1 *Bot*. Mirabel, planta de forma piramidal. 2 Abanico muy grande. 3 fig. y fam. Persona muy alta.

Peravia Provincia de la República Dominicana; 1.648 km² y 201.851 h. Capital, Baní.

perborato m. *Quím*. Nombre de diversas sales de boro, producidas por la oxidación del borato.

perca f. *Zool*. 1 Pez teleósteo acantopterigio fluvial perteneciente a la familia pércidos, de carne comestible. 2 Raño, pez.

percal m. Tela de algodón blanca o pintada más o menos fina, y de escaso precio.

percalina f. Percal de un solo color.

percance m. Contratiempo, daño, perjuicio imprevistos.

percatarse prnl. Darse cuenta clara de algo.

percebe m. 1 *Zool*. Crustáceo cirrípedo marino, que se adhiere a los peñascos de la costa. 2 fig. y fam. Persona torpe e ignorante.

percebes

percepción f. 1 Acción y efecto de percibir. 2 Sensación interior que resulta de una impresión material hecha en nuestros sentidos. 3 Conocimiento, idea.

perceptible adj. 1 Que se puede comprender o percibir. 2 Que se puede recibir o cobrar.

percha f. 1 Madero o estaca larga y delgada, que regularmente se atraviesa en otras para sostener una cosa. 2 Mueble con colgaderos en que se pone ropa. 3 Utensilio ligero que consta de un soporte donde se coloca un traje u otra prenda parecida, y que se cuelga por su parte superior. 4 Acción y efecto de perchar el paño. 5 Lazo de cazar aves. 6 Especie de banderola que usan los cazadores para colgar en ellas las piezas que matan. 7 *Zool*. Perca, pez.

perchar tr. Colgar el paño y sacarle el pelo con la carda.

Perche Antigua provincia de Francia, incluida en los departamentos de Eure-et-Loir y Orne. Famosos caballos (percherones).

perchel m. 1 Aparejo de pesca, consistente en uno o varios palos dispuestos para colgar las redes. 2 Lugar en que se colocan.

perchero m. 1 Conjunto de perchas o lugar en que las hay. 2 Percha.

percherón, na adj. y s. Se dice del caballo o yegua perteneciente a una raza francesa de gran fuerza y corpulencia.

percibir tr. 1 Recibir una cosa y encargarse de ella. 2 Recibir por uno de los sentidos las especies o impresiones del objeto. 3 Comprender o conocer una cosa.

perciforme adj. *Zool*. 1 Se dice del pez teleóstomo, con una o dos aletas dorsales, la primera con fuertes radios espinosos, como la perca, el mero, la lubina, la caballa, etc. || m. pl. *Zool*. 2 Orden de estos peces.

perclorato m. *Quím*. Sal derivada del ácido perclórico, de fórmula $HClO_4$.

percloruro m. *Quím*. Cloruro que contiene la cantidad máxima de cloro.

percudir tr. 1 Maltratar o ajar la tez o el lustre de las cosas. 2 Penetrar la suciedad en algunas cosas.

percusión f. 1 Acción y efecto de percutir. 2 *Med*. Técnica de exploración que consiste en golpear con los dedos o un martillo alguna parte del cuerpo para detectar cambios de sonido. 3 *Mús*. Conjunto de los instrumentos musicales cuyo sonido es resultado de golpear membranas, tubos metálicos, etc., con las manos, bastones, mazas, etc., o de un choque entre ellos mismos, como los platillos. 4 *Mús*. Familia de estos instrumentos.

percusor m. Percutor.

percutir tr. Dar repetidos golpes, golpear.

percutor m. Pieza que golpea en cualquier máquina.

perdedor, ra adj. y s. Que pierde.

perder tr. 1 Dejar de tener, o no hallar, uno la cosa que poseía. 2 Malgastar una cosa. 3 No conseguir lo que se espera, desea o ama. 4 Ocasionar un daño a las cosas, desmejorándolas o desluciéndolas. 5 Ocasionar a uno ruina o daño en la honra o en la hacienda. 6 Dicho de juegos, batallas, oposiciones, pleitos, etc., no obtener lo que en ellos se disputa. 7 Salirse poco a poco el contenido de un recipiente. 8 Padecer un daño, ruina o disminución en lo material, inmaterial o espiritual. 9 Decaer del concepto, crédito o estimación en que se estaba. También intr. 10 Junto con algunos nombres como *respeto* o *cortesía*, faltar a la obligación de lo que significan o hacer una cosa en contrario. 11 Tratándose de una tela, desteñir cuando se lava. || prnl. 12 Errar uno el camino o rumbo que llevaba. 13 fig. No hallar modo de salir de una dificultad. 14 fig. Entregarse ciegamente a los vicios. 15 fig. Borrarse la ilación en un discurso. 16 fig. No aprovecharse una cosa que podía y debía ser útil, o aplicarse mal para otro fin. También tr. 17 Hablando de las aguas corrientes, filtrarse debajo de tierra. || **no habérsele perdido** a uno **nada** en algún lugar loc. fig. que se usa para justificar la ausencia de alguien o reprocharle su presencia. ♦ IRREG. Se conjuga como ENTENDER.

Pérdicas General macedonio (? - ?, 321 a. C.). Después de la muerte de Alejandro Magno, fue regente de su hija Roxana. Fue derrotado por Tolomeo I.

Pérdicas Nombre de tres reyes de Macedonia.

Pérdicas I (?, s. VII - ?, s. VI a. C.). Se apoderó de Macedonia hacia 729 a. C., y fundó la dinastía de los argéadas.

Pérdicas II (? - ?, 413 a. C.). Participó en la guerra del Peloponeso aliado en ocasiones a Atenas y en ocasiones a Esparta, en busca de preservar la independencia de su reino.

Pérdicas III (? - ?, 359 a. C.). Favoreció la helenización del país. Murió combatiendo a los iliros.

perdición f. 1 fig. Acción de perder o perderse. 2 Ruina o daño grave en lo temporal o espiritual. 3 fig. Pasión desenfrenada de amor. 4 fig. Condenación eterna. 5 fig. Desbarate o desarreglo en las costumbres. 6 fig. Causa o sujeto que ocasiona un daño grave.

pérdida f. 1 Carencia, privación de lo que se poseía. 2 Daño o menoscabo que se recibe en una cosa. 3 Cosa o persona perdida. || **no tener** una cosa **pérdida** fr. fig. y fam. Ser fácil de hallar.

perdido, da adj. 1 Que no tiene o no lleva destino determinado. || m. 2 El hombre sin provecho y sin moral. 3 *A. gráf*. Cierto número de ejemplares que se tiran de más en cada pliego, para que, supliendo con ellos los que salgan de la prensa imperfectos, no resulte incompleta la edición. || f. 4 Prostituta.

perdigar tr. 1 Soasar la perdiz o cualquier otra ave o vianda para que se conserve. 2 Preparar la carne en cazuela con alguna grasa. 3 fig. y fam. Disponer o preparar una cosa para un fin.

perdigón m. 1 Pollo de la perdiz. 2 Perdiz nueva. 3 Perdiz macho que emplean los cazadores como reclamo. 4 Cada uno de los granos de plomo que forman la munición de caza.

perdiguero, ra adj. 1 Se dice del animal que caza perdices. 2 *Zool*. Se dice de una raza de perro de caza. También s. || m. 3 Comerciante que compra la caza de los cazadores para revenderla.

perdiz f. *Zool*. Nombre de varias especies de aves galliformes, de cuerpo grueso, cuello corto, cabeza pequeña y plumaje de color ceniciento rojizo. Su carne es muy estimada.

perdiz

PERDÓN m. **1** Acción de perdonar. **2** Remisión de la pena merecida, de la ofensa recibida o de alguna deuda u obligación pendiente. **3** *Rel.* Indulgencia, remisión de los pecados. **4** *fam.* Gota de aceite, cera u otra cosa que cae ardiendo. **5** Expresión de disculpa. || m. pl. **6** Obsequios que se traen de una romería, tales como dulces y otras golosinas. || **con perdón** *loc. adv.* que se usa para excusarse de algo que se dice o se hace y que puede molestar a los demás.

PERDONABLE adj. Que puede ser perdonado o merece perdón.

PERDONAR tr. **1** Disculpar la falta u ofensa que alguien ha cometido. **2** Condonar una deuda que alguien había contraído. **3** Quitar la pena impuesta por una falta o delito. **4** Precedido del adverbio *no*, da a entender que la acción del verbo que seguidamente se expresa o se supone, se realiza en todas las ocasiones posibles. **5** *fig.* Renunciar a un derecho, goce, o disfrute.

PERDONAVIDAS m. *fig.* y *fam.* Bravucón, hombre que presume de fuerte y valiente.

PERDULARIO, RIA adj. y s. **1** Sumamente descuidado. **2** Vicioso, incorregible.

PERDURABLE adj. **1** Perpetuo o que dura siempre. **2** Que dura mucho tiempo.

PERDURAR intr. Durar mucho, subsistir.

PEREA *Geog. hist.* Antigua región de Palestina, al E del Jordán y la porción NE del mar Muerto.

PÉREC, GEORGES Escritor francés (París, 1936 - íd., 1982). Autor de *Las cosas* (1965), *La vida, modo de empleo* (1978) y *Me acuerdo* (1978).

PERECEDERO, RA adj. **1** Poco durable. || m. **2** *fam.* Necesidad, estrechez o miseria en las cosas precisas para el sustento humano.

PERECER intr. **1** Acabar, dejar de ser. **2** *fig.* Padecer un daño, trabajo, fatiga o molestia de una pasión. **3** *fig.* Tener suma pobreza. || prnl. **4** *fig.* Desear o apetecer con ansia una cosa. ♦ IRREG. Se conjuga como AGRADECER.

José María de **Pereda**

PEREDA, JOSÉ MARÍA DE Novelista español (Polanco, 1833 - Santander, 1906). Sus novelas, artículos y cuentos constituyen la culminación del realismo regionalista. Autor de *Escenas montañesas* (1864) y *Tipos y paisajes* (1871), cuentos y artículos; y de las novelas *El buey suelto* (1878), *Don Gonzalo González de la Gonzalera* (1879), *De tal palo tal astilla* (1880), *El sabor de la tierruca* (1882), *Sotileza* (1885), *La Montálvez* (1888) y *Peñas arriba* (1895).

PEREDA ASBÚN, JUAN Militar y político boliviano (La Paz, 1931). En 1978 se proclamó presidente con un golpe de Estado; en noviembre del mismo año fue derrocado.

PEREDA VALDÉS, ILDEFONSO Poeta uruguayo (Tacuarembó, 1899 - Montevideo, 1966). Escribió *La casa iluminada* (1920), *La guitarra de los negros* (1926) y *Raza negra* (1929).

PEREGRINACIÓN f. Acción y efecto de peregrinar.
PEREGRINAJE m. PEREGRINACIÓN.
PEREGRINAR intr. **1** Ir en romería a un santuario. **2** Andar uno por tierras extrañas. **3** *fig.* y *fam.* Andar de un lugar a otro buscando algo.
PEREGRINO, NA adj. **1** Se dice de la persona que por devoción o por voto va a visitar un santuario. Más como s. **2** Se aplica al que anda por tierras extrañas. **3** Hablando de aves, que pasan de un lugar a otro. **4** *fig.* Extraño, raro. **5** *fig.* Adornado de singular hermosura.
PEREION m. *Zool.* Cefalotórax de los crustáceos.

PEREIRA Ciudad de Colombia, capital del departamento de Risaralda; 387.261 h. Industria del tabaco. Destacado centro turístico.

PEREIRA, GABRIEL ANTONIO Político uruguayo (Montevideo, 1794 - íd., 1861). Asumió la presidencia interina de la República en dos ocasiones (octubre-noviembre de 1838 y febrero-marzo de 1839). Elegido presidente constitucional (1856-60), acabó con el movimiento revolucionario del general César Díaz.

PEREIRA, MANUEL Escultor portugués (Oporto, 1574 - Madrid, 1667). Decoró numerosas fachadas de templos de la capital y realizó en madera el *San Bruno* de la cartuja de Miraflores (Burgos).

PEREIRA GOMES, WENCESLAU BRÁS Político brasileño (Brazópolis, 1880 - Itajubá, 1966). Fue vicepresidente de la República (1910-14) y presidente de la misma (1914-18).

PEREIRA DOS SANTOS, NÉLSON Director de cine brasileño (São Paulo, 1928). Introductor del llamado *cinema novo*, en su filmografía destacan *Río, quarenta graus* (1955), *Río, Zona Norte* (1957), *Como é gostoso o meu francês* (1971), *Tenda dos milagres* (1977) y *A terceira margem de Río* (1994).

PEREIRA DE SOUSA, WASHINGTON LUIS Político brasileño (Macaé, 1869 - São Paulo, 1957). Presidente de la República (1926-30), fue depuesto por una insurrección, acaudillada por Getúlio Vargas.

PEREJIL m. **1** *Bot.* Planta herbácea bianual perteneciente a la familia umbelíferas, de nombre científico *Petroselinum crispum*, con hojas lustrosas, de color verde oscuro, partidas en tres gajos dentados. Sus hojas se utilizan como condimento. **2** *fig.* y fam. Adorno que usan las mujeres. Más en pl. m. pl. **3** *fig.* y fam. Títulos o signos de dignidad.

PEREKOP Población de Ucrania, en el istmo de su nombre, que une la península de Crimea con el continente.

PERENDENGUE m. **1** Pieza de adorno de escaso valor. Más en pl. || m. pl. **2** Dificultades, trabas.

PERENGANO, NA m. y f. Voz que se utiliza para aludir a una persona cuyo nombre se ignora o no se quiere expresar después de haber aludido a otra u otras con palabras de igual determinación, como *fulano*, *mengano*, *zutano*.

PERENNE adj. **1** Continuo, incesante, que no muere. **2** *Bot.* Que vive más de dos años.

PERENNIFOLIO, LIA adj. *Bot.* Se dice del árbol, o planta en general, que conserva su follaje todo el año.

PERENTORIO, RIA adj. **1** Se dice del último plazo que se concede en cualquier asunto. **2** Concluyente, decisivo, determinante. **3** Urgente, apremiante.

PERES, SIMON Político israelí (Kronstandt, 1923). Ingresó en el Partido Laborista en 1968. Tras las elecciones generales de 1984, presidió diferentes gobiernos en alternancia con I. Shamir, del Likud. Ministro de Asuntos Exteriores con Isaac Rabin en 1992, pasó a ser primer ministro tras el asesinato de éste (1995-96). Ministro de Cooperación Regional en el Gobierno de E. Barak y de Asuntos Exteriores en el de A. Sharon (2001-02), fue líder del Partido Laborista (2001-02). Premio Nobel de la Paz en 1994, que compartió con Y. Arafat e I. Rabin.

PERESTROIKA (Voz rusa que significa *reestructuración*.) f. *Polit.* Conjunto de reformas propuestas por el que fuera presidente de la URSS hasta 1991, Mijail Gorbachov con el fin de modernizar las estructuras del país.

PÉREZ, ANTONIO Político español (Madrid, 1534 - París, 1611). Secretario de Felipe II y aliado de la princesa de Éboli, se le acusó de la muerte de Juan Escobedo, secretario de Don Juan de Austria, por lo que tuvo que huir a Aragón primero y luego a Francia. En el des-

Antonio **Pérez**. Retrato anónimo. Monasterio de San Lorenzo de El Escorial (Madrid).

tierro escribió *Relaciones de su vida* (1592) y *Cartas* (1598 y 1603).

PÉREZ, CARLOS ANDRÉS Político venezolano (Rubio, 1922). Se afilió al Partido de Acción Democrática, en 1948. Fue elegido presidente de la República (1974-78). En las elecciones de 1988 consiguió de nuevo la Presidencia. En 1993 fue destituido y condenado por malversación de fondos (1996) a 28 meses de prisión.

PÉREZ, JOSÉ JOAQUÍN Político chileno (Santiago, 1800 - íd., 1889). Ocupó la presidencia de la República (1861-71). Declaró la guerra a España (1865).

PÉREZ, JUAN BAUTISTA Político venezolano (Caracas, 1869 - íd., 1952). Presidente de la República (1929-31), fue obligado a dimitir como consecuencia de una crisis petrolífera.

PÉREZ, SANTIAGO Político y escritor colombiano (Zipaquirá, 1830 - París, 1900). Fue ministro de Relaciones Exteriores (1864-66) y presidente de la República (1874-76).

PÉREZ DE ALESIO, MATEO Pintor y grabador italiano (Roma, 1547 - ¿Lima?, h. 1628). Discípulo de Miguel Ángel, trabajó en la capilla Sixtina (fresco de la *Historia de san Antonio*). Posteriormente viajó a Sevilla, donde realizó un *San Cristóbal* en la catedral (1585-87). En la última década del siglo se instaló en Lima, donde introdujo las técnicas italianas.

PÉREZ DE CUÉLLAR, JAVIER Político peruano (Lima, 1919). Fue secretario general de la ONU (1981-91). En 1987 recibió el premio Príncipe de Asturias de Cooperación Iberoamericana. En 2000 fue nombrado primer ministro.

PÉREZ ESQUIVEL, ADOLFO Arquitecto y líder pacifista argentino (Buenos Aires, 1931). Fue premio Nobel de la Paz en 1980 por su lucha en favor de los derechos humanos.

PÉREZ GALDÓS, BENITO Escritor español (Las Palmas de Gran Canaria, 1843 - Madrid, 1920). Su obra constituye una fiel representación de la realidad política y social española del siglo XIX. Sus dos primeras novelas, *La Fontana de Oro* (1867-68) y *El audaz: historia de un radical de antaño* (1871) manifiestan su vocación de investigar en el pasado español. Intención semejante a la que se manifiesta también en los *Episodios nacionales* (1873-1912). A continuación escribió *Doña Perfecta* (1876), *Gloria* (1876-77), *La familia de León Roch* (1878) y *Marianela* (1878). Son las llamadas novelas de

Benito **Pérez Galdós**. Retrato de Joaquín Sorolla. Colección particular.

tesis, en las que criticó la intolerancia religiosa y el clericalismo. Con *La desheredada* (1881) da comienzo la serie de novelas españolas contemporáneas. A este grupo pertenecen *El amigo Manso, El doctor Centeno* (1883), *La de Bringas* (1884), *Lo prohibido* (1884-85), *Fortunata y Jacinta* (1886-87), *Miau* (1888) y el ciclo dedicado a Torquemada: *Torquemada en la hoguera* (1889), *Torquemada en la cruz* (1893), *Torquemada en el purgatorio* (1894) y *Torquemada y San Pedro* (1895). La evolución hacia el espiritualismo comienza a apreciarse en *Ángel Guerra* (1890-91). *Tristana* (1892), *Nazarín* y *Alma* (1895) y *Misericordia* (1897) siguen los principios de la novela religiosa de Tolstoi. Las más notables de sus piezas teatrales son *Realidad* (1889), *La loca de la casa* (1892), *Los condenados* (1894), *Voluntad* (1895), *El abuelo* (1897), *Electra* (1901), *Alma y vida* (1902), *Mariucha* (1903), *Casandra* (1910), *Alceste* (1914) y *Santa Juana de Castilla* (1918). Las últimas novelas de Galdós fueron *El caballero encantado* (1909) y *La razón de la sinrazón* (1915).

Pérez Godoy, Ricardo Pío Militar y político peruano (Lima, 1905 - íd., 1982). Dirigió el golpe de Estado que derribó al presidente Prado Ugarteche (1962) y presidió la Junta de gobierno provisional hasta 1963, en que fue destituido.

Pérez de Guzmán, Alfonso GUZMÁN EL BUENO.

Pérez de Holguín, Melchor Pintor boliviano (Cochabamba, 1665 - Potosí, ?). Entre sus obras figuran *San Pedro de Alcántara* y *Entrada del arzobispo Morcillo en Potosí*.

Pérez Jiménez, Marcos Militar y político venezolano (Michelena, 1914 - Alcobendas, Madrid, 2001). Presidente de una Junta de gobierno (1952-53) y luego personalmente (1953-58), en 1958 estalló una revolución que le obligó a abandonar el país y refugiarse en EE UU.

Pérez Petit, Víctor Escritor uruguayo (Montevideo, 1871 - íd., 1947). Escribió las obras teatrales *Cobarde* (1894) y *Claro de luna* (1912).

Pérez de Quesada, Hernán Conquistador español (Granada, ? - Cabo de la Vela, ?). Hermano de Gonzalo Jiménez de Quesada, fue gobernador de Nueva Granada (1539).

Pérez-Reverte, Arturo Escritor y periodista español (Cartagena, 1951). Ha obtenido gran éxito con las novelas *El húsar* (1986), *El maestro de esgrima* (1988), *La tabla de Flandes* (1990), *El club Dumas* (1992), *El capitán Alatriste* (1996), *Limpieza de sangre* (1997), *El sol de Breda* (1998), *La carta esférica* (2000), *La reina del sur* (2002) y *El caballero del jubón amarillo* (2003). En 2003 ingresó en la Real Academia Española.

Pérez de Urdininea, José María General y político boliviano (Anquioma, 1782 - La Paz, 1865). Desempeñó interinamente la presidencia de la República (1828 y 1842).

pereza f. **1** Negligencia, falta de ganas o de disposición para hacer las cosas. **2** Descuido o tardanza en las acciones o movimientos.

perezoso, sa adj. **1** Negligente, descuidado. También s. **2** Lento o pesado en el movimiento o en la acción. || m. **3** *Zool.* Nombre de varias especies de mamíferos maldentados de la familia bradipódidos, géneros *Choloepus* y *Bradypus*, propios de América tropical. Se desplazan con movimientos muy lentos. **4** *Urug.* Tumbona, silla de tijera con asiento y respaldo de lona.

perfección f. **1** Acción de perfeccionar. **2** Calidad de perfecto. **3** Cosa perfecta.

perfeccionar tr. y prnl. **1** Acabar enteramente una obra, dándole el mayor grado posible de bondad o excelencia. También prnl. **2** fig. Mejorar una cosa o hacerla más perfecta.

perezoso

perfeccionismo m. Tendencia a mejorar indefinidamente un trabajo sin decidirse a considerarlo acabado.

perfectivo, va adj. **1** Que da o puede dar perfección. **2** *Ling.* Se dice de los tiempos verbales que expresan una acción acabada.

perfecto, ta adj. Que tiene el mayor grado posible de bondad o excelencia en su línea.

perfidia f. Deslealtad, traición o quebrantamiento de la fe recibida.

pérfido, da adj. y s. Desleal, infiel o traidor.

perfil m. **1** Adorno sutil y delicado, especialmente el que se pone al canto o extremo de una cosa. **2** Postura en que no se deja ver sino una sola de las dos mitades laterales del cuerpo. **3** Aspecto peculiar o llamativo con que una cosa se presenta ante la vista o la mente. **4** Contorno aparente de la figura, representado por líneas que determinan la forma de aquélla. || m. pl. **5** Complementos y retoques con que se remata una obra o una cosa. || **de perfil** loc. De lado.

perfilado, da adj. **1** Se dice del rostro adelgazado y largo en proporción. **2** Se aplica a la nariz bien formada.

perfilar tr. **1** Sacar los perfiles a una cosa. **2** fig. Afinar, rematar esmeradamente una cosa. || prnl. **3** Colocarse de perfil. **4** fig. y fam. Aderezarse, componerse. **5** Empezar una cosa a tomar forma o cuerpo definido.

perfoliada f. *Bot.* Planta umbelífera.

perfoliado, da adj. Se dice de la hoja que nace abrazando al tallo.

perforar tr. Agujerear una cosa.

perfumador, ra adj. y s. **1** Que confecciona o elabora cosas olorosas para perfumar. || m. **2** Vaso o aparato para quemar perfumes y esparcirlos.

perfumar tr. **1** Aromatizar una cosa. También prnl. **2** fig. Dar o esparcir cualquier olor bueno. || intr. **3** Exhalar perfume, fragancia, olor agradable.

perfume m. **1** Sustancia líquida o sólida elaborada para que desprenda un olor agradable. **2** fig. Cualquier olor bueno o muy agradable. **3** fig. Irónicamente, olor desagradable.

perfumería f. **1** Fábrica de perfumes. **2** Tienda donde se venden. **3** Conjunto de productos y materias de esta industria.

Perga *Hist.* Antigua ciudad de Asia Menor, a 16 km al NE de la actual Antalya. Fue la población más importante de Panfilia.

pergamino m. **1** Piel de la res, limpia y estirada, que sirve para diferentes usos, como para escribir en ella, encuadernar libros y otras cosas. **2** Título o documento escrito en pergamino. || m. pl. **3** fig. Antecedentes nobiliarios de una familia o de una persona.

Pérgamo *Hist.* Antigua ciudad y reino de Asia Menor, en Misia. La ciudad adquirió relevancia cuando Filitero fundó la dinastía atálida y la convirtió en capital del reino del mismo nombre (283 a. C.). Al morir Atalo III, legó su reino a los romanos (133 a. C.). La ciudad se convirtió en la capital de la provincia romana de Asia (129 a. C.). Es la actual Bergama, al N de Esmirna.

Pérgamo Nombre de la ciudadela de la antigua Troya.

pergeñar tr. fam. Disponer o ejecutar una cosa con más o menos habilidad.

pergeño m. fam. Apariencia, traza, disposición exterior de una persona o cosa.

pérgola f. **1** Armazón para sostener una planta. **2** Jardín que tienen algunas casas sobre la techumbre.

Pergolesi, Giovanni Battista Compositor italiano (Jesi, 1710 - Pozzuoli, 1736). Fue el principal representante de la ópera bufa italiana, género al que pertenece *La serva padrona* (1733). Compuso música religiosa (*Stabat Mater*, 1735) y las óperas *Salustia* (1731) y *Olimpiada* (1735).

perhidrol m. *Quím.* Nombre comercial de una solución acuosa al 30% de peróxido de hidrógeno.

peri f. *Mit.* Hada hermosa y bienhechora de la mitología pérsica.

peri- pref. que significa alrededor: *pericráneo*.

Peri, Iacopo Músico italiano (Roma, 1561 - Florencia, 1633). Es considerado como el creador del estilo recitativo que se utilizó a partir de sus óperas *Daphnis* (1597), *Eurídice* (1600) y *Flora* (1628), en colaboración con Marco da Gagliano.

Periandro de Corinto Tirano de Corinto (s. VII-VI a. C.). Gobernó Corinto del 625 al 585 a. C. Fue proclamado uno de los Siete Sabios de Grecia.

perianto o **periantio** m. *Bot.* Envoltura de los órganos sexuales de la flor. Consta de cáliz y corola.

periarteritis f. *Med.* Inflamación de la capa exterior de las arterias.

pericardio m. *Anat.* Envoltura de tejido conjuntivo del corazón, que está formada por dos membranas: una externa y fibrosa, y otra interna y serosa.

pericarditis f. *Med.* Inflamación aguda o crónica del pericardio.

pericarpio o **pericarpo** m. *Bot.* Parte exterior del fruto de las plantas, que cubre las semillas.

pericia f. Sabiduría práctica, experiencia y habilidad en una ciencia o arte.

pericial adj. Relativo al perito o al peritaje.

periciclo m. *Bot.* Parte externa del tallo y de la raíz.

Pericles Militar y político ateniense (?, h. 495 - ?, 429 a. C.). Discípulo de Anaxágoras de Clazómenas y Zenón de Elea, entró en la vida pública hacia 469. Jefe único del Partido Democrático tras la muerte de Efialtes, fue estratega y prosiguió la democratización de la vida política en Atenas. Durante su gobierno, Atenas vivió uno de los momentos más florecientes de su cultura. Al estallar la guerra del Peloponeso, fue depuesto y condenado a pagar una multa. Pero en 429 a. C. fue elegido de nuevo estratega. Murió víctima de la peste ese mismo año.

periclitar intr. Peligrar, estar en peligro; decaer, declinar.

perico m. **1** Especie de tocado que se usó antiguamente. **2** En el juego del truque, caballo de bastos. **3** fig. Abanico grande. **4** Persona que gusta de callejear. **5** fig. Espárrago de gran tamaño. **6** fig. Vaso para excrementos. **7** En el lenguaje de la droga, COCAÍNA. **8** *Mar.* Juanete del palo de mesana que se cruza sobre el mastelero de sobremesana. **9** PERIQUITO. || **Perico el de los palotes** fr. fam. Una persona cualquiera.

pericón, na adj. **1** Se aplica al que suple a otros, especialmente hablando del caballo o mula que sirve para cualquier puesto de tiro. También s. || m. **2** En ciertos juegos de cartas, caballo de bastos. **3** Abanico muy grande. **4** *Arg.* y *Urug. Folk.* Baile popular que ejecutan con acompañamiento de guitarras varias parejas en número par.

pericondrio m. *Anat.* Tejido conjuntivo fibroso que recubre los cartílagos, excepto en las articulaciones.

pericráneo m. *Anat.* Membrana fibrosa que cubre exteriormente los huesos del cráneo.

peridermis f. *Bot.* EPIDERMIS.

peridotita f. *Geol.* Nombre genérico de las rocas ígneas de textura granulosa, constituidas básicamente por olivino, y también por piroxenos rómbicos, piroxenos monoclínicos y anfíbol; llevan pocos o ningún feldespato.

peridoto m. *Miner.* OLIVINO.

perieco, ca adj. Se aplica al morador del globo terrestre con relación a otro que ocupa un punto del mismo paralelo que el primero y diametralmente opuesto a él. También s. y más como m. pl.

periferia f. **1** Contorno de un círculo, circunferencia. **2** Término o contorno de una figura curvilínea. **3** fig. Espacio que rodea un núcleo cualquiera. **4** Conjunto de los barrios exteriores de las ciudades, por oposición a centro.

periférico, ca adj. **1** Relativo a la periferia. || m. *Inform.* **2** Dispositivo que acepta datos y los envía a un ordenador para su tratamiento, o bien los recibe del ordenador y los traslada a un medio adecuado para su interpretación.

perifollo m. *Bot.* **1** Planta anual perteneciente a la familia umbelíferas, de nombre científico *Anthriscus cerefolium*, cuyas hojas se usan como condimento. || m. pl. **2** fig. y fam. Adornos de mujer en el traje y peinado.

perífrasis f. **1** CIRCUNLOCUCIÓN. || **perífrasis verbal** *Ling.* Forma verbal compuesta por un auxiliar u otro elemento gramaticalizado más un infinitivo, gerundio o participio. ♦ Su pl. es *perífrasis*.

perifrástico, ca adj. Relativo a la perífrasis; abundante en ellas.

perigallo m. **1** Pellejo que con exceso pende de la garganta y que suele proceder de la mucha vejez o suma flacura. **2** Cinta que llevaban las mujeres en la cabeza. **3** Especie de honda hecha de un simple bramante. **4** fig. y fam. Persona alta y delgada. **5** Aparejo que sirve para mantener suspendida una cosa.

perigeo m. *Astron.* **1** Punto en que la Luna se halla más próxima a la Tierra. **2** Punto de la órbita de cualquier astro que se halla a la distancia más corta de la Tierra.

perigino, na adj. *Bot.* Se dice de la flor con los estambres y la corola insertos en el borde del receptáculo.

periglaciar adj. Relativo a la erosión y al relieve que resultan de la acción del hielo.

perigonio m. *Bot.* PERIANTIO.

Périgord Antigua comarca de Francia, que forma actualmente el departamento de Dordoña y parte del de Lot y Garona.

perigordiense adj. y com. Se dice del segundo periodo en que se divide la etapa auriñaciense.

Perigueux Ciudad de Francia, capital del departamento de Dordoña; 30.280 h. Catedral.

perihelio m. *Astron.* Punto en que un planeta se halla más cerca del Sol.

PERILLA f. **1** Adorno en figura de pera. **2** Porción de pelo que se deja crecer en la punta de la barba. **3** Extremo del cigarro puro, por donde se fuma. || **PERILLA DE LA OREJA** *Anat.* Parte inferior no cartilaginosa de la oreja. || **de perilla**, o **de perillas** loc. adv. fig. y fam. A propósito o a tiempo.
PERILLÁN, NA m. y f. fam. Persona pícara, astuta. También adj.
PERIM Isla de la República del Yemen, en el estrecho de Bab el-Mandeb; 13 km^2.
PERIMETRÍA f. Determinación del campo visual.
PERÍMETRO m. **1** Contorno de una superficie. **2** *Geom.* Contorno de una figura.
PERINATAL adj. *Med.* Perteneciente o relativo al nacimiento.
PERÍNCLITO, TA adj. Grande, heroico, ínclito en sumo grado.
PERINÉ o **PERINEO** m. *Anat.* Espacio que media entre el ano y las partes sexuales.
PERINOLA f. **1** Peonza pequeña que baila cuando se hace girar rápidamente con dos dedos un manguillo que tiene en la parte superior. **2** Adorno en figura de perinola. **3** fig. y fam. Mujer pequeña y vivaracha.
PERIÓDICO, CA adj. **1** Que sucede en un periodo de tiempo determinado. **2** Se dice del impreso que se publica con determinados intervalos de tiempo. Más s. **3** Se dice de los fenómenos cuyas fases todas se repiten permanentemente y con regularidad. **4** *Mat.* Se dice de la fracción decimal que tiene periodo. || m. *Period.* **5** Diario, publicación que sale diariamente.
PERIODISMO m. *Period.* **1** Ejercicio o profesión de periodista. **2** Estudios o carrera de periodista. **3** Actividad informativa, desarrollada por publicistas a través de los medios de difusión más variados: prensa, radio, televisión, etc.
PERIODISTA com. *Period.* **1** Persona que escribe, compone o edita un periódico. **2** Persona que, profesionalmente, prepara o presenta las noticias de un periódico o de otro medio de difusión.
PERIODO o **PERÍODO** m. **1** Tiempo que una cosa tarda en volver al estado o posición que tenía al principio. **2** Espacio de tiempo que incluye toda la duración de una cosa. **3** Ciclo de tiempo. **4** *Gram.* Conjunto de oraciones que, enlazadas unas con otras gramaticalmente, tienen sentido. **5** *Mat.* Cifra o grupo de cifras que se repiten en una fracción decimal periódica. **6** Menstruo de las mujeres y de las hembras de ciertos animales.
PERIOSTIO m. *Anat.* Membrana fibrosa adherida a los huesos, que sirve para su nutrición y renovación.
PERIPATÉTICO, CA adj. **1** Que sigue la filosofía o doctrina de Aristóteles. También s. **2** Perteneciente a este sistema o secta. **3** fig. y fam. Ridículo o extravagante.
PERIPATO m. ARISTOTELISMO.
PERIPECIA f. **1** *Teat.* En el drama, cambio repentino de situación; accidente imprevisto que cambia el estado de las cosas. **2** fig. Accidente de esta misma clase en la vida real.
PERIPLO m. **1** Viaje de larga duración. **2** Obra antigua en la que se cuenta un viaje de circunnavegación.
PERÍPTERO, RA adj. y m. Se dice del templo clásico rodeado por columnas que deja paso entre éstas y el muro, como el Partenón.
PERIPUESTO, TA adj. fam. Que se adereza y viste con demasiado esmero y afectación.
PERIQUETE m. fam. Brevísimo espacio de tiempo.
PERIQUITO m. *Zool.* Ave trepadora de la familia psitácidos, de nombre científico *Melopsittacus undulatus*, de unos 20 cm de longitud y plumaje generalmente verde, amarillo, azul y negro.
PERISCIO, CIA adj. Se dice del habitante de las zonas polares, en torno del cual gira su sombra cada veinticuatro horas en la época del año en que no se pone el sol en dichas zonas. También s. y más como m. pl.
PERISCOPIO m. Cámara instalada en la parte superior de un tubo metálico que sobresale del casco del buque submarino, y de la superficie del mar cuando navega sumergido, y que sirve para ver los objetos exteriores.
PERISODÁCTILO adj. y m. *Zool.* **1** Se dice del mamífero digitígrado, ungulado, con las extremidades alargadas y el dedo medio muy desarrollado, mientras que los laterales están reducidos. Son herbívoros. Ejemplos típicos son el rinoceronte, tapir y caballo. || m. pl. *Zool.* **2** Orden de estos animales.
PERISOLOGÍA f. Vicio de la elocución, que consiste en repetir o amplificar inútilmente los conceptos.
PERISTA m. Comprador de objetos robados.
PERISTÁLTICO, CA adj. *Fisiol.* Que tiene la propiedad de contraerse. Se dice principalmente del movimiento de los intestinos.
PERÍSTASIS f. Tema, asunto o argumento del discurso.
PERISTILO m. *Arquit.* **1** Entre los antiguos, lugar o sitio rodeado de columnas por la parte interior, como los atrios. **2** Galería de columnas que rodea un edificio o parte de él.
PERÍSTOLE f. *Fisiol.* Acción peristáltica del conducto intestinal.

periodismo. La redacción del *New York Times* en 1935.

PERITAJE m. **1** Informe que resulta del estudio o trabajo de un perito. **2** Estudios o carrera de perito.
PERITAR tr. Evaluar en calidad de perito.
PERITECIO m. Reborde marginal de la fructificación de un liquen.
PERITO, TA adj. **1** Sabio, experimentado, hábil, práctico en una ciencia o arte. También s. || m. y f. **2** Persona que en alguna materia tiene el título de ingeniero técnico. **3** Experto en determinadas materias que asesora a un juez, a una compañía de seguros, etc.
PERITONEO m. *Anat.* Membrana serosa que reviste la cavidad abdominal y forma pliegues que envuelven las vísceras.
PERITONITIS f. *Med.* Inflamación del peritoneo.
PERJUDICAR tr. y prnl. Ocasionar daño o menoscabo material o moral.
PERJUICIO m. Efecto de perjudicar. || **sin perjuicio** loc. adv. Dejando a salvo.
PERJURAR intr. **1** Jurar en falso. También prnl. **2** Jurar mucho o por vicio, o por añadir fuerza al juramento. || prnl. **3** Faltar a la fe ofrecida en el juramento.
PERJURIO m. **1** Juramento en falso. **2** Quebrantamiento de la fe jurada.
PERKIN, WILLIAM HENRY Químico inglés (Londres, 1838 - Sudbury, 1907). Descubrió el primer colorante de anilina (1856).
PERL, MARTIN L. Físico estadounidense (Nueva York, 1927). Premio Nobel de Física en 1995, compartido con F. Reines, por sus trabajos en el campo de las partículas elementales.
PERLA f. **1** *Zool.* Concreción nacarada, generalmente de color blanco agrisado, reflejos brillantes y figura más o menos esferoidal, que suele formarse en el interior de las conchas de diversos moluscos, sobre todo en las madreperlas. **2** Concreción análoga conseguida artificialmente. **3** fig. Persona de excelentes prendas, o cosa preciosa y exquisita en su clase. **4** Carácter de letra de cuatro puntos tipográficos. || **de perlas** loc. adv. Perfectamente, de molde.
PERLADO, DA adj. De color de perla.
PERLAR tr. y prnl. poét. Cubrir o salpicar de gotas de agua, lágrimas, etc.
PERLAS, LAS Archipiélago de Panamá, en la provincia y golfo de este nombre. La mayor es la de San Miguel, que los españoles llamaron Isla del Rey. Pesquerías de perlas.
PERLÉ (Voz fr.) m. Fibra de algodón mercerizado, más o menos gruesa, que se utiliza para bordar, hacer ganchillo, etc., y que debe su nombre a su brillo, ligeramente perlado.
PERLESÍA **1** Privación o disminución del movimiento de partes del cuerpo. **2** Debilidad muscular acompañada de temblor.
PERLITA f. *Geol.* FONOLITA.
PERLÓN m. Fibra sintética parecida al nailon.
PERM 1 Región de la Federación de Rusia; 160.600 km^2 o 3.024.000 h. **2** Ciudad capital de la misma; 1.032.000 h.
PERMAFROST m. *Geol.* Suelo permanentemente helado.
PERMANECER intr. **1** Mantenerse sin mutación en un mismo lugar, estado o calidad. **2** Estar en un sitio durante cierto tiempo. ♦ IRREG. Se conjuga como AGRADECER.
PERMANENTE adj. **1** Que permanece. **2** fam. Se dice de la ondulación artificial del cabello. También f.
PERMANGANATO m. *Quím.* Sal formada por la combinación del ácido permangánico, derivado del manganeso, con una base.

PERMANGÁNICO adj. *Quím.* Relativo al ácido oxoácido de fórmula HMnO$_4$, muy inestable, cuya descomposición en disoluciones de hidróxido origina unas sales llamadas *permanganatos*.
PERMEABLE adj. Que puede ser penetrado por el agua u otro fluido.
PERMEANCIA f. *Fís.* Relación entre el flujo de un circuito magnético y la fuerza magnetomotriz que la ha producido. Es inversa de la reluctancia.
PERMEKE, CONSTANT Pintor y escultor belga (Amberes, 1883 - Ostende, 1952). Perteneció al «segundo grupo de Laethem», de tendencia expresionista. Autor de *Mujer de pescador* (1920), *Los novios* (1923), *El cabriolet* (1926) y *Paisaje* (1931).
PÉRMICO, CA adj. *Geol.* **1** Se dice de la capa o terreno superior y más moderno que el carbonífero. || m. *Geol.* **2** Periodo de transición entre la era primaria y la secundaria, de 50 millones de años de duración aproximada. Los materiales más característicos son las areniscas rojas y las rocas salinas.
PERMISIÓN f. **1** Acción de permitir. **2** *Ret.* Figura o tropo literario que consiste en aparentar permitir aquello que se reprocha.
PERMISIVO, VA adj. Que permite o consiente.
PERMISO m. **1** Licencia o consentimiento para hacer o decir una cosa. **2** En las monedas, diferencia consentida entre su ley o peso efectivo y el que se les supone.
PERMITIR tr. **1** Dar su consentimiento, el que tenga autoridad competente, para que otros hagan o dejen de hacer una cosa. También prnl. **2** No impedir lo que se pudiera y debiera evitar.
PERMUTA f. **1** Acción y efecto de permutar una cosa por otra. **2** Cambio, entre dos oficiales públicos, de los empleos que respectivamente tienen.
PERMUTACIÓN f. **1** Acción y efecto de permutar. **2** *Gram.* METÁTESIS, cambio de lugar de cualquier elemento gramatical.
PERMUTAR tr. **1** Cambiar una cosa por otra, transfiriéndose los contratantes el dominio de ellas. **2** Cambiar entre sí dos eclesiásticos los beneficios que poseen o dos oficiales públicos los empleos que sirven. **3** Variar la disposición u orden en que estaban dos o más cosas.
PERNA f. *Zool.* Molusco lamelibranquio acéfalo de la familia inocerámidos, género *Perma*, de concha aplastada y con ganchos, propio de los mares tropicales.
PERNADA f. **1** Golpe que se da con la pierna, o movimiento violento que se hace con ella. **2** *Mar.* Ramal o pierna de algún objeto. || **DERECHO DE PERNADA** *Hist.* Derecho del señor feudal de pasar, real o simbólicamente, con la esposa del siervo la primera noche de casados.
PERNAMBUCO Estado del NE de Brasil; 98.938 km^2 y 7.399.071 h. Capital, Recife.
PERNEAR intr. **1** Mover violentamente las piernas. **2** fig. y fam. Andar mucho y con fatiga en la solicitud o diligencia de un negocio. **3** fig. y fam. Irritarse por no lograr lo que se desea.
PERNERA f. Parte del calzón o pantalón que cubre cada pierna.
PERNICIOSO, SA adj. Gravemente dañoso y perjudicial.
PERNIL m. **1** Anca y muslo del animal. **2** Por antonomasia, el del puerco. **3** Parte de calzón o pantalón que cubre cada pierna.
PERNIO m. Bisagra que se pone en las puertas y ventanas para que giren sus hojas.
PERNIQUEBRAR tr. y prnl. Romper, quebrar una pierna o las dos. ♦ IRREG. Se conjuga como ACERTAR.

Juan Domingo y Eva **Perón**

PERNO m. Pieza de hierro cilíndrica, con cabeza redonda por un extremo y que por el otro se asegura con una tuerca o con un remache.

PERNOCTAR intr. Pasar la noche en determinado lugar, especialmente fuera del propio domicilio.

PERO[1] m. *Bot.* **1** Variedad de manzano, cuyo fruto es más largo que grueso. **2** Fruto de este árbol.

PERO[2] **1** Conjunción adversativa con que a un concepto se contrapone otro diverso del anterior. **2** desus. SINO[2]. || m. **3** fam. Defecto o dificultad u objeción.

PEROGRULLADA f. fam. Verdad o especie que por notoriamente sabida es necedad o simpleza el decirla.

PEROL m. Vasija de metal, de figura como de media esfera, que sirve para cocer diferentes cosas.

PEROLA f. Especie de perol, más pequeño que el ordinario.

PERÓN, JUAN DOMINGO Militar y político argentino (Lobos, Buenos Aires, 1895 - Buenos Aires, 1974). Participó en el golpe de Estado de 1943 y quedó encargado del Departamento de Trabajo (1943), pasando a desempeñar los cargos de ministro de la Guerra y vicepresidente de la República (1944). Fue elegido presidente en 1946 y reelegido en 1951. Creador del Partido Justicialista, gobernó autoritariamente y asoció al poder a su mujer, Eva Duarte. Derrocado por un golpe militar en 1955, en 1973 resultó de nuevo elegido para la presidencia de la nación. A su muerte le sucedió su segunda esposa, María Estela Martínez.

PERÓN, MARÍA ESTELA MARTÍNEZ DE Política argentina (La Rioja, 1931). Vicepresidenta de la República en 1973, al fallecer su esposo, el general Perón (1974), pasó a ocupar la presidencia de la nación, siendo destituida por una Junta militar (1976).

PERÓN, MARÍA EVA DUARTE DE (conocida popularmente como EVITA) Política argentina (Los Toldos, Buenos Aires, 1919 - Buenos Aires, 1952). Se casó en octubre de 1945 con Juan Domingo Perón. Sus iniciativas sociales despertaron una gran simpatía popular.

PERONÉ m. *Anat.* Hueso exterior y normalmente delgado de la extremidad inferior por debajo de la rodilla, en los vertebrados; se articula con la tibia y el astrágalo en el hombre.

PERONISMO m. *Hist.* Movimiento político argentino desarrollado a partir de la llegada al poder de Juan Domingo Perón en 1946. Su carácter populista logró aglutinar a las clases obreras bajo el control estatal y al margen de las ideologías izquierdistas. En 1984 el órgano del peronismo, el Partido Justicialista, se escindió entre oficialistas y renovadores. En 1989, el oficialista Carlos Menem fue elegido presidente.

PERORACIÓN f. Última parte del discurso en que se trata de mover con más eficacia que antes el ánimo del auditorio.

PERORAR intr. **1** Pronunciar un discurso u oración. **2** fam. Hablar uno en la conversación familiar como si estuviera pronunciando un discurso. **3** fig. Pedir con instancia.

PERORATA f. Oración o razonamiento molesto o inoportuno.

PEROSI, LORENZO Compositor italiano (Tortona, 1872 - Roma, 1956). Entre sus obras destacan los oratorios *La Pasión de Jesucristo según san Marcos* y *La matanza de los inocentes*.

PÉROTIN o **PEROTINUS, MAGNUS** Compositor francés (? - ?, h. 1238). Fue uno de los representantes más ilustres de la escuela de Notre-Dame e iniciador de la música polifónica.

PÉROUSE, JEAN FRANÇOIS DE GALAUP, CONDE DE LA PÉROUSE, JEAN FRANÇOIS DE GALAUP, CONDE DE.

PERÓXIDO m. *Quím.* En la serie de los óxidos, es el que tiene la mayor cantidad posible de oxígeno. || **PERÓXIDO DE HIDRÓGENO** *Quím.* AGUA OXIGENADA.

PERPENDICULAR adj. *Geom.* Se dice de la línea o plano que forma ángulo recto con otra línea u otro plano. Aplicado a línea, también f.

PERPENNA o **PERPERNA** General y político romano (? - ?, 71 a. C.). Lugarteniente de Mario, se trasladó a España con objeto de sostener la causa de Sertorio, a quien asesinó el año 72. Fue vencido y muerto por Pompeyo.

PERPETRAR tr. Cometer, consumar.

PERPETUA f. *Bot.* **1** Planta herbácea anual perteneciente a la familia amarantáceas, de nombre científico *Gomphrena globosa*, cuyas flores persisten meses enteros sin perder el color, por lo cual sirven para hacer guirnaldas, coronas y otros adornos. **2** Flor de esta planta. || **PERPETUA AMARILLA** *Bot.* Planta herbácea vivaz perteneciente a la familia compuestas, de nombre científico *Helichrysum orientale*, de flores pequeñas y amarillas. También, flor de esta planta.

PERPETUAR tr. y prnl. **1** Hacer perpetua una cosa. **2** Dar a las cosas una larga duración.

PERPETUO, TUA adj. **1** Que dura y permanece para siempre. **2** Se dice de ciertos cargos vitalicios. **3** Se dice de ciertos cargos o puestos cuyo titular puede desempeñarlos hasta la jubilación.

PERPIAÑO adj. **1** ARCO PERPIAÑO. || m. **2** Piedra que atraviesa toda la pared.

PERPIÑÁN Ciudad del S de Francia, capital del departamento de Pirineos Orientales; 108.049 h. Mercado agrícola (vino). Antigua capital del Rosellón. Catedral (siglos XIV a XVI).

PERPLEJIDAD f. Irresolución, confusión.

PERPLEJO, JA adj. Dudoso, irresoluto, confuso.

PERQUÉ m. *Poét.* Composición poética muy utilizada en la poesía del Siglo de Oro español.

PERRA f. **1** *Zool.* Hembra del perro. **2** fig. y fam. Embriaguez, borrachera. **3** fam. Rabieta de niño. **4** Obstinación, porfía. || **PERRA CHICA** fig. y fam. Moneda de cobre que valía cinco céntimos de peseta. || **PERRA GORDA** o **GRANDE** fig. y fam. Moneda de cobre que valía diez céntimos de peseta.

PERRADA f. **1** Conjunto de perros. **2** fig. y fam. Acción villana.

PERRAULT, CHARLES Escritor francés (París, 1628 - íd., 1703). Autor de obras históricas, poemas, y unas *Memorias* (1769). Debe su celebridad a una serie de narraciones que reunió bajo el título *Cuentos de la madre Oca* (1697) entre los que figuran *Barba azul*, *Caperucita roja* y *La Cenicienta*.

PERRAULT, CLAUDE Arquitecto francés (París, 1613 - íd., 1688). Hermano de Charles. Se le atribuye la construcción de la columnata del Louvre, en 1667 edificó el Observatorio de París.

PERRERÍA f. **1** Conjunto de perros. **2** fig. Conjunto de personas malvadas. **3** fig. Demostración de enojo. **4** Mala acción.

PERRERO, RA m. y f. **1** Empleado municipal encargado de recoger los perros abandonados. **2** Aficionado a la cría de perros. || m. **3** Persona que cuida los perros de caza. || f. **4** Lugar donde se recogen los perros abandonados.

PERRET, AUGUSTE Arquitecto francés (Ixelles, 1874 - París, 1954). Impulsó el empleo del hormigón armado visto en los edificios. Sus obras más importantes son el *Teatro de los Campos Elíseos* (1911-13), en París y la *Torre de orientación de Grenoble* (1925).

PERRIER, EDMOND Naturalista francés (Tulle, 1844 - París, 1921). Autor de *Elementos de anatomía y fisiología animales*, *Tratado de Zoología* y *El transformismo*.

PERRIN, JEAN Físico y químico francés (Lille, 1870 - Nueva York, 1942). Demostró la naturaleza corpuscular de los rayos catódicos y realizó estudios sobre la estructura discontinua de la materia. En 1926 recibió el premio Nobel de Física.

PERRO[1] m. **1** *Zool.* Mamífero carnívoro perteneciente a la familia cánidos, de nombre científico *Canis fami-*

Principales razas de **perro**.

liaris. Su tamaño, forma y pelaje resultan muy diversos, ya que existen más de 400 razas. Tiene una vida muy corta, oscilando entre 12 y 15 años. Probable descendiente del lobo, fue el primer animal doméstico que acompañó al hombre. **2** fig. Nombre que las gentes de ciertas religiones daban a las otras por desprecio. **3** fig. Persona despreciable. || **PERRO DE AGUAS** *Zool.* El de una raza que se cree originaria de España, con cuerpo grueso y pelo largo, abundante, rizado y, generalmente, blanco. || **PERRO ALANO** *Zool.* ALANO. || **PERRO CALIENTE** Bocadillo de pan de bollo que contiene una salchicha condimentada con mostaza y tomate. || **PERRO DOGO** o **DE PRESA** *Zool.* El de cuerpo y cuello gruesos y cortos, pecho ancho, labios también gruesos y aspecto pesado. || **PERRO FALDERO** El de tamaño muy pequeño. || **PERRO LULÚ** LULÚ. || **PERRO MALTÉS** *Zool.* El de lujo procedente de Malta, con pelaje tan largo como el propio animal. || **PERRO MARINO** *Zool.* CAZÓN. || **PERRO PACHÓN** *Zool.* El de raza parecida al perdiguero, de patas más cortas y torcidas. || **PERRO PASTOR** El de trabajo para cuidar y guiar los ganados. || **PERRO POLICÍA** El adiestrado para la captura de delincuentes, etc. || **PERRO RASTRERO** El de caza, que la busca por el rastro. || **PERRO SABUESO** *Zool.* Variedad de podenco, algo mayor y de olfato muy fino. || **PERRO SAN BERNARDO** *Zool.* El de trabajo, de pelaje denso y rojizo, salvo en el pecho; es muy resistente y se ha utilizado para el rescate en alta montaña. || **PERRO DE TERRANOVA** *Zool.* El de aguas, muy inteligente, arriesgado y leal, que se emplea para salvamento de personas en casos difíciles. || **a cara de perro** fr. fig. y fam. vulg. Con todo rigor, sin perdonar nada. || **a otro perro con ese hueso** expr. fig. y fam. con que se repele al que propone artificiosamente una cosa desagradable. || **al perro flaco todo se le vuelven pulgas** ref. Al pobre abatido todo se le vuelven adversidades. || **muerto el perro, se acabó la rabia** fr. proverb. Cesando una cosa, cesan sus efectos. || **tratar** a uno **como a un perro** fr. fig. y fam. Maltratarle, despreciarle.

PERRO² adj. fig. y fam. Muy malo, indigno.

PERRO MAYOR *Astron.* CAN MAYOR.

PERRO MENOR *Astron.* CAN MENOR.

PERSA adj. y com. **1** De Persia, hoy Irán. || m. **2** *Ling.* Idioma persa, de la familia indoirania. **3** *Hist.* Nombre aplicado en 1814 a los firmantes de un manifiesto, favorable a la monarquía absoluta en España.

PERSECUCIÓN f. **1** Acción de perseguir. **2** Por antonomasia, cada una de las que ordenaron algunos emperadores romanos contra los cristianos.

PERSÉFONE o **CORE** *Mit.* Divinidad griega, hija de Zeus y Deméter y esposa de Hades. Los romanos la identificaron como Proserpina.

PERSEGUIR tr. **1** Seguir al que va huyendo con ánimo de alcanzarle. **2** fig. Buscar a alguien en todas partes con frecuencia e importunidad. **3** fig. Molestar, fatigar. **4** fig. Solicitar o pretender con frecuencia. **5** *Der.* Proceder judicialmente. ♦ IRREG. Se conjuga como DECIR.

PERSEIDAS f. pl. *Astron.* Estrellas fugaces cuyo punto radiante está en la constelación Perseo.

PERSEO *Astron.* Constelación del cielo norte.

PERSEO *Mit.* Héroe legendario, hijo de Zeus y Dánae. Mató a Medusa, una de las tres Gorgonas, y salvó a Andrómeda, con la que se casó. Reinó en Tirinto.

PERSEO Último rey de Macedonia (?, h. 212 - Alba Fucens, h. 165 a. C.). Sucedió a su padre, Filipo V, en 179 a. C. Fue derrotado en Pidna (168 a. C.) y llevado cautivo a Roma.

PERSÉPOLIS *Hist.* Antigua ciudad de Asia, una de las capitales del imperio persa, situada a 48 km al E de Shiraz (Irán). Sustituyó a Pasargadas en la capitalidad dinástica de los aqueménidas.

PERSEVERANCIA f. **1** Cualidad del que persevera. **2** Duración permanente o continua de una cosa.

PERSEVERAR intr. **1** Mantenerse constante en la prosecución de lo comenzado. **2** Durar permanentemente o por largo tiempo.

PERSHING, JOHN JOSEPH Militar estadounidense (Linn, 1860 - Washington, 1948). Dirigió el ejército expedicionario estadounidense en la Primera Guerra Mundial y fue jefe del Estado Mayor (1921-24).

PERSIA *Hist.* Nombre de un antiguo imperio y reino del sudoeste asiático que, con diversas dinastías, perduró desde el siglo VII a. C. hasta convertirse en IRÁN en 1935.

PERSIANA f. **1** Especie de celosía, formada por tablillas fijas o movibles, colocadas de diversas formas, siempre que dejen paso al aire y no al sol. **2** Tela de seda con flores grandes tejidas, y diversidad de matices. **3** fam. Combinado de menta con ginebra. **4** vulg. Tufos del pelo. || **PERSIANA VENECIANA** La formada por tiras delgadas y algo curvas de aluminio, que quedan superpuestas y apretadas cuando se la sube.

PERSICARIA f. *Bot.* DURAZNILLO.

PÉRSICO, CA adj. **1** Relativo a Persia. || m. *Bot.* **2** Árbol rosáceo y su fruto.

Perseo da muerte a Medusa. Metopa del templo C de Selinonte. Museo Arqueológico de Palermo (Italia).

PÉRSICO, GOLFO Golfo del Asia, entre Irán y Arabia, que se comunica, por el estrecho de Ormuz y el golfo de Omán, con el mar Arábigo. Tiene 975 km de largo y una anchura máxima de 370 km.

PERSIGNAR tr. y prnl. **1** SIGNAR, hacer la señal de la cruz. **2** Signar y santiguar a continuación. || prnl. **3** fig. y fam. Manifestar admiración haciéndose cruces.

PERSIO, FLACO AULO Poeta latino (Volterra, 34 - Roma, 62). Escribió seis *Sátiras,* al estilo de Horacio.

PERSISTENCIA f. **1** Cualidad del que persiste. **2** Duración permanente de una cosa. **3** *Ecol.* ESTABILIDAD.

PERSISTIR intr. **1** Mantenerse firme o constante en una cosa. **2** Durar por mucho tiempo.

PERSONA f. **1** Individuo de la especie humana. **2** Hombre o mujer cuyo nombre se ignora o se omite. **3** Hombre distinguido en la vida pública. **4** Personaje que toma parte en la acción de una obra literaria. **5** *Der.* Sujeto de derecho. **6** Supuesto inteligente. **7** *Gram.* Accidente gramatical que consiste en las distintas inflexiones con que el verbo denota si el sujeto de la oración es el que habla, o aquel a quien se habla, o aquel de quien se habla. Las personas se llaman respectivamente primera, segunda y tercera, y las tres constan de singular y plural. **8** *Gram.* Nombre sustantivo relacionado mediata o inmediatamente con la acción del verbo. **9** *Teol.* El Padre, el Hijo o el Espíritu Santo, personas de la Trinidad. || **PERSONA FÍSICA** Cualquier individuo de la especie humana. || **PERSONA JURÍDICA** *Der.* Ser o entidad capaz de derechos u obligaciones: corporaciones, fundaciones, asociaciones, etc. || **PERSONA NON GRATA** En lenguaje diplomático, aquella cuya presencia se considera inaceptable por razones políticas o sociales. || **PERSONA PACIENTE** *Gram.* La que recibe la acción del verbo. || **en persona** loc. adv. Por uno mismo o estando presente.

PERSONADA adj. *Bot.* Se dice de la corola gamopétala irregular cuyo labio inferior tiene una protuberancia que se junta con el labio superior.

PERSONAJE m. **1** Persona ilustre, de calidad. **2** Cada uno de los seres humanos, sobrenaturales o simbólicos que toman parte en la acción de una obra literaria, teatral o cinematográfica.

PERSONAL adj. **1** Relativo a la persona o propio o particular de ella. **2** De una, o para una sola persona. **3** *Ling.* Que hace referencia o tiene relación con las personas gramaticales. || m. **4** Conjunto de personas que trabajan en un mismo organismo, dependencia, fábrica, taller, etc. || f. *Dep.* **5** En baloncesto, falta que comete un jugador y sanción correspondiente. || **EL PERSONAL** fam. La gente.

PERSONALIDAD f. **1** Diferencia individual que distingue a una persona de otra. **2** Persona que destaca en una actividad o ambiente. **3** *Der.* Cualidad de persona jurídica y su representación en un asunto determinado. **4** *Psicol.* Conjunto de las características cognoscitivas, afectivas, volitivas y físicas de un individuo tal como se manifiesta a diferencia de otros.

PERSONALISMO m. **1** Acción de personalizar. **2** Adhesión a una persona o a las tendencias que ella representa, especialmente en política. **3** Tendencia a subordinar el interés común a miras personales.

PERSONALIZAR tr. **1** Aludir de forma molesta u ofensiva a determinadas personas. **2** Usar como personales verbos generalmente impersonales.

PERSONARSE prnl. **1** Entrevistarse una persona con otra. **2** Presentarse personalmente en un lugar. **3** *Der.* Comparecer como parte interesada en un juicio o pleito.

PERSONIFICAR tr. **1** Atribuir vida o acciones o cualidades propias del ser racional al irracional, o a las cosas inanimadas, incorpóreas o abstractas. **2** Representar en una persona, o representar ella misma, una opinión, sistema, etc. **3** Aludir en discursos o escritos, bajo alusiones, o nombres supuestos, a personas determinadas. También prnl.

PERSONILLA f. **1** desp. Persona muy pequeña. **2** Niño o persona muy querida.

PERSOZ, JEAN-FRANÇOIS Farmacéutico y químico francés (Gex, 1805 - París, 1868). Descubrió, en colaboración con Payen, la diastasa (1833) y obtuvo el metano a partir del ácido acético (1839).

PERSPECTIVA f. **1** *Geom.* Técnica para representar los objetos sobre una superficie plana. **2** Obra o representación ejecutada con este arte. **3** Conjunto de objetos lejanos que se presentan a la vista del espectador. **4** fig. Apariencia o representación engañosa. **5** fig. Contingencia que puede preverse en el curso de algún negocio. Más en pl. **6** Circunstancia de poder analizar o ver las cosas a distancia, para apreciarlas en su valor. Más en pl. **7** *Lit.* En el discurso narrativo, relación existente entre el narrador y los hechos narrados. || **PERSPECTIVA CABALLERA** *Geom.* Representación de los objetos en un plano en proyección oblicua, mediante líneas paralelas no convergentes. || **PERSPECTIVA LINEAL** *Geom.* Representación de los objetos en un plano en perspectiva cónica, mediante líneas paralelas convergentes.

PERSPICACIA f. **1** Agudeza de la vista. **2** fig. Penetración del ingenio.

PERSPICAZ adj. **1** Se dice de la vista, la mirada, etc., muy aguda. **2** Se dice del ingenio agudo y penetrante y del que lo tiene.

PERSPICUO, CUA adj. **1** Claro, transparente y terso. **2** fig. Se dice de la persona que se explica con claridad, y del mismo estilo inteligible.

PERSUADIR tr. y prnl. Inducir, obligar a uno con razones a creer o hacer una cosa.

PERSUASIÓN f. **1** Acción y efecto de persuadir o persuadirse. **2** Juicio que se forma en virtud de un fundamento. **3** Arte de persuadir.

PERSUASIVO, VA adj. Que tiene fuerza y eficacia para persuadir.

PERTENECER intr. **1** Ser propia de uno una cosa. **2** Ser una cosa del cargo, ministerio u obligación de uno. **3** Tener relación una cosa con otra, o ser parte integrante de ella. ♦ IRREG. Se conjuga como AGRADECER.

PERTENENCIA f. **1** Derecho a la propiedad de una cosa. **2** *Min.* Unidad de medida superficial para las concesiones mineras, equivalente a un cuadro de una hectárea. **3** Cosa accesoria o consiguiente a la principal, y que entra con ella en la propiedad. **4** Cosa que pertenece a alguien determinado. Más en pl.

PERTH Ciudad de Australia, capital del Estado de Australia Occidental; 1.262.600 h. Minas de oro. Centro comercial e industrial.

PERTH AND KINROSS Distrito unitario del Reino Unido, en Escocia; 133.000 h.

PERTHUS Desfiladero de los Pirineos orientales, entre Francia y España.

PÉRTIGA f. **1** Vara larga. **2** *Dep.* Vara larga y flexible para practicar el deporte del salto con pértiga. **3** Tubo largo con un micrófono en su extremo, que se usa en cine y televisión. || **SALTO CON PÉRTIGA** *Dep.* SALTO.

PERTINACIA f. **1** Obstinación, terquedad. **2** fig. Persistencia, duración.

PERTINAX, PUBLIO ELIO Emperador romano (Alba Pompeya, 126 - Roma, 193). A la muerte de Cómodo, fue proclamado emperador. Murió asesinado por los pretorianos.

PERTINAZ adj. **1** Obstinado, tenaz. **2** fig. Duradero.

PERTINENTE adj. **1** Perteneciente a una cosa. **2** Se dice de lo que viene a propósito, procede. **3** *Ling.* Se dice de cada uno de los rasgos fonológicos que distinguen un fonema de otro. **4** OPOSICIÓN FONOLÓGICA.

PERTINI, SANDRO (ALESSANDRO PERTINI, llamado) Político italiano (Stella, Liguria, 1896 - Roma, 1990). Secretario general del Partido Socialista Italiano, presidió la Cámara de los Diputados (1968-76) y fue presidente de la República (1978-85).

PERTRECHAR tr. **1** Abastecer de pertrechos. **2** fig. Disponer lo necesario para la ejecución de una cosa. También prnl.

PERTRECHOS m. pl. **1** Municiones, armas y demás instrumentos, máquinas, etc., necesarios para los soldados y la defensa de las fortificaciones. También en sing. **2** Por extensión, instrumentos necesarios para cualquier operación.

PERTURBACIÓN f. Desorden, turbación.

PERTURBADO, DA adj. y s. *Med.* Se dice de la persona que tiene alteradas sus facultades mentales.

PERTURBAR tr. **1** Trastornar el orden y el estado de las cosas. También prnl. **2** Impedir el orden del discurso al que está hablando. **3** Quitar la paz o tranquilidad a alguien. || prnl. **4** Perder el juicio una persona.

PERÚ

Superficie: 1.285.216 km².
Población: 25.662.000 h. (peruanos).
Densidad: 20 h./km².
Tasa de natalidad: 26,1‰.
Tasa de mortalidad: 5,7‰.
Capital: Lima.
Ciudades principales: Arequipa, Callao, Trujillo, Chiclayo, Piura, Cuzco, Chimbote.
Grupos étnicos: indios (47,1%), mestizos (32%), blancos (12%).
Religión: catolicismo (92,5%), protestantismo (5,5%).
Idioma: castellano.
Moneda: nuevo sol.
Forma de Estado: república democrática.
Producto Nacional Bruto: 60.491 millones de dólares.
Renta per cápita: 2.440 dólares.
División administrativa: 24 departamentos y una provincia constitucional, según cuadro.

PERÚ (República del Perú) Estado de América del Sur. Límita al N con Ecuador y Colombia; al E, con Brasil y Bolivia; al S, con Chile y el océano Pacífico, y al O, con el océano Pacífico.
GEOG. *Geografía física.* Perú es un país con un triple ámbito geográfico, en razón de las tres zonas, costa, sierra y Amazonia, en que puede dividirse. Está accidentado por la cordillera andina, que forma dos grandes líneas, la occidental (Nudo Coropuna, 6.612 m; Nevado Huascarán, 6.768 m) y la oriental o interior. Entre ambas cordilleras discurren los cursos altos de ríos que conformarán el Amazonas, como el Ucayali, Huallaga, Urubamba y Apurímac. En el sur, el lago Titicaca, el más alto del mundo de los grandes lagos (3.812 m), está compartido con Bolivia. El clima es muy variado, seco en toda la costa, y desértico al norte y al sur del país. En contraste con él, la Amazonia, con el Marañón y afluentes, y el Gran Pajonal, con el río Madre de Dios, son zonas cálidas y húmedas, ecuatoriales o tropicales. Entre las dos zonas se encuentra la puna, donde la cordillera andina da lugar a un clima de montaña frío y seco.
Geografía humana y económica. Las zonas próximas a la costa presentan las mayores densidades y la conurbación Lima-Callao supone un tercio de la población peruana. La economía tiene dos componentes básicos: los productos de autoconsumo, la mayor parte de los agrarios y ganaderos, y los destinados a la exportación, casi todos ellos materias primas mineras, agrícolas, forestales o pesca. Productos agrícolas como trigo, patata, maíz, mandioca, arroz, etc., pertenecen a la vertiente del autoconsumo. La caña de azúcar, cacao, café, frutas, etc., tienen un dominante exportador. Posee una pequeña cabaña ganadera, donde destacan los ovinos, así como los animales de las cumbres andinas, llamas y alpacas. La madera es un capítulo cada vez más importante en la Amazonia, y en cuanto a la pesca, Perú es el 4º país del mundo en capturas y el 1º en número de barcos de pesca. Produce petróleo, gas natural, cobre (6º del mundo), plata (4º), plomo (6º), tungsteno (4º), estaño (8º), hierro, antimonio, molibdeno (6º), cinc (5º), etc. La industria está concentrada en torno a Lima.
HIST. La domesticación de los alimentos se generalizó entre los años 4000 y 2000 a. C. La primera cultura del periodo formativo (véase AMÉRICA) que se desarrolló en territorio peruano fue la de chavín, cuya influencia comenzó a remitir en torno al año 300 a. C. Tras su decadencia se inicia el periodo clásico (principios de nuestra era hasta el año 900), en el que destacan las culturas mochica (100-800), en la costa N; nazca, en la costa S, y tiahuanaco (200-800), en la Sierra, que, aunque se encuentra fuera de Perú, pertenece culturalmente al área andina. A estas culturas clásicas, les siguió el imperio Huari (900-1200), y tras su decadencia sobrevino un periodo de atomización cultural. En la costa N comenzó a surgir el reino chimú (1300-fines del siglo XV), y en la Sierra fueron los INCAS quienes, tras asentarse en el Cuzco, se fueron imponiendo a los pueblos vecinos, iniciando así, a partir de 1300, su dominio sobre el área andina. Fueron extendiendo sus dominios hacia el N, conquistando el reino chimú y llegando al N de Ecuador, y hacia el S, donde fueron frenados por los araucanos en el río Biobío, y por el E hasta la zona de la selva. Cuando llegaron los españoles, el Tahuantinsuyu (imperio inca) abarcaba una extensión que incluía a los actuales Perú, Ecuador y parte de Bolivia y Chile. En enero de 1531 Francisco Pizarro salió de Panamá, desembarcó en Tumbes y al año siguiente fundó San Miguel de Piura. Ascendió la cordillera andina y llegó a Cajamarca, donde hizo prisionero al emperador inca Atahualpa. Más tarde entraría triunfante en Cuzco, capital del imperio (noviembre de 1533). De regreso a la costa fundó la Ciudad de los Reyes (1535), la actual Lima, que pasó a ser la nueva capital de la nación. Pronto estalló la discordia entre los conquistadores, y Pizarro fue asesinado por los soldados de Almagro. Este estado turbulento no cesó hasta que, en 1547, España envió al clérigo Pedro de La Gasca, quien logró someter el Perú a su entera autoridad. El virreinato de Lima llegó a tener jurisdicción sobre Panamá y todos los territorios españoles de América del Sur, con excepción de Venezuela, convirtiéndose en centro de la cultura española en las colonias a

PERÚ

Departamentos *Provincia constitucional*	Superficie (km²)	Población (h.)	Capitales
Amazonas	39.249	391.078	Chachapoyas
Ancash	35.865	1.045.921	Huaraz
Apurímac	20.896	418.775	Abancay
Arequipa	63.344	1.035.773	Arequipa
Ayacucho	43.815	525.601	Ayacucho
Cajamarca	33.318	1.377.297	Cajamarca
Cuzco	72.104	1.131.061	Cuzco
Huancavelica	22.131	423.041	Huancavelica
Huánuco	36.887	747.263	Huánuco
Ica	21.306	628.684	Ica
Junín	44.197	1.161.581	Huancayo
Lambayeque	14.213	1.050.280	Chiclayo
Libertad, La	25.495	1.415.512	Trujillo
Lima	34.797	7.194.816	Lima
Loreto	368.852	839.748	Iquitos
Madre de Dios	85.183	79.172	Puerto Maldonado
Moquegua	15.734	142.475	Moquegua
Pasco	25.320	245.651	Cerro de Pasco
Piura	35.891	1.506.716	Piura
Puno	66.988	1.171.838	San Carlos de Puno
San Martín	51.253	692.408	Moyobamba
Tacna	16.076	261.336	Tacna
Tumbes	4.657	183.609	Tumbes
Ucayali	102.411	394.889	Pucallpa
Callao	147	736.243	*Callao*

Perú. Cordillera Vilcanota, en los Andes.

fundarse, en 1551, la Universidad Nacional Mayor de San Marcos. Francisco de Toledo (1569-81) fue el representante más destacado de la etapa virreinal. Durante su gobierno se reglamentó la explotación minera, que alcanzó su apogeo hacia finales del siglo XVI con la extraordinaria producción de plata de las minas de Potosí. A finales del siglo XVIII empezaron a tomar forma entre la población los primeros sentimientos independientistas. En 1780 se produjo la sublevación de Túpac Amaru II, que tardó dos años en ser sofocada. Sin embargo, Perú se convirtió en un baluarte realista debido a la actuación del virrey Abascal. Cuando se emanciparon Argentina y Chile, el general José de San Martín desembarcó en Pisco el 8 de septiembre de 1820 y entró en Lima el 9 de julio de 1821. El 28 del mismo mes, y en la plaza Mayor, proclamaba la independencia de Perú. No obstante, los españoles se mantuvieron en la Sierra y hasta lograron apoderarse otra vez de Lima (1823); pero a finales del año 1824 fueron derrotados definitivamente por Simón Bolívar en Ayacucho. Hasta 1845, la joven república atravesó un periodo de formación caracterizado por las casi incesantes guerras civiles, revoluciones y golpes de Estado. En 1836, el general Andrés Santa Cruz unió Perú y Bolivia, creando la CONFEDERACIÓN PERUANO-BOLIVIANA, que se disolvió tres años después. La llegada al poder del general Ramón Castilla (1844-62), abrió una época de estabilidad política. Sin embargo, la guerra del Pacífico contra España, las crecientes dificultades económicas y la guerra con Chile (1879-83) sumieron al país en el caos. La situación se estabilizó en parte durante los gobiernos militares de Andrés Cáceres (1886-90) y Remigio Morales Bermúdez (1890-94). En 1895 una revolución llevó al poder a Nicolás de Piérola. Tras varios gobiernos civiles, un golpe militar puso al frente del país a don Augusto Bernardino Leguía, quien desempeñó la presidencia de 1919 a 1930, año en que fue depuesto, ocupando su cargo el comandante Luis M. Sánchez Cerro. Siguieron a este último Óscar Raimundo Benavides (1933-39) y Manuel Prado Ugarteche (1939-45), bajo cuyo mandato fue firmado el tratado de límites con Ecuador. En 1945 fue elegido presidente José Luis Bustamante y Rivero, el cual fue depuesto en 1948 por una junta militar dirigida por el general Manuel A. Odría. Las elecciones de 1956 llevaron de nuevo al poder a Manuel Prado Ugarteche, hasta 1962, en que se hizo cargo del poder una junta militar. En junio de 1963, unas nuevas elecciones dieron el triunfo a Fernando Belaúnde Terry, que fue derribado por un golpe de Estado militar que proclamó presidente del gobierno al general Juan Velasco Alvarado. En 1975 fue sustituido por el general Francisco Morales-Bermúdez, hasta entonces primer ministro. En julio de 1979 se promulgó una nueva Constitución, y de acuerdo con ella se celebrarron elecciones generales en 1980, resultando vencedor Fernando Belaúnde Terry. Nuevamente en 1981 estalló el conflicto fronterizo con Ecuador, al que se puso fin por mediación de la OEA (2 febrero 1981), mientras que el aumento de la actividad terrorista (Sendero Luminoso) hizo que el Gobierno estableciera en 1984 el estado de emergencia. Entre 1985 y 1990 ocupó la presidencia Alan García, miembro del APRA. La caótica situación económica provocó numerosos disturbios. La popularidad de Alan García disminuyó significativamente, a lo que se sumó su cese como presidente del APRA. En 1989 surgió una nueva formación política, el Fredemo (coalición de los partidos de derecha), y el Movimiento para la Libertad, del escritor Vargas Llosa. El grupo terrorista Sendero Luminoso con-

Perú. Alejandro Toledo, presidente del país desde 2001.

tinuó aterrorizando la zona del altiplano y comenzó a controlar a los productores de coca del alto Huallaga. Alberto Fujimori y su movimiento, Cambio 90, lograrían la victoria en las elecciones de 1990. En abril de 1992, Fujimori disolvió las cámaras y suspendió las garantías constitucionales. Nombró un nuevo gobierno, anuló la división de poderes y emplazó la redacción de una nueva Constitución, aprobada en 1993. En 1995 estalló un conflicto fronterizo con Ecuador por la región del alto Amazonas, que se solucionó en apenas un mes. El incidente, sin embargo, aumentó aún más la popularidad de Fujimori, que fue reelegido en las presidenciales de ese mismo año. El movimiento terrorista se reactivó a finales de 1996, con el asalto a la embajada de Japón por parte del grupo Túpac Amaru, que se concluyó con un ataque del ejército y la policía, en abril de 1997, en el que murieron todos los terroristas. En 1998 se firmó un acuerdo fronterizo con Ecuador, que puso fin al conflicto entre los dos países. Tras las presidenciales de 2000 Fujimori continuó en el cargo pese a las acusaciones de fraude. En septiembre de ese año, después de una crisis política, anunció su retirada y la celebración de elecciones anticipadas en abril de 2001. Pero en noviembre abandonó inesperadamente el país y renunció a la presidencia. Valentín Paniagua, del partido Acción Popular, fue nombrado presidente interino hasta las elecciones celebradas en junio de 2001, en que resultó elegido presidente Alejandro Toledo, del partido Perú Posible.

PERÚ, VIRREINATO DEL *Hist.* Entidad administrativa que comprendía los territorios españoles de América del Sur, excepto la costa venezolana. Se estableció en 1542. La capital era Lima y englobaba la jurisdicción sobre varios territorios en los que existía una audiencia: Nueva Castilla (Perú), Tierra Firme (Panamá y costa N de Colombia), Nueva Granada (resto de Colombia), Quito (Ecuador), Charcas (Bolivia) y Río de la Plata) y Chile. En el siglo XVIII comenzó a desmembrarse: en 1717 se creó el virreinato de Nueva Granada (Colombia, Panamá y Ecuador); en 1776, el virreinato del Río de la Plata (Argentina, Paraguay y Bolivia), y en 1778, la Capitanía General de Chile.

PERUANO, NA adj. y s. De Perú.

PERUGIA 1 Provincia de Italia, en la región de Umbría; 6.334 km^2 y 595.695 h. **2** Ciudad de Italia, capital de la región de Umbría y de la provincia de su nombre; 147.489 h. Universidad (siglo XIV).

PERUGINO, EL (PIETRO VANNUCCI, llamado) Pintor renacentista italiano (Città della Pieve, Perugia, 1445 - Fontignano, 1523). Fue maestro de Rafael. Decoró los muros de la capilla Sixtina y se distinguió en la pintura religiosa y en el retrato. Entre sus obras principales figuran *La entrega de las llaves a San Pedro* (1480-82), fresco de la capilla Sixtina, *Lamento ante Cristo muerto* (1494-95) y *Resurrección* (1501).

PERUSA PERUGIA.

PERUTZ, MAX FERDINAND Químico y biólogo británico de origen austriaco (Viena, 1914 - ?, 2002). Determinó la estructura tridimensional de la hemoglobina (1937-1959). En 1962 recibió el premio Nobel de Química, compartido con Kendrew, por sus estudios sobre la estructura de las proteínas globulares.

PERUZZI, BALDASSARE Pintor y arquitecto italiano (Siena, 1481 - Roma, 1537). Colaboró con Rafael en la decoración de las estancias del Vaticano. Como arquitecto, fue uno de los iniciadores del manierismo romano. Edificó y decoró la villa Farnesina (1508-11), con cuadros ilusionistas en los que representó un espacio fingido.

PERVERSIDAD f. Depravación, suma maldad.

PERVERSO, SA adj. Depravado.

PERVERTIR tr. **1** Perturbar el orden o estado de las cosas. **2** En determinados órdenes morales, viciar las costumbres, los gustos, etc. También prnl. ◆ IRREG. Se conjuga como SENTIR.

PERVIVIR intr. Seguir viviendo, subsistir.

PESA f. **1** Pieza metálica que se utiliza como término de comparación para determinar el peso de un cuerpo. **2** Pieza de peso suficiente que se emplea para dar movimiento a ciertos relojes o de contrapeso para subir o bajar lámparas.

PESACARTAS m. Balanza para pesar las cartas.

PESADA f. **1** Cantidad que se pesa de una vez. **2** Acción y efecto de pesar.

PESADEZ f. **1** Calidad de pesado. **2** fig. Obesidad. **3** fig. Terquedad o impertinencia. **4** fig. Cargazón, duración desmedida. **5** fig. Molestia, trabajo, fatiga. **6** *Med.* Sensación de peso que se percibe en el epigastrio, característica de algunas dispepsias.

Baldassare **Peruzzi.** Interior de la villa Farnesina (Roma).

PESADILLA f. **1** Sueño angustioso y tenaz. **2** Opresión y dificultad de respirar durante el sueño. **3** fig. Preocupación grave y continua. **4** fig. Persona o cosa enojosa o molesta.

PESADO, DA adj. **1** Que pesa mucho. **2** fig. Profundo, hablando del sueño. **3** fig. Cargado de humores. **4** fig. Tardo o muy lento. **5** fig. Molesto, impertinente. **6** fig. Aburrido, sin interés. **7** fig. Que precisa mucha atención o es difícil de hacer. **8** fig. Ofensivo, sensible. **9** fig. Áspero e insufrible, fuerte, violento.

PESADO, JOSÉ JOAQUÍN Poeta y político mexicano (San Agustín del Palmar, 1801 - México, 1861). Político conservador, en 1837 desempeñó la cartera de Asuntos Exteriores. Es autor de *Poesías originales y traducidas* (1839) y *Los aztecas* (1854).

PESADUMBRE f. **1** Calidad de pesado. **2** Injuria, agravio. **3** fig. Molestia, desazón. **4** fig. Causa de desazón o sentimiento. **5** fig. Riña que ocasiona desazón o disgusto.

PESAJE m. Acción y efecto de pesar o forma de hacerlo.

PÉSAME m. Expresión con que se manifiesta a uno el sentimiento que se tiene de su pena o aflicción.

PESAR^1 m. **1** Sentimiento, pena. **2** Dicho o hecho que causa sentimiento. || **a pesar** o **a pesar de** loc. conjunt. Contra la voluntad de otro y, por extensión, contra la fuerza o resistencia de las cosas. || **a pesar de los pesares** loc. adv. A pesar de todos los obstáculos. || **a pesar de que** loc. conjunt. concesiva. Se emplea cuando le sigue un verbo en forma personal que indica una oposición u obstáculo para la idea del verbo principal.

PESAR^2 intr. **1** Tener peso. **2** Tener determinado peso. **3** fig. Tener una cosa valor o estimación. **4** fig. Causar un hecho o dicho, arrepentimiento. **5** fig. Hacer fuerza en el ánimo la razón o el motivo de una cosa. || tr. **6** Determinar el peso. **7** fig. Examinar con atención las razones de una cosa para hacer juicio de ella. || **pese a** loc. adv. A PESAR. || **pese a quien pese** fr. fig. A todo trance, a pesar de todos los obstáculos.

PESARO Ciudad del E de Italia, capital de la provincia de Pesaro y Urbino, a orillas del Adriático; 87.663 h. Centro comercial.

PESARO Y URBINO Provincia de Italia, en la región de Las Marcas; 2.892 km^2 y 337.385 h. Su capital es Pesaro.

PESAROSO, SA adj. **1** Arrepentido. **2** Que por causa ajena tiene pesadumbre o sentimiento.

PESCA f. **1** Acción y efecto de pescar. **2** Conjunto de procedimientos y técnicas, utilizados por el hombre para la captura de organismos acuáticos tanto marinos como de agua dulce. **[Encic.]** **3** Lo que se pesca. || **PESCA DE ALTURA** La que se practica en aguas relativamente alejadas del litoral. || **PESCA DE ARRASTRE** La que se hace arrastrando redes. || **PESCA DE BAJURA** La que se practica con pequeñas embarcaciones en las proximidades de la costa.

ECON. La producción pesquera mundial ha experimentado un aumento incesante durante los últimos cincuenta años. Ésta pasó de un volumen de capturas de 28 millones de toneladas en vísperas de la Segunda Guerra Mundial a 100 millones de toneladas a mediados de los noventa. Las zonas de mayor producción pesquera son el NO del Pacífico, el SE del Pacífico y el Atlántico Norte y los principales países productores Japón, China, la Federación de Rusia, Chile, EE UU, Perú y Noruega. España ocupa el decimosexto lugar con un volumen de capturas de 13.000 millones de toneladas anuales. El 90% de la producción procede de las diferentes plataformas continentales, lo que ha originado enfrentamientos entre los grandes países pesqueros y los países ribereños. La escasez de muchas especies ha obligado a establecer diferentes reglamentaciones para asegurar su reproducción biológica e impedir su desaparición.

PESCADA f. *Zool.* En algunos sitios, merluza, pez.

PESCADERÍA f. Tienda o local donde se vende pescado.

PESCADILLA f. *Zool.* Nombre que en algunos sitios se da al estado joven de la merluza.

PESCADO m. Pez comestible sacado del agua por cualquiera de los procedimientos de pesca. || **PESCADO AZUL** El abundante en grasa, como la sardina. || **PESCADO BLANCO** El poco graso, como la merluza y el lenguado.

PESCADOR, RA adj. **1** Que pesca. || m. y f. **2** Persona que pesca por oficio o por afición. || m. **3** PEJESAPO.

PESCADORES Grupo de islas de Perú, frente a la costa del departamento de Lima. Guano.

PESCANTE m. **1** Pieza saliente para colgar algo en la pared. **2** Brazo de una grúa. **3** En ciertos coches, asiento del cochero. **4** En los teatros, tramoya para hacer bajar o subir en el escenario personas o figuras.

PESCAR tr. **1** Sacar del agua peces o animales útiles al hombre. **2** Sacar del agua alguna otra cosa. **3** fig. y fam. Contraer una enfermedad. **4** fig. y fam. Coger, agarrar. **5** fig. y fam. Coger a uno en palabras o en hechos cuando no se lo esperaba. **6** fig. y fam. Conseguir astutamente lo que se pretendía.

PESCARA **1** Provincia de Italia, en la región de Abruzos; 1.224 km^2 y 291.950 h. **2** Ciudad del E de Italia, capital de la provincia de su nombre; 120.613 h. Importante puerto.

PESCARA, MARQUÉS DE ÁVALOS, FERNANDO FRANCISCO DE.

PESCOZÓN m. Golpe que se da con la mano en el pescuezo o en la cabeza.

PESCUEZO m. Parte del cuerpo animal o humano desde la nuca hasta el tronco.

PESEBRE m. **1** Especie de cajón donde comen las bestias. **2.** Sitio destinado para este fin. **3** NACIMIENTO, belén.

PESEBRE *Astron.* Cúmulo estelar, en la constelación del Cangrejo.

PESETA f. **1** *Econ.* Unidad monetaria de España hasta 2002, en que fue sustituida por el euro. **[Encic.]** || f. pl. **2** fam. Dinero, riqueza.

ECON. y *NUM.* La denominación de peseta, peso pequeño, comenzó a utilizarse en el siglo XVII en América y Cataluña para designar al real de a dos de plata. Se instauró como unidad monetaria española tras el destronamiento de Isabel II. En 1874 dejó de acuñarse sólo en metal al reconocer el Estado al Banco de España la emisión exclusiva de billetes. La desvalorización producida tras la Guerra Civil, obligó al gobierno a establecer en 1959 un plan de estabilización que fijó la paridad con el dólar en 60 pesetas. Tras nuevos cambios fijos, en 1974 fue puesta en flotación. Entró a formar parte del sistema monetario europeo en 1989. Tras el acceso de España a la moneda única fijó su paridad con el euro en 166,386 pesetas.

PESETERO, RA adj. Se dice de la persona aficionada al dinero; tacaño, avaricioso. También s.

PESHAWAR Ciudad de Pakistán, capital de la provincia de Frontera del Noroeste; 1.676.000 h.

PESIMISMO m. **1** *Filos.* Concepción filosófica que defiende que la existencia humana está dominada por el mal y el dolor. Su representante más notable es Schopenhauer. **2** Propensión a ver las cosas en su aspecto más desfavorable.

PÉSIMO, MA adj. Superlativo de MALO.

PESO m. **1** *Fís.* Fuerza de atracción de la Tierra sobre los cuerpos. **2** *Fís.* Fuerza de gravitación universal. **3** El de la pesa o conjunto de pesas que se necesitan para equilibrar en la balanza un cuerpo determinado. **4** Cosa pesada. **5** Objeto pesado para hacer presión o para equilibrar una carga. **6** Balanza u otro utensilio para pesar. **7** El que por ley o convenio debe tener una cosa. **8** Pesa del reloj. **9** *Dep.* El que arroja en la báscula cada boxeador antes de un combate y con arreglo al cual se le clasifica en la categoría que le corresponde: *peso mosca, gallo, pluma, ligero, superligero, welter, medio, semipesado* y *pesado*. **10** *Num.* Antigua moneda de plata española que tuvo diversos valores, y de donde procede el actual PESO, unidad monetaria. **11** *Econ.* Unidad monetaria de Argentina, Bolivia, Colombia, Cuba, República Dominicana, Chile, Filipinas, México y Uruguay. **12** fig. Entidad o importancia de una cosa. **13** Fuerza o eficacia de las cosas inmateriales. **14** fig. Carga o gravamen que uno tiene a su cuidado. **15** fig. Cansancio en una parte del cuerpo. **16** Pesadumbre, dolor, disgusto, preocupación. **17** *Dep.* Bola de hierro que se utiliza en el lanzamiento de peso. || **PESO ABSOLUTO** *Fís.* El de un cuerpo en el vacío. || **PESO ATÓMICO** *Quím.* Razón entre la masa de un átomo y la de un átomo de oxígeno, dividida por 16. || **PESO BRUTO** *Fís.* El del recipiente y su contenido. || **PESO DURO** *Num.* Moneda de plata de peso de una onza. || **PESO ESPECÍFICO** *Fís.* Razón entre la masa de un volumen dado de una sustancia y la masa de un volumen igual de agua a la temperatura de 4° C. || **PESO MOLECULAR** *Quím.* El de la molécula de una sustancia referido al del átomo de oxígeno, que se considera 16. || **PESO MUERTO** Máxima carga de un barco mercante expresada en toneladas métricas, que comprende, además del peso de la carga comercial, el del combustible, agua, víveres, dotación y pasaje. || **PESO NETO** *Fís.* El de un cuerpo sin el envase que lo contiene. || **caerse** una cosa **de,** o **por, su peso** fr. fig. con que denota su verdad o evidencia. || **de peso** loc. adj. fig. Se dice de una razón o motivo decisivo y poderoso.

PESPUNTE m. Cierta costura, con puntadas unidas, que se hace volviendo la aguja hacia atrás después de cada punto, para meter la hebra en el mismo sitio por donde pasó antes.

PESQUERÍA f. **1** Trato o ejercicio de los pescadores. **2** Acción de pescar. **3** Sitio donde frecuentemente se pesca.

PESQUERO, RA adj. **1** Que pesca. Se dice de las embarcaciones y de la industria relacionadas con la pesca. || m. **2** Barco pesquero.

PESQUIS m. Cacumen, agudeza, perspicacia.

PESQUISA f. Información o indagación.

PESSOA, EPITÁCIO DA SILVA Político brasileño (Umbuzeiro, 1864 - Rio de Janeiro, 1942). Ministro de Justicia con Campos Salles, ocupó la presidencia de la República entre 1919 y 1922.

PESSOA, FERNANDO Poeta portugués (Lisboa, 1888 - íd., 1935). En sus primeras poesías acusó la influencia del modernismo para pasar luego a un tono más intimista. Publicó sus obras bajo cuatro nombres diferentes, manifestación de las cuatro personalidades distintas del poeta. Después de su muerte fue reunida su obra poética en *Poesía de Fernando Pessoa* (1942), *Poesías de Álvaro de Campos* (1944), *Poemas de Alberto Caeiro* (1946), *Odas de Ricardo Reis* (1946) y *Poemas dramáticos* (1955-56). Su obra en prosa ha sido recopilada en *Páginas íntimas de autointerpretación* (1966), *Textos filosóficos* (1968) y *El libro del desasosiego* (1982).

PEST Antigua ciudad de Hungría, en la orilla izquierda del Danubio, y que, desde 1873, forma con Buda, a la derecha del río, la ciudad de Budapest.

PESTALOZZI, JOHANN HEINRICH Pedagogo suizo (Zurich, 1746 - Brugg, 1827). Creó un sistema educativo basado en el principio de que la inteligencia sólo es posible mediante la percepción espontánea.

PESTAÑA f. **1** *Anat.* Cada uno de los pelos que hay en los bordes de los párpados para defensa de los ojos. **2** Adorno angosto que se pone al canto de las telas o vestidos, de fleco, encaje, que sobresale algo. **3** Orilla del lienzo que dejan las costureras para que no se vayan los hilos de la costura. **4** Parte saliente y angosta en el borde de alguna cosa: en la llanta de una rueda de locomotora, en la orilla de un papel, etc. || f. pl. *Bot.* **5** Pelos rígidos que crecen en el borde de dos superficies opuestas. || **PESTAÑA VIBRÁTIL** *Biol.* Cilio. || **quemarse las pestañas** loc. fig. y fam. Estudiar con ahínco.

PESTAÑEAR intr. **1** Mover los párpados. **2** fig. Tener vida. || **no pestañear, sin pestañear** frs. figs. que indican la suma atención con que se está mirando una cosa, o la serenidad con que se afronta un peligro.

PESTE f. **1** *Med.* Enfermedad contagiosa y grave causada por el bacilo de Yersin y transmitida al hombre

Fernando **Pessoa.** Retrato de Almada Negreiros. Centro de Arte Moderno (Lisboa).

Petén (Guatemala). Pirámide de Tikal.

por las pulgas de los ratones. **2** Mal olor. **3** fig. Cualquier cosa mala. **4** fig. Costumbre perniciosa. **5** fig. y fam. Excesiva abundancia de algunas cosas. || f. pl. **6** Palabras de enojo o amenaza. || **PESTE BUBÓNICA** o **LEVANTINA** Med. Enfermedad infecciosa epidémica y febril caracterizada por bubones en diferentes partes del cuerpo. || **PESTE NEGRA** Hist. Epidemia de peste bubónica que asoló Asia y Europa entre mediados del siglo XIV y comienzos del XV, con especial incidencia entre 1347 y 1351, si bien tuvo repercusiones hasta el siglo XVI. Sus consecuencias más importantes fueron la pérdida de un tercio de la población de Europa Occidental y la alteración de las condiciones en las que se desarrollaba el conjunto de las relaciones económicas y sociales. || **PESTE PORCINA AFRICANA** Veter. Enfermedad hemorrágica muy grave del ganado de cerda. || **decir** o **hablar pestes** de una persona fr. fig. y fam. Hablar mal de ella.
PESTICIDA adj. y s. Quím. PLAGUICIDA.
PESTILENCIA f. **1** Med. Enfermedad contagiosa y grave. **2** Mal olor.
PESTILENTE adj. **1** Que tiene muy mal olor. **2** Que causa peste.
PESTILLO m. **1** Pasador con que se asegura una puerta. **2** Pieza prismática que sale de la cerradura por la acción de la llave o a impulso de un muelle y entra en el cerradero. **3** fig. P. Rico Novio, cortejador.
PESTIÑO m. Dulce hecho con una masa de harina y huevos batidos, que después de frita en aceite se baña con miel.
PESTO PAESTUM.
PESTOREJO m. Zool. Cogote, cerviguillo.
PETACA f. **1** Arca o baúl de cuero, usado en América. **2** Estuche para llevar cigarros o tabaco picado.
PÉTAIN, PHILIPPE Mariscal francés (Couchy-à-la-Tour, 1856 - Port-Joinville, 1951). Durante la Primera Guerra Mundial le fue confiada la defensa de Verdún (1916) y en 1917 sucedió a Nivelle como comandante en jefe. En 1940 asumió la presidencia del Consejo, firmó el armisticio con Alemania y se convirtió en Jefe del Estado de la zona francesa no ocupada. Fue acusado de colaboración con los alemanes y condenado a muerte (1945), pena conmutada por la de reclusión perpetua.
PÉTALO m. Bot. Cada uno de los elementos foliares, normalmente coloreados, que integran la corola de la flor.
PETANCA f. Especie de juego de bochas.
PETANQUE m. Miner. Mineral de plata nativa.
PETAR intr. **1** Agradar, complacer.
PETARDEAR tr. **1** Batir una puerta con petardos. **2** Engañar, pedir algo de prestado con ánimo de no devolverlo.
PETARDO m. **1** Tubo de cualquier materia no muy resistente que se rellena de pólvora u otro explosivo y se liga y ataca convenientemente para que, al darle fuego, se produzca una detonación considerable. **2** Mil. Aparato de bronce afianzado en un tablón o plancha metálica que se aplicaba a las puertas o paredes de poco espesor. **3** fig. Engaño, petición de una cosa con ánimo de no devolverla. **4** fig. Cosa muy mala. **5** fig. Mujer poco agraciada. **6** PORRO.
PETARE Ciudad de Venezuela, Estado de Miranda; 338.417 h. Está integrada en el área metropolitana de Caracas.
PETATE m. **1** Esterilla de palma. **2** Lío de la cama, y la ropa de cada marinero, soldado en el cuartel o penado en su prisión. **3** fam. Equipaje de un pasajero. **4** fig. y fam. Persona embustera. **5** fig. y fam. Persona despreciable. || **liar** uno **el petate** fr. fig. y fam. Mudar de vivienda, especialmente cuando le despiden de ella. También en sentido figurado, MORIR.
PETCHORA PECHORA.
PETÉN adj. y com. ITZÁ.
PETÉN Departamento de Guatemala; 35.854 km² y 333.389 h. Su capital es Flores. Caña de azúcar. Bosques. En él se desarrolló la civilización MAYA. Los primeros centros, Altar de Sacrificios, Seibal, surgieron en el primer milenio a. C. en torno al Río de la Pasión. A comienzos de la era cristiana Tikal y Uaxactún iniciaron su desarrollo, seguidas por Balakhal, Xultún y Nakum. Durante el siglo IX, el Petén sufrió un proceso de decadencia. En el siglo XIII llegaron los itzáes, procedentes de Chichén-Itzá, quienes se establecieron en torno a los lagos Petén-Itzá y Ekixil, fundando varios centros con capital en Tayasal, que se convirtió en el último reducto de la civilización maya, hasta su conquista en 1697.
PETÉN-ITZÁ Lago de Guatemala, departamento de Petén; 864 km².
PETENERA f. Mús. Aire popular parecido a la malagueña con que se cantan coplas de cuatro versos octosílabos. || **salir por peteneras** fr. fig. y fam. Hacer o decir algún despropósito.
PETEQUIA f. Med. Pequeña mancha en la piel producida por la efusión de sangre, que no desaparece por la presión del dedo.
PETERBOROUGH Ciudad del Reino Unido, en Inglaterra; 156.000 h. Constituye un Consejo unitario. Catedral (siglos XII-XV).
PETERBOROUGH, CHARLES MORDAUNT, CONDE DE Militar y político inglés (?, 1658 - Lisboa, 1735). Fue gobernador de Jamaica (1702) y estuvo al mando del ejército aliado que tomó parte en la guerra de Sucesión de España (1705).
PETERSBURGO, SAN SAN PETERSBURGO.
PETICANO o **PETICANON** m. A. gráf. Carácter de letra de 26 puntos.
PETICIÓN f. **1** Acción de pedir. **2** Der. Escrito que se presenta ante un juez, pedimento. || **PETICIÓN DE MANO** fr. fig. Ceremonia para pedir en matrimonio a una mujer. || **PETICIÓN DE PRINCIPIO** Lóg. Vicio del razonamiento que consiste en poner por antecedente lo mismo que se quiere probar.
PETICIONAR tr. Amér. Presentar una petición o súplica, especialmente a las autoridades.
PETICIONARIO, RIA adj. y s. Que pide oficialmente una cosa.
PETIFOQUE m. Mar. Foque más pequeño que el principal que se orienta por fuera de él.
PETIGRÍS m. Zool. **1** Variedad de ardilla que se cría en Siberia y cuya piel es muy estimada en peletería. **2** Piel de este animal.
PETIMETRE, TRA m. y f. Persona que cuida demasiado su compostura y de seguir las modas.
PÉTION, ALEXANDRE (ANNE ALEXANDRE SABÈS, llamado) Político haitiano (Puerto Príncipe, 1770 - íd., 1818). Fundador de la República de Haití, de la que fue presidente (1807-18).
PÉTION DE VILLENEUVE, JÉROME Político francés (Chartres, 1756 - Saint-Émilion, 1794). Formó con Buzot y Robespierre, el grupo principal del partido republicano. Fue presidente de la Asamblea Nacional (1790) y alcalde de París.

PETIRROJO m. Zool. Ave paseriforme perteneciente a la familia muscicápidos, de nombre científico Erithacus rubecula, de unos 14 cm de longitud, con las partes superiores pardas y cuello, frente, garganta y pecho de color rojo. Es común en Europa.
PETISO, SA adj. PETIZO.
PETIT DE MURAT, ULISES Escritor argentino (Buenos Aires, 1907 - íd., 1983). Miembro del movimiento vanguardista Martín Fierro, en su producción poética destacan Conmemoraciones (1929) y Las manos separadas (1950). Como novelista, es autor de El balcón hacia la muerte (1945) y La vida fanática (1968).
PETITE TERRE Islotes de las pequeñas Antillas, grupo de Barlovento, dependencia de Guadalupe; 1,7 km².
PETIZO, ZA o **PETISO, SA** adj. **1** Arg., Bol., Chile, Par. y Urug. Pequeño, de poca estatura. || m. Veter. **2** Arg., Chile, Par. y Urug. Caballo de poca alzada. || m. y f. **3** Arg., Bol., Chile, Par. y Urug. Persona de poca estatura. || **PETIZO DE LOS MANDADOS** Arg. y Urug. Caballo que en las estancias se usa para las comisiones y compras. También, chico que en las casas suele hacer toda clase de trabajos.
PETKOV, NIKOLAJ Político búlgaro (Sofía, 1889 - íd., 1947). Luchó contra la dictadura del rey Boris III y contra el fascismo. Durante la Segunda Guerra Mundial, acaudilló la resistencia contra los alemanes. Vicepresidente del Gobierno, lo abandonó por desacuerdo con los comunistas (1945). Acusado de complicidad en una conspiración militar, fue ejecutado.
PETO m.**1** Armadura del pecho. **2** Parte superior de un mono o delantal. **3** Protección, generalmente de cuero, para los caballos de los picadores. **4** Zool. Parte inferior de la coraza de los quelonios.
-PETO suf. que significa dirigirse a: centrípeto.
PETŐFI, SANDOR Poeta húngaro (Kiskörös, 1823 - Segesvar, 1849). Murió durante el alzamiento de 1848 contra la dominación austríaca. Entre su producción figuran Las hojas del ciprés (1845) y El apóstol (1848).
PETORCA Río de Chile en la provincia de su nombre; 120 km.
PETRA Geog. hist. Antigua ciudad de Jordania, capital del reino de los nabateos. Alcanzó su apogeo en el siglo I d. C. Trajano se apoderó de la ciudad en 105. Ruinas de un templo colosal en la cumbre de El-Deir.
PETRAL m. Correa o faja que, asida por ambos lados a la parte delantera de la silla de montar, ciñe el pecho de la cabalgadura.
PETRARCA, FRANCESCO Poeta y humanista italiano (Arezzo, 1304 - Arquà, 1373). Su juventud discurrió en Aviñón, sede de la corte pontificia, donde recibió las órdenes menores. En esta ciudad conoció a Laura, la mujer que habría de inspirar su obra poética. Ordenado sacerdote, en 1338 obtuvo una canonjía en Parma. Precursor del Renacimiento, por su riguroso conocimiento de la Antigüedad clásica, está considerado el primer representante del humanismo. Sus poemas en italiano, reunidos en el Cancionero y los Triunfos, ejercieron una influencia extraordinaria en todas las literaturas romá-

Francesco **Petrarca**. Retrato de Andrea del Castagno. Galería de los Uffizi (Florencia).

nicas del Renacimiento. Estableció el modelo de la poesía cortesana, caracterizada por la idealización del amor, el empleo del endecasílabo y el soneto, el estilo elegante y la musicalidad. No obstante, la mayor parte de su producción está escrita en latín. Tal es el caso del poema épico *África*, sobre la segunda guerra púnica; de los tratados filosóficos *Remedios contra la próspera y adversa fortuna* y *Sobre la vida solitaria*; y de su epistolario en prosa.

PETRASSI, GOFFREDO Compositor italiano (Zagarolo, 1904 - Roma, 1995). Entre sus creaciones figuran *Salmo IX*, para coro y orquesta (1934-36); *Don Chisciotte*, ballet (1945), *Monte dell'aria*, ópera (1950), y *Orationes Christi*, para coro, viola y violoncelo (1975).

PETREL m. *Zool.* Nombre de varias especies de aves marinas pertenecientes a las familias proceláridos e hidrobátidos.

PÉTREO, A adj. *Geol.* **1** De piedra. **2** Pedregoso.

PETRIFICAR tr. **1** Convertir en piedra. También prnl. **2** fig. Dejar inmóvil de asombro.

PETRO- pref. que significa piedra.

PETRODÓLAR m. *Econ.* Reserva de dólares acumulada por los países productores de petróleo, especialmente los árabes, como consecuencia del superávit de su balanza de pagos producido por la comercialización del crudo.

PETRODVORETS Ciudad de la Federación de Rusia, al O de San Petersburgo. Palacio imperial de Pedro I el Grande, con magníficos jardines. Antes se llamó *Petergot, Peterhof* y *Leninsk*.

PETROGLIFO m. Grabado tosco sobre roca propio de los pueblos prehistóricos.

PETROGRADO Denominación que recibió SAN PETERSBURGO entre 1914 y 1924.

PETROGRAFÍA f. Parte de la geología que estudia la composición, estructura y clasificación de las rocas.

PETROLEAR tr. **1** Pulverizar con petróleo alguna cosa. || intr. **2** Abastecer de petróleo un buque.

PETRÓLEO m. *Geol.* y *Econ.* Aceite mineral hidrocarbonado, oleaginoso, inflamable, de olor acre, densidad inferior a la del agua y cuyo color varía desde el negro al incoloro. Se extrae de lechos geológicos continentales y marítimos. Consta principalmente de hidrocarburos líquidos en los que se encuentran disueltos hidrocarburos sólidos (asfaltos y betunes) y gaseosos (metano, butano y acetileno). Se origina a partir de acumulaciones de plancton marino, que sufre transformaciones, semejantes a la carbonización, por bacterias anaerobias, y que dan lugar a una materia denominada *sapropel* y posteriormente a la mezcla de hidrocarburos típica del petróleo. Mediante diversas operaciones de destilación y refino se obtienen de él productos utilizables con fines energéticos e industriales (gasolina, nafta, queroseno, gasóleo, etc.). En la actualidad es la principal fuente de energía. Su distribución geográfica es muy amplia y desigual. Tres zonas, Oriente Medio, Federación de Rusia, y Estados Unidos, monopolizan el 70% de la producción mundial; el resto se reparte entre América del Sur y África con un 10% cada una, correspondiendo un 4,5% a Europa, Lejano Oriente y China.

PETROLEOQUÍMICO, CA adj. **1** Relativo a la industria que utiliza el petróleo o el gas natural como materia prima para la obtención de productos químicos. || f. **2** Ciencia y técnica correspondientes a esta industria.

PETROLERO, RA adj. **1** Relativo al petróleo. || m. y f. **2** Persona que vende petróleo al por menor. || m. **3** Barco especialmente acondicionado para el transporte de petróleo. Se llaman *superpetroleros* los que tienen más de 200.000 tm de desplazamiento.

PETROLÍFERO, RA adj. Que contiene petróleo.

PETROLOGÍA f. *Geol.* Parte de la geología que estudia las rocas desde todos los puntos de vista. Incluye la petrografía y la petrogénesis.

PETRONIO Escritor latino (Roma, 2 - Cumas, 66). Su fama se debe al *Satiricón*, del que quedan sólo algunos fragmentos y en el que refleja el habla popular y la manera de vivir de la alta sociedad de la época. Su pasaje más famoso es *El banquete de Trimalción*, descripción sarcástica del festín de un nuevo rico. Implicado en la conjuración de Pisón, se abrió las venas.

PETROQUÍMICA f. *Quím.* Rama de la química que estudia la obtención de productos sintéticos a partir del petróleo.

PETROSIAN, TIGRAN VARTANOVICH Ajedrecista soviético (Tbilisi, 1929 - Moscú, 1984). Fue campeón del mundo entre 1963 y 1969.

PETRUS RAMUS RAMÉE, PIERRE DE LA.

PETTENKOFER, MAX VON Fisiólogo, higienista y médico alemán (Einöde Lichtenheim, 1818 - Munich, 1901). Investigó sobre el tifus y el cólera. Considerado el fundador de la higiene experimental.

PETTORUTI, EMILIO Pintor argentino (La Plata, 1892 - París, 1971). Su obra pictórica se desarrolló entre el cubismo, el futurismo y la abstracción. Defendió la apertura de la pintura argentina a las corrientes de vanguardia y dirigió el Museo Provincial de Bellas Artes de La Plata (1930-47). Posteriormente, su estilo evolucionó hacia una especie de realismo sintético.

PETTY, SIR WILLIAM Economista y político inglés (Romsey, 1623 - Londres, 1687). Nombrado inspector general de Irlanda por Carlos II, está considerado como pionero de la ciencia estadística. Estudió la división del trabajo, al que consideraba como única fuente de valor, y se opuso a los mercantilistas, estableciendo la doctrina de los precios según el esfuerzo de la producción. Autor de *Tratado sobre impuestos y contribuciones* (1662).

PETULANCIA f. **1** Insolencia, descaro. **2** Ridícula presunción.

PETULANTE adj. y com. Que tiene petulancia.

PETUNIA f. *Bot.* Planta herbácea anual perteneciente a la familia solanáceas, de nombre científico *Petunia x hybrida*, con flores infundibuliformes, grandes, olorosas y de diversos colores.

PEÚCO m. Calcetín o botita de lana para los niños de corta edad.

PEUL FULBÉ.

PEUTINGER, KONRAD Humanista y arqueólogo alemán (Augsburgo, 1465 - íd., 1547). Trazó un mapa con las rutas del imperio romano, denominado *Tabla de Peutinger*.

PEVSNER, ANTON Escultor y pintor francés, de origen ruso (Orel, 1886 - París, 1962). Junto con su hermano, N. Gabo, elaboró las bases del constructivismo. Entre sus principales esculturas, merecen citarse *Retrato de Marcel Duchamp* (1926), *Danzarina* (1927) y *Columna de la paz* (1954).

-PEXIA suf. **1** PEGMA-. **2** *Fisiol.* Denota la captación por los tejidos u órganos de determinados elementos químicos o bacterianos. **3** *Med.* Indica operación para fijar algún órgano o víscera.

-PÉXICO suf. PEGMA-.

-PEYA suf. POE-.

PEYNADO, JACINTO BIENVENIDO Político y jurisconsulto dominicano (Ciudad de Santo Domingo, 1878 - íd., 1940). Fue elegido presidente de la República para el período 1938-40.

PEYORATIVO, VA adj. Despectivo.

PEYOTE m. *Bot.* Planta perteneciente a la familia cactáceas, de nombre científico *Lophophora williamsii*, nativa de México. De ella se extrae el alcaloide llamado mezcalina.

PEYREFITTE, ROGER Escritor francés (Castres, 1907 - París, 2000). Autor de *Las amistades particulares* (1944), *La muerte de una madre* (1950), *Las llaves de San Pedro* (1955), *Manouche* (1972) y *La sotana roja* (1984).

PEYROU, MANUEL Escritor argentino (San Nicolás, 1902 - Buenos Aires, 1974). Autor de novelas y cuentos: *La espada dormida* (1944), *El estruendo de las rosas* (1948), *La noche repetida* (1948) y *Acto y ceniza* (1963).

PEZ¹ m. **1** *Zool.* Animal vertebrado acuático de respiración branquial, con el cuerpo recubierto de escamas y las extremidades convertidas en aletas. **2** *Zool.* Pescado de río. || m. pl. **3** Tipo o filum de estos animales. || **PEZ ARAÑA** PEJE ARAÑA. || **PEZ BALLESTA** *Zool.* Pez plectognato con la piel cubierta de escudetes. || **PEZ ESPADA** *Zool.* Pez teleósteo marino acantopterigio, perteneciente a la familia xífidos, de nombre científico *Xiphias gladius*, de hasta 6 m de longitud y 500 kg de peso. Se caracteriza por su mandíbula superior, que se prolonga en un apéndice algo aplanado que recuerda a una espada. || **PEZ LIMÓN** *Zool.* SERVIOLA. || **PEZ LUNA** *Zool.* Pez teleósteo marino plectognato, de cuerpo comprimido y truncado por detrás. || **PEZ MARTILLO** *Zool.* Pez selacio escuálido, cuya cabeza tiene dos grandes prolongaciones laterales que dan al animal el aspecto de un martillo. || **PEZ PULMONADO** DIPNOO. || **PEZ SIERRA** *Zool.* Pez marino elasmobranquio, perteneciente a la familia prístidos, de nombre científico *Pristis pristis*, con el rostro prolongado en una ancha lámina provista de dos series laterales de dientes. || **PEZ TIGRE** *Zool.* CARIBE. || **PEZ VOLADOR** *Zool.* Pez marino perteneciente a la familia exocétidos, de nombre científico *Exocoetus volitans*, de unos 50 cm de longitud, con las aletas pectorales muy desarrolladas y que, en determinadas ocasiones, puede volar durante unos segundos sobre la superficie del agua. Frecuente en el Mediterráneo, su carne es muy apreciada. || **estar** uno **como el pez en el agua** fr. fig. y fam. Estar en su elemento. || **estar** uno **pez en alguna materia** fr. fig. y fam. Ignorarla por completo.

Zool. Bajo la denominación de peces se reúnen varios grupos de animales vertebrados adaptados al medio acuático y con el cuerpo, generalmente, en forma de huso. Las extremidades se encuentran transformadas en aletas de tipo pterigio, esto es, que están sostenidas en su interior por un esqueleto formado por numerosos radios dispuestos en abanico. La cabeza no está diferenciada del resto del cuerpo y en ella se distinguen claramente dos orificios nasales externos y una boca con dos mandíbulas, siendo la inferior móvil. El corazón está formado por una aurícula y un ventrículo y la circulación es sencilla y completa. Poseen respiración branquial durante toda su vida y se reproducen por huevos. El embrión no se encuentra rodeado por membranas amnióticas, por lo que se dice que los peces son vertebrados anamniotas. Son capaces de adaptarse a la temperatura del ambiente donde se encuentran. La clase peces se divide en dos grandes grupos, atendiendo a que el esqueleto se encuentre formado por tejido cartilaginoso u óseo (CONDRICTIO y OSTEÍCTIO). Fueron los primeros vertebrados que aparecieron en la Tierra hace más de 450 millones de años.

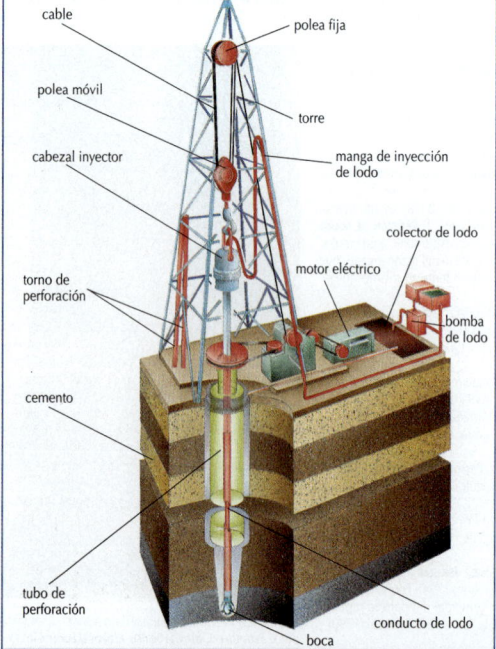

Pozo de **petróleo**.

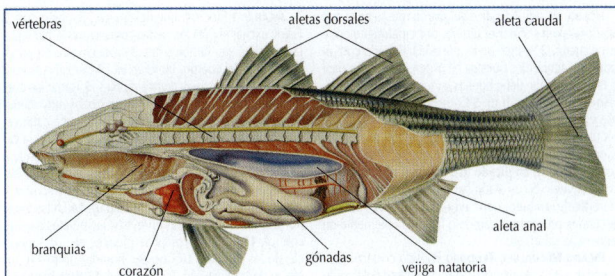

Anatomía del **pez**.

PEZ[2] f. *Quím.* Sustancia resinosa, sólida, que se obtiene de la destilación del alquitrán.

Peza, Juan de Dios Poeta mexicano (Ciudad de México, 1852 - íd., 1910). Su obra más destacada es *Cantos del hogar* (1884). Compuso poemas patrióticos, como *Canto a la Patria* (1876) y piezas teatrales: *La ciencia del hogar* (1873) y *Últimos días de Colón* (1874).

Pezet, Juan Antonio Militar y político peruano (Lima, 1800 - Chorrillos, 1879). Vicepresidente de la República (1862), asumió la presidencia al fallecer San Román (1863). La oposición popular desencadenó una sublevación en Arequipa (1865), que culminó con su derrocamiento.

pezón m. **1** *Anat.* Parte puntiaguda que sobresale en el centro de las mamas; en las mujeres contiene los orificios de salida de los conductos galactóforos. **2** *Bot.* Ramita que sostiene la hoja, flor o fruto en las plantas.

pezonera f. **1** Pieza que en los coches atraviesa la punta del eje para que no se salga la rueda. **2** Especie de dedal de goma que las mujeres se ponen en los pezones cuando crían.

pezpalo m. *Zool.* Abadejo o bacalao.

Pezuela, Joaquín de la General español (Naval, Huesca, 1761 - ?, 1830). En 1805, al mando del ejército del Alto Perú, derrotó a los rebeldes en la batalla de Viluma. Fue virrey del Perú entre 1815 y 1821.

Pezuela, Juan de la, conde de Cheste Militar y político español (Lima, 1809 - Madrid, 1906). Intervino en la primera guerra civil y contribuyó a reprimir la revolución de 1848. Fue capitán general de Puerto Rico (1849), Cuba (1853-54) y Cataluña (1867). Presidió la Academia Española (1877-1906).

pezuña f. *Zool.* Cubierta córnea de la porción terminal de los dedos de los mamíferos ungulados.

Pezza, Michele Fra Diávolo.

pF 1 *Fís.* Símbolo del picofaradio. **2** *Geol.* Logaritmo de la tensión *F* a la que el agua contenida en un suelo está en equilibrio. *F* se mide en centímetros de agua.

Pfaff, Johann Friedrich Matemático alemán (Stuttgart, 1765 - Halle, 1825). Desarrolló las teorías de las ecuaciones de derivadas parciales y de los sistemas de ecuaciones diferenciales.

Pfandl, Ludwig Hispanista alemán (Rosenheim, 1881 - Kaufbeuren, 1942). Autor de *Cultura y costumbres del pueblo español de los siglos XVI y XVII* (1928) e *Historia de la literatura nacional española en la Edad de Oro* (1930).

Pfeiffer, Michelle Actriz de cine estadounidense (Santa Ana, California, 1957). Se convirtió, a finales de los ochenta, en una de las actrices más famosas de Hollywood. En su filmografía destacan *Las amistades peligrosas* (1988), *Batman vuelve* (1991), *La edad de la inocencia* (1993), *Heredarás la tierra* (1998), *Historia de lo nuestro* (2000), *Lo que la verdad esconde* (2001), *Yo soy Sam* (2002) y *La flor del mal* (2003).

pfennig m. *Econ.* Moneda alemana equivalente a la centésima parte del marco.

Pflimlin, Pierre Político francés (Roubaix, 1907 - Estrasburgo, 2000). Presidente del Movimiento Republicano Popular (1956-59), fue varias veces ministro y ocupó fugazmente la presidencia del Gobierno (mayo de 1958). De 1984 a 1987 ocupó la presidencia del Parlamento Europeo.

pH *Quím.* Escala numérica que mide el grado de acidez o alcalinidad de una solución. Si el pH es menor de 7, la solución es de reacción ácida; si es 7, neutra, y si es mayor de 7, alcalina. Cuantitativamente es el logaritmo negativo de la concentración de iones hidrógeno.

Phan Van Dong Político vietnamita (Quang Ngai, 1906 - Hanoi, 2000). Jefe del Gobierno de la República Democrática de Vietnam desde 1955, mantuvo el cargo después de la reunificación de Vietnam, hasta junio de 1987.

phi f. Vigésima primera letra del alfabeto griego (Φ, φ); en nuestra ortografía moderna equivale a la *f*.

Philadelphia Filadelfia.

Philidor, François André Músico y ajedrecista francés (Dreux, 1726 - Londres, 1795). Cultivó preferentemente la ópera cómica, y sintetizó las influencias musicales italianas y francesas. Fue campeón mundial de ajedrez.

Philipe, Gérard Actor de cine y teatro francés (Cannes, 1922 - París, 1959). Se caracterizó por su ternura y su exaltación romántica. Películas: *El idiota* (1946), *La belleza del diablo* (1950), *Mujeres soñadas* (1952), *Los orgullosos* (1953), *Las maniobras del amor* (1955) y *Montparnasse 19* (1957).

Philippe, Charles-Louis Novelista francés (Cérilly, 1874 - París, 1909). Su obra recrea, a menudo, los cuerdos de una infancia humilde: *Marie Donadieu* (1904), *La mère et l'enfant* (1900), *Croquignole* (1906), *Charles Blanchard* (1913).

Philippi, Rudolf Amandus Botánico alemán (Charlottenburg, 1808 - Santiago de Chile, 1904). Estudió la flora chilena y fundó el Jardín Botánico de Santiago de Chile.

Phnom Penh Municipalidad de Camboya y ciudad capital del país; 46 km^2 y 564.000 h. Gran centro comercial agrícola y principal puerto fluvial, a orillas del Mekong. Fue abandonada en 1975 tras llegar los khmeres rojos al poder. Volvió a habitarse a partir de 1980.

Phoenix Ciudad de EE UU, capital del Estado de Arizona; 1.048.949 h. Centro comercial y agrícola. Turismo. Aeropuerto.

pi f. **1** Decimosexta letra del alfabeto griego (Π, π); corresponde a nuestra *p*. **2** *Mat.* Número irracional que representa la relación entre la longitud de una circunferencia y su diámetro: π = longitud de la circunferencia/diámetro. Para determinar su valor se usan tres métodos: obtención de la longitud de la circunferencia mediante polígonos inscritos y circunscritos; mediante series; y mediante diversos procedimientos geométricos y analíticos. El valor aproximado del número es 3,141592... Por medio de ordenadores se ha calculado este número con miles de decimales.

pi- pref. pio-.

Pi i Margall, Francesc Político, historiador y ensayista español (Barcelona, 1824 - Madrid, 1901). Partidario del cooperativismo y la organización federal, abogó por la reconstrucción de las antiguas provincias históricas y propuso un completo programa de reformas administrativas. En 1870, fue elegido jefe del Partido Federalista. Al proclamarse la Primera República en 1873, ejerció el cargo de ministro de la Gobernación en el Ga-

binete de Figueras, a quien sucedió como presidente del país en junio de ese mismo año. Las sublevaciones de los cantonales (Alcoy y Cartagena) le obligaron a dimitir el 18 de julio. Obras: *La reacción y la revolución* (1845), *Las nacionalidades* (1876).

Piacenza 1 Provincia de Italia en la región de Emilia-Romagna; 2.589 km^2 y 268.338 h. **2** Ciudad de Italia, capital de la provincia de su nombre; 101.692 h. Centro comercial, a orillas del Po. Notables edificios (catedral antigua y nueva, palacio Ducal).

piadoso, sa adj. **1** Misericordioso, que se inclina a la piedad. **2** Se dice de las cosas que mueven a compasión. **3** Religioso, devoto, pío.

Piaf, Édith (Édith Gassion, llamada) Cantante francesa (París, 1915 - íd., 1963). Fue la más pura expresión del París callejero y popular. Entre las canciones que interpretó destacan *La vie en rose*, *Padam-padam*, *Mon légionnaire*, etc.

Édith **Piaf**

piafar intr. Alzar el caballo las manos alternativamente, dejándolas caer con fuerza.

Piaget, Jean Psicólogo suizo (Neuchâtel, 1896 - Ginebra, 1980). Se consagró al análisis de la evolución del conocimiento humano, abordándolo desde el campo de la psicología genética. Obras principales: *El lenguaje y el pensamiento en el niño* (1923), *La representación del mundo en el niño* (1926), *El nacimiento de la inteligencia en el niño* (1936), *La formación del símbolo en el niño* (1946).

piamadre o **piamáter** f. *Anat.* La más interna de las tres meninges que envuelven el cerebro y la médula espinal.

Piamonte Región del NO de Italia, entre los Alpes, los Apeninos septentrionales y el Tesino; 25.399 km^2 y 4.306.565 h. Capital, Turín. Corresponde a la cuenca alta del Po. Comprende las provincias de Alessandria, Asti, Biella, Cuneo, Novara, Turín y Vercelli. Próspera agricultura (arroz, trigo, maíz) y gran actividad industrial. Tras la ocupación romana, estuvo en poder de bizantinos, lombardos y francos. Unida en el siglo XI a Saboya, de la que se separó posteriormente, a partir de los siglos XIII y XIV, su historia se identifica definitivamente con la de la casa Saboya.

pian piano loc. adv. fam. Poco a poco, a paso lento.

pianissimo (Voz it.) adv. m. *Mús.* Superlativo de piano.

pianista com. *Mús.* Persona que profesa o ejercita el arte de tocar este instrumento.

piano adv. m. *Mús.* **1** Matiz que indica una ejecución suave, con un sonido poco intenso. Se opone a *forte*. ∥ m. *Mús.* **2** Instrumento musical de cuerdas percutidas por martillos, que se toca mediante un teclado. Sus partes principales son: el teclado, el mecanismo que pone en funcionamiento los martillos percutores, la caja de resonancia, las cuerdas metálicas, y los pedales que, dejando más o menos libre la vibración de las cuerdas, refuerzan o atenúan el sonido. Cuenta con más de siete octavas y media, y ofrece grandes posibilidades armónicas, puesto que permite ejecutar varias notas simultáneamente. Tuvo como antecesores al clave, la espineta y el clavicordio. Originariamente se denominó *pianoforte*. El primero fue construido por Cristofori en 1709. ∥ **piano de manubrio** organillo.

pianoforte (Voz it.) m. *Mús.* piano.

pianola f. *Mús.* Mueble y aparato que se acopla al piano y sirve para ejecutar mecánicamente, movido por pedales o mediante la corriente eléctrica, las piezas impresionadas, a base de perforaciones en un rollo de papel.

piar intr. **1** Emitir algunas aves, y especialmente el pollo, cierto género de sonido. **2** fig. y fam. Pedir una cosa con anhelo e insistencia.

Piar, Carlos Manuel Militar venezolano (Villemstad, 1784 - Angostura, 1817). Desde 1810 combatió en las filas del ejército revolucionario de Venezuela. Cuando Bolívar y Mariño fueron derrotados en La Puerta (1814), se proclamó jefe del ejército patriota. Su fracaso ante las tropas de Boves (1814), le obligó a aceptar, nue-

Francesc **Pi i Margall**

vamente, el liderazgo de Bolívar. Posteriormente volvió a conspirar contra Bolívar, pero, derrotado por Cedeño, fue condenado a muerte.

PIARA f. Manada de cerdos.

PIASTRA (Voz it.) f. *Econ.* Moneda fraccionaria usada en varios países musulmanes (Egipto, Siria, Turquía, etc.).

PIAUÍ Estado del NE de Brasil; 252.379 km² y 2.673.085 h. Capital, Teresina. Bañado por el Parnaíba y sus afluentes. Algodón y azúcar. Ganadería.

PIAVE Río de Italia, que desemboca en el Adriático, cerca de Venecia; 220 km de curso.

PIAZZOLA, ASTOR Músico argentino (Mar del Plata, 1921 - Buenos Aires, 1992). Con sus composiciones contribuyó a la renovación del tango. Cultivó también la música sinfónica y de cámara. Entre sus obras destacan *Rapsodia porteña* (1952), *Sinfonía Buenos Aires* (1953) y *Balada para un loco* (1953).

PIB Siglas de PRODUCTO INTERIOR BRUTO.

PIBE, BA m. y f. *R. Plata* Chaval, niño, joven.

PICA f. 1 Especie de lanza larga, compuesta de un asta con hierro pequeño y agudo en el extremo superior. 2 Garrocha del picador de toros. 3 Soldado armado de pica. 4 Uno de los palos de la baraja francesa. Más en pl. 5 *P. Rico* Ruleta instalada en quioscos construidos en la plaza pública o cerca de la iglesia de una población, con motivo de sus fiestas patronales. || **poner una pica en Flandes** fr. fig. y fam. Indica que algo es o ha sido muy difícil de conseguir.

PICABIA, FRANCIS (FRANÇOIS MARTÍNEZ, llamado) Pintor francés, de origen español (París, 1879 - íd., 1953). Comenzó cultivando la pintura impresionista, pero un afán constante de renovación le llevó al arte abstracto. En 1912 se asoció a los cubistas, pasó después por el dadaísmo y, a partir de 1924, se inscribió en la corriente surrealista. Obras: *Caoutchouc, Udnie, Plumes, Danger de la force,* etc.

PICABUEYES m. *Zool.* Ave paseriforme de la familia estúrnidos, género *Buphagus*, emparentada con los estorninos. Se coloca sobre los búfalos, rinocerontes y otros cuadrúpedos, en busca de parásitos.

PICACHO m. Punta aguda, a modo de pico, que tienen algunos montes.

PICACHO Cerro de Panamá, en el límite de las provincias de Bocas del Toro y Chiriquí; 2.874 m.

PICADERO m. 1 Lugar donde los picadores adiestran los caballos, y las personas aprenden a montar. 2 *Mar.* Cada uno de los maderos cortos sobre los que descansa la quilla del buque en construcción o en carena. 3 fig. y fam. Apartamento o piso distinto al domicilio habitual, que se utiliza principalmente para mantener relaciones sexuales clandestinas.

PICADILLO m. 1 Cierto género de guisado que se hace picando carne cruda con tocino, verduras y ajos y cociéndolo y sazonándolo todo con especias y huevos batidos. 2 Lomo de cerdo para hacer chorizos.

PICADO, DA adj. 1 Se dice del patrón que se traza con picaduras para señalar el dibujo, principalmente entre las encajeras. 2 Se dice de lo que está trabajado con picaduras o agujerillos puestos en orden. 3 *Med.* Se dice de la persona que tiene huellas o cicatrices de viruelas. 4 *Amér.* Achispado. || m. 5 Carne cruda picada. 6 Acción y efecto de picar la bola de billar. 7 *Mús.* Modo de ejecutar una serie de notas interrumpiendo momentáneamente el sonido entre unas y otras, por contraposición al *ligado*. || **en picado** loc. adv. Se utiliza para expresar el vuelo de un avión hacia abajo o su caída casi en vertical. También, con verbos como *caer* o *entrar*, descender, precipitarse rápido o irremediablemente un negocio, la salud, etc.

PICADO MICHALSKI, TEODORO Político costarricense (San José, 1900 - Managua, 1960). Dirigente del Partido Conservador, fue presidente de la República entre 1944 y 1948, año en que la revolución de Figueres le obligó a expatriarse.

PICADOR, RA m. y f. 1 Persona que doma y adiestra caballos. || m. 2 *Taurom.* Torero de a caballo que pica con garrocha a los toros. 3 *Min.* Minero que arranca el mineral por medio del pico. || f. 4 Electrodoméstico que sirve para picar alimentos.

PICADURA f. 1 *Med.* Principio de caries en la dentadura. 2 *Zool.* Mordedura de un ave, un insecto o ciertos reptiles. 3 Tabaco picado para fumar. 4 Pinchazo con un instrumento agudo. 5 Agujero, grietas, etc., producidos por la herrumbre en una superficie metálica.

PICAFIGO m. *Zool.* PAPAFIGO.

PICAFLOR m. *Zool.* COLIBRÍ.

PICAJOSO, SA adj. y s. Que se pica o se ofende fácilmente.

PICAMADEROS m. *Zool.* PÁJARO CARPINTERO.

PICANA f. Aparato de tortura con el que se aplican descargas eléctricas a las víctimas.

PICANTE adj. 1 Que pica. 2 fig. Se aplica de lo dicho con cierta mordacidad. 3 Acerbidad o acrimonia que tienen algunas cosas, que avivan el sentido del gusto.

PICAÑA (Picanya) Municipio y lugar de España, provincia de Valencia; 8.582.

PICAPEDRERO, RA m. y f. Persona que pica piedras, cantero.

PICAPICA f. Polvos u hojas procedentes de algunos árboles americanos que, aplicados sobre la piel, producen un gran picor.

PICAPLEITOS com. 1 fam. Abogado sin pleitos, que anda buscándolos. 2 fam. Abogado enredador y rutinario.

PICAPORTE m. 1 Instrumento para cerrar puertas y ventanas. 2 Llave con que se abre el picaporte. 3 Llamador, aldaba. 4 Manilla de puertas y ventanas. || **PICAPORTE DE RESBALÓN** Tipo de cerradura cuyo pestillo, dotado de un resorte, entra en el hueco del marco de la puerta deslizándose por su lado de plano inclinado y queda encajado en él por su lado recto.

PICAR tr. 1 Pinchar superficialmente. También prnl. 2 *Fisiol.* Excitar el paladar ciertas cosas, como la pimienta, la guindilla, etc. También intr. 3 Producir escozor en alguna parte del cuerpo. También intr. 4 Punzar o morder las aves, los insectos y ciertos reptiles. 5 Tomar las aves la comida con el pico. 6 Dividir en trozos muy menudos. 7 Morder el pez el cebo. 8 Espolear una cabalgadura. 9 Herir el picador al toro en el morrillo con la garrocha. 10 Adiestrar el picador al caballo. 11 Llamar a la puerta. 12 Golpear con el taco la bola de billar imprimiéndole un movimiento giratorio. 13 Recortar o agujerear papel o tela haciendo dibujos. 14 En los transportes públicos, taladrar el revisor los billetes para su control. 15 Golpear con pico, piqueta, etc., la superficie de las piedras. 16 Corroer, horadar un metal por efecto de la oxidación. También prnl. 17 Restablecer las asperezas de las caras de la muela del molino. 18 fig. Excitar o estimular. También intr. 19 fig. Enojar o provocar. 20 fig. Desazonar, inquietar. 21 Cortar a golpe de hacha o de otro instrumento cortante. 22 *Mar.* Bogar más deprisa. 23 *Mús.* Hacer sonar una nota de manera muy clara desligándola de la siguiente. || intr. 24 Calentar mucho el sol. 25 Tomar una ligera porción de un alimento. 26 Abrir un libro al azar para disertar sobre el punto que aparezca a la vista. 27 Volar las aves veloz y verticalmente hacia tierra. 28 Descender un avión casi verticalmente. || prnl. 29 Dañarse una cosa por diversas causas. 30 Agitarse la superficie del mar. 31 fig. Ofenderse, enfadarse o enojarse. 32 fig. Preciarse, jactarse. 33 Cariarse un diente, una muela, etc. 34 Inyectarse alguna droga. || **picar** uno **más alto**, o **muy alto** fr. fig. Pretender o solicitar una cosa muy exquisita y elevada.

PICARAZA f. *Zool.* Urraca, picaza.

PICARD, CHARLES ÉMILE Matemático francés (París, 1856 - íd., 1941). Realizó estudios sobre el cálculo de funciones y las ecuaciones diferenciales. Autor de *Traité d'amalyse*.

PICARD, JEAN Astrónomo y geodesta francés (La Flèche, 1620 - París, 1682). Realizó la primera medición precisa de un arco de meridiano, lo que constituyó un importante avance en la determinación de las coordenadas geográficas y resultó decisivo para que Newton confirmara su ley de gravedad.

PICARDEAR tr. 1 Enseñar o hacer o decir picardías. || intr. 2 Decirlas o hacerlas. 3 Retozar, enredar. || prnl. 4 Resabiarse, adquirir algún vicio. 5 Adquirir sentido un toro con la lidia.

PICARDÍA f. 1 Acción baja, vileza. 2 Bellaquería. 3 Travesura de muchachos. 4 Intención o acción deshonesta. 5 Junta de pícaros. || f. pl. 6 Dichos injuriosos, denuestos.

PICARDÍA Región del N de Francia, en el extremo septentrional de la cuenca de París, que comprende los departamentos de Aisne, Oise y Somme; 19.399 km² y 1.857.834 h. Capital, Amiens.

PICARDO, DA adj. y s. 1 De Picardía. || m. *Ling.* 2 Dialecto de la lengua de *oil*, hablado en Picardía.

PICARESCA f. 1 Reunión de pícaros. 2 Profesión de pícaros. 3 *Lit.* Género novelesco de origen español que ofrece una relación ácida y realista de las experiencias de un pícaro, antihéroe amoral y marginal, que busca sobrevivir y medrar socialmente. **[Encic.]**

Lit. Dos rasgos definitorios caracterizan el género de la picaresca: uno temático, la baja condición social del protagonista, vinculado a ambientes marginales; y otro formal, el uso de la primera persona ficticia como narrador. Se inicia en el siglo XVI con el LAZARILLO DE TORMES, pero se desarrolla en el siglo XVII, en el que se suelen distinguir cuatro etapas: 1.ª De florecimiento y plenitud (1599-1605): *Lazarillo*, anónimo; *Guzmán de Alfarache*, de Mateo Alemán; *El Buscón*, de Quevedo, y *La pícara Justina*, de López de Úbeda. 2.ª De decadencia (1605-20): *La hija de Celestina*, de Salas Barbadillo; *La vida de Marcos de Obregón*, de Vicente Espinel, y *La desordenada codicia de los bienes ajenos*, de C. García. 3.ª De renacimiento (1620-26): *Segunda parte de Lazarillo*, de Luna; *Lazarillo de Manzanares*, de Cortés de Tolosa; *Alonso, mozo de muchos amos*, de J. Alcalá Yáñez, y *Varia fortuna del soldado Píndaro*, de Céspedes y Meneses. 4.ª De decadencia (1626-46): tres novelas de Castillo Solórzano y *Estebanillo González*.

PICARESCO, CA adj. 1 Relativo a los pícaros. 2 *Lit.* Se dice de las obras literarias en que se pinta la vida de los pícaros.

PÍCARO, RA adj. 1 Bajo, ruin, doloso. También s. 2 Astuto, taimado. También s. 3 fig. Malicioso. || m. y f. 4 Tipo de persona descarada, traviesa y de mal vivir, no exenta de cierta simpatía, protagonista de obras pertenecientes a la literatura PICARESCA.

PICARÓN, NA adj. y s. Pícaro, tunante.

PICASSO, PABLO RUIZ Pintor, grabador, escultor, ceramista, muralista, escenógrafo y figurinista español (Málaga, 1881 - Mougins, 1973). Su genio indiscutible de artista revolucionario le mantuvo a la cabeza de los mo-

Francis **Picabia**.
Culturismo.
Museo de Arte
Moderno (Filadelfia).

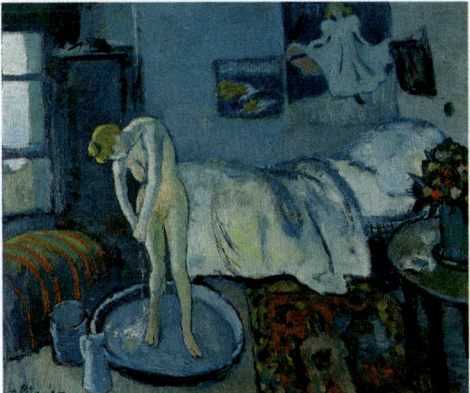

Pablo Ruiz **Picasso:** 1. *Habitación azul.* Colección particular (Washington); 2. *Mandolina y guitarra.* Museo Guggenheim (Nueva York).

vimientos pictóricos modernos. Desde 1900 realizó constantes viajes de la capital de España, a Barcelona y a París, donde conoció a la vanguardia parisina. En esta ciudad comenzó el llamado *periodo azul*, en el que el mundo de los miserables se convierte en el tema central de sus cuadros (*Pobres a orillas del mar, El viejo guitarrista*). A partir de 1904, comienza el *periodo rosa*, donde predominan las tonalidades claras y un ambiente menos opresivo (*Familia de acróbatas con mono*). Posteriormente, influido por Cézanne, el pintor se ve atraído por la escultura negra y las artes primitivas; a partir de ese momento crea una nueva forma pictórica: el CUBISMO, que inicia con *Las señoritas de Aviñón* (1907). En esta línea pintó obras como el retrato de *Ambroise Vollard* o *Los tres músicos*. En torno a 1918-19, comenzó a alternar el cubismo con otro tipo de concepciones pictóricas, de inspiración clasicista. En 1937 pintó el célebre *Guernica*, en el que reflejó los horrores de la Guerra Civil española. Durante la Segunda Guerra Mundial, residió en París y en 1944 ingresó en el Partido Comunista francés; a esta época pertenecen las pinturas *Gato devorando a un pájaro* y *La alborada*. En sus últimos años, se interesó por el estudio de las obras maestras del pasado; realizó variaciones compositivas de *Las Meninas* de Velázquez, *Jovenes a orillas del Sena* de Courbet, *Las mujeres de Argelia* de Delacroix y *El almuerzo campestre* de Manet.

Picatoste m. Rebanadilla de pan tostada con manteca o frita.
Picaza f. URRACA.
Picazo m. Golpe que se da con la pica.
Picazón f. 1 Desazón y molestia que causa una cosa que pica. 2 fig. Enojo, disgusto.
Piccard, Auguste Físico y meteorólogo suizo (Basilea, 1884 - Lausana, 1962). Realizó la primera ascensión en globo a la estratosfera (1931) y proyectó el batiscafo (1948), para el estudio de las profundidades oceánicas.
Piccinni, Nicola Músico italiano (Bari, 1728 - Passy, 1800). Escribió alrededor de 130 óperas, entre ellas *La Cecchina, Rolando, Didon, Armidam, La buona figliuola*, etc.
Piccolomini, Enea Silvio Pío II.
Piccolomini, Ottavio Militar italiano (Florencia, 1599 - Viena, 1659). Estuvo varias veces al servicio de España y, posteriormente, al del emperador.
Piceno *Geog. hist.* Antigua región de Italia, en el Samnio, a orillas del Adriático. En la actualidad forma las provincias de Ancona, Macerata y Áscoli.
Picha f. *Anat.* PENE, miembro viril.
Pichardo Moya, Felipe Escritor cubano (Camagüey, 1892 - La Habana, 1957). Precursor de la poesía afrocubana, escribió *La ciudad de los espejos* (1925) y *Canto de isla* (1942).
Pichardo y Tapia, Esteban Lexicógrafo, escritor y geógrafo cubano de origen dominicano (Santiago de los Caballeros, 1799 - La Habana, 1880). Su *Diccionario de voces cubanas* (1836) fue el primer libro sobre los regionalismos de América.
Pichel m. Vaso alto y redondo, generalmente de estaño, más ancho en la base, con tapa articulada en el remate del asa.
Pichi m. Prenda de vestir femenina, como un vestido sin mangas y escotado, que se pone encima de una blusa, jersey, etc.
Pichincha Macizo volcánico de los Andes Ecuatorianos, en la cordillera Occidental; 4.794 m de altura. Sus dos cimas principales son el Guagua (la más alta) y el Rucu. En sus laderas se desarrolló la batalla de Pichincha el 24 de mayo de 1822, en la que las fuerzas del general Sucre vencieron a los realistas al mando del general Aymerich. Con este triunfo quedó sellada la independencia de Ecuador.
Pichincha Provincia de Ecuador; 12.915 km^2 y 2.392.409 h. Capital, Quito. Cereales, caña de azúcar y frutas. Producción algodonera. Turismo.
Pichiruche m. *Chile* Persona insignificante.
Pichón, na m. 1 *Zool.* Pollo de paloma. || m. y f. 2 fig. y fam. Nombre afectivo que suele darse a las personas.
Pichulear tr. 1 *Chile* Engañar. 2 *Arg.* y *Urug.* Hacer negocios de poca importancia.
Piciforme adj. *Zool.* 1 Se aplica al ave con dos dedos dirigidos hacia delante y dos dedos dirigidos hacia atrás, como el pájaro carpintero. || m. pl. *Zool.* 2 Orden de estas aves.
Picio, más feo que expr. fig. y fam. Se dice de la persona excesivamente fea.
Pick-up (Voz i.) m. TOCADISCOS.
Pickering, Edward Charles Astrónomo estadounidense (Boston, 1846 - Cambridge, 1919). Se especializó en fotometría y espectrometría estelares y fundó el observatorio de Arequipa (Perú).
Pickering, William Henry Astrónomo estadounidense (Boston, 1858 - Kingston, 1938). Hermano de Edward. Descubrió el satélite Febe de Saturno (1898), y predijo la existencia de un nuevo planeta más allá de Neptuno, que localizó en 1919.
Pickford, Mary (Gladys Mary Smith, llamada) Actriz de cine estadounidense (Toronto, 1893 - Santa Mónica, 1979). Logró alcanzar gran popularidad con personajes de heroína ingenua durante la época muda del cine. Entre sus éxitos figuran *Cenicienta* (1914), *Madame Butterfly* (1915), *Papá piernas largas* (1919), *La pequeña Anita* (1925) y *La fierecilla domada* (1929).
Picn-, Picno- prefs. que significan denso.
Pícnic m. Comida campestre.
Pícnico, ca adj. *Psicol.* Se dice de un tipo morfológico humano de constitución orgánica corpulenta y rechoncha.
Picno- pref. PICN-.
Picnometría f. *Fís.* Medida de las densidades.
Pico^1 m. 1 *Bot.* Proyección puntiaguda de algunos frutos. 2 *Geol.* Cúspide aguda de una montaña. 3 *Mat.* Cantidad indeterminada. 4 *Zool.* Parte anterior y saliente de la cabeza de las aves, compuesta de dos piezas córneas que terminan generalmente en punta y les sirven para tomar el alimento. 5 Parte puntiaguda que sobresale de algunas cosas. 6 Herramienta de cantero y cavador. 7 Punta acanalada en el borde de algunas vasijas para que se vierta con facilidad el líquido. 8 fig. y fam. Boca de una persona. 9 fig. y fam. Facundia y facilidad en el decir. 10 Porción de ganado. 11 fig. y fam. En el lenguaje de la droga, jeringuilla y dosis de droga que se inyecta. || **pico de oro** fig. y fam. Persona que habla bien. || **abrir el pico** fig. y fam. Intentar hablar o replicar. Más en formas negativas. || **andar**, o **ir**, **uno de picos pardos** fr. fig. y fam. Ir de juerga.
Pico^2 m. PÁJARO CARPINTERO.
Pico- pref. que significa la billonésima parte de las respectivas unidades: *picogramo*.
Pico Isla de Portugal, en el archipiélago de las Azores; 433 km^2 y 22.324 h. El volcán de su nombre (2.320 m) es la altura mayor del archipiélago.
Pico da Bandeira Bandeira, Pico da.
Pico della Mirandola, Giovanni Humanista italiano (castillo de la Mirandola, 1463 - Florencia, 1494). Fue maestro de la Academia Florentina y uno de los más distinguidos humanistas del Renacimiento. Propugnó la unidad entre la teología cristiana y la filosofía griega. Entre sus obras destacan *De la dignidad del hombre* (1486) y *De ente et uno* (1492).
Picoleto m. vulg. Guardia civil.
Picón, na adj. 1 *Veter.* Se dice del caballo, mulo o asno cuyos dientes incisivos superiores sobresalen de los inferiores. 2 Picajón, picajoso. || m. 3 Chasco, burla. 4 Carbón muy menudo para los braseros.
Picón Salas, Mariano Ensayista venezolano (Mérida, 1901 - Caracas, 1965). Autor de *De la conquista a la independencia* (1944), *Crisis, cambio y tradición: ensayo sobre la forma de nuestra cultura* (1955), *Estudios de literatura venezolana* (1961).
Piconero, ra m. y f. 1 Persona que fabrica o vende el carbón llamado picón. || m. 2 Picador de toros.
Picor m. 1 Escozor en el paladar por haber comido alguna cosa picante. 2 Picazón, desazón.
Picornell y Gomila, Juan Mariano Político español (Palma de Mallorca, 1759 - San Fernando de Nuevitas, Cuba, 1825). Fue el alma de la conspiración republicana de 1795. Trasladado a La Guaira, entró en contacto con Gual y con España, junto con quienes fraguó una sublevación encaminada a hacer de Venezuela una república independiente.
Picota f. 1 Rollo o columna de piedra o fábrica que había a la entrada de algunos lugares donde se exponían las cabezas de los ajusticiados, o los reos a la vergüenza pública. 2 Juego de muchachos en que cada jugador tira un palo puntiagudo para clavarlo en el suelo y derribar el del contrario. 3 *Bot.* Variedad de cereza, con forma algo apuntada y consistencia carnosa. 4 *Mar.* Barra ahorquillada donde descansa el perno sobre el cual gira el guimbalete. 5 vulg. Nariz.
Picotada o **Picotazo** f. o m. Acción y efecto de picar un ave, un reptil o un insecto.
Picotear tr. 1 Golpear o herir las aves con el pico. 2 picar, comer un poco. || intr. 3 Mover de continuo la cabeza el caballo. 4 fig. y fam. Hablar mucho de cosas insustanciales.
Picquigny, tratados de *Hist.* Conjunto de acuerdos firmados entre Francia e Inglaterra que pusieron fin a la guerra de los Cien Años (1475).

Giovanni **Pico della Mirandola**. Retrato anónimo. Academia Carrara (Bérgamo).

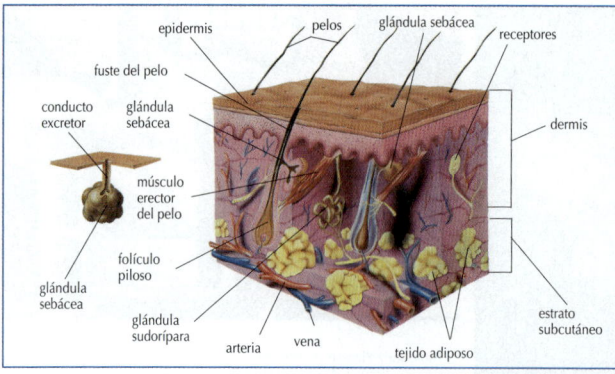

piel

PICR-, PICRO- prefs. que significan amargo.
PICRATO m. *Quím.* Sal formada por el ácido pícrico.
PÍCRICO, CA adj. *Quím.* Se dice del ácido fuerte que se obtiene nitrando el fenol y es ligeramente soluble en agua. Se usa en la fabricación de explosivos.
PICRO- pref. PICR-.
PICTET, RAOUL PIERRE Físico suizo (Ginebra, 1842 - París, 1929). En 1877 obtuvo en estado líquido el oxígeno, el hidrógeno y el nitrógeno.
PICTO, TA adj. *Etnol.* e *Hist.* **1** Se dice de un antiguo pueblo que habitaba en el centro y N de Escocia. Más como m. pl. **2** Se dice también de sus individuos. También s. **3** Relativo a este pueblo.
PICTOGRAFÍA f. Arte de la representación directa de las ideas por medio de signos gráficos.
PICTOGRAMA m. Signo de la escritura de figuras o símbolos, ideograma.
PICTÓRICO, CA adj. **1** Relativo a la pintura. **2** Adecuado para ser representado en pintura.
PIDGIN m. *Ling.* **1** Lengua ideada por Kenneth Littlewood, que se fundía en elementos de ruso, latín, griego, francés, galés, árabe y el inglés básico. **2** Lengua híbrida utilizada en el Extremo Oriente como lengua comercial, que está constituida por el vocabulario inglés, adaptado al sistema gramatical del chino.
PIDNA *Geog. hist.* Antigua ciudad de Macedonia, en cuyas proximidades el romano L. Emilio Paulo venció al rey Perseo (168 a. C.).
PÍDOLA f. *Ocio.* Juego de muchachos que consiste en saltar por encima de uno encorvado.
PIDÓN, NA adj. y s. fam. Pedigüeño.
PIE m. **1** Tallo y tronco de las plantas. **2** Árbol entero. **3** Uva ya pisada en el lagar, que se coloca debajo de la prensa. **4** *Fís.* Medida de longitud en varios países; en Castilla equivale a 28 cm. **5** *Métr.* Parte de dos, tres o más sílabas con que se miden los versos en aquellas poesías que, como la griega y latina, atienden a la cantidad. **6** *Métr.* Metro para versificar en la poesía castellana. **7** Extremidad de los miembros inferiores del hombre y de muchos animales. **8** Base. **9** En las medias, botas, etc., parte que cubre el pie. **10** Palabra con que termina un personaje en una representación teatral cuando a otro le toca hablar. **11** Parte final de un escrito y espacio en blanco que queda en la parte inferior del papel. **12** Nombre de una persona o corporación a quien se dirige un escrito. **13** Parte opuesta a la cabecera de una cosa. **14** Ocasión o motivo para algo. || **PIE FORZADO** *Métr.* Rima fijada de antemano para una composición poética que ha de terminar necesariamente en ella. || **PIE DE IMPRENTA** *A. gráf.* Indicación del establecimiento, lugar y año de la impresión. || **PIE QUEBRADO** *Métr.* Verso corto, de cuatro o cinco sílabas, que alterna con otros más largos en ciertas composiciones. || **a cuatro pies** loc. adv. A GATAS. || **a pie** loc. adv. Caminando. || **a pie firme** loc. adv. Sin apartarse de un sitio. || **a pie juntillas** loc. adv. Firmemente. || **al pie de la letra** loc. adv. Literalmente. || **buscarle tres,** o **cinco pies al gato** fr. fig. y fam. Empeñarse temerariamente en cosas que pueden acarrear daño. También, buscar soluciones o razones faltas de fundamento o que no tienen sentido. || **con pies de plomo** loc. fig. Con mucha cautela. || **de a pie** loc. adj. Se dice del que no va a caballo o, por extensión, en un vehículo. || **en pie de guerra** loc. adv. Se dice del ejército que en tiempo de paz se halla preparado como si fuese a entrar en campaña. || **estar al pie del cañón** loc. fam. No desatender ni por un momento un deber. || **hacer** una cosa **con los pies** fr. fig. Hacerla mal. || **no dar pie con bola** loc. fig. No acertar. También, atolondrarse, aturdirse. || **no tener** uno una cosa **pies ni cabeza** fr. fig. y fam. No tener orden ni concierto.

|| **saber de qué pie cojea** uno fr. fig. y fam. Conocer a fondo sus defectos. || **sacar los pies de las alforjas,** o **del plato** fr. fig. y fam. Atreverse el que es tímido.
PIECK, WILHELM Político alemán (Guben, 1876 - Berlín, 1960). Fundó con R. Luxemburgo y K. Liebknecht, el Partido Comunista Alemán (1918). Desde 1949 hasta su muerte ocupó la presidencia de la RDA.
PIED NOIR (Expr. fr.) com. Nombre que se dio al argelino de origen europeo, y en particular al colono francés, durante la guerra de independencia de Argelia.
PIEDAD f. **1** Fervor y fe religiosos. **2** Compasión hacia los demás. **3** *Esc.* y *Pint.* Representación en pintura o escultura del dolor de la Virgen María al sostener el cadáver de Jesucristo descendido de la cruz.
PIEDRA f. **1** Sustancia mineral, más o menos dura y compacta, que no es terrosa ni de aspecto metálico. **2** *Med.* Cálculo de la orina. **3** Granizo grueso. **4** Lugar o sitio donde se dejaban los niños expósitos. || **PIEDRA DE AFILAR,** o **DE AMOLAR** ASPERÓN. || **PIEDRA ANGULAR** La que en los edificios hace esquina, juntando y sosteniendo dos paredes. También, en sentido figurado, base de algo. || **PIEDRA DE ESCÁNDALO** fig. Origen o motivo de escándalo. || **PIEDRA FILOSOFAL** *Hist.* Materia que, según la alquimia medieval, permitía la transformación de los metales en oro. A través del concepto de piedra filosofal llegó a Occidente la noción oriental de *elíxir de la vida,* al que se atribuía la capacidad de curar todas las enfermedades. || **PIEDRA PÓMEZ** Piedra volcánica, esponjosa, frágil, de color agrisado y textura fibrosa, usada para desgastar y en la higiene personal. || **PIEDRA PRECIOSA** La que es fina, dura, rara, por lo común transparente, o al menos traslúcida, y que tallada se emplea en adornos de lujo. || **ablandar las piedras** fr. fig. Se utiliza para exagerar la compasión que excita un caso lastimoso. || **menos de una piedra** fr. fig. y fam. Se emplea para aconsejar a uno que se conforme con lo que pueda obtener, aunque sea muy poco. || **no quedar piedra sobre piedra** fr. fig. Haber quedado destruido todo. || **poner la primera piedra** fr. Ejecutar la ceremonia de asentar la piedra fundamental en un edificio notable que se quiere construir. || **tirar** uno **piedras sobre su tejado** fr. fig. y fam. Conducirse de modo perjudicial a sus intereses.
PIEDRAS, LAS Ciudad de Uruguay, en el departamento de Canelones; 58.288 h. Criadero de avestruces del *ñandú* y africanos, para la explotación de sus plumas.
PIEDRAS NEGRAS *Arqueol.* Antigua ciudad maya, situada en Guatemala, departamento de Petén, en el valle Usumacinta. Destaca por sus esculturas del período maya clásico.
PIEL f. **1** Tejido externo que cubre todo el cuerpo del animal y del hombre. **2** Cubierta de algunos frutos, como ciruelas, peras, etc. **3** Cuero curtido de modo que se conserve por fuera su pelo natural. || **PIEL ROJA** Indio indígena de América del N. || **ser uno de la,** o **la, piel del diablo** fr. fig. y fam. Ser muy travieso, enredador y revoltoso, y no admitir sujeción.
PIEL-, PIELO- prefs. que significan cavidad.
PIÉLAGO m. Parte del mar muy alejada de la tierra y, por extensión, mar.
-PIÉLAGO suf. PELAG-.
PIÉLAGOS Municipio y lugar de España, provincia de Cantabria, partido judicial de Santander; 10.741 h. Su capital es el lugar de Renedo.
PIELITIS f. *Med.* Inflamación de la pelvis renal.
PIELO- pref. PIEL-.
PIENSO m. Porción de alimento seco que se da al ganado.
PIERCE, FRANKLIN Político estadounidense (Hillsborough, 1804 - Concordia, 1869). Representante del Par-

tido Demócrata, accedió a la presidencia de la República en 1852. Llevó a cabo una política intransigente y proesclavista. Apoyó el manifiesto de Ostende (1854), por el cual EE UU solicitaba a España la venta de Cuba; favoreció la expedición de Perry a Japón (1853) y pretendió la integración de Nicaragua en los EE UU.
PIERÍA o **PIERIA** Nomo de Grecia, en la región de Macedonia Central; 1.516 km² y 116.820 h. Capital, Katerini.
PIÉRIDES *Mit.* Las MUSAS.
PIERNA f. **1** *Anat.* Parte distal de la extremidad inferior del hombre, comprendida entre la rodilla y el tobillo. **2** *Zool.* Muslo de los cuadrúpedos y aves. || **a pierna suelta,** o **tendida** loc. adv. fig. y fam. Sin ningún cuidado.
PIERO DELLA FRANCESCA FRANCESCA, PIERO DELLA.
PIÉROLA, NICOLÁS DE Político peruano (Arequipa, 1839 - Lima, 1913). Fue presidente de la República (1879-81 y 1895-99).
PIERRE Ciudad de EE UU, capital del Estado de Dakota del Sur; 12.906 h.
PIERROT m. Máscara con la indumentaria tradicional del personaje PIERROT.
PIERROT *Teat.* Personaje de la antigua comedia francesa. Procedía de la *commedia dell'arte* italiana y ha sido a veces afín a Polichinela o a Arlequín. También, personaje de pantomima; es galán sentimental y misterioso, vestido de blanco y con un casquete negro en la cabeza; los botones de su blusa son grandes y negros.
PIES NEGROS *Etnol.* Pueblo amerindio de la familia lingüística algonquina que habitó en la zona de las Grandes Llanuras entre EE UU y Canadá, en los Estados de Montana, Saskatchewan y Alberta. Actualmente ocupan los Estados de Montana y Alberta.
PIETERMARITZBURG Ciudad de la República Sudafricana, capital de la provincia de Natal; 156.473 h.
PIETISMO m. *Rel.* Movimiento religioso que surgió entre los protestantes alemanes en los siglos XVII y XVIII, como reacción evangélica contra el intelectualismo y el formalismo dominantes en las iglesias luterana y calvinista.
PIEYRE DE MANDIARGUES, ANDRÉ Escritor francés (París, 1909 - íd., 1991). Vinculado al surrealismo, es autor de *La motocicleta* (1963), *El margen* (1967) e *Isabella Morra* (1974).
PIEZA f. **1** Pedazo de algo. **2** Trozo de tela con que se remienda una prenda de vestir. **3** Moneda de metal. **4** Alhaja, herramienta, utensilio o mueble trabajados con arte. **5** Cada una de las partes que suelen componer un artefacto. **6** Porción de tejido que se fabrica de una vez. **7** Tira de papel continuo que se hace de una vez. **8** Cualquier sala o habitación de una casa. **9** Animal de caza o pesca. **10** Cada uno de los objetos que componen un conjunto, o cada unidad de ciertas cosas que pertenecen a una misma especie. **11** Bolillo o figura de madera u otra materia, que sirve para jugar a las damas, ajedrez u otros juegos. **12** Obra dramática, y particularmente la que no tiene más que un acto. **13** Composición musical vocal o instrumental. **14** Con calificativo encomiástico, cosa sobresaliente. **15** *Bl.* Figura del escudo que no representa objeto natural o artificial; por ejemplo, el sotuer. || **PIEZA DE ARTILLERÍA** Arma de fuego no portátil. || **de una pieza** loc. fig. y fam. Sorprendido o admirado. Más con los verbos *dejar* y *quedar* o *quedarse.*
PIEZOELECTRICIDAD f. *Fís.* Conjunto de fenómenos eléctricos que se manifiestan en algunos cuerpos sometidos a presión u otra acción mecánica.

Franklin **Pierce.** Grabado del siglo XIX.

PIEZOQUÍMICA f. *Quím.* Rama de la fisicoquímica que se ocupa de determinar la relación entre los fenómenos químicos y la presión.

PÍFANO m. *Mús.* **1** Flautín de tono muy agudo, usado en las bandas militares. || com. **2** Persona que toca este instrumento.

PIFERRER Y FÁBREGAS, PABLO Escritor español (Barcelona, 1818 - íd., 1848). Representante de la corriente histórica del romanticismo catalán, es autor de *En el siglo pasado* (1851), poesía; en prosa escribió *Recuerdos* y *Bellezas de España*.

PIFIA f. **1** Golpe falso que se da con el taco en la bola de billar. **2** fig. y fam. Error, descuido, paso o dicho desacertado.

PIFIAR intr. Hacer que se oiga demasiado el soplo del que toca la flauta travesera.

PIG-, PIGO-; -PIGA, -PIGIA, -PIGIO prefs. o sufs. que significan nalgas: *esteatopigia*.

-PIGA suf. PIG-.

PIGAFETTA, ANTONIO Navegante y escritor italiano (Vicenza, 1491 - íd., 1534). Participó en la expedición de Magallanes a Filipinas (1519-22). Escribió *Primer viaje en torno al globo*.

PIGALLE, JEAN BAPTISTE Escultor francés (París, 1714 - íd., 1785). Entre sus obras figuran *Venus y Mercurio*, el mausoleo de Mauricio de Sajonia y el retrato de Voltaire.

PIGARGO m. *Zool.* Nombre de varias aves falconiformes de la familia accipítridos, género *Haliaetus*.

-PIGIA, -PIGIO sufs. PIG-.

PIGMALIÓN *Mit.* Escultor chipriota que modeló en marfil la estatua de una hermosa joven de la que se enamoró. Afrodita dio vida a la materia inanimada y Pigmalión se casó con ella.

PIGMENTACIÓN f. Coloración normal del cuerpo y sus órganos.

PIGMENTAR tr. COLORAR, dar color a algo.

PIGMENTO m. *Quím.* Cualquier materia colorante que se encuentra en el protoplasma de las células vegetales y animales.

PIGMEO, A adj. **1** *Etnol.* Se dice de un pueblo negro africano cuyo rasgo característico es su pequeña estatura. La raza pigmea africana cuenta con unos 30.000 individuos en Congo, Camerún y Gabón. Más como m. pl. **2** Se dice de la raza de los pigmeos. **3** Se dice de sus individuos. También s. **4** Relativo a los pigmeos. **5** fig. Muy pequeño. También s.

PIGNORAR tr. Dar o dejar en prenda; empeñar.

PIGO- pref. PIG-.

PIGRE adj. Tardo, negligente.

PIJADA f. **1** vulg. Cosa insignificante. **2** vulg. Dicho o hecho inoportuno, impertinente o molesto.

PIJAMA m. Traje ligero compuesto de chaqueta o blusa y pantalón, que se utiliza para dormir. En algunos países de América, también f.

PIJAO adj. *Etnol.* **1** Se dice de un pueblo amerindio, de la familia chibcha, que vive en las márgenes del Cauca, Colombia. Más como m. pl. **2** Se dice también de sus individuos. También com. **3** Relativo a los pijaos.

PIJO, JA m. y f. **1** fam. Joven, generalmente de posición elevada, que sigue la última moda y tiene unos modales y una forma de hablar afectados y muy característicos. || m. **2** vulg. PENE.

PIJOTA f. *Zool.* Pescadilla pequeña.

PIJOTERO, RA adj. vulg. Se dice despectivamente de lo que produce molestia.

PIL-, PILE-, PILO-, PILOR-; -PILO, -PILAS, -PILEO prefs. o sufs. que significan puerta: *propileo*.

PILA[1] f. **1** Montón o cúmulo que se hace poniendo una sobre otra las piezas o porciones de que consta algo. **2** *Arquit.* Cada uno de los machones que sostienen dos arcos contiguos o los tramos metálicos de un puente.

PILA[2] f. **1** Pieza grande de piedra u otra materia, cóncava y profunda, donde cae o se echa el agua para varios usos. **2** Pieza de piedra, cóncava, con su pedestal de lo mismo, que hay en las iglesias parroquiales para administrar el sacramento del bautismo. **3** *Fís.* Combinación de dos electrodos dispuestos de modo que el conjunto de una reacción de oxidación-reducción produzca una fuerza electromotriz. **[Encic.]** || **PILA BAUTISMAL** PILA para administrar el sacramento del bautismo. || **PILA DE COMBUSTIÓN** *Quím.* Aquella que utiliza la oxidación de un combustible para producir electricidad. || **PILA REVERSIBLE** *Quím.* Aquella en que el intercambio entre las energías química y eléctrica es reversible. || **PILA SOLAR** o **CÉLULA SOLAR** *Fís.* Aparato de laminillas de silicio, que transforma el calor y la luz solares en electricidad.

Fís. La pila eléctrica se basa en el hecho de que cuando los conductores de primera clase (metales y carbón) se colocan en contacto con los de segunda clase (electrólitos) se establece una fuerza electromotriz de contacto. La primera pila conocida fue la de Volta, formada por discos de cinc y cobre, separados entre sí por ácido sulfúrico y generadora de una corriente entre los dos metales, dependiente de la fuerza de potencial que se origina entre ellos. Hay varios tipos de pilas: *húmedas, semihúmedas* y *secas,* debiéndose usar, en cada una de ellas, una sustancia despolarizante que evite que la intensidad de la corriente generadora disminuya con el tiempo. La pila de *Daniell* usa sulfato de cobre y sulfato de cinc y obtiene una tensión en bornas de un voltio. La de *Bunsen* utiliza carbón en ácido nítrico y cinc en ácido sulfúrico y rinde 1,95 voltios. La *Leclanché* usa carbón y cinc en cloruro amónico y, como despolarizante, peróxido de manganeso. Una de las pilas más modernas es la de *Fery,* derivada de la de Leclanché, que utiliza el aire como despolarizante. Está constituida por un vaso con una solución de sal amoniaco, una placa de cinc y un carbón tubular que descansa sobre éste. Existen pilas patrones usadas para medidas de comparación, que poseen una tensión muy estable; la más conocida es la de *Weston,* que da una tensión de 1,0183 voltios a 20 °C.

Jean Baptiste **Pigalle.** *Mercurio.*
Museo del Louvre (París).

PILA Ciudad de Polonia; 74.400 h. Industria.

PILADA f. **1** Montón. **2** Mezcla de cal y arena que se amasa de una vez.

PÍLADES *Mit.* Esposo de Electra y amigo de Orestes.

PILAR m. **1** *Arquit.* Elemento de soporte, generalmente exento, de sección poligonal o circular. No ha de someterse a la norma de un orden arquitectónico. **2** fig. Persona que sirve de amparo. **3** Cosa que sostiene o en que se apoya algo.

PILAR Localidad de Argentina (Buenos Aires); 74.629 h. En ella los gobernadores de Buenos Aires, Santa Fe y Entre Ríos firmaron un tratado de paz y amistad (1820) que significó el origen jurídico del federalismo argentino.

PILAR, NUESTRA SEÑORA DEL Imagen de la Virgen que se venera en la basílica del Pilar, en Zaragoza. Patrona de España y de la Hispanidad. Su fiesta es el 12 de octubre.

-PILAS suf. PIL-.

PILASTRA f. *Arquit.* Elemento arquitectónico adosado al muro, de sección rectangular o poligonal, con función por lo común de soporte.

PILATO o **PILATOS, PONCIO** Político romano (s. I). Procurador romano de Judea (26-36). Intervino en el proceso de JESÚS DE NAZARET e intentó obtener su perdón con motivo de la celebración de la Pascua. Ante la insistencia de la multitud, le mandó flagelar y coronar de espinas y, lavándose las manos en señal de irresponsabilidad, lo entregó para que fuera crucificado.

PILCHA f. **1** *Arg., Chile* y *Urug.* Prenda del recado de montar. **2** Prenda de vestir, originariamente pobre o en mal estado.

PILCOMAYO Río de América del Sur, que nace en la Cordillera Real de Bolivia, al NO de Potosí, sirve de frontera entre Paraguay y Argentina y desemboca en el Paraguay; 1.200 km.

PÍLDORA f. **1** Bolita que se hace mezclando un medicamento con un excipiente adecuado para ser administrado por vía oral. **2** Anovulatorio con esa presentación. || **dorar la píldora** fr. fig. y fam. Hacer la pelota.

PILE- pref. PIL-.

-PILEO suf. PIL-.

PÍLEO m. *Bot.* Parte más vistosa de la seta, que puede adquirir varias formas, aunque la más común es acampanada.

PILETA f. **1** *And., Can., Arg., Par.* y *Urug.* Pila de cocina o de lavar. **2** *Can., Arg.* y *Urug.* Abrevadero. **3** *R. Plata* PISCINA.

PILLADA f. fam. Acción propia de un pillo.

PILLAJE m. Hurto, latrocinio, rapiña.

PILLAR tr. **1** Hurtar. **2** Coger, agarrar o aprehender a una persona o cosa. **3** Alcanzar o atropellar embistiendo. **4** fam. Coger a uno en un engaño o delito. **5** fig. y fam. Sobrevenir a uno alguna cosa, cogerlo desprevenido. **6** fig. y fam. Coger, hallar o encontrar a uno en determinada situación, temple, etc. **7** Hallarse o encontrarse en determinada situación local respecto de la persona que es complemento directo. También intr. **8** vulg. Comprar droga.

PILLASTRE m. fam. PILLO.

PILLERÍA f. fam. Calidad de pillo.

PILLO, LLA adj. y m. **1** fam. Se dice del pícaro que no tiene educación. **2** fam. Sagaz, astuto, taimado.

PILNIAK, BORIS (BORIS ANDREIEVICH VOGAU, llamado) Novelista soviético (Mozhaisk, 1894 - ?, 1937 ó 1938). Autor de *El año desnudo* (1922), *La tercera capital* (1924), *Máquinas y lobos* (1924) y *Caoba* (1929). Detenido en 1937, murió en un campo de concentración.

PILO-; -PILO pref. o suf. PIL-.

PILÓN m. **1** Pesa que, pendiente del brazo mayor del astil de la balanza romana, puede moverse libremente a cualquier punto de los que están marcados en éste, y determinar, según su mayor o menor distancia del de apoyo, el peso de las cosas, cuando se equilibra con ellas. **2** Montón, gran cantidad. **3** Aumentativo de PILA[2]. **4** Receptáculo de piedra, que se construye en las fuentes para que sirva de abrevadero, lavadero, etc. **5** *Arquit.* PILONO.

PILON, GERMAIN Escultor francés (París, 1515 - íd., 1590). Considerado el máximo representante francés de la escultura renacentista. Realizó buena parte de su producción en la basílica de Saint-Denis: la tumba de Francisco I, en colaboración con Delorme; la capilla de los Valois, así como las tumbas de Catalina de Médicis y Enrique II.

PILONO m. *Arquit.* Elemento arquitectónico del arte egipcio antiguo consistente en un bloque troncopiramidal situado a uno y otro lado de la portada del templo.

PÍLORO m. *Anat.* Abertura inferior del estómago, válvula por la cual pasan los alimentos al intestino delgado.

PILOS Ciudad de la antigua Grecia, denominada también así en la actualidad, que fue sede del rey Néstor. En la batalla de este nombre, librada en 1827 entre los griegos y la flota turcoegipcia, quedó destruida. También se ha llamado *Navarino*.

PILOSO, SA adj. De mucho pelo.

PILOTAJE m. **1** Ciencia y arte que enseñan el oficio de piloto. **2** Cierto derecho que pagan las embarcaciones en algunos puertos y entradas de ríos, en que se necesita de pilotos prácticos.

PILOTAR tr. **1** Dirigir un buque, especialmente a la entrada o salida de puertos, barras, etc. **2** Dirigir un automóvil, globo, aeroplano, etc.

PILOTE m. Pieza a modo de estaca que se hinca en el terreno para soportar una carga o para hacer que el terreno en que se clava sea más compacto.

PILOTO m. **1** El que dirige un buque en la navegación. **2** El segundo de un buque mercante. **3** El que dirige o conduce un automóvil, helicóptero, avión, etc. **4** FARO PILOTO. **5** fig. Construido en aposición indica que la cosa designada por el nombre que le precede funciona como modelo o con carácter experimental. || **PILOTO AUTOMÁTICO** *Aeron.* Dispositivo que sustituye al piloto en el gobierno de una aeronave.

PILSEN PLZEN.

PILSUDSKI, JÓSEF Estadista y militar polaco (Zulow, 1867 - Varsovia, 1935). En 1919 fue nombrado jefe de Estado y comandante en jefe del ejército, cargos que ocupó hasta 1922. Dirigió el golpe de Estado de 1926; situó a Bartel en la presidencia del gobierno y se reservó para sí mismo el Ministerio de Defensa (1926-35).

PILTRA f. *Germ.* Cama.

PILTRAFA f. **1** Parte de carne flaca, que casi no tiene más que el pellejo. || f. pl. **2** Por extensión, residuos menudos de viandas y desechos de otras cosas, aunque no sean comestibles.

PIMA adj. **1** *Etnol.* Se dice de un pueblo amerindio que vive en el Estado de Sonora, México. Más en pl. **2** Se dice también de sus individuos. También com. **3** Relativo a los pimas. || m. *Ling.* **4** Grupo lingüístico, rama de la familia uto-azteca.

pimiento

PIMENTEL, GEORGE Químico estadounidense (?, 1922 - ?, 1989). Descubrió los láser químicos y desarrolló la técnica que permitió el estudio espectroscópico de partículas de algunos gases.

PIMENTERO m. **1** *Bot.* PIMIENTA. **2** Vasija en que se pone la pimienta molida para servirse de ella en la mesa.

PIMENTÓN m. **1** Aumentativo de PIMIENTO. **2** Polvo que se obtiene moliendo pimientos rojos secos.

PIMIENTA f. *Bot.* Planta leñosa trepadora perteneciente a la familia piperáceas, de nombre científico *Piper nigrum*, procedente del SE de Asia. Sus frutos secos producen la *pimienta negra* y, cuando se les quita la cáscara, la *pimienta blanca*, ambas muy empleadas como especias.

PIMIENTO m. *Bot.* **1** Planta herbácea anual o perenne, perteneciente a la familia solanáceas, de nombre científico *Capsicum annuum*, procedente de América tropical y cuyo fruto es una baya hueca, muy variable en forma y tamaño, de color verde, rojo o amarillo. **2** Fruto de esta planta, muy usado como alimento. Es picante en algunas variedades. || **PIMIENTO MORRÓN** El que se diferencia por ser más grueso, de color rojo y sabor más dulce.

PIMPAMPUM m. Juego en que se procura derribar a pelotazos muñecos puestos en fila.

PIMPANTE adj. Rozagante, garboso.

PÍMPIDO m. *Zool.* Pez muy parecido a la mielga y cuya carne es más sabrosa que la de ésta.

PIMPINELA f. *Bot.* Planta herbácea, de la familia rosáceas, género *Sanguisorba*, cuyas hojas pueden comerse en ensalada. Se empleó en medicina como tónica y diaforética.

PIMPLAR tr. y prnl. fam. Beber vino.

PIMPOLLO m. **1** *Bot.* Pino nuevo. **2** *Bot.* Vástago o tallo nuevo de las plantas. **3** fig. y fam. Niño o niña, y también el joven o la joven, que se distingue por su belleza, gallardía y donosura.

PIMPÓN PING-PONG.

PIMPRI-CHINCHWAD Ciudad de la India; 517.083 h.

PIN (Voz i.) Insignia provista de un alfiler o un broche para sujetarla en la ropa.

PINABETE m. *Bot.* ABETO. || **PINABETE DE MÉXICO** OYAMEL.

PINÁCEO, A adj. *Bot.* ABIETÁCEO.

PINACOTECA f. Galería o museo de pinturas.

PINÁCULO m. **1** *Arquit.* Parte más alta de un edificio monumental o templo. **2** fig. Parte más sublime de algo inmaterial.

PINADA f. *Bot.* Sitio poblado de pinos.

PINAL, SILVIA Actriz de cine mexicana (Guaymas, Sonora, 1931). De su filmografía destacan *Un extraño en la escalera* (1954), *Viridiana* (1961), *El ángel exterminador* (1962) y *Simón del desierto* (1965).

PINAR m. *Bot.* Bosque perennifolio dominado por especies del género *Pinus*.

PINAR DEL RÍO 1 Provincia de Cuba; 10.925 km² y 729.330 h. **2** Ciudad capital de la misma; 128.570 h. Fue fundada en 1571.

PINARIEGO, GA adj. Relativo al pino.

PINCEL m. **1** Instrumento con que el pintor asienta los colores. **2** fig. Modo de pintar.

PINCELADA f. **1** Trazo o golpe que el pintor da con el pincel. **2** fig. Expresión compendiosa de una idea o de un rasgo muy característico.

PINCHADISCOS com. DISC-JOCKEY.

PINCHAR tr. **1** Picar o herir con algo agudo o punzante. También prnl. **2** Poner inyecciones. También prnl. **3** fig. Provocar, incitar. **4** fig. Intervenir un teléfono. || intr. **5** Referido al conductor u ocupantes de un vehículo, sufrir un pinchazo una rueda. || **ni pincha ni corta** fr. fig. y fam. Se aplica a lo que tiene poco valimiento o influjo en un asunto.

PINCHAÚVAS com. fig. y fam. Persona despreciable.

PINCHAZO m. **1** Acción y efecto de pinchar o pincharse. **2** Agujero o grieta en un neumático que le produce pérdida de aire.

PINCHE com. Persona que presta servicios auxiliares en la cocina.

PINCHO m. **1** Punta aguda de hierro u otro material. **2** Porción de comida que se toma como aperitivo y a veces se atraviesa con un palillo.

PINCIANO, NA adj. y s. Vallisoletano.

PINCIANO, EL NÚÑEZ DE TOLEDO Y GUZMÁN, HERNÁN.

PINDÁRICO, CA adj. Propio de Píndaro o semejante a su estilo.

PÍNDARO Poeta griego (Cinoscéfalos, 518 - Argos, 446 a. C.). Autor de los *Epinicios*, colección de 44 odas, en que se celebra a los vencedores en los juegos griegos. Se divide en cuatro series: *Olímpicas*, *Ístmicas* y *Nemeas*, nombre, a su vez, de los juegos que se celebraban en Grecia.

PINDO Cadena montañosa de Grecia, que corre en dirección N-S, desde la frontera con Albania hasta el golfo de Corinto. Su máxima altura, el Smólikas, en el Epiro, alcanza los 2.637 m.

PINDONGO, GA f. fam. Persona callejera.

PINDONGUEAR intr. fam. Andar sin necesidad ni provecho de un sitio a otro.

PINEAL adj. Relativo a la glándula, llamada también EPÍFISIS.

PINEDA f. *Bot.* Sitio poblado de pinos.

PINEDA, LAUREANO Político nicaragüense (s. XIX). Presidente de la República (1851-53). Durante su mandato, el general Muñoz desencadenó una revuelta que lo derrocó; con el apoyo del ejército de Honduras, recuperó el poder ejecutivo.

PINEL, PHILIPPE Médico y publicista francés (Saint-André-d'Alayrac, 1745 - París, 1826). Fue uno de los fundadores de la psicoterapia y uno de los grandes alienistas del s. XIX.

PING-PONG m. *Dep.* Juego similar al tenis, que se practica sobre una mesa con pelota pequeña y ligera y con palas pequeñas a modo de raquetas. También se denomina *tenis de mesa*.

PINGAJO m. fam. Harapo o jirón que cuelga de alguna parte.

PINGAR intr. **1** Pender, colgar. **2** Gotear lo que está empapado en algún líquido. **3** Brincar, saltar. || tr. **4** Apartar una cosa de su posición vertical o perpendicular, inclinar.

PINGO m. **1** fam. Harapo o jirón que cuelga. **2** *Arg.*, *Chile* y *Urug.* Caballo. || m. pl. **3** fam. Vestidos de mujer cuando son de poco precio, aunque estén en buen uso o sean nuevos.

PINGONEAR intr. fam. Salir, alternar.

PINGOROTA f. La parte más alta y aguda de las montañas y otras cosas elevadas.

Píndaro. Escultura griega. Museo Capitolino (Roma).

PINGÜE adj. **1** Craso, gordo. **2** fig. Abundante.

PINGÜINO m. *Zool.* Ave marina no voladora, perteneciente al orden esfenisciformes. Posee pico largo, alas cortas y modificadas en aletas natatorias, cola de pequeñas dimensiones, patas cortas y plumaje negro o gris oscuro en el dorso y blanco en la zona anterior. Vive en las regiones frías del hemisferio Sur.

PINÍFERO, RA adj. poét. Abundante en pinos.

PINILLO m. *Bot.* Mirabel, planta.

PINITO m. **1** Cada uno de los primeros pasos que da el niño o el convaleciente. Más en m. pl. y con el verbo *hacer*. || m. pl. **2** fig. Primeros pasos que se dan en algún arte o ciencia.

PINK FLOYD Conjunto británico de *rock*, fundado en 1965. Cultivaron un estilo psicodélico y posteriormente derivaron hacia una concepción musical próxima al *rock sinfónico*. Entre sus trabajos cabe citar *The Piper at the Gates of Dawn* (1967), *The Dark Side of the Moon* (1973), *Wish You Were Here* (1975), *The Wall* (1979) y *The Final Cut* (1983).

PINNADO, DA adj. *Bot.* Se dice de la hoja compuesta de hojuelas insertas a uno y otro lado del pecíolo, como las barbas de una pluma.

PINNÍPEDO, DA adj. y m. *Zool.* **1** Se dice del mamífero marino que se alimenta sólo de peces. || m. pl. *Zool.* **2** Orden de estos animales.

PINO[1] m. **1** *Bot.* Árbol perteneciente a la familia pináceas, género *Pinus*, con tamaño y porte variables, hojas o acículas reunidas generalmente en una vaina en grupos de dos, tres o cinco, y frutos leñosos en forma de piña cuyas escamas se abren para diseminar las semillas o piñones. **2** Madera de este árbol. || **PINO COMÚN** o **ALBAR** *Bot.* Pino de la especie *Pinus Sylvestris*, de entre 20 y 30 m de altura, de madera apreciada, muy abundante en España. || **PINO LARICIO** *Bot.* De nombre científico *P. nigra*, puede alcanzar los 50 m de altura, tiene el tronco recto y la corteza gris. || **PINO PIÑONERO** *Bot.* De nombre científico *P. pinea*, se distingue por su copa aparasolada y su corteza rojiza y gruesa. Los piñones son comestibles. || **en el quinto pino** loc. adv. fig. y fam. Muy lejos. || **hacer el pino** fr. Ejecutar el ejercicio gimnástico que consiste en poner el cuerpo verticalmente con los pies hacia arriba, apoyando las manos en el suelo.

PINO[2]**, NA** adj. **1** Muy pendiente o muy derecho. || m. **2** fam. Primer paso que empiezan a dar los niños cuando se quieren soltar, o los convalecientes cuando empiezan a levantarse. Más en pl. y con el verbo *hacer*.

PINO- pref. que significa beber.

PINO Y ROSAS, JOAQUÍN DEL Militar español (Baena, 1727 - Buenos Aires, 1804). Fue gobernador de Montevideo (1773-89), presidente de la Real Audiencia de Chile (1799-1801) y octavo virrey del Río de la Plata (1801-04).

PINOCHA f. *Bot.* Hoja o rama del pino.

PINOCHET UGARTE, AUGUSTO Militar y político chileno (Valparaíso, 1915). En 1972 ocupó la jefatura del Estado Mayor del ejército y dirigió el golpe de septiembre de 1973, que derrocó a Allende. Presidente de la Junta Militar, fue designado presidente de la República en 1974, mandato que renovó en 1981. Su gobierno se caracterizó por la privación de libertades y la represión. Sustituido por Patricio Aylwin (1989), fue jefe de las fuerzas armadas (1990-98) y senador vitalicio (1998). Ese mismo año, a instancias de la justicia española, fue detenido en Londres, acusado de genocidio y tortura. A comienzos de 1999 la justicia británica decidió retirarle su inmunidad diplomática para los cargos de tortura y conspiración para torturar posteriores a 1988, y en noviembre de ese año aceptó conceder su extradición a España. Paralelamente, Chile solicitó su liberación por razones humanitarias basándose en los problemas de salud que el ex general aseguraba padecer. El gobierno británico liberó a Pinochet en enero de 2000 y éste regresó a Chile. En junio de ese año la justicia chilena decidió retirarle la inmunidad y en 2001 se inició su procesamiento, que fue suspendido en julio de 2001 por motivos de salud.

PINOCHO m. *Bot.* **1** Pino nuevo. **2** Ramo de pino. **3** Piña de pino rodeno, negro y resinable.

PINOL m. **1** *C. Rica*, *Ecuad.* y *Guat.* PINOLE. **2** *Guat.* y *Hond.* Harina de maíz tostado, a la que se añade cidrayota, cacao y azúcar.

PINOLATE m. *Guat.* Bebida de pinole, agua y azúcar.

PINOLE m. Mezcla de polvos de vainilla y otras especies aromáticas, procedente de América, que servía para echarla en el chocolate.

PINOS, ISLA DE Isla de Cuba, la mayor del archipiélago de los Canarreos, que constituye un municipio autónomo; 3.145 km². Fue descubierta por Colón en 1494, que la llamó *Evangelista*.

PINOSO, SA adj. Que tiene pinos.

PINREL m. Pie de las personas. Más en pl.

pinsapo

PINSAPO m. *Bot.* Árbol perteneciente a la familia pináceas, parecido al abeto. Crece en la serranía de Ronda (Málaga, España).

PINTA[1] f. **1** Mancha o señal pequeña en el plumaje, pelo o piel de los animales y en la masa de los minerales. **2** Adorno en forma de lunar o mota, con que se matiza alguna cosa. **3** Carta que al comienzo de un juego de naipes se descubre y que designa el palo de triunfos. **4** fig. Aspecto por donde se conoce la calidad de una persona o cosa. || m. **5** Sinvergüenza, desaprensivo. También adj.

PINTA[2] **1** Antigua medida de capacidad para líquidos, equivalente a media azumbre escasa en algunas regiones de España. **2** Medida de capacidad para líquidos cuyo valor varía.

PINTA Isla de Ecuador, en el archipiélago de Colón.

PINTACILGO m. *Zool.* Jilguero, cardelina, sietecolores.

PINTADA f. Letrero o conjunto de letreros, preferentemente de contenido político o social, que se han pintado en un determinado lugar.

PINTADERA f. Instrumento que se utiliza para adornar la superficie del pan, pasteles, bollos, etc.

PINTADO, DA adj. Naturalmente matizado de diversos colores. || **el más pintado** loc. fam. El mejor. || **pintado, que ni pintado** o **como pintado** fr. fig. Con los verbos *estar, venir* y otros: ajustado y medido; muy a propósito.

PINTALABIOS m. Barrita de pintura para labios. ♦ Su pl. es *pintalabios.*

PINTAMONAS com. fig. y fam. Pintor malo.

PINTAR tr. **1** Representar algo en una superficie, con las líneas y colores convenientes, fundamentalmente como actividad artística. **2** Cubrir con un color la superficie de las cosas, como persianas, puertas, etc. **3** fig. Describir vivamente personas o cosas por medio de la palabra. || intr. **4** Empezar a tomar color y madurar ciertos frutos. También prnl. **5** Mostrarse la pinta de las cartas cuando se falla. **6** Con sujeto que sea un palo de la baraja, señalar que éste es el triunfo en el juego. **7** fig. En frases negativas o interrogativas que envuelven negación, importar, significar, valer. **8** Sentarle bien algo a uno. || prnl. **9** Darse colores en el rostro, maquillarse.

PINTARRAJAR o **PINTARRAJEAR** tr. fam. Manchar de varios colores y sin arte una cosa.

PINTARRAJO m. fam. Pintura mal trazada y de colores impropios.

PINTARROJA f. *Zool.* LIJA.

PINTARROJO m. *Zool.* Pardillo, pájaro.

PINTAÚÑAS m. Cosmético de laca y secado rápido, que se utiliza para colorear las uñas y darles brillo.

PINTER, HAROLD Dramaturgo británico (Londres, 1930). Autor de *El portero* (1960), *El amante* (1962), *Tea Party* (1965), *Old Times* (1975), *Victoria Station* (1982) y *Ashes to Ashes* (1996).

PINTIPARADO, DA adj. **1** Parecido a otro. **2** Se dice de lo que viene justo y medido a otra cosa, o es a propósito para el fin propuesto.

PINTIPARAR tr. **1** Hacer parecida una cosa a otra. **2** fam. Comparar una cosa con otra.

PINTO, TA adj. Dicho de animales y cosas, de diversos colores.

PINTO Municipio y lugar de España, provincia de Madrid; 24.363 h.

PINTO, ANÍBAL Político chileno (Santiago, 1825 - Valparaíso, 1884). Miembro del Partido Liberal, fue ministro de Guerra y Marina (1871) y presidente de la República (1876-81).

PINTO, FRANCISCO ANTONIO Militar y político chileno (Santiago, 1775 - íd., 1858). Fue vicepresidente (1827) y presidente interino de la República (1827-29).

PINTO, OCTAVIO Pintor argentino (Córdoba, 1889 - Montevideo, 1941). Dejó numerosos paisajes de Argentina, Bolivia y Mallorca.

PINTO BALSEMÃO, FRANCISCO JOSÉ Político portugués (Lisboa, 1937). Cofundador del Partido Socialdemócrata (1974). En el gobierno de Sá Carneiro desempeñó los cargos de ministro sin cartera y viceprimer ministro (1980) y, tras la muerte de aquél, el de primer ministro (1981-82).

PINTO Y VALDEMORO, ESTAR UNO ENTRE fr. fig. y fam. Estar indeciso, vacilante.

PINTORESCO, CA adj. **1** Se dice del paisaje, escenas, tipos, figuras y de cuanto puede presentar una imagen grata, peculiar y con cualidades pictóricas. **2** fig. Se dice del lenguaje, estilo, etc., con que se pinta vivamente algo. **3** fig. Estrafalario, chocante.

PINTOR, RA m. y f. **1** Persona que profesa o ejercita el arte de la pintura. **2** Persona que tiene por oficio pintar puertas, paredes, ventanas, etc.

PINTURA f. **1** Arte de pintar. **[Encic.] 2** Tabla, lámina o lienzo en que está pintado algo. **3** La misma obra pintada. **4** Color preparado para pintar. **5** fig. Descripción animada de algo o alguien por medio de la palabra. || **PINTURA AL DUCO** *Pint.* AEROGRAFÍA. || **PINTURA AL ENCAUSTO** *Pint.* La que se hace empleando colores mezclados con cera, que se aplica en caliente. || **PINTURA AL FRESCO** *Pint.* La que se hace en paredes y techos con colores disueltos en agua de cal y extendidos sobre una capa de estuco fresco. || **PINTURA AL GOUACHE**, o **AL GUAS** *Pint.* GOUACHE. || **PINTURA NAÏF** *Pint.* NAIF. || **PINTURA AL ÓLEO** *Pint.* La hecha con colores desleídos en aceite secante. || **PINTURA AL PASTEL** *Pint.* La que se hace principalmente sobre el papel con lápices blandos, pastosos y de colores variados. || **PINTURA RUPESTRE.** RUPESTRE. || **PINTURA AL TEMPLE** *Pint.* La hecha con colores preparados con líquidos glutinosos, como agua de cola, etc. **PINT.** Las primeras creaciones pictóricas datan de la época prehistórica. La pintura en el antiguo EGIPTO se concibió como complemento de la arquitectura. La decoración pictórica desempeñó una importante función en la cultura minoica: existen restos de pintura mural del palacio de Cnosos en Creta. En la antigua Grecia, destacaron las figuras de Polignoto, Onasias y Zeuxis, y ya en el siglo IV, Apeles de Colofón. De la pintura romana es interesante reseñar la pintura histórica y paisajista. La pintura paleocristiana está marcada en un primer momento por la casi exclusividad de las representaciones en las catacumbas. A partir del siglo IV se produjo una tendencia hacia la simplificación plástica, que incorporó importantes elementos orientales. En la pintura románica predomina una actitud antinaturalista, los colores planos y los fondos lisos. La pintura gótica se perfeccionó en la expresión de la idea religiosa. A finales del gótico se desarrollan dos grupos de escuelas que abrieron camino al periodo renacentista: la *italiana*, integrada por la escuela *sienesa* y la *florentina*, esta última con Giotto, y la *flamenca*, con Jan van Eyck. El carácter distintivo de la pintura del Renacimiento consiste en el acabado estudio de la unidad compositiva y la perspectiva, de la anatomía y de la belleza exterior y física. Sobresalieron las escuelas italianas con Leonardo da Vinci, Miguel Ángel, Rafael, Tiziano y Veronés, y la escuela alemana, con A. Durero y H. Holbein. Durante la segunda mitad del siglo XVI se desarrolló el manierismo, que tuvo en El Greco a uno de sus principales representantes. El barroco es uno de los momentos culminantes de la pintura española (Ribera, Zurbarán, Velázquez, Murillo, Valdés Leal). Asimismo destacaron en Italia, Caravaggio, la escuela de los Carracci y Tiépolo; en los Países Bajos, Rubens; en Holanda, Vermeer, F. Hals y Rembrandt; y en Francia, Poussin, C. Lorrain y Q. de la Tour. Durante el siglo XVIII se produjo un espectacular desarrollo de la pintura inglesa, centrada en paisajes costumbristas, retratos y paisajes (Hogart, Constable, Reynolds, Gainsborough y Turner). Asimismo, se desarrolló el llamado neoclasicismo, cuya figura principal fue J. L. David. A finales de siglo la obra de Goya marca el punto de partida de la pintura contemporánea. Como reacción al neoclasicismo se desarrolla en el siglo XIX el romanticismo, en el que sobresalen los franceses Géricault y Delacroix. Otras escuelas que aparecieron durante la pasada centuria fueron el prerrafaelismo, el naturalismo, el impresionismo, el neoimpresionismo o puntillismo y el modernismo. En el último tercio del siglo XIX se configura en el N de Europa un movimiento de carácter expresionista (V. van Gogh, J. Ensor y E. Munch). A comienzos del siglo XX surgieron las vanguardias artísticas. Expresionismo, fauvismo, cubismo, constructivismo, dadaísmo, futurismo y surrealismo se caracterizaron por el rechazo de los valores estéticos tradicionales. A partir de las enseñanzas de Kandinsky y P. Klee en los años veinte, la abstracción se convirtió en una de las características dominantes en el arte contemporáneo. Entre los movimientos más importantes de la segunda mitad de siglo cabe citar el pop-art, el expresionismo abstracto y el hiperrealismo.

PINTURERO, RA adj. y s. fam. Se dice de la persona que alardea ridícula o afectadamente de bien parecida, fina, elegante, airosa o gentil.

PINTURICCHIO (BERNARDINO BETTI O DI BETTO, llamado) Pintor italiano (Perugia, 1454 - Siena, 1513). Decoró las salas Borgia del Vaticano y realizó los frescos de la Biblioteca Piccolomini, en Siena. Entre sus óleos destacan *La coronación de la Virgen, La adoración de los Magos* y *La anunciación.*

PÍNULA f. *Bot.* Hoja de pequeño tamaño que forma la última división de las hojas de los helechos.

PINYIN O **PINYIN ZIMU** m. *Ling.* Sistema de transcripción fonética de los caracteres chinos a los caracteres latinos adoptado por el gobierno de la República Popular China en 1958 y de uso generalizado en todas las comunicaciones con el extranjero desde 1979.

PINZA f. **1** Instrumento de diversas formas y materias cuyos extremos se aproximan para sujetar algo. **2** Pliegue de una tela terminado en punta. **3** *Zool.* Último artejo de las patas de ciertos artrópodos, que actúan como órganos prensores. || f. pl. **4** Instrumento de metal, a manera de tenacillas, que sirve para coger o sujetar cosas menudas.

PINZAMIENTO m. *Med.* Compresión de algún nervio o músculo entre dos superficies.

PINZAR tr. **1** Sujetar con pinza. **2** Plegar una cosa, pellizcándola con los dedos, con un muelle, etc., a manera de pinza.

pinzón

PINZÓN m. *Zool.* Ave paseriforme de la familia fringílidos, género *Fringilla*, del tamaño de un gorrión, de plumaje rojo oscuro en la cara, pecho y abdomen, pardo rojizo en el lomo y verde amarillento en la rabadilla; la hembra es de color pardo.

PINZÓN, MARTÍN ALONSO Marino español (Palos de Moguer, 1440 - La Rábida, 1493). Hermano de Vicente. Confiado en la viabilidad del proyecto de Colón, tomó el mando de la *Pinta.* Después del descubrimiento de las islas de San Salvador y de Cuba, decidió explorar en solitario.

Martín Alonso **Pinzón.** Museo Naval (Madrid).

PINZÓN, VICENTE YÁÑEZ Marino español (Palos de Moguer, ? - ?, h. 1515). Hermano de Martín, capitaneó la *Niña* en el primer viaje de Colón. Realizó otros dos viajes al continente (1499-1500 y 1508-09).

PIÑA f. **1** *Bot.* Fruto del pino y otros árboles. **2** *Bot.* Ananás, planta. **3** fig. Conjunto de personas o cosas unidas estrechamente. **4** *Can., Arg.* y *Urug.* Trompada, puñetazo.

PIÑATA f. Vasija de barro llena de dulces, que en el baile de máscaras del primer domingo de cuaresma se rompe con un palo, llevando los ojos vendados. Por extensión, la que se pone en una fiesta familiar, de cumpleaños o infantil.

PIÑERA, VIRGILIO Escritor cubano (Cárdenas, 1912 - La Habana, 1979). De su obra narrativa destacan *La carne de René* (1952), *Cuentos fríos* (1956) y *El que vino a salvarme* (1970), y de su producción dramática *Electra Garrigó* (1946) y *Dos viejos pánicos* (1968).

PIÑO m. DIENTE. Más en pl.

PIÑÓN m. *Bot.* **1** Semilla del pino. **2** *Bot.* Arbusto euforbiáceo de las regiones cálidas de América. **3** *Arm.* En las armas de fuego, pieza en que estriba la patilla de la llave cuando está para disparar. **4** Rueda pequeña y dentada que engrana con otra mayor en una máquina. **5** Cualquiera de las plumas pequeñas que el halcón tiene debajo de las alas. || **estar** uno **a partir un piñón con** otro fr. fig. y fam. Haber unidad de miras y estrecha unión entre ambos.

PIÑONATE m. Pasta de piñones y azúcar.

PIO-, PI-; -PIO-; -PIÓN prefs., in. o suf. que significan pus: *autopioterapia.*

PÍO^{1} m. **1** Voz que forma el pollo de cualquier ave. También se usa para llamarlos a comer. **2** fam. Deseo vivo y ansioso de una cosa. || **no decir pío,** o **ni pío** fr. fig. No chistar, no despegar los labios.

PÍO^{2}, A adj. Inclinado a la piedad.

PÍO^{3}, A adj. Se dice del caballo, mulo o asno cuyo pelo blanco en su fondo presenta manchas más o menos extensas de otro color.

Pío Nombre de diversos papas.

Pío I, SAN (Aquileya, 91 - Roma, 155). Ocupó el solio pontificio de 140 a 155.

Pío II (Corsignano, 1404 - Ancona, 1464). De nombre Enea Silvio Piccolomini, ocupó el solio pontificio de 1458 a 1464. Escribió *Historia de duobus Amántibus* y *Cosmografía.*

Pío III (Siena, 1439 - Roma, 1503). De nombre Francesco Todeschini-Piccolomini, ocupó el solio pontificio del 22 de septiembre al 18 de octubre de 1503.

Pío IV (Milán, 1499 - Roma, 1565). De nombre Giovanni Angelo de Médicis, ocupó el solio pontificio de 1559 a 1565. Convocó por tercera vez el concilio de Trento (1562).

Pío V, SAN (Bosco, 1504 - Roma, 1572). De nombre Antonio Michele Ghislieri, ocupó el solio pontificio de 1566 a 1572. Excomulgó a la reina Isabel I de Inglaterra (1570) y apoyó a María Estuardo. Organizó, junto con Venecia y España, la Santa Liga.

Pío VI (Cesena, 1717 - Valence, 1799). De nombre Gianangelo Braschi, ocupó el solio pontificio de 1775 a 1799. Condenó la constitución civil del clero francés (1791), lo que ocasionó la anexión del territorio pontificio de Aviñón. En febrero de 1798, tras la proclamación de la República romana, fue recluido en la ciudadela de Valence, donde murió.

Pío VII (Cesena, 1740 - Roma, 1823). De nombre Barnaba Chiaramonti, ocupó el solio pontificio de 1800 a 1823. Coronó a Napoleón (1804) y posteriormente le excomulgó por haberse anexionado los Estados Pontificios, por lo que fue exiliado en Fontainebleau hasta 1814. Restableció la Compañía de Jesús (1814) y fundó la Pinacoteca Veneciana.

Pío VIII (Cingoli, 1761 - Roma, 1830). De nombre Francesco Saverio Castiglione, ocupó el solio pontificio de 1829 a 1830.

Pío IX (Senigaglia, 1792 - Roma, 1878). De nombre Giovanni Maria Mastai-Ferretti, ocupó el solio pontificio de 1846 a 1878. Proclamó el dogma de la Inmaculada Concepción (1854) y, en 1869, convocó el concilio Vaticano I. Promulgó la encíclica *Quanta cura* y *Syllabus errorum* (1864). Perdió los Estados Pontificios, que fueron anexionados a Italia.

Pío X, SAN (Riese, 1835 - Roma, 1914). De nombre Giuseppe Sarto, ocupó el solio pontificio de 1903 a 1914. Fomentó la disciplina eclesiástica y condenó el modernismo en la encíclica *Pascendi* (1907).

Pío XI (Dezio, 1857 - Roma, 1939). De nombre Achille Ratti, ocupó el solio pontificio de 1922 a 1939. Restableció el poder temporal de la Santa Sede al crearse en Roma (1929) el Estado de la Ciudad del Vaticano. Con su encíclica *Quadragessimo anno* (1931), confirmó y amplió la doctrina social de León XIII.

Pío XII (Roma, 1876 - Castelgandolfo, 1958). De nombre Eugenio Pacelli, ocupó el solio pontificio de 1939 a 1958. Intervino en la Segunda Guerra Mundial como mediador y organizador de labores humanitarias. Llevó a cabo una intensa labor doctrinal. Proclamó el dogma de la Asunción de la Virgen (1950).

PIOCHA f. Herramienta con una boca cortante, que sirve para desprender los revoques de las paredes y para escafilar los ladrillos.

PIOCHE DE LA VERGNE, MARIE MAGDELEINE, CONDESA DE LA FAYETTE LA FAYETTE O LAFAYETTE, MARIE MADELEINE PIOCHE DE LA VERGNE, CONDESA DE.

PIOJILLO m. *Zool.* Nombre de diversos insectos anopluros que viven parásitos sobre las aves.

PIOJO m. *Zool.* **1** Nombre de varias especies de insectos malófagos y anopluros de diversas familias, parásitos, de pocos milímetros de longitud, sin alas y con un aparato bucal picador-chupador. El piojo humano *(Pediculus humanus)* transmite enfermedades bacterianas y víricas. **2** PIOJILLO.

piojo

PIOJOSO, SA adj. y s. **1** Que tiene muchos piojos. **2** fig. Miserable, mezquino. **3** fig. Sucio, harapiento.

PIOLA f. **1** Cuerda delgada, cordel. **2** *Mar.* Cabo pequeño formado por dos o tres hilos.

PIOLAR intr. Piar los pollos o los pájaros.

PIOLET m. *Dep.* En alpinismo, instrumento que utilizan los alpinistas para asegurar sus movimientos sobre nieve o hielo.

PIOMBO, SEBASTIANO DEL SEBASTIANO DEL PIOMBO.

PIÓN o **MESÓN PI** (π) m. *Fís.* Partícula elemental, de la familia de los mesones, cuya masa es unas 280 veces la del electrón.

-PIÓN suf. PIO-.

PIONERO, RA m. y f. **1** Persona que inicia la exploración de nuevas tierras. **2** El que da los primeros pasos en alguna actividad humana.

PIORNO m. *Bot.* GAYOMBA, arbusto.

PIORREA f. *Med.* Flujo de pus, especialmente en las encías.

PIOTRKÓW TRYBUNALSKI Ciudad del centro de Polonia; 81.300 h.

PIPA f. **1** Utensilio para fumar consistente en un tubo terminado en un recipiente, en que se coloca y enciende el tabaco picado u otra sustancia, cuyo humo se aspira por el extremo de la boquilla del tubo. **2** Tonel o cubeta que sirve para transportar o guardar vino u otros licores. **3** Lengüeta de las chirimías, por donde se echa el aire. **4** Pepita de frutas. **5** Simiente de girasol, que se come, generalmente tostada. Más en pl.

PIPERÁCEO, A adj. y f. *Bot.* **1** Se dice de la planta angiosperma dicotiledónea, con hojas alternas y fruto con escaso endosperma, como el pimentero. || f. pl. *Bot.* **2** Familia de estas plantas.

PIPERAL adj. *Bot.* **1** Se dice de la planta dicotiledónea herbácea, portadora de células con esencias, y flores muy reducidas. || f. pl. *Bot.* **2** Orden de estas plantas.

PIPERINA f. *Quím.* Alcaloide extraído de la pimienta.

PIPETA f. *Quím.* Tubo de cristal ensanchado en su parte media, que sirve para trasladar pequeñas porciones de líquido de un vaso a otro, y se usa fundamentalmente en laboratorio.

PIPI m. fam. Piojo, insecto hemíptero parásito de los mamíferos.

PIPÍ m. En lenguaje infantil, orina.

PIPIAR intr. Piar las aves cuando son pequeñas.

PIPIL adj. **1** *Etnol.* Se dice de una tribu amerindia precolombina, descendiente directa de los aztecas, que habitaba en El Salvador y otras áreas cercanas. Más como m. pl. **2** Se dice también de sus individuos. También com. **3** Relativo a los pipiles. || m. *Ling.* **4** Lengua de este pueblo.

PIPINO EL BREVE Rey franco (Jupille, 714 - Saint-Denis, 768). Era hijo de Carlos Martel. En 751 depuso a Childerico III y se hizo elegir rey. Fundador de la dinastía carolingia, sometió a los alamanes (744-46), arrebató la Septimania a los musulmanes (752-59), se anexionó Aquitania (760-68) y obtuvo el exarcado de Rávena y la Pentápolis, territorio que entregó al Papa.

PIPINO DE HERISTAL Mayordomo del palacio real de Austrasia (?, 640 - Jupille, 714). Durante los reinados de Thierry, Clodoveo III, Childeberto III y Dagoberto III ejerció las funciones de gobierno.

PIPINO DE LANDEN O **EL VIEJO** Mayordomo del palacio real de Austrasia (?, h. 580 - ?, 640). Ejerció funciones de gobierno desde 615 hasta 640.

PIPIOLO, LA m. y f. **1** fam. Persona principiante, novata o inexperta, especialmente si es joven. || m. pl. *Hist.* **2** Grupo político chileno, cuyos integrantes coincidían en su oposición al partido conservador y en su apoyo al gobierno liberal durante el periodo (1824-30).

PIPIRIGALLO m. *Bot.* Planta herbácea vivaz, de la familia leguminosas, cuyas flores encarnadas semejan la cresta y carúnculas del gallo.

PIPO^{1} m. *Zool.* Ave piciforme perteneciente a la familia pícidos, con plumaje negro manchado de blanco.

PIPO^{2} m. PIPA de las frutas.

PIPPI, GIULIO ROMANO, GIULIO.

PIQUE m. **1** Resentimiento, desazón o disgusto ocasionado de una disputa u otra cosa semejante. **2** Empeño en hacer algo por amor propio o por rivalidad. **3** *And.* y *Chile* Juego infantil que consiste en tirar contra la pared monedas o canicas, hasta que una de ellas, de retroceso, se acerque o toque a alguna de las restantes. || **echar a pique** fr. *Mar.* Hacer que un buque se sumerja en el mar. También, en sentido fig., destruir algo. || **irse a pique** fr. *Mar.* Hundirse un buque. En sentido fig., malograrse una cosa o un intento.

PIQUÉ m. Tela de algodón con diversos tipos de labor, que se emplea en prendas de vestir y otras cosas.

PIQUERA f. **1** Agujero que tienen en uno de sus dos frentes los toneles y alambiques, para que abriéndolo pueda salir el líquido. **2** Herida en las carnes. **3** Agujero que en la parte inferior de los altos hornos sirve para dar salida al metal fundido. **4** Agujero o puertecita que se hace en las colmenas para que las abejas puedan entrar y salir. **5** *Cuba* Parada de carruajes de alquiler.

PIQUET, NELSON SOUTOMAIOR Corredor automovilístico brasileño (Rio de Janeiro, 1952). Fue campeón del mundo de Fórmula 1 en 1981, 1983 y 1987.

PIQUETA f. **1** ZAPAPICO. **2** Herramienta de albañilería, con mango de madera y dos bocas opuestas, una plana como de martillo, y otra aguzada como de pico.

PIQUETE m. **1** Agujero pequeño en la ropa. **2** Grupo poco numeroso de soldados que se emplea en diferentes servicios extraordinarios. **3** Pequeño grupo de personas que exhibe pancartas con lemas, consignas políticas, peticiones, etc. **4** Grupo de personas que intenta imponer o mantener una consigna de huelga. **5** *Col.* Merienda campestre.

PIQUETILLA m. Piqueta pequeña que tiene el remate ancho y afilado, utilizada para hacer agujeros pequeños en paredes delgadas.

PIQUILLÍN m. *Bot.* **1** *Arg.* Arbusto o arbolillo perteneciente a la familia ramnáceas, de nombre científico *Condalia lineata,* que da un fruto pequeño y oscuro, utilizado para hacer arrope o aguardiente. **2** Fruto de esta planta.

PIQUITUERTO m. *Zool.* Nombre de varias especies de aves paseriformes de la familia de los fringílidos, género *Loxia.* Tienen el pico muy curvado y cruzado en la punta, y el plumaje de color rojo y verde.

PIQUIZA, TRATADO DE *Hist.* Acuerdo firmado entre los partidarios de Sucre y los de Gamarra que puso fin a la guerra entre Perú y Bolivia (1828).

PIR- pref. PIRO-.

PIRA f. **1** Hoguera en que antiguamente se quemaban los cuerpos de los difuntos y las víctimas de los sacrificios. **2** fig. HOGUERA. **3** Fuga, huida.

PIRA- pref. PIRO-.

PIRADO, DA adj. y s. fam. Se dice de la persona alocada.

PIRAGÓN m. Mariposilla del fuego.

PIRAGUA f. **1** Embarcación larga y estrecha, mayor que la canoa, hecha generalmente de una pieza o con bordas de tabla o cañas. **2** Planta trepadora sudamericana de la familia de las aráceas.

PIRAGÜISMO m. **1** Navegación en piragua. **2** *Dep.* Modalidad deportiva consistente en la competición de dos o más piraguas, canoas o *kayaks.*

PIRAMIDAL adj. De figura de pirámide.

PIRÁMIDE f. **1** *Geom.* Cuerpo geométrico que tiene por base un polígono cualquiera y como caras laterales triángulos con un vértice común. Si al trazar la altura ésta cae en el centro del polígono, la pirámide es *recta;* en caso contrario, *oblicua.* **2** *Arqueol.* Monumento funerario egipcio, utilizado como sepultura de los faraones. Las más famosas son las de Kéops, Kefrén y Micerino, en Gizeh. **3** *Arqueol.* Monumento religioso mexicano, que constituye el pedestal de un templo. Se deben a los aztecas, totonecas y mayas.

PIRÁMIDES, BATALLA DE LAS *Hist.* Victoria de Napoleón sobre los mamelucos durante la campaña de Egipto (1798).

PIRAN Distrito de Eslovenia; 45 km^2 y 16.768 h.

PIRANDELLO, LUIGI Dramaturgo y novelista italiano (Agrigento, 1867 - Roma, 1936). Entre sus novelas me-

Sección de la **pirámide** de Kéops.

recen citarse *El difunto Matías Pascal* (1904), *Los viejos y los jóvenes* (1909), *Su marido* (1911) y *Uno, ninguno y cien mil* (1926). No obstante, alcanzó el reconocimiento por su obra dramática. Destaca la trilogía formada por *Seis personajes en busca de autor* (1921), *Cada cual a su manera* (1924), *Así es, si así os parece* (1917), *Enrique IV* (1922), *O de uno o de nadie* (1929) y *Los gigantes de la montaña* (1937). En 1934 obtuvo el premio Nobel de Literatura.

PIRANESI, GIAMBATTISTA Grabador y arquitecto italiano (Mogliano, 1720 - Roma, 1778). Como arquitecto, se le debe la reconstrucción de Santa María del Priorato, en Roma. En su obra como grabador, destacan sus *Prisiones fantásticas*.

PIRANÓMETRO m. *Astron.* Instrumento de medida para determinar la radiación que llega a la superficie terrestre desde el Sol y el cielo.

PIRAÑA f. *Zool.* CARIBE, pez.

PIRAR intr. **1** Hacer novillos, faltar a clase. || prnl. **2** Fugarse, irse. **3** Volverse loco.

PIRARGIRITA f. *Miner.* Mineral sulfoantimoniuro de plata, de fórmula S_3SbAg_3, que cristaliza en el sistema trigonal.

PIRATA adj. **1** Relativo al pirata o a la PIRATERÍA. **2** Clandestino. || m. **3** Ladrón que roba en el mar. **4** Sujeto cruel y despiadado.

PIRATEAR intr. **1** Ejercer la piratería. || tr. **2** Comerciar ilegalmente con copias de discos, cintas de vídeo, programas informáticos, etc., originales, de los que no se poseen derechos.

PIRATERÍA f. **1** Actividad del pirata. **2** Botín o presa del pirata.

PIRÁTICO, CA adj. PIRATA.

PIRAYA f. *Zool.* CARIBE, pez.

PIRCA f. *Amér. m.* Pared de piedra en seco.

PIRE, DOMINIQUE GEORGES Dominico belga (Dinant, 1910 - Lovaina, 1969). Recibió el premio Nobel de la Paz (1958) por su labor en beneficio de los refugiados europeos apátridas después de la Segunda Guerra Mundial.

PIRENAICO, CA adj. y s. De los montes Pirineos.

-PÍREO suf. PIRO-.

PÍREO Ciudad de Grecia, Nomo de Ática, que forma parte de la aglomeración urbana de Atenas o Gran Atenas; 169.622 h. Puerto.

PIRÉTICO, CA adj. *Med.* Relativo a la fiebre.

PIRETO- pref. PIRO-.

PIRETRO m. *Bot.* Pelitre.

PIREXIA f. *Med.* Estado febril.

-PIRIA suf. PIRO-.

PÍRICO, CA adj. Relativo al fuego, especialmente a los artificiales.

PIRIDINA f. *Quím.* Compuesto heterocíclico, de fórmula C_5H_5N, presente en el alquitrán de hulla. Es un líquido incoloro, con olor desagradable. Se utiliza como disolvente y para desnaturalizar el alcohol etílico.

PIRIMIDINA f. *Quím.* Compuesto heterocíclico, de fórmula $C_4H_4N_2$, muy estable. Constituye una de las bases piramidínicas que integran los ácidos nucleicos.

PIRINCHO m. *Zool. Arg., Par., Urug.* Ave insectívora perteneciente a la familia cucúlidos, de nombre científico *Guira guira*, con largas plumas en la cola y cresta.

PIRINEOS Sistema orográfico del SO de Europa, entre España y Francia, que enlaza la península Ibérica con Francia, en una longitud de 440 km, desde el Mediterráneo al Cantábrico. Se considera dividido en tres grupos: Pirineos Orientales o catalanes, hasta la depresión de la Cerdaña; Centrales o aragoneses, hasta el pico de Anie, y Occidentales o navarros, hasta el Cantábrico. Los primeros comienzan en la costa mediterránea con los montes Alberes, que, después de alcanzar el Puigmal (2.908 m), se prolongan, en la parte española, por la sierra del Cadí, y en la francesa con el Canigó (2.785 m), y los montes Corbières. Los Centrales, o Altos Pirineos, al otro lado del río Segre, se inician en las montañas que rodean los valles de Andorra y Arán, y comprenden las mayores alturas del sistema, agrupados en varios macizos, entre ellos el de la Maladeta, con el pico de Aneto (3.404 m), punto culminante de los Pirineos, y los Posets (3.367 m), poco más al O; las Tres Sororres, en la zona pirenaica aragonesa, con las cumbres del monte Perdido (3.352 m), el Cilindro (3.327 m) y Marboré (3.270 m), más los picos de Vignemale (3.290 m), en la línea divisoria entre Francia y España, y Midi d'Ossau (2.885 m), en territorio francés. De la Maladeta proviene la sierra de Montseny. Se derivan de los Pirineos centrales las sierras de Boumort y del Montsech, en Lleida, y las de Guara, Peña de Oroel, de la Peña, y de la Peña de Santo Domingo, en Aragón. Algunas alturas, como la sierra de Alcubierre y los montes de Castejón, llegan hasta la misma margen izquierda del Ebro. Los occidentales o Bajos Pirineos tienen su punto culminante en el pico de Ory (2.017 m) y terminan en el monte La Rhune (800 m), a unos 10 km del golfo de Vizcaya.

PIRINEOS, ALTOS (*Hautes-Pyrénées*) Departamento de Francia, región de Midi-Pyrénées; 4.464 km² y 222.368 h. Capital, Tarbes.

PIRINEOS, PAZ DE LOS *Hist.* Tratado estipulado entre Francia y España en 1659, que ponía fin a la guerra comenzada en 1635. Por ella, España cedía a Francia una parte del Rosellón, Cerdaña, Conflent y varias ciudades en Artois, Flandes, Hainault y Luxemburgo. En el tratado también se acordó la boda entre Luis XIV y María Teresa de Austria.

PIRINEOS ATLÁNTICOS o **BAJOS PIRINEOS** (*Pyrénées-Atlantiques*) Departamento de Francia, región de Aquitania; 7.645 km² y 600.018 h. Capital, Pau.

PIRINEOS ORIENTALES (*Pyrénées-Orientales*) Departamento de Francia, región de Languedoc-Rosellón; 4.116 km² y 392.803 h. Capital, Perpiñán.

PIRIPI adj. y s. fam. Bebido, borracho.

PIRITA f. *Miner.* Mineral brillante, sulfuro de hierro de color amarillo de oro, que se usa principalmente para la producción de ácido sulfúrico. Se llama también *pirita de hierro*. || **PIRITA DE COBRE** *Miner.* CALCOPIRITA. || **PIRITA MAGNÉTICA** *Miner.* Mineral compuesto de protosulfuro y bisulfuro de hierro, de color amarillo bronce con visos pardos o rojizos, magnético y fusible.

PIRÍTOO *Mit.* Hijo de Ixión, rey de los lapitas. Casó con Hipodamía y a su boda asistieron los centauros y los lapitas. Los centauros, excitados por el vino, intentaron violar a Hipodamía. Esto provocó una lucha entre centauros y lapitas, en la que murieron gran número de centauros. Pirítoo fue amigo inseparable de Teseo y le acompañó a los infiernos.

PIRO m. En argot, robo. || **darse el piro** fr. fam. Escaparse, largarse.

PIRO-, PIR-, PIRA-, PIRETO-; -PIR-; -PIRA, -PÍREO, -PIRIA prefs., in. o sufs. que significan fuego o calor: *fagopirismo, empíreo*.

PIROBOLISTA m. Ingeniero especializado en la construcción de minas militares.

PIROCLÁSTICO, CA adj. Se dice del material procedente de la solidificación de las lavas volcánicas en el aire.

PIROCLASTO m. Material fragmentado lanzado al aire por un volcán.

PIROELECTRICIDAD f. *Fís.* Fenómeno de polarización eléctrica que se presenta en la superficie de ciertos cristales debido a cambios de temperatura. Es frecuente en los minerales de baja simetría.

PIROFILITA f. *Miner.* Mineral arcilloso, silicato de aluminio hidratado, que cristaliza en el sistema ortorrómbico. Es semejante al talco.

PIRÓFORO m. Sustancia que se inflama en contacto con el aire.

PIROGÉNESIS f. Producción de calor.

PIRÓGENO, NA adj. y m. Que produce fiebre.

PIROGRABADO m. **1** Procedimiento para grabar o tallar superficialmente en madera por medio de una punta de platino incandescente. **2** Talla o grabado así obtenido.

PIRÓLISIS f. *Fís.* Transformación de un compuesto en otro distinto por efecto del calor.

PIROLOGÍA f. Ciencia dedicada al estudio del fuego y de sus aplicaciones.

PIROLUSITA f. *Miner.* Mineral óxido de manganeso, de fórmula MnO_2, que se emplea como mena de este material.

PIROMAGNETISMO m. *Fís.* Alteraciones que sufren las propiedades de los cuerpos cuando se someten a cambios de temperatura.

PIROMANCIA o **PIROMANCÍA** f. Adivinación por medio del fuego.

PIROMANÍA f. *Pat.* Tendencia patológica a la provocación de incendios.

PIRÓMANO, NA adj. y s. Se dice de la persona que padece piromanía.

PIRÓMETRO m. *Fís.* Instrumento utilizado para medir temperaturas elevadas.

PIROMORFITA f. *Miner.* Mineral clorofosfato de plomo, de fórmula $Pb_5Cl(PO_4)_3$, que cristaliza en el sistema hexagonal, de color verdoso, pardo o amarillento, traslúcido y de brillo resinoso.

PIROPEAR tr. fam. Decir piropos.

PIROPO m. **1** *Miner.* Mineral silicato de aluminio y magnesio, de fórmula $Mg_3Al_2(SiO_4)_3$, variedad de granate. **2** Cumplido.

PIROSFERA f. *Geol.* Nombre que se daba al núcleo de la Tierra, que se suponía líquido y candente.

PIROSIS f. *Med.* Sensación de ardor en el estómago, que también afecta al esófago.

PIROTECNIA f. Arte de los explosivos, tanto para fines militares como artísticos (fuegos artificiales).

PIROXENO m. *Miner.* Mineral silicato del grupo de los inosilicatos, en el que los tetraedros de silicio y oxígeno se disponen en cadenas sencillas.

PIROXILO m. Producto de la acción del ácido nítrico sobre una materia semejante a la celulosa, como madera, algodón, etc.

PIRRA *Mit.* Hija de Epimeteo y Pandora y esposa de Deucalión.

PIRRARSE prnl. fam. Desear con vehemencia algo. Sólo se usa con la preposición *por*.

PÍRRICO, CA adj. **1** Se dice del triunfo o victoria obtenidos con más daño del vencedor que del vencido. **2** Se dice de una danza usada en la Grecia antigua. También f.

PIRRO Rey de Epiro (?, 318 - Argos, 272 a. C.). Sucedió a su padre, Eácidas, rey en el exilio, en 295 a. C. En 281 participó en la guerra de Tarento contra Roma, en la que obtuvo las victorias de Heraclea (280) y Asculum (279), si bien este último triunfo le costó importantes bajas. Derrotado en Benevento por los romanos, se dirigió a Esparta para combatir junto a Cleónimo; al entrar en Argos, murió en el transcurso de una revuelta callejera.

PIRRO NEOPTÓLEMO.

PIRROFITA adj. y f. *Bot.* ALGAS PARDO-DORADAS.

PIRRÓN DE ELIS Filósofo griego (Elis, s. IV a. C.). Fundador de la escuela escéptica (h. 322 a. C.), propuso una suspensión absoluta del juicio, sustentándola en los diez motivos de duda.

PIRRONIANO, NA o **PIRRÓNICO, CA** adj. **1** ESCÉPTICO. También s. **2** Relativo al filósofo Pirrón de Elis y a sus doctrinas.

PIRUETA f. **1** CABRIOLA, brinco que dan los que danzan. **2** Voltereta. **3** Salto acrobático consistente en uno o varios giros alrededor del eje vertical del saltador. **4** Vuelta rápida que se hace dar al caballo, obligándole a alzarse de manos y girar apoyado sobre los pies.

PIRUÉTANO m. *Bot.* **1** Peral silvestre. **2** Fruto de este árbol.

PIRULÍ m. Caramelo, generalmente de forma cónica, con un palito que sirve de mango.

PIRÚVICO adj. *Quím.* Relativo al ácido propanoico, de fórmula $CH_3-CO-COOH$, líquido, soluble en agua y de olor fuerte, que interviene en numerosas reacciones metabólicas.

PIS m. fam. Orina.

PISA 1 Provincia de Italia, región de Toscana; 2.448 km² y 384.568 h. **2** Ciudad capital de la misma, a orillas del Arno; 94.779 h. Catedral, iniciada a finales del siglo XI, cuyo campanario es la célebre torre inclinada (1174-1350). Camposanto (siglo XIII-XV). Universidad (1343).

PISADA f. **1** Acción y efecto de pisar. **2** Huella o señal que deja estampada el pie en la tierra. **3** Golpe dado con el pie o con la pata del animal, patada. || **seguir las pisadas de** uno fr. fig. Imitarle, seguir su ejemplo.

PISANELLO, IL (ANTONIO PISANO, llamado) Pintor y medallista italiano (Pisa, 1395 - Roma, 1455). Sobresalió como pintor de animales, y destacan sus medallas con las efigies de los príncipes de su época.

PISANO, NA adj. y s. De Pisa, Italia.

PISANO, ANDREA Escultor y arquitecto italiano (Pontedera, 1270 - Orvieto, 1349). Es autor de la puerta de bronce del baptisterio de Florencia (1336). Posteriormente, trabajó en la catedral de Orvieto.

PISANO, ANTONIO PISANELLO, IL.

PISANO, GIOVANNI Arquitecto y escultor italiano (Pisa, h. 1245 - Siena, h. 1314). Hijo de Nicola y representante de la escultura gótica, dirigió las obras de la catedral de Siena desde 1289. Posteriormente, trabajó en el baptisterio de Pisa. Sus obras escultóricas fundamentales son el púlpito de San Andrés de Pistoia (1297-1301) y el de la catedral de Pisa (1301-10).

PISANO, NICOLA Escultor y arquitecto italiano (Apulia, h. 1220 - Pisa, h. 1284). Realizó en Pisa el baptisterio de la catedral (1260). En colaboración con su hijo Giovanni y sus discípulos A. di Cambio y Lapo, realizó el púlpito de la catedral de Siena (1268).

PISAPAPELES m. Utensilio que en las mesas de escritorio, mostradores, etc., se pone sobre los papeles para que no se muevan.

PISAR tr. **1** Poner el pie sobre algo. **2** Apretar algo con los pies o a golpe de pisón o maza. **3** *Mús.* Tratándose de cuerdas o de teclas de instrumentos de música, apretarlas con los dedos. **4** fig. y fam. Anticiparse a otro con habilidad o audacia, en el logro o disfrute de un objetivo determinado. **5** Pisotear moralmente a uno, tratar mal, humillar.

PISAVERDE m. Hombre presumido.

PISCATOR, ERWIN Director de teatro alemán (Berlín, 1893 - Starnberg, 1966). Creador del innovador teatro proletario, escribió *El teatro político* (1929).

PISCICULTURA f. Técnica y actividad de repoblar de peces los ríos y estanques, criando alevines en instalaciones adecuadas. También, actividad de dirigir y fomentar la reproducción de los peces y mariscos.

PISCIFACTORÍA f. Conjunto de instalaciones donde se practica la piscicultura.

PISCIFORME adj. De forma de pez.

PISCINA f. **1** Estanque destinado al baño, a la natación o a otros ejercicios y deportes acuáticos. **2** Estanque para peces.

PISCIS *Astrol.* Duodécimo y último signo del Zodiaco, que va de los 330° a los 360° de longitud (coordenadas eclípticas). Debido a la precesión de los equinoccios, el signo no coincide con la constelación de su nombre, Peces, sino con la de Acuario.

PISCÍVORO, RA adj. y s. *Zool.* Que se alimenta de peces.

PISCO Ciudad de Perú, departamento de Ica; 76.000 h. Elaboración del aguardiente que lleva su nombre.

PISCOLABIS m. Comida ligera que se hace a cualquier hora del día.

PISHPEK BISHKEK.

PISIFORME adj. **1** De forma de guisante. **2** *Anat.* Se dice de uno de los huesos del carpo, que en el hombre es el cuarto de la primera fila. También m.

PISÍSTRATO Tirano ateniense (?, 600 - Atenas, 527 a. C.). Se distinguió en la guerra con Megara (570-65). Caudillo del partido popular, se hizo con el poder en 560 a. C. Fue desalojado ese mismo año, pero en 556 a. C. volvió a gobernar y, salvo un breve período de exilio, se mantuvo en el cargo hasta su muerte.

PISO m. **1** Pavimento natural o artificial de las habitaciones, calles, caminos, etc. **2** Cada una de las plantas de un edificio. **3** Cada una de las viviendas en una casa de varias plantas. **4** *Geol.* Unidad estratigráfica básica, cuyos materiales se han constituido en una misma edad.

PISÓN m. **1** Instrumento de madera pesado y grueso, que sirve para apretar la tierra, piedras, etc. **2** Mazo del batán.

PISÓN Geneal. Familia romana plebeya de la gens Calpurnia, a la cual pertenecieron Lucio Calpurnio, pretor (154 a. C.) y cónsul; su hijo Lucio, cónsul (112 a. C.); lo mismo que su nieto de igual nombre (58 a. C.), y el hijo de este último (32 a. C.); Cayo Calpurnio, cónsul (67 a. C.) y procónsul de la Galia Narbonense.

Pisa (Italia). Torre, catedral y baptisterio.

PISOTEAR tr. **1** Pisar repetidamente algo, para estropearlo o romperlo. **2** fig. Humillar a alguien.

PISOTÓN m. Pisada fuerte sobre el pie de otro.

PISPAJO m. **1** Persona pequeña y muy viva. **2** Cosa insignificante y de poco valor.

PISSARRO, CAMILLE Pintor francés (Santo Tomás, 1830 - París, 1903). Se distinguió como pintor impresionista. Además del óleo, empleó la litografía, la acuarela y el aguafuerte. Obras: *Vista de Pontoise* (1868), *Huertas, árboles en flor* (1877) y *Recolección de manzanas* (1886), *Jardín de las Tullerías* y *Efectos de nieve*.

PISTA f. **1** Rastro que dejan los animales o personas en la tierra por donde han pasado. **2** Conjunto de señales que pueden conducir a la averiguación de algo. **3** Sitio acondicionado para deportes y otras actividades. **4** Terreno especialmente acondicionado para el despegue y aterrizaje de aviones. **5** AUTOPISTA. **6** Espacio destinado al baile en salones de recreo, discotecas, etc., o aquel en el que actúan los artistas de un circo o de una sala de fiestas. **7** *Tecnol.* Cada uno de los espacios paralelos de una cinta magnética en que se registran grabaciones independientes. || **seguir** a alguien **la pista** fr. fig. y fam. Perseguirle, espiarle.

PISTACHE m. Dulce casero o helado que se prepara con el fruto del pistachero o alfóncigo.

PISTACHERO m. *Bot.* ALFÓNCIGO.

PISTACHO m. *Bot.* Fruto del pistachero o alfóncigo.

PISTILO m. *Bot.* GINECEO.

PISTO m. **1** *Gastron.* Fritada de pimientos, tomates, berenjenas, huevo, cebolla o de otros alimentos, picados y revueltos. **2** Desorden, mezcolanza.

PISTOLA f. **1** Arma de fuego, corta y en general semiautomática, que se apunta y dispara con una sola mano. **2** Utensilio que proyecta pintura pulverizada. **3** Barra de pan. || **PISTOLA AMETRALLADORA** AMETRALLADORA.

PISTOLERISMO m. *Hist.* Fenómeno social que tuvo lugar en Barcelona a comienzos del siglo XX (1916-23), caracterizado por el enfrentamiento entre bandas de pistoleros dependientes de la patronal y de las organizaciones sindicales. Organizaron varios atentados terroristas, lo que provocó la represión gubernamental, especialmente intensa entre 1920 y 1922.

PISTOLERO, RA m. y f. **1** El que utiliza de ordinario la pistola para atracar, asaltar o, como mercenario, realizar atentados personales. || s. **2** Estuche de cuero en que se guarda la pistola. **3** Parte de la pierna, en el comienzo del muslo, cuando en ella se acumula grasa.

PISTOLETAZO m. Disparo de pistola.

PISTÓN m. **1** *Fís.* ÉMBOLO. **2** *Arm.* En los proyectiles de arma de fuego, parte o pieza central de la cápsula, donde está colocado el fulminante.

PISTOYA Provincia de Italia, región de Toscana; 965 km² y 265.673 h. Su capital es la ciudad del mismo nombre.

PITA f. **1** *Bot.* Planta perteneciente a la familia amarilidáceas, de nombre científico *Agave americana*. Es un vegetal perenne, sin tronco, con las hojas, rígidas y carnosas, dispuestas en una roseta basal. Procede de México. **2** Fibra que se obtiene de la hoja de esta planta. **3** Voz que se usa repetida para llamar a las gallinas. **4** PITADA.

PITADA f. **1** Sonido o golpe de pito. **2** Protesta o reprobación pública y sonora, generalmente mediante silbidos.

PITÁGORAS Filósofo y matemático griego (Samos, h. 580 - Metaponte, h. 500 a. C.). Fundó en Crotona una

Pirro. Escultura griega. Museo Nacional de Nápoles (Italia).

escuela de filosofía donde enseñaba la inmortalidad del espíritu y la transmigración de las almas (PITAGORISMO). Fundador de la geometría y descubridor de la octava musical, demostró el teorema que lleva su nombre: «en un triángulo rectángulo, la suma de los cuadrados de los catetos es igual al cuadrado de la hipotenusa». Consideró el número como el principio de todas las cosas.
PITAGÓRICO, CA adj. y s. Que sigue la filosofía de Pitágoras.
PITAGORISMO m. *Filos.* Doctrina de Pitágoras. Ve en los números los principios de todas las cosas. Afirmaban que la tierra no es el centro del Universo sino que se encuentra dispuesta junto con otros astros alrededor de un fuego central. A partir de aquí crearon la teoría de la armonía de las esferas, según la cual, la mayor o menor distancia de los astros con respecto al fuego central se corresponde con los grados de la escala musical. Sus teorías tenían un carácter iniciático de inspiración órfica, creían en la *metempsicosis* o transmigración de las almas, y en el eterno retorno.
PITANZA f. fam. Alimento diario.
PITAÑA f. LEGAÑA.
PITAR intr. **1** Tocar el pito. **2** Funcionar o dar resultado. || tr. **3** Manifestar desagrado contra una persona pitándole o silbándole en una reunión o espectáculo público. **4** *Amér.* Fumar cigarrillos. || *irse*, *salir*, etc., *pitando* fr. fig. y fam. Salir deprisa.
PITARRA, SERAFÍ SOLER I HUBERT, FREDERIC.
PITCAIRN Isla volcánica de Oceanía, en el océano Pacífico; 5 km² y 67 h. Junto con sus dependencias de las islas Ducie, Oeno y Henderson, todas ellas deshabitadas, constituye una colonia inglesa. Fue descubierta en 1767 por P. Carteret.
PITEAS Navegante y astrónomo griego (s. IV a. C.). Fue el primer navegante que surcó los mares del N partiendo de Marsella hasta el Báltico. Advirtió, por primera vez, la relación entre las fases de la Luna y el fenómeno de las mareas.
PITEC-, PITECO-; -PITECO prefs. o suf. que significan mono.
PITECÁNTROPO m. *Paleon.* Animal cuyos restos fósiles fueron descubiertos por el holandés E. Dubois (1889) en terrenos del pleistoceno inferior de Trinil (Java). Le llamó *Pithecanthropus erectus*, y tras su estudio determinó que se trataba de una forma intermedia entre el hombre y sus antecesores no humanos, y que anduvo erguido. Además, se caracteriza por la bóveda craneana aplanada, de capacidad intermedia entre la del hombre actual y la de los antropomorfos; por la frente hundida, grandes arcos superciliares, cara prognata y falta de mentón. Se considera que pertenece a la especie *Homo erectus* y no parece que fuera el antecesor directo del *Homo sapiens*, sino una rama lateral no continuada, del pleistoceno inferior.
PITECO-; -PITECO pref. o suf. PITEC-.
PITESTI Ciudad del S de Rumanía, capital del distrito de Arges; 182.931 h.
PITIA f. Sacerdotisa de Apolo, que daba los oráculos en el templo de Delfos sentada en el trípode.
PÍTICO, CA adj. Relativo a Apolo, pitio.
PITIDO m. **1** Silbido del pito. **2** Zumbido, ruido continuado.
PITILLERA f. Petaca para guardar cigarrillos.
PITILLO m. **1** CIGARRILLO. **2** *Bot.* Cuba Cañutillo, planta.
PÍTIMA f. Emplasto que se aplicaba sobre el corazón.
PITIMINÍ m. *Bot.* Variedad de rosal de flores pequeñas. **2** Flor de esta planta.
PITIO, TIA adj. **1** Relativo a Apolo, como vencedor de la serpiente Pitón. **2** *Hist.* Se dice de los juegos que se celebraban en Delfos en honor de Apolo.
PITIRIASIS f. *Med.* Fina descamación de la piel.
PITIUSA SPETSAI.
PITIUSA LAPSEKI.
PITIUSAS, ISLAS BALEARES.
PITO m. **1** Instrumento pequeño que, al soplar por él, produce un sonido muy agudo. **2** Claxon de un vehículo. **3** Voz aguda y desagradable. **4** Cigarrillo. **5** vulg. PENE. || *no importar* una cosa *un pito* fr. fig. y fam. Hacer desprecio de ella. || *no valer* algo *un pito* fr. fig. y fam. Ser inútil o de ningún valor o importancia. || *por pitos o por flautas* fr. fig. y fam. Por un motivo u otro. || *tomar* a alguien *por el pito del sereno* fr. fig. y fam. Darle poca o ninguna importancia.
PITOFLERO, RA m. y f. **1** fam. Músico de poca habilidad. **2** fig. Persona chismosa.
PITÓN m. **1** Cuerno que empieza a salir a los animales. **2** Punta del cuerno del toro. **3** Tubo recto o curvo que arranca de la parte inferior del cuello en los botijos y porrones. **4** *Zool.* Reptil escamoso perteneciente a la familia boidos, género *Phyton*, con varias especies no venenosas pero de gran tamaño, algunas de hasta 10 m de longitud. Se alimentan de mamíferos y aves que matan por estrangulación y tragan enteros. Viven en las regiones ecuatoriales.

pitón

PITÓN *Mit.* Dragón muerto por Apolo al pie del Parnaso. En recuerdo de esta victoria fundó Apolo los juegos píticos.
PITONISA f. **1** PITIA. **2** Hechicera, adivinadora.
PITORRA f. *Zool.* CHOCHA.
PITORREARSE prnl. Burlarse, reírse de algo.
PITORRO adj. m. **1** Se dice del carnero con cuernos fuertes y largos. || m. **2** PITÓN de los botijos.
PITOT, HENRI Físico francés (Aramon, 1695 - íd., 1771). Inventó el tubo que lleva su nombre, que es un dispositivo para determinar la velocidad de una corriente fluida.
PITOTE m. Bulla, barullo.
PITT, WILLIAM (llamado PITT EL JOVEN) Político británico (Hayes, 1759 - Putney, 1806). Hijo de Pitt el viejo, fue diputado independiente del partido *wigh* (1781). Primer ministro (1780-1801 y 1804-06), integró Irlanda al Reino Unido y fue enemigo de la Revolución Francesa.
PITT, WILLIAM, CONDE DE CHATHAM (llamado PITT EL VIEJO) Político británico (Londres, 1708 - Hayes, 1778). Fue ministro de la Guerra (1755-61) y primer ministro (1766-68). Llevó a cabo una política imperialista y logró apoderarse de la India y el Canadá.
PITTALUGA, GUSTAVO Músico y diplomático español (Madrid, 1906 - íd., 1975). Autor de *La romería de los cornudos* (ballet, 1927), *El loro* (zarzuela, 1931), *Petite suite* (1933), *Capriccio alla romántica* para piano y orquesta (1936), y *Llanto por Federico García Lorca* para canto y dos pianos (1944).
PITTI *Geneal.* Familia nobiliaria florentina cuyos orígenes se remontan al siglo XII, aunque alcanzó su máximo poder en el siglo XIV. Entre sus miembros están Buonaccorso (1354-1430) y Lucca (1394-1472).
PITTSBURGH Ciudad de EE UU, Estado de Pennsylvania; 366.852 h. Es el centro manufacturero de hierro y acero más importante del mundo.
PITUITA f. *Anat.* **1** Mucosa nasal con terminaciones nerviosas olfativas. **2** Vómito del jugo gástrico. **3** Uno de los cuatro humores del cuerpo.
PITUITARIO, RIA o **PITUITOSO, SA** adj. **1** *Anat.* Relativo a la hipófisis. **2** *Fisiol.* Que segrega pituita o moco.
PITUSO, SA adj. fam. Se aplica a los niños pequeños y graciosos. También s.
PIURA 1 Departamento del Perú; 35.891 km² a 1.506.716 h. Algodón, frutas, legumbres, arroz. Ganadería. Yacimientos de petróleo. **2** Ciudad capital del mismo; 277.964 h. Está situada en el centro de un oasis muy poblado y regado por los ríos Piura y Chira. Centro comercial agrícola. Fundada por Pizarro en 1532 con el nombre de *San Miguel de Piura*.
PÍVOT m. *Dep.* En baloncesto, jugador más alto del equipo, que juega próximo a la canasta, cuya misión principal es recoger los rebotes y taponar los lanzamientos de los rivales.
PIVOTAR intr. **1** Girar sobre un pivote. También fig. **2** *Dep.* En el baloncesto y otros deportes, girar sobre un mismo punto al efectuar el marcaje del defensa y afrontar la canasta o la portería.
PIVOTE m. Extremo cilíndrico o puntiagudo de una pieza, donde se apoya o inserta otra.
PÍXEL m. *Inform.* Cada uno de los puntos que forman una imagen en la pantalla del ordenador.
PIYAMA m. PIJAMA. En algunos países de América, también f.
PIZARRA f. **1** *Geol.* Roca metamórfica homogénea, de color negro azulado, que se usa en las construcciones, principalmente para cubiertas y tejados. Se pueden clasificar en *arcillosas*, *calcáreas*, *bituminosas* y *tegulares*. **2** Trozo de pizarra oscura, en que se escribe o dibuja con yeso o lápiz blanco. **3** ENCERADO, cuadro para pintar o dibujar en él con tizas de yeso o con clarión. **4** Por extensión, placa de plástico blanco usada para escribir o dibujar en ella con rotuladores cuya tinta se borra con facilidad.
PIZARRA Municipio y lugar de España, provincia de Málaga; 6.572 h.
PIZARRAL m. Lugar o sitio en que se extraen las pizarras.
PIZARRÍN m. Barrita de yeso que se usa para escribir o dibujar en las pizarras.
PIZARRO, FRANCISCO Conquistador español (Trujillo, 1478 - Lima, 1541). Asistió con Núñez de Balboa al descubrimiento del mar del Sur, y, a las órdenes de Pedrarias Dávila, a la conquista del Nombre de Dios y de Panamá. En 1526 se asoció con Almagro y Luque para la conquista del Perú. Por diversas circunstancias, Pizarro y 13 soldados quedaron solos en la isla de Gorgona, hasta siete meses después, en que apareció Almagro. Sin más hombres emprendió la marcha. Visitó Tumbes, ciudad del inca Túpac Yupanqui. Convencido del poderío del imperio incaico, regresó a Panamá (1527). En 1529 la corona le concedió el derecho a conquistar Perú como capitán general, lo que generó la enemistad de Almagro hacia él. En 1532 Pizarro avanzó hasta Cajamarca, donde derrotó y ejecutó a Atahualpa. Después conquistó Cuzco. Fundó la Ciudad de los Reyes (actual Lima) y Trujillo. Tras una sublevación indígena, Almagro le atacó. Hernando Pizarro venció a Almagro, que fue ejecutado. Como represalia, los almagristas invadieron el palacio de Lima y asesinaron a Pizarro.
PIZARRO, GONZALO Conquistador español (Trujillo, 1502 - Xaquixaguana, 1548). Pasó a Perú en 1530 a las órdenes de su hermano Francisco. Estuvo sitiado en Cuzco por los indios y cayó prisionero, junto con su hermano Hernando, al apoderarse Almagro de la ciudad. Consiguió escapar y tomó parte en la batalla de las Salinas (1538). En 1539 recibió el gobierno de Quito. El año siguiente organizó una expedición en busca de El Dorado de la que regresó en 1542. Tras la promulgación de las Leyes Nuevas de Indias, encabezó las protestas de los encomenderos y dirigió la sublevación contra el virrey Núñez de Vela. Tras derrotar a las tropas realistas en la batalla de Añaquito (1546) y decapitar al virrey, se hizo con el poder. Pedro La Gasca lo derrotó en Xaquixaguana y mandó ejecutarlo.
PIZARRO, HERNANDO Conquistador español (Trujillo, 1475 - íd., 1578). Pasó a Perú en 1530 como capitán general. Nombrado gobernador de Cuzco en 1534, hizo frente al asedio de los incas de Manco Cápac (1537) y cayó prisionero de Almagro cuando éste tomó la ciudad. Tras ser liberado, dirigió las tropas que derrotaron a Al-

Pittsburgh (Estados Unidos). El triángulo de oro y el río Monongahela.

magro en la batalla de las Salinas (1538). Por apoyar a su hermano Francisco ante las acusaciones de Almagro, el Consejo de Indias lo sentenció a prisión (1540-60).

Pizarro, Juan Conquistador español (Trujillo, 1505 - Cuzco, 1536). Fue gobernador de Cuzco (1535). Murió al intentar socorrer a sus hermanos Gonzalo y Hernando, sitiados en Cuzco por Manco Cápac.

pizarrón m. *Amér.* PIZARRA, encerado.

pizca f. fam. Porción mínima o muy pequeña de una cosa. || **ni pizca** fr. fam. Nada.

pizpireta o **pizpereta** adj. fam. Se aplica a la mujer viva y aguda.

pizpita o **pizpitillo** f. *Zool.* LAVANDERA.

pizza (Voz it.) f. *Gastron.* Torta elaborada con masa de pan, encima de la que se pone tomate, queso y otros ingredientes. Se cocina en el horno.

pizzería f. Establecimiento especializado en la elaboración de pizzas y otros platos típicos italianos.

pizzicato (Voz it.) adj. *Mús.* **1** Se dice del sonido que se obtiene en los instrumentos de arco pellizcando las cuerdas con los dedos. || m. *Mús.* **2** Música que se ejecuta en esta forma.

Pla, Josep Escritor español en lenguas catalana y castellana (Palafrugell, 1897 - Llofriu, 1981). Autor de libros de viaje, ensayos, novelas, biografías y narraciones que revelan un espíritu agudo, humorístico y poético a la vez. Obras: *Coses vistes* (1925), *Rusiñol y su tiempo* (1942), *La huida del tiempo* (1945), *Cosas del mar y de la Costa Brava* (1959), *Viaje a América* (1960), *El cuaderno gris* (1966), *Notes per Silvia* (1974) y *Obres de museu* (1981), en colaboración con Dalí.

placa f. **1** Plancha de metal u otra materia en general rígida y poco gruesa. **2** La que se coloca en algún lugar público con carácter informativo o conmemorativo. **3** Insignia o distintivo que llevan los agentes de policía para acreditar que lo son. **4** MATRÍCULA de los vehículos. **5** Parte superior de las cocinas. **6** *Fot.* Vidrio cubierto en una de sus caras por una capa de sustancia alterable por la luz y en la que puede obtenerse una prueba negativa. **7** *Geol.* Cada una de las unidades en que se divide la litosfera. || **placa giratoria** Armazón circular de hierro que sirve en las estaciones de los ferrocarriles para hacer que los coches y máquinas cambien de vía.

placar tr. *Dep.* En el rugby, detener un ataque sujetando con las manos al contrario y derribándole.

placebo m. Sustancia que, careciendo de acción terapéutica, produce algún efecto curativo, por autosugestión del enfermo.

pláceme m. FELICITACIÓN.

placenta f. **1** *Anat.* Órgano vascular que durante la gestación une al feto a la pared del útero de la madre. **2** *Bot.* Parte vascular del fruto a la que están unidas las semillas. **3** *Bot.* Borde del carpelo, en el que se insertan los óvulos.

placentario, ria adj. **1** *Biol.* Relativo a la placenta. || m. pl. *Zool.* **2** Clase formada por todos los mamíferos, excepto monotremas y marsupiales.

placentero, ra adj. Agradable, apacible.

placentino, na adj. y s. De Plasencia.

placer[1] m. **1** Banco de arena o piedra en el fondo del mar. **2** Arenal donde la corriente de las aguas depositó partículas de oro. **3** Pesquería de perlas en las costas de América.

placer[2] m. Gusto, satisfacción. || **a placer** loc. adv. Con todo gusto.

placer[3] tr. Producir gusto o satisfacción. ♦ IRREG. Véase cuadro.

PLACER

INDICATIVO
Pres.: plazco, places, place, placemos, placéis, placen.
Pret. imperf.: placía, placías, etc.
Pret. indef.: plací, placiste, plació (o plugo), placimos, placisteis, placieron o pluguieron
Fut. imperf.: placeré, placerás, etc.
Condic.: placería, placerías, etc.
SUBJUNTIVO
Pres.: plazca, plazcas, plazca (o plegue o plega), plazcamos, etc.
Pret. imperf.: placiera, placieras, placiera (o pluguiera), placiéramos, etc.; o placiese, placieses, placiese (o pluguiese), placiésemos, etc.
Fut. imperf.: placiere, placieres, placiere (o pluguiere), placiéramos, etc.
IMPERATIVO: place, placed.
PARTICIPIO: placido.
GERUNDIO: placiendo.

---

plácet m. Respuesta favorable que da un gobierno cuando otro le propone como representante diplomático a determinada persona.

placidez f. Calidad de plácido.

plácido, da adj. **1** Quieto, sosegado. **2** Grato, apacible.

Plácido VALDÉS, GABRIEL DE LA CONCEPCIÓN.

plafón m. **1** Plano inferior del saliente de una cornisa. **2** Tablero o placa con que se cubre algo. **3** Lámpara plana que se coloca pegada al techo para disimular la o las bombillas.

plaga[1] f. **1** *Biol.* Planta o animal que, generalmente, daña o destruye algo de valor para el hombre, como la langosta o la filoxera en la agricultura. **2** PESTE. **3** *Med.* Enfermedad epidémica, contagiosa y maligna. **4** fig. Cualquier infortunio. **5** Abundancia nociva de alguna cosa.

plaga[2] f. *Geog.* **1** Espacio entre dos paralelos, clima. **2** Dirección importante del horizonte, rumbo.

plagar tr. y prnl. Llenar o cubrir a alguna persona o cosa de algo nocivo o no conveniente.

plagiar tr. **1** Copiar en lo sustancial obras ajenas, dándolas como propias. **2** *Amér.* Apoderarse de una persona para obtener rescate por su libertad.

plagio m. Acción y efecto de plagiar.

plagio- pref. que significa oblicuo.

plagioclasa f. *Miner.* Nombre de un grupo de minerales petrográficos cuya composición varía desde la albita pura (NaAlSi$_3$O$_8$) a la anortita pura (CaAl$_2$Si$_2$O$_8$). Constituyen un 39% de la corteza terrestre.

plaguicida adj. y s. *Quím.* Se dice del compuesto químico utilizado en el control y destrucción de plagas y enfermedades de las plantas.

plan m. **1** Proyecto, programa de lo que se va a hacer y de cómo hacerlo. **2** Intención. **3** Relación amorosa pasajera y persona con quien se tiene esta relación. **4** Régimen alimenticio.

plan-, plano-; -plancton prefs. o suf. que significan vagar.

plana f. **1** Cada una de las dos caras de una hoja de papel. **2** Escrito que hacen los niños en una cara del papel en que aprenden a escribir. **3** *A. gráf.* Conjunto de líneas ya ajustadas, de que se compone cada página. || **plana mayor** Conjunto y agregado de los jefes y otros individuos de un batallón o regimiento. || **corregir,** o **enmendar la plana** a uno fr. fig. Corregir lo que otro ha hecho o dicho. También, exceder una persona a otra, haciendo una cosa mejor que ella.

planaria f. *Zool.* Nombre de diversos gusanos platelmintos turbelarios, de cuerpo ancho y aplanado dorsoventralmente, con una faringe eréctil con la que capturan sus presas.

plancha f. **1** Lámina de metal llano y delgado. **2** Utensilio, generalmente electrodoméstico, que sirve para planchar. **3** Acción y efecto de planchar la ropa. **4** Parte de ropa planchada. **5** Placa de metal sobre la que se asan o tuestan alimentos. **6** *A. gráf.* Reproducción estereotípica o galvanoplástica preparada para la impresión. || **plancha de vapor** Plancha eléctrica que contiene un depósito con agua que va expulsando en forma de vapor para humedecer la ropa al plancharla. || **a la plancha** loc. adj. y adv. Se dice de la manera de preparar ciertos alimentos, asándolos y tostándolos sobre una placa caliente.

planchado, da m. **1** Acción y efecto de planchar. **2** Conjunto de ropa que se ha de planchar o ya se ha planchado. || **dejar** a alguien **planchado** loc. fam. Dejarlo atónito.

planchar tr. **1** Pasar la plancha caliente sobre la ropa para quitarle las arrugas. **2** Quitar las arrugas por otros procedimientos.

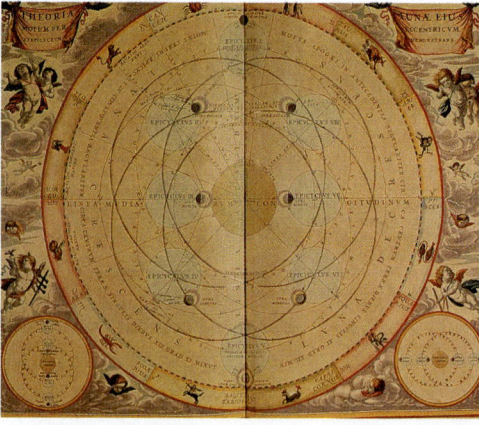

planisferio
de Andrea
Cellario, 1660.

planchazo m. Aumentativo de PLANCHA, error.

plancheta f. *Geog.* Instrumento topográfico que consiste en un tablero montado horizontalmente sobre un trípode, y en cuya superficie se trazan con lápiz las visuales dirigidas a los diferentes puntos del terreno.

Planck, Max Karl Físico alemán (Kiel, 1858 - Gotinga, 1947). En 1900, para explicar los fenómenos relacionados con la radiación de un cuerpo negro, formuló la *teoría de los cuantos*, que Einstein convirtió en uno de los elementos fundamentales de la teoría de la relatividad y se convirtió en una de las principales teorías de la física moderna. Premio Nobel de Física 1918.

plancton m. *Ecol.* Comunidad formada por plantas, animales y bacterias que viven en suspensión en el agua.

-plancton suf. PLAN-.

planeador m. *Aviac.* Aeronave sin motor, que se sustenta y avanza aprovechando solamente las corrientes atmosféricas.

planeadora f. *Mar.* Lancha rápida.

planear tr. **1** Trazar o formar el plan de una obra. **2** Hacer planes o proyectos. || intr. **3** Moverse o descender un avión sin motor, valiéndose de las corrientes de aire. **4** Moverse o descender un ave de la misma manera.

planeo m. **1** Acción de volar las aves sin mover las alas. **2** Descenso de un avión sin motor y en condiciones normales.

planeta m. *Astron.* Cuerpo celeste sin luminosidad propia que gira en órbitas elípticas, casi circulares, alrededor de una estrella y recibe su radiación. Los planetas del Sistema Solar son: Mercurio, Venus, Tierra, Marte (*planetas telúricos*), y Júpiter, Saturno, Urano, Neptuno y Plutón (*planetas jovianos*).

planetario, ria adj. *Astron.* **1** Perteneciente o relativo a los planetas. || m. **2** Aparato que representa los planetas del Sistema Solar y reproduce sus movimientos. **3** Edificio donde se conserva y exhibe este aparato con fines de ocio y educativos.

planetoide m. *Astron.* ASTEROIDE.

planicie f. *Geol.* Terreno llano y homogéneo de alguna extensión.

planificación f. **1** Acción y efecto de planificar. **2** Plan general, científicamente organizado y de gran amplitud, para obtener un objetivo determinado, tal como el desarrollo económico, la investigación científica, el funcionamiento de una industria, etc.

planificar tr. **1** Trazar los planos para la ejecución de una obra. **2** Hacer plan de una acción.

planilla f. **1** NÓMINA, relación de nombres. **2** Impreso o formulario con espacios en blanco para rellenar.

planimetría f. *Mat.* Parte de las matemáticas que se ocupa del cálculo de las áreas terrestres mediante planímetros.

planímetro m. *Mat.* Instrumento que sirve para medir áreas de figuras planas.

planisferio m. *Geog.* Carta en que la esfera celeste o la terrestre está representada en un plano.

planning (Voz i.) m. Conjunto de técnicas para conseguir el máximo aprovechamiento de los medios de producción de que dispone una empresa.

plano, na adj. **1** Llano, liso. || m. **2** Representación gráfica en una superficie y mediante procedimientos técnicos, de un terreno, de la planta de un edificio, etc. **3** Superficie imaginaria formada por puntos u objetos situados a una misma altura. **4** Posición social de las personas. **5** Punto de vista. **6** *Cin.* y *Fot.* Superficie imaginaria que ocupan las personas y objetos que forman una imagen. **7** *Cin.* Sucesión de fotogramas rodados sin in-

terrupción. **8** *Cin.* y *Telev.* Cada uno de los posibles encuadres de una imagen cinematográfica. || **PLANO GEOMÉTRICO** *Geom.* Superficie plana paralela al horizonte. || **PLANO HORIZONTAL** *Geom.* Superficie plana que, pasando por la vista, es paralela al horizonte. || **PLANO INCLINADO** *Geom.* El que corta a otro plano horizontal. || **PLANO DE NIVEL** *Geog.* El paralelo al nivel del mar. || **PLANO ÓPTICO** *Fís.* Superficie del cuadro donde deben representarse los objetos a que se considera siempre como vertical. || **PRIMER PLANO** *Cin.* y *Telev.* Agrandamiento de las imágenes de figuras, rostros u objetos respecto a los que contiene la pantalla para atraer sobre ellos preferentemente la atención de los espectadores. || **de plano** loc. adv. fig. Enteramente, clara y manifiestamente.
PLANO- pref. PLAN-.
PLANTA f. **1** *Anat.* Parte inferior del pie. **2** *Bot.* VEGETAL. **3** Cada una de las diferentes alturas que se distinguen en un edificio. **4** *Arquit.* Figura que forman sobre el terreno los cimientos de un edificio o la sección horizontal de las paredes en cada uno de los diferentes pisos. **5** Aspecto exterior. || **BUENA PLANTA** fam. Buena presencia. || **de planta,** o **de nueva planta** loc. adv. De nuevo, desde los cimientos.
PLANTACIÓN f. Conjunto de lo plantado.
PLANTAGENET *Geneal.* Dinastía que ocupó el trono de Inglaterra desde Enrique II (1154) hasta Ricardo III (1485). Eran descendientes de Godofredo Plantagenet, conde de Anjou, y desde 1400, en que se extinguió la rama primogénita con la muerte de Ricardo II, se dividió en varias ramas colaterales, entre ellas la de YORK y la de LANCASTER.
PLANTAGINÁCEO, A adj. y f. *Bot.* **1** Se dice de la planta angiosperma dicotiledónea, herbácea, como el llantén. || **f. pl.** *Bot.* **2** Familia de estas plantas.
PLANTAR tr. **1** *Bot.* Meter en tierra una planta o un vástago, esqueje, etc., para que arraigue. **2** Poblar de plantas un terreno. **3** fig. Clavar y poner derecha una cosa. **4** fig. Colocar una cosa en un lugar. **5** Dejar o abandonar a alguien. || prnl. **6** fig. y fam. Ponerse de firme ocupando un lugar o sitio. **7** fig. y fam. Llegar con brevedad a un lugar. **8** fig. y fam. En algunos juegos de cartas, no querer más de las que se tienen. También intr. **9** fig. Decidir no hacer algo o a resistirse a alguna cosa. || **plantar cara** fr. Enfrentarse enérgicamente y con resolución a un problema o a una persona.
PLANTE m. Protesta colectiva, con abandono de su cometido habitual, de personas que viven agrupadas bajo una misma autoridad o trabajan en común para exigir o rechazar enérgicamente alguna cosa.
PLANTEAR tr. **1** Exponer un tema, problema, duda, dificultad, etc. **2** Enfocar la solución de un problema. || prnl. **3** Pararse a considerar algo.
PLANTEL m. **1** Criadero de plantas. **2** fig. Lugar en que se forman personas hábiles o capaces en algún ramo del saber, profesión, etc.
PLANTIFICAR tr. **1** fig. y fam. Tratándose de golpes, darlos. **2** fig. y fam. Poner a uno en alguna parte contra su voluntad. **3** Colocar una cosa en un lugar, especialmente si es molesta o estorba. || prnl. **4** fig. y fam. Plantarse, llegar pronto a un lugar.
PLANTÍGRADO, DA adj. y s. *Zool.* Se dice del cuadrúpedo que al andar apoya en el suelo toda la planta de los pies y las manos, como el oso.
PLANTILLA f. **1** Suela sobre la cual los zapateros arman el calzado. **2** Pieza de badana, tela, corcho o palma con que interiormente se cubre la planta del calzado. **3** Patrón que sirve como modelo para hacer otras piezas y labrarlas. **4** Relación ordenada por categorías de las dependencias y empleados de una oficina, servicios públicos o privados, etc. **5** Conjunto de los empleados de una empresa. **6** Por extensión, conjunto de los jugadores de un equipo. || **PLANTILLA ORTOPÉDICA** La que sirve para corregir un defecto de la configuración ósea del pie o la pierna.
PLANTIN, CHRISTOPH Impresor flamenco de origen francés (Saint-Avertin, 1520 - Amberes, 1589). Obtuvo gran prestigio con la edición de la *Biblia regia* o *políglota de Amberes* (1568-72), encargada por el rey Felipe II.
PLANTÍO, A adj. *Agr.* **1** Se aplica a la tierra o sitio plantado o que se puede plantar. || m. **2** Acción de plantar. **3** Lugar plantado recientemente de vegetales. **4** Conjunto de estos vegetales.
PLANTÓN m. **1** *Bot.* Árbol joven que ha de ser trasplantado. **2** *Bot.* Rama de árbol plantada para que arraigue. **3** Hecho de no acudir a una cita.
PLÁNTULA f. *Bot.* Planta recién nacida por germinación de la semilla.
PLANUDES, MÁXIMO Escritor bizantino (Nicomedia, h. 1260 - Constantinopla, h. 1310). Recopiló las fábulas de Esopo y compuso una antología de epigramas griegos, la *Antología planudea*.
PLAÑIDERA f. Mujer que a cambio de dinero iba a llorar en los entierros de personas ajenas.

PLAÑIDERO, RA adj. Lloroso y lastimero.
PLAÑIR intr. y prnl. Llorar. ◆ IRREG. Se conjuga como CEÑIR.
PLAQUÉ m. *Met.* Chapa muy delgada, de oro o plata, sobrepuesta y adherida a la superficie de otro metal de menos valor.
PLAQUETA f. *Biol.* Fragmento de célula con características propias. Actúa en los mecanismos de coagulación, pues produce tromboplastina. En el hombre se encuentran en número de 150.000-350.000.
PLASENCIA Nombre español de la ciudad italiana de PIACENZA.
-PLASIA suf. PLASM-.
PLASM-, PLASMO-, PLAST-, PLASTO-; -PLASMO, -PLASTIA, -PLÁSTICA, -PLÁSTICO, -PLASTO, -PLASIA prefs. o sufs. que significan formación, modelado.
PLASMA m. **1** *Anat.* Parte líquida de la sangre o de la linfa. **2** *Astron.* Gas descompuesto en iones y electrones en el que la recombinación, disociación e ionización se encuentran en equilibrio dinámico. **3** *Fís.* Materia gaseosa fuertemente ionizada, con igual número de cargas libres positivas y negativas. **4** *Fís.* Gas ionizado que contiene el mismo número de electrones que de iones positivos, y, por consiguiente, es buen conductor de la electricidad. **5** *Miner.* Ágata de color verde oscuro.
PLASMA SANGUÍNEO *Biol.* Líquido en el que se mueven las células sanguíneas. Es de naturaleza algo alcalina y lleva disueltos gases, sales inorgánicas, carbohidratos, proteínas y lípidos.
PLASMAR tr. **1** Dar forma a algo. **2** Reflejar algo en una obra.
PLASMO-, PLAST-; -PLASMO prefs. o suf. PLASM-.
PLASMODIO m. **1** *Biol.* Masa de citoplasma que contiene varios núcleos no separados por membranas. **2** *Zool.* Nombre de diversos protozoos esporozoos parásitos; causan la malaria.
PLASMÓLISIS f. *Fisiol.* Fenómeno de contracción que experimenta una célula en medio hipertónico.
PLASTA f. **1** Masa blanda y espesa. **2** Excremento blando y redondeado. **3** Cosa aplastada. **4** fig. y fam. Persona pesada.
PLASTE m. Masa hecha de yeso mate y agua de cola para llenar los agujeros de una cosa que se ha de pintar.
PLASTECER tr. Llenar, tapar con plaste. ◆ IRREG. Se conjuga como AGRADECER.
PLASTIA f. *Med.* Operación quirúrgica con la que se pretende restablecer, mejorar o embellecer una parte del cuerpo.
-PLASTIA, -PLÁSTICA suf. PLASM-.
PLÁSTICA f. **1** Arte de plasmar, o formar cosas de barro, yeso, etc. **2** *Arte.* Por extensión, todas las artes figurativas. **3** Efecto estético de algunas formas.
PLASTICIDAD f. Calidad de plástico.
PLÁSTICO, CA adj. **1** Relacionado con el arte y técnica de modelar. **2** Capaz de ser modelado. **3** Se dice del material que puede cambiar de forma y conservar ésta de modo permanente, a diferencia de los cuerpos elásticos. **4** *Quím.* Se dice de ciertos materiales sintéticos, polímeros del carbono, que pueden moldearse fácilmente. También m. **5** *Med.* CIRUGÍA PLÁSTICA. **6** *Ret.* fig. Se dice del estilo, lenguaje, imagen, etc., muy expresivos.
-PLÁSTICO suf. PLASM-.
PLASTIFICANTE adj. y m. *Quím.* Se dice de un compuesto líquido muy estable que se mezcla con materiales poliméricos para aumentar su flexibilidad y plasticidad.

PLASTIFICAR tr. **1** Agregar plastificante a una materia. **2** Recubrir, con una lámina fina de plástico, papeles, documentos, telas, etc.
PLASTO m. *Bot.* Cada una de las varias estructuras distinguibles por su apariencia y función. En ellos se forma el almidón y se almacenan moléculas de grasa. Pueden ser incoloros o coloreados *(cromoplastos)*, según que carezcan o lleven pigmentos.
PLASTO-; -PLASTO pref. o suf. PLASM-.
PLAT-, PLATI-; -PLATO prefs. o suf. que significan ancho, plano, anchura: *omóplato*.
PLATA f. **1** *Miner.* Metal blanco y brillante que se presenta en la naturaleza nativo formando cristales cúbicos, en masas de gran peso, y también combinado con otros metales. Se presenta en la naturaleza, nativo, con una distribución geográfica muy extensa, casi siempre en pequeñas cantidades, y también combinada, formando diversos minerales, como argentita (con azufre), proustita (con arsénico y azufre), estefanita (con antimonio y azufre), etc. En estado puro se emplea en la fabricación del nitrato de plata y otros productos fotográficos y para forrar depósitos, bidones, autoclaves, alambiques, etc., en condensadores eléctricos y acumuladores. Aleaciones con un elevado porcentaje del metal se utilizan en soldaduras a baja temperatura, cuchillería de mesa, objetos decorativos, joyería, equipo dental, médico y científico, acuñación de monedas, relés, etc. **2** *Quím.* Elemento químico del grupo I B del sistema periódico. Masa atómica, 107,88; número atómico, 47; símbolo, Ag; punto de fusión, 961 °C; punto de ebullición, 2.212 °C. Metal precioso, blanco, brillante, dúctil y maleable, más pesado que el cobre y menos que el plomo. **3** fig. Moneda o monedas de plata. **4** Dinero en general; riqueza. **5** fig. Alhaja que conserva su valor intrínseco, aunque pierda la hechura o adorno. **6** *Dep.* Medalla de plata, segundo premio de algunas competiciones, especialmente las olímpicas. || **PLATA ROJA OSCURA** *Miner.* PIRARGIRITA. || **en plata** loc. adv. fig. Brevemente, sin rodeos ni circunloquios. También, fig. y fam. en sustancia.
PLATA, LA Ciudad de Argentina, capital de la provincia de Buenos Aires, región Litoral; 642.979 h.
PLATA, LA Nombre que llevó la ciudad boliviana de SUCRE.
PLATA, RÍO DE LA Gran río de América del Sur, abierto hacia el SE en la costa del océano Atlántico, entre Uruguay, al N, y Argentina, al S. Comienza en la desembocadura del Paraná; 275 km de curso. Tiene varias islas: Martín García, Gorriti, Lobos, etc. Su cuenca, de unos 3.000.000 km², comprende dos ríos principales: el Paraná y el Uruguay, ambos navegables. Fue descubierto por Juan Díaz de Solís en 1516. También se llama, a veces, *Río de la Plata* a todo el territorio que lo circunda.
PLATAFORMA f. **1** Tablero horizontal, descubierto y elevado sobre el suelo. **2** Lugar llano, más elevado que lo que le rodea. **3** Suelo superior, a modo de azotea, de las torres y otras obras. **4** Vagón descubierto con bordes de poca altura en sus cuatro lados. **5** Parte anterior y posterior de los autobuses, tranvías, etc. **6** Organización de personas que tienen intereses comunes. **7** fig. Conjunto de reivindicaciones o exigencias que presenta un grupo político, sindical, profesional, etc. || **PLATAFORMA CONTINENTAL** *Geol.* Parte del fondo marino que se halla a poca profundidad (entre 200 y 300 m) y rodea a los continentes, cubierta por las aguas marinas. Se extiende desde la línea de bajamar hasta cierta distancia de las

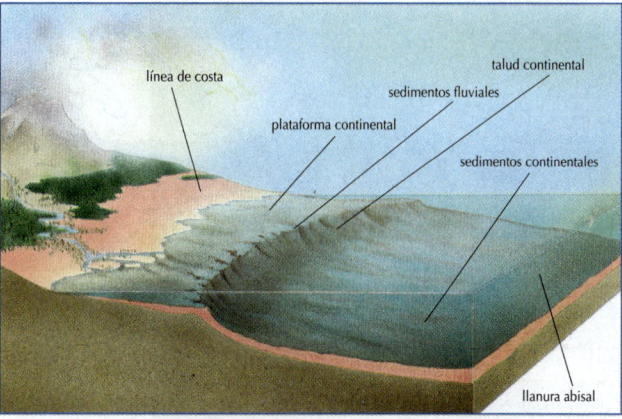

plataforma continental

costas (la anchura oscila entre 80 y 100 km). || **PLATAFORMA ESPACIAL** *Astron.* Satélite artificial de grandes dimensiones que contiene observatorios, laboratorios e instalaciones para el lanzamiento de sondas espaciales o astronaves.

PLATANÁCEO, A adj. y f. *Bot.* **1** Se dice del árbol angiospermo dicotiledóneo, como el plátano. || f. pl. *Bot.* **2** Familia de estos árboles.

PLATANAR o **PLATANAL** m. Conjunto de plátanos que crecen en un lugar.

PLATANERO, RA adj. *Bot.* **1** Perteneciente o relativo al plátano. || m. y f. *Bot.* **2** Plátano, banano. || f. **3** Platanar.

PLÁTANO m. *Bot.* **1** Árbol perteneciente a la familia platanáceas, de nombre científico *Platanus hybrida*, resultado del cruce entre dos especies muy alejadas geográficamente: una euroasiática (*Platanus orientalis*) y otra norteamericana (*Platanus occidentalis*). Presenta un tronco recto con corteza que se desprende en grandes placas, hojas caedizas con lóbulos agudos y marcados, flores en bolas colgantes y frutos que maduran a finales de verano. **2** Planta herbácea perteneciente a la familia musáceas, de nombre científico *Musa sapientium*, de grandes dimensiones, que en algunos países llaman banano. **3** Fruto de esta planta, que es una infrutescencia racimosa con numerosas bayas de color amarillo, carne blanda y grato sabor; en ciertos países de América se conoce, así como alguna variedad suya, con el nombre de banana. || **PLÁTANO FALSO** *Bot.* Árbol frondoso, de la especie *Acer pseudoplatanus*.

PLATEA f. Patio o parte baja de los teatros.

PLATEADO, DA adj. **1** Bañado en plata. **2** De color semejante al de la plata. || m. **3** Acción y efecto de platear.

PLATEAR tr. Dar o cubrir de plata una cosa.

PLATELMINTO, TA adj. y m. *Zool.* **1** Se dice del animal invertebrado de cuerpo plano, con simetría bilateral, unos con aspecto foliáceo y unisegmentado, y otros de aspecto acintado y plurisegmentado, como la tenia. || m. pl. *Zool.* **2** Tipo de estos animales.

PLATENSE adj. **1** Perteneciente o relativo a la ciudad argentina de La Plata. **2** RIOPLATENSE. También s.

PLATERESCO, CA adj. *Arte.* Se aplica al estilo español de ornamentación empleado por los plateros del siglo XVI, aprovechando elementos de las arquitecturas clásica y ojival. **2** *Arquit.* Se dice del estilo arquitectónico en que se emplean estos adornos. Utiliza una ornamentación, realizada en bajorrelieve, que cubre las superficies de los edificios como una especie de pantalla. El foco principal del plateresco español es el salmantino, con la fachada de la universidad, el convento de San Esteban, de Juan de Álava, y el colegio de los Irlandeses, proyectado por Diego de Siloé. En Burgos destacan la puerta de la catedral, de Francisco de Colonia; la escalera dorada, también en la catedral, obra de Diego de Siloé, y la casa de Peñaranda del Duero. Asimismo son plateresces el convento de San Marcos en León, la fachada de la Universidad de Alcalá de Henares, de Gil de Hontañón, y el ayuntamiento de Sevilla, de Diego de Riaño. En Hispanoamérica destacan la portada de la catedral de Santo Domingo, la fachada de la iglesia parroquial de Tepotzotlán o la del convento-iglesia de Yuriria, ambas en México.

PLATERÍA f. **1** Arte y oficio de platero. **2** Tienda donde se venden objetos de plata y oro. **3** Taller de platero. **4** Calle o barrio donde trabajaban y tenían sus tiendas los plateros.

PLATERO m. **1** Artesano que labra la plata. **2** El que vende objetos labrados de plata u oro, o joyas con pedrería.

PLATH, SILVIA Poetisa y novelista estadounidense (Boston, 1932 - Londres, 1963). Obras poéticas: *El coloso* (1960), *Ariel* (1965), *Cruzando el agua* (1971, póstumo), *Árboles de invierno* (1972, póstumo). *Poemas completos*, libro editado por su marido, el poeta Ted Hughes, en 1981, ganó el premio Pulitzer en 1982. Escribió además la novela autobiográfica *La campana de cristal* (1963), que publicó con el seudónimo de Victoria Lewis.

PLATI- pref. PLAT-.

PLÁTICA f. **1** Conversación. **2** Razonamiento o discurso que hacen los predicadores.

PLATICAR tr. e intr. Conversar.

PLATICOS Cumbre montañosa de la República Dominicana, provincia de Santiago, en la cordillera Central; 2.524 m.

PLATIJA f. *Zool.* Pez teleóstomo marino, perteneciente a la familia pleuronéctidos, de nombre científico *Pleuronectes platessa*. Vive cerca de las costas atlánticas y mediterráneas, y su carne es muy apreciada.

PLATILLO m. **1** Cada una de las dos piezas en forma de plato que tiene la balanza. **2** *Mús.* Cada una de las dos chapas metálicas circulares que componen el instrumento de percusión llamado platillos. || **PLATILLO VOLANTE** OBJETO VOLANTE NO IDENTIFICADO.

PLATINA f. **1** *Biol.* Parte del microscopio, en que se coloca el objeto que se quiere observar. **2** *Mec.* Disco de vidrio o de metal, y perfectamente plano para que ajuste en su superficie el borde del recipiente de la máquina neumática. **3** *Tecnol.* Aparato reproductor y grabador de cintas magnetofónicas.

PLATINAR tr. Cubrir un objeto con una capa de platino.

PLATINO m. **1** *Quím.* Elemento químico del grupo VIII B del sistema periódico. Masa atómica, 195,23; número atómico, 78; símbolo, *Pt*. Metal precioso de color de plata, aunque menos vivo y brillante, muy pesado y duro, menos dúctil que el oro, difícilmente fusible e intacable por los ácidos, excepto el agua regia. **2** Cada una de las piezas que establecen contacto en el ruptor del sistema de encendido de un motor de explosión. Más en pl.

PLATIRRINO, NA adj. y m. *Zool.* **1** Se dice del mamífero primate, simio arborícola indígena de América, cuyas fosas nasales están muy separadas y tienen abertura lateral. || m. pl. *Zool.* **2** Suborden de estos animales.

PLATO m. **1** Vasija baja y redonda, con una concavidad en medio, que se emplea en las mesas para servir las viandas y comer en él. **2** Alimento ya cocinado. **3** Nombre dado a algunos objetos planos y redondos. **4** Platillo de la balanza. **5** En los tocadiscos, superficie giratoria sobre la que se coloca el disco. || **PLATO FUERTE** El principal de la comida. También, en sentido fig., el asunto o intervención más importante en una serie de ellos. || **no haber roto** uno **un plato** fr. fig. y fam. Tener el aspecto o la impresión de no haber cometido ninguna falta. || **pagar** uno **los platos rotos** fr. fig. y fam. Ser castigado injustamente por un hecho que no ha cometido o del que no es el único culpable. || **ser**, o **no ser, plato de gusto** fr. fig. y fam. Serle o no grata una persona o cosa a uno. || **ser** uno **plato de segunda mesa** fr. fig. y fam. Ser o sentirse uno postergado o desconsiderado.

-**PLATO** suf.

PLATÓ m. *Cin.* y *Telev.* Cada uno de los recintos cubiertos de un estudio, acondicionados para que sirvan de escenario en el rodaje de las películas y en la grabación de los programas de televisión.

PLATÓN Filósofo griego (Atenas, h. 428 a. C. - íd., 347 a. C.). Discípulo de Sócrates y maestro de Aristóteles, fundó en Atenas una escuela de filosofía llamada *Academia* (h. 387 a. C.). Sus teorías se opusieron a la sofística y recibieron la influencia de la filosofía pitagórica y los misterios órficos. El punto fundamental de su doctrina es la teoría de las ideas, que establece el dualismo entre el mundo de los fenómenos y el de las ideas. La unidad de las ideas se cifra en la idea del Bien, razón y causa de todas las cosas. Su pensamiento se desarrolla sobre todo en *La República* y la *Carta VII*. Su obra está escrita en forma de diálogos influidos por el método mayéutico de Sócrates, personaje principal de la mayoría de ellos. Entre los más importantes, además de la citada *República*, se encuentran *Cármides*, *Protágoras*, *Fedón*, *Fedro*, *Banquete*, *Gorgias*, *Parménides*, *Teetetes*, el *Sofista*, el *Político*, el *Timeo* y *Critias*.

PLATÓNICO, CA adj. **1** Que sigue la escuela y filosofía de Platón. También s. **2** Perteneciente a ella. **3** Desinteresado, honesto.

PLATONISMO m. **1** *Filos.* Escuela y doctrina de Platón y de sus discípulos. **2** Calidad de platónico o actitud platónica.

PLATONOV (ANDREI PLATONOVICH KLIMENTOV, llamado) Escritor soviético (Voronezh, 1899 - Moscú, 1951). En 1927 publicó *Las esclusas de Epifanio*, al que siguieron *Orígenes de un maestro* (1928), *La fosa* (1930) y *Buen provecho* (1931). Sus críticas y sátiras le acarrearon el confinamiento y la proscripción de su obra. Póstumamente se publicaron *Cuentos escogidos* (1958) y *A la búsqueda de una tierra feliz* (1968).

PLATT, ORVILLE HITCHCOCK Jurisconsulto y político estadounidense (Washington, 1827 - Meriden, 1905). Presentó al senado estadounidense la enmienda por la que se regularon las relaciones entre Cuba y EE UU desde la independencia de aquélla hasta 1936, año en que fue abolida.

PLATUDO, DA adj. fam. *Amér.* Que tiene mucho dinero.

PLAUSIBLE adj. **1** Digno o merecedor de aplauso. **2** Atendible, admisible, recomendable.

PLAUTO, TITO MACCIO Comediógrafo latino (Sarsina, Umbría, h. 251 - Roma, 184 a. C.). A pesar de que sus temas están inspirados en la comedia nueva griega, supo dar a su teatro un tono nacional, incorporando la gracia poco refinada de las farsas atelanas. Sus personajes-estereotipo influirán notablemente en la *commedia dell'arte*. Entre las obras que se han conservado, destacan *Miles Gloriosus*, *Anfitrión*, *Las Báquides*, *Aulularia*, *Asinaria*, *Mercator* o *Las tres monedas*.

PLAY, PIERRE GUILLAUME FRÉDÉRIC LE LE PLAY, PIERRE GUILLAUME FRÉDÉRIC.

PLAY-OFF (Voz i.) m. *Dep.* Sistema de competición al que acceden los mejor clasificados de una liga, que se enfrentan entre sí en partidos eliminatorios.

PLAYA f. *Geol.* **1** Depósito arenoso en lugares abrigados, sujeto a la acción de las olas rompientes a lo largo de la costa de un océano, mar o lago. **2** Porción de mar contigua a esta ribera.

PLAYBACK (Voz i.) m. *Cin.* y *Mús.* Interpretación mímica de una obra o pieza musical, cuya grabación ha sido realizada previamente.

PLAYBOY (Voz i.) m. Hombre, generalmente atractivo, que tiene frecuentes aventuras amorosas con mujeres famosas.

PLAYERO, RA adj. **1** Relativo a la playa. || f. **2** Zapatilla de lona con suela de goma que se usa en verano.

PLAZA f. **1** Lugar ancho y espacioso dentro de una población. **2** Mercado, lugar con pequeños puestos de venta, especialmente de comestibles. **3** Lugar fortificado con muros, baluartes, etc. **4** Sitio determinado para una

plateresco.
Escalera dorada
de la catedral de
Burgos, obra
de Diego Siloé.

persona o cosa. **5** Espacio, sitio o lugar. **6** Puesto o empleo. || **PLAZA DE ABASTOS** PLAZA, mercado. || **PLAZA FUERTE** PLAZA, lugar fortificado. || **PLAZA MAYOR** La que constituye o constituyó el núcleo principal de la vida urbana en numerosos pueblos y ciudades. || **PLAZA DE TOROS** Circo o teatro circular, donde se celebran las corridas de toros. || **sentar plaza** fr. Entrar a servir de soldado.

PLAZA, VICTORINO DE LA Político argentino (Salta, 1840 - Buenos Aires, 1919). Fue nombrado vicepresidente de la República (1910). A la muerte de Sáenz Peña, asumió interinamente la presidencia (1914-16).

PLAZA GUTIÉRREZ, LEÓNIDAS Político ecuatoriano (Bahía de Caráquez, 1866 - Guayaquil, 1932). Padre de Galo Plaza, ocupó la presidencia de la República de 1901 a 1905. Ministro de Hacienda y Guerra con Estrada, en 1912 aplastó la rebelión del liberalismo radical, dirigida por su antiguo aliado, Alfaro. Volvió a ocupar la presidencia de la República entre 1912 y 1916.

PLAZA LASSO, GALO Político ecuatoriano (Nueva York, 1906 - Quito, 1987). Miembro del Partido Liberal, fue alcalde de Quito (1937-38), ministro de Defensa (1938-40), embajador en EE UU (1944-46) y presidente de la República (1948-52). Posteriormente ocupó la secretaría general de la OEA (1968-75).

PLAZO m. **1** Término o tiempo señalado para una cosa. **2** Vencimiento del término. **3** Cada parte de una cantidad pagadera en dos o más veces. || **a plazo fijo** loc. adv. Econ. Sin poder retirar un depósito bancario hasta que se haya cumplido el plazo estipulado. || **a plazos** loc. adv. Com. Forma de pago aplazada, en la que el comprador se compromete a entregar determinada cantidad de dinero en cada una de las fechas futuras previamente establecidas.

PLAZOLETA f. Espacio abierto en una población más pequeño que una plaza.

PLAZUELA f. Diminutivo de PLAZA.

PLEAMAR f. Geog. **1** Límite superior alcanzado por una marea media. **2** Fin o término de la creciente. **3** Tiempo que dura.

PLEBE f. **1** Hist. En la antigua Roma, clase social que carecía de los privilegios de los patricios. **2** Clase social común, formada por los nobles, eclesiásticos y militares; estado llano. **3** La clase social más baja.

PLEBEYO, YA adj. **1** Propio de la plebe o perteneciente a ella. **2** Se dice de la persona que no es noble ni hidalga. También s. **3** Se dice de la persona que en la antigua Roma pertenecía a la plebe. También s.

PLEBISCITO m. **1** Hist. Ley que la plebe de Roma establecía separadamente de las clases superiores de la República, a propuesta de su tribuno. **2** Polít. Consulta que los poderes públicos someten al voto popular directo para que apruebe o rechace una determinada propuesta.

PLECA f. A. gráf. Filete pequeño y de una sola raya.

PLECTR-, PLEGA-, PLEGO-, PLESI-, PLEXI-; -PLEJÍA, -PLÉJICO prefs. o sufs. que significan herida.

PLECTRO m. **1** Mús. Palillo o púa que usaban los antiguos para tocar instrumentos de cuerda. **2** fig. En poesía, inspiración, estilo.

PLEGA- pref. PLECTR-.

PLEGADERA f. Instrumento, a manera de cuchillo, para plegar o cortar papel.

PLEGADO m. **1** Acción y efecto de plegar. **2** A. gráf. Operación que consiste en doblar los pliegos impresos antes de la encuadernación de un libro.

PLEGAMIENTO m. Geol. Proceso geológico de la corteza terrestre, producido por el movimiento conjunto de los estratos sedimentarios sometidos a una presión lateral, que se levantan y pliegan dando lugar a formas de relieve. || **PLEGAMIENTO ALPINO** Geol. Conjunto de movimientos orogénicos que tuvieron su mayor actividad en el mioceno y originaron los Alpes, Cárpatos e Himalaya, en el antiguo continente, y los Andes y las montañas Rocosas, en América.

PLEGAR tr. **1** Hacer pliegues en una cosa. También prnl. **2** Doblar e igualar los pliegos de un libro. || prnl. **3** fig. Doblarse, someterse. ♦ IRREG. Se conjuga como ACERTAR.

PLEGARIA f. **1** Oración o súplica para pedir una cosa. **2** Señal que se hace con la campana en las iglesias al tiempo de mediodía para que todos los fieles hagan oración.

PLEGO- pref. PLECTR-.

PLÉIADE, LA Lit. Grupo de poetas franceses del siglo XVI, integrado por P. de Ronsard, J. du Bellay, É. Jodelle y J. A. de Baïf, entre otros. En 1549 se publicó su manifiesto, *Defensa e ilustración de la lengua francesa*, obra que defendía la escritura del Renacimiento en Francia.

PLEISTOCENO, NA adj. Geol. **1** Se dice del periodo más antiguo del cuaternario, correspondiente a los depósitos formados hasta la última glaciación. En él se distinguen tres etapas: *inferior*, se produjo la primera gla-

plaza de toros de Ronda (Málaga).

ciación y duró un millón de años; *medio*, se produjeron la segunda y tercera glaciaciones y tuvo una duración de 500.000 años; y *superior*, en que tuvo lugar la cuarta y última glaciación y cuya duración fue de 150.000 años. También s. **2** Perteneciente o relativo a esta época.

PLEITA f. Faja o tira de esparto trenzado.

PLEITEAR tr. Litigar o contender judicialmente sobre una cosa.

PLEITESÍA f. Rendimiento, muestra reverente de cortesía.

PLEITO m. **1** Litigio judicial entre partes. **2** Batalla que se determina por las armas. **3** Riña doméstica o privada. **4** Proceso o cuerpo de autos sobre cualquier causa.

PLEJANOV, GUEORGUI VALENTINOVICH Filósofo ruso (Lijscek, 1857 - Torijoki, Finlandia, 1918). Participó en la fundación del Partido Obrero Socialdemócrata Revolucionario (1894), conoció a Lenin, y colaboró en el en el periódico *Iskra*. En el segundo congreso del POSDR (1903) apoyó a la facción menchevique. En 1917, se opuso a la revolución bolchevique, lo que provocó su definitiva marginación política. Defendió la necesidad de desarrollar el capitalismo ruso, como paso previo a la toma del poder por el proletariado.

-PLEJÍA, -PLÉJICO suf. PLECTR-.

PLENARIO, RIA adj. **1** Lleno, que no le falta nada. || m. **2** Pleno, reunión o junta general de una corporación. **3** Der. Parte del proceso criminal que sigue al sumario hasta la sentencia, y durante el cual se exponen los cargos y las defensas en forma contradictoria.

PLENILUNIO m. Astron. Luna llena.

PLENIPOTENCIARIO, RIA adj. y s. Se dice del agente diplomático investido por el jefe del Estado de plenos poderes para resolver los asuntos de que trate.

PLENITUD f. **1** Totalidad, integridad o calidad de pleno. **2** fig. Apogeo, momento álgido o culminante de algo.

PLENO, NA adj. **1** Completo, lleno. || m. **2** Reunión o junta general de una corporación. || **en pleno** loc. adj. Entero, con todos los miembros de la colectividad que se expresa.

PLEO-¹, PLETOR-, PLIO-, PLISTO-; -PLEROSIS prefs. o suf. que significan plenitud: *angioplerosis*.

PLEO-²; -PLO pref. o suf. que significa navegación.

PLEÓN m. Zool. Abdomen de los crustáceos, formado por varios segmentos.

PLEONE Astron. Estrella de las Pléyades.

PLEONASMO m. Gram. **1** Figura de construcción, que consiste en emplear en la oración uno o más vocablos innecesarios para su sentido, pero con los cuales se da gracia o vigor a la expresión. **2** Exceso o redundancia viciosa en el uso de palabras.

PLEÓPODO m. Zool. Cada uno de los apéndices que, dispuestos en parejas, tienen algunos crustáceos que está modificado para nadar.

PLEPA f. fam. Persona, animal o cosa que tiene muchos defectos físicos o morales.

-PLEROSIS suf. PLEO-.

PLESI- pref. PLECTR-.

PLESÍMETRO m. Med. Instrumento para explorar por percusión las cavidades corporales.

PLESIOSAURIO m. Paleon. Reptil fósil de la familia plesiosáuridos, género *Plesiosaurius*, de gran tamaño, que vivía en el mar en los periodos jurásico y cretácico.

PLETINA f. **1** Pieza metálica de forma rectangular y de espesor reducido. **2** PLATINA.

PLETOR- pref. PLEO-.

PLÉTORA f. **1** Med. Exceso de sangre o de otros humores en el cuerpo. **2** fig. Abundancia excesiva de alguna cosa.

PLEUR-; -PLEURA pref. o suf. PLEURO-.

PLEURA f. Anat. Cada una de las membranas serosas que cubren las paredes de la cavidad torácica y la superficie de los pulmones.

PLEURITIS f. Med. Inflamación de la pleura.

PLEURO-, PLEUR-; -PLEURA prefs. o suf. que significan costado, pleura.

PLEURODINIA f. Med. Fuerte dolor en los músculos intercostales.

PLEURONECTIFORME adj y m. Zool. **1** Se dice del pez teleóstomo, con ambos ojos, asimétricos, situados a un lado de la cabeza y cuerpo sumamente comprimido, como el lenguado. || m. pl. Zool. **2** Orden de estos peces.

PLEVEN Ciudad de Bulgaria; 125.029 h. Batalla de la guerra ruso-turca (1877-78), en que fue derrotado el ejército otomano.

PLEXI- pref. PLECTR-.

PLEXIGLÁS m. Quím. **1** Resina sintética que tiene el aspecto del vidrio. **2** Material transparente y flexible de que se hacen telas, tapices, etc.

PLEXO m. Anat. Red de nervios entrelazados o vasos anastomosados. || **PLEXO SOLAR** Anat. Conjunto de nervios y ganglios de la cavidad abdominal.

PLÉYADE f. fig. Grupo de personas señaladas, especialmente en las letras, que desarrollan su actividad en un mismo espacio de tiempo.

PLÉYADE, LA PLÉIADE, LA.

PLÉYADES Mit. Nombre de las siete hijas de Atlas y de Pléyone. Perseguidas por Orión, pidieron ser transformadas en palomas; Zeus las metamorfoseó en estrellas.

PLÉYADES Astron. Cúmulo estelar abierto en la constelación de Toro.

PLEYEL, IGNAZ Pianista y compositor austriaco (Ruppersthal, 1757 - París, 1831). En París fundó una prestigiosa fábrica de pianos. Además de sinfonías, cuartetos y conciertos, escribió un conocido método de piano.

PLICA f. Sobre cerrado en que se reserva algún documento que no debe hacerse público hasta una fecha u ocasión determinada.

PLIEGO m. **1** Porción o pieza de papel de forma cuadrangular, doblada por medio. **2** Por extensión, la hoja de papel sin doblar. **3** A. gráf. Conjunto de páginas de un libro o folleto que resultan de doblar una hoja impresa. **4** Carta, oficio o documento de cualquier clase que cerrado se envía de una parte a otra. || **PLIEGO DE CONDICIONES** Der. Documento en que constan las cláusulas de un contrato o subasta. || **PLIEGOS DE CORDEL** Lit. Obras populares, como romances, novelas cortas, comedias o coplas de ciego, que se imprimían y vendían en pliegos sueltos.

PLIEGUE m. **1** Doblez en la ropa o en cualquier cosa flexible. **2** Geol. Deformación plástica de las rocas que adquieren formas onduladas. Se producen, sobre todo, en rocas sedimentarias y metamórficas.

Maya **Plisetskaya**

Plinio el Joven (Cayo Cecilio Plinio, llamado) Escritor latino (Como, 61 - ?, 113). Sobrino de Plinio el Viejo. Fue nombrado por Trajano legado imperial en Bitinia (111). Se conservan su *Epistolario* y un *Panegírico de Trajano*.
Plinio el Viejo (Cecilio Segundo Plinio, llamado) Naturalista, filósofo y escritor latino (Como, 23 - Stabiae, 79). Tío del anterior, escribió *Historia natural*, en 37 libros, auténtica enciclopedia del mundo de la naturaleza, medicina y cosmografía. Acudió a contemplar la erupción del Vesubio del año 79 y pereció en ella.
Plinto m. 1 *Arquit.* Parte cuadrada inferior a la basa. 2 Base cuadrada de poca altura. 3 *Dep.* Aparato gimnástico de madera con la superficie almohadillada, utilizado para realizar pruebas de salto.
Plio- pref. pleo-.
Plioceno, na adj. *Geol.* 1 Se dice del último periodo del terciario, que duró unos doce millones de años, en los que tuvo lugar un sensible cambio de clima. Éste origina la desaparición de algunas especies y la migración de otras. En cuanto a la fauna, aparecen los géneros *Elephas* (elefante) y *Equus* (caballo). 2 Perteneciente o relativo a este periodo.
Plisar tr. Hacer que una tela quede formando pliegues iguales y muy menudos.
Plisetskaya, Maya Mijailovna Bailarina soviética (Moscú, 1923). Primera bailarina del Bolshoi desde 1945. Entre 1987 y 1989, dirigió el Ballet del Teatro Lírico Nacional Español.
Plisto- pref. pleo-, plenitud.
-plo suf. pleo-, navegación.
Plock Ciudad de Polonia, al NO de Varsovia; 125.000 h. Refinería de petróleo.
Ploiesti Ciudad de Rumanía, capital del distrito de Prahova; 254.304 h. Petróleo.
Plomada f. 1 Pesa de plomo o de otro metal, cilíndrica o cónica, colgada de una cuerda, que sirve para señalar la línea vertical. 2 *Ocean.* Sonda para medir la profundidad de las aguas.
Plomar tr. Poner un sello de plomo pendiente de hilos en un instrumento, privilegio o diploma.
Plomazo m. fig. y fam. Persona o cosa pesada y molesta.
Plomizo, za adj. 1 Que tiene plomo. 2 De color de plomo. 3 Parecido al plomo.
Plomo m. 1 *Quím.* Elemento químico del grupo IV A del sistema periódico. Masa atómica, 207,22; número atómico, 82; símbolo, Pb. Metal pesado, dúctil, maleable, blando, fusible, de color gris que tira ligeramente a azul, que con los ácidos forma sales venenosas. Se obtiene principalmente de la galena. Es tóxico y se acumula en los sistemas biológicos, incluido el hombre. 2 fig. Cualquier pieza o pedazo de plomo. 3 fig. Bala de las armas de fuego. 4 fig. y fam. Persona pesada y molesta. || m. pl. 5 Cortacircuitos, fusible. || **a plomo** loc. adv. Verticalmente.
Plomo Nevado de los Andes, en Argentina, provincia de Mendoza; 6.071 m.
Plotino Filósofo alejandrino (Licópolis, Egipto, h. 208 - Minturno, h. 270). En Roma fundó la escuela neoplatónica. Transformó el sistema platónico en una cosmovisión mística, en la que el Uno es, a la vez, primera y última causa, por encima de toda razón y todo conocimiento. De él proceden, por emanación y degradación, el mundo, el alma y los hombres. Su doctrina ejerció una gran influencia en los Padres de la Iglesia, en la teología musulmana medieval y en el Renacimiento. Sus lecciones fueron recogidas por Porfirio en seis *Enneadas* o grupo de nueve libros.
Plotter (Voz i.) m. *Inform.* Dispositivo que es capaz de trazar gráficos de acuerdo a la información que recibe de un ordenador.
Plovdiv Ciudad de Bulgaria, capital de la provincia de su nombre; 344.326 h.
Plücker, Julius Matemático y físico alemán (Elberfeld, 1801 - Bonn, 1868). Realizó importantes estudios acerca de las coordenadas y las curvas algebraicas, y se le debe la *nueva geometría del espacio*, en la cual introdujo las funciones lineales en lugar de las coordenadas puntuales.
Plum-cake (Voz i.) m. Bizcocho con ciruelas, pasas y otras frutas.
Pluma f. 1 *Zool.* Formación queratinosa de la epidermis de las aves; interviene en el vuelo y proporciona aislamiento y protección. Cada pluma está formada por un *cañón* o *raquis*, con el que se inserta al cuerpo, y un *estandarte* formado por barbas dispuestas a los lados del raquis. Existen distintos tipos de plumas: coberteras, remeras, timoneras y plumón. 2 Pluma de ave que servía para escribir. 3 Instrumento de metal que, colocado en un mango de madera, hueso u otra materia, sirve para escribir. 4 **pluma estilográfica**. 5 fig. Escritor, autor de libros u otros escritos. 6 fig. Estilo o manera de escribir. 7 Mástil de una grúa. || **pluma estilográfica** La de mango hueco lleno de tinta que fluye hasta el punto del plumín, por lo que no es necesario el empleo del tintero. || **a vuela pluma** loc. adv. fig. Con los verbos *escribir*, *componer* y otros semejantes, muy deprisa, sin detenerse a meditar. || **tener pluma** fr. Ser afeminado.
Plumaje m. 1 *Zool.* Conjunto de plumas del ave. 2 Penacho de plumas que se pone por adorno en los sombreros, morriones y cascos.
Plumazo m. Trazo fuerte de pluma. || **de un plumazo** loc. adv. fig. y fam. con que se denota el modo expeditivo de abolir o suprimir una cosa.
Plumbagina f. *Geol.* Grafito, plombagina.
Plúmbeo, a adj. 1 De plomo. 2 fig. Que pesa como el plomo.
Plumero m. 1 Mazo o atado de plumas que sirve para quitar el polvo. 2 Penacho de plumas. || **vérsele a uno el plumero** fr. fig. y fam. Descubrirse sus intenciones o pensamientos.
Plumier m. Caja pequeña y rectangular para guardar plumas, lápices, gomas de borrar, etc.
Plumífero, ra adj. 1 Cubierto de plumas. || m. 2 Anorak relleno de plumas o acolchado con otro material.
Plumilla f. 1 Diminutivo de pluma. 2 *Bot.* Plúmula.
Plumín m. Pequeña lámina de metal que se inserta en el portaplumas y en el manguillero de la pluma estilográfica.
Plummer, Christopher Actor estadounidense de origen canadiense (Toronto, 1929). Debutó como actor cinematográfico en *Sed de triunfo* (1958). Otras películas: *La caída del imperio romano* (1963), *Sonrisas y lágrimas* (1964), *La rebelde* (1965), *Waterloo* (1969), *El hombre que pudo reinar* (1975), *La calle del adiós* (1980), *Malcolm X* (1993), *Lobo* (1995), *El dilema* (2000) y *Una mente maravillosa* (2002).
Plumón m. 1 *Zool.* Pluma muy pequeña, con barbas libres, cuya función es evitar las pérdidas de calor. 2 Colchón lleno de esta pluma.

Plotino. Escultura romana del siglo III. Museo Arqueológico de Ostia (Italia).

Plúmula f. *Bot.* Yema del embrión de la planta.
Plural adj. 1 Múltiple. 2 *Gram.* número plural. También s. || **plural mayestático** *Gram.* Uso de la forma plural *nos* en lugar del singular *yo* por los soberanos y personas de alta jerarquía.
Pluralidad f. 1 Multitud, número grande de algunas cosas. 2 Cualidad de ser más de uno.
Pluralismo m. Sistema por el cual se acepta o reconoce la pluralidad de doctrinas o métodos en materia política, económica, etc.
Pluralizar tr. 1 *Gram.* Dar número plural a palabras que ordinariamente no lo tienen. 2 Referir o atribuir una cosa que es peculiar de uno a dos o más sujetos.
Pluri-, plus- prefs. que significan más, mayor cantidad.
Pluricelular adj. *Biol.* Que tiene muchas células.
Pluriempleo m. Situación laboral caracterizada por el desempeño de varios cargos, empleos, oficios, etc., por la misma persona.
Plurilingüe adj. 1 Se dice del que habla varias lenguas. 2 Escrito en diversos idiomas.
Pluripartidismo m. *Polít.* Sistema político basado en la existencia de varios partidos.
Plurivalente adj. polivalente.
Plus m. Gratificación, sobresueldo; cantidad suplementaria.
Plus- pref. pluri-.
Plus ultra loc. lat. Más allá.
Pluscuamperfecto adj. y s. *Gram.* pretérito pluscuamperfecto.
Plusmarca f. Récord deportivo.
Plusmarquista com. Persona que ostenta la mejor marca en una especialidad deportiva.
Plusvalía f. *Econ.* Incremento del valor de un bien mueble o inmueble por causas extrínsecas a la actividad de su propietario.
Plutarco Escritor griego (Queronea, h. 46 - íd., h. 119). Estudió en Atenas y, tras residir en Roma, Egipto y Asia Menor, se estableció definitivamente en Queronea. Su obra más célebre es *Vidas paralelas* (105-115), colección de biografías comparadas de personajes griegos y latinos. Su producción doctrinal está recogida bajo el título genérico *Moralia*.
Pluto- pref. que significa riqueza.
Pluto *Mit.* Dios de la mitología griega, personificación de la riqueza.
Plutocracia f. 1 *Polít.* Régimen político en el que el gobierno del Estado está en manos de los más ricos. 2 Predominio de la clase más rica de un país.
Plutón m. *Geol.* Cuerpo intrusivo consolidado en el interior de la corteza terrestre.
Plutón *Mit.* Hades.
Plutón *Astron.* Planeta exterior del Sistema Solar, descubierto en 1930 por C. Tombaugh, el más pequeño y lejano del Sol (distancia media: 5.910 millones de km). Su órbita es muy excéntrica y el volumen es unas diez veces menor que el de la Tierra. Tiene un satélite, Caronte, que fue descubierto en 1978.
Plutónico, ca adj. *Geol.* Relativo a las rocas que se originan en zonas profundas de la corteza terrestre.
Plutonio m. *Quím.* Elemento químico radiactivo artificial, perteneciente al grupo de los actínidos del sistema periódico, formado por desintegración del neptunio. Masa atómica 239; número atómico 94; símbolo Pu. Se emplea como combustible nuclear.
Plutonismo m. *Geol.* Conjunto de fenómenos relacionados con la consolidación de las rocas en el interior de la corteza terrestre.
Pluvial[1] m. *Zool.* Ave de nombre científico *Pluvianus aegyptus*, que vive en los ríos de África tropical.
Pluvial[2] adj. 1 *Geol.* Se dice del fenómeno, cambio, depósito o forma derivada de la acción de las aguas de lluvia. 2 *Geol.* Se aplica a los ríos que reciben su caudal del agua de lluvia. 3 Relativo a la lluvia. 4 *Meteor.* Se dice del clima caracterizado por una precipitación alta a intervalo de tiempo en que prevalece dicho clima.
Pluviometría f. *Meteor.* Parte de la meteorología que estudia la distribución geográfica y estacional de las precipitaciones.
Pluviómetro m. *Meteor.* Instrumento para medir la precipitación.
Pluviosidad f. *Meteor.* Cantidad de lluvia que recibe un lugar en un periodo determinado de tiempo.
Pluvioso, sa adj. lluvioso.
Pluvioso *Hist.* Quinto mes del calendario republicano francés, cuyos días primero y último coincidían respectivamente con el 20 de enero y el 18 de febrero.
Pluvisilva f. *Bot.* Subtipo de pluvilignosa que forma los bosques de lluvia o tropicales.
Plymouth Ciudad del Reino Unido, en Inglaterra; 253.000 h. Constituye un Consejo unitario. Puerto pesquero y base naval.

Plzen *(Pilsen)* Ciudad de la República Checa, capital de la provincia de Bohemia Occidental; 171.908 h. Industria del automóvil y cervecera.
PM o **PM** Siglas de la expresión latina POST MERIDIEM.
Pm *Quím.* Símbolo químico del prometio.
PNB Siglas de PRODUCTO NACIONAL BRUTO.
-PNEUMATO-; -PNEA, -PNEO, -PNEUMÓN, -PNEÚSTICO, -PNEUSTO, -PNOO in. o sufs. NEO-.
Pnom Penh PHNOM PENH.
PNV Siglas de PARTIDO NACIONALISTA VASCO.
Po *Quím.* Símbolo químico del polonio.
Po Río del N de Italia; nace en el monte Viso, en los Alpes, riega el Piamonte y Lombardía y desemboca en el Adriático; 652 km de curso. Sus principales afluentes son el Dora Riparia, Dora Baltea, Tesino y Adda. Da nombre a una fértil llanura que comprende gran parte de Piamonte, Lombardía, Véneto y Emilia-Romaña.
Po-Chü-I o **Po Yi-Po** Poeta chino (Hu-nan, 772 - Yang, 846). Su producción poética, sencilla y clara, se caracteriza por la utilización del metro libre en estilo antiguo y la moral confuciana del enfoque político. En ella destacan *Canto del eterno remordimiento* y *Canto del p'i-p'a*.
Poa f. 1 *Mar.* Seno o doble seno de cabo en el cual se hacen firmes las bolinas. 2 *Bot.* Espiguilla, planta.
Poás Volcán de Costa Rica, en la cordillera Central; 2.705 m.
Pobeda Pico de la Federación de Rusia, en Siberia oriental, máxima altura de los montes Cherski; 3.147 m.
Pobedal m. *Bot.* Lugar donde abundan los álamos blancos.
Pobedy Cumbre de Kirguizistán, junto a la frontera china; 7.439 m. Máxima altura del Tian Shan.
Poblacho m. desp. Pueblo ruin y destartalado.
Población f. 1 Conjunto de personas que habitan la Tierra o cualquier división geográfica de ella. 2 Conjunto de edificios y espacios de una ciudad. || **Población activa** *Econ.* Parte de la población de un país que realiza una actividad laboral remunerada (población activa ocupada) y que busca empleo (población activa desocupada). || **Población de derecho** *Geog.* Conjunto de personas que residen habitualmente en un término municipal, estén presentes o accidentalmente ausentes en el momento de realizar un censo. || **Población de hecho** *Geog.* Conjunto de personas que viven en un área geográfica determinada en el momento de realizar un censo, ya sean residentes habituales, ya se encuentren en ella accidentalmente.
Poblado m. Población, ciudad, villa o lugar.
Poblar tr. 1 Fundar uno o más pueblos. También intr. 2 Ocupar con gente un sitio. 3 Procrear mucho. || prnl. 4 Hablando de los árboles y otras cosas capaces de aumento, recibirlo en gran cantidad. ♦ IRREG. Se conjuga como CONTAR.
Pobo m. *Bot.* Álamo blanco.
Pobre adj. 1 Que no tiene lo que necesita para vivir o desarrollarse, o tiene muy poco. También s. 2 Escaso de algo. 3 fig. De poco valor o entidad. 4 fig. Infeliz, desdichado y triste; se utiliza sobre todo para compadecer a alguien. 5 *Der.* Se dice de la persona que reúne las circunstancias exigidas por la ley para concederle los beneficios de la defensa gratuita en el enjuiciamiento civil o criminal. También s. || com. 6 MENDIGO.
Pobrete, ta adj. 1 Desdichado, infeliz. También s. 2 fam. Se dice del sujeto inútil, pero de buen natural. También s.
Pobreza f. 1 Necesidad, estrechez, carencia de lo necesario para vivir. 2 Falta, escasez. 3 Renuncia voluntaria de todo lo que se posee.
Pocaterra, José Rafael Escritor y político venezolano (Valencia, 1890 - Montreal, 1955). Exiliado durante la dictadura de J. V. Gómez, fue posteriormente presidente del Senado y ministro de Trabajo. Está considerado el creador de la novela urbana en Venezuela: *El doctor Bebé* (1913), *Vidas oscuras* (1913), *Tierra del sol amada* (1917), *Cuentos grotescos* (1922), y *Memorias de un venezolano de la decadencia* (1919).
Pocero m. 1 El que fabrica o hace pozos o trabaja en ellos. 2 El que limpia los pozos o depósitos de las inmundicias.
Pocho, cha adj. 1 Que está podrido o empieza a pudrirse. 2 Que no tiene buena salud.
Pocilga f. 1 Establo para ganado de cerda. 2 fig. y fam. Cualquier lugar muy sucio.
Pocillo m. 1 Tinaja o vasija empotrada en la tierra para recoger un líquido, como el aceite y vino en los molinos y lagares. 2 Pequeña vasija de loza; jícara.
Pócima f. 1 Cocimiento medicinal de materias vegetales. 2 fig. Cualquier bebida medicinal.
Poción f. Cualquier líquido que se bebe, especialmente el medicinal.
Pocitos Célebre playa de Montevideo, Uruguay.
Poco, ca adj. 1 Escaso en cantidad o calidad. || m. 2 Cantidad corta o escasa. || adv. c. 3 Con escasez. 4 Empleado con verbos expresivos de tiempo, denota corta duración. 5 Se antepone a otros adverbios, denotando idea de comparación. || **poco a poco** loc. adv. Despacio, con lentitud, de pequeña en pequeña cantidad. || **poco más o menos** loc. adv. Con corta diferencia. || **por poco** loc. adv. con que se da a entender que apenas faltó nada para que sucediese una cosa.

POD-, PODO-; -POD-, -PODI-; -PODA, -PODE, -PODIA, -PODIO, -PODOS prefs., ins. o sufs. que significan pie: *trípode, dipódido.*
Poda f. *Bot.* 1 Acción y efecto de podar. 2 Tiempo en que se ejecuta.
-poda suf. POD-.
Podagra f. *Pat.* Gota en los pies.
Podar tr. *Bot.* Cortar selectivamente las ramas de los árboles y plantas. Se realiza en el período de reposo vegetativo.
-pode suf. POD-.
Podenco, ca adj. y s. *Zool.* Se dice de la raza de perro de caza, de cuerpo más pequeño pero más robusto que el del lebrel y galgo, con la cabeza redonda y las orejas tiesas.
Poder[1] m. 1 Dominio, facultad y jurisdicción que uno tiene para mandar o ejecutar una cosa. 2 Gobierno de un país. 3 Fuerzas de un Estado, en especial las militares. 4 Facultad que uno da a otros para que en lugar suyo y representándole pueda ejecutar una cosa; documento en que consta. Se usa frecuentemente en pl. 5 Posesión actual o tenencia de una cosa. 6 Fuerza, vigor, capacidad, posibilidad, poderío. 7 Suprema potestad rectora y coactiva del Estado. || **poder absoluto** o **arbitrario** DESPOTISMO. || **poder adquisitivo** *Econ.* Capacidad para adquirir bienes y servicios de un individuo o grupo social. || **poder constituyente** *Polít.* El que corresponde al Estado para organizarse, dictando y reformando sus constituciones. || **poder ejecutivo** *Polít.* En los gobiernos representativos, poder del Estado que tiene como función aplicar las disposiciones emanadas del poder legislativo y dirigir la política del país. || **poder judicial** *Polít.* Poder del Estado que ejerce la administración de justicia. || **poder legislativo** *Polít.* Poder del Estado que tiene como función elaborar y reformar las leyes. En los países democráticos reside en el parlamento, cuyos miembros son elegidos por los ciudadanos. || **poderes fácticos** *Polít.* Conjunto de instituciones que por su influencia social, económica, etc., condicionan la política del gobierno. || **poderes públicos** *Polít.* Conjunto de autoridades que gobiernan un Estado. || **de poder a poder** loc. adv. con que se da a entender que una cosa se ha disputado o contendido de una parte y otra con todas las fuerzas disponibles para el caso.
Poder[2] tr. 1 Tener posibilidad, capacidad o facultad para hacer una cosa. 2 Tener facilidad, tiempo o lugar de hacer una cosa. Más con negación. || intr. 3 Ser más fuerte que otro, ser capaz de vencerle. || impers. 4 Ser contingente o posible que suceda una cosa. || **a más no poder** loc. adv. HASTA MÁS NO PODER. || **hasta más no poder** fr. Todo lo posible. || **no poder con** uno fr. No poder sujetarlo ni reducirlo a la razón. También, sentir repugnancia hacia una persona o cosa. || **no poder más** fr. Estar sumamente fatigado. También, no tener tiempo y lugar suficientes para concluir lo que se está haciendo. || **no poder menos** fr. Ser necesario o preciso. || **no poder parar** fr. ponderativa con que se expresa el desasosiego o inquietud que causa un dolor o molestia. || **no poder tragar** a uno fr. fig. Tenerle aversión. || **no poder ver** a uno fr. fig. Aborrecerle. || **no poderse tener** fr. con que se explica la debilidad o flaqueza de una persona o cosa. || **no poderse valer** fr. Hallarse uno en estado de no poder remediar el daño que le amenaza o evitar una acción. También, no tener expedito el uso de un miembro. || **puede que** loc. que se antepone a verbos en modo subjuntivo con el significado de «acaso, quizá». ♦ IRREG. Véase cuadro.

Plzen (República Checa). Vista general.

PODER

INDICATIVO
Pres: puedo, puedes, puede, podemos, podéis, pueden.
Pret. imperf: podía, podías, etc.
Pret. indef: pude, pudiste, etc.
Fut. imperf: podré, podrás, etc.
Condic.: podría, podrías, etc.
SUBJUNTIVO
Pres: pueda, puedas, pueda, podamos, podáis, puedan.
Pret. imperf: pudiera, pudieras, etc., o pudiese, pudieses, etc.
Fut. imperf: pudiere, pudieres, etc.
IMPERATIVO: puede, poded.
PARTICIPIO: podido.
GERUNDIO: pudiendo.

Poder Negro *(Black Power)* *Hist.* Movimiento de emancipación de la comunidad negroamericana de EE UU, que surgió a mediados de los años sesenta. Se solidarizó con los movimientos de liberación del Tercer Mundo. Entró en decadencia a partir de 1970.
Poderío m. 1 Facultad de hacer o impedir una cosa. 2 Hacienda, bienes y riquezas. 3 Poder, dominio, señorío. 4 Potestad, facultad, jurisdicción. 5 Vigor, facultad o fuerza grande.
Poderoso, sa adj. 1 Que tiene poder. También s. 2 Muy rico. También s. 3 Grande o magnífico en su línea. 4 Activo, eficaz.
Podestà m. *Hist.* Durante la Edad Media, magistrado investido con los máximos poderes en materia política, administrativa y judicial de las ciudades del N y centro de Italia.
Podestá, José Actor de teatro argentino (Montevideo, 1858 - La Plata, 1937). Contribuyó a la creación del teatro popular argentino con sus pantomimas gauchescas.
Podestá, Manuel Médico y novelista argentino (Buenos Aires, 1853 - íd., 1920). Adscrito al naturalismo: *Irresponsables* (1889), *Alma niña* (1891).
Podgorica o **Podgoritsa** Ciudad de Serbia y Montenegro, capital de la República de Montenegro, situada en el S, junto a la frontera con Albania; 117.875 h. Entre 1945 y 1992 se llamó *Titogrado*.
Podgorni, Nicolai Viktorovich Político soviético (Karlovka, 1903 - Kiev, 1983). En diciembre de 1965 accedió a la presidencia del Presídium del Soviet Supremo. En 1977, fue relevado por Breznev.
-PODI-; -PODIA in. o suf. POD-.
Podíatra o **Podiatra** m. *Med. Amér.* Médico especializado en las enfermedades de los pies.
Podicipitiforme adj. *Zool.* 1 Se dice del ave acuática, con denso y sedoso plumaje, cola rudimentaria, y dedos lobulados y ensanchados, como el somormujo. || m. pl. *Zool.* 2 Orden de estas aves.

Edgar Allan **Poe**. Grabado del siglo XIX.

PODIO o **PÓDIUM** m. **1** *Arquit.* Pedestal largo en que estriban varias columnas. **2** Plataforma o tarima sobre la que se coloca a una persona para ponerla en lugar preeminente por alguna razón.
-PODIO suf. POD-.
PODKARPACKIE Provincia de Polonia; 17.890 km² y 2.123.800 h. Su capital es Rzeszów.
PODLASKIE Provincia de Polonia; 20.180 km² y 1.222.900 h. Su capital es Bialystok.
PODO-; **-PODO** pref. o suf. POD-.
PODOLIA Antigua región de la URSS, que actualmente forma parte de Ucrania.
PODOLOGÍA f. *Med.* Rama de la medicina que estudia el tratamiento de las afecciones y deformidades de los pies.
PODÓLOGO, GA adj. y s. *Med.* Se aplica al médico especializado en podología.
PODÓMETRO m. Aparato para contar el número de pasos que da la persona que lo lleva y la distancia recorrida.
PODÓN m. *Agr.* Podadera grande y fuerte usada para podar y rozar.
PODREDUMBRE f. **1** Putrefacción de las cosas. **2** Corrupción moral. **3** fig. Sentimiento hondo y no comunicado.
PODSOL (Voz rusa.) m. *Geol.* Suelo pobre en carbonato cálcico y de baja fertilidad, propio del bosque boreal de coníferas de las regiones frías.
POE-; **-PEYA, -PEA, -POYESIA, -POYESIS, -POYÉTICO** pref. o sufs. que significan *acción*.
POE, EDGAR ALLAN Escritor estadounidense (Boston, 1809 - Baltimore, 1849). En 1827, publicó su primer libro de poesía, *Tamerlán y otros poemas*, al que siguió *El Cuervo y otros poemas* (1845), donde el lenguaje romántico da pie, a través de imágenes brillantes, a la expresión de una angustia dolorosa. No obstante, debe su prestigio a los cuentos de misterio y horror recogidos en *Narraciones extraordinarias* (1840-45). Escribió también la novela *Las aventuras de Arthur Gordon Pym* (1837).
POEMA m. **1** *Lit.* Obra en verso, o perteneciente por su género, aunque esté escrita en prosa, a la esfera de la poesía. **2** *Lit.* Suele también tomarse por poema épico. || **POEMA SINFÓNICO** *Mús.* Composición para orquesta, de forma libre, cuyo tema y desarrollo está inspirado en una idea poética u obra literaria.
POEMA DE MIO CID CANTAR DE MIO CID.
POEMARIO m. Conjunto o colección de poemas.
POESÍA f. **1** *Lit.* Manifestación de la belleza o del sentimiento estético por medio de la palabra, en verso o en prosa. [**Encic.**] **2** *Lit.* Cada uno de los géneros poéticos. **3** *Lit.* Por antonomasia, poesía lírica. **4** *Lit.* Poema, composición en verso. **5** Idealidad, lirismo, cualidad que suscita un sentimiento hondo de belleza, manifiesta o no por medio del lenguaje. **6** *Lit.* Arte de componer obras poéticas en verso o en prosa.

Lit. El término *poesía* proviene del griego *poíesis*, que significa «construcción», «creación». Como tal se puede entender el arte que, partiendo del fondo lingüístico de una lengua, lo somete a una elaboración formal, de manera que quede ser percibido como una realidad autónoma y quede capacitado para funcionar estéticamente. Hasta la aparición del poema en prosa en el siglo XIX, se había considerado el verso como marca formal de la poesía. La raíz de esta asociación debe buscarse en la génesis del fenómeno literario y en su transmisión oral, que implica el sincretismo entre la palabra y la música. En la antigua Grecia, la poesía era el arte verbal que por medio del ritmo, la melodía y la palabra, realizaba una imitación o mímesis de la realidad. Según el modo con que se operaba esta mímesis, se constituían tres modalidades genéricas: *poesía lírica, poesía dramática* y *poesía épica*. La paulatina implantación de la prosa artística en las esferas del discurso narrativo y dramático, favoreció la asociación entre poesía y lírica.
POETA m. **1** El que compone obras poéticas. **2** El que hace versos.
POÉTICA f. *Lit.* **1** POESÍA, arte de componer obras poéticas. **2** Ciencia que se ocupa de la naturaleza de la poesía, de sus procedimientos, de sus géneros y del lenguaje literario. **3** Obra o tratado sobre los principios y reglas de la poesía.
POÉTICO, CA adj. **1** Perteneciente o relativo a la poesía. **2** Propio o característico de la poesía. **3** Que participa de las cualidades de la idealidad, espiritualidad y belleza propias de la poesía. **4** *Ling.* Se dice de una de las FUNCIONES DEL LENGUAJE, según R. Jakobson.
POETISA f. **1** Mujer que compone obras poéticas. **2** Mujer que hace versos.
POETIZAR intr. **1** Hacer o componer versos u obras poéticas. || tr. **2** Embellecer alguna cosa con el encanto de la poesía.
POEY, FELIPE Naturalista cubano (La Habana, 1799 - íd., 1891). Se dedicó al estudio de la fauna de la isla, publicando una monumental *Ictiología cubana* en 20 volúmenes.
POGGENDORFF, JOHANN CHRISTIAN Físico y químico alemán (Hamburgo, 1793 - Berlín, 1877). Inventó la pila de dicromato y el método, que lleva su nombre, para la determinación exacta de la fuerza electromotriz de una pila.
POGONÓFORO, RA adj. y m. *Zool.* **1** Se dice del invertebrado vermiforme, con el cuerpo dividido en tres segmentos, cada uno con un celoma separado, sin boca, ano ni tubo digestivo, y los sexos separados. Viven enterrados en los fondos marinos. || m. pl. *Zool.* **2** Familia de estos invertebrados.
POGROM o **PÓGROM** (Del ruso *pogrom*, devastación, destrucción.) m. **1** *Hist.* Persecución y matanza de judíos en el imperio ruso. Tolerados por las autoridades, fueron especialmente frecuentes y violentos a finales del siglo XIX y principios del XX, durante los reinados de Alejandro III y Nicolás II, así como en el transcurso de la revolución y de la guerra civil (1917-21). **2** Por extensión, persecución y matanza de una minoría confesional, ideológica, racial, etc. **3** Matanza y robo de gente indefensa por una multitud enfurecida.
POH m. *Quím.* Indicativo del grado de basicidad de una disolución.
P'OHANG Ciudad de la República de Corea, provincia de Kyongsang Septentrional; 508.983 h.
POINCARÉ, JULES HENRI Matemático, físico y filósofo francés (Nancy, 1854 - París, 1912). Se le debe la teoría de funciones automorfas y se le considera uno de los iniciadores de la topología moderna. Independientemente de Einstein, dedujo muchos de los resultados de la teoría especial de la relatividad.
POINCARÉ, RAYMOND Político francés (Bar-le-Duc, 1860 - París, 1934). Tras acceder a la jefatura de gobierno (1912), defendió una política dura contra Alemania. Como presidente de la República (1913-20), impulsó la unidad nacional durante la Primera Guerra Mundial. Nombrado nuevamente jefe del gobierno en 1922, ordenó la ocupación militar del Ruhr (1923). Dimitió en 1924, pero la crisis financiera provocó que, en 1926, fuera reclamado de nuevo como presidente del Consejo y ministro de Hacienda. Se retiró por motivos de salud en 1929.
POINSOT, LOUIS Matemático francés (París, 1777 - íd., 1859). Se ocupó principalmente de mecánica y geometría.
POINTE-NOIRE Ciudad de Congo, en el Atlántico, capital de la región de Kouilou; 576.206 h.
POINTER (Voz i.) adj. y s. *Zool.* Se dice de una raza de perros parecida al perdiguero, pero de talla algo menor y formas más finas y elegantes.
POIQUILOTERMO, MA adj. *Ecol.* Se dice del organismo que carece de un sistema de autorregulación de su temperatura corporal, por lo que ésta cambia con la del ambiente.
POISEUILLE, JEAN-LOUIS MARIE Médico y físico francés (París, 1799 - íd., 1869). Estudió la viscosidad y la capilaridad e investigó sobre la presión sanguínea.
POISSON, COEFICIENTE DE *Fís.* Relación entre las deformaciones transversal y longitudinal de un cuerpo.
POISSON, SIMÉON DENIS Matemático y físico francés (Pithiviers, 1781 - Sceaux, 1840). Como físico se dedicó al estudio de los cuerpos elásticos e investigó sobre mecánica celeste. Como matemático, se le deben diversas aportaciones a la teoría de números, el análisis y el cálculo de probabilidades.
POITIER, SIDNEY Actor estadounidense (Nassau, Bahamas, 1924). Primera estrella de raza negra del cine estadounidense: *Semilla de maldad* (1955), *Fugitivos* (1958), *Porgy y Bess* (1959), *Rebelión en las aulas* (1966), *En el calor de la noche* (1967), *Adivina quién viene esta noche* (1967) y *Los fisgones* (1992). Recibió un Oscar por *Los lirios del valle* (1963) y uno honorífico en 2001.
POITIERS Ciudad del centro de Francia, capital de la región de Poitou-Charentes y del departamento de Vienne; 78.894 h. Centro industrial, comercial y administrativo. Universidad. Iglesias románicas; catedral románico-gótica (siglos XII-XIV). Célebre victoria de Carlos Martel sobre los árabes en 732, que puso fin a la expansión musulmana en el Occidente europeo. Durante la guerra de los Cien Años, batalla en la que los ingleses, dirigidos por el Príncipe Negro, derrotaron al ejército de Juan II de Francia (1536).
POITOU-CHARENTES Región del O de Francia, junto al Atlántico, que comprende los departamentos de Charente, Charente Marítimo, Deux-Sèvres y Vienne; 25.809 km² y 1.624.068 h. Su capital es Poitiers. Cereales, vid en la comarca de Cognac. Ganadería; producción de leche. Pesca.
POKER m. PÓQUER.
POL POT (SALOTH SAR, llamado) Político camboyano (Memot, 1928 - Ban Nam Tamban, 1998). Luchó contra los franceses por la independencia de Camboya y, tras acceder a la secretaría general del Partido Comunista Khmer (1962), lideró la guerrilla de los khemeres rojos. Primer ministro desde 1976, fue el principal responsable del genocidio ocurrido en Camboya (1976-79). Desde 1979, año de la invasión vietnamita, hasta 1985

Poitiers (Francia). Iglesia de Nuestra Señora.

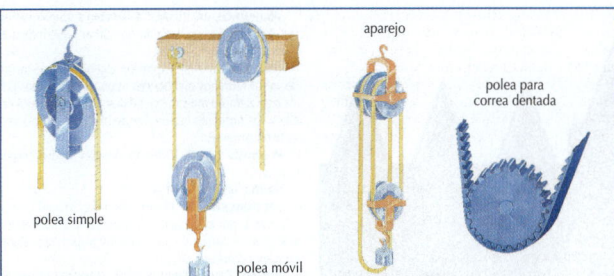

Tipos de **polea**.

volvió a dirigir la guerrilla. Pasó los últimos meses de su vida detenido por sus propios partidarios.

POLACO, CA adj. y s. **1** De Polonia. **2** *Hist.* Se dice de un partido político moderado, liderado por Sartorius, conde de San Luis, que gobernó en España desde 1850 hasta 1854. || m. *Ling.* **3** Lengua eslava del grupo occidental hablada en Polonia. || f. *Danza.* **4** POLONESA, danza.

POLACO-SOVIÉTICA, GUERRA *Hist.* Enfrentamiento bélico entre Polonia y la URSS, originado por un conflicto fronterizo, que se desarrolló en 1920. Las tropas polacas penetraron en Bielorrusia y Ucrania, y llegaron a tomar Kiev (mayo, 1920). La contraofensiva soviética llevó a su ejército a las puertas de Varsovia (agosto, 1920), hecho que motivó la intervención de Francia y Gran Bretaña. La paz de Riga (1921) puso fin al conflicto.

POLAINA f. Especie de media calza que cubre la pierna hasta la rodilla.

POLANSKI, ROMAN Director de cine polaco (París, 1933). Debutó con la película *El cuchillo en el agua* (1962). Entre sus mejores filmes posteriores figuran *Repulsión* (1965), *El baile de los vampiros* (1967), *La semilla del diablo* (1968), *Chinatown* (1974), *Frenético* (1987), *La muerte y la doncella* (1994), *La novena puerta* (1998) y *El pianista* (2002).

POLANYI, JOHN Químico canadiense de origen húngaro (Berlín, 1929). Descubrió la quimioluminiscencia infrarroja a través de la técnica de los haces moleculares. Premio Nobel de Química en 1986, compartido con Y. T. Lee y D. R. Herschbach.

POLAR adj. Relativo a los polos.

PÓLAR m. *Cin.* Subgénero policíaco, característico del cine francés.

POLAR, ESTRELLA *Astron.* ESTRELLA POLAR.

POLARES, REGIONES POLO NORTE y POLO SUR.

POLARIDAD f. **1** *Fís.* Propiedad que tienen los agentes físicos de acumularse en los polos de un cuerpo y polarizarse. **2** fig. Condición de lo que tiene propiedades o potencias opuestas, en partes o direcciones contrarias.

POLARIS *Astron.* Estrella Polar.

POLARIZAR tr. **1** *Fís.* Modificar los rayos luminosos por medio de refracción o reflexión, de tal manera que queden incapaces de refractarse o reflejarse de nuevo en ciertas direcciones. También prnl. || intr. **2** *Fís.* Suministrar una tensión fija a una parte de un aparato electrónico. || prnl. **3** *Fís.* Hablando de una pila eléctrica, disminuir la corriente que produce por aumentar la resistencia del circuito a consecuencia del depósito de hidrógeno sobre uno de los electrodos. **4** Concentrar la atención en una cosa.

POLAROID f. **1** *Fís.* Marca registrada de cierta materia plástica que polariza la luz. Está compuesta de gran número de suspensiones cristalinas de partículas dicroicas, con sus ejes orientados paralelamente y se utiliza en la fabricación de gafas de sol y otros instrumentos ópticos. **2** *Fot.* Nombre comercial de una cámara fotográfica que permite la obtención de una copia positiva de forma automática, a los pocos segundos de la exposición.

POLCA f. **1** *Danza.* Baile de origen bohemio, de movimiento rápido y en compás de dos por cuatro, que se popularizó en Europa durante el siglo XIX. **2** *Mús.* Música de esta danza.

PÓLDER (Voz flamenca.) m. *Geog.* En los Países Bajos, terreno pantanoso ganado al mar mediante la construcción de diques.

POLE, REGINALD Cardenal inglés (Stourton Castle, 1500 - Lamberh, 1558). Se negó a admitir a Enrique VIII como suprema cabeza de la iglesia. Presidió el concilio de Trento (1542). Al subir al trono María Tudor (1553), accedió a la sede arzobispal de Canterbury.

POLE, WILLIAM DE LA, DUQUE DE SUFFOLK Militar y político inglés (Cotton, 1396 - ?, 1450). Privado de Enrique VI, dirigió, de hecho, la política inglesa; su impopularidad motivó que fuera acusado de traición por la Cámara y decapitado.

POLEA m. **1** *Mec.* Rueda móvil alrededor de un eje y acanalada en su circunferencia, por donde pasa una cuerda o cadena en cuyos dos extremos actúan, respectivamente, la potencia y la resistencia. **2** *Mec.* Rueda metálica de llanta plana que se usa en las transmisiones por correas. **3** *Mar.* Motón doble cuyas roldanas están en el mismo plano.

POLEA- pref. POLO-.

POLEM- pref. que significa guerra.

POLEMARCA m. *Hist.* En la antigua Grecia, uno de los arcontes que era, a la vez, general del ejército.

POLÉMICA f. **1** Arte que enseña los métodos para atacar o defender cualquier plaza. **2** Controversia, discusión.

POLEMIZAR intr. Sostener o entablar una polémica.

POLEMONIÁCEO, A adj. y f. *Bot.* **1** Se dice de la planta angiosperma dicotiledónea, arbustos o hierbas, como el polemonio. || f. pl. *Bot.* **2** Familia de estas plantas.

POLEMONIO m. *Bot.* Planta herbácea de la familia polemoniáceas, género *Polemonium*, de flores olorosas de corola azul, morada o blanca.

POLEN m. *Bot.* Microsporas de las plantas con flor, formadas en los estambres y portadoras de los gametos masculinos.

POLENTA f. Puches de harina de maíz.

POLEO m. **1** *Bot.* Planta herbácea perenne, perteneciente a la familia labiadas, de nombre científico *Mentha pulegium*, de flores azuladas o moradas, y olor agradable. Crece en Europa y SO de Asia. **2** fam. Viento frío o recio. **3** fam. Jactancia, vanidad.

POLEO- pref. POLI-, ciudad.

POLI-[1] pref. que significa mucho, pluralidad.

POLI-[2]**, POL-, POLEO-; -POLIS, -POLI, -POLITA** prefs. o sufs. que significan ciudad.

POLIADELFO, FA adj. *Bot.* Se dice de la flor, planta, etc., en que los filamentos de los estambres están soldados en varios haces.

POLIAKOFF, SERGE Pintor francés de origen ruso (Moscú, 1906 - París, 1969). Se estableció en París en 1923. Su amistad con Kandinski y Delaunay le inclinó hacia la abstracción. Su estilo se caracteriza por el fuerte contraste de colorido entre formas planas de extrema simplicidad.

POLIAMIDA f. *Quím.* Polímero termoplástico obtenido por condensación de un diácido y de una diamida, o de aminoácidos.

POLIANDRIA m. **1** *Antrop.* Forma de poligamia en que la mujer está casada simultáneamente con dos o más hombres. **2** *Bot.* Condición de la flor que tiene muchos estambres.

POLIBÁN m. Bañera pequeña con asiento.

POLIBIO Historiador griego (Megalópolis, h. 200 - ?, h. 122 a. C.). Escribió una *Historia de Roma* en 40 libros, de la que sólo se conservan los cinco primeros, modelo de objetividad.

POLICÁRPICO, CA adj. *Bot.* **1** Se dice de la planta dicotiledónea arquiclamídea, de flores hermafroditas y ovario policarpelar. || f. pl. *Bot.* **2** Orden de estas plantas.

POLICARPO, SAN Obispo de Esmirna (s. II). Es autor de una *Carta a los filipenses*, interesante documento sobre la fe y la organización de la iglesia. Sufrió el martirio en 155.

POLICHINELA m. *Teat.* Personaje burlesco de las farsas, originario de la *commedia dell'arte* italiana.

POLICÍA f. **1** Conjunto de leyes y ordenanzas establecidas para el gobierno de los Estados. **2** Cuerpo encargado de velar por el mantenimiento del orden público y la seguridad de los ciudadanos, a las órdenes de las autoridades políticas. **3** Cortesía, urbanidad. **4** Limpieza, aseo. || m. y f. **5** Agente de policía. || **POLICÍA AUTONÓMICA** Cuerpo de policía dependiente de una comunidad autónoma; en España, la ERTZAINTZA y los MOSSOS D'ESQUADRA. || **POLICÍA JUDICIAL** La que tiene por objeto la averiguación de los delitos públicos y la persecución de los delincuentes. || **POLICÍA MUNICIPAL** La que ejerce sus funciones en el término de los municipios. || **POLICÍA NACIONAL** En España, la integrada en el cuerpo general de policía, dependiente del ministerio de Interior, que ejerce sus funciones en todo el Estado. || **POLICÍA SECRETA** Aquella cuyos individuos no usan uniforme a fin de pasar inadvertidos.

POLICIACO, CA o **POLICÍACO, CA** adj. **1** Relativo a la policía. **2** *Lit.* NOVELA POLICIACA.

POLICIAL adj. Relativo a la policía.

POLICIANO, ANGELO POLIZIANO, ANGELO.

POLICITEMIA f. *Med.* ERITREMIA.

POLICLETO Escultor y arquitecto griego (Argos, h. 420 a. C. - ?). Considerado como uno de los principales representantes del clasicismo, estableció el canon ideal del cuerpo humano, que fijó en siete veces la medida de la cabeza. Sus dos obras fundamentales son el *Doríforo* y el *Diadúmeno*.

POLICLÍNICA f. *Med.* Clínica con distintas especialidades médicas y quirúrgicas.

POLICORIA f. *Bot.* DISPERSIÓN.

POLÍCRATES Tirano de Samos (? - Magnesia del Meandro, 522 a. C.). Accedió al poder en torno a 533 a. C y promovió la prosperidad económica y cultural de la isla. Fue capturado por el sátrapa Orestes, que ordenó su crucifixión.

POLICROÍSMO m. *Geol.* Propiedad de ciertos minerales, que ofrecen distinto color según se miren por reflexión o por refracción.

POLICROMADO, DA adj. Se dice de lo que está pintado de varios colores.

POLICROMAR tr. Aplicar o poner diversos colores a algo, como estatuas, paredes, etc.

POLICROMO, MA o **POLÍCROMO, MA** adj. De varios colores.

POLIDEPORTIVO, VA adj. y s. Se dice del lugar, instalaciones, etc., destinados al ejercicio de varios deportes.

POLIDIPSIA f. *Med.* Necesidad de beber con frecuencia y abundantemente.

POLIEDRO m. *Geom.* Sólido limitado por polígonos llamados *caras*.

POLIÉSTER m. *Quím.* Polímero de cadena formada por monómeros unidos por funciones éster, materia plástica que se obtiene por condensación de poliácidos con polialcoholes o glicoles.

POLIESTIRENO m. *Quím.* Resina sintética que se obtiene por polimerización del estireno.

POLIETILENO m. *Quím.* Materia plástica obtenida mediante la polimerización del etileno. Es el plástico de mayor consumo.

POLIFACÉTICO, CA adj. **1** Que ofrece varias facetas o aspectos. **2** Por extensión, se dice de las personas de múltiples aptitudes.

POLIFAGIA f. *Med.* Hambre excesiva.

POLIFÁSICO, CA adj. **1** De varias fases. **2** *Fís.* Se dice de la corriente eléctrica alterna, constituida por la combinación de varias corrientes monofásicas del mismo periodo, pero cuyas fases no concuerdan.

Policleto. *Joven atleta.* Museo Nacional de Arqueología (Atenas).

políptico. *La Virgen y los santos.* Obra de Simone Martini. Museo San Mateo de Pisa (Italia).

POLIFEMO *Mit.* Cíclope siciliano, hijo de Poseidón y de la ninfa Toosa. Según la *Odisea*, hizo prisionero a Ulises, que logró huir cegando con una estaca su único ojo. Su mito se relaciona con el de la nereida Galatea, que rechazó su amor.

POLIFONÍA f. *Mús.* Música en que se ejecutan simultáneamente varias voces o sonidos independientes melódica y rítmicamente, formando con los demás un todo armónico.

POLÍGALA f. *Bot.* Planta herbácea perteneciente a la familia poligaláceas, de nombre científico *Polygala amara*, con tallos delgados y flores amarillas.

POLIGALÁCEO, A adj. y f. *Bot.* 1 Se dice de la planta angiosperma dicotiledónea, con pistilo bicarpelar y estambres monodelfos, como la polígala. || f. pl. *Bot.* 2 Familia de estas plantas.

POLIGALIA f. *Med.* Exceso de secreción láctea.

POLIGAMIA f. 1 Estado o calidad de polígamo. 2 *Antrop.* Régimen familiar en el que una persona mantiene relaciones conyugales con una o más del sexo contrario al mismo tiempo. Comprende la poliandria y la poliginia.

POLÍGAMO, MA adj. 1 Se dice del hombre que tiene a un tiempo varias mujeres. También s. 2 *Bot.* Se dice de la planta que tiene en uno o más pies flores masculinas, femeninas y hermafroditas. 3 *Zool.* Se dice del animal que se une a varias hembras.

POLIGENISMO m. *Antrop.* Doctrina que admite variedad de orígenes en la especie humana.

POLIGINIA f. 1 *Antrop.* Forma de poligamia en que el hombre está casado con dos o más mujeres a la vez. 2 *Bot.* Condición de la flor que tiene muchos pistilos.

POLIGLOBULIA f. *Med.* ERITREMIA.

POLÍGLOTO, TA o **POLIGLOTO, TA** adj. 1 Escrito en varias lenguas. 2 Se dice de la persona versada en varias lenguas. Más como s.

POLIGNAC, JULES AUGUSTE ARMAND MARIE, PRÍNCIPE DE Político francés (Versalles, 1780 - París, 1847). Ministro de Relaciones Exteriores y presidente del Consejo (1829) con Carlos X, organizó la expedición contra Argelia y redactó las ordenanzas antiliberales que provocaron la revolución de 1830. Condenado a prisión, fue amnistiado en 1836.

POLIGNOTO Pintor griego (Thasos, h. 500 - Atenas, 440 a. C.). Considerado uno de los grandes maestros del primer clasicismo, introdujo cierta expresividad en los rostros y supo reflejar las transparencias de los vestidos. Decoró los principales templos y pórticos de Atenas y la Leskhe de los Cnidios, en Delfos.

POLIGONÁCEO, A adj. y f. *Bot.* 1 Se dice de la planta angiosperma dicotiledónea, con el endosperma del fruto bien desarrollado, como el alforfón. || f. pl. *Bot.* 2 Familia de estas plantas.

POLIGONAL adj. *Geom.* 1 Relativo al polígono. 2 Se dice de la figura formada por varios segmentos que tienen como origen el extremo del segmento anterior.

POLÍGONO, NA adj. 1 *Geom.* Poligonal. || m. 2 *Geom.* Figura plana limitada por una línea poligonal cerrada. Los segmentos de la línea poligonal se llaman *lados*. 3 *Geog.* Unidad constituida por una superficie de terreno, delimitada para fines de valoración catastral, ordenación urbana, planificación industrial, comercial, residencial, etc. || **POLÍGONO DE FRECUENCIAS** *Estad.* Gráfico poligonal que representa la distribución de datos de una serie de observaciones. || **POLÍGONO INDUSTRIAL** *Geog.* Terreno acondicionado para el asentamiento de diversas industrias. || **POLÍGONO REGULAR** *Geom.* El que tiene todos sus lados y ángulos iguales. || **POLÍGONO DE TIRO** *Mil.* Campo de tiro destinado a prácticas de la artillería.

POLIGRAFÍA f. 1 Arte de escribir y descifrar los escritos secretos. 2 Ciencia del polígrafo.

POLÍGRAFO, FA m. y f. 1 Especialista en poligrafía. 2 *Lit.* Autor que ha escrito sobre diferentes materias. || m. 3 *C. Rica* Multicopista.

POLILLA f. *Zool.* 1 Nombre de varios insectos lepidópteros de la familia tineidos, que en su estado larvario causan daños en tejidos, pieles, frutos, madera, etc. 2 Mariposa nocturna.

POLIMERÍA f. *Quím.* Propiedad que tienen muchos cuerpos químicos, sobre todo orgánicos, de presentar la misma composición centesimal, pero diferente peso molecular.

POLIMERIZACIÓN f. *Quím.* Proceso químico por el cual, mediante calor, luz o un catalizador, se unen varias moléculas de un compuesto, generalmente de carácter no saturado, llamado monómero, para formar una cadena de múltiples eslabones, molécula de elevado peso molecular y de propiedades distintas.

POLÍMERO, RA adj. y s. *Quím.* Se dice de la sustancia de mayor masa molecular entre dos de la misma composición química, resultante de un proceso de polimerización.

POLIMETRÍA f. *Métr.* Variedad de metros en una misma composición.

POLÍMEDES DE ARGOS Escultor griego (s. VI a. C.). Destacado representante del periodo escultórico arcaico, es autor de dos *kuroi* de gran tamaño, hallados en Delfos.

POLIMNIA *Mit.* En la mitología griega, musa protectora del canto coral y la pantomima.

POLIMORFISMO m. Propiedad de los cuerpos que pueden cambiar de forma sin variar su naturaleza.

POLIMORFO, FA adj. Que puede tener varias formas.

POLINESIA Conjunto de islas y archipiélagos que, junto con Australasia, Melanesia y Micronesia constituyen el continente de Oceanía. Comprende las islas situadas en el Pacífico oriental: Hawai, Poenix, Line, Samoa, Tonga, Niue, Tokelau, Cook, Sociedad, Tuamotu, Wallis, Futuna, Pascua y Nauru, entre otras.

POLINESIA FRANCESA Y CLIPPERTON Territorio ultramarino de Francia, en Oceanía, constituido por las islas Marquesas, de la Sociedad, Australes, Tuamotu, Gambier y Clipperton; 4.000 km² y 188.814 h. Su capital es Papeete, en Tahití. Las islas tienen origen volcánico o coralino y clima tropical. Agricultura, fosfatos, pesca y turismo.

POLINESIO, SIA adj. y s. 1 De Polinesia. 2 *Etnol.* Se dice de los individuos que habitan en las islas de Polinesia, descendientes de los pueblos procedentes del SE asiático. || m. *Ling.* 3 Grupo de lenguas de la familia malayo-polinesia, habladas en las islas de la Polinesia. Las más importantes son el samoano, el maorí, el tongonés, el hawaiano, el tahitiano y el fidjiano.

POLINEURITIS f. *Med.* Inflamación simultánea de varios nervios periféricos.

POLINICES *Mit.* Hijo de Edipo y Yocasta. Hermano de ETEOCLES.

POLINIZACIÓN f. *Bot.* Paso o tránsito del polen desde el estambre en que se ha producido hasta el estigma (angiospermas) o primordios (gimnospermas) de la misma o de distinta flor.

POLINÓMICO, CA adj. *Mat.* 1 Relativo a un polinomio. || f. 2 Forma desarrollada de un número que indica el valor relativo de sus cifras.

POLINOMIO m. *Mat.* Expresión algebraica que consta de varios términos algebraicos (monomios), unidos por los signos más o menos. Los de dos y tres monomios reciben los nombres especiales de binomio y trinomio, respectivamente.

POLINOSIS f. *Med.* Trastorno alérgico producido por el polen.

POLIO f. fam. POLIOMIELITIS.

POLIOMIELITIS f. *Pat.* Enfermedad infecciosa vírica, caracterizada por inflamación de los cuernos anteriores de la médula, y parálisis y atrofia de los grupos musculares correspondientes.

POLIÓN, CAYO ASINIO Político y literato romano (?, 75 a. C. - ?, 4 d. C.). En 47 a. C., tomó parte en la batalla de Farsalia. Fue elegido tribuno de la plebe y, en 44 a. C., marchó como pretor a Hispania, donde fue derrotado por Pompeyo. Escribió una *Historia de las guerras civiles*.

POLIPASTO m. *Mec.* POLISPASTO.

POLÍPERO o **POLÍPERO** m. *Zool.* Esqueleto calcáreo formado por los pólipos de los celentéreos antozoos.

POLIPÉTALA adj. *Bot.* Se dice de la flor cuya corola tiene muchos pétalos.

POLIPLACÓFORO, RA adj. y m. *Zool.* 1 Se dice del molusco marino de cuerpo elíptico, con concha dorsal calcárea dividida en ocho placas móviles. || m. pl. *Zool.* 2 Orden de estos moluscos.

POLIPLOIDE adj. *Biol.* Se dice de la célula u organismo que lleva más de dos juegos completos de cromosomas.

POLIPLOIDÍA f. *Biol.* Condición de poliploide.

PÓLIPO m. 1 *Zool.* Individuo celentereo sésil que tiene el cuerpo hueco y cilíndrico, fijo por un extremo, con la boca rodeada de tentáculos. Puede ser solitario o colonial. 2 *Med.* Tumor pediculado que se forma en las mucosas.

POLIPODIÁCEO, A adj. y f. *Bot.* 1 Se dice del helecho no arborescente con rizomas ramificados. || f. pl. *Bot.* 2 Familia de estas plantas.

POLIPODIALES *Bot.* Orden al que pertenecen los helechos verdaderos, distinguibles por tener pequeños esporangios con esporas.

POLIPODIO m. *Bot.* Helecho perteneciente a la familia polipodiáceas, de nombre científico *Polypodium vulgare*, que crece en lugares húmedos.

POLÍPTICO m. *Arte.* Retablo formado por varias hojas o postigos que se doblan unas sobre otras.

POLIQUETO, TA adj. *Zool.* 1 Se dice del gusano anélido provisto de expansiones laterales o parápodos en los que se instalan unas sedas muy desarrolladas. Son casi todos marinos. Tienen los sexos separados y, a partir del huevo, se desarrolla una larva trocófora que lleva cilios para la locomoción y un rudimento de aparato digestivo. || m. pl. *Zool.* 2 Clase de estos gusanos.

POLIS f. *Hist.* Ciudad-Estado o comunidad política en la antigua Grecia, especialmente durante los siglos VI-V a. C. Tiene su origen en la agrupación natural de los habitantes de aldeas dispersas en torno a una ciudadela o acrópolis. El rasgo más característico de la polis, tendentes a la autarquía, es la aparición del concepto de ciudadanía, que excluía a esclavos y metecos.

-POLIS suf. POLI-, ciudad.

POLISACÁRIDO m. *Quím.* Carbohidrato compuesto de muchos monosacáridos. Los principales son el almidón y la celulosa.

POLISARIO, FRENTE FRENTE POLISARIO.

POLISEMIA f. *Gram.* Pluralidad de significados de una palabra.

POLISÉPALO, LA adj. *Bot.* De muchos sépalos.

POLISÍLABO, BA adj. y m. Se dice de la palabra que consta de varias sílabas.

POLISÍNDETON m. *Ret.* Figura retórica que consiste en emplear repetidamente las conjunciones para dar fuerza a la expresión.

POLISINTÉTICO, CA adj. *Ling.* Se dice de la lengua en que se unen diversas partes de la frase, formando palabras largas y complejas, que en ocasiones equivalen a toda una oración.

POLISÓN m. Armazón que se ponían las mujeres para que abultasen los vestidos por detrás.

POLISPASTO m. *Mec.* Aparejo de dos grupos de poleas, uno fijo y otro móvil.

POLISTA com. y f. *Dep.* Jugador de polo.

POLISTILO, LA adj. *Arquit.* Que tiene muchas columnas.

-POLITA com. POLI-².

POLITBURÓ *Hist.* y *Polít.* Organismo directivo del Partido Comunista de la URSS, cuyos miembros eran elegidos por el Comité Central.

POLITÉCNICO, CA adj. Que abarca muchas ciencias.

POLITEÍSMO m. *Rel.* Religión o doctrina que admite la existencia de muchos dioses (véase DIOS).

POLÍTICA f. **1** *Polít.* Ciencia, doctrina u opinión referente al gobierno de los Estados. **2** *Polít.* Conjunto de actividades de los que rigen o aspiran a regir los asuntos públicos. **3** Actividad del ciudadano cuando interviene en los asuntos públicos. **4** Cortesía. **5** Arte con que se conduce un asunto. **6** Orientaciones o directrices que rigen la actuación de una persona o entidad en un asunto o campo determinado.

POLITICASTRO m. desp. Político inhábil o que actúa con fines o medios turbios.

POLÍTICO, CA adj. **1** Relativo a la doctrina o a la actividad política. **2** Cortés, urbano. **3** Cortés con frialdad y reserva, cuando se esperaba afecto. **4** Se dice de quien interviene en las cosas del gobierno y negocios del Estado. También s. **5** Aplicado a un nombre de parentesco por consanguinidad, denota el correspondiente por afinidad.

POLITICÓN, NA adj. **1** Cortés con exageración. **2** Que muestra extremada afición a los asuntos públicos.

POLITIQUEAR intr. **1** Intervenir o brujulear en política. **2** Tratar de política con superficialidad o ligereza. **3** *Amér.* Hacer política de intrigas y bajezas.

POLITIZAR tr. y prnl. Dar orientación o contenido político a algo que no lo tiene.

POLITOLOGÍA *Polít.* f. Ciencia de la política.

POLITONALIDAD f. *Mús.* Superposición de varias tonalidades simultáneas en una misma obra musical.

POLIURETANO m. *Quím.* Producto plástico resultante de la polimerización de un polialcohol y un carbono con dos o más grupos de cianato.

POLIURIA f. *Med.* Excreción excesiva de orina.

POLIVALENTE adj. **1** Que posee varios valores, o que tiene varias aplicaciones, usos, etc. **2** *Farm.* Se dice del medicamento dotado de varias eficacias. **3** *Quím.* Se dice del elemento que tiene varias valencias.

POLIVINILO m. *Quím.* Polímero que se obtiene a partir del vinilo, radical de hidrocarburo no saturado, el cual, por medio de agentes catalíticos, polimeriza y solidifica dando una materia plástica.

POLIXENA *Mit.* Legendaria princesa troyana, hija de Príamo y Hécuba. Aquiles se enamoró de ella y consiguió raptarla, pero Polixena lo traicionó revelando a su hermano Paris su punto vulnerable. Al terminar la guerra fue inmolada sobre la tumba del héroe.

PÓLIZA f. **1** Libranza en que se da la orden para cobrar dinero. **2** Guía o documento que acredita ser legítimos, y no de contrabando, géneros y mercancías. **3** *Der.* Documento justificativo del contrato de seguros, operaciones de bolsa y otras negociaciones comerciales. **4** Sello con que se satisface el impuesto del timbre en determinados documentos.

POLIZIANO, ANGELO Humanista y poeta italiano (Montepulciano, 1454 - Florencia, 1494). Debe su fama a dos obras en lengua vulgar, la pieza pastoril *La fábula de Orfeo* (1480) y *Estancias* (1494), escrita en honor de Juliano de Médicis.

POLIZÓN m. **1** Sujeto ocioso y sin destino. **2** El que se embarca clandestinamente.

POLIZONTE m. desp. Agente de policía.

POLJE m. *Geol.* Área deprimida y de fondo plano, recubierto de aluviones y productos residuales de la disolución de las calizas.

POLK, JAMES KNOX Político estadounidense (Mecklemburg, 1795 - Nashville, 1849). Miembro del Partido Demócrata, fue presidente de la República entre 1845 y 1949. Durante su mandato, se zanjó el litigio con el Reino Unido, originado por la reivindicación de Oregón

Marco Polo. Representación del puerto de embarque hacia el «país de las maravillas», en el *Libro del Gran Khan*.

(1846), y EE UU declaró la anexión de Texas, hecho que provocó la guerra con México (1846-48).

POLLA f. **1** *Zool.* Gallina joven. **2** En algunos juegos de naipes, PUESTA. **3** *Amér.* APUESTA, especialmente en carreras y caballos. **4** fig. y fam. Jovencita. **5** vulg. Pene, órgano sexual masculino. || **POLLA DE AGUA** *Zool.* GALLINA DE AGUA.

POLLACK, SIDNEY Director y productor de cine estadounidense (Lafayette, Indiana, 1934). Se dio a conocer internacionalmente con *Danzad, danzad malditos* (1969), a la que siguieron *Las aventuras de Jeremiah Johnson* (1972), *Tootsie* (1982), *Memorias de África*, que en 1986 obtuvo siete Oscar; *Habana* (1990), *Sabrina* (1995) y *Caprichos del destino* (1999).

POLLADA f. *Zool.* Conjunto de pollos que las aves sacan de una vez.

POLLAIUOLO, ANTONIO Pintor, escultor, orfebre y grabador italiano (Florencia, 1433 - Roma, 1498). Su obra pictórica se caracteriza por la precisa reproducción del movimiento del cuerpo humano: *Los trabajos de Hércules, San Cristóbal*. Ejecutó los mausoleos de Sixto IV (1484-92) y de Inocencio VIII (1493-98), en San Pedro de Roma.

POLLAIUOLO, PIETRO Pintor y arquitecto italiano (Florencia, 1443 - Roma, 1496). Colaboró habitualmente con su hermano Antonio. Realizó las tablas de las *Virtudes*, para el gremio de mercaderes, y la *Coronación de la Virgen*, en la iglesia de San Agustín de San Gimignano.

POLLASTRE m. **1** fig. y fam. Jovenzuelo que presume de hombre. **2** Pollo o polla crecidos.

POLLEAR intr. Empezar un muchacho o muchacha a hacer cosas propias de los jóvenes.

POLLENSA *(Pollença)* Municipio y lugar de España, provincia de Baleares, en la isla de Mallorca; 13.077 h. Puerto en la bahía de su nombre.

POLLERÍA f. Tienda donde se venden gallinas, pollos y otras aves comestibles.

POLLERO, RA m. y f. **1** Persona que cría o vende pollos. **2** Lugar en que se crían pollos.

POLLINO, NA m. y f. **1** *Zool.* Asno joven y cerril y, por extensión, cualquier borrico. **2** fig. Persona simple, ignorante o ruda. También adj. || f. **3** *P. Rico.* Flequillo.

POLLITO, TA m. y f. fig. Niño de corta edad.

POLLO¹ m. **1** *Zool.* Cría de las aves, y particularmente de las gallinas. **2** fig. y fam. Joven. **3** fig. y fam. Hombre astuto y sagaz.

POLLO² m. fig. y fam. Escupitajo, esputo.

POLLOCK, JACKSON Pintor estadounidense (Cody, 1912 - Southampton, 1956). Principal representante del expresionismo abstracto, es el creador de la *action painting*. Entre sus cuadros más característicos figuran *Vigilantes del secreto* (1943), *Loba* (1943), *One* (1950) o *Authum Rythm* (1950).

POLO¹ m. **1** *Astron.* Los puntos de intersección del eje terrestre o del universo (eje celeste) con la bóveda celeste. **2** *Fís.* Cada una de las extremidades del circuito de una pila o de ciertas máquinas eléctricas. El polo positivo se llama ánodo y el negativo cátodo. **3** *Fís.* Cualquiera de los dos puntos opuestos de un cuerpo. **4** *Geog.* y *Geom.* Cualquiera de los dos extremos del eje de rotación de una esfera o cuerpo redondeado, especialmente los de la Tierra; estos reciben la denominación de POLO NORTE, ÁRTICO o BOREAL, y POLO SUR, ANTÁRTICO o AUSTRAL. **5** *Geom.* En las coordenadas polares, punto que se escoge para trazar desde él los radios vectores. **6** fig. Marca registrada de un tipo de helado. **7** fig. Aquello en que estriba una cosa y sirve como fundamento a otra. || **POLO DE DESARROLLO** o **INDUSTRIAL** *Econ.* Zona oficialmente delimitada, cuyo desarrollo industrial se trata de conseguir mediante diversas medidas de favor a las industrias que en aquélla se establezcan. || **POLO MAGNÉTICO** *Fís.* Cada uno de los dos puntos del globo terrestre situados en las regiones polares, adonde se dirige la aguja imantada.

POLO² m. *Mús.* Modalidad de cante flamenco, de compás ternario y ritmo moderado, emparentada con las soleares.

POLO³ m. *Dep.* Juego entre dos equipos de cuatro jinetes que, con mazas de astiles largos, golpean una bola sobre el césped con el fin de introducirla en la portería contraria.

POLO-, POLEA- prefs. que significan eje.

POLO, MARCO Viajero veneciano (Venecia, 1254 - íd., 1324). Miembro de una familia de mercaderes, en 1271 acompañó a su padre y a su tío a China, donde el gran kan lo tomó bajo su protección. En 1295 regresó a Venecia. Un año después cayó en manos de los genoveses; durante su cautiverio dictó al escritor Rustichello el relato de sus experiencias: *El libro de Marco Polo* o *Libro de las maravillas del mundo*, que alcanzó una enorme difusión.

Sidney Pollack. Escena de *Tootsie*.

Polo Norte, Ártico o **Boreal** *Geog.* Extremo septentrional del eje de la Tierra, situado en un punto del océano Glacial Ártico. El primero en llegar fue Peary, en 1909. Por extensión, recibe esta denominación la región comprendida entre el círculo polar ártico y el polo. (Véase ÁRTICO.)

Polo Sur, Antártico o **Austral** *Geog.* Punto extremo austral del eje de la Tierra, situado en el continente Antártico. El primero en llegar fue el noruego Amundsen, en 1911; en 1912 lo consiguió Scott. Por extensión, recibe esta denominación la región comprendida entre el círculo polar antártico y el polo. (Véase ANTÁRTIDA.)

Polochic Río de Guatemala, que nace en el cerro Xucaneló y desemboca en el lago Izabal; 240 km.

Pololo m. 1 Pantalón corto que usan los niños pequeños, generalmente bombacho. Más en pl. || m. pl. 2 Antigua prenda de ropa interior femenina, especie de pantalón bombacho, ceñido en las rodillas. Más en pl.

Polonés, sa adj. De Polonia.

Polonesa f. 1 Prenda de vestir de mujer, a modo de gabán corto ceñido a la cintura. 2 *Mús.* Danza y música de origen polaco, de compás ternario, movimiento moderado y ritmo muy acentuado. Son célebres las de Chopin y Liszt.

Polonia *(Polska Rzeczpospolita)* Estado de Europa centro-oriental. Limita al N con el mar Báltico, la Federación de Rusia y Lituania; al E, con Bielorrusia y Ucrania; al S, con la República Checa y Eslovaquia, y al O, con Alemania.

Geog. El relieve del territorio polaco está constituido por una gran llanura, únicamente accidentada por los Sudetes, en el SO, y los Cárpatos Occidentales, en el SE. El río Vístula recorre Polonia de N a S y divide su sector septentrional en dos regiones: Pomerania, zona pantanosa y lacustre, al O, y Mazuria, al E. El Oder y su afluente el Neisse trazan la frontera occidental con Alemania. El clima es continental. Los principales cultivos agrícolas son el centeno y la patata (3° productor mundial de ambos), trigo, avena (5°), remolacha azucarera, lino y cáñamo. Cuenta con una importante ganadería porcina (5°), mientras que las cabañas ovina y vacuna han permitido el desarrollo de industrias alimentarias derivadas. Polonia ocupa uno de los primeros lugares europeos por su riqueza minera, sobre todo de carbón (7°) y lignito (7°), localizada fundamentalmente en la Alta Silesia; son abundantes los yacimientos de gas natural, plata (7°), plomo, cobre (8°), cinc y sal gema. Los sectores industriales más desarrollados son el siderúrgico, metalúrgico, químico, textil y mecánico (material ferroviario, automóviles, astilleros).

Superficie: 313.027 km².
Población: 38.655.000 h. *(polacos).*
Densidad: 123,5 h./km².
Tasa de natalidad: 9,9‰.
Tasa de mortalidad: 9,9‰.
Capital: Varsovia.
Ciudades principales: Lódz, Cracovia, Wroclaw, Poznan, Gdansk, Szczecin, Bydgoszcz, Katowice, Gdynia.
Grupos étnicos: polacos (98,7%), ucranianos (0,6%).
Religión: catolicismo (90,7%), ortodoxa (1,4%).
Idioma: polaco.
Moneda: zloty.
Forma de Estado: república presidencialista.
Producto Nacional Bruto: 151.285 millones de dólares.
Renta per cápita: 3.910 dólares.
División administrativa: 16 provincias, según cuadro.

Hist. Polonia tiene su origen en la unión de varias tribus eslavas occidentales (polacos, vislanos y pomeranos) de lengua y cultura comunes, que comenzaron a asentarse en el territorio en el siglo V. En el siglo IX fue sometida a la soberanía de la Gran Moravia. Fue el príncipe Mieszko I, de la dinastía de los Piast, quien en el siglo X sentó las bases del Estado polaco. Su hijo Boleslao I el Valiente fue coronado como primer rey de Polonia en 1025. A su muerte, el reino vivió un periodo de desintegración social y política. La reunificación del territorio coincidió con el reinado de Casimiro III el Grande, último monarca de la dinastía Piast (siglo XIV). Con el advenimiento, en 1386, del gran duque de Lituania Ladislao II, accedió al trono la dinastía Jagellon, que consiguió hacer de Polonia la primera potencia del Báltico. La constitución de Radom (1515) otorgó el poder legislativo a la Dieta Nacional, elegida por la nobleza. En 1525, durante el reinado de Segismundo I, el ducado de Prusia quedó bajo soberanía de Polonia. Segismundo II anexionó Curlandia y Livonia (1561) y estableció la unidad de Polonia y Lituania (Unión de Lublin, 1569). A partir de 1572, año en que se extinguió la dinastía de los Jagellon, la monarquía polaca fue efectiva. En 1587, accedió al trono Segismundo III Vasa, cuyas ambiciones políticas provocaron la hostilidad de suecos, otomanos y moscovitas. Prusia obtuvo la independencia en 1657; Suecia anexionó Livonia en 1660; y Rusia se apoderó de las tierras situadas al E del Dnieper y Smoliensk (1667) tras la rebelión de los cosacos de Ucrania. A lo largo del siglo XVIII, las potencias vecinas se disputaron la influencia en el reino polaco. En 1768, estalló la guerra civil, tras la que se produjo el primer reparto de Polonia entre Austria, Rusia y Prusia (1772). Los repartos posteriores (1793 y 1795) pusieron fin a la soberanía polaca. Napoleón, tras derrotar a Pru-

POLONIA

Provincias	Superficie (km²)	Población (h.)	Capitales
Dolnoslaskie	19.946	2.979.700	Wroclaw
Kujalsko-Pomoroskie	18.051	2.100.300	Bydgoszcz/Torun
Lubelskie	25.115	2.237.200	Lublin
Lubuskie	13.985	1.023.000	Gorzów/ Zielona Góra
Lódzkie	18.223	2.657.600	Lódz
Malopolskie	15.242	3.218.600	Cracovia
Mazowieckie	35.715	5.064.900	Varsovia
Opolskie	9.412	1.088.700	Opole
Podkarpackie	17.890	2.123.800	Rzeszów
Podlaskie	20.180	1.222.900	Bialystok
Pomorskie	18.212	2.188.200	Gdansk
Slaskie	12.309	4.874.700	Katowice
Swietokrzyskie	11.571	1.324.000	Kielce
Warmisnko-Mazurskie	24.202	1.464.400	Olsztyn
Wielkopolskie	29.942	3.353.000	Poznan
Zachodniopomorskie	23.032	1.732.000	Szczecin

sia, creó en 1807 el Gran Ducado de Varsovia, dotado de un ejército nacional, pero el congreso de Viena (1815) sancionó los acuerdos anteriores. La mayor parte del territorio polaco quedó integrado en el imperio ruso durante todo el siglo XIX, aunque el sentimiento nacionalista provocó, desde 1830, diversas insurrecciones. La resistencia culminó con la creación durante la Primera Guerra Mundial de un ejército nacional, dirigido por el general Pilsudski. En noviembre de 1918, Polonia proclamó su independencia, reconocida posteriormente por el tratado de Versalles (1919), y Pilsudski fue elegido jefe del Estado. En 1920 se desarrolló la GUERRA POLACO-SOVIÉTICA. Pilsudski dimitió en 1922, pero regresó al poder por medio de un golpe militar en 1926. La invasión de Polonia por parte de Alemania (1939) dio origen a la Segunda Guerra Mundial. Seguidamente, las tropas soviéticas cruzaron la frontera oriental y ambos países procedieron a un nuevo reparto. Tras la liberación de Varsovia (1945), la conferencia de Potsdam fijó la frontera occidental en la línea Oder-Neisse y la oriental en la línea Curzon. Se hizo cargo del poder un gobierno provisional presidido por Osobka-Morawski, que pronto derivó hacia una democracia popular con la fusión de socialistas y comunistas en el Partido Obrero Unificado (1948). Las reformas económicas y sociales, basadas en el modelo soviético, no contentaron ni a campesinos, ni a trabajadores; como consecuencia se produjo el levantamiento obrero y estudiantil de Poznan (1956). En octubre de 1956, Wladislaw Gomulka fue elegido secretario general del Partido Obrero Unificado Polaco. En 1970 el aumento de precio de los productos de primera necesidad provocó una serie de manifestaciones por parte de los obreros del Báltico y la sustitución de Gomulka por Edward Gierek. Las relaciones con la iglesia católica, que se había constituido como poder opositor al régimen, mejoraron sensiblemente tras la elección de Juan Pablo II, en 1978. Paralelamente, el malestar popular por la situación económica originó nuevas huelgas en 1976 y alcanzó su mayor expresión en 1980, año en que, bajo la dirección de Lech Walesa, los obreros de la factoría Lenin de Gdansk llegaron a paralizar toda la actividad laboral en la zona del Báltico. En agosto de 1980 el gobierno reconoció al sindicato libre Solidaridad, bajo el liderazgo de Lech Walesa. Las crisis de gobierno provocaron la caída de Gierek en septiembre de 1980 y de su sucesor, Stanislaw Kania, en octubre de 1981. El 13 de diciembre de 1981 fue investido en general Jaruzelski como jefe del gobierno y del Partido Obrero Unificado de Polonia. El nuevo dignatario decretó la ley marcial, y la mayoría de los líderes sindicales fueron detenidos. Esta situación se mantuvo hasta julio de 1983. En julio de 1984, el parlamento polaco aprobó una amplia amnistía. En noviembre de 1985 Jaruzelski dejó la presidencia del gobierno y asumió la jefatura del Estado. A partir de 1988, la presión del movimiento obrero, unida al apoyo internacional, aceleró el curso de las reformas políticas. El sindicato Solidaridad fue nuevamente legalizado y obtuvo la victoria frente al POUP en las elecciones legislativas. Se formó así el primer gabinete no comunista desde la Segunda Guerra Mundial, encabezado por Tadeusz Mazowiecki, cuya política provocó la escisión de Solidaridad. En septiembre de 1990 dimitió Jaruzelski y se convocaron elecciones presidenciales; Walesa, con el apoyo de una coalición de derechas, resultó vencedor. En su mandato se dio un fuerte impulso a las políticas de reforma económica, pese a la inestabilidad política, que provocó una rápida sucesión de gobiernos, encabezados por J. K. Bielecki (1991), J. Olszewski (1991-92), W. Pawlak (1992), H. Suchocka (1992-93), W. Pawlak (1993-95) y J. Oleksy (1995-96). En las elecciones presidenciales de noviembre de 1995 venció Aleksander Kwasniewski, líder reformista del antiguo Partido Comunista, que nombró al socialdemócrata W. Cimoscewicz nuevo primer ministro. Tras el triunfo de Acción Electoral de Solidaridad en las elecciones de 1997, Jerzy Buzek accedió a la jefatura de Gobierno. Ese mismo año Polonia pasó a formar parte del grupo de cinco países del E que protagonizarían la quinta ampliación de la UE. En las presidenciales de 2000 Kwasniewski resultó reelegido. En las legislativas celebradas en 2001, la coalición de la Alianza Democrática de Izquierda (SLD) y la Unión del Trabajo (UP) obtuvieron la victoria, y Leszek Miller fue nombrado primer ministro, sustituido en 2004 por Marek Belka. Ese mismo año ingresó a la UE.

POLONIO m. Elemento químico del grupo VI A del sistema periódico. Masa atómica, 210; número atómico, 84; símbolo, Po.

POLTAVA Ciudad de Ucrania, capital de la provincia homónima; 321.000 h. Victoria de Pedro el Grande sobre Carlos XII de Suecia, en julio de 1709.

POLTRÓN, NA adj. 1 Perezoso, haragán. 2 Se dice de la silla más baja que la común, y de más amplitud y comodidad. También s.

POLUCIÓN f. 1 *Fisiol.* Efusión de semen. 2 *Ecol.* CONTAMINACIÓN.

POLUTO, TA adj. Sucio, inmundo.

PÓLUX *Mit.* DIÓSCUROS.

POLVAREDA f. 1 Cantidad de polvo que se levanta de la tierra. 2 fig. Agitación suscitada en la opinión pública.

POLVERA f. Vaso de tocador, o estuche portátil, que contiene los polvos usados como afeite.

POLVO m. 1 Parte más menuda y deshecha de la tierra muy seca, que fácilmente se levanta en el aire. 2 Sustancia sólida molida en partículas muy pequeñas. 3 Porción de cualquier cosa menuda o reducida a polvo, que se toma de una vez con los dedos. 4 Partículas de sólidos que flotan en el aire y se posan sobre los objetos. 5 En argot, HEROÍNA. 6 vulg. Coito. || m. pl. 7 Los que se hacen de almidón, harina, etc., y se usan como cosmético. 8 *Farm.* Los empleados como medicamento. || **POLVOS DE LA MADRE CELESTINA** fig. y fam. Modo secreto y maravilloso con que se hace una cosa. || **echar un polvo** fr. vulg. Realizar el acto sexual. || **estar** uno **hecho polvo** fr. fig. y fam. Hallarse sumamente abatido. || **hacer morder el polvo** a uno. fr. fig. Rendirle, vencerle. || **hacerle** a uno **polvo** fr. fig. y fam. Aniquilarle, arruinarle. || **limpio de polvo y paja** expr. fig. y fam. Dado o recibido sin trabajo o gravamen. También, líquido, neto.

PÓLVORA f. 1 *Quím.* Compuesto generalmente de salitre, azufre y carbón, que en determinadas circunstancias y bajo ciertas acciones mecánicas, deflagra o hace explosión. 2 Conjunto de fuegos artificiales que se disparan en una celebración. 3 fig. Viveza, vehemencia. || **PÓLVORA DE ALGODÓN** *Quím.* La que se hace con la borra de esta planta, impregnada de los ácidos nítrico y sulfúrico. || **PÓLVORA DETONANTE** o **FULMINANTE** *Quím.* La que es inflamable al choque y aun al rozamiento con un cuerpo duro. || **PÓLVORA LENTA** *Quím.* La que necesita un tiempo apreciable, aunque siempre corto, para convertirse en gases. || **PÓLVORA VIVA** *Quím.* Aquella cuya inflamación total es casi instantánea. || **gastar la pólvora en salvas** fr. fig. Poner medios inútiles y fuera de tiempo para un fin.

POLVORIENTO, TA adj. Que tiene mucho polvo.

POLVORILLA com. 1 fam. Persona muy inquieta y vivaz. 2 Persona irritable.

POLVORÍN m. 1 Pólvora menuda y otros explosivos, que sirven para cebar las armas de fuego. 2 Frasquito en que se lleva la pólvora. 3 Lugar para guardar la pólvora y otros explosivos.

POLVORÓN m. Torta de harina, manteca y azúcar, cocida en horno fuerte, que se deshace en polvo al comerla.

POMA f. 1 *Bot.* Variedad de manzana, pequeña y de color verdoso. 2 Vaso en que se queman perfumes. 3 Pomo para perfumes y cajita en que se lleva.

POMÁCEO, A adj. y f. *Bot.* Se dice de la planta rosácea con fruto en pomo, como el peral y el manzano.

POMADA f. Mezcla de una sustancia grasa y otros ingredientes, empleada como cosmético o medicamento.

POMAR m. *Agr.* Huerta de frutales, especialmente manzanos.

POMARADA f. *Agr.* Sitio poblado de manzanos.

POMARROSA f. *Bot.* Pequeño árbol perteneciente a la familia mirtáceas, de nombre científico *Syzygium jambos*, que produce un fruto muy aromático, comestible y con fragancia a rosas, que se denomina yambo. Procede de la India.

POMBAL, SEBASTIÃO JOSÉ DE CARVALHO E MELO, MARQUÉS DE Político portugués (Lisboa, 1699 - Pombal, 1782). En 1756 fue nombrado secretario de Estado para los Asuntos del Reino, cargo desde el que dirigió la política portuguesa. Se enfrentó a la nobleza, limitó el poder de la iglesia y de los jesuitas, que fueron expulsados en 1759, fortaleció la administración del Estado y abolió la esclavitud. Al morir José I (1777), fue apartado de la política.

POMBERO m. *Arg.* y *Par.* Duende protector de los pájaros, que rapta a los niños que los persiguen.

POMBO *Geneal.* Familia colombiana, de origen español, vinculada a las luchas por la independencia de su país. Sus miembros más relevantes fueron Manuel (1769-1829), su hijo Lino (1797-1862) y su sobrino Miguel (1779-1816).

Polonia. Castillo de los caballeros teutónicos en Malbork.

Pompeya (Italia). Templo de Apolo.

POMBO, RAFAEL Poeta colombiano (Bogotá, 1833 - íd., 1912). Autor de *La hora de las tinieblas* (1864) y *Preludio de primavera* (1881).

POMELO m. *Bot.* Árbol de hojas persistentes perteneciente a la familia rutáceas, de nombre científico *Citrus paradisi*. Se cultiva en muchos lugares por su fruto, semejante a una naranja.

POMERANIA *Hist.* Región histórica situada a orillas del mar Báltico, entre los ríos Oder y Vístula. Tras la Segunda Guerra Mundial fue dividida entre Polonia y Alemania.

POMERANO, NA adj. y s. De Pomerania.

PÓMEZ f. *Geol.* PIEDRA PÓMEZ.

POMO m. **1** Tirador de una puerta, cajón, etc., de forma más o menos esférica. **2** Frasco de perfumes. **3** Extremo de la guarnición de la espada. **4** *Bot.* Fruto carnoso en que el pericarpo procede en parte del receptáculo floral, como la manzana y la pera.

POMONA *Mit.* Ninfa romana encargada del cuidado de los frutos.

POMORSKIE Provincia de Polonia; 18.212 km² y 2.188.200 h. Su capital es Gdansk.

POMPA f. **1** Acompañamiento suntuoso. **2** Fausto, grandeza. **3** Procesión solemne. **4** Ampolla que forma el agua por el aire que se le introduce. **5** Ahuecamiento de la ropa cuando toma aire. **6** *Mar.* Bomba para elevar el agua.

POMPADOUR, JEANNE ANTOINETTE POISSON, MARQUESA DE Cortesana francesa (París, 1721 - Versalles, 1764). En 1745 se convirtió en amante del rey Luis XV y desde entonces gozó de una extraordinaria influencia política.

POMPEYA *Geog. hist.* Antigua ciudad de Italia, en Campania, cerca de Nápoles, al pie del Vesubio. En ella la aristocracia romana tenía sus villas de recreo. Contaba con unos 30.000 h. cuando fue sepultada por una erupción del Vesubio el año 79. Las excavaciones comenzaron en 1748. Es uno de los centros arqueológicos más importantes del mundo romano.

POMPEYANO, NA adj. **1** Relativo a Pompeyo Magno o a sus hijos y partidarios. También s. **2** De Pompeya. También s. **3** *Arte.* Se dice de los objetos de arte hallados en Pompeya y de los que se han hecho modernamente a imitación de los antiguos.

POMPEYO, CNEO Patricio romano, hijo de Cneo Pompeyo Magno (?, h. 75 - en Hispania, 15 a. C.). Continuó la guerra en Hispania, donde fue vencido por César en Munda (46 a. C.).

POMPEYO, SEXTO Patricio romano, hijo de Cneo Pompeyo Magno (?, 75 - Mileto, 35 a. C.). Continuó la lucha contra los partidarios de César. Fue derrotado por Agripa en Nauloco (36 a. C.). Se refugió en Asia Menor, donde las tropas de Marco Antonio lo capturaron y ejecutaron.

POMPEYO MAGNO, CNEO General romano (?, 106 - Pelusium, 48 a. C.). Se distinguió bajo las órdenes de Sila en diversas campañas contra los partidarios de Mario. Intervino en España con atribuciones proconsulares, para poner fin a la sublevación de Sertorio. En el año 70 a. C. obtuvo el consulado, junto con Craso. Derrotó a Mitrídates del Ponto (66 a. C.), conquistó Armenia y Siria, y sometió Fenicia y el reino de Jerusalén (63 a. C.). Con César y Craso formó el primer triunvirato (60 a. C.). En el año 49 César, encargado del gobierno de la Galia, atravesó el Rubicón y se desencadenó la guerra civil, que finalizó con la derrota de Pompeyo en Farsalia (48 a. C.). Tras huir a Egipto fue asesinado por orden de Tolomeo XIII.

POMPI m. fam. Culo.

POMPIDOU, GEORGES Político francés (Montboudif, 1911 - París, 1974). Ocupó el cargo de primer ministro (1962-68) y fue elegido presidente de la República (1969-74). Su gestión, marcadamente conservadora, se orientó hacia la reestructuración de la economía y las finanzas.

POMPÓN m. Bola de lana, o de otro género, con que se adornan extremos de cordones, gorros, etc.

POMPONAZZI, PIETRO Filósofo italiano (Mantua, 1462 - Bolonia, 1525). Fue uno de los adaptadores de Aristóteles al humanismo renacentista. Autor de *De inmortalitate animae* (1516).

POMPONEARSE prnl. fam. Pavonearse.

POMPONIO, SEXTO Jurista romano (s. II a. C.). Estudioso de la filosofía y del derecho, su obra más notable es el *Enchiridion*.

POMPOSO, SA adj. **1** Ostentoso, magnífico. **2** Hueco, presuntuoso, hinchado. **3** fig. Se dice del lenguaje, estilo, etc., excesivamente adornado.

PÓMULO m. *Anat.* **1** Hueso y prominencia de cada una de las mejillas. **2** Parte del rostro correspondiente a este hueso.

PONCE, MANUEL MARÍA Pianista y compositor mexicano (Fresnillo, 1886 - Ciudad de México, 1948). Recogió y estilizó los cantos populares mexicanos. Entre sus obras destacan el *Concierto del Sur*, *Estrellita* y *Tres cantos de Tagore*.

PONCE ENRÍQUEZ, CAMILO Político ecuatoriano (Quito, 1912 - íd., 1976). Ministro de Relaciones Exteriores (1944-45) y de Gobernación (1953-56), ocupó la presidencia de la República (1956-60).

PONCE DE LEÓN, JUAN Conquistador español (Santervás de Campos, Palencia, 1460 - La Habana, 1521). Marchó a América con Ovando en 1502. En 1508 pasó a la isla de Borinquén (Puerto Rico), donde fundó la ciudad de San Juan. Descubrió Florida en 1513, tras recorrer las islas Bahamas.

PONCELET, JEAN VICTOR Matemático y general francés (Metz, 1788 - París, 1867). Estudió las bases de la geometría proyectiva o de posición y construyó la rueda hidráulica que lleva su nombre.

PONCHADA[1] f. Cantidad de ponche dispuesta para beberla juntas varias personas.

PONCHADA[2] f. *Arg.*, *Chile*, *Par.* y *Urug.* Lo que cabe en un poncho. **2** Gran cantidad de cosas.

PONCHE m. Bebida que se hace mezclando ron u otro licor con agua, limón y azúcar.

PONCHERA f. Recipiente para preparar y servir el ponche.

PONCHIELLI, AMILCARE Compositor italiano (Paderno Ponchielli, 1834 - Milán, 1886). Autor de las óperas *I lituani* (1874), *La Gioconda* (1876) y *Marion Delorme* (1885).

PONCHO m. **1** Prenda de abrigo que consiste en una manta, cuadrada o rectangular, que tiene en el centro una abertura para pasar la cabeza. **2** Especie de capote de monte. **3** Capote militar con mangas y esclavina, ceñido al cuerpo con cinturón.

PONCIL f. *Bot.* CIDRO.

PONDERACIÓN f. **1** Atención, cuidado con que se hace o dice una cosa. **2** Exageración de una cosa. **3** Acción de pesar una cosa. **4** Compensación o equilibrio entre dos pesos.

PONDERADO, DA adj. Se dice de la persona que procede con tacto y prudencia.

PONDERAR tr. **1** Determinar el peso de una cosa. **2** fig. Examinar con cuidado algún asunto. **3** Exagerar, encarecer. **4** Contrapesar, equilibrar.

PONDICHERRY Territorio de la India; 480 km² y 807.785 h. Su capital es la ciudad del mismo nombre.

PONEDERO, RA adj. **1** Que puede poner o está para ponerse. **2** *Zool.* Se dice del ave que ya pone huevos. ‖ m. **3** NIDAL, lugar para que las aves pongan huevos.

PONEDOR, RA adj. **1** Que pone. **2** Se dice del caballo o yegua enseñado a levantarse de manos. **3** *Zool.* Se dice del ave que ya pone huevos. **4** Postor, licitador.

PONENCIA f. **1** Encargo, función de ponente. **2** Persona o comisión designada para actuar como ponente. **3** Informe o dictamen dado por el ponente. **4** Comunicación o propuesta que se somete al examen y resolución de una asamblea.

PONENTE adj. y com. **1** Autor de una ponencia. **2** Se dice del magistrado, funcionario o miembro de un cuerpo colegiado o asamblea a quien se designa para hacer relación de un asunto y proponer la resolución.

PONER tr. **1** Colocar en un sitio o lugar. También prnl. **2** Disponer. **3** Admitir un supuesto o hipótesis. **4** Dejar una cosa a la resolución o disposición de otro. **5** Escribir una cosa en el papel. **6** Soltar o deponer el huevo las aves. **7** Dedicar a uno a un empleo u oficio. También prnl. **8** Representar una obra de teatro o proyectar una película en el cine o en la televisión. **9** En el juego, arriesgar una cantidad de dinero. **10** Aplicar, adaptar. **11** Tratándose de nombres, motes, etc., aplicarlos. **12** Trabajar para un fin determinado. **13** Exponer a uno a una cosa desagradable o mala. También prnl. **14** Añadir voluntariamente una cosa a la narración. **15** Tratar a uno mal de palabra. **16** Decir. También impers. ‖ prnl. **17** Oponerse a uno, hacerle frente o reñir con él. **18** Vestirse o ataviarse. **19** Mancharse. **20** Compararse, competir con otro. **21** Ocultarse los astros tras el horizonte. **22** Llegar a un lugar determinado. ‖ **poner a uno a parir** fr. fig. y fam. Tratar mal a una persona de palabra. ‖ **poner colorado** a uno fr. fig. y fam. Avergonzarle. También prnl. ‖ **poner en claro** fr. Averiguar o explicar con claridad alguna cosa. ‖ **poner tibio** a uno loc. fig. y fam. Reprenderle o hablar mal de él. ‖ **ponerse** a hacer algo fr. Empezar a hacerlo. ‖ **ponerse al corriente** fr. Enterarse. ♦ IRREG. Véase cuadro.

PONER

INDICATIVO
Pres.: pongo, pones, pone, ponemos, ponéis, ponen.
Pret. imperf.: ponía, ponías, etc.
Pret. indef.: puse, pusiste, etc.
Fut. imperf.: pondré, pondrás, etc.
Condic.: pondría, pondrías, etc.
SUBJUNTIVO
Pres.: ponga, pongas, ponga, pongamos, pongáis, pongan.
Pret. imperf.: pusiera, pusieras, etc., o pusiese, pusieses, etc.
Fut. imperf.: pusiere, pusieres, etc.
IMPERATIVO: pon, poned.
PARTICIPIO: puesto.
GERUNDIO: poniendo.

PONEY m. *Zool.* Nombre que se da a determinados caballos que se distinguen por su poca alzada.

PÓNGIDO, DA adj. y m. *Zool.* Se dice del mamífero primate catarrino, robusto, con las extremidades superiores mayores que las posteriores y el dedo pulgar oponible, como el chimpancé, el orangután y el gorila. ‖ m. pl. *Zool.* **2** Familia de estos primates.

PONGO[1] m. *Zool.* ORANGUTÁN.

PONGO[2] m. **1** *Bol.*, *Chile*, *Ecuad.* y *Perú* Indio que hace oficios de criado. **2** *Ecuad.* y *Perú* Paso angosto y peligroso de un río.

PONI m. *Zool.* PONEY.

PONIATOWSKA, ELENA Escritora mexicana de origen polaco (París, 1933). Autora de obras de corte periodístico y testimonial, como *Hasta no verte, Jesús mío* (1969), *La noche de Tlatelolco* (1971), *Fuerte es el silencio* (1980) y *La piel del cielo* (2001).

PONIATOWSKI Geneal. Familia noble polaca, originaria de Italia, entre cuyos miembros sobresalen Stanislaw (?, 1677 - ?, 1762), padre del rey Estanislao II Augusto Poniatowski, y Józef Antonii (?, 1762 - ?, 1813), que luchó en las filas napoleónicas en pro de la independencia de su patria.

PONIENTE m. **1** *Geog.* Occidente, punto cardinal. Lugar por donde se pone el sol. **2** Viento que sopla de la parte occidental.

PONSON DU TERRAIL, PIERRE ALEXIS Novelista francés (Montmaur, 1829 - Burdeos, 1871). Su obra más conocida es la serie *Las hazañas de Rocambole*, que se compone de 40 volúmenes.

PONTA DELGADA Ciudad de Portugal, capital del archipiélago y región autónoma de las Azores, en la isla de San Miguel; 21.100 h. Turismo.

PONTAJE m. PONTAZGO.

PONTANO, GIOVANNI Humanista italiano (Cerreto, 1426 - Nápoles, 1503). Dejó interesantes tratados de astrología, filosofía y política, y una serie de diálogos. Sus poesías son de temática íntima y personal: *De amore coniugale* (1483).

PONTAZGO m. Derechos que se pagan en algunas partes para pasar los puentes.

PONTECORVO, BRUNO Físico soviético de origen italiano (Pisa, 1913 - Dubna, 1993). Especialista en física atómica y discípulo de Enrico Fermi, trabajó bajo su dirección en investigaciones atómicas. Dio a conocer el neutrino.

PONTECORVO, GILLO (GILBERTO PONTECORVO, llamado) Director de cine italiano (Pisa, 1919). Hermano de Bruno. Ha dirigido *Kapo* (1960), *La batalla de Argel* (1966), *Queimada* (1969) y *Operación Ogro* (1979).

PONTEDERIÁCEO, A adj. y f. *Bot.* **1** Se dice de la planta angiosperma monocotiledónea, acuática, como el camalote. || f. pl. *Bot.* **2** Familia de estas plantas.

PONTEVEDRA **1** Provincia del NO de España, perteneciente a la comunidad autónoma de Galicia; 4.477 km^2 y 908.803 h. Limita al N con la provincia de La Coruña, al E con las de Lugo y Orense, al S con Portugal y al O con el océano Atlántico. Todo su litoral corresponde al de las rías bajas gallegas (Arosa, Pontevedra, Vigo). Su relieve es, en su mayor parte, quebrado y áspero hacia el interior. Sus ríos más importantes, de N a S, son el Ulla, Umia, Lérez, Oitavén y Miño, que señala la frontera con Portugal. El clima es atlántico. Produce cereales, legumbres, hortalizas, frutas, viñedo y lino. La ganadería es predominantemente bovina y la pesca es extraordinaria. Entre sus industrias destacan la automovilista (Vigo) y la conservera, tanto de carnes (Porriño) como de pescado (Vigo). Entre las principales poblaciones de la provincia cabe citar Bayona, Cambados, Cangas, El Grove, La Estrada, La Guardia, Lalín, Marín, Pontevedra, Redondela, Tuy, Vigo y Villagarcía. **2** Ciudad capital de la misma, situada al fondo de la ría de su nombre que forma el río Lérez; 74.287 h. Basílica de Santa María la Mayor (siglo XVI), iglesia de la Peregrina (1778), donde se encuentra la Virgen Peregrina, patrona de la ciudad, y convento de Santo Domingo, que guarda la sección arqueológica del Museo Provincial.

PONTEVEDRÉS, SA adj. y s. De Pontevedra.

PONTIANAK Ciudad de Indonesia, capital de la provincia de Borneo Occidental; 387.112 h. Aceite de palma, caucho y azúcar.

PÓNTICO, CA adj. **1** adj. Perteneciente al Ponto Euxino, hoy mar Negro. **2** Perteneciente al Ponto, región de Asia antigua.

PONTIFICADO m. **1** Dignidad de pontífice. **2** Tiempo en que cada uno de los sumos pontífices ostenta esta dignidad. **3** Tiempo en que un obispo o arzobispo permanece en el gobierno de su iglesia.

PONTIFICAL adj. **1** Relativo al pontífice o a un obispo o arzobispo. || m. **2** Conjunto de ornamentos que utilizan los obispos en los oficios divinos. **3** Libro que contiene las ceremonias pontificias y las de las funciones episcopales.

PONTIFICAR intr. **1** Celebrar funciones litúrgicas con rito pontifical. **2** fig. Presentar como innegables dogmas o principios sujetos a examen.

PONTÍFICE m. **1** Magistrado sacerdotal en la antigua Roma. **2** Obispo o arzobispo de una diócesis. **3** Por antonomasia, prelado supremo de la iglesia católica romana. Se usa comúnmente con los calificativos *sumo* o *romano*.

PONTO m. poét. Mar.

PONTO *Geog. hist.* Antiguo reino situado al NE de Asia Menor, a orillas del Ponto Euxino. Fue fundado en el siglo IV a. C. y alcanzó su máximo esplendor bajo Mitrídates VI. Fue convertido en provincia romana el año 62 a. C.

PONTO *Mit.* En la mitología griega, personificación del mar. Engendró, unido a su madre, Gea, las divinidades marinas: tres varones (Nereo, Forces, Taumante) y dos hembras (Ceto y Euribia).

PONTO EUXINO Nombre antiguo del mar Negro.

PONTÓN m. **1** *Mar.* Barco chato para pasar ríos, construir puentes o limpiar el fondo de los puertos. **2** *Mar.* Buque viejo que, amarrado de firme en los puertos, sirve de almacén, de hospital o de depósito de prisioneros. **3** Puente formado de maderos o de una sola tabla.

PONTONERO m. El que está empleado en el manejo de los pontones.

PONTOPPIDAN, HENRIK Novelista danés (Fredericia, 1857 - Copenhague, 1943). Autor naturalista, alcanzó fama internacional con la trilogía en torno a la sociedad danesa que componen *Tierra* (1891), *La tierra prometida* (1892) y *El día del juicio* (1895). Su obra maestra es la autobiográfica *Pedro el afortunado* (1898-1904; 8 vols.). En 1917 recibió, compartido con K. Gjellerup, el premio Nobel de Literatura.

PONTORMO, IL (JACOPO DA CARRUCCI, llamado) Pintor italiano (Pontormo, 1494 - Florencia, 1567). Fue discípulo de Andrea del Sarto. Obras: *El descendimiento de la cruz, Sagrada familia, Historia de Josué.*

PONZA Isla de Italia, a unos 60 km de Gaeta. En ella se libró la batalla de Alfonso V de Aragón contra los genoveses, que inspiró al marqués de Santillana su *Comedieta de Ponza*.

PONZOÑA f. **1** Sustancia venenosa o nociva para la salud. **2** fig. Doctrina perniciosa.

POOL (Voz i.) m. *Econ.* Convenio entre empresas autónomas encaminado a lograr una nivelación de los beneficios, distribuyéndolos según una proporción preestablecida.

POOLE Consejo unitario del Reino Unido, en Inglaterra; 141.500 h.

POONA PUNE.

POOPÓ Lago salado de Bolivia, en el departamento de Oruro, a 3.700 m de altura; 2.790 km^2. Está comunicado por el río Desaguadero con el lago Titicaca.

POP (Voz i.) adj. **1** *Cult.* Se dice de un tipo de cultura asequible a las masas y de fácil difusión. **2** *Mús.* Término con el que se denomina un movimiento musical juvenil surgido en los años cincuenta bajo la influencia del folk británico y de la música negra, especialmente del *rythm'n'blues*. **3** *Arte.* POP-ART.

POP-ART (Voz i.) m. *Arte.* Movimiento artístico, fundamentalmente pictórico, que surgió en Londres a principios de los años cincuenta y que a lo largo de los sesenta se difundió extraordinariamente por los EE UU. Caracterizado por su interés hacia la cultura popular urbana, elevó los objetos de la vida cotidiana a la categoría de obras artísticas. Entre sus principales representantes se hallan Claes Oldenburg, Roy Lichtenstein, Andy Warhol, Tom Wesselmann y James Rosenquist, en EE UU; y Richard Hamilton, David Hockney y Allen Jones, en el Reino Unido. En España sobresalió el Equipo Crónica.

POPA f. Parte posterior de la nave. || **de popa a proa** loc. adv. Entera o totalmente.

POPAYÁN Ciudad de Colombia, capital del departamento de Cauca; 189.934 h. Oro, café y caucho. Fundada en 1536.

POPE m. Sacerdote de la iglesia ortodoxa rusa.

POPE, ALEXANDER Poeta inglés (Londres, 1688 - Twickenham, 1744). Se dio a conocer con *Las Pastorales* (1709); en 1711 publicó *Ensayo sobre la crítica*, y en 1712 consolidó su prestigio con *El rizo robado*. Compuso también *Ensayo sobre el hombre* (1733-34), cuatro *Epístolas o ensayos morales* y las *Imitaciones de Horacio* (1733-42).

POPEA AUGUSTA, SABINA Emperatriz romana (? - ?, 65). Llamada a la corte por Nerón (58), sus intrigas lograron que el emperador despidiese a su amante, Acté, y repudiara a la emperatriz Octavia para casarse con ella (62).

POPELÍN o **POPELINA** f. Cierta tela delgada.

POPHAM, HOME RIGGS Almirante inglés (Gibraltar, 1762 - Cheltenham, 1820). En 1805 tomó la colonia holandesa de El Cabo. Conquistó Montevideo y fracasó en Buenos Aires.

POPOCATÉPETL Pico volcánico de México, en Sierra Nevada; 5.452 m.

POPOL VUH Libro sagrado de los quichés de Guatemala, llamado también *Biblia de los quichés, Libro del Consejo* y *Libro Nacional*. De autor desconocido, fue compuesto en el siglo XVI.

POPOV, ALEKSANDR STEPANOVICH Físico e ingeniero ruso (Bogoslovsk, 1859 - San Petersburgo, 1906). Descubrió la antena de radio y construyó el primer receptor de ondas electromagnéticas.

POPOVICH, KOCA Político yugoslavo (Belgrado, 1908 - íd., 1992). Miembro del Partido Comunista, ocupó el ministerio de Asuntos Exteriores (1953-65), fue vicepresidente de la República (1966-69) y miembro de la presidencia colegiada del país (1971-72).

POPPER, KARL RAIMUND Filósofo británico de origen austriaco (Viena, 1902 - Croydon, 1994). En *La lógica de la investigación científica* (1934), se opuso al positivismo lógico, estableciendo que el criterio que permite determinar la cientificidad de una teoría no es la «verificación» de sus enunciados, sino la posibilidad de que estos puedan ser falsados. De este modo estableció la «falsabilidad» como criterio de demarcación de la ciencia frente a la metafísica y otras disciplinas pseudocientíficas, entre las que incluía el marxismo o el psicoanálisis. Defendió el liberalismo frente a los autoritarismos y concibió el progreso científico como una búsqueda permanente del conocimiento objetivo. Obras: *La sociedad abierta y sus enemigos* (1945), *La miseria del historicismo* (1957), *El desarrollo del conocimiento científico. Conjeturas y refutaciones* (1963) y *Conocimiento objetivo* (1972).

pop-art. *Muhammad Ali.* Cuadro de Andy Warhol. Colección privada (Nueva York).

POPULACHO m. **1** Lo más bajo del pueblo, chusma. **2** La multitud en revuelta o desorden.

POPULAR adj. **1** Perteneciente o relativo al pueblo. **2** Del pueblo o de la plebe. También s. **3** Propio de las clases sociales menos favorecidas. **4** Que está al alcance de los menos dotados económica o culturalmente. **5** Que es grato al pueblo. **6** Dicho de una forma de cultura, que el pueblo considera propia y constitutiva de su tradición.

POPULARIDAD f. Aceptación y aplauso que uno tiene entre el pueblo.

POPULARISMO m. Tendencia o afición a lo popular en formas de vida, arte, literatura, etc.

POPULARIZAR tr. y prnl. **1** Acreditar a una persona o cosa, extender su estimación en el concepto público. **2** Dar carácter popular a una cosa.

POPULISMO m. *Polít.* **1** Doctrina política que pretende defender los intereses y aspiraciones del pueblo. **2** Sistema político desarrollado en América Latina que cuenta con el apoyo de obreros y ciertos sectores burgueses y de la industria. Su fin primordial es la realización de reformas sociales y económicas encaminadas a la industrialización del país. || **POPULISMO RUSO** *Cult.* y *Polít.* Corriente de pensamiento social, político y cultural surgido en Rusia en el último tercio del siglo XIX. Influido por Alexander Herzen, afirmaba que la instauración del socialismo en Rusia pasaba por la transformación de las comunidades rurales tradicionales.

POPULOSO, SA adj. Muy poblado.

POPURRÍ m. **1** Mezcolanza de cosas diversas. **2** *Mús.* Composición musical formada de fragmentos de obras diversas.

POQUEDAD f. **1** Escasez. **2** Timidez. **3** Cosa de ningún valor o de poca entidad.

PÓQUER m. *Ocio.* Juego de naipes, de envite, en el que cada jugador recibe cinco naipes y gana el que, tras un descarte, reúne la combinación superior de las varias establecidas.

POR prep. **1** Indica la persona agente en las oraciones pasivas. **2** Con los nombres de lugar, denota tránsito por ellos. **3** Indica tiempo aproximado. **4** En clase o calidad de. **5** Denota la causa. **6** Denota el medio. **7** Denota el modo. **8** Indica el precio. **9** A favor o en defensa de alguno. **10** En lugar de. **11** En opinión de. **12** Denota multiplicación de números. **13** Indica proporción. **14** En orden a, o acerca de. **15** SIN. **16** Suple la significación de la preposición *a* y el verbo *traer* u otro. **17** Con el infinitivo de algunos verbos significa *para* o denota la acción futura de éstos. || **por donde** loc. adv. Por lo cual. || **por que** loc. conjunt. final. PORQUE, PARA QUE. || **por qué** loc. adv. interr. Por cuál razón, causa o motivo. || **por tanto** loc. adv. y conjunt. Por lo que, en atención a lo cual.

-POR- in. PORO-.

PORCELANA f. **1** Especie de loza fina, transparente, clara y lustrosa. Se obtiene por cocimiento de caolín, cuarzo y feldespato. **2** Vasija o figura de porcelana. **3** Esmalte blanco con una mezcla de azul con el que los plateros adornan las joyas y otras piezas de oro. **4** Color blanco mezclado de azul.

PORCENTAJE m. *Mat.* **1** Tanto por ciento. **2** Rendimiento que dan cien unidades.

PORCENTUAL adj. Calculado o expresado en tantos por ciento.

PORCHE m. **1** Soportal, cobertizo. **2** Atrio.

PORCIA Dama romana (? - Roma, 43 a. C.). Hija de Catón de Utica y esposa de Bruto, uno de los asesinos de César. Se suicidó tras la muerte de su marido.

PORCICULTURA f. Arte de criar cerdos.

PORCINO, NA adj. **1** Relativo al puerco. || m. **2** Puerco pequeño. **3** Chichón.

PORCIÓN f. **1** Cantidad segregada de otra mayor. **2** fig. Cantidad que corresponde a cada partícipe en un reparto o distribución. **3** fig. Cantidad de comida que diariamente se da a uno para su alimento. **4** fam. Número considerable e indeterminado. **5** Cuota individual que se reparte entre varios.

PORDENONE Provincia de Italia, región de Friul-Venecia Julia; 2.273 km^2 y 276.005 h. Su capital es la ciudad del mismo nombre.

Pordenone, il (Giovanni Antonio Sacchis, llamado) Pintor italiano (Pordenone, h. 1484 - Ferrara, 1539). Discípulo de Giorgione, destacó en la pintura de frescos. Su mejor óleo es el *San Lorenzo Giustiniani* que pintó para el retablo de Santa Maria dell' Orto en Venecia.

pordiosear intr. **1** Mendigar, pedir limosna. **2** fig. Pedir con humildad una cosa.

pordiosero, ra adj. y s. Se dice del mendigo que pide limosna.

porfía f. Acción de porfiar.

porfiar intr. **1** Disputar obstinadamente y con tenacidad. **2** Importunar con repetición y porfía. **3** Continuar insistentemente una acción para el logro de un intento en que se halla resistencia.

pórfido m. *Geol.* Roca filoniana de textura porfírica, compuesta por cuarzo, feldespatos y minerales ferromagnesianos; muy dura y resistente.

porfiriato m. *Hist.* Nombre del periodo histórico que coincide con la dictadura de Porfirio Díaz en México (1877-1911).

porfírico, ca adj. *Geol.* Se dice de un tipo de textura de rocas, debida a que los cristales de algunos minerales son mucho mayores que el resto.

porfirina f. *Quím.* Grupo de compuestos pigmentados de rojo, con una estructura tetrapirrólica cíclica, que constituyen el núcleo de clorofilas y hemoglobina.

Porfirio Filósofo neoplatónico (Tiro, 232 - Roma, 304). Discípulo de Plotino, dirigió la escuela neoplatónica a su muerte. Dejó una biografía de su maestro, *Vida de Plotino*, y editó algunas de sus obras. Atacó el cristianismo en *Contra los cristianos*, obra desaparecida. Realizó el primer comentario neoplatónico de la filosofía aristotélica, *Isagoge* o *Introducción a las categorías*.

porfirizar tr. *Fís.* Reducir un cuerpo a polvo finísimo.

porfolio m. Conjunto de fotografías o grabados que forman un volumen encuadernable.

pori-; -porio pref. o suf. PORO-.

porífero, ra adj. y m. *Zool.* **1** Se aplica al animal invertebrado acuático, pluricelular, sin simetría ni órganos definidos, pero con varios tipos de células especializadas en distintas funciones, como la esponja. Son acuáticos, generalmente marinos, y viven fijos a cualquier soporte sólido. || m. pl. *Zool.* **2** Tipo de estos animales, los más primitivos dentro de los metazoos.

pormenor m. **1** Detalle. **2** Cosa o circunstancia secundaria.

pormenorizar tr. Describir o enumerar minuciosamente.

porno adj. fam. Apócope de PORNOGRÁFICO.

porno- pref. que significa obscenidad.

pornografía f. **1** Tratado sobre la prostitución. **2** Carácter obsceno de obras literarias o artísticas. **3** Obra literaria o artística de este carácter.

pornográfico, ca adj. **1** Se dice del autor de obras obscenas. **2** Perteneciente o relativo a la pornografía.

poro m. **1** *Biol.* Orificio, imperceptible a simple vista, de la piel de los animales y de los vegetales. **2** *Fís.* Espacio entre las moléculas de los cuerpos. **3** *Fís.* Intersticio entre las partículas de los sólidos de estructura discontinua.

poro-, pori-; -por-; -porio, -poro prefs., in. o sufs. que significan paso.

Poro Rey indio del Punjab (s. IV a. C.). Fue derrotado por Alejandro Magno junto al río Hidaspes el año 326 a. C.

Poros Isla de Grecia, en el Peloponeso; 23 km². Templo de Poseidón, donde se suicidó Demóstenes en 322 a. C. Es la antigua *Calauria*.

porosidad f. Proporción de huecos en un material.

poroso, sa adj. Que tiene poros.

poroto m. *Amér. m.* **1** *Bot.* Especie de alubia. **2** Guiso que se hace con este vegetal.

porque conj. causal. **1** Por causa o razón de que. || conj. final. **2** PARA QUE.

porqué m. Causa, razón o motivo.

porquería f. **1** fam. Suciedad. **2** fig. y fam. Acción sucia o indecente. **3** fig. y fam. Grosería, desatención. **4** fam. Cosa de poco valor. **5** fam. Comida de poco valor nutritivo o indigesta.

porqueriza f. Pocilga de puercos.

porquerizo m. PORQUERO.

porquero, ra m. El que guarda los puercos.

porqueta f. *Zool.* COCHINILLA, crustáceo.

porra f. **1** Palo tosco y fuerte, más grueso por un extremo. **2** CACHIPORRA. **3** Por extensión, instrumento de forma análoga, de diversas materias, usado por los miembros de algunos cuerpos encargados de vigilancia, tráfico, etc. **4** Martillo de bocas iguales y mango largo. **5** Masa frita semejante al churro, pero más gruesa. **6** fig. y fam. Vanidad, jactancia. **7** fig. y fam. Sujeto pesado o molesto. **8** Juego en que varias personas apuestan dinero a un número, resultado, etc. || m. **9** fig. y fam. Entre muchachos, el último en el orden de jugar. || **a la porra** loc. fig. y fam. A PASEO. || **¡porras!** interj. fam. Expresa disgusto o enfado.

porrada f. **1** PORRAZO. **2** fig. y fam. Necedad, disparate. **3** Conjunto o montón de cosas.

porral m. *Agr.* Terreno plantado de puerros.

Porras, Belisario Político panameño (Las Tablas, 1856 - Ciudad de Panamá, 1942). Presidente de la República (1912-16, 1918 y 1920-24).

Porras Barrenechea, Raúl Político e historiador peruano (Pisco, 1897 - Lima, 1960). Ministro de Relaciones Exteriores (1932-36), es autor de *Historia de los límites del Perú* (1926) y *Los cronistas del Perú* (1945).

porrazo m. **1** Golpe que se da con la porra o con otro instrumento. **2** El que se recibe por una caída o por topar con algún cuerpo duro.

porrero, ra adj. y s. fam. Se dice de la persona habituada al consumo de porros.

porreta f. *Bot.* Hojas verdes del puerro, ajos, cebollas y de los cereales antes de formarse la caña. || **en porreta** loc. adv. fam. EN CUEROS.

porrillo, a loc. adv. fam. En abundancia, copiosamente.

porro m. Cigarrillo de hachís o marihuana mezclado con tabaco.

porrón m. **1** Vasija de barro. **2** Redoma de vidrio para beber vino a chorro.

Porsena Rey etrusco (s. VI a. C.). Intentó restablecer a Tarquino el Soberbio en el trono de Roma, pero fracasó en el asedio de la ciudad, defendida por Horacio Cocles y Mucio Escévola.

Port Arthur LÜSHUN.

Port-au-Prince PUERTO PRÍNCIPE.

Port Elizabeth Ciudad de la República Sudafricana, provincia del Cabo Oriental; 303.353 h. Centro industrial, comercial y turístico. Puerto.

Port Harcourt Ciudad de Nigeria, capital del Estado de Rivers; 399.700 h. Petróleo.

Port Louis Ciudad capital de Mauricio, que por sí misma constituye un distrito; 43 km² y 136.217 h. Centro comercial. Puerto.

Port-Lyautey KÉNITRA.

Port Moresby Ciudad capital de Papua-Nueva Guinea y de la provincia Central; 193.242 h. Puerto.

Port Natal DURBAN.

Port-Royal Abadía de religiosas cistercienses fundada por Matilde de Garlande en 1204 en las cercanías de París. Durante el siglo XVII y a partir de las reformas llevadas a cabo por la abadesa Angélique Arnauld, se convirtió en uno de los centros literarios más importantes de Francia. Desde 1637, agrupó a un círculo de intelectuales, de tendencias jansenistas. Entre las personali-

Giacomo della **Porta**. Fachada de la iglesia de Il Gesù (Roma).

dades vinculadas a Port-Royal figuran Pascal, Racine, Quesnel, Arnauld y Nicole. Fue clausurada en 1709.

Port Said Ciudad de Egipto, capital de la gobernación homónima, la cual está constituida únicamente por la propia ciudad; 460.000 h. Puerto. (Véase PELUSIO.)

Port of Spain Ciudad capital de Trinidad y Tobago, en la isla de Trinidad; 52.541 h. Puerto.

Port Vila Ciudad capital de Vanuatu; 19.400 h. Puerto. Centro comercial y turístico.

porta f. *Anat.* Vena formada por la confluencia de la esplénica y las mesentéricas, que penetra en el hígado.

Porta, Giacomo della Arquitecto italiano (Portez, 1539 - Roma, 1602). Discípulo de Vignola, en Roma terminó la cúpula de San Pedro (1585-90), el palacio del Capitolio (1564-94) y la galería del Palacio Farnesio. Erigió la fachada de Il Gesù, comenzada por su maestro, y la de la Trinità dei Monti (1579).

portaaviones m. *Mar.* y *Mil.* Buque de guerra destinado a transportar aviones, con una pista de aterrizaje en la cubierta.

portacartas m. Cartera o valija en que se llevan las cartas.

portada f. **1** *Arquit.* Ornato en la fachada de los edificios. **2** *A. gráf.* Primera plana de los libros impresos, en que figura el título, el nombre del autor y el lugar y año de la impresión. **3** fig. Frontispicio o cara principal de cualquier cosa.

portadilla f. *A. gráf.* **1** Anteportada. **2** En una obra dividida en varias partes, hoja en que sólo se pone el título de la parte siguiente.

portador, ra adj. y s. **1** Que lleva o trae una cosa. **2** *Biol.* Se dice del individuo heterocigoto para un gen recesivo. **3** *Med.* Se dice del individuo que alberga un agente infeccioso susceptible de transmitirse a otros, pero que no presenta signos de la enfermedad. || m. **4** Tenedor de efectos públicos o valores comerciales que no son nominativos.

portaequipaje o **portaequipajes** m. Espacio destinado en los automóviles a guardar el equipaje.

portaestandarte m. El que lleva el estandarte.

portafolio o **portafolios** m. Cartera de mano.

portafusil m. Correa del fusil y otras armas que sirve para llevarlas a la espalda.

portahelicópteros m. *Mar.* y *Mil.* Barco de guerra destinado al transporte, despegue y aterrizaje de helicópteros.

portal m. **1** Zaguán. **2** Soportal. **3** Pórtico.

portalada f. Portada monumental.

portalámpara o **portalámparas** m. Pieza para asegurar el casquillo de las lámparas eléctricas.

portalápiz m. Funda para resguardar la punta de los lápices.

Portalegre Distrito de Portugal; 6.064 km² y 132.400 h. Su capital es la ciudad del mismo nombre.

Portales, Diego Político conservador chileno (Santiago de Chile, 1793 - Cabritería, 1837). De ideas conservadoras, fue uno de los promotores de la Revolución de 1829. Ocupó varias carteras ministeriales. Murió fusilado, víctima de un motín militar.

portalibros m. Correas en que los escolares llevaban los libros y cuadernos.

portaligas f. *Arg.* y *Chile* LIGUERO.

portalón m. **1** Puerta grande. **2** *Mar.* Puerta en el costado del buque.

portamantas m. Correas enlazadas para sujetar las mantas o abrigos para el viaje.

portaminas m. Instrumento de metal o plástico que contiene minas cilíndricas recargables y que se utiliza como lápiz.

portamonedas m. Bolsita o cartera para llevar dinero.

Port Louis (Mauricio).

PORTANARIO m. *Anat.* PÍLORO.
PORTANTE adj. 1 *Zool.* Se dice de los cuadrúpedos que amblan. También s. || m. 2 Paso de los animales que amblan. 3 Andares y piernas del hombre. || **coger** o **tomar el portante** fr. fig. y fam. Irse.
PORTAOBJETO o **PORTAOBJETOS** m. *Fís.* Pieza del microscopio, o lámina adicional en que se coloca el objeto para observarlo.
PORTAPAZ amb. Placa de metal, madera, etc., con alguna imagen o símbolo que se besaba en la ceremonia de la paz durante la misa.
PORTAPLUMAS m. Mango en que se coloca la pluma metálica para escribir.
PORTAR tr. 1 Llevar o traer. 2 Traer el perro al cazador la pieza cobrada. || prnl. 3 Conducirse, obrar. Se utiliza seguido de los adverbios *bien* o *mal*, u otros semejantes. 4 No defraudar una persona a lo que se esperaba de ella. || intr. *Mar.* 5 Hablando de velas y aparejos, ir en viento.
PORTÁTIL adj. Movible y fácil de transportar.
PORTAVIONES m. PORTAAVIONES.
PORTAVOZ com. 1 Persona que representa a una comunidad. 2 Funcionario autorizado para divulgar de manera oficiosa lo que piensa un gobierno. || m. *Mil.* 3 BOCINA.
PORTAZGO m. *Hist.* 1 Antiguo impuesto, que se pagaba por pasar por un sitio determinado. 2 Edificio donde se cobraba.
PORTAZO m. 1 Golpe fuerte que se da con la puerta, o el que ésta da movida por el viento. 2 Acción de cerrar la puerta para desairar a uno o despreciarle.
PORTBOU PORT BOU.
PORTE m. 1 Acción de portear o llevar. 2 Cantidad que se paga por llevar o transportar una cosa. 3 Aspecto físico y forma de moverse o desenvolverse una persona. 4 Categoría o condición de una cosa.
PORTEAR tr. 1 Conducir o llevar de una parte a otra una cosa. || prnl. 2 Pasarse de una parte a otra.
PORTENTO m. 1 Cosa, acción o suceso que causa admiración o terror. 2 Persona admirable por alguna condición.
PORTEÑO, ÑA adj. y s. Se dice de los naturales de diversas ciudades de España y América en las que hay puerto, especialmente de los naturales de Buenos Aires.
PORTER, COLE Compositor estadounidense (Perú, Indiana, 1893 - Santa Mónica, 1964). Escribió operetas y musicales para Broadway, algunos de los cuales fueron llevados al cine: *The Gay Divorcee* (1932), *Jubilee* (1935), *Dubarry Was a Lady* (1940) y *Kiss Me, Kate* (1948).
PORTER, SIR GEORGE Científico inglés (Stainforth, 1920). En 1967 recibió el premio Nobel de Química, compartido con Norrish y Manfred Eigen por su estudio de la reacción de disociación y reconstitución de la molécula biatómica de cloro.
PORTER, KATHERINE ANNE Escritora estadounidense (Indian Creek, 1894 - Silver Spring, 1980). Autor de *Hacienda* (1934) y *La nave de los locos* (1962). En 1965 se le concedió el premio Pulitzer por *Narraciones escogidas*.
PORTER, RODNEY ROBERT Biólogo británico (Ashton, 1917 - Newbury, 1985). En 1972 recibió el premio Nobel de Fisiología y Medicina, compartido con Edelman, por sus descubrimientos sobre la estructura química de los anticuerpos.
PORTERÍA f. 1 Pabellón, garita o pieza del zaguán de los edificios destinada al portero. 2 Empleo u oficio de portero. 3 Su habitación. 4 *Dep.* En el juego del fútbol y otros semejantes, marco rectangular formado por dos postes y un larguero, por el cual ha de entrar la pelota para marcar tantos.
PORTERO, RA adj. 1 Se dice del ladrillo que no se ha cocido bastante. || m. y f. 2 Persona que tiene a su cargo el guardar, cerrar y abrir el portal de un edificio, vigilar la entrada y salida de personas, etc. 3 *Dep.* Jugador que en algunos deportes defiende la portería de su equipo. || **PORTERO AUTOMÁTICO** Mecanismo eléctrico para abrir los portales en las casas de vecinos desde el interior de las viviendas.
PORTES GIL, EMILIO Político mexicano (Ciudad Victoria, 1890 - Ciudad de México, 1978). Presidente interino de la República (1928-30), fundó el Partido Nacional Revolucionario, después Partido Revolucionario Institucional (PRI). Defendió la separación entre iglesia y Estado. Escribió *Proyecto del Código Federal del Trabajo* (1928) y *La lucha entre el Poder civil y el clero* (1934).
PORTETE Nudo montañoso de Ecuador, cercano a Cuenca. Su altura máxima es de 4.000 m.
PORTETE o **PORTETE DE TARQUI** Lugar de Ecuador, cerca de Tarqui (Azuay). En su término tuvo lugar la batalla que dio fin a la campaña entre peruanos y colombianos (1828).
PORTEZUELA f. 1 Diminutivo de PUERTA. 2 Puerta de carruaje.

Cole Porter

PORTEZUELO DE LAS ÁNIMAS Monte de Argentina, en Tucumán; 4.150 m de altura.
PORTICADO, DA adj. *Arquit.* Se dice de la construcción que tiene soportales.
PÓRTICO m. *Arquit.* 1 Sitio cubierto y con columnas que se construye delante de los templos u otros edificios. 2 Galería con arcadas o columnas a lo largo de un muro de fachada o patio.
PORTILLA f. 1 Paso, en los cerramientos de fincas rústicas, para carros, ganados o peatones. 2 *Mar.* Abertura pequeña en los costados de los buques.
PORTILLO m. 1 Abertura en las murallas, paredes o tapias. 2 Postigo o puerta chica en otra mayor. 3 Camino angosto entre dos alturas. 4 fig. Paso o entrada que se abre en un muro, vallado, etc. 5 fig. Mella o hueco en una cosa quebrada.
PORTILLO Estación invernal de Chile, cerca de Los Andes (Valparaíso).
PORTILLO, ALFONSO Abogado y economista guatemalteco (Zacapa, 1951). Diputado de la Democracia Cristiana, entró más tarde en el Frente Republicano Guatemalteco. Candidato a la presidencia del país en 1995, resultó elegido para dicho cargo en las elecciones de 1999 y concluyó su mandato en diciembre de 2003.
PORTINARI, BEATRICE Dama florentina (s. XIII). Fue inmortalizada por Dante en su *Divina Comedia*.
PORTINARI, CÁNDIDO Pintor brasileño (Santa Rosa, 1904 - Rio de Janeiro, 1962). Obras: paneles para el salón de sesiones de la Biblioteca del Congreso de Washington (1942), los frescos en Radio Tupí, São Paulo (1943) y las tablas *Guerra y Paz* (ONU, Nueva York, 1952-56).

PORTLAND Ciudad de EE UU, Estado de Oregón; 450.777 h.
PORTLAND Península del Reino Unido, en Inglaterra.
PORTO ALEGRE Ciudad de Brasil, capital del Estado de Rio Grande do Sul; 1.237.223 h.
PORTO-NOVO Ciudad capital de Benín y de la provincia de Oueme; 177.660 h.
PORTO VELHO Ciudad de Brasil, capital del Estado de Rondônia; 226.198 h.
PORTOCARRERO DE LA VEGA, MELCHOR ANTONIO Militar y administrador colonial español (Madrid, 1636 - Lima, 1705). Ministro del Consejo de Guerra y de la Junta de Indias, en 1686 fue nombrado virrey de Nueva España. Entre 1689 y 1705 desempeñó idéntico cargo en el Perú.
PORTÓN m. Puerta que divide el zaguán del resto de la casa.
PORTORRIQUEÑO, ÑA adj. y s. PUERTORRIQUEÑO.
PORTOVIEJO Ciudad de Ecuador, capital de la provincia de Manabí; 163.758 h.
PORTSMOUTH Ciudad del Reino Unido, en Inglaterra; 188.800 h. Constituye un Consejo unitario.
PORTUARIO, RIA adj. Relativo al puerto de mar.
PORTUGAL (*República Portuguesa*) Estado del extremo SO de Europa, que forma con España la península Ibérica. Limita al N y E, con España; al S y O, con el océano Atlántico.

Superficie: 91.831 km².
Población: 10.005.000 h. (*portugueses*).
Densidad: 108,3 h./km².
Tasa de natalidad: 11,5‰.
Tasa de mortalidad: 10,3‰.
Capital: Lisboa.
Ciudades principales: Oporto, Coimbra, Braga, Barreiro, Setúbal, Évora, Cascaes.
Grupos étnicos: portugueses (99,5%).
Religión: catolicismo (96%).
Idioma: portugués.
Moneda: euro.
Forma de Estado: república parlamentaria.
Producto Nacional Bruto: 106.391 millones de dólares.
Renta per cápita: 10.670 dólares.
División administrativa: 18 distritos y 2 regiones autónomas, según cuadro. En 1996 el Parlamento aprobó la regionalización del país, que se concretó en la creación de 9 regiones: Minho, Tras os Montes, Beira Litoral, Beira Interior, Ribatejo, Lisboa, Alto Alentejo, Bajo Alentejo y Algarve.

PORTUGAL

Distritos	Superficie (km²)	Población (h.)	Capitales
Portugal continental			
Aveiro	2.800	658.400	Aveiro
Beja	10.223	166.500	Beja
Braga	2.695	754.700	Braga
Bragança	6.597	154.700	Bragança
Castelo Branco	6.616	211.800	Castelo Branco
Coimbra	3.971	425.400	Coimbra
Évora	7.396	172.400	Évora
Faro	4.986	342.000	Faro
Guarda	5.540	185.400	Guarda
Leiria	3.508	426.200	Leiria
Lisboa	2.758	2.048.000	Lisboa
Oporto	2.341	1.652.000	Oporto
Portalegre	6.064	132.400	Portalegre
Santarém	6.707	441.900	Santarém
Setúbal	5.064	716.200	Setúbal
Viana do Castelo	2.210	248.300	Viana do Castelo
Vila Real	4.305	233.100	Vila Real
Viseu	5.009	398.800	Viseu
Regiones autónomas			
Azores	2.247	237.800	Ponta Delgada
Madeira	794	253.800	Funchal

proclamado emperador su hijo Pedro. La revolución de 1910 puso fin al reinado de Manuel II y a la monarquía portuguesa; se formó un gobierno provisional, presidido por Teófilo Braga, hasta que fue proclamada oficialmente la República en 1911. Un golpe de Estado militar (1926) dio el poder al general Óscar Carmona, reelegido presidente hasta 1951, en que murió. Nombrado primer ministro Oliveira Salazar (1932), el nuevo régimen desarrolló un esquema corporativista, basando su política en el llamado *Estado Novo*. Le sustituyó su colaborador Marcelo Caetano (1968). Ante la radicalización de los movimientos de liberación de las colonias africanas (Guinea-Bissau, Cabo Verde, Santo Tomé y Príncipe, Angola, Mozambique), el gobierno se vio incapaz de atajar el creciente malestar dentro del propio ejército. El 25 de abril de 1974, un movimiento militar puso fin a la dictadura en un proceso que contó desde un principio con el apoyo popular *(revolución de los claveles)*. El general Spínola fue elegido presidente de la Junta de Salvación Nacional y presidente de la República. Tras un intento de golpe derechista, dimitió Spínola, y fue sustituido por Francisco da Costa Gomes. En 1975 se produjo otro intento de golpe derechista, en el que parecía estar implicado Spínola; fracasó, y éste huyó del país. Se creó el Consejo de la Revolución, que reemplazó a la Junta de Salvación Nacional. En 1975 un grupo de militares izquierdistas intentaron, sin éxito, un golpe de Estado, y se culminó el proceso descolonizador con la concesión de la independencia de las antiguas colonias. En 1976 fue promulgada la nueva Constitución, y en las elecciones legislativas triunfó el Partido Socialista. Elegido presidente de la República R. Ramalho Eanes, éste designó como primer ministro a Mário Soares. Tras una crisis ministerial, el presidente nombró a Alfredo Nobre da Costa (1978) y a Carlos Mota Pinto (1979), quien presentó su renuncia al presidente, convocándose elecciones en diciembre. Los resultados favorecieron al Partido de Alianza Democrática, de centro-derecha, y Francisco Sa Carneiro fue designado primer ministro, confirmado en las de 1980. Ese mismo año murió en accidente de aviación Sa Carneiro, que fue reemplazado en su cargo por Pinto Balsemão. En 1983 y tras la renuncia de Balsemão, los socialistas vuelven al poder con Soares como primer ministro, quien formó un nuevo gobierno en coalición con los socialdemócratas. La coalición gobernante se rompió en 1985, lo que provocó la dimisión de Soares. En las legislativas de ese año el Partido Social Demócrata se convirtió en la primera fuerza política del país, y su líder, Aníbal Cavaco Silva, formó gobierno en minoría. En 1986, poco después del ingreso de Portugal en la UE, fue elegido presidente Soares, quien un año después convocó elecciones anticipadas para resolver la crisis abierta tras prosperar la moción de censura contra el Gobierno, presentada por el Partido Renovador Democrático y respaldada por los tres partidos de izquierda, mayoritarios en la cámara. Los comicios dieron el triunfo a Aníbal Cavaco Silva, nuevamente derribado por una moción de censura en 1988; sin embargo, las elecciones generales de ese año le proporcionaron la mayoría absoluta. Las elecciones presidenciales de enero de 1991 confirmaron a Mário Soares en el cargo, y las generales de octubre ratificaron a Cavaco Silva. El signo del Gobierno cambió con la victoria del Partido Socialista en las elecciones de 1995. Su líder, Antonio Guterres, se convirtió en el nuevo primer ministro. Un año después, Jorge Sampaio derrotó a Cavaco Silva en las elecciones presidenciales. En enero de 1999 Portugal se integró en la Unión Monetaria y, tras las elecciones legislativas celebradas a finales de ese año, Guterres continuó presidiendo el Ejecutivo. En 2001 Sampaio fue reelegido como presidente. En diciembre de 2002 dimitió Guterres y en marzo del año siguiente se celebraron elecciones legislativas anticipadas, que ganó el Partido Social Demócrata. Su líder, José M. Durão Barroso, fue nombrado primer ministro. En julio de 2004 éste fue designado para ocupar la presidencia de la Comisión Europea y fue sustituido como primer ministro por Pedro Santana Lopes.

Geog. El relieve es una continuación del de España. Contrastan sus zonas de montaña en el sector septentrional, entre el Duero y la frontera con Galicia, donde se alzan las sierras de Marão, Mogadouro y Nogueira, que superan los 1.400 m de altura, con el sector central, entre el Duero y el Tajo, donde se halla una prolongación del sistema Central español en la sierra de la Estrella, la máxima altura del país (1.993 m), y las extensas planicies meridionales, al S del Tajo. Los cursos bajos del Miño, Duero, Tajo y Guadiana constituyen la principal red hidrográfica. Propiamente portugueses son el Mondego, Vouga, Zézere, Sado y Mira. La costa es baja y generalmente rectilínea. Su economía se asienta en las actividades agrícolas y marineras. Existen desequilibrios entre el N, con minifundios y policultivo intensivo, y el S, explotado mediante latifundios y agricultura extensiva. Importante pesca, base de la industria conservera de sardinas y atún. Corcho. Minería. Industria siderúrgica, metalúrgica, textil, cerámica, vitivinícola (Madeira, Oporto) y de aceite de oliva. Turismo.

Hist. Los lusitanos, de origen celta, opusieron resistencia a la dominación romana, acaudillados por Viriato. La pacificación de *Lusitania* fue concluida por César (61 a. C.). Siguió el dominio de los suevos y después el de los visigodos. La invasión de la península por parte de los árabes (711) significó la formación de organismos autónomos (los *concelhos*), posteriormente reconocidos y protegidos por los reyes, que encontraron su apoyo en la lucha contra los señores feudales. Constituido en condado (siglo X), Portugal fue durante muchos años feudo de Castilla. En 1138, Alfonso Enríquez venció a los musulmanes en Ourique, proclamándose rey, aunque tuvo que reconocerse vasallo de León (1143). La independencia de Portugal se consolidó en el reinado de su hijo Sancho (1185-1211). De 1358 a 1580 se mantuvo en el trono la casa de Avís; durante este periodo se incluyen los grandes descubrimientos y exploraciones portuguesas en África, Asia y América (Brasil). La muerte sin descendencia del rey Sebastián (1578) dio lugar a una lucha por la sucesión, que fue aprovechada por España para unir ambos reinos en la persona de Felipe II (1580). En 1640 obtiene la independencia (reconocida por España en 1688), ocupando el trono el duque de Braganza. José I (1750-77), con la ayuda del marqués de Pombal, intentó destruir el poderío de los nobles e imponer la renovación económica y política del país. Ante la invasión de Napoleón, en 1807, la corte se trasladó a Brasil, donde permaneció hasta 1821. A su vuelta a Lisboa, Juan VI aceptó la Constitución. Brasil se declaró independiente (1822), siendo

PORTUGUÉS, SA adj. y s. **1** De Portugal. || m. **2** *Ling.* Lengua románica que se habla en Portugal, Brasil y antiguas posesiones portuguesas. Es una continuación histórica del gallego-portugués, hablado en Galicia y N de Portugal en la Edad Media. **3** *Num.* Moneda de oro que circulaba en España hacia 1570 y valía 10 ducados.

PORTUGUESA Estado de Venezuela; 15.200 km² e 943.755 h. Su capital es Guanare.

PORTUGUESA Río de Venezuela, que nace en la sierra de Portuguesa, al S del Estado de Lara, y desemboca en el Apure; 586 km de curso.

PORTUGUESA, SIERRA DE Conjunto montañoso venezolano en el límite de los Estados de Lara y Portuguesa. También llamada *Barquisimeto*.

PORTUGUESISMO m. *Ling.* Voz o giro propio de la lengua portuguesa.

Poseidón de Artemisio. Escultura griega del siglo v a. C. Museo Nacional (Atenas).

portulacáceo, a adj. y f. *Bot.* **1** Se dice de la planta angiosperma dicotiledónea, herbácea o fruticosa, con tépalos y estambres cíclicos y poco numerosos, como la verdolaga. || f. pl. *Bot.* **2** Familia de estas plantas.

portulano m. **1** Colección de planos de varios puertos, encuadernada en forma de atlas. **2** En la Edad Media, carta marina.

Portuondo, José Antonio Ensayista cubano (Santiago, 1911). Autor de *El heroísmo intelectual* (1953), *Estética y revolución* (1963) y *Astrolabio* (1973).

porvenir m. Suceso o tiempo futuro.

pos-, post- prefs. que significan detrás o después de.

pos, en loc. adv. Detrás, siguiendo o persiguiendo alguna cosa.

posada f. **1** Casa pública en la que por dinero se da albergue a los viajeros. **2** Casa de huéspedes. **3** Lugar donde acampa la tropa. **4** Estuche compuesto de cuchara, tenedor y cuchillo. **5** Alojamiento. **6** Precio del hospedaje.

Posada, José Guadalupe Grabador mexicano (Aguascalientes, 1852 - Ciudad de México, 1913). Sus «calaveras», en las que satirizó hechos y costumbres de su tiempo, son célebres por su gracia e ironía.

Posadas Ciudad de Argentina, capital de la provincia de Misiones; 210.755 h. Puerto.

Posadas, Gervasio Antonio de Político argentino (Buenos Aires, 1757 - íd., 1833). Fue el primer director supremo de las Provincias Unidas del Río de la Plata (1814-15).

posaderas f. pl. Nalgas.

posadero, ra m. y f. Persona que está a cargo de una posada.

posar intr. **1** Alojarse en una posada o casa particular. **2** Descansar, reposar. **3** Hablando de aves, de aviones o de mecanismos astronaúticos, asentarse después de haber volado. También prnl. **4** Permanecer en determinada postura para retratarse o servir de modelo a un pintor o escultor. || tr. **5** Soltar la carga para descansar. **6** Poner suavemente. || prnl. **7** Depositarse en el fondo las partículas sólidas que están en suspensión en un líquido, o caer el polvo sobre las cosas o en el suelo.

posavasos m. Soporte de cualquier material, utilizado para que los vasos de bebida no dejen huella en las mesas.

posbélico, ca adj. Posterior a una guerra.

posdata o **postdata** f. Texto que se añade a una carta ya concluida y firmada.

pose f. Postura poco natural, afectación en la manera de hablar y comportarse.

poseer tr. **1** Tener uno algo en su poder. **2** Saber suficientemente algo. **3** Tener un hombre relación carnal con una mujer. || prnl. **4** Dominarse uno a sí mismo. ♦ IRREG. Se conjuga como CAER.

poseído, da adj. y s. POSESO.

Poseidón o **Posidón** *Mit.* Hijo de Crono y Rea. Dios del mar, se le representa con un tridente en la mano. Es el romano *Neptuno*.

posesión f. **1** Acto de poseer o tener una cosa. **2** Apoderamiento del espíritu del hombre por otro espíritu que obra en él como agente interno. **3** Cosa poseída. **4** Finca rústica. **5** Territorio situado fuera de las fronteras de una nación, que le pertenece por convenio, ocupación o conquista. Más en pl. || **tomar posesión** fr. Ejecutar algo que muestre ejercicio del derecho, uso o libre disposición de la cosa que se entra a poseer.

posesionar tr. y prnl. Poner en posesión de una cosa.

posesivo, va adj. **1** Relativo a la posesión. **2** *Gram.* PRONOMBRE POSESIVO. También. s.

poseso, sa adj. y s. Se dice de la persona que padece posesión de algún espíritu.

posfijo m. POSTFIJO.

posguerra f. Tiempo inmediato a la terminación de una guerra.

posibilidad f. **1** Aptitud, potencia u ocasión para ser o existir las cosas. **2** Opción o facultad para hacer o no hacer una cosa. **3** Medios disponibles, hacienda propia. Más en pl.

posibilismo m. Tendencia a aprovechar, para la realización de determinados fines e ideales, las posibilidades existentes en doctrinas, instituciones, etc., aunque no sean afines a aquéllos.

posibilitar tr. Facilitar y hacer posible una cosa.

posible adj. **1** Que puede ser o suceder; que se puede ejecutar. || m. **2** Posibilidad, facultad. || m. pl. **3** Bienes, rentas o medios que uno posee o goza. || **hacer** uno **lo posible,** o **todo lo posible** fr. No omitir esfuerzo para conseguir una cosa.

posición f. **1** Figura o actitud en que alguien o algo está puesto. **2** Acción de poner. **3** Categoría o condición social de cada persona respecto a las demás. **4** Acción y efecto de suponer. **5** Situación o disposición. **6** Actitud o manera de pensar, obrar o conducirse respecto de cierta cosa. **7** *Astron.* Situación de un astro en la esfera celeste, determinada por dos coordenadas.

posicionar intr. y prnl. Tomar posición.

Posidón POSEIDÓN.

Posidonio Filósofo griego (Apamea, 135 - Roma, 51 a. C.). Representante de la escuela estoica, fue maestro de Cicerón. Intentó unir las doctrinas de Platón y Aristóteles y sobresalió como astrónomo.

positivismo m. **1** Calidad de atenerse a lo positivo. **2** Demasiada afición a comodidades y goces. **3** *Filos.* Doctrina filosófica formulada por A. Comte, que sólo confiere validez científica a los conocimientos que proceden de la experiencia, rechazando las nociones *a priori* y todo concepto universal y absoluto. Entre sus principales representantes de esta doctrina se encuentran J. Stuart Mill, H. Spencer, E. Mach, R. Avenarius y H. Vaihinger. || **positivismo lógico** *Filos.* NEOPOSITIVISMO.

positivo, va adj. **1** Cierto, que no ofrece duda. **2** Por oposición a negativo, se aplica a lo consistente en la existencia y no en su falta. **3** Se aplica a lo que es útil o práctico. **4** Se dice del que busca la realidad de las cosas o su aspecto práctico. **5** *Der.* DERECHO POSITIVO. **6** *Gram.* ADJETIVO POSITIVO. **7** *Lóg.* Afirmativo. **8** *Mat.* Se dice del número entero mayor que cero. **9** *Mat.* Se dice de la cantidad que va precedida del signo +.

pósito m. *Hist.* **1** Instituto de carácter municipal que se utilizaba antiguamente para el acopio de granos y préstamo de los mismos a los labradores y vecinos en tiempo de escasez. **2** Casa o depósito en que se guardaba dicho grano. **3** Por extensión, ciertas asociaciones formadas para cooperación entre personas de clase humilde.

positrón o **positón** m. *Fís.* Partícula elemental de las mismas características que el electrón, pero de carga positiva; es la antipartícula del electrón.

posma f. **1** fam. Pesadez. || com. **2** fig. y fam. Persona lenta y pesada. También adj.

posmeridiano m. POSTMERIDIANO.

posmodernidad f. *Filos.* Denominación que recibe un conjunto de tendencias filosóficas diversas, elaboradas durante la segunda mitad del siglo XX, bajo la influencia del pensamiento de Nietzsche, Freud y Heidegger. Aunque se caracteriza por su eclecticismo y heterogeneidad, todas las tendencias agrupadas bajo este nombre coinciden en su actitud crítica hacia el racionalismo y en la adopción de nuevas formas de expresión. Entre sus principales representantes están M. Foucault, G. Deleuze, P. Ricoeur, J. Derrida y G. Vatimo, entre otros.

Posnania *Geog. hist.* Región histórica de Polonia, que desde el siglo XVII hasta 1919 perteneció a Prusia. El tratado de Versalles la restituyó a Polonia, aunque durante el siglo XIX había sido objeto de un importante proceso de germanización. Ocupada por Alemania durante la Segunda Guerra Mundial, en 1945 pasó definitivamente a Polonia.

poso m. **1** Sedimento de un líquido. **2** Quietud, reposo.

posología f. *Med.* Parte de la terapéutica que trata de las dosis en que deben administrarse los medicamentos.

posón m. Asiento cilíndrico de esparto o anea.

pospalatal adj. y f. *Anat.* POSTPALATAL.

posponer tr. **1** Aplazar, dejar una cosa para más adelante. **2** Colocar a una persona o cosa después de algo. **3** fig. Apreciar a una persona o cosa menos que a otra. ♦ IRREG. Se conjuga como PONER.

pospretérito m. *Ling.* En terminología de Bello, condicional simple.

post- pref. POS-.

post meridiem expr. lat. Después del mediodía. Su forma abreviada es *p.m.* o *P. M.*

post scriptum loc. lat. Equivale a POSDATA. Se usa como sustantivo masculino.

posta f. **1** ant. Conjunto de caballerías que se apostaban en los caminos a distancia de dos o tres leguas para que los tiros, los correos, etc., pudiesen ser renovados. **2** Casa o lugar donde estaban las postas. || **a posta** loc. adv. APOSTA.

postal adj. **1** Concerniente al ramo de correos. **2** TARJETA POSTAL. También f. **3** CASILLA POSTAL. **4** GIRO POSTAL.

postdata f. POSDATA.

postdorsal adj. *Fon.* **1** Se dice del sonido cuya articulación se forma con la parte posterior del dorso de la lengua. **2** Se dice de la letra que representa este sonido, como la *k*. También f.

poste m. **1** Madero, piedra o columna colocada verticalmente para servir de apoyo o señal. **2** Cada uno de los dos palos verticales de la portería de fútbol y de otros deportes.

postema f. *Med.* Absceso que tiene o echa pus.

póster m. Cartel grande de carácter pictórico o decorativo.

postergar tr. **1** Dejar atrasada una cosa, respecto al lugar o al tiempo. **2** Tener en menos a una persona o cosa que a otra.

posteridad f. **1** Descendencia o generación venidera. **2** Fama póstuma. **3** Tiempo futuro.

posterior adj. **1** Que fue o viene después, o está o queda detrás. **2** *Ling.* Se dice del fonema que se articula en la segunda mitad bucal.

postfijo, ja adj. y s. SUFIJO.

postgrado m. Estudios que se cursan como continuación de la licenciatura universitaria.

postigo m. **1** Puerta falsa que normalmente está colocada en sitio poco importante de la casa. **2** Puerta que está fabricada en una pieza sin tener división ni más de una hoja. **3** Puerta pequeña abierta en otra mayor. **4** Cada una de las puertecillas que hay en las ventanas o puertaventanas. **5** Tablero sujeto con bisagras o goznes en el marco de una puerta o ventana para cubrir cuando conviene la parte acristalada. **6** Cualquiera de las puertas no principales de una ciudad o villa.

postila f. APOSTILLA.

postilar tr. Glosar o apostillar un texto.

postilla f. *Med.* Costra que se forma en las llagas o granos cuando se van secando.

postimpresionismo m. *Pint.* Tendencia pictórica surgida a partir de 1880. Rechazó las limitaciones pictóricas del impresionismo y manifestaron una tendencia hacia la reconstrucción de la línea y la forma. Entre sus representantes están Van Gogh, Cézanne, Gauguin y Toulouse-Lautrec.

postín m. Boato, importancia afectados o sin fundamento. || **darse postín** fr. Darse importancia.

postizo, za adj. **1** Agregado, sobrepuesto. || m. **2** Peluca o cabellera artificial.

postmeridiano, na adj. Relativo a la tarde, o que es después de mediodía.

postmodernidad f. POSMODERNIDAD.

postnominal adj. *Gram.* Se dice de la palabra que se deriva de un sustantivo o de un adjetivo.

postnova f. *Astron.* Nova después del máximo de magnitud.

postónico, ca adj. Se dice de los elementos de la palabra que están después de la sílaba tónica.

postoperatorio, ria adj. y m. *Med.* Relativo al periodo inmediatamente posterior a una intervención quirúrgica. También se escribe *posoperatorio.*

postor m. El que ofrece precio en una subasta o almoneda, licitador.

postpalatal adj. *Fon.* **1** Se dice del sonido para cuya pronunciación choca la raíz de la lengua contra el velo del paladar. **2** Se dice de la letra que representa este sonido, como la *k* ante vocal. También f.

postimpresionismo. *La Bella Ángela.* Cuadro de Paul Gauguin. Museo d'Orsay (París).

POSTRACIÓN f. Abatimiento por enfermedad o aflicción.

POSTRAR tr. 1 Rendir o humillar una cosa. 2 Debilitar. También prnl. || prnl. 3 Hincarse de rodillas, humillándose.

POSTRE adj. 1 POSTRERO. || m. 2 Fruta, dulce u otras cosas que se sirven al final de las comidas. || **a la postre** loc. adv. Al fin.

POSTRERO, RA adj. 1 Último en una serie. 2 Último en el lugar.

POSTRIMERÍA f. 1 Último periodo u últimos años de la vida. 2 Periodo último de la duración de una cosa. Más en pl.

POSTULADO m. 1 *Filos*. Principio de un sistema deductivo, que se admite sin demostración y sirve de base para ulteriores razonamientos. 2 *Mat*. Supuesto que se establece para fundar una demostración. 3 Idea o principio que se postula.

POSTULANTE, TA m. y f. Persona que pide ser admitido en una comunidad religiosa.

POSTULAR tr. 1 Pedir. 2 Sostener o defender una idea o principio.

PÓSTUMO, MA adj. 1 Que sale a luz después de la muerte del padre o autor. 2 Se dice de los elogios, honores, etc., que se tributan a un difunto.

PÓSTUMO, MARCO CASIANO LATINO Emperador romano (? - ?, 268 d. C.). Uno de los *treinta tiranos* que se disputaron el Imperio en tiempos de Galieno. Fue proclamado emperador en las Galias (258-268) por sus tropas, que acabaron matándole.

POSTURA f. 1 Planta, acción, figura, situación o modo en que está puesta una persona, animal o cosa. 2 Precio que el comprador ofrece por una cosa que se vende o arrienda. 3 En los juegos de azar, cantidad que arriesga un jugador en cada suerte. 4 Posición o actitud que alguien adopta respecto de algún asunto.

Potosí (Bolivia). Minas de estaño.

POSTVENTA f. *Com*. Periodo de tiempo que sigue a la venta de un artículo, durante el cual, la firma expendedora o el fabricante ofrece servicios de asistencia, mantenimiento o reparación.

POSTVERBAL adj. *Gram*. Se dice de la palabra que se deriva de una forma verbal.

POTABILIZAR tr. *Quím*. Hacer potable.

POTABLE adj. Que se puede beber.

POTAJE m. 1 *Gastron*. Caldo de olla u otro guisado. 2 *Gastron*. Por antonomasia, legumbres guisadas con verduras y otros ingredientes. 3 fig. Conjunto de varias cosas inútiles mezcladas.

POTALA Colina de Lhasa, donde se halla situada el palacio del Dalai Lama.

POTÁMIDE f. *Mit*. Ninfa de los ríos. Más en pl.

POTAMIUM *Ecol*. Comunidad fluvial.

POTAMO-; -PÓTAMO, -POTAMIA pref. o sufs. que significa río: *hipopótamo, Mesopotamia*.

POTAMOPLANCTON *Ecol*. Plancton de los ríos.

POTAMOQUERO m. *Zool*. Mamífero artiodáctilo de nombre científico *Potamochoerus porcus*, de 1,55 m de longitud, parecido a un jabalí pero con dos prominencias o verrugas córneas a ambos lados de los ojos. El pelaje es castaño rojizo, con crin y un largo mechón de pelos en las puntas de las orejas. Vive en el África subsahariana.

POTASA f. 1 *Geol*. Roca evaporítica rica en sales potásicas (EVAPORITA). 2 *Quím*. Carbonato potásico. || **PO-**

TASA CÁUSTICA *Quím*. Hidróxido potásico. Se usa en la fabricación de jabones.

POTASIO m. *Quím*. Elemento químico del grupo I A del sistema periódico. Masa atómica, 39,1; número atómico, 19; punto de fusión, 63,5 ºC; símbolo, K. || **POTASIO ARGÓN** *Arqueol*. Método de datación arqueológica basado en el isótopo ^{40}K del potasio.

POTE m. 1 Vasija redonda, con barriga y boca ancha y con tres pies, que servía para cocer viandas. 2 Medida y pesa que sirve de patrón para arreglar otras. 3 Comida equivalente en Galicia y Asturias a la olla de Castilla.

POTEMKIN, GRIGORI ALEKSANDROVICH Noble ruso (Chizhera, 1739 - Iasi, Rumania, 1791). Favorito de Catalina II, influyó en el gobierno del imperio. Anexionó Crimea (1783), colonizó esta región y Nueva Rusia, y fundó Sebastopol (1784). Mariscal de campo (1784), organizó la flota del mar Negro. Fue comandante en jefe de las tropas rusas durante la segunda guerra ruso-turca (1787-91).

POTENCIA f. 1 Virtud para ejecutar algo o producir un efecto. 2 Virtud generativa. 3 Poder y fuerza de un Estado. 4 Nación o Estado soberano. 5 fig. Persona o entidad poderosa o influyente. 6 *Filos*. Modo de ser contrapuesto al ACTO, que confiere al objeto la posibilidad de pasar de un estado a otro distinto, y que constituye el principio del movimiento. Frente al acto, la potencia es la capacidad pasiva de llegar a ser. 7 *Filos*. Cualquiera de las tres facultades del alma: entendimiento, voluntad y memoria. 8 *Fís*. Cociente entre el trabajo y el tiempo, o producto de la fuerza por la velocidad. 9 *Fís*. Energía que suministra un generador en cada unidad de tiempo. 10 *Geol*. Espesor de un estrato o formación geológica. 11 *Mat*. Producto que resulta de multiplicar una cantidad por sí misma una o más veces. Se expresa de la forma a^n, denominándose a como *base* y n como *exponente*.

POTENCIAL adj. 1 Que tiene o encierra en sí potencia, o perteneciente a ella. 2 Se dice de las cosas que tienen la virtud o eficacia de otras y equivalen a ellas. 3 Que puede suceder o existir, en contraposición de lo que existe. || m. 4 Fuerza o poder disponibles para determinado orden. 5 *Gram*. CONDICIONAL. 6 *Gram*. MODO POTENCIAL. 7 *Fís*. Magnitud que expresa la diferencia de tensión entre dos puntos de un circuito. 8 *Fís*. Función matemática que permite determinar la duración de un campo de fuerza en un punto dado de éste.

POTENCIAR tr. Comunicar potencia a una cosa o incrementar la que ya tiene.

POTENCIÓMETRO m. *Tecnol*. 1 Resistencia variable de los aparatos de radio y televisión y de los magnetófonos y tocadiscos para regular el volumen y tono de los sonidos, o el contraste y brillo de las imágenes. 2 Aparato para medir diferencias de potencial.

POTENTADO m. Persona poderosa y opulenta.

POTENTE adj. 1 Que tiene poder, eficacia o virtud para algo. 2 Se dice del que tiene capacidad y medios para dominar. 3 Se dice del que tiene grandes riquezas.

POTENZA Provincia de Italia, región de Basilicata; 6.545 km² y 405.495 h. Su capital es la ciudad del mismo nombre.

POTERNA f. En los fuertes y castillos, puerta menor que cualquiera de las principales, y mayor que un portillo, que al foso el o extremo de una rampa.

POTESTAD f. 1 Dominio, autoridad que se tiene sobre algo. || f. pl. *Rel*. 2 Sexto coro de los ángeles. || **PATRIA POTESTAD** *Der*. Autoridad que los padres tienen, con arreglo a las leyes, sobre sus hijos no emancipados. || **POTESTAD DE JURISDICCIÓN** *Rel*. Poder espiritual que reciben en la iglesia católica el papa y los obispos; comprende la facultad de enseñar (magisterio) y la pastoral (poderes legislativo, ejecutivo y judicial). || **POTESTAD DE ORDEN** *Rel*. Poder espiritual que reciben en la iglesia católica los obispos, diáconos y presbíteros válidamente ordenados; es la facultad de ejercer ciertas funciones sagradas para el culto divino y la santificación de las almas.

POTESTATIVO, VA adj. Que está en la potestad de uno.

POTINGUE m. 1 fam. Cualquier preparado de farmacia. 2 fam. Cualquier producto cosmético, especialmente las cremas.

POTITO m. Alimento preparado y envasado para bebés.

POTO m. 1 *Bot*. Planta trepadora perteneciente a la familia aráceas, de nombre científico *Epipremum aureum*. Se cultiva como ornamental. 2 *Arg*. y *Perú* Trasero, nalgas, o parte posterior de algo. 3 *Perú* Vasija pequeña para líquidos.

POTOCKI *Geneal*. Familia noble polaca que tuvo su origen en el castillo de Potock, en los alrededores de Varsovia. Entre sus miembros destaca Jan Potocki (1761-1815), autor de *El manuscrito encontrado en Zaragoza*, novela fantástica ambientada en España.

POTOMAC Río de EE UU que riega las ciudades de Cumberland y Washington y desemboca en la bahía de Chesapeake; 460 km de curso.

POTORILLO m. *Bot*. Arbusto de vistosas flores encarnadas, que crece en la región seca de la costa ecuatoriana.

POTOSÍ m. fig. Riqueza extraordinaria. || **valer una cosa un potosí** fr. fig. y fam. Valer mucho una cosa.

POTOSÍ 1 Departamento de Bolivia; 118.218 km² y 774.636 h. Yacimientos de estaño, plomo, cinc y volframio. 2 Ciudad capital del mismo; 123.327 h. Centro industrial. Fundada en 1545.

POTOSINO, NA adj. y s. 1 De Potosí (Bolivia). 2 Del Estado San Luis Potosí (México).

POTRA f. 1 Yegua desde que nace hasta que muda los dientes de leche. 2 *Med*. Hernia en el escroto. 3 fig. y fam. Buena suerte.

POTRADA f. Conjunto de potros.

POTRANCO, CA m. y f. Caballo o yegua que no tiene más de tres años.

POTRERO m. 1 El que cuida de los potros. 2 Sitio destinado a la cría y pasto de ganado caballar. 3 *Amér*. Finca rústica, cercada y con árboles, destinada principalmente a la cría y sostenimiento de toda especie de ganado.

POTRIL adj. y s. Relativo a los potros.

POTRILLO m. Caballo que no tiene más de tres años.

POTRO m. 1 Caballo desde que nace hasta que muda los dientes de leche. 2 Aparato en el que se sentaba a los procesados para obligarles a declarar por medio del tormento. 3 *Dep*. Aparato de gimnasia para practicar saltos, formado por un paralelepípedo, forrado de cuero, sostenido por cuatro patas.

POTROSO, SA adj. 1 *Med*. Que tiene potra o hernia. También s. 2 fam. Afortunado, que tiene buena suerte.

POTSDAM Ciudad de Alemania, capital del Land de Brandeburgo; 138.268 h. Palacio de Sans-Souci.

POTSDAM, CONFERENCIA DE *Hist*. y *Polít*. Reunión celebrada en dicha ciudad alemana entre el 17 de junio y el 2 de agosto de 1945, por Truman (EE UU), Churchill, sustituido posteriormente por Attlee (Reino Unido) y Stalin (URSS), con el fin de procurar solución a los problemas derivados de la Segunda Guerra Mundial. En ella se establecieron los principios políticos y económicos que aseguraban el control de Alemania por parte de los aliados y se acordó la intervención de la URSS en la guerra con Japón.

POTT, PERCIVAL Cirujano inglés (Londres, 1713 - íd., 1788). Describió el llamado *mal de Pott*, que es el caso más frecuente de tuberculosis ósea.

POULENC, FRANCIS Compositor y director de orquesta francés (París, 1899 - íd., 1963). Miembro del grupo de los Seis. Autor de las composiciones religiosas *Misa en sol mayor* (1937) y *Stabat Mater* (1950), las óperas *Diálogos de carmelitas* (1957) y *La voz humana* (1958), y los ciclos de canciones *El bestiario* (1919) y *Figura humana* (1943).

POUND, EZRA Poeta estadounidense (Hailey, 1885 - Venecia, 1972). Su obra influyó en la evolución de la poesía norteamericana y en autores como T. S. Elliot, W. B. Yeats y J. Joyce. Fundador del imaginismo y partidario de una «poesía antipoética», a partir de 1914 defendió el vorticismo como corriente estética. Obras: *A lume spento* (1908), *Personae* (1909), *Canzoni* (1911), *Cathay* (1915), *Hugh Selwyn Mauberley* (1920) y *Cantos* (1925-70).

Nicolas **Poussin**. *Orfeo y Eurídice*. Museo del Louvre (París).

POUSSIN, NICOLAS Pintor francés (Villers, 1594 - Roma, 1665). Representante de la tendencia clasicista del Barroco, en sus cuadros introdujo elementos arquitectónicos de la Antigüedad. Obras: *La muerte de Germánico*, *La toma de Jerusalén*, *Moisés haciendo brotar agua de la fuente*, *Orfeo y Eurídice* y *Eliezer y Rebeca*.

POVEDA BURBANO, ALFREDO Vicealmirante y político ecuatoriano (Ambato, 1926). Presidió el consejo superior de Gobierno, compuesto además por los generales Leoro y Durán, que asumió el poder de 1976 a 1979.

POVERA, ARTE *Arte.* Movimiento artístico surgido en Italia en 1966, caracterizado por la asociación ambiental de materiales tomados de la vida cotidiana, como madera, piedras, arena, etc. Representantes: G. Anselmo, M. y M. Merz, A. Boetti, G. Zorio, J. Kounellis, M. Pistoletto, P. P. Calzolari y E. Prini.

POWELL, CECIL FRANK Físico británico (Tonbridge, 1903 - Milán, 1969). Descubrió una nueva técnica para fotografiar el átomo y nuevos tipos de mesones. En 1950 recibió el premio Nobel de Física.

POWELL, MIKE Atleta estadounidense (Filadelfia, 1963). En los Campeonatos Mundiales de Tokio (1991) batió el récord de salto de longitud con 8,95 m.

POWER, TYRONE Actor estadounidense (Cincinnati, 1914 - Madrid, 1958). Uno de los más famosos galanes de Hollywood, protagonizó *El signo del zorro* (1940), *Sangre y arena* (1941), *El filo de la navaja* (1946), *El callejón de las almas perdidas* (1947), *Eddy Duchin* (1953) y *Testigo de cargo* (1958). Murió durante el rodaje de la película *Salomón y la reina de Saba*.

POWYS Distrito unitario del Reino Unido, en Gales; 126.000 h.

POYA f. **1** Derecho que se pagaba en pan o en dinero en el horno común. **2** Residuo formado por las gárgolas del lino.

POYANG Lago de la República Popular China, en Jiangxi; 5.160 km².

POYATA f. **1** Anaquel para poner vasos y otras cosas. **2** Repisa.

-POYESIA, -POYESIS suf. POE-.

POYETE m. Diminutivo de POYO.

-POYÉTICO suf. POE-.

POYO m. Banco que generalmente se construye arrimado a las paredes, junto a las puertas de las casas, en los zaguanes.

POYO *(Poio)* Municipio de España, provincia de Pontevedra; 13.699 h. Su capital es el lugar de Convento.

POZA f. **1** Charca en que hay agua detenida. **2** Paraje donde un río es más profundo.

POZA RICA DE HIDALGO Ciudad de México, Estado de Veracruz; 151.739 h. Yacimientos petrolíferos y de gas natural. Industria azucarera.

POZAL m. **1** Cubo con que se saca agua del pozo. **2** Brocal del pozo. **3** Tinaja empotrada en tierra.

POZANCO m. Poza que queda en las orillas de los ríos al retirarse las aguas después de una avenida.

POZNAN Ciudad de Polonia, capital de la provincia de Wielkopolska; 582.900 h. Industria. Catedral y castillo góticos. Universidad.

POZO m. **1** Hoyo que se hace en la tierra ahondándolo hasta encontrar vena de agua aprovechable. **2** Hoyo profundo, aunque esté seco. **3** *Arg., Par.* y *Urug.* Bache, hoyo que se hace en el pavimento de calles o caminos por el uso o el transcurso del tiempo u otras causas. **4** fig. Cosa llena, profunda o completa en su línea. **5** *Col.* Lugar de un río apropiado para bañarse. **6** *Min.* Hoyo profundo para llegar a las minas. || **POZO ARTESIANO** Pozo perforado en un acuífero, con el que el agua está sometida a una presión mayor que la atmosférica y cuyo nivel piezométrico se encuentra por debajo de la superficie topográfica en los alrededores del pozo. || **POZO NEGRO** El que para depósito de aguas residuales se hace junto a las casas cuando no hay alcantarillas.

POZOL m. **1** *C. Rica* y *Hond.* POZOLE. **2** *Guat.* Maíz pulverizado.

POZOLE m. *Méx.* **1** Guiso de maíz tierno, carne y chile con mucho caldo. **2** Bebida hecha de maíz morado y azúcar.

POZOS, LOS Lugar del Río de la Plata, junto a Buenos Aires, donde el almirante Brown rechazó a los brasileños (1826).

POZUELO m. Vasija empotrada en tierra para recoger líquidos.

POZZO, ANDREA Pintor y arquitecto italiano (Trento, 1642 - Viena, 1709). Representante del Barroco, fue uno de los representantes de la pintura ilusionista. La representación de arquitecturas fingidas alcanzó uno de sus puntos culminantes en los frescos de la bóveda de la iglesia de San Ignacio, en Roma (1685-94). Escribió el tratado *Perspectiva pictorum* (1693).

PR *Quím.* Símbolo del praseodimio.

PRAC-, PRAG-, PRAGMA-, PRAX-; -PRAGIA, -PRAXIA prefs. o sufs. que significan práctica, práctico, etc.: *meiopragia*.

PRÁCRITO o **PRACRITO** m. *Ling.* Idioma vulgar de la India, en oposición al sánscrito o lengua clásica.

PRÁCTICA f. **1** Ejercicio de cualquier arte o facultad, conforme a sus reglas. **2** Destreza adquirida con este ejercicio. **3** Uso continuado, costumbre o estilo de una cosa. **4** Modo o método que particularmente observa uno en sus operaciones. **5** Aplicación de una determinada idea o doctrina.

PRACTICABLE adj. **1** Que se puede practicar o poner en práctica. **2** *Teat.* En el decorado teatral, se dice de la puerta u otro accesorio que no es meramente figurado, sino que puede usarse.

PRACTICAJE m. *Mar.* **1** Ejercicio de la profesión de piloto práctico. **2** Derecho del práctico de puerto que pagan las embarcaciones. **3** Fondo constituido en los puertos con el importe de arbitrios o derechos por servicio a la navegación.

PRACTICANTE adj. y com. **1** Que practica. **2** Se dice de la persona que sigue los ritos y prácticas de una religión. || com. **3** Diplomado en enfermería, persona que pone inyecciones, practica curas, etc.

PRACTICAR tr. **1** Poner en práctica algo que se ha aprendido. **2** Usar o ejercer continuadamente una cosa. **3** Ejecutar, llevar a cabo. **4** Ensayar, repetir algo varias veces para perfeccionarlo.

PRÁCTICO, CA adj. **1** Relativo a la práctica. **2** Experimentado, versado en algo. **3** Se dice de lo que comporta utilidad o produce provecho inmediato. || m. *Mar.* **4** En el puerto, el que dirige el rumbo de una embarcación para entrar en el mismo.

PRADAL m. **1** Conjunto de prados. **2** Prado grande. **3** Lugar del campo llano y con hierba.

PRADEÑO, ÑA adj. Perteneciente o relativo al prado.

PRADERA f. *Bot.* **1** Conjunto de prados. **2** Prado grande. **3** Lugar del campo llano y con hierba. **4** Formación vegetal que incluye una gran variedad de comunidades vegetales.

PRADERAS *(Prairies)* Región de EE UU y Canadá, al O de los Grandes Lagos. Abundante producción de trigo.

PRADERÍA f. Conjunto de prados.

PRADIAL *Hist.* Noveno mes del calendario republicano francés, cuyos días primero y último coincidían, respectivamente, con el 20 de mayo y el 18 de junio.

PRADO m. **1** Formación herbácea producida por el hombre para sembrado y pastoreo del ganado. **2** Sitio ameno que sirve de paseo en algunas poblaciones.

PRADO, MARIANO Político salvadoreño (?, s. XIX). Presidió la primera Junta de gobierno (1823-24), fue vicejefe (1824) y jefe de Estado (1825, 1826-29 y 1832-33).

PRADO, MARIANO IGNACIO Militar y político peruano (Huánuco, 1826 - París, 1901). En 1865, acaudilló la insurrección contra el presidente Pezet. En Lima fue proclamado dictador y, más tarde, presidente (1867). Depuesto tras la revolución conservadora (1868), fue elegido por segunda vez en 1876. Tras sus fracasos en la guerra contra Chile, abandonó el país (1879) al que regresó en 1886.

PRADO, MUSEO DEL *Arte.* Nombre de la más importante pinacoteca de España, en Madrid, y una de las más ricas del mundo. El edificio, obra de J. de Villanueva, fue mandado construir por Carlos III para museo de Ciencias Naturales, pero Fernando VII lo inauguró en 1819 como pinacoteca. Posee magníficas colecciones de pintura española (Velázquez, Goya, El Greco, Zurbarán, Ribera, Alonso Cano, Murillo, Sánchez Coello, Valdés Leal, etc.), italiana (L. Giordano, Tiziano, Tintoretto, Veronés, Rafael, Fra Angelico, Bellini, los Carracci, Correggio, Botticelli y Matengna), flamenca (Rubens, Brueghel, Teniers, Van Dyck, van der Weyden, Patinir y Memling), holandesa (el Bosco o Rembrandt), francesa (Poussin, Van Loo, Nattier y Mignard) y alemana (Mengs, Durero y Cranach).

PRADO, PEDRO Escritor y poeta chileno (Santiago de Chile, 1886 - Viña del Mar, 1952). Su obra se inscribe en el naturalismo, aunque matizado por elementos líricos y simbolistas. Obras poéticas: *Flores de cardo* (1908), *Camino de las horas* (1934) y *Otoño en las*

Museo del Prado (Madrid). Fachada principal o de Velázquez.

Praga (República Checa). Plaza Mayor.

dunas (1940). También es autor de las novelas *La Reina de Rapa Nuy* (1914), *Alsino* (1924) y *Un juez rural* (1924).

PRADO UGARTECHE, MANUEL Político peruano (Lima, 1889 - París, 1967). Afiliado al partido conservador, fundó el movimiento democrático pradista, que se opuso a Leguía, por lo que fue desterrado. Posteriormente, ocupó la presidencia de la República (1939-45 y 1956-62).

PRAG- pref. PRAC-.

PRAGA *(Praha)* Ciudad capital de la República Checa y de la provincia de Bohemia Central, que constituye en sí misma una división administrativa; 496 km² y 1.193.270 h. Es uno de los centros económicos, políticos y culturales de Europa. Industrias del automóvil, metalúrgica, química, textil. Valiosos monumentos góticos (catedral, ayuntamiento, varias iglesias). Puente de Carlos IV, construido en 1357-1507. Alcanzó su época de mayor esplendor en tiempos de Carlos IV, quien lo convirtió en capital del Imperio. La creciente influencia alemana fue creando, sin embargo, un clima de disconformidad. La revolución husita llevó a la llamada *primera defenestración de Praga* (1419). Tras ello tuvo lugar un cierto retroceso económico, especialmente en época de los Habsburgo, pese a que Rodolfo II convirtió a la ciudad en uno de los principales centros artísticos de Europa. La política progermánica de los Habsburgo provocó la *segunda defenestración de Praga* (1618) y marcó el comienzo de la guerra de los Treinta Años. A comienzos del siglo XIX, fue el centro del movimiento nacionalista checo que condujo a la insurrección de 1848. Tras la proclamación de la independencia en 1918, se convirtió en capital de la nueva nación. En 1939 fue ocupada por los alemanes, y liberada más tarde por los rusos. En 1948 quedó instaurado el régimen comunista. Los primeros intentos aperturistas tuvieron lugar en 1968 durante la llamada PRIMAVERA DE PRAGA. En 1989, las manifestaciones populares en contra del régimen fueron decisivas en la caída del comunismo.

PRAGA, CÍRCULO LINGÜÍSTICO DE *Ling.* Sociedad lingüística fundada en Praga (1926), sobre la base de las teorías saussureanas, por los rusos R. Jakobson, S. Karcevskij y N. A. Trubetzkoy, a los que se unieron V. Mathesius, B. Trnka, B. Havránek y Mukarovsky. Defendían el carácter funcional de los hechos lingüísticos y del lenguaje humano —lo que dio origen al llamado *funcionalismo*—, y la concepción de la lengua como un sistema de signos. Crearon la revista *Travaux del Cercle Linguistique de Prague* (1929). A ellos se debe el impulso dado a la fonología.

PRAGA, PRIMAVERA DE *Hist.* Nombre que recibieron los acontecimientos desarrollados en Checoslovaquia en 1968-69 con motivo de los intentos aperturistas del régimen socialista llevados a cabo tras la llegada a la presidencia del Partido Comunista Checo de Alexander Dubcek en enero de 1968. La tolerancia y la desaparición de la censura, así como la elaboración de un nuevo programa político al margen de las directrices soviéticas fueron condenados por los países del Pacto de Varsovia que, en agosto de 1969, decidieron la intervención armada. Los partidos comunistas occidentales criticaron duramente la intervención del Pacto, lo que obligó a los soviéticos a pactar con Dubcek para negociar la salida de la crisis. Éste se comprometió a suspender las reformas y a poner en marcha el proceso de recuperación del autoritarismo. En abril de 1969, Dubcek fue sustituido por Gustav Húsak.

-PRAGIA suf. PRAC-.
PRAGMA- pref. PRAC-.
PRAGMÁTICA f. **1** *Hist.* Disposición que el rey daba sin contar con ningún consejo o asamblea política (cortes, etc.). **2** *Ling.* Rama de la semiótica que estudia la relación de los signos con sus usuarios y con las circunstancias en que se emplean.
PRAGMÁTICA SANCIÓN DE 1713 *Hist.* Disposición de Carlos VI, emperador germánico, acordada en 1713, por la cual se establecía una sucesión indiferentemente masculina o femenina a partir de sus propios hijos, con lo que aseguró la corona a su hija María Teresa.
PRAGMÁTICO adj. y s. **1** *Der.* Se aplica al autor jurista que interpreta y glosa las leyes nacionales. **2** *Filos.* Relativo al pragmatismo. **3** *Ling.* Relativo a la disciplina llamada pragmática.
PRAGMATISMO m. **1** *Filos.* Método filosófico divulgado por el psicólogo estadounidense W. James, junto con F. C. S. Schiller, C. S. Peirce, J. Dewey y G. H. Mead, según el cual el único criterio válido para juzgar de la verdad de toda doctrina debe fundarse en sus efectos prácticos. **2** Modo de pensar y de actuar que se fija sobre todo en las consecuencias prácticas de los hechos.
PRALINÉ *(Voz fr.)* m. Crema de almendra o avellana. Se dice especialmente del chocolate que lleva en su composición trocitos de almendra, avellana, etc.
PRAO m. *Mar.* Embarcación malaya de poco calado, muy larga y estrecha.
PRASEODIMIO m. *Quím.* Elemento químico del grupo de los lantánidos del sistema periódico. Masa atómica, 140,92; número atómico, 59; punto de fusión, 940 ºC; símbolo, Pr.
PRASIO m. *Miner.* Cristal de roca en cuya masa se encierran muchos cristales largos, delgados y verdes, de silicato de magnesia, cal y hierro.
PRASMA m. *Miner.* Ágata de color verde oscuro.
PRATENSE adj. Que se produce o vive en el prado.
PRATICULTURA f. Parte de la agricultura que trata del cultivo de los prados.
PRATO Ciudad de Italia, provincia de Florencia; 166.108 h. Catedral (siglos XIII-XIV).
PRAVDINSK Ciudad de la Federación de Rusia, en Kaliningrado. Victoria de Napoleón sobre los rusos (1807). Antiguamente se llamó *Friedland*.
PRAVIA Municipio y lugar de España, provincia de Asturias; 10.054 h.
PRAVO, VA adj. Perverso, malvado y de dañadas costumbres.
PRAX- pref. PRAC-.
-PRAXIA suf. PRAC-.
PRAXIS f. **1** Práctica, en oposición a teoría o teórica. **2** *Polít.* En el vocabulario marxista, conjunto de actividades para transformar el mundo. ♦ Su pl. es *praxis*.
PRAXÍTELES Escultor griego (?, h. 390 - ?, h. 330 a. C.). Entre sus obras destacan el *Sátiro escanciador*, el *Eros de Tespias*, el *Sátiro en reposo*, *Apolo Sauróctono*, *Hermes con Dioniso niño* y la *Venus de Cnido*.
PRE- pref. que denota anterioridad local o temporal, prioridad o encarecimiento.
PREADAMITA m. Supuesto antecesor de Adán. Más en pl.
PREADAMÍTICO, CA adj. **1** Lo relativo o perteneciente al preadamita. || m. **2** Tiempo o época de los preadamitas.
PREÁMBULO m. **1** Exordio, aquello que se dice antes de dar principio a lo que se trata de narrar, probar, mandar, pedir, etc. **2** Rodeo o digresión antes de entrar en materia o de empezar a decir claramente una cosa.

PREANIMISMO m. *Filos.* ANIMATISMO.
PREAVISO m. Aviso previo de la ejecución de un acto.
PREBENDA f. **1** Renta aneja a un canonicato u otro oficio eclesiástico. **2** Cualquiera de los beneficios eclesiásticos superiores de las iglesias catedrales y colegiatas, como dignidad, canonicato, ración, etc. **3** fig. y fam. Oficio, empleo o ministerio lucrativo y poco trabajoso.
PREBENDAR tr. **1** Conferir prebenda a uno. || intr. y prnl. **2** Obtenerla.
PREBOSTE m. Sujeto que es cabeza de una comunidad, y la preside o gobierna.
PRECALENTAMIENTO m. **1** Acción y efecto de calentar un útil, aparato, motor, etc., antes de utilizarlo. **2** *Dep.* Conjunto de ejercicios que realiza un deportista antes del esfuerzo principal.
PRECÁMBRICO, CA adj. y m. *Geol.* Último periodo geológico de la era arcaica. Abarca desde la formación de la corteza terrestre hasta hace aproximadamente 600 millones de años. Se caracteriza por la intensa actividad volcánica. En este periodo ya se encuentran protozoos de esqueleto silíceo, como radiolarios y flagelados, y organismos carentes de esqueleto calizo, como medusas, celentéreos y gusanos.
PRECAPITALISTA adj. **1** Anterior al sistema capitalista. **2** Se aplica a las estructuras sociales y económicas que preceden al CAPITALISMO.
PRECARIO, RIA adj. **1** De poca estabilidad o duración. **2** *Der.* Que se tiene sin título, por tolerancia o por inadvertencia del dueño. || **de precario** o **en precario** loc. adv. De modo precario, sin derecho o pleno derecho.
PRECAUCIÓN f. Cautela para evitar posibles daños.
PRECAVER tr. y prnl. Prevenir un riesgo o daño.
PRECAVIDO, DA adj. Sagaz, que sabe precaver los riesgos.
PRECEDENCIA f. **1** Anterioridad, prioridad de tiempo; anteposición, antelación en el orden. **2** Preeminencia o preferencia en el lugar y asiento y en algunos actos honoríficos. **3** Primacía, superioridad.
PRECEDENTE adj. **1** Que precede. || m. **2** ANTECEDENTE, acción o circunstancia anterior que sirve para juzgar hechos posteriores. **3** Resolución anterior en caso igual o semejante al que se presenta.
PRECEDER tr. **1** Ir delante en tiempo, orden o lugar. También intr. **2** Anteceder o estar antepuesto. **3** fig. Tener una persona o cosa preferencia, primacía o superioridad sobre otra.
PRECEPTIVA f. Conjunto de preceptos aplicables a determinada materia.
PRECEPTIVO, VA adj. Que incluye o encierra en sí preceptos.
PRECEPTO m. **1** Mandato u orden que el superior intima o hace observar y guardar al inferior o súbdito. **2** Cada una de las instrucciones o reglas que se establecen para el conocimiento o manejo de un arte o facultad. **3** Por antonomasia, cada uno de los del Decálogo o de los mandamientos de la ley de Dios.

Praxíteles. *Apolo Sauróctono*. Museos Vaticanos (Roma).

PRECEPTOR, RA m. y f. Persona que enseña.
PRECEPTUAR tr. Dar o dictar preceptos.
PRECES f. pl. **1** Ruegos, súplicas. **2** Oraciones dirigidas a Dios, la Virgen o los santos.
PRECESIÓN f. *Ret.* Figura de dicción en que se deja incompleta una frase para que se sobreentienda. || **PRECESIÓN DE LOS EQUINOCCIOS** *Astron.* Movimiento retrógrado de los puntos equinocciales o de intersección del ecuador celeste con la eclíptica, en virtud del cual se anticipan un poco de año en año las épocas de los equinoccios o el principio de las estaciones.
PRECIADO, DA adj. **1** Precioso, excelente y de mucha estimación. **2** Jactancioso, vano.
PRECIAR tr. **1** APRECIAR. || prnl. **2** Gloriarse, jactarse y hacer vanidad de una cosa buena o mala.
PRECINTA f. Tira estampada de papel que en las aduanas se aplica a ciertos productos de importación o hace las veces del marchamo en los tejidos.
PRECINTAR tr. Asegurar la inviolabilidad de un paquete, puerta, etc., poniendo un precinto o precinta.
PRECINTO m. **1** Acción y efecto de precintar. **2** Ligadura o señal sellada con que se cierran cajones, paquetes, legajos, cajas fuertes, etc., con el fin de que no se abran, sino cuando y por quien corresponda legalmente.
PRECIO m. **1** Valor pecuniario en que se estima una cosa. **2** fig. Esfuerzo, pérdida o sufrimiento que sirve de medio para conseguir algo, o que se presta y padece con ocasión de ello. || **PRECIO FIJO** El que se señala a una mercancía y no admite regateo. || **a precio de coste** loc. adv. Por el precio y gastos que tiene una cosa; sin ganancia alguna. || **no tener** una persona o cosa **precio** fr. fig. Valer mucho.
PRECIOSIDAD f. **1** Calidad de precioso. **2** Cosa preciosa.
PRECIOSISMO m. **1** Extremado amaneramiento y cuidado del estilo. Se dice por lo general con sentido despectivo. **2** *Lit.* Tendencia literaria que se desarrolló en Francia durante el siglo XVII. Utilizaba un lenguaje afectado, con excesivo uso de la imagen. Entre sus representantes se encuentran Mlle. de Scúdery, V. Voiture, J. L. Guez de Balzac, J. Chapelain, G. Ménage, etc.
PRECIOSO, SA adj. **1** Excelente, primoroso. **2** De elevado coste. **3** fig. y fam. HERMOSO.
PRECIPICIO m. **1** Despeñadero, corte vertical en el terreno. **2** fig. Ruina moral.
PRECIPITACIÓN f. **1** Acción y efecto de precipitar. **2** *Meteor.* Agua procedente de la atmósfera y que, en forma sólida o líquida, cae sobre la superficie de la tierra. Siempre aparece precedida por fenómenos de condensación y sublimación, o por una combinación de ambos. **3** *Quím.* Reacción en la que aparece una sustancia sólida insoluble entre los componentes de la disolución.
PRECIPITADERO m. **1** Lugar donde se puede precipitar o despeñar. **2** fig. Ocasión de ruina moral.
PRECIPITADO, DA adj. **1** Atropellado, inconsiderado. **2** Se dice de las cosas hechas con mucha prisa o forzada anticipación. || m. *Quím.* **3** Materia que por resultado de reacciones químicas se separa del líquido en que estaba disuelta y se posa más o menos rápidamente.
PRECIPITAR tr. **1** Despeñar, arrojar o derribar de un lugar alto. También prnl. **2** Acelerar una cosa. **3** fig. Exponer a una persona o incitarla a su ruina física o moral. || prnl. **4** fig. Arrojarse inconsideradamente y sin prudencia a ejecutar o decir algo.
PRECÍPITE adj. Puesto en peligro o riesgo de caer o precipitarse.
PRECISAMENTE adv. m. Justa y determinadamente; con precisión.
PRECISAR tr. **1** Fijar o determinar de modo preciso. **2** intr. **2** Ser necesario o imprescindible. También tr.
PRECISIÓN f. **1** Obligación o necesidad indispensable que fuerza y precisa a ejecutar una cosa. **2** Determinación, puntualidad. **3** *Lóg.* Abstracción o separación mental que hace el entendimiento de dos cosas realmente identificadas. **4** Tratándose del lenguaje, estilo, etc., concisión y exactitud rigurosa. || **de precisión** loc. adj. Se dice de los aparatos, máquinas, instrumentos, etc., construidos con esmero para obtener resultados exactos.
PRECISO, SA adj. **1** Necesario, indispensable. **2** Puntual, exacto. **3** Distinto, claro y formal. **4** Tratándose del lenguaje, estilo, etc., conciso y rigurosamente exacto.
PRECITADO, DA adj. Antes citado.
PRECITO, TA adj. Condenado a las penas del infierno, réprobo.
PRECLARO, RA adj. Ilustre, digno de admiración y respeto.
PRECLÁSICO, CA adj. Se dice de lo que antecede a lo clásico en artes y en letras.
PRECOCIDAD f. Calidad de precoz.
PRECOGNICIÓN f. Conocimiento anterior.
PRECOLOMBINO, NA adj. Se dice de lo relativo a América, especialmente del arte y la cultura, anterior a los viajes y descubrimientos de Cristóbal Colón.

1

Arte **precolombino:**
1. Vaso cilíndrico de Tikal. Museo Arqueológico Nacional (Guatemala).
2. Pectoral de oro y turquesas. Museo de Antropología (Ciudad de México).
3. Máscara antropomorfa en alabastro procedente del templo de Tenochtitlán. Museo de Antropología (Ciudad de México).

2

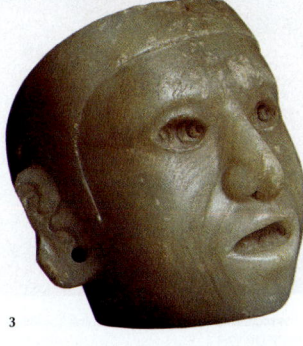

3

ARTE. El arte de las culturas precolombinas tenía una función esencialmente religiosa. Entre sus principales características se encuentran la construcción de edificios ciclópeos, la policromía, la abstracción conceptual combinada con un gran realismo en el detalle, el *horror vacui* y la representación plana en la pintura. En la cultura MAYA fue esencial el desarrollo de la arquitectura y la escultura. Se construyeron grandes edificios destinados a servir de morada a los dioses o a los reyes. Destacan las construcciones de Tikal, Uaxactún, Copán, Quiriguá y Palenque, etc., pertenecientes al periodo clásico (317-987), y los de Chichén Itzá, Uxmal y Kabah, entre otros, de la etapa posclásica (987-1697). Muchos templos se encontraban situados en la cima de elevadas pirámides, construidas a modo de plataformas sucesivas. Se conservan también esculturas votivas y estelas y relieves conmemorativos. Destacan las estelas de Palenque, Copán y Quiriguá. En pintura sobresalen los frescos de Bonampak. En México se desarrolló la cultura OLMECA, de la que son características los grandes centros ceremoniales y las pirámides escalonadas (Cuicuilco), la talla de cabezas colosales, las figurillas humanas de jade, las aras monolíticas con decoración en bajorrelieve y una cerámica decorada en negativo, con representaciones del dios-jaguar, y las vasijas-trípode. Uno de los centros artísticos y culturales más importantes de la zona mesoamericana fue TEOTIHUACÁN (500 a. C. - h. 650 a. C.), del que cabe destacar las llamadas pirámides del Sol y de la Luna, la Ciudadela, el templo de Quetzalcóatl, el palacio de Quetzalpapalotl, etc. Muy influida por el arte de este centro, la civilización TOLTECA levantó en el siglo VII la ciudad de Tula. Directamente influido por el arte tolteca, se desarrolló el AZTECA, especialmente en arquitectura, escultura, orfebrería y cerámica. Existen restos de edificios del culto en forma de pirámide, con escalinatas verticales y dos templos en la cumbre. En la escultura utilizaron basalto, granito o pórfido para las de gran tamaño, mientras que para la pequeña talla emplearon cristal de roca, jadeíta, alabastro u obsidiana. Otro importante centro arqueológico de México es el de MONTE ALBÁN que, durante el periodo clásico (300-750), fue sede de la cultura ZAPOTECA y en ella se aprecian influencias recíprocas con Teotihuacán. Del periodo MIXTECA (750-1520) se conservan numerosas pirámides, obeliscos, restos de templos y palacios con inscripciones. Entre las culturas de la zona andina figuran la de chavín, que creó un importante centro (900-250 a. C.), del que destaca el castillo, el Lanzón, la estela Raimondi y el friso de los cóndores; la de Paracas (500 a. C. - 500 d. C.), cuya cerámica presenta similitudes con la Nazca (400 a. C. - 1000 d. C.), característica por su decoración policromada incisa o pintada. Se han conservado enterramientos donde se han encontrado joyas de oro y piedras semipreciosas. Pero lo más característico de esta cultura son las llamadas *líneas de Nazca*, formadas por piedras que representan dibujos geométricos y zoomorfos. En la civilización INCA, se construyeron grandes templos dedicados al dios Sol, que representaba en esferas de oro macizo. Es característico el uso de la piedra en la construcción de palacios, templos y fortalezas (templo Coricancha y fortaleza Sacsahuamán, en Cuzco, ruinas de Ollantaytambo y Machu-Picchu).

PRECONCEBIR tr. Establecer previamente y con sus pormenores algún pensamiento o proyecto que ha de ejecutarse. ♦ IRREG. Se conjuga como PEDIR.
PRECONIZAR tr. Encomiar, tributar elogios públicamente a una persona o cosa.
PRECONOCER tr. Prever, conjeturar, conocer anticipadamente una cosa. ♦ IRREG. Se conjuga como AGRADECER.
PRECONTRATO m. *Der.* Convenio por el que dos o más personas se comprometen a firmar un contrato en el futuro.
PRECORDIAL adj. Se dice de la parte del pecho que corresponde al corazón.
PRECOZ adj. **1** *Bot.* Se dice del fruto temprano, prematuro. **2** Se dice del proceso que aparece antes de lo habitual. **3** fig. Se dice de la persona que con poca edad muestra cualidades que normalmente son más tardías. También se dice de estas mismas cualidades.
PRECURSOR, RA adj. y s. **1** Que va delante. **2** fig. Que acomete empresas o profesa doctrinas que sólo hallarán acogida en tiempo venidero. **3** Por antonomasia, San Juan Bautista, que precedió a Cristo y anunció su misión.
PREDADOR, RA adj. **1** Saqueador, que saquea. También s. **2** Se dice del animal que apresa a otros de la misma especie para comérselos.
PREDATORIO, RIA adj. **1** Relativo al acto de hacer presa. **2** Relativo al robo o al saqueo.
PREDECESOR, RA m. y f. **1** Persona que precedió a otra en una dignidad, empleo o encargo. **2** ANTEPASADO, ascendiente de una persona.
PREDECIR tr. Anunciar por revelación, ciencia o conjetura algo que ha de suceder. ♦ IRREG. Se conjuga como DECIR.
PREDEFINIR tr. **1** Determinar el tiempo en que han de existir las cosas. **2** Determinar el tiempo en que se han de ejecutar las cosas.
PREDESTINACIÓN f. *Teol.* Doctrina que defiende la existencia de un plan divino que determina la salvación de los hombres, independientemente de sus acciones.
PREDESTINADO, DA adj. Elegido por Dios desde la eternidad para lograr la gloria. También s.
PREDESTINAR tr. **1** Destinar anticipadamente una cosa para un fin. **2** *Teol.* Según el catolicismo, elegir Dios a los que, cooperando libremente con su gracia, han de lograr la gloria (CONGRUISMO y MOLINISMO).

prehistoria:
1. Vasijas neolíticas con decoración cardial. Cueva de Oro, Beniarrés (Alicante).
2. Pinturas de la cueva de Altamira (Cantabria).

PREDETERMINAR tr. Determinar o resolver con anticipación una cosa.
PRÉDICA f. **1** Sermón o plática. **2** Por extensión, perorata, discurso vehemente.
PREDICABLE m. *Lóg*. Cada una de las clases a que se reducen todas las cosas que se pueden decir o predicar del sujeto. Se dividen en cinco: género, especie, diferencia, individuo y propio.
PREDICACIÓN f. **1** Acción de predicar. **2** Doctrina que se predica o enseñanza que se da con ella.
PREDICADO, DA **1** *Ling*. Segmento del discurso que, junto con el sujeto, constituye una oración gramatical. **2** *Lóg*. Lo que se afirma o niega del sujeto en una proposición. || **PREDICADO NOMINAL** *Ling*. El constituido por un nombre, un adjetivo y un sintagma o proposición en función nominal, y por un verbo como *ser* o *estar*, el cual sirve de nexo con el sujeto. || **PREDICADO VERBAL** *Ling*. El formado por un verbo que, por sí solo o acompañado de complementos, constituye el predicado de una oración gramatical.
PREDICADOR, RA adj. y s. **1** Que predica. || m. **2** Orador evangélico que predica o declara la palabra de Dios.
PREDICAMENTO m. **1** *Lóg*. Cada una de las clases o categorías a que se reducen todas las cosas y entidades físicas. Regularmente se dividen en diez: sustancia, cantidad, cualidad, relación, acción, pasión, lugar, tiempo, situación y hábito. **2** *Gram.* y *Lóg.* Afirmar o negar algo del sujeto. **3** Dignidad, opinión o grado de estimación en que se halla uno y que ha merecido por sus obras.
PREDICAR tr. **1** Publicar, hacer patente y clara una cosa. **2** Pronunciar un sermón. **3** fig. Regañar o intentar convencer. **4** *Gram.* y *Lóg.* Afirmar o negar algo del sujeto.
PREDICATIVO, VA adj. *Gram.* **1** Relativo al predicado. **2** Se aplica a las oraciones que tienen verbo no copulativo; se aplica también a este tipo de verbos. **3** Se dice del complemento que lo es al mismo tiempo del verbo y del sujeto o complemento directo.
PREDICCIÓN f. Acción y efecto de predecir.
PREDICHO, CHA p. p. irreg. de PREDECIR.
PREDILECCIÓN f. Cariño especial con que se distingue a una persona o cosa entre otras.
PREDILECTO, TA adj. Preferido.
PREDIO m. Heredad, hacienda, tierra o posesión inmueble.
PREDISPONER tr. y prnl. Preparar, disponer anticipadamente algunas cosas o el ánimo de las personas para un fin determinado. ♦ IRREG. Se conjuga como PONER.
PREDISPOSICIÓN f. Acción y efecto de predisponer.
PREDISPUESTO, TA p. p. irreg. de PREDISPONER.
PREDOMINAR tr. e intr. Prevalecer, preponderar.
PREDOMINIO m. Superioridad que se tiene sobre una persona o cosa.
PREDORSAL adj. **1** Situado en la parte anterior de la espina dorsal. **2** *Fon.* Se dice del sonido en cuya articulación interviene principalmente la parte anterior del dorso de la lengua. **3** *Fon.* Se dice de la letra que representa este sonido, como la *ch*. También f.

PREDORSO m. *Fon.* Parte anterior del dorso de la lengua.
PREELEGIR tr. Elegir con anticipación; predestinar. ♦ IRREG. Se conjuga como REGIR.
PREEMINENCIA f. Privilegio, exención, ventaja o preferencia que goza uno respecto de otro por razón o mérito especial.
PREEMINENTE adj. Sublime, superior, honorífico y que está más elevado.
PREESCOLAR adj. Perteneciente o relativo al periodo educacional anterior al de la enseñanza primaria.
PREESTABLECIDO, DA adj. Se dice de lo establecido por ley o reglamento con anterioridad a un momento determinado.
PREEXISTIR intr. Existir antes, o realmente, o con antelación de naturaleza u origen.
PREFABRICADO, DA adj. Se dice de la construcción cuyas partes esenciales se envían ya fabricadas al lugar de su emplazamiento, donde sólo hay que acoplarlas y fijarlas.
PREFACIO m. **1** Prólogo o introducción de un libro. **2** *Liturg.* Parte de la misa que precede inmediatamente al canon.
PREFACIÓN f. Prólogo o introducción de un libro.
PREFECTO m. **1** Entre los romanos, título de varios jefes militares o civiles. **2** En Francia, gobernador de un departamento.
PREFECTURA f. **1** Dignidad, empleo o cargo de prefecto. **2** Territorio gobernado por un prefecto. **3** Oficina o despacho del prefecto.
PREFERENCIA f. **1** Primacía, ventaja o mayoría que una persona o cosa tiene sobre otra, ya en el valor, ya en el merecimiento. **2** Elección de una cosa o persona, entre varias; inclinación favorable o predilección hacia ella.
PREFERIBLE adj. Digno de preferirse.
PREFERIR tr. **1** Dar la preferencia. También prnl. **2** Exceder, aventajar. || prnl. **3** Gloriarse, jactarse. ♦ IRREG. Se conjuga como SENTIR.
PREFIGURAR tr. Representar anticipadamente una cosa.
PREFIJACIÓN f. *Gram.* Modo de formar nuevas voces por medio de prefijos.
PREFIJAR tr. **1** Determinar, señalar o fijar anticipadamente una cosa. **2** Formar nuevas palabras añadiendo prefijos a otras.
PREFIJO, JA adj. y m. **1** Se dice del afijo que va antepuesto. || m. **2** Cifra o cifras que indican zona, ciudad, provincia o nación, y que, para establecer comunicación telefónica automática, se marcan antes del número del abonado a quien se llama.
PREFLORACIÓN f. *Bot.* Disposición de las distintas piezas florales en las flores que aún no se han abierto.
PREGL, FRITZ Químico y médico austriaco (Laibach, 1869 - Graz, 1930). Fue uno de los fundadores de la microquímica orgánica cuantitativa. Premio Nobel de Química en 1923.
PREGLACIAR adj. y s. *Geol.* Que es anterior a la época glaciar.

PREGÓN m. **1** Promulgación o publicación que en voz alta se hace en los sitios públicos de una cosa que conviene que todos sepan. **2** Discurso elogioso en que se anuncia al público la celebración de una festividad y se invita a participar en ella.
PREGONAR tr. **1** Publicar, hacer notoria en voz alta una cosa para que venga a noticia de todos. **2** Decir y publicar a voces uno la mercancía que lleva para vender. **3** fig. Publicar lo que estaba oculto o lo que debía callarse.
PREGONERÍA f. **1** Oficio o ejercicio del pregonero. **2** Cierto derecho o tributo.
PREGONERO, RA adj. y s. **1** Que publica algo que es ignorado. || m. **2** Empleado municipal encargado de los pregones.
PREGUNTA f. Demanda o interrogación que se hace para que uno responda lo que sabe de un negocio u otra cosa.
PREGUNTAR tr. y prnl. Demandar e interrogar o hacer preguntas a alguien para que diga y responda lo que sabe sobre un asunto.
PREGUNTÓN, NA adj. y s. fam. Se dice de quien pregunta con insistencia.
PREHELÉNICO, CA adj. Relativo a las civilizaciones de la región del Egeo anteriores a los antiguos helenos.
PREHISPÁNICO, CA adj. Se dice de la América anterior a la conquista y colonización españolas, y de sus pueblos, lengua y civilizaciones.
PREHISTORIA f. **1** *Hist.* Periodo comprendido entre la aparición del hombre y la aparición de los primeros testimonios escritos. Tradicionalmente se divide en edades (véase EDAD), llamadas de Piedra, de Bronce y de Hierro. La primera se divide en los periodos paleolítico, neolítico y mesolítico. El eneolítico o calcolítico caracteriza la Edad del Cobre, primer estadio de la Edad del Bronce. La aparición de la metalurgia del bronce y del hierro da paso a lo que suele llamarse protohistoria. **2** *Hist.* Ciencia que estudia este periodo. **3** Periodo en que se gesta un movimiento cultural, político, etc., antes de su plena manifestación.
PREHISTÓRICO, CA adj. **1** Relativo a la prehistoria. **2** fig. Anticuado, viejo.
PREJUICIO m. Acción y efecto de prejuzgar.
PREJUZGAR tr. Juzgar de las cosas antes del tiempo oportuno, o sin tener de ellas un conocimiento exacto.
PRELACÍA f. Dignidad u oficio de prelado.
PRELACIÓN f. Preferencia con que una cosa debe ser atendida respecto de otra con la cual se compara.
PRELADO, DA m. y f. **1** Superior de un convento o comunidad eclesiástica. **2** Superior eclesiástico constituido en una de las dignidades de la iglesia, como abad, obispo, arzobispo, etc.
PRELATICIO, CIA adj. Propio del prelado.
PRELATURA f. *Der. can.* PRELACÍA. || **PRELATURA NULLIUS** Territorio con clero y fieles propios, que depende directamente de la Santa Sede. Su prelado no siempre es obispo.
PRELIMINAR adj. **1** Que sirve de preámbulo para tratar sólidamente una materia. **2** fig. Que antecede a una acción, empresa, etc. También s.
PRELOG, VLADIMIR Químico suizo de origen bosnio (Sarajevo, 1906 - Zurich, 1998). Por sus investigaciones sobre la estereoquímica de las moléculas orgánicas y sus reacciones recibió en 1975 el premio Nobel de Química, compartido con J. W. Cornforth.
PRELUDIAR intr. Ensayar un instrumento o la voz antes de comenzar la pieza principal. || tr. **2** fig. Preparar o iniciar una cosa, darle entrada.
PRELUDIO m. **1** Lo que precede o sirve de entrada o principio a una cosa. **2** *Mús.* Composición musical de corto desarrollo y libertad de forma, generalmente destinada a preceder la ejecución de otras obras. **3** *Mús.* Obertura o sinfonía.
PREMAMÁ adj. Se aplica a la ropa o accesorios destinados a las mujeres embarazadas.
PREMATRIMONIAL adj. Se dice de lo que se realiza inmediatamente antes del matrimonio o como preparación a él.
PREMATURO, RA adj. **1** Que no está en sazón. **2** Que ocurre antes de tiempo. También s.
PREMEDITACIÓN f. Acción de premeditar.
PREMEDITAR tr. Pensar reflexivamente una cosa antes de ejecutarla.
PREMIAR tr. Remunerar, galardonar con mercedes, privilegios, etc., los méritos de alguien.
PREMIER (Voz i.) com. En el Reino Unido y países de su entorno político, primer ministro o presidente del consejo de ministros.
PREMIÈRE (Voz fr.) f. Estreno de una obra teatral o cinematográfica.
PREMINGER, OTTO Director de cine estadounidense de origen austriaco (Viena, 1906 - Nueva York, 1986). En su filmografía destacan *Laura* (1944), *Cara de ángel* (1953), *Río sin retorno* (1954), *Éxodo* (1960), *El cardenal* (1963) y *El factor humano* (1979).

PREMIO m. 1 Recompensa que se da por algún mérito o servicio. 2 Cada uno de los lotes sorteados en la lotería nacional.

PREMIOSO, SA adj. 1 Gravoso, molesto. 2 Que apremia. 3 fig. Se dice de la persona falta de expedición o de agilidad, lenta, torpe para la acción o la expresión. 4 fig. Se dice también del lenguaje o estilo que carece de espontaneidad y soltura.

PREMISA f. 1 Lóg. Cada una de las dos primeras proposiciones del silogismo. 2 fig. Señal, indicio o especie por donde se infiere una cosa o se viene en conocimiento de ella.

PREMOCIÓN f. Moción anterior, que inclina a un efecto u operación.

PREMOLAR adj. y s. Zool. Se dice de cada uno de los dientes que en los mamíferos están situados entre los incisivos y los molares.

PREMONICIÓN f. Presentimiento, presagio.

PREMONITORIO, RIA adj. Se dice de lo que tiene carácter de aviso anticipado.

PREMONSTRATENSE o **PREMOSTRATENSE** adj. Rel. Se dice de una orden de canónigos regulares, fundada en 1120 por san Norberto, que se dedica al apostolado litúrgico, entre otras actividades. Más como m. pl. Se dice también, familiarmente, *mostense*. 2 Se dice también de sus individuos. También m. 3 Relativo a esta orden.

PREMORIR intr. Der. Morir una persona antes que otra. ♦ IRREG. Se conjuga como DORMIR.

PREMOSTRAR tr. Mostrar con anticipación a otra condición o circunstancia. ♦ IRREG. Se conjuga como CONTAR.

PREMUERTO, TA p. p. irreg. de PREMORIR. También s.

PREMURA f. Aprieto, urgencia.

PRENATAL adj. Que existe o se produce antes del nacimiento.

PRENDA f. 1 Cualquier objeto que se deja como garantía del cumplimiento de una obligación. 2 Cualquiera de las partes que componen el vestido o calzado del hombre o de la mujer. 3 Lo que se da o hace en señal o demostración de algo. 4 fig. Lo que se ama intensamente, como hijos, amigos, etc. 5 fig. Cada una de las buenas cualidades que adornan naturalmente a una persona. || **en prenda** loc. adv. En empeño o fianza. || **no dolerle** a uno **prendas** fr. fig. No escatimar concesiones para lograr un acuerdo u otro propósito. También, ser fiel cumplidor de sus obligaciones. || **soltar** uno **prenda** fr. fig. y fam. Guardar celosamente un secreto. Se usa más con negación.

PRENDAR tr. Ganar la voluntad y agrado de alguien. || prnl. 2 Enamorarse de una persona o cosa.

PRENDEDERO m. Cualquier instrumento que sirve para prender o asir una cosa.

PRENDEDOR m. 1 Cualquier instrumento que sirve para prender. 2 Broche que las mujeres usan como adorno o para sujetar el vestido, pañoleta, etc.

PRENDER tr. 1 Agarrar, sujetar algo. 2 Sujetar una cosa a otra mediante un alfiler, aguja, pinzas, etc. 3 Detener a alguien, ponerle en la cárcel. 4 Hacer presa una cosa en otra, enredarse. 5 Hablando del fuego, de la luz o de cosas combustibles, encender o incendiar. || intr. 6 Bot. Arraigar la planta en la tierra. 7 Empezar a comunicar su cualidad una cosa a otra, ya sea material o inmaterial. Se dice sobre todo del fuego cuando empieza a quemar una cosa.

PRENDERÍA f. Tienda en que se compran y venden prendas, alhajas o muebles usados.

PRENDIDO m. Adorno de las mujeres, especialmente el de la cabeza.

PRENDIMIENTO m. 1 Acción de prender; prisión, captura. 2 Por antonomasia, el de Jesucristo en el Huerto, y la pintura o escultura que lo representa.

PRENOMBRE m. Nombre que entre los romanos precedía al de familia, equivaliendo a nuestro nombre de pila (COGNOMEN).

PRENOVA f. Astron. Nova antes de la erupción de magnitud.

PRENSA f. 1 Máquina que sirve para comprimir. 2 Period. Conjunto de las publicaciones periódicas, especialmente las diarias (PERIODISMO). 3 RUEDA DE PRENSA. || **PRENSA AMARILLA** Medios. La caracterizada por su entrega al sensacionalismo. || **PRENSA DEL CORAZÓN** Medios. La dedicada a la vida y las noticias sobre personajes que gozan de cierta celebridad pública. || **dar a la prensa** fr. Imprimir y publicar una obra. || **tener** uno **buena**, o **mala, prensa** fr. fig. Serle favorable o adversa. También, gozar de buena, o mala, fama.

PRENSADO m. Lustre, lisura o labor que queda en los tejidos o telas por efecto de la prensa.

PRENSAESTOPAS m. Mec. Pieza metálica roscada con que se aprieta la estopa alrededor del vástago movible de un grifo o llave de paso. ♦ Su pl. es *prensaestopas*.

PRENSAR tr. Apretar en la prensa una cosa.

PRENSATELAS m. Pieza de la máquina de coser que mantiene apretada contra la base de apoyo la tela que se cose. ♦ Su pl. es *prensatelas*.

PRENSIL adj. Que sirve para asir, sujetarse o cogerse a un objeto.

PRENSIÓN f. Acción y efecto de prender algo.

PRENSOR, RA adj. y f. 1 Se decía del ave de mandíbulas robustas y patas con dos dedos dirigidos hacia atrás. || f. pl. 2 Antiguo orden de estas aves, hoy incluidas en el orden psitaciformes.

PRENUNCIAR tr. Anunciar de antemano.

PRENUNCIO m. Anuncio anticipado, presagio.

PREÑADO, DA adj. 1 Se dice de la mujer o de la hembra de cualquier especie, que ha concebido y tiene el feto o la criatura en el vientre. 2 fig. Lleno o cargado. 3 fig. Que incluye en sí una cosa que no se descubre.

PREÑAR tr. 1 Hacer concebir a la hembra. 2 fig. Llenar, henchir.

PREÑEZ f. 1 Embarazo de la mujer. 2 Tiempo que dura el embarazo.

PREOCUPACIÓN f. 1 Cuidado, desvelo, previsión de alguna contingencia azarosa o adversa. 2 Pensamiento que preocupa.

PREOCUPAR tr. Poner el ánimo en cuidado, embargarlo, manteniendo fijo en un pensamiento, asunto o contingencia.

PREORDEN m. Mat. Relación binaria que contiene las propiedades transitiva y reflexiva.

PREORDINAR tr. Teol. Determinar Dios y disponer todas las cosas *ab aeterno*.

PREPALATAL adj. Fon. 1 Se dice del sonido que se pronuncia aplicando o acercando el dorso de la lengua a la parte anterior del paladar. 2 Se dice de la letra que representa este sonido, como la *ch*. También f.

PREPARACIÓN f. 1 Acción y efecto de preparar. 2 Biol. Porción de un tejido o de otra sustancia orgánica, dispuesta sobre el portaobjeto para su observación microscópica. 3 Farm. PREPARADO.

PREPARADO, DA adj. y m. 1 Experto, instruido. 2 Farm. Se dice de la droga o medicamento preparado.

PREPARADOR, RA m. y f. Persona que prepara.

PREPARAR tr. 1 Prevenir, disponer y aparejar una cosa para que sirva a un efecto. 2 Prevenir a un sujeto o disponerle para una acción que se ha de seguir. 3 Hacer las operaciones necesarias para obtener un producto. 4 Estudiar. También prnl. 5 Farm. Templar la fuerza del principio activo de las medicinas hasta reducirlas al grado conveniente para la curación. || prnl. 6 Disponerse, prevenirse y aparejarse para ejecutar algo o con algún otro fin determinado.

PREPARATIVO, VA adj. 1 Se dice de lo que se prepara para algo. || m. 2 Cosa dispuesta y preparada. 3 Lo que se hace para preparar algo. Más en pl.

PREPARATORIO, RIA adj. Se dice de lo que se prepara y dispone.

PREPONDERANCIA f. fig. Superioridad de crédito, consideración, autoridad, fuerza, etc.

PREPONDERANTE adj. Que pondera.

PREPONDERAR intr. 1 fig. Prevalecer o hacer más fuerza una opinión u otra cosa que aquella con la cual se compara. 2 fig. Ejercer una persona o un conjunto de ellas influjo dominante o decisivo.

PREPONER tr. Anteponer o preferir una cosa a otra. ♦ IRREG. Se conjuga como PONER.

PREPOSICIÓN f. Gram. Parte invariable de la oración, cuyo oficio es denotar el régimen o relación que entre sí tienen dos palabras o términos. || **PREPOSICIÓN INSEPARABLE** PREFIJO, afijo antepuesto.

PREPOSICIONAL adj. Gram. 1 Se dice de la voz que tiene caracteres propios de las preposiciones o puede

prerrafaelismo. *La ghirlandaia*. Cuadro de Dante Gabriel Rossetti. Tate Gallery (Londres).

usarse como tal. 2 Se dice del sintagma que se introduce en una oración por medio de una preposición.

PREPÓSITO m. Sujeto que preside o manda en algunas religiones o comunidades religiosas.

PREPOSTERAR tr. Trastrocar el orden de algunas cosas, poniendo después lo que debía ir antes.

PREPOTENCIA f. Cualidad de prepotente.

PREPOTENTE adj. y com. 1 Más poderoso que otros, o muy poderoso. 2 Que abusa de su poder o hace alarde de él.

PREPUCIO m. Anat. 1 Pliegue cutáneo y móvil que recubre exteriormente al pene. 2 Pliegue mucoso similar al anterior, formado por los labios menores, que cubre el clítoris.

PREPUESTO, TA p. p. irreg. de PREPONER.

PRERRAFAELISMO m. Arte. Movimiento estético inglés de la segunda mitad del siglo XIX, que proponía la imitación del arte inmediatamente anterior a Rafael de Urbino. Se desarrolló en Inglaterra a mediados del siglo XIX por iniciativa de los pintores Dante Gabriel Rossetti, William Holban Hunt, Edward Burne-Jones y John Everett Millais, y el crítico John Ruskin.

PRERRAFAELISTA adj. Arte. 1 Se dice del arte y estilo de pintura anteriores a Rafael de Urbino. 2 Se dice del estilo que en pintura imita el anterior a Rafael. || com. 3 Persona partidaria del prerrafaelismo.

PRERROGATIVA f. Privilegio, gracia o exención que se concede a alguien para que goce de ella, aneja regularmente a una dignidad, empleo o cargo. 2 Facultad importante de alguno de los poderes supremos del Estado.

PRERROMÁNICO, CA adj. y m. Arte. Se dice del arte que se manifestó en el Occidente europeo entre los siglos V y XI. Engloba el arte ostrogodo, el visigodo, el lombardo, el merovingio, el irlando-northumbro, el carolingio, el asturiano, el mozárabe y el otoniano.

PRERROMANO, NA adj. Anterior al dominio o civilización de los antiguos romanos.

prerrománico. San Pedro de la Nave (Zamora).

PRERROMANTICISMO m. *Lit.* Época y tendencia literaria que preparó el advenimiento de la escuela romántica.

PRERROMÁNTICO, CA adj. **1** Relativo al prerromanticismo. **2** Se dice de la literatura y trabajos literarios publicados o escritos en España antes de 1835.

PRÉS, JOSQUIN DES DESPREZ O DES PREZ, JOSQUIN DE.

PRESA f. **1** Acción de prender o tomar una cosa. **2** Cosa apresada o robada. **3** Animal que es o puede ser cazado o pescado. **4** Muro grueso de piedra u otros materiales que se construye a través de un río, arroyo o canal, para almacenar el agua para diversos usos. **5** REPRESA, lugar donde las aguas están detenidas o almacenadas. || **hacer presa** fr. Asir una cosa y asegurarla a fin de que no se escape.

PRESADA f. Agua que se junta y retiene en el caz del molino.

PRESADO, DA adj. De color verde claro.

PRESAGIAR tr. Anunciar o prever una cosa.

PRESAGIO m. Señal que indica, previene y anuncia un suceso.

PRÉSAGO, GA o **PRESAGO, GA** adj. Que anuncia, adivina o presiente algo.

PRESB-, PRESBI-, PRESBIO-; -PRESTE prefs. o suf. que significan anciano: *arcipreste*.

PRESBICIA f. *Med.* **1** HIPERMETROPÍA. **2** Defecto de la vista consistente en que se perciben confusos los objetos próximos y con mayor facilidad los lejanos.

PRESBIO- pref. PRESB-.

PRÉSBITA adj. y com. *Med.* Que padece presbicia.

PRESBITERIANISMO m. *Rel.* Doctrina de los presbiterianos, perteneciente a la rama protestante de la iglesia cristiana. Fundado por Calvino, fue introducido en la iglesia de Escocia por J. Knox en 1560, y se convirtió en religión de Estado en 1688, aunque posteriormente fue relegado por el anglicanismo. Los puritanos lo introdujeron en EE UU en el siglo XVII. Propugnan un gobierno mixto de la iglesia (pastores y laicos). No admiten la transubstanciación, aunque se administra la Eucaristía como profesión de fe y símbolo de la unión de los fieles con su Iglesia.

PRESBITERIANO, NA adj. *Rel.* **1** Partidario o seguidor del presbiterianismo. También s. **2** Relativo a los presbiterianos.

PRESBITERIO m. **1** Área del altar mayor hasta el pie de las gradas por donde se sube a él. **2** Reunión de los presbíteros con el obispo.

PRESBÍTERO m. *Rel.* Clérigo ordenado de misa, o sacerdote.

PRESBURGO BRATISLAVA.

PRESCIENCIA f. Conocimiento del futuro.

PRESCINDIBLE adj. Se dice de aquello de lo que se puede prescindir o hacer abstracción.

PRESCINDIR intr. **1** Hacer abstracción de una persona o cosa, pasarla en silencio. **2** Abstenerse de ella.

PRESCOTT, WILLIAM HICKLING Historiador estadounidense (Salem, 1796 - Boston, 1859). Es autor de *Historia del reinado de Fernando e Isabel* (1838) e *Historia de la conquista de México* (1843).

PRESCRIBIR tr. **1** Preceptuar, ordenar algo. **2** Recetar, ordenar remedios. || intr. *Der.* **3** Extinguirse un derecho, una acción o una responsabilidad. ♦ Su p. p. es irregular: PRESCRITO.

PRESCRIPCIÓN f. Acción y efecto de prescribir.

PRESCRITO, TA p. p. irreg. de PRESCRIBIR.

PRESEA f. Alhaja, joya, tela, etc.

PRESELECCIÓN f. Selección previa.

PRESELECCIONADO, DA adj. y s. Se dice de la persona que ha sido previamente seleccionada para participar en algo.

PRESENCIA f. **1** Asistencia personal, o estado de la persona que se halla delante de otra u otras o en el mismo paraje que ellas. **2** Por extensión, la misma asistencia o estado, respecto de las cosas. **3** Talle, figura y disposición del cuerpo. || **PRESENCIA DE ÁNIMO** Serenidad, tranquilidad.

PRESENCIAR tr. Hallarse presente en un acontecimiento, etc.

PRESENTACIÓN f. **1** Acción y efecto de presentar. **2** Aspecto exterior de algo, manera de presentarse.

PRESENTADO, DA adj. y s. *P. Rico* Se dice de la persona entremetida.

PRESENTADOR, RA adj. y s. **1** Que presenta. **2** Persona que, profesional u ocasionalmente, presenta y comenta un espectáculo, o un programa televisivo o radiofónico.

PRESENTAR tr. **1** Hacer manifestación de una cosa; ponerla en la presencia de uno. También prnl. **2** En frases construidas con voces como *excusas, respetos,* etc., ofrecer, dar. **3** Tener ciertas características o apariencias. **4** Proponer a un sujeto para una dignidad o cargo. **5** Introducir a uno en la casa o en el trato de otro, a veces recomendándole personalmente. **6** Dar a conocer al público a una persona o cosa. **7** Preceder a un orador en el uso de la palabra para exponer y elogiar los méritos

Elvis **Presley.** Escena de *Amor en Hawai,* película dirigida por Norman Taurog.

que califican a dicho orador. **8** Comentar o anunciar un espectáculo, un programa de televisión, de radio, etc. **9** Dar el nombre de una persona a otra en presencia de ambas para que se conozcan. || prnl. **10** Ofrecerse voluntariamente a la disposición de una persona para un fin. **11** Comparecer en algún lugar o acto. **12** Comparecer ante un jefe o autoridad de quien se depende. **13** Producirse, mostrarse, aparecer. **14** Darse a conocer una persona, indicándole el nombre y otras circunstancias que contribuyan a su identificación.

PRESENTE adj. **1** Que está delante o en presencia de uno, o concurre con él en el mismo sitio. En plural, también s. **2** Se dice del tiempo en que actualmente está uno cuando refiere algo. || m. **3** *Gram.* Tiempo del verbo que denota la acción actual. También adj. **4** Don, alhaja o regalo que una persona da a otra en señal de reconocimiento o de afecto. || **mejorando lo presente** expr. que se emplea por cortesía cuando se alaba a una persona delante de otra. || **por el, por la,** o **por lo, presente** loc. adv. Por ahora, en este momento. || **tener a** alguien o algo **presente** fr. fig. Recordarlo, retenerlo en la memoria.

PRESENTIMIENTO m. **1** Sensación del ánimo que hace presagiar lo que va a acontecer. **2** Lo que se presiente.

PRESENTIR tr. **1** Antever por cierto movimiento interior del ánimo lo que ha de suceder. **2** Adivinar una cosa antes que suceda por algunos indicios o señales que la preceden. ♦ IRREG. Se conjuga como SENTIR.

PRESEPIO m. **1** Pesebre de las bestias. **2** Lugar cubierto para ganado.

PRESERVAR tr. y prnl. Poner a cubierto anticipadamente a una persona o cosa, de algún daño o peligro.

PRESERVATIVO, VA adj. **1** Que preserva. || m. **2** Funda de goma que sirve para cubrir el pene durante el acto sexual y de este modo prevenir enfermedades o evitar la fecundación.

PRESIDENCIA f. **1** Dignidad, empleo o cargo de presidente. **2** Acción de presidir. **3** Sitio que ocupa el presidente o su oficina o morada. **4** Tiempo que dura el cargo.

PRESIDENCIAL adj. Relativo a la presidencia.

PRESIDENCIALISMO m. *Polít.* Sistema de organización política en que el presidente de la República es también jefe del poder ejecutivo.

PRESIDENCIALISTA adj. **1** Se dice del régimen político basado en el presidencialismo. **2** Partidario del presidencialismo. También com.

PRESIDENTE, TA m. y f. **1** Persona que preside. **2** *Polít.* Cabeza o superior de un gobierno, consejo, tribunal, junta, sociedad, etc. **3** En los regímenes republicanos, el jefe del Estado.

PRESIDENTE HAYES Departamento de Paraguay, región de Zona Occidental; 72.907 km^2 y 77.145 h. Capital, Pozo Colorado.

PRESIDIAR tr. Guarnecer con soldados un puesto.

PRESIDIARIO, RIA m. y f. Persona que cumple en presidio su condena.

PRESIDIO m. **1** Establecimiento penitenciario en que cumplen sus condenas los penados por graves delitos. **2** Conjunto de presidiarios de un mismo lugar. **3** Pena consistente en la privación de libertad, con diversos grados de rigor y de tiempo.

PRESIDIR tr. **1** Tener el primer lugar en una asamblea, empresa, etc. **2** Predominar, tener algo principal influjo.

PRESÍDIUM m. *Polít.* Nombre del órgano máximo del Soviet Supremo de la antigua URSS.

PRESILLA f. **1** Cordón pequeño, de seda u otra materia, en forma de lazo, con que se prende o asegura una cosa. **2** Entre sastres, costurilla de puntos unidos que se pone en los ojales y otras partes para que la tela no se abra.

PRESIÓN f. **1** Acción y efecto de apretar o comprimir. **2** fig. Fuerza o coacción que se hace sobre una persona o colectividad. || **PRESIÓN ARTERIAL** TENSIÓN ARTERIAL. || **PRESIÓN ATMOSFÉRICA** *Meteor.* La que ejerce la masa de la atmósfera sobre la Tierra y los objetos que se encuentran en ella. Se mide en milibares *(mb).* || **PRESIÓN SANGUÍNEA** *Fisiol.* La ejercida por la sangre circulante sobre las paredes de los vasos.

PRESIONAR tr. Ejercer presión sobre alguna persona o cosa.

PRESLEY, ELVIS Cantante estadounidense (Tupelo, 1935 - Memphis, 1977). Máximo intérprete del *rock and roll* de los años cincuenta, entre sus grandes éxitos se encuentran *Suspicious Minds, Don't Cry Daddy* y, especialmente, *In the Ghetto.*

PRESO, SA adj. y s. **1** Se dice de la persona que sufre prisión. **2** fig. Dominado por un sentimiento, estado de ánimo, etc. || **PRESO DE CONCIENCIA** *Polít.* Persona que sufre prisión por causa de sus ideas.

PRESOCRÁTICO, CA adj. *Filos.* **1** Se dice de los filósofos griegos anteriores o contemporáneos a Sócrates, entre los que se encuentran Tales de Mileto, Anaximandro, Anaxímenes, Pitágoras, Heráclito, Parménides, Zenón de Elea, Empédocles, Anaxágoras, Leucipo y Demócrito. También s. **2** Relativo a estos filósofos.

PRESTACIÓN f. **1** Acción y efecto de prestar. **2** Cosa o servicio exigido por una autoridad o convenido en un pacto. **3** Cosa o servicio que un contratante da o promete al otro. || **PRESTACIÓN SOCIAL SUSTITUTORIA** Servicio de interés social a cuya prestación están obligadas las personas exentas del servicio militar por objeción de conciencia.

PRESTADO, DE loc. adv. Con cosas prestadas. También, de modo precario, con poca estabilidad o duración.

PRESTAMISTA com. Persona que da dinero en préstamo y cobra un interés.

PRÉSTAMO m. **1** Acción y efecto de prestar, entregar a uno dinero u otra cosa. **2** Dinero que el Estado o una corporación toma prestado de los particulares o de otro Estado o corporación con una garantía y pagando intereses; empréstito. **3** Dinero o valor que, con las mismas condiciones, toma del Estado o de una entidad bancaria un particular. **4** *Ling.* Palabra que una lengua toma de otra, cuya estructura fonética se suele adaptar a la de la lengua receptora.

PRESTANCIA f. **1** Excelencia o calidad superior entre los de su clase. **2** Aspecto de distinción.

PRESTAR tr. **1** Entregar algo a alguien para que lo utilice durante algún tiempo y después lo restituya o devuelva. **2** Dar o comunicar. **3** Junto con los nombres *atención, paciencia, silencio,* etc., tener u observar lo que estos nombres significan. || intr. **4** Aprovechar, ser útil o conveniente para la consecución de un intento. || prnl. **5** Ofrecerse, allanarse, avenirse a una cosa. **6** Dar motivo u ocasión para algo.

PRESTATARIO, RIA adj. y s. Que toma dinero a préstamo.

PRESTE m. **1** Sacerdote que celebraba la misa cantada asistido del diácono y el subdiácono. **2** El que con capa pluvial preside en función pública de oficios divinos. || **PRESTE JUAN** *Hist.* Uno de los títulos que tenía el emperador de Etiopía.

-PRESTE suf. PRESB-.

PRESTEZA f. Prontitud, diligencia.

PRESTIDIGITACIÓN f. Arte y habilidad para hacer juegos de manos y otros trucos.

PRESTIGIAR tr. Dar prestigio, autoridad o importancia.

PRESTIGIO m. **1** Realce, estimación, renombre, buen crédito. **2** Ascendiente, influencia, autoridad.

PRESTIGIOSO, SA adj. **1** Que causa prestigio. **2** Que tiene prestigio.

PRESTO[1]**, TA** adj. **1** Pronto, diligente. **2** Preparado, dispuesto. || adv. t. **3** Al instante.

PRESTO[2]**, TA** m. *Mús.* **1** Movimiento muy rápido. **2** Composición musical o parte de ella que se ejecuta con este movimiento.

PRESUMIBLEMENTE adv. m. Que se puede presumir o sospechar.

PRESUMIDO, DA adj. y s. Que presume.

PRESUMIR tr. **1** Sospechar, juzgar o conjeturar. || intr. **2** Vanagloriarse. Más con la preposición *de.* **3** Cuidar mucho una persona su arreglo para parecer atractiva.

PRESUNCIÓN f. **1** Acción y efecto de presumir. **2** *Der.* Cosa que por ministerio de la ley se tiene como verdad.

PRESUNTIVO, VA adj. Que se puede presumir o está apoyado en presunción.

PRESUNTO, TA p. p. irreg. de PRESUMIR.
PRESUNTUOSO, SA adj. y s. **1** Lleno de presunción y orgullo. **2** Que pretende pasar por muy elegante o lujoso.
PRESUPONER tr. **1** Dar por sentado una cosa para pasar a tratar de otra. **2** Hacer cálculo previo o presupuesto de gastos e ingresos. ♦ IRREG. Se conjuga como PONER.
PRESUPOSICIÓN f. **1** Suposición previa. **2** Lo que se supone causa o motivo de una cosa.
PRESUPUESTAR tr. Establecer un presupuesto.
PRESUPUESTO, TA p. p. irreg. de PRESUPONER. || m. **2** Causa o pretexto. **3** Supuesto o suposición. **4** Cómputo anticipado del coste de una obra, y también de los gastos e ingresos de una corporación u organismo público. **5** Cantidad de dinero calculado para hacer frente a los gastos generales de la vida cotidiana, de un viaje, etc.
PRESURA f. **1** Opresión, aprieto. **2** Prisa, prontitud. **3** *Hist.* Ocupación de tierras sin dueño que se realizó como forma de repoblación de la cuenca del Duero durante los siglos IX y X.
PRESURIZAR tr. *Fís.* Mantener la presión atmosférica normal en un recinto, independientemente de la presión exterior.
PRESUROSO, SA adj. Pronto, ligero, veloz.
PRET-À-PORTER (Expresión fr.) adj. y s. Se dice de la ropa de vestir que se vende ya confeccionada.
PRETENCIOSO, SA adj. Presuntuoso, que pretende ser más de lo que es.
PRETENDER tr. **1** Pedir algo. **2** Hacer las oportunas diligencias para conseguirlo. **3** Procurar, tratar de. **4** Cortejar un hombre a una mujer para casarse con ella.
PRETENDIDO, DA adj. Imaginado, supuesto.
PRETENDIENTE, TA adj. **1** Que pretende o solicita una cosa. También s. **2** Aspirante a desempeñar un cargo público. También s. **3** Hombre que pretende o corteja a una mujer. También s. **4** Príncipe que reivindica para sí el trono, vacante o no, de un país, al que cree tener derecho. También s.
PRETENSIÓN f. **1** Solicitación para conseguir una cosa. **2** Derecho que uno juzga tener sobre algo. || f. pl. **3** Ambiciones, deseos. **4** Vanidad, presunción.
PRETENSOR, RA adj. y s. Que pretende. También s.
PRETER- pref. que significa a excepción de.
PRETERIR tr. **1** Hacer caso omiso de una persona o cosa. **2** Omitir en el testamento a los herederos forzosos sin desheredarlos expresamente. ♦ DEF. Se conjuga como ABOLIR.
PRETÉRITO, TA adj. **1** Se dice de lo que ya ha pasado o sucedió. || m. *Gram.* **2** Tiempo verbal que denota, en la acción o juicio expresados por él, la condición de pasado. También adj. || **PRETÉRITO ANTERIOR** *Gram.* Tiempo verbal que indica que la acción es inmediatamente anterior a un tiempo ya pasado. || **PRETÉRITO IMPERFECTO** *Gram.* Tiempo verbal que indica haber sido presente la acción del verbo, coincidiendo con otra acción ya pasada. || **PRETÉRITO IMPERFECTO DE SUBJUNTIVO** *Gram.* Tiempo verbal que expresa una acción pasada, presente o futura, cuyos límites temporales no nos interesan. || **PRETÉRITO INDEFINIDO** *Gram.* PRETÉRITO PERFECTO SIMPLE. || **PRETÉRITO PERFECTO** *Gram.* Tiempo verbal que denota ser ya pasada la significación del verbo, y se divide en *simple*, también llamado *indefinido*, y *compuesto*. En el uso, la diferencia entre estos dos tiempos no se sigue fielmente. || **PRETÉRITO PERFECTO SIMPLE** o **INDEFINIDO** *Gram.* Tiempo verbal que indica la acción ocurre en un tiempo que el hablante siente como acabado. || **PRETÉRITO PERFECTO COMPUESTO** *Gram.* Tiempo verbal que denota una acción que está dentro de la unidad de tiempo en la que se encuentra el hablante. || **PRETÉRITO PLUSCUAMPERFECTO** *Gram.* Tiempo verbal que enuncia que una cosa estaba ya hecha, o podía estarlo, cuando otra se hizo.
PRETERNATURAL adj. Que se halla fuera del ser y estado natural de una cosa.
PRETERNATURALIZAR tr. y prnl. Alterar o trastornar el ser o estado natural de una cosa.
PRETEXTA f. Especie de toga orlada por abajo con una tira de púrpura que usaban los magistrados romanos.
PRETEXTAR tr. Valerse de un pretexto.
PRETEXTO m. Motivo o causa simulada o aparente que se alega para hacer una cosa o para excusarse por no haberla ejecutado.
PRETIL m. **1** Murete o vallado que se pone en los puentes y otros parajes para evitar las caídas. **2** Calzada o paseo a lo largo de un pretil.
PRETINA f. **1** Correa o cinta con hebilla y broche para sujetar en la cintura ciertas prendas de vestir. **2** Cintura donde se ciñe la pretina. **3** Parte de las prendas de vestir que se ciñe a la cintura. **4** fig. Lo que ciñe.
PRETINERO, RA m. y f. Persona que fabrica pretinas.

Pretoria (República Sudafricana). Monumento a Paul Kruger en Church Square.

PRETOR m. *Hist.* Magistrado romano que ejercía jurisdicción en Roma o en las provincias.
PRETORÍA f. Dignidad de pretor.
PRETORIA Ciudad de la República Sudafricana, capital administrativa del país, en la provincia de Gauteng; 525.583 h. Centro industrial.
PRETORIAL adj. Relativo al pretor.
PRETORIANISMO m. *Polít.* Influencia política excesiva ejercida por algún grupo militar.
PRETORIANO, NA adj. **1** Relativo al pretor. **2** *Hist.* Se dice de los soldados de la guardia de los emperadores romanos. También s.
PRETORIO, RIA adj. **1** PRETORIAL. || m. **2** Palacio donde habitaban y juzgaban los pretores romanos.
PRETORIUS, ANDRIES Militar y político bóer (Graaff Reinet, 1799 - Magaliesberg, 1853). En 1840 fundó la República de Natal. Expulsado por los ingleses, pasó al norte del Vaal. Allí fundó la República de Transvaal (1848), de la que fue el primer presidente. En 1855 se creó la ciudad de Pretoria, en su honor.
PRETORIUS, MARTHINUS Militar y político bóer (Graaff Reinet, 1819 - Potchefstroom, 1901). Hijo del anterior, fracasó en su intento de unir Orange y Transvaal. En 1877, cuando Transvaal fue nuevamente ocupado por los británicos, luchó por su independencia, conseguida finalmente en 1881.
PREVALECER intr. **1** Sobresalir una persona o cosa. **2** Conseguir una cosa en oposición de otros. **3** *Bot.* Arraigar y crecer plantas y semillas. **4** fig. Crecer una cosa no material. ♦ IRREG. Se conjuga como AGRADECER.
PREVALER intr. **1** PREVALECER. || prnl. **2** Utilizar o servirse de algo para lograr un fin. ♦ IRREG. Se conjuga como VALER.
PREVARICACIÓN f. Acción y efecto de prevaricar.
PREVARICAR intr. **1** Delinquir los empleados públicos a sabiendas o por ignorancia inexcusable. **2** Por extensión, cometer uno cualquier otra falta menos grave en el ejercicio de sus deberes.
PREVENCIÓN f. **1** Acción y efecto de prevenir. **2** Preparación y disposición para evitar un riesgo o ejecutar una cosa. **3** Provisión de mantenimiento. **4** Concepto desfavorable que se tiene de una persona o cosa. **5** Puesto de policía donde se lleva preventivamente a las personas que han cometido algún delito o falta. **6** *Der.* Acción y efecto de prevenir el juez las primeras diligencias. **7** Guardia del cuartel que custodia el orden y policía de la tropa. **8** Lugar donde está.
PREVENIDO, DA adj. **1** Apercibido, dispuesto. **2** Provisto, lleno. **3** Advertido, cuidadoso.
PREVENIR tr. **1** Preparar y disponer con anticipación las cosas necesarias para un fin. **2** Prever, conocer de antemano un daño o perjuicio. **3** Precaver, estorbar o impedir. **4** Advertir, informar. **5** Imbuir, preocupar el ánimo o voluntad de uno contra alguien o algo. **6** Anticiparse a un inconveniente, dificultad u objeción. **7** *Der.* Ordenar y ejecutar un juez las diligencias iniciales o preparatorias de un juicio. **8** *Der.* Instruir las primeras diligencias para asegurar los bienes y las resultas de un juicio. || prnl. **9** Prepararse de antemano para una cosa. **10** Tener uno una idea o actitud preconcebida contra alguien o algo. ♦ IRREG. Se conjuga como VENIR.
PREVENTIVO, VA adj. Se dice de lo que previene o impide.
PREVENTORIO m. Establecimiento destinado a prevenir el desarrollo de ciertas enfermedades.
PREVER tr. **1** Ver con anticipación. **2** Conocer por algunas señales o indicios lo que ha de suceder. **3** Disponer medios para futuras contingencias. ♦ IRREG. Se conjuga como VER.
PRÉVERT, JACQUES Poeta francés (Neuilly-sur-Seine, 1900 - Omonville-la-Petite, 1977). En su obra destacan *Palabras* (1946), *La lluvia y el buen tiempo* (1955) y *Árboles* (1976).
PRÉVEZA 1 Nomo de Grecia, región de Epiro; 1.036 km² y 58.910 h. **2** Ciudad capital del mismo; 13.624 h.
PREVIO, VIA adj. **1** Anticipado. || m. *Cin.* **2** Grabación del sonido realizada antes de impresionar la imagen.
PREVISIBLE adj. Que puede ser previsto.
PREVISIÓN f. **1** Acción y efecto de prever. **2** Acción de disponer lo conveniente para atender a necesidades previsibles. **3** Cálculo anticipado de una cosa. || f. pl. *Econ.* **4** Reservas constituidas con la finalidad específica de cubrirse contra un riesgo o depreciación eventual de ciertos valores del activo.
PREVISOR, RA adj. y s. Que prevé.
PREVISTO, TA p. p. irreg. de PREVER.
PRÉVOST, ABATE (ANTOINE FRANÇOIS PRÉVOST D'EXILES, llamado) Escritor benedictino francés (Hesdin, 1693 - Courteuil, 1763). Autor de la novela *Manon Lescaut* (1731), profundo análisis de la pasión amorosa.
PREZ amb. Honor, estima por algún hecho glorioso.
PREZ, JOSQUIN DES DESPREZ o DES PREZ, JOSQUIN.
PRI Siglas del *Partido Revolucionario Institucional* mexicano (véase REVOLUCIONARIO INSTITUCIONAL, PARTIDO).
PRÍAMO *Mit.* Hijo de Laomedonte y último rey de Troya. Fue degollado por Neoptólemo al ser conquistada dicha ciudad.
PRIAPISMO m. *Med.* Erección continua y dolorosa del pene sin deseo sexual. Se presenta en enfermedades psíquicas y cerebrales.
PRÍAPO m. *Anat.* FALO.
PRÍAPO *Mit.* Dios que personificaba la generación y la fecundidad de los campos en la cultura grecolatina. Hijo de Dionisio y Afrodita, se le representaba deforme y con genitales enormes.
PRIENE *Geog. hist.* Antigua ciudad griega de Asia Menor, fundada por los jonios en el siglo IV.
PRIESTLEY, JOHN BOYNTON Escritor británico (Bradford, 1894 - Stratford-upon-Avon, 1984). De sus obras dramáticas destacan *La herida del tiempo* (1937) y *The Glass Cage* (1957).

Muerte de **Príamo**. Crátera etrusca del siglo IV a. C. Museo de Villa Giulia (Roma).

Juan **Prim i Prats.** Retrato de Luis de Madrazo. Palacio del Senado (Madrid).

PRIESTLEY, JOSEPH Químico y teólogo británico (Fieldhead, 1733 - Northumberland, Pensilvania, 1804). Aisló gran número de gases, especialmente los solubles en agua. Estudió el anhídrido carbónico (aire fijo) y la respiración de los vegetales. Su principal descubrimiento fue el del oxígeno, que obtuvo en 1774 calentando al sol el óxido de mercurio.

PRIETO, TA adj. **1** Apretado, ceñido, estrecho, duro. **2** Se dice del color muy oscuro y casi negro. **3** fig. Mísero, escaso.

PRIETO, JOAQUÍN Militar y político chileno (Concepción, 1786 - Valparaíso, 1854). Jefe del Ejército del sur (1828), acaudilló, junto con Portales, la revolución conservadora (1829) y obtuvo la presidencia de la República (1831-41).

PRIGOGINE, ILYA Científico belga de origen ruso (Moscú, 1917 - Bruselas, 2003). En 1977 recibió el premio Nobel de Química por su contribución a la termodinámica de los procesos irreversibles.

PRIM I PRATS, JUAN General y político español (Reus, 1814 - Madrid, 1870). Capitán general de Puerto Rico (1847-48). Participó en la guerra de Marruecos (1859-60) y dirigió el ejército expedicionario en la guerra de intervención de México. Encabezó la revolución de 1868 y se hizo cargo del ministerio de la Guerra en el gobierno provisional. Jefe de gobierno (1869), logró que las cortes proclamaran rey a Amadeo de Saboya (1870). Poco después fue asesinado en la madrileña calle del Turco.

PRIMA f. **1** Primera de las cuatro partes iguales en que dividían los romanos el día. **2** Una de las siete horas canónicas, que se canta a primeras horas de la mañana. **3** *Mús.* En algunos instrumentos de cuerda, la que es primera en orden y la más delgada de todas, de sonido agudo. **4** Halcón hembra. **5** Premio concedido por el gobierno, a fin de estimular operaciones o empresas que se reputan de conveniencia pública. **6** Precio que el asegurado paga al asegurador.

PRIMA DONNA (Voz it.) f. Cantante principal femenina de una ópera.

PRIMA FACIE expr. adv. lat. A primera vista. Se usa en estilo forense y en el familiar.

PRIMACÍA f. **1** Superioridad, ventaja de una cosa con respecto a otra de su especie. **2** Hecho o circunstancia de ser primero o anterior, o calidad de serlo. **3** Dignidad o empleo de primado.

PRIMADA f. **1** fam. Acción propia del primo, persona incauta. **2** fam. Engaño que padece el que es poco cauto.

PRIMADO m. **1** Primero y más preeminente de todos los obispos y arzobispos de un país. **2** Superioridad sobre otros de su clase.

PRIMAL, LA adj. y s. *Zool.* Se dice del cordero o cabrito que tiene más de un año y no llega a dos.

PRIMAR intr. Sobresalir, prevalecer, predominar.

PRIMARIO, RIA adj. **1** Principal o primero en orden o grado. **2** Primitivo, poco civilizado. **3** *Fís.* Respecto de una bobina de inducción, se dice de la corriente inductora y del circuito por donde fluye. **4** *Geol.* Se dice de la era geológica de unos 350 millones de años de duración, que sigue a la arcaica. En esta era se produjeron dos ciclos orogénicos importantes, el caledoniano y el herciniano. En cuanto a la flora comienza el desarrollo de vegetales palustres con caracteres intermedios entre algas, briófitos y helechos. A mediados de la era surgen las primeras criptógamas vasculares y, al final, las primeras coníferas. La fauna más característica la integran invertebrados marinos.

PRIMATE m. **1** Personaje distinguido; prócer. Más en pl. || adj. y m. *Zool.* **2** Se dice del mamífero plantígrado con el pulgar generalmente oponible y las uñas laminares o en forma de garra. A este grupo pertenecen el lémur, tupaya, gálago, tití, mandril, macaco, gibón, orangután, chimpancé, gorila y hombre. || m. pl. *Zool.* **3** Orden de estos animales.

PRIMATICCIO, FRANCESCO Pintor y arquitecto italiano (Bolonia, 1504 - París, 1570). Discípulo de Giulio Romano, se estableció en Francia e intervino en la decoración del castillo de Fontainebleau, desde 1532.

PRIMAVERA[1] f. **1** *Astron.* Estación del año que comienza en el equinoccio del mismo nombre (21 de marzo) y termina en el solsticio de verano (22 de junio). **2** *Bot.* Planta herbácea perenne, de la familia primuláceas, género *Primula,* de flores amarillas con figura de quitasol. **3** Época templada del año, que en el hemisferio boreal corresponde a los meses de marzo, abril y mayo, y en el austral a los de septiembre, octubre y noviembre. **4** Tejido de seda sembrado de flores. **5** fig. Cualquier cosa varia y de hermoso colorido. **6** fig. Tiempo en que una cosa está en su mayor vigor y hermosura. **7** fig. Año, refiriéndose a la edad de una persona, sobre todo si ésta es joven. Se usa en pl.

PRIMAVERA[2] adj. y s. fig. y fam. Se dice de la persona simple y fácil de engañar.

PRIMER adj. Apócope de PRIMERO. Se usa cuando va delante de sustantivo masculino, aunque se interponga otro adjetivo, pero no cuando al adjetivo se antepone una conjunción.

PRIMERA f. **1** Juego de naipes. || f. pl. **2** Bazas seguidas que para ganar la partida hace un jugador antes que los demás hagan ninguna.

PRIMERAMENTE adv. t. y orden. Previamente, antes de todo.

PRIMERIZO, ZA adj. y s. Que hace por primera vez una cosa.

PRIMERO, RA adj. **1** Se dice de la persona o cosa que precede a las demás de su especie en orden, tiempo, lugar, situación, clase, etc. **2** Excelente, grande, que sobresale y excede a otros. **3** Antiguo. **4** Marcha o velocidad más corta del motor de un vehículo. || adv. t. **5** PRIMERAMENTE. **6** Antes, más bien, de mejor gana. || **a primeros** loc. adv. En los primeros días del año, mes, etc., que se expresa o se sobreentiende. || **de primera** loc. fig. y fam. Sobresaliente, magnífico.

PRIMERO Río de Argentina, provincia de Córdoba, que desemboca en la laguna de Mar Chiquita; de 200 km.

PRIMICIA f. **1** Noticia, hecho que se da a conocer por primera vez. **2** Fruto primero de cualquier cosa. Más en pl. **3** Prestación de frutos y ganados que además del diezmo se daba a la iglesia. Se usaba más en pl. fig. || f. pl. **4** fig. Primeros frutos que produce cualquier cosa no material.

PRIMIGENIO, NIA adj. Primitivo, originario.

PRIMÍPARA f. *Med.* Mujer que pare por primera vez.

PRIMITIVA f. LOTERÍA PRIMITIVA.

PRIMITIVISMO m. **1** Condición, mentalidad, tendencia o actitud propia de los pueblos primitivos. **2** Tosquedad, rudeza. **3** Carácter peculiar del arte o literatura primitivos. **4** *Arte.* Tendencia artística hacia actitudes y soluciones típicas del arte primitivo.

PRIMITIVO, VA adj. **1** Relativo a los orígenes y primeros tiempos de alguna cosa. **2** Se dice de los pueblos de civilización poco desarrollada, y también de sus individuos. **3** Rudimentario, tosco. **4** *Arte.* Se dice del artista y de la obra artística pertenecientes a épocas anteriores a las clásicas dentro de una civilización o ciclo.

PRIMO, MA adj. **1** PRIMERO. **2** Primoroso. **3** *Mat.* Se dice del número que no contiene más divisores que él mismo y la unidad. || m. y f. **4** Respecto de una persona, hijo o hija de su tío o tía; según sean éstos, carnales, segundos, terceros, etc., así serán los primos hermanos o carnales, segundos, terceros, etc. **5** Tratamiento que daba el rey a los grandes de España. **6** fam. Persona incauta que se deja engañar o explotar fácilmente.

PRIMO DE RIVERA Y ORBANEJA, MIGUEL Militar y político español (Cádiz, 1870 - París, 1930). Participó en las campañas de Cuba, Filipinas y Marruecos. Capitán general de Valencia (1919) y Cataluña (1922), en 1923 dio un golpe de Estado e instauró una dictadura (véase DICTADURA DE PRIMO DE RIVERA). Pacificó Marruecos (1926) e intentó institucionalizar el régimen con la creación del partido Unión Patriótica Nacional. Ante la falta de cohesión del partido y la pérdida de la confianza del rey Alfonso XIII, tuvo que dimitir (1930) y se retiró a París.

PRIMO DE RIVERA Y SÁENZ DE HEREDIA, JOSÉ ANTONIO Político español (Madrid, 1903 - Alicante, 1936). Hijo de Miguel Primo de Rivera, en 1933 fundó la FALANGE ESPAÑOLA (FE). En 1934 fusionó FE con las Juntas de Ofensiva Nacional Sindicalista (JONS), y fue nombrado su jefe nacional. Encarcelado en Madrid meses antes de que estallara la Guerra Civil, fue trasladado a la cárcel provincial de Alicante. Acusado de haber inspirado el alzamiento del 18 de julio, fue juzgado por un tribunal popular, condenado a muerte y ejecutado.

PRIMOGÉNITO, TA adj. y s. Se dice del hijo o hija que nace primero.

PRIMOGENITURA f. Dignidad, prerrogativa o derecho de los primogénitos.

PRIMOR m. **1** Destreza, habilidad, esmero. **2** Hermosura de la obra ejecutada con destreza o habilidad. **3** Persona de buenas cualidades.

PRIMORDIAL adj. Esencial, primero.

PRIMORDIO m. **1** Lo originario o primero. **2** *Biol.* Conjunto de células embrionarias que sirven de punto de partida para el desarrollo de un futuro órgano. || **PRIMORDIO FOLIAR** *Bot.* Prominencia lateral del meristemo apical, que dará lugar a la hoja.

PRIMOROSO, SA adj. **1** Excelente, delicado. **2** Diestro, experimentado, que hace o dice con perfección alguna cosa.

PRIMORYE *(Litoral)* Territorio de la Federación de Rusia, República federada de Rusia; 165.900 km^2 y 2.273.000 h. Capital, Vladivostok.

PRÍMULA f. *Bot.* PRIMAVERA[1], planta.

PRIMULÁCEO, A adj. y f. *Bot.* **1** Se dice de la planta herbácea angiosperma dicotiledónea, con fruto capsular de dos o más semillas, como la primavera. || f. pl. *Bot.* **2** Familia de estas plantas.

PRINCE DE BEAUMONT, MARIE-JEANNE LE LE PRINCE DE BEAUMONT, MARIE-JEANNE.

PRINCEPS (Voz lat.) adj. Relativo a la primera edición de un libro. También f.

PRINCESA f. **1** Mujer que tiene soberanía sobre un principado. **2** En España, hija del rey, inmediata sucesora del reino. También se la llama *princesa de Asturias.* **3** Mujer del príncipe.

PRINCETON Ciudad de EE UU, en el Estado de Nueva Jersey; 12.331 h. Célebre universidad.

PRINCIPADO m. **1** Título de príncipe o princesa. **2** Territorio o lugar sobre el que recae este título. **3** Territorio o lugar sujeto a la potestad del príncipe o de la princesa. || m. pl. *Teol.* **4** Espíritus que forman el séptimo coro angélico.

PRINCIPAL adj. **1** Se dice de la persona o cosa que tiene el primer lugar en estimación o importancia, y se antepone a otras. **2** Se dice del que es el primero en un negocio. **3** Esencial o fundamental, en oposición a *accesorio.* **4** Se dice de la edición príncipe. **5** Se decía del piso que en los edificios se halla sobre el bajo o el entresuelo. || com. **6** Persona que dirige un almacén, fábrica, etc. || m. **7** Capital de una obligación o censo, en oposición a rédito, pensión o canon.

PRÍNCIPE adj. **1** Se dice de la primera edición de una obra de la que se hicieron varias. || m. **2** El primero y más excelente, superior y aventajado en una cosa. **3** En España, hijo primogénito del rey, heredero de la corona. **4** Individuo de familia real o imperial. **5** Soberano de un Estado. **6** Título de honor que dan los reyes. **7** Cualquiera de los grandes de un reino. || **PRÍNCIPE DE ASTURIAS** Título que se da en España al hijo del rey, inmediato sucesor de la corona. Creado en 1388 por el rey Juan I de Castilla. || **PRÍNCIPE DE GALES** Título del heredero del trono inglés. También, nombre de un tipo de tela para trajes. || **PRÍNCIPE DE LAS TINIEBLAS** El demonio.

PRÍNCIPE Isla del océano Atlántico, que con la de Santo Tomé constituye el Estado de SANTO TOMÉ Y PRÍNCIPE; 128 km^2.

PRÍNCIPE DE ASTURIAS, PREMIOS Conjunto de galardones que anualmente, desde 1981, otorga la Fundación Príncipe de Asturias para premiar a las personas, grupos o entidades que hayan destacado por su labor cultural, social o política. En la actualidad existen las modalidades de Concordia, Deportes, Cooperación Internacional, Letras, Comunicación y Humanidades, Ciencias Sociales, Investigación Técnica y Científica y Artes.

Miguel **Primo de Rivera.** Retrato de José Ribera. Museo del Ejército (Madrid).

PREMIOS PRÍNCIPE DE ASTURIAS

Año

Libertad

- 1986 Vicaría de la Sociedad (Chile)

Concordia

- 1987 Villa El Salvador (Perú)
- 1988 Unión Internacional de la Naturaleza (Fondo Mundial para la Naturaleza)
- 1989 Stephen Hawking
- 1990 Comunidades sefardíes
- 1991 Médicos sin Fronteras y Medicus Mundi Internacional
- 1992 Fundación Americana de Investigación del SIDA (AMFAR)
- 1993 Coordinadora Gesto por la Paz en Euskal Herria
- 1994 Mensajeros de la Paz, Movimiento Nacional dos Meninos e Meninas da Rua, Save the Children
- 1995 Hussein de Jordania
- 1996 Adolfo Suárez
- 1997 Y. Menuhin y M. Rostropovich
- 1998 Nicolás Castellano, Vicente Ferrer, Joaquín Sanz Gadea y Muhammad Yunus
- 1999 Cáritas Española
- 2000 Real Academia Española y Asociación de las Academias de la Lengua Española
- 2001 Red Mundial de Reservas de la Biosfera
- 2002 Daniel Barenboim y Edward Said
- 2003 J. K. Rowling
- 2004 El Camino de Santiago

Deportes

- 1987 Sebastian Coe
- 1988 Juan Antonio Samaranch
- 1989 Alfonso *Sito* Pons
- 1991 Sergei Bubka
- 1992 Miguel Induráin
- 1993 Javier Sotomayor
- 1994 Martina Navratilova
- 1995 Hassiba Boulmerka
- 1996 Carl Lewis
- 1997 Equipo español de maratón
- 1998 Arantxa Sánchez Vicario
- 1999 Steffi Graf
- 2000 Lance Armstrong
- 2001 Manuel Estiarte
- 2002 Selección brasileña de fútbol
- 2003 Tour de Francia
- 2004 Hicham El Guerrouj

Cooperación Iberoamericana

- 1981 José López Portillo (México)
- 1982 Enrique Iglesias (Uruguay)
- 1983 Belisario Betancur (Colombia)
- 1984 Cancilleres del Grupo de Contadora
- 1985 Raúl Alfonsín (Argentina)
- 1986 Universidad de Salamanca
- 1987 Javier Pérez de Cuéllar (Perú)

Cooperación Internacional

- 1989 Mijail Gorbachov y Jacques Delors
- 1990 Hans D. Genscher
- 1991 Alto Comisionado de las Naciones Unidas para los Refugiados
- 1992 F. de Klerk y Nelson Mandela
- 1993 Cascos azules de la ONU
- 1994 Yasser Arafat e Isaac Rabin
- 1995 Mario Soares
- 1996 Helmut Kohl
- 1997 Gobierno de Guatemala y la guerrilla de la Unión Revolucionaria Nacional de Guatemala
- 1998 G. Machel, F. Budiaf, R. Menchú, O. Koso-Thomas, F. Ishaq Gailani, S. Mam y E. Bonino
- 1999 P. Duque, J. Glenn, V. Poliakov y C. Mukai
- 2000 Fernando Henrique Cardoso
- 2001 Estación Espacial Internacional
- 2002 Comité Científico para la Investigación de la Antártida (SCAR)
- 2003 Luiz Inácio, *Lula*, da Silva
- 2004 Programa *Erasmus* de la Unión Europea

Letras

- 1981 José Hierro
- 1982 Miguel Delibes y Gonzalo Torrente Ballester
- 1983 Juan Rulfo
- 1984 Pablo García Baena
- 1985 Ángel González
- 1986 Mario Vargas Llosa y Rafael Lapesa
- 1987 Camilo José Cela
- 1988 Carmen Martín Gaite y José Ángel Valente
- 1989 Ricardo Gullón
- 1990 Arturo Uslar Pietri
- 1991 Pueblo de Puerto Rico
- 1992 Francisco Nieva
- 1993 Claudio Rodríguez
- 1994 Carlos Fuentes
- 1995 Carlos Bousoño
- 1996 Francisco Umbral
- 1997 Álvaro Mutis
- 1998 Francisco Ayala
- 1999 Günter Grass
- 2000 Augusto Monterroso
- 2001 Doris Lessing
- 2002 Arthur Miller
- 2003 Fátima Mernissi y Susan Sontag
- 2004 Claudio Magris

Comunicación y Humanidades

- 1981 María Zambrano
- 1982 Mario Augusto Bunge (Argentina)
- 1983 Diario *El País*
- 1984 Claudio Sánchez-Albornoz
- 1985 José Ferrater Mora
- 1986 Grupo *Globo* (Brasil)
- 1987 *El Espectador y El Tiempo* (Colombia)
- 1988 Horacio Sáenz Guerrero
- 1989 Pedro Laín Entralgo y Fondo de Cultura Económica
- 1990 Universidad Centroamericana José Simeón Cañas (El Salvador)
- 1991 Luis María Anson
- 1992 Emilio García Gómez
- 1993 Revista *Vuelta* (México)
- 1994 Misiones españolas de Ruanda y Burundi
- 1995 José Luis López Aranguren y la Agencia EFE
- 1996 Indro Montanelli y Julián Marías
- 1997 Vaclav Havel y CNN
- 1998 Reinhard Mohn (grupo Bertelsmann)
- 1999 Instituto Caro y Cuervo
- 2000 Umberto Eco
- 2001 George Steiner
- 2002 Hans Magnus Enzensberger
- 2003 Ryszard Kapuscinski y Gustavo Gutiérrez
- 2004 Jean Daniel

Ciencias Sociales

- 1981 Román Perpiñá
- 1982 Antonio Domínguez Ortiz
- 1983 Julio Caro Baroja
- 1984 Eduardo García de Enterría
- 1985 Ramón Carande
- 1986 José Luis Pinillos
- 1987 Juan José Linz
- 1988 Luis Díez del Corral y Luis Sánchez Agesta
- 1989 Enrique Fuentes Quintana
- 1990 Rodrigo Uría González
- 1991 Miguel Artola
- 1992 Juan Velarde Fuertes
- 1993 Silvio Zavala
- 1994 Aurelio Menéndez
- 1995 Joaquim Veríssimo y Miguel Batllori
- 1996 John Elliott
- 1997 Martín de Riquer
- 1998 Pierre Werner y Jacques Santer
- 1999 Raymond Carr
- 2000 Carlo Maria Martini
- 2001 Colegio de México y Juan Iglesias Santos
- 2002 Anthony Giddens
- 2003 Jürgen Habermas
- 2004 Paul Krugman

Investigación Técnica y Científica

- 1981 Alberto Sols
- 1982 Manuel Ballester Boix
- 1983 Luis Antonio Santaló Sors
- 1984 Antonio García Bellido
- 1985 D. Vázquez (España) y E. Rosenblueth (México)
- 1986 Antonio González González
- 1987 Jacinto Convit y Pablo Rudomín
- 1988 Manuel Cardona y Marcos Moshinsky
- 1989 Guido Munch
- 1990 Santiago Grisolía y Salvador Moncada
- 1991 Francisco Bolívar Zapata
- 1992 Federico García Moliner
- 1993 Amable Liñán
- 1994 Manuel Patarroyo
- 1995 Manuel Losada Villasante e Instituto de Biodiversidad de Costa Rica
- 1996 Valentín Fuster
- 1997 Equipo científico de Atapuerca (Burgos)
- 1998 Pedro Echenique y Emilio Méndez
- 1999 Enrique Moreno y Ricardo Miledi
- 2000 Robert Gallo y Luc Montagnier
- 2001 Francis Collins, Hamilton Smith, John Sulston, Craig Venter y Jean Weissenbach
- 2002 T. Berners-Lee, V. G. Cerf, R. Kahn y L. Roberts
- 2003 Jane Goodall
- 2004 J. Massagué, T. Hunter, J. Folkman, B. Vogelstein y R. A. Weinberg

Artes

- 1981 Jesús López Cobos
- 1982 Pablo Serrano
- 1983 Eusebio Sempere
- 1984 Orfeón Donostiarra
- 1985 Antonio López García
- 1986 Luis García Berlanga
- 1987 Eduardo Chillida
- 1988 Jorge Oteiza
- 1989 Óscar Niemeyer
- 1990 Antoni Tàpies i Puig
- 1991 V. de los Ángeles, T. Berganza, M. Caballé, P. Lorengar, J. Carreras, P. Domingo y A. Kraus
- 1992 Roberto Matta
- 1993 Francisco Javier Sáenz de Oíza
- 1994 Alicia de Larrocha
- 1995 Fernando Fernán-Gómez
- 1996 Joaquín Rodrigo
- 1997 Vittorio Gassman
- 1998 Sebastião Salgado
- 1999 Santiago Calatrava
- 2000 Barbara Hendricks
- 2001 Krzysztof Penderecki
- 2002 Woody Allen
- 2003 Miquel Barceló
- 2004 Paco de Lucía

Príncipe Eduardo, Isla Provincia de Canadá, en el golfo de San Lorenzo; 5.660 km² y 137.796 h. Capital, Charlottetown.
Príncipe Eugenio Eugenio de Saboya-Carignan.
Príncipe Negro Eduardo el Príncipe Negro.
principesco, ca adj. Se dice de lo que es o parece propio de un príncipe o de una princesa.
principiante, ta adj. y s. Que empieza a estudiar o ejercer un oficio, arte, facultad, etc.
principiar tr. e intr. Comenzar, dar principio a una cosa.
principio m. 1 Primer instante de la existencia de una cosa. 2 Punto que se considera primero en una extensión o cosa. 3 Base, fundamento. 4 Causa primitiva o primera de algo. 5 Cualquiera de los platos que se sirven en la comida entre el primer plato y los postres. 6 Rudimento de una ciencia o arte. También en pl. 7 Componente de un cuerpo. 8 Norma que rige el pensamiento o la conducta. También en pl. || m. pl. A. gráf. 9 Todo lo que precede al texto de un libro. || **PRINCIPIO ACTIVO** Farm. Sustancia contenida en un fármaco por la cual éste adquiere su peculiar propiedad medicinal. || **PRINCIPIO DE DERECHO** Der. Norma no legal supletoria de ella y constituida por doctrina. || **al principio** loc. adv. Al empezar. || **en principio** loc. adv. Se dice de lo que se acepta en esencia sin que haya conformidad en la forma o en los detalles.
pringado, da adj. y s. 1 Se dice de quien hace el peor trabajo o se lleva la peor parte. 2 fam. Persona ingenua, primo. || f. 3 Rebanada de pan empapada en pringue.
pringamoza f. Bot. 1 Ant., Col., Guat., Pan. y Venez. Bejuco euforbiáceo. 2 Col. y Hond. Especie de ortiga.
pringar tr. 1 Empapar con pringue el pan u otro alimento. 2 Estrujar con pan algún alimento pringoso. 3 Manchar con pringue o con cualquier otra sustancia grasienta o pegajosa. También prnl. 4 fam. Trabajar más que nadie o de una forma injusta. 5 fig. y fam. Denigrar, infamar. || intr. 6 fig. y fam. Tomar parte en un negocio. || prnl. 7 fig. y fam. Sacar beneficios ilícitos de un negocio.
pringón, na adj. 1 fam. Pringoso. || m. 2 fam. Acción de mancharse con pringue. 3 fam. Mancha de pringue.
pringoso, sa adj. Que tiene pringue.
pringue amb. 1 Grasa que suelta el tocino u otra cosa semejante sometida a la acción del fuego. Más f. 2 fig. Suciedad, grasa o porquería. Más f.
Prinzapolca o **Prinzapolka** Río de Nicaragua, en el departamento de Zelaya, tributario del mar de las Antillas; 200 km.
Prío Socarrás, Carlos Político cubano (Bahía Honda, 1903 - Miami Beach, 1977). Fue jefe del gobierno (1945) y ministro de Trabajo (1947). Presidente de la República (1948-52), fue depuesto por el golpe de Estado de Batista (1952).
prión m. Biol. Pequeño corpúsculo proteínico capaz de transmitir enfermedades degenerativas del sistema nervioso sin la intervención de ácidos nucleicos.
prior, ra m. y f. 1 Superior o prelado ordinario del convento. 2 En algunas religiones, segundo prelado después del abad o de la abadesa.
priorato[1] m. 1 Dignidad o empleo de prior o de priora. 2 Distrito o territorio que tienen jurisdicción.

3 Entre los benedictinos, casa en que habitan algunos monjes gobernada por un prior.
PRIORATO[2] m. Vino tinto de El Priorato, Tarragona.
PRIORIDAD f. **1** Anterioridad de una cosa respecto de otra, en tiempo o en orden. **2** Precedencia de una cosa respecto de otra, que depende o procede de ella.
PRIORITARIO, RIA adj. Se dice de lo que tiene prioridad respecto de algo.
PRIPET o **PRIPIAT** Río de Bielorrusia y Ucrania, afluente principal del Dniéper; 810 km. En su cuenca se forma la zona pantanosa que lleva su nombre.
PRISA f. **1** Prontitud, rapidez. **2** Necesidad o deseo de ejecutar algo con urgencia. **3** Escaramuza o pelea muy encendida o confusa. **4** Concurso grande al despacho de una cosa. **5** Ansia, premura. || **a prisa** loc. adv. APRISA. || **a toda prisa** loc. adv. Con la mayor prontitud. || **dar prisa** fr. Instar a uno a que ejecute una cosa con presteza. || **de prisa y corriendo** loc. adv. Con la mayor celeridad, atropelladamente. || **meter** uno **prisa** fr. Atropellar las cosas.
PRISCILIANISMO m. *Rel.* e *Hist.* Herejía de Prisciliano, que profesaba algunas ideas de los gnósticos y maniqueos.
PRISCILIANO Heresiarca hispano (Hispania occidental, 340 - Tréveris, 385). Defensor del gnosticismo, sus partidarios le nombraron obispo de Ávila. Acusado de brujería y herejía, fue decapitado.
PRISCO m. *Bot.* ALBÉRCHIGO, árbol, y su fruto.
PRISIÓN f. **1** Acción de prender o coger. **2** Cárcel. **3** fig. Cualquier cosa que ata. **4** fig. Lo que une estrechamente las voluntades y afectos. **5** *Der.* Pena de privación de libertad, inferior a la reclusión y superior a la de arresto. || m. pl. **6** Grillos, cadenas que se ponen a los prisioneros. || **PRISIÓN MAYOR** *Der.* La que dura desde seis años y un día hasta doce años. || **PRISIÓN MENOR** *Der.* La de seis meses y un día a seis años. || **PRISIÓN PREVENTIVA** *Der.* La que sufre el procesado durante la sustanciación del juicio.
PRISIONERO, RA m. y f. **1** Militar u otra persona que en campaña cae en poder del enemigo. **2** Persona que está presa, particularmente por causas que no son delitos.
PRISMA m. **1** *Geom.* Poliedro con dos caras iguales y paralelas llamadas *bases*, y las caras laterales son paralelogramos. La intersección de dos caras se llama *arista* y la distancia entre dos bases, *altura*. Si las bases son triángulos, el prisma es *triangular*; si son pentágonos, pentagonal, etc. Si las aristas laterales son perpendiculares a la base, el prisma es *recto*; si no, *oblicuo*. **2** fig. Punto de vista.
PRISMÁTICO, CA adj. *Geom.* **1** De figura de prisma. || m. *Fís.* **2** Anteojo con varios prismas para ampliar la visión. Más en pl.
PRISTINA Ciudad de Serbia y Montenegro, en el S de Serbia, capital de la provincia autónoma de Kosovo; 155.499 h.
PRÍSTINO, NA adj. Antiguo, primitivo, original.
PRIVACIÓN f. **1** Acción de privar o privar. **2** Carencia de una cosa en un sujeto capaz de tenerla. **3** Carencia del alimento necesario o de cosas esenciales. Más en pl. **4** Pena con que se desposee a uno del empleo, derecho o dignidad que tenía. **5** fig. Ausencia de un bien deseado.
PRIVADO, DA adj. **1** Que se ejecuta a la vista de pocos, sin ceremonia. **2** Personal. **3** Particular en oposición a estatal. || m. **4** Hombre que tiene la confianza de un rey o gobernante.
PRIVANZA f. Preferencia en la gracia y confianza de un príncipe o alto personaje.
PRIVAR tr. **1** Despojar a uno de algo que poseía. **2** Destituir a uno de un empleo, dignidad, etc. **3** Prohibir o vedar. **4** Quitar el sentido. Más prnl. **5** Gustar extraordinariamente. || intr. **6** Tener privanza. **7** Tener general aceptación una persona o cosa. || prnl. **8** Dejar voluntariamente una cosa.
PRIVATIVO, VA adj. **1** Que causa privación. **2** Propio o peculiar de una persona o cosa. **3** *Ling.* Se dice de la oposición en la que uno de los términos se caracteriza por la presencia o ausencia de una marca.
PRIVATIZAR tr. Transferir una empresa o actividad pública al sector privado.
PRIVILEGIAR tr. Conceder privilegio.
PRIVILEGIO m. **1** Gracia o prerrogativa. **2** Documento en que consta la concesión de un privilegio. **3** fig. Exención de una obligación, o ventaja exclusiva o especial que goza alguien por concesión de un superior o por determinada circunstancia propia. **4** fig. Don natural.
PRO amb. Provecho, ventaja. || **el pro y el contra** fr. con que se denota la confrontación de lo favorable y adverso de una cosa.
PRO- pref. que puede significar por o en vez de, como en *pronombre*; ante o delante de, como en *prólogo*; impulso o movimiento hacia adelante, como en *promover*; publicación, como en *proclamar*; y negación, como en *prohibir*.

probóscide de insecto lepidóptero.

PRO RATA o **PRO RATA PARTE** locs. lats. PRORRATA.
PROA f. Parte delantera de la nave.
PROBABILIDAD f. **1** Verosimilitud o fundada apariencia de verdad. **2** Calidad de probable, que puede suceder. **3** *Mat.* Cociente entre el número total de casos favorables y el número de casos posibles en un suceso aleatorio.
PROBABILISMO m. **1** *Teol.* Doctrina teológica según la cual en la calificación de las acciones humanas se puede seguir la opinión sólidamente probable en contraposición a la más probable. Su creador fue B. Medina. **2** *Filos.* Doctrina filosófica que niega la certeza y falsedad absolutas y defiende que las cosas son sólo probables.
PROBABLE adj. **1** Verosímil. **2** Que se puede probar. **3** Se dice de lo que hay buenas razones para creer que sucederá.
PROBADO, DA adj. Acreditado por la experiencia.
PROBADOR, RA adj. y s. **1** Que prueba. || m. **2** Habitación para probarse la ropa.
PROBAR tr. **1** Experimentar las cualidades de personas, animales o cosas. **2** Examinar si una cosa está arreglada a la medida. **3** Manifestar la certeza de un hecho o la verdad de una cosa. **4** Gustar una pequeña porción de manjar o líquido. || intr. **5** Experimentar e intentar una cosa. ♦ IRREG. Se conjuga como CONTAR.
PROBATORIA f. Término concedido por la ley o por el juez para hacer las pruebas.
PROBATORIO, RIA adj. Que sirve para probar o averiguar la verdad de una cosa.
PROBETA f. **1** Manómetro de mercurio para conocer el grado de enrarecimiento del aire de la máquina neumática. **2** Máquina para probar la fuerza de la pólvora. **3** Tubo de cristal, cerrado por un extremo, y destinado a contener líquidos o gases. **4** Muestra de cualquier sustancia, material, para probar su elasticidad, resistencia, etc.
PROBIDAD f. Honradez.
PROBLEMA m. **1** Cuestión que se trata de aclarar. **2** Conjunto de hechos o circunstancias que dificultan la consecución de algún fin. **3** *Mat.* Proposición dirigida a averiguar el modo de obtener un resultado cuando ciertos datos son conocidos.

PROBLEMÁTICO, CA adj. **1** Dudoso, incierto. || f. **2** Conjunto de problemas pertenecientes a una ciencia o actividad.
PROBO, BA adj. Que tiene probidad.
PROBO, MARCO AURELIO Emperador romano (Sirmium, 232 - íd., 282). Sucedió a Tácito. Reinó desde el 276 hasta su muerte. Contuvo a los bárbaros al otro lado del Danubio.
PROBÓSCIDE f. *Zool.* Aparato bucal en forma de trompa o pico, dispuesto para la succión, propio de los insectos dípteros.
PROBOSCÍDEO, A o **PROBOSCIDIO, A** adj. y m. *Zool.* **1** Se dice del mamífero digitígrado, con las extremidades alargadas y terminadas en cinco dedos con pezuñas. También posee una larga probóscide móvil, formada por la nariz y el labio superior, al final de la cual se abren los orificios nasales. Las únicas especies existentes en la actualidad son el elefante africano y el asiático. || m. pl. *Zool.* **2** Orden de estos animales.
PROCACIDAD f. Desvergüenza, insolencia, atrevimiento.
PROCAÍNA f. *Farm.* Anestésico sintético, que se emplea en odontología y en el tratamiento de la senilidad.
PROCARIONTE o **PROCARIOTA** m. *Biol.* Se dice de la célula que no tiene verdadero núcleo, ya que carece de membrana nuclear.
PROCARIÓTICO, CA adj. y s. *Biol.* PROCARIONTE.
PROCAS *Mit.* Rey legendario de Alba. Padre de Numítor y Amulio.
PROCAZ adj. Desvergonzado, atrevido.
PROCEDENCIA f. **1** Origen de una cosa. **2** Punto de salida de un barco, avión, tren y, en general, de cualquier medio de transporte, y por extensión, de personas. **3** Conformidad con la razón y el derecho. **4** *Der.* Fundamento legal y oportunidad de una demanda, petición o recurso.
PROCEDER[1] m. Modo de portarse.
PROCEDER[2] intr. **1** Originarse una cosa de otra. **2** Portarse bien o mal una persona. **3** Pasar a poner en ejecución una cosa. **4** Ser conforme a razón o derecho. || tr. **5** Convenir. || **proceder contra** fr. *Der.* Iniciar o seguir procedimiento contra él.
PROCEDIMIENTO m. **1** Acción de proceder. **2** Método de ejecutar algunas cosas. **3** *Der.* Actuación por trámites judiciales o administrativos.
PROCELARIIFORME adj. y m. *Zool.* **1** Se dice del ave marina con el pico compuesto por varias piezas y curvado, los pies palmeados y el plumaje denso y abundante, como el albatros y el petrel. || m. pl. *Zool.* **2** Orden de estas aves.
PROCELOSO, SA adj. Borrascoso, tormentoso.
PRÓCER adj. **1** Alto, elevado. || m. **2** Persona importante. **3** *Hist.* Cada uno de los individuos que formaban durante la vigencia del Estatuto Real (1834-36) el estamento a que daban nombre.
PROCERO, RA o **PRÓCERO, RA** adj. Alto, eminente, elevado.
PROCESADO, DA adj. **1** Se dice del escrito y letra de proceso. **2** Declarado presunto reo en un proceso criminal. También s.
PROCESADOR m. *Inform.* Unidad central de un ordenador. || **PROCESADOR DE TEXTOS** Programa destinado a la composición de documentos por medio de un ordenador.
PROCESAMIENTO m. Acto de procesar.
PROCESAR tr. **1** Formar autos y procesos. **2** *Der.* Someter a proceso penal. **3** Someter alguna cosa a un proceso de elaboración, transformación, etc. **4** *Inform.* Introducir en un ordenador una serie de datos para que trabaje con ellos un determinado programa.

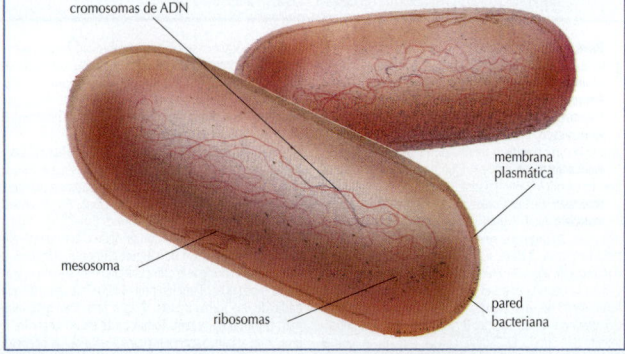

procarionte

PROCESIÓN f. **1** Acto de ir ordenadamente muchas personas con un fin público, por lo general religioso. **2** fig. y fam. Una o más hileras de personas y animales.

PROCESIONARIA f. *Zool.* Nombre de diversos insectos lepidópteros de la familia taumetopeidos, género *Thaumetopoea*, cuyas orugas caminan en larga hilera.

PROCESO m. **1** Acción de ir hacia adelante. **2** Transcurso del tiempo. **3** Conjunto de las fases sucesivas de un fenómeno natural o de una operación artificial. **4** *Der.* Agregado de los autos y demás escritos en cualquier causa civil y criminal. **5** *Der.* Causa criminal. || **PROCESO DE DATOS** *Inform.* Curso de operaciones que un ordenador realiza partiendo de un programa.

PRÓCIDA Isla volcánica de Italia, en el golfo y provincia de Nápoles; 4 km² y 9.895 h.

PROCIÓN *Astron.* La estrella más brillante de la constelación del Can Menor, doble, situada a 11,4 años luz de la Tierra.

PROCIÓNIDO, DA adj. y m. *Zool.* **1** Se dice del mamífero carnívoro con patas cortas y costumbres arborícolas, como el mapache. || m. pl. *Zool.* **2** Familia de estos mamíferos.

PROCLAMA f. **1** Notificación pública. **2** Alocución política o militar. || f. pl. **3** Amonestaciones.

PROCLAMACIÓN f. **1** Publicación de un decreto, bando o ley, que se hace solemnemente para que llegue a noticia de todos. **2** Actos públicos y ceremonias con que se declara e inaugura un nuevo reinado, principado, etc. **3** Alabanza pública y común.

PROCLAMAR tr. **1** Hacer público. **2** Declarar solemnemente el principio o inauguración de un reinado, congreso, etc. **3** Conferir un título o cargo, generalmente la mayoría. **4** Gritar la multitud en honor de una persona. **5** Mostrar algo claramente. || prnl. **6** Declararse uno investido de un cargo, autoridad, etc.

PROCLISIS f. *Ling.* Unir una palabra sin acento prosódico a la siguiente cuando se pronuncian. ♦ Su pl. es *proclisis*.

PROCLÍTICO, CA adj. *Ling.* Se dice de la voz que, sin acentuación prosódica, se liga en la pronunciación con el vocablo subsiguiente.

PROCLIVE adj. **1** Que está inclinado hacia adelante o hacia abajo. **2** Inclinado o propenso a una cosa.

PROCLO Filósofo griego (Constantinopla, 410 - Atenas, 485). Representante del neoplatonismo, recogió la doctrina de Plotino.

PROCNE *Mit.* Hija de Pandión, rey de Atenas, y hermana de Filomela. Fue metamorfoseada en golondrina.

PROCOMÚN o **PROCOMUNAL** m. Utilidad pública.

PROCÓNSUL m. *Hist.* Gobernador de una provincia entre los romanos.

PROCONSULADO m. **1** Empleo de procónsul. **2** Tiempo que duraba esta dignidad.

PROCOPIO Emperador romano de Oriente (Cilicia, 325 - ?, 366). Al subir al trono Valente (364), huyó a Constantinopla; allí, favorecido por el descontento general, fue proclamado emperador (365). Murió decapitado.

PROCOPIO DE CESAREA Historiador bizantino (Cesarea de Capadocia, fines del siglo V - Constantinopla, h. 562). Es el principal historiador del reinado de Justiniano. Entre sus obras figuran el *Libro de las guerras* (545-54) y *Tratado de los edificios* (560).

PROCOPIO EL GRANDE Jefe de los husitas (?, h. 1380 - ?, 1434). Venció a la cuarta y quinta cruzadas mandadas por el papa y Segismundo de Luxemburgo (1427-31).

PROCORDADO, DA adj. y m. *Zool.* **1** Se dice del animal cordado más primitivo, sin encéfalo ni esqueleto y que respira por branquias. || m. pl. *Zool.* **2** Subtipo de estos animales.

PROCREAR tr. Engendrar, multiplicar una especie.

PROCTO-, PROCT-; -PROCTO prefs. o suf. que significan ano o intestino grueso: *proctología*.

PROCTOLOGÍA f. *Med.* Especialidad médica que trata de las afecciones relacionadas con la última porción del intestino grueso o recto.

PROCTOR, RICHARD ANTHONY Astrónomo británico (Chelsea, 1837 - Nueva York, 1888). Estableció la rotación de Marte y estudió la de Venus. Determinó el movimiento de las estrellas, fenómeno al que denominó deriva estelar.

PROCURADOR, RA adj. y s. **1** Que procura. || m. y f. **2** Persona que en virtud de poder ejecuta algo en nombre de otra. **3** La que, con la habilitación legal pertinente, ejecuta ante los tribunales todas las diligencias necesarias en nombre de otra. **4** En las comunidades religiosas, la que tiene a su cargo el gobierno económico del convento. || **PROCURADOR EN CORTES** *Hist.* Hasta el siglo XIX, cada uno de los individuos que designaban ciertas ciudades para concurrir a las cortes con voto en éstas. Desde la promulgación de la ley constitutiva de las cortes en 1942 y de la ley orgánica del Estado en 1967, hasta la derogación de ambas por la constitución de 1978, los electos o designados para ese mismo fin. || **PROCURADOR DEL REINO** *Hist.* Cada uno de los individuos que elegidos por las provincias formaban, durante la vigencia del Estatuto Real (1834-36), el estamento a que daban nombre.

PROCURADURÍA f. Cargo u oficina del procurador.

PROCURAR tr. **1** Tratar de conseguir lo que se desea. También prnl. **2** Ejercer el oficio de procurador o procuradora.

PROCUSTO o **PROCUSTES** *Mit.* Sobrenombre de un bandido del Ática. Asaltaba a los viajeros y los tendía en un lecho de hierro, al que los adaptaba estirándoles los miembros o cortándoselos. Fue muerto por Teseo.

PRODI, ROMANO Economista y político italiano (Scandiano, 1939). Ministro de industria con G. Andreotti (1978), tras la victoria del Polo del Olivo de 1996, fue primer ministro (1996-98). De 1999 a 2004 fue presidente de la Comisión Europea.

PRODIGALIDAD f. **1** Gasto excesivo. **2** Copia, abundancia.

PRODIGAR tr. **1** Disipar, gastar con exceso. **2** Dar con profusión y abundancia. **3** fig. Dispensar profusa y repetidamente elogios y favores. También prnl. || prnl. **4** Excederse indiscretamente en la exhibición personal.

PRODIGIO m. **1** Suceso en contra de las leyes naturales. **2** Cosa especial, hermosa en su línea. **3** Milagro. **4** Persona que posee una cualidad en grado extraordinario.

PRODIGIOSO, SA adj. **1** Maravilloso, extraordinario. **2** Excelente, exquisito.

PRÓDIGO, GA adj. **1** Gastador, manirroto. También s. **2** Que desprecia la vida u otra cosa estimable. **3** Muy dadivoso. **4** Que tiene o produce gran cantidad de algo.

PRÓDROMO m. *Med.* Malestar que precede a una enfermedad.

PRODUCCIÓN f. **1** Acción de producir. **2** Cosa producida. **3** Acto o modo de producirse. **4** Suma de los productos del suelo o de la industria.

PRODUCIR tr. **1** Engendrar, criar. **2** Tener frutos los terrenos, las plantas. **3** Rentar, producir interés, utilidad una cosa. **4** fig. Ocasionar, originar. **5** fig. Fabricar, elaborar cosas útiles. **6** Crear cosas o servicios con valor económico. **7** *Der.* Exhibir, presentar las pruebas en que se fundamenta un derecho. || prnl. **8** Explicarse. ♦ IRREG. Se conjuga como CONDUCIR.

PRODUCTIVIDAD f. **1** Calidad de productivo. **2** *Econ.* Relación entre la producción y la cantidad de recursos de toda índole que son utilizados para obtenerla.

PRODUCTIVO, VA adj. **1** Que tiene la virtud de producir. **2** Que arroja un resultado favorable de valor entre precios y costes.

PRODUCTO m. **1** Cosa producida. **2** Caudal que se obtiene de una cosa que se vende, o el que ella renta. **3** *Mat.* Cantidad que resulta de la multiplicación. || **PRODUCTO INTERIOR BRUTO** *Econ.* Medida del valor de los bienes y servicios producidos en un país antes de tener en cuenta la depreciación o gastos de capital. Se hallan descontados los bienes producidos fuera del país, incluyéndose por el contrario los producidos dentro del país por empresas extranjeras. Su abreviatura es PIB. || **PRODUCTO INTERIOR NETO** *Econ.* Es el bruto deducidos los impuestos indirectos y amortizaciones. Su abreviatura es PIN. || **PRODUCTO NACIONAL BRUTO** *Econ.* Valor total de todos los bienes y servicios producidos en un país junto con los ingresos netos procedentes de los servicios del interior y del extranjero, incluyendo el interés, beneficio y los dividendos obtenidos en el extranjero. Su abreviatura es PNB. || **PRODUCTO NACIONAL NETO** *Econ.* Se obtiene restando al PNB, la depreciación y los descuentos de consunción de capital, o lo que es lo mismo las amortizaciones del capital. Su abreviatura es PNN. ♦ Es el p. p. irregular de PRODUCIR.

PRODUCTOR, RA adj. y s. **1** Que produce. || m. y f. **2** Cada una de las personas que intervienen en la producción de bienes o servicios. **3** *Cin.* Persona que organiza la realización de una obra cinematográfica, discográfica, televisiva, etc., y aporta el capital necesario. || f. **4** Sociedad creada con este mismo fin.

PROEL adj. **1** Se dice de la parte más cercana a la proa en las embarcaciones menores. || m. *Mar.* **2** Marinero que en un bote, lancha, etc., maneja el remo de proa, maneja el bichero para atracar o desatracar, y hace las veces de patrón a falta de éste.

PROEMIO m. Prólogo.

PROEZA f. Hazaña, acción valerosa.

PROFANACIÓN f. Acción y efecto de profanar.

PROFANAR tr. **1** Aplicar una cosa sagrada a usos profanos. **2** fig. Deslucir, deshonrar, prostituir. **3** Ultrajar públicamente la religión o los muertos.

PROFANO, NA adj. **1** No relacionado con lo sagrado. **2** Contrario al respeto a las cosas sagradas. **3** Libertino. También s. **4** Inmodesto, deshonesto. **5** Que carece de conocimientos en una materia. También s.

PROFASE f. *Biol.* Primer estadio de la división mitótica o meiótica.

PROFECÍA f. **1** Predicción de las cosas futuras en virtud de un don especial. **2** fig. Juicio o conjetura que se forma de una cosa por las señales que se observan en ella.

PROFERIR tr. Pronunciar, articular palabras. ♦ IRREG. Se conjuga como ADQUIRIR.

PROFESAR tr. **1** Ejercer una ciencia, arte, oficio, etc. **2** Enseñarlos. **3** Creer, confesar. **4** fig. Sentir algún afecto, inclinación o interés. || intr. **5** Obligarse en una orden religiosa a cumplir los votos propios de su instituto.

PROFESIÓN f. **1** Acción y efecto de profesar. **2** Ceremonia en que alguien profesa en una orden religiosa. **3** Empleo, facultad u oficio que cada uno tiene y ejerce con derecho a retribución.

PROFESIONAL adj. **1** Relativo a la profesión. **2** Se dice de la persona que ejerce una profesión. También com. **3** Se dice de quien practica habitualmente una actividad de la cual vive. También com. || com. **4** Persona que ejerce su profesión con relevante capacidad y aplicación.

PROFESIONALISMO m. Cultivo o utilización de ciertas disciplinas, artes o deportes, como medio de lucro.

PROFESIONALIZAR tr. Dar carácter de profesión a una actividad.

PROFESO, SA adj. y s. Se dice del religioso que ha profesado.

PROFESOR, RA m. y f. Persona que profesa, ejerce o enseña una ciencia, arte, oficio, etc. || **PROFESOR ADJUNTO** Profesor o profesora que desempeña una adjuntía. || **PROFESOR AGREGADO** En los institutos de bachillerato y antiguamente en las universidades, profesor numerario adscrito a una cátedra o a un departamento, de rango inmediatamente inferior al de catedrático. || **PROFESOR ASOCIADO** Profesor contratado de una universidad. || **PROFESOR NO NUMERARIO** Antiguamente, el que no poseía la plaza en propiedad. || **PROFESOR NUMERARIO** Antigua denominación del profesor titular. || **PROFESOR TITULAR** Profesor de número de una universidad.

PROFESORADO m. **1** Cargo de profesor. **2** Cuerpo de profesores.

PROFETA, TISA m. y f. **1** Persona que posee el don de profecía. Con referencia a la Biblia, los llamados profetas mayores son Isaías, Jeremías, Ezequiel y Daniel, y menores los 12 restantes, encabezados por Oseas. **2** fig. Persona que por señales predice acontecimientos futuros.

PROFÉTICO, CA adj. Relativo a la profecía o al profeta.

PROFETISMO m. Tendencia de algunos filósofos y escritores de religión a profetizar.

PROFETIZAR tr. **1** Anunciar o predecir cosas futuras, hacer profecías. **2** fig. Conjeturar o hacer juicios del éxito de una cosa por algunas señales observadas.

PROFILÁCTICO, CA adj. **1** *Med.* Se dice de lo que puede preservar de la enfermedad. **2** PRESERVATIVO.

PROFILAXIS f. *Med.* Prevención de las enfermedades; tratamiento preventivo. ♦ Su pl. es *profilaxis*.

PRÓFUGO, GA adj. y s. **1** Que huye de la justicia. || m. **2** El que se ausenta o se oculta para eludir el servicio militar.

PROFUNDAMENTE adv. m. **1** Con profundidad. **2** fig. Agudamente, con intensidad.

PROFUNDIDAD f. **1** Calidad de profundo. **2** Parte honda de una cosa. **3** *Geom.* Dimensión de los cuerpos perpendiculares a una superficie plana. **4** fig. Hondura y penetración del pensamiento y de las ideas.

PROFUNDIZAR tr. **1** Hacer más profunda una cosa. **2** fig. Penetrar una cosa para llegar a su perfecto conocimiento. También intr.

PROFUNDO, DA adj. **1** Que tiene el fondo muy distante de la boca. **2** Más hondo que lo regular. **3** Extendido a lo largo. **4** Se dice de lo que penetra mucho. **5** fig. Intenso. **6** fig. Difícil de penetrar o comprender. **7** fig. Tratándose del entendimiento, que penetra o ahonda mucho. **8** fig. Se dice de la persona cuyo entendimiento es profundo. || m. **9** La parte más honda de una cosa. **10** Lo más íntimo de una persona.

PROFUSIÓN f. Gran abundancia de algo.

PROFUSO, SA adj. **1** Abundante. **2** Prodigado superfluamente.

PROGENIE f. *Biol.* **1** Generación o familia de la que desciende alguien. **2** Descendencia o conjunto de hijos de alguien.

PROGENITOR, RA m. y f. **1** Pariente en línea recta ascendente de una persona. || m. pl. **2** El padre y la madre.

PROGESTERONA f. *Biol.* Hormona esteroide femenina cuya función es preparar al útero para la implantación del óvulo fecundado y colaborar en el desarrollo de las mamas durante la lactancia.

PROGLÓTIDE o **PROGLOTIS** m. *Zool.* Cada uno de los segmentos que constituyen el cuerpo de un gusano cestodo.

PROGNATO, TA adj. y s. Se dice de la persona que tiene salientes las mandíbulas.

PROGNOSIS f. Conocimiento anticipado de algo que no ha sucedido.

PROGRAMA m. **1** Plan, proyecto. **2** Tema para un discurso, cuadro, obra musical. **3** Sistema y distribución de las materias de un curso o asignatura, que forman y publican los profesores encargados de explicarlas. **4** Anuncio o exposición de las partes de que se han de componer ciertos actos o espectáculos, reparto, etc. **5** Impreso con ese anuncio. **6** Serie de las distintas unidades temáticas que constituyen una emisión de radio o de televisión; cada una de estas unidades. **7** Serie ordenada de operaciones para llevar a cabo un proyecto. **8** Conjunto de instrucciones preparadas para que un aparato automático pueda efectuar una sucesión de operaciones determinadas. **9** *Inform.* Secuencias de instrucciones detalladas y codificadas a fin de que un ordenador realice las operaciones necesarias para resolver un determinado problema. || **PROGRAMA INTERACTIVO** *Inform.* Programa de ordenador que permite un diálogo con el usuario.

PROGRAMADOR, RA adj. y s. **1** Que programa. || m. y f. *Inform.* **2** Persona encargada de la confección de un programa para un ordenador. || m. *Inform.* **3** Componente o elemento de un aparato automático en el que se inscribe el programa de las operaciones que la máquina ha de resolver.

PROGRAMAR tr. **1** Formar y preparar programas. **2** Idear y ordenar las acciones necesarias para realizar un proyecto. **3** Preparar los datos previos para obtener la solución de un problema mediante una computadora electrónica. **4** *Inform.* Elaborar programas para los ordenadores. **5** *Mat.* Determinar el valor máximo de una función de muchas variables cuyos valores extremos son conocidos.

PROGRAMÁTICO, CA adj. Relativo al programa, plan y tema.

PROGRE adj. y com. fam. Persona de ideas progresistas, especialmente en el terreno político, con un sistema de vida más o menos anticonvencional.

PROGRESAR intr. **1** Hacer progresos en una materia. **2** Desarrollarse un país en distintos aspectos.

PROGRESIÓN f. **1** Acción de progresar. **2** *Mat.* Sucesión de términos en un orden determinado. || **PROGRESIÓN ARITMÉTICA** *Mat.* Sucesión de números tales que cada uno de ellos es igual al anterior más una cantidad constante. || **PROGRESIÓN GEOMÉTRICA** *Mat.* Sucesión de números en que cada término es igual al anterior multiplicado por una cantidad fija.

PROGRESISMO f. Ideas y doctrinas progresistas.

PROGRESISTA com. Persona o colectividad, institución, etc., de ideas políticas y sociales avanzadas.

PROGRESIVO, VA adj. **1** Que avanza, favorece el avance o lo procura. **2** Que progresa. **3** *Ling.* Se dice de la acción verbal que se está realizando, generalmente formada por un auxiliar y un gerundio.

PROGRESO m. **1** Acción de ir hacia adelante. **2** Aumento, adelantamiento, perfeccionamiento.

PROGRESO, EL Departamento de Guatemala; 1.922 km^2 y 143.197 h. Su capital es la ciudad homónima.

PROHIBICIÓN m. Acción y efecto de prohibir.

PROHIBICIONISMO *Hist.* Movimiento iniciado a mediados del siglo XIX en EE UU, para prohibir el uso de bebidas alcohólicas.

PROHIBIR tr. Vedar, impedir el uso o ejecución de una cosa.

PROHIBITIVO, VA adj. **1** Se dice de lo que prohíbe. **2** fig. Se dice de las cosas cuyos precios son muy altos.

PROHIJAR tr. **1** Adoptar por hijo. **2** fig. Acoger como propias opiniones ajenas.

PROHOMBRE m. El que goza de especial consideración entre los de su clase.

PROINDIVISIÓN f. Estado de los bienes pro indiviso.

PROINDIVISO loc. adj. lat. PRO INDIVISO.

PROÍS o **PROÍZ** m. Piedra u otra cosa en tierra, en que se amarra la embarcación.

PROÍZA f. *Mar.* Cierto cable que se ponía a proa para anclar o amarrar el navío.

PRÓJIMO, MA m. y f. **1** Cualquier persona respecto de otra. **2** fam. Cualquier persona considerada individualmente.

PROKHOROV, ALEXANDR MIJAILOVICH Físico soviético de origen australiano (Atherton, Australia, 1916 - Moscú, 2002). En 1964 recibió el premio Nobel de Física, compartido con Basov y Townes, por sus investigaciones sobre ondas electromagnéticas.

PROKOFIEV, SERGEI SERGEIEVICH Pianista y compositor soviético (Sontzovka, 1891 - Moscú, 1953). Brillante pianista, entre sus obras destacan el ballet *Chout* (1915), la ópera *El jugador* (1916), la *Sinfonía clásica* (1917), los ballets *Romeo y Julieta* (1932) y *La flor de piedra* (1949-50) y la *Séptima Sinfonía* (1952).

PROLACTINA f. *Biol.* Hormona proteínica que estimula la secreción de leche por las glándulas mamarias y la secreción de progesterona.

PROLAPSO m. *Med.* Caída de un órgano.

PROLE f. *Biol.* Hijos o descendencia.

PROLEGÓMENO m. Introducción de una obra. Más en pl.

PROLEPSIS f. **1** *Ret.* ANTICIPACIÓN. **2** *Filos.* Conocimiento anterior a la reflexión, según las corrientes estoica y epicúrea. ♦ Su pl. es *prolepsis.*

PROLETARIADO m. Clase social constituida por los proletarios.

PROLETARIO, RIA adj. **1** Obrero, persona que vive de un salario. También m. **2** fig. Pertene ciente o relativo a la clase obrera. || m. **3** En la antigua Roma, ciudadano pobre que solamente con su prole podía servir al Estado.

PROLIFERACIÓN f. Acción y efecto de proliferar.

PROLIFERAR intr. **1** Reproducirse en formas similares. **2** fig. Multiplicarse abundantemente.

PROLÍFERO, RA adj. Que se multiplica.

PROLÍFICO, CA adj. **1** Que tiene virtud de engendrar. **2** Se dice del escritor, artista, etc., autor de muchas obras.

PROLIJO, JA adj. **1** Largo, dilatado con exceso. **2** Cuidadoso, esmerado. **3** Impertinente, pesado, molesto.

PROLOG *Inform.* Lenguaje diseñado por Alain Comerauer, utilizado en las aplicaciones de inteligencia artificial.

PROLOGAR tr. Escribir un prólogo.

PRÓLOGO m. **1** Discurso antepuesto a ciertas obras para explicarlas al lector. **2** Discurso que en el teatro griego y latino y también en el antiguo de los pueblos modernos solía preceder al poema dramático. **3** Primera parte de algunas obras dramáticas y novelas, en la cual se representa una acción de que es consecuencia la principal, que se desarrolla después. **4** fig. Principio.

PROLOGUISTA com. Persona que escribe el prólogo de un libro.

PROLONGACIÓN f. **1** Acción y efecto de prolongar. **2** Parte prolongada.

PROLONGAR tr. y prnl. **1** Alargar, dilatar. **2** Hacer que dure una cosa más tiempo que lo regular.

PROMECIO m. *Quím.* Elemento del grupo de los lantánidos del sitema periódico. Masa atómica 147; número atómico 61; símbolo *Pm.*

PROMEDIAR tr. **1** Repartir en dos partes iguales. || intr. **2** Interponerse entre dos o más personas para ajustar un negocio. **3** Llegar a su mitad un espacio de tiempo determinado.

PROMEDIO m. **1** Punto medio de una cosa. **2** *Mat.* Suma de varias cantidades, dividida por el número de ellas; término medio.

PROMESA f. **1** Expresión de la voluntad de dar a uno o hacer por él alguna cosa. **2** Ofrecimiento hecho a la divinidad. **3** Persona o cosa que promete por sus especiales cualidades. **4** fig. Augurio, señal. **5** *Der.* Contrato preparatorio de otro más solemne o detallado.

PROMETEDOR, RA adj. y s. Que promete.

PROMETEO *Mit.* Hijo del titán Jápeto y de Címene, y padre de Deucalión. En algunos mitógrafos, aparece como el creador de los hombres, a los que modeló con arcilla. La versión más común le designa como el bienhechor de la humanidad, a la que entregó el fuego que había robado a los dioses. Zeus le castigó encadenándole a una roca del Cáucaso, donde un águila le devoraba el hígado, que se renovaba sin cesar.

PROMETER tr. **1** Obligarse a hacer, decir o dar algo. **2** Asegurar la certeza de lo que se dice. || intr. **3** Mostrar una persona o cosa especiales cualidades, que pueden llegar a hacerla triunfar. || prnl. **4** Mostrar gran confianza en lograr una cosa. **5** Darse mutuamente palabra de casamiento.

PROMETIDO, DA m. y f. Persona que con cierta formalidad ha hecho y recibido promesa de casamiento.

PROMETIO m. *Quím.* PROMECIO.

PROMINENCIA f. Elevación de una cosa sobre lo que está alrededor de ella.

PROMINENTE adj. **1** Que se destaca sobre lo que está en sus inmediaciones. **2** fig. Ilustre, famoso, destacado.

PROMISCUAR intr. **1** Comer en días de vigilia carne y pescado en una misma comida. **2** fig. Participar indistintamente en cosas heterogéneas y opuestas.

PROMISCUIDAD f. Cualidad de promiscuo.

PROMISCUO, CUA adj. **1** Se aplica a aquellos que mantienen relaciones sexuales con muchas otras; se dice también de estas relaciones. **2** Mezclado confusamente.

PROMISIÓN f. Promesa.

PROMISORIO, RIA adj. Que encierra en sí promesa.

PROMOCIÓN f. **1** Acción y efecto de promover. **2** Conjunto de individuos que al mismo tiempo han obtenido un grado o empleo, principalmente en los cuerpos de escala cerrada. **3** Elevación o mejora de las condiciones de vida, productividad, intelectuales, etc. **4** *Dep.* Enfrentamiento entre equipos para determinar los que pertenecen a la categoría siguiente.

PROMOCIONAR tr. y prnl. Elevar o hacer valer objetos comerciales, cualidades, personas, etc.

PROMONTORIO m. **1** Altura de tierra que avanza hacia el mar. **2** fig. Cosa que hace bulto.

PROMOTOR, RA adj. y s. **1** Que promueve una cosa. **2** Que promueve a una persona, especialmente a un cantante, deportista, etc. || **PROMOTOR DE LA FE** *Rel.* Individuo de la Sagrada Congregación que tiene la función de suscitar dudas y oponer objeciones en las causas de beatificación y canonización. Es llamado familiarmente *abogado del diablo.*

PROMOVER tr. **1** Iniciar o adelantar una cosa procurando su logro. **2** Elevar a una persona a una dignidad o empleo superior al que tenía. **3** Activar o dar impulso a una cosa. ♦ IRREG. Se conjuga como MOVER.

PROMULGAR tr. **1** Publicar oficialmente una ley u otra disposición. **2** fig. Hacer que una cosa se divulgue.

PRONACIÓN f. *Fisiol.* Movimiento que hace girar la mano de fuera a dentro.

PRONAOS f. *Arquit.* En los templos antiguos, pórtico que había delante del santuario o cella. ♦ Su pl. es *pronaos.*

PRONO, NA adj. **1** Inclinado a una cosa. **2** Que está echado sobre el vientre.

PRONOGRADISMO m. *Zool.* Forma de andar con la espalda en posición horizontal, propia de los animales con cuatro patas.

PRONOMBRE m. *Gram.* Parte de la oración que suple al nombre o lo determina. || **PRONOMBRE DEMOSTRATIVO** *Gram.* Aquel con que se señalan personas, animales o cosas. Son esencialmente tres: *éste, ése* y *aquél.* || **PRONOMBRE INDEFINIDO** *Gram.* PRONOMBRE INDETERMINADO. || **PRONOMBRE INDETERMINADO** *Gram.* El que vagamente alude a personas o cosas, como *alguien, nadie, uno,* etc. || **PRONOMBRE PERSONAL** *Gram.* El que directamente representa personas, animales o cosas: *yo, tú, él, nosotros, vosotros, ellos,* etc. Es la única parte de la oración que en la lengua española cambia de estructura al declinarse. Estos pronombres pueden aparecer como *tónicos* o *átonos.* Los tónicos funcionan como sujeto o término de una oración, y los átonos funcionan como complementos. Las formas átonas en el dativo y en el acusativo no admiten preposición *(me, nos, te, os, le, lo, les, los, la, las* y *se),* y van pospuestas en forma enclítica. *Me, nos, se* y *os* son las únicas que pueden emplearse con verbos reflexivos y recíprocos o usados como tales. Adquieren su significación en el contexto. || **PRONOMBRE POSESIVO** *Gram.* El que denota posesión o pertenencia: *mío, mía* y *nuestro, nuestra,* de primera persona; *tuyo, tuya,* y *vuestro, vuestra,* de segunda, y *suyo, suya,* de tercera. || **PRONOMBRE REFLEXIVO** *Gram.* Es el pronombre que reproduce como complemento directo o indirecto a la persona que ejerce de sujeto de un verbo reflexivo: *me, te, se.* || **PRONOMBRE RELATIVO** *Gram.* El que se refiere a persona, animal o cosa de los que anteriormente se ha hecho mención: *quien, cuyo, cual, que,* etc.

PRONOMINAL adj. **1** Perteneciente al pronombre o que participa de su índole o naturaleza. **2** VERBO PRONOMINAL.

PRONOSTICAR tr. Conocer por algunos indicios lo futuro.

PRONÓSTICO m. **1** Acción y efecto de pronosticar. **2** Señal por donde se adivina una cosa futura. **3** Calendario en que se incluyen los fenómenos astronómicos y meteorológicos. **4** *Med.* Juicio que forma el médico respecto a los cambios que pueden sobrevenir a una enfermedad. || **PRONÓSTICO RESERVADO** *Med.* El que se reserva el médico a causa de las contingencias que prevé en los efectos de una lesión.

PRONTITUD f. **1** Celeridad, presteza en ejecutar una cosa. **2** Viveza de ingenio o de imaginación.

PRONTO, TA adj. **1** Veloz, ligero. **2** Dispuesto para la ejecución de una cosa. || m. **3** fam. Movimiento repentino del ánimo. **4** fam. Ataque repentino y aparatoso de algún mal. || adv. t. **5** Presto, con prontitud. **6** Con anticipación al momento fijado. || **de pronto** loc. adv. Apresuradamente. También, de repente. || **por de,** o **lo pronto** loc. adv. De primera intención.

PRONTUARIO m. **1** Libro en que se anotan varias cosas a fin de tenerlas presentes en un momento dado. **2** Compendio de una ciencia o arte.

PRONUNCIACIÓN f. Acción y efecto de pronunciar.

PRONUNCIAMIENTO m. **1** Golpe de Estado militar protagonizado por un sector del ejército. **2** *Der.* Cada una de las declaraciones, condenas o mandatos del juzgado.

PRONUNCIAR tr. **1** Admitir y articular sonidos para hablar. **2** Determinar, resolver. También prnl. **3** fig. Sublevar, rebelar. También prnl. **4** *Der.* Publicar la sentencia o auto.

PRONUNCIO m. Eclesiástico investido transitoriamente de las funciones del nuncio pontificio.

PRONY, MARIE RICHE, BARÓN DE Matemático e ingeniero francés (Chamelet, 1755 - Asnières, 1839). Inventó el freno que lleva su nombre. Dirigió los trabajos para la composición de las nuevas tablas logarítmicas y trigonométricas.

Los **Propileos** de la Acrópolis de Atenas (Grecia).

PROPAGANDA f. **1** Acción y efecto de dar a conocer una idea, doctrina. **2** Publicidad de un producto comercial. **3** Anuncio publicitario.
PROPAGANDISMO m. Tendencia a convertir algo en materia de propaganda o espíritu propagandístico.
PROPAGAR tr. y prnl. **1** Multiplicar por vía de reproducción. **2** fig. Extender, aumentar. **3** fig. Extender el conocimiento de una cosa o la afición a ella.
PROPALAR tr. Divulgar una cosa oculta.
PROPANO m. *Quím.* Hidrocarburo alifático saturado, de fórmula $CH_3-CH_2-CH_3$, gaseoso, derivado del petróleo, que se emplea como combustible.
PROPANOL m. *Quím.* Alcohol derivado del propano, que se obtiene por destilación de los residuos que quedan en la obtención del aguardiente de orujo.
PROPAROXÍTONO, NA adj. *Gram.* Que se acentúa en la antepenúltima sílaba, esdrújulo.
PROPASAR tr. **1** Pasar más adelante de lo debido. || prnl. **2** Excederse de lo razonable en lo que se hace o dice.
PROPEDÉUTICA f. Enseñanza preparatoria para el estudio de una disciplina.
PROPELENTE adj. *Quím.* Se dice de los gases que en los aerosoles impulsan el líquido a presión.
PROPENDER Inclinarse alguien, por naturaleza, por afición o por otro motivo, hacia una determinada cosa.
PROPENO m. *Quím.* PROPILENO.
PROPENSIÓN f. Acción y efecto de propender.
PROPENSO, SA adj. Con propensión. ♦ Es el p. p. irregular de PROPENDER.
PROPERCIO, SEXTO Poeta elegíaco romano (Umbría, h. 47 - Roma, h. 15 a. C.). Escribió cuatro libros de *Elegías* (entre el 30 y el 16 a. C.).
PROPERGOL m. *Quím.* Mezcla de un combustible con un comburente, cuya descomposición o reacción da lugar a energía autopropulsora, utilizada para el impulso de las astronaves.
PROPICIAR tr. **1** Aplacar la ira de alguien. **2** Atraer la benevolencia de alguien. **3** Favorecer la ejecución de algo.
PROPICIATORIO, RIA adj. **1** Que tiene la virtud de hacer propicio. **2** Tabla de oro que en la ley hebrea se colocaba sobre el arca del Testamento. **3** Reclinatorio, mueble para arrodillarse.
PROPICIO, CIA adj. Favorable.
PROPIEDAD f. **1** Derecho o facultad de disponer de una cosa. **2** Cosa objeto de dominio, especialmente si es inmueble o raíz. **3** Atributo, cualidad esencial. **4** fig. Semejanza o imitación perfecta. **5** *Gram.* Significado o sentido peculiar y exacto de las voces o frases. **6** *Mús.* Cada una de las tres especies de hexacordos que se usaron en el solfeo del canto llano. || **PROPIEDAD HORIZONTAL** La que recae sobre uno o varios pisos, locales o tiendas de un edificio. || **PROPIEDAD INTELECTUAL, ARTÍSTICA** o **LITERARIA** DERECHOS DE AUTOR.
PROPIETARIO, RIA adj. **1** Que tiene derecho de propiedad sobre una cosa, y especialmente sobre bienes inmuebles. Más como s. **2** Que tiene cargo u oficio que le pertenece.
PROPILENO m. *Quím.* Hidrocarburo no saturado de la serie de los alquenos, de fórmula $CH_3-CH=CH_2$, que se obtiene en la refinación del petróleo.
PROPILEO m. PERISTILO.
PROPILEOS, LOS *Arqueol.* Pórticos de la Acrópolis de Atenas. Fueron construidos por Mnesicles en el siglo V a. C.

PROPILO m. *Quím.* Radical monovalente de hidrocarburo saturado derivado del propano.
PROPINA f. **1** Dinero que, sobre el precio convenido, se da por algún servicio. **2** Gratificación pequeña con que se recompensa un servicio eventual. || **de propina** loc. adv. Por añadidura.
PROPINAR tr. **1** Dar a beber. **2** fig. Dar la clase de golpe expresada por el complemento explícito: bofetada, paliza, patada.
PROPINCUO, CUA adj. Allegado, cercano.
PROPIO, PIA adj. **1** Perteneciente a uno que tiene la facultad exclusiva de disponer de ello. **2** Característico, peculiar de cada persona o cosa. **3** Conveniente, adecuado. **4** Natural, en contraposición a accidental. **5** Relativo a la persona que habla o de que se habla. Se usa antepuesto al sustantivo. **6** *Filos.* Se dice del accidente que se sigue necesariamente o es inseparable de la esencia y naturaleza de las cosas. También s. || m. **7** Persona que expresamente se envía de un punto a otro con carta o recado. **8** Hacienda que pertenece a una población y cuyos productos sirven para satisfacer los gastos públicos. Más en pl.
PROPÓLEOS m. *Zool.* Sustancia cérea con que las abejas bañan las colmenas o vasos.
PROPONER tr. **1** Manifestar una cosa para conocimiento de uno, o para inducirle a adoptarla. **2** Determinar o hacer propósito de ejecutar o no una cosa. Más prnl. **3** Presentar a uno para un empleo. **4** Hacer una propuesta. **5** *Mat.* Hacer una proposición. ♦ IRREG. Se conjuga como PONER.
PROPÓNTIDE Nombre que en la Antigüedad grecolatina tenía el actual mar de Mármara.
PROPORCIÓN f. **1** Disposición o correspondencia de las partes con el todo o entre cosas relacionadas entre sí. **2** Coyuntura, conveniencia. **3** *Geom.* La mayor o menor dimensión de una cosa. **4** *Mat.* Igualdad de dos razones.
PROPORCIONADO, DA adj. **1** Regular, apto. **2** Que guarda proporción.
PROPORCIONAL adj. **1** Relativo a la proporción o que la incluye en sí. **2** *Gram.* Se dice del nombre o del adjetivo numeral que expresa cuántas veces una cantidad contiene en sí otra inferior: *doble, triple*. **3** *Ling.* Se dice de la oposición entre cuyos términos se da la misma relación que entre otros dos términos.

PROPORCIONALIDAD f. **1** Conformidad, proporción de unas partes con el todo o de cosas relacionadas entre sí. **2** Aplicación lineal entre magnitudes.
PROPORCIONAR tr. **1** Poner a disposición de uno lo que necesita o le conviene. También prnl. **2** Causar, producir. **3** Disponer y ordenar una cosa con la debida correspondencia en sus partes.
PROPOSICIÓN f. **1** Acción y efecto de proponer. **2** *Gram.* Unidad lingüística de estructura oracional, esto es, constituida por sujeto y predicado, que se une mediante coordinación o subordinación a otra u otras proposiciones para formar una oración compuesta. **3** *Gram.* Oración gramatical. **4** *Filos.* En la silogística, expresión de un juicio entre dos términos, sujeto y predicado. **5** *Lóg.* Enunciado asertórico susceptible de ser verdadero o falso. **6** *Ret.* Parte del discurso en que se anuncia o expone el tema que trata.
PROPÓSITO m. **1** Ánimo o intención de hacer o no hacer una cosa. **2** Objetivo, fin. **3** Materia de que se trata. || **a propósito** loc. adv. con que se expresa que una cosa es oportuna.
PROPRETOR m. *Hist.* Magistrado romano al que volvían a nombrar pretor o pasaba a gobernar una provincia pretorial.
PROPUESTA f. **1** Proposición de una idea, proyecto, etc. **2** Ofrecimiento. **3** Consulta.
PROPUESTO, TA p. p. irregular de PROPONER.
PROPUGNAR tr. **1** Defender, amparar. **2** Apoyar alguna cosa por creerla conveniente.
PROPULSA f. **1** Impulsión. **2** Repulsión, rechazo, repulsa.
PROPULSAR tr. **1** Impeler hacia adelante. **2** Rechazar, repulsar.
PROPULSIÓN f. **1** Acción de propulsar o impeler. **2** Acción y efecto de propulsar o rechazar. || **PROPULSIÓN A CHORRO** *Fís.* Procedimiento para conseguir que un cuerpo (avión, proyectil, etc.) avance en el espacio merced a la reacción producida por una corriente de fluido que sale a gran velocidad por un orificio o tobera en la parte posterior.
PROPULSOR, RA adj. y s. Que propulsa.
PRORRATA f. Porción que toca en un reparto proporcional.
PRORRATEAR tr. Repartir una cantidad entre varios, según la parte que proporcionalmente toca a cada uno.
PRORRATEO m. Repartición proporcional entre varios de una cantidad, obligación o carga.
PRÓRROGA f. **1** PRORROGACIÓN. **2** Aplazamiento del servicio militar obligatorio.
PRORROGACIÓN f. Continuación de una cosa por un tiempo determinado.
PRORROGAR tr. **1** Continuar, dilatar una cosa por tiempo determinado. **2** Suspender, aplazar.
PRORRUMPIR intr. **1** Salir con ímpetu una cosa. **2** fig. Proferir repentinamente y con fuerza o violencia una voz, suspiro u otra demostración de dolor o pasión vehemente.
PROS- pref. que significa adición, o hacia.
PROSA f. **1** Estructura o forma que toma naturalmente el lenguaje para expresar los conceptos, no sujeta, como el verso, a medida y cadencia determinadas. **2** Lenguaje prosaico en la poesía. **3** fig. y fam. Abundancia de palabras para decir cosas poco importantes. **4** fig. Aspecto de las cosas que se opone al ideal y a la perfección de ellas.
PROSADO, DA adj. Que está en prosa.
PROSAICO, CA adj. **1** Relativo a la prosa, o escrito en prosa. **2** Que adolece de prosaísmo. **3** fig. Dicho de personas y de ciertas cosas, falto de idealidad o elevación. **4** fig. Insulso, vulgar.
PROSAÍSMO m. **1** Falta de armonía o entonación poéticas de la obra en verso. **2** fig. Insulsez y trivialidad.
PROSAPIA f. Ascendencia, linaje o generación de una persona.
PROSCENIO m. *Teat.* **1** En el antiguo teatro griego y latino, lugar entre la escena y la orquesta, más bajo que

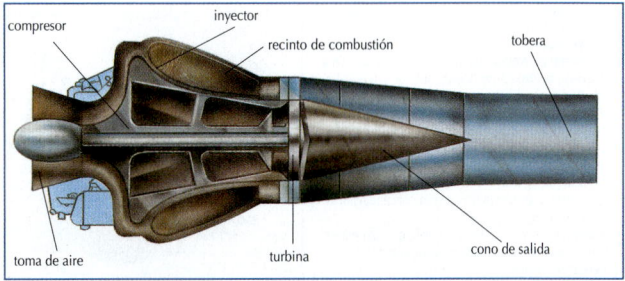

Motor de **propulsión a chorro**.

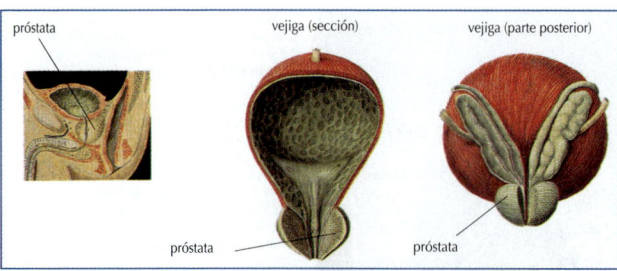

próstata · vejiga (sección) · vejiga (parte posterior) · próstata · próstata

próstata la primera y más alto que la segunda, y en el cual estaba el tablado en que representaban los actores. **2** Parte del escenario más inmediata al público.

PROSCRIBIR tr. **1** Expulsar a alguien de su país. **2** fig. Excluir, prohibir. ♦ Su p. p. es irregular: *proscrito*.
PROSCRIPCIÓN f. Acción y efecto de proscribir.
PROSCRITO, TA adj. Desterrado. ♦ Es el p. p. irregular de PROSCRIBIR.
PROSECUCIÓN f. **1** Acción y efecto de proseguir. **2** Persecución.
PROSEGUIR tr. Seguir, continuar. ♦ IRREG. Se conjuga como DECIR.
PROSELITISMO m. Empeño de ganar prosélitos.
PROSÉLITO m. **1** Persona convertida a cualquier religión. **2** fig. Partidario o adepto de una doctrina o partido.
PROSERPINA *Mit.* Nombre latino de *Perséfone*.
PROSIFICAR tr. Poner en prosa una composición poética.
PROSIMIO adj. y m. *Zool.* Se dice del grupo de mamíferos primates inferiores.
PROSISTA com. Escritor o escritora de obras en prosa.
PROSOBRANQUIO, QUIA adj. y m. *Zool.* **1** Se dice del molusco gasterópodo, que constituyen la mayoría de los gesterópodos marinos de conchas variadas y bellas. || m. pl. *Zool.* **2** Subclase de estos moluscos.
PROSODEMA m. *Ling.* **1** Mínima unidad prosódica. **2** En glosemática, exponentes del plano de la expresión.
PROSODIA f. *Ling.* **1** Parte de la gramática que enseña la recta pronunciación y acentuación. **2** Estudio de los rasgos fónicos que afectan a la métrica, especialmente de los acentos y de la cantidad. **3** Parte de la fonología dedicada al estudio de los rasgos fónicos que afectan a unidades inferiores al fonema. **4** MÉTRICA.
PROSOPO-, PROSOP-; -PROSOPIA, -PROSOPO prefs. o sufs., que significan cara, rostro, aspecto.
PROSOPOGRAFÍA f. *Ret.* Descripción del exterior de una persona o de un animal.
PROSOPOPEYA f. **1** *Ret.* Figura retórica que consiste en atribuir a las cosas inanimadas, incorpóreas o abstractas, acciones y cualidades propias del ser animado y corpóreo, o las del hombre al irracional, o bien en poner palabras o discursos en boca de personas verdaderas o fingidas, vivas o muertas. **2** fam. Afectación de gravedad y pompa.
PROSPECCIÓN f. **1** *Geol.* Exploración del subsuelo encaminada a descubrir yacimientos minerales, petrolíferos, aguas subterráneas, etc. **2** Exploración de posibilidades futuras basada en indicios presentes. **3** *Cuba Med.* Reconocimiento general que se hace para descubrir enfermedades latentes o incipientes.
PROSPECTAR tr. *Geol.* Realizar prospecciones en un terreno.
PROSPECTIVO, VA adj. Que se refiere al futuro.
PROSPECTO m. Exposición o anuncio breve de una obra, espectáculo, producto, etc.
PROSPERAR tr. **1** Ocasionar prosperidad. || intr. **2** Tener o gozar prosperidad.
PROSPERIDAD f. Éxito o curso favorable en lo que se emprende o sucede.
PRÓSPERO, RA adj. Favorable, propicio.
PRÓSPERO DE AQUITANIA, SAN Teólogo latino (cerca de Burdeos, h. 390 - ?, 463). Discípulo de san Agustín, combatió a los semipelagianos.
PROST, ALAIN Corredor automovilístico francés (Saint Chamond, 1955). Fue campeón mundial en 1985, 1986, 1989 y 1993.
PROSTAGLANDINA f. *Fisiol.* Nombre genérico de derivados de ácidos grasos esenciales, que son fisiológicamente activos y se encuentran en gran concentración en el semen humano.
PRÓSTATA f. *Anat.* Glándula pequeña que aparece en el hombre rodeando la uretra. Su función es producir líquido para el semen.
PROSTATITIS f. *Med.* Inflamación de la próstata.
PROSTERNARSE prnl. POSTRARSE.

PROSTÍBULO m. Local donde se ejerce la prostitución.
PRÓSTILO adj. TEMPLO PRÓSTILO.
PROSTITUCIÓN f. Acción y efecto de prostituir o prostituirse.
PROSTITUIR tr. y prnl. **1** Hacer que una persona se dedique a mantener relaciones sexuales con clientes a cambio de dinero. **2** Corromper, pervertir por interés o adulación. ♦ IRREG. Se conjuga como HUIR.
PROSTITUTO, TA m. y f. Persona que se prostituye.
PROT-; -PROT- pref. o in. PROTO-.
PROTACTINIO m. *Quím.* PROTOACTINIO.
PROTAGONISMO m. **1** Condición de protagonista. **2** Afán de mostrarse como la persona más calificada y necesaria en determinada actividad.
PROTAGONISTA com. **1** Personaje principal de una obra literaria o cinematográfica. **2** Persona que en un supuesto cualquiera tiene la parte principal.
PROTAGONIZAR tr. **1** Representar un papel en calidad de protagonista. **2** Por extensión, desempeñar alguien o algo el papel más importante en cualquier hecho o acción.
PROTÁGORAS Filósofo griego (Abdera, h. 480 - ?, h. 410 a. C.). Defendió un relativismo gnoseológico que resumía en la sentencia «el hombre es la medida de todas las cosas».
PRÓTALO m. *Bot.* Gametofito donde se originan los órganos sexuales de los helechos.
PRÓTASIS f. **1** Primera parte del poema dramático; exposición. **2** *Ret.* Primera parte del periodo en que queda pendiente el sentido, que se completa en la apódosis. ♦ Su pl. es *prótasis*.
PROTE- pref. PROTO-.
PROTEÁCEO, A adj. y f. *Bot.* **1** Se dice de la planta angiosperma dicotiledónea, como el ciruelillo. || f. *Bot.* **2** Familia de estas plantas.
PROTEASA f. *Quím.* Enzima que digiere las proteínas.
PROTECCIÓN f. Acción y efecto de proteger.
PROTECCIONISMO m. *Econ.* **1** Política económica que para la economía nacional, grava la entrada de productos extranjeros en un país. **2** Doctrinas que fundamentan la política proteccionista.
PROTECTOR, RA adj. y s. Que protege.
PROTECTORADO m. **1** Dignidad o cargo de protector. **2** *Polít.* Parte de soberanía, especialmente sobre las relaciones exteriores, que un Estado ejerce en un territorio en el que existen autoridades propias. **3** Territorio en que se ejerce esta soberanía compartida.
PROTEGER tr. Amparar, favorecer, defender.
PROTEGIDO, DA m. y f. **1** Favorito, persona que recibe la protección de otra. **2** Ahijado.
PROTEICO, CA adj. **1** Que cambia de formas o de ideas. **2** *Quím.* PROTEÍNICO.
PROTEIDO m. *Quím.* Nombre de ciertas proteínas, que poseen en su molécula elementos distintos de las moléculas sencillas, como fosfatos, hidratos de carbono, etc.
PROTEÍNA f. *Quím.* y *Biol.* Cualquiera de los compuestos fundamentales de la estructura celular, que llegan a constituir más del 50% del peso de los organismos.

Químicamente son compuestos cuaternarios de carbono, hidrógeno, oxígeno y nitrógeno, que a veces contienen elementos adicionales, como azufre, fósforo, hierro, cinc, cobre, magnesio y otros. Pueden actuar como enzimas, proteínas de reserva (caseína), proteínas transportadoras (hemoglobina), contráctiles (miosina), estructurales (colágeno), hormonas (insulina), protectoras de la sangre de los vertebrados (anticuerpos), y toxinas.
PROTEÍNICO, CA adj. Relativo a las proteínas y a los prótidos.
PROTEINOGRAMA m. *Med.* Análisis y gráfica que muestra las proteínas del suero sanguíneo.
PROTEINURIA f. *Med.* Presencia de proteínas en la orina.
PROTEO m. fig. Hombre que cambia frecuentemente de opiniones y afectos.
PROTEO *Mit.* Dios marino, que apacentaba los rebaños de Poseidón.
PROTEOGÉNESIS f. *Quím.* Síntesis de compuestos orgánicos nitrogenados a partir del nitrógeno atmosférico.
PROTER-, PROTERO- prefs. que significan primero.
PROTEROZOICO, CA adj. y m. *Geol.* Se aplica al periodo geológico comprendido entre los 1.900 millones de años y los 530 millones.
PROTERVIA f. Perversidad.
PROTERVO, VA adj. Perverso.
PROTÉSICO, CA adj. *Med.* **1** Relativo a la prótesis, reparación artificial de un órgano. || m. y f. **2** Ayudante de odontólogo encargado de preparar y ajustar las piezas y aparatos para la prótesis dental.
PROTESILAO *Mit.* Héroe tesalio, que tomó parte en la guerra de Troya.
PRÓTESIS f. **1** *Med.* Sustitutivo artificial de un órgano o parte de él. **2** Esta misma pieza o aparato. **3** *Gram.* Figura de dicción que consiste en añadir algún sonido al principio de un vocablo.
PROTESTA f. **1** Acción y efecto de protestar. **2** Promesa con aseveración de ejecutar una cosa. **3** Promesa solemne de un alto dignatario al tomar posesión de su cargo. **4** *Der.* Declaración jurídica para asegurar el derecho que uno tiene.
PROTESTANTE adj. **1** Que protesta. **2** *Rel.* Que sigue o pertenece a alguna de las iglesias cristianas formadas como consecuencia de la Reforma. También s.
PROTESTANTISMO m. *Hist.* y *Rel.* Religión de los protestantes. El protestantismo difiere del catolicismo en varios dogmas. Se basa en la idea de la justificación por la fe, lo que implica la negación del valor de los sacramentos como agentes de la gracia. Asimismo niega el dogma de la comunión de los santos y el primado del Romano Pontífice. El libre examen de los libros del Antiguo y Nuevo Testamento es uno de sus dogmas fundamentales. Sus ramas principales son el LUTERANISMO, CALVINISMO, ANGLICANISMO, ANABAPTISMO, PRESBITERIANISMO, CUÁQUEROS, METODISMO, ADVENTISMO, MORMONISMO, TESTIGOS DE JEHOVÁ, BAPTISTAS y EPISCOPALIANOS.
PROTESTAR tr. **1** Declarar la intención de ejecutar una cosa. **2** Confesar públicamente la fe y creencia que uno profesa. **3** Hacer el protesto de una letra de cambio. || intr. **4** Expresar alguien impetuosamente su queja o disconformidad. **5** Con la preposición *de*, aseverar con ahínco y firmeza. **6** Con la preposición *contra*, negar la validez o legalidad de un acto.
PROTESTO m. **1** Acción y efecto de protestar. **2** *Com.* Requerimiento notarial que se practica por no ser aceptada o pagada una letra de cambio. **3** Testimonio por escrito del mismo requerimiento.
PRÓTIDO m. *Biol.* Cualquiera de los tipos de sustancias componentes de los seres vivos. Sus moléculas se componen de proteínas.
PROTIO m. *Quím.* Isótopo del hidrógeno cuya masa atómica es igual a la unidad, y su núcleo un protón.
PROTISTA o **PROTISTO** adj. *Biol.* **1** Organismo uni o pluricelular, sin diferenciación de tejidos. || m. pl. *Biol.* **2** Reino de estos seres vivos.

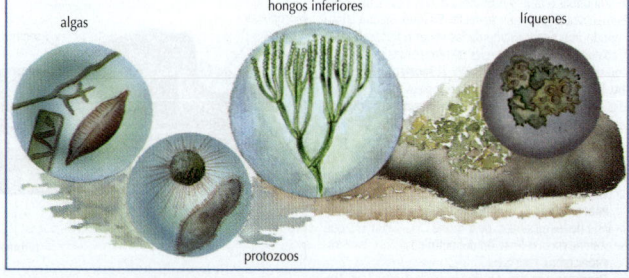

algas · hongos inferiores · líquenes · protozoos

protistas

Expansión del protestantismo. Guerras de religión.

principales centros de difusión de la Reforma:
- luteranismo
- calvinismo
- anglicanismo
- otros centros
- zonas afectadas por el protestantismo
- zonas afectadas por el protestantismo en las que continúa predominando el catolicismo
- zonas no afectadas por el protestantismo
- difusión de la Contrarreforma
- zonas recuperadas por la Contrarreforma
- batallas
- límites del Sacro Imperio en el siglo XVI

PROTO-, PROT-, PROTE-; -PROT- 1 prefs. o in. que significan primero. **2** *Quím.* Se usa para indicar que se trata de un compuesto químico en que la función o el elemento principal actúa con la valencia mínima.
PROTOACTINIO m. *Quím.* Elemento químico del grupo de los actínidos del sistema periódico. Masa atómica 231; número atómico 91; símbolo *Pa*. Metal radiactivo que se encuentra en los minerales de uranio.
PROTOCANÓNICO, CA adj. Se dice de los libros de la BIBLIA sobre cuya categoría canónica nunca se dudó.
PROTOCARIONTE m. *Biol.* PROCARIONTE.
PROTOCOLARIO, RIA adj. fig. Se dice de lo que se hace con solemnidad no indispensable, pero usual.
PROTOCOLIZAR tr. Incorporar al protocolo una escritura matriz u otro documento que requiera esta formalidad.
PROTOCOLO m. **1** Serie ordenada de escrituras matrices y otros documentos que un notario o escribano autoriza y custodia con ciertas formalidades. **2** Acta o cuaderno de actas relativas a un acuerdo, conferencia o congreso diplomático. **3** Regla ceremonial diplomática o palatina establecida por decreto o por costumbre. **4** *Inform.* Señales transmitidas en ambos sentidos por una red de comunicaciones que permiten establecer una conexión válida entre ambos extremos.
PROTOCORDADO adj. *Zool.* PROCORDADO.
PROTOEVANGELIO *Lit.* y *Rel.* Se llama así al pasaje bíblico del Génesis que contiene la primera promesa del futuro Redentor.
PROTÓGENES Pintor griego (segunda mitad del s. IV a. C.). Es autor de *Talisos* y *Sátiro descansando*.
PROTOHISTORIA f. Periodo de la vida de la humanidad respecto al cual, aunque no se poseen documentos, existen, además de los testimonios propios de la prehistoria, tradiciones originariamente orales.
PROTOMÁRTIR m. El primero de los mártires; suele considerarse como tal a san Esteban.
PROTOMEDICATO m. *Hist.* **1** Tribunal formado por los protomédicos y examinadores, que reconocía la suficiencia de los que aspiraban a ser médicos. **2** Empleo o título honorífico de protomédico.

PROTOMÉDICO m. Cada uno de los médicos del rey que componían el tribunal de protomedicato.
PROTÓN m. *Fís.* Partícula elemental de carga igual a la del electrón, pero de signo positivo, de masa $1,6725226 \cdot 10^{-24}$ g, peso atómico de 1,00728, carga elemental de $1,602 \cdot 10^{-19}$ culombios, y radio de $2 \cdot 10^{-13}$ cm. El número de protones del núcleo corresponde con el número atómico del elemento.
PROTÓNICO, CA adj. **1** *Fon.* Se dice del sonido o sílaba átona que en el vocablo precede a la sílaba tónica. **2** *Fís.* Perteneciente o relativo al protón.
PROTONOSFERA f. *Meteor.* MAGNETOSFERA.
PROTONOTARIO m. Notario que despachaba con el príncipe y refrendaba sus despachos, cédulas y privilegios. || **PROTONOTARIO APOSTÓLICO** Dignidad eclesiástica, con honores de prelacía, que el papa concede a algunos clérigos.
PROTOPLASMA m. *Biol.* Sustancia albuminoidea que constituye la parte viva de la célula.
PROTÓRAX m. *Zool.* Primero de los tres segmentos que forman el tórax de los insectos.
PROTOTERIO, RIA adj. y m. *Zool.* **1** Se dice del mamífero ovíparo y con marsupio que incuba los huevos, mamas tubulares y boca provista de pico. Se distribuyen por Australia, Tasmania y Nueva Guinea, como el ornitorrinco. || m. pl. *Zool.* **2** Subclase de estos mamíferos.
PROTOTIPO m. **1** Ejemplar original o primer molde en que se fabrica una figura u otra cosa y que sirve de modelo para hacer otros iguales. **2** Modelo de una virtud, vicio o cualidad.
PROTOZOO adj. y m. *Biol.* Se dice del organismo unicelular y microscópico, heterótrofo y dotado de movilidad al menos durante algún periodo de su ciclo vital.
PROTRÁCTIL adj. *Zool.* Se dice de la lengua de algunos animales que puede proyectarse mucho fuera de la boca.
PROTUBERANCIA f. Prominencia.
PROTUTOR m. Cargo familiar establecido por el código civil para asegurar las funciones de la tutela.

PROUDHON, PIERRE JOSEPH Pensador francés (Besançon, 1809 - París, 1865). Propugnó la desaparición del Estado y el establecimiento de un orden natural armónico. Su doctrina influyó en el grupo de Bakunin, en el anarcosindicalismo y en el federalismo de Pi i Margall. Obras: *¿Qué és la propiedad?* (1840) y *Teoría de la propiedad* (1865).
PROUST, JOSEPH LOUIS Químico francés (Angers, 1754 - íd., 1826). Formuló la ley de las proporciones fijas o definidas que lleva su nombre.
PROUST, MARCEL Escritor francés (París, 1871 - íd., 1922). Entre 1913 y 1927 escribió el ciclo autobiográfico que constituye su obra maestra: *En busca del tiempo perdido*, obra capital de la literatura contemporánea. Se compone de siete novelas independientes

Marcel **Proust**. Retrato de Jacques Emile Blanche. Colección Mante-Proust (París).

Provenza (Francia). Abadía Montmajour.

aunque íntimamente ligadas entre sí: *Por el camino de Swann* (1913), *A la sombra de las muchachas en flor* (1918), *El mundo de Guermantes* y *Sodoma y Gomorra* (1920-22), *La prisionera* (1923), *La fugitiva* o *La desaparición de Albertine* (1925) y *El tiempo recobrado* (1927).

PROUSTITA f. *Miner.* Mineral sulfoarseniuro de plata, de color rojo rubí.

PROUT, WILLIAM Físico, químico y médico inglés (Horton, 1785 - Londres, 1850). Demostró la presencia de ácido clorhídrico en el jugo gástrico, y supuso que los átomos de los distintos elementos procedían de la condensación de átomos de hidrógeno.

PROVECHO m. 1 Beneficio, utilidad. 2 Aprovechamiento en un estudio. || **de provecho** *loc. adj.* Se dice de la persona o cosa útil o a propósito para lo que se desea o intenta.

PROVECHOSO, SA adj. Que causa o es de provecho.

PROVECTO, TA adj. 1 Antiguo, viejo, caduco. 2 Maduro, entrado en años.

PROVEEDOR, RA m. y f. Persona que tiene a su cargo proveer o abastecer de todo lo necesario.

PROVEEDURÍA f. 1 Cargo y oficio de proveedor. 2 Casa donde se guardan y distribuyen las provisiones.

PROVEER tr. 1 Prevenir, juntar las cosas necesarias para un fin. También prnl. 2 Disponer, resolver un negocio. 3 Conferir una dignidad, empleo u otra cosa. 4 Suministrar o facilitar lo necesario o conveniente para un fin. También prnl. 5 Dictar un juez o tribunal una resolución. ♦ Doble participio: *proveído* (regular); *provisto* (irregular).

PROVEÍDO m. Resolución judicial interlocutoria o de trámite.

PROVENIENCIA f. Procedencia, origen.

PROVENIENTE adj. Que proviene.

PROVENIR *intr.* PROCEDER. ♦ IRREG. Se conjuga como VENIR.

PROVENZA *Hist.* Región histórica de Francia, que corresponde aproximadamente a la actual Provenza-Alpes-Costa Azul. Poblada inicialmente por los ligures que fueron absorbidos por los celtas en el siglo II a. C. Los romanos conquistaron el país en el 123 a. C. y lo convirtieron en la primera provincia transalpina. Tras la caída del imperio, pasó a ser dominada por visigodos, ostrogodos y francos, que incorporaron el territorio a su reino en 536. En el siglo VIII fue devastada por los musulmanes, aunque Carlos Martel logró recuperarlo. En 947 se formó el reino Borgoña-Provenza, que pasó al imperio en 1032 y, a principios del siglo XII, al conde de Barcelona Ramón Berenguer II. En poder de los Anjou desde 1245, fue incorporada a la corona francesa en 1481.

PROVENZA-ALPES-COSTA AZUL (*Provence-Alpes-Côte d'Azur*) Región del SE de Francia, que comprende los departamentos de Altos Alpes, Alpes de Alta Provenza, Alpes Marítimos, Bouches-du-Rhône, Var y Vaucluse; 31.400 km² y 4.506.151 h. Capital, Marsella.

PROVENZAL adj. y s. 1 De Provenza. || m. 2 LENGUA DE OC. 3 Lengua de los provenzales.

PROVERBIAL adj. 1 Relativo al proverbio o que lo incluye. 2 Muy notorio, conocido de siempre.

PROVERBIO m. 1 Sentencia, adagio o refrán. 2 Obra dramática cuyo objeto es poner en acción un proverbio o refrán.

PROVERBIOS, LOS *Lit.* y *Rel.* Libro de la Sagrada Escritura, con varias sentencias del Salomón.

PROVIDENCE Ciudad del NE de EE UU, capital del Estado de Rhode Island; 150.639 h. Puerto.

PROVIDENCIA f. 1 Prevención. 2 Remedio. 3 Suprema sabiduría de Dios. 4 *Der.* Resolución judicial que decide cuestiones de trámite o peticiones accidentales y sencillas.

PROVIDENCIAL adj. 1 Relativo a la providencia. 2 *fig.* Se aplica al hecho casual que libra de un daño o perjuicio inminente.

PROVIDENCIALISMO m. Doctrina según la cual todo sucede por disposición de la Divina Providencia.

PROVIDENCIAR tr. Dotar o tomar providencia.

PROVIDENTE adj. 1 Avisado, prudente. 2 Próvido, prevenido.

PRÓVIDO, DA adj. 1 Prevenido, diligente. 2 Propicio, benévolo.

PROVINCIA f. 1 División administrativa de un territorio o Estado. 2 Cada una de las demarcaciones administrativas del territorio español, fijadas definitivamente en 1833 por Javier de Burgos. 3 Cada una de los distritos en que dividen un territorio las órdenes religiosas. 4 *Hist.* En la antigua Roma, territorio conquistado fuera de Italia, sujeto a las leyes romanas y administrado por un gobernador.

PROVINCIAL adj. 1 Relativo a una provincia. || m. 2 Religioso que tiene la dirección de una provincia.

PROVINCIALATO m. Dignidad de provincial o provinciala y tiempo que dura esta dignidad.

PROVINCIALISMO m. Apego excesivo a la mentalidad o costumbres de una provincia o sociedad cualquiera.

PROVINCIANO, NA adj. y s. 1 Se dice del habitante de una provincia. 2 Afectado de provincianismo.

PROVINCIAS UNIDAS *Hist.* Nombre que se dio a las provincias septentrionales de los Países Bajos desde la Unión de Utrecht (1579) hasta que Francia ocupó los Países Bajos (1795).

PROVINCIAS UNIDAS DE AGRA Y OUDH *Hist.* Antigua división de la India inglesa. Hoy es el Estado de Uttar Pradesh.

PROVINCIAS UNIDAS DEL CENTRO DE AMÉRICA *Hist.* Confederación constituida en 1823 por la unión federal de Guatemala (con excepción de Chiapas y Soconusco), El Salvador, Honduras, Nicaragua y Costa Rica, y que finalizó en 1838. El último intento de unión de estas repúblicas se firmó en 1921, pero fracasó en 1931.

PROVINCIAS UNIDAS DE NUEVA GRANADA *Hist.* Nombre que tomó el antiguo virreinato de Nueva Granada en el congreso proindependentista de la metrópoli, reunido en Leiva (1812).

PROVINCIAS UNIDAS DEL RÍO DE LA PLATA *Hist.* Nombre adoptado en el inicio de la independencia americana de España por los territorios que componían el virreinato del Río de la Plata.

Providence (Estados Unidos).

PROVINCIAS UNIDAS DE VENEZUELA, GRAN CAPITANÍA DE LAS *Hist.* Entidad constituida en 1742 por orden real, tras haberse separado del virreinato de Granada la provincia de Venezuela.

PROVISIÓN f. 1 Acción y efecto de proveer. 2 Abastecimiento de cosas necesarias. 3 Providencia o disposición para el logro de una cosa. || f. pl. *Econ.* 4 Cantidades retraídas de los beneficios brutos. || **PROVISIÓN DE FONDOS** *Econ.* Existencia en poder del pagador del valor de una letra, cheque, etc.

PROVISIONAL adj. 1 Dispuesto o mandado interinamente. 2 LIBERTAD PROVISIONAL.

PROVISOR m. 1 m. PROVEEDOR. 2 Juez diocesano nombrado por el obispo con potestad ordinaria para ocuparse de causas eclesiásticas.

PROVISORA f. En los conventos de religiosas, la que cuida de la provisión de la casa.

PROVISORATO m. 1 Empleo u oficio de provisor. 2 Tribunal y oficinas del mismo.

PROVISORÍA f. 1 Empleo u oficio de provisor diocesano. 2 En los conventos, lugar destinado a guardar y distribuir las provisiones.

PROVISORIO, RIA adj. PROVISIONAL.

PROVISTO, TA p. p. irreg. de PROVEER.

PROVOCACIÓN f. Acción y efecto de provocar.

PROVOCADOR, RA adj. Que provoca.

PROVOCAR tr. 1 Incitar a uno a que ejecute una cosa. 2 Irritar o estimular a uno. 3 Facilitar, ayudar. 4 Mover o incitar. 5 Hacer que una cosa produzca otra. 6 *fam.* Vomitar.

PROVOCATIVO, VA adj. Que provoca, excita o estimula.

PROXENETA com. Persona que, con móviles de lucro, interviene para favorecer relaciones sexuales ilícitas.

PROXENETISMO m. Acto u oficio de proxeneta.

PRÓXIMO, MA adj. 1 Cercano, que dista poco en el espacio o en el tiempo. 2 Siguiente, inmediatamente posterior.

PROYECCIÓN f. 1 Acción y efecto de proyectar. 2 Imagen proyectada por medio de un foco luminoso sobre una superficie. 3 *Geom.* Figura que resulta en una superficie, de proyectar en ella todos los puntos de un sólido u otra figura. || **PROYECCIÓN CÓNICA** *Geom.* La que resulta de dirigir todas las líneas proyectantes a un punto de concurso. || **PROYECCIÓN ORTOGONAL** *Geom.* La que resulta de trazar todas las líneas proyectantes perpendiculares a un plano.

PROYECCIONISTA com. Persona que profesionalmente trabaja con un proyector de películas o material análogo, o en la elaboración de planos, proyectos artísticos, industriales, etc.

PROYECTAR tr. 1 Lanzar, dirigir hacia adelante o a distancia. 2 Hacer visible sobre un cuerpo o una superficie la figura o la sombra de otro. También prnl. 3 Formar sobre una pantalla la imagen óptica amplificada de diapositivas, películas u objetos opacos. 4 *Geom.* Trazar líneas rectas desde todos los puntos de un sólido u otra figura, según determinadas reglas, hasta que encuentren una superficie por lo común plana. 5 Idear, proponer, disponer. 6 Hacer un proyecto de arquitectura o ingeniería.

PROYECTIL m. Cualquier cuerpo arrojadizo.

PROYECTISTA com. Persona que hace proyectos.

PROYECTIVO, VA adj. 1 Referente a la proyección o al proyecto. 2 *Geom.* Se dice de las propiedades que conservan las figuras cuando se las proyecta sobre un plano.

PROYECTO, TA adj. 1 *Geom.* Representado en perspectiva. || m. 2 Plan y disposición detallados que se elaboran para la ejecución de una cosa. 3 Propósito o pensamiento de hacer una cosa. 4 Conjunto de escritos, cálculos y dibujos que se hacen para dar idea de cómo ha de ser y lo que ha de costar una obra de arquitectura o de ingeniería.

PROYECTO APOLO APOLO, PROGRAMA.

PROYECTO GENOMA HUMANO GENOMA HUMANO, PROYECTO.

PROYECTOR m. 1 Aparato que sirve para proyectar imágenes ópticas. 2 Aparato óptico con el que se obtiene un haz luminoso de gran intensidad.

PRUDENCIA f. 1 *Teol.* Una de las cuatro virtudes cardinales, que consiste en discernir y distinguir lo que es bueno o malo, para seguirlo o huir de ello. 2 Templanza, moderación. 3 Sensatez, buen juicio. 4 Cautela, circunspección, precaución.

PRUDENCIAL adj. 1 Relativo a la prudencia. 2 Que no es exagerado ni excesivo.

PRUDENCIO, CERGIO Compositor boliviano (La Paz, 1955). Fundador y director de la Orquesta Experimental de Instrumentos Nativos (1980), ha compuesto temas para cine (*Para recibir el canto de los pájaros*, 1985; *La nación clandestina*, 1989; *El día que murió el silencio*, 1998) y teatro.

PRUDENCIO, CLEMENTE AURELIO Escritor hispanolatino (Calahorra, 384 - ?, 415). Poeta cristiano, dominó las formas clásicas con gran perfección. Autor de *Psychomachia, Peristephanon, Apotheosis, Contra Symmachum*, etc.

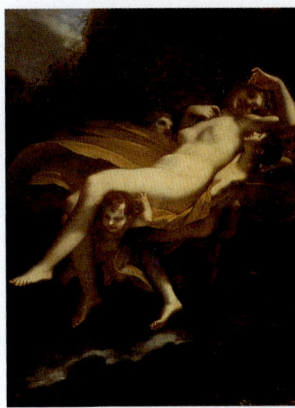

Pierre Paul **Prud'hon**. *Rapto de Psique*. Museo del Louvre (París).

PRUDENTE adj. Que tiene prudencia.
PRUD'HON, PIERRE PAUL Pintor francés prerromántico (Cluny, 1758 - París, 1823). Realizó obras mitológicas, pintura religiosa e histórica y retratos.
PRUEBA f. **1** Acción y efecto de probar. **2** Razón o argumento con que se demuestra la verdad o falsedad de una cosa. **3** Ensayo o experiencia que se hace de una cosa. **4** Indicio, muestra que se da de una cosa. **5** *Mat.* Operación que se ejecuta para averiguar la exactitud de otra ya hecha. **6** *Der.* Justificación de la verdad de los hechos controvertidos en un juicio. **7** *A. gráf.* Muestra de la composición tipográfica que se saca para corregir las erratas que tiene. **8** Competición deportiva.
PRUINA f. *Bot.* Tenue recubrimiento céreo que presentan externamente algunos frutos.
PRURIGO m. *Med.* Afección cutánea caracterizada por pápulas cubiertas de costras negruzcas y que produce picor.
PRURITO m. **1** *Med.* Comezón, picazón. **2** fig. Deseo de hacer una cosa lo mejor posible.
PRUS, BOLESLAW (ALEKSANDER GLOWACKI, llamado) Escritor polaco (Hrubieszow, 1847 - Varsovia, 1912). Escribió las novelas *La muñeca* (1890) y *El faraón* (1895-96).
PRUSIA *Hist.* Antiguo reino de Europa, el mayor y más importante de los que dieron origen a la nación alemana. Su mayor parte pertenecía a la gran llanura del N de Europa. Habitada por los prusianos o borusios, en 1225, Conrado, duque de Mazovia, llamó a los caballeros de la Orden Teutónica que iniciaron la conquista. Los teutónicos ensancharon sus dominios incorporando Pomerania, Danzig y Neumark o Nueva Marca, con lo que entraron en contacto directo con sus aliados los margraves de Brandeburgo, y declararon la guerra a Polonia, pero resultaron derrotados en Tannenberg (1410). Por la guerra de los Trece Años (1454-1466), Prusia Occidental pasó a manos de Polonia. En 1523, Alberto de Brandeburgo se convirtió en el primer duque de Prusia, que pasaba a ser un ducado laico y hereditario, feudo de la corona de Polonia. A la muerte del duque Alberto Federico (1568-1618), Prusia pasó a Juan Segismundo, elector de Brandeburgo, de la casa de Hohenzollern. Su sucesor, el gran elector Federico Guillermo, adquirió la Pomerania ulterior, el arzobispado de Magdeburgo, varios obispados y el condado de Hohenstein, en 1648. En 1701, el elector Federico III tomó el título de rey de Prusia con el nombre de Federico I. En el siglo XVIII, Prusia se convirtió en uno de los Estados más importantes de Europa; los reinados de Federico Guillermo I y Federico II se caracterizaron por su esfuerzo de unificación y por una gran expansión territorial. En 1864 y 1866 se produjo un nuevo engrandecimiento de Prusia por las guerras contra Dinamarca y Austria; y, finalmente, la guerra de 1870-71 contra Francia confirmó todas sus conquistas y dio motivo para la formación del imperio de Alemania (II Reich). Desde entonces, su historia se confunde con la de ALEMANIA. Por el tratado de Potsdam (1945), Prusia desapareció como Estado alemán y parte de sus territorios pasaron a formar parte de Rusia y Polonia.
PRUSIA OCCIDENTAL *Hist.* Provincia del antiguo reino de Prusia, entre Pomerania y el Vístula. Su capital era Danzig. Por el tratado de Versalles (1919) pasó a Polonia. Ocupada por los nazis, fue restituida a Polonia por el tratado de Potsdam (1945).
PRUSIA ORIENTAL *Hist.* Provincia del antiguo reino de Prusia, situada entre los ríos Niemen y Vístula. Su capital era Königsberg, actual Kaliningrado. Tras la Segunda Guerra Mundial fue dividida entre Polonia y Rusia.
PRUSIAS Nombre de dos reyes de Bitinia.
PRUSIAS I (? - ?, h. 182 a. C.). Hijo y sucesor de Ziaelas, reinó desde el 236 a. C. Acogió a Aníbal en su corte.
PRUSIAS II (?, 192 - Nicomedia, 148 a. C.). Hijo del anterior. Fue vencido por los ejércitos de Pérgamo y sus aliados griegos en Nicomedia.
PRUSIATO m. *Quím.* Sal compuesta de ácido prúsico combinado con una base.
PRÚSICO, ÁCIDO adj. *Quím.* ÁCIDO CIANHÍDRICO.
PRUT Río del SE de Europa, que nace en el N de los Cárpatos Orientales y desemboca en el Danubio; 845 km.
PRZEMYSL Ciudad de Polonia; 68.300 h. Industria. Castillo del s. XIV.
PRZYBYSZEWSKI, STANISLAW Escritor polaco (Lojewo, 1868 - Jaronty, 1927). En su obra se aprecian influencias simbolistas y freudianas. Autor de las novelas *Homo sapiens* (1895-98) y *Los hijos de Satanás* (1897).
PSELLOS, MIGUEL Filósofo y político bizantino (Nicomedia, 1018 - íd., 1078). Precursor del humanismo y restaurador de la filosofía platónica.
PSEUD-, PSEUDO- prefs. SEUDO-.
PSI f. Vigésima tercera letra del alfabeto griego (Ψ, ψ); equivale a *ps*.
PSIC-, PSICO-, PSIQU-; -PSICOSIS, -PSIQUIA prefs. o sufs. que significan alma, vida, relativo al alma, etc.
PSICO- pref. PSIC-.
PSICOANÁLISIS m. *Psiquiat.* Teoría psicológica y método de exploración, o tratamiento, de ciertas enfermedades nerviosas o mentales, puesto en práctica por Freud, y basado en el análisis retrospectivo de las causas morales y afectivas que las determinan. ♦ Su pl. es *psicoanálisis*.
PSICOANALISTA adj. y com. Se aplica al médico que practica el psicoanálisis.
PSICOANALIZAR tr. y prnl. Aplicar el psicoanálisis a una persona.
PSICODELIA f. *Cult.* Movimiento cultural de los años setenta, caracterizado por la manifestación artística de experiencias psíquicas extraordinarias.
PSICODÉLICO, CA adj. *Psicol.* **1** Relativo a la manifestación de elementos psíquicos que en condiciones normales están ocultos, o a la estimulación intensa de potencias psíquicas. **2** Causante de esta manifestación o estimulación.
PSICODRAMA m. *Psicol.* Representación teatral con fines psicoterápicos.
PSICOFARMACOLOGÍA f. *Med.* Ciencia que estudia la acción de ciertos fármacos sobre el cerebro.
PSICOFÍSICA f. *Psicol.* Rama de la psicología, que trata de las manifestaciones físicas o fisiológicas que acompañan a los fenómenos psicológicos.
PSICOFISIOLOGÍA f. *Psicol.* Ciencia que estudia los fenómenos psíquicos en relación con las funciones fisiológicas.
PSICOFONÍA f. Fenómeno parapsicológico que consiste en el registro de emisiones fónicas de naturaleza desconocida.
PSICOGÉNICO, CA O PSICÓGENO, NA adj. Originado en la psique.
PSICOLINGÜÍSTICA f. *Ling.* Ciencia que estudia el comportamiento verbal en relación con el mecanismo psicológico que lo hace posible.
PSICOLOGÍA f. **1** *Psicol.* Ciencia que estudia la conducta humana y los procesos psíquicos relacionados con ella. **[Encic.] 2** Manera de sentir de una persona o un pueblo.
PSICOL. La psicología como ciencia no se desarrolló hasta el siglo XIX, gracias a las aportaciones de Weber, Fechner y Wundt. Las escuelas dominantes durante la primera mitad del siglo XX fueron el conductismo, el psicoanálisis y el gestaltismo. En las últimas décadas, se pueden distinguir dos grandes orientaciones. Por una parte, aquélla heredera del conductismo que se limita a establecer las relaciones entre estímulos y respuestas. Por otra, la llamada *psicología cognitiva*, cuyo objeto de estudio son los mecanismos funcionales de los procesos mentales. Asimismo, la psicología se puede dividir en *psicología general*, dedicada al estudio de los comportamientos o leyes comunes al conjunto de los seres humanos; *psicología comparada*, que estudia las diferencias psíquicas entre distintas culturas; *psicología diferencial*, que introduce la distinción de los procesos psíquicos, en función de variantes como el sexo o la edad; y *psicología evolutiva*, centrada en el desarrollo de las estructuras y funciones psíquicas desde el nacimiento.
PSICOLOGISMO m. Tendencia que explica la vida del espíritu de acuerdo con los principios y las normas de la psicología.
PSICÓLOGO, GA m. y f. Persona que profesa la psicología o tiene en ella especiales conocimientos.

PSICOMETRÍA f. *Psicol.* Parte de la psicología experimental que tiene por objeto la medición de los fenómenos psíquicos, a través de métodos estadísticos y experimentales.
PSICOMOTRICIDAD f. *Psicol.* Relación mutua que se establece entre los movimientos del cuerpo humano y la actividad mental.
PSICÓPATA com. *Psiquiat.* El que padece psicopatía, especialmente anomalía psíquica.
PSICOPATÍA f. *Psiquiat.* **1** Enfermedad mental. **2** Anomalía psíquica por la cual, no obstante la integridad de las funciones perceptivas y mentales, se halla patológicamente alterada la conducta social del individuo que la padece.
PSICOPATOLOGÍA f. *Psiquiat.* Estudio de las causas y naturaleza de las enfermedades mentales.
PSICOSIS f. **1** *Psiquiat.* Nombre genérico de las enfermedades mentales. **2** fig. Obsesión pertinaz. ‖ **PSICOSIS MANIACO-DEPRESIVA** *Psiquiat.* Perturbación mental caracterizada por las alternancias de excitación y depresión. ♦ Su pl. es *psicosis*.
-PSICOSIS suf. PSIC-.
PSICOSOMÁTICO, CA adj. *Psicol. y Med.* Se dice de la interrelación entre las funciones somáticas y los procesos mentales.
PSICOTECNIA f. *Psicol.* Rama de la psicología que tiene por objeto explorar y clarificar las aptitudes de los individuos.
PSICOTERAPIA f. *Psicol.* Tratamiento de las enfermedades, especialmente de las nerviosas, por medio de procedimientos psicológicos.
PSICÓTROPO O **PSICOTROPO, PA** adj. y m. *Farm.* Se aplica a la sustancia que modifica las funciones psicológicas, actuando como calmante o estimulante.
PSICRO- pref. que significa frío.
PSICRÓMETRO m. *Meteor.* Aparato para determinar el estado higrométrico del aire usando medición de temperaturas.
PSIQU- pref. PSIC-.
PSIQUE f. *Filos.* Alma humana.
PSIQUE *Mit.* Doncella de gran belleza amada por Eros, que le impuso como condición no descubrir su rostro. Una noche, Psique acercó su lámpara a Eros, pero el aceite se derramó despertando al dios. Por este hecho, Afrodita la persiguió hasta que Zeus consintió en que Eros se casase con Psique.
-PSIQUIA suf. PSIC-.
PSIQUIATRA com. Médico especialista en psiquiatría.
PSIQUIATRÍA f. *Med.* Ciencia que tiene por objeto el estudio y tratamiento de las enfermedades mentales.
PSÍQUICO, CA adj. Relativo al alma.
PSIQUIS f. **1** PSIQUE. **2** PSIQUISMO. ♦ Su pl. es *psiquis*.
PSIQUISMO m. *Psicol.* Conjunto de los caracteres y funciones de orden psíquico.
PSITÁCIDO, DA adj. y f. *Zool.* **1** Se dice del ave prensora, con plumas de colores vivos y pico corto, como el papagayo y la cotorra. ‖ f. pl. *Zool.* **2** Familia de estas aves.
PSITACIFORME adj. y f. *Zool.* **1** Se dice del ave con lengua carnosa y patas prensoras y trepadoras. Vive en las regiones tropicales. ‖ f. pl. *Zool.* **2** Orden de estas aves, antes llamadas *prensoras*.

Amor y **Psique**. Escultura griega del siglo I. Galería de los Uffizi (Florencia).

pterofito. Helecho.

PSITACISMO m. *Pedag.* Método de enseñanza basado exclusivamente en el ejercicio de la memoria.
PSITACOSIS f. *Veter.* Enfermedad infecciosa que padecen los loros y papagayos, y que puede transmitirse al hombre.
Pskov 1 Región de la Federación de Rusia; 55.300 km² y 835.000 h. 2 Ciudad capital de la misma; 207.000 h.
PSORIASIS f. *Med.* Dermatosis generalmente crónica.
PSUC Siglas de SOCIALISTA UNIFICAT DE CATALUNYA, PARTIT.
Pt *Quím.* Símbolo del platino.
PTAH *Mit.* Dios egipcio, creador de la humanidad, adorado en Menfis.
PTER-, PTERI-, PTERIDO-; -PTER-; -PTERA, -PTERIDO prefs., in. o sufs. PTERO-.
PTERIDOFITO, TA adj. y f. *Bot.* 1 HELECHO. || f. pl. *Bot.* 2 División de estas plantas.
PTERIG-; -PTERIG, -PTERIGI-; -PTERIGIO pref., ins. o suf. PTERO-.
-PTERIGO- in. PTERO-.
-PTERIS suf. PTERO-.
PTERO- O **TERO-, PTER-** O **TER-, PTERI-** O **TERI-, PTERIDO-** O **TERIDO-, PTERIG-** O **TERIG-, -PTER-, -PTERIG-, -PTERIGI-, -PTERIGO-, -PTERO-; -PTERA, -PTERIGIO, -PTERIDO, -PTERIS, -PTEROS** prefs., ins. o sufs. que significan ala, aleta o helecho.
PTERODÁCTILO m. *Zool.* Reptil fósil de la familia pterodactílidos, género *Pterodactylus*, volador, sin cola. Sus restos se encuentran en los terrenos jurásicos y del cretácico superior.
PTEROFITO, TA adj. *Bot.* 1 Se dice de cualquiera de los helechos actuales, que aparecieron en el devónico y se desarrollaron en el carbonífero. || f. pl. *Bot.* 2 División de estos helechos.
PTEROSAURIO, RIA adj. y m. *Zool.* 1 Se dice del reptil fósil volador, característico de la era mesozoica, que presenta alas membranosas similares a las del murciélago, y esternón grande y aquillado. || m. pl. *Zool.* 2 Orden de estos reptiles.
PTIAL-, -PTIALIA pref. o suf. TIAL-.
PTIALINA f. *Quím.* TIALINA.
PTOLEMAIS O **PTOLEMAIDA** TOLEMAIDA.
PTOLOMEO TOLOMEO.
-PTOMA suf. del mismo origen y significado que PTOSIS.
PTOSIS f. Prolapso o descenso de un órgano o parte del mismo.
Pu *Quím.* Símbolo del plutonio.
Pu Yi Último emperador de China (Pekín, 1906 - íd., 1967). Accedió al trono en 1908 y tuvo que abdicar en 1912, tras la revolución que proclamó la república. Fue nombrado por los japoneses emperador del Estado protegido de Manchukuo (1934). Prisionero de los rusos, fue entregado a las autoridades de la R. P. China; obtuvo la libertad en 1959.
PÚA f. 1 Cuerpo delgado y rígido que acaba en punta aguda. 2 *Bot.* Vástago de un árbol, que se introduce en otro para injertarlo. 3 Diente de un peine. 4 Cada uno de los ganchitos o dientes de alambre de la carda. 5 Chapa triangular u ovalada de carey, marfil u otros materiales plásticos, que se emplea para tocar ciertos instrumentos músicos de cuerda. 6 Hierro del trompo. 7 fig. Causa de sentimiento y pesadumbre. 8 fig. y fam. Persona sutil y astuta.
PUB (Voz i.) m. Establecimiento hostelero al estilo inglés, en general con música de fondo, donde se sirven bebidas.
PÚBER adj. y com. Que ha llegado a la pubertad.
PUBERTAD f. Época de la vida en que los órganos reproductores son aptos para ejercer su función.
PUBESCENTE adj. 1 Se dice del que ha llegado a la pubertad. 2 Que tiene vello, velloso.

PUBIS m. *Anat.* 1 Parte inferior del vientre, que en la especie humana se cubre de vello en la pubertad. 2 Hueso par de la parte ventral de la pelvis que, a cada lado, se suelda por abajo con el isquion y por arriba o atrás con el ilion.
PUBLICACIÓN f. Escrito impreso, como libros, revistas o periódicos, que ha sido publicado.
PUBLICANO m. *Hist.* Entre los romanos, arrendador de los impuestos o rentas públicas y de las minas del Estado.
PUBLICAR tr. 1 Hacer patente y manifiesta al público una cosa. 2 Revelar o decir lo que estaba secreto u oculto. 3 Correr las amonestaciones para el matrimonio y las órdenes sagradas. 4 Difundir por medio de la imprenta o de otro procedimiento cualquiera un escrito, estampa, etc.
PUBLICIDAD f. 1 Calidad o estado de público. 2 Conjunto de medios que se emplean para divulgar o extender noticias o hechos. 3 Forma de comunicación que pretende dar a conocer o estimular el deseo de compra de un producto.
PUBLICISMO m. Publicación de escritos, vulgarizando su contenido, con propósito de masificar la cultura.
PUBLICISTA com. 1 Autor que escribe del derecho público, o persona muy versada en esta ciencia. 2 Persona que escribe para el público, generalmente de varias materias. 3 Profesional de la publicidad.
PUBLICITARIO, RIA adj. 1 Relativo a la publicidad utilizada con fines comerciales. 2 *Amer.* Persona que ejerce la publicidad, publicista.
PÚBLICO, CA adj. 1 Notorio, patente, manifiesto. 2 Vulgar, común y sabido por todos. 3 Se dice de la potestad, jurisdicción y autoridad para hacer una cosa, como contrapuesto a privado. 4 Perteneciente a todo el pueblo. || m. 5 Gente del pueblo o ciudad. 6 Conjunto de personas que participan de unas mismas aficiones o concurren a un lugar determinado para asistir a un espectáculo o con otro fin semejante. || **en público** loc. adv. Públicamente.
PUBLIRREPORTAJE m. Reportaje publicitario, generalmente de larga duración.
PUCARA O **PUCARÁ** (Voz quechua.) m. *Arqueol.* Fortaleza con gruesos muros de pirca, que en las regiones quechuas y diaguitas construían los indios en alturas estratégicas.
PUCCINI, GIACOMO Compositor italiano (Luca, 1858 - Bruselas, 1924). Su producción operística es la máxima expresión del verismo italiano: *Le Villi* (1884), *Manon Lescaut* (1893), *La Bohème* (1896), *Tosca* (1900), *Madame Butterfly* (1904) e *Il Trittico* (1918).
PUCHADA f. 1 Cataplasma de harina desleída. 2 Especie de gachas para cebar a los cerdos.
PUCHERA f. fam. OLLA, cocido español.
PUCHERAZO m. 1 Golpe dado con un puchero. 2 Fraude electoral que consiste en alterar, de diversos modos, el resultado del escrutinio de votos.
PUCHERO m. 1 Vasija de barro para cocer la comida. 2 Especie de cocido, como el cocido español. 3 fig. y fam. Alimento diario y regular. 4 fig. y fam. Gesto o movimiento que precede al llanto verdadero o fingido. Más en pl. y con el verbo *hacer*.
PUCHES amb. pl. Gachas.
PUCHKIN PUSHKIN.
PUCHO m. *Amér.* m. 1 Resto, residuo, pequeña cantidad sobrante de alguna cosa. 2 Colilla del cigarro.
PUCK Geniecillo que aparece en leyendas inglesas.
PUDELAR tr. *Met.* Hacer dulce el hierro colado, quemando parte de su carbono en hornos de reverbero.
PUDENDO, DA adj. Torpe, feo, que debe causar vergüenza.
PUDIBUNDEZ f. Afectación o exageración del pudor.
PUDIBUNDO, DA adj. De mucho pudor.
PÚDICO, CA adj. Honesto, casto, pudoroso.

publicidad. Valla publicitaria con el emblemático toro, presente en las carreteras españolas.

PUDIENTE adj. y com. Poderoso, rico, hacendado.
PUDÍN O **PUDIN** m. BUDÍN.
PUDINGA f. *Geol.* CONGLOMERADO.
PUDOR m. 1 Modestia, recato. 2 Sentimiento que aparta de exhibir cualquier cosa íntima, especialmente lo relacionado con el sexo.
PUDOROSO, SA adj. Lleno de pudor.
PUDOVKIN, VSEVOLOD ILARIONOVICH Director de cine ruso (Penza, 1893 - Riga, 1953). En su filmografía destacan *La madre* (1926), *El fin de San Petersburgo* (1927), *Tempestad sobre Asia* (1929), etc.
PUDRIR tr. y prnl. 1 Corromper, descomponer una materia orgánica. 2 fig. Consumir, molestar, causar impaciencia o fastidio. ♦ IRREG. Véase cuadro.

PUDRIR

INFINITIVO: pudrir o podrir.
INDICATIVO
Pres.: pudro, pudres, pudre, pudrimos, pudrís, pudren.
Pret. imperf.: pudría, pudrías, etc.
Pret. indef.: pudrí, pudriste, etc.
Fut. imperf.: pudriré, pudrirás, etc.
Condic.: pudriría, pudrirías, etc.
SUBJUNTIVO
Pres.: pudra, pudras, pudra, pudramos, pudráis, pudran.
Pret. imperf.: pudriera, pudrieras, etc., o pudriese, pudrieses, etc.
Fut. imperf.: pudriere, pudrieres, etc.
IMPERATIVO: pudre, pudrid.
PARTICIPIO: podrido.
GERUNDIO: pudriendo.

PUDÚ m. *Zool. Chile* Mamífero artiodáctilo rumiante perteneciente a la familia cérvidos. Vive en los bosques de los Andes.
PUEBLA f. ant. 1 Población, pueblo, lugar. 2 *Agr.* Siembra de verduras y legumbres.
PUEBLA Estado de México, en la región Centro; 33.902 km² y 4.792.156 h. Capital, Heroica Puebla de Zaragoza.
PUEBLA Sierra de México, en la parte oriental del Estado de su nombre.
PUEBLE m. *Min.* Conjunto de operarios que concurren al laboreo de una mina.
PUEBLERINO, NA adj. 1 Relativo a un pueblo pequeño o aldea. 2 Se dice de la persona de poca cultura o de modales poco refinados. También s.
PUEBLERO, RA adj. y s. *Arg.* y *Urug.* Para el campesino, natural o habitante de una ciudad o pueblo, o relativo a él.
PUEBLO[1] m. 1 Ciudad o villa. 2 Población de menor categoría. 3 Conjunto de personas de un lugar, región o país. 4 Gente común y humilde de una población. 5 País con gobierno independiente.
PUEBLO[2] *Etnol.* 1 Se dice de un grupo de pueblos amerindios de Arizona y Nuevo México, que construyeron complejos poblados de adobe. Más como pl. 2 Se dice también de sus individuos. También com. 3 Relativo a los indios pueblo.
PUEBLOS DEL MAR *Hist.* Nombre de un conjunto de pueblos indoeuropeos procedentes del Egeo, que asolaron las costas egipcias durante el reinado de Ramsés III.
PUELCHE *Etnol.* Se dice de un pueblo amerindio que habitaba en la Pampa argentina; fue prácticamente exterminado en el XIX. Más como m. pl. 2 Se dice también de sus individuos. También com. 3 Relativo a este pueblo. || m. 4 *Chile* Viento que sopla de la cordillera de los Andes hacia poniente.
PUENTE amb. 1 Construcción sobre un río, foso, etc., para poder pasarlo. || m. 2 Tablilla colocada perpendicularmente en la tapa de los instrumentos de arco para mantener levantadas las cuerdas. 3 Barra donde se asientan las cuerdas de los instrumentos musicales de cuerda. 4 Palo o barra horizontal que en las galeras o carros asegura por la parte superior las estacas verticales. 5 Día o días que entre dos festivos, o sumándose a uno festivo, se aprovechan para vacación. 6 Conexión con la que se establece la continuidad de un circuito eléctrico interrumpido. 7 *Fís.* Dispositivo eléctrico para medir resistencias, capacidades, inductancias, tensiones, corrientes y frecuencias eléctricas a base de oscilaciones automáticas de precisión. 8 *Med.* Pieza metálica que usan los dentistas para sujetar en los dientes naturales los artificiales. 9 *Mar.* Cada una de las cubiertas que llevan batería en los buques de guerra. 10 *Mar.* Plataforma estrecha y con baranda sobre la cubierta y desde la cual el oficial de guardia comunica las órdenes. 11 Curva o arco de la parte interior de la planta del

puerco espín

pie. ‖ **PUENTE AÉREO** Comunicación frecuente y continua por avión entre dos lugares; conjunto de instalaciones en un aeropuerto al servicio de esta comunicación. ‖ **PUENTE COLGANTE** El sostenido por cables o por cadenas de hierro. ‖ **PUENTE LEVADIZO** El que en los antiguos castillos se ponía sobre el foso y podía levantarse para impedir la entrada a la fortaleza. ‖ **PUENTE TRANSBORDADOR** El que soporta un carro, del cual va colgada la barquilla transbordadora.
PUENTE DE MÁRQUEZ, BATALLA DEL *Hist*. Célebre combate librado el 23 de abril de 1829 en el puente homónimo, sobre el río Las Conchas, en la provincia de Buenos Aires, en la que las tropas del caudillo Rosas derrotaron al ejército republicano dirigido por Lavalle.
PUENTEAR tr. **1** *Fís*. Colocar un puente en un circuito eléctrico. **2** fig. Saltar un escalón jerárquico.
PUENTECILLA f. Puente o cordal de la parte inferior de la tapa de los instrumentos de cuerda, que sujeta las cuerdas.
PUENTING m. *Dep*. Modalidad deportiva que consiste en lanzarse al vacío desde un puente con el cuerpo sujeto por cuerdas elásticas.
PUERCA f. **1** Lomo entre surco y surco de la tierra arada. **2** ESCRÓFULA. **3** Hembra del puerco. **4** *Zool*. COCHINILLA, crustáceo. **5** fig. y fam. Mujer desaliñada, sucia o grosera. También adj.
PUERCO m. **1** Cerdo, animal. **2** fig. y fam. Hombre desaliñado, sucio o grosero. También adj. **3** En las monterías, jabalí. ‖ **PUERCO ESPÍN** o **ESPINO** *Zool*. Mamífero roedor perteneciente a las familias histrícidos y eretizóntidos, dotado de pelos transformados en rígidas púas que utilizan para la defensa. ‖ **PUERCO MARINO** *Zool*. Delfín, cetáceo.
PUERI- pref. que significa niño: *puericultor.*
PUERICIA f. Edad del hombre, que media entre la infancia y la adolescencia.
PUERICULTOR, RA m. y f. Persona dedicada al estudio y práctica de la puericultura.
PUERICULTURA f. *Med*. Ciencia que se ocupa del sano desarrollo del niño, en sus primeros años de vida.
PUERIL adj. **1** Relativo al niño o a la puericia. **2** Propio de un niño o que parece de un niño. **3** Fútil, trivial, infundado.
PUERILIDAD f. **1** Calidad de pueril. **2** Hecho o dicho propio de niño, o que parece de niño. **3** fig. Cosa de poca entidad o despreciable.
PUÉRPERA f. *Med*. Mujer recién parida.
PUERPERAL adj. *Med*. Relativo al puerperio.
PUERPERIO m. *Med*. **1** Tiempo que inmediatamente sigue al parto. **2** Estado delicado de salud de la mujer en este tiempo.
PUERRO m. *Bot*. Planta bulbosa perteneciente a la familia liliáceas, de nombre científico *Allium ampeloprasum*, de bulbo comestible. ‖ **PUERRO SILVESTRE** *Bot*. Planta de la familia liliáceas, semejante a la anterior, común en terrenos incultos.
PUERTA f. **1** Vano de forma regular abierto en una pared, cerca o verja, desde el suelo hasta la altura conveniente, para entrar y salir. **2** Armazón de madera, hierro u otra materia, que, engoznada o puesta en el quicio, sirve para impedir la entrada y salida. **3** Cualquier agujero que sirve para entrar y salir. **4** fig. Principio, entrada. **5** *Dep*. PORTERÍA. **6** Entrada a una población, que antiguamente era una abertura en la muralla y ahora es lugar de acceso normal. **7** fig. Camino, principio o entrada para entablar una pretensión u otra cosa. ‖ **PUERTA GIRATORIA** La compuesta de dos o cuatro hojas, montadas sobre un eje común, que giran entre dos costados cilíndricos. ‖ **PUERTA TRASERA** fig. La que se abre en la fachada opuesta a la principal. ‖ **a puerta cerrada** loc. adv. fig. EN SECRETO. También, se dice de los juicios y vistas en que sólo se permite la presencia de las partes, sus representantes y defensas. ‖ **dar** a uno **con la puerta en las narices** fr. fig. y fam. Desairarle. ‖ **de puerta a puerta** loc. adv. Se dice que desde el puerto en que las mercancías se recogen en el domicilio del remitente hasta entregarlas directamente en el del destinatario. ‖ **de puerta en puerta** loc. adv. Mendigando. ‖ **estar**, o **llamar, a la puerta una cosa** fr. fig. Estar muy próxima a suceder.
PUERTA, SUBLIME *Hist*. Nombre con que los turcos otomanos designaron al sultán, a la política y al Estado que personificaba.
PUERTAS DE HIERRO Desfiladero por el que transcurre el Danubio en el límite fronterizo entre Rumania y Serbia y Montenegro, junto a la localidad de Orsova.
PUERTO m. **1** Lugar en la costa, o en las orillas de un río, defendido de los vientos y dispuesto para la seguridad de las naves y para las operaciones de tráfico de mercancías y pasajeros. **2** Paso y camino por el que se atraviesan montañas. **3** fig. Asilo, amparo, refugio. **4** *Inform*. Elemento del *hardware* de un ordenador que posibilita su conexión con otro ordenador. ‖ **PUERTO FRANCO** Zona portuaria habilitada para recibir depósitos francos. ‖ **PUERTO SECO** Lugar de las fronteras, en donde está establecida una aduana.
PUERTO ARGENTINO Principal población de las islas Malvinas; 1.557 h.
PUERTO AYACUCHO Ciudad de Venezuela, capital del Estado de Amazonas; 67.056 h.
PUERTO BAQUERIZO MORENO Ciudad de Ecuador, capital del archipiélago y de la provincia de Galápagos, en la isla de San Cristóbal; 3.023 h.
PUERTO DE ESPAÑA PORT OF SPAIN.
PUERTO LUMBRERAS Municipio y ciudad de España, provincia de Murcia, partido judicial de Lorca; 10.474 h.
PUERTO MÉXICO COATZACOALCOS.
PUERTO MONTT Ciudad de Chile, capital de la región de Los Lagos; 122.399 h. Puerto pesquero.
PUERTO PLATA Provincia de la República Dominicana; 1.857 km² y 261.485 h. Capital, San Felipe de Puerto Plata.
PUERTO PRÍNCIPE *(Port-au-Prince)* Ciudad capital de Haití y del departamento de Ouest; 846.247 h. Puerto en el golfo de la Gonave.
PUERTO REAL Municipio y lugar de España, provincia de Cádiz; 31.086 h. Puerto.
PUERTO RICO *(Estado Libre Asociado de Puerto Rico)* Estado de América, en las Grandes Antillas, que constituye un Estado libre asociado de EE UU. Está situado entre el mar Caribe y el océano Atlántico, al E de la isla La Española.
Geog. La isla de Puerto Rico está recorrida de E a O por la cordillera Central, que en su sector oriental se divide en dos ramales, la sierra de Cayey, al SE, y la de Luquillo, al NE. El punto culminante del macizo y de la isla es el pico Jayuya (1.338 m). Los principales ríos de la vertiente occidental son el Grande de Arecibo,

Superficie: 9.104 km².
Población: 3.916.000 h. *(puertorriqueños).*
Densidad: 430,1 h./km².
Tasa de natalidad: 15,1‰.
Tasa de mortalidad: 7,3‰.
Capital: San Juan.
Ciudades principales: Bayamón, Ponce, Carolina, Caguas, Mayagüez, Arecibo.
Grupos étnicos: blancos (73%), mulatos (23%), negros (4%).
Religión: catolicismo (85,3%), protestantismo (4,7%).
Idioma: español, inglés.
Moneda: dólar estadounidense.
Forma de Estado: autogobierno en asociación con EE UU.
Producto Nacional Bruto: 25.380 millones de dólares.
Renta per cápita: 7.010 dólares.
División administrativa: 78 municipios, según cuadro.

PUERTO RICO

Municipio	Población (h.)	Municipio	Población (h.)
Adjuntas	19.644	Juncos	43.591
Aguada	40.010	Lajas	27.797
Aguadilla	67.050	Lares	33.016
Aguas Buenas	31.841	Las Marías	9.887
Aibonito	27.993	Las Piedras	32.137
Añasco	28.556	Loíza	28.070
Arecibo	102.294	Luquillo	18.877
Arroyo	20.153	Manatí	42.079
Barceloneta	27.524	Maricao	6.130
Barranquitas	29.031	Maunabo	13.874
Bayamón	236.688	Mayagüez	100.463
Cabo Rojo	49.368	Moca	38.424
Caguas	145.193	Morovis	34.014
Camuy	33.235	Naguabo	25.382
Canóvanas	51.925	Naranjito	29.272
Carolina	192.088	Orocovis	25.155
Cataño	32.365	Patillas	21.904
Cayey	51.717	Peñuelas	27.199
Ceiba	18.946	Ponce	193.640
Ciales	20.997	Quebradillas	26.093
Cidra	50.019	Rincón	14.317
Coamo	37.330	Río Grande	51.267
Comerío	20.583	Sabana Grande	24.917
Corozal	36.804	Salinas	30.597
Culebra	1.771	San Germán	38.814
Dorado	35.104	San Juan	439.604
Fajardo	38.605	San Lorenzo	38.444
Florida	9.107	San Sebastián	43.854
Guánica	21.630	Santa Isabel	20.155
Guayama	44.066	Toa Alta	61.579
Guayanilla	28.538	Toa Baja	94.837
Guaynabo	104.936	Trujillo Alto	78.442
Gurabo	34.006	Utuado	35.475
Hatillo	40.897	Vega Alta	37.553
Hormigueros	17.070	Vega Baja	62.329
Humacao	60.036	Vieques	9.584
Isabela	43.118	Villalba	24.713
Jayuya	16.891	Yabucoa	41.743
Juana Díaz	52.461	Yauco	45.289

Grande de Añasco y Culebrinas; en la oriental, el Maunabo, Guayanés y Humacao. Además de varios islotes deshabitados, Puerto Rico comprende las islas de Vieques, en la costa oriental; la de Culebra, al NE de la anterior; y la de Mona, frente a la costa occidental, en el canal o estrecho de su nombre. El clima es tropical. Su economía es esencialmente agrícola e industrial. Importante sector turístico.

Hist. Descubierta por Colón en 1493, la isla estaba poblada por taínos de raza arahuaca y caribes. Su primer gobernador fue Juan Ponce de León, quien fundó la ciudad de San Juan de Puerto Rico. Puerto Rico se convirtió en una próspera colonia, bajo el dominio directo de España, pese a los ataques de corsarios franceses, ingleses y holandeses. Tras obtener la autonomía política en 1897, la isla fue ocupada por EE UU en el transcurso de la guerra hispano-norteamericana de 1898, y pasó a ser un dominio colonial estadounidense. En 1917, la ley Jones otorgó la nacionalidad estadounidense a la población puertorriqueña. Desde 1947, el gobernador fue elegido mediante sufragio; en las primeras elecciones, celebradas en 1948, resultó electo Luis Muñoz Marín, líder del Partido Popular Democrático, reelegido en 1952, 1956 y 1960. En 1950, se proclamó el estatuto de Estado libre asociado; ese mismo año se produjo un levantamiento popular auspiciado por el líder del Partido Nacionalista, Pedro Albizu Campos, que fue detenido. El 25 de julio de 1952 se aprobó en plebiscito la nueva Constitución, que confería plena autonomía interna a Puerto Rico, dependiente, por otra parte, en materia monetaria, de defensa y política exterior. Desde entonces, la isla envía un representante al Congreso estadounidense, aunque sin derecho a voto. En 1967 un referéndum confirmó el estatuto de Puerto Rico. En las elecciones de 1976 y 1980 venció el Partido Nuevo Progresista de Carlos Romero Barceló, partidario de la plena integración en la Unión. En 1984 fue elegido gobernador Rafael Hernández Colón, del Partido Popular Democrático, confirmado en su cargo en 1988. En 1991 convocó un nuevo plebiscito, anulado debido a la crítica situación política internacional, y declaró el idioma español único oficial del país, en un intento de mantener la identidad cultural puertorriqueña. Tras las elecciones de 1992, el nuevo gobernador, Pedro Roselló, candidato del Partido Nuevo Progresista, restableció la cooficialidad del inglés. En 1993 y 1998 fueron convocados nuevos referéndums en los que el pueblo puertorriqueño rechazó su integración en EE UU. En las elecciones de 2000, Sila María Calderón, del Partido Popular Democrático, resultó elegida gobernadora.

Puerto Stanley Puerto Argentino.
Puerto Vallarta Población de México, en el Estado de Jalisco; 24.155 h. Centro turístico.
Puertomontino, na adj. y s. De Puerto Montt, ciudad de Chile.
Puertorriqueño, ña adj. y s. De Puerto Rico.
Pues conj. 1 Denota causa, motivo o razón. 2 Toma a veces carácter de condicional: *Pues el mal es ya irremediable, tómatelo con tranquilidad.* 3 Es también continuativa: *Repito, pues, que hace lo que puede.* 4 Se emplea igualmente como ilativa: *¿No quieres oír mis consejos?, pues los agradecerás algún día.* 5 Con interrogación se emplea también sola para preguntar lo que se duda, equivaliendo a *¿cómo?* o *¿por qué?* 6 Se emplea a principio de cláusula, ya solamente para apoyarla, ya para encarecer o reforzar lo que en ella se dice: *¡Pues no faltaba más!*
Puesta f. 1 Acción y efecto de poner. 2 Cantidad que se apuesta en ciertos juegos de naipes. 3 Puja, licitación. 4 Astron. Instante de la desaparición de un astro debajo del horizonte por el Oeste. 5 Zool. Postura, huevo y acción de ponerlo. || **Puesta de largo** Fiesta en que una jovencita viste las galas de mujer y se presenta en sociedad.
Puestero, ra m. y f. 1 Persona que tiene o atiende un puesto de venta. || m. 2 *Arg., Chile, Par.* y *Urug.* Hombre que vive en una de las partes en que se divide una estancia y que está encargado de cuidar los animales que en esta parte se crían. || f. 3 *Arg., Chile, Par.* y *Urug.* Mujer del puestero.
Puesto, ta adj. 1 Con los adverbios *bien* y *mal*, bien o mal vestido, ataviado o arreglado. || m. 2 Sitio o espacio que ocupa una persona o cosa. 3 Lugar o sitio señalado o determinado para la ejecución de una cosa. 4 Tenderete para la venta callejera. 5 Tienda de un mercado. 6 Empleo, oficio. 7 Sitio que se dispone con ramas o cantos para ocultarse el cazador y tirar desde él a la caza. 8 Estado o disposición en que se halla una cosa, física o moralmente. 9 *Arg., Chile* y *Urug.* Lugar en que está establecido el puestero. 10 *Mil.* Campo ocupado por tropa o policía en actos de servicio. 11 Destacamento permanente de guardia civil o de carabineros cuyo jefe inmediato tiene grado inferior al de oficial. || **puesto que** loc. conjunt. causal. pues. ♦ Es el p. p. irreg. de poner.
Pueyrredón Lago de Argentina, en la provincia de Santa Cruz; 271 km². Su parte occidental pertenece a Chile, donde toma el nombre de lago *Cochrane*.
Pueyrredón, Juan Martín de Militar y político argentino (Buenos Aires, 1777 - San Isidro, Buenos Aires, 1850). Se distinguió en la defensa de Buenos Aires durante la primera invasión inglesa (1806). Fue director supremo de las Provincias Unidas (1816-19).
Pueyrredón, Prilidiano Arquitecto y pintor argentino (Buenos Aires, 1823 - íd., 1870). Entre sus cuadros figuran el *Retrato de Manuelita Rosas* (1851) y *El rodeo* (1861).
Puf m. Taburete bajo forrado de piel y relleno de materiales esponjosos.
¡Puf! interj. con que se denota repugnancia.
Pufendorf, Samuel Jurisconsulto e historiador alemán (Chemnitz, 1632 - Berlín, 1694). Autor de *Tratado del derecho natural y de gentes* (1672).
Pufo m. fam. Estafa, engaño, petardo.
Pugachev, Emelian Ivanovich Soldado cosaco (Zimoievskaia Stanitsa, 1742 - Moscú, 1775). Haciéndose pasar por Pedro III, acaudilló la rebelión de los cosacos del Ural y los siervos del Bajo Volga contra Catalina II (1773).
Puget, Pierre Escultor, pintor y arquitecto francés (Marsella, 1620 - íd., 1694). Sobresalió en escultura con obras como el *Milón de Crotona* y el relieve de *Alejandro y Diógenes*.
Puget Sound Estuario de la costa de EE UU, Estado de Washington; 160 km.
Púgil m. 1 *Hist.* Entre los antiguos romanos, gladiador que combatía a puñetazos. 2 Boxeador.
Pugilato m. 1 Contienda o pelea a puñetazos. 2 fig. Disputa en que se extrema la porfía.
Pugilismo m. *Dep.* Técnica y organización de los combates de boxeo.
Pugna f. 1 Batalla, pelea. 2 Oposición, rivalidad, enfrentamiento.
Pugnar intr. 1 Batallar, contender, pelear. 2 fig. Solicitar con ahínco. 3 fig. Porfiar con tesón.
Pugnaz adj. Belicoso, guerrero.
Pugwash, conferencias de *Hist.* Foro científico internacional en pro del desarme nuclear. Su primera conferencia se celebró en 1957. En 1995 recibió el Nobel de la Paz, otorgado también a su secretario general, el físico J. Rotblat.
Puig (*El Puig de Santa Maria*) Municipio y lugar de España, provincia de Valencia; 6.868 h. Monasterio gótico de Santa María del Puig.
Puig, Manuel Novelista argentino (General Villegas, 1932 - Cuernavaca, Morelos, 1990). Autor de las novelas *Boquitas pintadas* (1969), *El beso de la mujer araña* (1976) y *Pubis angelical* (1979).
Pujar¹ f. Acción de pujar¹, hacer fuerza.
Pujar² f. 1 Acción y efecto de pujar², licitar. 2 Cantidad que un licitador ofrece.
Pujador, ra m. y f. Persona que hace puja en lo que se vende o arrienda por medio de subasta.
Pujamen o **pujame** m. *Mar.* Orilla inferior de una vela.
Pujante adj. Que tiene pujanza.
Pujanza f. Fuerza, robustez.
Pujar¹ tr. 1 Hacer fuerza para pasar adelante o proseguir una acción. || intr. 2 Tener dificultad en explicarse. 3 Vacilar y detenerse en la ejecución de una cosa. 4 fam. Hacer gestos o ademanes para prorrumpir en llanto.
Pujar² tr. Aumentar los licitadores el precio puesto a una cosa que se vende o arrienda.
Pujmanová, Marie Escritora checa (Praga, 1893 - íd., 1958). Autora de novelas de tema social, como *La paciencia del doctor Hegel* (1931) y *La vida contra la muerte* (1952).
Pujo m. 1 *Med.* Gana continua o frecuente de orinar o defecar, acompañada de dolores. 2 fig. Gana violenta de prorrumpir en risa o llanto. 3 fig. Deseo o ansia de lograr un propósito. 4 fig. y fam. Intento, conato, propósito.
Pula m. *Econ.* Unidad monetaria de Botswana.
Pulchinela m. pulchinela.
Pulci, Luigi Poeta italiano (Florencia, 1432 - Padua, 1484). Su obra maestra es el poema épico burlesco *Morgante mayor* (1483).
Pulcritud f. 1 Esmero en el aseo de la persona o en la ejecución de un trabajo delicado. 2 fig. Delicadeza, esmero.
Pulcro, cra adj. 1 Aseado, bello, bien parecido. 2 Delicado, esmerado.
Pulga f. 1 *Zool.* Insecto afaníptero parásito. Es de pequeño tamaño, cuerpo comprimido, aparato bucal picador-chupador y patas traseras fuertes que le permiten dar grandes saltos. 2 Peón muy pequeño con que juegan los muchachos. || **pulga acuática** o **de agua** *Zool.* Pequeño crustáceo cladócero que pulula en las aguas estancadas. || **pulga de mar** *Zool.* Pequeño crustáceo anfípodo, que en la bajamar queda en las playas.

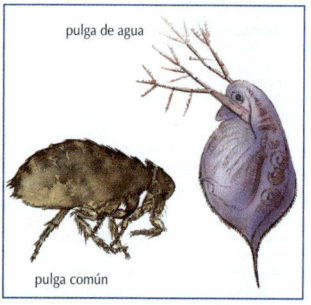

pulga de agua

pulga común

pulga. Insecto y crustáceo.

Pulgada f. *Fís.* 1 Medida de longitud, duodécima parte del pie, que equivale a 23 mm. 2 *Metrol.* Medida inglesa de longitud equivalente a 25,4 mm.
Pulgar m. 1 *Anat.* Dedo primero y más grueso de la mano y del pie. También adj. 2 *Agr.* Parte del sarmiento que se deja en las vides para que broten los vástagos.
Pulgar, Hernando del Humanista e historiador español (Toledo, 1436 - ?, 1493). En 1481 fue designado cronista real por los Reyes Católicos. En su obra destacan *Los claros varones de Castilla* (1486), la *Crónica de los señores Reyes Católicos don Fernando y doña Isabel* (1481-90) y *Letras*. Escribió, asimismo, unas *Glosas a las Coplas de Mingo Revulgo*.
Pulgarada f. 1 Golpe que se da con el dedo pulgar. 2 *Fís.* pulgada, medida.
Pulgón m. *Zool.* Insecto hemíptero perteneciente a la familia áfidos, con muchas especies, que vive parásito sobre las plantas.

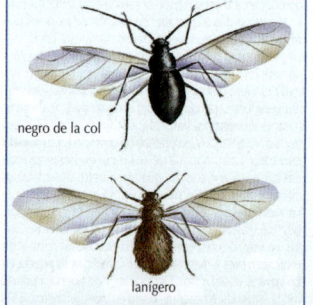

negro de la col

lanígero

pulgón

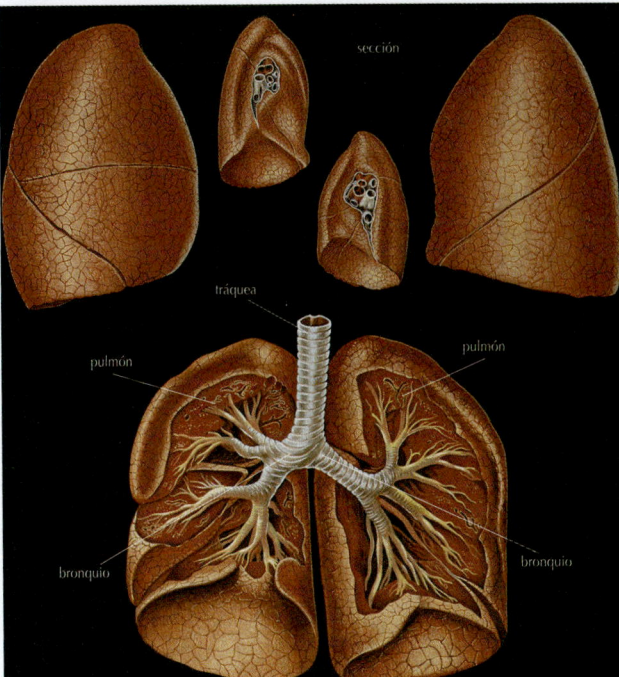

PULGOSO, SA adj. Que tiene pulgas.
PULGUERA f. **1** Lugar donde hay muchas pulgas. **2** *Bot.* ZARAGATONA, planta.
PULGUERO, RA adj. **1** Pulgoso. || m. **2** Lugar donde hay muchas pulgas. **3** *Amér.* Calabozo, cárcel preventiva.
PULGUILLAS m. fig. y fam. Hombre bullicioso que se resiente de todo.
PULICÁN m. Gatillo de sacar dientes.
PULIDO, DA adj. **1** Pulcro, primoroso. || m. **2** Acción y efecto de pulir.
PULIDOR, RA adj. y s. **1** Que pule, compone y adorna una cosa. || m. **2** Instrumento para pulir. **3** Pedacito de trapo o de cuero suave que se tiene entre los dedos cuando se devana.
PULIMENTAR tr. Alisar o dar tersura a una cosa.
PULIMENTO m. Acción y efecto de pulir.
PULIR tr. **1** Alisar o dar tersura y lustre a una cosa. **2** Componer, alisar. **3** Adornar, aderezar. Más como prnl. **4** fig. Derrochar, dilapidar. **5** fig. Quitar a uno la rusticidad. También prnl. **6** Revisar, corregir algo, perfeccionándolo.
PULITZER, JOSEPH Periodista estadounidense (Mako, Hungría, 1847 - Charleston, 1911). En 1903 creó la Escuela de Periodismo de la Universidad de Columbia y ordenó instituir los premios Pulitzer, que desde 1918 concede dicha universidad.
PULLA¹ f. **1** Palabra o dicho obsceno. **2** Dicho con que indirectamente se zahiere a una persona. **3** Expresión aguda o picante.
PULLA² f. *Zool.* planga.
PULLMAN m. Anglicismo por coche-cama o coche-salón.
PULLOVER (Voz i.) m. Prenda de vestir de punto, cerrada y sin bolsillos, que se viste por la cabeza.
PULMÓN m. *Zool.* **1** Cada uno de los órganos de respiración aérea del hombre y de la mayor parte de los vertebrados, que viven o pueden vivir fuera del agua. Es de estructura esponjosa, blando, flexible, y se dilata o contrae al entrar o salir el aire y ocupa casi la totalidad de la cavidad torácica. **2** Órgano respiratorio de los moluscos terrestres, que consiste en una cavidad cuyas paredes están provistas de numerosos vasos sanguíneos. || **PULMÓN DE ACERO** *Med.* Cámara metálica para provocar los movimientos respiratorios del enfermo.
PULMONADO adj. y m. *Zool.* **1** Se dice del molusco gasterópodo que respira por medio de un pulmón, como la babosa. || m. pl. *Zool.* **2** Orden de estos animales.
PULMONAR adj. *Anat.* Relativo a los pulmones. **2** Se dice de la arteria que sale del ventrículo derecho y conduce la sangre a los pulmones.
PULMONARIA f. *Bot.* **1** Planta herbácea anual, de la familia borragináceas, género *Pulmonaria*, con tallos erguidos y vellosos y flores rojas. **2** Liquen coriáceo que vive sobre los troncos de diversos árboles.
PULMONÍA f. *Pat.* Inflamación del pulmón o de una parte de él.
PULMONIACO, CA o **PULMONÍACO, CA** adj. *Med.* **1** Relativo a la pulmonía. **2** Que padece pulmonía. También s.
PULPA f. **1** Parte mollar de las carnes que no tiene huesos ni ternilla. **2** Carne o parte mollar de la fruta. **3** *Bot.* Médula o tuétano de las plantas leñosas. **4** En la industria conservera, la fruta fresca, una vez deshuesada y triturada. **5** En la industria azucarera, residuo de la remolacha después de extraer el jugo azucarado. **6** Cualquier materia vegetal reducida al estado de pasta. **7** Pasta de papel.
PULPEJO m. **1** Parte carnosa y mollar de un miembro pequeño. **2** Sitio blando y flexible que tienen los cascos de las caballerías en la parte inferior y posterior.
PULPERÍA f. *Amér.* Tienda de bebidas y géneros de droguería, buhonería, mercería, etc.
PULPETA f. Tajada que se saca de la pulpa de la carne.
PÚLPITO m. **1** Tribuna para predicar en las iglesias. **2** fig. Empleo de predicador.
PÚLPITO DE SONORA Nombre que toma un sector de la Sierra Madre Occidental, en el Estado de Sonora.
PULPO m. *Zool.* Molusco cefalópodo perteneciente a la familia octópodos, de nombre científico *Octopus vulgaris*. Tiene el cuerpo en forma de saco y ocho largos tentáculos provistos de ventosas.
PULQUE (Voz azteca.) m. *Ecuad.* y *Méx.* Bebida alcohólica que se obtiene haciendo fermentar el aguamiel o jugo de la pita, maguey, mezcal y agave. Es refrescante y de baja graduación.
PULQUERÍA f. Tienda donde se vende pulque.
PULSACIÓN f. **1** Acción de pulsar. **2** Cada una de los golpes o toques que se dan en el teclado de una máquina de escribir. **3** Cada uno de los latidos del corazón o de una arteria. **4** *Fís.* Movimiento periódico de un fluido. **5** *Fís.* BATIMIENTO.
PULSADOR, RA adj. y s. **1** Que pulsa. || m. **2** Llamador o botón de un timbre eléctrico.
PULSAR tr. **1** Presionar un pulsador. **2** Tocar, palpar, percibir algo con la mano o con la yema de los dedos. **3** Dar un toque o golpe a teclas o cuerdas de instrumentos, mandos de alguna máquina, etc. **4** Reconocer el estado del pulso o latido de las arterias. **5** fig. Tantear un asunto para descubrir el medio de tratarlo. || intr. **6** Latir la arteria o el corazón.

PÚLSAR m. *Astron.* Objetos celestes, descubiertos en 1967, que emiten señales pulsantes de radiofrecuencia; son de diámetro angular pequeño, radian entre 40 y 5.000 megahercios, emitiendo impulsos pequeños y con gran regularidad.
PULSATILA f. *Bot.* Planta de la familia ranunculáceas, medicinal, con flores de color violáceo.
PULSEAR intr. Echar un pulso.
PULSERA f. **1** Joya u otra cosa que se lleva alrededor de la muñeca. **2** Correa o cadena que sujeta el reloj a la muñeca.
PULSIÓN f. *Psicol.* Impulso o fuerza que conduce a los seres vivos a realizar determinadas acciones.
PULSO m. **1** *Fisiol.* Latido intermitente de las arterias, que se siente en varias partes del cuerpo y se observa especialmente en la muñeca. **2** Fuerza en la muñeca. **3** Seguridad o firmeza en la mano para ejecutar una acción con acierto. **4** fig. Tiento o cuidado en un negocio. || **a pulso** loc. adv. Levantar o sostener una cosa con la mano sin apoyar el brazo en ninguna parte. || **echar un pulso** fr. Probar una persona con otra cuál de las dos tiene más fuerza en el pulso. || **tomar el pulso** fr. Reconocer el pulso. También, tantear un asunto.
PULTÁCEO, A adj. **1** Que es de consistencia blanda. **2** *Med.* Que tiene apariencia de podrido o gangrenado.
PULULAR intr. **1** Brotar y echar renuevos o vástagos un vegetal. **2** Originarse, provenir o nacer una cosa. **3** Abundar, multiplicarse, bullir.
PULVERIZADOR m. Aparato para pulverizar un líquido.
PULVERIZAR tr. **1** Reducir a polvo una cosa. También prnl. **2** Reducir un líquido a partículas muy tenues. También prnl. **3** Deshacer por completo una cosa incorpórea.
PULVERULENTO, TA adj. POLVORIENTO.
PUM Voz que se usa para expresar ruido, explosión o golpe. || **ni pum** loc. Nada, en absoluto.
PUMA m. *Zool.* Mamífero carnívoro perteneciente a la familia félidos, extendido por toda América.
PUMACAHUA, MATEO GARCÍA Caudillo peruano (Chicheros, 1738 - Sicuani, 1815). Brigadier del ejército realista, en 1814 depuso a las autoridades españolas en Cuzco y constituyó una Junta de Gobierno. Derrotado en Humachiri, fue capturado por indios partidarios de los españoles y ejecutado.
PUMARADA f. *Bot.* Manzanar, pomarada.
PUMPUYAC Pico volcánico de Perú, en la cordillera Occidental, departamento de Ancash; 6.166 m.
PUNA (Voz quechua.) f. **1** Tierra alta, próxima a la cordillera de los Andes. **2** *Amér. m.* Extensión grande de terreno raso y yermo. **3** *Amér. m.* Angustia que se sufre en ciertos lugares elevados, soroche.
PUNA ATACAMA, PUNA DE.
PUNÁ Isla de Ecuador en el golfo de Guayaquil, provincia de Guayas; 920 km².
PUNCHA f. Púa, punta delgada y aguda.
PUNCHING-BALL (Voz i.) m. Saco o balón ovalado que usan los boxeadores para entrenarse.
PUNCIÓN f. *Med.* Operación quirúrgica que consiste en abrir los tejidos con un instrumento punzante y cortante, generalmente para extraer un líquido.
PUNDONOR m. Estado en que la gente cree que consiste la honra, el honor o el crédito de alguien.
PUNDONOROSO, SA adj. y s. Que tiene pundonor.
PUNE Ciudad de la India, Estado de Maharashtra; 1.566.651 h.
PUNGIR tr. Punzar.
PUNIBLE adj. Que merece castigo.
PUNICÁCEO, A adj. y f. *Bot.* **1** Se dice de la planta angiosperma, arbórea, de hojas pequeñas, flores vistosas y fruto con pericarpio coriáceo, que contiene muchas semillas alojadas en celdas, como el granado. || f. pl. *Bot.* **2** Familia de estas plantas.

puma

PÚNICAS, GUERRAS *Hist.* Nombre que se aplica a las guerras mantenidas entre Cartago y Roma por el control del Mediterráneo. La *primera guerra púnica* (264-241 a. C.) se originó por la ocupación cartaginesa de Sicilia. Tras diversas victorias cartaginesas, Roma logró imponerse y Cartago renunció a Sicilia, al tiempo que se comprometía a pagar una fuerte indemnización de guerra. La *segunda guerra púnica* (218-201 a. C.) comenzó en España con la toma de Sagunto por Aníbal (219), quien se dirigió hacia el valle del Ródano y atravesó los Alpes. Derrotó a los romanos en Tesino, Trebia (218), Trasimeno (217) y Cannas (216). Sin embargo, la muerte de Asdrúbal en el río Metauro y el desembarco en las costas africanas de Publio Cornelio Escipión, obligó a Aníbal a regresar a Cartago. Tras la derrota de éste en Zama (202), Cartago tuvo que someterse a Roma con la firma de un tratado en que se le imponía un desarme total. La *tercera guerra púnica* (149-146 a. C.) se desencadenó por el ataque cartaginés contra Masinisa. Este hecho violaba el tratado con Roma, que envió cuatro legiones a África. El año 146 a. C. Escipión Emiliano tomó la ciudad y la destruyó.

PUNICIÓN f. Acción y efecto de punir.
PÚNICO, CA adj. Relativo a Cartago.
PUNIR tr. Castigar a un culpado.
PUNITIVO, VA adj. Relativo al castigo.
PUNJAB Estado de la India; 50.362 km² y 20.281.969 h. Capital, Chandigarh.

Punjab (India). Templo de Oro. Amritsar.

PUNK o **PUNKI** (Voz i.) adj. *Cult.* y *Mús.* Movimiento juvenil surgido en el Reino Unido a mediados de la década de los setenta.
PUNO Departamento de Perú; 66.988 km² y 1.171.838 h. Capital, San Carlos de Puno.
PUNTA f. **1** Extremo agudo de un instrumento con que se puede herir. **2** Extremo de una cosa. **3** Colilla de un cigarro. **4** Pequeña porción de ganado que se separa del hato. **5** Cantidad considerable e indeterminada de personas, animales o cosas. **6** Cada una de las protuberancias que tienen las astas del ciervo. **7** Asta de toro. **8** Clavo pequeño. **9** Lengua de tierra que se mete en el mar. **10** Extremo de cualquier madero, opuesto al raigal. **11** Sabor que va tirando a agrio en una cosa. **12** Parada que hace el perro de caza cada vez que se detiene la pieza. **13** *Cuba* Hoja de tabaco, de exquisito aroma y superior calidad. **14** *Bl.* Tercio inferior de la superficie del campo del escudo. || f. pl. **15** Encaje que forma ondas o puntas en una de sus orillas. || **de punta en blanco** loc. adv. fig. y fam. Vestido con el mayor esmero. Se usa generalmente con los verbos *estar, ir, ponerse*, etc. || **sacar punta** a una cosa fr. fam. Atribuirle malicia o significado que no tiene. || **tener** uno una cosa **en la punta de la lengua** fr. fig. Estar a punto de decirla. También, en sentido figurado, estar a punto de acordarse de una cosa y no dar en ella.
PUNTA ARENAS Ciudad de Chile, capital de la región XII de Magallanes y Antártica Chilena; 117.206 h.
PUNTA DEL ESTE Ciudad de Uruguay, departamento de Maldonado, a orillas del Atlántico; 6.500 h. Turismo.
PUNTA GALLINAS Extremo septentrional de América del S continental. Situado en Colombia, en el departamento de La Guajira.
PUNTADA f. **1** Cada uno de los agujeros hechos en la tela, cuero u otra materia que se va cosiendo. **2** Acción y efecto de pasar la aguja o instrumento análogo a través de un tejido, cuero, etc., por cada uno de estos agujeros. **3** Espacio que media entre dos de estos agujeros próximos entre sí. **4** Porción de hilo que ocupa este espacio. **5** fig. Dolor penetrante.
PUNTAL m. **1** Madero hincado en firme, para sostener la pared que está desplomada. **2** Prominencia de un terreno, que forma como punta. **3** Trozo más fino de la caña de pescar cuando se compone de varias. **4** fig. Apoyo, fundamento. **5** fig. *Venez.* Merienda ligera. **6** *Amér.* Tentempié, refrigerio.

Punta del Este (Uruguay). Vista aérea.

PUNTANO, NA adj. y s. De San Luis, Argentina.
PUNTAPIÉ m. Golpe que se da con la punta del pie.
PUNTAR tr. **1** Poner, en la escritura de las lenguas hebrea y árabe, los puntos o signos con que se representan las vocales. **2** Poner sobre las letras los puntos del canto del órgano.
PUNTARENAS 1 Provincia de Costa Rica; 11.277 km² y 396.149 h. **2** Ciudad capital de la misma; 29.224 h. Puerto. Turismo.
PUNTARENENSE adj. y com. De Punta Arenas.
PUNTAZO m. **1** Herida hecha con la punta de un instrumento punzante. **2** *Taurom.* Herida penetrante menor que una cornada. **3** fig. Indirecta con que se zahiere a una persona.
PUNTEAR tr. **1** Marcar puntos en una superficie. **2** Dibujar con puntos. **3** Coser o dar puntadas. **4** Hacer sonar la guitarra u otro instrumento semejante tocando las cuerdas cada una con un dedo. **5** Compulsar una cuenta partida por partida. **6** *Taurom.* Embestir una res vacuna con derrotes cortos y repetidos. **7** *Arg., Chile* y *Urug.* Levantar la tierra con la punta de la pala. || intr. **8** *Arg., Col.* y *Urug.* Marchar a la cabeza de un grupo de personas o animales. **9** *Mar.* Inclinar la proa cuanto se puede para aprovechar el viento escaso. También tr.
PUNTEL m. Cañón de hierro con que se soplan las piezas huecas de vidrio.
PUNTERA f. **1** Parte del calcetín, de la media, del zapato, etc., que cubre la punta del pie. **2** Remiendo en esa parte del calzado, calcetines o medias, en la parte que cubre la punta. **3** fam. Golpe con la punta del pie.
PUNTERÍA f. **1** Acción de apuntar un arma arrojadiza o de fuego. **2** Dirección del arma apuntada. **3** Destreza del tirador para dar en el blanco.
PUNTERO, RA adj. **1** Se aplica a la persona que tiene buena puntería con un arma. **2** Se dice de lo más avanzado o destacado dentro de su mismo género o especie.

|| m. **3** Punzón, palito o vara con que se señala una cosa. **4** Cincel con el cual labran los canteros las piedras muy duras. **5** Persona que destaca en cualquier actividad. **6** En algunos deportes, la persona que aventaja a los otros. **7** *Chile* En algunos deportes, delantero. **8** *Arg.* y *Urug.* Persona o animal que va delante de los demás componentes de un grupo.
PUNTIAGUDO, DA adj. Que tiene aguda la punta.
PUNTILLA f. **1** Encaje muy angosto hecho de puntas, que sirve para guarnecer pañuelos, escotes de vestidos, etc. **2** Instrumento con punta redonda para trazar, en lugar de lápiz. **3** Especie de puñal corto. || **dar la puntilla** fr. Rematar las reses con la puntilla. También, fig. y fam., causar finalmente la ruina de una persona o cosa. || **de puntillas** loc. adv. con que se explica el modo de andar, pisando con la punta de los pies.
PUNTILLADO, DA adj. *Bl.* Pieza o figura sembrada de puntos, para indicar el metal oro, cuando no se emplean colores.
PUNTILLAZO m. fam. Golpe que se da con la punta del pie.
PUNTILLERO m. Cachetero.
PUNTILLISMO m. *Arte.* Técnica pictórica consistente en dividir sistemáticamente los tonos de un cuadro a base de yuxtaponer puntos o pinceladas. Fue empleada por los neoimpresionistas (Seurat, Signac, etc.). También llamado *divisionismo*.
PUNTILLO m. **1** Amor propio o pundonor muy exagerado y basado en cosas sin importancia. **2** *Mús.* En notación musical, punto que se escribe a la derecha de una nota y aumenta en la mitad su duración y valor.
PUNTILLOSO, SA adj. Se dice de la persona que tiene mucho amor propio.
PUNTIZÓN m. **1** Cada uno de los agujeros que quedan en el pliego de prensa, abiertos por las puntas que lo sujetan al tímpano. || m. pl. **2** Rayas horizontales y transparentes en el papel de tina.

puntillismo. *Camino de la aduana en Saint Tropez.* Cuadro de Paul Signac. Museo de Pintura y Escultura (Grenoble).

PUNTO m. **1** Señal de dimensiones pequeñas, que por contraste de color o de relieve es perceptible en una superficie. **2** Cada una de las partes en que se divide el pico de la pluma de escribir. **3** Granito de metal que tienen junto a la boca los fusiles y otras armas de fuego. **4** En las armas de fuego, PIÑÓN[1]. **5** Cada una de las puntadas que en las obras de costura se van dando para hacer una labor sobre la tela. **6** Cada una de las lazadillas o nuditos de que se forma el tejido de las medias, elásticas, etc. **7** Rotura pequeña que se hace en las medias. **8** Cada una de las diversas maneras de trabar y enlazar entre sí los hilos que forman ciertas telas. **9** Medida longitudinal, duodécima parte de la línea. **10** *A. gráf.* Medida tipográfica, duodécima parte del cícero. **11** Sitio, lugar. **12** Paraje público determinado donde se sitúan los coches para alquilarlos. **13** Valor que, según el número que le corresponde, tiene cada carta de la baraja o de las caras del dado. **14** Cosa muy corta, parte mínima de una cosa. **15** La menor cosa o la circunstancia más menuda de una cosa. **16** Instante, porción pequeña de tiempo. **17** Ocasión oportuna, momento favorable. **18** Cada uno de los asuntos o materias diferentes de que se trata en un sermón, discurso, conferencia, etc. **19** Parte o cuestión de una ciencia. **20** Lo sustancial o principal en un asunto. **21** Fin o intento de cualquier acción. **22** Estado actual de cualquier especie o negocio. **23** Estado perfecto que llega a tomar un alimento al cocinarlo. **24** Hablando de las cualidades morales buenas o malas, extremo o grado a que éstas pueden llegar. **25** *Fís.* Temperatura necesaria para que se produzcan determinados fenómenos físicos. **26** *Geom.* Límite mínimo de la extensión, que se considera sin longitud, latitud ni profundidad. Tiene posición, pero no dimensiones y se representa por la intersección de dos rectas que se cortan. **27** *Med.* Puntada que da el cirujano. **28** *Med.* Punzada de dolor al lado del corazón. **29** *Gram.* Nota ortográfica que se pone sobre la *i* y la *j*. **30** *Gram.* Signo ortográfico (.) con que se indica el fin del sentido gramatical y lógico de un periodo o de una sola oración. Se pone también después de toda abreviatura. || **PUNTO Y APARTE** *Gram.* El que se pone cuando termina párrafo y el texto continúa en otro renglón. || **PUNTO Y COMA** *Gram.* Signo ortográfico (;) con que se indica pausa mayor que en la coma y menor que con los dos puntos. || **PUNTO FINAL** *Gram.* El que acaba un escrito o una división importante del texto. || **PUNTO MUERTO** *Mec.* En las máquinas de vapor, motores de explosión, etc., posición del émbolo en que no actúa sobre el cigüeñal u otro órgano semejante. También, en sentido figurado, estado de un asunto o negociación que por cualquier motivo no puede de momento llevarse adelante. || **PUNTO NEURÁLGICO** *Med.* Aquel en que el nervio se hace superficial o en donde nacen sus ramas cutáneas. Tambien, en sentido figurado, parte de un asunto especialmente delicada, importante y difícil de tratar. || **PUNTO DE PARTIDA** fig. Lo que se toma como antecedente y fundamento para tratar o deducir una cosa. || **PUNTO Y SEGUIDO** *Gram.* El que se pone cuando termina un periodo y el texto continúa inmediatamente después del punto en el mismo renglón. || **PUNTO DE VISTA** fig. Cada uno de los modos de considerar un asunto u otra cosa. || **PUNTOS SUSPENSIVOS** *Gram.* Signo ortográfico (...) con que se denota quedar incompleto el sentido de una oración o cláusula. || **DOS PUNTOS** *Gram.* Signo ortográfico (:) con que se indica haber terminado completamente el sentido gramatical, pero no el sentido lógico. Se pone también antes de toda cita de palabras ajenas. || **a punto** loc. adv. Con la prevención y disposición necesarias para que una cosa pueda servir al fin a que se destina. || **a punto de** loc. que, seguida de un infinitivo, expresa la proximidad de la acción indicada por éste. || **dar en el punto** fr. fig. Dar en la dificultad. || **de todo punto** loc. adv. Enteramente, sin que falte cosa alguna. || **en punto de caramelo** loc. adv. fig. y fam. Perfectamente dispuesta y preparada una cosa para algún fin. || **hasta cierto punto** loc. adv. En alguna manera, no del todo. || **poner en su punto** una cosa fr. fig. y fam. Ponerla en aquel grado de perfección que le corresponde. También, apreciarla debida y justamente. || **poner los puntos sobre las íes** fr. fig. y fam. Determinar y precisar algunos extremos que no estaban suficientemente especificados. || **punto por punto** loc. adv. fig. con que se expresa el modo de referir una cosa muy detalladamente y sin omitir circunstancia alguna.

PUNTUABLE adj. Que es o puede ser calificado con puntos o unidades de tanteo en juegos, deportes, exámenes, etc.

PUNTUACIÓN f. **1** Acción y efecto de puntuar. **2** Conjunto de signos ortográficos que sirven para puntuar. **3** Conjunto de reglas y manera, según ellas, de puntuar ortográficamente.

PUNTUAL adj. **1** Pronto, diligente. **2** Indubitable, cierto. **3** Conforme, adecuado. **4** *Ling.* Se dice del aspecto verbal que expresa una acción carente de duración. || adv. **5** A tiempo, a la hora prevista.

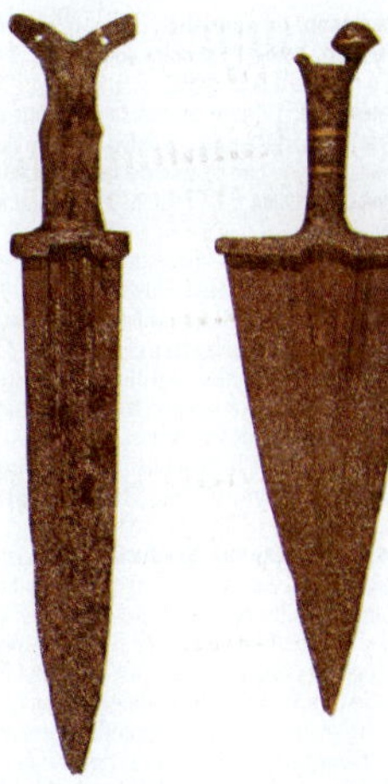

puñales íberos. Museo Arqueológico Nacional (Madrid).

PUNTUALIDAD f. Cuidado y diligencia en hacer las cosas a su debido tiempo.

PUNTUALIZAR tr. **1** Grabar con exactitud los asuntos en la memoria. **2** Referir un suceso con todas sus circunstancias.

PUNTUAR tr. **1** Poner en la escritura los signos ortográficos necesarios para distinguir el valor prosódico de las palabras y el sentido de las oraciones y de cada uno de sus miembros. **2** Ganar u obtener puntos en algunos juegos. **3** Calificar con puntos un ejercicio o prueba.

PUNTURA f. **1** Herida con instrumento o cosa que punza. **2** *A. gráf.* Cada una de las dos puntas de hierro afirmadas en los dos costados del tímpano de una prensa de imprimir. **3** Sangría que se hace en la cara plantar del casco de las caballerías.

PUNZADA f. **1** Herida ocasionada por la punta de un objeto. **2** fig. Dolor agudo, repentino e intermitente. **3** fig. Sentimiento interior causado por algo que aflige el ánimo.

PUNZANTE adj. **1** Que punza. **2** Relativo al dolor agudo y breve. **3** Relativo a la herida ocasionada por un objeto puntiagudo. **4** Se aplica a los comentarios, palabras, etc., satíricos o irónicos.

PUNZAR tr. **1** Herir con un objeto puntiagudo. **2** fig. Pinchar, zaherir. || intr. **3** fig. Avivarse un dolor de cuando en cuando. **4** fig. Hacerse sentir interiormente una cosa que aflige el ánimo.

PUNZÓN m. **1** Instrumento de hierro u otro metal que remata en punta. **2** BURIL. **3** Instrumento de acero durísimo, que sirve para hacer troqueles, o cuños, etc. **4** *Zool.* PITÓN[1], cuerno.

PUÑADA f. Golpe con la mano cerrada.

PUÑADO m. **1** Porción de una cosa que cabe en el puño. **2** fig. Poca cantidad de una cosa de la que debe o suele haber bastante. || **a puñados** loc. adv. fig. Larga o abundantemente.

PUÑAL m. Arma ofensiva de acero, de corto tamaño, que sólo hiere con la punta.

PUÑALADA f. **1** Golpe que se da de punta con el puñal u otra arma semejante. **2** Herida que resulta de este golpe. **3** fig. Pesadumbre grande dada de repente. || **PUÑALADA TRAPERA** Herida o lesión grande. También, en sentido figurado, traición, mala pasada.

PUÑETA f. **1** Puntilla que se pone en la bocamanga de una prenda de vestir. **2** fam. Cosa molesta o fastidiosa. || interj. **3** Denota enfado o irritación. Más en pl. || **irse** algo a **hacer puñetas** fr. fig. y fam. Estropearse o perderse. || **mandar a** alguien **a hacer puñetas** fr. fig. y fam. Despedirle con desconsideración.

PUÑETAZO m. Golpe dado con el puño.

PUÑETERÍA f. fam. **1** Calidad de puñetero. **2** Bobada, tontería. Más en pl. **3** fam. Impertinencia, incomodidad.

PUÑETERO, RA adj. y s. fam. **1** Astuto, pícaro. **2** Que fastidia o incordia, o siente la inclinación a hacerlo.

PUÑO m. **1** Mano cerrada. **2** Lo que cabe en la mano cerrada. **3** Parte de la manga de las prendas de vestir que rodea la muñeca. **4** Adorno de encaje o tela fina que se pone en la bocamanga. **5** Mango de algunas armas blancas. **6** Parte por donde ordinariamente se coge el bastón, el paraguas o la sombrilla. **7** Esta misma pieza. || **de puño y letra,** o **de su puño y letra** loc. Escrito por quien se indica, autógrafo. || **en un puño** loc. fig. Con los verbos *meter, poner, tener* y otros, confundir, intimidar u oprimir a alguien.

PUPA f. **1** Erupción en los labios. **2** Costra que queda cuando se seca un grano. **3** Lesión cutánea bien circunscrita. **4** CRISÁLIDA. **5** En el lenguaje infantil, cualquier daño o dolor corporal. || **hacer pupa** a uno fr. fig. y fam. Darle que sentir, hacerle daño.

PUPILA f. *Anat.* Abertura circular o en forma de rendija de color negro, que el iris del ojo tiene en su parte media y que da paso a la luz.

PUPILAJE m. **1** Estado o condición del pupilo o de la pupila. **2** Casa donde se reciben huéspedes.

PUPILAR adj. Perteneciente o relativo al pupilo y a la pupila del ojo.

PUPILO, LA m. y f. **1** Huérfano o huérfana menor de edad, respecto de su tutor. **2** Persona que se hospeda en casa particular por precio ajustado.

PUPITRE (Voz fr.) m. Mueble con tapa en forma de plano inclinado para escribir sobre él.

PUQUIO m. *Geol. Amér. m.* Manantial de agua.

PURACÉ Volcán de Colombia, entre los departamentos de Huila y Cauca; 4.646 m.

PURANA m. *Hist.* y *Rel.* Cada uno de los 18 poemas sánscritos que contienen la teogonía y cosmogonía de la India antigua.

PURASANGRE m. y adj. *Veter.* Caballo que es producto del cruce de sementales árabes con yeguas inglesas.

PURCELL, EDWARD MILLS Físico estadounidense (Taylorville, Illinois 1912 - Cambridge, Massachusetts, 1997). En 1952 recibió el premio Nobel de Física, compartido con Felix Bloch, por sus trabajos en la medida de campos magnéticos en el núcleo atómico, mediante resonancia magnética molecular.

PURCELL, HENRY Compositor inglés (Londres, 1659 - íd., 1695). Influido por Lully y Monteverdi, sentó las bases de la ópera inglesa. Dentro del género de la música religiosa destacan la *Oda a santa Cecilia* (1692), las *Odas por el aniversario de la reina María* (1689-94) y *Música para los funerales de la reina María* (1695). Entre sus óperas figuran *Dido y Eneas* (1689), *Dioclesian* (1690), *King Arthur* (1691) y *La reina de las hadas* (1692).

PURÉ m. **1** Pasta que se hace de legumbres u otras cosas comestibles, cocidas y trituradas. **2** Sopa formada por esta pasta desleída en caldo.

PUREZA f. **1** Calidad de puro. **2** fig. Virginidad.

PURGA f. **1** Medicina que se toma por la boca para descargar el vientre. **2** Acción y efecto de purgar o purgarse. **3** fig. Residuos que en algunas operaciones industriales se acumulan y se han de eliminar. **4** fig. Expulsión o eliminación de miembros de una organización, etc., por motivos políticos.

PURGACIÓN f. *Med.* **1** Acción y efecto de purgar. **2** Sangre que naturalmente evacuan las mujeres todos los meses, y después de haber parido. **3** Flujo mucoso de una membrana, principalmente de la uretra. Más en pl.

PURGANTE adj. y m. *Farm.* Se dice del medicamento que sirve para purgar.

PURGAR tr. **1** Limpiar una cosa. **2** Satisfacer con una pena en todo o en parte lo que uno merece por su culpa o delito. **3** Padecer el alma las penas del purgatorio. **4** Dar al enfermo la medicina conveniente para exonerar el vientre. También prnl. **5** Evacuar del organismo cualquier sustancia nociva. También intr. y prnl. **6** fig. Purificar.

PURGATIVO, VA adj. Que purga o tiene virtud de purgar.

PURGATORIO, RIA adj. **1** PURGATIVO. || m. **2** *Rel.* Según la iglesia católica, lugar donde los justos deben purificar sus imperfecciones. **3** fig. Cualquier lugar donde se

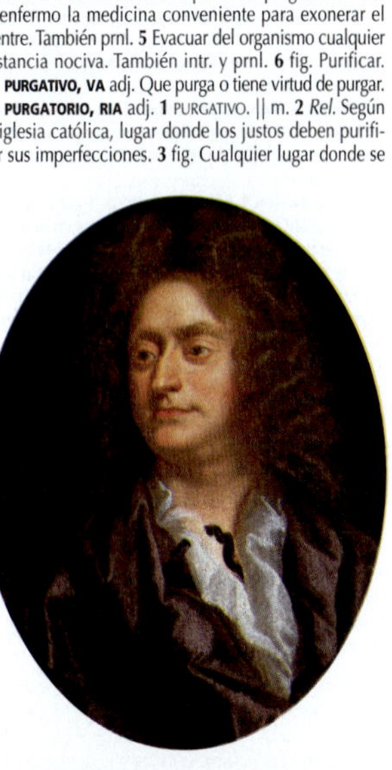

Henry **Purcell.** Retrato de John Closterman. Galería Nacional de Retratos (Londres).

Alexandr **Pushkin**. Retrato de Orest Adamovic Kiprenskij. Galería Tretjakov (Moscú).

pasa la vida con trabajo y penalidad. **4** Esta misma penalidad.
Puri Ciudad de la India, Estado de Orissa; 125.199 h. Templo de Jagannatha (siglo XII).
Puridad f. **1** Calidad de puro. **2** Lo que se tiene reservado y oculto. **3** Reserva, sigilo.
Purificación f. Acción y efecto de purificar.
Purificador, ra adj. y s. Que purifica.
Purificar tr. Limpiar de toda imperfección una cosa. También prnl.
Purificatorio, ria adj. Que sirve para purificar.
Purina f. *Quím.* Compuesto heterocíclico con anillos pirimidínicos e imidazólicos fusionados.
Purísima La Virgen María.
Purismo m. Calidad de purista.
Purista adj. y com. **1** Que escribe o habla con pureza. **2** Se dice de quien al hablar o escribir, evita conscientemente o afectadamente los extranjerismos y neologismos que juzga innecesarios.
Puritanismo m. **1** *Polít.* y *Rel.* Movimiento político y religioso que se desarrolló en Inglaterra en los siglos XVI y XVII. Propugnaron una reforma calvinista que instaurase una religión más pura. Perseguidos desde 1583, emigraron a los Países Bajos y posteriormente a América, donde un pequeño grupo (Pilgrim Fathers), fundó en 1619 la colonia de Plymouth. **2** Por extensión, se dice de la exagerada escrupulosidad en el proceder. **3** Calidad de puritano.
Puritano, na adj. **1** Miembro del movimiento político y religioso de inspiración calvinista que propugnó la reforma de la iglesia anglicana. También s. **2** Perteneciente o relativo al puritanismo. **3** fig. Se dice de la persona que real o afectadamente profesa con rigor las virtudes públicas o privadas y hace alarde de ello; rígido, austero. También s.
Purkinje, Jan Evangelista Fisiólogo checo (Libochovice, 1787 - Praga, 1869). Hizo descubrimientos como el de las células piriformes del cerebelo, que llevan su nombre.
Puro, ra adj. **1** Libre y exento de toda mezcla de otra cosa. **2** Que procede con desinterés en el desempeño de un empleo o en la administración de justicia. **3** Que no incluye ninguna condición, excepción o restricción ni plazo. **4** Casto, ajeno a la sensualidad. **5** CIGARRO PURO. Más como m. **6** fig. Libre y exento de imperfecciones morales. **7** fig. Mero, solo, no acompañado de otra cosa. **8** fig. Tratándose del lenguaje o del estilo, correcto, exacto. Se dice también de las personas.
Púrpura f. **1** *Zool.* Molusco gasterópodo marino de la familia murícidos, géneros *Murex* y *Purpura*, que segrega una tinta amarillenta, la cual al contacto con el aire toma color verde, que luego se torna rojo. **2** Tinte muy costoso que los antiguos preparaban con la tinta de este molusco. **3** Tela teñida con este tinte. **4** fig. Prenda de vestir, de este color o roja, que forma parte del traje característico de emperadores, reyes, cardenales, etc. **5** fig. Color rojo subido que tira a violado. **6** fig. Dignidad imperial, real, consular, cardenalicia, etc.

Purpurado m. Cardenal de la iglesia romana.
Purpúreo, a adj. **1** De color de púrpura. **2** Perteneciente o relativo a la púrpura.
Purpurina f. **1** *Quím.* Sustancia colorante roja, extraída de la raíz de la rubia. **2** Polvo finísimo de bronce o de metal blanco que se aplica a las pinturas.
Purrela o **Purria** f. **1** Chusma. **2** Vino último e inferior del aguapié.
Purulencia f. *Med.* Calidad de purulento.
Purulento, ta adj. *Med.* Que tiene pus.
Purús Río de América meridional, que nace en los Andes peruanos y desemboca en el Amazonas; 3.000 km.
Pus f. *Med.* Líquido amarillento verdoso que en ocasiones segregan los tejidos inflamados, constituido por los residuos de los leucocitos.
Pusan Ciudad de la República de Corea, que forma por sí misma un distrito urbano; 531 km² y 3.813.814 h. Puerto.
Pushkin, Alexander Sergueievich Escritor ruso (Moscú, 1799 - San Petersburgo, 1837). Entre sus obras cabe citar los poemas *El prisionero del Cáucaso* (1821) y *El caballero de bronce* (1833); la novela en verso *Eugenio Oneguin* (1823-30), el drama histórico *Boris Godunov* (1825) y el poema épico *Poltava* (1829). Su obra en prosa comprende, entre otros, los títulos *Dubrovsky* (1832), *Los relatos de Bielkin* (1833), *La reina de espadas* (1834) y *La hija del capitán* (1836).
Pusilánime adj. y com. Falto de ánimo y valor.
Pusta f. *Bot.* DURIHERBOSA.
Pústula f. *Med.* **1** Vejiguilla inflamatoria de la piel que está llena de pus. **2** Cualquier herida que presenta pus o costra.
Puszta Parte de la gran llanura húngara (Alföld).
Puta f. **1** Prostituta. || adj. **2** fig. y fam. Se dice de la mujer que obra con malicia y doblez. También s.
Putada f. vulg. CABRONADA.
Putativo, va adj. Reputado o tenido por padre, hermano, etc., no siéndolo.
Puteado, da adj. vulg. Fastidiado, explotado.
Putear intr. **1** fam. Ejercer la prostitución. || tr. **2** fam. Fastidiar, molestar a alguien.
Putero adj. **1** Que mantiene relaciones sexuales con prostitutas. || m. **2** *Costa Rica* Prostíbulo.
Puticlub m. vulg. irón. Bar de alterne.
Putifar Oficial de la guardia del faraón de Egipto, a cuyo servicio estuvo el patriarca José.
Putin, Vladímir Político ruso (Leningrado, hoy San Petersburgo, 1952). Director del Servicio Federal de Seguridad, secretario del Consejo de Seguridad y primer ministro con B. Yeltsin, fue designado por éste como su sucesor tras su dimisión en diciembre de 1999. En las elecciones presidenciales de marzo de 2000 y marzo de 2004 fue revalidado en su cargo.
Puto, ta adj. **1** fam. Se dice de lo que fastidia o incordia, puñetero. **2** NECIO, tonto. || m. **3** Hombre homosexual.
Putrefacción f. Acción y efecto de pudrir.
Putrefacto, ta adj. Podrido.

Putrescencia f. Estado en que se encuentra un cuerpo en vías de putrefacción.
Putridez f. Calidad de pútrido.
Pútrido, da adj. **1** Podrido, corrompido. **2** Acompañado de putrefacción.
Putumayense adj. y com. De Putumayo.
Putumayo Río de América del Sur, que nace al SE de Colombia y afluye al Amazonas; 1.900 km.
Putumayo Departamento de Colombia; 24.885 km² y 378.790 h. Capital, Mocoa.
Pututo o **Potutu** m. *Bol.* y *Perú* Instrumento musical indígena hecho de cuerno de buey que los campesinos de los cerros tocan para convocar a una reunión.
Puuc adj. *Arquit.* Estilo arquitectónico maya del periodo clásico, que se desarrolló en la zona O de la península del Yucatán, durante los siglos VI al X.
Puvis de Chavannes, Pierre Pintor francés (Lyon, 1824 - París, 1898). Fue el renovador de la gran pintura decorativa. Sus obras son de temática clásica y mitológica.
Puy-de-Dôme Departamento del centro de Francia, región de Auvernia; 7.970 km² y 604.266 h. Capital, Clermont-Ferrand.
Puy-de-Dôme Monte volcánico de Francia, departamento de Puy-de-Dôme; 1.465 m.
Puy-de-Sancy Monte volcánico de Francia, departamento de Puy-de-Dôme; 1.886 m.
Puya[1] f. **1** Punta acerada que tienen las varas o garrochas de los picadores y vaqueros. **2** Garrocha o vara con puya[1].
Puya[2] f. *Bot.* *Chile* Planta de la familia bromeliáceas, de la que existen varias especies.
Puymagre, Théodore-Joseph Boudet, conde de Escritor y erudito francés (Metz, 1816 - París, 1901). Autor de *Dante Alighieri* (1845), *Les vieux auteurs castillans* (1862-63) y *La cour littéraire de don Juan de Castille* (1873).
Puyo adj. *Arg.* Se dice de una especie de poncho corto y basto.
Puzolana o **Puzol** f. o m. *Geol.* Roca volcánica que se encuentra en Pozzuoli, población próxima a Nápoles, y sirve para hacer mortero hidráulico.
Puzzle (Voz i.) m. Rompecabezas, juego.
PVC *Quím.* Cloruro de polivinilo, el más común de los plásticos.
Pym, John Político inglés (Brymore, h. 1584 - Londres, 1643). Miembro de la Cámara de los Comunes (1621-43) y líder puritano, fue un adversario de los católicos y de los aminianos.
Pyme (Siglas de *Pequeña y Mediana Empresa*.) f. *Econ.* Según los criterios de la Unión Europea, tienen esta consideración todas aquellas empresas con una plantilla no superior a los 250 empleados y un volumen de negocio anual que no sobrepase los 40 millones de ecus (unos 6.400 millones de pesetas).
Pyongyang Ciudad capital de la República Democrática Popular de Corea, que constituye por sí misma una circunscripción administrativa; 2.000 km² y 2.355.000 h.

Pierre **Puvis de Chavannes**. *El verano*. Museo d'Orsay (París).

Q f. Decimoctava letra del abecedario español, y decimocuarta de sus consonantes. Su nombre es *cu*, y representa el mismo sonido oclusivo, velar, sordo de la *c* ante *a, o, u*, o de la *k* ante cualquier vocal. En español se usa solamente ante la *e* o la *i*, mediante interposición gráfica de una *u*, que no suena. ♦ Su pl. es *cus*.

QATAR o **KATAR** *(Dawlat al-Qatar)* Estado del SO de Asia, que limita al N y E con el golfo Pérsico; al S, con la Unión de Emiratos Árabes, y al O, con Bahrein y Arabia Saudí.
GEOG. El territorio de Qatar, que ocupa la península del mismo nombre en el golfo Pérsico, es llano y casi desértico. Su clima es muy seco, con lluvias escasas. Carece de ríos. La ausencia de agricultura y ganadería limita su economía a la pesca, la industria (acero y cemento) y la explotación de sus recursos petrolíferos y de gas natural.
HIST. El país estuvo sometido a Bahrein hasta 1868, fecha en que pasó a depender del imperio otomano. Tras la Primera Guerra Mundial se convirtió en protectorado británico. En 1930 se descubrieron los yacimientos petrolíferos, que comenzó su desarrollo. En 1968 se integró en la Federación de Emiratos del Golfo Pérsico, de la que se separó en 1970. Logró la independencia del Reino Unido en 1971, tras la cual ingresó en la ONU y en la Liga Árabe. El emir Ahmad ibn-Ali al-Thani, que reinó durante los dos primeros años, fue depuesto por su primer ministro, el jalifa Ibn Hamad al-Thani, quien asumió un poder absoluto. En 1974 se nacionalizaron los yacimientos petrolíferos, que constituyen la fuente de riqueza básica del país. El petróleo fue la causa constante de conflictos con el país vecino, Bahrein, por yacimientos en distintos territorios insulares (Hawar, en 1978, o Fasth al-Dibal, en 1986), cuyo momento culminante fue el incidente militar que tuvo lugar en 1986, resuelto tras la mediación del Consejo de Cooperación del Golfo. En política internacional, Qatar apoyó la posición de los países árabes, contraria a la presencia de fuerzas militares extranjeras en el golfo Pérsico, y se mantuvo neutral durante la guerra irano-iraquí (1981-88). En la guerra del Golfo (1990-91), Qatar apoyó a EE UU y a la coalición internacional contra Irak. En 1995 el jalifa Hamad al-Thani fue derrocado sin violencia por su heredero Hamad Ben Jalifa, quien puso en marcha un proyecto de democratización del país.

Superficie: 11.437 km².
Población: 599.000 h. (qataríes).
Densidad: 52,4 h./km².
Tasa de natalidad: 16,3‰.
Tasa de mortalidad: 4,1‰.
Capital: Doha.
Ciudades principales: ar-Rayyan.
Grupos étnicos: árabes (40%), iraníes (16%), paquistaníes (34%).
Religión: islamismo sunnita (92,4%), cristianismo (5,9%), hinduismo (1,1%) y otras (0,6%).
Idioma: árabe.
Moneda: riyal.
Forma de Estado: monarquía.
Producto Nacional Bruto: 6.473 millones de dólares.
Renta per cápita: 11.600 dólares.
División administrativa: 9 municipalidades.

QATAR

Municipalidades	Superficie (km²)	Población (h.)	Capitales
Doha	132	313.639	—
al-Ghuwayriyah	622	2.349	al-Ghuwayriyah
Jarayan al Batinah	3.715	3.932	Jarayan al Batinah
al-Jumayliyah	2.565	10.414	al-Jumayliyah
al-Khawr	996	12.982	al-Khawr
ar-Rayyan	889	132.785	ar-Rayyan
ash-Shamal	901	6.323	Madinat ash-Shamal
Umm Salal	493	16.110	Umm Salal Muhammad
al-Wakrah	1.114	34.185	al-Wakrah

QAZVIN o **KAZVIN** Ciudad de Irán, provincia de Teherán; 278.826 h. Fue la capital del reino persa en el siglo XVI.

QINGDAO *(Ch'ing-tao)* Ciudad de China, provincia de Shandong, región Oriental; 2.060.000 h.
QINGHAI *(Tsinghai)* Provincia de China, región Noroccidental; 721.000 km² y 4.740.000 h. Su capital es Xining.
QIQIHAR *(Tsitsihar)* Ciudad de China, provincia de Heilongjiang, región Nordoriental; 1.380.000 h.
QOM o **QUM** Ciudad de Irán, provincia de Teherán; 681.253 h. Es centro sagrado de peregrinaciones chiítas.
QUADROS, JANIO Político brasileño (Campo Grande, 1917 - São Paulo, 1992). Accedió a la presidencia de la República en 1961. Las presiones militares le obligaron a dimitir ese mismo año.
QUANT, MARY Diseñadora británica (Londres, 1934). Revolucionó el mundo de la moda con la creación de la minifalda, símbolo de la liberación sexual de la mujer en los sesenta.
QUANTZ, JOHANN JOACHIM Compositor alemán (Oberscheden, 1697 - Potsdam, 1773). Compuso música de cámara y cerca de 300 conciertos para flauta y orquesta. Autor de *Ensayos de unas instrucciones para tocar la flauta* (1752).
QUARK (Voz i.) m. FÍS. CUARK.
QUART DE POBLET CUART DE POBLET.
QUASAR (Del i. *QUASi-stellAR radio source.*) m. Astron. CUÁSAR.
QUASIMODO, SALVATORE Poeta italiano (Modica, Sicilia, 1901 - Nápoles, 1968). Inicialmente hermético en obras como *Aguas y tierras* (1930), *El oboe enterrado* (1932) y *Erato y Apolo* (1936); posteriormente, su obra se inclina hacia la poesía comprometida. En 1959 le fue concedido el premio Nobel de Literatura. Otras obras: *Olor de eucalipto* (1933), *Y de repente, la noche* (1942), *Con el pie extranjero sobre el corazón* (1946), *La vida no es sueño* (1949), *La tierra incomparable* (1958) y *Dar y tener* (1966). Es, además, autor del libreto de la ópera de cámara, *Orfeo Anno Domini MCMXLVII* (1960) y de varias traducciones al italiano de autores clásicos.
QUATTROCENTISTA (Voz it.) adj. Se dice de lo que pertenece al siglo XV italiano; especialmente a la literatura y al arte.
QUATTROCENTO (Voz it.) Nombre con que se designa el movimiento literario y artístico italiano del siglo XV (véase RENACIMIENTO).
QUE pron. relat. **1** De género y número invariable, en oraciones subordinadas adjetivas sustituye a su antecedente de la principal. Equivale a *el, la, lo cual, los, las cuales*. || conj. cop. **2** Introduce oraciones subordinadas sustantivas con función de sujeto o complemento directo. || conj. **3** Forma locuciones conjuntivas y adverbiales, como *a menos que, con tal que*, etc. **4** Equivale a DE MANERA QUE. **5** Se emplea después de los adverbios *sí* y *no* para dar fuerza a lo que se dice. || conj. comp. **6** Se utiliza en construcciones como *más...que, menos...que, igual...que*, etc. || conj. causal. **7** Equivale a PORQUE o PUES. || conj. disyunt. **8** Equivale a O, YA u otra semejante. || conj. il. **9** Enuncia la consecuencia de lo que anteriormente se ha dicho. || conj. final. **10** Equivale a PARA QUE. || **el que más y el que menos** loc. que equivale a cada cual o a todos sin excepción.
QUÉ pron. interr. **1** Inquiere o pondera la naturaleza, cantidad, intensidad, etc., de algo. || pron. excl. **2** Agrupado con un nombre sustantivo o seguido de la preposición *de* y un nombre sustantivo, enfatiza la naturaleza, cantidad, calidad, intensidad, etc., de algo. || adv. prnl. excl. **3** Agrupado con adjetivos, adverbios y locuciones adverbiales, enfatiza la calidad o intensidad y equivale a CUAN. || **¡qué!** interj. de sentido negativo y ponderativo. || **¿qué tal?** loc. adv. interr. CÓMO. También, fórmula de saludo. || **sin qué ni para**, o **por qué** loc. adv. Sin motivo, causa ni razón alguna. || **¿y qué?** expr. con que se denota que lo dicho o hecho por otro no interesa o no importa.

Quebec (Canadá). Castillo Frontenac.

QUEBEC 1 Provincia de Canadá; 1.540.680 km² y 7.363.282 h. Ocupa gran parte de la península del Labrador. **2** Ciudad capital de la misma, a orillas del San Lorenzo; 167.24 h. Es la ciudad más antigua del país y la capital histórica del Canadá francófono. Centro industrial. Activo puerto.
Hist. La ciudad fue fundada por el francés Samuel Champlain en 1608, se convirtió en el foco de la colonización francesa. En 1627 se creó la Compañía de la Nueva Francia que se ocupó de la administración de la zona. Tras sufrir el ataque de los iroqueses, Luis XIV entregó la zona a la Compañía de las Indias Occidentales. En 1663 se reintegró a la corona como Nueva Francia. Tras la guerra de los Siete Años el territorio pasó al Reino Unido. En 1791 se dividió en Bajo Canadá (francófono) que comprendía El Labrador y el área de San Lorenzo, y el Alto Canadá (anglófono), la zona de los Grandes Lagos. A partir de 1837 se fue gestando un importante movimiento independentista que aboga por el autogobierno del Canadá francés.
QUEBRACHO m. *Bot.* Árbol de hojas persistentes perteneciente a la familia apocináceas, de nombre científico *Aspidosperma quebracho*, propio de las regiones secas del centro y N de Argentina y países limítrofes. Su madera, muy dura, se emplea para elaborar carbón vegetal, y la corteza, rica en taninos, se utiliza en la industria de las tenerías. **2** Nombre que en diversas zonas de América se da a varias especies botánicas.
QUEBRACHO, REVOLUCIÓN DEL *Hist.* Levantamiento popular uruguayo contra el gobierno de Vidal. Fue sofocado (1886).
QUEBRADA f. *Geol.* **1** Hendidura de una montaña. **2** Paso estrecho entre montañas.
QUEBRADERO m. Preocupación. Se usa en la expresión *quebradero de cabeza*.
QUEBRADIZO, ZA adj. **1** Fácil de quebrarse. **2** fig. Delicado de salud. **3** fig. Se dice de la voz ágil para hacer quiebros en el canto. **4** fig. Se dice de la persona de poca entereza moral.
QUEBRADO, DA adj. **1** Que ha hecho quiebra. También s. **2** Debilitado. **3** Accidentado, desigual. **4** *Mat.* se dice del número que expresa las partes en las que se divide la unidad. También m.
QUEBRAJAR tr., intr. y prnl. Hender parcialmente, resquebrajar.
QUEBRANTAHUESOS m. **1** *Zool.* Ave falconiforme perteneciente a la familia accipítridos, de nombre científico *Gypaetus barbatus*. Vive en el S de Europa y parte

quebrantahuesos

de África. **2** Juego de muchachos. **3** fig. y fam. Sujeto pesado, molesto e importuno.
QUEBRANTAPIEDRAS f. *Bot.* Planta herbácea anual, de la familia cariofiláceas, común en España.
QUEBRANTAR tr. **1** Romper, deteriorar algo. **2** Violar una ley, no cumplir una obligación. **3** Debilitar la salud o la fortaleza de alguien. También prnl.
QUEBRANTO m. **1** Acción y efecto de quebrantar o quebrantarse. **2** fig. Decaimiento, desaliento. **3** Gran pérdida o daño. **4** fig. Aflicción, dolor o pena grande.
QUEBRAR tr. **1** Romper. También prnl. **2** Doblar. También prnl. **3** fig. Interrumpir la continuación de algo no material. || intr. **4** Arruinarse una empresa o negocio. || prnl. **5** Formársele una hernia a uno. **6** Hablando de cordilleras, etc., interrumpirse su continuidad. ♦ IRREG. Se conjuga como ACERTAR.
QUECHE m. *Mar.* Embarcación de dos palos, mayor y mesana, usada como barco de recreo.
QUECHEMARÍN m. Embarcación pequeña de dos palos.
QUECHOL m. *Zool. Méx.* FLAMENCO, ave.
QUECHUA o **QUICHUA** adj. *Etnol.* **1** Se dice de un pueblo amerindio que habitó en el área andina, en la zona de la sierra, en las cercanías del Cuzco. Se alió a los incas en la lucha contra los chancas. Sometidos por los incas, que tomaron de ellos el quechua o *runa simi*, que convirtieron en lengua oficial para todo su imperio, fueron asimilados a la nueva civilización. En la actualidad, continúa siendo una de las minorías étnicas más importantes de América. Más como m. pl. **2** Se dice también de sus individuos. También com. **3** Relativo a este pueblo. || m. *Ling.* **4** Lengua hablada por estos indios. Se habla en Ecuador, Colombia, Perú, Chile, Bolivia, así como en la región andina de Argentina.
QUEDA f. **1** Hora de la noche, señalada para todos se recojan, lo cual se avisa con la campana. **2** Campana destinada a este fin. **3** Toque que se da con ella.
QUEDADA f. **1** Acción de quedarse en un sitio o lugar. **2** Acción y efecto de quedarse el viento. **3** *Dep.* Golpe flojo que se da a la pelota para que no vaya lejos.
QUEDAR intr. **1** Estar, permanecer en un sitio. También prnl. **2** Subsistir, permanecer o restar parte de una cosa. **3** Permanecer, subsistir una persona o cosa en su estado, o pasar a otro más o menos estable. También prnl. **4** Resultar, acabar, terminar. **5** Ponerse de acuerdo, convenir en algo. Se usa seguido de la preposición *en*. **6** Concertar una cita. **7** Estar situado. || prnl. **8** Morirse. **9** Junto con la preposición *con*, retener alguien una cosa en su poder. **10** Retener en la memoria. **11** Burlarse de alguien engañándole. || **¡en qué quedamos?** expr. fam. con que se invita a poner término a una indecisión o aclarar una incongruencia. || **quedar** uno **atrás** fr. fig. No lograr el progreso alcanzado por otros. También, no comprender por completo una cosa, y aflojar, desmayar en un empeño. || **quedar** uno **bien, o mal** fr. Portarse de una acción, o salir de un negocio, bien, o mal. || **quedar** uno **en una cosa** fr. Acordarla. || **quedarse con** uno fr. fig. y fam. Engañarle o abusar de su credulidad. || **quedarse** uno **corto** expr. fam. No exagerar en lo que se dice. También, no llegar en sus hechos o dichos hasta donde se proponía. || **quedarse** uno **frío** o **helado** fr. fig. Salirle una cosa al contrario de lo que deseaba o pretendía. También, sorprenderse de ver u oír cosa que no esperaba. || **quedarse** uno **tan ancho** fr. fig. y fam. Mos-

trarse tranquilo después de haber dicho o hecho alguna cosa inconveniente.
QUEDO, DA adj. **1** QUIETO. || adv. m. **2** Con voz baja.
QUEEN, ELLERY Seudónimo utilizado por los escritores estadounidenses Manfred B. Lee (Nueva York, 1905 - Roxbury, 1971) y Frederic Dunnay (Nueva York, 1905 - íd., 1982). Bajo este nombre aparecieron firmadas sobre todo novelas policíacas, como la serie *Adventures of Ellery Queen* (iniciada en 1929), en 1941 fundaron la revista *Ellery Queen*, especializada en relatos policíacos.
QUEENS Distrito de la ciudad de Nueva York (EE UU). En él se encuentra el club de tenis de Flushing Meadows, sede de uno de los principales campeonatos del mundo, celebrado desde 1915 hasta 1978 en el estadio de Forest Hills, también en Queens.
QUEENSLAND Estado de Australia; 1.727.200 km² y 3.456.300 h. Capital Brisbane.
QUEGUAY Río de Uruguay, afluente del Uruguay; 250 km de curso.
QUEHACER m. Ocupación, tarea que ha de hacerse. Más en pl.
QUEILOSIS f. *Med.* Agrietamiento de los ángulos de la boca y exfoliación de los labios, asociada generalmente a una deficiencia de riboflavina.
QUEIMADA f. Bebida caliente, originaria de Galicia, que se prepara quemando aguardiente de orujo con limón y azúcar.
-QUEIRA suf. QUIR-.
QUEJA f. **1** Expresión de dolor, pena o sentimiento. **2** Resentimiento. **3** *Der.* Acusación ante juez o tribunal competente.
QUEJARSE prnl. Expresar o presentar quejas.
QUEJICA o **QUEJICOSO, SA** adj. Que se queja demasiado.
QUEJIDO m. Voz que expresa dolor o pena.
QUEJIGAL o **QUEJIGAR** m. *Bot.* Terreno poblado de quejigos.
QUEJIGO m. *Bot.* Árbol perteneciente a la familia fagáceas, de nombre científico *Quercus faginea*. Es una especie común en España. Apreciado por su bellota.
QUEJOSO, SA adj. Se dice del que tiene queja de otro.
QUEL-, QUELI- prefs. que significan garra, pinza, etc.
-QUEL-, QUELI-², tortuga.
QUELA f. *Zool.* Pinza o gancho de las patas de los crustáceos o los arácnidos.
QUELATO m. *Quím.* Estructura molecular en que los iones, metálicos o no, se combinan en anillo por electrones no compartidos.
QUELENQUELÉN m. *Bot. Chile* Planta de la familia poligaláceas, medicinal.
QUELI-¹ pref. QUEL-.
QUELI-², QUELON-; -QUEL- prefs. o in. que significan tortuga.
QUELÍCERO m. *Zool.* Cada uno de los dos apéndices prebucales de los artrópodos quelicerados.
QUELOIDE m. *Med.* Formación tisular, fibrosa, firme y prominente de una cicatriz.
QUELONIO, NIA adj. y m. *Zool.* **1** Se dice del reptil con el cuerpo de forma deprimida y protegido por escudos óseos cutáneos, generalmente revestidos por un caparazón de escudos córneos. La cabeza, extremidades y cola pueden retraerse dentro de ese caparazón. La boca no lleva dientes, sino un «pico» de bordes cortantes o dentados, que le sirve para morder. Los ojos están protegidos por párpados y una membrana nictitante. Se reproducen por huevos que entierran en el suelo y posteriormente cubren con tierra para que el calor del sol los incube. La alimentación es de tipo herbívoro en las especies terrestres y a base de peces y moluscos en las acuáticas. Son más comunes en los países cálidos. Este grupo los integran las tortugas. || m. pl. *Zool.* **2** Orden de estos reptiles.
QUELTEHUE m. *Zool.* Ave acuática de Chile.
QUELUZ Ciudad de Portugal, distrito de Lisboa; 30.000 h. Palacio real de estilo barroco.
QUELVACHO m. *Zool.* Pez elasmobranquio escualiforme, perteneciente a la familia escuálidos, de nombre científico *Centrophorus granulosus*, de 1,5 m de longitud. Es propio del Atlántico oriental y del Mediterráneo.
QUEMA f. **1** Acción y efecto de quemar. **2** Incendio. || **huir de la quema** uno fr. fig. Apartarse de un peligro. También, esquivar compromisos graves sagazmente.
QUEMADA, LA o **CHICOMOZTOC** *Arqueol.* Yacimiento arqueológico azteca de México. Pirámides y fortificaciones del siglo XII.
QUEMADO adj. **1** Abrasado, consumido por el fuego. También m. **2** Enojado, molesto, resentido.
QUEMADOR, RA adj. y s. **1** Que quema. || m. **2** Aparato destinado a facilitar la combustión o a regular la salida del combustible.
QUEMADURA f. *Med.* **1** Descomposición de un tejido orgánico, producido por el contacto del fuego, sustancias cáusticas o corrosivas, electricidad o por efectos de la radiación. **2** Señal o llaga que queda por esta composición. || **QUEMADURA DE PRIMER GRADO** *Med.* La de tipo leve que se caracteriza por dolor y enrojeci-

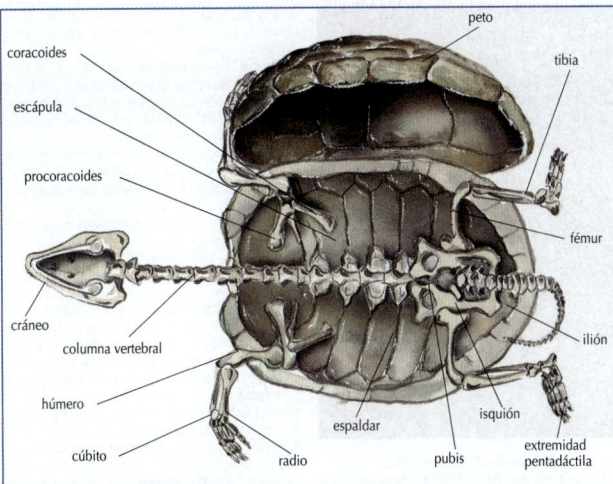

quelonio. Esqueleto de tortuga.

miento de la piel. || **QUEMADURA DE SEGUNDO GRADO** *Med.* La más severa, que se caracteriza por vesículas, rubefacción de la piel, edema y destrucción de la capa superficial de los tejidos subyacentes.
QUEMAR tr. **1** Abrasar o consumir con fuego. **2** Calentar mucho. **3** Secar una planta el excesivo calor o frío. **4** Causar una sensación de ardor algo caliente, picante o urticante. **5** Hacer señal, llaga o ampolla una cosa cáustica o muy caliente. **6** Destilar los vinos en alambiques. **7** fig. y fam. Impacientar o desazonar a uno. También prnl. || intr. **8** Estar demasiado caliente una cosa. || prnl. **9** Padecer o sentir mucho calor. **10** fig. Padecer la fuerza de una pasión o afecto. **11** Estar muy cerca de acertar o de hallar una cosa.

Tarquínio do **Quental**. Retrato de Bordalo Pinheiro. Museo Nacional de Arte Contemporáneo (Lisboa).

QUEMARROPA, A loc. adv. Tratándose de un disparo de arma de fuego, desde muy cerca. También fig. con los verbos *preguntar, decir,* etc.
QUEMAZÓN f. **1** Calor excesivo. **2** fig. y fam. Desazón moral por un deseo no logrado.
QUEMOY o **JINMENDAO** Isla de Taiwan en el estrecho de Formosa; 175 km² y 60.008 h. Su principal ciudad es la población del mismo nombre.
QUENA f. Flauta originaria de los indios peruanos.
QUENEAU, RAYMOND Escritor francés (El Havre, 1903 - Neuilly-sur-Seine, 1976). Formó parte del grupo de escritores surrealista entre 1924 y 1929. Novelas: *Le grama* (1933), *Pierrot, amigo mío* (1942), *Zazie en el metro* (1959) y *El vuelo de Ícaro* (1975); libros de poesía: *Bucólicas* (1947) y *Moral elemental* (1975), y la obra experimental *Ejercicios de estilo* (1947).
QUENOPODIÁCEO, A adj. y f. *Bot.* **1** Se dice de la planta angiosperma dicotiledónea, como la espinaca, la acelga y la remolacha. || f. pl. *Bot.* **2** Familia de estas plantas.
QUENTAL, ANTERO TARQUÍNIO DO Poeta portugués (Ponta Delgada, 1842 - íd., 1891). Introdujo en la literatura portuguesa un refinamiento y desgarramiento interior que preludia la moderna crisis europea. Su posición estética dio lugar a una polémica, hito de la renovación ideológica portuguesa. Su poesía se caracteriza por la cuidada delicadeza de la forma: *Odas modernas* (1864), *Primaveras románticas* (1872), *Sonetos* (1886) y *Rayos de extinta luz* (1891), publicado tras su suicidio.
QUEPIS m. Gorra cilíndrica o ligeramente cónica, con visera horizontal, que, como prenda de uniforme, usan los militares en algunos países. ♦ Su pl. es *quepis*.
QUER- pref. CERO-.
QUERA- pref. CERO-.
QUERANDÍ adj. *Etnol.* **1** Se dice de un pueblo amerindio que habitaba en la margen derecha del río Paraná. Más como m. pl. **2** Se dice también de sus individuos. También com. **3** Relativo a este pueblo. || m. *Ling.* **4** Lengua de los querandíes. ♦ Su pl. es *querandís* o *querandíes*.
QUERARGIRITA f. *Miner.* Mineral cloruro de plata, de fórmula ClAg, que cristaliza en el sistema cúbico. Se conoce también con el nombre de *plata córnea*.
QUERAT-; -QUERAT- pref. o in. CERO-.
QUERATECTOMÍA f. *Med.* Extirpación quirúrgica de una parte de la córnea.
QUERATINA f. *Biol.* Escleroproteína insoluble, que se forma por la transformación de los gránulos de eleidina en las células superficiales de la epidermis de los vertebrados. Constituye la parte córnea de las pezuñas, uñas y pelos.
QUERATITIS f. *Med.* Inflamación de la córnea.
QUERCIA, JACOPO DELLA Escultor italiano (Quercia Grona, 1378 - Siena, 1438). Perteneciente al *quattrocento*, es autor de los relieves de la portada de la iglesia de San Petronio, en Bolonia (1425-38).

Jacopo della **Quercia**. Detalle de la tumba de Ilaria del Carretto. Catedral de Lucca (Italia).

QUERCY *Geog. hist.* Antigua comarca de Francia, que actualmente comprende los departamentos de Tarn y Garona, y Lot.
QUERELLA f. **1** Discordia, pelea. **2** *Der.* Acusación ante juez o tribunal competente.
QUERELLARSE prnl. *Der.* Presentar querella contra uno.
QUERENCIA f. **1** Acción de amar o querer bien. **2** Inclinación o tendencia del hombre y de ciertos animales a volver al sitio en que se han criado o tienen costumbre de acudir. **3** Ese mismo sitio. **4** Tendencia natural hacia alguna cosa. **5** *Taurom.* Tendencia o inclinación del toro a preferir un determinado lugar de la plaza donde fijarse.
QUERER[1] m. Cariño, amor, afecto.
QUERER[2] tr. **1** Desear o apetecer. **2** Amar, tener cariño o inclinación hacia una persona o cosa. **3** Tener voluntad o determinación de ejecutar una cosa. **4** Pretender, intentar o procurar. **5** Conformarse o avenirse uno al intento o deseo de otro. || impers. **6** Estar próxima a ser o verificarse una cosa. || **como quiera que** loc. conjunt. De cualquier modo que. También, supuesto que, dado que. || **cuando quiera** loc. adv. En cualquier tiempo. || **donde quiera** loc. adv. DONDEQUIERA. || **querer decir** fr. Significar, dar a entender una cosa. || **sin querer** loc. adv. Sin intención ni premeditación. ♦ IRREG. Véase cuadro.

QUERER

INDICATIVO
Pres.: quiero, quieres, quiere, queremos, queréis, quieren.
Pret. imperf.: quería, querías, etc.
Pret. indef.: quise, quisiste, etc.
Fut. imperf.: querré, querrás, etc.
Condic.: querría, querrías, etc.
SUBJUNTIVO
Pres.: quiera, quieras, quiera, queramos, queráis, quieran.
Pret. imperf.: quisiera, quisieras, etc., o quisiese, quisieses, etc.
Fut. imperf.: quisiere, quisieres, etc.
IMPERATIVO: quiere, quered.
PARTICIPIO: querido.
GERUNDIO: queriendo.

QUERESA f. *Zool.* Larvas de insectos dípteros o montón de huevecillos sobre materias en descomposición.
QUERETANO, NA adj. y s. De Querétaro.
QUERÉTARO 1 Estado de México; 11.449 km² y 1.297.575 h. Yacimientos de plata, plomo y ópalo. **2** Ciudad capital del mismo; 385.503 h. Catedral del siglo XVI.
QUERIDO, DA m. y f. Amante.
QUERMES m. **1** *Zool.* Insecto hemíptero parecido a la cochinilla, de nombre científico *Kermes ilicis*. **2** Materia de color rojizo, de óxido y sulfuro de antimonio, que se extrae de las hembras desecadas del anterior insecto; se emplea como medicamento en las enfermedades de los órganos respiratorios.
QUERMÉS o **QUERMESSE** f. KERMÉS.
QUEROCHA f. *Zool.* Conjunto de huevos que pone la reina de las abejas.
QUEROCHAR intr. *Zool.* Poner las abejas y otros insectos la querocha.
QUERONEA *Geog. hist.* Antigua ciudad de Grecia, en Beocia. Corresponde a la actual *Capranu*. En sus inmediaciones Filipo II venció a atenienses y tebanos (338 a. C.), y Sila venció a Mitrídates (86 a. C.).
QUEROSENO m. *Geol.* Fracción refinada del petróleo natural, que se usa principalmente como combustible en los aviones de reacción.
QUERSONESO m. PENÍNSULA. Se aplicó de un modo especial a las cuatro siguientes: *querosneso de Tracia*, hoy península de Gallípoli; *quersoneso Táurico*, la de Crimea; *quersoneso Címbrico*, la de Jutlandia, y *quersoneso Áureo*, que correspondía, probablemente, a la península de Malaca.
QUERUBE o **QUERUB** m. poét. QUERUBÍN.
QUERUBÍN m. **1** *Teol.* Cada uno de los espíritus celestes que forman el segundo coro de la primera jerarquía. **2** fig. Persona de singular belleza.
QUERUSCO, CA adj. *Etnol.* e *Hist.* **1** Se dice de un pueblo antiguo de Germania, que habitaba la zona del medio Weser. Se enfrentaron en varias ocasiones contra los romanos y en el siglo I a. C. fueron vencidos por Druso, Tiberio y Germáni co. También s. **2** Perteneciente o relativo a este pueblo.
QUESADA, GONZALO JIMÉNEZ DE JIMÉNEZ DE QUESADA, GONZALO.
QUESADILLA f. **1** Cierto género de pastel compuesto de queso y masa. **2** Cierta especie de dulce relleno de almíbar, conserva u otro manjar.

QUESERÍA f. 1 Tiempo a propósito para hacer queso. 2 Lugar donde se fabrican quesos. 3 Tienda en que se vende queso.

QUESERO, RA adj. 1 Perteneciente o relativo al queso. 2 Se dice de la persona a la que le gusta mucho el queso. || m. y f. 3 Persona que hace o vende queso. || f. 4 Recipiente para guardar o servir los quesos. 5 Lugar o sitio donde se fabrican los quesos.

QUESITO m. Cada una de las partes o unidades envueltas y empaquetadas, en que aparece dividido un queso cremoso.

QUESNAY, FRANÇOIS Economista y médico francés (Méré, 1694 - Versalles, 1774). Médico de madame Pompadour y Luis XV, fue el fundador de la FISIOCRACIA.

QUESNEL, PASQUIER Teólogo francés (París, 1634 - Amsterdam, 1719). Fue uno de los principales defensores del jansenismo. Su doctrina fue condenada por Clemente XI.

QUESO m. 1 Producto obtenido por maduración de la cuajada de la leche con características propias para cada uno de los tipos según su origen o método de fabricación. Entre ellos se encuentran el Gorgonzola, Stracchino, Camembert, manchego, Burgos, Cabrales, Roquefort, parmesano y Gruyère. 2 fig. y fam. pie de persona. || **QUESO DE BOLA** el que tiene forma esférica y corteza roja. || **dársela** a uno **con queso** fr. fig. y fam. Engañarle.

QUETA f. Zool. Pelo rígido o cerda, de naturaleza quitinosa, segregado por una glándula ectodérmica de los invertebrados.

QUETELET, ADOLPHE Matemático y sociólogo belga (Gante, 1796 - Bruselas, 1874). Su aportación fundamental fue la aplicación de la estadística al estudio de las ciencias sociales. Fue el creador de la antropometría. Obras: *Sobre el hombre y el desarrollo de las facultades humanas. Ensayo sobre física social* (1835) y *La antropometría o medida de las diferentes facultades del hombre* (1871).

QUETOGNATO, TA adj. Zool. 1 Se dice del animal metazoo celomado, con el cuerpo en forma de torpedo y dividido en cabeza, tronco y cola; en la cabeza aparecen quetas a modo de dientes y en el tronco y cola, expansiones laterales a modo de aletas. Son animales hermafroditas, depredadores y muy abundantes en el plancton. || m. pl. Zool. 2 Tipo de estos animales.

QUETRO m. Zool. Chile Pato muy grande que no vuela.

QUETTA Ciudad de Pakistán, capital de la provincia de Beluchistán; 285.719 h. Centro comercial e industrial.

QUETZAL m. 1 Zool. Ave perteneciente a la familia trogónidos, de nombre científico *Pharomacrus mocinno*, de bellísimo plumaje. Vive en los bosques montañosos de México y América Central. 2 Econ. Unidad monetaria de Guatemala.

QUETZALCÓATL Mit. Dios del aire en la tradición de los antiguos habitantes de México. Fue el civilizador de los nahuas, a quienes dictó leyes y enseñó la agricultura. Símbolo de la sabiduría, se le atribuyó la invención de las artes, la escritura y el calendario. Su nombre significa *serpiente emplumada*.

QUETZALTENANGO Departamento de Guatemala; 1.951 km² y 678.251 h. Su capital es la ciudad del mismo nombre.

QUEULE m. Bot. Chile 1 MIROBÁLANO, árbol. 2 Fruto de este árbol.

QUEVEDESCO, CA adj. Propio o característico de Quevedo o de su obra.

QUEVEDO Y VILLEGAS, FRANCISCO DE Escritor español (Madrid, 1580 - Villanueva de los Infantes, 1645). Estudió en la Universidad de Alcalá y en la de Valladolid (1601-06). Sirvió a Pedro Téllez de Girón, duque de Osuna, durante su virreinato en Sicilia, y obtuvo el há-

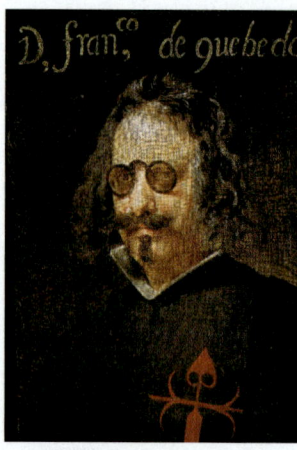

Francisco de **Quevedo**. Retrato de Diego Velázquez. Museo Valencia de Don Juan (Madrid).

bito de Santiago. Se vio involucrado en la llamada «conjuración de Venecia» (1618) y estuvo en prisión (1621). Al subir al trono Felipe IV regresó a Madrid, donde intentó ganarse el favor del conde-duque de Olivares. Fue nuevamente encarcelado (1639-43) por su supuesta participación en un asunto político. Máximo representante del CONCEPTISMO, mantuvo un enfrentamiento con Góngora y sus seguidores. Contra ellos escribió *Aguja de navegar cultos con la receta para hacer «Soledades» en un día* y *La perinola*. La gran mayoría de su obra poética no vio la luz hasta después de su muerte; en 1648 aparecía *El Parnaso español* y, en 1670, *Las tres últimas musas castellanas*. Su poesía se puede dividir en sonetos amorosos, de tradición petrarquista; los de orientación filosófica; la poesía moral (*Epístola satírica y censoria*, dirigida al conde-duque de Olivares), y letrillas, romances, jácaras y sonetos burlescos. En prosa, es autor de obras ascético-filosóficas (*La cuna y la sepultura*, 1635; *Tratado de la Providencia divina*, 1641, y la *Vida de san Pablo*, 1644), políticas (*Política de Dios*, 1626) y satírico-morales (*Los sueños*, 1627). Mención aparte merece la novela picaresca *La vida del buscón llamado don Pablos* (1626).

QUEVEDOS m. pl. Lentes que se sujetan en la nariz.

QUEZALTENANGO QUETZALTENANGO.

QUEZALTEPEQUE SAN SALVADOR, volcán.

QUEZÓN CITY Ciudad de Filipinas, isla de Luzón; 1.676.644 h. Fue capital del país (1948-76).

QUEZÓN MOLINA, MANUEL LUIS Político filipino (Baler, 1878 - Saranac Lake, 1944). Líder del nacionalismo filipino, fue elegido presidente de la República en 1935. Como consecuencia de la ocupación del archipiélago por los japoneses (1941-43), partió al exilio.

¡QUIA! Voz fam. con que se denota incredulidad o negación.

QUIACA f. Bot. Chile Árbol de tres a seis metros de altura.

QUIAN- pref. CIANO-.

QUIANTI m. Vino elaborado en la Toscana.

QUIASMA m. 1 Anat. Punto de intersección, en forma de cruz, de dos partes del organismo. 2 Biol. Punto de unión y fusión entre cromátidas y cromosomas pares, que aparece por primera vez en la diplotena de la meiosis. || **QUIASMA ÓPTICO** Anat. Decusación parcial de los nervios ópticos en la base del hipotálamo.

QUIASTOLITA f. Miner. Variedad de andalucita.

QUIBEY m. Bot. Planta de la familia lobeliáceas, propia de las Antillas.

QUIBIÁN Cacique indio de Panamá (principios del s. XVI). Luchó contra los españoles, especialmente contra B. Colón.

QUICHE f. Bot. Col. y Venez. Planta de la familia bromeliáceas, epífita de hojas acanaladas y espigas florales con brácteas rojas.

QUICHÉ adj. Etnol. 1 Se dice de un grupo étnico de la familia maya, que pueblan varios departamentos del occidente de Guatemala. Hacia el 1200 partieron del golfo de México hacia el altiplano de Guatemala y adoptaron la lengua de los pueblos mayas de esta zona. En 1474, los cakchiqueles, aliados suyos, se levantaron en armas y se independizaron. Pedro de Alvarado venció a los quichés en 1524, aliándose con los cakchiqueles. Son los autores del *Popol Vuh* o *Libro del Consejo*. Más como m. pl. 2 Se dice también de sus individuos. También com. 3 Relativo a los quichés. || m. Ling. 4 Lengua

de la familia maya-quiché, hablada por los quichés, cakchiqueles, tzuntuhiles, uspantecas, poconchíes, pocomaníes y cakchíes.

QUICHÉ Departamento de Guatemala; 8.378 km² y 588.831 h. Su capital es Santa Cruz del Quiché. En época precolombina estas tierras formaban parte del reino del Quiché, habitado por los indios quiché.

QUICHUA adj. y com. QUECHUA.

QUICIO m. Parte de la puerta o ventana en que se asegura la hoja. || **sacar** algo **de quicio** fr. fig. Violentarla o sacarla de su estado natural. || **sacar** a uno **de quicio** fr. fig. Exasperarle.

QUID m. Esencia, porqué de las cosas. Se usa precedido del artículo *el*.

QUÍDAM m. 1 fam. Sujeto a quien se designa indeterminadamente. 2 fam. Sujeto despreciable y de poco valer.

QUIDDE, LUDWIG Historiador y político alemán (Bremen, 1858 - Ginebra, 1941). Fundó en Munich la Liga por la Paz (1892), de la que fue presidente; así como de la Sociedad Alemana de la Paz (1914-29). Premio Nobel de la Paz 1927, que compartió con Ferdinand Buisson.

QUIEBRA f. 1 Acción y efecto de quebrar un comerciante. 2 Grieta o abertura de una cosa por alguna parte. 3 Geol. Hendidura o abertura de la tierra en los montes. 4 Pérdida de una cosa. || **QUIEBRA CULPABLE** Com. La que se ocasiona por imprudencia o desorden del comerciante. || **QUIEBRA FORTUITA** Com. La que es resultado de la adversidad en los negocios. || **QUIEBRA FRAUDULENTA** Com. La que se produce con engaño, falsedad, propósito de insolvencia o alzamiento de bienes.

QUIEBRO m. 1 Ademán de doblar el cuerpo por la cintura. 2 fig. y fam. Gorgorito hecho con la voz. 3 Mús. Adorno que consiste en acompañar una nota de otras muy ligeras. 4 Taurom. Lance o suerte con que el torero hurta el cuerpo al embestirle el toro.

QUIEN pron. relat. 1 Equivale al pronombre *que*, o a *el que*, *la que*, etc., y a veces a *el cual* y sus variantes. No varía de género, pero sí de número, y se refiere a personas. En singular puede referirse a un antecedente en plural. No puede construirse con artículo. 2 Equivale a *la persona que*, *aquel que*, y se construye con un antecedente implícito. Cuando depende de un verbo con negación equivale a *nadie que*. Se usa más el singular. || **no ser** uno **quien** loc. No tener capacidad o habilidad para hacer una cosa.

QUIÉN pron. interr. y excl. Introduce oraciones interrogativas y exclamativas de persona.

QUIENQUIERA pron. indet. Persona indeterminada, alguien. ♦ Su pl. es *quienesquiera*.

QUIESCENTE adj. Que está quieto pudiendo tener movimiento propio.

QUIETISMO m. 1 Inacción, quietud, inercia. 2 Rel. Doctrina mística según la cual la suma perfección del alma humana consiste en el anonadamiento de la voluntad para unirse con Dios. Entre sus representantes se encuentra Miguel de Molinos.

QUIETO, TA adj. 1 Inmóvil. 2 fig. Tranquilo.

QUIETUD f. 1 Carencia de movimiento. 2 fig. Sosiego, reposo.

QUIF m. HACHÍS, estupefaciente.

QUIJADA f. Zool. Cada una de las dos mandíbulas de los vertebrados que tienen dientes.

QUIJAL o **QUIJAR** m. Zool. 1 Cada una de las dos mandíbulas. 2 Muela de la boca.

QUIJERO m. Agr. Lado en declive de la acequia.

QUIJONES m. Bot. Planta de la familia umbelíferas, aromática. ♦ Su pl. es *quijones*.

QUIJONGO m. C. Rica Mús. Instrumento musical de cuerda que usan los indios.

QUIJOTADA f. Acción propia de un QUIJOTE.

QUIJOTE m. 1 Hombre alto y grave, cuyo aspecto y carácter recuerdan al héroe cervantino. 2 Hombre que antepone sus ideas a su conveniencia y obra desinteresada y comprometidamente en defensa de causas que considera justas, sin conseguirlo. 3 Pieza del arnés destinada a cubrir el muslo. 4 Parte comprendida entre el cuadril y el corvejón de las caballerías. Más en pl.

QUIJOTE, EL Novela de Cervantes cuya primera parte apareció en 1605 con el título de *El ingenioso hidalgo don Quijote de la Mancha*, editada por Juan de la Cuesta. Consta de 52 capítulos y relata la locura del protagonista, a causa de sus lecturas, su afán de aventuras y la defensa de los ideales caballerescos. Don Quijote realiza dos salidas: la primera solo, de la que vuelve apaleado por los mercaderes; la segunda acompañado por su escudero, Sancho Panza, y regresa encantado. Aquí intercala Cervantes diversos relatos cortos, como el del cautivo, la de las dos parejas de nobles y *El curioso impertinente*. La segunda parte apareció en 1615. Consta de 74 capítulos y narra la tercera salida del héroe, su derrota ante el caballero de la Blanca Luna, su vuelta a casa, recuperación del juicio y muerte. Entre la primera y la segunda parte sacó A. F. de Avellaneda un Qui-

Quetzalcóatl. Escultura azteca. Museo Municipal de Turín (Italia).

El **Quijote**. Portada de la primera edición con láminas, publicada en Bruselas el año 1662.

jote, lo que motivó el disgusto de Cervantes y ciertas modificaciones en el plan de su obra. Entre las posibles fuentes señaladas, la de mayor consistencia parece ser el *Entremés de los romances*, cuyo protagonista, Bartolo, guarda bastante semejanza con Don Quijote. El análisis de la locura del héroe, ocasionada por la lectura de libros de caballerías, ha hecho pensar que en esencia se trata de una parodia de ese tipo de literatura. Está considerada una obra maestra de la literatura universal.
QUIJOTERÍA f. Modo de proceder de un QUIJOTE.
QUIJOTESCO, CA adj. 1 Que obra con quijotería. 2 Propio o característico de Don Quijote de la Mancha o de cualquier hombre QUIJOTE.
QUIL-, QUILI-, QUILO-; -QUIL-, -QUILIA, -QUILO prefs., in. o sufs. que significan jugo.
QUILA f. *Bot. Amér. m.* Especie de bambú, más fuerte y de usos más variados que el malayo.
QUILATE f. 1 *Min.* Unidad de peso para las perlas y piedras preciosas, que equivale a 205 miligramos. 2 *Min.* Cada una de las veinticuatroavas partes en peso de oro puro que contiene cualquier aleación de este metal. 3 fig. Grado de perfección en cualquier cosa no material. Más en pl.
QUILATERA f. *Min.* Instrumento para apreciar los quilates de las perlas.
QUILI- pref. 1 QUILI-. 2 KILI-.
-QUILIA suf. QUIL-.
QUILÍFERO, RA adj. *Anat.* Se dice de cada uno de los vasos linfáticos que absorben el quilo.
QUILIFICAR tr. y prnl. *Fisiol.* Convertir en quilo el alimento.
QUILIMAS o **CUBILLÍN** Cumbre del Ecuador, en los Andes; 4.455 m de altura.
QUILINDAÑA Volcán de los Andes Ecuatorianos, provincia de Cotopaxi; 4.878 m de altura.
QUILLA f. 1 Pieza de popa a proa en que se asienta el armazón de un barco. 2 *Zool.* Parte saliente y afilada del esternón de las aves.
QUILLA DEL BARCO *Astron.* CARINA.
QUILLANGO m. *Arg.* 1 Manta formada de pieles cosidas que usaban ciertas parcialidades indias. 2 Por extensión, cierto tipo de cobertor hecho de pieles.
QUILLAY m. *Bot. Arg.* y *Chile* Árbol de la familia rosáceas, de gran tamaño, madera útil y cuya corteza interior se usa como jabón.
QUILMA f. En algunas partes, costal de tela gruesa.
QUILMAY m. *Bot. Chile* Planta trepadora de la familia apocináceas.
QUILMES Ciudad de Argentina, provincia de Buenos Aires, integrada en el Gran Buenos Aires; 509.445 h. Fabricación de cerveza.
QUILO[1] m. *Fisiol.* Linfa de aspecto lechoso que contiene gran cantidad de grasa emulsionada, y que circula por los vasos linfáticos intestinales durante la digestión de las grasas.
QUILO[2] m. KILO.
QUILO[3] (Del arauc. *quelu*, colorado.) m. *Bot.* 1 *Chile* Arbusto de la familia poligonáceas, de cuyo fruto se hace la chicha. 2 Fruto de este arbusto.

QUILO-[1] pref. KILO-.
QUILO-[2]; **-QUILO** pref. o suf. QUIL-.
QUILOMBO m. 1 *Venez.* Choza, cabaña campestre. 2 *Chile* y *R. Plata* Mancebía, lupanar, casa de mujeres públicas.
QUILÓN DE ESPARTA Uno de los Siete Sabios de Grecia (s. VI a. C.).
QUILÓPODO, DA adj. *Zool.* 1 Se dice de los miriápodos de cuerpo deprimido y largo, con segmentos en número de 15 a 200, aproximadamente. || m. pl. *Zool.* 2 Subclase de estos miriápodos, vulgarmente conocidos como ciempiés.
QUILQUIL m. *Bot. Chile* Helecho arbóreo de la familia polipodiáceas.
QUILTRO m. *Zool. Chile* Perrucho.
QUILURIA f. *Med.* Presencia de quilo en la orina, causada por una comunicación fistulosa entre los tractos urinario y linfático o por obstrucción linfática.
QUIM-; -QUIMA pref. o suf. QUIMI-.
QUIMBA f. *Col.* y *Ecuad.* Especie de calzado rústico.
QUIMBAMBAS, EN LAS loc. adv. En sitio lejano o impreciso.

Cultura **quimbaya**. Pendiente de oro con figuras antropomorfas. Museo del Oro (Bogotá).

QUIMBAYA adj. *Etnol.* 1 Se dice de un pueblo amerindio del grupo chibcha, que habitó las tierras del valle central del Cauca. Destacó en orfebrería, en la que utilizaban como material básico el oro. Más como m. pl. 2 Se dice también de sus individuos. También com. 3 Relativo a los quimbayas.
QUIMBOMBÓ m. *Bot. Cuba* QUINGOMBÓ, planta.
QUIMERA f. 1 Monstruo imaginario que, según la mitología griega, vomitaba llamas y tenía cabeza de león, vientre de cabra y cola de dragón. 2 fig. Ilusión, fantasía. 3 *Biol.* Organismo o parte del mismo compuesto por poblaciones celulares procedentes de más de un zigoto. 4 *Zool.* Nombre de varias especies de peces con características intermedias entre los elasmobranquios y osteíctios.
QUIMI-, QUIMIO-, QUIMO-, QUIM-; -QUIMIA, -QUIMA prefs. o sufs. que significan jugo; por extensión, química: *alquimia*.
QUÍMICA f. *Quím.* Ciencia que estudia las propiedades, composición y estructura de la materia, así como sus cambios en estructura y composición, y de la energía que acompaña a estos cambios. **[Encic.]**
Quím. La química se ocupa de las características de cada sustancia y de la manera de formarse. Se ha subdividido su estudio, principalmente, en: *química orgánica*, que trata de la composición, reacciones y propiedades de los compuestos formados por cadenas o anillos de carbono; y *química inorgánica*, que se ocupa de las reacciones y propiedades de todos los elementos y sus compuestos, exceptuando los hidrocarburos. Para conocer las propiedades químicas de una sustancia, sea orgánica o inorgánica, es preciso realizar una serie de ensayos que constituyen lo que se denomina *química experimental;* cuando estas experiencias se realizan con el fin de determinar la composición de una sustancia o de una mezcla reciben el nombre de *química analítica*. El estudio de las sustancias químicas que intervienen en la constitución de los seres vivos (animales y plantas) recibe el nombre de *química biológica* o *bioquímica*. La *electroquímica* estudia las transformaciones químicas que se producen por la corriente eléctrica, así como la producción de electricidad a partir de la energía liberada en reacciones químicas. En la actualidad tiene también gran importancia la llamada *química nuclear*, expresión que se utiliza para indicar los aspectos químicos del núcleo atómico. Por último, la *química aplicada* estudia los fenómenos químicos y fisicoquímicos que tienen lugar en un campo restringido y desde un punto de vista más bien práctico.
QUÍMICO, CA adj. 1 *Geol.* Se dice del material o roca sedimentado como consecuencia de procesos de naturaleza química. 2 *Quím.* Perteneciente a la química. 3 *Quím.* Por contraposición a físico, concerniente a la composición de los cuerpos. || m. y f. 4 Persona que profesa la química o tiene en ella especiales conocimientos.
QUIMIO- pref. QUIMI-.
QUIMIORRECEPTOR m. *Fisiol.* Cualquier órgano sensitivo que responde a estímulos químicos.
QUIMIOTERAPIA f. *Med.* Método curativo o profiláctico de las enfermedades infecciosas por medio de productos químicos.
QUIMO m. *Fisiol.* Masa alimenticia semifluida y parcialmente digerida, que pasa del estómago al duodeno durante la digestión.
QUIMO- pref. QUIMI-.
QUIMOEDAFÓFITO, TA adj. *Bot.* Se dice de la planta criptógama no vacular quimiosintética que vive en el suelo sin arraigar en él.
QUIMÓN m. Tela de algodón muy fina, estampada y pintada que se fabrica en Japón.
QUIMONO m. Túnica con mangas largas y anchas, abierta por delante y que se cruza ciñéndose a la cintura mediante un cinturón. Es una prenda de vestir típica de Japón. También se escribe *kimono*.
QUIMOPELÁGICO, CA adj. *Ecol.* Relativo a los organismos marinos que viven en aguas profundas y suben en invierno a la superficie.
QUIMOTRIPSINA f. *Quím.* Enzima proteasa del jugo pancreático que coagula la leche e hidroliza la caseína y la gelatina.
QUIN m. *Col.* QUIÑAZO, golpe con la punta del trompo. 2 Agujero que esta punta hace.
QUINA[1] f. 1 En el juego de la lotería antigua, acierto de cinco números. || f. pl. 2 Armas de Portugal, que son cinco escudos azules puestos en cruz, y en cada escudo cinco dineros en aspa. 3 *Ocio.* En algunos juegos de dados, dos cincos cuando salen en una tirada.
QUINA[2] f. *Bot.* Corteza del quino, muy usada en medicina por sus propiedades febrífugas. 2 *Quím.* Líquido confeccionado con la corteza de dicho árbol. || **tragar quina** fr. fig. y fam. Soportar o sobrellevar algo a disgusto.

quimera. Escultura etrusca de los siglos IV-III a. C. Museo Arqueológico (Florencia).

QUINADO, DA adj. Se dice del vino u otro líquido que se prepara con quina.

QUINAQUINA f. *Bot.* Corteza del quino.

QUINARIO, A adj. y m. **1** *Mat.* Se dice del conjunto de cinco elementos o unidades. || m. **2** *Núm.* Moneda romana de plata, que valía medio denario. **3** *Rel.* Espacio de cinco días que se dedican a la devoción y culto de Dios o de los santos.

QUINCALLA f. Conjunto de objetos de metal, generalmente de escaso valor.

QUINCALLERO, RA m. y f. Persona que fabrica o vende quincalla.

QUINCE adj. *Mat.* **1** Diez y cinco. **2** Decimoquinto, ordinal. Aplicado a los días del mes, también s. || **3** Conjunto de cifras con que se representa el número quince.

QUINCEAVO, VA adj. y s. *Mat.* Se dice de cada una de las quince partes iguales en que se divide un todo.

QUINCENA f. **1** Periodo de quince días seguidos. **2** Paga que se recibe cada quince días.

QUINCENAL adj. Que sucede o se repite cada quincena.

QUINCEY, THOMAS DE DE QUINCEY, THOMAS.

QUINCHA f. **1** *Amér. m.* Tejido o trama de junco con que se afianza un techo o pared de paja, totora, cañas, etc. **2** *Chile* Pared hecha de cañas que suele recubrirse de barro y se emplea en cercas, chozas, etc.

QUINCHAMALÍ m. *Bot. Chile* Planta de la familia santaláceas, medicinal.

QUINCHIHUE m. *Bot. Amér. m.* Planta medicinal de color verde claro, olorosa y con flores amarillas.

QUINCHONCHO m. *Bot.* Arbusto de la familia leguminosas, cultivado en América.

QUINCINETA f. *Zool.* Avefría.

QUINCUAGENARIO, RIA adj. **1** Que consta de cincuenta unidades. **2** Que tiene cincuenta años cumplidos. También s.

QUINCUAGÉSIMO, MA adj. **1** Que sigue en orden al o a lo cuadragésimo nono. **2** Se dice de cada una de las cincuenta partes iguales en que se divide un todo. También s.

QUINDÉCIMO, MA adj. QUINCEAVO.

QUINDIANO, NA adj. y s. De Quindío, Colombia.

QUINDÍO Departamento de Colombia; 1.845 km² o 612.719 h. Su capital es Armenia. Gran producción de café.

QUINDÍO, NEVADO DE Pico de la cordillera Central de los Andes Colombianos, en el límite de los departamentos de Caldas y Tolima; 5.150 m de altura.

QUINE, WILLARD VAN ORMAN Filósofo y matemático estadounidense (Akron, 1908 - Boston, 2000). Vinculado al Círculo de Viena, sus investigaciones se centraron en la lógica matemática, la filosofía de la ciencia y la semántica.

QUINESI-, -QUINESIA, -QUINESIO sufs. CINE-.

QUINESIOLOGÍA f. *Med.* Conjunto de los procedimientos terapéuticos encaminados a restablecer la normalidad de los movimientos del cuerpo, y conocimiento científico de aquéllos.

QUINESITERAPIA f. *Med.* Método terapéutico por medio de movimientos activos o pasivos de todo el cuerpo o de alguna de sus partes.

QUINGENTÉSIMO, MA adj. **1** Que sigue inmediatamente en orden al o a lo cuadrigentésimo nonagésimo nono. **2** Se dice de cada una de las 500 partes iguales en que se divide un todo. También s.

QUINGOMBÓ m. *Bot.* Planta perteneciente a la familia malváceas, cuyo fruto se emplea en guisos y en medicina.

QUINGOS m. *Amér.* Líneas o direcciones que forman alternativamente ángulos entrantes y salientes, zigzag.

QUINIELA f. **1** Sistema de apuestas mutuas de los partidos de fútbol, carreras de caballos y otras competiciones. **2** Boleto en que se escribe la apuesta.

QUINIELISTA com. Jugador de quinielas.

QUINIENTOS, TAS adj. **1** Cinco veces ciento. **2** Que sigue al cuadringentésimo nonagésimo nono. **3** Se dice de cada una de las 500 partes en que se divide un todo. || m. **4** Signo o conjunto de cifras con que se representa el número quinientos.

QUININA f. *Farm.* **1** Alcaloide vegetal que se extrae de la quina y constituye un principio activo febrífugo. **2** Medicamento elaborado con este alcaloide y utilizado principalmente como droga antipalúdica.

QUINN, ANTHONY Actor de cine estadounidense, de origen mexicano (Chihuahua, México, 1916 - Boston, 2001). Ha destacado en la interpretación de personajes temperamentales y vitalistas. Películas: *¡Viva Zapata!* (1952; Oscar al mejor actor secundario), *La strada* (1954), *El loco del pelo rojo* (1956; Oscar al mejor actor secundario), *Orquídea negra* (1959), *Los cañones de Navarone* (1961), *Lawrence de Arabia* (1962), *Zorba el griego* (1964), etc.

QUINO m. *Bot.* **1** Árbol o arbusto perteneciente a la familia rubiáceas, género *Chinchona*, que crece en los Andes peruanos y bolivianos, de cuya corteza o *quina* se extrae la quinina. **2** Concreción de diversos jugos vegetales muy usada como astringente. **3** Quina, corteza del quino.

QUINO- pref. CINE-.

QUINO (JOAQUÍN SALVADOR LAVADO, llamado) Dibujante de humor argentino, nacionalizado español (Mendoza, 1932). Creador del personaje de Mafalda, niña con un especial sentido del humor y crítica con el mundo de los adultos.

QUINONA f. *Quím.* Compuesto derivado del benceno, de fórmula $C_6H_4O_2$. Sólido cristalino usado para fabricar colorantes.

QUINQUÉ m. Lámpara de mesa alimentada con petróleo y provista de un tubo de cristal que resguarda la llama.

QUINQUEFOLIO m. *Bot.* CINCOENRAMA, hierba.

QUINQUENIO m. **1** Tiempo de cinco años. **2** Incremento económico de un salario correspondiente a cada cinco años de servicio activo.

QUINQUI com. Persona que, eventualmente, recurre a la delincuencia.

QUINQUILLERO m. QUINCALLERO.

QUINQUINA f. *Bot.* QUINA².

QUINTA f. **1** Finca de recreo en el campo. **2** *Mil.* Reemplazo anual de soldados. **3** *Mús.* En la escala diatónica, intervalo de cinco grados. **4** Conjunto de personas que nacieron el mismo año. || f. pl. **5** Operaciones o actos administrativos de reclutamiento.

QUINTACOLUMNISTA com. Persona afiliada a la QUINTA COLUMNA de un país.

QUINTADA f. NOVATADA.

QUINTAESENCIA f. **1** Lo más puro, más fino y acendrado de alguna cosa. **2** Última esencia o extracto de alguna cosa.

QUINTAESENCIAR tr. Refinar, apurar, alambicar.

QUINTAL m. *Metrol.* Peso de 100 libras, equivalente en Castilla a 46 kg, aproximadamente. || **QUINTAL MÉTRICO** *Metrol.* Peso que equivale a 100 kg en el sistema métrico decimal.

QUINTANA f. **1** Quinta, casa. **2** Una de las vías o plazas de los campamentos romanos, donde se vendían víveres.

QUINTANA, MANUEL Político argentino (Buenos Aires, 1835 - íd., 1906). Ministro de Interior con Sáenz Peña (1892), fue elegido presidente de la República (1904-06).

QUINTANA ROO Estado de México, región de Golfo de México; 50.212 km² o 772.803 h. Su capital es Chetumal.

QUINTANA ROO, ANDRÉS Político mexicano (Mérida, 1787 - Ciudad de México, 1851). Presidente del Congreso Constituyente de Chilpancingo (1813), formó parte del triunvirato de 1829.

QUINTANARROENSE adj. y com. De Quintana Roo, México.

QUINTANILLA, CARLOS Militar y político boliviano (Cochabamba, 1888 - íd., 1964). En 1932 participó en la guerra del Chaco contra Paraguay. Fue presidente de la República (1939-40).

QUINTANTE m. Instrumento náutico para las observaciones marítimas.

QUINTAR tr. **1** Sacar por suerte uno de cada cinco. **2** Sacar por suerte los nombres de los que han de servir en la tropa en clase de soldados. || intr. **3** Llegar al número de cinco. Se usa hablando de la Luna cuando llega al quinto día. **4** Pujar la quinta parte en los remates.

QUINTERO, RA m. y f. **1** Persona que tiene arrendada una quinta, o labra y cultiva las heredades que pertenecen a la misma. || m. **2** Jornalero que ara y cultiva la tierra.

QUINTERO, SERAFÍN Y JOAQUÍN ÁLVAREZ ÁLVAREZ QUINTERO, SERAFÍN Y JOAQUÍN.

QUINTEROS, PASO DE Vado que forma el río Negro (Uruguay). Célebre por la llamada Hecatombe de Quinteros (28 de enero de 1858), en la que el general A. Medina fusiló a más de 100 hombres, declarados en 1865 Mártires de la Libertad.

QUINTETO m. **1** *Métr.* QUINTILLA de arte mayor. **2** *Mús.* Composición musical de cinco voces o instrumentos. **3** *Mús.* Grupo musical formado por cinco miembros.

QUINTIL m. Quinto mes del año romano.

QUINTILIANO, MARCO FABIO Escritor hispanolatino (Calahorra, h. 35 - Roma, h. 120). Destacó en Roma como orador. En los doce libros que componen *De institutione oratoria*, sistematizó las reglas de la oratoria y la elocuencia. Algunos autores le atribuyen el *Diálogo de los oradores*.

QUINTILIO, MARCO AURELIO Emperador romano (? - Aquilea, 270). Fue proclamado emperador por aclamación de las tropas de Italia (270). Ante el nombramiento de Aureliano, se retiró a Aquilea y se suicidó. Su reinado duró 17 días.

QUINTILLA f. *Métr.* **1** Estrofa de cinco versos octosílabos, con dos rimas, y ordenados de modo que no vayan juntos los tres a que corresponde una de ellas, ni los últimos sean pareados. **2** Por extensión, estrofa de cinco versos de cualquier medida.

QUINTILLIZO, ZA adj. Se dice de cada uno de los hermanos nacidos en un parto quíntuple.

QUINTILLO m. Juego de naipes entre cinco.

QUINTÍN m. Tela de hilo muy fina y rala que se fabricaba en Quintín, ciudad de Bretaña.

QUINTÍN, ARMARSE LA DE SAN fr. fig. Haber riña o pelea entre dos o más personas. Se dice por alusión a la batalla de ese nombre.

QUINTO, TA adj. **1** Que sigue inmediatamente en orden al o a lo cuarto. **2** Se dice de cada una de las cinco partes iguales en que se divide un todo. También s. || m. **3** Muchacho al que por sorteo toca hacer el servicio militar. **4** Parte de dehesa o tierra, aunque no sea la quinta.

QUINTUPLICAR tr. y prnl. Hacer cinco veces mayor una cantidad.

QUÍNTUPLO, PLA adj. y m. Que contiene un número cinco veces exactamente.

QUINUA f. *Bot. Amér.* Planta de la familia quenopodiáceas, cuyas hojas se comen como espinaca y la semilla como arroz.

QUIÑAZO m. **1** *Amér.* Golpe dado con la punta del trompo. **2** Encontronazo, empujón.

QUIÑÓN m. **1** Parte que uno tiene con otros en una cosa productiva. Se usa hablando de las tierras que se reparten para sembrar. **2** *Agr.* Porción de tierra de cultivo. **3** *Agr.* Medida agraria usada en Filipinas, que equivale a 2 hectáreas, 79 áreas y 50 centiáreas.

QUIÑONES MOLINA, ALFONSO Político salvadoreño (Suchitoto, 1874 - San Salvador, 1950). Miembro del Partido Demócrata, fue presidente provisional de la República (1914-15 y 1918-19), vicepresidente (1919-23) y presidente constitucional (1923-27).

Anthony **Quinn** en una escena de *Valentina*, película dirigida por Antonio Betancor.

Quirón, el monte Elicona y Pegaso. Cuadro de Giovanni Maria Falconetto. Palacio del Arco (Mantua).

Quío, a adj. y s. De Quíos, isla de Grecia.
Quionófilo, la adj. *Ecol.* Se dice del vegetal, comunidad o lugar que presenta afinidad por la nieve, o que incluso requiere estar recubierto por ella durante un largo periodo del año.
Quíos Isla de Grecia, en el mar Egeo, frente a las costas de Turquía. Junto a Psará forma el nomo de Quíos.
Quíos 1 Nomo de Grecia, región del Egeo Septentrional; 904 km^2 y 52.691 h. **2** Ciudad capital del mismo; 24.070 h. Vid, olivo, ganado lanar y pesca.
Quiosco m. **1** Pabellón o edificio pequeño que se construye en plazas u otros parajes públicos para vender periódicos, flores, etc. **2** Templete o pabellón de estilo oriental que se construye en azoteas, jardines, etc.
Quipu m. Cada uno de los ramales de cuerdas con nudos y varios colores, con que los indios de Perú suplían la falta de escritura y llevaban sus cuentas. Más en pl.
Quique m. *Zool. Amér. m.* Especie de comadreja.
Quiquiriquí m. **1** Voz imitativa del canto del gallo. **2** fig. y fam. Persona que quiere sobresalir y gallear.
Quir- o **cir-, quiro-, quiru-** o **ciru-; -cir-; -queiria, -quiria, -quiro** prefs., in. o sufs. que significan mano.
Quirguiz, za adj. y s. KIRGUIZ.
-Quiria suf. QUIR-.
Quiridio m. *Zool.* Tipo de extremidad característico de los vertebrados tetrápodos.
Quirigalla f. *Zool.* Cabra, animal.
Quiriguá *Arqueol.* Yacimiento arqueológico maya del periodo clásico, situado en la aldea homónima de Guatemala, departamento de Izabal. Entre sus restos destacan una serie de estelas decoradas y grandes esculturas de animales monstruosos. Fue abandonada en el siglo IX.
Quirinal adj. **1** Perteneciente a Quirino o Rómulo, o al Quirinal, una de las siete colinas de la antigua Roma. **2** Por contraposición a Vaticano, el Estado italiano.
Quirinal Una de las siete colinas en que se asentaba la antigua Roma.
Quirino *Mit.* Divinidad romana, protectora de los *quirites* o primitivos ciudadanos romanos.
Quirino, Elpidio Político filipino (Vigán, 1890 - Manila, 1956). Ocupó interinamente la presidencia en 1948 y la mantuvo hasta 1952.
Quirite m. Ciudadano de la antigua Roma.
Quirófano m. Local acondicionado para realizar operaciones quirúrgicas.
Quiroga Municipio y lugar de España, provincia de Lugo; 4.702 h.

Quiroga, Horacio Escritor uruguayo (Salto, 1878 - Buenos Aires, 1937). Su obra se caracteriza por su realismo y por la observación de la conducta humana en situaciones extremas. Destacó en el relato breve: *La gallina degollada, Los perseguidos*, etc. Entre sus colecciones de cuentos figuran *Anaconda* (1921) y *Los desterrados* (1926).
Quiroga, Juan Facundo Caudillo argentino (La Rioja, 1793 - Barranca Yaco, 1835). En 1820 se hizo con el mando de las milicias provinciales y, tras derrocar al gobernador (1823), ocupó el poder en La Rioja. Partidario del federalismo, se alió con Rosas; combatió a Rivadavia y, posteriormente, a Lavalle y Paz. Murió asesinado.
Quiroga, Rodrigo de Administrador colonial español (San Juan de Boime, 1512 - Santiago de Chile, 1580). Gobernador interino de Chile (1565-67), entre 1575 y 1580 tuvo la gobernación en propiedad.
Quiroga, Vasco de Prelado español (Madrigal de las Altas Torres, 1470 - Uruapán, 1565). Oidor de la segunda Audiencia de Nueva España (1530), fundó el hospital de Santa Fe. Posteriormente, obtuvo el obispado de Michoacán (1534).
Quiroga Ramírez, Jorge Político boliviano (Cochabamba, 1960). Militante de la Alianza Democrática Nacionalista, fue ministro de Finanzas con Paz Zamora (1990) y vicepresidente de Gobierno con Hugo Bánzer, a quien sustituyó en la presidencia tras su dimisión en agosto de 2001. En 2002 fue sustituido por Gonzalo Sánchez de Lozada.
Quiromancia o **quiromancía** f. Adivinación supersticiosa por las rayas de las manos.
Quirón *Mit.* Centauro hijo de Crono y Filira. Se le confió la educación de Aquiles, y fue maestro de Asclepio.
Quiróptero, ra adj. y m. *Zool.* **1** Se dice de los mamíferos voladores nocturnos, casi todos insectívoros, como el murciélago. || m. pl. *Zool.* **2** Orden de estos animales.
Quirquincho m. *Zool. Amér. m.* ARMADILLO.
Quiru- pref. QUIR-.
Quirúrgico, ca adj. Relativo a la cirugía.
Quisa f. *Bot.* **1** *Méx.* Especie de pimienta. **2** *Bol.* Plátano maduro, pelado y tostado.
Quisca f. *Bot.* **1** *Chile* QUISCO. **2** Cada una de las espinas de este vegetal.
Quisco m. *Bot. Chile* Especie de cacto espinoso.
Quisicosa f. fam. Enigma u objeto de pregunta muy dudosa y difícil de averiguar.
Quisling, Vidkun Militar y político noruego (Fyrisdal, 1887 - Oslo, 1945). Fue jefe del Gobierno noruego durante la ocupación alemana (1940-45). Tras la Segunda Guerra Mundial fue procesado por alta traición, condenado a la pena capital y fusilado.
Quisque m. CADA QUISQUE.
Quisqueya Nombre indígena de la isla de Santo Domingo.
Quisquilla f. **1** Reparo, dificultad. **2** *Zool.* Nombre de varias especies de crustáceos decápodos o camarones.

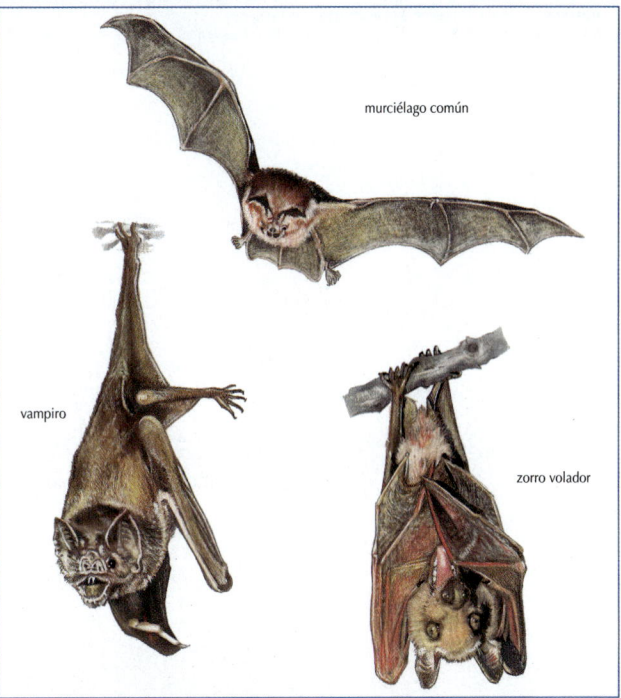

quirópteros

El *quitasol*. Cuadro de Francisco de Goya. Museo del Prado (Madrid).

QUISQUILLOSO, SA adj. y s. **1** Que se preocupa por cosas de poca importancia. **2** Demasiado delicado en el trato.

QUIST- pref. CISTI-.

QUISTE m. **1** *Biol.* Membrana impermeable que envuelve a un animal o vegetal de pequeño tamaño, manteniéndolo aislado del medio. **2** *Med.* Vejiga membranosa que se desarrolla anormalmente en diferentes regiones del cuerpo y que contiene humores o materias alteradas.

QUISTI- pref. CISTI-.

QUITA f. *Der.* Liberación que de la deuda o parte de ella hace el acreedor al deudor.

QUITACIÓN f. Renta, sueldo o salario.

QUITAMANCHAS m. Producto que sirve para quitar manchas. ♦ Su pl. es *quitamanchas*.

QUITAMERIENDAS f. *Bot.* Planta de la familia liliáceas, muy parecida al cólquico. ♦ Su pl. es *quitameriendas*.

QUITAMIEDOS m. Listón o cuerda que, a modo de pasamanos, se coloca en lugares elevados donde hay peligro de caer. ♦ Su pl. es *quitamiedos*.

QUITANIEVES f. Máquina para limpiar de nieve los caminos. ♦ Su pl. es *quitanieves*.

QUITANZA f. Finiquito, liberación o carta de pago.

QUITAPÓN m. Adorno con borlas que suele ponerse en la testera del ganado mular.

QUITAR tr. **1** Tomar una cosa apartándola de otras, o del lugar en que estaba. **2** Hurtar. **3** Impedir o estorbar. **4** Librar a uno de una pena, cargo o tributo. **5** Suprimir un empleo u oficio. **6** Prohibir, impedir. **7** Despojar o privar de una cosa. || prnl. **8** Dejar una cosa o apartarse totalmente de ella. **9** Irse, separarse de un lugar. || **quita y pon** loc. fam. Juego de dos cosas destinadas al mismo uso, generalmente prendas de vestir, cuando no se dispone de más repuesto. || **quitar el hipo** fr. fig. Sorprender, asombrar. || **quitarse de encima** a alguien o alguna cosa fr. fig. Librarse de algún enemigo o de alguna importunidad o molestia.

QUITASOL m. Especie de paraguas para resguardarse del sol.

QUITASOLILLO m. *Bot.* **1** *Cuba* Planta de la familia umbelíferas, rastrera. **2** Hongo comestible.

QUITASUEÑO m. fam. Lo que causa preocupación o desvelo.

QUITE m. **1** Acción de quitar o estorbar. **2** *Dep.* En esgrima, movimiento defensivo con que se detiene o evita el ofensivo. **3** *Taurom.* Suerte que ejecuta un torero para librar a otro del peligro en que se halla por la acometida del toro.

QUITEÑO, ÑA adj. y s. De Quito.

QUITINA f. *Quím.* Polisacárido formado por la unión o polimerización de muchas moléculas de n-acetil-D-glucosamina, sustancia muy resistente a la acción de los agentes químicos y difícil de degradar, ya que existen pocas enzimas capaces de hacerlo. Se encuentra principalmente formando parte del exoesqueleto de los artrópodos.

QUITO Ciudad capital de Ecuador y de la provincia de Pichincha; 1.399.814 h. Importante centro político, administrativo, comercial y financiero. Industrias textiles, alimentarias, del papel, químicas, del cemento. La expansión de la ciudad ha proseguido hacia las planicies situadas al N, al tiempo que en las colinas circundantes han proliferado las viviendas marginales, asiento de la inmigración procedente de zonas rurales. La actividad industrial se ha incrementado con la instalación en la periferia de un complejo petroquímico para la refinación del petróleo de la región de Santa Elena. Entre sus edificios notables se encuentran los palacios del Gobierno, Presidencia, Arzobispal, de Justicia y Municipal; observatorio astronómico, universidad, catedral y varias iglesias.

Hist. Debe su fundación a los indios quitús. Fue residencia del inca Huaina Capac. Diego de Almagro se instaló en ella en el año 1534 e inició su reconstrucción con el nombre de *San Francisco de Quito* en honor de Francisco Pizarro. Ha sufrido varios terremotos (1797, 1844, 1859 y 1887).

QUITÓN m. *Zool.* Nombre de más de 600 especies de moluscos anfineuros placóforos, de unos 25 a 35 mm de longitud. En Galicia le llaman *piojo de mar*.

QUIZÁ o **QUIZÁS** adv. de duda. Expresa la posibilidad de que ocurra o sea cierto lo que se expresa.

QUIZAPÚ Volcán de Chile, en la región de Maule; 3.050 m de altura.

QUIZQUIZ Caudillo peruano (s. XVI). Fue enviado por Atahualpa para combatir a Huáscar, hermano de aquél. Murió poco después de la ejecución del Inca (1533).

QOM QOM.

QUMRAM *Arqueol.* y *Rel.* Monasterio de Palestina, actualmente en ruinas, al NO del mar Muerto. Entre 1947 y 1958 se encontraron en unas cuevas próximas a él una serie de manuscritos, llamados *rollos* o *manuscritos del mar Muerto*, las copias más antiguas que se conocen de los textos bíblicos.

QUÓRUM m. Número de individuos o de votos necesario para que un cuerpo deliberante tome ciertos acuerdos.

QURAYASÍ adj. *Hist.* **1** Se dice del clan árabe que dominaba La Meca en el siglo V. Constituía la nobleza urbana y a él perteneció Mahoma. **2** Se dice de sus miembros. **3** Relativo o perteneciente a este clan.

R

R[1] f. Decimonovena letra del abecedario español y decimoquinta de sus consonantes. Su nombre es *erre*. Tiene dos sonidos, uno simple, de una sola vibración apicoalveolar, y otro múltiple, o con dos o más vibraciones. Para representar el simple se emplea una sola *r*. El múltiple se representa también con *r* sencilla a principio de palabra y siempre que va después de *b* con la que no forme sílaba, o de *l*, *n* o *s*; y se representa con *r* duplicada en cualquier otro caso.

R[2] *Geom.* Símbolo del radio de la circunferencia.

-R suf. -TAR.

R 1 *Fís.* Símbolo de la resistencia eléctrica. **2** *Metrol.* Símbolo del roentgen. **3** *Mat.* Símbolo del conjunto de los números reales. **4** *Quím.* Símbolo de la constante de los gases perfectos.

RA *Mit.* Nombre que daban al Sol los antiguos egipcios. Considerado el padre de los faraones.

RA *Quím.* Símbolo del radio.

RABA f. Cebo de pescador, hecho con huevas de bacalao.

RABADA f. Cuarto trasero de las reses después de matarlas.

RABADÁN m. **1** Mayoral que en una cabaña manda a los zagales y pastores. **2** Pastor a las órdenes del mayoral de una cabaña.

RABADILLA f. *Zool.* **1** Punta o extremidad del espinazo. **2** En las aves, extremidad movible en donde están las plumas de la cola.

RABANERO, RA adj. **1** fig. y fam. Se dice de los ademanes y modo de hablar ordinarios o desvergonzados y de la persona que lo tiene. || m. y f. **2** Persona que vende rábanos.

RABANILLO m. *Bot.* Planta de la familia crucíferas, nociva y muy común en los sembrados.

RABANIZA f. *Bot.* **1** Simiente del rábano. **2** Planta perteneciente a la familia crucíferas, de nombre científico *Diplotaxis erucoide*.

RÁBANO m. **1** *Bot.* Planta herbácea, anual o bianual, perteneciente a la familia crucíferas, de nombre científico *Raphanus sativus*, de raíz carnosa, blanca, roja, amarillenta o negra, de sabor picante, y comestible. **2** *Bot.* Raíz de esta planta. || **importar no importar** algo **un rábano** fr. fig. y fam. Importar poco o nada. || **tomar** uno **el rábano por las hojas** fr. fig. y fam. Equivocarse totalmente en la interpretación de alguna cosa.

RABASSAIRE adj. *Agr.* Se dice del cultivador a quien el propietario cede un terreno para que plante viñas, hasta dos tercios de las cepas se mueran, a cambio de una renta o de parte de la cosecha (contrato de *rabassa morta*).

RABAT Ciudad capital de Marruecos, en el Atlántico; 1.385.872 h. Centro político, administrativo y comercial. Puerto y aeropuerto. Universidad. Fundada por los cartagineses en 550 a. C.

RABAT-SALÉ Prefectura de Marruecos; 1.275 km² y 1.484.000 h.

RABAUL Ciudad de Papua-Nueva Guinea, en la isla de Nueva Bretaña, capital de la provincia de Nueva Bretaña Este; 15.000 h.

RABAZUZ m. *Bot.* Extracto del jugo de la raíz del orozuz.

RABEAR intr. **1** Menear un animal el rabo. **2** *Mar.* Mover con exceso un buque su popa a uno y otro lado.

RABEL m. **1** *Mús.* Instrumento musical pastoril, parecido al laúd, con tres cuerdas que se tocan con arco. **2** Juguete musical que consiste en una caña y un bordón, entre los cuales se coloca una vejiga llena de aire.

RABELAIS, FRANÇOIS Escritor francés (La Devinière, h. 1483 - París, 1553). Fue monje franciscano y benedictino, y ejerció la medicina. Su obra, conocida como *Gargantúa* y *Pantagruel* (1532-64), constituye una aguda crítica de las debilidades humanas.

Rabat (Marruecos).

RABERA f. **1** Parte posterior de cualquier cosa. **2** Tablero de la ballesta, de la nuez abajo. **3** *Agr.* Lo que queda sin apurar después de aventado el trigo.

RABERÓN m. *Bot.* Extremo superior del tronco de un árbol separado del resto, que no es aprovechable como madera.

RABÍ m. **1** Título con que los judíos honran a los sabios de su ley. **2** RABINO. ♦ Su pl. es *rabíes*.

RABI, ISIDOR ISAAC Físico estadounidense de origen austriaco (Rymanow, 1898 - Nueva York, 1988). Premio Nobel de Física en 1944, por su método para registrar las propiedades magnéticas del núcleo del átomo.

RABIA f. **1** *Med.* Enfermedad vírica que afecta al encéfalo; se transmite al hombre por la mordedura de un animal rabioso. **2** *Bot.* Roya que padecen los garbanzos. **3** fig. Ira, enfado grande. || **tener** a alguien **rabia** fr. fig. y fam. Tenerle odio o antipatía.

RABIACANA f. *Bot.* ARÍSARO, planta.

RABIAR intr. **1** Padecer el mal de rabia. **2** fig. Desear una cosa con vehemencia. Se construye con la preposición *por*. **4** fig. Sentir un violento enfado o contrariedad. **5** fig. Exceder en mucho a lo usual y ordinario. || **a rabiar** loc. adv. Mucho, con exceso.

RABICORTO, TA adj. Se dice del animal que tiene corto el rabo.

RÁBIDA f. Monasterio-fortaleza musulmán.

RÁBIDA, LA *Geog.* e *Hist.* Monasterio franciscano de España (Huelva), cercano a Palos de la Frontera. Claustro mudéjar del siglo XV. Es célebre por el apoyo que sus frailes dieron a Colón, en 1486, para realizar su viaje a las Indias.

RÁBIDO, DA adj. Violento, airado.

RABIETA f. fig. y fam. Enfado grande, especialmente cuando se produce por un motivo poco justificado y dura poco.

RABIHORCADO m. *Zool.* FRAGATA.

RABILARGO, GA adj. **1** Se aplica al animal que tiene largo el rabo. || m. *Zool.* **2** Ave paseriforme perteneciente a la familia córvidos, de nombre científico *Cyanopica cyanea*. Vive en la península Ibérica y en Extremo Oriente.

RABILLO m. **1** *Bot.* Pezón o ramita que sostiene la hoja o el fruto. **2** *Bot.* Mancha negra en los granos de los cereales atacados por el tizón. **3** Prolongación de una cosa en forma de rabo. **4** Trabilla del chaleco y del pantalón. || **RABILLO DEL OJO** fig. Extremo donde se unen uno y otro párpado. || **mirar por el rabillo del ojo** fr. fig. y fam. Mirar de lado, disimulando.

RABIN, ISAAC Político y militar israelí (Jerusalén, 1922 - Tel Aviv, 1995). Jefe del Estado Mayor durante la tercera guerra árabe-israelí (1967), como líder del Partido Laborista fue primer ministro (1974-77 y 1992-95) y ocupó la cartera de Defensa (1984). En 1994 recibió el premio Nobel de la Paz, compartido con Yasser Arafat y con Simon Peres. Murió asesinado.

RABINISMO m. Doctrina que siguen y enseñan los rabinos.

RABINO m. Maestro hebreo que interpreta la Sagrada Escritura.

RABIÓN m. *Geog.* Corriente del río muy violenta e impetuosa por la estrechez o inclinación del cauce.

RABIOSO, SA adj. **1** Que padece rabia. También s. **2** Colérico, enojado, airado. **3** fig. Vehemente, excesivo, violento.

RABIZA f. **1** Punta de la caña de pescar. **2** *Mar.* Cabo corto y delgado unido por un extremo a un objeto, para facilitar su manejo o sujeción al sitio que convenga.

RABO m. **1** Cola de algunos animales. **2** *Bot.* Rabillo de hojas y frutos. **3** fig. y fam. Cualquier cosa que cuelga a semejanza de la cola de un animal. **4** vulg. Miembro viril. || **ir** uno **con el rabo entre las piernas** fr. fig. y fam. Quedar vencido o abochornado.

RABÓN, NA adj. Se dice del animal que tiene el rabo más corto que lo normal en su especie, o que no lo tiene.

Monasterio de **La Rábida** (Huelva).

RABOPELADO m. *Zool.* ZARIGÜEYA.
RABUDO, DA adj. Que tiene el rabo grande.
RÁBULA m. Abogado ignorante y charlatán.
RACAMENTA o **RACAMENTO** m. *Mar.* Especie de anillo que sujeta las vergas a sus palos.
RACANEAR intr. fam. Actuar como un rácano, tacaño.
RÁCANO, NA adj. y s. **1** Artero, taimado. **2** fam. Tacaño, avaro. **3** fam. Poco trabajador, vago.
RACCORD (Voz i.) m. *Cin.* Corte entre dos planos.
RACÉMICO, CA adj. y m. *Quím.* Se aplica al compuesto orgánico que consta a partes iguales de moléculas dextrógiras y levógiras, por lo que no presenta actividad óptica.
RACHA f. **1** Ráfaga de aire. **2** fig. y fam. Periodo breve de fortuna o desgracia.
RACHEADO, DA adj. Se dice del viento que sopla a rachas.
RACHMANINOV, SERGEI VASSILIEVICH Compositor y pianista ruso (Onega, 1873 - Los Ángeles, 1943). Destacado representante del posromanticismo. Entre sus composiciones destacan las óperas *Aleko* (1893) y *El caballero avariento* (1905), tres sinfonías (1895, 1907 y 1935), el poema sinfónico *La isla de los muertos* (1909), etc.
RACIAL adj. Relativo a la raza.
RACIMAR tr. *Bot.* **1** Rebuscar los redrojos de la viña. || prnl. **2** Formar racimo.
RACIMO m. **1** *Bot.* Porción de uvas que produce la vid unidas a un tallo que pende del sarmiento. Por extensión, se usa hablando de otras frutas. **2** *Bot.* Inflorescencia simple que se compone de un eje indefinido con las flores sentadas más jóvenes en el ápice y las más viejas en la base. **3** fig. Conjunto de cosas menudas dispuestas de forma parecida a un racimo.
RACINE, JEAN Poeta y dramaturgo francés (La Ferté-Milon, 1639 - París, 1699). Sus piezas teatrales, centradas en el momento de la explosión de una situación pasional, se adaptan a las reglas de la tragedia clásica y poseen una extraordinaria fuerza lírica. Es autor de *Andrómaca* (1667), *Los litigantes* (1668), *Berenice* (1670), *Bayaceto* (1672), *Ifigenia* (1674), *Fedra* (1677), su obra maestra, *Esther* (1689) y *Atalía* (1691).

Jean **Racine**. Retrato anónimo.
Palacio de Versalles (Francia).

RACIOCINIO m. **1** Facultad de razonar. **2** Acción y efecto de razonar. **3** Argumento o discurso.
RACIÓN f. **1** Porción de alimento que le corresponde a una persona o animal. **2** Porción de comida que en bares, cafeterías, etc., se da por un determinado precio. **3** Cantidad o porción de cualquier otra cosa.
RACIONAL adj. **1** Relativo a la razón. **2** Arreglado a ella. **3** Dotado de razón. También s. **4** *Mat.* Se aplica a la expresión algebraica que se presenta como cociente de dos polinomios. **5** *Mat.* Se aplica a la expresión algebraica o función que no contiene ningún exponente fraccionario. || m. **6** Ornamento sagrado que llevaba puesto en el pecho el sumo sacerdote de la ley antigua.
RACIONALISMO m. **1** *Filos.* Doctrina filosófica que considera la razón como único medio de conocer la realidad, prescindiendo de los factores históricos y vitales. Alcanzó su mayor desarrollo, por oposición al empirismo, en la época moderna. Sus principales representantes fueron Descartes, Spinoza, Leibniz y Malebranche. **2** *Filos.* y *Rel.* Sistema filosófico que funda únicamente en la razón las creencias religiosas. **3** *Arquit.* Corriente arquitectónica vigente en Europa en la década de los treinta del siglo XX. Su principal representante es la BAUHAUS.
RACIONALIZACIÓN f. Justificación coherente que un individuo intenta dar a ciertas acciones porque rechaza sus causas originales.

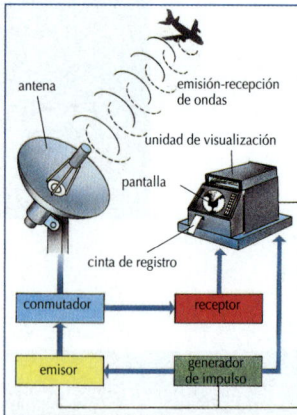

radar. Esquema de funcionamiento.

RACIONALIZAR tr. **1** Reducir a normas o conceptos racionales. **2** Organizar la producción o el trabajo de manera que aumente los rendimientos o reduzca los costos con el mínimo esfuerzo.
RACIONAMIENTO m. Acción y efecto de racionar.
RACIONAR tr. **1** Someter los artículos de primera necesidad en caso de escasez a una distribución establecida por la autoridad. **2** Distribuir raciones a las tropas. También prnl.
RACIONERO m. **1** Prebendado que tenía ración. **2** El que distribuye las raciones en una comunidad.
RACIOVITALISMO m. *Filos.* Sistema filosófico elaborado por Ortega y Gasset, que pretende superar la oposición entre realismo e idealismo.
RACISMO m. **1** Doctrina que exalta los méritos y derechos de una raza o de un pueblo determinados, con menosprecio de los que corresponden a otras razas o pueblos. **2** Sentimiento de desprecio y de hostilidad de unas razas por otras.
RACISTA adj. **1** Relativo al racismo. || com. **2** Partidario del racismo.
RÁCOR o **RACORD** m. Pieza metálica que sirve para unir tubos o conductos.
RAD m. *Metrol.* **1** Unidad de absorción de radiaciones ionizantes que equivale a la energía de absorción de 10^{-2} julios/kg; su valor es de 0,01 grays (gray = J/kg). Símbolo: rd. **2** Símbolo del radián.
RADA f. *Geol.* Bahía, ensenada.
RADAL m. *Bot.* Chile Árbol de la familia proteáceas, de madera muy apreciada.
RADAMANTIS *Mit.* Hijo de Zeus y Europa. Uno de los jueces del infierno.
RADAR (Acrónimo del i. *Radio Detection And Ranging.*) m. *Fís.* **1** Sistema que permite descubrir la presencia y posición de un cuerpo que no se ve, mediante la emisión de ondas eléctricas que, al reflejarse en dicho objeto, vuelven al punto de observación. **2** Aparato para aplicar este sistema.
RADCLIFFE, ANN WARD Escritora británica (Londres, 1764 - íd., 1823). Es autora de *Los castillos de Athlin* (1789), *Los misterios de Udolfo* (1794), *El italiano* (1797) y la póstuma *Gaston de Blondeville* (1826).
RADCLIFFE-BROWN, ALFRED REGINALD Sociólogo y etnólogo británico (Birmingham, 1881 - Londres, 1955). Eminentemente funcionalista, es autor de *Structure and Function in Primitive Society* (1952).
RADEK, KARL SOBELSOHN Periodista y político soviético de origen polaco (Lvov, 1885 - en cautiverio, h. 1939). Fue uno de los dirigentes de la III Internacional y desempeñó cargos importantes en el Partido Comunista. En 1937 fue condenado a diez años de prisión, acusado de antiestalinismo.
RADESCU, NICOLAE Militar y político rumano (Calimanesti, 1876 - Nueva York, 1953). Formó gobierno en 1944, después de la liberación del país. En 1945 dimitió ante la presión soviética y se exilió.
RADETZKY VON RADETZ, JOSEPH WENZESLAUS General y mariscal de campo austriaco (Trzebnitz, 1766 - Milán, 1858). Comandante en jefe de las tropas austriacas en Italia, reprimió la revolución de 1848. Fue gobernador general del reino lombardo-véneto.
RADHAKRISHNAN, SARVEPALLI Político, pedagogo y filósofo hindú (Tirutanni, 1883 - Madrás, 1975). Especialista en religiones orientales, fue vicepresidente (1952-62) y presidente de la República (1962-67). Es autor de *Oriente y Occidente* (1956) y *La religión y el futuro del hombre* (1969), entre otras obras.

RADI- pref. RADIO-.
RADIACIÓN f. *Fís.* **1** Acción y efecto de irradiar. **2** Emisión y propagación de ondas que transmiten energía a través del espacio o de algún otro medio. **3** Energía transmitida por ondas a través del espacio o de algún otro medio. **4** Elementos constitutivos de una onda que se transmite en el espacio. Se dice especialmente de las *ondas hercianas, rayos luminosos, alfa, beta, gamma y cósmicos.* || **RADIACIÓN ELECTROMAGNÉTICA** *Fís.* Aquella cuya energía se debe a la existencia de un campo eléctrico y otro magnético perpendiculares entre sí. || **RADIACIÓN IONIZANTE** *Fís.* La que produce ionización al atravesar la materia. || **RADIACIÓN TÉRMICA** *Fís.* La de tipo electromagnético emitida por un cuerpo en función de su temperatura. || **RADIACIÓN VISIBLE** *Fís.* La electromagnética cuya longitud de onda está comprendida entre 400 y 700 nm.
RADIACTIVIDAD f. *Fís.* Propiedad que presentan los núcleos de algunos átomos de desintegrarse, emitiendo diversas radiaciones. La radiactividad puede ser: *natural*, cuando la desintegración es espontánea; y *artificial*, cuando la desintegración es inducida artificialmente.
RADIACTIVO, VA adj. *Fís.* Perteneciente o relativo a la radiactividad, o dotado de ella.
RADIADO, DA adj. **1** *Geom.* Se dice de lo que tiene sus diversas partes situadas alrededor de un punto o de un eje. **2** *Zool.* Se dice del animal invertebrado con simetría radial primaria; incluye celentéreos y ctenóforos.
RADIADOR m. **1** Aparato de calefacción compuesto de uno o más cuerpos huecos, de forma exterior adecuada para facilitar la radiación. **2** *Mec.* Serie de tubos por los que circula el agua destinada a refrigerar los cilindros de algunos motores de explosión.
RADIAL adj. **1** *Fís.* Se aplica a la dirección del rayo visual. **2** Relativo al radio.
RADIÁN m. *Metrol.* Unidad de medida de ángulos que equivale a aquel que, en el vértice en el centro de la circunferencia, sostiene un arco de longitud igual al radio. Su símbolo es rad y equivale a 180°/p = 57° 17' 44,8".
RADIANTE adj. **1** Brillante, resplandeciente. **2** fig. Contento, muy satisfecho. **3** *Fís.* Que radia.
RADIAR tr. **1** Difundir noticias, música, etc., por medio de la radio. **2** *Fís.* Despedir rayos de luz o calor. También intr. **3** *Med.* Tratar una lesión con los rayos X.
RADICACIÓN f. **1** Acción y efecto de radicar. **2** Mantenimiento de un uso, costumbre, etc. **3** *Mat.* Operación inversa de la potenciación, que sirve para calcular un número que elevado al índice de la raíz permite hallar el radicando.
RADICAL adj. **1** *Bot.* Relativo a la raíz. **2** fig. Fundamental, de raíz. **3** Partidario de reformas extremas, especialmente en sentido democrático. También s. **4** Tajante. **5** *Gram.* Concerniente a las raíces de las palabras. **6** *Gram.* Se dice de cada uno de los fonemas de una palabra que se conservan en otro u otros vocablos que de ella proceden o se derivan. Son, por ejemplo, fonemas radicales de los verbos todos los del infinitivo, exceptuadas las terminaciones ar, er, ir. **7** *Mat.* Se aplica al signo con que se indica la operación de extraer raíces

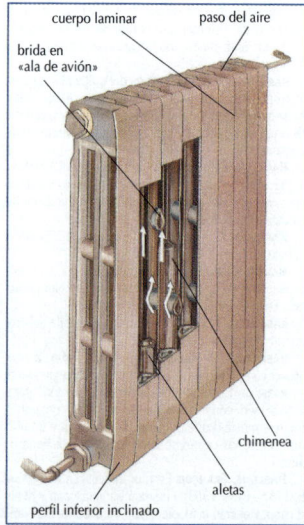

radiador

(√–). También m. **8** *Mat.* Se dice de la expresión que contiene dicho signo. || m. **9** *Gram.* Conjunto de fonemas que comparten vocablos de una misma familia. **10** *Gram.* RAÍZ. **11** *Quím.* Grupo de átomos estables que intervienen como una unidad en un compuesto químico.
RADICALISMO m. **1** Calidad de radical. **2** Conjunto de ideas y doctrinas de los que pretenden reformar total o parcialmente el orden político, científico, moral y aun religioso. **3** Por extensión, el modo extremado de tratar los asuntos.
RADICALIZAR tr. **1** Hacer que alguien adopte una actitud radical. También prnl. **2** Hacer más radical una postura o tesis.
RADICANDO m. *Mat.* Número o expresión que aparece bajo el signo de raíz o radical.
RADICAR intr. **1** Echar raíces, arraigar. También prnl. **2** Estar en determinado lugar. **3** fig. CONSISTIR, estar fundada una cosa en otra.
RADICÍCOLA adj. y com. *Ecol.* Se dice del organismo que vive parásito sobre las raíces de una planta.
RADÍCULA f. *Bot.* Pequeña raíz que nace del embrión de una semilla.
RADIESTESIA f. Sensibilidad especial para captar ciertas radiaciones.
RADIGUET, RAYMOND Escritor francés (Saint-Maur, 1903 - París, 1923). Su fama se debe a las narraciones *El diablo en el cuerpo* (1923) y *El baile del conde de Urgel* (póstuma, 1924).
RADIO[1] m. **1** *Anat.* Hueso externo del antebrazo, contiguo al cúbito. **2** *Geom.* Segmento recto que une el centro de la circunferencia con un punto cualquiera de ella. **3** Cada una de las varillas que une el centro de una rueda con la llanta. || **RADIO DE ACCIÓN** Máximo alcance o eficacia de un agente o instrumento. || **RADIO VECTOR** *Geom.* Segmento orientado que va del foco a un punto de la parábola o elipse.
RADIO[2] m. *Quím.* Elemento químico del grupo II A o de los alcalinotérreos del sistema periódico. Masa atómica, 226,1; número atómico, 88; símbolo, Ra. Descubierto por el matrimonio Curie. Es un sólido muy tóxico.
RADIO[3] f. *Fís.* **1** Término general que se aplica al uso de las ondas radioeléctricas. **2** *Radio.* Aparato receptor de emisiones radiofónicas. **3** Apócope de RADIODIFUSIÓN. **4** Apócope de RADIOTELÉFONO. || m. **5** Apócope de RADIOTELEGRAMA. **6** Apócope de RADIOTELEGRAFISTA. || amb. **7** Apócope de RADIORRECEPTOR. || **RADIO MACUTO** fam. Emisora inexistente de donde parten los rumores y los bulos. También, persona que los propaga. || **RADIO PIRATA** Emisora de radiodifusión que funciona sin licencia legal.
RADIO-; -RADIO-, RADI- prefs. o in. que significan rayo, radio, irradiación, etc.
RADIOACTIVIDAD f. *Fís.* RADIACTIVIDAD.
RADIOAFICIONADO, DA m. y f. Persona autorizada para emitir y recibir mensajes radiados privados, usando bandas de frecuencia jurídicamente establecidas.
RADIOASTRONOMÍA f. *Astron.* Parte de la astronomía que estudia la radiación electromagnética emitida por los cuerpos celestes en el dominio de las radiofrecuencias (desde algunos mm a unos 20 m). Las radiofuentes pueden ser planetas, estrellas, galaxias, etc.
RADIOBALIZA f. *Aeron.* Emisor eléctrico destinado a la orientación o aterrizaje de los aviones.
RADIOBIOLOGÍA f. *Biol.* Estudio de los principios científicos, mecanismos y efectos de la interacción entre la radiación ionizante y la materia viviente.
RADIOCARBONO m. *Quím.* CARBONO-14.
RADIOCASETE o **RADIOCASSETTE** m. Aparato electrónico en que van unidos una radio y un casete.
RADIOCENTELLEO m. *Fís.* Oscilación rápida e irregular de la intensidad observable en radiofuentes, condicionada por oscilaciones de la densidad electrónica en el camino entre el observador y la fuente.
RADIOCOMUNICACIÓN f. Telecomunicación realizada por medio de ondas electromagnéticas.
RADIODIFUSIÓN f. *Radio.* **1** Emisión radiofónica destinada al público. **2** Conjunto de los procedimientos y instalaciones destinados a esta emisión.
RADIOELECTRICIDAD f. *Fís.* Parte de la física que estudia las ondas electromagnéticas y los circuitos y aparatos relacionados con ellas.
RADIOELÉCTRICO, CA adj. *Fís.* **1** Relativo a la radioelectricidad. **2** Se dice de las ondas electromagnéticas cuya frecuencia se distribuye entre los 3 kHz y los 3 x 10^9 kHz.
RADIOELEMENTO m. *Quím.* RADIOISÓTOPO.
RADIOEMISOR, RA adj. *Fís.* **1** Se dice del aparato que transmite ondas radioeléctricas. || f. **1** *Radio.* **2** Estación transmisora de comunicaciones por ondas radioeléctricas.
RADIOESCUCHA com. Persona que oye las emisiones radiofónicas y radiotelegráficas.
RADIOFARO m. *Tecnol.* Estación transmisora fija que emite señales de longitud de onda y modulaciones conocidas, para guiar el rumbo de aviones y barcos.

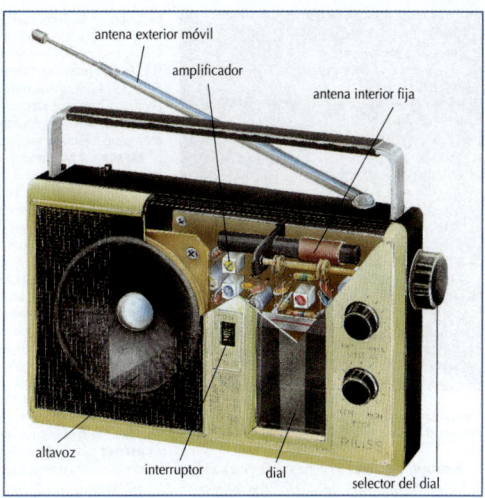

Receptor de **radio**.

RADIOFONÍA f. *Fís.* RADIOTELEFONÍA.
RADIOFRECUENCIA f. *Fís.* Cualquiera de las frecuencias de las ondas electromagnéticas empleadas en la radiocomunicación.
RADIOFUENTE f. *Astron.* Designación para cualquier radiación de radiofrecuencia emitida por objetos cósmicos.
RADIOGALAXIA f. *Astron.* Sistema estelar extragaláctico con una radiación de radio anormalmente grande.
RADIOGRAFÍA f. **1** *Fís.* Procedimiento para hacer fotografías de una muestra opaca por medio de los rayos X. Se utiliza en medicina y en la industria. **2** Fotografía obtenida por este método.
RADIOGRAFIAR tr. **1** *Radio.* Transmitir una cosa por medio de la telegrafía o telefonía sin hilos. **2** Hacer radiografías.
RADIOGRAMA m. RADIOTELEGRAMA.
RADIOGRAMOLA f. Mueble que contiene un aparato receptor de radio y un gramófono eléctrico y les sirve de caja acústica.
RADIOISÓTOPO m. *Quím.* Isótopo radiactivo.
RADIOLA f. *Col.* y *Perú* RADIOGRAMOLA.
RADIOLARIO adj. y m. *Zool.* **1** Se dice del protozoo marino rizópodo, con seudópodos radiados, cuyo esqueleto está formado por espículas de sílice, que forma parte del plancton. || m. pl. *Zool.* **2** Orden de estos animales.
RADIOLOGÍA f. *Med.* Parte de la medicina que estudia las radiaciones, especialmente los rayos X, en sus aplicaciones al diagnóstico y tratamiento de enfermedades.
RADIÓLOGO, GA m. y f. *Med.* Persona que ejerce la radiología; especialista en radiología.
RADIOLUMINISCENCIA f. *Fís.* Luminiscencia producida por radiaciones de longitud de onda muy corta.
RADIOMENSAJE m. *Radio.* Mensaje radiado.
RADIOMETRÍA f. **1** *Fís.* Ciencia cuyo objeto es medir la intensidad de las radiaciones. **2** *Med.* Técnica que utiliza la radiología para determinar el tamaño de los órganos corporales.
RADIONOVELA f. *Radio.* Historia emitida por radio, generalmente en forma de capítulos seriados.
RADIONUCLEICO m. *Quím.* RADIOISÓTOPO.

radiolario

RADIORRECEPTOR m. *Fís.* Aparato empleado en radiotelegrafía y radiotelefonía para recoger y transformar en señales o sonidos las ondas emitidas por el radiotransmisor.
RADIOSCOPIA f. *Fís.* Examen de un cuerpo opaco por medio de la imagen que proyecta en una pantalla al ser atravesado por los rayos X.
RADIOSONDA m. *Meteor.* Aparato que se lanza al espacio mediante un globo sonda, con el fin de captar datos meteorológicos y transmitirlos, por radio, a la estación que lo lanzó.
RADIOTAXI m. Servicio de transporte mediante taxis coordinados por una emisora central que recibe las solicitudes de los usuarios por teléfono.
RADIOTECNIA f. *Fís.* Técnica que trata del estudio y aplicaciones de los circuitos y aparatos relacionados con la radioelectricidad.
RADIOTELECOMUNICACIÓN f. Transmisión radiotelefónica o radiotelegráfica.
RADIOTELEFONÍA f. Sistema de comunicación telefónica entre dos estaciones por medio de ondas hercianas.
RADIOTELÉFONO m. Teléfono en el que la comunicación se establece por ondas electromagnéticas.
RADIOTELEGRAFÍA f. Sistema de comunicación telegráfica por medio de ondas hercianas.
RADIOTELEGRAFISTA com. Persona que se encarga de la instalación, conservación y servicio de aparatos de radiocomunicación.
RADIOTELEGRAMA m. Telegrama transmitido por las vías de radiocomunicación.
RADIOTELESCOPIO m. *Astron.* Instrumento empleado en radioastronomía, que sirve para detectar las señales emitidas por los objetos celestes en el dominio de las radiofrecuencias.
RADIOTELEVISIÓN f. TELEVISIÓN.
RADIOTERAPEUTA com. *Med.* Especialista en radioterapia.
RADIOTERAPIA f. *Med.* **1** Aplicación de los rayos X al tratamiento de enfermedades. **2** Por extensión, tratamiento de enfermedades con cualquier clase de radiaciones.
RADIOTRANSMISOR m. *Radio.* Aparato que se emplea en radiotelegrafía y radiotelefonía para producir y enviar las ondas portadoras de señales o de sonidos.
RADIOYENTE com. *Radio.* Persona que oye lo que se transmite por la radio.
RADISÓTOPO m. *Quím.* RADIOISÓTOPO.
RÁDIUM m. *Quím.* RADIO[2].
RADJAI, MOHAMED ALI Político iraní (Qazvin, 1933 - Teherán, 1981). Primer ministro (1980) y presidente de la República Islámica (julio, 1981) murió, víctima de un atentado terrorista, en septiembre del mismo año.
RADJPUTANA RAJPUTANA.
RADOM Ciudad de Polonia, en Mazovia, al S. de Varsovia; 230.400 h.
RADÓN m. *Quím.* Elemento químico del grupo VIII A o de los gases nobles del sistema periódico. Masa atómica, 222; número atómico, 86; símbolo, Rn.
RÁDULA f. *Zool.* Placa dura y alargada en el aparato lingual de numerosos moluscos, con muchos dientecillos en series longitudinales y transversales.
RADZIWILL *Geneal.* Familia aristocrática polaca de origen lituano cuyos orígenes se remontan al siglo XIII.
RAE Siglas de la REAL ACADEMIA ESPAÑOLA.

Henry **Raeburn**. *Miss Eleonor Urquat*. Galería Nacional (Washington).

Raeburn, sir Henry Pintor escocés (Stockbridge, 1756 - Edimburgo, 1823). Fue uno de los principales retratistas de su época. Entre sus lienzos destacan *Sir John Sinclair* (1794) y *Mrs. James Campbell* (h. 1812).

Raeder, Erich Almirante alemán (Wandsbeck, 1876 - Kiel, 1960). Gran almirante de la armada, fue destituido en 1943. Condenado a prisión perpetua por el Tribunal de Nuremberg, fue liberado en 1955.

Raedera f. **1** Instrumento que sirve para raer. **2** *Agr.* Pequeña reja de ciertos arados de vertedera. **3** *Min.* Azada pequeña utilizada en minería. **4** Herramienta en forma de gancho y con mango largo para recoger resina. **5** Tabla semicircular usada en albañilería para limpiar la masa que queda en un recipiente.

Raedura f. **1** Acción y efecto de raer. **2** Parte menuda que se rae de una cosa. Más en pl.

Raer tr. **1** Raspar una superficie, quitando pelos, sustancias adheridas, pintura, etc., con un instrumento áspero o cortante. **2** Rasar. **3** fig. Extirpar enteramente una cosa; como vicio o mala costumbre. ♦ IRREG. Se conjuga como CAER, salvo en la primera persona del presente de subjuntivo, para la que existen dos formas *raigo* o *rayo*, y todo el presente de subjuntivo, en el que ocurre lo mismo: *raiga* o *raya*, *raigamos* o *rayamos*, etc.

RAF Siglas de *Royal Air Force*, la Real Fuerza Aérea del ejército inglés.

Rafa f. **1** *Veter.* Grieta en el casco de las caballerías. **2** Cortadura hecha en el quijero de la acequia para sacar agua de riego.

Rafael. *El cardenal*. Museo del Prado (Madrid).

Rafael (RAFFAELLO SANZIO, llamado) Pintor y arquitecto italiano (Urbino, 1483 - Roma, 1520). Discípulo de Perugino, recibió también la influencia de L. da Vinci y por Miguel Ángel. Sus obras se caracterizan por una perfecta armonía entre las figuras y el paisaje, y por la representación ideal de la belleza femenina. En 1504 se trasladó a Florencia donde pintó, entre otras obras, *Los desposorios de la Virgen*, *La Sagrada Familia del cordero* y las primeras de sus célebres *Madonnas*: *La Virgen del jilguero*, *La Virgen de la pradera* y *La Virgen del Gran Duque*. En 1508 se estableció en Roma, donde participó en la decoración del Vaticano con frescos como *La Escuela de Atenas* y *El Parnaso*. También en Roma, realizó los lienzos de *El triunfo de Galatea* (1514), *La historia de Psique* (1518) y *La Virgen de la Silla* (1514-15), y los retratos de los papas Julio II, León X. Como arquitecto, intervino en el Vaticano.

Rafael, san *Teol.* Arcángel que, en forma humana, acompañó a Tobías y fue su guía y consejero.

Ráfaga f. **1** Movimiento violento del aire. **2** Golpe de luz vivo o instantáneo. **3** Conjunto de proyectiles que en sucesión rapidísima lanza un arma automática.

Rafanía f. *Med.* Enfermedad que consiste en contracciones musculares muy dolorosas, ocasionada por la ingestión de las semillas venenosas del rábano silvestre.

Rafe com. **1** *Anat.* Línea prominente en la porción media de una formación anatómica. **2** *Bot.* Cordoncillo saliente que forma el funículo en algunas semillas.

Rafear tr. Asegurar con rafas un edificio.

Rafia f. *Bot.* **1** Nombre de diversas plantas de África y América, de la familia palmáceas, como *Raphia*, que dan una fibra muy resistente y flexible. **2** Esta fibra.

Rafsanjani, Hashemi Ali Akbar Político iraní (Rafsanjan, 1935). A la muerte de Jomeini, fue elegido presidente de la República (1989-97).

Rafting (Voz i.) *Dep.* Deporte que consiste en descender con una embarcación ríos o corrientes de aguas turbulentas.

Raglán o **Ranglan** m. **1** Especie de gabán de hombre, que se usaba a mediados del siglo XIX. Era holgado y tenía una esclavina corta. **2** adj. MANGA RAGLÁN O RANGLAN.

Ragtime m. *Mús.* Composición musical afroamericana, muy melódica y sincopada, que constituye una de las bases del JAZZ.

Ragú m. Guiso de carne con patatas que suele ir acompañado de diversas verduras.

Ragua f. *Bot.* Remate superior de la caña de azúcar.

Ragusa Provincia de Italia, en Sicilia; 1.614 km² y 294.637 h. Capital homónima.

Rahman, Mujibur Político bengalí (Tongipara, 1920 - Dacca, 1975). Presidente de la Liga Awami, al estallar en 1971 la guerra civil fue hecho prisionero por el ejército paquistaní. Una vez liberado, accedió a la jefatura de gobierno (1972). Murió en el golpe de Estado de 1975.

Rahman, Ziaur Militar y político bengalí (Sylhet, 1935 - Dacca, 1981). Presidente de la República desde 1977, fue asesinado en mayo de 1981, víctima de un golpe militar.

Raicilla f. *Bot.* Cada una de las fibras o filamentos que nacen del cuerpo principal de la raíz de una planta.

Raicita f. *Bot.* Órgano del embrión de la planta, que se forma la raíz.

Raid (Voz i.) m. **1** *Mil.* Incursión militar en terreno enemigo, sin finalidad de conquista ni de apoderarse de botín (véase RAZIA.) **2** *Amer.* RALLY.

Raído, da adj. **1** Se dice del vestido muy gastado por el uso. **2** fig. Desvergonzado.

Raigal adj. **1** *Bot.* Perteneciente a la raíz. || m. **2** Extremo del madero que corresponde a la raíz del árbol.

Raigambre f. **1** *Bot.* Conjunto de raíces de los vegetales. **2** fig. Conjunto de antecedentes, intereses, hábitos o afectos que hacen firme y estable una cosa o que ligan a alguien un sitio.

Raigón m. *Anat.* Raíz de las muelas y los dientes. || **Raigón del Canadá** *Bot.* Árbol de la familia leguminosas.

Raíl o **Rail** m. Carril de las vías férreas.

Raimiento m. **1** Acción y efecto de raer. **2** Descaro, desvergüenza.

Raimundo Nombre de varios condes de Tolosa.

Raimundo IV (Tolosa, 1042 - Trípoli, 1105). Sucedió a su hermano Guillermo IV (1093). Participó en la primera cruzada y murió en el sitio de Trípoli.

Raimundo VI (?, 1156 - Tolosa, 1222). Sucedió a su padre Raimundo V en 1195. Apoyó a sus vasallos albigenses, por lo que el papa Inocencio III formó contra él una cruzada (1208). Derrotado, marchó al exilio y sus dominios fueron entregados a Simón de Montfort. A la muerte de éste (1218), recuperó casi todos sus territorios.

Raimundo VII (Beaucaire, 1197 - Millau, 1249). Hijo y sucesor de Raimundo VI, hizo frente a una nueva cruzada (1226). Tras ella, firmó el tratado de París (1229) por el que se pactaba el matrimonio de su hija Juana con Alfonso de Poitiers, hermano de Luis IX. En 1242, el tratado de Lorris dispuso la anexión definitiva del condado a Francia.

Raimundo Lulio, beato LLULL, BEATO RAMON.

Rainalducci, Pietro Antipapa (Corbara, h. 1260 - Aviñón, 1333). Apoyado por Luis de Baviera, ocupó el solio pontificio, con el nombre de Nicolás V, de 1328 a 1330.

Raine, Kathleen Escritora británica (Londres, 1908). De su obra poética destaca *Stone and Flower* (1943), *The Pythoness* (1949), *The Oracle in the Heart* (1979).

Rainier Monte de EE UU, al SO del Estado de Washington; 4.394 m. Es de origen volcánico.

Rainiero o **Raniero III** Príncipe soberano de Mónaco (Montecarlo, 1923). Sucedió a su abuelo Luis II en 1949.

Rainwater, James Físico estadounidense (Council, Idaho, 1917 - Nueva York, 1986). Participó en el proyecto Manhattan para la construcción de la primera bomba atómica. Premio Nobel de Física en 1975, compartido con Bohr y B. Mottelson, por sus trabajos en física nuclear sobre la estructura del núcleo.

Raipur o **Rajpur** Ciudad de la India, Estado de Madhya Pradesh; 438.639 h.

Rais m. **1** Título de varios dignatarios del imperio otomano. **2** En Egipto, presidente de la República.

Raíz f. **1** *Bot.* Órgano vegetal que tiene como misión sujetar la planta al suelo y transportar el agua y las sales minerales necesarias para la nutrición. La mayoría de las raíces están constituidas de las siguientes partes: *cuello*, parte superior más ancha por donde se une al tallo; *cofia* o *caliptra*, extremo inferior, generalmente de forma apuntada, que protege al tejido meristemático responsable del crecimiento en longitud; *zona pilífera*, situada por encima de la cofia y constituida por numerosos pelos absorbentes, a través de los cuales se realiza la captación de agua y sales minerales del suelo; y la *región desnuda*, situada entre los pelos absorbentes y la cofia, donde se sitúan los meristemos responsables del crecimiento en longitud de este órgano. La parte más gruesa de la raíz se denomina *raíz principal*, y a partir de ella surgen ramificaciones más delgadas o *raíces secundarias*. **2** Bien inmueble, finca, edificio, etc. Más en pl. **3** fig. Parte de cualquier cosa, de la cual, quedando oculta, procede lo que está manifiesto. **4** fig. Parte inferior o pie de cualquier cosa. **5** Causa u origen de algo. **6** *Gram.* Parte mínima e irreductible que comparten las palabras de una misma familia. **7** *Mat.* Cada uno de los valores que puede tener la incógnita de una ecuación y que, sustituido en la ecuación, hace que se cumpla la igualdad establecida. **8** *Zool.* Parte de los dientes de los vertebrados que está engastada en los alvéolos. || **raíz cuadrada** *Mat.* Expresión radical de índice dos, es decir, cantidad que se ha de multiplicar por sí misma una vez para obtener un número determinado. || **raíz cúbica** *Mat.* Expresión radical de índice tres, es decir, cantidad que se ha de multiplicar por sí misma tres veces para obtener un número determinado. || **raíz entera** *Mat.* Mayor número entero que, elevado a la potencia del índice de la raíz, da un número que se puede restar del radicando. || **a raíz de** loc. adv. fig. Con proximidad, inmediatamente después. También, a causa de. || **de raíz** loc. adv. fig. Enteramente, desde su primera causa. Se usa con verbos como *cortar*, *arrancar*, etc. || **echar raíces** fr. fig. Fijarse, establecerse en un lugar. También, afirmarse o arraigarse una pasión u otra cosa.

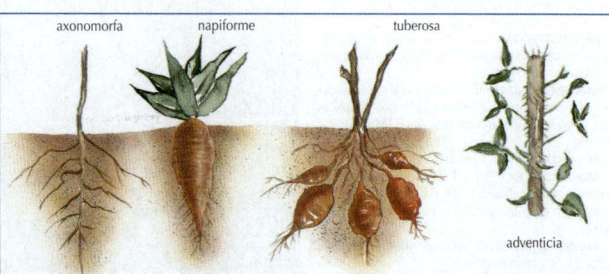

Distintos tipos de **raíz**.

RAJA f. 1 Hendedura, abertura de una cosa. 2 Pedazo que se corta de un fruto o de otros comestibles; como melón, queso, etc.
RAJÁ m. Soberano de la India. || **vivir como un rajá** fr. fig. y fam. Vivir con lujo y opulencia.
RAJADILLO m. Confitura que se hace de almendras rajadas y bañadas en azúcar.
RAJAHMUNDRY Ciudad de la India; Estado de Andhra Pradesh; 324.851 h. Mezquita del siglo XIV.
RAJAR[1] tr. 1 Dividir en rajas. 2 Hender, partir, abrir. También prnl. || prnl. 3 fig. y fam. Volverse atrás, acobardarse o desistir de algo a última hora.
RAJAR[2] intr. 1 fig. y fam. Hablar mucho. 2 *Amér.* Hablar mal de uno.
RAJASTHAN Estado del NO de la India; 342.239 km² y 44.005.990 h. Su capital es Jaipur.
RAJATABLA, A loc. adv. fig. y fam. Cueste lo que cueste, a todo trance, sin contemplaciones.
RAJKOT Ciudad de la India, Estado de Gujarat; 559.407 h.
RAJPUR RAIPUR.
RAJPUTANA *Geog. hist.* Antigua región de la India, que comprendía el actual Estado de Rajasthan, y ciertos territorios que han pasado a formar parte de Madhya Pradesh y de Gujarat.
RAJSHAHI Ciudad de Bangla Desh, capital de la provincia homónima; 318.000 h.
RAJUELA f. Piedra delgada y sin labrar.
RÁKÓCZI *Hist.* Familia aristocrática húngara de los siglos XVII y XVIII, originaria de Transilvania. Entre sus miembros destacan Jorge I (1593-1648), príncipe de Transilvania desde 1630, que luchó contra el emperador Fernando III de Habsburgo y en la paz de Linz (1645) consiguió la libertad de culto para el protestantismo; Jorge II (1621-60), hijo y sucesor del anterior, que fue depuesto por los turcos en 1657; Ferenc o Francisco II (1676- 1735), jefe de la insurrección húngara contra Leopoldo I (1703), en 1707 proclamó la independencia de Hungría. Vencido por los austríacos en Trencín (1708), tuvo que exiliarse.
RAKOSI, MÁTYÁS Político húngaro (Ada, 1892 - Gorki, 1971). Organizó la revolución que llevó al poder a Bela Kun, de cuyo gobierno formó parte (1919). Jefe del gobierno de 1952 a 1953, tras la insurrección de 1956, se refugió en la URSS.
RAKOWSKI, MIECZYSLAW Político polaco (Kowalewko, 1926). Viceprimer ministro encargado de las relaciones con los sindicatos (1981) y primer ministro (1988-89), sucedió a Jaruzelski como primer secretario del POUP (1989-90).
RALEA f. 1 Especie, género, calidad. 2 desp. Aplicado a personas, raza, casta o linaje.
RALEAR intr. 1 Hacerse rala una cosa. También tr. 2 *Agr.* No granar enteramente los racimos de las vides. 3 Descubrir alguien su mala ralea.
RALEIGH, WALTER Navegante y cortesano inglés (Hayes Barton, 1551 - Londres, 1618). Protegido de Isabel I, con su apoyo colonizó Virginia. Participó en las acciones navales de la Armada Invencible y combatió a los españoles en Cádiz (1596) y en la Guayana (1616). Por haberse excedido en sus atribuciones en la Guayana fue ajusticiado durante el reinado de Jacobo II.
RALENTÍ (Voz fr.) m. 1 *Cin.* CÁMARA LENTA. 2 *Mec.* Número de revoluciones por minuto a que debe funcionar un motor de explosión cuando no está acelerado.
RALENTIZAR tr. y prnl. Disminuir la velocidad de una actividad o de un proceso.
RALEÓN, NA adj. Se dice del ave de cetrería muy diestra.
RALEZA f. Calidad de ralo.
RÁLIDO, DA o **RÁLLIDO, DA** adj. *Zool.* 1 Se dice del ave gruiforme de tarsos altos, dedo posterior muy breve, alas pequeñas y cola corta, como el calamón. || m. pl. *Zool.* 2 Familia de estas aves.
RALLADOR m. Utensilio de cocina compuesto de una chapa de metal, llena de agujerillos de borde saliente, que sirve para desmenuzar el pan, el queso, etc., restregándolos con él.
RALLADURA f. 1 Surco que deja el rallo por donde ha pasado. 2 Lo que queda rallado.
RALLAR tr. 1 Desmenuzar una cosa restregándola con el rallador. 2 fig. y fam. Molestar.
RALLIFORME adj. *Zool.* 1 Se dice del ave con el cuello y el pico largos, y las patas desnudas. En general son de hábitats acuáticos y costumbres migradoras, como la focha y la avutarda. || f. pl. *Zool.* 2 Orden de estas aves.
RALLO m. Utensilio para rallar.
RALLÓN m. Arma que termina en un hierro transversal afilado; se disparaba con la ballesta.
RALLY o **RALLYE** (Voz i.) m. *Dep.* Prueba automovilística con diversos tramos cronometrados.
RALO, LA adj. Se dice de las cosas cuyos componentes, partes o elementos están separados más de lo normal en su clase.

Walter **Raleigh**. Retrato anónimo del siglo XVI. Galería Nacional de Retratos (Dublín).

RAM *Inform.* Siglas de *Random Access Memory*, memoria de acceso directo.
RAMA[1] f. 1 *Bot.* Cada una de las prolongaciones que nacen del tronco o tallo principal de la planta. 2 *Quím.* En los compuestos orgánicos, cadena lateral unida a la principal. 3 *Zool.* Ramificación de cualquier estructura. 4 fig. Serie de personas que traen su origen en el mismo tronco. 5 fig. Parte secundaria de una cosa, que nace o se deriva de otra cosa principal. 6 Cada una de las partes de una disciplina académica. || **andarse** o **irse por las ramas** fr. fig. y fam. Detenerse en lo menos sustancial de un asunto, dejando lo más importante.
RAMA[2] f. *A. gráf.* Cerco de hierro cuadrangular con que se ciñe el molde que se ha de imprimir.
RAMA, EN loc. adv. 1 Designa el estado de ciertas materias antes de ser manufacturadas. 2 *A. gráf.* Se aplica también a los ejemplares de una obra impresa que aún no se han encuadernado.
RAMA *Mit.* Personaje de las leyendas indias, considerado la séptima encarnación de Visnú. Representa la ley cósmica y es el protagonista de la epopeya *Ramayana*.
RAMADA f. *Bot.* 1 RAMAJE. 2 ENRAMADA, cobertizo de ramas.
RAMADA, LA Sierra de Argentina, provincia de San Juan.
RAMADÁN m. Noveno mes del año lunar de los mahometanos, consagrado al retiro y la meditación, durante el que se observa un riguroso ayuno desde el amanecer hasta la puesta de sol.
RAMADIER, PAUL Jurista y político francés (La Rochelle, 1888 - Rodez, 1961). Miembro del Partido Socialista, en 1947 le fue encomendada la formación de gobierno. Posteriormente, fue ministro de Defensa Nacional (1948-49).
RAMAJE m. *Bot.* Conjunto de ramas o ramos.
RAMAKRISNA (GADADHAR CHATERJI, llamado) Místico hindú (Calcuta, 1834 - íd., 1886). Difundió por Occidente su doctrina, basada en el *Vedanta* hinduista. En 1897 fundó cerca de Calcuta una orden de religiosos hindúes que lleva su nombre.
RAMAL m. 1 Cada uno de los cabos de que se componen las cuerdas, sogas, etc. 2 Ronzal asido al cabezón de una bestia. 3 Cada uno de los tiros que concurren en la misma meseta de una escalera. 4 Parte que arranca de la línea principal de un camino, acequia, cordillera, etc. 5 fig. Parte o división que resulta o nace de una cosa con relación y dependencia de ella, como rama suya.
RAMALAZO m. 1 Golpe que se da con el ramal. 2 Señal que deja dicho golpe. 3 Dolor agudo en una parte del cuerpo. 4 Locura incipiente. || **tener ramalazo** fr. fig. y fam. Ser afeminado.
RAMALHO EANES, ANTÓNIO DOS SANTOS Militar y político portugués (Alcains, 1935). Jefe del Estado Mayor del ejército (1975), fue elegido presidente de la República (1976-86).
RAMAN, CHANDRASERKARA VENKATA Físico hindú (Trichinópoli, 1888 - Bangalore, 1970). Premio Nobel de Física en 1930 por sus investigaciones sobre la dispersión de la luz en los medios transparentes, denominada *efecto Raman*.
RAMANANTSOA, GABRIEL Militar y político malgache (Antananarivo, 1906 - París, 1979). Jefe de Estado Mayor, fue presidente de la República (1972-75).

RAMAYANA (*Las gestas de Rama*) Poema épico de la India, atribuido al brahmán Valmiki, que suele fecharse entre los siglos III y I a. C. Escrito en sánscrito, narra la gesta de Rama.
RAMAZÓN f. *Bot.* Conjunto de ramas separadas de los árboles.
RAMBLA f. 1 *Geol.* Lecho natural de las aguas pluviales cuando caen copiosamente, sobre todo en las áreas mediterráneas. 2 *Geol.* Suelo por donde corren dichas aguas. 3 Calle ancha y con árboles, generalmente con andén central. 4 Artefacto en que se colocan paños para enramblarlos.
RAMBLAR m. *Geol.* Lugar donde confluyen varias ramblas.
RAMBLAZO o **RAMBLIZO** m. *Geol.* Sitio por donde corren las aguas de los turbiones y avenidas.
RAMEAU, JEAN-PHILIPPE Compositor y teórico musical francés (Dijon, 1683 - París, 1764). Compuso numerosas piezas para clave y más de treinta óperas: *Hipólito y Aricia* (1733), *Les indes galantes* (1735), *Castor et Pollux* (1737), *Dárdano* (1739), etc. En su obra teórica destaca *Traité de l'harmonie réduite à ses principes naturels* (1722).
RAMÉE, PIERRE DE LA RAMUS, PETRUS.
RAMERA f. PROSTITUTA.
RAMIAL m. *Bot.* Sitio poblado de ramio.
RAMIFICACIÓN f. 1 Acción y efecto de ramificarse. 2 fig. Conjunto de consecuencias necesarias de algún hecho.
RAMIFICARSE prnl. 1 Esparcirse y dividirse en ramas una cosa. 2 fig. Propagarse, extenderse las consecuencias de un hecho.
RAMILLA f. 1 *Bot.* Rama de tercer orden. 2 fig. Cualquier cosa ligera de que uno se vale para su intento.
RAMILLETE m. 1 Ramo pequeño de flores formado artificialmente. 2 fig. Adorno que se pone sobre las mesas en donde se sirven comidas suntuosas. 3 fig. Colección de cosas o personas escogidas o exquisitas.
RAMILLETERO, RA m. y f. 1 Persona que hace o vende ramilletes. || m. 2 Vaso para poner flores. 3 Maceta o tiesto con flores.
RAMINA f. *Bot.* Hilaza del ramio.
RAMIO m. *Bot.* Planta perteneciente a la familia urticáceas, de nombre científico *Boehmeria nivea*, que crece en el SE asiático y se utiliza como textil.
RAMIRENSE adj. y m. *Arte.* Relativo al periodo del arte asturiano que coincidió con el reinado de Ramiro I (842-850).
RAMÍREZ, FRANCISCO Militar argentino (Concepción, 1786 - San Francisco, 1821). Gobernador de Entre Ríos y partidario del federalismo, venció al ejército federal de Artigas (1820) y asumió el poder de Entre Ríos y Corrientes, e invadió Santa Fe. Murió en un enfrentamiento contra las fuerzas de Estanislao López.
RAMÍREZ, NORBERTO Político nicaragüense, (? - Managua, 1856). Jefe del Estado de El Salvador (1840-41) y de Nicaragua (1849-51).
RAMÍREZ, PEDRO PABLO Militar y político argentino (La Paz, 1884 - Buenos Aires, 1962). Designado ministro de Guerra en 1942, asumió el cargo de presidente de la República después del golpe de Estado contra Castillo (1943-44).
RAMÍREZ, SERGIO Político y escritor nicaragüense (Managua, 1942). Vicepresidente de la República (1984-

Ramayana. Ilustración india del siglo XVIII. Museo Victoria y Alberto (Londres).

90), abandonó el Frente Sandinista de Liberación Nacional (FSLN) en 1995.

Ramírez de Arellano, Diego Marino y cosmógrafo español (San Felipe de Játiva, ? - ?, h. 1633). Acompañó a los hermanos García de Nodal en el reconocimiento del estrecho de Magallanes y el cabo de Hornos. En el curso de la expedición, en 1619, descubrió el archipiélago que lleva su nombre.

Ramiro II el Monje (? - Huesca, 1157). Hijo de Sancho I Ramírez, ocupó el trono entre los años 1134 y 1137, a la muerte de su hermano Alfonso I el Batallador. Monje benedictino, durante su reinado tuvo que enfrentarse a las pretensiones de Alfonso VII de Castilla. Casó a su hija Petronila con el conde de Barcelona, Ramón Berenguer IV (1137), y abdicó en ella. Su nombre está asociado a la leyenda de la Campana de Huesca.

Ramiro Nombre de diversos reyes de Asturias y León.

Ramiro I Rey de Asturias (?, 791 - Liño, 850). Hijo de Bermudo I el Diácono, sucedió a Alfonso II en 842. Luchó contra los corsarios normandos y obtuvo un importante triunfo frente a los musulmanes en la batalla de Clavijo.

Ramiro II Rey de León (? - Talavera de la Reina, 951). Hijo de Ordoño II, gobernó el reino portugués de 926 a 931, año en que, por abdicación de su hermano Alfonso IV, fue nombrado rey de León. Participó en la Reconquista con la toma de Madrid (933), la victoria de Osma sobre Abderramán III (934) y la de Simancas (939).

Ramiro III Rey de León (?, 961 - Astorga, 985). Hijo y sucesor de Sancho el Craso, accedió al trono en 966. Perdió Zamora y estuvo a punto de perder León. El descontento generado en el reino provocó la rebelión de Galicia, que nombró rey a Bermudo II (982). La destrucción de León por Almanzor, en 984, le obligó a refugiarse en las montañas.

Ramiro III de León. Ilustración del *Códice Emilianense*. Monasterio de San Lorenzo de El Escorial (Madrid).

ramito m. *Bot.* Cada una de las subdivisiones de los ramos de una planta.

ramiza f. *Bot.* Conjunto de ramas cortadas.

Ramla Ciudad de Israel, capital del distrito Central; 49.300 h. (Arimatea).

ramnáceo, a o **rámneo, a** adj. y f. *Bot.* **1** Se dice del vegetal dicotiledóneo, con hojas simples, estambres libres y semillas solitarias en cada lóculo, como el azufaifo. || f. pl. *Bot.* **2** Familia de estas plantas.

ramo m. **1** *Bot.* Rama de segundo orden o que sale de la rama madre. **2** *Bot.* Rama cortada del árbol. **3** Conjunto o manojo de flores, ramas o hierbas o de unas y otras cosas. **4** Síntoma o indicio de algún mal. **5** Acceso o ataque de una enfermedad. **6** Cada una de las partes en que se divide una industria, actividad, ciencia, etc.

ramojo m. *Bot.* Conjunto de ramas cortadas de los árboles.

ramón m. *Bot.* **1** Ramojo que cortan los pastores para apacentar los ganados. **2** Ramaje que resulta de la poda de los árboles.

Ramón y Cajal, Santiago Histólogo español (Petilla de Aragón, 1852 - Madrid, 1934). Licenciado en medicina por Zaragoza (1873), fue catedrático de Anatomía en la Universidad de Valencia (1883) y catedrático

Santiago **Ramón y Cajal**. Retrato de Ricardo Madrazo. Ateneo de Madrid.

de Histología en las universidades de Barcelona (1887) y Madrid (1892). En 1906 recibió el premio Nobel de Fisiología y Medicina, compartido con C. Golgi, por sus investigaciones acerca de la estructura del sistema nervioso. Sus obras principales son *Histología del sistema nervioso del hombre y de los vertebrados* (1899-1904) y *Estudios sobre degeneración y regeneración del sistema nervioso* (1913-14).

ramonear intr. **1** Cortar las puntas de las ramas de los árboles. **2** Pacer los animales las hojas y las puntas de los ramos de los árboles.

Ramos, Fidel Político y militar filipino (Lingayen, 1929). Jefe de la Policía y del Alto Estado Mayor (1972-86), apoyó la elección de C. Aquino, quien le nombró ministro de Defensa (1988). Fue presidente de la República (1992-98).

Ramos, Nereu Político brasileño (Lagos, 1889 - Curitiba, 1958). Vicepresidente de la República (1946-50) y presidente del Senado, asumió el Ejecutivo (noviembre de 1955-enero de 1956), después del breve gobierno de Carlos Luz.

Ramos Arizpe, Miguel Político y sacerdote mexicano (Valle de Las Labores, 1775 - México, 1843). Diputado de las Cortes de Cádiz de 1810, desempeñó un importante papel en el proceso de la independencia mexicana.

Ramos Horta, José Abogado y político de Timor (Dili, Timor Oriental, 1949). Premio Nobel de la Paz en 1996, compartido con el obispo Carlos Felipe Ximenes Belo, por su contribución a la solución pacífica del conflicto timorés. Fue nombrado ministro de Asuntos Exteriores tras la independencia de Timor Oriental (2002).

Ramos Sucre, José Antonio Escritor venezolano (Cumaná, 1909 - Ginebra, 1930). Autor de *Las formas del fuego*, *La torre de timón*, *El cielo de esmalte*, *Sobre las huellas de Humboldt* y *Trizas de papel*.

rampa f. **1** Plano inclinado. **2** *Geol.* Terreno en pendiente suave y prolongada que articula las elevaciones de un macizo montañoso con las llanuras encajadas en una cuenca sedimentaria.

rampante adj. **1** *Arquit.* Se dice de la construcción en declive como el arco y la bóveda que tienen sus impostas oblicuas o a distinto nivel. También m. **2** *Bl.* Se aplica al animal de los escudos de armas que tiene la mano abierta y las garras tendidas.

rampíñete m. Aguja de hierro que usaban los artilleros para reconocer y limpiar el fogón de las piezas.

ramplón, na adj. **1** Se aplica al calzado tosco y de suela muy gruesa y ancha. **2** fig. Vulgar. || m. **3** Piececita de hierro que se pone en los callos de las herraduras para que se claven en el hielo permitiendo a las caballerías caminar por él sin resbalarse.

ramplonería f. **1** Cualidad de ramplón, tosco o chabacano. **2** Dicho o hecho ramplón.

rampollo m. *Bot.* Rama que se corta del árbol para plantarla.

Ramsay, sir William Químico escocés (Glasgow, 1852 - High Wycombe, 1916). Fue uno de los descubridores de los gases nobles: argón, helio, neón, criptón, xenón y radón. Premio Nobel de Química en 1904.

Ramsés Nombre de diversos faraones egipcios, pertenecientes a las XIX y XX dinastías.

Ramsés I (? - Tebas, 1312 a. C.). Perteneciente a la XIX dinastía, fue visir del faraón Horenheb, a quien sucedió en 1314 a. C.

Ramsés II el Grande (? - Tanis, 1233 a. C.). Tercer soberano de la XIX dinastía, hijo de Seti I, al que sucedió en 1301 a. C. Sostuvo varias campañas contra los hititas, sirios y palestinos, sobre las que obtuvo una dudosa victoria en Kadesh. Ante la amenaza asiria firmó con sus enemigos hititas una alianza (1279) que supuso su matrimonio con Nefertari.

Ramsés III (? - ?, h. 1166 a. C.). Perteneciente a la XX dinastía, sucedió a su padre Setnajt hacia 1198 y reinó hasta 1176 a. C. Hizo construir los célebres colosos de Memnon y el templo funerario de Medinet Abú.

Ramsey, Frank Plumpton Filósofo y matemático británico (Cambridge, 1903 - íd., 1930). Influido por L. Wittgenstein, se opuso tanto al formalismo matemático de Hilbert como al intuicionismo de Brouwer. Destacó en el estudio de la lógica y de la teoría de la probabilidad.

Ramsey, Norman F. Físico estadounidense (Washington, 1915). Recibió en 1989 el premio Nobel de Física, compartido con W. Paul y H. G. Dehmelt, por sus trabajos en el campo de la espectroscopia atómica de precisión.

Ramus, Petrus (Pierre de la Ramée, llamado) Humanista y filósofo francés (Cuts, 1515 - París, 1572). Combatió las ideas aristotélicas y tomistas, y proclamó a la razón como base de la convivencia en sociedad.

rana f. **1** *Zool.* Nombre de diversos anfibios anuros, de la familia ránidos, con más de 800 especies que se distribuyen por Europa, Asia y África. Tienen el cuerpo rechoncho, de color verdoso o pardo, los ojos sobresalientes y las patas posteriores adaptadas al salto. En general viven en aguas dulces y son insectívoras. **2** Juego que consiste en introducir desde cierta distancia una chapa o moneda por la boca abierta de una rana de metal. || f. pl. *Med.* **3** Tumor blando bajo la lengua, ránula. || **hombre rana** Submarinista con traje de goma, gafas de buceo, aletas y aparato para respirar en superficie (tubo) o sumergido (bombonas). || **salir** algo o alguien **rana** fr. fig. y fam. Defraudar.

Rancagua Ciudad de Chile, capital de la región del Libertador General Bernardo O'Higgins; 193.755 h. Resistencia y triunfo de O'Higgins sobre las tropas realistas (1814).

rancagüino, na adj. y s. De Rancagua, Chile.

rancajo m. Punta o astilla que se clava en la carne.

Rancé, Armand Jean Le Boutillier de Religioso francés (París, 1626 - Soligny-la-Trappe, 1700). Fundador de la orden de La Trapa.

ranchear intr. o prnl. Establecer ranchos en algún sitio o acomodarse en ellos.

ranchera f. **1** Canción y danza popular de diversos países de Hispanoamérica. **2** Automóvil cuyo habitáculo es mayor que el de otros vehículos e incluye el espacio destinado para la carga.

ranchería f. Conjunto de ranchos o chozas.

ranchero, ra adj. **1** Perteneciente o relativo al rancho. || m. y f. **2** Persona que guisa el rancho y cuida de él. **3** Persona que gobierna un rancho.

rancho m. **1** Comida que se hace para muchos en común, especialmente la que se sirve en los cuarteles. **2** Conjunto de personas que toman esta comida a la vez. **3** Lugar en las afueras de una población, donde se albergan diversas familias o personas. **4** fig. y fam. Reunión familiar para hablar o tratar algún negocio particular. **5** Choza con techumbre de ramas o paja fuera de poblado. **6** *Amér.* Granja, propiedad rural. **7** *Mar.* Lugar de las embarcaciones donde se aloja a los individuos de servicio. **8** *Mar.* Cada una de las divisiones que se hace de la marinería para el buen orden y disciplina en los buques de guerra.

Ramsés II. Escultura egipcia del siglo XIII a. C. Museo Egipcio (Turín).

Diferentes especies de **ranas.**

RANCIAR tr. y prnl. Poner rancio.
RANCIEDAD f. Cualidad de rancio.
RANCIO, CIA adj. **1** Se dice de los comestibles grasientos que con el tiempo adquieren sabor y olor más fuerte, mejorándose o echándose a perder. **2** fig. Se dice de las cosas antiguas y de las personas apegadas a ellas. || m. **3** RANCIEDAD. **4** Tocino rancio. **5** Suciedad grasienta de los paños mientras se trabajan o cuando no se han trabajado bien.
RAND m. Econ. Unidad monetaria de la República Sudafricana.
RANDA f. **1** Encaje de bolillos. **2** Adorno hecho con este encaje. || m. **3** fam. Ratero, golfo, granuja.
RANDSTAD Conurbación de los Países Bajos que comprende las ciudades de Amsterdam, La Haya, Rotterdam y Utrecht.
RANGA f. Pieza en que se apoya un eje vertical.
RANGER (Voz i.) m. Mil. Miembro de unidades especiales de los ejércitos de algunos países destinadas a combatir las guerrillas.
RANGER Astron. Proyecto de exploración de la superficie lunar desarrollado por EE UU entre 1962 y 1965.
RANGLÁN m. y adj. RAGLÁN.
RANGO m. **1** Clase o categoría profesional o social de una persona. **2** Estad. Medida del grado de dispersión de un conjunto de valores. **3** Amér. Situación social elevada. || **RANGO LINGÜÍSTICO** o **FUNCIONAL** Ling. Término propuesto por O. Jespersen para designar la categoría funcional de una palabra, según su autonomía o dependencia dentro de un enunciado.
RANGÚN (Rangoon) Ciudad capital de Myanmar y de la provincia de su nombre; 2.513.023 h. Puerto. Bellos templos budistas.
RANIERO III RAINIERO O RANIERO III.
RANILLA f. Zool. Parte más blanda y flexible del casco de las caballerías, de forma piramidal y situada entre los dos talones.
RANITA f. Zool. Nombre de los anfibios anuros de tamaño inferior a las ranas y sapos comunes. || **RANITA DE SAN ANTÓN** Zool. Anfibio anuro perteneciente a la familia hílidos, de nombre científico Hyla arbórea, muy común en la península Ibérica.
RANK, OTTO (OTTO ROSENFELD, llamado) Psicoanalista austriaco (Viena, 1884 - Nueva York, 1939). Discípulo de Freud, extendió la aplicación del psicoanálisis a campos ajenos a la psicología, como la literatura.
RANKINE, WILLIAM JOHN MACQUORN Ingeniero escocés (Edimburgo, 1820 - Glasgow, 1872). Se distinguió por sus estudios sobre la termodinámica de las máquinas de vapor.
RANKING (Voz i.) m. Rango, categoría, escalafón. Se usa en los lenguajes deportivos y comerciales o empresariales.
RANQUEL adj. Etnol. **1** Se dice de cada una de las tribus, pertenecientes a la familia arahuaca, que habitaron, en los siglos XVIII y XIX, en las llanuras del NO de la Pampa. Más como m. pl. **2** Se dice también de los indios de esas tribus. También com. **3** Relativo a los indios ranqueles. || m. Ling. **4** Idioma de estos indios.
RANTIS Población de Israel, a unos 15 km al NE de Lord (ARIMATEA).
RÁNULA f. **1** Med. Tumor blando que suele formarse debajo de la lengua. **2** Veter. Tumor carbuncoso que se forma debajo de la lengua al ganado caballar y vacuno.
RANUNCULÁCEO, A adj. y s. Bot. **1** Se dice de la planta dicotiledónea, herbácea, con hojas alternas de nerviación reticulada y flores con numerosos estambres, como la anémona. || f. pl. Bot. **2** Familia de estas plantas.

RANÚNCULO m. Bot. Planta de la familia ranunculáceas, de flores amarillas, que tiene jugo acre muy venenoso.
RANURA f. Canal estrecho y largo que se abre en un madero, piedra u otro material para hacer un ensamble, guiar una pieza movible, etc.
RAÑA f. Geol. Formación litográfica caracterizada por la presencia de cantos rodados, cuarcitas principalmente, englobados en una matriz arcillosa.
RAÑO m. **1** Zool. CABRACHO. **2** Garfio de hierro que sirve para arrancar de las peñas las ostras, lapas, etc.
RAO, NARSIMHA Político indio (Karimnagar, 1921). Miembro del Partido del Congreso-Indira (PC-I), ocupó la presidencia del Gobierno (1991-96).
RAOULT, FRANÇOIS MARIE Químico y físico francés (Fournes-en-Weppes, 1830 - Grenoble, 1901). Enunció la ley de Raoult (1881), que afirma que la presión de vapor sobre una disolución es igual a la suma de los productos de las presiones de vapor de cada una de sus componentes por su fracción molar. Se aplica en la determinación del peso molecular de las sustancias disueltas.
RAPA (Voz cat.) f. Bot. Flor del olivo.
RAPA-NUI PASCUA, ISLA DE.
RAPACERÍA f. **1** RAPACIDAD. **2** ROBO, acción y efecto de robar.
RAPACIDAD f. Condición del que es dado al robo o al hurto.
RAPACKI, ADAM Político polaco (Lvov, 1909 - Varsovia, 1970). Ministro de Asuntos Exteriores (1956-68), en 1957 elaboró un plan que preveía una zona de neutralización atómica en la Europa central (1957); fue rechazado por Occidente.
RAPALLO, TRATADO DE Hist. Nombre de dos convenios suscritos, después de la Primera Guerra Mundial, en la ciudad italiana de Rapallo. El primero, en 1920, entre Italia y Serbia, que puso fin al litigio fronterizo en el mar Adriático; el segundo, en 1922, entre Alemania y la URSS, por el que ambas naciones cancelaron sus deudas, Alemania renunció a sus reclamaciones sobre las propiedades nacionalizadas por los bolcheviques, y la URSS renunció a las reparaciones establecidas en el tratado de Versalles.
RAPANTE adj. Bl. RAMPANTE.
RAPAPOLVO m. fam. Reprensión áspera.
RAPAR tr. **1** Afeitar las barbas. También prnl. **2** Cortar el pelo al rape. **3** fig. y fam. Hurtar con violencia alguna cosa.
RAPAZ[1] adj. **1** Inclinado o dado al robo, hurto o rapiña. **2** Zool. Se dice del ave especialmente dotada para la captura de presas. Por ello, dispone de un pico curvo y afiladas garras. (FALCONIFORME y ESTRIGIFORME). También f.
RAPAZ[2]**, ZA** m. y f. Muchacho o muchacha de corta edad.
RAPE[1] m. fam. Rasura o corte de la barba hecho deprisa y sin cuidado. Más en la fr. dar un rape. || **al rape** loc. adv. Hablando del pelo, cortado a raíz.
RAPE[2] m. Zool. Pez teleósteo acantopterigio, perteneciente a la familia lófidos, de nombre científico Lophius piscatorius. Vive camuflado en los fondos del Atlántico y el Mediterráneo. Su carne es muy sabrosa. Se le llama también pejesapo y rana marina.
RAPÉ adj. y m. Se dice del tabaco en polvo.
RÁPEL o **RAPPEL** m. Dep. En alpinismo, sistema de descenso a través de una cuerda doble que se apoya en un punto y que puede utilizar como freno el cuerpo del escalador, mosquetones, tensores, etc.
RAPIDEZ f. **1** Velocidad impetuosa o movimiento acelerado. **2** Cualidad de rápido.
RÁPIDO, DA adj. **1** Que se mueve, se hace o sucede a gran velocidad, muy deprisa. **2** Que se hace a la ligera, sin profundizar. || m. **3** Geog. Río o torrente que cae con violencia. **4** Tren que no para en todas las estaciones. || adv. t. **5** Muy deprisa.
RAPIÑA f. Robo o saqueo con violencia.
RAPIÑAR tr. fam. Hurtar o quitar una cosa como arrebatándola.
RAPISTA com. **1** fam. El que rapa. **2** fam. Barbero.
RÁPITA f. RÁBIDA.
RAPÓNCHIGO m. Bot. Planta de la familia campanuláceas, de flores azules y raíz blanca, fusiforme, carnosa y comestible.
RAPOSERA f. Cueva de zorros o raposos.
RAPOSERÍA f. **1** Astucia del zorro y mañas suyas. **2** Ardides y mañas semejantes del hombre.
RAPOSO, SA f. Zool. Zorro[1], animal.
RAPPORT[1] (Voz fr.) m. Informe, reseña, reportaje.
RAPPORT[2] (Voz i.) m. Psicol. Relación positiva entre un psicoterapeuta y su paciente.
RAPS-; -RRAFIA, -RRAFO pref. o sufs. que significan costura.
RAPSODA m. **1** Hist. El que en la Grecia antigua iba de pueblo en pueblo cantando los poemas homéricos u otras poesías. **2** Por extensión, poeta.
RAPSODIA f. **1** Fragmento de un poema homérico. **2** Mús. Pieza musical formada con fragmentos de otras obras o con trozos de aires populares.
RAPTAR tr. Secuestrar, retener a una persona en contra de su voluntad, por lo general, con el fin de conseguir un rescate.
RAPTO m. **1** Impulso, acción de arrebatar. **2** Secuestro de personas, con el fin de conseguir un rescate. **3** Teol. Estado del alma dominada por un sentimiento de admiración y unión mística con Dios. **4** Pat. Accidente que priva de sentido.
RAPTOR, RA m. y f. Persona que secuestra a otra.
RAQUE m. Acto de recoger los objetos que aparecen en las costas por algún naufragio o pérdida de la carga de un buque.

rapaz. Diferentes especies de aves rapaces.

RAQUEL Personaje bíblico. Esposa de Jacob, y madre de José y de Benjamín.

RAQUERO, RA adj. **1** *Mar.* Se dice de la embarcación que va pirateando o robando por las costas. || m. **2** El que se ocupa en andar al raque. **3** Ratero que hurta en puertos y costas.

RAQUETA f. **1** Bastidor de madera u otro material, con mango, que sujeta una red, y que se emplea como pala en el tenis y otros juegos. **2** Ese mismo juego. **3** Utensilio usado en las mesas de juego para mover el dinero de las posturas. **4** Aparato sobre el que se coloca y sujeta el pie, a fin de aumentar la base de sustentación y poder andar por la nieve blanda. **5** Desvío lateral de las carreteras para cambiar de dirección o sentido tras ceder el paso.

RAQUI- pref. que significa columna vertebral.

RAQUIALGIA f. *Med.* Dolor a lo largo del raquis.

RAQUIANESTESIA f. *Med.* Anestesia producida por la inyección de un anestésico en el conducto raquídeo.

RAQUÍDEO, A adj. *Anat.* Relativo al raquis.

RAQUIS m. **1** *Biol.* Raspa o eje de una espiga, de la pluma de un ave, etc. **2** *Zool.* Espina dorsal o espinazo de los vertebrados.

RAQUÍTICO, CA adj. **1** *Med.* Que padece raquitismo. También s. **2** fig. Aplicado a personas, muy delgado y débil. **3** fig. Aplicado a cosas, muy pequeño o escaso.

RAQUITISMO m. *Med.* Enfermedad crónica que generalmente sólo padecen los niños. Se debe a trastornos del metabolismo del calcio y fósforo, que afecta a las estructuras óseas debido a una deficiencia de vitamina D.

RAQUÍTOMO m. *Med.* Instrumento para abrir el conducto vertebral sin interesar la médula.

RARA f. *Zool. Amér. m.* Ave del tamaño de la codorniz, dañosa en las huertas y sembrados.

RARA AVIS expr. Persona o cosa conceptuada como singular excepción de una regla cualquiera.

RAREFACCIÓN f. *Fís.* Acción y efecto de rarefacer.

RAREFACER tr. y prnl. *Fís.* Hacer menos denso un cuerpo gaseoso, enrarecer. ♦ IRREG. Se conjuga como HACER. Su p. p. es irregular: RAREFACTO.

RAREFACTO, TA p. p. irreg. de RAREFACER.

RAREZA f. **1** Calidad de raro. **2** Cosa rara. **3** Acción característica de la persona rara o extravagante.

RARIFICAR tr. y prnl. *Fís.* RAREFACER.

RARO, RA adj. **1** Extraordinario, poco común o frecuente. **2** Escaso en su clase. **3** Extravagante de genio o de comportamiento y propenso a singularizarse. **4** *Fís.* Que tiene poca densidad y consistencia. Se dice principalmente de los gases enrarecidos.

RAROTONGA o **RARATONGA** Isla volcánica de Nueva Zelanda, en el grupo meridional de las Cook; 67,2 km^2 y 9.823 h. En su costa N se encuentra Avarua, capital del archipiélago de las Cook.

RAS[1] m. Igualdad en la superficie a la altura de las cosas. || **a ras** loc. adv. Casi tocando, casi al nivel de una cosa.

RAS[2] m. *Hist.* Título de los soberanos de Etiopía.

RAS AL-KHAIMAH Emirato de Unión de Emiratos Árabes; 1.70 km^2 y 148.000 h. Su capital es la ciudad del mismo nombre.

RAS DASHAN Volcán extinguido del N de Etiopía; 4.620 m de altura. Es la cima más alta del país.

RASA f. **1** Abertura o raleza que se hace al menor esfuerzo en las telas endebles y mal tejidas, sin que se rompan la trama ni la urdimbre. **2** *Ecol.* PÁRAMO. **3** Tela de seda lustrosa, raso.

RASANTE f. Línea de una calle, camino o carretera, considerada en su inclinación o paralelismo respecto del plano horizontal. || **TIRO RASANTE** Disparo de trayectoria horizontal, cercano al terreno.

RASAR tr. **1** Igualar con el rasero las medidas de trigo, cebada y otras cosas. **2** Pasar rozando o pasar tocando ligeramente a otro.

RASCACIELOS m. Edificio de gran altura y muchos pisos.

RASCACIO m. *Zool.* Pez teleósteo de cabeza espinosa.

RASCADERA f. **1** Instrumento para rascar metales, pieles, etc. **2** fam. Chapa dentada para limpiar el pelo de las caballerías.

RASCADOR m. **1** Instrumento para rascar. **2** RASCAMOÑO. **3** Instrumento de hierro para desgranar el maíz y otros frutos.

RASCAFRÍA Municipio y lugar de España, provincia de Madrid; 1.401 h. Monasterio de Santa María del Paular.

RASCALINO m. *Zool.* Cuscuta, parásito del lino.

RASCAMOÑO m. Aguja larga que las mujeres se ponían en la cabeza.

RASCAR tr. **1** Refregar o frotar fuertemente la piel con una cosa aguda o áspera, y por lo regular con las uñas. También prnl. **2** ARAÑAR, herir ligeramente con las uñas. **3** Limpiar con rasqueta u otro objeto adecuado alguna cosa. **4** Producir sonido estridente al tocar con el arco un instrumento de cuerda.

RASCATRIPAS com. Persona que toca el violín u otro instrumento de arco con poca habilidad.

RASCAZÓN f. Comezón que incita a rascarse.

RASCHIG, FRIEDRICH AUGUST Químico alemán (Brandemburgo, 1863 - Duisburgo, 1928). Investigó el mecanismo que tiene lugar durante la fabricación del ácido sulfúrico. Introdujo los procedimientos de fabricación industrial de hidroxilamina e hidracina y descubrió la cloroamina.

RASCÓN, NA adj. **1** Áspero al paladar. || m. *Zool.* **2** Pequeña ave zancuda que guía las codornices.

RASCUÑO m. RASGUÑO, herida ligera.

RASERA f. Paleta de metal, normalmente con varios agujeros, que se emplea en la cocina para volver los fritos y otros fines.

RASERO m. Palo cilíndrico que sirve para rasar las medidas de los áridos; a veces tienen forma de rasqueta. || **por el mismo,** o **por un, rasero** loc. adv. fig. Con rigurosa igualdad, sin la menor diferencia. Se usa comúnmente con los verbos *medir* y *llevar.*

RASETE m. Raso de inferior calidad.

RASGADO, DA adj. **1** Se dice de aquello que tiene una forma más alargada de lo normal. || m. **2** Rotura de una tela.

RASGADURA f. **1** Acción y efecto de rasgar. **2** Rotura o rasgón de una tela.

RASGAR tr. **1** Romper o hacer pedazos, sin la ayuda de ningún instrumento, cosas de poca consistencia, como tejidos, pieles, papel, etc. También prnl. **2** Tocar la guitarra rozando a la vez varias cuerdas.

RASGO m. **1** Línea trazada con la pluma, y más comúnmente cada una de las que se hacen para adornar las letras al escribir de modo caligráfico. **2** fig. Expresión feliz; afecto o pensamiento expresado con viveza, propiedad y hermosura. **3** Facción del rostro. Más en pl. **4** Peculiaridad, propiedad o nota distintiva. || **RASGO PERTINENTE, DISTINTIVO** o **DIFERENCIAL** *Ling.* El que sirve para distinguir un fonema de otro u otros de la misma lengua. || **a grandes rasgos** loc. adv. De modo general.

RASGÓN m. Rotura de un vestido o tela.

RASGUEAR tr. Tocar la guitarra u otro instrumento rozando varias cuerdas a la vez con las puntas de los dedos.

RASGUÑAR tr. **1** Arañar, rascar. **2** *Pint.* Dibujar un boceto o tanteo.

RASGUÑO m. **1** Pequeña herida o corte hecho con las uñas o con un instrumento cortante. **2** *Pint.* Dibujo en boceto o tanteo.

RASHT Ciudad de Irán, capital de la provincia de Gilán; 340.637 h.

RASÍ m. *Ling.* Alifato hebreo semicursivo.

RASILLA f. Ladrillo hueco y más delgado que el corriente, que se emplea para forjar bovedillas y otras construcciones.

RASMILLAR tr. *Chile* Arañar ligeramente.

RASMUSSEN, KNUD Explorador danés (Jakobshaun, 1879 - Copenhague, 1933). Llevó a cabo varias expediciones por el Ártico americano, y exploró el estrecho de Bering.

RASMUSSEN, POUL NYRUP Político danés (Esberj, 1943). En 1992 fue elegido presidente del Partido Socialdemócrata y un año más tarde encabezó un gobierno de coalición. Confirmado en el cargo tras los comicios de 1998, en 2001 fue sustituido por Andreas Fogh Rasmunssen.

RASO, SA adj. **1** Plano, liso, sin estorbos. También s. **2** Se dice del que no tiene un título u otra función que le distinga. **3** Se dice también de la atmósfera libre de nubes y nieblas. **4** Que pasa o se mueve a poca altura del suelo. || m. **5** Tela de seda lustrosa, de más cuerpo que el tafetán y menos que el terciopelo.

RASPA f. **1** *Bot.* Arista del grano de trigo y de otras gramíneas. **2** *Bot.* Eje o nervio de los racimos o espigas. **3** *Zool.* Espina de un pescado, especialmente la esquena. **4** *Amér.* Reprimenda.

RASPADO m. **1** Acción y efecto de raspar. **2** *Med.* Ablación de parte de la mucosa de un órgano, en la mayoría de los casos en la matriz, con fines terapéuticos o para provocar un aborto.

RASPAHILAR intr. fam. Moverse rápida y atropelladamente. Se usa sólo en gerundio y con verbos de movimiento.

RASPAJO m. *Bot.* Escobajo de uva.

RASPAR tr. **1** Raer ligeramente una cosa quitándole alguna parte superficial. **2** Pasar rozando. **3** Producir algo un contacto áspero.

RASPEAR intr. **1** Correr con aspereza la pluma. || tr. **2** Reprender, reconvenir.

RASPILLA f. *Bot.* Planta herbácea de la familia borragináceas, de flores azules llamadas nomeolvides.

RASPÓN m. **1** RASPONAZO. **2** *Col.* Sombrero de paja que usan los campesinos.

RASPONAZO m. Lesión o erosión superficial causada por un roce violento.

RASPOSO, SA adj. **1** Que tiene muchas raspas. **2** Áspero al tacto o al paladar. **3** *Arg.* y *Urug.* Se dice de la prenda de vestir raída, en mal estado, y del que la lleva. **4** *Arg.* y *Urug.* Roñoso, tacaño. También s.

RASPUTÍN (GREGORI EFIMOVICH NOVY, llamado) Monje y cortesano ruso (Pokrovskoé, 1846 - San Petersburgo, 1916). Desde 1905 se convirtió en uno de los personajes más influyentes de la corte del zar Nicolás II, gracias a su ascendiente sobre la zarina. Víctima de un complot, murió ejecutado por el príncipe Yusupov.

RASQUETA f. **1** Pequeña plancha de madera, cubierta de papel lija que se usa para pulir la punta de los lápices de los dibujantes. **2** Plancha de hierro, de cantos afilados y con mango de madera, que se usa para raer y limpiar los palos, cubiertas y costados de las embarcaciones. **3** *Amér. m.* y *Ant.* Chapa dentada para limpiar el pelo de las caballerías, almohaza.

RASQUETEAR tr. *Amér. m.* Limpiar el pelo de las caballerías con rasqueta.

RASTACUERO adj. Advenedizo, nuevo rico.

RASTADT o **RASTATT** Ciudad de Alemania, Land de Baden-Württemberg. Congreso (1797-99) para regular la situación de Austria y Alemania según la paz de Campoformio.

RASTADT, TRATADO DE *Hist.* Acuerdo firmado el 6 de marzo de 1714 entre Austria y Francia que ponía fin a la GUERRA DE SUCESIÓN DE ESPAÑA, complementando al tratado de Utrecht de 1713. Por sus disposiciones, Austria se apropió de los territorios españoles de Italia, excepto Sicilia, que pasó a Saboya, y los Países Bajos; Francia obtuvo Alsacia, Estrasburgo y Landau, pero tuvo que restituir las plazas de la orilla derecha del Rhin.

RASTAFARI m. Seguidor del rastafarianismo.

RASTAFARIANISMO *Rel.* Movimiento religioso surgido en Jamaica en torno a 1920, influido por las ideas de activista Marcus Garvey. Son favorables al consumo de marihuana y consideran el *reggae* su música espiritual.

RASTRA[1] f. **1** Rastro de recoger hierba, paja, broza, etc. **2** Grada para allanar la tierra después de arada. **3** Tabla que, arrastrada por una caballería, sirve para recoger la parva de la era. **4** Madero que se asienta a lo largo del muro, para trabazón o apoyo de techo. || **a la rastra, a rastra, a rastras** loc. adv. Arrastrando. También en sentido figurado, de mal grado, obligado o forzado.

RASTRA[2] f. *Bot.* Sarta de cualquier fruta seca.

RASTREADOR, RA adj. y s. Que rastrea.

RASTREAR tr. **1** Seguir el rastro o buscar alguna cosa por él. **2** Llevar arrastrando por el fondo del agua una rastra, un arte de pesca u otra cosa. **3** fig. Inquirir, averiguar una cosa, discurriendo por conjeturas o señales. || intr. **4** *Agr.* Hacer alguna labor con el rastro. **5** Ir por el aire, pero casi tocando el suelo.

RASTREL m. Listón grueso de madera, ristrel.

RASTRELLI, BARTOLOMEO Arquitecto italiano (París, 1700 - San Petersburgo, 1771). Fue el encargado de rea-

Bartolomeo **Rastrelli.** Palacio de Invierno. San Petersburgo (Rusia).

lizar la reforma urbanística de San Petersburgo, donde realizó el Palacio de Invierno, el convento de Smolni y el Palacio Stroganov.

RASTRERO, RA adj. **1** Que se arrastra. **2** Se dice de las cosas que van por el aire casi tocando el suelo. **3** fig. Bajo, vil y despreciable. **4** Bot. Se dice del tallo de una planta que crece a ras de tierra y echa raicillas de trecho en trecho. **5** PERRO RASTRERO.

RASTRILLA f. Rastro que tiene el mango en una de las caras estrechas del travesaño.

RASTRILLADA f. **1** Agr. Arg., Bol. y Urug. Conjunto de rastros dejados en el campo por grupos de animales. **2** Arg. Camino hecho por el paso de grupos de animales o jinetes. **3** Lo que se coge de una vez con el rastrillo.

RASTRILLAR tr. **1** Agr. Recoger con el rastro la parva en las eras o la hierba segada en los prados. **2** Agr. Pasar la rastra por los sembrados. **3** Limpiar de hierba con el rastrillo las calles de los parques y jardines. **4** En operaciones militares o policiales, batir una zona para reconocerla o registrarla.

RASTRILLO m. **1** Rastro para recoger hierba. **2** Agr. Tabla con muchos dientes de alambre grueso, sobre los que se pasa el lino o cáñamo para apartar la estopa y separar bien las fibras. **3** Compuerta formada por una reja o verja fuerte y espesa, que se echaba en las puertas de las plazas de armas para defender la entrada. **4** Verja o puerta de hierro que defiende la entrada de un establecimiento penal. **5** Mercadillo callejero.

RASTRO m. **1** Agr. Instrumento compuesto de un mango largo y delgado, cruzado en uno de sus extremos por un travesaño armado de púas a modo de dientes, y que sirve para recoger paja, hierba, etc. **2** Agr. Herramienta a manera de azada, que en vez de pala tiene dientes fuertes y gruesos. **3** Vestigio, señal o indicio de un acontecimiento. **4** Huella de algo. **5** Mercado callejero.

RASTROJAL m. Bot. Tierra o tierras que han quedado de rastrojo. **2** Ecuad. Hierba y arbustos que crecen en un terreno abandonado.

RASTROJAR tr. Agr. Arrancar el rastrojo.

RASTROJERA f. Agr. **1** Conjunto de tierras que han quedado de rastrojo. **2** Temporada en que los ganados pastan los rastrojos, hasta que se alzan las tierras.

RASTROJO m. Agr. **1** Residuo de las cañas de la mies, que queda en la tierra después de segar. **2** El campo después de segada la mies y antes de recibir nueva labor.

RASURA f. **1** Acción y efecto de rasurar. **2** Acción y efecto de raer.

RASURACIÓN f. RASURA.

RASURAR tr. y prnl. Afeitar el pelo del cuerpo, especialmente el de la barba y el bigote.

RATA f. **1** Zool. Nombre de unas 650 especies de mamíferos roedores de casi 50 cm de longitud, con la cabeza pequeña, hocico puntiagudo, patas cortas y pelaje variable, pero predomina el gris oscuro. Es muy fecunda, destructiva y peligrosa por las enfermedades que transmite. || com. **2** Ladrón, ratero. **3** Persona muy tacaña. También pl. || **RATA DE AGUA** Zool. Mamífero roedor de la familia arvicólidos, género Arvicola, incluye especies diurnas y nocturnas, que no hibernan y de alimentación mayoritariamente vegetal.

rata

RATA PARTE loc. lat. Parte proporcional que corresponde a cada uno en un reparto, prorrata.

RATAFÍA f. Rosoli en que entra zumo de ciertas frutas, principalmente de cerezas o de guindas.

RATANIA f. Bot. Arbusto americano de la familia poligaláceas; sus flores tienen el cáliz blanquecino y la corola carmesí. La corteza de su fruto se usa como astringente.

RATEAR tr. **1** Disminuir o rebajar a proporción o prorrata. **2** Distribuir proporcionadamente. **3** Hurtar con

Ratisbona (Alemania).

destreza cosas pequeñas. || intr. **4** Andar arrastrando con el cuerpo pegado a la tierra. **5** Mec. Fallar un motor de combustión interna.

RATEL m. Zool. Mamífero carnívoro fisípeo, de nombre científico Mellivora capensis. Animal de unos 90 cm de longitud, similar al tejón europeo, con la parte dorsal de color gris y el resto negro. Su alimento preferido es la miel, aunque también gusta de mamíferos, aves, reptiles y vegetales. De hábitos nocturnos, excava profundas madrigueras. Vive en África y Asia.

RATERÍA f. **1** Hurto de cosas de poco valor. **2** Acción de hurtarlas con maña y cautela. **3** Bajeza o ruindad en los tratos o negocios.

RATERO, RA adj. **1** Se dice del ladrón que hurta con maña cosas de pequeño valor. Más como s. **2** Vil, despreciable.

RATHENAU, WALTER Político, industrial y filósofo alemán (Berlín, 1867 - íd., 1922). Al proclamarse la República de Weimar, fundó el Partido Demócrata Alemán. Desempeñó los cargos de ministro de la Reconstrucción (1921) y de Negocios Extranjeros (1922), cargo desde el que negoció el tratado de Rapallo (1922). Murió asesinado.

RATICIDA m. Sustancia que se emplea para exterminar ratas y ratones.

RATIFICAR tr. y prnl. Aprobar o confirmar actos, palabras o escritos dándolos por valederos y ciertos.

RATING (Voz i.) **1** Econ. Clasificación que se hace de una persona o empresa en cuanto a su solvencia como deudora. **2** Dep. En navegación, índice que se obtiene de la valoración de las características técnicas de una embarcación.

RATIO f. Relación cuantificada entre dos magnitudes o fenómenos, muy utilizada en estudios comparativos de contabilidad.

RATISBONA (Regensburg) Ciudad de Alemania, Land de Baviera, junto al Danubio; 125.608 h.

RATISBONA, DIETA DE Hist. Celebrada en 1630 en esta localidad, en ella el emperador Fernando II intentó la unión de los príncipes alemanes contra Francia y Suecia, y la designación de su hijo como sucesor del trono imperial. Ambas propuestas fueron desestimadas.

RATO m. **1** Espacio de tiempo especialmente cuando es corto. **2** Anteponiéndole los adjetivos buen o mal, gusto o disgusto pasajeros. **3** Trecho o distancia. || **a ratos**, loc. adv. DE RATO EN RATO. También, a veces. || **de rato en rato** loc. adv. Con algunas intermisiones de tiempo. || **para rato** loc. adv. Por mucho tiempo, generalmente hablando de lo venidero y a veces de aquello cuya realización no parece probable. || **pasar el rato** fr. fam. Distraerse, divertirse, entretenerse. || **un rato** o **un rato largo** loc. adv. fam. Mucho o muy.

RATÓN m. **1** Zool. Nombre de varias especies de mamíferos roedores que se caracterizan por su hocico puntiagudo, orejas cortas y cuerpo alargado con cola peluda y larga. **2** Inform. Dispositivo periférico del teclado del ordenador que permite mover un indicador-selector de funciones a lo largo y ancho de la pantalla. || **RATÓN DE BIBLIOTECA** fig. y fam. Persona estudiosa, que con asiduidad consulta muchos libros. || **RATÓN CAMPESTRE** Zool. De nombres científicos Apodemus sylvaticus y A. flavicollis, tienen el pelaje pardo amarillento y viven silvestres; abundan en Eurasia. || **RATÓN COMÚN, CASERO** o **DOMÉSTICO** Zool. De nombres científicos Mus musculus y M. spretus, son pequeños, con ojos y orejas grandes, y pelaje generalmente gris; son muy fecundos y ágiles.

RATONA f. **1** Hembra del ratón. **2** Arg. Zool. Ave pequeña, de la familia trogloditidas, cuyo plumaje tiene coloración pardusca, parecida a la de los ratones de campo. Muy vivaz, se alimenta de insectos y anida en huecos de paredes y cornisas.

RATONERO m. Zool. Nombre de varias especies de aves falconiformes accipítridas, género Buteo, semejantes al águila pero de menor tamaño.

RATONERO, RA adj. **1** Zool. Relativo a los ratones. **2** Zool. Se aplica al animal que caza ratones. **3** De poca calidad. || f. **4** Trampa para cazar ratones. **5** Madriguera de ratones. **6** Espacio muy pequeño donde se vive.

RATSIRAKA, DIDIER Político malgache (Vatomandry, 1936). Fue ministro de Asuntos Exteriores (1972-75) y presidente de la República (1975-93 y desde 1996).

RATTAZZI, URBANO Político italiano (Alessandria, 1808 - Frosinone, 1873). Fue primer ministro (1862-67).

RATTIGAN, SIR TERENCE Comediógrafo inglés (Londres, 1911 - Hamilton, 1977). Obras principales: El chico de los Winslow (1946), Mesas separadas (1955) y Legado a la nación (1978).

RATTLE, SIMON Director de orquesta británico (Liverpool, 1955). Director de la orquesta Sinfónica Ciudad de Birmingham de 1980 a 1998, en 2002 sustituyó a C. Abbado al frente de la Filarmónica de Berlín.

RATZEL, FRIEDRICH Geógrafo alemán (Karlsruhe, 1844 - Ammerland, 1904). Continuador de la obra de Ritter, fue el fundador de la geografía política.

RAU Siglas de REPÚBLICA ÁRABE UNIDA.

RAUDA f. Cementerio árabe.

RAUDAL m. **1** Abundancia de agua que corre arrebatadamente. **2** fig. Abundancia de cosas que se derraman o se juntan rápidamente y de golpe.

RAUDO, DA adj. Veloz, precipitado.

RAÚL o **RODOLFO DE BORGOÑA** Rey de Francia (? - Auxerre, Yonne, 936). Sucedió a Roberto I en 923. Durante su reinado tuvo que enfrentarse a las incursiones húngaras (926-27) y normandas (930).

RAULÍ m. Bot. Árbol perteneciente a la familia fagáceas, de nombre científico Nothofagus nervosa, cuya madera se emplea en toda clase de muebles y en arquitectura.

RAUSCHENBERG, ROBERT Pintor estadounidense (Port-Arthur, Texas, 1925). Representante del pop-art, utilizó el collage e introdujo elementos dispares como plásticos, botellas, neumáticos, etc. Autor de Charlene (1954), Kanyon (1959) y Escarchas (1975).

RAVAILLAC, FRANÇOIS Conspirador católico francés (Touvre, Charente, 1578 - París, 1610). Asesinó a Enrique IV por la protección que dispensaba a los protestantes.

RAVEL, MAURICE Compositor francés (Ciboure, 1875 - París, 1937). Destacado representante del impresionismo musical. Conocido sobre todo por su Bolero (1928), escribió, también para orquesta, Rapsodia española (1907), el ballet sinfónico Dafnis y Cloe (1911), y para piano Pavana para una infanta difunta (1899), Juegos de agua (1901), Espejos (1905) y el Concierto en sol mayor (1931).

Rávena (Italia). Interior de la iglesia de San Vital.

RÁVENA 1 Provincia de Italia, en Emilia-Romagna; 1.859 km² y 349.778 h. 2 Ciudad del NE de Italia, cerca del Adriático, capital de la provincia de su nombre; 137.035 h. Centro agrícola y petroquímico. Refinería de petróleo. Conserva notables monumentos: la Porta Aurea (siglo I); el mausoleo de Gala Placidia (siglo V); la catedral, construida por el obispo Ursus en el año 400; el baptisterio de los Ortodoxos (siglo V); San Apollinare Nuovo (siglo VI); el mausoleo de Teodorico; San Apollinare in Classe (siglo VI); la tumba de Dante, y la iglesia de San Vital, construida hacia el 525, y que constituye el monumento más puro del arte bizantino en Occidente. Fundada por los umbrios, se alió a Roma en el siglo III a. C. y fue convertida en municipio romano en 89 a. C. Convertida en capital del imperio de occidente (402) por Honorio, el emperador bizantino Mauricio creó el exarcado de Rávena (584), que Pipino el Breve entregó al papa Esteban II (756).
RAVENALA f. *Bot.* Árbol de la familia musáceas, originario de Madagascar.
RAVENÉS, SA adj. y s. De Rávena.
RAVIOLES O **RAVIOLIS** m. pl. *Gastron.* Pasta de forma rectangular, de unos cuatro centímetros por dos, que se dobla sobre sí misma para rellenarla de picadillo de carne o verdura; se sirve después de hervida, rebozada en salsas, mantequilla, etc.
RAWALPINDI Ciudad del Norte de Pakistán; 794.843 h. Fue capital de la nación (1959-69).
RAWLINGS, JOHN JERRY Militar y político ghanés (Accra, 1947). En 1979 dirigió el golpe de Estado que restituyó el poder civil. En 1982 protagonizó un nuevo golpe y se hizo cargo de la presidencia de la República. Venció en las elecciones presidenciales celebradas en 1993, cargo que renovó en los comicios de 1996. En 2000 fue sustituido por John Kufuor.
RAWLS, JOHN Filósofo estadounidense (Baltimore, 1921). Teórico del liberalismo y crítico del utilitarismo, es autor de *Justice and Fairnes* (1958) y *Teoría de la justicia* (1971).
RAWSON, ARTURO Militar argentino (Santiago del Estero, 1885 - Buenos Aires, 1952). Dirigió con el general Ramírez el golpe de Estado que derrocó al presidente Castillo (1943) y asumió la presidencia de la República durante días días.
RAY, JOHN Naturalista inglés (Black Notley, 1627 - íd., 1705). Uno de los fundadores de la botánica y de la zoología en Gran Bretaña, fue antecesor de Linneo en el campo de la taxonomía.
RAY, MAN MAN RAY.
RAY, NICHOLAS (RAYMOND NICHOLAS KIENZLE, llamado) Director de cine estadounidense (La Crosse, 1911 - Nueva York, 1979). En su filmografía destaca: *Nacida para el mal* (1950), *Johnny Guitar* (1954), *Rebelde sin causa* (1955), *La verdadera historia de Jesse James* (1957), *Rey de Reyes* (1961), etc.
RAY, SATYAJIT Director de cine indio (Calcuta, 1922 - íd., 1992). Entre sus películas figuran la trilogía formada por *Pather Panchali* (1952-55), *Aparajito* (1957) y *El mundo de Apu* (1959); *El salón de música* (1959), *Charulata* (1964) y *Los jugadores de ajedrez* (1973).
RAY-GRAS *Bot.* BALLICO.
RAYA¹ f. 1 Señal larga y estrecha que se hace o forma natural o artificialmente en un cuerpo cualquiera. 2 Término, confín o límite de una nación, provincia, región, distrito, etc.; y también lindero de un predio si tiene mucha extensión. 3 Término que se pone a una cosa, tanto en lo físico como en lo moral. 4 Línea que queda en la cabeza al dividir los cabellos con el peine. 5 Dosis de cocaína o de otra droga en polvo. 6 *Gram.* Guión algo más largo que se usa para separar oraciones incidentales o indicar el diálogo en los escritos. || **a raya** loc. adv. Dentro de los justos límites. || **pasar de la raya** fr. fig. Propasarse, exceder en cualquier línea. || **tres en raya** *Ocio.* Juego que consiste en alinear tres objetos o fichas en una cuadrícula e impedir que lo haga el jugador contrario.
RAYA² f. *Zool.* Nombre de varias especies de peces cartilaginosos del orden rayiformes. Los representantes más conocidos son la raya y la manta.
RAYADO, DA m. 1 Conjunto de rayas o listas de una tela, papel, etc. 2 Acción y efecto de rayar.
RAYADOR m. *Zool. Amér. m.* Ave caradriforme perteneciente a la familia rincópidos, de nombre científico *Rynchops nigra*, de pico muy aplanado y delgado. Cuando vuela sobre el mar parece trazar una raya sobre el agua.
RAYANO, NA adj. 1 Que confina o linda con una cosa. 2 Que está en la raya que divide dos territorios. 3 fig. Cercano, con semejanza que se aproxima a la igualdad.
RAYAR tr. 1 Hacer o tirar rayas. 2 Tachar lo manuscrito o impreso, con una o varias rayas. También prnl. 3 Estropear o deteriorar una superficie lisa o pulida con rayas o incisiones. También prnl. || intr. 4 Confinar una cosa con otra. 5 Con las voces *alba, día, luz, sol,* amanecer. 6 fig. Sobresalir entre otros. 7 fig. Asemejarse una cosa a otra.
RÁYIDO, DA adj. y s. *Zool.* 1 Se dice del pez con el cuerpo deprimido, de forma discoidal o rómbica, como la raya y la pastinaca. || m. pl. *Zool.* 2 Familia de estos animales.
RAYLEIGH, JOHN WILLIAM STRUTT, TERCER BARÓN DE Físico y químico británico (Langford Grove, 1842 - Witham, 1919). Junto con W. Ramsay descubrió el argón en 1894. Premio Nobel de Física (1904).
RAYO m. 1 *Fís.* Partícula móvil o fotón de radiación ionizante. 2 *Fís.* Línea de luz que procede de un cuerpo luminoso. 3 *Meteor.* Chispa eléctrica de gran intensidad producida por descarga entre dos nubes o entre una nube y la tierra. 4 fig. Cualquier cosa que tiene gran fuerza o eficacia en su acción. 5 fig. Persona pronta y ligera en sus acciones. 6 fig. Desgracia, infortunio o castigo imprevisto y repentino. || **RAYO CATÓDICO** *Fís.* Descarga de electrones procedente del cátodo de un tubo vacío y acelerados por un campo eléctrico. || **RAYOS BETA (β)** *Fís.* Electrones o positrones emitidos por algunos núcleos radiactivos. || **RAYOS GAMMA (γ)** *Fís.* Fotones energéticos que son emitidos por algunos núcleos radiactivos. || **RAYOS INFRARROJOS** *Fís.* INFRARROJO. || **RAYOS ULTRAVIOLETAS** *Fís.* ULTRAVIOLETA. || **RAYOS X** *Fís.* Ondas electromagnéticas penetrantes cuyas longitudes de onda están comprendidas entre 10^{-5} y 10^5 angstroms. Se utilizan en medicina como medio de investigación y tratamiento. || **echar rayos** fr. fig. Manifestar gran ira o enojo.
RAYÓN¹ (Voz i.) m. 1 Filamento textil obtenido artificialmente y cuyas propiedades son parecidas a las de la seda. 2 Tela fabricada con este filamento.
RAYÓN² m. *Zool.* Nombre que recibe el jabato o cría del jabalí en los seis primeros meses de vida, debido a las rayas que adornan su piel.
RAYONISMO m. *Arte.* Movimiento pictórico ruso, fundado hacia 1912 por Mijaíl Lariónov. Ejerció una decisiva influencia en el nacimiento de la abstracción rusa.
RAYOSO, SA adj. Que tiene rayas.
RAYUELA f. 1 Juego en el que, tirando tejos a una raya hecha en el suelo y a cierta distancia, gana el que la toca o se acerca más. 2 Juego en el que se desplaza un tejo a través de casillas pintadas en el suelo.
RAYUELO m. *Zool.* Agachadiza, becada, sorda.
RAZA f. 1 Casta o calidad de origen o linaje. 2 *Biol.* Cada uno de los grupos taxonómicos infraespecífico de organismos, cuyos caracteres diferenciales se perpetúan por herencia. 3 Categoría de personas en relación a la característica que la define. || **RAZA HUMANA** *Antrop.* Agrupación natural de hombres con un conjunto de caracteres físicos comunes. Tradicionalmente, se han distinguido tres razas: blancos (leucodermos), amarillos (xantodermos) y negros (melanodermos).
RÁZAGO m. ARPILLERA.
RAZIA f. 1 Incursión, correría en un país enemigo, sin otro fin que la destrucción o el saqueo. 2 Batida, redada.
RAZIN, STENKA Caudillo cosaco (Zimoveiskaia, h. 1630 - Moscú, 1671). Encabezó la revuelta contra el zar Alejo I Mijailovich (1667-70). Derrotado en Simbirsk, fue ejecutado.
RAZÓN f. 1 Facultad de pensar. 2 *Filos.* Capacidad del hombre que le permite realizar inferencias lógicas y acceder al conocimiento del mundo. 3 Palabras o frases con que se expresa el discurso. 4 Argumento o demostración que se aduce en apoyo de algo. 5 Motivo o causa. 6 Derecho para ejecutar algo. 7 Equidad en las compras y ventas. 8 Cuenta, relación, cómputo. 9 *Mat.* Cociente de dos números, en general, de dos cantidades comparables entre sí. Su notación es análoga a la de la fracción. 10 *Mat.* En una progresión geométrica, cociente de dividir cada término por el que precede. || **RAZÓN DE ESTADO** Política y regla con que se dirigen las cosas de interés general. También, consideración de interés superior que se invoca en un Estado para hacer algo contrario a la ley o al derecho. || **RAZÓN DE PATA, o DE PIE, DE BANCO** fig. y fam. La que es conocidamente disparatada o inaplicable al caso. || **RAZÓN SOCIAL** Nombre y firma por los cuales es conocida una compañía mercantil de forma colectiva, comanditaria o anónima. || **asistir la razón** a uno fr. Tenerla de su parte. || **dar la razón a** uno fr. Aceptar que está en lo cierto. || **dar razón** fr. Notificar, informar de un asunto. || **perder alguien la razón** fr. Volverse loco; actuar insensatamente. || **tener razón** fr. Estar en lo cierto.
RAZONABLE adj. 1 Conforme a razón. 2 fig. Mediano, regular.
RAZONADO, DA adj. Basado en razones.
RAZONAMIENTO m. 1 Acción y efecto de razonar. 2 Serie de conceptos encaminados a demostrar una cosa o a persuadir o mover a oyentes o lectores. 3 *Filos.* Operación mental de carácter discursivo, que consiste en establecer una nueva relación entre conceptos que están ya primariamente relacionados entre sí mediante juicios.
RAZONAR intr. Discurrir, ordenando ideas en la mente para llegar a una conclusión. 2 Hablar dando razones para probar una cosa. || tr. 3 Exponer, aducir las razones o documentos en que se apoyan dictámenes, cuentas, etc.
RAZZIA f. RAZIA.
Rb *Quím.* Símbolo del rubidio.
RD *Fís.* RAD.
RDA Siglas de la República Democrática Alemana, uno de los dos Estados en que se dividió ALEMANIA entre 1945 y 1990.
RDSI (Siglas de *Red Digital de Servicios Integrados*) *Inform.* Red informática, con soporte físico de banda ancha, en la que se agrupan varios instrumentos de tecnología digital con el fin de centralizar los servicios que cada uno de ellos presta por separado. Pueden integrarse en ella servicios de telefonía, videoconferencia, videotex, mensajería electrónica y otros procedimientos informáticos.

raya

RE m. *Mús.* Segunda nota de la escala musical.
RE- pref. que denota reintegración o repetición (*reelegir*), aumento (*recargar*), oposición o resistencia (*repugnar*), movimiento hacia atrás (*refluir*), negación o inversión del significado del simple (*reprobar*), o encarecimiento (*resalada*).
RE *Quím.* Símbolo del renio.
Ré Isla de Francia, en el golfo de Vizcaya, departamento de Charente Marítimo; 9.862 h.
-REA suf. REO-.
REA *Mit.* Hija de Urano y de Gea, y esposa de Cronos, con quien tuvo seis hijos: Hestia, Deméter, Hera, Hades, Poseidón y Zeus. Es la Cibeles frigia.
REA SILVIA *Mit.* Hija de Numitor, rey de Alba Longa. Poseída por Marte, concibió a los gemelos Rómulo y Remo.
REABRIR tr. y prnl. Volver a abrir lo que estaba cerrado.
REACCIÓN f. **1** Acción que resiste o se opone a otra acción, obrando en sentido contrario a ella. **2** Tendencia tradicionalista en lo político, opuesta a las innovaciones. **3** Comportamiento ante un estímulo. **4** *Quím.* Proceso de transformación de determinadas sustancias químicas, llamadas reactivos, que da origen a otras nuevas. || **REACCIÓN NUCLEAR** *Fís.* Proceso, espontáneo o inducido, por el que un núcleo atómico se transforma en otro de características distintas mediante la incidencia de una partícula o cuanto de radiación. || **REACCIÓN NUCLEAR EN CADENA** *Fís.* Serie de fisiones de núcleos atómicos pesados, que se alimenta a sí misma, ya que los neutrones de fisión producen, a su vez, otras fisiones. || **REACCIÓN TERMONUCLEAR** *Fís.* La de tipo nuclear en que los núcleos ligeros se transforman en otros más pesados produciendo gran cantidad de energía.
REACCIONAR intr. **1** Actuar un ser por reacción de la actuación de otro. **2** Salir una persona o cosa de la postración en que estaba. **3** Oponerse a algo que se cree inadmisible. **4** *Quím.* Producirse una reacción química en una sustancia.
REACCIONARIO, RIA adj. y s. **1** Que propende a restablecer lo abolido. **2** Opuesto a las innovaciones. **3** Perteneciente o relativo a la reacción política.
REACIO, CIA adj. Contrario a algo, o que muestra resistencia a hacer algo.
REACTANCIA f. *Fís.* Resistencia que opone al paso de una corriente alterna un condensador o una bobina.
REACTANTE adj. y s. *Quím.* Se dice de cada una de las sustancias que participan en una reacción química produciendo otra u otras diferentes a las primitivas.
REACTIVAR tr. Volver a activar.
REACTIVO, VA adj. y s. **1** Se dice de lo que produce reacción. || m. *Quím.* **2** Compuesto o mezcla de compuestos que sirve para determinar, medir o examinar la naturaleza de otra sustancia.
REACTOR m. **1** Motor de reacción. **2** Avión que usa motor de reacción. || **REACTOR NUCLEAR** *Fís.* Instalación destinada a provocar la fisión nuclear mediante reacciones nucleares en cadena controladas, para producir energía, obtener isótopos radiactivos, etc. Los combustibles o materiales fusibles más utilizados son isótopos del uranio, del plutonio y del torio.
READAPTACIÓN f. **1** Acción y efecto de readaptar o readaptarse. **2** *Ecol.* Aclimatación de un ser vivo a un medio distinto al suyo original.
READAPTAR tr. Adaptar de nuevo.
READING Consejo unitario del Reino Unido, en Inglaterra; 147.800 h.
READMITIR tr. Volver a admitir.
REAFIRMAR tr. y prnl. Afirmar de nuevo.
REAGAN, RONALD Político estadounidense (Tampico, Illinois, 1911 - Los Ángeles, 2004). Inició su carrera como actor de cine en 1937. Presidente del sindicato de actores (1947-53), fue gobernador del Estado de California (1967-75) y presidente de EE UU (1980-88) como candidato republicano. Durante su mandato instauró una línea de dureza frente a los enemigos de EE UU. En 1989 fue sustituido por George Bush.
REAGRAVAR tr. y prnl. Volver a agravar.
REAGRUPAR tr. Agrupar de nuevo o de modo diferente lo que ya estuvo agrupado.
REAJUSTAR tr. **1** Volver a ajustar, ajustar de nuevo. **2** Hablando de precios, salarios, etc., aumentar su cuantía, subirlos.
REAJUSTE m. Acción y efecto de reajustar.
REAL[1] adj. Que tiene existencia verdadera.
REAL[2] adj. **1** Relativo al rey, la reina o la realeza. **2** fig. Regio, suntuoso. **3** Aplicado a personas, de muy buena presencia. || m. **4** *Num.* Antigua moneda de veinticinco céntimos de peseta. **5** *Econ.* Unidad monetaria de Brasil. || **REAL DE MINAS** *Méx.* Pueblo en cuyo distrito hay minas de plata. || **REAL DE PLATA** *Num.* Moneda que tuvo diferentes valores, aunque el más corriente fue el de dos reales de vellón. || **REAL DE VELLÓN** *Num.* Moneda de plata que valía 34 maravedíes.

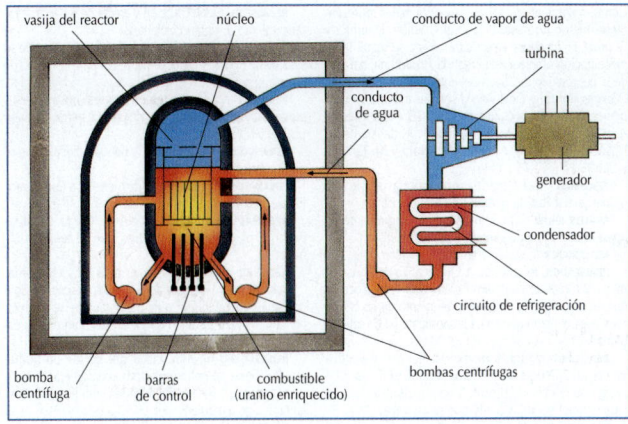

reactor nuclear. Esquema de funcionamiento.

REAL[3] m. **1** Campamento de un ejército y especialmente donde está la tienda del rey o general. También en pl. y en sentido fig. **2** Campo donde se celebra una feria.
REAL ACADEMIA ESPAÑOLA Por antonomasia, recibe este nombre la de la Lengua, fundada en Madrid en 1713 por Juan Manuel Fernández Pacheco, marqués de Villena, a imitación de la *Académie Française* y aprobada oficialmente por Felipe V en 1714. Inicialmente, estuvo compuesta por 8 miembros (1713), de los que se pasó a 14 (1713) y después a 24 (1714). Desde 1847 se fijó en 36. Su divisa es un crisol puesto al fuego con el lema *limpia, fija y da esplendor*, que expresa su preocupación por la pureza del idioma español con cierto carácter normativo. En el año 2000 recibió el premio Príncipe de Asturias de la Concordia.
REAL CORDILLERA Cordillera oriental de los Andes de Bolivia, separada de los Andes occidentales por la altiplanicie boliviana. Forma tres secciones: Cololo, Ilampa y Tres Cruces.
REAL VILLA DE SAN FELIPE DE AUSTRIA ORURO.
REALCE m. **1** Adorno o labor que sobresale en la superficie de una cosa. **2** fig. Lustre, estimación.
REALEJO m. **1** Sitio donde está acampado un ejército. **2** *Mús.* Órgano pequeño manual.
REALENGO, GA adj. **1** *Hist.* Se dice de los lugares o territorios que en las edades Media y Moderna cuya jurisdicción correspondía a la corona. **2** *Col., P. Rico* y *Venez.* Vago, desocupado. **3** *Méx.* y *P. Rico* Que no tiene dueño, sobre todo los animales.
REALEZA f. Dignidad o soberanía real, del rey.
REALIA m. pl. *Ling.* Término latino con que se designan los elementos que, sin ser lingüísticos, influyen sobre la lengua de un país: historia, costumbres, etc.
REALIDAD f. **1** Existencia real y efectiva de una cosa. **2** Verdad, sinceridad. **3** Totalidad de las cosas que existen y de los hechos que suceden en el mundo. || **REALIDAD VIRTUAL** *Tecnol.* Sistema tecnológico, basado en el empleo de ordenadores y otros dispositivos, cuyo fin es producir una apariencia de realidad que permita al usuario tener la sensación de estar presente en ella. Se consigue mediante la generación por ordenador de un conjunto de imágenes que son contempladas por el usuario a través de un casco provisto de un visor especial. Algunos equipos se completan con trajes y guantes equipados con sensores diseñados para simular la percepción de diferentes estímulos, que intensifican la sensación de realidad. Su aplicación, aunque centrada inicialmente en el terreno de los videojuegos, se ha extendido a otros muchos campos, como la medicina, simulaciones de vuelo, etc. || **en realidad** loc. adv. Efectivamente.
REALISMO[1] m. **1** *Filos.* Actitud filosófica, opuesta al idealismo, según la cual las cosas existen fuera e independientemente de la conciencia. También recibe este nombre una de las soluciones propuestas al problema de los universales, según la cual éstos son reales; se opone al nominalismo. **2** Sistema estético que asigna como fin a las obras artísticas o literarias la imitación fiel de la naturaleza. **[Encic.] 3** Cualidad de realista.
REALISMO MÁGICO *Lit.* Corriente literaria hispanoamericana que introduce elementos fantásticos dentro de una línea narrativa realista. En dicha corriente destacan autores como G. García Márquez, A. Uslar Pietri, A. Carpentier y J. Rulfo. || **REALISMO SOCIALISTA** *Arte.* Tendencia estética nacida en la URSS que propugnaba la influencia de la revolución social en la literatura y las artes.

ARTE. Y LIT. Aunque el realismo constituye una tendencia constante en la literatura y el arte, recibe propiamente este nombre la corriente estética que surgió en Francia en el siglo XIX, como reacción contra las convenciones del neoclasicismo y del romanticismo.

realismo. *El ángelus.* Cuadro de Jean François Millet. Museo d'Orsay (París).

Como movimiento pictórico, sus principales representantes fueron Rousseau, Daubigny, Millet, Daumier y Courbet. En literatura, se caracterizó por perseguir la representación objetiva de la realidad cotidiana, a través de la descripción detallada del entorno social; Flaubert, Dickens, Tolstoi y Dostoievski son sus máximos exponentes. En España la cultivaron Clarín, B. Pérez Galdós, A. Palacio Valdés, J. M. de Pereda, P. A. de Alarcón y J. Valera; y el teatro, A. López de Ayala y M. Tamayo y Baus.

REALISMO² m. **1** Doctrina u opinión favorable a la monarquía. **2** Partido que profesa esta doctrina.

REALITY SHOW (Expr. i.) m. *Medios.* Programa de televisión de contenido variado y sensacionalista.

REALIZACIÓN f. Acción y efecto de realizar.

REALIZADOR, RA adj. y s. **1** Que realiza una cosa. || m. y f. **2** *Cin.* DIRECTOR CINEMATOGRÁFICO. **3** *Telev.* Técnico que en un programa dirige el movimiento de las cámaras y elige el plano que en cada momento ha de salir en pantalla.

REALIZAR tr. y prnl. **1** Efectuar, hacer real y efectiva una cosa. **2** Dirigir la ejecución de una película o un programa televisivo. || prnl. **3** Sentirse satisfecho por haber cumplido aquello a lo que se aspiraba.

REALQUILADO, DA adj. y s. Se dice de la persona que vive en régimen de alquiler en un lugar alquilado por otra persona.

REALQUILAR tr. Alquilar un piso, local o habitación el arrendatario de ellos a otra persona.

REALZAR tr. **1** Levantar una cosa más de lo que estaba. También prnl. **2** Labrar de realce. **3** fig. Ilustrar o engrandecer. También prnl.

REANIMACIÓN f. *Med.* Conjunto de medidas terapéuticas que se aplican para recuperar o mantener las constantes vitales del organismo.

REANIMAR tr. y prnl. **1** Confortar, dar vigor. **2** Hacer que recobre el conocimiento alguien que lo ha perdido. También prnl. **3** fig. Infundir ánimo al que está abatido.

REANUDAR tr. y prnl. fig. Renovar el trato, trabajo, etc.

REAPARECER intr. Volver a aparecer o a mostrarse. ♦ IRREG. Se conjuga como AGRADECER.

REAPERTURA f. Acción de abrir algo que ha estado cerrado.

REARMAR tr. y prnl. Equipar nuevamente con armamento militar o reforzar el que ya existía.

REARME m. **1** Acción y efecto de rearmar o rearmarse. **2** Aumento de la capacidad bélica de un país que había sido obligado a desarmarse.

REASEGURO m. *Com.* Contrato por el cual un asegurador toma a su cargo un riesgo ya cubierto por otro asegurador, sin alterar lo convenido entre éste y el asegurado.

REASUMIR tr. Volver a tomar lo que antes se tenía o se había dejado.

REATA f. **1** Cuerda o correa que ata y une dos o más caballerías para que vayan en hilera una detrás de otra. **2** Hilera de caballerías que van de reata.

REATAR tr. **1** Volver a atar. **2** Atar apretadamente. **3** Atar dos o más caballerías para que vayan las unas detrás de las otras.

REATO m. Obligación que queda a la pena correspondiente al pecado, aun después de perdonado.

RÉAUMUR, RENÉ ANTOINE FERCHAULT DE Físico, químico y biólogo francés (La Rochelle, 1683 - Saint-Julien-du-Terroux, 1757). Creó la escala de temperaturas que lleva su nombre. Mejoró los procesos metalúrgicos y halló un procedimiento para obtener vidrio blanco *(porcelana de Réaumur).* Asimismo, investigó la digestión de los alimentos y aisló el jugo gástrico. Fue el mayor experto de su tiempo en entomología.

REAVIVAR tr. y prnl. Volver a avivar, o avivar intensamente.

REBABA f. Porción de materia sobrante que forma resalto en los bordes o superficie de un objeto manufacturado cualquiera.

REBAJA f. **1** Disminución, reducción o descuento. Se usa especialmente hablando de precios. || f. pl. **2** Venta de existencias a precios más bajos, durante un tiempo determinado.

REBAJAR tr. **1** Hacer más bajo el nivel o superficie horizontal de un terreno u otro objeto. **2** *Com.* Hacer rebaja. **3** Quitar fuerza o intensidad a algo. **4** fig. Humillar, abatir. También prnl.

REBAJO o **REBAJE** m. Parte del canto de un madero u otra cosa, donde se ha disminuido el espesor.

REBALAJE m. **1** Remolino que forman las aguas al chocar con un obstáculo cualquiera. **2** Reflujo del agua del mar en las playas, y zona donde esto tiene lugar.

REBALSA f. **1** Cantidad de agua detenida en su curso que forma balsa. **2** Porción de líquido detenido en una parte del cuerpo.

REBALSAR tr., intr. y prnl. Detener y recoger el agua en una balsa.

REBALSE m. *Geol.* **1** Acción y efecto de rebalsar. **2** Estancamiento de aguas corrientes.

REBANADA f. Porción delgada, ancha y larga que se saca de una cosa, y especialmente del pan, cortando de un extremo al otro.

REBANAR tr. **1** Hacer rebanadas una cosa o de alguna cosa. **2** Cortar una cosa de parte a parte. También prnl.

REBANCO m. *Arquit.* Segundo banco o zócalo que se pone sobre el primero.

REBAÑADERA f. Instrumento de hierro con que se saca lo que se cayó en un pozo.

REBAÑADURA f. **1** fam. Acción y efecto de rebañar. || f. pl. **2** Residuos de algo que se recogen rebañando.

REBAÑAR tr. Juntar y recoger algo sin dejar nada.

REBAÑO m. **1** Hato grande de ganado, especialmente del lanar. **2** fig. Conjunto de personas que se mueven gregariamente o se dejan dirigir en sus opiniones, gustos, etc.

REBASADERO m. *Mar.* Lugar por donde un buque puede rebasar un peligro o estorbo cualquiera.

REBASAR tr. **1** Pasar o exceder de cierto límite. **2** Adelantar a algo o alguien.

REBATE m. Combate, pendencia.

REBATIÑA f. Acción de coger deprisa algo entre muchos que quieren cogerlo a la vez.

REBATIR tr. Rechazar con argumentos las razones u opiniones de otra persona.

REBATO m. Convocación de los vecinos de uno o más pueblos, con el fin de defenderse cuando sobreviene un peligro.

REBAUTIZAR tr. Reiterar la administración del bautismo.

REBECA f. Chaquetilla de punto, abrochada por delante.

REBECA Personaje bíblico. Esposa de Isaac, sobrina de Abraham y madre de Jacob y Esaú.

REBECO m. *Zool.* Mamífero artiodáctilo rumiante perteneciente a la familia bóvidos, de nombre científico *Rupicapra rupicapra,* del tamaño de una cabra grande, que habita en las rocas más escarpadas de los Alpes y los Pirineos.

REBELARSE prnl. **1** Sublevarse, levantarse, faltando a la obediencia debida. También tr. **2** fig. Oponer resistencia.

REBELDE adj. y s. **1** Que se rebela o subleva, faltando a la obediencia debida. **2** Indócil, desobediente, opuesto con tenacidad. **3** Difícil de trabajar o manejar.

REBELDÍA f. **1** Calidad de rebelde. **2** Acción propia del rebelde. **3** *Der.* Estado procesal del que, siendo parte en un juicio, no acude al llamamiento que formalmente le hace el juez o deja incumplidas las intimaciones de éste. || **en rebeldía** loc. adv. *Der.* En situación jurídica de rebelde.

REBELIÓN f. Acción y efecto de rebelarse.

REBELÓN, NA adj. Se aplica al caballo o yegua que rehúsa volver a uno o a ambos lados.

REBENQUE m. **1** Látigo de cuero o cáñamo embreado, con el cual se castigaba a los galeotes. **2** *Amér. m.* Látigo recio del jinete. **3** *Mar.* Cuerda o cabo cortos.

REBINAR tr. *Agr.* Cavar por tercera vez las viñas.

REBITAR tr. Remachar un clavo.

REBLANDECER tr. y prnl. Ablandar una cosa. ♦ IRREG. Se conjuga como AGRADECER.

REBLANDECIMIENTO m. *Med.* Lesión de los tejidos orgánicos, caracterizada por la disminución de su consistencia.

REBOBINAR tr. **1** Volver a enrollar el hilo de una bobina. **2** Enrollar hacia atrás una cinta, un carrete fotográfico, etc.

REBOJO m. Residuo de algunas cosas, especialmente del pan.

REBOLLAR m. *Bot.* Sitio poblado de rebollos.

REBOLLEDO m. *Bot.* REBOLLAR.

REBOLLO m. *Bot.* Árbol de la familia fagáceas, especie de roble que crece en Galicia y Aragón.

REBOMBAR intr. Sonar estrepitosamente.

RÉBORA, MARILINA Escritora argentina (Buenos Aires, 1919 - íd., 1999). Influida por Alfonsina Storni y Horacio Quiroga, escribió, entre otros, los libros de poemas *Los días de los días* (1969), *Libro de estampas* (1972), *El río azul* (1975) y *Tiempos de la vida* (1975), los aforismos de *Las confidencias* (1978) y *Animalerías* (1980), y el libro de poemas para niños *El lagarto estaba harto* (1986).

REBORDE m. Faja estrecha que sobresale del borde de algo.

REBOSADERO m. Paraje u orificio por donde rebosa un líquido.

REBOSAR intr. **1** Derramarse un líquido por encima de los bordes de un recipiente en que no cabe. Se dice también del mismo recipiente. También prnl. **2** fig. Abundar con demasía algo. También tr.

REBOTADERA f. Peine de hierro con que se levanta el pelo del paño que se ha de tundir.

REBOTAR intr. **1** Botar repetidamente un cuerpo elástico, sobre el terreno o chocando con otros cuerpos. **2** Retroceder o cambiar de dirección un cuerpo en movimiento por haber chocado con un obstáculo. **3** Botar la pelota en la pared después de haber botado en el suelo.

REBOTE m. **1** Acción y efecto de rebotar un cuerpo elástico. **2** Cada uno de los botes que después del primero da el cuerpo que rebota. **3** *Dep.* En baloncesto, acción de atrapar el balón que queda suelto tras un tiro fallado. || **de rebote** loc. adv. fig. Como consecuencia de algo.

REBOTICA f. Pieza que está detrás de la principal de la botica, y le sirve de desahogo.

REBOTÍN m. *Bot.* Segunda hoja que echa la morera cuando la primera ha sido cogida.

REBOZAR tr. **1** Freír un alimento envuelto previamente en huevo, harina, miel, etc. **2** Cubrir casi todo el rostro con la capa o el manto. También prnl.

REBOZO m. **1** Modo de llevar la capa o manto cuando con él se cubre casi todo el rostro. **2** fig. Simulación, pretexto, excusa.

REBRAMAR intr. **1** Volver a bramar. **2** Bramar fuertemente. **3** Responder a un bramido con otro.

REBRAMO m. Bramido con que el ciervo u otro animal responde al de otro de su especie.

REBRINCAR intr. Brincar con reiteración.

REBROTE m. *Bot.* Retoño.

REBUDIAR intr. Roncar el jabalí cuando advierte la presencia de gente o la siente olfateando.

REBUDIO m. Ronquido del jabalí.

REBUFAR intr. Volver a bufar o bufar con fuerza.

REBUFO m. Expansión del aire alrededor de la boca del arma de fuego al salir el tiro, o del tubo de escape de un motor. || **ir a rebufo** expr. *Dep.* En motociclismo, automovilismo, ciclismo, etc., marchar a espaldas de otro competidor para reducir la resistencia del aire.

REBUJADO, DA adj. Enmarañado; en desorden.

REBUJAL m. **1** *Agr.* Terreno de inferior calidad, que no llega a media fanega. **2** *Gan.* Número de cabezas que en un rebaño exceden de cincuenta o de un múltiplo de cincuenta.

REBUJAR tr. Envolver o cubrir algunas cosas.

REBUJIÑA o **REBUJINA** f. fam. Alboroto.

REBUJO¹ m. **1** Embozo usado por las mujeres para no ser conocidas. **2** Envoltorio que con desaliño y sin orden se hace de papel o trapos.

REBUJO² m. **1** En algunas partes, porción de diezmos, que se distribuía en dinero entre los partícipes. **2** REBOJO.

REBULLIR intr. y prnl. Empezar a moverse lo que estaba quieto. ♦ IRREG. Se conjuga como MULLIR.

REBURUJÓN m. Envoltorio mal hecho.

REBUSCA f. **1** Acción y efecto de rebuscar. **2** *Agr.* Fruto que queda en los campos después de alzada la cosecha.

REBUSCADO, DA adj. Se dice del lenguaje, la expresión o actitud falto de espontaneidad.

REBUSCAMIENTO m. **1** Acción y efecto de rebuscar. **2** Hablando del lenguaje y estilo, afectación, falta de espontaneidad.

REBUSCAR tr. **1** Escudriñar o buscar con cuidado. **2** Recoger el fruto que queda en los campos después de alzadas las cosechas.

REBUZNAR intr. Dar rebuznos.

REBUZNO m. Voz del asno.

RECABAR tr. **1** Alcanzar con súplicas lo que se desea. **2** Pedir algo alegando un derecho.

RECABARREN, LUIS EMILIO Dirigente obrero chileno (Santiago de Chile, 1876 - íd., 1924). En 1912 fundó el Partido Socialista Obrero de Chile, que transformó en el Partido Comunista de Chile (1922).

RECABITA adj. y com. Israelita descendiente de Recab.

RECADERO, RA m. y f. Persona que tiene por oficio llevar recados de un lugar a otro.

RECADO m. **1** Mensaje o respuesta que de palabra se da o se envía a otro. **2** Encargo, encomienda. **3** Conjunto de objetos necesarios para hacer ciertas cosas. **4** *Nic.* Picadillo con que se rellenan las empanadas.

RECAER intr. **1** Volver a caer. **2** Caer nuevamente enfermo de la misma dolencia. **3** Reincidir en los vicios, errores, etc. **4** Ir a parar sobre alguien beneficios o gravámenes. ♦ IRREG. Se conjuga como CAER.

RECAÍDA f. Acción y efecto de recaer.

RECALADA f. *Mar.* Acción de recalar un buque.

RECALAR tr. y prnl. **1** Penetrar poco a poco un líquido por los poros de un cuerpo seco, dejándolo húmedo o mojado. || intr. **2** Llegar el buque, después de una navegación, a la vista de un punto de la costa. **3** fig. Aparecer por algún sitio una persona.

RECALCAR tr. 1 fig. Tratándose de palabras, decirlas con lentitud y exagerada fuerza de expresión. || intr. 2 Aumentar el buque su escora sobre la máxima de un balance.

RECALCE m. 1 Acción y efecto de recalzar. 2 RECALZO.

RECALCITRANTE adj. Terco, reacio, reincidente, obstinado, aferrado a una opinión o conducta.

RECALENTAR tr. 1 Volver a calentar. 2 Calentar demasiado. || prnl. 3 Tomar una cosa más calor del que conviene para su uso. ♦ IRREG. Se conjuga como ACERTAR.

RECALMÓN m. Mar. Súbita y considerable disminución en la fuerza del viento, y en ciertos casos, de la marejada.

RECALZAR tr. 1 Agr. Arrimar tierra alrededor de las plantas o árboles. 2 Arquit. Hacer un recalzo.

RECALZO m. Arquit. Reparo que se hace en los cimientos de un edificio ya construido.

RECAMADO m. Bordado de realce.

RECAMAR tr. Bordar una cosa de realce.

RECÁMARA f. 1 Cuarto después de la cámara, destinado para guardar los vestidos o alhajas. 2 En las armas de fuego, pieza dispuesta al extremo del ánima del cañón, el opuesto a la boca, en el cual se coloca el cartucho. 3 fig. y fam. Reserva, segunda intención. 4 Col., Méx. y Pan. Alcoba o aposento.

RECAMBIAR tr. 1 Sustituir una pieza por otra de la misma clase. 2 Com. Volver a mandar una letra impagada.

RECAMBIO m. 1 Acción y efecto de recambiar. 2 Pieza destinada a sustituir en caso necesario a otra igual de una máquina, aparato o instrumento. 3 Quím. Número de moléculas de sustrato transformadas por molécula de enzima en un minuto, cuando la enzima actúa a velocidad máxima. || **de recambio** loc. adj. Dícese de la pieza que va a sustituir a otra estropeada.

RÉCAMIER, JULIE BERNARD DE (llamada MADAME RÉCAMIER) Dama francesa (Lyon, 1777 - París, 1849). Durante el Consulado su salón se convirtió en uno de los más célebres de París.

RECAMO m. 1 Bordado de realce. 2 Especie de alamar hecho de galón cerrado con una bolita al extremo.

RECANCANILLA f. 1 fam. Modo de andar los muchachos como cojeando. 2 fig. y fam. Fuerza de expresión que se da a las palabras para que las comprenda bien quien las oye. Más en pl.

RECAPACITAR intr. y tr. Reflexionar detenidamente sobre algo, en especial sobre los propios actos.

RECAPITULACIÓN f. Acción y efecto de recapitular.

RECAPITULAR tr. Recordar sumaria y ordenadamente lo que por escrito o de palabra se ha manifestado con extensión.

RECAREDO I Rey visigodo de Toledo (? - Toledo, 601). Hijo de Leovigildo, continuó la política de unificación religiosa e ideológica del reino iniciada por su padre. Presidió el III concilio de Toledo, en el que abjuró del arrianismo y declaró la religión católica oficial en el reino.

RECAREDO II Rey visigodo de Toledo (? - Toledo, 621). Hijo de Sisebuto, a quien sucedió en el trono en 621.

RECARGAMIENTO m. Acumulación excesiva de elementos en literatura y en las artes plásticas.

RECARGAR tr. 1 Volver a cargar. 2 Aumentar carga. 3 fig. Agravar una cuota o impuesto u otra prestación que se adeuda. 4 fig. Adornar con exceso. || intr. Taurom. 5 Cargar reiteradamente en la misma suerte, especialmente en la de varas.

RECARGO m. 1 Nueva carga o aumento de carga. 2 Nuevo cargo que se hace a alguien. 3 Cantidad o tanto por ciento que se recarga, por lo general, a causa del retraso en un pago.

RECATADO, DA adj. 1 Circunspecto, cauto. 2 Honesto, modesto. Se dice particularmente de las mujeres.

RECATAR tr. y prnl. 1 Encubrir lo que no se quiere que se vea o se sepa. || prnl. 2 Mostrar recelo en tomar una resolución.

RECATO m. 1 Cautela, reserva. 2 Honestidad, modestia.

RECAUCHUTAR tr. Volver a cubrir de caucho una llanta o cubierta desgastada para prolongar su vida útil.

RECAUDACIÓN f. 1 Acción de recaudar. 2 Cantidad recaudada.

RECAUDADOR, RA m. y f. Persona encargada de la cobranza de caudales, y especialmente de los públicos.

RECAUDAMIENTO m. 1 Acción de recaudar. 2 Cargo o empleo de recaudador. 3 Territorio a que se extiende el cargo de un recaudador.

RECAUDANZA f. Cantidad recaudada.

RECAUDAR tr. 1 Cobrar o percibir caudales o efectos. 2 Asegurar, poner o tener en custodia, guardar.

RECAUDATORIO, RIA adj. Perteneciente o relativo a la recaudación.

RECAUDO m. Acción de recaudar. || **a buen recaudo**, o **a recaudo** loc. adv. Bien custodiado, con seguridad.

RECAZO m. 1 Cazoleta o taza de la espada. 2 En la hoja de un cuchillo parte opuesta al filo.

RECEBAR tr. Echar recebo.

RECEBO m. 1 Arena o piedra muy menuda que se extiende sobre el firme de una carretera para igualarlo y consolidarlo. 2 Cantidad de líquido que se echa en los toneles que han sufrido alguna merma.

RECECHAR tr. Observar cuidadosamente con un fin, especialmente en la caza a espera.

RECEJAR intr. Retroceder, recular.

RECELAR tr. y prnl. Desconfiar y sospechar.

RECELO m. Acción y efecto de recelar.

RECELOSO, SA adj. Que tiene recelo.

RECENSIÓN f. Reseña de una obra literaria o científica.

RECENTAL adj. y m. CORDERO RECENTAL.

RECENTÍN adj. RECENTAL.

RECEPCIÓN f. 1 Acción y efecto de recibir. 2 Admisión en un empleo, oficio o sociedad. 3 Acto solemne en el que desfilan ante el jefe del Estado u otra autoridad los representantes de cuerpos o clases. 4 En hoteles, congresos, etc., lugar en el que se da la información, se inscriben los nuevos huéspedes, etc.

RECEPCIONISTA com. Persona encargada de atender al público en una oficina de recepción.

RECEPTA f. Hist. Libro en que se llevaba la razón de las multas impuestas por el Consejo de Indias.

RECEPTÁCULO m. 1 Cavidad en que se contiene o puede contenerse cualquier sustancia. 2 Bot. Parte ensanchada del eje floral sobre la que se asientan los verticilos de la flor.

RECEPTIVIDAD f. 1 Capacidad de recibir. 2 Capacidad de un sujeto para recibir estímulos exteriores.

RECEPTIVO, VA adj. Que recibe o es capaz de recibir.

RECEPTOR, RA adj. 1 Que recibe. También s. 2 Fís. Se dice del aparato que sirve para recibir las señales eléctricas, telefónicas, radiofónicas, etc. Más como m.

RECESAR intr. 1 Bol., Cuba, Méx. y Nic. Cesar temporalmente en sus actividades una corporación. || tr. 2 Perú Clausurar una cámara legislativa.

RECESIÓN f. Econ. Depresión en las actividades industriales y comerciales, que tiene como síntoma el decrecimiento de la producción y la demanda de bienes industriales, del índice de inversión, de los salarios, el aumento del desempleo, etc.

RECESIVO, VA adj. 1 Econ. Que tiende a la recesión o la provoca. 2 Biol. Se dice del alelo o carácter hereditario que no se manifiesta en el fenotipo del individuo que lo posee, pero que pueden aparecer en la descendencia de éste.

RECESO m. 1 Separación, desvío. 2 Amér. Suspensión temporal de actividades en los cuerpos colegiados, asambleas, etc. 3 Amér. Tiempo que dura esta suspensión de actividades. 4 Interrupción, pausa.

RECESVINTO Rey visigodo de Toledo (? - Gerticos, 672). Hijo de Chindasvinto, a quien sucedió en 653. Ese mismo año convocó el VIII concilio de Toledo y en 654 promulgó el Liber iudiciorum, logrando la unificación legislativa de la España visigoda. En 655 convocó el IX concilio de Toledo y en 656 el X.

RECETA f. 1 Prescripción facultativa. 2 Nota escrita de esta prescripción. 3 fig. Nota que comprende aquello de que se debe componerse una cosa, y el modo de hacerla.

RECETAR tr. Prescribir el médico un medicamento.

RECETARIO m. Libro o cuaderno que contiene recetas.

RECHAZAR tr. 1 Resistir un cuerpo a otro forzándole a retroceder. 2 fig. Resistir al enemigo, obligándolo a ceder. 3 fig. Contradecir lo que otro expresa, o no aceptar lo que propone u ofrece. 4 fig. Denegar algo que se pide. 5 fig. Mostrar oposición o desprecio a una persona, grupo, comunidad, etc.

RECHAZO m. 1 Acción y efecto de rechazar. 2 Vuelta o retroceso que hace un cuerpo por encontrarse con alguna resistencia. 3 Med. Incompatibilidad del organismo con los tejidos u órganos que le son trasplantados.

RECHIARIO REQUIARIO.

RECHIFLA f. Acción de rechiflar.

RECHIFLAR tr. 1 Silbar con insistencia. || prnl. 2 Burlarse.

RÉCHILA RÉQUILA.

RECHINAR intr. 1 Hacer una cosa un sonido desapacible por rozar con otra, especialmente los dientes. 2 Hacer algo a disgusto.

RECHISTAR intr. Chistar.

RECHONCHO, CHA adj. fam. Se dice de la persona o animal gruesos y de poca altura.

RECHT RASHT.

RECHUPETE, DE loc. fam. Muy exquisito y agradable.

Recesvinto. Códice Albeldense. Biblioteca del monasterio de El Escorial.

RECIA o **RETIA** Geog. hist. Antigua región centroeuropea, que comprendía el sur del Alto Danubio y Suiza.

RECIARIO m. Gladiador romano que luchaba en el circo armado de una red y un tridente.

RECIBÍ m. Documento, o parte de él, que, firmado, acredita la recepción de lo indicado en él.

RECIBIDOR, RA adj. y s. 1 Que recibe. || m. 2 Vestíbulo.

RECIBIMIENTO m. 1 RECEPCIÓN. 2 Acogida buena o mala que se hace al que viene de fuera. 3 Antesala, recibidor.

RECIBIR tr. 1 Tomar uno lo que le dan o le envían. 2 Sustentar, sostener un cuerpo a otro. 3 Admitir dentro de sí una cosa a otra; como el mar, los ríos, etc. 4 Admitir, aceptar, aprobar una cosa. 5 Admitir uno a otro en su compañía o comunidad. 6 Admitir visitas una persona. 7 Salir al encuentro de alguien que llega. 8 Hacer frente al que acomete, con ánimo de resistirle o rechazarle. 9 Taurom. Cuadrarse el diestro en la suerte de matar, conservando esta postura, sin mover los pies al dar la estocada, y resistir la embestida de la que procura librarse con el quiebro del cuerpo y el movimiento de la muleta.

RECIBO m. 1 Acción y efecto de recibir. 2 Escrito o resguardo firmado en que se declara haber recibido dinero u otra cosa.

RECICLABLE adj. Que se puede reciclar.

RECICLAJE o **RECICLAMIENTO** m. Acción y efecto de reciclar.

RECICLAR tr. 1 Utilizar como materia prima materiales que de otra forma serían considerados desechos. 2 Dar a alguien los nuevos conocimientos necesarios para que realice un trabajo o actividad diferentes. También prnl.

RECIDIVA f. Med. Reaparición de una enfermedad después de terminada la convalecencia.

RECIEDUMBRE f. Fuerza, fortaleza o vigor.

RECIÉN adv. 1 RECIENTEMENTE. Se usa siempre antepuesto a los participios pasivos, salvo en América, donde se utiliza junto a otras formas verbales.

RECIENTE adj. 1 Acabado de hacer. 2 Que ha sucedido hace poco.

RECIENTEMENTE adv. t. Poco tiempo antes.

RECIFE Ciudad de Brasil, capital del Estado de Pernambuco; 1.296.995 h. Puerto exportador.

RECINTO m. Espacio comprendido dentro de ciertos límites.

RECIO, CIA adj. 1 Fuerte, vigoroso. 2 Abultado. 3 Áspero, duro de genio. 4 Duro, difícil de soportar. 5 Grueso, sustancioso, de mucha miga. 6 Hablando del tiempo, riguroso, rígido. 7 Intenso, violento. || adv. m. 8 Fuertemente, con dureza o intensidad. 9 Con rapidez, ímpetu.

RÉCIPE m. 1 Palabra que solía ponerse en abreviatura a la cabeza de la receta. 2 fam. Receta médica.

RECIPIENDARIO, RIA m. y f. Persona que es recibida solemnemente en una corporación para formar parte de ella.

RECIPIENTE m. **1** Utensilio para guardar o conservar algo. **2** Cavidad que puede contener alguna cosa. **3** Campana de vidrio o cristal de la máquina neumática.

RECÍPROCO, CA adj. **1** Se dice de la acción o sentimiento que se ejerce simultáneamente de una persona o cosa hacia otra, y viceversa. **2** *Lóg.* Se dice de las proposiciones en que el sujeto de cada una de ellas es el atributo de la otra.

RECITADO m. **1** Fragmento o composición que se recita. **2** *Mús.* Composición musical intermedia entre la declamación y el canto. **3** Aquello que se recita.

RECITAL m. **1** Concierto de un solo artista, cantante o instrumentista, que interpeta varias obras musicales. **2** Lectura de composiciones poéticas.

RECITAR tr. **1** Decir de memoria en voz alta. **2** Decir en voz alta versos, discursos, etc.

RECITATIVO, VA adj. y m. *Mús.* Canto declamado que resalta los ritmos y acentos del lenguaje hablado.

RECIURA f. **1** Calidad de recio. **2** Rigor del clima y de la estación.

RECLAMACIÓN f. Acción y efecto de reclamar.

RECLAMAR intr. **1** Protestar contra una cosa; oponerse a ella de palabra o por escrito. || tr. **2** Clamar o llamar con repetición o mucha instancia. **3** Reivindicar. **4** Llamar a las aves con el reclamo. **5** *poét.* RESONAR. **6** *Der.* Llamar una autoridad a un prófugo, o pedir el juez competente el reo a la causa en que otro entiende indebidamente. || prnl. *Zool.* **7** Llamarse entre sí ciertas aves de la misma especie. También intr.

RECLAME m. *Mar.* **1** Cajera con sus roldanas que está en los cuellos de los masteleros. || f. **2** *Amér.* Publicidad.

RECLAMO m. **1** Ave amaestrada que se lleva a la caza para que con su canto atraiga otras de su especie. **2** Voz con que un ave llama a otra de su especie. **3** Instrumento para llamar a las aves en la caza imitando su voz. **4** Sonido de este instrumento. **5** Voz o grito con que se llama a alguien. **6** Señal que se hace en los impresos o manuscritos para atraer la atención del lector. **7** Propaganda de una mercancía, espectáculo, etc. **8** fig. Cosa que atrae. **9** Reclamación contra lo que es injusto.

RECLINAR tr. y prnl. **1** Inclinar el cuerpo, apoyándolo sobre alguna cosa. **2** Inclinar una cosa sobre otra.

RECLINATORIO m. **1** Cualquier cosa dispuesta para reclinarse. **2** Mueble acomodado para arrodillarse y orar.

RECLUIR tr. y prnl. Encerrar, poner en reclusión. ♦ IRREG. Se conjuga como HUIR.

RECLUS, ÉLISÉE Escritor y geógrafo francés (Sainte-Foy-la-Grande, 1830 - Thourout, 1905). Defensor del anarquismo, participó en la Comuna.

RECLUSIÓN f. **1** Encierro. **2** Sitio en que uno está recluido. **3** *Der.* Pena de privación de libertad más grave que la de prisión.

RECLUSO, SA m. y f. Preso.

RECLUTA f. **1** Acción y efecto de reclutar. || m. **2** El que voluntariamente se alista como soldado. **3** Mozo alistado por sorteo para el servicio militar. **4** Por extensión, soldado novato.

RECLUTAMIENTO m. **1** Acción y efecto de reclutar. **2** Conjunto de los reclutas de un año.

RECLUTAR tr. **1** Alistar reclutas. **2** Por extensión, buscar o allegar adeptos para un propósito determinado.

RECOBRAR tr. **1** Volver a tomar lo que antes se tenía. || prnl. **2** Desquitarse de una pérdida o daño. **3** Volver en sí.

RECOCER tr. **1** Volver a cocer. **2** Cocer mucho una cosa. También prnl. **3** Caldear los metales después de haberlos labrado. || prnl. **4** fig. Atormentarse, consumirse interiormente. ♦ IRREG. Se conjuga como MOVER.

RECOCHINEARSE prnl. fam. Burlarse.

RECOCHINEO m. fam. Acción y efecto de recochinearse.

RECOCINA f. Pieza contigua a la cocina, para desahogo de ella.

RECODAR intr. **1** Formar recodo. **2** Descansar sobre el codo. También prnl.

RECODO m. Ángulo o revuelta que forman ciertas cosas.

RECOGEDERO m. Parte en que se recogen algunas cosas.

RECOGEDOR m. **1** Utensilio para recoger la basura después de barrer, el carbón, la ceniza, etc. **2** *Agr.* Instrumento de labranza para recoger la parva de la era.

RECOGEMIGAS m. Instrumento o aparato para recoger las migas que quedan sobre el mantel. ♦ Su pl. es *recogemigas*.

RECOGEPELOTAS com. Persona que en las canchas de tenis recoge las pelotas. ♦ Su pl. es *recogepelotas*.

RECOGER tr. **1** Coger algo que se ha caído. **2** Juntar, reunir. **3** Coger la cosecha, y, por extensión, el fruto o provecho de cualquier otra cosa. **4** Guardar. **5** Ordenar los objetos de una casa, oficina, etc. **6** Retirar del servicio de correos la correspondencia en los buzones. **7** Encoger, estrechar, ceñir. También prnl. **8** Dar asilo o alojamiento. **9** Admitir uno lo que otro envía, hacerse cargo de ello. **10** Ir a buscar a una persona o cosa. **11** Tomar en cuenta lo que otro ha dicho, para aceptarlo, rebatirlo o transmitirlo. || prnl. **12** Retirarse a un lugar, generalmente para descansar o estar solo. **13** Retirarse a casa, especialmente a dormir o descansar. **14** Remangarse una prenda que cuelga cerca del suelo. **15** Ceñirse o peinarse la cabellera de modo que se reduzca su longitud o su volumen. **16** fig. Apartarse el espíritu de todo aquello que le pueda impedir la meditación o contemplación.

RECOGIDA f. **1** Acción y efecto de recoger, juntar. **2** Suspensión del uso o curso de una cosa. **3** Acción de retirar los empleados de correos la correspondencia de los buzones.

RECOGIDO, DA adj. **1** Que vive retirado de la comunicación con el mundo. **2** Que ocupa poco espacio. **3** Resguardado.

RECOLAR tr. Volver a colar un líquido. ♦ IRREG. Se conjuga como CONTAR.

RECOLECCIÓN f. **1** Acción y efecto de recolectar. **2** Recopilación, resumen. **3** *Agr.* Cosecha. **4** Cobranza de las rentas. **5** En algunas órdenes religiosas, observancia más estrecha de la regla. **6** Convento o casa en que se guarda esta observancia. **7** fig. Casa particular en que se observa recogimiento. **8** *Teol.* Recogimiento y meditación.

RECOLECTAR tr. **1** Juntar personas o cosas dispersas. **2** *Agr.* Recoger la cosecha.

RECOLECTOR, RA adj. y s. Que recolecta.

RECOLETO, TA adj. **1** Se dice del lugar apartado y acogedor. **2** Se dice del religioso que lleva una vida de aislamiento y meditación, y del convento que la practica.

RECOMBINACIÓN f. *Biol.* Aparición en la descendencia de combinaciones de genes que no existían en los progenitores, debida a un intercambio de material genético entre cromosomas de un mismo par durante la meiosis.

RECOMENDABLE adj. Digno de recomendación.

RECOMENDACIÓN f. **1** Acción y efecto de recomendar. **2** Hecho de estar recomendada una persona por otra para cierto cargo o empleo.

RECOMENDADO, DA m. y f. Persona en cuyo favor se ha hecho una recomendación.

RECOMENDAR tr. **1** Aconsejar algo a alguien. **2** Hablar en favor de alguien. ♦ IRREG. Se conjuga como ACERTAR.

RECOMENZAR tr. Volver a comenzar.

RECOMPENSA f. **1** Acción y efecto de recompensar. **2** Lo que sirve para recompensar.

RECOMPENSAR tr. **1** Compensar. **2** Remunerar un servicio o trabajo. **3** Premiar.

RECOMPONER tr. Componer de nuevo. ♦ IRREG. Se conjuga como PONER.

RECOMPRA f. Acción de volver a adquirir una cosa de aquel al que se la vendió.

RECOMPUESTO, TA p. p. irregular de RECOMPONER.

RECONCENTRAR tr. **1** Introducir una cosa en otra. También prnl. **2** Reunir en un punto, como centro, las personas o cosas que estaban esparcidas. También prnl. **3** Disminuir el volumen que ocupa una cosa, haciéndola más densa. || prnl. **4** Abstraerse.

RECONCILIACIÓN f. Acción y efecto de reconciliar.

RECONCILIAR tr. y prnl. **1** Volver a la amistad personas enemistadas. **2** Confesarse de algunas culpas ligeras.

RECONCOMERSE prnl. Impacientarse o desazonarse por algún motivo, material o inmaterial.

RECONCOMIO m. **1** fam. Deseo persistente. **2** Impaciencia, agitación.

RECÓNDITO, TA adj. Muy escondido, reservado y oculto.

RECONDUCIR tr. **1** Dirigir nuevamente algo al punto o situación en que se hallaba. **2** *Der.* Prorrogar un arrendamiento. ♦ IRREG. Se conjuga como CONDUCIR.

RECONFORTAR tr. Confortar de nuevo o con energía y eficacia.

RECONOCER tr. **1** Examinar con cuidado a una persona o cosa para enterarse de su identidad, naturaleza y circunstancia. **2** Registrar una cosa para acabarla de comprender o rectificar el juicio antes formado sobre ella. **3** Registrar para inspeccionar el contenido de un baúl, maleta, paquete, etc. **4** En las relaciones internacionales, aceptar un nuevo estado de cosas. **5** En la práctica militar, examinar de cerca un terreno, campamento, posición, etc. **6** Confesar una cierta dependencia o respeto hacia otro. **7** Confesar la certeza de lo que otro dice, o la gratitud que le debe por algún beneficio. **8** Considerar. **9** Dar por suya, confesar como legítima una obligación. **10** Distinguir de las demás a una persona cuya fisonomía se tenía ya olvidada, o bien por sus rasgos característicos. **11** Conceder a uno la relación de parentesco que tiene con el que lo ejecuta este reconocimiento. **12** Acatar como legítima la autoridad. **13** Examinar a una persona para averiguar el estado de su salud o diagnosticar una posible enfermedad. || prnl. **14** Dejarse comprender por ciertas señales una cosa. **15** Tenerse uno a sí mismo por lo que es en realidad. ♦ IRREG. Se conjuga como CONOCER.

RECONOCIMIENTO m. **1** Acción y efecto de reconocer. **2** GRATITUD. || **RECONOCIMIENTO MÉDICO** *Med.* Prueba del estado de salud de una persona.

RECONQUISTA f. Acción y efecto de reconquistar.

RECONQUISTA *Hist.* Periodo de la historia de España en el que los reinos cristianos fueron recuperando las tierras que los musulmanes conquistaron a partir de la batalla de Guadalete (año 711). Sólo quedó fuera del dominio musulmán la región montañosa cantabroastur, en la que se establecieron los primeros núcleos de resistencia y donde tuvo lugar la batalla de Covadonga (hacia el 725), en la que la victoria del rey Pelayo permitió la subsistencia del reino de Asturias. Éste dio lugar al reino de León, y éste a su vez a los de Portugal y Castilla, protagonista este último del grueso de la Reconquista, que se desarrolló en tres fases: hasta el valle del Duero (siglos IX-X), hasta el valle del Tajo (siglo XI) y hasta el valle del Guadalquivir (siglo XIII). La Reconquista vino acompañada de la repoblación, verificada en cada fase con un sistema distinto: presura, carta puebla y repartimiento, respectivamente. La corona de Aragón, por su parte, se expandió hacia el S ocupando sucesivamente el valle del Ebro, Valencia, Murcia y Baleares. Posteriormente, Castilla aspiró a dominar el estrecho de Gibraltar, como medio de evitar nuevas invasiones africanas (batalla del Salado, 1340; toma de Algeciras, 1344). La Reconquista finalizó en

Recife (Brasil).

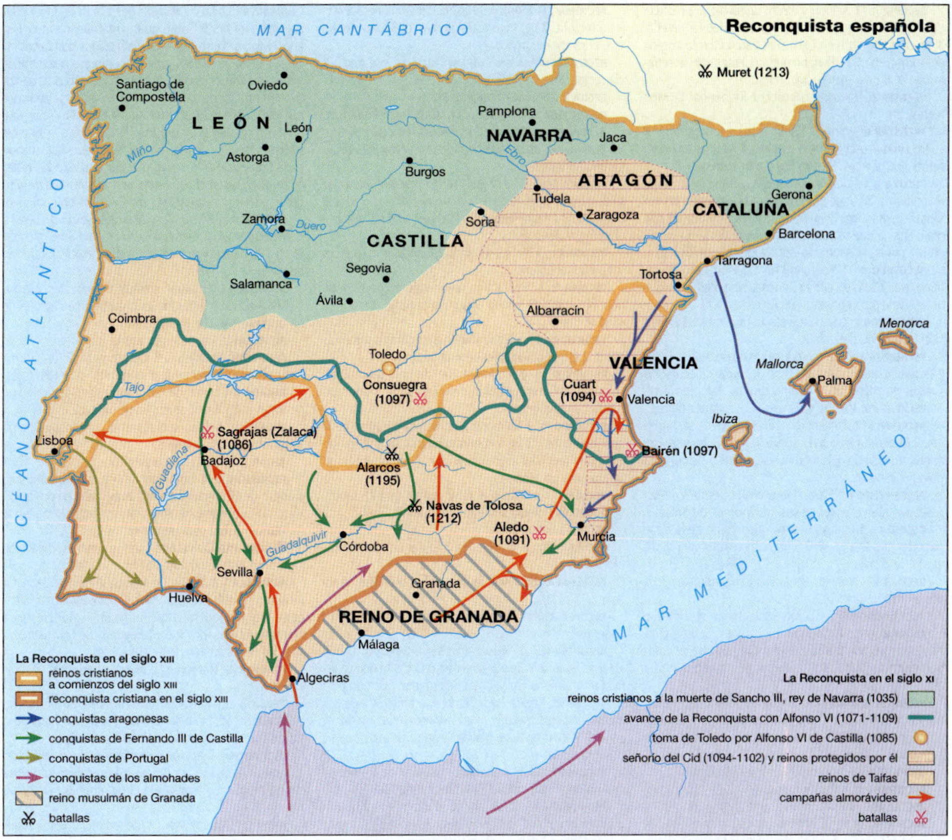
Reconquista española
MAR CANTÁBRICO
OCÉANO ATLÁNTICO
MAR MEDITERRÁNEO
Muret (1213)
Santiago de Compostela
Oviedo
LEÓN
León
Astorga
Miño
Pamplona
NAVARRA
Jaca
Ebro
Burgos
ARAGÓN
Tudela
Gerona
Zaragoza
CATALUÑA
Soria
Zamora
Duero
CASTILLA
Barcelona
Tarragona
Segovia
Salamanca
Ávila
Tortosa
Coimbra
Albarracín
Menorca
Toledo
VALENCIA
Mallorca
Tajo
Consuegra (1097)
Cuart (1094)
Valencia
Palma
Ibiza
Sagrajas (Zalaca) (1086)
Lisboa
Badajoz
Guadiana
Alarcos (1195)
Bairén (1097)
Navas de Tolosa (1212)
Aledo (1091)
Murcia
Guadalquivir
Córdoba
Sevilla
Granada
Huelva
REINO DE GRANADA
Málaga
Algeciras
La Reconquista en el siglo XIII
reinos cristianos a comienzos del siglo XIII
reconquista cristiana en el siglo XIII
conquistas aragonesas
conquistas de Fernando III de Castilla
conquistas de Portugal
conquistas de los almohades
reino musulmán de Granada
batallas
La Reconquista en el siglo XI
reinos cristianos a la muerte de Sancho III, rey de Navarra (1035)
avance de la Reconquista con Alfonso VI (1071-1109)
toma de Toledo por Alfonso VI de Castilla (1085)
señorío del Cid (1094-1102) y reinos protegidos por él
reinos de Taifas
campañas almorávides
batallas

1492 con la toma de Granada, bajo el reinado de los Reyes Católicos.

RECONQUISTAR tr. **1** Volver a conquistar. **2** fig. Recuperar la opinión, el afecto, la hacienda, etc.

RECONSIDERAR tr. Volver a considerar.

RECONSTITUIR tr. y prnl. **1** Volver a constituir. **2** *Med.* Dar o devolver a la sangre y al organismo sus condiciones normales. ♦ IRREG. Se conjuga como HUIR.

RECONSTITUYENTE adj. y m. *Farm.* Se dice del medicamento que tiene la virtud de reconstituir.

RECONSTRUIR tr. **1** Volver a construir. **2** Rehacer o completar un edificio, monumento, etc. **3** fig. Unir y evocar recuerdos o ideas para completar el conocimiento de un hecho o el concepto de una cosa. ♦ IRREG. Se conjuga como HUIR.

RECONTAR tr. **1** Volver a contar un número de cosas. **2** Referir un hecho. ♦ IRREG. Se conjuga como CONTAR.

RECONVENCIÓN f. **1** Acción de reconvenir. **2** Argumento con que se reconviene. **3** *Der.* Demanda que al contestar entabla el demandado contra el que promovió el juicio.

RECONVENIR tr. **1** Censurar a alguien, reprenderle. **2** *Der.* Ejercitar el demandado, cuando contesta, acción contra el promovedor del juicio. ♦ IRREG. Se conjuga como VENIR.

RECONVERSIÓN f. Acción y efecto de volver a convertir o transformar. || **RECONVERSIÓN INDUSTRIAL** *Econ.* Conjunto de medidas de política económica tendentes a reajustar las estructuras industriales de un país o región.

RECONVERTIR tr. **1** Hacer que vuelva a su estado, ser o creencia lo que había sufrido un cambio. **2** Reestructurar, modificar la estructura de algo. ♦ IRREG. Se conjuga como SENTIR.

RECOPILACIÓN f. **1** Compendio o resumen de una obra o discurso. **2** Colección de escritos diversos. **3** *Der.* e *Hist.* Colección y ordenamiento oficial de las leyes de España publicada por mandato del rey Felipe II en 1567. Comprendía muchas de las leyes del Fuero Real y del Ordenamiento de Alcalá, bastantes del Ordenamiento Real y las dieciocho leyes de Toro.

RECOPILAR tr. Juntar en compendio, recoger o unir diversas cosas, especialmente escritos literarios.

RÉCORD (Voz i.) adj. **1** Se dice de lo que constituye una cota máxima en alguna actividad. || m. **2** fig. Acción que supera una anterior. **3** *Dep.* Marca máxima en una prueba de competición. || **en un tiempo récord** loc. adv. En muy poco tiempo. || **establecer un récord** fr. *Dep.* Alcanzar en una prueba el mejor resultado obtenido hasta el momento en iguales condiciones.

RECORDAR tr. **1** Traer a la memoria. También intr. **2** Hacer que alguien tenga presente una cosa de la que se hizo cargo. También intr. y prnl. **3** Semejar una cosa a otra. || intr. **4** *Arg.* y *Méx.* Despertar el dormido. También prnl. ♦ IRREG. Se conjuga como CONTAR.

RECORDATORIO, RIA adj. **1** Se dice de lo que sirve para recordar. || m. **2** Aviso, advertencia u otro medio para hacer recordar algo. **3** Tarjeta en que se conmemora algún acontecimiento.

RECORDMAN (Voz i.) m. *Dep.* PLUSMARQUISTA.

RECORDWOMAN (Voz i.) f. *Dep.* PLUSMARQUISTA.

RECORRER tr. **1** Ir o transitar por un espacio o lugar; realizar un trayecto. **2** Registrar, mirar con cuidado para averiguar lo que se desea saber o hallar. **3** Repasar o leer ligeramente un escrito. **4** Reparar lo que estaba deteriorado. **5** *A. gráf.* Pasar letras de una línea a otra, a consecuencia de correcciones o de variación en la medida de la página.

RECORRIDO m. **1** Acción y efecto de recorrer. **2** Espacio que ha recorrido, recorre o ha de recorrer una persona o cosa. **3** Itinerario prefijado. **4** *Estad.* Diferencia entre el mayor y el menor de los valores observados en una serie estadística. **5** *A. gráf.* Acción y efecto de recorrer lo compuesto.

RECORTABLE adj. **1** Que se puede recortar. || m. **2** Pliego u hoja de papel o cartulina con figuras impresas que se recortan.

RECORTADO, DA adj. **1** Se dice de aquello cuyo borde presenta muchos entrantes y salientes. || m. **2** Figura recortada de papel.

RECORTADURA f. **1** Acción y efecto de recortar. || f. pl. **2** Porciones sobrantes de lo que se corta.

RECORTAR tr. **1** Cortar lo que sobra de una cosa. **2** Cortar el papel u otra materia en varias figuras. **3** *Pint.* Señalar los perfiles de una figura. || prnl. **4** Dibujarse el perfil de una cosa sobre otra.

Kapelle als Wetterhäuschen

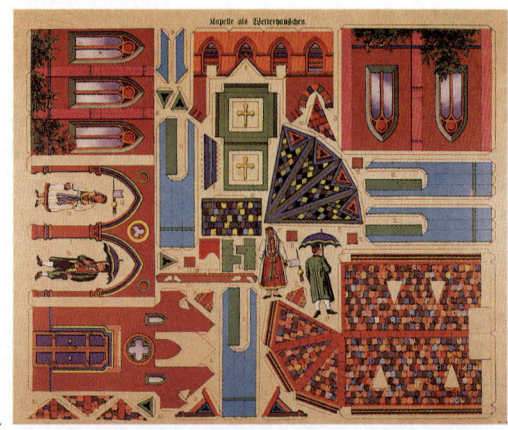

recortable de una capilla alemana.

RECORTE m. 1 Acción y efecto de recortar. 2 Noticia de un periódico que se recorta por tener interés en ella. 3 *Taurom.* Quiebro en la carrera para evitar la cogida del toro. || m. pl. 4 Porciones excedentes que se separan de cualquier materia recortada.

RECOSER tr. 1 Volver a coser. 2 Remendar la ropa blanca.

RECOSTAR tr. y prnl. 1 Reclinar la parte superior del cuerpo el que está de pie o sentado. 2 Inclinar una cosa sobre otra. ♦ IRREG. Se conjuga como CONTAR.

RECOVA f. 1 Compra de huevos, gallinas, etc., para revenderlos. 2 Paraje público en que se venden las gallinas y demás aves domésticas. 3 *And.* Cubierta de piedra o fábrica que se pone para defender del temporal algunas cosas. 4 *Mont.* Cuadrilla de perros de caza.

RECOVECO m. 1 Vuelta de un callejón, arroyo, camino, etc. 2 Sitio escondido, rincón. 3 fig. Rodeo de que uno se vale para conseguir un fin.

RECREACIÓN f. 1 Acción y efecto de recrear. 2 Diversión para alivio del trabajo.

RECREAR tr. 1 Crear o producir de nuevo alguna cosa. 2 Divertir, deleitar. También prnl. 3 *Taurom.* Ejecutar las suertes con lentitud y complacencia. También prnl.

RECREATIVO, VA adj. Que recrea o es capaz recrear.

RECRECER tr. 1 Aumentar, acrecentar una cosa. intr. || intr. 2 Ocurrir una cosa de nuevo. || prnl. 3 Reanimarse, cobrar bríos. 4 fig. Ensoberbecerse. ♦ IRREG. Se conjuga como AGRADECER.

RECREMENTO m. *Fisiol.* Humor que después de segregado vuelve a ser absorbido por el organismo.

RECREO m. 1 En los colegios, suspensión de la clase para descansar o jugar. 2 Sitio o lugar apto para la diversión.

RECRIAR tr. Fomentar el desarrollo de animales criados en región distinta.

RECRIMINACIÓN f. Acción y efecto de recriminar.

RECRIMINAR tr. 1 Responder a cargos o acusaciones con otros u otras. 2 Reprender a una persona su comportamiento. || prnl. 3 Hacerse cargos unas personas a otras.

RECRUDECER intr. y prnl. Tomar de nuevo incremento un mal físico o moral, o un afecto o cosa perjudicial, después de haber empezado a remitir. ♦ IRREG. Se conjuga como AGRADECER.

RECRUJIR intr. Crujir mucho o repetidamente.

RECRUZAR tr. Cruzar de nuevo.

RECTAL adj. *Anat.* Relativo al intestino recto.

RECTANGULAR adj. *Geom.* 1 Relativo al ángulo recto. 2 Que tiene uno o más ángulos rectos. 3 Que contiene uno o más rectángulos. 4 Relativo al rectángulo.

RECTÁNGULO, LA adj. *Geom.* 1 Que tiene ángulos rectos. || m. *Geom.* 2 Paralelogramo que tiene los cuatro ángulos rectos y los lados paralelos dos a dos.

RECTIFICACIÓN f. 1 Acción y efecto de rectificar. 2 *Fís.* Conversión de una corriente alterna en continua.

RECTIFICADOR, RA adj. 1 Que rectifica. || m. *Fís.* 2 Se dice del aparato que transforma una corriente alterna en continua.

RECTIFICAR tr. 1 Corregir o perfeccionar una cosa. 2 Modificar uno los dichos o hechos que se le atribuyen. 3 Modificar la propia opinión que se ha expuesto antes. 4 Contradecir a otro en lo que ha dicho por considerarlo erróneo. 5 Corregir las imperfecciones, errores o defectos de una cosa ya hecha. 6 *Geom.* Determinar la longitud de una línea curva. 7 *Mec.* Revestir la superficie de una pieza desgastada. 8 *Quím.* Purificar los líquidos. || prnl. 9 Enmendar uno sus actos o su proceder.

RECTILÍNEO, A adj. 1 *Geom.* Que se compone de líneas rectas. 2 fig. Se dice del carácter de las personas muy rectas.

RECTITUD f. 1 Distancia más breve entre dos puntos. 2 fig. Calidad de recto o justo. 3 fig. Recto conocimiento de lo que se debe hacer o decir en cada momento. 4 fig. Exactitud o justificación en las operaciones.

RECTO, TA adj. 1 Derecho. 2 *Geom.* ÁNGULO RECTO. También m. 3 fig. Justo. 4 fig. Se dice del sentido primitivo o literal de las palabras en contraposición a *figurado.* 5 fig. Se dice del folio o plana de un libro, que, abierto, cae a la derecha del que lee. El opuesto se llama *vuelto.* || m. *Anat.* 6 Última porción del intestino grueso situada a continuación del colon, entre la flexura sigmoidea y el ano. || f. *Geom.* 7 LÍNEA RECTA.

RECTOCELE m. *Med.* Protuberancia o hernia del recto en el interior de la vagina. También denominado *proctocele vaginal.*

RECTOR, RA adj. y s. 1 Que rige, gobierna. || m. y f. 2 Persona a cuyo cargo está el gobierno y mando de una comunidad, colegio, etc. 3 Superior o superiora de una universidad, centro de estudios superiores. || m. 4 Párroco o cura.

RECTORADO m. 1 Oficio, cargo y oficina del rector o rectora. 2 Tiempo que se ejerce.

RECTORAL adj. 1 Relativo al rector o rectora. || f. 2 Casa del rector o párroco.

RECTORÍA f. 1 Empleo, jurisdicción y oficina del rector o rectora. 2 fig. Dirección, gobierno. 3 Casa donde vive el rector o párroco.

RECTOSCOPIA f. *Med.* Examen visual del intestino por vía rectal.

RECUA f. Conjunto de acémilas.

RECUADRAR tr. 1 Cuadrar, cuadricular. 2 Enmarcar.

RECUADRO m. 1 División en forma de cuadro. 2 En los periódicos, espacio encerrado por líneas para resaltar una noticia.

RECUAY *Arqueol.* Antigua cultura precolombina que se desarrolló en el N de Perú entre el 300 a. C. y el 500 d. C. y cuyos restos arqueológicos han sido hallados en el callejón de Huaylas.

RECUBRIR tr. 1 Volver a cubrir. 2 Retejar. ♦ Su p. p. es irregular: *recubierto.*

RECUDIR tr. 1 Pagar a uno con lo que le corresponde percibir. || intr. 2 Volver una cosa al paraje de donde salió primero.

RECUELO m. 1 Lejía muy fuerte para colar la ropa más sucia. 2 Café cocido por segunda vez.

RECUENTO m. 1 Enumeración de una cosa. 2 Inventario. 3 Comprobación del número de cosas que forman un conjunto.

RECUERDO m. 1 Memoria de una cosa pasada o de la que ya se habló. 2 fig. Esa misma cosa pasada. 3 fig. Regalo para recordar algo o a alguien. || m. pl. 4 Saludo afectuoso a un ausente.

RECUERO m. Arriero a cuyo cargo está la recua.

RECUESTA f. Requerimiento, intimación.

RECULA f. RETRANCA.

RECULAR intr. 1 Retroceder. 2 Ceder uno en su opinión.

RECULO, LA adj. *Zool.* Se dice del pollo o gallina sin cola.

RECUPERACIÓN f. Acción y efecto de recuperar o recuperarse.

RECUPERAR tr. 1 Volver a tomar o adquirir lo que antes se tenía. 2 Volver a poner en servicio lo que ya estaba inservible. 3 Trabajar un determinado tiempo para compensar lo que no se había hecho antes. 4 Aprobar un examen suspendido en una convocatoria anterior. || prnl. 5 Volver en sí. 6 Volver a adquirir algo que se había perdido.

RECURAR tr. Formar y aclarar las púas de los peines con un cuchillo especial llamado recura.

RECURRENTE adj. 1 Se dice de lo que vuelve a ocurrir o aparecer después de un intervalo. || com. 2 Persona que entabla o tiene entablado un recurso.

RECURRIR intr. 1 Acudir a un juez o autoridad con una demanda o petición. 2 Acogerse en caso de necesidad al favor de alguien, o emplear medios no comunes para conseguir algo. 3 Volver una cosa al lugar de donde salió. 4 *Der.* Entablar recurso contra una resolución.

RECURSIVIDAD f. *Ling.* Teoría matemática aplicada por Noam Chomsky a la gramática, según la cual un elemento puede ser sustituido por ese elemento y la suma de otros, que desempeñan la misma función.

RECURSO m. 1 Acción y efecto de recurrir. 2 Medio para conseguir lo que se pretende. 3 Solicitud, petición por escrito. 4 *Der.* Acción que concede la ley al interesado en un juicio o en otro procedimiento, para reclamar contra las resoluciones tomadas, bien ante la autoridad que las dictó, bien ante otra. || m. pl. 5 Bienes, medios de subsistencia. 6 fig. Conjunto de elementos disponibles para resolver una necesidad o llevar a cabo una empresa. || **RECURSO DE AMPARO** *Der.* El que se interpone ante el Tribunal Constitucional a causa de la violación de los derechos y libertades constitucionales de la persona. || **RECURSO DE CASACIÓN** *Der.* El que se interpone ante el Tribunal Supremo contra fallos de los tribunales inferiores. || **RECURSO CONTENCIOSO ADMINISTRATIVO** *Der.* El que se interpone contra las resoluciones de la Administración. || **RECURSO DE INCONSTITUCIONALIDAD** *Der.* El que se interpone ante el Tribunal Constitucional contra leyes y disposiciones normativas con fuerza de ley. || **RECURSO DE REPOSICIÓN** *Der.* El que se interpone para pedir a los jueces que reformen sus resoluciones. || **RECURSO DE REVISIÓN** *Der.* El que se interpone para obtener la revocación de sentencia firme en casos extraordinarios. || **RECURSO DE SÚPLICA** *Der.* El que se interpone contra resoluciones incidentales de tribunales superiores. || **RECURSOS HUMANOS** *Econ.* Uno de los factores de la producción, generado por el trabajo de las personas.

RECUSAR tr. 1 No querer admitir o aceptar una cosa. 2 No admitir la competencia de un tribunal, juez, perito, etc.

RED f. 1 Aparejo para pescar, cazar, cercar, sujetar, etc. 2 Tejido de mallas. 3 Redecilla para el pelo. 4 Verja o reja. 5 fig. Ardid o engaño de que uno se vale para atraer a otro. 6 fig. Conjunto de calles afluentes a un mismo punto. 7 fig. Conjunto sistemático de líneas de ferrocarril, carreteras, líneas telegráficas, etc. 8 fig. Conjunto y trabazón de cosas que obran en favor o en contra de un fin. 9 Conjunto de establecimientos, instalaciones, o construcciones distribuidos por varios lugares y pertenecientes a una sola empresa o sometidos a una sola dirección. 10 *Inform.* Conjunto de dispositivos informáticos, tales como ordenadores, impresoras, etc., conectados entre sí. 14 *Mat.* Nombre que también recibe la estructura de RETÍCULO. || **RED DE DATOS** *Inform.* La de telecomunicaciones especializada en la transmisión de datos. || **echar la red,** o **las redes** fr. Sumergirlas en el agua para pescar. También en sentido fig. y fam., disponer los medios para obtener algo.

RED Río de EE UU. Nace al N del Estado de Texas y uno de sus brazos desemboca en el Mississippi, mientras el otro va directamente al golfo de México; 2.000 km de curso.

REDACCIÓN f. 1 Acción y efecto de redactar. 2 Lugar y oficina donde se redacta. 3 Conjunto de redactores de un periódico, editorial, libro, etc.

REDACTAR tr. Expresar por escrito.

REDACTOR, RA adj. y s. 1 Que redacta. 2 Que forma parte de una redacción o conjunto de redactores.

REDADA f. 1 Lance de red. 2 fig. y fam. Conjunto de personas o cosas que se cogen de una vez.

REDAÑO m. 1 *Anat.* Repliegue del peritoneo. || m. pl. 2 fig. Fuerzas, bríos, valor.

REDAR tr. Echar la red de pescar.

REDARGÜIR tr. 1 Convertir un argumento contra su autor. 2 *Der.* Contradecir, impugnar una cosa por algún vicio que contiene. ♦ IRREG. Se conjuga como HUIR.

REDAYA f. Red para pescar en los ríos.

REDCAR AND CLEVELAND Consejo unitario del Reino Unido, en Inglaterra; 138.300 h.

REDECILLA f. 1 Tejido de mallas. 2 Prenda de malla en figura de bolsa para recoger el pelo o adornar la cabeza. 3 Malla muy fina que utilizan las mujeres para mantener el peinado. 4 *Zool.* Segunda de las cuatro cavidades del estómago de los rumiantes.

REDEDOR m. Contorno. || **al,** o **en, rededor** loc. adv. ALREDEDOR.

REDEJÓN m. Redecilla mayor que la ordinaria.

REDEL m. *Mar.* Cuaderna que se coloca en los puntos en que comienzan los delgados del buque.

REDENCIÓN f. 1 Acción y efecto de redimir. 2 Por antonomasia, la del género humano por Jesucristo. Se usa generalmente con mayúscula. 3 fig. Remedio, recurso, refugio.

REDENTOR, RA adj. y s. 1 Que redime. 2 Por antonomasia, Jesucristo. Se usa generalmente con mayúscula.

REDENTORISTA adj. *Rel.* 1 Se dice del religioso o religiosa de la Congregación del Santísimo Redentor. También com. 2 Relativo a esta Congregación.

REDESCUENTO m. *Econ.* Descuento aplicado por el banco central de un país a valores o efectos mercantiles presentados por un banco privado y ya descontados por él.

REDFORD, ROBERT Actor y director de cine estadounidense (Santa Mónica, 1937). Ha intervenido en películas como *La jauría humana* (1966), *Dos hombres y un destino* (1969), *El golpe* (1973), *Memorias de África* (1985), *Íntimo y personal* (1996), *El hombre que susurraba a los caballos* (1998; que también dirigió), *Spy Game* (2001) y *La sombra de un secuestro* (2004). Entre sus realizaciones destacan *Gente corriente* (1980) y *Quiz Show* (1994).

Robert **Redford.** Escena de *El mejor,* dirigida por Barry Levison.

REDGRAVE, VANESSA Actriz de cine y teatro británica (Londres, 1936). Especialista en la interpretación de Shakespeare. Filmografía: *Isadora* (1968), *Asesinato en el Oriente Exprés* (1974), *Regreso a Howards End* (1992), *La casa de los espíritus* (1994), *Misión imposible* (1996), *Lulu on the bridge* (1998), *Abajo el telón* (1999) y *El juramento* (2001).

REDHIBIR tr. Anular del comprador la compra por no haberle manifestado el vendedor el defecto o gravamen de la cosa vendida.

REDICHO, CHA adj. fam. Se dice de la persona que habla con una perfección afectada.

REDIL m. Aprisco para el ganado.

REDIMIR tr. **1** Rescatar al cautivo mediante precio. También prnl. **2** Comprar de nuevo una cosa que se había vendido o empeñado. **3** Dejar libre una cosa hipotecada o empeñada. **4** Librar de una obligación, o extinguirla. También prnl. **5** fig. Poner término a un dolor, adversidad o molestia. También prnl.

REDING DE BIBEREGG, TEODORO General español de origen suizo (Schwitz, 1755 - Tarragona, 1809). Participó en la batalla de Bailén. Fue herido de muerte en un combate cerca de Valls.

REDINGOTE m. Capote de poco vuelo y con mangas ajustadas.

REDISTRIBUIR tr. **1** Distribuir algo de nuevo. **2** Distribuir algo de forma diferente a como estaba.

RÉDITO m. *Com.* Renta de un capital.

REDITUAR tr. Rendir, producir utilidad.

REDIVIVO, VA adj. Aparecido, resucitado.

REDOBLADO, DA adj. **1** Rechoncho. **2** Se dice de la pieza más gruesa y resistente que de ordinario.

REDOBLAR tr. **1** Aumentar una cosa al doble de lo que antes era. También prnl. **2** Volver la punta del clavo o cosa semejante en dirección opuesta a la de su entrada. **3** Repetir, volver a hacer. || intr. **4** Tocar redobles en el tambor.

REDOBLE m. **1** Acción y efecto de redoblar. **2** Toque vivo y sostenido en el tambor.

REDOBLEGAR tr. Redoblar o doblegar.

REDOBLÓN adj. y s. **1** Se dice del clavo o cosa semejante que puede redoblarse. || m. **2** Cobija, teja de cubierta.

REDOLA f. Círculo, contorno.

REDOLADA f. Comarca de varios pueblos o lugares que tienen alguna unidad natural o de intereses.

REDOLOR m. Dolorcillo tenue y sordo.

REDOMA f. Vasija de vidrio, de fondo ancho y boca estrecha.

REDOMADO, DA adj. **1** Muy cauteloso. **2** Que posee en alto grado la cualidad negativa que se indica.

REDON, ODILON Pintor y grabador francés (Burdeos, 1840 - París, 1916). Próximo al simbolismo, sus dibujos, grabados y óleos, muestran un mundo onírico y obsesivo que anuncia el surrealismo.

REDONDA f. **1** Redolada, comarca. **2** Dehesa o coto de pasto. **3** *Mús.* Figura que vale un compasillo entero, cuya duración equivale a cuatro negras. || **a la redonda** loc. adv. Alrededor.

REDONDEADO, DA adj. De forma que tira a redondo.

REDONDEAR tr. **1** Poner redonda una cosa. También prnl. **2** fig. Sanear un caudal, un negocio o una finca. **3** fig. Hablando de cantidades, prescindir de pequeñas diferencias en más o en menos, para tener en cuenta solamente unidades de orden superior. || prnl. **4** fig. Adquirir bienes o rentas. **5** fig. Descargarse de toda deuda u obligación.

REDONDEL m. **1** fam. Circunferencia y superficie contenida dentro de ella. **2** Capa redonda por la parte inferior. **3** *Taurom.* Terreno circular destinado a la lidia de toros.

REDONDELA Municipio y lugar de España, provincia de Pontevedra, partido judicial de Vigo; 28.924 h.

REDONDILLA f. **1** *Métr.* Combinación de cuatro octosílabos en que conciertan los versos primero y cuarto, tercero y segundo. **2** *A. gráf.* LETRA REDONDA O REDONDILLA.

REDONDO, DA adj. **1** De figura circular. **2** fig. Claro, sin rodeo, completo. **3** fig. Perfecto, completo, bien logrado. **4** *A. gráf.* LETRA REDONDA O REDONDILLA. || m. **5** Cosa de figura circular. **6** *Taurom.* Pase natural, de desarrollo de un segmento de círculo, en que se saca la muleta por delante de la cara del toro. || **en redondo** loc. adv. En circunferencia, alrededor. También fam., claramente, categóricamente.

REDOPELO m. **1** Pasada que a contrapelo se hace con la mano. **2** fig. y fam. Riña entre muchachos.

REDOR adv. **1** Esterilla redonda. **2** poét. Alrededor.

REDRO adv. **1** Atrás o detrás. || m. *Zool.* **2** Anillo que se forma cada año, excepto el primero, en las astas del ganado lanar y cabrío.

REDROJO m. **1** *Agr.* Cada uno de los racimos pequeños que van dejando atrás los vendimiadores. **2** *Bot.* Fruto o flor tardía que echan por segunda vez las plantas y que no suele llegar a sazón. **3** fig. Muchacho endeble que crece poco.

Redondela (Pontevedra).

REDUCCIÓN f. **1** Acción y efecto de reducir. **2** *Mat.* Cada uno de los métodos para resolver sistemas de ecuaciones. **3** *Quím.* Reacción del hidrógeno con otra sustancia. **4** *Quím.* Reacción química en la que un elemento gana un electrón. **5** *Hist.* Cada uno de los núcleos de población india que los españoles fundaron en América para que en nombre de los naturales adoptaran las costumbres y religión de los colonizadores.

REDUCCIONISMO m. *Psicol.* Teoría que interpreta los procesos psíquicos en términos biológicos.

REDUCIDO, DA adj. Estrecho, pequeño, limitado.

REDUCIDOR, RA m. y f. *Arg., Col.* y *Chile* PERISTA, persona que comercia con objetos robados.

REDUCIR tr. **1** Volver algo al lugar donde antes estaba o al estado que tenía. **2** Disminuir, estrechar. **3** Transformar. **4** Resumir. **5** Dividir en partes menudas. **6** Incluir o arreglar bajo un cierto número o cantidad. También prnl. **7** Someter a la obediencia. **8** Persuadir con razones o argumentos. **9** *Fís.* Hacer que un cuerpo pase del estado sólido al líquido o al de vapor, o lo contrario. **10** *Mat.* Expresar el valor de una cantidad en unidades de especie distinta de la dada. **11** *Med.* Restablecer en su situación natural los huesos dislocados o rotos. **12** *Pint.* Hacer una imagen más pequeña guardando las mismas medidas o proporciones que tiene mayor. **13** *Quím.* Separar de un compuesto oxidado el oxígeno que contiene. **14** *Quím.* Descomponer un cuerpo en sus principios o elementos. || prnl. **15** Ceñirse, arreglarse en el modo de vivir. **16** Resolverse a ejecutar una cosa. || intr. **17** En un vehículo, cambiar una marcha por otra más corta. ♦ IRREG. Se conjuga como CONDUCIR.

REDUCTIBLE adj. Que se puede reducir.

REDUCTO m. **1** Obra de campaña cerrada construida en el interior de una fortificación. **2** Lugar de refugio.

REDUCTOR, RA adj. y s. *Quím.* Que reduce.

REDUNDANCIA f. **1** Demasiada abundancia de cualquier cosa. **2** Repetición inútil de un concepto o palabra.

REDUNDAR intr. **1** Rebosar una cosa. **2** Resultar una cosa en beneficio o daño de alguno.

REDUPLICACIÓN f. *Ret.* Figura que consiste en repetir consecutivamente un mismo vocablo en una cláusula.

REDUPLICAR tr. **1** Aumentar una cosa al doble de lo que antes era. **2** Repetir, volver a hacer una cosa.

REDUVIO m. *Zool.* Insecto hemíptero heteróptero.

REED, JOHN Periodista estadounidense (Portland, 1887 - Moscú, 1920). Presente en las revoluciones mexicana y soviética, en 1918 fue acusado de espionaje y se exilió en la URSS. Autor de *Diez días que conmovieron al mundo* (1919).

REED, LOU Cantante y compositor de rock estadounidense (Brooklyn, 1943). Las historias urbanas son la tónica dominante de sus canciones. Entre sus principales álbumes figuran *Lou Reed* (1972), *Transformer* (1972), *Rock'n'Roll Animal* (1974), *Metal Machine Music* (1975), *The Blue Mask* (1982), *Set the Twilight Reeling* (1996) y *Animal serenade* (2004).

REEDIFICAR tr. Volver a edificar.

REEDITAR tr. Volver a editar.

REEDUCAR tr. Volver a enseñar el uso de miembros u otros órganos, perdido o viciado por ciertas enfermedades o accidentes.

REELECTO, TA p. p. irreg. de REELEGIR.

REELEGIR tr. Volver a elegir. ♦ IRREG. Se conjuga como REGIR.

REEMBARCAR tr. y prnl. Volver a embarcar.

REEMBOLSAR tr. y prnl. Volver una cantidad a poder del que la había prestado.

REEMBOLSO m. **1** Acción y efecto de reembolsar o reembolsarse. **2** El mismo dinero que se reembolsa. **3** Cantidad que en nombre del remitente reclama del consignatario la administración de correos a cambio del producto que le entrega.

REEMISOR m. *Fís.* Estación local formada por un emisor y un receptor de escasa potencia, cuya finalidad es cubrir una zona de emisión a la que no llega la emisora principal.

REEMPLAZAR tr. **1** Sustituir una cosa por otra. **2** Suceder a uno en el empleo.

REEMPLAZO m. **1** Acción y efecto de reemplazar. **2** Sustitución de una persona o cosa por otra. **3** *Mil.* Renovación parcial del contingente del ejército activo en los plazos establecidos por la ley. **4** Hombre que entraba a servir en lugar de otro en la milicia. || **de reemplazo** loc. adj. *Mil.* Se dice del jefe u oficial que no tiene plaza efectiva sino opción a ella en las vacantes que ocurran.

REENCARNACIÓN f. Acción y efecto de reencarnar o reencarnarse.

REENCARNAR intr. y prnl. Volver a encarnar.

REENCAUCHAR tr. *Col.* RECAUCHUTAR.

REENCONTRAR tr. y prnl. **1** Volver a encontrar. **2** fig. Recobrar una persona cualidades, hábitos, etc., que había perdido.

REENCUENTRO m. **1** Acción y efecto de reencontrar o reencontrarse. **2** Encuentro de dos cosas que chocan una con otra.

REENGANCHAR tr. y prnl. Volver a engancharse o alistarse un soldado.

REENGANCHE m. *Mil.* **1** Acción y efecto de reenganchar o reengancharse. **2** Premio que se da al que se reengancha.

REENTRADA f. **1** Vuelta a una actividad después de un periodo de descanso. **2** *Astron.* Vuelta a la atmósfera terrestre de un ingenio espacial.

REENVIAR tr. Enviar alguna cosa que se ha recibido.

REESTRENAR tr. Volver a estrenar; se utiliza hablando de películas u obras teatrales que vuelven a proyectarse o representarse algún tiempo después de su estreno.

REESTRENO m. Acción y efecto de reestrenar. || **de reestreno** loc. Se dice del local dedicado habitualmente a reestrenar películas.

REESTRUCTURACIÓN f. Acción y efecto de reestructurar.

REESTRUCTURAR tr. Modificar la estructura de algo.

REEXAMINAR tr. Volver a examinar.

REEXPEDIR tr. Expedir lo que se ha recibido. ♦ IRREG. Se conjuga como PEDIR.

REEXPORTAR tr. Exportar lo que se había importado.

REFACCIÓN f. **1** REFECCIÓN. **2** fam. Lo que en cualquier venta se da al comprador por añadidura. **3** *Cuba* Gasto

San Hugo en el refectorio. Cuadro de Zurbarán. Museo de Bellas Artes (Sevilla).

que ocasiona al propietario el sostenimiento de un ingenio o finca.

REFAJO m. Falda que usaban las mujeres como prenda interior o encima de las enaguas.

REFECCIÓN f. **1** Alimento ligero para reponer las fuerzas. **2** Compostura o reparación de lo estropeado.

REFECTORIO m. Habitación reservada en las comunidades y colegios para juntarse a comer.

REFERENCIA f. **1** Narración o relación de una cosa. **2** Relación o dependencia de una cosa respecto de otra. **3** Remisión en un escrito de un lugar a otro. **4** Informe comercial sobre una persona y, por extensión, cualquier otro tipo de informe personal. **5** Indicación colocada en la cabecera de una carta a la que hay que referirse en la respuesta. **6** *Ling.* Relación directa entre el objeto y el significado, e indirecta entre el objeto y el significante.

REFERENCIAL adj. *Ling.* Se dice de una de las FUNCIONES DEL LENGUAJE.

REFERENDARIO, RIA m. y f. Persona que refrenda.

REFERÉNDUM o **REFERENDO** m. *Polít.* **1** Acto de someter al voto popular directo las leyes o actos administrativos, con la finalidad de que el pueblo ratifique lo que votaron sus representantes. **2** Despacho en que un agente diplomático pide a su gobierno nuevas instrucciones sobre algún punto importante. ♦ Como formas pl. se utilizan *referéndum, referéndums* o *referendos.*

REFERENTE adj. **1** Que refiere o que expresa relación a otra cosa. ‖ m. *Ling.* **2** Realidad extralingüística a que alude el signo lingüístico.

REFERÍ m. *Dep.* Anglicismo por árbitro de fútbol y de otros deportes.

REFERIR tr. **1** Relatar un hecho o suceso. **2** Encaminar una cosa a un determinado fin. También prnl. **3** Poner en relación algunas personas o cosas. También prnl. ‖ prnl. **4** Remitirse a lo dicho o hecho. ♦ IRREG. Se conjuga como SENTIR.

REFILÓN, DE loc. adv. **1** De soslayo, al sesgo. **2** fig. De paso, de pasada.

REFINADO, DA adj. **1** fig. Sobresaliente, primoroso. **2** fig. Extremado en la maldad. ‖ m. **3** Acción y efecto de refinar.

REFINADOR, RA m. y f. **1** Persona que refina. ‖ f. **2** Máquina o instalación industrial que refinan.

REFINAMIENTO m. **1** Esmero, cuidado. **2** Crueldad refinada.

REFINAR tr. **1** Hacer más fina o más pura una cosa. **2** fig. Perfeccionar una cosa adecuándola a un fin determinado. ‖ prnl. **3** Hacerse una persona más fina en sus gustos, modales, etc.

REFINERÍA f. Fábrica de refino de un producto.

REFINO, NA adj. **1** Muy fino. ‖ m. **2** Acción y efecto de refinar.

REFITOLEAR tr. e intr. Curiosear y entrometerse en cosas poco importantes.

REFITOLERÍA f. Palabra o acción mimosa y cursi.

REFITOLERO, RA adj. **1** Que cuida del refitorio. **2** fig. y fam. Entrometido. **3** Se dice de la persona afectada o redicha.

REFLECTANTE adj. *Fís.* **1** Que reflecta. ‖ m. **2** Instrumento que refleja la luz, como los que llevan los automóviles en la parte posterior para hacerse notar durante la noche.

REFLECTAR intr. *Fís.* Reflejar, especialmente la luz.

REFLECTOR, RA adj. y s. **1** Que refleja. ‖ m. **2** *Fís.* Aparato de superficie bruñida para reflejar los rayos luminosos. **3** Foco de iluminación. **4** Telescopio de espejos.

REFLEJAR intr. **1** *Fís.* Hacer retroceder o cambiar de dirección la luz, el calor, el sonido, un cuerpo elástico, una imagen, oponiéndoles una superficie lisa. También prnl. **2** Manifestar o hacer patente una cosa. También prnl. ‖ prnl. **3** fig. Dejarse ver una cosa en otra.

REFLEJO, JA adj. **1** Que ha sido reflejado. **2** Girado bruscamente hacia abajo. **3** *Fisiol.* Respuesta automática a un estímulo mediada por el sistema nervioso. ‖ m. **4** Luz reflejada.

RÉFLEX adj. y f. Se dice de la cámara fotográfica en la que la imagen que se observa a través del visor es la misma que capta el objetivo, obtenida mediante un espejo dispuesto en ángulo que se recoge en el momento del disparo.

REFLEXIÓN f. **1** Acción y efecto de reflejar. **2** Acción y efecto de reflexionar. **3** fig. Advertencia o consejo con que uno intenta convencer a otro.

REFLEXIONAR intr. y tr. Considerar nueva o detenidamente una cosa.

REFLEXIVO, VA adj. **1** Que refleja o reflecta. **2** Acostumbrado a hablar y obrar con reflexión. **3** *Gram.* VERBO REFLEXIVO. También s.

REFLORECER intr. **1** Volver a florecer. **2** fig. Recobrar una cosa inmaterial el lustre y estimación que tuvo. ♦ IRREG. Se conjuga como AGRADECER.

REFLOTAR tr. **1** Volver a poner a flote la nave sumergida o encallada. **2** fig. Volver a hacer productivo un negocio, industria, etc.

REFLUIR intr. **1** Volver hacia atrás un líquido. **2** fig. Redundar, resultar. ♦ IRREG. Se conjuga como HUIR.

REFLUJO m. **1** Movimiento de descenso de las mareas. **2** Irrupción de sangre a contra corriente en el sistema venoso.

REFOCILAR tr. y prnl. **1** Alegrar, divertir. ‖ prnl. **2** Regodearse, complacerse maliciosamente.

REFORESTAR tr. *Bot.* Repoblar un terreno con plantas forestales.

REFORMA f. **1** Acción y efecto de reformar. **2** Lo que se propone, proyecta y ejecuta como innovación y mejora. ‖ **REFORMA GREGORIANA** *Hist.* y *Rel.* La llevada a cabo por el pontificado del siglo XI, especialmente por Gregorio VII, que tenía como fin combatir la *simonía* o compraventa de cargos eclesiásticos, el *nicolaísmo* o vida marital de los clérigos, y la *investidura* laica.

REFORMA *Hist.* y *Rel.* Movimiento religioso iniciado en la primera mitad del siglo XVI, que dio origen a las iglesias protestantes y sustrajo a la obediencia de los papas a gran parte de Europa. La Reforma nació por razones religiosas, pero el punto de partida fue la crisis de la sociedad medieval, y sus causas el relajamiento de la fe y de las costumbres, la corrupción del propio clero y la difusión de la Biblia, como consecuencia de la invención de la imprenta. El iniciador de la Reforma fue Martín Lutero (1517), y siguieron una orientación parecida Zwinglio en Suiza y el francés Calvino, en Ginebra. El luteranismo se extendió por Alemania, Holanda, Dinamarca, Noruega y Suecia, mientras que el calvinismo lo hacía por Francia, Inglaterra y Escocia. La causa fundamental de la ruptura de los reformados con la iglesia católica fue debida a la admisión por los primeros del *libre examen* o derecho a interpretar la Biblia con arreglo al criterio individual. Las nuevas doctrinas hallaron eco en gran parte del pueblo alemán y en algunos de sus príncipes, y fueron inútiles para cortarlas las Dietas de Worms (1521), en que Carlos V se constituyó en árbitro; Espira (1529) y Augsburgo (1530). Los príncipes y las ciudades protestantes constituyeron la Liga de Esmalcalda (1531), con el fin de defenderse de los católicos. Carlos V declaró la guerra a la Liga y, aunque venció en Mühlberg (1547) al elector de Sajonia, dio al año siguiente el *Ínterim* de Augsburgo, solución transaccional que no satisfizo ni a católicos ni a protestantes. Por fin, envuelto el emperador en lucha con franceses y turcos, reconoció a los protestantes igual libertad religiosa que a los católicos por el tratado de Passau (1552), ratificado más tarde en la Dieta de Augsburgo (1555). Los principales hechos de la lucha entre católicos y protestantes fueron, además, la Reforma anglicana, en Inglaterra, obra de Enrique VIII (1534), y la de su hija Isabel I (1562); y las ocho guerras de religión en Francia (1562-1593), finalizadas con el Edicto de Nantes por el que Enrique IV concedió la libertad religiosa a los protestantes. La Reforma rompió la unidad religiosa de Europa con la aprobación de varias iglesias cristianas. También motivó, por reacción, una Reforma católica o CONTRARREFORMA.

REFORMA, GUERRA DE LA TRES AÑOS, GUERRA DE LOS.

REFORMAR tr. **1** Volver a formar. **2** Restaurar. **3** Arreglar, corregir. **4** Restituir una orden religiosa u otro instituto a su primitiva observancia. **5** Extinguir, deshacer un establecimiento o cuerpo. **6** Privar del ejercicio de un empleo. **7** Rebajar en el número o cantidad. ‖ prnl. **8** Enmendarse. **9** Contenerse, moderarse.

refinería de petróleo. Puertollano (Ciudad Real).

regata en la Isla de Wight (Reino Unido).

REFORMATORIO, RIA adj. **1** Que reforma, arregla. || m. **2** Establecimiento penitenciario en el que ingresan jóvenes menores de edad.
REFORMISMO m. Cada una de las tendencias o doctrinas que procuran el cambio y las mejoras de una situación política, social, religiosa, etc.
REFORZADOR, RA adj. **1** Que refuerza. || m. *Fot.* **2** Baño para acusar los contrastes o hacer más clara una imagen débil.
REFORZAR tr. **1** Engrosar o añadir nuevas fuerzas. **2** Fortalecer o reparar. **3** Animar, alentar. También prnl. ◆ IRREG. Se conjuga como CONTAR.
REFRACCIÓN f. *Fís.* **1** Acción y efecto de refractar o refractarse. **2** Cambio en la dirección de propagación de las ondas y rayos al pasar de un medio a otro con diferente velocidad de propagación. Las leyes de refracción de un rayo luminoso son: a) los rayos incidente y refractado están situados en un mismo plano, llamado plano de incidencia; b) los productos del seno del ángulo de incidencia por el índice de refracción del primer medio y el del seno del ángulo de refracción por el índice de refracción del segundo medio, son iguales. ||
DOBLE REFRACCIÓN *Fís.* Propiedad que tienen ciertos cristales, como el espato de Islandia, de duplicar las imágenes de los objetos.

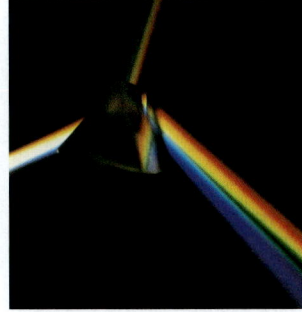

refracción de la luz.

REFRACTAR tr. y prnl. *Fís.* Cambiar de dirección el rayo de luz que pasa oblicuamente de un medio a otro de diferente índice de refracción.
REFRACTARIO, RIA adj. **1** Se dice de la persona que rehúsa cumplir una promesa u obligación. **2** Opuesto a aceptar una idea, opinión o costumbre. **3** *Biol.* Se dice de los organismos no atacables por una enfermedad. **4** *Fís.* y *Quím.* Se dice del material que resiste la acción del fuego sin fundirse. **5** Se dice del periodo en que una acción no provoca la respuesta esperada.
REFRÁN m. Dicho agudo y sentencioso de uso común.
REFRANERO m. Colección de refranes.
REFRANESCO, CA adj. Se dice del que se expresan a manera de refrán.
REFRANGIBLE adj. Se dice de todo aquello que puede refractarse.
REFRANISTA com. Persona que con frecuencia cita refranes.
REFREGADURA f. **1** Acción de refregar. **2** Señal que queda de haberse refregado una cosa.
REFREGAR tr. **1** Frotar una cosa con otra. También prnl. **2** fig. y fam. Echar en cara a uno una cosa que le ofende, insistiendo en ella. ◆ IRREG. Se conjuga como ACERTAR.
REFREÍR tr. **1** Volver a freír. **2** Freír muy bien una cosa, o freírla demasiado. ◆ IRREG. Se conjuga como REÍR. Doble participio: *refrito* (irregular) y *refreído* (regular).
REFRENAR tr. **1** Sujetar y reducir el caballo con el freno. **2** fig. Contener o reprimir la fuerza o la violencia de algo. También prnl.
REFRENDAR tr. **1** Legalizar un documento por medio de la firma de persona autorizada para ello. **2** Corroborar una cosa afirmándola. **3** fig. y fam. Volver a ejecutar una acción.
REFRENDARIO, RIA m. y f. Persona que refrenda, firma, después del superior, un documento.
REFRENDATA f. Firma del refrendario.
REFRENDO m. **1** Acción y efecto de refrendar. **2** Testimonio que acredita haber sido refrendada una cosa.
REFRESCAR tr. **1** Atemperar, moderar, disminuir el calor de una cosa. También prnl. **2** fig. Renovar una acción. **3** fig. Renovar un sentimiento, dolor, etc., antiguos. || intr. **4** fig. Tomar fuerzas, vigor, aliento. **5** Templarse o moderarse el calor del aire. **6** Tomar el fresco. También prnl. **7** Beber un refresco. También prnl. **8** *Taurom.* Dentro de la lidia, descansar unos instantes el toro de escasas fuerzas.

REFRESCO m. **1** Alimento ligero para reponer fuerzas. **2** Bebida fría o del tiempo sin alcohol. **3** Bebidas, dulces, etc., que se dan en las visitas.
REFRIEGA f. Combate de poca importancia.
REFRIGERACIÓN f. **1** Acción y efecto de refrigerar. **2** Producción artificial de frío por medio de aparatos, con muy diversas aplicaciones. **3** REFRIGERIO, alimento ligero.
REFRIGERADOR, RA adj. y s. **1** Se dice de los aparatos e instalaciones para refrigerar. || m. y f. **2** Nevera, electrodoméstico con refrigeración para guardar alimentos.
REFRIGERANTE adj. y m. **1** Que refrigera. **2** *Quím.* Baño frío en que está sumergido el serpentín del alambique. **3** *Quím.* Recipiente con agua para rebajar la temperatura de un fluido.
REFRIGERAR tr. **1** Hacer más fría una habitación u otra cosa. **2** Enfriar en cámaras especiales alimentos, productos, etc., para su conservación. **3** fig. Reparar las fuerzas con un refrigerio. También prnl.
REFRIGERIO m. **1** Alivio que se siente con lo fresco. **2** fig. Consuelo en cualquier apuro, pena, etc. **3** fig. Alimento ligero para reponer fuerzas.
REFRINGENCIA f. *Fís.* Propiedad de los medios que dejan pasar la luz.
REFRINGIR tr. y prnl. *Fís.* REFRACTAR.
REFRITO m. **1** Aceite frito con ajo, cebolla, pimentón y otros ingredientes. **2** fig. Cosa rehecha con trozos de otra. ◆ Es el p. p. irreg. de REFREÍR.
REFUCILO m. Relámpago.
REFUERZO m. **1** Mayor grueso que se da a una cosa para hacerla más resistente. **2** Reparo para fortalecer una cosa que amenaza ruina. **3** Socorro o ayuda.
REFUGIADO, DA m. y f. *Polít.* Persona que a consecuencia de guerras, revoluciones, persecuciones políticas, etc., busca refugio fuera de su país.
REFUGIAR tr. y prnl. **1** Acoger y amparar a uno sirviéndole de refugio y asilo. || prnl. **2** Retirarse a un lugar para ponerse a salvo.
REFUGIO m. **1** Asilo, amparo. **2** Lugar adecuado para refugiarse. **3** Edificio para albergue de montañeros. **4** Zona situada dentro de la calzada, reservada para peatones. **5** Construcción subterránea que sirve de protección en caso de bombardeos.
REFULGENCIA f. Resplandor.
REFULGENTE adj. Que emite resplandor.
REFULGIR intr. Resplandecer.
REFUNDIR tr. **1** Volver a fundir los metales. **2** fig. Comprender o incluir. También prnl. **3** fig. Dar nueva forma a una obra literaria. || intr. **4** fig. Redundar, refluir.
REFUNFUÑAR intr. Emitir voces confusas o palabras mal articuladas o entre dientes, en señal de enojo o desagrado.
REFUTACIÓN f. **1** Acción y efecto de refutar. **2** Argumento cuyo objeto es destruir las razones del contrario. **3** *Ret.* Parte del discurso cuyo objeto es rebatir los argumentos aducidos en contra de lo que se defiende o se quiere probar.
REFUTAR tr. Contradecir, rebatir con argumentos y razones lo que otros dicen.
REGA MOLINA, HORACIO Escritor argentino (San Nicolás de los Arroyos, 1899 - Buenos Aires, 1957). Autor de *La hora encantada* (1919) y *Sonetos de mi sangre* (1951).
REGADERO, RA m. o f. **1** Acequia, reguera. || f. **2** Recipiente portátil a propósito para regar. || **estar como una regadera** fr. fig. y fam. Estar algo loco, ser de carácter extravagante.
REGADÍO, A adj. y m. *Agr.* **1** Se dice del terreno que se puede regar. || m. **2** Terreno dedicado a cultivos que se fertilizan con riego.

REGADOR¹ m. Punzón para señalar la longitud y el número de las púas de los peines.
REGADOR², RA adj. y s. Que riega.
REGADURA f. Riego que se hace por una vez.
REGAIFA f. **1** Torta, hornazo. **2** Piedra circular, por donde, en los molinos de aceite, corre el líquido que sale de los capachos llenos de aceituna molida.
REGAJO m. **1** Charco que se forma de un arroyuelo. **2** El mismo arroyuelo.
REGALA f. Tablón que forma el borde de las embarcaciones.
REGALADA f. **1** Caballeriza real donde estaban los caballos de regalo. **2** Conjunto de caballos que la componían.
REGALADO, DA adj. **1** Suave, delicado. **2** Placentero, deleitoso. **3** Extremadamente barato.
REGALADO, TOMÁS Militar y político salvadoreño (Santa Ana, 1860 - Jícaro, 1906). Fue presidente provisional de la República entre 1898 y 1899 y después de forma efectiva (1899-1903).
REGALADOR, RA adj. y s. **1** Que regala o es amigo de regalar. || m. **2** Palo que utilizan los boteros para alisar y acabar de limpiar las corambres.
REGALAR tr. **1** Dar a modo de regalo. **2** Halagar, acariciar. **3** Recrear, deleitar. También prnl. || prnl. **4** Tratarse bien, procurando tener las máximas comodidades posibles.
REGALÍA f. **1** Prerrogativa regia; como el acuñar moneda. **2** Privilegio que la Santa Sede concede a los reyes en asuntos relacionados con la iglesia. Más en plural. **3** fig. Cualquier tipo de privilegio. **4** fig. Gajes que, además de su sueldo, perciben los empleados de algunas oficinas. También en pl.
REGALISMO m. *Hist.* Doctrina y política que defendía ciertas prerrogativas de los reyes en asuntos eclesiásticos.
REGALISTA adj. y com. *Hist.* Se dice del defensor de las regalías de la corona.
REGALIZ m. *Bot.* **1** Planta herbácea perteneciente a la familia leguminosas, que crece en la región mediterránea y el SO de Asia. **2** Rizomas de esta planta.
REGALO m. **1** Dádiva que se hace voluntariamente o por costumbre. **2** Gusto o complacencia que se recibe. **3** Comida o bebida delicada y exquisita. **4** Comodidad y descanso que una persona procura para sí.
REGALÓN, NA adj. Que se cría o trata con mucho regalo.
REGANTE com. **1** Persona que tiene derecho a regar con agua comprada o repartida para ello. **2** Persona que tiene por oficio el riego de los campos.
REGAÑADIENTES, A loc. adv. A disgusto.
REGAÑAR intr. **1** Gruñir el perro mostrando los dientes. **2** Abrirse algunas frutas cuando maduran. **3** Dar muestras de enfado con palabras y gestos. **4** fam. Reñir con otro. || tr. **5** fam. Reprender, reconvenir.
REGAÑINA f. Regaño, reprimenda, rapapolvo.
REGAÑO m. **1** Gesto de disgusto acompañado, por lo común, de palabras ásperas. **2** fig. Parte del pan que está tostada del horno y sin corteza, por la abertura que ha hecho al cocerse. **3** fam. REGAÑINA.
REGAÑÓN, NA adj. y s. Se dice de la persona que tiene la costumbre de regañar sin motivo.
REGAR tr. **1** Esparcir agua sobre una superficie. **2** Atravesar un río o canal una comarca o territorio. **3** fig. Esparcir, desparramar. ◆ IRREG. Se conjuga como ACERTAR.
REGATA¹ f. Reguera pequeña en las huertas y jardines.
REGATA² f. *Dep.* Competición deportiva en la que un grupo de embarcaciones de la misma clase, a vela, motor o remo, deben recorrer un itinerario preestablecido en el menor tiempo posible.

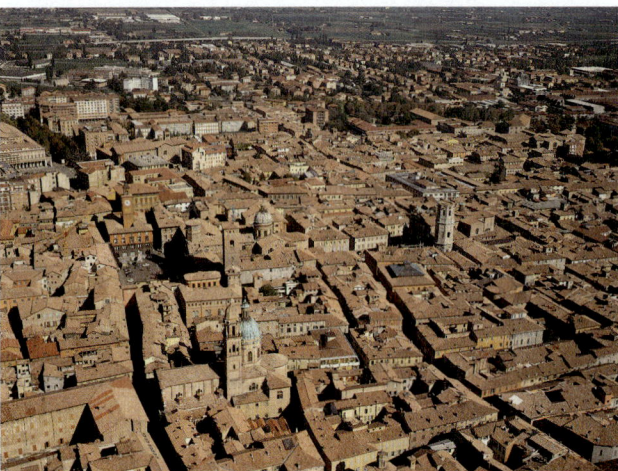

Reggio Emilia (Italia). Vista aérea.

REGATE m. 1 Movimiento ágil y rápido que se hace desviando el cuerpo. 2 *Dep.* En algunos deportes, finta que hace el jugador para no dejarse arrebatar el balón. 3 fig. y fam. Escape o evasión hábilmente buscados en una dificultad.

REGATEAR¹ tr. 1 Debatir el comprador y el vendedor el precio de una cosa. También intr. 2 Revender al por menor los comestibles que se han comprado al por mayor. 3 fig. y fam. Rehusar la ejecución de una cosa. También intr. 4 *Dep.* En fútbol y otros deportes, hacer regates.

REGATEAR² intr. Disputar una carrera varias embarcaciones.

REGATEO m. 1 Discusión del comprador y vendedor sobre el precio de algo. 2 Reventa al por menor de comestibles que se han comprado al por mayor. 3 fig. Excusas que se ponen para la ejecución de algo.

REGATO m. 1 Pequeño arroyo. 2 Remanso poco profundo. 3 ACEQUIA, cauce para regar.

REGATÓN¹ m. 1 Virola que se pone en el extremo inferior de las lanzas, bastones, etc. 2 Hierro que tienen los bicheros en uno de sus extremos.

REGATÓN², NA adj. y s. 1 Que vende al por menor los comestibles comprados al por mayor. 2 Que regatea mucho.

REGATONEAR tr. Comprar al por mayor para revender al por menor.

REGAZO m. 1 Enfaldo de la saya. 2 Parte del cuerpo donde se forma ese enfaldo, entre las rodillas y la cintura, de una mujer sentada. 3 fig. Cosa que recibe en sí a otra.

REGENCIA f. 1 Acción de regir o gobernar. 2 Empleo de regente. 3 Gobierno de un Estado monárquico durante la minoría del heredero de la corona. 4 Tiempo que dura el gobierno. 5 *Hist.* Nombre que se da a ciertos Estados musulmanes que fueron vasallos de Turquía. || **ESTILO REGENCIA** *Arte.* Corriente artística francesa que corresponde a la regencia de Felipe de Orleans (1715-23). Su aplicación fundamental se centró en el mobiliario. Fue un paso previo al ROCOCÓ.

REGENERACIÓN f. 1 Acción y efecto de regenerar o regenerarse. 2 *Zool.* Capacidad de los animales para renovar sus tejidos orgánicos y devolver su integridad a algunos de sus órganos.

REGENERACIONISMO m. *Hist.* Movimiento ideológico que tuvo lugar en España como consecuencia de la crisis de 1898. Protagonizado por la pequeña y mediana burguesía, entre sus principales miembros cabe citar a Joaquín Costa, Macías Picavea y Lucas Mallada.

REGENERAR tr. y prnl. 1 Dar nuevo ser a alguna cosa que degeneró; restablecerla o mejorarla. 2 Hacer que una persona abandone una conducta o unos hábitos reprobables.

REGENSBURG RATISBONA.

REGENTA f. 1 Mujer del regente. 2 Mujer que gobierna o administra algo.

REGENTAR tr. 1 Desempeñar temporalmente ciertos cargos o empleos. 2 Ejercer un cargo ostentando superioridad. 3 Dirigir un negocio. 4 Ejercer un empleo.

REGENTE adj. 1 Que rige o gobierna. || com. 2 Persona que gobierna un Estado monárquico en la minoría de edad del heredero o por otro motivo. 3 En algunas órdenes religiosas, persona que rige los estudios. 4 Persona que dirige algunos talleres. || m. 5 En algunas antiguas escuelas y universidades, catedrático trienal.

REGER, MAX Compositor alemán (Brand, 1873 - Leipzig, 1916). Su obra fluctúa entre el neoclasicismo y el posromanticismo. Entre sus obras destacan *Variaciones y fuga sobre un tema de Bach*, para piano, y *Variaciones y fuga sobre un tema de Mozart*, para orquesta.

REGGAE (Voz i.) m. *Mús.* Estilo musical popular de origen jamaicano que alcanzó gran difusión en los años setenta.

REGGIO DI CALABRIA 1 Provincia de Italia, en la región de Calabria; 3.183 km² y 578.636 h. 2 Ciudad capital de la misma, junto al estrecho de Mesina; 178.736 h. Puerto.

REGGIO EMILIA 1 Provincia de Italia, en la región de Emilia-Romagna; 2.293 km² y 428.600 h. 2 Ciudad capital de la misma; 134.169 h.

REGICIDIO m. *Der.* Muerte violenta de un monarca, de su consorte, del príncipe heredero o del regente.

REGIDOR, RA adj. y s. 1 Que rige o gobierna. || m. y f. 2 Concejal o concejala que no ejerce ningún otro cargo municipal. 3 *Cin.* y *Telev.* Ayudante del realizador, que se encarga de la parte administrativa y práctica de la preparación de un rodaje o de un programa televisado. 4 *Teat.* Persona que cuida del orden y realización de los movimientos y efectos escénicos dispuestos por la dirección.

REGILIANO, QUINTO NONIO Emperador romano (? - ?, 263). De origen dacio, fue proclamado emperador en 259. Luchó contra los sármatas en 261 y pereció en un combate contra Galieno.

REGILO *Geog. hist.* Antigua ciudad de Italia, habitada por los sabinos, junto al lago de su nombre, hoy desaparecido. En ella el dictador Postumio derrotó a los latinos el 496 a. C.

RÉGIMEN m. 1 Modo de gobernarse o regirse en algo. 2 Forma o gobierno de un Estado. 3 *Gram.* Dependencia que entre sí tienen las palabras en la oración. 4 *Gram.* Preposición que pide cada verbo, o caso que pide cada preposición; por ejemplo: el régimen del verbo *aspirar* es la preposición *a*, y el de esta preposición, el caso de dativo, el de acusativo o el de ablativo. 5 *Mec.* Funcionamiento de un motor en condiciones de máximo rendimiento. 6 Conjunto de normas referentes al tipo y a la cantidad de los alimentos, que debe ingerir una persona, bien sea por motivos de salud o con la finalidad de perder peso.

REGIMENTAR tr. Transformar en regimientos varias compañías o partidas sueltas del ejército.

REGIMIENTO m. 1 Acción y efecto de regir. 2 Oficio o empleo de regidor o regidora. 3 Unidad homogénea de cualquier arma o cuerpo militar.

REGINA Ciudad de Canadá, capital de la provincia de Saskatchewan; 179.178 h.

REGIO, GIA adj. 1 Relativo al rey, la reina o la realeza. 2 fig. Suntuoso, grande, magnífico.

REGIOMONTANO, NA adj. y s. 1 De Monterrey (México). 2 De Königsberg.

REGIOMONTANO o **REGIOMONTANUS** (JOHANN MÜLLER, llamado) Matemático y astrónomo alemán (Unfind, 1436 - Roma, 1476). Fue el iniciador de la trigonometría moderna.

REGIÓN f. 1 Cualquier extensión de terreno, homogénea en un determinado aspecto. 2 Cada una de las grandes divisiones territoriales de una nación, definida por características geográficas o histórico-sociales. 3 Cada una de las partes en que se puede dividir un país a efectos militares, o, por extensión, a cualquier otro. 4 fig. Todo espacio que se imagina ser de mucha capacidad. 5 Espacio determinado de la superficie del cuerpo humano.

REGIONALISMO m. 1 *Polít.* Doctrina política y movimiento inspirado en ella que fundamentan la estructura y la dinámica de las colectividades en los valores propios de las regiones que las constituyen. 2 Apego a determinada región. 3 *Ling.* Vocablo o giro privativo de una región determinada.

REGIONALISTA adj. y s. Partidario del regionalismo.

REGIR tr. 1 Gobernar, dirigir. 2 Guiar o conducir una cosa. También prnl. 3 *Gram.* Tener una palabra bajo su dependencia a otra palabra de la oración. 4 *Gram.* Pedir un verbo una determinada preposición. || intr. 5 Estar vigente. 6 Funcionar bien un artefacto o el organismo; se dice especialmente de las facultades mentales. 7 *Fisiol.* Descargar el vientre. ♦ IRREG. Véase cuadro.

REGIR

INDICATIVO
Pres.: rijo, riges, rige, regimos, regís, rigen.
Pret. imperf.: regía, regías, etc.
Pret. indef.: regí, registe, rigió, regimos, registeis, rigieron.
Fut. imperf.: regiré, regirás, etc.
Condic.: regiría, regirías, etc.
SUBJUNTIVO
Pres.: rija, rijas, rija, rijamos, rijáis, rijan.
Pret. imperf.: rigiera, rigieras, etc., o rigiese, rigieses, etc.
Fut. imperf.: rigiere, rigieres, etc.
IMPERATIVO: rige, regid.
PARTICIPIO: regido.
GERUNDIO: rigiendo.

REGISTRADOR, RA adj. 1 Que registra. || m. y f. 2 Funcionario o funcionaria que tiene a su cargo algún registro público.

REGISTRAR tr. 1 Examinar una cosa con detenimiento y cuidado. 2 Transcribir o extractar en los libros de un registro público las resoluciones de la autoridad o los actos jurídicos de los particulares. 3 Poner una señal, registro, entre las hojas de un libro. 4 Anotar, señalar. 5 Inscribir en una oficina determinados documentos públicos, instancias, etc. 6 Inscribir con fines jurídicos o comerciales la firma de determinadas personas. 7 Contabilizar los casos reiterados de algún suceso. 8 GRABAR la imagen o el sonido. 9 *Tecnol.* Marcar un aparato ciertos datos propios de su función. 10 Presentarse en algún lugar u oficina, matricularse.

REGISTRO m. 1 Acción y efecto de registrar. 2 Pieza del reloj que sirve para modificar su movimiento. 3 Abertura con su tapa o cubierta para examinar, conservar o reparar lo que está subterráneo o empotrado en un muro, pavimento, etc. 4 Padrón o matrícula. 5 Protocolo del notario o registrador. 6 Lugar y oficina en donde se registra. 7 Departamento especial en diversas dependencias de la administración pública donde se entrega, anota y registra la documentación referente a dicha dependencia. 8 Asiento que queda de lo que se registra. 9 Libro, a manera de índice, donde se apuntan noticias o datos. 10 Cinta que se pone entre las hojas de un libro para consultarlo con más facilidad. 11 *Mús.* Pieza movible del órgano por medio de la cual se modifica el timbre. 12 *Mús.* Cada género de voces del órgano: flautado mayor, menor, clarines, etc. 13 *A. gráf.* Correspondencia igual de las planas de un pliego impreso con las del dorso. 14 *A. gráf.* Conjunto de informaciones relacionadas entre sí que constituyen la unidad de tratamiento lógico de ficheros o memoria. || **REGISTRO CIVIL** Aquel en que se hacen constar por autoridades competentes los nacimientos, matrimonios, defunciones y demás hechos relativos al estado civil de las personas. || **REGISTRO DE LA PROPIEDAD** Aquel en que se inscriben por autoridad todos los bienes raíces de un partido judicial, con expresión de sus dueños, y se hacen constar los cambios y limitaciones de derecho que experimentan dichos bienes.

REGLA f. 1 Ley o norma de un instituto religioso. 2 Lo que se debe obedecer o seguir por estar así establecido. 3 Conjunto de instrucciones que indican cómo hacer algo o cómo comportarse. 4 Pauta de la escritura. 5 Precepto, principio o máxima en las ciencias o artes. 6 Orden y concierto invariable que guardan las cosas naturales. 7 Menstruación de las mujeres. 8 Instrumento de figura rectangular, que sirve principalmente para trazar líneas rectas. 9 *Ling.* Formulación teórica generalizada de un procedimiento lingüístico. **10** *Lóg.* Conjunto de operaciones que deben llevarse a cabo para realizar una inferencia o deducción correcta. **11** *Mat.* Método de hacer una operación. || **REGLA DE CÁLCULO** *Mat.* Instrumento que sirve para realizar operaciones aritméticas sencillas, que consta de dos escalas logarítmicas graduadas que se deslizan una sobre otra. || **REGLA DE TRES** *Mat.* La que permite determinar una cantidad desconocida, por medio de una proporción de la cual se conocen dos términos entre sí homogéneos, y otro tercero de la misma especie que el cuarto que se busca. || **en regla** loc. adv. fig. Como es debido.

REGLADO, DA adj. Sujeto a precepto, ordenación o regla.

REGLAJE m. Reajuste de las piezas de un mecanismo para mantenerlo en perfecto funcionamiento.

REGLAMENTACIÓN f. **1** Acción y efecto de reglamentar. **2** Conjunto de reglas.

REGLAMENTAR tr. Sujetar a reglamento.

REGLAMENTARIO, RIA adj. Relativo al reglamento o preceptuado y exigido por alguna disposición obligatoria.

REGLAMENTO m. Colección ordenada de reglas o preceptos.

REGLAR[1] adj. Relativo a una regla o instituto religioso.

REGLAR[2] tr. **1** Tirar o hacer líneas o rayas derechas, valiéndose de una regla o por cualquier otro medio. **2** Sujetar a reglas una cosa. **3** Medir las acciones conforme a regla. || prnl. **4** Templarse, reformarse.

REGLETA f. *A. gráf.* Planchuela de metal, que sirve para regletear.

REGLETEAR tr. *A. gráf.* Espaciar la composición poniendo regletas entre los renglones.

REGLÓN m. Regla grande que usan los albañiles y soladores para dejar planos los suelos y paredes.

REGNARD, JEAN FRANÇOIS Poeta y dramaturgo francés (París, 1655 - Grillon, 1709). Discípulo de Molière, estrenó *Le divorce* (1688), *Le joueur* (1696) y *Le distrait* (1697).

REGNAULT, HENRI VICTOR Físico y químico francés (Aquisgrán, 1810 - París, 1878). Se dedicó al estudio de los gases y su coeficiente de dilatación.

REGNÍCOLA adj. y com. Natural de un reino.

RÉGNIER, HENRI DE Escritor francés (Honfleur, 1864 - París, 1936). Representante destacado de la escuela simbolista: *Poèmes anciens et romanesques 1887-1889* (1890) y *Flamma tenax* (1922-28).

REGOCIJAR tr. **1** Alegrar, festejar, causar gusto o placer. || prnl. **2** Recrearse.

REGOCIJO m. **1** Alegría, júbilo. **2** Acto con que se manifiesta la alegría.

REGODEARSE prnl. **1** fam. Deleitarse, complacerse. **2** Hablar, estar de chacota. **3** Complacerse maliciosamente en el mal ajeno.

REGOJO m. **1** Pedazo de pan que sobra en la comida. **2** fig. Muchacho pequeño de cuerpo.

REGOLDAR intr. Eructar los gases el estómago. ♦ IRREG. Se conjuga como CONTAR.

REGOLDO m. *Bot.* Castaño silvestre.

REGOLFAR intr. **1** Retroceder el agua contra su corriente, haciendo un remanso. También prnl. **2** Cambiar la dirección del viento.

REGOLFO m. **1** Vuelta o retroceso del agua o del viento contra su curso. **2** Seno o cala en el mar.

REGORDETE, TA adj. fam. Se dice de la persona, o de la parte de su cuerpo, pequeña y gruesa.

REGOSTARSE prnl. Aficionarse a una cosa.

REGRESAR intr. **1** Volver al lugar de donde se partió. También prnl. **2** *Mex.* Devolver, restituir.

REGRESIÓN f. Retrocesión, acción de volver hacia atrás.

REGRESIVO, VA adj. Se dice de lo que hace volver hacia atrás.

REGRESO m. Acción de regresar.

REGÜELDO m. fig. Cardencha imperfecta que sale en el tallo de la principal.

REGUERA f. Canal que se hace en la tierra a fin de conducir el agua para el riego.

REGUERO m. **1** Corriente, a modo de chorro o de arroyo pequeño, que se hace de una cosa líquida. **2** Señal continuada que deja una cosa que se va derramando.

REGULACIÓN f. Acción y efecto de regular. || **REGULACIÓN DE EMPLEO** *Econ.* Reducción del número de empleados de una empresa.

REGULADOR, RA adj. **1** Que regula. || m. **2** Mecanismo que sirve para ordenar o normalizar el movimiento o los efectos de una máquina o de alguno de los órganos o piezas de ella. **3** *Mús.* Signo en figura de ángulo agudo que sirve para indicar la intensidad del sonido.

REGULAR[1] adj. **1** Ajustado y conforme a regla. **2** De tamaño o condición media o inferior a ella. **3** Se dice de las personas que viven bajo una regla o instituto religioso, y de los que pertenecen a su estado. También com. **4** *Mil.* Se dice de la tropa constituida según las leyes militares del país. Se aplicaba a las constituidas en el antiguo protectorado español en Marruecos por soldados españoles y nativos. **5** *Geom.* Se dice del polígono cuyos lados y ángulos son iguales entre sí, y del poliedro cuyas caras y ángulos sólidos son también iguales. **6** *Gram.* Se dice de la palabra derivada, o formada de otro vocablo, según la regla de formación seguida generalmente por las de su clase. || adv. m. **7** Medianamente, no muy bien. || **por lo regular** loc. adv. Común o regularmente.

REGULAR[2] tr. **1** Medir, computar una cosa por comparación o deducción. **2** Ajustar, reglar.

REGULARIDAD f. **1** Calidad de regular[1]. **2** Exacta observancia de las reglas.

REGULARIZAR tr. Reglar, ajustar, poner orden en una cosa.

REGULARMENTE adv. m. **1** Comúnmente, ordinariamente. **2** En condiciones medias o inferiores a la media.

RÉGULO m. **1** Señor de un Estado pequeño. **2** Basilisco, animal fabuloso. **3** *Min.* Parte más pura de los minerales después de separadas las impuras. **4** *Zool.* Reyezuelo, pájaro.

RÉGULO *Astron.* Estrella de primera magnitud, la más luminosa en la constelación del León.

RÉGULO, MARCO ATILIO Cónsul romano (s. III a. C.). Después de una serie de victorias sobre los cartagineses, fue vencido y capturado por éstos. En el 250 se le envió a Roma para negociar la paz, con la condición de regresar cualquiera que fuese el resultado. Régulo desaconsejó la paz y al volver a Cartago fue torturado y ejecutado.

REGURGITAR intr. *Fisiol.* Retorno a la boca, sin vómito, de alimentos contenidos en el estómago o en el esófago, aún sin digerir.

REGUSTO m. **1** Gusto o sabor que queda de la comida o bebida. **2** Sensación o evocación imprecisas, placenteras o dolorosas, que despiertan la vivencia de cosas pasadas. **3** Impresión de analogía, semejanza, etc., que evocan algunas cosas.

REHABILITACIÓN f. **1** Conjunto de métodos y prácticas que tienen como fin recuperar las funciones de un órgano, miembro o parte del cuerpo. **2** *Der.* Restituir legalmente a una persona la capacidad para desempeñar cargos, disfrutar beneficios, derechos, etc., que se le negaron como resultado de una sentencia condenatoria.

REHABILITAR tr. y prnl. Habilitar de nuevo o restituir a alguien o algo a su antiguo estado.

REHACER tr. **1** Volver a hacer lo que se había deshecho o hecho mal. **2** Reformar, refundir. **3** Reponer, reparar, restablecer. También prnl. || prnl. **4** Reforzarse, fortalecerse. **5** fig. Serenarse, dominar una emoción. ♦ IRREG. Se conjuga como HACER.

REHALA f. **1** Rebaño de ganado lanar formado por animales de diversos dueños y conducido por un solo mayoral. **2** Jauría o agrupación de perros de caza mayor.

REHECHO, CHA adj. De estatura mediana, grueso, fuerte y robusto. ♦ Es el p. p. irreg. de REHACER.

REHÉN m. **1** Persona que queda en poder del enemigo mientras está pendiente un ajuste o tratado. Más en pl. **2** Cualquier otra cosa, como plaza, castillo, etc., que se ponía por fianza o seguro. Más en pl.

REHENCHIR tr. **1** Volver a henchir. También prnl. **2** Rellenar. ♦ IRREG. Se conjuga como CEÑIR.

REHILADILLO m. Cinta estrecha de hilo o seda.

REHILAMIENTO m. *Fon.* Vibración que se produce en el punto de articulación de algunas consonantes y que suma su sonoridad a la originada por la vibración de las cuerdas vocales.

REHILANDERA f. Molinete, juguete.

REHILANTE adj. y f. *Fon.* Se dice de las consonantes articuladas con rehilamiento.

REHILAR tr. **1** Hilar demasiado o torcer mucho lo que se hila. || intr. **2** Moverse una persona o cosa como temblando. **3** Zumbar las armas arrojadizas, como la flecha. **4** *Fon.* Pronunciar con rehilamiento ciertas consonantes sonoras. También tr.

REHILETE o **REHILERO** m. **1** Flechilla con púa en un extremo y papel o plumas en el otro, que se lanza para clavarla en un blanco. **2** Banderilla de toros. **3** Juguete que consta de un zoquetillo de madera o corcho con plumas que se lanza al aire con raquetas. **4** fig. Dicho malicioso, pulla.

REHOGAR tr. Sazonar a fuego lento con manteca o aceite.

REHOLLAR tr. Volver a hollar o pisar. ♦ IRREG. Se conjuga como CONTAR.

REHOYAR intr. Renovar el hoyo hecho antes para plantar árboles.

REHOYO m. Barranco u hoyo profundo.

REHUIR tr. **1** Retirar, apartar una cosa. También prnl. e intr. **2** Repugnar. **3** Rehusar, excusar. || intr. **4** Entre cazadores, volver a huir la presa por sus mismas huellas. ♦ IRREG. Se conjuga como HUIR.

REHUNDIR tr. **1** Sumergir a lo más hondo. **2** Hacer más honda una cavidad o agujero **3** *Met.* Volver a fundir los metales. **4** Gastar sin provecho.

REHUSAR tr. Excusar, no querer o no aceptar una cosa.

REICH m. *Hist.* Voz alemana que significa *imperio.* En la historia de Alemania se suelen distinguir tres periodos imperiales: el I Reich fue el sacro imperio romano germánico (desde Otón I hasta la paz de Westfalia); el II abarcó desde la proclamación del imperio alemán en Versalles hasta la derrota germana en la Primera Guerra Mundial (1918); y el III Reich (1933-45) fue proclamado por Hitler.

REICH, WILHELM Psicoanalista austriaco (Dobrzcynica, 1897 - Lewisburg, 1957). Colaborador de Freud, realizó importantes aportaciones críticas al psicoanálisis desde una perspectiva marxista.

REICHENAU Isla de Alemania, Land de Baden-Württemberg, en el lago Untersee. En la biblioteca de su abadía benedictina se descubrió un fragmento de una Biblia Vulgata en forma de glosario, escrita en francés antiguo (siglo VIII), importante documento en la historia de las lenguas románicas.

REICHENBACH, HANS Filósofo alemán (Hamburgo, 1891 - Los Ángeles, 1953). Fue uno de los miembros más representativos del Círculo de Viena. Obras principales: *Lógica de la probabilidad* (1932) y *Elementos de lógica simbólica* (1947).

REICHSHOFFEN *Geog. hist.* Señorío de los obispos de Estrasburgo y duques de Lorena. Fue incorporado a Alemania en 1871 y devuelto a Francia después del tratado de Versalles (1919).

REICHSTADT, DUQUE DE Título que dio a Napoleón II su padre, Napoleón I.

REICHSTAG Cámara legislativa alemana.

REICHSTEIN, TADEUS Bioquímico polaco nacionalizado suizo (Wloclawek, Polonia, 1897 - Basilea, 1996). En 1950 recibió el premio Nobel de Medicina, compartido con Hench y Kendall, por sus trabajos para sintetizar la vitamina C.

REICHSWEHR f. Nombre del ejército alemán en el periodo 1919-35.

REID, THOMAS Filósofo escocés (Strachan, 1710 - Glasgow, 1796). Sus aportaciones más importantes son su teoría de la percepción y del sentido común.

REID, THOMAS MAYNE Escritor inglés (Ballyroney, 1818 - Londres, 1883). Autor de *Los cazadores de cabelleras* (1851) y *El jinete sin cabeza* (1866).

REIDO, DA adj. *Zool.* **1** Se aplica al ave reiforme, corredora, sin plumas en la cola, que habita en América del Sur, como el ñandú. También m. || m. pl. *Zool.* **2** Familia de estas aves.

REIFORME adj. *Zool.* **1** Se dice del ave de gran tamaño e incapaz de volar, semejante al avestruz pero más pequeña. Vive en Sudamérica. || f. pl. *Zool.* **2** Orden de estas aves, que comprende únicamente a los ñandúes.

REIMPLANTAR tr. Volver a implantar.

REIMPORTAR tr. Importar en un país lo que se había exportado de él.

REIMPRESIÓN f. **1** Acción y efecto de reimprimir. **2** Conjunto de ejemplares reimpresos de una vez.

REIMPRIMIR tr. Volver a imprimir, o repetir la impresión de una obra o escrito.

REIMS Ciudad del NE de Francia, departamento de Marne, capital de la región de Champaña-Ardenas; 185.164 h. Vinos. Catedral gótica (siglo XIII).

Reims (Francia). Catedral.

REINA f. **1** La que ejerce la potestad real por derecho propio. **2** Esposa del rey. **3** Pieza del juego de ajedrez, la más importante después del rey. También se llama *dama*. **4** fig. Mujer, animal o cosa del género femenino, que por su excelencia sobresale entre las demás de su clase o especie. **5** *Zool.* En los insectos sociales, hembra fértil y madura cuya función es poner huevos.

REINA ADELAIDA Archipiélago del S de Chile, en el océano Pacífico.

REINA BARRIOS, JOSÉ MARÍA General y político guatemalteco (San Marcos, 1853 - Guatemala, 1898). Presidente de la República (1892-98).

REINA CARLOTA Archipiélago de Canadá, provincia de Columbia Británica, en el Pacífico.

REINA MAUD, TIERRA DE LA TIERRA DE LA REINA MAUD.

REINACH, SALOMON Filólogo y arqueólogo francés (Saint-Germain-en-Laye, 1858 - Boulogne-sur-Seine, 1932). Obras principales: *Manual de filología clásica* (1880) y *Apolo: historia general de las artes plásticas* (1904).

REINADO m. **1** Espacio de tiempo en que gobierna un rey o una reina. **2** fig. Tiempo en que predomina o está en auge alguna cosa.

REINAL m. Cuerdecita muy fuerte de cáñamo, compuesta de dos ramales retorcidos.

REINAR intr. **1** Regir un rey o príncipe un Estado. **2** Dominar o tener predominio una persona o cosa sobre otra. **3** fig. Prevalecer o persistir una cosa.

REINCIDENCIA f. **1** Reiteración de una misma culpa o defecto. **2** *Der.* Circunstancia agravante de la responsabilidad criminal, que consiste en haber sido el reo condenado antes por un delito análogo al que se le imputa.

REINCIDIR intr. Volver a caer o incurrir en un error, falta o delito.

REINCORPORAR tr. y prnl. Volver a incorporar, agregar o unir.

REINDEER Lago de Canadá, en las provincias de Saskatchewan y Manitoba; 6.390 km².

REINES, FREDERICK Físico estadounidense (Nueva Jersey, 1918 - Los Ángeles, 1998). En 1995 recibió el premio Nobel de Física, junto con M. Perl, por el descubrimiento del neutrino.

REINFECCIÓN f. *Med.* Segunda infección, después de la recuperación de otra previa.

REINGRESAR intr. Volver a ingresar.

REINHARDT, AD Pintor estadounidense (Buffalo, 1913 - Nueva York, 1967). Influyó en el desarrollo del minimalismo y el arte conceptual.

REINHARDT, MAX (MAX GOLDMANN, llamado) Director de escena y actor austriaco (Baden, 1873 - Nueva York, 1943). Llevó a cabo una revolución escenográfica. Sus montajes se caracterizaron por la fantasía visual, la estilización de los decorados y el uso de grandes masas de actores.

REINO m. **1** Estado gobernado por un rey. **2** Territorio de un Estado que antiguamente tuvo su rey propio. **3** fig. Espacio real o imaginario en que actúa algo material o inmaterial. **4** *Biol.* Cada una de las divisiones primarias que incluyen a todos los organismos vivientes. ‖ **REINO DE LOS CIELOS** *Rel.* Cielo, mansión de los bienaventurados. ‖ **REINO DE DIOS** *Rel.* Nuevo estado social de justicia, paz y felicidad espiritual, anunciado por los profetas de Israel y predicado por Cristo en el Evangelio.

REINO UNIDO DE GRAN BRETAÑA E IRLANDA DEL NORTE (*United Kingdom of Great Britain and Northern Ireland*) Estado de Europa occidental. Limita al N con el océano Atlántico; al E, con el mar del Norte; al S, con el canal de La Mancha, y al O, con Irlanda y el océano Atlántico.

Geog. Geografía física. El Reino Unido está formado por la isla de Gran Bretaña, el NE de Irlanda y otras pequeñas islas (Hébridas, Shetland, Orcadas, Scilly, Islas del Canal, Man, Wight y Anglesey). Su relieve es poco elevado, con montañas muy erosionadas. En el N destacan los montes Grampianos (Ben Nevis, 1.343 m), y las Tierras Altas de Escocia: los Southern Uplands y los Northwest Highlands. En el centro, y de N a S, se extiende la cordillera de los Peninos. En el SO, en Gales, se hallan los montes Cámbricos. Los ríos son cortos y caudalosos; destacan el Támesis, Tyne, Mersey, Tweed, Swale, Ouse, Trent, Wye, Severn y Clyde, en Gran Bretaña, y el Mourne y Bann en Irlanda del Norte. El clima es oceánico. En Escocia e Irlanda del Norte, la costa presenta alargados y estrechos entrantes (*firth*), mientras en el interior existen profundos lagos, como el Ness; en Irlanda del Norte se encuentra el lago Neagh.

Geografía humana y económica. La población del Reino Unido se concentra en la mitad sur de la isla de Gran Bretaña, junto a la costa. Es principalmente urbana, con una elevada presencia de asiáticos y africanos. La actividad agraria sólo ocupa al 2,1% de la población activa. La ganadería es relevante, especialmente la ovina, la bovina y la porcina. También la pesca, sobre todo de arenque y bacalao, tiene notable valor por la cercanía de importantes caladeros (Gran Sol). Carbón, petróleo y gas natural en el mar del Norte. Importante industria. Destaca Londres como centro financiero, de servicios, cultural e industrial.

Hist. (Para la historia anterior, véase ESCOCIA, GALES, INGLATERRA e IRLANDA.) Con la llegada al trono inglés en 1603 de Jacobo I, rey de Escocia de la dinastía Estuardo, se produjo la unificación de ambas coronas y comenzó el proceso de creación del Reino Unido, que culminó en 1707 con la proclamación del Acta de Unión. La dinastía Estuardo mantuvo continuos enfrentamientos con el Parlamento, que llegaron a su punto culminante en el reinado de Carlos I, depuesto en 1649, lo que dio origen al régimen republicano de la *Commonwealth* y a la dictadura de Oliver Cromwell. Tras su muerte se restauró la monarquía en la persona del príncipe heredero Carlos II. Jacobo II favoreció los intereses de los católicos, lo que provocó la conspiración de la aristocracia. Ésta llamó a Guillermo de Orange, quien, tras deponer a Jacobo (1689), ocupó el trono con el nombre de Guillermo III. Su sucesora, la reina Ana, intervino en la guerra de Sucesión española, y ocupó Gibraltar y Menorca, posesiones ratificadas por los tratados de Utrecht (1713) y Rastadt (1714). Durante el reinado de Jorge I (1714-27) se introdujo el sistema de partidos políticos. Las colonias americanas se sublevaron en 1773 y obtuvieron su independencia en 1783, aunque esta pérdida se vio compensada con la conquista del vasto imperio en la India. La gran revuelta nacionalista que tuvo lugar en Irlanda a finales del siglo XVIII terminó con la anexión de este país al Reino Unido (1800). En su empeño por limitar en lo posible el poderío francés, Inglaterra contribuyó de manera especial a la derrota de Napoleón. La Revolución Industrial proporcionó al país un rápido auge económico; en el reinado de Jorge IV surgieron los sindicatos (*Trade Unions*), legalizados en 1824. Durante el reinado de Victoria I (1837-1901), el imperio británico conoció su momento de mayor esplendor. En esta época comenzaron las reivindicaciones independentistas de Irlanda. A finales del siglo XIX, entre las posesiones del imperio británico se incluían Canadá, India, Egipto, y el S y parte del E del continente africano. En 1914, durante el reinado de Jorge V, el Reino Unido participó en la Primera Guerra Mundial contra los imperios centrales. En el curso de la guerra se produjo la rebelión de Irlanda (1916). En 1921, los irlandeses consiguieron el reconocimiento del Estado Libre de Irlanda, del que quedó excluido el Ulster. La experiencia de Irlanda y los graves problemas planteados por el imperio colonial

Superficie: 244.110 km².
Población: 59.714.000 h. (*británicos*).
Densidad: 244,6 h./km².
Tasa de natalidad: 11,9‰.
Tasa de mortalidad: 10,4‰.
Capital: Londres.
Ciudades principales: Birmingham, Leeds, Glasgow, Sheffield, Liverpool, Bradford, Edimburgo, Manchester, Bristol, Belfast, Nottingham.
Grupos étnicos: europeos (94,5%), asiáticos (2,4%).
Religión: protestantismo (70%), que adopta la forma anglicana en Inglaterra y la presbiteriana en Escocia; catolicismo (14%), islamismo (2%), judía (1%).
Idioma: inglés.
Moneda: libra esterlina.
Forma de Estado: monarquía constitucional.
Producto Nacional Bruto: 1.264.262 millones de dólares.
Renta per cápita: 21.410 dólares.
División administrativa: 4 países: Escocia, Gales, Inglaterra e Irlanda del Norte, según cuadro.

REINO UNIDO DE GRAN BRETAÑA E IRLANDA DEL NORTE

País	Población (h.)	Capitales	País	Población (h.)	Capitales	País	Población (h.)	Capitales
Escocia	5.120.300	Edimburgo	Buckinghamshire	478.700		Plymouth	253.000	
Distritos unitarios			Cambridgeshire	563.500		Poole	141.500	
Aberdeen	213.100		Cheshire	672.400		Portsmouth	188.800	
Aberdeenshire	226.300		Cornwall			Reading	147.800	
Angus	110.100		(incluye las islas Scilly)	490.400		Redcar and Cleveland	138.300	
Argyll and Bute	90.000		Cumbria	492.900		Rutland	35.700	
Ayrshire Meridional	114.400		Derbyshire	734.300		Slough	111.700	
Ayrshire Oriental	121.300		Devon	692.400		Somerset Septentrional	188.700	
Ayrshire Septentrional	139.700		Dorset	387.300		Southampton	216.000	
Borders	106.300		Durham	506.400		Southend	176.000	
Clackmannanshire	48.600		Essex	1.294.700		Stockton-on-Tees	181.000	
Dumbartonshire Occidental	94.900		Gloucestershire	557.300		Stoke-on-Trent	251.500	
Dumbartonshire Oriental	109.600		Hampshire	1.238.000		Swindon	179.700	
Dumfries and Galloway	147.300		Hertfordshire	1.033.600		Telford and Wrenkin	149.800	
Dundee	146.700		Kent	1.332.000		Thurrock	135.000	
Edimburgo	450.200		Lancashire	1.136.300		Torbay	123.000	
Falkirk	144.100		Leicestershire	598.700		Warrington	190.200	
Fife	348.900		Lincolnshire	623.100		Windsor and Maidenhead	140.500	
Glasgow	619.700		Norfolk	790.300		Wokingham	145.300	
Highland	208.300		Northamptonshire	615.800		York	177.400	
Inverclyde	85.400		Northumberland	309.600				
Islas Occidentales	27.900		Nottinghamshire	744.800				
Lanarkshire Meridional	306.900		Oxfordshire	616.700		*Condados metropolitanos*		
Lanarkshire Septentrional	326.700		Shropshire	280.400		Gran Londres	7.187.300	
Lothian Central	80.900		Somerset	489.300		Gran Manchester	2.577.400	
Lothian Occidental	153.100		Staffordshire	809.700		Merseyside	1.409.400	
Lothian Oriental	89.600		Suffolk	671.100		Midlands Occidental	2.628.200	
Moray	85.900		Surrey	1.060.500		Tyne y Wear	1.115.800	
Orcadas, Islas	19.600		Sussex Occidental	751.800		Yorkshire Meridional	1.304.100	
Perth y Kinross	133.000		Sussex Oriental	491.300		Yorkshire Occidental	2.113.300	
Renfrewshire	177.800		Warwickshire	506.700				
Renfrewshire Oriental	88.000		Wight, Isla de	127.000				
Shetland	22.900		Wiltshire	425.800		**Irlanda del Norte**	1.663.200	Belfast
Stirling	83.100		Worcestershire	538.200		*Distritos*		
			Yorkshire Septentrional	565.000		Antrim	47.500	
Gales	2.933.500	Cardiff				Ards	67.800	
Distritos unitarios			*Consejos unitarios*			Armagh	53.200	
Anglesey	65.400		Bath and Somerset			Ballymena	58.200	
Blaenau Gwent	72.000		Nororiental	167.300		Ballymoney	24.900	
Bridgend	131.400		Berkshire Occidental	144.200		Banbridge	37.700	
Caerphilly	169.600		Blackburn with Darwen	140.000		Belfast	297.200	
Cardiff	320.900		Blackpool	150.500		Carrickfergus	35.700	
Carmarthenshire	169.000		Bournemouth	162.400		Castlereagh	64.500	
Ceredigion	70.700		Bracknell Forest	110.700		Coleraine	54.700	
Conway	111.900		Brighton and Hove	255.800		Cookstown	31.800	
Denbighshire	90.500		Bristol	402.300		Craigavon	79.100	
Flintshire	147.000		Darlington	101.400		Down	61.200	
Gwynedd	117.500		Derby	235.800		Down Septentrional	73.500	
Merthyr Tydfil	57.000		East Riding of Yorkshire	312.800		Dungannon	47.100	
Monmouthshire	86.300		Gloucestershire			Fermanagh	55.500	
Neath and Port Talbot	138.800		Meridional	241.000		Larne	30.300	
Newport	139.200		Halton	121.700		Limavady	30.800	
Pembrokeshire	113.700		Hartlepool	91.900		Lisburn	106.600	
Powys	126.000		Herefordshire	167.900		Londonderry	104.700	
Rhondda, Cynon, Taff	240.400		Kingston upon Hull	261.800		Magherafelt	37.900	
Swansea	229.500		Leicester	294.300		Moyle	15.000	
Torfaen	90.200		Lincolnshire Nororiental	156.200		Newry y Mourne	84.900	
Vale of Glamorgan	121.300		Lincolnshire Septentrional	152.300		Newtownabbey	79.600	
Wrexham	125.200		Luton	183.300		Omagh	47.000	
			Medway	242.600		Strabane	36.800	
			Middlesbrough	145.100				
Inglaterra	49.493.300	Londres	Milton Keynes	203.200				
Condados			Nottingham	286.800				
Bedfordshire	373.300		Peterborough	156.000				

motivaron su transformación en una asociación libre de países, la *British Commonwealth of Nations* (1931). La invasión alemana de Polonia provocó la entrada en la Segunda Guerra Mundial del Reino Unido, que se constituyó como una de las principales potencias aliadas. Tras la guerra, en las elecciones de 1945, triunfó el Partido Laborista bajo la jefatura de Clement Atlee. Junto a la política de nacionalizaciones de la mayoría de las industrias básicas, se inició un proceso de descolonización que llevaría a la completa independencia de Irlanda, India y Pakistán. En 1952, a la muerte de Jorge VI, subió al trono su hija Isabel II. Las elecciones de 1951 dieron el poder nuevamente a los conservadores. En 1955 ocupó el cargo de primer ministro Anthony Eden, que hubo de afrontar la crisis del canal de Suez. Los conservadores se mantuvieron hasta 1964, año en que fueron sustituidos por los laboristas con Harold Wilson (1964-70). El Reino Unido ingresó en la CEE bajo el gobierno conservador de Edward Heath (1973). De 1974 a 1979 los laboristas volvieron al gobierno con Harold Wilson y James Callaghan. En mayo de 1979 fue elegida primera ministra la conservadora Margaret Thatcher. Su política económica se caracterizó por la reducción del gasto público. En 1982 se enfrentó al conflicto de las Malvinas. En 1987, M. Thatcher obtuvo su tercera victoria en las elecciones generales, pero presentó su dimisión en 1990. Su sustituto, John Major, fue reelegido en 1992. En 1993 el Parlamento ratificó la aceptación del tratado de Maastricht. La división interna del Partido Conservador condujo a un progresivo desgaste de su líder. En las elecciones de mayo de 1997 resultó triunfador el Partido Laborista, liderado por Tony Blair. En 1998, el gobierno británico asumió la presidencia semestral de la UE e inició negociaciones con los líderes nacionalistas del Ulster con el fin de conseguir un acuerdo de pacificación, que tras varios altibajos tomó forma a mediados de 2000 cuando el IRA accedió a entregar las armas. El Reino Unido no figuró en el grupo de países de la UE que en ese año accedió al euro. En las elecciones de 2001, Blair fue revalidado en su cargo. Participó en los bombardeos de Afganistán llevados a cabo por EE UU tras los atentados del 11 de septiembre en Nueva York, y en la guerra de Irak de 2003. Meses más tarde, los informes presentados sobre la capacidad bélica de Irak parecieron demostrar que ésta era muy inferior a la que en un principio se pensó, lo que provocó una crisis de gobierno.

REINOS DE INDIAS *Hist.* Nombre de las posesiones españolas en América. Eran gobernados por el rey a través de instituciones indianas y no castellanas. Esta denominación perduró hasta el siglo XVIII.

REINOSA Municipio y ciudad de España, provincia de Cantabria; 11.786 h.

REINSERTAR tr. Volver a integrar en la sociedad a un individuo marginado. También prnl.

REINSTALAR tr. y prnl. Volver a instalar.

REINTEGRABLE adj. Que se puede o se debe reintegrar.

REINTEGRAR tr. **1** Restituir o satisfacer íntegramente una cosa. **2** Reconstituir la integridad de una cosa. **3** Poner la póliza o estampilla en un documento. || prnl. **4** Volver a ejercer una actividad, reincorporarse a una colectividad o situación social o económica.

REINTEGRO m. **1** Acción y efecto de reintegrar. **2** Pago de lo que se debe. **3** En la lotería, premio igual a la cantidad jugada.

REÍR intr. **1** Manifestar alegría con movimientos del rostro. También prnl. **2** fig. Hacer burla. También tr. y prnl. || tr. **3** Celebrar con risa alguna cosa. || prnl. **4** fig. y fam. Empezar a romperse la tela muy usada. ♦ IRREG. Véase cuadro.

REÍR

INDICATIVO
Pres.: río, ríes, ríe, reímos, reís, ríen.
Pret. imperf.: reía, reías, etc.
Pret. indef.: reí, reíste, rió, reímos, reísteis, rieron.
Fut. imperf.: reiré, reirás, etc.
Condic.: reiría, reirías, etc.
SUBJUNTIVO
Pres.: ría, rías, ría, riamos, riáis, rían.
Pret. imperf.: riera, rieras, etc., o riese, rieses, etc.
Fut. imperf.: riere, rieres, etc.
IMPERATIVO: ríe, reíd.
PARTICIPIO: reído.
GERUNDIO: riendo.

RÉITER m. *Fís.* Pieza de las balanzas de precisión, para ajustar al máximo la medición.

REITERACIÓN f. **1** Acción y efecto de reiterar. **2** *Der.* Circunstancia que puede ser agravante, derivada de anteriores condenas del reo por delitos de índole distinta del que se juzga.

REITERAR tr. y prnl. Volver a decir o ejecutar; repetir una cosa.

REITERATIVO, VA adj. **1** Que tiene la propiedad de reiterarse. **2** Que denota reiteración.

REIVINDICAR tr. **1** Reclamar o recuperar uno lo que le pertenece. **2** Reclamar para sí la autoría de una acción. **3** Defender el nombre o la buena reputación de una persona.

REJ, MIKOLAJ Escritor polaco (Zorawno, 1505 - íd., 1569). Está considerado el padre de la literatura polaca. Autor de *Breve disputa entre tres personas: el señor, el alcalde y el párroco* (1543) y *Apostilla* (1557).

REJA f. **1** Pieza de hierro del arado que sirve para romper y revolver la tierra. **2** fig. Labor o vuelta que se da a la tierra con el arado. **3** Conjunto de barrotes metálicos o de madera, convenientemente enlazados, que se ponen en las ventanas y otras aberturas de los muros para seguridad o adorno. || **entre rejas** loc. En prisión.

REJADA f. *Agr.* AGUIJADA.

REJADO m. Verja, enrejado.

REJAL m. Pila de ladrillos colocados de canto y cruzados unos sobre otros.

REJALGAR m. *Miner.* Mineral monosulfuro de arsénico, de fórmula AsS, con color rojo. Es una combinación muy venenosa de arsénico y azufre.

REJANO, JUAN Poeta mexicano de origen español (Puente Genil, 1903 - Ciudad de México, 1976). Se exilió en México al terminar la Guerra Civil. Autor de *El Genil y los olivos* (1944), *Noche adentro* (1949) y *El jazmín y la llama* (1966).

rejalgar

REJERA f. Cable para mantener fijo un buque.

REJERÍA f. **1** Arte de construir rejas o verjas. **2** Conjunto de rejas.

REJILLA f. **1** Celosía, tela metálica, lámina o tabla calada, con que se cubren aberturas o vanos. **2** Tejido de tallos de ciertas plantas que sirve para respaldos y asientos de sillas. **3** REJUELA. **4** Armazón que sostiene el combustible en el hogar de las hornillas, hornos, etc. **5** Redecilla que se coloca sobre los asientos en los trenes, autocares, etc., para depositar el equipaje. **6** *Fís.* Pantalla de alambre que se coloca entre el cátodo y el ánodo para regular el flujo electrónico.

REJO m. **1** Punta o aguijón. **2** Clavo o hierro redondo con que se juega al herrón. **3** Hierro que se pone en el cerco de las puertas. **4** fig. Robustez, fortaleza. **5** *Bot.* En el embrión de la planta, órgano del que se forma la raíz. **6** Tira de cuero. **7** Soga, cuerda. **8** *Amér.* Azote, látigo. **9** *Cuba* y *Venez.* Soga o pedazo de cuero que sirve para atar el becerro o la vaca, o para maniatar reses. **10** *Ecuad.* Ordeño, acción de ordeñar. **11** *Ecuad.* Conjunto de vacas de ordeño.

REJÓN m. **1** Barra o barrón de hierro cortante que remata en punta. **2** Asta de madera, con una moharra en la punta, que sirve para rejonear. **3** Especie de puñal. **4** Púa del trompo.

REJONAZO m. Golpe y herida de rejón.

REJONEADOR, RA m. y f. *Taurom.* Persona que rejonea.

REJONEAR tr. *Taurom.* **1** Torear a caballo. **2** Herir con el rejón al toro.

REJUELA f. **1** Diminutivo de REJA. **2** Braserito con rejilla para calentarse los pies.

REJUNTAR tr. **1** JUNTAR. También prnl. **2** Repasar y tapar las juntas de un paramento. || prnl. **3** fam. AMANCEBARSE.

REJUVENECER tr. **1** Dar la fortaleza y vigor propios de la juventud. También intr. y prnl. **2** Renovar, modernizar. ♦ IRREG. Se conjuga como AGRADECER.

REKHIARIO REQUIARIO.

RÉKHILA RÉQUILA.

RELABRAR tr. Volver a labrar una piedra o madera.

RELACIÓN f. **1** Referencia que se hace de un hecho. **2** Finalidad de una cosa. **3** Conexión, correspondencia de una cosa con otra. **4** Trato, comunicación de una persona con otra. Más en pl. **5** Lista, serie escrita de personas o cosas. **6** *Gram.* Conexión o enlace entre dos términos de una misma oración. **7** *Lit.* En el poema dramático, trozo largo que dice un personaje. **8** *Mat.* Clase particular de correspondencia en que los conjuntos de partida y llegada son iguales. || f. pl. **9** Las amorosas o sexuales que mantienen dos personas. || **RELACIONES PÚBLICAS** Actividad profesional que consiste en informar sobre personas, empresas, etc., tratando de prestigiarlas y de captar voluntades a su favor. || **RELACIONES SINTAGMÁTICAS** *Ling.* SINTAGMÁTICO.

RELACIONAL adj. Relativo a la relación o correspondencia entre cosas.

RELACIONAR tr. **1** Hacer relación de un hecho. **2** Poner en relación personas o cosas. También prnl.

RELAIS (Voz fr.) m. RELÉ.

RELAJACIÓN f. **1** Acción y efecto de relajar o relajarse. **2** *Med.* HERNIA. **3** *Fís.* Nombre genérico de los fenómenos en los que es necesario un tiempo perceptible para que un sistema reaccione ante cambios bruscos.

RELAJADO, DA adj. **1** *Pan.* Propenso a tomar las cosas por su lado burlesco. **2** *Fon.* Se aplica a los sonidos que se realizan en determinadas posiciones con una tensión muscular mucho menor de lo que es habitual.

RELAJANTE adj. **1** Que relaja. **2** *Chile* Se dice de los alimentos y bebidas muy azucarados. También s.

RELAJAR tr. **1** Aflojar, laxar, ablandar. También prnl. **2** fig. Esparcir, distraer el ánimo. **3** fig. Hacer menos severa o rigurosa la observancia de leyes, reglas, etc. También prnl. **4** *Der.* Relevar de un voto, juramento u obligación. **5** *Der.* Entregar el juez eclesiástico al secular un reo digno de pena capital. **6** *Der.* Aliviar o disminuir una pena o castigo. || prnl. **7** Conseguir un estado de reposo físico y moral, dejando los músculos en completo abandono y la mente libre de toda inquietud o preocupación. **8** *Med.* Laxarse, herniarse. **9** fig. Viciarse.

RELAJO m. **1** Desorden, falta de seriedad, barullo. **2** Holganza, laxitud. **3** Degradación de costumbres.

RELAMER tr. **1** Volver a lamer. || prnl. **2** Lamerse los labios. **3** fig. Afeitarse o componerse demasiado el rostro. **4** fig. Vanagloriarse, jactarse. **5** fig. Encontrar gran satisfacción o gusto en una cosa.

RELAMIDO, DA adj. Afectado, demasiado pulcro. También s.

RELÁMPAGO m. **1** Resplandor vivísimo e instantáneo producido en las nubes por una descarga eléctrica. **2** fig. Fuego o resplandor repentino. **3** fig. Cosa ligera y fugaz. **4** fig. Comentario agudo, observación viva e ingeniosa. **5** fig. Se usa en aposición para denotar la rapidez o brevedad de alguna cosa.

RELAMPAGUEAR impers. **1** Producirse relámpagos. || intr. **2** fig. Arrojar luz o brillar mucho con intermitencias.

RELANCE m. **1** Segundo lance. **2** Suceso casual. **3** En los juegos de envite, suerte o azar que sigue a otros.

RELANZAR tr. Repeler, rechazar.

RELAPSO, SA adj. y s. *Rel.* e *Hist.* Que reincide en un pecado del que ya había hecho penitencia, o en una herejía de la que había abjurado.

RELATAR tr. Referir o dar a conocer un hecho.

RELATIVAMENTE adv. m. **1** Con relación a una persona o cosa. **2** Aproximadamente.

RELATIVIDAD f. **1** Calidad de relativo. **2** *Fís.* Teoría formulada por Albert Einstein en 1905, en su forma llamada *especial* o *restringida*. Está basada en la constancia de la velocidad de la luz, establecida en las experiencias de Michelson-Morley, en las transformaciones de Lorentz y en la equivalencia, en la descripción de los fenómenos físicos, de todos los sistemas de referencia que se mueven con movimiento uniforme. A partir de 1915, Einstein amplió su teoría, abordando, además del aspecto cinético, el dinámico, y le dio un alcance cosmológico, en la llamada *teoría de la relatividad generalizada*, en que la masa (materia) se explica por un tensor métrico, que afecta a la geometría del espacio-tiempo. Consecuencia de esta teoría, expresada en la geometría cuatridimensional de Minkovski, es la célebre equivalencia entre masa y energía, o sea la ecuación de Einstein, que dice que el equivalente en energía de una masa es el producto de esta masa por el cuadrado de la velocidad de la luz.

RELATIVISMO m. *Filos.* Doctrina filosófica según la cual el conocimiento humano es incapaz de alcanzar verdades absolutas y universalmente válidas.

RELATIVIZAR tr. Introducir en la consideración de un asunto determinadas circunstancias que, en general, atenúan su importancia.

RELATIVO, VA adj. **1** Que hace relación a una persona o cosa. **2** Que no es absoluto. **3** De cierta consideración. **4** *Gram.* PRONOMBRE RELATIVO. También s.

RELATO m. **1** Conocimiento que se da, generalmente detallado, de un hecho. **2** Narración, cuento.

RELATOR, RA adj. y s. **1** Que relata o refiere una cosa. || m. *Der.* **2** Letrado cuyo oficio es hacer relación de los autos o expedientes en los tribunales superiores.

RELAX (Voz i.) m. Relajamiento físico o psíquico producido por ejercicios adecuados o por comodidad, bienestar o cualquier otra causa. ♦ Su pl. es *relax*.

RELÉ m. *Fís.* Artificio que, intercalado en un circuito, produce determinadas modificaciones en el mismo o en otro conectado con él.

RELEER tr. Leer de nuevo, volver a leer.

RELEGAR tr. **1** Desterrar de un lugar. **2** fig. Apartar, posponer.

RELEJAR tr. **1** Relajar. **2** Dejar residuo sustancias como el sarro. **3** Formar talud un muro. **4** *Arm.* Dejar un resalte en el interior de un cañón. **5** *Der.* Relajar una pena.

RELEJE m. **1** Rodada o carrilada. **2** Sarro que se forma en los labios o en la boca. **3** Faja estrecha y brillante que dejan los afiladores a lo largo del corte de las navajas. **4** *Arquit.* Lo que la parte superior de un paramento en talud dista de la vertical que pasa por su pie. **5** Resalte que suelen tener algunas piezas de artillería en la recámara.

RELENTE m. **1** Humedad que en las noches serenas se nota en la atmósfera. **2** fig. y fam. Sorna, frescura.

RELEVANCIA f. Calidad o condición de relevante; importancia, significación.

RELEVANTE adj. **1** Sobresaliente, excelente. **2** Importante, significativo. **3** *Ling.* Se dice del rasgo significativo que tiene valor diferencial en la estructura del sistema lingüístico.

RELEVAR tr. **1** Hacer de relieve una cosa. **2** Exonerar de un peso o gravamen, y también de un empleo o cargo. **3** Remediar o socorrer. **4** Absolver, perdonar o excusar. **5** fig. Exaltar o engrandecer una cosa. **6** *Mil.* Cambiar la guardia. **7** Reemplazar, sustituir a una persona con otra. **8** Pintar una cosa de manera que parezca que sale fuera o tiene bulto. || intr. *Esc.* **9** Resaltar una figura fuera del plano.

RELEVO m. **1** Acción y efecto de reemplazar a una persona con otra en cualquier empleo, cargo, actividad, etc. **2** *Mil.* Acción de relevar o cambiar la guardia. **3** *Mil.* Soldado o cuerpo que releva. || m. pl. *Dep.* **4** Competición deportiva en que los componentes de un equipo, generalmente cuatro, se van relevando, de forma que cada uno de ellos cubre una parte del recorrido total.

RELICARIO m. **1** Lugar en el que están guardadas las reliquias. **2** Caja o estuche para custodiar reliquias.

RELICTO adj. **1** *Der.* Se dice de los bienes que una persona deja al morir. **2** *Biol.* Se dice de las especies, grupos sistemáticos o comunidades que se hallan aisladas en una porción restringida de su antigua área de distribución.

RELIEVE m. **1** Labor o figura que resalta sobre un plano. **2** *Esc.* Técnica escultórica en que las figuras sobresalen de la superficie sobre la que están labradas. Se llama *alto*, *medio* o *bajo relieve*, según las figuras resalten del plano más de la mitad, la mitad o menos de la mitad de su bulto. **3** fig. Mérito, renombre. **4** *Pint.* Realce o bulto que aparentan algunas cosas pintadas. || **poner** una cosa **de relieve** fr. fig. Subrayarla, destacarla.

RELIGA f. *Met.* Porción de metal que se añade en una liga.

RELIGAR tr. **1** Volver a atar. **2** Ceñir más estrechamente. **3** *Met.* Volver a ligar un metal con otro.

RELIGIÓN f. *Rel.* **1** Conjunto de creencias acerca de la divinidad. **2** Culto que se tributa a la divinidad. **3** Profesión y observancia de la doctrina religiosa. **4** Orden, instituto religioso. || **RELIGIÓN CATÓLICA** La revelada por Jesucristo y conservada por la iglesia romana. || **RELIGIÓN NATURAL** La descubierta por la sola razón y que funda las relaciones del hombre con la divinidad en la misma naturaleza de las cosas. || **RELIGIÓN REFORMADA** PROTESTANTISMO. || **entrar** una persona **en religión** fr. Tomar el hábito en un instituto religioso.

RELIGIÓN, GUERRAS DE *Hist.* Enfrentamientos entre católicos y hugonotes calvinistas desarrollados en Francia entre 1562 y 1598. El conflicto civil, interrumpido por treguas y períodos de paz, estalló como reacción a las tendencias absolutistas de la monarquía (católica), en perjuicio del poder de la nobleza (calvinista), junto a la grave crisis económica de finales del siglo XVI. Ambos bandos contaron con apoyos exteriores. España respaldaba la causa católica e Inglaterra la calvinista. El edicto de Nantes (1598), que aseguraba la libertad de culto para los hugonotes, puso fin al enfrentamiento. También reciben ese nombre las guerras sostenidas por Carlos I y Felipe II de España, en el siglo XVI, en Flandes y Alemania.

RELIGIOSAMENTE adv. m. **1** Con religión. **2** Con puntualidad y exactitud.

RELIGIOSIDAD f. **1** Cuidado y rigurosidad en el cumplimiento de las obligaciones religiosas. **2** Puntualidad, exactitud a la hora de hacer o cumplir algo.

RELIGIOSO, SA adj. **1** Relativo a la religión o a los que la profesan. **2** Piadoso, que cumple con las obligaciones de una religión. **3** Que ha profesado en una orden o congregación religiosa regular. También s. **4** Fiel y exacto en el cumplimiento del deber.

RELIMPIO, PIA adj. fam. Muy limpio.

relicario de la flagelación. Orfebrería italiana del siglo XVI. Tesoro de San Lorenzo (Florencia).

Rembrandt. *La ronda nocturna*. Rijksmuseum (Amsterdam).

RELINCHAR intr. Emitir su voz el caballo.

RELINGA f. *Mar.* **1** Cada una de las cuerdas o sogas en que van colocados los plomos y corchos con que se calan y sostienen las redes en el agua. **2** Cabo con que se refuerzan las orillas de las velas.

RELIQUIA f. **1** *Rel.* Parte del cuerpo u otro objeto de un santo digno de veneración. **2** Vestigio del pasado. **3** Persona o cosa muy viejas. **4** fig. Cosa que se conserva de alguien muy querido.

RELLANO m. **1** Descansillo de escalera. **2** Llano que interrumpe la pendiente de un terreno.

RELLENAR tr. y prnl. **1** Volver a llenar una cosa. **2** Llenar enteramente. **3** Llenar de carne picada u otros ingredientes un ave o cualquier otro alimento. **4** Llenar con algo un hueco o una cosa vacía. **5** Cubrir con los datos necesarios espacios en blanco en formularios, documentos, etc.

RELLENO, NA adj. **1** Colmado, repleto. || m. **2** Picadillo de carne para rellenar. **3** Cualquier material con que se rellena algo. **4** fig. Parte superflua que alarga una oración o un escrito.

RELOJ o **RELÓ** m. *Tecnol.* Máquina dotada de movimiento armónico uniforme, que sirve para medir el tiempo o dividir el día en horas, minutos y segundos. || **RELOJ DE AGUA** *Tecnol.* Artificio para medir el tiempo por medio del agua que va cayendo de un vaso a otro. También se llama *clepsidra*. || **RELOJ DE ARENA** *Tecnol.* Artificio que se compone de dos ampolletas unidas por el cuello, y sirve para medir el tiempo por medio de la arena que va cayendo de una a otra. || **RELOJ BIOLÓGICO** *Biol.* Conjunto de estrategias y procesos rítmicos que gobiernan el comportamiento de plantas y animales para adecuarlo al ritmo del planeta. También denominado *reloj fisiológico*. || **RELOJ DE PÉNDULO** *Tecnol.* Aquel cuyo movimiento se regula por las oscilaciones de un péndulo. || **RELOJ DE SOL** o **SOLAR** *Tecnol.* Artificio que señala las diversas horas del día por la sombra que una vara vertical o *gnomon* arroja sobre una superficie. || **contra reloj** loc. Modalidad de carrera ciclista en que los corredores toman la salida de uno en uno, con un intervalo de tiempo determinado que ha de ser igual para todos. También, hacer una cosa en un plazo de tiempo perentorio. || **estar** uno **como un reloj** fr. fig. Estar bien dispuesto, sano y ágil.

RELOJERÍA f. **1** Técnica de hacer y arreglar relojes. **2** Taller donde se hacen o arreglan relojes. **3** Tienda donde se venden.

RELOJERO, RA m. y f. Persona que hace, arregla o vende relojes.

RELUCIR intr. **1** Despedir luz. **2** Brillar, resplandecer. **3** fig. Resplandecer uno por alguna cualidad. || **sacar**, o **salir, a relucir** fr. fig. y fam. Revelar algo inesperadamente. ♦ IRREG. Se conjuga como LUCIR.

RELUCTANCIA f. *Fís.* Resistencia que ofrece un circuito al flujo magnético.

RELUMBRAR intr. Dar algo mucha luz o alumbrar con exceso.

RELUMBRÓN o **RELUMBRO** m. **1** Rayo de luz vivo y pasajero. **2** Lo deslumbrante de escaso valor.

REM m. *Fís.* Unidad de absorción de radiaciones ionizantes que tiene en cuenta el efecto biológico.

REMACHAR tr. **1** Machacar la punta o la cabeza del clavo ya clavado. **2** Sujetar con remaches. **3** fig. Recalcar, afianzar.

REMACHE m. **1** Acción y efecto de remachar. **2** Clavo remachado.

REMAKE (Voz i.) m. *Cin.* Nueva versión de una película ya realizada.

REMANENTE m. Residuo de una cosa.

REMANGA f. Arte para la pesca del camarón.

REMANGAR tr. y prnl. **1** Levantar las mangas o la ropa. || prnl. **2** fig. y fam. Tomar enérgicamente una resolución.

REMANGO m. **1** Acción y efecto de remangar. **2** Parte de la ropa que se remanga. **3** fig. y fam. Disposición para desenvolverse con habilidad y prontitud.

REMANGUILLÉ, A LA loc. adv. **1** fam. Estropeado, en mal estado. **2** fam. En completo desorden, sin cuidado.

REMANSARSE prnl. Detenerse o suspenderse el curso o la corriente de un líquido.

REMANSO m. **1** Detención o suspensión de la corriente de agua que se produce en los ríos y arroyos a consecuencia de algún recodo en su recorrido. **2** fig. Lugar en que reina la paz y la tranquilidad.

REMAR intr. Mover el remo o los remos para hacer avanzar la embarcación.

REMARCABLE adj. NOTABLE, señalado, sobresaliente.

REMARCAR tr. **1** Volver a marcar. **2** Recalcar lo dicho.

REMARQUE, ERICH MARIA (ERICH PAUL KRAMER, llamado) Novelista estadounidense de origen alemán (Osnabrück, 1898 - Locarno, 1970). Su fama está ligada, sobre todo, a la novela *Sin novedad en el frente* (1928), basada en su experiencia durante la Primera Guerra Mundial.

REMATADO, DA adj. Se dice de la persona que se halla en tan mal estado, que es imposible su remedio.

REMATAR tr. **1** Concluir, terminar. **2** Poner fin a la vida de la persona o animal agonizante. **3** *Dep.* En el fútbol y otros deportes, dar término a una serie de jugadas lanzando el balón hacia la meta contraria. **4** Ser algo el final o el extremo de una cosa. También intr. **5** Afianzar una costura. **6** Adjudicar algo en una subasta.

REMATE m. **1** Fin, conclusión de algo. **2** Adorno que corona un edificio. **3** *Dep.* En algunos deportes, acción y efecto de rematar. **4** Adjudicación en subasta. || **de remate** loc. adv. Absolutamente, sin remedio.

REMBOLSAR tr. REEMBOLSAR.

REMBOLSO m. REEMBOLSO.

REMBRANDT (REMBRANDT HARMENSZ VAN RIJN O RYN, llamado) Pintor holandés (Leiden, 1606 - Amsterdam, 1669). En 1631, se estableció en Amsterdam y se dio a conocer como retratista; a partir de la *Lección de anatomía* (1632), su pintura, caracterizada por el claroscuro, recrea una luz intimista y evocadora. Esta etapa concluyó con una obra maestra, *La ronda nocturna* (1642). Posteriormente, se fue alejando de los gustos burgueses de la época, en busca de la esencialidad expresiva: *La cena de Emaús* (1648), *Betsabé* (1654), *Joven bañándose en un arroyo* (1655), *El buey desollado* (1655), *La lección del doctor Deyman* (1656), *Los síndicos del gremio de pañeros* (1662). Mención aparte merecen sus autorretratos y grabados: *Cristo curando a los enfermos* (1642-49) y *Las tres cruces* (1653).

REMECEDOR, RA m. y f. 1 *Agr.* Persona que varea y mueve los olivos para que suelten la aceituna. || m. 2 Palo largo para mover el vino en las tinajas.

REMEDAR tr. 1 Imitar una cosa. 2 Hacer burla a alguien, repitiendo sus gestos y palabras. 3 Seguir uno las mismas huellas y ejemplos de otro.

REMEDIAR tr. y prnl. 1 Poner remedio, reparar, corregir. 2 Socorrer, ayudar a alguien. 3 Evitar que suceda algo peligroso o molesto.

REMEDIO m. 1 Acción y efecto de remediar. 2 Medio para evitar o reparar un daño. 3 Recurso, auxilio o refugio. 4 Medicamento para prevenir o atajar una enfermedad. || **no haber remedio**, o **no tener más remedio** fr. Haber necesidad de hacer o sufrir una cosa. || **¡qué remedio!** expr. exclam. que expresa resignación para aceptar una cosa que no ofrece alternativa. || **ser el remedio peor que la enfermedad** fr. fig. con que se indica que lo propuesto es más perjudicial para evitar un daño que el daño mismo. || **sin remedio** loc. adv. Inevitable o necesariamente.

REMEDO m. Imitación de una cosa, especialmente si no es perfecta la semejanza o resulta grotesca.

REMELLADO, DA adj. 1 Que tiene mella. || m. 2 Operación de remellar una piel.

REMELLAR tr. Raer el pelo que queda en las pieles agamuzadas después de curtirlas con aceite.

REMEMBRANZA f. Recuerdo de una cosa pasada.

REMEMORAR tr. Recordar, traer a la memoria.

REMEMORATIVO, VA adj. Que recuerda o es capaz de hacer recordar una cosa.

REMENDADO, DA adj. 1 Que tiene remiendos. 2 fig. Que tiene manchas como recortadas. || m. 3 Acción y efecto de remendar.

REMENDAR tr. 1 Reforzar con remiendos. 2 Corregir o enmendar. ♦ IRREG. Se conjuga como ACERTAR.

REMENDÓN, NA adj. y s. Que tiene por oficio remendar. Se dice especialmente de los sastres y zapateros de viejo.

REMERO, RA m. y f. 1 Persona que rema o que tiene por oficio remar. || adj. *Zool.* 2 Se dice de cada una de las plumas grandes con que terminan las alas de las aves. También f.

REMESA f. 1 Remisión de una cosa. 2 La cosa enviada.

REMESAR tr. 1 Mesar repetidas veces la barba o el cabello. También prnl. 2 *Com.* Hacer remesas de dinero o géneros.

REMETER tr. 1 Volver a meter. 2 Empujar una cosa para meterla en un lugar.

REMEZÓN m. *Amér.* Terremoto ligero.

REMICK, LEE Actriz estadounidense (Boston, 1935 - Los Ángeles, 1991). Debutó en el cine con *Un rostro en la multitud* (1957), a la que siguieron *Anatomía de un asesinato* (1959), *Río salvaje* (1960), *Réquiem por una mujer* (1961), *Días de vino y rosas* (1963), *La última tentativa* (1965), *El detective* (1968), *La profecía* (1976) o *Los europeos* (1979).

REMIENDO m. 1 Pedazo de tela que se cose a lo que está viejo o roto. 2 Añadido que se pone a una cosa. 3 Reparación o arreglo imperfectos.

RÉMIGE adj. y f. *Zool.* REMERA.

REMIGIO, SAN Religioso francés (Laon, 437 - Reims, 533). Arzobispo de Reims, fue el artífice de la conversión de Clodoveo (496).

REMILGADO, DA adj. Que afecta compostura y delicadeza exageradas.

REMILGARSE prnl. Repulirse y hacer ademanes y gestos afectados con el rostro.

REMILGO m. Afectación o delicadeza exagerada, que se manifiesta con gestos y ademanes.

REMINGTON, PHILO Ingeniero e industrial estadounidense (Lichtfield, 1816 - Silver Springs, 1889). Inventor del primer fusil con sistema de carga por la recámara. A partir de 1873, su empresa se dedicó a la fabricación de máquinas de escribir.

REMINISCENCIA f. 1 Recuerdo de una cosa casi olvidada. 2 *Arte.* y *Lit.* Lo que es idéntico o muy semejante a lo compuesto anteriormente por otro autor.

REMIRADO, DA adj. 1 Se dice del que reflexiona escrupulosamente sobre sus acciones. 2 MELINDROSO.

REMIRAR tr. Volver a mirar o reconocer con reflexión y cuidado lo que ya se había visto.

REMISIBLE adj. Que se puede remitir o perdonar.

REMISIÓN f. Indicación, en un escrito, del lugar del mismo o de otro escrito a que se remite al lector.

REMISO, SA adj. Indeciso, reacio.

REMISORIO, RIA adj. 1 Se dice de lo que tiene la virtud o facultad de remitir o perdonar. || f. *Der.* 2 Despacho con que el juez remite la causa o al preso a otro tribunal. Más en pl.

REMITE m. En una carta, paquete, etc., indicación del nombre y señas del que realiza el envío.

REMITENTE adj. y com. Que remite o envía algo.

REMITIDO m. Artículo o noticia que un particular publica en un periódico mediante pago.

REMITIR tr. 1 Enviar. 2 Perdonar. 3 Perder una cosa parte de su intensidad. También intr. y prnl. 4 Dejar al juicio de otro la resolución de una cosa. Más como prnl. 5 Indicar en un escrito otro lugar del mismo o de otro escrito que puede consultarse. || prnl. 6 Atenerse a lo dicho o hecho.

REMIZOV, ALEXEI MIJAILOVICH Escritor ruso (Moscú, 1877 - París, 1957). Perseguido y encarcelado por el régimen zarista, en 1921 se exilió en París. Novelas: *El estanque* (1907), *Las hermanas de la cruz* (1912) y *El libro de los sueños* (1954).

REMO m. 1 Pala de madera para impulsar las embarcaciones por el agua. 2 Brazo o pierna en hombres y animales, y ala de las aves. Más en pl. 3 *Dep.* Deporte que consiste en recorrer una cierta distancia en el agua sobre una embarcación impulsada por remos.

REMO *Mit.* Hermano de Rómulo, legendario fundador de Roma.

REMOCIÓN f. 1 Acción y efecto de remover. 2 *Der.* Privación de cargo o empleo.

REMOJAR tr. 1 Empapar una cosa o ponerla en agua para que se ablande. 2 fig. Beber con los amigos para celebrar algo.

REMOJO m. 1 Acción de remojar una cosa. 2 *Col.* Acción y efecto de remojar, convidar.

REMOJÓN m. Acción y efecto de mojar. También fig.

REMOLACHA f. *Bot.* 1 Planta herbácea bianual, perteneciente a la familia quenopodiáceas, de nombre científico *Beta vulgaris*, hortícola e industrial, de raíz gruesa, carnosa y comestible. 2 Esta raíz. || **REMOLACHA AZUCARERA** *Bot.* La de la subespecie *Beta vulgaris rapa*, que se usa para la elaboración industrial de azúcar. || **REMOLACHA FORRAJERA** *Bot.* La de la subespecie *Beta vulgaris alba*, que se utiliza como alimento del ganado.

remolacha forrajera

REMOLACHERO, RA adj. *Agr.* 1 Relativo al cultivo de la remolacha y a su industrialización y venta. || m. y f. 2 Persona que se dedica al cultivo, industrialización y venta de la remolacha.

REMOLAR m. 1 Maestro o carpintero que hace remos. 2 Taller en que se hacen remos.

REMOLCAR tr. Arrastrar una embarcación o un vehículo.

REMOLER tr. 1 Moler mucho una cosa. || intr. 2 fig. *Chile* y *Perú* Jaranear, divertirse. ♦ IRREG. Se conjuga como MOVER.

REMOLIENDA f. *Chile* y *Perú* Juerga, jarana.

REMOLINAR intr. y prnl. 1 Hacer o formar remolinos una cosa. 2 Arremolinarse las personas.

REMOLINEAR tr. 1 Mover una cosa en forma de remolino. || intr. y prnl. 2 Juntarse en grupos desordenadamente muchas personas.

REMOLINO m. 1 Movimiento giratorio y rápido de aire, agua, polvo, humo, etc. 2 Conjunto de pelos tiesos y difíciles de moldear. 3 fig. Aglomeración. 4 fig. Disturbio, alteración.

REMOLÓN, NA adj. y s. Perezoso, que evita el trabajo.

REMOLONEAR intr. y prnl. Rehusar hacer una cosa, por flojedad y pereza.

REMOLQUE m. 1 Acción y efecto de remolcar. 2 Vehículo remolcado. 3 Cabo o cuerda con que se remolca. || **a remolque** loc. adv. Sin espontaneidad, por impulso de otra persona.

REMÓN CANTERA, JOSÉ ANTONIO Militar y político panameño (Panamá, 1908 - íd., 1955). Obligó a dimitir a los presidentes Chanis (1949) y Arias (1951). Fue presidente de la República (1952-55). Murió asesinado.

REMONTA f. 1 Compra, cría y cuidado de los caballos o mulas destinados a cada cuerpo del ejército. 2 Establecimiento destinado a esta actividad.

REMONTANTE adj. *Bot.* Que produce flores por lo menos dos veces al año.

REMONTAR tr. 1 Subir una pendiente, sobrepasarla. 2 Navegar aguas arriba en una corriente. 3 Superar algún obstáculo o dificultad. 4 Elevar, encumbrar. También prnl. 5 Elevar en el aire. || prnl. 6 Subir, especialmente volar muy alto las aves, aviones, etc. 7 Llegar hasta el origen de una cosa. 8 Pertenecer a una época muy lejana.

REMONTE m. 1 Acción y efecto de remontar. 2 *Dep.* Variedad del juego de pelota, en el que se emplea una cesta más corta y menos curva de lo común. 3 *Dep.* Aparato utilizado para remontar o subir una pista de esquí, como el telesilla.

REMOQUETE m. 1 Puñada. 2 fig. Dicho agudo y satírico. 3 Apodo. 4 fam. Cortejo, galanteo.

RÉMORA f. 1 *Zool.* Nombre de varias especies de peces teleósteos acantopterigios marinos de la familia equeneidos, cuya aleta dorsal se ha modificado en una ventosa discoidal que utilizan para adherirse a los grandes vertebrados marinos. 2 fig. Obstáculo que detiene o entorpece.

REMORDER tr. 1 Producir remordimientos. 2 Inquietar, desasosegar interiormente una cosa. 3 Exponer por segunda vez a la acción del ácido la lámina que se graba al agua fuerte. ♦ IRREG. Se conjuga como MOVER.

REMORDIMIENTO m. Inquietud tras una mala acción propia.

REMOSQUEARSE prnl. *A. gráf.* Borrarse o mancharse el pliego recién tirado, por correrse la tinta y perder las letras su limpieza.

REMOSTAR intr. y tr. 1 Echar mosto en el vino añejo. || prnl. 2 Mostear los racimos de uva antes de llegar al lagar. 3 Saber a mosto el vino.

REMOTAMENTE adv. l. y t. 1 En un tiempo o lugar remotos. 2 fig. De manera imprecisa o confusa. || **ni remotamente** loc. adv. Sin verosimilitud ni probabilidad.

REMOTO, TA adj. 1 Distante en el espacio y en el tiempo. 2 Improbable.

REMOVER tr. 1 Mover repetidamente, agitar. También prnl. 2 Cambiar una cosa de un lugar a otro. || intr. 3 Investigar, indagar. ♦ IRREG. Se conjuga como MOVER.

REMOZAR tr. Dar un aspecto más nuevo o moderno a algo.

REMPLAZAR tr. REEMPLAZAR.

REMPLAZO m. REEMPLAZO.

REMPUJAR tr. 1 Hacer fuerza contra alguna cosa para moverla. 2 Echar a uno a empellones.

REMPUJÓN m. Impulso violento con que se mueve a una persona o cosa.

REMUDAR tr. 1 Reemplazar. También prnl. 2 Cambiar. 3 Mudar la ropa o el vestido. 4 Trasplantar un vegetal.

REMUNERACIÓN f. 1 Acción y efecto de remunerar. 2 Precio, pago de un trabajo, servicio.

REMUNERAR tr. Pagar, recompensar.

RÉMUSAT, CLAIRE ELIZABETH GRAVIER DE VERGENNES, CONDESA DE Escritora francesa (París, 1780 - íd., 1821). Dama de honor de la emperatriz Josefina, escribió una serie de *Cartas* y *Memorias*, publicadas póstumamente.

REMUSGAR intr. Barruntar, sospechar.

REMUSGO m. 1 Barrunto, sospecha. 2 Vientecillo tenue, frío y penetrante.

RENACENTISTA adj. 1 Relativo al Renacimiento. 2 Se dice de la persona dedicada al estudio de este periodo. También com.

RENACER intr. 1 Volver a nacer. 2 Volver a tomar fuerzas o energía. ♦ IRREG. Se conjuga como AGRADECER.

RENACIMIENTO m. Acción de renacer.

RENACIMIENTO *Cult.* Periodo de renovación artística, literaria y científica surgido a mediados del siglo XV y desarrollado hasta finales del XVI. Comenzó en Italia, desde donde se extendió a los demás países de Europa. El HUMANISMO se convirtió en el soporte de las concepciones básicas de la época. El antropocentrismo, el individualismo, la orientación laica y la vuelta a los modelos de la Antigüedad clásica fueron sus características fundamentales. El interés por la naturaleza, así como el desarrollo de métodos basados en la observación y la experimentación, favorecieron el nacimiento de la ciencia moderna; este periodo está marcado por descubrimientos revolucionarios en física, química, astronomía o medicina (Copérnico, Galileo Galilei, Servet). El denominador común de la filosofía, entre cuyos representantes figuran N. de Cusa, G. Bruno, Erasmo, F. Bacon, T. Moro o Campanella, fue el espíritu crítico; la orientación más extendida, el PLATONISMO, se difundió desde la Academia florentina, dirigida por M. Ficino.

ARTE. En el terreno artístico el interés por la Antigüedad determinó el estudio pormenorizado de textos

Renacimiento: 1. Iglesia de Santa María Novella (Florencia). 2. *La Madonna del Magníficat*. Cuadro de Sandro Botticelli.

y monumentos del pasado. La historia y la mitología clásicas constituyeron una fuente iconográfica inagotable. La cuna del Renacimiento italiano fue Florencia. En el siglo XVI, Roma, bajo la protección de los papas, arrebató a Florencia la primacía artística. Paralelamente, desde la segunda mitad de siglo, comenzó a desarrollarse el MANIERISMO. En el resto de Europa, la asimilación del Renacimiento se desarrolló tardíamente, a comienzos del siglo XVI. La *arquitectura* renacentista está presidida por la búsqueda de la proporción y la simetría. Aspectos fundamentales fueron de la nueva orientación fueron el estudio de los tratadistas antiguos (Vitrubio) y la imposición de los órdenes clásicos. Como elemento constructivo, se recurrió preferentemente al arco semicircular. Los artífices de esta transformación fueron los florentinos Brunelleschi y Alberti, seguidos por Sangallo, Bramante, Palladio, Vignola, Miguel Ángel o Sansovino. En España, el PLATERESCO constituye la primera fase del renacimiento arquitectónico; la asimilación de los preceptos del *cinquecento* se manifiesta en el estilo HERRERIANO. Los más destacados arquitectos franceses del periodo son Delorme y Lescot. El colorido y el sentido de las formas fueron dos de las preocupaciones fundamentales de la *pintura*. La vuelta a los clásicos se concreta en la observación de la naturaleza. El desarrollo de la perspectiva espacial permitió un acercamiento a la representación objetiva. Entre los pintores más destacados del *quattrocento* figuran Masaccio, P. della Francesca, G. da Fabriano, B. Gozzoli, F. Lippi, Botticelli, Fra Angelico, P. Uccello, Mantegna o G. Bellini. En el *cinquecento*, Leonardo da Vinci, Miguel Ángel y Rafael trabajaron sobre todo en Roma. Además de éstos destacan Giorgione, Tiziano, Veronés, Tintoretto o Correggio; en el resto de Europa, Durero, introductor del Renacimiento en Alemania, los españoles J. de Juanes y A. Fernández y, en el ámbito flamenco, Q. David, Q. Matsys, J. Van Cleve o Patinir. La *escultura* renacentista se caracteriza por la búsqueda del equilibrio y la representación naturalista de la anatomía humana. Entre sus autores más representativos figuran Ghiberti, Donatello, L. della Robbia, Settignano, B. da Maiano, Pollaiuolo, Verrocchio, Miguel Ángel, J. della Quercia o Cellini. Fuera de Italia pueden mencionarse los franceses Goujon y Pilon; en España, Vigarny, Berruguete o J. de Juanes.

LIT. La influencia de Boccaccio, el *dolce stil nuovo*, la recuperación de los clásicos y la revalorización de las lenguas nacionales fueron elementos fundamentales de la renovación literaria. A imitación de Petrarca, se generalizó el empleo del verso endecasílabo, introducido en España por Boscán y Garcilaso. Aparecieron nuevas formas métricas, como la lira o la silva, y la novela alcanzó un gran desarrollo. Entre las personalidades más relevantes del renacimiento italiano, destacan J. Sannazaro, A. Castiglione, T. Tasso, L. Ariosto o Maquiavelo; en Portugal, Camoens y G. Vicente; en Francia, Rabelais y el grupo de La Pléiade; en Inglaterra, Marlowe y Ben Johnson. En España, Nebrija y el Brocense dedicaron importantes estudios al lenguaje, al tiempo que se desarrollaba la ascética y la mística, y comenzaba a cultivarse la novela. Además de los ya citados Boscán y Garcilaso de la Vega, destacan J. de Valdés, san Juan de la Cruz, santa Teresa de Jesús y fray Luis de León.

MÚS. El Renacimiento musical se extendió desde comienzos del siglo XV hasta principios del siglo XVII. Constituye la época dorada de la polifonía, cultivada por J. Desprez, Palestrina, O. di Lasso o T. L. de Victoria.

RENACUAJO m. 1 *Zool.* Forma larvaria de los anfibios anuros, que se diferencia del animal adulto principalmente por tener cola, carecer de patas y respirar por branquias externas. 2 fig. Calificativo cariñoso con que se suele motejar a los niños pequeños y traviesos.

RENAL adj. *Anat.* 1 Relativo a los riñones. 2 Se dice de la arteria, rama de la aorta, que suministra sangre a los riñones.

RENAN, ERNEST Historiador y filósofo francés (Tréguier, 1823 - París, 1892). Es autor de *Vida de Jesús* (1863), *Dramas filosóficos* (1886) y *El porvenir de la ciencia* (1890).

RENANIA *Hist.* Región histórica de Alemania. Habitada por tribus celtas, fue conquistada por Julio César. En el siglo V, la invasión franca terminó con el poder romano. Se integró en Germania en 925. Durante la Edad Media quedó fraccionada en principados feudales. En 1793, los territorios de la orilla izquierda del Rhin pasaron a Francia, aunque Prusia recuperó su soberanía tras el tratado de Viena. En 1923 se creó la República Renana, que desapareció poco después. Tras la Segunda Guerra Mundial fue dividido en Renania Septentrional-Westfalia, Renania-Palatinado y Sarre.

RENANIA-PALATINADO Land de Alemania, junto a las fronteras de Luxemburgo y Francia; 19.846 km² y 4.009.800 h. Su capital es Maguncia.

RENANIA SEPTENTRIONAL-WESTFALIA Land de Alemania, junto a la frontera de Holanda y Bélgica; 34.075 km² y 17.962.200 h. Su capital es Düsseldorf.

RENANO, NA adj. 1 Se dice de los territorios situados en las orillas del Rhin. 2 Relativo a estos territorios.

RENARD, JULES Escritor francés (Chalons, 1864 - París, 1910). Cofundador del *Mercure de France*, es autor de *El parásito* (1892), *Pelo de zanahoria* (1894), la obra teatral *El pan casero* (1899) y *Diario* (póstumo, 1926).

RENATO I EL BUENO Duque de Anjou, Bar y Lorena, conde de Provenza y rey de Nápoles y Cataluña (Angers, 1409 - Aix-en-Provence, 1480). Hijo de Luis II de Nápoles, se casó con Isabel, heredera de Lorena. Tras la muerte de su hermano Luis III (1434), tomó posesión de Anjou y de Provenza. Nombrado heredero de Nápoles por Juana II, logró hacer efectivos sus derechos en 1438, pero tuvo que enfrentarse a Alfonso el Magnánimo, que le derrotó en 1442. Se refugió en Francia hasta que la Generalitat de Cataluña le ofreció el trono (1466).

RENAU, JOSEP Pintor español (Valencia, 1907 - Berlín Este, 1982). Miembro del Partido Comunista, durante la Guerra Civil realizó carteles publicitarios y políticos en defensa de la causa republicana. Autor de los fotomontajes *American Way of Life* (1952-66).

RENAUDOT, THÉOPHRASTES Médico y escritor francés (Loudun, 1586 - París, 1653). Su revista, la *Gazette*, se convirtió en un apoyo para la política de Richelieu. En su memoria se estableció en 1925 el premio literario que lleva su nombre.

RENAULT, LOUIS Publicista y jurisconsulto francés (Autun, 1843 - Barbizon, 1918). En 1907 obtuvo el premio Nobel de la Paz, junto con E. T. Monetta.

RENAULT, LOUIS Industrial francés (París, 1877 - íd., 1944). En 1898 construyó su primer automóvil, que comenzó a fabricar en serie en la célebre fábrica Renault de Billancourt. Acusado de colaboracionista durante la Segunda Guerra Mundial, fue detenido en 1944. Un año después su empresa fue nacionalizada.

RENCILLA f. Disputa o riña que crea enemistad. Más en pl.

RENCO, CA adj. RENGO, cojo. También s.

RENCONTRAR tr. REENCONTRAR.

RENCOR m. Resentimiento arraigado y tenaz.

RENCOROSO, SA adj. Que tiene o guarda rencor.

RENCOSO adj. *Med.* Se dice del que tiene un solo testículo.

RENCUENTRO m. REENCUENTRO.

RENDA f. *Agr.* Segunda reja o cava en las viñas.

RENDAJE m. Conjunto de riendas y correas de la brida de las caballerías.

RENDAR tr. *Agr.* Binar, dar segunda reja o cava.

RENDIBÚ m. Acatamiento, agasajo, que se hace por adulación.

RENDICIÓN f. Acción y efecto de rendir o rendirse.

RENDIDO, DA adj. 1 Agotado, muy cansado. 2 Sumiso.

RENDIJA f. Hendedura, abertura larga y estrecha.

RENDIMIENTO m. 1 Producto, utilidad que rinde o da una persona o cosa. 2 Proporción entre el producto o el resultado obtenido y los medios utilizados. 3 Sumisión, subordinación.

RENDIR tr. 1 Vencer, obligar al enemigo a entregarse. 2 Sujetar, someter una cosa al dominio de uno. También prnl. 3 Dar, entregar, restituir. 4 Dar producto o utilidad una persona o cosa. También intr. 5 Cansar, fatigar. También prnl. 6 *Mil.* Hacer actos de sumisión y respeto. || prnl. 7 Darse por vencido, entregarse. ♦ IRREG. Se conjuga como PEDIR.

RENDZINA f. *Geol.* Terreno característico de los suelos calcáreos, muy fértil.

RENEGADO, DA adj. y s. 1 Se dice del que reniega de su religión, raza, patria o creencias. 2 fig. y fam. Se dice de la persona de condición áspera y maldiciente. || m. *Ocio.* 3 Tresillo, juego de naipes.

RENEGAR tr. 1 Negar con instancia una cosa. || intr. 2 Rechazar y negar alguien su religión, creencias, raza, familia, etc. 3 Protestar, refunfuñar continuamente. ♦ IRREG. Se conjuga como ACERTAR.

RENEGRIDO, DA adj. 1 Sucio u oscurecido. 2 Se dice del color oscuro, especialmente de la piel.

RENETA f. Instrumento de doble boca, empleado en carpintería para guiar la sierra.

RENFE Siglas de *Red Nacional de Ferrocarriles Españoles*.

RENFREWSHIRE Distrito unitario del Reino Unido, en Escocia; 177.800 h.

RENFREWSHIRE ORIENTAL Distrito unitario del Reino Unido, en Escocia; 88.000 h.

RENGAR tr. Derrengar.

RENGLÓN m. 1 Serie de caracteres escritos en línea recta. 2 Cada una de las líneas dispuestas en un cuaderno, hoja, impreso, etc., para escribir sin torcerse. || m. pl. 3 Cualquier escrito o impreso. || **a renglón seguido** fr. fig. y fam. A continuación. || **leer entre renglones** fr. fig. Adivinar, deducir la intención oculta de algo.

RENGLONADURA f. Conjunto de líneas señaladas en el papel, para escribir sobre ellas los renglones.

RENGO, GA adj. y s. Cojo por lesión de las caderas.

RENGUEAR intr. Renquear, andar como rengo.

RENI, GUIDO Pintor italiano (Calvenzano, 1575 - Bolonia, 1642). Representante del clasicismo barroco, entre sus obras figuran *La matanza de los inocentes* (1611-12), el fresco de *La Aurora* (1612-14), en el palacio Rospigliosi, Roma, y *Los trabajos de Hércules* (1617-21).

Renato I el Bueno. Retrato del siglo XVI. Galería de los Uffizi (Florencia).

reno

RENIEGO m. **1** Blasfemia. **2** fig. y fam. Maldición o dicho injurioso contra otro.
RENIFORME adj. Que tiene forma parecida a un riñón.
RENIL adj. *Veter.* Se dice de la oveja machorra o castrada.
RENINA f. *Zool.* Enzima presente en el jugo gástrico del cuarto estómago de los rumiantes, que se utiliza en la fabricación del queso.
RENIO m. *Quím.* Elemento químico del grupo VII B del sistema periódico. Masa atómica, 186,2; número atómico, 75; símbolo, *Re.* Metal blanco, brillante, muy denso y difícilmente fusible.
RENITENCIA f. **1** Estado de la piel tersa y lustrosa. **2** Resistencia que se pone a hacer algo o a consentirlo.
RENNES Ciudad de Francia, capital de la región de Bretaña y del departamento de Ille-et-Vilaine; 203.533 h. Iglesias de Nuestra Señora (siglo XIV) y Saint-Germain (siglos XV-XVI). Palacio de Justicia (siglos XVII-XVIII).
RENO m. *Zool.* Mamífero artiodáctilo rumiante, perteneciente a la familia cérvidos, de nombre científico *Rangifer tarandus.* Alcanza hasta 1 m de altura y ambos sexos poseen una cornamenta bien desarrollada. Puede soportar las bajísimas temperaturas de la zona ártica, europea y asiática, donde vive.
Reno Ciudad de EE UU, Estado de Nevada; 145.029 h. Centro turístico del juego.
RENOIR, JEAN Director de cine francés (París, 1894 - Beverly Hills, 1979). Hijo de Pierre-Auguste, se dio a conocer con filmes naturalistas, como *Los bajos fondos* (1936) o *La bestia humana* (1938). En Hollywood dirigió *Esta tierra es mía* (1943) y *El hombre del Sur* (1945). Regresó a Francia en 1951. A esa época pertenecen *La carroza de oro* (1952) y *El testamento del doctor Cordelier* (1959). En 1974 recibió un Oscar por su contribución al arte cinematográfico.
RENOIR, PIERRE-AUGUSTE Pintor francés (Limoges, 1841 - Cagnes-sur-Mer, 1919). Padre de Jean, su pintura, inicialmente influida por Courbet, se inscribe dentro del impresionismo. Excelente paisajista, se distingue por el gusto por la figura humana, especialmente, los desnudos femeninos. En Italia (1881), entró en contacto con la obra de Rafael y los frescos de Pompeya. A partir de entonces, su obra muestra un mayor interés por la composición y por el empleo de colores más fríos. A finales de siglo, retornó a una pincelada más libre y un colorido más vivo. Obras: *Lise* (1867), *El palco* (1874), *Le Moulin de la Galette* (1876), *Los paraguas* (1883) y *Las bañistas* (1884-87).
RENOMBRADO, DA adj. Célebre, famoso.
RENOMBRE m. Fama, celebridad.
RENOUVIER, CHARLES Filósofo francés (Montpellier, 1815 - Prades, 1903). Influido por Kant, elaboró una teoría filosófica, denominada *relacionismo,* opuesta al conocimiento de la realidad absoluta.
RENOVACIÓN f. Acción y efecto de renovar.
RENOVADOR, RA adj. y s. Que renueva.
RENOVAL m. *Bot.* Terreno poblado de renuevos.
RENOVAR tr. **1** Hacer de nuevo una cosa. También prnl. **2** Restaurar, remozar, modernizar. También prnl. **3** Sustituir una cosa vieja por otra nueva. **4** Reanudar. ♦ IRREG. Se conjuga como CONTAR.
RENQUEAR intr. **1** Andar como cojo o dando bandazos. **2** Marchar con dificultades.
RENQUERA f. *Amér.* Cojera.
RENTA f. *Econ.* **1** Utilidad, beneficio. **2** Lo que se paga por el alquiler de algo. **3** *Econ.* Deuda pública o títulos que la representan. || **RENTA NACIONAL** *Econ.* Conjunto de los ingresos derivados de la participación en el proceso productivo durante un año, referido a una entidad nacional. || **RENTA PER CÁPITA** *Econ.* Renta nacional dividida por el número de habitantes de un país.
RENTABILIDAD f. **1** Calidad de rentable. **2** Capacidad de rentar. **3** *Econ.* Relación entre el montante de una inversión y los beneficios obtenidos de ella.
RENTABILIZAR tr. *Econ.* Hacer que los beneficios de una empresa o de una inversión sean superiores a los gastos.
RENTABLE adj. **1** Que produce renta suficiente. **2** Que merece la pena.
RENTAR tr. Producir o rendir beneficio o utilidad anualmente una cosa.
RENTERO, RA adj. y s. **1** Que paga algún tributo. || m. y f. **2** Colono que tiene en arrendamiento una posesión o finca rural.

RENTISTA com. Persona que percibe una renta, principalmente si vive de ella.
RENUENCIA f. Repugnancia a hacer una cosa.
RENUENTE adj. Indócil, remiso.
RENUEVO m. *Bot.* Vástago que echa el árbol o la planta después de podados o cortados.
RENUNCIA f. **1** Acción de renunciar. **2** Instrumento o documento que contiene la renuncia. **3** Dimisión o dejación voluntaria de una cosa que se posee, o del derecho a ella.
RENUNCIAR tr. **1** Dejar voluntariamente algo que se posee o a lo que se tiene derecho. **2** No querer admitir o aceptar una cosa. **3** Dejar de hacer una cosa por sacrificio o necesidad.
RENUNCIO m. **1** Hecho de renunciar en los juegos de naipes. **2** fig. y fam. Mentira o contradicción en que se coge a uno.
RENVALSO m. Rebajo que se hace en el canto de las hojas de puertas y ventanas para que encajen en el marco o unas con otras.
REÑIDERO m. Lugar destinado a la pelea de algunos animales, especialmente de gallos.
REÑIDO, DA adj. **1** Enemistado. **2** Se dice de la competición cuyos participantes están muy igualados. **3** Incompatible, opuesto.
REÑIR tr. **1** Reprender, corregir. **2** Tratándose de desafíos, batallas, etc., ejecutarlos, llevarlos a efecto. || intr. **3** Contender, disputar. **4** Desavenirse, enemistarse. ♦ IRREG. Se conjuga como CEÑIR.
REO[1] m. *Zool.* Pez perteneciente a la familia salmónidos, de nombre científico *Salmo trutta,* variedad de trucha.
REO[2], **A** m. y f. Persona culpable o acusada de un delito o culpa.
REO-, REU-; -REA, -RREA, -RREICO, -RROIDES prefs. o sufs. que significan flujo, corriente.
REOBRAR intr. Obrar o actuar favorable o desfavorablemente frente a una acción o estímulo anteriores.
REOCA, SER LA fr. fig. y fam. Ser extraordinario o fuera de lo común.
REÓFORO m. *Fís.* Cada uno de los conductores que establecen la comunicación entre un aparato eléctrico y un origen de electricidad.
REOJO, MIRAR DE fr. Mirar con disimulo o prevención.
REÓMETRO m. **1** *Fís.* Instrumento que sirve para medir las corrientes eléctricas. **2** *Geol.* Aparato con que se determina la velocidad de una corriente de agua.
REORGANIZAR tr. y prnl. Volver a organizar una cosa.
REÓSTATO o **REOSTATO** m. *Fís.* Instrumento que sirve para variar la resistencia en un circuito eléctrico y para medir la resistencia eléctrica de los conductores.
REPACER tr. Pacer el ganado la hierba hasta apurarla. ♦ IRREG. Se conjuga como AGRADECER.
REPAJOLERO, RA adj. fam. Pícaro, divertido, travieso.
REPANCHINGARSE prnl. REPANTIGARSE.
REPANOCHA, SER LA fr. fig. y fam. Ser algo extraordinario por bueno, malo, absurdo o fuera de lo normal.
REPANTIGARSE o **REPANTINGARSE** prnl. Arrellanarse en el asiento y extenderse para mayor comodidad.
REPARACIÓN f. **1** Acción y efecto de reparar. **2** Desagravio, satisfacción de una ofensa o injuria.
REPARADOR, RA adj. y s. **1** Que repara o arregla una cosa. **2** Que se fija con exceso en los defectos. **3** Que restablece las fuerzas y da aliento o vigor.
REPARAR tr. **1** Componer, arreglar una cosa. **2** Enmendar, corregir, remediar. **3** Desagraviar a quien se ha ofendido o perjudicado. **4** Remediar, precaver un daño o perjuicio. **5** Restablecer las fuerzas, dar aliento o vigor. || intr. **6** Fijarse, notar, advertir. **7** Considerar, reflexionar.
REPARO m. **1** Advertencia, observación. **2** Duda, dificultad, inconveniente o vergüenza para hacer o decir algo. **3** *Dep.* En esgrima, parada o quite.
REPARTICIÓN f. **1** Acción y efecto de repartir. **2** *Amér.* Cada una de las dependencias que, en una organización administrativa, está destinada a despachar determinadas clases de asuntos.
REPARTIDOR, RA adj. y s. **1** Que reparte o distribuye. || m. **2** En un sistema de riegos, sitio en que se reparten las aguas.
REPARTIMIENTO m. **1** Acción y efecto de repartir. **2** Documento en que consta lo que a cada uno se ha repartido. **3** *Hist.* Sistema de repoblación seguido en Andalucía (siglo XIII) y en Aragón, Mallorca y Levante, después de su reconquista cristiana en la Edad Media. || **REPARTIMIENTO DE INDIOS** *Hist.* Sistema de asignación de indios, para dotar de mano de obra a las explotaciones agrícolas y mineras, seguido oficialmente en la colonización de las Indias desde principios del siglo XVI, aunque de hecho comenzó en La Española a la llegada de Colón (véase ENCOMIENDA).
REPARTIR tr. **1** Distribuir una cosa dividiéndola entre varios. **2** Distribuir por lugares distintos o entre personas diferentes. También prnl. **3** Extender o distribuir una mate-

Pierre-Auguste **Renoir.** *Le Moulin de la Galette.* Museo d'Orsay (París).

ria sobre una superficie. 4 Adjudicar los papeles de una obra dramática a los actores que han de representarla.

REPARTO m. 1 Acción y efecto de repartir. 2 *Teat.* y *Cin.* Relación de personajes y actores de una obra.

REPASADOR m. *Arg.*, *Par.* y *Urug.* Paño de cocina, lienzo para secar la vajilla.

REPASAR tr. 1 Volver a mirar o examinar una cosa, particularmente para corregir imperfecciones o errores. 2 Recorrer lo que se ha estudiado para refrescar la memoria. 3 Volver a explicar la lección. 4 Leer o recorrer muy por encima un escrito. 5 Recoser la ropa. || intr. 6 Volver a pasar por un sitio o lugar.

REPASO m. Acción y efecto de repasar. || **dar** a alguien **un repaso** loc. fig. y fam. Demostrarle gran superioridad en conocimientos, habilidad, etc. También, regañar, amonestar.

REPASTAR tr. 1 Añadir harina, agua u otro líquido a una pasta, para amasarla de nuevo. 2 Añadir agua al mortero que se ha resecado para volver a amasarlo. 3 Volver a dar pasto al ganado. || intr. 4 Volver a pastar el ganado.

REPATEAR intr. fam. Fastidiar, desagradar mucho.

REPATRIAR tr., intr. y prnl. Hacer que uno regrese a su patria.

REPECHAR intr. Subir por un repecho.

REPECHO m. Cuesta bastante pendiente, aunque corta.

REPEINADO, DA adj. fig. Se dice de la persona aliñada con afectación y exceso.

REPEINAR tr. y prnl. Volver a peinar o hacerlo con cuidado y perfección.

REPELAR tr. 1 Pelar mucho o completamente una cosa. 2 Tirar del pelo o arrancarlo.

REPELENTE adj. 1 Que repele. También m. 2 fig. Repulsivo, repugnante. 3 fig. Redicho, pedante. También com. || m. 4 Sustancia empleada para alejar a los insectos y otros animales.

REPELER tr. 1 Arrojar, echar de sí una persona o cosa. 2 Rechazar, contradecir una idea. 3 Causar repugnancia algo o alguien.

REPELO m. 1 Lo que no va al pelo. 2 Parte pequeña de cualquier cosa que se levanta contra lo natural. 3 fig. y fam. Repugnancia que se muestra al ejecutar una cosa.

REPELÓN m. 1 Tirón que se da del pelo. 2 En las medias, hebra que, saliendo, encoge los puntos que están inmediatos. 3 fig. Porción o parte pequeña que se toma o saca de una cosa. 4 fig. Carrera pronta e impetuosa que da el caballo.

REPELÚS o **REPELUZNO** m. 1 Temor indefinido o repugnancia que inspira algo. 2 Escalofrío producido por esta sensación.

REPENSAR tr. Volver a pensar algo con detenimiento. ♦ IRREG. Se conjuga como ACERTAR.

REPENTE m. Impulso rápido, inesperado. || **de repente** loc. adv. Prontamente, sin pensar.

REPENTINO, NA adj. Súbito, imprevisto.

REPENTIZACIÓN f. 1 Acción y efecto de repentizar. 2 *Mús.* Ejecución de una canción o una pieza instrumental a la primera lectura.

REPENTIZAR tr. Hacer algo sin preparación.

REPERCUSIÓN f. 1 Acción y efecto de repercutir. 2 Trascendencia, importancia.

REPERCUTIR intr. 1 fig. Trascender, causar efecto una cosa en otra posterior. 2 Producir eco el sonido, resonar.

REPERPERO m. *P. Rico* y *Dom.* Confusión, desorden.

REPERTORIO m. 1 Índice de materias ordenadas para su mejor localización. 2 Colección de obras de la misma clase. 3 Conjunto de obras preparadas para ser representadas por un artista o compañía.

REPESAR tr. Volver a pesar una cosa.

REPESCA f. Acción y efecto de repescar.

REPESCAR tr. fig. Admitir nuevamente al que ha sido eliminado en un examen, en una competi-ción, etc.

REPETICIÓN f. 1 Acción y efecto de repetir. 2 *Ret.* Figura que consiste en repetir a propósito palabras o conceptos. || **de repetición** loc. adj. Se dice del aparato o mecanismo que, una vez puesto en marcha, repite su acción automáticamente.

REPETIDOR, RA adj. 1 Que repite. Se dice especialmente del alumno que repite un curso o una asignatura. También s. || m. *Tecnol.* 2 Aparato electrónico que recibe una señal electromagnética y la vuelve a transmitir amplificada.

REPETIR tr. 1 Volver a hacer o decir lo que se había hecho o dicho. También prnl. 2 Volver un estudiante a hacer un curso o una asignatura por haber suspendido. También intr. || intr. 3 Venir a la boca el sabor de lo que se ha comido o bebido. 4 Servirse de nuevo de algo que se está comiendo. || prnl. 5 Volver a suceder una cosa regularmente. ♦ IRREG. Se conjuga como PEDIR.

REPETITIVO, VA adj. 1 Que se repite o se ha repetido mucho. 2 Se aplica a quien hace o dice muchas veces las mismas cosas.

REPICAR tr. Tañer repetidamente las campanas en señal de fiesta o regocijo. También intr.

REPINTAR tr. 1 Pintar sobre lo ya pintado. || prnl. 2 Maquillarse en exceso. 3 *A. gráf.* Señalarse la letra de una página en otra.

REPIPI adj. y com. Afectado y pedante. También s.

REPIQUETEAR tr. e intr. 1 Repicar con fuerza las campanas u otro instrumento de percusión. 2 Hacer ruido golpeando repetidamente sobre algo.

REPISA f. *Arquit.* Elemento arquitectónico, a modo de ménsula, que sirve para sostener objetos, o de piso a un balcón.

REPISAR tr. 1 Volver a pisar. 2 Apretar con pisón.

REPLANTAR tr. Volver a plantar.

REPLANTEAR tr. 1 Plantear de nuevo un asunto. También prnl. 2 Trazar en el terreno o sobre el plano la planta de una obra ya estudiada y proyectada.

REPLAY (Voz i.) m. *Telev.* 1 Repetición de determinados fragmentos de un programa. 2 Aparato con que se realizan estas repeticiones.

REPLEGAR tr. 1 Plegar o doblar muchas veces. 2 *Mil.* Retirarse en orden las tropas avanzadas. También prnl. ♦ IRREG. Se conjuga como ACERTAR.

REPLETO, TA adj. Muy lleno.

RÉPLICA f. 1 Acción de replicar. 2 Argumento con que se replica. 3 Copia exacta de una obra artística. 4 *Der.* Segundo escrito del actor en el juicio de mayor cuantía para impugnar la contestación y la reconvención, si la hubo, y fijar los puntos litigiosos.

REPLICACIÓN f. 1 *Biol.* Multiplicación de un fago en una célula bacteriana. 2 *Biol.* Duplicación por copia de un molde molecular.

REPLICAR intr. 1 Contradecir o argüir contra la respuesta o argumento. 2 Contestar con malos modos o quejarse por algo que se dice o manda. También tr.

REPLIEGUE m. 1 Pliegue doble. 2 *Mil.* Acción y efecto de replegarse las tropas.

REPO m. *Bot. Chile* Arbusto de la familia verbenáceas, de madera muy dura.

REPOBLACIÓN f. 1 *Ecol.* Conjunto de árboles o plantas en terrenos repoblados. 2 *Hist.* En la Edad Media española, acción de volver a poblar los territorios reconquistados a los musulmanes, que se desarrolló, fundamentalmente, entre los siglos IX y XIII. Las modalidades más extendidas fueron la PRESURA, la CARTA PUEBLA y el REPARTIMIENTO. || **REPOBLACIÓN FORESTAL** Acción y efecto de reforestar.

REPOBLAR tr. y prnl. 1 Volver a poblar. 2 Plantar árboles u otras especies vegetales. ♦ IRREG. Se conjuga como CONTAR.

repollo

REPOLLO m. *Bot.* 1 Variedad de COL. 2 Grumo o cabeza más o menos redonda que forman algunas plantas, como la lombarda, lechuga, etc.

REPOLLUDO, DA adj. Se dice de la persona gruesa y bajita.

REPONER tr. 1 Volver a poner algo o alguien en el lugar que ocupaba. 2 Reemplazar. 3 Volver a representar o proyectar una obra dramática, cinematográfica o musical. 4 Responder, replicar. Sólo en pretérito indefinido y en pretérito imperfecto de subjuntivo. || prnl. 5 Recobrar la salud o la hacienda. 6 Serenarse, tranquilizarse. ♦ IRREG. Se conjuga como PONER.

REPORTAJE m. *Medios.* Trabajo periodístico o cinematográfico de carácter documental e informativo.

REPORTAR tr. 1 Reprimir, moderar un sentimiento. También prnl. 2 Retribuir, proporcionar, recompensar.

REPORTE m. 1 Noticia. 2 Noticia malintencionada, chisme. 3 *Arte.* y *A. gráf.* Prueba de litografía que sirve para estampar de nuevo un dibujo en otras piedras y multiplicar las tiradas.

REPÓRTER (Voz i.) com. REPORTERO.

REPORTERO, RA adj. y s. Se dice del periodista que se dedica a los reportes o noticias.

REPOSABRAZOS m. Pieza que sirve para apoyar el brazo en un vehículo. ♦ Su pl. es *reposabrazos.*

REPOSACABEZAS m. Parte de un asiento que sirve para apoyar la cabeza. ♦ Su pl. es *reposacabezas.*

REPOSADO, DA adj. Sosegado, tranquilo.

REPOSAPIÉS m. Especie de estribo situado a ambos lados de las motocicletas para apoyar los pies. ♦ Su pl. es *reposapiés.*

REPOSAR intr. 1 Descansar. 2 Dormir un breve sueño. 3 Permanecer algo o alguien en calma y quietud. 4 Estar enterrado, yacer. || prnl. 5 Posarse los líquidos.

REPOSICIÓN f. Acción y efecto de reponer.

REPOSO m. 1 Acción y efecto de reposar. 2 *Fís.* Inmovilidad de un cuerpo respecto de un sistema de referencia.

REPOSTAR tr. e intr. Abastecer de provisiones, combustible, etc.

REPOSTERÍA f. 1 Arte y oficio de elaborar pasteles, dulces, etc. 2 Productos de este arte. 3 Establecimiento donde se hacen y venden dulces, pastas, etc.

REPOSTERO, RA m. y f. 1 Persona que tiene por oficio hacer pastas, dulces y algunas bebidas. || m. 2 Paño cuadrado o rectangular, con emblemas heráldicos. 3 Marinero que está al servicio personal de un jefe u oficial de marina.

REPRENDER tr. Reñir, amonestar.

REPRENSIÓN f. Expresión o razonamiento con que se reprende.

REPRESA f. 1 Obra, generalmente de cemento armado, para contener o regular el curso de las aguas. 2 Lugar donde las aguas están detenidas o almacenadas, natural o artificialmente.

REPRESALIA f. Mal que una persona causa a otra en venganza o satisfacción de un agravio.

REPRESAR tr. Detener o estancar el agua corriente. También prnl.

REPRESENTACIÓN f. 1 Acción y efecto de representar. 2 Conjunto de personas que representan a una entidad. 3 *Filos.* Figura, imagen o idea que sustituye a la realidad. 4 Función de teatro. 5 Derecho de una persona a ocupar, para la sucesión en una herencia o mayorazgo, el lugar de otra persona difunta. || **REPRESENTACIÓN MAYORITARIA** *Polít.* Procedimiento electoral por el que se eligen representantes a quienes obtienen mayoría de votos. || **REPRESENTACIÓN PROPORCIONAL** *Polít.* Procedimiento electoral que establece una proporción entre el número de votos obtenidos por cada partido o tendencia y el número de sus representantes elegidos.

REPRESENTANTE adj. y com. 1 Que representa. || com. 2 Agente comercial. 3 Persona que gestiona los contratos y asuntos profesionales de los artistas.

REPRESENTAR tr. 1 Hacer presente algo en la imaginación con palabras o figuras. También prnl. 2 Ejecutar públicamente una obra dramática. 3 Sustituir a una persona, entidad, etc. 4 Ser imagen o símbolo de una cosa, o imitarla perfectamente. 5 Aparentar una persona determinada edad. 6 Importar mucho o poco una persona o cosa.

REPRESENTATIVO, VA adj. 1 Que sirve para representar otra cosa. 2 Característico. 3 *Ling.* Se dice de una de las FUNCIONES DEL LENGUAJE, según K. Bühler.

REPRESIÓN f. 1 Acción y efecto de represar y de reprimir. 2 Acción que parte generalmente del poder, para contener, detener o castigar con violencia actuaciones políticas o sociales.

REPRESIVO, VA adj. 1 Que reprime. 2 Que reprime el ejercicio de las libertades.

REPRESOR, RA adj. y s. Que reprime.

REPRIMENDA f. Reprensión fuerte.

REPRIMIR tr. y prnl. 1 Contener, refrenar. También prnl. 2 Contener por la fuerza el desarrollo de algo.

REPRISE (Voz fr.) f. 1 Reposición, repetición. 2 *Mec.* Paso rápido de un régimen de motor a otro superior.

REPROBAR tr. No aprobar, dar por malo. ♦ IRREG. Se conjuga como CONTAR.

RÉPROBO, BA adj. y s. 1 *Rel.* En el catolicismo, condenado a las penas eternas. 2 Se aplica a las personas apartadas de la convivencia.

REPROCHAR tr. y prnl. Reconvenir, echar en cara.

REPROCHE m. Censura, crítica, reprimenda.

REPRODUCCIÓN f. 1 Acción y efecto de reproducir. 2 *Biol.* Mecanismo por el cual un organismo da origen a otros semejantes. 3 Cosa que reproduce o copia un original. || **REPRODUCCIÓN ASEXUAL** *Biol.* La que se produce a partir de un individuo, sin intervención de gametos. || **REPRODUCCIÓN SEXUAL** *Biol.* La que se produce a partir de dos individuos que unen sus gametos.

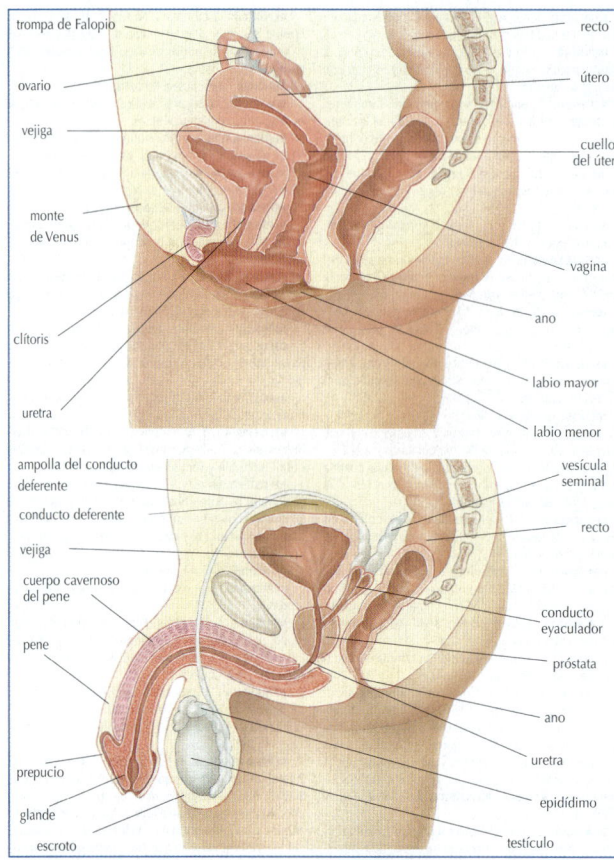

Anatomía del aparato **reproductor** humano femenino y masculino.

REPRODUCIR tr. 1 Volver a producir. También prnl. 2 Copiar, imitar. 3 Sacar copia, en uno o en muchos ejemplares, por diversos procedimientos. || prnl. Biol. 4 Procrear una especie. ♦ IRREG. Se conjuga como CONDUCIR.

REPRODUCTOR, RA adj. y s. 1 Que reproduce. 2 Biol. Se dice del órgano o aparato sexual que interviene de forma más o menos directa en la concepción y creación de nuevos individuos de la especie. || m. y f. Veter. 3 Animal destinado a mejorar su raza.

REPROGRAFÍA f. Reproducción de documentos por diversos medios: fotografía, microfilme, etc.

REPS (Voz fr.) m. Tela de seda o de lana, fuerte y bien tejida, que se usa en obras de tapicería.

REPTAR intr. Andar arrastrándose como algunos reptiles.

REPTIL o **RÉPTIL** adj. y s. 1 Zool. Se dice de los animales vertebrados, ovíparos o vivíparos, de temperatura variable y respiración pulmonar que, por carecer de pies o por tenerlos muy cortos, caminan rozando la tierra con el vientre, como la culebra, el lagarto y el galápago. || m. pl. Zool. 2 Clase de estos animales, dividida en cuatro órdenes: saurios, ofidios, quelonios y crocodilianos.

REPÚBLICA f. 1 Cuerpo político de una nación. 2 Polít. Sistema político en que el jefe del Estado no accede al cargo por leyes hereditarias, sino por voluntad popular. 3 Nación o Estado que posee este sistema político. || **REPÚBLICA PARLAMENTARIA** Polít. Aquella en la que el presidente, elegido por el parlamento, es jefe de Estado, pero no de gobierno. || **REPÚBLICA PRESIDENCIALISTA** Polít. Aquella en la que el presidente, elegido directamente por los votantes, aúna las jefaturas del Estado y del gobierno.

REPÚBLICA ÁRABE SAHARAUI DEMOCRÁTICA SAHARA OCCIDENTAL.

REPÚBLICA ÁRABE UNIDA (RAU) Hist. Denominación del Estado surgido en 1958, tras la federación de Egipto y Siria, a la que se unió el reino del Yemen. La República quedó disuelta al separarse Siria en 1961.

REPÚBLICA CENTROAFRICANA CENTROAFRICANA, REPÚBLICA.

REPÚBLICA DEMOCRÁTICA ALEMANA ALEMANIA.
REPÚBLICA DOMINICANA DOMINICANA, REPÚBLICA.
REPÚBLICA DE ENTRE RÍOS ENTRE RÍOS.
REPÚBLICA ENTRERRIANA ENTRE RÍOS.
REPÚBLICA ESPAÑOLA, PRIMERA Hist. Régimen político establecido en España tras la abdicación de Amadeo I de Saboya, en febrero de 1873, que se prolongó hasta enero de 1874. Los primeros dos gabinetes, presididos por Figueras (febrero-junio, 1873), tuvieron que hacer frente a desórdenes sociales originados por grupos internacionalistas y federalistas intransigentes, así como a la desorganización del ejército y a la creciente amenaza carlista. El 1 de junio, las Cortes Constituyentes proclamaron la república federal por mayoría. Tras la marcha de Figueras, asumió la presidencia Pi i Margall (11 de junio); el agravamiento de la guerra carlista, el auge de los movimientos obreristas y cantonalistas y la falta de apoyo de los sectores republicanos más conservadores motivaron su dimisión. El unionista Salmerón accedió a la presidencia el 18 de julio. Este hecho provocó la generalización de la insurrección cantonal, controlada con la participación de Pavía y Martínez Campos. El gobierno de Castelar (6 de septiembre), investido con poderes extraordinarios, acentuó la tendencia derechista de la República. Su derrota frente a los federalistas en una votación parlamentaria motivó el golpe de Estado del general Pavía, que dio paso, al poco tiempo, a la restauración de la monarquía en la persona de Alfonso XII.

REPÚBLICA ESPAÑOLA, SEGUNDA Hist. Régimen político instaurado en España el 14 de abril de 1931, tras la marcha de Alfonso XIII, que se prolongó hasta el final de la Guerra Civil, en que se impuso el régimen dictatorial del general Franco. Después del triunfo de la coalición republicano-socialista en las elecciones de junio de 1931, Alcalá Zamora accedió a la presidencia de la República y Manuel Azaña asumió la jefatura de gobierno. Este primer periodo se caracterizó por las reformas de corte progresista, que se vieron pronto superadas por el radicalismo de las masas (anarquistas, comunistas, sindicalistas) y por la oposición creciente de las clases conservadoras. El triunfo de los radicales y de la CEDA en las elecciones de 1933 dio comienzo al bienio conservador, en el que fueron desmanteladas buena parte de las reformas anteriores. En octubre de 1934 Lerroux incluyó en el gobierno a representantes de la CEDA, hecho que originó la revolución de Asturias, duramente reprimida. Tras el triunfo del Frente Popular en las elecciones de 1936, asumió la jefatura de gobierno Azaña, quien, en mayo de ese mismo año, sustituyó a Alcalá Zamora en la presidencia de la República; Casares Quiroga encabezó el nuevo gabinete. En julio se produjo el levantamiento de los sectores derechistas del ejército y estalló la Guerra Civil.

REPÚBLICA FEDERAL DE ALEMANIA ALEMANIA.
REPÚBLICA FEDERATIVA SOCIALISTA SOVIÉTICA RUSA (RFSSR) RUSIA, FEDERACIÓN DE.
REPÚBLICA KHMER CAMBOYA.
REPÚBLICA SUDAFRICANA SUDAFRICANA, REPÚBLICA.
REPUBLICANISMO m. 1 Condición de republicano. 2 Polít. Sistema político que proclama la forma republicana para el gobierno de un Estado.

REPUBLICANO, NA adj. 1 Perteneciente o relativo a la República. 2 Se aplica al ciudadano de una República. También s. 3 Partidario de este género de gobierno. También s.

REPUBLICANO, PARTIDO Hist. y Polít. Formación política de EE UU, fundada en 1854 como resultado de la unión de los demócratas del Norte y una facción disidente del partido whig, opuesto a la esclavitud y favorable al proteccionismo. Es, junto con el Partido Demócrata, la fuerza política más importante de EE UU. El primer republicano que accedió a la presidencia fue A. Lincoln, en 1861. El partido se mantuvo en el poder de forma casi ininterrumpida hasta 1913. Entre 1921 y 1933, Harding, Coolidge y Hoover mantuvieron su primacía. Eisenhower (1953-61), Nixon (1969-74), Ford (1974-77), Reagan (1981-88) y Bush (1988-92) han sido

Segunda **República Española**. Proclamación de la República en la Puerta del Sol de Madrid. Fotografía de Alfonso.

sus últimos presidentes. En 2000 accedió de nuevo a la presidencia con George W. Bush.

REPUDIAR tr. **1** Rechazar, desechar. **2** Rechazar a la mujer propia.

REPUDIO m. **1** Acción y efecto de repudiar. **2** Renuncia.

REPUDRIR tr. y prnl. **1** Pudrir mucho. || prnl. **2** fig. y fam. Consumirse interiormente por callar o disimular un sentimiento o pesar. ♦ IRREG. Se conjuga como PUDRIR.

REPUESTO, TA adj. **1** Restablecido, recuperado de una enfermedad. || m. **2** Pieza de recambio. || **de repuesto** loc. adj. DE RECAMBIO. ♦ Es el p. p. irreg. de REPONER.

REPUGNANCIA f. **1** Tedio, aversión a las personas o las cosas. **2** Asco, alteración del estómago que incita al vómito. **3** Aversión que se siente o resistencia que se opone a consentir o hacer una cosa. **4** *Filos.* Incompatibilidad de dos atributos o cualidades de una misma cosa.

REPUGNANTE adj. Que causa repugnancia.

REPUGNAR intr. **1** Causar repugnancia. **2** Ser opuesta una cosa a otra. También tr.

REPUJADO m. **1** Acción y efecto de repujar. **2** Obra repujada.

REPUJAR tr. Labrar con martillo un objeto metálico o cuero, haciendo en él figuras en relieve.

REPULGO m. **1** Pliegue que como remate se hace a la ropa en los bordes. **2** Borde labrado que hacen a las empanadas o pasteles alrededor de la masa.

REPULIR tr. **1** Volver a pulir una cosa. **2** Acicalar, componer con demasiada afectación. También prnl.

REPULSA f. Condena enérgica de algo.

REPULSIÓN f. **1** Acción y efecto de repeler, y de repulsar. **2** Repugnancia, aversión. **3** *Fís.* Fuerza ejercida entre dos cuerpos de igual polaridad eléctrica, que tiende a separarse uno de otro.

REPULSIVO, VA adj. Que causa repulsión.

REPUTACIÓN f. **1** Opinión que se tiene de alguien o algo. **2** Fama, prestigio.

REPUTAR tr. Juzgar el estado o calidad de una persona o cosa. También prnl.

REQUEBRAR tr. fig. Cortejar a una mujer, piropeándola. ♦ IRREG. Se conjuga como ACERTAR.

REQUEMADO, DA adj. **1** Se dice de lo que tiene color oscuro por haber estado al fuego o a la intemperie. || m. **2** Género de tejido delgado, muy negro, con el que se hacían mantos.

REQUEMAR tr. y prnl. **1** Volver a quemar o tostar con exceso algo. **2** Hacer perder el verdor a las plantas. || prnl. **3** fig. Dolerse interiormente y sin darlo a conocer.

REQUENENSE adj. De Requena.

REQUERIMIENTO m. **1** Acción y efecto de requerir. **2** *Der.* Acto judicial por el que se intima que se haga o se deje de ejecutar una cosa. **3** *Der.* Aviso, manifestación, o pregunta que se hace, generalmente bajo fe notarial, a alguna persona para que declare su actitud o su respuesta.

REQUERIR tr. **1** Notificar algo a alguien con autoridad pública. **2** Necesitar. **3** Solicitar. ♦ IRREG. Se conjuga como SENTIR.

REQUESENS Y ZÚÑIGA, LUIS DE Militar español (Barcelona, 1528 - Bruselas, 1576). Lugarteniente general de Juan de Austria, intervino en la defensa del Mediterráneo, asolado por los berberiscos, en la rebelión de los moriscos (1569) y en la batalla de Lepanto (1571). En 1573 sucedió al duque de Alba en el gobierno de los Países Bajos, donde practicó una política conciliadora; no obstante, tuvo que hacer frente a un motín de las tropas españolas y combatió al ejército de Luis de Nassau, al que derrotó en Mook (1574).

REQUESÓN m. Extracto semisólido y graso que queda debajo del suero al cortarse la leche.

REQUETE- pref. que encarece la significación de algunos adjetivos y adverbios: *requetebién.*

REQUETÉ m. *Hist.* **1** Cuerpo de voluntarios carlistas que, distribuidos en tercios, lucharon en las guerras civiles españolas del siglo XIX en defensa de la tradición religiosa y monárquica. Durante la Guerra Civil se integraron en el bando nacional. **2** Individuo afiliado a este cuerpo, aun en tiempo de paz.

REQUIEBRO m. Piropo, galantería.

RÉQUIEM m. **1** *Liturg.* Oración por los difuntos. **2** *Mús.* Composición musical que se canta con el texto litúrgico de la misa de difuntos o de parte de él. ♦ Su pl. es *réquiems.*

REQUIESCAT IN PACE (RIP) expr. lat. que literalmente significa DESCANSE EN PAZ.

REQUILORIO m. fam. Formalidad nimia y rodeo antes de hacer o decir lo que es obvio, fácil y sencillo. Más en pl.

REQUINTAR tr. **1** Pujar la quinta parte en los arrendamientos después de rematados y quintados. **2** Sobrepujar, aventajar mucho. **3** *Mús.* Subir o bajar cinco puntos una cuerda o tono.

REQUINTO m. **1** Segundo quinto que se saca de una cantidad de que se había extraído ya la quinta parte. **2**

Luis de **Requesens y Zúñiga.** Grabado de la obra *Españoles Ilustres.*

Puja de quinta parte que se hace en los arrendamientos. **3** *Hist.* Servicio extraordinario que se impuso a los indios de Perú en el reinado de Felipe II. **4** *Mús.* Clarinete pequeño y de tono agudo. **5** Músico que toca este instrumento.

REQUISA f. **1** Inspección de personas o dependencias de un establecimiento. **2** Recuento y embargo que se hace de bienes en tiempos de guerra.

REQUISAR tr. **1** Incautar algo la autoridad competente por considerarlo apto para las necesidades de interés público. **2** Hacer requisición para el servicio militar.

REQUISICIÓN f. Recuento y embargo que para el servicio militar suele hacerse en tiempo de guerra.

REQUISITO m. Condición necesaria para algo.

REQUISITORIO, RIA adj. y s. *Der.* Se dice de la orden dada por un juez para citar al acusado.

RES f. Cualquier animal cuadrúpedo de ciertas especies domésticas, como el ganado vacuno, lanar, etc., o de los salvajes, como venados, jabalíes, etc.

RES- pref. que atenúa el significado de las voces a las que se une: *resquebrar;* o la intensifica: *resguardar.*

RESABIADO, DA adj. y s. **1** Que tiene un vicio o mala costumbre difícil de quitar. Se aplica especialmente a los caballos y a las reses de lidia. **2** Se dice del que, escarmentado por la experiencia, se vuelve desconfiado o agresivo.

RESABIAR tr. y prnl. Hacer tomar un vicio o mala costumbre o perder la ingenuidad.

RESABIO m. **1** Sabor desagradable. **2** Vicio o mala costumbre que se toma o adquiere.

RESACA f. **1** Movimiento en retroceso de las olas después de llegar a la rompiente, romper y alcanzar la orilla. **2** Residuos que dejan el mar o los ríos después de la crecida en la orilla. **3** Malestar que se siente tras una borrachera. **4** *Com.* Letra de cambio que el tenedor de otra que ha sido protestada gira a cargo del librador o de uno de los endosantes.

RESALADO, DA adj. fig. y fam. Que tiene mucha gracia.

RESALTAR intr. **1** Distinguirse o destacarse mucho una cosa de otra. **2** Sobresalir una cosa entre otras. También tr.

RESALTE o **RESALTO** m. Resalte, parte que sobresale de la superficie de una cosa.

RESALVO m. *Bot.* Vástago que se deja en pie después de una corta en monte bajo.

RESARCIR tr. y prnl. Indemnizar, reparar un daño, perjuicio o agravio.

RESBALADIZO, ZA adj. **1** Que resbala o hace resbalar con facilidad. **2** Comprometido.

RESBALAR intr. y prnl. **1** Escurrirse, deslizarse. **2** Producir algo este efecto. **3** Incurrir en un desliz o error.

RESBALÓN m. **1** Acción y efecto de resbalar. **2** Pestillo que queda encajado en el cerradero por la presión de un resorte.

RESBALOSO, SA adj. RESBALADIZO.

RESCACIO m. *Zool.* RASCACIO.

RESCATAR tr. **1** Recobrar por dinero o por fuerza cualquier cosa que pasó a mano ajena. **2** Salvar, sacar de un peligro. **3** Recobrar algo perdido u olvidado.

RESCATE m. **1** Acción y efecto de rescatar. **2** Dinero con que se rescata, o que se pide para ello.

RESCINDIR tr. Dejar sin efecto un contrato, obligación, etc.

RESCISIÓN f. Acción y efecto de rescindir.

RESCOLDO m. **1** Brasa menuda resguardada por la ceniza. **2** fig. Resto que queda de un sentimiento, pasión o afecto.

RESCRIPTO, TA m. Decisión del papa, de un emperador o de cualquier soberano para resolver una consulta o responder a una petición.

RESECAR tr. Secar mucho. También prnl.

RESECCIÓN f. *Med.* Operación que consiste en separar el todo o parte de uno o más órganos.

RESECO, CA adj. **1** Muy seco. **2** Flaco.

RESEDA f. *Bot.* **1** Planta herbácea anual de la familia resedáceas, género *Reseda,* propia de las regiones mediterráneas. **2** Flor de esta planta. **3** GUALDA, hierba.

RESEDÁCEO, A adj. y s. *Bot.* **1** Se dice de la planta angiosperma dicotiledónea, herbácea, con flores irregulares hipoginas, como la reseda. || f. pl. *Bot.* **2** Familia de estas plantas.

RESEGAR tr. **1** Volver a segar. **2** Recortar los tacones a ras del suelo. ♦ IRREG. Se conjuga como ACERTAR.

RESEMBRAR tr. Volver a sembrar por haberse malogrado la primera siembra. ♦ IRREG. Se conjuga como ACERTAR.

RESENDE, GARCÍA DE Cronista y poeta portugués (Évora, 1470 - ?, 1536). Secretario de Juan II, en su *Cancionero General* (1516) reunió textos de 286 poetas portugueses, desde el siglo XV. Escribió una *Miscelánea* y una *Crónica de Juan II.*

RESENTIDO, DA adj. y s. **1** Que muestra o tiene algún resentimiento. **2** Que se siente maltratado por la sociedad o por la vida en general.

RESENTIMIENTO m. Acción y efecto de resentirse.

RESENTIRSE prnl. **1** Empezar a flaquear. **2** Sentir dolor o molestia por alguna dolencia pasada. **3** Estar ofendido o enojado por algo. ♦ IRREG. Se conjuga como SENTIR.

RESEÑA f. **1** Artículo o escrito breve, generalmente de una publicación, en que se describe de forma sucinta una noticia, un trabajo literario, científico, etc. **2** Nota de los rasgos distintivos de una persona, animal o cosa.

RESEÑAR tr. Hacer una reseña.

RESERO, RA m. y f. **1** Persona que cuida de las reses. **2** Persona que las compra para venderlas.

RESERVA f. **1** Acción de reservar plaza en un medio de transporte, centro hostelero, etc. **2** Guarda, custodia o prevención que se hace de algo. **3** Discreción, comedimiento. **4** Territorio reservado a los indígenas en algunos países. **5** *Mil.* Parte del ejército de una nación que no está en servicio activo. || f. pl. **6** Recursos, elementos disponibles para resolver una necesidad o llevar a cabo una empresa. || m. **7** Vino o licor que posee una crianza mínima de tres años en envase de roble o botella. || com. *Dep.* **8** Jugador que no figura entre los titulares de un equipo pero puede sustituirlos. || **RESERVA NATURAL GESTIONADA** *Ecol.* La que requiere intervención humana para proteger los caracteres naturales. || **RESERVA NATURAL INTEGRAL** *Ecol.* Aquella en que se excluye completamente cualquier interferencia humana, excepto el control científico que no tenga impacto sobre el medio. || **de reserva** loc. adj. Se dice de lo que se tiene dispuesto para suplir alguna falta. || **sin reservas** loc. adv. Abierta o sinceramente.

RESERVADO, DA adj. **1** Tímido, discreto, circunspecto. **2** Que se reserva o debe reservarse. || m. **3** Compartimiento de un coche de ferrocarril, estancia de un edificio o parte de un parque o jardín que se destina sólo a personas o a usos determinados.

RESERVAR tr. **1** Hacer la reserva de algo. **2** Dejar algo para más adelante. **3** Destinar una cosa para un uso determinado. **4** Ocultar algo. También prnl. || prnl. **5** Conservarse para mejor ocasión.

RESERVISTA adj. y s. Se dice del militar perteneciente a la reserva.

RESERVÓN, NA adj. fam. Que guarda excesiva reserva.

RESERVORIO m. **1** *Biol.* Orgánulo celular, órgano o parte del cuerpo, que constituye un depósito de sustancias, utilizadas o eliminadas por la célula, el animal o el vegetal. **2** *Amér.* Depósito, estanque.

RESFRIADO m. **1** *Med.* Destemple general del cuerpo. **2** *Med.* Enfriamiento, catarro.

RESFRIAR intr. **1** Empezar a hacer frío. || prnl. **2** Coger un resfriado.

RESGUARDAR tr. **1** Defender, proteger. También intr. y prnl. || prnl. **2** Prevenirse contra un daño.

RESGUARDO m. **1** Defensa, protección. **2** Documento en que consta que se ha hecho un pago, una entrega, etc.

RESIDENCIA f. **1** Acción y efecto de residir. **2** Lugar en que se reside. **3** Casa o establecimiento donde residen y conviven personas en régimen de pensión. **4** Establecimiento hotelero de categoría inferior a la de hotel. **5** Casa, domicilio, especialmente de lujo, que ocupa un edificio entero.

Extracción de la **resina** del pino resinero.

RESIDENCIAL adj. Se dice de la zona destinada principalmente a viviendas, y en especial cuando son de lujo.

RESIDENTE adj. y com. 1 Que reside en un lugar. 2 Se aplica a las personas que viven en el lugar donde tienen su empleo.

RESIDIR intr. 1 Vivir en un lugar. 2 fig. Hallarse en una persona una cualidad o correspondele un derecho, responsabilidad, etc. 3 Estar o radicar algo en una cosa o en un aspecto de ella.

RESIDUAL adj. 1 Perteneciente o relativo al residuo. 2 Se dice de lo que sobra o queda como residuo.

RESIDUO m. 1 Parte que queda de un todo. 2 Lo que resulta de la descomposición o destrucción de una cosa. 3 Resultado de una resta. || m. pl. 4 Materiales que quedan como inservibles en cualquier trabajo u operación.

RESIGNACIÓN f. 1 Acción y efecto de resignarse. 2 Capacidad de aceptación de las adversidades.

RESIGNAR tr. 1 Renunciar un beneficio o autoridad, entregándolo a otra persona. || prnl. 2 Someterse, conformarse.

RESILIENCIA f. Ecol. Capacidad de un sistema para recuperar sus condiciones o características iniciales, después de estar sometido a una alteración y tras el cese de ésta.

RESINA f. Bot. Sustancia sólida, soluble en alcohol, y que se obtiene naturalmente como producto que fluye de varias plantas.

RESINAR tr. Bot. Sacar resina a ciertos árboles haciendo incisiones en el tronco.

RESINÍFERO, RA adj. Bot. Que tiene mucha resina.

RESINIFICAR tr. y prnl. Quím. Transformar en resina.

RESINOSO, SA adj. 1 Bot. Se dice de la planta capaz de exudar resina. 2 Quím. Que participa de alguna de las cualidades de la resina.

RESISTENCIA f. 1 Acción y efecto de resistir. 2 Capacidad para resistir, aguante. 3 Oposición a la acción de una fuerza. 4 Fís. Dificultad que opone un conductor al paso de la corriente eléctrica. Se mide en *ohmios*. 5 Fís. Componente de un circuito electrónico que modifica la intensidad eléctrica. 6 Movimiento u organización de los habitantes de un país invadido para luchar contra el invasor.

RESISTENCIA Ciudad de Argentina, capital de la provincia de Chaco, región Litoral; 292.350 h. Situada a orillas del Paraná y frente a la ciudad de Corrientes, destaca en la fabricación de aceite vegetal, azúcar, etc.

RESISTENTE adj. 1 Que resiste o se resiste. 2 Biol. Se dice del organismo capaz de hacer frente a los agentes que causan las enfermedades. 3 Fís. Se dice del material o cosa que no se rompe con facilidad. 4 Quím. Se dice del material que resiste a la acción de los ácidos. || com. 5 Individuo perteneciente a la resistencia de un país invadido.

RESISTIDERO m. Tiempo después del mediodía en que aprieta más el calor.

RESISTIR intr. 1 Oponerse un cuerpo o una fuerza a la acción o violencia de otra. También prnl. || tr. 2 Tolerar, aguantar. También intr. 3 Combatir las pasiones, deseos, etc. || prnl. 4 Bregar, forcejear.

RESMA f. A. gráf. Conjunto de veinte manos de papel.

RESMILLA f. Paquete de veinte cuadernillos de papel de cartas.

RESNAIS, ALAIN Director de cine francés (Vannes, 1922). Líder de la NOUVELLE VAGUE, ha dirigido *Hiroshima mon amour* (1959), al que siguieron *El año pasado en Marienbad* (1961), *Muriel* (1963), *La guerra ha terminado* (1966), *Je t'aime, je t'aime* (1968), *Mi tío de América* (1980), *Smoking / No smoking* (1993), etc.

RESOL m. Reverberación del sol.

RESOLANO, NA adj. y f. Se dice del sitio donde se toma el sol sin que moleste el viento.

RESOLÍ o **RESOLÍS** m. Aguardiente con canela y azúcar y otros ingredientes olorosos.

RESOLLAR intr. Respirar fuertemente y con ruido. ♦ IRREG. Se conjuga como CONTAR.

RESOLUCIÓN f. 1 Acción y efecto de resolver. 2 Capacidad de decisión, determinación. 3 Decreto, decisión o fallo de autoridad gubernativa o judicial. 4 Tecnol. Nitidez de las pantallas de los ordenadores, televisores, etc.

RESOLUTIVO, VA adj. 1 Que resuelve rápida y eficazmente. 2 Se dice del medicamento de poder muy efectivo. También m.

RESOLUTO, TA adj. 1 Se dice del que obra con decisión y firmeza. 2 Se dice del que tiene desenvoltura, facilidad y destreza.

RESOLUTORIO, RIA adj. Que tiene, motiva o denota resolución.

RESOLVER tr. 1 Solucionar una duda. 2 Hallar la solución a un problema. 3 Tomar una determinación fija y decisiva. 4 Hacer, gestionar, manejar. || prnl. 5 Atreverse a decir o hacer una cosa. ♦ Su p. p. es irregular: RESUELTO. IRREG. Se conjuga como MOVER.

RESONADOR, RA adj. 1 Que resuena. || m. Fís. 2 Cuerpo sonoro dispuesto para entrar en vibración cuando recibe ondas acústicas de determinada frecuencia y amplitud.

RESONANCIA f. 1 Fís. Cualidad de un sistema eléctrico o mecánico que se caracteriza por la vibración de gran amplitud provocada por un estímulo periódico relativamente pequeño, cuya frecuencia es la misma o parecida que la propia del sistema. 2 Fís. Sonido producido por repercusión de otro. 3 fig. Gran divulgación o propagación que adquiere algo. || **RESONANCIA MAGNÉTICA NUCLEAR** Fís. Fenómeno que presentan algunos núcleos atómicos situados en un campo magnético estático, que consiste en que aquéllos absorben energía de un campo de radiofrecuencias, a determinadas frecuencias características. || Med. Técnica de diagnóstico clínico de tejidos biológicos.

RESONAR intr. y tr. Hacer sonido por repercusión o sonar mucho. ♦ IRREG. Se conjuga como CONTAR.

RESOPLAR intr. Dar resoplidos.

RESOPLIDO o **RESOPLO** m. Resuello fuerte.

RESORCINA f. Quím. Dioxibenzol, con fórmula $C_6H_4(OH)_2$, soluble en agua, que cristaliza en agujas blancas.

RESORCIÓN f. Fís. Acción y efecto de resorber.

RESORTE m. 1 Fís. Pieza que puede recobrar su posición cuando cesa la fuerza que la separa de ella. 2 fig. Medio material o inmaterial que alguien utiliza para lograr un fin.

RESPAHILAR intr. RASPAHILAR.

RESPALDAR[1] m. Parte del asiento en que descansan las espaldas.

RESPALDAR[2] tr. 1 Proteger, amparar, apoyar, garantizar. También prml. || prnl. 2 Inclinarse o apoyarse de espaldas.

RESPALDO m. 1 Parte de la silla o banco, en que descansan las espaldas. 2 fig. Apoyo moral, garantía.

RESPECTAR intr. Tocar, pertenecer, atañer. || **por lo que respecta a** loc. prepos. En lo que toca o atañe a.

RESPECTIVO, VA adj. Correspondiente.

RESPECTO m. Razón, relación o proporción de una cosa a otra. || **al respecto** loc. adv. En relación con aquello de que se trata. || **con respecto, o respecto a, o de** loc. adv. Con relación, proporción o consideración a una cosa.

RÉSPED o **RÉSPEDE** m. 1 Zool. Lengua de la culebra o víbora. 2 Zool. Aguijón de la abeja o de la avispa.

RESPETABLE adj. 1 Digno de respeto. 2 Considerable, enorme. || m. 3 Público del teatro u otros espectáculos.

RESPETAR tr. 1 Tener respeto, miramiento o consideración. 2 Cumplir, acatar. 3 Cuidar, conservar.

RESPETO m. 1 Miramiento, consideración. 2 fig. Miedo o prevención que se tiene a alguien o algo. || m. pl. 3 Manifestaciones de acatamiento que se hacen por cortesía.

RESPETUOSO, SA adj. Que causa, mueve u observa veneración, cortesía y respeto.

RESPIGHI, OTTORINO Compositor italiano (Bolonia, 1879 - Roma, 1936). En su estilo se reúnen las tendencias de la música rusa con el impresionismo. Autor de *Las fuentes de Roma*, *Los pinos de Roma*, *Danzas y arias antiguas*.

RESPINGADO, DA adj. Levantado hacia arriba.

RESPINGAR intr. 1 Sacudirse un animal y gruñir. 2 fam. Elevarse el borde de una prenda de vestir por estar mal hecha o mal colocada. 3 fig. y fam. Hacer algo de mala gana.

RESPINGO m. 1 Sacudida violenta del cuerpo. 2 Expresión de enfado con que uno muestra que hace algo de mala gana.

RESPINGÓN, NA adj. 1 Que tiene el borde o la punta hacia arriba; se dice especialmente de la nariz.

RESPIRACIÓN f. 1 Acción y efecto de respirar. 2 Aire que se respira. 3 Biol. Proceso por el cual los tejidos y organismos, animales y vegetales, intercambian gases con el ambiente. 4 Entrada y salida libre del aire en un aposento u otro lugar cerrado. || **RESPIRACIÓN ARTIFICIAL** Med. Mantenimiento de la respiración mediante ventilación artificial en ausencia del proceso espontáneo normal. || **sin respiración** loc. adv. Con los verbos *dejar*, o *quedarse*, muy asombrado, impresionado o asustado. También, loc. adj., con el verbo *llegar*, muy cansado.

RESPIRADERO m. 1 Abertura por donde entra y sale el aire en algunos espacios cerrados. 2 Abertura de las cañerías para dar salida al aire.

RESPIRADOR, RA adj. 1 Que respira. 2 Anat. Se aplica a los músculos que sirven para la respiración. || m. Med. 3 Aparato utilizado en la práctica de la respiración asistida.

RESPIRAR intr. 1 Biol. Intercambiar los seres vivos gases con el ambiente exterior a través de estructuras especializadas. También tr. 2 Sentirse aliviado después de haber pasado un problema, haber realizado una dura tarea, etc. 3 Tener comunicación con un recipiente o recinto cerrado con el aire exterior. || intr. tr. 4 Mostrar alguien una cualidad o estado o percibirse en un lugar determinado ambiente. || **no dejar** a alguien **respirar** fr. fig. y fam. No dejar a alguien tranquilo. || **no poder respirar**, o **ni respirar** fr. fig. y fam. Tener mucho trabajo.

RESPIRATORIO, RIA adj. Biol. Que sirve para la respiración o la facilita. || **APARATO RESPIRATORIO** Anat. Conjunto de órganos que utilizan los seres vivos para obtener oxígeno del aire y expulsar dióxido de carbono. En el hombre consta de vías respiratorias (fosas nasales, faringe, laringe, tráquea, bronquios) y pulmones.

RESPIRO m. 1 Rato de descanso en el trabajo. 2 Alivio, descanso en medio de una fatiga, pena o dolor.

RESPLANDECER intr. 1 Despedir rayos de luz. 2 Sobresalir, aventajar a algo. ♦ IRREG. Se conjuga como AGRADECER.

RESPLANDOR m. 1 Fís. Luz muy clara que arroja o despide el Sol u otro cuerpo luminoso. 2 fig. Brillo de algunas cosas.

RESPONDER tr. 1 Contestar, satisfacer a lo que se pregunta o propone. 2 Contestar uno al que le llama o al que toca a la puerta. 3 Contestar a una carta, saludo, etc., que se ha recibido. 4 Corresponder con su voz los animales o aves a la de los otros de su especie o al reclamo artificial que los imita. 5 Replicar a una acusación, argumentación, etc. || intr. 6 Corresponder, mostrarse agradecido. 7 Corresponder con una acción a la realizada por otro. 8 Replicar o contestar de malos modos. 9 Reaccionar alguien o algo ante una determinada acción o experimentar sus efectos. 10 Volver en sí o salir alguien o algo de la situación de postración en que se encontraba. 11 Asegurar una cosa, garantizando su verdad y cumplimiento. 12 Hacerse responsable de algo.

Ottorino **Respighi**

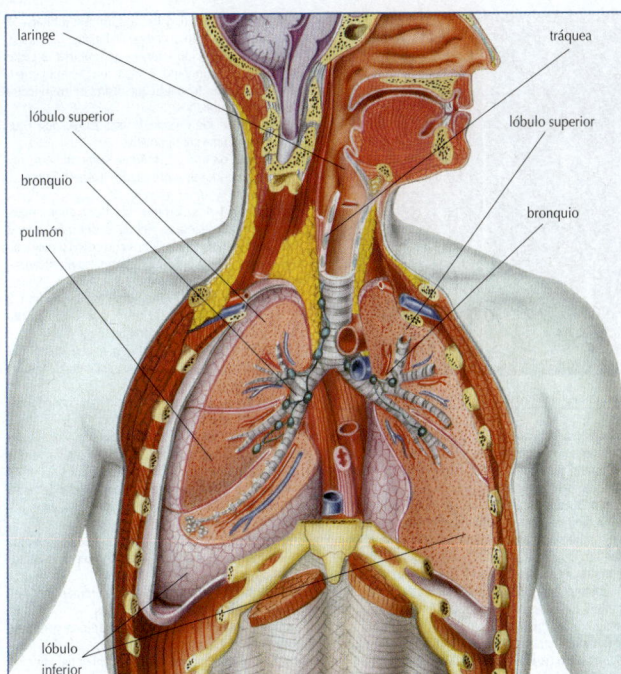

aparato respiratorio humano.

RESPONDÓN, NA adj. y s. fam. Que tiene el vicio de replicar irrespetuosamente.
RESPONSABILIDAD f. **1** Hecho de ser responsable de una persona o cosa. **2** Obligación de responder ante ciertos actos o errores.
RESPONSABILIZAR tr. y prnl. Hacer o hacerse responsable de algo.
RESPONSABLE adj. **1** Obligado a responder de algo o por alguna persona. También s. **2** Culpable de algo. También s. **3** Se dice de la persona que pone cuidado en lo que hace o decide.
RESPONSO m. **1** Rezos dichos por los difuntos. **2** Reprimenda.
RESPONSORIO m. Ciertas preces y versículos que se dicen en el rezo después de las lecciones en los maitines y en otros rezos.
RESPUESTA f. **1** Hecho de responder. **2** Reacción ante un estímulo.
RESQUEBRAJADURA f. HENDIDURA.
RESQUEBRAJAR tr. y prnl. Partir ligera y a veces superficialmente algunos cuerpos duros.
RESQUEBRAR intr. y prnl. Empezar a quebrarse una cosa. ♦ IRREG. Se conjuga como ACERTAR.
RESQUEMOR m. Sentimiento de amargura o rencor que causa alguna cosa.
RESQUICIO m. **1** Abertura que hay entre el quicio y la puerta. **2** Por extensión, cualquier otra abertura pequeña. **3** Coyuntura u ocasión para salir de un apuro o dificultad.
RESTA f. Mat. **1** Operación de restar. **2** Resultado de la operación de restar.
RESTABLECER tr. **1** Volver a establecer una cosa o ponerla en el estado que antes tenía. || prnl. **2** Recuperarse de una dolencia u otro daño. ♦ IRREG. Se conjuga como AGRADECER.
RESTALLAR intr. Chasquear, crujir, hacer un fuerte ruido.
RESTALLIDO m. Ruido que produce una cosa al estallar.
RESTAÑAR tr. **1** Detener la salida de un líquido, especialmente la sangre. También intr. y prnl. **2** Curar las heridas, aliviar el dolor, en sentido moral.
RESTAR tr. **1** Disminuir, rebajar. **2** Mat. Hallar la diferencia entre dos cantidades. **3** Dep. En el tenis y otros deportes, devolver el saque del contrario. || intr. **4** Faltar o quedar.
RESTAURACIÓN f. **1** Acción y efecto de restaurar. **2** Polít. Restablecimiento en un país del régimen político o de una casa reinante que existía y que había sido sustituido por otro. **3** Hist. y Polít. Periodo histórico que comienza con esa reposición. **4** Rama de la hostelería que comprende los restaurantes y casas de comida.

RESTAURACIÓN ESPAÑOLA Hist. y Polít. Periodo de la historia de España iniciado en 1875 con el restablecimiento de la monarquía borbónica, tras el fracaso de la I República. Abarca el reinado de Alfonso XII (1875-85) y la regencia de María Cristina (1885-1902), aunque algunos historiadores consideran que se extiende hasta el inicio de la dictadura de Primo de Rivera (1923). Se caracteriza por el establecimiento de un turno político en el poder de los partidos conservador y liberal, rodeados de dos oposiciones más bien teóricas, carlistas y republicanos, dentro del marco legal de la Constitución de 1876. Tras este aparato político formal se ocultaba una realidad social dominada por la burguesía de base agraria latifundista, que desarrolló el caciquismo como régimen de control.
RESTAURACIÓN FRANCESA Hist. Periodo de la historia de Francia durante los reinados de Luis XVIII y Carlos X. Se suele dividir en 1.ª Restauración (1814-20 de marzo de 1815), y 2.ª Restauración (22 de junio de 1815-30).

Restauración española. Alfonso XII. Retrato de José María Romero. Banco de España (Madrid).

RESTAURACIÓN INGLESA Hist. Periodo de la historia de Inglaterra que abarca los reinados de Carlos II y Jacobo II, desde el restablecimiento de los Estuardo en el trono (1660) hasta la segunda revolución inglesa (1668).
RESTAURADOR, RA adj. y s. **1** Que restaura. || m. y f. **2** Persona que restaura pinturas, estatuas, encuadernaciones, etc. **3** Persona que tiene o dirige un restaurante. También adj.
RESTAURANT o **RESTAURANTE** m. Establecimiento público donde se sirven comidas y bebidas para ser consumidas en él.
RESTAURAR tr. **1** Recuperar o recobrar. **2** Reparar, renovar o volver a poner una cosa en aquel estado o circunstancia que antes tenía. **3** Reparar una pintura, escultura, edificio, etc.
RESTINGA f. Geol. Punta o lengua de arena o piedra debajo del agua y a poca profundidad.
RESTITUCIÓN f. **1** Acción y efecto de restituir. **2** Biol. Proceso de formación de nuevos tejidos u órganos, especialmente en las plantas.
RESTITUIR tr. **1** Devolver una cosa a quien la tenía antes. **2** Restablecer o poner una cosa en el estado que antes tenía. ♦ IRREG. Se conjuga como HUIR.
RESTO m. **1** Parte que queda de un todo. También pl. **2** Mat. Resultado de la operación de restar. **3** Ocio. Cantidad que en los juegos de envite se considera para jugar y envidar. **4** Dep. En el tenis y otros deportes similares, jugador que devuelve la pelota al saque. **5** Dep. Sitio desde donde se resta. **6** Dep. Acción de restar. || **RESTOS MORTALES** El cuerpo humano después de muerto, o parte de él. || **echar el resto** fr. y. y fam. Hacer todo el esfuerzo posible.
RESTREGAR tr. Pasar una cosa, con fuerza y varias veces, sobre una superficie. ♦ IRREG. Se conjuga como ACERTAR.
RESTREPO, CARLOS EMILIO Político colombiano (Medellín, 1867 - Bogotá, 1937). Miembro del Partido Republicano, fue presidente de la República (1910-14).
RESTREPO, JOSÉ FÉLIX DE Escritor y político colombiano (Envigado, 1760 - Bogotá, 1832). Presidente del congreso (1821), consiguió la abolición de la esclavitud.
RESTREPO, JOSÉ MANUEL Político e historiador colombiano (Envigado, 1781 - Bogotá, 1863). Ministro del Interior de la Gran Colombia (1822-27), es autor de una Historia de la Revolución de Colombia (1827).
RESTREPO, JUAN DE DIOS (llamado EMIRO KASTOS) Escritor colombiano (Amagá, 1827 - Bogotá, 1894). Influido por Larra, destacó como costumbrista en obras como Mi compadre Facundo, Una botella de brandy y otra de ginebra, etc.
RESTRICCIÓN f. **1** Acción y efecto de restringir. **2** Limitación o reducción.
RESTRICTIVO, VA adj. **1** Se dice de lo que tiene virtud o fuerza para restringir y apretar. **2** Se dice de lo que restringe.
RESTRINGIR tr. Reducir, limitar, acotar.
RESUCITAR tr. **1** Volver a la vida a un muerto. También intr. **2** fig. y fam. Restablecer, renovar, dar nuevo ser a una cosa. || intr. **3** Volver uno a la vida.
RESUELLO m. Aliento o respiración, especialmente la violenta.
RESUELTO, TA adj. Muy decidido, valiente y audaz. ♦ Es el p. p. irregular de RESOLVER.
RESULTA f. **1** Efecto, consecuencia. **2** Lo que se resuelve en una deliberación. **3** Vacante que queda de un empleo. || **de resultas** loc. adv. Por consecuencia.
RESULTADO m. Efecto y consecuencia de un hecho, operación o deliberación.
RESULTANDO m. Der. Cada uno de los fundamentos de hecho enumerados en sentencias o autos judiciales, o en resoluciones gubernativas.
RESULTANTE adj. **1** Que resulta. **2** Fís. Se dice de una fuerza que equivale al conjunto de otras varias. También f.
RESULTAR intr. **1** Venir a parar una cosa en provecho o daño de una persona o un fin. **2** Nacer, originarse o venir una cosa de otra. **3** Ser o llegar a ser lo que se expresa. **4** Tener alguien o algo cierto resultado. **5** Aparecer, manifestarse o comprobarse una cosa. **6** Ser atractiva una persona.
RESULTÓN, NA adj. fam. De aspecto muy agradable y satisfactorio.
RESUMEN m. **1** Acción y efecto de resumir. **2** Exposición resumida en un asunto o materia. || **en resumen** loc. adv. Resumiendo, recapitulando.
RESUMIR tr. **1** Reducir a términos breves y precisos lo esencial de un asunto o materia. También prnl. || prnl. **2** Convertirse, comprenderse, resolverse una cosa en otra.
RESURGIR intr. **1** Surgir de nuevo, volver a aparecer. **2** Volver a la vida.
RESURRECCIÓN f. **1** Acción de resucitar. **2** Pascua de Resurrección de Cristo. || **RESURRECCIÓN DE LA CARNE** o **DE LOS MUERTOS** Teol. Según el cristianismo, la de todos los difuntos, en el día del juicio final.

retablo. *Los Padres de la Iglesia.* Obra de Michel Pacher. Pinacoteca Antigua (Munich).

RETABLO m. *Arte.* **1** Conjunto o colección de figuras pintadas o de talla, que representan en serie una historia o suceso. **2** Obra compuesta por tallas escultóricas o cuadros, que constituye la decoración de un altar.

RETACO, CA adj. **1** Se dice de la persona baja de estatura y, en general, rechoncha. Más como s. || m. **2** Escopeta corta muy reforzada en la recámara. **3** *Ocio.* En el juego de billar, taco más corto que los regulares.

RETAGUARDIA f. **1** *Mil.* Hablando de una fuerza desplegada o en columna, parte más alejada del enemigo. **2** *Mil.* En guerra, zona no ocupada por los ejércitos. **3** Parte de atrás de algo.

RETAHÍLA f. Serie de muchas cosas que están, suceden o se dicen por su orden.

RETAL m. Pedazo sobrante de una tela, piel, metal, etc.

RETALHULEU Departamento de Guatemala; 1.856 km² y 241.921 h. Su capital es la ciudad del mismo nombre.

RETAMA f. *Bot.* Nombre de numerosas especies de plantas arbustivas de la familia leguminosas, pertenecientes a diversos géneros, con ramas delgadas, largas, flexibles, y flores amarillas en racimos.

RETAMAL O **RETAMAR** m. *Bot.* Sitio poblado de retamas. **2** Formación vegetal en la que predomina la retama.

RETAR tr. Desafiar, provocar a duelo, lucha o combate.

RETARDAR tr. y prnl. Retrasar, dilatar.

RETAZAR tr. **1** Hacer piezas o pedazos de una cosa. **2** Dividir el rebaño en hatajos.

RETAZO m. **1** Retal de una tela. **2** Fragmento de un razonamiento o discurso. **3** Por extensión, pedazo de una cosa.

RETE- pref. que encarece o pondera.

RETEJAR tr. **1** Poner en un tejado las tejas que le faltan. **2** fig. y fam. Proveer de vestido o calzado al que lo necesita.

RETEL m. Arte de pesca usado en la captura del cangrejo de río.

RETEMBLAR intr. Temblar con movimiento repetido. ♦ IRREG. Se conjuga como ACERTAR.

RETÉN m. **1** Repuesto o reserva que se tiene de una cosa. **2** *Mil.* Tropa para reforzar los puestos militares. **3** Por extensión, conjunto de personas dispuestas para intervenir en caso de necesidad.

RETENCIÓN f. **1** Acción y efecto de retener. **2** Cantidad retenida de un sueldo, salario u otro haber. **3** *Med.* Detención o depósito que se hace en el cuerpo humano, de un humor que debiera expelerse. **4** Detención del tráfico o circulación muy lenta.

RETENER tr. **1** Conservar, guardar en sí. **2** Conservar en la memoria una cosa. **3** Detener o dificultar la marcha o el desarrollo de algo. **4** No dejar que alguien se vaya. **5** Imponer prisión preventiva. **6** Suspender el pago de un sueldo, salario u otro haber que uno ha devengado, por disposición judicial o gubernativa. **7** Descontar para cierto fin parte de un salario u otro cobro. **8** Dominar, refrenar. ♦ IRREG. Se conjuga como TENER.

RETENTIVA f. Memoria, facultad de acordarse.

RETIA RECIA.

RETICENCIA f. **1** Reparo, duda, reserva. **2** *Ret.* Figura que consiste en dejar incompleta una frase, dando, sin embargo, a entender el sentido de lo que no se dice.

RETICENTE adj. **1** Que usa reticencias. **2** Que envuelve o incluye reticencia. **3** Reservado, desconfiado.

RÉTICO, CA adj. y s. **1** De Retia (Recia). || m. *Ling.* **2** RETORROMÁNICO.

RÉTICOS, ALPES Sector de los Alpes centrales que se extiende entre el paso de Maloja, en Suiza, y el Brennero, en la frontera austro-italiana.

RETÍCULA f. *Fís.* Conjunto de hilos o líneas que se ponen en un instrumento óptico para precisar la visual. **2** Red de puntos que, en cierta clase de fotograbado, reproduce las sombras y los claros de la imagen.

RETICULADO, DA adj. **1** *Biol.* Que tiene o semeja una red. **2** *Biol.* Relativo al cambio evolutivo que resulta de la recombinación genética entre razas de una población híbrida.

RETICULAR adj. De figura de redecilla o red.

RETÍCULO m. **1** *Biol.* Tejido en forma de red. **2** *Fís.* RETÍCULA. **3** *Zool.* Segunda de las cuatro cavidades del estómago de los rumiantes.

RETIMO Nomo de Grecia, en Creta; 1.496 km² y 69.290 h. Su capital es la ciudad del mismo nombre.

RETINA f. *Anat.* Capa de estructura muy compleja que se extiende desde la parte posterior del ojo hasta la región ciliar, y sobre la que se forma la imagen de cualquier objeto. Está formada por *conos*, sensibles a la luz y responsables de la visión diurna y de los colores; *bastones*, responsables de la visión nocturna; *células ganglionares*, que forman las fibras del nervio óptico; *células bipolares*, que sirven de nexo de unión entre conos, bastones y células ganglionares.

RETINOL m. *Quím.* VITAMINA A.

RETINTÍN m. **1** fig. y fam. Tonillo y modo de hablar, por lo general malicioso, con el que se pretende molestar a alguien. **2** Sonido que deja en los oídos la campana u otro cuerpo sonoro.

RETINTO, TA adj. De color castaño muy oscuro. Se dice de ciertos animales.

RETIRADA f. **1** Acción y efecto de retirarse. **2** *Mil.* Acción de retroceder en orden los soldados, alejándose del enemigo. **3** Retreta, toque militar.

RETIRADO, DA adj. **1** Distante, apartado. **2** Se dice del militar que deja oficialmente el servicio, conservando algunos derechos. También s. **3** Jubilado. También s.

RETIRAR tr. **1** Apartar o separar una persona o cosa de otra o de un sitio. También prnl. **2** Obligar a uno a que deje un trabajo, actividad, etc. Más como prnl. **3** Desdecirse. || prnl. **4** Apartarse o separarse del trato, comunicación o amistad. **5** Irse a dormir. **6** Jubilarse. **7** Abandonar un ejército el campo de batalla.

RETIRO m. **1** Acción y efecto de retirarse. **2** Lugar apartado. **3** Recogimiento. **4** Situación del militar retirado. **5** Jubilación. **6** Sueldo que disfrutan los militares retirados o los jubilados.

RETO m. **1** Acción y efecto de retar. **2** Cosa difícil que alguien se propone como objetivo.

RETOBADO, DA adj. y s. **1** *Amér.* Respondón, rezongón. **2** *Amér.* Indómito, obstinado. **3** *Amér.* Taimado, rencoroso.

RETOBAR tr. **1** *Arg.* Forrar o cubrir con cuero, especialmente las boleadoras y el cabo del rebenque. **2** *Chile* Envolver o forrar los fardos con cuero o con arpillera, encerado, etc. || prnl. **3** *Arg.* Ponerse displicente y en actitud de reserva excesiva.

RETOBO m. **1** *Col.* y *Hond.* Desecho, cosa inútil. **2** *Arg.* y *Chile* Acción y efecto de retobar. **3** *Chile* Arpillera, tela basta o encerado con que se retoba.

RETOCAR tr. **1** Volver a tocar o hacerlo repetidas veces. **2** Recorrer algo ya acabado para corregir algunas imperfecciones.

RETOMAR tr. Volver uno sobre un tema, conversación o actividad que se había interrumpido.

RETOÑAR intr. **1** *Bot.* Volver a echar vástagos la planta. **2** fig. Reproducirse, volver de nuevo lo que había dejado de ser o estaba amortiguado.

RETOÑO m. **1** *Bot.* Vástago o tallo que echa de nuevo la planta. **2** fig. y fam. Hijo de una persona, especialmente si es pequeño.

RETOQUE m. **1** Corrección o revisión que se da a algo ya terminado para quitar sus faltas o componer ligeros desperfectos.

RETOR m. Tela de algodón fuerte y ordinaria, en que la trama y urdimbre están muy torcidas.

RETOR-; -RRESIA pref. o suf. que significan oratoria.

RETORCER tr. **1** Torcer mucho una cosa, dándole vueltas alrededor de sí misma. También prnl. **2** fig. Interpretar algo dándole un sentido diferente del que tiene y generalmente malo. **3** fig. Dirigir un argumento o raciocinio contra el mismo que lo hace. ♦ IRREG. Se conjuga como MOVER.

RETORCIDO, DA adj. fam. **1** Se dice de la persona de intenciones y sentimientos poco claros y maliciosos; de su actitud y obras. **2** Difícil de comprender, excesivamente complicado.

RETÓRICA f. **1** *Ret.* Arte de expresarse con corrección y eficacia, embelleciendo la expresión de los conceptos y dando al lenguaje escrito o hablado la necesaria eficacia para deleitar, persuadir o conmover. **2** Tratado sobre este arte. **3** Lenguaje afectado y pomposo. || f. pl. **4** fam. Argumentos o razones que no vienen al caso.

RETÓRICO, CA adj. **1** Relativo a la retórica. **2** desp. Se aplica a la expresión o lenguaje excesivamente rebuscado o artificioso y a la persona que lo utiliza. || m. y f. **3** Experto en retórica.

RETORNABLE adj. Se aplica al envase que puede ser utilizado de nuevo.

RETORNAR tr. **1** Devolver, restituir. || intr. **2** Volver al lugar o a la situación en que se estuvo. También prnl.

RETORNO m. **1** Acción y efecto de retornar. **2** *Filos.* ETERNO RETORNO.

RETORROMÁNICO, CA adj. y m. *Ling.* Se dice del grupo de dialectos románicos hablados en la antigua Nórica y, actualmente, en la región comprendida entre San Gotardo y Trieste.

RETORROMANO, NA adj. **1** Relativo a la Retia. **2** *Ling.* RETORROMÁNICO.

RETORTA f. *Quím.* Vasija con cuello largo encorvado, a propósito para diversas operaciones químicas.

RETORTERO, AL loc. adv. En total desorden. || **andar al retortero** fr. fam. Andar sin sosiego de acá para allá. || **traer a uno al retortero** fr. fam. Traerle a vueltas de un lado a otro.

RETORTIJÓN m. Dolor fuerte y brusco en el estómago o el vientre.

RETOSTAR tr. **1** Volver a tostar. **2** Tostar mucho. ♦ IRREG. Se conjuga como CONTAR.

RETOZAR intr. **1** Saltar y brincar alegremente. **2** Entregarse una pareja a juegos amorosos. **3** Jugar unos con otros personas y animales.

RETOZÓN, NA adj. Inclinado a retozar o que retoza con frecuencia.

RETRACTACIÓN f. Acción de retractarse de lo que antes se había dicho o prometido.

RETRACTAR tr. Rectificar lo que se había afirmado, desdecirse de ello. También prnl.

RETRÁCTIL adj. *Zool.* Se dice de las partes del cuerpo animal que pueden retraerse.

RETRACTILAR tr. Cerrar herméticamente con plástico.

RETRACTO m. *Der.* Derecho que compete a ciertas personas para quedarse, por el tanto de su precio, con lo vendido a otro.

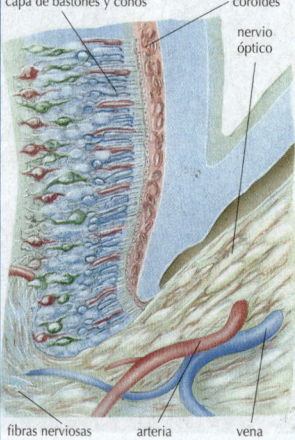

retina. Estructura interna.

RETRAER tr. **1** Llevar algo hacia dentro o hacia atrás, ocultar o apartar. También prnl. **2** Convencer o disuadir de algo. || prnl. **3** Apartarse del trato de los demás. **4** No exteriorizar alguien sus sentimientos. ♦ IRREG. Se conjuga como TRAER.
RETRAÍDO, DA adj. **1** Que gusta de la soledad. **2** fig. Poco comunicativo, corto, tímido.
RETRAIMIENTO m. **1** Acción y efecto de retraerse. **2** Cortedad, condición personal de reserva y de poca comunicación.
RETRANCA f. **1** Correa ancha que ayuda a frenar el carruaje. **2** fig. Intención maliciosa y disimulada.
RETRANQUEAR tr. **1** Mirar con un solo ojo para ver si las cosas están enfiladas o si una superficie tiene alabeo. **2** *Arquit.* Remeter el muro de fachada en la planta superior de un edificio.
RETRANSMISIÓN f. Acción y efecto de retransmitir.
RETRANSMITIR tr. Transmitir desde una emisora de radiodifusión o televisión lo transmitido a ella desde otro lugar.
RETRASADO, DA adj. y s. Se dice de la persona, planta o animal que no ha llegado al desarrollo normal de su edad.
RETRASAR tr. y prnl. **1** Atrasar o diferir la ejecución de una cosa. **2** Hacer que algo vaya más lento. También intr. || intr. **3** Marchar un reloj más despacio de lo normal. || prnl. **4** Llegar tarde. **5** Ir por detrás del resto en alguna cosa.
RETRASO m. Acción y efecto de retrasar.
RETRATAR tr. **1** Copiar, dibujar o fotografiar la figura de alguna persona o cosa. **2** Describir, reflejar. || prnl. **3** Posar alguien para que le hagan un retrato o una fotografía.
RETRATISTA com. Persona que hace retratos.
RETRATO m. **1** *Pint.* y *Esc.* Pintura, dibujo, fotografía, etc., que representa alguna persona o cosa. **2** Técnica pictórica o fotográfica basada en esta representación. **3** Descripción muy fiel o minuciosa. **4** fig. Persona o cosa que se asemeja mucho a otra.
RETREPARSE prnl. **1** Echar hacia atrás la parte superior del cuerpo. **2** Recostarse en la silla de tal modo, que ésta se incline también hacia atrás.
RETRETA f. *Mil.* Toque militar usado para marchar en retirada, y para avisar a la tropa que se recoja en su noche en el cuartel.
RETRETE m. **1** Recipiente con una cañería de desagüe, dispuesto para orinar o evacuar el vientre. **2** Habitación donde está instalado este recipiente.
RETRIBUCIÓN f. Recompensa o pago de una cosa.
RETRIBUIR tr. **1** Recompensar o pagar un servicio, favor, etc. **2** *Amér.* Corresponder al favor o al obsequio que uno recibe. ♦ IRREG. Se conjuga como HUIR.
RETRIBUTIVO, VA adj. Se dice de lo que virtud o facultad de retribuir.
RETRO adj. y m. Antiguo, de otra época.
RETRO- pref. que lleva a lugar o tiempo anterior a la significación de las voces simples a que se halla unido.
RETROACTIVO, VA adj. Que obra o tiene fuerza sobre lo pasado.
RETROALIMENTACIÓN f. *Inform.* Sistema utilizado en informática que consiste en controlar los elementos que intervienen en un determinado proceso, así como los resultados obtenidos, para introducir las modificaciones necesarias.
RETROCEDER intr. Volver hacia atrás.
RETROCESO m. Acción y efecto de retroceder.
RETRÓGRADO, DA adj. fig. desp. Partidario de ideas, actitudes, etc., propias exclusivamente de tiempos pasados. También s.
RETRONAR intr. Hacer un gran ruido o estruendo retumbante. ♦ IRREG. Se conjuga como CONTAR.
RETROPROPULSIÓN f. *Fís.* Sistema de propulsión de un móvil en que la fuerza que causa el movimiento se produce por reacción a la expulsión hacia atrás de un chorro, generalmente de gas, lanzado por el propio móvil.
RETROPROYECTOR m. Proyector de diapositivas o transparencias que no exige la oscuridad completa de la sala para apreciar lo proyectado sobre una pantalla.
RETROPULSIÓN f. *Med.* Desaparición de un exantema, inflamación o tumor agudo, que se reproduce en un órgano distante.
RETROSPECCIÓN f. **1** Mirada o examen retrospectivo. **2** *Lit.* FLASH BACK.
RETROSPECTIVO, VA adj. Que se refiere a tiempo pasado.
RETROTRAER tr. y prnl. Evocar tiempos y escenas pasados. ♦ IRREG. Se conjuga como TRAER.
RETROVENTA f. *Der.* Posibilidad de que el vendedor pueda comprar lo vendido por el mismo precio al que lo vendió, o de que el comprador devuelva lo comprado a su antiguo dueño y éste le reintegre el precio de la compra.
RETROVERSIÓN f. *Med.* Desviación hacia atrás de algún miembro u órgano del cuerpo.

Reunión (Francia). Vista aérea de Saint-Denis.

RETROVISOR m. Pequeño espejo colocado en la parte anterior de los vehículos automóviles y en el exterior de ambos lados, que permite ver lo que viene o está detrás de él.
RETRUCAR intr. **1** *Ocio.* En el billar, volver la bola impelida de la banda, y golpear a la otra que le causó el movimiento. **2** fam. *Arg.* Replicar con acierto y energía.
RETRUÉCANO m. **1** *Ret.* Figura que consiste en la inversión de los términos de una proposición o cláusula en otra subsiguiente para que el sentido de esta última forme contraste o antítesis con el de la anterior. **2** Juego de palabras.
RETUMBAR intr. Resonar mucho o hacer gran ruido una cosa.
RETZ, JEAN-FRANÇOIS PAUL DE GONDI, CARDENAL DE Político, religioso y escritor francés (Montmirail, 1613 - París, 1679). Fue uno de los organizadores de la Fronda. Enemigo de Mazarino, intrigó contra él, lo que provocó su encarcelamiento en la Bastilla (1652) tras ser nombrado cardenal por Inocencio X. A su salida de prisión llevó una vida errante. Es autor de varios panfletos contra Mazarino, de *La Conjuration de Fiesque* (1639) y de unas *Memorias* (1717).
REU- pref. REO-.
REUCHLIN, JOHANNES Humanista y teólogo luterano alemán (Pforzheim, 1455 - Bad-Liebenzell, 1522). Estudioso también del griego, propuso una pronunciación diferente de la que enseñaba Erasmo.
REUCLINIANO, NA adj. y s. Se dice del que sigue la pronunciación griega de Reuchlin, fundada principalmente en el uso de los griegos modernos.
REUMA o **REUMA** amb. *Med.* REUMATISMO. Más como m.
REUMÁTICO, CA adj. **1** Que padece reúma. También s. **2** Relativo a esta enfermedad.
REUMATISMO m. *Med.* Enfermedad del tejido conjuntivo que se manifiesta por inflamaciones dolorosas en las partes musculares y fibrosas del cuerpo.
REUNIÓN f. **1** Acción y efecto de reunir. **2** Conjunto de personas reunidas, particularmente para tratar algún asunto.
REUNIÓN Isla del océano Índico, grupo de las Mascareñas, al E de Madagascar, que constituye, desde 1946, un departamento de ultramar de Francia; 2.510 km² et 597.823 h. Su capital es Saint-Denis. Fue descubierta, en 1505, por el portugués Mascareñas y ocupada por los franceses en 1642. Inicialmente se llamó *isla de Borbón*.
REUNIR tr. y prnl. Juntar, congregar, amontonar.
REUSS *Geog. hist.* Nombre de dos antiguos principados alemanes, que en 1919 entraron a formar parte de Turingia.
REVAL TALLIN.
REVÁLIDA f. **1** Acción y efecto de revalidar. **2** Examen que se hacía al acabar el bachillerato.
REVALIDAR tr. Ratificar, confirmar, dar nuevo valor a algo.
REVALORIZAR tr. y prnl. **1** Devolver a algo el valor o estimación que había perdido. **2** Aumentar el valor de algo.
REVALUAR tr. **1** Volver a evaluar. **2** Elevar el valor de una moneda o de otra cosa; se opone a *devaluar*.
REVANCHA f. Desquite o venganza.
REVANCHISMO m. Actitud de quien mantiene un espíritu de revancha o de venganza.
REVELACIÓN f. **1** Acción y efecto de revelar. **2** Manifestación de una verdad secreta u oculta. **3** *Teol.* Por an-
tonomasia, la manifestación divina. **4** Inspiración, intuición.
REVELADO m. *Fot.* Conjunto de operaciones necesarias para revelar una imagen fotográfica.
REVELADOR, RA adj. y s. **1** Que revela. || m. *Fot.* **2** Líquido que sirve para revelar la placa o película fotográfica.
REVELAR tr. y prnl. **1** Descubrir lo secreto. **2** Proporcionar indicios o certidumbre de algo. **3** *Teol.* Manifestar Dios a los hombres lo futuro u oculto. **4** *Fot.* Hacer visible la imagen latente impresa en la placa, la película o el papel fotográfico. || prnl. **5** Tener algo cierto efecto o resultado.
REVELER tr. *Med.* Separar lo que causa, mantiene o agrava una enfermedad en cualquier órgano importante del cuerpo, llamándola hacia otro órgano menos importante.
REVENDER tr. Volver a vender lo que se ha comprado con ese intento o al poco tiempo de haberlo comprado.
REVENIRSE prnl. **1** Ponerse una masa, pasta o fritura, blanda y correosa con la humedad o el calor. **2** Encogerse, consumirse una cosa poco a poco. **3** Estropearse un licor o una conserva. ♦ IRREG. Se conjuga como VENIR.
REVENTA f. **1** Acción y efecto de revender. **2** Centro autorizado para vender, con un recargo sobre su precio original, entradas y localidades para espectáculos públicos. **3** Conjunto de revendedores de entradas y localidades para espectáculos públicos, que no están autorizados para ello.
REVENTADOR m. Persona que asiste a espectáculos o reuniones públicas para mostrar desagrado de modo ruidoso o para provocar el fracaso de dichas reuniones.
REVENTAR intr. **1** Abrirse una cosa por impulso interior. También prnl. **2** Deshacerse una cosa al aplastarla con violencia. También prnl. **3** Tener deseo grande de algo. **4** Sentir y manifestar un sentimiento o impulso, especialmente de ira. **5** Desagradar muchísimo. **6** Enfermar o morir un animal, especialmente una caballería, por exceso de cansancio. **7** Morir. || tr. **8** Fatigar, cansar mucho. También prnl. **9** Estropear, hacer fracasar. ♦ IRREG. Se conjuga como ACERTAR.
REVENTÓN, NA adj. **1** Se dice de ciertas cosas que revientan o parece que van a reventar. || m. **2** Acción y efecto de reventar. **3** Particularmente, acción de reventar un neumático.
REVER tr. **1** Volver a ver. **2** Examinar. || prnl. **3** Mirarse en una persona o cosa, complaciéndose en ella. ♦ IRREG. Se conjuga como VER.
REVERBERACIÓN f. **1** *Fís.* Acción y efecto de reverberar. **2** *Fís.* Prolongación del sonido en un espacio más o menos cerrado, cuando cesa la fuente sonora.
REVERBERAR intr. *Fís.* Reflejarse la luz en una superficie bruñida, o el sonido en una superficie que no lo absorba.
REVERBERO m. **1** *Fís.* Acción y efecto de reverberar. **2** Cuerpo de superficie bruñida en que la luz reverbera. **3** Farol que hace reverberar la luz. **4** Se dice del horno que trata los materiales de forma indirecta, proyectando una fuerte radiación sobre su suelo. **5** *Amér.* Cocinilla, infiernillo.
REVERDECER intr. y tr. **1** *Bot.* Cobrar nuevo verdor los campos o plantíos que estaban mustios o secos. **2** fig. Renovarse o tomar nuevo vigor. ♦ IRREG. Se conjuga como AGRADECER.
REVERDY, PIERRE Poeta francés (Narbona, 1889 - Solesmes, 1960). Acuñó, con V. Huidobro, el concepto

Revolución Francesa. *Fiesta de la Unidad en París*. Cuadro de Pierre Demachy. Museo Carnavalet (París).

creacionismo. Autor de *Tragaluz oval* (1916), *Espumas del mar* (1926), *Chatarra* (1937) y *Mano de obra* (1949).

REVERENCIA f. **1** Respeto o veneración que tiene una persona a otra. **2** Inclinación del cuerpo en señal de respeto o veneración. **3** Tratamiento que a veces se da a los religiosos o eclesiásticos.

REVERENCIAR tr. Respetar o venerar.

REVERENDAS f. pl. **1** Cartas dimisorias en las cuales un obispo o prelado da facultad a su súbdito para recibir órdenes de otro. **2** Calidad, prendas o títulos de una persona, que le hacen digno de estimación y reverencia.

REVERENDÍSIMO, MA adj. Tratamiento de los cardenales, arzobispos y otras altas dignidades eclesiásticas.

REVERENDO, DA adj. **1** Digno de reverencia. **2** Tratamiento que a veces se da a determinados eclesiásticos. También s.

REVERENTE adj. Que muestra reverencia o respeto.

REVERSIBLE adj. **1** Que puede volver a un estado o condición anterior. **2** Se dice de la prenda de vestir que puede usarse por el derecho o por el revés según convenga.

REVERSO m. **1** Parte opuesta al frente de una cosa, revés. **2** *Num*. En las monedas y medallas, haz opuesta al anverso.

REVERTIR intr. **1** Volver una cosa al estado o condición que tuvo antes. **2** Venir a parar una cosa en otra. ♦ IRREG. Se conjuga como SENTIR.

REVÉS m. **1** Lado o parte opuesta de una cosa. **2** Golpe que se da con la mano vuelta. **3** *Dep*. En tenis y otros juegos similares, golpe dado a la pelota, cuando ésta viene por el lado contrario a la mano que empuña la raqueta. **4** fig. Infortunio, contratiempo. || **al revés** loc. adv. Al contrario, o invertido el orden regular.

REVESTIMIENTO m. **1** Acción y efecto de revestir. **2** Capa con que se resguarda o adorna una superficie.

REVESTIR tr. **1** Cubrir con un revestimiento. **2** Representar una cosa determinado aspecto, cualidad o carácter. **3** Atectar o simular una cosa. **4** Ponerse el sacerdote las vestiduras y ornamentos adecuados para la celebración de un acto litúrgico. Más como prnl. || prnl. **5** Llenarse o cubrirse de alguna cosa. **6** Tomar la actitud necesaria para algo, especialmente en un trance difícil. ♦ IRREG. Se conjuga como PEDIR.

REVILLAGIGEDO Archipiélago de México, en el Pacífico, a 250 km frente a la costa del Estado de Colima. Está formado por las islas de San Benedicto, Socorro, Roca Partida y Clarión.

REVIRAR tr. **1** TORCER. **2** Replicar, sublevar. También prnl. || intr. *Mar*. **3** Volver a virar.

REVISAR tr. Examinar una cosa con atención y cuidado para corregirla, repararla o comprobar su funcionamiento y validez.

REVISIÓN f. **1** Acción de revisar. **2** Reconocimiento médico.

REVISIONISMO m. **1** Tendencia a someter a revisión metódica, doctrinas o prácticas establecidas con la pretensión de actualizarlas. **2** *Hist*. y *Polít*. Corriente de opinión socialista que propuso, por primera vez, la revisión de los planteamientos de Marx, reconociendo como objetivo prioritario la mejora de la situación de la clase obrera y no el hipotético triunfo de la revolución.

REVISOR, RA adj. **1** Que revisa algo. || m. y f. **2** En los ferrocarriles, autobuses, etc. agente encargado de revisar y picar los billetes de los viajeros.

REVISTA f. **1** Publicación periódica por cuadernos, con artículos y, a veces, fotografías, sobre varias materias, o sobre una sola especialmente. **2** Espectáculo teatral de carácter desenfadado, en el que alternan números dialogados y musicales. **3** Inspección o revisión que se hace de algo. **4** *Mil*. Formación de las tropas para que las inspeccione un superior. || **REVISTA DEL CORAZÓN** *Medios*. Publicación periódica ilustrada, de contenido ligero y relativo a acontecimientos de la vida de personas populares y famosas. || **pasar revista** fr. Ejercer un jefe las funciones de inspección que le corresponden sobre las personas o cosas sujetas a su autoridad o a su cuidado. También, examinar con cuidado una serie de cosas.

REVISTAR tr. PASAR REVISTA.

REVISTERO m. Mueble para colocar revistas.

REVITALIZAR tr. Dar más fuerza y consistencia a una cosa.

REVIVAL (Voz i.) m. Movimiento artístico, sociológico y, por extensión, de cualquier otra especie, que tiende a revalorizar modas o estilos del pasado.

REVIVIFICAR tr. Dar nuevas fuerzas o ánimos.

REVIVIR intr. **1** Volver a la vida. **2** fig. Renovarse o reproducirse algo.

REVOCACIÓN f. **1** Acción y efecto de revocar. **2** *Der*. Anulación o modificación de una sentencia por una instancia distinta de la que había dado el fallo. **3** *Der*. Acto jurídico con el que una persona deja sin efecto otro anterior que ella misma realizó.

REVOCAR tr. **1** Dejar sin efecto una concesión, mandato o resolución. **2** Enlucir o pintar de nuevo por la parte exterior las paredes de un edificio; por extensión, enlucir cualquier pared.

REVOLCAR tr. **1** Derribar a uno y maltratarlo, pisotearlo, etc.; especialmente al toro al lidiador. || prnl. **2** Echarse sobre algo, restregándose en ello. ♦ IRREG. Se conjuga como CONTAR.

REVOLCÓN m. **1** fam. Acción y efecto de revolcar o revolcarse. **2** fig. y fam. Acción y efecto de revolcar, vencer al adversario. Más en la frase *dar a uno un revolcón*.

REVOLOTEAR intr. **1** Volar haciendo tornos o giros en poco espacio. **2** Venir una cosa por el aire dando vueltas.

REVOLTILLO o **REVOLTIJO** m. **1** Conjunto de muchas cosas, sin orden ni método. **2** Confusión o enredo. **3** *Cuba* Guiso parecido al pisto.

REVOLTÓN m. **1** *Arquit*. BOVEDILLA. **2** *Arquit*. Sitio en que una moldura cambia de dirección, como en los rincones.

REVOLTOSO, SA adj. y s. **1** Alborotador, rebelde. **2** Travieso.

REVOLUCIÓN f. **1** Cambio violento en las instituciones políticas, económicas o sociales de una nación. **2** Por extensión, inquietud, alboroto. **3** fig. Cambio importante en el estado o situación de las cosas. **4** *Astron*. Movimiento de un astro en todo el curso de su órbita. **5** *Geom*. Rotación de cualquier figura en torno a un eje. Las figuras de revolución son el cono, el cilindro y la esfera. **6** *Mec*. Giro o vuelta que da una pieza sobre su eje.

REVOLUCIÓN BURGUESA *Hist*. Proceso histórico iniciado a partir de la baja Edad Media que culminó, según los distintos países, a finales del siglo XVIII. Fue el vehículo mediante el cual la burguesía reclamaba la abolición de los privilegios de la nobleza y el clero y exigía el reconocimiento de su propia importancia (véase BURGUESÍA).

REVOLUCIÓN CUBANA *Hist*. Periodo de la historia de Cuba, que se inició en 1953, cuando un grupo de revolucionarios dirigidos por Fidel Castro asaltaron el cuartel de Moncada, y culminó en 1959 con la derrota militar y el derrocamiento del dictador F. Batista (véase CUBA, *Hist.*).

REVOLUCIÓN CULTURAL CHINA *Hist*. y *Polít*. Movimiento político iniciado en China en 1966. Fue un proceso de adaptación ideológica dentro del marxismo, dirigido por Mao Tse-tung, con el apoyo del ministro de Defensa, Lin Piao, que duró hasta 1968. Con ella se pretendía conseguir una depuración del aparato burocrático dentro del partido y el restablecimiento de la primacía de Mao en el poder. Se orientó en dos direcciones: el predominio de la ideología y la política sobre la economía, y la participación de las masas en el proceso revolucionario mediante la creación de canales paralelos (los llamados *guardias rojos*). Declarada oficialmente concluida a la muerte de Mao (1976), inmediatamente después se inició una campaña de desprestigio y depuración contra sus dirigentes.

REVOLUCIÓN ESPAÑOLA DE 1868 *Hist*. y *Polít*. Proceso revolucionario iniciado en España en septiembre de 1868 con el destronamiento de Isabel II, y concluido en 1873 con la proclamación de la I República, también conocido como *revolución de septiembre* o *La Gloriosa*. La permanencia del Partido Moderado en el poder, los desaciertos políticos, el distanciamiento de la reina y el malestar social propiciaron este movimiento. El pacto de Ostende (1866), suscrito por progresistas, demócratas y, posteriormente, por los unionistas, acordaba poner fin al régimen isabelino. La revolución combinó el pronunciamiento militar con la acción política de las juntas creadas en todas las ciudades españolas. Encabezado por el Partido Progresista de Prim, un sector del ejército le dio su apoyo, y fueron las fuerzas de la Armada a las órdenes de Topete las que lo iniciaron en Cádiz. Tras la derrota de los realistas en el puente de Alcolea, la reina se exilió en Francia. Un gobierno provisional encabezado por Serrano convocó elecciones a cortes constituyentes, encargadas de redactar una Constitución, aprobada en 1869. Serrano fue nombrado regente y Prim, jefe del gobierno.

REVOLUCIÓN FRANCESA *Hist*. y *Polít*. Periodo de la historia de Francia comprendido entre la apertura de los Estados Generales (5 de mayo de 1789) y el golpe de Estado de Napoleón del 18 de brumario (9 de noviembre de 1799). Las causas de la Revolución hay que buscarlas en el laicismo y el espíritu reformista propios del siglo XVIII, la opresión fiscal del campesinado, frente a los privilegios de la nobleza y el clero, y la decadencia del Antiguo Régimen. Fue fundamentalmente burguesa y significó la aparición de la clase media y el capitalismo, así como la destrucción del régimen señorial. Convocados los Estados Generales, celebraron su asamblea en mayo de 1789. Se afirmó en el llamado tercer estado (clase media), que se declaró a sí mismo ASAMBLEA NACIONAL y fue reconocido como tal por el rey. La Declaración de los Derechos del Hombre y del Ciudadano puso los cimientos del nuevo orden. El pueblo de París manifestó su simpatía hacia la nueva situación, y el 14 de julio tomó la Bastilla, inicio del movimiento revolucionario. La Asamblea Nacional abolió todos los privilegios y, a fin de redactar una nueva Constitución, sus miembros se declararon Asamblea Constituyente, formando los más extremistas el llamado CLUB DE LOS JACOBINOS. El rey y la reina huyeron de París, pero fueron detenidos en Varennes, y obligados a volver a la capital. Se adoptó una Constitución que limitaba los poderes del rey y se nombró una ASAMBLEA LEGISLATIVA, cuyos principales partidos eran los constitucionalistas, los GIRONDINOS y, los jacobinos o republicanos extremistas. En 1792, después de declarar la guerra a Austria, que había intervenido en favor de los monarcas, los jacobinos se apoderaron del gobierno y proclamaron la CONVENCIÓN NACIONAL, que abolió la monarquía e instituyó la República. El 21 de enero de 1793, Luis XVI fue guillotinado y empezó el reinado del Terror. El Comité de Salud Pública, presidido por Robespierre, envió a la guillotina a centenares de aristócratas. Empezaron las diferencias entre los propios revolucionarios, y la ejecución de Danton, en 1794, fue seguida de la de Robespierre el mismo año. El 26 de septiembre de 1795 fue disuelta la Convención y se estableció el DIRECTORIO, más moderado, bajo el cual se llevaron a cabo las campañas de Alemania, Italia, Egipto, etc.

Revolución Mexicana. *Los revolucionarios de 1910.* Museo de Historia (Ciudad de México).

Revolución Industrial *Econ.* e *Hist.* Serie de fenómenos de industrialización y comercialización aceleradas que iniciados en Gran Bretaña en la segunda mitad del siglo XVIII. Su desarrollo alcanzó, a lo largo de los siglos XIX y XX, la mayor parte de los países de Europa y América del N. Aunque cada país desarrolló su propia dinámica de industrialización, se produjeron unas pautas comunes que llevaron a la radical transformación del Antiguo Régimen. En este proceso intervinieron la técnica (maquinismo), los descubrimientos científicos, una aportación considerable de capital y profundos cambios sociales, marcados especialmente por la aparición del proletariado. Los estudios de Papin sobre la máquina de vapor, continuados por Newcomen (1705) y Watt (1767); el descubrimiento de la lanzadera mecánica (1733); de la hiladora de algodón (1741); etc., y su posterior desarrollo, motivaron el aumento de producción, la disminución y especialización de la mano de obra, la aparición de nuevos sistemas de transporte, la emigración del campo a la ciudad, etc. *Primera revolución industrial.* Se caracterizó por la existencia de materia prima abundante y barata, la utilización del vapor como fuente de energía y, desde 1830, la fabricación en cadena. *Segunda revolución industrial.* Abarcó desde 1870 a 1900. Se llevó a cabo un crecimiento de la producción industrial a ritmo acelerado y se formó un mercado en el que Inglaterra, Francia y Alemania suministraban productos industriales, mientras que otros, como Argentina y Australia, hacían lo mismo con productos agrícolas. Las empresas avanzaban hacia un sistema de monopolio que terminó con la libre concurrencia propugnada por el liberalismo inicial y dio paso a la era del gran capitalismo. *Tercera revolución industrial.* Se empezó a hablar de ella a partir de la Segunda Guerra Mundial, y se caracteriza por el desarrollo de la energía atómica, la microelectrónica y la cibernética. También se denomina a este periodo *sociedad postindustrial.*
Revolución Mexicana *Hist.* y *Polít.* Periodo de la historia de México que abarca desde 1910 hasta 1920, en el cual se puso fin a la dictadura de P. Díaz y se implantó la democracia (véase MÉXICO, HIST.).
Revolución Rusa *Hist.* Proceso revolucionario desarrollado en Rusia, que puso fin a la autocracia zarista y dio paso a la instauración del régimen socialista. Se llevó a cabo en tres fases: *Revolución de 1905*, provocada por la derrota rusa en la guerra ruso-japonesa (1904-05), que se caracterizó por la proposición de una serie de medidas liberalizadoras que el zar Nicolas II no aceptó; concluyó en febrero de 1907. *Revolución de febrero de 1917* (marzo, según el calendario gregoriano), que, en el marco de las derrotas rusas durante la Primera Guerra Mundial, condujo a la abdicación del zar. El empeoramiento de la situación militar y la pérdida de la confianza popular en los gobiernos provisionales de Lvov y Kerenski, contrarios a apartar al país de la contienda, reforzaron la posición de los bolcheviques, quienes, apoyados en los soviets y dirigidos por Lenin y Trotski, decidieron la insurrección armada: *Revolución de octubre de 1917* (noviembre según el calendario gregoriano). Ocupado el Palacio de Invierno de Petrogrado por milicianos, marinos y soldados, el II Congreso de los soviets asumió todos los poderes, decretó la paz inmediata y la constitución de un gobierno, llamado Consejo de los Comisarios del pueblo, presidido por Lenin.
Revolución Verde *Agr.* Mejoras obtenidas en la producción agraria en los países del Tercer Mundo mediante la aplicación de nuevas técnicas (abonos, mecanización, regadío, etc.).
revolucionar tr. **1** Provocar un estado de revolución. **2** Producir cambios profundos. **3** *Mec.* Imprimir más o menos revoluciones en un tiempo determinado a un cuerpo que gira o al mecanismo que produce el movimiento.
revolucionario, ria adj. **1** Relativo a la revolución. **2** Partidario de ella. Más como s. **3** Alborotador, turbulento. También s. **4** Que introduce o conlleva profundos cambios.
Revolucionario Institucional, Partido (PRI) *Polít.* Organización política mexicana fundada en 1929 con el nombre de *Partido Nacional Revolucionario*, a partir de una serie de organizaciones regionales unificadas por Calles, presidente hasta 1934. El nombre actual se tomó en 1946, durante la presidencia de Ávila Camacho. Fue entonces cuando el PRI se hizo con el control total del Estado. En los últimos tiempos, el preceso de renovación política en el país ha favorecido la transformación moderada de sus estructuras. Tras 71 años en el poder, fue sustituido por el Partido de Acción Nacional en las elecciones de julio de 2000.
Revoluciones Inglesas *Hist.* Nombre que engloba a los dos procesos revolucionarios que tuvieron lugar en Inglaterra durante el siglo XVII y que contribuyeron a la caída de la monarquía absoluta y al nacimiento del primer Estado parlamentario de la época moderna. La *primera revolución* (1642-49) acabó con la ejecución de Carlos I (1649) y el establecimiento de un nuevo régimen, la Commonwealth, bajo la autoridad de Cromwell. La *segunda revolución,* llamada *La Gloriosa* (1688-89), supuso la destitución por el Parlamento de Jacobo II, partidario de restablecer el catolicismo y de imponer la autoridad real absoluta, y el acceso al trono de Guillermo III de Orange, estatúder de Holanda casado con María, hija de Jacobo II.
revolver tr. **1** Mover una cosa de un lado a otro o de arriba abajo. **2** Mirar o registrar algo moviendo y separando algunas cosas. También intr. **3** Alterar el buen orden y disposición de las cosas. **4** Inquietar, causar disturbios. **5** Producir náuseas y malestar en el estómago. || prnl. **6** Moverse de un lado a otro, generalmente por inquietud. **7** En una lucha o pelea, volverse rápidamente hacia el contrario para atacarle o embestirle. **8** Volverse en contra de alguien. **9** Ponerse el tiempo borrascoso. ♦ IRREG. Se conjuga como MOVER.
revólver m. Arma de fuego, de corto alcance, que se puede usar con una sola mano, y provista de un tambor giratorio en el que se colocan las balas.
revoque m. **1** Acción y efecto de revocar las casas y paredes. **2** Mezcla de cal, arena u otros materiales con la que se cubre una superficie.
revuelo m. **1** Turbación, confusión. **2** Hecho de revolotear muchas aves o cosas en el aire.
revuelta f. **1** Alboroto, insurrección, motín. **2** Riña, pelea. **3** Punto en que una cosa empieza a torcer su dirección o a tomar otra. **4** Este mismo cambio de dirección.
Revueltas, José Escritor mexicano (Durango, 1914 - Ciudad de México, 1976). Fundó la Liga Leninista Espartaco, de orientación antiestalinista, de la que después se separó. Autor de las novelas *Los muros de agua* (1941) y *Los motivos de Caín* (1957); los libros de relatos *Dios en la tierra* (1944) y *Los errores* (1964); *Israel* (1947) y *La otra* (1949), teatro; los ensayos *México, una democracia bárbara* (1958) y *Apuntes para una semblanza de Silvestre Revueltas* (1966), etc.
Revueltas, Silvestre Compositor mexicano (Santiago Papasquiaro, 1899 - Ciudad de México, 1940). Compuso *Siete canciones* (con textos de García Lorca), *Planos* (poemas sinfónicos) y los ballets *El renacuajo paseador* y *La coronela.*
revuelto, ta adj. **1** Enredador, travieso. **2** Turbio. **3** Se dice del tiempo inseguro. **4** HUEVO REVUELTO. ♦ Es el p. p. irregular de REVOLVER.
revulsión f. *Med.* Irritación de la superficie cutánea provocada para aliviar un dolor o una lesión más importantes.
revulsivo, va adj. **1** *Farm.* Se dice del medicamento o agente que produce el vómito o sirve para purgar el estómago. También m. **2** fig. Que produce una reacción profunda y rápida.
rexistasia f. *Ecol.* Ruptura del equilibrio biológico de una zona debido a causas climáticas o tectónicas.
rey m. **1** Monarca o príncipe soberano de un reino. **2** Pieza principal del juego de ajedrez. **3** Carta duodécima de cada palo de la baraja. **4** fig. Hombre, animal o cosa del género masculino, que por su excelencia sobresale entre los demás de su clase o especie. || **rey de codornices** *Zool.* Ave zancuda del tamaño de una codorniz.
Rey Guillermo, Tierra del TIERRA DEL REY GUILLERMO.
Rey de Roma Título dado al hijo de Napoleón I en el momento de su nacimiento (NAPOLEÓN II).
Rey de Romanos *Hist.* Título que en el Sacro Imperio Romano Germánico llevaba el emperador que aún no había sido coronado por el Papa y el príncipe elegido para sucederle.
reyerta f. Contienda, lucha.
Reyes JUNÍN, lago.
Reyes, Alfonso Escritor mexicano (Monterrey, 1889 - Ciudad de México, 1959). Entre su obra poética destacan *Ifigenia cruel* (1924) y *Otra voz* (1936). De su narrativa cabe citar *El plano oblicuo* (1920), *La casa del grillo* (1945) y *Los tres tesoros* (1955). Algunos de sus ensayos son *Cuestiones gongorinas* (1927), *La experiencia literaria* (1942), *Letras de la Nueva España* (1948) y *La filosofía helenística* (1959).
Reyes, libro de los Libro del Antiguo Testamento que refiere la historia de la monarquía israelita desde los

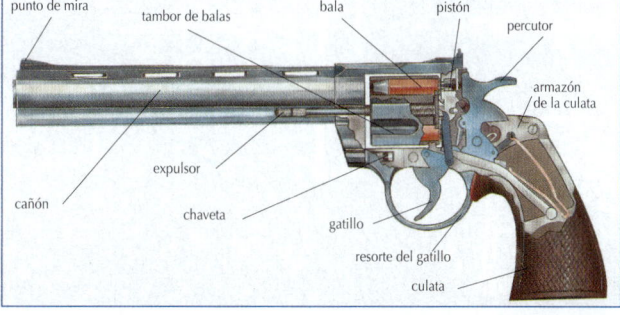
revólver

reyezuelo

últimos años de David (h. 970 a. C.) hasta el exilio (h. 561 a. C.). Estructurado en principio en un solo libro, se dividió en dos a partir de la versión de los Setenta.
Reyes, Valle de los Valle de los Reyes.
Reyes Basoalto, Neftalí Ricardo Neruda, Pablo.
Reyes Católicos Título dado a Fernando II de Aragón e Isabel I de Castilla.
Reyes Prieto, Rafael Militar y político colombiano (Santa Rosa de Viterbo, 1850 - Bogotá, 1921). Presidente de la República (1904-09), reformó la Constitución e instauró un gobierno dictatorial; se vio obligado a renunciar ante una coalición de partidos.
reyezuelo m. Zool. Nombre de dos especies de aves paseriformes de la familia muscicápidos: el común (*Regulus regulus*) y el listado (*Regulus ignicapillus*), de color oliváceo, con la parte superior de la cabeza amarilla y anaranjada.
Reykiavik (*Reykjavík*) Ciudad capital de Islandia y de la circunscripción homónima; 109.763 h. Puerto. Principal centro industrial del país. Fundada en 875 por el vikingo Ingolfur Arnarson, fue capital de Islandia en 1918.
Reyles, Carlos Escritor uruguayo (Montevideo, 1868 - íd., 1938). En su obra se aprecia la influencia del naturalismo y el modernismo. Autor de *Por la vida* (1888), *Beba* (1894), *El embrujo de Sevilla* (1922), *El gaucho florido* (1932) y *A batalla de amor... campo de pluma* (1939).
Reymont, Wladislaw Stanislaw Escritor polaco (Kobiele Wielkie, 1867 - Varsovia, 1925). Autor de las novelas realistas *La comedianta* (1896), *La tierra prometida* (1899), la tetralogía *Los Campesinos* (1902-09), *El vampiro* (1912) y la trilogía *El año 1794* (1914-19). Premio Nobel en 1924.
Reynolds, Albert Político irlandés (Rooskey, 1933). Ministro de Comunicaciones y Transporte (1979-81), Industria y Comercio (1987-88) y Finanzas y Servicios Públicos (1988-89). Líder del Fianna Fáil, fue nombrado primer ministro (1992-94).
Reynolds, sir Joshua Pintor inglés (Plymton Earl, 1723 - Londres, 1792). Su pintura se caracteriza por la suavidad de colorido, la delicadeza tonal y la elegante naturalidad de sus figuras. Realizó retratos de la alta sociedad inglesa: *Duque de Devonshire*, la actriz *Nelly O'Brien*, *La duquesa de Devonshire*, etc.
Reynolds, Osborne Ingeniero y físico británico (Belfast, 1842 - Watchet, 1912). Descubrió el *número de Reynolds*, que fija el tránsito de régimen laminar al turbulento en el paso de un fluido por un tubo y es proporcional a la densidad, a la velocidad y al diámetro del tubo, e inversamente proporcional al coeficiente de viscosidad dinámica.
Reynosa Ciudad de México, Estado de Tamaulipas; 265.663 h. Algodón. Petróleo y gas natural. Industrias textiles, químicas y alimentarias. Hasta 1962 se denominó *Reinosa*.
Reza Pahlevi Sha de Irán (Sevad Kuh, 1877 - Johannesburgo, 1944). Comandante en jefe del ejército, ministro de la Guerra y primer ministro, se proclamó sha en 1925. Colaboró con los alemanes en la Segunda Guerra Mundial y abdicó en su hijo Muhammad tras la invasión inglesa (1941).
Reza Pahlevi, Muhammad Sha de Persia (Teherán, 1919 - El Cairo, 1980). Hijo del anterior, en 1926 fue proclamado heredero al trono, que ocupó en 1941. El fracaso de un golpe de Estado de la guardia real, le obligó a abandonar el país (1953), pero la intervención de parte del ejército, le reintegró al trono. Se coronó sha en 1967. Tras el estallido de una insurrección popular dirigida por la oposición religiosa, abandonó Teherán en 1979. Murió exiliado en El Cairo.
rezagar tr. **1** Dejar atrás a una persona o cosa. || prnl. **2** Quedarse atrás.
rezar tr. **1** Decir oraciones usadas o aprobadas por la iglesia. También intr. **2** Recitar la misa, una oración, etc., en contraposición a cantarla. **3** fam. Decir un escrito una cosa.
rezo m. **1** Acción de rezar. **2** Oración que se reza. **3** Oficio eclesiástico que se reza diariamente.
rezón m. Mar. Ancla pequeña, de cuatro uñas y sin cepo, que sirve para embarcaciones menores.
rezongar intr. Gruñir, refunfuñar contra lo que se manda.
rezumar tr. **1** Dejar pasar un cuerpo a través de sus poros gotitas de algún líquido. También prnl. || intr. **2** Salir un líquido al exterior en gotas a través de los poros o intersticios de un cuerpo. También prnl. **3** Manifestarse en alguien cierta cualidad o sentimiento en grado sumo.
RFA Siglas de República Federal de Alemania, uno de los dos Estados en que estuvo dividida Alemania entre 1945 y 1990.
RFSSR Siglas de República Federal Socialista Soviética Rusa (Rusia, Federación de).
Rh 1 Biol. factor Rh. **2** Quím. Símbolo del rodio.
Rhazés (Abu Bakr Muhammad ben-Zakarya al-Razi, llamado) Médico árabe, de origen persa (? - Bagdad, 923). Su obra fundamental es el *al-Hawi*, una de las más grandes enciclopedias médicas. En sus tratados científicos describió por vez primera enfermedades como la viruela, el sarampión, etc.
Rhea Astron. Quinta luna de Saturno, de 1.800 km de diámetro.
Rhee, Syngman Político coreano (Seúl, 1875 - Honolulú, 1965). En 1919 fue nombrado presidente del gobierno provisional de Corea establecido en Shanghai. Durante su presidencia de la República (1948-60), instauró un régimen dictatorial.
Rhein Rhin.
Rheso m. Zool. macaco rhesus o reso.
Rheticus (Joachim von Lauchen, llamado) Astrónomo austriaco (Feldkirch, 1514 - Kosice, 1576). Discípulo de Copérnico y opuesto al sistema cosmogónico de Tolomeo, publicó unas tablas de magnitudes astronómicas.
Rhin (*Rhein*) Río de Europa occidental, que nace en el macizo de San Gotardo, en los Alpes de Suiza, atraviesa el lago Constanza, forma frontera entre Suiza y Alemania, y después entre ésta y Francia, cruza el macizo esquistoso renano hasta Bonn y, a través de las llanuras de Renania, llega a los Países Bajos, donde desemboca en el mar del Norte a través de tres brazos principales; 1.326 km de curso, de los que casi 900 son navegables. Sus principales afluentes son el Neckar, Main, Ruhr, el Aar, el Ill y el Mosela. Es la vía fluvial más importante de Europa. Su puerto principal es Duisburgo. Producción hidroeléctrica y turismo. Ha desempeñado a lo largo de la historia un importante papel como centro y encrucijada cultural.
Rhin, Alto Departamento de Francia, región de Alsacia; 3.525 km² y 708.025 h. Su capital es Colmar.
Rhin, Bajo Departamento de Francia, región de Alsacia; 4.755 km² y 1.026.120 h. Su capital es Estrasburgo.
Rhin, Confederación del Confederación del Rhin.
Rhin, Liga del Hist. Pacto firmado en 1658 por Mazarino con los electores de Colonia, Tréveris, Maguncia, Hesse-Kassel y el rey de Suecia, con objeto de mantener la neutralidad de Alemania en la guerra francoespañola y garantizar el cumplimiento del tratado de Westfalia.
Rhin Septentrional-Westfalia Renania Septentrional-Westfalia.
rho f. Decimoséptima letra del alfabeto griego (P, ρ); corresponde a la r.
Rhode Island Estado de EE UU; 3.142 km² y 1.048.319 h. Su capital es Providence. En sus costas se halla la bahía de Narrangassett, que comprende varias islas, la mayor de ellas la de Rhode Island. Industria textil, de maquinaria y alimentaria. Pesca. En 1790 ingresó en la Unión.
Rhodes, Cecil John Político británico (Bishop's Stortford, 1853 - Muizenberg, 1902). Emigró a Sudáfrica en 1870. Elegido parlamentario de la colonia de El Cabo (1880), para aislar a los Estados bóers, logró la anexión de Bechuanalandia y de los territorios al N, en su honor llamados Rhodesia. Primer ministro de El Cabo en 1890, dimitió en 1896 tras el fracaso de la expedición de Jameson contra el Transvaal.
Rhodes Exterior Appenzell Rhodes Exterior.
Rhodes Interior Appenzell Rhodes Interior.
Rhodesia Zimbabwe.
Rhodesia del Norte Zambia.
Rhodesia del Sur Zimbabwe.
Rhodope Nomo de Grecia, región de Macedonia Oriental y Tracia; 2.543 km² y 103.295 h. Su capital es Komotini.
Rhodope Macizo montañoso de la península de los Balcanes en Bulgaria, cuya cumbre principal es la de Musala (2.925 m). Sus estribaciones llegan hasta Grecia, Turquía y Serbia y Montenegro.
Rhondda, Cynon, Taff Distrito unitario del Reino Unido, en Gales; 240.400 h.
Rhône Departamento de Francia, región de Rhône-Alpes; 3.249 km² y 1.578.869 h. Su capital es Lyon.
Rhône-Alpes Región de Francia, que comprende los departamentos de Ain, Ardèche, Drôme, Isère, Loira, Rhône, Saboya y Alta Saboya; 43.698 km² y 5.645.407 h. Su capital es Lyon.
rhythm and blues Mús. Estilo musical nacido a principios de los años cuarenta, a partir de la utilización de instrumentos como la guitarra eléctrica en la interpretación del *blues*. Así, las canciones tradicionales negras adquirieron un ritmo bailable que daría lugar al esquema rítmico prototípico del rock and roll. Entre sus representantes figuran J. L. Hooker, Fats Domino, M. Waters, etc.
ría f. Geol. **1** Penetración que forma el mar en la costa, debida a la sumersión de la parte litoral de una cuenca fluvial de laderas más o menos abruptas. **2** Ensenada amplia en la que vierten al mar aguas profundas.
riachuelo m. Río pequeño y de poco caudal.
Riad, Ryad o **Er-Riad** Riyadh.
riada f. Avenida, inundación, crecida.
rial m. Econ. Unidad monetaria de Irán y Omán.
Riazán 1 Región de la Federación de Rusia, República federada de Rusia; 39.600 km² y 1.333.000 h. **2** Ciudad capital de la misma; 536.000 h. Centro comercial e industrial.
riba f. **1** Porción de tierra con alguna elevación y declive, ribazo. **2** Tierra cercana a los ríos.
ribadoquín m. Arm. Antigua pieza de artillería, algo menor que la cerbatana.
Ribaldo, da adj. **1** Pícaro, bellaco. También s. **2** Se dice del rufián de mujeres públicas. || m. **3** Soldado de ciertos cuerpos antiguos de infantería en Francia y otros países de Europa.

Rhode Island (Estados Unidos). Puente de Newport.

RIBALTA, FRANCISCO Pintor español (Solsona, h. 1565 - Valencia, 1628). Su estilo testimonia el paso del manierismo al naturalismo barroco. Obras: *Preparativos para la crucifixión* (1582), *Aparición de Cristo a san Vicente Ferrer* (1605), *La Última Cena* (1606), *Jesús con la cruz a cuestas* (1612), *San Francisco reconfortado por un ángel* (1620), etc.

RIBALTA, JUAN Pintor español (Madrid, 1596 - Valencia, 1628). Hijo y discípulo de Francisco, su estilo está influido por el de P. Orrente y su manejo de la luz es caravaggista. Obras: *Preparativos para la crucifixión* (1615), *La adoración de los pastores* (1616) y *San Jerónimo* (1618).

RIBAS, JOSÉ FÉLIX Militar venezolano (Caracas, 1775 - Tamanaco, 1814). Fue uno de los miembros de la Junta Suprema de Caracas (1810) y dirigió junto a Bolívar la reconquista del territorio venezolano. Tras la contraofensiva de Boves, fue hecho prisionero por los españoles y ejecutado.

RIBATEJO Región de Portugal creada en mayo de 1996, tras la decisión del Parlamento de dividir en nueve regiones la parte peninsular del país.

RIBAZO m. *Geol.* Porción de tierra con elevación y declive.

RIBBENTROP, JOACHIM VON Político alemán (Wesel, 1893 - Nuremberg, 1946). Afiliado al Partido Nazi, fue embajador en Londres (1936-38) y ministro de Asuntos Exteriores (1938-45). Condenado por el tribunal de Nuremberg, murió ahorcado.

RIBE Condado de Dinamarca, región de Jutlandia; 3.132 km² y 223.355 h. Su capital es la ciudad del mismo nombre.

RIBEIRÃO PRÊTO Ciudad de Brasil, Estado de São Paulo; 416.186 h. Centro comercial e industrial.

RIBEIRO, AQUILINO Novelista portugués (Carregal de Tabosa, 1885 - Lisboa, 1963). Incorporó a su escritura arcaísmos y elementos del habla campesina. Obras: *La vía tortuosa* (1916), *Tierras del demonio* (1919), *El camino de Santiago* (1922), *Wolfram* (1943) y *Cuando los lobos aúllan* (1958).

RIBEIRO, BERNARDIM Escritor portugués (Torrão, 1482 - Lisboa, 1552). Escribió un largo poema en prosa, *Menina e moça*, publicado después de su muerte con el título *Nostalgias* (1554). Autor, además, de cinco *Églogas*.

RIBERA f. **1** Margen y orilla del mar o río. **2** Franja de tierra que baña un río o cercana a éste.

RIBERA, JOSÉ DE (conocido como *EL ESPAÑOLETO*) Pintor y grabador español (Játiva, 1591 - Nápoles, 1652). Una de las máximas figuras de la pintura barroca española, cultivó el *tenebrismo*, que aprendió de Caravaggio, aunque su estilo fue naturalista y muy personal. De su primera etapa tenebrista destacan *El calvario* (1620), *Sileno ebrio* (1626), *El martirio de san Andrés* (1628) y *Arquímedes* (1630). Posteriormente, adoptó unas tonalidades más luminosas: *Inmaculada Concepción* (1635), *La Magdalena* (1636) e *Isaac y Jacob* (1637). Finalmente, retomó algunos de los elementos de su primera etapa en *El martirio de san Bartolomé* (1638), *Sueño de Jacob* (1639) y *San Jerónimo penitente* (1652). Fue también un excelente grabador y aguafuertista: *San Bartolomé desollado por el verdugo*.

RIBERA CHEVREMONT, EVARISTO Poeta puertorriqueño (San Juan, 1896 - Santurce de Puerto Rico, 1976). Inicialmente modernista, se vio influido por los grupos de vanguardia y, más tarde, su poesía adoptó un mayor compromiso social. Obras: *La copa de Hebe* (1922), *La hora del orífice* (1929), *Barro* (1945), etc.

RIBERANO, NA adj. y s. *Chile, Ecuad., Hond.* y *Salv.* RIBEREÑO.

RIBEREÑO, ÑA adj. **1** Relativo a la ribera. **2** Habitante de una ribera. También s.

RIBERO m. Vallado de estacas y césped que se hace en las orillas de las presas para evitar que se derrame el agua.

RIBETE m. **1** Cinta o cosa análoga con que se adorna y refuerza la orilla del vestido, calzado, etc. **2** Adorno o franja que rodea una cosa. || m. pl. **3** fig. Asomo, indicio.

RIBETEAR tr. Echar ribetes.

RIBEYRO, JULIO RAMÓN Escritor peruano (Lima, 1929 - íd., 1994). En su obra narrativa destacan *Los gallinazos sin plumas* (1955), *Crónica de San Gabriel* (1960), *La palabra del mudo* (1973-77) y *Cambio de guardia* (1993).

RIBOFLAVINA f. *Quím.* VITAMINA B_2.

RIBONUCLEASA f. *Biol.* Enzima que cataliza la hidrólisis del ácido ribonucleico.

RIBONUCLEICO, ÁCIDO *Biol.* ARN.

RIBOSA f. *Biol.* Azúcar del grupo de las pentosas.

RIBOSOMA m. *Biol.* Cada uno de los pequeños gránulos aislados en el citoplasma celular o adosados a la membrana externa del retículo endoplásmico.

-RIC- in. RIZO-.

RICACHO, CHA o **RICACHÓN, NA** m. y f. fam. Despectivo de RICO.

RICAHOMBRÍA f. Título que se daba antiguamente a la primera nobleza de España.

RICAMENTE adv. m. **1** Con abundancia. **2** De modo primoroso. **3** Muy a gusto; con toda comodidad.

RICARDO Nombre de tres reyes de Inglaterra.

RICARDO I CORAZÓN DE LEÓN (Oxford, 1157 - Chalus, 1199). Hijo de Enrique II Plantagenet y de Leonor de Aquitania. Duque de Aquitania (1168), participó en la rebelión de sus hermanos contra su padre (1173). Vencido y perdonado, en 1188 se alió con Felipe II Augusto de Francia contra su padre, a quien venció y sucedió un año después. Participó en la tercera cruzada y se apoderó de San Juan de Acre. Anticipó su regreso a Inglaterra, pues en su ausencia Felipe Augusto había invadido las posesiones inglesas de Francia, pero fue hecho prisionero por el emperador de Alemania, Enrique VI, y liberado tras pagar un elevado rescate y prestarle vasallaje. Puso fin a las intrigas de su hermano Juan Sin Tierra y murió combatiendo a Felipe Augusto de Francia.

RICARDO II (Burdeos, 1367 - Pontefract, 1400). Hijo de Eduardo el Príncipe Negro, sucedió en el trono a su abuelo Eduardo III en 1377, bajo la regencia de su tío Juan de Gante. En 1389 se hizo cargo del poder, que paulatinamente fue derivando hacia el absolutismo. En 1399, Enrique de Lancaster se sublevó contra él y le derrocó; fue encerrado en el castillo de Pontefract, donde murió.

RICARDO III (Fotheringay, 1452 - Bosworth, 1485). Hermano menor de Eduardo IV, colaboró con él en las luchas de Escocia. Al morir éste, se ocupó de la regencia durante la minoría de edad de su sobrino Eduardo V, a quien encerró en la torre de Londres. Proclamado rey (1483), se enfrentó a la nobleza y fue derrotado por Enrique Tudor en la batalla de Bosworth.

RICARDO, DAVID Economista británico (Londres, 1772 - Gatcomb Park, 1823). Defendió el librecambismo y la economía industrial frente a las rentas agrarias. Desarrolló las teorías del valor del trabajo, de los costes comparativos del comercio internacional y determinación de la renta de la tierra. Su obra fundamental es *Principios de economía política e imposición* (1817).

RICCI, MATTEO Misionero italiano (Macerata, 1552 - Pekín, 1610). Perteneciente a la Compañía de Jesús, fundó la misión de China en 1583. Se valió de sus conocimientos matemáticos y astronómicos para atraerse a las clases cultas del país e intentó adaptar el cristianismo a la mentalidad china.

RICERCARE (Voz it.) m. *Mús.* Composición instrumental, de forma libre, que tomó su origen del motete y desarrollaba como éste varios temas en forma de contrapunto.

RICHARDS, DICKINSON WOODRUFF Médico estadounidense (Orange, 1895 - Lakerville, 1973). En colaboración con A. Cournand, trabajó en la mejora del método de la cateterización cardiaca. En 1956 recibió el premio Nobel de Fisiología y Medicina, compartido con A. Cournand y W. Forssmann.

RICHARDS, THEODORE WILLIAMS Químico estadounidense (Germantow, 1868 - Cambridge, 1928). Determinó con precisión los pesos atómicos de unos sesenta elementos químicos y consiguió probar experimentalmente la existencia de los isótopos. Premio Nobel de Química en 1914.

RICHARDSON, DOROTHY Escritora británica (Abingdon, Berkshire, 1873 - Beckenham, Kent, 1957). Utilizó la técnica del «flujo de conciencia», desarrollada posteriormente por V. Woolf y J. Joyce. Es autora de *Peregrinación* (1915-1938).

RICHARDSON, HENRY HOBSON Arquitecto estadounidense (Saint-James, Luisiana, 1838 - Boston, 1886). Algunas de sus obras, de tendencia funcional, están consideradas precursoras de la arquitectura de rascacielos. Proyectó los almacenes *Marshall Field* (1885-87) y los primeros bloques en Chicago.

RICHARDSON, SIR OWEN WILLIAMS Físico inglés (Dewsbury, 1879 - Alton, 1959). Analizó la intensidad de la emisión de electrones a varias temperaturas y formuló la ley que lleva su nombre. En 1928 recibió el premio Nobel de Física.

RICHARDSON, ROBERT Físico estadounidense (Washington D.F., 1937). En 1996 recibió el premio Nobel de Física, compartido con David Lee y Douglas Osheroff, por el descubrimiento de un nuevo estado de la materia, la «superfluidez».

RICHARDSON, SAMUEL Escritor inglés (Derbyshire, 1689 - Londres, 1761). Considerado el creador de la novela psicológica sentimental en su país: *Pamela, o la virtud recompensada* (1740-42), *Clarisa Harloe* (1747-48).

RICHARDSON, TONY Director de cine británico (Shipley, 1928 - Los Ángeles, 1991). Miembro destacado del movimiento *free cinema*, en su filmografía destacan *Mirando hacia atrás con ira* (1958), *La soledad del corredor de fondo* (1962), *La carga de la brigada ligera* (1967) y *Antonio y Cleopatra* (1987).

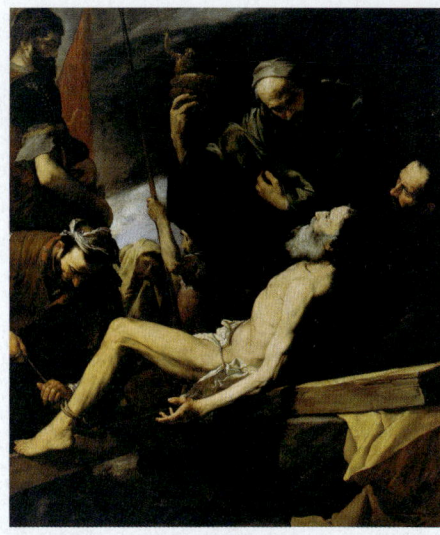

José de **Ribera**. *El martirio de san Andrés*. Museo de Bellas Artes (Budapest).

Francisco **Ribalta**. *La Última Cena*. Museo de Bellas Artes (Valencia).

El cardenal de **Richelieu**. Retrato de Philippe de Champaigne. Museo del Louvre (París).

Richelieu, Armand Jean du Plessis, cardenal de Político francés (París, 1582 - íd., 1642). Fue consejero de María de Médicis y secretario de Estado para la Guerra con Concini (1616). Pasó a dirigir el consejo del rey en 1624. Su política interior estuvo encaminada a consolidar el poder real y reforzar el aparato del Estado; intentó reducir el poder de la nobleza y acabar con la privilegiada situación de los hugonotes. Dirigió su política exterior hacia la hegemonía francesa como potencia europea y procuró aislar a los Austrias de Alemania y España, restauró la Sorbona y fundó la Academia francesa.
Richet, Charles Robert Fisiólogo francés (París, 1850 - íd., 1935). Investigó sobre la anafilaxia y otras reacciones alérgicas. Premio Nobel de Fisiología y Medicina en 1913.
Richier, Germaine Escultora francesa (Grans, 1904 - París, 1959). De tendencia surrealista es autora de *La tempestad* (1948), *Figura con garras* (1952), *La Montagne* (1956).
Richmond Ciudad del E de EE UU, capital del Estado de Virginia; 201.108 h. Principal centro mundial de la industria del tabaco.
Richmond o **Richmond upon Thames** Distrito del Gran Londres, a orillas del Támesis; 163.700 h.
Richter, Burton Físico estadounidense (Nueva York, 1931). En 1976 recibió el premio Nobel de Física, compartido con S. Chao Chung Ting, por el descubrimiento de una nueva partícula, en el campo de los hiperones, denominada *psi*.
Richter, Charles Francis Sismólogo estadounidense (Hamilton, 1900 - Pasadena, 1958). Ideó la escala que lleva su nombre para medir la intensidad o magnitud de los terremotos.
Richter, Curt Paul Psicobiólogo estadounidense (?, 1894 - Baltimore, 1988). Introdujo los conceptos de biorritmo y reloj biológico. Sus estudios sobre la conducta permitieron obtener datos relevantes acerca de la llamada *muerte súbita*.
Richter, escala de *Geol.* La de tipo sísmico, diseñada por Ch. F. Richter, que clasifica la intensidad de los terremotos entre las clases 0 y 10.
Richter, Jeremias Benjamin Químico alemán (Hirschberg, 1762 - Berlín, 1807). Inició el cálculo estequiométrico y estableció la ley de los pesos equivalentes, que lleva su nombre.
Richter, Johann Paul Friedrich Jean Paul.
Richter, Sviatoslav Pianista ruso (Zhitomir, Ucrania, 1915 - Moscú, 1997). De repertorio muy variado, que abarcaba obras de Bach, Stravinsky, Haydn, Schubert, Gershwin, etc., y con un estilo severo y sencillo, se le considera uno de los mejores pianistas del siglo xx.
Richthofen, Manfred, barón von (Conocido como el Barón Rojo) Aviador alemán (Breslau, 1892 - Vaus-sur-Somme, 1918). Durante la Primera Guerra Mundial se distinguió en el frente francés. Murió en combate.
riciforme adj. Que tiene forma de grano de arroz.
Ricimero General y político romano de origen suevo (? - ?, 472). Alcanzó la jefatura del ejército y llegó al patriciado (457) y al consulado (459). A partir de 456, nombró y derrocó a su antojo a diversos emperadores.
ricino m. *Bot.* Planta arbustiva perteneciente a la familia euforbiáceas, de nombre científico *Ricinus communis*. De sus semillas se extrae un aceite empleado en medicina como purgante.

Ricketts, Howard Taylor Médico y microbiólogo estadounidense (Findlay, 1871 - Ciudad de México, 1910). Descubrió los microorganismos patógenos causantes de varias formas del tifus.
rickettsia f. *Biol.* Nombre genérico de una serie de microorganismos, cuyos caracteres son intermedios entre las bacterias y los virus, y que causan en los mamíferos varias enfermedades.
rickshaw m. jinrikisha.
rico, ca adj. **1** Adinerado, acaudalado. También s. **2** Abundante, opulento. **3** Gustoso, sabroso, agradable. **4** Muy bueno en su línea. **5** Se aplica a las personas como expresión de cariño.
Ricoeur, Paul Filósofo francés (Valence, 1913). Ha destacado por sus estudios sobre la libertad, la voluntad y las teorías de la interpretación: *Ensayos de hermenéutica* (1969), *La metáfora viva* (1975), *El discurso de la acción* (1997).
ricohombre m. *Hist.* El que antiguamente pertenecía a la primera nobleza de España.
rictus m. **1** Expresión marcada del rostro o los labios. **2** Contracción de los labios que deja al descubierto los dientes y da a la boca el aspecto de la risa.
ricura f. fam. **1** Calidad de rico al paladar. **2** Bonito, encantador; apelativo cariñoso.
ridiculez f. **1** Dicho o hecho extravagante e irregular. **2** Nimia delicadeza de genio o natural. **3** Cosa pequeña o de poco aprecio.
ridiculizar tr. Burlarse de una persona o cosa por las extravagancias o defectos que tiene o se le atribuyen.
ridículo, la adj. **1** Que por su rareza mueve a risa. **2** Escaso, de poca estimación. **3** Nimiamente delicado. **4** Absurdo. || m. **5** Situación ridícula en que cae una persona. || **en ridículo** loc. adv. Expuesto a la burla o al menosprecio de las gentes. Más con los verbos *estar*, *poner* y *quedar*.
Riding Norte Tipperary Riding Norte.
Riding Sur Tipperary Riding Sur.
Riefenstahl, Leni Actriz y directora de cine alemana (Berlín, 1902 - Poecking, 2003). Realizó documentales en los que se exaltan los ideales del régimen nazi: *El triunfo de la voluntad* (1936), *Olimpiada* (1936).
riego m. **1** Acción y efecto de regar. **2** Agua disponible para regar. || **riego sanguíneo** *Fisiol.* Cantidad de sangre que nutre los órganos o la superficie del cuerpo.
Riel[1] m. Carril de una vía férrea.
Riel[2] m. *Econ.* Unidad monetaria de Camboya.
Riel, Louis David Político canadiense (San Bonifacio, 1844 - Batoche, 1885). En 1869 encabezó una sublevación contra la Confederación. Estableció un gobierno provisional en Manitoba. Vencido en la batalla de Batoche, fue ahorcado.
rielar intr. poét. **1** Brillar con luz trémula. **2** Vibrar, temblar.
rielera f. *Met.* Molde de hierro donde se echan los metales para reducirlos a rieles o barras.
Riemann, Bernhard Matemático alemán (Breselenz, 1826 - Selasca, 1866). Ideó una forma nueva de integración y aplicó la geometría al cálculo de funciones de variable compleja. Fue uno de los iniciadores de la geometría no euclidiana.
Riemenschneider, Tilman Escultor alemán (Osterode, h. 1460 - Würzburg, 1531). Representante del gótico tardío, entre sus obras destacan el altar de Creglingen (1503-10) y la tumba del emperador Enrique II y su mujer Cunegunda en la catedral de Bamberg (1513).
rienda f. **1** Cada una de las dos correas que, unidas por uno de sus extremos al freno, lleva asidas por el otro el que gobierna la caballería. Más en pl. **2** fig. Sujeción, moderación en acciones o palabras. || f. pl. **3** fig. Gobierno, dirección de algo. || **a rienda suelta** loc. adv. fig. Sin sujeción, con toda libertad. || **aflojar las riendas** fr. fig. Disminuir el trabajo, cuidado y fatiga en la ejecución de algo. || **dar rienda suelta** fr. fig. Dar libre curso.
riera f. *Geol.* rambla, lecho natural de las aguas pluviales.
Riesco, Germán Político chileno (Rancagua, 1854 - Santiago de Chile, 1916). Miembro del Partido Liberal, fue presidente de la República (1901-06).
Riesengebirge (*Karkonose*) Macizo montañoso de Europa central, entre Bohemia y Silesia, prolongación de los Sudetes.
riesgo m. **1** Contingencia o proximidad de un daño. **2** Cada una de las contingencias que pueden ser objeto de un contrato de seguro. || **correr riesgo** fr. Estar una cosa expuesta a perderse o a no verificarse.
Rieti Provincia de Italia, en la región del Lacio; 2.749 km² y 148.919 h. Su capital es la ciudad del mismo nombre.
Rietveld, Gerrit Thomas Arquitecto neerlandés (Utrecht, 1888 - íd., 1964). Miembro del grupo De Stijl, se dedicó también a la decoración y al diseño de muebles. Entre sus obras arquitectónicas figuran la casa Schroeder en Utrecht (1924) y el Centro Cultural Zonnehof en Amersfoort (1959).
Rif Región y macizo montañoso de África, en la costa mediterránea de Marruecos. Comprende el territorio situado entre el río Muluya y el estrecho de Gibraltar; 17.380 km². Su máxima altura es el Tidighine (2.456 m). Riqueza mineral (hierro, plomo, antimonio, grafito). Producción agrícola, ganadera y forestal. Habitada por tribus nómadas y bereberes, fue sometida por Cartago y Roma. Ocupada por los árabes en el siglo vii, españoles y portugueses iniciaron la penetración cristiana en el siglo xv. La resistencia a la dominación europea se mantuvo hasta el siglo xx (véase campañas de Marruecos).
rifa f. Juego que consiste en sortear algo entre varios.
rifar tr. Efectuar el juego de la rifa.
rifeño, ña adj. y s. Del Rif.
rifirrafe m. fam. Contienda o bulla ligera y sin trascendencia.
rifle m. Fusil de cañón rayado, de procedencia estadounidense.
riflero m. *Arg.* y *Chile* Soldado provisto de rifle.
Rift Valley m. *Geol.* Nombre con que se conoce a una serie de fosas tectónicas de gran longitud, en África oriental, cuyo origen está en zonas de distensión de la corteza terrestre.
Rig-Veda *Lit.* y *Rel.* Sección más antigua de los Vedas, libros sagrados de los hindúes. La compilación data, probablemente, del año 1000 a. C., pero los himnos mismos pueden ser de mil o quinientos años antes.
Riga Ciudad de Letonia, junto al golfo de su nombre, 839.690 h. Importante puerto del Báltico. Gran centro industrial.
Rigaud, Hyacinthe Pintor francés (Perpiñán, 1659 - París, 1743). Influido por Van Dyck, destacó especialmente en el retrato: *Felipe V, rey de España* (1700), *Luis XIV* (1701).
Rigel *Astron.* Estrella blancoazulada, de primera magnitud, de la constelación de Orión y cuya luminosidad absoluta es de unas 100.000 veces la del Sol. Está a 500 años luz de la Tierra y su nombre científico es b-Orionis.
Righi, Augusto Físico italiano (Bolonia, 1850 - íd., 1920). Realizó investigaciones sobre la luz polarizada y la visión estereoscópica.
rígido, da adj. **1** Que no se puede doblar o torcer. **2** fig. Riguroso, severo.
rigodón m. *Danza*. Cierta especie de contradanza, que data de principios del siglo xvii y estuvo muy en boga en el xviii.
rigor m. **1** Severidad escrupulosa. **2** Intensidad, vehemencia. **3** Propiedad y precisión. **4** *Med.* Rigidez de los tejidos fibrosos. || **en rigor** loc. adv. Estrictamente. || **ser de rigor** una cosa fr. Ser necesaria o indispensable.
rigor mortis *Med.* Rigidez muscular que aparece a las 5-10 horas de producirse la muerte, y desaparece a los 3-4 días.
rigorismo m. Exceso de severidad, principalmente en asuntos morales o disciplinarios.
riguroso, sa adj. **1** Áspero y acre. **2** Muy severo, cruel. **3** Estrecho, austero, rígido. **4** Dicho del temporal o de una desgracia u otro mal, extremado, duro de soportar. **5** Exacto.
Rigveda Rig-Veda.
rija[1] f. *Med.* Fístula que se hace debajo del lagrimal, por la cual fluye pus, moco o lágrimas.
rija[2] f. Pendencia, alboroto.

Richmond (Estados Unidos).

Riga (Letonia).

RIJEKA (En it., *Fiume.*) Ciudad y distrito de Croacia, situada en la costa adriática; 167.964 h. Puerto. Centro turístico.
RIJKSMUSEUM *Arte.* Museo holandés de pintura, fundado en Amsterdam en 1808. Alberga obras de artistas de renombre universal, como Rembrandt, Ruysdael y Hals.
RIJOSO, SA adj. **1** Pronto, dispuesto para reñir o contender. **2** Alborotado a vista de la hembra. **3** Lujurioso, sensual.
RIKISHA f. JINRIKISHA.
RIKOV, ALEXEI IVANOVICH Político soviético (Saratov, 1881 - Moscú, 1938). Sucedió a Lenin en la presidencia del consejo de comisarios del pueblo (1924-30). Opuesto a la política de Stalin, fue acusado de desviacionismo y de trotskismo en el tercero de los procesos de Moscú (1938), y ejecutado.
RILAR intr. **1** Tiritar. || prnl. **2** Temblar, vibrar.
RILKE, RAINER MARIA Escritor checo en lengua alemana (Praga, 1875 - Montreux, 1926). Poeta de extraordinaria personalidad, es uno de los grandes del siglo XX. De su obra poética destaca *Canción de amor y muerte del alférez Cristóbal Rilke* (1899), *Libro de horas* (1905), *Nuevos poemas* (1907-08), *Elegías de Duino* (1923) y *Sonetos a Orfeo* (1923). En prosa escribió la novela-diario *Los cuadernos de Malte Laurids Brigge* (1910).
RIMA f. **1** Consonancia o consonante. **2** Asonancia o asonante. **3** Composición en verso, del género lírico. Por lo común no se usa más que en pl.
RÍMAC Río de Perú, que cruza Lima y desemboca en el Pacífico, cerca de El Callao; 160 km.
RIMAR intr. **1** Ser una palabra asonante o consonante de otra. || tr. **2** Hacer el poeta una palabra asonante o consonante de otra.
RIMAYA f. *Geol.* Grieta profunda que separa el hielo de la capa de nieve en los glaciares.
RIMBAUD, JEAN ARTHUR Poeta francés (Charleville, 1854 - Marsella, 1891). Poseedor de una extraordinaria precocidad, con el poema *El barco ebrio* (1871), que envió a Paul Verlaine, se inició una turbulenta relación amorosa entre ambos. La fría acogida de su obra en prosa *Una temporada en el infierno* (1873) le impulsó a dejar de escribir. Su poesía, le sitúa entre los principales autores decadentistas y en los orígenes del surrealismo. Sus últimos poemas, *Iluminaciones* (1872-73), fueron publicados por Verlaine en 1886.

Jean Arthur **Rimbaud**. Retrato en el cuadro *Los comensales*, de Henri Fantin Latour (segundo sentado por la izquierda). Museo d'Orsay (París).

RIMBOMBANTE adj. fig. Ostentoso, llamativo.
RÍMEL m. Cosmético para ennegrecer y endurecer las pestañas.
RIMERO m. Montón de cosas puestas unas sobre otras.
RÍMINI 1 Provincia de Italia, en la región de Emilia-Romagna; 534 km² y 264.667 h. **2** Ciudad de Italia, capital de la provincia de su nombre, 129.748 h.
RIMSKI-KORSAKOV, NIKOLAI ANDREIEVICH Compositor ruso (Tiechvin, 1844 - Liubensk, 1908). Perteneció al grupo de *los Cinco* y entre sus composiciones figuran las óperas *Mlada* (1889), *Sadko* (1896), *La leyenda del zar Saltán* (1899) y *El gallo de oro* (1906-07), y las obras para orquesta *Capricho español* (1887) y *Scherezade* (1888).
RIMÚ m. *Bot.* Chile Planta de la familia oxalidáceas, con flores amarillas, que brota con las primeras lluvias de abril.
RIN-, RINO-; -RRINIA, -RRINO prefs. o sufs. que significan nariz.
RIN Rhin.
RINCO-; -RRINCO-; -RRINCO pref., in. o suf. que significan pico y, en algunos casos, hocico: *ornitorrinco*.
RINCOCÉFALO, LA adj. *Zool.* **1** Se dice del reptil diápsido, característico del terciario, de tamaño reducido, con el premaxilar superior prolongado en pico. Hoy en día sólo existe una especie viva, la tuátara. || m. pl. *Zool.* **2** Orden de estos reptiles.
RINCÓN m. **1** Ángulo entrante que se forma en el encuentro de dos paredes o de dos superficies. **2** Escondrijo o lugar retirado.
RINCÓN, CERRO DEL Monte de los Andes, entre Argentina (Salta) y Chile (Antofagasta); 5.600 m.
RINCONADA f. Ángulo entrante que se forma en la unión de dos casas, calles o caminos, o entre dos montes.
RINCONERA f. Mueble pequeño que se coloca en un rincón.
RINENCÉFALO m. *Anat.* Parte del cerebro formada por el bulbo olfatorio, el tracto y la circunvolución subcallosa. Interviene en las funciones olfativas y en la conducta instintiva y emocional.
RING (Voz i.) m. *Dep.* CUADRILÁTERO.
RINGGIT m. *Econ.* Unidad monetaria de Malasia.
RINGKØBING Condado de Dinamarca, en Jutlandia; 4.853 km² y 271.483 h. Su capital es la ciudad del mismo nombre.
RINGLERA f. Fila de cosas puestas unas tras otras.
RINGLERO m. Cada una de las líneas del papel pautado en que aprenden a escribir los niños.
RINGORRANGO m. fig. y fam. Cualquier adorno superfluo y extravagante. Más en pl.
RINITIS f. *Med.* Inflamación de la mucosa de las fosas nasales.
RINO- pref. RIN-.
RINOCERONTE m. *Zool.* Nombre de varias especies de mamíferos ungulados perisodáctilos de la familia rinocerótidos. Son animales de gran tamaño que pueden llegar a alcanzar los 2 m de altura y 5 toneladas de peso. Presenta uno o dos cuernos sobre el hocico. Viven en las regiones cálidas de África y Asia. Las especies más conocidas son: rinoceronte indio (*Rhinoceros unicornis*), rinoceronte blanco (*Ceratotherium simum*), rinoceronte negro (*Diceros bicornis*), rinoceronte de Java (*Rhinoceros sondaicus*) y rinoceronte de Sumatra (*Didermoceros samatrensis*).

RINOFARINGE f. *Anat.* Porción de la faringe contigua a las fosas nasales.
RINOLOGÍA f. *Med.* Parte de la medicina que estudia la anatomía, fisiología y enfermedades de la nariz.
RINOPLASTIA f. *Med.* Operación quirúrgica para restaurar la nariz.
RINOSCOPIA f. *Med.* Exploración de las cavidades nasales.
RIÑA f. Pendencia, lucha.
RIÑÓN m. **1** *Anat.* Cada uno de los dos órganos que intervienen en la eliminación de agua y productos de desecho del cuerpo. **2** fig. Interior o centro de un terreno, sitio, cuestión, etc. || m. pl. **3** *Anat.* Parte del cuerpo que corresponde a la pelvis. || **RIÑÓN ARTIFICIAL** *Med.* Aparato destinado a purificar la sangre de un paciente. || **costar** una cosa **un riñón** fr. fig. y fam. COSTAR UN OJO DE LA CARA. || **tener** uno **cubierto**, o **bien cubierto, el riñón** fr. fig. y fam. Ser rico.
RIÑONADA f. **1** *Anat.* Lugar del cuerpo en que están los riñones. **2** Guisado de riñones.
RÍO m. **1** *Geol.* Corriente superficial de agua dulce, continua y más o menos caudalosa, que va a desembocar en otra, en un lago o en el mar. **2** fig. Gran abundancia de una cosa. || **a río revuelto** loc. adv. fig. En la confusión y desorden. || **de perdidos al río** fr. fig. y fam. usada para expresar que una vez empezada una acción hay que aceptar sus consecuencias y llevarla a término. || **pescar en río revuelto** fr. fig. Aprovecharse de algún desorden.

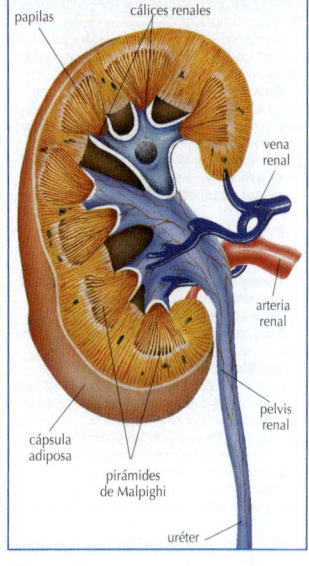

riñón

RÍO, DOLORES DEL (Dolores Asúnsolo Martínez, llamada) Actriz cinematográfica mexicana (Durango, 1905 - Los Ángeles, 1983). Intervino en *El precio de la gloria* (1926), *Ramona* (1928), *Por unos ojos negros* (1935), *María Candelaria* y *Flor silvestre* (1943) y *La malquerida* (1949).
RÍO BRANCO Roraima.
RÍO ERIDANO *Astron.* ERIDANO, constelación.
RÍO GRANDE DO NORTE Estado de Brasil, región de Nordeste; 53.307 km² y 2.558.660 h. Su capital es Natal.
RÍO GRANDE DO SUL Estado de Brasil, en la región Sur; 282.062 km² y 9.634.688 h. Su capital es Porto Alegre.
RÍO DE JANEIRO 1 Estado de Brasil, situado en la región Sudeste; 43.910 km² y 13.406.308 h. **2** Ciudad capital del mismo; 5.551.538 h. Centro industrial y comercial de primer orden. Puerto muy activo. Muy visitada por su famoso carnaval y bellas playas. Fue capital de Brasil hasta 1960.
RÍO DE JANEIRO, TRATADO DE *Hist.* Acuerdo de asistencia recíproca, suscrito en 1947 en esta ciudad por todos los países americanos, excepto Canadá, Nicaragua y Ecuador; constituyó el origen de la Organización de Estados Americanos (OEA).
RÍO NEGRO Provincia de Argentina; situada en la región de Patagonia; 203.013 km² y 556.674 h. Su capital es la Viedma.
RÍO NEGRO Departamento de Uruguay; 9.282 km² y 48.730 h. Su capital es Fray Bentos.

RÍO DE ORO *(Uad-Ed-Dahad)* Golfo y península del Sahara Occidental, junto a Villa Cisneros. Dieron su nombre a la antigua colonia española que después se llamó *África Occidental Española.*

RÍO DE LA PLATA *Hist.* Virreinato de la América española, creado en 1776, que comprendía aproximadamente los territorios de Argentina, Bolivia, Paraguay, Uruguay y S de Brasil, y una faja costera de Chile. Su capital era Buenos Aires.

RÍO DE LA PLATA PLATA, RÍO DE LA, río de América del Sur.

RÍO DE LA PLATA, PROVINCIAS UNIDAS DEL PROVINCIAS UNIDAS DEL RÍO DE LA PLATA.

RÍO SAN JUAN Departamento de Nicaragua; 7.473 km^2 y 70.875 h. Su capital es San Carlos.

RIOBAMBA Ciudad de Ecuador, capital de la provincia de Chimborazo; 114.322 h. En ella se reunió, en 1830, el primer congreso constituyente de Ecuador.

RIOBAMBEÑO, ÑA adj. y s. De Riobamba.

RIODACITA f. *Geol.* Roca volcánica de composición semejante a la del granito. Suele aparecer junto a la riolita y la dacita.

RIOJA m. Vino de fina calidad, que se cría y elabora en la comarca de este nombre.

RIOJA, LA Comunidad autónoma y provincia del N de España; 5.034 km^2 y 265.168 h. De suelo accidentado en el S por la Sierra de la Demanda, los Picos de Urbión, Sierra de Cameros y Sierra Cebollera; el N de la provincia lo constituye una rica y fértil comarca de tierras llanas. Los ríos riojanos son afluentes por la derecha del Ebro, que recorre todo el norte de la provincia. El clima es continental. Se cultivan cereales, vides, frutas y hortalizas. Ganadería vacuna, lanar y porcina. Importante industria alimentaria (vinícola y de conservas vegetales).

RIOJA, LA 1 Provincia de Argentina, situada en la región Andina; 89.680 km^2 y 246.158 h. Importantes recursos mineros, especialmente de oro y plata. **2** Ciudad capital de la misma; 103.727 h. Fue fundada en 1591 por Juan Ramírez de Velasco.

RIOJANO, NA adj. y s. De La Rioja.

RIOLADA f. fam. Afluencia de muchas cosas o personas.

RIOLITA f. *Geol.* Roca eruptiva volcánica de composición ácida, equivalente a la de los granitos, y generalmente de colores claros.

RIONEGRINO, NA adj. y s. De Río Negro (Argentina).

RIOPLATENSE adj. y com. Del Río de la Plata o de los países de su cuenca.

RÍOS, LOS Provincia de Ecuador; 7.175 km^2 y 650.709 h. Su capital es Babahoyo.

RÍOS MONTT, EFRAÍN Político guatemalteco (Huehuetenango, 1927). Accedió a la presidencia de su país en marzo de 1982 y fue derrocado en agosto de 1983 por el general Óscar Humberto Mejía. Resultó vencedor en las elecciones legislativas de agosto de 1994, pero una coalición de los partidos de izquierda le cerró el acceso al gobierno. En 2004 se inició un proceso contra él por su responsabilidad en los disturbios protagonizados por sus seguidores en 2003, que provocaron la muerte de un periodista.

RÍOS MORALES, JUAN ANTONIO Político chileno (Cañete, Arauco, 1888 - Santiago, 1946). Dirigente del Partido Radical, suscribió el pacto del Frente Popular en 1939 y fue elegido presidente de la República para el periodo 1942-46.

RIOSTRA f. *Arquit.* Pieza que, puesta oblicuamente, asegura la invariabilidad de forma de una armazón.

RIOTINTO MINAS DE RIOTINTO.

RIP Siglas del lat. *requiescat in pace* (descanse en paz). Véase DESCANSAR.

RIPARIA adj. *Bot.* RIPÍCOLA.

RIPÍCOLA adj. *Bot.* Se dice de la planta o formación vegetal que crece en las riberas de los ríos, como el sauce o el aliso.

RIPIO m. **1** Residuo que queda de algo. **2** Guijarro. **3** *Arg., Chile* y *Perú* Casquijo que se usa para pavimentar. **4** Palabra superflua que se emplea con el solo objeto de completar el verso. Por extensión, verso o rima de mala calidad. || **no perder ripio** fr. fig. y fam. Estar muy atento a lo que se oye, sin perder palabra.

RIPPERDÁ, JOHAN WILLEN, BARÓN DE Aventurero holandés (Groninga, 1680 - Tetuán, 1737). Llegó a España en 1715, como embajador de las Provincias Unidas. Tras granjearse la confianza de Felipe V fue nombrado ministro universal (1725). Al año siguiente cayó en desgracia.

RIPUARIO, RIA adj. **1** *Hist.* Se dice de uno de los dos pueblos en que se dividían los antiguos francos, que se estableció en el siglo IV a orillas del Rhin. Más como m. pl. **2** Relativo a este pueblo.

RIQUELME, ALONSO Conquistador español (s. XVI). Acompañó a Pizarro en la conquista de Perú. En 1537 fue nombrado regidor perpetuo de Lima.

RIQUEZA f. **1** Abundancia de bienes y dinero. **2** Abundancia relativa de cualquier cosa.

RISA f. **1** Movimiento de la boca y otras partes del rostro, que demuestra alegría. **2** Sonido que se hace al reír. **3** Lo que mueve a reír. || **RISA SARDÓNICA** Contracción de los músculos de la cara, de la que resulta un gesto como cuando uno se ríe. También fig., risa afectada. || **caerse, desternillarse, mearse, morirse, de risa** uno. fr. fig. y fam. Reír con vehemencia. || **morirse de risa** loc. fig. y fam. Permanecer inactiva una persona, o estar abandonada y olvidada una cosa. Se usa más con el p. p. || **tomar** algo **a risa** fr. fig. No darle crédito o importancia.

RISARALDA Departamento de Colombia; 4.140 km^2 y 1.025.539 h. Su capital es Pereira.

RISARALDENSE o **RISARALDEÑO, ÑA** adj. y s. De Risaralda.

RISCAL m. Sitio de muchos riscos.

RISCO m. **1** Hendidura. **2** Peñasco alto y escarpado.

RISCOSO, SA adj. Que tiene muchos riscos.

RISI, DINO Director de cine italiano (Milán, 1917). Considerado una de las figuras más representativas de la comedia italiana: *Pane, amore, e...* (1955), *Vida difícil* (1961), *La escapada* (1962), etc.

RISIBLE adj. Que causa risa o es digno de ella.

RISORGIMENTO (Voz it.) *Hist.* Nombre que dan los italianos al proceso para lograr su unidad nacional.

RISORIO, RIA adj. y m. *Anat.* Relativo al músculo de la cara que, al contraerse, separa la comisura de los labios y forma la expresión de la sonrisa.

RISOTADA f. Carcajada, risa estrepitosa y descompuesta.

RISS m. Tercera y más importante de las cuatro glaciaciones del cuaternario, característica de los Alpes. Abarca un periodo de 180.000 años.

RISTRA f. **1** Trenza hecha con los tallos de ajos o cebollas. **2** fig. y fam. Conjunto de ciertas cosas colocadas unas tras otras.

RISTRE m. Hierro injerido en la parte derecha del peto de la armadura antigua, donde encajaba el cabo de la manija de la lanza para afianzarlo en él. || **en ristre** loc. adj. Se aplica a lo que se lleva bien sujeto para hacer algo con ello.

RISTREL m. *Arquit.* Listón grueso de madera.

RISUEÑO, ÑA adj. **1** Que muestra risa en el semblante. **2** Que con facilidad se ríe. **3** fig. De aspecto deleitable, o capaz de infundir gozo o alegría. **4** fig. Próspero, favorable.

¡RITE! o **¡RITA!** Voz repetida de los pastores para mover el ganado menor o para acelerar la marcha.

RITIDOMA m. *Bot.* Conjunto de las capas exteriores que recubren el tronco, formadas por las células originadas en la división hacia el exterior del felógeno. Su espesor es variable y puede desprenderse de formas muy diversas (espejuelos, tiras o placas).

RITM-; -RITMIA, -RRITMIA pref. o sufs. que significan ritmo.

RÍTMICO, CA adj. **1** Relativo al ritmo o al metro. **2** Sujeto a ritmo.

RITMO m. **1** Grata y armoniosa combinación y sucesión de voces y cláusulas y de pausas y cortes en el lenguaje poético y prosaico. **2** Metro o verso. **3** fig. Orden acompasado en la sucesión de las cosas. **4** *Biol.* BIORRITMO. **5** *Mús.* Proporción guardada entre el tiempo de un movimiento y el de otro diferente.

RITO[1] m. **1** Costumbre o ceremonia. **2** Conjunto de reglas establecidas para el culto y ceremonias religiosas. **3** *Rel.* y *Liturg.* Conjunto de toda la liturgia o culto público de una iglesia, en cuanto lleva consigo una peculiar disciplina canónica. En la iglesia católica existen actualmente dos ritos principales: el latino y el oriental. || **RITO MOZÁRABE** o **VISIGÓTICO** *Rel.* y *Liturg.* MOZÁRABE. || **RITOS CHINOS Y MALABARES** *Rel.* e *Hist.* Controversia suscitada por las adaptaciones litúrgicas que hicieron los jesuitas R. De Nobili en la India y M. Ricci en China con objeto de no distanciarse de los nativos. Después de varias alternativas, la Santa Sede dictaminó su total supresión (1742-44). En 1939 Pío XII derogó estas prohibiciones.

RITO[2] m. *Chile* Manta gruesa de hilo burdo.

RITORNELO m. *Mús.* **1** Pequeño fragmento musical que, a modo de preludio, precede a un canto. **2** Repetición, estribillo.

RITSOS, JANNIS Poeta griego (Monenvasía, 1909 - Atenas, 1990). Poeta de lo cotidiano, es autor de *Epitafios* (1936), *La prueba* (1943), *Piedras, repeticiones y barrotes* (1972) y *El muro en el espejo* (1973).

RITTER, JOHANN WILHELM Físico y fisiólogo alemán (Samnitz, 1776 - Munich, 1810). Fue el primero en obtener oxígeno e hidrógeno separados, por descomposición electrolítica del agua. Inventó la pila seca y se adelantó a Seebeck en la detección de corrientes termoeléctricas. En 1801 separó los componentes de la luz blanca y comprobó que la parte invisible del espectro, situada más allá del violeta, es la más activa.

RITTER, KARL Geógrafo alemán (Quedlinburg, 1779 - Berlín, 1859). Considerado uno de los fundadores de la geografía moderna, es autor de *La Geografía en su relación con la naturaleza y la historia del hombre* (1817-59).

RITUAL adj. **1** Relativo al rito. || m. **2** Conjunto de ritos de una religión o de una iglesia. || **ser de ritual** una cosa fr. fig. Estar impuesta por la costumbre.

RITUALIDAD f. Observancia de las formalidades prescritas para hacer una cosa.

RITUALISMO m. **1** Tendencia a acentuar y aumentar la importancia de los ritos litúrgicos en el culto. **2** Exagerada sujeción a los formalismos en los trámites jurídicos y oficiales. **3** *Rel.* Movimiento de la iglesia anglicana que, en la segunda mitad del siglo XIX, intentó restaurar ceremonias de la iglesia católica.

RIUKIU Archipiélago de Japón, entre la isla de Kiushiu y Taiwan. Constituye la prefectura de OKINAWA.

RIVA AGÜERO, JOSÉ MARIANO DE LA Militar y político peruano (Lima, 1783 - íd., 1858). Se hizo proclamar por el Congreso presidente de Perú en 1823, pero fue destituido tras perder Lima. Procuró un avenimiento con los españoles, por lo cual fue desterrado. Posteriormente, presidió el Estado Norperuano (1836).

RIVA PALACIO, VICENTE Político y escritor mexicano (Ciudad de México, 1832 - Madrid, 1896). Figura prominente del Partido Liberal, fue ministro de Fomento con Porfirio Díaz. Autor de poesías, novelas de corte romántico y cuentos.

RIVADAVIA, BERNARDINO Político argentino (Buenos Aires, 1780 - Cádiz, 1845). Apoyó la causa independentista en la revolución de 1810 y fue secretario del primer Triunvirato (1811). El Congreso Constituyente le eligió primer presidente de la República Argentina (1826-27).

RIVAL com. Quien compite con otro, pugnando por obtener una misma cosa o por superarle.

RIVALIDAD f. **1** Calidad de rival. **2** ENEMISTAD.

RIVALIZAR intr. COMPETIR.

RIVAROL, ANTOINE Escritor francés (Bagnols, 1753 - Berlín, 1801). Consejero de Luis XVI, huyó de Francia al estallar la Revolución. Autor de *Discurso sobre la universalidad de la lengua francesa.*

RIVAROLA, CIRILO ANTONIO Político paraguayo (? - Asunción, 1878). Miembro de la Junta de Gobierno que suscribió el acuerdo preliminar de paz con la Triple Alianza (1869-70), fue elegido presidente de la República (1871).

RIVAS Departamento de Nicaragua; 2.155 km^2 y 141.792 h. Su capital es la ciudad del mismo nombre.

RIVAS, ÁNGEL SAAVEDRA RAMÍREZ DE BAQUEDANO, DUQUE DE Escritor y político español (Córdoba, 1791 - Madrid, 1865). De ideas liberales, hubo de exiliarse entre 1823 y 1833. Posteriormente, fue ministro de Gobernación (1836) y presidente del gobierno durante unos días (1854). El periodo de exilio supuso su adhesión al romanticismo, en el que se inició con los poemas *El sueño del proscrito* (1824) y *El faro de Malta* (1928). Entre sus obras más sobresalientes figuran la leyenda *El Moro Expósito* (1833-34), el drama *Don Álvaro o la fuerza del sino* (1835) y *Romances históricos* (1941).

RIVERA f. **1** Arroyo, pequeño caudal de agua continuada que corre por la tierra. **2** Cauce por donde corre.

RIVERA Departamento de Uruguay; 9.370 km^2 y 97.959 h. Su capital es la ciudad del mismo nombre. Industria ganadera; cultivo del tabaco.

RIVERA, DIEGO Pintor mexicano (Guanajuato, 1886 - Ciudad de México, 1957). Inició con Orozco la gran escuela muralista mexicana. Sus temas están inspirados en la civilización azteca, con un sentido revolucionario. Fue miembro del Partido Comunista Mexicano. Entre sus obras destacan los murales en la Escuela Nacional de Agricultura de Chapingo (1927) y en el Palacio Nacional (1930-35).

RIVERA, JOAQUÍN Político hondureño (Tegucigalpa, 1796 - Comayagua, 1845). Tras renunciar a la presidencia de la República en 1830, fue nuevamente elegido para el cargo (1833-34). La persecución de Ferrera le obligó a emigrar en 1844 a Nicaragua, desde donde organizó diversas expediciones contra el gobierno hondureño. Hecho prisionero, fue ejecutado.

RIVERA, JOSÉ EUSTASIO Escritor colombiano (Neiva, 1888 - Nueva York, 1928). Autor de *Tierra de promisión* (1921), colección de sonetos, y *La vorágine* (1924), considerada un clásico de la literatura hispanoamericana.

RIVERA, JOSÉ FRUCTUOSO Militar y político uruguayo (Paysandú, 1778 - Melo, 1854). Dirigente histórico del Partido Colorado, fue el primer presidente de la República (1830-34). Volvió a ocupar el cargo en los periodos 1838-39 y 1839-43. Triunviro en el periodo 1853-54.

RIVERA, JULIO ADALBERTO Político y militar salvadoreño (Zacatecoluca, 1921 - San José de Guayabal,

Diego **Rivera**. *Civilización zapoteca*. Palacio Nacional (Ciudad de México).

1973). Fue miembro del Directorio Cívico Militar (1961) y presidente de la República (1962-67).

Rivera Paz, Mariano Político guatemalteco (Ciudad de Guatemala, 1804 - íd., 1849). Jefe del Estado de Guatemala (1839-44), declaró nulo el pacto federal de las Provincias Unidas del Centro de América (1839).

Rivet, Paul Etnólogo francés (Wassigny, 1876 - París, 1958). Defendió el origen polinésico de la población aborigen americana.

Riviera, La Nombre con que se conoce el litoral del golfo de Génova entre Niza y La Spezia.

Riyadh (ar-*Riyād*) Ciudad capital de Arabia Saudí y de la provincia de su nombre; 1.800.000 h.

riyal m. *Num.* Antigua unidad monetaria, actualmente llamada RIYOL.

riyol m. *Econ.* Unidad monetaria de Arabia Saudí, Qatar y Yemen.

riz- pref. RIZO-.

rizador, ra adj. y s. **1** Que riza. ‖ m. **2** Tenacillas para rizar el pelo.

Rizal y Mercado Alonso, José Protasio Político, médico y escritor filipino (Calamba, 1861 - Manila, 1896). Luchó por la independencia filipina. Autor de poemas: *Mi último adiós* (1896), y las novelas *Noli me tangere* (1886) y *El filibusterismo* (1891).

rizar tr. **1** Formar en el pelo anillos o sortijas, bucles, tirabuzones, etc. También prnl. **2** Mover el viento la mar, formando olas pequeñas. También prnl. **3** Hacer en las telas, papel o cosa semejante dobleces menudos que forman diversas figuras.

rizo[1] m. Mechón de pelo que tiene forma de sortija, bucle, tirabuzón, etc. ‖ **rizar el rizo** fr. fig. Apurar victoriosamente las máximas dificultades de una empresa o de una actividad cualquiera.

rizo[2] m. *Mar.* Cada uno de los pedazos de cabo que, pasando por los ollaos de las velas, sirven para acortarlas.

rizo-, riz-[1]-ric-, -rriza, -rrizo prefs., in. o sufs. que significan raíz: *pilorriza*.

rizodermis f. *Bot.* Tejido epidérmico de las raíces.

rizófago, ga adj. y m. *Ecol.* Que se alimenta de raíces.

rizofito, ta o **rizófito, ta** adj. y m. *Bot.* Se dice del vegetal provisto de raíces.

rizoforáceo, a adj. y s. *Bot.* **1** Se dice del vegetal dicotiledóneo, con hojas opuestas, muchas raíces exteriores y fruto en baya, como el mangle. ‖ f. pl. *Bot.* **2** Familia de estas plantas.

rizofóreo, a adj. RIZOFORÁCEO.

rizoide adj. y m. *Bot.* Se dice de la estructura con aspecto de raíz, que fija la planta al sustrato; propio de hongos, hepáticas, musgos, líquenes y helechos.

rizoma m. *Bot.* Tallo horizontal y subterráneo, como el del lirio común.

rizópodo, da adj. y s. *Zool.* **1** Se dice del protozoo que se desplaza por seudópodos, que también le sirven para apoderarse de las partículas orgánicas de que se alimenta. A este grupo pertenecen las amebas y los foraminíferos. ‖ m. pl. *Zool.* **2** Superclase de estos animales.

rizosfera f. *Geol.* Espacio situado en torno a las raíces de las plantas y que es influido, física y biológicamente, por ellas.

rizoso, sa adj. **1** Se dice del pelo que tiende a rizarse naturalmente. **2** Se dice de la persona que tiene rizos. También s.

Rn *Quím.* Símbolo del radón.

RNA (Siglas del inglés *Ribo Nucleic Acid.*) m. *Biol.* ARN.

ro Voz que se usa repetida para arrullar a los niños.

Roa Bastos, Augusto Escritor paraguayo (Asunción, 1917). De su obra destacan los relatos breves *El trueno entre las hojas* (1953), *El baldío* (1966) y *El sonámbulo* (1976); y las novelas *Hijo de hombre* (1960), *Yo, el Supremo* (1974), *La vigilia del almirante* (1992) y *Contravida* (1995). Premio Cervantes en 1989.

roanés, sa adj. y s. De Rouen.

roano, na adj. *Veter.* Se dice del caballo o yegua de pelo mezclado de blanco, gris y bayo.

rob m. Arrope o cualquier zumo de frutos maduros, mezclado con alguna miel o azúcar cocido, hasta que toma la consistencia de jarabe o miel líquida.

robaliza f. *Zool.* Hembra del róbalo.

róbalo o **robalo** m. *Zool.* LUBINA.

robar tr. **1** Tomar para sí con violencia lo ajeno. **2** Tomar para sí lo ajeno, o hurtar de cualquier modo. **3** Tomar del montón naipes en ciertos juegos de cartas, y fichas en el del dominó. **4** fig. Atraer con eficacia y como violentamente el afecto o ánimo.

Robbe-Grillet, Alain Escritor y cineasta francés (Brest, 1922). Representante del *nouveau roman*, es autor de *El mirón* (1955), *La celosía* (1957) y *Djinn* (1981). Ha dirigido películas como *El inmortal* (1963) y *Más allá del edén* (1971).

Robbia, Andrea della Escultor y ceramista italiano (Florencia, 1435 - íd., 1525). Sobrino de Luca, es autor de los *putti* de la arcada del Hospital de los Inocentes (1463).

Robbia, Luca della Escultor y ceramista italiano (Florencia, 1400 - íd., 1482). Entre sus obras destacan la cantoría de la catedral de Florencia, la decoración de la capilla Pazzi y el pórtico de San Domenico en Urbino.

Luca della **Robbia**. Coro. Museo de la catedral de Florencia (Italia).

Robbins, Frederick Chapman Virólogo y microbiólogo estadounidense (Auburn, 1916). Sus investigaciones sobre el virus de la poliomielitis permitieron su cultivo en laboratorio y abrieron el camino de su vacuna. Premio Nobel de Fisiología y Medicina en 1954, compartido con Enders y Weller.

Robbins, Tim (Timothy Francis Robbins, llamado) Actor y director de cine estadounidense (Nueva York, 1958). Ha intervenido en *Vidas cruzadas* (1993), *Cadena perpetua* (1995), *Pret-à-porter* (1995), *Arlington Road* (1999), *Alta fidelidad* (2000) y *Misión a Marte* (2001), entre otras películas. Ha dirigido además *El ciudadano Bob Roberts* (1992), *Pena de muerte* (1995), *Abajo el telón* (1999), *Arlington Road* (1999), *Alta fidelidad* (2000) y *Mystic River* (2003).

robellón m. *Biol.* NÍSCALO.

Robert, Hubert Pintor francés (París, 1733 - íd., 1808). Influido por Piranesi y Pannini, alcanzó celebridad con la pintura de ruinas.

Roberti, Ercole (llamado también Ercole da Ferrara) Pintor italiano (Ferrara, h. 1450 - íd., 1496). Discípulo de F. del Cossa, su obra cumbre es *Madona en el trono*.

Roberto Nombre de tres reyes de Escocia.

Roberto I Bruce (Turnberry, 1274 - castillo de Cardross, 1329). En 1306 se sublevó contra Eduardo I de Inglaterra, a cuyas tropas derrotó en Bannockburn (1314). Fue reconocido rey de Escocia por el tratado de Northampton (1328).

Roberto II Estuardo (?, 1316 - Dundonald, 1390). Nieto de Roberto I Bruce, en 1371 sucedió a David II, de quien había sido regente (1346-63).

Roberto III Estuardo (?, 1340 - Rothesay, 1406). Hijo de Roberto II, a quien sucedió en 1390.

Roberto Nombre de dos reyes de Francia.

Roberto I (?, h. 865 - Soissons, Aisne, 923). Accedió al trono el año 922 al ser elegido en Reims por una parte de la nobleza descontenta. Murió en un combate contra Carlos el Simple, que trataba de recuperar la corona.

Roberto II el Piadoso (Orleans, 970 - Melun, 1031). Sucedió a su padre, Hugo Capeto, en 996.

Roberto de Anjou el Prudente Rey de Nápoles (?, 1278 - Nápoles, 1343). Hijo y sucesor de Carlos II de Anjou, ocupó el trono en 1309.

Roberto de Baviera Emperador de Alemania (Amberg, 1352 - castillo de Landskron, 1410). Elegido emperador en 1401. No logró imponer su autoridad sobre las ciudades y príncipes alemanes.

Roberto Belarmino, san Cardenal y teólogo jesuita italiano (Montepulciano, 1542 - Roma, 1621). Fue canonizado por Pío XI en 1929.

Roberto I de Courtenay Emperador latino de Constantinopla (? - Morea, 1228). Ocupó el trono en 1221. Vencido por el déspota del Epiro Teodoro Ángelo y por Juan III Ducas, viajó a Roma en busca de auxilio. Murió en el viaje.

Roberto el Fuerte Conde de Anjou (? - Brissarthe, cerca de Angers, 866). Padre de Roberto I, rey de Francia. Antecesor de los capetos, murió luchando contra los normandos.

Roberto Guiscardo Duque de Apulia y de Calabria (?, h. 1015 - Cefalonia, 1085). Fue uno de los conquistadores normandos que fundaron Estados en Italia. Expulsó a los bizantinos (1071) del S de Italia y conquistó Sicilia a los musulmanes (1061-76). Murió en el asedio de Cefalonia.

Roberts, David Pintor escocés (Stockbridge, 1796 - Londres, 1864). Destaca la serie *Apuntes pintorescos en España*.

Roberts, Julia (Julie Fiona Roberts, llamada) Actriz de cine estadounidense (Smyrna, Georgia, 1967). Ha intervenido en *Pretty Woman* (1990), *Durmiendo con su enemigo* (1991), *El informe Pelícano* (1993), *Conspiración* (1998), *Quédate a mi lado* (1998), *Nothing Hill* (1999), *Erin Brockovich* (2000, Oscar a la mejor actriz), *The Mexican* (2001), *Ocean's Eleven* (2002) y *La sonrisa de la Mona Lisa* (2003), entre otras.

Roberts, Richard Bioquímico británico (Derby, 1943). En 1993 recibió el premio Nobel de Medicina, compartido con Philip A. Sharp, por sus descubrimientos acerca de la estructura discontinua de los genes, realizados en 1977.

Roberval, Gilles de (Gilles Personne, llamado) Geómetra francés (París, 1602 - íd., 1675). Inventó un método para el trazado de las tangentes y una balanza, que lleva su nombre.

Robespierre, Maximilien de Político francés (Arrás, 1758 - París, 1794). Representante de París en la Convención Nacional, adquirió una inmensa popularidad, que le permitió derrotar a los girondinos, que le acusaban de aspirar a la dictadura. Fue el alma de las insurrecciones que dieron el triunfo al partido de la Montaña, y después de las ejecuciones de los hebertistas y

Maximilien de **Robespierre**. Retrato de la escuela francesa del siglo XVIII. Museo Carnavalet (París).

de los dantonistas, fue el único jefe del Gobierno revolucionario. Vencido por una coalición de los restos de todos los partidos, fue guillotinado.

ROBÍN m. Met. Orín o herrumbre de los metales.
ROBINSÓN (Por alusión a *Robinson Crusoe*, protagonista de la novela de Daniel Defoe.) m. fig. Hombre que, en la soledad y sin ayuda ajena, llega a bastarse a sí mismo.
ROBINSON, EDWARD G. Actor de cine estadounidense de origen rumano (Bucarest, 1893 - Los Ángeles, 1973). Filmes: *Hampa dorada* (1930), *El último gángster* (1937), *La mujer del cuadro* (1944), *Cayo Largo* (1948), etc.
ROBINSON, EDWIN ARLINGTON Poeta estadounidense (Head Tide, 1869 - Nueva York, 1935). Su obra posee un contenido filosófico: *The Man Against the Sky* (1916), *Collected Poems* (1921).
ROBINSON, JOAN VIOLET Economista británica (Londres, 1903 - Cambridge, 1983). Buena conocedora de la teoría marxista, entre sus obras destacan *Introducción a la teoría del empleo* (1937) y *La acumulación de capital* (1956).
ROBINSON, MARY Política irlandesa (Ballina, Connacht, 1944). Dirigente del Partido Laborista, fue la primera mujer que accedió a la presidencia de la República (1990-97).
ROBINSON, RAY SUGAR Boxeador estadounidense (Detroit, 1920 - Culver City, 1989). Campeón mundial del peso welter (1946) y del peso medio desde 1951. Se retiró en 1965.
ROBINSON, SIR ROBERT Químico británico (Chesterfield, 1886 - Londres, 1975). Estudió los alcaloides y realizó la síntesis de hormonas sexuales. En 1947 recibió el premio Nobel de Química.
ROBINSONIANO, NA adj. Relativo a Robinson Crusoe o a un robinsón.
ROBLE m. 1 *Bot.* Árbol perteneciente a la familia fagáceas, de nombre científico *Quercus robur*, caducifolio, de gran tamaño, copa ancha y longevo. Las flores son unisexuales y los frutos o bellotas crecen al extremo de un largo pedúnculo. Crece en casi toda Europa, hasta la franja septentrional de España. Su madera es muy apreciada en carpintería. **2** *Bot.* Madera de este árbol. **3** fig. Persona o cosa fuerte y recia.
ROBLEDA f. *Bot.* ROBLEDO.

ROBLEDAL m. *Bot.* Bosque de robles.
ROBLEDO m. *Bot.* Sitio poblado de robles.
ROBLEDO, JORGE Conquistador español (Úbeda, ? - Loma del Pozo, Colombia, 1546). Participó en la conquista de Perú con Belalcázar. Fundó Santa Ana de los Caballeros (1539), la actual Anserma de Antioquía.
ROBLES, FRANCISCO Coronel de marina y político ecuatoriano (Guayaquil, 1811 - íd., 1893). Ministro de la Guerra (1851-56), fue presidente de la República (1856-59). Depuesto por García Moreno, participó en dos fallidas insurrecciones (1865 y 1876).
ROBLES, MARCO AURELIO Político panameño (Aguadulce, 1906 - Ciudad de Panamá, 1990). Ministro de Justicia (1960-64), fue elegido presidente de la República (1964-68).
ROBLÓN m. **1** Especie de clavo de hierro que se remacha por uno de sus extremos. **2** *Col.* Teja que se pone en la parte cóncava hacia abajo.
ROBO m. **1** Acción y efecto de robar. **2** Cosa robada.
ROBOAM Rey de Judá (?, 1016 - ?, 958 a. C.). Hijo de Salomón, a quien sucedió el 975 a. C. Su tiranía provocó la división de las diez tribus, ocho de las cuales proclamaron rey a Jeroboam y constituyeron el reino de Israel.
ROBOT m. *Tecnol.* Ingenio electrónico que puede ejecutar automáticamente operaciones o movimientos varios.
ROBÓTICA f. Técnica de la construcción y empleo de los robots.
ROBRA f. Agasajo del comprador o del vendedor a los que intervienen en una venta.
ROBUSTECER tr. y prnl. Dar robustez. ♦ IRREG. Se conjuga como AGRADECER.
ROBUSTO, TA adj. Fuerte, firme.

roble

ROCA f. **1** Piedra, o vena de ella, muy dura y sólida. **2** Peñasco que se levanta en la tierra o en el mar. **3** fig. Cosa muy dura, firme y constante. **4** *Geol.* Materia natural en cuya génesis intervienen procesos geológicos y que, por su extensión, forman parte importante de la masa terrestre. Las rocas se dividen en *endógenas* y *exógenas*, dependiendo de si su formación se ha producido en el interior o exterior de la Tierra. Las primeras incluyen las magmáticas y metamórficas, y las segundas, las residuales y sedimentarias. || **ROCA ÍGNEA** *Geol.* ÍGNEO. || **ROCA METAMÓRFICA** *Geol.* Aquella en cuya composición suelen faltar los feldespatoides y abundar los anfíboles. También son típicos los silicatos de alu-

minio, la estaurolita, topacio, granates, epidota, serpentina, cordierita y clorita. || **ROCA SEDIMENTARIA** *Geol.* SEDIMENTARIO.
ROCA Inca del Perú (s. XIII). Sucesor de Cápac Yupanqui, desarrolló considerablemente la organización del imperio.
ROCA, CABO DE Cabo de Portugal, al O de Lisboa.
ROCA, JULIO ARGENTINO Militar y político argentino (Tucumán, 1843 - Buenos Aires, 1914). Dirigió la famosa expedición del desierto, conquistando la Patagonia (1879). Presidente de la República (1880-86 y 1898-1904).
ROCA, VICENTE RAMÓN Político ecuatoriano (Guayaquil, 1792 - íd., 1858). Formó parte del primer triunvirato de gobierno (1845), siendo después presidente de la República (1845-49).
ROCADA f. Copo de materia textil que se pone en la rueca.
ROCADERO m. **1** Capirote cónico de papel que se ponía a algunos delincuentes. **2** Armazón en figura de piña que sirve para poner el copo que se ha de hilar en la rueca. **3** Envoltura que se pone en esta parte para asegurar el copo.
ROCAFORT (*Rocafort de Campolívar*) Municipio y lugar de España, provincia de Valencia; 4.619 h.
ROCAFUERTE, VICENTE Político ecuatoriano (Guayaquil, 1783 - Lima, 1847). De ideología liberal, fue diputado en las cortes de Cádiz. Se enfrentó a Flores y, tras pactar con éste, accedió a la presidencia (1835-39). Exiliado desde 1843, apoyó la sublevación que provocó la caída de Flores (1845).
ROCALLA f. **1** *Geol.* Conjunto de piedrecillas desprendidas de las rocas por la acción del tiempo o del agua, o que han saltado al labrar las piedras. **2** Abalorio grueso. **3** *Arte.* Decoración disimétrica inspirada en el arte chino, que imita contornos de piedras y de conchas. Caracteriza una modalidad del estilo dominante en el reinado de Luis XV. (Véase ESTILO REGENCIA.)
ROCAMBOLA f. *Bot.* Planta de la familia liliáceas, que se usa para condimento en sustitución del ajo.
ROCAMBOLESCO, CA adj. Se dice de las acciones audaces, apasionantes, espectaculares e inverosímiles.
ROCAMBOR m. *Amér. m.* Juego de naipes parecido al tresillo.
ROCARD, MICHEL Político francés (Courbevois, 1930). Fue ministro de Planificación (1981), de Agricultura (1983) y primer ministro (1988-91). Entre 1993 y 1994 ocupó la secretaría general del Partido Socialista.
ROCE m. **1** Acción y efecto de rozar. **2** Señal que queda después de un roce. **3** fig. Trato frecuente con algunas personas. **4** Pequeña discusión.
ROCHA Departamento de Uruguay; 10.551 km² y 71.492 h. Su capital es la ciudad del mismo nombre.
ROCHA, ADOLFO CORREIA DA TORGA, MIGUEL.
ROCHA, DARDO Político y militar argentino (Buenos Aires, 1838 - íd., 1921). Fue gobernador de la provincia de Buenos Aires, y fundó la ciudad de La Plata en 1882.
ROCHA, GLAUBER Director de cine brasileño (Victoria da Conquista, 1938 - Rio de Janeiro, 1981). Destacado representante del *cinema novo*: *Barravento* (1961), *Terra em trance* (1967), *António das Mortes* (1968), *A idade da Terra* (1980).
ROCHEFOUCAULD, FRANÇOIS DE LA LA ROCHEFOUCAULD, FRANÇOIS, DUQUE DE.
ROCHELA f. *Col.* y *Venez.* Bullicio, algazara.
ROCHELLE, LA (*La Rochelle*) Ciudad del O de Francia, capital del departamento de Charente-Maritime, junto al Atlántico; 71.094 h. Importante centro pesquero.
ROCHESTER Ciudad del Reino Unido, en Inglaterra; 55.460 h. Catedral (siglos XI-XV).
ROCIAR intr. **1** *Meteor.* Caer sobre la tierra el rocío o la lluvia menuda. || tr. **2** Esparcir en gotas menudas el agua u otro líquido. **3** fig. Arrojar algunas cosas de modo que caigan diseminadas.
ROCIERO, RA m. y f. Persona que acude a la romería de la Virgen del Rocío, en Huelva.
ROCÍN m. **1** Caballo de mala traza, basto y de poca alzada. **2** Caballo de trabajo. **3** fig. y fam. Hombre tosco e ignorante.
ROCINANTE m. fig. Por alusión al caballo de Don Quijote, rocín flaco, de mala figura y poca alzada.
ROCÍO m. *Meteor.* **1** Condensación del agua atmosférica que se produce cuando la superficie de un cuerpo sólido expuesto al aire libre se enfría por debajo de cierta temperatura. Aparece en forma de gotas muy menudas distribuidas uniformemente. Se origina fundamentalmente de noche. **2** Las mismas gotas perceptibles a la vista. **3** Lluvia corta y pasajera.
ROCIÓN m. Salpicadura copiosa y violenta de agua del mar, producida por el choque de las olas contra un obstáculo.
ROCK (Voz i.) m. Abreviatura de ROCK AND ROLL.
ROCK AND ROLL (Voz i.) m. *Mús.* Estilo musical y baile que hizo su aparición en EE UU en la década de los cin-

Edward G. **Robinson** (a la izquierda). Escena de *Hampa dorada*, dirigida por Mervin Le Roy.

cuenta del siglo XX. Relacionado originalmente con el rhythm and blues, el hillbilly y otros ritmos, se considera a Fats Domino, Hawk Williams y Bill Halley como sus iniciadores. Rápidamente se dividió en dos corrientes. El rockabilly, cuyos principales representantes fueron Elvis Presley, Buddy Holly, Eddie Cochran, Ricky Nelson, Carl Perkins y Jerry Lee Lewis; y el rock and roll negro, relacionado con el blues, y cuyas máximas figuras fueron Little Richard, Bo Didley y Chuck Berry. Asociado a la rebeldía de la juventud, el nuevo estilo tuvo una difusión masiva y en la década siguiente pasó a Europa, donde proliferaron nuevos grupos y artistas (The Shadows, The Beatles, Rolling Stones, The Who).

ROCKEFELLER, JOHN DAVISON Industrial estadounidense (Richford, 1839 - Ormons Beach, 1937). Estableció con su hermano William la Standard Oil Company (1870) y llegó a reunir una de las más grandes fortunas mundiales. En 1913, fundó el Instituto Rockefeller para la investigación científica.

ROCKEFELLER, NELSON ALDRICH Financiero y político estadounidense (Bar Harbor, 1908 - Nueva York, 1979). Nieto de John Davison, fue gobernador del Estado de Nueva York (1958-73) y vicepresidente de EE UU (1974-1977).

ROCKER (Voz i.) com. Seguidor de la música rock que imita la moda de los jóvenes estadounidenses de los años cincuenta.

ROCOCÓ adj. y m. *Arte*. Estilo artístico surgido en Francia en el siglo XVIII, como renovación del Barroco y que precedió al neoclasicismo. Se caracteriza por el empleo generalizado de la rocalla como elemento decorativo, la curva y el empleo de motivos chinescos. Se aplicó fundamentalmente al mobiliario y a la decoración de interiores, en los que la porcelana ocupa un lugar destacado. En pintura inspiró a tres importantes maestros: Boucher, Watteau y Fragonard. El estilo rococó tuvo bastante difusión en Italia, con Juvara y los pintores venecianos Francesco Guardi y Tiépolo. En los países germánicos, alcanzó su máxima exuberancia en la arquitectura religiosa: iglesias de Weingarten (Suabia), Einsiedeln (Suiza) y San Antonio de Partenkirchen (Baviera). En España hay dos muestras notables de interiores: el Salón de Porcelana del palacio de Aranjuez y el Salón Gasparini, en el Palacio Real de Madrid.

ROCOSAS, MONTAÑAS Sistema montañoso que se levanta en la parte occidental de América del Norte. Comienza por el S en el centro de México y se extiende, en una longitud de unos 6.000 km, hacia el N a través de EE UU y Canadá hasta cerca del océano glacial Ártico. Corre paralela a la costa canadiense en una EE UU se ramifica por el O en una serie de cadenas (Cordillera de las Cascadas, Sierra Nevada).

ROCOSO, SA adj. Se dice del paraje lleno de rocas.

ROCOTE m. *Bot. Amér.* m. Planta y fruto de una especie de ají grande de la familia solanáceas.

ROCROI *Hist*. Población de Francia, departamento de las Ardenas. Victoria de las tropas francesas, dirigidas por el Gran Condé, frente a los tercios españoles, bajo el mando de Francisco de Melo, durante la guerra de los Treinta Años (1643).

ROCUANT, MIGUEL LUIS Poeta chileno (Valparaíso, 1877 - íd., 1948). Introductor del modernismo en su país: *En la barca de Ulises* (1933), *El crepúsculo de las catedrales* (1934).

RODA f. *Mar*. Pieza gruesa y curva que forma la proa de la nave.

RODABALLO m. *Zool*. Pez teleósteo pleuronectiforme, perteneciente a la familia escoftálmidos, de nombre científico *Psetta maxima*. De cuerpo aplanado, la parte superior es de color pardo-verdoso. Su carne es muy estimada.

RODACHINA f. *Col*. GIRÁNDULA.

RODADA f. Señal que deja impresa la rueda de un vehículo en el suelo por donde pasa.

RODADERO, RA adj. 1 Que rueda con facilidad. 2 Que está en disposición o figura de rodar. || m. *Geol*. 3 Terreno pedregoso y con fuerte declive en el que se producen fácilmente desprendimientos de tierras y guijarros.

RODADO¹, DA adj. *Veter*. 1 Se dice del caballo que tiene manchas más oscuras que el color general de su pelo. || m. 2 *Arg*. y *Chile* Cualquier vehículo de ruedas.

RODADO², DA adj. 1 *Geol*. CANTO RODADO. 2 Se dice del tránsito de vehículos de ruedas, y del transporte o trasbordo que se realizan valiéndose de ellos.

RODADOR, RA adj. 1 Que rueda o cae rodando. || m. 2 *Zool*. Mosquito de algunos países de América, que cuando se llena de sangre rueda y cae. 3 Llaneador, corredor en terreno llano.

RODAJA f. 1 Pieza circular y plana, de madera, metal u otra materia. 2 Tajada circular de algunos alimentos. 3 Estrella de la espuela.

rococó. Salón Gasparini. Palacio Real de Madrid.

RODAJE m. 1 Conjunto de ruedas. 2 Acción de impresionar una película cinematográfica. 3 *Mec*. Situación en que se halla un vehículo automóvil mientras no ha rodado la distancia inicial prescrita por el constructor. 4 *Mec. Arg*. Medida de la rueda de un automóvil.

RODAL m. 1 Ruedo, esterilla. 2 RODADA. 3 *Bot*. Conjunto de plantas que diferencian un terreno de su entorno.

RODALÁN m. *Bot. Chile* Planta de la familia oenoteráceas, con tallos rastreros, flores grandes y blancas que se abren al ponerse el Sol, y cápsulas oblongas.

RODAMIENTO m. *Mec*. Cojinete formado por dos cilindros concéntricos, entre los que se intercala una corona de bolas o rodillos que pueden girar libremente.

RODAMINA f. *Quím*. Nombre de varias materias colorantes derivadas de la pironina, obtenidas por condensación del anhídrido ftálico con aminofenoles alquilatados en presencia de ácido sulfúrico.

RÓDANO RHÔNE.

RÓDANO (*Rhône*) Río de Suiza y Francia, que nace en los Alpes centrales, al pie del San Gotardo, cruza el lago de Ginebra, atraviesa el Jura y bordea el Macizo Central, y desemboca en el Mediterráneo, cerca de Marsella, formando un amplio delta; 812 km de curso. Los principales afluentes por su orilla izquierda son el Isère y el Durance; y por la derecha, el Saona, Ardèche y Gard.

RÓDANO-ALPES RHÔNE-ALPES.

RODAPIÉ m. 1 Paramento con que se cubren alrededor los pies de las camas, mesas y otros muebles. 2 FRISO, zócalo de una pared. 3 Tabla, celosía o enrejado que se pone en la parte inferior de la barandilla de los balcones.

RODAR intr. 1 Dar vueltas un cuerpo alrededor de su eje. 2 Caer dando vueltas. 3 Moverse una cosa por medio de ruedas. 4 fig. No tener unas cosas colocación fija. 5 Conducir un vehículo. 6 fig. Ir de un lado a otro sin establecerse en sitio fijo. 7 fig. Suceder unas cosas a otras. || tr. 8 Hacer que rueden ciertas cosas. 9 *Mec*. Hacer que un automóvil marche sin rebasar las velocidades prescritas para el rodaje. 10 *Cin*. Hablando de películas cinematográficas, impresionarlas o proyectarlas.
♦ IRREG. Se conjuga como CONTAR.

RODAS 1 Isla de Grecia, en el Egeo, la más importante del nomo del Dodecaneso, junto a la costa SO de Turquía; 1.400 km² y 66.600 h. **[Encic.]** 2 Ciudad capital del nomo del Dodecaneso y de la isla de su nombre; 41.425 h.

Hist. La isla fue uno de los principales focos de expansión del arte helenístico. Formó parte del imperio macedónico, pero a la muerte de Alejandro Magno expulsó a sus ejércitos y resistió el sitio de Demetrio Poliorcetes (306-305 a. C.); en esta época se construyó el famoso *Coloso*, gigantesca estatua de Apolo que fue destruida por un terremoto. En 1309 la isla pasó a estar ocupada por la ORDEN DE LOS HERMANOS HOSPITALARIOS, quienes consiguieron defenderla de los ataques otomanos hasta 1522. Conquistada por Italia en 1912, fue devuelta a Grecia en 1947.

RODBELL, MARTIN Biólogo estadounidense (Baltimore, 1926 - Chapel Hill, Carolina del Norte, 1998). En 1970 descubrió el papel desempeñado por el guanosín trifosfato (GTP) como proteína transductora entre el receptor y el interior de la célula. En 1994 recibió el premio Nobel de Medicina y Fisiología, compartido con A. G. Gilman.

RODBERTUS, JOHANN KARL Economista alemán (Griefswald, 1805 - Jagetzow, 1875). Propugnó un socialismo de Estado y la colectivización de los medios de producción.

RODCHENKO, ALEXANDER MIJAILOVICH Artista ruso (San Petersburgo, 1891 - Moscú, 1956). Formado en la abstracción geométrica, e influido por el suprematismo de Malevich, evolucionó hacia el constructivismo.

RODEAR intr. 1 Andar alrededor. 2 Ir por camino más largo que el ordinario. 3 fig. Utilizar rodeos al hablar. || tr. 4 Poner una o varias cosas alrededor de otra. 5 Cercar una cosa cogiéndola en medio. 6 Hacer dar vuelta a una cosa. 7 *Arg., Col., Cuba* y *Chile* Reunir el ganado mayor en un sitio determinado. || prnl. 8 Reunir uno a su alrededor a ciertas personas o cosas.

RODELA f. Escudo redondo y delgado.

RODEMBACH, GEORGES Escritor belga en lengua francesa (Tournai, 1855 - París, 1898). Es autor de *Brujas la Muerta* (1892), novela, y *El reino del silencio* (1891), poemas.

RODENAL m. *Bot*. Sitio poblado de pinos rodenos.

RODENO, NA adj. Que tira a rojo. Se dice de tierras, rocas, etc.

RODEO m. 1 Acción de rodear. 2 Camino más largo o desvío del camino derecho. 3 Vuelta para librarse de quien persigue. 4 Reunión del ganado mayor para reconocerlo, contarlo, etc. 5 Sitio donde se reúne. 6 *Dep*. En algunos países de América, deporte que consiste en montar a pelo potros salvajes o reses vacunas bravas y hacer otros ejercicios como arrojar el lazo, etc. 7 Manera indirecta para hacer alguna cosa, a fin de eludir las dificultades que presenta. 8 fig. Manera de decir una cosa valiéndose de circunloquios. 9 fig. Maniobra para disimular o eludir algo.

RODERA f. 1 Rodada de un vehículo en el suelo. 2 Camino abierto por el paso de los carros.

RODERICENSE adj. y com. De Ciudad Rodrigo.

RODESIA RHODESIA.

RODETE m. 1 Rosca que con las trenzas del pelo se hacen las mujeres. 2 Rosca de lienzo que se pone en la cabeza para llevar sobre ella un peso. 3 Chapa circular fija en lo interior de la cerradura. 4 *Mec*. Rueda horizontal donde gira el juego delantero del coche. 5 Rueda hidráulica horizontal con paletas.

RODEZNO m. 1 Rueda hidráulica con paletas curvas y eje vertical. 2 Rueda dentada que engrana con la que está unida a la muela de la tahona.

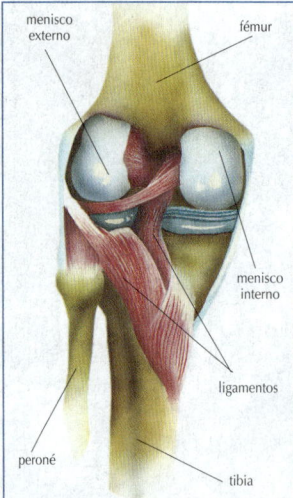

Anatomía de la **rodilla**.

RODILLA f. 1 *Anat.* Articulación entre el fémur y la tibia en el hombre. 2 *Zool.* Articulación correspondiente en las extremidades posteriores de los cuadrúpedos. 3 Paño basto que sirve para limpiar, especialmente en la cocina. || **de rodillas** loc. adv. Con las rodillas dobladas y apoyadas en el suelo.

RODILLADA f. 1 RODILLAZO. 2 Golpe que se recibe en la rodilla. 3 Postura de la rodilla en tierra.

RODILLAZO m. Golpe dado con la rodilla.

RODILLERO, RA adj. 1 Perteneciente a las rodillas. || 2 Cualquier cosa que se pone para comodidad, defensa o adorno de la rodilla. 3 Remiendo de la ropa que sirve para cubrir la rodilla. 4 Convexidad que se forma en el pantalón en la parte de la rodilla. 5 Herida que se hacen las caballerías al caer de rodillas.

RODILLO m. 1 Madero redondo y fuerte que se hace rodar por el suelo para llevar sobre él una cosa de mucho peso. 2 *Agr.* Cilindro muy pesado que se hace rodar para allanar y apretar la tierra. 3 Cilindro que se emplea para dar tinta en las imprentas, litografías, etc. 4 Pieza de metal, cilíndrica y giratoria, que forma parte de diversos mecanismos. 5 Cilindro de madera que se usa en cocina para amasar.

RODIN, AUGUSTE Escultor francés (París, 1840 - Meudon, 1917). Cultivó una escultura realista, caracterizada por una extraordinaria expresividad psicológica unida a un perfecto dominio de la anatomía humana. Entre sus obras más célebres se encuentran *La edad de bronce* (1877), *Las sombras* (1880), *El beso* (1886), *El pensador* (1888), *Los burgueses de Calais* (1884-86), y los monumentos a Balzac y Víctor Hugo.

RODIO[1] m. *Quím.* Elemento químico del grupo VIII B del sistema periódico. Masa atómica 102,91; número atómico 45; símbolo *Rh*.

RODIO[2], **DIA** adj. y s. De Rodas.

RODIOTA adj. RODIO[2].

RODO m. 1 Rodillo para arrastrar cosas de mucho peso. 2 Cilindro muy pesado para allanar el suelo.

RODÓ, JOSÉ ENRIQUE Escritor y pensador uruguayo (Montevideo, 1871 - Palermo, 1917). Notable ensayista, publicó *Ariel* (1900), *Liberalismo y jacobinismo* (1906), *Motivos de Proteo* (1909), *El mirador de Próspero* (1913), *El camino de Paros* (1917).

RODOCROSITA f. *Miner.* Carbonato de manganeso que cristaliza en el sistema trigonal y se presenta en cristales romboédricos de color rosado. Es una mena secundaria del manganeso.

RODODAFNE f. *Bot.* 1 Adelfa, arbusto. 2 Flor de este arbusto.

RODODENDRO m. *Bot.* Nombre de numerosas especies de pequeños árboles y arbustos de la familia ericáceas, género *Rhododendron*. Se cultivan como ornamentales.

RODOFÍCEO, A adj. y f. *Biol.* 1 Se dice del alga de color variable entre rojo y violeta, que vive en los mares tropicales. || f. pl. *Biol.* 2 Clase de estas algas.

RODOFITA adj. y f. *Biol.* ALGAS ROJAS.

RODOGUNA Princesa de los partos, hija de Mitrídates I (s. II a. C.). Se casó, el 140 a. C., con Demetrio II Nicátor, rey de Siria.

RODOLFO Lago de África ecuatorial, en el N de Kenia; sirve de frontera con Etiopía; 8.600 km². También se llama *Turkana*.

RODOLFO Nombre de diversos emperadores germánicos.

RODOLFO I DE HABSBURGO Emperador de Alemania (Limburgo, 1218 - Espira, 1291). Fundador de la dinastía Habsburgo, fue elegido rey de romanos en 1273 por influencia del papa Gregorio X. Venció al rey de Bohemia Otakar II, a quien arrebató Austria y Estiria.

RODOLFO II DE HABSBURGO Emperador de Alemania (Viena, 1552 - Praga, 1612). Hijo de Maximiliano II, se educó en España. Coronado en 1576, impulsó el contrarreformismo en Alemania e impuso en Aquisgrán un gobierno católico (1580). A partir de 1597 asoció a sus hermanos al poder, entre ellos Matías, quien logró la cesión de Austria, Hungría y Moravia. En 1611, abdicó del gobierno, manteniendo únicamente su título imperial. Prestó su apoyo a Ticho Brahe y Kepler.

RODOLFO DE HABSBURGO Archiduque de Austria (Laxenburg, 1858 - Mayerling, 1889). Hijo único del emperador Francisco José I, en 1880 se casó con Estefanía de Bélgica. Murió misteriosamente junto a su amante, la baronesa María Vetzera.

RODOMIEL m. Jarabe de miel y agua de rosas.

RODOPE RHODOPE.

RODOPSINA f. *Zool.* Pigmento fotosensible de color rojo intenso, presente en los bastones de la retina, que posibilita la visión con luz muy tenue.

RODRIGAR tr. *Bot.* Poner rodrigones a las plantas.

RODRIGO Último rey visigodo de Toledo (? - Guadalete, 711). Sucedió a Witiza el 710, elegido por un sector de la nobleza enfrentado a su antecesor. El estallido de la guerra civil motivó la llegada de los árabes en apoyo de los witizianos. Murió en la batalla del Guadalete (711).

RODRIGO, JOAQUÍN (JOAQUÍN RODRIGO VIDRE, llamado) Compositor español (Sagunto, 1902 - Madrid, 1999). Ciego desde la infancia, fue discípulo de Paul Dukas en París. En su música hay una marcada presencia de elementos folclóricos nacionales. Su obra más célebre es el *Concierto de Aranjuez* (1939). Entre sus composiciones posteriores figuran *Concierto de estío*, para violín y orquesta (1943), *Fantasía para un gentilhombre*, para guitarra y orquesta (1956) y *Concierto andaluz* (1967). Premio Príncipe de Asturias de las Artes en 1996.

RODRIGÓN m. 1 *Bot.* Vara que se clava al pie de una planta y sirve para sostener sus tallos y ramas. 2 fig. y fam. Criado anciano que servía para acompañar señoras.

RODRIGUES, AMALIA Cantante portuguesa (Lisboa, 1920 - íd., 1999). Comenzó su carrera en 1939 y posteriormente se consagró como una de las mejores cantantes de fados. Se retiró en 1990.

RODRIGUES ALVES, FRANCISCO DE PAULA Político brasileño (Guaratinguetá, 1848 - Rio de Janeiro, 1919). Presidente de la República (1902-06), durante su mandato se incorporó el territorio del Acre.

RODRIGUES LOBO, FRANCISCO Escritor portugués (Leiría, 1580 - ahogado en el Tajo, 1622). Figura relevante del culteranismo portugués, en su obra poética destacan *Églogas* (1605), y en prosa, *Corte en la aldea y noches de invierno* (1619).

RODRIGUEZ m. fam. Marido que permanece en la ciudad trabajando, y a menudo divirtiéndose, mientras la familia está de vacaciones. Se utiliza sobre todo en la fr. *estar de rodríguez*.

RODRÍGUEZ, ABELARDO Militar y político mexicano (San José de Guaymas, 1889 - California, 1967). Presidente interino de la República (1932-34), llevó a cabo una política obrerista.

RODRÍGUEZ, ANDRÉS Militar y político paraguayo (San Salvador, 1925 - Nueva York, 1997). En 1989 se autoproclamó presidente de la República tras derrocar al dictador Stroessner. Poco después ratificó su cargo como candidato del Partido Colorado. Le sustituyó Juan Carlos Wasmosy en 1993.

RODRÍGUEZ, CAYETANO Poeta argentino (San Pedro, 1761 - Buenos Aires, 1823). Religioso franciscano, redactó las actas del Congreso de Tucumán (1816), en el que se declaró la independencia. Es autor de *El sueño de Eulalia contado a Flora*.

RODRÍGUEZ, JUAN MANUEL Político salvadoreño (San Salvador, 1795 - ?, 1826). Héroe de la independencia, fue jefe del Estado (1824-26) y promulgó la primera constitución del país.

RODRÍGUEZ, LUIS FELIPE Escritor cubano (Manzanillo, 1888 - La Habana, 1947). Autor de las novelas *Cómo opinaba Damián Paredes* (1916) y *Ciénaga* (1937).

RODRÍGUEZ, MANUEL DEL SOCORRO Escritor cubano (Bayamo, 1756 - Bogotá, 1819). Fundó el *Papel periódico de la ciudad de Santafé*, primer periódico de Nueva Granada.

RODRÍGUEZ, MARTÍN Político argentino (Buenos Aires, 1771 - Montevideo, 1844). Luchó contra los invasores ingleses (1806-07) y participó en la Revolución de Mayo (1810). Gobernador de Buenos Aires (1820-24), hizo grandes reformas.

RODRÍGUEZ, MIGUEL ÁNGEL Político y economista costarricense (San José, 1940). Vinculado al Partido Unidad Social Cristiana, fue presidente de la República de 1998 a 2002. Durante su mandato puso en marcha un programa liberalizador que mantenía una atención especial a los gastos sociales. Desde 2004 es secretario general de la Organización de los Estados Americanos.

RODRÍGUEZ ALCALÁ, HUGO Escritor paraguayo (Asunción, 1919). Obra poética: *Estampas de la guerra* (1939), *La dicha apenas dicha* (1967) y *El canto del aljibe* (1973).

RODRÍGUEZ DE FONSECA, JUAN Eclesiástico y político español (Toro, 1451 - Burgos, 1524). Obispo de Badajoz y de Burgos. Dirigió las expediciones americanas (1493-1503) y los asuntos comerciales de la casa de Contratación hasta la fundación del Consejo de Indias (1524).

RODRÍGUEZ DE FRANCIA, JOSÉ GASPAR (llamado EL DOCTOR FRANCIA) Político paraguayo (Asunción, 1766 - íd., 1840). Fue cónsul (1813-14), compartiendo el poder con Yegros. Dictador desde 1814, se mantuvo en el poder hasta 1840. Inspiró la novela *Yo, el Supremo*, de Augusto Roa Bastos.

RODRÍGUEZ FREILE, JUAN Cronista colombiano (Santa Fe de Bogotá, 1566 - íd., 1639). Escribió la crónica colonial *El Carnero* (1636).

RODRÍGUEZ GALVÁN, IGNACIO Escritor mexicano (Tizayuca, 1816 - La Habana, 1842). Principal representante del romanticismo en México. Autor de *Profecía de Guatimoc*, poesía, y *El privado del virrey*, drama histórico.

RODRÍGUEZ LARA, GUILLERMO Militar y político ecuatoriano (Pugilí, 1924). Presidente de la República, al derrocar mediante un golpe militar al presidente José María Velasco (1972-76).

RODRÍGUEZ LARRETA, ENRIQUE LARRETA, ENRIQUE.

RODRÍGUEZ MONEGAL, EMIR Escritor uruguayo (Montevideo, 1921 - Cambridge, EE UU, 1985). Autor de los ensayos *Neruda, el viajero inmóvil* (1956) y *Borges: una lectura poética* (1976). Fundó en París la revista *Mundo nuevo*.

RODRÍGUEZ PEÑA, NICOLÁS Político y militar argentino (Buenos Aires, 1775 - Chile, 1853). Precursor de la revolución de 1810, formó parte del segundo Triunvi-

Auguste **Rodin**.
Amor y fuego.
Museo Rodin (París).

rato (1812). Tras la independencia de Uruguay, fue gobernador de Montevideo.

RODRÍGUEZ PINTOS, CARLOS Poeta uruguayo (Montevideo, 1895 - íd., 1982). Influido por los poetas franceses, compuso *Columbarium*, *Dos oraciones a la Virgen* (en colaboración con Rafael Alberti) y *Canto de amor*.

RODRÍGUEZ TORICES, MANUEL Patriota y político colombiano (Cartagena, 1788 - Bogotá, 1815). Nombrado presidente de Cartagena en 1815, fue capturado y fusilado por los españoles.

RODRÍGUEZ ZAPATERO, JOSÉ LUIS Político español (Valladolid, 1960). Diputado por León desde 1986 por el Partido Socialista Obrero Español (PSOE), en 2000 fue elegido secretario general del partido. En las elecciones generales de marzo de 2004, celebradas cuatro días después de los atentados cometidos en Madrid por la organización terrorista islámica Al Qaeda, y que provocaron una gran indignación popular, el PSOE obtuvo la mayoría y Rodríguez Zapatero fue nombrado presidente del Gobierno.

José Luis **Rodríguez Zapatero**.

ROEDOR, RA adj. **1** Que roe. **2** fig. Que conmueve el ánimo. || m. *Zool.* **3** Se dice del mamífero de pequeñas dimensiones, casi siempre plantígrado y caracterizado por la presencia en cada maxila de dos incisivos de crecimiento continuo. Su alimentación es vegetariana u omnívora, y suele vivir en nidos o madrigueras subterráneas. Algunas especies tienen letargo invernal y, en general, son muy prolíficas. Representantes del grupo son el conejo, ardilla, ratón, marmota, nutria y castor. También s. || m. pl. *Zool.* **4** Orden de estos mamíferos, el más numeroso.

ROEDURA f. **1** Acción de roer. **2** Porción que se corta royendo. **3** Señal que queda en la parte roída.

ROEL m. Pieza redonda en los escudos de armas.

ROELA f. *Met.* Disco de oro o de plata en bruto.

ROELAS, JUAN DE Pintor español (?, h. 1560 - Olivares, 1625). Barroco, cultivó sobre todo la pintura religiosa: *La elevación de la cruz* (1597) y *Visión de san Bernardo* (1612).

ROEMER o **RÖMER, OLE** Astrónomo danés (Aarhus, 1644 - Copenhague, 1710). Midió por primera vez la velocidad de la luz, que se creía infinita, estimando su valor en 227.000 km/s.

ROENTGEN m. *Metrol.* Unidad de dosis radiactiva en el Sistema Internacional, que equivale a la radiación capaz de ionizar 1 cm³ de aire, para que adquiera una carga de 3.10⁻¹⁰ culombios. Su símbolo es *R*.

ROENTGEN o **RÖNTGEN, WILHELM KONRAD** Físico alemán (Lennep, 1845 - Munich, 1923). Descubridor de los rayos X, en 1901 recibió el primer premio Nobel de Física.

ROENTGENIO m. *Fís.* ROENTGEN.

ROER tr. **1** Cortar menuda y superficialmente con los dientes parte de una cosa dura. **2** Quitar con los dientes a un hueso la carne que se le quedó pegada. **3** Gastar superficialmente, poco a poco, una cosa. **4** fig. Afligir o atormentar algo a alguien interiormente. ♦ IRREG. Véase cuadro.

ROETE m. Vino medicinal hecho con zumo de granadas.

ROGACIÓN f. **1** Acción de rogar. || f. pl. **2** Letanías en procesiones públicas, que se hacen en determinados días del año.

ROGAGUA Lago del N de Bolivia; 1.050 km².

ROGALAND Condado del SO de Noruega; 9.141 km² y 369.059 h. Capital, Stavanger.

ROGAR tr. **1** Pedir por gracia una cosa. **2** Instar con súplicas. ♦ IRREG. Se conjuga como CONTAR.

ROGATIVO, VA adj. **1** Que incluye ruego. || f. **2** Oración pública hecha a Dios para conseguir el remedio de una grave necesidad. Más en pl.

ROGENT Y AMAT, ELÍAS Arquitecto español (Barcelona, 1821 - íd., 1897). Principal representante del neorromanticismo en Cataluña. Construyó la Universidad (1859-74) y el Seminario conciliar (1878-88) de Barcelona.

ROGER Nombre de dos soberanos de Sicilia.

ROGER I (Normandía, 1031 - Mileto, 1101). Marchó a Calabria para ayudar a su hermano Roberto Guiscardo en su lucha contra los musulmanes (1061). Conquistó Sicilia y Malta y llegó a ser el normando más poderoso del S de Italia. En 1062 fue nombrado conde de Sicilia.

ROGER II (?, h. 1095 - Palermo, 1154). Hijo de Roger I, en 1130 se convirtió en el primer rey de Sicilia. Enfrentado con el papa Inocencio II y con el emperador germánico Lotario II, a él se debe la unificación de los territorios de Italia meridional.

ROGER DE FLOR FLOR, ROGER DE.

ROGERS, GINGER (VIRGINIA KATHERINE MCMATH, llamada) Bailarina y actriz de cine estadounidense (Independence, 1911 - Los Ángeles, 1995). Formó pareja con Fred Astaire. Películas principales: *La alegre divorciada* (1934), *Sombrero de copa* (1935), *Ritmo loco* (1937), *Espejismo de amor* (1940; Oscar a la mejor actriz), *Me siento rejuvenecer* (1952).

ROH TAE WOO Militar y político surcoreano (Taegu, 1932). Comandante Militar de la Defensa de Corea (1980-81), en 1985 fue nombrado presidente del Partido de la Democracia. Tras alcanzar la victoria en las elecciones presidenciales, tomó posesión del cargo en 1988. En 1992 fue sustituido por Kim Young Sam.

RÖHM, ERNST Militar y político alemán (Munich, 1887 - íd., 1934). Jefe de Estado Mayor de las SA (1931) y ministro sin cartera con Hitler (1933), convirtió a las SA en la policía auxiliar. Fue acusado de conspiración y asesinado por las SS.

ROHMER, ERIC (JEAN MARIE MAURICE SCHERER, llamado) Director de cine francés (Nancy, 1920). Representante de la *nouvelle vague*, sus filmes se caracterizan por un ritmo cadencioso. Entre sus trabajos destacan las series *Cuentos morales*, que incluye *La coleccionista* (1967) o *La rodilla de Clara* (1970); *Comedias y proverbios*, en la que se incluye *Noches de luna llena* (1984); y *Cuentos de las cuatro estaciones* con *Cuento de primavera* (1990) y *Cuento de verano* (1996).

ROHRER, HEINRICH Físico suizo (Buchs, 1933). Experto en superconductividad, desarrolló con G. Binning el primer microscopio electrónico de efecto túnel. En 1986 recibió el premio Nobel de Física, compartido con G. Binning y E. Ruska.

ROÍDO, DA adj. fig. y fam. Corto, despreciable, mísero.

ROJAL adj. **1** Que tira a rojo. || m. **2** Terreno rojizo.

ROJAS, DIEGO DE Conquistador español (Burgos, ? - Tucma, 1544). Fundó Chuquisaca y descubrió la región de Tucumán.

ROJAS, FERNANDO DE Escritor español (La Puebla de Montalbán, h. 1465 - Talavera de la Reina, 1541). Judío converso, estudió leyes en Salamanca y residió en Talavera de la Reina. Escribió *La Celestina* o *Tragicomedia de Calisto y Melibea*, una de las obras cumbre de la literatura española.

ROJAS, JORGE Escritor colombiano (Santa Rosa de Viterbo, 1911). Autor de *La forma de su huida* (1939), *La doncella de agua* (1948) y *Rosa de agua* (1948).

ROJAS, LIBERATO Político paraguayo (Asunción, 1870 - ?, 1922). Presidente de la República (1911-12), fue depuesto por una revolución del Partido Liberal, al que él mismo pertenecía.

ROJAS, MANUEL Escritor chileno (Buenos Aires, 1896 - Santiago de Chile, 1973). Entre sus mejores obras figuran las novelas *Hijo de ladrón* (1951) y *La oscura vida radiante* (1971).

ROJAS, RICARDO Escritor argentino (Tucumán, 1882 - Buenos Aires, 1957). Abordó el problema de la identidad nacional en ensayos como *Blasón de plata* (1909) y *La argentinidad* (1922). De su obra poética cabe citar *La victoria del hombre* (1903) y *Los lises del blasón* (1911).

ROJAS GARRIDO, JOSÉ MARÍA Político y escritor colombiano (Agrado, 1824 - Bogotá, 1883). Presidente de la República (1866).

ROJAS GONZÁLEZ, FRANCISCO Escritor y antropólogo mexicano (Guadalajara, 1903 - íd., 1951). Autor de novelas como *La negra Angustias* (1944) y *Lola Casanova* (1947), y de la colección de cuentos *El diosero* (1952).

ROJAS PAÚL, JUAN PABLO Político venezolano (Caracas, 1829 - íd., 1905). Presidente de la República (1888-90), con su mandato se produjo un retorno a la normalidad civil.

ROJAS PAZ, PABLO Escritor argentino (Tucumán, 1869 - Buenos Aires, 1956). Autor de una extensa y variada obra en la que destacan las novelas *Hombres grises, montañas azules* (1930) y *Mármoles bajo la lluvia* (1954).

ROJAS PINILLA, GUSTAVO General y político colombiano (Tunja, 1900 - Melgar, 1975). Dirigió el golpe de Estado contra el presidente Laureano Gómez y se autoproclamó presidente de la República (1953-57).

ROJEAR intr. **1** Mostrar una cosa el color rojo que en sí tiene. **2** Tirar a rojo.

ROJIZO, ZA adj. Que tira a rojo.

ROJO, JA adj. **1** Encarnado muy vivo. También m. Es el primer color del espectro solar. **2** De color parecido

Ginger **Rogers**. Con Fred Astaire en una escena de la película *Roberta*, dirigida por William Seiter.

ROER

INDICATIVO
Pres.: roo (o roigo o royo), roes, etc.
Pret. imperf.: roía, roías, etc.
Pret. indef.: roí, roíste, royó, roímos, roísteis, royeron.
Fut. imperf.: roeré, roerás, etc.
Condic.: roería, roerías, etc.
SUBJUNTIVO
Pres.: roa, roas, etc. (o roiga, roigas, etc., o roya, royas, etc.).
Pret. imperf.: royera, royeras, etc., o royese, royeses, etc.
Fut. imperf.: royere, royeres, etc.
IMPERATIVO: roe, roed.
PARTICIPIO: roído.
GERUNDIO: royendo.

Fernando de **Rojas**. Primera página de *La Celestina*. Toledo, 1526.

al oro. **3** Se dice del pelo de un rubio muy vivo, casi colorado. **4** *Polít.* Radical, revolucionario. También s.
ROJO RED, río de EE UU.
ROJO Mar que separa el continente africano (Egipto, Sudán y Eritrea) de la península de Arabia. Se comunica, al N, con el Mediterráneo por el canal de Suez (desde 1869), y al S, con el golfo de Adén por el estrecho de Bab el-Mandeb. Tiene una anchura máxima de 355 km y 2.300 km de longitud.
ROKHA, PABLO DE (CARLOS DÍAZ LOYOLA, llamado) Escritor chileno (Lincantén, 1894 - Santiago, 1968). Escribió poesía y ensayos literarios: *Los gemidos* (1922), *Jesucristo* (1933), *Oda a la memoria de Gorki* (1936), *Estilo de masas* (1965).
ROKOSSOVSKI, KONSTANTIN Mariscal soviético de origen polaco (Varsovia, 1896 - Moscú, 1968). Reorganizó el ejército bolchevique y durante la Segunda Guerra Mundial se distinguió en las batallas de Moscú y Stalingrado.
ROL m. **1** Papel que desempeña un actor, y por extensión, otra persona en cualquier actividad. **2** Lista o nómina. **3** Licencia que da el comandante de una provincia marítima al capitán de un barco, y en la cual consta la lista de la tripulación que lleva. **4** *Psicol.* Conducta que un grupo espera de uno de sus miembros en una situación determinada. ♦ Su pl. es *roles*.
ROLAND GARROS Estadio de tenis, en las cercanías de París, en el que se disputa el campeonato *open* de Francia, sobre tierra batida, uno de los cuatro que forman el *Grand Slam*.
ROLDÁN, AMADEO (Santiago de Cuba, 1905 - La Habana, 1939). Miembro de la escuela moderna, se adscribió al afroamericanismo musical: *La Rebambaramba* (1928), *El milagro de Anaquillé* (1928-29), *Rítmicas* (1930).
ROLDÁN o **ROLANDO, CANTAR DE** CHANSON DE ROLAND.
ROLDÁN, FRANCISCO Marino español (Moguer, 1462 - en el mar Caribe, 1502). Marchó con Colón en su segundo viaje, como proveedor de la armada. Fue alcalde mayor de la Isabela.
ROLDANA f. Rodaja por donde corre la cuerda en una garrucha.
ROLDÓS AGUILERA, JAIME Político ecuatoriano (Guayaquil, 1940 - cerca de Loja, 1981). Candidato de la Concentración de Fuerzas Populares, de matiz socialdemócrata, fue elegido presidente de la República en 1979. Murió en un accidente aéreo.
ROLEO m. *Arquit.* Voluta de capitel.
ROLINLAHLA, NELSON MANDELA, NELSON.
ROLLA¹ f. Trenza de espadaña forrada que se pone en el yugo para que éste se adapte bien a las colleras de las caballerías.
ROLLA² f. Niñera.
ROLLAND, ROMAIN Escritor francés (Clamecy, 1866 - Vézélay, 1944). Autor de las biografías de *Beethoven* (1903), *Miguel Ángel* (1907) y *Tolstoi* (1921). En su obra

maestra, *Juan Cristóbal* (1904-12), de carácter autobiográfico, abordó el tema de la creación musical. Premio Nobel de Literatura en 1915.
ROLLING STONES, THE Grupo de rock británico, creado en 1962 por Bill Wyman, Brian Jones (sustituido tras su muerte en 1969 por Mick Taylor, y en 1974 por Ron Wood), Keith Richards, Charlie Watts y Mick Jagger, cantante y líder del grupo. Cosechó grandes éxitos en los sesenta con temas como *Satisfaction* (1965).
ROLLISTA adj. y com. Se dice de la persona latosa, pesada.
ROLLIZO, ZA adj. **1** Redondo en figura de rollo. **2** Robusto, fornido, grueso. || m. **3** Madero en rollo.
ROLLO m. **1** Cualquier materia que toma forma cilíndrica. **2** Cilindro de materia dura que sirve para labrar en ciertos oficios. **3** Madero redondo descortezado, pero sin labrar. **4** Película fotográfica enrollada en forma cilíndrica. **5** fam. Discurso, exposición o lectura larga y aburrida. **6** fam. Persona, cosa o actividad pesada y fastidiosa. **7** fam. Asunto, tema, negocio. **8** fam. Ambiente, atmósfera. **9** fam. Relación amorosa y sexual y persona con la que se tiene.
ROLLÓN Jefe normando (? - ?, 932). Carlos el Simple de Francia le concedió en feudo la ciudad de Rouen y los territorios adyacentes (911), origen del futuro ducado de Normandía.
ROLO m. *Col.* y *Venez.* Rodillo de imprenta.
ROLÓN, JOSÉ Compositor mexicano (Zapotlán el Grande, hoy Ciudad Guzmán, 1883 - Ciudad de México, 1945). Sus mejores obras se encauzan dentro de una tendencia nacionalista. Autor de *El festín de los enanos* (1925), *Cuauhtémoc* (1930) y *Zapotlán* (1930).
ROLÓN, RAIMUNDO Militar y político paraguayo (Paraguarí, 1905 - Asunción, 1981). Jefe del Estado Mayor durante la Guerra del Chaco, asumió interinamente la presidencia de la República en 1949.
ROMA 1 Provincia de Italia, en la región del Lacio; 5.352 km² y 3.774.987 h. **2** Ciudad capital de Italia y de la provincia de su nombre, situada en el centro de una llanura (Campiña Romana) a orillas del Tíber. 2.653.245 h. Centro administrativo, político, financiero, artístico, cultural y de comunicaciones. Turismo. En su núcleo urbano está el Estado de CIUDAD DEL VATICANO.
ARTE e HIST. Centro de la poderosa entidad política de la Antigüedad, de la que conserva numerosas ruinas. Durante la Edad Media y la Moderna, fue decorada de las luchas entre Papas y emperadores. En 1527 fue saqueada por las tropas de Carlos V. República en tiempos de Napoleón, se convirtió en 1870 en capital del reino de Italia. Fue ocupada por los alemanes en 1943 y liberada al año siguiente por los ejércitos aliados. Entre sus monumentos de época clásica sobresalen el Coliseo, el Panteón, el Capitolio y las termas de Caracalla. A la época cristiana pertenecen las catacumbas, las iglesias de Santa María la Mayor (siglo IV) y el baptisterio de Letrán (siglo V). De época medieval son San

Giorgio in Velabro (siglo VII), los claustros de San Juan de Letrán (siglo XIII) y San Pablo Extramuros, así como la iglesia gótica de Santa María sopra Minerva (siglo XIII). De estilo renacentista son la basílica de San Pedro, los palacios Venecia y Farnesio y la plaza del Campidoglio, proyectada por Miguel Ángel. De estilo barroco, la iglesia de Gesù, la columnata del Vaticano, de Bernini; San Andrés en el Quirinal, y el palacio Barberini. De estilo neoclásico es la plaza del Popolo, de Giuseppe Valadier.
ROMA Estado de la Antigüedad, que tuvo su origen en la ciudad del mismo nombre, situada en el centro de la península Itálica. [Encic.]
HIST. Según los historiadores latinos, Roma fue fundada por Rómulo en el año 753 a. C., sobre una población formada por la fusión de latinos y sabinos. La Roma primitiva estuvo envuelta en guerras continuas, pues la margen derecha del Tíber, en poder de los etruscos, era un foco de turbulentas incursiones. En sus primeros años se organizó como *monarquía*, hasta el año 510 a. C., que se proclamó la *república*. Este período se caracterizó por la lucha entre patricios y plebeyos, que había de terminar con la admisión de éstos a todas las magistraturas. A lo largo de todo el siglo III, Roma conquistó el resto de Italia, enfrentándose a partir del año 264 a. C. con Cartago, en las guerras, que se conocen con el nombre de PÚNICAS, finalizaron en 146 a. C., con la toma y destrucción de Cartago. Con ellas extendió Roma su dominio por las costas meridionales y occidentales del Mediterráneo; al final del s. II a. C. había terminado la conquista del sudeste de la Galia y la de Hispania. En otros frentes se apoderó de Siria, Macedonia, Grecia y el reino de Pérgamo. Sin embargo, las luchas políticas de los Gracos y la guerra civil entre Mario y Sila propiciaron la creación de un primer triunvirato (60 a. C.) formado por Craso, Pompeyo y César. Muerto Craso, se desató una lucha por el poder entre los otros dos triunviros, de la que César salió vencedor e investido de poderes dictatoriales. Durante su dictadura, César acrecentó los dominios de Roma, llegando hasta Germania y Britania; el año 44, un grupo de republicanos puso fin a su vida, creándose un segundo triunvirato formado por Antonio, Lépido y Octavio. De nuevo la lucha entre los triunviros dio el poder a uno de ellos, Octavio, que el 27 a. C. fue elevado a la dignidad de Augusto, iniciándose el imperio romano. Augusto designó heredero a su hijastro Tiberio, primer emperador de la dinastía de los Julio-Claudios, que se extinguió con Nerón. Con Vespasiano (69) se inicia la dinastía de los Flavios, sustituida por la de los Antoninos. Con Trajano (98-117), el imperio llegó al máximo de su extensión. Tras la muerte de Cómodo (192), se inicia un período de luchas civiles, durante el cual el poder senatorial e imperial se vio desplazado por el de la milicia. Septimio Severo puso fin al despotismo militar, y su hijo Caracalla concedió el derecho de ciudadanía a todos los súb-

ditos del imperio. Las fronteras, débilmente defendidas, estaban cada vez más amenazadas por los pueblos germanos. Diocleciano (284-305) dividió el imperio en dos partes: oriental y occidental, subdivididas, a su vez, en otras dos. Rigieron esta tetrarquía, junto con él, Maximiano, el otro *Augusto*, y los dos *césares*, Galerio y Constancio Cloro. Durante su reinado tuvo lugar la última y más terrible de las persecuciones contra los cristianos. Constantino trasladó la capital del imperio a Bizancio. Con Teodosio (379-95), el cristianismo fue declarado religión oficial. A su muerte se consumó definitivamente la división del imperio entre sus hijos Arcadio y Honorio, quienes se convirtieron, respectivamente, en emperadores del imperio romano de Oriente, con capital en Bizancio (véase IMPERIO BIZANTINO) y del IMPERIO ROMANO DE OCCIDENTE, cuya capital siguió siendo Roma. El imperio romano de Oriente o imperio bizantino perduró hasta la caída de Constantinopla en poder de los turcos. El imperio romano de Occidente fue víctima de las invasiones bárbaras a partir del siglo V, y llegó a su fin en el año 476 al ser depuesto su último emperador, Rómulo Augústulo, por Odoacro, rey de los hérulos. El SACRO IMPERIO ROMANO O IMPERIO CAROLINGIO, fundado por Carlomagno, fue concebido como una renovación y restauración del anterior. Tras la desmembración de éste, el SACRO IMPERIO ROMANO GERMÁNICO, gobernado por la dinastía germana de los Otones, se convirtió en el heredero del antiguo imperio romano de Occidente.

ARTE. *Arquitectura.* Los romanos utilizaron los órdenes arquitectónicos griegos con plena libertad, y aportaron, además, el toscano y el compuesto. Emplearon sistemáticamente el arco y la bóveda. La ciudad romana, de trazado generalmente geométrico, se organizaba en torno al foro, centro urbano, religioso, político y comercial. El *templo* romano es la síntesis del templo griego y del etrusco. Son conocidos los de la *Fortuna Viril* en Roma (siglo I a. C.) y *La Maison Carrée* en Nîmes (siglo I a. C.); el más antiguo es el Capitolio de Roma. La *basílica* tenía, generalmente, planta rectangular, con tres naves divididas por hileras de columnas. Son conocidas la de Pompeya (del siglo II a. C.), la de Majencio (época de Constantino) y la basílica Julia (época de César). Entre las *termas*, baños públicos y lugares de reunión, pueden citarse las de Trajano, Caracalla y Diocleciano. Los principales edificios de espectáculos eran el teatro, el anfiteatro y el circo. El *teatro* romano deriva del griego. Los graderíos semicirculares (*cavea*) se construían sobre galerías abovedadas. Entre los mejor conservados cabe citar los de Pompeyo, Herculano, Arles, Marcelo y, en España, los de Mérida y Sagunto. El *anfiteatro* tiene forma circular; la arena estaba separada de la *cavea* por una balaustrada tras la cual había una serie de dependencias subterráneas. El más importante es el Coliseo de Roma y, en España, el de Mérida. El *circo* tenía planta rectangular con los graderíos dispuestos en los lados mayores; uno de los lados menores terminaba en semicírculo y en el otro se situaban las cuadras o cárceles. La arena estaba dividida longitudinalmente por la *espina*, alto pedestal ornamentado con esculturas y trofeos. El más famoso fue el circo Máximo de Roma. Dentro de los monumentos conmemorativos se encuentran el arco de triunfo (destacan los de Trajano y Tito en Roma), y la columna triunfal, decorada con relieves alusivos a hazañas guerreras y personalidades destacadas. La columna de Trajano (113) y la de Marco Aurelio (siglo II) son las más representativas. Los sepulcros presentaban formas diversas: *criptas, nichos o columbarios*, y construcciones funerarias destinadas a altos personajes. Destaca entre todos ellos el Panteón de Agripa, en Roma. De las obras de ingeniería, el acueducto, el puente y la calzada son los mayores logros de la arquitectura romana. Los acueductos mejor conservados son el de Claudio, el de Constantino y, en España, el de Segovia.

Escultura y pintura. Como la arquitectura, la escultura romana estuvo influida por el arte griego. Las creaciones escultóricas propiamente romanas son el retrato y el relieve narrativo. De la época republicana destacan los retratos de Julio César, Cicerón y Pompeyo; en la de Augusto, los de Augusto de Prima Porta, los de Calígula y Tiberio. Los romanos imprimieron al relieve histórico, originario de Oriente, un carácter pictórico, con efectos de perspectiva, elementos anecdóticos y detalles paisajísticos. Los más representativos son los del Ara Pacis, los del Arco de Tito, la Columna de Trajano y la Columna de Marco Aurelio. Las obras pictóricas romanas se conocen gracias a los restos arqueológicos de ciudades como Pompeya. Abunda la pintura de carácter ilusionista, con representaciones de arquitecturas fingidas (casa de Livia en el Palatino y Villa de los Misterios, Domus Aurea de Nerón en Roma y la casa de los Vetti en Pompeya). El MOSAICO, como elemento decorativo y auxiliar de la arquitectura, se convirtió en una de las producciones más características del arte romano.

ROMA, TRATADOS DE *Hist.* Serie de acuerdos refrendados en 1957 por Bélgica, República Federal de Alemania, Francia, Países Bajos, Italia y Luxemburgo, por los que se crearon la CEE y la CEEA (Euratom).

ROMADIZO m. *Med.* Catarro de la membrana pituitaria.

ROMAGNA o **ROMAÑA** *Geog. hist.* Antigua comarca de Italia, cuya capital era Rávena. Hoy forma parte de Emilia-Romagna.

ROMAICO, CA adj. *Ling.* Se aplica a la lengua griega moderna. También m.

ROMAINS, JULES (LOUIS FARIGOULE, llamado) Escritor francés (Saint-Julien-Chapteuil, 1885 - París, 1972). Fundador de la escuela «unanimista», basada en la existencia de un alma colectiva. *La vida unánime* (1908); entre sus obras dramáticas, *Knock o el triunfo de la medicina* (1923); y entre sus novelas *Muerte de alguien* (1911).

ROMAN, PETRE Político rumano (Bucarest, 1946). Primer ministro tras la caída del régimen de Ceaucescu (1989-91).

ROMÁN Y REYES, VÍCTOR MANUEL Político nicaragüense (Jinotepe, 1877 - Filadelfia, 1950). Tras ser derrocado Argüello, fue elegido presidente de la República (1947-53).

ROMANA f. Balanza con brazos muy desiguales, con el fiel sobre el punto de apoyo.

ROMANA, La Provincia de la República Dominicana; 654 km² y 166.550 h. Su capital es la ciudad del mismo nombre.

ROMANAR tr. *Fís.* Pesar con la romana.

ROMANCE adj. y m. **1** *Ling.* LENGUAS ROMANCES. || m. **2** *Lit.* Composición poética narrativa, de carácter lírico, épico-lírico o épico-dramático, formada por versos octosílabos que repiten la misma rima asonante en los versos pares y carecen de rima en los impares. Tiene su origen en la fragmentación de los versos monorrimos de dieciséis sílabas de los cantares de gesta medievales. Aunque el romance octosílabo es el más representativo,

románico. Pintura mural procedente del monasterio de San Clemente de Tahull, Lleida. Museo de Arte de Cataluña (Barcelona).

también lo hay de once sílabas, llamado *romance endecasílabo, heroico o real;* y de menos de ocho, que recibe el nombre de *romancillo o romance corto.* **3** *Ling.* Idioma español. **4** *Lit.* Novela o libro de caballerías. **5** Relación amorosa pasajera. || *hablar en romance* fr. fig. Explicarse con claridad y sin rodeos.

ROMANCERO, RA m. y f. **1** Persona que canta romances. || m. **2** Colección de romances.

ROMANCERO *Lit.* Término con el que se designa el conjunto de romances de origen hispánico, en el que están incluidos tanto los romances anónimos de tradición oral, como los de origen culto o de autor conocido. Se suelen clasificar en dos grupos: 1) *viejos*, pertenecientes a los siglos XIV, XV y primer cuarto del XVI; se llaman tradicionales o históricos, si derivan de los cantares de gesta; juglarescos: fronterizos, carolingios, ciclo bretón, líricos, etc.; 2) *nuevos o artísticos*, de la segunda mitad del siglo XVI en adelante; entre ellos se encuentran los llamados cronísticos, que acuden a las crónicas como fuentes. En el siglo XVI, se publicaron importantes colecciones: *Cancionero de romances* (1547 ó 1548), *Primera parte de la silva de varios romances* (1550), *Romancero general* (1600).

ROMANCESCO, CA adj. Característico de la novela, de pura invención.

ROMANCHE adj. **1** De la Retia, rético. || m. *Ling.* **2** Idioma rético, perteneciente al grupo retorrománico. Se habla en Suiza.

ROMANCISTA adj. y com. **1** Se dice de la persona que escribía en lengua romance, por contraposición a la que escribía en latín. || com. **2** Autor o autora de romances.

ROMANERO m. Oficial del matadero encargado de comprobar el peso de las reses.

ROMANESCO, CA adj. Relativo a los romanos, o a sus artes o costumbres. **2** ROMANCESCO.

ROMANÍ m. GITANO.

ROMANIA *Ling.* Entre los lingüistas, conjunto de países en los que se hablan lenguas derivadas del latín.

ROMÁNICO, CA adj. **1** *Arte.* Se dice del arte desarrollado en el occidente de Europa desde fines del siglo X hasta principios del siglo XIII. **[Encic.] 2** *Ling.* Se dice de las diversas lenguas procedentes del latín. (Véase LENGUAS ROMANCES.)

ARTE. De carácter fundamentalmente religioso, la *arquitectura* románica se caracteriza principalmente por la utilización del arco de medio punto y la bóveda de cañón. La iglesia, tiene planta de cruz latina, dividida longitudinalmente en una nave central y dos laterales, y atravesada en sentido horizontal por el transepto; la zona de cabecera se remata con uno o más ábsides. En el llamado *románico primitivo, lombardo o primer románico* (siglo XI), se emplean cubiertas de madera, arcos ciegos a lo largo de los paramentos y pilastras empotradas en el muro, llamadas *bandas lombardas*. En el denominado *segundo románico* las techumbres de madera se sustituyeron por bóvedas de cañón. En esta etapa se construyen edificios monumentales que exigen el robustecimiento de los sistemas de contención, a base de contrafuertes. Los monasterios alcanzaron también un gran desarrollo.

La *escultura*, subordinada a la arquitectura, desempeñó una labor instructiva del Antiguo y Nuevo Testa-

Roma. Foro romano.

mento. En las jambas de las portadas se representaron profetas y apóstoles; en el tímpano, el PANTOCRÁTOR rodeado por el TETRAMORFO, sustituido en ocasiones por el Juicio Final. Los capiteles se adornaron con escenas de la vida cotidiana, imágenes de las Sagradas Escrituras, alegorías morales y decoración vegetal o geométrica. Todas las imágenes románicas están caracterizadas por su frontalidad y un hieratismo majestático. Dentro de las esculturas exentas, destacan las tallas en madera representando a la Virgen sedente con el Niño en su regazo y a Cristo en la Cruz. La escultura española llega a su punto culminante en la puerta de las Platerías y el pórtico de la Gloria de la catedral de Santiago.

La *pintura* románica, al igual que la escultura, tenía una finalidad didáctica. Estilizada y simbólica, se caracterizó por el hieratismo, de influencia bizantina, de las figuras humanas, de marcado antinaturalismo; no existe la perspectiva, se yuxtaponen los colores planos produciendo intensos contrastes cromáticos mientras que las figuras están delimitadas por líneas gruesas de color oscuro y el modelado del rostro se hace a base de manchas rojas superpuestas. En el ábside y el coro aparecen los temas más importantes de la iconografía del momento; en la bóveda se representa el pantocrátor en la mandorla o almendra mística, rodeado del tetramorfos, que a veces es sustituido por la imagen de la Virgen con el Niño en brazos; en los laterales se narran historias diversas, dispuestas en bandas horizontales subdivididas en cuadros. El ejemplo más sobresaliente de la pintura románica española son los frescos de San Clemente de Tahull.

ROMANISMO m. Conjunto de instituciones, cultura o tendencias políticas de Roma.

ROMANISTA adj. y com. **1** *Der.* Se dice del que profesa el derecho romano o tiene en él especiales conocimientos. **2** *Ling.* Se dice de la persona versada en las lenguas romances.

ROMANÍSTICA f. *Der.* **1** Estudio del derecho romano. **2** Lingüística y filología románicas.

ROMANIZAR tr. **1** Difundir la civilización romana o la lengua latina. || intr. **2** Adoptar la civilización romana o la lengua latina. También prnl.

ROMANO, NA adj. **1** De Roma, ciudad de Italia o de cada uno de los Estados antiguos y modernos de los que ha sido metrópoli. También s. **2** De cualquiera de los países de los que se componía el antiguo imperio romano. También s. **3** *Rel.* Se aplica a la religión católica y a lo perteneciente a ella. **4** *Ling.* Se dice de la lengua latina. También s. || **a la romana** loc. adv. y adj. Se dice del modo de preparar ciertos alimentos (calamares, pescados) rebozados con harina y huevo y fritos.

ROMANO Nombre de diversos emperadores bizantinos.

ROMANO I LECAPENO (? - Proti, h. 948). Fue tutor de Constantino VII, a quien hizo casar con su hija y apartó finalmente del poder. Siendo emperador (919-944), luchó contra los rusos en Constantinopla y con los musulmanes en Asia Menor.

ROMANO II (?, h. 939 - ?, 963). Hijo de Constantino VII y de Elena Lecapeno, fue emperador durante el periodo 959-963.

ROMANO III (?, h. 970 - ?, 1034). Sucesor de Constantino VIII, quien le obligó a casarse con su hija Zoe.

Siendo emperador (1028-34). Su esposa le hizo asesinar para que accediera al trono su amante Miguel IV.

ROMANO IV DIÓGENES (? - ?, h. 1071). Fue asociado al imperio por la regente Eudoxia (1068), casada con él tras la muerte de Constantino X. Cayó prisionero de los turcos en 1071. Una vez liberado, estalló una revolución en la que fue destituido.

ROMANO, GIULIO (GIULIO PIPPI, llamado) Arquitecto y pintor italiano (Roma, 1492 - Mantua, 1546). Discípulo de Rafael, colaboró con él en la realización de algunas estancias del Vaticano, especialmente en la serie *La Biblia de Rafael*, y completó los frescos de la Sala de Constantino.

ROMANO, IMPERIO ROMA, HIST.

ROMANOV *Geneal.* Dinastía real rusa que reinó de 1613 a 1917. El primero de la dinastía fue Miguel Romanov, zar de 1613 a 1645. La línea principal se extinguió con la emperatriz Isabel Petrovna en 1762. La corona pasó a la rama Holstein-Gottorp u Oldenburg, que ocupó el trono hasta la abdicación del zar Nicolás II (1917).

ROMANTICISMO m. **1** *Arte.* y *Lit.* Movimiento literario, espiritual y artístico que dominó todas las áreas del pensamiento y el arte, principalmente europeo, durante la primera mitad del siglo XIX. **[Encic.]** **2** Época de la cultura occidental en que prevaleció tal escuela literaria. **3** Calidad de romántico, sentimental.

ARTE. Y LIT. Opuesto al racionalismo ilustrado y positivista y a los modelos del arte clásico imperantes en el siglo XVIII, el Romanticismo surge como una exaltación del individuo, la naturaleza y la belleza. Los artistas románticos defendieron lo irracional y lo subjetivo, y buscaron evadir su realidad circundante, recreando escenarios exóticos y remitiéndose a ambientes históricos remotos (revalorización de la Edad Media). Al mismo tiempo se produjo una búsqueda de la identidad colectiva, que tuvo como consecuencia directa la aparición de los nacionalismos. El *romanticismo literario* nace en Inglaterra y Alemania, de donde se transmite a Francia, Italia y España. En Gran Bretaña florecieron en esa época Wordsworth, Coleridge, Byron, Shelley, Keats y W. Scott. En Alemania, los principales representantes fueron los hermanos Schlegel, Novalis, Hölderlin, Goethe, Schiller, los hermanos Grimm y H. Heine. En Francia, los románticos más destacados son A. de Lamartine, A. de Vigny, V. Hugo y A. de Musset. El romanticismo italiano cuenta con figuras como A. Manzoni y G. Leopardi. En el romanticismo español sobresalen el Duque de Rivas, J. de Espronceda, J. Zorrilla, M. J. de Larra y G. A. Bécquer. En *pintura* y *escultura* se desarrolla como una reacción contra el academicismo neoclásico. Destacan los artistas E. Delacroix, J. Constable, W. Turner, W. Blake, G. D. Friedrich, J. F. Overbeck, J. Pérez Villaamil, L. Alenza, E. Lucas Padilla, A. Esquivel y F. Madrazo. La *música* romántica se caracterizó por la búsqueda personal de la novedad y por el predominio del elemento subjetivo sobre el formal. Los compositores más representativos son Beethoven, Mendelssohn, Paganini, Weber, Schubert, Schumann, Chopin, Liszt, Berlioz, Wagner, Smetana, y Rimski-Korsakov.

ROMÁNTICO, CA adj. **1** Perteneciente al romanticismo. **2** Se dice del escritor que da a sus obras el carácter del romanticismo. También s. **3** Partidario del ro-

romero

manticismo. También s. **4** Sentimental, generoso y soñador. También s.

ROMANZA f. *Mús.* **1** Aria de carácter sencillo y tierno. **2** Composición instrumental del mismo carácter.

ROMAÑA ROMAGNA.

ROMAÑA, EDUARDO LÓPEZ DE LÓPEZ DE ROMAÑA, EDUARDO.

ROMAZA f. *Bot.* Hierba de la familia poligonáceas, cuyas hojas se comen en potaje, y el cocimiento de la raíz se ha usado como tónico y laxante.

RÓMBICO, CA adj. **1** *Geom.* Con figura de rombo. **2** *Geol.* Se dice del sistema cristalográfico que tiene, como mínimo, tres elementos de simetría entre ejes binarios y planos, y como máximo, tres ejes binarios, tres planos y un centro.

ROMBLÓN Isla y provincia de Filipinas; 1.356 km² y 193.174 h. Su capital es la ciudad del mismo nombre.

ROMBO m. **1** *Geom.* Paralelogramo que tiene los lados iguales y dos de sus ángulos mayores que los otros dos. **2** *Zool.* RODABALLO, pez.

ROMBOEDRO m. *Geom.* Prisma oblicuo de bases y caras con forma de rombos iguales.

ROMBOENCÉFALO m. *Anat.* El más caudal de los ensanchamientos cerebrales. Se subdivide en bulbo raquídeo, puente de Valorio y cerebelo.

ROMBOIDE m. *Geom.* Paralelogramo cuyos lados contiguos son desiguales y dos de sus ángulos mayores que los otros dos.

ROMEO, A adj. y s. **1** Griego bizantino. || m. **2** Muchacho enamorado.

ROMERAL m. *Bot.* Terreno donde abunda el romero.

ROMERÍA f. **1** Viaje que se hace por devoción a un santuario. **2** Fiesta popular que se celebra en el campo inmediato a alguna ermita o santuario. **3** fig. Gran número de gentes que afluye a un sitio.

ROMERILLO m. *Bot. Amér.* Nombre de varias especies de plantas silvestres; la mayoría se utilizan en medicina casera.

ROMERO[1] m. *Bot.* Mata o pequeño arbusto perteneciente a la familia labiadas, de nombre científico *Rosmarinus officinalis*, de hojas aromáticas.

ROMERO[2]**, RA** adj. y s. **1** Se aplica al peregrino que va en romería con bordón y esclavina. || m. *Zool.* **2** Pez marino teleósteo anacanto. **3** Pez marino teleósteo acantopterigio.

ROMERO, CARLOS HUMBERTO Militar y político salvadoreño (Chalatenango, 1924). Presidente de la República de 1977 a 1979, año en que fue derrocado por un golpe de Estado militar.

ROMERO, FERNANDO Escritor peruano (Lima, 1905). Entre sus publicaciones destacan *Doce novelas de la selva* (1934) y *Mar y playa* (1941).

ROMERO, FRANCISCO Filósofo argentino (Sevilla, 1891 - Martínez, 1962). Es autor de *Filosofía de la persona* (1944), *El hombre y la cultura* (1949) y *Teoría del hombre* (1952).

ROMERO, JOSÉ RUBÉN Escritor mexicano (Cotija, 1890 - México, 1952). Autor de *Desbandada* (1934), *Mi caballo, mi perro y mi rifle* (1936), *La vida inútil de Pito Pérez* (1938) y *Rosenda* (1946).

ROMERO, ÓSCAR ARNULFO Prelado salvadoreño (Ciudad Barrios, 1917 - San Salvador, 1980). Defensor de los marginados y de los pobres de su país, fue asesinado mientras celebraba misa.

ROMERO BARCELÓ, CARLOS ANTONIO Político puertorriqueño (San Juan, 1932). Gobernador de Puerto Rico (1977-84), se mostró partidario de la incorporación del país a EE UU.

romanticismo. *La caverna de la reina Mab.* Cuadro de William Turner. Tate Gallery (Londres).

ROMERO BOSQUE, PÍO Político salvadoreño (Zacatecoluca, 1892 - Managua, 1964). Fue presidente de la República (1927-31).

ROMERO DE TORRES, JULIO Pintor español (Córdoba, 1880 - íd., 1930). Su obra abarca temas andaluces, especialmente mujeres cordobesas: *Musa gitana*, *Retablo de amor*, *La saeta*, *Mujeres bíblicas*, *Malagueñas*, *Carceleras*. Cultivó el desnudo con gran acierto (*El pecado*, *La gracia*).

ROMMEL, ERWIN Mariscal alemán (Heidenheim, 1891 - Ulm, 1944). Durante la Segunda Guerra Mundial fue nombrado general en jefe del ejército de África (1941), donde alcanzó grandes éxitos. Acusado de conspirar contra Hitler. Se suicidó.

ROMNEY, GEORGE Pintor inglés (Dalton-in-Furness, 1734 - Kendal, 1802). Excelente retratista, compartió con Gaingsborough y Reynolds el favor de la aristocracia inglesa. También cultivó la pintura histórica.

ROMO, MA adj. **1** Obtuso y sin punta. **2** De nariz pequeña y poco puntiaguda. **3** De poca agudeza mental.

ROMPECABEZAS m. **1** Juego que consiste en componer determinada figura combinando cierto número de pedacitos. **2** fig. y fam. Problema o acertijo de difícil solución. ♦ Su pl. es *rompecabezas*.

ROMPEHIELOS m. *Mar.* Buque de formas, resistencia y potencia adecuadas para abrir camino en los mares helados.

ROMPEHUELGAS m. ESQUIROL.

ROMPENUECES m. *Amér.* CASCANUECES, instrumento.

ROMPEOLAS m. Dique avanzado en el mar, para procurar abrigo a un puerto o rada.

ROMPER tr. **1** Separar con violencia las partes de un todo. También prnl. **2** Quebrar o hacer pedazos una cosa. También prnl. **3** Gastar, estropear, destrozar. También prnl. **4** Deshacer un cuerpo de gente armada. **5** fig. Interrumpir la continuidad de algo no material. **6** fig. Abrir espacio suficiente para pasar por el sitio o paraje obstruido. || intr. **7** Deshacerse en espuma las olas. **8** fig. Empezar, comenzar. **9** fig. Prorrumpir o brotar. **10** fig. Abrirse las flores. || **de rompe y rasga** loc. adj. fig. y fam. De ánimo resuelto y gran desenvoltura. || **romper con** alguien. fr. Dejar de tener trato con él. ♦ Su p. p. es irregular: *roto*.

ROMPEZARAGÜELLES m. *Bot.* Planta americana de la familia compuestas, aromática y medicinal. ♦ Su pl. es *rompezaragüelles*.

ROMPIENTE m. *Geol.* Bajo, escollo o costa donde, cortando el curso de la corriente de un río o el de las olas, rompe y se levanta el agua.

ROMPIMIENTO m. **1** Acción y efecto de romper o romperse. **2** Espacio abierto de un cuerpo sólido. **3** Telón recortado que en una decoración de teatro deja ver otro en el fondo. **4** fig. Desavenencia o riña. **5** Porción del fondo de un cuadro, donde se pinta una abertura que deja ver un objeto lejano.

ROMPOPE o **ROMPOPO** m. *C. Rica, Ecuad., Hond.* y *Méx.* Bebida hecha con aguardiente, leche, huevos, azúcar y canela.

ROMUALDO, SAN Monje italiano (Rávena, h. 952 - Val di Castro, 1027). Fundó la orden de la Camáldula.

RÓMULO *Mit.* Fundador legendario de Roma, con su hermano Remo, a quien mató por atentar contra su poder.

RÓMULO AUGUSTO Emperador romano de Occidente (s. v). Recibió la dignidad imperial en 475. Fue destronado en el 476 por el germano Odoacro, lo que puso fin al imperio romano de Occidente.

RON m. Licor alcohólico de olor y sabor fuertes, que se saca de una mezcla fermentada de melazas y zumo de caña de azúcar.

RONCA f. **1** Grito que da el gamo cuando está en celo. **2** Tiempo en que está en celo el gamo. **3** fam. Amenaza con jactancia. Más en pl. **4** Reprimenda, bronca.

RONCADOR m. *Zool.* Pez teleósteo acantopterigio, perteneciente a la familia pomadasydos, de nombre científico *Pomadasys benneti*, de color negruzco con líneas amarillas.

RONCAL m. *Geogr.* RUISEÑOR.

RONCAL, VALLE DEL Extensa comarca de España, en los Pirineos navarros. Recorrida por el río Esla, cuenta con grandes bosques, ganadería lanar e industrias lácteas.

RONCAR intr. **1** Hacer ruido bronco con la respiración cuando se duerme. **2** Llamar el gamo a la hembra, cuando está en celo. **3** fig. Hacer un ruido sordo o bronco ciertas cosas. **4** fig. y fam. Echar roncas haciendo burla.

RONCEAR intr. **1** Dilatar la ejecución de una cosa por hacerla de mala gana. **2** fam. Halagar para lograr un fin. **3** *Mar.* Ir tarda y perezosa la embarcación. || tr. **4** *Arg., Chile* y *Méx.* Mover una cosa pesada ladeándola a un lado y otro.

RONCERO, RA adj. **1** Tardo y perezoso. **2** Regañón, gruñón. **3** Que usa de roncerías para conseguir un in-

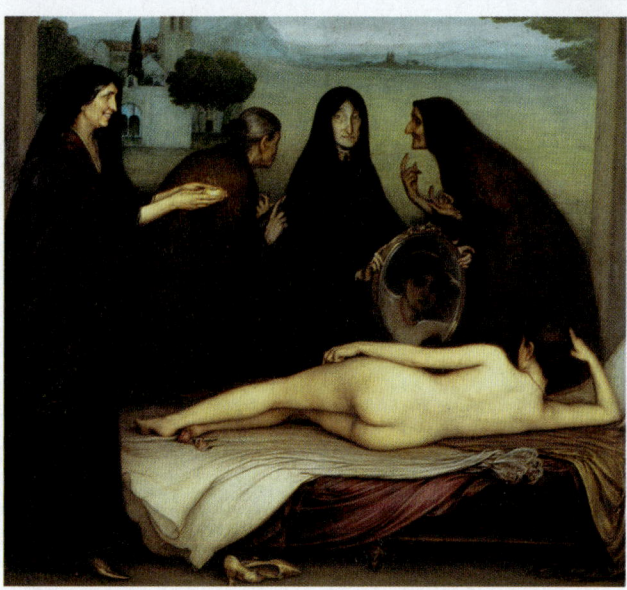

Julio **Romero de Torres**. *El pecado*. Museo Romero de Torres (Córdoba).

tento. **4** *Mar.* Se aplica a la embarcación tarda y perezosa en el movimiento.

RONCHA[1] f. **1** *Med.* Bultillo rojizo que se eleva en figura de haba en la piel, causado por un golpe, la picadura de un insecto, etc. **2** *Med.* CARDENAL. **3** fig. y fam. Daño recibido en materia de dinero cuando se lo sacan a uno con engaño.

RONCHA[2] f. Loncha, tajada delgada cortada en redondo.

RONCHAR[1] tr. **1** Hacer ruido uno al comer un manjar quebradizo. || intr. **2** Crujir un manjar cuando se masca.
RONCHAR[2] intr. Hacer o causar ronchas.

RONCHÓN m. RONCHA[1], lesión en la piel.

RONCO, CA adj. **1** Que tiene ronquera. **2** Se aplica también a la voz o sonido áspero y bronco. || m. *Zool.* **3** *Cuba* Pez teleósteo.

RONDA f. **1** Acción de rondar. **2** Grupo de personas que andan rondando. **3** Reunión nocturna de mozos. **4** Espacio que hay entre la parte interior del muro y las casas de una plaza fuerte. **5** Cada uno de los paseos o calles cuyo conjunto circunda una ciudad. **6** En varios juegos de naipes, vuelta o suerte de todos los jugadores. **7** Conjunto de las consumiciones que hacen cada vez un grupo de personas. **8** *Chile* Juego del corro. **9** VUELTA, carrera ciclista en etapas. **10** *Mil.* Patrulla destinada a rondar las calles o a recorrer los puestos exteriores de una plaza.

RONDALLA f. **1** Cuento, patraña o conseja. **2** Pequeño conjunto vocal instrumental o sólo instrumental.

RONDANA f. Rodaja de plomo o cuero engrasado, agujereada en el centro, que se utiliza para asiento de tuercas y cabezas de tornillos.

RONDAR intr. y tr. **1** Andar de noche vigilando una población. **2** Andar de noche paseando las calles. **3** Pasear los mozos las calles donde viven las mozas a quienes galantean. **4** Visitar los diferentes puestos de una plaza fuerte o campamento para vigilar el servicio. || tr. **5** fig. Dar vueltas alrededor de una cosa. **6** fig. y fam. Andar alrededor de uno para conseguir de él una cosa. **7** fig. y fam. Amagar, empezar a sentir una cosa, como el sueño, la enfermedad, etc.

RONDEAU m. *Mús.* Forma musical profana de la Edad Media francesa caracterizada por la aparición constante de un estribillo y por un texto de contenido amoroso.

RONDEAU, JOSÉ Militar y político argentino (Buenos Aires, 1773 - Montevideo, 1844). Venció a los realistas en el Cerrito (1812), pero fue derrotado por el general español Pezuela en Sipe Sipe (1815). Fue director supremo de las Provincias Unidas del Río de la Plata (1815 y 1819-20).

RONDEL m. *Lit.* Composición poética española derivada del rondeau francés.

RONDEÑA f. *Folk.* Copla característica de Ronda, parecida al fandango, y baile que se ejecuta a su compás.
RONDEÑO, ÑA adj. y s. De Ronda.

RONDÍN m. **1** Ronda que hace un cabo de escuadra para celar la vigilancia de los centinelas. **2** Sujeto destinado en los arsenales de marina para vigilar. **3** *Bol.* y *Chile* Individuo que vigila o ronda de noche.

RONDÍS o **RONDIZ** m. *Geol.* Mesa o plano principal de una piedra preciosa.

RONDÓ m. *Mús.* Composición musical cuyo tema se repite o insinúa varias veces.

RONDÓN, DE loc. adv. Sin permiso y sin reparo.

RONDÓN CANDIDO, MARIANO DA SILVA Militar y explorador brasileño (Mimoso, 1865 - Rio de Janeiro, 1958). Exploró extensas zonas de su país. En 1943 constituyó el territorio de Guaporé, que en 1956 tomó el nombre de Rondonia en su honor.

RONDÔNIA Estado de Brasil, situado en la región Norte, entre los ríos Madera y Guaporé; 238.513 km² y 1.229.306 h. Capital, Porto Velho. Caucho. Minas de casiterita. Antes se denominó *Guaporé*.

RONQUEAR[1] intr. Estar ronco.
RONQUEAR[2] tr. Echar roncas, amenazar jactanciosamente.
RONQUEAR[3] tr. Trocear o partir atunes u otros pescados.

RONQUERA f. *Med.* Afección de la laringe, que cambia el timbre de la voz haciéndolo bronco.

RONQUIDO m. **1** Ruido o sonido que se hace roncando. **2** fig. Ruido o sonido bronco.

RONRÓN m. *Zool.* **1** *Hond.* y *Guat.* Especie de escarabajo pelotero. **2** Bramadera que en sus juegos hacen sonar los muchachos.

RONRONEAR intr. *Zool.* Producir el gato una especie de ronquido, en demostración de contento.

RONSARD, PIERRE DE Poeta francés (castillo de la Possonnière, 1524 - Saint-Cosme-en-l'Isle, 1585). Fue el miembro más representativo de la escuela poética de LA PLÉIADE. Obras: *Odas* (1550), *Amores* (1552), *Himnos* (1555-56), *La franciada* (1572), *Sonetos para Helena* (1578).

RÖNTGEN, WILHELM KONRAD ROENTGEN, WILHELM KONRAD.

RONZA, A LA loc. adv. *Mar.* A sotavento.

RONZAL[1] m. *Veter.* Cuerda que se ata a la cabeza de las caballerías.
RONZAL[2] m. *Mar.* Palanca, palanquín.

RONZAR tr. **1** Comer una cosa quebradiza partiéndola ruidosamente con los dientes. **2** *Fís.* Mover una cosa con palancas.

ROÑA f. **1** *Veter.* Sarna del ganado lanar. **2** Porquería pegada fuertemente. **3** *Met.* Orín de los metales. **4** *Bot.* Corteza del pino. **5** fig. Daño moral que se comunica de unos en otros. **6** fig. fam. Mezquindad, tacañería. **7** Tirria, ojeriza. **8** *Cuba* Irritación, rabia. **9** fig. y fam. Farsa, treta. **10** *Col.* Ficción de una enfermedad para no hacer algo. || com. **11** fig. y fam. Persona tacaña.

ROÑERÍA o **ROÑOSERÍA** f. fam. Miseria, mezquindad, tacañería.

ROÑICA com. fam. Persona roñosa.

ROÑOSO, SA adj. **1** Que tiene o padece roña. **2** Sucio, asqueroso. **3** Oxidado o cubierto de orín. **4** fig. y fam. Miserable, tacaño.

ROOKE, SIR GEORGE Almirante inglés (Saint-Laurent, 1650 - Londres, 1709). Destruyó la flota francoespañola en Vigo, y en 1704 se apoderó de Gibraltar.

Mickey **Rooney.** Con Judy Garland en una escena de *Los hijos de la farándula*, dirigida por Busby Berkeley.

Rooney, Mickey (Joe Yule, llamado) Actor de cine estadounidense (Nueva York, 1920). Destacó como actor infantil: *Capitanes intrépidos* (1937), *Los hijos de la farándula* (1939), *Forja de hombres* (1940), *La ciudad de los muchachos* (1943), *Desayuno con diamantes* (1961), *La vía láctea* (1993).

Roosevelt, Anna Eleanor Escritora y política estadounidense (Nueva York, 1884 - íd., 1962). Esposa de Franklin Delano, presidió la Comisión de Derechos Humanos en las elecciones de las Naciones Unidas (1947-51), y fue delegada en la Asamblea General de la misma (1946-52).

Roosevelt, Franklin Delano Político estadounidense (Hyde Park, 1882 - Warm Springs, 1945). Miembro del Partido Demócrata, fue elegido presidente de la nación en las elecciones de 1932, cargo que renovó por tres veces consecutivas (1936, 1940 y 1944). Mediante la aplicación del programa político conocido como New Deal, sacó a EE UU de la gran depresión económica originada por la crisis del 29. Fue uno de los grandes artífices de la victoria aliada en la Segunda Guerra Mundial.

Roosevelt, Theodore Político y escritor estadounidense (Nueva York, 1858 - Oyster Bay, 1919). Primo de Franklin Delano. Dirigente del ala reformista del Partido Republicano, fue vicepresidente con Mac Kinley y se encargó de la presidencia al ser éste asesinado (1901). Fue reelegido en 1905, y en 1906 obtuvo el premio Nobel de la Paz por sus gestiones para finalizar la guerra ruso-japonesa.

Root, Elihu Político estadounidense (Clinton, 1845 - Nueva York, 1937). Miembro del Partido Republicano, fue Secretario de Guerra (1899-1904) y Secretario de Estado (1905-09). En 1912 obtuvo el premio Nobel de la Paz.

ropa f. **1** Todo tipo de tela que sirve para el uso o adorno de las personas o las cosas. **2** Cualquier prenda de tela que sirve para vestir. || **ropa blanca** Conjunto de prendas de uso doméstico, como sábanas y manteles, y también la ropa interior. || **ropa interior** La de uso personal que no es visible exteriormente. || **a quema ropa** loc. adv. Tratándose del disparo de un arma de fuego, desde muy cerca. También, en sentido figurado, de improviso. || **nadar y guardar la ropa** fr. fig. y fam. Proceder con cautela al acometer una empresa, para obtener el mayor provecho con el menor riesgo.

ropaje m. **1** Vestido. **2** Vestidura larga, vistosa y de autoridad. **3** Conjunto de ropas. **4** fig. Excesiva cantidad de ropa.

ropavejero, ra m. y f. Persona que vende ropas y vestidos viejos, y baratijas usadas.

ropero, ra m. y f. **1** Persona que vende ropa hecha. **2** Persona destinada a cuidar de la ropa de una comunidad. || m. **3** Armario o cuarto donde se guarda ropa. **4** Asociación benéfica destinada a distribuir ropa entre los necesitados.

ropón m. **1** Ropa larga que se ponía suelta sobre los demás vestidos. **2** *Chile* Traje de mujer para montar a caballo.

Rops, Daniel Daniel-Rops.

roque[1] m. Torre del ajedrez.

roque[2] adj. fam. Se dice de la persona que está o se ha quedado dormida.

Roque, san Peregrino francés (Montpellier, 1295 - íd., 1327). Fue venerado en el Sur de Europa como abogado contra la peste.

Roque González de Santa Cruz, beato Misionero jesuita paraguayo (Asunción, 1576 - Río Grande do Sul, 1628). Fundó varias reducciones de indios, y murió inmolado por éstos.

roqueda o **roquedal** m. *Geol.* Lugar abundante en rocas.

roquedo m. *Geol.* Peñasco o roca.

roquefort m. Queso de oveja, fabricado en la población francesa de Roquefort-sur-Soulzon.

Roqueñas, Montañas Rocosas, Montañas.

roqueño, ña adj. **1** Se aplica al sitio o paraje lleno de rocas. **2** Duro como roca.

roquero, ra adj. **1** Perteneciente a las rocas o edificado sobre ellas. || m. y f. **2** Persona que toca en un grupo de rock, o que sigue este tipo de música. También adj.

Roques, Los Archipiélago de Venezuela, en el mar de las Antillas, que constituye una dependencia federal; 120 km² y 1.000 h. La mayor del grupo es Gran Roque (10 km²).

roquete[1] m. Especie de sobrepelliz cerrada y con mangas.

roquete[2] m. Hierro de la lanza de torneo, que terminaba con tres o cuatro puntas separadas.

Roraima Estado de Brasil, en la región Norte; 225.116 km² y 247.131 h. Capital, Boa Vista. Ganadería. Antes se llamó *Río Branco*.

Roraima Cumbre de la sierra Pacaraima (Macizo de las Guayanas), en el vértice fronterizo entre Brasil, Venezuela y Guyana; 2.810 m.

rorcual m. *Zool.* Especie de ballena con aleta dorsal. Existen en los mares de España, aunque su presencia en ellos no es muy frecuente.

rorro m. fam. Niño pequeño.

Rorschach, Hermann Psiquiatra suizo (Zurich, 1884 - Herisau, 1922). Creador del test de su nombre (1921), que basado en la interpretación de dibujos blancos y negros, tiene por objeto la valoración de la personalidad.

ros m. Especie de gorro militar pequeño, más alto por delante que por detrás y con visera.

rosa f. **1** *Bot.* Flor del rosal. **2** *Med.* Mancha de color rosa que suele salir en el cuerpo. **3** Lazo u otra cosa hecha en forma de rosa. **4** Flor del azafrán. || f. pl. *Bot.* **5** Rosetas de maíz. || adj. **6** Se dice de lo que es de color encarnado poco subido. También m. || **rosa de China** *Bot.* Arbusto perteneciente a la familia malváceas, de nombre científico *Hibiscus rosa-sinensis*, con hojas persistentes y bellas flores ornamentales. Procede de Asia. || **rosa de Jericó** *Bot.* Arbusto perteneciente a la familia malváceas, de nombre científico *Hibiscus mutabilis*, que procede de China. Se cultiva como ornamental. || **rosa de Siria** *Bot.* Arbusto perteneciente a la familia malváceas, de nombre científico *Hibiscus syriacus*, que procede de Asia. Se cultiva como ornamental. También denominado *suspiro*. || **rosa de los vientos** Círculo que tiene marcados alrededor los 32 rumbos en que se divide el círculo del horizonte. || **como las propias rosas** loc. adv. fig. y fam. Muy bien, perfectamente.

Rosa, Monte Cumbre de los Alpes Peninos, entre Italia y Suiza; 4.638 m de altura.

Rosa, Salvatore Poeta y pintor italiano (Arenella, 1615 - Roma, 1673). En su obra pictórica destacan las representaciones de batallas y los paisajes. Autor de Ma-

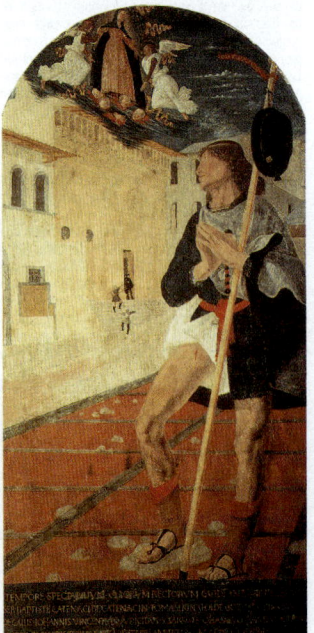

San Roque. Cuadro de Bartolomeo della Gatta. Pinacoteca de Arezzo (Italia).

rosa

rina del puerto, *Brujas y encantamientos, Soldados jugando*, etc. En sus *Sátiras* (1694) criticó la cultura y la moral de su tiempo.

Rosa de Lima, santa Religiosa dominica peruana, de origen español (Lima, 1586 - íd., 1617). Clemente X la declaró patrona de Lima, América, Filipinas y las Indias Occidentales, y la canonizó en 1671.

rosácea f. *Med.* Alteración cutánea caracterizada por eritemas, pápulas y piel grasa.

rosáceo, a adj. y f. **1** De color parecido al de la rosa. || f. *Bot.* **2** Se dice de la planta angiosperma dicotiledónea, con hojas estipuladas y flores con numerosos estambres, como el rosal, el almendro y el peral. || f. pl. *Bot.* **3** Familia de estas plantas.

rosacruz com. **1** Orden o fraternidad de origen alemán y carácter gnóstico, fundada h. 1420 por Christian Rosenkreuz, cuya doctrina teosófica aúna ciertas concepciones religiosas orientales con otras derivadas del cristianismo. **2** Persona perteneciente a esa orden.

rosada f. *Meteor.* Rociada o escarcha.

rosado, da adj. **1** Se aplica al color de la rosa. **2** *Bot.* Compuesto de rosas. **3** vino rosado. **4** *Veter. Amér.* Rubicán.

rosal m. *Bot.* **1** Arbusto de la familia rosáceas, género *Rosa*, con tallos erectos, trepadores o rastreros, llenos de espinas, hojas alternas y flores olorosas, de colores variados, conseguidos por hibridación (blanco, rojo, rosa, amarillo, etc.). Se cultiva como ornamental. || adj. y f. *Bot.* **2** Se dice de la planta dicotiledónea con flores hermafroditas, de cáliz y corola bien diferenciados y de forma muy variada. || f. pl. *Bot.* **3** Orden de estas plantas.

rosaleda o **rosalera** f. *Bot.* Sitio en que hay muchos rosales.

Rosales, Diego de Historiador chileno (Madrid, 1603 - Santiago de Chile, 1677). Miembro de la Compañía de Jesús, escribió una *Historia general de Chile* (1877), la más importante obra histórica chilena de la época colonial.

Rosales y Gallinas, Eduardo Pintor español (Madrid, 1836 - íd., 1873). Fue uno de los grandes maestros de la pintura histórica española: *El testamento de Isabel la Católica* (1864), *La muerte de Lucrecia* (1869).

rosarino, na adj. y s. De Rosario, Argentina.

rosario m. **1** *Liturg.* Rezo de la iglesia católica, en que se conmemoran los 15 misterios principales de la vida de Jesucristo y de la Virgen, recitando después de cada uno un padrenuestro, diez avemarías y un gloriapatri. **2** Sarta de cuentas, separadas de diez en diez por otras de distinto tamaño que sirve para hacer ordenadamente el rezo del mismo nombre. **3** fig. Serie. **4** Conjunto de personas que rezan el rosario. **5** Este mismo acto colectivo de devoción. **6** Máquina para elevar agua, especie de noria.

Rosario Ciudad de Argentina, en la provincia de Santa Fe; 1.118.984 h. Conoció un importante desarrollo a finales del siglo xix como puerto fluvial exportador de los productos de la Pampa (cereales, carne, pieles y lana). Importante centro industrial agroalimentario, de construcciones mecánicas y siderúrgico. Su fundación se atribuye a Francisco Godoy, en 1725. En ella enarboló por primera vez el general Belgrano la bandera argentina el 27 de febrero de 1812. De 1852 a 1933 se llamó *Rosario de Santa Fe*.

Rosario Población de Colombia, en el departamento de Norte de Santander. En ella se celebró el congreso en el que se proclamó la primera Constitución de la Gran Colombia (1821).

Rosas, golfo de Entrante del Mediterráneo, en las costas del NE de España, provincia de Girona. Tiene aproximadamente 20 km de abertura y se interna tierra adentro unos 10 km.

Eduardo **Rosales**. *El testamento de Isabel la Católica*. Museo del Prado (Madrid).

Rosas, guerra de las Dos *Hist.* Dos Rosas, guerra de las.

Rosas, Juan Manuel de Militar y político argentino (Buenos Aires, 1793 - Swathling, Reino Unido, 1877). Encargado del Partido Federal a la muerte de Dorrego, apoyó a las tropas de Estanislao López contra Lavalle. Elegido gobernador de Buenos Aires (1829-32), se alió con el caudillo de La Rioja, Quiroga, para vencer al general unitario Paz. Su gobierno personalista suscitó grandes recelos, motivo por el cual abandonó la gobernación y emprendió una campaña contra los indios del sur. Reelegido en 1835, asumió una abierta dictadura hasta 1852, año en que fue derrotado en Caseros por Justo José de Urquiza, huyendo poco después a Inglaterra.

rosbif m. Carne de vaca semiasada.

rosca f. **1** Máquina que se compone de tornillo y tuerca. **2** Cualquier cosa redonda y rolliza que, cerrándose, deja en medio un espacio vacío. **3** Pan o bollo de esta forma. **4** Cada una de las vueltas de una espiral, o el conjunto de ellas. **5** *Chile* Rodete para llevar pesos en la cabeza. || **rosca de Arquímedes** *Fís.* Aparato para elevar agua. || **hacer la rosca** a uno fr. fig. y fam. hacer la pelota. || **no comerse una rosca** fr. vulg. No conseguir ligar, no tener éxito en una conquista amorosa. || **pasarse de rosca** fr. No agarrar en la tuerca el tornillo por haberse desgastado la rosca de éste. También, en sentido figurado, excederse.

roscar tr. **1** Labrar las espiras de un tornillo. **2** Atornillar, enroscar.

Roscelin, Jean Filósofo francés (Compiègne, h. 1050 - abadía de San Martín de Tours, h. 1120). Maestro de Pedro Abelardo, atacó la tesis realista y aplicó una solución nominalista al problema de los universales.

Roscio, Juan Germán Político venezolano (San José de Tiznados, 1763 - Rosario de Cúcuta, 1821). Suscribió el Acta de Independencia (1811) y presidió el Congreso de Angostura (1819), que le nombró vicepresidente de Venezuela.

rosco m. **1** Roscón o rosca de pan o de bollo. **2** fam. Entre estudiantes, cero, nota desfavorable.

Roscoe, sir Henry Enfield Químico inglés (Londres, 1833 - Leatherhead, 1915). Efectuó estudios especiales sobre las propiedades del vanadio.

Roscommon Condado de Irlanda, en la provincia de Connacht; 2.463 km² y 51.897 h. Su capital es la ciudad del mismo nombre.

roscón m. Bollo en forma de rosca grande. || **roscón de reyes** Bollo en forma de rosca que se come en el día de Reyes.

Roseau Ciudad capital de Dominica; 15.853 h.

rosedal m. *Bot. Arg.* y *Urug.* rosaleda.

Roselló, Pedro Político puertorriqueño (San Juan, 1944). Fue elegido gobernador de Puerto Rico, como candidato del Partido Nuevo Progresista, en las elecciones de noviembre de 1992. Partidario de la plena integración en EE UU, volvió a convertir el inglés en lengua oficial. En 2000 fue sustituido en el cargo por Sila María Calderón.

Rosellón (*Roussillon*) Comarca del S de Francia, que coincide con parte del territorio del departamento de Pirineos Orientales. Su capital es Perpiñán. Antiguo condado de la Marca Hispánica, pasó a depender de la corona de Aragón en 1172. Se integró en Francia en 1659, tras el tratado de los Pirineos.

Rosellón, Maestro del Pintor gótico anónimo, activo en el Rosellón durante el segundo cuarto del siglo xiv. Su obra principal es el retablo de San Andrés.

rosellonés, sa adj. y s. Del Rosellón.

Rosenberg, Alfred Político y escritor alemán (Reval, Estonia, 1893 - Nuremberg, 1946). Principal teórico del nazismo, en 1930 publicó *El mito del siglo xx*, donde defiende la supremacía de la raza germánica. En 1945, fue condenado a muerte por el Tribunal de Nuremberg.

Rosenberg, Asunto *Hist.* Proceso político y judicial de EE UU protagonizado por el matrimonio Julius y Ethel Rosenberg, que fueron acusados de espionaje y condenados a muerte, en 1953, por haber facilitado a la URSS información sobre la producción de la bomba atómica. En 1997 un antiguo jefe de espionaje de la URSS confirmó que, si bien Julius era agente soviético, jamás facilitó las informaciones que se le atribuyeron, y que Ethel era completamente inocente.

Rosenblat, Ángel Filólogo y etnólogo argentino de origen polaco (?, 1902 - Caracas, 1984). Investigó sobre las peculiaridades de la lengua española en América: *El castellano de España y el castellano de América* (1962), *Lengua y literatura popular en América* (1969).

Rosenkranz, Johann Karl Friedrich Filósofo alemán (Magdeburgo, 1805 - Königsberg, 1879). Seguidor de las teorías de Hegel, es autor de *Enciclopedia de las ciencias teológicas* (1831) y *Vida de Hegel* (1844).

Rosenmuller, Johann Compositor alemán (Olsnit, 1619 - Wolfenbüttel, 1684). Músico prolífico, sus suites y sonatas aúnan la tradición alemana con la sensualidad italiana.

róseo, a adj. De color de rosa.

roséola f. *Med.* rubéola.

roseta f. **1** *Biol.* Cualquier estructura que se parezca a una rosa. **2** Mancha rosada en las mejillas. **3** Rallo de la regadera. **4** Pieza de metal fija en el extremo de la barra de la romana. **5** Arete o zarcillo adornado con una piedra preciosa a la que rodean otras pequeñas. || f. pl. **6** Granos de maíz que al tostarse se abren en forma de flor.

Roseta o **Rosetta, piedra de** *Arqueol.* Fragmento de estela de basalto negro, datada en 196 a. C., que se encontró en 1799 en la población egipcia de Rosetta, en el delta del Nilo. Contiene una inscripción en caracteres jeroglíficos, demóticos y griegos que permitió a Champollion descifrar la escritura jeroglífica de los antiguos egipcios.

rosetón m. *Arquit.* **1** Ventana circular calada, con adornos. **2** Adorno circular que se coloca en los techos.

Rosi, Francesco Director de cine italiano (Nápoles, 1922). Heredero del neorrealismo, su cine se caracteriza por el compromiso político y social: *Salvatore Giuliano* (1962), *Las manos sobre la ciudad* (1963), *Lucky Luciano* (1973), *Cristo se paró en Éboli* (1979), *Tres hermanos* (1981).

rosicler m. Color rosado, claro y suave de la aurora.

rositas f. pl. Rosetas de maíz. || **de rositas** loc. adv. fam. De balde, sin esfuerzo alguno.

Roskilde Condado de Dinamarca, en la región de Seeland; 891 km² y 226.683 h. Su capital es la ciudad del mismo nombre.

rosmarino m. *Bot.* romero¹, arbusto.

rosmaro m. *Zool.* morsa, especie de foca.

Rosmini Serbati, Antonio Filósofo y sacerdote italiano (Rovereto, 1797 - Stresa, 1855). Fundador del Instituto de la Caridad (1828), ocupa un lugar preeminente en el movimiento de reacción de la filosofía católica.

Rosny, Joseph Henri Boex-Borel, Joseph Henri.

rosoli o **rosolí** m. resolí.

rosquete m. Rosquilla de masa, algo mayor que las regulares.

rosquilla f. **1** Especie de masa dulce y delicada, formada en figura de roscas pequeñas. **2** *Zool.* Larva de insecto que se enrosca al menor peligro.

Ross Dependencia de Nueva Zelanda, en la Antártida. Comprende la parte oriental de la costa de la Tierra de Victoria, el sector de tierras cercanas al Polo Sur y el mar de Ross.

Ross, sir James Clark Explorador inglés (Londres, 1800 - Aylesbury, 1862). En 1839, descubrió la Tierra Victoria y la barrera de su nombre en la Antártida.

Ross, sir John Explorador inglés (Inch, 1777 - Londres, 1856). En 1818 dirigió una expedicion ártica en busca del paso del NE. En una segunda expedición (1829-33) descubrió el polo magnético y la isla del Rey Guillermo.

Ross, mar de Brazo del océano Glacial Antártico que se introduce en la Antártida. En su parte oriental está la isla del mismo nombre, donde se localiza el volcán Erebus (3.794 m).

Ross, sir Ronald Médico y microbiólogo británico (Almora, 1857 - Putney, 1932). En 1902 recibió el premio Nobel de Fisiología y Medicina por sus trabajos sobre el paludismo.

Ross, sir William David Filósofo británico (Thurso, 1877 - Oxford, 1971). Crítico del utilitarismo, dedicó gran parte de su trabajo al estudio de la obra de Aristóteles. Es autor de *Fundamentos de ética* (1939) y *Teoría ética de Kant* (1954).

Rosselli, Cosimo Pintor italiano (Florencia, 1439 - íd., 1507). De su obra destacan los frescos del *Milagro*

Rosario (Argentina).

Dante Gabriel **Rossetti**. *Beata Beatrix*. Tate Gallery (Londres).

del Santo Sacramento, en la iglesia de San Ambrosio de Florencia (1486), y *La última cena*, en la capilla Sixtina (1481).

Rossellini, Roberto Director y guionista de cine italiano (Roma, 1906 - íd., 1977). Está considerado como uno de los creadores del neorrealismo: *Roma, ciudad abierta* (1945), *Paisà* (1946), *Alemania, año cero* (1947), *Stromboli* (1949), *Europa 51* (1952), *El general de la Rovere* (1959) y *El mesías* (1975).

Rossellino, Antonio Arquitecto y escultor italiano (Settignano, 1427 - Florencia, 1478). Discípulo de su hermano Bernardo, su obra maestra es el monumento del cardenal de Portugal, en San Miniato al Monte de Florencia (1459).

Rossellino, Bernardo Arquitecto y escultor italiano (Settignano, 1409 - Florencia, 1464). Discípulo de Alberti, Pío II le encargó en 1459 los planos de la urbanización de Pienza, que trazó según el gusto renacentista. En la misma población realizó la catedral y varios palacios.

Rossetti, Christina Georgina Poetisa inglesa (Londres, 1830 - íd., 1891). Hermana de Dante Gabriel, sus poemas sacros, como *El progreso del príncipe* (1886) y *Annus Domini* (1874), se caracterizan por su profunda devoción religiosa.

Rossetti, Dante Gabriel Pintor y poeta inglés (Londres, 1828 - Birchington, Kent, 1882). Fue uno de los fundadores del prerrafaelismo. Merecen destacarse sus cuadros *Ecce ancilla domini* (1850) y *Beata Beatrix* (1863). Su obra poética, inspirada en leyendas medievales, está recogida en *Poemas* (1870) y *Baladas y sonetos* (1881).

Rossi, Giovanni Battista Arqueólogo y epigrafista italiano (Roma, 1822 - íd., 1894). Está considerado como el creador de la epigrafía cristiana. Autor de *Roma subterránea* (1864-77).

Rossi, Luigi Compositor italiano (Torremaggiore, 1598 - Roma, 1653). Entre sus composiciones más conocidas figuran la cantata *Un ferito cavaliere* (1632) y la ópera *Orfeo* (1647).

Rossini, Gioacchino Compositor italiano (Pesaro, 1792 - París, 1868). Considerado como uno de los principales representantes del *bel canto* italiano. Su primera gran ópera fue *Tancredo* (1813), a la que siguieron *La italiana en Argel* (1813), *El barbero de Sevilla* (1816) y *Guillermo Tell* (1829), entre otras.

Rosso, Fiorentino (Giovanni Battista di Iacopo de Rossi, llamado) Pintor italiano (Florencia, 1494 - Fontainebleau, 1540). Iniciador, junto con Pontormo, del manierismo toscano. Entre sus mejores obras figuran un *Descendimiento* (1521) y *La Piedad* (1537-40).

Rosso, Medardo Escultor italiano (Turín, 1858 - Milán, 1928). Formado en la escuela impresionista, su escultura, progresivamente sintética, se caracteriza por la difuminación de los contornos: *Diálogo en el jardín* (1896), *Ecce Puer* (1906).

Rosso di San Secondo, Pier Maria Dramaturgo italiano (Caltanissetta, 1887 - Lido di Camaiore, Lucca, 1956). En 1908 inició su carrera teatral, que tiene en la comedia *Marionetas, ¡qué pasión!* (1918) su obra más representativa.

Rostand, Edmond Poeta y dramaturgo francés (Marsella, 1868 - París, 1918). Alcanzó la fama con la comedia en verso *Cyrano de Bergerac* (1897). Del resto de su producción, merecen destacarse *Chantecler* (1910) y *La última noche de Don Juan* (1921).

Rostand, Jean Biólogo francés (París, 1894 - Ville d'Avray, 1977). Hijo de Edmond. Estudió experimentalmente los problemas de la herencia y la partenogénesis.

rosticería f. *Méx.* y *Nic.* Establecimiento donde se asan y se venden carnes.

Rostock Ciudad de Alemania, Land de Mecklemburgo-Antepomerania; 232.634 h. Pesca. Puerto comercial del Báltico.

Rostopchin, Fedor Vasilievich, conde de General y político ruso (Livny, 1763 - Moscú, 1826). Gobernador de Moscú durante la invasión napoleónica (1812), ordenó el incendio de los depósitos de alcohol, lo cual ocasionó la destrucción de la ciudad.

Rostov Región de la Federación de Rusia; 100.800 km² y 4.429.000 h. Su capital es Rostov del Don.

Rostov del Don Ciudad de la Federación de Rusia, cerca de la desembocadura del Don, en el mar de Azov, capital de la región de Rostov; 1.000.000 h. Activo puerto comercial. Centro industrial.

Rostow, Walt Whitman Economista estadounidense (Nueva York, 1916). Asesor del presidente Kennedy. Su obra más relevante es *Las etapas del crecimiento económico* (1960).

rostro m. 1 Cara de las personas. 2 Pico del ave. 3 *Mar.* Espolón de la nave.

Rostropovich, Mstislav Leopoldovich Violonchelista azerbaiyano (Bakú, 1927). Se trasladó a EE UU en 1974. Considerado como el mayor virtuoso contemporáneo del violonchelo, son célebres sus interpretaciones de las *Suites* de Bach y sus versiones de las sinfonías de Chaikovski. Premio Príncipe de Asturias de la Concordia en 1997.

Roswitha von Gandersheim Escritora alemana en lengua latina (Sajonia, h. 932 - ?, h. 975). Escribió leyendas hagiográficas, dramas apologéticos (*Calímaco, Abraham, Sapiencia*) y el poema épico *Gestos del emperador Otón I*.

Roszak, Theodore Escultor estadounidense de origen polaco (Poznan, 1907 - Nueva York, 1981). Entre sus obras destaca *Espectro de Kitty Hawk* (1946-47).

rota f. 1 Rumbo que lleva una embarcación. 2 Fuga de un ejército vencido. 3 *Bot.* Nombre de diversas plantas vivaces de la familia palmáceas, de cuyo tallo se hacen bastones.

Rota, Nino Compositor y director de orquesta italiano (Milán, 1911 - Roma, 1979). Autor de obras sinfónicas y óperas, compuso la banda sonora de muchos de los filmes de F. Fellini, como *La strada* (1954), *La dolce vita* (1960), *Fellini 8 ½* (1963) y *Amarcord* (1973), así como de otros directores: *Guerra y paz* (1955), *El gatopardo* (1963), *El padrino* (1972).

Rota, Tribunal de la f. *Der. can.* Tribunal de la Santa Sede en el cual se deciden en grado de apelación las causas eclesiásticas de todo el ámbito católico.

rotación f. Acción y efecto de rotar. || **rotación de cultivos** *Agr.* Variedad de siembras alternativas o simultáneas para evitar que el terreno se agote en la exclusiva alimentación de una sola especie vegetal, alternando distintos cultivos y barbecho.

rotacismo m. *Fon.* Conversión de s en r en posición intervocálica; por ejemplo, en latín, *flos, floris*, en vez de *flos, flosis*.

rotar intr. 1 RODAR. 2 Ocupar sucesivamente varias personas un puesto o cargo.

Rotary Club Asociación mundial de sociedades integradas por hombres de negocios, profesionales liberales e intelectuales, cuya finalidad es filantrópica y de ayuda mutua.

rotativo, va adj. y f. 1 *A. gráf.* Se dice de la máquina de imprimir de movimiento continuo y gran velocidad,

Gioacchino **Rossini**. Retrato de Giovanni da Fano. Museo del teatro de La Scala (Milán).

que únicamente puede imprimir en papel de bobina. || m. 2 Por extensión, periódico impreso en estas máquinas.

rotatorio, ria adj. Que tiene movimiento circular.

Rotblat, Joseph Físico británico de origen polaco (Varsovia, 1908). Participó en la fase inicial del Proyecto Manhattan, en 1944 lo abandonó y se convirtió en un oponente a las armas nucleares. Promovió la fundación de la Conferencia Pugwash de Ciencia y Asuntos Internacionales, que aboga por la desnuclearización. Por ello, le fue concedido, junto a la citada organización, el premio Nobel de la Paz de 1995.

roterodamense adj. y com. De Rotterdam.

Roth, Joseph Novelista austriaco (Schwabendorf, 1894 - París, 1939). Autor de *Hotel Savoy* (1924), *La marcha de Radetzky* (1932), *El peso falso* (1937) y *La leyenda del santo bebedor* (1939).

Roth, Philip Escritor estadounidense (Newark, 1933). Autor de *Cuando ella era buena* (1967), *Mi vida como hombre* (1974), *La orgía de Praga* (1985), *Patrimonio* (1991), *Operación Shylock* (1996), *La Pastoral americana* (1998) y *La mancha humana* (2001).

Rothko, Mark Pintor estadounidense de origen letón (Dvinsk, 1903 - Nueva York, 1970). Su pintura se caracteriza por la gradación de grandes superficies de color: *Number 10* (1950).

Mark **Rothko**. *Violeta y amarillo en rosa*. Museo de Arte Contemporáneo (Los Ángeles).

Rothschild Geneal. Familia de banqueros alemanes de origen judío, que ejerció una considerable influencia en el siglo XIX. Su fundador fue Mayer Amschel (1743-1812), que se introdujo en la corte gracias al príncipe elector de Hesse-Cassel y realizó importantes negocios durante la Revolución Francesa. La empresa fue continuada por sus cinco hijos, Nathan (1777-1836), James (1792-1868), Amschel (1773-1855), Salomon (1774-1855) y Karl (1788-1855), con los que fundó sucursales en distintas ciudades de Europa. Su influencia disminuyó a comienzos del siglo XX.

rotífero, ra adj. y m. *Zool.* 1 Se dice del animal metazoo, invertebrado, microscópico, con simetría bilateral y segmentación aparente. Poseen un órgano discoidal en el extremo anterior, que utiliza para nadar o atraer el alimento. || m. pl. *Zool.* 2 Clase del tipo asquelmintos.

roto, ta adj. 1 Andrajoso. También s. 2 Se aplica al sujeto licencioso. || m. 3 Desgarrón en la ropa, en cualquier tejido, etc. 4 *Chile* Individuo de la clase ínfima del pueblo. 5 *Arg.* y *Perú* fam. desp. Apodo con que se designa al chileno. 6 *Méx.* Petimetre del pueblo. ♦ Es el p. p. irreg. de romper.

rotonda f. 1 Edificio o sala de planta circular. 2 Plaza circular.

rotor m. *Fís.* Parte giratoria de una máquina electromagnética o de una turbina.

rotoso, sa adj. *Amér.* Roto, desharrapado.

Rotrou, Jean Dramaturgo francés (Dreux, 1609 - íd., 1650). Admirador de Corneille y protegido de Richelieu, entre sus mejores piezas figuran la tragedia *El verdadero San Ginés* (1646), basada en *Lo fingido verdadero*, de Lope de Vega, y la tragicomedia *Venceslas* (1647).

Rotterdam Ciudad de los Países Bajos, provincia de Holanda Meridional, en uno de los brazos del delta del Rhin y del Mosa; 599.414 h. Es el primer puerto del mundo por el volumen de mercancías. Capital cultural europea en 2001, junto con Oporto.

rótula f. 1 *Anat.* Hueso de la rodilla, que articula el movimiento de la pierna. 2 *Mec.* Pieza de una máquina que articula el movimiento de otras formas.

ROTULADOR, RA adj. **1** Que rotula o sirve para rotular. || f. **2** Máquina para rotular. || m. **3** Instrumento similar a un bolígrafo, con tinta y una punta de fibra, que se usa para escribir y dibujar.

ROTULAR tr. Poner rótulo.

RÓTULO m. **1** Título de un escrito o de una parte suya. **2** Letrero o inscripción. **3** Cartel.

ROTUNDA f. Construcción de planta circular.

ROTUNDAMENTE adv. m. De un modo claro, preciso y terminante.

ROTUNDO, DA adj. **1** REDONDO. **2** fig. Aplicado al lenguaje, lleno y sonoro. **3** fig. Preciso y terminante.

ROTURA f. **1** Acción y efecto de romper. **2** Raja o quiebra de un cuerpo sólido.

ROTURADOR, RA adj. *Agr.* **1** Que rotura. || f. **2** Máquina que sirve para roturar las tierras.

ROTURAR tr. *Agr.* Arar o labrar por primera vez las tierras vírgenes o eriales para ponerlas en cultivo.

ROUAULT, GEORGES Pintor, grabador y litógrafo francés (París, 1871 - íd., 1958). Su pintura se inscribe en el expresionismo, con obras de colorido brillante y figuras enmarcadas por contornos negros: *Jesús entre los doctores* (1894), *La prostituta* (1906) y la serie de grabados *Miserere* (1917-27).

ROUBAIX Ciudad de Francia, departamento de Nord, que forma parte de la conurbación de Lille; 97.746 h. Tejidos.

ROUCHÉ, EUGÈNE Matemático francés (Sommières, 1832 - Lunel, 1910). Estudió el desarrollo en serie de las funciones, el cálculo de probabilidades y la teoría de las ecuaciones algebraicas.

ROUCO VARELA, ANTONIO MARÍA Prelado español (Villalba, Lugo, 1936). Arzobispo de Santiago de Compostela de 1984 a 1994, y de Madrid-Alcalá desde ese último año, en 1998 fue nombrado cardenal. Desde 1999 es presidente de la Conferencia Episcopal Española, en sustitución de Elías Yanes.

ROUEN Ciudad de Francia, capital de la región de Alta Normandía y del departamento de Seine-Maritime; 105.470 h. Centro comercial e industrial. Importante puerto. Edificios góticos, como la catedral (siglos XII-XIII) y las iglesias de Saint-Ouen (siglo XIV) y Saint-Maclou (siglo XV).

ROUGEMONT, DENIS DE Ensayista suizo en lengua francesa (Neuchâtel, 1906 - Ginebra, 1985). Vinculado al personalismo, participó en la creación de la revista *Esprit* (1932). Autor de *La aventura occidental del hombre* (1937), *El amor y Occidente* (1939), *Carta abierta a los europeos* (1970), *El futuro es asunto nuestro* (1977).

ROUGET DE LISLE, CLAUDE Militar francés (Montaigu, 1760 - Choisy-le-Roy, 1836). Compuso, en 1792, *La Marsellesa*, himno nacional de Francia.

ROULOTTE (Voz fr.) f. CARAVANA.

ROUND (Voz i.) m. *Dep.* En boxeo, ASALTO.

ROUS, FRANCIS PEYTON Médico estadounidense (Baltimore, 1879 - Nueva York, 1970). Sus descubrimientos sobre los factores cancerígenos fueron premiados en 1966, con el premio Nobel de Medicina, compartido con Ch. B. Huggins.

ROUSSEAU, HENRI (llamado EL ADUANERO) Pintor francés (Laval, 1844 - París, 1910). Sus obras son la primera manifestación de la pintura naif. Entre ellas figuran *La guerra* (1894), *La gitana dormida* (1897), *La encantadora de serpientes* (1907) o *El sueño* (1910).

ROUSSEAU, JEAN-JACQUES Escritor y filósofo francés (Ginebra, 1712 - Ermenonville, 1778). Hijo de un artesano calvinista, en París entró en contacto con Voltaire, que le encargó artículos sobre música y economía política para *La Enciclopedia*. Tras romper con los enciclopedistas, fue perseguido a causa de la publicación de la novela pedagógica *Emilio* (1762); se refugió en Suiza y luego en Inglaterra, bajo la protección de Hume, antes de regresar a Francia. Autor de *Discurso sobre las artes y las ciencias* (1750), *El contrato social* (1762), *Discurso sobre el origen de la desigualdad de los hombres* (1755), *Julia, o La nueva Eloísa* (1761), *Ensoñaciones de un paseante solitario* (1782), *Confesiones* (1782-89).

ROUSSEAU, THÉODORE Pintor francés (París, 1812 - Barbizon, 1867). Creador de la *escuela de Barbizon*, antecedente del impresionismo. Obras: *En el confín del bosque de Fontainebleau* (1848) o *Paisaje después de la lluvia* (1852).

ROUSSEL, ALBERT Compositor francés (Tourcoing, 1869 - Royan, 1937). Escribió obras para el teatro, música sinfónica y de cámara; entre las más conocidas figuran la ópera-ballet *Padmâvati* (1914-18) y *Serenata* (1925).

ROUX, ÉMILE Médico y bacteriólogo francés (Confolens, 1853 - París, 1933). Colaboró con Pasteur en la investigación sobre la vacuna del carbunco, y con Yersin en el descubrimiento de la toxina diftérica. Investigó la sífilis y se le debe el método de inyección intracraneana del suero antitetánico.

ROUX, JACQUES Revolucionario francés (Angoumois, h. 1750 - Bicetre, 1794). Líder de los *sans-culottes*, se distinguió por sus ideas políticas extremas, especialmente en relación con los acaparadores y el saqueo popular de establecimientos. Condenado por el tribunal revolucionario, se suicidó.

ROVELLÓN (Voz cat.) m. *Bot.* NÍSCALO.

ROVIGO Provincia de Italia, en Véneto; 1.789 km² y 245.573 h. Su capital es la ciudad del mismo nombre.

ROWLAND, FRANK SHERWOOD Químico estadounidense (Delaware, 1927). Junto con Mario Molina, en 1974 avanzó la tesis de que los clorofluorocarbonos (CFC), se liberan en la estratosfera y constituyen una de las principales causas del empobrecimiento de la capa de ozono. En 1995 recibió el premio Nobel de Química, compartido con M. Molina y P. Crutzen.

ROWLAND, HENRY AUGUSTUS Físico estadounidense (Honesdale, 1848 - Baltimore, 1901). Investigó sobre las unidades eléctricas, el equivalente mecánico del calor y la teoría de las cargas alternas.

ROXANA Esposa de Alejandro Magno (? - Anfípolis, 310 a. C.). Tras la muerte de su esposo, fue asesinada por orden de Casandro.

ROXAS ACUÑA, MANUEL Político filipino (Cápiz, 1893 - Manila, 1948). Ministro de Hacienda (1938), colaboró con el gobierno de Laurel durante la Segunda Guerra Mundial. Tras ocupar la presidencia del Senado (1945) fue elegido presidente de la República y proclamó la independencia en 1946. Se mantuvo en el poder hasta 1948.

ROYA f. *Biol.* Nombre de cualquiera de las 4.000 especies de hongos basidiomicetes, pertenecientes al orden uredinales, de tamaño muy pequeño, y algunos parásitos de diversos vegetales.

ROYAL SOCIETY Sociedad inglesa de carácter científico fundada en Londres en 1660. Algunos de sus miembros fueron destacados hombres de ciencia, como Isaac Newton.

ROYALTY (Voz i.) m. *Econ.* Canon o tasa que paga una persona o entidad al titular de una obra, patente, invento, etc., por la cesión de los derechos de explotación comercial.

Jean-Jacques **Rousseau**. Retrato de Quentin Latour. Museo de Arte (Ginebra).

ROYO, ARÍSTIDES Político panameño (La Chorrera, 1940). Intervino en la redacción de la Constitución de 1972. Consejero de Torrijos y ministro de Educación desde 1973, fue presidente de la República de 1978 a 1982.

ROZA f. **1** Acción y efecto de rozar. **2** Surco o canal abierto en una pared para empotrar tuberías, cables, etc. **3** *Agr.* Tierra rozada y limpia para sembrar en ella.

ROZADURA f. **1** Acción y efecto de frotar una cosa con otra. **2** *Bot.* Enfermedad de los árboles a consecuencia de haberse desprendido del líber de la corteza. **3** Herida superficial de la piel.

ROZAGANTE adj. **1** Se aplica a la vestidura vistosa y muy larga. **2** fig. Vistoso, ufano.

ROZAMIENTO m. **1** Acción y efecto de rozar. **2** *Fís.* Resistencia que se opone al deslizamiento de un cuerpo sobre otro.

ROZAR tr. *Agr.* Limpiar las tierras de las matas y hierbas inútiles antes de labrarlas. **2** Cortar los animales con los dientes la hierba para comerla. **3** Raer una cosa. **4** Abrir algún hueco o canal en un paramento. || intr. **5** Pasar una persona, animal o cosa tocando ligeramente la superficie de otra. También tr. || prnl. **6** Tropezarse un pie con otro. **7** fig. Tratarse o tener entre sí dos personas familiaridad o confianza. **8** Tener una cosa semejanza o conexión con otra.

ROZNO m. Borrico.

ROZO m. *Agr.* Terreno que se ha rozado.

ROZÓN m. *Agr.* Especie de guadaña que sirve para rozar árgoma, zarzas, etc.

RPG (Siglas de *Report Program Generator*.) *Inform.* Generador de programas para informes, lenguaje de programación para la gestión administrativa.

-RRAFIA, -RRAFO sufs. RAPS-.

-RRAGIA, -RREXIA, -RREXIS sufs. que significan ruptura.

-RREA suf. REO-.

-RREICO suf. REO-.

-RRESIA suf. RETOR-.

-RREXIA, -RREXIS sufs. -RRAGIA.

-RRINCO-; -RRINCO in. o suf. RINCO-.

-RRINIA, -RRINO sufs. RIN-.

-RRITMIA suf. RITM-.

-RRIZA, -RRIZO sufs. RIZO-.

-RROIDES suf. REO-.

-RROSTRO suf. que significa pico: *latirrostro*.

Ru *Quím.* Símbolo del rutenio.

RU Siglas de REINO UNIDO.

RÚA f. Calle de un pueblo.

RUÁN ROUEN.

RUANA f. **1** Tejido de lana. **2** *Col.* y *Venez.* Especie de capote o poncho.

RUANDA (*République Rwandaise / Republika y'u Rwanda*) Estado del E de África central, que limita al N con Uganda; al E, con Tanzania; al S, con Burundi, y al O, con República Democrática del Congo.

GEOG. Su territorio esta formado por una gran altiplanicie sólo accidentada en el NO por los montes Virunga (Karisimbi, 4.507 m). En el E, se elevan pequeñas colinas y, en el O, se localiza el lago Kivu. El clima es ecuatorial. La población es eminentemente rural. Su economía se basa en la agricultura, la ganadería (bovina, caprina) y la minería. Agricultura. La actividad minera, controlada por capital belga, se concentra en la producción de oro y estaño. Industria poco desarrollada.

Georges **Rouault**. *Tiberíades*. Galería de Arte Moderno (Venecia).

RUANDA

Provincias *Ciudad*	Superficie (km²)	Población (h.)	Capitales
Butare	1.849	707.500	Butare
Byumba	1.730	760.100	Byumba
Cyangugu	2.330	602.200	Cyangugu
Gikongoro	2.188	515.000	Gikongoro
Gisenyi	2.145	880.600	Gisenyi
Gitarama	2.188	946.500	Gitarama
Kibungo	3.253	682.700	Kibungo
Kibuye	1.336	462.100	Kibuye
Kigali Rural	3.133	914.200	Kigali
Umutara	4.312	436.900	—
Ruhengeri	1.762	971.600	Ruhengeri
Kigali	*112*	*290.700*	

Superficie: 26.338 km².
Población: 8.170.000 h. *(ruandeses).*
Densidad: 274,5 h./km².
Tasa de natalidad: 35,7‰.
Tasa de mortalidad: 21,1‰.
Capital: Kigali.
Ciudades principales: Ruhengeri, Butare y Gisenyi.
Grupos étnicos: hutu (85%), tutsi (14%) y twa (1%).
Religión: catolicismo (44%), creencias tradicionales (17%), protestantismo (9%), islamismo (9%).
Idioma: francés y kinyaruanda.
Moneda: franco ruandés.
Forma de Estado: República presidencialista.
Producto Nacional Bruto: 1.864 millones de dólares.
Renta per cápita: 230 dólares.
División administrativa: 12 provincias, según cuadro.

HIST. Los primeros pobladores conocidos del territorio de Ruanda fueron los twa, que hacia el siglo X quedaron sometidos por los hutus. Los tutsi, pueblo ganadero y guerrero, llegaron en el siglo XV y, tras imponer su supremacía sobre el resto de tribus, fundaron el reino de Ruanda. En la conferencia de Berlín (1855) el territorio de Ruanda fue asignado a Alemania; la dominación alemana se prolongó hasta 1916, año en que fue ocupado por los belgas. En 1919 Belgica recibió el mandato sobre Ruanda, asociada al vecino Burundi (Ruanda-Urundi). Desde finales de los años cincuenta se sucedieron las revueltas y enfrentamientos entre hutus y tutsis. En 1960 Ruanda-Urundi se separó del Congo Belga. Las elecciones de ese año dieron el triunfo al partido hutu, en contra del rey Kigeli V, de la etnia tutsi. Por el referéndum de 1961, el pueblo ruandés rechazó la monarquía. El gobierno provisional, presidido por el hutu G. Kayibanda proclamó la República de Ruanda en 1962. Días después, la ONU aprobó su independencia. Los tutsis intentaron recuperar el poder provocando sangrientas matanzas que fueron seguidas por una violenta represión. En 1973 Kayibanda fue derrocado por un golpe de Estado dirigido por el general hutu Juvenal Habyarimana, quien instauró un régimen de partido único: Movimiento Revolucionario Nacional para el Desarrollo. Desde entonces, el ejército llevó a cabo una campaña de persecución de la minoría tutsi. A partir de 1990, el gobierno tuvo que plantar cara a la guerrilla tutsi del Frente Patriótico de Ruanda (FRP). La violencia interétnica estalló tras el asesinato del presidente Habyarimana (1994); los intransigentes hutus iniciaron una campaña de exterminio masivo de tutsis que se cobró decenas de miles de víctimas. Como reacción, se produjo el avance de las tropas tutsis del FRP, que obligó a cientos de miles de ruandeses a invadir la ciudad congoleña de Goma, en la frontera con Ruanda, desbordando la ayuda humanitaria internacional. En 1994 los tutsis se hicieron con el poder y nombraron presidente a Pasteur Buzimungu y jefe de gobierno a Faustin Twagiramungu, hutus moderados, con la intención de constituir un gobierno de concentración; pese a esto, el poder real residía en el ministro de Defensa, el tutsi Paul Kagame. La rebelión en el antiguo Zaire en 1996-97 provocó un retorno masivo de refugiados hutus al país. En abril de 2000, tras la dimisión de Buzimungu, Kagame fue nombrado presidente y Bernard Makuza asumió la jefatura del Gobierno. En 2002 Kagame y el presidente de la República Democrática del Congo, Joseph Kabila, firmaron un acuerdo de paz que puso fin a la guerra entre ambos países. En 2003 se celebraron elecciones presidenciales y legislativas que confirmaron a Kagame y a Makuza en sus cargos.

RUANDA-URUNDI Geog. hist. Territorio de África central que fue administrado por Bélgica como mandato de las Naciones Unidas (1919-46) y después como fideicomiso de la ONU (1946-62). Al independizarse en 1962, la zona N se denominó RUANDA, y la S, BURUNDI.

RUANO, NA adj. Se dice del caballo roano.

RUBA AL-KHALI DAHNA.

RUBBIA, CARLO Físico italiano (Gorizia, 1934). En 1973, junto con su equipo y como miembro de la Organización Europea para la Investigación Nuclear (CERN), descubrió interacciones débiles que no suponían intercambio de carga eléctrica, lo que exigía la existencia de una partícula fundamental que no tuviera carga (bosón). En 1984 recibió el premio Nobel de Física, compartido con Simon van der Meer.

RUBEFACCIÓN f. 1 Geol. Proceso de formación de suelos en zonas de clima cálido, con alternancia de épocas cálidas y húmedas con otras más secas. En estas condiciones se produce una rápida mineralización y una hidrólisis parcial de los silicatos, con liberación de óxidos de hierro. En la época seca, éstos se deshidratan y precipitan en agregados estables de color rojo, tonalidad que comunican a la masa completa del suelo. 2 Med. Enrojecimiento producido en la piel por la acción de un medicamento.

RUBEFACIENTE adj. y m. Med. Se dice de lo que produce rubefacción.

RUBÉN Personaje bíblico, hijo primogénito de Jacob, que dio nombre a una de las tribus en que se hallaba dividido el pueblo de Israel.

RUBENS, PETER PAUL Pintor flamenco (Siegen, 1577 - Amberes, 1640). Considerado uno de los grandes maestros del Barroco, su clasicismo inicial fue dejando paso a un estilo monumental, con composiciones marcadas por el dinamismo, formas voluptuosas de contorno progresivamente difuminado y una gran riqueza cromática. Obras: *La adoración de los pastores* (1608), *El descendimiento de la Cruz* (1612), *El rapto de las hijas de Leucipo* (1618), el ciclo de pinturas de la iglesia de los jesuitas de Amberes (1621), el ciclo de alegorías sobre la vida de María de Médicis (1621-25) y *Las tres Gracias* (1639).

RUBÉOLA o **RUBEOLA** f. Med. Enfermedad infecciosa vírica de carácter benigno, caracterizada por síntomas catarrales, fiebre y exantema transitorio.

RUBÍ m. Miner. Mineral cristalizado, variedad del corindón, más duro que el acero, de color rojo y brillo intenso. Es una de las piedras preciosas de más estima. ♦ Su pl. es *rubíes* o *rubís*.

RUBIA f. 1 Bot. Planta de la familia rubiáceas, cuya raíz sirve para preparar una sustancia colorante roja muy usada en tintorería. 2 Bot. Raíz de esta planta. 3 Zool. Pececillo teleósteo de agua dulce. 4 Num. Moneda árabe de oro.

RUBIÁCEO, A adj. y f. Bot. 1 Se dice de la planta angiosperma dicotiledónea, como la rubia, la gardenia y el café. || f. pl. Bot. 2 Familia de estas plantas.

RUBIAL[1] m. Bot. Campo de rubia, planta.
RUBIAL[2] adj. Que tira al color rubio.
RUBICÁN, NA adj. Zool. Se dice del caballo o yegua que tiene el pelo mezclado de blanco y rojo.
RUBICELA f. Miner. Espinela de color vinoso.
RUBICÓN Geog. hist. Pequeño río de Italia, correspondiente a uno de los actuales Pisciatello, Fiumicino o Uso, cerca de Rímini, que marcaba el límite entre la Galia Cisalpina y la Italia peninsular. César lo cruzó con

Peter Paul **Rubens.** *El rapto de las hijas de Leucipo.* Pinacoteca de Dresde (Alemania).

sus legiones sin la autorización del Senado, hecho que desencadenó la guerra civil con Pompeyo. La frase *pasar el rubicón* ha adquirido carácter léxico, con el significado de tomar alguna decisión crucial que conlleva cierto riesgo.

RUBICUNDEZ f. 1 Calidad de rubicundo. 2 *Med.* Color sanguíneo que se presenta como fenómeno morboso en la piel y en las membranas mucosas.

RUBICUNDO, DA adj. 1 Rubio que tira a rojo. 2 Se aplica a la persona de buen color.

RUBIDIO m. *Quím.* Elemento químico del grupo I A del sistema periódico; masa atómica, 85,48; número atómico, 37; símbolo, *Rb*.

RUBIERA f. 1 *Venez.* Travesura. 2 *P. Rico* Diversión.

RUBIFICACIÓN f. *Geol.* RUBEFACCIÓN.

RUBINSTEIN, ANTON GRIGORIEVICH Pianista y compositor ruso (Vykhvatinets, 1829 - Peterhov, 1894). Como compositor, influyó en Chaikovski y Borodin. Escribió la ópera *El demonio* (1875) y diversas sinfonías, conciertos y cuartetos.

RUBINSTEIN, ARTHUR Pianista estadounidense de origen polaco (Lódz, 1887 - Ginebra, 1982). Cabe destacar su magistral interpretación de las obras de Chopin, así como de Stravinski, Albéniz y Falla.

RUBIO, BIA adj. 1 De color rojo claro parecido al del oro. Se dice especialmente del cabello de este color y de la persona que lo tiene. También s. 2 Se aplica a un tipo de tabaco de color más claro y sabor suave. || m. 3 *Zool.* Pez teleósteo marino acantopterigio, perteneciente a la familia tríglidos, de nombre científico *Trigla lastoviza*, que habita en el Atlántico y el Mediterráneo. || f. 4 Coche automóvil con la carrocería de madera. || **RUBIO PLATINO** Color del cabello rubio muy claro.

RUBIO Población de Venezuela, en el Estado de Táchira. Importante centro cafetero.

RUBIÓN adj. y s. *Agr.* Se dice de una variedad de trigo de grano dorado.

RUBLËV o **RUBLIOV, ANDREJ** Pintor ruso (?, h. 1360 - Moscú, h. 1430). Es considerado el fundador de la escuela de Moscú. Colaboró con Teófanes el Griego en la decoración del iconostasio de la catedral de Moscú (1405). Otras obras: el fresco del *Juicio Final* en la catedral de Vladimir (1408) y el icono de *La Trinidad* (1411).

RUBLO m. *Econ.* Unidad monetaria de la Federación de Rusia y Bielorrusia. Antes de la disolución de la URSS era la moneda común de sus quince repúblicas.

RUBOR m. 1 Color rojo muy encendido. 2 Color que la vergüenza saca al rostro. 3 fig. Vergüenza.

RUBORIZAR tr. 1 Causar rubor. || prnl. 2 Teñirse de rubor una persona. 3 fig. Sentir vergüenza.

RÚBRICA f. 1 Rasgo o conjunto de rasgos de figura determinada que como parte de la firma pone cada cual después de su nombre. A veces se pone la rúbrica sola. 2 Epígrafe o rótulo. 3 Cada una de las reglas que enseñan la ejecución y práctica de las ceremonias y ritos de la iglesia.

RUBRICAR tr. 1 Poner uno su rúbrica. 2 Suscribir, firmar un despacho o papel y ponerle el sello. 3 fig. Suscribir o dar testimonio de una cosa.

RUBRO, BRA adj. 1 Encarnado, rojo. || m. 2 *Amér.* Título, rótulo.

RUCA f. 1 *Bot.* Planta de la familia crucíferas. 2 *Arg.* y *Chile* Choza de los indios.

RUCIO, CIA adj. 1 De color pardo claro; se aplica a los asnos. También s. 2 fam. Se dice de la persona entrecana.

RÜCKERT, FRIEDRICH Poeta alemán (Schweinfurt, 1789 - Neuses, 1866). Representante del Romanticismo, entre sus composiciones, muchas de ellas de inspiración oriental, figuran *Primavera de amor* (1823), *La sabiduría del brahmán* (1836-39) y *Canciones de los niños muertos* (póstumo, 1872).

RUCO, CA adj. *Amér. C.* Viejo, inútil.

RUCU PICHINCHA PICHINCHA.

RUDA f. *Bot.* Planta leñosa de la familia rutáceas, género *Ruta*, procedente de los países mediterráneos, que se usa en medicina.

RUDA SLASKA Ciudad de Polonia, voivodato de Katowice; 167.700 h. Centro minero e industrial.

RUDBECK, OLOF Naturalista y médico sueco (Vesteraas, 1630 - Uppsala, 1702). Descubrió los vasos linfáticos.

RUDE, FRANÇOIS Escultor francés (Dijon, 1784 - París, 1855). Entre sus esculturas, destacan *El marino napolitano* (1833), el relieve de *La marsellesa* en el Arco del Triunfo de París (1833-35) y la estatua del mariscal Ney (1852-53).

RUDERAL adj. *Ecol.* Se dice de la planta o la vegetación que crece en zonas alteradas por la acción humana, como bordes de camino, escombreras, etc.

RUDEZA f. Calidad de rudo.

RUDIMENTARIO, RIA adj. Relativo al rudimento o a los rudimentos.

Andrej **Rublëv**. *La Trinidad*. Galería Tretjakov (Moscú).

RUDIMENTO m. 1 *Biol.* Embrión de un ser orgánico. 2 Parte de un ser orgánico imperfectamente desarrollada. || m. pl. 3 Primeros estudios de cualquier ciencia o profesión.

RUDO, DA adj. 1 Tosco, basto. 2 Que no se ajusta a las reglas del arte. 3 Se dice del que tiene dificultad grande para aprender lo que estudia. 4 Descortés, grosero. 5 Violento, impetuoso.

RUDRA *Mit.* Divinidad védica de la naturaleza, padre de las deidades del viento y la tempestad.

RUECA f. 1 Instrumento que sirve para hilar. 2 fig. Vuelta de una cosa.

RUEDA f. 1 *Mec.* Máquina elemental, en forma circular y de poco grueso respecto a su radio, que puede girar sobre un eje. 2 *Zool.* Pez marino plectognato de forma casi circular. 3 Círculo formado por algunas personas o cosas. 4 Tajada circular. 5 Turno, vez, orden sucesivo. || **RUEDA DE MOLINO** Muela de molino. || **RUEDA DE PRENSA** *Medios*. Reunión de periodistas en torno a una figura pública para escuchar sus declaraciones y dirigirle preguntas. || **RUEDA DE SANTA CATALINA** La que hace mover el volante de cierta clase de relojes. || **chupar rueda** fr. fig. y fam. En ciclismo, ir un corredor detrás de otro para protegerse del viento. Por extensión, aprovecharse alguien del esfuerzo ajeno. || **comulgar uno con ruedas de molino** fr. fig. y fam. Creer las cosas más inverosímiles.

RUEDA, LOPE DE Dramaturgo español (Sevilla, ¿1505? - Córdoba, 1565). Sus piezas teatrales, publicadas y quizá retocadas por Timoneda en 1567, se dividen en comedias de influencia italiana, como *Ermelina*, *Los engañados*, *Medora* y *Eufemia*; y pasos, obras cómicas de poca extensión representadas en los descansos de las comedias, en los que logró sus mejores resultados: *La carátula*, *El convidado*, *El rufián cobarde*, *Los criados*, *Las aceitunas*. Escribió, asimismo, dos coloquios pastoriles en prosa: *Camila* y *Tymbria*.

RUEDO m. 1 Acción de rodar. 2 Parte puesta alrededor de una cosa. 3 Refuerzo con que se guarnecen interiormente por la parte inferior de los vestidos talares. 4 Estera pequeña y redonda. 5 Circunferencia de una cosa. 6 Contorno. 7 Redondel de la plaza de toros.

François **Rude**. *Joven pescador*. Museo del Louvre (París).

RUEGO m. Súplica, petición.

RUEJO m. 1 Piedra redonda. 2 Rodillo de piedra.

RUELAS, JULIO Pintor mexicano (Zacatecas, 1870 - París, 1907). Excelente dibujante, grabador y retratista, su obra se caracteriza por su simbolismo. Entre sus aguafuertes merecen destacarse *La esfinge* y *La escalera del dragón*.

RUEZNO m. *Bot.* Corteza exterior del fruto del nogal.

RUFA f. *Agr. Perú* Especie de trailla para allanar las tierras.

RUFFINI, PAOLO Matemático y médico italiano (Valentano, 1765 - Módena, 1822). Investigó sobre la teoría de las ecuaciones algebraicas.

RUFIÁN m. 1 Traficante de mujeres públicas. 2 fig. Hombre despreciable.

RUFINA, SANTA JUSTA Y RUFINA, SANTAS.

RUFINO, TIRANIO Escritor eclesiástico latino (Concordia, Aquilea, 330 - Mesina, 410). Considerado uno de los padres de la iglesia latina, tradujo del griego obras de Eusebio, Basilio, Gregorio Nacianceno y Orígenes.

RUFO, FA adj. 1 Rojo, rubio o bermejo. 2 Que tiene el pelo ensortijado.

RUFO, QUINTO CURCIO Historiador latino (?, s. I). Autor de una *Historia de Alejandro*, de escaso valor histórico, pero interesante desde el punto de vista literario.

RUGBY (Voz i.) m. *Dep.* Deporte de competición disputado entre dos equipos de 15 jugadores, que consiste en conducir con la mano un balón de forma ovoide más allá de la línea de fondo, con lo que se consigue un *ensayo*, o introducirlo mediante una patada en una portería elevada situada en dicha línea. La competición más prestigiosa es el Torneo de las Cinco Naciones, que disputan anualmente Inglaterra, Escocia, Irlanda, País de Gales y Francia, desde 1910.

RUGBY Ciudad del Reino Unido, en Inglaterra, cerca del canal de Oxford; 83.400 h.

RUGELES, MANUEL FELIPE Poeta venezolano (San Cristóbal, 1904 - Caracas, 1959). En su obra poética, entre la tendencia nativista y el vanguardismo, merecen destacarse las colecciones *Cántaro* (1937) y *Dorada estación* (póstuma, 1962).

RUGIDO m. 1 Voz del león. 2 fig. Grito del hombre furioso. 3 fig. Estruendo. 4 fig. Ruido que hacen las tripas.

RUGINOSO, SA adj. Herrumbroso, con orín o moho.

RUGIR intr. 1 Bramar el león. 2 fig. Bramar una persona enojada. 3 Crujir y hacer ruido fuerte. || impers. 4 Empezar a saberse lo que estaba ignorado.

RUGOSIDAD f. 1 Calidad de rugoso. 2 ARRUGA.

RUGOSO, SA adj. 1 Que tiene arrugas, arrugado.

RUHMKORFF, HEINRICH DANIEL Físico alemán (Hannover, 1803 - París, 1877). Construyó el *carrete de inducción*, precursor del transformador.

RUHR Río de Alemania, que nace en Westfalia y desemboca en el Rhin; 232 km.

RUHR, CUENCA DEL Región minera e industrial de Alemania, regada por el río de su nombre, en el Land de Renania Septentrional-Westfalia. Sus ricos yacimientos carboníferos, los mayores de Europa, dieron lugar a la creación de grandes complejos industriales, base de la potencia económica alemana.

RUIBARBO m. *Bot.* 1 Nombre de diversas plantas herbáceas perennes de la familia poligonáceas, género *Rheum*. El ruibarbo común (*R. officinale*) se cultiva por sus hojas comestibles y su rizoma, que se usa en medicina como purgante. 2 Raíz de esta planta.

RUIDO m. 1 Sonido inarticulado y confuso más o menos fuerte. 2 fig. Alboroto. 3 fig. Novedad, extrañeza o revuelo que causa algo. 4 *Inform.* Perturbación o señal anómala que se produce en los sistemas de transmisión de datos. || **hacer,** o **meter,** una persona o cosa **ruido** o fig. Causar novedad o extrañeza. || **mucho ruido y pocas nueces** fr. fig. y fam. Ser insignificante una cosa que aparece como grande.

RUIDOSO, SA adj. 1 Que causa mucho ruido. 2 Se aplica a la acción o suceso notable y del que se habla mucho.

RUIN adj. 1 Vil, bajo y despreciable. 2 Pequeño, humilde. 3 Se dice de la persona de malas costumbres. 4 Se aplica también a las mismas costumbres malas. 5 Mezquino y avariento. 6 Se dice del animal falso y de malas mañas. || m. 7 Extremo de la cola de los gatos.

RUINA f. 1 Acción de caer o destruirse una cosa. 2 fig. Pérdida grande de fortuna. 3 fig. Perdición, decadencia. 4 fig. Causa de esta decadencia. || f. pl. 5 Restos de uno o más edificios arruinados.

RUINDAD f. 1 Calidad de ruin. 2 Acción ruin.

RUINOSO, SA adj. 1 Que amenaza ruina. 2 Pequeño, desmedrado. 3 Que arruina y destruye.

RUIPONCE m. *Bot.* RAPÓNCHIGO, planta.

RUIPÓNTICO m. *Bot.* Planta de la familia poligonáceas, con raíz y propiedades semejantes a las del ruibarbo.

ruiseñor

RUISEÑOR m. *Zool.* Nombre de diversas aves paseriformes de la familia túrdidos, de pequeño tamaño, plumaje pardo o castaño, canto melodioso y costumbres crepusculares. Viven en bosques y jardines de Europa y Asia. Las especies más conocidas son el ruiseñor común *(Luscinia megarhynchos)* y el bastardo *(Cettia cetti).*

RUIZ, ANTONIO (más conocido como FALUCHO) Soldado argentino (Buenos Aires, ? -?, 1824). Formó parte de la guarnición de El Callao y murió fusilado por negarse a presentar armas al pabellón español.

RUIZ, BARTOLOMÉ Marino español (? - Cajamarca, h. 1534). En 1526 acompañó a Pizarro como piloto en la segunda expedición que partió de Panamá hacia los mares del Sur; fue uno de los «trece de la fama» que permanecieron en la isla de la Gorgona y tomó parte en el descubrimiento del imperio incaico.

RUIZ, JORGE (VÍCTOR JORGE RUIZ CALVIMONTE, más conocido como) Director de cine boliviano (Sucre, 1924). Por sus documentales se le reconoce como padre del cine indigenista andino. Obras: *Vírgen india* (1948), *Donde nació un imperio* (1949), *Bolivia busca la verdad* (1950), *Vuelve Sebastiana*, su obra más conocida, y *La vertiente* (1959).

RUIZ, JUAN ARCIPRESTE DE HITA.

RUIZ, NEVADO DE Volcán de la cordillera Central de los Andes colombianos, entre los departamentos de Caldas y Tolima; 5.400 m. Su erupción en 1985 arrasó la ciudad de Armero.

RUIZ DE ALARCÓN Y MENDOZA, JUAN Dramaturgo español (Taxco de Alarcón, h. 1580 - Madrid, 1639). Perteneciente al ciclo de Lope de Vega, sus obras se caracterizan por la perfección técnica, el equilibrio, la intención moralizadora y el análisis psicológico de los caracteres. Destacan *Las paredes oyen*, *Mudarse por mejorarse*, *Ganar amigos*, *La verdad sospechosa*, *El tejedor de Segovia*, *Los pechos privilegiados* y *Examen de maridos*.

RUIZ CORTINES, ADOLFO Político mexicano (Veracruz, 1890 - íd., 1973). Gobernador de Veracruz (1944-48) y secretario de Gobernación (1948-51), como presidente de la República (1952-58) llevó a cabo una política agrarista y social.

RUIZ DE GAMBOA, MARTÍN Conquistador español (Durango, 1531 - ?, 1593). Llegó a Chile en 1552. En 1566 conquistó Chiloé; nombrado gobernador (1579-83), fundó Chillán y suprimió la prestación personal de los indios.

RUIZ HUIDOBRO, PASCUAL Marino español (Orense, 1752 - Mendoza, 1813). Gobernador de Montevideo, organizó la resistencia durante las invasiones inglesas (1806-07).

RUIZ PICASSO, PABLO PICASSO, PABLO RUIZ.

RUIZ TAGLE, FRANCISCO Político chileno (Santiago, ? - íd., 1860). Formó parte de la Junta de gobierno de 1829. En 1830 fue elegido presidente interino de la República, pero se vio obligado a dimitir ante la oposición de D. Portales.

RULAR intr. **1** RODAR. También tr. **2** fig. Funcionar. **3** fig. Deambular.

RULETA f. *Ocio.* Juego de azar para el que se usa una rueda horizontal giratoria dividida en 36 casillas numeradas y pintadas de rojo y negro, sobre la que se lanza una pequeña bola; el ganador es el que ha apostado al número en que ésta se detiene; existen otras modalidades de apuesta, como al rojo o negro, pares o nones, etc.

RULFO, JUAN Escritor mexicano (Sayula, 1918 - Ciudad de México, 1986). A pesar de la brevedad de su obra, está considerado una de las figuras más relevantes de la literatura hispanoamericana contemporánea. Escribió *El llano en llamas* (1953), colección de quince cuentos sobre la trágica vida del campesinado, y la novela *Pedro Páramo* (1955). En 1983 recibió el premio Príncipe de Asturias de las Letras.

RULO[1] m. **1** Bola gruesa u otra cosa redonda que rueda fácilmente. **2** *Agr.* Rodillo para allanar el suelo. **3** Rizo del cabello. **4** Pequeño cilindro hueco y perforado al que se arrolla el cabello para rizarlo.

RULO[2] m. *Agr. Chile* Tierra de labor sin riego.

RUM Cayo de Isla de Bahamas; 78 km² y 53 h.

RUMA f. *Amér.* Montón, rimero.

RUMANIA *(Romania)* Estado del SE de Europa, que limita al N con Ucrania; al E, con Moldavia y el mar Negro; al S, con Bulgaria y Serbia, y al O, con Serbia y Hungría.

GEOG. En el relieve rumano se distinguen tres grandes sectores: en la parte central, la meseta Transilvania. La cordillera de los Cárpatos está dividida en dos grandes grupos: los orientales, desde la frontera con Ucrania hasta el paso del Predeal, y los meridionales o Alpes de Transilvania, que se extienden de E a O hasta Serbia. Por su parte la llamada Rumania danubiana, está formada por llanuras surcadas por los afluentes del Danubio, el Olt y el Arges en Valaquia, y el Siret y Prut, en el sector E del país. El otro gran río es el Mures, que nace en los Cárpatos y desemboca en el Tisza. El clima es continental, excepto a orillas del mar Negro, zona de transición al mediterráneo. Los cereales y la vid son los cultivos más extendidos. Ganadería ovina, bovina y porcina. Yacimientos de carbón, lignito, gas natural y petróleo. Industria de refino de petróleo, siderúrgica, mecánica y química.

HIST. El territorio rumano estuvo poblado en la Antigüedad por cimerios, escitas y sármatas. En el siglo I a. C., los getas, encabezados por Burebista, crearon el Estado de Dacia. Tras 120 años de dura resistencia, Trajano logró dominarlos y convertir la Dacia en provincia del imperio. Desde el s. III, Rumania sufrió sucesivas invasiones, entre otras, de godos, hunos, ávaros y magiares, aunque conservó la lengua y la cultura latina. En el s. X surgieron los principados de Moldavia y Valaquia, sometidos originalmente a Hungría y gobernados desde el siglo XIV por hospodares. Transilvania, por su parte, gozó de cierta autonomía. En el siglo XV se produjo la conquista otomana de Moldavia y Valaquia. Desde 1711, Turquía gobernó el territorio a través de fanariotas griegos. A finales del siglo XVIII y principios del XIX, Austria anexionó parte de Moldavia y Rusia la región valaca de Besarabia. En el curso de la guerra de Crimea los dos principados accedieron a la independencia, re-

Superficie: 237.500 km².
Población: 22.435.000 h. *(rumanos).*
Densidad: 94,5 h./km².
Tasa de natalidad: 10,7‰.
Tasa de mortalidad: 12,3‰.
Capital: Bucarest.
Ciudades principales: Constanza, Iasi, Timisoara, Cluj-Napoca y Brasov.
Principales grupos étnicos: rumanos (89,4%), húngaros (7,1%), gitanos (1,8%).
Religión: Iglesia rumana ortodoxa (86,8%), catolicismo (5%), protestantismo (3,4%).
Idioma: rumano.
Moneda: leu.
Forma de Estado: república presidencialista.
Producto Nacional Bruto: 30.579 millones de dólares.
Renta per cápita: 1.360 dólares.
División administrativa: 40 condados y una municipalidad, según cuadro.

RUMANIA

Condados Municipalidad	Superficie (km²)	Población (h.)	Capitales
Alba	6.231	402.097	Alba Iulia
Arad	7.652	476.988	Arad
Arges	6.801	676.005	Pitesti
Bacau	6.606	746.131	Bacau
Bihor	7.535	625.596	Oradea
Bistrita-Nasaud	5.305	326.539	Bistrita
Botosani	4.965	460.115	Botosani
Braila	4.724	388.891	Braila
Brasov	5.351	636.434	Brasov
Buzau	6.072	508.492	Buzau
Calarasi	5.074	332.884	Calarasi
Caras-Severin	8.503	360.773	Resita
Cluj	6.650	724.355	Cluj-Napoca
Constanza	7.055	746.686	Constanza
Covasna	3.705	231.491	Sfantu Gheorghe
Dambovita	4.036	553.986	Targoviste
Dolj	7.413	749.311	Craiova
Galati	4.425	641.647	Galati
Giurgiu	3.511	298.795	Giurgiu
Gorj	5.641	397.714	Targu Jiu
Harghita	6.610	343.330	Miercurea-Ciuc
Hunedoara	7.016	543.109	Deva
Ialomita	4.449	304.740	Slobozia
Iasi	5.469	823.735	Iasi
Maramures	6.215	533.672	Baia Mare
Mehedinti	4.900	325.344	Drobeta-Turnu Severin
Mures	6.696	607.626	Targu Mures
Neamt	5.890	583.141	Piatra-Neamt
Olt	5.507	513.961	Slatina
Prahova	4.694	864.159	Ploiesti
Salaj	3.850	259.304	Zalau
Satu Mare	4.405	392.054	Satu Mare
Sibiu	5.422	444.701	Sibiu
Suceava	8.555	711.568	Suceava
Teleorman	5.760	466.010	Alexandria
Timis	8.692	692.870	Timisoara
Tulcea	8.430	265.778	Tulcea
Valcea	5.705	433.356	Ramnicu Valcea
Vaslui	5.297	460.840	Vaslui
Vrancea	4.863	391.762	Focsani
Bucarest	*1.820*	*2.304.934*	*Bucarest*

conocida por el congreso de París (1856). Una vez designado como soberano Alejandro Cuza, se hizo efectiva la unión de Valaquia y Moldavia (1862), con el nombre de Rumania. En 1866 accedió al trono Carlos de Hohenzollern (Carlos I) y, en 1878, el congreso de Berlín ratificó el nuevo Estado. Transilvania se incorporó a Hungría en 1867. Durante la Primera Guerra Mundial, el rey Fernando I prestó su apoyo a los aliados desde 1916; gran parte del país fue invadido por austro-húngaros y búlgaros, pero la derrota final de los imperios centrales permitió a Rumania anexionar Transilvania. Carlos II, que accedió al trono en 1930, gobernó como monarca absoluto hasta la Segunda Guerra Mundial; en 1940 abdicó en su hijo Miguel I. El general Antonescu se hizo con el poder y alineó a Rumania con las fuerzas del Eje. En 1944 estalló una insurrección popular que terminó con la dictadura de Antonescu. Tras la liberación, el Frente Nacional Democrático, dominado por el Partido Comunista, obtuvo el triunfo en las elecciones (1946). Un año después obligó a abdicar a Miguel I y proclamó la República Popular Rumana, presidida por Groza, hasta 1955 y, posteriormente, por Gheorghiu-Dej. La Constitución de 1965 confirmó la creación de la República Socialista de Rumania. La ascensión a la presidencia del Consejo de Estado de Nicolae Ceaucescu (1967) dio comienzo a una política de cierta independencia respecto a la URSS. En 1974, la Gran Asamblea Nacional eligió presidente de la República a Ceaucescu, que, ese mismo año, amplió sus poderes a través de una enmienda constitucional. El descenso progresivo del nivel de vida provocó el levantamiento de los obreros de Brasov (1987). Ceaucescu, reacio a la *perestroika*, quedó definitivamente aislado cuando, en 1989, los países del Pacto de Varsovia comenzaron a desarrollar procesos democratizadores. Se produjeron manifestaciones populares duramente reprimidas (Timisoara, 1989). El proceso culminó con la detención, enjuiciamiento y ejecución del matrimonio Ceaucescu (25 de diciembre). Paralelamente se había constituido el Frente de Salvación Nacional, formado por políticos disidentes e intelectuales, que nombró un gobierno provisional encabezado por Petre Roman, mientras Ion Iliescu ocupaba la presidencia. Las elecciones de 1990 confirmaron la primacía del Frente de Salvación Nacional. Sin embargo, el descontento por la precaria situación económica hizo estallar la crisis en 1991; miles de mineros llegaron a Bucarest y provocaron la caída de Roman, que fue sustituido por Teodor Stolojan. En diciembre fue aprobada una nueva Constitución. Nicolae Vacaroiu accedió a la jefatura del Gobierno en 1992. En 1996 se celebraron elecciones presidenciales, en las que venció el conservador Emil Constantinescu; y legislativas, tras las que Victor Ciorbea ocupó el cargo de primer ministro. Este último dimitió en 1998. Radu Vasile ocupó el cargo hasta finales de 1999, cuando fue destituido tras una crisis de gobierno. El independiente Mugur Isarescu fue nombrado primer ministro. En las elecciones legislativas de diciembre de 2000 venció el PDSR, partido encabezado por Ion Iliescu, quien también resultó vencedor en las presidenciales de ese mismo mes. Adrian Nastase fue nombrado primer ministro.

RUMANO, NA adj. y s. **1** De Rumania. || m. *Ling.* **2** Lengua oficial de Rumania, del grupo de las romances. Se habla también en algunas zonas de Moldavia, Ucrania, Serbia, Croacia, Macedonia, Hungría, Bulgaria, Grecia y Albania.

RUMBA f. *Mús.* **1** Baile popular cubano y música que lo acompaña. **2** Música y baile gitanos con elementos andaluces y de la rumba cubana.

RUMBAR intr. *Chile* **1** RUMBEAR. || tr. **2** *Col.* y *Hond.* Echar, tirar, arrojar.

RUMBEAR intr. **1** *Amér.* Orientarse, tomar el rumbo. **2** *Nic.* Hacer rumbos o remiendos. **3** *Cuba* Andar de parranda. **4** Bailar la rumba.

RUMBO m. **1** Dirección considerada o trazada en el plano del horizonte. **2** Camino que uno se propone seguir. **3** *Mar.* Cualquier agujero que se hace en el casco de la nave. **4** *Nic.* Remiendo. **5** Pompa, ostentación. **6** fig. y fam. Desinterés, desprendimiento. **7** *Guat.* Parranda, jolgorio. **8** *Zool. Col.* COLIBRÍ. || **hacer rumbo** fr. Ponerse a navegar con dirección a un punto determinado.

RUMBOSO, SA adj. **1** fam. Pomposo, magnífico. **2** fam. Desprendido, dadivoso.

RUMELIA *Geog. hist.* Denominación dada por los otomanos a sus provincias de Tracia y Macedonia, después de su conquista en el siglo XIV. El congreso de Berlín (1878) estableció el territorio de Rumelia Oriental, que, tras un periodo como principado autónomo sometido al vasallaje turco, fue anexionado por Bulgaria (1885). Rumelia Occidental quedó dividida entre Grecia y Yugoslavia, actual Serbia y Montenegro.

RUMELIOTA adj. y com. De Rumelia.

RUMEN m. *Zool.* PANZA.

RUMFORD, SIR BENJAMIN THOMPSON, CONDE DE Físico estadounidense (North Woburn, 1753 - Auteuil, 1814). Inventó el fotómetro que lleva su nombre, un calorímetro y un termoscopio de aire.

RUMÍ m. Nombre dado por los musulmanes a los cristianos.

RUMIANTE adj. y s. *Zool.* **1** Se dice del mamífero artiodáctilo patihendido, que carece de dientes incisivos en la mandíbula superior y tiene el estómago dividido en cuatro cavidades: panza, redecilla, libro y cuajar. Se caracteriza por realizar la digestión en dos fases, una primera llamada rumia, y una segunda, verdadera digestión gástrica. || m. pl. *Zool.* **2** Suborden de estos animales que comprende los camellos, toros, ciervos, carneros, cabras, etc.

RUMIAR tr. **1** Masticar por segunda vez, devolviéndolo a la boca, el alimento que ya estuvo en el estómago; propio de rumiantes. **2** fig. y fam. Considerar despacio. **3** fig. y fam. Rezongar, refunfuñar.

RUMIÑAHUI Caudillo inca (Quito, ? - íd., 1534). Consejero de Atahualpa, a su muerte se proclamó emperador (1533). Luchó contra Sebastián de Belalcázar y arrasó Quito; una vez apresado por los españoles, fue ajusticiado.

RUMIÑAHUI Volcán de los Andes ecuatorianos, en la cordillera Occidental; 4.712 m.

RUMOR m. **1** Voz que corre entre el público. **2** Ruido confuso de voces. **3** Ruido vago y continuado. **4** Noticia vaga que corre entre las gentes.

RUMOR, MARIANO Político italiano (Vicenza, 1915 - íd., 1990). Secretario general del Partido Democristiano (1964-65), ocupó la jefatura del Gobierno en coalición con los socialistas en 1968-69, 1969-70, 1973 y 1974.

RUMORAR intr. *Amér.* RUMOREAR.

RUMOREAR prnl. Difundirse un rumor entre la gente. También tr.

RUNA f. *Ling.* **1** Cada uno de los caracteres que empleaban en la escritura los antiguos escandinavos. Hombre indio. También despectivo. || f. *Agr.* **2** *Bol.* y *Arg.* Patata de cáscara gruesa.

RUNDSTEDT, KARL RUDOLF GERD VON Militar alemán (Aschersleben, 1875 - Hannover, 1953). Durante la Segunda Guerra Mundial estuvo al mando de un cuerpo del ejército en Polonia (1939), Francia (1940) y la URSS, donde logró invadir Ucrania y Crimea (1941). Dirigió la contraofensiva alemana de las Ardenas. Fue detenido por los aliados y liberado en 1949.

RUNDÚN m. *Zool.* **1** *Arg.* COLIBRÍ. **2** Juguete parecido a la bramadera.

RUNEBERG, JOHAN LUDVIG Poeta finlandés en lengua sueca (Jakobstad, 1804 - Borgaa, 1877). Poeta nacional de Finlandia, es autor de *El rey Fialar* (1844) y *Leyendas del alférez Staal* (1848-60).

RÚNICO, CA adj. *Ling.* **1** Relativo a las runas, o escrito en ellas. || m. *Ling.* **2** Alfabeto usado por los pueblos germánicos desde el siglo III hasta el VIII. Fue adoptado con modificaciones por los anglosajones, que lo emplearon hasta el siglo XII, mientras que en Escandinavia se usó de forma generalizada entre los siglos X y XIV.

RUNRÚN m. **1** Ruido o sonido continuado y bronco. **2** Ruido confuso de voces. **3** fam. Voz que corre entre el público. **4** *Zool. Chile* Ave de plumas negras que se alimenta de insectos.

RUPESTRE adj. **1** Relativo a las rocas. **2** *Arte.* Se dice, especialmente, de las pinturas y dibujos prehistóricos existentes en algunas rocas y cavernas. Probablemente relacionado con prácticas de carácter mágico para propiciar la caza, sus más antiguas manifestaciones corresponden a la época cuaternaria. El N de España y el S de Francia concentran la mayor parte de los yacimientos de este periodo, por lo que, tradicionalmente, se ha identificado el arte del paleolítico superior con el *arte francocantábrico*. Son reseñables las pinturas de Altamira en España y Lascaux en Francia. Al neolítico corresponde el denominado *arte levantino*, que se desarrolló en abrigos rocosos y cuevas de escasa profundidad del Levante y SE español. Entre los yacimientos de este periodo merecen citarse los de Alpera, Cogull, Valltorta o La Gasulla. A esta misma época corresponden los hallazgos del S de Argelia, en la región de Hoggar en el Sahara Central. Al bronce medio y final pertenecen dos grandes paneles de grabados silueteados localizados en Suecia (Bohüslan) y Noruega (Rogaland).

RUPIA f. *Econ.* Unidad monetaria de la India, Indonesia, Mauricio, Nepal, Pakistán, Seychelles y Sri Lanka. **2** *Med.* Enfermedad de la piel caracterizada por ampollas grandes y aplastadas, y costras que se desprenden con facilidad.

RUPICABRA o **RUPICAPRA** f. *Zool.* GAMUZA, animal.

RUPÍCOLA adj. *Ecol.* Se dice de la especie animal o vegetal que vive sobre un sustrato rocoso.

RUPIDESERTA f. *Bot.* Formación vegetal que se desarrolla sobre sustratos rocosos. En ellos las plantas viven de los detritos acumulados en las fisuras.

RUPTOR m. *Fís.* **1** Dispositivo electromagnético o mecánico que cierra o abre sucesivamente un circuito eléctrico. **2** *Mec.* Dispositivo que, al funcionar, produce la chispa en la bujía de un motor de explosión.

RUPTURA f. **1** fig. Acción y efecto de romper. **2** Rompimiento de relaciones entre las personas.

RURAL adj. **1** Relativo al campo. **2** fig. Inculto, tosco.

RURIK Jefe varego (s. IX). Príncipe de Novgorod desde 862, está considerado como el fundador de la dinastía real rusa.

RUSALCA o **RUSALKA** f. *Mit.* En la mitología eslava, ninfa acuática que atrae a los hombres para darles muerte.

Arte **rupestre.** Dibujos de la gruta Addaura. Museo Arqueológico (Palermo).

RUSBROQUIO, BEATO JUAN RUYSBROEK, BEATO JAN VAN.
Ruse Ciudad de Bulgaria, capital de la provincia de su nombre; 168.051 h. Puerto fluvial.
RUSHDIE, SALMAN Escritor hindú en lengua inglesa (Bombay, 1947). Alcanzó fama con la novela *Hijos de la medianoche* (1980) y *Vergüenza* (1983). En 1988 publicó *Los versos satánicos*, libro que provocó su condena a muerte por parte del imam Jomeini. Oculto desde entonces, ha publicado las novelas *El último suspiro del moro* (1995) y *El suelo bajo sus pies* (1999), y los relatos *Oriente-Occidente* (1997).
rusia f. *Cuba* Especie de lienzo grueso y tosco, que se emplea para hamacas.
Rusia *Hist.* Región histórica situada en el extremo oriental de Europa; en la actualidad, se corresponde con el territorio europeo de la Federación de Rusia. El S del territorio fue habitado desde el siglo VII a. C. por sármatas y escitas. Los eslavos, instalados en el N, invadieron posteriormente la región central y, entre los siglos VI y VII, fundaron las primeras fortalezas y centros comerciales (Kiev, Novgorod, Smolensko). A mediados del siglo IX, Rurik el Normando se estableció al S del golfo de Finlandia, dio al país el nombre de Rusia y constituyó su gobierno en Novgorod (862). Sus sucesores trasladaron la capital a Kiev y extendieron el territorio hasta el Danubio y el mar Negro. En 1221 se produjo la invasión de los mongoles, que ocuparon la totalidad del territorio, a excepción de Moscú, hasta 1482, en que fueron expulsados por Juan III el Grande. Éste se proclamó soberano de Rusia, rescatando al mismo tiempo Ucrania y la Rusia Blanca, que habían caído en poder de Lituania. A mediados del siglo XVI, Iván IV el Terrible conquistó Kazán y Astracán. Su muerte dio comienzo a un periodo de inestabilidad, que se prolongó hasta la coronación de Miguel III, fundador de la dinastía Romanov (1613). A ella pertenecieron Pedro el Grande, que extendió y consolidó el imperio, y Catalina II (1762) que le dio un esplendor desconocido hasta entonces. Su hijo Pablo I tomó parte en la segunda coalición contra Francia, pero la abandonó tras los fracasos de su ejército. Alejandro I concertó la paz con Francia (1801), aunque después entró en la tercera y cuarta coalición antinapoleónicas. Por el acuerdo de Tilsit (1807), Rusia se anexionó Finlandia. En 1812 Napoleón invadió el territorio ruso y llegó hasta Moscú, pero la resistencia popular y las condiciones climáticas desfavorables obligaron a los franceses a retirarse. Por el tratado de Viena (1815) se incorporó al imperio un territorio de Polonia, y en los años siguientes fueron conquistadas varias regiones asiáticas y turcas, como el Turquestán y el Cáucaso. No obstante, el ejército francobritánico detuvo en Crimea el avance ruso hacia Constantinopla y Rusia fue obligada a firmar el tratado de París (1856). En el siglo XIX, Rusia volcó hacia Asia Central su afán expansionista dando origen a un imperio heterogéneo que el zar Nicolás I intentó unificar con una política de rusificación y la difusión del culto ortodoxo que propiciaría los movimientos independentistas de corte socialista o liberal en Polonia, Finlandia, Ucrania y el Báltico. En el exterior, el nacionalismo expansionista ruso se vería frenado por las pretensiones británicas y japonesas en oriente y austriacas en los Balcanes; sólo en Francia encontró un aliado, opuestos ambos a las aspiraciones de aquellos. Sus pretensiones sobre Manchuria y Corea desembocaron en la guerra ruso-japonesa (1904-05), cuyos desastrosos resultados agravaron la crisis económica del país. Los conflictos internos culminaron en la fallida revolución de 1905. Las derrotas del ejército en la Primera Guerra Mundial y el desabastecimiento de la población propiciaron la revolución de febrero de 1917 y el fin de la monarquía zarista. Se instauró un gobierno provisional dirigido por Kerenski, partidario de una transformación política pacífica, de la que quedaron al margen los bolcheviques, que organizaron una insurrección armada. La revolución de los soviets (octubre de 1917) triunfó en Petrogrado, donde fue asaltado el Palacio de Invierno; una vez derrocado el gobierno, se formó un ejecutivo dirigido por Lenin que marca el inicio de una nueva etapa para el pueblo ruso. El zar y su familia fueron ejecutados en julio de 1918. (Véase URSS.)

RUSIA República federada de la Federación de Rusia; 12.198.300 km² y 124.527.000 h. Su capital es Moscú. Comprende la mayor parte de la superficie de la Federación.

RUSIA, FEDERACIÓN DE (*Rossiyskaya Federatsiya*) República federativa de Europa y Asia que hasta 1991 formó parte de la URSS con el nombre de República Federativa Socialista Soviética de Rusia (RFSSR). Limita al N con el océano Glacial Ártico; al E, con el océano Pacífico; al S, con China, Mongolia, Corea del Norte, Kazajstán, el mar Caspio, Azerbaiyán, Georgia y el mar Negro, y al O, con Ucrania, Bielorrusia, Letonia, Estonia, mar Báltico, Finlandia y Noruega.

Geog. Tras la desaparición de la URSS, la Federación de Rusia se convirtió en el Estado de mayor extensión del mundo. Entre sus fronteras occidentales y el Yenisei, en Siberia, se extiende una gran llanura surcada por ríos caudalosos y dividida en dos partes por la cadena de los Urales; esta cordillera, muy rebajada por la erosión glaciar, sigue una dirección N-S y constituye la frontera histórica entre Europa y Asia. El territorio de Siberia central y oriental, por el contrario, está constituido por una meseta elevada, accidentada por cordilleras como los montes Sayan, Yablonovi, Stanovoi, Verjoiansk, Kolima y Sijote-Alín. Los ríos tienen, en general, un régimen nival, con grandes crecidas en el deshielo de la primavera; vierten a cinco mares u océanos diferentes: el Neva desemboca en el mar Báltico; el Don y Kubán en el mar de Azov; el Volga y el Ural en el Caspio; en el océano Glacial Ártico desaguan el Dvina Septentrional, Pechora, Obi, Yenisei, Lena y Kolima y, en el Pacífico, el Amur. El clima dominante es el continental. La economía, muy diversificada, está basada en la agricultura, la minería y la industria. Produce trigo, cebada, centeno, avena, maíz, patata, remolacha, girasol, cáñamo y lino. Ganadería porcina, bovina, ovina, caballar y caprina. Los extensos bosques han permitido una intensa explotación forestal. Importante pesca. Minería: carbón, lignito, petróleo, gas natural, hierro, níquel, cromo, uranio, oro, plata, platino, diamantes, estaño, fosfatos, amianto, tungsteno, cobre y bauxita. Industria siderúrgica, metalúrgica, mecánica, textil, química, aeronáutica, naval, cementera, automovilística y de armamento. En los años noventa, el hundimiento del sistema socialista provocó un proceso de reconversión hacia la economía de mercado, que ha originado una profunda crisis económica.

Hist. Tras la formación de la URSS (1922), la República Federativa Socialista Soviética Rusa, heredera de RUSIA, se convirtió en el eje del nuevo Estado y en símbolo del centralismo del régimen soviético (véase URSS). El proceso reformista iniciado por M. Gorbachov en 1985 le confirió un papel decisivo. El Parlamento, constituido en 1990 y presidido por el radical B. Yeltsin, exigía una agilización en el proceso de cambio político y económico. Rusia se declaró soberana en junio de 1990, medida que fue secundada por algunas de las Re-

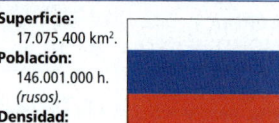

Superficie: 17.075.400 km².
Población: 146.001.000 h. (*rusos*).
Densidad: 8,6 h./km².
Tasa de natalidad: 9‰.
Tasa de mortalidad: 13,8‰.
Capital: Moscú.
Ciudades principales: San Petersburgo, Novosibirsk, Nizhni-Tagil, Novgorod, Yekaterimburgo, Samara, Omsk, Cheliabinsk, Kazán, Perm, Ufa, Rostov, Saratov, Volgogrado.
Grupos étnicos: rusos (81,5%), tártaros (3,8%), ucranianos (3%).
Religión: cristianismo ortodoxo.
Idioma: ruso.
Moneda: rublo.
Forma de Estado: república presidencialista.
Producto Nacional Bruto: 331.776 millones de dólares.
Renta per cápita: 2.260 dólares.
División administrativa: 22 repúblicas federadas; la República federada de Rusia, a su vez, está dividida en 49 regiones, 1 región autónoma, 6 territorios, 2 ciudades autónomas y 10 distritos autónomos, según cuadro.

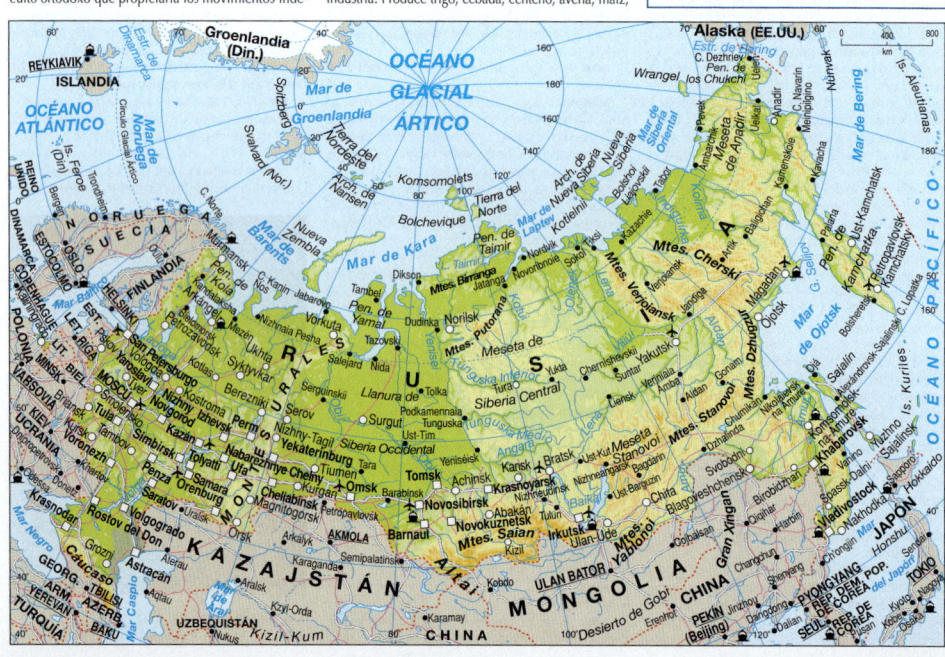

RUSIA

Repúblicas federadas	Superficie (km²)	Población (h.)	Capitales	Repúblicas federadas	Superficie (km²)	Población (h.)	Capitales
Adygea	7.600	450.000	Maykop	Rostov	100.800	4.429.000	Rostov del Don
Baskortostan	143.600	4.097.000	Ufa	Sajalín	87.100	673.000	Yuzhno Sajalinsk
Buriatos	351.300	1.053.000	Ulan-Ude	Samara	53.600	3.305.000	Samara
Cabardia-Balcaria	12.500	790.000	Nalchik	Saratov	100.200	2.739.000	Saratov
Calmucos	76.100	320.000	Elista	Simbirsk	37.300	1.462.200	Simbirsk
Carelia	172.400	788.000	Petrozavodsk	Smolensko	49.800	1.173.000	Smolensko
Chechenia[1]	—	—	Grozni	Sverdlovsk	194.800	4.703.000	Yekaterinburg
Chuvash	18.300	1.361.000	Cheboksary	Tambov	34.300	1.315.000	Tambov
Dagestan	50.300	2.067.000	Makhachkala	Tiumen	1.435.200	3.157.000	Tiumen
Gorno Altai	92.600	200.000	Gorno Altaisk	Tomsk	316.900	1.079.000	Tomsk
Hakassia	61.900	585.000	Abakan	Tula	25.700	1.826.000	Tula
Ingushetia[1]	19.300	1.185.000	Nazran	Tver	84.100	1.653.000	Tver
Karakajevo-Cerkessia	14.100	436.000	Cerkessk	Vladimir	29.000	1.648.000	Vladimir
Komi	415.900	1.202.000	Syktyvkar	Volgogrado	113.900	2.695.000	Volgogrado
Marduinos	26.200	960.000	Saransk	Vologda	145.700	1.355.000	Vologda
Mari, El	23.200	766.000	Yoskar-Ola	Voronezh	52.400	2.507.000	Voronezh
Osetia Septentrional	8.000	658.000	Vladikavkaz	Yaroslavl	36.400	1.456.000	Yaroslavl
Rusia	12.198.300	124.527.000	Moscú				
Regiones				**Regiones autónomas**			
Amur	363.700	1.041.000	Blagoveshchensk	Yevreyskaya	36.000	216.000	Birobijan
Arkángel	587.400	1.535.000	Arkángel	**Territorios**			
Astracán	44.100	1.024.000	Astracán	Altai	169.100	2.697.000	Barnaul
Belgorod	27.100	1.458.000	Belgorod	Khabarovsk	824.600	1.588.000	Khabarovsk
Briansk	34.900	1.480.000	Briansk	Krasnodar	76.000	5.004.000	Krasnodar
Cheliabinsk	87.900	3.700.000	Cheliabinsk	Krasnoyarsk	2.339.700	3.117.000	Krasnoiarsk
Chita	431.500	1.299.000	Chita	Primorye	165.900	2.273.000	Vladivostok
Irkutsk	767.900	2.805.000	Irkutsk	Stavropol	66.500	2.650.000	Stavropol
Ivanovo	23.900	1.275.000	Ivanovo	**Ciudades autónomas**			
Kaliningrado	15.100	926.400	Kaliningrado	Moscú[2]		8.717.000	
Kaluga	29.900	1.095.000	Kaluga	San Petersburgo[3]		4.837.000	
Kamchatka	472.300	424.000	Petropavlovsk Kamchatsky	**Distritos autónomos**			
Kemerovo	95.500	3.078.000	Kemerovo	Aga-Buryat	19.000	79.400	Aginskoye
Kirov	120.800	1.645.000	Kirov	Chukchi	737.700	99.700	Anadir
Kostroma	60.100	809.000	Kostroma	Evenk	767.600	20.800	Tura
Kurgan	71.000	1.117.000	Kurgan	Komi-Permyac	32.900	161.100	Kudymkar
Kursk	29.800	1.349.000	Kursk	Khanty-Mansi	523.100	1.326.000	Khanty-Mansiysk
Leningrado	85.900	1.674.000	San Petersburgo	Koryak	301.500	33.800	Palana
Lipetsk	24.100	1.250.000	Lipetsk	Nenets	176.400	49.300	Naryan Mar
Magadan	461.400	279.000	Magadan	Taimyir	862.100	47.300	Dudinka
Moscú	47.000	6.626.000	Moscú	Ust-Orda Buryat	22.400	143.000	Ust-Ordynsky
Murmansk	144.900	1.067.000	Murmansk	Yamalo-Nenek	750.300	479.000	Salejard
Nizhny Novgorod	74.800	3.741.000	Nizhny-Novgorod				
Novgorod	55.300	746.000	Novgorod	Tatarstan	68.000	3.755.000	Kazán
Novosibirsk	178.200	2.749.000	Novosibirsk	Tuva	170.500	308.000	Kisil-Orda
Omsk	139.700	2.180.000	Omsk	Udmurtia	42.100	1.641.000	Izhevsk
Orel	24.700	916.000	Orel	Yakuzia	3.103.200	1.035.000	Yakutsk
Orenburg	124.000	2.223.000	Orenburg				
Penza	43.200	1.566.000	Penza				
Perm	160.600	3.024.000	Perm				
Pskov	55.300	835.000	Pskov				
Riazán	39.600	1.333.000	Riazán				

[1] Ingushetia incluye datos de superficie y población de Chechenia.
[2] La región de Leningrado incluye el área de la ciudad autónoma de San Petersburgo.
[3] La región de Moscú incluye el área de la ciudad autónoma de su mismo nombre.

públicas autónomas. En julio de 1991, Yeltsin, elegido por sufragio universal, tomó posesión del cargo de presidente de la República. El fracasado golpe de Estado de agosto incrementó el prestigio de Yeltsin y facilitó el papel de Rusia como núcleo aglutinador de la nueva entidad política que se constituyó tras los acuerdos de Minsk y Alma-Ata (diciembre, 1991), la COMUNIDAD DE ESTADOS INDEPENDIENTES (CEI). No obstante, la Federación de Rusia hubo de enfrentarse a graves problemas internos, ante la amenaza de su integridad territorial y los contenciosos étnicos y territoriales en sus diferentes Repúblicas autónomas. El régimen presidencialista pareció consolidarse con la victoria de Yeltsin en el referéndum de 1993. En septiembre, ante el obstruccionismo del Parlamento, Yeltsin respondió con un golpe de Estado, disolvió la cámara y convocó elecciones anticipadas; en octubre, aplastó con las armas una sublevación instigada por un grupo de parlamentarios, que habían optado por encerrarse en la Duma y destituir al presidente. En diciembre, Yeltsin venció en las elecciones y consiguió que fuera aprobada una Constitución de corte presidencialista. Ese mismo año, se produjo la invasión de la República de Chechenia, que había proclamado su independencia en 1991. En las elecciones legislativas de 1995 vencieron los comunistas de G. Ziuganov. A pesar de ello, Yeltsin consiguió el triunfo en las presidenciales de 1996. Sin embargo, una delicada operación cardiaca del presidente sumió al país en una profunda crisis de poder. Paralelamente, se produjo un acercamiento a Bielorrusia, con la que estableció una Comunidad de Repúblicas Soberanas, germen de una futura confederación. Ese mismo año se firmó un alto al fuego definitivo con los separatistas chechenos, rubricado con un acuerdo de paz meses después. Asimismo, en 1997 el gobierno ruso llegó a un acuerdo con Ucrania sobre el reparto de la flota del mar Negro y firmó con la OTAN un acta fundacional de cooperación mutua. En 1998, Yeltsin destituyó al Gobierno en pleno y encargó a Serguei Kirienko la formación de un nuevo gabinete; sin embargo, la aguda crisis política y económica del país obligó a Yeltsin, en agosto de este último año, a destituir a Kirienko y nombrar en su lugar, ante la presión de la Duma, a Yergueni Primakov. En 1999, ante el inicio del conflicto en Kosovo, éste realizó labores de mediación entre el líder serbio Milosevic y la OTAN con el fin de alcanzar una salida negociada al enfrentamiento entre ambas fuerzas. En mayo de ese año, Yeltsin destituyó a Primakov, lo que provocó una grave crisis política en el país. Serguei Stepashin lo sustituyó en el cargo hasta las elecciones legislativas de diciembre de ese año, en las que venció la coalición comunista cercana a Yeltsin y Vladimir Putin se encargó de formar gobierno. Tras la dimisión de Yeltsin en enero de 2000, Putin asumió la jefatura del Estado. Fue confirmado en el cargo tras los comicios de marzo de ese año y nombró primer ministro a Mijail Kasianov, quien fue destituido en febrero de 2004 y sustituido interinamente por Viktor Jristenko; en marzo ocupó el cargo Mijail Fradkov. Putin resultó reelegido en las elecciones presidenciales de marzo de 2004.

RUSIA BLANCA BIELORRUSIA.

rusificar tr. **1** Comunicar las costumbres rusas. || prnl. **2** Tomar esas costumbres.

RUSKA, ERNST Ingeniero alemán (Heidelberg, 1906 - Berlín, 1988). Pionero de la televisión, investigó y construyó lentes electrónicas que permitieron la creación del primer microscopio electrónico. En 1986 recibió el premio Nobel de Física, compartido con G. Binning y H. Rohrer.

RUSKIN, JOHN Crítico de arte y escritor inglés (Londres, 1819 - Brantwood, 1900). Fue uno de los principales teóricos del prerrafaelismo. Es autor de *Las siete lámparas de la arquitectura* (1849), *Las piedras de Venecia* (1851-53) y *Pintores modernos* (1843-60).

ruso, sa adj. y s. **1** De Rusia, antigua nación de Europa. **2** Por extensión, se emplea impropiamente para referirse a los habitantes de la antigua URSS. **3** De la Federación de Rusia. || m. *Ling.* **4** Lengua eslava del grupo oriental hablada en la Federación de Rusia y en gran parte de los territorios pertenecientes a la antigua URSS. Emplea el alfabeto cirílico.

RUSO-JAPONESA, GUERRA *Hist.* Conflicto armado que enfrentó a Rusia y a Japón entre 1904 y 1905. Se desarrolló en Corea y Manchuria, y terminó con la firma del tratado de Portsmouth (EE UU). La derrota de Rusia originó la revolución de 1905; Japón comenzó a configurarse como gran potencia.

RUSO-TURCAS, GUERRAS *Hist.* Enfrentamientos bélicos entre Rusia y Turquía durante los siglos XVIII y XIX por la hegemonía en los Balcanes. La primera guerra (1736-39) terminó con el tratado de Belgrado; en la segunda (1768-74), la victoria rusa supuso la independencia de Crimea; la tercera (1783), originada por la anexión de Crimea a Rusia, terminó con resultado favorable a este país; la cuarta (1812) implicó la cesión turca de Besarabia a Rusia; la quinta (1828-29), la cesión turca de la desembocadura del Danubio y el reconocimiento del protectorado ruso sobre Valaquia y Moldavia; en la sexta (1853-56) conocida como *guerra de Crimea*, Turquía contó con la alianza de Gran Bretaña y Francia, y Rusia se vio obligada a reconocer la neutralidad del mar Negro (tratado de París, 1856); en la séptima (1877-78), originada por la ayuda de Rusia a los serbios, las tropas rusas llegaron hasta las inmediaciones de Estambul y Turquía tuvo que firmar el tratado de San Estéfano; poco después, se hacía efectiva la independencia de Serbia.

RUSONIANO, NA adj. Relativo a J. J. Rousseau o a sus obras.

RUSSELL, BERTRAND Matemático, filósofo y escritor británico (Trelleck, 1872 - Penrhyndeudraeth, 1970). Fue uno de los iniciadores de la lógica matemática con sus *Principia Mathematica* (1903 y 1910). Junto con Wittgenstein, desarrolló el ATOMISMO LÓGICO. Entre sus obras destacan *Los problemas de la filosofía* (1912), *La conquista de la felicidad* (1930), *La guerra nuclear ante el sentido común* (1958) y *Autobiografía* (1968). En 1950 recibió el premio Nobel de Literatura.

RUSSELL, HENRY NORRIS Astrónomo estadounidense (Oyster Bay, 1877 - Princeton, 1957). Investigó sobre la estructura y la evolución del universo, en especial de las estrellas.

RUSSELL, JOHN, CONDE DE Estadista inglés (Londres, 1792 - Richmond Park, 1878). Diputado *whig*, fue primer ministro (1846-52 y 1865-66).

RUSSELL, KEN Director de cine británico (Southampton, 1927). De gusto barroco, la polémica ha acompañado su producción: *Mujeres enamoradas* (1969), *La pasión de vivir* (1971), *Tommy* (1975), *La pasión de China Blue* (1984), etc.

RÚSTICO, CA adj. **1** Relativo al campo. **2** fig. Tosco, grosero. || m. y f. **3** Hombre del campo. || **a la,** o **en, rústica** loc. adv. Encuadernación con cubierta de papel o cartulina.

RUT o **RUTH** Personaje bíblico. Mujer moabita, esposa de Mahalón, que al quedar viuda casó con Booz. Su hijo Obed fue abuelo del rey David. Su historia se recoge en el *Libro de Rut*, libro canónico del Antiguo Testamento.

RUTA f. **1** Derrota de un viaje. **2** Itinerario para él. **3** fig. Camino o dirección que se toma para un propósito. **4** CARRETERA.

RUTÁCEO, A adj. y f. *Bot.* **1** Se dice de la planta angiosperma dicotiledónea, con hojas con puntea duras glandulares y flores con estambres generalmente libres, como la ruda y el naranjo. || f. pl. *Bot.* **2** Familia de estas plantas.

RUTEBEUF Poeta francés (? - ?, h. 1285). Compuso poemas de sátira política y el poema dramático religioso *El milagro de Teófilo* (hacia 1261).

RUTENIA *Geog. hist.* Nombre de una antigua provincia de Checoslovaquia. Ocupada por Hungría en 1939, fue conquistada por los soviéticos y devuelta a Checoslovaquia tras la Segunda Guerra Mundial. En 1947 entró a formar parte de la URSS, incorporada a Ucrania con el nombre de Transcarpatia.

RUTENIO m. *Quím.* Elemento químico del grupo VIII B del sistema periódico; masa atómica, 101,1; número atómico, 44; símbolo, Ru.

RUTENO, NA adj. y s. De Rutenia.

RUTHERFORD o **RUTHERFORDIO** m. *Fís.* Unidad de medida de la radiactividad. Corresponde a la cantidad de un preparado radiactivo en el cual se produce un millón de desintegraciones por segundo. Equivale a $1,5 \cdot 10^{-5}$ curios. **2** *Quím.* Elemento químico de la cuarta serie de elementos de transición del sistema periódico; masa atómica, 263; número atómico, 106; símbolo, Rf.

RUTHERFORD, DANIEL Médico y físico inglés (Edimburgo, 1749 - íd., 1819). Descubrió el nitrógeno, pero describió sin darle nombre.

RUTHERFORD, ERNEST Físico y químico británico (Spring Grove, 1871 - Cambridge, 1937). Fue uno de los fundadores de la física nuclear moderna. Sus descubrimientos más importantes fueron el del radón en la desintegración radiactiva, en colaboración con Soddy (1902); la partícula *alfa* (1904), y la teoría nuclear del átomo (1911). Premio Nobel de Química en 1908.

RUTILAR intr. poét. Brillar, despedir rayos de luz.

RUTILO m. *Miner.* Mineral óxido de titanio, de fórmula TiO_2, pesado, de color generalmente rojo, que se presenta casi siempre en forma de cristales aciculares. Se utiliza como mena de titanio.

RÚTILO, LA adj. De brillo como de oro, resplandeciente.

RUTINA f. **1** Costumbre inveterada, hábito adquirido de hacer las cosas sin pensarlas. **2** *Inform.* Programa de ordenador o parte del mismo, de uso general o frecuente.

RUTINARIO, RIA adj. **1** Que se hace por rutina. **2** Se dice del que obra por rutina.

RUTLAND Consejo unitario del Reino Unido, en Inglaterra; 35.700 h.

RÜTLI o **GRÜTLI** Pradera de Suiza al SE del lago de los Cuatro Cantones donde se reunieron los Estados Forestales y firmaron la Liga Perpetua (1291), origen de la Confederación Helvética.

RÚTULO, LA adj. *Hist.* **1** Se dice de un pueblo de la antigua Italia, en el Lacio, cuya capital era Ardea. Aplicado a personas, también s. **2** Perteneciente o relativo a este pueblo.

RUVENZORI RUWENZORI.

RUWENZORI Cordillera de África oriental, entre los lagos Alberto y Eduardo, en la frontera de Uganda y la República Democrática del Congo. Su cota máxima es el pico Margarita (5.122 m).

RUYSBROEK, BEATO JAN VAN Teólogo belga (Ruysbroek, 1293 - Groenendael, 1381). Escribió obras de mística, como *Espejo de la belleza eterna* y *Ornamento de las bodas espirituales*.

RUYSDAEL, JACOB ISAAC VAN Pintor neerlandés (Haarlem, 1628 - íd., 1682). Pintor barroco de la escuela neerlandesa, su obra está consagrada casi exclusivamente al paisaje. Obras: *Paisaje con cascada*, *Vista de Haarlem*, *El molino de Wijk*, *El cementerio de los hebreos* y *La tempestad*.

RUYSDAEL, SALOMON VAN Pintor holandés (Naarden, h. 1600 - Haarlem, 1670). Tío de Jacob, realizó paisajes, marinas y naturalezas muertas en las que destaca el tratamiento de la atmósfera: *El transbordador*, *La balsa*, *Posada de pueblo*.

RUZICKA, LEOPOLD Bioquímico suizo de origen croata (Vukovar, 1887 - Zurich, 1976). Premio Nobel de Química (1939), compartido con A. Butenand, por la síntesis de las hormonas masculinas, testosterona y androsterona.

RUZZANTE (ANGELO BEOLCO, llamado) Dramaturgo italiano (Padua, h. 1502 - íd., 1542). Autor de comedias y farsas populares en la lengua de Padua: *Diálogos* (1528-29), *La Mosqueta* (1529), *La piovana* (1532).

RYBNIK Ciudad de Polonia; 144.000 h. Centro industrial.

RYLE, GILBERT Filósofo británico (Brighton, 1900 - Whitby, 1976). Miembro de la escuela de Oxford, centró sus estudios en la filosofía del lenguaje. Autor de *Argumentos filosóficos* (1945), *El concepto de lo mental* (1949) y *Dilemas* (1954).

RYLE, SIR MARTIN Astrónomo británico (Brighton, 1918 - Cambridge, 1984). Perfeccionó la técnica de apertura-síntesis, consistente en utilizar determinado número de radiotelescopios que, combinados adecuadamente, consiguen una mayor resolución, lo que permitió el descubrimiento de los primeros cuásares y los púlsares. En 1974 recibió el premio Nobel de Física, compartido con A. Hewish.

RYSWICK o **RIJSWICK** Ciudad de los Países Bajos, provincia de Holanda Meridional; 47.456 h. En 1697 se firmó en ella la paz entre Francia, Provincias Unidas, Inglaterra, España y Alemania, que puso fin a la guerra de la Liga de Augsburgo y en la que todos los litigantes se devolvieron sus conquistas en beneficio del equilibrio europeo.

RYUKYU RIUKIU.

RZESZÓW Ciudad de Polonia, capital de la provincia de Podkarpackie; 156.700 h. Centro agrícola.

S

s f. Vigésima letra del abecedario español, y decimosexta de sus consonantes. Su nombre es *ese*.

S 1 *Fís.* Símbolo del siemens. **2** *Geog.* Abreviatura del punto cardinal *sur*. **3** *Quím.* Símbolo químico del azufre. **4** Abreviatura de san. || **S ILIACA DEL COLON** *Anat.* Porción del intestino grueso en forma de *S*, situada entre el final del colon descendente y el recto.

$ *Econ.* **1** Abreviatura del DÓLAR de Australia, Canadá, EE UU, Liberia, y Trinidad y Tobago. **2** Abreviatura del PESO de Argentina, Colombia, Cuba, México y Uruguay. **3** Abreviatura del ESCUDO de Portugal.

SA 1 Abreviatura de SOCIEDAD ANÓNIMA. **2** Abreviatura de *Su Alteza*.

SA (Abreviatura del al. *Sturmabteilung;* literalmente, *sección de asalto.*) *Hist.* y *Polít.* Grupo paramilitar del Partido Nacionalsocialista, creado por Hitler en 1921 como cuerpo de seguridad y medio de propaganda del Partido.

SÁ, SALVADOR CORREIA DE Administrador colonial portugués (Rio de Janeiro, 1594 - Lisboa, 1681). Fue gobernador de Rio de Janeiro (1637) y de Angola (1647-52), de donde expulsó a los neerlandeses.

SÁ CARNEIRO, FRANCISCO Político portugués (Oporto, 1934 - Camarate, 1980). Fundador del Partido Socialdemócrata (1974), fue presidente del gobierno (1979-80). Murió víctima de un accidente aéreo.

SÁ CARNEIRO, MÁRIO DE Escritor portugués (Lisboa, 1890 - París, 1916). Publicó narraciones, como *Principio* (1912) y *Cielo encendido* (1915); la novela *La confesión de Lucio* (1914); y poemarios: *Dispersión* (1914) e *Indicios de oro* (1937).

SÁ DE MIRANDA, FRANCISCO Poeta y dramaturgo portugués (Coimbra, h. 1481 - Quinta de Tapada, 1558). Introdujo en Portugal la métrica renacentista italiana. Su producción poética, recogida en *Poesías* (1595), incluye sonetos, églogas, canciones, etc. Autor de las comedias *Los extranjeros* (1595) y *Los Vilhalpando* (1596).

SAADI o **SA'DI** (MUSLUH AL-DIN 'ABDULLAH, llamado) Poeta persa (Shiraz, h. 1209 - íd., 1292). Es autor de *El jardín de la rosas, El huerto* y *Libro de instrucciones*. Su vasta obra poética se recogió en *Diwan* (*Cancionero*).

SAALE Río de Alemania, que nace en el Fichtelgebirge y desemboca en el Elba, al SE de Barby; 364 km de curso.

SAAR SARRE, río francoalemán.

SAARBRÜCKEN Ciudad de Alemania, capital del Land de Sarre; 189.012 h.

SAARINEN, EERO Arquitecto estadounidense de origen finlandés (Kirkkonummi, 1910 - Ann Arbor, 1961). Entre sus obras se encuentran las embajadas de EE UU en Londres y Oslo y el edificio de la TWA del aeropuerto J. F. Kennedy.

SAARLAND SARRE.

SAAVEDRA, ÁNGEL RIVAS, ÁNGEL SAAVEDRA RAMÍREZ DE BAQUEDANO, DUQUE DE.

SAAVEDRA, BAUTISTA Escritor y político boliviano (La Paz, 1870 - íd., 1939). Ocupó la presidencia de la República (1921-25). Autor de *Ayllu* (1914) y *El litigio peru-boliviano* (1916).

SAAVEDRA, CORNELIO Militar y político argentino (Potosí, 1759 - Buenos Aires, 1829). Fue uno de los dirigentes de la revolución de Mayo (1810) y presidente de la Junta Gubernativa (1810). En 1814, huyó a Chile; a su regreso ocupó la jefatura del ejército (1816).

SAAVEDRA, JUAN DE Conquistador español (Sevilla, ? - Lima, 1544). Participó en la conquista del Perú y en la de Chile (1535). Participó en la rebelión de los encomenderos contra el virrey Núñez de Vela. Murió ahorcado.

SAAVEDRA LAMAS, CARLOS Político y jurista argentino (Buenos Aires, 1878 - íd., 1959). Como ministro de Relaciones Exteriores (1932-38), intervino en las gestiones que pusieron fin a la guerra del Chaco, por lo que recibió el premio Nobel de la Paz de 1936.

SABA *Geog. hist.* Antiguo país de Arabia, comprendido en parte por la actual Arabia Saudí y Yemen. La Biblia nombra a los sabeos como productores de especias, incienso, oro y piedras preciosas. Según la leyenda etíopica, la reina de Saba, cuyos fasto y riqueza se han hecho proverbiales, tuvo un hijo con Salomón, Menelik, del que descenderían los monarcas de Etiopía.

SABA, UMBERTO (UMBERTO POLI, llamado) Poeta italiano (Trieste, 1883 - Gorizia, 1957). Obra poética: *Poesías* (1911), *Con mis ojos* (1912), *Cancionero* (1921) y *Palabras* (1935). En prosa escribió *Atajos y cuentecillos* (1946).

SÁBADO m. **1** Sexto día de la semana civil y séptimo de la litúrgica. **2** Día santo judío, en el que el Pentateuco prescribe la oración y prohíbe todo trabajo que implique lucro o esfuerzo.

SÁBALO *Zool.* Pez teleósteo perteneciente a la familia cupleidos, de nombre científico *Alosa finta*, de unos 60 cm de longitud y cuerpo comprimido lateralmente.

SABANA f. *Bot.* **1** Formación vegetal formada por praderas y varias combinaciones de árboles aislados, arbustos y herbazales, propia de climas intertropicales con estaciones seca y húmeda, característica de África, Sudamérica y NO de Australia. **2** Llanura muy extensa con esta vegetación.

SÁBANA f. **1** Cada una de las dos piezas de lienzo o algodón que se utilizan para cubrir la cama y colocar el cuerpo entre ambas. **2** Sabanilla de altar. || **SÁBANA SANTA** Lienzo en que fue envuelto el cuerpo de Cristo durante su sepultura. || **pegársele** a uno **las sábanas** fr. fig. y fam. Levantarse más tarde de lo que se acostumbra o se debe.

SABANA CAMAGÜEY Archipiélago de la costa N de Cuba, que se extiende unos 400 km. También se llama *Jardines del Rey*.

SABANDIJA f. **1** Cualquier reptil pequeño o insecto considerado asqueroso o molesto. **2** fig. Persona despreciable.

SABANILLA f. Cubierta exterior de lienzo con que se cubre el altar.

SABAÑÓN m. *Med.* Hinchazón de la piel, principalmente de las manos, pies y orejas, que produce ardor y picor y es causada por el frío excesivo.

SABASTIYA SAMARÍA.

SABAT ERCASTY, CARLOS Poeta uruguayo (Montevideo, 1887 - íd., 1982). Autor de *Pantheos* (1917) y *Poemas del hombre* (1921-58).

SABÁTICO, CA adj. **1** Relativo al sábado. **2** AÑO SABÁTICO.

SABATIER, PAUL Químico francés (Carcasona, 1854 - Toulouse, 1941). Descubrió el procedimiento de hidrogenación catalítica. En 1912 recibió el premio Nobel de Química, compartido con V. Grignard.

SABATINI, FRANCISCO Arquitecto italiano (Palermo, 1722 - Madrid, 1797). Arquitecto mayor de Carlos III, contribuyó al plan de ordenación de Madrid. Fue uno de los mejores representantes del Neoclasicismo en España. Proyectó, entre otras obras, la Puerta de Alcalá (1764-78), en Madrid. Dirigió, asimismo, obras de ampliación en el Palacio Real de Madrid, en el del Pardo y en el de Aranjuez.

SABATINO, NA adj. **1** Relativo al sábado o realizado en él. || f. **2** Oficio divino del sábado. **3** *Chile* Zurra.

SÁBATO, ERNESTO Escritor argentino (Rojas, 1911). Cuenta con una vasta producción ensayística, pero es sobre todo conocido por sus novelas, de corte existencial y metafísico: *El túnel* (1948), *Sobre héroes y tumbas* (1962) y *Abaddón el exterminador* (1974). Premio Cervantes en 1999. En 1999 publicó *Antes del fin*.

SÁBBAT o **SABBAT** m. SÁBADO, festividad religiosa judía. Comienza los viernes a la caída del sol y dura hasta la caída de la noche del sábado.

SABEDOR, RA adj. Conocedor de ciertas cosas.

SABELA f. *Zool.* Nombre de varios gusanos anélidos poliquetos, marinos, sedentarios, de la familia sabélidos, género *Sabella*, de branquias dispuestas en espiral.

SABELIO Heresiarca africano (s. III). Su doctrina se funda en la creencia en un solo Dios que se revela con tres nombres diferentes; niega la distinción entre las tres personas de la Santísima Trinidad.

SABELOTODO com. fam. Que presume de sabio sin serlo.

SABER[1] (Infinitivo sustantivado.) m. **1** Conocimiento. **2** Ciencia o facultad.

SABER[2] tr. **1** Conocer una cosa. **2** Ser docto en algo. **3** Tener habilidad para una cosa, o estar instruido y diestro en un arte o facultad. || intr. **4** Tener noticias sobre una persona. **5** Ser muy sagaz. **6** Tener sabor una cosa. **7** Tener una cosa semejanza o apariencia de otra. **8** Tener una cosa proporción, aptitud o eficacia para lograr un fin. **9** Acomodarse a algo. **10** Con *ir, venir* y otros verbos equivalentes, conocer el camino, saber por donde hay que ir. **11** fig. Con los adverbios *bien*, y especialmente, *mal*, o con adverbios o expresiones adverbiales equivalentes, agradar o desagradar algo. || **a saber** expr. Esto es, es decir. También, VETE TÚ A SABER. || **no saber** uno **dónde meterse** fr. fig. Sentir gran vergüenza por algo. || **no saber** uno **por dónde se anda** fr.

sabana. Parque Nacional de Meru (Kenia).

fig. y fam. No tener capacidad para desempeñar algo. También, no acertar a resolver una cosa. || **sabérselas todas** fr. fam. Habilidad para desenvolverse en las más diversas circunstancias. ♦ IRREG. Véase cuadro.

SABER

INDICATIVO
Pres.: sé, sabes, sabe, sabemos, sabéis, saben.
Pret. imperf.: sabía, sabías, etc.
Pret. indef.: supe, supiste, supo, supimos, supisteis, supieron.
Fut. imperf.: sabré, sabrás, etc.
Condic.: sabría, sabrías, etc.
SUBJUNTIVO
Pres.: sepa, sepas, etc.
Pret. imperf.: supiera, supieras, etc., o supiese, supieses, etc.
Fut. imperf.: supiere, supieres, etc.
IMPERATIVO: sabe, sabed.
PARTICIPIO: sabido.
GERUNDIO: sabiendo.

SABIDILLO, LLA adj. y s. desp. Que presume de entendido.
SABIDURÍA f. **1** Conjunto de los conocimientos adquiridos. **2** Prudencia en la vida o en los negocios. **3** Conocimiento profundo en letras, ciencias o artes. **4** Noticia, conocimiento.
SABIDURÍA, LIBRO DE LA Libro canónico del Antiguo Testamento, escrito hacia 50 a. C., atribuido a Salomón.
SABIENDAS, A loc. adv. **1** De un modo cierto. **2** Con conocimiento y deliberación.
SABIHONDO, DA SABIONDO.
SABIN, ALBERT BRUCE Microbiólogo y pediatra estadounidense de origen polaco (Bialystok, 1906 - Georgetown, 1993). En 1955 descubrió el bacilo *Sabin*, utilizado en la preparación de la vacuna oral antipoliomielítica.
SABINA f. *Bot.* Nombre de varias especies de árboles y arbustos coníferos de la familia cupresáceas, género *Juniperus*.
SABINA *Geog. hist.* Antigua región de Italia central, que se extendía entre Piceno al N, Lacio al S, Samio al E, y Umbría y Etruria al O.
SABINAR m. *Bot.* Terreno donde abunda la sabina.
SABINAS, RAPTO DE LAS *Mit.* Leyenda romana que refiere el rapto de que fueron objeto las mujeres de los sabinos por parte de los súbditos de Rómulo. Los sabinos marcharon contra los raptores, y cuando iba a iniciarse la lucha, las sabinas se interpusieron impidiendo la muerte de sus nuevos maridos.
SABINE *Fís.* Unidad de absorción acústica que se puede definir como la energía del sonido que incide sobre una unidad de superficie.
SABINO f. *Bot.* **1** AHUEHUETE. **2** ENEBRO.
SABINO, NA adj. *Etnol.* e *Hist.* **1** Antiguo pueblo de Italia, que comprendía los sabinos, sabelios y samnitas, tribus originarias de la Italia central, que habitaba entre el Tíber y los Apeninos. Se incorporaron a Roma el 268 a. C. Más como m. pl. **2** Se dice también de sus individuos. También s. **3** Relativo a este pueblo.
SABIO, BIA adj. **1** Se dice de la persona que posee sabiduría. También s. **2** Se dice de la cosa instructiva. **3** De buen juicio, cuerdo. **4** *Zool.* Se dice de los animales de muchas habilidades.
SABIONDO, DA adj. y s. fam. Que presume de sabio sin serlo.
SABIOS DE GRECIA, LOS SIETE Nombre con que se designa a siete filósofos y políticos griegos del si glo VI a. C. Según Platón, fueron: Tales de Mileto, Quilón de Esparta, Pítaco de Mitilene, Bías de Priene, Solón de Atenas, Cleóbulo de Lindos y Periandro de Corinto.
SABLAZO m. **1** Golpe dado con sable. **2** Herida hecha con él. **3** fig. y fam. Acto de sacar dinero a uno pidiéndoselo con habilidad e insistencia y sin intención de devolverlo.
SABLE m. **1** Arma blanca semejante a la espada, pero algo curva y generalmente de un solo corte. **2** fig. y fam. Habilidad para sacar dinero a otro.
SABOGA f. *Zool.* SÁBALO, pez.
SABONETA f. Reloj de bolsillo, cuya esfera, cubierta con una tapa de metal, se descubre apretando un resorte.
SABOR m. **1** Sensación que ciertos cuerpos producen en el órgano del gusto. **2** fig. Impresión que una cosa produce en el ánimo. **3** fig. Propiedad que tienen algunas cosas de parecerse a otras con que se las compara. **4** Cualquiera de las cuentas redondas y prolongadas que se ponen en el freno, junto al bocado, para refrescar la boca del caballo. Más en pl.

SABOREAR tr. **1** Dar sabor a las cosas. **2** Percibir detenidamente y con deleite el sabor de algo. También prnl. **3** fig. Apreciar detenidamente y con deleite una cosa. También prnl. **4** fig. Atraer con halagos. || prnl. **5** Comer o beber una cosa despacio, con expresión deleitosa. **6** fig. Deleitarse con atención en algo.
SABOTAJE m. **1** Acción de destruir o deteriorar maquinaria, instalaciones, etc., como medio de lucha para impedir o entorpecer el desarrollo de una situación económica o política. **2** fig. Oposición u obstrucción disimulada contra algo.
SABOTEAR tr. **1** Realizar actos de sabotaje. **2** fig. Entorpecer deliberadamente alguna cosa.
SABOYA *Geog. hist.* Región histórica del SE de Francia, en la frontera de Suiza e Italia. Ducado desde 1416, fue anexionado a Francia en 1796 y restituido a sus antiguos soberanos, a la caída de Napoleón, para ser incorporado definitivamente en 1860. Corresponde a los actuales departamentos de Saboya y Alta Saboya.
SABOYA *(Savoie)* Departamento de Francia, en la región de Rhône-Alpes; 6.028 km² y 373.258 h. Capital, Chambéry.
SABOYA, ALTA *(Haute-Savoie)* Departamento de Francia, región de Rhône-Alpes; 4.388 km² y 631.679 h. Capital, Annecy.
SABOYA, CASA DE *Geneal.* Linaje nobiliario que gobernó, a partir del siglo XI, según las circunstancias políticas, Saboya, Piamonte, Sicilia y Cerdeña, y reinó en Italia hasta 1946.
SABROSO, SA adj. **1** Grato al paladar. **2** fig. Delicioso. **3** fam. Ligeramente salado.
SABUCAL m. *Bot.* Terreno donde abunda el saúco.
SABUCO m. *Bot.* SAÚCO.
SABUESO, SA adj. y s. **1** PERRO SABUESO. || m. **2** fig. Persona que sabe indagar, que olfatea.
SABUGO m. *Bot.* SAÚCO.
SABURRA f. *Med.* **1** Secreción mucosa espesa acumulada en las paredes del estómago. **2** Capa blanquecina que cubre la lengua por efecto de dicha secreción.
SACA f. Saco muy grande que sirve regularmente para llevar la correspondencia.
SACA, ELÍAS ANTONIO Político, periodista y empresario salvadoreño (?, 1965). Miembro de la conservadora Alianza Republicana Nacionalista (ARENA), fue presidente de la Asociación Nacional de la Empresa Privada (ANEP). En las elecciones de 2004 resultó elegido presidente de la República.
SACABOCADOS m. **1** Instrumento con boca hueca y cortes afilados, que sirve para taladrar. **2** fig. Medio eficaz por medio del cual se consigue lo que se pretende o pide. ♦ Su pl. es *sacabocados*.
SACACORCHOS m. Instrumento para quitar los tapones de corcho de las botellas. ♦ Su pl. es *sacacorchos*.
SACACUARTOS m. fam. SACADINEROS. ♦ Su pl. es *sacacuartos*.
SACADINEROS o **SACADINERO** m. **1** fam. Cosa de poco valor pero de buena vista y apariencia, que atrae a los incautos. || com. **2** fam. Persona que tiene arte para sacar dinero con cualquier engañifa. ♦ Su pl. es *sacadineros*.
SACAMANTECAS com. fam. Criminal que destripa a sus víctimas. ♦ Su pl. es *sacamantecas*.

SACAMUELAS com. **1** desp. Dentista. **2** Persona que habla mucho insustancialmente. **3** Embaucador. ♦ Su pl. es *sacamuelas*.
SACAPERRAS adj. y m. Que hace gastar dinero o produce gastos excesivos. ♦ Su pl. es *sacaperras*.
SACAPUNTAS m. Instrumento para afilar lápices. ♦ Su pl. es *sacapuntas*.
SACAR tr. **1** Poner una cosa fuera del lugar donde estaba encerrada o contenida. **2** Apartar a una persona o cosa del sitio o condición en que se halla. **3** Aprender, averiguar, resolver una cosa por medio del estudio. **4** Conocer, descubrir. **5** Hacer con fuerza o con maña que uno diga o dé una cosa. **6** Extraer de una cosa algo de los principios que la componen. **7** Elegir. **8** Ganar por suerte una cosa. **9** Conseguir, lograr. **10** Con palabras como *entradas*, *billetes*, etc., comprarlos. **11** Aventajar una persona, animal o cosa a otro u otra en lo que se expresa. **12** Volver a lavar la ropa después de pasarla por la colada para blanquearla. **13** Hablando de prendas de vestir, cambiarles las costuras para ensancharlas o alargarlas. **14** Exceptuar, excluir. **15** Copiar lo escrito. **16** Hacer una fotografía o retrato. **17** Mostrar, manifestar una cosa. **18** Quitar cosas que afean o perjudican. **19** Citar, nombrar. **20** Ganar el juego. **21** Producir, inventar. **22** Desenvainar un arma. **23** Con la preposición *de* y los pronombres personales, hacer perder el conocimiento y el juicio. **24** Con la misma preposición y un sustantivo o adjetivo, librar a uno de lo que estos significan. **25** Hacer perder el conocimiento o el juicio. **26** *Dep.* Hablando de ciertos deportes, poner en juego la pelota o el balón. **27** *Dep.* En el juego de pelota, arrojarla desde el rebote que da en el saque hacia los contrarios. **28** Tratándose de citas, notas, etc., de un libro o texto, anotarlas o escribirlas aparte. **29** Tratándose de apodos, motes, faltas, etc., aplicarlos, atribuirlos. || **sacar adelante** fr. Dicho de una persona, protegerla en su crianza, educación; dicho de negocios, etc., llevarlos a feliz término. || **sacar de quicio** o **de sus casillas** fr. Hacer que una persona pierda el dominio de sí misma. || **sacar en claro** o **en limpio** fr. Deducir claramente; en conclusión.
SACAR-, **SACARI-**, **SACARO-**; **-SÁCARO** prefs. o suf. que significan azúcar.
SACARASA f. *Quím.* Enzima que cataliza la hidrólisis de disacáridos a monosacáridos.
SACARI- pref. SACAR-.
SACÁRIDO m. *Quím.* Denominación genérica de los hidratos de carbono.
SACARÍFERO, RA adj. Que produce o contiene azúcar.
SACARIFICAR tr. *Quím.* Degradar los polisacáridos a azúcares sencillos.
SACARÍGENO, NA adj. *Quím.* Se aplica a la sustancia capaz de convertirse en azúcar mediante la hidratación, como las féculas y la celulosa.
SACARIMETRÍA f. *Quím.* Técnica polarimétrica para determinar el contenido de azúcar de una disolución.
SACARINA f. *Quím.* Compuesto de carbono de fórmula $C_7H_5NSO_3$, sustancia blanca que tiene un poder edulcorante 500 veces superior al de la sacarosa. Se emplea como sustitutivo de ésta.
SACARINO, NA adj. *Quím.* **1** Que tiene azúcar. **2** Que se asemeja al azúcar.
SACARO-; **-SÁCARO** pref. o suf. SACAR-.

Rapto de las **sabinas**. *Las sabinas*. Cuadro de Jacques-Louis David. Museo del Louvre (París).

SACAROSA f. *Quím.* Disacárido de fórmula $C_{12}H_{22}O_{11}$, formado por la unión de una molécula de glucosa y otra de fructosa.

SACASA, JUAN BAUTISTA Político nicaragüense (León, 1874 - Los Ángeles, 1946). Líder de los liberales, fue vicepresidente (1925-28) y presidente de la República (1933-36). Fue derrocado por Somoza.

SACASA, ROBERTO Político nicaragüense (Chinandega, 1840 - ?). Ocupó la presidencia de la República en el periodo 1891-93.

SACATEPÉQUEZ Departamento de Guatemala; 465 km² y 259.265 h. Su capital es Antigua Guatemala.

SACCHETTI, GIOVANNI BATTISTA Arquitecto italiano (Turín, h. 1700 - Madrid, 1764). A la muerte de Juvara se hizo cargo del proyecto del Palacio Real de Madrid. Trabajó, asimismo, en la construcción del palacio de La Granja (1736).

SACCIFORME adj. *Anat.* Se dice de la cavidad o extremo de un conducto que tiene forma de saco.

SACERDOCIO m. **1** *Rel.* Dignidad y estado de sacerdote. **2** *Rel.* Ejercicio y ministerio propios del sacerdote. **3** fig. Consagración celosa y activa al desempeño de una función.

SACERDOTE m. *Rel.* **1** Hombre dedicado y consagrado a hacer, celebrar y ofrecer sacrificios. **2** En la religión católica, hombre ungido y ordenado para celebrar el sacrificio de la misa.

SACERDOTISA f. *Rel.* Mujer dedicada a ofrecer sacrificios a ciertas divinidades y cuidar de sus templos.

SACHAR tr. *Agr.* Escardar la tierra.

SACHER-MASOCH, LEOPOLD VON Escritor austriaco (Lemberg, 1836 - Lindheim, 1895). Autor de narraciones históricas y realistas —*Falso armiño* (1873), *Historias judeopolacas* (1886)—, su apellido quedó ligado al término MASOQUISMO, debido a que sus obras recogen este tipo de relaciones sexuales.

SACHS, HANS Poeta y dramaturgo alemán (Nuremberg, 1494 - íd., 1576). Zapatero de profesión, en 1513 se hizo maestro cantor. Cultivó el relato cómico en verso, la canción, la comedia, la fábula, etc. Autor de *Farsas de carnaval* (1517-63), *El ruiseñor de Wittenberg* (1523) y *El estudiante errante* (1550).

SACHS, NELLY (LEONIE SACHS, llamada) Escritora sueca de origen alemán (Berlín, 1891 - Estocolmo, 1970). Su poesía, de gran riqueza metafórica, tuvo como fuente de inspiración la historia del pueblo judío: *En las moradas de la muerte* (1947) y *Señas en la arena* (1962). Autora además de la pieza dramática *Eli, misterios sobre los sufrimientos de Israel* (1950). Premio Nobel de Literatura en 1966, compartido con S. Y. Agnon.

SACIAR tr. **1** Hartar de bebida o comida. También prnl. **2** fig. Hartar y satisfacer en las cosas del ánimo. También prnl.

SACIEDAD f. Hartura producida por satisfacer con exceso el deseo de una cosa. || **hasta la saciedad** fr. Hasta no poder más.

SACO m. **1** Receptáculo de tela, cuero, papel, etc., por lo común de forma rectangular o cilíndrica, abierto por uno de los lados. **2** Lo contenido en él. **3** Vestidura tosca y áspera de paño burdo. **4** Vestido corto que usaban los antiguos romanos en tiempo de guerra. **5** Vestidura holgada que no se ajusta al cuerpo. **6** fig. Cualquier cosa que en sí incluye otras muchas. **7** Saqueo. **8** *Dep.* En el juego de pelota, SAQUE. **9** *Biol.* Cualquier cavidad orgánica, abierta o cerrada, que puede estar hueca u ocupada por células o tejidos. **10** *Amér.* y *Can.* Chaqueta, americana. || **SACO DE DORMIR** El almohadillado que sirve de cama a los excursionistas. || **entrar a saco** fr. Apoderarse de todo o la mayor parte de aquello que hay o se guarda en algún sitio.

SACRALIZAR tr. Dar carácter sagrado a lo que no lo tenía.

SACRAMENTAL adj. **1** *Rel.* Relativo a los sacramentos. **2** *Rel.* Se dice de los remedios que tiene la iglesia católica para perdonar los pecados veniales. También en pl. **3** fig. Consagrado por la ley o la costumbre. || **4** *Rel.* Cofradía dedicada al culto del Santísimo Sacramento. **5** En Madrid, cofradía que tiene por objeto enterrar en terreno de su propiedad a los cofrades. **6** En Madrid, cementerio de este mismo terreno.

SACRAMENTAR tr. *Rel.* **1** Convertir en pan el cuerpo de Cristo. También prnl. **2** Administrar los sacramentos.

SACRAMENTO m. **1** *Rel.* Entre los católicos, signo sensible y eficaz de un efecto interior y espiritual que Dios obra en las almas. **2** *Rel.* Cristo sacramentado en la hostia; más comúnmente llamado *Santísimo Sacramento*. **3** Misterio. || **recibir los últimos sacramentos** fr. Recibir un enfermo graves los de la penitencia, eucaristía y unción de los enfermos.

SACRAMENTO Río de EE UU (California); nace en los montes Trinity y desemboca en la bahía de San Francisco; 620 km.

SACRAMENTO COLONIA DEL SACRAMENTO.

Sacro imperio romano germánico

SACRAMENTO Ciudad de EE UU, capital del Estado de California, a orillas del río de su nombre; 373.964 h. Puerto fluvial.

SACRIFICAR tr. **1** Hacer sacrificios y ofrecerlos. **2** Matar, degollar las reses para el consumo. **3** fig. Poner a una persona o cosa en algún riesgo grande. **4** Renunciar a una cosa para conseguir otra. || prnl. **5** *Rel.* Ofrecerse particularmente a Dios. **6** fig. Sujetarse con resignación a una cosa violenta o repugnante.

SACRIFICIO m. **1** Ofrenda a la divinidad que se hace en ciertas ceremonias. **2** *Rel.* Acto del sacerdote al ofrecer en la misa el cuerpo de Cristo bajo las especies de pan y vino. **3** fig. Peligro grave a que se somete una persona. **4** fig. Acción a la que uno se sujeta con gran repugnancia. **5** fig. Acto de abnegación. **6** fig. y fam. Operación quirúrgica peligrosa.

SACRILEGIO m. **1** Profanación de algo sagrado. **2** fig. Ofensa grave contra una persona a quien se debe veneración.

SACRISTÁN m. El que en las iglesias tiene a su cargo ayudar al sacerdote en el servicio del altar y cuidar de los ornamentos y de la limpieza y aseo de la iglesia y sacristía.

SACRISTANA f. **1** Religiosa que en su convento cuida de la sacristía. **2** Mujer del sacristán.

SACRISTÍA f. **1** Lugar en las iglesias donde se revisten los sacerdotes y están guardados los ornamentos de culto. **2** Empleo de sacristán o sacristana.

SACRO, CRA adj. **1** SAGRADO. **2** *Anat.* Se dice del hueso triangular formado por la fusión de cinco vértebras, que se localiza debajo de la última vértebra lumbar, por encima del cóccix y entre los huesos de la cadera. También s. **3** *Anat.* Relativo a la región en que está situado dicho hueso.

SACRO, MONTE *Hist.* Monte de Italia, cercano a Roma, donde se refugiaron los plebeyos entre 493 y 448 a. C. para librarse de la tiranía de los patricios.

SACRO IMPERIO ROMANO *Hist.* Nombre dado al imperio que, a título de heredero del imperio romano de Occidente, fundó Carlomagno el año 800. (Véase CAROLINGIO, IMPERIO.)

SACRO IMPERIO ROMANO GERMÁNICO *Hist.* El establecido de mutuo acuerdo entre el poder espiritual de los pontífices y el temporal de los emperadores. Se inició con el rey alemán Otón I el Grande, mediante la renovación del IMPERIO CAROLINGIO, al hacerse coronar en Roma en 962. Este imperio tuvo vigencia hasta 1806, en que Napoleón lo suprimió. Francisco II de Austria fue el último emperador que llevó este título.

SACROSANTO, TA adj. Que es a la vez sagrado y santo.

SACUDIR tr. **1** Mover violentamente una cosa. También prnl. **2** Golpear una cosa para quitarle el polvo. **3** Dar golpes. **4** Apartar violentamente una cosa de sí. También prnl. || prnl. **5** Apartar de sí con aspereza a una persona, o rechazar una cosa.

SÁCULO m. *Anat.* Cámara más pequeña e inferior de las dos que forman el laberinto membranoso del oído interno de vertebrados.

SADAT, MOHAMED ANUAR EL- Político egipcio (Mit-Abul-Kom, 1918 - El Cairo, 1981). Secretario de la Unión socialista árabe (1957-61), ocupó la vicepresidencia en 1969 y, a la muerte de Nasser (1970), asumió la presidencia de la República (1970-81). En 1978 firmó un acuerdo de paz con Israel y, ese mismo año, obtuvo el premio Nobel de la Paz, compartido con el primer ministro israelí. Murió en un atentado.

SADE, DONATIEN ALPHONSE, MARQUÉS DE Escritor francés (París, 1740 - Charenton, 1814). Su existencia libertina, sus actividades políticas, así como los contenidos de su literatura, le valieron prisión, una condena a muerte y, finalmente, la reclusión en un hospital psiquiátrico. Defensor del materialismo mecanicista, del ateísmo y el hedonismo, en su obra subyacen el pesimismo y, la intensa preocupación moral. Los surrealistas revalorizaron su figura. Principales publicaciones: *Los 120 días de Sodoma* (1785), *Justine o los infortunios de la virtud* (1791), *La filosofía en el tocador* (1795), *Valmor y Lydia* (1795) y *La nueva Justine* (1797).

SA'DI Geneal. Dinastía marroquí que ocupó el trono entre 1549 y 1659. Fue fundada por Muhammad I.

SÁDICO, A adj. y s. Relativo al sadismo.

SADISMO m. **1** Perversión sexual de la persona que goza infligiendo daño a aquel con quien mantiene la relación sexual. **2** fig. Crueldad refinada, con placer de quien la ejecuta.

SADO Río del S de Portugal, tributario del Atlántico por Setúbal, donde forma un estuario; 175 km de curso.

SADOMASOQUISMO m. Perversión sexual en que se combinan el sadismo y el masoquismo.

SADOVÁ HRADEC KRÁLOVÉ.

SADUCEO, A adj. Hist. **1** Se dice de una secta judía, opuesta a la de los fariseos, que representaba la facción más conservadora del judaísmo. Negaba la inmortalidad del alma y la resurrección del cuerpo. Más com. m. pl. **2** Se dice también de sus individuos. También s. **3** Relativo a los saduceos.

SÁENZ, JAIME Escritor boliviano (La Paz, 1921 - íd., 1986). Escribió la novela *Felipe Delgado* (1979); relatos y novelas cortas, como *Imágenes paceñas* (1979), *La noche* (1984) y *La piedra imán* (1989), y poesía: *El escalpelo* (1955), *Aniversario de una visión* (1960), *Al pasar un cometa* (1982), etc.

SÁENZ PEÑA, LUIS Político argentino (Buenos Aires, 1822 - íd., 1907). Fue presidente de la República (1892-1895).

SÁENZ PEÑA, ROQUE Político argentino (Buenos Aires, 1851 - íd., 1914). Hijo del anterior. Fue presidente de la República (1910-14).

SAETA f. **1** Dardo o flecha que se dispara con el arco. **2** Manecilla del reloj. **3** Brújula, flechilla que se vuelve hacia el polo magnético. **4** *Mús.* Copla breve que se canta en las iglesias y en las calles durante ciertas solemnidades religiosas, sobre todo en Semana Santa. **5** Copla que se canta en las procesiones, sobre todo en Andalucía.

SAETERA f. Ventanilla estrecha y alargada que se abre en un muro para disparar saetas.

SAFARI m. **1** Excursión de caza mayor que se realiza en algunas regiones de África, y por extensión, en otros lugares. **2** Lugar en que se realizan esas excursiones.

SAFÁRIDA Geneal. Dinastía persa que gobernó en Sistán, Jurasán, Sind y Fars del 867 al 903.

SAFENA adj. y f. Anat. Se dice de cada una de las dos principales venas que van a lo largo de la pierna.

SAFI Provincia de Marruecos; 7.285 km² y 835.000 h. Su capital es la ciudad homónima.

SÁFICO, CA adj. Métr. **1** VERSO SÁFICO. **2** Se dice también de la estrofa de tres versos sáficos y uno adónico, y a la composición con estas estrofas.

SAFISMO m. LESBIANISMO.

SAFO DE LESBOS Poetisa griega (Eresos, 628 ó 620 - íd., 568 ó 563 a. C.). De los nueve libros que escribió se conservan unos 650 versos. Cantó a la belleza, a la naturaleza y al amor, y expresó el sentimiento apasionado y el deseo físico.

SAGA f. **1** Lit. Cada una de las leyendas poéticas contenidas en las dos colecciones de primitivas tradiciones heroicas y mitológicas de la antigua Escandinavia: los *Eddas* y los *Skald*. **2** fig. Historia de una familia a través de varias generaciones.

SAGA Prefectura de Japón, en la isla de Kiu-shiu; 2.440 km² y 884.000 h. Su capital es la ciudad homónima.

SAGACIDAD f. Calidad de sagaz.

SAGAN, CARL EDWARD Astrónomo y escritor estadounidense (Nueva York, 1934 - Seattle, 1996). Diseñó, junto a F. Drake, un disco, enviado al espacio en las naves *Voyager I* y *II*, con un mensaje simbólico para que posibles seres inteligentes de otros sistemas estelares pudieran conocer al hombre. Escribió numerosas obras de divulgación científica y la novela *Contact* (1985).

SAGAN, FRANÇOISE (FRANÇOISE QUOIREZ, llamada) Escritora francesa (Cajarc, 1935). Autora de las novelas *Bonjour tristesse* (1954), *Aimez-vous Brahms?* (1959), *La cama deshecha* (1977) y *Sangre de acuarela* (1987).

SAGASTA, PRÁXEDES MATEO Político español (Torrecilla en Cameros, 1825 - Madrid, 1903). Tomó parte activa en la preparación de la revolución de 1868. Tras el pronunciamiento, desempeñó las carteras de Gobernación y Estado (1868-70). Durante el reinado de Amadeo I participó en el gobierno, integrado en el Partido Radical. Presidente del gobierno (1871-72), permaneció alejado de la política hasta la caída de la I República. Tras la restauración borbónica, organizó un partido liberal dinástico y agrupó a su alrededor a los moderados centralistas y a los descontentos con Cánovas. Entre 1881 y 1883 fue presidente del gobierno. Durante la regencia de María Cristina desempeñó el cargo de jefe del gobierno, en alternancia con Cánovas, durante los períodos 1885-90; 1891-95, en el que tuvo que hacer frente a la guerra de Marruecos, la insurrección cubana y la conflictividad social, y 1897-99, en el que se desarrolló la guerra con EE UU. Tras aceptar las condiciones del tratado de París (1898), dimitió. Volvió a presidir el consejo de ministros (1901), pero abandonó el poder en 1902.

SAGAZ adj. Astuto y prudente, que prevé y previene las cosas.

SAGIPA Cacique de los chibchas de Colombia (? - ?, 1538). Rechazó la invasión de los panches con la ayuda de Jiménez de Quesada. Fue ejecutado por los conquistadores por no revelar el lugar donde estaba escondido el tesoro de los chibchas.

SAGITA f. Geom. Perpendicular del arco a su cuerda en el punto medio.

SAGITARIA f. Bot. Planta herbácea anual de la familia alismatáceas, género *Sagittaria*, con hojas en forma de saeta, que vive en terrenos encharcados.

SAGITARIO 1 Astrol. Noveno signo del Zodíaco, que comprende del 23 de noviembre al 22 de diciembre. Por la precesión de los equinoccios, este signo, en lugar de coincidir con la constelación de su nombre, lo hace con la de Escorpión. **2** Astron. Constelación situada entre las de Escorpión y Capricornio, en dirección al núcleo de la galaxia, donde la Vía Láctea presenta mayor luminosidad y abundantes conglomerados y nebulosas.

SAGRADO, DA adj. **1** Dedicado a Dios y al culto divino. **2** Que inspira veneración. **3** Relativo a la divinidad o a su culto. **4** Inviolable. || **5** Lugar que se consideraba privilegiado de refugio para los delincuentes.

SAGRAJAS, BATALLA DE Hist. Batalla ganada por Yusuf ibn Tashfín, emperador almorávide, a Alfonso VI de Castilla, en 1086. Se libró a unos 15 km de Badajoz, cerca del lugar de Sagrajas. También se la conoce por batalla de *Zalaca*.

SAGRARIO m. **1** Parte interior del templo en que se guardan las cosas sagradas. **2** Para católicos, lugar donde se guarda a Cristo sacramentado. **3** En algunas catedrales, capilla que sirve de parroquia.

SAGÚ m. Bot. **1** Nombre de diversas plantas tropicales de la familia palmáceas. **2** Fécula amilácea que se obtiene de la médula de estas plantas palmáceas, utilizada como alimento. **3** Nombre de diversas plantas tropicales de la familia cicadáceas, géneros *Cycas* y *Zamia*.

SAH SHA.

SAHAGÚN, BERNARDINO DE (BERNARDINO RIBERA, llamado) Religioso franciscano e historiador español (Sahagún, h. 1530 - Tlatelolco, 1590). Escribió en náhuatl *Historia general de las cosas de la Nueva España* (1560), que tradujo al castellano.

SAHARA O **SÁHARA** Vasta comarca de la mitad septentrional de África, que constituye el desierto más extenso del mundo. Se extiende desde la cordillera del Atlas, al N, hasta el Sudán, al S, y desde Egipto, al E, hasta el Atlántico, al O. Su superficie total es de 8 millones de km². Es una gran meseta escalonada atravesada por líneas montañosas, cuya superficie consiste en pequeñas depresiones peñascosas, alturas áridas, estepas pedregosas y regiones de dunas. En los oasis y demás partes habitables viven algunas tribus de moros al O, tuaregs en el centro y tibbus al E, generalmente dedicadas al pastoreo nómada.

SAHARA ESPAÑOL SAHARA OCCIDENTAL.

SAHARA FRANCÉS ÁFRICA OCCIDENTAL FRANCESA.

SAHARA OCCIDENTAL Territorio de África occidental administrado por Marruecos, que forma parte del Sahara, entre Marruecos, Mauritania y el océano Atlántico; 266.000 km² y 200.000 h. Con el nombre de Sahara español fue colonia y provincia ultramarina de España hasta 1976. Se han constituido en él las provincias de El Aaiún, Smara, Bojador, y desde 1979, Río de Oro (*Uad-ed-Dahad*), que fue administrada por Mauritania con el nombre de Tiris-el-Garbia y cuya capital es Dajla, antigua Villa Cisneros. Su costa se extiende desde el S de Cabo Jubi hasta el cabo Blanco, en una longitud de 1.062 km. Son muy importantes sus yacimientos de fosfatos y hierro.

Hist. Juan de Béthencourt, conquistador de las Canarias como feudatario de España, reconoció en 1402 las costas saharianas. En 1884, E. Bonelli sometió el territorio a la soberanía española. En noviembre de 1957 se iniciaron los enfrentamientos entre las tropas españolas y las bandas de guerrilleros del Ejército de Liberación, que ocuparon la zona septentrional del Sahara español. En virtud del acuerdo de Madrid (14 de noviembre de 1975), firmado entre España, Marruecos y Mauritania, España se retiró el 28 de febrero de 1976 y el territorio quedó dividido, para su administración, entre Marruecos y Mauritania. La guerrilla saharaui, Frente Polisario, no reconoció el acuerdo y proclamó la *República Árabe Saharaui Democrática* (29 de febrero de 1976), a la vez que declaró la guerra a los países ocupantes. Mauritania hizo la paz con el Polisario y se comprometió a entregarle los territorios ocupados (agosto de 1979), pero Marruecos se anexionó también esta parte. En noviembre de 1984, la República Saharaui fue admitida en la OUA como miembro de pleno derecho, y el mismo mes la Comisión de Descolonización de la ONU aprobó una resolución por la que se instaba a Marruecos a negociar un alto el fuego con el Polisario y la celebración del referéndum de autodeterminación. En enero de 1985 se reanudaron las hostilidades en numerosos puntos del territorio, declarándose un alto el fuego oficial en 1989 como paso previo a la celebración del referéndum. Sin embargo, la resistencia marroquí a implantar las medidas propuestas por la ONU para realizar la consulta propiciaron nuevas acciones armadas del Frente Polisario en septiembre de 1989 y hasta abril de 1991, en que el nuevo plan de la ONU que proponía la celebración para enero de 1992 fue aceptado por los gobiernos de Marruecos y Argelia. Sin embargo el referéndum se retrasó en numerosas ocasiones debido a la falta de acuerdo sobre el censo electoral. Convocado para julio de 2000, fue aplazado indefinidamente.

SAHARAUI adj. **1** Etnol. Se dice del beduino nómada del Sahara Occidental. Más com m. pl. **2** Se dice también de sus individuos. También s. **3** De la República Árabe Saharaui Democrática. También s. **4** Relativo a los saharauis.

SAHARIANA f. Chaqueta propia de climas cálidos, cerrada por delante, hecha de tejido delgado y color claro.

SAHARIANO, NA adj. **1** Relativo al desierto del Sahara, o a la parte de él que constituía la provincia española de igual nombre. || m. y f. **2** Natural de este territorio.

SAHEL Zona al S del desierto del Sahara. Se encuentran comprendidas en ella porciones más o menos extensas de Chad, Etiopía, Malí, Mauritania, Nigeria, Senegal, Sudán y Burkina Faso. Su clima es extremadamente seco.

SAHIB o **SAHEB** adj. y s. Tratamiento honorífico que se pospone al nombre; equivale a *gran señor*.

SAHÍNA f. Bot. ZAHÍNA, planta.

SAHUMAR tr. y prnl. Quemar una sustancia aromática para perfumar algo.

SAHUMERIO m. **1** Humo que produce una materia aromática que se echa en el fuego para sahumar. **2** Esta misma materia.

Sahara Occidental. Dunas de Muzunga.

Saian o **Sayanks** Macizo montañoso de Asia central, entre Siberia y Mongolia. Altura máxima: Munku-Sardik (3.491 m).

Said m. JEQUE O JERIFE.

Said Bajá, Muhammad Virrey de Egipto (El Cairo, 1822-Alejandría, 1863). Ocupó el cargo en 1855-63. Inició las obras del canal de Suez.

Saigón Antiguo nombre, hasta 1975, de Ho Chi Minh, ciudad del S de Vietnam.

Saimaa Lago de Finlandia; 1.759 km².

saín m. **1** *Zool.* Grosura de un animal. **2** *Zool.* Grasa de algunos peces y cetáceos que se usa como aceite. **3** Grasa que suele aparecer en algunas prendas cuando se usan mucho.

sainete m. *Lit.* y *Teat.* **1** Pieza dramática jocosa en un acto, de carácter popular, con música o sin ella, que se representaba como intermedio de una función teatral. **2** Obra dramática generalmente cómica y con personajes populares, que se representa independientemente.

saíno m. *Zool.* PECARÍ.

Saint-Cloud, Pierre de Poeta francés (finales del s. XII). Se le atribuyen las dos partes más antiguas del *Roman de Renart.*

Saint-Denis Ciudad de Francia, departamento de Sena-Saint-Denis, al N de París, de cuya área urbana forma parte; 96.132 h. Célebre abadía, fundada por Dagoberto I en el 626.

Saint-Étienne Ciudad de Francia, capital del departamento de Loira, región de Rhône-Alpes; 201.569 h. Centro industrial.

Saint-Exupéry, Antoine de Escritor y aviador francés (Lyon, 1900 - ¿Sahara?, 1944). Sus obras reflejan sus experiencias como piloto. Es autor de *El aviador* (1926), *Vuelo nocturno* (1931), *Piloto de guerra* (1942), *El principito* (1943), *Carta a un rehén* (1944) y *Ciudadela* (1948).

Saint George's Ciudad capital del Estado de Granada, que constituye en sí misma un distrito urbano; 3 km² y 4.621 h.

Saint-Germain-en-Laye Población de Francia, en el departamento de Yvelines. En ella se firmaron varios tratados internacionales; entre ellos, el de 1570, por el que se firmó la paz entre católicos y protestantes, y el de 1919, tras la Primera Guerra Mundial, entre las potencias aliadas y Austria, que puso fin al imperio austrohúngaro.

Saint-John Perse (Marie René Auguste Alexis Léger, llamado) Escritor y diplomático francés (isla de Guadalupe, 1887 - íd., 1975). Autor de *Elogios* (1911), *Anábasis* (1924), *Exilio* (1942), *Vents* (1946), *Amers* (1957) y *Chronique* (1960). Premio Nobel de Literatura (1960).

Saint-Just, Louis Antoine Político francés (Décize, 1767 - París, 1794). Partidario de Robespierre, fue elegido miembro de la Convención en 1792 y apoyó la ejecución del rey. Integrado en el primer Comité de Salvación Pública (1793), se erigió en líder teórico del Terror. Emprendió una reorganización del ejército. Murió guillotinado.

Saint Kitts Isla del mar de las Antillas, en el grupo de Barlovento; 176,2 km² y 32.696 h. Capital, Basseterre. Junto con Nevis, constituye el Estado de Saint Kitts y Nevis.

Saint Kitts y Nevis (*Saint Christopher and Nevis* o *Federation of Saint Christopher and Nevis*) Estado de América, en el mar de las Antillas, constituido por las islas de Saint Kitts y Nevis. Limita al N con Anguila; al E, con Antigua y Barbuda; al S, con el mar Caribe, y al O, con las islas Vírgenes.

GEOG. El país está formado por dos islas de naturaleza volcánica y relieve accidentado, pero sin grandes elevaciones. El clima es tropical húmedo, influido por los alisios. La población se asienta principalmente en Saint Kitts, en las áreas costeras, donde se desarrollan tres actividades económicas: agricultura, pesca y turismo, que aportan más de la mitad del PNB. Produce principalmente caña de azúcar, algodón y tabaco.

HIST. Cuando Colón llegó a sus costas, en 1493, estaban habitadas por indios caribes. Posteriormente, los ingleses las ocuparon en 1623 y los franceses en 1628. El control de las islas fue muy disputado hasta que, por el tratado de Utrecht (1713), ratificado por el de París (1783), pasaron definitivamente a ser colonias del Reino Unido. Se integraron en la Federación de las Islas Occidentales (1958-62) y en 1967 se convirtieron en Estados asociados, formando, junto con la isla de Anguila, que había sido colonizada por los ingleses en 1650, la Federación de Saint Kitts, Nevis y Anguila. Esta última se separó en 1969 y, tras varios años de una cierta autonomía interna, Saint Kitts y Nevis se constituyeron conjuntamente en un Estado libre e independiente dentro de la Commonwealth británica (1983). Las elecciones celebradas en 1984 posibilitaron la creación de una coalición gubernamental entre el Movimiento de Acción

SAINT KITTS Y NEVIS

Islas	Superficie (km²)	Población (h.)	Capitales
Nevis	93,2	8.010	Charlestown
Saint Kitts	176,2	35.340	Basseterre

Superficie: 269,4 km².
Población: 38.800 h.
Densidad: 144 h./km².
Tasa de natalidad: 19,5‰.
Tasa de mortalidad: 10‰.
Capital: Basseterre.
Grupos étnicos: negros (94,9%), mestizos y blancos (5,1%).
Religión: protestantismo (76,4%), catolicismo (10,7%).
Idioma: inglés.
Moneda: dólar caribeño.
Forma de Estado: monarquía constitucional dentro de la Commonwealth.
Producto Nacional Bruto: 253 millones de dólares.
Renta per cápita: 6.190 dólares.
División administrativa: 2 islas, según cuadro.

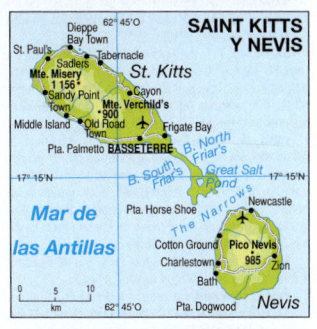

Popular y el Partido Reformista de Nevis, encabezada por Kennedy Simmonds, líder del primero, que se mantuvo hasta los comicios de 1989, en que venció el Movimiento de Acción Popular (MAP). En las elecciones de 1995 resultó vencedor el Partido Laborista, y su líder, Denzil Douglas, fue nombrado nuevo primer ministro. En el referéndum celebrado en 1998 en Nevis sobre su independencia, venció la facción partidaria de la separación, aunque no obtuvo la ventaja suficiente. En 2000 Douglas fue revalidado como primer ministro.

Saint-Laurent, Louis Stephen Político canadiense (Compton, 1882 - Quebec, 1973). Jefe del Partido Liberal, fue primer ministro (1948-57). Durante su mandato tuvo lugar la anexión de Terranova (1949) e ingresó Canadá en la OTAN.

Saint-Laurent, Yves Modisto francés (Orán, 1936). Colaborador y sucesor de Christian Dior, en 1960 creó su propia empresa. Lanzó la moda de la maxifalda y el pantalón entallado, así como una línea de complementos y perfumes. Sus creaciones conceden una primacía a la estética sobre la funcionalidad.

Saint Louis Ciudad de EE UU, en el Estado de Missouri; 368.215 h. Centro comercial e industrial.

Saint-Malo Ciudad de Francia en la costa septentrional de Bretaña, departamento de Ille-et-Vilaine; 49.300 h. Puerto. Turismo.

Saint-Martin San Martín.

Saint-Martin Permont, Laura Abrantès, Laure Saint-Martin Permont, duquesa de.

Saint Moritz Estación turística del SE de Suiza, Estado de Grisones, a orillas del lago de su nombre. Deportes de invierno.

Saint-Pierre, Jacques Henri Bernardin de Bernardin de Saint-Pierre, Jacques Henri.

Saint Pierre y Miquelon Archipiélago del océano Atlántico, al S de Terranova, que constituye una colectividad territorial de Francia; 242 km² y 6.277 h. Capital, Saint-Pierre.

Saint-Quentin San Quintín.

Saint-Saëns, Charles Camille Compositor y pianista francés (París, 1835 - Argel, 1921). Además de gran número de poemas sinfónicos —*La rueca de Onfalia* (1872), *Danza macabra* (1874)—, estrenó las óperas *Sansón y Dalila* (1877) y *Enrique VIII* (1883). Otras obras: *Oratorio de Navidad* (1858) y *Seis preludios y fugas* (1894-98).

Saint-Simon, Claude Henri de Rouvroy, conde de Filósofo francés (París, 1760 - íd., 1825). Destacada figura del socialismo utópico, sus doctrinas ejercieron una gran influencia tanto en el socialismo como en el positivismo de Comte. Autor de *El sistema industrial* (1821-22), *Catecismo de los industriales* (1823-24) y *Nuevo cristianismo* (1825).

Saint-Simon, Louis de Rouvroy, duque de Escritor y político francés (París, 1675 - íd., 1755). Fue miembro del consejo de regencia durante la minoridad de Luis XV y embajador en Madrid. Sus *Memorias,* que abarcan el período comprendido entre 1691 y 1723, están consideradas una de las piezas maestras de la literatura francesa.

Saint-Tropez Población de Francia, departamento de Var; 5.689 h. Puerto deportivo. Turismo.

Sainte-Beuve, Charles Augustin Escritor francés (Boulogne-sur-Mer, 1804 - París, 1869). Está considerado

Saint Moritz (Suiza). Vista del lago y de los Alpes Grisones.

el creador de la crítica literaria moderna. Obras principales: *Consuelos* (1830), *Retratos de mujeres* (1844), *Retratos contemporáneos* (1846), *Conversaciones del lunes* (1851-62) y *Port Royal* (1840-59).

Sainte-Claire Deville, Henri Químico francés (Isla de Santo Tomás, Pequeñas Antillas, 1818 - Boulogne-sur-Seine, 1881). Autor de un método de análisis mineral de gran precisión, y de un procedimiento de fabricación industrial de aluminio.

Saintes, Les Santas, Las.

Saipan Isla de Oceanía, en el archipiélago de las Marianas; 122 km² y 10.458 h. Victoria de los aliados sobre los japoneses (1944).

Sais *Geog. hist.* Antigua ciudad del Bajo Egipto, a unos 88,5 km al SE de Alejandría. Alcanzó gran esplendor, y fue capital del país durante la XXVI dinastía (663-525 a. C.). La época saíta se caracterizó por la influencia griega en Egipto. Es la actual Sa el-Hagar.

saíta adj. *Hist.* **1** De Sais. También s. **2** Se dice de una de las dinastías que reinaron en Egipto. El primer soberano de ellas fue Taffnakkt, que luchó sin resultado para apoderarse del gobierno de Egipto, entonces en continua crisis. Uno de sus descendientes, Stephinates, consiguió instalarse en el trono de los faraones. La dinastía se extinguió con Mahibri.

Saitama Prefectura de Japón, en la isla de Honshu; 3.799 km² y 6.759.100 h. Capital, Urawa.

saja o **sajadura** f. Cortadura hecha en la carne.

Sajalín o **Sakhalin** **1** Isla de la Federación de Rusia, en el mar de Ojotsk; 76.400 km². Con el archipiélago de las Kuriles forma la región homónima. **2** Región de la Federación de Rusia, en la República federada de Rusia; 87.100 km² y 713.900 h. Capital, Yuzhno Sajalinsk.

Sajama Cima volcánica de Bolivia, que constituye la máxima altura de la Cordillera Exterior; 6.780 m.

sajar tr. Cortar en la carne.

Sajarov, Andrei Dimitrievich Físico ruso (Moscú, 1921 - íd., 1989). Como físico teórico, participó en las investigaciones sobre la bomba de hidrógeno, a cuya experimentación se opuso, y realizó investigaciones sobre reacciones termonucleares. Disidente del régimen de su país, fue confinado en Gorki (1980-86). En 1975 recibió el premio Nobel de la Paz.

sajón, na adj. **1** *Hist.* Se dice de un pueblo germánico que habitaba en la desembocadura del río Elba hacia el siglo II a. C. En el siglo VI algunos de ellos llegaron a las costas de la Galia y de Inglaterra, donde junto con los anglos constituyeron la llamada heptarquía anglosajona. Los sajones continentales fueron dominados y cristianizados por Carlomagno, quien derrotó a su caudillo Widukindo. Más como m. pl. **2** Se dice también de sus individuos. También s. **3** Relativo a los sajones. || m. *Ling.* **4** Nombre que recibe el bajo alemán, de donde proceden el holandés, el frisón y el flamenco.

Sajonia *Geog. hist.* Antigua región de Alemania, comprendida entre el mar del Norte, el Elba y las montañas de Hraz. Constituida en ducado de la Alemania medieval (850-1356), se convirtió en electorado (1356-1806) y posteriormente en reino (1806-1918) y República (1918-52). Tras la Segunda Guerra Mundial fue incorporada a la zona soviética y más tarde integrada en la RDA. En 1990 pasó a ser un Land de la Alemania unificada.

Sajonia Land de Alemania; 18.341 km² y 4.537.600 h. Capital, Dresde.

Sajonia, Baja Land de Alemania; 47.610 km² y 7.832.300 h. Capital, Hannover.

Sajonia, Mauricio de Mauricio de Sajonia.

Sajonia-Altenburgo *Geog. hist.* Antiguo ducado alemán, desaparecido en 1919 por integración con Turingia.

Sajonia-Anhalt Land de Alemania; 20.443 km² y 2.714.700 h. Capital, Magdeburgo. Constituido en 1947 por la fusión del Land de Anhalt y la provincia de la Sajonia prusiana, pasó a la RDA tras la Segunda Guerra Mundial. Suprimido como Land en 1952, se incorporó a la Alemania unificada en 1990.

Sajonia-Coburgo-Gotha *Geog. hist.* Antiguo gran ducado de Alemania que en 1919 fue dividido entre Baviera y Turingia.

Sajonia-Meiningen *Geog. hist.* Antiguo ducado de Alemania, que en 1919 se unió a Turingia.

Sajonia-Weimar-Eisenach *Geog. hist.* Antiguo gran ducado de Alemania, integrado en 1920 en Turingia. Su capital fue Weimar.

Sakai Ciudad de Japón, prefectura de Osaka, en la isla de Honshu; 802.965 h.

sake m. Bebida alcohólica japonesa obtenida por fermentación del arroz.

Sakhalin Sajalín.

Saki (Hector Hugh Munro, llamado) Escritor británico (Akyab, Birmania 1870 - Beaumont-Hamel, 1916). En su obra destacan las colecciones de relatos *Reginald* (1904), *Las crónicas de Clovis* (1912) y *Bestias y superbestias* (1914).

Sakkara (Egipto). Pirámide de Zoser.

Sakkara o **Saqqara** Ciudad de Egipto, gobernación de Giza; 5.000 h. En el antiguo imperio menfita constituía la principal necrópolis faraónica. Pirámide escalonada de Zoser.

Sakmann, Bert Médico alemán (Stuttgart, 1942). En 1991 recibió el premio Nobel de Medicina, compartido con E. Neher, por su trabajo sobre la comunicación de las células con el exterior a través de canales iónicos.

sal f. **1** *Quím.* Nombre común del cloruro de sodio (NaCl), sustancia que se presenta en cristales blancos o incoloros, de sabor acre, solubles en agua y glicerina, y ligeramente en alcohol; funde a 804° C. Se emplea como condimento en alimentación, producto químico intermediario y reactivo analítico. **2** *Quím.* Compuesto resultante de la reacción entre un ácido y una base, en la que uno o más átomos metálicos procedentes de la base reemplaza a uno o más átomos de hidrógeno del ácido. **3** fig. Agudeza, gracia, garbo. || **sal común** *Quím.* sal. || **sal de Epsom** *Quím.* Sulfato de magnesio natural. || **sal gema** *Miner.* halita. || **sal infernal** *Quím.* Nitrato de plata. || **sal marina** La común que se obtiene de las aguas del mar.

sala f. **1** Pieza principal de la casa. También se llama salón, independientemente de su tamaño. **2** Aposento de grandes dimensiones. **3** Mobiliario de este aposento. **4** Pieza donde se constituye un tribunal de justicia para celebrar audiencia y despachar los asuntos a él sometidos. **5** *Der.* Conjunto de magistrados o jueces que, dentro del tribunal colegiado del que forman parte, tiene atribuida jurisdicción privativa sobre determinadas materias. || **sala de fiestas** Local donde se sirven bebidas, dotado de pista de baile en la que, normalmente, se exhibe un espectáculo. || **sala de recuperación** La hospitalaria en que se internan los pacientes recién intervenidos quirúrgicamente, hasta su completa recuperación de la anestesia.

Sala y Gómez Isla de Chile, en el Pacífico, perteneciente a la región de Valparaíso; 1,2 km². Está deshabitada.

salabre m. Arte de pesca menor.

salacidad f. Inclinación a la lascivia.

salacot m. Sombrero usado en Filipinas y otros países cálidos, en forma de casquete esférico y hecho de un tejido de tiras de caña.

Salacrou, Armand Dramaturgo francés (Rouen, 1899 - Le Havre, 1989). Es autor de *La desconocida de Arras* (1935), *Historia de risa* (1939), *Dirección prohibida* (1953), *La calle negra* (1967), etc.

saladar m. **1** Charca en que se cuaja la sal en las marismas. **2** Terreno esterilizado por abundar en él las sales.

saladero m. **1** Lugar destinado a salar carnes o pescados. **2** Nombre de una antigua cárcel de Madrid, construida sobre lo que había sido un saladero de carnes de cerdo.

Saladino (Al-Malik an-Nasir Salahaddin, llamado) Sultán de Egipto y de Siria (Takrit, 1137 - Damasco, 1193). Al servicio del príncipe turco de Siria, Nur al-Din, combatió a los cruzados en Egipto y sometió al país a la influencia de Bagdad. A la muerte de Nur al-Din (1174) se hizo proclamar sultán. Extendió sus dominios y llegó a crear el mayor imperio del ámbito Mediterráneo oriental. En su enfrentamiento con los cruzados, se apoderó de San Juan de Acre, Jaffa, Beirut y Jerusalén, lo que dio origen a la tercera cruzada.

salado, da adj. **1** *Geol.* Se dice del terreno estéril por demasiado salitroso. **2** Se dice de lo que tiene más sal de la necesaria. **3** fig. Gracioso, agudo o chistoso. **4** *Arg., Chile* y *Urug.* fig. Caro, costoso. || m. **5** Operación de salar. **6** *Bot.* caramillo, planta.

Salado Río de Argentina, afluente del Colorado; 1.367 km de curso. En su comienzo se llama *Desaguadero.*

Salado Río de México, afluente del Bravo; 590 km de curso.

Salado o **Salado del Norte** Río de Argentina, que nace en la provincia de Salta con el nombre de *Calchaquí,* toma luego el de *Pasaje,* más tarde el de *Juramento,* y por último, con el de Salado, desagua en el Paraná; 2.000 km de curso.

Salado o **Salado del Sur** Río de Argentina. Nace en la laguna de Chamar y desemboca en el Atlántico por la bahía de Samborombón; 700 km de curso.

Salado, Gran Lago *(Great Salt Lake)* Lago del O de EE UU, en Utah; 4.273 km². Sus aguas tienen gran concentración de sales.

Salam, Abdus Físico paquistaní (Jhang, 1926 - Oxford, 1996). Marcó el desarrollo de la física teórica de partículas, y realizó importantes aportaciones en varios aspectos de la teoría de campos. Premio Nobel de Física, junto con S. Weinberg y S. Glashow, en 1979.

Salamanca **1** Provincia de España en la comunidad autónoma de Castilla y León; 12.336 km² y 351.128 h. Limita al N con las provincias de Zamora y Valladolid, al E con la de Ávila, al S con la de Cáceres y al O con Portugal. Su zona meridional está accidentada por la cordillera Central. La mayoría de sus aguas son tributarias del Duero. Ríos principales: Tormes, Yeltes, Huebra, Camaces, Águeda y Alagón. Su clima es mediterráneo de interior. Produce cereales, patata, lino, hortalizas, algarrobas, frutas, vino y aceite. Ganado bovino (toros de lidia) y porcino. Importantes yacimientos de uranio, estaño, volframio y titanio. Industrias hidroeléctricas, mineras, textiles y alimentarias. **2** Ciudad capital de la misma, a orillas del río Tormes; 159.225 h. Centro comercial agropecuario. Conjunto monumental: catedral vieja (siglo XII), catedral nueva (siglo XVI), universidad, iglesia de Sancti-Spíritus, casa de las Conchas, convento de San Esteban y Plaza Mayor (siglo XVII). Su universidad, fundada por el rey Alfonso IX de León (h. 1200), llegó a ser en el siglo XIV una de las más famosas del mundo.

Salamanca, Daniel Político boliviano (Cochabamba, 1863 - íd., 1935). Ejerció la presidencia de la República entre 1931 y 1934. Durante su mandato sobrevino la guerra del Chaco; sus medidas resultaron impopulares y hubo de abandonar el poder.

Salamanca y Mayol, José de, marqués de Salamanca Financiero y político español (Málaga, 1806 - Madrid, 1883). De ideas liberales, tomó parte en diversos levantamientos y desde 1837 fue diputado. Desempeñó la cartera de Hacienda (1847), cargo del que se vio obligado a dimitir, acusado de irregularidades en su gestión. Consiguió una gran fortuna con la negociación de concesiones ferroviarias. Construyó en Madrid el barrio que lleva su nombre.

salamandra f. **1** *Zool.* Nombre de varios anfibios urodelos pertenecientes a la familia salamándridos. Su aspecto es similar al de una lagartija. **2** Ser fantástico, espíritu elemental del fuego, según los cabalistas. **3** Especie de estufa de combustión lenta. || **salamandra acuática** *Zool.* tritón.

salamandra

salamanqués, sa adj. y s. salmantino.

salamanquesa f. *Zool.* Nombre de diversos reptiles lepidosaurios de la familia gecónidos. La salamanquesa común *(Tarentola mauritanica),* de unos 20 cm de longitud y color grisáceo con manchas oscuras en el dorso y amarillo en el vientre, posee en los dedos unas laminillas adhesivas que le permiten trepar por las paredes verticales, en donde busca los insectos de que se alimenta. Vive en los países mediterráneos.

salamanquino, na adj. y s. salmantino.

salami (Voz it.) m. Embutido hecho con carne y grasa de cerdo, picadas y mezcladas, que, curado y prensado dentro de una tripa o de un tubo de material sintético, se come crudo.

Salamina Isla y ciudad de Grecia, nomo de El Pireo, en el golfo de Salónica; 93,2 km² y 20.437 h. Victoria

salamanquesa

de los griegos mandados por Temístocles sobre los persas (480 a. C.).

SALAN, RAOUL General francés (Roquecourbe, 1899 - París, 1984). Comandante en jefe de las fuerzas armadas de Argelia (1956-58). En 1961 creó la Organización del Ejército Secreto (OAS). Encabezó el movimiento pro Argelia francesa e intervino en la preparación del alzamiento de 1961 contra De Gaulle.

SALANDRA, ANTONIO Político italiano (Troya, 1853 - Roma, 1931). Diputado por el Partido Liberal (1886), fue ministro de Agricultura (1899-1900), de Hacienda (1906 y 1908-10) y presidente del gobierno (1914-16).

SALAR tr. **1** Echar en sal, curar con sal carnes, pescados y otras sustancias para su conservación. **2** Sazonar con sal. **3** Echar más sal de la necesaria. **4** Lago o laguna efímera en la que precipitan sales debido a la evaporación del agua. **5** Cuba y Hond. Manchar, deshonrar. También prnl.

SALARIADO m. Organización del pago del trabajo del obrero por medio del salario exclusivamente.

SALARIO m. **1** Remuneración que percibe una persona por su trabajo. **2** En especial, cantidad de dinero que se paga a los trabajadores manuales. || **SALARIO MÍNIMO** Retribución mínima, generalmente estipulada por la ley, que debe pagarse a todo trabajador.

SALAS, JOSÉ MARIANO Militar y político mexicano (Ciudad de México, 1797 - Guadalupe-Hidalgo, 1867). Al comienzo de la guerra con EE UU, protagonizó el pronunciamiento a favor de Santa Anna. Depuso a Paredes, y ocupó provisionalmente la presidencia de la República (1846).

SALAVERRY, FELIPE SANTIAGO Militar y político peruano (Lima, 1806 - Arequipa, 1836). Luchó en la guerra de la Independencia y se declaró adversario de la confederación peruano-boliviana. Presidente de la República (1835-36).

SALAZ adj. Lujurioso.

SALAZAR, ANTÓNIO DE OLIVEIRA Político portugués (Vimieiro, 1889 - Lisboa, 1970). En 1928 fue nombrado ministro de Hacienda, y desde 1932 compatibilizó el puesto con la presidencia del Consejo de ministros. En 1933 dictó una nueva Constitución que instauró el *Estado Novo*, inspirado en el fascismo. Su política interior, de carácter dictatorial, tuvo que hacer frente a una creciente oposición desde 1960. En 1968 se retiró por enfermedad.

SALAZAR, VICENTE LUCIO Político ecuatoriano (s. XIX). Vicepresidente de la República (1892-95), asumió el poder tras la renuncia de Cordero (1895).

SALAZAR Y BAQUIJANO, MANUEL Militar y político peruano (Lima, 1777 - íd., 1850). Fue vicepresidente de la República y presidente del consejo de Estado. Asumió interinamente la presidencia de la República.

SALAZAR DE ESPINOSA, JUAN DE Conquistador español (Espinosa de los Monteros, 1508 - Asunción, 1560). Llegó al Río de la Plata en la expedición de Pedro de Mendoza y fundó el fuerte de la Asunción (1537), origen de la ciudad homónima.

SALAZÓN f. **1** Conjunto de carnes o pescados salados. **2** Industria o tráfico que se hace con estas conservas.

SALCANTAY Nevado de Perú, que forma parte de la cadena central de los Andes, en el departamento de Cuzco; 6.271 m.

SALCEDO o **SALCEDA** m. o f. *Bot.* Lugar poblado de sauces.

SALCEDO Provincia de la República Dominicana; 440 km² y 101.810 h, Su capital es la ciudad homónima.

SALCHICHA f. **1** Embutido, en tripa delgada, de carne de cerdo magra y gorda, bien picada, que se sazona con sal, pimienta y otras especias. **2** Por extensión, embutido semejante a éste, con otros ingredientes. **3** fig. *Fort.* Fajina muy larga. **4** fig. *Mil.* Cilindro de tela muy largo y delgado relleno de pólvora.

SALCHICHERÍA f. Tienda en la que se venden salchichas, embutidos y quesos.

SALCHICHÓN m. **1** Embutido de jamón, tocino y pimienta en grano, prensado y curado. **2** En ebanistería, prisma compuesto de otros muy menudos y en ordenación geométrica, hechos de maderas de colores, hueso y plata, encolados juntos. Serrando el salchichón transversalmente en chapas finísimas, adaptadas entre sí y luego incrustadas en un mueble, se hace la obra de taracea morisca. **3** Fajina grande.

SALCOCHAR tr. Cocer alimentos con agua y sal.

SALDANHA, JOÃO CARLOS OLIVEIRA DAUN, DUQUE DE Estadista y general portugués (Lisboa, 1791 - Londres, 1876). Partidario de un liberalismo moderado, fue jefe del Gobierno (1836, 1846-49 y 1851-56).

SALDAR tr. **1** Liquidar enteramente una cuenta. **2** Vender a bajo precio una mercancía para deshacerse pronto de ella. **3** fig. Acabar, terminar, liquidar un asunto, cuestión, deuda, etc.

SALDO m. **1** Pago o finiquito de deuda u obligación. **2** Cantidad que de una cuenta resulta a favor o en contra de uno. **3** Resto de mercancías que el fabricante o el comerciante venden a bajo precio para deshacerse pronto de ellas. || **SALDO MIGRATORIO** El que representa la diferencia entre el número de inmigrantes y el de emigrantes.

SÁLDUBA *Geog. hist.* Ciudad de la España prerromana, correspondiente a la actual Zaragoza.

SALÉ Ciudad de Marruecos, cerca de Rabat; 521.000 h. Fundada en el siglo X. Los moriscos españoles, expulsados por Felipe III (1610), la convirtieron en una República independiente.

SALEDIZO, ZA adj. **1** Saliente, que sobresale. || m. *Arquit.* **2** Parte que sobresale de la pared maestra.

SALEM Ciudad del S de la India, en el Estado de Tamil Nadu; 366.712 h.

SALERNO 1 Provincia de Italia, en la región de Campania; 4.922 km² y 1.083.702 h. **2** Ciudad capital de la misma; 144.492 h. Catedral del si glo XI. Célebre Escuela de Medicina (siglos X-XIII).

SALERO m. **1** Recipiente en que se sirve la sal en la mesa. **2** Sitio o almacén donde se guarda la sal. **3** Sitio en que se da sal a los ganados. **4** fig. y fam. Gracia, donaire.

SALEROSO, SA adj. fig. y fam. Que tiene mucho salero, gracia.

SALESA adj. **1** Se dice de la religiosa que pertenece a la orden de la Visitación de Nuestra Señora, fundada en el siglo XVII, en Francia, por san Francisco de Sales y santa Juana Francisca Fremiot de Chantal. Más com f. pl. **2** Relativo a esta orden.

SALESIANO, NA adj. **1** Se dice del religioso que pertenece a la Sociedad de San Francisco de Sales, congregación fundada por san Juan Bosco. Más como m. pl. **2** Relativo a esta Sociedad.

SALGADO, SEBASTIÃO Fotógrafo brasileño (Aimorés, 1944). Sus fotos, con un fuerte valor documental, han aparecido en la prensa más importante del mundo, además de en libros monográficos como *Otros continentes* (1983) o *Tierra* (1996). En 1998 recibió el premio Príncipe de Asturias de las Artes.

SALGAR, EUSTORGIO Militar y estadista colombiano (Bogotá, 1831 - íd., 1885). Fue presidente de la República (1870-72).

SALGARI, EMILIO Novelista italiano (Verona, 1862 - Turín, 1911). Escribió novelas de aventuras, entre las que destacan *Los piratas de la Malasia* (1896), *El corsario negro* (1899), *El rey del mar* (1906), *El desquite de Sandokán* (1907) y *En las fronteras del Far-West* (1908).

SALÍ DULCE, río de Argentina.

SALICÁCEO, A adj. y f. *Bot.* **1** Se dice de la planta leñosa angiosperma dicotiledónea, como el sauce, el álamo y el chopo. || f. pl. *Bot.* **2** Familia de estas plantas.

SALICARIA f. *Bot.* Planta herbácea anual de la familia litráceas, de nombre científico *Lythrum salicaria*, con hojas parecidas a las del sauce.

SALICILATO m. *Quím.* Sal del ácido salicílico formada por la sustitución del hidrógeno del ácido por un metal monovalente.

SALICÍLICO, CA adj. *Quím.* Se dice del ácido de fórmula $C_6H_4(OH)COOH$, insoluble en agua fría y soluble en la caliente.

SALICINA f. *Quím.* Glucósido cristalizable, de color blanco, que se extrae de la corteza del sauce.

SÁLICO, CA adj. **1** Relativo a los francos salios. **2** LEY SÁLICA.

SALIDA f. **1** Acción y efecto de salir o salirse. **2** Parte por donde se sale. **3** Parte que sobresale en alguna cosa. **4** Despacho o venta de los géneros. **5** Partida de dato o descargo en una cuenta. **6** Acto de iniciar una carrera, competición, etc. **7** Punto o lugar desde el que se inicia una carrera, competición, etc. **8** *Astron.* Aparición de un astro sobre el horizonte e instante en que se produce. **9** fig. Pretexto, recurso. **10** fig. Medio con que se vence una dificultad o peligro. **11** fig. Fin de un negocio. **12** fig. y fam. Dicho agudo, ocurrencia. **13** Partida de un buque. **14** Velocidad con que navega un buque, en especial la remanente que le queda al parar la máquina. || **SALIDA DE TONO** fig. y fam. Dicho destemplado o inconveniente.

SALIDIZO m. *Arquit.* Parte del edificio que sobresale fuera de la pared maestra en la fábrica.

SALIDO, DA adj. **1** Se dice de lo que sobresale en un cuerpo más de lo regular. **2** fig. Que siente un gran deseo sexual.

SALIENTE m. **1** Que sale. **2** *Geog.* Oriente, levante. **3** Parte que sobresale en una cosa.

SALIERI, ANTONIO Compositor italiano (Legnano Veneto, 1750 - Viena, 1825). Cultivó la música vocal y la ópera bufa. Óperas: *Armida*, *La fiera de Venecia* y *Pastor fido*. También compuso sinfonías, conciertos, misas y oratorios.

SALÍFERO, RA adj. *Quím.* SALINO.

SALIFICAR tr. *Quím.* Convertir en sal una sustancia.

SALINA f. **1** *Geol.* Balsa costera o continental, natural o artificial, donde el agua se evapora y precipita químicamente las sales que contiene. **2** Establecimiento donde se beneficia la sal de las aguas del mar o de ciertos manantiales.

SALINAS, BATALLA DE LAS *Hist.* Victoria de Hernando y Gonzalo Pizarro, durante las guerras de Perú, sobre las tropas de Diego de Almagro (26 de abril de 1538), cerca de Cuzco.

Salerno (Italia). Vista de Positano.

Salinas, Pedro Escritor español (Madrid, 1891 - Boston, 1951). Miembro de la generación del 27, su obra poética es representativa de la llamada poesía pura. Su primera etapa comprende los libros *Presagios* (1924), *Seguro azar* (1929), *Fábula y signo* (1931), *La voz a ti debida* (1933), *Razón de amor* (1936) y *Largo lamento* (1939). A la época del destierro corresponden *El contemplado* (1946), *Todo más claro y otros poemas* (1949) y *Confianza* (1954). Ensayos: *El defensor* (1948), *Literatura española en el siglo xx* (1941), etc.

Salinas de Gortari, Carlos Político mexicano (Ciudad de México, 1948). Miembro del Partido Revolucionario Institucional (PRI), ocupó la presidencia de la República entre 1988 y 1994.

Salinas Grandes Desierto salado de Argentina, que abarca una extensa depresión entre las provincias de Córdoba, Catamarca, La Rioja y Santiago del Estero; 20.000 km².

salinero, ra adj. **1** Relativo a la salina. **2** Se dice del toro que tiene el pelo jaspeado de colorado y blanco. || m. y f. **3** Persona que trabaja en una salina.

Salinger, Jerome David Novelista estadounidense (Nueva York, 1919). En su obra destacan *El guardián entre el centeno* (1951), *Franny y Zooey* (1961), *Seymour: una introducción* (1963) y *Hapsworth 16 (1924)* (1997).

salinidad f. *Quím.* **1** Calidad de salino. **2** Cantidad porcentual en peso de sales que contiene el agua del mar por unidad de volumen.

salinización f. *Quím.* Incremento del contenido en sales del agua, suelo u otro medio.

salino, na adj. **1** *Quím.* Que naturalmente contiene sal. **2** Que participa de los caracteres de la sal.

salio¹, lia adj. *Hist.* **1** Relativo a los sacerdotes del dios Marte. || m. **2** Sacerdote de Marte de la antigua Roma.

salio², lia adj. y s. *Hist.* **1** Se dice de una de las ramas del antiguo pueblo franco. **2** Se dice también de sus individuos.

salir intr. **1** Pasar de dentro a fuera. También prnl. **2** Partir de un lugar a otro. **3** Desembarazarse o librarse de un lugar peligroso. **4** Libertarse, desembarazarse. **5** Aparecer. **6** Brotar. **7** Quitarse una mancha. **8** Sobresalir. **9** Descubrir uno su carácter. **10** Nacer. **11** Ser uno en ciertos juegos el primero que juega. **12** Deshacerse de una cosa venciéndola o despachándola. **13** Darse al público. **14** Decir o hacer algo inesperado. **15** Ocurrir, sobrevenir. **16** Costar una cosa. **17** Resultar una cuenta. **18** Corresponder a cada uno una cantidad. **19** Mostrar o iniciar inesperadamente algo. También prnl. **20** Perder. **21** Quedar, venir a ser. **22** Tener buen o mal éxito. **23** Fenecer. **24** Parecerse, asemejarse. **25** Apartarse, separarse. También prnl. **26** Cesar. **27** Ser elegido por suerte o votación. **28** Ir a parar. **29** *Mar.* Adelantarse una embarcación a otra. || prnl. **30** Derramarse por una rendija un líquido. **31** Rebosar un líquido al hervir. **32** Tener un depósito alguna rendija por la cual se vierte el contenido. || **salir** uno **adelante** fr. fig. Llegar a feliz término en algo. || **salir** uno **pitando** fr. fig. y fam. Echar a correr. || **salirle cara una cosa** a uno fr. fig. Resultarle daño de su ejecución. || **salirse con la suya** fr. fig. Hacer su voluntad. ♦ IRREG. Véase cuadro.

SALIR

INDICATIVO
Pres.: salgo, sales, sale, salimos, salís, salen.
Pret. imperf.: salía, salías, etc.
Pret. indef.: salí, saliste, etc.
Fut. imperf.: saldré, saldrás, etc.
Condic.: saldría, saldrías, etc.
SUBJUNTIVO
Pres.: salga, salgas, salga, salgamos, salgáis, salgan.
Pret. imperf.: saliera, salieras, etc., o saliese, salieses, etc.
Fut. imperf.: saliere, salieres, etc.
IMPERATIVO: sal, salid.
PARTICIPIO: salido.
GERUNDIO: saliendo.

Salisbury Harare.

Salisbury o **New Sarum** Ciudad del Reino Unido, en Inglaterra; 35.271 h.

Salisbury, Robert Gascoyne Cecil, marqués de Político inglés (Hatfiel, 1830 - íd., 1903). Miembro del Partido Conservador, fue ministro de Asuntos Exteriores (1878). Sucedió a Disraeli en la jefatura del Partido Conservador (1881) y fue primer ministro (1885, 1886-92, 1895-1900 y 1900-02).

salitral adj. **1** Salitroso. || m. **2** Criadero de salitre.

salitre m. **1** *Geol.* Afloramiento salino en zonas áridas, que se presenta como un recubrimiento o corteza de la superficie del suelo. **2** *Geol.* CALICHE. **3** *Quím.* Cualquier sustancia salina.

Pedro **Salinas**

saliva f. *Fisiol.* Líquido incoloro compuesto de agua y materias orgánicas e inorgánicas, con fermentos (mucina, ptialina y maltasa) que actúan en la degradación de los hidratos de carbono. La saliva es algo viscosa y la segregan las glándulas salivales; humedece los alimentos para facilitar su deglución, lubrica la mucosa bucal para evitar que se reseque, «limpia» los dientes al ejercer una acción bactericida, y amortigua la acción de los ácidos y las bases impidiendo que dañen los tejidos. || **tragar saliva** fr. fig. y fam. Soportar en silencio algo que disgusta.

salival adj. *Fisiol.* Relativo a la saliva.

salivar intr. *Fisiol.* Secretar saliva.

salivazo m. Escupitajo.

Salk, Jonas Edward Médico y biólogo estadounidense (Nueva York, 1914 - La Jolla, 1995). Ha estudiado los procesos de los virus gripales. También se le debe el descubrimiento de la vacuna antipoliomielítica.

Salle, Juan Bautista de la Juan Bautista de la Salle, san.

Salle, Robert Cavelier, señor de la La Salle, Robert Cavelier, señor de.

Salmanasar Nombre de varios reyes de Asiria.

Salmanasar I (s. XIII a. C.). Reinó de 1276 a 1257 a. C. Construyó el templo de Istar en Nínive y fundó la ciudad de Nimrud.

Salmanasar III (s. IX a. C.). Hijo de Asurnasirpal II. Reinó del 859 al 825 a. C. Sometió al rey de Judá.

Salmanasar V (s. VIII a. C.). Hijo de Tiglat-Pileser III. Reinó del 727 al 722. Subyugó Samaria y destruyó el reino de Israel. Le sucedió Sargón II.

salmantino, na adj. y s. De Salamanca.

salmer m. *Arquit.* Piedra que inicia el arranque de un arco.

salmo m. *Rel.* **1** Canto sagrado de los hebreos y cristianos. (Véase Salmos, Libro de los.) **2** Cántico en alabanza a Dios con acompañamiento musical.

salmodia f. **1** Manera de cantar los salmos. **2** fig. y fam. Canto monótono.

salmodiar intr. **1** Cantar salmodias. || tr. **2** Cantar algo con cadencia monótona.

salmón m. *Zool.* Pez clupeiforme perteneciente a la familia salmónidos, de nombre científico *Salmo salar*. Vive en el mar y, en la época de desove, remonta los ríos para depositar los huevos. Su carne es de color rojizo.

salmonella f. *Biol.* Género de bacterias aerobias (*Salmonella*), que comprende varias especies de la familia enterobacteriáceas. Dan lugar a infecciones intestinales conocidas como *salmonelosis*.

salmonelosis f. *Pat.* Nombre de las intoxicaciones e infecciones provocadas por las bacterias del género *Salmonella*. ♦ Su pl. es *salmonelosis*.

salmonete m. *Zool.* Nombre de diversas especies de peces teleósteos marinos acantopterigios, de la familia múllidos, género *Mullus*. Son de color rojizo y el mentón parten dos barbas prominentes.

salmónido, da adj. y m. *Zool.* **1** Se dice del pez teleósteo fisóstomo salmoniforme, que vive en el mar pero remonta los ríos para el desove, como el salmón. || m. pl. *Zool.* **2** Familia de estos peces.

salmoniformes adj. *Zool.* **1** Se aplica al pez teleósteo con radios blandos en las aletas y órganos luminosos en las especies abisales como el salmón y la trucha de mar. || m. pl. *Zool.* **2** Orden de estos peces.

salmorejo m. *Gastron.* Salsa compuesta de agua, vinagre, aceite, sal y pimienta.

Salmos, Libro de los (*Séfer tehillim*) Libro canónico del Antiguo Testamento que contiene 150 himnos, atribuidos en su mayor parte al profeta David. Los Salmos pertenecieron siempre al canon hebreo.

salmuera f. Agua muy salada.

Salnave, Silvayn Militar y político haitiano (Cap-Haitien, 1827 - Puerto Príncipe, 1870). Jefe de la guardia presidencial, promovió una insurrección y se proclamó presidente de la República (1867-70).

Salò Ciudad de Italia, provincia de Brescia; 5.500 h. En ella se estableció, de 1943 a 1945, el gobierno fascista de Mussolini.

salobre adj. Que contiene sal o tiene su sabor.

saloma f. Canto rítmico con que acompañan los marineros y otros operarios su faena.

Salomé Princesa judía (?, h. 60 a. C. - ?, 10). Hermana de Herodes el Grande, ejerció gran influencia sobre su hermano y participó en un complot para dar muerte a sus hijos. Su figura ha inspirado un drama de O. Wilde y una ópera de Strauss.

Salomé Princesa judía (? - ?, h. 72). Hija de Herodías y Herodes Filipo, pidió a Herodes Antipas la cabeza de san Juan Bautista.

Salomón (Por alusión al rey de Israel y de Judá, hijo de David.) m. fig. Hombre de gran sabiduría.

Salomón o **Solomon** (*Solomon Island*) Estado de Oceanía, situado en el océano Pacífico, el E de Nueva Guinea y constituido por el archipiélago de su nombre excepto las islas de Bougainville, Buka y algunos atolones pertenecientes a Papua-Nueva Guinea.

Geog. Compuesto por las islas Guadalcanal, Choiseul, Nueva Georgia, Santa Isabel, Malaita, San Cristóbal y Rennel, grupos de Nueva Georgia, Florida, Shortland, Treasury, Ontong, Java, Russell, Santa Cruz, Duff y Reef, y numerosos islotes y atolones, que son de formación en parte volcánica y en parte coralina. Bosques. El clima es tropical, cálido y muy húmedo. La población es mayoritariamente melanesia. Su economía, de base agrícola, está basada en la explotación forestal, la copra, el aceite de palma y la pesca. Bauxita, oro, plata, cobre, níquel y fosfatos. Aserraderos, productos derivados de la copra y de la pesca.

Hist. Protectorado británico desde 1893, fue invadido por Japón durante la Segunda Guerra Mundial. Gozó de autonomía interna desde 1976, y en 1978 obtuvo la independencia en el ámbito de la Commonwealth, con Peter Kenilorea, líder del Partido Único de las islas Salomon, como primer ministro. Ese mismo año, el nuevo Estado ingresó en la ONU. Las elecciones de 1980 ratificaron a Kenilorea, pero tras una moción de censura en 1981 fue sustituido por Solomon Mamaloni. En 1984 tuvieron lugar nuevos comicios legislativos que supusieron la derrota de la coalición gubernamental del Partido de Alianza Popular (PAP) presidida por el primer ministro Mamaloni. En 1984 consiguió de nuevo la victoria Kenilorea con el apoyo del nuevo partido Sa-

---

Superficie: 28.370 km².
Población: 466.000 h.
Densidad: 16,4 h./km².
Tasa de natalidad: 34,6‰.
Tasa de mortalidad: 3,9‰.
Capital: Honiara.
Ciudades principales: Gizo, Auki, Kira Kira, Buala.
Grupos étnicos: melanesios (94,2%), polinesios (3,7%).
Religión: protestantismo (77,5%), catolicismo (19,2%).
Idioma: inglés (oficial), pidgin y dialectos melanesios y polinesios.
Moneda: dólar de Salomon.
Forma de Estado: monarquía constitucional.
Producto Nacional Bruto: 315 millones de dólares.
Renta per cápita: 760 dólares.
División administrativa: nueve provincias y un territorio de la capital, según cuadro.

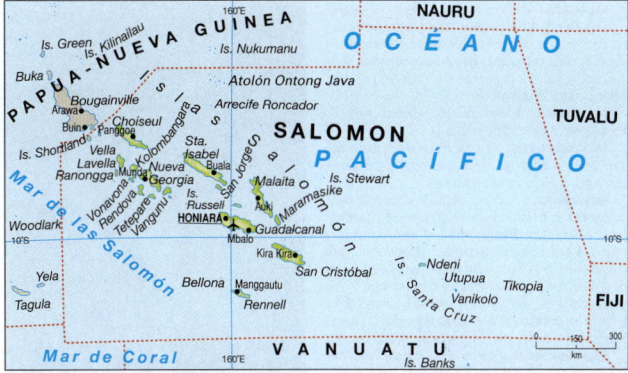

SALOMON

Provincias Territorio de la capital	Superficie (km²)	Población (h.)	Capitales
Central Islands	615	30.071[1]	Tulagi
Choiseul	3.837	[2]	Taro
Guadalcanal	5.336	61.243	Honiara
Isabel	4.136	22.653	Buala
Makira	3.188	29.110	Kira Kira
Malaita	4.225	105.882	Auki
Occidental	5.475	95.193[2]	Gizo
Rennell y Bellona	671	[1]	Tigoa
Temotu	865	21.159	Santa Cruz
Honiara	22	45.610	

[1] La población de Central Islands incluye la de Rennell y Bellona.
[2] La población de Occidental incluye la de Choiseul.

lomons ano Sagufema (SAS). El descontento popular, provocado por la precaria situación económica y la acusación hecha a Kenilorea de malversación de fondos y corrupción, provocaron su dimisión (1986). Fue sustituido por el hasta entonces vicepriner ministro Ezekiel Alibua. El PAP triunfó en las elecciones de 1989 y Mamaloni ocupó de nuevo el cargo de primer ministro. Tras las elecciones de 1993, en las que de nuevo ganó el PAP, el gobernador encargó la dirección del ejecutivo a Francis Billy Hilly. Un año después presentó su dimisión y Mamaloni fue de nuevo encargado de formar gobierno. Tras las elecciones de 1997, pasó a encabezar el gobierno Ulufa Alu. En 1999 cesaron los intentos secesionistas de Bougainville. En junio de 2000, un golpe militar obligó a dimitir a Ulufa Alu, que fue sustituido por Manasseh Sogavare. Tras las legislativas de 2001 Allan Kemakesa fue nombrado primer ministro.

Salomon Archipiélago de Oceanía en el Pacífico, al E de Nueva Guinea y al NNE de Australia. Formado por las islas de Bougainville, Buka, Choiseul, Santa Isabel, Guadalcanal, Malaita, San Cristóbal y otras menores. Fue descubierto en 1568 por Álvaro Mendaña de Neira. A excepción de las dos islas más occidentales, constituye el Estado independiente de Salomon.

Salomón Rey de Israel (? - ?, 932 a. C.). Hijo de David, le sucedió el 972 a. C. Hizo levantar el famoso templo de Jerusalén, y alcanzó fama de sabio. La tradición le atribuye Los Proverbios, El Eclesiastés, El Cantar de los Cantares y El libro de la Sabiduría.

Salomon, Lysius Militar y político haitiano (Puerto Príncipe, 1815 - París, 1888). Ministro de Hacienda (1847-58), resultó elegido presidente de la República en 1879. Fue derrocado en 1888.

Salomónico, ca adj. 1 Relativo a Salomón. 2 Arquit. columna salomónica.

Salón m. 1 Habitación principal de una casa, donde se reciben visitas. 2 Mobiliario de esta habitación. 3 Habitación grande donde celebra sus juntas una corporación.

Salónica 1 Nomo de Grecia, región de Macedonia Central; 3.683 km² y 977.528 h. 2 Ciudad de Grecia, capital de Macedonia Central y del nomo de su nombre; 377.951 h. Puerto. Es la antigua Tesalónica.

Salpicadero m. 1 Tablero colocado en la parte delantera de algunos vehículos para preservar al conductor de las salpicaduras. 2 Tablero situado delante del asiento del conductor de automóviles, en el que se hallan algunos mandos e indicadores.

Salpicar tr. 1 Hacer que salte un líquido esparcido en gotas menudas. También intr. 2 Mojar o manchar con un líquido que salpica. También prnl. 3 fig. Esparcir, diseminar varias cosas, como rociando con ellas una superficie u otra cosa.

Salpicón m. 1 Gastron. Guiso de carne, pescado o marisco desmenuzado, con pimienta, sal, aceite, vinagre y cebolla. 2 Acción y efecto de salpicar.

Salpimentar tr. 1 Adobar una cosa con sal y pimienta. 2 fig. Amenizar. ♦ irreg. Se conjuga como acertar.

Salpingitis f. Pat. Inflamación de las trompas de Falopio en el útero ♦ Su pl. es salpingitis.

Salpingo-ovaritis f. Pat. Inflamación de las trompas de Falopio y de los ovarios.

Salpullido m. Med. sarpullido.

Salsa f. 1 Mezcla de varias sustancias comestibles desleídas, que se hace para aderezar la comida. 2 Jugo que suelta un alimento al cocinarlo. 3 Cualquier cosa que anima, da gracia o interés a algo. 4 Cierta música caribeña con mucho ritmo. || **salsa mahonesa** o **mayonesa** Gastron. La que se hace batiendo yema de huevo con aceite crudo. || **salsa rosa** Gastron. La que se hace con mayonesa y tomate frito. || **salsa tártara** Gastron. La que se hace con yemas de huevo, aceite, vinagre o limón y diversos condimentos. || **en su salsa** fr. fig. y fam. Rodeado de lo que más realza lo típico o característico de alguien.

Salsera f. Vasija en que se sirve salsa.

Salt (Siglas de Strategic Arms Limitation Talks; Conversaciones para la limitación de armas estratégicas.) Hist. Conversaciones entre EE UU y la URSS para frenar la carrera de armamento nuclear. Iniciadas en Helsinki en 1969, se llegó a la firma de un primer acuerdo en Moscú en 1972. La segunda ronda de negociaciones concluyó en Viena en 1979; sin embargo, la invasión de Afganistán por la URSS (1980) detuvo su ratificación por el Senado estadounidense. Fueron continuadas por los tratados START.

Salta 1 Provincia de Argentina, región Norte; 155.488 km² y 952.174 h. 2 Ciudad capital de la misma; 370.904 h. Fundada en 1582.

Saltador, ra adj. 1 Que salta. || m. y f. 2 Persona que salta en un espectáculo para divertir al público. 3 Deportista especializado en alguna de las modalidades atléticas de saltos. || m. 4 Cuerda para saltar.

Saltamontes m. Zool. Nombre de un grupo de insectos ortópteros de las familias acrídidos y tetigónidos, con diversos géneros, caracterizados por su color, generalmente verde, las patas anteriores cortas y las posteriores robustas y largas, que le permiten dar grandes saltos. Habitan en praderas y pastos y pueden constituir plagas agrarias. ♦ Su pl. es saltamontes.

Saltar intr. 1 Levantarse del suelo con impulso y agilidad. 2 Arrojarse desde una altura. 3 Salir un líquido hacia arriba con ímpetu, como el agua en el surtidor. 4 Romperse o abrirse violentamente una cosa. 5 Desprenderse una cosa de donde estaba unida o fija. 6 Lanzarse en ataque sobre algo. 7 Manifestar algo bruscamente, por lo general como reacción a alguna cosa. 8 Ascender a un puesto más alto que el inmediatamente superior sin haber ocupado éste. || tr. 9 Salvar de un salto un espacio o distancia. 10 Pasar de una cosa a otra, dejándose las intermedias. 11 No cumplir una ley, reglamento, etc. También prnl.

Saltarín, na adj. y s. 1 Que salta y se mueve mucho. 2 Inquieto, bullicioso.

Salteador, ra m. y f. Persona que saltea y roba en los despoblados o caminos.

Saltear tr. 1 Salir a los caminos para robar a la gente. 2 Acometer. 3 Hacer una cosa discontinuamente sin seguir el orden natural. 4 Sofreír un alimento.

Salterio m. 1 Libro de coro que contiene sólo los salmos. 2 Parte del breviario que contiene las horas canónicas de toda la semana. 3 Mús. Instrumento musical de cuerda usado en la Antigüedad.

Saltério m. Nombre que también se da al libro de los salmos.

Saltikov, Mijail Evgrafovich Novelista ruso (Spas Ougol, 1826 - San Petersburgo, 1889). Autor de las novelas Bosquejos provincianos (1856-57), Historia de una ciudad (1869-70), Los señores Tashkent (1869-77) y Los señores Golovlev (1888).

Saltillo Ciudad de México, capital del Estado de Coahuila; 420.947 h. Fundada en 1585.

Saltimbanqui (Voz it.) com. fam. Equilibrista, titiritero.

Salto m. 1 Acción y efecto de saltar. 2 Despeñadero muy profundo. 3 Caída de un caudal importante de agua. 4 Distancia que se ha saltado. 5 Interrupción, discontinuidad. 6 Progreso importante. 7 Palpitación violenta del corazón. || **salto de altura** Dep. Modalidad atlética, consistente en saltar sobre un listón dispuesto entre dos soportes, que se eleva cada vez que se supera la altura anterior, disponiendo para ello de tres intentos. || **salto de caballo** Pasatiempo que consiste en distribuir las sílabas de una frase en un cuadro de escaques, de manera que para construir el conjunto se haya de saltar de unos a otros con los movimientos del caballo de ajedrez. || **salto de falla** Geol. falla[1]. || **salto de longitud** Dep. Modalidad atlética de salto, que se practica sobre un foso situado al final de un pasillo de aceleración de unos cuarenta metros. || **salto mortal** fig. Salto que dan los volatineros lanzándose de cabeza y tomando vuelta en el aire para caer de pie. || **salto con pértiga** Dep. Modalidad atlética de salto de altura, en la que el deportista, tras la carrera, se vale de una pértiga para impulsarse, lo que le permite alcanzar grandes alturas. || **triple salto** Dep. Modalidad atlética de salto, en la que el atleta enlaza un primer salto con una sola pierna, una gran zancada y un salto final realizado con la técnica del salto de longitud. || **a salto de mata** loc. adv. fig. Aprovechando las ocasiones que depara la casualidad.

Salto 1 Departamento de Uruguay; 14.163 km² y 115.244 h. 2 Ciudad capital del mismo; 80.823 h. Es la segunda ciudad del país. Agricultura (hortalizas, naranjas y cereales). Puerto en el río Uruguay. Sostiene un comercio muy activo con Brasil, Europa, Argentina y Montevideo. Astillería.

saltamontes

salto. 1. De altura. 2. Con pértiga.

SALTÓN, NA adj. **1** Se dice de algunas cosas, como los ojos, los dientes, etc., que sobresalen más de lo regular. **2** *Col.* y *Chile* Medio crudo.
SALUBRE adj. Bueno para la salud, saludable.
SALUD f. **1** Estado en que el organismo ejerce normalmente todas sus funciones. **2** Particularmente, buen estado del organismo. **3** Por extensión, buen estado y funcionamiento de una nación, entidad, etc. || *curarse uno en salud* fr. fig. Precaverse de un daño ante la más leve amenaza. || **¡salud!** interj. fam. con que se saluda a uno o se le desea un bien.
SALUDABLE adj. **1** Que sirve para conservar o restablecer la salud. **2** De buena salud. **3** fig. Provechoso para un fin.
SALUDAR tr. **1** Dirigir a otro, al encontrarlo o despedirse de él, palabras corteses. **2** Mostrar a alguien benevolencia o respeto mediante señales formularias. **3** Enviar saludos.
SALUDO m. **1** Acción y efecto de saludar. **2** Palabra, gesto o fórmula para saludar. || m. pl. **3** Expresiones corteses.
SALUEN Río de Asia, que nace en el Tíbet (China), entra en Myanmar y desemboca en el golfo de Martabán (océano Índico); 2.500 km de curso.
SALUSTIO, CAYO CRISPO Político e historiador romano (Amiternum, Sabina, 86 - Roma, 35 a. C.). Autor de estudios en los que expresó una concepción pesimista de la historia y ofreció como modelo las virtudes de los antiguos. Influyó en Tácito. De sus obras se conservan *La conjuración de Catilina* (h. 42 a. C.) y *La guerra de Yugurta* (h. 40 a. C.), y fragmentos de *Historias* (40-35 a. C.).
SALUTACIÓN f. SALUDO.
SALUTATI, COLUCCIO Humanista y diplomático italiano (Stignano, 1331 - Florencia, 1406). Es considerado uno de los precursores del Renacimiento. Autor de *Epistolario* (1393).
SALUTÍFERO, RA adj. Saludable.
SALVA f. *Mil.* Saludo o demostración de respeto que se hace en el ejército disparando armas de fuego. || **SALVA DE APLAUSOS** Aplausos nutridos en que prorrumpe una concurrencia.
SALVACIÓN f. **1** Acción y efecto de salvar. **2** *Teol.* Consecución de la gloria y bienaventuranza eternas.
SALVADO m. *Agr.* Cáscara del grano que se separa de éste al desmenuzarlo y cribarlo.
SALVADOR, RA adj. y s. Que salva.
SALVADOR JESÚS DE NAZARET, según la religión cristiana el salvador por antonomasia.
SALVADOR Ciudad de Brasil, capital del Estado de Bahia; 2.070.296 h. Puerto marítimo. Fundada en 1549, fue capital de Brasil hasta 1763.
SALVADOR, EL EL SALVADOR.
SALVADOREÑO, ÑA adj. y s. De El Salvador.
SALVAGUARDAR tr. Defender, proteger.
SALVAGUARDIA m. **1** Custodia, protección. **2** Salvoconducto.

SALVAJADA f. Dicho o hecho propio de un salvaje.
SALVAJE adj. **1** *Bot.* Se dice de las plantas silvestres y sin cultivo. **2** Se dice del terreno montuoso, inculto. **3** *Zool.* Se dice del animal que no es doméstico. **4** Se aplica a los pueblos primitivos o sin civilizar. **5** fig. Muy necio o rudo. También s.
SALVAJISMO m. **1** Modo de ser o de obrar propio de los salvajes. **2** Calidad de salvaje.
SALVAMANTELES m. Pieza de diversos materiales que se pone en la mesa para evitar que se manche o queme el mantel. ♦ Su pl. es *salvamanteles*.
SALVAMENTO m. Acción y efecto de salvar o salvarse.
SALVAR tr. **1** Librar de un riesgo o peligro. También prnl. **2** *Teol.* Dar Dios la gloria y bienaventuranza eterna. **3** Evitar un inconveniente, impedimento, dificultad o riesgo. **4** Exceptuar, dejar aparte, excluir una cosa de lo que se dice o se hace de otra u otras. **5** Vencer un obstáculo, pasando por encima o a través de él. **6** Recorrer la distancia que media entre dos lugares. **7** Rebasar una altura elevándose por encima de ella.
SALVATION ARMY *(Ejército de Salvación) Rel.* Movimiento religioso internacional fundado en Inglaterra por William Booth en 1878. Constituye una rama del metodismo que considera que todo cristiano debe dedicarse a la conversión de nuevos fieles.
SALVAVIDAS m. Flotador de forma anular que permite sostenerse en la superficie del agua. ♦ Su pl. es *salvavidas*.
SALVE f. **1** Una de las oraciones dirigidas a la Virgen. || interj. **2** Fórmula latina de saludo.
SALVEDAD f. Razonamiento o advertencia que se emplea como excusa, descargo o limitación de lo que se va a decir o hacer.
SALVI, NICOLA Arquitecto y escultor italiano (Roma, 1697 - íd., 1751). Discípulo de A. Canevari, con quien colaboró en la decoración de la capilla de San Juan de la catedral de Lisboa. Realizó la Fontana di Trevi, en Roma (1732).
SALVIA f. *Bot.* **1** Nombre de varias especies de plantas aromáticas, herbáceas o arbustivas de la familia labiadas, género *Salvia*. Crecen en el S de Europa y sus hojas se utilizan como condimento de cocina y para la obtención de aceites esenciales aromáticos. **2** *Arg.* Planta de la familia verbenáceas; es olorosa y sus hojas se usan para elaborar una infusión estomacal.
SALVIATI, IL (GIUSEPPE PORTA, llamado) Pintor italiano (Castelnuovo di Garfagnana, h. 1520 - Venecia, 1575). Hijo adoptivo y discípulo de C. Salviati, trabajó en Venecia. Fue elegido por Tiziano para la realización de los mosaicos de San Marcos (*Árbol genealógico de la Virgen*, 1542).
SALVILLA f. Bandeja con encajaduras en las que se aseguran las copas o tazas que se sirven en ella. **2** *Chile* Vinagreras.
SALVO, VA adj. **1** Ileso, librado de un peligro. || adv. m. **2** Fuera de, excepto. || *dejar a salvo* fr. Exceptuar, sacar aparte.
SALVOCONDUCTO m. **1** Documento expedido por una autoridad para que el que lo lleva pueda transitar sin riesgo. **2** fig. Libertad para hacer algo sin temor de castigo.
SALZACH Río de Austria y Alemania, que nace en los Bajos Tauern, pasa por Salzburgo y desemboca en el Inn; 220 km.
SALZBURGO 1 Estado de Austria; 7.154 km² y 513.853 h. **2** Capital del estado del mismo; 143.978 h. Centro cultural. Turismo.

salvia

Francisco **Salzillo.** *La oración en el huerto.* Museo Salzillo (Murcia).

SALZILLO Y ALCARAZ, FRANCISCO Escultor español (Murcia, 1707 - íd., 1783). Esculpió imágenes para vestir pasos procesionales y figuras de nacimiento, en barro policromado, que expresan una religiosidad ingenua y sentimental y continúan la tradición popular napolitana del siglo XVII. Entre sus pasos merecen citarse *La caída* (1752), *La oración en el huerto* (1754), *La Dolorosa* (1756), *La Cena* (1763) y *El Prendimiento* (1763).
SAMAIPATA Municipio de Bolivia, en el departamento de Santa Cruz. En sus cercanías se encuentra el Fuerte, el centro de arquitectura rupestre más importante de América del Sur, con numerosas y gigantescas tallas. Fue declarado por la UNESCO patrimonio de la humanidad (1998).
SAMANÁ Provincia de la República Dominicana; 854 km² y 75.253 h. Su capital es la ciudad del mismo nombre.
SAMANIEGO, FÉLIX MARÍA DE Escritor español (La Guardia, 1745 - íd., 1801). Compuso las *Fábulas en verso castellano* o *Fábulas morales* (1781-84), composiciones neoclásicas en las que imita a los fabulistas clásicos. Fue autor también del poemario erótico *El jardín de Venus*.
SAMAR Isla de Filipinas, en las Bisayas; 13.429 km². Está dividida en las provincias de Samar, Samar del Norte y Samar Oriental.
SÁMARA f. *Bot.* Fruto seco, indehiscente, con pericarpio extendido a manera de ala para facilitar la dispersión, como el del olmo y el fresno.
SAMARA 1 Región de la Federación de Rusia, República federada de Rusia; 53.600 km² y 3.305.000 h. **2** Ciudad capital de la misma; 1.184.000 h. Es la *Kuibischev* soviética.
SAMARCANDA SAMARKANDA.
SAMARÍA o **SAMARIA** *Geog. hist.* Ciudad y región de la antigua Palestina, que ocupaba la parte central, entre Galilea, al N, y Judea, al S. La ciudad ocupaba un lugar estratégico. Herodes el Grande le puso el nombre de *Sebastiyah*.
SAMARINDA Ciudad de Indonesia, en la isla de Borneo, capital de Borneo Oriental; 335.016 h.
SAMARIO m. *Quím.* Elemento químico del grupo de los lantánidos o tierras raras del sistema periódico; masa atómica, 150,35; número atómico, 62; punto de fusión, 1.350° C; símbolo, *Sm*.
SAMARITANO, NA adj. y s. **1** Natural o perteneciente a Samaría. **2** *Etnol.* y *Rel.* Grupo constituido por el mestizaje de los judíos que quedaron en el antiguo reino de Israel después de la conquista de Sargón I (721 a. C.).
SAMARKANDA o **SAMARCANDA** Ciudad de Uzbekistán, capital de la provincia de su nombre; 372.000 h. Centro industrial. Es la antigua Maracanda. En el siglo XIV fue la metrópoli del imperio de Timur y centro cultural del Asia musulmana.
SAMBA f. *Danza.* y *Mús.* Ritmo y composición popular brasileña, de influencia africana, cantada, de compás binario.
SAMBENITO m. **1** Mala fama o calificativo desfavorable que pesa sobre uno como consecuencia de cierta acción. **2** Esclavina o escapulario que se ponía a los penitentes reconciliados por el tribunal de la Inquisición.
SAMBO m. *Dep.* Deporte similar al yudo. Es de origen ruso.
SAMBOROMBÓN Río de Argentina, que nace en la provincia de Buenos Aires, y desemboca en el Atlántico, en la bahía de su nombre; 150 km.

SAMÉTICO o **PSAMÉTICO** Nombre de tres reyes saítas de la XXVI dinastía del antiguo Egipto.

SAMÉTICO I (s. VII a. C.). Fundador de la dinastía. Hijo de Neco I y padre de Neco II, reinó de 663 a 609 a. C. Unificó Egipto.

SAMÉTICO II (s. VI a. C.). Hijo de Neco II y padre de Apries, reinó de 593 a 588 a. C.

SAMÉTICO III (s. VI a. C.). Hijo de Ahmés II, reinó el 525 a. C., año en que fue derrotado y ejecutado por Cambises II, con lo que Egipto pasó a ser una satrapía persa.

SAMITA f. *Geol.* Roca detrítica compuesta por granos finos, de 2 a 1/6 mm.

SAMNIO *Geog. hist.* Comarca de la antigua Italia, al E del Lacio y de la Campania, y al O del Adriático. Sus habitantes eran los samnitas.

SAMNITA adj. *Etnol.* e *Hist.* **1** Relativo a un antiguo pueblo establecido en la comarca italiana de Samnio en el siglo V a. C. Desde mediados del siglo IV, mantuvieron con Roma tres guerras sucesivas (343-41, 326-04 y 298-91), hasta que ésta logró su dominación total a mediados del siglo III. **2** De este pueblo.

SAMOA Archipiélago volcánico de Oceanía, en Polinesia, compuesto por 11 islas y varios islotes coralinos. La parte occidental forma el Estado de SAMOA y la oriental pertenece a EE UU (SAMOA ESTADOUNIDENSE). Fue descubierto por los holandeses en 1772. Su riqueza en copra y su posición estratégica en la ruta comercial con China interesaron a EE UU, que comenzó a instalarse en la zona en el siglo XIX. Poco después hicieron lo mismo Alemania y el Reino Unido, lo que originó tensión entre las flotas de las tres potencias. El litigio se resolvió mediante un acuerdo de condominio (1889), al que renunció más tarde el Reino Unido (1899), a cambio de contraprestaciones territoriales en el Pacífico y África. Tras la Primera Guerra Mundial, Samoa Occidental quedó administrada por Nueva Zelanda a título de mandato.

SAMOA *(Samoa / Samoa i Sisifo)* Estado de Oceanía, en el océano Pacífico, al E de Nueva Guinea, llamado hasta 1998 Samoa Occidental.

Superficie: 2.831 km².
Población: 179.000 h. *(samoanos).*
Densidad: 63,2 h./km².
Tasa de natalidad: 28,1‰.
Tasa de mortalidad: 4,9‰.
Capital: Apia.
Grupos étnicos: samoanos (88%).
Religión: protestantismo (71,8%) y catolicismo (21%).
Idioma: inglés y samoano.
Moneda: tala.
Forma de Estado: monarquía constitucional.
Producto Nacional Bruto: 181 millones de dólares.
Renta per cápita: 1.070 dólares.
División administrativa: 6 distritos en la isla Savaii y 5 distritos en la isla Upolu, según cuadro.

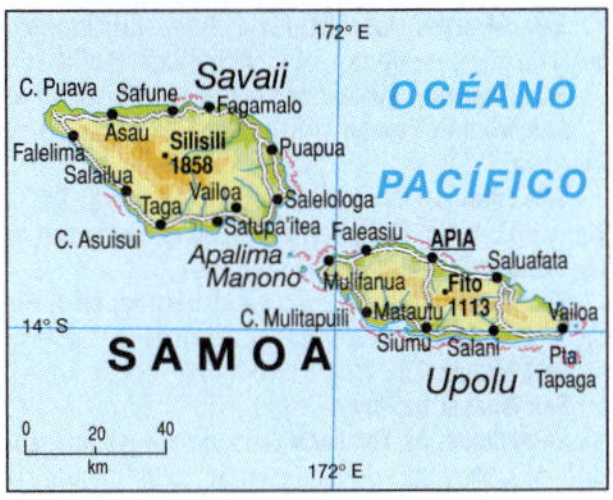

GEOG. El territorio está compuesto por las islas de Savaii, Upolu y otras cinco más pequeñas, de origen volcánico y muy montañosas. Tiene clima tropical húmedo. Agricultura de subsistencia y orientada a la exportación: bananas, coco, caña de azúcar y cacao. Gran riqueza forestal. Ganadería porcina y bovina. Carece de recursos minerales y su industria se limita a algunos aserraderos y fabricación de jabón y galletas. Pesca y turismo.

HIST. El archipiélago fue descubierto por los holandeses (1722). Bougainville lo llamó *Islas de los Navegantes* (1768). Dependió de Alemania desde 1899 hasta la Primera Guerra Mundial y fue administrada por Nueva Zelanda como mandato (1920-47) y como fideicomiso (1947-62) de la ONU. En 1962 se convirtió en el primer país independiente de Polinesia, y se incorporó a la Commonwealth en 1970. Desde 1963 es jefe de Estado Malietoa Tanumafili II. Su forma de gobierno combina las tradiciones tribales con los esquemas parlamentarios. De 1982 a 1985, Tofilau Eti Alesana fue primer ministro. Tras su dimisión se formó un gobierno de coalición presidido por Va'ai Kolone. Las elecciones de 1988 volvieron a dar la jefatura del gobierno a Tofilau Eti Alesana. Las revueltas populares de 1994 debilitaron al gobierno. En 1996 la fragmentación de la oposición provocó que, pese a no haber alcanzado la mayoría, Alesana volviera a formar gobierno. Alegando motivos de salud, dimitió en 1998. Le sustituyó Tuila'epa Sailele Malielegaoni, que fue revalidado en el cargo tras las elecciones de 2001.

SAMOA

Islas Distritos	Superficie (km²)	Población (h.)
Savaii	*1.707*	*45.050*
Fa'aseleleaga		
Gaga'emauga		
Gaga'ifomauga		
Palauli		
Satupa'itea		
Vaisigano		
Upolu	*1.119*	*116.248*
A'ana		
Aiga-i-le-Tai		
Atua		
Tuamasaga		
Vaa-o-Fonoti		

SAMOA ESTADOUNIDENSE Grupo de islas de la zona oriental del archipiélago de Samoa, que constituye un territorio no incorporado de Estados Unidos; 199 km² y 50.000 h. Está compuesto por la isla de Tutuila, con el islote de Aunu'u, el grupo de Manua y el atolón de Rose. La capital es Pago Pago, en Tutuila. Copra, bananas, árbol del pan, papayas, patata dulce y cocoteros. En 1960 entró en vigor la Constitución actual que otorga a Samoa Estadounidense cierta autonomía legislativa.

SAMOA OCCIDENTAL SAMOA.

SAMOS Isla de Grecia, en el Egeo, frente a las costas de Turquía. Colonizada por los jonios hacia 1000 a. C., sus habitantes llevaron a cabo una importante labor comercial y colonizadora desde el siglo VII a. C. Tomada por los persas en el siglo VI, participó en la rebelión jonia y recobró la libertad con la victoria de Micala (479 a. C.). Después se integró en la Confederación ateniense, contra la que se rebeló infructuosamente en 440 a. C. Por la paz de Antálcidas, pasó de nuevo a poder de Persia. Roma la conquistó el año 133 a. C. Posteriormente perteneció a Bizancio y a Génova, hasta que fue tomada por los turcos. Ocupada por Grecia durante la primera guerra balcánica, fue adjudicada definitivamente a este país en el tratado de Lausana (1923).

SAMOS Nomo de Grecia, región de Egeo Septentrional; 778 km² y 41.850 h. Tabaco, vid, frutales. Su capital es la ciudad del mismo nombre.

SAMOSATA *Geog. hist.* Antigua ciudad de Siria, capital del reino de Comagene. Es la actual Samsat (Adiyaman, Turquía).

SAMOTRACIA Isla de Grecia, al N del Egeo; 178 km². En ella se descubrió (1863) la estatua llamada *Victoria de Samotracia,* que se encuentra en el Louvre y que data del siglo IV a. C.

SAMOVAR (Voz rusa.) m. Recipiente utilizado para preparar el té, provisto de un tubo interior donde se deposita el carbón.

SAMOYEDO, DA adj. **1** *Etnol.* Se dice de un pueblo normongol que ocupa las estepas que bordean el océano Glacial Ártico desde el mar Blanco hasta el río Chatanga. Más como m. pl. **2** Se dice también de sus individuos. También s. **3** Relativo a este pueblo. **4** *Veter.* Se dice de una raza de perros, propia de las regiones boreales, de complexión fuerte y pelo abundante, generalmente blanco. || m. *Ling.* **5** Lengua samoyeda.

SAMPAIO, JORGE Político portugués (Lisboa, 1939). En 1974 ingresó en el Partido Socialista (PS), del que llegó a ser secretario general (1989-92). Fue elegido alcalde de Lisboa en 1989 y presidente de la República en 1996 y 2001.

SAMPÁN m. *Mar.* Embarcación para navegar por aguas costeras y fluviales, usada sobre todo en el SE de Asia.

SAMPEDOR *(Santpedor)* Municipio y lugar de España, provincia de Barcelona, partido judicial de Manresa; 5.062 h.

SAMPER, ERNESTO Político colombiano (Bogotá, 1951). En 1982 fue nombrado embajador en la ONU y en 1986 fue elegido senador. Ministro del Desarrollo (1990-91) y embajador en España (1991-93), ocupó la presidencia de la República (1994-98) como candidato del Partido Liberal.

SAMPRAS, PETE Tenista estadounidense (Washington, 1971). Ha sido campeón en el Open de Australia (1994 y 1997), Wimbledon (1993, 1994, 1995, 1997, 1998, 1999 y 2000), Open de EE UU (1990, 1993, 1995, 1996 y 2002) y del Masters (1991, 1994, 1996, 1997 y 1999). Número uno de 1993 a 1998. En 2003 se retiró de la competición.

SAMSUN Ciudad de Turquía, capital de la provincia de su nombre; 326.900 h. Puerto.

SAMUEL Profeta y juez de Israel, de la tribu de Leví (s. XII-XI a. C.). Tras derrotar a los filisteos y de recobrar el arca santa, fundó la monarquía israelita; eligió como primer rey a Saúl y, cuando éste trató de sustraerse al dominio sacerdotal, consagró a David. Se le atribuyen el libro de los Jueces, el libro de Rut y parte del libro de los Reyes.

SAMUEL Zar de Bulgaria (? - ?, 1014). Accedió al trono en 980. Venció a los bizantinos y reconstruyó el imperio búlgaro, pero en 1014 fue definitivamente derrotado por Basilio II, emperador de Bizancio.

SAMUEL ABA Rey de Hungría (?, 1010-?, 1044). Usurpó el trono a Pedro Orseolo en 1041. Fue destronado por Enrique III.

SAMUELSON, PAUL ANTHONY Economista estadounidense (Gary, 1915). Fue consejero de los presidentes Kennedy y Johnson. Representante de la teoría económica neoclásica, en 1970 recibió el premio Nobel por sus trabajos sobre economía estática y dinámica.

SAMUELSSON, BENGT INGEMAR Bioquímico sueco (Halmstad, 1934). En 1982 recibió el premio Nobel de Fisiología y Medicina, compartido con Sune K. Bergström y John R. Vane, por sus estudios sobre las prostaglandinas y sustancias biológicas activas de la misma familia.

SAMURAI (Voz japonesa.) adj. *Hist.* **1** Se decía de una antigua clase militar en Japón. En la época feudal se aplicó a todos los que llevaban armas, pero luego se restringió a una clase inferior de la nobleza que estaba al servicio de los *daimios* o nobles. Al abolirse el sistema feudal (1871), se les prohibió llevar armas, y en 1878 se cambió la denominación *samurai* por *shikozu* (clase media). Más como m. pl. **2** Se dice también de sus individuos. También s. **3** Relativo a esa clase social.

SAN adj. Apócope de SANTO. Se usa solamente antes de los nombres propios de santos, salvo los de Tomás o Tomé, Toribio y Domingo. || **san se acabó** expr. fam. SANSEACABÓ.

SAN ANDRÉS Y PROVIDENCIA Archipiélago y departamento de Colombia, en el mar de las Antillas, frente a las costas de Nicaragua. Está formado por las islas de Providencia, San Andrés y Santa Catalina y varios islotes; 52,5 km² y 83.403 h. Su capital es San Andrés.

SAN ANTONIO Ciudad de EE UU, Estado de Texas; 998.905 h. Refinerías de petróleo. Producción industrial.

SAN BERNARDO adj. y s. *Veter.* Se dice de una raza de perros guardianes, de pelo espeso, orejas caídas y gran corpulencia.

SAN BERNARDO, GRAN Puerto de los Alpes, entre Suiza e Italia; 2.472 m. Convento fundado por san Bernardo de Menthon (siglo X), hacia el que los famosos perros *San Bernardo* conducían para ser socorridos a los extraviados en la nieve.

SAN CARLOS DE BARILOCHE Localidad de Argentina, provincia de Río Negro; 77.750 h. Núcleo central del Parque Nacional de Nahuel Huapí. Centro de investigación nuclear.

SAN CRISTÓBAL SAINT KITTS.

SAN CRISTÓBAL Volcán de Nicaragua, en la cordillera de los Marabios; 1.781 m. También se llama *Viejo.*

SAN CRISTÓBAL Provincia de la República Dominicana; 1.265 km² y 420.820 h. Su capital es la ciudad del mismo nombre.

SAN CRISTÓBAL DE LA HABANA HABANA, LA.

SAN CRISTÓBAL Y NEVIS SAINT KITTS Y NEVIS.

SAN DIEGO Ciudad de EE UU, Estado de California; 1.151.977 h. Construcciones aeronáuticas y navales. Puerto. Turismo.

SAN ESTÉFANO SAN STEFANO.

SAN EUGENIO ARTIGAS.

SAN EUSTAQUIO Isla de las Pequeñas Antillas, grupo de Barlovento, en el Caribe; 21 km² y 1.715 h. Su capital es Oranjestad.

SAN FÉLIX DE LA GUAYANA CIUDAD GUAYANA.

SAN FERNANDO DE MONTE CRISTI Ciudad de la República Dominicana, capital de la provincia de Monte Cristi; 9.932 h. Puerto a orillas del océano Atlántico. Fundada en 1506.

SAN FERNANDO DEL VALLE DE CATAMARCA CATAMARCA, SAN FERNANDO DEL VALLE DE.

SAN FRANCISCO Cerro de los Andes, en el límite chileno-argentino; 6.018 m.

SAN FRANCISCO Bahía de EE UU, Estado de California, que se comunica con el Pacífico por el estrecho de Golden Gate. En ella desembocan los ríos Sacramento y San Joaquín.

SAN FRANCISCO Ciudad de EE UU, Estado de California; 734.676 h. Puerto. Centro industrial y financiero. Fundada en 1776 por los franciscanos, con el descubrimiento de oro en California (1848), experimentó un espectacular crecimiento urbano. Fue destruida casi totalmente por un terremoto (1906). En ella se firmó la Carta fundacional de las Naciones Unidas (1945) y el tratado de paz entre los Aliados y Japón (1951).

SAN FRANCISCO SÃO FRANCISCO.

SAN FRUCTUOSO TACUAREMBÓ.

SAN GOTARDO *(Sankt Gotthard)* Macizo montañoso de los Alpes Berneses, en Suiza. Alcanza los 3.198 m en el Pizzo Rotondo. En él nacen el Rhin, Ródano, Tesino, Aar y Reuss. El paso de San Gotardo, a 2.112 m, con importante turismo, comunica Suiza con Italia.

SAN JOSÉ Volcán de Argentina, provincia de Mendoza; 6.070 m.

SAN JOSÉ 1 Provincia de Costa Rica; 4.959 km² y 1.284.493 h. **2** Ciudad capital de Costa Rica y de la provincia de su nombre; 339.128 h. Primer centro comercial e industrial del país.

SAN JOSÉ Ciudad de EE UU, Estado de California; 816.884 h. Industrias aeronáutica, química y alimentaria.

SAN JOSÉ Departamento de Uruguay; 4.992 km² y 91.874 h. Su capital es San José de Mayo.

SAN JOSÉ DE CÚCUTA CÚCUTA.

SAN JOSÉ DE GUAVIARE GUAVIARE.

SAN JUAN Provincia de Argentina, región Andina; 89.651 km² y 550.641 h. Su capital es la ciudad del mismo nombre.

SAN JUAN Provincia de la República Dominicana; 3.571 km² y 252.637 h. Su capital es San Juan de La Maguana.

SAN JUAN Cadena montañosa de EE UU, en las Montañas Rocosas; 4.363 m (pico Uncompahge).

SAN JUAN o **SAN JUAN DE PUERTO RICO** Ciudad capital de Puerto Rico; 439.427 h. Importante centro comercial e industrial. Puerto. Turismo. Conserva de su época colonial los castillos del Morro y de San Jerónimo. Fue fundada en 1508.

SAN JUAN DE ACRE AKKO.

SAN JUAN DE PASTO PASTO.

SAN LORENZO Río de América del Norte, entre EE UU y Canadá, que nace en el Estado de Minnesota, sirve de emisario de los Grandes Lagos, y desemboca en el Atlántico, formando un gran estuario; 3.058 km de curso.

SAN LORENZO Ciudad de Argentina, en el departamento de Santa Fe; 56.487 h. En ella se libró una célebre batalla, en la que las tropas de San Martín vencieron a los realistas.

SAN LUIS SAINT LOUIS.

SAN LUIS Provincia de Argentina, región Centro; 76.748 km² y 320.119 h. Su capital es la ciudad del mismo nombre.

SAN LUIS POTOSÍ 1 Estado de México; 63.068 km² y 2.247.042 h. **2** Ciudad de México, capital del Estado de su nombre; 488.238 h. Centro comercial, industrial y minero. Fundada en 1576.

SAN MARCOS CAZONES.

SAN MARCOS Departamento de Guatemala; 3.791 km² y 844.486 h. Su capital es la ciudad del mismo nombre.

SAN MARINO *(Serenissima Repubblica de San Marino)* Estado de Europa, enclavado en Italia, entre Emilia-Romagna y Las Marcas, cerca de la costa adriática.

GEOG. Próximo al mar Adriático, su territorio es poco accidentado, tan sólo el monte Titano (726 m) tiene cierta consideración. Está atravesado por los ríos Ausa, Morano y Ca Chiarello. Su población es urbana. Posee agricultura e industria, pero sus principales fuentes de ingresos son el turismo y la emisión de sellos para coleccionistas. En 1991 suscribió un acuerdo comercial con la CEE.

HIST. Según la tradición, San Marino fue fundada en el siglo IV por San Marino de Dalmacia. Estructurada sobre las mismas bases que las otras Repúblicas medievales, se disputaron su posesión las familias de los Rímini y los Montefeltro. A mediados del siglo XV, su alianza con el papa Pío II y Federico de Urbino le permitió aumentar su territorio. Tras un período de decadencia terminó con su incorporación a los Estados Pontificios en 1739. Reconocida su independencia por el Papa, Napoleón la aceptó en 1797 y también lo fue por el tratado de Viena en 1815. Dio refugio a los liberales italianos partidarios de la unificación, lo que le valió la enemistad de los papas y una invasión de fuerzas pontificias y austriacas en 1851. En 1862 suscribió un tratado de amistad con Italia, que fue renovado en 1953. El país está dotado de una Constitución que data del siglo XVII. En 1906 se introdujo el sufragio universal en la elección de los miembros del Gran Consejo General, la Cámara Legislativa, que elige cada seis meses a dos capitanes-regentes que presiden el Consejo de Estado. En 1923 se implantó el fascismo en el país. Restaurado el gobierno democrático tras la Segunda Guerra Mundial, fue gobernada por comunistas (1945-57) y democristianos (1958-77). Tras las elecciones de 1978 y 1980, una coalición de comunistas y socialistas ocupó el gobierno del país hasta 1986, en que las diferencias en política exterior provocaron su disolución, formándose una nueva coalición entre comunistas y cristianodemócratas. San Marino fue admitido en el año 1992 como miembro permanente de las Naciones Unidas. En las elecciones legislativas de 1993, 1998 y 2001 se confirmó el reparto de poder entre cristianodemócratas y ex comunistas.

SAN MARINO Ciudad capital de San Marino; 2.294 h. Palacio del siglo XIX. Tres fortalezas almenadas.

SAN MARTÍN Isla de las Pequeñas Antillas, grupo de Barlovento. La parte N, con 52 km² y 8.072 h., depende del departamento de ultramar francés de Guadalupe y dependencias. La parte S, con 34 km² y 18.738 h., es posesión de los Países Bajos.

SAN MARTÍN Departamento de Perú; 51.253 km² y 692.408 h. Su capital es Moyobamba. Importante riqueza agropecuaria.

SAN MARTÍN, JOAQUÍN DE Político salvadoreño (s. XIX). Vicejefe del Estado (1933), ocupó también la primera magistratura (1833-34). Fue derrocado y murió en el destierro.

SAN MARTÍN, JOSÉ DE General y patriota argentino (Yapeyú, Corrientes, 1778 - Boulogne-sur-Mer, Paso de Calais, 1850). Intervino en la guerra de la Independencia española a las órdenes del general Castaños. En 1811 viajó a Londres y entró a formar parte de la Logia Lautaro, partidaria de la independencia americana; se embarcó hacia el Río de la Plata y en 1812 llegó a Buenos Aires. Fue jefe del ejército del Norte en sustitución de Belgrano (1813) y gobernador intendente de Cuyo (1814). Tras la victoria realista de Rancagua inició la reorganización del ejército patriota para la reconquista del territorio chileno. Declarada la independencia de 1816, Pueyrredón le designó general en jefe del ejército. De-

José de **San Martín**

rrotó al general Maroto en Chacabuco (1817) y entró en Santiago. Venció a los realistas en Maipú (1818). Tras intentar un pacto con los virreyes Pezuela y La Serna, entró en Lima y proclamó la independencia de Perú (1821). En 1822, renunció al cargo de Protector ante la oposición a su política y se trasladó a Francia, donde murió.

SAN MARTÍN, JOSÉ MARÍA Político salvadoreño (s. XIX). Fue presidente de la República (1854-56).

SAN MARTÍN, TIERRA DE TIERRA DE SAN MARTÍN.

SAN MARTÍN TUXTLA Volcán de México, Estado de Veracruz; 1.550 m.

SAN MIGUEL Departamento de El Salvador; 2.077 km² y 403.411 h. Café, cacao y algodón. Su capital es la ciudad del mismo nombre.

SAN MIGUEL Municipio y lugar de España, en la isla de Tenerife, provincia de Santa Cruz de Tenerife; 5.776 h.

SAN MIGUEL CULIACÁN.

SAN MIGUEL DE PIURA PIURA.

SAN MIGUEL DE TUCUMÁN Ciudad de Argentina, capital de la provincia de Tucumán; 622.324 h. Industria azucarera y textil. Conserva la histórica casa en que se juró, el 9 de julio de 1816, la independencia de Argentina. Fue fundada en 1565 por Diego de Villarroel. Universidad situada en el llamado Jardín de la República. Centro industrial.

SAN NICOLÁS DE LOS GARZA Ciudad de México, Estado de Nuevo León; 436.603 h.

SAN PABLO DE LUANDA LUANDA.

SAN PABLO VILLA DE MITLA Villa de México, Estado de Oaxaca; 6.296 h. Ruinas mixtecas y de la capital religiosa de los zapotecas. Antiguamente se llamó MITLA.

SAN PEDRO Volcán de Chile, región de Antofagasta; 6.159 m.

Superficie: 61,19 km².
Población: 26.800 h.
Densidad: 438 h./km².
Tasa de natalidad: 10,9‰.
Tasa de mortalidad: 7,6‰.
Capital: San Marino.
Ciudades principales: Serravalle-Dogano, Borgo Maggiore, Murata y Domagnano.
Religión: catolicismo (95,2%).
Idioma: italiano.
Moneda: euro.
Forma de Estado: república.
Producto Nacional Bruto: 408 millones de dólares.
Renta per cápita: 16.900 dólares.
División administrativa: 9 castillos, según cuadro.

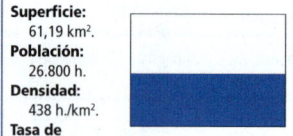

SAN MARINO

Castillos	Superficie (km²)	Población (h.)	Capitales
Acquaviva	4,86	1.264	Acquaviva
Borgo Maggiore	9,01	5.358	Borgo Maggiore
Chiesanuova	5,46	866	Chiesanuova
Città	7,09	4.350	San Marino
Domagnano	6,62	2.207	Domagnano
Faetano	7,75	870	Faetano
Fiorentino	6,56	1.798	Fiorentino
Montegiardino	3,31	717	Montegiardino
Serravalle-Dogano	10,53	8.085	Serravalle

San Pedro Departamento de Paraguay; 20.002 km² y 332.926 h. Su capital es la ciudad del mismo nombre.

San Pedro de Macorís Provincia de la República Dominicana; 1.255 km² y 212.368 h. Su capital es la ciudad del mismo nombre.

San Pedro Mezquital Mezquital.

San Pedro Sula Ciudad de Honduras, capital del departamento de Cortés; 339.600 h. Centro comercial e industrial. Fundada en 1536.

San Petersburgo Ciudad de la Federación de Rusia, República federada de Rusia, capital de la región de Leningrado, que constituye en sí misma una región autónoma; 4.456.000 h. Importante puerto. Gran centro industrial. De 1914 a 1924 se llamó *Petrogrado*, y de 1924 a 1991, *Leningrado*. Palacio de Invierno (antigua residencia de los zares y actual Museo de l'Ermitage) y catedral de San Pedro y San Pablo. Fundada en 1712 por Pedro el Grande, pasó a ser la capital de Rusia desplazando a Moscú. Gracias al comercio exterior experimentó un gran desarrollo en el siglo XIX. Escenario en 1825 de la revuelta de los decembristas y de las revoluciones de 1905 y 1917.

San Quintín *(Saint-Quentin)* Ciudad del NE de Francia, departamento de Aisne; 60.644 h. En sus inmediaciones se libró una famosa batalla en 1557, en que las tropas españolas de Manuel Filiberto de Saboya derrotaron a las francesas. En su recuerdo, Felipe II hizo construir el monasterio de El Escorial.

San Rafael Nautla.

San Rafael Cordillera de Paraguay, en el departamento de Itapúa. Aquí se encuentra el cerro del mismo nombre, punto culminante del país; 850 m.

San Remo Sanremo.

San Román, Miguel Militar y político peruano (Puno, 1802 - Chorrillos, 1863). Destacó en los combates de Junín y Ayacucho (1824). Participó en el segundo sitio de El Callao (1825-26). En 1839 contribuyó al retorno de Gamarra a la presidencia. Senador (1845), presidente del Consejo de Estado, vicepresidente de la República y ministro de Guerra y Marina (1855), en 1862 fue proclamado presidente de la República por el Congreso. Murió a los pocos meses de su elección.

San Salvador Volcán de El Salvador, entre los departamentos de San Salvador y La Libertad; 1.951 m. Fue llamado por los nativos *Quezaltepeque*.

San Salvador 1 Departamento de El Salvador; 886 km² y 1.512.125 h. 2 Ciudad capital de El Salvador y del departamento de su nombre; 422.570 h. Centro agrícola e industrial. Fue fundada en 1525.

San Salvador o Watlings Isla del océano Atlántico, archipiélago de las Bahamas; 163 km² y 465 h. Se supone que fue la primera tierra americana que pisó Colón. Se llamó antiguamente *Guanahaní*.

San Salvador, Nueva Nueva San Salvador.

San Salvador de Jujuy Ciudad de Argentina, capital de la provincia de Jujuy; 124.950 h. Comercio de ganado vacuno y lanar. Catedral (siglo XVII). Fundada en 1593 por F. de Argañaraz y Mujía.

San Sebastián *(Donostia)* Municipio de España, provincia de Guipúzcoa, partido judicial de su nombre; 177.929 h. Industria metalúrgica, química y alimentaria. Iglesia de Santa María (siglo XVIII). Catedral neogótica (siglo XIX). Turismo.

San Stefano Geog. hist. Antigua localidad de Turquía, hoy *Yesilköy* (Estambul, Turquía europea), a unos 13 km al SO de Estambul. Tratado (1878) entre Rusia y Turquía que puso fin a la guerra entre estos países (1877-78) y que fue revisado en el Congreso de Berlín (1878). Como consecuencia, Turquía reconoció la independencia de Serbia, Montenegro y Rumanía y la autonomía de Bulgaria.

Superficie: 389,3 km².
Población: 113.000 h.
Densidad: 290,3 h./km².
Tasa de natalidad: 19‰.
Tasa de mortalidad: 6,3‰.
Capital: Kingstown.
Ciudades principales: Georgetown, Chateaubelair.
Grupos étnicos: negros (66,5%), mulatos (19%), indios asiáticos (5,5%), blancos (3,5%), amerindios (2%).
Religión: protestantismo (76%), catolicismo (10%).
Idioma: inglés.
Moneda: dólar del Caribe oriental.
Forma de Estado: monarquía constitucional.
Producto Nacional Bruto: 290 millones de dólares.
Renta per cápita: 2.560 dólares.
División administrativa: once circunscripciones electorales en la isla de San Vicente y dos en las Granadinas, según cuadro.

SAN VICENTE Y GRANADINAS

Islas Circunscripciones electorales	Superficie (km²)	Población (h.)
San Vicente	*346,4*	*102.480*
Barrouaille	36,8	5.430
Bridgetown	18,6	7.865
Calliaqua	30,6	21.189
Chateaubelair	80,0	6.313
Colonarie	34,7	8.240
Georgetown	57,5	7.627
Kingstown (ciudad)	4,9	16.151
Kingstown (suburbios)	16,6	11.233
Layou	28,7	6.259
Marriaqua	24,3	9.256
Sandy Bay	13,7	2.917
Granadinas	*16,5*	*8.676*
Granadines Meridionales	19,4	2.917
Granadines Septentrionales	23,3	5.759

San Vicente *(Saint Vicent)* Islas de las Pequeñas Antillas, la mayor del Estado de San Vicente y Granadinas; 346,4 km² y 100.404 h.

San Vicente Departamento de El Salvador; 1.184 km² y 143.003 h. Su capital es la ciudad del mismo nombre.

San Vicente y Granadinas *(State of Saint Vincent and the Grenadines)* Estado de América, en el mar de las Antillas, situado entre el Caribe y el Atlántico, en las Antillas.

GEOG. Su territorio se reparte entre la isla de San Vicente y el archipiélago de las Granadinas, formado por las islas de Bequía, Moustique, Canouan, Unión y otras menores. Son islas de origen volcánico, cuya máxima altura es el monte Soufrière (1.234 m), en San Vicente. Posee un clima tropical. La agricultura es una de las principales actividades del país. Produce bananas, batata, mandioca, nuez de coco, algodón y caña de azú-

car. Pesca. Industria conservera, de tabaco, bebidas y manufacturas de la madera. Turismo. Su principal puerto marítimo es Kingstown.

HIST. La isla de San Vicente fue descubierta por Colón en 1498, perteneció sucesivamente a Francia y a Inglaterra (1672), pasando a ser colonia británica, junto a las Granadinas desde 1783, con el nombre de San Vicente. Entre 1958 y 1962 formaron parte de la Federación de las Islas Occidentales y en 1969 alcanzaron la categoría de Estado asociado al Reino Unido. En 1979 obtuvieron la independencia, en el ámbito de la Commonwealth; en 1980 ingresaron en la ONU y en 1981 en la OEA. Es una monarquía constitucional, con la reina británica como jefe de Estado y un gobernador general. James Mitchell encabezó el Gobierno de 1984 a 2000, en que fue sustituido por Arnhim Eustace. En las elecciones legislativas celebradas en marzo del año siguiente venció el Partido Laborista Unificado, por lo que Ralph Gonsalves fue nombrado primer ministro.

San'a Ciudad capital de Yemen y de la gobernación de su nombre; 427.150 h.

sanar tr. **1** Restituir a uno la salud que había perdido. || intr. **2** Recobrar el enfermo la salud.

sanatorio m. Establecimiento convenientemente dispuesto para la estancia de enfermos que necesitan someterse a tratamientos médicos, quirúrgicos o terapéuticos.

Sánchez, Florencio Dramaturgo uruguayo (Montevideo, 1875 - Milán, 1910). Sus obras reflejan la influencia de Ibsen: *La gringa* (1903), *M'hijo el dotor* (1903), *Barranca abajo* (1905) y *Los derechos de la salud* (1907).

Sánchez, Luis Alberto Ensayista y político peruano (Lima, 1900 - íd., 1994). Miembro del APRA, fue senador y vicepresidente de la República (1985-89). Autor

San Sebastián (Guipúzcoa). Vista aérea.

de los ensayos *Examen espectral de América Latina* (1962) y *Panorama de la literatura de Perú* (1974), la novela *El pecado de Olazábal* (1977).

SÁNCHEZ, MARIQUITA Patriota argentina (Buenos Aires, 1786 - íd., 1868). Participó en la vida política de su país. Durante la dictadura de Rosas (1829-52) estuvo exiliada en Montevideo.

SÁNCHEZ ALBORNOZ, CLAUDIO Historiador español (Madrid, 1893 - Ávila, 1984). Ministro de Estado durante la II República (1933), se exilió en Argentina al terminar la Guerra Civil. Especialista en la Edad Media, es autor de *Instituciones políticas y sociales del señorío de Asturias* (1912), *Un feudo castellano en el siglo XIII* (1929), *En torno a los orígenes del feudalismo* (1943), *La España musulmana* (1949), *España, un enigma histórico* (1956) y *La España cristiana de los siglos VIII al XI* (1980). Publicó además las obras autobiográficas *Mi testimonio histórico-político* (1975) y *Confidencias* (1980).

SÁNCHEZ DE LAS BROZAS, FRANCISCO (llamado EL BROCENSE) Humanista español (Brozas, 1523 - Salamanca, 1601). Su obra, *Los errores de Porfirio*, fue tachada de erasmista. Escribió, además, *De arte dicendi* (1556), *Organum Dialecticum et Rethoricum* (1579) y *Minerva seu de latinae linguae causis et elegantiae* (1587).

SÁNCHEZ DEL CERRO, LUIS MIGUEL Militar y político peruano (Piura, 1894 - Lima, 1933). Caudillo del movimiento revolucionario que derribó a Leguía en 1930, se erigió a su vez en dictador. Venció en las elecciones de 1931, para dejar el poder poco después. Murió en atentado.

SÁNCHEZ COELLO, ALONSO Pintor español de origen portugués (Benifairó de les Valls, 1531 ó 1532 - Madrid, 1588). Influido por el realismo goticista flamenco y por

Juan **Sánchez Cotán**. *Bodegón*. Colección particular (Madrid).

Alonso **Sánchez Coello**. Retrato de la infanta Isabel Clara Eugenia. Museo del Prado (Madrid).

el manierismo italiano, sobresalió en el retrato y en los cuadros religiosos. Fue pintor de cámara de Felipe II. Autor de los retratos de Felipe II, el príncipe don Carlos y las infantas Isabel Clara Eugenia y Catalina Micaela. De su producción religiosa destacan el retablo mayor de la parroquia de El Espinar y un *San Sebastián* para la iglesia de San Jerónimo de Madrid.

SÁNCHEZ COTÁN, JUAN Pintor español (Alcázar de San Juan, 1561 - Granada, 1627). Alumno en Toledo de Blas del Prado, en 1604 ingresó en la Cartuja del Paular y, en 1612, fue enviado a la de Granada. Sus obras religiosas evidencian cierto arcaísmo, vinculado a la pintura devocional flamenca, y la influencia del manierismo italiano. Su influencia parece clara en Carducho y, especialmente, en Zurbarán. También es autor de bodegones.

SÁNCHEZ HERNÁNDEZ, FIDEL Militar y político salvadoreño (El Divisadero, 1917 - San Salvador, 2003). Presidente de la República de 1967 a 1972.

SÁNCHEZ DE LOZADA, GONZALO Político boliviano (La Paz, 1930). Diputado por el MNR (1979-80 y 1982-85) y ministro en el Gobierno de Paz Estenssoro (1986-88), fue presidente del país de 1993 a 1997. Tras las elecciones celebradas en 2002 pasó a ocupar de nuevo la presidencia hasta que en octubre de 2003 las protestas sociales provocaron su dimisión.

SÁNCHEZ RAMÍREZ Provincia de la República Dominicana; 1.196 km² y 163.166 h. Su capital es Cotuí.

SÁNCHEZ RAMÍREZ, JUAN Militar dominicano (? - ?, 1811). Jefe del movimiento que reincorporó a España la parte española de la isla de Santo Domingo (1808), ocupada por los franceses. Después, fue gobernador de la colonia.

SÁNCHEZ-VILELLA, ROBERTO Político puertorriqueño (Mayagüez, 1913 - San Juan, 1997). Miembro del Partido Demócrata Popular, fue secretario de Estado (1951) y gobernador de Puerto Rico (1964-69).

SANCHI Arqueol. Centro arqueológico de la India, al NE de Bhopal. Comprende, además, los restos de las ciudades de Bessnagar y Jarispur, los conventos de Bhodspur y Andher, los *topes* de Udghiri y los *stupas* de Satdhara y Sonari.

SANCHO Nombre de dos reyes de Portugal.

SANCHO I EL REPOBLADOR (Coimbra, 1154 - íd., 1211). Hijo de Alfonso I Henriques, al comienzo de su reinado (1185) emprendió la repoblación en las tierras ganadas a los musulmanes. Concedió fueros y cedió territorios a las órdenes militares del Hospital, Calatrava y el Temple. Fue derrotado por los musulmanes en Santarém (1191). Aliado con Alfonso VIII de Castilla frente a León (1196), obtuvo territorios en Galicia; Alfonso IX de León sitió Braganza (1199) y, tras el fracaso de la expedición portuguesa sobre Ciudad Rodrigo, en 1200, ambos monarcas firmaron la paz. Fue sucedido por su hijo, Alfonso II.

SANCHO II EL CAPELO (Coimbra, 1207 - Toledo, 1248). Hijo de Alfonso II, inició su reinado en 1233, bajo la tutela de Gonçalo Mendes y Pedro Anes. Unido a León y Castilla dio impulso a la Reconquista; tomó Elvas y combatió en el Alentejo (1229), recuperó parte del Algarve (1238) y alcanzó el límite S de Portugal. Tuvo que hacer frente al descontento de la nobleza y el alto clero; Inocencio IV lo destronó y traspasó la corona a su hermano Alfonso. Aunque contó con el apoyo castellano, no pudo recuperar el poder y se retiró a Toledo.

SANCHO Nombre de varios reyes de Castilla y León.

SANCHO I EL CRASO Rey de León (? - ?, 966). Hijo de Ramiro II, sucedió a su hermano Ordoño III en 955. Rechazado por su gordura, fue desposeído del trono por los nobles leoneses y castellanos, quienes eligieron a Ordoño IV. Sancho se refugió al lado de su abuela, la reina Toda de Navarra, quien solicitó ayudas para recuperar el reino. En 959, auxiliado por tropas musulmanas, tomó Zamora y, tras lograr el apoyo de la nobleza leonesa, expulsó a Ordoño IV. Reinstaurado en el trono, se negó a cumplir su tratado con los árabes; y éstos se aliaron entonces con Ordoño IV y organizaron varias expediciones de castigo. Se enfrentó a la sublevación de la nobleza gallega y murió durante las negociaciones, al parecer, envenenado. Fue sucedido por su hijo Ramiro.

SANCHO II EL FUERTE Rey de Castilla y León (?, h. 1038 - ?, 1072). Hijo de Fernando I, a la muerte de su padre heredó Castilla (1066). Aspiró a reconstituir los dominios paternos, arrebatando a sus hermanos sus territorios; venció a Alfonso de León, en Llantada (1068) y, aliados ambos, se dirigieron contra García de Galicia, cuyo reino se repartieron. Nuevamente enfrentados los dos hermanos, tras la batalla de Golpejera (1071) Alfonso fue hecho prisionero en Carrión y Sancho fue coronado rey de León (1072). Urraca, gobernadora de Zamora, se opuso a las pretensiones de su hermano y agrupó a su alrededor a la nobleza descontenta con el nuevo rey. Sancho sitió la plaza y, durante el asedio, fue asesinado por un desertor, Bellido Dolfos. Le sucedió Alfonso VI.

SANCHO III EL DESEADO Rey de Castilla (?, h. 1134 - Toledo, 1158). Hijo de Alfonso VII, heredó Castilla (1157), mientras que su hermano, Fernando II, recibía León. Su breve reinado se caracterizó por las luchas constantes contra su hermano, contra Sancho VI de Navarra, al que pretendía despojar de su reino, y contra los almohades. Amenazada Calatrava por éstos, el rey cedió la plaza y su jurisdicción al abad de Fitero (1157), dando origen a la Orden Militar de Calatrava, sometida a la regla cisterciense. Firmó con el rey de León el tratado de Sahagún (1158). A su muerte, heredó el trono Alfonso VIII.

SANCHO IV EL BRAVO Rey de Castilla y León (?, 1258 - Toledo, 1295). Hijo de Alfonso X, a la muerte de su

Sancho IV el Bravo. Ilustración del *Libro de los Castigos*. Biblioteca Nacional (Madrid).

hermano, Fernando de la Cerda, se proclamó príncipe heredero y luchó contra su padre. A la muerte de éste se proclamó rey (1284-95), junto con su esposa María de Molina, y retuvo a los herederos de su hermano, los infantes de la Cerda, en Játiva. Su reinado estuvo marcado por las luchas con los partidarios de los de la Cerda, quienes reivindicaban sus derechos sucesorios, así como por las revueltas de algunos sectores de la nobleza, contrarios a la política del privado Lope Díaz de Haro. A instancias de la reina, dio muerte al valido y firmó una alianza con Francia. Conquistó Tarifa (1292). A su muerte heredó el trono su hijo Fernando, bajo la regencia de María de Molina.

SANCHO Nombre de diversos reyes de Pamplona y Navarra.

SANCHO I GARCÉS (? - ?, 925). Hijo de García Jiménez, sucedió a su hermano Fortún (905), aunque es posible que reinara anteriormente en tierras de Sangüesa (h. 886). Aprovechó las rivalidades internas de los musulmanes del valle del Ebro y extendió sus dominios entre Nájera y Tudela. Fue derrotado por los musulmanes en Valdejunquera (920) y en 924 no pudo evitar el saqueo del reino. Gobernó en el condado de Aragón, dominio de su hijo, García Sánchez I.

SANCHO II GARCÉS ABARCA o SANCHO ABARCA (? - ?, 994). Sucedió a su padre, García Sánchez I, en 970 y heredó el condado de Aragón. En 973 fue derrotado en San Esteban de Gormaz y, posteriormente, en Rueda (981). El matrimonio de su hija con Almanzor, enlace del que nacería Abderramán Sanchuelo, evitó que las expediciones islámicas se dirigieran contra Navarra. Le sucedió su hijo García III Sánchez el Temblón.

SANCHO III GARCÉS EL MAYOR o EL GRANDE Rey de Pamplona (? - ?, 1035). Sucedió a García Sánchez, y durante su reinado (1000-35) llevó el reino a su mayor apogeo. Conquistó Sobrarbe, Ribagorza y Pallars (1008), ocupó el condado de Castilla a la muerte de García Sánchez (1029) y conquistó Zaragoza, Astorga y León (1034), obligando a Bermudo III a recluirse en Galicia. A su muerte el reino volvió a dividirse entre sus tres hijos, mientras que Bermudo III recuperaba León.

SANCHO IV GARCÉS EL DESPEÑADO o EL DE PEÑALÉN Rey de Pamplona (?, h. 1039 - Peñalén, 1076). Sucedió a su padre, García III Sánchez, y reinó de 1054 a 1076. Luchó contra Sancho II de Castilla, con la ayuda de Sancho Ramírez de Aragón. A su muerte, provocada por su hermano Ramón, Navarra se unió a Aragón.

SANCHO V SANCHO RAMÍREZ.

SANCHO VI EL SABIO Rey de Navarra (?, 1150 - ?, 1194). Hijo de García V Ramírez, reinó de 1150 a 1194. Amenazado por las disposiciones del tratado de Carrión, por el que Navarra quedaba dividida entre Castilla y Aragón, luchó con ambos reinos, hasta la firma de la paz en 1153 y 1163, respectivamente. Se apoderó de Briviesca, Navarrete y Logroño, plazas que Castilla recuperó después. Ambos reyes volvieron a enfrentarse por el dominio de La Rioja y, conseguido éste por Alfonso VII apoyado por el rey inglés Enrique II, Sancho VI se dedicó a la repoblación de Álava y Guipúzcoa (1181), Estella (1187) y Pamplona (1184). Le sucedió su hijo Sancho VII el Fuerte.

SANCHO VII EL FUERTE (?, 1150 - Tudela, 1234). Sucedió a su padre, Sancho VI, en 1194. Aunque trató de ayudar a su primo, Alfonso VIII de Castilla, en la batalla de Alarcos (1195), contra los almohades, no llegó a tiempo. El hecho desencadenó el enfrentamiento entre ambos reinos; Alfonso VIII se anexionó Álava, Guipúzcoa y la costa cantábrica. Posteriormente, Sancho intervino en la batalla de las Navas de Tolosa. Designó como heredero a Jaime I de Aragón, por no tener descendientes, pero, a su muerte, los navarros eligieron a su sobrino, Teobaldo de Champaña.

SANCHO I GARCÍA Conde de Castilla (? - ?, 1017). Hijo de García Fernández, se rebeló contra su padre con ayuda de los nobles. Muerto éste en un enfrentamiento con los musulmanes (995), accedió al trono y firmó una tregua con Almanzor. Concedió privilegios a las ciudades; reinició la ofensiva contra los árabes, y, tras la muerte de Almanzor (1002), se enfrentó a sus sucesores. Prestó ayuda al califa Sulayman contra el usurpador Muhammad II y, en compensación, recibió Osma, Gormaz, San Esteban, Sepúlveda y Clunia. Casó a sus hijas con Sancho el Mayor de Navarra y Berenguer Ramón I, conde de Barcelona, a fin de garantizar la paz con los otros Estados. Creó la guardia real conocida como Monteros de Espinosa.

SANCHO DE LA HOZ, PEDRO Cronista y conquistador español (? - Santiago de Chile, 1547). Secretario de Pizarro, escribió una relación de los hechos ocurridos en Perú, desde que H. Pizarro salió con parte del botín del Inca para España. Se enfrentó a Valdivia y en 1541 fue condenado a muerte por Francisco de Villagra.

SANCHO PANZA *Lit.* Personaje de *El Quijote*, novela de Cervantes. Convertido en escudero de don Quijote, Sancho constituye una antítesis de la figura de su amo: el realismo y el materialismo frente al idealismo del caballero.

SANCHO RAMÍREZ Rey de Aragón (?, 1043 - Huesca, 1094). Sucedió a su padre, Ramiro I, y reinó de 1063 a 1094. Luchó contra Sancho II de Castilla, aliado con el rey navarro, cuyos territorios intentaba anexionarse el castellano. A la muerte de Sancho IV Garcés de Navarra (1076), los navarros le ofrecieron la Corona, que asumió con el nombre de Sancho V. Con ello los reinos de Aragón y Navarra iniciaron una unión que duró hasta Alfonso el Batallador. Reconquistó Ayerbe, Graus y Monzón, y sitió Huesca (1094), donde fue herido y murió. Sustituyó el rito mozárabe por el romano en ambos reinos.

SANCHOPANCESCO, CA adj. **1** Propio de Sancho Panza. **2** Falto de idealidad, como este personaje de *El Quijote*.

SANCIÓN f. **1** Pena que la ley establece para el que la infringe. **2** Castigo por cualquier culpa o falta. **3** Autorización o aprobación que se da a cualquier acto, uso o costumbre. **4** Acto solemne por el que el jefe del Estado confirma una ley o estatuto.

SANCIONAR tr. **1** Aplicar una sanción o castigo. **2** Autorizar o aprobar cualquier acto, uso o costumbre. **3** Dar fuerza de ley a una disposición.

SANCLEMENTE, MANUEL ANTONIO Jurista y político colombiano (Buga, 1814 - Villeta, 1902). Fue ministro de Hacienda (1883-85) y estuvo al frente de la tercera división del ejército (1896-98). Elegido presidente de la República en 1898, fue derrocado por un pronunciamiento (1900) en el transcurso de la guerra de los Mil Días. Murió en prisión.

SANCOCHAR tr. Cocer a medias la vianda y sin sazonar.

SANCOCHO m. *Gastron. Amér.* Olla compuesta de carne, yuca, plátano y otros ingredientes, y que se toma en el almuerzo.

SANCTA (Voz lat.) m. Parte anterior del tabernáculo erigido por orden de Dios en el desierto, y del templo de Jerusalén, separada por un velo de la interior o sanctasanctórum. || **NON SANCTA** Junto con voces como *gente, casa*, etc., mala.

SANCTASANCTÓRUM m. **1** Parte interior y más sagrada del tabernáculo de los judíos. **2** Parte más reservada y misteriosa de un lugar. **3** Lo que para una persona es de singular aprecio.

SANCTI SPÍRITUS Provincia de Cuba; 6.744 km^2 y 457.921 h. Su capital es la ciudad del mismo nombre, fundada en 1514.

SANCTIS, FRANCESCO DE DE SANCTIS, FRANCESCO.

SANCTUS (Voz lat.) m. Parte de la misa en que decía el sacerdote tres veces esta palabra, después del prefacio y antes del canon.

SAND, GEORGE (AURORE DUPIN, llamada) Novelista francesa (París, 1804 - Nohant, 1876). Su atuendo masculino, sus relaciones amorosas, el desafío a las normas morales y sociales y su compromiso político con el socialismo, la convirtieron en un personaje polémico. Sus primeras novelas están centradas en la defensa de la pasión frente a los convencionalismos morales —*Indiana* (1831), *Valentine* (1832), *Lélia* (1833) y *Mauprat* (1837)—, pero lo mejor de su producción está en las narraciones «campestres», como *La mare au diable* (1846) y *Los maestros campaneros* (1853). Destacan, además, su libro de recuerdos *Historie de ma vie* (1855) y *Elle et lui* (1859), autobiografía novelada sobre su vida con el poeta A. de Musset.

SANDALIA f. **1** Calzado compuesto de una suela que se sujeta al pie con correas o cintas. **2** Por extensión, zapato ligero y muy abierto.

SÁNDALO m. **1** *Bot.* Pequeño árbol perteneciente a la familia santaláceas, de nombre científico *Santalum album*, que crece en el E de la India. Su madera es dura, pesada y despide buen olor. **2** Leño oloroso de este árbol.

SANDBURG, CARL Poeta e historiador estadounidense (Galesburg, 1878 - Flat Rock, 1967). Es autor de los libros de poemas *Chicago Poems* (1916), *Smoke and Steel* (1920) y *The People, Yes* (1936). Debe su fama a la biografía de Lincoln (1926-39).

SANDEZ f. **1** Calidad de necio. **2** Despropósito, simpleza, necedad.

SANDÍA f. *Bot.* **1** Planta herbácea anual, perteneciente a la familia cucurbitáceas, de nombre científico *Citrullus vulgaris*. **2** Fruto de esta planta, casi esférico, con la pulpa encarnada, aguanosa y dulce.

SANDINISMO m. *Polít.* Movimiento político de Nicaragua, vinculado en principio a las acciones políticas y militares del general A. C. Sandino y representado por el Frente Sandinista de Liberación Nacional, que combatió al régimen del dictador Anastasio Somoza, venciéndole en 1978. El nuevo régimen fue hostigado por el movimiento contrarrevolucionario financiado por EE UU. En las elecciones de 1990 el sandinismo perdió el poder (véase NICARAGUA, *HIST.*).

George **Sand**. Retrato anónimo del siglo XIX. Fundación Chopin (Varsovia).

SANDINISTA adj. y com. *Polít.* **1** Partidario de los ideales de Augusto César Sandino. **2** Perteneciente al Frente Sandinista de Liberación Nacional.

SANDINO, AUGUSTO CÉSAR Político nicaragüense (Niquinohomo, 1893 - Managua, 1934). Se rebeló contra el pacto firmado por el general Moncada y el estadounidense Stimpson, que comprometía la soberanía de Nicaragua (1926). En 1933, tras el acceso a la presidencia del liberal Sacasa y la retirada estadounidense, aceptó un pacto con el gobierno. Fue asesinado por A. Somoza, jefe de la guardia nacional.

SANDIO, DIA adj. y s. Necio o simple.

SANDOVAL, GONZALO DE Conquistador español (Medellín, 1497 - Palos, 1528). Compañero de Cortés en su expedición a México (1519), comandó la retirada de la Noche triste (1520). Fundó Medellín y fue alguacil de Veracruz.

SANDOVAL, JOSÉ LEÓN Político nicaragüense (?, 1788 - ?, 1854). Presidente de la República en 1845, tuvo que hacer frente a constantes rebeliones y protestas populares.

SANDOVAL Y ROJAS, CRISTÓBAL GÓMEZ DE UCEDA, CRISTÓBAL GÓMEZ DE SANDOVAL Y ROJAS, DUQUE DE.

SANDOVAL Y ROJAS, FRANCISCO GÓMEZ DE LERMA, FRANCISCO GÓMEZ DE SANDOVAL Y ROJAS, DUQUE DE.

SANDUNGA f. **1** fam. Gracia, donaire, salero. **2** *Col., Chile* y *P. Rico* Jarana, jolgorio, parranda.

SÁNDWICH m. EMPAREDADO, loncha de fiambre, queso, o algún vegetal, entre dos rebanadas de pan.

SANDWICH, ISLAS HAWAI.

SANDWICH DEL SUR Archipiélago del Atlántico Sur, en la Antártida argentina; 307 km^2. Está formado por 16 islotes.

SANEADO, DA adj. Se dice de los bienes, la renta o el haber que están libres de cargas o descuentos.

SANEAMIENTO m. **1** Conjunto de técnicas, servicios, materiales e instalaciones necesarios para mantener la higiene de un lugar. **2** Recuperación o mejora de algo.

SANEAR tr. **1** Dar condiciones de salubridad a un terreno, edificio, etc., o preservarlo de la humedad y vías de agua. **2** Reparar o remediar una cosa, especialmente, hacer productivo un negocio.

SANEDRÍN m. *Hist.* **1** Consejo supremo de los judíos, en el que se trataban y decidían los asuntos de Estado y de religión. **2** Sitio donde se reunía este consejo.

SANFERMINES Fiesta popular que se celebra en Pamplona con motivo del día de san Fermín (7 de julio), famosa por sus encierros de toros.

SANFUENTES, JUAN LUIS Político chileno (Santiago de Chile, 1858 - íd., 1930). Fue diputado (1888), ministro de Hacienda (1901) y presidente del Senado. Miembro del Partido Balmacedista, accedió a la presidencia de la República (1915-19).

SANGALLO, GIULIANO DA (GIULIANO GIAMBERTI, llamado) Arquitecto italiano (Florencia, 1445 - íd., 1516). Dirigió, por poco tiempo, las obras de San Pedro de Roma y construyó la iglesia de Santa María delle Carceri, su obra más notable.

SANGALLO EL JOVEN, ANTONIO DA (ANTONIO CORDINI, llamado) Arquitecto italiano (Florencia, 1483 - Terni, 1546). Sobrino de Giuliano y de Antonio el Viejo. Sus obras principales se encuentran en Roma: la iglesia de Santa María de Loreto y palacio Farnesio, que concluyó

Miguel Ángel. Desde 1520 y hasta su muerte asumió la dirección del proyecto de la Basílica de San Pedro del Vaticano.

SANGALLO EL VIEJO, ANTONIO DA (ANTONIO GIAMBERTI, llamado) Arquitecto italiano (Florencia, 1455 - íd., 1534). Hermano de Giuliano, al servicio de Alejandro VI fortificó el castillo de Sant'Angelo. Seguidor de Bramante y Rafael, proyectó la iglesia de San Biagio en Montepulciano (1518-29), en Toscana.

SANGAY Volcán de los Andes ecuatorianos, en la Cordillera Oriental; 5.230 m de altura.

SANGER, FREDERICK Bioquímico británico (Rendcomb, 1918). Premio Nobel de Química, en 1958, por el descubrimiento de la estructura molecular de la insulina. En 1980 compartió el mismo premio con Paul Berg y Walter Gilbert, por sus investigaciones sobre los ácidos nucleicos.

SANGHA Río de África ecuatorial, afluente por la derecha del Congo, en la República Popular del Congo.

SANGLEY adj. y s. **1** Se dijo de los mercaderes chinos que comerciaban en Filipinas. **2** Por extensión, chino residente en Filipinas.

SANGONERA GUADALENTÍN.

SANGRADERA f. **1** LANCETA. **2** Vasija que sirve para recoger la sangre. **3** *Agr.* Acequia de riego que deriva de otra corriente de agua. **4** fig. Compuerta que da salida al agua sobrante del canal.

SANGRADURA f. **1** Parte hundida del brazo opuesta al codo. **2** *Med.* Corte o punción de la vena para sacar sangre. **3** fig. Salida que se da a las aguas de un río, canal o terreno encharcado.

SANGRANTE adj. Que sangra. También en sentido fig.

SANGRAR tr. **1** *Bot.* RESINAR. **2** *Med.* Abrir o punzar una vena y dejar salir determinada cantidad de sangre. **3** fig. Dar salida a un líquido en todo o en parte, abriendo conducto por donde corra. **4** fig. y fam. Hurtar, sisar. **5** *A. gráf.* Empezar un renglón más adentro que los otros de la plana, como se hace con el primero de cada párrafo. || intr. **6** Arrojar sangre. || prnl. **7** Hacerse dar una sangría.

SANGRE f. **1** *Biol.* Líquido de color rojo que circula por las arterias y las venas transportando oxígeno, alimentos y otras sustancias hasta los tejidos, y recogiendo los productos de desecho de éstos para transportarlos hasta los órganos encargados de su eliminación. **[Encic.]** **2** fig. Linaje o parentesco. || **SANGRE AZUL** Sangre o linaje noble. || **a sangre fría** loc. adv. Con premeditación y cálculo, una vez pasado el arrebato de la cólera. || **a sangre y fuego** loc. adv. fig. Con excesivo rigor. También, con violencia, sin ceder en nada, atropellándolo todo. || **buena sangre** loc. fig. y fam. Condición benigna y noble de la persona. || **chupar la sangre** fr. fig. y fam. Ir uno quitando o mermando la hacienda ajena en provecho propio. || **correr sangre** fr. Llegar en una riña hasta haber heridas. || **de sangre caliente** loc. adj. *Zool.* Se dice del animal que puede mantener constante la temperatura del interior de su cuerpo, independiente de las condiciones del medio. || **de sangre fría** loc. adj. *Zool.* Se dice del animal que no puede mantener constante la temperatura del interior de su cuerpo, dependiendo de la que presente el ambiente que le rodea. || **hervirle** o **bullirle** a uno **la sangre** fr. fig. y fam. Tener el vigor y lozanía de la juventud. También, exaltársele un afecto o pasión. || **lavar con sangre** fr. fig. Derramar la del enemigo en satisfacción de un agravio. || **llevar** una cosa **en la sangre** fr. fig. Ser innata o hereditaria. || **mala sangre** loc. fig. y fam. Carácter avieso o vengativo de una persona. || **no llegará la sangre al río** fr. fig. y fam. con que se da a entender en son de burla que una disputa no tendrá consecuencias graves. || **no tener sangre en las venas** fr. fig. y fam. TENER SANGRE DE HORCHATA. || **quemarle** a uno **la sangre** fr. fig. y fam. Causarle disgusto o enfado hasta impacientarle o exasperarle. También prnl. || **subírsele** a uno **la sangre a la cabeza** fr. fig. Perder la serenidad, irritarse, montar en cólera. || **sudar sangre** fr. fig. y fam. para aludir al gran esfuerzo necesario para lograr algo. || **tener** uno **la sangre caliente** fr. fig. Arrojarse precipitadamente y sin consideración a los peligros o empeños arduos. || **tener sangre de horchata** fr. Ser demasiado tranquilo.

BIOL. La composición de la sangre, tanto como sus funciones, son distintas para cada especie. La sangre humana, cuyo volumen oscila entre los cinco y seis litros, está compuesta por una *parte líquida,* llamada plasma, una *parte sólida,* que son los glóbulos rojos, hematíes o eritrocitos, los glóbulos blancos o leucocitos, y las plaquetas o linfocitos, y una *parte gaseosa,* oxígeno, anhídrido carbónico, etc. La sangre, impulsada por el corazón, se distribuye a través de las arterias (sangre arterial) y capilares por todo el organismo y vuelve por las venas (sangre venosa) al mismo, para, a través del proceso de oxigenación en los pulmones, convertirse de nuevo en sangre arterial. A lo largo de este ciclo, la sangre cumple las siguientes funciones: *respiratoria,* transportando el oxígeno tomado del aire de los pulmones; *nutritiva,* mediante el aporte de sustancias nutritivas procedentes de la digestión; *inmunitaria* o *defensiva,* protegiendo el organismo gracias a la presencia de los leucocitos; *excretora,* recogiendo los residuos y desechos para ser eliminados; *transportadora,* de las secreciones y hormonas producidas por las distintas glándulas; y *reguladora,* manteniendo en equilibrio el agua del organismo, la temperatura corporal y el ácido-base.

SANGRÍA f. **1** Acción y efecto de sangrar. **2** *Anat.* Parte de la articulación del brazo opuesta al codo. **3** Corte somero que se hace en un árbol para que fluya la resina. **4** *Met.* Operación de dejar correr el metal líquido desde el horno al cazo de colada. **5** fig. Salida que se da a las aguas de un río o canal. **6** fig. Hurto de una cosa, que se hace por pequeñas partes. **7** fig. Bebida refrescante que se compone de agua y vino con azúcar y limón u otros aditamentos. **8** *A. gráf.* Acción y efecto de sangrar, empezar un renglón más adentro que los otros.

SANGRIENTO, TA adj. **1** Que echa sangre. **2** Teñido en sangre o mezclado con sangre. **3** Que disfruta con el derramamiento de sangre. **4** Que causa efusión de sangre.

SANGÜESA f. *Bot.* FRAMBUESA.

SANGÜESA Municipio y ciudad de España, provincia de Navarra; 4.686 h. Iglesia románica de Santa María la Real (siglo XI).

SANGÜESO m. *Bot.* FRAMBUESO.

SANGUIJUELA f. **1** *Zool.* Nombre de varias especies de gusanos, anélidos hirudíneos, con una ventosa en cada extremo del cuerpo que le sirve de fijación. La boca se sitúa en uno de los extremos y con ella cortan la piel de los animales y chupan su sangre. Se empleaban en medicina para hacer sangrías. **2** fig. y fam. Persona que va sacando dinero a alguien poco a poco.

sanguijuela

SANGUILY, MANUEL Político e historiador cubano (La Habana, 1848 - íd., 1925). En la guerra de 1895-98 sirvió en el ejército cubano.

SANGUINA f. **1** Lápiz rojo oscuro hecho con hematites. **2** Dibujo hecho con este lápiz.

SANGUINARIA f. *Miner.* Piedra semejante al ágata, de color de sangre, a la cual se le atribuía la virtud de contener los flujos.

SANGUINARIO, RIA adj. Feroz, que goza en derramar sangre.

SANGUÍNEO, A adj. **1** De sangre. **2** Que contiene sangre o abunda en ella. **3** Relativo a la sangre. **4** Se dice también de la complexión en que predomina este humor. **5** De color de sangre.

SANGUINERO m. *Bot.* Arbusto perteneciente a la familia ramnáceas, de nombre científico *Rhamnus glandulosa,* de hasta 8 m de altura, endémico de las islas Canarias y Madeira.

SANGUINETTI, EDOARDO Escritor italiano (Génova, 1930). Autor de textos experimentales entre los que destacan las poesías *Laborintus* (1956), *Wirrwarr* (1972) y *Sin título* (1992); y las novelas *Capricho italiano* (1963) y *El juego de la oca* (1967); además de algunos textos teatrales y ensayos.

SANGUINETTI, JULIO MARÍA Político uruguayo (Montevideo, 1936). Miembro de la Cámara de Diputados durante tres períodos, antes del golpe de Estado de 1973, fue también ministro de Industria y Comercio (1969-71) y de Educación y Cultura (1972), al frente de cuyo departamento propuso la Ley de Educación General (1973). Secretario general del Partido Colorado desde 1983, la victoria de esta formación política en las elecciones de 1984 le llevó a la presidencia de la República (1985). Fue sustituido en marzo de 1990 por L. A. Lacalle Herrera. En 1994 resultó nuevamente triunfador y volvió a la presidencia. Tras las elecciones de 1999 fue sustituido por Jorge Batlle.

SANGUINO, NA adj. **1** *Bot.* Se dice de una variedad de naranja cuya pulpa es de color rojizo. También f. **2** SANGUÍNEO. || m. *Bot.* **3** ALADIERNA, arbusto. **4** CORNEJO, arbusto.

SANGUINOLENTO, TA adj. **1** Que echa sangre. **2** Mezclado con sangre.

SANIDAD f. **1** Calidad de sano. **2** Calidad de saludable. **3** Conjunto del Estado para preservar la salud pública.

SANIDINA f. *Miner.* Mineral feldespato potásico, variedad de ortosa, de fórmula $K(AlSi_3O_8)$, cuyos cristales se hallan en algunas rocas volcánicas.

SANÍN CANO, BALDOMERO Escritor colombiano (Rionegro, 1861 - Bogotá, 1957). Su influencia determinó la renovación de la literatura modernista: *Crítica y arte* (1932), *Letras colombianas* (1944), *El humanismo y el progreso del hombre* (1955).

SANITARIO, RIA adj. **1** Relativo a la sanidad. **2** Relativo a las instalaciones de agua empleada para limpieza y usos higiénicos. || m. y f. **3** Individuo del cuerpo de Sanidad Militar. **4** Persona que trabaja en la sanidad civil. || m. **5** *Col.* Escusado, retrete. || m. pl. **6** Aparatos de higiene instalados en cuartos de baño, como la bañera, el lavabo, etc. También adj.

SANJACO m. *Hist.* Gobernador de un territorio del imperio turco.

SANJINÉS, JORGE Director de cine boliviano (La Paz, 1936). Introdujo el elemento nativo como ingrediente esencial de su cine. De su obra destaca: *Yawar Mallku* (1969), *El coraje del pueblo* (1971), *El enemigo principal* (1973) y *Para recibir el canto de los pájaros* (1955).

SANJUANADA f. Fiesta que se celebra por san Juan (24 de junio).

SANKARA, THOMAS Militar y político de Burkina Faso (Ougadougou, 1949 - íd., 1987). Primer ministro tras el golpe de Estado de 1982, fue apartado del poder en 1983. En agosto del mismo año protagonizó un nuevo golpe militar y recuperó la jefatura de Estado. Cambió el nombre de Alto Volta por el de Burkina Faso (1984) y se aproximó al bloque comunista. Murió durante el golpe de Estado del coronel Blaise Compaoré.

SANKT MORITZ SAINT MORITZ.

SANMARTÍN m. **1** Época próxima a las fiestas de san Martín, 11 de noviembre, en que en muchos sitios suele hacerse la matanza del cerdo. **2** Esta matanza.

SANNAZARO, JACOPO Poeta y humanista italiano (Nápoles, 1455 ó 1456 - íd., 1530). La más célebre de sus obras es *La Arcadia (1504),* novela que inaugura el género pastoril.

SANO, NA adj. **1** Que goza de perfecta salud. También s. **2** Que es bueno para la salud. **3** Seguro, sin riesgo. **4** fig. Sin daño, lesión o defecto. **5** fig. Sincero, de buena intención. **6** fig. y fam. Entero, no roto o estropeado. || **cortar por lo sano** fr. fig. y fam. Emplear el procedimiento más expeditivo para remediar males. || **sano y salvo** loc. Sin lesión, enfermedad ni peligro.

SANREMO o **SAN REMO** Población de Italia, provincia de Liguria; 56.003 h. Festival de la canción moderna. Turismo.

SÁNSCRITO, TA o **SANSCRITO, TA** adj. *Ling.* Se dice de la lengua que hablaban los antiguos habitantes de la India, que siguen utilizando los brahmanes con carácter ritual. Pertenece a la familia indoeuropea, y su forma más antigua se halla en los VEDAS. También s.

SANSCULOTTE o **SANS-CULOTTE** adj. y s. *Hist.* Nombre que se aplicó a los individuos pertenecientes a las clases populares revolucionarias durante la REVOLUCIÓN FRANCESA, porque abolieron la moda de los calzones, símbolo del Antiguo Régimen. Dominaron el periodo jacobino (1793-94) y fueron los protagonistas de las jornadas revolucionarias (véase JACOBINOS, CLUB DE LOS).

SANSEACABÓ expr. fam. con que se da por terminado un asunto.

SANSIMONISMO m. *Polít.* Doctrina socialista del filósofo francés conde de Saint-Simon (1760-1825), cuyos principios influyeron posteriormente en el SOCIALISMO y en el pensamiento de Comte.

SANSÓN m. fig. Hombre muy forzudo.

SANSÓN Personaje bíblico, juez de Israel (s. XII a. C.). Dotado de una fuerza prodigiosa, se enfrentó a los filisteos. La cortesana Dalila descubrió el secreto de su fuerza, que residía en su larga cabellera. Tras cortársela, lo entregó a los filisteos, que le sacaron los ojos. Durante su cautiverio volvió a crecer su pelo y, cuando era exhibido en el templo, logró separar sus columnas, muriendo aplastado junto con sus enemigos.

SANSOVINO, IL (ANDREA CONTUCCI, llamado) Escultor italiano (Monte Sansovino, h. 1467 - íd., 1529). Discípulo de Giuliano da Sangallo, trabajó en Portugal, España y Florencia, donde se encuentra su mejor obra: *Bautismo de Cristo.*

Il **Sansovino** (Andrea Contucci). Tabernáculo del altar. Iglesia del Santo Espíritu (Florencia).

SANSOVINO, IL (IACOPO TATTI, llamado) Arquitecto y escultor italiano (Florencia, 1486 - Venecia, 1570). Discípulo del anterior, trabajó en Venecia, donde realizó los soportales de la plaza de San Marcos (1529-30). Como escultor, merecen destacarse los relieves del *campanile* (1537-44).

SANTA Río de Perú en el departamento de Ancash, que desemboca en el Pacífico, al N de Chimbote; 320 km de curso.

SANTA ALIANZA *Hist.* Pacto acordado en 1815 entre el rey de Prusia y los emperadores de Austria y Rusia, con el fin aparente de unir a las naciones cristianas; pero, en realidad, fue un pacto entre soberanos absolutos por el que asumían el derecho a la intervención en cualquier Estado contra las aspiraciones nacionalistas y liberales. Tras la emancipación de Grecia (1828) y Bélgica (1830), comenzó a perder su efectividad real.

SANTA ANA Volcán de El Salvador, departamento de Santa Ana; 2.385 m de altura. También se llama *Lamatepec*.

SANTA ANA Departamento de El Salvador, en la Zona Occidental; 2.023 km² y 458.587 h. Su capital es la ciudad del mismo nombre.

SANTA ANA DE CUENCA CUENCA, ciudad de Ecuador.

SANTA ANA DE LOS RÍOS DE CUENCA CUENCA, ciudad de Ecuador.

SANTA ANNA, ANTONIO LÓPEZ DE LÓPEZ DE SANTA ANNA, ANTONIO.

SANTA BÁRBARA Departamento de Honduras; 5.115 km² y 291.000 h. Su capital es la ciudad del mismo nombre.

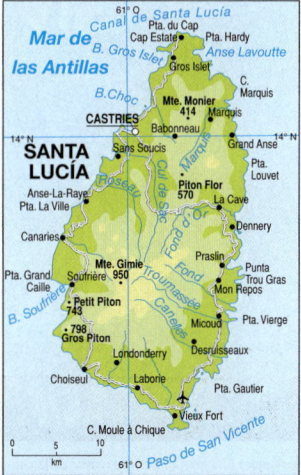

Il **Sansovino** (Iacopo Tatti). Escalera de oro del Palacio Ducal (Venecia).

SANTA CATARINA Estado de Brasil, región Sur; 95.443 km² y 4.875.244 h. Capital, Florianópolis.

SANTA CLARA JUAN FERNÁNDEZ.

SANTA COMPAÑA En Galicia, procesión de ánimas en pena que, según la leyenda, se lleva a los caminantes que encuentra a su paso.

SANTA CRUZ Provincia de Argentina, en la Patagonia; 243.943 km² y 180.115 h. Su capital es Río Gallegos. Ganado ovino.

SANTA CRUZ Río de Argentina, que nace en el lago Argentino y desemboca en el Atlántico; 250 km de curso.

SANTA CRUZ Departamento de Bolivia; 370.621 km² y 1.812.522 h. Su capital es Santa Cruz de la Sierra. Explotación forestal. Ganadería. Petróleo.

SANTA CRUZ Archipiélago del océano Pacífico, al N de Nuevas Hébridas. Pertenece a Salomon; 958 km² y 7.700 h.

SANTA CRUZ *(Sainte Croix)* Isla de las Pequeñas Antillas, en el archipiélago de las islas Vírgenes estadounidenses; 207 km² y 54.139 h.

SANTA CRUZ, ANDRÉS DE Militar y político boliviano (cerca de Titicaca, 1794 - Saint-Nazaire, 1865). Coronel del ejército español, se pasó a las filas patriotas colombianas y combatió en Pichincha y Junín. Presidió el Consejo de Estado peruano, asumió el poder tras el alejamiento de Bolívar (1826-27) y proclamó presidente a La Mar. Elegido presidente de Bolivia (1829), penetró en Perú y declaró la confederación peruano-boliviana (1836). Tras la intervención de Chile y Argentina, fue derrotado en Yungay (1839) y se exilió en Francia.

SANTA CRUZ, MARQUÉS DE BAZÁN, ÁLVARO DE, MARQUÉS DE SANTA CRUZ.

SANTA CRUZ Y ESPEJO, FRANCISCO EUGENIO DE Escritor y político ecuatoriano (Quito, 1747 - íd., 1796). Representante de la Ilustración hispanoamericana, se mostró partidario de la independencia, por lo que fue procesado y murió en prisión. Autor de textos político-literarios y científicos: *El nuevo Luciano de Quito o Despertador de los ingenios* (1779).

SANTA CRUZ DE MAR PEQUEÑA IFNI.

SANTA CRUZ DE LA SIERRA Ciudad de Bolivia, capital del departamento de Santa Cruz; 694.616 h. Refinería de petróleo.

SANTA CRUZ DE TENERIFE 1 Provincia insular de España, en la comunidad autónoma de las Islas Canarias. Está constituida por cuatro islas: Gomera, Hierro, La Palma y Tenerife; 3.401 km² y 800.020 h. Sus tierras son volcánicas y montuosas y su relieve está formado por macizos que emergen del mar para dar lugar a numerosos accidentes costeros. El clima es suave, con escasas precipitaciones. Se cultiva principalmente caña de azúcar, hortalizas, plátanos y tabaco. Industrias del tabaco, química y alimentaria. El turismo es una de las principales fuentes de ingresos. **2** Ciudad capital de la Comunidad Autónoma de Canarias (comparte la capital con Las Palmas de Gran Canaria) y de la provincia de su nombre, situada al NE de la isla de Tenerife; 203.787 h. Importante puerto comercial. Industria de la construcción, alimentaria, metalúrgica, química y del tabaco. Refinería de petróleo. Centro turístico.

SANTA ELENA *(Saint Helena)* Isla volcánica del océano Atlántico Sur, situada 1.850 km al O de la costa de Angola; 122 km² y 5.644 h. Su capital es Jamestown. Con la isla de Ascensión y el archipiélago de Tristan da Cunha constituye la colonia de Reino Unido del mismo nombre. Lugar de destierro y muerte de Napoleón (1815-21).

SANTA FE 1 Provincia de Argentina, en la región Litoral; 133.007 km² y 2.934.220 h. Está dividida en 19 departamentos. La bañan los ríos Paraná, Salado o Juramento y Carcarañá. La agricultura y la ganadería son sus principales fuentes de riqueza; en su parte norte se cultiva azúcar y algodón; es de gran importancia la explotación de quebracho y algarrobo. La zona sur, que geográficamente pertenece a la pampa húmeda, tiene, desde el punto de vista agrícola, una producción equivalente. Posee esta provincia en el río Paraná una ribera de 700 km de longitud, y en ella varios puertos, uno de los cuales es el de Rosario, considerado por su movimiento comercial el tercero de la República. Exporta pieles de tigre, gamo, nutria y carpincho. **2** Ciudad capital de la misma; 442.214 h. Cultiva azúcar y algodón. Ganadería. Puerto. Industria textil. Un túnel subfluvial la une con Paraná. Es una de las ciudades más antiguas del país. Fue fundada en 1573 por Juan de Garay.

SANTA FE DE BOGOTÁ BOGOTÁ, SANTA FE DE.

SANTA HELENA SANTA ELENA, isla del Atlántico.

SANTA ISABEL MALABO.

SANTA ISABEL, NEVADO DE Pico de la cordillera Central de los Andes Colombianos, en el límite de los departamentos de Caldas y Tolima; 5.100 m de altura.

SANTA LUCÍA *(Associated State of Saint Lucia)* Estado de América constituido por la isla de su nombre, situada en el mar de las Antillas, entre las islas de Martinica y San Vicente.

Geog. De origen volcánico, la isla presenta un paisaje de selva tropical. Su punto culminante es el monte Gimie (950 m), que forma parte de una cadena monta-

Superficie: 617 km².
Población: 157.000 h. *(santalucenses).*
Densidad: 254,5 h./km².
Tasa de natalidad: 22,8‰.
Tasa de mortalidad: 5,5‰.
Capital: Castries.
Ciudades principales: Vieux Fort.
Grupos étnicos: negros (90,5%), mestizos (5,5%), indios asiáticos (3,2%), blancos (0,8%).
Religión: catolicismo (79%) y protestantismo (15,5%).
Idioma: inglés (oficial), criollo-francés.
Moneda: dólar del Caribe oriental.
Forma de Estado: monarquía constitucional (corona británica).
Producto Nacional Bruto: 556 millones de dólares.
Renta per cápita: 3.660 dólares.
División administrativa: 10 distritos, según cuadro.

SANTA LUCÍA

Distritos	Superficie (km²)	Población (h.)	Capitales
Anse-la Raye	47[1]	5.963	Anse-la Raye
Canaries	[1]	1.828	Canaries
Castries	79	59.788	Castries
Choiseul	31	7.092	Choiseul
Dennery	70	12.405	Dennery
Gros Islet	101	14.082	Gros Islet
Laborie	38	8.488	Laborie
Micoud	78	16.895	Micoud
Soufrière	51	8.809	Soufrière
Vieux Fort	44	14.271	Vieux Fort

[1] La superficie de Anse-la Raye incluye la de Canaries.

ñosa que se extiende de N a S. Sus ríos son cortos y riegan fértiles valles. El clima es tropical moderado. La economía es esencialmente agrícola y se basa en los cultivos de batata, plátanos, copra, cacao, cocos y especias. Pesca. Industrias de fertilizantes. Turismo.

Hist. Sus primeros pobladores conocidos, los araucos, fueron desalojados por los caribes en 1200. Colón descubrió la isla en 1502. Los ingleses intentaron establecerse en ella, pero fueron rechazados por los indígenas (1605 y 1640). En 1660 se instalaron colonos franceses; desde este momento, franceses y británicos se disputaron el territorio, hasta que, durante las guerras napoleónicas, los británicos las hicieron suyas definitivamente (1803). Santa Lucía pasó a integrarse en la colonia de las islas de Barlovento en 1838 y en la Federación de las Indias Occidentales a partir de 1958. Convertida en Estado asociado en 1967, obtuvo su independencia en 1979. Pasó a formar parte de la Commonwealth británica, y John George Melvin Compton, líder del Partido de los Trabajadores Unidos (PTU), asumió el cargo de primer ministro. Ese mismo año ingresó en la ONU y en la OEA, y se celebraron elecciones; el Partido Laborista (PLSL) obtuvo una clara mayoría y Allan Louisy formó gobierno. En 1981 fue sustituido por Winston Cenac, que dimitió el siguiente año. Las consiguientes elecciones dieron la victoria al PTU, y su líder, Compton, volvió a ser nombrado primer ministro, revalidando su cargo en 1987 y 1992. Le sucedió en 1996 Vaughan Lewis. Tras la victoria electoral del Partido Laborista en 1997, accedió a la jefatura del Gobierno Kenny Anthony, reelegido en 2001.

Santa Margarita Isla de México, en el Pacífico, frente a la costa SO de la península de Baja California.

Santa María Isla de Ecuador, en el archipiélago de Colón. Se la denomina también *Floreana*.
Santa María Volcán de Guatemala, al S de Quezaltenango; 3.768 m de altura.
Santa María Río de Panamá, que nace en la cordillera Central y desemboca en el golfo de Parita; 2.580 km².
Santa María Isla de Portugal, en el archipiélago de las Azores.
Santa María del Puerto Príncipe Camagüey.
Santa Marta Ciudad de Colombia, capital del departamento de Magdalena; 283.711 h. Fundada por Rodrigo de Bastidas en 1525.
Santa Rosa Departamento de Guatemala; 2.955 km² y 319.814 h. Su capital es Cuilapa.
Santa Sede Vaticano, Ciudad del.
santacruceño, ña adj. y s. **1** De Santa Cruz de Tenerife. **2** De Santa Cruz (Argentina).
Santafé Santa Fe.
santafecino, na o **santafesino, na** adj. y s. De Santa Fe, ciudad y provincia de Argentina.
santaláceo, a adj. y f. *Bot.* **1** Se dice de la planta dicotiledónea parásita, con clorofila, de flores pequeñas sin pétalos, y fruto seco indehiscente, como el sándalo de la India. || f. pl. *Bot.* **2** Familia de estas plantas.
Santaló Sors, Luis Antonio Matemático argentino de origen español (Girona, 1911 - Buenos Aires, 2001). Ha centrado sus trabajos, especialmente, en geometría integral. En 1983 fue galardonado con el premio Príncipe de Asturias de Investigación Científica.
Santana, Pedro Militar y político dominicano (Hincha, 1801 - Ciudad de Santo Domingo, 1863). Luchó contra la dominación haitiana y fue designado presidente de la República (1844-48). Volvió a desempeñar este mismo puesto en varias ocasiones (1849, 1853-56 y 1859-62). En su último mandato (1861), acordó la incorporación de su país a España.
Santander Departamento de Colombia; 30.537 km² y 2.086.649 h. Su capital es Bucaramanga.
Santander 1 Nombre que se dio a la actual provincia y Comunidad Autónoma de Cantabria hasta 1981. **2** Ciudad de España, capital de la Comunidad Autónoma y provincia de Cantabria; 185.410 h. Importante puerto en el Cantábrico. Industria metalúrgica, metálica, química, alimentaria, de manufacturas de la madera y construcción naval. Universidad internacional de verano Menéndez y Pelayo. Centro turístico.
Santander, Francisco de Paula Militar y político colombiano (Villa del Rosario de Cúcuta, 1792 - Bogotá, 1842). Comandó las tropas de Ocaña (1815) y, en 1819, como jefe del estado mayor de Bolívar, participó en la campaña de Boyacá. Asumió la vicepresidencia de Nueva Granada en 1819 y, en 1821, el Congreso de Cúcuta le designó vicepresidente de la Gran Colombia, aunque desempeñó el ejecutivo por la ausencia del presidente. Reelegido en 1826, fue acusado de conspirar contra Bolívar y condenado a muerte (1828), pena que le fue conmutada por la de destierro. A la muerte del *Libertador*, fue elegido presidente de Nueva Granada (1832-36).
santanderino, na o **santanderiense** adj. y s. De Santander (España).
Santarém Distrito de Portugal; 6.707 km² y 441.900 h. Su capital es la ciudad del mismo nombre, a orillas del Tajo.
Santas, Las (*Les Saintes*) Archipiélago de las Pequeñas Antillas, 18 km al S de Guadalupe, departamento de ultramar de Francia; 13 km² y 3.036 h. La capital es Terra de Haut. Pesca.
santateresa f. *Zool.* mantis.
Santelmo Meteor. fuego de San Telmo.
Santer, Jacques Político luxemburgués (Wasserbillig, 1937). Miembro del Partido Cristiano Social, fue primer ministro (1984-1995). De 1994 a 1999 fue presidente de la Comisión Europea. Fue galardonado con el premio Príncipe de Asturias de Ciencias Sociales en 1998.
santería f. **1** *Arq.* Tienda en que se venden imágenes de santos y otros objetos religiosos. **2** *Cuba* Brujería.
santero, ra adj. **1** Se dice del que tributa a las imágenes un culto indiscreto y supersticioso. || m. y f. **2** Persona que cuida de un santuario. **3** Persona que pide limosna, llevando de casa en casa la imagen de un santo. **4** Persona que pinta, esculpe o vende santos. **5** *Cuba* Auxiliar del ladrón.
Santiago Jamaica.
Santiago Río de América del Sur, que nace en Ecuador, provincia de Morona-Santiago, con el nombre de *Upano*, penetra en Perú y desemboca en el Marañón; 278 km de curso.
Santiago Isla de Cabo Verde, la mayor del archipiélago, perteneciente al grupo de Sotavento; 991 km² y 175.691.
Santiago Ciudad capital de Chile y de la región del Área Metropolitana de Santiago; 5.076.808 h. Sus principales actividades económicas son la explotación de las minas de oro, cobre y estaño, que se encuentran a poca distancia, y la industria fabril. Su comercio es de gran consideración. Es el primer centro industrial del país. Actualmente es una de las ciudades más notables de América del Sur por sus magníficos edificios, suntuosos monumentos, bellos paseos y pintorescos alrededores. Sus edificios principales son: el Palacio del Gobierno, llamado Casa de la Moneda; la catedral, el hotel Carrera, las monumentales construcciones del Barrio Cívico, el Palacio de los Tribunales, el Palacio de Bellas Artes, etc. Posee varias universidades.

Hist. Fue fundada el 12 de febrero de 1541 por Pedro de Valdivia con el nombre de Santiago del Nuevo Extremo. Escenario principal del golpe militar de septiembre de 1973, durante el cual quedó parcialmente destruido el palacio presidencial de la Moneda, fue, asimismo, escenario principal de las violentas jornadas de protesta contra el régimen militar del general Pinochet, acaecidas, sobre todo, en 1983 y 1984, y de los disturbios populares producidos en 1998-99 tras la detención en Londres de Pinochet a instancias del juez español B. Garzón.
Santiago Provincia de la República Dominicana; 2.836 km² y 710.803 h. Su capital es Santiago de los Caballeros.
Santiago Santiago de Compostela.
Santiago o **Santiago de Tololotlán** Lerma, río de México.
Santiago, Área Metropolitana de Región de Chile; 15.349 km² y 5.783.707 h. Su capital es Santiago.
Santiago, Camino de Camino de Santiago.
Santiago, Orden de *Hist.* Orden militar y hospitalaria, fundada hacia 1161, durante el reinado de Fernando II de León, por un grupo de caballeros leoneses, para proteger a los peregrinos que visitaban el sepulcro

Santander (Cantabria). Retablo mayor de la catedral.

Santiago de Compostela (A Coruña). Vista aérea.

de Santiago, en Galicia. Participaron activamente en la Reconquista.

Santiago de los Caballeros Ciudad de la República Dominicana, capital de la provincia de Santiago; 375.000 h. Destilerías de ron.

Santiago de Chile Santiago.

Santiago de Compostela Municipio y ciudad de España, en la provincia de A Coruña; 93.672 h. Es la capital de la Comunidad Autónoma de Galicia desde 1981. Centro comercial y turístico. Universidad. Artesanía (orfebrería y platería). Catedral románica (siglo XI y XII), en la que destacan la portada de las Platerías y la fachada principal llamada *del Obradoiro* que protege al célebre Pórtico de la Gloria, joya de la escultura románica, obra del maestro Mateo (1188). Monasterio de San Martín Pinario, con notable fachada barroca. Hospital Real, fundado por los Reyes Católicos, hoy Parador de Turismo, Palacio de Gelmírez.

Santiago de Cuba 1 Provincia de Cuba; 6.170 km² y 1.023.293 h. 2 Ciudad capital de la misma; 440.084 h. Puerto comercial. Catedral erigida en 1592. Fundada en 1514 por Diego Velázquez de Cuéllar. Combate naval (3 de julio de 1898) que, junto con Cavite, decidió la derrota española frente a EE UU.

Santiago del Estero 1 Provincia de Argentina, en la región Norte; 136.351 km² y 696.092 h. 2 Ciudad capital de la misma; 201.709 h. Fundada por Francisco de Aguirre en 1553. Catedral (1570).

Santiago el Mayor. Cuadro del Maestro Valenciano. Museo Lázaro Galdiano (Madrid).

Santiago el Mayor Uno de los doce apóstoles de Jesús, hermano de san Juan Evangelista, martirizado en tiempos de Herodes Agripa (hacia 72). Según la tradición, estuvo en España y sus restos descansan en la catedral de Santiago.

Santiago el Menor Uno de los doce apóstoles de Jesús que murió lapidado por orden de Anás II (62). Autor de una epístola bíblica dedicada a los judíos que vivían en la dispersión.

Santiago Rodríguez Provincia de la República Dominicana; 1.112 km² y 62.144 h. Su capital es San Ignacio de Sabaneta.

santiagués, sa adj. y s. De Santiago de Compostela.
santiamén, en un fr. fig. y fam. En un instante.
santidad f. 1 Calidad de santo. 2 Tratamiento honorífico que se da al Papa.
santificar tr. 1 Hacer santo. 2 Dedicar a Dios una cosa. 3 Honrar al que es santo.

Marqués de **Santillana**. Retrato de Jorge Inglés. Palacio de Viñuelas (Madrid).

santiguar tr. y prnl. 1 Hacer la señal de la cruz desde la frente al pecho y desde el hombro izquierdo al derecho (los cristianos orientales, del derecho al izquierdo). || prnl. 2 fig. y fam. HACERSE UNO CRUCES, extrañándose o maravillándose de algo.

Santillana, Íñigo López de Mendoza, marqués de Militar, político y escritor español (Carrión de los Condes, 1398 - Guadalajara, 1458). Humanista influido por la literatura italiana, debe su fama a las *Serranillas* (1429-40). Destacan, también, *Refranes que dicen las viejas tras el fuego*, y los 42 *Sonetos fechos al itálico modo*, que introducen la nueva estrofa italiana en España. Además fue autor de los poemas alegóricos *Infierno de los enamorados* (h. 1430) y *La comedieta de Ponza* (h. 1440), así como de tratados poético-políticos, morales o filosóficos: *Diálogo de Bías contra Fortuna* (1448) y *Doctrinal de privados* (1454), contra don Álvaro de Luna.

santimonia f. Bot. Planta herbácea, de la familia compuestas, semejante a la matricaria.

santísimo, ma adj. Se aplica al Papa, como tratamiento honorífico. || **el Santísimo** Cristo en la eucaristía.
santo, ta adj. 1 Perfecto y libre de toda culpa. 2 Se dice de la persona canonizada por la iglesia. También s. 3 Se dice de la persona de especial virtud. También s. 4 Se dice de lo que está especialmente consagrado a Dios. 5 Se dice de los seis días de la Semana Santa que siguen al domingo de Ramos. En este caso se escribe con mayúscula. 6 Sagrado, inviolable. 7 Se dice de algunas cosas que traen provecho. 8 Con ciertos nombres, encarece el significado de éstos: *esperó todo el santo día*. También en superlativo. || m. 9 Imagen de un santo. 10 fam. Grabado, dibujo que ilustra una publicación. 11 Respecto de una persona, festividad del santo cuyo nombre lleva. || **santo y seña** Contraseña que permite pasar por un puesto de guardia. || **a santo de qué** loc. adv. Con qué motivo, a fin de qué, con qué pretexto. || **írsele** a uno **el santo al cielo** fr. fig. y fam. Olvidársele lo que iba a decir o lo que tenía que hacer. || **llegar y besar el santo** fr. fig. y fam. que explica la brevedad con que se logra una cosa.

Santo André Ciudad de Brasil, Estado de São Paulo; 518.272 h.

Santo Domingo 1 Distrito Nacional de la República Dominicana; 1.401 km² y 2.193.046 h. 2 Ciudad capital de la República Dominicana y del Distrito Nacional de su nombre; 1.609.966 h. Activo puerto. Importante turismo. Fundada en 1496 por Bartolomé Colón. De 1936 a 1961 se llamó *Ciudad Trujillo*.

Santo Domingo o **Haití** Española, La.
Santo Oficio Congregación para la Doctrina de la Fe.
Santo Sepulcro, Orden del *Hist.* Orden militar fundada hacia 1100, con ocasión de la primera cruzada, para guardar el Santo Sepulcro y hospedar a los peregrinos. Se estableció en España en 1131. Suprimida por el papa Inocencio VIII (1489), que asignó sus bienes a la de San Juan, aunque en España conservó su poder.

Santo Tomás (*Saint Thomas*) Isla de las Pequeñas Antillas, en el archipiélago de las Vírgenes estadounidenses; 83 km² y 48.166 h. Su capital es Charlotte Amalie.

Santo Tomé (*São Tomé*) **1** Isla del océano Atlántico, en el golfo de Guinea, que con la de Príncipe constituye el Estado de Santo Tomé y Príncipe; 859 km² y 114.507 h. **2** Ciudad capital de la misma, del Estado de Santo Tomé y Príncipe, y del distrito de Aqua Grande; 43.420 h.

Santo Tomé y Príncipe (*República Democrática de São Tomé e Príncipe*) República de África occidental, situada en el golfo de Guinea, del océano Atlántico, frente a la costa de Gabón, compuesta por las islas de Santo Tomé y Príncipe.

Geog. Su relieve es montañoso, con la máxima altura en el pico Santo Tomé (2.024 m). El clima es ecuatorial y la vegetación de selva. Cultiva cacao, café, nuez de palma, aceite de palma, coco, copra, mandioca y bananas. Pesca de atún. Pequeñas fábricas para la elaboración de productos agrícolas y forestales. Artesanía.

Hist. Fue descubierta por navegantes portugueses en el siglo XV y en el siguiente se convirtió en un enclave fundamental para el tráfico de esclavos del golfo de Guinea. Inicialmente considerada provincia de ultramar de Portugal, en los siglos siguientes su posesión fue disputada por holandeses y franceses. Alcanzó la independencia en 1975, tras la revolución portuguesa. Fue nombrado presidente de la República Manuel Pinto da Costa, líder del Movimiento de Liberación de Santo Tomé y Príncipe (MLSTP). Se formó un gobierno provisional presidido por

Superficie: 1.001 km².
Población: 144.000 h. (santotomenses).
Densidad: 143,9 h./km².
Tasa de natalidad: 43,2‰.
Tasa de mortalidad: 8‰.
Capital: Santo Tomé.
Ciudades principales: Trindade, Santana, Neves, Santo Amaro.
Religión: catolicismo (80,8%).
Idioma: portugués.
Moneda: dobra.
Forma de Estado: república presidencialista.
Producto Nacional Bruto: 38 millones de dólares.
Renta per cápita: 270 dólares.
División administrativa: 1 isla autónoma (Príncipe) y 6 distritos en la isla Santo Tomé, según cuadro.

SANTO TOMÉ Y PRÍNCIPE

Islas Distritos	Superficie (km²)	Población (h.)	Capitales
Santo Tomé	859	114.507	
Aqua Grande	17	43.420	Santo Tomé
Cantagalo	119	11.421	Santana
Caué	267	5.541	São João Angolares
Lemba	229	9.448	Neves
Lobata	105	13.101	Guadalupe
Mé-Zóchi	122	31.576	Trindade
Príncipe (isla autónoma)	142	5.639	Santo António

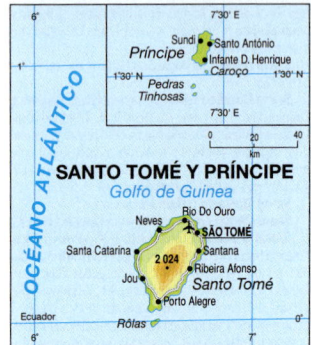

Miguel Trovoada. En 1980, el presidente asumió también las funciones de primer ministro; ambos cargos no volvieron a separarse hasta 1988, con el nombramiento de Celestino de Costa como jefe de gobierno. Las elecciones legislativas de 1991 supusieron el triunfo del Partido de Convergencia Democrática-Grupo de Reflexión y Daniel Daio fue nombrado primer ministro. En las presidenciales de ese mismo año resultó elegido el antiguo disidente Trovoada, reelegido en 1996. De 1992 a 2001 ocuparon el cargo de primer ministro Norberto Costa Alegre, Evaristo Carvalho, Carlos da Graça, Armando Vaz d'Almeida, Raul Bragança y Guilherme Posser da Costa. En 2001 Trovoada fue reemplazado por Fradique de Menezes, quien nombró primer ministro a Evaristo Carvalho, sustituido por Gabriel da Costa en marzo de 2002. Tras su destitución en septiembre, Maria das Neves fue la encargada de formar Gobierno. En 2003 se produjo un golpe de Estado en el país que depuso al presidente Fradique de Menezes. Tras firmar un acuerdo con los sublevados, el presidente reafirmó su confianza en la primera ministra, Maria das Neves, que formó nuevo Gobierno.

SANTOLINA[1] f. *Bot.* 1 ABRÓTANO, subarbusto de la familia compuestas. 2 BOTONERA.

SANTÓN[1] m. 1 El que profesa vida austera y penitente fuera de la religión cristiana, especialmente en la musulmana. 2 fig. y fam. Santurrón, hipócrita. 3 Persona entrada en años, de gran autoridad e influencia en una colectividad.

SANTÓN[2], **NA** adj. y s. Se dice del individuo de un antiguo pueblo de raza céltica, del cual tomó nombre la Santonia (actual *Saintonge*). Más en pl.

SANTOÑÉS, SA adj. y s. De Santoña.

SANTORAL m. 1 Libro que contiene la vida de los santos. 2 Libro de coro que contiene los oficios de los santos. 3 Lista de los santos y de sus festividades.

SANTOS Ciudad de Brasil, Estado de São Paulo; 415.554 h. Puerto exportador de café.

SANTOS, EDUARDO Político y periodista colombiano (Bogotá, 1888 - íd., 1974). Miembro del Partido Liberal, fue ministro de Relaciones Exteriores (1930) y presidente de la República (1938-42).

SANTOS, JOSÉ EDUARDO DOS Político angoleño (Luanda, 1942). En 1961 se unió al Movimiento Popular de Liberación de Angola (MPLA). Ministro de Asuntos Exteriores (1975-79), desde 1979 es presidente de la República.

SANTOS, LOS Provincia de Panamá; 3.805 km² y 83.495 h. Su capital es Las Tablas.

SANTOS, LOS Población de Panamá, provincia de su nombre. En ella se dio el grito de independencia el 13 de noviembre de 1821.

SANTOS, MÁXIMO Militar y político uruguayo (Canelones, 1844 - Buenos Aires, 1889). Fue presidente de la República (1882-86).

SANTOS ATAHUALPA, JUAN ATAHUALPA, JUAN SANTOS.

SANTOS CELAYA, JOSÉ ZELAYA, JOSÉ SANTOS.

SANTOS VEGA Personaje semilegendario argentino (s. XIX). Payador y trovero gaucho de la emancipación argentina, su vida ha sido cantada por poetas y escritores argentinos.

SANTPEDOR SAMPEDOR.

SANTUARIO m. 1 Templo en que se venera la imagen o reliquia de un santo de especial devoción. 2 Sancta sanctorum del tabernáculo o del templo de Jerusalén.

SANTURRÓN, NA adj. y s. 1 Exagerado en los actos de devoción. 2 Gazmoño, hipócrita que aparenta ser devoto.

SANZ, MIGUEL JOSÉ Abogado, político y escritor venezolano (Valencia, 1754 - Maturín, 1814). Luchó por la independencia de Venezuela y fue secretario del primer congreso de la República (1811). Vencidas las tropas republicanas en Urica, huyó a Maturín, donde murió.

SANZIO, RAFFAELLO RAFAEL, pintor italiano.

SAÑA f. 1 Furor, enojo ciego. 2 Intención rencorosa y cruel.

SÃO BERNARDO DO CAMPO Ciudad de Brasil, Estado de São Paulo, que forma parte del área metropolitana de la ciudad de São Paulo; 550.030 h.

SÃO FRANCISCO Río del E de Brasil, tributario del Atlántico, que nace en la sierra de Canastra, atraviesa los Estados de Minas Gerais y Bahia; 2.900 km de curso, la mayoría navegables.

SÃO JOSÉ DOS CAMPOS Ciudad de Brasil, Estado de São Paulo; 385.879 h.

SÃO LOURENÇO Río de Brasil, Estado de Mato-Grosso, que desemboca en el Paraguay.

SÃO PAULO 1 Estado de Brasil, situado en la región Sudeste; 248.89 km² y 34.119.110 h. **2** Ciudad capital del mismo; 9.393.753 h. Fundada por Manuel de Nóbrega y José de Anchieta en 1554, se convirtió, con el auge del café, en el principal centro económico del país.

SÃO PAULO DE LUANDA LUANDA.

SÃO TOMÉ SANTO TOMÉ.

SÃO TOMÉ E PRÍNCIPE SANTO TOMÉ Y PRÍNCIPE.

SAONA Isla del SE de la República Dominicana, separada de la costa por el paso de Catuán.

SAONA (*Saône*) Río de Francia, que nace en los Vosgos. Afluente del Ródano; 480 km de curso.

SAONA, ALTO (*Haute-Saône*) Departamento del E de Francia, en la región de Franco-Condado; 5.360 km² y 229.732 h. Su capital es Vesoul.

SAÔNE-ET-LOIRE Departamento de Francia, en la región de Borgoña; 8.575 km² y 544.893 h. Su capital es Mâcon.

SAPÁN m. *Bot.* Árbol de pequeño tamaño perteneciente a la familia leguminosas, de nombre científico *Caesalpinia sappan*, propio de la India y Malasia.

SAPELLI m. *Bot.* Árbol perteneciente a la familia meliáceas, de nombre científico *Entandrophragma cylindricum*, cuyo tronco puede llegar a superar el metro de diámetro. Crece en el O de África y su madera es de gran calidad.

SAPERDA *Zool.* Nombre de varias especies de insectos coleópteros pertenecientes a la familia cerambícidos, género *Saperda*.

SAPIENCIA f. SABIDURÍA.

SAPINDÁCEO, A adj. y s. *Bot.* **1** Se dice de la planta dicotiledónea exótica, de fruto capsular con semilla sin endosperma, como el jaboncillo. || f. pl. *Bot.* **2** Familia de estas plantas.

SAPINO m. *Bot.* Abeto, árbol.

SAPIR, EDWARD Antropólogo y lingüista estadounidense de origen alemán (Lauenburg, 1884 - New Haven, 1939). Su concepción del lenguaje se manifiesta en la llamada *hipótesis de Sapir-Whorf*, según la cual la lengua es determinante en la concepción del mundo. Su obra más relevante es *El lenguaje* (1921).

SAPO m. *Zool.* Nombre común de numerosas especies de anfibios anuros de la familia bufónidos. Tienen el cuerpo rechoncho, ojos saltones, extremidades cortas y piel verrugosa provista de glándulas mucosas y granulosas, que secretan sustancias acres e irritantes, a menudo venenosas. Viven en las zonas templado-cálidas del mundo. || **SAPO COMÚN** *Zool.* De nombre científico *Bufo bufo*, durante la época de celo se reúne en grupos alrededor del agua. Es la especie más grande europea. || **SAPO CORREDOR** *Zool.* De nombre científico *B. calamita*, es pequeño, de color oliváceo y con una raya clara en el dorso. Vive en el O de Europa. || **SAPO PARTERO** *Zool.* De nombre científico *Alytes obstetricans*, se caracteriza porque el macho transporta los huevos entre las patas posteriores hasta el nacimiento de los renacuajos. Vive en el SO de Europa. || **echar** uno **sapos y culebras** fr. fig. y fam. Proferir con enojo insultos o blasfemias.

SAPONÁCEO, A adj. De naturaleza o de aspecto de jabón.

SAPONIFICACIÓN f. *Quím.* Reacción entre los aceites o grasas y soluciones alcalinas que permite la obtención de jabón.

SAPONIFICAR tr. y prnl. *Quím.* Convertir en jabón un cuerpo graso.

SAPONINA f. *Quím.* Nombre de diversos glicósidos abundantes en el reino vegetal, sobre todo en la jabonera. Tienen propiedades detergentes.

SAPONITA f. *Miner.* Mineral hidrosilicato de magnesio y aluminio que se usa en la fabricación de porcelana.

SAPOR Nombre de diversos reyes sasánidas de Persia.

SAPOR I (? - ?, 272). Hijo de Ardashir I, a quien sucedió en el 241. Venció y dio muerte al emperador romano Valeriano. Durante su reinado se fundó el MANIQUEÍSMO.

SAPOR II (?, - ?, 379). Hijo de Ormizd II, ocupó el trono desde 309. Luchó contra los romanos, a los que arrebató Armenia y parte de Georgia.

SAPOR III (?, - ?, 388). Hijo de Sapor II, ocupó el trono desde 383. Firmó la paz con Teodosio.

SAPOTÁCEO, A adj. y f. *Bot.* **1** Se dice de la planta dicotiledónea, arbórea o arbustiva, con un sistema de tubos laticíferos bien desarrollado, frutos en drupa o baya y semillas de albumen carnoso u oleoso o sin albumen, como el zapote. || f. pl. *Bot.* **2** Familia de estas plantas.

SAPOTE m. *Bot.* ZAPOTE, árbol.

SAPPORO Ciudad de Japón, capital de la isla y prefectura de Hokkaido; 1.756.968 h.

-SAPR- in. SAPRO-.

SAPRO-, SEPS-, SEPTI-, SEPTIC-; -SAPR-; -SEPSIA prefs., in. o suf. que significan podredumbre, descomposición: *asaprol, asepsia*.

SAPROBIO, BIA adj. y s. *Ecol.* Se aplica al organismo que habita sobre materias orgánicas en descomposición.

SAPRÓFAGO, GA adj. y s. *Ecol.* Se dice del ser vivo que se alimenta de materias en descomposición.

SAPRÓFITO, TA adj. y s. **1** *Biol.* Se dice del microorganismo que vive normalmente en el cuerpo, sobre todo en el tubo digestivo, a expensas de las materias en putrefacción. **2** *Bot.* Según la clasificación de Ellemberg y Mueller-Dombois, se dice de la planta heterótrofa que vive a expensas de materia orgánica en descomposición.

SAPRÓGENO, NA adj. *Ecol.* Se dice del organismo que se alimenta de materia orgánica no viva.

SAPROPEL m. *Geol.* Sedimento producido por restos orgánicos en descomposición. Puede ser uno de los orígenes del petróleo o del gas natural.

SAQQARA SAKKARA.

SAQUE m. *Dep.* Acción de sacar; se dice particularmente en el juego de pelota. || **SAQUE DE ESQUINA** *Dep.* En fútbol, el que realiza con el pie un jugador del equipo atacante desde una esquina del campo. || **tener buen saque** fr. fig. y fam. Comer o beber mucho.

SAQUEAR tr. **1** Apoderarse violentamente los soldados de lo que hallan en un paraje. **2** Entrar en un sitio robando o cogiendo cuanto se halla.

sapo corredor

Pablo **Sarasate**. Retrato de Salustiano Asenjo. Ayuntamiento de Pamplona (Navarra).

Sara Personaje del Antiguo Testamento (s. XXII a. C.). Esposa de Abraham y madre de Isaac.

Sara-Urcu Pico de los Andes ecuatorianos, entre las provincia de Napo y Pichincha; 4.676 m.

Saragat, Giuseppe Político italiano (Turín, 1898 - Roma, 1988). Miembro del Partido Socialista, encabezó la escisión que dio origen al Partido Socialista Italiano del Trabajo (1947), luego Partido Socialdemócrata. Fue presidente de la República de 1964 a 1971.

Saraiva de Carvalho, Otelo Militar y político portugués (Lourenço Marques, 1936). Fundador del Movimiento de las Fuerzas Armadas que puso fin a la dictadura de Caetano (1974), formó parte de la junta militar de gobierno (1975). Posteriormente fue encarcelado bajo la acusación de ser dirigente de la organización terrorista Fuerzas Populares 25 de abril (1980-89).

Sarajevo Cantón y ciudad capital de Bosnia-Herzegovina; 2.890 km² y 526.000 h. El asesinato en esta ciudad del archiduque Francisco Fernando por un nacionalista serbio (1914) desencadenó la Primera Guerra Mundial. Durante la guerra civil de Bosnia (1992), la ciudad sufrió un cruel asedio por parte de las tropas serbias. El acuerdo de paz de 1995 la declaró ciudad unificada (véase Bosnia-Herzegovina, Hist.).

Saramago, José Escritor portugués (Azhinhaga, 1922). Aunque ha cultivado todos los géneros, ha destacado como novelista, con obras tan originales y sorprendentes como *El día de la muerte de Ricardo Reis* (1984), *La balsa de piedra* (1986), *El cerco de Lisboa* (1989), *Las maletas del viajero* (1993), *Ensayo sobre la ceguera* (1996), *Todos los nombres* (1998), *La caverna* (2000), *El hombre duplicado* (2003) y *Ensayo sobre la lucidez* (2004). Premio Nobel de Literatura en 1998.

Sarampión m. *Pat.* Enfermedad viral aguda, febril y altamente contagiosa, que se manifiesta por multitud de manchas pequeñas y rojas y tos.

Sarandon, Susan Actriz de cine estadounidense (Nueva York, 1946). De gran versatilidad y amplitud de registro, ha intervenido en filmes como *La pequeña* (1977), *La tempestad* (1982), *Thelma & Louise* (1991), *Pena de muerte* (1995, Oscar a la mejor actriz), *Al caer el sol* (1997), *Quédate en mi lado* (1998), *Abajo el telón* (1999), *A cualquier otro lugar* (2000) y *El compromiso* (2002).

Saransk Ciudad de la Federación de Rusia, al SE de Moscú, capital de la República federada de Marduinos; 320.000 h.

Sarao m. 1 Fiesta o reunión nocturna con baile o música. 2 Por extensión, fiesta nocturna. 3 Lío, embrollo.

Sarape m. *Méx.* Especie de capote de lana o cocito de algodón, generalmente de colores vivos, con abertura en el centro para la cabeza.

Sarasa m. fam. Hombre afeminado, marica.

Sarasate, Pablo (Martín Melitón Sarasate, llamado) Violinista y compositor español (Pamplona, 1844 - Biarritz, 1908). Virtuoso violinista, gran parte de su obra está basada en el folclore español: *Danzas españolas* (1878, 1879, 1880 y 1882), *Jota aragonesa* (1883), *Serenata andaluza* (1883).

Sarasvati *Rel.* Diosa hindú, esposa de Brahma. Representa la abundancia y las artes.

Saratoga o **Saratoga Springs** Población de EE UU, en el Estado de Nueva York; 18.845 h. En sus proximidades tuvieron lugar dos importantes combates (septiembre y octubre de 1777), con la capitulación final del general inglés Burgoyne ante las tropas patrióticas al mando de Gates, hecho que afianzó la posibilidad de independencia estadounidense.

Saratov 1 Región de la Federación de Rusia, en la República federada de Rusia; 100.200 km² y 2.739.000 h. 2 Ciudad capital de la misma, a orillas del Volga; 895.000 h. Catedral barroca.

Saravia, Aparicio General y político uruguayo (Pablo Páez, 1855 - ?, 1904). Líder del Partido Blanco, promovió una sublevación contra el presidente Idiarte Borda (1897), y otra durante el mandato de Batlle y Ordóñez (1903).

sarazo, za adj. *Bot. Amér.* Se dice del fruto que empieza a madurar, especialmente del maíz.

-sarca suf. sarco-.

sarcasmo m. 1 Burla cruel, ironía mordaz. 2 *Ret.* Figura retórica que consiste en emplear esta especie de ironía o burla.

sarcástico, ca adj. Que denota sarcasmo.

sarco-; -sarca, -sarco pref. o sufs. que significan carne.

sarcodino, na adj. *Zool.* 1 Se dice del protozoo en que el movimiento implica un flujo de protoplasma, a menudo con seudópodos reconocibles. || m. pl. *Zool.* 2 Superclase de estos animales.

sarcófago m. Sepulcro, especialmente el que tiene adornos esculpidos o pintados. Tienen su origen en Egipto.

sarcolema f. *Biol.* Vaina muy fina de tejido conjuntivo que recubre la fibra muscular.

sarcoma m. *Pat.* Tumor maligno de rápido crecimiento que se desarrolla en el tejido conjuntivo embrionario de numerosos órganos.

sarcosoma m. *Biol.* Conjunto de mitocondrias propias de la célula muscular.

Sardá, José Militar español (Navarra, ? - Bogotá, 1834). Combatió a los franceses, pero después se puso a las órdenes de Napoleón. Marchó a México (1817) y luego a Colombia (1818), países en los que luchó contra las tropas españolas. Fue gobernador de Riohacha (1821). Posteriormente, conspiró contra el vicepresidente Santander y fue asesinado.

sardana f. Danza en corro, tradicional de Cataluña.

Sardanápalo Legendario rey de Asiria (h. 822 a. C.). Al ser cercada Nínive por los medos, mandó construir una inmensa pira sobre la cual ardió con su harén y sus tesoros.

Sardes *Geog. hist.* Antigua ciudad de Asia Menor, capital de Lidia. Fueron célebres su comercio, lujo y riquezas.

Sárdica *Geog. hist.* Antigua ciudad de Dacia, capital de la Iliria oriental. En el año 343, se celebró allí el célebre Concilio de su nombre.

sardina f. *Zool.* Nombre de varios peces teleósteos marinos pertenecientes a la familia clupeidos. Tienen el cuerpo alargado y comprimido, de unos 20 cm de longitud, con el dorso azul y el vientre plateado. Su pesca posee gran importancia económica. || **sardina arenque** arenque. || **como sardinas en lata** loc. adv. Con muchas apreturas, por la gran cantidad de gente reunida en un lugar.

sardineta f. Golpe rápido dado con los dedos índice y corazón juntos.

sardio f. *Miner.* sardónice.

sardo, da adj. y s. 1 De Cerdeña. || m. *Ling.* 2 Lengua romance hablada en Cerdeña.

sardonia f. *Bot.* Planta cuyo jugo produce en los músculos de la cara una contracción que imita la risa.

sardónice f. *Miner.* Ágata de color amarillo con zonas oscuras.

sardónico, ca adj. fig. 1 risa sardónica. 2 Sarcástico, irónico. 3 *Bot.* Relativo a la sardonia.

Sardou, Victorien Dramaturgo francés (París, 1831 - íd., 1908). Cultivó la comedia, el drama histórico y el melodrama: *Patria* (1869), *Thermidor* (1891), *Madame Sans-Gene* (1893), *Robespierre* (1902).

Sarduy, Severo Escritor cubano (Camagüey, 1937 - París, 1994). Sus novelas presentan cierto barroquismo y un humor que en ocasiones raya en el absurdo y grotesco: *Gestos* (1963), *Cobra* (1972), *Colibrí* (1984), *Cocuyo* (1990). Como poeta ha publicado *Overdose* (1972) y *Corona de las frutas* (1991).

Saret, Lewis Hastings Químico estadounidense (Champaing, 1917). Realizó por primera vez la síntesis de la cortisona (1944).

sarga f. *Bot.* Planta arbustiva de la familia salicáceas, género *Salix*, especie de sauce común que crece en España junto a los ríos, cuyas ramas, largas y flexibles, se usan en cestería.

sargadilla f. *Bot.* Planta perenne de la familia quenopodiáceas, que se cría en España y en el mediodía de Francia.

sargatillo m. *Bot.* Planta perteneciente a la familia verbenáceas, de nombre científico *Vitex agnuscastus*, muy ramosa y de unos cuatro metros de altura, que crece en el E y S de la península Ibérica.

sargazo m. *Bot.* Nombre de varias especies de algas feofíceas, marinas, pertenecientes a la familia fucáceas. Son muy comunes en los mares cálidos del hemisferio austral.

Sargazos, Mar de los *Ocean.* Porción del océano Atlántico, situada entre las Antillas, Bermudas y Azores, cubierta en gran parte de su superficie por algas marinas de la especie *Sargassum baccifer*.

Sargent, John Singer Pintor estadounidense (Florencia, 1856 - Londres, 1925). Influido por el impresionismo, entre sus mejores obras se encuentran los murales de la Biblioteca Pública de Boston (1890-1916).

sargento com. *Mil.* Individuo de la clase de suboficiales, que tiene empleo superior al de cabo primero.

sargo m. *Zool.* Pez teleósteo marino perteneciente a la familia espáridos, de nombre científico *Diplodus sargus*, con el cuerpo ovalado, de unos 50 cm de longitud, y coloración plateada con bandas negruzcas verticales en los flancos.

Sargón Nombre de dos reyes de Asiria.

Sargón I (? - ?) Reinó desde el 2048 al 2030 a. C.

Sargón II (? - ?, 705 a. C.). Reinó desde el 721 a. C., como sucesor de Salmanasar V, a quien usurpó el trono. Fundador de una importante dinastía, fue el principal artífice del poderío asirio. Conquistó Samaría, capital de Israel (721 a. C.), e invadió Urartu (714 a. C.), Chipre, Frigia y Babilonia (709 a. C.). Construyó la residencia de Jorsabad, nueva capital del imperio.

Sargón de Acad Rey de Acad (s. XXVII a. C.). Fundador del imperio acadio, h. 2350 a. C. Tras conquistar Sumer, parte de Elam y Siria, constituyó por primera vez en Mesopotamia un Estado centralizado.

sari m. Prenda femenina de las mujeres hindúes, que consiste en un manto largo arrollado al cuerpo.

Sarkis, Elías Político libanés (Chebanyeh, 1924 - París, 1985). Presidente de la República (1976-82), trató de mantener la legitimidad del Estado ante Siria e Israel.

Sarmacia *Geog. hist.* Antiguo país de Europa, comprendido entre el Vístula y el Volga. El imperio sármata fue destruido por los godos en los siglos III y IV.

sármata adj. 1 *Etnol.* e *Hist.* Se dice de un antiguo pueblo iranio que se estableció en Europa central en el siglo IV a. C. Fue asimilado por los godos, a los que transmitió algunos de sus rasgos culturales, como la orfebrería. 2 De este pueblo. También s.

sarmentar tr. *Agr.* Coger los sarmientos podados. ◆ IRREG. Se conjuga como acertar.

sarmiento m. *Bot.* Vástago de la vid, largo, delgado, flexible y nudoso, de donde brotan las hojas y los racimos.

Sarmiento, Domingo Faustino Escritor y político argentino (San Juan, 1811 - Asunción, 1888). Seguidor de los unitarios, tuvo que emigrar a Chile al producirse el triunfo de Rosas. Se unió a Urquiza para luchar contra Rosas, pero después del triunfo de Caseros se separaron. Fue presidente de la República (1868-74). Entre sus mejores escritos políticos figuran *Facundo. Civilización y barbarie* (1845) y *Recuerdos de Provincia* (1850), y entre sus ensayos, *De la educación popular* (1849).

Sarmiento de Gamboa, Pedro Navegante y cronista español (Pontevedra, 1532 - en el Atlántico, 1592). Tras

Sargón II. Relieve procedente del palacio de Khorsabad. Museo Egipcio (Turín).

Andrea del **Sarto**.
Natividad de la Virgen.
Iglesia de la Anunciación
(Florencia).

dirigir una expedición al S del Pacífico, regresó a España en 1580 y fue nombrado gobernador y capitán general de Magallanes. Escribió *Historia de los incas* y *Viaje al estrecho de Magallanes.*

Sarmiento y Sotomayor, García, conde de Salvatierra Político español (? - Lima, 1659). Virrey de Nueva España (1642-48) y de Perú (1648-55).

Sarmiento y Valladares, José, conde de Moctezuma y de Tula Político español (San Román de Sajamonde, 1643 - Madrid, 1708). Virrey de Nueva España (1697-1701), reactivó la agricultura y la minería y protegió las misiones.

sarna f. *Med.* Enfermedad cutánea contagiosa producida por el ácaro denominado arador de la sarna (*Sarcoptes scabiei*). Se caracteriza por la aparición de multitud de vesículas y pústulas que ocasionan gran prurito.

Sarney, José Político brasileño (Pinheiro, 1930). Vicepresidente de la República, la muerte del presidente electo Tancredo Neves le llevó a ocupar la presidencia del país (1985-90).

Saroyan, William Escritor estadounidense de origen armenio (Fresno, 1908 - íd., 1981). En su obra narrativa destacan *Mi nombre es Aram* (1940) y *La comedia humana* (1943). Autor asimismo de las piezas teatrales *Mi corazón está en las montañas* (1939) y *Gente guapa* (1941).

Sarpedón *Mit.* Rey legendario de Licia, que combatió junto a los troyanos y fue muerto por Patroclo.

sarpullido m. Erupción leve y pasajera en el cutis, formada por muchos granitos o ronchas.

sarraceno, na adj. y s. **1** De la antigua Arabia Feliz, actual Yemen. **2** Musulmán, moro.

Sarrailh, Jean Hispanista francés (Monein, 1891 - Bayona, 1964). Especialista en literatura española de los siglos XVIII y XIX, es autor de *España ilustrada de la segunda mitad del siglo XVIII* (1954).

Sarratea, Manuel de Político y diplomático argentino (Buenos Aires, 1774 - Limoges, 1849). Participó en la revolución de mayo de 1810 y formó parte del Primer Triunvirato (1811). Fue el primer gobernador de Buenos Aires (1820).

Sarraute, Nathalie Escritora francesa de origen ruso (Ivanovo, 1902 - París, 1999). Considerada una de las figuras más representativas del «noveau roman», entre su producción figuran *El planetario* (1959), *Los frutos de oro* (1963) y *Tú no te quieres* (1989).

Sarrazin, Albertine Novelista francesa (Argel, 1937 - París, 1967). Su turbulenta vida quedó reflejada en las novelas *El astrágalo* (1965) y *La fuga* (1966), escritas en la cárcel.

Sarre Río francoalemán, afluente del Mosela; 246 km.

Sarre Land de Alemania; 2.570 km² y 1.082.700 h. Su capital es Saarbrücken. Rica cuenca hullera. Después de la Primera Guerra Mundial fue transferido a la Sociedad de Naciones y ocupado por Francia hasta 1935, en que se celebró un plebiscito que decidió la reincorporación a Alemania. En 1945 fue de nuevo ocupado por Francia y en 1957 pasó definitivamente a la RFA.

Sarrebruck SAARBRÜCKEN.

sarro m. **1** Sedimento que dejan en las vasijas algunos líquidos que llevan sustancias en suspensión o disueltas. **2** *Bot.* Roya de los vegetales. **3** *Med.* Sustancia amarillenta, más o menos oscura y de naturaleza calcárea, que se adhiere al esmalte de los dientes. **4** *Med.* Saburra de la lengua.

Sarrus, Pierre Matemático francés (Saint-Affrique, 1798 - íd., 1816). Se le deben, entre otros, un método para hallar las condiciones de integración de una función diferencial y la regla que lleva su nombre, para encontrar el desarrollo de un determinante de tercer orden.

Sarstún Río de Guatemala; nace en Alta Verapaz, sirviendo después de límite entre Petén e Izabal, y entre éste y Belice. Desemboca en la bahía de Amatique.

sarta f. **1** Serie de cosas metidas por orden en un hilo, cuerda, etc. **2** fig. Serie de sucesos o cosas no materiales, iguales o análogas.

sartén f. **1** Vasija metálica circular, de fondo plano y con mango, que sirve para freír, tostar o guisar algo. **2** Lo que se fríe de una vez en la sartén. **3** FRUTA DE SARTÉN. || **tener uno la sartén por el mango** fr. fig. y fam. Predominar, asumir el principal manejo y autoridad en un asunto.

sartenada f. Lo que se fríe de una vez en la sartén, o lo que cabe en ella.

Sarthe Río de Francia que nace en el departamento del Orne. Con el Mayenne, forma el Maine; 285 km.

Sarthe Departamento del NO de Francia, en la región de País del Loira, regado por el río de su nombre; 6.206 km² y 529.851 h. Su capital es Le Mans.

Sarti, Giuseppe Compositor y organista italiano (Faenza, 1729 - Berlín, 1802). De entre sus más de ochenta óperas, destacan *Ciro riconosciuto* (1754), *Entre los dos litigantes* (1782) y *Armida y Rinaldo* (1786).

Sarto, Andrea del (ANDREA D'ANGIOLO O D'AGNOLO, llamado) Pintor italiano (Florencia, 1487 - íd., 1531). Es el principal representante del clasicismo florentino. Autor de *Cortejo de los Magos* (1511), *Madonna de las*

Cultura **sasánida**. El rey Firuz I de caza. Museo Metropolitano (Nueva York).

arpías (1517), *La última cena* (1519-29) y diferentes retratos.

sartorio adj. y s. *Anat.* Gran músculo del muslo, cuya acción es flexionar las articulaciones de la cadera y la rodilla y la rotación lateral del fémur.

Sartre, Jean Paul Filósofo y escritor francés (París, 1905 - íd., 1980). Considerado el más destacado representante del existencialismo en Francia, dentro de su obra filosófica figuran *El ser y la nada* (1943) y *Crítica de la razón dialéctica* (1960). Además, pueden citarse las novelas *La náusea* (1938) y el ciclo *Los caminos de la libertad* (1945-49), las piezas teatrales *Las moscas* (1943), *Las manos sucias* (1948) y *El diablo y Dios* (1951), la autobiografía de su infancia *Las palabras* (1964), y el ensayo *El existencialismo es un humanismo* (1946). En 1964 fue galardonado con el premio Nobel de Literatura, que rechazó.

sasánida adj. **1** *Hist.* Se dice de una dinastía de reyes persas, fundada por Ardashir I el 226, tras derrotar a Artabán V. En el 641, fue derrocada por los árabes. Más como m. pl. **2** Se dice también de sus miembros. También com. **3** Relativo a esta dinastía.

Saskatchewan Río de Canadá, tributario del lago Winnipeg; 2.438 km.

Saskatchewan Provincia de Canadá; 652.330 km² y 1.028.137 h. Su capital es Regina. Cereales (trigo). Minerales (uranio). Ganadería.

Sassari 1 Provincia de Italia, en Cerdeña; 7.520 km² y 458.297 h. **2** Ciudad de Italia, capital de la provincia de su nombre; 122.010 h. Industria alimentaria. Catedral (siglo XV).

sastre, tra m. y f. Persona que confecciona trajes, generalmente de hombre.

Satán Uno de los nombres del demonio.

Satanás El demonio, Satán.

satánico, ca adj. **1** Relativo a Satanás. **2** fig. Extremadamente perverso.

satélite m. **1** *Astron.* Cuerpo celeste opaco que gira alrededor de un planeta primario. Todos los satélites, excepto la Luna, son invisibles a simple vista. Salvo Mercurio y Venus, todos los demás planetas del Sistema Solar tienen satélites: la Tierra, 1; Marte, 2; Júpiter, 13; Saturno, 17; Urano, 5; Neptuno, 2; y Plutón, 1. **2** *Biol.* Segmento de un cromosoma, que se halla distante, pero unido al resto del cromosoma por un filamento acromático. **3** *Mec.* Rueda dentada de un engranaje que gira libremente sobre un eje para transmitir el movimiento de otra rueda dentada. **4** *fam.* Oficial menor de justicia. **5** fig. Persona o cosa que depende de otra y la sigue o acompaña continuamente. || adj. y s. **6** Se dice de un Estado dominado política y económicamente por otro más poderoso. || **satélite artificial** *Astron.* Vehículo, tripulado o no, que se coloca en órbita alrededor de la Tierra o de otro astro, y va provisto de aparatos apropiados para recoger información y retransmitirla.

satén m. Tejido arrasado.

Satie, Erik Compositor francés (Honfleur, 1866 - París, 1925). Su obra estuvo inspirada por principios dadaístas y surrealistas. Es autor del ballet *Parada* (1917), el oratorio de cámara *Sócrates* (1918) y de composiciones para piano: *Tres gimnopedias* (1888), *Danzas góticas* (1893).

satín m. *Bot.* Madera americana semejante al nogal.

satinar tr. Dar al papel o a la tela tersura y lustre por medio de la presión.

sátira f. **1** *Lit.* Composición poética u otro escrito cuyo objeto es censurar o poner en ridículo a personas o cosas. **2** Discurso o dicho agudo, picante o mordaz.

satírico, ca adj. **1** Perteneciente a la sátira. **2** Se dice del escritor que cultiva la sátira. También s.

satirio m. *Zool.* Roedor semejante a la rata, de pelaje pardo con visos rojizos. Vive en las orillas de los arroyos.

satirión m. *Bot.* Planta herbácea, vivaz, de la familia orquidáceas, de raíces con dos tubérculos parejos y aovados, de los que se obtiene una fécula comestible conocida como salep.

satirizar intr. **1** Escribir sátiras. || tr. **2** Zaherir, motejar.

sátiro m. **1** Composición escénica lasciva y desvergonzada. **2** fig. Hombre lascivo. **3** *Mit.* En la mitología griega y romana, divinidad menor campestre que personifica el culto a la naturaleza; se representaba con la mitad superior del cuerpo con figura de hombre y la mitad inferior con figura de cabra.

satisfacción f. **1** Razón, acción o modo con que se repara una injuria o un daño. **2** Presunción, vanagloria. **3** Confianza, seguridad del ánimo. **4** Cumplimiento del deseo o del gusto.

satisfacer tr. **1** Pagar una deuda. **2** Hacer una obra que merezca el perdón de la pena debida. **3** Calmar y contener las pasiones del ánimo. **4** Saciar un apetito o pasión. **5** Dar solución a una duda o a una dificultad. **6** Deshacer un agravio u ofensa. **7** Premiar los méritos. **8**

Erik **Satie**. Retrato de Antoine de la Rochefoucauld.

Cumplir algo ciertas condiciones o exigencias. || prnl. **9** Vengarse de un agravio. **10** Calmarse, convencerse. ♦ IRREG. Se conjuga como HACER.

SATISFACTORIO, RIA adj. **1** Que satisface. **2** Grato, próspero.

SATO, EISAKU Político japonés (Tabuse, 1901 - Tokio, 1975). Primer ministro de 1964 a 1972. En 1974 recibió el premio Nobel de la Paz, que compartió con Sean MacBride.

SÁTRAPA m. **1** *Hist.* Gobernador de una provincia de la antigua Persia. **2** fig. y fam. Hombre ladino y que actúa con astucia.

SATTAR, ABDUS Político de Bangladesh (Birbhum, 1906 - Dhaka, 1985). Ocupó la presidencia de la República tras el asesinato de Ziaur Rahman (1981). En marzo de 1982 fue derrocado por un golpe de Estado.

SATURACIÓN f. **1** Acción y efecto de saturar o saturarse. **2** Acumulación excesiva de algo. **3** *Econ.* Oferta excesiva de algún producto que no puede ser asimilado por el mercado. **4** *Quím.* Estado límite de equilibrio entre dos o más fases, en especial el de la disolución que no admite más soluto.

SATURAR tr. **1** Hartar, saciar. **2** Llenar algo completamente. **3** *Fís.* Disolver o empapar una cosa en otra hasta que se agote la capacidad de asimilación de ésta y no pueda admitir más de aquélla. **4** *Quím.* Combinar dos o más cuerpos en las proporciones atómicas máximas en que pueden unirse.

SATURNAL adj. **1** *Astron.* Relativo a Saturno. || f. **2** *Mit.* Fiestas de fin de año, que se celebraban en Roma en honor de Saturno. Más en pl. **3** fig. Orgía desenfrenada.

SATURNISMO m. *Med.* Enfermedad crónica producida por la intoxicación a causa de sales de plomo.

SATURNO m. *Quím.* Nombre dado al plomo por los alquimistas.

SATURNO *Astron.* Sexto planeta del Sistema Solar, el segundo más grande después de Júpiter y muy semejante a éste en cuanto a su constitución. Su distancia media al Sol es de unos 1.430 millones de km y su período sideral es de 29,46 años terrestres. Con un diámetro ecuatorial de 120.800 km, su masa es 95 veces la de la Tierra y su volumen, 762 veces. Gira con un período de 10 horas 15 minutos alrededor de su eje y su

Saturno

atmósfera está formada por hidrógeno y helio principalmente. Aparece rodeado de un sistema de anillos circulares planos, luminosos, formados por partículas de hielo amónico. Posee diecisiete satélites: Jano, Mimas, Encélado, Tetis, Dione, Rea, Titán, Hiperión, Japeto, Febe, Atlas, Epimeteo, Telesteo, Calipso, Dione B, 1980 S 27 y 1980 S 26.

SATURNO *Mit.* Dios itálico, de origen etrusco, que posteriormente se helenizó como CRONO. Tras ser expulsado del cielo por Júpiter, se instaló en el Lacio y reinó en Saturnia, futura Roma. Enseñó la agricultura a los hombres. Su reinado en la Tierra se conoce como la *Edad de Oro*.

SAUCE m. *Bot.* Nombre de varias especies de árboles y arbustos de la familia salicáceas pertenecientes al género *Salix*. Crecen en las orillas de los ríos y en zonas húmedas. El sauce llorón o de Babilonia (*S. babylonica*) es un árbol de copa amplia y ramas y ramillas largas y flexibles, que cuelgan hasta el suelo.

SAÚCO m. **1** *Bot.* Arbusto caducifolio perteneciente a la familia caprifoliáceas, de nombre científico *Sambucus nigra*, con los tallos gruesos y rellenos de una médula blanda y esponjosa, corteza parda y rugosa, y flores blancas o cremosas. **2** Segunda tapa de los cascos de las caballerías.

SAUD IBN ABDUL AZIZ Rey de Arabia Saudí (Kuwait, 1902 - Atenas, 1969). Sucedió a su padre, Ibn Saud, en 1953. En 1958 nombró jefe del gobierno a su hermano y heredero, Faisal, que le derrotó en 1964.

SAUDADE (Voz port.) f. Nostalgia, añoranza.

SAUDÍ o **SAUDITA** adj. **1** *Hist.* Se dice de la dinastía reinante en ARABIA SAUDÍ desde 1932. Aplicado a personas, también com. **2** Por extensión, perteneciente o relativo a Arabia Saudí.

sauce

SAÚL Primer rey de Israel (? - ?, h. 1010 a. C.). Ungido por el profeta Samuel, gobernó aproximadamente desde 1030. Venció a los filisteos y a los amalecitas. Derrotado en Gelboé por los filisteos, se suicidó en el mismo campo de batalla.

SAUNA f. **1** Baño de calor que produce una rápida y abundante sudoración y que se toma con fines higiénicos. **2** Local en que se toman estos baños.

SAUQUILLO m. *Bot.* Mundillo, arbusto.

SAUR-, SAURI-, SAURO-, -SAURIO, -SAURO prefs. o sufs. que significan lagarto.

SAURA, CARLOS Director de cine español (Huesca, 1932). Sus primeros filmes constituyen ejercicios de humor intelectual y reflexión sociopolítica: *La caza* (1965), *Peppermint frappée* (1967), *La prima Angélica* (1973), *Cría cuervos* (1975), *Elisa, vida mía* (1977). Entre sus películas posteriores, figuran *Bodas de sangre* (1980), *Carmen* (1984), *El amor brujo* (1986), *Flamenco* (1995), *Taxi* (1996), *Pajarico* (1998), *Goya en Burdeos* (1999) y *Buñuel y la mesa del rey Salomón* (2001).

SAURIO adj. y m. *Zool.* **1** Se dice del reptil escamoso con el cuerpo alargado, cilíndrico y dos pares de extremidades (raramente atrofiadas), terminadas en cinco dedos. Son animales terrestres, muy comunes en climas cálidos, como los lagartos, lagartijas, agamas, escincos, varanos e iguanas. || m. pl. *Zool.* **2** Suborden de estos reptiles.

SAURO-; -SAURO pref. o suf. SAUR-.

SAUSSURE, FERDINAND DE Filólogo suizo (Ginebra, 1857 - castillo de Vufflens, 1913). Considerado el fundador de la lingüística moderna, en sus investigaciones enunció la dicotomía lengua/habla, por lo que se considera el punto de partida del estructuralismo. Se le debe también la definición del signo lingüístico como combinación de

un significante y un significado, así como la distinción entre sincronía y diacronía de la lengua. Su obra principal, *Curso de lingüística general*, fue publicada en 1916 por sus discípulos Bally y Sechehaye.

SAUSSURE, HORACE BENOIT DE Naturalista y físico suizo (Conches, 1740 - Ginebra, 1799). Se le debe el descubrimiento de varios minerales y la invención del higrómetro de cabello y un anemómetro.

SAUSSURE, NICOLAS THÉODORE DE Naturalista y químico suizo (Ginebra, 1767 - íd., 1845). Hijo de Horace. Realizó investigaciones sobre fisiología vegetal y fermentaciones.

SAUTOR m. *Bl.* SOTUER.

SAUVAGE, PIERRE LOUIS FRÉDÉRIC Inventor francés (Boulogne-sur-Mer, 1786 - París, 1857). Su invento capital fue la hélice de propulsión, que aplicó a la navegación de vapor.

SAUZGATILLO m. *Bot.* Arbusto perteneciente a la familia verbenáceas, de nombre científico *Vitex agnus-castus*, de hojas compuesto-palmeadas, caducas, flores violáceas o rosadas, y frutos globosos negruzcos. Crece en la región mediterránea.

SAVA SAVE.

SAVAGE NIUE.

SAVAII Isla volcánica de Samoa occidental; 1.707 km².

SAVANG VATTHANA Rey de Laos (Luang Prabang, 1907 - ¿Campo de Sam Neua?, 1984). Sucedió a su padre, Sisavong Vong, en 1959; abdicó en diciembre de 1975, fecha en que el país se convirtió en república.

SAVART, FÉLIX Médico y físico francés (Mezières, 1791 - París, 1841). Inventó la rueda dentada que lleva su nombre, un sonómetro y un polariscopio. Junto con Biot, enunció, en 1829, la *ley de Biot y Savart*.

SAVARY, ANNE-JEAN-MARIE, DUQUE DE ROVIGO Militar y político francés (Mercq, 1774 - París, 1833). Jefe de la policía secreta de Napoleón, en 1808 viajó a España para convencer a Fernando VII de la necesidad de su traslado a Bayona. Ese mismo año sustituyó a Murat al mando del ejército francés en la Península.

SAVE o **SAVA** Río europeo que atraviesa Eslovenia, Croacia y Serbia y Montenegro. Nace en los Alpes de Eslovenia y desemboca en el Danubio, por Belgrado; 940 km.

SAVELLI, CENCIO HONORIO III, papa.

SAVELLI, GIACOPO HONORIO IV, papa.

SAVERY, ROELANT JACOBS Pintor y grabador holandés (Courtray, 1576 - Utrecht, 1639). Se especializó en la pintura de paisajes fantásticos, inspirados en el Tirol.

SAVERY, THOMAS Inventor británico (Shilston, 1650 - Westminster, 1715). En 1698 ideó una máquina de vapor para elevar el agua.

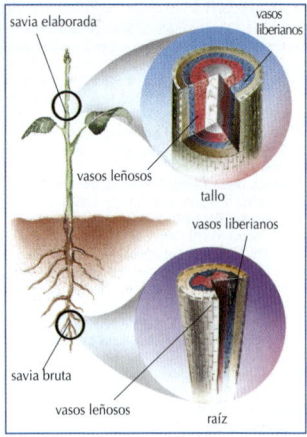

Esquema de la circulación de la **savia**.

SAVIA f. **1** *Bot.* Fluido que circula por el interior del sistema vascular de las plantas superiores. Se pueden distinguir dos tipos: *savia bruta*, la que transporta los elementos nutritivos captados por las raíces hasta las hojas; y *savia elaborada*, la ya transformada y utilizable, que parte de las hojas y se reparte por la totalidad de la planta. **2** fig. Energía, elemento vivificador.

SAVIGNY, FRIEDRICH KARL VON Jurista alemán (Frankfurt del Main, 1779 - Berlín, 1861). Fundador de la Escuela Histórica del Derecho, entre sus obras fundamentales figura *Historia del Derecho Romano en la Edad Media* (1808).

SAVINIO, ALBERTO (ANDREA DE CHIRICO, llamado) Escritor y pintor italiano (Atenas, 1891-Roma, 1952). Hermano de G. de Chirico, su obra pictórica se inscribe en el surrealismo metafísico. En su producción literaria figuran *Cantos de la semimuerte* (1914), *Hermafrodita* (1916) y *El capitán Ulises* (1934).

SAVOLDO, GIOVANNI GIROLAMO Pintor italiano (Brescia, 1480 - íd., 1548). Considerado precursor de Caravaggio, entre sus pinturas destacan *Las tentaciones de san Antonio*, *El profeta Elías* y *La adoración de los pastores*.

SAVONA Provincia de Italia, en la región de Liguria; 1.545 km² y 285.018 h. Su capital es la ciudad del mismo nombre.

SAVONAROLA, GIROLAMO Político y reformador dominico italiano (Ferrara, 1452 - Florencia, 1498). Desarrolló en Florencia una intensa labor moralizante. Tolerado en principio por Lorenzo de Médicis, se convirtió durante algunos años (1494-98) en un auténtico «dictador», reajustando la constitución y reformando las costumbres. El papa Alejandro VI le excomulgó. Apresado por las masas, fue condenado, colgado y quemado.

SAXÁTIL adj. *Biol.* Se dice de la planta o el animal que vive entre las peñas o está adherido a ellas.

SAXÍFRAGA f. *Bot.* Planta herbácea de la familia saxifragáceas, de flores grandes con pétalos blancos y nervios verdosos.

SAXIFRAGÁCEO, A adj. y f. *Bot.* **1** Se dice de la hierba, arbusto o árbol angiospermo dicotiledóneo, nada o muy poco suculento, como la saxífraga, el grosellero y la hortensia. || f. pl. *Bot.* **2** Familia de estas plantas.

SAXOFÓN o **SAXÓFONO** m. *Mús.* Instrumento musical de viento, de metal, con boquilla de madera y varias llaves. Es muy usado en bandas de jazz. Inventado por Adolphe Sax (1845).

SAY, JEAN-BAPTISTE Economista francés (Lyon, 1767 - París, 1832). Difundió las doctrinas de Adam Smith y formuló la ley que lleva su nombre, relativa a la oferta y la demanda. Escribió *Tratado de economía política* (1803).

SAYA f. **1** Falda. **2** Vestidura talar antigua.

SAYAL m. Tela basta de lana burda.

SAYO m. **1** Prenda de vestir holgada y sin botones que cubría el cuerpo hasta la rodilla. **2** fam. Cualquier vestido.

SAYÓN m. **1** En la Edad Media, ministro de Justicia que hacía las citaciones y ejecutaba los embargos. **2** Verdugo. **3** Cofrade que en las procesiones de Semana Santa va vestido con túnica larga. **4** fig. y fam. Hombre de aspecto feroz. **5** Mata ramosa de la familia quenopodiáceas, de color ceniciento.

SAYRI, TÚPAC Soberano inca (?, 1516 - ?, 1581). Hijo y sucesor de Manco Cápac II en 1554, renunció a sus derechos a cambio de tierras que le ofreció Hurtado de Mendoza (1558).

SAZÓN f. **1** Punto o madurez de las cosas. **2** Ocasión, coyuntura. **3** Gusto y sabor que se percibe en los manjares. || **a la sazón** loc. adv. En aquel tiempo u ocasión.

SAZONAR tr. **1** Dar sazón al manjar. **2** Poner las cosas en la sazón y madurez que deben tener. También prnl.

SB *Fís.* Símbolo del stilb.

SB *Quím.* Símbolo del antimonio.

SC *Quím.* Símbolo del escandio.

-SCAFO suf. ESCAF-.

SCALA, DELLA *Geneal.* Familia italiana que gobernó en el señorío de Verona entre 1259 y 1387.

SCALFARO, OSCAR LUIGI Político italiano (Novara, 1918). Miembro de la Democracia Cristiana. Vicepresidente de la Cámara de Diputados (1976-87), B. Craxi le encomendó la cartera de Interior durante sus dos gobiernos (1983-87). Fue presidente de la República de 1992 a 1999.

SCALIGERO, GIULIO CESARE (GIULIO BORDONI, llamado) Médico, naturalista y humanista italiano (Riva del Garda, 1484 - Agen, 1558). Maestro de Rabelais, sostuvo polémicas con Erasmo, cuando éste atacó a los ciceronianos. Obras: *Sobre las causas de la lengua latina* (1540) y *Siete libros de poética* (1561).

SCANIA SKANE.

SCANNER (Voz i.) m. *Med.* y *Tecnol.* ESCÁNER.

SCARBOROUGH Ciudad de Canadá, provincia de Ontario, en la aglomeración urbana de Toronto; 524.598 h.

SCARLATTI, ALESSANDRO Compositor italiano (Palermo, 1660 - Nápoles, 1725). Su obra contribuyó a la formación de la escuela operística napolitana. Compuso más de cien óperas —*La Rosaura* (1690), *Il Tigrane* (1715), *La Griselda* (1721), etc.—, piezas instrumentales y música religiosa.

SCARLATTI, DOMENICO Compositor, clavecinista y organista italiano (Nápoles, 1685 - Madrid, 1757). Hijo y discípulo de Alessandro. Compuso óperas, oratorios, música religiosa y sinfonías, pero lo más relevante de su producción está constituido por sus sonatas para clave, de las que escribió más de quinientas cincuenta.

SCARPA, ANTONIO Médico anatomista y cirujano italiano (Motta de Livenza, 1752 - Pavía, 1832). Descubrió varias zonas anatómicas que llevan su nombre.

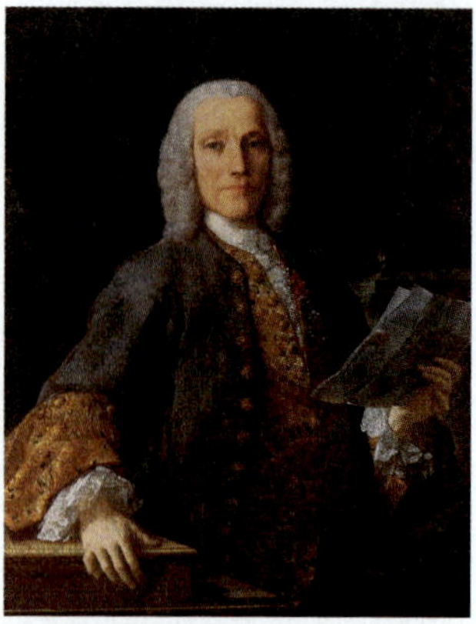

Domenico **Scarlatti.** Retrato anónimo del siglo XVIII. Casa de los Patudos en Alpiarca (Portugal).

SCARRON, PAUL Escritor francés (París, 1610 - íd., 1660). Autor de las comedias *Don Jafet de Armenia* (1652) y *El escolar de Salamanca* (1654).

SCEAUX Población de Francia, departamento de Hauts-de-Seine. Célebres porcelanas.

SCELBA, MARIO Político italiano (Caltagirone, 1901 - Roma, 1991). Ministro de Correos y Telégrafos (1945) y de Interior (1947-53 y 1960-62), presidió el consejo de ministros (1954-55). Fue presidente de la Asamblea del Parlamento Europeo (1969-71).

SCHACHT, HJALMAR HORACE GREELEY Economista y político alemán (Tingleff, 1877 - Munich, 1970). Presidente del Reichsbank (1924-31 y 1933-38) y ministro de Economía (1934-37). Su alejamiento del nazismo le llevó a ser recluido en un campo de concentración (1944-45). Absuelto en Nuremberg, fue consejero económico de diferentes gobiernos.

SCHAEFFER, PIERRE Compositor francés (Nancy, 1910 - Aix-en-Provence, 1995). Ingeniero de formación, fue el creador de la música concreta. Autor de *Concert de bruits* (1943), del ballet *Sinfonía para un hombre solo* (1950), de la ópera *Orphée 53* (1953), la primera escrita para música concreta, *Estudio de sonidos animados* (1958) y *Le triède fertile* (1975).

SCHAERER, EDUARDO Político paraguayo (Caazapá, 1873 - ?, 1941). Fue presidente de Paraguay (1912-16).

SCHAFF, ADAM Filósofo y sociólogo polaco (Lvov, 1913). Marxista crítico, se ha especializado en el estudio de la antropología y la semántica.

SCHAFFHAUSEN Cantón de Suiza; 298 km² y 73.725 h. Su capital es la ciudad homónima.

SCHALLY, ANDREW VICTOR Bioquímico estadounidense de origen polaco (Vilna, 1926). En 1977 recibió el premio Nobel de Medicina, compartido con Rosalyn Yalow y Roger Guillemin, por sus descubrimientos sobre la producción de hormonas-péptidos en el cerebro.

SCHAROUN, HANS Arquitecto alemán (Bremen, 1893 - Berlín, 1972). Fue uno de los encargados de llevar a cabo la reconstrucción urbanística de Alemania después de la Segunda Guerra Mundial, diseñando obras de estilo expresionista, como la sede de la orquesta filarmónica de Berlín (1963).

SCHAUDINN, FRIEDRICH RICHARD Biólogo alemán (Röseningken, 1871 - Hamburgo, 1906). En 1905 descubrió el agente productor de la sífilis *(Treponema pallidum)* y la ameba que origina la disentería amibiana.

SCHAWLOW, ARTHUR LEONARD Científico estadounidense (Mount Vernon, 1921 - Palo Alto, 1999). En 1981 recibió el premio Nobel de Física, compartido con N. Bloembergen y Kai M. Siegbahn, por sus trabajos sobre la estructura del átomo, con ayuda de los rayos láser y del espectroscopio electrónico.

SCHEEL, WALTER Político alemán (Solingen, 1919). Afiliado al Partido Liberal Demócrata (FPD) desde 1946, fue designado presidente del mismo en 1968. Ocupó los cargos de ministro de Cooperación Económica (1961-66) y vicecanciller (1969-74). Fue presidente de la RFA (1974-1979).

SCHEELE, KARL WILHELM Químico sueco (Stralsund, 1742 - Köping, 1786). Consiguió sintetizar el oxígeno al tiempo que Priestley. Descubrió el ácido prúsico, la glicerina, el cloro, el manganeso y el molibdeno.

SCHEELITA f. *Miner.* Mineral carbonato de wolframio, de fórmula $CaWO_4$, principal mena para la obtención de este metal.

SCHEINER, JULIUS Astrónomo alemán (Colonia, 1858 - Potsdam, 1913). En colaboración con Vogel, midió las velocidades radiales de numerosas estrellas, estudió los espectros y las temperaturas estelares.

SCHELER, MAX Filósofo alemán (Munich, 1874 - Frankfurt, 1928). Aplicó el método fenomenológico a la investigación de la vida emocional y espiritual del hombre. Creó una teoría de los valores. Escribió *El resentimiento en la moral* (1912), *Ética* (1913-16), etc.

SCHELLING, FRIEDRICH WILHELM JOSEPH VON Filósofo alemán (Leonberg, 1775 - Bad Ragaz, 1854). Sostuvo que naturaleza y espíritu son dos manifestaciones del mismo proceso. Éste sólo se puede captar mediante la intuición trascendental, cuya máxima expresión es el arte: *Ideas para una filosofía de la naturaleza* (1797), *Sistema del idealismo trascendental* (1800) y *Filosofía y religión* (1804).

SCHERRER, PAUL HERMAN Físico suizo (Saint-Gall, 1890 - Zurich, 1969). Junto con P. Debye descubrió el método conocido como *Debye-Scherrer* para la obtención de diagramas de rayos X.

SCHERZO m. *Mús.* Composición instrumental de carácter vivo y alegre que constituye, por lo general, uno de los movimientos de la sinfonía y sonata clásica.

SCHICK GUTIÉRREZ, RENÉ Político nicaragüense (León, 1909 - Managua, 1966). Embajador en Venezuela (1952) y ministro de Asuntos Exteriores (1961-63), fue presidente de la República (1963-66).

SCHILLER, JOHANN CHRISTOPH FRIEDRICH VON Poeta alemán (Marbach am Neckar, 1759 - Weimar, 1805). Su aportación fue decisiva para la formación de la cultura alemana durante el periodo romántico. Entre lo más destacado de su obra poética figuran el *Himno a la alegría* (1785), *Los Dioses de Grecia* (1788) y las *Baladas* (1797). Escribió numerosos dramas históricos, entre los que destacan *La conjuración de Fiesco* (1783), *Don Carlos* (1787), *El campamento de Wallenstein* (1796), *María Estuardo* (1801), *La doncella de Orleans* (1801) y *Guillermo Tell* (1804). En cuanto a sus obras de contenido filosófico, destacan *Del arte trágico* (1792) y *De la educación estética del hombre* (1793-94).

SCHILLING m. CHELÍN, austriaco.

SCHINKEL, KARL FRIEDRICH Arquitecto y pintor alemán (Neuruppin, 1781 - Berlín, 1841). Entre sus obras más representativas figuran el Teatro Real (1818) y la residencia estival del zar en Crimea (1838). Pintó paisajes y decorados teatrales.

SCHLEGEL, AUGUST WILHELM VON Escritor alemán (Hannover, 1767 - Bonn, 1845). Iniciador de la filología comparada, sus *Cursos sobre la literatura y sobre el arte* (1801-04) y *Sobre el arte y la literatura dramática* (1809-11) están considerados como la enunciación teórica del romanticismo.

SCHLEGEL, FRIEDRICH VON Escritor alemán (Hannover, 1772 - Dresde, 1829). Como su hermano, August Wilhelm, fue uno de los principales propagadores del romanticismo. Entre su obra destacan *Fragmentos* (1798) e *Ideas* (1801).

SCHLEICHER, KURT VON Político y militar alemán (Brandeburgo, 1882 - Berlín, 1934). Canciller durante dos meses (1932-33), murió asesinado por los nazis.

SCHLEIDEN, MATTHIAS JAKOB Botánico y biólogo alemán (Hamburgo, 1804 - Frankfurt del Main, 1881). Colaboró en la teoría celular de Schwann.

SCHLEIERMACHER, FRIEDRICH DANIEL ERNST Teólogo y filósofo alemán (Breslau, 1768 - Berlín, 1834). Considerado uno de los padres de la hermenéutica, es autor de *Sobre la religión* (1799), *Monólogos* (1800), *La fe cristiana* (1821-22), etc.

SCHLESINGER, BRUNO WALTER (BRUNO WALTER llamado) Director de orquesta estadounidense de origen alemán (Berlín, 1876 - Beverly Hills, 1962). Fue un genial intérprete de la música de Mahler.

SCHLESWIG-HOLSTEIN Land de Alemania; 15.731 km² y 2.749.600 h. Capital, Kiel.

SCHLICK, MORITZ Filósofo alemán (Berlín, 1882 - Viena, 1936). Fue uno de los fundadores del Círculo de Viena. Realizó destacados estudios en el ámbito de la filosofía del lenguaje.

SCHLIEMANN, HEINRICH Arqueólogo alemán (Neubukon, 1822 - Nápoles, 1890). Financió una expedición para buscar los restos de la antigua Troya, que halló en Hissarlik, Asia Menor, y encontró los restos de la civilización micénica.

SCHLÖNDORFF, VOLKER Director de cine alemán (Wiesbaden, 1939). En su filmografía destacan *El joven Törless* (1965), *El tambor de hojalata* (1979) y *Muerte de un viajante* (1985).

SCHLÜTER, ANDREAS Escultor y arquitecto alemán (Hamburgo, 1664 - San Petersburgo, 1714). Representante del Barroco alemán, entre su obra arquitectónica destaca el castillo para Federico I en Berlín, y entre la escultórica, la estatua del gran elector Federico Guillermo.

SCHLÜTER, POUL Político danés (Tínder, 1929). Líder del Partido Conservador desde 1974, tras la dimisión del socialdemócrata Joergensen, fue primer ministro (1982-93).

SCHMIDT, BERNHARD Astrónomo, ingeniero y óptico alemán (Naissaar, 1879 - Hamburgo, 1935). Inventó el telescopio fotográfico conocido como *cámara de Schmidt*.

SCHMIDT, HELMUT Político socialdemócrata y economista alemán (Hamburgo, 1918). Miembro del Partido Socialdemócrata (SPD) desde 1946, fue ministro de Defensa (1969-72) y de Finanzas (1972-74). En 1974 sucedió en la cancillería a Willy Brandt. Reelegido en 1976 y 1980, dimitió en 1982.

SCHMIDT, WILHELM Sacerdote y antropólogo alemán (Hoerde, 1868 - Friburgo, 1954). Partidario, junto a F. Graebner, del difusionismo antropológico, escribió *Origen de la idea de Dios* (1912-55) y *Familias y ciclos lingüísticos de la Tierra* (1926).

SCHMIDT-ROTTLUFF, KARL Pintor y grabador alemán (Rottluff, cerca de Chemnitz, 1884 - Berlín, 1976). Miembro fundador del grupo *Die Brücke*, desarrolló un estilo de gran expresividad, caracterizado por la fuerza del colorido: *Hundimiento de dique* (1910) y *Luna sobre el litoral* (1956).

SCHMITT, FLORENT Compositor francés (Blamont, 1870 - Neuille, 1958). Discípulo de Massenet y de Fauré, entre sus creaciones más conocidas figuran *Semíramis* (1900), el *Salmo XLVII* (1904) y *Quinteto para piano y cuerda* (1908).

SCHNEIDER, ROMY Actriz de cine austriaca (Viena, 1938 - París, 1982). Tras una primera etapa en la que interpretó papeles románticos, intervino en *Las cosas de la vida* (1970), *Luis II de Baviera* (1972) y *La muerte en directo* (1980).

SCHNITZER, EDUARD (llamado MUHAMMAD EMIN BAJÁ) Explorador alemán (Oppeln, 1840 - Kinena, 1892). En 1870 tomó parte en las expediciones a Siria y Arabia. Marchó a Egipto, exploró Sudán y, en 1878, fue gobernador de Equatoria. En 1890 exploró el lago Victoria.

SCHNITZLER, ARTHUR Escritor austriaco (Viena, 1862 - íd., 1931). Autor de obras dramáticas: *Anatol* (1893), *La fábula* (1894), *La cacatúa verde* (1899) y *El profesor Benhardi* (1912).

SCHOEDSAK, ERNEST BEAUMONT Director de cine estadounidense (Council Bluffs, Iowa, 1893 - ?, 1979) Se especializó en películas del género fantástico: *Las cuatro plumas* (1931), *King Kong* (1933), *Los últimos días de Pompeya* (1935) y *Dr. Cyclops* (1940).

SCHÖFFER, PETER Impresor alemán (Gernsheim, 1425 - Maguncia, 1503). En 1454 ingresó en el taller de Gutenberg y Fust. Asociado con éste, a su muerte asumió la dirección de la empresa. Su obra principal es el *Psalmorum Codex* (1457).

SCHÖMBERG, ARMAND FRÉDÉRIC Mariscal de Francia (Heidelberg, 1615 - Boyne, 1690). Intervino en las campañas contra España (1652-59). Contribuyó a la consolidación en el trono portugués de la casa de Braganza. De confesión protestante, abandonó Francia tras la derogación del Edicto de Nantes (1685) y entró al servicio de Guillermo de Orange.

SCHÖMBERG, CHARLES DE Mariscal de Francia (Nanteuil, 1601 - París, 1656). Derrotó a los españoles en Leucante (1636). Obtuvo el virreinato del principado de Cataluña en 1648.

SCHÖNBERG o **SCHOENBERG, ARNOLD** Compositor austriaco nacionalizado estadounidense (Viena, 1874 - Los Ángeles, 1951). Fue una de las personalidades más sobresalientes e innovadoras de la música del siglo XX. Desde 1906 evolucionó hacia un sistema atonal y disonante, que codificó en su *Tratado de armonía* (1911). Hacia 1921, sus investigaciones culminaron en una técnica de composición basada en doce sonidos, el dodecafonismo. Autor de *Noche transfigurada*, sexteto para cuerda (1899), *Gurrelieder*, cantanta dramática (1900-11), *Pelléas y Mélisande*, poema sinfónico (1903), *Pierrot lunar* (1912), la ópera *Moisés y Aarón* (1932), *Oda a Napoleón* (1942), etc.

SCHONGAUER, MARTIN Pintor y grabador alemán (Colmar, 1445 - Breisach, 1491). Influido por la escuela flamenca. Su obra maestra es *La Virgen del Rosal* (1473). Sus grabados alcanzaron una enorme popularidad. Fue maestro de Durero.

SCHOPENHAUER, ARTHUR Filósofo alemán (Danzig, 1788 - Frankfurt, 1860). Su filosofía, radicalmente pesimista, ha ejercido una notable influencia, especialmente en las corrientes irracionalistas. Entre sus principales obras figuran *El mundo como voluntad y representación* (1819), *El fundamento de la moral* (1841), *Parerga y Paralipomena* (1851).

SCHRIEFFER, JOHN ROBERT Físico estadounidense (Oak Park, 1931). En 1972 recibió el premio Nobel de Física, compartido con J. Bardeen y L. Cooper, por su teoría de la superconductividad.

Arnold **Schönberg**. Retrato de Richard Gerstl. Museo del Estado (Viena).

SCHRÖDER, GERHARD Político alemán (Mossenberg, Westfalia, 1944). Miembro del Partido Socialdemócrata, en 1990 fue elegido presidente de Baja Sajonia. Tras la victoria de su partido en las elecciones de 1998, y con el apoyo de los verdes, sustituyó a Helmut Kohl en la cancillería. Renovó el cargo en 2002.

SCHRÖDINGER, ERWIN Físico austriaco (Viena, 1887 - íd., 1961). Se dio a conocer por sus trabajos acerca de las teorías ondulatoria de la materia, de los cuantos y del color, e hizo investigaciones sobre el radio. En 1933 recibió el premio Nobel de Física, compartido con P. A. M. Dirac.

SCHUBERT, FRANZ Compositor austriaco (Lichtenthal, 1797 - Viena, 1828). Su obra se inscribe en el romanticismo alemán. Autor de más de seiscientos lieder, está considerado como uno de los grandes maestros del género; sus ciclos más sobresalientes son *La bella molinera* (1823), *Un viaje en invierno* (1827) y *Canto del cisne* (1828). Dejó escritas ocho misas. Su extensa obra instrumental abarca todos los géneros: *Sinfonía inacabada* (1822) y la *Gran sinfonía* (1825-28), para orquesta; veinticuatro sonatas y la *Wanderer-Fantasie* (1822) para piano; el cuarteto *La doncella y la muerte* (1824), y el quinteto *La trucha* (1819).

SCHULTEN, ADOLF Arqueólogo alemán (Elberfeld, 1870 - Erlangen, 1960). Dirigió las excavaciones de Numancia (1905-12) y buscó infructuosamente el emplazamiento de Tartesos.

SCHULTZ, THEODORE WILLIAM Economista estadounidense (Arlington, 1902 - Evanston, Illinois, 1998). Premio Nobel de Economía en 1979, junto a W. A. Lewis, por sus trabajos sobre los países en vías de desarrollo. Autor de *Modernización de la agricultura* (1964).

SCHULZ, BRUNO Escritor polaco (Drogobitch, Galitzia, 1892- íd., 1942). Autor de *Las tiendas de color canela* (1934) y *Sanatorio bajo la clepsidra* (1937).

Franz **Schubert**. Retrato de Wilhelm August Rieder. Museo Schubert (Viena).

SCHUMACHER, MICHAEL Piloto automovilístico alemán (Hurt Hermuelhlheim, 1969). Debutó en la Fórmula 1 en 1991, en la que ha logrado el título mundial en 1994, 1995, 2000, 2001, 2002, 2003 y 2004.

SCHUMAN, ROBERT Político francés (Luxemburgo, 1886 - Scy-Chazelles, 1963). Militante del Movimiento Republicano Popular (MRP), fue ministro de Hacienda (1946-47) y presidente del Consejo de ministros (1947-48). Siendo ministro de Asuntos Exteriores (1948-53), promovió la creación de la Comunidad Europea del Carbón y del Acero.

SCHUMANN, CLARA Pianista alemana (Leipzig, 1819 - Frankfurt del Main, 1896). Esposa de Robert Schumann. Intérprete virtuosa de Beethoven, compuso algunos lieder, preludios, fugas y un concierto para piano.

SCHUMANN, ROBERT ALEXANDER Compositor alemán (Zwickau, 1810 - Endenich, 1856). Su obra musical constituye una de las cumbres del romanticismo. Autor de doscientos lieder, es uno de los máximos representantes del género. Entre ellos destacan sus ciclos *El amor y la vida de la mujer* (1840) y *Amores del poeta* (1840). Asimismo, escribió oratorios, como *El paraíso y la Peri* (1841-43) o *El peregrinaje de la rosa* (1851), y la ópera *Genoveva* (1847-48). Entre sus composiciones instrumentales sobresalen *Estudios sinfónicos* (1834), *Escenas de niños* (1838) y *Escenas del bosque* (1849-50), *Tres tríos con piano* (1847-51), *Concierto para piano* (1841-45) y sus cuatro sinfonías, especialmente, *La Primavera* (1841) y *La Renana* (1850).

SCHUMPETER, JOSEPH ALOIS Economista y sociólogo estadounidense de origen austriaco (Trest, Moravia, 1883 - Taconic, Connecticut, 1950). De ideología marxista, fue un teórico del capitalismo. Demostró que el proceso económico capitalista está sometido a ciclos superpuestos. Autor de *Capitalismo, socialismo y democracia* (1942), *Historia del análisis económico* (1954), etc.

SCHUSCHNIGG, KURT VON Político austriaco (Riva, 1897 - Muters, 1977). Diputado socialcristiano desde 1927, fue ministro de Justicia y Educación en el gabinete de Dollfuss. Tras el asesinato de éste asumió la cancillería austriaca (1934-38).

SCHÜTZ, HEINRICH Compositor alemán (Köstritz, 1585 - Dresde, 1672). Introductor del estilo recitativo en su país, sobresalió de modo particular en el género religioso. Compuso la primera ópera alemana: *Daphne* (1627).

SCHWANN, THEODOR Biólogo alemán (Neuss, 1810 - Colonia, 1882). Está considerado, junto con Schleiden, uno de los fundadores de la teoría celular. Logró aislar la pepsina.

SCHWANTHALER, LUDWIG VON Escultor alemán (Munich, 1802 - íd., 1848). Representante del neoclasicismo bávaro, sus obras maestras son la estatua *Bavaria*, de Munich, y el monumento a Goethe, en Frankfurt del Main.

SCHWARTZ, MELVIN Físico estadounidense (Nueva York, 1932). En 1988 recibió el premio Nobel de Física, compartido con L. Lederman y J. Steinberger, por el descubrimiento del neutrino muónico.

SCHWARZENBERG, KARL PHILIPP, PRÍNCIPE VON General austriaco (Viena 1771 - íd., 1820). Derrotó a las tropas francesas en la batalla de Leipzig (1813). Posteriormente dirigió el ejército de la coalición antinapoleónica de 1814.

SCHWARZSCHILD, KARL Astrónomo alemán (Frankfurt del Main, 1873 - Potsdam, 1916). Especialista en fotometría estelar fotográfica, contribuyó a demostrar la teoría de la relatividad.

SCHWEITZER, ALBERT Pastor protestante, filósofo, músico y médico francés (Kaysersberg, 1875 - Lambaréné, 1965). En 1913 fundó un hospital en Lambaréné (Gabón). Gran intérprete de Bach al órgano. Premio Nobel de la Paz (1952).

SCHWERIN 1 Distrito de la antigua RDA, que tras la unificación de 1990 forma parte del Land de Mecklemburgo-Antepomerania. **2** Ciudad de Alemania, capital del Land de Mecklemburgo-Antepomerania; 118.291 h.

SCHWINGER, JULIAN SEYMOUR Físico estadounidense (Nueva York, 1918 - íd., 1994). En 1965 recibió el premio Nobel de Física, compartido con R. Feynman y S. Tomonaga, por sus trabajos en el campo de la dinámica electrocuántica.

SCHWITTERS, KURT Pintor y escritor alemán (Hannover, 1887 - Ambleside, 1948). Miembro del movimiento dadaísta. En sus *collages* utilizó todo tipo de desechos de la vida urbana.

SCHWYZ Cantón de Suiza; 908 km² y 126.479 h. Su capital es la ciudad homónima. Fue uno de los cantones originarios de la Confederación Helvética.

SCHYGULLA, HANNA Actriz de cine alemana de origen polaco (Königshütte, 1943). Protagonista por ex-

Kurt **Schwitters**. *El psiquiatra*. Museo Thyssen-Bornemisza (Madrid).

celencia de los filmes de R. W. Fassbinder. Ha intervenido en *Las amargas lágrimas de Petra von Kant* (1972), *El matrimonio de María Braun* (1978), *Lili Marleen* (1981), *La noche de Varennes* (1982) y *Morir todavía* (1991).

Sciascia, Leonardo Escritor italiano (Racalmuto, Agrigento, 1921 - Palermo, 1989). Miembro del Partido Radical, fue diputado del Parlamento Europeo (1979-84). Obras principales: *El día de la lechuza* (1961), *El consejo de Egipto* (1963), *A cada uno lo suyo* (1966) y *El caballero y la muerte* (1989).

Scilly Archipiélago del Reino Unido, en Inglaterra, a unos 45 km al SO del cabo Land's End. Se cree que fue el antiguo archipiélago de las Casitérides.

-sclera, -sclerosis sufs. escler-.

Scola, Ettore Director de cine italiano (Trevico, Avellino, 1931). En sus películas ofrece una visión crítica de la sociedad italiana. Películas principales: *El demonio de los celos* (1970), *Una mujer y tres hombres* (1974), *Una jornada particular* (1977), *La terraza* (1980), *La noche de Varennes* (1982), *¿Qué hora es?* (1989), *El viaje del capitán Fracassa* (1991) e *Historia de un pobre hombre* (1995).

scoop (Voz i.) f. *Medios*. En jerga periodística, primicia o exclusiva periodística, noticia de cierta importancia que un medio de información difunde en solitario antes que los demás.

scooter (Voz i.) m. escúter.

-scopia, -scópico, -scopio, -scopo sufs. que significan observación u observador.

Scoresby, William Explorador y científico británico (Whitby, 1789 - Torquay, 1857). En 1822 exploró la costa E de Groenlandia y descubrió la tierra y estrecho de su nombre.

Scorsese, Martin Director de cine estadounidense (Flushing, Nueva York, 1942). Sus películas están ambientadas con frecuencia en escenarios urbanos y tienen como protagonistas a personajes marginales. Filmografía: *Who's That Knocking at My Door?* (1968), *Alicia ya no vive aquí* (1975), *Taxi Driver* (1976), *New York, New York* (1977), *Toro salvaje* (1980), *Uno de los nuestros* (1990), *El cabo del miedo* (1991), *La edad de la inocencia* (1993), *Casino* (1995) y *Kundun* (1997).

Scorza, Manuel Escritor peruano (Lima, 1928 - Mejorada del Campo, España, 1983). La problemática social aparece tanto en sus poemas, *Las imprecaciones* (1955), *Los adioses* (1960), como en sus novelas, de temática indigenista: *Redoble por Rancas* (1970), *La danza inmóvil* (1983), etc.

Scotland Yard Edificio londinense donde se encuentra la sede central de la policía británica.

Scott, Ridley Director de cine británico (Shout Shields, 1937). Entre sus películas destacan *Alien*, el octavo pasajero (1979), *Blade Runner* (1982), *Thelma y Louise* (1991), *Tormenta blanca* (1996), *G. I. Jane* (1997) y *Gladiator* (2000), por la que recibió un Oscar.

Scott, Robert Falcon Marino y explorador británico (Devonport, 1868 - ?, 1912). Alcanzó el Polo Sur (18 de enero de 1912) ya conquistado por Amundsen treinta y cuatro días antes. Murió durante el regreso a la base.

Scott, sir Walter Escritor escocés (Edimburgo, 1771 - castillo de Abbotsford, 1832). Adscrito al romanticismo, cultivó preferentemente la novela histórica: *El anticuario* (1816), *Rob Roy* (1818), *La novia de Lammermoor* (1819), *Montrose* (1819), *Ivanhoe* (1820), *El pirata* (1822), *Quintín Durward* (1823), *El talismán* (1825), *La vida de Napoleón* (1827), *La hermosa doncella de Perth* (1828), *El castillo peligroso* (1832). Obra poética: *Cantos de la frontera escocesa* (1802), *Marmion* (1808) y *La dama del lago* (1810).

Scott, Winfield Militar estadounidense (Petersburg, 1786 - West Point, 1866). Dirigió, como general en jefe, la guerra contra México (1846-48). En 1852 disputó la presidencia de su nación a Franklin Pierce.

Scotto, Renata Soprano italiana (Savona, 1933). Con su variado repertorio (Bellini, Puccini, Verdi, Gounod, etc.), ha triunfado en todos los escenarios del mundo.

scout (Voz i.) m. boy scout.

Scriabin, Aleksandr Nicolaevich Pianista y compositor ruso (Moscú, 1872 - íd., 1915). Fue uno de los más relevantes pianistas de su tiempo. Autor neorromántico, posteriormente evolucionó hacia un misticismo simbolista. Obras principales: *Poema del éxtasis* (1905-07) y *Prometeo o Poema del fuego* (1909-10).

Scribe, Eugène Dramaturgo francés (París, 1791 - íd., 1861). Su amplia producción comprende dramas históricos y comedias de costumbres —*El matrimonio por interés* (1826), *El marido desleal* (1842)—, así como los libretos de ópera *Los hugonotes* (1836), *La favorita* (1840) y *Las vísperas sicilianas* (1855).

script (Voz i.) m. *Cin*. Guión cinematográfico en el que constan todos los detalles de cada escena filmada.

Scudéry, Madeleine de Escritora francesa (El Havre, 1607 - París, 1667). Autora de las novelas *Ibrahim* (1642), *Artámenes o el gran Ciro* (1649-53), *Clélie* (1654-60).

se[1] Forma reflexiva del pronombre personal de tercera persona. Se usa en dativo y acusativo en ambos géneros y números y no admite preposición. Puede usarse proclítico o enclítico. Sirve además para formar oraciones impersonales y de pasiva.

se[2] Dativo masculino o femenino de singular o plural del pronombre personal de tercera persona en combinación con el acusativo *lo, la*, etc.

Se *Quím*. Símbolo del selenio.

SE Siglas de *Sagrada Escritura*. Véase Biblia.

sea-line (Voz i.) m. Canalización, sumergida parcialmente, para permitir cargar y descargar petroleros en puertos en los que, por su calado o tonelaje, no pueden atracar.

Seaborg, Glen Theodore Químico estadounidense de origen sueco (Ishpeming, 1912). En 1951 recibió el premio Nobel de Química, compartido con Mac Millan, por sus trabajos de investigación nuclear.

SEATO Organización del Tratado del Sudeste de Asia.

Seattle Ciudad del NO de EE UU, Estado de Washington; 520.947 h. Centro industrial. Puerto.

sebáceo, a adj. Relativo o parecido al sebo.

Sebaste Samaría.

Sebastián Rey de Portugal (Lisboa, 1554 - Alcazarquivir, 1578). Sucedió a su abuelo Juan III en 1557, bajo la tutela de su abuela Catalina de Austria y, posteriormente, del cardenal Enrique. Intentó crear un imperio en África y organizó un ejército que fue derrotado por Abd al-Malik en Alcazarquivir.

Sebastián, san Mártir cristiano (Narbona, 256 - ?, 288). Oficial del ejército romano, fue denunciado como cristiano, por lo que se le condenó a ser asaeteado y azotado hasta la muerte.

Sebastiano del Piombo. *Piedad*. Museo Cívico (Viterbo).

Sebastiano del Piombo Pintor italiano (Venecia, 1485 - Roma, 1547). Discípulo de Bellini y Giorgione, asimiló las influencias de Rafael y Miguel Ángel. Autor de *Virgen con el niño y dos santos* (1504-05), *Piedad* (h. 1516), *La Visitación* (1521), *La flagelación* (1525), etc.

Sebastopol Ciudad de Ucrania, en la costa SO de la península de Crimea; 375.000 h. Base naval. Astilleros. Fue sitiada y tomada por las tropas francobritánicas en la guerra de Crimea (septiembre de 1855).

Sebek *Mit*. Entre los egipcios, el dios cocodrilo.

sebkha *Geol*. Lago o laguna efímera que se forma en ambientes áridos. Se utiliza normalmente para las formaciones de este tipo que aparecen en el desierto del Sahara.

sebo m. 1 Grasa sólida y dura que se obtiene de los animales herbívoros y se utiliza para hacer velas, jabones, etc. 2 Cualquier género de gordura.

seborrea f. *Med*. Aumento patológico de la secreción de las glándulas sebáceas de la piel.

seca f. 1 Tiempo seco de larga duración, sequía. 2 *Med*. Periodo en que se secan las pústulas de ciertas erupciones cutáneas. 3 *Med*. Infarto de una glándula.

secadero, ra adj. 1 Apto para conservarse seco, especialmente las frutas y el tabaco. || m. 2 Lugar para secar natural o artificialmente ciertos frutos o productos.

secador, ra adj. 1 Que seca. || m. y f. 2 Aparato o máquina para secar las manos, el cabello, la ropa, etc.

SECAM (Acrónimo del fr. *séquentiel à mémoire*, secuencial de, a base de, memoria.) Sistema francés de televisión en color.

secano m. 1 *Agr*. Tierra de labor que no tiene riego y sólo participa del agua de lluvia. 2 Banco de arena que no está cubierto por el agua. 3 fig. Cosa muy seca.

Seattle (Estados Unidos). Vista aérea.

SECANTE adj. **1** Que seca. || adj. y m. **2** Papel esponjoso para secar lo escrito. || adj. y f. *Geom.* **3** Se dice de la recta que tiene dos puntos de intersección con la circunferencia. **4** En trigonometría, razón inversa del coseno; su símbolo es *sec.*

SECAR tr. **1** Extraer la humedad de un cuerpo. **2** Quitar alguien con un trapo, toalla, etc., el líquido o las gotas que hay en una superficie. **3** Gastar o ir consumiendo el humor o jugo en los cuerpos. **4** fig. Aburrir, fastidiar. También prnl. || prnl. **5** *Bot.* Perder una planta su verdor o lozanía. **6** Evaporarse la humedad de una cosa. **7** Quedarse sin agua un río, una fuente, etc. **8** Enflaquecerse, extenuarse. **9** fig. Tener mucha sed. **10** fig. Dicho del corazón o del ánimo, embotarse, hacerse insensible.

SECCIÓN f. **1** Separación que se hace en un cuerpo sólido. **2** Cada una de las partes en que se divide un todo. **3** Cada uno de los grupos en que se divide o considera dividido un conjunto de personas. **4** Dibujo del perfil o figura que resultaría si se cortara un terreno, edificio, etc., por un plano. **5** *Geom.* Figura que resulta de la intersección de una superficie con un sólido. **6** *Mil.* Pequeña unidad homogénea, que forma parte de una compañía o de un escuadrón.

SECCIONAR tr. Dividir en secciones, fraccionar, cortar.

SECESIÓN f. Acto de separarse de una nación parte de su pueblo y territorio.

SECESIÓN, GUERRA DE *Hist.* Guerra civil de EE UU, que tuvo lugar de 1861 a 1865 entre los Estados del Sur, confederados o *sudistas,* y los del Norte, unionistas. El origen de los enfrentamientos lo marcó la abolición de la esclavitud preconizada por los Estados del Norte. El fin de la guerra, con la victoria de la unión, supuso la ruina económica del Sur.

SECO, CA adj. **1** Que carece de jugo o humedad. **2** Falto de agua. **3** Se dice del guiso sin caldo. **4** *Bot.* Falto de verdor o lozanía. **5** *Bot.* Se dice del fruto de cáscara dura. **6** Flaco, de muy pocas carnes. **7** Se dice del tiempo en que no llueve. **8** fig. Poco abundante. **9** fig. Áspero, poco cariñoso, desabrido. **10** fig. Riguroso, estricto. **11** fig. En sentido místico, poco fervoroso. **12** Árido, estéril, falto de amenidad. **13** fig. Se dice del vino o aguardiente sin azúcar. **14** Se dice del sonido ronco y áspero. **15** Se dice del golpe fuerte, rápido y que no resuena. **16** *Mús.* Se dice del sonido brevísimo y cortado. || m. **17** *Chile* Golpe, coscorrón. **18** *Chile* Golpe con el rejón del trompo en el cuerpo de otro trompo. || **a secas** loc. adv. Solamente, sin otra cosa. || **dejar** a uno, o **quedar** uno, **seco** fr. fig. y fam. Dejarle, o quedar, muerto en el acto. || **en seco** loc. adv. Fuera del agua o de un lugar húmedo. También en sentido fig., de repente.

SECOYA f. *Bot.* SECUOYA.

SECRETAR tr. Salir de las glándulas las materias elaboradas por ellas y que el organismo utiliza en el ejercicio de alguna función, como el jugo gástrico.

SECRETARÍA f. **1** Oficina o cargo de secretario. **2** Sección de una empresa o institución, que se ocupa principalmente de las labores administrativas.

SECRETARÍA GENERAL DE LAS NACIONES UNIDAS ORGANIZACIÓN DE LAS NACIONES UNIDAS.

SECRETARÍA DE INDIAS *Hist.* Institución administrativa para América creada por Felipe V en 1717, que perduró hasta 1790. Asumió los asuntos de gobierno, administración, hacienda y guerra que antes trataba el Consejo de Indias.

SECRETARIADO m. **1** Secretaría. **2** Profesión de secretario. **3** Cuerpo o conjunto de secretarios.

SECRETARIO, RIA adj. **1** Se dice de la persona a quien se comunica algún secreto para que lo calle. || m. y f. **2** Persona encargada de escribir la correspondencia, extender las actas, dar fe de los acuerdos y custodiar los documentos de una oficina, asamblea o corporación. **3** La que redacta la correspondencia de la persona a quien sirve para este fin. **4** Escribiente o amanuense.

SECRETEAR intr. fam. Hablar en secreto una persona con otra.

SECRETER m. Mueble utilizado como escritorio con pequeños cajones para guardar papeles.

SECRETO[1] m. **1** Lo que cuidadosamente se tiene reservado y oculto. **2** Reserva, sigilo. **3** Conocimiento que alguno exclusivamente posee de la virtud o propiedad de una cosa o de un procedimiento útil en un arte u oficio. **4** Cosa difícil de comprender o negocio muy reservado; misterio. **5** Escondrijo que suelen tener algunos muebles. **6** Mecanismo oculto de una cerradura. **7** *Mús.* Tabla armónica del órgano, del piano, etc. || **SECRETO DE ESTADO** El que no puede revelar un funcionario sin incurrir en delito. || **SECRETO PROFESIONAL** Deber que tienen los miembros de ciertas profesiones de no revelar los hechos conocidos en el ejercicio de su profesión. || **en secreto** loc. adv. Secretamente.

SECRETO[2]**, TA** adj. **1** Oculto, ignorado, escondido. **2** Callado, silencioso, reservado.

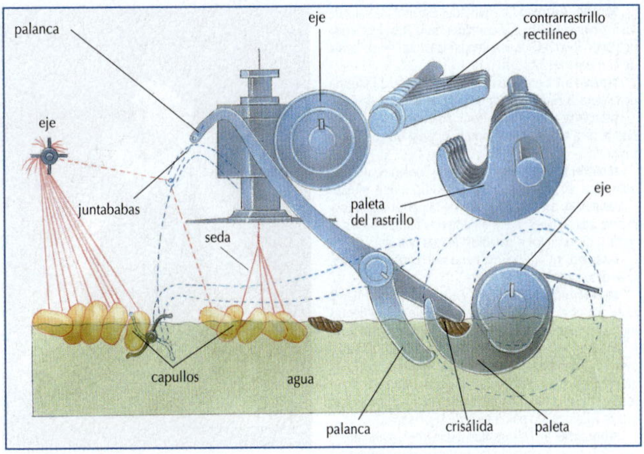

Proceso de elaboración de la **seda.**

SECRETOR, RA o **SECRETORIO, RIA** adj. **1** Que secreta. **2** *Anat.* Se dice del órgano del cuerpo que tiene la facultad de secretar.

SECTA (Voz lat.) f. **1** Conjunto de seguidores de una parcialidad religiosa o ideológica. **2** Doctrina religiosa o ideológica que se diferencia o independiza de otra.

SECTARIO, RIA adj. **1** Que profesa y sigue una secta. También s. **2** Secuaz, fanático.

SECTOR m. **1** *Bot.* Unidad tipológica de la corología, con rango intermedio entre la provincia y el distrito. **2** *Geom.* Porción de círculo comprendida entre un arco y los dos radios que pasan por sus extremidades. **3** Escaños del hemiciclo parlamentario donde se sientan individuos de un mismo partido o ideología. **4** fig. Parte de una clase o de una colectividad que presenta caracteres peculiares. || **SECTOR ESFÉRICO** *Geom.* Porción de esfera comprendida entre un casquete y la superficie cónica formada por los radios que terminan en su borde.

SECTORIAL adj. **1** Relativo a un sector o sección de una colectividad con caracteres peculiares. **2** *Geom.* Perteneciente o relativo al sector.

SECUAZ adj. y s. Que sigue el partido, doctrina u opinión de otro.

SECUELA f. Consecuencia de una cosa.

SECUENCIA f. **1** Prosa o verso que se dice en ciertas misas después del gradual. **2** Continuidad, sucesión ordenada. **3** Serie o sucesión de cosas que guardan entre sí cierta relación. **4** *Cin.* En un filme, sucesión no interrumpida de planos o escenas que integran una etapa descriptiva, una jornada de la acción o un tramo coherente y concreto del argumento. **5** *Mat.* Conjunto de cantidades u operaciones ordenadas de tal modo que cada una determina la siguiente. **6** *Mús.* Progresión o marcha armónica.

SECUENCIAR tr. Establecer una serie o sucesión de cosas que guardan entre sí cierta relación.

SECUESTRAR tr. **1** Depositar judicial o gubernativamente un objeto en poder de un tercero hasta que se decida a quién pertenece. **2** Embargar judicialmente. **3** Retener indebidamente a una persona para exigir dinero por su rescate, o para otros fines.

SECULAR adj. **1** SEGLAR. **2** Que sucede o se repite cada siglo. **3** Que dura un siglo, o desde hace siglos. **4** CLERO SECULAR.

SECULARIZAR tr. **1** Hacer secular lo que era eclesiástico. También prnl. **2** Autorizar a un religioso o a una religiosa para que pueda vivir fuera de clausura.

SECUNDAR tr. Ayudar, cooperar con alguien.

SECUNDARIO, RIA adj. **1** Segundo en orden y no principal, accesorio. **2** *Fís.* Respecto a una bobina de inducción u otro aparato semejante, se dice de la corriente inducida y del circuito por donde fluye. **3** *Geol.* Se dice de la era geológica que tuvo una duración aproximada de 140 millones de años y se caracterizó por el gran desarrollo que experimentaron los reptiles. Abarca los periodos triásico, jurásico y cretácico. En cuanto a la flora, predominaron las gimnospermas, y al final del periodo aparecieron las angiospermas. Entre los invertebrados, predominaron los moluscos, los braquiópodos, corales, briozoos y foraminíferos. Aparecieron las primeras aves y los primeros mamíferos. También se denomina *mesozoico.*

SECUNDINAS f. pl. *Anat.* Placenta y membranas que envuelven el feto.

SECUNDÍPARA adj. *Med.* Se dice de la mujer que pare por segunda vez.

SECUOYA f. *Bot.* **1** Árbol perteneciente a la familia taxodiáceas, de nombre científico *Sequoiadendron giganteum,* el más grande del reino vegetal, con hasta 100 m de altura. Únicamente se encuentra en el centro y S de la Sierra Nevada de California (EE UU). **2** Árbol perteneciente a la familia taxodiáceas, de nombre científico *Sequoia sempervirens,* de hasta 80 m de altura. Crece en EE UU, desde Oregón a California.

SED f. **1** Gana y necesidad de beber. **2** Necesidad de agua o de humedad que tienen ciertas cosas. **3** fig. Apetito o deseo ardiente de una cosa. || **apagar,** o **matar, la sed** frs. figs. Aplacarla bebiendo.

SEDA f. **1** *Zool.* Fibra continua de proteína, principalmente fibroína, segregada por las glándulas de algunos insectos y arácnidos, que solidifica en contacto con el aire y utilizada para formar capullos, telas de araña, cubiertas ovígeras y otras estructuras. **2** *Zool.* La anterior fibra producida por el gusano de seda. **3** *Zool.* Cerda de algunos animales, especialmente del jabalí. **4** Cualquier obra o tela hecha de seda. || **RUTA DE LA SEDA** *Hist.* Vía comercial que enlazaba Europa con las regiones orientales de China, denominada así por la importancia de la seda entre las mercancías transportadas. Abierta en el siglo II a. C., se constituyó en el principal canal de intercambio económico y cultural entre Europa y Asia. Inició un periodo de decadencia en el siglo XIII y posteriormente fue sustituida por el tráfico marítimo. || **SEDA ARTIFICIAL** *Quím.* Rayón. || **como una seda** loc. fig. y fam. Muy suave, dócil.

SEDAINE, MICHEL JEAN Dramaturgo francés (París, 1719 - íd., 1797). Autor de *El filósofo sin saberlo* (1765), *La apuesta imprevista* (1768) y los libretos de las óperas cómicas *El desertor* (1769) y *Ricardo Corazón de León* (1784).

SEDAL m. **1** Hilo fino y muy resistente que se ata por un extremo al anzuelo y por el otro a la caña de pescar. **2** *Med.* Cinta o cordón que se introduce por una parte de la piel y se saca por otra a fin de excitar una supuración.

SEDÁN m. BERLINA.

SEDÁN Población de Francia, departamento de Ardenas, a orillas del Mosa; 22.998 h. En la guerra FRANCOPRUSIANA, capitulación de Napoleón III (1870).

SEDANTE adj. y s. **1** Que seda. **2** *Farm.* Fármaco que disminuye la agitación nerviosa e induce al sueño.

SEDAR tr. Apaciguar, sosegar, calmar.

SEDE f. **1** Asiento o trono de un prelado. **2** Capital de una diócesis. **3** Territorio de la jurisdicción de un prelado. **4** Jurisdicción y potestad del Sumo Pontífice. **5** Lugar donde tiene su domicilio una entidad económica, literaria, deportiva, etc. || **SEDE APOSTÓLICA** *Rel.* La fundada por alguno de los apóstoles y, por antonomasia, la de Roma. || **SANTA SEDE** *Rel.* Jurisdicción y potestad del Papa.

SEDECÍAS Último rey de Judá (s. VI a. C.). Reinó del 598 al 587 a. C. Se rebeló contra Nabucodonosor II, rey de Babilonia, quien tomó Jerusalén (587 a. C.) y ordenó su ejecución.

SEDENTARIO, RIA adj. **1** Se dice del oficio o vida de poca agitación o movimiento. **2** Se dice del pueblo o tribu que se dedica a la agricultura, asentado en algún lugar, por oposición al nómada. **3** *Zool.* Se dice del animal que carece de órganos de locomoción y permanece siempre en el mismo lugar.

SEDENTE adj. Que está sentado.

SEDEÑA f. **1** Estopilla segunda que se saca del lino al rastrillarlo. **2** Hilaza o tela que se hace de ella.

Sedeño, Antonio Conquistador español (? - Valle de los Tiznados, 1540). Fue contador de la Real Hacienda de Puerto Rico (1530). Emprendió la conquista de la isla de la Trinidad (1523-24).

Sedería f. 1 Conjunto de tejidos de seda. 2 Industria de la seda. 3 Tienda donde se venden géneros de seda.

Sedicente adj. Se dice irónicamente de la persona que se da a sí misma un nombre o título que no le corresponde.

Sedición f. Alzamiento colectivo y violento contra la autoridad, el orden público o la disciplina militar.

Sedicioso, sa adj. 1 Se dice de la persona que promueve una sedición o toma parte en ella. También s. 2 Se dice de los actos o palabras de esta persona.

Sediento, ta adj. 1 Que tiene sed. También s. 2 fig. Que desea una cosa con ansia.

Sedimentación f. 1 Acción y efecto de sedimentar. 2 Geol. Proceso de depósito de materiales procedentes de la erosión y el arrastre, que tiene lugar cuando cesa o disminuye la intensidad del transporte. || **Sedimentación globular** Med. Depósito de glóbulos rojos en un tubo de sangre tratada con citrato sódico. La velocidad con que sedimentan varía según el estado fisiológico o patológico de la persona.

Sedimentar tr. 1 Depositar sedimento un líquido. || prnl. 2 Formar sedimento las materias suspendidas en un líquido.

Sedimentario, a adj. 1 Que sedimenta. 2 Geol. Se dice de la roca originada por transformación de los materiales acumulados durante cualquiera de los procesos de sedimentación.

Sedimento m. 1 Fís. Materia que habiendo estado suspensa en un líquido, se posa en el fondo. 2 Geol. Depósito de materiales arrastrados mecánicamente por las aguas, el hielo o el viento. 3 Geol. Roca exógena formada por inmovilización de detritos, coloides e iones.

Sedoso, sa adj. Parecido a la seda.

Seducir tr. 1 Engañar, persuadir suavemente al mal. 2 Embargar o cautivar el ánimo. ♦ IRREG. Se conjuga como CONDUCIR.

Seebeck, Thomas Yohann Físico y médico alemán (Tallin, Estonia, 1770 - Berlín, 1831). En 1921 descubrió la termoelectricidad y la pila termoeléctrica.

Seeland Región e isla de Dinamarca, la mayor del archipiélago danés, separada de Suecia por el estrecho de Sund; 7.448 km² y 2.196.650 h. Capital, Copenhague. Concentra casi el 50% de la población del país. Agricultura, ganado bovino. Siderurgia, industrias químicas y alimentarias.

Sefard En hebreo, España.

Sefardí o **Sefardita** adj. y com. 1 Perteneciente o relativo a los judíos españoles expulsados por los Reyes Católicos en 1492 y a sus descendientes. Los sefardíes se dispersaron por Europa, África y Asia. Más tarde, algunos grupos se establecieron en EE UU y en América del Sur. Los de los Balcanes, Oriente Próximo y norte de África conservaron el idioma español y un rico contenido de elementos folclóricos, entre ellos los romances. En 1990 las comunidades sefardíes recibieron el premio Príncipe de Asturias de la Concordia. || m. 2 Dialecto JUDEOESPAÑOL.

Seferis, Giorgios (YORGOS STYLIANOS SEFERADI, llamado) Poeta y diplomático griego (Esmirna, 1900 - Atenas, 1971). Desde el simbolismo, evolucionó hacia una investigación del presente de la lengua demótica, con una visión dolorida del pasado glorioso de su Grecia natal. Autor de La estrofa (1931), La cisterna (1932), Diario de a bordo (1940-44 y 1955), El zorzal (1946), etc. Premio Nobel de Literatura (1963).

Segador, ra m. y f. 1 Persona que siega. || m. Zool. 2 Arácnido pequeño, de patas muy largas. || f. Agr. 3 Máquina que sirve para segar. También adj.

Segal, George Escultor estadounidense (Nueva York, 1924 - New Jersey, 2000). Sus personajes, de tamaño natural y en yeso o bronce, reproducen ambientes cotidianos. Entre sus obras destacan Mujer afeitándose las piernas (1963).

Segall, Lasar Pintor brasileño de origen lituano (Vilna, 1885 - São Paulo, 1957). Su estilo se inscribe en la tendencia expresionista: Muchacha con guitarra (1935) y Bosques (1950-57).

Segantini, Giovanni Pintor italiano (Arco, 1858 - Schafberg, 1899). Se dedicó a la pintura de paisajes: Regreso al redil (1882), Las dos madres (1889), La recolección de heno (1890), etc.

Segar tr. 1 Agr. Cortar mieses o hierba con la hoz, la guadaña o cualquier máquina a propósito. 2 Cortar, cercenar. 3 fig. Interrumpir, impedir el desarrollo de algo. ♦ IRREG. Se conjuga como ACERTAR.

Segesta Calatafimi.

Seghers, Ana (NETTY RADVANYI, llamada) Escritora alemana (Maguncia, 1900 - Berlín oriental, 1983). Adscrita al realismo socialista, entre sus obras destacan La

Segismundo III Vasa. Retrato de Martin Kober. Museo de Historia del Arte (Viena).

séptima cruz (1942), Los muertos no envejecen (1949) y La decisión (1959).

Segismundo Nombre de varios reyes de Polonia.

Segismundo I Jagellón el Viejo (Kozienicé, 1467 - Cracovia, 1548). Gran duque de Lituania, sucedió en el trono polaco a su hermano, Alejandro I, en 1506. Ocupó Prusia (1520), que entregó a Alberto de Brandenburgo.

Segismundo II Augusto Jagellón (Cracovia, 1520 - Knyszyn, 1572). Sucedió en el trono de Polonia y en el gran ducado de Lituania a su padre, Segismundo I, en 1548. Fue tolerante con el calvinismo, que se extendió por el reino. En 1569 unificó Polonia y Lituania en una república común.

Segismundo III Vasa Rey de Polonia y de Suecia (Estocolmo, 1566 - Varsovia, 1632). Hijo de Juan II Vasa, rey de Suecia, y sobrino de Segismundo II de Polonia. Elegido rey de Polonia en 1587, sucedió a su padre en el trono sueco (1592-1604).

Segismundo de Luxemburgo Rey de Hungría, rey de romanos, emperador germánico y rey de Bohemia (Nuremberg, 1368 - Znaim, 1437). Hijo del emperador Carlos IV. Fue elegido rey de romanos en 1411, pero su coronación imperial no tuvo lugar hasta 1433. Reunió el concilio de Constanza (1414) para poner fin al Cisma de Occidente, e hizo condenar a Juan Hus. Heredó el trono de Bohemia en 1419. Organizó, con el apoyo del papa Eugenio IV, el concilio de Basilea, en el que se llegó a un acuerdo con los husitas.

Seglar adj. 1 Relativo a la vida, estado o costumbre del siglo o mundo. 2 Que no tiene órdenes clericales. También s.

Segmentación f. 1 Acción y efecto de segmentar. 2 Biol. División reiterada de la célula huevo de animales y plantas, en virtud de la cual se constituye un organismo pluricelular, que es la primera fase del embrión.

Segmentado, da adj. Zool. Se dice del animal cuyo cuerpo consta de partes o segmentos dispuestos en serie lineal, como la lombriz solitaria y el cangrejo.

Segmentar tr. y prnl. Hacer segmentos algo; dividirlo.

Segmento m. 1 Pedazo o parte cortada de una cosa. 2 Geom. Parte del círculo comprendida entre un arco y su cuerda. 3 Mec. Aro elástico de metal que encaja en una ranura circular del émbolo para que éste ajuste a las paredes del cilindro. 4 Zool. Cada una de las partes dispuestas en serie lineal de que está formado el cuerpo de los gusanos y artrópodos. 5 Ling. Signo o conjunto de signos que pueden aislarse en la cadena oral mediante una operación de análisis. || **Segmento circular** Geom. SEGMENTO. || **Segmento esférico** Geom. Parte de la esfera cortada por un plano que no pasa por el centro.

Segni, Antonio Político italiano (Sassari, 1891 - Roma, 1972). Miembro del Partido Cristianodemócrata, fue ministro de Agricultura (1946), de Instrucción Pública (1951), de Defensa (1958) y primer ministro (1955-57 y 1959-60). Entre 1962 y 1964 ocupó la presidencia de la República.

Segovia Coco, río.

Segovia 1 Provincia de España, en Castilla y León; 6.949 km² y 146.985 h. Montañosa en su parte meridional, el resto de su superficie lo constituye una dilatada llanura. Ríos principales: Riaza, Duratón, Cega y Eresma. Clima frío y seco. Su agricultura es esencialmente cerealista. Ganadería vacuna y lanar. Explotación forestal. Industria agropecuaria (embutidos), de la loza y madera. 2 Ciudad capital de la misma, al pie de la Sierra de Guadarrama y a orillas del Eresma; 54.287 h. Industria química, textil, metalúrgica y alimentaria. Turismo. Entre sus edificios destacan la catedral (siglo XVI), el monasterio del Parral, fundado por Enrique IV en 1447, las iglesias románicas de la Vera Cruz, San Millán, San Martín, la Trinidad y San Esteban, el ayuntamiento, la casa de los Picos y el alcázar, que fue morada de los Reyes Católicos. Su famoso acueducto romano data de tiempos de Augusto.

Segovia, Andrés Guitarrista español (Linares, 1894 - Madrid, 1987). Su extraordinario virtuosismo y musicalidad le dieron fama internacional.

Segoviana, Cordillera DARIENSE.

Segoviano, na adj. y s. De Segovia.

Segre, Emilio Gino Físico estadounidense de origen italiano (Tívoli, 1905 - Lafayette, California, 1989). En 1959 recibió el premio Nobel de Física, compartido con O. Chamberlain, por sus trabajos sobre el antiprotón. Codescubridor de los neutrones lentos y de los elementos tecnecio, astato y plutonio.

Segregacionismo m. Doctrina política y social que defiende la segregación de determinados sectores de la población por razones políticas, raciales, sociales, etc.

Segregacionista adj. y com. Partidario de la segregación racial.

Segregar tr. 1 Separar una cosa de otra. 2 Secretar, expeler.

Segueta f. Sierra de marquetería.

Seguidilla f. 1 Métr. Composición métrica que puede constar de cuatro o siete versos, muy usada en los cantos populares y en el género jocoso. || f. pl. 2 Aire popular español. 3 Baile correspondiente a este aire.

Seguier, Pierre Estadista francés (París, 1588 - Saint Germain-en-Laye, 1672). Presidente vitalicio del Parlamento (1624) y canciller de Francia (1635), fue uno de los fundadores de la Academia Francesa.

Séguin, Marc Ingeniero francés (Annonay, 1786 - íd., 1875). Desarrolló el puente colgante y adaptó la caldera tubular a las locomotoras.

Seguir tr. 1 Ir después o detrás de una persona o cosa, caminar hacia ella. 2 Dirigir la vista hacia un objeto que se mueve y mantener la visión de él. 3 Ir en busca de una persona o cosa, caminar hacia ella. 4 Ir en compañía de uno. 5 Proseguir o continuar lo empezado. 6 Profesar o ejercer una ciencia o arte o estado. 7 Observar atentamente. 8 Tratar o manejar un negocio o pleito. 9 Convenir con la opinión de una persona. 10 Perseguir, acosar, molestar. 11 Imitar el ejemplo de otro. || prnl. 12 Inferirse o ser consecuencia una cosa de otra. 13 Suceder una cosa a otra por orden, turno o número, o ser continuación de ella. 14 Originarse o causarse una cosa de otra. ♦ IRREG. Se conjuga como PEDIR.

Seguiriya f. Mús. Uno de los cantes flamencos más importantes, junto a la toná y la soleá, formado por coplas de cuatro versos. También se llama siguiriya.

Según prep. 1 Conforme o con arreglo a. 2 Con proporción o correspondencia a. 3 De la misma suerte o manera que, por el modo en que. 3 Indica eventualidad o contingencia. || **según y cómo**, o **según y conforme** loc. conjunt. De igual suerte o manera que.

Segundero, ra adj. 1 Bot. Se dice del segundo fruto que dan ciertas plantas en el mismo año. || m. 2 Manecilla que señala los segundos en el reloj.

Andrés **Segovia**

segundo, da adj. **1** Que sigue inmediatamente en orden al o a lo primero. || m. **2** Persona que sigue en jerarquía al jefe o principal. **3** *Fís.* Cada una de las sesenta partes en que se divide el minuto de tiempo. Es la unidad fundamental de tiempo y equivale a la fracción 1/86.400 del día solar medio. **4** *Geom.* Unidad de medida de ángulos que, en el sistema sexagesimal, equivale a cada una de las sesenta partes en que se divide el minuto de circunferencia.

Segundo, Compay Compay Segundo.

segundogénito, ta adj. y s. Se dice del hijo o hija nacidos después del primogénito o primogénita.

segundón m. **1** Hijo segundo de la casa. **2** Por extensión, cualquier hijo no primogénito. **3** fig. y fam. Hombre que ocupa un puesto inferior al más importante o de mayor categoría.

seguntino, na adj. y s. De Sigüenza.

segur f. **1** Hacha grande para cortar. **2** Hacha que formaba parte de cada una de las faces de los lictores romanos. **3** Hoz para cortar.

Ségur, Sophie Rostopchin, condesa de Escritora francesa (San Petersburgo, 1799 - París, 1874). Autora de cuentos y relatos infantiles entre los que destacan *Memorias de un burro* (1860) y *Las desgracias de Sofía* (1864).

Segura y Cordero, Manuel Ascensio Escritor peruano (Lima, 1805 - íd., 1871). Publicó narraciones y obras poéticas de tono festivo, como *Pelimuertada* (1851). Como autor teatral escribió *La saya y el manto* (1851), *Las tres viudas* (1862), etc.

seguridad f. **1** Calidad de seguro. **2** Fianza u obligación de indemnización a favor de uno. || **de seguridad** loc. adj. que se aplica a un ramo de la administración pública cuyo fin es el de velar por la seguridad de los ciudadanos. Se aplica también a ciertos mecanismos que aseguran algún buen funcionamiento.

seguro, ra adj. **1** Libre y exento de todo peligro, daño o riesgo. **2** Cierto, indubitable. **3** Firme, constante. **4** Desprevenido, ajeno de sospecha. || m. **5** Seguridad, certeza, confianza. **6** Lugar o sitio libre de todo peligro. **7** Contrato por el cual una persona, natural o jurídica, se obliga a resarcir las pérdidas o daños que ocurran a determinadas cosas mediante el pago de una prima. **8** Salvoconducto o permiso especial. **9** Muelle destinado en algunas armas de fuego a evitar que se disparen por el juego de la llave. **10** Cualquier mecanismo que impide el funcionamiento indeseado de un aparato, utensilio o máquina, o que aumenta la firmeza de un cierre. || **a buen seguro**, o **de se guro** loc. adv. Ciertamente, en verdad. || **sobre seguro** loc. adv. Sin correr riesgo.

Seibo, El Provincia de la República Dominicana; 1.786 km² y 96.770 h. Su capital es Santa Cruz de El Seibo.

Seifert, Jaroslav Poeta checoslovaco (Praga, 1901 - íd., 1986). Entre sus obras destacan *Ciudad en lágrimas* (1921), *Paloma mensajera* (1929), *Primavera, adiós* (1937), *El puente de piedra* (1945), *Praga* (1956), *Concierto en la isla* (1965), *El monumento a la peste* (1977), *Ser poeta* (1983) y *Toda la belleza del mundo* (1983). Premio Nobel de Literatura en 1984.

Seine Sena.

Seine-Maritime Departamento de Francia, en la región de Alta Normandía; 6.278 km² y 1.239.138 h. Su capital es Rouen.

Seine y Marne Sena y Marne.

Seine-Saint-Denis Sena-Saint-Denis.

Seipel, Ignaz Prelado y político austriaco (Viena, 1876 - Pernitz, 1932). Jefe del Partido Socialcristiano (1921), ocupó el cargo de canciller en 1922-24 y en 1926-29.

seis adj. **1** Cinco y uno. **2** Sexto, ordinal. También s. || m. **3** *Mat.* Signo o conjunto de signos con que se representa el número seis. **4** Naipe que tiene seis señales. **5** *P. Rico* Baile popular, especie de zapateado.

Seis, Grupo de los *Mús.* Se denomina así al grupo de compositores franceses constituido en 1918 y formado por F. Poulenc, D. Milhaud, L. Durey, G. Auric, A. Honegger y G. Tailleferre. De estilos diversos, rechazaron la herencia impresionista de Debussy y se declararon seguidores de Satie.

Seis Días, guerra de los *Hist.* Enfrentamiento armado árabe-israelí desarrollado entre el 5 y el 10 de junio de 1967, en el que Israel derrotó a las tropas de Siria, Egipto y Jordania y conquistó los Altos del Golán, Cisjordania, la franja de Gaza y la península del Sinaí.

seisavo, va adj. y s. Cada una de las seis partes en que se divide un todo.

seiscientos, tas adj. **1** Seis veces ciento. **2** Sexcentésimo, ordinal. || m. *Mat.* **3** Conjunto de signos con que se representa el número seiscientos.

seise m. Cada uno de los niños de coro, seis por lo común, que bailan y cantan en la catedral de Sevilla en determinadas festividades.

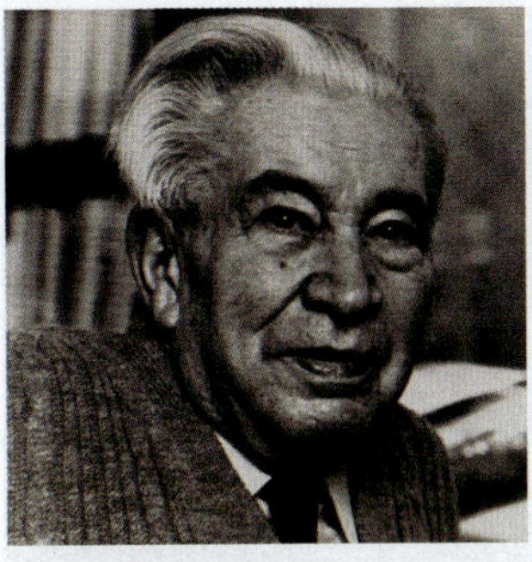

Jaroslav **Seifert**

seisillo m. Conjunto de seis notas iguales que se deben cantar o tocar en el tiempo correspondiente a cuatro de ellas.

seísmo m. *Geol.* Terremoto, sismo.

selacio, cia adj. y s. *Zool.* **1** Se dice del pez marino condrictio, de cuerpo fusiforme, como el tiburón. || m. pl. *Zool.* **2** Orden de estos peces.

sele- pref. selen-.

selección f. **1** Acción y efecto de elegir a una persona o cosa entre otras. **2** Conjunto de los seleccionados. **3** *Biol.* Cualquier proceso que conduzca a una representación diferencial de individuos según las características de éstos. **4** *Dep.* Equipo que se forma con atletas o jugadores de distintos clubes para disputar un encuentro o participar en una competición, principalmente de carácter internacional. || **selección natural** *Biol.* Teoría establecida por el naturalista británico Charles Darwin en 1859, que mantiene la idea de que la selección es el mecanismo principal en los cambios evolutivos de las especies. Así, entre los individuos que componen una población, los que poseen los caracteres más ventajosos tienen proporcionalmente más descendencia que el resto; de esta forma, la composición genética de la población varía, aumentando la proporción de genes que determinan aquellos caracteres deseables. La selección actúa siempre sobre fenotipos completos y no sobre genes aislados.

seleccionador, ra adj. **1** Que selecciona. || m. *Dep.* **2** Persona que elige y entrena a los jugadores o atletas que han de intervenir en un partido o competición.

seleccionar tr. Elegir, escoger.

selectividad f. **1** Calidad de selectivo. **2** En España, examen de acceso a la universidad.

selectivo, va adj. **1** Que implica selección. **2** *Fís.* Se dice del aparato radiorreceptor que permite escoger una onda de longitud determinada sin que perturben la audición otras ondas muy próximas.

selecto, ta adj. Que es o se reputa por mejor entre otras cosas de su especie.

selector, ra adj. **1** Que selecciona o escoge. || m. **2** Dispositivo que permite escoger un circuito determinado para establecer contacto con los abonados en las centrales telefónicas. || **selector de canales** Dispositivo que permite sintonizar el canal televisivo deseado.

selen-, sele-, seleno-, -selene prefs. o suf. que significa la Luna.

Selene *Mit.* Diosa griega que personifica la Luna.

Selenga Río de Mongolia y la Federación de Rusia, que desemboca en el lago Baikal; 1.205 km de curso.

selénico, ca adj. Relativo a la Luna.

selenio m. *Quím.* Elemento químico del grupo VI A del sistema periódico. Masa atómica, 76,96; número atómico, 34; símbolo, *Se.*

selenita com. **1** Supuesto habitante de la Luna. || f. *Miner.* **2** Yeso cristalizado en láminas brillantes; espejuelo.

selenitófilo, la adj. *Bot.* gipsófilo.

seleniuro m. *Quím.* Cuerpo resultante de la combinación del selenio con un radical.

seleno- pref. selen-.

selenografía f. *Astron.* Parte de la astronomía que trata de la descripción y cartografía de la Luna.

selenosis f. *Med.* Manchita blanca en las uñas.

Seles, Mónica Tenista estadounidense de origen yugoslavo (Novi Sad, 1973). Número uno mundial en 1991, logró vencer en los torneos de Roland Garros (1990, 1991 y 1992), de Australia (1991, 1992, 1993 y 1996), de EE UU (1991 y 1992) y el Masters (1990, 1991 y 1992).

Seleucia *Geog. hist.* Nombre de varias ciudades de Asia fundadas por los seléucidas. Las más importantes fueron *Seleucia del Tigris,* en la orilla occidental del Tigris, al NE de Babilonia; y *Seleucia Pieria,* cerca de la moderna Souidieh o Suadeiah, a 6,5 km de la desembocadura del Orontes. Ambas fueron fundadas por Seleuco I Nicátor.

seléucida adj. y com. *Hist.* Se dice de una dinastía fundada por Seleuco, general de Alejandro. Los seléucidas reinaron del 312 al 64 a. C. Alcanzó su mayor extensión en tiempos de su fundador, que extendió sus dominios desde la India hasta el Mediterráneo. Su poder fue decrecien do hasta concretarse en Siria, convertida por Pompeyo en provincia romana (64 a. C.).

Seleuco Nombre de varios reyes seléucidas.

Seleuco I Nicátor (Europo, h. 354 - Lisimaquia, h. 280 a. C.). General de Alejandro Magno, fue el fundador de la dinastía. Recibió la satrapía de Babilonia tras el asesinato de Pérdicas (321 a. C.). Aliado con Lisímaco y Casandro, derrotó a su enemigo en Ipso (301 a. C.) y obtuvo Capadocia y Siria. Trasladó entonces la capital a Antioquía. Posteriormente penetró en Asia Menor y se enfrentó a Lisímaco (281 a. C). Murió asesinado.

Seleuco II Calínico (?, 265 - ?, 226 a. C.). Hijo de Antíoco II, a quien sucedió en 246 a. C. Tuvo que enfrentarse con Tolomeo III de Egipto (246-241 a. C.) y con su hermano, Antíoco Hierax, que se hizo con el gobierno de Asia Menor.

Seleuco IV Filopátor (?, 218 - ?, 175 a. C.). Hijo y sucesor de Antíoco III el Grande, accedió al trono en 187 a. C. Murió asesinado por su ministro Heliodoro.

self-service (Voz i.) m. autoservicio.

Selgas y Carrasco, José Escritor español (Lorca, 1822 - Madrid, 1882). Escribió libros de poesías como *La Primavera* (1850) y *El estío* (1853); y novelas sentimentales, como *La manzana de oro* (1872) y *Una madre* (1883).

Selim Nombre de varios sultanes.

Selim I el Cruel (Amasya, 1467 - Constantinopla, 1520). Con el apoyo de los jenízaros, destronó a su padre, Bayaceto II (1512), y lo hizo asesinar junto al resto de su familia. Conquistó Egipto (1517).

Selim II el Ebrio (Magnesia, 1524 - Constantinopla, 1574). Sucedió a su padre, Solimán II, en 1566. Delegó los asuntos de Estado en el gran visir Sokullu. En 1570 conquistó Chipre, lo que provocó la intervención de la Santa Liga, que derrotó a la flota turca en la batalla de Lepanto (1571).

Selim III (Constantinopla, 1761 - íd., 1808). Sucedió en el trono a su tío Abdul Hamid en 1789. Derrotado por la coalición austro-rusa, hubo de pactar por separado con Austria (paz de Sistovo, 1791) y Rusia (paz de Iasi, 1792). Fue destronado y asesinado por los jenízaros.

Selkirk, Alexander Marino escocés (Lasgo, 1676 - ?, 1721). Enfrentado con el capitán de su buque, fue abandonado por éste en la isla Juan Fernández, entonces desierta y retirada de toda comunicación marítima. Su vida inspiró a Defoe su *Robinson Crusoe.*

sellar tr. **1** Imprimir el sello. **2** fig. Estampar, imprimir o dejar señalada una cosa en otra o comunicarle determinado carácter. **3** fig. Concluir, poner fin a una cosa. **4** fig. Cerrar, tapar, cubrir.

Sellers, Peter Actor de cine británico (Southsea, Portsmouth, 1925 - Londres, 1980). Entre sus películas más conocidas figuran *El quinteto de la muerte* (1955), *Lolita* (1962), *La pantera rosa* (1964) y *Bienvenido, Mr. Chance* (1979).

sello m. **1** Utensilio de metal o caucho que sirve para estampar las armas, divisas o cifras en él grabadas, y se emplea para autorizar documentos, cerrar pliegos y otros usos parecidos. **2** Lo que queda estampado, impreso y señalado con el sello. **3** Disco de metal o de cera que, estampado con un sello, se unía a ciertos documentos. **4** Trozo pequeño de papel, con timbre oficial de figuras o signos grabados, que se pega a ciertos documentos para darles valor o eficacia y a las cartas para franquearlas o certificarlas. **5** Casa u oficina donde se estampa y pone el sello. **6** El que sella. **7** Anillo ancho

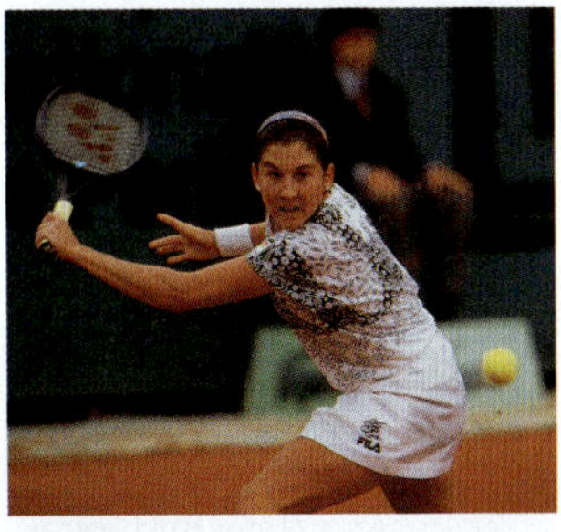

Mónica **Seles**

Selva Negra (Alemania). Paisaje de Baden-Württemberg.

que en su parte superior lleva grabadas las iniciales de una persona, el escudo de su apellido, etc. **8** fig. Carácter distintivo comunicado a una obra u otra cosa. **9** *Farm.* Conjunto de dos obleas redondas entre las cuales se encierra una dosis de medicamento. **10** *Col., Chile* y *Perú* Cruz o reverso de las monedas. || **SELLO DE SALOMÓN** Estrella de seis puntas formada por dos triángulos equiláteros cruzados. También, planta herbácea de la familia liliáceas. || **echar,** o **poner,** a una cosa **el sello** fr. fig. Rematarla, terminarla.

SELTEN, REINHARD Economista alemán (Preslau, 1930). Recibió el premio Nobel de Economía en 1994, compartido con John Harsányi y John Nash, por su análisis de la teoría de los juegos no cooperativos y sus aplicaciones a la economía.

SELVA f. **1** Terreno extenso, inculto y muy poblado de árboles. **2** fig. Abundancia desordenada de alguna cosa; confusión, cuestión intrincada.

SELVA, SALOMÓN DE LA Escritor nicaragüense (León, 1893 - París, 1959). Autor modernista, escribió en inglés y en castellano: *Ciudad tropical* (1917), *Evocación de Horacio* (1949), *Acolmixtli Nezaualcoyotl* (1958).

SELVA NEGRA Macizo montañoso del SO de Alemania, junto al valle del Rhin, que lo separa de los Vosgos. Se extiende en dirección NE, desde Säckingen del Rhin hasta Durlach. Alcanza su máxima altura en el Feldberg (1.493 m). Turismo.

SELYÚCIDA adj. *Hist.* **1** Se dice de una dinastía turca musulmana, que dominó el Próximo Oriente y Asia Menor entre los siglos XI y XIII. Fue fundada a finales del siglo X por el príncipe de la tribu uguz Selyuk. La dinastía alcanzó su apogeo con Malik Sha, a finales del siglo XI. **2** Relativo a los selyúcidas.

SEM Patriarca bíblico, hijo primogénito de Noé y epónimo de los semitas.

SEMA m. *Ling.* En semántica, unidad mínima provista de significado no susceptible de realización independiente.

SEMA-, SEMIO-, SEMANT-, SEMASIO-; -SEMA, -SEMASIA, -SEMIA prefs. o sufs. que significan señal.

SEMÁFORO m. **1** Telégrafo óptico de las costas, para comunicarse con los buques por medio de señales. **2** Aparato eléctrico de señales luminosas para regular la circulación. **3** Cualquier sistema de señales ópticas.

SEMANA f. **1** Serie de siete días naturales consecutivos. **2** Periodo septenario de tiempo, sea de días, meses, años o siglos. **3** fig. Salario ganado en una semana. || **SEMANA SANTA** La última de la cuaresma, desde el Domingo de Ramos hasta el de Resurrección, en la que se conmemora la pasión, muerte y resurrección de Jesucristo. Suele emplearse con mayúscula. || **entre semana** loc. adv. Cualquier día de ella, menos el fin de semana.

SEMANAL adj. **1** Que sucede o se repite cada semana. **2** Que dura una semana o a ella corresponde.

SEMANARIO, RIA adj. **1 0**Que sucede o se repite cada semana. || m. **2** Periódico que se publica semanalmente. **3** Conjunto formado por siete objetos iguales o relacionados entre sí.

SEMANT- pref. SEMA-.

SEMANTEMA m. *Ling.* Elemento lingüístico que posee significación, en oposición a morfema y fonema.

SEMÁNTICA f. *Ling.* Estudio del significado de los signos lingüísticos y de sus combinaciones, desde un punto de vista sincrónico o diacrónico. El término fue introducido en el campo lingüístico por Michel Bréal a finales del siglo XIX.

SEMÁNTICO, CA adj. Relativo al significado de las palabras.

SEMARANG Ciudad de Indonesia, capital de la provincia de Java Central; 1.005.316 h. Centro industrial. Puerto.

-SEMASIA suf. SEMA-.

SEMASIO- pref. SEMA-.

SEMASIOLOGÍA f. *Ling.* Parte de la semántica que estudia el significante y sus relaciones para determinar el significado.

SEMBLANTE m. **1** Representación de algún estado de ánimo en el rostro. **2** Cara o rostro humano. **3** fig. Apariencia y representación del estado de las cosas, sobre el cual formamos el concepto de ellas.

SEMBLANZA f. Bosquejo biográfico.

SEMBRADÍO, A adj. Se dice del terreno destinado o a propósito para sembrar.

SEMBRADO m. Tierra sembrada. || **estar sembrado** loc. fig. Estar ingenioso, ocurrente.

SEMBRADOR, RA adj. y s. **1** Que siembra. || f. **2** Máquina para sembrar.

SEMBRAR tr. **1** Arrojar y esparcir las semillas en la tierra preparada para este fin. **2** fig. Desparramar, esparcir. **3** fig. Dar motivo, causa o principio a una cosa. **4** fig. Publicar una noticia para que se divulgue. **5** fig. Hacer algunas cosas para conseguir después algún beneficio.
♦ IRREG. Se conjuga como ACERTAR.

SEMEJANTE adj. **1** Que semeja o se parece a una persona o cosa. También s. **2** Se usa con sentido de comparación o ponderación. **3** Empleado con carácter de demostrativo, equivale a *tal*. **4** *Geom.* Se dice de dos figuras cuyos ángulos homólogos son iguales y sus segmentos homólogos proporcionales. **5** *Mat.* Se dice de los términos de un polinomio que tienen la misma parte literal con los mismos exponentes. || m. **6** Semejanza, imitación. **7** Cualquier hombre respecto a alguien, prójimo.

SEMEJANZA f. **1** Calidad de semejante. **2** Símil retórico. **3** *Geom.* Correspondencia biunívoca entre dos puntos del plano o del espacio.

SEMEJAR intr. y prnl. Parecerse una persona o cosa a otra; tener conformidad con ella.

SÉMELE *Mit.* Divinidad de origen tracio, hija de Cadmo. Fue seducida por Zeus y concibió a Dioniso.

SEMEMA m. *Ling.* En algunas escuelas lingüísticas, significado que corresponde a cada morfema en una lengua determinada.

SEMEN m. **1** *Bot.* Semilla de los vegetales. **2** *Fisiol.* Líquido viscoso que segregan las glándulas genitales de los animales del sexo masculino, en el que se hallan los espermatozoides.

SEMËNOV, NICOLAI NICOLAIEVICH Químico y físico soviético (Saratov, 1896 - Moscú, 1986). Premio Nobel de Química (1956), compartido con C. Hisnshelwood, por sus investigaciones acerca de la cinética de las reacciones en cadena.

SEMENTAL adj. **1** Relativo a la siembra o sementera. **2** *Zool.* Se aplica al animal macho destinado a la reproducción. También s.

SEMENTERA f. **1** Tierra sembrada. **2** Tiempo a propósito para sembrar. **3** Cosa sembrada. **4** fig. Origen, principio.

SEMESTRAL adj. **1** Que sucede o se repite cada semestre. **2** Que dura un semestre.

SEMESTRE adj. **1** SEMESTRAL. || m. **2** Espacio de seis meses. **3** Renta, sueldo, pensión, etc., que se cobra o se paga al fin de cada semestre. **4** Conjunto de los números de un periódico o revista publicados durante un semestre.

SEMI- pref. que significa medio, casi.

-SEMIA suf. SEMA-.

SEMIBREVE f. *Mús.* REDONDA.

SEMICADENCIA f. *Mús.* Paso sencillo de la nota tónica a la dominante.

SEMICILINDRO m. *Geom.* Cada una de las dos mitades del cilindro separadas por un plano que pasa por el eje.

SEMICÍRCULO m. *Geom.* Cada una de las dos mitades del círculo separadas por un diámetro.

SEMICIRCUNFERENCIA f. *Geom.* Cada una de las dos mitades de la circunferencia.

SEMICONDUCTOR, RA adj. y s. *Fís.* Se dice de la sustancia aislante, como el germanio y el silicio, que se transforma en conductora por la adición de determinadas impurezas. De gran importancia en electrónica para la fabricación de transistores, circuitos integrados, ordenadores, etc.

SEMICONSERVA f. Alimentos de origen vegetal o animal envasados sin previa esterilización, que se conservan por tiempo limitado.

SEMICONSONANTE adj. y f. *Fon.* Se dice en general de las vocales *i, u*, en principio de diptongo o triptongo, como en *piedra, hielo, huerto* y *apreciáis*.

SEMICORCHEA f. *Mús.* Figura musical cuyo valor es la mitad de la corchea.

SEMICULTISMO m. *Ling.* Palabra influida por el latín, o por una lengua culta, que no ha realizado por completo su evolución fonética normal: *siglo, tilde.*

SEMIDIÁMETRO m. *Geom.* Cada una de las dos mitades de un diámetro separadas por el centro.

SEMIDIÓS, SA m. y f. *Mit.* En origen, héroe, hijo de un dios o de una diosa y de un ser humano. Posteriormente, fueron considerados semidioses personajes insignes por sus hazañas.

SEMIEJE m. *Geom.* Cada una de las dos mitades de un eje separadas por el centro.

SEMIESFERA f. *Geol.* y *Geom.* HEMISFERIO.

SEMIFINAL f. Cada una de las dos penúltimas competiciones de un campeonato o concurso que se disputa por sistema eliminatorio. Más en pl.

SEMIFONDO m. *Dep.* Carrera atlética de media distancia. Las especialidades olímpicas son los 800 y los 1.500 m.

SEMIFUSA f. *Mús.* Figura cuya duración equivale a la mitad de una fusa.

SEMILLA f. **1** *Bot.* Primordio seminal de las plantas fanerógamas, localizado en el ovario fecundado, desarrollado y maduro (fruto). Contiene un embrión que puede originar una nueva planta. **2** fig. Cosa que es causa u origen de otra. || f. pl. *Agr.* **3** Granos que se siembran.

SEMILLERO m. **1** *Agr.* Sitio donde se siembran y crían los vegetales que después han de transplantarse. **2** *Bot.* Sitio donde se guardan y conservan colecciones de semillas. **3** fig. Origen y procedencia de algunas cosas.

SEMILUNAR adj. **1** Que tiene figura de media luna. **2** *Anat.* Se dice de uno de los huesos del carpo.

SEMIMETAL m. *Quím.* Término con que antiguamente se designaban los elementos que participan de las características definidas en el grupo de los metales y

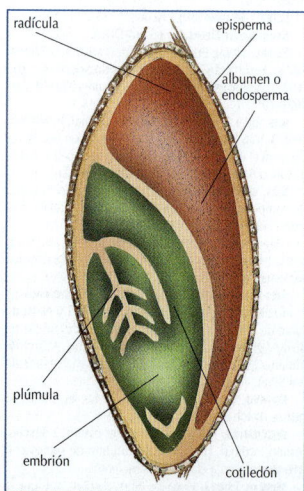

Morfología de una **semilla** de planta gramínea.

SEMINAL adj. **1** Relativo a la semilla. **2** Relativo al semen.

SEMINARIO, RIA adj. **1** Relativo a la semilla. || m. **2** Bot. Semillero de vegetales. **3** Establecimiento destinado a la formación de jóvenes que se dedican al estado eclesiástico. Se denomina también *seminario conciliar*. **4** En las universidades, curso práctico de investigación, anejo a la cátedra, y local donde se realiza.

SEMÍNOLA adj. *Etnol.* **1** Se dice de un pueblo amerindio de la familia lingüística muscogui, que habita en reservas de los Estados de Florida y Oklahoma. Más como m. pl. **2** Se dice también de sus individuos. También com. **3** Relativo a este pueblo.

SEMINTERNADO, NA m. **1** Media pensión, medio internado, régimen educativo en que los escolares pasan el día y hacen alguna de sus comidas en un centro de enseñanza, pero no duermen en él. **2** Establecimiento docente con régimen de seminternado.

SEMIO- SEMA-.

SEMIOLOGÍA f. **1** Término propuesto por F. de Saussure para designar la ciencia que tiene como objeto de estudio los sistemas de signos que existen en la vida social, y de la que formaría parte la lingüística. Se emplea como sinónimo de SEMIÓTICA. **2** *Med.* SEMIÓTICA.

SEMIORUGA m. *Mil.* Vehículo militar blindado provisto de ruedas y cadenas.

SEMIÓTICA f. **1** *Med.* Parte de la medicina que trata de los signos de las enfermedades. **2** *Filos.* y *Ling.* Teoría general de los signos.

SEMIPERMEABLE adj. Parcialmente permeable.

SEMIPESADO, DA adj. *Dep.* **1** En cierto tipo de deportes, como la halterofilia, el boxeo o la lucha, se dice de la categoría intermedia entre la de los pesos medios y la de los pesos pesados. **2** Se dice del boxeador profesional con peso comprendido entre 72,574 y 79,378 kg. También m.

SEMIPLANO m. *Geom.* Cada una de las dos porciones de plano limitadas por una recta cualquiera. Dos semiplanos que tienen el mismo borde se llaman *opuestos*.

SEMÍRAMIS Reina mítica de Asiria y Babilonia. Hija de diosa y mortal, se casó con el rey Ninos y, tras su muerte, quedó dueña del poder. Fundó Babilonia, donde mandó construir los célebres jardines colgantes, y conquistó Egipto y Etiopía.

SEMIRRECTA f. *Geom.* Cada una de las porciones de una recta que quedan separadas por un punto.

SEMIRREMOLQUE m. Remolque que se apoya en el vehículo tractor, por carecer de ruedas delanteras.

SEMISÓTANO m. Conjunto de locales situados en parte bajo el nivel de la calle.

SEMISUMA f. *Mat.* Resultado de dividir por dos una suma.

SEMITA adj. *Etnol.* e *Hist.* **1** Según la tradición bíblica, descendiente de Sem; se dice de una familia de pueblos originarios del N de Arabia, que entre el V y el I milenio a. C. se asentaron en Oriente Medio, donde desarrollaron las grandes civilizaciones posteriores a la sumeria. Pertenecen a ella acadios, amorritas y arameos, así como hebreos, fenicios y árabes. Más como com. **2** Relativo a estos pueblos.

SEMÍTICO, CA adj. Relativo a los semitas. || **LENGUAS SEMÍTICAS** *Ling.* Grupo de lenguas de la familia camitosemítica habladas en África del N y Oriente Medio. Se divide en tres subgrupos: el oriental, representado por el acadio, hoy extinguido; el occidental central que comprende, entre otras, el hebreo, fenicio, arameo, árabe, moabita y ugarítico; y el occidental meridional, integrado por el etiópico con sus variantes.

SEMITISMO m. **1** Conjunto de las doctrinas morales, instituciones y costumbres de los pueblos semitas. **2** *Ling.* Vocablo o giro propio de las lenguas semitas. **3** *Ling.* Vocablo o giro de estas lenguas empleado en otras.

SEMITONO m. *Mús.* Cada una de las dos partes desiguales en que se divide el intervalo de un tono.

SEMIVOCAL adj. y f. *Fon.* **1** Se dice de la vocal *i* o *u* al final de un diptongo: *aire, aceite, causa, feudo*. **2** Se dice de la consonante que puede pronunciarse sin que se perciba directamente el sonido de una vocal; como la *f*.

SEMMELWEIS, IGNAZIUS PHILIPP Médico húngaro (Buda, 1818 - Viena, 1865). Descubrió que el origen de la fiebre puerperal estaba en la falta de higiene de las manos de los médicos que atendían a las parturientas.

SÉMOLA f. **1** Trigo candeal descortezado. **2** Pasta de harina que se usa para sopa.

SEMOVIENTE adj. Lo que se mueve por sí; especialmente los bienes que consisten en ganados de cualquier especie.

SEMPERVIRENTE adj. *Bot.* Se dice de la vegetación cuyo follaje se conserva verde todo el año.

SEMPITERNO, NA adj. Que durará siempre.

Semíramis cazando un león. Cuadro de Adriaen van Nieuland. Museo Fabre (Montpellier).

SEMPRONIA *Geneal.* Familia de la antigua Roma, cuya rama más ilustre fue la de los Gracos.

SEMPRONIA Dama romana (s. II a. C.). Hija de Tiberio Sempronio Graco y Cornelia, y hermana de los Tiberio y Cayo Graco. Se casó con Escipión Emiliano y secundó a sus hermanos en su lucha contra los patricios.

SEN m. **1** *Bot.* Arbusto de la familia cesalpináceas, género *Cassia*, de hojas compuestas y caducas, flores amarillas, blancas o rosadas en racimos y corimbos, y fruto en legumbre comprimida. Crecen en climas tropicales y sus hojas tienen propiedades purgantes. **2** *Num.* Moneda japonesa que equivale a la centésima parte de un yen.

SENA Río de Francia, que abarca en su mayor parte la cuenca de París; nace en la meseta de Langres, al N de Dijon, cruza Borgoña y Champaña, pasa por París y Rouen, y desemboca en el canal de la Mancha; 776 km. Sus principales afluentes son el Aube, Marne y Oise por la derecha, y el Yonne y Eure por la izquierda. Navegable para gabarras desde París.

SENA MARÍTIMO SEINE-MARITIME.

SENA Y MARNE Departamento de Francia, región de Isla de Francia; 5.915 km² y 1.193.767 h. Su capital es Melun.

SENA-SAINT-DENIS Departamento de Francia, región de Isla de Francia; 236 km² y 1.382.861 h. Su capital es Bobigny.

SENADO m. **1** *Hist.* Asamblea de patricios que formaba el Consejo de la antigua Roma. **2** *Hist.* y *Polít.* Cuerpo legislativo formado por personas elegidas por sufragio o designadas por razón de su cargo, posición, título, etc. **3** Edificio o lugar donde los senadores celebran sus sesiones.

SENADOCONSULTO m. *Hist.* Decreto o determinación del antiguo senado romano.

SENADOR, RA m. y f. Persona que es miembro del senado.

SENAQUERIB Rey de Asiria (? - ?, 681 a. C.). Sucedió a su padre, Sargón II, en 705 a. C. Intentó conquistar Egipto y reprimió el levantamiento de Palestina (701 a. C.), pero fracasó en el sitio de Jerusalén. Saqueó Babilonia (609 a. C.).

SENARIO, RIA adj. Compuesto de seis elementos, unidades o guarismos.

SENCILLO, LLA adj. **1** Que no tiene complicación. **2** Formado por un solo elemento o por pocos. **3** Humilde. **4** Que carece de ostentación y adornos. **5** Se dice de lo que tiene menos cuerpo que otras cosas de su especie. **6** Se dice del disco grabado, generalmente, a 45 revoluciones por minuto, que contiene una o dos grabaciones por cada cara. También m. || m. **7** *Amer.* Dinero suelto.

SENDA f. **1** Camino más estrecho que la vereda. **2** Cualquier camino. **3** fig. Procedimiento o medio para hacer o lograr algo.

SENDAI Ciudad de Japón, en Honshu, capital de la prefectura de Miyagi; 971.263 h.

SENDER, RAMÓN JOSÉ Escritor español (Chalamera del Cinca, Huesca, 1901 - San Diego, California, 1982). Combatió en el bando republicano durante la Guerra Civil y, desde 1942, residió en EE UU. Autor de novelas entre las que se encuentran *Imán* (1930), *Siete domingos rojos* (1932), *Epitalamio de Prieto Trinidad* (1942), *Crónica del alba* (1942-66), ciclo autobiográfico; *Réquiem por un campesino español* (1960), *La tesis de Nancy* (1962), *La aventura equinoccial de Lope de Aguirre* (1964) y *En la vida de Ignacio Morel* (1969).

SENDERISMO m. *Dep.* Práctica deportiva que consiste en caminar por espacios naturales siguiendo una ruta.

SENDERO m. SENDA.

SENDERO LUMINOSO *Polít.* e *Hist.* Organización guerrillera peruana, de ideología maoísta. Fundada en 1978 por Abimael Guzmán, tras la captura de su fundador en 1992 su actividad disminuyó considerablemente.

SENDOS, DAS adj. pl. Uno o una para cada cual de dos o más personas o cosas.

El río **Sena** a su paso por París. Île de France y Notre Dame.

SÉNECA, LUCIO ANNEO (llamado SÉNECA EL JOVEN O EL FILÓSOFO) Filósofo hispanolatino (Córdoba, 4 a. C. - Roma, 65). Fue senador con Calígula y preceptor de Nerón. Denunciado como cómplice en la conjuración de Pisón, ejecutó la sentencia del emperador abriéndose las venas. Está considerado el principal representante del estoicismo en época imperial. Entre sus textos morales destacan las *Cartas a Lucilio*, el tratado *De los beneficios* y los *Diálogos*. Otras obras suyas son *Cuestiones naturales*, y sus ocho tragedias: *Medea*, *Las troyanas*, *Agamenón*, *Edipo*, *Hipólito*, *Fedra*, *Hércules furioso* y *Tiestes*.

SÉNECA, MARCO ANNEO (llamado SÉNECA EL VIEJO O EL RETÓRICO) Escritor hispanolatino (Córdoba, h. 54 a. C. - h. 39 d. C.). Padre de Lucio Anneo, realizó una antología de discursos declamatorios, de la que se conservan *Controversias* y *Suasorias*. A instancias de su hijo, compuso *Historia de las guerras civiles*.

SENECTUD f. Edad senil.

SENEFELDER, ALOYS Inventor alemán (Praga, 1771 - Munich, 1834). Está considerado como el inventor de la litografía.

SENEGAL Río de África que nace en el macizo de Futa Yallón, en Guinea, atraviesa el SO de Malí y sigue dirección NO, sirviendo de frontera entre Mauritania y Senegal, antes de desembocar en el Atlántico, junto a la Saint-Louis; 1.700 km de curso.

SENEGAL (*République du Sénégal*) República de África occidental, que limita al N con Mauritania; al E, con Malí; al S, con Guinea y Guinea-Bissau, y al O, con Gambia y el océano Atlántico.

GEOG. El territorio senegalés está formado por una gran llanura, interrumpida en el S del país por las estribaciones del macizo de Futa Yallón. Sus principales ríos son el Senegal, Gambia y Casamare. El clima es tropical. El sector agrícola constituye la base de su economía. Produce cacahuete, algodón, caña de azúcar, tabaco, mijo, sorgo, arroz y trigo. Pesca, especialmente de atún. Fosfatos. Industrias de montaje de automóviles, textiles, de fertilizantes, cementeras, cerveceras, conserveras y de aceite de cacahuete.

HIST. Hacia el siglo IX se fundó el reino de Tekrur, islamizado por los almorávides dos siglos más tarde. En el siglo XIV, el territorio senegalés entró a formar parte del reino de Malí, que, al dividirse, dio origen a pequeños reinos independientes. Ese mismo siglo, se constituyó el reino uolof, mientras que la dinastía fulbé de los deniankes sometió el antiguo reino de Tekur a principios del siglo XVI. Los portugueses fueron los primeros europeos que llegaron a las costas senegalesas, en el siglo XV. El más antiguo establecimiento francés data de 1638. El territorio fue disputado por franceses, ingleses y neerlandeses durante los siglos XVII y XVIII. A mediados del siglo XIX, durante el mandato del gobernador Faidherbe, se aceleró la colonización francesa. En 1857 se fundó Dakar, que en 1904 se convirtió en la capital del África Occidental Francesa. Paralelamente, se intensificó la explotación comercial del cacahuete gracias a la construcción del ferrocarril Saint-Louis-Dakar. En 1958, Senegal se constituyó en República autónoma y, un año después, se unió con Sudán, Dahomey y Volta en la Federación de Malí. El tratado no fue ratificado por Dahomey y Volta, hecho que motivó la ruptura. Francia reconoció la plena independencia de Senegal en 1960. Léopold Sédar Senghor, su primer presidente, hizo aprobar una nueva Constitución, y fue reelegido en sucesivas ocasiones, hasta su dimisión en 1980. Ocupó el cargo Abdou Diouf, primer ministro desde 1970. En 1982, Senegal formó con Gambia la Confederación de Senegambia, disuelta en 1989. Tras ser ratificado en la consulta electoral de 1983, en la que se permitió cierta presencia opositora, Diouf abolió el cargo de primer ministro y volvió al régimen presidencialista mantenido por Senghor entre 1963 y 1970. Diouf fue reelegido en 1988, bajo las acusaciones de fraude de la principal fuerza de la oposición, el Partido Demócrata Senegalés (PDS). En 1991, el presidente encargó a Habib Thiam la formación de un gobierno de coalición en el que entró a formar parte el líder del PDS, Me Abdoulaye Wade. En las elecciones presidenciales de 1993, obtuvo de nuevo la victoria Abdou Diouf. El jefe de la oposición fue encarcelado y se sucedieron las manifestaciones de protesta hasta la formación de un nuevo gabinete de coalición en 1995. En las elecciones legislativas de 1998, el Partido Socialista de Diouf conservó la mayoría. Ese mismo año, se recrudeció el conflicto armado que enfrenta desde 1982 al ejército con el Movimiento de Fuerzas Democráticas de Casamance. En marzo de 2000 se celebraron elecciones presidenciales en las que venció el PDS liderado por Abdulaye Wade, quien nombró primer ministro a Mustafá Niasse, sustituido en 2001 por Mame Madior Boye, destituido al año siguiente y sustituido por Idrissa Seck. Éste fue destituido en 2004 y sustituido en el cargo por Macky Sall.

SENEGALÉS, SA adj. y s. De Senegal.

SENEGAMBIA *Geog. hist.* Nombre con el que se designaba frecuentemente el territorio africano comprendido entre los ríos Senegal y Gambia.

SENEGAMBIA *Hist.* Confederación creada en febrero de 1982 entre Senegal y Gambia. Contemplaba la fusión de las fuerzas armadas, sin renunciar a sus respectivas soberanías en el ámbito internacional. En 1989 las tensiones entre ambos países provocaron su disolución.

SENEQUISMO m. Norma de vida ajustada a los dictados de la moral y la filosofía de Séneca.

SENESCAL m. *Hist.* En el reino franco y en la Cataluña medieval, alto oficial de palacio o mayordomo mayor de la casa real, que, además de las funciones palatinas, asumía la dirección de las campañas militares.

SENESCENTE adj. Que empieza a envejecer.

SENGHOR, LÉOPOLD SÉDAR Político y escritor senegalés (Joal, 1906 - Verson, 2001). Desde 1960 ocupó la presidencia de Senegal. Reelegido en sucesivas ocasiones, dimitió en 1980. Definidor y cantor de la negritud, entre sus mejores obras poéticas figuran *Cantos de sombra* (1945), *Hostias negras* (1948) y *Etiópicos* (1956). Ha publicado también ensayos políticos.

SENIL adj. Relativo a la vejez.

SENIOR (Voz i.) adj. **1** *Dep.* Se dice de los deportistas que han sobrepasado la edad límite fijada en la categoría junior, generalmente, los 21 años. También s. **2** Voz que se pospone a los nombres de personas en algunos países, para designar al mayor entre dos de igual nombre y apellido, generalmente padre e hijo.

SENEGAL

Superficie: 196.712 km².
Población: 9.987.000 h. (senegaleses).
Densidad: 50,8 h./km².
Tasa de natalidad: 37,9‰.
Tasa de mortalidad: 8,6‰.
Capital: Dakar.
Ciudades principales: Thiès, Kaolack, Ziguinchor, Rufisque, Saint-Louis.
Grupos étnicos: uolof (42,7%), serer (14,9%), fulani (14,4%), tukolor (9,3%), diola (5,3%), mandingo (3,6%).
Religión: islamismo (94%), catolicismo (4,9%), creencias tradicionales (1,1%).
Idioma: francés, uolof.
Moneda: franco CFA.
Forma de Estado: república presidencialista.
Producto Nacional Bruto: 4.683 millones de dólares.
Renta per cápita: 520 dólares.
División administrativa: 10 regiones, según cuadro.

SENEGAL

Regiones	Superficie (km²)	Población (h.)	Capitales
Dakar	550	1.869.000	Dakar
Diourbel	4.359	750.000	Diourbel
Fatick	7.935	569.000	Fatick
Kaolack	16.010	948.000	Kaolack
Kolda	21.011	689.000	Kolda
Louga	29.188	525.000	Louga
Saint-Louis	44.117	749.000	Saint-Louis
Tambacounda	59.602	449.000	Tambacounda
Thiès	6.601	1.115.000	Thiès
Ziguinchor	7.339	467.000	Ziguinchor

Ayrton **Senna**

SENNA, AYRTON Piloto de automóviles brasileño (São Paulo, 1960 - Imola, 1994). Campeón del mundo de Fórmula 1 en 1988, 1990 y 1991, murió en accidente durante el Gran Premio de San Marino.

SENNET, MACK (MICHAEL SINNOTT, llamado) Actor, director y productor de cine estadounidense (Richmond, 1880 - Hollywood, 1960). Produjo series cómicas mudas con C. Chaplin, B. Turpin, B. Keaton y H. Lloyd. En 1937 recibió un Oscar por su contribución al desarrollo del cine.

SENO m. **1** Pecho, mama. **2** Espacio o hueco que queda entre el vestido y el pecho de la mujer. **3** Concavidad, hueco. **4** *Geog.* Golfo, porción de mar que se interna en la tierra. **5** Amparo, abrigo, protección y cosa que los presta. **6** Parte interna de alguna cosa. **7** *Arquit.* Espacio comprendido entre los trasdoses de arcos o bóvedas contiguas. **8** *Geom.* En un triángulo rectángulo, cociente entre las longitudes del cateto opuesto al ángulo rectángulo y el de la hipotenusa. || **SENO DE UN ÁNGULO** *Geom.* Razón entre el lado opuesto al ángulo y la hipotenusa. Abreviadamente se escribe *sen.* || **SENO DE UN ARCO** *Geom.* Parte de la perpendicular tirada al radio que pasa por un extremo del arco, desde el otro extremo del mismo arco, comprendida entre este punto y dicho radio.

SENSACIÓN f. **1** *Fisiol.* y *Psicol.* Experiencia subjetiva que resulta de la estimulación de un órgano sensitivo. **2** Emoción producida en el ánimo por un suceso o noticia de importancia.

SENSACIONAL adj. **1** Que causa sensación. **2** fig. Se aplica a personas, cosas, sucesos, etc., que llaman poderosamente la atención.

SENSACIONALISMO m. Tendencia a producir sensación, emoción o impresión en el ánimo, con noticias, sucesos, etc.

SENSATO, TA adj. Prudente, cuerdo, de buen juicio.

SENSIBILIDAD f. **1** Cualidad de sensible. **2** *Biol.* Capacidad propia de los seres vivos de percibir sensaciones y de responder a muy pequeñas excitaciones, estímulos o causas. **3** Propensión natural del hombre a dejarse llevar de los afectos de compasión, humanidad y ternura. **4** Grado o medida de la eficacia de ciertos aparatos científicos, ópticos, etc. **5** *Fot.* Propiedad de una emulsión fotográfica para ser impresionada más o menos rápidamente por la acción de la luz.

SENSIBILIZAR tr. **1** Hacer sensible; representar de forma sensible. **2** Despertar sentimientos morales, estéticos, etc. También prnl. **3** *Fot.* Hacer sensibles a la acción de la luz ciertas materias usadas en fotografía.

SENSIBLE adj. **1** Que siente, física o moralmente. **2** Que puede ser conocido por medio de los sentidos. **3** Perceptible, manifiesto. **4** Que causa o mueve sentimientos de pena o de dolor. **5** Se dice de la persona que se deja llevar fácilmente de los sentimientos y a la que es fácil herir. **6** Capaz de descubrir la belleza, el valor y la perfección de las cosas. **7** *Fís.* Se dice de las cosas que ceden fácilmente a la acción de ciertos agentes naturales. **8** *Mús.* Se dice de la séptima nota de la escala diatónica. También f.

SENSIBLERÍA f. Sentimentalismo exagerado.

SENSITIVA f. *Bot.* Arbusto perteneciente a la familia leguminosas, de nombre científico *Mimosa pudica*, con pequeñas hojas pinnadas, y flores de color rojo oscuro. Es originaria de América tropical.

SENSITIVO, VA adj. **1** Relativo a las sensaciones producidas en los sentidos y especialmente en la piel. **2** Capaz de experimentar sensaciones. **3** Que estimula la sensibilidad.

SENSOR m. *Fís.* Dispositivo que detecta variaciones en una magnitud física y las convierte en señales útiles para un sistema de medida o control.

SENSORIO, RIA adj. **1** Relativo a la sensibilidad o facultad de sentir. || m. *Fisiol.* **2** Centro especializado en el cerebro para recibir e integrar las sensaciones.

SENSUAL adj. **1** Relativo a las sensaciones de los sentidos. **2** Se dice de los gustos y deleites de los sentidos, de las cosas que los incitan o satisfacen y de las personas aficionadas a ellos.

SENSUALIDAD f. **1** Calidad de sensual. **2** Propensión a los placeres de los sentidos.

SENSUALISMO m. **1** Propensión a los placeres de los sentidos. **2** *Filos.* Doctrina filosófica que sólo admite como fuente de conocimiento las sensaciones. Su precursor fue Hobbes y su máximo representante Condillac.

SENTADA f. **1** Tiempo que sin interrupción está sentada una persona. **2** Acción de permanecer sentadas en el suelo un grupo de personas por un largo periodo de tiempo y en un lugar público, con objeto de manifestar una protesta o apoyar una petición. || **de una sentada** loc. adv. De una vez, sin levantarse.

SENTADO, DA adj. **1** Juicioso. **2** *Bot.* Se dice de la hoja, flor o cualquier otra parte de la planta que carece de pedúnculo.

SENTAMIENTO m. *Arquit.* Asiento que hace una obra por la presión de unos materiales sobre otros.

SENTAR tr. **1** Poner o colocar a uno de manera que quede apoyado y descansando sobre las nalgas. También prnl. **2** fig. Dar por supuesta o por cierta alguna cosa. **3** fig. Fundamentar una teoría, doctrina, etc. **4** Dejar una cosa asegurada o ajustada. También intr. || intr. **5** fig. y fam. Ser bien recibidos y digeridos por el estómago los alimentos. **6** fig. y fam. Hacer algo de provecho o daño. **7** fig. y fam. Agradar a uno una cosa. **8** fig. Resultar bien o mal en alguien una prenda, peinado, etc. || prnl. **9** Posarse un líquido. ♦ IRREG. Se conjuga como ACERTAR.

SENTENCIA f. **1** Frase que conlleva un juicio, enseñanza, etc. **2** Dictamen de un juez o jurado. **3** Por extensión, dictamen o resolución dados por otra persona. **4** *Ling.* Oración gramatical.

SENTENCIAR tr. **1** Dar o pronunciar sentencia. **2** Condenar por sentencia. **3** Expresar su parecer, juicio o dictamen.

SENTENCIOSO, SA adj. **1** Que expresa una sentencia. **2** Que se expresa con afectada gravedad.

SENTIDO, DA adj. **1** Que incluye o explica un sentimiento. **2** Se dice de la persona que se ofende con facilidad. || m. **3** *Fisiol.* Facultad que tienen el hombre y los animales para percibir, por medio de determinados órganos corporales, las impresiones del ambiente externo circundante. Son cinco: vista, oído, olfato, gusto y tacto. **4** Conciencia, percepción del mundo exterior. **5** Entendimiento, razón. **6** Modo particular de entender una cosa. **7** Razón de ser, finalidad. **8** Significado, cada una de las acepciones de las palabras. **9** Cada una de las interpretaciones que puede admitir un escrito. **10** Cada una de las interpretaciones que puede admitir un escrito, comentario, etc. **11** Dirección. || **SENTIDO COMÚN** Facultad de juzgar razonablemente las cosas. || **con los cinco sentidos** loc. fig. y fam. Con toda atención. || **de sentido común** fr. Conforme al buen juicio de las gentes. || **perder** uno **el sentido** fr. Desmayarse. || **poner,** o **tener puestos,** en algo los **cinco sentidos** Dedicarle extraordinaria atención.

SENTIMENTAL adj. **1** Relativo a los sentimientos. **2** Que expresa sentimientos tiernos. **3** Propenso a ellos. **4** Que afecta sensibilidad de un modo exagerado. **5** Relativo al amor.

SENTIMIENTO m. **1** Acción y efecto de sentir. **2** Impresión que causan en el alma las cosas espirituales. **3** Parte del ser humano opuesta a la inteligencia o razón. Más en pl. **4** Estado del ánimo afligido.

SENTINA f. **1** *Mar.* Cavidad inferior de la nave en la que se reúnen las aguas que se filtran por los costados y cubierta del buque. **2** fig. Lugar lleno de inmundicias. **3** fig. Lugar donde abundan los vicios.

SENTIR[1] m. **1** Sentimiento. **2** Opinión, parecer.

SENTIR[2] tr. **1** Experimentar sensaciones producidas por causas externas o internas. **2** Oír. **3** Experimentar una impresión, placer o dolor corporal o espiritual. **4** Lamentar. **5** Juzgar, opinar. || prnl. **6** Seguido de algunos adjetivos, hallarse o estar como éste expresa. **7** Considerarse, reconocerse. || **sin sentir** loc. adv. Inadvertidamente, sin darse cuenta de ello. ♦ IRREG. Véase cuadro.

SENTIR

INDICATIVO
Pres.: siento, sientes, siente, sentimos, sentís, sienten.
Pret. imperf.: sentía, sentías, etc.
Pret. indef.: sentí, sentiste, sintió, sentimos, sentisteis, sintieron.
Fut. imperf.: sentiré, sentirás, etc.
Condic.: sentiría, sentirías, etc.
SUBJUNTIVO
Pres.: sienta, sientas, sienta, sintamos, sintáis, sientan.
Pret. imperf.: sintiera, sintieras, etc., o sintiese, sintieses, etc.
Fut. imperf.: sintiere, sintieres, etc.
IMPERATIVO: siente, sentid.
PARTICIPIO: sentido.
GERUNDIO: sintiendo.

SENUSI o **SENUSITA** adj. *Hist.* **1** Se dice de una cofradía musulmana, fundada por el argelino Muhammad Alí al-Senusi en La Meca en 1833, que pretendió restaurar la pureza del primitivo islamismo. Se extendió por el Sahara oriental y ejerció una especial influencia en Libia. En 1951 su líder Idris se convirtió en monarca de Libia. Aplicado a personas, también com. **2** Relativo a esta cofradía.

SENUSRET o **SESOSTRIS** Nombre de tres faraones egipcios de la XII dinastía.

SENUSRET I (? - ?, 1936 a. C.). Hijo de Amenemhat I, accedió al trono en 1970 a. C. Conquistó Nubia extendiendo sus fronteras al sur de la tercera catarata.

SENUSRET II (? - ?, 1187 a. C.). Accedió al trono en 1906 a. C.

SENUSRET III (? - ?, 1850 a. C.). Sucedió a Senusret II en 1887 a. C. Artífice del poderío exterior egipcio, protegió Biblos y completó la anexión de la baja Nubia. Hizo construir su pirámide en Dashur.

SEÑA f. **1** Indicio para dar a entender una cosa. **2** Gesto, signo, etc., determinado entre dos o más personas para entenderse. **3** Señal que se emplea para luego acordarse de algo. || f. pl. **4** Indicación del domicilio de una persona, empresa, etc. || **SEÑAS PERSONALES** Rasgos característicos de una persona que permitan distinguirla de las demás. || **dar señas** fr. Describir una cosa de forma que se pueda distinguir de otra. || **hablar** uno **por señas** fr. Darse a entender por medio de ademanes. || **por más señas** loc. adv. fam. Se usa para traer al conocimiento una cosa, recordando las circunstancias o indicios de ella.

Senusret I. Museo Egipcio (El Cairo).

SEÑAL f. **1** Marca que se pone o hay en las cosas para distinguirlas de otras. **2** Hito o mojón que se pone para marcar un término. **3** Signo o medio convenido de antemano que se emplea para hacer o reconocer algo. **4** Objeto, sonido, luz, etc. cuya función es avisar o informar sobre algo. **5** Indicio de una cosa, por el que se tiene conocimiento de ella. **6** Cicatriz o marca en la piel y, por extensión, en cualquier superficie. **7** Cantidad sobre el total que se adelanta en algunos contratos, compras, etc. || **SEÑAL DE LA CRUZ** Cruz formada en el cuerpo con dos dedos de la mano o con el movimiento de ésta, que representa aquella en que murió Jesucristo. || **en señal** loc. adv. En prueba o prenda de una cosa.

SEÑALADO, DA adj. Insigne, famoso.

SEÑALAR tr. **1** Poner o estampar señal en una cosa para distinguirla de otra. **2** Llamar la atención hacia una persona o cosa, designándola con la mano. **3** Determinar persona, día, hora o lugar para algún fin. **4** Fijar la cantidad que debe pagarse para atender determinados servicios. **5** Indicar, revelar. || prnl. **6** Distinguirse o singularizarse.

SEÑALIZAR tr. **1** Colocar en las vías de comunicación las señales que sirvan de guía a los usuarios. **2** Indicar algo con señales.

SEÑERO, RA adj. **1** Solo, solitario. **2** Único, sin par. || f. **3** Bandera de Cataluña.

SEÑOR, RA m. y f. **1** Persona madura. **2** Término de cortesía que se aplica a cualquier persona adulta; referido a mujeres, sobre todo si son casadas o viudas. **3** Dueño de una cosa o amo con respecto a los criados. **4** Noble. **5** Persona elegante, educada y de nobles sentimientos. || m. **6** Dios. En esta acepción suele escribirse con mayúscula. || f. **7** Esposa. || adj. **8** fam. Antepuesto a algunos nombres, sirve para encarecer el significado de los mismos.

SEÑOREAR tr. **1** Dominar o mandar en una cosa como dueño de ella. También prnl. **2** fig. Estar una cosa en situación superior o en mayor altura del lugar que ocupa otra. **3** fig. Contener uno sus pasiones o sentimientos.

SEÑORÍA f. **1** Tratamiento que se da a las personas a quienes compete por su dignidad. **2** Persona a quien se da este tratamiento. **3** *Hist.* Forma de gobierno característica de algunas ciudades italianas entre los siglos XIII y XVI, en que un linaje aristocrático asumió el poder de forma vitalicia y hereditaria. **4** Ciudad así gobernada.

SEÑORIAL adj. **1** Relativo al señorío. **2** Majestuoso, noble.

SEÑORÍO m. **1** Dominio sobre una cosa. **2** Territorio perteneciente al señor. **3** Dignidad de señor. **4** Elegancia, educación y comportamiento propios de un señor.

SEÑORITINGO, GA m. y f. despectivo de SEÑORITO.

SEÑORITO, TA m. y f. **1** Hijo de un señor o de una persona importante. **2** fam. Amo, con respecto a los criados. **3** fam. Joven acomodado y ocioso. **4** Persona excesivamente fina y remilgada. También adj. || f. **5** Término de cortesía que se aplica a la mujer soltera. **6** Tratamiento que se da a profesoras, enfermeras y a otras mujeres que desempeñan algún servicio, como secretarias, etc.

SEÑORÓN, NA adj. y s. Muy señor o muy señora, por serlo en realidad o por afectarlo.

SEÑUELO m. **1** Cualquier cosa que sirve para atraer a las aves. **2** Ave destinada a atraer a otras. **3** fig. Cualquier cosa que sirve para atraer.

SEO f. CATEDRAL.

SÉPALO m. *Bot.* Cada uno de los elementos foliares que componen el cáliz de la flor.

SEPARACIÓN f. *Der.* Interrupción de la vida conyugal por conformidad de las partes o fallo judicial, sin quedarse extinguido el vínculo matrimonial.

SEPARADOR adj. Que separa. También s.

SEPARAR tr. **1** Establecer distancia, o aumentarla, entre algo o alguien. También prnl. **2** Privar de un empleo, cargo o condición al que los servía u ostentaba. **3** Formar grupos dentro de un todo. **4** Reservar o guardar una cosa. || prnl. **5** Tomar caminos distintos personas, animales o vehículos que iban juntos o por el mismo camino. **6** Interrumpir los cónyuges la vida en común, por fallo judicial o por decisión coincidente, sin que se extinga el vínculo matrimonial.

SEPARATA f. Impresión por separado de un artículo publicado en una revista o libro.

SEPARATISMO m. *Polít.* **1** Doctrina política que propugna la separación de algún territorio para alcanzar su independencia o anexionarse a otro país. **2** Partido separatista.

SEPELIO m. Acción de inhumar la iglesia a los fieles.

SEPIA f. **1** *Zool.* Molusco cefalópodo de la familia sépidos, género *Sepia,* de hasta 40 cm de longitud, con el cuerpo aplanado ovoidal, y cabeza con 10 tentáculos. Posee una bolsa de tinta que segrega un líquido negro con fines defensivos. Su carne es comestible y muy apreciada. **2** Materia colorante que se saca de la jibia y se emplea en pintura.

SEPIK Río de Nueva Guinea que nace en la cordillera Central y desemboca en el océano Pacífico; 1.126 km de curso.

SEPIOLA f. *Zool.* Nombre de varias especies de moluscos cefalópodos dibranquiales decápodos, de la familia sepiólidos, género *Sepiola,* parecidos a la jibia, pero más pequeños. Viven en los fondos marinos.

SEPIOLITA f. *Miner.* Silicato magnésico hidratado, de color blanco amarillento. Se emplea en la fabricación de pipas, hornillos, estufas, etc.

SEPS-; -SEPSIA pref. o suf. SAPRO-.

SEPSIS f. *Med.* **1** Envenenamiento por productos de putrefacción. **2** Estado febril, tóxico y grave, consecuencia de una infección por microorganismos piógenos, con o sin septicemia asociada.

SEPTEMBRINO, NA adj. **1** Relativo al mes de septiembre. **2** Que ha ocurrido en este mes.

SEPTENA f. Conjunto de siete cosas por orden.

SEPTENARIO, RIA adj. **1** *Mat.* Se aplica al número compuesto de siete unidades, o que se escribe con siete guarismos. **2** Se aplica, en general, a todo lo que consta de siete elementos. || m. **3** Tiempo de siete días.

SEPTENIO m. Tiempo de siete años.

SEPTENTRIÓN m. *Geog.* NORTE.

SEPTENTRIÓN *Astron.* OSA MAYOR.

SEPTENTRIONAL adj. *Geog.* **1** Relativo al septentrión. **2** Que cae al N.

SEPTENTRIONAL, CORDILLERA Cadena montañosa de la República Dominicana, que se extiende paralela y cercana a la costa N de la isla. Su máxima altura es el pico Diego de Ocampo (1.220 m). También llamada *Sierra de Monte Cristi.*

SEPTETO m. *Mús.* **1** Composición para siete instrumentos o siete voces. **2** Conjunto de estos siete instrumentos o voces.

SEPTI-, SEPTIC- pref. SAPRO-.

SEPTICEMIA f. *Med.* Síndrome clínico en que la infección se disemina por todo el cuerpo a través del torrente sanguíneo.

Lucio **Septimio Severo.** Escultura romana del siglo III. Gliptoteca de Munich.

SÉPTICO, CA adj. **1** *Biol.* Que produce putrefacción o es causado por ella. **2** *Med.* Que contiene gérmenes patógenos.

SEPTIEMBRE m. Séptimo mes del año, según los antiguos romanos, y noveno del calendario actual; tiene treinta días.

SÉPTIMA f. *Mús.* Intervalo que comprende siete grados de la escala diatónica.

SEPTIMANIA *Geog. hist.* Territorio de la Galia, en el que se estableció una colonia de veteranos de la séptima legión romana, correspondiente a la provincia Narbonense I. Los visigodos se asentaron en él en 416; fue conquistado por los musulmanes (719) e incorporado al reino franco por Pipino el Breve (759). Carlomagno lo unió a Aquitania con el nombre de *Marca de Septimania.* En 864 Carlos el Calvo la dividió en dos marquesados: la Marca Hispánica y la Septimania, con capital en Narbona.

SEPTIMIO SEVERO, LUCIO Emperador romano (Leptis Magna, 146 - York, 211). Fue senador, cuestor, procónsul de África y jefe de las legiones de Iliria, que le proclamaron emperador (193). Venció a los partos (197-202); tomó Babilonia, Seleucia y Ctesifonte y organizó la provincia de Mesopotamia.

SÉPTIMO, MA adj. **1** Que sigue inmediatamente en orden al o a lo sexto. **2** Se dice de cada una de las siete partes iguales en que se divide un todo. También s.

SEPTINGENTÉSIMO, MA adj. **1** Que sigue inmediatamente en orden al o a lo sexcentésimo nonagésimo nono. **2** Se dice de cada una de las 700 partes iguales en que se divide un todo. También s.

SEPTUAGENARIO, RIA adj. y s. Que ha cumplido la edad de setenta años y no llega a ochenta.

SEPTUAGÉSIMO, MA adj. **1** Que sigue inmediatamente en orden al o a lo sexagésimo nono. **2** Se dice de cada una de las 70 partes iguales en que se divide un todo. También s.

SEPTUPLICAR tr. y prnl. *Mat.* Multiplicar por siete una cantidad.

SÉPTUPLO, PLA adj. y m. *Mat.* Se aplica a la cantidad que incluye en sí siete veces a otra.

SEPULCRAL adj. Relativo al sepulcro.

SEPULCRO m. **1** Obra que se construye para dar en ella sepultura al cadáver de una persona. **2** Urna o andas cerradas, con una imagen de Jesucristo difunto. || **SANTO SEPULCRO** Aquel en que estuvo sepultado Jesucristo.

SEPULTAR tr. **1** Poner en la sepultura a un difunto. **2** fig. Esconder, ocultar alguna cosa. También prnl. **3** fig. Sumergir, abismar, dicho del ánimo. También prnl.

SEPULTURA f. **1** Acción y efecto de sepultar. **2** Hoyo que se hace en tierra para enterrar un cadáver. **3** Lugar en que está enterrado un cadáver. || **dar sepultura** fr. Enterrar un cadáver.

SEPULTURERO m. El que tiene por oficio abrir las sepulturas y sepultar a los muertos.

SEPÚLVEDA, LUIS Novelista chileno (Ovalle, 1949). Obras: *El viejo que leía novelas de amor* (1993), *Mundo del fin del mundo* (1994), *Patagonia Express* (1995) y *Desencuentros* (1997).

SEQUEDAD f. **1** Calidad de seco. **2** fig. Dicho, expresión o ademán áspero y duro. Más en pl.

SEQUEDAL o **SEQUERAL** m. Terreno muy seco.

SEQUÍA f. Tiempo seco de larga duración.

SÉQUITO m. Grupo de gente que acompaña a alguien.

SEQUOIA f. *Bot.* SECUOYA.

SER[1] m. **1** Esencia y naturaleza. **2** Vida, existencia. **3** Cualquier persona, animal o cosa. || **SER SUPREMO** Dios. || **SER VIVO** *Biol.* Ser dotado de vida.

SER[2] **1** Verbo copulativo que afirma del sujeto lo que significa el atributo. **2** Consistir, ser la causa de lo que se expresa. || aux. **3** Se utiliza para formar la conjugación de la voz pasiva. || intr. **4** Haber o existir. **5** Servir, ser adecuado o estar destinado para la persona o cosa que se expresa. **6** Acontecer. **7** Valer, costar. **8** Pertenecer. **9** Corresponder, tocar. **10** Tener principio, origen o naturaleza. || impers. **11** Introduce expresiones de tiempo. || **como dos y dos son cuatro** loc. con que se asegura que ha de cumplirse lo que se dice. || **esto es** expr. usada para dar a entender que se va a explicar mejor o de otro modo lo que ya se ha expresado. || **no ser para menos** expr. Ser algo digno de la vehemencia con que se admira, se celebra o se siente. || **ser de lo que no hay** fr. fam. Dicho de una persona o cosa, no tener igual en su clase. ♦ IRREG. Véase cuadro.

SERA f. Espuerta grande, regularmente sin asas.

SERAFÍ PITARRA SOLER I HUBERT, FREDERIC.

SERÁFICO, CA adj. **1** Perteneciente o parecido al serafín. **2** Suele darse este epíteto a san Francisco de Asís y a la orden religiosa que fundó. **3** De carácter y aspecto bondadoso y tranquilo.

SERAFÍN m. **1** *Teol.* Cada uno de los espíritus bienaventurados que forman el segundo coro de los ángeles. **2** Persona de gran belleza.

SER

INDICATIVO
Pres.: soy, eres, es, somos, sois, son.
Pret. imperf.: era, eras, era, éramos, erais, eran.
Pret. indef.: fui, fuiste, fue, fuimos, fuisteis, fueron.
Fut. imperf.: seré, serás, etc.
Condic.: sería, serías, etc.
SUBJUNTIVO
Pres.: sea, seas, sea, seamos, seáis, sean.
Pret. imperf.: fuera, fueras, fuera, fuéramos, fuerais, fueran; o fuese, fueses, fuese, fuésemos, fueseis, fuesen.
Fut. imperf.: fuere, fueres, etc.
IMPERATIVO: sé, sed.
PARTICIPIO: sido.
GERUNDIO: siendo.

SERAPIS *Mit.* En la mitología egipcia de época helenística, dios de los infiernos, la fertilidad y la salud, fusión de Apis y Osiris.

SERBA f. *Bot.* Fruto del serbal.

SERBAL m. *Bot.* Nombre de varias especies de árboles de la familia rosáceas, género *Sorbus.* Son comunes en Europa.

SERBIA *(Srbija)* República de Serbia y Montenegro; 55.968 km^2 y 5.762.954 h, incluidas las provincias autónomas de Vojvodina y Kosovo. Su capital es Belgrado. Su relieve es accidentado, con las estribaciones de los Cárpatos meridionales en el NE y de los Alpes dináricos en el O. La población es mayoritariamente serbia, excepto en Kosovo, de mayoría albanesa. Produce cereales, frutas y hortalizas. Ganadería. Minería. Industria.

HIST. Este territorio recibió asentamientos de eslavos desde el siglo VII, y aunque estuvo sometido a Bizancio, se constituyó en Estado bajo el gobierno de un príncipe. Tras la batalla de Kosovo (1389), fue incorporado al imperio otomano. En 1804 comenzó la lucha por la independencia, liderada por Karageorge y depués por Obrenovich, a quien Turquía reconoció como príncipe de Serbia en 1829, si bien las tropas turcas no fueron definitivamente expulsadas hasta 1867 y no fue reconocida su independencia formal hasta 1878. Milan Obrenovic restableció la monarquía en 1882. En 1903, el rey Pedro Karageorge instauró un régimen democrático y una política de firmeza frente a Austria, que se oponía a la unificación de los territorios con población serbia (Serbia, Bosnia-Herzegovina y Montenegro) en un solo Estado. Tras la segunda guerra balcánica (1913), Serbia anexionó la mayor parte de Macedonia. El asesinato en Sarajevo del archiduque Francisco Fernando de Austria señaló el inicio de la Primera Guerra Mundial. Las iniciales victorias austriacas fueron contrarrestadas por la ofensiva serbia que reconquistó el territorio entre 1916 y 1918. Tras la paz de Versalles (1921), se llevó a cabo la unificación de Serbia, Croacia y Eslovenia bajo la corona de Alejandro I. El país tomó la denominación de YUGOSLAVIA en 1929. Tras la Segunda Guerra Mundial, Yugoslavia, regida por el líder de la resistencia antinazi, Tito, vivió una larga etapa de estabilidad. A su muerte (1980) comenzó a configurarse un movimiento panserbio encabezado por Slobodan Milosevic. El turno rotativo para ocupar la presidencia de la República fue roto en 1991 por Milosevic, presidente serbio, que bloqueó el acceso del presidente croata. Este hecho provocó las tendencias secesionistas de Croacia y Eslovenia. Estalló entonces una cruenta guerra civil en la que Serbia no pudo evitar la independencia de las dos repúblicas mencionadas y de Bosnia-Herzegovina. En 1992, tras la separación de Macedonia, tan sólo Montenegro permanecía junto a Serbia y ambas repúblicas constituyeron la FEDERACIÓN YUGOSLAVA. En 1997 Milosevic accedió a la presidencia de Yugoslavia y Dragan Tomic ocupó interinamente la presidencia, hasta que en diciembre fue reemplazado en el cargo por Milan Milutinovic. En 1999 el recrudecimiento del conflicto en la región de Kosovo provocó la intervención de las fuerzas internacionales de la OTAN. La decisión del Tribunal Constitucional de impugnar los comicios de 2000, en los que Vojislav Kostunica, de la Oposición Democrática de Serbia (DOS), había alcanzado la mayoría relativa, provocó una insurrección popular que obligó a Milosevic a reconocer su derrota y Kostunica accedió a la presidencia de la Federación. En marzo de 2002 Serbia y Montenegro firmaron un acuerdo para la futura creación de un nuevo estado. En diciembre de ese año, Natasa Micic fue nombrada presidenta de Serbia, sustituida por Dragan Marsicanin en febrero de 2004, y éste por Predag Markovic un mes más tarde. Tras las presidenciales celebradas en junio de ese año, Boris Tadic fue nombrado presidente.

Superficie:
102.173 km².
Población:
10.662.000 h.
(serbios y montenegrinos).
Densidad:
104,4 h/km².
Tasa de natalidad: 12,4‰.
Tasa de mortalidad: 10,6‰.
Capital: Belgrado.
Ciudades principales: Kragojevac, Nis, Novi Sad, Subotica.
Grupos étnicos: serbios (62,6%), albaneses (16,5%), montenegrinos (5%), húngaros (3,3%), bosnios (3,1%), croatas (1,1%).
Religión: ortodoxa serbia (65%), islamismo (19%), catolicismo (4%), protestantismo (1%).
Idioma: serbo-croata (oficial).
Moneda: nuevo dinar yugoslavo.
Forma de Estado: república federal.
Producto Nacional Bruto: 13.742 millones de dólares.
Renta per cápita: 1.289 dólares.
División administrativa: 2 Repúblicas, una provincia autónoma y una región, según cuadro.

SERBIA Y MONTENEGRO

Repúblicas / *Provincia autónoma* / Región	Superficie (km²)	Población (h.)	Capitales
Montenegro	13.812	631.164	Podgorica
Serbia	55.968	5.762.954	Belgrado
Vojvodina[1]	*21.506*	*1.954.432*	*Novi Sad*
Kosovo[2]	10.887	2.227.742	Pristina

[1] Incluida en Serbia.
[2] Región bajo administración de la ONU desde mediados de 1999.

SERBIA Y MONTENEGRO *(Srbija i Crna Gora.* Llamado hasta 2003 *Federación Yugoslava o de Yugoslavia)* Estado de Europa, heredero de la antigua Yugoslavia e integrado por las Repúblicas de Serbia y Montenegro, la provincia autónoma de Vojvodina y la región de Kosovo. Limita al N con Hungría y Rumania; al E, con Rumania y Bulgaria; al S, con Macedonia, Albania y el mar Adriático, y al O, con Bosnia-Herzegovina y Croacia.

GEOG. En su territorio destacan el relieve balcánico en su parte oriental y la depresión septentrional formada por las llanuras danubianas de la Baja Serbia y Vojvodina. Los ríos principales son el Danubio, el Drava y el Morava. Predomina el clima continental. La actividad económica predominante es la agraria (cereales, fruticultura) y la explotación forestal. Su gran potencial energético y sus riquezas mineras constituyen las bases de una fuerte promoción industrial. Es uno de los países europeos más ricos en metales no férreos. El aislamiento internacional y el embargo decretado por el Consejo de Seguridad de las Naciones Unidas pusieron a la economía de la recién creada Federación Yugoslava al borde de la quiebra. A finales de 1993 la inflación alcanzaba la cifra del 178.882%. El levantamiento parcial del embargo decretado en 1994 y su total supresión tras la firma del tratado de Dayton (1995) ha permitido elaborar un programa económico que pretende reactivar la economía con la nueva unidad monetaria, el nuevo dinar.

HIST. El proceso de desintegración de la República Federativa Socialista de Yugoslavia desarrollado a partir de 1991 dio lugar a una guerra civil entre las Repúblicas e implicó la creación de tres nuevos Estados independientes, Eslovenia, Croacia y Bosnia-Herzegovina (1992), mientras que Macedonia, pese a haber proclamado su independencia en 1991, quedaba en una situación indefinida y a la espera de recibir el reconocimiento internacional, hecho que ocurrió en 1993. En abril de 1992 los presidentes de Serbia, Slobodan Milosevic, y de Montenegro, Momir Bulatovic, acordaron unir ambas Repúblicas para formar la Federación Yugoslava o República Federal Yugoslava. Lo desigual de la unión —Montenegro aportaba a la Federación únicamente el 14% del territorio y el 6% de la población— levantó suspicacias en la comunidad internacional, que entendió que con el proceso Serbia pretendía resucitar la extinta Yugoslavia, pero esta vez bajo su control. Ambos mandatarios decidieron nombrar un presidente federal, cargo que recayó en el serbio Dobrica Cosic, y formar un Parlamento compuesto por veinte diputados de Serbia y otros tantos de Montenegro. La falta de reconocimiento internacional y el embargo total declarado por la ONU por el decisivo apoyo de la República de Serbia a los serbobosnios en la guerra de Bosnia-Herzegovina determinaron el casi completo aislamiento de la nueva República y la aparición de los primeros brotes de disidencia contra el gobierno de Milosevic. En 1992 los habitantes de la región de Kosovo, de mayoría albanesa, decidieron en un referéndum clandestino independizarse de la nueva República, lo que motivó una durísima represión por parte de las fuerzas de Belgrado. Ello supuso el recrudecimiento de las críticas internacionales sobre el presidente serbio Milosevic. Así, en 1993 el presidente serbio firmaba el acuerdo Owen-Vance para la paz en Bosnia-Herzegovina, lo que suponía cierto distanciamiento con la denominada República Serbia de Bosnia. El presidente Cosic, en desacuerdo con la firma del tratado de paz, fue destituido por el Parlamento Federal y sustituido por Zoran Lilic. A lo largo de 1994, el distanciamiento entre los serbobosnios y el gobierno de Belgrado se fue haciendo cada vez mayor, hasta el extremo de que en agosto se decretaba la ruptura de relaciones con el grupo de Milosevic y el cierre de la frontera con Bosnia. La nueva situación hizo posible el levantamiento parcial del embargo y una nueva actitud internacional hacia la Federación Yugoslava, que mejoró aún más cuando Milosevic firmó un acuerdo de normalización de relaciones con Croacia y posteriormente el tratado de Dayton sobre la pacificación de Bosnia-Herzegovina (1995). En 1997 el Parlamento federal eligió a Milosevic presidente de la República Federal de Yugoslavia. Desde 1998, los enfrentamientos entre el ejército y la guerrilla independentista albanesa de Kosovo se convirtieron en guerra abierta y provocaron la intervención militar de las fuerzas internacionales de la OTAN. El conflicto originó una catástrofe humanitaria de grandes dimensiones. En 1999, a instancias de la UE y Rusia, se firmó un tratado de paz y se llevó a cabo la retirada de las tropas serbias de Kosovo. En la primera vuelta de las elecciones presidenciales celebradas en septiembre de 2000, Vojislav Kostunica, candidato de la Oposición Democrática de Serbia (DOS), alcanzó la mayoría relativa. La decisión del Tribunal Constitucional de impugnar los comicios provocó una insurrección popular que obligó a Milosevic a reconocer el triunfo de Kostunica. Éste pasó a ocupar la presidencia interina de la nación al frente de un gobierno de coalición hasta las elecciones legislativas de diciembre de 2000, en que resultó vencedora la DOS. En noviembre de ese año el país se reincorporó a la OSCE. En abril de 2001 Milosevic fue detenido, acusado de malversación de fondos, abuso de poder y resistencia a la autoridad. Paralelamente se celebraron elecciones legislativas en Montenegro, donde la victoria de los partidarios de la secesión fue insuficiente para plantear un referéndum sobre la independencia. En un intento de acabar con las pretensiones secesionistas, en marzo de 2002, Serbia y Montenegro firmaron un acuerdo para la armonización de las economías con vistas a una futura incorporación a la UE, y la creación de un nuevo Estado, con una nueva Constitución y un único Parlamento. En febrero de 2003, tras la aprobación de la Constitución y la ley de aplicación, la Federación Yugoslava era reemplazada por un nuevo Estado federado, Serbia y Montenegro, y, en marzo, Svetozar Marovic era elegido presidente del país.

SERBIO, BIA adj. y s. **1** De Serbia. ‖ m. Ling. **2** Variedad del serbocroata hablada en Serbia.

SERBIOS, CROATAS Y ESLOVENOS, REINO DE LOS Hist. Nombre del Estado creado en 1921, tras la unificación de Serbia, Croacia y Eslovenia. En 1929 tomó la denominación de Yugoslavia.

SERBOBOSNIO adj. Se aplica a los ciudadanos de origen serbio que habitan en la República de Bosnia-Herzegovina.

SERBOCROATA adj. **1** Perteneciente a Serbia y Croacia. || m. *Ling.* **2** Lengua eslava meridional que se habla en Serbia, Croacia, Montenegro y Bosnia-Herzegovina.

SERENAR tr. **1** Sosegar, tranquilizar una cosa. También intr. y prnl. **2** fig. Apaciguar disturbios o tumultos. **3** fig. Templar, moderar el enojo u otro sentimiento que domina a alguien. También prnl.

SERENATA f. *Mús.* Composición musical de forma libre, que en origen se ejecutaba en la calle y durante la noche, para festejar a una persona.

SERENIDAD f. **1** Calidad de sereno. **2** Título de honor de algunos príncipes.

SERENÍSIMO, MA adj. **1** Superlativo de SERENO². apacible. **2** Se aplicaba en España como tratamiento a los príncipes. || f. *Hist.* **3** Título dado a la República de Venecia durante los siglos XV y XVI.

SERENO¹ m. **1** Humedad de la que durante la noche está impregnada la atmósfera. **2** Encargado de rondar de noche por las calles para velar por la seguridad del vecindario.

SERENO², NA adj. **1** Claro, despejado de nubes. **2** fig. Apacible, sosegado. **3** Sobrio, que no está bebido.

SERES Nomo de Grecia, en Macedonia Central; 3.968 km² y 191.890 h. Su capital es la ciudad del mismo nombre.

SERETH o **SIRET** Río de Rumania, afluente del Danubio; 726 km de curso.

SERGIO Patriarca de Constantinopla (? - ?, 638). Fundador del monotelismo.

SERGIO Nombre de diversos papas.

SERGIO I, SAN (Siria, ? - Roma, 701). Ocupó el solio pontificio desde 687. Introdujo el *Agnus Dei* en la misa.

SERGIO II (Roma, ? - íd., 847). Ocupó el solio pontificio desde 844. Juró fidelidad al emperador Lotario para que confirmase su consagración.

SERGIO III (Roma, ? - íd., 911). Ocupó el solio pontificio desde 904. Fue consagrado con el apoyo de las tropas francas. Tuvo un hijo, el futuro Juan XI.

SERGIO IV (Roma, ? - íd., 1012). Ocupó el solio pontificio desde 1009. Favoreció la vida monástica, pero no pudo impedir la influencia de la casa de Túsculo en Roma.

SERGIPE Estado de Brasil; 22.050 km² y 1.624.020 h. Su capital es Aracaju.

SERIAL adj. **1** Relativo a una serie. || m. **2** Obra radiofónica o televisiva que se difunde en emisiones sucesivas. || **MÚSICA SERIAL** *Mús.*Técnica de composición musical surgida a principios del siglo XX a partir del dodecafonismo, y basada en la sucesión de los doce sonidos de la escala cromática en un orden previamente establecido. Entre sus principales representantes figuran Messiaen y Stockhausen.

SERIAR tr. Poner en serie.

SERICICULTURA o **SERICULTURA** f. Industria que tiene por objeto la producción de la seda.

SÉRICO, CA adj. Relativo a los sueros.

SERIE f. **1** Conjunto de cosas relacionadas entre sí y que se suceden unas a otras. **2** Por extensión, conjunto de personas o cosas aunque no guarden relación entre sí. **3** Conjunto de cosas hechas o fabricadas de una vez, por ejemplo, los sellos, billetes, etc., de una misma emisión. **4** Programa de radio o televisión que se emite por capítulos. **5** *Fonol.* Conjunto de fonemas de una lengua caracterizados por un mismo modo de articulación. **6** *Mat.* Sucesión de cantidades que se derivan unas de otras según una ley determinada. || **SERIE ESPECTRAL** *Fís.* Conjunto de líneas espectrales que aparecen como diferencia de un término espectral fijo y otro variable. || **en serie** loc. adv. que se aplica a la fabricación de muchos objetos iguales entre sí. || **fuera de serie** loc. fig. Se dice de lo que se considera sobresaliente en su línea.

SÉRIF m. SHERIFF.

SERIGRAFÍA f. *A. gráf.* Procedimiento de impresión sobre cualquier materia, que, con tintas especiales, se realiza a través de una malla de seda, nailon o tela metálica.

SERINA f. *Quím.* Aminoácido obtenido por hidrólisis de numerosas proteínas. Es el precursor biosintético de varios metabolitos, como la glicocola o la cisteína.

SERIO, RIA adj. **1** Severo y grave en el semblante, actitud y comportamiento. **2** Poco propenso a reírse o divertirse. **3** Formal, cumplidor. **4** Que no se destina a hacer reír o a divertir. **5** Importante, grave. **6** Referido a la ropa, los colores, etc., de líneas sobrias y poco llamativos. || **en serio** loc. adv. Sin engaño, sin burla.

SERMÓN m. **1** Discurso cristiano u oración evangélica que se predica para la enseñanza de la buena doctrina. **2** fig. Amonestación o reprensión insistente y larga.

SERMONEAR intr. **1** Predicar. || tr. **2** Amonestar o reprender.

SEROALBÚMINA f. *Quím.* Uno de los componentes proteínicos del plasma y del suero sanguíneo. Interviene en el transporte del agua a través de las membranas celulares y de los ácidos grasos por la sangre.

SERODIAGNÓSTICO m. *Med.* Procedimiento para reconocer ciertas enfermedades mediante las reacciones provocadas por el suero sanguíneo.

SERÓFILO, LA adj. *Bot.* Se aplica a la planta adaptada a los terrenos poco húmedos.

SEROJA f. **1** Hojarasca seca que cae de los árboles. **2** Residuo o desperdicio de la leña.

SEROLOGÍA f. *Biol.* Rama de la ciencia que trata de las propiedades y reacciones de los sueros sanguíneos.

SERÓN m. Especie de sera más larga que ancha, que sirve regularmente para carga de una caballería.

SERONEGATIVO, VA adj. y s. *Med.* Se aplica al paciente que no tiene anticuerpos de una enfermedad infecciosa.

SEROPOSITIVO, VA adj. y s. *Med.* Se aplica al paciente que tiene anticuerpos de una enfermedad infecciosa.

SEROSA f. *Anat.* Membrana que recubre las cavidades pleurales, peritoneales y pericárdicas.

SEROSIDAD f. **1** *Fisiol.* Líquido que segregan ciertas membranas. **2** *Med.* Humor que se acumula en las ampollas de la epidermis.

SEROSO, SA adj. **1** *Anat.* Se dice de las membranas que recubren diversas cavidades del organismo. **2** Relativo al suero o a la serosidad. **3** Que produce serosidad.

SEROTERAPIA f. *Med.* Tratamiento de las enfermedades por medio de sueros que contienen anticuerpos.

SERÓTINO, NA adj. *Bot.* **1** Se dice de la planta que florece y fructifica más tarde que sus semejantes. **2** Se dice de la piña de las coníferas que permanece en el árbol varios años.

SEROTIPO m. *Biol.* Tipo serológico de microorganismos muy relacionados.

SEROTONINA f. *Quím.* Amina derivada del triptófano que se encuentra en las plaquetas sanguíneas.

SERPA f. *Agr.* Sarmiento bajo, largo y estéril de la vid.

SERPEAR intr. Andar o moverse como la sierpe.

SERPENTARIO *Astron.* Constelación ecuatorial de gran extensión, situada entre las de Hércules y el Escorpión.

SERPENTEADO, DA adj. Que tiene ondulaciones semejantes a las que forma la serpiente al moverse.

SERPENTEAR intr. Andar o moverse formando vueltas y tornos como la serpiente.

SERPENTÍN m. **1** Tubo largo en espiral que sirve para facilitar el enfriamiento de la destilación en los alambiques. **2** Pieza antigua de artillería.

SERPENTINA f. **1** Tira de papel arrollada que en ciertas fiestas se arrojan unas personas a otras de modo que se desenrolle en el aire. **2** *Miner.* Mineral silicato de magnesio de fórmula $Mg_3Si_2O_5(OH)_4$, color verdoso y manchas o venas más o menos oscuras.

SERPIENTE f. **1** *Zool.* Nombre común de los OFIDIOS. **2** fig. El demonio, por habérsele aparecido con esa forma a Eva. || **SERPIENTE DE ANTEOJOS** *Zool.* COBRA. || **SERPIENTE DE CASCABEL** *Zool.* CRÓTALO. || **SERPIENTE MARINA** *Zool.* Denominación de varias especies de reptiles escamosos ofidios, con la cabeza alargada, el cuerpo comprimido y los orificios nasales, que se pueden cerrar al sumergirse el animal, situados en la parte superior del hocico. Se alimentan de peces y son vivíparas. Su veneno es muy peligroso. Viven en el Índico y el Pacífico. || **SERPIENTE PITÓN** *Zool.* PITÓN.

SERPIENTE *Astron.* Constelación septentrional que empalma con Serpentario y está al O y debajo de Hércules y al E de Libra.

SERPÚLIDO adj. *Zool.* **1** Se dice del anélido poliqueto sedentario, caracterizado por segregar un tubo calcáreo, provisto de un opérculo, que le sirve de habitáculo y que se adhiere a las conchas u otros objetos sumergidos. || m. pl. *Zool.* **2** Familia de estos animales.

SERRA, FRAY JUNÍPERO (MIGUEL SERRA FERRER, llamado) Misionero español (Petra, 1713 - San Carlos de Monterrey, 1784). En 1749 embarcó hacia Nueva España. Hasta 1758 llevó a cabo su labor evangelizadora en Sierra Gorda (Querétaro). Tras la expulsión de los jesuitas, fue enviado a la Baja California (1768). En Alta California fundó las misiones de San Diego (1769) y San Carlos de Monterrey (1770). Posteriormente, creó las de San Francisco (1776) y San Gabriel, actual Los Ángeles.

SERRADO, DA adj. Que tiene dientecillos semejantes a los de la sierra.

SÉRRAI SERES.

SERRALLO m. **1** Harén. **2** fig. Cualquier sitio donde se cometen graves desórdenes obscenos.

SERRANÍA f. Espacio de terreno cruzado por montañas y sierras.

SERRANILLA f. *Lit.* Composición lírica de arte menor, generalmente de contenido erótico, que describe el encuentro entre un caballero y una serrana.

SERRANO, NA adj. **1** Que vive en una sierra, o ha nacido en ella. También s. **2** *Geol.* Perteneciente a las sierras.

SERRANO, JORGE Político guatemalteco (Guatemala, 1945). Ocupó la presidencia del Consejo de Estado durante la dictadura de Efraín Ríos Montt (1982-83). Candidato del conservador Movimiento de Acción Social, fue elegido presidente de la República en 1991. A principios de 1993, declaró el estado de sitio, disolvió el Parlamento y suspendió las garantías constitucionales; en junio, fue destituido y se exilió en El Salvador.

SERRANO, JOSÉ MARIANO Político boliviano (Chuquisaca, 1788 - La Paz, 1851). Representó a Chuquisaca en Buenos Aires (1813) y en el congreso de Tucumán (1816). En 1825 presidió la asamblea que proclamó la independencia de Bolivia.

SERRANO DOMÍNGUEZ, FRANCISCO, CONDE DE SAN ANTONIO Y DUQUE DE LA TORRE Militar y político español (San Fernando, 1810 - Madrid, 1885). En 1840, apoyó el pronunciamiento de Espartero, quien lo nombró mariscal de campo. Encargado de reprimir la sublevación de Barcelona (1842), se sumó al movimiento encabezado por Prim y Narváez, que provocó la caída del regente, y dirigió el ministerio de Guerra (1843). Entre 1846 y 1848 mantuvo relaciones amorosas con Isabel II. A instancias de Narváez, se retiró de la política hasta la Vicalvarada (1854). Afiliado a la Unión Liberal, apoyó a O'Donnell y ordenó el bombardeo del Congreso en 1856. Entre 1859 y 1862 ocupó la capitanía general de Cuba. Jefe de la Unión Liberal desde 1867, encabezó, junto con Prim, la revolución que acabó con el reinado de Isabel II (1868). En 1869 fue nombrado regente. Tras la llegada de Amadeo de Saboya y el asesinato de Prim, ocupó la presidencia del Consejo durante unos meses. En 1872 formó un nuevo gabinete. Derrotó a los carlistas y firmó con ellos el tratado de Amorebieta; las críticas ante esta decisión provocaron su dimisión. Al declararse la Primera República (1873), se exilió en Francia, desde donde regresó tras el golpe de Estado del general Pavía (1874); fue nombrado presidente del poder ejecutivo, pero el acceso al trono de Alfonso XII puso fin a su carrera política en 1875.

SERRAR tr. Cortar con sierra la madera u otra cosa. ♦ IRREG. Se conjuga como ACERTAR.

SERRATO adj. y s. *Anat.* Se dice del músculo torácico que tiene dientes a modo de sierra.

SERRATO BERGEROO, JOSÉ Político y economista uruguayo (Montevideo, 1868 - íd., 1969). Miembro del Partido Colorado, fue ministro de Fomento (1904) y de Hacienda (1904-11) y ocupó la presidencia de la República (1923-27). Posteriormente, fue nombrado ministro de Relaciones Exteriores (1943-45).

SERRERÍA f. Taller mecánico para serrar maderas.

SERRETA f. *Zool.* Nombre de varias aves anseriformes de la familia anátidas, similares a un pato, con el pico recto, largo y fino. Viven en aguas marinas y salobres de las regiones septentrionales del hemisferio N.

SERRÍN m. Conjunto de partículas que se desprenden de la madera cuando se sierra.

SERRUCHO m. **1** Sierra de hoja ancha y normalmente con sólo una manija. **2** *Zool. Cuba* Pez con rostro en forma de sierra muy cortante.

SERTORIO, QUINTO General romano (?, h. 123 - ?, 72 a. C.). Bajo las órdenes de Mario luchó contra cimbrios y teutones. En 83 a. C. fue nombrado pretor de Hispania Citerior y, tras el triunfo de Sila y la instauración de la dictadura, se refugió en África (81 a. C.). Regresó a la península en el año 80 a. C. y encabezó la resistencia contra Roma. Derrotó a Metelo y sometió la mayor parte de Hispania (77 a. C.). Roma envió a Pompeyo, que fue recuperando el dominio de la provincia. Sertorio se refugió en Osca (Huesca), donde fue asesinado por Perpenna.

SERTÜRNER, FRIEDRICH WILHELM Farmacéutico alemán (Neuhaus, 1783 - Hameln, 1841). Descubrió la morfina.

SÉRUSIER, PAUL Pintor francés (París, 1863 - Moralix, 1927). Influido por Gauguin, fundó, junto con M. Denis, el grupo de los NABIS. Autor de *Bosque de amor en Pont-Aven* (1888). Escribió *ABC de la pintura* (1921).

SERVAL (Voz sudafricana.) m. *Zool.* Mamífero carnívoro perteneciente a la familia félidos, de nombre científico *Felis serval*, de cabeza estrecha y pequeña, grandes orejas, cuello largo, y cuerpo esbelto cubierto de pelo corto, amarillo ocre con manchas negras en filas longitudinales; la cola es anillada de ocre y negro. Vive en las sabanas africanas.

SERVAN-SCHREIBER, JEAN-JACQUES Político y periodista francés (París, 1924). Fundador y director del semanario *L'Express* (1953-70) y presidente del Partido Radical (1971-79), fue ministro de Reformas (1974-76).

SERVENTESIO m. **1** *Lit.* Género de composición de la poética provenzal, de asunto moral, político o satírico, desarrollado en los siglos XII y XIII. También llamado *sirventés*. **2** *Métr.* Cuarteto en que riman el primer verso con el tercero y el segundo con el cuarto.

Miguel **Servet**. Grabado del siglo XVI.

Servet, Miguel (MIGUEL SERVETO CONESA, llamado) Médico y humanista español (Villanueva de Sigena, 1511 - Ginebra, 1553). Tras la publicación del tratado *Christianismo Restitutio* (1546), fue denunciado por Calvino ante el tribunal de la Inquisición de Lyon. Acusado de heresiarca, se le procesó y condenó a la hoguera. Como médico, descubrió la circulación pulmonar de la sangre y la función de la respiración en la transformación de la sangre venosa en arterial. Su obra teológica sigue una tendencia místico-panteísta, influenciada por el neoplatonismo.

Servia SERBIA.
servible adj. Que puede servir.
servicial adj. **1** Que siempre está dispuesto a complacer y servir a otros. **2** Que sirve con cuidado y diligencia.
servicio m. **1** Acción y efecto de servir. **2** Estado de criado o sirviente. **3** Conjunto de criados. **4** Organización y personal destinados a satisfacer necesidades del público. **5** Favor en beneficio de alguien. **6** Utilidad o provecho. **7** Conjunto de vajilla y otras cosas, para servir la comida. **8** Retrete, aseo. También en pl. **9** *Dep.* En deportes como el tenis, saque, acción de sacar. || **SERVICIO DISCRECIONAL** Servicio de transporte que puede ser contratado por particulares. || **SERVICIO DE INTELIGENCIA** Organización secreta en un Estado para dirigir y organizar el espionaje. || **SERVICIO MILITAR** El que se presta en el ejército como soldado de reemplazo. || **SERVICIO SECRETO** Cuerpo de agentes que, a las órdenes de un gobierno, se dedican a recoger datos e informes reservados. || **de servicio** loc. adv. que con los verbos *entrar, estar,* etc., se refiere al desempeño activo de un cargo o función durante un turno de trabajo. || **hacer** a uno **un flaco servicio** fr. fam. Hacerle mala obra o causarle un perjuicio.
servidor, ra m. y f. **1** Persona que sirve como criado. **2** Persona adscrita al manejo de un arma o de otro artefacto. **3** Nombre que por cortesía se da a sí misma una persona respecto de otra. || m. *Inform.* **4** Ordenador central de una red informática.
servidumbre f. **1** Conjunto de criados que sirven a la vez en una casa. **2** Condición de siervo y trabajo que realiza. **3** Obligación inexcusable de hacer una cosa. **4** fig. Sujeción a una pasión, vicio, afición, etc., que coarta la libertad. **5** Obligación que pesa sobre una finca, propiedad, etc., con relación a otra y que limita el dominio de éstas.
servil adj. **1** Perteneciente a los siervos y criados. **2** Bajo, humilde y de poca estimación. **3** Rastrero, vil, adulador. **4** *Hist.* En el primer tercio del siglo XIX, apodo liberal contra los partidarios de la monarquía absoluta.
servilismo m. **1** Adhesión ciega y ruin a la autoridad de alguien. **2** Orden de ideas de los denominados serviles.
servilleta f. Paño que sirve en la mesa para aseo y limpieza de cada persona.
servilletero m. **1** Aro en que se enrolla la servilleta. **2** Utensilio para poner las servilletas de papel.
servio, via adj. y s. SERBIO.
Servio Tulio Rey de la antigua Roma (s. VI a. C.). Gobernó, según la tradición (578-534 a. C.). Amplió Roma y dictó una Constitución de talante democrático. Murió asesinado por Tarquino el Soberbio.
serviola *Zool.* Pez marino perteneciente a la familia carángidos, de nombre científico *Serviola dumerili,* de hasta 2 m de longitud y 80 kg de peso. Vive en el Mediterráneo y Atlántico tropical. Es comestible.

servir tr. **1** Trabajar para alguien como criado o sirviente. También intr. **2** Trabajar para una persona o entidad. También intr. **3** Atender al público en un restaurante, comercio, etc. **4** Suministrar mercancías u otra cosa. También prnl. **5** Llenar el vaso o plato del que va a beber o comer. También prnl. || tr. **6** Dar culto o adoración a Dios. || intr. **7** Ser una persona, instrumento, etc., apropiados para cierta tarea o actividad. **8** Aprovechar, valer, ser de uso o utilidad. **9** Asistir con un naipe del mismo palo. **10** Sacar la pelota en el tenis. || prnl. **11** Valerse de una persona o cosa para conseguir algo.
♦ IRREG. Se conjuga como PEDIR.
servo m. *Mec.* **1** Abreviatura de SERVOMECANISMO. **2** Abreviatura de SERVOMOTOR.
servo- pref. que forma parte de algunas palabras con las que se designan mecanismos o sistemas auxiliares.
servodirección f. *Mec.* Mecanismo incorporado a algunos vehículos que facilita el manejo de la dirección y reduce el esfuerzo del conductor.
servofreno m. *Mec.* Freno cuya acción es ampliada por un dispositivo eléctrico o mecánico.
servomecanismo m. *Mec.* Sistema electromecánico que se regula por sí mismo al detectar el error o la diferencia entre su propia actuación real y la deseada.
servomotor m. **1** *Mar.* Aparato mediante el cual se da movimiento al timón aplicando una fuerza mecánica. **2** *Mec.* Sistema electromecánico que amplifica la potencia reguladora.
sesada f. **1** Fritada de sesos. **2** Sesos de un animal.
sésamo m. **1** *Bot.* Planta herbácea anual, perteneciente a la familia pedaliáceas, de nombre científico *Sesamum indicum,* de semillas oleaginosas y comestibles, también con propiedades medicinales. **2** Pasta de nueces, almendras o piñones con ajonjolí.
sesear intr. *Fon.* Pronunciar la *z* o la *c* como *s*.
sesenta adj. **1** Seis veces diez. **2** Sexagésimo, ordinal. || m. **3** Conjunto de signos con que se representa el número sesenta.
sesentavo, va adj. y m. Se dice de cada una de las 60 partes iguales en que se divide un todo.
sesentón, na adj. y s. fam. Que tiene sesenta años cumplidos.
seseo m. *Fon.* Fenómeno lingüístico, característico de parte de Andalucía, Canarias e Hispanoamérica, que consiste en pronunciar la *z,* o la *c* ante *e, i,* como *s*.
sesera f. **1** Parte de la cabeza del animal, en que están los sesos. **2** El seso del cráneo. **3** fig. y fam. Juicio, prudencia.
sesgar tr. **1** Cortar o partir en sesgo. **2** Torcer a un lado una cosa.
sesgo, ga adj. **1** Cortado o situado oblicuamente. || m. **2** Hecho de ser oblicua una cosa o de estar torcida hacia un lado. **3** Por extensión, curso o rumbo que toma un negocio.
sesión f. **1** Cada una de las juntas de un concilio, congreso u otra corporación. **2** Conferencia o consulta entre varios para determinar una cosa. **3** Acto, proyección, representación, etc., que se realiza para el público en cierto espacio de tiempo. **4** Tiempo durante el cual se desarrolla cierta actividad, se somete a un tratamiento, etc.
seso m. **1** *Anat.* Cerebro, masa de tejido nervioso contenida en la cavidad del cráneo. Más en pl. **2** fig. Prudencia, madurez. || **devanarse** uno **los sesos** fr. fam. Fatigarse meditando mucho en una cosa. || **tener sorbido el seso** a uno fr. fig. y fam. Ejercer sobre él influjo incontrastable.
Sesostris SENUSRET.
sesqui- pref. que denota una unidad y media en peso o medida de las cosas.
sesquicentenario, ria adj. **1** Relativo a lo que tiene una centena y media. || m. **2** Día o año en que se cumple siglo y medio del nacimiento o muerte de una persona ilustre o de un suceso famoso.
sesquióxido m. *Quím.* Óxido cuya molécula está constituida por tres átomos de oxígeno y dos del otro elemento.
sestear intr. **1** Pasar la siesta durmiendo o descansando. **2** Recogerse el ganado durante el día en paraje sombrío para librarse de los rigores del sol.
sestercio m. *Núm.* Moneda de plata de los romanos, acuñada durante la república y el imperio, que equivalía a dos ases y medio o un cuarto de denario.
sestero o **sestil** m. Lugar donde sestea el ganado.
Sesto *Geog. hist.* Antigua ciudad de Tracia, actual Eceabat, en la parte septentrional del Helesponto, frente a Abidos.
seston m. *Ecol.* Material que se encuentra en suspensión en las aguas naturales, formado por dos fracciones, una de organismos vivos (plancton) y otra de material detrítico (tripton). Esta última fracción, más abundante que la primera, puede llegar a suponer hasta diez veces la masa de fitoplancton.
sesudo, da adj. Que tiene seso, prudencia.

set (Voz i.) m. **1** *Dep.* En tenis, pimpón y voleibol, cada una de las fases de que se compone un partido. **2** Juego formado por distintos elementos con una función común. **3** *Cin.* Plató donde se efectúan las tomas de vista.
Set Según el *Génesis,* tercer hijo de Adán y Eva.
Set o **Seth** *Mit.* En Egipto, Dios del viento y del desierto. Hermano de Osiris, al que asesinó, y enemigo de Horus, pasó a simbolizar la destrucción. Los asiáticos lo asimilaron a Baal.
seta f. *Bot.* Cualquier especie de hongo con sombrero sostenido por un pedicelo. || **SETA DE CARDO** *Bot.* Hongo basidiomicete perteneciente a la familia agaricáceas, de nombre científico *Pleurotus eryngii,* que vive sobre las raíces de los cardos. Crece en las regiones de clima templado-cálido y su carne es comestible. || **SETA COMÚN** *Bot.* CHAMPIÑÓN.
setabense adj. y com. JATIVÉS.
Sete Quedas GUAIRÁ.
seteciento, tas adj. **1** Siete veces ciento. **2** Septingentésimo, ordinal. || m. **3** Conjunto de signos con que se representa el número setecientos.
Setegantí TUIRA.
setembrista o **septembrista** adj. y com. *Hist.* **1** Relativo a los protagonistas de las matanzas de septiembre de 1792, que dieron comienzo al régimen del Terror de la Revolución Francesa. **2** Se aplica a los demócratas portugueses que en septiembre de 1836 solicitaron la derogación de la Carta de 1826 y el retorno a la forma democrática de gobierno establecida en la Constitución de 1824.
setena f. **1** SEPTENA. || f. pl. **2** Pena con que antiguamente se obligaba a que se pagase el séptuplo de una cantidad determinada.
setenta adj. **1** Siete veces diez. **2** Septuagésimo, ordinal. || m. **3** Conjunto de signos con que se representa el número setenta.
Setenta, Versión de los Nombre dado a la más importante traducción griega del Antiguo Testamento. Tradicionalmente se creyó realizada en Alejandría por 72 sabios de Jerusalén, en tiempos de Tolomeo II Filadelfo (283 ó 282 a. C.). En realidad, se trata de una obra colectiva del judaísmo alejandrino, que se fraguó entre los siglos III y I a. C.
setentavo, va adj. y m. Se dice de cada una de las setenta partes en que se divide un todo.
setentón, na adj. y s. fam. Que tiene setenta años cumplidos.
Seth SET.
Seti Nombre de dos faraones egipcios de la XIX dinastía.
Seti I (?, h. 1313 - ?, 1292 a. C.). Reinó de 1319 a 1304 a. C. Hijo de Ramsés I y padre de Ramsés II. Venció a los hititas y restableció el dominio egipcio sobre Siria, Palestina y Fenicia.
Seti II (? - ?, 1205). Último faraón de la XIX dinastía, reinó de 1209 a 1205 a. C.
setiembre m. SEPTIEMBRE.
setillón m. En España y otros países, número formado por el 1 seguido de 42 ceros. En Francia, número formado por el 1 seguido de 24 ceros.
sétimo, ma adj. y s. SÉPTIMO.
seto m. Cercado hecho de palos o varas entretejidos.
setswana m. *Ling.* Lengua bantú hablada en Botswana.

Diversas especies de **seta**.

Georges Pierre **Seurat**. *El baño en Asnières.* Galería Nacional (Londres).

Settat Provincia de Marruecos; 9.750 km² y 782.000 h. Su capital es la ciudad del mismo nombre.

setter adj. y m. *Veter.* Raza de perros de muestra. Hay tres subrazas, el setter inglés, el irlandés y el de Gordon.

Setúbal 1 Distrito de Portugal; 5.064 km² y 716.200 h. **2** Ciudad capital del mismo; 83.500 h. Puerto. Iglesia gótica del monasterio de Jesús (siglos XV-XVI). Castillo de São Felipe. En ella se proclamó rey de Portugal a Juan IV (1640).

seudo-, pseudo-, seud- o pseud- prefs. que significa supuesto, falso.

seudohermafrodita adj. y com. *Biol.* Se dice del individuo que tiene la apariencia del sexo contrario.

seudomorfismo m. *Geol.* Fenómeno que tiene lugar cuando al transformar un mineral en otro cambia su estructura interna, pero no se modifica su forma cristalina externa.

seudónimo, ma adj. **1** Se dice del autor que oculta con un nombre falso el suyo verdadero. **2** Se aplica también a la obra de este autor. || m. **3** Nombre empleado por un autor en vez del suyo verdadero.

Seúl (*Kyonsong*) Ciudad capital de la República de Corea, que constituye un distrito urbano; 605 km² y 10.229.262 h. Centro cultural, comercial e industrial. Sede de los Juegos Olímpicos de 1988.

Seurat, Georges Pierre Pintor francés (París, 1859 - íd., 1891). Atraído inicialmente por Millet, sus experimentos cromáticos le condujeron a la división de tonos por yuxtaposición de toques de color, dando origen al PUNTILLISMO. Su obra influyó en el fauvismo y el cubismo. Autor de *El baño en Asnières* (1884), *Tarde de domingo en la isla de la Grande Jatte* (1988), *Las modelos* (1888) y *El circo* (1890-91).

Sevastopol SEBASTOPOL.

Severa *Geneal.* Dinastía imperial romana que gobernó entre 193 y 235. Su fundador fue Septimio Severo, al que sucedieron Caracalla, Geta, Heliogábalo y Severo Alejandro.

severidad f. **1** Rigor y aspereza en el modo y trato. **2** Exactitud en la observancia de una ley. **3** Gravedad.

Severini, Gino Pintor italiano (Cortona, 1883 - París, 1966). Incluido en el grupo futurista, evolucionó hacia el surrealismo y el clasicismo. Obras: *Boulevard* (1910), *Naturaleza muerta* (1929) y *La danza del Pan Pan en el Monico* (1957).

Severino Papa italiano (Roma, ? - íd., 640). Sucedió a Honorio I. Elegido en 638, no fue consagrado hasta mayo del año 640; su corto pontificado apenas duró tres meses.

Severn Río del Reino Unido, que nace en el País de Gales y desemboca en el canal de Bristol; 340 km de curso.

severo, ra adj. **1** Riguroso, áspero, duro en el trato. **2** Puntual y rígido en la observancia de una ley. **3** Grave, serio.

sevicia f. **1** Crueldad excesiva. **2** Trato cruel.

Sévigné, Marie de Rabutin Chantal, marquesa de Escritora francesa (París, 1626 - Coulanges, 1696). Autora de unas *Cartas,* valioso documento para conocer la Francia de Luis XIV.

Sevilla 1 Provincia de España, en la Comunidad Autónoma de Andalucía; 14.001 km² y 1.725.482 h. Su territorio pertenece a la cuenca del Guadalquivir, navegable hasta la capital. Clima de inviernos templados y veranos muy calurosos. Produce cereales, arroz, legumbres, hortalizas, remolacha azucarera, algodón, viñedos, olivares y frutas. Ganadería vacuna, caballar, porcina y lanar. Toros de lidia. Yacimientos de carbón, hierro, plomo y cobre. Industrias de construcción de obras hidráulicas, transformados metálicos, alimentación y productos químicos. Turismo. **2** Ciudad de España, capital de la Comunidad Autónoma de Andalucía, y de la provincia de su nombre; 697.487 h. Principal centro industrial andaluz. Puerto fluvial. Catedral edificada sobre la mezquita mayor, de la que perdura el alminar, llamado La Giralda; Torre del Oro (1220); los Reales Alcázares de origen almohade; y casa de Pilatos (siglo XV). En ella se encuentra el Archivo de Indias. Sede de la Expo'92.

sevillanas f. pl. *Folk.* **1** Canción típica de Sevilla. **2** Danza que se baila con esta música.

sevillano, na adj. y s. De Sevilla.

Sèvres Población de Francia, departamento de Hauts-de-Seine. Fábrica de porcelana artística.

Sèvres, Deux Departamento de Francia, región de Poitou-Charentes; 5.999 km² y 344.392 h. Su capital es Niort.

sex-appeal (Voz i.) m. Atractivo físico y sexual de una persona.

sex-shop (Voz i.) m. Tienda donde se venden objetos relacionados con el sexo.

sexagenario, ria adj. y s. Que ha cumplido la edad de sesenta años y no llega a setenta.

sexagesimal adj. *Geom.* y *Mat.* Se aplica al sistema de contar o de subdividir de 60 en 60.

sexagésimo, ma adj. **1** Que sigue inmediatamente en orden al o a lo quincuagésimo nono. **2** Se dice de cada una de las 60 partes iguales en que se divide un todo. También m.

sexagonal adj. *Geom.* Se dice del polígono de seis ángulos y seis lados.

sexcentésimo, ma adj. **1** Que sigue inmediatamente en orden al o a lo quingentésimo nonagésimo nono. **2** Se dice de cada una de las 600 partes iguales en que se divide un todo. También m.

sexenio m. Tiempo de seis años.

sexismo m. *Sociol.* Tendencia a valorar o a discriminar a las personas en razón de su sexo.

sexo m. **1** *Biol.* Condición de un organismo animal o vegetal, que se manifiesta con la producción de células germinales y que distingue al macho de la hembra en los seres humanos, en los animales y en las plantas. **2** *Biol.* Órganos sexuales. **3** Conjunto de seres pertenecientes a un mismo sexo. **4** SEXUALIDAD.

sexología f. *Med.* Estudio del sexo y de las cuestiones con él relacionadas.

sextante m. *Astron.* y *Mar.* Aparato empleado en las observaciones marítimas para medir la altura de los astros y los ángulos horizontales.

sexteto m. **1** *Mús.* Composición para seis instrumentos o seis voces. **2** *Mús.* Conjunto de estos seis instrumentos o voces.

sextilla f. *Métr.* Combinación métrica de seis versos de arte menor.

sextillón m. **1** En España y otros países, número formado por el 1 seguido de 36 ceros. **2** En Francia, número formado por el 1 y 21 ceros.

sextina f. *Métr.* **1** Composición poética que consta de seis estrofas de seis endecasílabos cada una y de otra que sólo se compone de tres. **2** Cada una de las estrofas de seis versos endecasílabos que entran en esta composición. **3** Combinación métrica de seis versos endecasílabos que riman en consonante el primero con el tercero y el segundo con el cuarto, y son pareados los dos últimos.

sexto, ta adj. **1** Que sigue inmediatamente en orden al o a lo quinto. **2** Se dice de cada una de las seis partes iguales en que se divide un todo. También s. || m. *Rel.* **3** Libro en que están juntas algunas constituciones y decretos canónicos.

Sexto Empírico Filósofo y médico griego (Tarso, principios del s. III). Seguidor de Pirrón, Agripa y Enesidemo, su pensamiento constituye una síntesis de la tradición escéptica.

sextuplicar tr. y prnl. *Mat.* Hacer séxtupla una cosa; multiplicar por seis una cantidad.

séxtuplo, pla adj. y s. *Mat.* Que incluye en sí seis veces una cantidad.

sexuado, da adj. *Biol.* Se dice de la planta o del animal que tiene órganos sexuales.

sexual adj. *Biol.* Relativo al sexo.

sexualidad f. **1** *Biol.* Conjunto de condiciones anatómicas y fisiológicas que caracterizan a cada sexo. **2** Conjunto de prácticas, comportamientos, etc., relacionados con el placer sexual y la reproducción. **3** Apetito sexual.

sexy (Voz i.) adj. Se dice de la persona que tiene gran atractivo físico y de las cosas con carácter erótico.

Seyano, Lucio Elio Político romano (Bolsena, Etruria, 20 a. C. - Roma, 37 d. C.). Prefecto del pretorio, tuvo gran influencia sobre el emperador Tiberio. Posteriormente, decidido a usurpar el trono, envenenó al hijo de Tiberio, Druso, y trató de matar al emperador. Descubiertos sus planes, fue condenado a muerte por el Senado.

Seychelles (*Republic of Seychelles / République des Seychelles*) República de África oriental, en el Índico, situada al N de Madagascar, en la costa oriental de África.

Superficie: 455 km².
Población: 81.700 h. *(seychellenses).*
Densidad: 179,6 h./km².
Tasa de natalidad: 18,2‰.
Tasa de mortalidad: 7‰.
Capital: Victoria.
Grupos étnicos: europeos, africanos, indostánicos.
Religión: catolicismo (88,6%), anglicanismo (7,7%).
Idioma: inglés, francés, criollo.
Moneda: rupia de Seychelles.
Forma de Estado: república presidencialista.
Producto Nacional Bruto: 505 millones de dólares.
Renta per cápita: 6.420 dólares.
División administrativa: 2 grupos de islas, según cuadro.

SEYCHELLES

Grupos de islas	Superficie (km²)	Población (h.)	Capital
Central o Granitic	232	74.331	
Digue, La	15	1.990	
Mahé	153	66.134	Victoria
Praslin	40	5.722	
Silhouette	20	485	
Otras islas	4	0	
Outer o Corallines	223	0	

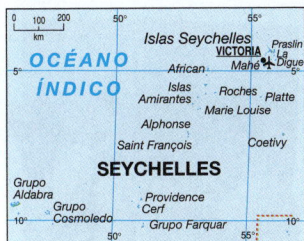

SEYCHELLES

GEOG. El archipiélago de las Seychelles está constituido por las islas Mahé, Praslin, Silhouette, La Digue, Felicité, Curieuse, el archipiélago Almirante, Alphonse, Bijoutier, Saint Françoise, y gran número de islotes; todos ellos de origen volcánico y relieve accidentado. La mayoría de la población está compuesta por criollos de origen francés. El clima y la vegetación son tropicales. Produce especias, palma de coco, canela, vainilla y frutales. Pesca. Guano. Industrias derivadas de la pesca, cervecera y de productos artesanales. Turismo.

HIST. Descubiertas por portugueses en el siglo XVI y colonizadas por franceses en el XVIII, en época de Napoleón se convirtieron en un centro de reclusión de penados. Los británicos impusieron su dominio en 1816. En 1903, el archipiélago dejó de formar parte de la colonia británica de Mauricio, y en 1948, logró su autonomía política. En 1976 se convirtió en República independiente, dentro de la Commonwealth, con J. Mancham como presidente. Un golpe de Estado (1977) dio el poder a France-Albert René, hasta entonces primer ministro, que implantó un régimen socialista de partido único, el Frente Progresista del Pueblo de Seychelles, único legalizado del país. En 1991 la situación varió hacia el multipartidismo y se produjo una cierta liberalización política y económica, que dio paso a un proceso constitucional culminado en 1993, aunque en las elecciones de ese mismo año, fue reelegido presidente René, que logró vencer de nuevo en las de 1998 y 2001. En abril de 2004, René dimitió y James Michel fue nombrado presidente.

SEYMOUR, EDWARD, DUQUE DE SOMERSET Político inglés (?, 1506 - Londres, 1552). Hermano de Juana Seymour, a la muerte de Enrique VIII fue nombrado protector del reino y tutor de Eduardo VI. Sus rivales, liderados por Dudley, consiguieron derrocarle. Apresado en 1551, fue condenado a muerte.

SEYMOUR, JANE JUANA SEYMOUR.

SEYMOUR, THOMAS Político inglés (?, 1508 - Londres, 1549). Hermano de Edward y Juana Seymour, desempeñó misiones diplomáticas. Casado en secreto con Catalina Parr, viuda de Enrique VIII, intentó hacerse con el poder, pero fue acusado de traición y ejecutado.

-SFER-; -SFERA, -SFERIO m. o sufs. ESFER-.

-SFIGMIA, -SFIXIA sufs. ESFIGMO-.

SFORZA Geneal. Familia italiana que gobernó el ducado de Milán entre 1450 y 1535.

SFUMATO (Voz it.) m. Pint. Técnica pictórica, utilizada por Leonardo da Vinci y sus imitadores, que consiste en difuminar los contornos de las figuras. También se llama esfumado.

'S-GRAVENHAGE HAYA, LA.

SHA o **SAH** m. Título del soberano de Irán o Persia que llevaron también algunos monarcas de la India. Su femenino es shabanú.

SHA'AB, AL Ciudad de Yemen, capital de la antigua República Democrática del Yemen; 20.000 h. Fundada en 1959, con el nombre de Al-Ittihad. Forma parte de la aglomeración de Adén.

SHAANXI (Shensi) Provincia de China; 195.800 km^2 y 34.810.000 h. Su capital es Xi'an.

SHABA KATANGA.

SHACKLETON, ERNEST HENRY Explorador inglés (Kilkee, 1874 - Grytviken, Malvinas, 1922). Dirigió varias expediciones al Polo Sur.

SHAFFER, PETER Dramaturgo británico (Londres, 1926). Perteneciente a la generación de los jóvenes airados, es autor de Ejercicio para cinco dedos (1958), El apagón (1965), Equus (1973) y Amadeus (1979).

SHAFTESBURY, ANTHONY ASHLEY COOPER, PRIMER CONDE DE Político británico (Wimborne, 1621 - Amsterdam, 1683). Durante el reinado de Carlos II, encabezó la oposición protestante y desempeñó la presidencia del Consejo en 1679. En 1682 se exilió en las Provincias Unidas.

SHAFTESBURY, ANTHONY ASHLEY COOPER, TERCER CONDE DE Filósofo británico (Londres, 1671 - Nápoles, 1713). Nieto del anterior, fue discípulo de Locke y está considerado uno de los pioneros del deísmo inglés. Autor de Características de hombres, costumbres, opiniones y tiempos (1711).

SHAFTESBURY, ANTHONY ASHLEY COOPER, SÉPTIMO CONDE DE Político británico (Londres, 1801 - Folkestone, 1885). Miembro del Partido Conservador, influyó en la aprobación de las Factory Acts y de la Mine Act, leyes que regulaban el trabajo femenino e infantil (1833, 1844, 1850 y 1874) y la reducción de la jornada laboral a diez horas (1842).

SHAGARI, SHEHU Político nigeriano (Sokoto, 1925). Elegido presidente de la República en 1979, desempeñó el cargo hasta ser derrocado por el golpe de Estado de Mohamed Buhari (1983).

SHAKESPEARE, WILLIAM Actor, escritor y empresario teatral inglés (Stratford-on-Avon, 1564 - íd., 1616). Se conocen escasos datos sobre su vida. En los comienzos de su carrera fue protegido por Henry Wriothesly, conde de Southampton, al que dedicó los poemas narrativos Venus y Adonis (1593), La violación de Lucrecia (1594), y la mayoría de los Sonetos (1593-97). Gracias a su protector, fue propietario en 1594 del teatro The Globe, con la compañía de los Lord Chamberlain's Men, con quienes trabajaba como actor, arreglista y autor. Tras el incendio de The Globe en 1613, sus obras se representaron en el teatro del Blackfriars. A su muerte estaba trabajando en La novela del curioso impertinente, de Cervantes, para su versión teatral. Sus 36 o 38 obras dramáticas suelen dividirse en un primer ciclo juvenil (1590-99), al que pertenecen Enrique IV (partes I y II), Ricardo III, La comedia de las equivocaciones, Tito Andrónico, la farsa La

William **Shakespeare**. Retrato de Louis Coblitz. Palacio de Versalles (Francia).

fierecilla domada, Los dos caballeros de Verona, Trabajos de amor perdidos, Ricardo II, El sueño de una noche de verano, El mercader de Venecia, El rey Juan, Mucho ruido y pocas nueces, Las alegres comadres de Windsor, Como gustéis, y la tragedia Romeo y Julieta. Al segundo periodo (1600-08), época de madurez artística, pertenecen sus tragedias Julio César, Enrique V, Hamlet, Otelo, El rey Lear, Coriolano, Antonio y Cleopatra, Timón de Atenas, Pericles, príncipe de Tiro y Macbeth, y los dramas Medida por medida, Noche de Reyes, A buen fin no hay mal principio y Troilo y Crésida. Del último periodo (1609-13), más equilibrado y sereno, son El cuento de invierno, La tempestad, Cimbelino y Enrique VIII. Lo variado de su temática, personajes y enfoques, revela a un observador penetrante. En su estilo destaca la fuerza y riqueza de la expresión, el manejo extraordinario del lenguaje, las imágenes y el ingenio verbal.

SHAMIR, ISAAC Político israelí de origen polaco (Bialystok, 1915). Miembro del Likud, ocupó la cartera de Asuntos Exteriores (1980) y en 1983 fue elegido primer ministro en sustitución de M. Begin. Tras las elecciones de 1984, se alternó con el laborista S. Peres para formar un gobierno de coalición, del que fue primer ministro en los periodos 1986-88 y 1990-92. Representó a Israel en la conferencia de paz en Oriente Medio (Madrid, 1991).

SHANDONG (Shantung) Provincia de China, región Oriental; 153.300 km^2 y 86.710.000 h. Su capital es Jinan.

SHANG o **CHANG** Geneal. Segunda dinastía de emperadores chinos, que reemplazó a la de los Hia. Reinó de 1766 a 1154 a. C.

SHANGHAI 1 Municipalidad de China, región Oriental; 6.200 km^2 y 13.560.000 h. **2** Ciudad capital de la misma y de la región Oriental; 7.830.000 h. Es el puerto marítimo más importante del país. Centro cultural, comercial e industrial de primer orden.

SHANNON Río de Irlanda, que nace en el monte Cuilcagh, condado de Cavan, y desemboca en el Atlántico; 368 km de curso.

SHANTOU (Shan-t'ou) Ciudad de China, provincia de Guangdong; 578.630 h. Industria alimentaria.

SHANTUNG (Voz i.) m. **1** Tejido de seda natural con aspecto granuloso, originario de la provincia china de Shandong o Shantung. **2** Tela de rayón o algodón de aspecto semejante.

SHANTUNG SHANDONG.

SHANXI (Shansi) Provincia de China, región Septentrional; 157.100 km^2 y 30.450.000 h. Su capital es Taiyuan.

SHAOGUAN (Shao-kuan) Ciudad de China, provincia de Guangdong; 350.043 h.

SHARIF, OMAR (MICHEL SALHOUB, llamado) Actor de cine egipcio (Alejandría, 1932). Su intervención en Lawrence de Arabia (1962) fue el inicio de una brillante carrera, que continuó con éxitos como Doctor Zhivago (1965), La semilla del tamarindo (1974), etc.

SHARJAH (ash-Sarigah) Emirato de Unión de Emiratos Árabes; 2600 km^2 y 314.000 h. Su capital es la ciudad del mismo nombre.

SHARON, ARIEL Político y militar israelí (Kafr Malal, 1928). Líder del partido nacionalista Likud, parlamentario desde 1973, entre 1977 y 1998 ocupó diversos ministerios. Fue nombrado primer ministro tras las elecciones celebradas en febrero de 2001.

SHARPE, WILLIAM F. Economista estadounidense (Cambridge, Massachusetts, 1943). En 1990 fue galardonado con el premio Nobel de Economía, que compartió con H. Markowitz y M. Miller, por sus innovadores trabajos en el campo de la economía financiera y la financiación empresarial.

SHASTA adj. Etnol. Se dice de un pueblo amerindio que vive en la cuenca del río Pitt, Estado de California (EE UU). Pertenece a la familia lingüística hoka-sioux. También pron.

SHAULA Astron. Estrella de magnitud 1,6 en la constelación de Escorpión, situada a una distancia de 270 años-luz.

SHAW, GEORGE BERNARD Escritor irlandés (Dublín, 1856 - Ayot Saint Lawrence, 1950). Renovador de la escena británica, escribió obras de teatro llenas de ingenio y gran sentido de la paradoja: Casas de viudos (1892), La profesión de la señora Warren (1893), Cándida (1894), Hombre y superhombre (1903), La otra isla de John Bull (1904), Pigmalión (1914), Casa del dolor (1920), Santa Juana (1923), El carro de las manzanas (1929), La millonaria (1936) y Ginebra (1938). Además fue periodista, crítico musical y teatral, autor de novelas y ensayos, polemista agudo y brillante orador. En 1925 se le concedió el premio Nobel de Literatura.

SHEFFIELD Ciudad del Reino Unido, en Inglaterra; 530.100 h. Centro industrial y comercial.

SHEKEL m. Econ. Unidad monetaria de Israel.

SHELLEY, MARY WOLLSTONECRAFT Escritora británica (Londres, 1797 - íd., 1851). En 1816 se casó con P. B. Shelley. Su obra más importante es Frankenstein o el moderno Prometeo (1818), inspirada en el mito del hombre creador. Es también autora del libro de viajes Historia de una excursión de seis semanas (1817), escrito con su marido, y de las novelas El último hombre (1826) y Falkner (1837).

SHELLEY, PERCY BYSSHE Poeta inglés (Field Place, 1792 - golfo de Spezzia, 1822). Aristócrata, amigo de J. Keats y lord Byron, y marido de la escritora Mary Wollstonecraft, unió a una vida tormentosa una obra que combina el estilo formal más impecable, delicado y vigoroso, con una sensibilidad extraordinaria y una fantasía desbordada, convirtiéndose en uno de los prototipos del perfecto poeta romántico. Entre sus obras más celebradas figuran: Rosalinda y Elena (1819), Los Cenci (1819), Prometeo liberado (1820), Epipsychidion (1821) y Hellas (1822). Murió ahogado cuando, en el transcurso de un paseo, su barca naufragó.

Percy Bysshe **Shelley**. Shelley en los baños de Caracalla. Cuadro de James Severy. Colección particular (Roma).

Shensi Shaanxi.
Shenyang Ciudad de China, capital de la región Nordoriental y de la provincia de Liaoning; 3.603.712 h. Centro siderometalúrgico. Victoria de los japoneses sobre los rusos en 1905. Tumbas de los emperadores chinos. Es la antigua *Mukden*.
Shenzhen (*Shen-chen*) Ciudad de China, en la provincia de Hebei; 350.727 h.
Shepard, Sam Dramaturgo y actor estadounidense (Fort Sheridan, Illinois, 1943). Sus piezas teatrales constituyen un alegato contra la violencia y el militarismo: *El sabor del crimen* (1978), *Una mentira de la mente* (1985) y *Estado de shock* (1991). Ha sido guionista de numerosas películas, entre ellas, *Zabriski Point* (1969) y *París, Texas* (1984).
Sheridan, Philip Henry General estadounidense, de origen irlandés (Albany, 1831 - Monquitt, Massachusetts, 1888). Distinguido oficial del ejército de la Unión en la guerra de Secesión, fue gobernador de los Estados de Louisiana, Texas y Missouri. En 1883 sucedió a Sherman como comandante en jefe del ejército unionista.
Sheridan, Richard Brinsley Dramaturgo irlandés (Dublín, 1751 - Londres, 1816). Alcanzó grandes éxitos con obras como *Los rivales* (1775), *La dueña* (1775), *La escuela del escándalo* (1777) y *El crítico* (1779).
sheriff (Voz i.) m. En Norteamérica y ciertas regiones o condados británicos, representante de la justicia o del poder central que se encarga de hacer cumplir la ley. Aparece también con las formas de *serif*, *cherif* y *cheriff*.
Sherman, William Tecumseh General estadounidense (Lancaster, Ohio, 1820 - Nueva York, 1891). Luchó en la guerra de México y, posteriormente, en la guerra de Secesión, durante la que organizó la famosa marcha hacia el mar (desde Atlanta a Savannah a través de Georgia). Fue nombrado comandante en jefe del ejército unionista (1869-83).
sherpa adj. *Etnol.* 1 Se dice de un pueblo de origen mongol que habita en las vertientes altas del Himalaya. Los sherpas se han especializado como guías y porteadores en las expediciones alpinistas y científicas. Más como m. pl. 2 Se dice también de sus individuos. También com. 3 Relativo a este pueblo.
Sherrington, Sir Charles Scott Médico y fisiólogo británico (Londres, 1857 - Eastbourne, 1952). En 1932 recibió el premio Nobel de Fisiología y Medicina, compartido con E. D. Adrian, por sus investigaciones sobre la fisiología del sistema nervioso.
sherry (Voz i.) m. Vino de Jerez.
Sherwood, Robert Emmet Escritor estadounidense (New Rochelle, 1896 - Nueva York, 1955). Su producción teatral refleja sus convicciones políticas y su antimilitarismo. Alcanzó la celebridad con *El camino de Roma* (1927), y recibió el premio Pulitzer en 1938 con *El placer del idiota*. Escribió el guión de la película *Los mejores años de nuestra vida* (1946).
Sheshonk o **Sheshong I** Faraón de Egipto, fundador de la dinastía XXII (?, h. 950 - ?, 929 a. C.). Jefe militar de origen libio, legitimó su ascenso al trono casándose con la hija del último faraón de la XXI dinastía. Restableció el dominio egipcio sobre Palestina.
Shetland Archipiélago del Reino Unido, al NE de las Islas Orcadas, que constituye un Distrito unitario de Escocia; 1.432 km^2 y 22.900 h. Constituido por unas cien islas, entre las que destaca la Mainland. Ganadería y pesca. Terminal petrolera. Colonizado por los noruegos en el siglo IX, en 1469 pasó a manos de Escocia.
Shetland del Sur Archipiélago de la Antártida argentina; 4.662 km^2.
Shevardnadze, Eduard Político soviético (Mamati, Georgia, 1928). Primer secretario del Partido Comunista de la República de Georgia desde 1972, fue ministro de Asuntos Exteriores de la URSS (1985-90). Tras la proclamación de independencia de Georgia, pasó a ser jefe del Consejo de Estado de la nueva República (febrero de 1992) y fue confirmado como presidente de la misma en los comicios de 1993, 1995 y 2000. Dimitió del cargo en 2003.
Shiga Prefectura de Japón, al S de la isla de Honshu; 4.016 km^2 y 1.258.000 h. Su capital es Otsu.
Shiga, Kiyoshi Bacteriólogo japonés (Sendai, 1870 - Tokio, 1957). En 1898 descubrió uno de los bacilos que causan la disentería (*bacilo de Shiga* o *Shigella*) y obtuvo un suero antidisentérico.
Shijiazhuang (*Shih-chia-chuang*) Ciudad de China, capital de la provincia de Hebei; 1.068.439 h.
Shikoku Isla de Japón, la menor de las cuatro principales, que comprende las prefecturas de Ehime, Kagawa, Kochi y Tokushima; 18.808 km^2 y 4.179.000 h.
shilling (Voz i.) m. CHELÍN.
Shimane Prefectura de Japón, en la isla de Honshu; 6.692 km^2 y 772.000 h. Capital, Matsue.
Shimazaki, Toson Escritor japonés (Magome, Nagano, 1872 - Oiso, 1943). Célebre representante del naturalismo japonés, es autor de la colección de poemas *Wakanashu* (1897) y de la novela *Antes del amanecer* (1929-35), considerada su obra maestra.
Shirley, James Dramaturgo inglés (Londres, 1596 - íd., 1666). Fue uno de los principales representantes del teatro isabelino tardío y autor de las comedias *The Wedding* (1628) y *The Lady of Pleasure* (1635).
Shiva *Rel.* Tercera persona de la Trimurti hindú, a la que corresponden las funciones destructoras.
Shizuoka 1 Prefectura de Japón, en la isla de Honshu; 7.773 km^2 y 3.712.000 h. **2** Ciudad capital de la misma; 474.219 h. Industria textil, química y del vidrio.
Shkodër Región de Albania, 6.414 km^2 y 506.036 h. Su capital es la ciudad del mismo nombre.
shock (Voz i.) m. *Med.* CHOQUE^2.
Shockley, William Bradford Físico estadounidense de origen británico (Londres, 1910 - Stanford, 1989). Premio Nobel por sus estudios sobre semiconductores que le permitieron perfeccionar los transistores.
shogun m. SOGÚN.
Sholapur Ciudad de la India, Estado de Maharashtra; 604.215 h. Estudios cinematográficos.
Sholojov, Mijail Novelista soviético (Kruzhilin, Rostov, 1905 - íd., 1984). Su narrativa, de estilo realista, refleja importantes etapas de la historia soviética. Sus principales obras son: *Cuentos del Don* (1926), *El Don apacible* (1928-1940), y *Campos roturados* (1932 y 1955-59). Premio Nobel de Literatura en 1965.
short (Voz i.) m. Pantalón corto.
shoshone adj. **1** *Etnol.* Se dice de un grupo de tribus amerindias que habitaban un amplio territorio de EE UU, entre las Montañas Rocosas y la Sierra Nevada. Actualmente viven en reservas. Más como m. pl. **2** Se dice también de sus individuos. También com. **3** Relativo a este grupo. ‖ m. *Ling.* **4** Grupo lingüístico, rama de la familia uto-azteca.
Shostakovich, Dmitri Compositor ruso (San Petersburgo, 1906 - Moscú, 1975). Conjugó en sus obras las nuevas tendencias de la música occidental con elementos netamente rusos, creando un estilo enmarcado en el llamado *formalismo oficial*. De sus composiciones cabe citar sus 13 sinfonías, la ópera *La nariz* (1927-28) y el ballet *La edad de Oro* (1927-30).
show (Voz i.) m. **1** Espectáculo de variedades. **2** *fig.* Situación en la que se llama mucho la atención.
showman (Voz i.) m. Hombre que presenta o actúa en un espectáculo.
showoman (Voz i.) f. Mujer que presenta o actúa en un espectáculo.
Shropshire Condado del Reino Unido, en Inglaterra; 280.400 h.
Shull, Clifford Físico estadounidense (Pittsburgh, 1915 - Medford, 2001). En 1994 recibió el premio Nobel de Física, compartido con Bertram Brockhouse, por sus contribuciones a la técnica experimental de dispersión de neutrones.
Shultz, George Pratt Político estadounidense (Nueva York, 1920). Secretario de Trabajo (1969-70) y del Tesoro (1972-74), fue secretario de Estado de la administración Reagan desde 1982 hasta 1988.
shunt (Voz i.) m. *Fís.* Dispositivo para ampliar el campo de un aparato de medida.
Shvernik, Nicolai Mihailovich Político soviético (San Petersburgo, 1888 - Moscú, 1970). Ejerció la presidencia del Soviet Supremo de la URSS entre 1946 y 1954.
si^1 conj. **1** Se utiliza para expresar una condición. **2** A veces denota aseveración terminante. **3** Introduce oraciones interrogativas indirectas, a veces con matiz de duda. **4** Introduce oraciones desiderativas. **5** Se utiliza también como conjunción adversativa, equivaliendo a *aunque*. **6** Toma carácter de conjunción distributiva, cuando se emplea repetida.

Shiva. Escultura del siglo V. Museo Nacional de Nueva Delhi.

si^2 m. Séptima nota de la escala musical.
sí^1 pron. pers. Forma reflexiva del pronombre personal de tercera persona. Lleva constantemente preposición. ‖ **de por sí** loc. adv. Separadamente cada cosa. ‖ **para sí** loc. adv. Mentalmente o sin dirigir a otro la palabra.
sí^2 adv. afirm. **1** Se emplea comúnmente respondiendo a preguntas. **2** Se emplea con énfasis para avivar la afirmación expresada por el verbo con que se junta. **3** Se usa como sustantivo por consentimiento o permiso. ‖ **porque sí** loc. fam. Sin causa justificada, por simple voluntad o capricho.
Si *Quím.* Símbolo del silicio.
SI Siglas de las palabras latinas *Societatis Iesu* (de la Compañía de Jesús). Suele escribirse también SJ.
SI *Fís.* Sistema Internacional de Unidades de Medida.
Siagrio General galorromano (? - ?, 486). Último gobernador romano de la Galia, fue derrotado por Clodoveo en la batalla de Soissons (486).
sial m. *Geol.* Capa de la litosfera que forma la costra superficial de la Tierra. Alcanza un espesor de 40 a 50 km. También llamada *litosfera*.
sialo- pref. SIALO-.
-sialia suf. SIALO-.
sialo-, sial-, -sialia prefs. o suf. que significan saliva.
Siam Tailandia.
siamés, sa adj. **1** De Siam, antiguo nombre de Tailandia. También s. **2** Se aplica a cada uno de los hermanos gemelos que nacen unidos por alguna parte de sus cuerpos. Más como s. y en pl. ‖ m. *Ling.* **3** Idioma siamés.
Sian Xi'an.
Síbaris *Geog. hist.* Antigua ciudad griega de Italia, situada a la orilla del golfo de Tarento.
sibarita adj. y s. **1** De Síbaris, ciudad de la Italia antigua. **2** *fig.* Se dice de la persona que se trata con mucho regalo y refinamiento.
Sibelius, Jean Compositor finlandés (Tavastehus, 1865 - Ainda, 1957). Principal representante de la escuela nacionalista finlandesa, entre sus obras más conocidas cabe citar la sinfonía *Kullervo* (1892), la suite *Karelia* (1893), y el poema sinfónico *Las Oceánidas* (1914).

Síbaris (Italia). Teatro griego.

SIBERIA Región natural de la Federación de Rusia, en Asia septentrional. Constituye la más amplia llanura del mundo (13.000.000 km² y 50.300.000 h.), aproximadamente la cuarta parte del continente asiático. Se extiende desde los Urales al océano Pacífico y desde el océano Glacial Ártico hasta el borde montañoso de la alta meseta central. Se divide en tres grandes sectores: Siberia occidental, que forma una inmensa llanura, regada por el Obi y el Yenisei; Siberia central, entre los valles del Yenisei y del Lena, sede de mesetas cubiertas de bosque, con fosas de hundimiento al S, como la del lago Baikal; y Siberia oriental, que corresponde a una zona de cordilleras plegadas (Sayansk, Yablonoi, Stanovoi, Verjoiansk, Cherski), alcanzando su punto más elevado en la península de Kamchatka (Kliuchevskaya, 4.850 m). El clima es extremadamente continental, con inviernos muy largos y rigurosos. La vegetación predominante es la taiga, que da paso a la tundra, en el N, y a la estepa en el S. Su mayor riqueza reside en la minería (hulla, hierro, petróleo), que, junto al gran potencial hidroeléctrico, ha permitido la creación de numerosos centros industriales (siderometalúrgicos principalmente), canalizados a través del ferrocarril Transiberiano.

SIBERIANO, NA adj. y s. De Siberia.

SIBILA f. *Mit.* Mujer sabia a quien los antiguos atribuyeron espíritu profético. Se designaba con este nombre a las sacerdotisas legendarias de Apolo, quienes, inspiradas por éste, gozaban del don de la profecía. Durante la Edad Media fueron introducidas en el arte cristiano y a partir del siglo X aparecen con frecuencia en pinturas y grabados.

SIBILA Reina de Jerusalén (?, h. 1150 - San Juan de Acre, 1190). Viuda de Guillermo de Monferrat, se casó en segundas nupcias con Guido de Lusignan. A la muerte de su hermano Balduino IV intentó subir al trono a expensas de su propio hijo Balduino, que acabó siendo rey con el nombre de Balduino V. Muerto éste, Sibila ocupó el trono junto con su esposo (1186).

SIBILANTE adj. *Fon.* 1 Se dice del sonido que se pronuncia como una especie de silbido. 2 Se dice de la letra que representa este sonido, como la s. También f.

SIBILINO, NA adj. 1 Relativo a la sibila. 2 fig. Misterioso, oscuro.

SIBONEY adj. CIBONEYO.

SIBUCAO m. *Bot.* 1 Arbolito de la familia leguminosas, nativo de Filipinas, de madera muy dura, que se usa en tintorería. 2 Esta misma madera.

SIC (Literalmente, *así, de esta manera*.) adv. lat. Se usa en impresos y manuscritos para dar a entender que una palabra o frase empleada en ellos, y que pudiera parecer inexacta, es textual.

SICA, VITTORIO DE DE SICA, VITTORIO.

SICALIPSIS f. Picardía erótica o sexual. ♦ Su pl. es *sicalipsis*.

SICARIO m. Asesino asalariado.

SICCARDI, HONORIO Compositor argentino (Buenos Aires, 1897 - íd., 1963). Es autor del ballet *Buenos Aires* (1935) y de las óperas *Doña Clorinda la descontenta* (1940) y *Mador* (1956).

SICHUAN (*Szechwan*) Provincia de China; 569.000 km² y 109.980.000 h. Capital, Chengdu. Está situada en el valle del Yangtsé, en la zona suroeste del país. Producción agrícola e industrial.

SICIGIA f. *Astron.* Conjunción u oposición de la Luna con el Sol.

SICILIA Región e isla de Italia, la mayor del Mediterráneo, que comprende las provincias de Agrigento, Caltanisseta, Catania, Enna, Messina, Palermo, Ragusa, Siracusa y Trapani; 25.707 km² y 4.966.316 h. Capital, Palermo. Está situada al SO de la península Itálica, de la que la separa el estrecho de Mesina. En general montañosa, su relieve es continuación del peninsular. Cerca de la costa oriental se levanta el macizo volcánico del Etna (3.242 m). Produce agrios, olivo, trigo, vid y cereales. Cuenta con importantes yacimientos de azufre, petróleo y gas natural, así como con industrias petroquímicas, metalúrgicas y agropecuarias. Turismo.
Hist. Colonia fenicia (1000 a. C.), fue ocupada por griegos, cartagineses y romanos, sucesivamente. En 1130 formó, con la parte meridional de la península Itálica, el reino de Sicilia, conquistado en 1266 por Carlos de Anjou. A consecuencia de las llamadas Vísperas Sicilianas (1288), en las que los naturales se levantaron contra los franceses, pasó a la corona de Aragón. Unida a Nápoles (1442), constituyó el reino de las Dos Sicilias. En 1735, la isla pasó a depender de los Borbones hasta 1860, año en el que fue invadida por Garibaldi e incorporada al reino de Italia. La ocuparon los alemanes en la Segunda Guerra Mundial hasta el desembarco de las tropas aliadas (1943). En mayo de 1946 se constituyó en región autónoma. Afectada por una débil economía, es escenario de actuación de la mafia.

siderita

SICILIANO, NA adj. y s. De Sicilia.

SICIÓN *Geog. hist.* Ciudad de la antigua Grecia, en el Peloponeso septentrional.

SICOANÁLISIS m. PSICOANÁLISIS. ♦ Su pl. es *sicoanálisis*.

SICOFANTA o **SICOFANTE** m. Impostor, calumniador.

SICOLOGÍA f. PSICOLOGÍA.

SICOMORO m. *Bot.* 1 Árbol perteneciente a la familia moráceas, de nombre científico *Ficus sycomorus*. Su madera, dura e incorruptible, la usaban los antiguos egipcios para las cajas donde encerraban las momias. 2 PLÁTANO FALSO.

SICONO m. *Bot.* Infrutescencia de la higuera y de especies afines.

SICÓPATA com. PSICÓPATA.

SICOSIS f. PSICOSIS. ♦ Su pl. es *sicosis*.

SÍCULO, LA adj. *Hist.* 1 Relativo a un pueblo antiguo de origen ario asentado en la zona oriental de la isla de Sicilia. 2 De este pueblo. También s.

SIDA *Med.* Siglas de *Síndrome de Inmuno-Deficiencia Adquirida*, enfermedad detectada en Nueva York en 1979 e identificada en 1981, por L. Montagnier, en Francia, y R. Gallo, en EE UU, que destruye el sistema inmunológico del organismo humano, provocando una creciente indefensión frente a agentes de otras infecciones. En un principio se determinaron como grupos de riesgo a varones homosexuales con relaciones promiscuas, adictos a las drogas de administración intravenosa y hemofílicos receptores de sangre contaminada. Sin embargo, estos grupos se han ampliado a la totalidad de la población homosexual y heterosexual con el descubrimiento en 1985 de un segundo virus.

SIDECAR m. Asiento adicional, apoyado en una rueda, que se adosa al costado de una motocicleta. ♦ Su pl. es *sidecares*.

SIDER-, SIDERO- prefs. que significan hierro.

SIDERAL adj. Perteneciente o relativo a las estrellas o a los astros.

SIDÉREO, A adj. SIDERAL.

SIDERITA f. *Miner.* Mineral carbonato de óxido de hierro, de fórmula $FeCO_3$.

SIDERO- pref. SIDER-.

SIDEROSA f. *Miner.* SIDERITA, mineral.

SIDEROSIS f. *Med.* Enfermedad pulmonar debida a la inhalación repetida de polvo con sales de hierro.

SIDERURGIA f. *Met.* Parte de la metalurgia dedicada a la producción y transformación del hierro, sus variedades y aleaciones.

SIDI KACEM Provincia de Marruecos; 4.060 km² y 602.000 h. Su capital es la ciudad del mismo nombre.

SIDNEY SYDNEY.

SIDNEY, PHILIP Poeta y político inglés (Penshurst, Kent, 1554 - Arnheim, Holanda, 1586). Entre sus obras destacan la novela pastoril *Arcadia* (1590) y la colección de sonetos *Astrofel y Stella* (1591).

SIDÓN *Geog. hist.* Antigua ciudad fenicia, que corresponde a la actual Saida (Líbano). Durante el segundo milenio a. C. fue un célebre emporio comercial y un destacado centro de navegación por el Mediterráneo.

SIDONIO, NIA adj. y s. 1 De Sidón, ciudad de Fenicia. 2 FENICIO.

SIDRA f. Bebida alcohólica, que se obtiene de la fermentación del zumo de las manzanas.

SIDRA, GOLFO DE SIRTE, GOLFO DE.

SIDRERÍA f. Despacho en que se vende sidra.

SIEDLCE Ciudad de Polonia en Mazovia, al E de Varsovia; 73.000 h. Industria textil, mecánica y alimentaria.

SIEGA f. *Agr.* 1 Acción y efecto de segar. 2 Tiempo en que se siega. 3 Mieses segadas.

SIEGBAHN, KAI MANNE Científico sueco (Lund, 1918), hijo de Manne Karl. En 1981 recibió el premio Nobel de Física, compartido con N. Bloembergen y A. L. Schawlow, por sus trabajos sobre la estructura del átomo, valiéndose de los rayos láser y del espectroscopio electrónico de alta resolución.

SIEGBAHN, MANNE KARL Físico sueco (Örebro, 1886 - Estocolmo, 1978). Padre de Kai Manne, descubrió la refracción de los rayos X. En 1924 recibió el premio Nobel de Física.

SIEGFRIED, ANDRÉ Escritor francés (El Havre, 1875 - París, 1959). Especializado en temas sociopolíticos, destacan sus obras *Les États-Unis d'aujourd'hui* (1927) y *De la IV à la V République* (1958).

SIEMBRA f. *Agr.* 1 Acción y efecto de sembrar. 2 Tiempo en que se siembra. 3 Tierra sembrada.

SIEMENS m. *Metrol.* Unidad de conductancia en el Sistema Internacional de Unidades. Su símbolo es S.

SIEMENS, ERNEST WERNER VON Ingeniero, inventor e industrial alemán (Lenthe, 1816 - Berlín, 1892). Se le considera como uno de los precursores de la electrotecnia. Construyó la línea telegráfica entre Londres y la India; fue uno de los inventores de la máquina dinamoeléctrica, y en 1879 realizó la primera locomotora eléctrica.

SIEMENSIO m. *Fís.* SIEMENS.

SIEMPRE adv. t. 1 En todo o en cualquier tiempo. 2 En todo caso. || **siempre que** loc. conj. cond. con tal que.

SIEMPRETIESO m. Tentetieso, dominguillo.

SIEMPREVIVA f. *Bot.* PERPETUA AMARILLA.

SIEN f. *Anat.* Cada una de las dos partes laterales de la cabeza comprendidas entre la frente, la oreja y la mejilla.

SIENA 1 Provincia de Italia, en Toscana; 3.821 km² y 250.740 h. 2 Ciudad del centro de Italia, en Toscana, capital de la provincia de su nombre; 56.956 h. Importante conjunto artístico medieval, con construcciones de los siglos XIII, XIV y XV. Catedral construida por Giovanni Pisano (siglo XIII); palacio municipal (siglos XIII-XIV). Universidad.

SIENITA f. *Geol.* Roca ígnea intrusiva, generalmente roja, compuesta principalmente por feldespato potásico, sin cuarzo, ni feldespatoides.

SIENKIEWICZ, HENRYK Novelista polaco (Wola Okrsejska, 1846 - Vevey, Suiza, 1916). Mundialmente conocido por su novela *Quo vadis?* (1896), su producción narrativa abarca un buen número de títulos, como *El viejo servidor* (1875), *Hania* (1880) y *A sangre y fuego* (1884). En el año 1905 se le concedió el premio Nobel de Literatura.

SIERADZ Ciudad de Polonia, al O de Lodz, sobre el río Warta; 43.800 h. Industria textil y alimentaria.

SIERPE f. 1 Serpiente. 2 fig. Persona muy fea o que está muy colérica. 3 fig. Cualquier cosa que se mueve con rodeos a manera de serpiente.

SIERPINSKI, WACLAW Matemático polaco (Varsovia, 1882 - íd., 1969). Investigó sobre la fundamentación de las matemáticas, sobre la teoría de los conjuntos y la de los números.

SIERRA f. 1 Herramienta con una hoja de acero dentada que sirve para dividir madera u otros cuerpos duros. 2 Hoja de acero de esta herramienta. 3 Lugar donde se sierra. 4 *Geol.* Cadena montañosa de poca extensión.

Siena (Italia). Catedral.

Sierra Región de Ecuador, que comprende las provincias de Azuay, Bolívar, Cañar, Carchi, Chimborazo, Cotopaxi, Imbabura, Loja, Pichincha y Tungurahua; 63.268 km² y 5.595.000 h.

Sierra, Justo Escritor y político mexicano (Campeche, 1848 - Madrid, 1912). Ministro de Instrucción Pública (1905-11), su obra fundamental es el ensayo *La evolución política de México* (1900-01).

Sierra, La Región andina de Perú. Está formada por una elevada y fría meseta cortada por profundos valles y erizada por grandes cumbres.

Sierra, Terencio Militar y político hondureño (Comayagua, 1850 - Tegucigalpa, 1907). Derrocado el presidente Policarpo Bonilla, asumió el poder y lo retuvo hasta la elección de Manuel Bonilla (1900-03). Siendo comandante general de armas intentó un golpe de Estado, pero fracasó y fue destituido.

Sierra Leona *(Republic of Sierra Leone)* República de África centroccidental, situada entre Guinea, Liberia y el océano Atlántico.

Superficie: 71.740 km².
Población: 5.233.000 h. *(sierraleoneses o sierraleonenses)*.
Densidad: 72,9 h./km².
Tasa de natalidad: 46,2‰.
Tasa de mortalidad: 19,9‰.
Capital: Freetown.
Ciudades principales: Koidu-New Sembehun, Bo, Kenema, Makeni.
Grupos étnicos: mende (34,6%), temne (31,7%), limba (8,4%), kono (5,2%), bullom-sherbro (3,7%), fulani (3,7%), kuranko (3,5%), yalunka (3,5%), kissi (2,3%).
Religión: islamismo sunnita (60%), animismo (30%), cristianismo (10%)
Idioma: inglés (oficial) y dialectos sudaneses.
Moneda: leone.
Forma de Estado: república presidencialista.
Producto Nacional Bruto: 703 millones de dólares.
Renta per cápita: 140 dólares.
División administrativa: 3 provincias y 12 distritos, según cuadro.

Geog. El territorio de Sierra Leona comprende una zona montañosa al oriente, una gran meseta central y una costa baja con numerosos estuarios. Tiene un clima tropical húmedo. Sierra Leona es uno de los países más pobres de África, con una economía basada en la minería de diamantes y bauxita, y en la agricultura del cacao y el café.

Hist. Fue descubierto por los portugueses en 1462, que establecieron un floreciente mercado de esclavos hasta que fueron expulsados por los británicos que lo proclamaron territorio de la colonia en 1808. Consiguió su independencia en abril de 1961 en el ámbito de la Commonwealth. El partido de Siaka Stevens, el Congreso del Pueblo, ganó las elecciones de 1967 y, tras proclamarse la república en 1971, Stevens accedió a la presidencia, siendo reelegido en 1976 y 1978. En 1985 fue sustituido por Joseph Saidu Momoh, ratificado en las urnas en octubre del mismo año. En 1992, un golpe de Estado encabezado por el coronel Yaya Kanu expulsó a Momoh. Fue creado un Consejo Provisional, a cuyo frente se puso el capitán Valentín Strasser con la misión de restablecer el sistema multipartidista, sin embargo se mostró incapaz de dar pasos efectivos hacia la democratización. En enero de 1996 un nuevo golpe de Estado, encabezado por el jefe de las fuerzas armadas, Julius Maada Bio, derrocó a Strasser, quien fue sustituido por la Junta Militar que presidía. En las elecciones presidenciales de marzo de ese mismo año accedió a la presidencia del país Ahman Tejan Kabbah, candidato del Partido Popular de Sierra Leona (SLPP). En 1997 un nuevo golpe de Estado derrocó al presidente y dio el poder al comandante Jolly Paul Koroma. En 1998, la junta militar en el gobierno cayó, las tropas nigerianas del contingente de paz africano pasaron a controlar la casi totalidad del territorio, y Tejan Kabbah recuperó el poder. Sin embargo, un año después, fuerzas compuestas por antiguos partidarios de la Junta y miembros del Frente Revolucionario Unido (RUF), tomaron Freetown durante unos días, sumiendo el país en el caos. Los combates continuaron hasta la firma de un acuerdo de paz a finales de 1999. A comienzos de 2000 el conflicto volvió a reabrirse, lo que obligó a las fuerzas internacionales de paz a intervenir para asegurar la estabilidad política en la zona. Kabbah fue revalidado como presidente en las elecciones celebradas en 2002.

Sierra Morena Morena, Sierra.

Sierra O'Reilly, Justo Jurista, político y escritor mexicano (Tixcacaltuyú, 1814 - Mérida, 1861). Fue diputado y presidente del congreso nacional y redactó el primer código civil mexicano.

siervo, va m. y f. **1** Esclavo de un señor. **2** Nombre que una persona se da a sí misma respecto de otra para mostrar sumisión o humildad.

siesta f. **1** Tiempo después del mediodía, en que aprieta más el calor. **2** Tiempo destinado para dormir o descansar después de comer.

siete adj. **1** *Mat.* Seis y uno. **2** *Mat.* Séptimo, ordinal. También s. || m. **3** *Mat.* Signo con que se representa el número siete. **4** Naipe que tiene siete señales. **5** Rasgón en forma de ángulo que se hace en la ropa.

Siete Años, guerra de los Hist. Conflicto que, a causa de la rivalidad colonial franco-inglesa y de la decisión austriaca de recuperar Silesia, en poder de Prusia, enfrentó a Gran Bretaña y Prusia contra Francia, Austria, Suecia, Rusia (1756-63) y, a partir de 1762, España. La guerra terminó con los tratados de París y Hubertusburg (1763), que confirmaban el predominio prusiano sobre Silesia y obligaban a España a ceder la Florida a Inglaterra y a Francia a abandonar sus colonias americanas. Inglaterra se afirmaba como primera potencia marítima y colonial, y Prusia como nueva potencia continental.

sietemesino, na adj. y s. Se aplica a la criatura que nace a los siete meses de engendrada.

sievert m. *Fís.* Unidad de dosis de radiación. Su símbolo es *Sv*.

Sieyès, Emmanuel Joseph Político francés (Fréjus, 1748 - París, 1836). Redactó, junto con Mounier, el juramento del Juego de Pelota y fue uno de los fundadores del Club de los Jacobinos.

sif- pref. sifon-.

Sifax Rey de Numidia occidental (? - ?, h. 203 a. C.). Desposeyó a Masinisa del poder y, aliado con los cartagineses, luchó contra Roma. Fue derrotado por Escipión y obligado a devolver el trono a Masinisa.

sífilis f. *Pat.* Enfermedad infecciosa y crónica que se transmite por contacto sexual o por herencia. ♦ Su pl. es *sífilis*.

sifón m. **1** *Fís.* Tubo acodado que sirve para sacar líquidos del vaso que los contiene, haciéndolos pasar por un punto superior a su nivel. **2** *Zool.* Cada uno de los dos largos tubos que tienen ciertos moluscos lamelibranquios. **3** Botella cerrada herméticamente con un sifón, cuyo tubo tiene una llave para abrir o cerrar el paso del agua cargada de ácido carbónico que aquélla

SIERRA LEONA

Provincias Distritos	Superficie (km²)	Población (h.)	Capitales
Provincia Oriental	15.553	960.551	Kenema
Kailahun	3.859	233.839	Kailahun
Kenema	6.053	337.055	Kenema
Kono	5.641	389.657	Sefadu
Provincia Meridional	19.694	741.377	Bo
Bo	5.219	268.671	Bo
Bonthe (incluye Sherbro)	3.468	105.007	Bonthe
Moyamba	6.902	250.514	Moyamba
Pujehun	4.105	117.185	Pujehun
Provincia Septentrional	35.936	1.259.641	Makeni
Bombali	7.985	317.729	Makeni
Kambia	3.108	186.231	Kambia
Koinaduga	12.121	183.286	Kabala
Port Loko	5.719	329.344	Port Loko
Tonkolili	7.003	243.051	Magburaka
Área Occidental[1]	557	554.243	Freetown

[1] No es oficialmente una provincia; su administración se reparte entre Freetown y otros cuerpos administrativos.

contiene. **4** Agua carbónica contenida en esta botella. **5** Tubo doblemente acodado en que el agua detenida dentro de él impide la salida de los gases de las cañerías al exterior.

SIFON-, SIF-, SIFONO- prefs. que significan sifón, tubo encorvado, bomba, etc.

SIFONO- pref. SIFON-.

SIFONÓFORO, RA adj. y m. *Zool.* **1** Se aplica al celentéreo de la clase hidrozoos que forma colonias flotantes o nadadoras polimórficas, integradas por pólipos libres que realizan funciones especializadas (reproductoras, de sostén, etc.). || m. pl. *Zool.* **2** Orden de estos celentéreos.

sifonóforo

SIFOSIS f. *Pat.* Corvadura de la columna vertebral. ♦ Su pl. es *sifosis*.

SIGEBERTO Nombre de dos reyes merovingios de Austrasia.

SIGEBERTO I (?, 535 - Vitry, 575). Sucedió a su padre, Clotario I, en 561. Trasladó la capital de Reims a Metz. Casó con Brunequilda, hija de Atanagildo, rey de los visigodos. Conquistó casi todo el reino de Neustria a su hermano Chilperico y se hizo proclamar rey. Murió asesinado.

SIGEBERTO II (?, 631 - ?, 656). Sucedió a su padre, Dagoberto I, el 638. Cedió el poder al mayordomo de palacio Grimoaldo y adoptó al hijo de éste, Childeberto. Posteriormente nació su propio hijo, Dagoberto II, a quien declaró su heredero, pero Grimoaldo le arrebató el poder en nombre de Childeberto.

SIGFRIDO *Mit.* Héroe de las leyendas escandinavas y germánicas. Su fuerza, belleza y casi invulnerabilidad, así como su trágica muerte, cantadas en los Nibelungos, han sido base de muchas interpretaciones literarias y musicales.

SIGFRIDO, LÍNEA *Hist.* y *Mil.* Línea fortificada permanente que, construida por los alemanes a partir de 1936, fue utilizada como protección del frente occidental durante la Segunda Guerra Mundial.

SIGILO m. **1** Sello para estampar. **2** Lo que queda estampado por él. **3** Secreto que se guarda de una noticia.

SIGILOGRAFÍA f. Estudio de los sellos empleados para autorizar documentos, cerrar pliegos, etc.

SIGLA f. Letra inicial que se emplea como abreviatura.

SIGLO m. **1** Espacio de tiempo de cien años. **2** Seguido de la preposición *de* y un nombre de persona o cosa, tiempo en que floreció una persona o en que existió, sucedió o se inventó o descubrió una cosa muy notable. **3** Espacio largo de tiempo. **4** Vida civil en oposición a la religiosa. || **en, o por, los siglos de los siglos** loc. adv. Eternamente.

SIGLO DE LAS LUCES ILUSTRACIÓN.

SIGLO DE ORO *Lit.* Época de esplendor de la literatura española que comprende aproximadamente los siglos XVI (Renacimiento) y XVII (Barroco).

SIGMA f. Decimoctava letra del alfabeto griego (Σ, σ o ς si es final de palabra); corresponde a nuestra *s*.

SIGNAC, PAUL Pintor francés (París, 1863 - íd., 1935). Influido por el impresionismo en sus comienzos, se convirtió en principal defensor del neoimpresionismo escribiendo el tratado *De Delacroix al neoimpresionismo*, verdadero credo del movimiento. Obras: *El puerto de Saint Tropez*, *Colliure*, *Provence*, *Venise*, etc.

SIGNAR tr. **1** Hacer o imprimir el signo. **2** Poner uno su firma. **3** Hacer la señal de la cruz sobre una persona o cosa. También prnl.

SIGNATARIO, RIA adj. y s. Se dice del que firma.

SIGNATURA f. **1** Señal de números y letras que se pone a un libro o a un documento para indicar su colocación dentro de una biblioteca o un archivo. **2** Señal que con las letras del alfabeto o con números se pone al pie de la primera plana de cada pliego.

SIGNIFICACIÓN f. **1** Acción y efecto de significar. **2** Sentido de una palabra o frase. **3** Objeto que se significa. **4** Importancia. **5** *Ling.* En un plano general, objeto de estudio de la semántica.

SIGNIFICADO, DA adj. **1** Conocido, importante. || m. **2** Sentido de las palabras y frases. **3** Lo que se significa de algún modo. **4** *Ling.* Representación que surge en la conciencia del oyente a partir de un sonido o palabra emitida por el hablante. Para F. de Saussure constituye junto al significante el SIGNO LINGÜÍSTICO. || **SIGNIFICADO GRAMATICAL** *Ling.* El que en una lengua dada es común a todas las unidades capaces de desempeñar una misma función.

SIGNIFICANTE m. *Ling.* Fonema o secuencia de fonemas la forma que, asociados con un significado, constituyen un signo lingüístico.

SIGNIFICAR tr. **1** Ser una cosa signo de otra. **2** Ser una palabra o frase expresión de una idea. **3** Manifestar una cosa. || intr. **4** Tener importancia. || prnl. **5** Distinguirse por alguna cualidad o circunstancia.

SIGNIFICATIVO, VA adj. **1** Que da a entender o conocer con propiedad una cosa. **2** Que tiene importancia.

SIGNO m. **1** Objeto, fenómeno o acción material que, natural o convenientemente, representa o sustituye a otro objeto, fenómeno o señal. **2** Cualquiera de los caracteres que se emplean en la escritura y en la imprenta. **3** Indicio, señal de algo. **4** Señal que se hace por modo de bendición. **5** *Astrol.* Cada una de las doce partes iguales en que se considera dividido el Zodiaco. **6** *Mat.* Señal o figura que se usa en los cálculos para indicar la naturaleza de las cantidades o las operaciones que se han de ejecutar con ellas. **7** *Mús.* Cualquiera de los caracteres con que se escribe la música. || **SIGNO DEMARCATIVO** *Ling.* Elemento que ejerce una función delimitativa. || **SIGNO LINGÜÍSTICO** *Ling.* Unidad mínima de la oración constituida por un significante (imagen acústica) y un significado (concepto), según F. de Saussure.

SIGNORELLI, LUCA Pintor italiano (Cortona, ¿1450? - íd., 1523). Discípulo de Piero della Francesca, colaboró en la decoración de la Capilla Sixtina. Es autor del conjunto de *El Juicio Final* y diez escenas sobre la vida de san Benito en la catedral de Orvieto. Su estilo influyó en Miguel Ángel.

SIGNORET, SIMONE Actriz de cine francesa de origen alemán (Wiesbaden, Alemania, 1921 - París, 1985). Intervino en *París, bajos fondos* (1951), *Theresa Raquin* (1953), *Las diabólicas* (1954), *Un lugar en la cumbre* (1958; premio a la mejor actriz en el Festival de Cannes y Oscar de Hollywood en 1959) y *La confesión* (1970).

SIGÜENZA Y GÓNGORA, CARLOS DE Escritor mexicano (Ciudad de México, 1645 - íd., 1700). Sacerdote, pariente y seguidor de Góngora, abordó cuestiones científicas y filosóficas en *Triunfo parthénico*, y escribió poesía: *Primavera indiana* (1668).

Paul **Signac**. *El puerto de Saint Tropez*. Museo Heydt en Wuppertal (Alemania).

SIGUIENTE adj. **1** Ulterior, posterior. **2** *Mat.* Término que en una sucesión ocupa un lugar inmediatamente detrás de otra.

SIGURD I Rey de Noruega (?, h. 1090 - ?, 1130). Accedió al trono en 1103, y durante su reinado dirigió una expedición a Tierra Santa (1107).

SIJ adj. SIKH.

SIK, OTA Economista checo (Plzen, 1919). Vicepresidente del gobierno con Dubcek y teórico de la reforma económica del país (1968), que basaba en una pretendida síntesis entre la planificación socialista y la economía de mercado.

SIKH o **SIJ** adj. *Rel.* **1** Se dice de una secta religiosa disidente de la India, fundada por Nanak Dev (siglo XVI), cuya doctrina constituye una síntesis entre el hinduismo y el sufismo islámico. Más com m. pl. **2** Se dice también de sus individuos. También com. **3** Relativo a los sikhs o sijs.

Rel. e *Hist.* Los sikhs constituyen una secta monoteísta del hinduismo, enfrentados tanto a éste como a la religión musulmana. Orden militar en su inicio convertida en secta y en grupo étnico, pretenden establecer la región de Punjab como Estado plenamente autónomo. Los sikhs lucharon contra los príncipes indios y los colonizadores británicos. Los graves enfrentamientos que se produjeron entre las autoridades hindúes y los extremistas sikhs llegaron a su punto culminante en 1984 cuando la primera ministra Indira Ghandi era asesinada por miembros de esta secta pertenecientes a su guardia personal.

SIKIANG Río del S de China, formado por la unión del Hung-chui y el Yukiang; desemboca en el mar de China Meridional, donde da lugar a un gran delta junto a la ciudad de Guangzhou; 1.600 km de curso. Se escribe también Xijiang.

SIKKIM Estado del NE de la India, en el Himalaya oriental; 7.096 km² y 406.457 h. Capital, Gangtok. Principado desde 1641, Gran Bretaña lo convirtió en un protectorado, que tomó la independencia en 1947. En 1975 pasó a formar parte de la India.

Luca **Signorelli**. *El Juicio Final: los elegidos*. Catedral de Orvieto (Italia).

Sikkim (India). Vista de Darjeeling.

Sikorski, Igor Ivanovich Técnico estadounidense de origen ruso (Kiev, 1889 - Stratford, 1972). Constructor del primer avión cuatrimotor del mundo (1913).

Sikorski, Wladyslaw Militar y político polaco (Tuszow, Galitzia, 1881 - Gibraltar, 1943). Luchó contra los bolcheviques en Galitzia (1919) y ante Varsovia. Jefe del Estado Mayor (1921), jefe del gobierno (1922-23) y ministro de la Guerra (1924-25), abandonó la política tras el golpe de Estado del mariscal Pilsudski, pero al producirse la ocupación nazi de Polonia fue nombrado jefe del gobierno en el exilio (1939).

Sil (Voz lat.) m. ocre, mineral.

Sil- Forma que adopta el pref. *sin-* en palabras cuyo segundo componente comienza con *l*: *sílaba* (de *syn*, con, y *lambáno*, coger), *silepsis* (mismo origen), etc.

Sila, Lucio Cornelio Dictador romano (?, 138 - ?, 78 a. C.). Comenzó su carrera militar como lugarteniente de Mario, capturando a Yugurta en el 105. En el 88 declaró la guerra civil a Mario y se apoderó de Roma. En el 87 marchó a dirigir la campaña contra Mitrídates, rey del Ponto, hecho que aprovechó Mario para entrar en Roma. En el 83, Sila regresó a Roma, y tras derrotar al hijo de Mario se proclamó dictador (82), abdicando en el 78.

Sílaba f. *Gram.* Sonido o sonidos articulados que constituyen un solo núcleo fónico entre una o dos depresiones sucesivas de la emisión de voz. ‖ **Sílaba abierta** *Gram.* sílaba libre. ‖ **Sílaba aguda** *Gram.* Aquella en que se carga el acento. ‖ **Sílaba átona** *Gram.* La que no lleva acento prosódico. ‖ **Sílaba cerrada** *Gram.* sílaba trabada. ‖ **Sílaba libre** *Gram.* La que termina en vocal. ‖ **Sílaba postónica** *Gram.* La átona que va después de la tónica. ‖ **Sílaba pretónica** o **protónica** *Gram.* La átona que precede a la tónica. ‖ **Sílaba tónica** *Gram.* La que tiene acento prosódico. ‖ **Sílaba trabada** *Gram.* La que termina en consonante.

Silabario m. Libro con sílabas sueltas y palabras divididas en sílabas, que sirve para enseñar a leer.

Silabear intr. y tr. Ir pronunciando cada sílaba por separado.

Silba f. Acción de silbar en señal de desaprobación.

Silbante adj. Se dice del sonido que se pronuncia con una especie de silbido.

Silbar intr. 1 Dar o producir silbos o silbidos. También fr. 2 Agitar el aire produciendo un sonido como de silbe. 3 fig. Manifestar desagrado o desaprobación el público, con palabras. También tr.

Silbato m. Instrumento pequeño y hueco que soplando en él con fuerza suena como el silbo.

Silbo m. 1 Sonido agudo que hace el aire. 2 Sonido agudo que resulta de hacer pasar con fuerza el aire por la boca con los labios fruncidos. 3 Sonido del mismo tipo que se hace soplando un silbato con fuerza. 4 *Zool.* Voz aguda de algunos animales, como la de la serpiente. 5 Silbato.

Silenciador m. Dispositivo que se aplica al tubo de escape de los motores de explosión, o al cañón de algunas armas de fuego, para amortiguar el ruido.

Silenciar tr. 1 Callar, omitir, pasar en silencio. 2 Acallar, imponer silencio.

Silencio m. 1 Abstención de hablar. 2 fig. Falta de ruido. 3 fig. El no hablar por escrito. 4 *Der.* Desestimación tácita de una petición o recurso por el mero vencimiento del plazo que la administración pública tiene para resolver. 5 *Mús.* Pausa musical y signo que se utiliza para indicarla.

Silencioso, sa adj. 1 Se dice del que calla o tiene hábito de callar. 2 Se aplica al lugar o tiempo en que hay o se guarda silencio. 3 Que no hace ruido.

Sileno *Mit.* Dios frigio, hijo de Pan y de una ninfa, al que se confió la educación de Dionisio. Su nombre se utilizó genéricamente para designar a los sátiros viejos.

Silente adj. Silencioso, tranquilo, sosegado.

Silepsis f. 1 *Gram.* Figura de construcción que consiste en quebrantar las leyes de la concordancia en el género o el número de las palabras: *vuestra beatitud* (femenino) *es justo* (masculino); *la mayor parte* (singular) *murieron* (plural). 2 *Ret.* Tropo que consiste en usar a la vez una misma palabra en sentido recto y figurado: *poner a uno más suave que un guante.* ♦ Su pl. es *silepsis.*

Siles, Hernando Abogado y político boliviano (Sucre, 1882 - íd., 1943). Fue presidente de la República en el periodo 1926-30.

Siles Zuazo, Luis Adolfo Político boliviano (La Paz, 1925). Hijo de Hernando Siles y hermanastro de Siles Zuazo. Elegido vicepresidente de la República junto con el presidente René Barrientos (1966), ocupó la presidencia al morir éste (1969). Ese mismo año fue derrocado por Ovando.

Siles Zuazo, Hernán Político boliviano (La Paz, 1914 - Montevideo, 1996). Coadyuvó al triunfo de la revolución de 1952 y fue elegido presidente de la República (1956-60). Vencedor en las elecciones celebradas en junio de 1980, no pudo ocupar el cargo hasta 1982 a causa del golpe de Estado que situó en el poder al general García Meza. Resultó derrotado en los comicios de 1985.

Silesia (En polaco *Slask*) Región de Europa central, dividida actualmente entre Polonia (la mayor parte) y la República Checa. Abarca las cuencas alta y media del Oder y se divide en Baja Silesia (Wroclaw) y la Alta Silesia (Katowice). En el siglo XVIII, Austria y Prusia se disputaron su posesión hasta que Federico de Prusia la convirtiera en provincia alemana. Al término de la Primera Guerra Mundial, el tratado de Versalles (1919) dispuso que la suerte de Silesia se decidiera mediante un plebiscito. Éste fue favorable a Alemania, pero provocó el levantamiento de los polacos y la Sociedad de Naciones adjudicó la parte más rica de Silesia a Polonia. No satisfecha Alemania, ocupó militarmente Silesia en 1938-39 e invadió Polonia, provocando la Segunda Guerra Mundial. Por los acuerdos de Potsdam (1945) pasó definitivamente a poder de Polonia. La parte checa, también ocupada por la Alemania nazi, recobró su anterior condición.

Sílex m. *Geol.* pedernal, variedad de cuarzo. ♦ Su pl. es *sílex.*

Sílfide f. 1 Ninfa, ser fantástico o espíritu elemental del aire, según los cabalistas. 2 fig. Mujer muy hermosa y esbelta.

Silfo m. Ser fantástico, espíritu elemental del aire, según los cabalistas.

Silicato m. 1 *Geol.* Grupo de minerales, los más abundantes en la corteza terrestre (80% de la litosfera), formados por la combinación de sílice con otros óxidos. 2 *Quím.* Sal compuesta de ácido silícico y una base. Puede ser fibroso o laminar.

Sílice f. *Quím.* Macromolécula formada por dióxido de silicio (combinación del silicio con el oxígeno). Si es anhidra, forma el cuarzo, y si es hidratada, el ópalo.

Silícico, ca adj. *Geol.* Perteneciente o relativo a la sílice.

Silicio m. *Quím.* Sólido no metálico que se extrae del sílice, posee propiedades de semiconductor y forma la cuarta parte de la corteza terrestre. Peso atómico, 28,086; número atómico, 14; símbolo, *Si.*

Siliciuro m. *Quím.* Combinación de silicio y otro elemento, generalmente un metal, como el manganeso o el cromo.

Silicona f. *Quím.* Polímero sintético compuesto básicamente por cadenas principales de silicio y oxígeno, alternadas con radicales orgánicos unidos al silicio. Se emplea como lubricante, aislante o recubrimiento.

Silicosis f. *Pat.* Enfermedad pulmonar producida por la inhalación repetida de polvo mineral, especialmente de sílice.

Silicua f. *Bot.* Fruto simple, seco, dehiscente; es una cápsula formada por dos carpelos soldados que, al llegar a la madurez, se separan dejando las semillas pegadas a un tabique central persistente, como el de la mostaza y el alhelí.

Silio Itálico, Cayo Poeta latino (s. I). Escribió un largo poema sobre la segunda guerra púnica, llamado *Púnica* (90).

Silla f. 1 Asiento con respaldo, por lo general con cuatro patas, y en el que sólo cabe una persona. 2 Aparejo para montar a caballo. 3 Asiento o trono de un prelado con jurisdicción. 4 *Arg., Col., C. Rica* y *Chile* silla de la reina. ‖ **Silla eléctrica** La dispuesta para electrocutar a los reos de muerte. ‖ **Silla de manos** Vehículo con asiento para una persona, a manera de caja de coche, y el cual, sostenido en dos varas largas, es llevado por hombres. ‖ **Silla de montar** Silla, aparejo para montar a caballo. ‖ **Silla de la reina** Asiento que forman entre dos con las cuatro manos, asiendo cada uno la muñeca del otro. ‖ **Silla de ruedas** *Med.* La que, con ruedas laterales grandes, permite que se desplace una persona imposibilitada.

Sillanpää, Frans Eemil Novelista finlandés (Hämeenkyro, 1888 - Helsinki, 1964). Entre sus novelas destacan *Santa miseria* (1919), *Silja* (1931) y *Paavo* (1932). En 1939 obtuvo el premio Nobel de Literatura.

Sillar m. 1 Cada una de las piedras labradas, normalmente en figura de paralelepípedo rectángulo, que forman parte de una construcción de sillería. 2 *Veter.* Parte del lomo de la caballería donde sienta la silla, el albardón, etc.

Sillería[1] f. 1 Conjunto de sillas, sillones, etc., con que se amuebla una habitación. 2 Conjunto de asientos unidos unos a otros; como los del coro de las iglesias, etc. 3 Taller donde se fabrican sillas. 4 Tienda donde se venden. 5 Oficio de sillero.

Sillería[2] f. 1 Fábrica hecha de sillares asentados unos sobre otros y en hileras. 2 Conjunto de estos sillares.

Sillín m. Asiento que tienen la bicicleta y otros vehículos análogos.

Sillitoe, Alan Escritor inglés (Nottingham, 1928). Fue líder del grupo denominado «jóvenes airados». Entre sus novelas cabe destacar: *La soledad del corredor de fondo* (1955) y *La vida continúa* (1984).

Sillón m. Silla de brazos, mayor y más cómoda que la ordinaria.

Silo m. 1 *Agr.* Lugar subterráneo y seco en donde se guarda el trigo u otros granos, semillas o forrajes. Modernamente se construyen depósitos semejantes sobre el terreno. 2 fig. Cualquier lugar subterráneo, profundo y oscuro.

Siló o **Siloh** *Geog. hist.* Localidad del antiguo Israel. Ciudad de la tribu de Efraim, fue el centro religioso en tiempo de Josué y de los Jueces, hasta Elí, en cuyos días fue destruida por los filisteos. Es la actual Hibert Seilun.

Siloe, Diego de Arquitecto y escultor español, hijo de Gil (Burgos, h. 1495 - Granada, 1563). Aunque su obra escultórica tiene gran importancia (escalera dorada de la catedral de Burgos, o el retablo mayor de la capilla del Condestable de la misma catedral), es su producción arquitectónica la que le convierte en uno de los grandes maestros del Renacimiento español. Finalizó la iglesia y el monasterio de los Jerónimos de Granada y realizó la catedral de esta ciudad.

Siloe, Gil de Escultor español de origen flamenco (Amberes, s. XV). Está considerado la figura más representativa del último periodo del gótico en España. Entre sus principales producciones figuran los sepulcros de

Diego de **Siloe.** Isabel la Católica.
Capilla de los Reyes Católicos (Granada).

Juan II e Isabel de Portugal, el del infante Alfonso y el retablo mayor de la Cartuja de Miraflores; y el retablo de Santa Ana en la capilla del Condestable de la catedral de Burgos.

SILOGISMO m. *Lóg.* Razonamiento deductivo que consta de tres proposiciones, la última de las cuales se deduce necesariamente de las otras dos. Las dos primeras se llaman *premisas*; la tercera, *conclusión*. Las premisas del silogismo, establecidas por Aristóteles en el siglo IV a.C. y vigentes en la lógica occidental hasta el siglo XIX, contienen un término común (término medio) y otro distinto (extremo). La conclusión contiene los extremos que aparecen en las premisas (término mayor y menor); las premisas se denominan *mayor* o *menor*, en función de cual sea el término que aparezca en ellas. Las *figuras* del silogismo son las variedades que resultan de las distintas posiciones que ocupa el término medio en las premisas. *Modos* silogísticos son las variedades de estructura del silogismo dentro de cada figura.

SILOGÍSTICO, CA adj. *Lóg.* **1** Perteneciente al silogismo. || f. **2** Teoría de la consecuencia lógica fundada por Aristóteles. (Véase SILOGISMO.)

SILOGIZAR intr. Argüir, probar con silogismos.

SILONE, IGNAZIO (SECONDO TRANQUILLI, llamado) Escritor italiano (Pescina dei Marsi, 1900 - Ginebra, 1978). Fundador del Partido Comunista (1921). Entre su producción narrativa destacan *Fontamara* (1933), *Pan y vino* (1936) y *Un puñado de moras* (1952).

SILUETA f. **1** Dibujo sacado siguiendo los contornos de la sombra de un objeto. **2** Forma que presenta a la vista la masa de un objeto más oscuro que el fondo sobre el cual se proyecta. **3** Perfil de una figura.

SILUETEAR o **SILUETAR** tr. y prnl. Dibujar, recorrer, etc., algo siguiendo su silueta.

SILÚRICO, CA o **SILURIANO, NA** adj. *Geol.* **1** Se dice del segundo periodo de la era paleozoica, que duró aproximadamente 50 millones de años. Los materiales geológicos más abundantes son las cuarcitas y las pizarras. Surgieron las primeras criptógamas vasculares y aparecieron los primeros insectos y los primeros peces (placodermos). **2** Perteneciente a este periodo.

SILVA f. **1** Colección de varias materias o especies, escritas sin método ni orden. **2** *Métr.* Combinación métrica en versos endecasílabos y heptasílabos, que riman sin sujeción a un orden prefijado. **3** *Poét.* Composición poética escrita en silva.

SILVA, BEATRIZ DA BEATRIZ DE SILVA, BEATA.

SILVA, JOSÉ ASUNCIÓN Escritor colombiano (Bogotá, 1865 - íd., 1896). Su poema más conocido es *Nocturno* (1894), recogido junto al resto de sus escritos en *Prosas y versos de José Asunción Silva* (1942).

SILVA, JOSÉ BONIFACIO DE ANDRADA E ANDRADA E SILVA, JOSÉ BONIFACIO DE.

SILVA, LUIZ INÁCIO DA (llamado LULA DA SILVA) Político brasileño (Garahuns, 1945). En 1980 participó en la fundación del Partido de los Trabajadores (PT), de ideología socialista. Fue elegido diputado en 1986. Candidato a las presidenciales de 1989, 1994 y 1998, resultó elegido presidente del país en 2002. En 2003 fue galardonado con el premio Príncipe de Asturias de Cooperación Internacional.

SILVA BERNARDES, ARTHUR DA Político brasileño (Viçosa, 1875 - Rio de Janeiro, 1955). Fue presidente de la República en el periodo 1922-26.

SILVA PARANHOS, JOSÉ MARIA DA, BARÓN DE RIO BRANCO Político brasileño (Rio de Janeiro, 1845 - ?, 1912). Hijo del vizconde de Rio Branco, fue ministro de Relaciones Exteriores (1902-12).

SILVA PARANHOS, JOSÉ MARIA DA, VIZCONDE DE RIO BRANCO Político brasileño (Bahia, 1819 - ?, 1880). Presidente del Consejo (1871-75), promulgó leyes antiesclavistas.

SILVA VALDÉS, FERNÁN Poeta uruguayo (Sarandí del Yi, 1887 - ?, 1975). Entre sus principales títulos figuran *Agua del tiempo* (1921), *Poemas nativos* (1925; Premio Nacional de Poesía) y *Los romances chúcaros* (1933).

SILVA XAVIER, JOAQUIM JOSÉ DA TIRADENTES.

SILVANITA f. *Miner.* Telururo de oro y plata, mineral muy valioso, de color blanco amarillento, que cristaliza en el sistema monoclínico.

SILVANO m. *Mit.* Semidiós de las selvas.

SILVANO *Mit.* Dios campestre adorado por los antiguos latinos. Hijo de Fauno, cuidaba de que creciesen los árboles y se multiplicase el ganado.

SILVERIO, SAN Papa italiano (? - Palmaria, 538). Accedió al solio pontificio el 536. Al negarse a desautorizar las decisiones del concilio de Calcedonia del 451, fue desterrado por instigación del rey ostrogodo Teodato.

SILVESTRE adj. **1** *Biol.* Se dice de la especie animal o vegetal que vive y se reproduce de forma natural y sin cultivo en campos y selvas. **2** *Ecol.* Terreno inculto, agreste, montuoso y rústico.

SILVESTRE Nombre de diversos papas.

SILVESTRE I, SAN (Roma, ? - íd., 335). Ocupó el solio pontificio desde el 314. Convocó el concilio de Nicea (325) para condenar el arrianismo. Según la leyenda, bautizó al emperador Constantino.

SILVESTRE II (Auvernia, h. 938 - Roma, 1003). Ocupó el solio pontificio de 999 a 1003. Favoreció a Hugo Capeto y, posteriormente, él mismo consiguió el papado gracias al apoyo de Otón III.

SILVESTRE III (Roma, h. 1000 - ?, h. 1046). Ocupó el solio pontificio del 20 de enero al 10 de febrero de 1045 y fue depuesto por el concilio de Sutri.

SILVÍCOLA adj. Que habita en la selva.

SILVICULTURA f. **1** Cultivo de los bosques o montes. **2** Ciencia que trata ese cultivo.

SÍLVIDO, DA adj. *Zool.* **1** Se dice del ave paseriforme de pequeño o mediano tamaño, insectívora, como la curruca. || m. pl. *Zool.* **2** Familia de estas aves.

SILVINA f. *Miner.* Mineral cloruro potásico, del grupo de los haluros, con fórmula KCl. Se utiliza como fertilizante.

SIM- Forma que adopta el pref. *sin-* ante *b* o *p*.

SIMA[1] f. **1** *Geol.* Cavidad grande y muy profunda en la tierra. **2** ESCOCIA, moldura.

SIMA[2] m. *Geol.* Capa más interna de las dos que forman la corteza terrestre. Constituye el fondo de los océanos.

SÍMACO, QUINTO AURELIO Político latino (?, 345 - ?, h. 405). Ejerció el consulado el 391. Fue acérrimo defensor de la religión pagana.

SIMANE SHIMANE.

SIMARUBA *Bot.* Árbol perteneciente a la familia simarubáceas, de nombre científico *Simarouba officinalis*, procedente de América Central.

SIMBIONTE adj. y m. *Ecol.* Se dice del individuo asociado en simbiosis.

SIMBIOSIS f. *Ecol.* Asociación de individuos animales o vegetales, de la misma o diferente especie, en la que ambos sacan provecho de la vida en común. ♦ Su pl. es *simbiosis*.

SIMBIRSK *(Ulyanovsk)* **1** Región de la Federación de Rusia; 37.300 km^2 y 1.462.200 h. **2** Ciudad capital de la misma; 661.000 h.

SIMBÓLICO, CA adj. Perteneciente o relativo al símbolo o expresado por medio de él.

SIMBOLISMO m. **1** Sistema de símbolos con que se representan creencias, conceptos o sucesos. **2** Movimiento literario y artístico surgido en Francia en la segunda mitad del siglo XIX. **[Encic.]**

LIT. El simbolismo buscó la sugerencia de contenidos a través de un sistema de correspondencias basadas en la capacidad simbólica de las imágenes, mediante la utilización masiva de recursos fónicos y constructivos de vocación musical. Esta tendencia, cuyos inicios pueden situarse en torno a 1870, propugnaba una ruptura con la estética formalista de los parnasianos, la búsqueda de las analogías universales y la exaltación del valor musical de la palabra, estableciendo un nuevo ideal poético, la poesía *absoluta*. El movimiento simbolista tomó como precursor a Baudelaire y su consolidación tuvo lugar en la década de 1880 siendo sus principales representantes Verlaine, Rimbaud, Mallarmé, Tristán Corbière, Jules Laforge y Charles Cros. En las artes plásticas se opuso al neoimpresionismo, rechazando la representación fiel del mundo, para expresar más bien su símbolo, la «idea» de las cosas. Entre sus más célebres representantes cabe citar a G. Moreau, Puvis de Chavannes y Odilon Redon.

SIMBOLIZAR tr. Servir una cosa como símbolo de otra.

SÍMBOLO m. **1** Imagen, figura o divisa con que materialmente o de palabra se representa un concepto moral o intelectual. **2** *Mat.* Representación convencional de un número, cantidad, operación, etc. **3** *Quím.* Letra o letras convenidas con que se designa un elemento o cuerpo simple.

SIMBOLOGÍA f. **1** Estudio de los símbolos. **2** Conjunto o sistema de símbolos.

SIMENON, GEORGES Novelista belga (Lieja, 1903 - Lausana, 1989). Prolífico autor que cultivó principalmente el género policiaco, creó la figura del inspector Maigret, protagonista de títulos como *El crimen del inspector Maigret* (1933), *Una confidencia de Maigret* (1959), *Maigret duda* (1968) y *Maigret y el vendedor de vinos* (1970).

SIMEÓN Personaje del Antiguo Testamento, segundo hijo de Jacob y Lía.

SIMEÓN Personaje del Nuevo Testamento, que en la presentación de Jesús en el templo tomó al Niño en sus brazos y le rindió homenaje.

SIMEÓN Nombre de diversos zares de Bulgaria.

SIMEÓN I (?, 927 - ?). Hijo de Boris Simeón, primer rey cristiano de Bulgaria, ocupó el trono desde 893 hasta 927. Fue el fundador de un gran imperio búlgaro.

SIMEÓN II (Sofía, 1937). A la muerte de su padre, Boris III, en 1943, fue proclamado rey, quedando bajo un Consejo de regencia que gobernó hasta que fue invadido el país por las tropas rusas (1944). Su reinado duró nominalmente hasta septiembre de 1946, en que un referéndum abolió la monarquía e instauró la república. En 2001 concurrió a las elecciones legislativas de su país al frente de la Alianza Nacional Simeón II, en las que obtuvo la victoria, por lo que se encargó de formar Gobierno.

SIMEÓN ESTILITA, SAN Asceta sirio (Sis, Cilicia, 390 - ?, 460). Desde los catorce años vivió en una «columna» que él mismo construyó.

SIMETRÍA f. **1** *Biol.* Disposición de los órganos del cuerpo de un ser vivo con respecto a un eje imaginario. **2** *Geom.* Proporción adecuada de las partes de un todo entre sí y con el todo mismo. **3** *Geom.* Correspondencia biunívoca entre los puntos del plano o del espacio situados a uno y a otro lado del centro, eje o plano de simetría y a la misma distancia de él.

SIMÉTRICO, CA adj. **1** *Geom.* Perteneciente a la simetría. **2** *Geom.* Que tiene simetría.

SIMIENTE f. **1** *Bot.* SEMILLA. **2** *Zool.* SEMEN.

SIMIESCO, CA adj. *Zool.* Que se asemeja al simio.

SÍMIL m. **1** Comparación entre dos cosas. **2** *Ret.* Figura que consiste en comparar expresamente una cosa con otra.

SIMILAR adj. Que tiene semejanza o analogía con una cosa.

SIMILICADENCIA f. *Ret.* Figura que consiste en emplear al final de dos o más cláusulas, o miembros del periodo, nombres de sonido semejante o en el mismo accidente gramatical.

SIMILITUD f. Semejanza, parecido.

SIMIO, MIA m. y f. *Zool.* **1** Se dice del animal mamífero primate, cuadrúmano, sin cola, perteneciente a la familia hilobátidos o póngidos, e incluido en la misma superfamilia que el hombre. || m. pl. *Zool.* **2** Suborden de estos animales.

SIMMEL, GEORG Filósofo y sociólogo alemán (Berlín, 1858 - Estrasburgo, 1918). Creador de la llamada *metafísica de la cultura*. Es considerado el padre de la sociología formalista. Autor de *Sociología* (1907) y *Filosofía de la cultura* (1911).

SIMMONS, JEAN Actriz de cine inglesa (Londres, 1929). Entre sus filmes más célebres cabe citar *La túnica sagrada* (1953), *Cara de ángel* (1953), *Esta tierra es mía* (1959), *Horizontes de grandeza* (1958) y *Espartaco* (1960).

SIMON, ANTOINE G. Político haitiano (s. XIX). Presidente de la República en el periodo 1908-11, fue depuesto por un golpe de Estado militar protagonizado por el general Cincinnatus Laconte.

SIMON, CLAUDE Novelista francés (Antananarivo, Madagascar, 1913). Representante del *nouveau roman*, busca el descubrimiento de una realidad profunda más allá de los personajes, la historia y el decorado. Obras principales: *La ruta de Flandes* (1960), considerada su obra emblemática; *Los cuerpos conductores* (1971) y *Tríptico* (1973). En 1985 le fue concedido el premio Nobel de Literatura.

SIMON, HERBERT A. Economista estadounidense (Milwaukee, Wisconsin, 1916). En 1978 se le otorgó el premio Nobel de Economía por su aportación a las investigaciones sobre administración pública y los procesos decisorios dentro de las organizaciones económicas.

Georges **Simenon**

SIMON, JULES Político francés (Lorient, 1814 - París, 1896). De ideas liberales, fue ministro y jefe del Gobierno (1876-77) bajo la recién proclamada III República. Sus enfrentamientos con el presidente MacMahon provocaron su caída.

SIMON, PIERRE LAPLACE, PIERRE SIMON, MARQUÉS DE.

SIMÓN, PEDRO Cronista español (San Lorenzo de la Parrilla, 1581 - Colombia, 1623). Misionero de la orden franciscana, fue provincial de la misma en Bogotá. Escribió *Noticias historiales de las conquistas de tierra firme en las Indias Occidentales.*

SIMÓN, SAN Uno de los doce apóstoles de Jesucristo, llamado en griego *Zelota* (entusiasta), y en arameo, *el Cananeo* (con el mismo significado), para distinguirle de Simón Pedro.

SIMÓN EL CIRENEO Personaje del Nuevo Testamento, llamado así por ser, al parecer, oriundo de Cirene. Fue obligado por los soldados a ayudar a llevar la cruz a Jesús hasta el calvario.

SIMÓN EL MAGO Gnóstico samaritano que aparece en *Hechos de los apóstoles.* Convertido al cristianismo, ofreció dinero a los apóstoles Pedro y Juan para que le vendieran el misterioso poder que, otorgado por el Espíritu Santo, se hacía visible por la manifestación de diversos carismas. La palabra SIMONÍA tiene origen en su nombre.

SIMÓN PEDRO PEDRO, SAN.

SIMONÍA f. Compra o venta de cosas espirituales, o temporales inseparablemente anejas a las espirituales.

SIMONIACO, SIMONÍACO o **SIMONIÁTICO, CA** adj. **1** Perteneciente a la simonía. **2** Que la comete. También s.

SIMÓNIDES DE CEOS Poeta griego (Yulis, Ceos, 556 - Siracusa, 467 a. C.). Cantor de la guerra contra los persas, destaca entre su obra el fragmento de una oda dedicada al combate de las Termópilas.

SÍMONOV, KONSTANTIN Escritor ruso (San Petersburgo, 1915 - Moscú, 1979). De su producción cabe destacar: el libro de versos *Contigo y sin ti* (1944), la obra dramática *Rusos* (1942), la novela *Los días y las noches* (1944; premio Stalin) y la trilogía (premio Lenin) *Los vivos y los muertos, Nadie nace soldado* y *El último verano.*

SIMPA f. *Arg.* y *Perú* Trenza hecha con cualquier material, y especialmente con el cabello.

SIMPATÍA f. **1** Inclinación afectiva entre personas, generalmente espontánea y mutua. **2** Por extensión, análoga inclinación hacia animales o cosas. **3** Modo de ser y carácter de una persona que la hacen atractiva o agradable a las demás. **4** *Med.* Relación de actividad fisiológica y patológica de algunos órganos que no tienen entre sí conexión directa.

SIMPÁTICO, CA adj. **1** Que inspira simpatía. **2** *Mús.* Se dice de la cuerda que resuena por sí sola cuando se hace sonar otra. || **SISTEMA NERVIOSO SIMPÁTICO** *Anat.* NERVIOSO.

SIMPATICÓN, NA adj. y s. Se dice de la persona que provoca fácilmente una simpatía superficial.

SIMPATOLÍTICO, CA adj. *Farm.* Se dice del fármaco de efecto antagonista al del sistema nervioso simpático.

SIMPATOMIMÉTICO, CA adj. *Farm.* Se dice del fármaco que tiene capacidad para producir cambios fisiológicos similares a los que lleva a cabo el sistema nervioso simpático.

SIMPÉTALO, LA adj. *Bot.* GAMOPÉTALO.

SIMPLE adj. **1** Sin composición. **2** Hablando de las cosas que pueden ser dobles o estar duplicadas, se aplica a las sencillas. **3** Se dice del traslado o copia de una escritura, que se saca sin firmar ni autorizar. **4** fig. Desabrido, falto de sazón y de sabor. **5** fig. Manso, apacible e incauto. También s. **6** fam. Falto de malicia y picardía. También s. **7** fig. Mentecato, abobado. También s. **8** *Biol.* Integrado por una sola pieza. **9** *Gram.* Se aplica a la palabra que no se compone de otras de la lengua a que ella pertenece. || m. *Farm.* **10** Material orgánico o inorgánico, que sirve por sí solo a la medicina, o que entra en la composición de un medicamento.

SIMPLEZA f. Bobería, necedad.

SIMPLICIDAD f. **1** Sencillez, candor. **2** *Biol.* Calidad de ser sin composición.

SIMPLICIO, SAN Papa italiano (Tívoli, ? - Roma, 483). Ocupó el solio pontificio de 468 a 483.

SIMPLIFICAR tr. **1** Hacer más sencilla, más fácil o menos complicada una cosa. **2** *Mat.* Reducir una expresión, cantidad o ecuación a su forma más breve o menos compleja.

SIMPLISTA adj. y s. Que simplifica o tiende a simplificar.

SIMPLÓN, NA adj. y s. Sencillo, ingenuo.

SIMPLÓN Paso o puerto de montaña de los Alpes (Suiza, Valais), a 2.005 m de altura que se abrió en 1805. Está atravesado por un túnel de 22 km. de longitud que une Brigue (Suiza) con Iselle (Italia).

SIMPOSIO m. Conferencia o reunión en que se examina y discute determinado tema.

sinagoga del Tránsito (Toledo).

SIMULACIÓN f. Reproducción de un proceso o un fenómeno mediante otro más sencillo o más cómodo de manejar, que evolucione de manera homóloga al primero.

SIMULACRO m. **1** Imagen hecha a semejanza de una cosa o persona. **2** Idea que forma la fantasía. **3** Ficción, imitación, falsificación. **4** *Mil.* Acción de guerra fingida para adiestrar las tropas.

SIMULADOR, RA adj. y s. **1** Que simula. || m. *Tecnol.* **2** Dispositivo diseñado para efectuar la simulación de un determinado proceso. || **SIMULADOR DE VUELO** *Aviac.* Aparato que reproduce la cabina de un avión, destinado a la instrucción de los pilotos.

SIMULAR tr. Representar una cosa, fingiendo o imitando lo que no es.

SIMULTANEAR tr. **1** Realizar en el mismo espacio de tiempo dos operaciones o propósitos. **2** Cursar al mismo tiempo dos o más asignaturas correspondientes a distintos años académicos o a diferentes facultades.

SIMULTÁNEO, A adj. Se dice de lo que se hace u ocurre al mismo tiempo que otra cosa.

SIMÚN m. *Meteor.* Viento abrasador, muy cálido y seco, que suele soplar en los desiertos de África y de Arabia.

SIN prep. sep. y neg. **1** Denota carencia o falta de alguna cosa. **2** Fuera de o además de. **3** Cuando se junta con el infinitivo del verbo, equivale a *no* con su participio o gerundio.

SIN-, SIL-, SIM-; -SIN- prefs. o in. que significan unión o simultaneidad.

SINAGOGA f. Edificio en que se reúnen los judíos a orar, realizar el culto y a estudiar la doctrina de Moisés.

SINAÍ Península de Egipto, perteneciente geográficamente a Asia. Está situada entre los dos brazos de la extremidad septentrional del mar Rojo, el golfo de Suez, al O, y el de Aqaba, al E, y pertenece políticamente a Egipto. Se caracteriza por su falta de vegetación y por sus elevadas montañas, entre las que destaca el Jebel Musa o Monte de Moisés. Gran riqueza petrolífera. Lugar de gran importancia en la historia bíblica. En el año 1956, con ocasión del ataque al CANAL DE SUEZ organizado por Israel, Inglaterra y Francia, el primero de estos Estados ocupó en pocos días casi la totalidad de la península y derrotó al ejército egipcio. Tras la firma del armisticio tuvo que evacuarla. Durante la GUERRA DE LOS SEIS DÍAS (junio de 1967), cayó en poder de Israel, que mantuvo sobre la mayoría de él su ocupación efectiva, a pesar de los triunfos egipcios en la guerra de octubre de 1973. Como consecuencia del tratado de paz egipcio-israelí de 1979, fue devuelto a Egipto en 1982, a excepción del enclave de Taba.

SINAÍ MERIDIONAL Gobernación de Egipto; 33.140 km^2 y 34.000 h. Su capital es Et-Toor.

SINAÍ SEPTENTRIONAL Gobernación de Egipto; 27.574 km^2 y 213.000 h. Su capital es El-Arish.

SINALAGMÁTICO, CA adj. *Der.* Se dice del contrato bilateral.

SINALEFA f. *Fon.* y *Métr.* Enlace de sílabas por el cual se forma una sola, mediante la unión de la última de un vocablo y de la primera del siguiente, cuando aquél acaba en vocal y éste empieza con vocal, precedida o no de *h* muda. A veces la sinalefa enlaza sílabas de tres palabras.

SINALGIA f. *Med.* Dolor en un lugar alejado del punto en que se encuentra la lesión que lo provoca.

SINALOA Río de México, en los Estados de Chihuahua y Sinaloa, que desemboca en el golfo de California, junto a Guasave.

SINALOA Estado de México, en el Pacífico Norte; 58.328 km^2 y 2.509.142 h. Su capital es Culiacán.

SINÁNTROPO m. *Antrop.* y *Zool.* Homínido fósil cuyos restos se hallaron por vez primera en Chu-kou-tien, cerca de Pekín, en 1918. También se le conoce con el nombre vulgar de *hombre de Pekín.*

SINAPISMO m. **1** fig. y fam. Persona o cosa que molesta o exaspera. **2** *Med.* Tópico hecho con polvo de mostaza.

SINAPSIS f. **1** *Anat.* Punto donde se pone en contacto el axón o cilindroeje de una neurona, con el cuerpo central, las dendritas o el cilindroeje de otra neurona. **2** *Biol.* Apareamiento de los cromosomas homólogos durante la fase de zigotena de la meiosis.

SINARQUÍA f. **1** *Polít.* Gobierno constituido por varios príncipes, cada uno de los cuales administra una parte del Estado. **2** Por extensión, influencia, generalmente decisiva, de un grupo de empresas comerciales o de personas en los asuntos políticos y económicos de un país.

SINARTROSIS f. *Anat.* Articulación inmóvil en que los elementos óseos están unidos por tejido conectivo sólido especial, como la de los huesos del cráneo.

SINATRA, FRANK Cantante y actor de cine estadounidense (Hoboken, 1915 - Los Ángeles, 1998). Se dio a conocer como cantante melódico, alcanzando el éxito rápidamente por su voz rica en matices y su estilo muy personal. Debutó en el cine en 1941 y ha intervenido, entre otras, en las siguientes películas: *Levando anclas* (1945), *De aquí a la eternidad* (1953), por la que le fue concedido un Oscar.

SINCERARSE prnl. Hablar con alguien para contarle algo con plena confianza. Se construye con la preposición *con.*

SINCERIDAD f. Modo de expresarse sin falsedad.

SINCERO, RA adj. Verdadero, sin falsedad ni hipocresía.

SINCHI ROCA Emperador inca (? - ?, 1091). Hijo y sucesor de Manco Cápac. Realizó el primer censo de población. Le sucedió su hijo Lloque Yupanqui.

SINCHOLAGUA Volcán de los Andes Ecuatorianos, en la cordillera Oriental, provincia de Pichincha; 4.893 m de altura.

SINCINESIS f. *Fisiol.* Movimiento involuntario de alguna parte del cuerpo que coincide con algunos movimientos voluntarios efectuados en un lugar distante del mismo.

SINCLAIR, UPTON Escritor estadounidense (Baltimore, 1878 - Bound Brook, 1968). Socialista activo, planteó en sus obras los problemas de la sociedad estadounidense. Sus obras más conocidas son *La jungla* (1906), y el ciclo de Lanni Budd (1940-53).

SINCLINAL adj. y m. *Geol.* Se dice del plegamiento de las capas del terreno en que los flancos confluyen en la charnela, por lo que la estructura final tiene forma de *U*, con los estratos más antiguos envolviendo a los más modernos, que se sitúan en el núcleo.

SÍNCOPA f. **1** *Gram.* Figura de dicción que consiste en la supresión de uno o más sonidos dentro de un vocablo. **2** *Mús.* Enlace de dos sonidos iguales, de los cuales el primero se halla en el tiempo o parte débil del compás, y el segundo, en el fuerte.

SINCOPADO, DA adj. *Mús.* **1** Se dice de la nota que se halla entre dos o más notas de menos valor, pero que juntas valen tanto como ella. Toda sucesión de notas sincopadas toma un movimiento contrario al orden natural; es decir, que va a contratiempo. **2** Se dice del ritmo o canto que tiene notas sincopadas.

SINCOPAR tr. **1** *Gram.* y *Mús.* Hacer síncopa. **2** fig. Abreviar.

SÍNCOPE m. **1** *Gram.* SÍNCOPA. **2** *Med.* Pérdida repentina del conocimiento y de la sensibilidad, debida a la suspensión súbita y momentánea de la acción del corazón.

SINCRETISMO m. **1** *Filos.* y *Rel.* Sistema filosófico o religioso que trata de conciliar doctrinas diferentes. **2** *Ling.* Concentración de dos o más funciones gramaticales en una sola forma.

SINCRONÍA f. **1** Sincronismo, coincidencia de hechos o fenómenos en el tiempo. **2** *Ling.* Método de análisis lingüístico que considera la lengua en su aspecto estático, en un momento dado de su existencia histórica. Se opone a DIACRONÍA, que la considera desde el punto de vista histórico, evolutivo. El término fue propuesto por F. de Saussure.

SINCRÓNICO, adj. **1** Se dice de las cosas que ocurren a un mismo tiempo. **2** *Ling.* Se dice de las leyes y relaciones internas propias de una lengua o dialecto en un momento o periodo dados; asimismo se dice del estudio de la estructura o funcionamiento de una lengua o dialecto sin atender a su evolución.

SINCRONISMO m. **1** Correspondencia en el tiempo entre las diferentes partes de un proceso. **2** Cualidades de sincrónico. **3** *Fís.* Igualdad de fase o de frecuencia de dos movimientos periódicos.

SINCRONIZAR tr. Hacer que coincidan en el tiempo dos o más movimientos o fenómenos.

SINCROTRÓN m. *Fís.* Acelerador de partículas atómicas en el que la trayectoria es un círculo de radio constante.

SIND Provincia del S de Pakistán; 140.914 km² y 20.312.000 h. Su capital es Karachi.

SINDACTILIA f. *Anat.* Condición caracterizada por la unión de dos o más dedos. En el hombre supone una anomalía hereditaria.

SINDÉRESIS f. Discreción, capacidad natural para juzgar rectamente.

SINDICAL adj. **1** Perteneciente o relativo al sindicato. **2** Perteneciente o relativo al síndico.

SINDICALISMO m. *Polít.* Sistema de organización obrera por medio del sindicato, surgido como consecuencia de la industrialización y de la implantación del sistema capitalista. **[Encic.]**

Hist. y *Polít.* Los orígenes del sindicalismo laboral se encuentran en Gran Bretaña, donde, en la década de 1820, surgieron asociaciones obreras de ayuda mutua, TRADE UNIONS, que se extendieron a la Europa continental en la década siguiente. Sólo a finales del siglo XIX y principios del XX aparecerá el sindicalismo organizado por ramas de oficios y las grandes sindicales nacionales. Desde el último cuarto del siglo XIX, el movimiento sindical se diversificó según las distintas tendencias teóricas y organizativas: *sindicalismo revolucionario*, de tendencias socialistas y anarquistas; *sindicalismo reformista*, que perseguía una mejora de las condiciones laborales mediante la colaboración sociopolítica con los regímenes burgueses, tuvo una especial incidencia en Gran Bretaña, donde surgió el Partido Laborista (1902), y en Alemania, donde dio origen a la socialdemocracia. Otra fórmula de organización sindical creada en el siglo XIX fue el *sindicalismo corporativista*, originario de EE UU, que renunciaba a introducir modificaciones en el sistema político y aspiraba a la consecución de mejoras de carácter laboral. Ya en el siglo XX surgen otro tipo de asociaciones adscritas a ideologías políticas como el comunismo (*sindicato comunista*) o el fascismo (SINDICATO VERTICAL). Después de la Segunda Guerra Mundial, el sindicalismo cobró una importante influencia social y política. El sindicalismo internacional, que antes de la Primera Guerra Mundial sólo se había manifestado en la I y II Internacional, cobró un nuevo auge a partir de 1945. Se creraron la Federación Sindical Mundial (FSM), la Confederación Internacional de Organizaciones Sindicales Libres (CIOSL), la Confederación Mundial del Trabajo, e, integrada en la ONU, la Organización Internacional del Trabajo (OIT).

SINDICAR tr. **1** Sujetar una cantidad de dinero o cierta clase de valores o mercancías a compromisos especiales para negociarlos o venderlos. **2** Entrar a formar parte de un sindicato.

SINDICATO m. **1** *Polít.* y *Sociol.* Asociación formada para la defensa de intereses económicos o políticos comunes a todos los asociados, encargada de la negociación colectiva, la firma de convenios y pactos con lo social y, en caso de no existir éstos, movilizar a los trabajadores a la huelga. Se aplica esta denominación fundamentalmente a las asociaciones profesionales, patronales y obreras. **2** Junta de síndicos. || **SINDICATO AMARILLO** *Polít.* y *Sociol.* Organización sindical creada por la patronal, contraria a las acciones obreras en la lucha de clases. || **SINDICATO VERTICAL** *Polít.* y *Sociol.* Organización estatal característica de los regímenes fascistas que encuadran en una misma estructura a empresarios, técnicos y trabajadores. En España, los sindicatos verticales se crearon por ley en 1939 y estuvieron vigentes, como forma exclusiva de asociación, hasta que la Ley de Reforma Política de 1976 reconoció la libertad sindical. || **SINDICATOS LIBRES** *Polít.* y *Sociol.* Formación sindical creada con la ayuda de la Federación patronal de Barcelona en 1919, como oposición a los sindicatos únicos. || **SINDICATOS ÚNICOS** *Polít.* y *Sociol.* Forma de organización sindical por la que los sindicatos de oficios se constituyen en secciones de unos nuevos sindicatos de industria o ramo, estructurados en federaciones locales, comarcales y regionales. Fue adoptada en 1918 por la Confederación Regional del Trabajo de Cataluña y en 1919 por toda la CNT.

SÍNDICO m. **1** Sujeto que en un concurso de acreedores o en una quiebra es el encargado de liquidar el activo y el pasivo del deudor. **2** Persona elegida por una comunidad o corporación para cuidar de sus intereses.

SÍNDROME m. **1** *Med.* Conjunto de síntomas característicos de una enfermedad. **2** Por extensión, conjunto de fenómenos que caracterizan una situación determinada. || **SÍNDROME DE ABSTINENCIA** ABSTINENCIA. || **SÍNDROME DE DOWN** MONGOLISMO. || **SÍNDROME DE INMUNODEFICIENCIA ADQUIRIDA** SIDA.

SINE DIE expr. lat. que significa sin plazo, sin fecha. Se utiliza en general con referencia o un aplazamiento.

SINE QUA NON expr. lat. CONDICIÓN SINE QUA NON.

SINÉCDOQUE f. *Ling.* Tropo que consiste en extender, restringir o alterar de algún modo el significado de las palabras, para designar un todo con el nombre de una de sus partes, o viceversa; un género con el de una especie, o al contrario; una cosa con el de la materia de que está formada, etc.

SINECOLOGÍA f. *Ecol.* ECOLOGÍA.

SINECURA f. Empleo o cargo retribuido que ocasiona poco o ningún trabajo.

SINÉRESIS f. *Ret.* Reducción a una sola sílaba, en una misma palabra, de vocales que normalmente se pronuncian en sílabas distintas. ♦ Su pl. es *sinéresis*.

SINERGIA f. **1** Acción combinada de dos o más causas cuyo efecto es superior a la suma de los efectos individuales. **2** *Fisiol.* Concurso activo y concertado de varios órganos para realizar una función.

SINESTESIA f. **1** *Fisiol.* Sensación secundaria o asociada que se produce en una parte del cuerpo a consecuencia de un estímulo aplicado en otra parte del mismo. **2** *Psicol.* Imagen o sensación subjetiva, propia de un sentido, determinada por otra sensación que afecta a un sentido diferente. **3** *Ret.* Tropo que consiste en unir dos imágenes o sensaciones procedentes de diferentes dominios sensoriales.

SINFÍN m. Infinidad, sinnúmero.

SÍNFISIS f. **1** *Anat.* ANFIARTROSIS. **2** *Med.* Unión de varios huesos o tejidos provocada por una inflamación.

SINFONÍA f. **1** *Mús.* Conjunto de voces, de instrumentos, o de ambas cosas, que suenan acordes a la vez. **2** *Mús.* Composición de música instrumental, que precede, por lo común, a las óperas y otras obras teatrales. **3** *Mús.* Composición musical para orquesta, estructurada a partir del segundo cuarto del siglo XVIII. Con Haydn, la sinfonía alcanzó un alto grado de perfección y originalidad; se le considera, junto con Mozart y Beethoven, creador de la sinfonía clásica, derivada de la sonata y dividida en cuatro movimientos (*allegro* en forma sonata, *andante* o *adagio*, *minueto* o *scherzo* y *allegro* o *rondó*). Fue uno de los géneros más cultivados por los compositores del siglo XIX: Schubert, Schumann, Mendelsshon, Berlioz, Liszt, Brahms, Bruckner, Dvorák, Chaikovski, Mahler, etc. **4** fig. Colorido acorde, armonía de los colores.

SINFÓNICO, CA adj. Perteneciente o relativo a la sinfonía.

SINGAPUR (*Hsin-chia-p'o*; en chino mandarín, *Kung-ho-kuo*; en malayo, *Republik Singapura*; en tamil, *Singapore Kudiyarasu*, y en inglés, *Republic of Singapore*) Estado insular del SE de Asia, situado en el extremo meridional de la península de Malaca.

Superficie: 646,1 km².
Población: 3.278.000 h. (singapureses).
Densidad: 4.967 h./km².
Tasa de natalidad: 13,4‰.
Tasa de mortalidad: 4,8‰.
Capital: Singapur.
Grupos étnicos: chinos (77,4%), malayos (14,2%), indostánicos (7,2%).
Religión: taoísmo (13,5%), budismo (28,3%), islamismo (15,4%), cristianismo (12,6%), hinduismo (3,6%).
Idioma: chino, malayo, tamil e inglés.
Moneda: dólar de Singapur.
Forma de Estado: república parlamentaria.
Producto Nacional Bruto: 95.453 millones de dólares.
Renta per cápita: 30.170 dólares.
División administrativa: 81 divisiones, según cuadro.

SINGAPUR

Divisiones	Población (h.)	Divisiones	Población (h.)
Alexandra	27.245	Kampong Kembangan	33.510
Aljunied	51.669	Kampon Ubi	60.682
Ang Mo Kio	35.814	Kebun Baru	36.878
Ayer Rajah	44.977	Kim Keat	28.538
Bedok	22.032	Kim Seng	23.683
Boon Lay	39.249	Kolam Ayer	22.420
Boon Teck	22.652	Kreta Ayer	29.631
Braddell Heights	47.738	Kuo Chuan	26.968
Brickworks	10.593	Lenh Kee	28.886
Bukit Batok	44.918	Macpherson	23.764
Bukit Gombak	46.149	Marine Parade	31.003
Bukit Merah	18.666	Moulmein	33.872
Bukit Panjang	95.827	Mountbatten	23.891
Bukit Timah	47.056	Nee Soon Central	47.032
Buona Vista	23.873	Nee Soon Este	58.651
Cairnhill	48.445	Nee Soon Sur	49.771
Changi	50.003	Pasir Panjang	35.824
Changkat	41.995	Paya Lebar	41.903
Cheng San	27.821	Potong Pasir	32.992
Chong Boon	32.174	Punggol	68.270
Chong Pang	38.613	Queenstown	19.676
Chua Chu Kang	43.465	Radin Mas	35.730
Costa Oeste	46.052	Sembawang	28.039
Clementi	37.635	Serangoon Gardens	44.702
Eunos	52.976	Siglap	36.022
Fengshan	27.285	Tampines Este	41.474
Geylang Oeste	34.560	Tampines Norte	73.634
Geylang Serai	36.800	Tampines Oeste	38.833
Henderson	18.445	Tanah Merah	32.314
Hong Kah Central	48.379	Tanglin	43.544
Hong Kah Norte	33.265	Tanjong Pagar	29.217
Hong Kah Sur	37.900	Teck Ghee	26.622
Hougang	36.774	Telok Blangah	29.157
Jalan Besar	28.298	Thomson	71.345
Jalan Kayu	34.907	Tiong Bahru	27.468
Joo Chiat	35.777	Toa Payoh	22.811
Jurong	74.696	Ulu Pandan	42.923
Kaki Bukit	32.782	Whampoa	18.285
Kallang	34.178	Yio Chu Kang	28.589
Kampong ChaiChee	33.928	Yuhua	32.733
Kampong Glam	29.481		

Geog. Es una isla de relieve poco accidentado, con zonas pantanosas. La cordillera principal corta la isla de O a E. Tiene clima ecuatorial húmedo. El 90% de la población reside en Singapur, única ciudad de la isla. Pese a no contar casi con recursos naturales, Singapur goza de una gran prosperidad económica, basada en su condición de importante centro financiero internacional y de poseer el tercer complejo mundial de refinado de crudo. Su economía se ve, además, favorecida por la escasa presión fiscal y la mano de obra barata, comercial, financiera y turística. Cultiva nuez de coco, batata, mandioca, tabaco, banana, ananás y limón. Es el primer mercado mundial del caucho y del estaño. Industria textil, de construcción naval, conservera y electrónica. En los últimos años se ha producido un retroceso paulatino de los sectores turístico, bancario, de construcción naval y manufacturero. Astilleros.

Hist. La isla perteneció a diversos reinos de Malasia, hasta que fue comprada por la británica Compañía de las Indias Orientales en 1819 al sultán de Jahore. Pasó a depender directamente de la Corona británica en 1867, convirtiéndose en colonia británica y en uno de los puertos más activos del sudeste asiático. Durante la Segunda Guerra Mundial, entre 1942 y 1945, estuvo ocupada por los japoneses, para volver nuevamente al Reino Unido, que le concedió la plena autonomía en 1959 con Lee Kuan Yew como primer ministro. En 1961 entró a formar parte de la Federación de Malasia hasta 1965, en que se independizó dentro del ámbito de la Commonwealth, y ese mismo año ingresó en la ONU. Benjamín Henry Sheares fue designado presidente de la República y Lee Kuan Yew continuó como primer ministro. Desde entonces el Partido de Acción Popular (PAP), convertido de hecho en partido único, consiguió la mayoría absoluta en las sucesivas elecciones de 1968, 1972, 1976 y 1980. Tras la muerte de Sheares en 1981, fue sustituido en el cargo por Chengara Veetil Devan Nair, quien dimitió en 1985. La dureza del régimen se mostró con especial intensidad cuando en 1987, bajo la acusación de conspiración comunista, fueron arrestados miembros de organizaciones católicas y del Partido de los Trabajadores, en la oposición. En las elecciones de 1988 el PAP volvió a revalidar su triunfo. Estos comicios instauraron un nuevo sistema por el cual se garantizaba la representación parlamentaria de la oposición. En 1990, Lee Kuan Yew dimitía de su cargo de primer ministro; fue sustituido por Goh Chok Tong, hasta entonces viceprimer ministro. En 1991 el PAP volvió a ganar las elecciones. En las elecciones generales de 1993 resultó elegido presidente de la República Ong Teng Cheong, hasta entonces viceprimer ministro. Las legislativas de 1997 y 2001 volvieron a dar la victoria al PAP, confirmando a Goh Chok Tong en la jefatura del gobierno. En 1999 S. R. Nathan sustituyó a Ong Teng Cheong en la presidencia del país. Goh Chok Tong dimitió en 2004 y fue sustituido en el cargo por Lee Hsien Loong.

Singapur Ciudad capital de la isla y Estado de su nombre; 3.045.000 h. Importante sector servicios. Puerto franco, uno de los más activos del mundo.

singenético, ca adj. *Geol.* Se dice del mineral o cualquier otro material o fenómeno geológico con génesis simultánea.

Singer, Isaac Bashevis Escritor estadounidense de origen polaco en lenguas yiddish e inglesa (Radzymin, 1904 - Miami, 1991). En sus narraciones evoca el mundo de los judíos en los países del E de Europa. Autor de *La familia Moskat* (1950), *Satán en Goray* (1955), *El esclavo* (1962), *La casa de Jampol* (1967) y *El Golem* (1982). Premio Nobel de Literatura en 1978.

Singh, Giani Zali Político hindú (Faridkot, 1916 - Chandigarh, 1994). Ministro de Obras Públicas y Agricultura (1951-52) y del Interior (1980-82), fue presidente de la República entre 1982 y 1987.

singladura f. **1** *Mar.* Distancia recorrida por una nave en veinticuatro horas. **2** fig. Rumbo, dirección.

singlar intr. *Mar.* Navegar con rumbo determinado.

single (Voz i.) m. En discografía, SENCILLO.

singular adj. **1** Solo, sin otro de su especie. **2** fig. Extraordinario, raro o excelente. **3** *Lóg.* Se dice de la proposición que se refiere a un solo objeto. **4** *Gram.* NÚMERO SINGULAR.

singularidad f. **1** Cualidad de singular. **2** Particularidad, distinción o separación de lo común.

singularizar tr. **1** Distinguir una cosa entre otras. **2** *Gram.* Dar número singular a palabras que ordinariamente no lo tienen. || prnl. **3** Distinguirse, apartarse de lo común.

sinhueso f. fam. Lengua, órgano de la palabra.

siniestrado, da adj. y s. Se dice de la persona o cosa que ha padecido un SINIESTRO, avería grave.

siniestro, tra adj. **1** Se aplica a la parte o sitio que está a la mano izquierda. **2** fig. Avieso y malintencionado. **3** fig. Infeliz, funesto o aciago. || m. **4** Propensión o inclinación a lo malo. Más en pl. **5** Avería grave, destrucción fortuita o pérdida importante que sufren las personas o la propiedad, especialmente por muerte, incendio, naufragio, choque o suceso análogo. Se da este nombre a los daños de cualquier importancia que pueden ser indemnizados por una compañía aseguradora. || f. **6** fig. y fam. La mano izquierda.

Sinn Fein (En irlandés, *nosotros solos.*) *Hist.* y *Polít.* Movimiento nacionalista irlandés, fundado por Arthur Griffith en 1902, para la conservación de la lengua del país y de la cultura nacional, y el restablecimiento de una constitución irlandesa. El movimiento se disgregó y prácticamente dejó de existir cuando E. de Valera aceptó la separación del territorio irlandés y se fundó el partido FIANNA FAIL (1927). Se reorganizó después de la Segunda Guerra Mundial, constituyéndose en la rama política del IRA. Desde 1993, bajo la dirección de Gerry Adams, se vio inmerso en un lento proceso de negociación para conseguir la paz en el Ulster que culminó con la firma de un acuerdo en 1998. Éste contemplaba la creación de un gobierno autónomo con participación del Sinn Fein y la entrega de armas por parte del IRA a mediados de 2000.

sinnúmero m. Número incalculable de personas o cosas.

sino[1] (Del lat. *signum.*) m. Hado, destino, suerte.

sino[2] (De *sí*[1] y *no.*) conj. ad. **1** Contrapone a un concepto negativo otro afirmativo. **2** Denota a veces idea de excepción. **3** Con la negación que le preceda, suele equivaler a solamente o tan sólo. **4** Precedido del modo adverbial *no sólo,* denota adición de otro u otros miembros a la cláusula. En casos como éste, suele acompañarse del adverbio *también.*

sinodal adj. Perteneciente al sínodo.

sinódico, ca adj. Perteneciente o relativo al sínodo. || **revolución sinódica** *Astron.* Tiempo que invierte un satélite o un planeta desde una conjunción con el Sol hasta la conjunción siguiente.

sínodo m. **1** *Rel.* Concilio de los obispos. **2** *Rel.* Junta de eclesiásticos que nombra el ordinario para examinar a los ordenandos y confesores. **3** *Rel.* Junta de ministros protestantes encargados de decidir sobre asuntos eclesiásticos. **4** *Astron.* Conjunción de dos planetas en el mismo grado de la eclíptica o en el mismo círculo de posición. || **santo sínodo** *Rel.* Asamblea de la iglesia rusa.

sinología f. *Cult.* Estudio de la lengua, la literatura y las instituciones de China.

Sinón *Mit.* Personaje mencionado en la *Eneida.* Fue quien introdujo en Troya el caballo de madera repleto de soldados griegos.

sinonimia f. **1** *Ling.* Circunstancia de ser sinónimos dos o más vocablos. **2** *Ret.* Figura que consiste en usar voces sinónimas para amplificar o reforzar la expresión de un concepto.

sinónimo, ma adj. y m. *Ling.* Se dice de los vocablos y expresiones que tienen un mismo o muy parecido significado.

sinopsis f. **1** ESQUEMA. **2** Exposición general de una materia o asunto, presentados en sus líneas esenciales. **3** Resumen.

sinovia f. *Fisiol.* Humor viscoso que lubrica las articulaciones de los huesos.

sinovial adj. *Anat.* Se dice de las glándulas que secretan la sinovia.

Sinowatz, Fred Político austriaco (Burgenland, 1929). Socialdemócrata, sucedió a B. Kreisky como canciller, al renunciar éste a su cargo (1983). Tras la elección del conservador K. Waldheim como presidente de la República, dimitió (1986).

sinrazón f. Acción injusta o no razonable.

sinsabor m. **1** Desabrimiento del paladar. **2** Insipidez de lo que se come. **3** fig. Pesar.

sinsonte m. *Zool.* Ave paseriforme perteneciente a la familia mímidos, de nombre científico *Mimus polyglotus,* nativa de América, parecida al mirlo y notable por su canto melodioso.

sinsustancia com. Persona insustancial o frívola.

Sint Eustatius SAN EUSTAQUIO.

Sint Maarten SAN MARTÍN, isla de las Pequeñas Antillas.

sintáctico, ca adj. Perteneciente o relativo a la sintaxis.

sintagma m. *Ling.* Grupo de elementos lingüísticos que, en una oración, funciona como una unidad. Éste se denomina *nominal, adjetival* o *verbal* cuando su núcleo respectivo es un nombre, un adjetivo o un verbo, y *preposicional* cuando es un sintagma nominal inserto mediante una preposición.

sintagmático, ca adj. *Ling.* **1** Perteneciente o relativo al sintagma. **2** Se dice de las relaciones que se establecen entre dos o más unidades de la oración.

sintaxis f. **1** *Gram.* Parte de la gramática que enseña a coordinar y unir las palabras para formar las oraciones y expresar conceptos. Se divide en *regular* y *figurada.* La primera pide que este enlace se haga del modo más lógico y sencillo. La segunda autoriza el uso de las figuras de construcción para dar a la expresión del pensamiento más vigor o elegancia. **2** *Gram.* Parte de la gramática que describe las reglas por las que las unidades significativas se combinan en oraciones. Se confunde a veces con la GRAMÁTICA. **3** *Inform.* Conjunto de reglas necesarias para construir expresiones válidas en un lenguaje de programación. ♦ Su pl. es *sintaxis.*

sinterización f. *Met.* Proceso que consiste en mezclar metales en polvo que tienen puntos de fusión distintos y calentar luego la mezcla hasta una temperatura más o menos igual a la del más bajo de los puntos de fusión de los metales incluidos.

sinterizar tr. *Met.* Realizar una sinterización.

síntesis f. **1** Composición de un todo por la reunión de sus partes. **2** Suma y compendio de una materia o cosa. **3** Acción de reunir varios elementos en uno solo. **4** *Filos.* Operación mental que consiste en la acumulación de datos diversos que llevan a un resultado de tipo intelectual. **5** *Filos.* Actividad intelectual mediante la cual se realiza la unión de sujeto y predicado en el juicio. **6** *Filos.* Acción y efecto de pasar de lo más simple a lo más complejo. **7** *Quím.* Formación de una sustancia compuesta mediante la combinación de elementos químicos o de sustancias más sencillas.

sintético, ca adj. **1** Perteneciente o relativo a la síntesis. **2** Que procede componiendo, o que pasa de las partes al todo. **3** Se dice del producto obtenido por procedimientos industriales.

sintetismo m. *Pint.* Estilo pictórico de finales del siglo XIX, cuyo representante más destacado fue Paul Gauguin. Se caracteriza porque reproduce los objetos sin volumen, prescindiendo de la perspectiva, y por la utilización de colores puros.

sintetizador, ra adj. **1** Que sintetiza. || m. *Mús.* **2** Instrumento musical electrónico capaz de producir sonidos de cualquier frecuencia e intensidad y combinarlos con armónicos, proporcionando sonidos de cualquier instrumento, o efectos sonoros que no corresponden a ningún instrumento convencional.

sintetizar tr. Hacer síntesis.

sintoísmo m. *Rel.* Religión primitiva y tradicional de los japoneses. Su base se encuentra en las religiones populares que practicaban el culto a la naturaleza, de las que heredó las ceremonias que invocan a los poderes naturales, denominados *kami,* para conseguir benevolencia y protección. Se convirtió en doctrina oficial en la época meiji, carácter que perdió definitivamente en 1945.

sintoísta adj. **1** Partidario o practicante del sintoísmo. También com. **2** Relativo a esta religión.

síntoma m. **1** *Med.* Fenómeno revelador de una enfermedad. **2** fig. Señal, indicio de algo que está sucediendo o va a suceder.

sintonía f. **1** Hecho de estar sintonizados dos sistemas de transmisión y recepción. **2** Igualdad de tono o frecuencia. **3** Armonía, adaptación o entendimiento. **4** En radio y televisión, música que señala el comienzo o el final de una emisión.

sintónico, ca adj. Sintonizado.

sintonizador, ra adj. **1** Que sintoniza. || m. *Fís.* **2** Sistema que permite aumentar o disminuir la longitud de onda propia del aparato receptor.

sintonizar tr. *Fís.* **1** En la telegrafía sin hilos, hacer que el aparato de recepción vibre al unísono con el de transmisión. **2** Adaptar convenientemente las longitudes de onda de dos o más aparatos de radio. || intr. **3** fig. Coincidir en pensamiento o en sentimientos dos o más personas.

Sintra o **Cintra** Ciudad de Portugal, en el distrito de Lisboa; 16.000 h. Palacio real y castillo musulmán. Turismo.

Sinuhé, Historia de *Lit.* Cuento anónimo del antiguo Egipto basado en la vida de este personaje de las cortes de Amenemhat I y Senusret I (XII dinastía). Es uno de los textos más representativos de la literatura egipcia antigua.

sinuoso adj. **1** Que tiene senos, ondulaciones o recodos. **2** fig. Se dice del carácter de las acciones que tratan de ocultar el propósito o fin a que se dirigen.

David Alfaro **Siqueiros**. *El diablo en la iglesia*. Museo de Arte Moderno (Ciudad de México).

SINUSITIS f. *Med.* Inflamación de los senos paranasales.
SINUSOIDE f. **1** *Anat.* Cualquiera de los espacios relativamente grandes que comprenden parte de la circulación venosa en ciertos órganos. **2** *Mat.* Curva que representa gráficamente la función trigonométrica seno.
SINVERGÜENZA adj. y com. **1** Pícaro, bribón. **2** Desvergonzado.
SIÓN *Geog. hist.* Colina sudoriental de Jerusalén, en la que se construyó la ciudad del rey David, y en la que Salomón edificó el templo. En sentido traslaticio pasó a designar a la misma Jerusalén, al templo, al pueblo judío e incluso al paraíso cristiano.
SIONISMO m. **1** Aspiración de los judíos a recobrar Palestina como patria. **2** *Políl.* Movimiento internacional de los judíos para lograr esta aspiración. En 1948, fue creado, en detrimento de la población palestina, el Estado de Israel. Inmediatamente comenzaron los conflictos con los países árabes (1948, 1956, 1967, 1973), en los que Israel, casi siempre apoyado por distintos países europeos y sobre todo por EE UU, salió victorioso. Estos triunfos han convertido al sionismo en una auténtica ideología política (véase ÁRABE-ISRAELÍES, GUERRAS).
SIOUX adj. *Etnol.* e *Hist.* **1** Se dice de uno de los principales grupos indígenas de América del N que habitó la zona de los EE UU comprendida entre el Missouri, el Mississippi y los Grandes Lagos. Está formada por tribus predominantemente agricultoras y cazadoras, entre las que se encuentran las de los dakotas, los hidatsa o minitari, los crow o absaroka, los winnebago, los iowa, los arkansas y otras menores. Los sioux han encarnado el símbolo más popular de resistencia a la colonización dentro de EE UU. Más com m. pl. **2** Se dice también de sus individuos. También com. **3** Relativo a esta familia.
SIPING (*Ssu-p'ing*) Ciudad de China, provincia de Jilin, región Nordoriental; 317.223 h.
SIPO m. *Bot.* Árbol de gran tamaño perteneciente a la familia meliáceas, de nombre científico *Entandrophragma utile*. Puede llegar a medir 60 m de altura y más de 2 m de diámetro. Crece en los bosques tropicales del O de África.
SIQUEIROS, DAVID ALFARO Pintor mexicano (Chihuahua, 1896 - Cuernavaca, 1974). De ideales artísticos revolucionarios, fue uno de los principales representantes de la escuela muralista. Son notables sus murales del Museo Nacional de Historia y de la Escuela Nacional Preparatoria.
SIQUIATRÍA f. PSIQUIATRÍA.
SIQUICO, CA adj. PSÍQUICO.
SIQUIERA conj. ad. **1** Equivale a BIEN QUE O AUNQUE. || conj. dist. **2** O, YA. || adv. c. y m. **3** Expresa o denota idea de limitación o restricción y equivale a *por lo menos* en conceptos afirmativos, y a *tan sólo*, en conceptos negativos.
SIR (Voz i.) m. Tratamiento honorífico en Inglaterra.
SIR-DARIA SYR-DARIA.
SIRACUSA 1 Provincia de Italia, en Sicilia; 2.109 km² y 406.820 h. **2** Ciudad capital de la misma; 127.601 h. Centro comercial y pesquero. Ruinas de un teatro griego, un templo dedicado a la diosa Minerva y un anfiteatro romano. Fue fundada en el 734 a. C. por los corintios, y pronto se convirtió en una importante potencia económica de la Magna Grecia, basada en la agricultura y el comercio. Bajo el poder de Roma desde el 211 a. C. se convirtió en el centro administrativo de la isla de Sicilia.
SIRE f. MAJESTAD, tratamiento que se daba a los reyes en algunos países, como Francia.
SIRENA f. **1** *Mit.* Cualquiera de las ninfas marinas con busto de mujer y cuerpo de ave o de pez. **2** *Fis.* Instrumento que sirve para contar el número de vibraciones de un cuerpo sonoro en tiempo determinado. **3** Bocina que se oye a mucha distancia y que se emplea en los buques, fábricas, etc., para avisar.
SIRENIO adj. y m. *Zool.* **1** Se dice del mamífero marino de cuerpo fusiforme, con aleta caudal horizontal y las extremidades anteriores convertidas en aletas con cinco dedos, como el manatí y el dugong. || m. pl. *Zool.* **2** Orden de estos animales.

SIRGA m. *Mar.* Maroma que sirve para tirar las redes, arrastrar las naves, etc.
SIRGAR tr. *Mar.* Arrastrar con la sirga una embarcación.
SIRIA *Geog. hist.* Antigua región de Asia, que comprendía parte de los actuales Estados de Líbano, Turquía, Jordania, Israel y Siria. Se integraban en ella las tierras costeras y subcosteras del Mediterráneo oriental, al S de Asia Menor, llamadas, en tiempos más remotos, ARAM. Al conquistar los asirios (siglo VIII a. C.) los territorios situados entre el Mediterráneo y el Tigris recibió también el nombre de ASIRIA toda esta región, nombre abreviado después en Siria.
SIRIA (*Al-Jumhuriya al-Arabiya as-Suriya*) Estado de Asia occidental. Limita al N con Turquía; al E, con Irak; al S, con Irak y Jordania, y al O, con Israel, Líbano y el mar Mediterráneo.
GEOG. Constituido fundamentalmente por una meseta, al O se yerguen dos alineaciones de montañas: el Líbano (3.210 m) y el Antilíbano (2.790 m). Al N, el territorio está cerrado por las estribaciones meridionales de la cadena del Tauro. Sus costas son rectilíneas, y se concentra en su franja la mayoría de la población. Los ríos más importantes son el Éufrates y el Orontes. El clima es mediterráneo en las costas y desértico en el interior. La agricultura y la ganadería (ovina) son sus principales fuentes de riqueza. Entre sus cultivos predominan los cereales (trigo, cebada, maíz, arroz, mijo, sorgo y avena), las habas, las cebollas, los tomates, las lentejas, las patatas, el algodón, el olivo, el cacahuete y el sésamo. La minería está representada por la extracción de petróleo (principal fuente de ingresos), gas natural y basalto. Su industria más desarrollada es la textil, aunque también destacan las del aceite, cervecera, azucarera, de cemento, de fertilizantes y la siderúrgica.
HIST. Hacia el año 2000 a. C. Siria formaba parte del Aram. Estuvo sometida a Egipto desde 1530 a. C., aproximadamente, hasta 1250. En el siglo VIII, Siria dominó todo el país, que pasó, sin embargo, a Babilonia en el siglo VII. Persia se la anexionó en 538 a. C., reteniéndola hasta que se apoderó de ella Alejandro Magno, dos siglos más tarde. En el año 64 pasó a ser provincia romana, continuando bajo el poder de Roma y después bajo el del Imperio bizantino hasta 634 d. C. En la segunda mitad del siglo XI, después de haber sido tomada por los musulmanes, fue ocupada por los selyúcidas, y en 1616 por los turcos otomanos, que la retuvieron hasta 1833, en que fue conquistada por Muhammah Ali, quien la devolvió a los turcos en 1840. Éstos siguieron siendo dueños de Siria hasta ser expulsados por los ingleses, en 1918. Francia, ya desde que intervinieron en el Líbano, había mantenido sus reivindicaciones políticas sobre Siria, y su posición especial fue reconocida en el acuerdo anglofrancés de 1916. De esa forma, Francia, bajo la forma de mandato, se hizo cargo de la administración de Siria a partir de la Primera Guerra Mundial. La administración francesa se mantuvo hasta el fin de la Segunda Guerra Mundial, cuando Siria fue reconocida por la ONU República independiente (1944). En 1949, el coronel Zaim, jefe del gobierno, fue asesinado. Se formó un nuevo ministerio bajo la presidencia de Hachem el-Atassi. Tras los golpes militares de 1951 y 1952, el coronel Adib Chichakli asumió todos los poderes. En 1954 un nuevo golpe militar, esta vez promovido por el

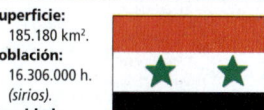

Superficie: 185.180 km².
Población: 16.306.000 h. (*sirios*).
Densidad: 88,1 h./km².
Tasa de natalidad: 31,4‰.
Tasa de mortalidad: 5,4‰.
Capital: Damasco.
Ciudades principales: Alepo, Homs, Latakia, Hama.
Grupos étnicos: árabes (88,8%), kurdos (6,3%), otros (4,9%).
Religión: islamismo (86%), cristianismo (8,9%).
Idioma: árabe.
Moneda: libra siria.
Forma de Estado: república.
Producto Nacional Bruto: 15.532 millones de dólares.
Renta per cápita: 1.020 dólares.
División administrativa: 13 gobernaciones y 1 municipalidad, según cuadro.

SIRIA

Gobernaciones Municipalidad	Superficie (km²)	Población (h.)	Capitales
Alepo	18.500	3.035.000	Alepo
Damasco	18.032	1.730.000	Damasco
Deir-ez-Zor	33.060	722.000	Deir-ez-Zor
Dera'a	3.730	623.000	Dera'a
Hama	8.883	1.120.000	Hama
Hasakeh	23.334	1.050.000	Hasakeh
Homs	42.223	1.247.000	Homs
Idlib	6.097	922.000	Idlib
Latakia	2.297	766.000	Latakia
Quneitra	1.861	50.000	Quneitra
Raqqa	19.616	566.000	Raqqa
Soueida	5.550	270.000	Soueida
Tartous	1.892	596.000	Tartous
Damasco	105	1.489.000	

coronel Mustafá Hamdum, obligó a Chichakli a dimitir. Hachem el-Atassi, en el destierro desde que Chichakli había asumido el poder, se ocupó del gobierno del país. En 1955, Chukri el-Kuatli, exiliado en Egipto y afín a las ideas del coronel Nasser, fue elegido presidente de la República. Los proyectos de federación entre Siria y Egipto culminaron con la unión de ambos países en la llamada República Árabe Unida bajo un mismo jefe de Estado (Nasser), una legislación común y un ejército unificado (1958). Este año se incorporó Yemen a la unión. Sin embargo, a raíz de la dimisión del vicepresidente de la RAU, Abdel Hamid Serraj (1961), un levantamiento separatista del ejército y elementos conservadores sirios consiguieron controlar rápidamente el país y establecer un gobierno presidido por Mamun Kuzbari, que fue reconocido por Jordania y Turquía. Siria reingresó en la ONU y en la Liga Árabe. Tras las elecciones de diciembre fue nombrado presidente Nazim Kudsi. Comenzó entonces un periodo de inestabilidad política que concluyó con un golpe de Estado y la llegada al poder de miembros del Partido Baas (1963) que formaron un gobierno presidido por Salah Eddin Bitar, lo que provocó un alejamiento progresivo de Egipto. Salah Eddin Bitar dimitió como primer ministro y fue sustituido por el presidente del Consejo revolucionario, general Amin al-Hafez, reelegido en 1965. En 1966 el golpe de Estado del general Salah el-Jadid llevó a la presidencia de la República a Nureddin al-Atassi. La pérdida de las alturas del Golán, en la guerra árabe-israelí de 1967 (véase ÁRABE-ISRAELÍES, GUERRAS), y el fracaso de su intervención militar en Jordania en 1970, provocó un nuevo golpe de Estado que puso en el poder al general Hafez el-Assad (1971). Assad formó un gobierno en el que entraron miembros de otros partidos de izquierda además del Baas, e intensificó las relaciones con otros países árabes (firma con Egipto y Libia de un acuerdo que preveía la formación de la República Árabe Unida). Al año siguiente comenzaron los enfrentamientos con Israel. En 1973, el ejército sirio lanzó un ataque por sorpresa en el Golán que fue rechazado por las tropas israelíes (guerra del Yon Kippur), aunque, gracias a la mediación estadounidense, Siria logró recuperar la mayor parte de los territorios ocupados por Israel y restableció sus relaciones diplomáticas con EE UU. En 1976, la intervención militar siria puso fin a la guerra civil libanesa al N del río Litani, y en 1978, Assad fue reelegido presidente para un segundo periodo, aunque esto no logró frenar la escalada de conflictos entre la comunidad musulmana sunnita, mayoritaria en el país, y la comunidad alauita, que controlaba los resortes del poder, llegando al máximo estado de tensión en 1979. Tras la iniciativa de paz del presidente egipcio Sadat con Israel, firmada en 1979, Siria incrementó sus hostilidades rompiendo sus relaciones con Egipto e interviniendo progresivamente en la guerra civil libanesa. En 1985 Siria y Jordania restablecieron sus relaciones diplomáticas. Al año siguiente tuvieron lugar elecciones para la renovación del Consejo del Pueblo, que, bajo lista única del Frente Nacional Progresista, registraron una vez más la victoria del Partido Baas. Las pretensiones sirias de obtener el papel de mediador internacional en las cuestiones árabes le llevaron a no apoyar la constitución del Estado palestino (1988). En 1990 se hizo efectiva la retirada de tropas sirias de Líbano y se reanudaron las relaciones diplomáticas con Egipto. El alineamiento de Siria en el bloque occidental tras la invasión de Kuwait por Irak (agosto de 1990) le proporcionó la normalización de relaciones con los países de la CE y una importante ayuda económica. En diciembre de 1991, Hafed el-Assad fue reelegido presidente. Desde 1992 Siria mantiene abiertas con Israel las negociaciones de paz en las que el reconocimiento del Estado de Israel queda condicionado por Siria a la devolución de las alturas del Golán controladas por los israelíes desde 1967. En 1999 Hafez el-Assad resultó reelegido presidente. En junio de 2000 murió Hafed el-Assad. El Parlamento incorporó con urgencia una modificación en la Constitución del país para permitir que su hijo, Bachar el-Assad, pudiera sucederle en la presidencia, hecho que ocurrió tras la celebración de un referéndum en julio de ese año.

SIRIACO, CA o **SIRÍACO, CA** adj. y s. **1** SIRIO. || m. Ling. **2** Antigua lengua semítica derivada del arameo.

SIRIMIRI m. Llovizna, calabobos.

SIRINGA f. 1 poét. Especie de zampoña, compuesta de varios tubos de caña que forman escala musical y van sujetos unos a otros. **2** Bot. Nombre de varias especies de árboles de la familia euforbiáceas, género Hevea, de los que se extrae un jugo lechoso que produce la goma elástica.

SIRINGE f. Zool. Aparato de fonación de las aves.

SIRIO, RIA adj. y s. De Siria.

SIRIO Astron. Estrella fija de primera magnitud, la más brillante del cielo, en la constelación de Can Mayor.

SIRIÓMETRO m. Astron. Unidad de longitud empleada en ocasiones en astronomía; equivale a 10^6 unidades astronómicas.

SIRK, DOUGLAS (HANS DETLEF SIERK, llamado) Director de cine estadounidense de origen alemán (Hamburgo, 1900 - Lugano, 1987). Se le considera maestro del melodrama barroco y refinado: *Más fuerte que la ley* (1949), *Tempestad en la cumbre* (1951), *Obsesión* (1954), *Escrito sobre el viento* (1956) e *Imitación a la vida* (1979).

SIRLE m. Excremento del ganado ovino y caprino.

SIROCO m. Meteor. Viento cálido de componente S que sopla en el Mediterráneo, particularmente en el N de África y Sicilia.

SIROKY, VILIAM Político checoslovaco (Bratislava, 1902 - Praga, 1971). Presidente del Partido Comunista Eslovaco (1945), fue presidente del Gobierno (1953-63).

SIROPE m. Líquido espeso azucarado que sirve para endulzar postres o refrescos de frutas.

SIRTE f. Bajo de arena.

SIRTE, GOLFO DE Nombre de dos golfos del N de África: el Gran Sirte, en Libia, y el Pequeño Sirte (en Túnez).

SIRVENTÉS m. SERVENTESIO.

SIRVIENTE, TA m. y f. **1** Que sirve. **2** Servidor o criado de otro. **3** Persona adscrita a un arma de fuego, maquinaria, etc.

SISA f. 1 Parte que se defrauda o se hurta, especialmente en la compra diaria. **2** Corte curvo hecho en el cuerpo de una prenda de vestir que corresponde a la parte de la axila.

SISAL m. Bot. **1** Planta perteneciente a la familia agaváceas, de nombre científico *Agave sisalana*, de tronco breve y grueso, con un rosetón de hojas rígidas que acaban en punta. **2** Fibra flexible y resistente obtenida de las hojas de la pita y otras especies del género *Agave*.

SISAR tr. **1** Cometer el fraude o el hurto llamado sisa. **2** Hacer sisas en las prendas de vestir.

SISAVANG VONG Rey de Laos (Luang-Prabang, 1885 - íd., 1959). Rey de Luang-Prabang durante el protectorado francés en Laos, tras la independencia del país (1946) proclamó la Constitución.

SISEAR intr. y tr. Emitir repetidamente el sonido inarticulado de s y ch, por lo común para manifestar desaprobación o desagrado.

SÍSIFO Mit. Hijo de Eolo, fue uno de los fundadores de Corinto. Se le consideraba el más astuto de los mortales. Por sus engaños a los dioses fue condenado en los infiernos a subir una roca por una pendiente. Tan pronto llegaba la roca a la cumbre, volvía a caer, reiniciando su labor eternamente.

SISLEY, ALFRED Pintor francés de origen británico (París, 1839 - Moret-sur-Loing, 1899). Discípulo de Corot, fue uno de los fundadores de la escuela impresionista.

SISMICIDAD f. Geol. **1** Condición que tiene un territorio de hallarse más o menos sometido a terremotos. **2** Grado de frecuencia e intensidad en que se presenta ese fenómeno.

SÍSMICO, CA adj. Geol. Perteneciente o relativo al terremoto.

SISMO m. Geol. Terremoto, seísmo.

SISMO-; -SISTA pref. o suf. que significan seísmo.

SISMÓGRAFO m. Geol. Instrumento que señala durante un seismo la dirección, amplitud de las oscilaciones y sacudimientos de la tierra, duración, hora y otras características.

SISMOGRAMA m. Gráfico confeccionado por el sismógrafo.

SISMOLOGÍA f. Geol. Ciencia que trata de los terremotos.

SISMOMETRÍA f. Geol. Medida de la magnitud y los efectos producidos por un sismo.

SISMONDI, JEAN CHARLES LÉONARD SIMONDE DE Economista e historiador suizo (Ginebra, 1773 - íd., 1842). Criticó el liberalismo económico argumentando que la

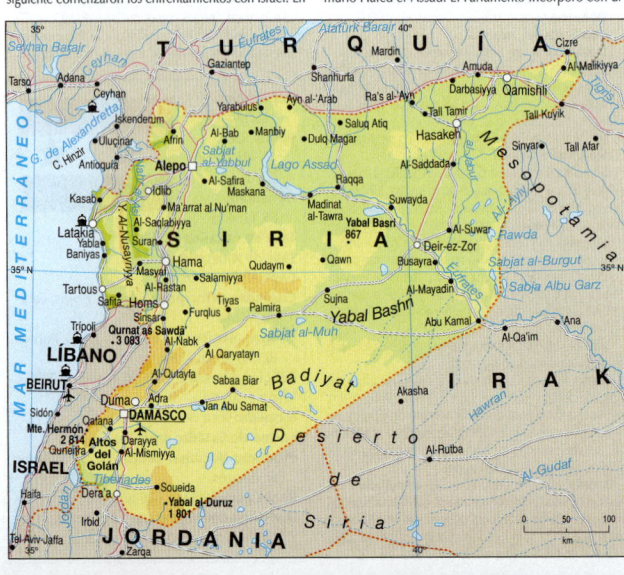

libre competencia supone una concentración del capital, con el consiguiente aumento de la clase trabajadora: *Nouveaux principes d'économie politique* (1817), *Histoire des français* (1821-44).

SISÓN[1] (De origen incierto.) m. *Zool.* Ave gruiforme perteneciente a la familia otídidos, de nombre científico *Otis tetrax*, de unos 45 cm de longitud y plumaje ocráceo y blanco; el macho tiene el cuello blanco y negro. Vive, formando pequeñas bandadas, en zonas esteparias de Europa.

SISÓN[2], **NA** adj. y s. fam. Que frecuentemente sisa.
SISSI ISABEL DE WITTELSBACH.
-SISTA suf. SISMO-.
SISTÁN Región de Asia. Su parte occidental corresponde a Irán, y la oriental, a Afganistán. Su dominio constituyó durante años motivo de fricción entre los dos países. Una de sus ciudades principales es Zarang, junto al lago de Hamún.

SISTEMA m. **1** Conjunto de reglas o principios sobre una materia racionalmente enlazados entre sí. **2** Conjunto de cosas que ordenadamente relacionadas entre sí contribuyen a determinado objeto. **3** Medio o manera usados para hacer una cosa. **4** *Biol.* Conjunto de órganos que intervienen en alguna de las principales funciones vegetativas y animales. **5** *Ecol.* MEDIO AMBIENTE. **6** *Filos.* Conjunto de proposiciones o teorías que constituyen un todo orgánico en razón de su coherencia intrínseca. **7** *Ling.* La lengua en su totalidad, así como cada uno de sus sectores (fonológico, sintáctico, léxico) considerados como conjuntos orgánicos y relacionados entre sí. **8** *Mat.* Conjunto de reglas y principios sobre una materia enlazados entre sí. || **SISTEMA ABIERTO** *Fís.* El termodinámico que puede intercambiar materia y energía con su entorno. || **SISTEMA ABIÓTICO** *Ecol.* El que no contiene organismos vivos. || **SISTEMA DE ACCESO MÚLTIPLE** *Inform.* El que permite a varios usuarios la utilización aparentemente simultánea del ordenador. || **SISTEMA CEGESIMAL** *Fís.* El que tiene por unidades fundamentales el centímetro, el gramo y el segundo. Se representa por las siglas *cgs.* || **SISTEMA CENTÍMETRO-GRAMO-SEGUNDO** *Fís.* SISTEMA CEGESIMAL. || **SISTEMA CERRADO** *Fís.* El termodinámico que no puede intercambiar materia con su entorno, pero sí energía. || **SISTEMA DE COORDENADAS** *Geom.* Conjunto de dos rectas perpendiculares que sirven para representar y localizar puntos en el plano. || **SISTEMA CRISTALINO** *Geol.* Estructura cristalina de los cuerpos y su ordenación en redes o mallas. Los principales sistemas cristalinos son: cúbico, hexagonal, trigonal o romboédrico, tetragonal, rómbico, monoclínico y triclínico. || **SISTEMA DE ECUACIONES** *Mat.* El formado por dos o más ecuaciones con dos o más incógnitas, cuyas soluciones o raíces satisfacen a ambas ecuaciones simultáneamente. || **SISTEMA EXPERTO** *Inform.* El que permite obtener una síntesis de los conocimientos que existen en un determinado campo, así como suministrar ideas y decisiones que un especialista, partiendo de aquéllos, podría sugerir. || **SISTEMA GIORGI** *Fís.* SISTEMA METRO-KILOGRAMO-SEGUNDO. || **SISTEMA MÉTRICO DECIMAL** *Fís.* El de pesas y medidas que tiene por base el metro. Sus unidades fundamentales son: en longitud, el metro; en superficie, el metro cuadrado; en volumen, el metro cúbico; en capacidad, el litro; y en masa, el kilogramo. || **SISTEMA METRO-KILOGRAMO-SEGUNDO** (MKS) *Fís.* El que ideó G. Giorgi y que tiene como unidades fundamentales el metro, el kilogramo masa y el segundo. || **SISTEMA METRO-KILOGRAMO-SEGUNDO-AMPERIO** (MKSA) *Fís.* El basado en el anterior con la adición del amperio como unidad de intensidad de corriente eléctrica. || **SISTEMA METRO-TONELADA-SEGUNDO** (MTS) *Fís.* El que tiene como unidades básicas el metro, la tonelada y el segundo. || **SISTEMA MKS** *Fís.* SISTEMA METRO-KILOGRAMO-SEGUNDO. || **SISTEMA MKSA** *Fís.* SISTEMA METRO-KILOGRAMO-SEGUNDO-AMPERIO. || **SISTEMA MONTAÑOSO** *Geol.* Conjunto de montañas que configuran una unidad geográfica. || **SISTEMA MTS** *Fís.* SISTEMA METRO-TONELADA-SEGUNDO. || **SISTEMA DE NUMERACIÓN DECIMAL** *Mat.* El que tiene como base el número 10 y utiliza los guarismos del 0 al 9. || **SISTEMA OPERATIVO** *Inform.* Conjunto de programas imprescindible para el funcionamiento y explotación de un ordenador, ya que es el encargado de controlar la unidad central, la memoria y los dispositivos de entrada y salida. || **SISTEMA PERIÓDICO** *Quím.* Cuadro en el que están ordenados los elementos químicos según su número atómico, por grupos y periodos, agrupando los elementos por sus características afines. (Véase ELEMENTO.) || **SISTEMA PLANETARIO** *Astron.* El cósmico formado por el Sol, los planetas, planetoides, satélites, cometas, corrientes de meteoros y materia interestelar. || **SISTEMA SEXAGESIMAL** *Geom.* El de medida de ángulos que considera dividido el grado en sesenta partes iguales, llamadas minutos, y al minuto en sesenta partes iguales, llamadas segundos. || **SISTEMA SOLAR** *Astron.* SISTEMA PLANETARIO. || **por sistema** loc. adv. Procurando obstinadamente hacer siempre cierta cosa, o hacerla de cierta manera sin razón o justificación.

SISTEMA INTERNACIONAL DE UNIDADES DE MEDIDA (SI) *Metrol.* Sistema de unidades de medida adoptado por el Comité Internacional de Pesas y Medidas, compuesto por las siguientes unidades básicas: metro, para la longitud; kilogramo, para la masa; segundo, para el tiempo; amperio, para la intensidad de corriente eléctrica; kelvin, para la temperatura; candela, para la intensidad luminosa, y mol, para la cantidad de sustancia.

SISTEMÁTICO, CA adj. **1** Que sigue o se ajusta a un sistema. **2** Se dice de la persona que procede por principios y con rigidez en su forma de vida, opiniones, etc. || f. **3** TAXONOMÍA.

SISTEMATIZAR tr. Reducir a sistema u organizar algo como sistema.

SÍSTOLE f. **1** *Fisiol.* Movimiento de contracción del corazón y de las arterias para empujar la sangre. **2** *Ret.* Licencia poética que consiste en usar como breve una sílaba larga.

SISTRO m. *Mús.* Instrumento musical de metal, usado en la Antigüedad, en forma de aro o de herradura y atravesado por varillas, que se hacía sonar agitándolo con la mano.

SITIAL m. Asiento de ceremonia.
SITIAR tr. **1** Cercar una plaza o fortaleza. **2** fig. Cercar a uno tomándole o cerrándole todas las salidas para atraparle u obligarle a ceder.

SITIO[1] m. **1** Espacio que es ocupado o puede serlo por algo. **2** Lugar o terreno determinado a propósito para alguna cosa. **3** Casa campestre o hacienda de recreo. || **dejar** a uno **en el sitio** fr. fig. Dejarle muerto en el acto. || **poner** a alguien **en su sitio** fr. fig. y fam. Hacerle ver cuál es su posición o importancia para que no se permita ciertas libertades.

SITIO[2] m. Acción y efecto de sitiar. || **poner sitio** fr. Sitiar, asediar.
SITO, TA adj. Situado o fundado.
-SITO suf. que significa trigo, alimento: *parásito*.
SITTING BULL TORO SENTADO.
SITUACIÓN f. **1** Acción y efecto de situar. **2** Lugar donde está situado alguien o algo. **3** Posición social o económica.

SITUAR tr. **1** Poner a una persona o cosa en determinado sitio o situación. También prnl. **2** Señalar en un lugar donde se encuentra alguna cosa. **3** Asignar o determinar fondos para algún pago o inversión. || prnl. **4** Lograr una posición social, económica o política privilegiada.

SITWELL, EDITH Escritora británica (Scarborough, 1887 - Londres, 1964). Su obra poética se caracteriza por un estilo independiente y personal: *La madre* (1915), *Fachada* (1921), *Gold Coast Customs* (1929), *Street Songs* (1942), etc.

SIUX adj. SIOUX.
SIVAÍSMO m. *Rel.* Movimiento religioso hindú centrado en torno a la figura de Shiva, que constituye una de las corrientes principales del HINDUISMO.

SIXTO Nombre de diversos papas.
SIXTO I, SAN (? - Roma, 125). Ocupó el solio pontificio de 115 a 125. Sufrió martirio en tiempos del emperador Adriano.

SIXTO II, SAN (? - Roma, 258). Ocupó el solio pontificio de 257 a 258. Se le atribuye el tratado *Ad Novatianum*. Sufrió martirio en tiempos del emperador Valeriano.

SIXTO III, SAN (Roma, ? - íd., 440). Ocupó el solio pontificio de 423 a 440. Su labor se centró en la superación de la controversia con el PELAGIANISMO. Se conservan de él ocho *Cartas*.

SIXTO IV (Celle, 1414 - Roma, 1484). De nombre Francesco della Rovere, ocupó el solio pontificio en 1471-84. Autorizó el restablecimiento de la Inquisición en España (1478) y venció a los turcos en Otranto (1481). Durante su papado se construyó la capilla Sixtina.

SIXTO V (Grottammare, 1520 - Roma, 1590). De nombre Felice Peretti, ocupó el solio pontificio de 1585 a 1590. Restableció la seguridad en los Estados Pontificios, practicó una inteligente política financiera, organizó y dio forma a las Congregaciones romanas, combatió a los protestantes y excomulgó a Enrique IV. Fomentó las artes y promovió la reforma de las órdenes religiosas. Publicó la Vulgata (1590), e hizo construir el palacio de Letrán (1586) y la cúpula de la basílica de San Pedro (1588-90).

SIYAD BARREH, MOHAMED Militar y político somalí (Lugh, 1919). Jefe de las Fuerzas Armadas, en 1969 se hizo con el poder mediante un golpe de Estado y, entre 1976 y 1987, asumió el cargo de primer ministro. Fue derrocado en 1991, tras una breve pero cruenta guerra civil.

SIZIGIA *Astron.* SICIGIA.
SJ SI.
SJÖSTRÖM, VIKTOR Director y actor de cine sueco (Silbodal, 1879 - Estocolmo, 1960). Fue uno de los mejores directores del cine mudo. Entre sus realizaciones cabe destacar *Huelga* (1913), *Los proscritos* (1917), *La carreta fantasma* (1920).

SKAGERRAK Brazo de mar, formado por el mar del Norte, entre el S de Noruega y la extremidad N de Jutlandia. En él se libró la batalla naval de Jutlandia entre las fuerzas inglesas y alemanas, durante la Primera Guerra Mundial (1916).

SKANDERBEG (GJERGJ KASTRIOTA, llamado) Patriota albanés (?, 1405 - Alesio, 1468). Se distinguió en la lucha contra los turcos. En 1444 fue nombrado príncipe de los albaneses.

SKANE o **SCANIA** Condado de Suecia; 11.027 km² y 1.120.426 h. Su capital es Malmö.

SKÁRMETA, ANTONIO Escritor chileno (Antofagasta, 1940). Ha escrito cuentos como *El entusiasmo* (1967) y *Tiro libre* (1973), y novelas: *Soñé que la nieve ardía* (1975), *No pasó nada* (1980), *Ardiente paciencia* (1986), llevada al cine con el título *El cartero y Pablo Neruda*, *La boda del poeta* (1999), *La chica del trombón* (2001) y *El baile de la victoria* (2003).

SKELTON, JOHN Poeta y dramaturgo inglés (Norfolk, h. 1460 - Londres, 1529). Preceptor del futuro Enrique VIII, utilizó en sus obras satíricas y alegóricas un verso hexasílabo de rima libre y la estrofa llamada *chauceriana*: *Phyllyps Sparrow* (1503-07), *Colin Cloute* (1519), etc.

Alfred **Sisley**. *Inundaciones en Port-Marly*. Museo Thyssen-Bornemisza (Madrid).

SKETCH (Voz i.) m. **1** En cine, teatro y televisión, escena, historieta intercalada en una obra o pieza breve independiente, por lo común de carácter humorístico. **2** Bosquejo.

SKI (Voz danesa.) m. *Dep.* ESQUÍ, patín y deporte que se practica con él.

SKINHEAD (Voz ingl.) com. Término que designa a los jóvenes caracterizados por llevar el pelo muy corto y atuendos con elementos militares, partidarios de la violencia y seguidores de consignas políticas de extrema derecha. También se llaman *cabezas rapadas*.

SKINNER, BURRHUS FREDERIC Psicólogo estadounidense (Susquehanna, 1904 - Cambridge, 1990). Máximo representante del NEOCONDUCTISMO. Defendió la influencia decisiva del ambiente sobre la mentalidad humana, y de la posibilidad de reconducir determinadas actitudes o comportamientos mediante una educación programada. Autor de *Walden 2* (1948) y *Ciencia y conducta humana* (1953), entre otras obras.

SKIROS Isla de Grecia, en las Espóradas del N, al NE de Eubea; 29 km² y 2.591 h.

SKORZENY, OTTO Militar e ingeniero alemán, de origen austriaco (Viena, 1908 - Madrid, 1975). Dirigió el grupo de paracaidistas que liberó a Mussolini de su reclusión en el Gran Sasso (1943).

SKRIABIN, ALEXANDER NIKOLAIEVICH SCRIABIN, ALEKSANDR NICOLAIEVICH.

SKYE Isla del Reino Unido, en Escocia, archipiélago de las Hébridas; 1.447 km² y 16.000 h. Su capital es Portree.

SKYLAB *Astron.* Nombre de proyecto de exploración espacial estadounidense. Desarrollado por la NASA desde 1973, consiste en situar en órbita un laboratorio espacial tripulado.

SKYROS SKIROS.

S.L. Abreviatura de SOCIEDAD LIMITADA.

SLALOM (Voz noruega.) m. *Dep.* ESLALON.

SLANG (Voz i.) m. JERGA.

SLASKIE Provincia de Polonia; 12.309 km² y 4.874.700 h. Su capital es Katowice.

SLÁNSKY (RUDOLF SALZMANN, llamado) Político checoslovaco (Nezvestice, 1902 - Praga, 1952). Miembro del Comité Central del Partido Comunista desde 1928. Secretario general del partido y viceprimer ministro (1951), fue condenado a muerte por los estalinistas.

SLAVKOV o **SLAVKOV U BRNA** AUSTERLITZ.

SLIDE (Voz i.) f. DIAPOSITIVA.

SLIGO Condado de Irlanda, en la provincia de Connach; 1.796 km² y 54.756 h. Su capital es la ciudad homónima.

SLIP (Voz i.) m. **1** Calzoncillo pequeño y ajustado. **2** Bañador masculino de estas características.

SLIPHER, VESTO MELVIN Astrónomo estadounidense (Mulberry, 1875 - Flagstaff, 1969). Determinó la velocidad radial de cerca de cuarenta nebulosas y el periodo de rotación de diversos planetas.

SLOGAN m. ESLOGAN.

SLOUGH Consejo unitario del Reino Unido, en Inglaterra; 110.500 h.

SLOWACKI, JULIUSZ Escritor polaco (Krzemieniec, 1809 - París, 1849). Máximo representante del Romanticismo polaco. Autor de poemas: *Elegía ucraniana* (1826) y de dramas: *Kordian* (1833).

SLUTER, CLAUS Escultor holandés (Haarlem, h. 1350 - Dijon, 1406). Iniciador de la corriente realista del siglo XV, su estilo, de un naturalismo goticista, se hace patente en la tumba de Felipe el Atrevido, duque de Borgoña. Ejerció gran influencia en las obras funerarias de la época.

SM *Quím.* Símbolo del samario.

SMALCALDA (*Schmalkalden*) Ciudad de Alemania, Land de Turingia; 17.000 h. Es famosa La Liga que allí constituyeron los príncipes protestantes (1531), con el fin de formar una alianza contra Carlos V, disuelta tras la derrota de Mühlberg (1547).

Satélite **Skylab III.**

Bedrich **Smetana.** Retrato anónimo del siglo XIX. Archivo Smetana (Praga).

SMALLEY, RICHARD E. Químico estadounidense (Akron, 1943). Sus estudios sobre el carbono dieron como resultado el descubrimiento de la tercera de las estructuras de este elemento, el fulereno o C-60. En 1996 se le otorgó el premio Nobel de Química compartido con H. W. Kroto y R. F. Curl.

SMETANA, BEDRICH Compositor checo (Lytomischl, 1824 - Praga, 1884). Máximo exponente del nacionalismo musical de su país. Compuso óperas, poemas sinfónicos y música de cámara. Obras principales: *La novia vendida* (1866) y *Mi patria.*

SMETONA, ANTANAS Político lituano (Uzulenis, 1874 - Cleveland, 1944). Proclamada la independencia de Lituania, fue elegido presidente del Estado (1919), y reelegido en 1926, 1931 y 1938. Durante la Segunda Guerra Mundial, a causa de la ocupación soviética, se exilió en EE UU.

SMITH, ADAM Economista y filósofo inglés (Kirkaldy, 1723 - Edimburgo, 1790). Sus ideas constituyeron el fundamento doctrinal del liberalismo económico. Consideró como puntos clave del proceso económico la división del trabajo como fuente de riqueza, el libre comercio y el valor como consecuencia de la oferta y la demanda. Defendió que la intervención del Estado ha de ser mínima, y máxima la iniciativa individual. Obras principales: *Teoría de los sentimientos morales* (1764) y, sobre todo, *Investigación sobre la naturaleza y causas de la riqueza de las naciones* (1776).

SMITH, BESSIE Cantante de blues estadounidense (Chattanooga, 1894 - Clarksdale, 1937). Muy famosa durante los años veinte: *Empty Bed Blues* (1928) y *Nobody Knows You When You Are Down and Out* (1929).

SMITH, HAMILTON OTHANEL Biólogo estadounidense (Nueva York, 1931). Premio Nobel de Fisiología y Medicina en 1978, compartido con D. Nathans y W. Arber, por sus trabajos de microbiología sobre la actividad enzimática del *Haemophilus influenzae.*

SMITH, IAN DOUGLAS Político rhodesiano (Selukwe, 1919). Primer ministro en 1964, declaró unilateralmente la independencia del país (1965). Promulgó una nueva constitución (1969), que posibilitó la separación total de Inglaterra y la conversión de Rhodesia en una República (1970).

SMITH, JOSEPH Misionero estadounidense (Sharon, 1805 - Carthage, 1844). Fundó la religión conocida como MORMONISMO, cuyas enseñanzas se hallan recogidas en el *Libro del mormón.* Estableció la primera comunidad en Nueva York (1830). Murió linchado.

SMITH, WILLIAM Geólogo e ingeniero británico (Churchill, 1769 - Northampton, 1839). Fue uno de los grandes renovadores de las ciencias geológicas. Demostró la importancia de los fósiles para la cronología de las rocas y levantó el primer mapa geológico de Inglaterra y Gales.

SMITHSONITA f. *Miner.* Mineral carbonato de cinc hidratado, de fórmula $ZnCO_3$, de color amarillo o grisáceo.

SMOG (Voz i.) m. *Ecol.* Tipo de contaminación atmosférica caracterizada por la formación de una niebla artificial que cubre algunas grandes urbes a causa de los humos de las instalaciones industriales y calefacciones, escapes de los vehículos a motor, etc. En su formación intervienen factores meteorológicos (inversión térmica) y geográficos (valles encajonados).

SMOKING (Voz i.) m. ESMOQUIN.

SMOLENSKO 1 Región de la Federación de Rusia, en la República federada de Rusia; 49.800 km² y 1.173.000 h. **2** Ciudad capital de la misma, al SO de Moscú; 355.000 h.

SMOLLET, TOBIAS GEORGE Escritor británico (Dalquhurn, 1721 - Liorna, 1771). Autor de la tragedia *El regicida* (1839), de las novelas satíricas y realistas *Aventuras de Roderick Randon* (1748), *Ferdinand, Count Fathom* (1873) y de la narración epistolar *Expedición de Humphry Clinker.*

SMUTS, JAN CHRISTIAAN Político sudafricano (Bovenplaats, 1870 - Pretoria, 1950). Combatió en la guerra de los bóers y participó en la unificación de las colonias británicas de Sudáfrica (1910). Nombrado primer ministro de la República Sudafricana (1919-24 y 1939-48).

SN *Quím.* Símbolo del estaño.

SNACK-BAR (Voz i.) m. Establecimiento con bar y restaurante donde se sirven platos rápidos.

SNAKE Río de EE UU, el principal afluente del Columbia, que nace en el Parque Nacional de Yellowstone, Estado de Wyoming; 1.450 km. Numerosas cataratas y presas. Antiguamente se llamó *Lewis.*

SNELL, GEORGE DAVIS Biólogo estadounidense (Bradford, 1903 - Bar Harbor, Maine, 1997). Le fue concedido el premio Nobel de Fisiología y Medicina (1980), compartido con J. Dausset y B. Benacerraf, por sus investigaciones sobre antígenos en el trasplante de tejidos.

SNELL VAN ROYEN, WILLEBRORD (WILLEBRORDUS SNELLIUS, llamado) Matemático holandés (Leiden, 1591 - íd., 1626). Descubrió la ley de la refracción de la luz (1620).

SNOB adj. y com. ESNOB.

SNOBISMO m. ESNOBISMO.

SNOWBOARD (Voz i.) *Dep.* Variante deportiva del esquí que consiste en deslizarse por la nieve sobre una tabla de madera o de plástico.

SNOWDON Macizo montañoso del Reino Unido. Es la mayor altura de Inglaterra y Gales (1.085 m).

SNYDERS o **SNIJDERS, FRANS** Pintor barroco flamenco (Amberes, 1579 - íd., 1657). Considerado uno de los máximos exponentes del Barroco flamenco, se especializó en escenas de cacerías y naturalezas muertas: *Pelea de gallos.*

SO¹ m. fam. Se usa solamente seguido de adjetivos despectivos reforzando su significación.

SO² prep. Bajo, debajo de. Hoy tiene uso con los sustantivos *capa, color, pena,* etc.

SO³ Voz que se emplea para hacer que se paren o detengan las caballerías.

SO- pref. SUB-.

SOARES, MÁRIO Político portugués (Lisboa, 1924). Encarcelado y deportado por Oliveira Salazar, fue fundador y secretario general del Partido Socialista (1973), y regresó a Portugal tras el golpe militar de 1974. Ministro de Asuntos Exteriores (1974-75), negoció la descolonización de las posesiones portuguesas en África. Presidente del Gobierno en 1976-78 y 1983-85, ejerció la presidencia de la República en el periodo 1986-96. Premio Príncipe de Asturias de Cooperación Internacional (1995).

SOASAR tr. Medio asar o asar ligeramente.

SOBA f. **1** Acción y efecto de sobar. **2** fig. ZURRA.

SOBACO m. *Anat.* AXILA.

SOBADO, DA adj. **1** Se aplica al bollo o torta a cuya masa se ha agregado aceite o manteca. También s. **2** fig. Manido, muy usado. || m. **3** Acción y efecto de sobar.

SOBAJAR tr. Manosear una cosa con fuerza, ajándola.

SOBAQUERA f. Abertura que se deja, o pieza que se pone en algunos vestidos, en la parte que corresponde al sobaco.

SOBAQUILLO, DE loc. adv. *Taurom.* Modo de poner banderillas dejando pasar la cabeza del toro. También, modo de lanzar piedras por debajo del brazo izquierdo apartado del cuerpo.

SOBAQUINA f. Sudor de los sobacos, que tiene un olor característico y desagradable.

SOBAR tr. **1** Manejar y oprimir una cosa repetidamente para que se ablande o suavice. **2** fig. Castigar dando algunos golpes. **3** fig. Palpar, manosear a una persona. **4** fig. y fam. Molestar, fastidiar con trato impertinente.

SOBERANÍA f. **1** Calidad de soberano. **2** *Polít.* Autoridad suprema del poder público. **3** Alteza o excelencia no superada en cualquier orden inmaterial. **4** *Der.* Principio jurídico en virtud del cual cada nación tiene derecho a disponer de sí misma, tanto en su organización interna como en su política externa, sin injerencia de otra u otras naciones. || **SOBERANÍA NACIONAL** *Der.* La que reside en el pueblo y se ejerce por medio de sus órganos constitucionales representativos.

SOBERANO, NA adj. **1** Que ejerce o posee la autoridad suprema e independiente. Aplicado a personas, también s. **2** Excelente y no superado. **3** fig. y fam. Muy grande. || m. *Num.* **4** Antigua moneda de oro inglesa, equivalente a una libra esterlina.

SOBERBIA f. **1** Cualidad y comportamiento de la persona altiva y arrogante, que desprecia y humilla a los demás. **2** Magnificencia excesiva, especialmente hablando de los edificios. **3** Cólera e ira expresadas con acciones o palabras injuriosas.

SOBERBIO, BIA adj. **1** Que tiene soberbia o se deja llevar de ella. **2** Altivo, arrogante y elevado. **3** fig. Alto, fuerte o excesivo en las cosas inanimadas. **4** fig. Grandioso, magnífico. **5** Fogoso, orgulloso y violento.

SOBHUZA II Rey de Swazilandia (Mbabane, 1899 - íd., 1982). Ocupó el trono desde 1921 hasta su muerte. Luchó por la independencia de su país hasta su consecución en 1968.

SOBIESKI, JUAN III JUAN III SOBIESKI.

SOBÓN, NA adj. **1** fam. Que por su excesiva familiaridad, caricias y halagos se hace fastidioso. También s. **2** fam. Muy aficionado a sobar o palpar. **3** fam. Se dice de la persona taimada y que elude el trabajo. También s.

SOBORNAR tr. Corromper a uno con dádivas para conseguir de él una cosa.

SOBORNO m. **1** Acción y efecto de sobornar. **2** Dádiva con que se soborna. **3** fig. Cualquier cosa que mueve, impele o excita el ánimo para inclinarlo a complacer a otro.

SOBOUL, ALBERT Historiador francés (Suresnes, 1911 - Nîmes, 1982). Abordó el estudio de la historia de Francia desde una perspectiva marxista: *Historia de la Revolución Francesa* (1964), *El proceso de Luis XVI* (1966), *Los sansculottes* (1968).

SOBRA f. **1** Exceso en cualquier cosa. **2** Demasía, injuria, agravio. || f. pl. **3** Lo que queda de la comida al levantar la mesa. **4** Por extensión, lo que queda de otras cosas. **5** Desperdicios o desechos. || **de sobra** loc. adv. Abundantemente. También, por demás, sin necesidad, y fig., bastante, suficiente.

SOBRADILLO m. Tejadillo sobre un balcón o ventana.

SOBRADO, DA adj. **1** Demasiado, que sobra. **2** Atrevido, audaz y licencioso. **3** Rico y abundante de bienes. || m. **4** DESVÁN. **5** *And.* y *Chile* Sobras o restos de la comida. Más en pl.

SOBRANTE adj. **1** Que sobra. **2** Excesivo, demasiado, sobrado.

SOBRAR intr. **1** Haber más de lo que se necesita para una cosa. **2** ESTAR DE MÁS. Se usa frecuentemente hablando de los sujetos que se introducen donde no los llaman o no tienen qué hacer. **3** Quedar, restar.

SOBRASADA f. *Gastron.* Embuchado grueso de carne de cerdo muy picada y sazonada con sal y pimiento molido, que se hace especialmente en Mallorca.

SOBRE[1] (Del lat. *super.*) prep. **1** Encima de. **2** ACERCA DE. **3** Además de. **4** Se usa para indicar aproximación en una cantidad o un número. **5** Cerca de otra cosa, con más altura que ella y dominándola. **6** Con dominio y superioridad. **7** *Com.* Se usa para denotar la persona contra quien se gira una cantidad, o la plaza donde ha de hacerse efectiva. **8** A o hacia. **9** En composición, o aumenta la significación, o añade la suya al nombre o verbo con que se junta. **10** Precedida y seguida de un mismo sustantivo, denota idea de reiteración o acumulación.

SOBRE[2] m. **1** Cubierta, por lo común de papel, en que se incluye la carta, comunicación, tarjeta, etc. **2** Lo que se escribe en dicha cubierta.

SOBREABUNDAR intr. Abundar mucho.

SOBREACTUAR intr. En cine y teatro, interpretar un papel de manera poco natural, excesivamente afectada.

SOBREAGUDO, DA adj. *Mús.* Se aplica a los sonidos más agudos que puede emitir la voz humana, correspondientes a los registros de tenor y soprano.

SOBREALIMENTAR tr. y prnl. Dar a un individuo más alimento del que ordinariamente necesita.

SOBREALZAR tr. Alzar demasiado una cosa.

SOBREASAR tr. Volver a asar.

SOBRECAMA f. COLCHA.

SOBRECARGA f. **1** Exceso de carga. **2** Soga o lazo que se echa encima de la carga para asegurarla. **3** fig. Molestia, pena o pasión del ánimo.

SOBRECARGAR tr. **1** Cargar con exceso. **2** Coser por segunda vez una costura redoblando un borde sobre el otro para que quede bien rematada.

SOBRECARGO m. **1** El que en los buques mercantes lleva a su cuidado y bajo su responsabilidad el cargamento. || com. **2** Tripulante de avión que tiene a su cargo supervisar diversas funciones auxiliares.

SOBRECOGEDOR, RA adj. Que sobrecoge.

SOBRECOGER tr. **1** Coger de repente y desprevenido. || prnl. **2** Sorprenderse, intimidarse.

SOBRECUBIERTA f. **1** Segunda cubierta que se pone a una cosa para resguardarla mejor. **2** *A. gráf.* Cubierta que se pone sobre las tapas de un libro.

SOBRECUELLO m. **1** Segundo cuello sobrepuesto al de una prenda de vestir. **2** ALZACUELLO de los eclesiásticos.

SOBREDICHO, CHA adj. Dicho arriba o antes.

SOBREDOSIS f. Dosis excesiva de un medicamento u otra sustancia, que puede producir graves daños en el organismo, incluso provocar la muerte.

SOBREENTENDER tr. SOBRENTENDER.

SOBREESDRÚJULO, LA adj. y m. SOBRESDRÚJULO.

SOBREEXCEDER tr. SOBREXCEDER.

SOBREEXCITAR tr. y prnl. Aumentar o exagerar las propiedades vitales de todo el organismo o de una de sus partes.

SOBREEXPONER tr. *Fot.* Exponer en exceso a la luz una superficie sensible.

SOBREFALDA f. Falda corta que se coloca sobre otra.

SOBREHILAR tr. Dar puntadas sobre el borde de una tela cortada, para que no se deshilache.

SOBREHUMANO, NA adj. Que excede a lo humano.

SOBREIMPRESIÓN *A. gráf.* Acción y efecto de sobreimprimir.

SOBREIMPRIMIR tr. *A. gráf.* Imprimir sobre un texto o sobre una imagen gráfica.

SOBRELLEVAR tr. **1** Llevar uno encima o a cuestas una carga o peso para aliviar a otro. **2** fig. Ayudar a sufrir los trabajos o molestias de la vida. **3** fig. Resignarse a ellos el mismo paciente. **4** fig. Disimular y suplir los defectos o descuidos de otro.

SOBREMANERA adv. m. En extremo, muchísimo.

SOBREMESA f. **1** Tapete que se pone sobre la mesa. **2** El tiempo que se está a la mesa después de haber comido. || **de sobremesa** loc. adv. Justo después de comer, sin levantarse de la mesa.

SOBREMONTE, RAFAEL DE Virrey español del Río de la Plata (Sevilla, 1745 - Cádiz, 1827). Accedió al cargo en 1804. Su administración siguió la línea del despotismo ilustrado. Huyó a Córdoba tras la primera ocupación de Buenos Aires por los ingleses (1806).

SOBRENADAR intr. *Fís.* Mantenerse encima del agua o de otro líquido sin hundirse.

SOBRENATURAL adj **1** Que excede los términos de la naturaleza. **2** Por extensión, extraordinario, sobrecogedor.

SOBRENOMBRE m. **1** Nombre que se añade a veces al apellido para distinguir a dos personas que tienen el mismo. **2** Nombre calificativo con que se distingue especialmente a una persona.

SOBRENTENDER tr. y prnl. Entender una cosa que no está expresa, pero que se deduce. ♦ IRREG. Se conjuga como ENTENDER.

SOBREPAGA f. Aumento de paga.

SOBREPAÑO m. Lienzo o paño que se pone encima de otro.

SOBREPARTO m. Puerperio.

SOBREPASAR tr. **1** Rebasar un límite. **2** Superar, aventajar.

SOBREPELLIZ f. Vestidura blanca que llevan sobre la sotana los eclesiásticos.

SOBREPESO m. Peso superior al necesario o recomendable.

SOBREPONER tr. **1** Añadir una cosa o ponerla encima de otra. || prnl. **2** fig. Dominar los impulsos del ánimo, hacerse superior a las adversidades o a los obstáculos que ofrece un negocio. **3** fig. Obtener o afectar superioridad una persona respecto de otra. ♦ IRREG. Se conjuga como PONER.

SOBREPRECIO m. Recargo en el precio ordinario.

SOBREPRODUCCIÓN f. SUPERPRODUCCIÓN.

SOBREPUJAR tr. Exceder una cosa o persona a otra en cualquier línea o cualidad.

SOBRERO, ASCANIO Químico italiano (Casal Monferrato, 1812 - Turín, 1888). Dedicado principalmente al estudio de los explosivos, en 1874 descubrió la nitroglicerina.

SOBRERREALISMO m. SURREALISMO.

SOBRESALIENTE adj. **1** Que sobresale. || m. **2** En los exámenes, calificación máxima.

SOBRESALIR intr. **1** Exceder una persona o cosa a otras en figura, tamaño, etc. **2** Aventajarse unos a otros. ♦ IRREG. Se conjuga como SALIR.

SOBRESALTAR tr. **1** Saltar, venir y acometer de repente. **2** Asustar, acongojar. También prnl. || intr. **3** Venirse una cosa a los ojos.

SOBRESALTO m. **1** Sensación que proviene de un acontecimiento repentino e imprevisto. **2** Temor o susto repentino.

SOBRESATURACIÓN f. *Quím.* Fenómeno que se produce en una disolución cuando contiene una cantidad de soluto superior a la de su punto de saturación.

SOBRESDRÚJULO, LA adj. y s. *Gram.* Se dice de las voces acentuadas en sílaba anterior a la antepenúltima.

SOBRESEER intr. **1** Desistir de la pretensión o empeño que se tenía. **2** Cesar en el cumplimiento de una obligación. **3** *Der.* Cesar en una instrucción sumarial, y por extensión, dejar sin curso ulterior un procedimiento. También tr.

SOBRESTANTE m. CAPATAZ.

SOBRESTIMAR tr. Estimar una cosa por encima de su valor.

SOBRESUELDO m. Retribución que se añade al sueldo fijo.

SOBRETASA f. Incremento del valor de un impuesto y cantidad que se aumenta.

SOBRETENSIÓMETRO m. *Fís.* Aparato que sirve para medir la sobretensión en un circuito.

SOBRETODO m. Prenda de vestir, parecida, pero, en general, más ligera que el gabán.

SOBREVALORAR tr. SUPERVALORAR.

SOBREVENIR intr. **1** Acaecer o suceder una cosa además o después de otra. **2** Venir improvisadamente. **3** Venir a la sazón, al tiempo de, etc. ♦ IRREG. Se conjuga como VENIR.

SOBREVIVIR intr. Vivir uno después de la muerte de otro o después de un determinado suceso o plazo.

SOBREVOLAR tr. Volar sobre un lugar, ciudad, territorio, etc. ♦ IRREG. Se conjuga como CONTAR.

SOBREXCEDER tr. Exceder, aventajar a otro.

SOBREXCITAR tr. y prnl. SOBREEXCITAR.

SOBRIEDAD f. Cualidad de sobrio.

SOBRINO, NA m. y f. Respecto de una persona, hijo o hija de su hermano o hermana, o de su primo o prima. Los primeros se llaman carnales, y los otros, segundos, terceros, etc.

SOBRIO, BRIA adj. **1** Templado, moderado, especialmente en comer y beber. **2** Que carece de adornos superfluos. **3** Se dice del que no está borracho.

SOCAIRE m. *Mar.* Abrigo o defensa que ofrece una cosa en su lado opuesto a aquel de donde sopla el viento.

SOCALIÑA f. Ardid o artificio con que se saca a uno lo que no está obligado a dar.

SOCAPAR tr. *Bol.*, *Ecuad.* y *Méx.* Encubrir faltas ajenas.

SOCARRAR tr. y prnl. Quemar o tostar ligera y superficialmente una cosa.

SOCARRÓN, NA adj. y s. Se dice del que se burla con disimulo fingiendo seriedad, así como de sus dichos, ademanes, etc.

SOCAVA f. Acción y efecto de socavar.

SOCAVACIÓN f. *Geol.* Acción de excavar por debajo de un material geológico.

SOCAVAR tr. Excavar por debajo algo, dejándolo en falso.

SOCAVÓN m. **1** *Geol.* Cueva que se excava en la ladera de un cerro o monte y a veces se prolonga formando galería subterránea. **2** Hundimiento del suelo por haberse producido una oquedad subterránea.

SOCHANTRE m. Director del coro en los oficios divinos.

SOCHI Ciudad de la Federación de Rusia, República federada de Rusia; 355.000 h.

SOCIABILIDAD f. Cualidad de sociable.

SOCIABLE adj. Naturalmente inclinado al trato y relación con las personas o que tiene disposición para ello.

SOCIAL adj. **1** Perteneciente o relativo a la sociedad o a las relaciones entre unas y otras clases o a las disciplinas que estudian los fenómenos sociales. **2** Perteneciente o relativo a una compañía o sociedad, o a los socios o compañeros, aliados o confederados.

SOCIALDEMOCRACIA f. *Polít.* Doctrina y movimiento político de ideología socialista moderada. Bajo esta denominación se agrupan una serie de partidos políticos que defienden la realización del programa de emancipación de la clase trabajadora mediante una serie de re-

socialismo. Alegoría de la Internacional Socialista. Gabinete de grabados. Biblioteca Nacional (París).

formas graduales encaminadas a mejorar las condiciones de los menos favorecidos, pero siempre dentro de un sistema liberal democrático de pleno respeto a las reglas parlamentarias y con la colaboración de la burguesía. Su aparición es un fenómeno típicamente europeo, de gran auge tras la Segunda Guerra Mundial y a lo largo de la «guerra fría».

SOCIALDEMÓCRATA adj. 1 Que profesa la doctrina de la socialdemocracia. También s. 2 Relativo a la socialdemocracia.

SOCIALES, GUERRAS Hist. Nombre con que se designan dos conflictos de la Antigüedad: el mantenido por miembros de la Segunda Confederación ateniense, para preservar su autonomía, contra su aliada Atenas (357-356 a. C.), que terminó con la derrota de ésta y la disolución de la Confederación; y el sostenido por Roma contra sus aliados itálicos (91-88 a. C.), que deseaban la concesión de ciudadanía en igualdad de derechos con los romanos.

SOCIALISMO m. 1 Econ. y Polít. Sistema de organización social y económico basado en la propiedad y administración colectiva o estatal de los medios de producción civiles, en la regulación por el Estado de las actividades económicas y sociales, en la distribución de los bienes y en la progresiva desaparición de las clases sociales. [Encic.] 2 Polít. Movimiento político que intenta establecer, con diversos matices, este sistema.
Hist. Doctrina política y económica que aboga por una distribución equitativa de la riqueza, al tiempo que preconiza la libertad efectiva y la igualdad auténtica de todos los seres humanos. Los antecedentes históricos del socialismo hay que situarlos en el llamado *socialismo utópico*, elaborado por figuras como Saint-Simon, Fourier, Owen y Proudhon, que abogaban por la sustitución de la propiedad privada por una socialización estatal. La doctrina socialista alcanzó su pleno desarrollo en el siglo XIX, como consecuencia de la Revolución Industrial, que sentaba las bases para la aparición del *socialismo científico*. Sus principales promotores fueron Marx y Engels, que con la publicación del *Manifiesto Comunista* (1848) iniciaron una fase muy combativa del movimiento obrero, sustituyendo las consideraciones morales y especulativas de los primeros socialistas por unos análisis económicos más precisos y rigurosos. El enlace entre la teoría socialista y las organizaciones obreras se produjo en la segunda mitad de siglo: se desarrollaron las nuevas formas organizativas, tanto nacionales como internacionales (véase MOVIMIENTO OBRERO). A la par de este desarrollo organizativo, las disensiones internas se volvieron más intensas, como lo muestran los enfrentamientos entre marxistas y anarquistas y las disputas en el seno de la SEGUNDA INTERNACIONAL. La Revolución Rusa (1917) provocó una revitalización de los partidos socialistas con la fundación, bajo los auspicios de Lenin, del Partido Comunista y la TERCERA INTERNACIONAL. Durante el fascismo, los movimientos socialistas se agruparon en los Frentes Populares, y tras la Segunda Guerra Mundial, muchos partidos socialistas de Europa occidental se vieron promocionados al gobierno, mientras sus homólogos de la Europa del Este se unificaban con los comunistas, subordinándose al modelo soviético. En 1951 tuvo lugar la conferencia fundacional de la III INTERNACIONAL SOCIALISTA, con el abandono de muchos principios marxistas.

SOCIALISTA adj. 1 Que profesa la doctrina del socialismo. También com. 2 Perteneciente o relativo al socialismo.

SOCIALIZAR tr. 1 Transferir al Estado, u otro órgano colectivo, las propiedades, industrias, etc., particulares. 2 Promover las condiciones sociales que, independientemente de las relaciones con el Estado, favorezcan en los seres humanos el desarrollo integral de su persona.

SOCIEDAD f. 1 Reunión mayor o menor de personas, familias, pueblos o naciones. 2 Sociol. Agrupación natural o pactada de personas, que constituyen unidad distinta de cada cual de sus individuos, con el fin de cumplir, mediante la mutua cooperación, todos o alguno de los fines de la vida. Se aplica también a los animales. 3 Der. y Econ. Contrato por el cual dos o más personas se obligan a poner en fondo común bienes, industria o cualquiera de ambas cosas, con ánimo de repartir entre sí las ganancias. || **SOCIEDAD ANÓNIMA** (SA) Der. y Econ. Sociedad mercantil en la que el capital se halla distribuido en acciones, sin que ninguno de los socios contraiga responsabilidad superior a la representada por la aportación que realiza mediante las acciones suscritas o adquiridas (responsabilidad limitada). || **SOCIEDAD COLECTIVA** Der. y Econ. Sociedad de tipo personalista que bajo el principio de la responsabilidad personal, ilimitada y solidaria de sus socios se dedica, en nombre colectivo, a la explotación de una actividad mercantil. || **SOCIEDAD EN COMANDITA** O **COMANDITARIA** Der. y Econ. Aquella en que hay dos clases de socios: unos con derechos y obligaciones como en la sociedad colectiva, y otros, llamados comanditarios, que tienen limitados a cierta cuantía su interés y su responsabilidad en los negocios comunes. || **SOCIEDAD COOPERATIVA** COOPERATIVA. || **SOCIEDAD DE CONSUMO** Der. y Econ. Forma de sociedad en la que se estimula la adquisición y consumo desmedidos de bienes, sin necesidad de sustituir otros todavía en uso. || **SOCIEDAD LIMITADA** (SL) Der. y Econ. Aquella en que la responsabilidad de cada socio está limitada al capital aportado. || **SOCIEDAD SECRETA** Reunión clandestina de personas, que, como reacción contra una situación considerada opresiva, se agrupan para conseguir determinados fines patrióticos, políticos, religiosos o de otra clase.

SOCIEDAD Archipiélago de Oceanía, que constituye una circunscripción de Polinesia Francesa; 1.647 km² y 142.129 h. Tahití es la isla principal.

SOCIEDAD FABIANA FABIANA, SOCIEDAD.

SOCIEDAD DE NACIONES Polít. Organismo creado en 1920, de acuerdo con lo establecido en el tratado de Versalles, con el objetivo de proporcionar garantías recíprocas de independencia política y territorial a todos los Estados. Las disensiones que surgieron poco después de su creación entre los diversos Estados miembros y la impotencia de la Sociedad para arreglar pacíficamente los conflictos importantes fueron las causas principales de su fracaso. Se disolvió en 1947, y fue reemplazada por la Organización de las Naciones Unidas.

SOCIEDAD DE SAN FRANCISCO DE SALES Rel. Congregación religiosa fundada por san Juan Bosco en Turín en 1859. El fin principal de los salesianos es la educación de la juventud.

SOCIETARIO, RIA adj. Perteneciente o relativo a las asociaciones, especialmente a las obreras.

SOCINIANISMO m. Rel. Movimiento protestante fundado por Lelio y Fausto Socino (siglo XVI), que negaba el dogma de la Trinidad y la divinidad de Jesucristo y propugnaba la libre interpretación de la Biblia. Alcanzó su mayor difusión entre los librepensadores y racionalistas.

SOCIO, CIA m. y f. 1 Persona asociada con otra u otras para un fin. 2 Miembro de una sociedad, o agrupación de individuos.

SOCIO- pref. que entra en la formación de algunas palabras con los significados de social o sociedad.

SOCIOBIOLOGÍA f. Ciencia que estudia de una forma sistemática las bases biológicas de todo comportamiento social.

SOCIOCULTURAL adj. Relativo al estado cultural de una sociedad o grupo social.

SOCIOECONÓMICO, CA adj. Relativo a las características sociales y económicas, consideradas de forma conjunta.

SOCIOLECTO m. Ling. Conjunto de las peculiaridades lingüísticas de un determinado grupo social.

SOCIOLINGÜÍSTICA f. Ling. Disciplina que estudia las relaciones entre la lengua, la cultura y la sociedad, y que tiene como objetivo el establecimiento de relaciones causales entre ellos.

SOCIOLOGÍA f. Ciencia que trata de las condiciones de existencia y desenvolvimiento de las sociedades humanas.
Sociol. Aunque se puede considerar a autores como Hobbes, Montesquieu y Saint-Simon precursores del estudio sociológico, fue Comte el primero en presentar los hechos sociales como objeto de una ciencia, positiva en la metodología y basada en la observación empírica del fenómeno social. La misma orientación cientificista poseen los estudios de H. Spenser, É. Durkheim, que define el hecho social por su exterioridad respecto a las conciencias individuales, y los funcionalistas R. Merton y T. Parsons. Frente al positivismo, autores como W. Pareto, T. Mannheim o M. Weber, elaboraron teorías subjetivistas. Este último, al analizar las diferencias entre ciencias humanas y naturales respetó la singularidad del fenómeno humano. El marxismo aportó una interpretación distinta, llamada dialéctica, al afirmar que el modo de producción de la vida material, la existencia social del hombre, condicionan su conciencia (materialismo histórico), teoría asumida por Lenin, Luxemburg, Gramsci, etc.

SOCIOMETRÍA f. Estudio de las formas y tipos de interrelación en un grupo de personas mediante métodos estadísticos. Estudia la estructura interna de los grupos sociales y, mediante las técnicas del psicodrama y sociodrama, las fuerzas de atracción y repulsión entre los individuos de un grupo.

SOCIOPATOLOGÍA f. Sociol. Dificultad o carencia en las relaciones establecidas dentro de un grupo social o entre dos grupos diferentes.

SOCOMPA Volcán situado entre la provincia chilena de Antofagasta y la argentina de Salta; 6.051 m.

SOCORRER tr. 1 Ayudar, favorecer en un peligro o necesidad. 2 Dar a uno a cuenta parte de lo que se le debe, o de lo que ha de devengar.

SOCORRIDO, DA adj. 1 Se dice del que con facilidad socorre la necesidad de otro. 2 Se aplica a aquello en que se halla con facilidad lo que es necesario. 3 Se dice de los recursos que fácilmente y con frecuencia sirven para resolver una dificultad.

SOCORRISMO m. Organización y adiestramiento para prestar socorro en caso de accidente.

SOCORRO m. 1 Acción y efecto de socorrer. 2 Dinero, alimento u otra cosa con que se socorre. 3 Tropa que acude en auxilio de otra. 4 Provisión de municiones de boca o de guerra que se lleva a un cuerpo de tropa o a una plaza que la necesita.

SOCORRO Isla de México, Estado de Colima, la mayor del archipiélago de Revillagigedo.

SOCOTRA o **SOKOTORA** Isla de Yemen, en el océano Índico; 3.626 km² y 15.000 h. Su capital es Tamrida.

SOCOTRA Socotora.

SÓCRATES Filósofo griego (Atenas, 470 - íd., 399 a. C.). Los datos que se poseen de su vida son escasos y han sido transmitidos por sus discípulos, ya que no dejó ningún escrito. El intento primordial de su filosofía es la formación autónoma de la persona. De aquí que el primer conocimiento del hombre debe ser el conocimiento de sí mismo, cuya primera manifestación es la conciencia de la propia ignorancia. Para Sócrates, el mal no es producto de la voluntad sino de la ignorancia. Su método, conocido como mayéutica, consistía en formular a sus interlocutores preguntas sobre diversas cuestiones, para poder llegar a una formulación general, que permitiese acceder al conocimiento de la verdad. Acusado de corromper a la juventud con sus enseñanzas y de honrar a dioses distintos de los de la ciudad, fue condenado a beber la cicuta.

Muerte de Sócrates. Cuadro de Jacques-Louis David. Museo Metropolitano (Nueva York).

SOCRÁTICO, MÉTODO MAYÉUTICA.

SODA (Voz it.) f. **1** *Quím.* SOSA. **2** Bebida gaseosa compuesta por agua y ácido carbónico.

SODALITA f. *Miner.* Mineral feldespatoide de color generalmente azul, que cristaliza en el sistema cúbico y se emplea como piedra ornamental.

SODDY, FREDERICK Físico y químico inglés (Eastbourne, 1877 - Brighton, 1956). Desarrolló, con Rutherford, la teoría de la desintegración de los elementos radiactivos y descubrió el fenómeno de la *isotopía.* Premio Nobel de Química (1921).

SÖDERBERG, HJALMAR Escritor sueco (Estocolmo, 1869 - Copenhague, 1941). De su obra narrativa destacan *Förvillelser* (1895), *Doktor Glas* (1905), *La juventud de Martin Birck* (1901).

SÖDERBLOM, NATHAN Prelado luterano sueco (Tröno, 1866 - Uppsala, 1931). Arzobispo de Uppsala desde 1914, promovió la Conferencia Ecuménica de Estocolmo (1925). Obtuvo el premio Nobel de la Paz en 1930.

SÖDERMANLAND Condado del SE de Suecia; 6.062 km² y 256.269 h. Su capital es Nyköping.

SODIO (De *soda.*) m. *Quím.* Elemento químico del grupo I A del sistema periódico. Masa atómica, 22,9898; número atómico, 11; peso específico, 0,97; punto de fusión, 97,5 °C; punto de ebullición, 882,9 °C; símbolo, Na. Metal alcalino, de color y brillo argentinos, blando como la cera, maleable, muy ligero y activo químicamente, no se encuentra libre en la naturaleza. Es muy frecuente combinado en forma de compuestos (halita, sosa cáustica, nitrato de Chile, silicatos complejos, etc.).

SODOMA *Hist.* y *Rel.* Antigua ciudad de Palestina, cerca del mar Muerto, que, según el relato de la Biblia, fue destruida por Dios como castigo a los pecados de sus habitantes.

SODOMA, IL (GIOVANNI ANTONIO BAZZI, llamado) Pintor italiano (Vercelli, 1477 - Siena, 1549). El estilo esfumado de Leonardo y un suave claroscuro definen su pintura. Autor de *Amor y castidad, Judith,* etc.

SODOMÍA f. Concúbito entre varones o contra el orden natural.

SOEZ adj. Bajo, grosero, indigno, vil.

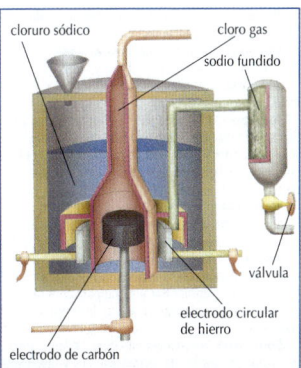

Proceso de obtención del **sodio.**

SOFÁ m. Asiento cómodo para dos o más personas, que tiene respaldo y brazos. || **SOFÁ-CAMA** Sofá que contiene una cama plegada en su interior y sirve para ambos usos.

SOFÍ[1] m. Título de majestad que se dio a los reyes de la dinastía que gobernó en Persia de 1502 a 1736.

SOFÍ[2] adj. SUFÍ.

SOFÍA f. *Zool.* Insecto lepidóptero ropalócero, de nombre científico *Issoria lathonia,* mariposa de color naranja con vistosas manchas plateadas en la parte inferior de las alas.

-SOFÍA suf. -SOFO.

SOFÍA 1 Provincia de Bulgaria; 18.978 km² y 942.037 h. **2** Distrito urbano de Bulgaria; 1.311 km² y 1.199.708 h. **3** Ciudad capital de Bulgaria, de la provincia y del distrito urbano de su nombre, situada en una elevada meseta al O del país; 1.114.168 h. Centro económico y cultural. Industria mecánica, química y textil. Contiene muchas construcciones de estilo bizantino. Basílica de Santa Sofía (siglos VI-VII) y catedral dedicada a Alejandro Nevski (siglo XX). Capital de la provincia de la Dacia con el nombre de Serdica en tiempos de Aureliano, fue destruida por Atila (siglo IV). Posteriormente, se convirtió en un destacado núcleo urbano del imperio bizantino. Tomada por los búlgaros a principios del siglo IX, pasó a poder de los turcos a finales del siglo XIV. Liberada del poder turco en 1878, se convirtió en la capital de Bulgaria un año después.

SOFÍA ALEXEIEVNA Regente de Rusia (Moscú, 1657 - íd., 1704). Hija de Alejo I, a la muerte de su hermano Fedor III se apoderó de la regencia y gobernó despóticamente, aunque el soberano nominal era su hermano Iván V. Inició una política de reformas administrativas, continuadas por su hermanastro Pedro I, que la derrocó en 1689.

SOFÍA DE GRECIA Reina de España (Psixicó, 1938). Hija primogénita del rey Pablo I de Grecia, el 14 de mayo de 1962 contrajo matrimonio con don Juan Carlos de Borbón y Borbón, más tarde rey de España con el nombre de Juan Carlos I, con quien tuvo tres hijos, Elena, Cristina y Felipe.

SOFIÓN m. **1** Bufido, demostración de enfado. **2** Especie de escopeta de boca ancha.

SOFISMA m. Razón o argumento aparente con que se quiere defender o persuadir lo que es falso.

SOFISMO m. sufismo.

SOFISTA adj. y com. **1** Que argumenta con sofismas o es partidario de la sofística. || m. *Filos.* **2** En la Grecia antigua, miembro de un movimiento intelectual que desarrolló una filosofía relativista y subjetiva, tanto en el orden moral como en el teórico. Los sofistas eran maestros que enseñaban a los jóvenes retórica y política. Por su amor al dinero y sus ataques a la vida familiar y a las instituciones sociales, políticas y religiosas, se granjearon el odio del pueblo. Entre los sofistas más célebres se encuentran Protágoras, Gorgias, Pródico e Hippias.

SOFÍSTICA f. *Filos.* Movimiento cultural protagonizado por los sofistas que se desarrolló en Grecia entre los siglos V y IV a. C.

SOFISTICADO, DA adj. **1** Falto de naturalidad, afectadamente refinado. También s. **2** fig. Elegante, refinado. **3** fig. Complejo, completo. Se dice de aparatos, técnicas o mecanismos.

SOFISTICAR[1] tr. Adulterar, falsificar con sofismas o procedimientos engañosos.

SOFISTICAR[2] tr. y prnl. Quitar naturalidad o actuar una persona sin ella o con exceso de artificio.

SOFLAMA f. **1** Bochorno o ardor que suele subir al rostro por enojo, vergüenza, etc. **2** fig. Expresión artificiosa con que uno intenta engañar. **3** fig. desp. Discurso, perorata.

-SOFO, -SOFÍA sufs. que significan sabio o sabiduría.

SOFOCAR tr. **1** Ahogar, impedir la respiración. **2** Apagar, extinguir. **3** fig. Acosar, importunar demasiado a uno. **4** fig. Abochornar, avergonzar a uno. También prnl.

SÓFOCLES Poeta trágico griego (Colono, 495 - Atenas, 405 a. C.). Fue músico y actor, y hacia el 468 a. C. se dio a conocer como dramaturgo, venciendo a Esquilo en la competición en honor de Dionisos. Amigo de Herodoto y Pericles, ocupó altos cargos públicos en Atenas y fue estratega en una expedición contra Samos (440 a. C.). Sus tragedias representan el equilibrio de la belleza de lo humano. Entre sus innovaciones teatrales se encuentran la inclusión del tercer actor, el aumento del número de coreutas, la decoración del escenario, la renuncia a la trilogía rígida y la aparición de personajes cuyo carácter evoluciona a lo largo de la acción. Escribió entre 120 y 130 obras, de las que sólo se han conservado *Antígona* (442), *Ayax* (430), *Edipo rey* (h. 430), *Traquinias* (418), *Electra* (412), *Filoctetes* (h. 409), *Edipo en Colona* (h. 407) y un drama satírico, *Los sabuesos,* del que sólo se conservan algunas partes.

SOFOCO m. **1** Efecto de sofocar. **2** *Fisiol.* Sensación de calor, repentina y transitoria, a veces acompañada de sudor y enrojecimiento de la piel. **3** fig. Grave disgusto que se da o se recibe.

Sofía de Grecia, reina de España.

SOFOCÓN m. fam. Desazón, disgusto que sofoca o aturde.

SOFONÍAS Biznieto del rey Ezequías, y uno de los profetas menores de la Biblia. Lleva su nombre un libro de ésta.

SOFONISBA Reina de Numidia (? - ?, 203 a. C.). Hija de Asdrúbal, se casó con el rey Sifax, de Numidia, y después con Masinisa, que la envenenó para evitar que Escipión la esclavizase.

SOFOQUINA f. fam. Sofoco intenso.

SÓFORA f. *Bot.* Árbol caducifolio perteneciente a la familia leguminosas, de nombre científico *Sophora japonica,* de hasta 25 m de altura, copa muy redondeada, con ramitas azuladas y corteza verde oscura, lisa y lustrosa. Originario de la zona que va desde Corea al SE de Asia, se cultiva en Europa como ornamental.

SOFOVICH, LUISA Escritora argentina (Buenos Aires, 1905 - íd., 1970). Esposa de Ramón Gómez de la Serna. Autora de *La sonrisa, El baile, Biografía de la Gioconda* y *Ramón Gómez de la Serna.*

SOFREÍR tr. Freír un poco o ligeramente una cosa. ♦ IRREG. Se conjuga como REÍR.

SOFRENAR tr. **1** Reprimir el jinete a la caballería tirando violentamente de las riendas. **2** fig. Refrenar una pasión del ánimo.

SOFRITO m. *Gastron.* Condimento que se añade a un guiso, compuesto por diversos ingredientes fritos en aceite, especialmente cebolla o ajo, entre otros.

SOFROLOGÍA f. *Psicol.* Disciplina que estudia los efectos sobre el organismo de métodos de acción psíquica (hipnotismo, yoga, relajación) y sus posibilidades terapéuticas.

SOFTWARE (Voz i.) m. *Inform.* Término genérico que se aplica a los componentes de un sistema informático que no son tangibles o físicos, como los programas.

SOGA f. **1** Cuerda gruesa de esparto. **2** *Arquit.* Parte de un sillar o ladrillo que queda descubierta en el paramento de la fábrica. || **con la soga a la garganta,** o **al**

cuello fr. fig. Amenazado de un riesgo grave. También, en apretura o apuro.

Sogamoso Río de Colombia, que resulta de la unión del Chicamocha y el Suárez y desemboca en el Magdalena; 524 km.

Sogdiana Geog. hist. Antigua región de Asia Menor. Su capital era Maracanda, actualmente Samarcanda. En la actualidad forma parte de Uzbekistán y Tayikistán.

Sogn og Fjordane Condado del O de Noruega; 18.620 km² y 107.648 h. Su capital es Leikanger. Explotación forestal.

Sogún o **Shogun** m. Hist. Título o nombre de los grandes señores que gobernaban Japón en representación del emperador. Su poder duró desde 1185 hasta 1868.

Sohag Gobernación de Egipto; 1.547 km² y 3.067.000 h. Su capital es la ciudad del mismo nombre.

Soirée (Voz fr.) f. **1** Reunión de personas con motivo de una fiesta vespertina de sociedad. **2** Función vespertina de cine o teatro.

Soissons Ciudad de Francia, departamento de Aisne; 24.359 h. Catedral (siglos XII-XVIII). Abadía de San Juan des Vignes (siglo XI). Conquistada por Clodoveo I a Siagrio (486), fue la capital de sus descendientes, los reyes de Neustria.

soja f. Bot. Planta herbácea anual de la familia de las leguminosas, con fruto parecido al fréjol, comestible y muy nutritivo, de cuya semilla se extrae un aceite de uso alimentario.

sojuzgar tr. Dominar, mandar con violencia.

soka-tira f. Dep. Deporte vasco que consiste en el enfrentamiento de dos equipos que tiran de los extremos de una cuerda.

Sokoto Hist. Antiguo reino de África, situado entre Níger y Chad, fundado por el jeque mahometano senegalés Omán Danfodio en el siglo XIX.

sol¹ m. **1** fig. Luz, calor o influjo del Sol. **2** Econ. Unidad monetaria de Perú, hasta 1986, en que fue sustituida por el inti. **3** Quím. Disolución que consiste en un sistema coloidal fluido formado por dos o más componentes. ‖ **sol de justicia** fig. solazo. ‖ **arrimarse al sol que más calienta** fr. fig. Servir y adular al más poderoso. ‖ **de sol a sol** loc. adv. Desde que nace el Sol hasta que se pone. ‖ **no dejar a sol ni a sombra** a uno fr. fig. y fam. Perseguirlo con importunidad a todas horas y en todo sitio. ‖ **ser un sol** loc. fig. y fam. con que se ponderan afectuosamente las cualidades de una persona y, a veces, de un animal o cosa. ‖ **tomar el sol** fr. Ponerse en un sitio adecuado para disfrutar de él.

sol² m. Mús. Quinto grado de la escala diatónica de do.

Sol Astron. Estrella luminosa, la más próxima a la Tierra, centro de nuestro sistema planetario. Se mueve en 220 millones de años una vez alrededor del núcleo del sistema de la Vía Láctea. [Encic.] ‖ **sol de medianoche** Astron. En las regiones terrestres de latitud 60º o mayor, comportamiento del Sol, alrededor del solsticio de verano, que consiste en que de noche no llega a desaparecer por el horizonte.

Astron. Las características esenciales del Sol son: 1.390.038 km de diámetro ecuatorial; 1.99010³⁰ kg de masa; 1,4 g/cm³ de densidad respecto al agua; gravedad 27,6 veces la de la Tierra; distancia media a la Tierra 149.600.000 km; tiempo medio de rotación 25 días, 5 horas y 37 minutos, y velocidad de traslación 19,5 km

José Gutiérrez **Solana**. *El bibliófilo*. Colección Banco Santander (Madrid).

por segundo. El Sol sigue aparentemente en el cielo una circunferencia llamada eclíptica, que forma con el ecuador celeste un ángulo de 23º 27'. La temperatura de su superficie exterior es de aproximadamente 5.700 °C y la del interior, entre 10 y 16 millones de grados. El Sol está constituido por las siguientes capas: *esfera interior solar*, formada de gases, donde se genera la energía que se transporta al exterior; *fotosfera*, única superficie visible desde la Tierra, con aproximadamente 600 km de grosor; *cromosfera*, con un grosor de 10.000 km, en donde se localizan los filamentos y erupciones solares; y *corona*, envoltura luminosa, en forma de radiación, y en la que se pueden observar las protuberancias de gases extremadamente enrarecidos y temperaturas alrededor de algunos millones de grados.

solado m. Revestimiento de un piso con ladrillo, losas u otro material análogo.

solador m. El que tiene por oficio solar pisos.

solana f. Ecol. Lugar orientado al sol, donde éste incide plenamente y durante más tiempo. Corresponde a las exposiciones SO, S, SE, E y NE.

Solana, José Gutiérrez Pintor y escritor español (Madrid, 1886 - íd., 1945). Su obra, de rasgos expresionistas e inspirada en la tradición española, desarrolla temas costumbristas. Entre sus cuadros destacan *El entierro de la sardina*, *Carnaval en la aldea*, *El bibliófilo*, *Garrote vil*, etc.

solanáceo, a adj. y f. Bot. **1** Se dice de la planta angiosperma dicotiledónea, como la patata y el tabaco. ‖ f. pl. Bot. **2** Familia de estas plantas.

solanera f. **1** Ecol. Paraje expuesto sin resguardo a los rayos solares cuando son más molestos y peligrosos. **2** Efecto que produce en una persona el tomar mucho el sol. **3** Parte de la casa destinada a tomar el sol.

solano m. Meteor. **1** Viento que sopla de donde nace el Sol. **2** Viento cálido y sofocante, cualquiera que sea su rumbo.

Solano López, Francisco López, Francisco Solano.

solapa f. **1** Parte del vestido, correspondiente al pecho, y que suele ir doblada hacia fuera sobre la misma prenda de vestir. **2** Prolongación lateral de la cubierta o camisa de un libro, que se dobla hacia adentro y en la que se imprimen algunas advertencias o anuncios.

solapado, da adj. fig. Se dice de la persona que por costumbre oculta maliciosa y cautelosamente sus pensamientos.

solapar tr. **1** Cubrir del todo o en parte una cosa a otra. **2** fig. Ocultar maliciosa y cautelosamente la verdad o la intención.

solar¹ (De *suelo*.) m. **1** Casa, descendencia, linaje noble. **2** Porción de terreno donde se ha edificado o que se destina a edificar en él. **3** Agr. Suelo de la era.

solar² (Del lat. *solaris*.) adj. Astron. Relativo al Sol.

solar³ tr. Revestir el suelo con ladrillos, losas u otro material. ♦ IRREG. Se conjuga como CONTAR.

Solar, Alberto del Escritor chileno (Santiago de Chile, 1860 - Buenos Aires, 1920). Escribió *Páginas de mi diario de campaña* (1879-81), *De Castilla a Andalucía* (1886), las novelas *Huincahual* (1888) y *Rastacuero* (1890), y el libro de poemas *El Océano* (1908).

solariego, ga adj. **1** Relativo al solar de antigüedad y nobleza. También s. **2** Hist. En la Edad Media, se decía del hombre o colono que vivía en tierra del rey, de la iglesia o de un hidalgo, sometido al poder personal de su señor. También s. **3** Antiguo y noble.

Andrea **Solario**. *Tañedora de laúd*. Palacio Barberini (Roma).

Solario o **Solari, Andrea** Pintor italiano (Milán, h. 1470 - ?, 1524). Hermano de Cristóforo, fue discípulo de Leonardo da Vinci y uno de sus mejores imitadores.

Solario o **Solari, Cristoforo** (llamado IL GOBBO) Arquitecto y escultor italiano (¿Angera?, 1460 - Milán, 1527). Intervino como escultor y arquitecto en la construcción de la catedral de Milán.

solárium m. **1** En la antigua Roma, todo paraje expuesto al sol. **2** Cámara próxima al baño, en la que el bañista se podía secar al sol. **3** Terraza o lugar dispuesto para tomar baños de sol.

solaz m. Esparcimiento, alivio de los trabajos. ‖ **a solaz** loc. adv. Con gusto y placer.

solazar tr. y prnl. Dar solaz.

solazo m. fam. Sol fuerte y ardiente que calienta y se deja sentir mucho.

soldada f. **1** Sueldo, salario o estipendio. **2** Haber del soldado.

soldadesca f. **1** desp. Conjunto de soldados. **2** Tropa indisciplinada.

soldado m. **1** Persona que sirve en la milicia. **2** Militar sin graduación. ‖ **soldado de cuota** Hist. El que sólo debía estar en filas una parte del tiempo señalado por la ley, por haber pagado la cuota militar correspondiente.

soldadura f. Met. Material que sirve y está preparado para soldar. ‖ **soldadura autógena** La que se hace con el mismo metal de las piezas que se han de soldar.

soldar tr. **1** Pegar sólidamente dos cosas, de ordinario con alguna sustancia igual o semejante a ellas. **2** fig. Componer, enmendar y disculpar un desacierto con acciones o palabras. ♦ IRREG. Se conjuga como CONTAR.

Soldi, Raúl Pintor argentino (Buenos Aires, 1905 - íd., 1994). Su estilo, de formas simples y levemente irreales, se hace patente en sus paisajes de la llanura de Buenos Aires.

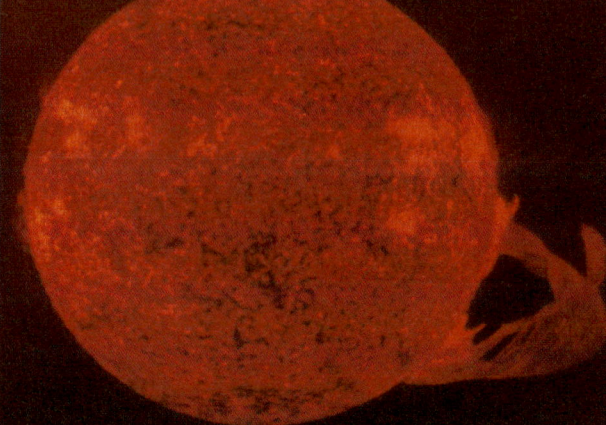

El **Sol**.

SOLEÁ f. *And. Folk.* Forma popular de soledad, tonada, copla y danza andaluzas. ♦ Su pl. es *soleares*.
SOLEAR tr. y prnl. Tener expuesta al sol una cosa por algún tiempo.
SOLECISMO m. *Gram.* Falta de sintaxis.
SOLEDAD f. **1** Carencia de compañía. **2** Lugar desierto, o tierra no habitada. **3** Pesar y melancolía que se sienten por la ausencia, muerte o pérdida de alguna persona o cosa. **4** SOLEÁ.
SOLEDAD Isla del archipiélago de las Malvinas. Es la mayor del grupo; 6.353 km². Se llama también Malvina del Este.
SOLEMNE adj. **1** Celebrado públicamente con pompa. **2** Formal, válido, acompañado de todos los requisitos necesarios. **3** Majestuoso, imponente. **4** Encarece en sentido peyorativo la significación de algunos nombres.
SOLEMNIDAD f. **1** Calidad de solemne. **2** Acto o ceremonia solemne. **3** Festividad eclesiástica.
SOLEMNIZAR tr. **1** Festejar o celebrar de manera solemne un suceso. **2** Engrandecer, autorizar o encarecer una cosa.
SOLENOIDE m. *Fís.* Circuito formado por un conductor arrollado en hélice, cuyo extremo vuelve hacia atrás en línea recta paralela al eje de la hélice.
SÓLEO m. *Anat.* Músculo plano de la pantorrilla unido a los gemelos por su parte inferior para formar el tendón de Aquiles.
SOLER intr. **1** Con referencia a seres vivos, tener costumbre. **2** Con referencia a hechos o cosas, ser frecuente. ♦ IRREG. Se conjuga como MOVER.
SOLER, MIGUEL ESTANISLAO Militar y político argentino (Buenos Aires, 1783 - íd., 1849). Luchó por la independencia; fue gobernador de Buenos Aires (1820) y jefe del Estado Mayor (1825-27).
SOLERA f. **1** Madero sobre el que descansan o se ensamblan otros. **2** VINO DE SOLERA. **3** Madre o lía del vino. **4** *Met.* Suelo de un horno. **5** fig. Carácter tradicional de las cosas, usos, costumbres, etc.
SOLERRANTIA f. *Bot.* ERRANTIA.
SOLESMES Población de Francia, departamento de Sarthe, 818 h. Abadía benedictina (siglo XI). Centro litúrgico, destacó en lo referente a los estudios sobre el canto gregoriano.
SOLETILLA f. Bizcocho con forma de suela.
SOLEURE SOLOTHURN.
SOLFA f. **1** fam. SOLFEO. **2** Conjunto de signos con que se escribe la música. **3** fig. y fam. Zurra de golpes. || **poner** una cosa **en solfa** fr. fig. y fam. Presentarla bajo un aspecto ridículo.
SOLFATARA (Voz it.) f. *Geol.* Fumarola posterior a una erupción volcánica en la que se desprenden gases sulfurosos que dejan en el suelo depósitos de azufre.
SOLFEAR tr. Cantar marcando el compás y pronunciando los nombres de las notas.
SOLFEO m. *Mús.* Técnica de leer correctamente los textos musicales y estudios que se realizan para adquirirla.
SOLFERINO *Hist.* Población de Italia, provincia de Mantua; 1.798 h. En ella Napoleón III derrotó al ejército austriaco al mando del emperador Francisco José I (1859). Esta batalla fue decisiva para la unidad italiana.
SOLICITAR tr. **1** Pretender o buscar una cosa con diligencia y cuidado. **2** Gestionar los negocios. **3** Requerir de amores a una persona. **4** Pedir una cosa de manera respetuosa, o rellenando una solicitud o instancia. **5** *Fís.* Atraer una o más fuerzas a un cuerpo, cada cual en su sentido.
SOLÍCITO, TA adj. Diligente, cuidadoso.
SOLICITUD f. **1** Diligencia o instancia cuidadosa. **2** Memorial en que se solicita algo.
SOLIDAR tr. **1** Consolidar. También prnl. **2** fig. Establecer, fundar o afirmar una cosa con razones verdaderas y fundamentales.
SOLIDARIDAD f. Adhesión circunstancial a la causa o a la empresa de otros.
SOLIDARIDAD (*Solidarnosc*) *Polít.* e *Hist.* Sindicato polaco independiente constituido en 1980 a raíz del movimiento de oposición obrera contra el gobierno comunista, fue ilegalizado en 1981 manteniendo su actividad en la clandestinidad hasta su legalización en 1989. En este mismo año obtuvo un importante éxito electoral y su líder Lech Walesa accedió a la presidencia del país en 1990.
SOLIDARIO, RIA adj. Adherido o asociado a la causa, empresa u opinión de otro.
SOLIDARIZAR tr. y prnl. Hacer a una persona o cosa solidaria con otra.
SOLIDEO m. Casquete que usan algunos eclesiásticos y que cubre la coronilla.
SOLIDEZ f. Calidad de sólido.
SOLIDIFICACIÓN f. *Fís.* **1** Acción y efecto de solidificar o solidificarse. **2** Proceso de cambio del estado de la materia de líquido a sólido.
SOLIDIFICAR tr. y prnl. Hacer sólido un líquido.

Batalla de **Solferino**. Cuadro anónimo del siglo XIX. Museo del Risorgimento. Brescia (Italia).

SÓLIDO, DA adj. **1** Firme, macizo, denso y fuerte. **2** *Fís.* Se dice del estado de agregación de la materia caracterizado porque sus moléculas poseen el mayor grado de gran cohesión. **3** fig. Establecido con razones fundamentales. **4** *Geom.* Objeto material de tres dimensiones.
SOLILOQUIO m. **1** Habla o discurso de una persona que no dirige a otra la palabra. **2** Lo que habla de este modo un personaje de obra dramática o de otra semejante.
SOLIMÁN Nombre de diversos sultanes otomanos.
SOLIMÁN CELEBÍ (?, 1377 - ?, 1421). Sucedió a Bayaceto I en 1403, pero fue derrotado y muerto por sus hermanos Muhammad y Mulsá.
SOLIMÁN I EL MAGNÍFICO o **EL LEGISLADOR** (Estambul, 1494 - Szigeth, 1566). Sucedió a su padre, Selim I, en 1520. Ensanchó las fronteras imperiales. Conquistó Belgrado (1521) y la isla de Rodas (1522), venció a Luis II de Hungría y se apoderó del país (1526), aunque luego fracasó en el sitio de Viena (1529). Tras firmar la paz con Austria en 1533, ocupó Tabriz y Bagdad (1534). Al finalizar su reinado, firmó una tregua con Persia (1555) y la paz con Austria (1562). Amante de las artes, mandó edificar numerosas mezquitas y dotó al imperio de un código legislativo.
SOLIMÁN II (Estambul, 1642 - Adrianópolis, 1691). Sucedió a su hermano Muhammad IV en 1687. Aunque fue un príncipe incapaz, la protección de su visir Mustafá Köprülü le permitió reconquistar a los imperiales Nis y Belgrado.
SOLIMANA Pico volcánico de Perú, en la cordillera Occidental, departamento de Arequipa; 6.117 m.
SOLIMENA, FRANCESCO (llamado L'ABATE CICCIO) Pintor italiano (Canale di Serino, 1657 - Barra, 1747). Su obra, inspirada por Lucas Jordán, poesía una gran teatralidad y toda la grandiosidad barroca. Entre sus obras destacan *La conversión de san Pablo* y *La caída de Simón Mago*, en San Paolo Maggiore (Nápoles), *Virgen con el Niño* y *Heliodoro expulsado del templo*, en la iglesia de Gesù Nuovo, Salerno.
SOLIO m. Trono, silla real con dosel.
SOLÍPEDO, DA adj. y s. *Zool.* Se dice del animal cuadrúpedo con un solo dedo, cuya uña constituye una funda protectora muy fuerte denominada casco, como el caballo, el asno y la cebra, entre otros.
SOLIPSISMO m. *Filos.* Forma radical de subjetivismo según la cual sólo existe o sólo puede ser conocido el propio yo.
SOLÍS, JUAN DÍAZ DE Descubridor español (Lebrija o Portugal, ? - Río de la Plata, 1516). Realizó junto a Vicente Yáñez Pinzón viajes por el mar Caribe y el norte de Brasil, buscando un paso que condujese a las Indias Orientales.
SOLÍS Y FOLCH DE CARDONA, JOSÉ Administrador español (Madrid, 1716 - Bogotá, 1770). Virrey de Nueva Granada (1753-61), reformó la Hacienda Pública y protegió las misiones.
SOLÍS Y RIVADENEYRA, ANTONIO DE Escritor español (Alcalá de Henares, 1610 - Madrid, 1686). Sacerdote y cronista de Indias, es autor de *Historia de la conquista de México* (1684).
SOLISTA com. *Mús.* Persona que ejecuta un solo de una pieza vocal o instrumental.
SOLITARIO, RIA adj. **1** Desamparado, desierto. **2** Solo, sin compañía. **3** Retirado, que ama la soledad o vive en ella. También s. || m. **4** Diamante que se engasta solo en una joya. **5** Juego que ejecuta una sola persona. || f. *Zool.* **6** Tenia, gusano intestinal.
SOLIVIANTAR tr. y prnl. **1** Mover el ánimo de una persona para inducirla a adoptar alguna actitud rebelde u hostil. **2** fig. Inquietar o alterar a alguien.
SOLLA f. *Zool.* Pez pleuronectiforme perteneciente a la familia pleuronéctidos, del mismo género que la platija.
SOLLADO m. Uno de los pisos o cubiertas inferiores de un buque, en la cual se suelen instalar alojamientos y pañoles.
SOLLO m. *Zool.* ESTURIÓN, pez.
SOLLOZAR intr. Producir, por un movimiento convulsivo, varias inspiraciones bruscas, entrecortadas, seguidas de una espiración; es fenómeno nervioso que suele acompañar al llanto.
SOLO, LA adj. **1** Único en su especie. **2** Que está sin otra cosa o que se mira separado de ella. **3** Se dice de las personas sin compañía. **4** Que no tiene quien le ampare o consuele. || m. *Mús.* **5** Composición o parte de ella que canta o toca una persona sola. || **a mis, a tus, solas** loc. adv. En soledad o retiro; fuera del trato social. || **a solas** loc. adv. Sin ayuda ni compañía de otro.
SÓLO adv. m. Únicamente, solamente.
SOLO SURAKARTA.
SOLOLÁ Departamento de Guatemala; 1.061 km² y 307.791 h. Su capital es la ciudad del mismo nombre.
SOLOMILLO m. En los animales de matadero, capa muscular que se extiende por entre las costillas y el lomo, muy sabrosa y delicada.
SOLOMON SALOMON.
SOLOMOS, DIONISIO Poeta griego (Zante, 1798 - Corfú, 1857). Es el más destacado representante del romanticismo griego. Autor de *Himno a la libertad* (1823) y *Lambros*, entre otras obras.
SOLÓN Legislador griego (Atenas, 640 - Chipre, 558 a. C.). Elegido arconte en 594 a. C., promulgó una constitución que sentó las bases de la democracia ateniense, dividiendo a los atenienses en cuatro clases de ciudadanos según criterios de riqueza personal y no de nacimiento y debilitando los privilegios de la nobleza. En la Antigüedad fue incluido entre los siete sabios de Grecia.
SOLÓRZANO, CARLOS Político nicaragüense (Managua, 1860 - Costa Rica, 1936). Miembro del Partido Conservador, fue elegido presidente en 1924 hasta ser

Francesco **Solimena**. *Virgen con el Niño*. Galería Nacional de Capodimonte (Nápoles).

depuesto, dos años después, por una revuelta promovida por el general Emiliano Chamorro.

Solórzano Pereira, Juan de Jurisconsulto y administrador español (Madrid, 1575 - íd., 1655). Ocupó el cargo de oidor de la Audiencia de Lima (1609). A su regreso a España (1627), fue nombrado fiscal de los Consejos de Hacienda, Indias y Castilla. Escribió *De Indiarum lure disputatione* (1629).

Solothurn o **Soletta** Cantón de Suiza; 791 km² y 243.450 h. Su capital es la ciudad del mismo nombre.

Solow, Robert M. Economista y financiero estadounidense (Nueva York, 1924). En 1987 recibió el premio Nobel de Economía por sus trabajos en el campo de la teoría sobre el crecimiento económico.

solsonense adj. y com. De Solsona.

solsticio m. *Astron.* Época en que el Sol se halla en uno de los dos trópicos, es decir, en su posición más alta o más baja, respectivamente, lo cual sucede del 21 al 22 de junio para el de Cáncer (*solsticio de verano*), y del 21 al 23 de diciembre para el de Capricornio (*solsticio de invierno*).

Soltanabad Arak.

soltar tr. **1** Desatar o descenñir. **2** Dar libertad al que estaba detenido o preso. **3** Desasir lo que estaba sujeto. También prnl. **4** Dar salida a lo que estaba detenido o confinado. También prnl. **5** *Med.* Con relación al vientre, hacerle evacuar con frecuencia. También prnl. **6** Romper en una señal de sentimiento interior, como risa, llanto, etc. **7** Explicar, dar solución. **8** fam. Aplicado a palabras o expresiones necias o malsonantes, decirlas. || prnl. **9** fig. Adquirir agilidad en la ejecución o negociación de las cosas. **10** fig. Abandonar la timidez y la modestia, actuando con desenvoltura. ♦ IRREG. Se conjuga como CONTAR.

soltería f. Estado de soltero.

soltero, RA adj. y s. Que no está aún casado.

solterón, NA adj. y s. Soltero ya entrado en años.

soltura f. **1** Agilidad, prontitud. **2** fig. Facilidad y claridad de dicción.

solubilidad f. *Quím.* **1** Cualidad de soluble. **2** Cantidad máxima de soluto que puede ser disuelta en un disolvente, en condiciones adecuadas de temperatura y presión.

soluble adj. **1** *Quím.* Que se puede disolver o desleír. **2** fig. Que se puede resolver.

solución f. **1** Acción y efecto de disolver. **2** Satisfacción que se da a una duda, o razón con que se disuelve la dificultad de un argumento. **3** En el drama y poema épico, desenlace de la trama o asunto. **4** Desenlace o término de un proceso, negocio, etc. **5** *Mat.* Cada una de las cantidades que satisfacen las condiciones de un problema o una ecuación. **6** *Quím.* DISOLUCIÓN. || **Solución de continuidad** Interrupción o falta de continuidad.

solucionar tr. Resolver un asunto, hallar solución o término a un negocio.

soluto m. *Quím.* Sustancia disuelta en un determinado disolvente, cuya proporción en él forma la concentración.

solutrense adj. **1** *Prehist.* Se dice del periodo del paleolítico superior, situado entre el auriñaciense final y el magdaleniense inferior (20.000-15.000 a. C. aproximadamente). Su localización se circunscribe casi exclusivamente a España y Francia. Grandes avances en la talla lítica y ósea y, en lo que se refiere al arte, aparición de representaciones femeninas y grabados en hueso, marfil y asta. También m. **2** Relativo a este periodo.

solvatación f. *Quím.* Proceso de hinchar, gelificar o disolver un material por la acción de un disolvente.

Solvay, Ernest Industrial y químico belga (Rebecq-Rognon, 1838 - Bruselas, 1922). Inventó el procedimiento que lleva su nombre para obtener sosa del cloruro de sodio.

solvencia f. **1** Carencia de deudas. **2** Capacidad de satisfacerlas.

solventar tr. **1** Arreglar cuentas, pagando la deuda a que se refieren. **2** Dar solución a un asunto difícil.

solvente adj. **1** Sin deudas. **2** Capaz de satisfacerlas. **3** Capaz de cumplir con sus obligaciones, cargos, etc., sobre todo con cuidado y celo.

Solzhenitsin, Alexander Isayevich Novelista soviético (Rostov del Don, 1918). Se ha distinguido por su crítica sistemática al régimen estalinista y su exaltación de los valores cristianos y eslavistas. Entre sus obras destacan *El primer círculo* (1955), *Un día en la vida de Iván Denisovich* (1962), *Pabellón de cáncer* (1968) y *Archipiélago Gulag* (1973). En 1970 le fue concedido el premio Nobel de Literatura. Deportado en 1974, no pudo regresar a Rusia hasta 1994.

som- pref. SUB-.

soma m. *Biol.* La totalidad de la materia corporal de un organismo vivo, es decir, su conjunto de células y tejidos.

-soma suf. SOMATO-.

-somado suf. SOMATO-.

somalí adj. y com. De Somalia.

Somalia (*Jamhuuriyadda Soomaaliya*) República de África oriental. Limita al N con el golfo de Adén; al E y S, con el océano Índico, y al O, con Kenia, Etiopía y Yibuti.

Geog. Geografía física. El interior del territorio está ocupado por una inmensa meseta de 1.400 m de altura media, cuya parte septentrional se halla bordeada por una cordillera que corre casi paralela al golfo de Adén y se extiende desde el Harar hasta el cabo Guardafuí. Sus puntos culminantes son el Gan Libash (1.920 m), la pirámide de Hais (1.880 m), la montaña de Airensit (1.590 m) y el Bur Handara (1.500 m). Su litoral tiene un desarrollo mínimo de 1.100 km en el golfo de Aden y de 2.100 km en el océano Índico. Los ríos más importantes son el Jeb o Juba, el Uebi, el Doara, el Tug Dehr, el Nogal y el Darror. Posee un clima tropical con escasas precipitaciones.

Geografía humana y económica. Con una economía basada en una agricultura de subsistencia y en el pastoreo, Somalia es uno de los países más pobres del mundo. El país ocupa el lugar 165 por su índice de desarrollo humano, con una esperanza de vida de 46,4 años y un índice de alfabetización de adultos del 27%. El país depende de la ayuda exterior. Sin embargo, el subsuelo del país es rico en minerales y posee importantes reservas de petróleo, prácticamente sin explotar. Otros problemas importantes de su economía son la deuda externa y el enorme déficit comercial.

Hist. Esta región fue conocida por los egipcios bajo el nombre de Fun, siendo tributaria de los faraones de la XVIII dinastía. Posteriormente, grupos de árabes e iranios que se habían asentado en el territorio formaron pequeñas comunidades de mercaderes que, tras la hégira, introdujeron el islam. En el siglo X se sucedieron oleadas de invasiones de somalíes procedentes de Arabia. A finales del siglo XVIII los somalíes lograron adueñarse aproximadamente de la extensión que ocupan en la actualidad. Durante el siglo XIX aumentaron los contactos con las potencias europeas; Egipto reclamó antiguos derechos turcos y, de 1874 a 1884, ocupó diferentes puntos de la costa hasta que los británicos establecieron un protectorado en la zona (1887). Italia se unió al expansionismo europeo en África y tras conquistar Eritrea firmó tratados de protectorado con los jefes de la zona (1889) y, posteriormente, un protocolo con Inglaterra en el que quedaban delimitadas las respectivas áreas de influencia. En 1940 la ofensiva de los italianos obligó a los británicos a evacuar la Somalia inglesa, que fue reconquistada, en 1941, uniendo, además, a ella la ocupación de la parte italiana, situación que se mantendría hasta 1949, año en que la ONU resolvió conceder a Italia el fideicomiso del territorio. A partir de 1950, la evolución política del protectorado inglés de Somalilandia y del fideicomiso de la Somalia italiana fue paralela y condujo a la constitución de la República de Somalia en 1960. En esa misma época comenzaron las tensiones fronteri-

Superficie: 637.000 km².	
Población: 7.253.000 h. (somalíes).	
Densidad: 11,4 h./km².	
Tasa de natalidad: 48,2‰.	
Tasa de mortalidad: 18,7‰.	
Capital: Mogadiscio.	
Ciudades principales: Hargeysa, Chisimaio, Berbera, Merca.	
Grupos étnicos: somalí (98,3%), árabe (1,2%) y bantú.	
Religión: islamismo sunnita (99,8%).	
Idioma: somalí (oficial), árabe, italiano e inglés.	
Moneda: chelín somalí.	
Forma de Estado: república presidencialista.	
Producto Nacional Bruto: 706 millones de dólares.	
Renta per cápita: 110 dólares.	
División administrativa: 16 regiones, según cuadro.	

SOMALIA

Regiones	Superficie (km²)	Población (h.)	Capitales
Bakool	27.000	148.700	Xuddur
Bajo Juba	61.000	272.400	Chisimaio
Bajo Scebeli	25.000	570.700	Merca
Bari	70.000	222.300	Bosaso
Bay	39.000	451.000	Baidoa
Benadir	1.000	520.100	Mogadiscio
Galguduud	43.000	255.900	Dhuusa Mareeb
Gedo	32.000	235.000	Garbahaarrey
Hiran	34.000	219.300	Belet Uen
Medio Juba	23.000	147.800	Dujuuma
Medio Scebeli	22.000	352.000	Giohar
Mudug	70.000	311.200	Galcayo
Nugaal	50.000	112.200	Garoe
Sanaag	54.000	216.500	Erigavo
Togdheer	41.000	383.900	Burao
Woqooyi Galbeed	45.000	655.000	Hargeysa

zas con Etiopía y Kenia, ambas con población somalí. Elegido presidente Aden Abdullah Osman, en 1967 le sucedió Ali Shermarke, que murió en el golpe de Estado de 1969. El general Mohamed Siyad Barreh se hizo cargo del poder y proclamó la República Democrática Somalí (1970). En 1979 se promulgó una nueva constitución que consagró un régimen de partido único, el Partido Socialista Revolucionario Somalí, lo que generó una fuerte oposición liderada por el Frente de Salvación, formado en 1981 con el apoyo de Libia y Etiopía. En 1982 se reanudó la guerra con Etiopía que duraría hasta 1988 en que se llegó a un acuerdo de paz. En 1990, tropas pertenecientes al Congreso Somalí Unificado (CSU) protagonizaron una rebelión que obligó a Siyad Barreh a huir del país, siendo nombrado presidente Alí Mahdi Mohamed en enero de 1991. El general Mohamed Aydid, que había dirigido el golpe contra Siyad Barreh, se negó a reconocer al nuevo presidente y estalló una guerra civil, que junto con la sequía llevaron a la población a una situación de penuria extrema. La ONU envió tropas de interposición, sobre todo estadounidenses, que fracasaron. En mayo de 1993 se iniciaron en Mogadiscio las conversaciones de paz. En marzo de 1994 los dos principales jefes guerrilleros llegaron a un acuerdo, aceptado por Mahdi Mohamed, para establecer un alto el fuego. A principios de 1995 abandonaron Somalia los soldados de la ONU que aún permanecían en ella. Sin embargo, continuaron los enfrentamientos esporádicos entre los diferentes grupos. En uno de ellos murió Mohamed Aydid, quien fue sustituido por su hijo Hussein Aydid en 1996. Sin embargo, el país continuó dividido en regiones prácticamente independientes, controladas por facciones militares. Varias de ellas se reunieron en 2000 y nombraron presidente a Abdigassem Salad Hassan, que, sin embargo, sigue sin ser reconocido por todos los grupos enfrentados.

Somalia Francesa Yibuti.
Somalia Inglesa Somalia.
Somalia Italiana Somalia.
somanta f. fam. Tunda, zurra.
somat- pref. somato-.
somático, ca adj. 1 Biol. Se dice de lo relativo a las células y tejidos que no forman gametos en un ser animado. 2 Med. Se dice del síntoma que es eminentemente corpóreo o material, para diferenciarlo del síntoma psíquico.
somatizar tr. Transformar inconscientemente una afección psíquica en orgánica.
somato-, **somat-**; **somato-**; **-soma**, **-somado**, **-somía**, **-somo** prefs., in. o sufs. que significan cuerpo.
Sombart, Werner Economista y sociólogo alemán (Ermsleben, 1863 - Berlín, 1941). Destacó especialmente por sus estudios sobre la evolución del capitalismo.
sombra f. 1 Oscuridad, falta de luz. Más en pl. 2 Proyección oscura que un cuerpo lanza en el espacio en dirección opuesta a aquella por donde viene la luz. 3 Imagen oscura que sobre una superficie cualquiera proyecta un cuerpo opaco, interceptando los rayos directos de la luz. 4 Fís. Lugar, zona o región a la que no llegan las imágenes, sonidos o señales transmitidos por un aparato o estación emisora. 5 Espectro o aparición vaga y fantástica de la imagen de una persona ausente o difunta. 6 fig. Ignorancia. 7 fig. Apariencia o semejanza de una cosa. 8 fig. Mácula, defecto. 9 Arg. y Hond. Hoja rayada que se pone bajo otro papel y se transparenta y sirve para escribir recto; falsilla. || **som-**

bras chinescas Espectáculo que consiste en unas figurillas que se mueven detrás de una cortina de papel o lienzo blanco, iluminadas por la parte opuesta a los espectadores. || **a la sombra** fr. fig. y fam. En la cárcel. || **hacer sombra** fr. Impedir la luz. También, fig. impedir a alguien prosperar o sobresalir. || **ni por sombra** loc. adv. fig. De ningún modo. || **no ser una persona o cosa su sombra, o ni sombra de lo que era** fr. fig. Haber degenerado o decaído significativamente. || **no tener uno sombra, o ni sombra de una cosa** fr. fig. Carecer absolutamente de ella. || **tener** uno **buena sombra** fr. fig. y fam. Ser agradable y simpático. Suele decirse también de las cosas. También, tener chiste. || **tener** uno **mala sombra** fr. fig. Ejercer mala influencia en los que le rodean. También, ser desagradable y antipático. Suele decirse asimismo de las cosas.
sombrear tr. 1 Dar o producir sombra. 2 Poner sombra en una pintura o dibujo.
sombrerazo m. 1 Golpe dado con el sombrero. 2 fam. Saludo extremoso que se hace quitándose el sombrero.
sombrerería f. Tienda donde se venden sombreros.
sombrerete m. Biol. Sombrerillo de los hongos.
sombrerillo m. 1 Cestillo que los presos colgaban de la reja para recoger las limosnas de los transeúntes. 2 Bot. Píleo.
sombrero m. 1 Prenda de vestir, que sirve para cubrir la cabeza, y consta de copa y ala. 2 Techo que cubre el púlpito. 3 fig. Privilegio que tenían los grandes de España de cubrirse ante el rey. 4 Biol. Sombrerillo de los hongos. || **sombrero apuntado** El de ala grande, recogida por ambos lados y sujeta con una puntada por encima de la copa, usado hoy solamente como prenda de uniforme. || **sombrero de copa** El de ala estrecha y copa alta. || **sombrero hongo** El de fieltro duro, de copa aovada. || **sombrero jíbaro** El de campo, hecho de hoja de palma y bastante ordinario, que se usa en las islas de Cuba y Puerto Rico. || **sombrero de jipijapa** El de ala ancha tejido con copa muy fina, que se fabrica en Jipijapa y en otras poblaciones ecuatorianas. || **sombrero de teja** El que tiene levantadas y abarquilladas las dos mitades laterales de su ala en forma de teja; lo usaban los eclesiásticos. || **sombrero de tres picos** El estar armado en forma de triángulo. || **sombrero tricornio** sombrero de tres picos. || **quitarse uno el sombrero** fr. Apartarlo de la cabeza, descubriéndola en señal de cortesía y respeto. También, loc. con que se expresa la admiración que producen algo o al-guien. || **sacarse el sombrero** fr. fig. y fam. Arg., Bol. y Ecuad. Quitarse uno el sombrero para expresar admiración.
sombrilla f. Quitasol.
sombrío, a adj. 1 Se dice del lugar de poca luz en que frecuentemente hay sombra. 2 fig. Tétrico, melancólico.
somero, ra adj. 1 Casi encima o muy inmediato a la superficie. 2 fig. Ligero, superficial.
Somerset Condado del Reino Unido, en el SO de Inglaterra; 489.300 h. Pastos, bosques.
Somerset, Edward Seymour, duque de Seymour, Edward, duque de Somerset.
Somerset Maugham, William Maugham, William Somerset.
Somerset Septentrional Consejo unitario del Reino Unido, en Inglaterra; 188.700 h.
someter tr. 1 Sujetar, humillar a alguien. 2 Conquistar, subyugar, pacificar un pueblo, provincia, etc. Tam-

bién prnl. 3 Hacer que una persona o cosa reciba o soporte cierta acción. 4 Subordinar la voluntad o el juicio a los de otra persona. También prnl. 5 Proponer a la consideración de un razones, reflexiones, etc. 6 Encomendar a alguien la solución de un asunto.
-somía suf. somato-.
somier m. Colchón de tela metálica.
somito m. Zool. Metámero.
Somme Río de Francia, en la región de Picardía, que desemboca en el canal de la Mancha; 245 km.
Somme Departamento del N de Francia, en la región de Picardía; 6.170 km² y 555.551 h. Su capital es Amiens. Agricultura.
Sommerfeld, Arnold Johannes Wilhelm Físico alemán (Königsberg, 1868 - Munich, 1951). Aplicó al estudio del átomo la mecánica relativista y la teoría de los cuantos.
somnífero, ra adj. y m. Que da o causa sueño. Se dice especialmente de medicamentos.
somnolencia f. 1 Pesadez y torpeza de los sentidos motivadas por el sueño. 2 Gana de dormir. 3 fig. Pereza, falta de actividad.
somo m. Geol. Cima o parte más alta de un cerro.
-somo suf. somato-.
Somodevilla, marqués de la Ensenada, Zenón de Ensenada, Zenón de Somodevilla, marqués de la.
somoni m. Econ. Unidad monetaria de Tayikistán.
somontano, na adj. y s. Se dice del terreno o región situados al pie de una montaña.
somonte m. Geol. Terreno situado en la falda de una montaña.
somormujo m. Zool. Ave palmípeda que puede mantener por mucho tiempo sumergida la cabeza bajo el agua.
somosierra f. Geol. Paso o puerto de una cordillera.
Somoza Debayle, Anastasio Militar y político nicaragüense (León, 1925 - Asunción, 1980). Hijo de Anastasio Somoza García. Elegido presidente de la República para el período 1967-73, fue reelegido presidente en el 74. Derribado por el FSLN, murió asesinado en el exilio en Paraguay.
Somoza Debayle, Luis Militar y político nicaragüense (León, 1922 - Managua, 1967). Hijo de Anastasio Somoza García. Ocupó la presidencia provisional tras el asesinato de su padre en 1956 y se mantuvo en el poder hasta 1963.
Somoza García, Anastasio Militar y político nicaragüense (San Marcos, 1896 - Balboa, 1956). Padre de los anteriores. Tras el golpe de Estado contra Sacasa, que él dirigió, asumió la presidencia de la República (1937-47) e impuso una férrea dictadura. Terminado su mandato, ocupó altos cargos institucionales y mantuvo su poder intacto durante las presidencias de Argüello y Román y Reyes. Volvió a ocupar la presidencia en 1951 y llevó a cabo una brutal represión de sus oponentes y secundó la política estadounidense en Centroamérica. Murió en un atentado.
son m. 1 Sonido que afecta agradablemente al oído. 2 fig. Noticia, fama, divulgación de una cosa. 3 fig. Pretexto. 4 fig. Tenor, modo o manera. 5 Mús. Composición musical característica del folclore cubano. || **a son de un instrumento** loc. adv. Con acompañamiento de tal instrumento. || **bailar** uno **a cualquier son** fr. fig. y fam. Mudar fácilmente de afecto o pasión. || **bailar** uno **al son que le tocan** fr. fig. y fam. Acomodar la conducta propia a los tiempos y circunstancias. || **en son de** loc. adv. fig. De tal modo o a manera de. También, a título de, con ánimo de. || **sin son** loc. adv. fig. y fam. Sin razón, sin fundamento.
son- pref. sub-.
sonado, da adj. 1 Que tiene en público fama, famoso. 2 Divulgado con mucho ruido y admiración. 3 Dep. Se dice del boxeador que ha perdido facultades mentales como consecuencia de los golpes recibidos en los combates. También en sentido figurado. || **hacer una que sea sonada** fr. fam. Promover un escándalo, dar que hablar.
sonajero m. Juguete con sonajas o cascabeles que sirve para entretener a los niños de pecho.

somormujo

SONÁMBULO, LA adj. y s. Se dice de la persona que padece sueño anormal, durante el cual se levanta, anda y habla.

SONANTE adj. SONORO.

SONAR[1] (Del lat. *sonāre*.) intr. **1** Hacer ruido una cosa. **2** Tener una letra valor fónico. **3** Mencionarse, citarse. **4** Tener una cosa visos o apariencias de algo. **5** fam. Recordar vagamente alguna cosa como ya oída anteriormente. **6** *Arg.* y *Urug.* Morir o padecer una enfermedad mental. **7** *Arg., Chile* y *Par.* Fracasar, perder, tener mal fin algo o alguien. **8** *Arg.* Perder una posición o empleo o en el juego, etc. **9** *Arg.* y *Chile* Sufrir las consecuencias de algún hecho o cambio. || tr. **10** Tañer una cosa para que suene con arte y armonía. **11** Limpiar de mocos las narices, haciéndolos salir con una espiración violenta. También prnl. || **como suena** loc. adv. Literalmente, con arreglo al sentido estricto de las palabras. || **sonar bien,** o **mal,** una expresión fr. fig. Producir buena, o mala, impresión en el ánimo de quien lo oye. ♦ IRREG. Se conjuga como CONTAR.

SONAR[2] o **SÓNAR** m. *Fís.* Aparato de detección submarina, que funciona mediante la emisión de ondas ultrasonoras.

SONATA (Del it. *sonata*, y éste del lat. *sonāre*, resonar.) f. *Mús.* Forma musical instrumental que en su origen designaba a cualquier obra no vocal por oposición a la *cantata*. Composición para uno o dos instrumentos que experimentó un importante desarrollo a partir del siglo XVII y que se convirtió en uno de los géneros musicales más representativos de la llamada música clásica, cuyo máximo exponente fue la escuela de Viena, con las figuras de Haydn, Mozart y Beethoven.

SONATINA (Voz it.) f. *Mús.* Sonata corta y, por lo común, de fácil ejecución.

SONDA f. **1** Acción y efecto de sondar. **2** *Geol.* Barrena que sirve para abrir en los terrenos taladros de gran profundidad. **3** *Med.* Instrumento para explorar cavidades. **4** Cuerda con un peso de plomo, que sirve para medir la profundidad de las aguas y explorar el fondo. || **SONDA ESPACIAL** *Astron.* Vehículo espacial diseñado para viajes de exploración no tripulados.

SONDA, ESTRECHO DE LA Brazo de mar entre las islas de Sumatra y Java, que pone en comunicación el mar de Java con el océano Índico.

SONDA, ISLAS DE LA Archipiélago de Indonesia, formado por el arco de islas que se extiende desde el SO de la península de Malaca hasta Timor. Las islas mayores son Sumatra, Java, Bali, Lombok, Sumbawa, Sumba, Flores y Timor; 88.459 km² y 10.163.854 h.

SONDALEZA f. *Mar.* Cuerda larga y delgada que sirve para medir la profundidad del agua.

SONDEAR o **SONDAR** tr. **1** Averiguar la naturaleza del subsuelo con una sonda. **2** *Med.* Introducir en el cuerpo la sonda. **3** *Ocean.* Echar la sonda al agua para averiguar la profundidad y la calidad del fondo. **4** fig. Inquirir con cautela la intención de uno, o las circunstancias de algo.

SONDEO m. **1** Acción y efecto de sondear o sondar. **2** Sistema de investigación que tiene por objeto conocer la opinión pública sobre determinados asuntos.

SØNDERJYLLAND Condado de Dinamarca, en la región de Jutlandia, junto a la frontera alemana; 3.938 km² y 253.639 h. Su capital es Aabenraa.

SONDRIO Provincia del N de Italia, en Lombardía; 3.212 km² y 177.029 h. Su capital es la ciudad del mismo nombre.

SONETILLO m. Soneto de versos de ocho o menos sílabas.

SONETO m. *Poét.* Composición poética que consta de 14 versos endecasílabos distribuidos en dos cuartetos y dos tercetos. Riman, por regla general, el primer verso con el cuarto y el segundo con el tercero, y en ambos deben ser unas mismas las consonancias. De origen italiano, fue la forma poética más utilizada durante el Renacimiento y el Siglo de Oro.

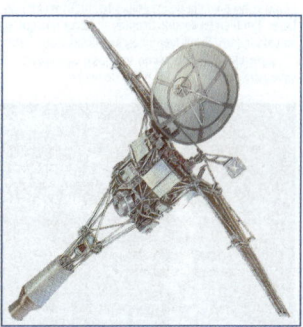

sonda espacial

Dinastía **Song**. Estatuilla de bronce. Museo Chino y Etnológico de Parma (Italia).

SONG Geneal. Dinastía imperial china que reinó del 960 a 1279, periodo de una gran estabilidad política y de desarrollo cultural. Gobernó el S del país y tuvo como capital Hagchou.

SONG-KOI Río de Vietnam y de China, que nace en este país, en la provincia de Yunnan y desemboca en el golfo de Tonquín; 1.200 km. Su nombre significa Río Rojo.

SONGHAI adj. **1** *Etnol.* e *Hist.* Se dice de un pueblo negro del Sudán central que en los siglos VII al XVII tuvo un importante imperio. Más como m. pl. **2** Se dice también de sus individuos. También com. **3** Relativo a este pueblo.

SÓNICO, CA adj. *Fís.* **1** Relativo a la velocidad del sonido. **2** Se dice de la vibración producida en objetos, cuya frecuencia está comprendida entre 16 y 20.000 Hz.

SONIDO m. **1** *Fís.* Agente físico que se manifiesta en forma de energía vibratoria y que es causa de la sensación auditiva, mientras las vibraciones se mantienen dentro de ciertos límites. Sus cualidades son tres: intensidad, tono y timbre. **2** *Fisiol.* Sensación producida en el órgano del oído por el movimiento vibratorio de los cuerpos, transmitido por un medio elástico, como el aire. **3** Valor y pronunciación de las letras.

SONIO m. *Fís.* Unidad de sonoridad equivalente a 40 fonios.

SONIQUETE m. **1** Despectivo de son. **2** Son que se percibe poco. **3** SONSONETE.

SONO-; **-SONO-** pref. o in. que significan sonido.

SONÓMETRO m. **1** Monocordio. **2** *Mús.* Instrumento destinado a medir y comparar los sonidos e intervalos musicales.

SONORA adj. **1** *Etnol.* Se dice de un grupo amerindio de la familia yutoazteca, que habitaba en el SO de México y el S de Arizona. Más como m. pl. **2** Se dice también de sus individuos. También com. **3** Relativo a este pueblo.

SONORA Estado de México; 182.052 km² y 2.183.108 h. Su capital es Hermosillo. Producción de maíz, frijol, tomate, trigo, cebada, patata, alfalfa, algodón, plátano, arroz, caña de azúcar, vainilla, café y garbanzo. Enorme riqueza mineral: oro, plata, cobre y plomo. El territorio estuvo habitado en el periodo precolombino por tribus nómadas; en 1563 fue incluido en la gobernación de Nueva Vizcaya, y permaneció despoblado hasta el siglo XVII. En 1776, junto con Sinaloa, constituyó las Provincias Internas de Occidente, unión que se mantuvo hasta su constitución como Estado de Sonora.

SONORA Río de México, en el Estado de su nombre. Nace en la Sierra del Cobre y desagua en el mar de Cortés; 420 km.

SONORIDAD f. **1** Calidad de sonoro. **2** *Fisiol.* Cualidad de la sensación auditiva que permite calificar los sonidos de fuertes y débiles.

SONORIZAR tr. **1** Incorporar los sonidos, ruidos, etc., a la banda de imágenes previamente dispuesta. **2** Ambientar una escena, programa, etc., con los efectos sonoros adecuados. **3** *Gram.* Convertir una consonante sorda en sonora.

SONORO, RA adj. **1** Que suena o puede sonar. **2** Que suena bien, o que suena mucho y agradablemente. **3** *Fon.* Se dice del fonema o sonido que se articula con vibración de las cuerdas vocales.

SONOTONE m. AUDÍFONO.

SONREÍR intr. **1** Reírse levemente. También prnl. **2** fig. Ofrecer las cosas un aspecto alegre o gozoso. **3** fig. Mostrarse favorable o halagüeño para uno algún asunto, suceso, esperanza, etc. ♦ IRREG. Se conjuga como REÍR.

SONROJAR tr. y prnl. Hacer salir los colores al rostro.

SONROSADO, DA adj. De color rosa, referido especialmente a las mejillas.

SONSACAR tr. fig. Procurar con maña que uno diga o descubra lo que sabe y reserva.

SONSO, SA adj. ZONZO.

SONSONATE Departamento de El Salvador, en la región de Zona Occidental; 1.226 km² y 360.183 h. Su capital es la ciudad del mismo nombre.

SONSONETE m. **1** Sonido que resulta de los golpes pequeños y repetidos que se dan en una parte, imitando un son de música. **2** fig. Tonillo o modo especial en la risa o palabras, que denota desprecio o ironía.

SONTAG, SUSAN Escritora y directora de cine estadounidense (Nueva York, 1933). En sus obras critica los valores de la sociedad occidental. Dentro de su obra narrativa, destacan *El benefactor* (1963), *El amante del volcán* (1995) y *En América* (2002). Es autora además de los ensayos *Contra la interpretación* (1966) y *La enfermedad y sus metáforas* (1978). En 2003 recibió el premio Príncipe de Asturias de las Letras.

SOÑADOR, RA adj. **1** Que sueña mucho. **2** Que cuenta patrañas y ensueños o les da crédito fácilmente. También s. **3** fig. Que discurre fantásticamente, sin tener en cuenta la realidad.

SOÑAR tr. **1** Representar en la fantasía algo mientras dormimos. También intr. **2** fig. Discurrir fantásticamente y dar por cierto lo que no es. **3** fig. Anhelar persistentemente una cosa. || **ni soñarlo** fr. fig. y fam. con que explicamos estar lejos de algo. || **soñar despierto** fr. fig. SOÑAR, discurrir fantásticamente y dar por cierto lo que no es. ♦ IRREG. Se conjuga como CONTAR.

SOÑARRERA f. fam. **1** Sueño pesado. **2** fam. Propensión al sueño.

SOÑOLENCIA f. Propensión al sueño.

SOÑOLIENTO, TA adj. **1** Acometido del sueño o muy inclinado a él. **2** Que está dormitando. **3** Que causa sueño. **4** fig. Tardo o perezoso.

SOPA f. **1** Pedazo de pan empapado en cualquier líquido. **2** *Gastron.* Plato compuesto de rebanadas de pan, fécula, arroz, fideos, etc., y el caldo de la olla u otro análogo en que se han cocido. **3** *Gastron.* Plato compuesto de un líquido alimenticio y de rebanadas de pan. || f. pl. **4** Rebanadas de pan que se cortan para echarlas en el caldo. || **SOPA BOBA** fig. Vida holgazana y a expensas de otro. || **SOPA JULIANA, DE HIERBAS,** o **DE VERDURAS** *Gastron.* La que se hace cociendo en caldo verduras cortadas en tiritas y conservadas secas. || **SOPAS DE AJO** *Gastron.* Las que se hacen de rebanadas de pan cocidas en agua, y aceite frito con ajos. || **dar sopas con honda** a alguien o algo fr. fig. y fam. con que se indica la superioridad abrumadora de una persona o cosa sobre otra. || **hasta en la sopa** expr. fig. y fam. En todas partes. || **hecho una sopa** loc. fig. y fam. Muy mojado.

SOPAPO m. **1** Golpe que se da con la mano en la papada. **2** Golpe que se da con la mano en la cara.

SOPAR tr. **1** Hacer sopa. **2** Poner a uno hecho una sopa. También prnl.

Susan **Sontag**

SOPERO, RA adj. y s. **1** Se dice del plato hondo que sirve para comer en él la sopa. **2** Se dice de la persona que le gusta la sopa. **3** Se dice de la persona aficionada a la sopa.
SOPESAR tr. **1** Levantar algo como para tantear el peso que tiene. **2** fig. Examinar con atención el pro y el contra de un asunto.
SOPETÓN m. Golpe fuerte y repentino dado con la mano. || **de sopetón** loc. adv. Súbita e inesperadamente, de improviso.
SOPICALDO m. Caldo con muy pocas sopas.
SOPLADO, DA adj. **1** fig. y fam. Demasiado pulido, compuesto y limpio. **2** fig. y fam. Estirado, engreído, entonado. || m. **3** Acción y efecto de soplar en la pasta de vidrio. **4** Min. Grieta muy profunda o cavidad grande del terreno.
SOPLAMOCOS m. fig. y fam. Golpe que se da a uno en la cara, especialmente tocándole en las narices. ♦ Su pl. es *soplamocos*.
SOPLAR intr. **1** Despedir aire con violencia por la boca. También tr. **2** Correr el viento, haciéndose sentir. || tr. **3** Apartar con el soplo una cosa. **4** Inflamar una cosa con aire. También prnl. **5** Insuflar aire en la pasta de vidrio para obtener las formas previstas. **6** Hurtar o quitar una cosa a escondidas. **7** fig. Sugerir a uno la idea, palabra, etc., que debe decir y no acierta o ignora. **8** fig. Acusar o delatar.
SOPLETE m. Met. Aparato tubular en el que se inyecta por uno de sus extremos una mezcla de oxígeno y un gas combustible, acetileno, hidrógeno, etc., que, al salir por la boquilla del extremo opuesto, produce una llama de alto potencial calórico, utilizada para soldar o cortar metales.
SOPLO m. fig. **1** Acción y efecto de soplar. **2** Instante o brevísimo tiempo. **3** fig. y fam. Aviso que se da en secreto y con cautela. **4** fig. y fam. Denuncia de una falta de otro, delación.
SOPLÓN, NA adj. y s. fam. Se dice de la persona que acusa en secreto y cautelosamente.
SOPONCIO m. fam. Desmayo, congoja.
SOPOR m. **1** Modorra morbosa persistente. **2** fig. Adormecimiento, somnolencia.
SOPORÍFERO, RA adj. y m. Que inclina al sueño.
SOPORTAL m. **1** Espacio cubierto que en algunas casas precede a la entrada principal. **2** Pórtico que tienen algunos edificios o manzanas de casas en sus fachadas y delante de las puertas y tiendas que hay en ellas. Más en pl.
SOPORTAR tr. **1** Sostener o llevar sobre sí una carga o peso. **2** fig. Sufrir, tolerar.
SOPORTE m. **1** Apoyo o sostén. **2** Quím. Sustancia sólida porosa de superficie variable sobre la que se depositan los compuestos químicos con actividad catalítica. **3** Inform. Cinta o disquete en que se almacena la información.
SOPRANO (Voz it.) m. Mús. **1** La voz más aguda de las voces humanas, tiple. || com. Mús. **2** Cantante que tiene esta voz.
SOR f. Hermana. Se usa generalmente precediendo al nombre de las religiosas.
SORABO, A adj. Etnol. **1** Se aplica a un pueblo eslavo que habita en los Lander de Sajonia y Brandemburgo, en Alemania. También s. **2** Relativo a este pueblo. || m. Ling. **3** Lengua hablada por los sorabos.
SORATA Ciudad de Bolivia, departamento de La Paz, capital de la provincia de Larecaja; 5.500 h. También llamada *Esquivel*.
SORBER tr. **1** Beber aspirando. **2** fig. Atraer hacia dentro de sí alguna cosas aunque no sean líquidas. **3** fig. Recibir o esconder una cosa hueca o esponjosa a otra, dentro de sí o en su concavidad. **4** fig. Absorber, tragar. **5** fig. Apoderarse del ánimo con avidez de alguna idea, plan, etc. || **sorber el seso** fr. fig. y fam. Traer loco, entusiasmado.
SORBETE m. Refresco de zumo de frutas con azúcar, o de agua, leche o yemas de huevo azucaradas y aromatizadas, al que se da cierto grado de congelación pastosa.
SORBO m. **1** Acción y efecto de sorber un líquido. **2** Porción que se sorbe de una vez. **3** fig. Cantidad pequeña de un líquido.
SORDERA f. Privación o disminución de la facultad de oír.
SORDI, ALBERTO Actor y director de cine italiano (Roma, 1920 - íd., 2003). Intérprete magistral de un tipo tragicómico que satirizaba al italiano medio, ha intervenido en *El seductor* (1954), *El soltero* (1955) y *El médico de la mutua* (1968), entre otras.
SÓRDIDO, DA adj. **1** Que tiene manchas o suciedad. **2** fig. Indecente o escandaloso. **3** fig. Mezquino, avariento.
SORDINA f. Pieza que sirve para disminuir la intensidad del sonido en ciertos instrumentos músicos.
SORDO, DA adj. **1** Que no oye, o no oye bien. También s. **2** Silencioso y sin ruido. **3** Que suena poco o sin

Joaquín **Sorolla**. *Cosiendo la vela*. Museo de Arte Moderno (Venecia).

timbre claro. **4** fig. Insensible a las súplicas o al dolor ajeno, o indócil a las persuasiones, consejos o avisos. **5** Fon. Se dice del fonema o sonido que se articula sin vibración de las cuerdas vocales.
SORDOMUDO, DA adj. y s. Med. Privado por sordera nativa de la facultad de hablar.
SOREL, GEORGES Sociólogo francés (Cherburgo, 1847 - Boulogne-sur-Seine, 1922). Fue uno de los creadores de la teoría del sindicalismo revolucionario, en su obra *Reflexiones sobre la violencia* (1908).
SORGO (Voz it.) m. Bot. Planta herbácea anual perteneciente a la familia gramíneas, de nombre científico *Sorghum bicolor*.
SORIA 1 Provincia de España, en Castilla y León; 10.287 km² y 91.252 h. Accidentada por el sistema Ibérico y Central, la bañan el Duero con sus afluentes y el Jalón. Su clima es continental frío con escasas precipitaciones. Bosques. Ganadería lanar. Agricultura. Ciudades principales: Almazán, Burgo de Osma y San Esteban de Gormaz. **2** Ciudad capital de la misma, en el curso alto del Duero; 33.597 h. Industria textil, alimentaria y maderera. Importantes templos románicos, entre los que destacan las iglesias de Santo Domingo y San Juan de Rabanera (siglo XIII) y el monasterio de San Juan de Duero (siglo XIII). Palacio de los condes de Gómara (siglo XVI). La catedral, antigua iglesia de San Pedro, conserva uno de los más bellos claustros del arte románico español (siglo XII).
SORIANO, NA adj. y s. De Soria.
SORIANO Departamento de Uruguay; 9.008 km² y 79.439 h. Su capital es Mercedes. Importantes explotaciones agropecuarias.
SORIASIS f. Med. PSORIASIS. ♦ Su pl. es *soriasis*.
SORNA f. **1** Espacio o lentitud con que se hace una cosa. **2** Disimulo y bellaquería con que se hace o se dice una cosa con alguna tardanza voluntaria. **3** Ironía.
SORO m. Bot. Conjunto de esporangios que se presentan en el reverso de las hojas o frondes de los helechos.
SORO, ENRIQUE Compositor chileno (Concepción, 1884 - Santiago de Chile, 1954). Director del Conservatorio Nacional de Chile (1919-28), es autor de obras de cámara, para piano y orquestales.
SOROCABA Ciudad de Brasil, Estado de São Paulo; 348.952 h.
SOROCHE (Voz quechua.) m. **1** Med. Amér. m. Mal de montaña. **2** Miner. Bol. y Chile GALENA.
SOROLLA, JOAQUÍN Pintor español (Valencia, 1863 - Cercedilla, 1923). De tendencia impresionista, cultivó el retrato y los temas levantinos, impregnados de la luminosa atmósfera mediterránea.
SOROSIS f. Bot. Conjunto de frutos carnosos, como la mora del moral. ♦ Su pl. es *sorosis*.
SOROZÁBAL, PABLO Director y compositor español (San Sebastián, 1897 - Madrid, 1988). Renovó la lírica teatral. Algunas de sus obras orquestales y zarzuelas llegaron a ser muy populares: *La del manojo de rosas* (1934), *Don Manolito* (1943) y *La taberna del puerto* (1936).
SORPRENDER tr. **1** Coger desprevenido. **2** Conmover o maravillar con algo imprevisto o raro. También prnl. **3** Descubrir lo que otro ocultaba.
SORPRESA f. Cosa que da motivo para que alguien se sorprenda. || **coger** a uno **de sorpresa** alguna cosa fr. Hallarle desprevenido.

SORTEAR tr. **1** Someter a personas o cosas a la decisión de la suerte. **2** fig. Evitar con maña o eludir un compromiso o dificultad.
SORTEO m. Acción y efecto de sortear.
SORTIJA f. Anillo que se ajusta a los dedos.
SORTILEGIO m. Adivinación que se hace por suertes supersticiosas.
SOS- pref. SUB-.
SOS Señal internacional de petición de socorro o ayuda urgente.
SOSA (Voz cat.) f. **1** Bot. Barrilla, planta. **2** Bot. Cenizas de esta planta. **3** Quím. Hidróxido sódico, base de gran importancia industrial y el producto cáustico más conocido. Se denomina a veces sosa cáustica.
SOSA LÓPEZ, EMILIO Poeta, pensador y novelista argentino (Córdoba, 1921 - íd., 1992). Uno de los intelectuales más destacados de Argentina. Autor de poesía: *Sentimiento de la criatura* (1950), *Encantamientos* (1983, 1987, 1991). Escribió también novelas (*Mundo de dobles*, 1972 y 1989), obras filosóficas (*Ser del hombre*, 1993) y ensayos literarios.
SOSAINA com. y adj. fam. Persona sosa.
SOSEGADO, DA adj. Quieto, pacífico naturalmente o por su genio.
SOSEGAR tr. y prnl. **1** Aplacar, pacificar. || intr. **2** Descansar, aquietarse. También prnl. **3** Dormir o reposar. ♦ IRREG. Se conjuga como ACERTAR.
SOSERÍA o **SOSERA** f. **1** Insulsez, falta de gracia y de viveza. **2** Dicho o hecho insulso y sin gracia.
SOSIA o **SOSIAS** m. Persona que tiene parecido con otra hasta el punto de ser confundido con ella. ♦ El pl. de la segunda forma es *sosias*.
SOSIEGO m. Quietud, tranquilidad.
SOSÍGENES Astrónomo griego (Alejandría, s. I a. C.). Reconoció las variaciones de los diámetros aparentes del Sol y la Luna.
SOSLAYAR tr. **1** Poner una cosa ladeada, a través u oblicua para pasar una estrechura. **2** Pasar por alto o de largo, dejando de lado alguna dificultad.
SOSLAYO, YA adj. Soslayado, oblicuo. || **de soslayo** o **al soslayo** loc. adv. Oblicuamente. También, de costado y perfilando bien el cuerpo para pasar por alguna estrechura. También, de largo, de pasada o por encima, para esquivar una dificultad.
SOSNEADO Cerro de Argentina, provincia de Mendoza; 5.189 m.
SOSO, SA adj. **1** Que no tiene sal, o tiene poca. **2** fig. Se dice de la persona, acción o palabra que carecen de gracia y viveza.
SOSPECHAR tr. **1** Imaginar una cosa por conjeturas fundadas en apariencias o visos de verdad. || intr. **2** Desconfiar, dudar.
SOSPECHOSO, SA adj. **1** Que da motivo para sospechar. || m. y f. **2** Individuo de conducta sospechosa.
SOSTÉN m. **1** Acción de sostener. **2** Persona o cosa que sostiene. **3** fig. Apoyo moral, protección. **4** Sujetador.
SOSTENER tr. **1** Sustentar, mantener firme una cosa. También prnl. **2** Sustentar o defender una proposición. **3** fig. Sufrir, tolerar. **4** fig. Prestar apoyo, dar aliento o auxilio. **5** Dar a uno lo necesario para su manutención. || prnl. **6** Mantenerse un cuerpo en un medio, sin caer o haciéndolo muy lentamente. ♦ IRREG. Se conjuga como TENER.
SOSTENIDO, DA adj. Mús. **1** Se dice de la nota cuya entonación excede en un semitono mayor a la que co-

Hernando de **Soto**. Grabado del libro *Españoles Ilustres*.

rresponde a su sonido natural. **2** Precedido del adjetivo doble, se dice de la nota cuya entonación es dos semitonos más alta que la que corresponde a su sonido natural. **3** Signo (#) que representa el sostenido musical. || **DOBLE SOSTENIDO** Signo (##, x) que representa el doble sostenido musical.
SOTA f. **1** Carta décima de cada palo de la baraja española, que tiene estampada la figura de un paje o infante. || m. **2** *Chile* Capataz de un grupo de trabajadores de campo. || prep. **3** Se usa en composición (véase SOTO-), y también sola. || **sota, caballo y rey** fr. fig. y fam. con que se designan las tres platos en que se considera dividido el cocido o la olla, y también la comida ordinaria compuesta de sopa, cocido y principio.
SOTA-1 pref. SOTO-. **2** SOTA.
SOTABANCO m. **1** Piso habitable colocado por encima de la cornisa general de la casa. **2** *Arquit*. Hilada que se coloca encima de la cornisa para levantar los arranques de un arco o bóveda.
SOTABARBA f. Barba que se deja crecer por debajo de la barbilla.
SOTANA f. Vestidura talar, abrochada a veces de arriba abajo, que usan los eclesiásticos y los legos que sirven en las funciones de iglesia. La usaron también los estudiantes de las universidades.
SÓTANO m. Pieza subterránea, entre los cimientos de un edificio.
SOTARÁ Volcán de Colombia, departamento de Cauca, cerca de Popayán; 4.852 m.
SOTAVENTO m. **1** Costado de la nave opuesto al barlovento. **2** Parte que cae hacia aquel lado. **3** Superficie orientada en la dirección en que sopla el viento y, por tanto, a resguardo de éste.
SOTAVENTO, ISLAS DE Grupo de islas que se extiende frente a la costa septentrional de Venezuela y comprende, de E a O, las de Aruba, Curazao, Bonaire, Las Aves, Los Roques, Orchila, Tortuga, Blanquilla y Margarita.
SOTAVENTO, ISLAS DE Grupo de islas de Cabo Verde, que comprende las de Brava, Fuego, Mayo y Santiago; 1803 km² y 221.537 h.
SOTECHADO m. Cobertizo, techado.
SOTERIOLOGÍA f. Para los cristianos, tratado teológico sobre la redención de los hombres.
SOTERRAR tr. **1** Enterrar. **2** fig. Esconder algo. ♦ IRREG. Se conjuga como ACERTAR.
SOTO m. *Bot*. **1** Terreno frondoso de ribera o vega poblado de árboles y arbustos. **2** Sitio poblado de árboles, arbustos, malezas y matas. **3** Extensión de pequeños árboles que se talan repetidamente en cortos intervalos.
SOTO-, SOTA- prefs. que significan debajo.
SOTO, HERNANDO DE Conquistador español (Jerez de los Caballeros, h. 1500 - río Mississippi, 1542). Participó en la expedición de Fernández de Córdoba a Nicaragua en 1524. Jugó un papel fundamental en la conquista de Perú, siendo el primero en entrar en Cuzco y en entrevistarse con Atahualpa. En 1535 fue nombrado gobernador de Cuba, y en 1538 emprendió una expedición para la conquista de la Florida, descubriendo el Mississippi en 1541, a cuyas orillas murió.
SOTO, MARCO AURELIO Político hondureño (Tegucigalpa, 1846 - París, 1908). Contribuyó a la caída del general Medina y ocupó varios ministerios hasta ser elegido presidente de la República en 1876, cargo para el que fue reelegido en 1880. Durante su gestión sancionó la Constitución de 1880.
SOTO ALFARO, BERNARDO Político costarricense (Alajuela, 1854 - San José, 1931). Elegido presidente de la

República (1885-90), renunció al cargo para evitar una lucha cruenta con motivo del proceso electoral. Dio gran impulso a la enseñanza pública.
SOTO LA MARINA Río de México, Estado de Tamaulipas, que desemboca en el golfo de México, cerca de la villa de su nombre.
SOTOBOSQUE m. *Bot*. Vegetación formada por hierbas, subarbustos y arbustos que crecen bajo las copas de los árboles de un bosque.
SOTOMAYOR, ALONSO DE Administrador colonial español (? - Trujillo, 1610). Gobernador de Chile (1581-92), estableció, aunque sin éxito, defensas contra los ataques araucanos.
SOTOMAYOR VALDÉS, RAMÓN Diplomático e historiador chileno (Santiago, 1834 - ?, 1903). Autor de *La legación de Chile en Bolivia* (1872) y *Estudios históricos de Bolivia* (1874).
SOTTO VOCE loc. adv. it. En voz baja.
SOTUER m. *Bl*. Pieza del escudo cuya forma es como si se compusiera de la banda y de la barra cruzadas.
SOUBLETTE, CARLOS Militar y político venezolano (Caracas, 1790 - íd., 1870). Combatió junto a Bolívar hasta la victoria de Boyacá (1819). Desempeñó diversos cargos hasta ocupar la presidencia de la República entre 1837 y 1839. Ejerció nuevamente la presidencia de 1843 a 1847.
SOUFFLÉ (Voz fr.) adj. *Gastron*. **1** Se dice de ciertos alimentos que, una vez preparados, adquieren una consistencia esponjosa. || m. *Gastron*. **2** Preparado gastronómico a base de claras de huevo batidas a punto de nieve, a las que se pueden añadir otros ingredientes.
SOUFFLOT, JACQUES-GERMAIN Arquitecto francés (Irancy, 1713 - París, 1780). Representante de la reacción neoclásica del último tercio del siglo XVIII, es autor de la iglesia de Santa Genoveva, hoy Panteón de París.
SOUL (Voz i.) adj. y s. *Mús*. Estilo de música negra, muy rítmica y con un timbre destacado de la parte vocal, que surgió del *rhythm and blues* en los años sesenta. Entre sus representantes destacan Otis Redding, James Brown, Aretha Franklin, Wilson Pickett, The Drifters y Ray Charles.
SOULE (*Suberoa* o *Zuberoa*) Provincia histórica vasca en territorio francés, que en la actualidad forma parte del departamento Pirineos Atlánticos, en Aquitania. Se extiende por el valle de Saison y su capital es Mauléon-Licharre (*Maule-Lextarre*). En ella se habla el suletino (*Zuberokoa*), dialecto del euskera. Se incorporó a Francia en 1449.
SOULOUQUE, FAUSTIN Emperador de Haití (Petit-Goave, 1782 - íd., 1867). Esclavo en su juventud, tomó parte en todas las insurrecciones de la isla y llegó a ser presidente de la República Haitiana. En 1849 el Senado le nombró emperador con el nombre de Faustino I. Fue derribado en 1859.
SOULT, DUQUE DE DALMACIA, NICOLAS JEAN DE DIEU Mariscal de Francia (Saint-Amans-la-Bastide, actualmente, Saint-Amans-Soult, 1769 - íd., 1851). Se distinguió en Austerlitz y Jena. Fue mandando general en jefe del ejército de ocupación en España y conquistó Sevilla (1809) y Badajoz (1811). Derrotado por Wellington en 1814. Acogió con entusiasmo la restauración borbónica y llegó a ministro de la Guerra de Luis XVIII (1814-15), pero durante los Cien Días apoyó a Napoleón. Expulsado de Francia en 1816, regresó en 1819 ocupando varios cargos hasta ser nombrado mariscal general de Francia en 1842.
SOUPAULT, PHILIPPE Escritor francés (Chaville, 1897 - París, 1990). Adscrito en sus comienzos literarios al movimiento dadaísta, publicó en 1920, en colaboración con A. Breton, *Les champs magnetiques*.
SOUSA, MARTIM AFONSO DE Navegante portugués (Vila Viçosa, ? - Lisboa, 1564). Capitán mayor de la Armada y gobernador de Brasil (1530). Fundó en San Vicente la primera villa de Brasil.
SOUSA, TOMÉ DE Militar portugués (? - ?, h. 1580). Fue nombrado primer gobernador general de Brasil por Juan III (1548-53). Fundó la ciudad de San Salvador (Bahia).
SOUSA, WASHINGTON LUIS PEREIRA DE PEREIRA DE SOUSA, WASHINGTON LUIS.
SOUSTELLE, JACQUES Político y etnólogo francés (Montpellier, 1912 - Neuilly-sur-Seine, 1990). Partidario de De Gaulle, fue varias veces ministro y gobernador de Argelia. También escribió varias obras sobre etnología azteca.
SOUTHAMPTON Ciudad del Reino Unido, en el S de Inglaterra, frente a la isla de Wight; 216.000 h. Constituye un Consejo unitario.
SOUTHEND Consejo unitario del Reino Unido, en Inglaterra; 176.000 h.
SOUTINE, CHAÏM Pintor francés de origen lituano (Smilovichi, 1894 - París, 1943). Su obra, violentamente expresionista, centrada sobre temas dramáticos y hasta repulsivos, abarca naturalezas muertas, paisajes, figuras y retratos.

SOUTOMAIOR SOTOMAYOR.
SOUVENIR (Voz fr.) m. Objeto de recuerdo de algún lugar determinado.
SOVIET (Voz rusa.) m. *Hist*. **1** Órgano de gobierno local en la antigua URSS. **2** Agrupación de obreros y soldados surgida en Rusia a principios del siglo XX que, tras el triunfo de la revolución de 1905, dejó de ser un mero comité de huelga para convertirse en órgano de poder. A partir de este momento, los soviets se extendieron por todo el territorio ruso, uniéndose al bolchevismo durante la revolución de Octubre de 1917. Más tarde se convertirían en la base de la administración y de la vida política del Estado soviético.
SOVIET SUPREMO *Hist*. Órgano político supremo de la antigua URSS, en el que residía el poder legislativo. Existía un Soviet Supremo unicameral en cada una de las repúblicas y un Soviet Supremo federal (Soviet Supremo de la URSS), formado por dos cámaras: el Soviet de la Unión (cámara baja) y el Soviet de las Nacionalidades (cámara alta), que se reunían conjuntamente dos veces al año. El Soviet Supremo fue disuelto en diciembre de 1991, como resultado de la desintegración de la URSS.
SOVIÉTICO, CA adj. **1** Relativo al soviet. **2** De la antigua URSS. Aplicado a personas, también s.
SOVIETIZAR tr. Implantar el régimen soviético en un país.
SOVJÓS o **SOVJOZ** m. *Hist*. En la antigua URSS, explotación agraria del Estado en la que la tierra y los medios de producción eran de propiedad nacional y se gestionaban como una empresa industrial.
SOVNARJOZ m. *Hist*. En la antigua URSS, consejo de gestión en cada una de las regiones económicas hasta 1965.
SOWETO Subu-bio de Johannesburgo, escenario desde finales de la década de los setenta de las más violentas acciones de protesta y disturbios contra el *apartheid*.
SOYA f. *Bot*. SOJA.
SOYINKA, WOLE Escritor nigeriano en lenguas yoruba e inglesa (Abeokuta, 1934). Figura esencial del renacer de las culturas del África negra, recibió el premio Nobel de literatura en 1986.
SOYUZ *Astron*. Programa espacial desarrollado por la URSS a partir de 1967, que puso en órbita diversos vuelos tripulados.
SOZ- pref. SUB-.
SPAAK, PAUL HENRI Político belga (Schaerbeek, 1899 - Bruselas, 1972). Diputado socialista y secretario general de la OTAN (1957-61), fue primer ministro (1961-65).
SPAATZ, CARL Militar estadounidense (Boyertown, 1891 - Washington, 1974). Comandante en jefe de las fuerzas aéreas estadounidenses en Europa durante la Segunda Guerra Mundial. Posteriormente, ocupó el mismo cargo en la campaña del Pacífico (1945), hasta la capitulación de Japón.
SPADA, LIONELLO Pintor italiano (Bolonia, 1576 - Parma, 1622). Su pintura sigue el modelo de Caravaggio y entre sus mejores obras figuran *Santa Cecilia*, *Caín y Abel* y *Santo Domingo quemando los libros prohibidos*, esta última en la iglesia de Santo Domingo de Bolonia.
-SPADIA, -SPADIAS sufs. del mismo origen y significado que *espasmo*.
SPADOLINI, GIOVANNI Político y periodista italiano (Florencia, 1921 - Roma, 1994). Dirigió, entre otros periódicos, *Il Corriere della Sera* (1968-72). Ministro de Cultura y Medio Ambiente (1974-76) y de Educación

Lionello **Spada**. *Santa Cecilia*. Museo del Prado (Madrid).

(1979), fue secretario general del Partido Republicano (1979) y jefe del gobierno (1981-82). Posteriormente, ocupó la cartera de Defensa (1983-87) y la presidencia del Senado (1987-94).

SPAGNOLETTO, IL RIBERA, JOSÉ DE.

SPAGUETTI (Voz it.) m. ESPAGUETI. || **SPAGUETTI WESTERN** Cin. WESTERN.

SPALLANZANI, LAZZARO Naturalista italiano (Scandiano, 1729 - Pavía, 1799). Uno de los fundadores de la biología experimental. Sus investigaciones sobre la digestión demostraron la acción del jugo gástrico, y sus experimentos sobre organismos microscópicos rebatieron la teoría de la generación espontánea, vigente hasta entonces.

SPANDAU Antigua ciudad de Alemania, agregada en 1920 a Berlín. En su prisión fueron internados en 1946 los dirigentes nazis condenados por el Tribunal de Nuremberg.

SPANGLISH (Voz i.) m. Jerga compuesta por elementos del español y del inglés que habla parte de la población hispana de EE UU.

SPANIEL adj. Veter. 1 Se dice de una raza de perros de caza. 2 Se dice del perro de esta raza. Entre los más conocidos están el cocker spaniel y el springer spaniel. También com.

SPANISH WELLS Isla de Bahamas; 26 km² y 1.372 h.

SPANN, OTHMAR Filósofo y economista austriaco (Viena, 1878 - Neustift, 1950). Formuló una «teoría universal de la economía política», ciencia que no podía ser desligada de fines espirituales, religiosos y sociales, como respuesta a las ideas clásicas de Ricardo y al marxismo.

SPARRING (voz i.) m. Dep. Boxeador que entrena a otro púgil que, por lo general, va a celebrar un combate próximamente.

SPARTIVENTO Cabo de Italia, al SE de Calabria, en el mar Jónico.

-SPASIA, -SPASMO sufs. del mismo origen y significación que espasmo.

SPEAKER (Voz i.) m. 1 Locutor de radio. 2 En el Reino Unido, presidente de la Cámara de los Comunes. 3 En EE UU, presidente de la Cámara de Representantes.

SPECIA, LA SPEZIA, LA.

SPEECH (Voz i.) m. fam. Discurso corto, arenga.

SPEIDEL, HANS General alemán (Metzingen, 1897 - Bad-Honnef, 1984). Durante la Segunda Guerra Mundial fue jefe del Estado Mayor del VIII ejército y luchó en el frente ruso (1942-43). Posteriormente, fue inspector de la Bundeswehr y jefe de las fuerzas de la OTAN en Europa central (1957-63).

SPEKE, JOHN HENNING Explorador inglés (Jordans, 1827 - Bath, 1864). Tomó parte en la expedición de Burton a los grandes lagos africanos y descubrió el Victoria (1858).

SPEMANN, HANS Biólogo alemán (Stuttgart, 1869 - Friburgo de Brisgovia, 1941). Su campo principal de investigación fue la embriología. Sus estudios sobre el desarrollo celular y los embriones le valieron el premio Nobel de Medicina en 1935.

SPENCER, HERBERT Filósofo inglés (Derby, 1820 - Brighton, 1903). Autor de La estática social (1850), obra en la que defiende un individualismo a ultranza. En el resto de sus tratados, basados en la idea de la selección natural, intentó aplicar la doctrina evolucionista a la sociedad.

SPENCER, LADY DIANA DIANA DE GALES.

SPENDER, STEPHEN Escritor inglés (Londres, 1909 - íd., 1995). Miembro del grupo de intelectuales de izquierda liderado por Auden, su poesía, que en un primer momento abordó temas sociales y políticos, se decantó luego por la introspección: El centro inmóvil (1939), Ruinas y visiones (1942), Los días de la abundancia (1969). También destacó como ensayista.

SPENGLER, OSWALD Filósofo alemán (Blakeburg, 1880 - Munich, 1936). Autor de La decadencia de Occidente (1918-22), interpretación organicista de la historia, sujeta a un «ciclo» de crecimiento, madurez y decadencia.

SPENSER, EDMUND Poeta inglés (Londres, 1552 - íd., 1599). Su obra poética ha ejercido una gran influencia en la literatura anglosajona. Entre sus mejores creaciones figuran El calendario del pastor (1579) y La reina de las hadas (1590-96).

SPEO m. Arquit. ESPEO.

-SPERM-, -SPERMAT-; -SPERMA, -SPERMAL, -SPERMIA, -SPERMO ins. o sufs. ESPERMAT-.

SPERRY, ROGER WOLCOTT Neurólogo estadounidense (Hartford, 1913 - Pasadena, 1994). Sus investigaciones, fundamentales para el estudio de enfermedades como la depresión o la esquizofrenia, demostraron que cada hemisferio cerebral tiene un mundo consciente diferente. En 1981 recibió el premio Nobel de Fisiología y Medicina, compartido con D. Hubel y T. Wiesel.

SPETSAI Isla de Grecia, en Ática, en el extremo SE del golfo de Argólida; 22 km². Centro turístico. En la Antigüedad se denominó Pitiusa.

SPEYER SPIRA.

Steven **Spielberg**. Escena de Indiana Jones y la última cruzada, con Harrison Ford.

SPEZIA, LA 1 Provincia del NO de Italia, situada junto al mar Tirreno, en Liguria; 882 km² y 227.199 h. Turismo. 2 Ciudad capital de la misma, en el golfo de Génova; 101.442 h. Puerto militar y comercial. Astilleros. Refinerías de petróleo.

SPÍDER m. Autom. 1 Tipo de carrocería de automóvil. Corresponde a una especie de cabriolé, con una capacidad de dos plazas. Es de tipo deportivo. 2 Automóvil con esa carrocería.

SPIELBERG, STEVEN Director y productor de cine estadounidense (Cincinnati, 1947). Autor de películas de aventuras y ciencia-ficción, que le han convertido en uno de los más populares directores del cine contemporáneo: Tiburón (1975), Encuentros en la tercera fase (1978), En busca del arca perdida (1981), E.T. (1982), Indiana Jones y el templo maldito (1984), Indiana Jones y la última cruzada (1989), El color púrpura (1985), Parque jurásico (1993), La lista de Schindler (1993), Amistad (1997), Salvar al soldado Ryan (1998), por la que obtuvo un Oscar, AI (Inteligencia Artificial) (2001), Minority Report (2002) y La terminal (2004).

SPILIMBERGO, LINO ENEAS Pintor y grabador argentino (Buenos Aires, 1896 - Córdoba, 1964). Al posimpresionismo de su primer periodo, dominado por escenas costumbristas y paisajes, sucedió un estudio de la figura cada vez más acentuado: Paisaje de San Sebastiano Curone (1928), La planchadora (1936).

SPIN (Voz i.) m. Fís. ESPÍN².

SPINELLO, ARETINO (SPINELLO DI LUCA SPINELLI, llamado) Pintor italiano (Arezzo, 1350 - íd., 1410). Muy influido por Giotto, entre sus obras, caracterizadas por la fuerza narrativa, merece destacarse el ciclo de frescos Escenas de la vida de san Benito (1386-87, sacristía de San Miniato, Florencia).

SPÍNOLA, AMBROSIO DE Militar italiano al servicio de España (Génova, 1569 - Castelnuovo di Scrivia, 1630). Maestre general del ejército de Flandes, luchó contra Mauricio de Nassau y participó en las negociaciones de la tregua de los Doce Años (1609). El mayor éxito de su carrera militar fue la rendición de Breda (1625).

SPÍNOLA, ANTÓNIO SEBASTIÃO RIBEIRO DE Militar y político portugués (Santo André, Estremoz, 1910 - Lisboa, 1996). Presidente de la Junta de Salvación Nacional que gobernó el país tras el alzamiento militar del 25 de abril de 1974, accedió a la presidencia provisional de la República (15 de mayo-30 de septiembre). Tras varias intentonas golpistas se exilió a Brasil en 1975.

SPINOZA, BARUCH Filósofo holandés (Amsterdam, 1632 - La Haya, 1677). Seguidor de la doctrina de Descartes, afirma con él la distinción entre extensión y pensamiento, que no considera sustancias diferentes, sino atributos de una misma sustancia. Ello aboca a un franco panteísmo: Dios es todo y todo es Dios; todo es uno y eterno; no hay creación, no hay libertad, todo es necesario. De la extensión procede el mundo sensible y del pensamiento el mundo espiritual, ambos meros fenómenos de la sustancia única. Es autor de Principios de la filosofía de Descartes (1663), Tratado teológico-político (1670) y Ética (1675), su obra capital.

SPIRA (Speyer) Ciudad de Alemania, Land de Renania Palatinado, donde fue coronado Carlos V como emperador de Alemania. Catedral románica (siglo X-XI). En ella se celebró la Dieta de 1529, que restringió la libertad religiosa al prohibir la propaganda luterana en los Estados católicos.

SPIRA, JORGE DE (JORGE HOHERMUT, llamado) Explorador español de origen alemán (Spira, ? - Coro, 1540). Nombrado gobernador de Venezuela por Carlos V (1533), exploró los llanos del Orinoco (1535-38).

SPITTELER, CARL Escritor suizo (Liestal, 1845 - Lucerna, 1924). Apasionado helenista, creó un mundo mitológico de gran vigor plástico. Sus obras principales son Prometeo y Epimeteo (1881), Primavera olímpica (1900-05) y Prometeo el paciente (1924). Premio Nobel de Literatura en 1919.

SPITZ, MARK Nadador estadounidense (Modesto, 1950). Ganador de siete medallas de oro en los Juegos Olímpicos de Munich (1972).

SPITZBERG (Spitzbergen) Grupo de islas del archipiélago de Svalbard, dependencia de Noruega en el océano Glacial Ártico. La isla mayor, Spitzberg, tiene una extensión de 39.400 km².

SPITZER, LEO Romanista y crítico literario austriaco (Viena, 1887 - Forte dei Marmi, 1960). Es autor de importantes trabajos sobre estilística, basados en la literatura provenzal, francesa y española.

-SPLÁCNICO suf. ESPLACNO- .

-SPLEN-; -SPLENIA, -SPLENIO in. o sufs. ESPLEN-.

SPOHR, LUDWIG Violinista y compositor alemán (Brunswick, 1784 - Cassel, 1859). Es uno de los principales representantes del Romanticismo alemán. Compuso sinfonías, oratorios, lieder, conciertos y óperas: Fausto (1813) o Jessonda (1823).

SPOILER (Voz i.) m. Autom. Elemento de la carrocería de un automóvil que mejora su capacidad aerodinámica.

SPOLETO Ciudad de Italia, provincia de Perusa, en Umbría; 37.200 h. Tras ser conquistada por Roma en el

Spoleto (Italia). Catedral.

-SPÓNDILO

siglo III a. C., los lombardos la convirtieron en capital del ducado de Spoleto en 570. Se mantuvo bajo la autoridad de la Santa Sede desde el siglo XIII hasta su incorporación al reino de Italia (1860).
-SPÓNDILO suf. ESPONDIL-.
SPONSOR (Voz i.) m. Patrocinador, persona, empresa o entidad que sufraga los gastos de un equipo deportivo, un programa de radio, etc., con fines publicitarios.
SPONTINI, GASPARO Compositor italiano (Majolati, Estados Pontificios, 1774 - íd., 1851). Su estilo dramático, exaltador de las glorias napoleónicas, influyó en Meyerbeer. Óperas como *La Vestale* (1807) y *Ferdinand Cortez* (1809).
-SPOR-; -SPORA, -SPÓREO, -SPORIDIO, -SPORO in. o sufs. ESPOR-.
SPORT (Voz i.) m. DEPORTE. || **de sport** loc. adj. y adv. que se utiliza para designar un tipo de indumentaria informal que se parece a la deportiva.
SPOT (Voz i.) m. *Cin.* y *Telev.* Película publicitaria de corta duración.
SPQR Siglas de la expresión latina *Senatus Populusque Romanus*, inscripción de la antigua Roma que significaba el senado y el pueblo romano.
SPRANGER, EDUARD Filósofo y psicólogo alemán (Grosslichterfelde, 1882 - Tubinga, 1963). Discípulo de Dilthey, fue profesor de la Universidad de Tubinga. Obras: *Formas de vida* (1914) y *Cultura y pedagogía* (1919).
SPRAY (Voz i.) m. ESPRÁI.
SPREE Río de Alemania, que nace en el Estado de Sajonia, pasa por Bautzen, Cottbus y Berlín y desemboca en el Havel; 403 km de curso.
SPRINT (Voz i.) m. *Dep.* Aceleración de un corredor o ciclista, particularmente cuando se aproxima el final de una carrera.
SPUTNIK (Voz rusa.) m. *Astron.* Nombre que se dio a los primeros satélites artificiales lanzados por la URSS.
SQUASH (Voz i.) m. *Dep.* Deporte de raqueta, similar al tenis, que se practica entre dos jugadores en un espacio cerrado rectangular de pequeñas dimensiones (9 × 6 m), provisto de cuatro paredes en las que puede botar la pelota.
SQUATTER (Voz angloamericana.) m. **1** *Hist.* Pionero, colonizador que a principios del siglo XIX se instalaba en territorios desocupados del O de EE UU. **2** Nombre que se da en los países anglosajones a las personas que se introducen y ocupan ilegalmente las viviendas deshabitadas de una ciudad. En España, se ha generalizado la denominación *okupa*.
-SQUISIS suf. ESQUIZO-.
Sr *Quím.* Símbolo del estroncio.
SREBRENICA Distrito de Bosnia-Herzegovina; 527 km² y 37.211 h. Su capital, declarada por la ONU «zona de exclusión» durante la guerra de la antigua Yugoslavia, fue asaltada en 1995 por las tropas serbobosnias.
SREMSKI KARLOVCI *Hist.* Ciudad de Serbia y Montenegro, en Serbia, célebre por el tratado firmado en 1699, que puso fin a las guerras entre Europa y el imperio turco. Antiguamente se llamó *Karlowitz*.
SRI Tratamiento que precede a muchos nombres hindúes. Equivale a señor.
SRI JAYAWARDENEPURA KOTTE Ciudad capital legislativa de Sri Lanka; 109.000 h.
SRI LANKA (*Sri Lanka Janarajaya*) Estado insular de Asia, situado en la isla de Ceilán, en el océano Índico,

Superficie: 65.610 km².
Población: 19.246.000 h. (*cingaleses*).
Densidad: 293,3 h./km².
Tasa de natalidad: 17,2‰.
Tasa de mortalidad: 6,4‰.
Capital: *legislativa:* Sri Jayawardenepura Kotte; *administrativa:* Colombo.
Ciudades principales: Dehiwala-Mount Lavinia, Moratuwa, Jaffna, Kandy, Galle.
Grupos étnicos: cingaleses (82,7%), tamiles (8,9%) y vedas (7,7%).
Religión: budismo (69,3%), hinduismo (15,5%), islamismo (7,6%) y cristianismo (7,5%).
Idioma: cingalés (oficial), tamil.
Moneda: rupia de Sri Lanka.
Forma de Estado: república presidencialista.
Producto Nacional Bruto: 15.176 millones de dólares.
Renta per cápita: 810 dólares.
División administrativa: 9 provincias que comprenden 25 distritos, según cuadro.

SRI LANKA

Distritos Provincias	Superficie (km²)	Población (h.)	Capitales
Kandy	1.940	1.286.000	Kandy
Matale	1.993	434.000	Matale
Nuwara Eliya	1.741	541.000	Nuwara Eliya
Central	*5.674*	*2.261.000*	*Kandy*
Anuradhapura	7.179	750.000	Anuradhapura
Polonnaruwa	3.293	336.000	Polonnaruwa
Central Norte	*10.472*	*1.086.000*	*Anuradhapura*
Galle	1.652	983.000	Galle
Hambantota	2.609	537.000	Hambantota
Matara	1.283	810.000	Matara
Meridional	*5.544*	*2.330.000*	*Galle*
Kurunegala	4.816	1.481.000	Kurunegala
Puttalam	3.072	626.000	Puttalam
Noroeste	*7.888*	*2.107.000*	*Puttalam*
Colombo	699	2.026.000	Colombo
Gampaha	1.387	1.555.000	Gampaha
Kalutara	1.598	961.000	Kalutara
Occidental	*3.684*	*4.542.000*	*Colombo*
Amparai	4.415	512.000	Amparai
Batticaloa	2.854	443.000	Batticaloa
Trincomalee	2.727	327.000	Trincomalee
Oriental	*9.996*	*1.282.000*	*Trincomalee*
Jaffna	1.025	896.000	Jaffna
Kilinochchi	1.279	110.000	Kilinochchi
Mannar	1.996	140.000	Mannar
Mullaittivu	2.617	98.000	Mullaittivu
Vavuniya	1.967	119.000	Vavuniya
Septentrional	*8.884*	*1.363.000*	*Jaffna*
Kegalla	1.693	763.000	Kegalla
Ratnapura	3.275	972.000	Ratnapura
Sabaragamuwa	*4.968*	*1.735.000*	*Ratnapura*
Badulla	2.861	735.000	Badulla
Monaragala	5.639	367.000	Monaragala
Uva	*8.500*	*1.102.000*	*Badulla*

al SE de la India, de la que está separado por el estrecho de Palk.

GEOG. Su territorio es poco montañoso, con tres áreas claramente diferenciadas; en el sector N, una gran meseta; en el central predominan las llanuras, y en el S se alzan diversos macizos, que culminan en el pico Pidurutalagala (2.524 m). La isla está surcada por ríos cortos y caudalosos, como el Mahaweli Ganga. Sus costas son altas y recortadas en el N y E, y bajas en el S y O. El clima es tropical monzónico, y su vegetación, de bosque tropical, jungla y sabana. La población, eminentemente rural, se concentra en el S del país. Es un país en vías de desarrollo; sus principales recursos proceden de la agricultura: arroz, canela, palma de coco, copra, té, cacao, tabaco, caña de azúcar, algodón, café y limones. Ganadería bovina y caprina. Caucho y madera. Minería: piedras preciosas, grafito y sal marina. Industria textil, química, alimentaria, de los curtidos, siderúrgica, del papel, cerámica, cemento, neumáticos y tabaco. Refinería de petróleo.

HIST. Los primitivos pobladores de Ceilán fueron los veddas. Desde el siglo V a. C., llegaron a la isla, procedentes de la India, los cingaleses, quienes, a partir del siglo III a. C., adoptaron el budismo y desarrollaron una civilización muy avanzada, con capital en Anurādhapura. En el siglo XI, los cholas del S de la India destruyeron la capital del reino, que fue trasladada a Polonnaruwa. Los tamiles se asentaron en la zona de Jaffna en el siglo XIII, mientras el resto del territorio se mantuvo bajo dominación cingalesa. En 1517, la isla fue conquistada por los portugueses. En 1638, pasó a depender de los Países Bajos y, desde 1796, del Reino Unido, que le concedió el estatuto de colonia en 1802. Ceilán accedió a la independencia, en el ámbito de la Commonwealth, en 1948. El prooccidental y conservador Partido de Unidad Nacional (PUN) dominó el escenario político hasta 1956, en que la coalición del Frente Unido del Pueblo, encabezada por Solomon Bandaranaike, triunfó en las elecciones legislativas. El nuevo gabinete puso en marcha una política socialista y de no alineamiento. Tras su asesinato (1959), el primer ministro fue sustituido por su viuda, Sirimavo Bandaranaike, que resultó vencedora en las elecciones de 1960. Dudley Senanayake, líder del PUN, accedió a la jefatura de gobierno en los comicios de 1965, pero fue reemplazado

Madame de **Staël**. Grabado del siglo XIX.

nuevamente por S. Bandaranaike en 1970. En 1972, se elaboró una nueva Constitución; Ceilán se convirtió en República y adoptó el nombre oficial de Sri Lanka. Las elecciones de 1977 dieron el triunfo a Junius Richard Jayawardene, del PUN, que fue nombrado primer ministro. En 1978, una enmienda constitucional lo convirtió en presidente de la República, cargo para el que fue reelegido en 1982. A partir de 1983, el conflicto étnico entre la minoría tamil, de religión hindú, que aspiraba a la independencia con la ayuda de la India, y la mayoría cingalesa, budista, derivó en guerra abierta. Tras haber mantenido el estado de emergencia durante cinco años, Jayawardene dimitió en 1988. Ocupó el cargo interinamente el primer ministro Ranasinghe Premadasa, quien, tras las elecciones de ese año, fue nombrado presidente de la República. En 1990 salieron del país las tropas indias y la guerrilla tamil anunció un alto el fuego unilateral. Sin embargo, Premadasa fue asesinado en 1993 en un atentado tamil. En las elecciones de 1994 venció la Alianza del Pueblo y su líder, Chandrika Bandaranaike Kumaratunga, ocupó el cargo de primera ministra. Un año después fue elegida presidenta de la República, mientras su madre, Sirimavo Bandaranaike, accedía a la jefatura del Gobierno. En enero de 1995, los tamiles aceptaron un alto el fuego, roto meses después. En 1999 Chandrika Bandaranaike Kumaratunga fue reelegida presidenta del país. En agosto del año siguiente dimitió su madre, Sirimavo Bandaranaike, y en octubre se celebraron elecciones legislativas, en las que de nuevo resultó vencedora la Alianza del Pueblo. Ratmasiri Wickramanayake fue nombrado nuevo primer ministro. En 2001 se celebraron elecciones legislativas anticipadas, en las que venció el PUN, y Ranil Wickremasinghe fue nombrado primer ministro. En 2002 el Gobierno y los Tigres de Liberación de Tamil Eelam (LTTE) acordaron un alto el fuego e iniciaron conversaciones para resolver el conflicto. Sin embargo, en 2003 el proceso quedó nuevamente suspendido. En las legislativas de 2004 venció la Alianza del Pueblo, y Mahinda Rajapakse fue nombrado primer ministro.

SRINAGAR Ciudad de la India, capital del Estado de Jammu y Cachemira; 586.038 h.

SS (Siglas de *Schutz Staffel*, escuadrilla de protección.) *Hist.* y *Polít.* Formación de policía militarizada del Partido Nacionalsocialista alemán. Creadas como guardia personal de Hitler (1922), adquirieron su entidad definitiva en 1925. Enfrentadas a las SA desde la subida al poder del III Reich, consiguieron casi eliminarlas (1943), y con su apoyo Hitler aniquiló a Röhm, en 1934. A partir de esta fecha, las SS incrementaron su poder; se ocuparon de la seguridad del Reich, y posteriormente (1939) del control de los territorios ocupados. Constituyeron verdaderas unidades militares *(Waffen-SS)* que, durante la Segunda Guerra Mundial, extendieron su control a los campos de concentración, y fueron responsables del exterminio de los judíos. Como organización fue condenada en el proceso de Nuremberg (1946).

SS EE Siglas de *Sagradas Escrituras.*

SS PP Siglas de *santos padres*, primeros doctores de la iglesia.

SSE *Geog.* Abreviatura de *sursudeste.*

SSO *Geog.* Abreviatura de *sursudoeste.*

STÁBAT MÁTER *Liturg.* y *Mús.* Himno dedicado a los dolores de la Virgen al pie de la Cruz, que empieza por estas palabras; atribuida a Jacopone da Todi (siglo XIII). También se llama así a la música compuesta para él.

STABIAE CASTELLAMMARE DI STABIA.

STABLISHMENT (Voz i.) m. Grupo dirigente de una sociedad, con valores e intereses comunes.

STACCATO (Voz it.) m. *Mús.* Modo de ejecución rápida en que las notas quedan separadas.

STAËL, MADAME DE (GERMAINE NECKER, BARONESA DE HOLSTEIN-STAËL, conocida como) Escritora francesa (París, 1766 - íd., 1817). Reunió en sus salones a las principales personalidades políticas y literarias de la época. Su actitud intelectual y su producción literaria fueron fundamentales para el desarrollo del romanticismo francés. Obras: las novelas *Delfina* (1802) y *Corina* o *Italia* (1807), y el manifiesto romántico *Sobre Alemania* (1813).

STAFF (Voz i.) m. Conjunto de personas que constituyen el grupo dirigente de una empresa o institución.

STAFFA Isla del Reino Unido, en el archipiélago de las Hébridas. Célebre gruta de Fingal.

STAFFORDSHIRE Condado del Reino Unido, en Inglaterra; 809.700 h.

STAGIRA ESTAGIRA.

STAJANOV, ALEXEI Minero soviético (Lugovoye, 1905 - Moscú, 1977). En 1935 estableció una marca excepcional, al extraer 102 toneladas de carbón en seis horas. Su alta productividad dio nombre al ESTAJANOVISMO.

STAJANOVISMO m. ESTAJANOVISMO.

STALIN (JOSIP VISSARIONOVICH YUGACHVILI, llamado) Estadista soviético (Gori, 1879 - Moscú, 1953). Ingresó en el seminario de Tiflis, de donde fue expulsado a causa de sus ideas políticas. Se afilió al Partido Socialdemócrata en 1896, y participó activamente en la lucha antizarista, por lo que fue varias veces deportado a Siberia. En este periodo tomó el sobrenombre de *Stalin* («hombre de acero»). Colaboró con Lenin en la Revolución de 1917 y, posteriormente, fue nombrado comisario para las Nacionalidades y miembro del buró político del Partido Comunista. En 1922 accedió a la secretaría general del Comité Central. Tras la muerte de Lenin (1924), se convirtió en jefe del Estado. Se desembarazó entonces de la oposición, afianzándose como auténtico dictador. Desarrolló, a partir de 1928, la política de planes quinquenales para triplicar la producción industrial e impuso la colectivización agraria. Paralelamente reforzó el papel de la policía política para eliminar cualquier atisbo de disidencia. En 1939 firmó con Hitler un pacto de no agresión. En 1941 se produjo la ruptura de dicho pacto. Dirigió la resistencia contra Alemania como comandante general (1942) y mariscal (1943). Durante la Segunda Guerra Mundial tuvo un papel importante en las conferencias de Teherán (1943), Potsdam y Yalta (1945) e impulsó la implantación de los regímenes comunistas en Europa Oriental. Su política fue condenada por los dirigentes soviéticos a partir de 1961.

STALIN, PICO COMUNISMO.

STALINABAD DUSHANBE.

STALINGRADO VOLGOGRADO.

STALINGRADO, BATALLA DE *Hist.* Episodio bélico germano-soviético de la Segunda Guerra Mundial (septiembre, 1942 - febrero, 1943). Comenzó con el sitio que pusieron los ejércitos alemanes a la ciudad. En noviembre la contraofensiva soviética cercó al enemigo, mandado por el general Von Paulus que se vio obligado a capitular en febrero de 1943. La victoria soviética repercutió decisivamente en el cambio de signo de la guerra.

STALINISMO m. *Polít.* ESTALINISMO.

STALINO DONETZ, provincia de Ucrania.

STAMITZ o **STAIMIZ, JOHANN** Compositor bohemio (Deutsch-Brod, 1717 - Mannheim, 1757). Director musical de la corte de Mannheim, sintetizó las tradiciones italiana y alemana e introdujo nuevos elementos en la orquesta. Autor de 50 sinfonías y numerosos conciertos y sonatas.

STAMPA, GASPARA Poetisa italiana (Padua, 1523 - Venecia, 1554). Célebre por sus *Rimas* (1554), recopilación póstuma de sonetos, canciones y sextinas, en los que canta sus amores con el conde Collatino di Collalto.

Stalin

STAND (Voz i.) m. En una feria o exposición, puesto de venta.

STANDARD (Voz i.) m. ESTÁNDAR.

STANDING (Voz i.) m. Situación social que se refleja en signos externos.

STANHOPE, JAMES, CONDE DE Militar y político británico (París, 1673 - Londres, 1721). Durante la guerra de Sucesión española, tomó parte en la conquista de Barcelona (1705) y desde 1707 asumió el mando de las tropas británicas de Cataluña, aliadas del archiduque Carlos. Posteriormente se apoderó de Menorca (1708) y Madrid (1710), pero fue derrotado y hecho prisionero en Brihuega (1710). Tras regresar a Gran Bretaña, preparó el advenimiento de Jorge I. Como secretario de Estado, intervino en la firma del tratado de La Haya (1716), antecedente de la Triple (1717) y Cuádruple Alianza (1718).

STANISLAVSKI (KONSTANTIN SERGUEEVICH ALEKSEEV, llamado) Director y teórico teatral (Moscú, 1863 - íd., 1938). Cofundador del Teatro de Arte de Moscú (1897). Revolucionó la puesta en escena y la representación teatrales. Sus investigaciones sobre la técnica teatral desembocaron en la creación de su célebre método, basado en la plena identificación del actor con su personaje. Autor de *Mi vida en el arte* (1924) y *La construcción del personaje* (1938).

STANLEY Cataratas del río Lualaba, cerca de Kisangani, en la República Democrática del Congo. Actualmente se llaman *Boyoma Falls.*

STANLEY, SIR HENRY MORTON (JOHN ROWLANDS, llamado) Periodista y explorador británico (Denbigh, País de Gales, 1841 - Londres, 1904). Enviado por el *New York Herald,* viajó al África ecuatorial en busca de Livingstone, al que encontró en la zona E del lago Tanganika (1871). En una segunda expedición (1874-77) exploró los lagos Victoria y Uganda, y descubrió el Ruwenzori y el lago Alberto. Entre 1879 y 1884 remontó el río Congo, llegó al Stanley Pool y descubrió el lago Leopoldo.

STANLEY, WENDELL MEREDITH Bioquímico y biólogo estadounidense (Ridgeville, 1904 - Salamanca, 1971). Investigó sobre los virus, que aisló en estado cristalino. En 1946 recibió el premio Nobel de Química, compartido con J. H. Northrop y J. B. Sumner.

STANLEYVILLE KISANGANI.

STANOVOI Conjunto de montañas de la Federación de Rusia, en el SE de Siberia. Su cota máxima es de 2.520 m.

STANWYCK, BARBARA Actriz de cine estadounidense (Brooklyn, 1907 - Santa Mónica, 1990). Protagonizó numerosos dramas y comedias: *Stella Dallas* (1937), *Juan Nadie* (1941), *Las tres noches de Eva* (1941).

STAR (Voz i.) f. Estrella de cine o de teatro.

STARA ZAGORA Ciudad de Bulgaria, en el sector central del país; 149.666 h. Centro agrícola. Industrias químicas. Fue la romana *Augusta Trajana.*

STARETS o **STARETZ** (Voz rusa.) com. *Rel.* **1** Persona que se encarga de la formación de los novicios en las iglesias ortodoxas. **2** En Rusia, ermitaño, persona respetada por su vida austera, consagrada a la religión.

STARHEMBERG, GUIDO WALD RÜDIGER, CONDE VON Militar austriaco (Graz, 1657 - Viena, 1737). Participó en la defensa de Viena contra los turcos (1683). En la guerra de Sucesión española, dirigió los ejércitos del archiduque Carlos de Austria desde 1708. Su ofensiva permitió al archiduque establecerse en Madrid. Tras las derrotas de Brihuega y Villaviciosa, se retiró a Cataluña, donde fue nombrado virrey (1711-13).

STARK, JOHANNES Físico alemán (Schickenhof, 1874 - Traunstein, 1957). En 1913 descubrió el efecto de su nombre (desdoblamiento de las rayas espectrales bajo la influencia de un campo eléctrico). En 1919 recibió el premio Nobel de Física.

START *(Strategic Arms Reduction Talks;* Conversaciones sobre reducción de armas estratégicas.) Conferencia de desarme entre EE UU y la URSS. Comenzó en Ginebra en 1982, como continuación de las SALT II. En 1991 se firmó el tratado START I, ratificado por EE UU, Kazajstán, Rusia y Bielorrusia y, más tarde, Ucrania. Los firmantes del acuerdo se comprometieron, salvo Ucrania, a reducir en un 30% sus respectivos arsenales nucleares. En 1993 se firmó el segundo tratado, que proponía la destrucción de las dos terceras partes de los arsenales nucleares en 10 años.

STARTER (Voz i.) m. ESTÁRTER.

-STAT-; -STASIA, -STASIS, -STATA, -STÁTICA, -STÁTICO, -STATO in. o sufs. ESTATO-.

STATU QUO loc. lat. que significa, literalmente, *en el estado en que.* Se usa especialmente en la diplomacia, para designar el estado de cosas en un determinado momento.

STATUS m. Nivel económico y social de una persona, corporación, etc.

STAUDINGER, HERMANN Químico alemán (Worms, 1881 - Friburgo de Brisgovia, 1965). Demostró la for-

Jan **Steen**. *Almuerzo en familia*. Museo Fabre (Montpellier).

mación de macromoléculas por reacción química y la posibilidad de obtenerlas sintéticamente. En 1953 recibió el premio Nobel de Química.

Stavropol Tolyatti.

Stavropol 1 Territorio de la Federación de Rusia; 66.500 km² y 2.650.000 h. **2** Ciudad capital del mismo; 342.000 h. Industria metalúrgica y alimentaria. Entre 1935 y 1943 se denominó *Vorochilovsk*.

-stear-, -steat- ins. estear-.

Steele, Sir Richard Escritor inglés de origen irlandés (Dublín, 1672 - Llangunnor, 1729). Fundó, junto con Addison, los semanarios *The Spectator* y *The Guardian*.

Steen, Jan Pintor barroco holandés (Leiden, h. 1626 - íd., 1679). Discípulo de N. Knupfer y A. van Ostade, destacó en las escenas costumbristas.

Stein, Gertrude Escritora estadounidense de origen austríaco (Alleghany, 1874 - Neuilly-sur-Seine, 1946). De familia judeoalemana, su casa de París se convirtió, desde 1903, en punto de cita de escritores y artistas de vanguardia. Su obra, de carácter experimental, intenta acercar literatura y artes plásticas. Autor de los cuentos de *Tres vidas* (1908), la *Autobiografía de Alice B. Toklas* (1932) y las novelas *Las guerras que he visto* (1945) y *Las cosas como son* (póstuma, 1950).

Stein, Karl, barón von Político prusiano (Nassau, 1757 - Kappenberg, 1831). Partidario del despotismo ilustrado y ministro de Estado con Federico Guillermo III (1804), impuso, tras la paz de Tilsit, el edicto de 1807, de carácter reformista: supresión de la servidumbre, adquisición de tierras por los burgueses y el campesinado, elección popular de las corporaciones municipales. Su oposición a Napoleón motivó su destitución en 1808.

Stein, William Howard Bioquímico estadounidense (Nueva York, 1911 - íd., 1980). En 1972 recibió el premio Nobel de Química, junto con S. Moore y Ch. B. Anfinsen, por su contribución al descubrimiento estructural de las enzimas.

Steinbeck, John Novelista estadounidense (Salinas, 1902 - Nueva York, 1968). Autor de novelas realistas, de estilo conciso, casi periodístico, en las que refleja la vida cotidiana de campesinos o miembros de las clases sociales más desfavorecidas de EE UU. Obras: *Las uvas de la ira* (1939), *De ratones y hombres* (1937), *Tortilla Flat* (1935), *A un dios desconocido* (1933) y *Al este del Edén* (1952). Premio Nobel de Literatura en 1962.

Steinberger, Jack Físico estadounidense de origen alemán (Bad Kissingen, 1921). En 1988 recibió, junto con L. Lederman y M. Schwartz, el premio Nobel de Física, por el descubrimiento del neutrino muónico.

Steiner, Jakob Matemático suizo (Utzenstorf, 1796 - Berna, 1863). Fue uno de los fundadores de la geometría proyectiva y estableció el teorema que lleva su nombre.

Steiner, Rudolf Filósofo y pedagogo austriaco (Kraljevic, 1861 - Dornach, 1925). Fundador de la Sociedad Antroposófica (1913), propugnó la potenciación del conocimiento espiritual del hombre, como paso previo a la interpretación de la naturaleza del universo. Autor de *Teosofía* (1904) y *La ciencia oculta* (1909).

Stella, Franck Pintor estadounidense (Malden, 1936). Formado en el expresionismo abstracto evolucionó hacia la abstracción pura, en obras de gran tamaño con motivos geométricos, que constituyen un antecedente del minimalismo: *Pagosa Springs* (1960), *Exotic Bird* (1977).

-stémono- suf. que significa estambre.

Stendhal (Henry Beyle, llamado) Novelista francés (Grenoble, 1783 - París, 1842). En 1800 ingresó en el ejército napoleónico de Italia y, posteriormente, formó parte de la administración imperial (1806-14). Tras la caída de Napoleón, se estableció en Milán, pero en 1821 tuvo que regresar a París por sus ideas liberales. Su obra, fundamentalmente romántica, anticipa el realismo de la segunda mitad del siglo. Inició su carrera con ensayos como *Del amor* (1822) o el estudio literario *Racine y Shakespeare* (1823-25). Entre sus novelas se encuentran *Armancia* (1827), *Rojo y negro* (1831), *Memorias de un turista* (1838) y *La cartuja de Parma* (1839). También es autor de *Crónicas italianas* (1839), relatos inspirados en crónicas del Renacimiento, y de dos obras autobiográficas publicadas póstumamente: *Vida de Henry Brulard* (1890) y *Recuerdos del egotismo* (1892).

Stenmark, Ingmar Esquiador sueco (Tärnaby, 1956). Especialista en el eslalon, fue campeón de la Copa del Mundo de esquí alpino en 1976, 1977 y 1978. Logró la medalla de oro de eslalon especial y eslalon gigante en las Olimpíadas de Lake Placid de 1980.

-steno-, -sten-, -stena, -stenia ins. o sufs. que significan fuerza: *isostenuria, neurastenia*.

Stepanakert Nombre armenio de Jarkendi, capital de la República autónoma azerbaiyana de Nagorno-Karabaj.

Stephenson, George Ingeniero británico (Wylan, 1781 - Chesterfield, 1848). Inventor de las primeras locomotoras de vapor (*Blucher*, 1814, y *The Rocket*, 1829). Director de la construcción de la primera vía férrea (Stockton-Darlington, 1821-25), fue encargado de la dirección del tendido de diversos ferrocarriles en Gran Bretaña, Bélgica, España y Suiza.

Steptoe, Patrick Christopher Médico británico (Witney, 1913 - Canterbury, 1988). Fue, junto con R. Edwards, el primero en lograr una inseminación *in vitro* de un óvulo humano.

-ster-, -stérico in. o suf. estereo-.

stereo adj. y m. estéreo.

Stern, Daniel Flavigny, Marie de, condesa de Agoult.

Stern, Isaac Violinista estadounidense de origen ruso (Kremenents, Ucrania, 1920 - Nueva York, 2001). Violinista virtuoso, su repertorio abarcaba desde la música clásica a la moderna.

Stern, Otto Físico estadounidense de origen alemán (Sorau, 1888 - Berkeley, 1969). Su medición de la velocidad de las partículas gaseosas, fundamental para la teoría cinética de los gases, y sus investigaciones sobre los fotones le valieron el premio Nobel de Física en 1943.

Stern, Samuel Miklos Hebraísta húngaro (Tab, 1920 - ?, 1969). Descubridor de las jarchas, sobre las que escribió el artículo *Les vers finaux en espagnol dans les muwassah hispano-hébraiques* y el libro *Les chansons mozárabes*.

Sternberg, Josef von Director de cine estadounidense de origen austriaco (Viena, 1894 - Los Ángeles, 1969). Entre sus primeras obras maestras están *La ley del hampa* (1927) y *Los muelles de Nueva York* (1928). En 1930 se trasladó a Alemania para dirigir *El ángel azul* (1930), protagonizada por Marlene Dietrich, con la que colaboró, hasta su ruptura sentimental, en películas de un deslumbrante barroquismo: *El expreso de Shanghai* (1932), *La venus rubia* (1932), *Capricho imperial* (1934), *El diablo es una mujer* (1935).

Sterne, Laurence Escritor británico (Clonmel, 1713 - Londres, 1768). Maestro de la digresión y el experimentalismo, en su novela *La vida y las opiniones de Tristram Shandy* (1760-68) se enfrenta a prejuicios y convencionalismos literarios a través del juego lingüístico y tipográfico, el sentimentalismo y el humor. En 1768 publicó *Viaje sentimental*.

Stettin Szczecin.

Robert Louis **Stevenson**. Retrato de William Blake Richmond. Galería Nacional de Retratos (Londres).

Stevens Geneal. Familia de industriales e inventores estadounidenses. John (1749-1838) diseñó la primera legislación sobre patentes de EE UU (1790) y construyó el *Phoenix* (1808), primer barco de vapor que efectuó una travesía marítima. Sus hijos, Robert (1795-1856) y Edwin (1795-1868), construyeron la locomotora *John Bull* (1831) y proyectaron un barco acorazado, el *Stevens Battery* (1841).

Stevens, Siaka Probyn Político de Sierra Leona (Moyamba, 1905 - Freetown, 1988). Miembro fundador del Partido del Pueblo de Sierra Leona, fue primer ministro (1967) y presidente de la República (1971-85).

Stevens, Wallace Poeta estadounidense (Reading, 1879 - Hartford, 1955). Su obra trata con sensibilidad la relación entre realidad y arte. Autor de los poemarios *Ideas de orden* (1936), *El hombre de la guitarra azul* (1937), *Auroras de otoño* (1950) y *Poemas escogidos* (1954).

Stevenson, Robert Louis (Robert Lewis Balfour, llamado) Novelista británico (Edimburgo, 1850 - Vailima, Samoa, 1894). Autor de *La isla del tesoro* (1883), *El extraño caso del doctor Jekyll y Mr. Hyde* (1886), *La flecha negra* (1888), *El señor de Ballantrae* (1889) y la colección de relatos *En los mares del Sur* (1896).

Stendhal. Retrato de Johan Olaf Sodemark. Palacio de Versalles (Francia).

Stewart Estuardo.

Stewart, Jackie Piloto de automóviles británico (Milton, 1939). Campeón de Fórmula 1 en 1969, 1971 y 1973.

Stewart, James (James Maitland, llamado) Actor de cine estadounidense (Vinnegar Hill, 1908 - Los Ángeles, 1997). Ha encarnado a galanes tímidos en comedias de los años cuarenta y cincuenta. Filmografía: *Historias de Filadelfia* (1940), *¡Qué bello es vivir!* (1947), *La ventana indiscreta* (1954), *El hombre que sabía demasiado* (1956), *Vértigo* (1958) o *El hombre que mató a Liberty Valance* (1962).

Stick (Voz i.) m. *Dep*. Bastón usado en algunos juegos de origen inglés, como el hockey.

Stieglitz, Alfred Fotógrafo estadounidense (Hoboken, 1864 - Nueva York, 1946). Dirigió la publicación *Camera Work* (1902-17) y, a partir de 1905, *Galería 291*, desde la que difundió en EE UU los movimientos de vanguardia.

Stigler, George Joseph Economista estadounidense (Renton, 1911 - Chicago, 1991). Profesor en las universidades de Iowa, Minnesota, Brown, Columbia y Chicago, en 1982 recibió el premio Nobel de Economía por sus investigaciones sobre los modos de funcionamiento y las estructuras de los mercados.

-**stigmat**-, -**stigmo**-; -**stigmato** ins. o suf. ESTIG-.

Stijl, De *Arte*. Grupo de artistas neerlandeses reunidos en torno a la revista homónima, fundada en Leiden por Theo van Doesburg (1917). Su actividad dio origen al NEOPLASTICISMO. Entre sus integrantes figuraron los pintores P. Mondrian, su principal teórico, y B. van der Leck; el escultor G. Vantongerloo, y los arquitectos P. Oud y G. Rietveld. Influyó en la evolución de las corrientes estéticas del siglo XX, especialmente en arquitectura.

-**stil** suf. ESTILO-.

Stilb m. *Fís*. Unidad de la densidad lumínica del sistema cegesimal. Equivale a una candela por cm². Su símbolo es *sb*.

-**stilia**, -**stilo** sufs. ESTILO-.

Stirling Distrito unitario del Reino Unido, en Escocia; 83.100 h.

Stirner, Max (Kaspar Schmidt, llamado) Filósofo alemán (Bayreuth, 1806 - Berlín, 1856). Influido por la izquierda hegeliana, está considerado uno de los fundadores del anarquismo teórico radical. En *El único y su propiedad* (1845) elaboró el soporte filosófico para su defensa de la existencia del individuo frente al Estado o cualquier otra institución de carácter social.

Stock (Voz i.) m. *Econ*. Cantidad de mercancías de que dispone una empresa en depósito en un momento determinado.

Stockhausen, Karlheinz Compositor alemán (Mödrath, 1928). Discípulo de Messiaen y Milhaud, está considerado uno de los representantes de la vanguardia musical. Ha realizado música electrónica, valiéndose de un generador de frecuencias. Autor de *Canto de los jóvenes* (1956), síntesis de música electrónica y concreta; *Ziclus* (1959), para percusión, y en la que armoniza ruido y sonido musical; *Momente* (1962), para soprano, cuatro coros y 13 instrumentos; y *Spiral* (1968), para solista y receptor de ondas cortas. Desde 1977 ha trabajado en un ciclo operístico denominado *Luz*, del que se conocen *Jueves* (1981), *Sábado* (1984) y *Lunes* (1988).

Stockport Ciudad del Reino Unido, en Inglaterra, condado metropolitano del Gran Manchester; 291.400 h. Industria textil y metalúrgica.

Stockton-on-Tees Consejo unitario del Reino Unido, en Inglaterra; 181.000 h.

Stoke-on-Trent Ciudad del Reino Unido, en Inglaterra; 251.500 h. Constituye un Consejo unitario. Centro industrial.

Stoker, Bram Escritor irlandés (Dublín, 1847 - Londres, 1912). Autor de narraciones de tema fantástico, su fama se debe a la novela epistolar *Drácula* (1897), considerada un clásico de la literatura de horror.

Stokes m. *Fís*. Unidad cegesimal de viscosidad cinemática, que equivale a 10^{-4} m² s⁻¹ y cuyo símbolo es *St*.

Stokes, William Médico irlandés (Dublín, 1804 - íd., 1878). Especialista en enfermedades cardíacas y respiratorias, se ha dado su nombre a la *respiración de Cheyne-Stokes* y al *síndrome de Adams-Stokes*.

Stokowski, Leopold Director de orquesta inglés de origen polaco (Londres, 1882 - Nether Wallop, 1977). Fue director de la Orquesta Sinfónica de Filadelfia (1912-36), la Filarmónica de Nueva York (1946-50), la Sinfónica de Houston (1955-61), la American Symphony Orchestra de Nueva York (1961-70) y la Sinfónica de Londres (1970-77).

Stolojoan, Theodor Político y economista rumano (Tirgoviste, 1943). Ministro de Industria Alimentaria (1966-72) y Economía (1990-91), en 1991 fue nombrado primer ministro por Illiescu.

De **Stijl**. *Bodegón*. Cuadro de Theo van Doesburg. Museo Thyssen-Bornemisza (Madrid).

Stolypin, Piotr Arkadievich Político ruso (Dresde, 1862 - Kiev, 1911). Ministro de Interior (1906) y primer ministro (1906-11), reprimió los movimientos revolucionarios. Emprendió una reforma agraria para crear una nueva clase rural acomodada (*kulaks*) y consiguió que el zar disolviera la segunda Duma (1907), modificando la ley electoral para asegurarse el control de la asamblea. Murió asesinado.

-**stom**-, -**stomat**-; -**stoma**, -**stomía**, -**stomio**, -**stomo** ins. o sufs. ESTOMATO-.

Stone, Richard Economista británico (Londres, 1913 - íd., 1991). Colaborador de John Maynard Keynes, está considerado pionero y promotor de sistemas de contabilidad nacional y de cálculo de la renta nacional. Premio Nobel de Economía en 1984.

Stonehenge *Arqueol*. Yacimiento arqueológico del Reino Unido, en Inglaterra, al N de Salisbury. Está formado por un conjunto de monumentos megalíticos del II milenio a. C., que corresponden al período de transición entre la cultura eneolítica y la del bronce. Consta de una serie de monolitos que se organizan en dos círculos concéntricos, los exteriores unidos mediante dinteles de grandes dimensiones. Su función se desconoce, pero, por su orientación, parece relacionado con el culto solar.

Stop (Voz i.) m. **1** Señal de tráfico que indica la obligación de detener el vehículo en la intersección de ciertos cruces. **2** Obligación de detenerse un vehículo en dicha intersección. **3** Cada una de las luces traseras de un automóvil que se encienden automáticamente al accionar el freno. **4** Imperativo de cese de cualquier actividad. **5** En el curso de un telegrama, punto.

Stoph, Willi Político alemán (Berlín, 1914 - íd., 1999). Desempeñó las carteras de Interior (1952-55) y Defensa (1956-60), antes de acceder a la jefatura del Gobierno (1964-73) y a la presidencia del Consejo de Estado (1973-76) de la RDA. Volvió a ocupar el cargo de primer ministro entre 1976 y 1989.

Storni, Alfonsina Poetisa argentina de origen suizo (Sala Capriasca, 1892 - Mar del Plata, 1938). Colaboradora de *La Nación*, su primer libro de versos, *La inquietud del rosal* (1916), refleja la influencia romántica, mientras que en poemarios como *Languidez* (1920) y *Ocre* (1926) predominan ya rasgos modernistas. Posteriormente, evolucionó hacia una poesía hermética, próxima a las vanguardias europeas: *Mundo de siete pozos* (1934) y *Mascarilla y trébol* (1938).

Storstrøm Condado de Dinamarca, que se extiende por las regiones de Seeland y Laaland-Falster; 3.398 km² y 116.776 h. Su capital es Nykøbin Falster.

Stowe, Harriet Elizabeth Beecher Escritora estadounidense (Litchfield, 1811 - Hartford, 1896). Autora de *La cabaña del tío Tom* (1852), tibio alegato abolicionista en tono de melodrama que obtuvo un éxito extraordinario en su época.

Strabane Condado del Reino Unido, en Irlanda del Norte; 862 km² y 36.800 h.

Strachey, Lytton Historiador británico (Londres, 1880 - Hungerford, 1932). Miembro del «grupo de Bloomsbury», es autor de ensayos y biografías de prosa brillante y sutil ironía, como *Victorianos eminentes* (1918) o *La reina Victoria* (1921).

Stradella, Alessandro Compositor italiano (Nápoles, h. 1645 - Génova, 1685). Sus obras, que recogen las aportaciones de Monteverdi y Palestrina, contribuyeron a fijar las formas del aria, la cantata y el oratorio.

Stradivari, Antonio Constructor italiano de instrumentos de cuerda (Cremona, 1644 - íd., 1737). Discípulo de Nicola Amati, a partir de 1700 la calidad acústica de sus violines adquirió fama universal, gracias a su curvatura, el grosor de la madera y el tipo de barniz. Sus hijos Omobono y Francesco continuarán la tradición paterna.

Stradivarius m. *Mús*. ESTRADIVARIO o ESTRADIVARIUS.

Strafford, Thomas Wentworth, conde de Político inglés (Londres, 1593 - íd., 1641). Miembro del Parlamento, se opuso a la política del duque de Buckingham (1624), antes de apoyar al monarca. Nombrado lord diputado de Irlanda (1632-39), se convirtió en el principal consejero de Carlos I. Durante el Parlamento Largo, fue acusado de conspirar contra Inglaterra por Pym, jefe de los Comunes, por lo que murió ejecutado.

Straits Settlements Establecimientos de los Estrechos.

Strasberg, Lee Director teatral estadounidense de origen austriaco (Buzdanov, 1901 - Nueva York, 1992). Tras abandonar el Group Theatre (1937), se dedicó a la enseñanza de actores, según el método Stanislavski. Director del Actor's Studio (1950).

Strasser, Gregor Político alemán (Geisenfeld, 1892 - Berlín, 1934). Participó en los tumultos de Munich de 1923. Diputado en el Reichstag (1924), estableció en Berlín las SA. Fue asesinado durante la purga nazi, poco después del ascenso de Hitler al poder.

Stratford-on-Avon o **Stratford-upon-Avon** Ciudad del Reino Unido, en Inglaterra; 29.941 h. Turismo. Casa natal de Shakespeare.

Strauss, David Friedrich Teólogo alemán (Ludwigsburg, 1808 - íd., 1874). En *Vida de Jesús* (1835) negó el valor histórico de los Evangelios, desde los presupuestos de la izquierda hegeliana.

Strauss, Franz Joseph Político alemán (Munich, 1915 - Ratisbona, 1988). Fundador de la Unión Cristianodemócrata (CSU) en 1948, ocupó las carteras de Asuntos Atómicos (1955-56), Defensa (1956-62) y Ha-

Formación megalítica de **Stonehenge** (Reino Unido).

Richard **Strauss** dirigiendo la orquesta de la Ópera de Viena. Casa Museo Strauss (Garmisch Partenkirchen, Alemania).

cienda (1966-69). Posteriormente accedió a la presidencia de Baviera (1978-88).

Strauss, Johann Director de orquesta y compositor austriaco (Viena, 1804 - íd., 1849). Padre de Johann Strauss. Definidor del vals vienés, es autor de más de 250 obras, fundamentalmente valses, polcas y galops; merece destacarse, igualmente, su famosa *Marcha de Radetzky* (1848).

Strauss, Johann Compositor austriaco (Viena, 1825 - íd., 1899). Hijo del anterior. Compositor de valses, de hermosa línea melódica y delicada instrumentación: *El Danubio azul* (1867), *Sangre vienesa* (1873), *Voces de primavera* (1883), *Vals del emperador* (1889); polcas, marchas y operetas, como *El murciélago* (1874) y *El barón gitano* (1885).

Strauss, Richard Director de orquesta y compositor alemán (Munich, 1864 - Garmisch Partenkirchen, 1949). Uno de los principales representantes de la escuela alemana, comenzó su carrera con poemas sinfónicos de estilo neorromántico, gran riqueza orquestal y trasfondo filosófico y heroico: *Don Juan* (1889), *Las travesuras de Till Eulenspiegel* (1895), *Muerte y transfiguración* (1890), *Así habló Zaratustra* (1896), *Vida de héroe* (1899). Su estilo se torna expresionista en sus óperas *Salomé* (1905) y *Elektra* (1908), para volver a las formas tradicionales en *El caballero de la rosa* (1911), *Ariadna en Naxos* (1912), *Capriccio* (1942) y *Metamorfosis* (1948).

Stravinski, Igor Fedorovich Compositor ruso nacionalizado francés y, posteriormente, estadounidense (Oranienbaum, 1882 - Nueva York, 1971). Discípulo de Rimski-Korsakov, a la influencia de su maestro se deben los ballets creados para la compañía de Diaguilev: *El pájaro de fuego* (1909-10), *Petruschka* (1911) y *La consagración de la primavera* (1913). Prosiguió su renovación estética, basándose en el folclore ruso, con la cantata *Bodas* (1914-17) o *La historia del soldado* (1918). A partir de 1920 da comienzo el llamado «período neoclásico»: los ballets *Pulcinella* (1920) y *El beso del hada* (1928). Obras de síntesis, más densas y rigurosas, son la *Sinfonía de los salmos* (1930), *Orfeo* (1947) o la *Misa* (1948). Hacia 1950 inicia su última etapa, la fase serial, que supone un cambio radical con respecto a su trayectoria anterior: *Septeto* (1952), *Canticum Sacrum* (1956), *Threni* (1958).

Stresa Población de Italia, provincia de Novara. Turismo. En 1935 se celebró en ella una conferencia entre los representantes de Francia, Gran Bretaña e Italia, que afirmaron la integridad e independencia de Austria.

Stresemann, Gustav Político alemán (Berlín, 1878 - íd., 1929). Ministro de Asuntos Exteriores (1923-29), fue el artífice de la retirada de los franceses del Ruhr (1925), la firma de los acuerdos de Locarno (1925) y la entrada de Alemania en la Sociedad de Naciones (1926). En 1928 firmó el pacto Briand-Kellog. Premio Nobel de la Paz, compartido con A. Briand, en 1926.

stress (Voz i.) m. Med. estrés.

Strimonikós Golfo de Grecia, al NE de la península Calcídica. También se llama *Orfani*.

Strindberg, August Escritor sueco (Estocolmo, 1849 - íd., 1912). Considerado el precursor del expresionismo, los temas fundamentales de su teatro son la rebelión contra las instituciones y la proyección de su universo interior. Autor de las piezas teatrales *El maestro Olaf* (1872), *La señorita Julia* (1888); la novela *La habitación roja* (1879), *La sonata de los espectros* (1907), *El pelícano* (1917); y los relatos de *Esposos* (1884) y en *Alegato de un loco* (1887-88). Influido por Nietzsche adoptó la idea del «superhombre»; posteriormente, derivó hacia una religiosidad mística, en dramas como *El camino de Damasco* (1898-1901) o *La danza de la muerte* (1901).

strip-tease (Voz i.) m. Espectáculo consistente en desvestirse lenta y sugestivamente, con acompañamiento de música.

Stroessner Matiauda, Alfredo Militar y político paraguayo (Encarnación, 1912). Comandante en jefe del ejército, se proclamó presidente de la República y dirigente del Partido Colorado tras el golpe militar de 1954. En 1989 fue derrocado por el general A. Rodríguez.

-strofe, -strofia sufs. estrepto-.

Stroheim, Erich von Director de cine y actor estadounidense de origen austriaco (Viena, 1885 - Maurepas, 1957). En EE UU, trabajó como actor y ayudante de D. W. Griffith en *El nacimiento de una nación* (1915) e *Intolerancia* (1916). Maestro del cine mudo, su obra se caracteriza por el naturalismo y la sátira social. Filmes: *Esposas frívolas* (1922), *Avaricia* (1923), *La viuda alegre* (1925). Proscrito como realizador en Hollywood desde 1933, protagonizó *La gran ilusión* (1937) y *El crepúsculo de los dioses* (1950).

Strozzi Geneal. Familia florentina de banqueros, que adquirió gran relevancia durante los siglos XV y XVI, aunque algunos de sus miembros ya habían participado en las luchas entre güelfos y gibelinos (siglo XIII). Posteriormente, varios de sus componentes pasaron al servicio de los reyes de Francia.

Strugatski, Arkadi Natánovich Escritor y lingüista ruso (Batumi, 1925 - Moscú, 1991). Autor, junto con su hermano Boris, de novelas satíricas de ciencia-ficción, que se plantean el materialismo histórico: *El último círculo del paraíso* (1965), *Los mutantes de la niebla* (1972), *Stalker* (1972).

Strutt, John William Físico y químico inglés (Langford Green, 1842 - Witham, 1919). En 1904 recibió el premio Nobel de Física por el descubrimiento del argón.

Stuart Estuardo.

Stuart, Gilbert Pintor estadounidense (Newport, 1755 - Boston, 1828). Influido por la pintura inglesa del siglo XVIII, adquirió fama como retratista de las figuras políticas estadounidenses más relevantes del momento. Entre sus mejores obras figuran los retratos de Washington o Reynolds.

Stuart Mill, John Mill, John Stuart.

Stuka m. Aviac. e Hist. Nombre popular del bombardero alemán de ataque en picado *Junker 87*, que se hizo famoso en la Segunda Guerra Mundial.

stupa m. Arqueol. Monumento budista y jainista de origen hindú, de forma hemisférica, cuya función originaria era guardar reliquias, aunque también se han conservado algunos de carácter conmemorativo (véase INDIA).

Sturm und Drang Lit. Movimiento literario prerromántico alemán, que floreció entre 1770 y 1785, y cuyo nombre procede del drama de Klinger *Tempestad y pasión (Sturm und Drang*, 1776). Surgido como reacción al racionalismo y al neoclasicismo académico, sus principales características fueron la exaltación de las fuerzas de la naturaleza y del individualismo. Entre sus componentes figuran Goethe, Schiller y Herder.

Stuttgart Ciudad de Alemania, capital del distrito homónimo y del Land de Baden-Württemberg; 588.482 h. Puerto fluvial. Centro editorial y de artes gráficas. Industrias automovilísticas, eléctricas, químicas, de aparatos de precisión, de instrumentos musicales y textiles. Fundada en el siglo XIII.

Styron, William Escritor estadounidense (Newport, 1925). Sus novelas, ambientadas en el S de los EE UU, describen un mundo violento y opresivo: *Esta casa en llamas* (1960), *La decisión de Sophie* (1979), *Visible en la oscuridad* (1990).

su, sus 1 pron. pos. de tercera persona. Se usa siempre antepuesto al nombre. || pron. pos. pl. **2** A veces tiene carácter indeterminado y equivale a *aproximadamente*.

su- pref. sub-.

suaba, escuela Lit. Nombre de un grupo de escritores alemanes, naturales o residentes en Suabia, formados en la Universidad de Tubinga entre 1805 y 1808. Sus máximos representantes fueron L. Uhland, J. Kerner, K. Mayer y G. Pfizer.

Suabia Geog. hist. Antigua región de Alemania; limitaba al N con la Franconia central; al S, con el Tirol, Voralberg y el lago de Constanza; al E, con la Alta Baviera; y al O, con Württemberg. En la Antigüedad estuvo poblada por celtas y suevos, de quienes tomó el nombre la región. En el siglo III la ocuparon los alamanes, a su vez sometidos en el siglo VIII por los reyes francos. El ducado cambió varias veces de manos hasta que el emperador Enrique IV lo cedió a la familia Hohenstaufen, que lo gobernó de 1079 a 1268. A la muerte del último Hohenstaufen, el ducado fue dividido en señoríos y ciudades libres que pasaron a formar entidades independientes, como Baden, Württemberg y Hohenzollern. En 1331 las ciudades se unieron y crearon la primera Liga Suaba, prohibida en 1389. En 1448 se formó la Gran Liga de Suabia, apoyada por el emperador, con el fin de promover el comercio. La aparición del protestantismo creó tensiones en el seno de la Liga y provocó su disolución. La culminación de su decadencia llegó con la paz de Westfalia (1648).

suabo, ba adj. y s. De Suabia.

Suárez Sogamoso.

Suárez, Marco Fidel Político y escritor colombiano (Bello, 1855 - Bogotá, 1927). Miembro del Congreso, senador y varias veces ministro de Relaciones Exteriores, fue jefe de la Unión Conservadora. Presidente de la República (1918-21), es autor de *Ensayo sobre la Gramática de don Andrés Bello* (1884), *El castellano en mi tierra* (1910), *Sueños de Luciano Pulgar* (1925-40) y *Doctrinas internacionales* (1955).

Suárez Carreño, José Escritor mexicano (Guadalupe, 1915). Autor de poesía (*Edad de hombre*, 1944), novela (*Las últimas horas*, 1950) y teatro (*Condenados*, 1952).

Suárez Flamerich, Germán Político venezolano (Caracas, 1907 - íd., 1990). Presidente de la junta de gobierno de Venezuela (1950-52), fue depuesto por el golpe de Estado de Pérez Jiménez.

Suárez González, Adolfo Político español (Cebreros, Ávila, 1932). Tras la muerte de Franco fue nombrado ministro secretario general del Movimiento (1975). Llamado para presidir el segundo gobierno de la monarquía (1976), impulsó la transformación del régimen de Franco en una democracia. Promovió la creación de la coalición Unión de Centro Democrático (UCD), que consiguió la mayoría relativa en las elecciones legislativas de 1977 y 1979; lo que le permitió mantenerse en el poder hasta su dimisión en 1981. Fue sustituido por Leopoldo Calvo-Sotelo. Abandonó UCD (1982) y fundó el Centro Democrático y Social (CDS). En 1991 abandonó la política activa.

Suárez Veintimilla, Mariano Político ecuatoriano (Otavalo, Imbabura, 1897 - Quito, 1980). Jefe del Partido Conservador, fue diputado, ministro de Hacienda (1945), presidente del Congreso y vicepresidente de la República en 1947. Ese mismo año, asumió el Ejecutivo al renunciar Carlos Mancheño.

suarismo m. Filos. y Teol. Sistema escolástico contenido en las obras del jesuita español F. Suárez.

suasorio, ria adj. Relativo a la persuasión, o propio para persuadir.

Erich von **Stroheim**. Escena de *El crepúsculo de los dioses*, película dirigida por Billy Wilder.

SUAVE adj. **1** Liso y agradable al tacto. **2** Esponjoso. **3** Dulce, agradable para los sentidos. **4** Tranquilo, manso.

SUAVIDAD f. Calidad de suave.

SUAVIZANTE adj. y m. Que suaviza. Se usa especialmente en cosmética y en productos de limpieza.

SUAVIZAR tr. y prnl. Hacer suave.

SUAZILANDIA SWAZILANDIA.

SUAZO CÓRDOBA, ROBERTO Político y médico hondureño (La Paz, 1928). Líder del Partido Liberal, fue presidente de su país de 1981 a 1985.

SUB- pref. Significa «debajo», en sentido recto o figurado, o denota, en acepciones traslaticias, acción secundaria, inferioridad, atenuación o disminución, etc. A veces adopta las formas *so-*, *son-* (o *som-*, ante *b* o *p*), *sor-*, *sos-*, *soz-*, *su-* o *suz-*.

SUB IUDICE loc. lat. **1** Denota que una cuestión está pendiente de resolución judicial. **2** fig. Se dice de toda cuestión sujeta a discusión.

SUBA f. *Arg.* Alza, subida de precios.

SUBACETATO m. *Quím.* Acetato básico de plomo.

SUBACUÁTICO, CA adj. Se dice de lo que, con cierto carácter de permanencia, tiene lugar bajo el nivel del agua.

SUBAFLUENTE m. Río o arroyo que desagua en un afluente.

SUBALIMENTACIÓN f. Dieta alimenticia incompleta.

SUBALPINO, NA adj. **1** Que está al pie de los Alpes. **2** *Geol.* Se aplica al piso inmediatamente inferior al alpino y a su vegetación.

SUBALTERNO, NA adj. **1** Inferior, o que está bajo las órdenes de una persona o cosa. || m. y f. **2** Empleado de categoría inferior, que realiza servicios que no requieren aptitudes técnicas. **3** Torero que forma parte de la cuadrilla de un matador.

SUBÁLVEO, A adj. y s. *Geol.* Que está debajo del álveo de un río o arroyo.

SUBANILLO m *Mat.* Subconjunto de un anillo que posee su misma estructura.

SUBARBUSTIVO, VA adj. *Bot.* **1** Se dice del estrato de vegetación compuesto por especies leñosas de altura inferior a un metro. **2** Relativo a las matas.

SUBARRENDADOR, RA m. y f. Persona que da en subarriendo alguna cosa.

SUBARRENDAR tr. Dar o tomar en arriendo una cosa, no del dueño de ella ni de su administrador, sino de otro arrendatario de la misma. ♦ IRREG. Se conjuga como ACERTAR.

SUBARRENDATARIO, RIA m. y f. Persona que toma en subarriendo alguna cosa.

SUBARRIENDO m. **1** Contrato por el cual se subarrienda una cosa. **2** Precio en que se subarrienda.

SUBASTA f. **1** Venta pública de bienes o alhajas que se hace al mejor postor. **2** Adjudicación que en la misma forma se hace de una contrata, generalmente de servicio público. || **sacar** una cosa **a pública subasta** fr. Ofrecerla a quien haga proposiciones más ventajosas en las condiciones prefijadas.

SUBASTAR tr. Vender efectos o contratar servicios, arriendos, etc., en pública subasta.

SUBCAMPEÓN, NA m. y f. Persona, equipo, club, etc., que se clasifica en segundo lugar en un campeonato.

SUBCELULAR adj. *Biol.* Que posee una estructura más elemental que la de la célula.

SUBCLASE f. *Biol.* Cada uno de los grupos taxonómicos en que se dividen las clases de plantas y animales.

SUBCLAVIO, VIA adj. **1** *Anat.* Se dice de cada una de las dos arterias que, partiendo del tronco braquicefálico, a la derecha, y del cayado de la aorta, a la izquierda, corren hacia el hombro respectivo, y al pasar por debajo de la clavícula cambian su nombre por el de arteria axilar. **2** *Anat.* Se dice de cada una de las dos principales venas que se extienden desde la clavícula hasta la vena cava superior. **3** *Anat.* Se dice del músculo insertado en la clavícula y la primera costilla. **4** *Zool.* Se dice de lo que en el cuerpo del animal está debajo de la clavícula.

Adolfo **Suárez González**

SUBCLÍMAX m. *Bot.* Comunidad vegetal que precede a la clímax en la sucesión ecológica, y cuya maduración y evolución hacia el clímax climácico se retrasa debido a factores edáficos o de otro tipo, entre los que se incluyen los derivados de la actividad del hombre.

SUBCOLECTOR, RA m. y f. Persona que hace las veces de colector y sirve a sus órdenes.

SUBCOMISIÓN f. Grupo de individuos de una comisión que tiene un cometido determinado.

SUBCONJUNTO m. *Mat.* Conjunto formado por elementos que pertenecen, a su vez, a otro conjunto. Se representa por los símbolos $\supset$ o $\subset$.

SUBCONSCIENCIA o **SUBCONCIENCIA** f. *Psicol.* Estado inferior de la conciencia psicológica en el que, por la poca intensidad o duración de las percepciones, no se da cuenta de éstas el sujeto.

SUBCONSCIENTE adj. **1** Que se refiere a la subconsciencia, o que no llega a ser consciente. || m. *Psicol.* **2** SUBCONSCIENCIA.

SUBCONSUMO m. *Econ.* Situación del mercado en la cual la oferta de artículos es superior a la demanda, como consecuencia de un estancamiento en los niveles de renta de amplias capas de la población, lo que provoca una caída de los precios, la disminución de la producción y el incremento del desempleo.

SUBCONTRATACIÓN f. Contratar una empresa a otra con el fin de que ésta cubra una parte de los servicios para los que aquélla ha sido contratada.

SUBCULTURA f. Manifestaciones culturales propias de un grupo social concreto, que presentan características diferenciadoras respecto al sistema cultural mayoritario.

SUBCUTÁNEO, A adj. *Biol.* Que está inmediatamente debajo de la piel.

SUBDELEGAR tr. Trasladar o dar el delegado su jurisdicción o potestad a otro.

SUBDESARROLLO m. **1** Desarrollo incompleto o deficiente con relación a las propias posibilidades o al desarrollo alcanzado por otros. **2** *Econ.* Situación económica y social propia de los países y las áreas geográficas cuya economía presenta graves dificultades para el desarrollo de sus fuerzas productivas.

SUBDIRECTOR, RA m. y f. Persona que sirve inmediatamente a las órdenes del director o le sustituye en sus funciones.

SUBDISTINGUIR tr. Hacer una distinción en otra.

SÚBDITO, TA adj. y s. **1** Sujeto a la autoridad de un superior. || m. y f. **2** Natural o ciudadano de un país en cuanto sujeto a las autoridades políticas de éste.

SUBDIVIDIR tr. y prnl. Dividir una parte señalada por una división anterior.

SUBDOMINANTE adj. y f. *Mús.* Se dice de la cuarta nota de la escala diatónica.

SUBDUCCIÓN f. *Geol.* Fenómeno por el cual las rocas formadas en la superficie penetran en profundidad hacia el manto.

SUBDUPLO, PLA adj. *Mat.* Se dice del número o cantidad que es mitad exacta de otro u otra.

SUBEMPLEO m. *Econ.* Situación de una economía en la que no se utiliza plenamente la capacidad de puestos de trabajo de que se dispone.

SUBENANA f. *Astron.* Cada una de las estrellas de un grupo que en el diagrama de Hertzsprung-Russell se sitúan debajo de la secuencia principal.

SÚBER m. *Bot.* Tejido protector que se encuentra en la corteza del tallo de las plantas adultas y se forma a partir de un meristemo denominado *felógeno.*

SUBERCASEAUX, BENJAMÍN Escritor chileno (Santiago, 1902 - Tacna, 1973). En su producción destacan la novela *Jemmy Buton* (1950), el libro de relatos *Y al oeste limita con el mar* (1937), y los ensayos *Apuntes de Psicología comparada* (1927) y *Chile o una loca geografía* (1940).

SUBERIFICARSE prnl. *Bot.* Convertirse en corcho la parte externa de la corteza de los árboles.

SUBERINA f. *Quím.* Sustancia orgánica, procedente de la transformación de la celulosa, que forma la membrana de las células componentes del corcho.

SUBERIZACIÓN f. *Bot.* Proceso de incorporación, en algunas plantas, de capas de suberina a la pared primaria de las células vegetales que forman parte de la corteza, dotándola de este modo de impermeabilidad al paso del agua.

SUBEROA SOULE.

SUBEROSIS f. *Med.* Alergia al polvo de la madera.

SUBEROSO, SA adj. *Bot.* Parecido al corcho.

SUBESCAPULAR adj. *Anat.* Se dice del músculo situado debajo de la escápula, que aprieta el brazo contra las costillas.

SUBESPACIO m. *Mat.* Espacio contenido en otro que posee su misma estructura.

SUBESPECIE f. *Biol.* Cada uno de los grupos taxonómicos en que se divide una especie.

SUBESTIMAR tr. Estimar a alguna persona o cosa por debajo de su valor.

SUBFAMILIA f. *Biol.* Categoría taxonómica constituida por uno o varios géneros pertenecientes a la misma familia.

SUBFRÚTICE m. *Bot.* Mata o pequeño arbusto.

SUBFUSIL m. Arma automática, individual y portátil, de gran velocidad de disparo.

SUBFUSIÓN f. *Fís.* Enfriamiento de un líquido por debajo de su temperatura de solidificación, sin que pase a la fase sólida.

SUBGÉNERO m. *Biol.* Cada uno de los grupos particulares en que se divide un género.

SUBGIGANTE f. *Astron.* Cada una de las estrellas de un grupo que en el diagrama de Hertzsprung-Russell se sitúan debajo de las estrellas gigantes.

SUBGRAUVACA f. *Geol.* Grauvaca cuyo contenido en pizarras y arcillas es superior al 90%.

SUBGRUPO m. *Mat.* Cualquier conjunto que, estando contenido en otro, presenta junto con él estructura de grupo respecto de la misma operación.

SUBH o **AURORA** Soberana andalusí (s. x). Esclava navarra, preferida del califa al-Hakam II. Ejerció gran influencia política en la corte de al-Hakam y fue regente durante la minoría de su hijo Hixem II.

SUBIDA f. **1** Acción y efecto de subir. **2** Sitio o lugar en declive, que va subiendo. **3** Lugar por donde se sube.

SUBIDO, DA adj. **1** Se dice del color o del olor muy fuerte o intenso. **2** Se usa como intensificador.

SUBÍNDICE m. *Mat.* Letra o número que se añade a un símbolo, generalmente en la parte derecha e inferior, para distinguirlo de otros semejantes.

SUBINSPECTOR, RA m. y f. Jefe inmediato después del inspector.

SUBINTENDENTE com. Persona que sirve inmediatamente a las órdenes del intendente o le sustituye en sus funciones.

SUBIR intr. **1** Pasar de un sitio o lugar a otro superior o más alto. **2** Crecer en altura ciertas cosas. **3** Ascender en dignidad o empleo, prosperar económicamente. **4** Aumentar. **5** Importar una cuenta. **6** *Mús.* Elevar el sonido de un instrumento desde un tono grave a otro más agudo. También tr. **7** Entrar en un vehículo o montar una caballería. También tr. y prnl. || tr. **8** Recorrer hacia arriba, remontar. **9** Trasladar a un lugar más alto. También prnl. **10** Hacer más alta una cosa, o irla aumentando hacia arriba. **11** Levantar, enderezar. **12** fig. Dar a las cosas más precio o mayor estimación de la que tenían. También intr.

SÚBITO, TA adj. **1** Imprevisto, repentino. **2** Precipitado, impetuoso, violento. || adv. m. **3** De repente.

SUBJEFE, FA m. y f. Persona que hace las veces de jefe y sirve a sus órdenes.

SUBJETIVISMO m. **1** Predominio de lo subjetivo. **2** *Filos.* Doctrina filosófica que limita la validez del conocimiento al sujeto que conoce. **3** Actitud que defiende que la realidad es creada en la mente del individuo.

SUBJETIVO, VA adj. **1** Perteneciente o relativo al sujeto, considerado en oposición al mundo externo. **2** Relativo a nuestro modo de pensar o sentir, y no al objeto en sí mismo. **3** *Filos.* Lo que pertenece al sujeto, en oposición al término *objetivo*, que designa lo relativo al objeto.

SUBJUNTIVO, VA adj. y s. *Gram.* MODO SUBJUNTIVO.

SUBLEVAR tr. y prnl. **1** Alzar en sedición o motín. **2** fig. Provocar indignación o sentimientos de protesta.

SUBLIMACIÓN f. **1** *Quím.* Proceso por el que un cuerpo cambia directamente del estado sólido al gaseoso, o viceversa, sin pasar por el estado líquido. **2** *Psicol.* Término empleado por Freud para designar la transformación de ciertos instintos o sentimientos inferiores o primarios en una actividad moral, intelectual y socialmente aceptada.

SUBLIMADO m. *Quím.* Sustancia obtenida por sublimación.

SUBLIMADOR m. *Fís.* Dispositivo de los aparatos de refrigeración donde se produce la sublimación.

SUBLIMAR tr. **1** Engrandecer, exaltar. **2** *Fís.* Pasar sin derretirse del estado sólido al de vapor. También prnl.

SUBLIME adj. Excelso, eminente.

SUBLIMINAL adj. Carácter de aquellas percepciones sensoriales, u otras actividades psíquicas, de las que el sujeto no llega a tener conciencia.

SUBLINGUAL adj. *Anat.* Relativo a la región inferior de la lengua.

SUBLUNAR adj. *Astron.* Que está debajo de la Luna.

SUBMARINISMO m. Conjunto de las actividades que se realizan bajo la superficie del mar, con fines científicos, deportivos, militares, etc.

SUBMARINISTA adj. y com. **1** Que practica el submarinismo. **2** Individuo de la armada especializado en el servicio de submarinos.

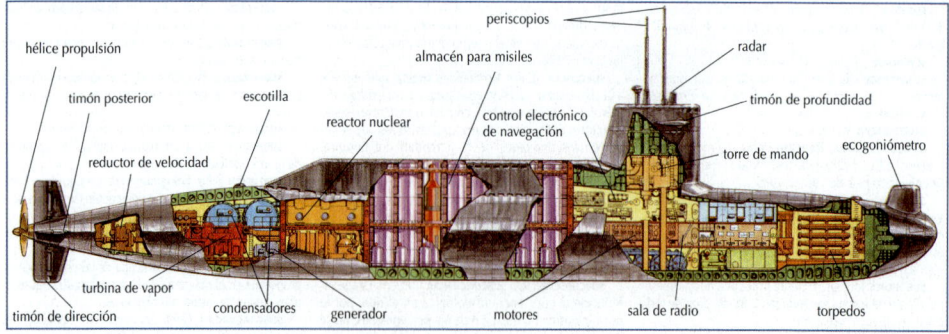

submarino

SUBMARINO, NA adj. **1** Relativo a lo que está o se efectúa bajo la superficie del mar. **2** Mar. y Mil. Buque de guerra capaz de navegar en la superficie del mar o sumergido. El primero fue construido por Bushnel para destruir a los barcos ingleses durante la guerra de independencia de EE UU (1772).
SUBMERSIHERBOSA f. Bot. Formación vegetal formada por vegetación sumergida y enraizada bajo el agua dulce o salada; puede presentar hojas y flores flotantes.
SUBMÚLTIPLO, PLA adj. y s. Mat. Se dice del número o cantidad que otro u otra contiene exactamente dos o más veces.
SUBNORMAL adj. **1** Inferior a lo normal. **2** Med. Se dice de la persona afectada de una deficiencia mental. También com.
SUBOFICIAL m. Mil. Categoría militar comprendida entre las de oficial y clase de tropa.
SUBORDEN m. Biol. Cada uno de los grupos taxonómicos en que se dividen los órdenes de plantas y animales.
SUBORDINACIÓN f. **1** Sujeción, dependencia. **2** Gram. Relación de dependencia entre dos elementos de categoría gramatical diferente. **3** Gram. Relación entre dos oraciones, una de las cuales es dependiente de la otra.
SUBORDINADO, DA adj. y s. **1** Se dice de la persona sujeta a otra o dependiente de ella. **2** Gram. Se dice de todo elemento gramatical regido por otro. **3** Gram. Se dice de la oración que depende de otra. Más como f.
SUBORDINANTE adj. **1** Que subordina. **2** Gram. Se dice de todo elemento que rige a otro de diferente categoría. También m. || f. Gram. **3** Oración de la que otra depende.
SUBORDINAR tr. **1** Sujetar personas o cosas a la dependencia de otras. También prnl. **2** Clasificar algunas cosas como inferiores en orden respecto a otras. **3** Gram. Regir un elemento gramatical a otro de categoría diferente. También prnl. || prnl. Gram. **4** Estar una oración en dependencia de otra. También tr.
SUBPOLAR adj. Geog. Situado en los límites de las zonas polares o que se produce allí.
SUBPREFECTO m. Jefe o magistrado inmediatamente inferior al prefecto.
SUBPRODUCTO m. Producto que en cualquier operación se obtiene además del principal.
SUBRANQUIAL adj. Zool. Situado debajo de las branquias.
SUBRAYAR tr. **1** Señalar por debajo con una raya alguna letra, palabra o frase escrita. **2** fig. Pronunciar con énfasis y fuerza las palabras. **3** Por extensión, destacar o recalcar.
SUBREINO m. Biol. Cada uno de los grupos taxonómicos en que se divide el reino animal.
SUBREPTICIO, CIA adj. Que se hace o toma ocultamente o a escondidas.
SUBROGAR tr. y prnl. Sustituir o poner una persona o cosa en lugar de otra.
SUBRUTINA f. Inform. Rutina corta que se emplea como un todo para disminuir la duración del programa conjunto relativo al cálculo requerido.
SUBSANAR tr. **1** Reparar o remediar un defecto, o resarcir un daño. **2** Resolver, solucionar. **3** Disculpar o excusar un desacierto o delito.
SUBSCAPULAR adj. y s. Anat. SUBESCAPULAR.
SUBSCRIBIR tr. y prnl. SUSCRIBIR.
SUBSECRETARIO, RIA m. y f. **1** Persona que hace las veces del secretario. **2** Secretario general de un ministro.
SUBSECUENTE adj. SUBSIGUIENTE.
SUBSEGUIR intr. y prnl. Seguir una cosa inmediatamente a otra. ♦ Se conjuga como PEDIR.
SUBSERE o **SUBSERIE** f. Ecol. **1** Serie correspondiente a la sucesión secundaria, es decir, que se inicia sobre sustratos antes cubiertos por vegetación y tras desaparecer ésta por efecto del fuego, tala, etc. **2** Sucesión detenida por factores biofísicos.
SUBSIDENCIA f. **1** Geol. Hundimiento progresivo de la corteza terrestre, continental o submarina, que posibilita la acumulación de sedimentos. **2** Meteor. Descenso lento del aire por enfriamiento en las capas superiores de la atmósfera.
SUBSIDIAR tr. Conceder subsidio a alguien o a una entidad.
SUBSIDIARIO, RIA adj. **1** Que se da o se manda en socorro o subsidio de alguien. **2** Der. Se dice de la acción o responsabilidad que suple o ayuda a otra principal.
SUBSIDIO m. **1** Ayuda o auxilio extraordinario de carácter económico. **2** Prestación económica concedida por un organismo oficial en ciertas situaciones sociales.
SUBSIGUIENTE adj. Que viene inmediatamente después de algo o a consecuencia de ello.
SUBSISTENCIA f. **1** Permanencia, estabilidad y conservación de las cosas. **2** Conjunto de medios necesarios para el sustento de la vida humana. Más en pl.
SUBSISTIR intr. **1** Permanecer, durar una cosa o conservarse. **2** Mantener la vida, seguir viviendo. **3** Filos. Existir una sustancia con todas las condiciones propias de su ser y de su naturaleza.
SUBSOLANO m. Meteor. Viento del Este.
SUBSTANCIA f. SUSTANCIA.
SUBSTANTIVAR tr. y prnl. SUSTANTIVAR.
SUBSTITUIR tr. SUSTITUIR.
SUBSTRAER tr. y prnl. SUSTRAER. ♦ IRREG. Se conjuga como TRAER.
SUBSUELO m. Parte profunda del terreno, situada por debajo de la superficie terrestre.
SUBSUMIR tr. Incluir algo como componente en una síntesis o clasificación más abarcadora.
SUBTENDER tr. Geom. Unir una línea recta los extremos de un arco de curva o de una línea quebrada. ♦ IRREG. Se conjuga como ENTENDER.
SUBTENIENTE m. Mil. Grado y empleo de la clase suboficiales, el más alto de la misma.
SUBTERFUGIO m. Evasiva, excusa.
SUBTERRÁNEO, A adj. **1** Que está debajo de tierra. || m. **2** Lugar o espacio que está debajo de tierra.
SUBTIPO m. Biol. Cada uno de los grupos taxonómicos en que se dividen los tipos de plantas y de animales.
SUBTITULAR tr. Poner subtítulo.
SUBTÍTULO m. **1** Título secundario. **2** Escrito que aparece en la pantalla cinematográfica, simultáneamente a la proyección de las imágenes.
SUBTROPICAL adj. Geog. Que está cerca del trópico, pero en una latitud más elevada.
SUBURBANO, NA adj. **1** Se dice del edificio, terreno o campo próximo a la ciudad. **2** Relativo al suburbio. **3** Se dice del tren que comunica la ciudad con los suburbios.
SUBURBIO m. Barrio o arrabal cerca de la ciudad o dentro de su jurisdicción.
SUBVENCIÓN f. Ayuda económica, generalmente oficial, para costear o favorecer una actividad, industria, etc.
SUBVENCIONAR tr. Favorecer con una subvención.
SUBVENIR intr. **1** Auxiliar, socorrer. **2** Pagar, sufragar el precio de algo. ♦ IRREG. Se conjuga como VENIR.
SUBVERSIVO, VA adj. Capaz de subvertir. Se aplica especialmente a lo que tiende a subvertir el orden público.
SUBVERTIR tr. Trastornar, revolver, destruir. ♦ IRREG. Se conjuga como SENTIR.
SUBYACENTE adj. Que yace o está debajo de otra cosa.
SUBYACER intr. Yacer o estar echado debajo de otra cosa. **2** Estar algo oculto tras otra cosa. ♦ IRREG. Se conjuga como YACER.

SUBYUGAR tr. y prnl. Avasallar, sojuzgar, dominar poderosa o violentamente.
SUCCÍNICO, CA adj. Quím. Se dice del ácido orgánico dibásico saturado, de fórmula $COOH-CH_2-CH_2-COOH$.
SUCCIÓN f. Acción de chupar.
SUCCIONAR tr. **1** Chupar, extraer algún jugo con los labios. **2** Absorber.
SUCEDÁNEO, A adj. y m. Se dice de la sustancia que, por tener propiedades parecidas a las de otra, puede reemplazarla.
SUCEDER impers. **1** Efectuarse un hecho, acontecer, ocurrir. **2** Seguir en orden una persona o cosa a otra. || tr. **3** Ocupar el cargo, puesto, etc., que tenía anteriormente otra persona. **4** Entrar como heredero o legatario en la posesión de los bienes de un difunto.
SUCEDIDO m. fam. Cosa que sucede, suceso.
SUCESIÓN f. **1** Acción y efecto de suceder. **2** Entrada o continuación de una persona o cosa en lugar de otra. **3** Prosecución, continuación ordenada de personas, cosas, sucesos, etc. **4** Conjunto de bienes, derechos y obligaciones transmisibles a un heredero o legatario. **5** Prole, descendencia directa. **6** Mat. Conjunto de elementos clasificados en un orden determinado.
SUCESIÓN DE AUSTRIA, GUERRA DE Hist. Conflicto europeo que estalló a la muerte del emperador Carlos VI (1740-48). En virtud de la Pragmática Sanción (1713) se aseguraban los derechos sucesorios de María Teresa, pero las potencias europeas se opusieron. Prusia invadió Silesia; a ella se unió una coalición integrada por Francia, Baviera, Sajonia y España. María Teresa recibió el apoyo de Inglaterra y los Países Bajos. En 1742 se concertó la paz entre Prusia y Austria, y Sajonia y Baviera abandonaron la lucha. La paz de Aquisgrán, suscrita por Francia y Austria en 1748, puso fin a la contienda. María Teresa fue reconocida como soberana de los territorios de los Habsburgo y de su marido, el emperador de Alemania.
SUCESIÓN DE ESPAÑA, GUERRA DE Hist. Conflicto europeo (1701-14) causado por la decisión de Carlos II de proclamar heredero a Felipe de Borbón, nieto de Luis XIV de Francia, en menoscabo de los pretendidos derechos del archiduque Carlos, hijo de Leopoldo I de Austria. Por iniciativa de Guillermo III de Inglaterra se concertó la Gran Alianza de La Haya (1701), formada por Inglaterra, las Provincias Unidas, el imperio, los principados alemanes, Portugal y Saboya en contra de Francia, España y Baviera. El archiduque, que desembarcó en Barcelona (1705) y llegó hasta Madrid (1707), fue aclamado como rey por la mayor parte de los españoles. Sin embargo una contraofensiva borbónica (batallas de Brihuega y Villaviciosa) le arrinconó de nuevo en Cataluña. La muerte del emperador José I (1711) y su sucesión por el archiduque Carlos, futuro Carlos VI, favorecieron indirectamente la causa borbónica. Las derrotas aliadas en Denain (Francia) y Alemania, conseguidas por Villars, determinaron el fin de la guerra y la firma de los tratados de Utrecht (1713) y Rastadt (1714).
SUCESIÓN DE POLONIA, GUERRA DE Hist. Conflicto europeo desencadenado a la muerte de Augusto II de Sajonia, rey de Polonia (1733-38). La mayoría de los nobles polacos, apoyados por Rusia y Austria, eligieron como sucesor a Augusto III, pero Francia, aliada de España, Baviera y Saboya, designó a Estanislao Lesczynski, suegro de Luis XV. Prusia, Austria, Sajonia y Rusia se aliaron, invadieron Polonia y coronaron a Augusto III. Por su parte, Francia se adueñó de Lorena, Kehl y Philippsburg (1934). Finalmente se firmó el tratado de Viena (1738), que impuso una solución de compromiso: Augusto quedaba como rey de los polacos y Estanislao de Lorena y el ducado de Bar.
SUCESIVO, VA adj. Se dice de lo que sigue a otra cosa.

Sucre (Bolivia). Vista aérea.

SUCESO m. **1** Cosa que sucede, especialmente cuando es de alguna importancia. **2** Hecho delictivo o accidente desgraciado.

SUCESOR, RA adj. y s. Que sucede a uno o sobreviene en su lugar, como continuador de él.

SUCESORIO, RIA adj. Perteneciente o relativo a la sucesión.

SUCHITEPÉQUEZ Departamento de Guatemala; 2.510 km² y 403.609 h. Su capital es Mazatenango.

SUCIEDAD f. **1** Cualidad de sucio. **2** Inmundicia, porquería. **3** fig. Dicho o hecho sucio.

SUCINTO, TA adj. Breve, compendioso.

SUCIO, CIA adj. **1** Que tiene manchas o impurezas. **2** Que se ensucia fácilmente. **3** Que produce suciedad. **4** Se dice de la persona descuidada en su aseo personal. **5** fig. Se dice del color confuso y turbio. **6** Deshonesto, obsceno. ‖ adv. m. **7** Hablando de algunos juegos, sin la debida observancia de sus reglas.

SUCRE (De *Antonio José de Sucre,* general venezolano.) m. *Econ.* Antigua unidad monetaria de Ecuador. En 2000 fue sustituida por el dólar.

SUCRE Estado de Venezuela; 11.800 km² y 860.580 h. Su capital es Cumaná. Turismo.

SUCRE Departamento de Colombia; 10.917 km² y 870.219 h. Su capital es Sincelejo. Caña de azúcar, arroz y tabaco.

SUCRE Ciudad capital legal de Bolivia y del departamento de Chuquisaca; 192.238 h. Centro comercial. Produce cereales y hortalizas. Refinería de petróleo, fundiciones de cobre e industrias metalúrgicas, textiles, del tabaco, del cemento y alimentarias. Fundada en 1538 con el nombre de *Charcas,* donde se creó una Real Audiencia (1559) dependiente del virreinato de Perú, posteriormente se llamó *La Plata* y *Chuquisaca.* Tomó su nombre actual en 1839, en memoria del general Sucre. Declarada Patrimonio de la Humanidad en 1991.

Antonio José de **Sucre** en la batalla de Ayacucho.

SUCRE, ANTONIO JOSÉ DE General y político venezolano (Cumaná, 1795 - Berruecos, 1830). Tomó parte en las luchas por la independencia de su país y de Colombia. Lugarteniente de Bolívar, intervino en la reconquista de Nueva Granada; fue destinado en auxilio de Guayaquil y Quito, campaña que culminó con su triunfo en Pichincha; dirigió, como jefe supremo, la última batalla de la emancipación americana en Ayacucho (1824). Declarado independiente el Alto Perú, con el nombre de Bolivia, fue designado presidente vitalicio, aunque sólo aceptó el cargo por dos años. Murió asesinado.

SUCTOR adj. *Zool.* **1** Se dice del protozoo ciliado que se caracteriza por presentar tentáculos suctores. ‖ m. pl. *Zool.* **2** Subclase de estos animales.

SÚCUBO adj. Se dice de espíritu o demonio que, según superstición, cohabita con un varón, bajo la apariencia de mujer.

SUCULENTO, TA adj. **1** Jugoso, sustancioso, muy nutritivo. **2** *Bot.* Se dice de la planta con hojas o tallos carnosos que almacenan agua.

SUCUMBÍOS Provincia de Ecuador, región de Oriente; 18.327 km² y 130.095 h. Su capital es Nueva Loja.

SUCUMBIR intr. **1** Ceder, rendirse, someterse. **2** Morir, perecer. **3** *Der.* Perder el pleito.

SUCURSAL adj. y f. Se dice del establecimiento que, situado en distinto lugar que la central de la cual depende, desempeña las mismas funciones que ésta.

SUD- pref. que significa *sur: sudoeste, sudamericano.*

SUDACA adj. y s. desp. SUDAMERICANO.

SUDADERA f. **1** fam. Sudor copioso. **2** Prenda amplia que cubre la parte superior del cuerpo y se utiliza para hacer deporte.

SUDAFRICANA, REPÚBLICA *(Republic of South Africa / Republiek van Suid-Afrika)* Estado de África meridional, que limita al N con Namibia, Botswana y Zimbabwe; al E, con Mozambique, Swazilandia y el océano Índico; al S, con el océano Índico, y al O, con el océano Atlántico. Dentro de esta demarcación se encuentra el Estado de Lesotho.

GEOG. La mayor parte del territorio sudafricano está constituido por una gran meseta rodeada de montañas entre las que destacan la Drakensberg (3.657 m de altura), al E. Los ríos principales son el Orange, con sus afluentes Vaal y Caledon, y el Limpopo. La costa, desde la desembocadura del Orange, al O, hasta Punta de Oro, al E, es poco articulada. No obstante, forma numerosas bahías y ofrece numerosos cabos (Buena Esperanza, Agujas, San Francisco y Recife, entre otros). Su clima es tropical en el N, mediterráneo de interior, y tropical de tipo chino en el S; la vegetación es de bosque en el E y de desierto y pradera en el interior. La población es mayoritariamente negra y mestiza. Exporta minerales, entre los que destacan el oro, diamantes, manganeso, cromo, platino, carbón, hierro, cobre, etc. Cultiva cereales, patatas, tomates, guisantes, cebollas, vid, frutales y tabaco. Ganadería ovina. Pesca. Salinas. Refinerías de petróleo. Industria mecánica, química, metalúrgica, siderúrgica, textil, de cemento, papelera, cervecera, etc.

HIST. Existen restos arqueológicos que prueban la existencia de pobladores bosquimanos al final del Neolítico, y de hotentotes, al N del país a la llegada de pueblos de origen bantú a comienzos de nuestra era. Convertido hacia el siglo IX en uno de los principales centros de la ruta comercial del Índico, su costa fue descubierta por los portugueses en el siglo XVI. Sin embargo, la colonización blanca no comenzó hasta mediados del siglo XVII con la instalación de la Compañía Neerlandesa de la India Oriental en la zona de El Cabo. Este primer núcleo de europeos, principalmente holandeses, aunque también franceses hugonotes y alemanes, dio origen a la población bóer o africáner. En el siglo XIX se establecieron los ingleses, a quienes en el Congreso de Viena (1815) les fue concedida su administración. Ante el descubrimiento de yacimientos de oro, Inglaterra trató de aislar a la República creando colonias circundantes (Bechuanalandia, Swazilandia, Rhodesia), para asegurarse su explotación. El descontento de la población extranjera (mayoritariamente británica) asentada en la zona, que solicitaba igualdad de derechos políticos, provocó el estallido de un conflicto armado entre bóers e ingleses (1899-1902), en el que vencieron estos últimos. El territorio bóer entró a formar parte de la Unión Sudafricana al unirse distintas colonias británicas, con igualdad de derechos para sus pobladores y colonos blancos. En 1910 se creó la Unión Sudafricana, Estado independiente dentro de la Commonwealth y en 1961 se proclamó la República independiente, con Charles R. Swart como presidente. En 1966 fue elegido por unanimidad primer ministro John Vorster y la Asamblea General de la ONU puso fin al mandato que la República Sudafricana venía ejerciendo desde el final de la Primera Guerra Mundial sobre África del Sudoeste. La política de *apartheid* aplicada por sucesivos gobiernos, había suscitado numerosas condenas

Superficie: 1.219.090 km².
Población: 43.421.000 h. (sudafricanos).
Densidad: 35,6 h./km².
Tasa de natalidad: 22,2‰.
Tasa de mortalidad: 13,5‰.
Capital: *legislativa:* Ciudad del Cabo; *administrativa:* Pretoria; *judicial:* Bloemfontein.
Ciudades principales: Johannesburgo, Durban, Port Elizabeth.
Grupos étnicos: bantúes (76,3%), blancos (12,7%), *coloured* o procedentes del cruce entre blanco y hotentote (8,5%), asiáticos (2,5%).
Religión: iglesias negras independientes (22,2%), afrikaans reformada (11,8%), catolicismo (7,6%), metodismo (5,9%), anglicanismo (3,8%), luteranismo (2,5%), hinduismo (1,3%), islamismo (1,1%).
Idioma: inglés y afrikaans (oficiales) y dialectos bantúes.
Moneda: rand sudafricano.
Forma de Estado: república parlamentaria.
Producto Nacional Bruto: 136.868 millones de dólares.
Renta per cápita: 3.310 dólares.
División administrativa: 9 provincias, según cuadro.

REPÚBLICA SUDAFRICANA

Provincias	Superficie (km²)	Población (h.)	Capitales
Cabo Occidental	129.370	3.956.875	Ciudad del Cabo
Cabo Oriental	169.580	6.302.525	Bisho
Cabo Septentrional	361.830	840.321	Kimberley
Estado Libre	129.480	2.633.504	Bloemfontein
Gauteng	17.010	7.348.423	Johannesburgo
Kwazulu/Natal	92.100	8.417.021	Ulundi
Noroeste	116.320	3.354.825	Mafikeng
Mpumalanga	79.490	2.800.711	Nelspruit
Septentrional	123.910	4.929.368	Pietersburg

Egipto; al E, con el mar Rojo y Etiopía; al S, con Kenia, Uganda y la República Democrática del Congo, y al O, con la República Centroafricana, Chad y Libia.

GEOG. Salvo la parte oriental, muy0 montañosa (montes Itbay), el territorio sudanés está constituido por una gran llanura recorrida de S a N por el río Nilo. En el N se halla el desierto de Nubia, el S es una sabana arbustiva y el O una estepa. Los principales ríos, aparte del Nilo, son sus afluentes Sobat, Azraq y Atbara. El clima es desértico en el N, tropical seco en el centro y tropical húmedo en el S, y la vegetación, de sabana en el centro y de bosque tropical y ecuatorial en el S. La población es árabe en el N y negra en el S. Cultiva cacahuetes, semillas, algodón, sorgo, mijo, maíz, trigo, arroz, caña de azúcar, patatas, mandioca, cacahuete, dátiles, cítricos y ricino. Aunque el subsuelo es rico en minerales, especialmente en hierro, cobre, manganeso y cinc, la extracción se ve impedida por las dificultades de acceso a los yacimientos. Petróleo. Industria alimentaria, textil, azucarera, etc.

HIST. Sudán fue conquistado por el Egipto faraónico en el II milenio a. C., y recibió el nombre de país de Kush. En el siglo VII comenzó la penetración árabe. Desde el siglo XV estuvo dominado por diversos Estados islámicos. Un siglo más tarde los dos gobernantes más poderosos de Sudán eran el sultán de Darfur y el de Fung. En el siglo XVIII los intentos de Etiopía por conquistar el país fueron infructuosos, pero dominado por Egipto en 1820, fue condominio angloegipcio en 1899 y obtuvo la independencia en 1956. El régimen de el-Numeiry, en el poder de 1969 a 1985, fue desviándose de su inicial orientación progresista hasta la imposición de un radica-

internacionales canalizadas, algunas de ellas, a través de la ONU, que no provocaron sustanciales modificaciones políticas o sociales ni paliaron la represión contra el Congreso Nacional Africano (ANC), representante de la lucha anti-*apartheid*, cuyo líder, Nelson Mandela, permanecía encarcelado. Sin embargo, a partir de 1989, y tras la sustitución de Pieter W. Botha por Frederik de Klerk, la política racista fue suavizándose hasta llegar a la abolición oficial del *apartheid*. En 1990, las organizaciones opositoras fueron legalizadas y Mandela puesto en libertad; pero, a la vez que se iniciaban las negociaciones entre los partidos africanos y el gobierno, comenzaban también los enfrentamientos tribales entre zulúes, representados por el Inkatha, y xhosas, partidarios del ANC. Tras las reformas emprendidas por el gobierno, Mandela y De Klerk fueron galardonados con el premio Nobel de la Paz en 1993. En las elecciones legislativas de 1994 venció el ANC, y Mandela fue nombrado presidente, mientras De Klerk asumía una de las dos vicepresidencias. En 1996 entró en vigor una nueva Constitución que ilegaliza cualquier tipo de discriminación. En las presidenciales de 1999 venció nuevamente el ANC y Thabo Mbeki sustituyó a Mandela en la presidencia. Tras las elecciones de abril de 2004, el presidente Mbeki fue reelegido.

SUDAFRICANO, NA adj. y s. De África del Sur, o de la República Sudafricana.

SUDAMÉRICA AMÉRICA.

SUDAMERICANO, NA adj. y s. De América del Sur.

SUDÁN (*Al-Jumh uiriyai-ad-Dimuqratiyat as-Sudan*) República de África centrooriental, que limita al N con

Superficie:
2.503.890 km².
Población:
35.080.000 h.
(sudaneses).
Densidad:
14 h./km².
Tasa de natalidad: 39,2‰.
Tasa de mortalidad: 10,5‰.
Capital: *ejecutiva:* Jartum; *legislativa:* Omdurman.
Ciudades principales: Jartum Norte, Port Sudan y Kassala.
Grupos étnicos: árabe (49,1%), nilótico y caita (30%).
Religión: islamismo sunnita (74,7%), animismo (17,1%), cristianismo (8,2%).
Idioma: árabe (oficial) y dialectos nilóticos, camíticos y sudaneses.
Moneda: dinar sudanés.
Forma de Estado: dictadura.
Producto Nacional Bruto: 8.224 millones de dólares.
Renta per cápita: 290 dólares.
División administrativa: 9 Estados federados, según cuadro.

SUDÁN

Estados federados	Superficie (km²)	Población (h.)	Capitales
Bahr el-Ghazal	200.894	2.265.510	Wau
Central	139.017	4.012.543	Wad Medani
Darfur	508.684	3.093.699	El Fasher
Ecuatoria	197.969	1.406.181	Juba
Jartum	28.165	1.802.299	Jartum
Kordofan	380.255	3.093.294	El Obeid
Nilo Superior	238.792	1.599.605	Malakal
Oriental	334.074	2.208.209	Kassala
Septentrional	476.040	1.083.024	Ed Damer

Sudán. El río Nilo en Nubia, cerca de la sexta catarata.

lismo islámico, autoritario y represivo a partir de 1983. En abril de 1985 el-Numeiry fue depuesto por un golpe de Estado militar, y tras las elecciones de 1986 se formó un gobierno de coalición entre el Partido Umma y el Partido Democrático Unionista y Sadek el-Mahdi. En junio de 1989 un golpe de Estado militar encabezado por Omar Hassan Ahmed el-Bashir, suprimió todas las instituciones democráticas e instauró un Consejo militar. El régimen apoyó a Irak en la crisis del Golfo (1990-91) e instauró la ley islámica en el N del país. Desde 1993 el régimen inició un proceso de apertura que condujo a unas elecciones controladas en 1996. Venció el Frente Nacional Islámico y el presidente Ahmed el-Bashir fue confirmado en el cargo. Ese mismo año se logró un alto el fuego con el Frente de Liberación de Sudán. Roto poco después, en 1997 los dos principales grupos opositores acordaron una alianza e iniciaron una ofensiva en el S del país. En 1998 gobierno y guerrilla inician conversaciones para el proceso de pacificación, concluidas en 2002 con la firma de un acuerdo de paz. En 2000 el presidente Ahmed el-Bashir fue reelegido.

SUDANÉS, SA adj. y s. **1** *Etnol.* Se dice del individuo de alguno de los pueblos que se extienden desde el río Senegal al Kordofan y desde el desierto del Sahara hasta la selva ecuatoriana. Entre ellos se encuentran los uolof, bambara, hausa, malinké y serer. **2** De Sudán.

SUDAR intr. **1** Expulsar el sudor. También tr. **2** fig. Destilar los árboles, plantas y frutos gotas de su jugo. También tr. **3** Destilar agua a través de sus poros algunas cosas impregnadas de humedad. **4** Trabajar o esforzarse mucho. || tr. **5** Empapar en sudor. **6** Conseguir una cosa con mucho esfuerzo.

SUDARIO, RIA m. Lienzo en que se envuelve un cadáver. || **SANTO SUDARIO** SÁBANA SANTA.

SUDERMAN, HERMANN Dramaturgo y novelista alemán (Matzicken, 1857 - Berlín, 1928). Autor de las obras teatrales *El honor* (1888), *El mendigo de Siracusa* (1911) y *La buena fama* (1913), y de la novela *Frau Sorge* (1887).

SUDESTE m. **1** *Geog.* Punto del horizonte entre el S y el E, a igual distancia de ambos. **2** *Meteor.* Viento que sopla de esta parte.

SUDESTE Región de Brasil que comprende los Estados de Espírito Santo, Minas Gerais, Rio de Janeiro y São Paulo; 927.297 km² y 66.288.000 h.

SUDETES Cordillera de Europa central, entre Polonia y la República Checa. Su altura máxima es de 1.600 m. Habitada por los *sudetes*, en su mayoría de origen alemán, que sirvieron de base a un movimiento nacionalista de emancipación. En 1938 Hitler la incorporó a Alemania. Después de la Segunda Guerra Mundial volvió a Checoslovaquia.

SUDISTA adj. y com. En la guerra de Secesión de EE UU, partidario del Sur.

SUDOESTE m. **1** *Geog.* Punto del horizonte equidistante y entre el S y el O. **2** *Meteor.* Viento que sopla de esta parte.

SUDOR m. **1** Líquido claro y transparente que segregan las glándulas sudoríparas de la piel de los mamíferos. Su función es ayudar a regular la temperatura corporal y liberar al organismo de ciertas sustancias tóxicas. **2** *Bot.* Jugo que sudan las plantas. **3** fig. Gotas que se destilan de las cosas que tienen humedad. **4** Trabajo, fatiga.

SUDORÍFICO, CA o **SUDORÍFERO, RA** adj. y m. Se dice del medicamento que hace sudar.

SUDORÍPARA adj. *Anat.* Se dice de cualquiera de las glándulas de la piel que segregan sudor.

SUDOROSO, SA adj. **1** Que está sudando mucho. **2** Muy propenso a sudar.

SUDRA m. *Rel.* y *Sociol.* Individuo de la cuarta casta hindú, formada por los artesanos y obreros, dedicados a las tareas más innobles.

SUDSUDESTE m. **1** *Geog.* Punto del horizonte que media entre el S y el SE. **2** *Meteor.* Viento que sopla de esta parte.

SUDSUDOESTE m. **1** *Geog.* Punto del horizonte que media entre el S y el SO. **2** *Meteor.* Viento que sopla de esta parte.

SUE, EUGÈNE (MARIE-JOSEPH SUE, llamado) Novelista francés (París, 1804 - Annecy, 1857). Sus primeras novelas se centran en un ambiente marinero: *La salamandre* (1832); para después dedicarse a la narrativa costumbrista: *Mathilde* (1841), y de ideología socialista: *Los misterios de París* (1842-43), *El judío errante* (1845-46) y *Los siete pecados capitales* (1847-49).

SUECIA *(Konungariket Sverige)* Estado del N de Europa, que ocupa la parte sudoriental de la península escandinava y limita al N con Noruega y Finlandia; al E, con Finlandia, el golfo de Botnia y el mar Báltico; al S, con el mar Báltico, y al O, con Noruega.

GEOG. Su relieve es variado; el N, montañoso, con alturas superiores a 2.000 m; el S, llano y lacustre, y entre ambas regiones una serie de mesetas escalonadas que llegan hasta el Báltico. La cima más alta es el monte Kebnekaisse (2.136 m). Las costas son bajas pero rocosas y numerosos fiordos recortan el litoral, sobre todo en su mitad N. Además presentan gran cantidad de islas e islotes entre las que destacan las Gotland y las Oeland. Posee numerosos lagos, entre los que destacan el Vänern, Vättern, Mälar y Hielmer. Los principales ríos son el Gotha, Motala, Dal, Angerman, Umea Pitea, Lulca, Kalix y Tornea. El clima es continental frío. Su economía se fundamenta en la explotación de los recursos naturales, principalmente los bosques y los yacimientos de hierro, complementados por la agricultura, ganadería y pesca. La industria ha conseguido un alto grado de desarrollo y perfección (siderurgia, electromecánica, química, explosivos, fósforos, fertilizantes, automóviles). Yacimientos de hierro, cobre, plomo, cinc, piritas, tungsteno y uranio. Hay que destacar, como fuente de energía, la hulla blanca, por la gran capacidad hidroeléctrica (80% de la electricidad de origen hidráulico).

HIST. En los tiempos prehistóricos estuvo poblada por los lapones y fineses. Posteriormente tuvieron lugar las invasiones de pueblos germánicos, entre ellos los godos, que se establecieron en la parte meridional del país, y los svear, que dieron nombre a Suecia *(Sverige)*. Al igual que Noruega, estuvo dividida en multitud de pequeños Estados vasallos o aliados del rey de Dinamarca hasta el siglo IX, época en que se llevó a cabo la expansión de los suecos en los países del oriente de Europa (fundación de Novgorod y Kiev). Dos siglos más tarde, Suecia y Noruega quedaron reunidas bajo la dinastía de los folkungianos. Magno Ládulos fue el primer soberano sueco, en 1276. A su muerte siguió una situación anárquica, que concluyó en 1397, cuando la reina Margarita de Dinamarca reunió en uno solo los reinos de Noruega, Suecia y Dinamarca por la Unión de Kalmar. Esta unión quedó deshecha en 1448, cuando el noble Gustavo Vasa liberó a Suecia de los daneses y se proclamó

Superficie: 449.964 km².
Población: 8.864.000 h. *(suecos).*
Densidad: 21,6 h./km².
Tasa de natalidad: 10,1‰.
Tasa de mortalidad: 10,6‰.
Capital: Estocolmo.
Ciudades principales: Göteborg, Malmö, Uppsala, Linköping.
Grupos étnicos: sueco (89,4%), finlandeses (2,3%), lapones.
Religión: protestantismo (iglesia de Suecia; 86,5%), catolicismo (1,8%).
Idioma: sueco.
Moneda: corona sueca.
Forma de Estado: monarquía constitucional.
Producto Nacional Bruto: 226.580 millones de dólares.
Renta per cápita: 25.580 dólares.
División administrativa: 21 condados, según cuadro.

SUECIA

Condados	Superficie (km²)	Población (h.)	Capitales
Blekinge	2.941	151.414	Karlskrona
Dalarna	28.193	282.898	Falun
Estocolmo	6.490	1.783.440	Estocolmo
Gävleborg	18.192	282.226	Gävle
Gotlandia	3.140	57.643	Visby
Halland	5.454	272.539	Halmstad
Jämtland	49.443	131.766	Östersund
Jönköping	10.475	328.059	Jönköping
Kalmar	11.171	238.104	Kalmar
Kronoberg	8.458	178.078	Växjö
Norrbotten	98.911	260.473	Lulea
Örebro	8.517	274.584	Örebro
Östergötland	10.562	412.411	Linköping
Skane	11.027	1.120.426	Malmö
Södermanland	6.062	256.269	Nyköping
Uppsala	6.989	291.413	Uppsala
Värmland	17.586	278.313	Karlstad
Västerbotten	55.401	257.803	Umea
Västernorrland	21.678	251.884	Härnösand
Västmanland	6.302	257.661	Västeras
Västra Götaland	23.942	1.486.918	Göteborg

rey (1523). El nuevo soberano se mostró afecto al protestantismo y en la Dieta de Västeras (1527) fue acordada la reforma de la iglesia. Con Gustavo II Adolfo (1611-32) intervino victoriosamente en la guerra de los Treinta Años, iniciando el periodo de grandeza del reino. En 1810 fue elegido rey el mariscal francés Jean-Baptiste Bernadotte con el nombre de Carlos Juan, dando inicio a la dinastía reinante hasta la actualidad. Unida a Noruega desde 1814 por el tratado de Kiel, alcanzó la independencia en 1905. Suecia mantuvo la neutralidad en las dos guerras mundiales. Desde 1932 la política interior estuvo regida por el gobierno del Partido Socialdemócrata, cuyos dirigentes P. A. Hansson, Tage Erlander y Olof Palme habían ocupado la presidencia del gobierno. A la muerte de Gustavo VI Adolfo, en 1973, le sucedió su nieto Carlos XVI Gustavo. Las elecciones de 1976 dieron el triunfo a la coalición de centro derecha de T. Faellin. Olof Palme recuperó el gobierno en las elecciones de octubre de 1982 y hasta 1986, en que fue asesinado en Estocolmo. Le sustituyó en el cargo Ingvar Carlsson, que desarrolló una política continuista y fue ratificado en las elecciones de 1988. El estrepitoso fracaso de los socialdemócratas en las elecciones generales de septiembre de 1991 llevó al gobierno a una coalición de partidos conservadores, ocupando el cargo de primer ministro Carl Bildt, quien anunció una política económica de corte liberal. En las elecciones generales de 1994 resultó vencedor el Partido Socialdemócrata y Carlsson pasó a ocupar de nuevo la presidencia del gobierno. Su ingreso como país miembro de la Unión Europea, en enero de 1995, se produjo tras la aprobación en referéndum. En las legislaturas de 1998 y 2002 vencieron los socialdemócratas de Göran Persson. En septiembre de 2003, los suecos rechazaron por referéndum su incorporación a la zona euro.

SUECO, CA adj. y s. **1** De Suecia. || m. Ling. **2** Idioma hablado en este país, uno de los dialectos del antiguo nórdico. || **hacerse** uno **el sueco** fr. fig. y fam. Hacerse el desentendido, simular que no se oye o entiende algo.

SUEGRO, GRA m. y f. Respecto de una persona, padre o madre de su cónyuge.

SUELA f. **1** Parte del calzado que toca el suelo. **2** Cuero de vacuno curtido. **3** Pedazo de cuero que se pega a la punta del taco de billar. **4** Zool. LENGUADO, pez. **5** Zócalo. **6** fig. Madero que se pone debajo de un tabique para levantarlo. || **MEDIA SUELA** Pieza de cuero con que se remienda el calzado y que cubre la planta desde el enfranque a la punta. || **de tres, de cuatro,** o **de siete, suelas** loc. adj. fig. y fam. Fuerte, sólido, notable en su línea. || **no llegarle** a uno **a la suela del zapato** fr. fig. y fam. Ser muy inferior a él en alguna habilidad.

SUELDA f. **1** Bot. CONSUELDA, hierba. **2** Acción y efecto de soldar.

SUELDACOSTILLA f. Bot. Planta de la familia liliáceas, de flores blancas, común en España.

SUELDO m. **1** Moneda antigua, de distinto valor según los tiempos y países. **2** SÓLIDO, antigua moneda romana. **3** Remuneración asignada por el desempeño de un servicio profesional. || **a sueldo** loc. adv. Mediante retribución fija.

SUELO m. **1** Geol. Superficie de la Tierra, compuesta por un agregado de partículas minerales u orgánicas. **2** Geol. Parte formada por los materiales incoherentes que recubren las rocas y es capaz de sostener vida vegetal. **3** fig. Superficie inferior de algunas cosas; como la del pan, de las vasijas, etc. **4** Asiento o poso que deja en el fondo una materia líquida. **5** Sitio o solar de un edificio. **6** Superficie artificial que se hace para que el piso esté sólido y llano. **7** Piso de un cuarto o vivienda. **8** Piso, hablando de los diferentes órdenes de cuartos o viviendas en que se divide la altura de una casa. **9** Superficie terrestre de una nación o división de ella, territorio. **10** fig. Tierra o mundo. **11** fig. Término, fin. || **arrastrarse** uno **por el suelo** fr. fig. y fam. Abatirse, humillarse, proceder con bajeza. || **besar el suelo** fr. fig. y fam. Caerse al suelo de bruces. || **por el suelo,** o **los suelos** loc. adv. fig. que denota el desprecio con que se trata una cosa o el estado abatido en que se halla.

SUELTA f. **1** Acción y efecto de soltar. **2** Traba para atar las manos de las caballerías.

SUELTO, TA adj. **1** Ligero, veloz. **2** Poco compacto. **3** Expedito, ágil. **4** Libre, atrevido. **5** Se dice del que padece diarrea. **6** Tratándose del lenguaje, estilo, etc., fácil. **7** Separado, que no forma conjunto. **8** Se dice del conjunto de monedas fraccionarias, y de cada pieza de esta clase. También m. **9** Se dice de lo que queda holgado, ancho. **10** Que no está envasado o empaquetado. || m. **11** Escrito de corta extensión insertado en un periódico.

SUEÑO m. **1** Fisiol. Acto de dormir. **2** Representación en la fantasía de sucesos o cosas mientras se duerme. **3** Estos mismos sucesos o cosas representados. **4** Ganas de dormir. **5** fig. Proyecto, deseo o esperanza sin probabilidad de realizarse. || **SUEÑO DORADO** fig. Anhelo, ilusión. También en pl. || **SUEÑO ETERNO** La muerte. || **caerse** uno **de sueño** fr. fig. y fam. Estar acometido del sueño, sin poderlo resistir. || **coger** uno **el sueño** fr. Quedarse dormido. || **conciliar** uno **el sueño** fr. Conseguir dormirse. || **descabezar** uno **un sueño** fr. fig. y fam. Quedarse dormido un breve rato. || **echar un sueño** fr. fam. Dormir breve rato. || **en sueños** loc. adv. Estando durmiendo. || **entre sueños** loc. adv. Dormitando. || **ni en sueños** loc. adv. fig. y fam. con que se pondera que una cosa ha estado tan lejos de suceder o ejecutarse, que ni aun se ha ofrecido soñando. || **quitar** una cosa a uno **el sueño** fr. fig. y fam. Preocuparle mucho.

SUERO m. **1** Fisiol. Componente de un humor orgánico, principalmente sangre, que permanece líquido después de la coagulación espontánea de aquélla. **2** Med. Solución de agua de sales que se inyecta en el organismo para evitar la deshidratación o como alimento. **3** Med. El extraído de un animal o individuo inmunizado que se utiliza como vacuna.

SUERTE f. **1** Encadenamiento de sucesos, considerado como fortuito o casual. **2** Circunstancia de ser, por mera casualidad, favorable o adverso a personas o cosas lo que ocurre o sucede. **3** Azar. **4** Estado, condición. **5** Género o especie de una cosa. **6** Manera o modo de hacer una cosa. **7** Taurom. Cada uno de los lances de la lidia taurina. **8** Agr. Parte de la tierra de labor, separada de otra por sus lindes. **9** Perú Billete de lotería. **10** A. gráf. Conjunto de tipos fundidos en una misma matriz. || **de suerte que** loc. conjunt. de manera que. || **echar suertes,** o **a suerte** fr. Decidir por sorteo. || **tocarle,** o **caerle,** a uno una cosa **en suerte** fr. Corresponderle por sorteo. También fig., sucederle algo por designio providencial.

Suess, Eduard Geólogo austriaco (Londres, 1831 - Viena, 1914). Autor de La faz de la Tierra (1883), obra monumental que constituye la primera descripción geológica del planeta.

SUÉTER m. JERSEY.

Suetonio Tranquilo, Cayo Historiador latino (Roma, h. 70 - ?, h. 128). Secretario de Adriano (h. 120-122), su obra más destacada es Vida de los doce Césares, que constituye una excelente fuente de información

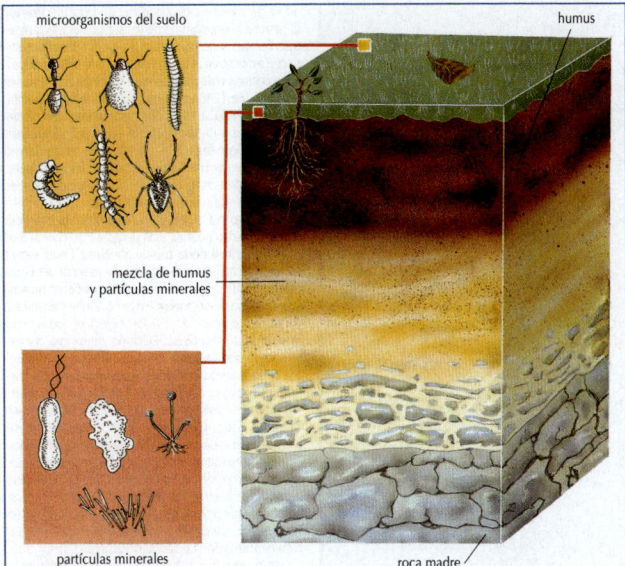

Perfil geológico del **suelo.**

acerca de los emperadores romanos del siglo I, desde Julio César hasta Domiciano.

SUEUR, EUSTACHE LE SUEUR, EUSTACHE.

SUEVIA Geog. hist. Nombre latino de SUABIA, región de los antiguos suevos.

SUEVO, VA adj. Hist. **1** Se dice de un grupo de pueblos germánicos que participaron en las invasiones del siglo V, y establecieron un reino en el NO de Hispania. Más como m. pl. **[Encic.] 2** Se dice también de sus individuos. También s. **3** Relativo a este grupo de pueblos.
Hist. El grupo de los suevos incluía, entre otros, a semnones, alamanes y lombardos. En el siglo II a. C. ocupaban la región de Brandemburgo. Tras varios intentos de expansión hacia el O se extendieron hacia el Elba, Bohemia y el Danubio. Cruzaron el Rhin a principios del siglo V, y tras una fugaz estancia en la Galia pasaron, junto con vándalos y alanos, a la península Ibérica (409). Los suevos se extendieron por la Bética y la Cartaginense en tiempos de Réquila (441-448). Durante el reinado de su hijo Requiario (448-456) se convirtieron al cristianismo. El rey visigodo Leovigildo acabó con el reino suevo (584-585).

Suez (as-Suways) **1** Gobernación de Egipto; 17.840 km² y 411.000 h. **2** Ciudad capital del mismo, en la entrada S del canal de Suez; 388.000 h.

SUEZ, CANAL DE Vía marítima al NE de África, en territorio egipcio, que comunica el Mediterráneo y el mar Rojo. Comienza en Port Said, a orillas del mar Mediterráneo, y termina en Suez, junto al mar Rojo. Su longitud es de 168 km, tiene de 80 a 135 m de anchura y de 11 a 12 m de profundidad. La concesión para construirlo fue otorgada al francés Ferdinand de Lesseps. Las obras comenzaron el 25 de abril de 1859 y fue inaugurado el 17 de noviembre de 1869. En 1875 el jedive Ismaíl Bajá vendió sus acciones al Reino Unido, que lo controló hasta que fue nacionalizado por el gobierno egipcio (26 de julio de 1956). Cerrado a la navegación a raíz de la guerra de los Seis Días (1967), fue reabierto al tráfico en junio de 1975. En octubre de 1980 entró en servicio el primer túnel construido bajo sus aguas.

SUEZ, ISTMO DE Lengua de tierra entre el golfo de Suez y el Mediterráneo, que forma el límite común de Asia y África, y más especialmente de Egipto y Siria. Su anchura mínima es de 120 km.

SUFANUVONG, PRÍNCIPE Político laosiano (Luang-Prabang, 1902 - Vientiane, 1995). Fundador del partido nacionalista, se unió al movimiento procomunista del Pathet Lao y luchó contra la dominación francesa. Viceprimer ministro y ministro de Planificación Económica y presidente del Consejo Político Nacional Adjunto, al proclamarse la República fue nombrado presidente de la misma (1975-86).

SUFFOLK Condado del Reino Unido, en Inglaterra; 671.100 h.

SUFFOLK, DUQUE DE POLE, WILLIAM DE LA, DUQUE DE SUFFOLK.

SUFÍ adj. y s. Partidario del sufismo.

SUFICIENCIA f. **1** Capacidad, aptitud. **2** fig. desp. Presunción, engreimiento.

SUFICIENTE adj. **1** Bastante para lo que se necesita. **2** Apto, idóneo. **3** fig. Pedante, engreído, que habla con afectación.

SUFIJACIÓN f. Gram. Procedimiento por el que se forman palabras con ayuda de sufijos.

SUFIJO, JA adj. y m. Gram. Se dice del afijo que va pospuesto; particularmente, de los pronombres que se juntan al verbo y forman con él una sola palabra.

SUFISMO m. Rel. Doctrina mística que profesan algunos musulmanes, quienes persiguen perderse en la realidad última de la divinidad mediante la constante repetición del dhikr o mención (de Dios). Los primeros grupos de sufíes surgieron en los siglos VIII y IX. Fue la escuela de Bagdad la que realizó una enseñanza sistemática de las etapas del misticismo a través de la purificación de los sentidos y el espíritu. A partir del siglo X se produjo un distanciamiento entre la ortodoxia y el sufismo, y desde el siglo XIII el sufismo de los grandes místicos ha sido sustituido por las cofradías religiosas.

SUFRAGÁNEO, A adj. **1** Que depende de la jurisdicción y autoridad de alguno. **2** Relativo a la jurisdicción del OBISPO SUFRAGÁNEO.

SUFRAGAR tr. **1** Ayudar, favorecer. **2** Costear, satisfacer. || intr. **3** Amér. Votar a un candidato.

SUFRAGIO m. **1** Polít. Sistema electoral para la provisión de cargos. **2** VOTO, parecer o manifestación de la voluntad de uno. **3** Ayuda, favor. **4** Obra que se aplica por las almas del purgatorio. || **SUFRAGIO CENSITARIO** Polít. Aquel en el que se reservaba el derecho de voto a aquellos ciudadanos con un determinado nivel de renta. || **SUFRAGIO RESTRINGIDO** Polít. Aquel en que se reserva el derecho de voto para los ciudadanos que reúnen ciertas condiciones. || **SUFRAGIO UNIVERSAL** Polít. Aquel en que tienen derecho a participar todos los ciudadanos mayores de edad, sin más excepciones legales.

SUFRAGISMO m. Hist. y Polít. Movimiento en defensa de la concesión del voto femenino. Surgió a principios del siglo XX en el Reino Unido, cuando Asquith y Lloyd George pretendieron modificar el régimen parlamentario. Sus protestas, manifestaciones y actos públicos calaron en la sociedad y, tras la Primera Guerra Mundial, les fue concedido el derecho al voto.

SUFRAGISTA adj. y com. Se dice de la persona que, en Inglaterra a principios del siglo XX, se manifestaba a favor de la concesión del sufragio femenino.

SUFRIDO, DA adj. **1** Que sufre con resignación. **2** Se dice del color que disimula lo sucio.

SUFRIMIENTO m. **1** Paciencia, conformidad, tolerancia con que se sufre una cosa. **2** Padecimiento, dolor, pena.

SUFRIR tr. **1** Sentir física o moralmente un daño o dolor. **2** Recibir con resignación un daño moral o físico. También prnl. **3** Sostener, resistir, soportar. **4** Aguantar, tolerar. **5** Permitir, consentir. **6** Someterse a una prueba o examen.

SUGER Religioso y político francés (Saint-Denis, h. 1081 - íd., 1151). Abad del monasterio de Saint-Denis,

Luis VI lo llamó a la corte y le encomendó la dirección de los asuntos políticos. Fue también consejero de Luis VII, que le encargó de la regencia (1147-49) cuando partió para la segunda cruzada.

SUGERENCIA f. Insinuación, inspiración.

SUGERIR tr. **1** Inspirar una idea a otra persona. **2** Insinuar. ♦ IRREG. Se conjuga como SENTIR.

SUGESTIÓN f. **1** Acción y efecto de sugerir. **2** Idea o imagen sugerida. **3** Acción y efecto de sugestionar.

SUGESTIONAR tr. **1** Inspirar una persona a otra hipnotizada palabras o actos involuntarios. **2** Dominar la voluntad de una persona. **3** Fascinar a alguien, provocar su admiración o entusiasmo. || prnl. **4** Obsesionarse con algo o alguien.

SUGESTIVO, VA adj. **1** Que sugiere. **2** fig. Que suscita emoción o resulta atrayente.

SUHARTO, KEMUU General y político indonesio (Jogjakarta, 1921). Ministro de la Guerra (1965) y jefe de Gobierno (1966), se hizo cargo de la presidencia interinamente cuando Sukarno fue destituido (1967). Confirmado en su cargo en 1968, fue reelegido en 1973, 1978, 1983, 1993 y 1998. En mayo de este último año, las protestas populares contra el régimen provocaron su dimisión.

SUI GÉNERIS expr. lat. que significa «de su género o especie». Denota que la cosa a que se aplica es singular o excepcional.

SUICHAPA Hist. Cantón de Bolivia, departamento de Potosí. Célebre batalla librada el 7 de noviembre de 1810, en la cual triunfaron las fuerzas patrióticas mandadas por el general argentino Antonio González Balcarce sobre las tropas dependientes del virrey de Perú.

SUICIDA com. y adj. **1** Persona que se suicida. || adj. **2** Perteneciente o relativo al suicidio. **3** fig. Se dice del acto o conducta que daña o destruye al propio agente.

SUICIDARSE prnl. Quitarse voluntariamente la vida.

SUICIDIO m. **1** Acción y efecto de suicidarse. **2** fig. Acción o conducta que perjudica o puede perjudicar a la persona que lo realiza.

SUIDAS Lexicógrafo griego (finales del siglo X). Autor de un Lexicón, que constituye uno de los documentos más importantes de la filología, gramática e historia literaria griegas.

SUIDO, DA adj. y m. Zool. **1** Se dice del mamífero artiodáctilo, paquidermo, con jeta bien desarrollada y caninos largos y fuertes, que sobresalen de la boca, como el jabalí. || m. pl. Zool. **2** Familia de estos animales.

SUITA Ciudad de Japón, prefectura de Osaka, en la isla de Honshu; 342.794 h.

SUITE (Voz fr.) f. **1** Mús. Obra musical que consta de una serie de piezas instrumentales, de caracteres distintos, cuya unidad está basada en una misma tonalidad. Se diferencia de la sinfonía y sonata en la mayor libertad de procedimientos, de ritmo y de tonalidad. **2** En hoteles de lujo, conjunto de habitaciones que constituyen una unidad de alojamiento. **3** Séquito.

SUIZA (Confédération Suisse; Schweizerische Eidgenossenchaft; Confederazione Svizzera) Estado de Europa central alpina, que limita al N con Francia y Alemania; al E, con Liechtenstein, Austria e Italia; al S, con Italia, y al O, con Francia.

Superficie: 41.285 km².
Población: 7.177.000 h. (suizos).
Densidad: 173,8 h./km².
Tasa de natalidad: 10,3‰.
Tasa de mortalidad: 8,3‰.
Capital: administrativa: Berna; judicial: Lausana.
Ciudades principales: Zurich, Basilea, Ginebra.
Grupos étnicos: de origen germánico, francés e italiano.
Religión: catolicismo (46,2%), protestantismo (40%), islamismo (2,2%), cristianismo ortodoxo (1%) y otros (10,6%).
Idioma: alemán, francés, italiano, retorromániсo (romanche y ladino).
Moneda: franco suizo.
Forma de Estado: república confederal.
Producto Nacional Bruto: 284.119 millones de dólares.
Renta per cápita: 39.980 dólares.
División administrativa: 20 Cantones y 6 semicantones (producto de la división de los Cantones de Appenzell, Basilea y Unterwalden), según cuadro.

SUIZA

Cantones *Semicantones*	Superficie (km²)	Población (h.)	Capitales
Argovia	1.404	536.462	Aarau
Berna	5.959	941.144	Berna
Friburgo	1.671	232.086	Friburgo
Ginebra	282	398.910	Ginebra
Glarus o Glaris	685	38.698	Glarus o Glaris
Grisones	7.105	186.118	Chur
Jura	838	68.995	Delémont
Lucerna	1.493	343.254	Lucerna
Neuchâtel	803	165.594	Neuchâtel
Sankt Gallen	2.026	444.891	Sankt Gallen
Schaffhausen	298	73.725	Schaffhausen
Schwyz	908	126.479	Schwyz
Solothurn o Soletta	791	243.450	Solothurn o Soletta
Tesino	2.812	306.179	Bellinzona
Turgovia	991	226.479	Frauenfeld
Uri	1.077	35.612	Altdorf
Valais	5.224	274.458	Sion
Vaud	3.212	611.613	Lausana
Zug	239	96.517	Zug
Zurich	1.729	1.187.609	Zurich
Appenzell Rhodes Exterior	*243*	*53.816*	*Herisau*
Appenzell Rhodes Interior	*172*	*14.873*	*Appenzell*
Basilea Campo	*518*	*256.761*	*Liestal*
Basilea Ciudad	*37*	*190.505*	*Basilea*
Nidwalden	*276*	*37.320*	*Stans*
Obwalden	*491*	*31.989*	*Sarnen*

GEOG. Suiza es el Estado alpino por excelencia, junto con Austria. Su relieve está dividido en tres regiones: los Alpes, la Meseta y el Jura. Los correspondientes a Suiza son los Alpes centrales, formados por elevados macizos cristalinos que ocupan el 60% del territorio. Su cota máxima es el Cervino (4.477 m). Los montes Jura, al NO, encuadran la meseta suiza, donde se concentra el potencial demográfico y económico del país. El macizo de San Gotardo es el centro hidrográfico de dispersión más importante de Europa. De él parten los ríos Rhin, Inn, Reuss, Aar, Tesino (Po) y Ródano. Posee numerosos lagos de origen glaciar, entre los que destacan el Leman, el Constanza, el Neuchâtel, el Thum, el Zug y el Wallen. El clima es continental, con inviernos fríos y veranos templados. A pesar del alto nivel de mecanización, la limitación de espacio condiciona la producción agrícola, que no es suficiente para abastecer al mercado nacional. Los principales cultivos son los cereales, patatas, remolacha, tabaco, vid, frutales, tomates y berzas. La abundancia de pastos hace que Suiza tenga una considerable riqueza ganadera. De escasa riqueza minera, cuenta sin embargo con abundante energía hidráulica, impulsora de su gran industrialización. Junto a un artesanado muy evolucionado, con productos manufacturados de gran calidad (relojes), ha especializado su industria en bienes de alta precisión y técnica (maquinaria textil, máquinas, herramienta, material eléctrico y electrónico). Destacan las industrias metalúrgica, mecánica (motores, locomotoras), textil, química y alimentaria (leche, queso y otros derivados). Es uno de los centros comerciales y financieros más activos del mundo (concentración de capitales extranjeros), así como del turismo estival e invernal.

HIST. Sus primitivos pobladores, los celtas (helvecios y réticos), fueron dominados por los romanos (siglo I a. C.) y los francos (siglo VI), pasando, más tarde, a formar parte del reino merovingio y luego del imperio carolingio. Durante el siglo IX se integró en el sacro imperio germánico, junto con Borgoña (1032). Como resultado del debilitamiento imperial, surgieron en el siglo XI una serie de Estados feudales. Ante las pretensiones del emperador Rodolfo de Habsburgo, los Cantones de Schwyz, Uri y Unterwalden se unieron, a su muerte en 1291, formando la Liga Perpetua, que sería el núcleo de la Confederación Helvética. A lo largo del siglo XV se unieron otros cinco Cantones (Lucerna, Zurich, Glarus, Zug y Berna). Los conflictos con los Habsburgo finalizaron en 1474, y se reconoció su independencia, aunque seguían perteneciendo al imperio. Durante el mismo siglo, las ampliaciones territoriales y los diferentes sistemas políticos cantonales (unos burgueses y autoritarios, otros montañeses o forestales y democráticos) provocaron numerosos conflictos. Restablecida la paz en la Dieta de Stans de 1481, se integraron en la Confederación Solothurn y Friburgo, a los que se unieron en los primeros años del siglo siguiente los de Basilea, Schaffhausen y Appenzell. Después de los graves conflictos religiosos entre protestantes y católicos que acarreó la Reforma, predicada por Zwinglio en Zurich, la paz de Westfalia (1648) marcó el reconocimiento definitivo de la plena independencia de la Confederación. El desarrollo económico de los siglos XVII y XVIII no estuvo compensado con la mejora de la situación social ni con avances en materia política. Todo ello contribuyó a la aceptación de los planteamientos de la Revolución Francesa. En 1798, se formó, bajo su influjo, la República Helvética. En 1803, Napoleón aumentó el número de Cantones a 19, dándoles un carácter federal. Por el Congreso de Viena (1815), se restituyeron los distritos anexionados por Francia y se derogó el sistema napoleónico. Otra crisis religiosa terminó con la victoria de los protestantes y la subida de los liberales al poder (1848). Se promulgó la Constitución Federal por la que Suiza logró su unidad política, con un gobierno central federal, estableciéndose su capital en Berna. De su estricta neutralidad ha hecho la directriz de su política exterior, quedando al margen de los conflictos bélicos mundiales, así como de organismos internacionales de tendencia política o militar. En 1974, los electores de la región de Jura decidieron crear el Cantón del mismo nombre, aprobado por referéndum nacional en septiembre de 1978. En la década de los ochenta y los noventa, la estabilidad política ha sido uno de los factores predominantes de este país, donde una coalición de socialistas, radicales y socialcristianos, ejerce el gobierno desde 1959, si bien cada una de estas formaciones evolucionó independientemente en las sucesivas elecciones. En los noventa se produjo un avance de las formaciones de extrema derecha. En referéndum celebrado en 2002, Suiza aprobó su incorporación a la ONU. En 2004 Joseph Deiss se hizo cargo de la presidencia de la Confederación en sustitución de Pascal Couchepin.

SUIZO, ZA adj. y s. **1** De Suiza. || m. **2** Bollo de harina, huevo y azúcar.

SUJECIÓN f. **1** Acción de sujetar o sujetarse. **2** Unión con que una cosa está sujeta. **3** Figura retórica que consiste en hacer el orador o el escritor preguntas que él mismo responde.

SUJETADOR, RA adj. y s. **1** Que sujeta. || m. **2** Prenda interior femenina que sujeta y realza el pecho.

SUJETAPAPELES m. Pinza u otro objeto para sujetar papeles. ◆ Su pl. es *sujetapapeles*.

SUJETAR tr. **1** Someter. También prnl. **2** Fijar o contener una cosa con la fuerza. **3** Poner en alguna cosa un objeto para que no se caiga, mueva, etc.

SUJETO, TA adj. **1** Expuesto o propenso a una cosa. || m. **2** Asunto o materia de la que se habla o escribe. **3** Persona innominada. Se usa cuando no se quiere declarar la persona de quien se habla, o cuando se ignora su nombre. **4** *Gram.* Función oracional desempeñada por un sustantivo, un pronombre o un sintagma nominal en concordancia obligada de persona y de número con el verbo. Pueden desempeñarla también cualquier sintagma o proposición sustantivada, con concordancia verbal obligada en tercera persona. **5** *Gram.* Elemento o conjunto de elementos lingüísticos que, en una oración, desempeñan la función de sujeto. **6** *Filos.* El espíritu humano considerado en oposición al mundo externo, en cualquiera de las relaciones de sensibilidad o de conocimiento, y también en oposición a sí mismo como término de conciencia. **7** *Lóg.* Ser del cual se predica o anuncia alguna cosa. || **SUJETO AGENTE** *Gram.* Sujeto de un verbo en voz activa. || **SUJETO PACIENTE** *Gram.* Sujeto de un verbo en voz pasiva.

SUKARNAPURA YAJAPURA.

SUKARNO YAJA.

SUKARNO, AHMED Político indonesio (Surabaya, 1901 - Yakarta, 1970). Líder del Partido Nacionalista Indonesio, en 1945 proclamó unilateralmente la independencia y en 1949 fue elegido primer presidente de la República de los Estados Unidos de Indonesia. En 1963 se hizo elegir presidente vitalicio. En 1967 fue desposeído de todos sus títulos y cargos por Suharto.

SULA, LUCIO CORNELIO SILA, LUCIO CORNELIO.

SULAWESI CÉLEBES.

SULAYMAN AL-MUSTAHIN Califa omeya de Córdoba (?, h. 958 - Córdoba, 1016). Descendiente de Abderramán III, promovió la sublevación de los beréberes contra el califa Muhammad II al-Mahdi y se hizo cargo del gobierno (1009-10). Derrocado por Muhammad, volvió a ocupar el trono entre 1013 y 1016.

SULF-, SULFO- *Quím.* prefs. que se utilizan para indicar las sales y los compuestos orgánicos en los que se ha introducido un átomo de azufre.

SULFAMIDA f. *Farm.* Cualquiera de las sustancias químicas derivadas de la sulfonamida, que por su acción bacteriostática se emplean en el tratamiento de enfermedades infecciosas.

SULFATAR tr. y prnl. *Quím.* Impregnar o bañar con un sulfato.

SULFATO m. **1** *Miner.* Cualquiera de los minerales que presentan una estructura cristalina en forma de tetraedros con el azufre en el centro y los oxígenos en los cuatro vértices, como la baritina y el yeso. **2** *Quím.* Cuerpo re-

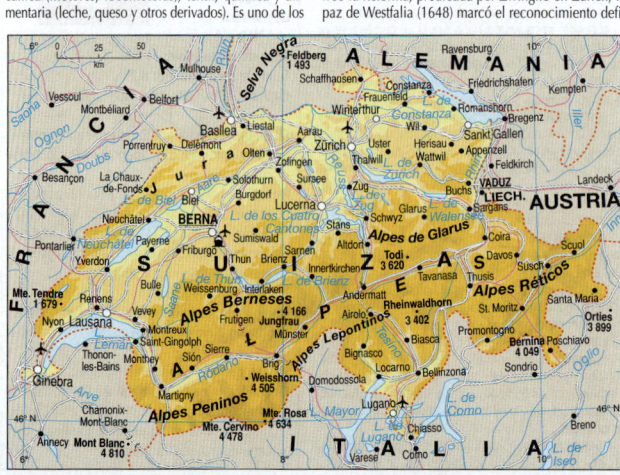

sultante de la combinación del ácido sulfúrico con un radical mineral u orgánico. || **SULFATO DE BARIO** *Quím.* De fórmula SO₄Ba, es el resultado del tratamiento de una disolución de alguna sal de bario con ácido sulfúrico.

SULFHÍDRICO, CA adj. *Quím.* **1** Relativo a las combinaciones del azufre con el hidrógeno. **2** Se dice del ácido dibásico resultante de la disolución del sulfuro de hidrógeno en agua. Se emplea como reactivo en análisis químico.

SULFITACIÓN f. *Quím.* Operación de añadir a los mostos y vinos anhídrido sulfuroso, para conservarlos o intervenir en la fermentación.

SULFITO m. *Quím.* Cuerpo resultante de la combinación del ácido sulfuroso con un radical mineral u orgánico.

SULFO- pref. SULF-.

SULFONA f. *Quím.* Cada uno de los compuestos orgánicos que contienen un grupo =SO2 (sulfonilo) unido por el átomo de azufre a dos radicales alquilo, arilo o derivados de ellos, indistintamente.

SULFONACIÓN f. *Quím.* Proceso por el que se introduce el grupo sulfónico (SO₃H⁻) en un compuesto orgánico.

SULFONAL m. *Farm.* Compuesto orgánico sulfurado, que tiene propiedades hipnóticas y se emplea en medicina.

SULFONAMIDA f. *Quím.* Sustancia en cuya composición entran el azufre, el oxígeno y el nitrógeno, y que forma el núcleo de la molécula de las sulfamidas.

SULFURADO, DA adj. **1** *Quím.* Relativo a un elemento en estado de sulfuro. **2** Enfadado.

SULFURAR tr. **1** *Quím.* Combinar un cuerpo con el azufre. **2** fig. Irritar, encolerizar. Más com prnl.

SULFÚREO, A adj. *Quím.* **1** Relativo al azufre. **2** Que tiene azufre.

SULFÚRICO, CA adj. *Quím.* **1** SULFÚREO. **2** Se dice del ácido dibásico de fórmula SO₄H₂. Es un líquido oleoso, muy corrosivo y soluble en agua mediante una reacción fuertemente exotérmica. Ataca a la mayoría de los metales. Se considera el producto químico industrial más importante, empleándose en la fabricación de fertilizantes, explosivos, pinturas, productos textiles, detergentes, metalurgia y en el refino del petróleo. **3** Se dice del anhídrido de fórmula SO₃, sólido de bajo punto de fusión, corrosivo y muy volátil. Reacciona con el agua desprendiendo gran cantidad de calor. Es el principal compuesto intermedio en la fabricación del ácido sulfúrico y también se emplea en la sulfonación de compuestos orgánicos.

SULFURO m. **1** *Miner.* Se dice de cada uno de los minerales de un amplio grupo, formados por la combinación del azufre con un elemento metálico. **2** *Quím.* Cuerpo que resulta de la combinación del azufre con un metal o alguno de ciertos metaloides.

SULFUROSO, SA adj. *Quím.* **1** SULFÚREO. **2** Que tiene las propiedades del azufre. **3** Se dice del ácido dibásico de fórmula SO₃H₂, que resulta de la disolución del dióxido de azufre en agua. **4** Se dice del anhídrido de fórmula SO₂, gas incoloro, irritante y reductor, que al reaccionar con agua da ácido sulfuroso. Tiene propiedades bactericidas y fungicidas y es un producto intermedio en la fabricación del ácido sulfúrico.

SULLIVAN, LOUIS HENRY Arquitecto estadounidense (Boston, 1856 - Chicago, 1924). Principal figura de la Escuela de Chicago, su obra, de orientación funcionalista, define claramente el prototipo del edificio comercial moderno. Proyectó el Wainwright Building (1890-91), el de Saint Louis, y el Guarantee Trust Building (1894-95), de Búfalo.

SULLY, MAXIMILIEN DE BÉTHUNE, DUQUE DE Político francés (Rosny, 1560 - Villebon, 1641). Ministro de Enrique IV, emprendió una serie de reformas para mejorar la economía del país. Hombre de confianza del rey, aconsejó su conversión al catolicismo (1593) e intervino en la redacción del edicto de Nantes (1598), que puso término a las guerras religiosas.

SULLY-PRUDHOMME (RENÉ FRANÇOIS ARMAND PRUDHOMME, llamado) Poeta francés (París, 1839 - Chatenay-Malabry, 1907). Perteneció a la escuela parnasiana, cuya influencia queda patente en sus primeros libros: *Las soledades* (1869), *Las vanas ternuras* (1875). Posteriormente cantó al progreso científico y moral en obras como *La justicia* (1878) y *La felicidad* (1888). Premio Nobel de Literatura en 1901.

SULPICIO SEVERO Escritor latino (Aquitania, h. 360 - ?, h. 420). Autor de una *Historia*, que abarca desde Adán hasta los inicios del siglo V, y de una *Vida de san Martín* (397).

SULTÁN m. **1** Emperador de los turcos. **2** Príncipe o gobernador musulmán.

SULTANA f. **1** Mujer del sultán. **2** Embarcación principal que usaban los turcos en la guerra.

SULTANABAD ARAK.

SULTANATO m. **1** Dignidad de sultán. **2** Tiempo que dura el gobierno de un sultán.

Sumatra (Indonesia). Paisaje de Bukittinggi.

SUMA f. **1** Agregado de muchas cosas y más comúnmente de dinero. **2** Acción y efecto de sumar. **3** Lo más sustancial e importante de una cosa. **4** Recopilación de todas las partes de una ciencia o facultad. **5** *Mat.* Cantidad equivalente a dos o más homogéneas. || **en suma** loc. adv. en resumen.

SUMACA f. *Mar.* Embarcación pequeña de dos palos empleada en América para el cabotaje.

SUMANDO m. *Mat.* Cada una de las cantidades parciales que han de acumularse o añadirse para formar la suma o cantidad total.

SUMAPAZ Río de Colombia, que nace en el páramo de su nombre y desemboca por la derecha en el Magdalena; 80 km.

SUMAR tr. **1** Recopilar, compendiar, abreviar una materia. **2** *Mat.* Reunir en una sola varias cantidades homogéneas. **3** *Mat.* Componer varias cantidades en una total. || prnl. **4** fig. Agregarse, adherirse. || **suma y sigue** fr. que indica que continúa la suma en la página siguiente. También, fig. y fam. denota la repetición o continuación de una cosa.

SUMARIA f. *Der.* **1** Proceso escrito. **2** En el procedimiento criminal militar, sumario de actuaciones para preparar un juicio.

SUMARIAL adj. *Der.* Relativo al sumario o a la sumaria.

SUMARIAR tr. *Der.* Someter a sumaria.

SUMARIO, RIA adj. **1** Reducido a compendio, breve, sucinto. **2** *Der.* Se dice de determinados juicios civiles en que se procede brevemente y se prescinde de algunas formalidades o trámites del juicio ordinario. || m. **3** Resumen, compendio o suma. **4** *Der.* Conjunto de actuaciones encaminadas a preparar un juicio.

SUMARÍSIMO, MA adj. *Der.* Se dice de ciertos juicios a que por la urgencia o sencillez del caso, o por la gravedad o flagrancia del hecho criminal, señala la ley una tramitación brevísima.

SUMATERA SUMATRA.

SUMATRA Isla de Indonesia, separada del continente asiático por el estrecho de Malaca; 473.481 km² y 36.506.581 h. Entre sus principales productos agrícolas figuran el azúcar, el arroz, el café, el coco, la pimienta, el tabaco y el té. Como riqueza mineral, Sumatra cuenta con estaño, cobre, hierro, azufre y alumbre. Las explotaciones mineras más importantes son las de oro, hulla y petróleo. Se divide en siete provincias y un distrito autónomo: Aceh (distrito autónomo), Bengkulu, Lampung, Riau, Sumatra Meridional, Sumatra Occidental, Sumatra Septentrional y Yambi.

SUMATRA MERIDIONAL Provincia de Indonesia, en la isla de Sumatra; 103.688 km² y 7.232.700 h. Su capital es Palembang.

SUMATRA OCCIDENTAL Provincia de Indonesia, en la isla de Sumatra; 49.778 km² y 4.328.200 h. Su capital es Padang.

SUMATRA SEPTENTRIONAL Provincia de Indonesia, en la isla de Sumatra; 70.787 km² y 11.145.300 h. Su capital es Medan.

SUMBA Isla de Indonesia, provincia de Sonda Oriental, al S de las de Flores; 11.153 km². Madera de sándalo. Cultiva maíz, arroz, café, frutas, tabaco y coco.

SUMBAWA Isla de Indonesia, provincia de Sonda Occidental; 15.448 km².

SUMER *Hist.* Nombre que designa el S de la Mesopotamia antigua, habitada por los sumerios. Este pueblo de origen desconocido se instaló en la zona hacia 3500 a. C. En el primer periodo protodinástico (h. 2900 - h. 2650 a. C.) aparecieron las ciudades-Estado (Lagash, Uruk, Ur, Umma, Suruppak, Nippur). Los enfrentamientos entre ellas fueron constantes hasta que Lugalzaguesi de Umma dominó casi todo el país (2350 a. C.). Poco después, Sargón de Akad integró a los sumerios en su imperio, que fue destruido por las invasiones de los guti (h. 2150). Posteriormente, las ciudades-Estado conocieron un renacimiento que culminó con la III dinastía de Ur, instaurada por Ur-Nammu. Su hijo Sulgi unificó el territorio y centralizó la economía. Con la desaparición de la dinastía, los sumerios fueron integrándose en el imperio babilónico.

Arte. La primera gran manifestación artística data del 3.000 a. C., cuando se desarrolló la escultura en piedra. Durante el periodo de florecimiento (primera mitad del III milenio) dominó la fabricación de estatuillas de adorantes. En la época neosumeria (finales del III milenio), la fuerza expresiva cedió frente a un academicismo frío. Destacó el grabado sobre piedra gracias a la utilización del cilindrosello. La arquitectura es menos conocida. Los primeros zigurats (torres escalonadas) surgieron a finales del III milenio.

SUMERGIBLE adj. **1** Que se puede sumergir. || m. **2** SUBMARINO.

SUMERGIR tr. y prnl. **1** *Fís.* Meter una cosa debajo del agua o de otro líquido. **2** fig. Abismar, hundir. || prnl. **3** fig. Abstraerse, concentrar la atención.

SUMERIO, RIA adj. y s. **1** De Sumer. **2** *Ling.* Lengua de los sumerios cuya adscripción a una determinada familia lingüística es controvertida. Fue descubierta en el siglo XIX cuando empezaron a interpretarse y traducirse las inscripciones cuneiformes (véase ESCRITURA CUNEIFORME).

SUMIDA-GAWA Río de Japón, en la isla de Honshu, que nace en el macizo de Kokusi Dake, baña la ciudad de Tokio y desemboca en la bahía de este nombre; 300 km de curso.

SUMIDAD f. Extremo superior de una cosa.

SUMIDERO m. Conducto o canal por donde se suman las aguas superficiales.

SUMILLER m. **1** Jefe o superior en varias oficinas o ministerios de palacio. **2** Persona que en hostelería se encarga de los vinos.

SUMINISTRAR tr. Proveer a uno de algo que necesita.

SUMINISTRO m. Provisión de víveres o utensilios para las tropas, presos, etc. Más en pl.

SUMIR tr. y prnl. **1** Hundir o meter debajo de la tierra o del agua. **2** fig. Llevar a cierta situación o estado penosos o lamentables. **3** Hundir, abismar a alguien en profundos pensamientos, reflexiones, etc. || prnl. *Med.* **4** Hundirse o formar una concavidad anormal alguna parte del cuerpo.

SUMISIÓN f. **1** Sometimiento. **2** Acatamiento, subordinación. **3** *Der.* Acto por el cual uno se somete a una jurisdicción, renunciando o perdiendo su domicilio y fuero.

SUMISO, SA adj. **1** Obediente, subordinado. **2** Rendido, subyugado.

SÚMMUM (Voz lat.) m. El colmo, lo sumo.

SUMNER, JAMES BATCHELLER Bioquímico estadounidense (Canton, 1887 - Buffalo, 1955). Fue el primer investigador que consiguió aislar una enzima (la ureasa) en forma cristalina. En 1946 recibió el premio Nobel de Química, compartido con J. H. Northrop y W. M. Stanley.

SUMO[1] m. *Dep.* Deporte de lucha japonés, en el que los competidores, generalmente de elevado peso, combaten por derribar o expulsar a los límites de un terreno circular a su adversario.

SUMO^{2}**, MA** adj. **1** Supremo, que no tiene superior. **2** fig. Muy grande, enorme. || **a lo sumo** loc. adv. A lo más. También, cuando más, si acaso.

SUN YAT-SEN Político chino (Choihang, 1866 - Pekín, 1925). Fundador del Kuomintang. En 1911 destronó a la monarquía manchú y fue proclamado presidente del nuevo Estado. Exiliado al año siguiente, volvió a China, con el apoyo soviético, para entrar triunfante en Pekín (1925). Es considerado el padre de la China moderna.

SUNAY, CEVDET Militar y político turco (Trebisonda, 1900 - Estambul, 1982). Jefe del Estado Mayor general, en 1966, tras un golpe militar, ocupó el cargo de presidente de la República. Abandonó la presidencia en 1973.

SUND Uno de los estrechos que une el de Kattegat con el mar Báltico, entre la isla danesa de Seeland y el condado sueco de Malmöhus.

SUNGARI Río de China, afluente del Amur, que nace cerca de la frontera de Corea del Norte y desemboca cerca de Tung-chiang; 2.100 km.

SUNNA f. *Rel.* Conjunto de hechos y enseñanzas de Mahoma, transmitidos oralmente por los compañeros del profeta y los cuatro primeros califas.

SUNNITA adj. y com. *Rel.* Partidario o seguidor de la sunna.

SUNTUARIO, RIA adj. Relativo al lujo.

SUNTUOSO, SA adj. Magnífico, lujoso, espléndido.

SUPEDITAR tr. **1** Subordinar una cosa a otra. **2** Condicionar una cosa al cumplimiento de otra.

SÚPER adj. **1** fam. Superior, magnífico, muy bueno o muy completo. || f. *Quím.* **2** Gasolina de calidad superior.

SUPER- pref. que significa preeminencia, grado sumo, exceso, demasía.

SUPERABUNDAR intr. Abundar con extremo o rebosar.

SUPERALEACIÓN f. *Met.* Aleación que resiste muy bien mecánicamente y a la oxidación a elevadas temperaturas.

SUPERAR tr. **1** Ser superior a otra persona. **2** Vencer obstáculos o dificultades. || prnl. **3** Hacer alguien alguna cosa mejor que en otras ocasiones.

SUPERÁVIT m. **1** *Com.* Exceso del haber sobre el debe en una cuenta, o de los ingresos sobre los gastos. **2** Por extensión, abundancia o exceso de algo que se considera necesario. ♦ Su pl. es *superávit.*

SUPERCHERÍA f. Engaño, trampa, fraude.

SUPERCILIAR adj. *Anat.* Situado encima de las cejas.

SUPERCOMPUTADOR m. *Inform.* Ordenador de alta velocidad utilizado para realizar operaciones que contengan un gran volumen de información y requieran ser procesadas rápidamente.

SUPERCONDUCTIVIDAD f. *Fís.* Propiedad de ciertos metales, aleaciones y combinaciones químicas por la cual anulan casi completamente su resistencia eléctrica al ser sometidos a muy bajas temperaturas.

SUPERCONDUCTOR, RA adj. y m. *Fís.* Se dice del material eléctrico que a muy baja temperatura pierde su resistencia eléctrica, transformándose en conductor eléctrico perfecto.

SUPERCUERDA f. *Astron.* Cada una de las estructuras irregulares del universo en forma de largos y estrechos tubos de espacio-tiempo, que pudieron actuar como núcleos de condensación en el proceso de formación de las galaxias.

SUPERDOMINANTE f. *Mús.* Sexta nota de la escala diatónica.

SUPERDOTADO, DA adj. y s. *Psicol.* Se dice de los individuos que poseen unas cualidades, especialmente de orden intelectual, superiores a las que les corresponde por su edad.

SUPERESTRATO m. *Ling.* Lengua que se ha difundido por el territorio de otra y comunica a ésta algunos de sus rasgos, si bien desaparece, al adoptar sus hablantes la lengua que se habla en aquel territorio.

SUPERESTRUCTURA f. Parte de una construcción que está por encima del nivel del suelo.

SUPERFAMILIA f. *Biol.* Categoría taxonómica intermedia entre el orden y la familia, que agrupa a varias familias con características comunes.

SUPERFICIAL adj. **1** Relativo a la superficie. **2** Que está o se queda en ella. **3** fig. Aparente, sin solidez. **4** fig. Frívolo, sin fundamento.

SUPERFICIE f. **1** Límite o término de un cuerpo, que lo separa y distingue de lo que no es él. **2** Extensión de tierra. **3** Aspecto externo de una cosa. **4** *Geom.* Extensión en que sólo se consideran dos dimensiones, que son longitud y latitud. || **GRAN SUPERFICIE** HIPERMERCADO. || **SUPERFICIE FOCAL** *Fís.* Lugar geométrico de los focos de haces anchos de rayos paralelos en los espejos cóncavos y lentes. || **SUPERFICIE PIEZOMÉTRICA** *Geol.* La alcanzada por el agua en el subsuelo, que generalmente coincide con el nivel freático. || **SUPERFICIE DE REVOLUCIÓN** *Geom.* La que tiene un eje de simetría tal que los planos perpendiculares a él cortan la superficie según circunferencias con centro en dicho eje. || **SUPERFICIE TOTAL** *Geom.* La de los cuerpos que se obtiene añadiendo a la superficie lateral la de las bases.

SUPERFLUO, FLUA adj. No necesario.

SUPERFOSFATO m. *Quím.* Mezcla de fosfato monocálcico y sulfato cálcico, que se obtiene por tratamiento de los fosfatos naturales con ácido sulfúrico concentrado y se emplea como abono.

SUPERGIGANTE f. *Astron.* Cada una de las estrellas pertenecientes a un grupo que en el diagrama de Hertzprung-Russell se sitúa por encima de las gigantes; el grosor de su atmósfera es comparable al radio de la estrella.

SUPERHOMBRE m. **1** Tipo de hombre muy superior a los demás. **2** *Filos.* Nombre que dio Nietzsche a su ideal superior de hombre.

SUPERHUMERAL m. **1** EFOD. **2** Banda que usa el sacerdote para poner la custodia, la patena o las reliquias.

SUPERÍNDICE m. Signo alfanumérico que se coloca en el extremo superior derecho de una letra, palabra o cualquier otro tipo de signo.

SUPERINTENDENTE com. Persona a cuyo cargo está la dirección superior y cuidado de una cosa.

SUPERIOR^{1} adj. **1** Se dice de lo que está más alto y en lugar preeminente respecto de otra cosa. **2** Se dice del que tiene otros a su cargo. También m. **3** fig. Se dice de lo más excelente y digno, respecto de otras cosas. **4** fig. Que excede a otras cosas en virtud, vigor o prendas. **5** fig. Excelente, muy bueno. **6** *Geog.* Se dice de algunos lugares o países que están en la parte alta de la cuenca de los ríos, a diferencia de los que están situados en la parte baja de la misma.

SUPERIOR^{2}**, RA** m. y f. Persona que manda, gobierna o dirige una congregación o comunidad, principalmente religiosa.

SUPERIOR Lago de América del Norte, entre Canadá y EE UU, el más occidental de los Grandes Lagos y el mayor del mundo de agua dulce; 84.131 km^2. Entre sus numerosos tributarios se cuentan el San Lorenzo y el Nipigon. Intenso tráfico (trigo, mineral de hierro y carbón).

SUPERIORIDAD f. **1** Preeminencia, excelencia. **2** Persona o conjunto de personas de superior autoridad.

SUPERLATIVO, VA adj. **1** Muy grande y excelente en su línea. **2** ADJETIVO SUPERLATIVO. También m.

SUPERMERCADO m. Establecimiento comercial de venta al por menor en el que se expenden todo género de artículos y en que el cliente se sirve a sí mismo y paga a la salida.

SUPERNOVA f. *Astron.* Estrella que explota desprendiendo gran cantidad de energía y luminosidad. Es la última fase de la evolución de una estrella, caracterizada por la concentración en su núcleo de masa sometida a gran presión y altas temperaturas.

SUPERNUMERARIO, RIA adj. **1** Que excede o está fuera del número señalado o establecido. **2** *Mil.* Se dice de los militares en situación análoga a la de excedencia. || m. y f. **3** Empleado que trabaja en una oficina pública sin figurar en la plantilla.

SÚPERO adj. *Bot.* Se dice del ovario de la flor libre, es decir, no incluido en el receptáculo.

SUPERORGANISMO m. *Biol.* Agrupación de organismos que parece funcionar como una unidad.

SUPERPOBLACIÓN f. **1** *Ecol.* Exceso del número de habitantes de un territorio en relación con un determinado grado de desarrollo. **2** *Geog.* Exceso de población en relación a los recursos explotados o potenciales de un territorio.

SUPERPONER tr. Añadir una cosa o ponerla encima de otra, sobreponer. ♦ IRREG. Se conjuga como PONER.

SUPERPOSICIÓN adj. **1** Acción y efecto de superponer o superponerse. **2** *Geol.* Se dice del principio estratigráfico, según el cual todos los estratos geológicos se forman por sedimentación horizontal o subhorizontal uno sobre otro.

SUPERPRODUCCIÓN f. **1** Exceso de producción. **2** *Cin.* y *Teat.* Obra cinematográfica o teatral que se presenta como excepcionalmente importante y de gran costo. **3** *Econ.* Proceso económico en el que la producción de bienes es superior a la que la demanda es capaz de absorber.

SUPERREALISMO m. SURREALISMO.

SUPERREALISTA adj. y com. SURREALISTA.

SUPERSÓNICO, CA adj. **1** *Fís.* Se dice de la velocidad superior a la del sonido. **2** *Aviac.* Se dice del avión que se mueve a velocidad superior a la del sonido.

SUPERSTICIÓN f. **1** Creencia en hechos sobrenaturales, en la que se atribuyen poderes a ciertos objetos, se dan determinadas interpretaciones a algunos sucesos, coincidencias, etc. **2** Creencia sobre materias religiosas a las que se da interpretaciones ridículas o a las que se lleva al fanatismo.

SUPERSTICIOSO, SA adj. **1** Relativo a la superstición. **2** Se dice de la persona que cree en ella. También s.

SUPÉRSTITE adj. *Der.* Que sobrevive.

SUPERVALORAR tr. Dar a cosas o personas más valor del que realmente tienen.

SUPERVENIR intr. Suceder, acaecer, sobrevenir. ♦ IRREG. Se conjuga como VENIR.

Jules **Supervielle**

SUPERVIELLE, JULES Escritor francés (Montevideo, 1884 - París, 1960). En sus primeros versos aparecen como temas el paisaje americano y el mar; su poesía posterior presenta como rasgo esencial la inquietud cósmica: *Gravitaciones* (1925), *El penado inocente* (1930), *Los amigos desconocidos* (1934).

SUPERVISAR tr. Ejercer la inspección superior en trabajos realizados por otros.

SUPERVISOR, RA adj. y s. Que supervisa.

SUPERVIVENCIA f. Acción y efecto de sobrevivir.

SUPERWELTER adj. y m. *Dep.* Se dice de la categoría de boxeo a la que pertenecen los púgiles de entre 66 y 69 kg de peso.

SUPERYÓ m. *Psicol.* En la doctrina psicoanalítica freudiana, parte más o menos consciente del yo, formada por lo que este último considera su ideal.

SUPINACIÓN f. **1** Posición de una persona tendida sobre el dorso, o de la mano con la palma hacia arriba. **2** Movimiento del antebrazo que hace girar la mano de dentro afuera, presentando la palma.

SUPINO, NA adj. **1** Que está tendido sobre el dorso. **2** Referente a la supinación. **3** Se dice de la ignorancia que procede de la negligencia del sujeto. || m. *Ling.* **4** Forma nominal del verbo, propia de algunas lenguas indoeuropeas antiguas, especialmente del latín y, entre las actuales, del rumano.

SUPLANTAR tr. **1** Falsificar un escrito alterando su contenido. **2** Sustituir ilegalmente a una persona.

SUPLEMENTARIO, RIA adj. Que sirve para suplir una cosa o complementarla.

SUPLEMENTO m. **1** Acción y efecto de suplir. **2** Cosa o accidente que se añade a otra cosa para hacerla íntegra o perfecta. **3** Hoja o cuaderno que publica un periódico o revista y cuyo texto es independiente del número ordinario. **4** Capítulo, apéndice o tomo que se añade a un libro. **5** *Ling.* Término con que E. Alarcos Llorach designa el complemento unido estrechamente al verbo y acompañado de una preposición.

SUPLENCIA f. **1** Acción y efecto de suplir una persona a otra. **2** Tiempo que dura esta acción.

SUPLENTE adj. y s. Que suple.

SUPLETORIO, RIA adj. **1** Se dice de lo que suple una falta. **2** SUPLEMENTARIO, que sirve para completar algo que falta. También m. **3** Se dice del aparato telefónico conectado a uno principal. También s.

SÚPLICA f. **1** Acción y efecto de suplicar. **2** Memorial y escrito en que se suplica. **3** *Der.* Cláusula final de un escrito dirigido a la autoridad administrativa o judicial en solicitud de una resolución. || **a súplica** loc. adv. Mediante ruego o instancia.

SUPLICANTE adj. y com. Que suplica.

SUPLICAR tr. **1** Rogar, pedir con humildad y sumisión una cosa. **2** *Der.* Recurrir contra el auto o sentencia de vista del tribunal superior ante el mismo.

SUPLICATORIA f. *Der.* Carta u oficio que pasa un tribunal o juez a otro superior.

SUPLICATORIO, RIA adj. **1** Que contiene súplica. || m. *Der.* **2** suplicatoria. **3** Instancia que un juez o tribunal eleva a un cuerpo legislativo, pidiendo permiso para proceder en justicia contra algún miembro de ese cuerpo.

SUPLICIO m. **1** Lesión corporal, o muerte, infligida como castigo. **2** fig. Lugar donde el reo padece este castigo. **3** fig. Grave tormento o dolor físico o moral.

SUPLIR tr. **1** Completar o añadir lo que falta en una cosa, o remediar la carencia de ella. **2** Ponerse en lugar de uno para hacer sus veces. **3** Disimular uno un defecto de otro. **4** Reemplazar, sustituir una cosa por otra.

5 *Gram.* Dar por supuesto y explícito lo que sólo se contiene implícitamente en la oración o frase.

SUPONER[1] tr. **1** Dar por sentada y existente una cosa. **2** Fingir, dar existencia ideal a lo que realmente no la tiene. **3** Traer consigo, importar. **4** Conjeturar, calcular algo a través de los indicios que se poseen. || intr. **5** Tener representación o autoridad en una república o comunidad. ◆ IRREG. Se conjuga como PONER.

SUPONER[2] m. Suposición, conjetura.

SUPOSICIÓN f. **1** Acción y efecto de suponer. **2** Lo que se supone o da por sentado. **3** Autoridad, distinción. **4** Impostura o falsedad. **5** *Lóg.* Acepción de un término en lugar de otro.

SUPOSITORIO, RIA m. *Farm.* Preparación farmacéutica en pasta, de forma cónica u ovoide, que se introduce en el recto o en la vagina.

SUPRA adv. lat. que se une a algunas voces como prefijo, con la significación de sobre, arriba, más allá: *supradicho*, *suprasensible.*

SUPRACLAVICULAR adj. *Anat.* Se dice de la región situada encima de la clavícula.

SUPRAGLACIAR adj. *Geol.* Se dice de lo relacionado con la superficie externa del glaciar.

SUPRANACIONAL adj. *Der.* y *Polít.* **1** Relativo a las instituciones u organismos cuya jurisdicción y poder sobrepasan los de cualquier Estado de un país. **2** Perteneciente a más de una nación.

SUPRARREALISMO m. SURREALISMO.

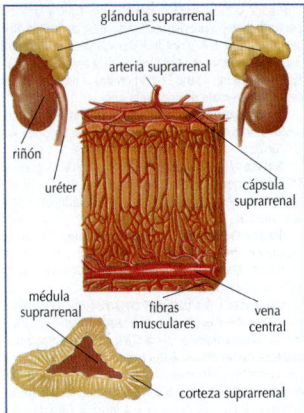

Glándula **suprarrenal**.

SUPRARRENAL adj. *Anat.* **1** Situado encima de los riñones. **2** Se dice de cada una de las dos glándulas de forma semilunar situadas sobre los riñones. Están constituidas por la *corteza*, parte más externa, de tejido epitelial, que secreta las hormonas aldosterona, glucocorticoides, andrógenos y estrógenos; y la *médula*, parte interna, derivada del sistema nervioso y formada por células neurosecretoras, que producen adrenalina y noradrenalina.

SUPRASENSIBLE adj. Que está fuera del alcance de los sentidos.

SUPREMACÍA f. **1** Grado supremo en cualquier línea. **2** Preeminencia, superioridad jerárquica.

SUPREMATISMO m. *Arte.* Teoría desarrollada por Malevich y Maiakovski en 1913 que representa el intento de dogmatizar, en principios formales puros, la estética geométrico-constructivista que había nacido en el arte ruso. Influyó en la Bauhaus.

SUPREMO, MA adj. **1** Sumo, altísimo. **2** Que no tiene superior en su línea. **3** Refiriéndose al tiempo, último.

SUPRIMIR tr. **1** Hacer cesar, hacer desaparecer. **2** Omitir, callar, pasar por alto.

SUPUESTO m. **1** Objeto y materia que no se expresa en la proposición; pero es aquello de que depende o en que se funda la verdad de ella. **2** Suposición, hipótesis. **3** *Filos.* Todo ser que es principio de sus acciones. || **por supuesto** loc. adv. Ciertamente que sí.

SUPURAR intr. *Med.* Formar o echar pus.

SUR m. **1** *Astron.* Lugar de la Tierra o de la esfera celeste que cae del lado del polo antártico. **2** *Geog.* Punto cardinal del horizonte, diametralmente opuesto al norte, que coincide con la posición más alta del Sol o con la sombra más corta. **3** *Meteor.* Viento que sopla de la parte austral del horizonte.

SUR Región de Brasil que comprende los Estados de Paraná, Rio Grande do Sul y Santa Catarina; 577.214 km² y 23.128.000 h.

SUR Ciudad del Líbano, al S de Sidón; 12.000 h. Es la antigua TIRO.

SUR, MAR DEL *Geog. hist.* Nombre que, al descubrirlo tras atravesar el istmo de Panamá, dio Núñez de Balboa al océano Pacífico.

SURA m. Cualquiera de las lecciones o capítulos en que se divide el Corán.

SURÁ m. Tejido de seda fino y flexible.

SURABAYA Ciudad de Indonesia, capital de la provincia de Java Oriental; 2.421.016 h. Activo puerto comercial. Centro industrial.

SURADA f. *Meteor.* Vendaval de viento sur.

SURAFRICANO, NA adj. SUDAFRICANO.

SURAKARTA o **SOLO** Ciudad de Indonesia, provincia de Java Central; 504.176 h.

SURAL adj. *Anat.* Relativo a la pantorrilla.

SURAMERICANO, NA adj. y s. De Suramérica o América del Sur. También se dice sudamericano.

SURAT Ciudad del O de la India, Estado de Gujarat; 1.498.817 h.

SURCAR tr. **1** *Agr.* Hacer surcos en la tierra al ararla. **2** Hacer rayas en alguna cosa. **3** fig. Ir o caminar por un fluido rompiéndolo o cortándolo.

SURCO m. **1** *Agr.* Hendedura que se hace en la tierra con el arado. **2** *Astron.* Forma superficial sobre la Luna, rara vez más profunda de 100 m, y de varios centenares de km de longitud. **3** Arruga en el rostro o en otra parte de cualquier organismo vivo. **4** Señal o hendedura prolongada que deja una cosa que pasa sobre otra.

SURCOREANO, NA adj. y s. De Corea del Sur (República de Corea).

SUREÑO, ÑA adj. **1** Relativo al sur. **2** Que está situado en la parte sur de un país.

SURESTE m. *Geog.* SUDESTE.

SURF, SURFING o **SURFRIDING** (Voz i.) m. *Dep.* Deporte acuático que consiste en deslizarse sobre una tabla de madera aprovechando el movimiento por las olas.

SURGIDERO m. Sitio o paraje donde dan fondo las naves.

SURGIR intr. **1** Brotar el agua. **2** Dar fondo la nave. **3** fig. Alzarse, manifestarse, brotar, aparecer.

SURINAM (*Republiek van Suriname*) Estado del NE de América del Sur, que limita al N con el océano Atlántico; al E, con la Guayana Francesa; al S, con Brasil, y al O, con Guyana.

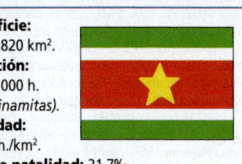

Superficie: 163.820 km².
Población: 431.000 h. (*surinamitas*).
Densidad: 2,6 h./km².
Tasa de natalidad: 21,7‰.
Tasa de mortalidad: 5,7‰.
Capital: Paramaribo.
Ciudades principales: Nueva Nickerie, Meerzorg, Marienburg.
Grupos étnicos: criollos (35%), indopaquistaníes (33%), javaneses (16%), negros (10%), amerindios (3%), etc.
Religión: hinduismo (26%), catolicismo (21,6%), islamismo (18,6%), protestantismo (18%).
Idioma: holandés (oficial).
Moneda: florín.
Forma de Estado: república.
Producto Nacional Bruto: 684 millones de dólares.
Renta per cápita: 1.660 dólares.
División administrativa: 9 distritos y un distrito urbano, según cuadro.

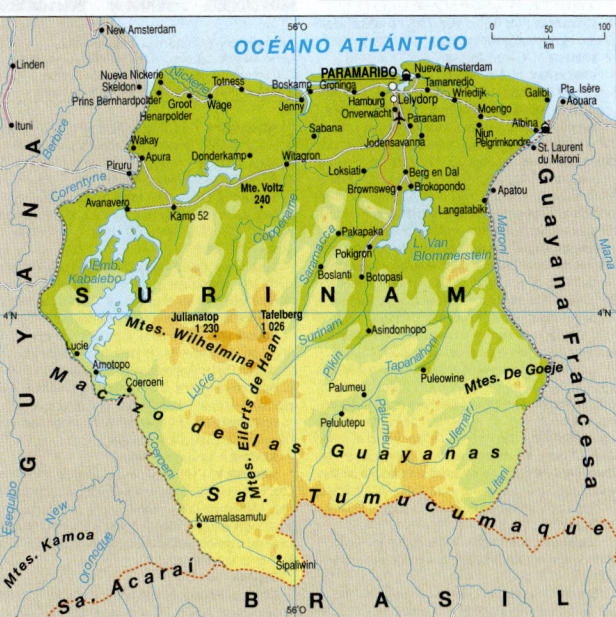

SURINAM			
Distritos *Distrito urbano*	**Superficie** (km²)	**Población** (h.)	**Capitales**
Brokopondo	7.364	7.544	Brokopondo
Commenwijne	2.353	22.822	Nueva Amsterdam
Coronie	3.902	3.151	Totness
Marowijne	4.627	18.339	Albina
Nickerie	5.353	37.200	Nueva Nickerie
Para	5.393	13.693	Onverwacht
Saramacca	3.636	12.320	Groninga
Sipaliwini	130.566	26.454	
Wanica	443	69.114	Lelydorp
Paramaribo	*183*	*240.000*	*Paramaribo*

GEOG. País de relieve poco acentuado, está constituido por una meseta que va descendiendo hasta llegar al mar. En el interior se hallan las estribaciones del macizo de las Guayanas. Posee numerosos ríos (Corantijn, Nickerie, Surinam, Comewijnw) y un importante lago, el Van Bloommerstein. Su clima es ecuatorial húmedo. Entre los principales productos agrícolas se cuentan la caña de azúcar, café, arroz, cítricos, plátanos, nuez de palma, aceite de palma y nuez de coco. Su economía está fundamentada en la extracción de bauxita, la explotación forestal y la pesca. La escasa industria está basada en el tratamiento de la bauxita y la madera, y la elaboración de los productos agrícolas.

HIST. Habitado inicialmente por caribes, tupís y arahuacos, tras ser ocupado por los ingleses, pasó a los Países Bajos en 1667, y permaneció bajo su poder hasta 1954, con el nombre de Guayana Holandesa. A partir de esa fecha gozó de una cierta autonomía interna, hasta que el 25 de noviembre de 1975 se constituyó en República independiente con J. Henry Eliza Ferrier como presidente. En 1977 ingresó en la OEA. En febrero de 1980, un golpe militar dio el poder a un Consejo Militar Nacional y Ferrier fue sustituido por Chin A. Sen. En 1982, Desi Bouterse destituyó a Sen y pasó a ejercer el poder. En 1987, ante el caos económico y social, las fuerzas políticas forzaron la vuelta a la democracia. En las elecciones de noviembre, triunfó la coalición Frente por la Democracia, y la Asamblea eligió en 1988 a Ramsewak Shankar como presidente. Ese mismo año, la guerrilla y el Gobierno iniciaron en Cayena negociaciones de paz, que concluyeron con éxito en julio de 1989, aunque no fueron bien recibidas por el ejército, liderado por Bouterse. En 1990 fue elegido presidente de la República Johan Kraag, en 1995, Ronald Venetiaan, y en 1996, Jules Wijdenbosch. En junio de 1999 el Parlamento retiró su confianza a Wijdenbosch, quien se negó a dimitir pero propuso la celebración de elecciones anticipadas en el año 2000, en las que Ronal Venetiaan fue elegido nuevo presidente.

SURMENAGE (Voz fr.) m. *Med.* Fatiga o agotamiento por exceso de trabajo intelectual.

SUROESTE m. *Geog.* SUDOESTE.

SURREALISMO m. Movimiento literario y artístico de vanguardia que intenta sobrepasar lo real impulsando con automatismo psíquico lo imaginario o irracional. **[Encic.]**

ARTE. Para el surrealismo, toda expresión artística debe referirse a un modelo interno, no condicionado por moldes culturales. Para acceder a ese modelo interior, los surrealistas propusieron una serie de técnicas (automatismo, asociaciones libres, hipnosis, *collage*) destinadas a liberar el potencial imaginativo y creativo del subconsciente. El arte surrealista presenta variadas tendencias: los *collages* de Max Ernst; las pinturas automáticas de André Tasson e Yves Tanguy; los rayogramas de Man Ray; la figuración onírica y simbólica de Salvador Dalí o René Magritte; la abstracción de Joan Miró, etc. Otros artistas plásticos del movimiento son Marcel Duchamp, Francis Picabia y Leonor Fini. En cinematografía ha destacado el español Luis Buñuel.

LIT. Su iniciador fue André Breton, que publicó en 1924 el *Manifiesto surrealista*. Un sector del movimiento (Aragon, Duchamp, Leiris) postuló el juego verbal, defendiendo el uso de técnicas de tipo asociativo, como el *pastiche* literario o el *collage* verbal al modo de Apollinaire. No obstante, el movimiento dio sus mejores frutos integrado en un ámbito regido por un sentido literario más ordenador y creativo. Esta tendencia se centra principalmente en Francia (Aragon, Éluard) y en España.

SURREALISTA adj. **1** Relativo al surrealismo. || com. **2** Persona que es partidaria de este movimiento o que lo practica.

SURREY Condado del Reino Unido, en Inglaterra, al SO de Londres; 1.060.500 h.

SURREY, HENRY HOWARD, CONDE DE Poeta y político inglés (Hudson, 1517 - Londres, 1547). Su obra *Canciones y sonetos* (1557) introdujo en Inglaterra las formas poéticas del renacimiento italiano.

SURSUDESTE o **SURSURESTE** m. *Geog.* SUDSUDESTE.

SURSUDOESTE o **SURSUROESTE** m. *Geog.* SUDSUDOESTE.

SURSUNCORDA m. fig. y fam. Supuesto personaje anónimo al que se confiere mucha importancia.

SURTIDERO m. **1** Canal por donde desaguan los estanques. **2** Surtidor de agua.

SURTIDO, DA adj. **1** Se dice del artículo de comercio que se ofrece como mezcla de diversas clases. También s. || m. **2** Acción y efecto de surtir o surtirse.

SURTIDOR, RA adj. y s. **1** Que surte o provee. || m. **2** Chorro de agua que brota o sale hacia arriba. **3** Bomba para repostar combustible en las gasolineras.

SURTIR tr. y prnl. **1** Proveer a uno de alguna cosa. || intr. **2** Brotar, salir el agua.

SURTO, TA adj. Se dice de la embarcación que está fondeada en un puerto.

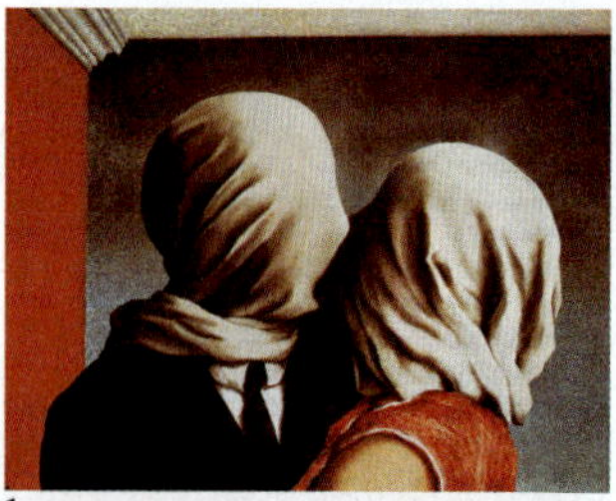

1

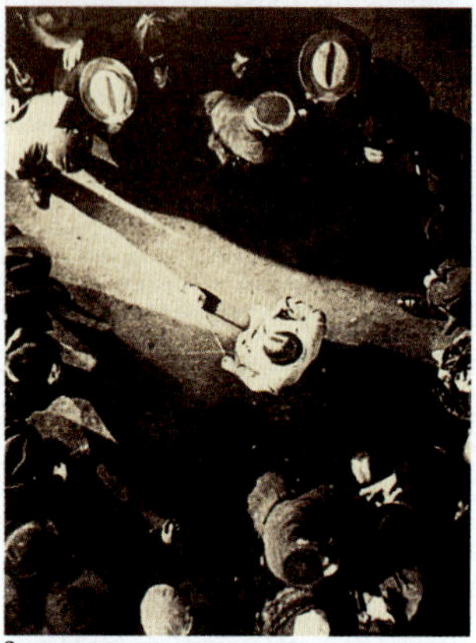

2

surrealismo. 1. Pictórico: *Los amantes*. René Magritte. Colección Zeisler (Nueva York). 2. Cinematográfico: Escena de *Un perro andaluz*, película dirigida por Luis Buñuel.

SURUCUCÚ m. *Zool.* Reptil ofidio perteneciente a la familia crotálidos, de nombre científico *Lachesis muta*, de hasta 3,5 m de longitud. Habita en el centro y S de América, y su mordedura es mortal.

SURYA *Rel.* Dios-sol en la mitología védica, representado sobre un carro con flores de loto en ambas manos.

SUS- pref. SUB-.

SUSA *Geog. hist.* Antigua ciudad de ELAM. Fue destruida por Asurbanipal hacia 637 a. C. De las excavaciones realizadas en el palacio de Darío, procede el friso de los arqueros, en ladrillo esmaltado.

SUSANA Personaje bíblico, cuya historia está narrada en el *Libro de Daniel*. Mujer joven que simboliza la castidad, rechazó las proposiciones de dos ancianos jueces quienes, en venganza, la acusaron de adulterio. El profeta Daniel probó la falsedad de las acusaciones.

SUSCEPTIBLE adj. **1** Capaz de recibir modificación o impresión. **2** Quisquilloso, picajoso.

SUSCITAR tr. Levantar, promover.

SUSCRIBIR tr. **1** Firmar al pie o al final de un escrito. **2** fig. Convenir con el dictamen de uno, acceder a él. || prnl. **3** Obligarse uno a contribuir con otros al pago de una cantidad para cualquier obra o empresa. **4** Abonarse para recibir publicidad periódica. También tr. ♦ Su p. p. es irregular: *suscrito*.

SUSIANA ELAM.

SÜSKIND, PATRICK Escritor alemán (Ambach, 1949). En su primera novela, *El perfume* (1985), refiere, en línea de humor negro, la historia, ambientada en la Francia del siglo XVIII, de un perfumista asesino. Posteriormente publicó *La paloma* (1987).

SUSLOV, MIJAIL ANDREIEVICH Político soviético (Moscú, 1902 - íd., 1982). Miembro del Partido Comunista desde 1921, fue considerado el principal ideólogo del régimen.

SUSODICHO, CHA adj. Dicho arriba o mencionado con anterioridad.

SUSPENDER tr. **1** Levantar, colgar una cosa en algo o en el aire. **2** Detener una cosa por algún tiempo. También prnl. **3** fig. Causar admiración, embelesar. **4** fig. Privar temporalmente a uno del sueldo o empleo. **5** fig. Negar el aprobado a un examinando hasta nuevo examen. **6** *Der. can.* Imponer suspensión.

SUSPENSE m. En el cine y otros espectáculos, situación emocional, generalmente angustiosa, producida por una escena dramática de desenlace incierto.

SUSPENSIÓN f. **1** Acción y efecto de suspender. **2** Privación de oficio, beneficio o empleo o de sus goces o emolumentos. **3** SUSPENSE. **4** *Der. can.* Especie de censura (véase PENA CANÓNICA). **5** *Fís.* Sistema formado por partículas sólidas dispersas en un fluido. **6** *Mec.* Conjunto de piezas y mecanismos destinados a hacer elástico el apoyo de la carrocería de los vehículos sobre las ruedas. **7** *Ret.* Figura que consiste en diferir, para avivar el interés del oyente o lector, la declaración del concepto a que va encaminado y en que ha de tener remate lo dicho anteriormente. **8** *Teol.* Éxtasis. || **SUSPENSIÓN DE PAGOS** *Der.* Situación en que se coloca ante el juez el industrial que no puede temporalmente atender al pago de sus acreedores.

SUSPENSO, SA adj. **1** Admirado, perplejo. || m. **2** Nota de haber sido suspendido en un examen. **3** *Amér.* Por influencia de SUSPENSE, expectación impaciente o ansiosa por el desarrollo de una acción o suceso. || **en suspenso** loc. adv. Diferida la resolución o su cumplimiento.

SUSPENSORIO, RIA adj. **1** Que sirve para suspender. || m. *Med.* **2** Vendaje para sostener el escroto u otro miembro.

SUSPICAZ adj. Propenso a concebir sospechas o a tener desconfianza.

SUSPIRAR intr. Dar suspiros. || **suspirar por** una cosa fr. fig. Desearla con ansia. || **suspirar por** una persona fr. fig. Amarla.

SUSPIRO m. **1** Aspiración fuerte y prolongada seguida de una espiración, acompañada a veces de un gemido y que suele denotar pena, ansia o deseo. **2** Golosina que se hace de harina, azúcar y huevo. **3** Pito pequeño de vidrio, de silbido agudo y penetrante. **4** fig. y fam. Espacio de tiempo brevísimo. **5** *Bot.* ROSA DE SIRIA. **6** *Bot.* TRINITARIA. **7** *Bot. Arg.* y *Chile* Especie de enredadera. **8** *Mús.* Pausa breve. **9** *Mús.* Signo que la representa. || **último suspiro** fig. y fam. El del hombre al morir, y en general, fin y remate de cualquier cosa.

SUSQUEHANNA Río del NE de EE UU, Estado de Pensilvania, tributario de la bahía de Chesapeake; 846 km de curso.

SUSSEX *Hist.* Antiguo reino anglosajón de Inglaterra (477-825), que ocupaba aproximadamente el territorio de los actuales condados de Sussex Occidental y Sussex Oriental.

SUSSEX OCCIDENTAL Condado del Reino Unido, en Inglaterra; 751.800 h.

SUSSEX ORIENTAL Condado del Reino Unido, en Inglaterra; 491.300 h.

SUSTANCIA f. **1** Cualquier cosa con que otra se aumenta y nutre y sin la cual se acaba. **2** Jugo que se extrae de ciertas materias alimenticias. **3** Ser, esencia, naturaleza de las cosas. **4** fig. Aquello que en cualquier cosa constituye lo más importante o esencial. **5** Hacienda, caudal, bienes. **6** Valor y estimación que tienen las cosas. **7** fig. y fam. Juicio, madurez. **8** *Filos.* Entidad a la que por su naturaleza compete existir en sí y no otra por inherencia. **9** *Ling.* Elementos materiales de una lengua, ya sean fónicos o psíquicos. Opuesta a forma, constituye una de las dicotomías de F. de Saussure. **10** *Quím.* Elementos nutritivos de los alimentos. || **SUSTANCIA BLANCA** *Biol.* Parte del sistema nervioso central compuesta de fibras nerviosas cubiertas de mielina. || **SUSTANCIA GRIS** *Biol.* Parte del sistema nervioso central compuesta por los cuerpos celulares, dendritas y porciones proximales y distales de los axones. || **en sustancia** loc. adv. Con precisión y brevedad.

SUSTANCIAL adj. **1** Relativo a la sustancia. **2** SUSTANCIOSO. **3** Se dice de lo esencial y más importante de una cosa.

SUSTANCIAR tr. **1** Compendiar, extractar. **2** *Der.* Conducir un asunto o juicio por la vía procesal adecuada hasta ponerlo en estado de sentencia.

SUSTANCIOSO, SA adj. **1** Que tiene valor o estimación. **2** Que tiene virtud nutritiva.

SUSTANTIVAR tr. *Gram.* Dar valor y significación de nombre sustantivo a otra parte de la oración y aun a locuciones enteras. También prnl.

SUSTANTIVO, VA adj. **1** Que tiene existencia real, independiente, individual. **2** *Gram.* NOMBRE SUSTANTIVO. También s. **3** *Gram.* VERBO SUSTANTIVO.

SUSTENTÁCULO m. Apoyo o sostén de una cosa.

SUSTENTANTE adj. **1** Que sustenta. || m. **2** Cada una de las partes que sustentan un edificio. **3** El que defiende conclusiones en acto público de una facultad. **4** *Mar.* Barra de hierro para colocar las vergas.

SUSTENTAR tr. **1** Alimentar. También prnl. **2** Conservar una cosa en su ser o estado. **3** Defender una determinada opinión. || prnl. *Fís.* **4** Mantenerse un cuerpo en un medio sin caer, o haciéndolo muy lentamente.

SUSTENTO m. **1** Mantenimiento, alimento. **2** Lo que sirve para dar vigor y permanencia a una cosa. **3** Sostén o apoyo.

SUSTITUCIÓN f. **1** Acción y efecto de sustituir. **2** *Mat.* Método para resolver sistemas de ecuaciones. || **SUSTITUCIÓN DE BASES** *Biol.* Reemplazamiento de una base por otra en la estructura de un ácido nucleico.

SUSTITUIR tr. Poner a una persona o cosa en lugar de otra. ♦ IRREG. Se conjuga como HUIR.

SUSTITUTO, TA m. y f. Persona que hace las veces de otra en un empleo o servicio.

SUSTO m. **1** Impresión repentina de sorpresa, miedo o espanto. **2** fig. Preocupación vehemente por alguna adversidad o daño que se teme.

SUSTRACCIÓN f. **1** Acción y efecto de sustraer. **2** *Mat.* Operación inversa de la adición en que, dados dos números (*minuendo* y *sustraendo*), se trata de hallar un *resto* o *diferencia* que sumado con el sustraendo dé el minuendo.

SUSTRAENDO m. *Mat.* Cantidad que ha de restarse de otra.

SUSTRAER tr. **1** Apartar, separar, extraer. **2** Hurtar, robar. **3** *Mat.* Restar, hallar la diferencia entre dos cantidades. || prnl. **4** Separarse de lo que es de obligación, eludir, evitar. ♦ IRREG. Se conjuga como TRAER.

SUSTRATO m. **1** *Biol.* Sustancia utilizada como fuente de alimento para un microorganismo. **2** *Ecol.* Medio sobre el que crece un organismo. **3** *Filos.* SUSTANCIA, ser de las cosas. **4** *Fot.* Baño aplicado al soporte para permitir la adherencia entre la capa sensible a la luz y el vidrio o las materias plásticas. **5** *Geol.* Terreno que queda debajo de otro. **6** *Inform.* Parte del circuito integrado que constituye el soporte mecánico del mismo. Puede ser de vidrio o de un material semiconductor (generalmente silicio). **7** *Ling.* Lengua que, hablada en un territorio en el cual se ha implantado otra, lega a ésta alguno de sus rasgos fonéticos o gramaticales. **8** *Quím.* Sustancia objeto de transformación en una reacción enzimática.

SUSURRAR intr. **1** Hablar quedo. **2** Empezarse a divulgar una cosa secreta o que no se sabía. **3** fig. Moverse con ruido suave alguna cosa.

SUSURRO m. Ruido suave y apacible.

SUTHERLAND, DONALD Actor de cine canadiense (St. Joan, 1934). Se ha especializado en personajes de complejo registro dramático: *Doce del patíbulo* (1967), *MASH* (1970), *Johnny cogió su fusil* (1970), *Casanova* (1976), *Gente corriente* (1980), *Acoso* (1994), *Fallen* (1998), *Virus* (1999), *Cuentas pendientes* (2001), *Camino a la guerra* (2002), *Cold Mountain* (2003) y *The italian job* (2003).

Donald **Sutherland**. Escena de *Casanova*, película de Federico Fellini.

SUTHERLAND, EARL WILBUR Fisiólogo estadounidense (Burlingame, 1915 - Miami, 1974). Definió el mecanismo de acción de la adrenalina. En 1971 recibió el premio Nobel de Fisiología y Medicina.

SUTHERLAND, GRAHAM Pintor británico (Londres, 1903 - íd., 1980). Influido por W. Blake y el surrealismo, entre sus mejores obras figuran *Crucifixions* (1946) y los retratos de *Churchill* (1954) y *Madame Rubinstein* (1957).

SUTIL adj. **1** Delgado, delicado, tenue. **2** fig. Agudo, perspicaz, ingenioso.

SUTILEZA f. **1** Calidad de sutil. **2** fig. Dicho o concepto excesivamente agudo y falto de profundidad o exactitud.

SUTILIZAR tr. **1** Adelgazar, atenuar. **2** fig. Limar, pulir y perfeccionar cosas no materiales. **3** fig. Discurrir ingeniosamente o con profundidad.

SUTLEJ Río de China, India y Pakistán, que nace al NO de Nepal y desemboca en el Indo; 1.450 km de curso.

SUTRA m. Conjunto de máximas escritas en sánscrito que recogen preceptos budistas.

SUTTNER, BERTA VON Escritora austriaca (Praga, 1843 - Viena, 1914). Su obra *Abajo las armas* (1885), de ca-

Graham **Sutherland**. *Figura de pie sobre fondo rojo*. Colección particular.

rácter pacifista, le valió el premio Nobel de la Paz en 1905.

SUTURA f. **1** *Anat.* Línea sinuosa, a modo de sierra, que forma la unión de ciertos huesos del cráneo. **2** *Bot.* Línea por la cual están unidos los bordes del carpelo o los de dos ovarios entre sí. **3** *Med.* Hilo fino empleado para cerrar una herida. **4** *Zool.* Línea de unión entre las dos valvas de los pelecípodos, braquiópodos, etc.

SUTURAR tr. *Med.* Coser una herida.

SUVA Ciudad capital de Fiji y de la división Central, en la isla de Viti Levu; 69.665 h. Puerto.

SUVANNA FUMA Político laosiano (Luang-Prabang, 1901 - Vientiane, 1984). Desde 1951 fue primer ministro en varias ocasiones, con una política neutralista. En el alto el fuego de 1973, encabezó un gobierno provisional de unión nacional pero en 1975 fue derrocado.

SUVOROV, ALEKSANDR VASILIEVICH General ruso (Moscú, 1729 - San Petersburgo, 1800). Tomó parte en la guerra de los Siete Años y se distinguió en la guerra contra Turquía. Con motivo de la revolución polaca de 1794, se apoderó de Praga y de Varsovia, y en 1799 fue nombrado generalísimo de las tropas rusas en Italia, donde derrotó a los franceses.

SUWALKI Ciudad de Polonia; 63.900 h. Trabajo de la madera. Industria.

SUWON Ciudad de la República de Corea, capital de la provincia de Kyonggy; 755.502 h. Industria química y textil.

SUYO, SUYA Pronombre posesivo de tercera persona en género masculino y femenino, y ambos números: singular y plural. También s. || **hacer de las suyas** fr. fam. Obrar, proceder según su genio y costumbre. || **la suya** loc. fam. con que se indica que ha llegado la ocasión favorable a la persona de quien se trata. Se usa más con el verbo *ser*. || **lo suyo** loc. fam. con que se pondera la dificultad, mérito o importancia de algo. || **salir**, o **salirse**, uno **con la suya** fr. fig. Lograr su intento a pesar de contradicciones y dificultades.

SUZ- pref. SUB-.

SUZHOU (*Su-chou*) Ciudad de China, provincia de Jiangsu; 706.459 h. Industrias textiles y siderúrgicas.

SUZUKI, ZENKO Político japonés (Yamada, 1911). Miembro del Partido Liberal Demócrata, ha ocupado diversas carteras ministeriales y la jefatura de Gobierno (1980-82).

SV *Fís.* Símbolo del sievert.

SVALVARD Archipiélago del océano Glacial Ártico, que constituye un territorio bajo la soberanía de Noruega y cuyas principales islas son las de Spitsbergen, Jan Mayen, Edge, Barents, Tierra del Nordeste y Osos; 62.700 km² y 3.942 h. Estación espacial y aeropuerto en Longyearbyen (Spitsbergen).

SVÁSTICA f. ESVÁSTICA.

SVEDBERG m. *Fís.* Unidad del coeficiente de sedimentación, equivalente a 10-13 segundos.

SVEDBERG, THEODOR Químico sueco (Valbo, 1884 - Estocolmo, 1971). Estudió la fisioquímica de los coloides. Premio Nobel de Química en 1926.

SVEN o **SVEND** Nombre de tres reyes de Dinamarca.

SVEN I (?, h. 960 - Gainsborough, 1014). Sucedió a Harald II en el 986. Conquistó Inglaterra, con lo que creó el imperio danés que consolidó su hijo Knut el Grande.

SVEN II (?, h. 1020 - Viborg, 1075). Sucedió a Magnus I en 1047. Afirmó el cristianismo en su reino e intentó, sin éxito, la conquista de Inglaterra.

SVEN III (?, h. 1125 - ?, 1157). Accedió al trono en 1147 tras derrocar a Knut III. Desde 1155 compartió el gobierno con Valdemar.

SVERDLOVSK Región de la Federación de Rusia, República federada de Rusia; 194.800 km² y 4.703.000 h. Su capital es Yekaterinburg.

SVETÁIEVA, MARINA INANOVNA Poetisa rusa (Moscú, 1892 - Yelábuga, 1941). Su obra revela un continuo experimentalismo formal: *La linterna mágica* (1912), *Verstas* (1922) *Después de Rusia* (1922-25).

SVETLÁ, KAROLINA (JOHANNA MUZÁKOVÁ, llamada) Escritora checa (Praga, 1830 - íd., 1899). Figura clave del realismo, retrató con brillantez la vida del campesinado y de la burguesía de Praga: *Una novela del pueblo* (1867), *La cruz a la orilla del arroyo* (1868), *Una historia campesina* (1869).

SVEVO, ITALO (ETTORE SCHMITZ, llamado) Novelista italiano (Trieste, 1861 - Motta di Livenza, 1928). Su obra denota la influencia del naturalismo y del psicoanálisis. Entre sus mejores novelas figuran *Una vida* (1892), *Senectud* (1898) y *La conciencia de Zeno* (1923).

SVIATOSLAV I IGOREVICH Gran príncipe de Kiev (? - Dniéper, 972). Hijo del príncipe Igor, heredó el título en 964. Propugnó la unión de los eslavos orientales.

SVOBODA, LUDVIK Militar y político checo (Hroznatín, 1895 - Praga, 1979). Ministro de Defensa (1945-50), viceprimer ministro (1950-51) y presidente de la República (1968-75).

SWAHILI m. *Ling.* Lengua bantú hablada en la costa de Tanganika y en la isla de Zanzíbar. Favorecida por los ingleses como lengua de relación en todo el África oriental, desde el siglo XVI se ha escrito en caracteres árabes, aunque en los últimos tiempos se ha elaborado un swahili estándar con el alfabeto latino.

SWAMI (Voz hindi.) m. Título honorífico de los maestros hindúes.

SWAMMERDAM, JAN Naturalista holandés (Amsterdam, 1637 - íd., 1680). Estudió la anatomía y la metamorfosis de los insectos y fue el primero en observar los glóbulos rojos de la sangre.

SWAN, JOSEPH WILSON Químico británico (Sunderland, 1828 - Warlingham, 1914). Introdujo el uso de la placa seca en fotografía e inventó la lámpara eléctrica incandescente, que comercializó con Edison, y el papel carbón.

SWANSEA Distrito unitario del Reino Unido, en Gales; 229.500 h.

SWANSON, GLORIA Actriz de cine estadounidense (Chicago, 1898 - Nueva York, 1983). Fue una de las artistas dramáticas más destacadas del cine de los años veinte: *Indiscreta* (1931), *El crepúsculo de los dioses* (1950).

SWAPO (Siglas de *South West African People Organization*, Organización Popular de África del Sudoeste.) Partido político de Namibia, fundado en 1958. Sostuvo la lucha armada nacionalista contra la República Sudafricana. Conseguida la independencia (1990), su principal dirigente, Sam Nujoma, fue elegido presidente de la República.

SWAZI adj. **1** *Etnol.* Se aplica a un pueblo de lengua bantú establecido en las regiones sudorientales de África. Constituye la población de Swazilandia y de algunos bantustanes de la República Sudafricana. **2** De este pueblo. También com.

SWAZILANDIA (*Umbuso we Swatini; Kingdom of Swaziland*) Estado de África sudoriental que limita al NE con Mozambique, y al N, O, S y E, con la República Sudafricana.

GEOG. Swazilandia es un país muy montañoso (cordillera Drakensberg, en el O). Constituye una meseta escalonada, más elevada al O desde donde desciende en altura. La formación montañosa Lebombo, en la frontera del E, la separa de la llanura costera de Mozambique y la República Sudafricana. Entre sus ríos, de carácter torrencial, se encuentran el Komati, Ingwavuna y Usutu. Su clima es templado en las zonas altas y tropical en las bajas. La economía está basada en la agricultura: sorgo, maíz, arroz, batata, algodón, tabaco, bananas, caña de azúcar, cítricos, patata, tomate y ananás. También tienen importancia

Superficie:
17.364 km².
Población:
1.083.000 h.
(swazis).
Densidad:
62,4 h./km².
Tasa de natalidad: 44,1‰.
Tasa de mortalidad: 19,3‰.
Capital: administrativa y judicial: Mbabane; real: Lozitha y Ludzidzini, y legislativa: Lobamba.
Ciudades principales: Manzini, Nhlangano, Piggs Peak, Siteki.
Grupos étnicos: swazi (84,3%), zulú (9,9%), tsonga (2,5%).
Religión: protestantismo (37,3%), animismo (20,9%) y catolicismo (10,8%).
Idioma: swazi e inglés (oficiales).
Moneda: lilangeni (plural, emalangeni).
Forma de Estado: monarquía.
Producto Nacional Bruto: 1.384 millones de dólares.
Renta per cápita: 1.400 dólares.
División administrativa: 4 distritos, según cuadro.

SWAZILANDIA

Distritos	Superficie (km²)	Población (h.)	Capitales
Hhohho	3.569	269.826	Mbabane
Lubombo	5.947	201.696	Siteki
Manzini	4.068	292.100	Manzini
Shiselweni	3.780	217.100	Nhlangano

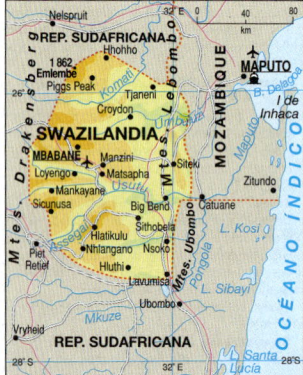

la explotación forestal, la ganadería vacuna, la minería y una incipiente industria maderera y azucarera.

Hist. A finales del siglo XVIII el territorio fue colonizado por los swazi y durante el reinado de Sobhuza I (1815-36) comenzó la penetración bóer. Con Mswati I, el territorio quedó bajo el protectorado de Transvaal, y tras la guerra anglo-bóer, en 1907, se convirtió en protectorado británico. En 1967 le fue concedida la autonomía interna, y en las elecciones legislativas de ese año fue elegido el monárquico Movimiento Nacional Imbokodvo, constituido por aliados del rey Sobhuza II. El país consiguió la independencia en septiembre de 1968 con Sobhuza II como jefe del Estado, adoptó el nombre de Ngwane e ingresó en la ONU. La progresiva concentración del poder en manos del monarca generó una fuerte oposición. Tras la muerte de Sobhuza en 1982, el príncipe Makhosetive fue coronado en 1986 con el nombre de Mswati III. El nuevo monarca continuó la línea autoritaria de gobierno y la política de colaboración con la República Sudafricana. En 1991 comenzaron las reformas democratizadoras; las primeras elecciones libres dieron el triunfo a Mbilini Dhlamini, que fue elegido primer ministro en 1993. Desde entonces, el inmovilismo de Mswati III impidió la celebración de nuevos comicios. Manteniéndose prohibidos los partidos políticos, en 2003 se celebraron elecciones legislativas, tras las cuales fue nombrado primer ministro Themba Dlamini.

Swedemborg, Emanuel Teósofo sueco (Estocolmo, 1688 - Londres, 1772). Fue el fundador de la llamada iglesia de Nueva Jerusalén, que tuvo numerosos seguidores, especialmente en el Reino Unido y en EE UU.

Sweezy, Paul Marie Economista estadounidense (Nueva York, 1910). De orientación marxista, ha estudiado el sistema capitalista y sus contradicciones en obras como Teoría del desarrollo capitalista (1942) y El capital monopolista (1966).

Swietokrzyskie Provincia de Polinia; 11.571 km² y 1.324.000 h. Su capital es Kielce.

Swift, Jonathan Escritor irlandés (Dublín, 1667 - íd., 1745). Tras varias publicaciones de carácter político, social y satírico-religioso (Cuento del barril, 1704), escribió la novela que le aseguró la fama: Viajes de Gulliver (1726), sátira de la sociedad inglesa y, en general, de la humanidad.

Swinburne, Algernon Charles Poeta británico (Londres, 1837 - íd., 1909). Decadentista y partidario de «el arte por el arte», conquistó cierto reconocimiento con la tragedia en verso Atalanta en Calidón (1865), pero el libro que realmente le proporcionó notoriedad fue Poemas y baladas (1866, 1878 y 1889), que causó un gran escándalo por su contenido erótico.

Swindon Consejo unitario del Reino Unido, en Inglaterra; 179.700 h.

Swing (Voz i.) m. **1** Dep. En boxeo, movimiento semicircular del brazo, de abajo arriba. **2** Dep. En golf, movimiento característico del cuerpo y los brazos que empuñan el drive (palo de salida) al golpear la pelota, que lleva el palo hasta la espalda del jugador. **3** Mús. Tensión rítmica e interpretativa, primordial en la música de jazz y otras músicas negroamericanas.

Switch (Voz i.) m. En América, conmutador eléctrico.

Sydenham, Thomas Médico británico (Wynford Eagle, 1624 - Londres, 1689). Reconoció y dio nombre a la escarlatina. Divulgó el uso de la quinina contra la malaria y fue el primero en utilizar láudano como analgésico y anestésico.

Sydney Ciudad de Australia, capital del Estado de Nueva Gales del Sur, en la costa del Pacífico; 3.772.700 h. Principal puerto de Australia. Centro financiero, comercial, industrial (naval, metalúrgico, mecánico, químico, petroquímico) y carbonífero. Sede de los Juegos Olímpicos en el 2000. Fue fundada en 1778 como colonia penal británica.

Sydow, Max von (Carl Adolf von Sydow, llamado) Actor de teatro y cine sueco (Lund, 1929). Intérprete favorito de I. Bergman, entre sus mejores filmes se encuentran El séptimo sello (1957), Fresas salvajes (1957), El exorcista (1973) y Pelle, el conquistador (1987).

Syene Antigua ciudad de Egipto, hoy Assuan.

Syllabus Rel. Lista y consiguiente condena de varios errores contra la doctrina católica contemporánea, que publicó el papa Pío IX en forma de anexo a la encíclica Quanta cura.

Sylt Isla de Alemania, en el Land de Schleswig-Holstein, en el mar del Norte; 93,3 km² y 21.500 h. Está unida al continente por un dique.

Symposium m. Simposio.

Synge, John Millington Dramaturgo irlandés (Rathafarnham, 1871 - Dublín, 1909). Autor de Jinetes hacia el mar (1904), El saltimbanqui del mundo occidental (1907), etc.

Synge, Richard Lawrence Bioquímico inglés (Liverpool, 1914 - Norwich, 1994). En 1952 recibió el premio Nobel de Química, compartido con A. J. P. Martin, por el hallazgo de la cromatografía por reparto, método colorimétrico que permite identificar y separar sustancias químicas.

Syr-Daria Río de Asia central, en el Turquestán occidental, que se forma en los montes Tian Shan, atraviesa la llanura de Fergana y desemboca en el mar de Aral; 2.850 km de curso.

Syzgien Astron. Designación astronómica para la conjunción y la oposición de dos astros, en especial, la Tierra y la Luna.

Szczecin Ciudad de Polonia, capital de la provincia de Zachodniopomorskie; 419.600 h.

Szechwan Sichuan.

Székesfehérvár Ciudad de Hungría, capital del condado de Fejér; 107.000 h. Fundada por los romanos, llevó el nombre de Alba Regia hasta el siglo XVI.

Szent-Györgyi, Albert von Biólogo y químico estadounidense de origen húngaro (Budapest, 1893 - Woods Hole, 1986). Aisló la vitamina C, por lo que recibió el premio Nobel de Fisiología y Medicina en 1937.

Szilard, Leo Físico estadounidense de origen húngaro (Budapest, 1896 - La Jolla, 1964). Formó parte del proyecto Manhattan. Se le debe el descubrimiento de la fusión de los núcleos de hidrógeno y es considerado como el padre del ciclotrón.

Szymanowski, Karol Compositor polaco (Tymoszówka, Ucrania, 1881 - Lausana, 1937). Una de las máximas figuras de la escuela sinfónica y dramática polaca, autor de cuatro sinfonías y conciertos de violín.

Szymborska, Wislawa Poetisa polaca (Bnina, 1923). Ha evolucionado desde el historicismo de sus primeros libros, al existencialismo y el humanismo de sus obras posteriores: Llamada al Yeti (1957), La sal (Sol) (1962) y El principio y el fin (1993). Recibió el premio Nobel de Literatura en 1996.

Sydney (Australia). Vista general, con el edificio de la Ópera en primer término.

T

T[1] f. Vigésima primera letra del abecedario español y decimoséptima de sus consonantes. Su nombre es *te*, y representa un sonido de articulación dental, oclusiva y sorda.

T[2] *Fís.* **1** Símbolo de tonelada. **2** Símbolo de tiempo. **T 1** *Fís.* Símbolo de la temperatura en la escala absoluta. **2** *Fís.* Símbolo de tesla, unidad de inducción magnética. **4** *Quím.* Símbolo del tritio.

Ta *Quím.* Símbolo del tantalio.

Ta-lien DALIAN.

TABA f. **1** *Zool.* Astrágalo, hueso del pie o equivalente. **2** Juego en que se tira al aire una taba de carnero.

TABACAL m. *Agr.* Sitio sembrado de tabaco.

TABACALERO, RA adj. **1** Relativo al tabaco. **2** Se dice de la persona que lo cultiva. También s. **3** TABAQUERO. También s.

TABACO m. **1** *Bot.* Planta herbácea anual perteneciente a la familia solanáceas, de nombre científico *Nicotiana tabacum*, originaria de América tropical, y cultivada desde la época precolombina. Puede alcanzar los 2 m de altura y sus hojas, de unos 60 o 70 cm de largo, contienen un alcaloide, la nicotina, con propiedades insecticidas y narcóticas. Las hojas, secas y curadas, sirven para elaborar cigarrillos y cigarros puros, y para ser mascadas y aspiradas. **2** *Bot.* Hoja de esta planta. **3** Polvo a que se reducen las hojas secas de esta planta para aspirarlo por la nariz. **4** Cigarro puro y, por extensión, cigarrillo.

TABACÓN m. *Bot.* P. Rico Árbol de la familia solanáceas, del que se obtiene una madera muy resistente.

TABAGO Antiguo nombre de la isla de TOBAGO.

TABAIBA f. *Bot.* Nombre dado en Canarias a diversas especies del género *Euphorbia*.

TABALEAR tr. y prnl. **1** Menear. || intr. **2** Golpear con los dedos en una tabla imitando el toque del tambor.

TABANCO m. **1** Puesto, cajón que se pone en la calle para la venta de comestibles. **2** *Amér. C.* Desván.

TABÁNIDO, DA adj. y m. *Zool.* Se aplica al insecto díptero braquícero comprendido en varias especies del los géneros *Tabanus, Chrysops*, etc, de cuerpo grueso, cabeza grande y aparato bucal chupador. || m. pl. *Zool.* **2** Familia de estos insectos.

TÁBANO m. **1** *Zool.* Insecto díptero braquícero. De aspecto similar a una mosca, tiene los ojos grandes y la boca de tipo picador-chupador. **2** fig. y fam. Hombre pesado o molesto.

TABANQUE m. Rueda de madera que mueven con el pie los alfareros para hacer girar el torno.

TABAQUE m. **1** Cestillo de mimbre en que se pone la fruta, verdura, etc. **2** Clavo algo mayor que la tachuela común.

TABAQUERÍA f. Puesto o tienda donde se vende tabaco.

TABAQUERO, RA adj. **1** Perteneciente o relativo al tabaco. || m. y f. **2** Persona que trabaja el tabaco o lo vende. || f. **3** Caja para guardar el tabaco.

TABAQUISMO m. *Med.* Intoxicación por el abuso del tabaco.

TABARDILLO m. **1** *Med.* TIFUS. **2** fam. Insolación. **3** fig. y fam. Persona bulliciosa y molesta. **4** fig. y fam. Bullicio, locura.

TABARDO m. **1** Prenda de abrigo de paño tosco. **2** Especie de abrigo sin mangas.

TABARRA f. **1** Persona o cosa molesta y pesada por su insistencia. **2** Esa misma molestia y pesadez.

TABARRO o **TÁBARRO** m. *Zool.* TÁBANO.

TABASARÁ, SERRANÍA DEL Sierra de Panamá, en las provincias de Chiriquí y Veraguas. Su mayor altura es el cerro Santiago (2.826 m).

TABASCO Estado de México, en el Golfo de México; 25.267 km² y 1.817.703 h. Su capital es Villahermosa. El territorio está constituido por una llanura baja y pantanosa, limitada al S por las estribaciones de la Sierra de Chiapas. El clima es cálido. Producción agrícola y ganadera. Maderas. Petróleo. Durante la época precolombina, se desarrollaron en la región las culturas olmeca y maya. Hernández de Córdoba exploró sus costas en 1517. En 1519, Cortés fundó Santa María de la Victoria, futura Villahermosa y desde allí inició la penetración en México.

TABASQUEÑO, ÑA adj. y s. De Tabasco, México.

TABERNA f. Establecimiento público donde se venden bebidas, principalmente alcohólicas, y, a veces, se sirven comidas.

TABERNÁCULO m. **1** Lugar donde los hebreos tenían guardada el Arca de la Alianza. **2** *Rel.* Sagrario donde se guarda el Santísimo Sacramento. **3** Tienda en que habitaban los antiguos hebreos.

TABERNARIO, RIA adj. **1** Propio de la taberna o de las personas que la frecuentan. **2** fig. Bajo, grosero, vil.

TABERNERO, RA m. y f. Persona que es dueña o encargada de una taberna.

TABICAR tr. **1** Cerrar con tabique. **2** fig. Cerrar o tapar. También prnl.

TABIQUE m. **1** Pared delgada que sirve para separar las distintas dependencias de un edificio. **2** División o separación. || **TABIQUE DE CARGA** *Arquit.* El hecho con ladrillos sentados de plano para que carguen en él las vigas de una crujía. || **TABIQUE DE PANDERETE** *Arquit.* El hecho con ladrillos puestos de canto.

TABLA f. **1** Pieza de madera más larga que ancha y de poco grosor. **2** Pieza plana y de poco espesor de alguna otra materia. **3** Cara más ancha de un madero u otra cosa semejante. **4** Doble pliegue, ancho y plano, de una prenda. **5** Índice, por lo general alfabético, de las materias del libro. **6** Lista o catálogo. **7** Cuadro de números, símbolos, etc., dispuestos de forma adecuada para realizar cálculos, comprobar su clasificación, etc. **8** *Dep.* Plancha sobre la que se practican diferentes deportes acuáticos, como el surf o algunas modalidades de esquí. **9** Plancha redondeada y con un agujero en el centro para sentarse sobre ella en las tazas de los váteres. **10** Faja de tierra de labor. **11** Cada uno de los cuadros de tierra que se dividen las tierras de labor. **12** Parte más ancha de un río, por las que las aguas corren con suavidad. || f. pl. **13** *Dep.* Estado, en el juego de damas o en el de ajedrez, en el que ninguno de los jugadores puede ganar la partida. **14** fig. Empate en cualquier asunto, que queda indeciso. **15** fig. El escenario del teatro. **16** fig. Soltura en cualquier actuación ante el público. **17** *Taurom.* Barrera o valla que circunda el ruedo. **18** *Taurom.* Tercio del ruedo inmediato a la barrera. || **TABLA DE LAVAR** La de madera que en una de sus caras lleva talladas unas ranuras para restregar sobre ella la ropa enjabonada. || **TABLA PERIÓDICA** *Quím.* SISTEMA PERIÓDICO. || **TABLA PITAGÓRICA** *Mat.* La que proporciona el resultado de la multiplicación de dos números. || **TABLA RASA** fig. Entendimiento sin cultivo ni estudios. || **TABLA DE SALVACIÓN** fig. Último recurso para salir de un apuro. || **TABLAS DE LA LEY** *Rel.* Piedras en que se escribió la ley del Decálogo, que entregó Dios a Moisés en el monte Sinaí. || **a raja tabla** loc. adv. fig. y fam. Cueste lo que cueste, a toda costa. || **hacer** de algo **tabla rasa** fr. Prescindir o desentenderse de ello.

TABLA REDONDA, CABALLEROS DE LA *Lit.* Según la leyenda, institución fundada por el rey Arturo o Artús de Bretaña, que reunió en su corte a una serie de héroes, estableciéndose entre ellos relaciones de igualdad, simbolizadas en la mesa redonda en torno de la cual se sentaban sin distinción de categoría.

TABLADA f. *And. y Arg.* Lugar próximo al matadero, donde se reúne el ganado.

TABLADA, JOSÉ JUAN Escritor mexicano (Ciudad de México, 1871 - Nueva York, 1945). Tras los poemarios modernistas, *El florilegio* (1899) y *Al sol y bajo la luna* (1918), recogió influencias variadas que integró en su *Un día...* (1919), donde introdujo los «haikai» (poemas sintéticos) basados en modelos japoneses; *El jarro de flores* (1922) y *La feria* (1928).

TABLADA, LA *Hist.* Localidad de Argentina, provincia de Córdoba. Célebre batalla de las guerras civiles (1829), en la que Paz venció a Quiroga.

TABLADO m. **1** Suelo de tablas. **2** Armazón de tablas sobre el suelo. **3** Pavimento del escenario de un teatro. **4** Escenario.

TABLAO m. **1** Armazón o escenario donde se celebran actuaciones de cante y baile flamencos. **2** Por extensión, local también llamado *tablao flamenco*.

TABLEAR tr. **1** Dividir en tablas. **2** Hacer tablas en la tela.

TABLERO m. **1** Tabla o conjunto de ellas unidas. **2** Tabla de una materia rígida. **3** Tabla cuadrada con cuadritos de dos colores alternados, para jugar al ajedrez o a las damas. **4** Panel con alguna información. **5** Encerado de las escuelas. **6** *Dep.* Cuadro al que está sujeta la canasta en baloncesto.

TABLETA f. **1** Pastilla. **2** Pastilla medicinal de distintas formas.

TABLETEAR intr. **1** Hacer ruido con tablas o maderas. **2** Sonar algo de forma parecida.

TABLILLA f. **1** Tabla pequeña en la que se anuncia algo. **2** Hoja en que se registran las instrucciones de cada jornada en algunas profesiones. **3** Pequeña placa barnizada o encerada en la que antiguamente se escribía con un punzón. || **TABLILLAS DE SAN LÁZARO** Tres tablillas unidas con un cordel por dos agujeros, con las que los leprosos avisaban de su presencia y pedían limosna.

TABLOIDE adj. **1** Se dice del formato de periódico diario generalmente menor que el corriente. || m. **2** Este mismo diario.

TABLÓN m. **1** Tabla gruesa. **2** fam. Embriaguez, borrachera.

TABÓN (Voz tagala). m. *Zool.* Ave galliforme de nombre científico *Megapodius duperreyi*.

TABOR m. *Mil.* e *Hist.* Unidad de tropa regular marroquí que perteneció al ejército español en la época del protectorado.

TABOR Monte de Israel, de 561 m de altura, en el distrito Septentrional, cerca de Nazaret. En él se situó tradicionalmente la transfiguración de Jesucristo.

El monte **Tabor** (Israel).

TABORA f. Charco de una ciénaga, cenagal.
TABORA Región de Tanzania, en Tanganica; 76.151 km² y 1.223.000 h. Su capital es la ciudad del mismo nombre.
TABRIZ Ciudad de Irán, capital de la provincia de Azerbaiyán Central; 1.088.985 h. Industria textil.
TABÚ (Voz polinesia.) m. **1** *Antrop.* En la religión de ciertos pueblos de Polinesia, prohibición de ver, oír o tocar a determinadas personas o cosas, de tomar ciertos alimentos, de visitar ciertos lugares, etc. **2** Por extensión, aquello que no puede mencionarse debido a prejuicios o convenciones sociales. ♦ Su pl. es *tabúes* o *tabúes*.
TABUCO m. Habitación pequeña o estrecha.
TABULADOR, RA m. **1** Que tabula. **2** Función de la máquina de escribir o del ordenador que permite hacer cuadros y listas con facilidad conservando los espacios adecuados.
TABULAR¹ (Del lat. *tabulāris*.) adj. **1** Con forma de tabla. **2** *Zool.* Se dice del hueso craneal posterior al parietal en algunos vertebrados.
TABULAR² (Del lat. *tabulāre*.) tr. Expresar valores, magnitudes u otros datos por medio de tablas.
TABURETE m. **1** Asiento sin brazos ni respaldo. **2** Silla de respaldo muy estrecho, guarnecida de vaqueta, terciopelo, etc.
TAC m. Ruido que, repetido, producen ciertos movimientos acompasados, como el latido del corazón, etc.
TAC (Siglas de *Tomografía Axial Computerizada*.) m. *Med.* TOMOGRAFÍA COMPUTARIZADA O TOMOGRAFÍA AXIAL COMPUTARIZADA.
TACADA f. **1** *Ocio* Golpe dado con la boca del taco a la bola de billar. **2** *Ocio* Serie de carambolas seguidas. || **de una tacada** loc. adv. De una vez, de un tirón.
TACAMACA, TACAMACHA o **TACAMAHACA** f. *Bot.* Árbol americano perteneciente a la familia burseráceas, de nombre científico *Protium tacamahaca.*
TACANA f. *Miner.* Mineral de plata negruzco.
TACANÁ Volcán de la Sierra Madre de Chiapas, en la frontera de México con Guatemala; 4.064 m.
TACAÑEAR intr. Obrar con tacañería.
TACAÑO, ÑA adj. y s. Miserable, ruin, mezquino.
TACARIGUA, LAGUNA DE VALENCIA, lago de Venezuela.
TACATÁ o **TACATACA** m. Andador, estructura con ruedas en las que los niños aprenden a andar.
TACAZO m. Golpe dado con el taco.
TACCA, PIETRO Escultor italiano (Carrara, 1577 - Florencia, 1640). Discípulo de Juan de Bolonia, terminó algunas de sus obras, como la estatua de Felipe III, en Madrid (1603-13). Es autor también de la estatua ecuestre de Felipe IV en la plaza de Oriente de Madrid (1634-40).
TACETA f. Calderillo de cobre que sirve en los molinos de aceite para trasegarlo.
TACHA¹ f. **1** Falta o defecto. **2** Cosa que deshonra o humilla. **3** Motivo legal para desestimar en un pleito la declaración de un testigo. **4** Especie de clavo pequeño, mayor que la tachuela.
TACHADURA f. **1** Acción y efecto de tachar. **2** TACHÓN, para borrar un escrito.
TACHAR tr. **1** Hacer rayas o escribir sobre lo ya escrito para que no pueda leerse o para anularlo. **2** Culpar, censurar, achacar algo a alguien. **3** Alegar contra un testigo algún motivo legal para que no sea creído en el pleito.

Pietro **Tacca**. Estatua ecuestre de Felipe IV (Madrid).

TÁCHIRA Estado de Venezuela; 11.100 km² y 1.104.609 h. Su capital es San Cristóbal. Café y caña de azúcar. Petróleo.
TACHIRENSE adj. y com. Natural de Táchira, Venezuela.
TACHO m. *Amér.* Recipiente metálico, o de cualquier otro material, utilizado para muy diversos usos.
TACHÓN m. Raya o señal para tachar un escrito.
TACHONAR tr. **1** Adornar con tachuelas. **2** fig. Salpicar.
TACHUELA f. Clavo corto de cabeza grande.
TACIO, AQUILES Novelista griego de Alejandría (s. VI). Es autor de *Leucipe y Clitofonte*, novela bizantina.
TÁCITO, TA adj. **1** Callado, silencioso. **2** Que no se expresa formalmente, sino que se supone o sobreentiende.
TÁCITO, MARCO CLAUDIO Emperador romano (Amitermo, h. 200 - Tarso, 276). Reinó de 275 a 276. Venció a los bárbaros en Asia Menor. Murió víctima de una conspiración, y le sucedió Probo.
TÁCITO, PUBLIO CORNELIO Historiador romano (?, h. 55 - ?, h. 119). Procónsul de la provincia de Asia (110-13), logró fama como orador y posteriormente se dedicó a la historia. Escribió *Diálogo de los oradores* (h. 81), *La vida de Agrícola* (98) e *Historias*, su obra fundamental.
TACITURNO, NA adj. **1** Callado, silencioso. **2** Triste, melancólico.
TACLOBO m. *Zool.* Molusco lamelibranquio que abunda en Filipinas y en otras islas del océano Pacífico.
TACNA 1 Departamento de Perú; 16.076 km² y 261.336 h. Yacimientos de plata, cobre, azufre y bórax. **2** Ciudad capital del mismo; 174.336 h. Centro agropecuario y minero. Fundada en 1615. Fue cedida a Chile en 1883 y devuelta a Perú en 1929.
TACO m. **1** Pedazo de madera u otra materia, grueso y corto. **2** Conjunto de hojas de papel superpuestas formando un montón. **3** Bloc del calendario, y por extensión, conjunto de cheques, papeletas, etc., formando un bloc. **4** Vara de madera dura, pulimentada, con la que se impulsan las bolas del billar. **5** Baqueta para limpiar el cañón de las armas de fuego. **6** Trozo en forma de prisma de algún alimento. **7** Palabrota. **8** Embrollo, lío. **9** *Méx.* Tortilla de maíz o harina rellena con carne y otros ingredientes. **10** *Amér.* Tacón. || m. pl. **11** fig. y fam. Años de edad.
TACO- pref. TAQUI-.
TACÓMETRO m. *Mec.* Dispositivo que indica la velocidad de rotación de un eje o una máquina, generalmente expresada en revoluciones por minuto.
TACÓN m. Pieza semicircular más o menos alta que va unida a la suela del zapato en la parte que corresponde al talón.
TACÓN Y ROSIQUE, MIGUEL Militar y político español (Cartagena, 1775 - Madrid, 1855). Gobernador de Popayán (1810), su derrota frente a los insurrectos le obligó a marchar a Perú (1811-19). Fue gobernador de Málaga y capitán general de Cuba (1834-38), donde hizo frente al levantamiento del general Manuel Lorenzo (1836).
TACONEAR intr. **1** Pisar haciendo ruido con los tacones. **2** Golpear el suelo con los tacones, por ejemplo, al bailar.
TACORA Volcán de Chile, región de Tarapacá, cerca de la comuna de General Lagos, junto a la frontera peruana; 5.980 m.
TACOTAL m. **1** *Bot. C. Rica* Matorral. **2** *Hond.* Ciénaga.
TÁCTICA f. **1** Método o sistema para conseguir algo. **2** *Mil.* Conjunto de reglas a que se ajustan en su ejecución las operaciones militares.
TÁCTICO, CA adj. **1** Relativo a la táctica. **2** Experto en táctica. También s.
TÁCTIL adj. *Fisiol.* Referente al tacto.
TACTO m. **1** *Fisiol.* Uno de los sentidos corporales, por el que se percibe la forma, tamaño, dureza, rugosidad, calor, etc., de las cosas. **2** Sensación que se experimenta a través de este sentido. **3** Acción de tocar o palpar. **4** *Med.* Exploración de una superficie orgánica, cutánea o mucosa, con las yemas de los dedos y sin oprimir la parte explorada. **5** Tino, acierto, delicadeza.
TACUACHE m. *Zool. Amér.* Mamífero insectívoro nocturno.
TACUACÍN m. *Zool. Amér. C. y Méx.* Zarigüeya.
TACUARA f. *Bot.* Planta perteneciente a la familia gramíneas, de nombre científico *Guadua angustifolia*, con cañas largas y muy resistentes, de hasta 20 m de altura. Crece en las orillas de los grandes ríos de América del Sur.
TACUARAL m. *Bot. Arg. y Chile* Terreno de tacuaras.
TACUAREMBÓ Departamento de Uruguay; 15.438 km² y 84.078 h. Su capital es la ciudad del mismo nombre. Tabaco, maíz y maderas. Ganadería.
TACUBAYA *Hist.* Antigua ciudad de México, incorporada en 1929 a Ciudad de México. En ella firmó López de Santa Anna las bases del acuerdo que derribó a Bustamante (1841).

Rabindranath **Tagore**

TACURÚ (Voz guaraní.) m. **1** *Zool. Amér.* Hormiga pequeña. **2** *Geol.* Montículo de tierra arcillosa, abundante en los terrenos anegadizos del Chaco, y que en su origen fue un hormiguero.
TADJIKISTÁN TAYIKISTÁN.
TADMOR PALMIRA.
TAEGU Ciudad de la República de Corea, capital de la provincia de Kyongsang Septentrional, que forma por sí misma una provincia; 456 km² y 2.449.139 h.
TAEJON Ciudad de la República de Corea, capital de la provincia de Chungchong Meridional; 1.272.143 h. Industria textil.
TAEKWONDO (Voz coreana.) m. *Dep.* Arte marcial parecido al karate, con predominio de las técnicas de salto.
TAEL m. *Num.* Antigua moneda china.
TAF (Siglas de *Tren Articulado Fiat.*) Antiguo tren rápido formado por tres unidades, de las que la primera y la última son motoras.
TAFETÁN m. Tela delgada de seda muy tupida.
TAFIA f. *Amér.* AGUARDIENTE DE CAÑA.
TAFILETE m. Cuero fino y delgado.
TAFILETE Región sahariana de Marruecos, célebre por los cueros de piel de cabra.
TAFO-; TAFO, TAFIO pref. o sufs. que significan sepultura.
TAFT, WILLIAM HOWARD Político estadounidense (Cincinnati, 1857 - Washington, 1930). 27.º presidente de la República (1909-13). Impulsó algunas medidas de reforma económica y reforzó la legislación anti-trust.
TAGALO, LA adj. **1** *Etnol.* Se dice de un pueblo indígena de Filipinas, de origen malayo, que habita en el centro de la isla de Luzón y en algunas otras inmediatas. Más en m. pl. **2** Se dice también de sus individuos. También s. **3** Relativo a esta raza. || m. *Ling.* **4** Lengua de los tagalos. Se habla en Manila, las islas de Merinduque y Mindoro, y las provincias de Batangas, Cavite, Rizal, Laguna, Bulacan, Bataan, Nueva Écija y Tarlac. En 1946 se adoptó como tercera lengua oficial del Estado, junto al español y al inglés.
TAGARINO, NA adj. y s. *Hist.* Se dice de los moriscos que vivían entre los cristianos y hablaban el árabe y el romance.
TAGARNINA f. **1** *Bot.* CARDILLO. **2** Cigarro puro muy malo.
TAGAROTE m. **1** *Zool.* Subespecie de halcón peregrino que habita en el N de África. **2** fig. Escribiente de notario o escribano. **3** fam. Hidalgo pobre. **4** fam. Hombre alto y desgarbado.
TAGLE Y PORTOCARRERO, JOSÉ BERNARDO DE Militar y político peruano (Lima, 1779 - Callao, 1825). Alcalde de Lima, diputado en las Cortes de Cádiz e intendente de Trujillo (1819), ciudad en la que proclamó la independencia (1820).
TAGLIAMENTO Río de Italia, en Friul-Venecia Julia, que nace en las montañas de la comarca de Cadore y desemboca en el Adriático, entre Venecia y Trieste; 172 km de curso.
-TAGMA suf. TAXI-.
TAGORE, RABINDRANATH (RABINDRANATH THAKUR, llamado) Escritor indio en lengua bengalí (Calcuta, 1861 - íd., 1941). Su obra está impregnada de un panteísmo místico que entronca con los *Upanishads*. Destacan los poemarios *Cantos del crepúsculo* y *Cantos de aurora*

(1882-83), *La ofrenda lírica* (1910), *El jardinero* (1913) y *La fugitiva* (1918); los dramas *Kacha y Devayani* (1884), *Sacrificio* (1891), *Raja* (1910), *El cartero del rey* (1912) y *Adelfas rojas* (1924); las novelas *Gora* (1907-10) y *La casa y el mundo* (1915-16); las obras de contenido filosófico-místico y político *El movimiento nacional* (1904), *La realización de la vida* (1912), *La religión del hombre* (1930); y su autobiografía, *Recuerdos de mi vida* (1912). En 1913 se le concedió el premio Nobel de Literatura.

TAGUA f. **1** *Bot.* Árbol perteneciente a la familia palmáceas, de nombre científico *Phytelephas macrocarpa*, palmera de América del Sur. **2** Semilla de este árbol, de la que se obtiene el marfil vegetal. **3** *Zool.* Chile Ave gruiforme de nombre científico *Fulica chilensis*, que vive en las lagunas y pajonales.

TAGUÁN m. *Zool. Filip.* Roedor, muy parecido a la ardilla.

TAHA, HUSAIN Escritor egipcio (Maghagha, Minya, 1889 - El Cairo, 1973). Autor del ensayo *Acerca de la poesía preislámica* (1926-27), escribió también narrativa (*Literato*, 1935).

TAHALÍ m. **1** Tira de cuero u otra materia que cruza desde el hombro derecho hasta la cintura por su parte izquierda, donde se pone la espada. **2** Caja de cuero donde se llevaban reliquias.

TAHITÍ Isla de Oceanía, la mayor del archipiélago de la Sociedad, circunscripción de Polinesia Francesa; 1.042 km² y 46.300 h. Su capital es Papeete. Su altura máxima es el volcán Orohena (2.235 m). Caña de azúcar, cocos y vainilla. Turismo. A finales del siglo XVIII, los príncipes de Tahití dominaban sobre las islas de la Sociedad, las Tuamoutu y las Tubai. La isla fue descubierta por J. Cook en 1767. Una expedición al mando de Domingo de Boenechea, tomó posesión de la isla y estableció una colonia de franciscanos (1775), que abandonaron la isla un año más tarde. En 1779 llegaron los misioneros de la London Missionary Society. Bajo el reinado de Pomaré IV (1827-77), éstos impusieron un código puritano, y el cónsul británico consiguió, en 1836, la expulsión de los misioneros católicos franceses. La intervención de Francia culminó en 1843, con la proclamación de la soberanía francesa. Ante las protestas inglesas y para evitar la guerra, Francia renunció a la anexión a cambio de un protectorado y reconoció a la reina Pomaré (1847). Tras el reinado de Pomaré V (1877-80), Francia se anexionó Tahití. En 1959 fue integrada en el territorio de Ultramar de la Polinesia Francesa.

TAHITIANO, NA adj. y s. De Tahití.

TAHONA f. Establecimiento en el que se hace y vende pan.

TAHUANTINSUYU *Geog. hist.* Conjunto del imperio INCA, dividido en cuatro provincias: Antisuyu, Contisuyu, Chinchasuyu y Collasuyu. Tenía como capital el Cuzco, de donde salían las cuatro calzadas hacia las regiones del imperio.

TAHÚR, RA m. y f. **1** Persona que juega frecuentemente y por dinero a las cartas o a los dados, en particular que frecuenta las casas de juego. **2** Jugador que hace trampas.

TAI o **THAI** adj. *Etnol.* **1** Se dice de un pueblo de raza indonesia que habita en Indochina. Más como m. pl. **2** Se dice también de sus individuos. También com. **3** Relativo a este pueblo. || m. *Ling.* **4** Lengua de este pueblo.

TAI-CHUNG Ciudad de Taiwan, en el condado de su nombre, que por sí misma constituye una unidad administrativa; 163 km² y 857.790 h. Industria textil y azucarera.

TAI-NAN Ciudad de Taiwan, en el condado de su nombre, que por sí misma constituye una unidad administrativa; 176 km² y 707.658 h. Industria textil, metalúrgica y eléctrica.

TAI PING (*Suprema Paz*) *Hist.* Movimiento campesino chino que se sublevó contra la dinastía manchú (1848-64). Su fundador, Hong Xiu-quan, se autoproclamó emperador, pero no llegó a consolidar su régimen y se suicidó.

TAI'AN (*T'ai-an*) Ciudad de China, provincia de Shandong, región Oriental; 350.696 h. Situada al pie de la montaña sagrada de Tai Shan. El templo dedicado al espíritu de la montaña ocupa la parte N de la población y es lugar de peregrinación.

TA'IF Ciudad de Arabia Saudí, en el Hejazz; 300.000 h.

TAIFA f. **1** Cada uno de los reinos que se formaron al disolverse el califato de Córdoba. **2** fig. Bando, facción.

TAIFA, REINOS DE *Hist.* Tercer periodo de la dominación musulmana en la península Ibérica (1031-1492). Proclamada la abolición del califato de Córdoba y tras una guerra civil (1009-31), al-Andalus se fragmentó en taifas. Hasta la conquista de la última por los cristianos (Granada, 1492) se establecieron tres periodos: las primeras taifas (de 1031 hasta la dominación almorávide, 1086); las segundas taifas (de 1086 hasta la dominación almohade); y las terceras taifas (desde el fin de la dominación almohade hasta la conquista cristiana de Granada). En cada una de ellas se estableció una dinastía y un centro de poder político, y sus soberanos llegaron a adoptar títulos califales y a acuñar moneda, pese a que no tenían poder militar. La inestabilidad política, la dispersión de los elementos étnicos y la insolidaridad de algunas taifas, unido a la pujanza de los monarcas cristianos, llevó a estos reinos a buscar un elemento integrador externo, como los almorávides y los almohades. Las principales taifas árabes fueron Córdoba, Sevilla, Zaragoza, Silves, Santa María del Algarve, Huelva, Niebla y Alpuente; las beréberes, correspondientes a linajes arraigados en la Península por su poder militar desde el siglo VIII, y poco islamizados, fueron Granada, Málaga, Algeciras, Albarracín, Toledo, Badajoz, Arcos, Morón y Ronda; y las eslavas, con origen en los esclavos eunucos que habían ejercido funciones civiles en la corte omeya, fueron Valencia, Almería, Murcia, Denia y Tortosa. Las taifas más poderosas fueron absorbiendo a las más débiles, pactando la paz con los soberanos cristianos o rompiendo la tregua según conveniencias políticas.

TAIGA (*Voz rusoturca.*) f. *Bot.* Formación vegetal característica de zonas con inviernos fríos; ambiente húmedo; y suelo frío poco profundo, con humus ácido. Son comunes en estas zonas los lagos, pantanos y turberas. Las especies dominantes son las coníferas del tipo de piceas, tsugas, abetos, pinos, sauces, abedules, herbáceas perennes y arbustos. Se extiende por el N de Europa, Asia y Norteamérica.

TAIGETO Monte de Grecia, entre Laconia y Mesenia; 2.404 m. Desde él, los espartanos arrojaban a los niños enfermos.

TAILANDÉS, SA adj. y s. De Tailandia.

TAILANDIA (*Muang T'hai*) Estado del SE de Asia, llamado anteriormente Siam, en la península de Indochina, que limita al N con Myanmar y Laos; al E, con Laos y Camboya; al S, con el golfo de Siam y Malaysia, y al O, con Myanmar.

Superficie: 513.115 km².
Población: 62.423.000 h. (*tailandeses*).
Densidad: 121,7 h./km².
Tasa de natalidad: 16,3‰.
Tasa de mortalidad: 5,9‰.
Capital: Bangkok.
Ciudades principales: Chiang Mai, Khon Kaen, Nonthaburi, Nakhon Ratchasima.
Grupos étnicos: tai (79,5%), chinos (12,1%), malayos (3,7%), khmeres (2,7%).
Religión: budismo (94,8%), islamismo (4%), cristianismo (0,6%).
Idioma: tai.
Moneda: baht.
Forma de Estado: monarquía constitucional.
Producto Nacional Bruto: 131.916 millones de dólares.
Renta per cápita: 2.160 dólares.
División administrativa: 76 provincias y 7 regiones, según cuadro.

TAILANDIA

Provincias Regiones	Superficie (km²)	Población (h.)	Capitales
Bangkok	1.565	5.572.712	Bangkok
Nakhon Pathom	2.168	710.290	Nakhon Pathom
Nonthaburi	622	717.405	Nonthaburi
Pathum Thani	1.526	500.086	Pathum Thani
Samut Prakan	1.004	895.384	Samut Prakan
Samut Sakhon	873	373.464	Samut Sakhon
Bangkok Metropolitano	*7.758*	*8.769.341*	
Ang Thong	968	283.055	Ang Thong
Chai Nat	2.470	348.333	Chai Nat
Lop Buri	6.200	733.368	Lop Buri
Phra Nakhon Si Ayutthaya	2.557	691.569	Ayutthaya
Saraburi	3.577	558.073	Saraburi
Sing Buri	822	221.264	Sing Buri
Central	*16.594*	*2.835.662*	
Chanthaburi	6.338	459.955	Chanthaburi
Chachoengsao	5.351	597.393	Chachoengsao
Chon Buri	4.363	948.165	Chon Buri
Nakhon Nayok	2.122	233.162	Nakhon Nayok
Prachin Buri	4.763	412.540	Prachin Buri
Rayong	3.552	463.738	Rayong
Sa Kaeo	7.195	494.592	Sa Kaeo
Trat	2.819	203.156	Trat
Central—Parte Este	*36.503*	*3.812.701*	
Kanchanaburi	19.483	724.675	Kanchanaburi
Phetchaburi	6.225	441.012	Phetchaburi
Prachuap Khiri Khan	6.368	452.235	Prachuap Khiri Khan
Ratchaburi	5.196	783.286	Ratchaburi
Samut Songkhram	417	205.996	Samut Sonngkhram
Suphan Buri	5.358	842.052	Suphan Buri
Central—Parte Oeste	*43.047*	*3.449.256*	
Chumphon	6.009	420.644	Chumphon
Krabi	4.709	314.627	Krabi
Nakhon Si Thammarat	9.943	1.476.060	Nakhon Si Thammarat
Narathiwat	4.475	594.513	Narathiwat
Pattani	1.940	553.998	Pattani
Phangnga	4.171	219.070	Phangnga
Phatthalung	3.424	485.768	Phatthalung
Phuket	543	194.178	Phuket
Ranong	3.298	134.751	Ranong
Satun	2.479	236.810	Satun
Songkhla	7.394	1.125.905	Songkhla
Surat Thani	12.891	802.073	Surat Thani
Trang	4.918	544.605	Trang
Yala	4.521	380.787	Yala
Meridional	*70.715*	*7.483.789*	
Amnat Charoen	3.161	344.876	Amnat Charoen
Buri Ram	10.322	1.428.513	Buri Ram
Chaiyaphum	12.778	1.086.726	Chaiyaphum
Kalasin	6.947	920.410	Kalasin
Khon Kaen	10.886	1.637.029	Khon Kaen
Loei	11.425	614.742	Loei
Maha Sarakham	5.292	872.324	Maha Sarakham
Mukdaham	4.340	308.333	Mukdaham
Nakhon Phanom	5.512	676.199	Nakhon Phanom
Nakhon Ratchasima	20.494	2.431.500	Nakhon Ratchasima
Nong Bua Lam Phu	3.859	454.095	Nong Bua Lam Phu
Nong Khai	7.332	853.706	Nong Khai
Roi Et	8.299	1.254.976	Roi Et
Sakon Nakhon	9.606	1.021.119	Sakon Nakhon
Si Sa Ket	8.840	1.365.233	Si Sa Ket
Surin	8.124	1.316.693	Surin
Yasothon	4.162	525.414	Yasothon
Ubon Ratchathani	15.745	1.660.107	Ubon Ratchathani
Udon Thani	11.730	1.398.991	Udon Thani
Nordoriental	*168.854*	*20.170.986*	
Chiang Mai	20.107	1.534.074	Chiang Mai
Chiang Rai	11.678	1.241.865	Chiang Rai
Kamphaeng Phet	8.607	755.809	Kamphaeng Phet
Lampang	12.534	797.846	Lampang
Lamphun	4.506	402.765	Lamphun
Mae Hong Son	12.681	209.230	Mae Hong Son
Nakhon Sawan	9.598	1.109.548	Nakhon Sawan
Nan	11.472	459.943	Nan
Phayao	6.335	510.803	Phayao
Phetchabun	12.668	1.037.352	Phetchabun
Phichit	4.531	589.917	Phichit
Phitsanulok	10.816	839.273	Phitsanulok
Phrae	6.539	491.194	Phrae
Sukhothai	6.596	613.143	Sukhothai
Tak	16.407	427.609	Tak
Uthai Thani	6.730	319.094	Uthai Thani
Uttaradit	7.839	474.872	Uttaradit
Septentrional	*169.644*	*11.814.337*	

GEOG. Su territorio es montañoso en los sectores N y O, donde se encuentran los montes Ply Huey Wati (2.079 m), Miang (2.316 m) y Doi Inthanon (2.595 m); el centro del país constituye una llanura recorrida por el río Menam y otros afluentes del Mekong; en el E se halla la meseta de Khorat, y en el S, un sector enclavado en la península de Malaca. Posee las islas de Kut, Chang, Samet, Kram, Pai, Si Chang, Terutao, Lanta, Yao, Yai, Phuket, Phra Thong y otras menores. La costa occidental es muy recortada. El clima está sometido al régimen monzónico, y la vegetación es de sabana en la meseta, de jungla monzónica en el N y O, y de selva tropical en el S. La población, rural en un 81%. Produce arroz, caña de azúcar, yute, maíz, mandioca, seda natural y caucho. Ganadería y pesca. Maderas. Minería de estaño, antimonio, tungsteno y cinc. La industria manufacturera (textil y alimentaria), ha disminuido en importancia debido al encarecimiento de los bienes importados y el estancamiento de la producción de algodón. Turismo.

HIST. El territorio, habitado en la Antigüedad por pueblos khmer e indonesios, fue invadido por los tais, procedentes de China, en el siglo VII. En el siglo XIII surgieron en el N de la actual Tailandia los reinos de Sukhotai y Chiang Mai. A mediados del siglo siguiente se constituyó el reino de Ayuthia, que absorbió al reino de Sukhotai en 1438. Reducido al vasallaje por Birmania en 1569, recuperó su independencia quince años después bajo el reinado de Phra Narai. Su estratégica situación, en la península de Indochina, la convertía en un territorio muy apreciado por los imperios coloniales y fue disputado por holandeses, portugueses, franceses y británicos. Tras una nueva invasión birmana en 1767, que supuso el fin de la capitalidad de Ayuthia, la unidad fue impuesta por Phraya Taksin. Desde 1782 comenzó la hegemonía de la dinastía Rama, cuyo primer monarca, Rama I, completó la unificación del país. A lo largo del siglo XIX, el reino sufrió la presión creciente de las potencias europeas. En 1826, el Reino Unido se apoderó de Birmania y en 1867 se vio obligado a renunciar a sus derechos sobre Camboya en favor de Francia. La entrada de un considerable contingente de población china estimuló el comercio y durante los reinados de Rama IV (1851-68) y Rama V (1868-1910) se produjo la apertura del reino al exterior y se inició un proceso de modernización. A finales de siglo Francia y el Reino Unido acordaron preservar la independencia formal del reino que, sin embargo, se vio sometido a un fuerte control económico. En 1932, un golpe de Estado limitó los poderes de la monarquía e impuso un parlamento elegido por sufragio universal. El rey Rama VII abdicó en 1935 y fue sucedido por Ananda Mahidol, Rama VIII. En 1938 el general Pibul Songgram tomó el poder, sustituyó el nombre de Siam por el de Tailandia, adoptado definitivamente en 1949, y se alió a Japón en la Segunda Guerra Mundial. Finalizado el conflicto, y tras el asesinato del rey Ananda Mahidol en 1946, Rama IX situó al país en la órbita de EE UU. La lucha anticomunista propició un aumento de la influencia del ejército bajo los gobiernos de P. Songgram (1948-57), S. Thanarat (1957-63) y T. Kittikachorn (1963-73). El deterioro de la situación económica provocó la caída de este último en 1973. Tras las elecciones de 1975 formó gobierno S. Pramoj, que fue sustituido poco después por su hermano K. Pramoj. Un golpe de Estado militar en 1976, provocó la anulación de la Constitución, aunque permitió el establecimiento de un gobierno civil presidido por T. Kraivichien. En 1977, un nuevo golpe de Estado llevó al poder al general Chamanan. La invasión vietnamita de Camboya (1979) provocó una grave situación en el país, debido al éxodo masivo de refugiados a Tailandia. En 1980 fue designado primer ministro el general Tinsulanond y en 1983 entró en vigor una nueva Constitución. En 1991, Chatichai Choonhaven, primer ministro desde 1988, fue depuesto por un golpe militar incruento. Se formó un Comité Nacional para el Mantenimiento del Orden, que encargó a Anand Panyarachun la formación de un gobierno. En las elecciones legislativas de 1992, los conservadores, partidarios de la Junta militar, consiguieron la victoria, y N. Wonwan fue nombrado primer ministro pero, antes de su toma de posesión, se hicieron públicas sus conexiones e implicación directa con el narcotráfico y el general Suchinda Krapayoon se hizo cargo del poder. La alternancia de golpes de Estado y la corrupción gubernamental provocaron el estallido de la protesta ciudadana, que obligó al general Krapayoon a presentar la dimisión. Le sustituyó Anand Panyarachun, que convocó nuevas elecciones de las que salió ganador el Partido Democrático, del tecnócrata Chuan Leekpai, que fue nombrado primer ministro. La situación permanente de crisis política le obligó en 1995 a disolver el Parlamento. Tras las legislativas celebradas ese año, Banhard Silpa Archa fue nombrado primer ministro. Sin embargo, las disensiones en la coalición gobernante desembocaron en una moción de censura en 1996. Pese a que Archa logró superarla, se vio obligado a convocar elecciones. Logró la victoria el Partido Nueva Asociación (NAP), cuyo líder, Chavalit Yongchaiyud, formó nuevo gobierno. La crisis interna del partido le obligó a dimitir a finales de 1997. El líder del opositor Partido Demócrata, Chuan Leepkai, le sustituyó al frente del Gobierno. Tras las elecciones de 2001 Thaksin Shinawatra, del partido Thai Rak Thai, fue nombrado primer ministro.

TAIMADO, DA adj. Astuto, ladino.

TAIMYR Península de la Federación de Rusia, territorio de Krasnoyarsk, en el océano Glacial Ártico. Está dividida por la bahía de su nombre y atravesada por la cordillera de Byrranga.

TAIMYR, DISTRITO NACIONAL DE LOS Distrito autónomo de la Federación de Rusia, República federada de Rusia, territorio de Krasnoyarsk; 862.100 km² y 47.300 h. Su capital es Dudinka.

TAINE, HIPPOLYTE Historiador francés (Vouziers, 1828 - París, 1893). Autor de *Ensayo sobre Tito Livio* (1856), *Historia de literatura inglesa* (1864), *De la inteligencia* (1870) y *Orígenes de la Francia contemporánea* (1876-1893).

TAÍNO, NA (Voz arahuaca.) adj. *Etnol.* **1** Se dice de un pueblo amerindio, de lengua arahuaca, actualmente extinguido, que en el momento de la conquista habitaba en las Grandes Antillas. Más como m. pl. **2** Se dice también de sus individuos. También s. **3** Relativo a éstos. ‖ m. *Ling.* **4** Lengua de estos pueblos.

TAIPEH o **TAIPEI** Ciudad capital de Taiwan, que constituye en sí misma una unidad administrativa; 272 km² y 2.626.138 h. Sede del Gobierno Nacionalista Chino.

TAIPING IPOH.

TAIRONA adj. *Etnol.* **1** Se dice de un pueblo amerindio que habitó en la zona de Santa Marta, Colombia. Más como m. pl. **2** Se dice también de sus individuos. También com. **3** Relativo a éstos.

TAISHO TENNO, YOSHIHITO Emperador japonés (Tokio, 1879 - íd., 1926). Proclamado heredero en 1899, fue coronado a la muerte de su padre, Meiji Tenno (1912). Durante su reinado tuvo que afrontar la Primera Guerra Mundial. Continuó la política reformista de su padre.

TAITA m. **1** Nombre infantil con que se designa al padre. **2** *Ant.* Tratamiento a los negros ancianos. **3** *C. Rica, Ecuad.* y *Venez.* Tratamiento al padre o jefe de familia. **4** *Arg., C. Rica, Chile* y *Ecuad.* Nombre infantil a personas que merecen respeto. **5** *Arg.* Entre los gauchos, matón.

TAITÍ TAHITÍ.

TAIWAN (Ta-chunghwa Min-Kuo) Estado insular de Asia oriental, en el océano Pacífico, al SE de China, separado de ésta por el estrecho de Formosa.

GEOG. Su territorio consta de la isla de Taiwan, que comprende casi todo el país, el archipiélago de Pescadores y las islas de Quemoy y Matsu. El centro y E de la isla de Taiwan están atravesados por una cordillera (Taiwan Shan), cuyo punto culminante es el Yushan (3.997 m). Ésta se encuentra separada de la costa por una depresión y los montes Taidong. Hacia el O se extiende una llanura, que bordea el mar de la China Meridional.

Superficie:
36.179 km².
Población:
22.186.000 h.
(taiwaneses).
Densidad:
613,2 h./km².
Tasa de natalidad: 12,9‰.
Tasa de mortalidad: 5,7‰.
Capital: Taipeh.
Ciudades principales: Kao-hsiung, Keelung, Tai-chung, Tai-nan.
Grupos étnicos: taiwaneses (84), chinos (14%), aborígenes (2%).
Religión: confucionismo (48,5%), budismo (43%), cristianismo (7,4%).
Idioma: chino mandarín.
Moneda: dólar de Taiwan.
Forma de Estado: república.
Producto Nacional Bruto: 297.953 millones de dólares.
Renta per cápita: 13.900 dólares.
División administrativa: 16 condados y 7 ciudades, según cuadro.

Entre sus ríos destacan el Choshui y el Tanshui. Su clima es tropical con influencias monzónicas. Bosques de lianas, bambú y coníferas. La población es esencialmente urbana y se concentra en la región occidental. En su economía, los sectores más avanzados son la industria pesada y la electrónica. Es un gran productor de manufacturas, plásticos, textiles, electrodomésticos, etc. Importante comercio con EE UU, Japón, Alemania, Hong-Kong o Singapur.

HIST. La isla fue colonizada por portugueses, que la llamaron Formosa, y holandeses. A mediados del siglo XVII, chinos procedentes del continente desplazaron a los europeos y crearon un reino, integrado en el imperio manchú (1683). Tras la guerra chino-japonesa perteneció a Japón (1895), que la retuvo hasta el final de la Segunda Guerra Mundial. Con el triunfo del comunismo y la constitución de la República Popular China (1949), el general nacionalista Chiang Kai-shek se refugió en Formosa con sus partidarios, y en 1950 fue elegido presidente de un Estado que aspiraba a representar a toda China. En 1971 la ONU reconoció al gobierno de la República Popular China y Taiwan perdió la representación internacional del pueblo chino. En 1975 murió Chiang Kai-shek, que fue sustituido por su hijo Chang Ching-kuo como presidente del Kuomintang y del país, cargos que renovó en 1984. En 1981, Pekín ofreció a la isla la total autonomía si aceptaba un plan de reunificación con China, propuesta que fue rechazada. En 1986 se produjeron cambios políticos que dieron lugar a la aparición del Partido Democrático Progresista. En 1988 murió Chiang Ching-kuo y Lee Teng-hui asumió la presidencia. En 1990, Lee Teng-hui fue elegido presidente para un periodo de seis años y nombró primer ministro al general Hua Pei-tsun. En 1993, el primer ministro Hua Pei-tsun dimitió y fue sustituido por Lien Chan. En 1996, Lee Teng-hui resultó reelegido y nombró jefe de Gobierno a Vincent Siew. En las presidenciales de 2000 venció el independentista Chen Shui-bian. En mayo de ese año, Tang Fei sustituyó a Siew al frente del Gobierno, que a su vez fue reemplazado por Chang Chu-hsiung en octubre. Tras las legislativas de 2001 Yü Shyi-kun fue nombrado primer ministro. En 2004, tras los comicios presidenciales, Chen Shui-bian fue revalidado como presidente del país.

TAIWAN

Condados Ciudades	Superficie (km²)	Población (h.)	Capitales
Chang-hua	1.074	1.302.416	Chang-hua
Chia-i	1.902	565.038	Chiai-i
Hsin-chu	1.428	429.294	Hsin-chu
Hua-lien	4.629	356.440	Hua-lien
I-lan	2.137	465.095	I-lan
Kao-hsiung	2.793	1.227.673	Feng-shan
Miao-li	1.820	559.555	Miao-li
Nan-tou	4.106	545.756	Nan-tou
P'eng-hu	127	89.181	Ma-kung
P'ing-tung	2.776	910.011	P'ing-tung
Tai-chung	2.051	1.471.751	Feng-yüan
Tai-nan	2.016	1.100.871	Hsin-ying
Tai-tung	3.515	249.158	Tai-tung
Taipeh	2.052	3.472.501	Pan-chiao
T'ao-yuan	1.221	1.660.709	T'ao-yuan
Yun-lin	1.291	747.877	Tou-liu
Chia-i	60	263.171	
Hsin-chu	104	357.609	
Kao-hsiung	154	1.465.423	
Keelung	133	382.718	
Tai-chung	163	922.762	
Tai-nan	176	723.249	
Taipeh	272	2.640.285	

Taj Mahal (Agra, India).

Taiyuan (*T'ai-yüan*) Ciudad de China, región Septentrional, capital de la provincia de Shanxi; 1.960.000 h.

Taizé Localidad de Francia, departamento de Saône-et-Loire, donde se instaló en 1940 la comunidad ecuménica calvinista de Roger Schutz.

Taj Mahal *Arte*. Mausoleo construido en Agra (1630-48) por mandato del emperador Jehan para tumba de su esposa favorita Muntaz Mahal. Tiene forma de mezquita rectangular, con un jardín en el centro. Está construido totalmente de mármol blanco con dibujos interiores de color e inscripciones que reproducen versículos del Corán.

Tajá f. *Zool. Ant.* Especie de pájaro carpintero.

Tajada f. **1** Porción cortada de algo, en especial, de un alimento. **2** Corte o raja hecha con un instrumento cortante. **3** fam. Embriaguez, borrachera. **4** Ronquera o tos. || **sacar** uno **tajada** fr. fig. y fam. Conseguir con maña alguna ventaja o beneficio.

Tajadera f. **1** Cuchilla con forma de media luna, con que se taja una cosa. **2** CORTAFRÍO.

Tajado, da adj. Se dice de la costa, roca o peña cortada verticalmente y que forma una pared.

Tajamar m. **1** *Mar.* Tablón recortado en la parte exterior de la roda para hender el agua cuando el buque navega. **2** *Arquit.* Construcción que se añade a los pilares de los puentes, en forma angular, para dividir en dos la corriente de los ríos. **3** *Chile y Ecuad.* Malecón, dique. **4** *Arg. y Ecuad.* Presa o balsa.

Tajante adj. fig. Concluyente, terminante, rotundo.

Tajar tr. **1** Dividir. || prnl. **2** Emborracharse.

Tajes, Máximo Militar y político uruguayo (Canelones, 1852 - Montevideo, 1912). Uno de los jefes del movimiento revolucionario de 1875. General en jefe del ejército (1886), reprimió la revolución de 1886, y desde este año hasta 1890 fue presidente de la República.

Tajikistán TAYIKISTÁN.

Tajiko, ka adj. y s. TAYIKO, KA.

Tajín, El *Arqueol.* Centro arqueológico en la región totoneca, al N del Estado de Veracruz, que da nombre a la cultura del mismo nombre o totoneca antigua, que floreció entre los siglos VI y XII. De entre sus restos destaca la pirámide de los Nichos, constituida por siete plataformas escalonadas; el Monumento II o el Monumento V; el Tajín chico; y el juego de pelota.

Tajo m. **1** Cortadura en un terreno. **2** Corte profundo y limpio dado con un arma blanca. **3** TAREA, trabajo. **4** Lugar de trabajo. **5** Pedazo de madera grueso que sirve en las cocinas para partir y picar la carne. **6** Trozo de madera grueso y pesado sobre el que se cortaba la cabeza a los condenados.

Tajo Río de España que nace en la sierra de Albarracín, enlazada con los Montes Universales, en Casas de Fuente García (Teruel). A través de profundos cañones, fluye hacia el SO, atravesando las provincias de Guadalajara, Cuenca, Toledo, Madrid y Cáceres, y las ciudades de Toledo y Talavera de la Reina. Constituye la frontera entre España y Portugal. Penetra en el territorio de este país y, tras recibir al Zézere, desemboca en el Atlántico a la altura de Lisboa, después de formar un amplio estuario llamado Mar de la Paja; 1.007 km de curso. Los afluentes principales que recibe por su orilla derecha son el Oceseca, Cabrilla, Gallo, Jarama, Guadarrama, Alberche, Tiétar, Alagón y Eljas. Por la izquierda recibe el Guadiela y el Almonte. Se obtiene de él un gran rendimiento hidroeléctrico.

Tajumulco Volcán de Guatemala, el más alto de América Central, en la Sierra Madre; 4.210 m.

Taka m. *Econ.* Unidad monetaria de Bangladesh.

Takamatsu Ciudad de Japón, en la isla de Shikoku, capital de la prefectura de Kagawa; 330.997 h. Industria textil. Puerto.

Takao KAO-HSIUNG.

Takatsuki Ciudad de Japón, en la isla de Honshu, prefectura de Shiga; 362.259 h. Industria textil, química y farmacéutica.

Takauji Noble japonés (?, 1305- ?, 1358). Shogun de 1338 a 1358. Abrió el periodo de hegemonía de la familia ASHIKAGA.

Takla Makan Desierto de China, en la región de Xinjiang Uygur, rodeado por las montañas del Pamir (O), y las cadenas del Tian Shan (N) y Altyn Tagh (S), y atravesado por el río Tarim. Su superficie es, aproximadamente, de 400.000 km².

Tal adj. **1** Igual, semejante. **2** Tanto o tan grande. **3** Se usa a veces como pronombre demostrativo. **4** Se usa para indicar algo no especificado y a veces se emplea repetido. **5** Empleado como neutro, equivale a *cosa o cosa tal*. **6** Aplicado a un nombre propio, da a entender que el sujeto es poco conocido. **7** Con el artículo determinado, hace referencia a alguien ya nombrado o conocido. || adv. m. **8** Se usa como primer término de una comparación, seguido de *como o cual*. **9** Así, de esta manera. || **tal que** *Mat.* Signo (/) que se utiliza en las definiciones de conjuntos por compresión. || **con tal de** o **con tal que** loc. conjunt. condicional. En el caso de que. || **tal cual** loc. adj. y adv. De la misma forma. || **tal para cual** expr. fam. con que se denota igualdad o semejanza entre dos personas.

Tala¹ f. **1** Acción y efecto de talar. **2** Defensa formada con árboles cortados por el pie y colocados a modo de barrera.

Tala² m. *Econ.* Unidad monetaria de Samoa Occidental.

Talabarte m. Cinturón que lleva pendientes los tiros de los que cuelga el sable o la espada.

Talabricense adj. y s. De Talavera de la Reina.

Taladrador, ra adj. y s. **1** Que taladra. || f. **2** Máquina provista de barrena o taladro para perforar.

Taladrar tr. **1** Horadar o agujerear una cosa. **2** fig. Herir los oídos algún sonido agudo.

Taladro m. **1** Instrumento con que se agujerea una cosa. **2** Agujero hecho con el taladro u otro instrumento semejante. **3** Acción y efecto de taladrar.

Talaje m. *Veter. Chile* Acción de pacer los ganados la hierba.

Talal I al-Saud Rey de Jordania (La Meca, 1909 - Estambul, 1972). Sucedió a su padre, Abdullah (1951) y dos años después abdicó en su hijo Hussein I, por motivos de salud.

Talamanca Cordillera central de Costa Rica, en la provincia de Limón. Sus puntos culminantes son el Chirripó Grande (3.820 m) y el pico Blanco (3.600 m).

Talamera f. Árbol en que se coloca el señuelo para atraer a las palomas.

Talamo-; -tálamo pref. o suf. que significan cavidad interior.

Tálamo m. **1** Cama de los recién casados o lecho conyugal. **2** *Anat.* Estructura voluminosa constituida por dos masas nucleares de sustancia gris, localizadas entre los hemisferios cerebrales por encima del hipotálamo. Es un centro intermedio de la sensibilidad. **3** *Bot.* Extremo ensanchado del pedúnculo donde se asientan las flores.

Talanquera f. **1** Valla o pared que sirve de defensa. **2** Cualquier sitio o paraje que sirve de defensa. **3** Seguridad y defensa.

Talante m. **1** Actitud de una persona o estado de ánimo ante una determinada situación. **2** Disposición con que se hace algo.

Talar¹ (Del lat. *talāris.*) adj. Se dice del traje que llega hasta los talones.

Talar² (Del germ. *talon,* arrancar.) tr. **1** Cortar un árbol por su base. **2** Destruir, arrasar.

Talarrubias Municipio y lugar de España, provincia de Badajoz; 3.751 h.

Talasa *Astron.* Satélite de Neptuno situado a 50.070 km del planeta, cuyo diámetro es aproximadamente 80 km. Descubierto por el Voyager 2 en 1989.

Talasemia f. *Med.* Anemia hemolítica, hereditaria, causada por una síntesis defectuosa de hemoglobina; se presenta preferentemente en individuos de países mediterráneos.

Talaso-, talas-; -talasia prefs. o suf. que significan mar.

Talasocracia f. Dominio de los mares, poderío naval. Entre los pueblos antiguos, crearon talasocracias los cretenses, fenicios, atenienses, focenses, cartagineses, romanos, etc.

Talasoterapia f. Uso terapéutico de los baños o del aire del mar.

Talasotocos adj. *Zool.* CATADROMO.

Talavera, Arcipreste de ARCIPRESTE DE TALAVERA.

El río **Tajo** en las proximidades de Navalmoral de la Mata (Cáceres).

TALAYOT o **TALAYOTE** m. *Arqueol.* e *Hist.* Monumento megalítico de las Baleares, España, semejante a una torre de poca altura. Pertenecientes al talayótico I (Bronce final) y al talayótico II o reciente (Edad del Hierro).

TALAYOTE m. *Bot.* Fruto de algunas plantas asclepiadáceas.

TALBOT, WILLIAM HENRY FOX Físico británico (Melbury Abbas, Dorset, 1800 - Lacock Abbey, 1877). Inventó el procedimiento fotográfico llamado *calotipia* o *talbotipia* para impresionar papel como negativo fotográfico, origen de la fotografía.

TALCA Ciudad de Chile, capital de la región de Maule; 169.448 h. Centro industrial.

TALCAHUANO Ciudad de Chile, región de Bío-Bío; 260.915 h.

TALCO m. 1 *Miner.* Mineral silicato de magnesio hidratado, con estructura hojosa, suave al tacto, que se usa en dermatología, en las industrias de la goma, papel, textil y como colorante. 2 Lámina metálica muy delgada que se emplea en bordados.

TALED m. *Rel.* Pieza de lana con la que cubren los judíos la cabeza y el cuello en sus ceremonias religiosas.

TALEGA f. 1 Saco o bolsa ancha y corta. 2 Lo que se guarda en ella. 3 fam. Dinero.

TALEGO m. 1 Saco de tela. 2 fig. y fam. Persona poco esbelta y sin garbo. 3 coloq. Cárcel. 4 coloq. Nombre que se daba al billete de mil pesetas. 5 En argot, porción de hachís, por valor de esta cantidad.

TALEGUILLA f. Calzón de los toreros.

TALENTO m. 1 Conjunto de facultades o aptitudes para una cosa. 2 Entendimiento, inteligencia. 3 Persona muy inteligente o destacada en alguna ciencia o actividad. 4 *Num.* Antigua moneda de los griegos y los romanos.

TÁLERO m. *Num.* Antigua moneda alemana de plata. Se convirtió en la base del sistema monetario imperial germánico en 1566. Fue retirado de la circulación en 1908.

TALES DE MILETO Geómetra y filósofo griego (?, h. 624 a. C. - Mileto, h. 546 a. C.). Es el más antiguo de los Siete Sabios de Grecia. Se basa en la suposición de que el agua es el origen de todas las cosas. Fundador de la geometría, se le debe el *teorema de Tales*, que afirma que son proporcionales los segmentos limitados sobre dos rectas por otras dos rectas paralelas que las cortan.

TALÍA *Mit.* Una de las nueve musas, que presidía la comedia. Se la representa como una joven coronada de hiedra y con una máscara y el *largobulus* en la mano.

TALÍA *Mit.* Una de las tres Gracias.

TALIBÁN adj. 1 Se dice de un movimiento guerrillero de Afganistán, de ideología islámica fundamentalista, liderado por Mohammed Omar e integrado por estudiantes. En 1996, en el curso de la guerra civil afgana, desataron una ofensiva que los llevó a tomar la capital Kabul. Apresaron y ajusticiaron al ex presidente Mohammed Najibullah, e impusieron un régimen islámico ultraconservador que vulneró sistemáticamente los derechos humanos, provocó un éxodo masivo y llevó al país al borde de la ruina. Tras el atentado terrorista que destruyó la Torres Gemelas (World Trade Center) de Nueva York el 11 de septiembre de 2001, la posibilidad de que la organización terrorista Al-Qaeda y su líder, Osama Bin Laden (presuntos responsables del atentado), gozaran de la protección del régimen talibán, llevó a Estados Unidos a organizar una masiva operación militar que supuso la caída del régimen de Kabul y la casi completa desarticulación del movimiento. 2 Se aplica a sus miembros. También s.

TALIDOMIDA f. *Farm.* Fármaco utilizado como sedante e hipnótico, fabricado en Alemania en 1953, pero retirado al poco tiempo del mercado, pues producía efectos teratógenos en el feto si se administraba a mujeres embarazadas.

TALIO m. *Quím.* Elemento químico del grupo III A del sistema periódico; masa atómica, 204,37; número atómico, 81; punto de fusión, 302 ºC; punto de ebullición, 1.457 ºC; símbolo, *Tl.* Metal blando, de brillo plateado, poco común y parecido al plomo. Es soluble en los ácidos nítrico y sulfúrico, e insoluble en agua.

TALIÓN m. Pena que consiste en hacer sufrir al delincuente un daño igual al que causó.

TALISMÁN m. Objeto, figura o imagen a los que se atribuyen virtudes o poderes mágicos o portentosos.

TALLA f. 1 Acción de tallar. 2 Obra de escultura en madera o piedra. 3 Estatura. 4 Importancia, valor, altura moral o intelectual. 5 Instrumento para medir la estatura. 6 Medida de la ropa y de la persona que la usa.

TALLAR¹ (De *tallo.*) adj. 1 Que puede ser talado. || m. 2 Monte o bosque nuevo en el que se puede hacer la primera tala.

TALLAR² (Del lat. **taleāre*, cortar ramas, de *talĕa*, rama.) tr. 1 Hacer obras de talla, escultura. 2 Labrar pie-

talayot de Capocorbo Vell. Lluchmayor (Mallorca).

dras preciosas y otras cosas con el cristal. 3 Abrir metales, grabar en hueco. 4 Medir la estatura de una persona. 5 Tasar, apreciar.

TALLARÍN m. *Gastron.* Tira muy estrecha de pasta alimenticia que se cuece y se emplea para diversos platos. Más en pl.

TALLE m. 1 Cintura del cuerpo humano. 2 Parte del vestido que corresponde a la cintura. 3 Forma que se da al vestido proporcionándolo al cuerpo. 4 Proporción del cuerpo humano.

TALLER m. 1 Lugar en que trabajan obreros, artistas, etc. 2 Lugar donde se reparan máquinas. 3 Escuela, seminario. 4 *B. Art.* Conjunto de colaboradores de un maestro.

TALLEYRAND-PÉRIGORD, CHARLES MAURICE DE, PRÍNCIPE DE BENEVENTO Eclesiástico y político francés (París, 1754 - íd., 1838). Obispo de Autum (1783), renunció a la carrera eclesiástica para dedicarse exclusivamente a la política. Presidió la Asamblea Nacional (1790), desempeñó la cartera de Negocios Extranjeros con el Directorio y durante el Consulado y el Imperio. Con la segunda Restauración volvió a ocupar dicha cartera con la presidencia del Gabinete, y firmó el tratado de la cuádruple alianza entre España, Portugal, Reino Unido y Francia. Escribió unas *Memorias,* publicadas en 1891.

TALLIEN, JEAN-LAMBERT Político francés (París, 1767 - íd., 1820). Diputado en la Convención y miembro del Comité de Salvación Pública, fue adversario de los jacobinos, cuyo club suprimió después del 9 Termidor, así como el tribunal revolucionario. Tras la Restauración obtuvo el consulado de Alicante.

TALLIEN, MADAME CABARRÚS, TERESA.

TALLIN Ciudad capital de Estonia; 434.763 h. Puerto. Industria naval, textil y alimenticia. Catedral e iglesias del siglo XIII.

TALLIS, THOMAS Compositor inglés (?, 1505 - Greenwich, 1585). Organista y compositor de la capilla real (1540), es uno de los representantes de la música polifónica inglesa del siglo XVI.

TALLISTA com. Persona que hace obras de talla.

TALLO m. 1 *Bot.* Órgano de las plantas vasculares, generalmente de forma alargada, que crece desde el suelo hacia arriba y cuya misión principal es servir de soporte a las ramas, hojas, flores y frutos. Por su interior circu-

Talía. Cuadro anónimo del siglo XV. Palacio Ducal de Urbino.

lan la savia bruta y la elaborada. 2 *Bot.* Renuevo de las plantas. 3 *Bot.* Germen que ha brotado de una semilla, bulbo o tubérculo. 4 fig. y fam. Persona alta y desgarbada. 5 *And.* y *Mur.* Churro, tejeringo.

TALLUDO, DA adj. 1 *Bot.* Que ha echado tallo grande. 2 fig. Se dice de una persona cuando va pasando de la juventud.

TALMUD Recopilación de la tradición oral judía, que interpreta la Ley de Moisés y constituye el código civil y religioso del pueblo de Israel. Fue escrito por varios autores de los siglos II a VI, para mantener la unidad doctrinal, social y política de los hebreos. Consta de dos partes, la Misnah y la Gemara. Explica y aclara la Tora (Pentateuco), y se le concede una autoridad semejante a la de la propia Ley de Moisés. De él se conocen dos versiones: la de Jerusalén (Talmud jerosolimitano) y la de Babilonia (Talmud babilónico).

TALO m. *Bot.* Estructura vegetativa no diferenciada de las plantas no vasculares (hongos, algas y líquenes) y equivalente al conjunto de raíz, tallo y hojas de las otras plantas.

TALÓFITO, TA adj. y m. *Bot.* 1 Se dice del vegetal de organización muy sencilla, cuyas células forman un talo no diferenciado en tejidos, fibras y vasos. Se distribuyen en tres clases: algas, hongos y líquenes. || m. pl. *Bot.* 2 Antiguo filum o división de estos vegetales, actualmente sin valor taxonómico.

TALÓN m. 1 *Anat.* Parte posterior del pie humano. 2 Parte del calzado que cubre esta zona. 3 Pulpejo del casco de una caballería. 4 Parte del arco del violín inmediata al mango. 5 Cada uno de los rebordes reforzados de la cubierta del neumático. 6 *Arquit.* Moldura sinuosa cuyo perfil se compone de dos arcos de círculo contrapuestos y unidos entre sí. 7 Cheque bancario. 8 *Econ.* Patrón monetario. || **TALÓN DE AQUILES** fig. Punto vulnerable de algo o de alguien. || **pisarle a uno los talones** fr. fig. y fam. Seguirle de cerca.

TALONARIO m. Bloque de hojas impresas, con datos que a veces han de ser completados por quien las expide, que se pueden separar de una matriz.

TALQUE m. *Geol.* Tierra talcosa muy refractaria usada para hacer crisoles.

TALQUEZA f. *C. Rica* Hierba para cubrir las chozas.

TALQUINO, NA adj. y s. De Talca, Chile.

TALQUITA f. *Geol.* Roca pizarrosa compuesta principalmente de talco.

TALUD m. Inclinación natural o artificial de la superficie de un terreno. || **TALUD CONTINENTAL** *Geol.* Escarpe más o menos abrupto que une el borde de la plataforma continental con los fondos inmediatos.

TALUDÍN m. *Zool. Guat.* Caimán.

TAM-TAM En África, tambor que se toca con las manos.

TAMAGÁS m. *Zool. Amér.* Serpiente muy venenosa.

TAMAL m. *Amér.* 1 *Gastron.* Empanada de masa de harina de maíz, envuelta en hojas de plátano o de la mazorca del maíz y rellena de distintos condimentos. 2 fig. Lío, intriga.

TAMANACO, CA adj. 1 *Etnol.* Se dice de una tribu amerindia que habita en las orillas del Orinoco. Más como m. pl. 2 Se dice también de sus individuos. También s. 3 Relativo a esta tribu. || m. *Ling.* 4 Lengua de la familia caribe, hablada por los tamanacos.

TAMANDÚA (Voz guaraní.) m. *Zool.* OSO HORMIGUERO.

TAMANGO m. *Arg., Chile, Par.* y *Urug.* 1 Calzado rústico de cuero. 2 Calzado viejo y deformado. 3 Cualquier calzado.

TAMAÑO, ÑA adj. 1 Semejante, igual; se usa como intensificador. || m. 2 Volumen de una cosa. 3 Importancia, alcance. || **TAMAÑO NATURAL** El de la imagen de una persona o cosa cuando se representa con las mismas dimensiones del modelo.

TÁMARA f. 1 *Bot.* Datilera de Canarias. 2 Rama de árbol. 3 Leña muy delgada o restos que resultan de labrar la madera. || f. pl. 4 Dátiles en racimo.

Rufino **Tamayo**. *La lucha del día y la noche*. Museo Nacional de Antropología (Ciudad de México).

TAMARAO (Voz malaya.) m. *Zool. Filip.* Búfalo.
TAMARICÁCEO, A adj. y f. *Bot.* **1** Se dice del árbol o arbusto angiospermo dicotiledóneo, abundante en los países mediterráneos y en Asia central, como el taray. || f. pl. *Bot.* **2** Familia de estos árboles.
TAMARINDO m. *Bot.* **1** Árbol perteneciente a la familia leguminosas, de nombre científico *Tamarindus indica*, procedente del S de Asia, de gran tamaño. **2** Fruto de este árbol.
TAMARISCÍNEO, A adj. y s. *Bot.* Se dice del árbol o arbusto semejante al taray o tamariz.
TAMARISCO m. *Bot.* Taray o tamariz.
TAMARIZ m. *Bot.* TARAY.
TAMARUGAL m. *Bot. Chile* Terreno de tamarugos.
TAMARUGO m. *Bot. Chile* Árbol de la familia leguminosas, especie de algarrobo, que crece en la pampa.
TAMAULIPAS Estado de México; 79.348 km^2 y 2.682.839 h. Su capital es Ciudad Victoria. Yacimientos de cobre, plomo y cinc. Algodón, maíz y jitomate. Ganadería. Petróleo. Explorado por F. Fernández de Córdoba (1517), el territorio fue conquistado por Gonzalo de Sandoval (1522).
TAMAULIPECO, CA adj. y s. De Tamaulipas.
TAMAYO, FRANZ Político y escritor boliviano (La Paz, 1879 - íd., 1956). Presidente electo de la República (1934), no llegó a ejercer el cargo debido a un golpe de Estado. Considerado el mayor poeta modernista boliviano.
TAMAYO, JOSÉ LUIS Político ecuatoriano (Chanduy, 1859 - Guayaquil, 1947). Entre 1920 y 1924, fue presidente de la República. Escribió *El Ecuador en Chicago*.
TAMAYO, RUFINO ARELLANES Pintor mexicano (Oaxaca, 1899 - Ciudad de México, 1991). Exalta los sucesos de la revolución mexicana. De su obra destacan los murales del palacio de Bellas Artes de México y de la sala de conferencias de la sede de la UNESCO en París.
TAMAYO VARGAS, AUGUSTO Escritor peruano (Lima, 1914 - íd., 1992). De su producción poética destacan *Ingreso lírico a la Geografía* (1939) y *Cantata augural a Simón Bolívar* (1964). Novelas: *Relatos limeños* (1947) y *Búsqueda* (1953).
TAMBALEAR intr. y prnl. **1** Moverse una cosa de un lado a otro. **2** Estar a punto de perder toda fuerza moral o física.
TAMBANILLO m. *Arquit.* Frontón sobrepuesto a una puerta o ventana.
TAMBARRIA f. *Amér.* Jolgorio, parranda.
TAMBERO, RA adj. *Amér.* **1** Se dice del ganado manso. **2** Relativo al tambo. || m. y f. **3** Persona que tiene un tambo.
TAMBIÉN adv. m. **1** Se usa para afirmar la igualdad, semejanza, conformidad o relación de una cosa con otra. **2** Además.
TAMBO m. **1** *Col., Chile, Ecuad.* y *Perú* Venta, posada, parador. **2** *Arg.* Vaquería. **3** *Hist.* y *Arquit.* Ciertos edificios del imperio inca, construidos a lo largo de los caminos a intervalos regulares. Servían de lugar de descanso y aprovisionamiento.
TAMBO Río de Perú, formado por la unión del Ene y el Perené. Se une al Urubamba para formar el Ucayali; 419 km de curso.
TAMBOR m. **1** *Mús.* Instrumento musical de percusión de forma cilíndrica, hueco, cubierto en sus dos bases con una membrana de piel estirada, que se toca con dos palillos. **2** Persona que toca el tambor. **3** Nombre que se da a algunos objetos o piezas de forma cilíndrica. **4** Envase grande, generalmente de forma cilíndrica. **5** Aro sobre el que se tiende una tela para bordarla. **6** *Anat.* Tímpano del oído. **7** Tamiz por el que pasan el azúcar los reposteros. **8** *Arquit.* Muro cilíndrico que sirve de base a una cúpula. **9** *Arquit.* Cuerpo central cilíndrico del capitel. **10** *Mec.* Disco de acero acoplado a la cara interior de las ruedas, sobre el que actúan las zapatas del freno. **11** *A. gráf.* Pieza de la máquina monotipia que tiene esta forma. **12** *Mar.* Cilindro de madera donde se enrollan los guardines del timón. **13** *Mar.* Cada uno de los cajones o cubiertas de las ruedas en los vapores. || **TAMBOR MAYOR** Jefe de una banda de tambores. || **a tambor batiente** loc. adv. fig. Con aire triunfal.
TAMBORIL m. Tambor pequeño que se toca con un solo palillo en las danzas populares.
TAMBORILEAR intr. **1** Tocar el tamboril. **2** Tabalear.
TAMBORILERO, RA m. y f. Persona que toca el tamboril.
TAMBORILETE m. *A. gráf.* Tablita con la que se igualan las letras sobre el molde.
TAMBOV 1 Región de la Federación de Rusia, República federada de Rusia; 34.300 km^2 y 1.315.000 h. **2** Ciudad capital de la misma; 313.200 h. Agricultura.
TAMBRE m. *Col.* Presa hecha en los ríos.
TAMERLÁN TIMUR LANG.
TAMESÍ o **GUAYALEJO** Río de México, Estado de Tamaulipas, que nace en la falda oriental de la Sierra Madre Oriental y desemboca en el Pánuco; 430 km de curso.
TÁMESIS (*Thames*) Río del Reino Unido, en la región meridional de Inglaterra, tributario del mar del Norte. Nace en el condado de Gloucestershire, y pasa por Oxford, Eton y Londres. Es navegable desde el Puente de la Torre londinense hasta su desembocadura; 338 km de curso.
TAMIL o **TAMUL** adj. **1** *Etnol.* Se dice de un pueblo de lengua dravídica y raza melanohindú que ocupa la parte oriental del S de la India y parte de la isla de Ceilán. Los tamiles cingaleses, Estado de Sri Lanka, han reivindicado la oficialidad de su lengua en este país y la protección a la religión hinduista, organizándose en un movimiento guerrillero independentista que emplea la lucha armada y el terrorismo contra el Estado cingalés. Más como m. pl. **2** Se dice también de sus individuos. También com. **3** Relativo a este pueblo. || m. *Ling.* **4** Lengua de los tamiles, la más antigua del grupo dravídico, hablada por unos 40 millones de individuos.
TAMIL NADU Estado de la India; 130.058 km^2 y 55.858.946 h. Su capital es Madrás, nombre también del Estado hasta 1967.
TAMIZ m. Cedazo muy tupido.

TAMIZAR tr. **1** Pasar una cosa por tamiz. **2** Suavizar o variar la luz a través de un filtro, pantalla, etc. **3** fig. Elegir con cuidado.
TAMM, IGOR YEVGUENEVICH Físico soviético (Vladivostok, 1895 - Moscú 1971). Demostró que el efecto fotoeléctrico externo en los metales está en relación con el fenómeno de la absorción superficial de la luz. En 1958 recibió el premio Nobel de Física, junto con P. Cherenkov e I. M. Frank.
TAMO m. **1** Pelusa del lino, algodón o lana. **2** Paja muy menuda de varias semillas trilladas. **3** Pelusilla que se forma debajo de los muebles.
TAMOJO m. *Bot.* Metátesis de MATOJO.
TAMPA Ciudad de EE UU, Estado de Florida; 285.523 h. Puerto. Industria alimentaria, química y mecánica.
TAMPERE Ciudad de Finlandia, provincia de Hämeen; 182.742 h. Centro industrial y comercial (textiles, zapatos, caucho).
TAMPOCO adv. neg. con que se niega una cosa después de haberse negado otra.
TAMPÓN m. **1** Almohadilla empapada en tinta que se emplea para entintar sellos, estampillas, etc. **2** Cilindro de material absorbente que utilizan las mujeres durante la menstruación como artículo higiénico.
TAMUÍN Municipio de México, Estado de San Luis Potosí; 26.384 h. Restos arqueológicos de la cultura huaxteca.
TAMUJAL m. *Bot.* Sitio poblado de tamujos.
TAMUJO m. *Bot.* Mata perteneciente a la familia euforbiáceas, con cuyas ramas se hacen escobas.
TAN[1] (Voz fr.) m. *Bot.* Corteza de encina.
TAN[2] adv. c. **1** Apócope de TANTO. Se emplea como intensificador de adjetivos, participios y adverbios, a los que precede. **2** Denota idea de comparación.
TAN-TAN Provincia de Marruecos; 17.295 km^2 y 58.000 h. Su capital es la ciudad del mismo nombre.
TANA Río de Noruega, condado de Finnmark, que sirve de límite entre Noruega y Finlandia, y desemboca en el océano Ártico; 321 km de curso.
TANA Río de Kenia, que desemboca en el océano Índico; 600 km de curso.
TANA, TSANA o **TZANA** Lago de Etiopía, en el O del macizo etíope; 2.980 km^2. Recibe el río Abai, que sale de él para convertirse al poco en el Nilo Azul.
TANAGRA f. Estatuilla que se fabricaba en Tanagra (Beocia) y, por extensión, las análogas de otras localidades griegas.
TANAGRA Localidad de Grecia, nomo de Beocia; 584 h. Cerca de ella derrotaron los espartanos a los atenienses (457 a. C.). Es famosa por las estatuillas que llevan su nombre.
TANAIS *Geog. hist.* Antigua denominación del Don, cuyo curso, según Tolomeo y Estrabón, era el límite oriental de Europa.
TANAKA, KAKUEI Político japonés (Nishiyama, 1918 - Tokio, 1993). Presidente del Partido Liberal, en 1972 fue designado jefe del gobierno, cargo al que tuvo que renunciar (1974) por estar implicado en los sobornos de la compañía aeronáutica Lockheed.
TANANARIVE ANTANANARIVO.
TANARO Río de Italia, provincia de Piamonte, afluente del Po; 276 km de curso.
-TANASIA suf. que significa muerte: *eutanasia*.

El río **Támesis** a su paso por Londres.

TANATE m. **1** *Hond.* y *Méx.* Mochila, zurrón. **2** *Amér. C.* Lío, fardo, envoltorio.

TÁNATO o **TÁNATOS** *Mit.* Genio alado, personificación de la muerte, entre los griegos.

TANATOCENOSIS f. *Ecol.* Conjunto de restos animales y vegetales producidos por acumulación, después de muertos, de los seres vivos que integraban una biocenosis.

TANATORIO m. Institución y edificio donde se prestan servicios funerarios.

TANCÍTARO Monte de México, Estado de Michoacán; 3.842 m.

TANCREDO Príncipe siciliano (? - Antioquía, 1112). Fue uno de los jefes de la primera cruzada. Disputó a Balduino Tarso y Mamistra, conquistó las plazas de Cilicia y fundó el principado de Galilea o Tiberíades. En 1101 se encargó de la administración de Antioquía.

TANCREDO DE LECCE Rey de Sicilia (? - ?, Palermo, 1194). Nieto de Guillermo II, fue designado su sucesor por el Papa para evitar el acceso al trono del emperador alemán Enrique VI, casado con la hija de Guillermo II.

TANDA f. **1** Cada uno de los grupos de personas, animales o cosas que se alternan en algún trabajo. **2** Número indeterminado de cosas de un mismo género. **3** Partida de algunos juegos. **4** *Amér.* Sección de una representación teatral.

TÁNDEM m. **1** Bicicleta de dos asientos colocados uno tras otro. **2** Tiro de dos caballos enganchados uno detrás del otro. **3** Grupo de dos o más personas para efectuar una obra común. ♦ Su pl. es *tándems* o *tándemes*.

TANG *Geneal.* Dinastía de emperadores chinos, cuyo reinado (618-907) corresponde a una etapa de gran esplendor.

TANGA f. CHITO, juego. **2** Biquini o bañador muy reducido.

TANGA Región de Tanzania, en Tanganika; 26.808 km² y 1.546.000 h. Su capital es la ciudad del mismo nombre.

TANGANA f. *P. Rico.* Bronca, discusión violenta.

TANGANIKA o **TANGANYIKA** *Hist.* Antiguo Estado de África. Formó parte de la antigua África Oriental Alemana (1891-1918). En 1920, tras la derrota de Alemania, pasó a ser un mandato de la Sociedad de las Naciones conferido al Reino Unido. En 1961 se constituyó el primer gobierno autónomo, presidido por Julius Nyerere, que continuó en el cargo al proclamarse la independencia ese mismo año. Tanganika reconoció a la reina de Inglaterra, representada por un gobernador general, como jefe del Estado. En 1962, Nyerere fue sustituido por Rashidi Kawawa. En la fecha del primer aniversario de su independencia, Tanganika se convirtió oficialmente en República, sin salir del ámbito de la Commonwealth, y Nyerere fue elegido presidente. En 1964 se federó con Zanzíbar para constituir la República de Tanzania.

TANGANIKA o **TANGANYIKA** Lago de África, entre los Estados de Tanzania, Burundi, República Democrática del Congo y Zambia; 31.900 km² y 1.435 m de profundidad máxima. Recibe, por el N, las aguas del río Rusisi, comunicado a su vez con el lago Kivú, y desagua por el O en el río Congo, por medio del río Lukuga. Pesca. Burton y Speke exploraron su parte septentrional en 1858, y Livingstone en 1867.

TANGAR tr. coloq. Engañar, estafar.

TANGE KENZO Arquitecto japonés (Imabari, Shikoku, 1913). Influido por Le Corbusier, realizó unas obras monumentales e internacionalistas. Autor del Museo de la Paz de Hiroshima (1955-56); la catedral católica (1961-65) y el estadio olímpico (1964), en Tokio, y el Colegio de Arte y Diseño de Minneápolis (1973).

TANGENCIA f. *Geom.* **1** Punto de encuentro de una recta y una curva. **2** Punto de contacto entre dos curvas. **3** Punto de contacto de un plano y una curva.

TANGENCIAL adj. **1** Relativo a la tangente, recta. **2** fig. Se dice de la idea, argumento, problema, etc., que está relacionado con una cosa sólo parcial y no significativamente.

TANGENTE adj. *Geom.* **1** Se dice de la línea o superficie que toca en un solo punto a otra en un punto. || f. *Geom.* **2** Recta que tiene un solo punto común con una curva o una superficie. **3** Razón trigonométrica cuyo valor es igual al seno del ángulo dividido por el coseno del mismo. || **TANGENTE DE UN ÁNGULO** *Geom.* La del arco que le sirve de medida. || **TANGENTE DE UN ARCO** *Geom.* Parte de la recta tangente al extremo de un arco comprendida entre ese punto y la prolongación del radio que pasa por el extremo, cuando el radio es la unidad. || **irse, o salir por la tangente** fr. fig. y fam. Valerse de un subterfugio para salir hábilmente de un apuro.

TÁNGER Provincia de Marruecos; 1.195 km² y 627.000 h. **2** Ciudad capital de la misma, en el estrecho de Gibraltar; 307.000 h. Industria tabaquera y alimentaria. Puerto. Antigua factoría fenicia, de la romana *Tingis*. Fue ocupada por vándalos (siglo V), bizantinos (si-

El lago **Tanganika** (Burundi).

glo VI) y musulmanes (siglos VII-XV), hasta que los portugueses se hicieron con su control en 1471. En el siglo XVII pasó a manos de ingleses y marroquíes y posteriormente fue utilizada como base de operaciones por los piratas berberiscos. Debido a su posición estratégica, despertó el interés de las naciones europeas en el siglo XIX. Aunque estuvo enclavada en la zona del protectorado español, fue internacionalizada por el tratado anglo-franco-español de 1912. Ocupada militarmente por España (1940-45), recuperó su internacionalidad hasta 1956 en que fue incorporada a Marruecos.

TANGERINO, NA adj. y s. De Tánger.

TANGIBLE adj. **1** Que puede tocarse. **2** fig. Que se percibe de manera precisa.

TANGO (Voz americana.) m. **1** *Danza.* y *Mús.* Baile argentino de pareja enlazada, forma musical binaria y compás de dos por cuatro. **2** *Mús.* Música de este baile y letra con que se canta. **3** Fiesta y baile de negros en algunos países de América. **4** Baile popular en México. **5** *Hond.* Instrumento musical indígena.

TANGÓN m. *Mar.* Cualquiera de los botalones colocados en el costado de proa.

TANGSHAN *(T'ang-shan)* Ciudad de China, provincia de Hebei. 1.500.000 h. Importante centro industrial.

TANGUILLO m. *And.* Peonza que se hace bailar con un látigo.

TANGUISTA com. **1** Cantante de tangos. || f. **2** Mujer contratada para que baile con los clientes en un lugar de esparcimiento.

TANGUY, YVES Pintor estadounidense, de origen francés (París, 1900 - Woodbury, Connecticut, 1955). Su estilo se inscribe en el surrealismo. En su obra predominan los paisajes oníricos, habitados por formas embrionarias. Obras: *El sol en su arca* (1937), *Todavía y siempre* (1942) y *Los números imaginarios* (1954).

TANINO m. *Bot.* Sustancia astringente contenida en la corteza de algunos vegetales, que sirve para curtir las pieles y en la preparación de tintas.

TANIS *Geog. hist.* Ciudad del antiguo Egipto, cuyas ruinas se encuentran junto a la actual San el-Hagar (al S de Port Said). Se identifica con la *Avaris* de los hicsos. Fue la capital de los ramésidas (dinastía de Ramsés).

TANIT *Mit.* Diosa madre cartaginesa, símbolo de la fecundidad, cuyos rasgos se corresponden con los de la diosa fenicia Astarté.

Yves **Tanguy.** *Todavía y siempre.* Museo Thyssen-Bornemisza (Madrid).

TANIZAKI, JUNICHIRO Escritor japonés (Tokio, 1886 - Yugawara, 1965). Representante de la escuela neorromántica japonesa. Sus posturas estéticas influyeron en Y. Mishima. Obras: *El tatuaje* (1909), *Nieve ligera* (1945-48), *La clave* (1956) y *El diario de un viejo loco* (1962).

TANKA f. *Lit.* Poema japonés de cinco versos, pentasílabos el primero y el tercero, y heptasílabos los restantes.

TANNHÄUSER Poeta alemán (Nuremberg, h. 1205 - ?, 1268). Protagonista de una leyenda que recoge su faceta de caballero vividor, después arrepentido y absuelto, que inspiró a Wagner su obra homónima. Autor de lieder de tema amoroso y cortesano.

TANQUE m. **1** *Mil.* Automóvil de guerra blindado y con armas de artillería que, moviéndose sobre una llanta flexible y articulada, puede andar por terrenos irregulares. **2** Depósito montado sobre ruedas para su transporte, generalmente en un vehículo. **3** *Amér., Can.* y *Gal.* Estanque, depósito de agua.

TANSILLO, LUIGI Poeta italiano (Venosa, Potenza, 1510 - Caserta, 1568). Introdujo en la lírica una flexibilidad pasional, una acentuación tonal y un sentimiento idílico que preludian los modelos barrocos.

TANTA Ciudad de Egipto, capital de la gobernación de Gharbiya, en el delta del Nilo; 380.000 h. Centro agrícola.

TANTALIO m. *Quím.* Elemento químico del grupo V B del sistema periódico; masa atómica 180,948; número atómico 73; punto de fusión 3.000° C; símbolo Ta. Metal denso, dúctil y maleable, difícil de separar de sus combinaciones.

TÁNTALO m. *Zool.* Ave de la familia cicónidos, género *Mycteria*, de plumaje blanco con remeras negras, que vive en África.

TÁNTALO *Mit.* Hijo de Zeus y padre de Pélope. Mató a su hijo y robó el néctar y la ambrosía de los dioses para dárselos a los hombres. Zeus lo condenó a sufrir hambre y sed eternamente en los infiernos.

TANTARANTÁN m. **1** Sonido del tambor. **2** fig. y fam. Golpe dado a una persona o cosa.

TANTEADOR, RA m. y f. **1** Persona que tantea en el juego. || m. **2** Marcador de un encuentro deportivo, donde se reflejan los tantos de cada bando.

TANTEAR tr. **1** Considerar detenidamente una cosa antes de ejecutarla. **2** Intentar averiguar las intenciones, opiniones, cualidades, etc., de una persona. **3** Examinar una cosa con cuidado. **4** Apuntar los tantos en el juego. También intr. **5** Comenzar un dibujo. **6** Calcular aproximadamente. **7** *Der.* Dar por una cosa el mismo precio en que se va a vender a otro.

TANTEO m. **1** Acción y efecto de tantear. **2** Número determinado de tantos que se ganan en el juego. **3** *Der.* Facultad para una persona tiene de adquirir una cosa con preferencia a otro comprador al mismo precio que él.

TANTO, TA adj. **1** Se dice de una cantidad indefinida. Se usa como correlativo de *como* en construcciones comparativas. **2** Tan grande o muy grande. **3** Se usa como pronombre demostrativo, equivaliendo a «eso». || adv. c. **4** De tal modo, hasta tal punto. || m. **5** Cantidad determinada. **6** Unidad de cuenta en muchos juegos, o su equivalente. || m. pl. **7** Número que se ignora o no se quiere expresar. || **TANTO POR CIENTO** *Mat.* Cantidad que, con referencia a cien, representa proporcionalmente una parte del total. Su símbolo es %. || **al tanto** de una cosa fr. Al corriente de ella. || **apuntarse** uno **un tanto** Acertar. || **en tanto,** o **entre tanto** loc. adv. Mientras, durante. || **las tantas** expr. fam. Cualquier hora muy avanzada del día o de la noche. || **por lo tanto** loc. adv. y conjunt. Por consiguiente. || **por tanto** loc. adv. y conjunt. Por lo que.

TANTRA m. *Lit.* Cada uno de los tratados sobre la fórmula y ritos que se emplean en el culto de los dioses indios. Tienen, por lo regular, la forma de un diálogo entre Siva y Durga.

TANTRISMO m. *Rel.* Movimiento religioso sincretista del hinduismo, el budismo y el jainismo, que, inspirado en los tantras, propone prácticas esotéricas destinadas al control físico y mental.

TANZANIA *(Jamhuri ya Muungano wa Tanzania)* Estado de África oriental, que limita al N con Kenia y Uganda; al E, con el océano Índico; al S, con Mozambique, Malawi y Zambia; al O, con la República Democrática del Congo, Burundi y Ruanda.

GEOG. La mayor parte del país está ocupada por una elevada meseta limitada al E por el importante reborde montañoso del África Oriental, con volcanes extinguidos. Pertenecen a esta alineación, de N a S, los montes Longido (2.629 m), Loolmalasin (3.648 m), Meru (4.565 m), Kilimanjaro (5.895 m), Hanang (3.418 m) y Rungwe (2.959 m). Entre el reborde montañoso y el mar, el suelo desciende y forma, hacia el S del territorio, una extensa planicie. Las islas de Pemba y Zanzíbar están separadas por un canal. Su red hidrográfica se dispersa por tres vertientes: dos interiores, la del Tanganika y la del Victoria, y una exterior, la del océano Índico. En el lago Tanganika se vierten las aguas del Malagarasi, Moyowosi, Nikonga, Kigosi, Gombe y el lago Sagara, con su tributario el Ugalla. Al Victoria van a parar las del Ka-

Superficie: 942.799 km².
Población: 35.306.000 h. *(tanzanos).*
Densidad: 37,4 h./km².
Tasa de natalidad: 40,6‰.
Tasa de mortalidad: 12,8‰.
Capital: Dodoma.
Ciudades principales: Dar es Salaam, Mwanza, Zanzíbar, Tanga.
Grupos étnicos: bantúes (98,8%).
Religión: islamismo (35%), creencias tradicionales (35%), cristianismo (30%).
Idioma: swahili, inglés.
Moneda: chelín tanzano.
Forma de Estado: república presidencialista.
Producto Nacional Bruto: 7.154 millones de dólares.
Renta per cápita: 220 dólares.
División administrativa: 25 regiones, según cuadro.

gera, el Simiyu y el Grumeti. En la vertiente índica desaguan el Pangani, Wami y Rufiji, y sus afluentes Ruaha y Luwegu. En el interior del país se encuentran los lagos Natron, Eyasi, Manyara y Rukwa. La vegetación es de sabana arbustiva, selvas y bosque. La población es, fundamentalmente, rural y se concentra en la región costera del país y en las regiones septentrionales próximas a los lagos. Es uno de los países más pobres del mundo. Produce café, mijo, sorgo, maíz, mandioca, sisal, algodón, cacahuete, agrios y copra. Ganadería. Maderas (cedro y ébano). Diamantes, oro, plomo, estaño y mica. Industria alimentaria, textil y tabaquera. Turismo.

HIST. Tanzania se constituyó en 1964 al federarse TANGANIKA y ZANZÍBAR. Como presidente de la federación fue nombrado Julius Nyerere, que lo era de Tanganika. Éste, partidario de un programa socialista, fue reelegido en 1970, 1975 y 1980. El conflicto armado mantenido con Uganda desde el derrocamiento de Obote por el general Idi Amin (1971) culminó con la ocupación de Kampala por parte de las tropas tanzanas y la consiguiente caída de Amin (1979). Tras la unificación en el Partido de la Revolución de los dos partidos dominantes del país, el TANU, de Tanganika, y PAS, de Zanzíbar, se promulgó una Constitución de tipo presidencialista y de partido único (1979). En 1985, Nyerere abandonó la presidencia, manteniendo la secretaría general del Partido de la Revolución, y fue elegido en su lugar Alí Hassan Mwinyi, vicepresidente de Tanzania y presidente de Zanzíbar desde 1984. En 1990 Alí Hassan Mwinyi fue reelegido presidente. En 1992 el Chama Cha Mapinduzi, hasta entonces partido único, aceptó el multipartidismo. En 1995 se celebraron las primeras elecciones libres y multipartidistas, en las que resultó elegido presidente Benjamin Mkapa, miembro del CCM, reelegido en 2000.

TANZANO, NA adj. y s. De Tanzania.

TAÑER tr. 1 Tocar un instrumento musical. 2 Sonar la campana. ♦ IRREG. Ver conjugación modelo.

TANZANIA

Regiones	Superficie (km²)	Población (h.)	Capitales
Arusha	82.306	1.596.000	Arusha
Costa	32.407	753.000	Dar es Salaam
Dar es Salaam	1.393	1.606.000	
Dodoma	41.311	1.461.000	Dodoma
Iringa	56.864	1.427.000	Iringa
Kagera	28.388	1.607.000	Bukoba
Kigoma	37.037	1.015.000	Kigoma
Kilimanjaro	13.309	1.308.000	Moshi
Lindi	66.046	763.000	Lindi
Mara	19.566	1.146.000	Musoma
Mbeya	60.350	1.742.000	Mbeya
Morogoro	70.799	1.483.000	Morogoro
Mtwara	16.707	1.050.000	Mtwara
Mwanza	19.592	2.217.000	Mwanza
Pemba Meridional	332	151.000	Chake Chake
Pemba Septentrional	574	163.000	Wete
Rukwa	68.635	820.000	Sunbawanga
Ruvuma	63.498	924.000	Songea
Shinyanga	50.781	2.092.000	Shinyanga
Singida	49.341	934.000	Singida
Tabora	76.151	1.223.000	Tabora
Tanga	26.808	1.546.000	Tanga
Zanzíbar Meridional y Central	854	83.000	Koani
Zanzíbar Occidental	230	246.000	Zanzíbar
Zanzíbar Septentrional	470	115.000	Mkokotoni

TAÑER

INDICATIVO
Pres.: taño, tañes, etc.
Imperf.: tañía, tañías, etc.
Pret. indef.: tañí, tañiste, tañó, tañimos, tañisteis, tañeron.
Fut. imperf.: tañiré, tañirás, etc.
Condic.: tañería, tañerías, etc.
SUBJUNTIVO
Pres.: taña, tañas, etc.
Imperf.: tañera, tañeras, etc., o tañese, tañeses, etc.
Fut. imperf.: tañere, tañeres, etc.
IMPERATIVO: tañe, tañed.
PARTICIPIO: tañido.
GERUNDIO: tañendo.

TAÑIDO m. 1 Sonido del instrumento que se toca, y particularmente de la campana. 2 Acción y efecto de tañer.

TAO m. Insignia de los comendadores de la Orden de San Antonio Abad y de los miembros de la de San Juan.

Tao *Rel.* En el taoísmo chino, principio absoluto del universo.

TAOÍSMO m. *Rel.* y *Filos.* 1 Una de las tres religiones de China. Toma su nombre del principio filosófico de Lao-tse, el Tao, la fuerza o causa primordial de la existencia del universo y la razón de ser de todas las cosas. Influido por el budismo, tiene, como él, una jerarquía sacerdotal y una noción de metempsicosis, con una especie de purgatorio e infierno. Une al culto de los héroes nacionales y de la naturaleza con las prácticas mágicas y supersticiosas. 2 Doctrina teológica de esta antigua religión.

TAORMINA Ciudad de Italia, provincia de Mesina; 10.907 h. Restos de un acueducto y un teatro grecorromanos del siglo III a. C.

TAOUNATE Provincia de Marruecos; 5.585 km^2 y 603.000 h. Su capital es la ciudad del mismo nombre.

TAPA f. **1** Pieza que cierra por la parte superior las cajas, cofres y cosas semejantes. **2** Capa de suela o de otro material, del tacón de un zapato. **3** Cubierta de un libro encuadernado. **4** Carne del medio de la pierna trasera de la ternera. **5** Alimento que se sirve como acompañamiento de una bebida. **6** Vuelta que cubre el cuello entre las solapas de las chaquetas, abrigos, etc. || **TAPA DE LOS SESOS** fig. y fam. Cráneo.

TAPABALAZO m. **1** Cilindro de madera envuelto en estopa que se usaba en los barcos de guerra para cerrar los agujeros abiertos por las balas. **2** *Amér.* Bragueta del pantalón.

TAPABOCA m. **1** Golpe que se da en la boca con la mano abierta. **2** Bufanda para la boca. También en pl. **3** fig. y fam. Razón o dicho con que se hace callar a alguien.

TAPACUBOS m. Tapa metálica que cubre el buje de la rueda. ♦ Su pl. es *tapacubos*.

TAPADERA f. **1** Pieza que se ajusta a la boca de algún recipiente o abertura. **2** fig. Persona, empleo, asunto, etc., que encubre o disimula lo que alguien desea que se ignore.

TAPADILLO, DE loc. adv. fig. A escondidas.

TAPADO, DA m. **1** *Col.* y *Hond.* Comida que preparan los indígenas con plátanos y carne. **2** *Arg.* y *Chile* Abrigo o capa de señora o de niño.

TAPAJÓS o **TAPAJOZ** Río de Brasil, que se forma por la confluencia del Arinos y del Juruena y desemboca en el Amazonas; 1.500 km de curso.

TAPAJUNTAS m. Listón moldeado que se pone para tapar la unión del cerco de una puerta o ventana con la pared. ♦ Su pl. es *tapajuntas*.

TÁPALO m. *Méx.* Chal o mantón.

TAPAR tr. **1** Cubrir o cerrar lo que está descubierto o abierto. **2** Abrigar o cubrir. También prnl. **3** Poner algo delante de una cosa de modo que ésta quede oculta. **4** Encubrir, ocultar un defecto.

TAPARRABO o **TAPARRABOS** m. **1** Trozo de tela u otra cosa con que se cubren algunos pueblos primitivos los genitales. **2** Bañador o calzón muy reducido.

TAPATE m. *Bot. C. Rica* ESTRAMONIO, planta.

TAPATÍO, A adj. y s. De Guadalajara, México.

TAPE adj. **1** *Etnol. Arg.* y *Urug.* Se dice de una tribu amerindia guaraní que vivió en el pasado en territorios del actual Estado brasileño de Rio Grande do Sul. Más como m. pl. **2** *Arg.* y *Urug.* Se dice también de sus individuos. También com. **3** *Arg.* y *Urug.* Relativo a los indios tapes. || m. **4** *Arg.* y *Urug.* Persona aindiada y de piel oscura.

TAPERA (Voz guaraní.) f. **1** *Amér. m.* Ruinas de un pueblo. **2** *Amér. m.* Habitación ruinosa y abandonada.

TAPESCO m. *Amér. C.* y *Méx.* Especie de zarzo que sirve de cama, y otras veces, colocado en alto, de vasar.

TAPETE m. Cubierta de tela, ganchillo, etc., que se suele poner en las mesas y otros muebles. || **estar sobre el tapete** una cosa fr. fig. Estar discutiéndose o examinándose, o sometida a resolución.

TAPIA f. **1** Pared de tierra apisonada. **2** Muro de cerca. || **más sordo que una tapia** fr. fig. y fam. Muy sordo.

TAPIAL m. Trozo de pared que se hace con tierra amasada; pared formada de esta manera.

TAPIAR tr. **1** Cerrar con tapia. **2** fig. Cerrar un hueco haciendo en él un muro o tabique.

TAPICERÍA f. **1** Conjunto de tapices. **2** Arte de tapicero. **3** Obra de tapicero. **4** Tienda de tapices.

TAPICERO, RA m. y f. **1** Artesano que teje tapices o los arregla y compone. **2** Persona que tiene por oficio elaborar cortinajes, tapizar muebles, etc.

TAPIOCA f. *Bot.* MANDIOCA, fécula que se obtiene de la raíz de esta planta y se usa para sopa.

TAPIR m. *Zool.* Mamífero perisodáctilo de Asia y America del Sur, del tamaño de un jabalí y con la nariz prolongada en forma de pequeña trompa.

TAPISCA f. *Agr. Amér. C.* y *Méx.* Recolección del maíz.

TAPISCAR tr. *Agr. C. Rica* y *Hond.* Cosechar el maíz, desgranando la mazorca.

TAPIZ m. Paño grande, tejido de lana o seda, y algunas veces de oro y plata, en que se copian cuadros de historia, países, blasones, etc., y sirve como abrigo y adorno de las paredes.

TAPIZADO m. **1** Acción y efecto de tapizar. **2** Materia con que se tapiza.

TAPIZAR tr. Cubrir, forrar con tela las paredes, sillas, sillones, etc.

TAPÓN m. **1** Pieza de corcho, cristal, madera, etc., con que se tapan botellas, frascos, toneles y otras vasijas. **2** Cualquier persona o cosa que produce entorpecimiento u obstrucción. **3** Embotellamiento de vehículos que bloquea o dificulta el tráfico. **4** *Dep.* En baloncesto, acción de bloquear la trayectoria ascendente del balón para impedir un enceste del equipo contrario. **5** *Med.* Acumulación de cerumen en el oído.

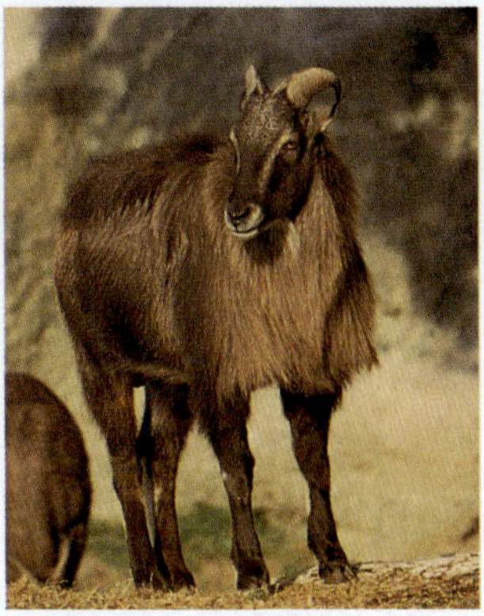

tar

TAPONAR tr. **1** Cerrar con tapón un orificio cualquiera. **2** fig. Obstruir o atascar un conducto o paso.

TAPONAZO m. **1** Golpe dado con el tapón de una botella al destaparla. **2** Estruendo que este acto produce.

TAPSIA f. *Bot.* Planta herbácea vivaz, de la familia umbelíferas, con tallo corto y grueso, hojas pecioladas, flores amarillas y fruto seco.

TAPSO *Geog. hist.* Antigua ciudad de África, cerca de la cual César derrotó a los partidarios de Pompeyo el año 46 a. C.

TAPUJO m. **1** Embozo o disfraz que se pone una persona para no ser reconocida. **2** fig. y fam. Reserva o disimulo con que se disfraza u oscurece la verdad.

TAPUYA adj. *Etnol.* **1** Se dice de un grupo de tribus amerindias que en la época del descubrimiento ocupaban casi todo Brasil. Más como m. pl. **2** Se dice también de sus individuos. También com. **3** Relativo a este grupo de tribus.

TAQUÉ m. *Mec.* Cada uno de los vástagos que transmiten la acción del árbol de levas a las válvulas de admisión y de escape del motor de combustión interna.

TAQUERO, RA adj. **1** *Méx.* Persona que vende o hace tacos. **2** *Chile* Persona que desatasca alcantarillas o cañerías. || f. **3** Especie de estante donde se colocan los tacos de billar.

TAQUI-, TACO- prefs. que significan rápido.

TAQUICARDIA f. *Med.* Frecuencia excesiva del ritmo de las contracciones cardiacas.

TAQUICHUELA f. *Par.* Juego de los cantillos.

TAQUIGRAFÍA f. Arte de escribir tan deprisa como se habla por medio de ciertos signos y abreviaturas.

TAQUIGRAFIAR tr. Escribir de modo taquigráfico.

TAQUILLA f. **1** Armario para guardar cosas. **2** Despacho de billetes, entradas de cine, etc., y, por extensión, conjunto de lo que en él se despacha o recauda.

TAQUILLERO, RA adj. **1** Se dice del artista, espectáculo, película, etc., que hace mucho dinero. || m. y f. **2** Persona encargada de un despacho de billetes o entradas de cine, teatro, fútbol, etc.

TAQUILLÓN m. Mueble de madera y de escasa capacidad que suele colocarse en el recibidor, normalmente con uso decorativo.

TAQUIMECANOGRAFÍA f. Arte del taquimecanógrafo.

TAQUIMECANÓGRAFO, FA m. y f. Persona versada en taquigrafía y mecanografía.

TAQUIMETRÍA f. Parte de la topografía que enseña a levantar planos por medio del taquímetro.

TAQUÍMETRO m. Instrumento, semejante al teodolito, que sirve para medir a un tiempo distancias y ángulos.

TAR m. *Zool.* Mamífero artiodáctilo rumiante perteneciente a la familia bóvidos, de 1 m de alzada, pelaje pardo y espesa melena. Vive en el Himalaya.

-TAR suf. eusquera que significa oriundo de. También adopta las formas *-dar*, *-ar* y *-r* (independientemente del artículo, pospuesto, *a*, ante el que suena como *rr*): *donostiarra*, *etarra*.

TARA[1] (Del ár. *tarha*, lo que se quita, el peso de los embalajes.) f. **1** Peso del continente de una mercancía: vehículo, caja, vasija, etc. **2** Peso de un vehículo en vacío. **3** *Med.* Defecto físico o psíquico. **4** fig. Lastre o peso inútil.

TARA[2] f. **1** *Bot. Perú* Arbusto con hojas pinnadas, que se usa en tintorería. **2** *Zool. Venez.* Especie de langosta de tierra, mayor que la común. **3** *Zool. Col.* Especie de serpiente venenosa.

TARABILLA f. **1** Zoquetillo de madera que sirve para cerrar las puertas o ventanas. **2** Listón de madera que mantiene tirante la cuerda del bastidor de una sierra. **3** fig. y fam. Persona que habla mucho y sin orden ni concierto. **4** fig. y fam. Conjunto de palabras dichas de este modo. **5** *Zool.* Nombre de diversas aves paseriformes de pequeño tamaño y alimentación insectívora.

TARABITA f. **1** *Amér. m.* Maroma por la que corre la cesta u oroya del andarivel. **2** *Ecuad.* Andarivel para pasar ríos y hondonadas que no tienen puente.

TARABULUS TRÍPOLI.

TARACEA f. *A. dec.* Técnica y labor de marquetería, hecha sobre madera, que consiste en embutir piezas menudas de madera, concha, nácar, etc.

TARACOL m. *Zool. Ant.* Crustáceo parecido al cangrejo.

-TARÁCTICO suf. TARAX-.

TARADO, DA adj. Que padece tara física o psíquica.

TARAHUMARA adj. *Etnol.* **1** Se dice de un pueblo amerindio que habita en las zonas montañosas de los Estados mexicanos de Chihuahua y Durango, de la familia lingüística uto-azteca. Practican un sincretismo religioso en el que las prácticas ancestrales (chamanismo, ritos asociados al peyote) se mezclan con la religión católica. Más como m. pl. **2** Se dice también de sus individuos. También com. **3** Relativo a este pueblo.

TARAHUMARA, SIERRA DE Nombre que toma la Sierra Madre Occidental de México, entre los Estados de Chihuahua, Sonora y Sinaloa.

TARAJE m. *Bot.* TARAY.

TARAMA f. *And.* y *Extr.* TÁMARA, leña menuda.

TARAMBA f. *Hond. Mús.* Instrumento musical que consiste en un arco de madera con su cuerda de alambre, la cual se golpea con un palito.

TARAMBANA com. y adj. fam. Persona alocada.

TARANTA (Del it. *taranta.*) f. **1** *Folk. And.* y *Mur.* Canto popular propio de los mineros. Más en pl. **2** *Hond.* Desvanecimiento, aturdimiento. **3** *Arg., C. Rica* y *Ecuad.* Repente, locura, vena.

TARANTELA (Del it. *tarantella.*) f. *Danza.* Baile napolitano de movimiento muy vivo.

TARANTÍN m. **1** *Amér. C.* y *Cuba* Cachivache, trasto. **2** *Venez.* Tienda muy pobre, tenducha.

TARANTINO, QUENTIN Director, guionista, actor y productor de cine estadounidense (Knoxville, Tennessee, 1964). Director de *Reservoir Dogs* (1991), *Pulp Fiction* (1994), uno de los episodios de *Four Rooms* (1995), *Abierto hasta el amanecer* (1996), *Jackie Brown* (1997), *Kill Bill I* (2003) y *Kill Bill II* (2004).

TARÁNTULA f. *Zool.* Artrópodo arácnido frecuente en el mediodía de Europa y Asia. Mide unos 3 cm de longitud, tiene el cuerpo gris rojizo con manchas negras, casi redondo en el abdomen y patas fuertes. Es de costumbres nocturnas y vive en suelos áridos y soleados. Su mordedura, aunque no venenosa para el hombre, sí resulta muy dolorosa.

TARAPACÁ Región I de Chile, que comprende las provincias de Arica, Iquique y Parinacota; 58.698 km^2 y 410.343 h. Capital, Iquique. Yacimientos de salitre. Minas de cobre y azufre. Actividades pesqueras.

TARAPAQUEÑO, ÑA adj. y s. De Tarapacá.

TARAR tr. Señalar la tara, peso.

TARARACO m. *Bot. Ant.* Planta bulbosa de la familia amarilidáceas.

TARAREAR tr. Cantar entre dientes y sin articular palabras.

TARASA (Voz quechua.) f. *Bot. Chile* y *Perú* Planta de la familia malváceas.

TARASCA f. **1** Figura de serpiente monstruosa que se saca en la procesión del Corpus. **2** fig. Persona que come mucho y con voracidad. **3** fig. y fam. Mujer fea, desenvuelta y de mal carácter. **4** *C. Rica* y *Chile* Boca grande.

TARASCADA f. **1** Herida hecha con los dientes. **2** fig. y fam. Respuesta áspera o dicho desatento.

TARASCO, CA adj. **1** *Etnol.* Se dice de un pueblo amerindio que habita en una extensa región al NO de Michoacán (México). Más como m. pl. **2** Se dice también de sus individuos. También s. **3** Relativo a este pueblo. || m. *Ling.* **4** Idioma de los tarascos.

TARAX-; -TARAXIA, -TARÁXICO, -TARÁCTICO pref. o sufs. que significan agitación, movimiento: *ataraxia*.

-TARAXIA suf. TARAX-.

-TARÁXICO suf. TARAX-.

TARAY m. *Bot.* **1** Nombre de varios arbustos de la familia tamaricáceas, género *Tamarix*, que crecen en las orillas de los ríos. Su madera, pesada y blanda, se emplea como combustible. **2** Fruto de ese arbusto.

TARAYAL m. *Bot.* Sitio poblado de tarayes.

TARAZA f. *Zool.* Polilla, mariposa.

TARAZAR tr. **1** Despedazar, destrozar. **2** Morder o partir con los dientes, atarazar.

TARCO m. *Bot.* JACARANDÁ.

TARDANZA f. Detención, demora.

TARDAR intr. **1** Detenerse, no llegar oportunamente, retrasar la ejecución de algo. También prnl. **2** Emplear tiempo en hacer las cosas. || **a más tardar** loc. adv. Se usa para señalar el plazo máximo en que ha de suceder algo.

TARDE f. **1** Tiempo que transcurre desde el mediodía hasta el anochecer. **2** Últimas horas del día. || adv. t. **3** A hora avanzada del día o de la noche. **4** Después de haber pasado el tiempo oportuno, o en tiempo futuro, relativamente lejano. || **buenas tardes** expr. Se emplea como saludo por la tarde. || **de tarde en tarde** loc. adv. De cuando en cuando, transcurriendo mucho tiempo de una a otra vez. || **tarde, mal y nunca** expr. Se emplea para ponderar lo mal y fuera de tiempo que se hace algo.

TARDE, GABRIEL Sociólogo francés (Sarlat, 1843 - París, 1904). Realizó importantes estudios sobre los estados colectivos de opinión y está considerado uno de los precursores de la psicología social.

TARDÍGRADO, DA adj. *Zool.* **1** Que se distingue por la lentitud de sus movimientos. También s. **2** Se aplica al invertebrado acuático de muy pequeño tamaño (menos de un milímetro), con cuatro pares de patas terminadas en pequeñas pinzas. También m. || m. pl. *Zool.* **3** Tipo de estos animales.

TARDÍO, A adj. **1** Que tarda en madurar más tiempo del normal. **2** Que sucede después del tiempo oportuno en que se necesitaba o esperaba. **3** Que se encuentra en la última fase de su existencia. **4** Pausado, lento.

TARDO, DA adj. **1** Lento, perezoso en obrar. **2** Que sucede después de lo que convenía o se esperaba. **3** Torpe en la comprensión o explicación.

TARDÓN, NA adj. y s. **1** fam. Que tarda mucho. **2** fam. Que comprende tarde las cosas.

TAREA f. **1** Cualquier obra o trabajo. **2** Trabajo que debe hacerse en tiempo limitado.

TARECHE m. *Zool. Bol.* Ave de rapiña, especie de aura.

TARECO m. *Cuba, Ecuad.* y *Venez.* Trasto, trebejo.

TARENTINO, NA adj. y s. De Tarento.

TARENTO *(Taranto)* **1** Provincia de Italia, en la región de Apulia; 2.437 km² y 592.336 h. **2** Ciudad del SE de Italia, capital de la provincia de su nombre, en la costa del golfo de Tarento; 232.334 h. Fue importante colonia griega. Castillo y catedral de los siglos X y XI, respectivamente. Sede episcopal. Es el segundo puerto militar de Italia y tiene activo tráfico comercial.

TARENTO, GOLFO DE Entrante del mar Jónico, en las costas del SE de Italia.Tiene 111 km de abertura desde la punta Ristola a la de Alice.

TARF, EL- Vilaya de Argelia; 3.144 km² y 275.315 h. Su capital es la ciudad del mismo nombre.

TARGUM m. Libro de los judíos que contiene las glosas y paráfrasis caldeas de la escritura.

TARIFA f. Tabla o catálogo de los precios, derechos o impuestos que se deben pagar por alguna cosa o trabajo.

TARIFAR tr. **1** Señalar o aplicar una tarifa. || intr. **2** fam. Reñir con alguien, enemistarse.

TARIFEÑO, ÑA adj. y s. De Tarifa.

TARIJA Río de Bolivia, departamento de Tarija. Se forma de la unión del Camacho, el Grande o San Luis y el Itaú, y desemboca en el Bermejo junto a San Antonio; 250 km de longitud.

TARIJA Departamento meridional de Bolivia; 37.623 km² y 403.079 h. Es el más pequeño del país, regado por los ríos Pilcomayo y Bermejo; ganadería y petróleo. Su capital es la ciudad del mismo nombre.

TARIM Río de China, en la región autónoma de Xinjiang Uygur, originario del Karakorum; 2.000 km de curso.

TARIMA f. **1** Zona del pavimento o entablado, superior en altura al resto. **2** Suelo similar al parqué, pero de placas mayores y más gruesas.

TARIMÓN m. Banco largo de madera con respaldo.

TARJETA f. Pedazo de cartulina, pequeño y rectangular, con el nombre, título, etc., y dirección de una persona, que se emplea para visitas y otros usos. || **TARJETA DE CRÉDITO** Medio de pago que sustituye al dinero en efectivo y, a veces, permite diferir el pago. || **TARJETA DE IDENTIDAD** La que, provista de fotografía y firma, acredita la personalidad del titular. || **TARJETA POSTAL** Pedazo de cartulina rectangular, homologado para ser usado como carta.

TARJETERO m. Cartera para llevar tarjetas.

TARKOVSKI, ANDREI Director de cine soviético (Moscú, 1932 - París, 1986). *Andrei Rublev* (1966) está considerada como su obra maestra.

TARN Río del S de Francia; nace en los montes Lozère y desemboca en el Garona tras 375 km de curso.

TARN Departamento del S de Francia, en la región de Midi-Pyrénées; 5.758 km² y 343.402 h. Capital, Albi. Cereales, vid y hortalizas.

TARN Y GARONA Departamento del S de Francia, región de Midi-Pyrénées, en la cuenca de Aquitania; 3.718 km² y 206.034 h. Capital, Montauban.

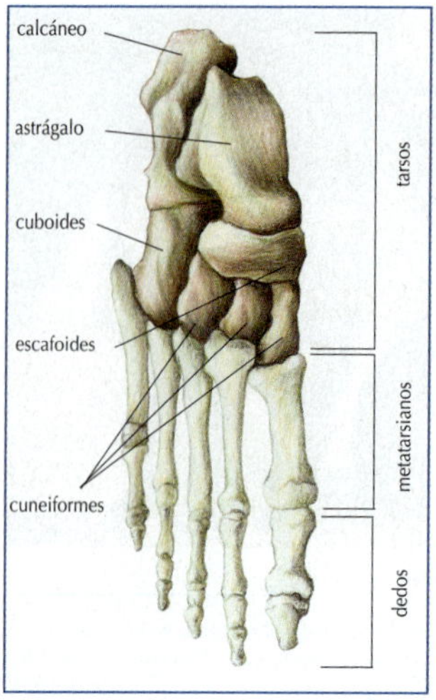

Anatomía del **tarso.**

TARNOBRZEG Ciudad al SE de Polonia, a orillas del Vístula; 49.900 h.

TARNÓW Ciudad al SE de Polonia, al E de Cracovia; 121.900 h. Industria mecánica y química. Ayuntamiento de los ss. XIV y XVI. Catedral del s. XVI.

TAROPÉ (Voz guaraní.) m. *Bot.* Planta acuática de la familia ninfeáceas.

TAROT m. Juego de naipes más largos que los corrientes, con una figura diferente en cada uno de los setenta y ocho de que consta la baraja, que se utiliza en cartomancia.

TAROUDANNT Provincia de Marruecos; 16.460 km² y 693.000 h. Su capital es la ciudad del mismo nombre.

TARPEYA *Mit.* Joven romana, epónima del Capitolio (Mons Tarpeius) y de la roca desde la cual se despeñaba a algunos criminales. Según la leyenda, Tarpeya entregó a los sabinos el Capitolio, pidiéndoles como recompensa lo que llevaban en el brazo izquierdo (brazaletes de oro). Una vez consumada la traición y tomada la fortaleza, los sabinos arrojaron a Tarpeya sus escudos, que también llevaban en dicho brazo, y murió aplastada bajo su peso.

TARQUÍN m. *Geol.* Légamo que las aguas estancadas depositan en el fondo.

TARQUINO, SEXTO Noble romano (s. VI a. C.). Hijo de Tarquino el Soberbio. Es conocido por la violación de Lucrecia, que provocó una revolución patricia que puso fin a la monarquía.

TARQUINO EL ANTIGUO o **EL VIEJO** (LUCIO TARQUINO PRISCO, llamado) Quinto rey de Roma (Tarquinia, 656 - Roma, 578 a. C.). Embelleció y fortificó Roma, y tomó algunas ciudades a los latinos y a los sabinos. Murió asesinado.

TARQUINO EL SOBERBIO, LUCIO Séptimo y último rey de Roma (s. VI a. C.). Se apoderó del trono asesinando a Servio Tulio, padre de su mujer Tulia, y gobernó despóticamente de 534 a 509 a. C. La violación de Lucrecia por su hijo Sexto Tarquino sublevó al pueblo de Roma, que declaró abolida la monarquía.

TARRAGONA **1** Provincia de España, en la comunidad autónoma de Cataluña; 6.283 km² y 588.499 h. Limita al N con la provincia de Lleida, al E, con la de Barcelona y el mar Mediterráneo, al S, con la de Castellón y al O, con las de Teruel y Zaragoza. En su litoral se encuentra el delta del Ebro. Está accidentada por los elementos orográficos de la cadena litoral catalana, que cierra por el E la fosa tectónica del Ebro, su principal río. Cuenta con diversas comarcas naturales que proporcionan una extraordinaria producción agrícola, especialmente de viñedos, cereales, frutales y arroz: el Penedés, el Campo de Tarragona, la Conca de Barbará, el Priorato y el Delta del Ebro. El clima de la costa es seco y luminoso; el del interior, frío en invierno y caluroso en verano. Produce arroz, aceite, vino, hortalizas y frutas. Importante avicultura, cuyo centro más destacado es Reus. Industria de la construcción, alimentaria, vinícola, química del petróleo, transformados metálicos, madera, muebles, textil, papel y artes gráficas. El turismo constituye una de las principales fuentes de ingresos. Cuenta con una densa red de comunicaciones. En 1995 se inauguró el segundo parque temático más grande de Europa, *Port Aventura.* **2** Ciudad capital de la misma, situada junto al Mediterráneo; 112.176 h. El desarrollo del sector petroquímico ha favorecido la aparición de nuevas industrias (metalmecánicas y químicas), así como el crecimiento demográfico y la expansión urbana. Importante industria textil. Arzobispado. Universidad. Murallas ciclópeas, acueducto, circo y anfiteatro romanos. Entre los edificios más notables figuran la catedral del estilo de transición del románico al gótico (siglo XII), el palacio arzobispal, la Diputación, las Casas Consistoriales y la Biblioteca provincial. Es la *Tarraco* de los romanos.

TARRALÍ f. *Bot. Col.* Planta trepadora silvestre.

TARRAYA f. *P. Rico* y *Venez.* Atarraya, esparavel.

TARRICO m. *Bot.* Caramillo, planta.

TARRINA f. Envase pequeño que se utiliza para guardar algunos alimentos.

TARRO[1] (De origen incierto.) m. **1** Recipiente de vidrio o porcelana, generalmente cilíndrico y más alto que ancho. **2** vulg. Cabeza humana.

TARRO[2] m. *Zool.* Ave palmípeda, parecida al pato común, aunque más esbelta y de patas más largas. Vive en regiones costeras de Europa y Asia.

TARSANA f. *Bot. C. Rica, Ecuad.* y *Perú* Corteza de un árbol de la familia sapindáceas que se usa para lavar, como el palo de jabón.

TÁRSIDO, DA adj. y m. *Zool.* **1** Se dice del primate prosimio propio de las islas del SE de Asia, de tamaño parecido a una ardilla, cabeza redonda, con grandes ojos salientes y orejas desarrolladas. || m. pl. *Zool.* **2** Familia de estos mamíferos.

TARSKI, ALFRED Filósofo y matemático estadounidense, de origen polaco (Varsovia, 1902 - Berkeley, 1983). Importantes estudios en el campo de la investigación semántica y de la lógica matemática que han contribuido a la axiomatización de los sistemas formales.

TARSO m. **1** *Anat.* Parte posterior del pie. En el hombre se articula con la tibia, el peroné y los metatarsianos, y consta de siete huesos: astrágalo, calcáneo, cuboides, escafoides y tres cuneiformes. **2** *Zool.* La parte más delgada de las patas de las aves. **3** *Zool.* La última de las cinco piezas de que están compuestas las patas de los insectos.

TARSO Ciudad del S de Turquía, en la provincia de Içel; 187.508 h. Destacada plaza marítima de la Antigüedad, fue encrucijada de influencias helénicas y semitas. Patria de san Pablo.

TARSO Río del S de Turquía, provincia de Içel; 100 km de curso. Es el antiguo *Cydno,* de Cilicia.

TARTA f. Pastel grande, de forma generalmente redonda.

TARTAGLIA (NICCOLÒ FONTANA, llamado) Matemático italiano (Brescia, 1499 - Venecia, 1557). Se le debe un procedimiento para la resolución de una de las formas de la ecuación de tercer grado.

TÁRTAGO m. *Bot.* Planta de la familia euforbiáceas, purgante. || **TÁRTAGO DE VENEZUELA** RICINO.

TARTAJA adj. y com. fam. Que tartajea.

TARTAJEAR intr. TARTAMUDEAR.

TARTAMUDEAR intr. *Med.* Trastorno del habla caracterizado por repetir palabras, sílabas o sonidos, o por vacilaciones en la forma.

TARTAMUDEZ f. Calidad de tartamudo.

TARTAMUDO, DA adj. y s. Que tartamudea.

TARTÁN m. **1** Tela de lana con cuadros o listas cruzadas de diferentes colores. **2** Conglomerado de asfalto y materias plásticas, muy resistente e inalterable al agua, que se usa para el revestimiento del suelo de pistas deportivas.

TARTANA f. Carruaje de dos ruedas con cubierta abovedada y asientos laterales.

TARTARIA TATARSTAN.

TARTÁRICO adj. *Quím.* Se aplica al ácido dicarboxílico, de fórmula COOH–CHOH–CHOH– COOH, sólido cristalino que se obtiene de la fermentación alcohólica del vino en los toneles.

TÁRTARO[1] (Del bajo lat. *tartărum.*) m. *Quím.* Tartrato, ácido de potasio y tartrato cálcico, que forma costra cristalina en el fondo y paredes de la vasija donde fermenta el mosto.

TÁRTARO[2] (Del lat. *Tartărus,* y éste del gr. Τάρταρος.) m. poét. El infierno.

TÁRTARO[3]**, RA** (Del turco *tatār,* nombre de pueblo.) adj. **1** De Tartaria. Aplicado a personas, también s. **2** Se dice de un conjunto de pueblos de origen turco o mongol que durante los siglos XII y XIII invadieron el E de Europa. Su población (unos 3 millones de individuos) vive diseminada por Siberia, Asia Central y Rusia europea, mezclada con otros pueblos. En 1920 se formó la república autonóma de Tartaria. Más en pl. **3** Relativo a los tártaros. || m. *Ling.* **4** Lengua hablada por los tártaros, perteneciente al grupo turco y escrita actualmente en alfabeto ruso.

TÁRTARO *Mit.* Lugar o región subterránea de los infiernos que servía de prisión a los dioses vencidos y a los héroes que habían ofendido gravemente a Júpiter.

Torquato Tasso y Leonor de Este. Cuadro de Domenico Morelli. Galería de Arte Moderno (Roma).

TARTERA f. Cacerola con tapa bien ajustada para llevar la comida fuera de casa; fiambrera.

TARTÉSIDE TARSIS.

TARTESIO, SIA adj. y s. **1** De Tartesos. **2** *Etnol.* e *Hist.* Pueblo hispánico prerromano procedente de África que habitaba la península Ibérica ya en la Edad de Bronce. Establecido en Andalucía occidental, tuvo por capital a TARTESOS.

TARTESOS o **TARTESSOS** *Geog. hist.* Ciudad principal de Tarsis. Al perder importancia la cultura tartesia decayó también su ciudad, que quizá fue destruida por los cartagineses, pasando Gades (Cádiz) a ostentar la capitalidad de la región. El emplazamiento de Tartesos sigue siendo un enigma. Los dos conjuntos arqueológicos más notables de restos tartesios (siglos V y IV a III a. C.) se han hallado en Los Alcores (Carmona) y en Osuna.

TARTINI, GIUSEPPE Compositor, teórico musical y violinista italiano (Pirano, 1692 - Padua, 1770). Fundó en Padua una escuela de violín, que llegó a tener gran prestigio. Escribió diversos tratados y como compositor escribió numerosos conciertos y sonatas.

Giuseppe **Tartini.** Retrato de Edoardo Dolbrano. Conservatorio de San Pedro a Maiella (Nápoles).

TARTRATO m. *Quím.* Sal formada por la combinación del ácido tartárico con una base.

TARTUFO (Por alusión a *Tartufe*, protagonista de una comedia de Molière.) m. Hombre hipócrita y falso.

TARUGA f. Mamífero rumiante americano parecido a la vicuña.

TARUGO m. **1** Trozo de madera o pan, generalmente grueso y corto. **2** Pedazo de madera preparado para encajarlo en un taladro, clavija. **3** fig. Persona de rudo entendimiento.

TARUMÁ (Voz guaraní.) m. *Bot. Arg.* Árbol de la familia verbenáceas, que produce un fruto morado oleoso.

TARUMBA fr. fam. Atolondrar a una persona, confundirlo. Se usa también el verbo como prnl.

TARZÁN Personaje literario creado por E. R. Burroughs, que fue popularizado por el cine, especialmente en las versiones del actor Johnny Weissmuller.

TAS m. Yunque pequeño usado por plateros, hojalateros y plomeros.

TASA f. **1** Acción y efecto de tasar. **2** Tributo que se exije por el uso de ciertos servicios o bienes públicos. **3** Relación entre dos magnitudes.

TASAJO m. **1** Pedazo de carne seco y salado o acecinado para que se conserve. **2** Por extensión, pedazo cortado o tajado de cualquier carne.

TASAR tr. **1** Determinar oficialmente el precio de una mercancía. **2** fig. Establecer el precio de un trabajo realizado. **3** fig. Restringir el uso de una cosa por prudencia o tacañería.

TASCA f. **1** TABERNA. **2** *Perú* Olas revueltas y corrientes encontradas que hacen difícil el desembarque en las costas.

TASCAR tr. fig. *Zool.* Cortar con ruido la hierba o el verde las bestias cuando pacen. || **tascar el freno** f. FRENO.

TASCHER DE LA PAGERIE, MARIE JOSÈPHE JOSEFINA.

TASIO, SIA adj. y s. De Tasos, Grecia.

-TASIS suf. TENO-.

TASMAN Mar de Oceanía, entre Australia y Nueva Zelanda, descubierto en 1642 por Abel J. Tasman.

TASMAN, ABEL JANSZOON Navegante holandés (Lutjegast, 1603 - Batavia, 1659). Al servicio de la Compañía de las Indias Orientales, descubrió una tierra a la que dio el nombre de *Tierra de Van Diemen* (1642), llamada posteriormente Tasmania en su honor (1855), la isla sur de Nueva Zelanda y los archipiélagos de Tonga y Fidji.

TASMANIA Estado e isla de Australia, separada del continente por el estrecho de Bass; 67.800 km² y 471.900 h. Capital, Hobart. Minería y ganadería.

TASOS Isla de Grecia, nomo de Kavala, situada en el N del Egeo, al S de las costas de Macedonia; 394 km².

TASSO, BERNARDO Poeta italiano (Venecia, 1493 - Ostiglia, 1569). Con su *Amadigi* (1560), poema de 100 cantos basado en el *Amadís de Gaula*, intentó conciliar la preceptiva clásica con la tradición caballeresca iniciada por Ariosto.

TASSO, TORQUATO Poeta italiano (Sorrento, 1544 - Roma, 1595). Hijo de Bernardo Tasso. Inspirado en la *Poética* de Aristóteles, realizó algunos trabajos teóricos.

TASSONI, ALESSANDRO Poeta italiano (Módena, 1565 - íd., 1635). Está considerado el creador del poema heroico-cómico —parodia de la epopeya— cuyo máximo exponente es *El cubo robado* (1622).

TATA f. **1** fam. Nombre infantil con que se designa a la niñera. **2** Cariñosamente, en algunas regiones, hermana. || m. **3** *Amér.* Padre, papá. Es voz de cariño, y en algunas partes de América se usa también como tratamiento de respeto.

TATA Provincia de Marruecos; 25.925 km² y 107.000 h. Su capital es la ciudad del mismo nombre.

TATABRO m. *Zool. Col.* Pecarí.

TATAGUA f. *Zool. Cuba* Mariposa nocturna de gran tamaño y color oscuro.

TATAIBÁ m. *Bot. Par.* Moral silvestre de fruto amarillo y áspero.

TATARABUELO, LA m. y f. Tercer abuelo.

TATARANIETO, TA m. y f. Tercer nieto.

TATARÉ (Voz guaraní.) m. *Zool. Arg.* y *Par.* Árbol de la familia mimosáceas, de cuya corteza se extrae una materia tintórea.

TATARSTAN (*Tartaria*) Distrito autónomo de la Federación de Rusia, en el centro de la gran llanura rusa, regado por el Volga y el Kama; 68.000 km² y 3.755.000 h. Capital, Kazán. Bosques. Carbón y petróleo.

TATE m. vulg. CHOCOLATE, hachís.

¡TATE! interj. Denota sorpresa, que alguien se ha dado cuenta de algo o para avisar de algún peligro.

TATETÍ m. *Arg.* Juego de las tres en raya.

TATI, JACQUES (JACQUES TATISCHEFF, llamado) Director y actor de cine francés (Le Pecq, Yvelines, 1908 - París, 1982). Maestro del humor gestual, creó un personaje cómico, monsieur Hulot, con el que satirizó las costumbres y convencionalismos de la vida moderna. Filmes principales: *Día de fiesta* (1947), *Las vacaciones de M. Hulot* (1953) y *Mi tío* (1958).

TATLIN, VLADIMIR Pintor, escultor y arquitecto ruso (Moscú, 1885 - íd., 1953). Iniciador del movimiento constructivista y uno de sus principales representantes. Basó su arte en formas abstractas en relieve. Es célebre su *Monumento a la Tercera Internacional* (1920).

TATO m. fam. Voz de cariño con que se designa a un hermano pequeño, o al niño en general.

TATRA, ALTO Macizo montañoso, el más elevado de los Cárpatos, en la frontera polaco-eslovaca. Tiene 100 km de longitud y sus mayores alturas son el Gerlachovsky stit (2.655 m) y el Lomnick Kyz (2.631 m), ambos en Eslovaquia.

TATÚ (Voz guaraní.) m. *Zool.* Voz genérica que designa diversas especies de armadillo.

TATUAJE m. Acción y efecto de tatuar.

TATUAR tr. Grabar dibujos en la piel humana, introduciendo materias colorantes bajo la epidermis. También prnl.

TATUM, EDWARD LAWRIE Bioquímico estadounidense (Boulder, 1909 - Nueva York, 1975). Revolucionó la genética molecular. En 1958 recibió el premio Nobel de Fisiología y Medicina, compartido con Beadle y Lederberg.

TATUSIA f. *Zool. Par.* Especie de armadillo.

TAU f. *Gram.* **1** Decimonovena letra del alfabeto griego (T, τ); corresponde a nuestra *t.* **2** Última letra del alfabeto hebreo.

TAUBE, HENRY Químico estadounidense de origen canadiense (Neudorf, Saskatchewan, 1915). Ha realizado importantes estudios sobre el sistema de transferencia de electrones. En 1983 recibió el premio Nobel de Química por el conjunto de su obra.

TAUERN Cordillera de los Alpes Orientales, en Austria, dividida en Altos Tauern, al O, donde se encuentran las mayores alturas (Grossglockner, 3.798 m) y Bajos Tauern, más al E. Turismo de invierno.

TAULA f. *Arqueol.* Monumento megalítico de las islas Baleares, contemporáneo del talayote y la naveta, que consiste en dos grandes piedras, casi siempre labradas, hincada una verticalmente en el suelo y colocada la segunda horizontalmente sobre la anterior, en forma semejante a la de una T.

taula de Talati (Menorca).

Taulabé Yojoa.
Tauler, Johannes Predicador y místico alemán (Estrasburgo, 1300 - íd., 1361). Discípulo de Eckhart, fue un destacado representante de la escuela mística alemana. De sus obras, la titulada *Instituciones divinas* es la más conocida.
taumat- pref. que significa milagro, maravilla.
taumaturgia f. Facultad de realizar prodigios.
taumaturgo, ga m. y f. mago, persona que hace milagros y cosas maravillosas.
Taunus Conjunto de montañas de Alemania, en los Lander de Hesse y Renania-Palatinado, con una altura media de 500 m. Está situado al E del Rhin y al N del bajo Main.
tauri- pref. tauro-.
Táuride *Geog. hist.* Antigua región de Rusia, que comprendía la península de Crimea.
taurino, na adj. Relativo al toro, o a las corridas de toros.
taurios adj. pl. Se dice de unos juegos que se celebraban en la Antigüedad en los que luchaban los hombres con los toros.
tauro-, tauri- prefs. que significan toro.
Tauro Cordillera de Turquía, en Asia Menor, junto a la costa mediterránea. Su punto culminante es el Ala Dag (3.734 m), y continúa hacia el NE por los montes Anti Tauro. Minas de plata, cobre y hierro.
Tauro 1 *Astrol.* Segundo signo del Zodiaco (20 de abril - 20 de mayo). **2** *Astron.* Constelación zodiacal del hemisferio Norte, a la que pertenecen los agrupamientos de las Pléyades, las Híadas y la nebulosa del Cangrejo. Contiene una estrella de primera magnitud, Aldebarán.
taurobolio m. *Hist.* Sacrificio expiatorio en honor de Cibeles, que consistía en inmolar un toro sobre una piedra agujereada, bajo la cual se colocaba el oferente para ser purificado.
taurocatapsia f. *Taurom.* Lidia de toros que se practicaba en la Antigüedad en Tesalia.
tauromaquia f. Arte de lidiar toros. Sus antecedentes se pierden en los orígenes de la historia (la lucha entre el hombre y el toro, como manifestación de ritos religiosos, está presente ya en la civilización cretense). En la Edad Media española hay testimonios de toreo a la jineta como un arte de caza. Posteriormente ganó terreno un nuevo estilo, el rejoneo, que durante los siglos xvii y xviii vino practicándose con carácter exclusivo y, tras el advenimiento de la casa de Borbón al trono de España, apareció la figura del picador. Fernando VII creó en Sevilla, en 1830, la Escuela Preservadora de Tauromaquia y en la segunda mitad del siglo xix, la fiesta del toreo adquirió gran esplendor. Ya en el siglo xx, debemos el toreo moderno a José Gómez Ortega *(Gallito)* y Juan Belmonte García.
tauteo m. *Zool.* Gañido peculiar del zorro.
tauto- pref. que significa lo mismo.
tautología f. **1** *Ret.* Repetición de un mismo pensamiento expresado de distintas maneras. **2** *Lóg.* Proposición que es siempre verdadera con independencia del valor de verdad (verdadero o falso) de los elementos que la constituyen.
tautomería f. *Quím.* Propiedad que tienen ciertas sustancias de presentarse en dos formas, químicamente isómeras, que se encuentran en equilibrio.
Taverner, John Compositor y organista inglés (?, h. 1495 - Boston, Lincolnshire, 1545). Su obra constituye uno de los ejemplos más acabados de la polifonía inglesa del Renacimiento. Escribió 8 misas, 3 magníficat, un Te Deum y 28 motetes.
Tavernier, Bertrand Director de cine francés (Lyon, 1941). Entre sus películas destacan: *Los inquilinos* (1977), *Un domingo en el campo* (1984), *La passion Beatrice* (1988), *La hija de D'Artagnan* (1994), *Hoy empieza todo* (1999) y *Salvoconducto* (2002).
Taviani, Paolo y **Vittorio** Directores de cine italianos (San Miniato, 1931 y 1929). Han trabajado siempre en colaboración, destacando *Padre padrone* (1977), *La noche de San Lorenzo* (1982) y *Good Morning, Babilonia* (1987).
Tawfiq, Al-Hakim Escritor egipcio (Damanhur, 1902 - El Cairo, 1987). Ha cultivado todos los géneros y es autor de *Los siete durmientes* (1933) y *Diario de un funcionario de aldea* (1937).
Tawi-Tawi Provincia de Filipinas; 1.087 km² y 194.651 h. Capital, Bongao.
taxáceo, a adj. y f. *Bot.* **1** Se dice de la planta arbórea conífera de semillas rodeadas por arilos generalmente carnosos y coloreados, como el tejo. || f. pl. *Bot.* **2** Familia de estas plantas.
taxativo, va adj. **1** Que limita, circunscribe y reduce un caso a determinadas circunstancias. **2** Que no admite discusión.
taxi (Abreviatura de taxímetro.) m. Automóvil de alquiler con conductor, provisto de taxímetro.

taxi- taxo-; -tagma, -taxia, -taxis prefs. o sufs. que significan orden: *sintagma, aerotaxia.*
taxia f. *Biol.* taxis.
taxidermia f. Arte de disecar los animales para conservarlos con apariencia de vivos.
taxidermista com. Persona que se dedica a practicar la taxidermia.
taxímetro m. **1** Aparato de que van provistos la mayoría de los coches de alquiler con chófer, que marca automáticamente la cantidad devengada con arreglo a la distancia recorrida. **2** Coche de alquiler provisto de taxímetro.
taxis f. *Biol.* Conjunto de movimientos locomotores dirigidos que presenta un organismo como respuesta a un estímulo externo.
taxista com. Persona que conduce un taxi.
taxodiáceo, a adj. y f. *Bot.* **1** Se dice de la planta conífera, arbórea, de hojas esparcidas, con los estróbilos lignificados, como la secuoya. || f. pl. *Bot.* **2** Familia de estas plantas.
taxón m. *Biol.* Unidad sistemática. Término general empleado para referirse a un grupo taxonómico de cualquier categoría.
taxonomía f. *Biol.* Ciencia que trata de la clasificación y nomenclatura científica de los seres vivos por arreglo a caracteres que se subordinan unos a otros para formar grupos cada vez más reducidos y homogéneos. Cuando esta subordinación se hace arbitrariamente, la taxonomía se denomina *artificial*; cuando se efectúa según relaciones de parentesco y origen, se llama *natural* o *filogenética*. Fue introducida por De Candolle en 1813.
taxonomista com. *Biol.* taxónomo.
taxónomo, ma m. y f. *Biol.* Persona versada en taxonomía y en sus usos y procedimientos.
taxqueño, ña adj. y s. De Taxco de Alarcón.
Tay Río del Reino Unido, en Escocia, que desemboca en el mar del Norte; 200 km de curso.
Tay Nguyen Región de Vietnam, que comprende las provincias de Dac Lac, Gia Lai y Lam Dong; 55.569 km² y 2.903.500 h.
Tayasal Flores, ciudad de Guatemala.
tayico, ca adj. y s. tayiko.
Tayikistán o **Tadjikistán** *(Jumhurii Tojikiston)* Estado de Asia central, antigua república federal de la URSS. Limita al N con Uzbekistán y Kirguizistán; al E, con China; al S, con Afganistán; y al O, con Uzbekistán.
Geog. Su relieve forma parte del sistema de Pamir, con grandes mesetas y altas cimas, como el monte Comunismo (7.495 m), el Alai y el monte Lenin (7.134 m).

Al N y O se encuentran las tierras bajas semidesérticas y parte del valle de Ferghana, muy fértil. Los ríos más importantes son el Amu Daria, que recibe la mayor parte de los aportes del país, y el Syr-Daria. El clima es continental, suave en los valles y extremado en las montañas. La economía del país se basa sobre todo en la agricultura con importante producción de algodón, vid, trigo, arroz, maíz, patata, forrajes y frutales. Industrias textiles y alimentarias. Cuenta con yacimientos mineros de carbón, petróleo y gas natural.
Hist. Los primitivos habitantes del territorio, los tayikos, eran de origen persa y lengua irania. Fueron invadidos por los árabes (siglo viii) y posteriormente por los turcos. Estuvieron sometidos al emirato de Bujara hasta mediados del siglo xviii, en que los afganos se hicieron con parte del territorio. En la década de 1860, Rusia conquistó el Asia central y Bujara se convirtió en protectorado ruso (1868). Con la revolución de 1917, gran parte de la población tayika fue incluida en la República Autónoma de Turquestán. En 1920, la revolución se exten-

Superficie: 143.100 km².
Población: 6.312.000 h. *(tayikos).*
Densidad: 44,1 h./km².
Tasa de natalidad: 34‰.
Tasa de mortalidad: 8,6‰.
Capital: Dushanbe.
Ciudades principales: Khodzhent, Kuljab, Kurgan-Tjube, Jorog.
Grupos étnicos: tayikos (63,8%), uzbekos (24,0%), rusos (6,5%).
Religión: islamismo.
Idioma: tayiko, ruso.
Moneda: somoni.
Forma de Estado: república presidencialista.
Producto Nacional Bruto: 2.256 millones de dólares.
Renta per cápita: 370 dólares.
División administrativa: 2 provincias, 1 república autónoma, 1 ciudad y otras divisiones, según cuadro.

TAYIKISTÁN

	Superficie (km²)	Población (h.)	Capitales
Provincias			
Khujan	26.100	1.635.900	Khujan
Khatlon	24.600	1.781.600	Qurghonteppa
República autónoma			
Gorno-Badajshá	63.700	167.100	Jorugh
Ciudad			
Dushanbe	300	591.900	
Otras divisiones administrativas	28.400	1.181.800	

dió al emirato, constituyéndose éste en una República Popular que en 1924 se integró en República de Uzbekistán con la denominación de República Autónoma de Tayikistán. En 1929 se convirtió en república federativa de la URSS. Tras el golpe de Estado de agosto de 1991 en la Unión Soviética, Tayikistán proclamó su independencia (septiembre). Su dirigente, Rajman Nabiyev, defendió los planteamientos unionistas de Gorbachov, y Tayikistán fue una de las repúblicas más reticentes a integrarse en la Comunidad de Estados Independientes (CEI), aunque finalmente suscribió los acuerdos de Minsk y Alma-Ata (diciembre). Nabiyev fue elegido presidente de la República a finales de 1991, cargo del que dimitió en septiembre de 1992. Su mandato estuvo marcado por graves problemas con la oposición islámica tayika y el inicio de una cruenta guerra civil entre procomunistas e islamistas. En 1994 se firmó un alto el fuego provisional y se convocaron elecciones presidenciales, en las que triunfó Imamali Rajmanov. En las elecciones parlamentarias de 1995 no participaron los partidos islamistas, que habían sido prohibidos, ni la oposición legal. El asesinato del líder musulmán Fatjulá Sharipov a comienzos de 1996 amenazaba con ser el comienzo de una nueva escalada de violencia. Ese mismo año el presidente Imamali Rajmanov nombró primer ministro a Yajio Azimov, y en 1997 firmó un acuerdo de paz con el líder de la oposición Sayid Abdullo Nuri, que garantizaba al grupo opositor la mitad de los escaños de una nueva Comisión Nacional para la Reconciliación. Akip Akilov sustituyó a Azimov en 1999.

TAYIKO, KA adj. y s. De Tayikistán.

TAYLOR, BROOK Matemático británico (Edmonton, 1685 - Londres, 1731). Miembro de la Royal Society, realizó importantes contribuciones al cálculo, como la teoría de diferencias finitas y el teorema que lleva su nombre.

TAYLOR, ELIZABETH Actriz de cine estadounidense, de origen británico (Londres, 1932). Alcanzó reconocimiento internacional con la película *Un lugar en el sol* (1951). Ha intervenido en numerosos filmes, entre los que destacan *Gigante* (1956), *La gata sobre el tejado de cinc* (1958), *Una mujer marcada* (1960; Oscar a la mejor actriz) y *¿Quién teme a Virginia Woolf?* (1966; Oscar a la mejor actriz en 1967).

TAYLOR, FREDERICK WINSLOW Ingeniero estadounidense (Germantown, 1856 - Filadelfia, 1915). Descubrió el acero rápido (1898), con el que se consiguió incrementar notablemente el rendimiento de las máquinas herramientas. Es autor de un sistema de organización científica del trabajo (TAYLORISMO) para mejorar la capacidad de producción, combinando en perfecta armonía la máquina y el esfuerzo humano.

TAYLOR, JOSEPH HOOTON Astrónomo estadounidense (Filadelfia, 1941). Descubrió, junto con Alan Hulse, un púlsar binario, es decir, dos púlsares que giran uno en torno al otro. En 1993 Taylor recibió el premio Nobel de Física, compartido con Hulse.

TAYLOR, MAXWELL DAVENPORT General estadounidense (Keytesville, 1901 - Washington, 1987). Fue Comandante de las tropas estadounidenses en Berlín (1949-51) y jefe del Estado Mayor (1955-59).

TAYLOR, RICHARD EDWARD Físico canadiense (Alberta, 1929). Participó en los experimentos que confirmaron la existencia de los quarks. Por ello, en 1990 recibió el premio Nobel de Física, compartido con J. I. Friedman y H. W. Kendall.

TAYLOR, ZACHARY Militar y político estadounidense (Montebello, 1784 - Washington, 1850). Participó en la guerra contra México y derrotó en Buenavista al general Santa Anna (1847). Al año siguiente fue elegido presidente de la República.

TAYLORISMO m. *Econ.* Sistema de organización del trabajo encaminado al aumento de la productividad que propone la división de los trabajadores en funciones especializadas del proceso productivo, cada una de las cuales debe realizarse en un tiempo determinado.

TAYMYR Distrito autónomo de la Federación de Rusia; 862.100 km² y 47.300 h. Capital, Dudinka.

TAYUYÁ (Del guaraní.) m. *Bot. Arg., Par.* y *Urug.* Planta rastrera de la familia cucurbitáceas.

TAZA f. **1** Vasija pequeña, con asa, que se usa para tomar líquidos. **2** Lo que cabe en ella. **3** Receptáculo redondo donde vacían el agua las fuentes. **4** Receptáculo del retrete.

TAZA Provincia de Marruecos; 15.020 km² y 715.000 h. Su capital es la ciudad del mismo nombre.

TAZAR tr. y prnl. Romper la ropa por los dobleces a causa del roce.

TAZMÍA f. **1** Porción de granos que cada cosechero aportaba para los diezmos. **2** Distribución de diezmos entre los partícipes. **3** *Agr.* Cálculo de una cosecha en pie, especialmente la de caña de azúcar.

TAZÓN m. Taza grande y sin asas.

TB *Quím.* Símbolo del terbio.

té. Recolección en una plantación de Isla Mauricio.

TBESSA Vilaya de Argelia; 14.984 km² y 410.233 h. Su capital es la ciudad del mismo nombre.

TBILISI o **TIFLIS** Ciudad capital de Georgia; 1.279.000 h. Centro industrial y comercial.

TC *Quím.* Símbolo del tecnecio.

TCHAIKOVSKI CHAIKOVSKI, PIOTR ILICH.

TE[1] f. Nombre de la letra *t*.

TE[2] (Del lat. *te.)* Dativo o acusativo del pronombre personal de segunda persona en singular. No admite preposición y cuando se pospone al verbo es enclítico.

TÉ m. **1** *Bot.* Arbusto o pequeño árbol caducifolio perteneciente a la familia teáceas, de nombre científico *Camelia sinensis,* nativo de Extremo Oriente. Se cultiva por sus hojas, que contienen un alcaloide estimulante y, una vez secas, arrolladas y tostadas ligeramente. **2** Hoja de este arbusto, seca, arrollada y tostada ligeramente. **3** Infusión, en agua hirviendo, de las hojas de este arbusto. || **TÉ DE LOS JESUITAS** o **DEL PARAGUAY** MATE, planta e infusión de sus hojas. || **TÉ DE MÉXICO** PAZOTE. || **TÉ NEGRO** El procedente de la planta mencionada anteriormente, que se tuesta después de secar al sol las hojas con su peciolo, y se aromatiza con ciertas hierbas. || **TÉ VERDE** El procedente de la planta mencionada anteriormente, que se tuesta cuando las hojas están frescas, tras quitarles el peciolo y teñirlas con una mezcla de yeso y añil. || **dar a uno el té** fr. fig. y fam. Darle la lata, la tabarra.

TE *Quím.* Símbolo del telurio.

TE DEUM m. **1** *Liturg.* Cántico de la iglesia católica para dar gracias a Dios por algún beneficio. El principio completo, en latín, de este himno es *Te Deum laudamus.* **2** *Mús.* Composición musical elaborada a partir de los versículos de este cántico, que tuvo sus orígenes en el siglo XVI y adquirió un gran desarrollo durante los períodos barroco y clásico.

TEA f. Astilla o raja de madera muy impregnada en resina y que, encendida, alumbra como un hacha.

TEÁCEO, A adj. y f. *Bot.* **1** Se dice del árbol o arbusto dicotiledóneo, siempre verde, con fruto capsular o indehiscente, rara vez en baya, y con semillas sin albumen, como la camelia y el té. || f. pl. *Bot.* **2** Familia de estas plantas.

TEATINA f. *Bot. Chile* Planta de la familia gramíneas, cuya paja se usa para tejer sombreros.

TEATINO, NA adj. *Rel.* **1** Se dice de la orden religiosa que en 1524 fundaron Cayetano de Thiene y Gian Pietro Carafa, futuro Pablo IV, con el propósito de llevar a cabo una reforma religiosa a través del ascetismo y el trabajo apostólico. **2** Se dice también de sus individuos. También s. **3** Relativo a esta orden.

TEATRAL adj. **1** Relativo al teatro. **2** Se dice también de cosas de la vida real en que se descubre cierto estudio y deliberado propósito de llamar la atención.

TEATRALIZAR tr. **1** Dar forma teatral o representable a un tema o asunto. **2** Dar carácter espectacular o efectista a una actitud o expresión.

TEATRO m. **1** Edificio o lugar destinado a la representación de obras dramáticas o a otros espectáculos públicos propios de la escena. **2** Sitio o lugar en el que se realiza una acción ante espectadores o participantes. **3** Escenario o escena. **4** Lugar en el que ocurren acontecimientos notables y dignos de atención. **5** Conjunto de todas las producciones dramáticas de un pueblo, época o autor. **6** Profesión de actor. **7** *Lit.* y *Teat.* Arte de componer obras dramáticas, o de representarlas. **8** *Lit.* Literatura dramática. (Véase DRAMA, LIT. y TEAT.) **9** Conjunto de espectadores que están viendo una representación teatral. || **TEATRO DE PARTICIPACIÓN** *Teat.* Forma de espectáculo que provoca la participación del público, sujeto artístico y espontáneo de la acción. || **echar, hacer** o **tener teatro** fr. fig. y fam. Actuar de manera afectada o exagerada.

TEBA Municipio y lugar de España, provincia de Málaga; 4.455 h. Cereales y hortalizas. Canteras de mármol.

TEBAICO, CA adj. y s. De la antigua Tebas, Egipto.

TEBAIDA *Geog. hist.* Antigua región de Egipto, que comprendía la parte meridional del país. Tomó el nombre de la ciudad de Tebas.

TEBALDI, RENATA Soprano italiana (Pesaro, 1922). Un perfecto dominio vocal y sus célebres *pianissimos* la han convertido en una de las sopranos más singulares del siglo XX. Destacan sus interpretaciones de Verdi y Puccini.

TEBANO, NA adj. y s. De la antigua Tebas, Grecia.

TEBAS *Geog. hist.* Antigua capital del Alto Egipto, que fue durante siglos el centro más floreciente del país. Entre sus más célebres monumentos destacan los templos de Luxor y Karnak, el coloso de Memnón, y las innumerables tumbas del Valle de los Reyes y el Valle de las Reinas, en la orilla occidental.

TEBAS Ciudad de Grecia, nomo de Beocia; 12.600 h. Llegó a ser la ciudad más importante de la confederación beocia en el siglo VII a. C. Durante la guerra del Peloponeso se alió con Esparta y posteriormente con Atenas. La ciudad fue sometida por Esparta hasta que Pelópidas, con la ayuda de los atenienses, la liberó. Tebas perdió su hegemonía en el 338 a. C. y fue destruida en 336 a. C. por Alejandro Magno, quien vendió a sus habitantes como esclavos.

TEBENQUE m. *Bot. Cuba* Planta anual de la familia compuestas, de flores amarillas aromáticas, que crece en las playas.

TEBEO (De *TBO,* nombre de una revista española fundada en 1917.) m. Revista infantil de historietas cuyo asunto se desarrolla en series de dibujos.

TÉBESSA TBESSA.

TEBICUARY Río de Paraguay, que nace en la vertiente O de los cerros de Morotín y desemboca en el río Paraguay; 235 km de curso.

TEC- pref. TECA-.

TECA-, TEC-, TECO-, TEMA-; -TECO-; -TECA, -TECIA, -TEMA, -TESIS, -TECIO, -TECO prefs., in. o sufs. que significan caja, puesto, etc.

Tebas (Egipto). Ruinas de Karnak, con el templo de Amon Ra y los obeliscos de Tutmosis y Hatsepsut.

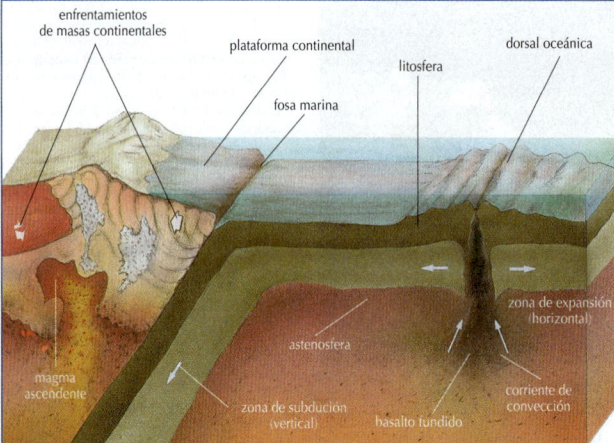

tectónica de placas

TECA[1] (Del tagalo *ticla.*) f. *Bot.* Árbol perteneciente a la familia verbenáceas que puede llegar a superar los 50 m de altura y crece por el S y SE de Asia. Su madera es muy fuerte y duradera, se usa en la construcción. || **TECA AFRICANA** IROKO.

TECA[2] (Del gr. θήκη, caja.) f. *Bot.* Cápsula en cuyo interior se forman las esporas de algunos musgos.

TECALI m. *Miner.* Alabastro ornado de colores muy vivos que abunda en Tecali de Herrera, Estado de Puebla, México.

TECAPA Volcán de El Salvador, departamento de Usulután, a unos 10 km al NO de Tecapán; 1.636 m.

TECHO m. **1** Parte superior de un edificio, que lo cubre y cierra, o de cualquiera de las estancias que lo componen. **2** Cara inferior del mismo, superficie que cierra en lo alto una habitación o espacio cubierto. **3** fig. Casa, habitación o domicilio.

TECHUMBRE f. **1** Techo de un edificio. **2** Conjunto de la estructura y elementos de cierre de los techos.
-TECIA, -TECIO suf. TECA-.

TECKEL adj. *Veter.* Se dice de una raza de perros originaria de Alemania, de tamaño pequeño, con el cuerpo alargado y las patas cortas.

TECLA f. **1** Pieza que se presiona con los dedos en algunos instrumentos musicales para obtener el sonido. **2** Cada una de las palancas con que se hace funcionar una máquina de escribir o de calcular. || **tocar** uno **una tecla** fr. fig. y fam. Recurrir a algo o a alguien para conseguir algo.

TECLADO m. **1** Conjunto ordenado de teclas de piano, órgano, máquina de escribir, ordenador, etc. **2** *Mús.* Nombre que reciben los instrumentos musicales que se tocan mediante las teclas de un teclado.

TECLEAR intr. **1** Mover las teclas. **2** fig. y fam. Tamborilear con los dedos.

TECLISTA com. **1** *A. gráf.* El operario que trabaja en los teclados de la linotipia, la monotipia o la fotocomposición. **2** *Mús.* Persona que toca el teclado en un grupo musical.

TECNECIO m. *Quím.* Elemento químico del grupo del manganeso. Masa atómica 99; número atómico 43; símbolo Tc. Ha sido obtenido artificialmente y todos sus isótopos son radiactivos.

TECNIC-; -TECNIA pref. o suf. TECNO-.

TÉCNICA f. **1** Conjunto de procedimientos de que se sirve una ciencia, arte, oficio, etc. **2** Habilidad para usar de esos procedimientos. **3** Método, táctica.

TECNICISMO m. **1** Calidad de técnico. **2** *Ling.* Cada una de las voces técnicas empleadas en el lenguaje de un arte, ciencia, oficio, etc.

TÉCNICO, CA adj. **1** Relativo a las aplicaciones de las ciencias, artes, oficios, etc. **2** Se dice en particular de las palabras o expresiones empleadas exclusivamente y con sentido distinto del vulgar, en el lenguaje propio de un arte, ciencia, oficio, etc. || m. y f. **3** Persona que posee conocimientos especiales de una ciencia o arte.

TECNICOLOR m. *Fot.* Nombre comercial de un procedimiento que permite reproducir en la pantalla cinematográfica los colores de los objetos.

TECNO-, TECNIC-; -TECNIA prefs. o suf. que significan arte, técnica: *luminotecnia.*

TECNOCRACIA f. **1** *Polít.* Predominio de los técnicos o de los criterios técnicos en el ejercicio del poder. **2** Categoría o estrato social formado por los técnicos.

TECNÓCRATA com. **1** Partidario de la tecnocracia. También adj. **2** *Polít.* Persona que ocupa un cargo público por la preeminencia de sus conocimientos técnicos.

TECNOLOGÍA f. *Tecnol.* **1** Conjunto de los conocimientos propios de un oficio mecánico o arte industrial. **2** Tratado de los términos técnicos. **3** Lenguaje propio de una ciencia o arte. **4** Conjunto de instrumentos y procedimientos industriales de un determinado sector o producto.

TECO-; -TECO; -TECO prep., in. o suf. TECA.

TECODONTO, TA adj. y m. *Zool.* **1** Se dice del animal que tiene los dientes implantados en alvéolos con raíces, como los reptiles superiores y los mamíferos. || m. pl. **2** Orden de reptiles, por lo general pequeños y ágiles, con este tipo de dientes, que vivieron en el periodo triásico.

TECOL m. *Zool. Méx.* Gusano que se cría en el maguey.

TECOLOTE m. *Zool. Guat., Hond.* y *Méx.* Búho, ave.

TECOMATE m. **1** *Amér. C.* Especie de calabaza, de cuello estrecho y corteza dura, de la cual se hacen vasijas. **2** *Amér. C.* Esa clase de vasija. **3** *Méx.* Vasija de barro, a manera de taza honda.

TECPANECA adj. *Etnol.* **1** Se dice de un pueblo amerindio de México, actualmente extinguido, que pertenecía a la familia nahua y habitaba en el Anáhuac. Más como m. pl. **2** Se dice también de sus individuos. También com. **3** Relativo a este pueblo.

TECTIFORME adj. En forma de tejado o techo.

TECTITA f. *Geol.* Roca silícea porosa, de color negro verdoso y algunos centímetros de tamaño. Es resultado de la fusión de rocas originada por el impacto de meteoritos sobre las rocas.

-TECTO suf. que significa artesano, fabricante: *arquitecto.*

TECTOGÉNESIS f. *Geol.* Conjunto de procesos orogénicos, magmáticos y epirogénicos que modifican la estructura de la corteza terrestre.

TECTOLOGÍA f. *Biol.* Parte de la biología que estudia la morfología y estructura de los organismos vivos agrupados en colonias.

TECTÓNICO, CA adj. **1** *Geol.* Relativo a la estructura de la corteza terrestre. || f. *Geol.* **2** Parte de la geología que trata de la estructura terrestre, sus movimientos y deformaciones, así como de los procesos que la han originado (plegamientos, seísmos, vulcanismo, etc.). || **TECTÓNICA DE PLACAS** *Geol.* Teoría explicativa de los movimientos de la corteza terrestre y de la orogenia, que considera la litosfera dividida en grandes conjuntos o placas, continentales y oceánicas, que se mueven y confrontan unas con respecto a otras, en zonas de expansión y de hundimiento, lo que explica las grandes deformaciones topográficas de la corteza terrestre.

TECTOR, TRIZ adj. *Bot.* Se dice de la hoja o pelo de las plantas que cubre como protección otros órganos del vegetal.

TECTOSILICATO m. *Miner.* Mineral silicato complejo cuya estructura cristalina está formada por tetraedros unidos por sus cuatro vértices.

TEDÉUM m. TE DEUM.

TEDIO m. **1** Fastidio o molestia. **2** Aburrimiento extremo.

TEFLÓN (De una marca registrada.) m. *Quím.* Material plástico de propiedades dieléctricas y muy resistente a los agentes químicos.

TEGEA *Geog. hist.* Antigua ciudad de Grecia, en Arcadia.

TEGNÉR, ESAIAS Poeta sueco (Kyrkerud, 1782 - Ostrabo, 1846). Considerado uno de los principales poetas de su país. De su obra, situada entre el clasicismo y el romanticismo, destaca *La saga de Frithiof* (1820-1825).

TEGUCIGALPA Ciudad capital de Honduras y del departamento de Francisco Morazán; 878.000 h. Industria textil, algodonera, química, metalúrgica y alimentaria. Centro administrativo y comercial. Creada por los indios con el nombre de *Tsingal,* fue fundada por los españoles en 1578. Desde 1821 compartió con Comayagua el carácter de capital de la República hasta que un Decreto la designó como única capital (1880).

TEGUE m. *Bot. Venez.* Planta tuberosa de jugo lechoso.

TEGUISE Municipio y lugar de España, provincia de Las Palmas, en la isla de Lanzarote; 9.279 h.

TEGUMENTO m. **1** *Bot.* Parte de la semilla que deriva de las paredes del óvulo. **2** *Zool.* Membrana que envuelve o protege el exterior del animal o algún órgano.

TEHERÁN (*Tehrān*) **1** Provincia de Irán; 31.952 km^2 y 11.176.000 h. **2** Ciudad capital de Irán y de la provincia de su nombre, situada en el centro de una fértil llanura al pie de las estribaciones del Elbruz, a 130 km del mar Caspio; 6.758.845 h. Rodeada de una muralla con doce puertas, posee gran número de mezquitas y palacios.

TEHERÁN, CONFERENCIA DE *Hist.* La que reunió en esta ciudad iraní a Roosevelt, Stalin y Churchill, en 1943, en el transcurso de la Segunda Guerra Mundial.

TEHUANO, NA adj. y s. De la región mexicana del istmo de Tehuantepec.

TEHUANTEPEC Río de México, Estado de Oaxaca, que desemboca en el Pacífico; 330 km de curso.

TEHUANTEPEC Istmo de México. Está situado entre los golfos de México, en el océano Atlántico, y de Tehuantepec, en el océano Pacífico. Tiene 216 km de ancho.

TEHUANTEPEC Golfo de México, en el océano Pacífico. Su puerto más importante es el de Salinas Cruz.

TEHUELCHE adj. *Etnol.* **1** Se dice del individuo perteneciente a una de las parcialidades indígenas que habitaron principalmente en la Patagonia. **2** Se dice también de sus individuos. También com. **3** Relativo a este grupo. || m. *Ling.* **4** Idioma de los tehuelches.

TEIDE, PICO DEL Montaña y volcán de la isla de Tenerife, en las Canarias. Es el punto más alto de España; 3.718 m.

TEILHARD DE CHARDIN, PIERRE Paleontólogo, filósofo, teólogo y religioso francés (Sarcenat, Puy-de-Dome, 1881 - Nueva York, 1955). Elaboró una atrevida teoría sobre el origen de la vida que pretendía una síntesis entre la ciencia y el cristianismo.

TEÍNA f. *Quím.* Alcaloide del té, análogo a la cafeína.

TEÍSMO m. *Filos.* Doctrina que afirma la existencia de un Dios personal, inteligente y libre, que ha creado, conserva y gobierna el mundo.

TEIXEIRA, PEDRO Explorador portugués (Castanheira, ? - Pará, 1640). Sus exploraciones en la cuenca del Amazonas constituyeron el primer paso de la expansión portuguesa en esa zona.

Pico del **Teide** (Tenerife).

TEIXEIRA DE PASCOÃES PASCOÃES, TEIXEIRA DE.
TEJA f. **1** Pieza de barro cocido de forma acanalada, y a veces plana, para cubrir por fuera los techos. **2** Dulce que consiste en una pasta muy delgada con forma acanalada. **3** Color pardo rojizo semejante al de las tejas de barro. **4** Sombrero de teja, que llevaban los curas. ‖ **TEJA DE CANAL** La que se coloca con la concavidad hacia arriba. ‖ **a teja vana** loc. adv. Sin otro techo que el tejado. ‖ **a toca teja** loc. adv. fam. En dinero contante, sin dilación en la paga.
TEJADA SORZANO, JOSÉ Jurisconsulto y político boliviano (La Paz, 1882 - ?, 1938). Vicepresidente con Daniel Salamanca (1931), asumió la presidencia de la República al renunciar éste (1934-36).
TEJADILLO m. **1** Tapa o cubierta de la caja de un coche. **2** Tejado de una sola vertiente adosado a un edificio.
TEJADO m. Parte superior del edificio, cubierta comúnmente por tejas.
TEJANO, NA adj. y s. De Texas, EE UU.
TEJAR[1] m. Sitio donde se fabrican tejas, ladrillos y adobes.
TEJAR[2] tr. Cubrir de tejas las casas y demás edificios.
TEJAROZ m. Alero del tejado.
TEJAS TEXAS.
TEJEDA, LUIS DE Poeta argentino (Córdoba, 1604 - íd., 1680). Considerado cronológicamente el primer poeta de la literatura argentina, su obra está influida por Góngora. Entre ella destacan *El peregrino en Babilonia y otros poemas* y *Coronas líricas. Prosas y verso* (1917).
TEJEDOR, RA adj. **1** Que teje. **2** *Chile* y *Perú* fig. y fam. Intrigante, enredador. También s. ‖ m. y f. **3** Persona que tiene por oficio tejer. ‖ m. *Zool.* **4** Insecto hemíptero que corre con mucha agilidad por la superficie del agua. ‖ f. **5** Máquina de hacer punto.
TEJEDOR, CARLOS Político y jurisconsulto argentino (Buenos Aires, 1817 - íd., 1903). Siendo gobernador de Buenos Aires, organizó las fuerzas autonomistas contra Avellaneda (1880). Dirigió el periódico *El Nacional* y emprendió la redacción del primer código penal del país.
TEJEDURÍA f. **1** Arte de tejer. **2** Taller o lugar en que están los telares y trabajan los tejedores.
TEJEMANEJE m. **1** fam. Afán, destreza y agilidad con que se hace una cosa o se maneja un negocio. **2** Manejos enredosos para algún asunto turbio.
TEJER tr. **1** Formar en el telar la tela con la trama y la urdimbre. **2** Entrelazar hilos, cordones, espartos, etc., para formar telas, trencillas, esteras u otras cosas semejantes. **3** Hacer punto a mano o con tejedora. **4** *Zool.* Formar ciertos animales articulados sus telas y capullos. **5** fig. Discurrir, tramar con variedad de ideas. **6** fig. Cruzar o mezclar con orden, moviendo los lazos y las cabriolas en la danza. **7** *Chile* y *Perú* Intrigar, enredar. ‖ **tejer y destejer** fr. fig. Mudar de resolución en lo emprendido, haciendo y deshaciendo una misma cosa.
TEJERINGO m. *And.* y *Bad.* CHURRO[1], fritura.
TEJIDO m. **1** Disposición de los hilos de una tela. **2** Cosa tejida. **3** *Biol.* Cada uno de los diversos agregados de células de un organismo, que tienen un origen común, son semejantes entre sí y desempeñan en conjunto una determinada función. ‖ **TEJIDO ADIPOSO** *Biol.* Tipo de tejido conjuntivo especializado en la acumulación de grasas como sustancias de reserva. ‖ **TEJIDO CARTILAGINOSO** *Biol.* El de sostén que se forma a partir del tejido conjuntivo al irse endureciendo la sustancia intercelular. ‖ **TEJIDO EPIDÉRMICO** *Bot.* Tejido vegetal formado por una capa única de células que protege las hojas y los tallos. ‖ **TEJIDO ÓSEO** *Biol.* El caracterizado por tener la matriz calcificada.
TEJO[1] m. **1** Pedazo redondo de teja o cosa semejante que sirve para jugar. **2** Plancha metálica gruesa y circular. **3** Juego de la chita o del chito, en que se tira con un tejo. ‖ **tirar los tejos** fr. fig. y fam. Cortejar, galantear.
TEJO[2] m. *Bot.* Arbusto o árbol conífero de unos 25 m. de altura, siempre verde, con tronco grueso, ramas casi horizontales y copa ancha. Crece en Europa, N. de África y SO de Asia.
TEJOCOTE m. *Bot. Méx.* Planta de la familia rosáceas, que da un fruto parecido a la ciruela, de color amarillo.
TEJÓN m. *Zool.* Mamífero carnívoro perteneciente a la familia mustélidos de unos 70 cm. de longitud, patas cortas con uñas muy fuertes adecuadas para excavar, pelaje largo y grisáceo por el dorso y cabeza blanca atravesada por dos bandas negras. Vive en zonas forestales, sobre todo de montaña, y cerca de cursos de agua, en Europa.
TEJONERA f. *Zool.* Madriguera donde crían los tejones.
TEJÚ m. *Zool.* Nombre de varios reptiles saurios de la familia teidos que viven en América del Sur y se cazan por su carne y su piel.
TEJUELA f. Pedazo de teja o de barro cocido.
TEJUELO m. **1** Cuadrito de piel o de papel que se pega al lomo de un libro para poner el rótulo. **2** El rótulo mismo, aunque no sea sobrepuesto.

Tel Aviv-Jaffa (Israel). Vista aérea.

TEL-[1]; **-TEL-** pref. o in. TELE-[1].
TEL-[2]; **-TELIA, -TELIO** pref. o sufs. que significan pezón: *hipertelia*.
TEL AVIV Distrito de Israel; 171 km² y 1.138.700 h. Capital, Tel Aviv-Jaffa.
TEL AVIV-JAFFA Ciudad de Israel, junto al Mediterráneo, capital del distrito de Tel Aviv; 248.100 h. Gran centro económico y cultural. Concentra buena parte de la industria del país. Fue capital del Estado hasta 1950, año en que se trasladó la capitalidad a la parte judía de Jerusalén.
TELA f. **1** Tejido hecho de muchos hilos que, entrecruzados, forma como una hoja o lámina. **2** Obra semejante a ésa, pero formada por series alineadas de puntos o lazaditas hechas con un mismo hilo, especialmente la tela de punto elástico tejida a máquina. **3** *Biol.* Membrana, tejido laminar de consistencia blanda. **4** *Bot.* Túnica de algunos frutos después de la cáscara o corteza. **5** *Pint.* LIENZO, cuadro, pintura. **6** *Zool.* Tejido en forma de red que elaboran las arañas y diversos insectos mediante un hilo sedoso que segregan. **7** fig. Enredo, maraña. **8** fig. Asunto o materia. **9** fig. vulg. Dinero, caudal. ‖ adv. c. **10** fam. Mucho, muy. ‖ **TELA DE ARAÑA** *Zool.* TELARAÑA. ‖ **TELA METÁLICA** Tejido hecho de alambre. ‖ **en tela de juicio** fr. adv. En duda acerca de la certeza o el éxito de algo. Se usa con los verbos *estar*, *poner* y *quedar*. También, sujeto a examen.
TELAMÓN m. *Arquit.* ATLANTE.
TELAMÓN *Mit.* Rey de Salamina, amigo de Heracles y padre de Áyax. Acompañó a Jasón a la Cólquida y a Hércules a Troya.
TELAR m. **1** Máquina para tejer. **2** Fábrica de tejidos. Más en pl.
TELARAÑA f. *Zool.* Tela que elabora la araña en torno a su nido para atrapar a sus presas.
TELE f. fam. TELEVISIÓN.
TELE-[1], **TEL-**, **TELEO-**, **TELO-**; **-TEL-**; **-TELIA**, **-TÉLICO** prefs., in. o sufs. que significan fin, finalidad, meta, consumación, impuesto, tributo, etc.: *filatelia*.
TELE-[2]; **-TELE-** pref. o in. que significan lejos.
TELECABINA f. Teleférico de cable único para la tracción y la suspensión, dotado de cabina.
TELECOMUNICACIÓN f. *Fís.* Sistema de comunicación telegráfica, telefónica o radiotelegráfica y demás análogos.
TELECOPIA f. *Tecnol.* FAX.
TELEDIARIO m. *Telev.* Programa de televisión que informa de las noticias de actualidad y se emite diariamente.
TELEDIFUSIÓN f. *Fís.* Transmisión de imágenes de televisión por ondas electromagnéticas o por cable.
TELEDIRIGIDO, DA adj. *Fís.* Se dice de lo que se dirige desde lejos, especialmente por medio de ondas hertzianas.
TELEFASE f. *Biol.* TELOFASE.
TELEFAX m. *Tecnol.* FAX.
TELEFÉRICO m. *Mec.* Sistema de transporte en que los vehículos van suspendidos de un cable de tracción.
TELEFILME o **TELEFILM** m. *Cin.* y *Telev.* Filme rodado especialmente para la televisión.
TELEFIO m. *Bot.* Planta herbácea perteneciente a la familia crasuláceas, de nombre científico *Sedum telephium*, que crece en terrenos umbríos.
TELEFONAZO m. fam. Llamada telefónica.
TELEFONEAR intr. **1** Llamar a alguien por teléfono, para comunicar con él. ‖ tr. **2** Hablar por teléfono. **3** Transmitir mensajes por teléfono.

TELEFONEMA m. Despacho telefónico.
TELEFONÍA f. *Tecnol.* **1** Arte de construir, instalar o manejar los teléfonos. **2** Servicio público de comunicaciones telefónicas. ‖ **TELEFONÍA SIN HILOS** RADIOTELEFONÍA.
TELEFÓNICO, CA adj. Relativo o propio del teléfono o de la telefonía.
TELEFONILLO m. Dispositivo para comunicación oral dentro de un edificio.
TELEFONISTA com. Persona que se ocupa en el servicio de los aparatos telefónicos.
TELÉFONO m. *Tecnol.* **1** Conjunto de aparatos e hilos conductores con los cuales se transmite a distancia la palabra y toda clase de sonidos por la acción de la electricidad. **[Encíc.]** **2** Cualquiera de los aparatos para hablar según este sistema dotados fundamentalmente de auricular, micrófono, teclado y unidad electrónica, y número que se asigna a cada uno.
 TECNOL. J. P. Reis inventó en 1860 un aparato capaz de reproducir los sonidos musicales, pero hasta 1876 no consiguió el inglés Alexander Graham Bell reproducir la palabra por medio de un transmisor y un receptor. En la actualidad los satélites artificiales facilitan la telefonía móvil y la fibra óptica la transmisión de grandes cantidades de información digital.
TELEFOTOGRAFÍA f. *Tecnol.* Fotografía transmitida a distancia mediante sistemas electromagnéticos. También denominada *facsímil*.
TELEGRAFÍA f. *Tecnol.* **1** Arte de construir, instalar o manejar los telégrafos. **2** Servicio público de comunicaciones telegráficas. ‖ **TELEGRAFÍA SIN HILOS** RADIOTELEGRAFÍA.
TELEGRAFIAR tr. *Tecnol.* Comunicar o enviar un mensaje a través del telégrafo.
TELEGRÁFICO, CA adj. *Tecnol.* Relativo al telégrafo o a la telegrafía.
TELEGRAFISTA com. Persona que se ocupa en la instalación o el servicio de los aparatos telegráficos.
TELÉGRAFO m. *Tecnol.* Conjunto de aparatos que sirven para transmitir despachos escritos con rapidez y a distancia. ‖ **TELÉGRAFO MARINO** Conjunto de combinaciones de banderas o señales que usan los buques para comunicarse entre sí y con las estaciones de tierra.
TELEGRAMA m. **1** Despacho telegráfico. **2** Papel normalizado en que se recibe escrito el mensaje telegráfico.
TELEIMPRESOR m. *Tecnol.* Aparato telegráfico con teclado similar al de una máquina de escribir, que emite y recibe mensajes y los imprime.
TELEKINESIA f. TELEQUINESIA.
TELEKINO m. *Hist.* Nombre dado por su inventor, el ingeniero español Torres Quevedo, a un torpedo-automóvil dirigido por las ondas hertzianas.
TELELE m. fam. Patatús, soponcio.
TELÉMACO *Mit.* Hijo de Ulises y de Penélope. Salió en busca de su padre, acompañado de Mentor, cuando comprobó que aquél no regresaba junto a los jefes griegos de la guerra de Troya. De vuelta a Ítaca, ayudó a Ulises a recuperar el poder. Simboliza el amor filial.
TELEMANDO m. MANDO A DISTANCIA.
TELEMANN, GEORG PHILIPP Compositor alemán (Magdeburgo, 1681 - Hamburgo, 1767). Destacado representante del barroco tardío, y autor de una fecundidad asombrosa, cultivó todos los géneros de su tiempo.
TELEMARK Condado del S de Noruega; 15.315 km² y 164.523 h. Capital, Skien. Acción bélica en la Segunda Guerra Mundial (1942) en la que los aliados destruyeron una fábrica nazi de agua pesada, hecho que retrasó la investigación atómica de los científicos de Hitler.

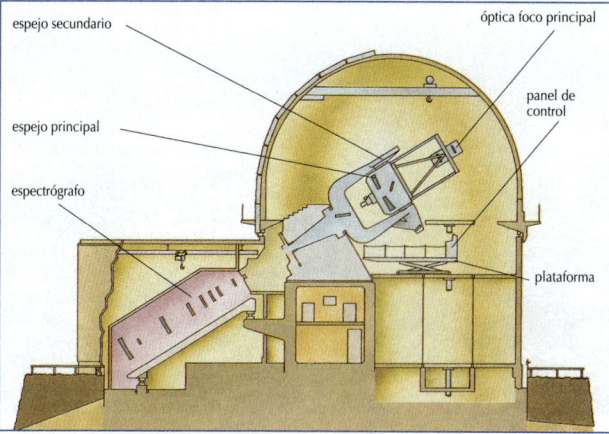

telescopio

TELEMÁTICA f. *Tecnol.* Ciencia que reúne los adelantos de las técnicas de la telecomunicación y la informática.
TELEMETRÍA f. *Tecnol.* Medida de distancias entre objetos lejanos.
TELEMÉTRICO, CA adj. Relativo al telémetro o a la telemetría.
TELÉMETRO m. *Tecnol.* Sistema óptico que permite apreciar desde el punto de mira la distancia a que se halla un objeto lejano.
TELENCÉFALO m. *Anat.* Parte anterior y más desarrollada del encéfalo.
TELENOVELA f. *Telev.* Novela filmada y grabada para ser retransmitida por capítulos a través de la televisión.
TELEO- pref. TELE-[1].
TELEOBJETIVO m. *Fot.* Objetivo especial destinado a fotografiar objetos distantes.
TELEOLOGÍA f. *Filos.* Explicación de las cosas según su finalidad o causa final, entendiendo por tal la razón para la que la cosa existe.
TELEOSÁURIDO, DA adj. y m. *Zool.* 1 Se aplica al reptil crocodiliano fósil, propio del jurásico. || m. pl. *Zool.* 2 Familia de estos reptiles.
TELEÓSTEO, A adj. y m. *Zool.* 1 Se dice del pez que tiene el esqueleto completamente osificado. || m. pl. *Zool.* 2 Infraclase de estos animales, que comprende la mayoría de los peces vivientes.
TELEÓSTOMO, MA adj. y m. *Zool.* OSTEICTIO.
TELEPATÍA f. Coincidencia de pensamientos o sensaciones entre personas generalmente distantes entre sí.
TELEPROCESO m. *Inform.* Tratamiento a distancia de la información.
TELEQUINEA f. En parapsicología, desplazamiento de objetos sin causa física observable.
TELERA f. 1 *Agr.* Travesaño que sujeta el dental a la cama del arado o al timón mismo, y sirve para graduar la profundidad de la labor. 2 *Cuba* Galleta delgada y cuadrilonga.
TELESCÓPICO, CA adj. *Astron.* 1 Relativo al telescopio. 2 Que no se puede ver sino con el telescopio. 3 Hecho con auxilio del telescopio.
TELESCOPIO m. *Astron.* Instrumento óptico que permite observar una imagen agrandada de un objeto lejano. El objetivo puede ser: un sistema de lentes *(telescopio de refracción)* que permite recibir la imagen directamente; o un espejo cóncavo *(telescopio reflector),* donde a causa de errores ópticos la zona del cielo observada con contraste es pequeña. || **TELESCOPIO ELECTRÓNICO** *Astron.* El que lleva acoplado en el ocular un convertidor que transforma los fotones recibidos en un flujo de electrones.
TELESILLA m. Asiento suspendido de un cable de tracción, para el transporte de personas a la cumbre de una montaña o a un lugar elevado.
TELESPECTADOR, RA m. y f. *Telev.* Espectador o espectadora de televisión.
TELESQUÍ m. *Dep.* Tipo de teleférico para esquiadores en que éstos suben a los sitios más elevados con los esquís puestos.
TELETEXTO m. *Tecnol.* VIDEOTEX.
TELETIPO m. Sistema de transmisión de textos por línea telegráfica mediante un teclado que permite emitir y recibir mensajes e imprimirlos.
TELEVIDENTE com. TELESPECTADOR.
TELEVISAR tr. Transmitir imágenes por televisión.
TELEVISIÓN f. *Tecnol.* 1 Transmisión de la imagen a distancia, valiéndose de las ondas hertzianas. [**Encic.**] 2

TELEVISOR. 3 Empresa dedicada a las transmisiones televisivas. [**Encic.**]
TECNOL. Los orígenes de la televisión se remontan al descubrimiento, en 1873, de las propiedades fotoeléctricas del selenio, que bajo la acción de la luz varía su resistencia eléctrica. En su desarrollo fueron fundamentales los estudios de Carey (1880), Rignoux y Fournier (1906) y Nipkow (1884). En 1926 John L. Baird conseguiría transmitir el rostro humano, y su sistema sería el precursor de la moderna televisión. Tres años después, la Baird Television Co. y la BBC inauguraron el servicio público de transmisión por televisión. Los problemas creados por el corto alcance de las ondas quedaron solventados en los años cincuenta mediante la transmisión vía satélite. En la Exposición Internacional de Bruselas de 1958 se presentó la televisión en color. En la actualidad se trabaja en la televisión de alta definición, por cable y en la interactiva.
TELEVISIVO, VA adj. 1 Relativo a la televisión. 2 Que tiene buenas condiciones para ser televisado.
TELEVISOR m. *Tecnol.* Aparato receptor de televisión.
TÉLEX m. *Tecnol.* Sistema de comunicación por teletipos entre particulares.
TELFORD AND WRENKIN Consejo unitario del Reino Unido, en Inglaterra; 149.800 h.
-TELIA, -TÉLICO suf. TELE-[1].
TELICA Volcán de Nicaragua, en la cordillera de los Marabios; 1.040 m de altura.
TELINA f. *Zool.* TELLINA.
TELL, ATLAS DEL o **ATLAS TELLIANO** Región montañosa que se extiende por el NE de Marruecos, N de Argelia y NO de Tunicia (véase ATLAS).
TELL, GUILLERMO Héroe legendario de la independencia helvética (principios del siglo XIV). Según la tradición, fue obligado a atravesar con una flecha una manzana colocada sobre la cabeza de su hijo por negarse a aceptar la autoridad austriaca. Tras superar la prueba, instigó la sublevación suiza al asesinar al bailío Gessler.
TELL EL-AMARNA *Arqueol.* Centro arqueológico del Alto Egipto, en el valle del Nilo, donde estuvo la ciudad de Aketatón.
TELLER, EDWARD Físico estadounidense de origen húngaro (Budapest, 1908 - Stanford, 2003). Se le considera el padre de la bomba H o de hidrógeno estadounidense, pues dirigió en Los Álamos el proyecto que la construyó.
TÉLLEZ, FRAY GABRIEL TIRSO DE MOLINA.
TELLINA f. *Zool.* Molusco lamelibranquio de concha oblonga, pequeño tamaño y color rosado.
TELO- pref. TELE-[1].
TELOCÉNTRICO, CA adj. *Biol.* Se dice del cromosoma con el centrómero terminal.
TELOFASE f. *Biol.* 1 Fase final de la mitosis en que reaparece el nucleolo, las cromátidas comienzan a desespiralizarse y la membrana celular, que vuelve a aparecer, va originando un tabique en la región central que separa a las dos células hijas. 2 Fase final de la meiosis en que cada célula progenitora da lugar a cuatro nuevas células con la mitad de cromátidas, que sintetizarán lo que les falta para tener el cromosoma completo.
TELOLECITO, TA adj. *Zool.* Se dice del huevo que tiene gran cantidad de vitelo nutritivo equitativamente disperso y una pequeña cantidad de citoplasma concentrado en un polo.
TELÓN m. *Teat.* Lienzo grande que se pone en el escenario de un teatro de modo que pueda bajarse y subirse. || **TELÓN DE ACERO** *Hist.* Frontera política e ideológica que separaba a los países del bloque soviético de los occidentales. || **TELÓN DE BOCA** *Teat.* El que cierra la embocadura del escenario, y está echado antes de que empiece la función y durante los entreactos o intermedios. || **TELÓN CORTO** *Teat.* El que se coloca inmediatamente detrás de la embocadura, mientras se representan delante breves escenas episódicas y permite mudar, a su espalda, la decoración.
TELONERO, RA adj. y s. 1 Se dice del artista que, en un espectáculo de variedades, actúa en primer lugar, como menos importante. 2 Por extensión, se dice del primero de los oradores que intervienen en un acto público. || m. y f. 3 Persona que hace telones, o la que los maneja en un escenario.
TELONIO m. Oficina pública donde se pagaban los tributos.
TELSON m. *Zool.* Último segmento del cuerpo de los crustáceos malacostráceos, que suele ser laminar. También está presente en otros invertebrados.
TELÚRICO, CA adj. Relativo a la Tierra.
TELURIO m. *Quím.* TELURO.
TELURO m. *Quím.* Elemento químico del grupo VI A del sistema periódico. Masa atómica, 127,60; número atómico, 52; punto de fusión, 452 ºC; punto de ebullición, 1.390 ºC; símbolo, Te. Es muy escaso y se emplea en aleaciones con plomo o acero, en vidrio y cerámica.
TEMA m. 1 Proposición o texto que se toma por asunto o materia de un discurso. 2 Este mismo asunto

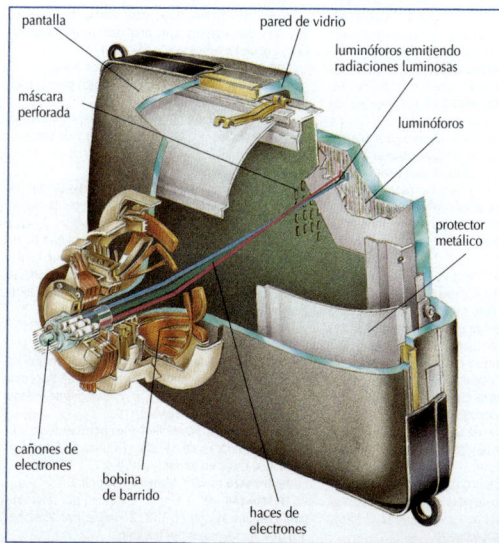

televisión. Esquema del tubo catódico de un televisor en color.

o materia. **3** *Ling.* Radical que permite la inmediata inserción de los elementos de la flexión. Está, en general, constituida por la raíz más uno o varios. **4** *Lit.* En algunas metodologías de análisis literario, eje o núcleo a partir del cual se organiza el discurso literario. **5** *Mús.* Melodía base de una composición o de un fragmento de la misma que se desarrolla a lo largo de la misma.

TEMA-; -TEMA pref. o suf. TECA-.

TEMARIO m. Conjunto de temas que se proponen para su estudio a una conferencia, congreso, etc.

TEMÁTICA f. Conjunto de los temas parciales contenidos en un asunto general.

TEMÁTICO, CA adj. **1** Que se ejecuta o dispone según el tema o asunto de cualquier materia. **2** *Gram.* En morfología, relativo al tema de una palabra. **3** *Gram.* Se dice de cualquier elemento que, para la flexión, modifica la raíz de un vocablo.

TEMBLADERA f. **1** Temblor intenso. **2** *Bot.* Planta gramínea con espigas aovadas.

TEMBLAR intr. **1** Agitarse con movimiento frecuente e involuntario. **2** Vacilar, moverse rápidamente una cosa a uno y otro lado. **3** fig. Tener mucho miedo, o recelar con demasiado temor de una persona o cosa. Se usa a veces como tr. || **estar, quedar** o **dejar** una cosa **temblando** Estar próxima a acabarse o concluirse. ♦ IRREG. Se conjuga como ACERTAR.

TEMBLEQUE adj. **1** Persona que tiembla mucho. || m. **2** fam. Temblor del cuerpo.

TEMBLEQUEAR o **TEMBLETEAR** intr. **1** fam. Temblar con frecuencia o continuación. **2** fam. Afectar temblor.

TEMBLÓN, NA adj. **1** Que tiembla mucho. || m. *Bot.* **2** ÁLAMO TEMBLÓN.

TEMBLOR m. **1** Acción y efecto de temblar. **2** *Fisiol.* Movimiento involuntario, repetido y continuado, causado en individuos normales por fatiga, aprehensión o frío. **3** *Geol.* Movimiento telúrico de menor intensidad que el terremoto. **4** *Med.* Manifestación clínica de ciertas enfermedades del sistema nervioso. || **TEMBLOR DE TIERRA** *Geol.* TERREMOTO.

TEMBLOROSO, SA adj. Que tiembla.

TEMER tr. **1** Tener a una persona o cosa por objeto de temor. **2** Recelar un daño. **3** Sospechar, creer. || intr. **4** Sentir temor.

TEMERARIO, RIA adj. **1** Imprudente, que se expone a los peligros sin meditado examen de ellos. **2** Que se dice, hace o piensa sin fundamento.

TEMERIDAD f. **1** Calidad de temerario. **2** Acción temeraria. **3** Juicio temerario.

TEMEROSO, SA adj. **1** Que produce temor. **2** Que siente temor.

TEMESVAR Nombre húngaro de TIMISOARA.

TEMIBLE adj. Digno o capaz de ser temido.

TEMIN, HOWARD MARTIN Médico estadounidense (Filadelfia, 1934 - Madison, Wisconsin, 1994). En 1975, Temin recibió el premio Nobel de Fisiología y Medicina, compartido con R. Dulbecco y D. Baltimore, por el descubrimiento de los retrovirus y la forma en que producen el cáncer.

TEMIS *Mit.* Hija de Urano y Gea. Esposa de Zeus y madre de las Horas y de las Moiras, personifica la justicia y la ley eterna.

TEMÍSTOCLES General y político ateniense (Atenas, h. 525 - Magnesia del Meandro, h. 460 a. C.). Tomó parte en la batalla de Maratón y sometió las islas del mar Egeo. En 485 hizo desterrar a su rival Arístides, jefe del partido aristocrático, y se hizo con el poder. Dominó la vida política de Atenas desde 488 a 483 a. C., la convirtió en la primera potencia marítima y rechazó invasiones persas con la victoria de Salamina (480 a. C.). Condenado al ostracismo, se refugió en Argos. Después se estableció al lado de Artajerjes, quien le concedió el gobierno de Magnesia.

TEMOR m. **1** Pasión del ánimo que hace huir o rehusar lo que se considera dañoso o peligroso. **2** Presunción o sospecha. **3** Recelo de un daño futuro. || **TEMOR DE DIOS** *Rel.* Respeto a Dios y miedo de ofenderle.

TÉMPANO m. **1** TIMBAL. **2** Atabal, especie de tambor. **3** Piel extendida del pandero, tambor, etc. **4** Pedazo de cualquier cosa dura, extendida o plana; como un pedazo de hielo o de tierra unida. **5** *Arquit.* Tímpano de un frontón. || **quedarse como un témpano** fr. fig. y fam. Quedarse aterido de frío.

TEMPE Valle de Grecia, en Tesalia, formado por el curso inferior del Peneo y situado entre los macizos del Olimpo, al N, y del Ossa, al S. En la Antigüedad estuvo consagrado a Apolo.

TEMPELHOF *Geog. hist.* Antigua ciudad de Alemania, en Brandeburgo, anexionada a Berlín Oeste. Aeropuerto.

TÉMPERA f. *Pint.* Variedad de pintura al temple diluida en agua, y cuyos colores son más densos que la acuarela.

TEMPERAMENTO m. **1** Carácter, manera de ser o de reaccionar de las personas. **2** Manera de ser de las perso-

Temístocles. Museo Arqueológico (Nápoles).

nas tenaces e impulsivas en sus reacciones. **3** Vocación, aptitud particular para un oficio o arte. **4** Constitución particular de cada individuo. **5** *Mús.* Ligera modificación que se hace en los sonidos rigurosamente exactos de ciertos instrumentos al templarlos, para que se puedan acomodar a la práctica del arte.

TEMPERANCIA f. Moderación, templanza.

TEMPERAR tr. **1** ATEMPERAR. También prnl. **2** *Med.* Templar o calmar el exceso de acción o excitación orgánicas por medio de calmantes y antiespasmódicos.

TEMPERATURA f. **1** *Fís.* Magnitud que representa el estado térmico de los cuerpos. Es proporcional a la energía cinética media de las moléculas de dichos cuerpos. Las variaciones de este parámetro producen en los cuerpos diversos fenómenos, como la dilatación y contracción, variación en la resistencia eléctrica, etc., en las cuales se basan los instrumentos destinados a su medición (termómetros). Existen cuatro escalas de temperaturas: Celsius o centígrada, Fahrenheit, Réaumur y, por último, la escala absoluta, de Kelvin o termodinámica. **2** *Meteor.* Factor climatológico de gran importancia basado en el estado calorífico de la atmósfera. **3** *Zool.* Estado de calor del cuerpo humano o de los animales. Permite dividir a éstos en *homotermos* y *poiquilotermos*, dependiendo de la presencia o ausencia, respectivamente, de mecanismos reguladores que permitan mantener constante la temperatura corporal. || **TEMPERATURA ABSOLUTA** *Fís.* La medida en grados Celsius, que respecto al cero absoluto corresponde a –273 °C (escala Kelvin), o en grados Fahrenheit corresponde a –460 °C (escala Rankine). || **TEMPERATURA CRÍTICA** *Fís.* La correspondiente al punto crítico líquido-vapor, por encima de la cual la sustancia considerada no presenta la mencionada transición. || **TEMPERATURA MÁXIMA** *Fís.* El mayor grado de calor que se observa en la atmósfera o en un cuerpo durante un determinado tiempo. || **TEMPERATURA MÍNIMA** *Fís.* El menor grado de calor que se observa en la atmósfera o en un cuerpo durante un determinado tiempo.

TEMPERO m. *Agr.* Sazón y buena disposición en que se halla la tierra para las sementeras y labores.

TEMPESTAD f. **1** *Meteor.* Perturbación atmosférica que se manifiesta por variaciones en la presión ambiente y por fuertes vientos, acompañados a menudo de truenos, lluvia, nieve, etc. **2** *Meteor.* Perturbación de las aguas del mar, causada por el ímpetu y violencia de los vientos. **3** fig. Agitación de los ánimos.

TEMPESTUOSO, SA adj. **1** Que causa o constituye una tempestad. **2** Expuesto o propenso a tempestades.

TEMPISQUE Río de Costa Rica; nace en la cordillera de Guanacaste y desemboca en el golfo de Nicoya; 128 km.

TEMPLADO, DA adj. **1** Resistente y sin transparencia ni brillo, dicho de algunos materiales como el cristal. También en sentido figurado aplicado a los nervios. **2** Moderado en la comida o bebida o en algún otro apetito. **3** Que no está frío ni caliente, sino en término medio. **4** fam. Valiente con serenidad. **5** *Geog.* ZONA TEMPLADA.

TEMPLANZA f. **1** *Teol.* Una de las cuatro virtudes cardinales, que consiste en moderar los apetitos y el uso excesivo de los sentidos, sujetándolos a la razón. **2** Moderación, sobriedad y continencia. **3** Benignidad del aire o clima de un país.

TEMPLAR tr. **1** Moderar o suavizar la fuerza de una cosa. También en sentido figurado tratándose del genio o enojo de una persona. **2** Quitar el frío de una cosa, calentarla ligeramente. **3** *Fís.* Enfriar bruscamente en agua, aceite, etc., un material calentado por encima de determinada temperatura, con el fin de mejorar ciertas propiedades suyas. **4** Poner en tensión moderada una cosa; como una cuerda, una tuerca, el freno de un carruaje, etc. **5** fig. Mezclar una cosa con otra para suavizar su fuerza. **6** fig. Sosegar la cólera o enojo. **7** *Mar.* Adaptar las velas a la fuerza del viento. **8** *Mar.* Dar igual grado de tensión a varios cables o hacer que empiece a trabajar uno de ellos. **9** *Mús.* Disponer un instrumento de manera que pueda producir con exactitud los sonidos que le son propios. **10** *Pint.* Proporcionar la pintura y disponerla de modo que no desdigan los colores. **11** *Taurom.* Ajustar el movimiento de la capa o la muleta a la embestida del toro, para moderarla o alegrarla. || intr. **12** Empezar a calentarse una cosa. || prnl. **13** fig. Contenerse, evitar el exceso en una materia. **14** *Amér.* m. Enamorarse.

TEMPLARIO adj. y m. Perteneciente o relativo a la Orden del Temple.

TEMPLE m. **1** *Met.* Punto de dureza o elasticidad que se da a un metal, etc., templándolos. **2** Calidad o estado del ánimo o carácter de una persona. **3** fig. Arrojo, valentía. **4** *Mar.* Igualdad en la tensión de varios cables, o con el grado de tensión de uno de ellos. **5** *Mús.* Acción y efecto de templar instrumentos. **6** *Pint.* Procedimiento pictórico en que los colores se diluyen en líquidos glutinosos o calientes. **7** *Pint.* Colores preparados de este modo. **8** *Taurom.* Acción y efecto de templar. || **al temple** loc. adv. PINTURA AL TEMPLE.

TEMPLE o **DE LOS CABALLEROS TEMPLARIOS, ORDEN DEL** *Hist.* y *Mil.* Orden religiosa y militar fundada por Hugues de Payns y siete compañeros más en Jerusalén (1118), para proteger a los peregrinos que se dirigían a los Santos Lugares. Pronto se convirtieron en la vanguardia del ejército cristiano en Tierra Santa, así como en la principal fuerza de defensa de los Estados cristianos de Oriente. Su organización seguía las normas de la regla

Orden del **Temple.** Capilla de los templarios en Laon (Francia).

cisterciense, y estaba presidida por un Gran Maestre, que en las decisiones importantes debía consultar el capítulo general. La pérdida de San Juan de Acre (1291), último baluarte cristiano en Tierra Santa, privó a la orden de la razón fundamental de su existencia. El papa Clemente V decretó su abolición en 1312.

TEMPLE, SHIRLEY Actriz estadounidense (Santa Mónica, 1928). Niña prodigio del cine destacó en películas como *Ahora y siempre* (1934), *La pequeña coronela* (1935), *La pequeña vigía* (1936), etc.

TEMPLE, SIR WILLIAM Político inglés (Londres, 1628 - Farnham, 1699). Para frenar a Francia, concluyó la Triple Alianza (1668) con Holanda y Suecia. Embajador en La Haya (1668-70 y 1674-79), negoció la paz de Westminster (1674).

TEMPLÉN m. Pieza del telar, que sirve para reglar el ancho de la tela que se va tejiendo.

TEMPLETE m. **1** Estructura pequeña, en forma de templo, que sirve para cobijar una imagen. **2** Pabellón o quiosco, cubierto por una cúpula sostenida por columnas.

TEMPLISTA com. *Pint.* Persona que pinta al temple.

TEMPLO m. **1** Edificio o lugar destinado pública y exclusivamente a un culto religioso. **2** fig. Lugar real o imaginario en que se rinde o se supone rendir culto a la justicia, la saber, etc. || **TEMPLO PRÓSTILO** *Arquit.* El de segunda especie entre los antiguos, el cual, además de las dos columnas conjuntas, tenía otras dos enfrente de las pilastras angulares.

TÉMPORA f. Tiempo de ayuno en el comienzo de cada una de las cuatro partes litúrgicas del año. Más en pl.

TEMPORADA f. **1** Espacio de varios días, meses o años que se consideran aparte formando un conjunto. **2** Tiempo durante el cual se realiza habitualmente alguna cosa. || **de temporada** loc. adj. Que es propio de cierta época.

TEMPORAL[1] (Del lat. *temporālis*.) adj. **1** Relativo al tiempo. **2** Que dura por algún tiempo. **3** Secular, profano. **4** Que pasa con el tiempo; que no es eterno. || m. **5** *Meteor.* Situación meteorológica caracterizada por fuertes vientos y precipitaciones, acompañada de bajas temperaturas. **6** TEMPESTAD, perturbación de las aguas del mar. || **capear el temporal** fr. fig. y fam. Evitar mañosamente situaciones difíciles.

TEMPORAL[2] (Del lat. *temporālis*, de *tempŏra*, sienes.) adj. *Anat.* **1** Se dice de cada uno de los dos huesos del cráneo correspondientes a las sienes. **2** Relativo a las sienes. **3** Se dice del músculo de la masticación.

TEMPORERO, RA adj. y s. Se dice de la persona destinada temporalmente al ejercicio de un oficio o empleo.

TEMPORIZAR intr. CONTEMPORIZAR.

TEMPRANERO, RA adj. **1** TEMPRANO, adelantado. **2** MADRUGADOR. También s.

TEMPRANO, NA adj. **1** Adelantado, que ocurre antes del tiempo acostumbrado. || adv. t. **2** En las primeras horas del día o de la noche y, por extensión, al principio de un periodo determinado de tiempo.

TEMUDJIN KHAN.

TEN CON TEN expr. fam. usada como sustantivo masculino que expresa el tacto o la moderación en la manera de tratar a alguien o de llevar algún asunto.

TENA f. Cobertizo donde se guarda el ganado.

TENACIDAD f. Calidad de tenaz.

TENACILLAS f. pl. **1** Tenaza pequeña que sirve para coger terrones de azúcar, dulces y otras cosas. **2** Instrumento, a manera de tenaza pequeña, que sirve para rizar el pelo.

TENÁCULO m. *Med.* Instrumento en forma de gancho para sostener elementos anatómicos, especialmente las arterias que deben ligarse.

TENADA f. **1** *Agr.* Henil, lugar donde se guarda el heno. **2** TENA.

TENANTE m. *Bl.* Cada una de las figuras de ángeles u hombres que sostienen el escudo.

TENAYUCA *Arqueol.* Antigua ciudad de México, cerca y al NO de Ciudad de México, que fue capital del pueblo chichimeca (siglo XIII-XIV). Restos arqueológicos.

TENAZ adj. **1** Que se pega, ase o prende a una cosa, y es difícil de separar. **2** Que opone mucha resistencia a romperse o deformarse. **3** fig. Firme, porfiado, pertinaz.

TENAZA f. **1** Instrumento de metal, compuesto de dos brazos movibles trabados por un eje; sirve para coger o sujetar una cosa, o arrancarla o cortarla. Más en pl. **2** *Zool.* Último artejo de las patas de algunos artrópodos, pinza. **3** Extremo libre de la viga de los antiguos molinos de aceite. **4** fig. Par de cartas con las cuales se hacen precisamente dos bazas en algunos juegos de naipes.

TENCA f. *Zool.* **1** Pez teleósteo de agua dulce perteneciente a la familia ciprínidos, de nombre científico *Tinca tinca*, que se caracteriza por tener un par de barbillas bucales y el cuerpo recubierto de muchas escamas pequeñas. Habita en Eurasia. **2** *Arg.* y *Chile* Pájaro parecido a la alondra.

TENCHI TENNO Emperador de Japón (?, 622 - ?, 671). Miembro de los gobiernos de monarcas anteriores, accedió al poder en 661. Reformó las instituciones políticas según el modelo chino. Tuvo que renunciar a sus aspiraciones sobre Corea tras ser derrotado por China.

TENDAL m. **1** Cubierta de tela para hacer sombra. **2** Conjunto de cosas tendidas para que se sequen. **3** *Agr.* Lienzo que se pone debajo de los olivos para que caigan en él las aceitunas cuando se recogen. **4** *Agr.* Secadero de frutos. **5** *Arg.* Lugar cubierto en donde se esquilaba el ganado. **6** *Amér.* TENDALADA.

TENDALADA f. *Amér.* Conjunto de personas o cosas tendidas desordenadamente en el suelo.

TENDEDERO m. **1** Lugar donde se tiende una cosa. **2** Dispositivo de alambres, cuerdas, etc., donde se tiende la ropa.

TENDEL m. **1** Cuerda que se tiende horizontalmente entre dos renglones verticales, para sentar con igualdad las hiladas de ladrillo o piedra. **2** Capa de mortero o yeso que se extiende sobre cada hilada de ladrillos.

TENDENCIA f. **1** Propensión, inclinación. **2** Fuerza por la cual un cuerpo se inclina hacia otro o hacia alguna cosa. **3** Idea religiosa, política, económica, artística, etc., que se orienta en determinada dirección.

TENDENCIOSO, SA adj. Que manifiesta o incluye tendencia hacia determinados fines o doctrinas.

TENDENTE adj. Que tiende o dirige a algún fin.

TENDER tr. **1** Desdoblar, extender, desplegar. **2** Colocar a una persona o animal sobre una superficie, horizontalmente. También prnl. **3** Extender la ropa mojada para que se seque. **4** Suspender, colocar una cosa apoyándola en dos o más puntos. **5** Alargar una cosa aproximándola hacia alguien o algo. **6** Revestir paredes o techos con una capa delgada de cal, yeso o mortero. || intr. **7** Demostrar una determinada tendencia u orientación. **8** Tener alguien o algo una cualidad o característica no bien definida, pero sí aproximada a otra de la misma naturaleza. || prnl. **9** Encamarse las mieses y otras plantas. **10** Extenderse en la carrera el caballo, aproximándose al vientre al suelo. ♦ IRREG. Se conjuga COMO ENTENDER.

TÉNDER m. Carruaje que se engancha a la locomotora y lleva el combustible y el agua.

TENDERETE m. **1** Puesto de venta al por menor, instalado al aire libre. **2** fam. Conjunto de cosas que se dejan tendidas en desorden.

TENDERO, RA m. y f. Persona que tiene una tienda o trabaja en ella, particularmente si es de comestibles.

TENDIDO, DA adj. **1** Se dice del galope del caballo cuando éste se tiende, o a la carrera violenta del hombre o de cualquier animal. **2** *Taurom.* Dícese de la estocada que penetra más horizontalmente de lo adecuado en el cuerpo de la res. || m. **3** Acción y efecto de tender. **4** Conjunto de cables, etc., que constituye una conducción eléctrica. **5** *Taurom.* Gradería descubierta y próxima a la barrera en las plazas de toros. **6** Conjunto de ropa que cada lavandera tiende. **7** Capa delgada de cal, yeso o mortero que se tiende en paredes o techos.

TENDINOSO, SA adj. *Anat.* **1** Que tiene tendones o se compone de ellos. **2** Relativo a los tendones.

TENDÓN m. **1** *Anat.* Prolongación de las vainas de fibras conjuntivas que envuelven los paquetes musculares y los músculos completos y sirven para sujetarlos al insertarse en los huesos. El tendón es fibroso, rígido y de gran resistencia a la tracción. || **TENDÓN DE AQUILES** *Anat.* El grueso y fuerte, que en la parte posterior e inferior de la pierna une el talón con la pantorrilla. También, en sentido figurado, TALÓN DE AQUILES.

TÈNE, LA *Arqueol.* Localidad de Suiza, junto al lago de Neuchâtel, en la que se han hallado numerosos restos arqueológicos. Dada su importancia, se considera la cultura de La Tène como un segundo periodo de la Edad del Hierro en Occidente, que se habría desarrollado entre el siglo v a. C. y la conquista romana. Los objetos más numerosos hallados son armas, lo que parece indicar que se trataba de sociedades guerreras: en las tumbas de los jefes se han encontrado carros de dos ruedas y objetos de lujo importados. La cultura de La Tène se desarrolló sobre todo en Centroeuropa, pero se extendió incluso a las islas Británicas, España, Italia y los Balcanes.

TENEBRARIO m. Candelabro triangular con quince velas, que se encendía en algunos oficios de tinieblas de Semana Santa.

TENEBRIÓNIDO, DA adj. y m. *Zool.* **1** Se aplica a las 16.000 especies de insectos coleópteros que se alimentan de materiales en descomposición, y son plagas comunes. Viven en zonas cálidas. || m. pl. *Zool.* **2** Familia de estos insectos.

TENEBRISMO m. *Pint.* Movimiento pictórico del Barroco que opone con fuerte contraste luz y sombra, haciendo que las partes iluminadas destaquen violentamente sobre las que no lo están. Estos contrastes subordinan la composición a la iluminación, pues ésta procede de un foco único que ilumina la parte del lienzo que interesa resaltar, mientras que el resto permanece en penumbra, en un segundo plano. Introducido por Caravaggio, constituye una característica esencial de la pintura barroca.

TENEBROSO, SA adj. **1** Oscuro, cubierto de tinieblas. **2** Sombrío, tétrico. **3** Hecho ocultamente y con intenciones perversas.

TENEDOR, RA m. y f. **1** El que tiene o posee una cosa. **2** *Com.* El que posee legítimamente una letra de cambio u otro valor endosable. || m. **3** Utensilio de mesa, que consiste en un astil con tres o cuatro púas iguales y sirve para clavarlo en los alimentos sólidos y llevarlos a la boca. **4** Signo de figura de este utensilio que en España indica la categoría de los comedores o restaurantes según el número de tenedores representados. || **TENEDOR DE LIBROS** Empleado que tiene a su cargo los libros de contabilidad.

TENEDURÍA f. Cargo y oficina del tenedor de libros.

TENENCIA f. **1** Ocupación y posesión de una cosa. **2** Cargo u oficio de teniente. **3** Oficina en que lo ejerce.

TENER tr. **1** Poseer una cosa o disfrutar de ella. **2** Corresponder a alguien cierta cualidad, estado, etc. **3** Contener o comprender en sí. **4** Disponer de una cosa. **5** Construido con algunos nombres, como *cuidado, miedo, hambre, calor*, hacer o experimentar lo que el nombre significa. **6** Con los nombres que significan tiempo, expresa la duración o edad de las cosas o personas de que se habla. **7** Asir o mantener asida una cosa. **8** Mantener, sostener. También prnl. **9** Dominar, sujetar, contener. **10** Guardar, cumplir. **11** Hospedar o recibir en su casa. **12** Estar en precisión de hacer una cosa u ocuparse de ella. **13** Juzgar, reputar. También prnl. **14** Estimar, apreciar. También prnl. || prnl. **15** Hacer asiento un cuerpo sobre otro. || aux. **16** Construido con un participio, equivale a *haber*. **17** Construido con la conjunción *que* y el infinitivo de otro verbo, estar obligado a. || **no tener** uno **donde caerse**

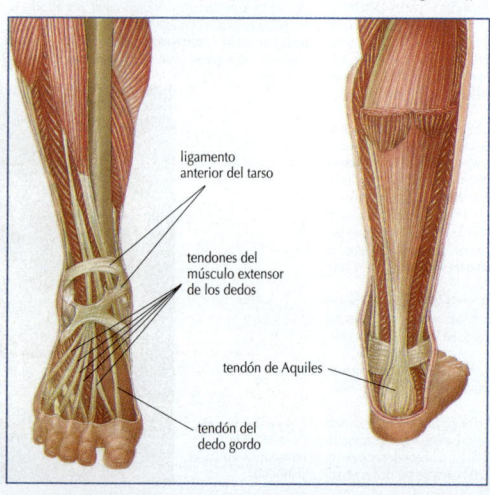

ligamento anterior del tarso

tendones del músculo extensor de los dedos

tendón de Aquiles

tendón del dedo gordo

tendón. Tendones de la pierna.

muerto fr. fig. y fam. Hallarse en suma pobreza. || **no tenerlas uno todas consigo** fr. fig. y fam. Sentir recelo o temor. || **tener uno en contra** fr. Hallar en una materia impedimento, contradicción o dificultad. || **tener** una cosa **presente** fr. Recordarla o tomarla en consideración. || **tener que ver** una persona o cosa **con** otra fr. Haber entre ellas alguna conexión, relación o semejanza. || **tener** uno **sobre sí** fr. Cargar con obligaciones o padecimientos. ♦ IRREG. Véase cuadro.

TENER

INDICATIVO
Pres.: tengo, tienes, tiene, tenemos, tenéis, tienen.
Pret. imperf.: tenía, tenías, etc.
Pret. indef.: tuve, tuviste, tuvo, tuvimos, tuvisteis, tuvieron.
Fut. imperf.: tendré, tendrás, etc.
Condic.: tendría, tendrías, etc.
SUBJUNTIVO
Pres.: tenga, tengas, etc.
Pret. imperf.: tuviera, tuvieras, etc., o tuviese, tuvieses, etc.
Fut. imperf.: tuviere, tuvieres, etc.
IMPERATIVO: ten, tened.
PARTICIPIO: tenido.
GERUNDIO: teniendo.

TENERIFE Isla de España, la mayor del archipiélago de las Canarias, provincia de Santa Cruz de Tenerife; 2.034 km² y 665.596 h. Su población principal es la ciudad de Santa Cruz de Tenerife, capital de la provincia. Sus costas son altas y acantiladas. Una gran cordillera, orientada de SO a NE, constituye el eje de todos los macizos de la isla y presenta en su centro el gigantesco Circo de las Cañadas, con el cono volcánico del Teide (3.718 m), el pico más alto de España. Presenta temperaturas suaves y escasa humedad. Produce cereales, legumbres y hortalizas, plátanos y vid. Industria alimentaria y refinería de petróleo. Importante pesca e intenso turismo.
TENG HSIAO-PING DENG XIAOPING.
TENGRI KHAN JAN-TENGRI.
TENGXIAN *(Teng-hsien)* Ciudad de China, provincia de Shandong, región Oriental; 315.083 h.
TENIA f. **1** *Zool.* Gusano platelminto cestodo del género *Taenia*, con forma de cinta, que puede alcanzar varios metros de longitud y vive parásito en el intestino del hombre y otros mamíferos. **2** *Arquit.* Listel o filete.
-TENIA suf. TENO-.
TENIDA f. **1** Sesión de una logia masónica. **2** *Chile* Traje.
TENIENTAZGO m. Cargo de teniente.
TENIENTE adj. **1** Que tiene o posee una cosa. **2** *Agr.* Se dice de la fruta no madura. **3** fam. Algo sordo. **4** fig. Miserable, mezquino. || com. **5** El que ejerce el cargo o ministerio de otro como sustituto. **6** *Mil.* Oficial cuyo empleo es el inmediatamente inferior al de capitán. || **TENIENTE CORONEL** *Mil.* Jefe cuyo empleo es inmediatamente inferior al de coronel. || **TENIENTE GENERAL** *Mil.* Oficial general de categoría superior a la de general de división e inferior a la de capitán general. || **TENIENTE DE NAVÍO** *Mil.* En la marina de guerra, empleo equivalente al de capitán del ejército.
TENIENTE, EL Mina chilena de cobre, situada en los Andes, en la región de Libertador General Bernardo O'Higgins.
TENIERS, DAVID (llamado TENIERS EL JOVEN) Pintor y grabador flamenco (Amberes, 1610 - Bruselas, 1690). Fue pintor de cámara del archiduque Leopoldo Guillermo. Entre sus pinturas, costumbristas y anecdóticas, se encuentran *Aldeanos jugando*, *Kermesse* y *El alquimista*.
TENIO- pref. TENO-.
TENIS m. *Dep.* **1** Juego de pelota que se practica en un terreno llano, en forma de rectángulo, dividido en partes iguales por una red. Se juega con una pala especial llamada raqueta y consiste en arrojar la pelota de una parte a otra del campo por encima de la red, y dentro de los límites marcados, por uno y otro bando alternativamente. Tiene varias modalidades de juego: individuales (dos jugadores) y dobles (cuatro jugadores). **2** Espacio o campo convenientemente dispuesto para este juego. || **TENIS DE MESA** PING-PONG.
TENNANT, SMITHSON Químico británico (Selby, 1761 - Boulogne, 1815). Descubridor del osmio, el iridio, y de que el diamante es carbono puro. Realizó interesantes experimentos sobre el esmeril y variedades de piedras de cal.
TENNESSEE Estado del SE de EE UU; 109.155 km² y 5.689.283 h. Capital, Nashville-Davidson. Cultivos de cereales, tabaco y algodón. Ganadería bovina. Cinc, cobre, fosfatos. Industrias químicas, alimentarias, textiles, eléctricas, papeleras, metalúrgicas, etc. Hernando de Soto recorrió la región en 1540. En 1796 pasó a ser un Estado de la Unión.
TENNESSEE Río del E de EE UU, que nace en los Apalaches, atraviesa los Estados de Virginia, Tennessee, Alabama, Mississippi y Kentucky y desemboca en el Ohio; 1.300 km de curso. La regulación y el aprovechamiento de su cauce (regadío, energía eléctrica) han contribuido de manera fundamental al desarrollo industrial del Estado.
TENNO m. Título oficial de los emperadores japoneses. Se usa más que el de mikado, arcaico y anticuado.
TENNYSON, ALFRED Poeta y dramaturgo británico (Somersby, 1809 - Aldworth, 1892). Su obra se caracteriza por la perfección formal, la defensa de los valores tradicionales y la recurrencia a temas caballerescos y medievales. Fue el poeta más laureado de la era victoriana. Composiciones poéticas: *Poemas* (1832), *In memoriam* (1850), *Maud* (1855), *Los idilios del rey* (1859). Piezas dramáticas: *La reina María* (1875), *Becket* (1884) y *Robin Hood* (1891).
TENO-, TENIO-, TONO-, TON-; -TON-, -TONO-; -TASIS, -TENIA, -TENUSA, -TONAL, -TONEO, -TONÍA, -TÓNICO, -TONOS prefs., ins. o sufs. que significan tendón, extensión, tono, cinta, etc.
TENOCH Gran sacerdote y caudillo de una tribu mexica establecida en una isleta del lago de Texcoco. Fundó Tenochtitlán, ciudad en la que murió en 1376.
TENOCHTITLÁN *Geog. hist.* Nombre que los aztecas dieron a la actual Ciudad de México. Según la leyenda, la ciudad fue fundada en 1325 por los mexicas o aztecas, que huían de Culhuacán tras haber sacrificado a la hija del tlatoani Achitometl, en un islote del lago salado de Texcoco, actualmente desecado. Según algunos autores, el nombre procede de Tenoch, caudillo legendario que guió a los aztecas hasta allí. Según otra versión, la peregrinación de los mexicas acabaría cuando halla-

Tenerife (Canarias). Playa de las Teresitas, en San Andrés.

ran un lugar donde encontraran un águila sobre un nopal devorando una serpiente, figura que se convirtió en el escudo nacional de México. Fue en ese islote donde se cumplió la profecía, y así llamaron a la ciudad Tenochtitlán, o sitio del nopal (nochtli en nahua significa nopal). Tenochtitlán fue la capital del imperio azteca hasta que las tropas españolas la arrasaron hacia 1520. Sobre sus ruinas se edificó la actual capital mexicana.
TENÓFORO, RA adj. *Zool.* CTENÓFORO.
TENOR[1] (Del lat. *tenor, -ōris*; de *tenēre*, tener.) m. **1** Constitución u orden firme y estable de una cosa. **2** Contenido literal de un escrito u oración. || **a tenor de**, o **de lo que** loc. adv. De la misma manera que.
TENOR[2] (Del it. *tenore*, y éste del lat. *tenor, -ōris*.) m. *Mús.* **1** Voz media entre la de contralto y la de barítono. **2** Persona que tiene esta voz, e instrumento cuyo ámbito corresponde a la tesitura de tenor. **3** Por extensión, instrumento cuyo ámbito corresponde a la tesitura de esta voz.
TENORA f. *Mús.* Instrumento de viento, de lengüeta doble como el oboe, de mayor tamaño que éste y con el pabellón de metal.
TENORIO m. Galanteador audaz y pendenciero.
TENORIO Volcán de Costa Rica, en la cordillera de Guanacaste; 1.920 m de altura.
TENSAR tr. Poner tensa alguna cosa.
TENSÍMETRO m. *Fís.* Aparato para medir la tensión superficial de los líquidos.
TENSIÓN f. **1** *Biol.* Estímulo o sucesión de ellos de tal magnitud que tienden a romper la homeostasis del organismo. **2** *Fís.* Estado de un cuerpo sometido a la acción de fuerzas que lo estiran. **3** *Fís.* Fuerza que impide separarse unas de otras a las partes de un mismo cuerpo cuando se halla en dicho estado. **4** *Fís.* Intensidad de la fuerza con que los gases tienden a dilatarse. **5** *Fís.* Grado de energía eléctrica que se manifiesta en un

David **Teniers**. *El hombre del cabello blanco*. Museo Fabre (Montpellier).

cuerpo. **6** Estado anímico de excitación, impaciencia, esfuerzo o exaltación producido por determinadas circunstancias o actividades. **7** Estado de oposición u hostilidad latente entre personas o grupos humanos. || **ALTA TENSIÓN** *Fís.* Cualquiera superior a 650 voltios. || **TENSIÓN ARTERIAL** *Fisiol.* Presión que ejerce la sangre sobre la pared de las arterias. || **TENSIÓN VASCULAR** *Fisiol.* La de la pared de los vasos sanguíneos, que resulta de la presión de la sangre circulante y del tono muscular y elástico de las paredes del vaso.

TENSO, SA adj. Que se halla en estado de tensión.

TENSÓN o **TENSO** f. *Poét.* Composición poética provenzal, que consiste en una controversia entre dos o más poetas.

TENSOR, RA adj. y s. Que tensa u origina tensión.

TENTACIÓN f. **1** Estímulo que induce a obrar mal. **2** Impulso repentino que excita a hacer una cosa. **3** fig. Sujeto que induce o persuade.

TENTÁCULO m. *Zool.* Cualquier apéndice móvil, prolongado y flexible de muchos animales invertebrados, que actúa principalmente como órgano táctil, prensil o chupador.

TENTADERO m. Corral o sitio cerrado en que se hace la tienta.

TENTADOR, RA adj. y s. **1** Que tienta. **2** Que hace caer en la tentación. || m. **3** El diablo.

TENTAR tr. **1** Palpar, tocar. **2** Examinar y reconocer por medio del tacto lo que no se puede ver. **3** Instigar, inducir, estimular. **4** Intentar, procurar. **5** Probar, experimentar. **6** *Med.* Reconocer con la tienta la cavidad de una herida. **7** *Taurom.* Practicar la tienta. ♦ IRREG. Se conjuga como ACERTAR.

TENTATIVA f. **1** Acción con que se intenta, experimenta, prueba o tantea una cosa. **2** *Der.* Principio de ejecución de un delito por actos externos que no llegan a ser los suficientes para que se realice el hecho, sin que haya mediado desistimiento voluntario del culpable.

TENTEMPIÉ m. **1** fam. Refrigerio, piscolabis. **2** TENTETIESO.

TENTETIESO m. Muñeco de materia ligera, o hueco, que lleva un contrapeso en la base, y que, movido en cualquier dirección, vuelve siempre a quedar derecho.

TENUE adj. **1** Delicado, delgado y débil. **2** De poco valor o importancia. **3** Dicho del estilo, sencillo.

TENUIDAD f. **1** Calidad de tenue. **2** Cosa de poca entidad, valor o estimación.

TENUIRROSTRO adj. *Zool.* Se dice del pájaro que tiene el pico alargado, tenue, generalmente recto y a veces arqueado.

-TENUSA suf. TENO-.

TENZIN GIATSO Decimocuarto Dalai Lama (Qinghai, 1935). Fue galardonado con el premio Nobel de la Paz en 1989 por su lucha a favor de la liberación del Tíbet.

TENZÓN f. *Poét.* TENSÓN o TENSO.

TEÑIR tr. **1** Dar a una cosa un color distinto del que tenía. También prnl. **2** fig. Imbuir de una determinada opinión o carácter. **3** *Pint.* Rebajar o apagar un color con otros más oscuros. ♦ IRREG. Se conjuga como CEÑIR.

TEO-; -TEO, -TEÓN, -TEOSIS, -TEÍSMO pref. o sufs. que significan Dios.

TEO Municipio de España, provincia de La Coruña; 13.237 h. Su capital es el lugar de Ramallosa.

TEOBALDO Nombre de dos reyes de Navarra.

TEOBALDO I EL TROVADOR (Troyes, 1201 - Pamplona, 1253). Hijo de Teobaldo III, conde de Champaña, heredó el condado a la muerte de su padre en 1201, y el trono de Navarra, como sucesor de su tío Sancho VII el Fuerte (1234). Presionado por la nobleza mandó elaborar un *Cartulario Magno* (1237) con todas las leyes que promulgaba, iniciando, al parecer, el *Fuero General de Navarra*.

TEOBALDO II EL JOVEN (?, h. 1235 - Trapani, 1270). Hijo de Teobaldo I, accedió al trono en 1253. En su minoría tuvo que hacer frente, ayudado por Jaime I de Aragón, a las pretensiones territoriales de Alfonso X el Sabio. Participó en el sitio de Túnez (1270).

TEOCALI o **TEOCALLI** m. Templo de los aztecas.

TEOCOTE m. *Bot.* OCOTE.

TEOCRACIA f. **1** Gobierno ejercido directamente por Dios, como el de los hebreos antes de que tuviesen reyes. **2** Sociedad en que la autoridad política, considerada emanada de Dios, se ejerce por sus ministros.

TEÓCRITO Poeta griego (Siracusa, h. 315 - ?, h. 250 a. C.). Creador de la poesía bucólica o pastoril, sus 30 *Idilios* ejercieron gran influencia en la literatura occidental.

TEODATO Rey ostrogodo de Italia (? - Rávena, 536). Sobrino de Teodorico el Grande, se casó con Amalasunta, viuda de Atalarico, quien le asoció al trono en 534. Teodato la hizo matar (535). Fue derrotado y depuesto por el general bizantino Belisario.

TEODICEA f. *Teol.* Ciencia que trata de Dios y de sus atributos y perfecciones a la luz de los principios de la razón. Este intento de racionalizar la figura de Dios tiene en Leibniz su máximo exponente.

TEODOLITO m. *Geom.* Instrumento de precisión para medir ángulos en sus planos respectivos.

TEODORA Nombre de tres emperatrices bizantinas.

TEODORA I (Constantinopla, h. 500 - íd., 548). Se casó con Justiniano I, con quien subió al trono en el año 527 y ejerció una importante influencia en la política imperial.

TEODORA II (? - Constantinopla, 867). Esposa de Teófilo y emperatriz de 829 a 842. A la muerte del monarca, fue regente hasta la mayoría de edad de su hijo Miguel III (842-856).

TEODORA III (Constantinopla, h. 995 - íd., 1056). Hija de Constantino VIII, sucedió a Miguel V, junto con su hermana Zoé (1042). El matrimonio de Zoé con Constantino IX la alejó del poder, pero a la muerte de éste (1055) volvió al gobierno.

TEODORICO I EL GRANDE Rey ostrogodo (?, h. 455 - Rávena, 526). Hijo de Teodomiro, fue rey de Panonia (474-475). Condujo a los ostrogodos hacia Italia y emprendió la conquista de este territorio. Destituyó a Odoacro, jefe de los hérulos y fundó un reino independiente (488-493), del que se hizo proclamar rey. Se rodeó de consejeros romanos, confió a los cargos militares, instauró el derecho romano para todos sus súbditos e impulsó las artes y las letras.

TEODORO Nombre de tres emperadores bizantinos.

TEODORO I LÁSCARIS (?, h. 1175 - ?, 1222). Yerno de Alejo III, fundó el imperio bizantino de Nicea (1204), donde se refugió tras la conquista de Constantinopla por los cruzados (1204).

TEODORO II DUCAS LÁSCARIS (?, 1222 - ?, 1258). Emperador bizantino de Nicea desde 1254, mantuvo un conflicto permanente con búlgaros, turcos y con la nobleza.

TEODORO ÁNGELOS DUCAS COMNENO (? - ?, h. 1252). Déspota de Epiro (1215-30) y emperador bizantino de Tesalónica entre 1224 y 1230. Conquistó Corfú, Tracia, Tesalia y Macedonia.

TEODOSIO Nombre de diversos emperadores romanos y bizantinos.

TEODOSIO I EL GRANDE (de nombre latino FLAVIUS THEODOSIUS) Emperador romano de origen hispano (Cauca, h. 347 - Milán, 395). Fue asociado al trono en 378 por el emperador Graciano, y el año siguiente, elevado a la dignidad de augusto. Asegurada la paz en las fronteras, entró en Roma, donde se estableció junto a Valentiniano. Convertido al catolicismo (380), dio fuerza de ley de Estado a los acuerdos del concilio de Nicea y se enfrentó contra los arrianos y el concilio de Constantinopla.

Obelisco de **Teodosio I el Grande**. Estambul (Turquía).

TEODOSIO II Emperador de Oriente (?, 401 - Constantinopla, 450). Hijo y sucesor de Arcadio, ocupó el trono entre 408 y 450. Dedicado principalmente a las labores culturales, dejó el gobierno en manos de sus colaboradores. Mandó recopilar el *Código Teodosiano*, colección de constituciones imperiales desde Constantino hasta su época.

TEOFANÍA f. EPIFANÍA.

TEÓFILO Emperador bizantino (? - Constantinopla, 842). Hijo de Miguel II, sucedió a su padre en 829. Contuvo en África los avances de los califas y protegió a los iconoclastas.

TEÓFILO, SAN Obispo de Antioquía y padre de la iglesia (?, h. 120 - Antioquía, h. 185). Sólo se conserva de él la *Apología de Autólico*, apología del cristianismo y refutación del paganismo.

TEOFRASTO (TIRTAMO, llamado) Filósofo griego (Ereso, h. 372 - Atenas, h. 288 a. C.). Discípulo de Aristóteles, le sucedió en la dirección del Liceo. Realizó importantes trabajos en el campo de la botánica: *Historia de las plantas* y *Los caracteres*.

TEOGONÍA f. *Mit.* Origen o nacimiento de los dioses del paganismo y relato en que se expone.

TEOLOGÍA f. *Teol.* Ciencia que trata de Dios y de sus atributos y perfecciones. Según su metodología y sus objetivos se divide en: *teología natural* o TEODICEA; *teología revelada*, que parte de las enseñanzas comunicadas por vía sobrenatural; *teología positiva*, que intenta encontrar en las Escrituras y los textos de los Padres de la Iglesia los misterios de la fe; *teología dogmática*, que aborda la fe con el intento de formular una doctrina teórica; *teología moral*, que estudia la acción humana a la luz de la doctrina teológica; etc. || **TEOLOGÍA DE LA LIBERACIÓN** *Teol.* Corriente teológica cristiana difundida a partir de la celebración del concilio Vaticano II. Partiendo de las específicas condiciones de miseria e injusticia en que vive gran parte de la población de América Latina, la teología de la liberación propone un análisis de la función de la iglesia, dando una dimensión social revolucionaria a la fidelidad al Evangelio. Entre sus principales representantes figuran Leonardo Boff, E. Dussel, J. Combril, P. Richard, H. Assmann, J. L. Segundo, S. Galilea, J. Sobrino, I. Ellacuría, etc.

TEÓLOGO, GA adj. **1** Relativo a la teología. || m. y f. **2** Persona que profesa la teología o tiene en esta ciencia especiales conocimientos. **3** Estudiante de teología.

-TEÓN suf. TEO-.

TEÓN DE ALEJANDRÍA Matemático y astrónomo griego (s. IV). Comentarista del *Almagesto* de Tolomeo, realizó una versión de los *Elementos* y la *Óptica* de Euclides.

TEOPOMPO Orador e historiador griego (Quíos, h. 378 - Egipto, 323 a. C.). Discípulo de Isócrates, llegó a ser uno de los jefes del partido aristocrático. Entre sus obras figuran una *Historia de Grecia*, en 12 libros, y una *Historia de Filipo II*, rey de Macedonia.

TEOREMA m. Proposición demostrable lógicamente partiendo de axiomas o de otros teoremas ya demostrados, mediante reglas de inferencia aceptadas.

TEORÉTICO, CA adj. *Filos.* **1** Se dice de lo que se dirige al conocimiento, no a la acción o a la práctica. || f. *Filos.* **2** Estudio del conocimiento.

TEORÍA f. **1** Conocimiento especulativo considerado con independencia de toda aplicación. **2** Serie de leyes que sirven para relacionar determinado orden de fenómenos. **3** *Filos.* Hipótesis cuyas consecuencias se apli-

Teodora I. Mosaico en la iglesia de San Vital (Rávena).

can a toda una ciencia o a parte muy importante de la misma.

TEÓRICO, CA adj. **1** Relativo a la teoría. **2** *Filos.* Que conoce las cosas o las considera tan sólo especulativamente.

TEORIZAR tr. Tratar un asunto sólo en teoría.

TEOS *Geog. hist.* Antigua ciudad de Asia Menor, en Jonia (hoy cerca y al SO de Esmirna, Turquía). Fundada en el siglo x a. C., formó parte de la Liga de Delos.

-TEOSIS suf. TEO-.

TEOSOFÍA f. *Teol.* Doctrina de varias sectas que presumen estar iluminadas por la divinidad e íntimamente unidas con ella.

TEOTIHUACÁN Ciudad de México, Estado de México; 2.238 h. Importante centro arqueológico. Fue la ciudad más importante de Mesoamérica durante el periodo clásico. Su desarrollo se ha estructurado en diversas fases: Tzacualli (1-150), Miccalotti (150-250), Tlamimitolpa (250-450), Xotalpan (450-650) y Metepec (650-750). En la fase Tzacualli se inicia la construcción de los principales complejos arquitectónicos: las pirámides del Sol y de la Luna, la Ciudadela, el templo de Quetzalcóatl, etc. La siguiente fase, Miccalotti, marca la máxima expansión de la ciudad, convertida ya en un centro religioso, político y mercantil de primer orden. En la fase Tlamimitolpa se finaliza la Ciudadela y se completa el templo de Quetzalcóatl. En la fase Xotalpan la ciudad alcanza su mayor poder e influencia. Al final del periodo se inicia la decadencia de la ciudad, que se acentúa en la siguiente fase, Metepec.

TEP *Geol.* Siglas de *Tonelada Equivalente de Petróleo.* Es una medida de la cantidad de energía liberada por una tonelada de petróleo. Su poder calorífico es 10.000 kcal/kg.

TÉPALO m. *Bot.* Sépalo coloreado igual que el pétalo.

TEPANECA adj. y s. TECPANECA.

TEPE m. Pedazo de tierra cubierto de césped que sirve para hacer paredes y malecones.

TEPEHUANES, SIERRA DE Nombre que toma la Sierra Madre Occidental de México, entre los Estados de Durango y Sinaloa.

TEPLICE Ciudad de la República Checa, provincia de Bohemia Septentrional; 55.291 h. En ella se firmó el tratado entre Rusia, Prusia y Austria contra Francia en 1813.

TEQUENDAMA Cascada de Colombia, departamento de Cundinamarca, en el río Funza o Bogotá; 145 km de altura.

TEQUICHE m. *Venez.* Alimento hecho de harina de maíz tostado, leche de coco y mantequilla.

TEQUILA f. *Méx.* Bebida semejante al aguardiente o la ginebra, destilada de un maguey de ese nombre (*Agave tequilana,* o *mezcal de tequila*). Posee alta graduación (50 a 55º) y es una de las más típicas bebidas mexicanas.

TEQUIO m. **1** *Min. Amér.* Porción de mineral que saca a destajo un minero. **2** fig. *Amér. C.* Molestia, perjuicio, fastidio.

TER adv. numeral latino que significa «tres veces», y que añadido a un número entero indica que tal número se ha repetido por tercera vez.

TER- pref. PTERO-.

-TER- in. TERIO-.

-TER pref. TERC-.

TER Río de España, que nace en Ull del Ter, en los Pirineos, atraviesa parte de las provincias de Girona y Barcelona, y desemboca en el Mediterráneo; 209 km de curso.

TER BRUGGHEN, HENDRIK BRUGGHEN, HENDRIK TER.

TERA-, TERAT-, TERATO- prefs. que significan prodigio, monstruosidad. En matemáticas y con el significado de un billón (10^{12}) sirve para formar nombres de múltiplos de determinadas unidades: *teragramo.*

TERA Isla volcánica de Grecia, en el Egeo, la más meridional de las Cícladas; 80 km² y 52.400 h. Antiguamente se llamó *Santorin.*

TERAMO Provincia de Italia, en la región de Abruzos; 1.949 km² y 285.720 h. Su capital es la ciudad homónima.

TERAPEUTA adj. y com. Persona que profesa la terapéutica.

TERAPÉUTICA f. *Med.* **1** Parte de la medicina que tiene por objeto el tratamiento de las enfermedades. **2** Ese mismo tratamiento.

TERAPIA f. TERAPÉUTICA. || **TERAPIA DE GRUPO** *Psicol.* Técnicas de tratamiento encaminado a la modificación de conducta de un grupo de individuos afectados por trastornos psicológicos.

TERÁPSIDO, DA adj. y m. *Zool.* **1** Se aplica al reptil fósil de alguna de cuyas formas evolucionaron los mamíferos. || m. pl. *Zool.* **2** Orden de estos reptiles.

TERAT-, TERATO- prefs. TERA-.

TERATOLOGÍA f. *Biol.* Estudio de las anomalías y monstruosidades del organismo animal o vegetal.

Teotihuacán (México). Plaza y pirámide de la Luna.

TERATOMA m. *Med.* Tumor de tejidos ordenados caóticamente que son diferentes a los del área que le rodea.

TERBIO m. *Quím.* Elemento químico del grupo de los lantánidos o tierras raras del sistema periódico. Masa atómica, 158,924; número atómico, 65; símbolo, *Tb.* Metal de brillo plateado y muy activo.

TERC- pref. *Quím.* Indica los alcoholes y las aminas terciarias.

TERCEIRA Isla montañosa de Portugal, en el archipiélago de las Azores; 396 km² y 120.400 h. Capital, Angra do Heroísmo.

TERCER adj. Apócope de TERCERO. Se usa siempre antepuesto al sustantivo.

TERCER MUNDO *Econ.* Denominación que recibe el conjunto de países que se caracterizan por su subdesarrollo económico y su dependencia de los países desarrollados.

TERCERÍA f. **1** Oficio o cargo de terceros, que media entre dos o más personas. **2** ALCAHUETERÍA. **3** *Der.* Derecho que deduce un tercero entre dos o más litigantes. **4** *Der.* Juicio en que se ejercita este derecho.

TERCERILLA f. *Métr.* Composición métrica de tres versos de arte menor, dos de los cuales riman o hacen consonancia.

TERCERISTA com. *Der.* Parte demandante en una tercería.

TERCERMUNDISMO m. **1** *Econ.* Conjunto de rasgos económicos, culturales, etc., propios del Tercer Mundo. **2** Tendencia a privilegiar los problemas y fenómenos del Tercer Mundo.

TERCERMUNDISTA adj. Perteneciente o relativo a los países del Tercer Mundo o al tercermundismo.

TERCERO, RA adj. **1** Que sigue inmediatamente en orden al o al segundo. También s. **2** Se dice de las tres partes iguales en que se divide un todo. **3** Que media entre dos o más personas para el ajuste o ejecución de una cosa. Más como s. || m. **4** Alcahuete. **5** El que profesa la regla de una orden tercera. **6** Persona que no es ninguna de dos o más de quienes se trata o intervienen en un asunto. **7** *Geom.* Cada una de las sesenta partes iguales en que se divide el segundo de círculo. || f. *Mús.* **8** Consonancia o intervalo formado por dos tonos o un tono y un semitono. || **TERCERO EN DISCORDIA** El que media para zanjar una desavenencia. || **a la tercera va la vencida** fr. fig. y fam. que indica que el tercer intento de hacer algo sale bien.

TERCERO CARCARAÑÁ, río.

TERCEROLA f. **1** Arma de fuego usada por la caballería. **2** Barril de mediana capacidad. **3** *Mús.* Flauta más pequeña que la ordinaria y mayor que el flautín.

TERCETO m. **1** *Métr.* Combinación métrica de tres versos endecasílabos. **2** *Métr.* TERCERILLA. **3** *Mús.* Composición para tres voces o instrumentos.

TERCIA f. **1** *Agr.* Tercera cava o segunda bina que se da a las viñas. **2** *Fís.* Tercera parte de una vara. **3** Cada una de las tres partes iguales en que se divide un todo. **4** Segunda de las cuatro partes iguales en que dividían los romanos el día artificial. **5** *Rel.* Una de las horas menores del oficio divino, la inmediata después de la prima. **6** En el juego de los cientos, reunión de tres cartas del mismo palo y de valor correlativo.

TERCIADO, DA adj. **1** De tamaño mediano. **2** Reducido a una tercera parte. **3** *Taurom.* Dícese del toro de lidia que no alcanza el tamaño que debiera tener a su edad. || m. **4** Espada de hoja ancha y corta.

TERCIANA f. *Med.* Calentura intermitente que repite cada tercer día.

TERCIAR tr. **1** *Agr.* Dar la tercera reja o labor a las tierras. **2** *Agr.* Cortar las plantas o arbustos por una tercia sobre la tierra, para que retoñen con más fuerza. **3** Dividir una cosa en tres partes. **4** Poner una cosa atravesada diagonalmente o sesgada. **5** Equilibrar la carga repartiéndola por igual a los dos lados de la acémila. || prnl. **6** Presentarse casualmente algo o la oportunidad de hacer algo. Se usa en infinitivo y en las terceras personas de singular y plural. || intr. **7** Interponerse, mediar. **8** Tomar parte en una conversación que mantienen otros. **9** Completar el número necesario de personas para alguna cosa.

TERCIARIO, RIA adj. **1** Tercero en orden o grado. **2** *Arquit.* Se dice del arco de piedra que se hace en las bóvedas formadas con cruceros. **3** *Geol.* Se dice del periodo más antiguo de la era cenozoica, que comenzó hace 65 millones de años y terminó hace 2 millones. Se caracteriza por el desarrollo de los mamíferos placentados y de los grupos de aves actuales, la semejanza de la flora con la actual, un progresivo enfriamiento del clima y unas diferencias estacionales verano-invierno cada vez más acusadas. Suele dividirse en eoceno, oligoceno, mioceno y plioceno. También m. **4** *Geol.* Relativo a esta época. || m. y f. **5** Persona que profesa una de las órdenes terceras.

TERCIO, CIA adj. **1** Que sigue al segundo. || m. **2** Cada una de las tres partes iguales en que se divide un todo. **3** Cada una de las dos mitades de la carga de una acémila, cuando va en fardos. **4** *Mar.* Asociación de los marineros y de los propietarios de lanchas y redes de un puerto, agremiados para el ejercicio de la pesca. **5** *Mil.* Regimiento de infantería española de los siglos XVI y XVII. **6** *Mil.* Denominación que alguna vez se da a cuerpos o batallones de infantería. **7** *Mil.* Cada una de las divisiones del instituto de la guardia civil. **8** *Taurom.* Cada una de las tres partes en que se considera dividida la lidia de toros. **9** *Taurom.* Cada una de las tres partes concéntricas en que se considera dividido el ruedo, especialmente el comprendido entre las tablas y los medios.

TERCIOPELO m. Tela de seda velluda y tupida, formada por dos urdimbres y una trama.

TERCIOPERSONAL adj. *Gram.* Se dice de los verbos que sólo se usan en tercera persona, como los impersonales.

TERCO, CA adj. **1** Pertinaz, obstinado. También s. **2** fig. Se dice de lo que es difícil de labrar.

TEREBINTÁCEO, A adj. *Bot.* ANACARDIÁCEO.

TEREBINTO m. *Bot.* CORNICABRA.

TEREBRANTE adj. *Med.* Se dice del dolor que produce sensación semejante a la que resultaría de taladrar la parte dolorida.

TEREBRÁTULA f. *Zool.* Animal braquiópodo, de concha calcárea con valvas desiguales y articuladas mediante charnela.

TERENCIO, PUBLIO Comediógrafo latino de origen africano (Cartago, h. 190 - Grecia, 159 a. C.). Sus comedias, serias, urbanas y con un toque de reflexión moral, están dirigidas a un público culto: *Andria* (165 a. C.), *El verdugo de sí mismo* (163), *El eunuco* (163), *Formión* (161) y *Los adelfos* (160).

TERESA adj. y f. Se dice de la monja carmelita descalza que profesa la reforma de santa Teresa.

TERESA, SANTA TERESA DE JESÚS O DE ÁVILA, SANTA.

TERESA DE CALCUTA, BEATA (AGNES GONXHA BOJAXHIU, llamada) Religiosa macedonia (Skopje, 1910 - Calcuta, 1997). Fundó en Calcuta la Congregación de las Misioneras de la Caridad (1950), dedicada con carácter exclusivo a los pobres y enfermos. En 1979 recibió el premio Nobel de la Paz. Fue beatificada en 2003.

Santa **Teresa de Jesús.** Retrato anónimo.
Real Academia Española (Madrid).

Teresa de Jesús o **de Ávila, santa** (Teresa de Cepeda y Ahumada, llamada) Religiosa y escritora española (¿Gotarrendura?, 1515 - Alba de Tormes, 1582). Descendiente de conversos, entró en el convento carmelitano de la Encarnación, donde profesó en 1537. Llevó a cabo, con la ayuda de san Juan de la Cruz, la reforma de su orden según la regla primitiva, iniciada en 1562 con la fundación en Ávila del nuevo convento de San José, de carmelitas descalzas. Entre su producción ascético-mística, que la convierte en una de las principales representantes de la mística occidental, destacan *Camino de perfección* (1583) y *Castillo interior* o *Las moradas* (1588). Dejó también una autobiografía, *El libro de su vida* (1562-65), que se complementa con el *Libro de las fundaciones* (1573-82) y el *Libro de las relaciones* (1560-79). Utilizó un estilo intencionadamente desaliñado y con abundantes giros populares. Fue beatificada por Pablo V en 1614, canonizada por Gregorio XV en 1622 y declarada doctora de la iglesia en 1970 por Pablo VI.

Teresa del Niño Jesús o **Teresa de Lisieux** o **Teresita, santa** (Thérèse Martin, llamada) Religiosa y escritora francesa (Alençon, 1873 - Lisieux, 1897). Profesó en la orden carmelitana y escribió *Historia de un alma* (1898) y *Novíssima verba* (1926). Fue canonizada en 1925.

teresiana f. Especie de quepis usado como prenda de uniforme militar por algunos oficiales.

teresiano, na adj. **1** Relativo a santa Teresa de Jesús. **2** *Rel.* Se dice de la hermana de votos simples, perteneciente a un instituto religioso que tiene por patrona a santa Teresa.

Teresina Ciudad de Brasil, capital del Estado de Piauí, en la región Nordeste; 556.073 h.

tergal m. *Quím.* Nombre comercial registrado de una fibra sintética de poliéster, con la que se fabrican tejidos.

tergiversar tr. **1** Forzar, torcer las razones o argumentos, las palabras de un dicho o de un texto, la interpretación de ellas, o las relaciones de los hechos y sus circunstancias. **2** Trastrocar, trabucar.

teri- pref. pterio-.

teriaca f. triaca.

teriacal adj. triacal.

terido- pref. ptero-.

teridofito, ta adj. *Bot.* pteridofito.

terig- pref. ptero-.

terio, ria adj. y m. *Zool.* **1** Se aplica al mamífero comprendido en las infraclases metaterios y euterios. Son los animales más desarrollados y habitan en todo el mundo. || m. pl. *Zool.* **2** Subclase de estos mamíferos.

terio-, tero-; -ter-; -terio, -tero prefs., in. o sufs. que significan fiera.

terlenka f. *Quím.* Nombre comercial registrado de una fibra sintética poliéster, de fabricación alemana.

term- pref. termo-.

terma f. *Teat.* Pieza del decorado separada de la armadura principal y sujeta en su suelo, que sirve generalmente para representar elementos necesarios en la acción o para marcar los diversos términos de la escena.

termal adj. Relativo a las termas o caldas.

Terman, Lewis Madison Psicólogo estadounidense (Johnson Country, 1877 - Stanford, 1956). Elaboró el concepto de cociente de inteligencia e introdujo el uso de tests de inteligencia en su país.

-termancia, -térmano sufs. termo-.

termas f. pl. **1** Baños de aguas minerales calientes. **2** Baños públicos de los antiguos romanos. Existen restos arqueológicos de las de Caracalla, Diocleciano y Agripa, entre otras.

termes m. *Zool.* termita[2].

termia f. *Fís.* Unidad térmica de medida del calor. Equivale al calor necesario para elevar en un grado centígrado la temperatura de una tonelada de agua, de 14,5 °C a 15,5 °C, a la presión atmosférica normal. Equivale a un millón de calorías.

-termia suf. termo-.

térmico, ca adj. *Fís.* Relativo al calor o a la temperatura.

-térmico suf. termo-.

termidor m. *Hist.* Undécimo mes del calendario republicano francés, cuyos días primero y último coincidían, respectivamente, con el 19 de julio y el 17 de agosto.

terminación f. **1** Parte final de una obra o cosa. **2** *Gram.* Letra o letras que se subsiguen al radical de los vocablos, y también aquella o aquellas que determinan el género y número de las partes variables de la oración.

terminal adj. **1** Final, último. **2** *Biol.* Se dice de lo que está en el extremo de cualquier parte de un organismo. || m. **3** *Fís.* Extremo de un conductor, preparado para facilitar su conexión con un aparato. **4** *Inform.* Dispositivo de entrada y salida de datos conectado a un procesador de control al que está subordinado. || f. **5** Cada uno de los extremos de una línea de transporte público.

terminante adj. **1** Que termina. **2** Categórico, concluyente, que hace imposible cualquier insistencia o discusión sobre la cosa de que se trata.

terminar tr. **1** Poner término a una cosa, acabarla. **2** Acabar, rematar. **3** Cesar. || intr. **4** Entrar una enfermedad en su último periodo. || prnl. **5** Ordenarse, dirigirse una cosa a otra como a su fin y objeto.

terminator m. *Astron.* Límite entre lo iluminado y no iluminado en la Luna y los planetas interiores (también sobre la Tierra si la observación tiene lugar desde el espacio).

término m. **1** Último punto, extremo de una cosa. **2** Último momento, fin en la duración o existencia de una cosa. **3** fig. Límite o extremo de una cosa inmaterial. **4** Señal que fija los linderos de campos y heredades. **5** Línea divisoria de los Estados, provincias, distritos, etc. **6** Paraje señalado para algún fin. **7** Tiempo determinado. **8** Objeto, fin. **9** Estado o situación en que se halla una persona o cosa. **10** Forma o modo de portarse o hablar. Más en pl. **11** Traza, disposición, apariencia. **12** *Gram.* Palabra. **13** *Gram.* Cada uno de los dos elementos necesarios en la relación gramatical. **14** *Lóg.* Aquello dentro de lo cual se contiene enteramente una cosa. **15** *Lóg.* Cada una de las partes que integran una proposición o un silogismo. **16** *Mat.* En una fracción, numerador y denominador de aquélla. **17** *Mat.* En una expresión numérica, cada una de las partes ligadas entre sí por signos aritméticos. **18** *Mat.* En una expresión algebraica, cada uno de los monomios que la forman. **19** *Mat.* En una proporción, elementos que la forman. **20** *Mús.* Punto, tono. **21** *Pint.* Plano en que se representa algún objeto en un cuadro. **22** *Teat.* y *Cin.* Cada uno de los espacios o planos en que se considera dividida la escena en relación con el espectador. || m. pl. **23** Condiciones con que se plantea un asunto o cuestión, o que se establecen en un contrato. || **término medio** *Mat.* Cantidad que resulta de sumar otras varias y dividir la suma por el número de ellas. También, arbitrio proporcionado que se toma o sigue para salir de alguna duda, o para solucionar una discordia. || **en primer término** loc. adv. En el lugar más cercano al observador. También, en primer lugar. || **en último término** loc. adv. Sin otra solución. || **poner,** o **dar,** a una cosa **término** fr. Hacer que cese, que acabe.

terminología f. Conjunto de términos o vocablos propios de determinada profesión, ciencia o materia.

Términos, laguna de Albufera de México, en la costa E del golfo de Campeche; 3.850 km^2. Fue descubierta por el marino español Antón de Alaminos en 1518.

termiónico, ca adj. *Fís.* Relativo a la emisión de los electrones provocada por el calor.

termistor m. *Fís.* Dispositivo fabricado con materiales semiconductores que disminuye su resistencia al aumentar la temperatura.

termita[1] (Del gr. θέρμη, calor.) f. *Quím.* Mezcla de polvo de aluminio y diferentes óxidos metálicos que, al inflamarse, produce una temperatura elevadísima.

termita[2] o **térmite** (Del lat. *termes, -itis,* a través del fr.) f. *Zool.* Nombre de unas 2.000 especies de insectos isópteros pertenecientes a diversas familias y géneros, distribuidos por las regiones tropicales y subtropicales del mundo. Son de color blanquecino y vida social organizada en castas: rey y reina (fértiles), obreros y soldados. Su alimentación se basa en tejidos leñosos en descomposición.

termitero m. *Zool.* Nido de termitas.

termo[1] (De *thermos,* nombre comercial registrado.) m. Recipiente con dobles paredes, entre las cuales se ha hecho el vacío y cierre hermético, que conserva la temperatura de las sustancias introducidas en él.

termo[2] m. fam. termosifón.

termo-, term-; -termo-; -termo, -termancia, -termia, -térmano, -térmico prefs., in. o sufs. que significan calor o temperatura.

termoclastia f. *Geol.* Disgregación o fragmentación de las rocas debida a la dilatación y contracción de las mismas por cambios de temperatura.

termocompresor m. *Fís.* Aparato que utiliza la energía sobrante de un vapor de alta presión para comprimir uno de baja.

termodinámica f. *Fís.* Parte de la física que estudia las relaciones entre el calor y las restantes formas de energía.

termodinámico, ca adj. **1** *Fís.* Relativo a la termodinámica. **2** *Geol.* Se dice del metamorfismo originado por la acción conjunta y simultánea del calor y la presión.

termoelasticidad f. *Fís.* Propiedad por la que los cuerpos varían de forma en función de la temperatura.

termoelectricidad f. *Fís.* **1** Energía eléctrica producida por el calor. **2** Parte de la física que estudia esta energía.

termoestable adj. *Fís.* Que no se altera fácilmente por la acción del calor.

termófilo, la adj. *Biol.* Se dice del organismo o microorganismo que necesita temperaturas elevadas para desarrollar su ciclo vital y también del que está adaptado para soportarlas.

termófito, ta adj. *Bot.* Se dice de la planta termófila.

termófono m. *Fís.* Generador de ondas sonoras basado en las variaciones de temperatura que el paso de una corriente eléctrica produce en una placa.

termogénesis f. *Biol.* Producción de calor por los seres vivos, como consecuencia de la oxidación de sustancias orgánicas internas.

termolábil adj. *Fís.* Que se altera fácilmente por la acción del calor.

termología f. *Fís.* Parte de la física que estudia los fenómenos en que interviene el calor o la temperatura.

termometría f. *Meteor.* Parte de la termología que trata de la medición de la temperatura en un área o lugar.

termómetro m. *Tecnol.* Instrumento que sirve para medir la temperatura. Se basa en la variabilidad de determinadas magnitudes físicas de los cuerpos con la temperatura. || **termómetro clínico** *Med.* El de máxima precisión, que se usa para tomar la temperatura a los enfermos y cuya escala está dividida en décimas de grado. || **termómetro de máxima** *Meteor.* El que deja registrada la temperatura máxima. || **termómetro de mínima** *Meteor.* El que deja registrada la temperatura mínima.

termonuclear adj. *Fís.* Se dice de la mutación producida espontáneamente en el núcleo del átomo, bajo la acción de una temperatura muy elevada, como en la bomba de hidrógeno.

termopar m. *Fís.* Conjunto de dos metales (bismuto y antimonio, bismuto y cobre, etc.), unidos entre sí por sendas soldaduras, que al calentarse da origen a una corriente eléctrica. Se usa como instrumento de medida de temperaturas, especialmente como pirómetro.

termopausa f. *Fís.* Zona de la atmósfera que separa la termosfera de la exosfera.

Termópilas, Las *Geog. hist.* Desfiladero de Grecia, en Tesalia, entre el monte Eta y el golfo Málico, donde Leónidas, con un ejército formado por soldados espartanos y griegos, procuró sin éxito cerrar el paso a las tropas del persa Jerjes en la segunda guerra médica (480 a. C.).

termoplástico m. *Fís.* Plástico que puede moldearse tras ser ablandado por el calor.

termita. La reina cuidada por las obreras.

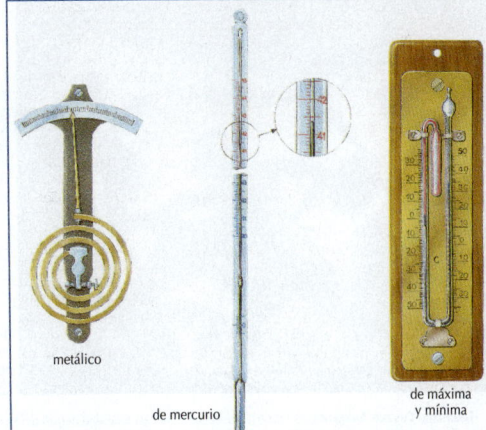

Diferentes tipos de **termómetro**. metálico — de mercurio — de máxima y mínima

TERMOQUÍMICO, CA adj. *Quím.* **1** Relativo a la termoquímica. ‖ f. *Quím.* **2** Parte de la termodinámica aplicada a la química que trata del estudio de la energía calorífica absorbida o desprendida en el transcurso de una reacción. ‖ **ECUACIÓN TERMOQUÍMICA** *Quím.* Aquella en la que se indica el estado físico de reactivos y productos, así como el calor de reacción.

TERMORREGULACIÓN f. **1** *Fisiol.* Función fisiológica propia de los animales homeotermos (mamíferos y aves), que consiste en mantener constante la temperatura interna. **2** *Tecnol.* Sistema de regulación automática de temperatura.

TERMOSCOPIO m. Termómetro diferencial.

TERMOSFERA f. *Fís.* Zona de la atmósfera inmediatamente superior a la mesopausa, en que la temperatura vuelve a crecer con la altitud, hasta valores de 1.773 ºC.

TERMOSIFÓN m. *Tecnol.* **1** Aparato anejo a una cocina, que sirve para calentar agua y distribuirla por medio de tuberías a los lavabos, baños y pilas de una casa. **2** Aparato de calefacción que envía agua caliente por medio de tuberías a diversos locales de un edificio o partes de una máquina.

TERMOSTATO o **TERMÓSTATO** m. *Tecnol.* Aparato que se conecta a una fuente de calor y que, mediante un contacto automático que interrumpe o reanuda el suministro de energía, mantiene constante la temperatura.

TERMOTECNIA f. Técnica del tratamiento del calor.

TERMOTERAPIA f. *Med.* Tratamiento de las enfermedades mediante la aplicación del calor.

TERNA f. **1** Conjunto de tres personas, propuestas para que se designe de entre ellas la que haya de desempeñar un cargo o empleo. **2** fig. TRÍO, grupo de personas. **3** Pareja de tres puntos, en el juego de dados. **4** Cada juego o conjunto de dados con que se juega.

TERNARIO, RIA adj. **1** Compuesto de tres elementos, unidades o guarismos. ‖ m. **2** Espacio de tres días dedicados a una devoción.

TERNASCO m. Cordero lechal.

TERNE adj. **1** fam. Que se jacta de valiente o de guapo. **2** fam. Perseverante, obstinado. **3** fam. Fuerte, robusto.

TERNERO, RA m. y f. **1** *Zool.* Cría de la vaca. ‖ m. **2** Carne de ternera o de ternero. ‖ **TERNERO RECENTAL** El de leche o que no ha pastado todavía.

TERNEZA f. **1** Calidad de tierno. **2** Requiebro. Más en pl.

TERNI 1 Provincia de Italia, en Umbría; 2.122 km² y 223.775 h. **2** Ciudad capital de la misma; 108.655 h.

TERNILLA f. *Anat.* Cartílago.

TERNO m. **1** Conjunto de tres cosas de una misma especie. **2** Pantalón, chaleco y chaqueta confeccionados con una misma tela. **3** Conjunto del oficiante y sus dos ministros, diácono y subdiácono, que celebran una misa. **4** Vestuario exterior del terno eclesiástico, que consta de casulla y capa pluvial para el oficiante y de dalmáticas para sus ministros. **5** Voto, juramento, amenaza. **6** *Cuba* y *P. Rico* Aderezo de joyas compuesto de pendientes, collar y alfiler. **7** *A. gráf.* Conjunto de tres pliegos impresos metidos uno dentro de otro.

TERNURA f. **1** Calidad de tierno. **2** Requiebro.

TERO-¹ pref. PTERO-.

TERO-², **-TERO** pref. o suf. TERIO-.

TERPÉNICO, CA adj. *Quím.* Relativo al terpeno. ‖ **SERIE TERPÉNICA** *Quím.* Aquella que agrupa numerosos compuestos presentes en los aceites esenciales como resultado de la destilación de vegetales.

TERPENO m. *Quím.* Nombre de ciertas sustancias lipídicas constituidas por múltiples unidades de isopreno (hidrocarburo de cinco átomos de carbono), formando moléculas lineales o cíclicas. Son insaponificables y particularmente abundantes en los vegetales.

TERPINA f. *Quím.* Hidrato de trementina.

TERPINOL m. *Quím.* Sustancia que resulta de la acción de un ácido sobre la terpina.

TERPSÍCORE *Mit.* Una de las nueve MUSAS, que presidía la música y el baile. Se la representa como una joven de rostro sonriente, coronada de guirnaldas o de una diadema y con un arpa o una lira en la mano. Era hija de Zeus y Mnemosine.

TERQUEAR intr. Mostrarse terco.

TERQUEDAD f. **1** Calidad de terco. **2** Porfía, obstinación. **3** *Ecuad.* Despego, desvío, desabrimiento.

TERRA *Astron.* Forma superficial y clara de la Luna, en oposición a la más oscura (*mare*).

TERRA, GABRIEL Político uruguayo (Montevideo, 1873 - íd., 1942). Fue elegido presidente de la República para el periodo 1931-34, pero en 1933 asumió todos los poderes y aprobó una nueva Constitución que le permitió ser reelegido para un segundo periodo presidencial (1934-38).

TERRACOTA f. **1** Arcilla modelada y endurecida al horno. **2** Escultura pequeña hecha de arcilla cocida.

TERRADO m. *Arq.* TERRAZA, sitio abierto de una casa.

TERRAJA f. **1** Tabla recortada, que sirve para hacer molduras de yeso, estuco o mortero. **2** Herramienta formada por una barra de acero con una caja rectangular en el centro, donde se ajustan las piezas que sirven para labrar las roscas de los tornillos.

TERRAMICINA f. *Biol.* Antibiótico obtenido del actinomiceto *Streptomyces rimosus*.

TERRANOVA adj. y m. Se aplica a una raza de perros originarios de Canadá, de gran tamaño, pelo negro y largo y cabeza ancha. Buenos nadadores y muy fieles, se utilizan como perros guardianes y de salvamento.

TERRANOVA (*Newfoundland*) Provincia oriental de Canadá; 405.720 km² y 541.164 h. Su capital es Saint John's. Comprende la isla de su nombre (112.298 km²) y la parte oriental de la península del Labrador. Pesca (bacalao). Industria papelera. Yacimientos de hierro, cobre, plomo, cinc, plata. Producción maderera. Terranova era conocida desde tiempos remotos por los escandinavos y los pescadores franceses y españoles que acudían a sus bancos pesqueros. En 1497 fue visitada por el genovés Juan Caboto, al servicio de Inglaterra. En los siglos XVI y XVII fue disputada por ingleses y franceses. Por el tratado de Utrecht (1713) Terranova quedó en manos de Gran Bretaña. En 1917 Terranova recibió el estatuto de dominio británico y en 1948 se unió a Canadá.

TERRAPLÉN m. Macizo de tierra con que se rellena un hueco, o que se levanta para hacer una defensa, un camino u otra obra semejante.

TERRÁQUEO, A adj. *Geol.* Compuesto de tierra y agua. Se aplica únicamente al globo o esfera terrestre.

TERRARIO o **TERRARIUM** m. *Zool.* Instalación en la que se exhiben, a semejanza del acuario, ciertos animales terrestres, particularmente reptiles y anfibios.

TERRATENIENTE com. Persona que posee tierras, especialmente grandes extensiones agrícolas.

TERRAY, JOSEPH MARIE (también llamado EL ABATE TERRAY) Político francés, (Boën, 1715 - París, 1778). Protegido de la marquesa de Pompadour, controló las finanzas desde 1769 y formó parte del triunvirato al final del reinado de Luis XV. Luis XVI le sustituyó por Turgot.

TERRAZA f. **1** Cubierta plana de un edificio, provista de baranda o muros, a la que se puede acceder. **2** Sitio abierto de una casa desde el que se puede explayar la vista. **3** Terreno situado delante de un café, bar, etc., para que los clientes puedan sentarse al aire libre. **4** Jarra vidriada de dos asas. **5** Era estrecha junto a las paredes para plantas de adorno. **6** *Ecol.* Superficie estrecha, con pendiente nula o muy suave, construida artificialmente en las laderas de las montañas para facilitar la repoblación forestal. **7** *Geol.* Cada uno de los espacios de terreno llano, dispuestos en forma de escalones, en la ladera de una montaña. Suelen ser largas, estrechas y contiguas a una corriente de agua. Se originan por sucesivos encajamientos del cauce fluvial en los depósitos de aluvión del río anteriores al encajamiento.

TERRAZGO m. **1** *Agr.* Pedazo de tierra para sembrar. **2** Pensión o renta que paga el que labra una tierra.

TERRAZO m. **1** Pavimento formado por chinas o trozos de mármol aglomerados con cemento y cuya superficie se pulimenta. **2** *Pint.* Terreno representado en un paisaje.

TERRE-DE-BAS SANTAS, LAS.

TERRE-DE-HAUT SANTAS, LAS.

TERREGOSO, SA adj. *Agr.* Se dice del campo lleno de terrones.

TERREMOTO m. *Geol.* Temblor o sacudida brusca de la corteza terrestre. Puede estar ocasionada por muy diversas causas, desde desprendimientos de rocas en las laderas de las montañas hasta el hundimiento de cavernas o erupciones volcánicas; pero la mayoría son reflejo de una actividad orogénica, produciéndose en zonas inestables donde todavía son necesarios los movimientos de reajuste de la corteza. El punto interior de la litosfera donde tiene lugar el seísmo se llama *foco sísmico* o *hipocentro*, y el punto de la superficie que se halla di-

Terni (Italia). Iglesia de San Francisco.

rectamente en la vertical del hipocentro, *epicentro*. La propagación del movimiento sísmico se realiza mediante ondas concéntricas que, partiendo del hipocentro, recorren el interior de la litosfera, y partiendo del epicentro se extienden por la superficie.

TERRENAL adj. Relativo a la tierra, en contraposición a lo que pertenece al cielo.

TERRENO, NA adj. **1** Relativo a la tierra. **2** TERRENAL. || m. **3** Sitio o espacio de tierra. **4** fig. Campo o esfera de acción en que con mayor eficacia pueden mostrarse la índole o las cualidades de personas o cosas. **5** fig. Orden de materias o de ideas de que se trata. **6** Espacio generalmente acotado y debidamente acondicionado para la práctica de ciertos deportes. **7** *Geol.* Conjunto de sustancias minerales que tienen origen común, o cuya formación corresponde a una misma época. || **allanar**, o **preparar**, a alguien **el terreno** fr. fig. y fam. Conseguirle un ambiente favorable. || **ganar** uno **terreno** fr. fig. Adelantar en una cosa. También, irse introduciendo con arte, habilidad o gracia para lograr un fin. || **minarle** a uno **el terreno** fr. fig. Trabajar solapadamente para desbaratar a uno sus planes. || **saber** uno **el terreno que pisa** fr. fig. Conocer bien el asunto que se trae entre manos o las personas con quienes se trata. || **sobre el terreno** fr. fig. En el sitio donde ha de resolverse lo que se trata. También, durante la realización de algo.

TÉRREO, A adj. **1** De tierra. **2** Parecido a ella.

TERRERO, RA adj. **1** Relativo a la tierra. **2** Se dice del vuelo rasante de ciertas aves. **3** Se dice de la caballería que levanta poco los brazos al caminar. **4** Se dice de la cesta de mimbre o espuerta que se emplea para transportar tierra. También f. **5** fig. Bajo y humilde. **6** *P. Rico* Se dice de la casa de un solo piso. || m. **7** Terraza de una casa. **8** Montón de tierra. **9** *Geol.* Depósito de tierras acumuladas por la acción de las aguas. **10** *Min.* Montón de broza o desechos sacados de una mina. **11** Objeto o blanco que se pone para tirar a él. **12** Plaza pública. || f. **13** Trozo de tierra escarpada desprovista de vegetación. **14** *Zool.* Ave paseriforme de la familia aláudidos, género *Calandrella*.

TERRESTRE adj. **1** Relativo a la Tierra. **2** Que sirve o se da en la tierra, en oposición a marino o aéreo.

TERRIBLE adj. **1** Digno o capaz de ser temido; que causa terror. **2** Áspero, duro. **3** Desmesurado, extraordinario.

TERRÍCOLA com. **1** Habitante de la Tierra. **2** *Ecol.* Se dice de la especie animal o vegetal que realiza todo su ciclo biológico en tierra firme.

TERRIER (Voz fr.) adj. y s. Se dice de una raza de perros, de talla pequeña o mediana, con buena vista y mejor olfato. Existen numerosas variedades, de origen británico la mayoría.

terrier

TERRINA f. TARRINA.

TERRITORIAL adj. Relativo a un territorio.

TERRITORIALIDAD f. **1** Consideración especial en que se toman las cosas en cuanto están dentro del territorio de un Estado. **2** *Der.* Privilegio jurídico en virtud del cual los buques y los domicilios de los agentes diplomáticos se consideran, dondequiera que estén, como si formasen parte del territorio de su propia nación.

TERRITORIALISMO m. Fenómeno por el cual ciertas especies dividen su hábitat en territorios.

TERRITORIO m. **1** Parte de la superficie terrestre perteneciente a una nación, región, provincia, etc. **2** TERRENO, esfera de acción. **3** Término que comprende una jurisdicción. **4** *Arg.* Demarcación sujeta al mando de un gobernador nombrado por el gobierno nacional. **5** División administrativa de un Estado.

TERRITORIO BRITÁNICO DEL OCÉANO ÍNDICO Colonia británica constituida por el archipiélago de las Chagos; 46 km².

TERRITORIO DE LA CAPITAL DISTRITO FEDERAL, territorio de Australia.

Teseo y el Minotauro. Ánfora griega del siglo VI a. C. Museo del Louvre (París).

TERRITORIO CHILENO ANTÁRTICO Sector de la Antártida, reivindicado por Chile, comprendido a partir del paralelo 60° S, entre los meridianos 53° y 90° de longitud O.

TERRITORIO FEDERAL DE LA CAPITAL ABUJA.

TERRITORIO FRANCÉS DE LOS AFARS Y DE LOS ISSAS YIBUTI.

TERRITORIO DEL NOROESTE Territorio de Canadá; 1.224.920 km² y 41.668 h. Su capital es Yellowknife.

TERRITORIO DEL NORTE Territorio de Australia; 1.346.200 km² y 190.000 h. Su capital es Darwin.

TERRITORIO DEL YUKON YUKON.

TERRIZO, ZA adj. **1** De tierra. **2** Se dice del suelo de tierra, sin pavimentar. || m. y f. **3** Barreño, lebrillo.

TERRÓN m. **1** Masa pequeña y suelta de tierra compacta. **2** Masa pequeña y suelta de otras sustancias, como el azúcar. **3** Residuo que deja, en los capachos de los molinos de aceite, la aceituna después de exprimida. || m. pl. **4** Hacienda rústica.

TERROR m. **1** Miedo, espanto, pavor. **2** Denominación dada a los métodos expeditivos de justicia revolucionaria y contrarrevolucionaria. Por antonomasia, época, durante la Revolución Francesa, en que éstos eran frecuentes (véase EL TERROR).

TERROR, EL *Hist.* Etapa de la Revolución Francesa que abarca desde la caída de los girondinos (31 de mayo de 1793) hasta la ejecución de Robespierre (28 de julio de 1794). Se caracterizó por el poder omnímodo del Comité de Salvación Pública de París, presidido por Robespierre, por la promulgación de la Ley de Sospechosos y por sus muchas ejecuciones, entre ellas las del rey Luis XVI, María Antonieta, Dantón, Desmoulins, etc. El número de víctimas de esta época se calcula en unas 42.000.

TERRORÍFICO, CA adj. Que infunde terror.

TERRORISMO m. **1** Dominación por el terror. **2** Sucesión de actos de violencia ejecutados para infundir terror. **3** *Polít.* Forma violenta de lucha política, mediante la cual se persigue la destrucción del orden establecido o la creación de un clima de temor e inseguridad susceptible de intimidar a los adversarios o a la población en general.

TERRORISTA com. **1** Persona partidaria del terrorismo. || adj. **2** Que practica actos de terrorismo. También s. **3** Relativo al terrorismo. **4** Se dice de la organización, partido, etc., que practica el terrorismo.

TERROSO, SA adj. **1** Que participa de la naturaleza y propiedades de la tierra. **2** Que tiene mezcla de tierra.

TERRUÑO m. **1** Trozo de tierra. **2** Comarca o tierra, especialmente el país natal. **3** Terreno, especialmente hablando de su calidad.

TERSO, SA adj. **1** Limpio, bruñido, resplandeciente. **2** Liso, sin arrugas. **3** fig. Tratándose del lenguaje, estilo, etc., puro.

TERTULIA f. **1** Grupo de personas que se reúnen habitualmente para conversar o recrearse. **2** Corredor en la parte más alta de los antiguos teatros de España.

TERTULIANO, NA adj. y s. CONTERTULIANO.

TERTULIANO, QUINTO SEPTIMIO FLORENCIO Escritor latino y padre de la iglesia de Occidente (Cartago, 160 - íd., 240). Convertido al cristianismo y ordenado sacerdote hacia el año 196, se dedicó a la defensa de la iglesia. Su rigorismo e intransigencia le hicieron abrazar temporalmente la herejía de Montano. Fue uno de los apologistas más importantes de su tiempo, creador del lenguaje teológico occidental. Obras principales: *Apologético* (197), *Sobre las argucias de los herejes* (h. 200), *Sobre el alma* (h. 210-13), *Sobre la idolatría* (h. 211).

TERTULIO, LIA adj. CONTERTULIANO.

TERUEL 1 Provincia de España, en la comunidad autónoma de Aragón; 14.804 km² y 136.849 h. Situada en su casi totalidad dentro del sistema Ibérico, sus sierras principales son las de Albarracín, Cucalón, Sant Just, Palomera, Gúdar y Javalambre. Está bañada por los ríos Turia, Jiloca, Mijares y Guadalope. En su vértice SO nacen el Tajo y el Cabriel. Su clima es continental. Cultiva trigo y cebada. Ganadería ovina. Minería del hierro y lignito. Industrias alimentarias y de la construcción. Importante producción de energía eléctrica. Intensa explotación forestal. **2** Ciudad capital de la misma y del partido judicial de su nombre, en la orilla del río Turia; 28.994 h. Industria de la madera, textil, química, de la construcción y alimentaria. Catedral gótico-mudéjar (siglo XIII). Iglesia de San Pedro, de estilo gótico. Torres mudéjares del Salvador y de San Martín.

TESALIA Región del E de Grecia continental, a orillas del Egeo; 14.037 km² y 731.230 h. Su capital es Larissa. Comprende los nomos de Hagion Oros, Karditza, Larissa, Magnesia y Triccala. Agricultura (vid, tabaco, maíz, remolacha azucarera) y ganadería lanar. Fue sometida por los dorios (siglo XII a. C.). Sus ciudades formaron, en el siglo VI a. C., una confederación, que quedó bajo la autoridad de los tiranos de Feras a comienzos del siglo IV a. C. Unida a Macedonia por Filipo (344 a. C.), fue conquistada por Roma en 146 a. C.

TESALÓNICA SALÓNICA.

TESAR tr. *Mar.* Poner tirantes los cabos, cadenas, velas, etc.

TESAURO m. TESORO, diccionario, catálogo, antología.

TESCHEN CIESZYN.

TESELA f. *Arte.* Cada una de las piezas cúbicas de mármol, piedra, barro cocido, etc., que forman un mosaico.

TESEO *Mit.* Héroe del Ática, hijo de Egeo, rey de Atenas, o, según otra tradición, de Poseidón. Enviado a Creta como tributo al rey Minos, consiguió matar al Minotauro y salir del Laberinto guiado con el hilo de Ariadna. Al suicidarse Egeo, le sucedió en el trono de Atenas, donde reorganizó la vida política. Posteriormente, guerreó contra las amazonas y tomó parte en la lucha entre centauros y lapitas.

TÉSERA f. *Hist.* Pieza cúbica o lisa con inscripciones que, en la antigua Roma, tenía diversos usos: contraseña, distinción honorífica o prenda de un pacto.

TESIFONTE CTESIFONTE.

TESIN CIESZYN.

TESINA f. Trabajo que en ciertas facultades universitarias ha de presentarse al final de la carrera para obtener la licenciatura.

TESINO Cantón suizo, junto a la frontera de Italia; 2.812 km² y 306.179 h. Su capital es Bellinzona. Población de lengua italiana. Tabaco, vid, maíz, frutales. Turismo.

TESINO Río de Suiza e Italia, que nace cerca del macizo de San Gotardo, atraviesa el lago Mayor y desemboca en el Po; 248 km. En sus orillas, las tropas cartaginesas de Aníbal derrotaron a las romanas de Publio Cornelio (218 a. C.).

TESIS f. **1** Conclusión, proposición que se mantiene con razonamientos. **2** Opinión de alguien sobre algo. **3** Trabajo de investigación que presenta a la universidad el aspirante al título de doctor en una facultad. **4** *Filos.* En la lógica aristotélica, proposición que se emplea como premisa de un silogismo. **5** *Filos.* Primera fase del proceso dialéctico.

-TESIS suf. TECA-.

TESITURA f. *Mús.* Altura propia de cada voz y de cada instrumento. **2** fig. Actitud o disposición del ánimo.

TESLA (Del apellido de *Nikola Tesla*.) m. *Metrol.* Unidad de inducción magnética en el Sistema Internacional. Constituye la inducción presente en un punto del espacio, con una carga de un culombio, que se mueve a la velocidad de un metro por segundo, con la fuerza de un newton. Equivale a un weber por metro cuadrado.

Tesla, Nikola Físico estadounidense de origen croata (Smiljan, 1856 - Nueva York, 1943). Colaborador de Edison, descubrió el principio del campo eléctrico rotatorio e inventó la *bobina de Tesla*, un transformador-oscilador de alta frecuencia y voltaje.

teso m. *Geol.* Cima de un cerro o collado.

tesón m. Firmeza, constancia, perseverancia.

tesorería f. **1** Cargo u oficio de tesorero. **2** Oficina o despacho del tesorero. **3** *Econ.* Parte del activo de un negocio disponible en metálico o fácilmente realizable.

tesorero, ra m. y f. **1** Persona encargada de custodiar los caudales de una dependencia pública o particular. || m. **2** Canónigo o dignidad a cuyo cargo está la custodia de las reliquias y alhajas de una catedral o colegiata.

tesoro m. **1** Cantidad de dinero, valores u objetos preciosos reunida y guardada. **2** *Econ.* Erario de una nación. **3** Abundancia de dinero guardado y conservado. **4** fig. Persona o cosa digna de estimación. **5** fig. Nombre de ciertos diccionarios, catálogos o antologías. **6** Conjunto escondido de monedas o cosas preciosas, de cuyo dueño no queda memoria.

tespíades f. pl. Las MUSAS, así llamadas porque moraron, según la fábula, en la ciudad de Tespias.

Tespis Poeta griego (s. VI a. C.). Se le atribuye la creación de la tragedia, al introducir en los cantos de alabanza a Dionisos el prólogo y el diálogo.

test m. **1** *Psicol.* Prueba de carácter psicológico para medir o valorar las diversas facultades intelectuales o la personalidad del individuo. **2** Por extensión, cualquier examen, y especialmente cuando hay que contestar con una palabra o una cruz en la casilla que corresponda a la solución de la pregunta.

testa f. **1** Cabeza. **2** *Bot.* Cubierta externa de la semilla. **3** Frente, cara o parte anterior de algunas cosas. || **testa coronada** Monarca, soberano de un Estado.

testáceo, a adj. y m. *Zool.* Se dice del animal que tiene concha.

testado, da adj. *Der.* Se dice de la persona que ha muerto habiendo hecho testamento, y de la sucesión por éste regida.

testador, ra m. y f. *Der.* Persona que hace testamento.

testaferro m. *Der.* El que presta su nombre en un contrato o negocio que en realidad es de otra persona.

testamentaría f. *Der.* **1** Ejecución de lo dispuesto en el testamento. **2** Bienes que constituyen una herencia, desde la muerte del testador hasta que termina la liquidación y división. **3** Junta de los testamentarios. **4** Conjunto de documentos que atañen al cumplimiento de la voluntad del testador. **5** Juicio para inventariar, conservar y partir la herencia del testador.

testamentario, ria adj. **1** Relativo al testamento. || m. y f. *Der.* **2** Persona encargada por el testador de cumplir su última voluntad.

testamento m. **1** *Der.* Declaración que de su última voluntad hace una persona, disponiendo de bienes y asuntos que le atañen para después de su muerte. **2** *Der.* Documento donde consta en forma legal la voluntad del testador. **3** Escrito en el que una persona expresa los puntos fundamentales de su pensamiento o las principales características de su arte, en forma que se considera definitiva. **4** fig. y fam. Serie de resoluciones que por interés personal dicta una autoridad cuando va a cesar en sus funciones.

Testamento, Antiguo BIBLIA.

Testamento, Nuevo BIBLIA.

testar[1] intr. **1** Hacer testamento. || tr. **2** Tachar, borrar.

testar[2] intr. Dar con la cabeza.

testarazo m. **1** Golpe dado con la testa. **2** Por extensión, golpe, porrazo.

testarudo, da adj. y s. Porfiado, terco.

teste m. **1** Testículo. **2** *Arg.* Grano de consistencia coriácea que sale en los dedos de las manos.

testear tr. *Amér.* Someter a un test a alguien.

testera f. **1** Frente de una cosa. **2** Adorno para la frente de las caballerías. **3** *Met.* Cada una de las paredes del horno de fundición. **4** Parte anterior y superior de la cabeza del animal.

testero m. **1** TESTERA. **2** Trashoguero de la chimenea. **3** *Min.* Macizo de mineral con dos caras descubiertas.

testículo m. *Anat.* Cada una de las dos glándulas reproductoras masculinas de los vertebrados; al alcanzar la madurez producen esperma y hormonas.

testificar tr. **1** Afirmar o probar una cosa. **2** Declarar como testigo.

testigo com. **1** Persona que da testimonio de una cosa. **2** Persona que presencia o adquiere conocimiento directo de una cosa. **3** *Der.* Persona que, sin ser parte de un proceso judicial, es requerida por el juez para testi-

Tetis. Mosaico romano del siglo III. Museo Arqueológico (Antioquía).

ficar sobre hechos relacionados con el mismo. **4** *Der.* Persona cuya presencia es necesaria para dar validez a un acto jurídico. || m. **5** Cualquier cosa que prueba la verdad de un hecho. **6** Hito de tierra que se deja en las excavaciones para poder cubicar la tierra extraída. **7** Pieza de escayola o de otro material adecuado que se coloca sobre las grietas de un edificio para comprobar su evolución. **8** *Dep.* En las carreras de relevos, objeto que se transmiten los corredores de un mismo equipo. **9** *Biol.* Parte del material viviente destinado a experimentación que, mantenido en condiciones normales, sirve para determinar por comparación el resultado de las manipulaciones a que se somete el resto. || **testigo de cargo** *Der.* El que declara en contra del procesado. || **testigo de descargo** *Der.* El que declara en favor del procesado. || **testigo ocular** *Der.* El que vio los hechos sobre los que atestigua o depone.

Testigos, islas de los Pequeño archipiélago de Venezuela, en el mar de las Antillas; 10 km^2.

Testigos de Jehová *Rel.* Grupo religioso de origen protestante fundado en EE UU por Charles Taze Russel en 1872. Su predicación se basa en la venida del Reino, que consistirá en el cielo para 144.000 personas.

testimonial adj. **1** Que constituye o sirve como testimonio. || f. pl. *Der.* **2** Documento que acredita la veracidad de algo.

testimoniar tr. Atestiguar, o servir de testigo.

testimonio m. **1** Atestación o aseveración de una cosa. **2** Documento autorizado por notario en el que se da fe de un hecho. **3** Prueba, justificación y comprobación de la certeza de una cosa. || **falso testimonio** Falsa atribución de una culpa. También, delito que comete el testigo que falta a la verdad.

testosterona f. *Biol.* Hormona sexual masculina cuya función es regular el desarrollo de los órganos sexuales y la aparición de los caracteres sexuales secundarios masculinos.

testudíneo, a adj. Propio de la tortuga o parecido a ella.

testudínido, da adj. y m. *Zool.* **1** Se aplica al reptil quelonio terrestre, con cuello retráctil y caparazón abombado de varios colores, patas y dedos cortos y tamaño variable, que vive en todos los continentes excepto Australia. || m. pl. *Zool.* **2** Familia de estos reptiles.

testuz amb. **1** En algunos animales, frente. **2** En otros, nuca.

teta f. **1** fam. MAMA. **2** *Zool.* Pezón de la mama. **3** Leche que segrega este órgano. **4** fig. Montecillo. || **dar la teta** fr. Dar de mamar. || **de teta** loc. adj. Se dice del niño o de la cría de un animal que está en la lactancia.

tetania f. *Pat.* Estado de irritabilidad neuromuscular que se manifiesta por la contracción dolorosa e intermitente de grupos aislados de músculos, calambres bruscos en las extremidades, pérdida de conciencia y convulsiones.

tétano o **tétanos** m. *Pat.* Enfermedad infecciosa grave debida al *Clostridium tetani,* caracterizada por contracciones convulsivas de los músculos voluntarios. El microorganismo, que se encuentra principalmente en la tierra, en el polvo, sobre objetos viejos de madera y en el hierro oxidado, penetra en el organismo por heridas profundas u otros tejidos lesionados, y sus toxinas atacan al sistema nervioso central.

tête-à-tête (Voz fr.) m. Conversación entre dos personas.

tetera f. **1** Vasija de metal, loza, porcelana o barro, que se usa para hacer y servir el té. **2** *Amér.* Tetilla.

tetero m. *Col.* Biberón.

tetilla f. **1** *Zool.* Pezón de la mama del macho de los mamíferos. **2** Pezón de goma que se pone al biberón para que el niño pueda chupar. **3** *Bot.* Planta compuesta, parecida al alazor, pero con flores azules. **4** *Bot. Chile* Hierba anual saxifragácea, de pecíolos muy abultados.

tetina f. Tetilla, pezón de goma que se pone a los biberones.

Tetis *Astron.* Cuarto satélite interior de Saturno, de 1.060 km de diámetro. Descubierto por G. Cassini en 1684.

Tetis *Mit.* Hija de Nereo y Doris, esposa de Peleo y madre de Aquiles. Sumergió a su hijo, suspendido por el talón, en las aguas del Éstige para hacerlo invulnerable.

Tetis *Mit.* La más joven de las titánides. Esposa de Océano y madre de los ríos del mundo y de las oceánides.

tetón m. *Bot.* Pedazo seco de la rama podada que queda unido al tronco.

tetra-, tetr- prefs. que significan cuatro.

tetrabranquiado, da adj. y m. *Zool.* **1** Se dice del cefalópodo cuyo aparato respiratorio está formado por cuatro branquias, con la concha arrollada en espiral. El único género vivo es *Nautilus.* || m. pl. *Zool.* **2** Subclase de estos cefalópodos.

tetrabrik (Marca registrada.) m. Envase de cartón plastificado con forma de paralelepípedo para productos alimenticios.

tetraciclina f. *Farm.* Grupo de antibióticos de amplio espectro antimicrobiano.

tetracordio m. *Mús.* Serie de cuatro sonidos descendentes que forman un intervalo de cuarta utilizado en la Grecia clásica.

tétrada f. Conjunto de cuatro seres o cosas, estrecha o especialmente vinculados entre sí.

tetraedrita f. *Miner.* Mineral silicato de fórmula $(Cu, Fe)_{12} (Sb, As)_4 Si_{13}$, de color gris negro, que aparece normalmente en vetas hidrotermales junto a minerales de cinc, cobre y plata.

tetraedro m. *Geom.* Poliedro de cuatro planos o caras triangulares. || **tetraedro regular** *Geom.* Aquel cuyas caras son triángulos equiláteros.

tetragonal adj. **1** Relativo al tetrágono. **2** De forma de tetrágono. **3** *Geol.* Se dice del sistema cristalográfico cuyo elemento común de simetría es un eje cuaternario; además puede tener cuatro binarios, cinco planos de simetría y un centro.

tetrágono adj. y m. *Geom.* **1** Se dice del polígono de cuatro ángulos y cuatro lados. || m. *Geom.* **2** Superficie de cuatro ángulos y cuatro lados, cuadrilátero.

tetragrama m. *Mús.* Pauta que se utiliza en la notación del canto gregoriano.

tetragrámaton m. **1** Palabra formada por cuatro letras. **2** Por excelencia, nombre de Dios, que en hebreo, como en muchos otros idiomas, se compone de cuatro letras (YHVH).

tetrakis- pref. TETRA-.

tetralina f. *Quím.* Hidrocarburo líquido resultado de la hidrogenación catalítica del naftaleno, de fórmula $C_{10}H_{12}$.

tetralogía f. **1** *Lit.* Conjunto de cuatro obras trágicas de un mismo autor, presentadas a concurso en los juegos solemnes de la Grecia antigua. **2** Conjunto de cuatro obras literarias o líricas que tienen entre sí enlace histórico o unidad de pensamiento.

tetrámero, ra adj. **1** *Bot.* Se dice del verticilo que consta de cuatro piezas y de la flor que tiene corola y cáliz con este carácter. **2** *Zool.* Se dice del insecto coleóptero con cuatro artejos en cada tarso, como el gorgojo. También m.

tetramorfo, fa adj. **1** Se dice del animal fantástico de los antiguos orientales con cabeza de hombre, alas

tetraedrita

Tetuán (Marruecos). Plaza Moulay el-Mehdi.

de águila, pies delanteros de león y traseros de toro. || m. *Arte*. **2** En la iconografía románica, representación de los evangelistas con sus símbolos, o sólo de éstos.

TETRAODÓNTIDO, DA adj. y m. *Zool*. **1** Se dice del pez de cuerpo pequeño, piel cubierta de espinas o placas óseas y cuatro dientes en la mandíbula, propio de los trópicos y cuya carne es venenosa. || m. pl. *Zool*. **2** Familia de estos peces.

TETRAÓNIDO, DA adj. y m. *Zool*. **1** Se dice del ave galliforme de pico corto con plumas en la base que tapan las fosas nasales, tarsos sin espolones y cubiertos de plumas o formaciones córneas, como el urogallo. Habitan en el N de América, Asia y Europa. || m. pl. *Zool*. **2** Familia de estas aves.

TETRAPLEJIA f. *Med*. Parálisis que afecta a las cuatro extremidades.

TETRÁPODO, DA adj. y m. *Zool*. **1** Se dice del animal vertebrado terrestre con cuatro extremidades tipo quiridio. || m. pl. *Zool*. **2** Superclase de estos animales.

TETRARCA m. **1** Señor de la cuarta parte de un reino o provincia. **2** Gobernador de una provincia con territorio.

TETRARQUÍA f. **1** Dignidad de tetrarca. **2** Territorio de su jurisdicción. **3** Tiempo de su gobierno. || **TETRARQUÍA ROMANA** *Hist*. En Roma, sistema de gobierno impuesto por Diocleciano a finales del siglo II, en el que el poder era compartido por cuatro soberanos, dos augustos y dos césares.

TETRASÍLABO, BA adj. De cuatro sílabas.

TETRÁSTROFO, FA adj. *Lit*. Se dice de la composición que consta de cuatro estrofas.

TETRAVALENTE adj. *Quím*. Relativo a los elementos con valencia 4.

TÉTRICO, CA adj. Triste, grave, melancólico.

TETUÁN 1 Provincia de Marruecos; 6.025 km² y 537.000 h. **2** Ciudad capital de la misma; 272.000 h. Centro comercial agrícola. Industria textil y alimentaria. Fue capital del protectorado español en Marruecos desde 1913.

TETUANÍ adj. y com. De Tetuán.

TEUCALI m. TEOCALI.

TEUCRIO m. *Bot*. Planta de la familia labiadas, género *Teucrium*, de tallos leñosos y flores azuladas.

TEUCRO, CRA adj. y s. De Troya.

TEULADA Cabo de Italia, en el extremo S de la isla de Cerdeña.

TEUTOBURGO o **TEUTOBURGER** Bosque de Alemania, que separa las cuencas de los ríos Weser y Ems. Victoria de Arminio sobre Quintilio Varo en el año 9.

TEUTÓN, NA adj. **1** *Etnol*. e *Hist*. Se dice de un pueblo de raza germánica establecido en el siglo II a. C. en la costa de Frisia, que emprendió, junto con los cimbrios, una migración hacia el S. En el siglo II intentaron invadir Italia, pero fueron derrotados por las legiones romanas en Aquae Sextiae (Aix-en-Provence). Más como m. pl. **2** Se dice también de sus individuos. También s. **3** fam. ALEMÁN.

TEUTÓNICA, ORDEN *Hist*. Orden religioso-militar fundada en Jerusalén por los cruzados alemanes en el siglo XII. En 1225, sus miembros iniciaron la conquista de Prusia, llegando a constituir un gran Estado monástico. Su decadencia comenzó con la derrota de Grunwald (1411). La orden se secularizó en 1525.

TEVERONE Río de Italia, afluente del Tíber, que pasa por Tívoli. Antiguamente, se llamó Anio.

TEX m. *Metrol*. Unidad de medida utilizada en la industria textil para graduar los hilos.

TEXAS Estado centromeridional de EE UU; 691.201 km² y 20.851.820 h. Su capital es Austin. Su territorio está constituido por una llanura litoral que se eleva hacia el O hasta convertirse en una árida altiplanicie. Importante cabaña bovina. Principal productor de petróleo del país. Industria petroquímica, química (caucho), alimentaria y aeronáutica. Los principales centros urbanos son Houston, Dallas y San Antonio. Integrado en el virreinato de Nueva España, tras la independencia mexicana numerosos colonos estadounidenses se establecieron en el territorio. El 2 de marzo de 1836, con el apoyo de EE UU, los texanos proclamaron su independencia, ratificada tras la batalla de El Álamo. En 1856, EE UU declaró la anexión de Texas, que en la guerra de Secesión se unió a la Confederación Sudista.

TEXCOCO o **TEXCOCO DE MORA** Ciudad de México, Estado de México; 105.851 h. Situada a orillas del lago de Texcoco, en el siglo XIV se convirtió en capital de un reino chichimeca. Formó parte de la confederación azteca, junto con Tenochtitlan y Tacloplán, y fue conquistada por Hernán Cortés en 1520.

TEXEL Isla de los Países Bajos, provincia de Holanda Septentrional; 185 km².

TEXTIL 1 Se dice de la materia capaz de reducirse a hilos y ser tejida. **2** Relativo a los tejidos y a la industria derivada de ellos.

TEXTO m. **1** Conjunto de palabras que componen un documento escrito. **2** Pasaje citado de una obra literaria. **3** Por antonomasia, sentencia de la Sagrada Escritura. **4** Todo lo que se dice en el cuerpo de la obra manuscrita o impresa. **5** *Ling*. Enunciado o conjunto de enunciados, orales o escritos, que pueden ser analizados desde el punto de vista lingüístico. **6** Cierto grado de letra de imprenta. **7** Libro de texto.

TEXTUAL adj. **1** Conforme con el texto o propio de él. **2** fig. Exacto, preciso.

TEXTURA f. **1** Disposición y orden de los hilos de una tela. **2** fig. Disposición que tienen entre sí las partes de un cuerpo. **3** *Geol*. Tamaño, forma y disposición de las partículas o cristales minerales en un sedimento o suelo.

TEXTURIZADO m. *Tecnol*. Operación mediante la cual se obtienen hilos de filamentos continuos con la apariencia de mayor volumen.

TEXTURIZAR tr. *Tecnol*. Realizar un texturizado.

TEZ f. Superficie de la piel del rostro humano.

TEZCATLIPOCA *Mit*. Divinidad mixteca y azteca que representa la noche, las tinieblas y también la justicia y la venganza. Su símbolo era el jaguar.

TEZOZÓMOC Rey tecpaneca de Azcapotzalco (? - Azcapotzalco, 1427). Logró imponer la hegemonía de Azcapotzalco en el valle de México; en 1418, sometió a Texcoco.

TEZOZÓMOC, HERNANDO ALVARADO ALVARADO TEZOZÓMOC, HERNANDO.

TGV (Siglas de *Tren à Grand Vitesse*.) Denominación de la red ferroviaria y de los trenes de alta velocidad en Francia.

TH *Quím*. Símbolo del torio.

THACKERAY, WILLIAM MAKEPEACE Escritor inglés (Calcuta, 1811 - Londres, 1863). Su obra constituye un lúcido análisis de la sociedad victoriana, que reflejó con sutil ironía: *El libro de los snobs* (1848), *La feria de las vanidades* (1848), *Henry Esmond* (1852), *Los virginianos* (1857-59).

THAILANDIA TAILANDIA.

THAMES TÁMESIS.

THANE Ciudad de la India, Estado de Maharashtra; 796.620 h. Industrias textiles y alimentarias.

THANT, SITHU U Político birmano (Pantanau, 1909 - Nueva York, 1974). Secretario general de la ONU (1961-72), en su primera etapa se opuso a la intervención de EE UU en Vietnam.

THAR Desierto de Asia, que se extiende entre la cordillera Aravalli y las cuencas del Indo y el Sutlej, en el E de Pakistán y el NO de la India; 250.000 km².

THARAUD, ERNEST (llamado JÉRÔME) y **CHARLES** (llamado JEAN) Escritores franceses (Saint-Junien, 1874 - Varengeville-sur Mer, 1953; Saint-Junien, 1877 - París, 1952). Fruto de su trabajo conjunto son, entre otras obras, el libro autobiográfico *Nuestro querido Péguy* (1926).

THARRATS, JUAN JOSÉ Pintor español (Girona, 1919 - Barcelona, 2001). Miembro fundador de *Dau al Set* (1948), su pintura evolucionó desde el surrealismo hacia el informalismo. Cabe destacar sus *maculaturas*, composiciones abstractas.

THATCHER, MARGARET Política británica (Grantham, Lincolnshire, 1925). Líder del Partido Conservador, asumió la jefatura de gobierno tras las elecciones de febrero de 1979 y obtuvo la reelección en 1983 y 1987. Durante su mandato adoptó una política económica de corte neoliberal y mantuvo una política exterior intransigente, que tuvo su principal reflejo en el conflicto de las Malvinas (1982). Dimitió en 1990.

THEBUSSEM, DOCTOR (MARIANO PARDO DE FIGUEROA, llamado) Escritor español (Medina-Sidonia, 1828 - íd., 1918). Autor de relatos de carácter humorístico, entre los que destacan *Futesas literarias* (1876) y *Ristra de ajos* (1886).

THEILER, MAX Médico y microbiólogo estadounidense de origen sudafricano (Pretoria, 1899 - New Haven, 1972). Descubrió la vacuna contra la fiebre amarilla y, en colaboración con Lloyd y Ricci, consiguió aislarla en 1937. Premio Nobel de Fisiología y Medicina en 1951.

THEMA m. *Hist*. Circunscripción administrativa del imperio bizantino, creada por Heraclio en el siglo VII. Generalmente coincidía con una región fronteriza del imperio.

THENARD, LOUIS JACQUES Químico francés (La Louptière, 1777 - París, 1857). Descubrió el boro y el agua oxigenada, y demostró que el alcohol, al combinarse con un ácido mineral o vegetal, actúa como base salificable lo que permitió la preparación de ésteres.

THENARDITA f. *Miner*. Mineral de evaporación sulfato sódico, de fórmula SO_4Na_2, que aparece junto a otras sales en los depósitos de antiguas formaciones lacustres.

THEODORAKIS, MIKIS Compositor y político griego (Quíos, 1925). Diputado por el Partido Comunista, en 1989 ingresó en Nueva Democracia. Autor de la bandas sonoras de películas como *Zorba el griego* (1964) y *Z* (1969), ha puesto música a poemas de Cavafis, García Lorca y Pablo Neruda.

THEORELL, AXEL HUGO TEODOR Médico y fisiólogo sueco (Linköfing, 1903 - Estocolmo, 1982). Fue el primero en dividir una enzima en sus dos partes constitutivas, coenzima y apoenzima. Premio Nobel de Fisiología y Medicina en 1955.

THEOTOKÓPOULOS DOMÉNIKOS GRECO, EL.

THESPROTIA Nomo del NO de Grecia, en la región de Epiro, junto al mar Jónico; 1.515 km² y 44.202 h. Su capital es Egumenitsa.

THETA f. Octava letra del alfabeto griego (Θ, θ); en nuestra ortografía moderna equivale a la *t*. En latín y otras lenguas se transcribe *th*.

THIBAUDET, ALBERT Crítico literario francés (Tournus, 1874 - Ginebra, 1936). Discípulo de Bergson, es autor de *Historia de la literatura francesa desde 1789* (1936).

THIERRY Nombre de diversos reyes francos.

THIERRY I Rey de Reims (?, 486 - ?, 534). Hijo bastardo y sucesor de Clodoveo I, conquistó Turingia (530-531).

THIERRY II Rey de Borgoña y Austrasia (?, 587 - Metz, 613). Hijo y sucesor de Childeberto II, accedió al trono de Borgoña hacia 596 y se proclamó rey de Austrasia en 612.

Margaret Thatcher

Thierry III Rey de Neustria y Borgoña (? - ?, 690). Hermano de Clotario III y Childerico II, accedió al trono en 675. Fue derrotado por Pipino de Heristal mayordomo de palacio de Austrasia en 687.

Thierry IV Rey de los francos (? - ?, 737). Hijo de Dagoberto III, accedió al trono (721) por imposición de Carlos Martel, que ejerció el gobierno efectivo. Fue el último rey merovingio.

Thierry, Augustin Historiador francés (Blois, 1795 - París, 1856). Discípulo y colaborador de Saint-Simon, entre sus mejores obras figuran *Historia de la conquista de Inglaterra por los normandos* (1825) y *Ensayo sobre la formación y progreso del tercer estado* (1853).

Thiers, Louis-Adolphe Político francés (Marsella, 1797 - Saint-Germain-en-Laye, 1877). Jefe del gobierno con Luis Felipe en 1836 y 1840, fue reclamado de nuevo como primer ministro en 1848, pero no pudo evitar la caída de la monarquía. Volvió a encabezar el poder ejecutivo en 1871; reprimió el movimiento de la Comuna de París y firmó con Bismarck el tratado de Frankfurt. Dimitió en 1873, derrotado por la mayoría monárquica en la Asamblea.

Thimbu Ciudad capital del distrito homónimo y capital estival de Bhutan, situada a orillas del río Raidor; 20.000 h.

Thom, René Matemático francés (Montbéliard, 1923 - Bures-sur-Yvette, 2002). Autor de la *teoría de las catástrofes*, que permite el tratamiento de los cambios discontinuos que surgen durante el nacimiento y la evolución de las formas vivas.

Thomar Tomar.

Thomas, Dylan Poeta británico (Swansea, 1914 - Nueva York, 1953). Su obra, metafórica y evocadora, entremezcla aspectos vanguardistas con el sustrato de la literatura oral de Gales: *Dieciocho poemas* (1934), *Mapa de amor* (1939), *Defunciones y nacimientos* (1946). Escribió también la narración autobiográfica *Retrato del artista cachorro* (1940).

Thomas, Edward Donnall Médico estadounidense (Mart, Texas, 1920). Hematólogo especialista en oncología, desarrolló una nueva técnica para los transplantes de médula ósea. Premio Nobel de Medicina y Fisiología en 1990, compartido por J. E. Murray.

Thomas, Hugh Historiador inglés (Windsor, 1931). Destacado hispanista, se dio a conocer internacionalmente con *La guerra civil española* (1961). Obras posteriores son *Cuba, la lucha por la libertad* (1971) y *La conquista de México* (1994).

Thomas, Sidney Gilchrist Químico y metalúrgico inglés (Londres, 1850 - París, 1885). Inventó el método que lleva su nombre para eliminar el fósforo del hierro en la fabricación de acero. La escoria resultante se utiliza como abono.

Thomaz, Américo Tomás, Américo Deus Rodrigues.

Thompson, Benjamin Rumford, sir Benjamin Thompson, conde de.

Thompson, Emma Actriz de teatro y cine británica (Londres, 1960). Intérprete sobria y técnica, entre los títulos más destacados de su filmografía figuran *Enrique V* (1989), *Los amigos de Peter* (1992), *En el nombre del padre* (1993), *Sentido y sensibilidad* (1995), *El invitado de invierno* (1997), *Primary Colors* (1998), *Imagining Argentina* (2003) y *Love actually* (2003). En 1993 ganó un Oscar por *Regreso a Howard's End*.

Thompson, Francis Poeta británico (Preston, 1859 - Londres, 1907). Su obra principal, influida por Shelley, es *El galgo del cielo* (1893), en la que describe la búsqueda humana de Dios.

Thompson, Jim (James Myers Thompson, llamado) Escritor estadounidense (Oklahoma, 1906 - Los Ángeles, 1977). Autor de novelas negras de tono desgarrado y violento; *El demonio dentro de mí* (1952), *Población, 1.280 almas* (1964).

Thomson, Augusto Goeminne Halmar, Augusto d'.

Thomson, sir George Paget Físico británico (Cambridge, 1892 - íd., 1975), hijo de Joseph John. Consiguió difractar electrones en redes cristalinas, demostrando así la dualidad onda-partícula. En 1937 recibió el premio Nobel de Física, compartido con Davisson.

Thomson, James Poeta escocés (Ednam, 1700 - Richmond, 1748). Se dio a conocer con *Las estaciones* (1726-30), que anticipa el Romanticismo. Autor de la mascarada *Alfredo el Grande* (1740), que incluye el famoso himno *Rule Britannia*.

Thomson, James Poeta escocés (Port Glasgow, 1834 - Londres, 1882). Su obra poética se caracteriza por una desbordante y sombría imaginación: *La ciudad de la noche mortal* (1880).

Thomson, sir Joseph John Físico inglés (Manchester, 1856 - Cambridge, 1940), padre de George Paget. Estudió los rayos catódicos, demostrando que todos los átomos contienen componentes más pequeños. Determinó la masa y la carga eléctrica de electrones y proto-

Emma **Thompson**. Con el premio Oscar por su interpretación en *Regreso a Howard's End*.

nes, estableció la teoría atómica de la electricidad y demostró la existencia del electrón libre. Premio Nobel de Física en 1906.

Thomson, sir William Kelvin, William Thomson.

Thon Buri Ciudad de Tailandia, situada en el área metropolitana de Bangkok; 606.500 h. Industria alimentaria y textil.

Thor *Mit*. En la mitología escandinava, dios del trueno y de la guerra, hijo de Odín, encargado de defender el orden del mundo frente al caos.

Thora Torá.

Thoreau, Henry David Escritor estadounidense (Concord, 1817 - íd., 1862). Discípulo de Emerson su obra está influida por la mística hindú y el idealismo alemán y defendió el retorno a la naturaleza. Autor de *Desobediencia civil* (1849) y *Walden o la vida en los bosques* (1854).

Thorez, Maurice Político francés (Noyelles-Godault, 1900 - en el mar Negro, 1964). Secretario general del Partido Comunista Francés desde 1930, se refugió en la URSS al comenzar la Segunda Guerra Mundial. Fue ministro de Estado (1945-46) y vicepresidente del Consejo (1946-47).

Thorn, Gaston Político luxemburgués (Luxemburgo, 1928). Primer ministro (1974-79), y presidente de la Internacional Liberal (1970-82) y de la Comisión Europea (1981-84).

Thorndike, Edward Lee Psicólogo estadounidense (Williamsburg, 1874 - Montrose, 1949). Pionero en el estudio de la inteligencia animal, formuló la «ley del efecto», según la cual las conductas que proporcionan algún beneficio suelen repetirse.

Thorvaldsen, Bertel Escultor danés (Copenhague, 1770 - íd., 1844). Considerado uno de los principales representantes de la escultura neoclásica, es autor del monumento funerario de Pío VII en la basílica de San Pedro (1823-31) y *Cristo y los Apóstoles* en la catedral de Nuestra Señora de Copenhague.

thriller (Voz i.) m. *Cin*. Filme policiaco o de suspense.

Thule *Geog. hist*. Entre los antiguos griegos y romanos, denominación de la isla de latitud más septentrional de la Tierra conocida, quizá Islandia, Noruega o una de las Shetland.

Thulin, Ingrid Actriz de cine sueca (Solleftea, 1929 - Estocolmo, 2004). Fue una de las actrices favoritas del realizador Ingmar Bergman: *Fresas salvajes* (1957), *La caída de los dioses* (1968), *El rito* (1968), *Gritos y susurros* (1972).

Thurrock Consejo unitario del Reino Unido, en Inglaterra; 135.000 h.

Thurstone, Louis Leon Psicólogo estadounidense (Chicago, 1887 - Chapel Hill, 1955). Considerado uno de los fundadores de la psicometría, realizó importantes aportaciones en la medición de aptitudes, a través del análisis multifactorial.

Thyssen *Geneal*. Familia de industriales alemanes. Entre sus miembros más relevantes figuran August (Eschweiler, 1842 - castillo de Landsberg, 1926), fundador de la industria metalúrgica August Thyssen-Hütte AG; su hijo Fritz (Mülheim, 1873 - Buenos Aires, 1951), que apoyó el nazismo para, posteriormente, enemistarse con Hitler y abandonar Alemania, y que fue detenido y desposeído de sus bienes; y Hans Heinrich (Holanda, 1921 - Sant Feliu de Guixols, 2002), heredero del imperio fundado por su abuelo, que vendió su colección de pintura al Estado español en 1993.

ti Pronombre personal de segunda persona de singular, común a los casos genitivo, dativo, acusativo y ablativo. Se usa siempre con preposición; cuando ésta es *con*, forma la voz *contigo*.

ti- pref. tio-.

Ti *Quím*. Símbolo del titanio.

tía f. 1 Respecto de una persona, hermana o prima de su padre o de su madre. La primera se llama carnal, y la otra, segunda, tercera, según los grados de parentesco que dista. 2 Tratamiento popular que se da en algunos lugares a la mujer casada o entrada en edad. 3 fam. Prostituta. 4 fam. Apelativo para designar a una compañera o amiga. 5 Apelativo con que se designa a la mujer de quien se pondera algo bueno o malo. || **tía abuela** Respecto a una persona, hermana de uno de sus abuelos.

Tiahuanaco *Arqueol*. Tiwanaku.

tial-, tialo-, ptial-; -ptialia prefs. o suf. que significan saliva.

tialina f. *Fisiol*. Enzima presente en la saliva, que cataliza la hidrólisis de la sacarosa a glucosa y fructosa.

tialismo m. *Med*. Secreción permanente y excesiva de saliva.

tialo- pref. tial-.

tiamina f. *Biol*. vitamina B₁.

Tian Shan Cadena montañosa de Asia central, que se extiende de E a O, desde la región autónoma china de Xinjiang Uygur hasta Kazajstán; 3.000 km. Su máxima altura corresponde al Pobedy (7.439 m).

Tianjin (Tientsin) 1 Municipalidad de China, 11.300 km² y 9.350.000 h. 2 Ciudad capital de la misma; 4.574.689. Principal puerto de la zona N. Industria textil, metalúrgica, mecánica, química y alimentaria. En 1858 se firmó en ella un tratado que abría a Gran Bretaña, Francia, Rusia y EE UU el tráfico de siete de los puertos chinos.

tiara f. 1 Gorro alto, de tela o de cuero, que usaban los persas. 2 *Liturg*. Tocado alto con tres coronas, que remata en una cruz sobre un globo, empleado por los papas como símbolo de su autoridad. Utilizada desde la Edad Media, fue suprimida por Juan Pablo I y Juan Pablo II. 3 fig. Dignidad de sumo pontífice.

tiazina f. *Quím*. Cada uno de los compuestos orgánicos heterocíclicos, de color azul o violeta, que se utilizan como colorantes.

tiazol *Quím*. Compuesto orgánico pentagonal, de fórmula C_3H_3SN, líquido, cuyo núcleo desempeña un importante papel en bioquímica.

Tibaldi, Pellegrino Pintor y arquitecto italiano (Puria en Valsolda, 1527 - Milán, 1596). Representante del manierismo. Entró al servicio de Felipe II, y decoró el claustro bajo y la bóveda de la biblioteca de El Escorial (1586-94).

Tíber (*Tèvere*) Río de Italia, que nace en los Apeninos, cruza Roma y desemboca en el mar Tirreno, cerca de Ostia; 405 km.

Tiberíades (*Tiberias*) Lago de Israel, atravesado por el río Jordán; 168 km². Escenario de diversos episodios

Bertel **Thorvaldsen**. *Jasón*. Museo Thorvaldsen (Copenhague).

bíblicos. Conocido también como *mar de Galilea* o *lago Kinnereth*.

TIBERIADES *(Tiberias)* Ciudad de Israel, a orillas del lago homónimo, capital del distrito Septentrional; 37.600 h. Fundada por Herodes Antipas en el año 26.

TIBERIO m. Ruido, alboroto.

TIBERIO, CLAUDIO NERÓN Segundo emperador romano (Roma, 42 a. C. - Miseno, 37 d. C.). Hijo de Claudio Nerón y Livia Drusila, fue adoptado y nombrado heredero por Augusto, al que sucedió el año 14. Impuso una línea de austeridad financiera y reforzó el control sobre la administración provincial. En el año 26, se retiró a Capri y dejó Roma en manos de Sejano, prefecto del pretorio, al que hizo ajusticiar años después tras descubrir una conspiración (31); la etapa final de su mandato estuvo marcada por la depuración de sus enemigos políticos.

TIBESTI Macizo montañoso de África Central, en el Sahara, que se extiende por el N de Chad y la frontera Libia. Su punto culminante es el Emi Koussi (3.417 m).

TÍBET *(Xizang)* Región autónoma del SO de China, limítrofe con la India, Nepal y Bhutan; 1.221.600 km² y 2.360.000 h. Su capital es Lhasa. El territorio está constituido por la meseta del TÍBET. La economía está basada en el cultivo de cereales y, especialmente, en la ganadería. Del subsuelo se extrae hierro y carbón. Artesanía textil. HIST. Entre los siglos III y IX, el Tíbet fue gobernado por reyes, estableciéndose en el siglo XVII una teocracia dirigida por el Dalai Lama. La dinastía manchú, imperante en China, lo sometió a su dominio en el siglo XVIII. Con ocasión de la revolución china (1911), y con apoyo británico, el Tíbet se declaró país autónomo, aunque en 1950 las tropas chinas invadieron de nuevo el territorio. El descontento social provocó la crisis de 1959: el fracasado ataque tibetano a las tropas chinas asentadas en Lhasa obligó al Dalai Lama a exiliarse. En 1965, Tíbet fue constituido como la quinta región autónoma de la República Popular China. Posteriormente, se desarrollaron algunos movimientos independentistas que cesaron en la década de los setenta por el auge económico y volvieron a producirse en los años ochenta, fomentados por la actividad internacional del Dalai Lama.

TÍBET Gran meseta de Asia, en el SO de China, que comprende la región autónoma de su nombre, parte de la de Xinjiang y la provincia de Qinghai. Situada al SE de la cara del Pamir, constituye una depresión de unos 5.000 m de altura media, rodeada de altas montañas (Kuen-Lun, al N; Himalaya, al S; Karakorum, al O). Temperaturas extremas, con gran oscilación térmica. Vegetación estepánica. Numerosas corrientes fluviales: Indo y Brahmaputra (India), Irawadi, Saluen y Mekong (Indochina), Hoang y Yangtse.

TIBETANO, NA adj. y s. 1 Del Tíbet. || m. *Ling.* 2 Lengua chino-tibetana hablada en la región autónoma del Tíbet.

TIBIA f. 1 *Anat.* Hueso principal y anterior de la pierna, que se articula con el fémur, el peroné y el astrágalo. 2 *Zool.* Una de las piezas de las patas de los insectos. 3 *Mús.* Flauta.

TIBIO, BIA adj. 1 Templado, entre caliente y frío. 2 fig. Flojo, descuidado y poco fervoroso. || **poner tibio** a uno fr. fig. PONER. || **ponerse un tibio** fr. fig. fam. Hartarse a comer. También, ensuciarse o mojarse mucho.

TIBOR m. 1 Vaso grande de barro, de China o Japón, decorado exteriormente. 2 *Cuba* ORINAL.

TÍBULO, ALBIO Poeta latino (Gabios, h. 59 - ¿Roma?, 19 a. C.). Se le atribuyen cuatro libros de elegías, aunque sólo hay certeza de que compuso las dirigidas a sus amadas Delia y Némesis.

TÍBUR TÍVOLI.

TIBURÓN m. *Zool.* Nombre de más de 250 especies de peces cartilaginosos, pertenecientes a diversas familias de los órdenes escualiformes y lamniformes. Son escualos marinos de tamaño variable entre 1 m y 20 m, cuerpo fusiforme, gran aleta caudal heterocerca, hendiduras branquiales laterales y hocico puntiagudo con la boca situada en la parte inferior y provista de varias filas de dientes comprimidos, agudos y cortantes. La mayoría son ovovivíparos o carnívoros. || **TIBURÓN BLANCO** *Zool.* JAQUETÓN.

TIBURÓN Cabo de Colombia, departamento de Chocó, junto a la frontera panameña.

TIBURÓN Cabo de Haití, en el departamento Sud, situado en el extremo O de la península meridional del país.

TIBURÓN Isla de México, Estado de Sonora, en la costa E del golfo de California; 1.200 km².

TIC m. *Med.* Movimiento convulsivo producido por la contracción involuntaria de uno o varios músculos.

TICINO TESINO, río de Suiza.

TICKET (Voz i.) m. Vale, cédula, billete.

TICO, CA adj. y s. fam. COSTARRICENSE.

-TICO, -TICA sufs. que significan relativo a: *bítico*.

TICTAC m. Ruido que produce el mecanismo de un reloj.

TIE-BREAK (Voz i.) m. *Dep.* En el tenis, juego de características especiales al que se recurre para establecer el ganador de un set, cuando se ha producido un empate a seis juegos. Se denomina también *muerte súbita*.

TIECK, LUDWIG Escritor romántico alemán (Berlín, 1773 - íd., 1853). Las leyendas medievales alemanas constituyen la fuente básica de muchas de sus obras, dotadas de una exuberante fantasía. Entre sus mejores creaciones figuran la novela epistolar *Historia del señor William Lovell* (1795-96) y los cuentos satíricos *El caballero Barba Azul* (1797) y *El gato con botas* (1797).

TIEMBLO m. *Bot.* ÁLAMO TEMBLÓN.

TIEMPO m. 1 Duración de las cosas sujetas a cambio. 2 Parte de esta duración. 3 Época durante la cual vive alguna persona o sucede alguna cosa. 4 Estación del año. 5 Edad. 6 Edad de las cosas desde que empezaron a existir. 7 Ocasión o coyuntura de hacer algo. 8 Lugar, proporción o espacio libre de otros negocios. 9 Largo espacio de tiempo. 10 Cada uno de los actos sucesivos en que se divide la ejecución de una cosa. 11 *Fís.* Cuarta coordenada espacial en el continuo espacio-tiempo. 12 *Gram.* Categoría gramatical que indica el momento relativo en que se realiza o sucede la acción del verbo: *pretérito, presente* y *futuro*. Se expresa a través de las desinencias verbales y de verbos auxiliares. 13 *Meteor.* Estado atmosférico. 14 *Mec.* Fase de un motor. 15 *Mús.* Cada una de las partes de igual duración en que se divide el compás. || **TIEMPO COMPUESTO** *Gram.* El que se forma con el participio pasivo y un verbo auxiliar. || **TIEMPO MUERTO** *Dep.* En algunos deportes, como el baloncesto, suspensión temporal del juego solicitada por un entrenador. || **TIEMPO REAL** *Astron.* TIEMPO SOLAR. || **TIEMPO SIDÉREO** *Astron.* El condicionado por la rotación diaria de la Tierra, cuya unidad es el día sidéreo. || **TIEMPO SIMPLE** *Gram.* Tiempo del verbo que se conjuga sin auxilio de otro verbo. || **TIEMPO SOLAR** *Astron.* El definido por los tránsitos meridianos del Sol medio o real. || **TIEMPO UNIVERSAL** *Astron.* El zonal del meridiano de Greenwich. || **a tiempo** loc. adv. En el momento oportuno, cuando todavía no es tarde. || **a un tiempo** loc. adv. Simultáneamente, o con unión entre varios. || **al mismo tiempo** fr. adv. Simultáneamente. || **andando el tiempo** fr. adv. En el transcurso del tiempo. || **con tiempo** loc. adv. Anticipadamente, sin premura. || **dar tiempo** fr. No apremiar a uno, o no apresurar una cosa. || **dar tiempo al tiempo** fr. fam. Esperar la oportunidad o coyuntura para hacer una cosa. || **de tiempo en tiempo** loc. adv. Con discontinuidad, dejando pasar un espacio de tiempo. || **del tiempo** loc. adj. Hablando de una bebida, no enfriada. || **del tiempo de Maricastaña** loc. fig. y fam. De tiempo muy antiguo. || **en tiempos** loc. adv. En época pasada. || **faltar tiempo** a uno **para alguna cosa** fr. fig. Hacerla inmediatamente, sin pérdida de tiempo. || **ganar tiempo** fr. fig. y fam. Darse prisa. También, hacer de modo que el tiempo que transcurra aproveche al intento de acelerar o retardar algún suceso o la ejecución de una cosa. || **hacer** uno **tiempo** fr. fig. Entretenerse esperando que llegue el momento oportuno para algo. || **matar** uno **el tiempo** fr. fig. Ocuparse en algo para que el tiempo se le haga más corto. || **pasar** uno **el tiempo** fr. Estar ocioso. || **perder** uno **el tiempo**, o **tiempo** fr. No aprovecharlo. También, trabajar en vano. || **y si no, al tiempo** expr. elípt. para manifestar el convencimiento de que los sucesos futuros demostrarán la verdad de lo que se afirma o anuncia.

TIENDA f. 1 Armazón de palos hincados en tierra y cubierta con telas o pieles sujetas con cuerdas, que sirve de alojamiento. 2 Establecimiento donde se venden al público artículos de comercio al por menor. || **TIENDA DE CAMPAÑA** Tienda que sirve para acampar.

TIENTA f. 1 Prueba que se hace con la garrocha a fin de apreciar la bravura de los becerros y sus condiciones para la lidia. 2 Sagacidad con que se pretende averiguar una cosa. || **a tientas** loc. adv. Valiéndose del tacto para reconocer las cosas en la oscuridad. También, con incertidumbre, sin tino. Más con el verbo *andar*.

TIENTO m. 1 Ejercicio del sentido del tacto. 2 Pulso, seguridad y firmeza de la mano para ejecutar alguna acción. 3 Palo que usan los ciegos para que les sirva de guía. 4 *Arg.* y *Chile* Tira delgada de cuero sin curtir que sirve para atar y hacer trenzas. 5 *Mús.* Composición instrumental contrapuntística que se cultivó en España entre los siglos XVI y XVIII. 6 *Zool.* Tentáculo de algunos animales que actúa como órgano táctil o de presión.

TIENTOS m. pl. *Mús.* Cante flamenco derivado del tango, aunque más lento y solemne, y baile que se ejecuta a su compás.

TIENTSIN TIANJIN.

TIEPOLO, GIAMBATTISTA Pintor italiano (Venecia, 1696 - Madrid, 1770). Su obra constituye una de las cumbres del último Barroco. Influido inicialmente por Piazzetta, la armoniosa complejidad compositiva y la preponderancia de los tonos claros del ciclo del Arzobispado de Udine (1726-28) anuncian ya la asimilación de los principios de Veronés. Entre sus mejores creaciones figuran la decoración de la capilla Colleoni en Bérgamo (1732-33), los frescos del Palacio Labia de Venecia (1747-50), la decoración de la residencia del príncipe obispo C. Ph. von Greiffenklau en Würzburgo (1751-53) y los frescos del Palacio Real de Madrid (1762-66).

TIERNEY, GENE Actriz cinematográfica estadounidense (Nueva York, 1920 - Houston, 1991). Intervino, entre otros filmes, en *La venganza de Frank James* (1940), *El diablo dijo ¡no!* (1943), *Laura* (1944), *El fantasma y la señora Muir* (1947) y *Sinuhé el egipcio* (1954).

TIERNO, NA adj. 1 Blando, delicado, flexible. 2 fig. Reciente, de poco tiempo. 3 fig. Se dice de la edad de la niñez, para explicar su delicadeza y docilidad. 4 fig. Propenso al llanto. 5 fig. Afectuoso, cariñoso y amable. 6 fig. Se dice de los ojos con una fluxión ligera continua. 7 *Chile, Guat., Nic.* y *Ecuad.* Se dice del fruto verde o en agraz, que no ha madurado. || m. y f. 8 *Guat.* y *Nic.* Niño recién nacido o de pocos meses.

TIERRA f. 1 *Geol.* Parte superficial del globo terráqueo no ocupada por el mar. 2 *Geol.* Materia inorgánica desmenuzable de que principalmente se compone el suelo natural. 3 Suelo o piso. 4 Terreno dedicado a cultivo o propio para ello. 5 Nación, región o lugar en que se ha nacido. 6 País, región. 7 Territorio o distrito constituido por intereses presentes o históricos. 8 *Pint.* Pigmentos minerales naturales. || **TIERRA FIRME** CONTINENTE. También, terreno sólido y capaz por su consistencia y dureza de admitir sobre sí un edificio. || **TIERRA NEGRA** *Agr.*

Tíbet (China). Monasterio de Lhasa.

Giambattista **Tiepolo.** *Bautismo de Cristo.* Capilla Colleoni en Bérgamo (Italia).

MANTILLO. || **TIERRAS RARAS** *Quím.* Grupo formado por los elementos químicos llamados también lantánidos. || **de la tierra** loc. adj. Se dice de los frutos que produce un país o comarca. || **echar** una cosa **por tierra** fr. fig. Destruirla, arruinarla. || **echar tierra** a una cosa fr. fig. Ocultarla, hacer que se olvide. || **poner** una **tierra en,** o **por, medio** fr. fig. Ausentarse.
TIERRA *Astron.* Tercer planeta del Sistema Solar, situado entre Venus y Marte y con un único satélite, la Luna. Sus características esenciales son las siguientes: 12.756 km de diámetro ecuatorial; 40.077 km de perímetro ecuatorial; $510,1·10^6$ km² de superficie; $1.083.319,78·10^9$ km³ de volumen; $5.970·10^{18}$ toneladas de masa; 5,514 g/cm³ de densidad media; y entre 152,1 y 147,1 millones de km de distancia al Sol. La edad de la Tierra se calcula en torno a 4.600 millones de años y su paso al Universo lo constituye la atmósfera. En cuanto a su forma, es un esferoide de revolución con un achatamiento equivalente a 1/297 y numerosas «abolladuras» irregulares por su superficie. El eje terrestre se encuentra inclinado 23° 27' respecto a la perpendicular al plano de la órbita terrestre (eclíptica), lo que motiva el cambio de las estaciones del año y la diferente duración del día y la noche. La Tierra lleva a cabo cuatro movimientos: uno de *rotación* alrededor de su propio eje, en el que invierte 23 h 56 m y 41 s, que es el responsable de la alternancia día-noche; otro de *traslación* en órbita elíptica de 0,017 de excentricidad, con el Sol en uno de sus focos, en un tiempo de 365,25 días; uno de *precesión*, determinado por el cono circular que describe el eje de rotación en 26.000 años; y, por último, participa del movimiento espacial del Sol. En la configuración terrestre se distinguen las siguientes capas: *corteza*, la más externa, con un espesor medio de 33 km, que supone el 1,6% del volumen total; *manto*, zona intermedia que se extiende hasta los 2.900 km de profundidad y constituye el 82% del volumen terrestre; y *núcleo*, formado probablemente de hierro y níquel, con una temperatura mínima de 5.000 °C. La superficie terrestre se encuentra ocupada en un 70,8% por los mares y sólo en un 29,2% por tierra firme.
TIERRA *Mit.* GEA.
TIERRA DE ADELAIDA Región de la Antártida que forma parte del territorio francés de ultramar de las Tierras Australes y Antárticas francesas; 388.500 km².
TIERRA DE BAFFIN BAFFIN, TIERRA DE.
TIERRA FIRME *Geog. hist.* Nombre con que se conoció la parte del continente americano situada al S de las Antillas, por oposición a estas islas. Designaba, concretamente, el territorio comprendido entre la isla Margarita y el río del Darién.
TIERRA DE FRANCISCO JOSÉ Archipiélago de la Federación de Rusia, en el océano Glacial Ártico, al NO de Nueva Zembla.
TIERRA DEL FUEGO Archipiélago situado en el extremo S de América, separado del continente por el estrecho de Magallanes; 70.470 km². Comprende las islas Grande de Tierra del Fuego, Dawson, Desolación, Hoste, Lennox, Navarino, Nueva Londonderry y Santa Inés, entre otras. La parte occidental pertenece a Chile, y la oriental, a Argentina. Ganadería lanar. Pesquerías. Explotación petrolífera, de gas natural y carbón.

TIERRA DEL FUEGO Provincia de Argentina, en la Patagonia; 1.002.445 km² y 96.917 h. Su capital es Ushuaia, en la isla Grande de Tierra del Fuego.
TIERRA DE GRAHAM TIERRA DE SAN MARTÍN.
TIERRA DEL NORTE Archipiélago de la Federación de Rusia, en el océano Glacial Ártico, al NE de Nueva Zembla; 37.560 km².
TIERRA DEL PAN Comarca de España, en la provincia de Zamora. Cultivo del trigo.
TIERRA PROMETIDA o **DE PROMISIÓN** Palestina, tierra que prometió Dios al pueblo de Israel.
TIERRA DE LA REINA MAUD Dependencia de Noruega, en la Antártida.
TIERRA DEL REY GUILLERMO Nombre que recibe la costa oriental de Groenlandia descubierta por la expedición alemana del Hansa y el Germania (1870).
TIERRA DEL REY GUILLERMO Isla de Canadá, en el Territorio del Noroeste.
TIERRA DE SAN MARTÍN Península de la Antártida, al S del Cabo de Hornos y al O de la península Antártica. Se encuentra en la Antártida argentina.
TIERRA SANTA Marco geográfico en que nació, vivió y murió Jesucristo. Corresponde a Palestina.
TIERRADENTRO *Hist.* Cultura precolombina desarrollada en la actual Colombia, departamento de Cauca, entre los siglos VII y XV. Se caracteriza por los hipogeos excavados en la roca, con decoración pictórica geométrica en rojo y negro. Destacan los yacimientos de El Tablón, Alto del Grillo y Loma Alta.
TIESO, SA adj. **1** Duro, firme, rígido. **2** Robusto de salud. **3** Tenso, tirante. **4** fig. Afectadamente estirado, circunspecto y mesurado. **5** fig. Terco.
TIESTES *Mit.* Hijo de Pélope e Hipodamía, y hermano de Atreo. El enfrentamiento con éste marcó el comienzo del drama de los Atridas.
TIESTO m. **1** Pedazo de una vasija de barro. **2** MACETA, vaso de barro para criar plantas. **3** *Chile* Vasija de cualquier clase.
TIETE Río de Brasil, que nace en la Serra do Mar, cruza el Estado de São Paulo, pasa por su capital y desemboca en el Paraná; 1.200 km.
TIFÁCEO, A adj. y f. *Bot.* **1** Se dice de la planta angiosperma monocotiledónea, caracterizada por sus inflorescencias en forma de espigas densas y cilíndricas, sin periantio, como la espadaña. || f. pl. *Bot.* **2** Familia de estas plantas.
TIFL-; TIFL- pref. e in. TIFLO-.
TIFLIS TBILISI.
TIFLO-, TIFL-; -TIFL- prefs. o in. que significan ciego.
TIFLOLOGÍA f. *Med.* Parte de la medicina que estudia la ceguera y los medios de curarla.
TIFO m. *Pat.* TIFUS.
TIFOIDEO, A adj. *Med.* **1** Perteneciente o relativo al tifus, o parecido a este mal. **2** Perteneciente a la fiebre tifoidea.
TIFÓN m. *Meteor.* **1** HURACÁN. **2** Tromba marina.
TIFÓN *Mit.* Hijo de Gea y Tártaros, el más temible de los gigantes. Fue derrotado por Zeus, quien lo sepultó bajo el Etna.
TIFOSI (Voz it.) m. Hincha deportivo italiano.
TIFUS m. *Pat.* Grupo de enfermedades infecciosas, graves, con fiebre alta, delirio o postración, aparición de costras negras en la boca y presencia de manchas pun-

teadas en la piel. || **TIFUS ABDOMINAL** *Pat.* FIEBRE TIFOIDEA. || **TIFUS EXANTEMÁTICO** o **PETEQUIAL** *Pat.* Infección tífica, epidémica, transmitida generalmente por el piojo, caracterizada por las manchas punteadas en la piel. || **TIFUS ICTERODES** *Pat.* FIEBRE AMARILLA.
TIGLATH PILESER Nombre de diversos reyes de Asiria.
TIGLATH PILESER I (? - ?, 1078 a. C.). Accedió al trono en 1116 a. C. Ocupó Comanege y dominó el O del río Éufrates y la región del lago Van.
TIGLATH PILESER III (? - ?, 727 a. C.). Accedió al trono en 745 a. C. Reforzó el centralismo del Estado. Tomó Damasco (732 a. C.) e impuso su supremacía en Siria e Israel. En 729 a. C., se hizo coronar rey de Babilonia con el nombre de Pulu.
TIGMOMORFOGÉNESIS f. *Bot.* Efecto que causan ciertos estímulos mecánicos, sobre todo el frotamiento, sobre el crecimiento de algunas plantas.
TIGMOTAXIS f. *Biol.* Movimiento de un organismo motivado por estímulos de contacto.
TIGRANES I EL GRANDE Rey de Armenia (?, h. 121- ?, h. 55 a. C.). Accedió al trono el año 95 a. C. Extendió sus dominios por Mesopotamia, Siria y Capadocia. Derrotado por Lucinio Lúculo (69 a. C.), se refugió en la corte de Mitriades IV del Ponto. Tras reconocer ante Pompeyo la supremacía romana (66 a. C.), recuperó el reino.
TIGRE m. **1** *Zool.* Mamífero carnívoro perteneciente a la familia félidos, de nombre científico *Panthera tigris*, de gran tamaño (hasta 2,5 m de longitud y 300 kg de peso). Posee un cuerpo fuerte y ágil, cubierto por un pelaje claro en el vientre, y pardo anaranjado con rayas negras en el lomo y la cola, donde las tiene en forma de anillos. Habita en Asia. **2** *Zool. Ecuad.* Pájaro de mayor tamaño que una gallina, cuyo plumaje, pardo con manchas negras, se asemeja a la piel del tigre. **3** fig. Persona cruel y sanguinaria. || **TIGRE AMERICANO** *Zool.* JAGUAR.
TIGRE Río de América del Sur que nace en Ecuador, provincia de Pastaza, entra en Perú y desemboca en el Marañón; 563 km.
TIGRE Isla de Honduras, en el golfo de Fonseca. Su capital es Amapala.
TIGRE Río de México, Estado de Guanajuato, afluente del Lerma. También se llama *Coroneo*.
TIGRESA f. *Zool.* Tigre hembra.
TIGRILLO m. *Zool.* Mamífero carnívoro perteneciente a la familia félidos, de nombre científico *Felis tigrina*, con el pelaje amarillo manchado de bandas oceladas. Vive en Sudamérica.
TIGRIS Río de Asia occidental, que nace en los montes de Armenia, al E de Turquía, atraviesa Irak, donde pasa por Mosul y Bagdad, se une al Éufrates al final de su curso para formar el Shat el-Arab, y desemboca en el golfo Pérsico; 2.000 km.
TIJERA f. **1** Instrumento compuesto de dos hojas de acero en un solo filo, las cuales pueden girar alrededor de un eje que las traba, para cortar, al cerrarlas, lo que se pone entre ellas. Más en pl. **2** fig. Nombre de ciertas cosas compuestas de dos piezas cruzadas que giran alrededor de un eje. **3** Cierta zanja o cortadura que se hace en las tierras húmedas, para desaguarlas. || **echar**, o **meter, la tijera** fr. fig. Cortar los inconvenientes que sobrevienen en un negocio.
TIJERETA f. **1** *Bot.* Cada uno de los zarcillos que por pares nacen en los sarmientos de las vides. **2** *Zool.* Nombre de diversos insectos dermápteros, con el cuerpo alargado, de color pardo oscuro y con unos apéndices similares a tijeras al final del abdomen. Viven en Europa. **3** *Zool.* Ave caradriforme perteneciente a la familia rincópidos, de nombre científico *Rynchops nigra*, con el pico aplanado, cuello largo y cola ahorquillada. Habita en América del S.
TIJERETADA o **TIJERETAZO** f. Corte hecho de un golpe con las tijeras.
TIJONOV, NIKOLAI ALEXANDROVICH Político soviético (Kharkov, 1905 - Moscú, 1997). Vicepresidente del consejo de ministros (1965-80), miembro del Comité Central del PCUS (1966) y del Politburó (1979), y primer ministro (1980-85).
TIJUANA Ciudad del NO de México, Estado de Baja California Norte, junto a la frontera de EE UU; 698.752 h. Centro comercial y turístico.
TIKAL *Arqueol.* Antigua ciudad maya, situada en la selva de Guatemala, departamento de Petén. Alcanzó su apogeo en el periodo maya clásico (siglos IV-X). En el conjunto arqueológico destacan cinco templos sobre pirámides revestidas de sillería.
TIL m. *Bot.* Árbol perteneciente a la familia lauráceas, de nombre científico *Ocotea foetens*, de hasta 25 m de altura, con hojas persistentes, flores amarillentas y frutos carnosos. Es un endemismo de las islas Canarias y Madeira.
TILA f. **1** *Bot.* Flor del tilo. Es una cima de color blanco amarillento, muy olorosa y que se emplea en in-

fusiones como sedante. **2** Infusión antiespasmódica hecha con flores de tilo.

TILAPA u **OCOSITO** Río de Guatemala, que nace en el departamento de Retalhuleu y desemboca en el Pacífico.

TÍLBURI m. Carruaje de dos ruedas, ligero y sin cubierta, para dos personas y tirado por una sola caballería.

TILDAR tr. **1** Poner tilde a las letras que lo necesitan. **2** fig. Señalar con alguna nota denigrativa a una persona.

TILDE amb. **1** Virgulilla o rasgo que se pone sobre algunas abreviaturas, el que lleva la ñ y cualquier otro signo que sirva para distinguir una letra de otra o denotar su acentuación. Más como el. || f. **2** Cosa mínima.

TILDY, ZOLTAN Político húngaro (Budapest, 1889 - íd., 1961). Presidente del gobierno que se formó al terminar la Segunda Guerra Mundial (1945), ocupó la jefatura de Estado al proclamarse la República (1946-48).

TILIÁCEO, A adj. y f. *Bot.* **1** Se dice de la planta angiosperma dicotiledónea, como el tilo y la patagua. || f. pl. *Bot.* **2** Familia de estas plantas.

TILICHE m. *Amér. C.* y *Méx.* Baratija, trasto, chuchería.

TILÍN m. Sonido de la campanilla. || **hacer tilín** fr. fig. y fam. Caer en gracia, inspirar afecto.

TILINGO, GA adj. *Arg.* y *Méx.* Memo, lelo.

TILL *Geol.* Depósito de origen glaciar caracterizado por la falta de estratificación y la presencia de partículas de todos los tamaños.

TILLITA f. *Geol.* Roca conglomerado originada por la litificación de un till.

TILLY, JEAN T'SERCLAES, CONDE DE General valón (Tilly, 1559 - Ingolstadt, 1632). Jefe de la Liga Católica en la guerra de los Treinta Años, derrotó a los protestantes en Montaña Blanca (1620) y a los daneses en Lutter (1626).

TILO m. *Bot.* **1** Árbol de la familia tiliáceas, género *Tilia*, de hasta 30 m de altura, con hojas acorazonadas, flores blanco amarillentas con una bráctea foliácea, y fruto seco. Su madera se emplea en ebanistería, y las flores, en infusiones medicinales. **2** *Col.* Yema floral del maíz. || **TILO PLATEADO** *Bot.* De nombre científico *T. tomentosa*, es un árbol de hojas blanquecino algodonosas por el envés, que crece en el O de Europa.

TILSIT Población de la Federación de Rusia, en la región de Kaliningrado; 38.000 h. En 1807, se firmaron en ella los tratados de Napoleón con Rusia y Prusia, que pusieron fin a la cuarta coalición y consagraron la derrota de Prusia.

TÍMALO m. *Zool.* Pez teleósteo fisóstomo perteneciente a la familia salmónidos, de nombre científico *Thymallus thymallus*, de agua dulce.

TIMANTES Pintor griego (Citnos, s. v a. C.). Su obra maestra, conocida por tradición, fue *El sacrificio de Ifigenia*.

TIMAR tr. **1** Quitar o hurtar con engaño. **2** Engañar a otro con promesas o esperanzas. || prnl. **3** fam. Entenderse con la mirada.

TIMBA f. **1** fam. Partida de juego de azar. **2** Casa de juego, garito. **3** *Amér. C.* y *Méx.* Barriga, vientre.

TIMBAL m. **1** *Mús.* Especie de tambor de un solo parche, con caja metálica en forma de media esfera. **2** *Gastron.* Masa de harina y manteca, normalmente en forma de cubilete, que se rellena con carne u otros alimentos.

TIMBÓ m. *Bot.* Árbol perteneciente a la familia leguminosas, de nombre científico *Enterolobium contortisiliquum*, de corteza muy dura que se utiliza para fabricar embarcaciones. Crece en América del Sur.

TIMBRADO, DA adj. **1** Se dice de la voz de timbre agradable. Más con el adv. *bien*. **2** Se aplica al papel de cartas que tiene membrete. **3** *Bl.* Se dice del escudo provisto del timbre.

TIMBRAR tr. **1** Poner el timbre en el escudo de armas. **2** Estampar un timbre, sello o membrete.

TIMBRAZO m. Toque fuerte de un timbre.

TIMBRE m. **1** Aparato de aviso, compuesto de una campana o un macito que la golpea movido por un resorte, la electricidad u otro agente. **2** *Bl.* Insignia que se coloca encima del escudo de armas. **3** Sello, especialmente el que se estampa en seco. **4** Sello que en el papel donde se extienden algunos documentos públicos estampa el Estado, indicando la cantidad que debe pagarse al fisco. **5** *Fís.* Conjunto de armónicos que, con sus intensidades respectivas, acompañan al sonido fundamental; es, pues, lo que diferencia dos notas del mismo tono e intensidad, dadas por instrumentos distintos. **6** *Fon.* Calidad de los sonidos o de la voz, que diferencia a los del mismo tono, y depende de la forma y naturaleza de los elementos que entran en vibración. **7** fig. Acción gloriosa o cualidad personal que ensalza y ennoblece. **8** Renta del tesoro constituida por el importe de los sellos, papel sellado y otras imposiciones, que gravan la emisión, uso o circulación de documentos.

TIMBREA *Geog. hist.* Lugar de Asia Menor, en Frigia, donde Creso fue vencido por Ciro II el año 546 a. C.

TIMBÚ adj. *Etnol.* **1** Se dice de un pueblo amerindio del grupo lingüístico tupí, que vivía en el delta del río Paraná y el litoral de la Plata, en Argentina. Más como m. pl. **2** Se dice también de sus individuos. También s. **3** Relativo a este pueblo.

TIMBUKTU TOMBOUCTOU.

TIMELEÁCEO, A adj. y f. *Bot.* **1** Se dice de la planta angiosperma dicotiledónea, leñosa, con hojas alternas u opuestas, flores axiales y fruto en baya o cápsula, como la adelfilla y el torvisco. || f. pl. *Bot.* **2** Familia de estas plantas.

TIMEO Historiador griego (?, h. 352 - Siracusa, h. 256 a. C.). Autor de una *Historia de Sicilia y de la Magna Grecia*.

TIMEO Magistrado griego (Locro, Magna Grecia, s. v a. C.). Discípulo de Pitágoras, inspiró a Platón el célebre diálogo *Timeo*.

TIMGAD Población de Argelia, vilaya de Batna. Ruinas de la ciudad romana de *Thamugadi*.

TIMIDEZ f. Calidad de tímido.

TÍMIDO, DA adj. Temeroso, corto de ánimo.

TIMINA f. *Quím.* Base pirimidínica que entra a formar parte de los ácidos nucleicos.

TIMISOARA Ciudad del O de Rumania, capital del distrito de Timis; 325.359 h.

TIMO[1] m. *Zool.* TÍMALO, pez.

TIMO[2] m. *Anat.* Glándula endocrina situada detrás del esternón y formada por dos glóbulos unidos por tejido conjuntivo. La hormona que secreta influye en la formación de las células linfoides.

TIMO[3] m. Acción y efecto de timar.

TIMO-; -TIMIA, -TIMEMA pref. o sufs. que significan ánimo, pasión: *entimema*.

TIMOCHENKO, SEMION KONSTANTINOVICH Mariscal soviético (Furmanka, 1895 - Moscú, 1970). En 1939, dirigió las campañas de Finlandia y Polonia. Nombrado comisario de Defensa (1940), logró detener a las tropas alemanas en Smoliensk y reconquistó Rostov (1941).

TIMOCRACIA f. Sistema de gobierno en que ejercen el poder los ciudadanos con cierta renta.

TIMOL m. *Quím.* Fenol que se obtiene de diversas plantas, de fórmula $C_{10}H_{14}O$, ácido, sólido cristalino incoloro, que funde a 515 ºC.

TIMOLEÓN General y político griego (Corinto, 410 - Siracusa, 336 a. C.). Expulsó a Dionisio el Joven de Siracusa (344 a. C.) y derrotó a los cartagineses en Crimiso (339 a. C.). Tras instituir una oligarquía moderada, abdicó (337 a. C.).

TIMÓN m. **1** Pieza de madera o de hierro que, articulada verticalmente sobre goznes en el codaste de la nave, sirve para gobernarla. Por extensión, pieza similar de submarinos, aeroplanos, etc. **2** Palo derecho que sale de la cama del arado y al que se fija el tiro. **3** Lanza o pértiga del carro. **4** Varilla del cohete, que le sirve de contrapeso y le da dirección. **5** fig. Dirección de un negocio.

TIMONEL com. Persona que gobierna el timón de la nave.

TIMONERO, RA adj. **1** Perteneciente o relativo al timón. **2** *Zool.* Se dice de cualquiera de las plumas grandes situadas en la cola de las aves, que sirven para controlar la dirección del vuelo. También f.

TIMOR Isla del SE de Asia, en el archipiélago de Sonda, al SE de la de Flores; 33.735 km² y 1.600.000 h. Se trata de una isla montañosa (Ramelau, 2.960 m), de origen volcánico. Cultivos de café, caucho, arroz, maíz, patatas. Ganadería. Pesca. Los portugueses descubrieron la isla en 1520 y los holandeses se asentaron en el SO en 1613. Las fronteras definitivas se establecieron en 1904; la parte oriental quedó bajo soberanía de Portugal, mientras la occidental correspondió a los Países Bajos, que en 1946 cedieron el territorio a Indonesia. En 1976, este país se anexionó también Timor Oriental.

TIMOR, MAR DE Mar del océano Índico, entre la isla de Timor y Australia.

TIMOR ORIENTAL *(Timor Leste)* Estado del SE de Asia, en Insulindia, que ocupa el E de la isla de Timor, la dependencia de Oecusse, al NO de la isla, la isla de Atauro y el islote de Yaco.

GEOG. De origen volcánico, su relieve es muy montañoso (Ramelau, 2.920 m), salvo en la zona sur. Tiene clima tropical lluvioso y la economía es de subsistencia. El café y el gas y el petróleo, que se extraen de la fosa de Timor, constituyen sus principales recursos económicos.

HIST. El territorio permaneció bajo soberanía portuguesa hasta 1976, año en que, tras declarar unilateralmente su independencia, fue invadido y anexionado por Indonesia, situación no reconocida por la ONU. En 1999 se celebró un referéndum de autodeterminación en el que se alzaron con la victoria los partidarios de la secesión. Sin embargo, el ejército indonesio no respetó estos resultados e inició una cruenta represión que provocó la intervención de tropas internacionales de pacificación. A finales de este año el Gobierno indonesio accedió a reconocer la independencia de Timor Oriental. Bajo la administración de la ONU, se celebraron en 2001 elecciones parlamentarias, en las que se eligió una Asamblea Constituyente encargada de redactar la Constitución. En las presidenciales celebradas en abril del año siguiente resultó vencedor el líder de la resistencia contra la ocupación indonesia, Xanana Gusmão. El 20 de mayo de 2002, Timor Oriental se convirtió de forma oficial en Estado soberano y Gusmão fue investido presidente y Mari Alkatiri fue nombrado primer ministro.

Superficie: 14.604 km²
Población: 891.000 h. (timorenses).
Densidad: 61 h./km².
Capital: Dili
Ciudades principales: Baucau, Ermera, Maliana, Bobonaro.
Religión: catolicismo (86%), islamismo y creencias tradicionales.
Idioma: tetun, portugués y bahasa indonesio.
Moneda: dólar estadounidense.
Forma de Estado: república.
Producto Nacional Bruto: 380 millones de dólares.
Renta per cápita: 478 dólares.
División administrativa: 13 distritos, según cuadro.

TIMOR ORIENTAL

Distritos	Superficie (km²)	Población (h.)	Capitales
Aileu	729	32.500	Aileu
Ainaro	797	44.100	Ainaro
Ambeno	815	54.500	Pante Macassar
Baucau	1.494	97.600	Baucau
Bobonaro	1.368	90.700	Maliana
Cova Lima	1.226	63.900	Suai
Dili	372	179.600	Dili
Ermera	746	89.500	Ermera
Lautem	1.702	52.110	Los Palos
Liquiça	543	54.800	Liquiça
Manatuto	1.706	34.900	Manatuto
Manufahi	1.325	37.200	Same
Viqueque	1.781	59.600	Viqueque

TIMORATO, TA adj. **1** Tímido, indeciso, vergonzoso. **2** Que se escandaliza fácilmente por su exagerada moralidad.

TIMOTEO, SAN Discípulo de san Pablo (Listra, Laconia, 35 - Éfeso, 97). Fue el primer obispo de Éfeso, donde sufrió martirio. San Pablo le dirigió dos de las cartas que figuran en la Biblia.

TÍMPANO m. **1** *Mús.* Tambor, atabal. **2** *Mús.* Instrumento musical compuesto de varias tiras desiguales de vidrio colocadas de mayor a menor sobre dos cuerdas o cintas, y que se toca con una especie de macillo. **3** Cada uno de los dos lados, fondo o tapa, sobre el que se puede asentar la pipa o cuba. **4** *Anat.* Lámina de tejido conjuntivo que cierra el oído externo y es capaz de vibrar cuando llegan a ella las ondas sonoras, transmitiendo así el sonido al oído medio. **5** *Arquit.* En la arquitectura griega y romana, espacio triangular que queda entre las dos cornisas inclinadas de un frontón y la horizontal de su base. En el arte románico y gótico, queda delimitado por el dintel y las arquivoltas.

TIMUR LANG o **TAMERLÁN** Caudillo tártaro (Keck, 1336 - Otrar, 1405). Se alzó contra el gobernador de Transoxiana y se hizo coronar en 1370. Fue el fundador de la dinastía de los timúridas. Sus dominios se extendieron por gran parte de Rusia, Persia, Turquía, Nepal e India.

TIMÚRIDA adj. *Hist.* **1** Se dice de la dinastía turca fundada por Timur Lang, que gobernó en el Jurasan y la Transoxiana hasta comienzos del siglo XVI. Más como m. pl. **2** Se dice también de sus individuos. También com. **3** Relativo a esta dinastía.

TINA f. **1** Tinaja, vasija grande de barro. **2** Vasija de madera, de forma de media cuba. **3** Vasija grande, de forma de caldera, que se utiliza para el tinte de telas y otros usos. **4** Pila para bañarse.

TINA, MONTE o **LOMA** ALTO DE LA BANDERA.

TINAJA f. **1** Vasija grande de barro, mucho más ancha por el centro que por el fondo y por la boca. **2** Líquido que cabe en ella.

TINAMIFORME adj. y f. *Zool.* **1** Se aplica al ave de tamaño algo mayor que una perdiz, con alas cortas poco apropiadas para el vuelo, cola también corta y plumaje suave, como el tinamú. || f. pl. *Zool.* **2** Orden de estas aves.

TINAMÚ m. *Zool.* Nombre de varias especies de aves tinamiformes de la familia tinámidos. Son polígamas y el macho se encarga de la incubación. Viven desde México hasta la Patagonia.

TINBERGEN, JAN Economista holandés (La Haya, 1903 - Amsterdam, 1994). Investigó sobre la teoría económica y la planificación del desarrollo. Su obra *Estudio estadístico de las teorías del ciclo económico* (1939) contribuyó decisivamente a sentar las bases de la econometría moderna. Premio Nobel de Economía en 1969, compartido con R. Frisch.

TINBERGEN, NIKOLAAS Zoólogo inglés de origen holandés (La Haya, 1907 - Oxford, 1988). Hermano de Jan, se le considera uno de los padres de la etología. Investigó, fundamentalmente, el comportamiento de las aves. Premio Nobel de Fisiología y Medicina en 1973, compartido con K. Lorenz y K. von Frisch.

TINCIÓN f. Acción y efecto de teñir; teñido.

TINDALIZACIÓN f. *Quím.* Forma de esterilización de una sustancia alternando fases de cultivo y fases de calor moderado.

TINDÁREO *Mit.* Rey legendario de Esparta, esposo de Leda. Padre de Cástor y Clitemnestra, y en algunas versiones, de Pólux y Helena.

TINDEMANS, LÉO Político belga (Zwijndrecht, 1922). Dirigente del Partido Democratacristiano, ocupó varias carteras ministeriales antes de ser viceprimer ministro (1973-74) y jefe del gobierno (1974-78). Posteriormente, fue presidente del Partido Popular Europeo.

TINERFEÑO, ÑA adj. y s. De Tenerife.

TING, SAMUEL CHAO CHUNG Físico estadounidense de origen chino (Ann Arbor, 1936). En 1976 recibió el premio Nobel de Física, compartido con B. Richter, por el descubrimiento, independientemente de éste, de la partícula *J* (Richter la llamó *psi*), mesón neutro de elevada masa.

TINGIS TÁNGER.

TINGITANO, NA adj. y s. De Tánger.

TINGLADO m. **1** COBERTIZO. **2** Tablado montado muy deprisa. **3** fig. Enredo, maquinación. **4** *Cuba* Tablado en ligero declive donde cae la miel que purgan los panes de azúcar.

TINGUELY, JEAN Escultor suizo (Friburgo, 1925 - Berna, 1991). Miembro del grupo «Nuevo Realismo», realizó irónicas esculturas-máquina con movimiento: *Méta-Matic* (1959), *Eureka* (1964).

TINGUIRIRICA Volcán de Chile, en la región VI del Libertador General Bernardo O'Higgins; 4.300 m.

TINIEBLA f. **1** Falta de luz. Más en pl. || f. pl. **2** fig. Suma ignorancia y confusión. **3** *Liturg.* Maitines de los tres últimos días de la Semana Santa.

|| **Tintoretto.** *Susana y los viejos*. Museo de Historia del Arte (Viena).

TINIS *Geog. hist.* Ciudad del Alto Egipto, dedicada al culto de Onuris. Lugar de origen y necrópolis real de las dos primeras dinastías.

TINO m. **1** Hábito o facilidad de acertar a tientas con las cosas que se buscan. **2** Acierto y destreza para dar en el blanco. **3** fig. Juicio y cordura para el gobierno y dirección de un negocio. || **sin tino** loc. adv. Sin tasa, sin medida.

TINOCO GRANADOS, FEDERICO Político costarricense (San José, 1870 - París, 1931). Ministro de la Guerra, encabezó el golpe de Estado que derrocó a A. González Flores en 1917. Nombrado presidente de la República, el movimiento revolucionario de Sopoa (1919) puso fin a su régimen dictatorial.

TINTA f. **1** Color que se sobrepone a cualquier cosa, o con que se tiñe. **2** Sustancia líquida de diversos colores que se utiliza para escribir o dibujar. **3** *Zool.* Secreción líquida de los cefalópodos para enturbiar el agua como defensa. || f. pl. **4** Matices, degradaciones de color. **5** Mezcla de colores que se hace para pintar. || **MEDIA TINTA** *Pint.* Capa de color que se da primero para pintar al temple y al fresco, sobre la cual se va colocando el claro y el oscuro. || **TINTA CHINA** *Pint.* La hecha con negro de humo, que se usa especialmente para dibujar. Suele ser resistente al agua. || **medias tintas** fig. y fam. Hechos, dichos o juicios vagos y nada resueltos. || **recargar** uno **las tintas** fr. fig. Exagerar el alcance o significación de un dicho o hecho. || **saber** uno **de buena tinta** una cosa fr. fig. y fam. Estar informado de ella por conducto digno de crédito. || **sudar tinta** fr. fig. y fam. Realizar un trabajo con mucho esfuerzo.

TINTAMARRE Isla de las Pequeñas Antillas, grupo de Barlovento, perteneciente al departamento de ultramar francés de Guadalupe y dependencias; 1,2 km².

TINTAR tr. Dar a una cosa color distinto del que tenía, teñir.

TINTE m. **1** Acción y efecto de teñir. **2** Sustancia con que se tiñe. **3** Lugar donde se limpian o tiñen telas y otros objetos. **4** fig. Figura dialéctica con que se da un matiz distinto a las cosas no materiales. **5** fig. Noción superficial de una ciencia.

TINTERO m. **1** Vaso en que se pone la tinta de escribir. **2** *Veter.* NEGUILLA, en los dientes de las caballerías. **3** *A. gráf.* Depósito que en las máquinas de imprimir recibe la tinta, impregnando de ella un cilindro giratorio que a su vez la transmite a los otros cilindros que han de realizar la impresión. || **dejar** o **dejarse** una cosa **en el tintero** fr. fig. y fam. Olvidarla u omitirla.

TINTÍN m. Sonido de la esquila, campanilla y timbre, vasos, etc.

TINTINAR o **TINTINEAR** intr. Producir el sonido del tintín.

TINTO, TA adj. **1** VINO TINTO. También m. **2** Rojo oscuro.

TINTÓREO, A adj. *Bot.* Se aplica a la planta de la que se extraen sustancias colorantes.

TINTORERA f. **1** La que tiene por oficio teñir o dar tintes. **2** *Zool.* Pez cartilaginoso perteneciente a la familia carcharínidos, de nombre científico *Prionace glauca*, de cuerpo estilizado que puede llegar a medir 6 m de longitud. Vive en mares cálidos y templados.

TINTORERÍA f. **1** Oficio de tintorero. **2** Establecimiento donde se tiñe o limpia la ropa.

TINTORETTO, IL (JACOPO ROBUSTI, llamado) Pintor italiano (Venecia, 1518 - íd., 1594). Estudió con Tiziano y recibió la influencia de Miguel Ángel e il Pordenone. En su pintura predomina el sentido dramático y teatral característico del manierismo, que se manifiesta en violentos escorzos y contrastes lumínicos. Entre sus obras más significativas figuran los tres *Milagros de San Marcos* (1562-66), los ciclos de la vida de san Roque y del Nuevo Testamento que decoran la Scuola de San Rocco (1564-87), *Susana y los viejos* y numerosos retratos de personajes venecianos.

TINTORRO m. fam. Vino tinto, generalmente de mala calidad.

TINTURA f. **1** Sustancia con que se tiñe. **2** *Quím.* Líquido en que se ha hecho disolver una sustancia que le comunica color.

TIÑA f. **1** *Med.* Cualquiera de las enfermedades producidas por diversos parásitos en la piel del cráneo, el cabello o las uñas, y de las cuales unas consisten en costras y ulceraciones y otras ocasionan la caída del cabello. **2** *Zool.* Arañuelo o gusanillo que daña las colmenas. **3** fig. y fam. Miseria, mezquindad.

TÍO m. **1** Respecto de una persona, hermano o primo de su padre o madre. **2** En algunos lugares, tratamiento que se da al hombre casado o mayor. **3** fam. Persona de quien se pondera algo bueno o malo. **4** fam. Persona cuyo nombre y condición se ignoran o no se quieren decir. **5** fam. Hombre rústico y grosero. **6** fam. Apelativo equivalente a amigo, compañero. || **TÍO ABUELO** Respecto de una persona, hermano de uno de sus abuelos.

TIO-, TI-, TION-; -TIO-, -TION- prefs. o ins. que significan azufre.

TÍO SAM (En i., *Uncle Sam.*) Nombre con el que se personifica al pueblo estadounidense, interpretación caprichosa de US *(United States)*.

TIOÁCIDO m. *Quím.* Nombre genérico de diversos compuestos, de fórmula R–COSH, resultado de sustituir un átomo de oxígeno del grupo ácido por uno de azufre.

TIOL m. *Quím.* Nombre de diversos compuestos químicos, de fórmula R–SH, semejantes a los alcoholes, resultado de sustituir un átomo de oxígeno por uno de azufre.

TIOMKIN, DIMITRI Compositor estadounidense, de origen ruso (San Petersburgo, 1899 - Londres, 1979). Alcanzó la fama como compositor de bandas sonoras para películas: *Solo ante el peligro* (1952), *Gigante* (1956), *El viejo y el mar* (1958).

TION-; -TION- pref. o in. TIO-.

TIORBA f. *Mús.* Instrumento musical de cuerda muy utilizado entre los siglos XVI y XVIII. Algo mayor que el laúd, posee catorce o quince cuerdas, algunas de ellas dobles, y dos mástiles.

TIOVIVO m. Recreo de feria que consiste en varios asientos colocados en un círculo giratorio.

TIPARIO m. Conjunto de los tipos de una máquina de escribir.

TIPARRACO, CA m. y f. desp. Persona despreciable y ridícula.

TIPEJO m. Persona ridícula y despreciable.

TIPI *Etnol.* Tienda de forma cónica, formada por una armazón de postes de madera y recubierta de pieles de bisonte, utilizada por los indios de las praderas de Norteamérica.

TIPI-, TIPO-; -TIPIA, -TIPO prefs. o sufs. que significan marca, tipo.

TIPICIDAD f. 1 Calidad de típico. 2 *Der.* Elemento constitutivo de delito, que consiste en la adecuación del hecho que se considera delictivo a la figura o tipo descrito por la ley.

TÍPICO, CA adj. 1 Característico o representativo de un tipo. 2 Peculiar de un grupo, país, región, etc.

TIPIFICAR tr. 1 Ajustar varias cosas semejantes a un tipo o norma común. 2 Representar una persona o cosa el tipo de la especie o clase a que pertenece.

TIPISMO m. 1 Calidad o condición de típico. 2 Conjunto de caracteres o rasgos típicos.

TIPLE m. 1 *Mús.* SOPRANO, la más aguda de las voces humanas. 2 *Mús.* Guitarrita de voces muy agudas. || com. 3 Persona que tiene voz de tiple.

TIPO m. 1 Modelo, ejemplar. 2 Símbolo representativo de cosa figurada. 3 Ejemplo característico de una especie, género, etc. 4 *A. gráf.* Pieza de metal de la imprenta en que está de realce una letra u otro signo. 5 Cada una de las clases de esta letra. 6 Figura o talle de una persona. 7 Clase, naturaleza de las cosas. 8 Persona extraña y singular. 9 Individuo, hombre, frecuentemente con matiz despectivo. 10 *Num.* Figura principal de una moneda o medalla. 11 *Biol.* Categoría taxonómica superior de los reinos animal y vegetal, compuesta por varias clases relacionadas. 12 *Biol.* Especimen en el que se basa la descripción de una especie o subespecie. || **jugarse el tipo** loc. fig. y fam. Jugarse la vida, ponerse en peligro. || **mantener el tipo** fr. fig. y fam. Comportarse de modo gallardo ante la adversidad o el peligro.

TIPO-; -TIPO pref. o suf. TIPI-.

TIPOCROMÍA f. *A. gráf.* Impresión tipográfica en color.

TIPOGRAFÍA f. *A. gráf.* 1 Sistema de impresión con formas que contienen los tipos y grabados en relieve, y que, una vez entintados, se aplican a presión sobre el papel. 2 Lugar donde se imprime.

TIPÓGRAFO m. Operario que domina o profesa la tipografía.

TIPOI m. *Arg.* y *Par.* Túnica suelta sin cuello ni mangas, que usan las campesinas de las regiones guaraníes.

TIPOLOGÍA f. 1 Estudio y clasificación de tipos que se practica en diversas ciencias. 2 *Psicol.* Ciencia que estudia los distintos tipos de la morfología del hombre en relación con sus funciones vegetativas y psíquicas. || **TIPOLOGÍA LINGÜÍSTICA** *Ling.* Disciplina que compara las lenguas para clasificarlas y establecer entre ellas relaciones.

TIPOMETRÍA f. *A. gráf.* Medición de los puntos tipográficos.

TIPÓMETRO m. *A. gráf.* Regla graduada que se utiliza para medir el tamaño de las letras, el espacio interlineal, etc.

TIPOY m. *Argent.* y *Bol.* TIPOÍ.

TIPPERARY RIDING NORTE Condado de Irlanda, en la provincia de Munster; 1.996 km² y 57.854 h. Su capital es Nenagh.

TIPPERARY RIDING SUR Condado de Irlanda, en la provincia de Munster; 2.258 km² y 74.918 h. Su capital es Clonmel.

TIPPETT, MICHAEL KEMP Compositor británico (Londres, 1905 - íd., 1998). Autor vanguardista, entre sus mejores obras figuran el oratorio *El hijo de nuestro tiempo* (1941), las óperas *The Midsummer Marriage* (1952) y *King Priam* (1961).

TÍPULA f. *Zool.* Insecto díptero, especie de mosquito de gran tamaño.

TIQUE m. Vale, bono, billete, entrada, cédula, recibo.

TIQUETE m. *Amér. C., Col.* y *Pan.* TIQUE.

TIQUISMIQUIS o **TIQUIS MIQUIS** m. pl. 1 Escrúpulos o reparos vanos o de poquísima importancia. 2 fam. Expresiones o dichos ridículamente corteses o afectados. || com. 3 fam. Persona muy remilgada o maniática. También adj.

TIRA f. Pedazo largo y angosto de tela, papel, cuero u otra cosa delgada. || **la tira** fam. Gran cantidad de una cosa.

TIRABUZÓN m. 1 Instrumento para sacar los tapones de corcho. 2 fig. Rizo de cabello, largo y pendiente en espiral.

TIRACHINAS m. Tirador en forma de horquilla con mangos, con dos gomas unidas por un trozo de cuero en el que se colocan piedras u otros objetos para dispararlos.

TIRADA f. 1 Acción de tirar. 2 Distancia que hay de un lugar a otro, o de un tiempo a otro. 3 Serie de cosas que se dicen o escriben de un tirón. 4 *A. gráf.* Acción y efecto de imprimir. 5 *A. gráf.* Número de ejemplares de que consta una edición. 6 *A. gráf.* Lo que se tira en un solo día de labor.

TIRADENTES (JOAQUIM JOSÉ DA SILVA XAVIER, llamado) Revolucionario brasileño (Villa Rica, 1748 - íd., 1792). Tomó parte en la sublevación minera de Minas Gerais (1789) y fue ajusticiado.

TIRADO, DA adj. 1 Se dice de las cosas que se dan muy baratas o de aquellas que abundan mucho. 2 fam. Se dice de la persona despreciable o que ha perdido la vergüenza. 3 *Mar.* Se dice del buque que tiene mucha eslora y poca altura de casco. || m. 4 *Met.* Acción de reducir a hilo los metales, particularmente el oro. 5 *A. gráf.* Acción y efecto de imprimir.

TIRADOR, RA m. y f. 1 Persona que tira. 2 Persona que tira con cierta destreza y habilidad. 3 Persona que estira. || m. 4 Instrumento con que se estira. 5 Asidero del cual se tira para cerrar o abrir una puerta, un cajón, etc. 6 Cordón, cinta o cadenilla del que se tira para hacer sonar una campanilla o un timbre. 7 Regla de hierro que usan los picapedreros. 8 Pluma metálica que sirve de tiralíneas. 9 TIRACHINAS. 10 *Arg.* Cinturón ancho que usa el gaucho. 11 *Arg.* y *Urug.* TIRANTE, cada una de las dos tiras que sirven para suspender de los hombros el pantalón. Más en pl. || **TIRADOR DE ORO** Artesano que lo reduce a hilo.

TIRAFONDO m. 1 Tornillo grande con cabeza de forma especial, que sirve para sujetar piezas de hierro en la madera. 2 *Med.* Instrumento que sirve para extraer del fondo de las heridas los cuerpos extraños.

TIRAGOMAS m. TIRACHINAS.

TIRALEVITAS com. Pelotillero, adulón.

TIRALÍNEAS m. Instrumento con la punta a modo de pinzas que se pueden graduar, y que sirve para trazar líneas de tinta más o menos gruesas.

TIRANA Ciudad capital de Albania y del distrito de su nombre; 243.000 h. Industrias textiles y metalúrgicas. Capital de la nación desde 1920.

TIRANA-DURRËS Región de Albania que comprende los distritos de Dobër, Durrës, Krujë, Mat, Mirditë y Tirana; 6.156 km² y 1.019.618 h.

TIRANÍA f. 1 *Polít.* e *Hist.* Gobierno ejercido por un tirano. El origen de este tipo de gobierno está en la antigua Grecia, donde los tiranos realizaron reformas sociales en favor de los más desfavorecidos e impulsaron las obras públicas. 2 fig. Abuso en grado extraordinario de cualquier poder, fuerza o superioridad. 3 fig. Dominio excesivo de un afecto o pasión sobre la voluntad.

TIRANICIDIO m. Muerte dada a un tirano.

TIRÁNICO, CA adj. 1 Perteneciente o relativo a la tiranía. 2 Que ejerce tiranía.

TIRANIZAR tr. 1 Gobernar un tirano algún Estado. 2 fig. Dominar tiránicamente.

TIRANO, NA adj. 1 Se aplica a quien obtiene contra derecho el gobierno de un Estado, y principalmente al que lo rige sin justicia y a medida de su voluntad. También s. 2 fig. Se dice del que abusa de su poder, superioridad o fuerza en cualquier concepto o materia, y también del que impone este poder y superioridad. También s. 3 fig. Se dice de la pasión o afecto que domina el ánimo o arrastra el entendimiento.

TIRANOSAURIO m. *Zool.* Reptil fósil, carnívoro, de gran tamaño, con patas posteriores mayores y más fuertes que las anteriores, que vivió en el cretácico.

TIRANTE adj. 1 TENSO. 2 fig. Se dice de las relaciones entre personas, Estados, etc., en las que existe enemistad o están próximas a romperse. 3 Comprometido, embarazoso. || m. 4 Cada una de las dos tiras de piel o tela, comúnmente elásticas, que sirven para sujetar de los hombros el pantalón u otras prendas de vestir. Más en pl. 5 Cuerda o correa que, asida a las guarniciones de las caballerías, sirve para tirar de un carruaje. 6 *Arquit.* Pieza de madera o barra de hierro, que impide la separación de los pares de un tejado. 7 *Mec.* Pieza de hierro o acero, destinada a soportar un esfuerzo de tensión.

TIRAR tr. 1 Arrojar, lanzar en dirección determinada. 2 Derribar a alguien o algo. 3 Desechar algo, deshacerse de ello. 4 Disparar un mecanismo. 5 Reducir a hilo un metal. 6 Tratándose de líneas o rayas, hacerlas. 7 Con voces expresivas de daño corporal, ejecutar la acción significada por estas voces. 8 fig. Malgastar dinero o desperdiciar cualquier otra cosa. 9 En algunos juegos, echar una carta, dado, etc. 10 *A. gráf.* Dejar impresos en el papel en una prensa los caracteres o letras de imprenta. || intr. 11 Hacer fuerza para traer algo hacia sí o para arrastrarlo. 12 Ejercer atracción. 13 Agradar, sentirse atraído por algo. 14 Quedar justa una prenda de vestir o una parte de ella. 15 Seguido de la preposición *de* y un nombre de arma o instrumento, tomarlo en la mano para emplearlo. 16 Tomar una determinada dirección. 17 Durar o mantenerse trabajosamente una persona o cosa. Suele utilizarse en gerundio. 18 Tender, propender. 19 Asemejarse o parecerse una persona o cosa a otra. || prnl. 20 Abalanzarse, precipitarse sobre alguien o algo para atacar. 21 Arrojarse, dejarse caer. 22 Echarse, tenderse en el suelo o encima de algo. 23 Pasar el tiempo haciendo lo que se expresa. 24 vulg. Poseer sexualmente a una persona. || **tira y afloja** loc. fig. y fam. que se emplea cuando en los negocios o en el mando se alterna el rigor con la suavidad. También s. m.

TIRATRÓN m. *Fís.* Válvula electrónica que contiene gas inerte o vapor de mercurio para cebar la corriente de descarga sin alterar su régimen.

TIRESIAS *Mit.* Adivino tebano, a quien los dioses privaron de la vista por revelar sus secretos.

-TIRIA suf. que significa puerta.

TIRÍDATES Nombre de dos reyes de Armenia.

TIRÍDATES I (? - ?, 73 d. C.). De origen parto, era hermano de Vologeso y accedió al trono en el 54. Luchó contra los romanos que invadieron Armenia (58-59) e instalaron en el trono a Tigranes V. En 66, Nerón le devolvió el trono.

TIRÍDATES II (? - ?, 324). Ocupó el trono en 294. Con el auxilio de las legiones romanas de Siria constituyó un imperio. Persiguió a los cristianos en tiempos de Diocleciano, pero más tarde se convirtió al cristianismo y fue bautizado por san Gregorio (h. 305), adoptando el cristianismo como religión oficial. Murió en una revuelta provocada por el rey de Persia Sapor II.

TIRILLA f. Lista o tira de tela que forma el cuello de una camisa o lo une con el escote.

TIRINTO *Geog. hist.* Ciudad griega, en la Argólida, cerca de la actual Nauplia. Fue poblada por aqueos y alcanzó su esplendor en la época micénica (1400-1200 a. C.). Argos consiguió vencer y destruir completamente la ciudad en el siglo IV a. C.

TIRIO, RIA adj. y s. De Tiro. || **tirios y troyanos** loc. fig. Partidarios de opiniones o intereses opuestos.

TIRIS-EL-GARBIA SAHARA OCCIDENTAL.

TIRITA f. Marca registrada de una tira de esparadrapo, de tamaños diversos, con un preparado especial en su centro para desinfectar y proteger heridas pequeñas.

TIRITAR intr. Temblar a consecuencia del frío.

TIRITERA o **TIRITONA** f. Temblor producido por el frío del ambiente o al iniciarse la fiebre.

TIRO m. 1 Acción y efecto de tirar. 2 Disparo de un arma de fuego. 3 Estampido que éste produce. 4 Señal o herida causado por dicho disparo. 5 Cantidad de munición proporcionada para cargar una vez el arma de fuego. 6 Alcance de cualquier arma arrojadiza o de fuego. 7 Lugar donde se tira al blanco. 8 Conjunto de caballerías que tiran de un carruaje. 9 Cuerda o correa sujeta a las guarniciones de las caballerías, que sirve

Tirana (Albania). Plaza Skanderberg.

para tirar de un carruaje o de otras cosas. **10** Corriente de aire que se produce en un horno, chimenea, etc., para avivar el fuego. **11** Distancia entre la parte donde se unen las perneras de un pantalón y la cinturilla. **12** Tramo de escalera. **13** Seguido de la preposición *de* y el nombre del arma disparada, o del objeto arrojado, se usa como medida de distancia. **14** Profundidad de un pozo. **15** *Dep.* Conjunto de especialidades deportivas, incluidas en el programa de las olimpiadas, que consiste en acertar o derribar una serie de blancos fijos o móviles por medio de armas de fuego, arcos, etc. || **TIRO AL BLANCO** *Dep.* Deporte que consiste en disparar a un blanco con arma y lugar donde se practica. || **TIRO AL PLATO** *Dep.* Deporte que consiste en disparar a un plato especial en el aire con escopeta y lugar donde se practica. || **TIRO PICHÓN** O **DE PICHÓN** *Dep.* Deporte que consiste en disparar con escopeta a un pichón en vuelo y lugar donde se practica. || **de tiros largos** loc. adv. fig. y fam. Con lujo y esmero. || **errar** uno **el tiro** fr. fig. Engañarse en el dictamen o fracasar en el intento. || **ni a tiros** loc. adv. fig. y fam. En absoluto. || **salir el tiro por la culata** fr. fig. y fam. Dar una cosa resultado contrario del que se pretendía o deseaba.

TIRO *Geog. hist.* Antigua ciudad fenicia (véase SUR). Fue fundada en el III milenio a. C. En el siglo XIV a. C. se alió a Egipto y se independizó de Sidón. Alcanzó una gran prosperidad económica, y se convirtió en el foco de la expansión fenicia por el Mediterráneo. En el siglo IX a. C. sometió a su antigua metrópoli, Sidón. A continuación pasó a ser tributaria de Asiria. Nabucodonosor II la sometió a Babilonia en el 573 a. C.

TIROIDES m. *Anat.* Glándula endocrina del hombre, situada en la cara anterior del cuello y apoyada sobre la laringe. Está formada por dos lóbulos unidos por un istmo y en un corte sagital se aprecia formada por vesículas cuya cavidad central aparece llena de un líquido integrado por aminoácidos yodados.

TIROIDITIS f. *Med.* Inflamación de la glándula tiroides.

TIROL Estado de Austria, entre Alemania e Italia, dividido por el de Salzburgo; 12.648 km² y 661.901 h. Su capital es Innsbruck. Enclavado en plenos Alpes, el territorio del actual Estado estuvo habitado por los réticos. En el año 15 a. C. Druso y Tiberio conquistaron la región, que se convirtió en la provincia romana de Retia. Durante el siglo VI los bávaros colonizaron Retia, y más tarde la región fue separada de Baviera y sus condados se otorgaron a los obispados de Trento (1004) y Brixen (1027), dependientes del emperador. En el siglo XII sustituyeron a los obispos los condes de Tirol. Las casas de Gönz (1253) y Habsburgo (1363) se apoderaron de los señoríos controlados por los condes de Tirol. El tratado de París (1814), concedió el Tirol a Austria. Tras la Primera Guerra Mundial, la frontera austroitaliana quedó fijada en el Brennero (tratado de Saint-Germain-en-Laye, 1919), y el sur del Tirol, con una población de lengua alemana, quedó enmarcado en Italia. En 1946 se firmó en París un acuerdo entre Italia y Austria, que concedía una autonomía a los tiroleses del S.

TIROLÉS, SA adj. y s. **1** De Tirol. || m. **2** *Ling.* Dialecto hablado en el Tirol. **3** Comerciante de juguetes y quincalla.

TIRÓN m. **1** Acción y efecto de tirar con violencia. **2** Acción y efecto de estirar o crecer de golpe. **3** Contracción que agarrota un músculo. || **de un tirón** loc. adv. De una vez, de un golpe.

TIRÓN, MARCO TULIO Escritor romano (Roma, h. 104 a. C. - Roma, h. 5 d. C.). Fue esclavo de Cicerón, quien le liberó y le convirtió en su secretario. Escribió una *Vida de Cicerón* y el tratado *De usu atque ratione linguae latinae*. Publicó los *Discursos* de su antiguo dueño y sus *Cartas familiares*.

TIRONEAR tr. Dar tirones.

TIRORIRO m. **1** fam. Sonido de los instrumentos musicales de boca. || m. pl. **2** fam. Estos mismos instrumentos.

TIROSINA f. *Quím.* Aminoácido hidroxifenilalanina, de fórmula $C_9H_{11}NO_3$, resultado de la sustitución de un átomo de hidrógeno del ácido beta-aminopropanoico por el radical del fenol. Se encuentra presente en muchas proteínas y es el precursor de las hormonas adrenalina, noradrenalina, tiroxina y triyodotironina, así como de la melanina.

TIROTEAR tr. Disparar repetidamente armas de fuego portátiles. También prnl.

TIROXINA f. *Fisiol.* Hormona elaborada por la glándula tiroides y compuesta por la unión de aminoácidos yodados. Su función es estimular el metabolismo general, activando el consumo de oxígeno, el crecimiento y la maduración.

TIRPITZ, ALFRED VON Marino alemán (Küstrin, 1849 - Ebenhausen, 1930). Almirante y jefe del Estado Mayor naval (1903), tras comenzar la Primera Guerra Mundial anunció la campaña submarina contra los aliados, pero las discusiones sobre la eficacia de la misma produjeron su caída en 1916.

Tirol (Austria). Paisaje de Kitzbuhel.

TIRRENO, NA adj. **1** Se aplica al mar comprendido entre Italia y las islas de Sicilia, Córcega y Cerdeña. **2** ETRUSCO. Aplicado a personas, también s.

TIRRENO Mar del Mediterráneo, entre Italia y las islas de Córcega, Cerdeña y Sicilia. Comunica con el mar de Liguria por el canal de Córcega, con el Jónico por el estrecho de Mesina y con la cuenca argelino-provenzal por el estrecho sículo-sardo. Alcanza unas profundidades de 3.700 m. Alberga numerosas islas de origen volcánico, agrupadas en las de Capri e Ischia, el archipiélago Toscano, las islas Eolias y las islas Egates. La actividad pesquera es escasa. Importante tráfico comercial.

TIRRIA f. fam. Odio o manía que se tiene a alguien o algo.

TIRSO m. **1** Vara enramada que suele llevar como cetro la figura de Baco. **2** *Bot.* Inflorescencia con un eje primario racimoso y los secundarios cimosos, como la vid y la lila.

TIRSO DE MOLINA (FRAY GABRIEL TÉLLEZ, llamado) Escritor español (Madrid, 1579 - Almazán, 1648). De familia humilde, profesó en el convento de Guadalajara (1601). En Madrid, donde se estableció en 1618, conoció a Lope de Vega y a otros escritores. En 1625 la Junta de reformación le amonestó por escribir comedias y se confinó en Cuenca. Vivió luego en Sevilla, Trujillo y Soria, y enfermó y falleció en el convento de Almazán. Cronista de su Orden (1631), terminó la *Historia general de la Orden de Nuestra Señora de la Merced*, iniciada por el padre Remón (1639). También escribió misceláneas, como *Los Cigarrales de Toledo* (1621), *Deleitar aprovechando* (1635), y más de 400 piezas dramáticas de todo tipo —autos sacramentales, comedias de intriga, filosóficas, bíblicas, históricas—, publicadas en 1627, 1634, 1635 y 1636, entre las que se encuentran *El vergonzoso en Palacio*, *Don Gil de las calzas verdes*, *La villana de Vallecas*, *El amor y la amistad*, *La prudencia en la mujer*, *La venganza de Tamar*, *El condenado por desconfiado* y *El burlador de Sevilla y convidado de piedra*. Su teatro destaca por la corrección de estilo, la descripción de ambientes y la definición psicológica de los personajes.

TIRTEO Poeta griego (s. VII a. C.). Autor de elegías patrióticas. Se conservan doce fragmentos de la composición llamada *Eunomia*.

TIRUCHIRAPPALLI Ciudad de la India, Estado de Tamil Nadu; 387.223 h. Tejidos, tabaco. Hasta 1949 se llamó *Trichinópoli*.

TIS-, TISIO-; -TISIS prefs. o suf. que significan consunción.

TISANA f. *Farm.* Bebida medicinal que resulta del cocimiento ligero de una o varias hierbas.

TISANÓPTERO, RA adj. y m. *Zool.* **1** Se aplica al insecto de cuerpo delgado, aparato bucal succionador, trompa vigorosa, con o sin alas membranosas, y ojos y ocelos bien desarrollados. Suele ser fitófago. || m. pl. *Zool.* **2** Orden de estos insectos.

TISANURO, RA adj. y m. *Zool.* **1** Se dice del insecto sin alas, cuerpo fusiforme y blando, que se desarrolla sin metamorfosis, como la lepisma. || m. pl. *Zool.* **2** Orden de estos animales.

TISELIUS, ARNE WILHELM Químico sueco (Estocolmo, 1902 - Uppsala, 1971). Se destacó con los descubrimientos relativos a la naturaleza de las proteínas del suero. En 1948 recibió el premio Nobel de Química.

TÍSICO, CA adj. **1** Que padece tisis. También s. **2** Perteneciente a la tisis.

TISIO- pref. TIS-.

TISIOLOGÍA f. *Med.* Parte de la medicina relativa a la tisis.

TISIS f. *Med.* **1** Cualquier enfermedad en que hay consunción gradual y lenta, fiebre y ulceración en algún órgano. **2** Tuberculosis pulmonar.

-TISIS suf. TIS-.

TISÚ m. Tela de seda entretejida con hilos de oro o plata. ♦ Su pl. es *tisús* o *tisúes*.

TISULAR adj. *Biol.* Relativo a los tejidos.

TISURIA f. *Med.* Debilidad causada por la excesiva secreción de orina.

TISZA Río de Europa central, que nace en los Cárpatos, en Ucrania; señala parte de la frontera entre Rumania y Ucrania, atraviesa Hungría y pasa a Serbia, donde desemboca en el Danubio; 1.330 km de curso.

TISZA, ISTVAN, CONDE DE Político húngaro (Budapest, 1861 - íd., 1918). Jefe del gobierno (1903-05 y 1913-17), desarrolló una política dictatorial y se mostró partidario de intervenir en la Primera Guerra Mundial. Fue asesinado por los soldados que le consideraban responsable de la guerra.

TITA f. Diminutivo familiar de TÍA.

TITÁN m. *Mit.* Nombre de cada uno de los seis hijos de Gea y Urano: Océano, Ceo, Crío, Hiperión, Jápeto y Crono. Tras la mutilación de Urano, se hicieron con el poder, hasta ser derrotados por Zeus después de una lucha que se conoce con el nombre de *Titanomaquia*. Fueron arrojados al Tártaro.

TITÁN *Astron.* Séptima luna de Saturno, de unos 5.150 km de diámetro, que dista del planeta unos 1.221.830 km. Fue descubierto por C. Huygens en 1655.

TITANIA *Astron.* Tercera luna de Urano, de unos 1.580 km de diámetro, que dista del planeta unos 435.910 km. Fue descubierto por W. Herschel en 1787.

Tirso de Molina. Retrato de Antonio Manuel de Hartalejo.

TITANIC Mar. Nombre de un transatlántico inglés, que en su viaje inaugural, entre Inglaterra y Nueva York, chocó contra un iceberg en el océano Atlántico, a unos 900 km al S de Terranova, y se hundió (15 de abril de 1912). Por la insuficiencia de medios de salvamento, desaparecieron 1.513 personas.

TITÁNIDE f. Mit. Nombre aplicado a cada una de las seis hijas de Gea y Urano. Son: Tea, Rea, Temis, Mnemósine, Febe y Tetis.

TITANIO m. Quím. Elemento químico del grupo IV B del sistema periódico. Masa atómica, 47,90; número atómico, 22; punto de fusión, 1.660 °C; punto de ebullición, 3.000 °C; símbolo, Ti. Metal pulverulento de color gris.

TITANITA f. Miner. ESFENA.

TITCHENER, EDWARD BRADFORD Psicólogo estadounidense de origen británico (Chichester, 1867 - Ithaca, 1927). Impulsor de la aplicación del método experimental a la psicología.

TITEAR intr. Cantar la perdiz llamando a los pollos.

TÍTERE m. **1** Figurilla que se mueve con alguna cuerda o introduciendo una mano en su interior. **2** Persona que actúa manejada por otra o que carece de iniciativa. || m. pl. **3** Espectáculo público con muñecos o en el que participan titiriteros. || **no dejar títere con cabeza** fr. fig. y fam. Destrozar algo completamente.

TITI f. vulg. MUJER.

TITÍ m. Zool. Nombre que se aplica a diferentes especies de simios platirrinos pertenecientes a la familia hapálidos. Son de pequeñas dimensiones, con pelaje de color pardo-rojizo, garras y cola larga no prensil. Viven en las selvas amazónicas de América meridional. ♦ Su pl. es titís.

TITICACA Lago de América del Sur, entre Perú y Bolivia; 8.288 km². Situado a 3.812 m sobre el nivel del mar, en su interior se encuentra la isla Titicaca o del Sol, considerada lugar sagrado de los incas.

TITILAR intr. Agitarse o centellear con ligero temblor.

TITIRITERO, RA m. y f. **1** Persona que maneja los títeres. **2** VOLATINERO.

TITO m. **1** Diminutivo familiar de TÍO. **2** Almorta, muela, guija.

TITO (JOSIP BROZ o BROZOVICH, llamado) Político y mariscal yugoslavo (Kumrovec, 1892 - Ljubljana, 1980). Durante la Segunda Guerra Mundial desbancó al general Mihailovich (1943) y se erigió en dictador. Desde 1945 se inició su disconformidad con la hegemonía rusa sobre los países comunistas que culminó con la expulsión de Yugoslavia de aquel organismo (1948). En 1971, sin abandonar la jefatura del Estado, creó una presidencia colectiva y, en 1974, con la entrada en vigor de las nuevas reformas a la Constitución, fue elegido presidente vitalicio.

TITO, SAN Obispo de Creta (? - ?, 105). Discípulo y compañero de san Pablo, quien le convirtió al cristianismo. Restableció la iglesia de Corinto y fundó numerosas comunidades en Creta.

TITO FLAVIO VESPASIANO Emperador romano (Roma, 41 - Sabina, 81). Hijo de Vespasiano, quien le asoció al trono en el año 69, y al que sucedió en el 79. Conquistó y destruyó Jerusalén (70). Su reinado fue próspero.

TITO LIVIO Historiador romano (Padua, 64 ó 59 a. C. - íd., 17 d. C.). De familia rica, se interesó por la retórica y la filosofía. Escribió unos *Diálogos sobre la filosofía* que le valieron la protección de Augusto. Dedicado al estudio de la historia, vivió al margen de la política redactando su obra inacabada, *Ab urbe condita libri* o *Décadas*. Durante la Edad Media y el Renacimiento fue considerado maestro de la historia.

TITOGRADO PODGORICA.

TITU CUSI YUPANQUI Soberano inca (s. XVI). Hijo de Manco Cápac II, ocupó el trono de 1563 a 1569. Fue bautizado y permitió el establecimiento de misioneros, aunque se enfrentó al virrey Francisco de Toledo.

TITUBEAR intr. **1** Vacilar al hablar o al hacer una elección. **2** Quedarse perplejo en algún punto o materia. **3** Oscilar, perdiendo la estabilidad.

TITULACIÓN f. **1** En general, acción de titular o titularse. **2** Título académico. **3** Conjunto de títulos de propiedad que afectan a una finca rústica o urbana.

TITULADO, DA m. y f. **1** Persona que posee un título académico. También adj. || m. **2** Persona que tiene una dignidad nobiliaria.

TITULAR¹ adj. y com. **1** Se dice del que ejerce cargo, oficio o profesión con título necesario para ello. **2** Que consta en algún documento como propietario o beneficiario de algo. **3** Que tiene algún título, por el cual se denomina. || m. pl. *Medios*. **4** Títulos de las noticias y artículos que, en periódicos y revistas, aparecen en letras de cuerpo mayor.

TITULAR² tr. **1** Poner título o nombre a una cosa. || intr. **2** Obtener una persona título nobiliario. **3** *Quím.* Valorar una disolución. || prnl. *Medios*. **4** Obtener un título académico.

TITULILLO m. A. gráf. Renglón que se pone en la parte superior de la página impresa, para indicar la materia de que se trata.

TÍTULO m. **1** Palabra o frase con que se enuncia un libro. **2** Nombre de una obra literaria, artística, etc. **3** Dignidad nobiliaria. **4** Persona que posee esa dignidad nobiliaria. **5** Distinción u honor que consigue una persona, particularmente en un campeonato, concurso, etc. **6** Cada una de las partes principales en que suelen dividirse las leyes, reglamentos, etc. **7** Demostración auténtica de un derecho u obligación, de una dignidad o profesión. **8** Rótulo con que se indica el contenido o destino de una cosa o la dirección de un envío. **9** Causa, razón, motivo o pretexto. **10** Origen o fundamento jurídico de un derecho u obligación. **11** Com. Documento financiero que representa deuda pública o valor comercial. || **a título de** loc. adv. Con pretexto, motivo o causa de.

TIUMEN 1 Región de la Federación de Rusia, República federada de Rusia; 1.435.200 km² y 3.157.000 h. **2** Ciudad capital de la misma; 493.000 h. Centro industrial.

TIUTCHEV, FEDOR IVANOVICH Poeta ruso (Ovstung, 1803 - Tsarskoie Selo, 1873). Participó en los círculos reaccionarios y eslavófilos, lo que se reflejó en su obra *Rusia y la revolución* (1849). Su obra poética, en la que se inspiraron los simbolistas, fue publicada en 1854 bajo el título de *Poesías*.

TÍVOLI Ciudad de Italia, provincia de Roma; 52.372 h. Cascadas en el río Anio o Teverone. Villa Adriana (siglo XVI), en la que destacan los jardines. Es la antigua *Tibur*.

TIWANAKU Arqueol. Yacimiento arqueológico precolombino, situado en la costa S del lago Titicaca, en el altiplano boliviano. Se conservan restos de la cultura Tiwanakota, que se desarrolló entre los años 300 y 900. De las sucesivas excavaciones parece deducirse que se trataba de un centro ceremonial. Sus monumentos más importantes son el Acapana, pirámide; la Puerta del Sol con friso labrado en bajorrelieve con la figura de un sol rodeado de cabezas humanas, y el Kalasasaya, templo ceremonial. En 1990 fue declarado patrimonio de la humanidad por la UNESCO.

TIZA f. **1** Geol. Arcilla terrosa blanca que se usa para escribir en los encerados y, pulverizada, para limpiar metales. **2** Ocio. Compuesto de yeso y greda que se usa en el juego de billar para frotar la suela de los tacos para que no resbalen.

Tiziano Vecellio. *Violante*. Museo de Historia del Arte (Viena).

TIZIANO VECELLIO Pintor italiano (Pieve di Cadore, 1477 - Venecia, 1576). Alumno de Giovanni Bellini y de Giorgione y figura importante de la escuela veneciana, su obra sigue la evolución del Renacimiento, desde el *quattrocento* hasta el manierismo. Fue pintor de cámara y retratista de Carlos I (*El emperador Carlos V en la batalla de Mühlberg*, 1547-48) y de Felipe II de España. Autor de *El amor sagrado y el amor profano* (1514), *Baco y Ariadna* (1522), *Cristo coronado de espinas* (1543), *Martirio de san Lorenzo* (1559), *San Jerónimo* (1560) y *Venus vendando el amor* (1565). Asimismo, destacan sus retratos de *Francesco Maria Della Rovere y Eleonora Gonzaga* (1538), *Paulo III* (1543) y *Aretino* (1545).

TIZNA f. Materia tiznada y preparada para tiznar.

TIZNAR tr. **1** Manchar con tizne, hollín u otra materia. También prnl. **2** fig. Deslustrar o manchar la fama o prestigio de alguien.

TIZNE amb. **1** Humo que se pega a las sartenes, peroles, etc. Más como m. || m. **2** Tizón o palo a medio quemar.

TIZNIT Provincia de Marruecos; 6.960 km² y 347.000 h. Su capital es la ciudad del mismo nombre.

TIZNÓN m. **1** Mancha de tizne. **2** Mancha con otras cosas semejantes, tinta, etc.

TIZO m. Pedazo de leña mal carbonizado que despide humo al arder.

TIZOC Soberano azteca (s. XV). Reinó de 1481 a 1486. Sucedió a su hermano Axayacatl, conquistó tierras a los mixtecas y zapotecas y erigió un templo en honor de Huitzilopochtli. Murió envenenado.

TIZÓN m. **1** Palo a medio quemar. **2** Arquit. Parte de un sillar o ladrillo que se acopla con otros en una construcción. **3** Bot. Hongo parásito del trigo y otros cereales, que invade las espigas con masas pulverulentas de esporas de color negruzco.

TIZONAZO m. **1** Golpe dado con un tizón. **2** fig. y fam. Castigo del fuego en la otra vida. Más en pl.

TL Quím. Símbolo del talio.

TLALOC Mit. Entre los aztecas y otros pueblos mesoamericanos, dios de la lluvia. En Tenochtitlán existía una pirámide doble bajo la advocación de Tlaloc y Huitzilopochtli.

TLAQUEPAQUE Ciudad de México, Estado de Jalisco; 328.031 h. Centro agrícola. Industria del vidrio. Turismo.

TLATELOLCO Geog. hist. Antigua ciudad de México, en una de las islas del lago Texcoco, unida a Tenochtitlán por una calzada construida en 1473, tras su conquista por los aztecas. Actualmente forma parte de Ciudad de México.

TLAXCALA 1 Estado de México; 4.016 km² y 1.297.575 h. Su capital es Tlaxcala de Xicohténcatl. Producción agrícola (trigo, maíz, cebada, zacatón y forrajes) y maderera. **2** Ciudad capital del mismo; 50.650 h. Centro agrícola y ganadero. Industria textil. Fundada en el siglo XIII por los náhuatl, antes de la conquista fue la capital del pueblo tlaxcalteca. En la segunda mitad del siglo XVI se desarrolló la industria textil. Sin embargo la ciudad entró en un largo proceso de decadencia, del que sólo se recuperó en la segunda mitad del siglo XIX.

TLAXCALA DE XICOHTÉNCATL TLAXCALA.

TLAXCALTECA adj. y com. Natural de Tlaxcala, México.

TLAZOLTÉOTL Mit. Diosa nahua de la fecundidad, inspiradora de los apetitos sexuales.

TLEMCEN o **TREMECÉN 1** Vilaya de Argelia; 9.335 km² y 714.862 h. **2** Ciudad capital de la misma; 107.632 h.

El lago **Titicaca** (Perú).

Fabricación de tejidos. En 1510 fue conquistada por España.

TM *Fís.* abr. de tonelada métrica.

Tm *Quím.* Símbolo del tulio.

TNT *Quím.* Siglas de trinitrotolueno.

TOALLA f. 1 Trozo de tejido de rizo, esponjoso, para secarse. 2 Este tejido. || **tirar la toalla** fr. *Dep.* En boxeo, gesto que significa abandonar el combate. También, darse por vencido, desistir de un empeño.

TOALLERO m. Mueble para colgar toallas.

TOB, SEM SEM TOB.

TOBA f. 1 *Bot.* CARDO BORRIQUERO. 2 *Geol.* Piedra caliza, muy porosa y ligera, formada por depósito del carbonato cálcico que llevan en disolución las aguas de ciertos manantiales. 3 SARRO de los dientes. || **TOBA VOLCÁNICA** *Geol.* Roca volcánica formada por la consolidación de cenizas y lapilli.

TOBAGO Isla del mar de las Antillas, que forma parte del Estado de TRINIDAD Y TOBAGO; 300,4 km² y 50.282 h. Su capital es la ciudad fortificada de Scarborough.

TOBAR, PONTE MARTÍN Patriota venezolano (Caracas, 1772 - íd., 1843). Fue uno de los firmantes del acta de independencia, senador en la Convención de Ocaña y miembro de los congresos de Angostura (1819) y de Cúcuta (1821). Activo participante en el movimiento revolucionario de 1835.

Mark **Tobey**. *Sobre la tierra*. Instituto de Arte (Chicago).

TOBERA f. *Met.* Abertura tubular por donde entra el aire que se introduce en un horno o en una forja.

TOBEY, MARK Pintor estadounidense (Centerville, 1890 - Basilea, 1976). Su obra, síntesis del estilo oriental y occidental, influyó en el nacimiento del arte abstracto estadounidense. Obras: *Broadway Norm, Sobre la tierra* y *New Life-Resurrection*.

TOBÍAS Personaje del Antiguo Testamento. Hijo de Tobit, guiado por Azarías llegó a Ecbatana, donde se casó con Sara. A su regreso a Nínive, curó de la ceguera a su padre.

TOBILLERO, RA adj. 1 Que llega por el tobillo. || f. 2 Venda generalmente elástica con la que se sujeta el tobillo.

TOBILLO m. *Anat.* Unión formada por la articulación de los huesos de la pierna con el astrágalo.

TOBIN, JAMES Economista estadounidense (Champaign, 1918 - New Haven, 2002). Discípulo de Keynes, se opuso al monetarismo de Friedman. En 1981 recibió el premio Nobel de Economía por sus trabajos sobre la conducta financiera de los inversionistas, consumidores y corporaciones.

TOBIT Patriarca hebreo (h. 720 a. C.). De la tribu de Neftalí, fue deportado a Nínive por los asirios. Tras quedar ciego, recobró la vista al aplicarse en los ojos la hiel de un pescado que le había entregado a su hijo Tobías el arcángel Rafael. Con su hijo es el protagonista principal del libro homónimo del Antiguo Testamento.

TOBOGÁN m. 1 Rampa en declive por la que las personas, sentadas o tumbadas, se dejan resbalar por diversión. 2 Especie de trineo bajo formado por una armadura de acero montada sobre dos patines largos y cubierta por una tabla o plancha acolchada. 3 Pista hecha en la nieve por la que se deslizan a gran velocidad estos trineos especiales.

TOBOSEÑO, ÑA adj. y s. De El Toboso.

-TOC- n. TOCO-.

TOCA f. 1 Prenda de tela con que se cubría la cabeza por abrigo, comodidad o adorno. 2 Prenda de lienzo blanco que ceñida al rostro usan las monjas para cubrir la cabeza.

TOCADISCOS m. Aparato destinado a reproducir los sonidos registrados en un disco gramofónico. ♦ Su pl. es *tocadiscos*.

TOCADO¹, DA adj. 1 Que lleva la cabeza cubierta con un gorro, sombrero, etc. || m. 2 Prenda o adorno que se pone sobre la cabeza. 3 Peinado y adorno de la cabeza, en las mujeres.

TOCADO², DA adj. 1 Medio loco, algo perturbado. 2 fig. Se dice de la fruta que ha empezado a dañarse.

TOCADOR m. 1 Mueble con un espejo, utilizado por una persona para peinarse y arreglarse. 2 Habitación destinada a este fin. 3 Caja o estuche para guardar alhajas, objetos de aseo, etc.

TOCANTINS Río de Brasil, que nace en el Estado de Goiás, recibe al Araguaya y desemboca en el estuario de Pará; 2.800 km.

TOCANTINS Estado de Brasil, región Norte; 278.421 km² y 1.048.642 h. Su capital es Palmas de Tocantins.

TOCAR tr. 1 Poner las manos sobre algo para percibirlo a través del tacto, etc. 2 Llegar a una cosa con la mano, sin asirla. 3 Tropezar ligeramente una cosa con otra. 4 Estar una cosa junto a otra o en contacto con ella. También intr. y prnl. 5 Hacer sonar un instrumento; tocar música con él. 6 Avisar haciendo sonar una campana u otro instrumento. 7 Revolver o curiosear en algo. 8 Alterar o modificar algo. 9 Emocionar, impresionar. 10 fig. Tratar o hablar leve o superficialmente sobre algo. || intr. 11 Haber llegado el momento oportuno para hacer algo. 12 Ser de la obligación de uno, corresponderle hacer algo. 13 Importar, ser de interés. 14 Pertenecer a uno parte de una cosa que se reparte entre varios. 15 Caer en suerte una cosa. || prnl. 16 Cubrirse la cabeza con la gorra, sombrero, pañuelo, mantilla, etc.

TOCATA f. 1 *Mús.* Pieza musical de forma libre, variedad del *preludio*, caracterizada por sus figuraciones rápidas y destinada al órgano y al clavicémbalo. 2 fig. y fam. Zurra, paliza.

TOCAYO, YA m. y f. Respecto de una persona, otra que tiene su mismo nombre.

TOCHIGI Prefectura de Japón, en la isla de Honshu; 6.414 km² y 1.984.500 h.

TOCHO, CHA adj. 1 Tosco, inculto, tonto, necio. || m. 2 Libro muy grueso, o grande y pesado. 3 Lingote de hierro.

-TOCIA, -TÓCICO TOCO-.

TOCINO m. 1 *Zool.* Panículo adiposo, muy desarrollado, de ciertos mamíferos, especialmente el cerdo. 2 Témpano de la canal del cerdo. || **TOCINO DEL CIELO** *Gastron.* Dulce compuesto de yema de huevo y almíbar cocidos.

TOCO-, -TOC-, -TOCIA, -TÓCICO pref., in. o sufs. que significan parto.

TOCOFEROL m. *Quím.* VITAMINA E.

TOCOLOGÍA f. *Med.* Parte de la medicina que trata de la gestación, parto y puerperio.

TOCOMOCHO m. Timo en el que uno hace ver que ha sido premiado su décimo de lotería, pero que no puede cobrarlo por ciertas razones, cediéndolo por menos dinero.

TOCÓN, NA adj. y s. 1 fam. Se aplica a la persona aficionada a tocar, especialmente a ella. || m. *Bot.* 2 Parte del tronco de un árbol que queda unida a la raíz cuando lo cortan por el pie.

TOCORPURI Cima de los Andes, en la frontera de Chile y Bolivia; 5.762 m.

TOCQUEVILLE, ALEXIS CLÉREL DE Escritor y político francés (Verneuil, 1805 - Cannes, 1859). Diputado y ministro de Negocios Extranjeros (1849) fue uno de los teóricos del liberalismo. Autor de *La democracia en América* (1835-40) y *El antiguo régimen y la Revolución* (1856).

TODA adj. *Etnol.* 1 Se dice de un pueblo indoafgano de lengua dravídica, que vive en los montes Nilgiri (S de la India). Son pastores de búfalos. Están organizados en una sola tribu dividida en dos mitades endógamas. Aplicado a personas, también com. 2 Perteneciente o relativo a este pueblo.

TODAVÍA adv. t. 1 Hasta un momento determinado desde tiempo anterior. || adv. m. 2 Con todo eso, no obstante. 3 Tiene sentido concesivo corrigiendo una frase anterior. 4 Denota encarecimiento o ponderación.

TODD, SIR ALEXANDER ROBERTUS Bioquímico británico (Glasgow, 1907 - Cambridge, 1997). En 1957 recibió el premio Nobel de Química por sus estudios sobre los ácidos y encimas nucleicos.

TODO adj. 1 Se dice de lo que se toma o considera por entero o en conjunto. 2 Se usa para ponderar el exceso de algo o intensificar alguna cualidad. 3 Seguido de un sustantivo en singular y sin artículo, cualquiera. || adj. pl. 4 Puede equivaler a *cada*. || m. 5 Cosa íntegra, o que consta de la suma y conjunto de sus partes integrantes, sin que falte ninguna. || adv. m. 6 Enteramente. || **ante todo** loc. adv. Primera o principalmente. || **así y todo** loc. conj. A pesar de eso. || **con todo** loc. conjunt. No obstante, sin embargo. || **sobre todo** loc. adv. Principalmente, mayormente. || **y todo** loc. adv. Hasta, también, aun.

Alexis Clérel de **Tocqueville**. Retrato de Théodore Chasseriau. Palacio de Versalles.

TODOPODEROSO, SA adj. Que todo lo puede.

TODOPODEROSO Dios.

TODOS LOS SANTOS *Rel.* Fiesta que celebra la iglesia católica el 1 de noviembre en honor de todos los bienaventurados no canonizados expresamente.

TODOTERRENO adj. y com. 1 Se dice del vehículo automóvil de cuatro ejes diseñado para circular por terrenos accidentados. 2 fig. Capaz de realizar variadas actividades.

TODT, FRITZ Ingeniero y político alemán (Pforzheim, 1891 - Rastenburg, 1942). Perteneció al Partido Nacionalsocialista y construyó la red de autopistas alemanas y la línea de fortificaciones conocida como Línea Sigfrido. Fue el creador de la Organización Todt.

TOGA f. 1 Prenda exterior del traje romano, que se ponía sobre la túnica. 2 Traje principal exterior y de ceremonia que usan los magistrados, letrados, catedráticos, etc., encima del ordinario.

TOGADO, DA adj. y s. Que viste toga.

TOGLIATTI, PALMIRO Político italiano (Génova, 1893 - Yalta, 1964). Uno de los fundadores del Partido Comunista Italiano (1921), del que fue secretario general (1927-64). Se expatrió durante el fascismo (1926) y, de regreso a Italia (1944), fue ministro sin cartera, vicepresidente del gobierno y ministro de Justicia (1946-47). Precursor del eurocomunismo.

TOGNAZZI, UGO Actor y director de cine italiano (Cremona, 1922 - Roma, 1990). Dirigió filmes como *¡Qué dulce es morir así!* (1966) y *El fiel servidor* (1968), pero su fama se debe a sus interpretaciones en películas como *La grande bouffe* (1973), *La jaula de las locas* (1980) y *Tolerance* (1989).

TOGO (*République Togolaise*) República de África occidental, que límita al N con Burkina Faso; al E, con Benín; al S, con el océano Atlántico y el golfo de Guinea, y al O, con Ghana.

Superficie:
56.785 km².
Población:
5.019.000 h.
(togoleses).
Densidad:
88,4 h./km².
Tasa de natalidad: 38,9‰.
Tasa de mortalidad: 11,1‰.
Capital: Lomé.
Ciudades principales: Kpalimé, Sokodé y Atakpamé.
Grupos étnicos: sudanés y bantú.
Religión: creencias tradicionales (58,5%), catolicismo (21,5%), islamismo (12,1%), protestantismo (6,8%).
Idioma: francés (oficial) y dialectos indígenas.
Moneda: franco CFA.
Forma de Estado: república presidencialista.
Producto Nacional Bruto: 1.453 millones de dólares.
Renta per cápita: 330 dólares.
División administrativa: 5 regiones, divididas en 21 prefecturas, según cuadro.

TOGO

Prefecturas *Regiones*	Superficie (km²)	Población (h.)	Capitales
Sotouboua	7.491	162.500	Sotouboua
Tchamba	3.143	54.500	Tchamba
Tchaoudjo	2.549	122.000	Sokodé
Central	*13.183*	*339.000*	*Sokodé*
Assoli	938	32.425	Bafilo
Bassar	6.330	118.934	Bassar
Binah	465	50.081	Pagouda
Doufelgou	1.120	59.331	Niamtougou
Kéran	1.085	44.844	Kandé
Kozah	1.692	121.036	Kara
Kara	*11.630*	*426.651*	*Kara*
Golfe	345	560.000	Lomé
Lacs	713	172.500	Aného
Vo	750	125.000	Vogan
Yoto	1.250	187.000	Tabligbo
Zio	3.337	255.000	Tsévié
Maritime	*6.396*	*1.300.000*	*Lomé*
Amou	2.003	98.500	Amlamé
Haho	3.641	139.000	Notsé
Kloto	2.777	233.500	Kpalimé
Ogou	6.083	204.000	Atakpamé
Wawa	2.471	135.500	Badou
Plateaux	*16.975*	*810.500*	*Djambala*
Oti	3.762	98.500	Sansanné-Mango
Tône	4.840	312.000	Dapaong
Savanes	*8.602*	*410.500*	*Dapaong*

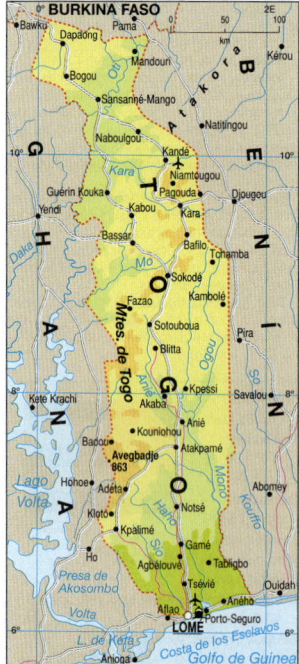

GEOG. Es un país estrecho y alargado en el sentido de los meridianos. A la llanura costera junto al golfo de Guinea, sucede en el interior una región más elevada, sólo accidentada al O por los montes Togo. Entre sus ríos están el Oti, afluente del Volta, y el Mono, que atraviesa el país de N a S. El clima es ecuatorial en la costa y tropical en el interior, con vegetación de manglares, bosque y sabana. Es uno de los países más pobres del mundo. La población, en su mayoría de raza negra, se concentra en el S. Su economía depende fundamentalmente del sector agrícola. Produce café, cacao y algodón, destinados a la exportación, y para el consumo interno, cereales, batata y bananas. Ganadería ovina y caprina. Yacimientos de hierro y fosfatos. La industria está muy poco desarrollada.

HIST. El territorio que hoy ocupa Togo se encontraba habitado por los dapango y los bassari, los tamberna al N y los kabré y makposo al S. Sobre esta base llegaron nuevas aportaciones, los meué y yoruba, procedentes del S de Dahomey, los bariba, los tyokosi de Costa de Marfil, los fanti y govin de Ghana y los kotokoli de Burkina Faso. La costa fue visitada a partir del siglo XV por los portugueses, y más tarde por daneses. Tras el congreso de Berlín, y los tratados con Francia y el Reino Unido (1884 y 1885), Alemania consiguió libre acceso hasta el Níger, constituyendo el Togoland. Al finalizar la Primera Guerra Mundial, Francia y Gran Bretaña pasaron a administrar el antiguo protectorado alemán bajo el mandato de la Sociedad de Naciones. Tras la Segunda Guerra Mundial, quedó bajo el régimen de tutela de las Naciones Unidas. En 1951 se celebraron unas elecciones en las que resultó vencedor el Partido Togolés del Progreso (PTP). En 1955 se formó un Consejo de gobierno y, en 1956, se celebró un referéndum, por el que los territorios del N, el Togo británico, votaron su incorporación a Ghana. Ese mismo año Togo se convirtió en República autónoma dentro de la Unión Francesa y dos años más tarde se proclamó independiente. Tras su ingreso en la ONU (1960), se eligió a Sylvanus Olimpio como primer presidente. En 1963, Olimpio fue asesinado en un golpe de Estado militar. Fue nombrado presidente Nicolas Grunitzky, quien disolvió la Asamblea legislativa y derogó la Constitución. En 1967, tras un nuevo golpe de Estado, el teniente coronel Eyadéma se hizo con el poder. En 1969 se proclamó una nueva Constitución, aprobada en 1972, que establecía un régimen de partido único y Eyadéma fue elegido presidente. En 1991 el país entró en una etapa de inestabilidad que forzó al presidente a dictar una amnistía, instaurar el multipartidismo y convocar una Conferencia Nacional, la cual abolió la Constitución y constituyó un gobierno provisional encabezado por Kokou Koffigoh. Un golpe de Estado puso fin a este intento democratizador. Las presidenciales de 1993 confirmaron en su puesto a Eyadéma. Pese a la victoria de la oposición en las legislativas de 1994, Eyadéma aprovechó su desunión y mandó formar gobierno a Edem Kodjo. Las elecciones parciales de 1996 dieron el triunfo al partido en el poder y Eyadéma nombró primer ministro a Klutsé Kuwasi. El 1998 Eyadéma volvió a ganar las presidenciales, denunciadas como fraudulentas. En 1999 Eugéne Adoboli sustituyó a Kwassi en la jefatura del Gobierno. Agbéyomé Kodjo fue designado en 2000 para ocupar el mismo cargo, sustituido en 2002 por Koffi Sama. En octubre de ese año se celebraron elecciones legislativas, en las que venció el partido en el poder. En 2003, Eyadéma fue ratificado como presidente.

TOGO HEIHACHIRO, MARQUÉS DE Almirante japonés (Kagoshima, 1847 - Tokio, 1934). Bloqueó a los rusos en Port Arthur y ganó la batalla de Tsushima, una de las más importantes de la guerra ruso-japonesa (1904-05).

TOILETTE (Voz fr.) f. **1** Tocado, traje, atavío, según los casos. **2** Lavabos, servicios.

TOISÓN m. Insignia de los caballeros de la orden del Toisón de Oro. Tiene forma de eslabón, al que va unido un pedernal en llamas, del cual pende el vellón de un carnero.

TOISÓN DE ORO, ORDEN DEL Hist. Orden de caballería instituida por Felipe el Bueno de Borgoña, en 1429. Su maestrazgo, desde la época de Carlos V, corresponde a los reyes de España.

TOJO m. Bot. Planta arbustiva espinosa, perteneciente a la familia leguminosas, de nombre científico *Ulex europaeus*, que crece en terrenos sin cal en el O de Europa.

TOJO, HIDEKI Militar y político japonés (Tokio, 1884 - íd., 1948). Jefe de Gobierno (1941-44), decidió la intervención de su país en la Segunda Guerra Mundial. Fue ejecutado como criminal de guerra.

TOKELAU o **ISLAS DE LA UNIÓN** Archipiélago del océano Pacífico, que constituye una dependencia autónoma de Nueva Zelanda; 10,11 km² y 1.577 h. Está compuesto por los atolones Atafu, Fakaofoy Nukunono y el islote de Olosega. Desde 1877 se convirtió en protectorado británico. En 1925 su administración fue cedida a Nueva Zelanda. En 1948 pasaron a la soberanía neozelandesa.

TOKIO Bahía de Japón, en la costa SE de la isla de Honshu.

TOKIO 1 Prefectura de Japón, en la isla de Honshu, constituida por la ciudad de su nombre; 2.166 km² y 11.837.407 h. **2** Ciudad capital de Japón y de la prefectura de su nombre; 7.967.614 h. Centro administrativo, comercial, industrial y cultural. En 1457 se construyó un castillo, convertido en residencia imperial en el siglo XIX. Su crecimiento se produjo durante el siglo XVI. En 1868 la revolución Meiji expulsó de Tokio a los Tokugawa, y trasladó al emperador de Kyoto al castillo de Yeddo, que cambió su nombre por el de Tokio. En

Orden del **Toisón de Oro.** *Felipe V impone el Toisón de Oro al duque de Berwick.* Cuadro de Ingres. Palacio de Liria (Madrid).

Toledo. Vista general.

1923 un terremoto destruyó la ciudad. Asolada por los bombardeos de la Segunda Guerra Mundial, hoy es el centro de la vida japonesa.

TOKOROZAWA Ciudad de Japón, en la isla de Honshu, prefectura de Saitama; 320.448 h. Industria textil y aeronáutica.

TOKUGAWA Geneal. Familia japonesa cuyo origen se remonta a principios del siglo XIII y cuyos *shogunes* ocuparon el poder de 1615 a 1868. Este periodo se denomina también Edo.

TOKUSHIMA Prefectura de Japón, en la isla de Shikoku; 4.146 km² y 832.000 h. Su capital es la ciudad del mismo nombre.

TOKYO TOKIO.

TÓLAR m. *Econ*. Unidad monetaria de Eslovenia.

TOLBIAC *Geog. hist.* Ciudad de la antigua Galia, cerca de Colonia. Aquí derrotó Clodoveo I a los alamanes (496).

TOLDAR tr. Cubrir con toldo.

TOLDILLA f. *Mar.* Cubierta parcial que tienen algunos buques a la altura de la borda.

TOLDO m. 1 Pabellón o cubierta de tela, que se tiende para hacer sombra en algún paraje. 2 *Arg*. Tienda de indios, hecha de ramas y cueros.

TOLE m. 1 fig. Confusión y griterío popular. 2 fig. Rumor de desaprobación. ♦ Se usa repetido.

TOLEDANO, NA adj. 1 De Toledo. También s. 2 fig. NOCHE TOLEDANA.

TOLEDO 1 Provincia de España, en Castilla-La Mancha; 15.368 km² y 523.459 h. Está accidentada al NO por la sierra de San Vicente y al S por los Montes de Toledo. Su río principal es el Tajo. El clima es mediterráneo de interior. La estructura productiva es básicamente agropecuaria, aunque la declaración de la capital como Polo de Descongestión de Madrid ha estimulado la actividad industrial. 2 Ciudad de España, capital de la comunidad autónoma de Castilla-La Mancha y de la provincia de su nombre; 66.006 h. Industria eléctrica, alimentaria y de material quirúrgico. Fábricas de armas. Cerámica. Famosa artesanía especializada en la técnica del damasquinado. Turismo. Antigua basílica visigótica de Santa Leocadia; edificios mudéjares como la Puerta del Sol (siglo XI), y las antiguas sinagogas de Santa María la Blanca (siglo XIII) y del Tránsito (siglo XIV); iglesia de Santo Tomé; mezquita restaurada en el siglo XIV, que alberga *El entierro del conde de Orgaz*, de El Greco; catedral gótica (siglos XIII-XVI); iglesia de San Juan de los Reyes (siglo XVI); Hospital de Santa Cruz (siglo XVI); etc. **TOLEDO** Ciudad de EE UU, Estado de Ohio; 322.550 h. Industria siderúrgica y automovilística.

TOLEDO, CONCILIOS DE *Hist.* Los celebrados en esta ciudad española entre los años 397 y 702, aproximadamente, en el reino visigodo. Eran juntas de prelados y magnates en las que se trataban cuestiones religiosas y políticas. En el primero se condenaron los errores de Prisciliano, se afianzó la fe Nicena y el respeto a la Santa Sede. El segundo (527) fue presidido por Montano, obispo de Toledo, y en él se aprobaron cinco cánones, cuatro relativos al clero y uno a impedimientos matrimoniales. El tercero fue convocado por Recaredo (589), quien abjuró oficialmente del arrianismo. El cuarto (633) fue presidido por san Isidoro, y el quinto (636) fue convocado por el rey Chintila con el fin de que le afianzaran en el trono. Los concilios posteriores siguieron tratando cuestiones relativas a los derechos del monarca y sus prerrogativas.

TOLEDO, ESCUELA DE TRADUCTORES DE ESCUELA DE TRADUCTORES DE TOLEDO.

TOLEDO, FRANCISCO DE Virrey de Perú (Oropesa, 1515 - Escalona, 1582). Reorganizó la Universidad de San Marcos y protegió a los indios. Se le acusó de excesivo rigor en el proceso y ajusticiamiento del último soberano inca, Túpac Amaru.

TOLEDO, JUAN BAUTISTA DE Arquitecto español (Madrid, 1499 - íd., 1567). En 1559 fue llamado por Felipe II para hacerse cargo de las obras de El Escorial. En 1562 dio la denominada traza universal para el monasterio; fue sucedido en los trabajos por su discípulo Juan de Herrera.

Cultura **tolima**. Pectoral en oro del siglo X. Museo del Oro (Bogotá).

TOLEDO Y LEIVA, PEDRO ÁLVAREZ DE Virrey de Perú (?, 1585 - Madrid, 1654). Durante su mandato (1639-48) fortificó el Callao y se opuso a las expediciones portuguesas en territorios de la corona española.

TOLEDO MANRIQUE, ALEJANDRO Político y economista peruano (Cabana, Ancash, 1946). Fundador y presidente del partido Perú Posible, retiró su candidatura en la segunda vuelta de las presidenciales de 2000 para denunciar las irregularidades del proceso electoral, en el que Fujimori fue proclamado vencedor sin rival alguno, e inició una campaña de manifestaciones de protesta por todo el país. Tras la dimisión de Fujimori y la convocatoria de nuevas elecciones, accedió a la presidencia del país en junio de 2001.

TOLEDO MOLINA, ANTONIO SEBASTIÁN ÁLVAREZ DE Virrey de Nueva España (?, h. 1620 - Madrid, 1715). Ocupó el cargo de 1664 a 1673. Apoyó la candidatura de Felipe V al trono de España en 1700.

TOLEMAICO, CA adj. Relativo a Tolomeo o a su sistema astronómico.

TOLEMAIDA Nombre que llevaron varias ciudades de la Antigüedad, entre ellas, San Juan de Acre, actual AKKO.

TOLENTINO Ciudad de Italia, provincia de Macerata, región de las Marcas; 15.488 h. Basílica de San Nicolás (siglo XVII).

TOLERANCIA f. 1 Acción y efecto de tolerar. 2 Respeto hacia las opiniones o prácticas de los demás. 3 Margen o diferencia que se consiente en la calidad o cantidad de las cosas o las obras contratadas. 4 *Mat*. Máximo error que se permite en una medida. 5 *Med*. Capacidad del organismo de hacerse menos sensible a un fármaco.

TOLERANTISMO m. Opinión de los que creen que debe permitirse el libre ejercicio de todo culto religioso.

TOLERAR tr. 1 Sufrir, soportar. 2 Permitir, consentir. 3 Respetar las opiniones y prácticas de los demás. 4 Soportar, especialmente alimentos, medicinas, etc.

TOLETE m. 1 *Mar*. Estaquilla fijada en el borde de la embarcación, a la cual se ata el remo. 2 *Amér*. Garrote corto. 3 *Ecuad*. Golpe de tolete. || adj. 4 *Can*. y *Cuba* Torpe, lerdo. También s.

TOLGUACA Volcán de Chile, en la Araucanía; 2.780 m.

TOLIMA *Hist*. Cultura precolombina contemporánea a la QUIMBAYA, que se desarrolló en Colombia, entre la Cordillera Central y los cursos del Magdalena y del Saldaña, desde comienzos de la era cristiana al 800. Se caracteriza por su orfebrería, decorada con motivos geométricos, realizados sobre oro.

TOLIMA Departamento de Colombia; 23.562 km² y 1.316.053 h. Su capital es Ibagué. Café. Oro, plata y carbón.

TOLIMA, NEVADO DE Pico de la cordillera Central de los Andes Colombianos, en el departamento de Tolima; 5.215 m.

TOLIMENSE adj. y com. De Tolima, Colombia.

TOLKIEN, JOHN RONALD REUEL Escritor británico (Bloemfontein, 1892 - Bournemouth, 1973). Sus novelas se desarrollan en un universo fantástico cuyo lenguaje y mitología inventó. En el gran ciclo que componen destacan *El hobbit* (1937) y la trilogía *El señor de los anillos* (1954-55).

TOLLA f. Terreno húmedo que se mueve al pisarlo.

TOLLER, ERNST Escritor alemán (Somotschin, 1893 - Nueva York, 1939). Participó en el movimiento socialista revolucionario (espartaquista). Autor de los poemarios *El día de las golondrinas* (1923) y *El día del proletariado: réquiem por los hermanos asesinados* (1926).

TOLLO m. Charco de origen pluvial. 2 Barrizal.

TOLMO m. *Geol*. Peñasco elevado que tiene semejanza con un gran hito o mojón.

TOLOMEO o **PTOLOMEO** Nombre de varios reyes helenísticos de Egipto.

TOLOMEO I SOTER (Macedonia, 366 - ?, 283 a. C.). Fundador de la dinastía de los lágidas, reinó de 323 a 285 a. C. Hizo de Alejandría la capital, donde fundó un museo y una biblioteca, famosos en la Antigüedad. Asoció al trono a su hijo Tolomeo.

TOLOMEO II FILADELFO (Cos, 308 - ?, 246 a. C.). Reinó de 285 a 246 a. C. Conquistó Abisinia, la costa S de Arabia, Fenicia y las costas de Asia Menor. Realizó un canal entre el Nilo y el Mar Rojo. Se le atribuye a su iniciativa la versión de la Biblia de los Setenta.

Tolomeo II Filadelfo. Museo Arqueológico Nacional (Nápoles).

Lev Nikolaievich **Tolstoi.** Museo de Arte Ruso (San Petersburgo).

TOLOMEO III EVERGETES (?, h. 280 - ?, 221 a. C.). Reinó de 246 a 221 a. C. Combatió a los seléucidas y extendió su dominio hasta Tracia.

TOLOMEO IV FILOPATOR (?, h. 244 - ?, 204 a. C.). Reinó de 221 a 203 a. C. Venció a Antíoco III en Rafia (217 a. C.). Extendió el culto a Dionisio. Con él comenzó la decadencia de Egipto.

TOLOMEO VI FILOMETOR (?, 186 - Siria, 145 a. C.). Reinó de 181 a 145 a. C. Casado con su hermana Cleopatra II, gobernó junto a ésta y a su hermano Tolomeo VIII. Fue rey de Siria.

TOLOMEO VIII EVERGETES II (?, 182 - ?, 116 a. C.). Reinó de 144 a 116 a. C. Cleopatra II consiguió expulsarle del trono, pero poco después se reconciliaron y gobernaron juntos.

TOLOMEO XIII (?, 61 - ?, 48 a. C.). Reinó de 51 a 48 a. C. bajo el poder de Roma. Murió combatiendo a César.

TOLOMEO XIV (?, h. 59 - ?, 44 a. C.). Fue rey de Egipto junto con su hermana y esposa Cleopatra VII. Durante la guerra civil entre Pompeyo y César declaró la guerra a los romanos. Vencido en un combate a orillas del Nilo, murió ahogado.

TOLOMEO XV (?, 57 - ?, h. 45 a. C.). Hermano del anterior. César lo nombró en el 48 rey de Chipre y lo casó en el 47 con Cleopatra VII, asociándolo al poder. Cleopatra lo llevó a Roma y a la vuelta lo envenenó.

TOLOMEO XVI CESARIÓN (?, 47 - ?, 30 a. C.). Hijo de Julio César y Cleopatra VII, fue asociado al poder por su madre. Asesinado por orden de Octavio.

TOLOMEO o **PTOLOMEO, CLAUDIO** Astrónomo, geógrafo y matemático grecoegipcio (Tolemaida, 100 - Canope, 170). Autor de *Composición matemática* o *Almagesto,* que contiene un catálogo de 1.000 estrellas, y en la que expone su teoría geocéntrica del universo. Según ésta, la Tierra estaría fija en el centro del universo, y la Luna, el Sol y los planetas girarían en torno suyo. Este sistema prevaleció hasta el Renacimiento, en que se impuso la teoría de Copérnico. Otras obras son *Analemma* y *Planisphaerium,* sobre geometría; *Optica,* donde se enfrenta al problema de la refracción atmosférica; y *Harmonica,* sobre música.

TOLONDRO, DRA adj. TOLONDRÓN.

TOLONDRÓN, NA adj. **1** Aturdido, desatinado, tonto. || m. **2** Bulto producido en la cabeza por un golpe, chichón. || **a tolondrones** loc. adv. fig. Con interrupción o a retazos.

TOLOSA Municipio y lugar de España, provincia de Guipúzcoa; 17.979 h. Industria papelera. Fue capital de su provincia en el periodo 1844-54.

TOLOSA, CONDADO DE *Hist.* Antiguo señorío que formaba parte del reino de Aquitania, fundado en el siglo IX y con capital en Tolosa. Entre los primeros condes destacaron san Guillermo (790-806), Berenguer (814-35) y Raimundo I (852-64), con el cual el título se convirtió en hereditario. En 1125 Alfonso I Jordán (1112-48) se repartió la Provenza con Ramón Berenguer III, conde de Barcelona. En el siglo XIII el condado constituía un auténtico Estado en la Francia meridional, con un gran potencial económico, cultural y estratégico. Por el tratado de Meaux (1229) Francia se anexionó este territorio.

TOLSÁ SARRIÓN, MANUEL Escultor y arquitecto español (Enguera, 1757 - Ciudad de México, 1816). Representante del neoclásico, fue catedrático de escultura de la Academia de San Carlos. Destaca su estatua ecuestre de Carlos IV (1796-1803), en Ciudad de México. Como arquitecto dirigió, las obras de la catedral de México (1792-1813).

TOLSTOI, ALEXEI KONSTANTINOVICH, CONDE Escritor ruso (San Petersburgo, 1817 - Brjansk, 1875). De origen noble, ejerció la diplomacia. Su trilogía teatral compuesta por *La muerte de Iván el Terrible, El zar Boris* y *El zar Fiódor Ivanovich* (1866-70) alcanzó gran éxito.

TOLSTOI, ALEXEI NIKOLAIEVICH Escritor soviético (Nicolayevsk, 1882 - Moscú, 1945). Comenzó su carrera como narrador con *Dos vidas* (1911) y *El señor cojo* (1912). Sus mayores éxitos fueron la trilogía *El camino del Calvario* (1927-41), y las novelas *Pedro el Grande* (1929-45) e *Iván el Terrible* (1941-43).

TOLSTOI, LEV NIKOLAIEVICH, CONDE DE Escritor ruso (Yasnaia Poliana, 1828 - Astapovo, 1910). Sirvió como oficial en el ejército, y participó en la guerra de Crimea. Entre 1863 y 1869 escribió una de sus obras maestras, *Guerra y paz,* magistral fresco de la historia rusa a principios del siglo XIX, a la que siguió *Ana Karenina* (1873-77). Tras concluir esta obra Tolstoi sufrió una crisis espiritual, durante la cual llevó a cabo una serie de reflexiones religiosas que desembocó en libros como *Confesión* (1879-80) y *En qué consiste mi fe* (1882-84). Entre las novelas de este periodo destacan *La muerte de Iván Ilich* (1887-89), *Resurrección* (1889-99) y *Sonata a Kreutzer* (1899). En 1897 apareció el ensayo *¿Qué es el arte?* Su influencia en la literatura europea ha sido enorme.

TOLTECA adj. *Etnol.* e *Hist.* **1** Se dice de un pueblo amerindio que desarrolló una importante cultura entre los siglos X y XII en el centro de México. Más como m. pl. **2** Se dice también de sus individuos. También com. **3** Relativo a estas tribus. || m. *Ling.* **4** Idioma de las mismas.

TOLUCA Ciudad de México, capital del Estado de México; 327.865 h. Sus edificios más importantes son: el Palacio de Gobierno, el de Justicia y el Municipal, el Instituto Científico Literario, el Hospital General, la iglesia de Nuestra Señora del Carman y la catedral. Comercio activo. Centro agrícola y ganadero. Industria textil. Fundada por los malatzincos (siglo XII), era una de las principales ciudades del valle de Toluca. Partidaria de unirse a los aztecas, hubo de luchar, durante el siglo XV, contra otras ciudades del valle, hasta que solicitaron la ayuda de Axayacatl, quien conquistó la región y confirmó a Chilmaltecuhtli como *tlatoani* de Toluca. Tras la caída de Moctezuma se alió con Cuauhtémoc, por lo que fue destruida (1530). Sobre sus ruinas se levantó la actual ciudad.

TOLUCA, NEVADO DE Volcán apagado de México, cerca de Toluca de Lerdo; 4.100 m. Llamado *Xinantecatl* en nahua.

TOLUENO m. *Quím.* Hidrocarburo metilbenceno, de fórmula $C_6H_5CH_3$, líquido, moderadamente tóxico e inflamable, que se obtiene en el reformado catalítico del petróleo y en la destilación fraccionada del alquitrán de hulla.

TOLVA f. *Agr.* Caja en forma de tronco de pirámide o de cono invertido y abierta por debajo, dentro de la cual se echan granos para que caigan poco a poco.

TOLVANERA f. Remolino de partículas, generalmente polvo y arena, que giran en forma de torbellino debido al calor.

TOLYATTI Ciudad de la Federación de Rusia, en la región de Samara, República federada de Rusia; 702.000 h. Industria del automóvil. Antiguamente llamada *Stavropol.*

TOM Río de la Federación de Rusia, en Siberia occidental, que tiene sus fuentes en los montes Abakan y desemboca en el Obi por su orilla derecha; 843 km de curso.

TOMA f. **1** Acción de tomar o recibir una cosa. **2** Conquista, asalto u ocupación por las armas de una plaza o ciudad. **3** Porción de una cosa, que se toma o recibe de una vez. **4** Acción de filmar o fotografiar e imágenes obtenidas. **5** *Fís.* Lugar por donde se deriva una corriente de fluido o electricidad.

TOMACORRIENTE m. *Fís.* **1** *Amér.* Toma de corriente eléctrica. **2** *Amér.* ENCHUFE.

TOMADOR, RA adj. y s. **1** Que toma. **2** Ratero que hurta de los bolsillos. **3** *Amér.* Aficionado a la bebida. || m. *Com.* **4** Aquel a la orden de quien se gira una letra de cambio.

TOMADURA f. Acción y efecto de tomar. || **TOMADURA DE PELO** fig. y fam. Burla, chunga.

TOMAHAWK o **TOMAWAK** (Voz algonquina.) m. Arma de guerra de los indios de América del Norte, que por uno de sus extremos terminaba en un hacha y por el otro en un rompecabezas, formado por una bola erizada de puntas agudas.

TOMAÍNA f. *Quím.* Nombre de una serie de sustancias originadas, principalmente, en los cadáveres en putrefacción por la degradación bacteriana de las materias albuminoideas.

TOMAR tr. **1** Coger o asir con la mano una cosa. **2** Coger algo por otros medios. **3** Recibir o aceptar. **4** Ocupar o adquirir por la fuerza. **5** Comer o beber. **6** Adoptar, poner por obra. **7** Contraer, adquirir. **8** Contratar a una persona para que preste un servicio. **9** Hacerse cargo de algo. **10** Montar en un medio de transporte. **11** Entender, juzgar e interpretar una cosa en determinado sentido. **12** Seguido de la preposición *por,* suele indicar juicio equivocado. **13** Apuntar algo por escrito o grabar una información. **14** Filmar o fotografiar. **15** Medir una magnitud. **16** Recibir lo que significan ciertos sustantivos. **17** Construido con ciertos nombres verbales, significa lo mismo que los verbos de donde tales nombres se derivan. **18** Construido con un nombre de instrumento, ponerse a ejecutar la acción para la que sirve el instrumento. **19** Empezar a seguir una dirección, entrar en una calle, camino o tramo, encaminarse por ellos. También intr. **20** Poseer sexualmente. || **21** *Amér.* Beber alcohol. || prnl. **22** Ponerse ronca la voz. || **tomarla con** uno fr. Contradecirle y culparle en cuanto dice o hace.

TOMAR Población de Portugal, en Santarém; 12.250 h. Convento de Cristo, que fue sede de la orden militar de este nombre. En ella se celebraron las cortes que proclamaron a Felipe II rey de Portugal (1581).

TOMARES Municipio y lugar de España, provincia de Sevilla; 15.007 h.

TOMÁS, SANTO Apóstol de Jesucristo, nacido en Galilea, de una familia de pescadores. Tras la muerte de su maestro se negó a creer en su resurrección, pero el Señor se le apareció, reprochándole su incredulidad.

TOMÁS, AMÉRICO DEUS RODRIGUES Almirante y político portugués (Lisboa, 1894 - Cascais, 1987). Último presidente de la República antes del golpe de Estado que puso fin a la dictadura salazarista (1974).

TOMÁS DE AQUINO, SANTO Filósofo y teólogo italiano (Roccasecca, 1225 - Fossanova, 1274). De origen noble, ingresó en la orden de los dominicos en 1243. Fue discípulo de san Alberto Magno y enseñó en París, Roma, Bolonia y Nápoles. Llevó a cabo la gigantesca tarea de reconciliar la dogmática cristiana con el pensamiento de Aristóteles. Estudió la relación entre filosofía y teología, es decir, entre razón y revelación. Obras: *Comentario a las Sentencias, Quaestiones disputatae,* radactadas entre 1256 y 1259, *Summa contra gentes* (1259-60), *llamada también Summa filosofica, De perfectione vitae spiritualis* (1269-70) y *Summa theologica* (1265-73).

TOMÁS BECKET, SANTO Prelado inglés (Londres, 1117 - Canterbury, 1170). Fue canciller de Enrique II y arzobispo de Canterbury. Defendió frente al rey los derechos de la iglesia en la querella de las investiduras eclesiásticas, por lo que sufrió destierro y murió asesinado.

TOMÁS MORO o **MORE, SANTO** Estadista y escritor inglés (Londres, 1478 - íd., 1535). Fue canciller y, acusado de alta traición por negarse a reconocer a Enrique VIII como suprema autoridad de la iglesia, fue encarcelado en 1535 y decapitado. Obras: *Poesías latinas, Ricardo III* (1513-18), *Utopía* (1516), *Respuestas a Lutero* (1523) y *Diálogo de consuelo,* escrita en prisión.

TOMASI, GIUSEPPE, PRÍNCIPE DE LAMPEDUSA, GIUSEPPE TOMASI, DUQUE DE PALMA Y PRÍNCIPE DE.

TOMATADA f. Fritada de tomate.

TOMATE m. **1** *Bot.* Fruto de la tomatera. Es una baya globosa de tamaño y color variado (desde rojo intenso a amarillento o verde), blando y compuesto en su interior de varias celdillas llenas de simientes. **2** *Bot.* Planta

Tomás Moro. Retrato de Hans Holbein. Galería de los Uffizi (Florencia).

que da este fruto, tomatera. **3** fam. Agujero hecho en una prenda de punto. || **ponerse como un tomate** fr. fig. y fam. Ponerse colorado.
TOMATERA f. *Bot.* Planta herbácea anual, perteneciente a la familia solanáceas, de nombre científico *Lycopersicum esculentum*, originaria de América del S y muy cultivada en las huertas por su fruto, el tomate.
TOMATERO, RA m. y f. Persona que vende tomates.
TOMAVISTAS m. Máquina fotográfica que se utiliza para filmar, filmadora. ♦ Su pl. es *tomavistas*.
TOMAWAK m. TOMAHAWK.
TOMBA, ALBERTO Esquiador italiano (San Lazzaro di Savena, 1966). Dominó las pruebas de slalom en los Juegos Olímpicos de Calgary (1988), oro en slalom gigante y especial, Albertville (1992), oro en slalom gigante y plata en slalom especial, y de Lillehammer (1994), oro en slalom especial.
TOMBALBAYE, FRANÇOIS Político chadiano (Bedaya, 1918 - N'Djamena, 1975). Presidente de la República al obtener la independencia su país, continuó en este cargo hasta el golpe militar que le depuso y en el que murió.
TÓMBOLA (Voz it.) f. **1** Rifa pública de objetos diversos, cuyo producto se destina generalmente a fines benéficos. **2** Local en que se efectúa esta rifa.
TÓMBOLO (Voz it.) m. *Geol.* Depósito arenoso estrecho y de forma más o menos curva que une la costa con una isla o islote próximos. Por ejemplo, los de Gibraltar, Peñíscola o Cádiz.
TOMBOUCTOU, TOMBUCTÚ o **TIMBUKTU** Ciudad de Malí, capital de la región de su nombre; 19.166 h. Fundada por los beréberes en 1077 y conquistada por los tuareg (1435), en 1468 se incorporó al reino Songhay. Permaneció en poder del sultán marroquí entre 1591 y 1620, año en que una casta militar local se adueñó del poder. El acuerdo francobritánico de 1890, la asignó a Francia, que la ocupó en 1894.
-TOME-; -TOME in. o suf. -TOMO.
TOMENTO m. *Bot.* Capa de pelos cortos, suaves y entrelazados, que cubre la superficie de algunas plantas.
TOMENTOSO, SA adj. *Bot.* Que está recubierto de pelos cortos, densos y entrelazados.
-TOMÍA suf. -TOMO.
TOMILLAR m. Terreno donde abunda el tomillo.
TOMILLO m. *Bot.* Subarbusto o pequeña mata aromática perteneciente a la familia labiadas, género *Thymus*. Alcanza de 10 a 25 cm de altura. Es originaria de la región mediterránea y de Asia meridional. Se emplea como planta aromatizante, condimentaria y medicinal. || **TOMILLO SALSERO** *Bot.* Planta similar al tomillo común, que se emplea en el adobo de las aceitunas.
TOMIRIS Reina de los escitas (s. VI a. C.). Venció a Ciro II, que había dado muerte a uno de sus hijos; le hizo degollar y metió su cabeza en un cubo lleno de sangre.
TOMISMO m. *Filos.* y *Teol.* **1** Sistema escolástico contenido en las obras de santo Tomás de Aquino. Mantiene la armonía entre la razón y la fe; defiende la doctrina de la verdad única contra Averroes; enseña que el mundo ha tenido origen por creación; reconoce al alma su condición de forma sustancial del cuerpo; demuestra la existencia de Dios mediante las pruebas llamadas de las cinco vías, fundadas en el principio de causalidad, y de ello deduce con riguroso orden lógico los principales atributos de Dios; y pone el fin del hombre en la bienaventuranza, que consiste en la visión intuitiva de Dios en la otra vida. **2** Doctrina de los seguidores de santo Tomás de Aquino, en especial de los siglos XIII-XVII. A partir del siglo XIX se llama *neotomismo*.
TOMO m. **1** Cada una de las partes con paginación propia en que suelen dividirse las obras impresas o manuscritas de cierta extensión. **2** fig. Importancia, valor y estima. || **de tomo y lomo** loc. fig. y fam. De mucho bulto y peso. También, fig. y fam., de consideración e importancia.
TOMO-; -TOME-; -TOMO, -TOMÍA, -TOME pref., in. o sufs. que significan corte, parte, etc.: *dicotomía, epítome*.
TOMOGRAFÍA f. *Med.* Radiografía de una determinada capa o estrato de un cuerpo, con exclusión de los demás. El aparato que de forma automática realiza este proceso se llama tomógrafo. || **TOMOGRAFÍA COMPUTARIZADA** o **TOMOGRAFÍA AXIAL COMPUTARIZADA** *Med.* Aquella en que la placa radiográfica es sustituida por un sistema de cientos de detectores que giran en movimiento simultáneo con el tubo; una computadora unida a los detectores va almacenando los miles de datos de densidad radiológica captados, convirtiéndolos en imagen sobre una pantalla. También se denomina *escáner*. Sus creadores fueron Hounsfield y Cormack y por él obtuvieron el Nobel de Medicina en 1979.
TOMONAGA, SINICHIRO Físico japonés (Tokio, 1906 - íd., 1979). Fue el primero en introducir la noción de mecánica cuántica en la electrodinámica. En 1965 recibió el premio Nobel de Física, compartido con R. P. Feynman y J. S. Schwinger.
TOMSK Región de la Federación de Rusia, República federada de Rusia; 316.900 km² y 1.079.300 h. **2** Ciudad capital de la misma; 470.000 h. Centro industrial.
TON Apócope de tono, que sólo tiene uso en la frase *sin ton ni son*, que significa sin causa.
TON-; -TON- pref. o in. TENO-.
TONA Municipio y lugar de España, provincia de Barcelona; 5.765 h.
TONADA f. **1** Composición poética concebida para ser cantada. **2** Música de esta canción. **3** *Amér.* DEJO, modo de acentuar las palabras al final.
TONADILLA f. **1** Tonada alegre y ligera. **2** Canción popular española.
TONAL adj. *Mús.* Relativo al tono o a la tonalidad.
-TONAL suf. TENO-.
TONALÁ Río de México, que señala parte del límite entre los Estados de Veracruz y Tabasco, y desemboca en el golfo de Campeche; 139 km.
TONALIDAD f. **1** *Mús.* Organización de los sonidos de la escala musical alrededor de uno de ellos como *tónica* o sonido principal, de forma que el oficio de los restantes (dominante, mediante, etc.) viene fijado por su distancia a la tónica. **2** *Pint.* Sistema de colores y tonos.
TONDO m. *Arquit.* Adorno circular rehundido en un paramento.
TONEGAWA, SUSUMU Investigador japonés (Nagoya, 1939). Ha investigado sobre el origen genético de los anticuerpos. En 1987 recibió el premio Nobel de Fisiología y Medicina.
TONEL m. **1** Cuba grande en la que se echa el vino u otro líquido. **2** Persona muy gruesa.
TONELADA f. *Metrol.* Medida de peso que equivale a 1.000 kg o 10 quintales. También denominada *tonelada métrica*. || **TONELADA DE ARQUEO** *Metrol.* Unidad de capacidad o volumen equivalente a 2,83 m³. Se usa para calcular el arqueo de un buque (véase TONELAJE DE REGISTRO BRUTO y TONELAJE DE REGISTRO NETO).
TONELAJE m. **1** Cabida de una embarcación, arqueo. **2** *Metrol.* Número de toneladas que pesa una cosa. || **TONELAJE DE REGISTRO BRUTO, TONELAJE BRUTO,** o **ARQUEO TOTAL** *Mar.* Volumen del buque comprendido desde el plan hasta la cubierta alta y todos los espacios cerrados sobre esta cubierta (sin incluir los tanques de lastre). || **TONELAJE DE REGISTRO NETO, TONELAJE NETO** o **ARQUEO NETO** *Mar.* El resultante de restar del anterior los espacios necesarios para el servicio del buque.
TONELERÍA f. **1** Oficio del tonelero. **2** Taller del tonelero.
TONELERO, RA adj. **1** Relativo al tonel. || m. y f. **2** Persona que hace toneles.
TONELETE m. **1** Parte de las antiguas armaduras; tenía forma de falda corta. **2** *Teat.* Traje antiguo de hombre, con falda corta.
TONEMA m. *Ling.* **1** Unidad acentual mediante la cual se diferencian dos palabras que tienen los mismos fonemas. **2** Entonación de una frase enunciativa a partir de la última sílaba.
-TONEO suf. TENO-.
TONGA f. **1** *Can.* y *Cuba* Pila o porción de cosas apiladas en orden. **2** *Col.* Tanda, tarea.
TONGA (*Pule'anga Fakatu'i 'o Tonga*) Estado insular de Oceanía, en Polinesia. Está situado en el S del océano Pacífico, al NE de Nueva Zelanda.
GEOG. Constituido por el archipiélago de su nombre, también llamado Islas de los Amigos, al SE de las islas Fiji, comprende unas 150 pequeñas islas, de origen volcánico y coralino, divididas en siete grupos: Vava'u, Ha'apai, Kotu, Nomuka, Otu Tolu y Tongatapu, en su mayoría deshabitadas. Su clima es tropical. La economía se basa en la agricultura y la pesca. Produce copra y banana para la exportación, y mandioca, batata y cítricos para el consumo interno. Carece casi totalmente de industria. Turismo.
HIST. En 1643, Abel Tasman descubrió los grupos más meridionales. J. Cook tocó las islas en dos de sus viajes, 1773 y 1777, y las llamó Islas de los Amigos (*Friendly Islands*). La intervención de los europeos en los asuntos tonganos hizo que en 1826, con el apoyo de los metodistas, se proclamara rey Taufa'ahau George Tupou I. En 1839 se elaboró una Constitución, ampliada en 1862 y 1875, por la que el reino se establecía como una monarquía constitucional. En 1889 se firmó un convenio angloalemán, aceptado más tarde por EE UU, por el que Tonga se convertía en protectorado inglés, proclamado en 1900 y ampliado en 1958. En 1918 subió al trono la reina Salote Tupou III, a la que sucedió en 1965 el actual rey Taufa'ahau Tupou IV. En 1968 Tonga alcanzó una total autonomía en los asuntos internos, y en 1970 accedió a la independencia, permaneciendo como miembro de la Commonwealth. En 1992 el Movimiento por la Democracia, en unión con la iglesia católica, planteó una serie de reformas constitucionales que garantizaran una mayor democracia interna, que chocaron con la actitud conservadora del rey. En resultados electorales de 1993 dieron la mayoría al Movimiento por la Democracia, y en 1994 fue designado primer ministro el barón Vaea of Huma, que permaneció en el cargo hasta 2000, en que fue sustituido por el príncipe 'Ulukalala Lavaka Ata.

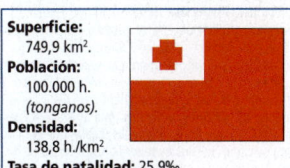

Superficie: 749,9 km².
Población: 100.000 h. (*tonganos*).
Densidad: 138,8 h./km².
Tasa de natalidad: 25,9‰.
Tasa de mortalidad: 6‰.
Capital: Nuku'alofa.
Grupos étnicos: polinesios.
Religión: protestantismo (53%), catolicismo (16%), mormonismo (12%) y otras creencias.
Idioma: inglés y tongano.
Moneda: pa'anga.
Forma de Estado: monarquía constitucional (británica).
Producto Nacional Bruto: 173 millones de dólares.
Renta per cápita: 1.750 dólares.
División administrativa: 5 divisiones, según cuadro.

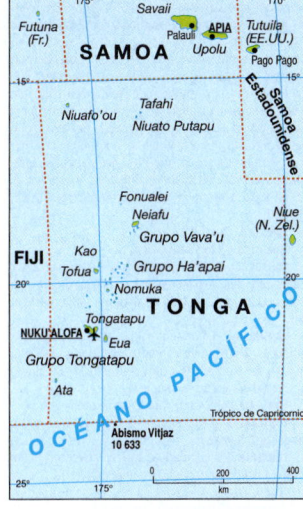

TONGA

Divisiones	Superficie (km²)	Población (h.)	Capitales
'Eua	87,4	4.934	'Ohonua
Ha'apai	110,5	8.138	Pangai
Niuas	71,7	2.018	Hihifo
Tongatapu	260,5	66.979	Nuku'alofa
Vava'u	119,2	15.715	Neiafu

TONGADA f. **1** Capa con que se cubre o baña una cosa. **2** Cosa extendida encima de otra.

TONGHUA (*T'ung-hua*) Ciudad de China, provincia de Jilin; 324.600 h. Industria.

TONGO m. *Dep.* En competiciones deportivas, trampa que hace uno de los participantes dejándose ganar por razones ajenas al juego.

-TONÍA, -TÓNICO sufs. TENO-.

TONICIDAD f. *Fisiol.* Grado de tensión de los órganos del cuerpo vivo.

TÓNICO, CA adj. **1** Que entona o vigoriza. También m. **2** *Mús.* Se dice de la nota primera de una escala musical. También f. **3** *Fon.* Se dice de la vocal o sílaba que recibe el impulso del acento prosódico.

TONIFICAR tr. Dar vigor o tensión al organismo.

TONILLO m. **1** Tono monótono y desagradable con que algunos hablan o leen. **2** Acento particular de la palabra o de la frase propio de una región o de un lugar, dejo.

TONKÍN TONQUÍN.

TONLE SAP Lago de Camboya, que desagua en el Mekong; 3.000 km^2. Abundante pesca.

TÖNNIES, FERDINAND JULIUS Sociólogo alemán (Oldensworth, 1855 - Kiel, 1936). Estableció las definiciones de comunidad y sociedad. Obras: *Comunidad y sociedad* (1887) e *Introducción a la sociología* (1931).

TONO m. **1** Mayor o menor elevación del sonido. **2** Inflexión de la voz y modo particular de decir algo. **3** Carácter de la expresión de una obra artística. **4** Energía, vigor. **5** *Mús.* Cada una de las escalas que para las composiciones musicales se forman, partiendo de una nota fundamental, que le da nombre. **6** Señal sonora que indica que se ha establecido la comunicación, en el teléfono e instalaciones semejantes. **7** Cada una de las distintas gradaciones de una gama de color. **8** Distinción, elegancia. || **bajar el tono** fr. fig. Contenerse después de haber hablado con arrogancia. || **darse tono** uno fr. fam. Darse importancia. || **de buen,** o **mal, tono** loc. adj. Propio de gente culta, o al contrario.

TONO-; -TONO-; -TONO pref., in. o suf. TENO-.

TONOMETRÍA f. **1** *Fís.* Medida de la presión osmótica de las disoluciones. **2** *Med.* Medida de la presión de un líquido en una cavidad, especialmente la presión intraocular.

-TONOS suf. TENO-.

TONQUÍN o **TONKÍN** Región histórica de Indochina, bañada por el golfo de su nombre. Comprende tres regiones naturales: el alto Tonquín (país montañoso), el Tonquín medio (región de colinas) y la zona del delta, en la que está concentrado el 90% de la población. Está regado principalmente por el río Rojo y sus afluentes Negro y Claro. Arroz y cereales. Minería. Sus núcleos de población más importantes son Hanoi y Haiphong. Las primeras noticias concretas se remontan al siglo III a. C., cuando el emperador chino Shi Huangchi incorporó Tonquín a Cantón. Estuvo vinculado a China hasta 906. En 1882, Francia se apoderó de Hanoi y en 1888 integró el territorio en la Indochina francesa. En la Segunda Guerra Mundial, Tonquín fue ocupado por los japoneses, y al finalizar se convirtió en la República de Vietnam, independiente, dentro de la Federación de Indochina, miembro de la Unión Francesa. Tras la paz de 1954, pasó a formar parte de la República Popular de Vietnam.

TONSILA f. *Anat.* AMÍGDALA.

TONSILITIS f. *Med.* AMIGDALITIS.

TONSURA f. **1** Acción y efecto de tonsurar. **2** *Rel.* Grado preparatorio para recibir las antiguas órdenes menores. **3** Coronilla afeitada de algunos monjes y religiosos.

TONSURAR tr. **1** Cortar el pelo o la lana a personas o animales. **2** Dar a uno el grado de la tonsura. **3** Cortar el pelo de la coronilla a quienes recibían este grado.

TONTADA f. Tontería, simpleza.

TONTAINA com. y adj. fam. Persona tonta.

TONTEAR intr. **1** Hacer o decir tonterías. **2** fig. y fam. Coquetear, flirtear.

TONTERÍA f. **1** Calidad de tonto. **2** Dicho o hecho tonto. **3** fig. Dicho o hecho sin importancia.

TONTO, TA adj. **1** Se aplica a la persona de poco entendimiento o inteligencia. También s. **2** Se dice del hecho o dicho propio de estas personas. **3** Falto de picardía o malicia. También s. **4** Absurdo, sin sentido. **5** Presumido o engreído. También s. **6** Pesado o molesto. **7** Pasmado, totalmente asombrado. || m. **8** El que en ciertas representaciones hace el papel de tonto. || **a lo tonto** loc. adv. Como quien no quiere la cosa. || **a tontas y a locas** loc. adv. Sin orden ni concierto. || **hacerse uno el tonto** fr. fam. Aparentar que no advierte las cosas de las que no le conviene darse por enterado.

TONTUNA f. Dicho o hecho tonto.

TOÑA f. **1** *Ocio.* Juego en que se hace saltar del suelo un palito de doble punta sacudiéndolo con un palo. **2** fam. Patada o golpe. **3** Borrachera.

Juan Bautista **Topete.** Museo Naval (Madrid).

TOOLE, JOHN KENNEDY KENNEDY TOOLE, JOHN.

TOP (Voz i.) m. Prenda de vestir femenina, especie de camiseta sin mangas que llega hasta debajo del pecho.

TOP- pref. TOPO-.

TOP LESS (Voz i.) m. **1** Hecho de estar una mujer con los pechos al descubierto, generalmente en la playa o la piscina. **2** Local público, bar, espectáculo, etc., donde trabajan mujeres desnudas de cintura para arriba, para atraer clientela masculina.

TOP MODEL (Voz i.) com. Modelo de alta costura.

TOPACIO m. *Miner.* Silicato de alúmina y flúor, de fórmula $Al_2(OH, F)_2SiO_4$, muy duro (índice 8 en la escala Mohs), de color variable (incoloro, azul, verde, amarillo o rojo), pesado, con brillo vítreo y buena exfoliación. Las variedades más puras y perfectas se emplean como piedras preciosas.

TOPAR tr. **1** Chocar una cosa con otra. También intr. **2** Hallar casualmente. También intr. y prnl.

TOPE m. **1** Parte por donde una cosa puede topar con otra. **2** Pieza que en algunas armas e instrumentos sirve para impedir que se pase de un punto determinado. **3** Pieza que se pone a algo para amortiguar los golpes. **4** Extremo hasta el que algo puede llegar. **5** *Mar.* Extremo superior de cualquier palo de arboladura. || **a tope** loc. adv. Con gran intensidad. También, completamente lleno. || **hasta el tope** o **los topes** loc. adv. fig. Hasta lo máximo o completamente lleno.

TOPERA f. Madriguera del topo.

TOPETADA o **TOPETAZO** f. o m. **1** Golpe que da con la cabeza el toro, carnero, etc. **2** Golpe que se da con la cabeza en algo.

TOPETE, JUAN BAUTISTA Marino y político español (San Andrés Tuxla, 1821 - Madrid, 1885). Inició la revolución de 1868. Fue ministro de Marina y vicealmirante en 1881.

TOPETÓN m. Encuentro o golpe de una cosa con otra.

-TOPIA o **-TOPÍA, -TÓPICO** sufs. TOPO-.

TÓPICO, CA adj. **1** Relativo a determinado lugar. **2** Relativo al lugar común. **3** *Farm.* Se dice del medicamento de uso externo. También adj. || m. **4** Lugar común, expresión o frase manida.

TOPINERA f. Madriguera del topo.

TOPO m. **1** *Zool.* Mamífero insectívoro perteneciente a la familia tálpidos, de nombre científico *Talpa europaea*, de cuerpo cilíndrico y macizo, sin cuello, ojos diminutos, hocico puntiagudo, pelaje denso, suave y negro, y manos con cinco dedos provistos de fuertes uñas que le sirven para excavar. Vive en Europa, hasta la mitad N de la península Ibérica. **2** fig. y fam. Persona corta de vista. **3** fig. Persona infiltrada en una organización.

TOPO-, TOP-; -TOPO-; -TOPIA o **-TOPÍA, -TÓPICO, -TOPO** prefs., in. o sufs. que significan lugar: *atopognosia, ectopia.*

TOPOGRAFÍA f. *Topog.* **1** Conjunto de particularidades que presenta un terreno en su configuración superficial, es decir, la forma de su relieve y la estructura de los desniveles que lo configuran. **2** Arte de describir y delinear detalladamente la superficie de un terreno o territorio de extensión no grande.

TOPÓGRAFO, FA m. y f. *Topog.* Persona que profesa el oficio de la topografía o tiene especiales conocimientos de ella.

TOPOLOGÍA f. *Mat.* Rama de las matemáticas que trata especialmente de la continuidad y de otros conceptos más generales originados de ella.

TOPOMETRÍA f. *Topog.* Parte de la topografía relativa a las mediciones llevadas a cabo sobre el terreno.

TOPONIMIA f. Estudio del origen y significación de los nombres propios de lugar.

TOPÓNIMO m. Nombre propio de lugar.

TOPOR, ROLAND Dibujante y escritor francés (París, 1938 - íd., 1997). Fundó con F. Arrabal y A. Jodorowsky el movimiento *Pánico*, que influyó en el teatro francés de los sesenta. Sus creaciones presentan elementos surrealistas. Obras: *Mémoires d'un vieux con* (1984) y los dibujos de la película *El planeta salvaje* (1973), dirigida por René Laloux.

TOPOTAXIS f. *Biol.* TROPISMO. ♦ Su pl. es *topotaxis.*

TOQUE m. **1** Acción de tocar una cosa. **2** Sonido de las campanas o de ciertos instrumentos, con que se anuncia alguna cosa. **3** Llamamiento, advertencia que se hace a uno. **4** Aplicación ligera y muy localizada de alguna cosa. **5** Nota, rasgo, característica. **6** *Pint.* Pincelada ligera. || **TOQUE DE QUEDA** Medida gubernativa que, en circunstancias excepcionales, prohíbe el tránsito o permanencia en las calles de una ciudad durante determinadas horas, generalmente nocturnas.

TOQUETEAR tr. Tocar reiterada e insistentemente.

TOQUILLA f. **1** Pañuelo de punto generalmente de lana que, poniéndolo sobre los hombros, usan para abrigo las mujeres. **2** *Bot. Bol.* y *Ecuad.* Especie de palmera que suministra la paja con que se tejen los sombreros de jipijapa.

TOR *Mit.* THOR.

TORÁ f. *Rel.* Libro de la ley mosaica de los judíos, que incluye el Pentateuco, o cinco primeros libros del Antiguo Testamento.

TORAC- pref. TORACO-.

TORÁCICO, CA adj. **1** Relativo al tórax. **2** *Zool.* Se dice del animal cirrípedo, fijo en el estado adulto, con el manto protegido por placas calcáreas y seis pares de apéndices torácicos birramados. || m. pl. *Zool.* **3** Orden de estos animales.

TORACO-, TORAC-; -TÓRAX prefs. o suf. que significan pecho.

TORADA f. Manada de toros.

TORAL adj. Principal o que tiene más fuerza y vigor en cualquier concepto.

TÓRAX m. **1** *Anat.* Cavidad del cuerpo localizada entre el cuello y el diafragma y que contiene el corazón, los pulmones y estructuras del mediastino. **2** *Zool.* Región media de las tres en que está dividido el cuerpo de los insectos, arácnidos y crustáceos. ♦ Su pl. es *tórax.*

-TÓRAX suf. TORACO-.

TORBAY Consejo unitario del Reino Unido, en Inglaterra; 123.000 h.

TORBELLINO m. **1** Remolino de viento. **2** fig. Abundancia de cosas que ocurren en un mismo tiempo. **3** fig. y fam. Persona demasiado viva e inquieta.

TORBERNITA f. *Miner.* Mineral del grupo de los fosfatos, de fórmula $CuUO_2(PO_4)_2 \cdot 9H_2O$, que cristaliza en el sistema tetragonal en láminas brillantes de color verde esmeralda. Es pesado, blando (entre 2 y 3 en la escala Mohs) y con exfoliación laminar.

TORCA f. *Geol.* Depresión circular, con bordes escarpados y forma de embudo que se forma en terrenos calizos por hundimiento del suelo.

TORCAL m. *Geol.* Terreno donde hay torcas.

TORCAZ adj. y f. *Zool.* Se dice de la paloma silvestre, de nombre científico *Columba palumbus*, de tamaño grande con manchas blancas en cuello y alas. Vive en los bosques y parques de Europa.

TORCECUELLO m. *Zool.* Ave piciforme, de nombre científico *Jyns torquilla*, de unos 16 cm de longitud, con plumaje de tonos grises, pardos y amarillentos. Anida en Europa.

TORCEDURA f. Acción y efecto de torcer o torcerse, especialmente una parte del cuerpo.

TORCER tr. **1** Dar vueltas a una cosa sobre sí misma. También prnl. **2** Encorvar o doblar una cosa. También prnl. **3** Desviar una cosa de su dirección. **4** Dicho del gesto, adoptar una expresión de desagrado o enojo. **5** Dar bruscamente a un miembro del cuerpo una dirección contraria a la que sería normal, generalmente produciendo una distensión. También prnl. **6** Desviar una cosa de la dirección que llevaba, para tomar otra. También prnl. e intr. **7** Interpretar mal, dar a una frase, razonamiento, etc., un sentido que no tiene. || prnl. **8** Dificultarse y frustrarse un negocio o pretensión que iba por buen camino. **9** Apartarse del camino y conducta corrrectos. También tr. ♦ IRREG. Se conjuga como MOVER.

TORCIDO, DA adj. **1** Que no es recto. **2** Se dice de la persona que no obra con rectitud, y de su conducta. || f. **3** Mecha que se pone en las velas, candiles, etc.

TÓRCULO m. *A. gráf.* Prensa, y en especial la que se usa para estampar grabados en cobre, acero, etc.

TORDESILLAS, TRATADO DE *Hist.* Acuerdo firmado el 7 de junio de 1494 entre Juan II de Portugal y los Reyes Católicos, por el que se establecía la línea de demarcación entre los territorios descubiertos y por descubrir de cada Corona. Mediante el Tratado se establecía una línea de demarcación a 370 leguas al O de las islas de Cabo Verde, asignando los territorios al O a Castilla, y al E a Portugal.

TORDO, DA adj. y s. **1** *Veter.* Se dice de la caballería que tiene el pelo mezclado de negro y blanco. || m. **2**

Zool. Ave paseriforme de la familia túrdidos, género *Turdus*, de pico delgado y negro, lomo gris y vientre blanco. **2** *Zool.* Pez perciforme perteneciente a la familia lábridos, de nombre científico *Labrus turdus*, de unos 50 cm de longitud. Vive en el Mediterráneo.

TOREAR intr. **1** Lidiar los toros en la plaza. También tr. **2** *Chile* Azuzar, provocar. **3** *Arg.* y *Bol.* Ladrar el perro repetidas veces. || tr. **4** fig. Evitar a alguien. **5** Hacer burla de alguien. **6** fig. *Arg.* Provocar o irritar a alguien.

TORELLI, GIUSEPPE Violinista y compositor italiano (Verona, 1658 - Bolonia, 1709). Considerado uno de los fundadores del *concerto grosso*, es autor de dieciocho sinfonías, música de cámara, *concerti grossi*, etc.

TOREO m. *Taurom.* Arte de torear (véase TAUROMAQUIA).

TORERO, RA adj. **1** fam. Relativo al toreo. || m. y f. **2** Persona que por oficio o por afición acostumbra torear en las plazas. || f. **3** Chaquetilla ceñida al cuerpo y que no pasa de la cintura. || **saltarse** algo **a la torera** fr. fig. y fam. Omitir audazmente y sin escrúpulos el cumplimiento de una obligación o compromiso.

TORÉS m. *Arquit.* Toro que se asienta sobre el plinto de la basa de la columna.

TORESANO, NA adj. y s. De Toro.

TORFAEN Distrito unitario del Reino Unido, en Gales; 90.200 h.

TORGA, MIGUEL (ADOLFO CORREIA DE ROCHA, llamado) Escritor portugués (San Martinho de Anta, 1907 - Coimbra, 1995). Su obra literaria abarca todos los géneros y es una de las más importantes de la literatura portuguesa del siglo XX. Destacan: *Piedras labradas* (1951) u *Orfeu rebelde* (1958).

TORIL m. *Taurom.* Sitio donde se tienen encerrados los toros que han de lidiarse.

TORINO Turín.

TORIO m. *Quím.* Elemento químico del grupo de los actínidos del sistema periódico. Masa atómica, 232,038; número atómico, 90; punto de fusión, 1.750 ºC; punto de ebullición, 4.500 ºC; símbolo, Th. Al desintegrarse produce radón.

TORMENTA f. **1** *Meteor.* Borrasca local de considerable intensidad asociada a un cumulonimbo. Con frecuencia aparece acompañada de viento, truenos, relámpagos y precipitaciones cortas e intensas. **2** *Meteor.* Perturbación o tempestad del mar. **3** fig. Adversidad, desgracia. **4** fig. Manifestación violenta de un estado de ánimo excitado. || **TORMENTA MAGNÉTICA** *Astron.* Fuerte perturbación del campo magnético terrestre y de la ionosfera, condicionada por las erupciones solares.

TORMENTAS, CABO DE LAS BUENA ESPERANZA.

TORMENTO m. **1** Acción y efecto de atormentar o atormentarse. **2** Angustia o dolor físico. **3** Dolor corporal que se causaba al reo para obligarle a confesar o declarar. **4** Máquina de guerra para disparar balas u otros proyectiles. **5** fig. Congoja, angustia o aflicción del ánimo. **6** fig. Persona o cosa que causa dolor físico o moral. || **dar** a uno **tormento** fr. *Hist.* Someterle a tormento en un proceso inquisitorial.

TORMENTOSO, SA adj. **1** Que ocasiona tormenta. **2** Se dice del tiempo en que hay o amenaza tormenta.

TORMO m. **1** Peñasco, tolmo. **2** TERRÓN, pequeña masa suelta de tierra compacta. **3** Pequeña masa suelta de otras sustancias.

TORNA f. Acción de tornar o volver. || **volver las tornas** fr. fig. Cambiar en sentido opuesto la marcha de un asunto. Más como prnl.

TORNABODA f. **1** Día después de la boda. **2** Celebridad de este día.

TORNACHILE m. *Bot.* *Méx.* Variedad de chile o pimiento grueso.

TORNADIZO, ZA adj. y s. Que se torna, cambia o varía fácilmente. Se dice en especial del que abandona su creencia, partido u opinión.

TORNADO m. *Meteor.* Depresión o borrasca de pequeña extensión, pero de gran intensidad, que da lugar a un remolino visible que se descuelga desde el cumulonimbo. Sus efectos son destructivos.

TORNAGUÍA f. Recibo de la guía con que se expidió una mercancía, que acredita su llegada a destino.

TORNAR tr. **1** Devolver una cosa a quien la poseía. **2** Cambiar la naturaleza o el estado de una persona o cosa. También prnl. **3** Volver a poner algo en su lugar. || intr. **4** Regresar al lugar de donde se partió. **5** Seguido de la preposición *a* y otro verbo en infinitivo, volver a hacer lo que éste expresa.

TORNASOL m. **1** *Bot.* Girasol, planta. **2** *Bot.* Planta herbácea anual perteneciente a la familia euforbiáceas, de la que se extrae una materia colorante. **3** *Quím.* Materia colorante azul cuya tintura sirve de reactivo para reconocer los ácidos, que la vuelven roja. **4** Cambiante, reflejo o viso que hace la luz en algunas telas o en otras cosas muy tersas.

TORNATORE, GIUSEPPE Director de cine italiano (Bagheria, 1956). Realizador de documentales, debutó en el cine con *El profesor* (1986). Su siguiente filme, *Cinema Paradiso* (1989), obtuvo un Oscar de la Academia de Hollywood. Le siguieron *Pura formalidad* (1994), *El hombre de las estrellas* (1995), *Malena* (2000), etc.

TORNAVIRÓN m. TORNISCÓN, golpe.

TORNAVOZ m. Sombrero del púlpito, concha del apuntador contra los teatros, o cualquier otro aparato dispuesto para que el sonido repercuta y se oiga mejor.

TORNE Río del N de Europa, que nace en el lago Torneträsk, en Suecia; sirve de frontera entre este país y Finlandia; 432 km de curso.

TORNEADO, DA adj. **1** Se dice de las formas humanas de curva suave. || m. **2** Operación mediante la cual se da forma a la arcilla, con el torno o rueda del alfarero.

TORNEAR tr. **1** Labrar o redondear una cosa al torno, puliéndola y alisándola. || intr. **2** Combatir o pelear en el torneo.

TORNEO m. **1** *Hist.* Combate a caballo que se celebraba entre dos bandos opuestos, especialmente en la Edad Media. **2** *Dep.* Competición deportiva.

TORNERO, RA m. y f. **1** Persona que realiza trabajos en el torno. || f. **2** Monja de clausura encargada de atender el torno.

TORNILLERÍA f. **1** Conjunto de tornillos y piezas semejantes. **2** Fábrica de tornillos, o tienda donde se venden. **3** Fabricación de tornillos.

TORNILLO m. **1** Cilindro de metal, madera, etc., con resalte en espiral y cabeza apropiada para roscarlo de acuerdo con sus distintos usos. **2** Clavo con resalte en espiral. **3** *Amér. C.* y *Venez.* Arbusto de la familia esterculiáceas que se usa en medicina. || **apretar** a uno **los tornillos** fr. fig. y fam. Apremiarle, obligarle a obrar en determinado sentido. || **faltar** a uno **un tornillo**, o **tener flojos los tornillos** fr. fig. y fam. Tener poca sensatez.

TORNIQUETE m. **1** Puerta con varias hojas, por la que sólo pueden pasar las personas de una en una. **2** *Med.* Instrumento quirúrgico para evitar o contener la hemorragia.

TORNISCÓN m. **1** fam. Golpe dado con la mano en la cara o en la cabeza, y especialmente cuando se da de revés. **2** fam. Pellizco retorcido.

TORNO m. **1** *Mec.* Máquina en que, por medio de una rueda hace que una cosa dé vueltas sobre sí misma. **2** *Med.* Instrumento eléctrico que emplean los dentistas en la limpieza y cuidado de los dientes. **3** Máquina para labrar en redondo piezas de madera, metal, hueso, etc. **4** Armazón giratorio que se ajusta al hueco de una pared y sirve para pasar objetos. || **en torno** loc. adv. ALREDEDOR.

TORO[1] (Del lat. *taurus.*) m. **1** *Zool.* Mamífero artiodáctilo rumiante perteneciente a la familia bóvidos, de nombre científico *Bos taurus*. Tiene la cabeza gruesa y armada de dos cuernos, piel dura con pelo corto, y cola larga, cerdosa hacia el remate. La variedad de lidia se emplea en las corridas de toros. **2** fig. Hombre muy robusto y fuerte. || pl. **3** Fiesta o corrida de toros. || **TORO MEXICANO** *Zool.* BISONTE. || **coger**, o **tomar, el toro por los cuernos** fr. fig. y fam. Afrontar un asunto difícil con valor y decisión. || **ver** uno **los toros desde la barrera** fr. fig. y fam. Presenciar alguna cosa o tratar de ella sin correr el peligro a que se exponen los que en ella intervienen.

TORO[2] (Del lat. *torus*, y éste del gr. τόρος.) m. **1** *Arquit.* Moldura convexa de sección semicilíndrica. **2** *Geom.* Superficie de revolución engendrada por una circunferencia que gira alrededor de una recta de su plano, que no pasa por el centro.

TORO, CERRO DEL Monte de Argentina, provincia de San Juan, junto a la frontera chilena; 6.160 m.

TORO, DAVID Militar y político boliviano (Sucre, 1898 - La Paz, 1978). Fue jefe de Estado Mayor y Presidente de la República y de la junta militar de gobierno (1936-37).

TORO SENTADO (TOKANTA YOTANKA, SITTING BULL, o) Jefe sioux (Grand River, 1831 - Fort Yates, 1890). Venció y exterminó a las tropas del general Custer en Little Big Horn River (1876) y se negó a establecerse en una reserva.

Toro Sentado

TOROIDE m. *Fís.* Hilo conductor enrollado en hélice en torno a una superficie de revolución que se utiliza como instrumento de investigación.

TORONJA f. *Bot.* CIDRA.

TORONJIL m. *Bot.* Planta labiada cuyas flores y hojas se usan por sus efectos tónicos.

TORONJO m. *Bot.* Variedad de cidro que producen las toronjas.

TORONTO Ciudad de Canadá, capital de la provincia de Ontario; 653.734 h. (3.751.700 con la aglomeración urbana). Centro industrial y financiero. Importante puerto junto al lago Ontario. Fundada por los franceses, fue ocupada por los británicos y convertida en 1796 en capital del Alto Canadá, bajo el nombre de York. En 1867, de nuevo con el nombre de Toronto, se estableció como capital de Ontario.

TORPE adj. **1** Que no tiene movimiento libre, o si lo tiene es lento, tardo y pesado. **2** Desmañado, falto de habilidad y destreza. **3** Rudo, tardo en comprender.

TORPEDEAR tr. **1** Batir con torpedos un objetivo militar. **2** fig. Hacer fracasar un asunto o proyecto.

TORPEDERO, RA adj. y m. *Mar.* y *Mil.* Se dice del barco o avión de guerra destinado a disparar torpedos.

TORPEDO m. *Zool.* **1** Pez condictrio marino, del orden rayiformes y del género *Torpedo*, de cuerpo aplanado y

Toronto (Canadá). Sky Dome y CN Tower.

orbicular, que posee órganos eléctricos y produce descargas como defensa. **2** *Mar.* y *Mil.* Arma submarina autopropulsada con un sistema de dirección automático o dirigido, de dirección variable, según los tipos, y de alcance limitado.

TORPEZA f. **1** Calidad de torpe. **2** Acción o dicho torpe.

TÓRPIDO, DA adj. *Med.* **1** Se aplica al miembro corporal que se mueve con dificultades. **2** Relativo a las heridas que no cicatrizan.

TORPOR m. *Fisiol.* Torpeza de movimiento o acción de un miembro o de un cordón o fibra del cuerpo.

TORQUEMADA, TOMÁS DE Dominico español (Valladolid, 1420 - Ávila, 1498). De familia judía conversa, procuró la unidad religiosa de España y consiguió de los Reyes Católicos la expulsión de los judíos (1492). Llegó a ser inquisidor general. Dictó las *Instrucciones de la Santa Inquisición.*

TORQUES m. Collar que usaban los celtas.

TORR *Fís.* Abreviatura de TORRICELLI.

TORRÁ, CERRO Monte de Colombia, en el departamento de Chocó; 670 m de altura.

TORRADO m. Garbanzo tostado.

TORRAR tr. Tostar al fuego.

TORRE f. **1** Edificio fortificado, más alto que ancho, que servía para defenderse de los enemigos desde él. **2** Edificio más alto que ancho que en las iglesias sirve para colocar las campanas. **3** Cualquier otro edificio de mucha más altura que superficie. **4** Pieza del juego de ajedrez. **5** *Mar.* y *Mil.* En los buques de guerra, reducto acorazado que se alza sobre la cubierta y que alberga piezas de artillería. **6** *Tecnol.* Estructura metálica que soporta los cables conductores de energía eléctrica. **7** *Tecnol.* Cada una de las columnas de destilación de una refinería de petróleo. **8** *Cuba* y *P. Rico* Chimenea del ingenio de azúcar. || **TORRE ALBARRANA** *Fort.* La que, levantada fuera de los muros de un lugar fortificado, servía no sólo para defensa, sino también de atalaya. || **TORRE DE BABEL** fig. Lugar o situación donde existe gran confusión. || **TORRE DE CONTROL** *Aviac.* La que regula el tránsito de aviones en un aeropuerto. || **TORRE DEL HOMENAJE** *Fort.* La más fuerte, en la que el castellano o gobernador hacía juramento de guardar fidelidad y de defender la fortaleza con valor. || **TORRE DE MARFIL** loc. fig. Excesivo aislamiento de una persona.

TORRE-NILSSON, LEOPOLDO Director de cine argentino (Buenos Aires, 1924 - íd., 1978). En sus películas criticó la sociedad burguesa de su país. Entre ellas destacan *Martín Fierro* (1968), o *La guerra del cerdo* (1975).

TORREFACTO, TA adj. **1** Tostado al fuego. **2** Ha-blando del café, que está tostado con algo de azúcar.

TORRENCIAL adj. Parecido al torrente.

TORRENS Lago de Australia, situado en el S del país; 5.776 km².

TORRENTE m. **1** *Geol.* Corriente impetuosa y natural de agua que sobreviene en tiempos de muchas lluvias. Sus crecidas son súbitas, violentas e irregulares; durante el estiaje su caudal se reduce mucho o incluso se anula. **2** fig. Muchedumbre de personas que afluyen a un lugar. || **TORRENTE DE VOZ** fig. Gran cantidad de voz fuerte y sonora.

TORRENTE BALLESTER, GONZALO Escritor español (Ferrol, 1910 - Salamanca, 1999). Su obra es realista, culta e irónica. En ella destacan la trilogía *Los gozos y las sombras, La saga/fuga de J.B.* (1972), *Filomeno a mi pesar* (1988) y *Doménica* (1999; publicada póstumamente). En 1975 fue elegido miembro de la Real Academia Española. Recibió, entre otros, el premio Príncipe de Asturias de las Letras (1982), *ex aequo* con M. Delibes, y el Miguel de Cervantes (1985).

TORRENTERA f. *Geol.* Cauce de un torrente.

TORREÓN m. Torre grande, para defensa de una plaza o castillo.

TORREÓN Ciudad de México, Estado de Coahuila; 439.436 h. Agricultura. Industria alimentaria y química.

TORRERO, RA m. y f. Persona que tiene a su cuidado una atalaya o un faro.

TORRES, CAMILO Político colombiano (Popayán, 1766 - Santa Fe de Bogotá, 1816). Fue presidente del congreso y de las Provincias Unidas (1812-13 y 1815-16). Capturado por Morillo, fue ejecutado.

TORRES, CAMILO Sacerdote y revolucionario colombiano (Bogotá, 1929 - San Vicente de Chucurí, 1966). Dedicado plenamente a la lucha social, se incorporó al movimiento guerrillero campesino tras abandonar el sacerdocio en 1964. Murió en combate.

TORRES, ESTRECHO DE Brazo de mar entre la isla de Nueva Guinea y Australia, que comunica los océanos Índico y Pacífico. Fue descubierto por Luis Váez de Torres en 1606.

TORRES, JUAN JOSÉ Militar y político boliviano (Cochabamba, 1919 - Buenos Aires, 1976). Asumió la presidencia de la República a la caída del general Ovando (1970) y fue derrocado por un golpe de estado de extrema derecha (1971). Murió asesinado.

tórtola

TORRES, LUIS VÁEZ DE VÁEZ DE TORRES, LUIS.

TORRES BODET, JAIME Escritor y político mexicano (Ciudad de México, 1902 - íd., 1974). Fue subsecretario de Relaciones Exteriores, secretario de Educación Pública y de Relaciones Exteriores, y director general de la UNESCO.

TORRES GARCÍA, JOAQUÍN Pintor uruguayo (Montevideo, 1874 - íd., 1949). Estudió en Barcelona, trabajó en Madrid y París, donde fundó la primera revista de arte abstracto, *Cercle et Carré* (1929). De regreso en Montevideo organizó una escuela de dicha tendencia, que denominó CONSTRUCTIVISMO.

TORRES VILLARROEL, DIEGO DE Escritor español (Salamanca, 1694 - íd., 1770). Llevó una vida agitada, fue soldado, ermitaño, buhonero, torero y sacerdote, así como catedrático de Matemáticas en la Universidad de Salamanca. Su obra maestra es la titulada *Vida, ascendencia, nacimiento, crianza y aventuras de don Diego Torres Villarroel* (1743-58).

TORRETA f. **1** *Mil.* En los buques de guerra y en los tanques, torre acorazada. **2** Estructura situada en una parte elevada, en la que se concentran los hilos de una red aérea de telecomunicación.

TORREZNO m. Pedazo de tocino frito o para freír.

TORRICELLI m. *Fís.* Antigua unidad de presión, equivalente a 1/760 atmósferas o 133,32 pascales. Su abreviatura es *torr.*

TORRICELLI, EVANGELISTA Físico y matemático italiano (Faenza, 1608 - Florencia, 1647). Fue ayudante de Galileo. Como matemático, fue precursor del cálculo infinitesimal. Inventó el barómetro de mercurio y calculó el valor de la presión atmosférica, además de varios instrumentos ópticos.

TÓRRIDO, DA adj. **1** Muy ardiente o quemado. **2** *Geog.* ZONA TÓRRIDA.

TORRIGIANI o **TORRIGIANO, PIETRO** Escultor italiano (Florencia, 1472 - Sevilla, 1528). Perteneciente a la escuela florentina, fue condiscípulo de Miguel Ángel. Realizó la tumba de Enrique VII e Isabel de York, en Westminster, y el *San Jerónimo* de barro para el convento de los jerónimos en Sevilla. Anticipó en sus obras lo que sería la escuela barroca sevillana, con su *Virgen con el Niño.*

TORRIJA f. Rebanada de pan empapada en vino, leche u otro líquido, rebozada en huevo, frita y endulzada con miel, almíbar o azúcar.

TORRIJOS HERRERA, OMAR Militar y político panameño (Santiago de Veraguas, 1929 - Ciudad de Panamá, 1981). Hombre fuerte de la junta militar que derribó a Arias y fue nombrado jefe del gobierno (1972-78). Logró recuperar de EE UU para Panamá la soberanía de la zona del canal (1978). Desde 1978 era jefe de la guardia nacional y murió en accidente de aviación aún no aclarado.

TORSIÓN f. *Fís.* Acción y efecto de torcer o torcerse una cosa en forma helicoidal.

TORSO m. **1** Tronco del cuerpo humano. Se usa principalmente en escultura y pintura. **2** Estatua falta de cabeza, brazos y piernas.

TORSOR m. *Mat.* Sistema formado por una fuerza y un par que posee la misma dirección que la fuerza.

TORTA f. **1** Masa de harina, de figura redonda, que se cuece a fuego lento. **2** *Arg.* y *Urug.* TARTA, pastel grande de forma generalmente redonda. **3** Cualquier masa reducida a figura de torta. **4** fig. y fam. Palmada, golpe dado con la palma de la mano, generalmente en la cara. **5** fig. y fam. Golpe, caída, accidente.

TORTADA f. **1** Torta grande, de masa delicada, rellena de carne, huevos, dulce, etc.

TORTAZO m. fig. y fam. Bofetada en la cara. || **darse el,** o **un, tortazo** loc. fam. Sufrir un accidente aparatoso.

TORTERA adj. y s. Se aplica a la cazuela o cacerola casi plana que sirve para hacer tortadas.

TORTÍCOLIS m. *Med.* Dolor del cuello motivado por una contractura de los músculos o aponeurosis cervicales.

TORTILLA f. **1** Fritada de huevo batido, en figura redonda o alargada, en la cual se incluye a veces algún otro alimento. **2** *Amér. C., Ant.* y *Méx.* Torta de harina, generalmente de maíz, sin levadura que se cuece en horno. **3** *Arg.* y *Chile* Pan de trigo cocido en el rescoldo. || **volverse la tortilla** fr. fig. y fam. Suceder una cosa al contrario de lo que se esperaba.

TORTILLERÍA f. *Guat.* y *Méx.* Sitio o casa donde se hacen o se venden tortillas.

TORTILLERO, RA m. y f. **1** *Guat.* y *Méx.* Persona que por oficio hace o vende tortillas, principalmente de maíz. || f. **2** vulg. LESBIANA.

TÓRTOLA f. *Zool.* Nombre de varias especies de aves columbiformes de la familia colúmbidos, con varios géneros. Vive en Europa y N de África.

TÓRTOLAS, LAS Cerro de Argentina, provincia de San Juan, en la frontera con Chile; 6.323 m de altura.

TORTOLITO, TA m. y f. adj. Atortolado, sin experiencia.

TÓRTOLO m. **1** *Zool.* Macho de la tórtola. **2** fig. y fam. Hombre amartelado. || m. pl. **3** fig. y fam. Pareja de enamorados.

TORTUGA f. *Zool.* Nombre genérico aplicado a cualquier reptil quelonio, marino o terrestre, perteneciente a diversas familias y géneros. Tienen un origen muy antiguo y un caparazón óseo muy duro, con peto y espaldar, que cubre la mayor parte del cuerpo. Las tortugas se dividen en tres grandes grupos dependiendo del medio en el que vivan. Las *terrestres,* o galápagos, tienen el caparazón muy abombado, son de movimientos lentos y costumbres solitarias. Las de *agua dulce* tienen el caparazón más plano, su alimentación puede ser carnívora o herbívora y son buenas nadadoras. Por último, las *marinas* poseen gran tamaño, las extremidades en forma de paletas, y pasan toda su vida en mares y océanos excepto en la época de puesta, que acuden a las playas para enterrar los huevos. || **TORTUGA CAREY** *Zool.* CAREY. || **TORTUGA LAÚD** *Zool.* De nombre científico *Dermochelys coriacea,* es la mayor de todas las tortugas terrestres, con más de 2 m de longitud y unos 500 kg de peso.

TORTUGA Isla de Venezuela, en el mar de las Antillas, que forma parte de las Dependencias Federales; 150 km².

TORTUGA Isla de Haití, departamento de Nord-Ouest, adyacente a la costa NE de la de Santo Domingo, situada enfrente de Port-de-Paix; 180 km² y 13.700 h. Fue incorporada a la colonia francesa de Haití en 1665.

TORTUGUERO Río de Costa Rica, que nace en la provincia de Limón y desemboca en el mar de las Antillas; 88 km de curso.

TORTUOSO, SA adj. **1** Que tiene vueltas y rodeos. **2** fig. Solapado, cauteloso.

TORTURA f. **1** Procedimiento con que se inflige a alguien un grave dolor físico o psicológico. **2** fig. Dolor o aflicción grandes.

TORTURAR tr. y prnl. Dar tortura, atormentar.

TORÚN Ciudad de Polonia, a orillas del Vístula, capital, junto con Bydgoszcz, de la provincia de Kujalsko-Pomoroskie; 201.800 h.

TORUNDA f. *Med.* Pelota de algodón envuelta en gasa y esterilizada, que se emplea para detener las hemorragias y curar heridas, etc.

TORUNO m. *Veter. Chile* Toro que ha sido castrado después de tres o más años.

TORVISCO m. *Bot.* Planta arbustiva perteneciente a la familia timeleáceas, de nombre científico *Daphne gnidium,* de 1,5 m de altura, hojas estrechas y alargadas, flores blanquecinas en panículas y fruto en drupa alargada de color anaranjado.

TORVO, VA adj. **1** Fiero, espantoso, airado y terrible a la vista. || f. *Meteor.* **2** Remolino de lluvia o nieve.

TORY (Voz i.) adj. *Hist.* y *Polít.* **1** Antiguo partido político del Reino Unido que defendió el orden monárquico y anglicano desde 1679 hasta 1832. **2** Se aplica también al actual Partido Conservador del Reino Unido. Más como m. pl. **3** Se dice también de sus individuos. También com. **4** Relativo a este partido.

TORZAL m. **1** Cordoncillo delgado de seda, hecho de varias hebras torcidas. **2** *Amer.* Lazo o tiento de cuero retorcido.

TOS f. *Med.* Movimiento convulsivo y ruidoso del aparato respiratorio, por el que se expira violentamente aire a través de la boca. || **TOS FERINA** *Med.* Enfermedad infectocontagiosa bacteriana, causada por *Hemophillus pertussis* y que ataca especialmente a los niños.

TOSCA f. *Geol.* Piedra caliza porosa que se forma de la cal de algunas aguas.

TOSCANA Región del centro de Italia, entre los Apeninos y el Tirreno; 22.992 km² y 3.522.126 h. Comprende las provincias de Arezzo, Florencia, Grosseto, Livorno, Luca, Massa-Carrara, Pisa, Pistoya, Prato y Siena. Su capital es Florencia. Agricultura (trigo, maíz, olivas y vino) e industria. Canteras de mármol. Toscana aparece como unidad administrativa en época del emperador Augusto, pasando a ser ducado (568-774) con la instauración del reino lombardo. En la Edad Media pasó por diferentes poderes y recuperó su unidad política con los Médicis, convirtiéndose en 1569 en gran ducado. En el siglo XVII pasó a dominio austriaco y entre 1800 y 1815 fue centro del reino de Etruria, creado por Napoleón. Estuvo sometida a Austria hasta 1860, en que se unió al reino de Italia.

TOSCANINI, ARTURO Violinista y director de orquesta italiano (Parma, 1867 - Nueva York, 1957). Entre las orquestas que dirigió se cuentan las de la Scala de Milán, Ópera Metropolitana de Nueva York, Filarmónico-Sinfónica de la misma ciudad y Sinfónica de la NBC.

TOSCANO, NA adj. 1 De Toscana. Aplicado a personas, también s. 2 ORDEN TOSCANO. 3 *Ling.* Grupo de dialectos procedentes del italiano que se hablan en Toscana.

TOSCO, CA adj. 1 Grosero, basto, sin pulimento. 2 fig. Inculto, sin doctrina ni enseñanza. También s.

TOSER intr. Tener y padecer la tos. || **toser** una persona a otra fr. fig. y fam. Competir con ella en algo y especialmente en valor.

TÓSIGO m. Veneno, ponzoña.

TOSTACIÓN f. 1 Acción y efecto de tostar. 2 *Met.* Proceso metalúrgico por el cual se oxida un sulfuro metálico para formar el óxido del metal correspondiente.

TOSTADA f. 1 Rebanada de pan que, después de tostada, se unta por lo común con mantequilla, miel u otra cosa. 2 fig. LATA, tabarra. || **olerse la tostada** fr. fig. y fam. Adivinar algo oculto, como artimañas, trampas, etc.

TOSTADERO, RA adj. 1 m. Lugar o instalación donde se tuesta algo. 2 Lugar donde hace demasiado calor.

TOSTADO, DA adj. 1 Se dice del color subido y oscuro. || m. 2 Acción y efecto de tostar.

TOSTADO, EL MADRIGAL, ALONSO DE.

TOSTADOR, RA adj. 1 Que tuesta. || m. y f. 2 Instrumento para tostar.

TOSTAR tr. 1 Poner una cosa a la lumbre, hasta que tome un color dorado, sin llegar a quemarse. También prnl. 2 fig. Calentar demasiado. También prnl. 3 fig. Curtir, atezar el sol o el viento la piel del cuerpo. También prnl. 4 fig. *Chile* Zurrar, vapulear. ♦ IRREG. Se conjuga como CONTAR.

TOSTÓN¹ (De *tostar.*) m. 1 TORRADO, garbanzo tostado. 2 Trozo pequeño de pan frito, que se añade a las sopas, purés, etc. Más en pl. 3 Cochinillo asado. 4 Tabarra, lata. 5 *Bot. Cuba* y *P. Rico* Planta de la familia nictagináceas, con florecillas moradas.

TOSTÓN² m. *Num.* 1 Antigua moneda portuguesa de plata, que valía 100 reis. 2 En México y en Nueva Granada se llamó así el real de a cuatro. 3 Moneda mexicana de plata, de 50 centavos.

TOT, TOTH o **THOTH** *Mit.* Dios egipcio identificado con Hermes-Mercurio. Era la personificación de la inteligencia divina y se le consideraba inventor de la escritura, la gramática y la astronomía. Se le representaba con cabeza de ibis.

TOTA m. *Zool.* Mamífero primate catarrino perteneciente a la familia cercopitécidos, de nombre científico *Cercopithecus aethiops*.

TOTA Laguna de Colombia, en el departamento de Boyacá; 84 km².

TOTA TODA AZNAR, reina de Navarra.

TOTAL adj. 1 General, universal y que comprende todo en su especie. || m. *Mat.* 2 Suma, cantidad equivalente a dos o más homogéneas. || adv. m. 3 En suma, en conclusión.

TOTALIDAD f. 1 Calidad de total. 2 Todo, cosa íntegra. 3 Conjunto de todas las cosas o personas que forman una clase o especie. 4 *Der.* Período de discusión relativo a una ley o propuesta.

TOTALITARIO, RIA adj. 1 Se dice de lo que incluye la totalidad de las partes de una cosa. 2 Relativo al totalitarismo.

TOTALITARISMO m. *Polít.* 1 Régimen político que interviene en todos los órdenes de la vida nacional, concentrando todos los poderes en manos de un grupo o partido. 2 Doctrina en que se apoya.

TOTALIZAR tr. *Mat.* Determinar el total que forman varias cantidades.

TÓTEM m. 1 *Rel.* Objeto de la naturaleza, generalmente un animal, que en la mitología de algunas sociedades se toma como emblema protector de la tribu o del individuo. 2 Emblema tallado o pintado, que representa al tótem. 3 Columna o poste de figuras totémicas que labran los indios de las tierras americanas cercanas a Alaska. ♦ Su pl. es *tótems* o *totemes.*

TOTEMISMO m. *Rel.* Sistema de creencias y organización de algunas sociedades basado en el tótem.

Toulouse (Francia). Iglesia de Saint-Sernin.

TOTILA Rey ostrogodo de Italia (? - Gualdo Tadino, 552). Reinó de 541 a 552. Conquistó varios enclaves de la península hasta establecer su dominio sobre Roma (546). Fue derrotado por Narsés.

TOTONECA o **TOTONACO, CA** adj. 1 *Etnol.* Se aplica a un pueblo amerindio precolombino que habitó en los Estados mexicanos de Puebla y Veracruz desde el año 800 y al que se le atribuye la construcción de EL TAJÍN y las pirámides de TEOTIHUACÁN, y cuyos principales asentamientos fueron Papantla y Cempoala. Se aliaron con Hernán Cortés para asediar Tenochtitlán. Más como m. pl. 2 Se dice también de sus individuos. También s. 3 Relativo a este pueblo || m. *Ling.* 4 Lengua hablada por este pueblo.

TOTONICAPÁN Departamento de Guatemala; 1.061 km² y 361.303 h. Su capital es la ciudad del mismo nombre.

TOTORA f. *Bot.* Especie de anea o espadaña que crece en los lagos y lagunas de América meridional. Se emplea para construir diversos objetos, incluso barcas.

TOTORERO m. *Zool. Chile* Pájaro que vive en los pajonales de las vegas. Construye su nido con hojas de totora, dándole forma cónica.

TOTOVÍA f. *Zool.* Ave paseriforme perteneciente a la familia aláudidos, de nombre científico *Lullula arborea*, de unos 15 cm de longitud y coloración parda. Anida en el suelo y es muy frecuente en Europa.

TOTTORI Prefectura de Japón, en la isla de Honshu; 3.494 km² y 615.000 h. Su capital es la ciudad del mismo nombre.

TOTUM REVOLUTUM m. Conjunto de muchas cosas sin orden.

TOULOUSE Ciudad del SO de Francia, capital de la región de Midi-Pyrénées y del departamento de Alto Garona; 365.933 h. Gran centro comercial e industrial a orillas del Garona. Catedral del siglo XIII; iglesia románica de Saint-Sernin, del siglo XI. Antigua capital del Languedoc. De origen celta, Toulouse fue conquistada por los romanos y por los visigodos. En el siglo XIII fue incorporarada al reino de Francia.

TOULOUSE-LAUTREC, HENRI DE (HENRI MARIE RAYMOND DE TOULOUSE-LAUTREC-MONFA, llamado) Pintor francés (Albi, 1864 - Malromé, 1901). Frecuentó los principales cabarets de la época, para los cuales realizó los cuadros y carteles que le hicieron famoso. Sus primeras obras tienen influencias de Degas, de las estampas japonesas y del impresionismo; poco a poco evolucionó hacia el expresionismo psicológico y lírico, en el que predomina el dibujo. Obras: *Baile en el Moulin Rouge* (1890), *El paseo del Moulin Rouge* (1892), *Jane Avril bailando* (1892), etc.

TOUNENS, ORÉLIE ANTOINE Aventurero francés (Chourgnac, 1820 - Tourtoirac, 1878). En 1861 se hizo proclamar rey de los patagones y de los araucanos, con el nombre de Orelio Antonio I, pero fue expulsado por el gobierno chileno.

TOUR (Voz fr.) m. 1 Vuelta. 2 Excursión, viaje, gira.

TOUR, GEORGES DE LA LA TOUR, GEORGES DUMESNIL DE.

TOURAINE, ALAIN Sociólogo francés (Hermanville-sur-Mer, 1925). Estudió la conducta humana basada en los sistemas de trabajo, método que ha denominado «sociología de la acción».

TOURÉ, AHMED SÉKOU Político guineano (Faranah, 1922 - Cleveland, 1984). Promovió la independencia de su país (1958) y fue nombrado presidente de la República (1958-84). Ejerció el poder dictatorialmente.

TOURMALET Puerto de montaña de Francia, en los Altos Pirineos; 2.122 m de altura.

TOURNÉE (Voz fr.) f. 1 Designa la acción de recorrer diversos lugares por deporte, turismo, o bien como viaje artístico. 2 Gira artística de un cantante, compañía de teatro, etc.

TOURNEFORT, JOSEPH PITTON DE Botánico y médico francés (Aix-en-Provence, 1656 - París, 1708). Escribió

Henri de **Toulouse-Lautrec**. *Baile en el Moulin Rouge*. Galería Nacional de Arte (Washington).

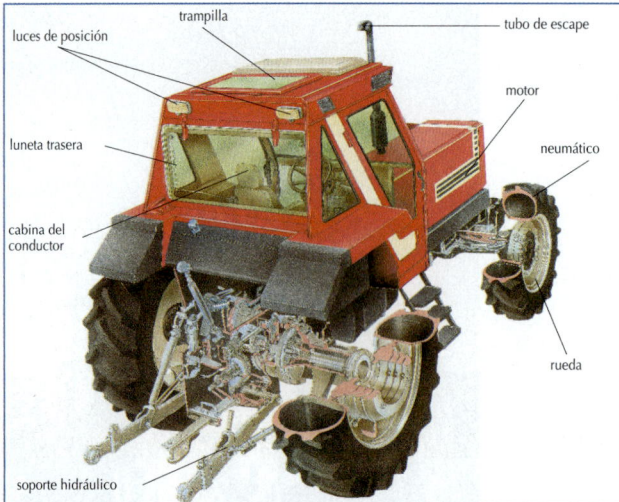

tractor

un *Sistema de botánica* que influyó en la moderna taxonomía.
Tourneur, Jacques (Jacques Thomas, llamado) Director de cine estadounidense (París, 1904 - Péchармant, 1977). Destacó como director de películas fantásticas, de cine negro y de aventuras. Entre sus filmes se encuentran *La mujer pantera* (1942) y *Retorno al pasado* (1947).
tour-operador m. Empresa especializada en comercializar viajes turísticos; agencia de viajes.
Tours Ciudad de Francia, región Centro, capital del departamento de Indre-et-Loire; 133.403 h. Centro industrial y comercial. Catedral gótica (siglos XIII-XVI). Convertido en un importante centro religioso gracias a la labor de san Martín de Tours, fue asimismo uno de los centros más importantes de difusión de la cultura y el arte durante la Edad Media.
Toussaint L'Ouverture (Pierre François Dominique Toussaint, llamado) Político y general haitiano (Santo Domingo, 1743 - Joux, 1803). Luchó por la abolición de la esclavitud y en 1793 se hizo con el control de Haití, proclamando la independencia. Fue vencido por los franceses y murió en prisión.
Tovar, Juan Religioso e historiador mexicano (Texcoco, 1540 - Nueva España, 1626). Escribió una *Historia antigua de México*.
Tovar, Manuel Felipe Político venezolano (Caracas, 1803 - París, 1866). Fue presidente de la República en 1859; al cabo de un año se vio obligado a dimitir, trasladándose a Europa.
Townes, Charles Hard Físico estadounidense (Greenville, 1915). Se le debe el principio del máser (amplificación de microondas por emisión estimulada de radiación). En 1964 recibió el premio Nobel de Física, compartido con Basov y Prójorov.
Townsend, sir John Sealy Edward Físico británico (Galway, 1868 - Oxford, 1957). Realizó estudios sobre la ionización de las moléculas de los gases. Entre sus obras destacan *La teoría de ionización de gases por colisión* y *Electricidad y radiotransmisión*.
tox-; -tox- pref. e in. toxic-.
toxemia f. *Med.* Presencia de sustancias tóxicas en la sangre, de origen microbiano o como consecuencia de un metabolismo anormal de las proteínas, y estado que origina.
toxic-, tóxico-, tox-, toxo-; -tóxico prefs., in. o suf. que significan veneno: *neurotóxico*.
toxicidad f. *Biol.* Grado de virulencia de una sustancia venenosa.
tóxico, ca adj. y m. *Quím.* Se dice de las sustancias venenosas o que producen efectos muy negativos sobre el organismo.
toxico-; -tóxico pref. o suf. toxic-.
toxicología f. *Med.* Parte de la medicina que trata de los venenos.
toxicomanía f. *Med.* Hábito patológico de intoxicarse con sustancias que procuran sensaciones agradables o que suprimen el dolor.
toxina f. *Quím.* Cualquier sustancia química elaborada por microorganismos o células animales o vegetales, y que obra como veneno.
toxo m. *Bot.* tojo.

toxo- pref. toxic-.
Toyama 1 Prefectura de Japón, en la isla de Honshu; 4.252 km² y 1.123.000 h. 2 Ciudad capital de la misma; 324.073 h.
Toynbee, Arnold Joseph Historiador británico (Londres, 1889 - York, 1975). Elaboró una teoría de la historia que, concibiendo a las civilizaciones como entidades dotadas de propia sustantividad, se aparta del fatalismo naturalista de Spengler para dejar una puerta abierta a la libertad creadora del hombre. Su obra fundamental es *Estudio de la Historia* (1934-61).
Toyohashi Ciudad de Japón, en la isla de Honshu, prefectura de Aichi; 349.590 h.
Toyonaka Ciudad de Japón, en la isla de Honshu, prefectura de Osaka; 403.224 h.
Toyota Ciudad de Japón, en la isla de Honshu, prefectura de Aichi; 341.453 h.
tozal m. Lugar elevado desde donde se divisan los terrenos circundantes.
tozudo, da adj. y s. Obstinado, testarudo.
tra- pref. trans-.
traba f. 1 Instrumento con que se junta y sujeta una cosa con otra. 2 *Chile* Tabla o palo que se ata a los cuernos de una res vacuna para impedir que entre en sitios donde pueda hacer daño.
trabacuenta f. 1 Error en una cuenta, que la enreda o dificulta. 2 fig. Discusión, controversia.
trabado, da adj. 1 Se aplica al caballo o yegua que tiene blancas las dos manos, o que tiene blancos la mano derecha y el pie izquierdo, o viceversa. 2 *Gram.* Se dice de la sílaba que termina en consonante. 3 fig. Robusto, nervudo.
trabajado, da adj. 1 Cansado, molido del trabajo. 2 Lleno de trabajos. 3 Elaborado con minuciosidad y gran cuidado.
trabajador, ra adj. 1 Que trabaja. 2 Muy aplicado al trabajo. || m. y f. 3 Jornalero, obrero.
trabajar intr. 1 Realizar cualquier actividad, física o intelectual. 2 Tener un ocupación estable, ejercer una profesión, arte u oficio. 3 Estar cumpliendo esta profesión u ocupación. 4 Utilizar un determinado material o comercializar con cierto producto. También tr. 5 Esforzarse para la ejecución de alguna cosa. 6 Poner fuerza y afán para vencer alguna cosa. 7 Mantener relaciones comerciales con otra persona o empresa. 8 *Fís.* Funcionar o realizar su trabajo una máquina, vehículo, etc. || tr. 9 Ejercitar alguna cosa o insistir sobre ella para perfeccionarla, desarrollarla, etc. 10 Dar forma a un material. 11 *Agr.* Cultivar la tierra. || prnl. 12 Ocuparse con empeño en alguna cosa; esforzarse por conseguirla. 13 fam. Ablandar a alguien o saberle tratar para conseguir algo de él.
trabajo m. 1 Acción y efecto de trabajar. 2 Ocupación que ejerce habitualmente una persona a cambio de un salario. 3 Producto de una actividad intelectual, artística, etc. 4 Esfuerzo humano aplicado a la producción de riqueza. Se usa en contraposición a CAPITAL. 5 Dificultad o impedimento. 6 Operación de la máquina, pieza, herramienta o utensilio que se emplea para algún fin. 7 fig. Penalidad, molestia, tormento o suceso infeliz. 8 *Fís.* Magnitud igual al producto de una fuerza por la distancia que recorre el punto en que se ha aplicado

la misma. Se puede medir en ergios, julios y kilográmetros. || m. pl. 9 fig. Estrechez, miseria. || **TRABAJO EN CADENA** *Indus.* Sistema de organización racionalizada del trabajo, en que cada obrero tiene asignada una tarea muy especializada. || **TRABAJOS FORZADOS**, o **FORZOSOS** Aquellos en que se ocupa por obligación el presidiario como parte de la pena de su delito. También, se dice de cualquier ocupación o trabajo ineludible que se hace a disgusto. || **tomarse** uno **el trabajo** fr. Aplicarse a la ejecución de alguna cosa que requiere cuidado o afán, especialmente para aliviar a otro.
trabajoso, sa adj. 1 Que da, cuesta o causa mucho trabajo. 2 Que padece trabajo, penalidad o miseria. 3 Que está falto de espontaneidad por ser fruto de mucho trabajo.
trabalenguas m. Palabra o locución difícil de pronunciar, en especial cuando sirve de juego.
trabar tr. 1 Juntar una cosa con otra. 2 Prender, agarrar. También intr. 3 fig. Comenzar una batalla, conversación, etc. 4 fig. Impedir el desarrollo de algo o el desenvolvimiento de alguien. 5 fig. Enlazar, concordar. || prnl. 6 *Amér.* Entorpecérsele a uno la lengua al hablar.
trabazón f. 1 Enlace de dos o más cosas. 2 Espesor o consistencia que se da a un líquido o masa.
trabe f. Madero largo y grueso para techar y sostener los edificios.
trabécula f. *Anat.* Banda de tejido fibroso o muscular que se extiende desde la cápsula o pared hacia el interior de un órgano.
trabilla f. 1 Tira de tela o de cuero que pasa por debajo del pie para sujetar los bordes inferiores del pantalón, etc. 2 Tira de tela colocada exteriormente al nivel del talle para reducir el vuelo de la prenda. 3 Tirita de tela que sujeta el cinturón del pantalón o de la falda.
trabucaire m. 1 Antiguo faccioso catalán armado de trabuco. 2 adj. Valentón, osado.
trabucar tr. y prnl. 1 Trastornar el buen orden de alguna cosa. 2 fig. Ofuscar el entendimiento. 3 fig. Pronunciar o escribir equivocadamente unas palabras, sílabas o letras por otras.
trabucazo m. 1 Disparo del trabuco. 2 Tiro dado con él. 3 Herida y daño producidos por el disparo del trabuco.
trabuco m. Arma de fuego más corta y de mayor calibre que la escopeta ordinaria.
Trabzon TREBISONDA.
traca f. 1 Serie de petardos que estallan sucesivamente. 2 Gran estampido final de los mismos.
trácala f. *Méx.* y *P. Rico* Trampa, engaño.
tracalada f. *Amér.* Multitud.
tracción f. *Fís.* Acción y efecto de mover o arrastrar una cosa.
tracería f. *Arquit.* Decoración arquitectónica formada por combinaciones de figuras geométricas.
Tracia *Geog. hist.* Nombre que recibe la región geográfica situada en la extremidad SE de la península de los Balcanes, dividida entre Grecia, Turquía y Bulgaria. Los tracios ocuparon el territorio durante la Edad del Bronce. Los persas conquistaron Tracia en el 512 a. C., y en el 475 a. C. Cimón la sometió al control de Atenas. En el siglo IV a. C. fue ocupada por Filipo de Macedonia, y más tarde pasó al imperio romano. Fue invadida por los bárbaros y, en el siglo VII, Constantino IV la convirtió en provincia militar. Bajo la dominación otomana (1361-1878) Bulgaria y Grecia entraron en conflicto con Turquía por el dominio de la zona. Tras la Primera Guerra Mundial estos tres países se dividieron la región.
Tracia Región de Turquía integrada por las provincias de Canakkale, Edirne, Estambul, Kocaeli, Manisa y Mugla; 23.764 km² 5.975.449 h.
tracias *Meteor.* Viento que sopla del NE.
tracio, cia adj. y s. De Tracia.
tracoma m. *Pat.* Enfermedad infecciosa causada por *Chlamydia trachomatis*, que afecta a la conjuntiva y la córnea.
tracto m. 1 Espacio que media entre dos lugares. 2 Lapso de tiempo. 3 Versículo que se canta o reza antes del evangelio. 4 *Anat.* Haz de fibras nerviosas que tienen el mismo principio y fin y cumplen una misma función.
tractor m. 1 Máquina que produce tracción. 2 Vehículo automotor cuyas ruedas o cadenas se adhieren fuertemente al terreno, y se emplea para arrastrar maquinaria agrícola, remolques, etc.
tractorear o **tractorar** tr. *Agr.* Labrar la tierra con tractor.
tractorista com. Persona que conduce un tractor.
Tracy, Spencer Actor de cine estadounidense (Milwaukee, 1900 - Beverly Hills, 1967). Intérprete sobrio y de grandes recursos expresivos, recibió sendos Oscar por sus papeles en *Capitanes intrépidos* (1937) y *Forja de hombres* (1938). Otras películas: *La ciudad de los muchachos* (1941), *La costilla de Adán* (1949) y *El viejo y el mar* (1958).

TRADE UNIONS (Voz i.) f. *Hist.* y *Polít.* Asociaciones obreras que surgieron en el Reino Unido a partir de la Revolución Industrial con el fin de ayudar a sus miembros y mejorar sus condiciones de trabajo.

TRADE UNIONS CONGRESS (TUC) *Hist.* y *Polít.* Confederación sindical británica estructurada en el congreso de Manchester de 1868, cuya participación política está ligada al Partido Laborista. Protagonizó importantes movimientos huelguísticos en las décadas de 1970 y 1980, tanto con gobiernos laboristas como conservadores. La primera ministra conservadora Margaret Thatcher consiguió debilitarlos social y económicamente tras la tensa huelga de los mineros.

TRADICIÓN f. **1** Comunicación de hechos, noticias, composiciones literarias, doctrinas, costumbres, etc., transmitidas de generación en generación. **2** Noticia de un hecho antiguo transmitida de este modo. **3** Doctrina, costumbre, etc., conservada en un pueblo por transmisión de padres a hijos.

TRADICIONAL adj. Relativo a la tradición, o que se transmite por medio de ella.

TRADICIONALISMO m. **1** *Filos.* Doctrina filosófica francesa del siglo XIX que establece el origen de las ideas en la revelación divina. **2** *Polít.* Sistema político que defiende el mantenimiento o restablecimiento de las instituciones antiguas en el régimen de la nación y en la organización social. **3** *Polít.* Movimiento político y social español opuesto al liberalismo.

TRADUCCIÓN f. **1** Acción y efecto de traducir. **2** Obra del traductor. **3** Sentido o interpretación que se da a un texto. || **TRADUCCIÓN DIRECTA** La que se hace de un idioma extranjero al idioma del traductor. || **TRADUCCIÓN INVERSA** La que se hace del idioma del traductor a un idioma extranjero. || **TRADUCCIÓN SIMULTÁNEA** La que se hace oralmente al mismo tiempo que se está pronunciando un discurso, conferencia, etc.

TRADUCIR tr. **1** Expresar en una lengua lo que está escrito o se ha expresado antes en otra. **2** Convertir, mudar. **3** fig. Explicar, interpretar. ♦ IRREG. Se conjuga como CONDUCIR.

TRADUCTOR, RA adj. y s. Que traduce.

TRAER tr. **1** Conducir o trasladar una cosa al lugar en donde se habla. **2** Atraer, tirar hacia sí. **3** Causar, ocasionar, acarrear. **4** Llevar, tener puesta una cosa. **5** fig. Alegar o aplicar razones o autoridades, para comprobación de un discurso o materia. Sólo se usa en frases como *traer a colación, a cuento.* **6** Obligar. **7** fig. Persuadir a uno a que siga el dictamen o partido que se le propone. Sólo se usa en la frase *traer a razones.* **8** fig. Tratar, andar haciendo una cosa. Se usa como prnl., sobre todo refiriéndose a propósitos ocultos o maliciosos. || **traer** a uno **a mal traer** fr. Maltratarlo. || **traer y llevar** fr. fam. Chismosear. || **traérselas** loc. fam. que se aplica a aquello que tiene más intención, malicia o dificultades de lo que a primera vista parece. ♦ IRREG. Véase cuadro.

TRAFAGAR intr. **1** Comerciar o negociar. **2** Andar, correr mundo. También intr.

TRÁFAGO m. **1** TRÁFICO. **2** Conjunto de negocios u ocupaciones que ocasionan mucha fatiga o molestia.

TRAFALGAR, BATALLA DE *Hist.* Combate naval que tuvo lugar al S del cabo de este nombre el 21 de octubre de 1805, en el que la armada británica dirigida por Nelson, derrotó a la franco-española bajo el mando del francés Villeneuve y el español Gravina. Significó para España el fin de la marina de guerra del siglo XVIII y para Francia renunciar a la invasión del Reino Unido.

TRAFICAR intr. **1** Comerciar, negociar. **2** Hacer negocios no lícitos. **3** Andar, correr mundo.

Spencer **Tracy**, en una escena de la película *Edison, el hombre*, dirigida por Clarence Brown.

Batalla de **Trafalgar.** Cuadro de William Turner. Museo Marítimo (Londres).

TRÁFICO m. **1** Acción de traficar. **2** Circulación de vehículos por calles, caminos, etc. **3** Por extensión, movimiento o tránsito de personas, mercancías, etc., por cualquier otro medio de transporte. || **TRÁFICO DE INFLUENCIAS** Uso indebido y fraudulento de la información obtenida en el desempeño de un cargo público.

TRAFULCAR tr. Confundir, trabucar.

TRAGACANTO m. **1** *Bot.* Arbusto perteneciente a la familia leguminosas, de nombre científico *Astragalus gummifer*, de unos 2 m de altura, de cuyo tronco y ramas fluye una goma blanquecina muy usada en farmacia y en la industria. **2** *Quím.* Esta misma goma.

TRAGACETE m. Antigua arma arrojadiza, semejante a un dardo o una flecha.

TRAGADERAS f. pl. **1** FARINGE. **2** fig. y fam. Facilidad de creer cualquier cosa. Se usa principalmente en la frase *tener uno buenas tragaderas.* **3** fig. y fam. Poco escrúpulo, facilidad para admitir o tolerar cosas inconvenientes, sobre todo en materia de moralidad.

TRAGADERO m. **1** FARINGE. **2** Boca o agujero que traga una cosa, como agua, etc. || m. pl. **3** TRAGADERAS, facilidad de creer cualquier cosa o tolerar cosas inconvenientes.

TRÁGALA m. **1** *Hist.* Canción con que los liberales españoles zaherían a los absolutistas en el primer tercio del siglo XIX. **2** fig. Manifestaciones o hechos por los cuales se obliga a uno a admitir o soportar alguna cosa que rechazaba.

TRAGALDABAS com. fam. Persona muy tragona.

TRAGALEGUAS com. fam. Persona que anda mucho y deprisa.

TRAGALUZ m. Ventana abierta en un techo o en la parte superior de una pared.

TRAGANTONA f. **1** fam. Comilona. **2** fam. Acción de tragar haciendo fuerza. **3** fig. y fam. Esfuerzo que hace alguien para creer o consentir una cosa extraña, difícil o inverosímil.

TRAGAPERRAS f. Aparato que funciona automáticamente, mediante la introducción de una moneda. Especialmente la que da premios en juegos de azar.

TRAGAR tr. **1** *Fisiol.* Hacer que una cosa pase de la boca al aparato digestivo. **2** fig. Comer vorazmente. **3** fig. Hacer una cosa que otra desaparezca en su interior. También prnl. **4** fig. Dar fácilmente crédito a las cosas.

TRAER

INDICATIVO
Pres.: traigo, traes, trae, traemos, traéis, traen.
Pret. imperf.: traía, traías, etc.
Pret. indef.: traje, trajiste, trajo, trajimos, trajisteis, trajeron.
Fut. imperf.: traeré, traerás, etc.
Condic.: traería, traerías, etc.
SUBJUNTIVO
Pres.: traiga, traigas, traiga, traigamos, traigáis, traigan.
Pret. imperf.: trajera, trajeras, etc., o trajese, trajeses, etc.
Fut. imperf.: trajere, trajeres, etc.
IMPERATIVO: trae, traed.
PARTICIPIO: traído.
GERUNDIO: trayendo.

También prnl. **5** fig. Soportar o tolerar algo repulsivo o vejatorio. **6** fig. Absorber, consumir, gastar. También prnl. || **haberse** uno **tragado**, o **tenerse** alguna cosa **tragada** fr. fig. y fam. Estar persuadido de que ha de suceder algo desagradable. || **no tragar** a una persona o cosa fr. fig. y fam. Sentir antipatía hacia ella.

TRAGEDIA f. **1** *Lit.* y *Teat.* Subgénero dramático al cual pertenecen las obras cuyos protagonistas acometen inflexiblemente determinadas empresas, o se dejan llevar de pasiones que desembocan en un final funesto. Los más ilustres exponentes de la tragedia fueron, en la antigua Grecia, Esquilo, Sófocles y Eurípides y en la Edad Moderna, Shakespeare y Marlowe. En España, el cultivo de la tragedia se inició en los siglos de oro con obras escritas por Calderón de la Barca, L. de Vega y, en especial, Ventura de la Vega. **2** *Lit.* Composición lírica destinada a lamentar sucesos desgraciados. **3** *Lit.* Género trágico. **4** Suceso fatal o desgraciado. || **hacer una tragedia** fr. fig. y fam. Dar tintes trágicos a un suceso que no los tiene. || **parar** una cosa **en tragedia** fr. fig. Tener mal fin.

TRÁGICO, CA adj. **1** *Lit.* y *Teat.* Relativo a la tragedia. **2** *Lit.* y *Teat.* Se dice del autor de tragedias. También s. **3** *Teat.* Se dice del actor que representa papeles trágicos. **4** fig. Infausto, muy desgraciado.

TRAGICOMEDIA f. **1** *Lit.* y *Teat.* Obra dramática con rasgos de comedia y de tragedia. **2** *Lit.* Designación que a *La Celestina* dio su autor, F. de Rojas, en el siglo XV, la cual fundó un subgénero de obras. **3** fig. Suceso real que provoca risa y piedad a la vez.

TRAGO m. **1** Porción de líquido que se bebe o se puede beber de una vez. **2** Bebida alcohólica. **3** *Anat.* Prominencia situada delante del orificio del oído externo. **4** fig. y fam. Adversidad, infortunio. || **a tragos** loc. adv. fig. y fam. Poco a poco.

TRAGÓN, NA adj. y s. Que traga o come mucho.

TRAGONEAR tr. fam. Tragar mucho y con frecuencia.

TRAICIÓN f. **1** Quebrantamiento o violación de la fidelidad o lealtad que se debe guardar o tener. **2** *Der.* Delito que se comete contra la patria por los ciudadanos, o contra la disciplina por los militares.

TRAICIONAR tr. Cometer traición.

TRAICIONERO, RA adj. y s. TRAIDOR.

TRAÍDO, DA adj. Usado, gastado. || **traído y llevado** fr. Trasladado con frecuencia de un lugar a otro; frecuentemente usado, manoseado.

TRAIDOR, RA adj. **1** Que comete traición. También s. **2** Se dice del animal falso. **3** Que implica o denota traición o falsedad.

TRAIGUÉN Isla de Chile, en la región XI de Aisén del General Carlos Ibáñez del Campo, en el archipiélago de los Chonos.

TRÁILER m. **1** Remolque de un automóvil, especialmente el de los camiones de gran tonelaje. **2** *Cin.* Resumen o avance de una película.

TRAÍLLA f. **1** Cuerda o correa con que se lleva al perro atado a las cacerías. **2** Cogedor grande, arrastrado por caballerías o impulsado por motor, para igualar terrenos. **3** Un par de perros atraillados o conjunto de estas traíllas unidas por una cuerda.

TRAILLAR tr. Allanar o igualar la tierra con la traílla.

TRAÍNA f. Red de fondo para la pesca.

TRAINERA adj. y f. Barca alargada de poco fondo para pescar con traína, se usa también en competiciones deportivas.

TRAJANO, NA adj. Relativo al emperador Trajano.

Marco Ulpio **Trajano.** Museo Capitolino (Roma).

TRAJANO, MARCO ULPIO Emperador romano (Itálica, 53 - Selinonte, 117). Fue el primer hispano en ocupar el trono imperial. Durante su gobierno reformó la administración, restableció la paz interior en el imperio y elevó a su país a un alto grado de prosperidad. En memoria a sus victorias sobre los germanos, fue erigida en Roma la columna que lleva su nombre.

TRAJE m. **1** Vestido peculiar de una clase de personas o de los naturales de un país. **2** Vestido completo de una persona. || **TRAJE DE CEREMONIA** o **DE ETIQUETA** El usado para actos solemnes. || **TRAJE DE LUCES** El de seda, bordado de oro o plata, con lentejuelas, que usan los toreros. || **TRAJE SASTRE** Vestido femenino de dos piezas: falda y chaqueta.

TRAJEADO, DA adj. Vestido. Con los adverbios *bien* o *mal,* se aplica a la persona que va vestida de ese modo.

TRAJEAR tr. y prnl. Proveer de traje a una persona.

TRAJÍN m. Acción de trajinar.

TRAJINAR tr. **1** Acarrear o llevar géneros o mercancías de un lugar a otro. || intr. **2** Andar y tornar de un sitio a otro con cualquier diligencia u ocupación. **3** Desarrollar una gran actividad.

TRAKL, GEORG Poeta austriaco (Salzburgo, 1887 - Cracovia, 1914). Su poesía se caracteriza por un nihilismo místico y es uno de los autores más destacados de la literatura alemana del siglo XX. Su obra poética es muy breve: *Poemas* (1913) y *Sebastián en el sueño* (1915).

TRALLA f. **1** Cuerda más gruesa que el bramante. **2** Trencilla de cordel o de seda que se pone al extremo del látigo para que restalle. **3** Látigo provisto de este cordel.

TRALLAZO m. **1** Golpe dado con la tralla. **2** Chasquido de la tralla. **3** fig. Reprensión áspera.

TRALLES, ANTHEMIO DE Arquitecto bizantino (s. VI). Construyó, junto con Isidoro de Mileto, la basílica de Santa Sofía de Constantinopla.

TRAMA f. **1** Conjunto de hilos que, cruzados y enlazados con los de la urdimbre, forman una tela. **2** Especie de seda para tramar. **3** fig. Confabulación, intriga. **4** Disposición interna de una cosa, especialmente del enredo de una obra dramática o novelesca. **5** *Bot.* Florecimiento y flor de los árboles. **6** En fotograbado, retícula que se emplea para descomponer una imagen en puntos.

TRAMADO m. Red de puntos que reproduce la variedad de tonos en un fotograbado.

TRAMAR tr. **1** Atravesar los hilos de la trama por entre los de la urdimbre, para tejer la tela. **2** fig. Preparar con astucia un engaño. **3** Disponer con habilidad la ejecución de una cosa complicada o difícil. **4** En fotograbado, descomponer una imagen en puntos mediante la trama. || intr. *Bot.* **5** Florecer los árboles, especialmente el olivo.

TRAMITACIÓN f. Serie de trámites necesarios para resolver un asunto.

TRAMITAR tr. Hacer pasar un negocio por los trámites debidos.

TRÁMITE m. **1** Paso de una parte a otra, o de una cosa a otra. **2** Cada uno de los estados o diligencias necesarios para resolver un asunto.

TRAMO m. **1** Trozo de terreno separado de otros por una señal o distintivo. **2** Parte de una escalera comprendida entre dos mesetas o descansos. **3** Cada uno de los trechos o partes en que está dividido un andamio, esclusa, canal, camino, etc. **4** fig. Trozo de composición literaria en el que domina la misma idea.

TRAMONTANO, NA adj. **1** Se dice de lo que, respecto de alguna parte, está del otro lado de los montes. || f. **2** *Geog.* Norte o septentrión. **3** *Meteor.* Viento que sopla de esta parte. Es común en Levante, Cataluña y Baleares. **4** fig. Vanidad, soberbia. ♦ También se dice *tramontano* y *transmontano.*

TRAMONTAR intr. **1** Pasar del otro lado de los montes. || tr. **2** Disponer que uno huya de un peligro que le amenaza. También prnl. ♦ También se dice *transmontar* y *trasmontar.*

TRAMOYA f. **1** *Teat.* Máquina con la que en el teatro se efectúan los cambios de decoración y los efectos escénicos. **2** fig. Enredo dispuesto con ingenio y disimulo.

TRAMOYISTA com. *Teat.* **1** Constructor o director de tramoyas de teatro. **2** Operario que las coloca o las hace funcionar.

TRAMPA f. **1** Dispositivo para cazar, que consta de una excavación cubierta con una tabla que se hunde al ponerse encima un animal. **2** Puerta en el suelo. **3** Tablero horizontal y movible de los mostradores de las tiendas. **4** Tira de tela con que se tapa la abertura de los calzoncillos o pantalones por delante. **5** Contravención de una ley. **6** Infracción maliciosa de las reglas de un juego o de una competición. **7** fig. Ardid, burla. **8** fig. Deuda cuyo pago se demora. || **caer** uno **en la trampa** fr. fig. y fam. Ser engañado con un ardid o artificio. || **coger** a uno **en la trampa** fr. fig. y fam. Sorprenderle en alguna mentira o engaño.

TRAMPAL m. *Geol.* Zona pantanosa de difícil circulación.

TRAMPANTOJO m. fam. Ilusión, trampa con que se engaña a uno haciéndole ver lo que no es.

TRAMPEAR intr. fam. **1** Pedir prestado o fiado con ardides y engaños. **2** fam. Arbitrar medios para hacer más llevadera la penuria o alguna adversidad. **3** fam. Conllevar los achaques. **4** Usar de trampas o engaños para eludir alguna dificultad.

TRAMPERO, RA m. y f. Persona que pone trampas para cazar.

TRAMPILLA (Diminutivo de *trampa.*) f. **1** Ventanilla hecha en el suelo de una habitación. **2** Portezuela con que se cierra la carbonera de un fogón de cocina. **3** Trampa de los calzoncillos o pantalones.

TRAMPOLÍN m. **1** *Dep.* Plano inclinado y elástico en el que toma impulso el gimnasta para dar grandes saltos. **2** *Dep.* Tabla elástica desde la que se lanza al agua el nadador. **3** *Dep.* Estructura al final de un plano inclinado, desde la que realiza el salto el esquiador.

TRAMPOSO, SA adj. y s. **1** Embustero, mal pagador. **2** Que hace trampas en el juego.

TRANCA f. **1** Palo grueso y fuerte. **2** Palo con que se aseguran las puertas y ventanas cerradas. **3** fam. Borrachera, embriaguez. || **a trancas y barrancas** fr. fig. y fam. Con dificultad.

TRANCADA f. Paso largo que se da con las piernas.

TRANCAR tr. **1** Cerrar una puerta con una tranca o un cerrojo. **2** Dar trancos o pasos largos.

TRANCAZO m. **1** Golpe que se da con la tranca. **2** fig. y fam. GRIPE.

TRANCE m. **1** Momento crítico y decisivo. **2** Estado en que un médium manifiesta fenómenos paranormales. **3** *Teol.* Estado de suspensión de los sentidos durante el éxtasis místico. || **a todo trance** loc. adv. Resueltamente, sin reparar en riesgos.

TRANCHETE m. Cuchilla de zapatero.

TRANCO m. **1** Paso largo, salto. **2** Umbral, escalón de la puerta. || **al tranco** loc. adv. *Arg., Chile* y *Urug.* A paso largo.

TRANQUERA f. **1** Estacada o empalizada de trancas. **2** *Amér.* Puerta rústica en un alambrado hecha con trancas.

TRANQUERO m. Piedra labrada con que se forman las jambas y dinteles de puertas y ventanas.

TRANQUIL m. *Arquit.* Línea vertical.

TRANQUILIDAD f. Calidad de tranquilo.

TRANQUILIZANTE adj. **1** Que tranquiliza. || adj. y m. *Farm.* **2** Se dice del fármaco de efecto tranquilizador o sedante.

TRANQUILIZAR tr. y prnl. Poner tranquila a una persona o cosa.

TRANQUILLO m. fig. Modo o hábito especial mediante el cual una operación o trabajo se realiza con más éxito y destreza.

TRANQUILLÓN m. *Agr.* Mezcla de trigo con centeno.

TRANQUILO, LA adj. Quieto, sosegado, pacífico.

TRANS pref. que significa «al otro lado», «a través de»: *transalpino, transpirenaico.* Puede alternar con las formas *tras-* y *tra-*: *translúcido* o *traslúcido, transcendental* o *trascendental, transmontano, trasmontano* o *tramontano;* o adoptar exclusivamente la forma *tras-*: *trasladar, traspaso.*

TRANS-ALAI Cordillera de Asia central; es una estribación de la meseta de Pamir y se extiende entre Tayikistán y Kirguizistán. Su cumbre más alta es el pico Comunismo (7.495 m).

TRANSACCIÓN f. Convenio, negocio.

TRANSALPINO, NA adj. *Geog.* **1** Se dice de las regiones que desde Italia aparecen situadas al otro lado de los Alpes. **2** Relativo a ellas. ♦ También se dice *trasalpino.*

TRANSANDINO, NA adj. **1** *Geog.* Se dice de las regiones situadas al otro lado de la cordillera de los Andes. **2** Relativo a ellas. **3** Se dice del tráfico y de los medios de locomoción que atraviesan los Andes. ♦ También se dice *trasandino.*

TRANSAR intr. y prnl. *Amér.* Transigir, ceder, llegar a una transacción o acuerdo.

TRANSATLÁNTICO, CA adj. **1** *Geog.* Se dice de las regiones situadas al otro lado del Atlántico. **2** Relativo a ellas. **3** Se dice del tráfico y de los medios de locomoción que atraviesan el Atlántico. || m. *Mar.* **4** Buque de grandes dimensiones destinado a hacer la travesía del Atlántico, o de otro gran mar. ♦ También se dice *trasatlántico.*

TRANSBORDADOR, RA adj. **1** Que transborda. || m. **2** *Mar.* Embarcación que circula entre dos puntos y sirve para transportar viajeros y vehículos. **3** *Mar.* Buque proyectado para transportar vehículos. **4** PUENTE TRANSBORDADOR. **5** *Astron.* Vehículo espacial reutilizable capaz de regresar a la Tierra por sus propios medios. ♦ También se dice *trasbordador.*

TRANSBORDAR tr. y prnl. Trasladar efectos o personas de una embarcación, tren o avión a otro, o de la orilla de un río a la otra. ♦ También se dice *trasbordar.*

TRANSCAUCASIA Región situada al S del Cáucaso, entre los mares Negro y Caspio, que comprende las Repúblicas de Georgia, Armenia y Azerbaiyán. En 1922 estos tres Estados formaron la llamada Federación de Transcaucasia y, tras su disolución en 1936, se convirtieron en Repúblicas autónomas dentro de la URSS.

TRANSCENDENCIA f. TRASCENDENCIA.

TRANSCENDENTAL adj. TRASCENDENTAL.

TRANSCENDENTE adj. TRASCENDENTE.

TRANSCENDER tr. TRASCENDER.

TRANSCRIBIR tr. **1** COPIAR, escribir en una parte lo escrito en otra. **2** TRANSLITERAR, escribir con un sistema de caracteres lo que está escrito en otro. **3** Representar elementos fonéticos, fonológicos, léxicos o morfológicos de una lengua o dialecto mediante un sistema de escritura. **4** *Mús.* Arreglar para un instrumento la música escrita para otro. ♦ Su participio pasivo es irregular: *transcrito.* También se dice *trascribir.*

TRANSCRIPCIÓN f. Acción y efecto de transcribir. || **TRANSCRIPCIÓN FONÉTICA** *Ling.* La que se hace teniendo en cuenta las realizaciones de los hablantes. || **TRANSCRIPCIÓN FONOLÓGICA** *Ling.* La que reproduce los elementos fonológicamente pertinentes, prescindiendo de las realizaciones individuales. ♦ También se dice *trascripción.*

TRANSCULTURACIÓN f. ACULTURACIÓN.

TRANSCURRIR intr. Pasar, correr. Se usa generalmente hablando del tiempo. ♦ También se dice *trascurrir.*

TRANSCURSO m. Paso del tiempo. ♦ También se dice *trascurso.*

TRANSDUCTOR m. *Fís.* Dispositivo destinado a recibir la potencia de un sistema mecánico, electromagnético, acústico, etc.

TRÁNSEAT (3.ª persona de singular del presente de subjuntivo del verbo *transire,* pasar: pase.) Voz latina que se usa para consentir una afirmación que no importa conceder o negar.

TRANSEPTO m. *Arquit.* Nave perpendicular a la principal que forma los brazos de la cruz latina de una iglesia.

TRANSEÚNTE adj.**1** Que transita o pasa por un lugar. También s. **2** Que está de paso, que reside transitoriamente en un sitio. Aplicado a personas, también s.

TRANSEXUAL adj. y com. Se dice de la persona que mediante tratamiento hormonal e intervención quirúrgica adquiere los caracteres sexuales del sexo opuesto. También s.

TRANSEXUALIDAD f. Calidad o condición de transexual.

TRANSFERENCIA f. **1** Acción y efecto de transferir. **2** Operación por la que se transfiere una cantidad de una cuenta bancaria a otra. ♦ También se dice *trasferencia.*

TRANSFERIR tr. **1** Pasar o llevar una cosa de un lugar a otro. **2** Retardar, diferir. **3** Extender o trasladar el sentido de una voz a un sentido figurado. **4** Ceder o renunciar en otro el derecho o dominio que se tiene sobre una cosa. **5** Remitir fondos bancarios de una cuenta a otra. ♦ También se dice *trasferir.* IRREG. Se conjuga como SENTIR.

TRANSFIGURACIÓN f. **1** Acción y efecto de transfigurar. **2** Por antonomasia, la de Jesucristo en el monte Tabor, en presencia de tres de sus discípulos. ♦ También se dice *trasfiguración.*

TRANSFIGURAR tr. y prnl. Hacer cambiar de figura a una persona o cosa. ♦ También se escribe *trasfigurar.*

TRANSFIXIÓN f. Acción de herir, pasando de lado a lado. ♦ También se dice *trasfixión.*

TRANSFLUENCIA f. *Geol.* **1** Modificación en el curso de un río. **2** Desbordamiento de un glaciar.

TRANSFORMACIÓN f. 1 Acción y efecto de transformar. 2 *Biol.* Cambio genético que se produce en una célula por la transferencia de ADN libre a través de la membrana celular y posterior recombinación con el genoma celular. 3 *Ling.* Operación que establece formalmente una relación sintáctica relevante entre dos frases de una lengua. ♦ También se dice *trasformación.*

TRANSFORMACIONAL o **TRANSFORMATIVA, GRAMÁTICA** *Ling.* GRAMÁTICA TRANSFORMACIONAL O TRANSFORMATIVA.

TRANSFORMADOR, RA adj. y s. 1 Que transforma. || m. *Fís.* 2 Aparato eléctrico para convertir la corriente de alta tensión y débil intensidad en otra de baja tensión y gran intensidad, o viceversa. ♦ También se dice *trasformador.*

TRANSFORMAR tr. y prnl. 1 Hacer cambiar de forma a una persona o cosa. 2 Transmutar una cosa en otra. 3 fig. Hacer cambiar de costumbres a una persona. 4 *Mat.* Cambiar la forma de una expresión matemática. ♦ También se dice *trasformar.*

TRANSFORMISMO m. 1 *Biol.* Doctrina según la cual los caracteres típicos de las especies animales y vegetales no son por naturaleza fijos e inmutables, sino que pueden variar por la acción de diversos factores. 2 Arte del transformista, actor o payaso. ♦ También se dice *trasformismo.*

TRANSFORMISTA adj. 1 Perteneciente o relativo al transformismo. || com. 2 Partidario de esta doctrina. 3 Actor que hace rápidos cambios en sus trajes y en los tipos que representa. ♦ También se dice *trasformista.*

TRÁNSFUGA com. 1 Persona que huye de una parte a otra. 2 fig. Persona que pasa de un partido a otro. ♦ También se dice *trásfuga.*

TRÁNSFUGO m. TRÁNSFUGA. ♦ También se dice *trásfugo.*

TRANSFUNDIR tr. 1 Echar un líquido poco a poco de un recipiente a otro. 2 fig. Comunicar una cosa sucesivamente a varios sujetos. 3 *Med.* Realizar una transfusión. ♦ También se dice *trasfundir.*

TRANSFUSIÓN f. 1 Acción y efecto de transfundir. 2 *Med.* Operación que consiste en hacer pasar cierta cantidad de sangre de un individuo, a otro. ♦ También se dice *trasfusión.*

TRANSGÉNICO, CA adj. Modificado genéticamente. || **ALIMENTO TRANSGÉNICO** *Agr.* y *Biol.* El que procede de organismos cuyo material genético ha sido modificado artificialmente introduciendo en su genoma uno o más genes de otra especie, o de la misma pero alterados, con el fin de mejorar sus características. || **ANIMAL TRANSGÉNICO** *Biol.* Individuo cuyo genoma ha sido alterado para incluir genes seleccionados de otras especies.

TRANSGREDIR tr. Quebrantar, violar un precepto o ley. ♦ También se dice *trasgredir.* DEF. Se conjuga como ABOLIR.

TRANSGRESIÓN f. 1 Acción y efecto de transgredir. 2 *Ecol.* Fenómeno por el cual un medio aumenta su superficie ocupando lugares que antes pertenecían a otro. ♦ También se dice *trasgresión.*

TRANSHIMALAYA Cadena montañosa del Himalaya, que forma el extremo S de la meseta del Tíbet. Su máxima altura es el Aling Gangri (7.315 m).

TRANSIBERIANO, NA adj. 1 Se dice del tráfico y de los medios de locomoción que atraviesan Siberia. || m. 2 Ferrocarril transcontinental que une Moscú con Vladivostok.

***Transfiguración** de Cristo.* Cuadro de Rafael. Museos Vaticanos (Roma).

Transilvania. Paisaje de Rupea (Rumania).

TRANSICIÓN f. 1 Acción y efecto de pasar de un modo de ser o estar a otro distinto. 2 Paso de una idea a otra. 3 Cambio de tono y expresión.

TRANSIDO, DA adj. 1 fig. Fatigado, acongojado o consumido de alguna penalidad, angustia o necesidad. 2 fig. Miserable, ridículo.

TRANSIGIR intr. Consentir en parte con lo que no se cree justo, razonable o verdadero, a fin de acabar con una diferencia.

TRANSILVANIA *Geog. hist.* Región histórica y geográfica de Rumania, que forma una llanura entre los Cárpatos de Moldavia y los Alpes de Transilvania. En la Antigüedad y en la Edad Media fue ocupada sucesivamente por dacios, romanos, godos, magiares, turcos y polacos. En la Edad Moderna perteneció al reino de Hungría hasta el 12 de octubre de 1918 que pasó a poder de Rumania.

TRANSISTOR (Voz i. formada a partir de *transfer* y *resistor.*) m. *Fís.* 1 Dispositivo electrónico constituido por un pequeño bloque de materia semiconductora, que cuenta con tres electrodos: emisor, colector y base. Se usa para rectificar y amplificar los impulsos eléctricos. 2 Por extensión, radiorreceptor provisto de transistores.

TRANSITAR intr. 1 Pasar de un punto a otro por vías o parajes públicos. 2 Viajar haciendo tránsitos.

TRANSITIVIDAD f. Cualidad de transitivo.

TRANSITIVO, VA adj. *Gram.* 1 VERBO TRANSITIVO. 2 Relativo a la oración con verbo transitivo y complemento directo.

TRÁNSITO m. 1 Sitio por donde se pasa. 2 Acción de transitar. 3 En casas de comunidad, pasillo o corredor. 4 Lugar determinado para hacer alto y descanso en alguna marcha. 5 Paso de un estado a otro. 6 Muerte de las personas santas y de vida virtuosa. 7 *Rel.* Fiesta con que la iglesia católica conmemora la muerte de la Virgen.

TRANSITORIO, RIA adj. 1 Pasajero, temporal. 2 Caduco, perecedero, fugaz.

TRANSJORDANIA JORDANIA, *GEOG.*

TRANSKEI Antiguo bantustán de la República Sudafricana, en la costa del Pacífico. Capital Umtata. En 1976 la República Sudafricana concedió su independencia, que no fue reconocida por la ONU. En 1994 se reintegró al país.

TRANSLATICIO, CIA adj. TRASLATICIO.

TRANSLIMITAR tr. 1 Traspasar los límites. 2 *Mil.* Pasar la frontera de un Estado para una operación militar, sin ánimo de violar el territorio.

TRANSLINEAR intr. *Der.* Pasar un vínculo de una línea a otra. ♦ También se dice *traslinear.*

TRANSLITERAR tr. Representar los signos de un sistema de escritura, mediante los signos de otro. ♦ También se dice *trasliterar.*

TRANSLÚCIDO, DA adj. TRASLÚCIDO.

TRANSLUCIRSE prnl. TRASLUCIRSE.

TRANSMARINO, NA adj. 1 Se dice de las regiones situadas al otro lado del mar. 2 Relativo a ellas. ♦ También se dice *trasmarino.*

TRANSMEDITERRÁNEO, A adj. Se dice del comercio y de los medios de locomoción que atraviesan el Mediterráneo. ♦ También se dice *trasmediterráneo.*

TRANSMIGRACIÓN f. Acción y efecto de transmigrar. ♦ También se dice *trasmigración.*

TRANSMIGRAR intr. 1 Pasar de un país a otro para vivir en él. 2 Pasar un alma de un cuerpo a otro, según opinión de los que creen en la metempsicosis. ♦ También se dice *trasmigrar.*

TRANSMISIÓN f. 1 Acción y efecto de transmitir. 2 *Fís.* Conjunto de mecanismos que comunican el movimiento de un cuerpo a otro. || f. pl. *Mil.* 3 Servicio de un ejército encargado de los enlaces. ♦ También se dice *trasmisión.*

TRANSMISOR, RA adj. y s. 1 *Fís.* Que transmite o puede transmitir. || m. 2 *Fís.* Aparato telegráfico o telefónico que sirve para producir las ondas hertzianas que han de actuar en el receptor. 3 *Fís.* Aparato que transforma una onda acústica en eléctrica, o produce señales para ser transmitidas por cable, mediante onda electromagnética. 4 Aparato que sirve para transmitir órdenes relativas al movimiento de las máquinas, en maniobras de barcos o ferroviarias. ♦ También se dice *trasmisor.*

TRANSMITIR tr. 1 Hacer llegar a alguien algún mensaje. 2 Comunicar una noticia por telégrafo o teléfono o cualquier otro medio de comunicación. 3 Difundir una estación de radio o televisión programas de música, espectáculos, etc. También intr. 4 Trasladar, transferir. 5 Contagiar a otro enfermedades o estados de ánimo. 6 Conducir o ser el medio a través del cual se pasan las vibraciones o radiaciones. 7 *Mec.* Comunicar el movimiento de una pieza a otra en una máquina. También prnl. 8 *Der.* Enajenar, ceder, traspasar a otro un derecho u otra cosa. ♦ También se dice *trasmitir.*

TRANSMONTANO, NA adj. TRAMONTANO.

TRANSMONTAR intr., tr. y prnl. TRAMONTAR.

TRANSMUDAR tr. 1 Llevar a una persona o cosa a un lugar distinto del que tiene. También prnl. 2 TRANSMUTAR. También prnl. 3 fig. Reducir o trocar los afectos o inclinaciones con razones. ♦ También se dice *trasmudar.*

TRANSMUNDANO, NA adj. Fuera del mundo.

TRANSMUTAR tr. y prnl. Mudar o convertir una cosa en otra. ♦ También se dice *trasmudar.*

TRANSOCEÁNICO, CA adj. 1 *Geog.* Que está situado al otro lado del océano. 2 Que atraviesa un océano. ♦ También se dice *trasoceánico.*

TRANSOXANIA *Geog. hist.* Antigua región histórica del Turquestán, en Asia central, que corresponde al actual Uzbekistán y parte de Turkmenistán y Kazajstán.

TRANSPACÍFICO, CA adj. 1 *Geog.* Relativo a las regiones situadas al otro lado del Pacífico. 2 Se dice de los grandes buques que atraviesan el Pacífico.

TRANSPARENCIA f. 1 Calidad de transparente. 2 *Fot.* DIAPOSITIVA. 3 *Cin.* Técnica que consiste en sustituir una imagen real por una fija usada para rodar en estudio escenas de exterior. ♦ También se dice *trasparencia.*

TRANSPARENTARSE prnl. 1 Dejarse ver la luz u otra cosa a través de un cuerpo transparente. 2 Ser transparente un cuerpo. 3 fig. Dejarse descubrir o adivinar algo. ♦ También se dice *trasparentarse.*

TRANSPARENTE adj. 1 Se dice del cuerpo a través del cual pueden verse los objetos claramente. 2 Translúcido. 3 fig. Que se deja adivinar o vislumbrar sin declararse o manifestarse. || m. 4 Ventana de cristales que ilumina y adorna el fondo de un altar. ♦ También se dice *trasparente.*

TRANSPIRAR intr. 1 *Bot.* Transferir vapor de agua a la atmósfera a través de los estomas de las plantas. 2 *Fisiol.* Expulsar los líquidos a través de la piel, especialmente en forma de sudor. También prnl. 3 *Fís.* Destilar una cosa agua a través de sus poros. ♦ También se dice *traspirar.*

TRANSPIRENAICO, CA adj. 1 *Geog.* Se dice de las regiones situadas al otro lado de los Pirineos. 2 Relativo a ellas. 3 Se dice del comercio y de los medios de locomoción que atraviesan los Pirineos. ♦ También se dice *traspirenaico.*

TRANSPLANTAR tr. y prnl. TRASPLANTAR.

TRANSPLANTE m. TRASPLANTE.

TRANSPOLAR adj. *Geog.* Se dice del recorrido que pasa por un polo terrestre o sus proximidades.

TRANSPONER tr. y prnl. TRASPONER.

TRANSPORTADOR, RA adj. y s. 1 Que transporta. || m. *Geom.* 2 Círculo graduado que sirve para medir o trazar los ángulos de un dibujo geométrico. ♦ También se dice *trasportador.*

TRANSPORTAR tr. 1 Llevar algo de un lugar a otro. 2 Llevar de una parte a otra por el porte o precio convenido. 3 *Mús.* Trasladar una composición de una tonalidad a otra. || prnl. 4 fig. Enajenarse, entusiasmarse. ♦ También se dice *trasportar.*

TRANSPORTE m. 1 Acción y efecto de transportar personas o cosas de un lugar a otro. Los principales medios de transporte son: por carretera o rodado, ferroviario, marítimo, fluvial y aéreo. 2 Vehículo o medio utilizado para transportar personas o cosas. 3 *Geol.* Acarreo de los materiales que resultan de la erosión a sus cuencas de sedimentación. Puede ser: eólico, glaciar, marino y fluvial. ♦ También se dice *trasporte.*

TRANSPOSICIÓN f. TRASPOSICIÓN.

TRANSPUESTA f. TRASPUESTA.

TRANSUBSTANCIACIÓN f. TRANSUSTANCIACIÓN.

TRANSUBSTANCIAR tr. y prnl. TRANSUSTANCIAR.

TRANSURÁNICO, CA o **TRANSURÁNIDO, DA** adj. *Quím.* Se dice de cualquier elemento situado en la tabla del sistema periódico después del uranio (número 92).

TRANSUSTANCIACIÓN f. *Rel.* Conversión total de una sustancia en otra. En la teología católica, conversión de

Transvaal (República Sudafricana). Guerra de Transvaal. Capitulación de la guarnición inglesa de Jamestown en 1901. Grabado de la época.

las sustancias del pan y del vino en el cuerpo y sangre de Jesucristo. ♦ También se dice *transubstanciación*.
TRANSUSTANCIAR tr. y prnl. Convertir totalmente una sustancia en otra. ♦ También se dice *transubstanciar*.
TRANSVAAL Antigua provincia de la República Sudafricana. Capital, Pretoria. Los bóers se establecieron en él en 1848, huyendo de la dominación inglesa instaurada en Natal. En 1852 Inglaterra reconoció la independencia de la República de Transvaal, aunque pretendió su anexión en 1880. En 1899 comenzó una segunda campaña en la que las tropas bóers sucumbieron ante la superioridad de la fuerza británica. En 1910 Transvaal entró a formar parte de la Unión Sudafricana, hoy República Sudafricana.
TRANSVASAR tr. *Fís.* TRASVASAR.
TRANSVASE m. *Fís.* TRASVASE.
TRANSVERBERACIÓN f. TRANSFIXIÓN.
TRANSVERSAL adj. **1** Que se halla o se extiende atravesado de un lado a otro. **2** Que se aparta o desvía de la dirección principal o recta. **3** *Geom.* Se dice de la recta o plano que corta a dos o más rectas o planos. ♦ También se dice *trasversal*.
TRANSVERSO, SA adj. Colocado o dirigido al través. ♦ También se dice *trasverso*.
TRANVÍA m. Vehículo que circula sobre raíles en el interior de una ciudad o sus cercanías y que se usa principalmente para transportar viajeros.
TRANVIARIO, RIA adj. **1** Relativo a los tranvías. || m. y f. **2** Persona empleada en el servicio de tranvías.
TRAORÉ, MOUSSA Militar y político de Malí (Kayes, 1936). Se hizo con el poder, tras un golpe de Estado contra M. Keita, en 1968. Fue elegido presidente de la República en 1979 y 1985. Fue derrocado en 1991.
TRAPA, LA Nombre con el que en español se conoce la abadía francesa de Notre-Dame-de-la-Trappe (en Soligny-la-Trappe, departamento de Orne). Fundada en 1140 por el conde Rotrou III de Perche, quien se la encomendó a los benedictinos, fue adscrita en 1147 a los monjes cistercienses de Citeaux o Císter. El abad Rancé marcó un hito en el progreso de la llamada *estricta observancia* (véase ORDEN CISTERCIENSE REFORMADA O DE LA ESTRICTA OBSERVANCIA).
TRAPACEAR intr. Usar de trapazas u otros engaños.
TRAPACERÍA f. TRAPAZA.
TRAPAJOSO, SA adj. **1** Roto, desaseado. **2** Se dice de la lengua o de la persona que pronuncia confusamente las palabras.
TRÁPALA f. **1** Ruido, confusión de gente. **2** Ruido acompasado del trote o galope de caballo. **3** fam. Embuste, engaño. || m. **4** fam. Necesidad de hablar mucho sin sustancia. || com. **5** fig. y fam. Persona que habla mucho y sin sustancia. También adj. **6** fig. y fam. Persona falsa y embustera. También adj.
TRAPALEAR intr. **1** Meter ruido con los pies andando de un lado a otro. **2** fam. Decir o hacer cosas propias de un trápala.
TRAPANI Provincia de Italia, en la región de Sicilia; 2.460 km² y 432.265 h.
TRAPATIESTA f. fam. Riña, alboroto, desorden.
TRAPAZA f. Engaño, fraude.
TRAPAZAR intr. TRAPACEAR.
TRAPEAR impers. **1** fam. Caer copos grandes de nieve. || tr. **2** *Amér.* Fregar el suelo con trapo o estropajo.

TRAPECIAL adj. *Geom.* **1** Perteneciente o relativo al trapecio. **2** De figura de trapecio.
TRAPECIO m. **1** *Anat.* Uno de los huesos del carpo. **2** *Anat.* Cada uno de los dos músculos situados en la espalda, que se extienden desde el occipucio hasta los respectivos omóplatos y clavículas. **3** *Geom.* Cuadrilátero que tiene paralelos solamente dos de sus lados, los cuales se llaman base mayor y base menor. Puede ser de tres clases: *rectángulo; isósceles;* y *escaleno*. **4** *Dep.* Barra horizontal suspendida de dos cuerdas por sus extremos y que sirve para ejercicios gimnásticos.
TRAPECISTA com. Gimnasta o artista de circo que realiza ejercicios en el trapecio.
TRAPENSE adj. **1** Se dice del monje de la Trapa, instituto religioso perteneciente a la ORDEN CISTERCIENSE REFORMADA O DE LA ESTRICTA OBSERVANCIA. También com. **2** Relativo a esta orden religiosa.
TRAPERÍA f. **1** Conjunto de muchos trapos. **2** Establecimiento del trapero.
TRAPERO, RA m. y f. **1** Persona que tiene por oficio recoger o comprar y vender trapos y otros objetos usados. **2** Persona que retira a domicilio basuras y desechos.
TRAPEZOEDRO m. *Geom.* Poliedro de 24 caras que son trapecios.
TRAPEZOIDAL adj. *Geom.* **1** Relativo al trapezoide. **2** De figura de trapezoide.
TRAPEZOIDE m. **1** *Anat.* Hueso del carpo. **2** *Geom.* Cuadrilátero irregular que no tiene ningún lado paralelo a otro, ni iguales ni ángulos iguales.
TRAPICHE m. **1** Molino para extraer el jugo de algunos frutos de la tierra, como aceituna o caña de azúcar. **2** *Min. Arg.* y *Chile* Molino para pulverizar minerales.
TRAPICHEAR intr. **1** fam. Ingeniarse, buscar trazas, no siempre lícitas, para lograr algún fin. **2** Comerciar al menudeo.
TRAPILLO, DE loc. adv. fig. y fam. Con ropa de diario o poco elegante.
TRAPÍO m. **1** desus. Velamen de una embarcación. **2** fig. y fam. Aire garboso de algunas mujeres. **3** fig. y fam. Buena planta y gallardía del toro de lidia.
TRAPISONDA f. **1** fam. Bulla, riña, alboroto. **2** fam. Embrollo, enredo.
TRAPISONDEAR intr. fam. Armar trapisondas.
TRAPISONDISTA com. Persona que arma trapisondas o anda en ellas.
TRAPO m. **1** Pedazo de tela desechado por viejo, roto o inútil. **2** Vela de una embarcación. **3** *Meteor.* Copo grande de nieve. **4** fam. *Taurom.* Capote o muleta del torero. || m. pl. **5** fam. Prendas de vestir, especialmente de la mujer. || **a todo trapo** loc. adv. A toda vela. También, fig. y fam., muy deprisa. || **poner** a uno **como un trapo** fr. fig. y fam. Reprenderle agriamente. También, decir de alguien palabras ofensivas o enojosas. || **sacar los trapos sucios** fr. fig. y fam. Hacer públicos los defectos de alguien.
TRAQU- pref. TRAQUE-.
TRAQUE-, TRAQUEO-, TRAQUI-, TRAQU- prefs. que significan áspero, traquea, etc.
TRÁQUEA f. *Anat.* Conducto cartilaginoso y membranoso, que va de la faringe a los bronquios, situado delante del esófago. Es un tubo de tejido conjuntivo, reforzado por anillos cartilaginosos, cuya parte superior o inferior se diferencia, a veces, en un aparato fonador, la laringe de los mamíferos y la siringe de las aves. **2** *Bot.*

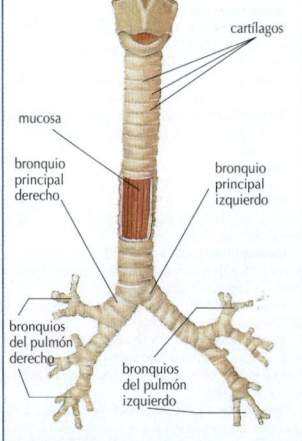

Anatomía de la **tráquea** humana.

Vaso conductor xilemático de la savia, cuya pared está reforzada por un filamento resistente y dispuesto en espiral. **3** *Zool.* Cada uno de los numerosos tubos aéreos ramificados que forman el aparato respiratorio de los insectos.
TRAQUEAL adj. **1** Relativo a la tráquea. **2** *Zool.* Se dice del animal que respira por medio de tráqueas.
TRAQUEO- pref. TRAQUE-.
TRAQUEOTOMÍA f. *Med.* Abertura que se practica artificialmente en la tráquea para facilitar la respiración a ciertos enfermos.
TRAQUETEAR intr. Moverse algunas cosas agitándose y haciendo un ruido característico.
TRAQUETEO m. **1** Acción y efecto de traquetear. **2** Ruido continuo del disparo de los cohetes, en los fuegos artificiales.
TRAQUI- pref. TRAQUE-.
TRAQUIDO m. **1** p. us. Estruendo causado por el disparo de un arma de fuego. **2** Ruido seco.
TRAQUITA f. *Geol.* Roca volcánica constituida en su mayoría por feldespatos potásicos.
TRARO m. *Zool.* Ave falconiforme perteneciente a la familia falcónidas, de nombre científico *Polyborus plancus*. Es característica de América del Sur.
TRAS[1] (Del lat. *trans*, al otro lado de, más allá de.) prep. **1** Después de, a continuación de, aplicado al espacio o al tiempo. **2** fig. En busca o seguimiento de. **3** Detrás de, en situación posterior.
TRAS[2] (De origen onomatopéyico.) Voz con que se imita un golpe con ruido.
TRAS- pref. TRANS-.
TRASALPINO, NA adj. *Geog.* TRANSALPINO.
TRASALTAR m. Sitio que en las iglesias está detrás del altar.
TRASANDINO, NA adj. *Geog.* TRANSANDINO.
TRASATLÁNTICO, CA adj. y s. TRANSATLÁNTICO.
TRASBOCAR tr. *Med. Amér.* Vomitar, arrojar lo que se tiene en el estómago.
TRASBORDADOR, RA adj. y m. TRANSBORDADOR.
TRASBORDAR tr. TRANSBORDAR.
TRASCENDENCIA f. **1** Penetración, perspicacia. **2** Resultado, consecuencia grave o muy importante. ♦ También se dice *transcendencia*.
TRASCENDENTAL adj. **1** Que se comunica o extiende a otras cosas. **2** fig. Que es de mucha importancia o gravedad, por sus probables consecuencias. **3** *Filos.* En la filosofía aristotélico-escolástica, se dice de aquellas determinaciones que convienen a todo ente y que están por encima de las categorías, que son *lo uno, lo verdadero* y *lo bueno*. También m. **4** *Filos.* En el pensamiento kantiano, se dice del conocimiento que se ocupa de nuestra facultad de conocer, en tanto que ésta debe ser *a priori*. ♦ También se dice *transcendental*.
TRASCENDENTE adj. **1** Que trasciende. **2** *Mat.* Se dice del número irracional no algebraico, como π. Existen infinitos números de este tipo. ♦ También se dice *trascendente*.
TRASCENDER intr. **1** Empezar a ser conocido o sabido algo que estaba oculto. **2** Extender o comunicarse los efectos de unas cosas a otras, produciendo consecuencias. **3** Ir más allá, rebasar un límite. También tr. || tr. **4** Comprender, averiguar alguna cosa que está oculta. ♦ También se dice *transcender*. IRREG. Se conjuga como ENTENDER.
TRASCONEJARSE prnl. **1** Quedarse la caza, especialmente el conejo, detrás de los perros que la siguen. **2** fig. y fam. Extraviarse alguna cosa.
TRASCORDARSE prnl. Perder la noción puntual de una cosa, por olvido o por confusión con otra. ♦ IRREG. Se conjuga como CONTAR.
TRASCORO m. Sitio que en las iglesias está detrás del coro.
TRASCRIBIR tr. TRANSCRIBIR.
TRASCRIPCIÓN f. TRANSCRIPCIÓN.
TRASCURRIR intr. TRANSCURRIR.
TRASCURSO m. TRANSCURSO.
TRASDÓS m. *Arquit.* **1** Superficie exterior convexa de un arco o bóveda. **2** Pilastra situada inmediatamente detrás de una columna.
TRASEGAR tr. **1** Trastornar, revolver. **2** Cambiar el líquido de una vasija a otra. ♦ IRREG. Se conjuga como ACERTAR.
TRASERO, RA adj. **1** Que está, se queda o viene detrás. **2** Parte posterior de algo. || m. **3** CULO, asentaderas.
TRASFERENCIA f. TRANSFERENCIA.
TRASFERIR tr. TRANSFERIR.
TRASFIGURACIÓN f. TRANSFIGURACIÓN.
TRASFIGURAR tr. y prnl. TRANSFIGURAR.
TRASFONDO m. Lo que está o parece estar más allá del fondo visible de una cosa o detrás de la apariencia o intención de una acción humana.
TRASFORMACIÓN f. TRANSFORMACIÓN.
TRASFORMADOR, RA adj. y s. TRANSFORMADOR.
TRASFORMAR tr. y prnl. TRANSFORMAR.
TRASFORMISMO m. TRANSFORMISMO.

El lago **Trasimeno** (Italia).

TRASFORMISTA adj. y com. TRANSFORMISTA.
TRÁSFUGA com. TRÁNSFUGA.
TRASFUNDIR tr. y prnl. TRANSFUNDIR.
TRASFUSIÓN f. TRANSFUSIÓN.
TRASGREDIR tr. TRANSGREDIR.
TRASGRESIÓN f. TRANSGRESIÓN.
TRASGO m. 1 Duende. 2 fig. Niño enredador.
TRASHUMANCIA f. Econ. e Hist. Acción y efecto de trashumar. Tipo de pastoreo estacional en el que los rebaños son trasladados de una región a otra en busca de pastos a través de unos caminos especiales llamados cañadas, protegidos por ley para evitar su uso agrícola.
TRASHUMAR intr. Pasar el ganado desde las dehesas de invierno a las de verano, y viceversa.
TRASÍBULO General ateniense (Atenas, h. 455 - Aspendo, 388 a. C.). Luchó contra los enemigos del régimen democrático, y en el año 403 a. C. logró deponer el gobierno de los Treinta Tiranos.
TRASIMENO Lago de Italia, célebre por la victoria de Aníbal sobre el cónsul Flaminio en 217 a. C.; 128 km².
TRASLACIÓN f. 1 Acción y efecto de trasladar de lugar a una persona o cosa. 2 Movimiento de la Tierra alrededor del Sol. 3 Gram. Figura de construcción que consiste en usar un tiempo del verbo fuera de su natural significación. 4 Ret. METÁFORA.
TRASLADAR tr. 1 Llevar o cambiar a una persona o cosa de un lugar a otro. También prnl. 2 Hacer pasar a una persona de un puesto o cargo a otro de la misma categoría. 3 Cambiar la fecha de celebración de un acto. 4 Traducir de una lengua a otra. 5 Copiar o reproducir un escrito.
TRASLADO m. 1 Acción y efecto de trasladar. 2 Der. Comunicación que se da a alguna de las partes que litigan, de las pretensiones o alegatos de la otra.
TRASLATICIO, CIA adj. Ling. Se dice del sentido en que toma un vocablo, distinto del suyo recto o más corriente. ♦ También se dice *translaticio*.
TRASLINEAR intr. TRANSLINEAR.
TRASLITERAR tr. TRANSLITERAR.
TRASLÚCIDO, DA o **TRASLUCIENTE** adj. Fís. Se dice del cuerpo a través del cual pasa la luz, pero que no deja ver nítidamente lo que hay detrás de él. ♦ También se dice *translúcido*.
TRASLUCIRSE prnl. 1 Ser traslúcido un cuerpo. 2 fig. Deducirse o inferirse una cosa por algún antecedente o indicio. También tr. ♦ También se dice *translucir*. IRREG. Se conjuga como LUCIR.
TRASLUZ m. 1 Fís. Luz que pasa a través de un cuerpo traslúcido. 2 Luz reflejada de soslayo por la superficie de un cuerpo. || **al trasluz** loc. adv. Por transparencia.
TRASMALLO m. Arte de pesca formado por tres redes, más tupida la central que las exteriores.
TRASMANO loc. adv. Fuera del alcance de la mano o de los caminos frecuentados.
TRASMARINO adj. TRANSMARINO.
TRASMEDITERRÁNEO, A adj. TRANSMEDITERRÁNEO.
TRASMIGRACIÓN f. TRANSMIGRACIÓN.
TRASMIGRAR intr. TRANSMIGRAR.
TRASMINAR tr. Penetrar o pasar a través de alguna cosa un olor, un líquido, etc. También prnl.
TRASMISIÓN f. TRANSMISIÓN.
TRASMISOR adj. y m. TRANSMISOR.
TRASMITIR tr. TRANSMITIR.
TRASMOCHO m. Bot. Árbol que se ha podado según la técnica del desmoche.
TRASMONTANO, NA adj. TRAMONTANO.
TRASMONTAR tr., intr. y prnl. TRAMONTAR.
TRASMUDAR tr. y prnl TRANSMUDAR.
TRASNOCHADA f. 1 Noche que ha precedido al día siguiente. 2 Vela o vigilancia por una noche. 3 Mil. Sorpresa o ataque que se sufre de noche.

TRASNOCHADO, DA adj. Anticuado o pasado de moda.
TRASNOCHAR intr. 1 Pasar la noche, o gran parte de ella, sin dormir. 2 Pasarla en un lugar distinto del propio domicilio.
TRASOCEÁNICO adj. TRANSOCEÁNICO.
TRASPALAR o **TRASPALEAR** tr. 1 Mover o pasar con la pala una cosa de un lado a otro. 2 fig. Pasar una cosa de un lugar a otro.
TRASPAPELARSE prnl. Perderse o figurar en sitio equivocado un papel u otra cosa.
TRASPARENCIA f. TRANSPARENCIA.
TRASPARENTE adj. y s. TRANSPARENTE.
TRASPASAR tr. 1 Pasar o llevar una cosa de un sitio a otro. 2 Pasar adelante, hacia otra parte o a otro lado. 3 Atravesar de parte a parte con un arma o instrumento. También prnl. 4 Renunciar o ceder a favor de otro el derecho o dominio de una cosa. 5 Transgredir o quebrantar un precepto. 6 Exceder de lo debido, contravenir a lo razonable. 7 fig. Hacerse sentir un dolor físico o moral con extraordinaria violencia.
TRASPASO m. 1 Cesión a favor de otro del dominio de una cosa. 2 Precio de la cesión de estos géneros o del local donde se ejerce un negocio.
TRASPATIO m. Amér. Segundo patio de las casas de vecindad que suele estar detrás del principal.
TRASPIÉ m. 1 Resbalón, tropezón. 2 Zancadilla. || **dar uno traspiés** fr. fig. y fam. Cometer errores.
TRASPIRAR intr. y prnl. TRANSPIRAR.
TRASPIRENAICO, CA adj. TRANSPIRENAICO.
TRASPLANTAR tr. 1 Bot. Trasladar plantas del lugar en que están arraigadas a otro nuevo emplazamiento. 2 Med. Extirpar artificialmente alguna parte u órgano del cuerpo humano y sustituirla por un órgano sano. 3 fig. Hacer salir de un país o lugar a personas arraigadas en él, para asentarlas en otro. También prnl. También prnl. ♦ También se dice *trasplantar*.
TRASPLANTE m. 1 Acción y efecto de trasplantar o trasplantarse. 2 Med. Intervención que consiste en implantar a un ser vivo alguna parte orgánica procedente de sí mismo o de otro individuo. Por el origen del órgano o tejido, el trasplante recibe distintos nombres: *autoinjerto*, cuando donante y receptor pertenecen a la misma especie y son genéticamente idénticos, como ocurre entre los gemelos univitelinos; *homoinjerto* o *aloinjerto*, cuando donante y receptor son de la misma especie pero genéticamente distintos; y *heteroinjerto*, cuando se realiza entre individuos de distinta especie. ♦ También se dice *trasplante*.
TRASPONER tr. y prnl. 1 Poner a una persona o cosa en lugar diferente del que ocupaba. || prnl. 2 Astron. Ocultarse detrás del horizonte el Sol u otro astro. 3 Quedarse uno algo dormido. ♦ Se dice también *transponer*. IRREG. Se conjuga como PONER.
TRASPORTADOR, RA adj. y s. TRANSPORTADOR.
TRASPORTAR tr. y prnl. TRANSPORTAR.
TRASPORTE m. Mús. P. Rico Instrumento musical de cinco cuerdas, mayor que la guitarra.
TRASPORTÍN m. Traspuntín de los coches.
TRASPOSICIÓN f. 1 Acción y efecto de trasponer o trasponerse. 2 Ret. Figura que consiste en alterar el orden normal de las voces en la oración. 3 Ling. METÁBOLA. ♦ También se dice *transposición*.
TRASPUESTA f. 1 Geol. Repliegue o elevación del terreno. 2 Fuga u ocultación de una persona. 3 Puerta, corral y otras dependencias que están detrás de la zona principal de una casa. ♦ También se dice *transpuesta*.
TRASPUNTE m. y f. Teat. Persona encargada en el teatro de avisar a los actores del comienzo de la representación.
TRASPUNTÍN m. Asiento suplementario y plegable de algunos coches.

TRASQUILAR tr. 1 Cortar el pelo de forma desigual. También prnl. 2 Veter. Cortar el pelo o la lana a algunos animales.
TRASQUILÓN m. fam. Desigualdad en el pelo al cortarlo. || **a trasquilones** loc. adv. Forma de cortar el pelo desordenada y sin arte. También, fig. y fam., sin orden ni método, o sin proporción.
TRASTABILLAR intr. 1 Dar traspiés o tropezones. 2 Tambalear, vacilar, titubear. 3 Tartamudear.
TRASTADA f. fam. Travesura o jugarreta.
TRASTÁMARA Geneal. Dinastía que reinó en Castilla entre 1368 y 1504. Los reyes de esta casa en Castilla fueron: Enrique II, que subió al trono después de derrotar y matar a su hermanastro Pedro I; le siguieron Juan I, Enrique III, Juan II, Enrique IV, Isabel la Católica y Juana la Loca. En Aragón se entronizó esta dinastía con Fernando I de Antequera en 1412, al que siguieron Alfonso V el Magnánimo, Juan II y Fernando II el Católico.
TRASTAZO m. fam. Golpe, porrazo.
TRASTE m. Mús. Cada uno de los resaltes que se colocan en el mástil de la guitarra u otros instrumentos semejantes, para modificar la longitud libre de las cuerdas. || **dar** uno **al traste** con una cosa. fr. Destruirla, echarla a perder.
TRASTEADO m. Mús. Conjunto de trastes de un instrumento musical.
TRASTEAR[1] tr. Mús. Poner los trastes a un instrumento.
TRASTEAR[2] intr. 1 Revolver, cambiar trastos de una parte a otra. 2 Hacer travesuras, enredar. || tr. 3 Taurom. Dar el espada al toro pases de muleta. 4 fig. y fam. Manejar con habilidad un asunto.
TRASTERO, RA adj. y m. Se dice de la pieza o desván destinado para guardar trastos.
TRASTIENDA f. 1 Cuarto situado detrás de la tienda. 2 fig. y fam. Cautela en el modo de proceder.
TRASTO m. 1 Cualquiera de los muebles y utensilios de una casa. 2 Mueble inútil arrinconado. 3 Teat. Bastidor o artificio que forma parte de la decoración del teatro. 4 fig. y fam. Persona muy pesada o enredadora; se dice especialmente de los niños. || m. pl. 5 Utensilios o herramientas de algún arte o ejercicio. || **tirar los trastos a la cabeza** fr. fig. y fam. Reñir violentamente dos o más personas.
TRASTOCAR tr. Trastornar, revolver. ♦ IRREG. Se conjuga como CONTAR.
TRASTORNAR tr. 1 Inquietar, alterar o perturbar a alguien. 2 Desordenar o trastocar. 3 fig. Causar molestia.
TRASTORNO m. Acción y efecto de trastornar.
TRASTRABILLAR intr. TRASTABILLAR.
TRASTROCAR tr. y prnl. Cambiar el ser o estado de una cosa. ♦ IRREG. Se conjuga como CONTAR.
TRASUDAR tr. Fisiol. Exhalar trasudor.
TRASUDOR m. Fisiol. Sudor tenue por fatiga o temor.
TRASUNTO m. 1 Copia o traslado que se saca del original. 2 Imitación, imagen o representación que imita fielmente una cosa.

Trastámara. Fernando de Antequera, rey de Aragón. Colegiata de Daroca (Zaragoza).

TRASVASAR tr. *Fís.* Pasar un líquido de un recipiente a otro. ♦ También se dice *transvasar.*

TRASVASE m. **1** Acción y efecto de trasvasar. **2** Conjunto de obras para canalizar el agua de un río a otro. ♦ También se dice *transvase.*

TRASVENARSE prnl. *Med.* Salir sangre de las venas.

TRASVER tr. **1** Ver a través de alguna cosa. **2** Ver mal y equivocadamente una cosa. ♦ IRREG. Se conjuga como VER.

TRASVERSAL adj. TRANSVERSAL.

TRASVERSO adj. TRANSVERSO.

TRASVERBERACIÓN f. TRANSVERBERACIÓN.

TRASVERTER intr. Rebosar un líquido por los bordes. ♦ IRREG. Se conjuga como ENTENDER.

TRATA f. Tráfico o comercio que consiste en vender seres humanos como esclavos. || **trata de blancas** Tráfico con mujeres jóvenes, para dedicarlas a la prostitución.

TRATABLE adj. **1** Que se puede o deja tratar fácilmente. **2** Cortés, razonable.

TRATADISTA com. Autor que escribe tratados sobre una materia determinada.

TRATADO m. **1** Convenio, conclusión de un negocio. **2** Documento en el que consta. **3** Escrito o discurso sobre una materia determinada.

TRATADO DE LIBRE COMERCIO *Econ.* Tratado para la creación de un mercado común entre EE UU, Canadá y México, en vigor desde 1994.

TRATAMIENTO m. **1** TRATO, acción y efecto de tratar o tratarse. **2** Título de cortesía como *merced, excelencia,* etc. **3** *Med.* Sistema o método para curar enfermedades. **4** *Tecnol.* Procedimiento empleado en una experiencia o en la elaboración de un producto.

TRATANTE adj. **1** Que trata. || com. **2** Persona que se dedica a comprar géneros para revenderlos.

TRATAR tr. **1** Manejar una cosa o usar de ella. **2** Gestionar un negocio. **3** Tener relación con alguien. También intr. y prnl. **4** Cuidar bien o mal a uno. También prnl. **5** Discutir un asunto. También intr. **6** Dar un tratamiento. **7** *Inform.* Procesar datos. **8** *Quím.* Someter una sustancia a la acción de otra. || intr. **9** Procurar el logro de algún fin. **10** Referirse a cierto tema u ocuparse de él un escrito, un discurso, etc. También prnl. **11** Comerciar con un determinado género.

TRATATIVA f. *Arg.* Negociación, acción de discutir o plantear problemas laborales, políticos, etc. Más en pl.

TRATO m. **1** Acción y efecto de tratar o tratarse. **2** Ajuste o convenio. **3** Tratamiento de cortesía. || **TRATO DE NACIÓN MÁS FAVORECIDA** *Com.* En los tratados de comercio, el que asegura a una potencia el goce de las mayores ventajas que el otro Estado conceda a un tercer país.

TRAUBE, LUDWIG Médico alemán (Ratibor, 1818 - Berlín, 1876). Considerado el fundador de la patología experimental, realizó importantes trabajos sobre termometría.

TRAUMA m. *Med.* TRAUMATISMO. || **TRAUMA PSÍQUICO** *Med.* Choque o sentimiento emocional que deja una impresión duradera.

TRAUMA-, TRAUMATO- prefs. que significan herida.

TRAUMÁTICO, CA adj. *Med.* Relativo al traumatismo.

TRAUMATISMO m. *Med.* **1** Lesión interna o externa provocada por agentes físicos o mecánicos. **2** Estado del organismo afectado de una herida grave.

TRAUMATIZAR tr. Causar un trauma emocional.

TRAUMATO- pref. TRAUMA-.

TRAUMATOLOGÍA f. *Med.* Parte de la medicina referente a los traumatismos y sus efectos.

TRAUMATÓLOGO, GA m. y f. *Med.* Especialista en traumatología.

TRAVANCORE o **TRAVANCOR** *Geog. hist.* Antiguo Estado principesco de la India. Tras la independencia de ésta formó con Cochín el Estado de Travancore-Cochín, demarcación que en 1956 tomó el nombre de Kerala.

TRAVATA f. *Meteor.* Viento huracanado en el golfo de Guinea.

TRÁVELIN m. TRAVELLING.

TRAVELLING (Voz i.) m. *Cin.* y *Telev.* **1** Desplazamiento de una cámara montada sobre ruedas para acercarla al objeto, alejarla de él o seguirlo en sus movimientos. **2** Plano rodado con esta técnica.

TRAVEN, BEN (ALBERT OTTO MAX FEIGE, llamado) Escritor mexicano de origen polaco-alemán (Swiebodzin, 1890 - Ciudad de México, 1969). Entre sus novelas de acción, destacan: *La nave de los muertos* (1926) y *El tesoro de Sierra Madre* (1927), llevada al cine por J. Huston.

TRAVERTINO m. *Geol.* Roca calcárea de color blanco, amarillento o rojizo, porosa, formada en medios acuáticos con alto contenido de carbonato cálcico.

TRAVÉS m. **1** Inclinación o torcimiento. **2** fig. Desgracia, fatalidad. || **a través de** loc. adv. Por medio de, por conducto de. También, por entre. || **de través** loc. adv. En dirección transversal.

TRAVESAÑO m. **1** Pieza que atraviesa de una parte a otra. **2** Almohada larga que ocupa toda la cabecera de la cama.

trébol

TRAVESAR tr. y prnl. ATRAVESAR. ♦ IRREG. Se conjuga como ACERTAR.

TRAVESEAR intr. **1** Andar inquieto o revoltoso de una parte a otra. **2** fig. Discurrir con variedad, ingenio y viveza.

TRAVESERO, RA adj. **1** Se dice de lo que se pone de través. || m. **2** TRAVESAÑO, almohada.

TRAVESÍA f. **1** Callejuela que atraviesa entre calles principales. **2** Parte de una carretera comprendida dentro del casco de una población. **3** Viaje por mar o por aire. **4** *Ecol. Arg.* Región desierta y sin agua.

TRAVESTÍ o **TRAVESTI** adj. y s. Persona inclinada al travestismo o que lo practica.

TRAVESTIDO, DA adj. **1** Que se viste con ropa del sexo contrario al suyo, bien para actuar en un escenario o por otros motivos. También s. **2** TRAVESTI. También s.

TRAVESTIR tr. y prnl. Vestir a una persona con la ropa del sexo contrario.

TRAVESTISMO m. **1** Hecho de vestir ropas del sexo opuesto. **2** Tendencia sexual que consiste en la identificación con el sexo opuesto y que se manifiesta en la imitación de su aspecto y actitudes.

TRAVESURA f. Acción con la que se causa algún perjuicio de poca importancia y que realiza alguien, generalmente un niño, para divertirse o jugar.

TRAVIESA f. Madero o pieza que se atraviesa en una vía férrea para asentar sobre ella los rieles.

TRAVIESO, SA adj. **1** Atravesado o de lado. **2** fig. Inquieto, revoltoso. Se dice comúnmente de los niños. **3** fig. Pícaro o malicioso. || **de travieso** loc. adv. DE TRAVÉS. También, en derecho, por línea transversal.

TRAVOLTA, JOHN Actor de cine estadounidense (Englewood, 1954). Ha intervenido en los filmes *Fiebre del sábado noche* (1977), *Grease* (1978), *Pulp Fiction* (1994), *Phenomenon* (1996), *Michael* (1996), *La delgada línea roja* (1997), *Primary Colors* (1998), *La hija del general* (1999), *Operación Swordfish* (2001), *Basic* (2003) y *El castigador* (2004).

TRAYECTO m. **1** Espacio que se recorre de un punto a otro. **2** Acción de recorrerlo.

TRAYECTORIA f. **1** *Fís.* Línea descrita en el espacio por un punto en movimiento especialmente por el centro de gravedad de un proyectil. **2** Curso o dirección que sigue alguien o algo al desplazarse.

TRAZA f. **1** Planta o diseño que se hace para la construcción de un edificio u otra obra. **2** fig. Apariencia o figura de una persona o cosa. Más en pl.

TRAZADO, DA adj. **1** Acción y efecto de trazar. **2** Traza, diseño. **3** Recorrido o dirección de un camino, canal, línea ferroviaria, carretera, etc.

TRAZADOR, RA adj. y s. Que traza o diseña una obra. || **TRAZADOR ISOTÓPICO** *Quím.* Isótopo de un elemento, radiactivo o no, que en pequeñas cantidades se incorpora a una muestra para seguir su curso a través del proceso químico, biológico o físico.

TRAZAR tr. **1** Hacer trazos o líneas. **2** Diseñar la traza de un edificio u otra obra. **3** fig. Discurrir los medios necesarios para el logro de una cosa. **4** fig. Describir, dibujar los rasgos característicos de una persona o cosa.

TRAZO m. **1** Línea, raya. **2** Parte de la letra manuscrita. **3** Línea que constituye la forma o el contorno de algo. || **dibujar al trazo** fr. Señalar con una línea los contornos de una figura.

TRÉBEDE f. pl. Triángulo de hierro con tres pies que sirve para poner al fuego sartenes, peroles, etc.

TREBEJAR intr. Travesear, enredar, juguetear.

TREBEJO m. **1** Utensilio, instrumento. Más en pl. **2** Juguete o trasto que entretiene. **3** Cada una de las piezas del ajedrez.

TREBIA Río de Italia, afluente del Po, que nace en el monte Antok; 115 km de curso. En sus orillas Aníbal venció al cónsul Sempronio Longo en 218 a. C.

TREBISONDA, IMPERIO DE *Hist.* Estado griego fundado por Alejo y David Comneno, nietos de Andrónico I, en 1204, junto al mar Negro, tras la caída del imperio latino de Constantinopla.

TREBLINKA Población de Polonia, al NE de Varsovia, voivodato de Siedlce. Durante la Segunda Guerra Mundial existió en ella un campo de concentración nazi donde fueron asesinados alrededor de 700.000 judíos.

TRÉBOL m. **1** *Bot.* Nombre de varias especies de plantas herbáceas de la familia leguminosas, género *Trifolium,* de flores blancas o moradas, que se cultivan como plantas forrajeras. **2** Uno de los palos de la baraja francesa. Más en pl.

TRECE adj. **1** *Mat.* Diez y tres. **2** *Mat.* DECIMOTERCIO. Aplicado a los días del mes, también s. || m. **3** *Mat.* Conjunto de signos con que se representa el número trece. **4** Cada uno de los trece regidores que había antiguamente en algunas ciudades. **5** Cada uno de los caballeros elegidos para gobierno de la orden de Santiago. || **estar, mantenerse,** o **seguir** uno **en sus trece** fr. fig. Persistir con pertinacia en una cosa. También, en sentido figurado, mantener a todo trance su opinión.

TRECE DE LA FAMA, LOS *Hist.* Denominación de los conquistadores españoles que rehusaron regresar a España y decidieron continuar con Pizarro en busca del imperio inca.

TRECEAVO, VA adj. y m. *Mat.* Se dice de cada una de las trece partes iguales de un todo.

TRECENTO (Voz it.) m. Nombre que recibe el movimiento cultural desarrollado en Italia en el siglo XIV.

TRECHO m. Espacio, distancia. || **de trecho a** o **en, trecho** loc. adv. De distancia a distancia, de tiempo en tiempo.

TREFILAR tr. *Met.* Pasar un metal por la hilera para hacer alambre, varilla o hilo más delgado.

TREGUA f. **1** Suspensión de hostilidades, por tiempo determinado, entre beligerantes. **2** fig. Intermisión, descanso. || **TREGUA DE DIOS** *Hist.* En el siglo XI, cesación de hostilidades entre los señores feudales durante un periodo determinado. || **dar treguas** fr. fig. Suspenderse o templarse el dolor a la enfermedad. También, dar tiempo.

TREINTA adj. *Mat.* **1** Tres veces diez. **2** Trigésimo. Aplicado a los días del mes, también s. || m. **3** Conjunto de signos con que se representa el número treinta.

TREINTA AÑOS, GUERRA DE LOS *Hist.* Contienda iniciada en Alemania (1618-48). Al ser coronado rey de Bohemia el archiduque Fernando (1617), la minoría católica se creció y los protestantes efectuaron la denominada *Defenestración de Praga* (1618). Constituyeron un gobierno provisional y nombraron rey al elector palatino Federico, que era protestante, hecho que desencadenó la guerra. La victoria en 1621 de los católicos ocasionó la intervención de Inglaterra y de Dinamarca, que fue derrotada. En 1630, el rey de Suecia Gustavo Adolfo se declaró partidario de los protestantes y obtuvo algunos triunfos sobre las armas imperiales (1632). No tardó en intervenir también Francia, que envió refuerzos a los protestantes, y promovió disturbios en España y Portugal para ayudar a la causa de Fernando, ahora representada por su hijo Fernando III. Los franceses obtuvieron triunfos tan definitivos que el emperador se vio obligado a pedir la paz, firmándose ésta en Westfalia (1648).

TREINTA TIRANOS, LOS *Hist.* Nombre con que se designa el gobierno impuesto a Atenas, en el año 404 a. C., por Lisandro. Estaba compuesto por treinta oligarcas, entre los que destacaron Critias, Trasíbulo y Terámenes, cuya misión era redactar una nueva constitución para la ciudad. En el año 403 fueron expulsados por Trasíbulo.

TREINTA Y TRES Departamento de Uruguay; 9.529 km^2 y 46.869 h. Cereales y ganadería. Su capital es la ciudad del mismo nombre.

TREINTA Y TRES, LOS *Hist.* Grupo de 33 patriotas uruguayos que, dirigidos por Lavalleja, formaron la expedición contra Brasil para conseguir la independencia uruguaya.

TREINTAVO, VA adj. y m. *Mat.* Cada una de las treinta partes iguales en que se divide un todo.

TREINTENA f. *Mat.* **1** Conjunto de treinta unidades. **2** Cada una de las treinta partes de un todo.

TREITSCHKE, HEINRICH VON Historiador alemán (Dresde, 1834 - Berlín, 1896). Su obra más importante es *Historia de Alemania en el siglo XIX* (1879-94).

TREJOS FERNÁNDEZ, JOSÉ JOAQUÍN Político costarricense (San José, 1916). Miembro del Partido de Unificación Nacional, fue presidente de la República en el periodo 1966-70. Tuvo que hacer frente a graves desórdenes.

TRELLES Y GOVÍN, CARLOS MANUEL Bibliógrafo cubano (Matanzas, 1866 - La Habana, 1951). Sentó las bases de la bibliografía histórica y científica cubana y es autor de las bibliografías cubanas de los siglos XVII al XX.

TREMA-; -TREMA, -TRESIA, -TRESIS, -TRETO pref. o sufs. que significan orificio: *monotrema.*

TREMADAL m. *Ecol.* TREMEDAL.

TREMATODO, DA adj. y m. *Zool.* **1** Se dice del gusano platelminto parásito, similar a un turbelario pero sin cilios, como la duela o la bilharzia. || m. pl. *Zool.* **2** Clase de estos animales.

TREMEBUNDO, DA adj. Horrendo, que hace temblar.
TREMECÉN TLEMCEN.
TREMEDAL m. *Ecol.* Terreno pantanoso cubierto de césped que, por su escasa consistencia, tiembla al caminar sobre él.
TREMENDISMO m. *Arte., Lit.* y *Cin.* Corriente estética desarrollada en España en el siglo XX que exagera la expresión de los aspectos más crudos de la vida real.
TREMENDO, DA adj. **1** Terrible, formidable, digno de ser temido. **2** Digno de respeto. **3** fig. y fam. Muy grande. || **por la tremenda** loc. adv. Denota el modo violento de resolver algún asunto.
TREMENTINA f. *Quím.* Resina de los pinos, abetos, alerces y terebintos, de gran viscosidad y constituida principalmente por una mezcla de hidrocarburos terpénicos y ácidos resínicos.
TREMIELGA f. *Zool.* Torpedo, pez.
TREMOLAR tr. e intr. Enarbolar los pendones, banderas o estandartes, moviéndolos en el aire.
TREMOLINA f. **1** Movimiento ruidoso del aire. **2** fig. y fam. Bulla, griterío.
TRÉMOLO m. *Mús.* Sucesión rápida de muchas notas iguales de la misma duración.
TRÉMULO, LA adj. **1** Que tiembla. **2** Se dice de las cosas de movimiento semejante al temblor; como la luz, etc.
TREN m. **1** Serie de vagones enlazados o articulados unos tras otros y arrastrados por una locomotora; por extensión, tren que no precisa de locomotora, por tener fuerza automotriz propia. **2** *Tecnol.* Conjunto de instrumentos o útiles para una misma operación o servicio. **3** Ostentación, pompa o lujo con que se vive. || **TREN DE ALTA VELOCIDAD** Aquel cuya tecnología permite alcanzar velocidades punta superiores a los 300 km/h. || **TREN DE ATERRIZAJE** *Aviac.* Dispositivo de aterrizaje de un avión. || **TREN ESPACIAL** *Astronáut.* Serie de dos o más módulos que, unidos entre sí, arrastran alternativamente el conjunto. || **TREN ESPECIAL** El que circula en fechas de mayor afluencia de público, o por otra causa. || **TREN EXPRESO** El de viajeros que se detiene solamente en las estaciones principales. || **TREN MIXTO** El que conduce viajeros y mercancías. || **TREN ÓMNIBUS** El que para en todas las estaciones. || **TREN RÁPIDO** El que lleva mayor velocidad que el expreso. || **a todo tren** loc. adv. Con fausto y opulencia. También, con la máxima velocidad. || **estar como un tren** fr. fig. y fam. Tener buen tipo una persona. || **para parar un tren** adv. fam. Ser muy fuerte o abundante una cosa.

tren de cercanías.

TRENA f. **1** Especie de banda o trenza que se usaba como cinturón. **2** fam. Cárcel.
TRENCA f. **1** Palo atravesado en la colmena para sostener los panales. **2** *Bot.* Raíz principal de una cepa. **3** Abrigo corto con capucha.
TRENCILLA f. Galoncillo trenzado que sirve de adorno. || m. **2** pop. Árbitro de fútbol.
TRENO m. **1** Canto fúnebre. **2** Por antonomasia, cada una de las lamentaciones del profeta Jeremías.
TRENT Río del Reino Unido, en las Midlands; entra en el estuario del Humber a 65 km del mar del Norte; 270 km de curso.
TRENT Río de Canadá, que se forma en el condado de Haliburton, y desemboca en el Ontario; 300 km de curso.
TRENTINO-ALTO ADIGIO Región de Italia, en los Alpes, fronteriza con Austria y Suiza, que comprende las provincias de Bolzano y Trento; 13.607 km² y 890.360 h. Capital, Trento. Producción agrícola. Industria. Formó parte del Tirol austríaco hasta 1919, en que pasó a Italia. Turismo.

Trento (Italia). El palacio Pretorio.

TRENTO Provincia del N de Italia, en Trentino-Alto Adigio; 6.207 km² y 449.852 h. Su capital es la ciudad del mismo nombre.
TRENTO, CONCILIO DE *Hist.* y *Rel.* Concilio ecuménico de la iglesia católica, celebrado en la ciudad italiana de Trento, con la pretensión de acabar con el cisma producido por la Reforma y reorganizar y reforzar a la iglesia romana. Duró de 1545 a 1563. Convocado por el papa Pablo III, se celebró en tres períodos (1545-49, 1551-52 y 1562-63), los dos últimos bajo el pontificado de Julio III.
TRENZA f. **1** Entrecruzamiento de tres o más hebras, cordones, etc. **2** La que se hace entretejiendo el cabello largo.
TRENZADO m. **1** TRENZA. **2** *Danza.* Salto ligero en el cual los pies se cruzan rápida y sucesivamente uno contra otro. **3** En equitación, paso que hace el caballo piafando.
TRENZAR tr. **1** Hacer trenzas con algo. || intr. **2** En danza y equitación, hacer trenzados.
TREPA f. **1** Acción y efecto de trepar. || com. **2** Persona sin escrúpulos que es capaz de hacer cualquier cosa para progresar. **3** Adorno en la orilla de algunos vestidos. **4** Ondulaciones de algunas maderas labradas. **5** fam. Astucia, malicia, engaño.
TREPADO m. **1** Trepa, adorno. **2** Línea de puntos taladrados a máquina para separar fácilmente los documentos de sus matrices, o los sellos de correos.
TREPADOR, RA adj. **1** Que trepa. **2** *Bot.* Se dice de la planta que trepa agarrándose a otras plantas, muros o paredes rocosas. **3** *Zool.* Se dice del ave que trepa con facilidad, como el cuclillo y el pájaro carpintero. También s. || m. **4** Sitio por donde se trepa. **5** Cada uno de los garfios con dientes que sirven para subir a los postes telegráficos y otros análogos. Más en pl.
TREPANAR tr. *Med.* Horadar el cráneo u otro hueso con fin curativo o diagnóstico.
TRÉPANO m. *Med.* Instrumento para trepanar.
TREPAR intr. **1** Subir a un lugar alto o dificultoso. También tr. **2** *Bot.* Crecer las plantas agarrándose a árboles y paredes. **3** fig. y fam. Elevarse en la escala social ambiciosamente y sin escrúpulos.
TREPARRISCOS m. *Zool.* Ave paseriforme perteneciente a la familia ticodromádidos, de nombre científico *Tichodroma muraria*, de unos 15 cm de longitud. Vive en Europa y Asia.
TREPIDAR intr. **1** Temblar fuertemente. **2** *Amér.* Vacilar, dudar.
TREPONEMA f. *Biol.* Bacteria flagelada espiroqueta, gram-negativa, una de cuyas especies produce la sífilis.
TRES adj. **1** *Mat.* Dos y uno. **2** *Mat.* Tercero. Aplicado a los días del mes, también s. || m. **3** *Mat.* Signo o conjunto de signos con que se representa el número tres. **4** Naipe con tres señales. || **TRES CUARTOS** Abrigo corto. || **como tres y dos son cinco** expr. fig. y fam. Se utiliza para ponderar la evidencia de alguna verdad. || **ni a la de tres** expr. De ningún modo.
TRES AÑOS, GUERRA DE LOS *Hist.* Nombre dado a la guerra civil que estalló en México (1858-61) entre liberales y conservadores con motivo de la promulgación de la constitución liberal de Querétaro (1857) y que concluyó con la victoria de Juárez y los liberales. También se la conoce como guerra de la Reforma.
TRES CRUCES Nevado de los Andes argentinochileno, en la frontera entre los dos países (Catamarca y Atacama); 6.749 m.
TRES DE FEBRERO Ciudad de Argentina, provincia de Buenos Aires; 349.221 h. Industrias.

TRES MARÍAS, LAS Archipiélago de México, en el Pacífico, situado a 110 km frente a la costa del Estado de Nayarit.
TRES OBISPADOS, LOS *Hist.* Nombre con que se designó entre los siglos XVI y XVIII un gobierno de la antigua Francia constituido por el conjunto de las tres diócesis de Metz, Toul y Verdún.
TRES PUNTAS Cabo de Argentina, provincia de Santa Cruz, cerca de Santiago Tuxtla, en el extremo S del golfo de San Jorge.
TRES ZAPOTES *Arqueol.* Lugar arqueológico de México, cerca de Santiago Tuxtla, Estado de Veracruz. Fue centro de la civilización olmeca.
TRESBOLILLO A, o **AL** loc. adv. Se dice de la colocación de objetos en grupos de a cinco, de modo que uno quede en el centro de los otros cuatro.
TRESCIENTOS, TAS adj. *Mat.* **1** Tres veces ciento. **2** Tricentésimo. || m. **3** Conjunto de signos con que se representa el número trescientos.
-TRESIA suf. TREMA-.
TRESILLO m. **1** Sofá de tres plazas. **2** Conjunto de un sofá y dos butacas que hacen juego. **3** Juego de naipes entre tres personas en el que gana el que hace mayor número de bazas. **4** Sortija con tres piedras que hacen juego. **5** *Mús.* Conjunto de tres notas iguales ejecutadas en el tiempo correspondiente a dos de ellas.
-TRESIS suf. TREMA-.
TRESMESINO, NA adj. De tres meses.
TRETA f. **1** Artificio, artimaña. **2** En esgrima, engaño, finta para herir o desarmar al contrario, o para defenderse.
-TRETO suf. TREMA-.
TRÉVERIS Ciudad de Alemania, en el Land de Renania-Palatinado, a orillas del río Mosela; 96.700 h. Fundiciones de hierro y de vidrios. Comercio de vinos. Fundada por los romanos conserva numerosas ruinas de esta época. Catedral (siglos VI-XIII).

Tréveris (Alemania). Catedral.

Treviso Provincia de Italia, en la región del Véneto; 2.477 km² y 55.635 h. Su capital es la ciudad del mismo nombre.

Trevithick, Richard Ingeniero e inventor británico (Illogan, 1771 - Dartford, 1833). Inventó una máquina de vapor de alta presión y, aplicándola, construyó diversos mecanismos.

tri-, tris- prefs. que significan tres: *trípode*.

triaca f. 1 *Farm*. Confección farmacéutica de muchos ingredientes. 2 fig. Remedio de un mal.

triacal adj. *Farm*. De triaca o que tiene algunas de sus propiedades.

tríada f. 1 Conjunto de tres seres o cosas estrechamente vinculados entre sí. 2 *Med*. Conjunto de tres síntomas característicos de una enfermedad.

tríade f. TRÍADA, conjunto de tres seres o cosas.

trial¹ m. *Gram*. Número gramatical intermedio entre el dual y el plural, que existe en algunos idiomas.

trial² m. *Dep*. Especialidad de motorismo que se practica en el campo, consistente en una prueba de habilidad.

Triana, Rodrigo de (Juan Rodríguez Bermejo, llamado) Marino español (s. XVI). Acompañó a Cristóbal Colón en su primer viaje y parece ser que fue el primero en avistar tierra desde la *Pinta*.

trianero, ra adj. y s. De Triana, barrio de Sevilla.

triangulación f. *Geom*. y *Arquit*. 1 Operación de triangular. 2 Conjunto de datos obtenidos mediante esta operación.

triangular¹ adj. De figura de triángulo o semejante a él.

triangular² tr. 1 *Arquit*. Disponer las piezas de un armazón de modo que formen triángulo. 2 *Geog*. Ligar por medio de triángulos ciertos puntos de la superficie terrestre para medir el área determinada por los mismos.

triángulo, la adj. 1 TRIANGULAR¹. || m. 2 *Geom*. Figura formada por tres rectas que se cortan mutuamente. 3 *Mús*. Instrumento musical de percusión en forma de triángulo. || **triángulo acutángulo** *Geog*. Aquel cuyos tres ángulos son agudos. || **triángulo equilátero** *Geog*. Aquel que tiene los tres lados iguales. || **triángulo escaleno** *Geog*. El que tiene los tres lados desiguales. || **triángulo isósceles** *Geog*. El que tiene dos de sus lados iguales. || **triángulo obtusángulo** *Geog*. El que tiene obtuso uno de sus ángulos. || **triángulo rectángulo** *Geog*. El que tiene recto uno de sus ángulos.

Trianón, Gran y **Pequeño** *Arquit*. Nombre de dos palacios levantados en el parque de Versalles, por Luis XIV y Luis XV.

triar tr. 1 Escoger, entresacar. || intr. 2 Entrar o salir con frecuencia las abejas de una colmena. || prnl. 3 Clarearse una tela.

triásico, ca adj. *Geol*. 1 Se dice del primero de los tres periodos en que se divide la era mesozoica o secundaria, que comenzó hace 225 millones de años y concluyó hace 190 millones. Debido a la erosión de los macizos hercinianos y la sedimentación de sus materiales, se formaron depósitos de sal gema, cinc, plomo petróleo y yeso. Se inició la expansión de los reptiles y aparecieron los primeros mamíferos. 2 Se dice del terreno sedimentario que, inferior al liásico, es el más antiguo de los secundarios. También s. 3 Relativo a este terreno.

tribal adj. Relativo a la tribu.

tribo- pref. que expresa la idea de frote o rozamiento.

triboelectricidad f. *Fís*. Electricidad que aparece por frotamiento entre dos cuerpos.

triboluminiscencia f. *Fís*. Luminiscencia por frotamiento.

Triboniano Jurista bizantino (? - ?, h. 546). Dirigió la redacción del *Código de Justiniano*, importante compilación de derecho romano y fuente del derecho occidental, y del DIGESTO.

tribraquio m. *Métr*. Pie de la poesía griega y latina que se compone de tres sílabas breves.

tribu f. 1 Agrupación de pueblos antiguos. 2 *Antrop*. Grupo homogéneo y autónomo, social y políticamente, que ocupa un territorio propio. El término se aplica a aquellos grupos cuya unidad se basa en las relaciones de parentesco y que no están organizados en estructuras jerárquicas o políticas. 3 *Biol*. En sistemática, cada uno de los grupos taxonómicos en que se dividen algunas familias.

tribual adj. TRIBAL.

tribulación f. 1 Congoja, pena. 2 Adversidad. || 2 Abrojo, planta.

tríbulo m. *Bot*. 1 Nombre de varias plantas espinosas. 2 Abrojo, planta.

tribuna f. 1 Plataforma elevada desde donde alguien habla o se dirige al público. 2 Balcón en el interior de algunas iglesias. 3 Localidad preferente en un campo de deporte. 4 Plataforma elevada en ciertos espectáculos públicos. 5 fig. Oratoria, principalmente política, de un país, de una época, etc. 6 fig. Conjunto de oradores políticos de un país, de una época, etc.

tribunado m. *Hist*. 1 Dignidad de tribuno en la antigua Roma y tiempo que duraba. 2 Institución establecida en Francia por Napoleón Bonaparte con la constitución del año VIII, que tenía por objeto moderar los otros poderes.

tribunal m. *Der*. 1 Lugar destinado a los jueces para administrar justicia y pronunciar sentencias. 2 Magistrado o magistrados con esa misión. 3 Conjunto de jueces ante el cual se efectúan exámenes, oposiciones, etc. || **tribunal de casación** *Der*. El que conoce de los quebrantamientos o infracciones de ley alegados contra los fallos de instancias. || **Tribunal de Cuentas** *Econ*. Órgano que examina y censura las cuentas de todas las dependencias del Estado. || **Tribunal de Garantías Constitucionales** *Polít*. El constitucional, establecido por la Constitución española de 1931. || **Tribunal de la Rota** *Der*. El que conoce las apelaciones frente a sentencias eclesiásticas. || **Tribunal Tutelar de Menores** *Der*. El que resuelve acerca de los delitos cometidos por menores de edad. || **Tribunal Internacional de Justicia** *Der*. Órgano judicial de la ONU creado en 1945, encargado de las disputas legales entre las naciones, su jurisdicción es opcional.

Tribunal Supremo *Der*. Órgano supremo de la justicia ordinaria de un país, cuyos fallos no son recurribles ante otra autoridad. Con sede en Madrid, el Tribunal Supremo se compone de las siguientes salas: de lo civil, de lo penal, de lo contencioso-administrativo, de lo social y de lo militar.

tribunicio, cia adj. 1 Relativo al tribuno romano. 2 fig. Relativo al tribuno, orador.

tribuno m. 1 *Hist*. Antiguo magistrado romano, que tenía facultad de vetar las resoluciones del Senado y de proponer plebiscitos. 2 fig. Orador popular. || **tribuno de la plebe** *Hist*. Tribuno romano. || **tribuno militar** *Hist*. Jefe de un cuerpo de tropas romanas.

tributar tr. 1 Entregar el vasallo al señor en reconocimiento del señorío, o el ciudadano al Estado para cargas y atenciones públicas, cierta cantidad de dinero o especie. 2 fig. Manifestar veneración, respeto, afecto.

tributario, ria adj. 1 Relativo al tributo. 2 Que paga tributo. También s. 3 *Geog*. Se dice del curso de agua con relación al río o mar adonde desemboca.

tributo m. 1 Cantidad de dinero que debe pagar un ciudadano al Estado para que haga frente a las cargas y servicios públicos. 2 Cantidad de dinero o especie que entregaba el vasallo a su señor, a la iglesia o a un soberano. 3 Cualquier carga o inconveniente que se deriva del uso o disfrute de alguna cosa. 4 Sentimiento de admiración, respeto o afecto hacia una cosa.

Tríccala o **Trikkala** Nomo del centro de Grecia, en la región de Tesalia; 3.384 km² y 137.819 h. Su capital es la ciudad del mismo nombre.

tricenal adj. 1 Que dura treinta años. 2 Que se verifica cada treinta años.

tricentenario, ria adj. 1 Que dura trescientos años. || m. 2 Tiempo de trescientos años. 3 Fecha en la que se cumplen los trescientos años de un acontecimiento, y festejos que se programan para celebrarlo.

tricentésimo, ma adj. *Mat*. 1 Que sigue inmediatamente en orden al ducentésimo nonagésimo nono. 2 Se dice de cada una de las trescientas partes iguales de un todo. También s.

tríceps adj. y m. *Anat*. Se dice del músculo con tres cabezas. ♦ Su pl. es *tríceps*.

triceratops m. *Zool*. Nombre de diversos reptiles fósiles de la familia ceratópsidos, género *Triceratops*, que vivieron a finales del cretácico. Medían entre 6 y 8 m de longitud y en la cabeza tenían tres cuernos. ♦ Su pl. es *triceratops*.

triciclo m. 1 Vehículo de tres ruedas. 2 Juguete infantil de tres ruedas, que se mueve mediante la acción de pedales.

triclínico, ca adj. y m. *Geol*. Se dice del sistema de cristalización cuyos cristales poseen un centro de simetría, y cuyas caras tienen tres ángulos no rectos desiguales y tres lados desiguales.

triclinio m. 1 Diván en que los antiguos griegos y romanos se reclinaban para comer. 2 Comedor de los antiguos griegos y romanos.

tricolor adj. De tres colores.

tricolor, revolución *Hist*. Sublevación de los liberales uruguayos contra el presidente Pedro Varela, en 1875. Fue sofocada.

tricóptero, ra adj. y m. *Zool*. 1 Se aplica al insecto acuático, con larvas vermiformes y adultos con dos pares de alas cubiertas de pelos y con la venación bien desarrollada; el abdomen aparece dividido en segmentos, las antenas son largas y el aparato bucal transformado en lamedor-chupador. || m. pl. *Zool*. 2 Orden de estos insectos, con unas 3.500 especies.

tricorne (Del lat. *tricornis*.) adj. poét. De tres cuernos.

tricornio adj. 1 De tres cuernos. 2 SOMBRERO DE TRES PICOS. También s.

tricot (Voz fr.) m. Tejido de punto, hecho a mano o a máquina.

tricotar tr. Tejer, hacer punto a mano o con máquina.

tricotosa f. Máquina para hacer tejidos de punto, especialmente la de uso industrial.

tricromía f. *Fot*. y *A. gráf*. 1 Procedimiento fotográfico y fotomecánico de reproducción de todos los colores mediante la estampación sucesiva del amarillo, rojo y azul. 2 Impresión obtenida con esta técnica.

tricúspide adj. y s. *Anat*. 1 Que tiene tres cúspides o puntas. 2 VÁLVULA TRICÚSPIDE.

tridáctilo, la adj. *Zool*. Que tiene tres dedos.

tridemismo m. *Polít*. Doctrina china basada en los principios de independencia política y económica, formulados por Sun Yat-sen en 1905.

tridente adj. 1 De tres dientes. || m. 2 Cetro en forma de arpón que tienen en la mano las figuras de Neptuno y su escultórica hijo Poseidón.

tridentino, na adj. y s. 1 De Trento. 2 *Hist*. y *Rel*. Relativo al concilio ecuménico que se reunió en esta ciudad desde 1545 hasta 1563.

tridimensional adj. Se dice de lo que se desarrolla en las tres dimensiones del espacio.

triduo m. Ejercicios religiosos que se practican durante tres días.

triedro adj. y m. *Geom*. Se dice del ángulo formado por tres semirrectas que concurren en un punto que es el vértice del triedro.

trienal adj. 1 Que sucede o se repite cada trienio. 2 Que dura un trienio.

trienio m. Periodo de tiempo de tres años.

Trier Distrito de Alemania, en el Land de Renania-Palatinado; 4.923 km² y 494.400 h. Su capital es la ciudad del mismo nombre.

Trieste 1 Provincia NE de Italia, en Friul-Venecia Julia; 212 km² y 261.825 h. 2 Ciudad capital de Friul-Venecia Julia, en el golfo de Trieste y junto a la frontera eslovena; 255.477 h. Importante puerto y destacado centro industrial. Durante la Segunda Guerra Mundial fue ocupada por las tropas alemanas y liberada en mayo de 1945 por las fuerzas de la ONU; con la zona colindante constituyó el Territorio Libre de Trieste, de 1947 a 1954, en que la ciudad volvió a poder de Italia.

triestino, na adj. y s. De Trieste, Italia.

Gran **Trianón**. Versalles (Francia).

TRIFÁSICO, CA adj. *Fís.* Se dice de un sistema de tres corrientes eléctricas alternas iguales, procedentes del mismo generador, y desplazadas en el tiempo, cada una respecto de las otras dos, en un tercio de periodo.
TRÍFIDO, DA adj. *Biol.* Se aplica al órgano abierto o hendido en tres partes separadas por estrechos senos que no alcanzan la base.
TRIFOLIADO, DA adj. *Bot.* Que tiene tres hojas o foliolos.
TRIFOLIO m. *Bot.* TRÉBOL.
TRIFORIO m. *Arquit.* Ventanas ornamentales colocadas en las naves laterales de una iglesia.
TRIFULCA f. **1** *Met.* Aparato para dar movimientos a los fuelles de los hornos metalúrgicos. **2** fig. y fam. Desorden, gresca.
TRIFURCARSE prnl. Dividirse una cosa en tres ramales, brazos o puntas.
TRIGA f. **1** Carro de tres caballos. **2** Conjunto de tres caballos de frente que tiran de un carro.
TRIGAL m. *Agr.* Campo sembrado de trigo.
TRIGÉMINO, NA adj. *Mat.* **1** Triple. || m. *Anat.* **2** Cada uno de los miembros del quinto par nervioso craneal.
TRIGÉSIMO, MA adj. *Mat.* **1** Que sigue inmediatamente en orden al vigésimo nono. **2** Se dice de cada una de las treinta partes iguales de un todo. También s.
TRIGLA f. *Zool.* TRILLA¹.
TRIGLICÉRIDO m. *Quím.* Nombre de los más comunes de los glicéridos, compuestos obtenidos al esterificar los grupos alcohol de la glicerina con ácidos orgánicos.
TRIGLIFO o **TRÍGLIFO** m. Adorno del friso del orden dórico en forma de rectángulo saliente y surcado por tres canales.

trigo

TRIGO m. **1** *Bot.* Planta herbácea anual, perteneciente a la familia gramíneas, con espigas terminales compuestas de tres o más carreras de granos, de los que, triturados, se saca la harina con que se hace el pan. Es uno de los cereales de mayor cultivo en el mundo. **2** *Bot.* Grano de esta planta. **3** Conjunto de granos de esta planta. **4** fig. Dinero, caudal. || **TRIGO CANDEAL** El que da harina y pan blancos. || **TRIGO CHAMORRO** El de espiga pequeña y achatada, y grano blando y de poco salvado. || **TRIGO SARRACENO** ALFORFÓN. || **no ser trigo limpio** fr. fig. y fam. No ser un asunto o la conducta de una persona tan intachable como parece.
TRIGONAL adj. *Geol.* Sistema de cristalización cuyas formas tienen un eje ternario y, como máximo, tres binarios, tres planos de simetría y un centro.
TRIGONOMETRÍA f. *Mat.* Parte de las matemáticas que estudia las relaciones entre los lados de un triángulo rectángulo, y las razones goniométricas correspondientes a sus ángulos.
TRIGUEÑO, ÑA adj. Del color del trigo, entre moreno y rubio.
TRIGUERO, RA adj. *Agr.* **1** Relativo al trigo. **2** Que se cría entre el trigo. **3** Se dice del terreno en que se da bien el trigo. || m. *Agr.* **4** Criba para zarandar el trigo. || f. *Bot.* **5** Planta perenne de la familia gramíneas.
TRIKKALA TRÍCCALA.
TRILÁTERO, RA adj. *Geom.* De tres lados.
TRILE m. *Zool. Chile* Pájaro negro parecido al tordo.
TRILINGÜE adj. **1** Que tiene tres lenguas. **2** Que habla tres lenguas. **3** Escrito en tres lenguas.
TRILITA f. *Quím.* TRINITROTOLUENO.
TRILÍTERO, RA adj. De tres letras.
TRILITO m. *Arqueol.* Dolmen de dos piedras clavadas verticalmente en el suelo, que sostienen una tercera, horizontal.
TRILLA¹ f. *Zool.* RUBIO, pez.
TRILLA² f. **1** *Agr.* Acción de trillar. **2** *Agr.* Tiempo de trilla. **3** *Agr.* TRILLO. **4** fig. *And., Chile* y *P. Rico* Zurra, felpa.
TRILLADO, DA adj. Común y sabido.
TRILLADOR, RA adj. *Agr.* **1** Que trilla. También s. || f. **2** Máquina trilladora.
TRILLAR tr. **1** *Agr.* Separar el grano de la paja quebrantando la mies tendida en la era con el pisoteo de las bestias, con el trillo o la trilladora. **2** fig. y fam. Frecuentar y seguir continuamente una cosa. **3** fig. Dejar a alguien maltrecho.

TRILLIZO, ZA adj. y s. *Biol.* Se dice de cada uno de los hermanos nacidos de un parto triple.
TRILLO m. **1** *Agr.* Instrumento para trillar que consiste en un tablón con pedazos de pedernal o cuchillas de acero encajadas en una de sus caras. **2** *Amér.* y *Can.* SENDA.
TRILLÓN m. *Mat.* Un millón de billones, que se expresa por la unidad seguida de dieciocho ceros.
TRILOBITES m. *Zool.* Artrópodo marino fósil del paleozoico, caracterizado por presentar un exoesqueleto dorsal quitinoso, calcificado y dividido en tres partes. ♦ Su pl. es *trilobites*.
TRILOCULAR adj. *Biol.* Que tiene tres cavidades o celdas.
TRILOGÍA f. *Lit.* **1** Conjunto de tres tragedias de un mismo autor, presentadas a concurso en los juegos solemnes de la Grecia antigua. **2** Conjunto de tres obras literarias de un autor que constituyen una unidad.
TRIMEMBRE adj. De tres miembros o partes.
TRIMENSUAL adj. Que sucede tres veces al mes.
TRÍMERO, RA adj. y m. *Zool.* Se dice del insecto coleóptero que tiene el tarso dividido en tres artejos, como la mariquita.
TRIMESTRAL adj. **1** Que sucede o se repite cada tres meses. **2** Que dura tres meses.
TRIMESTRE m. **1** Espacio de tres meses. **2** Renta, sueldo, pensión etc., que se cobra o paga al fin de cada trimestre. **3** Conjunto de los números de un periódico o revista, publicados durante un trimestre.
TRIMIELGA f. *Zool.* Torpedo, pez.
TRIMOTOR adj. y m. Se dice del avión provisto de tres motores.
TRIMURTI *Rel.* Trinidad del hinduismo, que representa las tres energías de la naturaleza, y está compuesta por Brahma, creador; Visnú, conservador, y Siva, destructor.
TRINACRIA Antiguo nombre de Sicilia.
TRINACRIO, CRIA adj. y s. De Trinacria, actualmente Sicilia.
TRINAR intr. **1** *Mús.* Hacer trinos. **2** GORJEAR. **3** fig. y fam. Rabiar, impacientarse.
TRINCA f. **1** Conjunto de tres cosas de una misma clase. **2** Conjunto de tres personas designadas para argüir recíprocamente en las oposiciones. **3** *Mar.* Cabo o cuerda, cable, cadena, etc., que sirve para trincar.
TRINCAR¹ (Del occitano *trencar.*) tr. Partir, desmenuzar.
TRINCAR² (De origen incierto.) tr. **1** Coger o agarrar fuertemente. **2** Apresar, encarcelar. **3** fam. ROBAR, hurtar. **4** *Amér. C.* y *Méx.* Apretar, oprimir.
TRINCAR³ (Del al. *trinken.*) tr. fam. Tomar bebidas alcohólicas.
TRINCHANTE com. **1** Persona que corta y separa las viandas en la mesa. || m. **2** TRINCHERO, mueble. **3** Instrumento para trinchar.
TRINCHAR tr. Partir en trozos la comida para servirla. **2** fig. y fam. Disponer, decidir en algún asunto con satisfacción y autoridad.
TRINCHE m. **1** *Col., Chile, Ecuad.* y *Méx.* TENEDOR de mesa. **2** *Chile, Ecuad.* y *Méx.* TRINCHERO, mueble.
TRINCHERA f. **1** *Mil.* Defensa excavada en la tierra para cubrir el cuerpo de los soldados. **2** Desmonte hecho en el terreno para camino, con taludes a ambos lados.
TRINCHERO m. Mueble de comedor que sirve principalmente para trinchar.
TRINCHETE m. Cuchilla de zapatero.
TRINEO m. Vehículo sin ruedas para caminar sobre el hielo y la nieve.
TRINIDAD f. **1** *Rel.* En algunas religiones, unión de tres personas distintas que forman un solo dios. **2** desp. Unión de tres personas en algún negocio.

trilobites

TRINIDAD Isla de Argentina, provincia de Buenos Aires.
TRINIDAD Isla del océano Atlántico, en el mar de las Antillas, situada frente a la desembocadura del río Orinoco, que junto a la de Tobago forma el Estado de TRINIDAD Y TOBAGO; 4.820 km² y 1.184.106 h. Su capital es Port of Spain. Caña de azúcar y cacao. Importante riqueza petrolífera.
TRINIDAD o **SANTÍSIMA TRINIDAD** *Rel.* Misterio y dogma de la religión católica que afirma la unión de tres personas distintas, el Padre, el Hijo y el Espíritu Santo, en una sola y única esencia.
TRINIDAD Y TOBAGO (*Republic of Trinidad and Tobago*) Estado insular de América, en el archipiélago de las Antillas. Se encuentra situado en el océano Atlántico, frente a la costa nororiental de Venezuela.
Geog. El país está formado por las dos islas más meridionales del archipiélago de las Antillas, Trinidad y To-

---

Superficie:
5.128,1 km².
Población:
1.292.000 h.
(trinitenses y tobagos).
Densidad:
251,9 h./km².
Tasa de natalidad: 14,5‰.
Tasa de mortalidad: 7,2‰.
Capital: Port of Spain (Puerto España).
Ciudades principales: Chaguanas, San Fernando, Arima, Point Fortin y Scarborough.
Grupos étnicos: hindúes (40,3%), negros (39,6%), mestizos (18,4%), blancos (0,6%), chinos (0,4%).
Religión: protestantismo (29,7%), catolicismo (29,4%), hinduismo (23,7%), islamismo (5,9%).
Idioma: inglés (oficial), español, hindi y francés.
Moneda: dólar de Trinidad y Tobago.
Forma de Estado: república.
Producto Nacional Bruto: 5.811 millones de dólares.
Renta per cápita: 4.520 dólares.
División administrativa: 6 condados, 2 ciudades, 3 municipalidades y 1 isla semiautónoma, según cuadro.

TRINIDAD Y TOBAGO

	Superficie (km²)	Población (h.)	Capitales
Condados			
Caroni	494,7	120.508	Chaguanas
Nariva/Mayaro	904	36.781	Río Claro
San Andrés/San David	932,4	62.944	Sangre Grande
San Jorge	917,0	445.620	
San Patricio	652,7	120.129	Siparia
Victoria	816	210.833	Princes Town
Ciudades			
Pot of Spain	10,4	50.878	
San Fernando	7,8	30.092	
Municipalidades			
Arima	10,4	29.695	
Chaguanas	59,6	56.601	
Point Fortin	23,3	20.025	
Isla semiautónoma			
Tobago	330,4	50.282	Carborough

bago, situadas muy cerca de la costa venezolana, frente a las bocas del Orinoco. Su relieve, de origen volcánico, presenta pequeñas elevaciones. Tiene clima tropical, con abundantes precipitaciones, y la vegetación es de bosque y sabana. La población, urbana y rural a partes iguales, se concentra preferentemente en la isla de Trinidad. La agricultura tiene escasa importancia. Sus principales recursos proceden del petróleo y sus productos derivados. Turismo.

Hist. Las islas Trinidad y Tobago fueron descubiertas por Colón en 1498. Pasaron a manos de los ingleses en el siglo XVIII, confirmándose su posesión definitiva por el tratado de paz de Amiens, firmado con Francia en 1802. Fueron gobernadas como colonias de la corona británica hasta que en enero de 1958 entraron a formar parte de la Federación de las Antillas Británicas. En agosto de 1962, ambas islas se constituyeron conjuntamente en nación independiente en el seno de la Commonwealth británica. El gobierno quedó en manos de Eric Williams, protagonista de la independencia. En agosto de 1976 el país se proclamó República: Ellis Clarke fue elegido presidente y Eric Wiliams, primer ministro. Fue sucedido en 1981 por George Chambers. En 1987 Noord Mohammed Hassan ocupó la presidencia, nombrando primer ministro a Arthur Robinson, que en julio de 1990 fue objeto de un golpe de Estado, sofocado a los cinco días. En las elecciones legislativas anticipadas de diciembre de 1991, Patrick Manning, líder del Movimiento Nacional Popular (MNP), resultó elegido como primer ministro. A raíz de las crisis internas de los principales partidos, disidentes del partido gubernamental (MNP) fundaron en 1994 el Partido Republicano y Charles Carson, líder expulsado de la ARN, el Partido del Desarrollo Nacional. En las elecciones legislativas de 1995 resultó elegido Basdeo Panday. En 1997 Nor Hassanali fue sustituido en la presidencia por Arthur Robinson. Panday fue reelegido en 2000. Tras las elecciones de 2001, Patrick Manning fue de nuevo nombrado primer ministro y ratificado tras las legislativas de 2002. En 2003 el Parlamento eligió a Maxwell Richards presidente del país.

TRINITARIO, RIA adj. **1** *Rel.* Se dice del religioso o religiosa de la ORDEN DE LA SANTÍSIMA TRINIDAD PARA LA REDENCIÓN DE LOS CAUTIVOS. Más como m. pl. **2** De Trinidad, Cuba. También s. || f. *Bot.* **3** Forma silvestre del pensamiento y su flor.

TRINITROTOLUENO m. *Quím.* Producto derivado del tolueno en forma de sólido cristalino. Es un explosivo que se emplea con fines militares.

TRINO[1] (Voz onomatopéyica, como en it. *trillo.)* m. **1** *Mús.* Sucesión rápida y alternada de dos notas de igual duración, entre las cuales media la distancia de un tono o de un semitono. **2** *Zool.* Gorjeo de los pájaros.

TRINO[2], NA (Del lat. *trinus.)* adj. **1** Que contiene en sí tres cosas distintas, o participa de ellas. **2** Ternario, que consta de tres unidades o elementos.

TRINOMIO m. *Mat.* Polinomio de tres términos.

TRINQUETE[1] m. *Mar.* **1** Verga mayor que se cruza sobre el palo de proa. **2** Vela que se larga en ella. **3** Palo que se arbola inmediato a la proa.

TRINQUETE[2] m. Frontón cerrado sin contracancha.

TRINQUETE[3] m. Garfio que resbala sobre los dientes oblicuos de una rueda, para impedir que ésta se vuelva hacia atrás.

TRÍO m. **1** Composición musical para tres voces o instrumentos. **2** Conjunto de tres voces o instrumentos. **3** Grupo de tres.

TRIODO o **TRÍODO** m. *Fís.* Válvula termiónica compuesta de tres electrodos.

TRIOICO, CA adj. *Bot.* Que tiene flores hermafroditas, masculinas y femeninas en distintos individuos.

TRIÓXIDO m. *Quím.* Cuerpo resultante de la combinación de un radical con tres átomos de oxígeno.

TRIP (Voz i.) m. **1** Viaje. **2** *Med.* Efectos producidos por un alucinógeno.

TRIPA f. **1** *Anat.* Intestino. **2** Trozo del intestino de un animal utilizado en alimentación. **3** *Anat.* Vientre, y especialmente el de la hembra en el embarazo. **4** fig. Lo interior de ciertas cosas. || **hacer** uno **de tripas corazón** fr. fig. y fam. Sobreponerse en las adversidades. || **revolverle** a uno **las tripas** fr. fig. y fam. Causarle disgusto y repugnancia.

TRIPADA f. fam. Panzada, hartazgo.

TRIPANOSOMA m. *Biol.* Protozoo flagelado de la familia tripanosomátidos, que vive en la sangre del hombre y de algunos vertebrados superiores y es causante de la enfermedad llamada tripanosomiasis americana.

TRIPANOSOMIASIS f. *Med.* Cualquiera de las enfermedades causadas en el hombre o los animales por un tripanosoma.

TRIPARTITO, TA adj. **1** Dividido en tres partes, órdenes o clases. **2** Constituido por tres partidos políticos. **3** Realizado entre tres.

TRIPARTITO, PACTO *Hist.* Alianza suscrita en Berlín, en 1940, por Alemania, Italia y Japón, para establecer un nuevo orden en Europa y Extremo Oriente.

TRIPE m. Tejido de lana parecido al terciopelo.

TRIPEAR intr. **1** Comer con glotonería. **2** Tomar un ácido.

TRIPERO, RA m. y f. **1** Persona que vende tripas. **2** fig. Persona glotona. || m. **3** Bayeta para abrigar el vientre.

TRIPI m. En argot, dosis de LSD.

TRÍPILI m. Tonadilla cantada y bailada en los teatros españoles a finales del siglo XVIII.

TRIPLANO m. Avión de tres planos.

TRIPLE adj. **1** *Mat.* Se dice del número que contiene a otro tres veces. También m. **2** Se dice de la cosa que va acompañada de otras dos semejantes, que sirven a un mismo fin. || m. *Fís.* **3** Enchufe con tres salidas. || **TRIPLE SALTO** *Dep.* SALTO.

TRIPLE ALIANZA *Hist.* Nombre dado a una alianza de carácter defensivo firmada entre Austria-Hungría, Alemania e Italia el 20 de mayo de 1882, y varias veces renovada. Subsistió hasta 1914, en que Italia se negó a intervenir al lado de sus aliados en la Primera Guerra Mundial, para hacerlo en contra suya al año siguiente.

TRIPLE ALIANZA o **GUERRA DE LA TRIPLE ALIANZA** *Hist.* Acuerdo firmado en 1865, entre Brasil, Argentina y Uruguay para luchar contra las pretensiones expansionistas del dictador paraguayo Francisco Solano López, que fue derrotado en 1870.

TRIPLICAR tr. **1** *Mat.* Multiplicar por tres. También prnl. **2** Hacer tres veces una misma cosa.

TRIPLOIDE adj. *Biol.* Se aplica al organismo con una dotación autosómica compuesta por tres juegos completos iguales de cromosomas.

TRÍPODE amb. **1** Mesa, banquillo de tres pies. Más como m. **2** Armazón de tres pies para sostener aparatos fotográficos, topográficos, etc.

TRÍPOLI (De *Trípoli,* ciudad del Líbano.) m. *Geol.* Roca silícea pulverulenta de color blanco o amarillo que suele mezclarse con la nitroglicerina para fabricar dinamita.

TRÍPOLI *(Tarabulus)* Ciudad del Líbano, capital de la provincia de Líbano del Norte; 240.000 h.

TRÍPOLI *(Tarabulus)* **1** Baladiya de Libia; 3.000 km² y 1.083.100 h. **2** Ciudad capital del país y de la baladiya de su nombre; 591.100 h. (858.000 con la aglomeración urbana). Centro comercial, industrial y administrativo. Primer puerto importador del país. Gran mezquita y castillo del bajá.

TRIPOLINO, NA o **TRIPOLITANO, NA** adj. y s. De Trípoli, Líbano y Libia.

TRIPOLITANIA *Geog. hist.* Región de África, en el NO de Libia. Sus dos ciudades más notables son Trípoli y Misratah. En 106 a. C. fue conquistada por Roma. En el siglo V fue sometida por los vándalos, y en el 534 pasó a manos bizantinas. Posteriormente estuvo en poder de árabes, españoles y otomanos. Desde 1912 hasta 1943 formó parte de las colonias italianas. En diciembre de 1951 pasó a constituir, junto con la Cirenaica, el reino de Libia.

Trípoli (Líbano). Mezquita Shaab y puerto.

TRIPÓN, NA adj. y s. **1** TRIPUDO. || m. **2** Barriga muy grande.

TRÍPTICO m. **1** Tablita de tres hojas usadas antiguamente para escribir. **2** Libro o tratado de tres partes. **3** *Arte.* Pintura, grabado o relieve en tres hojas, unidas de tal modo que las laterales pueden doblarse sobre la del centro.

TRIPTÓLEMO *Mit.* Rey legendario de Eleusis.

TRIPTON m. *Biol.* Conjunto de materiales orgánicos e inorgánicos que se encuentran en suspensión en el agua.

TRIPTONGO m. *Gram.* Conjunto de tres vocales (débil, fuerte y débil) que forma una sola sílaba. Los triptongos usados en castellano son los siguientes: *iai, iei, ieu, iau, ioi, uai* o *uay, uei* o *uey* y *uau.*

TRIPUDO, DA adj. y s. Que tiene la tripa muy grande.

TRIPULACIÓN f. Conjunto de personas que manejan una embarcación o vehículo aéreo o espacial.

TRIPULANTE com. Persona que forma parte de una tripulación.

TRIPULAR tr. **1** Dotar de tripulación a un barco o avión. **2** Ir la tripulación en un barco, avión o vehículo espacial. **3** Conducir, especialmente, barco, avión o vehículo espacial.

TRIPURA Estado del NE de la India, limítrofe con Bangla Desh; 10.486 km² y 2.757.205 h. Capital, Agartala. Algodón, té y tabaco.

TRIQUE (Voz de origen arauc.) m. *Bot. Chile* Planta de la familia tridáceas, cuyo rizoma se usa como purgante.

TRIQUINA f. *Zool.* Gusano nematodo parásito de unos tres milímetros de largo, cuya larva se enquista en forma de espiral en los músculos del cerdo y del hombre, y puede provocar en él la triquinosis.

TRIQUINOSIS f. *Med.* Enfermedad producida por *Trichinella spiralis.*

TRIQUIÑUELA f. fam. Rodeo, treta.

TRIQUITRAQUE m. **1** Ruido de golpes repetidos y desordenados. **2** Esos mismos golpes. **3** Rollo de papel con pólvora.

TRIRREME m. Embarcación antigua de tres órdenes de remos.

TRIS m. **1** Sonido leve que hace una cosa al quebrarse. **2** Golpe ligero que produce este sonido. **3** fig. Tiempo y lugar pequeños, ocasión levísima. || **en un tris** o **por un tris** loc. adv. fig. y fam. Por poco, a punto.

TRIS- pref. TRI-.

TRISAR intr. *Zool.* Cantar o chirriar la golondrina y otros pájaros.

TRISCAR intr.**1** Hacer ruido con los pies. **2** fig. Retozar. || tr. **3** fig. Enredar, mezclar. También prnl. **4** fig. Torcer alternativamente a uno y otro lado los dientes de la sierra para que la hoja corra sin dificultad por la hendidura.

TRISECAR tr. *Geom.* Cortar o dividir una cosa en tres partes iguales, especialmente un ángulo.

TRISEMANAL adj. **1** Que se repite tres veces por semana. **2** Que se repite cada tres semanas.

TRISÍLABO, BA adj. y m. De tres sílabas.

TRISONOMÍA f. *Biol.* Alteración del número de cromosomas de un individuo, que consiste en la existencia de tres cromosomas iguales, en lugar de dos, en un par determinado. La trisonomía del par 21 es característica del mongolismo.

TRISTÁN DA CUNHA Archipiélago volcánico del Atlántico austral, dependencia del Reino Unido; 104 km² y 313 h. Ganadería ovina y pesca.

TRISTÁN E ISEO o **ISOLDA** Leyenda medieval, de origen céltico que narra la historia de dos amantes y es símbolo del amor imposible, marcado por la tragedia. Aparece de forma recurrente en la literatura medieval.

TRISTÁN Y MOSCOSO, JUAN PÍO DE Militar y político peruano (Arequipa, 1773 - Lima, 1860). Al crearse la Confederación Peruboliviana desempeñó la presidencia del Estado Sud-Peruano (1838).

TRISTE adj. **1** Afligido, apesadumbrado. **2** De carácter melancólico. **3** Que denota pesadumbre, melancolía. **4** Que las ocasiona. **5** Funesto, deplorable. **6** Pasado o hecho con pesadumbre, melancolía. **7** Doloroso, enojoso. **8** fig. Insignificante, insuficiente. || m. *Mús.* **9** Canción popular de algunos países sudamericanos que se acompaña con la guitarra.

TRISTEZA f. Calidad de triste.

TRISTÓN, NA adj. Un poco triste.

TRITÍCEO, A adj. *Bot.* De trigo.

TRITÓN m. *Zool.* Anfibio urodelo perteneciente a la familia salamándridos, géneros *Triturus, Pleurodeles* y *Euproctus,* de hábitos semiacuáticos. Vive en Europa y O de Asia.

TRITÓN *Mit.* Dios marino, hijo de Poseidón y Anfítrite, se le representaba con cuerpo de hombre y cola de pez.

TRÍTONO m. *Mús.* Intervalo que comprende tres tonos enteros.

tritón

TRITURADOR, RA adj. y s. **1** Que tritura. || **2** Máquina para triturar.
TRITURAR tr. **1** Moler, desmenuzar. **2** fig. Maltratar, molestar. **3** fig. Rebatir, censurar.
TRIUNFADOR, RA adj. y s. Que triunfa.
TRIUNFALISMO m. Actitud de seguridad en sí mismo y superioridad sobre los demás, fundada en la propia sobrestimación.
TRIUNFANTE adj. Que triunfa o incluye triunfo.
TRIUNFAR intr. **1** Quedar victorioso, vencer. **2** Tener éxito en sus aspiraciones.
TRIUNFO m. **1** Victoria, acción y efecto de triunfar. **2** Carta del palo preferido por suerte o elección en ciertos juegos de naipes, la cual vence a las de los otros palos. **3** fig. Trofeo que acredita el triunfo. **4** *Arg.* y *Perú* Cierta danza popular. || **costar un triunfo** una cosa fr. fam. con que se pondera el esfuerzo o sacrificio necesario para alcanzarla. || **en triunfo** loc. adv. Entre aclamaciones.
TRIUNVIRATO m. **1** Junta de tres personas para cualquier empresa o asunto. **2** *Hist.* Magistratura de la república romana en que intervenían tres personas. Hubo dos triunviratos: el primero, formado el año 60 a. C. por César, Pompeyo y Craso, y el segundo, formado el año 43 a. C. por Marco Antonio, Lépido y Octavio.
TRIUNVIRO m. *Hist.* Cada uno de los tres magistrados romanos que tuvieron a su cuidado en ciertas ocasiones el gobierno de la república.
TRIVALENTE adj. **1** Que tiene tres aplicaciones, usos, etc. **2** *Quím.* Que tiene tres valencias.
TRIVANDRUM Ciudad del extremo SO de la India, capital del Estado de Kerala; 523.733 h. Puerto en el mar Arábigo. Industria textil.
TRIVIAL adj. **1** Relativo al trivio. **2** fig. Que carece de toda importancia y novedad.
TRIVIO m. *Cult.* Entre los romanos y durante la Edad Media, conjunto de las tres artes liberales relativas a la elocuencia (gramática, retórica y dialéctica).
TRIZA[1] f. Pedazo pequeño o partícula dividida de un cuerpo. || **hacer trizas** fr. Hacer pedazos menudos una cosa. También prnl. También, fig., herir o lastimar gravemente.
TRIZA[2] f. *Mar.* DRIZA.
TRÓADE *Geog. hist.* Antigua comarca de Asia Menor, cuya capital era Troya.
TROCÁNTER m. *Anat.* Prominencia de la parte superior del fémur en el hombre y demás vertebrados, que sirve para la inserción de los músculos. **2** *Zool.* La segunda de las cinco piezas de que consta la pata de un insecto.
TROCAR[1] o **TRÓCAR** m. *Med.* Instrumento de cirugía, que consiste en un punzón con punta de tres aristas cortantes y sirve para hacer punciones.
TROCAR[2] tr. **1** Permutar una cosa por otra. **2** Cambiar, alterar. **3** Equivocar, decir una cosa por otra. **4** *Veter.* Hacer que una caballería al galope cambie de pie y mano. ◆ IRREG. Se conjuga como CONTAR.
TROCATINTA f. fam. Trueque o cambalache.
TROCEAR tr. **1** Dividir en trozos. **2** Inutilizar un proyectil abandonado haciéndolo explotar.
TROCEO m. *Mar.* Cabo grueso que sirve para sujetar las vergas mayores.
TROCHA f. **1** Vereda angosta que sirve de atajo. **2** Camino abierto en la maleza.
TROCHEMOCHE, A o **A TROCHE Y MOCHE** loc. adv. fam. Disparatada e inconsideradamente.
TROCISCO m. *Farm.* Trozo que se hace de la masa de varios ingredientes medicinales para formar después las píldoras.

TROCO m. *Zool.* RUEDA, pez.
TROCOCEFALIA f. Forma del cráneo exageradamente redonda.
TROCOIDE f. **1** *Anat.* Articulación giratoria. **2** *Geom.* CICLOIDE.
TROF-[1] pref. TROP-.
TROF-[2], **TROFO-**; **-TROFE, -TROFIA, -TRÓFICO, -TROFO** prefs. o sufs. que significan nutrición: *atrofia*.
-TROFE suf. TROF-, nutrición.
TROFEO m. **1** Monumento, insignia o señal de victoria. **2** Despojo obtenido en la guerra. **3** Conjunto de armas e insignias militares agrupadas con cierta simetría. **4** fig. Victoria o triunfo conseguido.
-TROFIA suf. TROF-, nutrición.
TRÓFICO, CA adj. *Biol.* Relativo a la nutrición.
-TRÓFICO suf. TROF-, nutrición.
TROFO-; **-TROFO** pref. o suf. TROF-, nutrición.
TROFOLOGÍA f. *Biol.* Tratado de la nutrición.
TROFONIO *Mit.* Héroe beocio, hijo de Ergino, rey de Orcómenes.
TROGLODITA adj. y s. **1** Que habita en cavernas. **2** fig. Se dice del hombre bárbaro y cruel. **3** fig. Muy comedor.
TROGO POMPEYO Historiador latino (s. I). Es autor de *Historias filípicas*, obra perdida que es conocida a través del compendio de Justino.
TROICA f. **1** Vehículo ruso a modo de trineo, arrastrado por tres caballos. **2** Por extensión, carruaje tirado por tres caballos. **3** fig. Grupo de tres gobernantes.
TROJ o **TROJE** f. *Agr.* Espacio cerrado por tabiques para guardar frutos y especialmente cereales.
TROLA f. fam. Engaño, falsedad, mentira.
TROLE m. *Mec.* Pértiga de hierro que sirve para transmitir a un receptor móvil la corriente del cable conductor.
TROLEBÚS m. Vehículo eléctrico, sin carriles, que toma la corriente de un cable aéreo por medio de un trole doble.
TROLERO, RA adj. fam. Mentiroso, embustero.
TROLLOPE, ANTHONY Escritor británico (Londres, 1815 - id., 1882). Consiguió el éxito con el *ciclo de Barchester*, que incluye títulos como *Las torres de Barchester* (1857) y *La parroquia de Framley* (1861), y el *ciclo de Palliser*.
TROMBA f. **1** Columna de agua que se levanta en el mar por efecto de un torbellino. **2** Gran cantidad de agua de lluvia caída en poco tiempo y de forma repentina.
TROMBINA f. *Biol.* Enzima existente en la sangre hemorrágica, que induce la coagulación al convertir el fibrinógeno en fibrina.
TROMBO m. *Med.* Coágulo de sangre en el interior de un vaso.
TROMBOCITO m. *Biol.* Plaqueta de la sangre.
TROMBOFLEBITIS f. *Med.* Trombosis asociada a la inflamación de una vena. Es frecuente en las piernas.
TROMBÓN m. *Mús.* **1** Instrumento musical de metal cuyos sonidos se obtienen alargando las varas que lleva. || com. *Mús.* **2** Persona que toca este instrumento.
TROMBOSIS f. *Med.* Proceso de formación de un trombo en el interior de un vaso. || **TROMBOSIS CORONARIA** *Med.* Formación de un trombo en una rama de la arteria coronaria.
TROMP, MAARTEN HARPETSZOON Almirante holandés (Brielle, 1598 - Ter Heide, 1653). Derrotó a la flota española en la batalla de las Dunas (1639).
TROMPA f. **1** TROMBA, columna de agua. **2** *Mús.* Instrumento musical de viento que consiste en un tubo de latón enroscado circularmente. **3** *Zool.* Prolongación muscular, hueca y elástica de la nariz de algunos animales. **5** *Zool.* Aparato chupador que tienen algunos insectos. **5** *Zool.* Prolongación, generalmente retráctil, del extremo anterior del cuerpo de muchos gusanos. **6** fig. y fam. Embriaguez, borrachera. **7** Bóveda que permite superponer dos estructuras de diferente trazado geométrico. || com. **8** Persona que toca la trompa. || **TROMPA DE EUSTAQUIO** *Anat.* Conducto que comunica la cavidad del tímpano con la parte lateral y superior de la faringe. || **TROMPA DE FALOPIO** *Anat.* Oviducto de los mamíferos que va desde el ovario al útero y sirve para la conducción del óvulo.
TROMPAZO m. **1** Golpe dado con el trompo. **2** Golpe dado con la trompa. **3** fig. Cualquier golpe recio.
TROMPEAR intr. **1** Jugar con el trompo. || tr. **2** Dar trompadas.
TROMPETA f. **1** *Mús.* Instrumento musical de viento que consiste en un tubo largo de metal que se ensanchándose desde la boquilla al pabellón. **2** Clarín, especie de trompeta. || com. **3** Persona que toca la trompeta.
TROMPETAZO m. Sonido destemplado o excesivamente fuerte de la trompeta o de algún instrumento análogo.
TROMPETEAR intr. Tocar la trompeta.
TROMPETERÍA f. **1** Conjunto de varias trompetas. **2** Conjunto de todos los registros del órgano formado con trompetas de metal.
TROMPETERO, RA m. y f. **1** Persona que hace trompetas. **2** Persona que toca este instrumento. || m. *Zool.* **3** Pez teleósteo acantopterigio de nombre científico *Macrorhamphosus scolopax*, con dos aletas y el primer radio de la anterior, grueso y fuerte.
TROMPETILLA f. **1** Diminutivo de TROMPETA. **2** Instrumento en forma de trompeta que servía para que los sordos recibieran los sonidos, aplicándoselo al oído. **3** Cigarro puro filipino de forma cónica. || **de trompetilla** loc. adj. Se dice de ciertos mosquitos que al volar producen un zumbido.
TROMPETISTA com. Persona que toca la trompeta.
TROMPICAR o **TROMPILLAR** tr. **1** Hacer a uno tropezar violenta y repetidamente. || intr. **2** Dar pasos tambaleantes, tumbos o vaivenes.
TROMPICÓN m. **1** Cada tropezón o paso tambaleante de una persona. **2** Tumbo o vaivén de un vehículo. **3** Porrazo, golpe fuerte. || **a trompicones** loc. adv. A tropezones, a golpes. También, con dificultad, con discontinuidad.
TROMPILLO m. *Bot.* Arbusto de la familia bixácea, nativo de América tropical.
TROMPILLÓN m. *Arquit.* Dovela que sirve de clave en una trompa o en una bóveda de planta circular.
TROMPO m. **1** Peón o peonza. **2** *Zool.* Molusco gasterópodo marino. **3** fig. Persona muy torpe.
TROMPÓN m. **1** TROMPAZO, golpazo. **2** *Bot.* NARCISO.
TROMS Condado del NE de Noruega; 25.954 km² y 150.200 h. Su capital es Tromsö. Industria pesquera.
-TRON suf. griego que significa *instrumento*.
TRONA f. *Miner.* Carbonato de sosa cristalizado que suele formar incrustaciones en las orillas de los lagos y grandes ríos de África, Asia y América del Sur. **2** Silla para bebés, con patas muy altas o sin ellas y adaptable a una mesa.
TRONADO, DA adj. **1** LOCO. || f. **2** Tempestad de truenos.
TRONAR impers. **1** Sonar truenos. || intr. **2** Despedir o causar ruido o estampido. **3** fig. y fam. Hablar, escribir, pronunciar discursos violentos contra alguna cosa. ◆ IRREG. Se conjuga como CONTAR.

Troms (Noruega). Paisaje de Lyngen.

TRONCA f. 1 Acción y efecto de troncar o truncar. 2 *Bot.* Tocón de un árbol.

TRONCHADO, DA adj. fig. y fam. Cansado, molido.

TRONCHANTE adj. pop. Gracioso, que hace partirse de risa.

TRONCHAR tr. y prnl. 1 *Bot.* Partir o romper con violencia un vegetal por su tronco, tallo o ramas principales. 2 fig. Partir con violencia cualquier cosa de figura parecida a un tronco. || prnl. 3 pop. Partirse de risa, reírse sin poder contenerse.

TRONCHO m. *Bot.* Tallo de las hortalizas.

TRONCHUDO, DA adj. *Bot.* Se dice de las hortalizas que tienen grueso o largo el troncho.

TRONCO m. 1 *Anat.* La mayor parte del cuerpo humano, prescindiendo de la cabeza, cuello y extremidades. Se divide en tórax, abdomen y pelvis. 2 *Anat.* Conducto o canal principal del que salen o al que conducen otros menores. 3 *Biol.* Conjunto de estirpes, comunes por su origen; es una unidad taxonómica de orden superior equivalente a tipo o división, pero en un sentido más filogenético. 4 *Bot.* Parte axial, fuerte y maciza, de árboles y arbustos que sustenta las ramas. 5 *Geom.* Cuerpo truncado. 6 fig. Ascendiente común de dos o más ramas, líneas o familias. 7 fig. Persona insensible, inútil y despreciable. 8 vulg. Compañero, amigo. || **dormir** uno **como un tronco** fr. fig. y fam. Dormir profundamente.

TRONCOCÓNICO, CA adj. *Geom.* En forma de cono truncado.

TRONCOSO DE LA CONCHA, MANUEL DE JESÚS Jurista y político dominicano (Ciudad de Santo Domingo, 1878 - íd., 1955). Presidente de la República (1940-42).

TRÖNDELAG MERIDIONAL Condado central de Noruega; 18.838 km^2 y 260.855 h. Su capital es Trondheim.

TRÖNDELAG SEPTENTRIONAL Condado del centro de Noruega; 22.396 km^2 y 126.797 h. Su capital es Steinkjer.

TRONDHEIM Ciudad del centro de Noruega, capital del condado de Tröndelag Meridional; 143.746 h. Importante puerto pesquero y comercial. Catedral del siglo XI, donde son coronados los reyes de Noruega.

TRONERA f. 1 Abertura en el costado de un buque, en el costado de una muralla o en el espaldón de una batería, para disparar con seguridad y acierto los cañones. 2 Ventana pequeña y angosta por donde entra escasamente la luz. 3 Cada uno de los agujeros o aberturas que hay en las mesas de trucos o de billar, para que por ellos entren las bolas. || com. 4 fig. y fam. Persona de vida desordenada.

TRONIDO m. 1 Trueno. 2 Estruendo, estrépito.

TRONÍO m. fig. Ostentación, boato, pero con cierta gracia.

TRONO m. 1 Asiento con gradas y dosel que usan los reyes, emperadores, papas y personas de alta dignidad, especialmente en los actos de ceremonia. 2 Tabernáculo colocado encima de la mesa del altar, en el que se expone el Santísimo Sacramento. 3 Lugar en que se coloca la efigie de un santo cuando se le quiere honrar con culto más solemne. 4 fig. Dignidad de rey o soberano. 5 fig. pop. INODORO, taza del retrete. || m. pl. 6 Tercer coro de los ángeles.

TRONZADOR m. Sierra con un mango en cada uno de sus extremos.

TRONZAR tr. 1 Dividir, quebrar o hacer trozos. 2 fig. Cansar excesivamente. También prnl.

TRONZO, ZA adj. *Veter.* Se dice del caballo o yegua que tiene cortadas una o ambas orejas.

TROP-, TROPO-, TROF-; -TROP-; -TROPO, -TROPA, -TROPÍA, -TRÓPICO, -TROPISMO, -TROPIO prefs., inf. o sufs. que significan *vuelta.*

TROPA f. 1 *Mil.* Conjunto de la clase formada por cabos primeros, cabos y soldados. 2 Turba, muchedumbre de gentes reunidas con fin determinado. 3 desp. Gente despreciable. 4 *Veter. Amér. m.* Recua de ganado que se conduce de un punto a otro. || f. pl. *Mil.* 5 Conjunto de cuerpos que componen un ejército, división, guarnición, etc.

-TROPA suf. TROP-.

TROPEL m. 1 Movimiento acelerado y ruidoso de varias personas o cosas que se mueven con desorden. 2 Prisa, aceleramiento confuso o desordenado.

TROPELÍA f. Abuso, arbitrariedad, hecho violento y contrario a las leyes.

TROPEOLÁCEO, A o **TROPEOLEO, A** adj. y f. *Bot.* 1 Se dice de la planta angiosperma dicotiledónea, como la capuchina. || f. pl. *Bot.* 2 Familia de estas plantas.

TROPERO m. *Arg.* y *Urug.* Persona que conduce el ganado.

TROPEZAR intr. 1 Dar con los pies en un obstáculo. 2 Detenerse o ser impedida una cosa por encontrar un estorbo. 3 fig. Cometer un error o una falta. 4 fig. Reñir con uno u oponerse a su dictamen. 5 fig. y fam. Hallar casualmente una persona a otra en un lugar donde no la buscaba. También prnl.

León **Trotski**

TROPEZÓN, NA adj. 1 fam. Que tropieza con frecuencia. || m. 2 Acción y efecto de tropezar. 3 Aquello en que se tropieza. 4 fig. y fam. Pedazo pequeño de jamón u otro alimento que se mezcla con las sopas o las legumbres. Más en pl. || **a tropezones** adv. fam. Con varios impedimentos.

-TROPÍA suf. TROP-.

TROPICAL adj. 1 *Geog.* Perteneciente o relativo a los trópicos. 2 Ampuloso, frondoso, exagerado.

TRÓPICO m. 1 *Astron.* Cada uno de los dos círculos menores que se consideran en la esfera celeste, paralelos al ecuador y que tocan a la eclíptica en los puntos de intersección de la misma con el coluro de los solsticios. El del hemisferio boreal se llama *trópico de Cáncer*, y el del austral, *trópico de Capricornio.* 2 *Geog.* Cada uno de los dos círculos menores que se consideran en el globo terrestre en correspondencia con los dos de la esfera celeste. || adj. *Meteor.* 3 Referido a la primavera. || **TRÓPICO DE CÁNCER** *Astron.* Línea imaginaria paralela al ecuador situada a unos 23° 27′ de latitud N en el globo terráqueo. En él los rayos solares inciden verticalmente en el solsticio de verano. || **TRÓPICO DE CAPRICORNIO** *Astron.* Línea imaginaria paralela al ecuador situada a unos 23° 27′ de latitud S en la esfera terrestre. En él los rayos solares inciden verticalmente en el solsticio de invierno.

-TRÓPICO suf. TROP-.

TROPIEZO m. 1 Aquello en que se tropieza. 2 fig. Falta, culpa o yerro. 3 Dificultad o impedimento en un trabajo, negocio o pretensión. 4 fig. Riña o discusión.

-TROPIO suf. TROP-.

TROPISMO m. *Biol.* Movimiento total o parcial realizado por las plantas o los microorganismos como respuesta a un estímulo externo.

-TROPISMO suf. TROP-.

TROPO m. 1 *Ling.* Empleo de las palabras en sentido distinto del que propiamente les corresponde. Comprende la sinécdoque, la metonimia y la metáfora. 2 *Liturg.* Texto breve que durante la Edad Media se interpolaba en un texto litúrgico.

TROPO-; -TROPO pref. o suf. TROP-.

TROPOLOGÍA f. 1 Lenguaje figurado, sentido alegórico. 2 Mezcla de moralidad y doctrina en el discurso u oración.

TROPOPAUSA f. *Meteor.* Zona de la atmósfera que separa la troposfera de la estratosfera. Su espesor varía entre 5 y 10 km.

TROPOSFERA f. *Meteor.* Región inferior de la atmósfera situada por encima de la superficie terrestre hasta unos 10 km de altura. En ella tienen lugar la mayoría de los fenómenos que afectan al tiempo, clima, etc.

TROQUEL m. 1 Molde empleado en la acuñación de monedas, medallas, etc. 2 Instrumento análogo de mayores dimensiones, que se emplea para el estampado de piezas metálicas.

TROQUELADO m. Acción y efecto de troquelar.

TROQUELAR tr. 1 Imprimir y sellar una pieza de metal por medio del troquel. 2 Hacer monedas de este modo.

TROQUEO m. *Métr.* 1 Pie de la poesía griega y latina, compuesto de dos sílabas, la primera larga y la otra breve. 2 En la poesía española, pie compuesto de una sílaba acentuada y otra átona.

TROQUÍLIDO, DA adj. *Zool.* 1 Se dice del ave con lengua tubular modificada para succionar néctar, pico delgado y pequeño tamaño, propia de América. || m. pl. *Zool.* 2 Familia de estas aves, que incluye exclusivamente a los colibríes.

TROQUILO m. *Arquit.* Moldura cóncava cuyo perfil es un semicírculo, mediacaña.

TROTACONVENTOS f. fam. Alcahueta, celestina.

TROTAMUNDOS com. Persona aficionada a viajar y recorrer países.

TROTAR intr. 1 Ir el caballo al trote. 2 Cabalgar una persona en caballo que va al trote. 3 fig. y fam. Andar mucho o con celeridad una persona.

TROTE m. 1 Modo de caminar acelerado, natural a todas las caballerías, que consiste en avanzar saltando, con apoyo alterno en cada bípedo diagonal. 2 fig. Trabajo apresurado y fatigoso. || **al trote** loc. adv. fig. Aceleradamente, sin sosiego.

TROTÓN, NA adj. 1 Se aplica a la caballería cuyo paso ordinario es el trote. || m. 2 Caballo, animal.

TROTSKI, LEÓN (LEV DAVIDOVICH BRONSTEIN, llamado) Político y escritor soviético (Ianovka, 1877 - Coyoacán, 1940). Tomó parte en la revolución de 1905 y, en contacto con Lenin, intervino activamente en la revolución de Octubre de 1917. Fue comisario de Relaciones Exteriores (1917-18) y de Guerra (1918-25), cargo desde el que organizó el ejército rojo. Muerto Lenin (1924), se enfrentó con Stalin; en 1927 se le expulsó del partido y en 1929 fue desterrado. Se trasladó a México, donde murió asesinado. Escribió, entre otras obras, *La revolución permanente* (1930) e *Historia de la Revolución Rusa* (1932).

TROTSKISMO m. *Polít.* e *Hist.* Doctrina y movimiento político inspirados en el pensamiento de Trotski. Sus características principales son la defensa de la revolución permanente, el internacionalismo proletario y la democracia dentro del partido único, que rigieron la IV Internacional. Condenó el centralismo dogmático de los partidos comunista y socialista.

TROTTA, MARGARETHE VON Actriz y directora de cine alemana (Berlín, 1942). Entre sus mejores filmes como realizadora figuran *El segundo despertar de Christa Klages* (1977) y *Rosa Luxemburgo* (1985).

TROUTON, FREDERICK THOMAS Físico irlandés (Dublín, 1863 - Downe, 1922). Descubrió la expresión que relaciona el calor latente con el peso molecular de una sustancia *(ley de Trouton).*

TROVA f. 1 Conjunto de palabras sujetas a medida y cadencia, verso. 2 Composición métrica formada a imitación de otra. 3 Composición métrica escrita generalmente para canto. 4 Canción amorosa compuesta o cantada por los trovadores.

TROVADOR, RA adj. y s. 1 Que trova. || m. 2 Poeta provenzal de la Edad Media, que escribía y trovaba en lengua de oc. || m. y f. 3 POETA, POETISA.

TROVAR intr. 1 Hacer versos. 2 Componer trovas. || tr. 3 Imitar una composición métrica, aplicándola a otro asunto.

TROX f. *Agr.* TROJ.

TROY, JEAN-FRANÇOIS Pintor francés (París, 1679 - Roma, 1752). Destacó en los cuadros históricos y mitológicos, caracterizados por la brillantez del colorido y la armonía de su composición: *El rapto de las sabinas, Bethsabé en el baño.*

TROYA *Hist.* y *Arqueol.* Antigua ciudad de Asia Menor, inmortalizada por Homero en la *Ilíada.* Su existencia fue probada por las excavaciones efectuadas por Schliemann a partir del año 1870. La ciudadela está situada en las ruinas de las fortificaciones de Hissarlik, en las inmediaciones de la boca de los Dardanelos. Las excavaciones determinaron nueve grandes niveles, que se correspondían con distintas fases de ocupación, desde el Bronce Antiguo (hacia el 3000 a. C.) a la época romana (siglo IV). Los antiguos la designaron también con el nombre de *Ilión.*

TROYA, GUERRA DE *Hist.* y *Lit.* Enfrentamiento legendario entre los troyanos y una coalición griega, que tuvo lugar hacia el siglo XIII a. C. y fue narrado por Homero en la *Ilíada.* Surgió porque la ciudad controlaba el paso de los Estrechos y constituía un obstáculo para la expansión griega hacia Asia. Los griegos, dirigidos por Agamenón, obligaron a los troyanos, comandados por Héctor, a refugiarse en la ciudad y la sitiaron durante varios años. Finalmente, Ulises consiguió conquistarla mediante la célebre estratagema del caballo de madera.

TROYANO, NA adj. y s. 1 De Troya. || m. pl. *Astron.* 2 Grupo de planetoides situados formando un triángulo con el Sol y Júpiter.

TROYAT, HENRI (LIEV TARÁSOV, llamado) Escritor francés de origen ruso (Moscú, 1911). Debutó con la novela *La araña* (1938) y cultivó el género histórico, logrando gran éxito con la trilogía *Mientras la tierra dure* (1947-50).

TROYES Ciudad de Francia, capital del departamento de Aube, a orillas del Sena; 59.255 h. Industria textil. Catedral (siglos XIII-XIV). Tratado del mismo nombre entre Carlos VI de Francia y Enrique V de Inglaterra, por el que quedaba desheredado el delfín, futuro Carlos VII, en beneficio del rey inglés (1420).

TROYES, CHRÉTIEN DE Escritor francés (¿Champaña?, h. 1135 - ¿íd.?, h. 1183). Autor de relatos caballerescos, trató de conciliar la pasión amorosa con el servicio a un orden ejemplar, el de la caballería; esta intención queda patente en sus cuatro *romans* escritos en verso octosilábico: *Erec et Enide* (h. 1170), *Cligès* (h. 1175), *El caballero del león* (h. 1177), *El caballero de la carreta* (h. 1177) y *El cuento del Grial* (h. 1185).

Troyo, Rafael Ángel Escritor costarricense (Cartago, 1875 - íd., 1910). Autor de *Terracotas* (1900), *Ortos* (1903), *Poemas del alma* (1906) y la novela *Corazón joven* (1904).

Troyon, Constant Pintor francés (Sèvres, 1810 - París, 1865). Representante del posromanticismo, cultivó el paisaje.

trozo m. Parte de una cosa que se considera por separado del resto.

Trubetzkoy, Nikolai Sergueievich Lingüista ruso (Moscú, 1890 - Viena, 1938). Fundador de la fonología como ciencia lingüística autónoma, formó parte del Círculo lingüístico de Praga.

Trubia Lugar de España, provincia de Asturias, municipio de Oviedo; 1.373 h. En el siglo XVIII se instaló en ella una manufactura real de armas.

trucar intr. **1** Hacer el primer envite en el juego del truque. **2** Hacer trucos en el juego de este nombre y en el de billar. || tr. **3** Preparar algo con ardides o trampas para que produzca el efecto deseado.

trucha f. **1** *Zool.* Nombre de varias especies de peces teleósteos de la familia salmónidos, género *Salmo*, que habitan en aguas dulces, frías y bien oxigenadas del hemisferio N. **2** *Mec.* CABRIA.

truchero, ra adj. **1** Se dice de los ríos u otras corrientes de agua en que abundan las truchas. || m. y f. **2** Persona que pesca truchas, o que las vende.

Trucial States UNIÓN DE EMIRATOS ÁRABES.

truco m. **1** Cada una de las mañas o habilidades que se adquieren en el ejercicio de un arte, oficio o profesión. **2** Ardid o trampa que se utiliza para el logro de un fin. **3** Dispositivo para producir determinados efectos en ilusionismo, fotografía, cinematografía, etc. **4** Suerte del juego de billar que consiste en echar con la bola propia la del contrario por alguna de las troneras o por encima de la barandilla. **5** Medio o habilidad de una apariencia engañosa. **6** *Arg.* Truque, juego de naipes.

truculento, ta adj. Que sobrecoge o asusta por su morbosidad, exagerada crueldad o dramatismo.

Trudeau, Pierre-Elliott Político canadiense (Montreal, 1921 - íd., 2000). Elegido presidente del Partido Liberal fue presidente del Gobierno en 1968-79 y 1980-84.

trueno m. **1** *Meteor.* Estampido o estruendo producido en las nubes por una descarga eléctrica. **2** Ruido o estampido que causa el tiro de cualquier arma de fuego.

trueque m. **1** Acción y efecto de trocar. **2** Intercambio directo de bienes y servicios, sin mediar la intervención de dinero.

trufa[1] f. **1** *Bot.* Cuerpo fructífero subterráneo de diversos hongos europeos de la familia tuberáceas. Es comestible y muy aromática. **2** *Zool.* Nariz del perro. **3** *Gastron.* Dulce de chocolate cuya forma imita a la seta anterior.

trufa[2] f. fig. Mentira, fábula, cuento, patraña.

trufar tr. **1** Rellenar de trufas las aves, embutidos, etc. || intr. **2** Decir mentiras.

Truffaut, François Director de cine francés (París, 1932 - Neuilly-sur-Seine, 1984). Inicialmente se dedicó a la crítica cinematográfica en CAHIERS DU CINÉMA. Está considerado uno de los realizadores más representativos de la *nouvelle vague*: *Los cuatrocientos golpes* (1959), *Jules y Jim* (1961), *Fahrenheit 451* (1966), *Besos robados* (1969), *El pequeño salvaje* (1970), *Las dos inglesas y el amor* (1971), *La noche americana* (1973, Oscar a la mejor película extranjera), *La mujer de al lado* (1981), *Vivamente el domingo* (1983).

truhán, na adj. y s. **1** Se dice de la persona sin vergüenza, que vive de engaños y estafas. **2** Se dice de quien con bufonadas, cuentos o patrañas procura divertir y hacer reír.

trujal m. *Agr.* ALGORÍN.

trujal m. **1** Prensa donde se estrujan las uvas o se exprimen las aceitunas. **2** Molino de aceite.

trujillano, na adj. y s. De Trujillo.

Trujillo Ciudad de Perú, capital del departamento de La Libertad; 509.312 h. Centro agrícola y comercial. Industria textil. Fue fundada en 1535 por Francisco Pizarro. En 1537, por cédula de Carlos V, obtuvo el título de ciudad, y en el mismo año se le concedió escudo de armas y Cabildo. Universidad.

Trujillo Estado de Venezuela; 7.400 km² y 604.120 h. Su capital es la ciudad del mismo nombre. Turismo.

Trujillo, Diego de Conquistador e historiador español (Trujillo, 1505 - Cuzco, 1575). Acompañó a Pizarro en la conquista de Perú. Por encargo del virrey Francisco de Toledo escribió *Relación del descubrimiento del reino del Perú*.

Trujillo, Héctor Bienvenido Militar y político dominicano (San Cristóbal, 1908 - Miami, 2002). Hermano de Rafael Leónidas. Fue comandante en jefe del ejército y presidente de la República en el período 1952-57. Reelegido en 1957, ocupó el cargo hasta 1960.

Trujillo, Julián Político y militar colombiano (Popayán, 1828 - Bogotá, 1883). En 1865 apoyó la revolución iniciada por el general Córdoba y combatió en la guerra civil desatada durante la presidencia de Parra, en la que venció a los conservadores. Presidente de la República (1878-80).

Trujillo, Rafael Leónidas Militar y político dominicano (Villa de San Cristóbal, 1891 - Ciudad Trujillo, 1961). Fue elegido presidente de la República para los períodos 1930-34, 1934-38, 1942-47 y 1947-52. En realidad fue la autoridad suprema en su país desde 1930 hasta su muerte. Suspendió las libertades y suprimió toda oposición política.

Truk Archipiélago de las Carolinas orientales que forma parte de los Estados Federados de Micronesia; 127,2 km².

trullo m. **1** Lagar con depósito inferior donde cae directamente el mosto cuando se pisa la uva. **2** En argot, cárcel o calabozo.

Truman, Harry S. Político estadounidense (Lamar, 1884 - Kansas City, 1972). Elegido vicepresidente en 1944, asumió la presidencia tras la muerte de Roosevelt (1945). Ordenó el lanzamiento de las bombas atómicas en Hiroshima y Nagasaki. Fue reelegido para un segundo período presidencial (1948-52), en el que impulsó la política de reconstrucción de Europa (Plan Marshall) y la constitución de la OTAN (1949).

Trumbo, Dalton Guionista y director de cine estadounidense (Montrose, 1905 - Los Ángeles, 1976). Acusado de pertenecer al Partido Comunista, escribió bajo seudónimo hasta los años sesenta. Entre sus principales trabajos figuran *Más dura será la caída*, con el que ganó el Oscar de 1956, *Éxodo* (1960) y *Espartaco* (1960). Dirigió *Johnny cogió su fusil* (1971).

truncar tr. **1** Cortar una parte a alguna cosa. **2** Cortar la cabeza al cuerpo del hombre o de un animal. **3** fig. Callar, omitir alguna o algunas palabras en frases o pasajes de un texto. **4** fig. Interrumpir una acción u obra dejándola incompleta. **5** fig. Quitar a alguien las esperanzas.

trupial m. *Zool.* Nombre de diversas aves paseriformes de la familia ictéridos, géneros *Icterus* y *Trupialis*. Habitan en la América tropical.

trust (Voz i.) m. *Econ.* Grupo de empresas bajo una misma dirección con el fin de controlar el mercado de un producto determinado o de un sector económico.

Trust Territory of the Pacific Island ISLAS DEL PACÍFICO.

Tsaritsyn VOLGOGRADO.

Tsatsos, Konstantinos Político y filósofo griego (Atenas, 1898 - íd., 1987). Presidente de la República (1975-80). Autor de libros sobre derecho, filosofía y sociología.

Tschermak, Gustav Mineralogista austriaco (Littau, 1836 - Viena, 1927). Considerado uno de los creadores de la mineralogía moderna, desarrolló una clasificación que ha contribuido a ordenar la sistemática mineralógica.

Ts'e-Hi o **Tzeu-Hsi** Emperatriz de China (Pekín, 1835 - íd., 1908). Concubina de Hien-fong (1851), su hijo T'ong-che fue declarado heredero al trono (1861) y, a la muerte del emperador, se reservó la dirección del gobierno. Posteriormente, hizo proclamar a su sobrino Kuang-siu (1875), del que fue regente. Suspendió todas las reformas, favoreció los sociedades secretas y alentó la revolución xenófoba de 1900.

Tsedenbal, Yumjaagiyn Político mongol (Ubsa Nor, 1916 - Moscú, 1991). Secretario general del Partido Revolucionario Popular (1952-84), primer ministro (1952-74) y presidente del Presidium (1973-84).

Tselinograd AKMOLA.

tsetsé m. *Zool.* MOSCA TSÉ-TSÉ.

TSH Siglas de telegrafía sin hilos.

Tshombé, Moïse Político congoleño (Musumba, 1918 - Argel, 1969). Primer ministro de la provincia de Katanga, declaró su independencia en 1960. Exiliado en 1963, regresó un año después y ocupó la presidencia hasta 1965.

Tsin Geneal. Dinastía china, que ocupó el trono de 265 a 420 de nuestra Era y contó con 15 emperadores.

Tsinan JINAN.

Tsing Geneal. Dinastía manchú, que reinó en China de 1644 a 1911. Sucedió a la dinastía Ming.

Tsingal TEGUCIGALPA.

Tsinghai QINGHAI.

Tsingtau QINGDAO.

Tsiolkovsky, Konstantin Eduardovich Científico ruso (Yjewskoye, 1857 - Kaluga, 1935). Se le considera uno de los padres de la astronáutica. Inventó un túnel de viento (1892) y realizó estudios sobre cohetes y globos dirigibles.

Tsiranana, Philibert Político malgache (Anahidrano, 1912 - Antananarivo, 1978). Fundador del Partido Socialdemócrata, fue primer ministro de la República autónoma (1958) y ocupó la presidencia al convertirse Madagascar en Estado independiente (1960-72).

Tsubouchi, Shoyo Escritor japonés (Mino, 1859 - Atami, 1935). Teórico y crítico literario, en 1886 publicó *El espíritu de la novela*, manifiesto del naturalismo japonés.

tsuga f. *Bot.* Nombre de varias especies de la familia pináceas, género *Tsuga*, caracterizadas por la presencia de dos líneas blancas en el envés de las hojas, que son aciculares y aplanadas.

tsunami (Voz japonesa.) m. *Ocean.* Ola marina de gran tamaño producida por una explosión volcánica o un seísmo.

Tsushima Archipiélago de Japón, prefectura de Nagasaki, situado entre la isla de Kiushiu y Corea; 702 km² y 1.200.000 h. Victoria japonesa sobre los rusos en 1905.

tu, tus pron. pos. Apócope de tuyo, tuya, tuyos, tuyas. No se emplea sino antepuesto al nombre.

tú Nominativo y vocativo del pronombre personal de segunda persona en género masculino o femenino y número singular. || **tratar** con alguien **de tú a tú** fam. Hablar de igual a igual.

Tu Fu Poeta chino (Tuling, 714 - Lunguang, 774). Su poesía se caracteriza por la crítica social y política: *La aldea de Kiang, Lamentaciones junto al río, Sobre el otoño*.

Tuamotu Grupo de islas de Polinesia Francesa que forma parte de la circunscripción de Tuamotu y Gambier. Sus principales islas son Rangiroa y Fakara.

Troya (Turquía). Ruinas de la puerta Sur de Troya VI, la ciudad homérica.

tuaregs

TUAREG adj. Etnol. **1** Se dice de un pueblo norteafricano que habita en el desierto del Sahara, cuyos individuos son de raza etiópica oriental y viven del pastoreo nómada de rebaños de cabras y camellos y del cultivo del mijo. Más como m. pl. **2** Se dice también de sus individuos. También com. **3** Relativo a este pueblo.

TUATARA m. Zool. Reptil del orden de los rincocéfalos, única especie viviente del mismo, de nombre científico Sphenodon punctatus. Tiene el aspecto de una iguana, de hasta 75 cm de longitud, con escamas. Es de color pardo verdoso; se alimenta de insectos y vive en Nueva Zelanda.

TUBA Mús. Instrumento musical de viento, del grupo de metal, grande y con tesitura de contrabajo.

TUBER CINEREUM Anat. Área de sustancia gris que se extiende desde el quiasma óptico hasta los cuerpos mamilares.

TUBERCULINA f. Med. Preparación hecha con gérmenes tuberculosos, utilizada en el tratamiento y diagnóstico de las enfermedades tuberculosas.

TUBÉRCULO m. **1** Biol. Cualquier pequeña prominencia parecida a un nódulo. **2** Bot. Parte de un tallo subterráneo que engorda considerablemente por acumulación de una gran cantidad de sustancias de reserva, como en la patata y el boniato. **3** Med. Tumor, de color generalmente blanco amarillento, que aparece en cualquier órgano del cuerpo.

TUBERCULOSIS f. Pat. Enfermedad infecciosa del hombre y de muchas especies animales, producida por el bacilo de Koch. Su lesión habitual es un pequeño nódulo, de estructura especial, llamado tubérculo. || **TUBERCULOSIS MILIAR** Pat. Forma caracterizada por la diseminación de pequeñas granulaciones tuberculosas en la masa del órgano afectado, especialmente el pulmón.

TUBERCULOSO, SA adj. **1** Perteneciente o relativo al tubérculo. **2** De figura de tubérculo. **3** Que tiene tubérculos. También s. **4** Pat. Que padece tuberculosis. También s.

TUBERÍA f. **1** Conducto formado de tubos. **2** Fábrica, taller o comercio de tubos.

TUBEROSIDAD f. Anat. Tumor, hinchazón, tubérculo.

TUBINGA TÜBINGEN.

TÜBINGEN 1 Distrito de Alemania, Land de Baden-Württemberg; 8.918 km² y 1.714.300 h. **2** Ciudad capital del mismo; 73.000 h. Universidad fundada en 1477. Industrias.

TUBKAL Monte de Marruecos, punto culminante de la cordillera del Atlas; 4.165 m.

TUBMAN, WILLIAM VACANARAT SHADRACH Político liberiano (Harper, 1895 - Londres, 1971). Presidente de la República (1944-71).

TUBO m. **1** Pieza hueca, de forma generalmente cilíndrica y casi siempre abierta por ambos extremos, que se hace de distintas materias y se destina a varios usos. **2** Recipiente metálico de forma cilíndrica destinado a contener sustancias blandas, como pinturas, pomadas, etc. **3** Astron. En el telescopio, pieza portante del objetivo y del ocular. || **TUBO DE ENSAYO** Quím. El de cristal, cerrado por uno de sus extremos, usado para los análisis químicos. || **TUBO INTESTINAL** Zool. Conjunto de los intestinos de un animal. || **TUBO POLÍNICO** Bot. Recorrido por la membrana del grano de polen, que penetra en el saco embrionario femenino, y constituye la estructura a través de la cual los núcleos masculinos alcanzan los femeninos. || **TUBO DE VENTURI** Fís. Instrumento para medir la velocidad de un fluido en un conductor. Se denomina también venturímetro y contador de Venturi.

TUBULAR adj. Perteneciente al tubo; que tiene su figura o está formado de tubos.

TUBULIDENTADO, DA adj. y m. Zool. **1** Se dice del mamífero con hocico alargado y tubular, y lengua delgada, adaptado para alimentarse de hormigas y termitas, como el oricteropo o cerdo hormiguero. || m. pl. Zool. **2** Orden de estos animales.

TÚBULO m. Anat. Conducto delgado y de tamaño microscópico de una estructura anatómica.

TUBULOSO, SA adj. Bot. Se dice de la flor cuyo cáliz tiene forma de tubo largo y estrecho.

TUCÁN m. Zool. Ave piciforme de la familia ramfástidos, de unos 40 cm de longitud, con plumaje de bellos colores y pico arqueado, muy grueso y casi tan largo como el cuerpo. Vive en las selvas del centro y S de América.

TUCÁN Astron. Constelación S con la pequeña nube de Magallanes.

tucán

TUCANO, NA adj. Etnol. **1** Se dice de un pueblo amerindio que habita en la región situada entre los ríos Putumayo y Napo y que llega hasta las orillas del Uaupés y del Apaporis (Perú y Brasil). Aplicado a personas, también s. **2** De estos pueblos. || m. Ling. **3** Familia lingüística que agrupa a las lenguas habladas por estos pueblos.

TUCAPEL Hist. Fuerte fundado por Valdivia en 1552, cerca de la población chilena de Cañete, en el que fue muerto por los indios araucanos en 1554.

TUCÍDIDES Historiador griego (Atenas, h. 460 - Tracia, 395 a. C.). Nombrado estratega en 424 a. C., está considerado el fundador de la historia racionalista y es autor de Historia de la guerra del Peloponeso.

TUCIORISMO m. Teol. Doctrina de teología moral que en asuntos discutibles sigue la opinión más segura.

TUCO m. Arg. y Urug. Salsa de tomate frito con cebolla, orégano, perejil, ají, etc.

TUCSON Ciudad de EE UU, Estado de Arizona; 434.726 h. Centro turístico y comercial.

TUCUMÁN Provincia de Argentina, en la región Norte; 22.524 km² y 1.209.716 h. Su capital es San Miguel de Tucumán.

TUCUMÁN, CONGRESO DE Hist. Reunión de los representantes de las Provincias Unidas del Río de la Plata, que tuvo lugar en San Miguel de Tucumán en 1816, en la cual se declaró la independencia de Argentina.

TUDESCO, CA adj. **1** De cierto país de Alemania en la Sajonia inferior. También s. **2** Por extensión, alemán. Aplicado a personas, también s. || m. **3** Capote alemán.

TUDJMAN, FRANJO Político croata (Novo Tgoviste, 1922 - Zagreb, 1999). Fundador del Partido Comunidad Demócrata Croata, accedió a la presidencia de la República en 1990. Fue reelegido en 1995.

TUDMIR TEODOMIRO, conde visigodo.

TUDOR Geneal. Familia que reinó en Inglaterra entre 1485 y 1603. Los soberanos de dicha dinastía fueron Enrique VII, Enrique VIII, Eduardo VI, María I e Isabel I. A la muerte de Isabel sin descendencia, le sucedió su primo Jacobo I Estuardo.

TUDOR, ESTILO Arquit. Estilo arquitectónico inglés, perteneciente al gótico final, que se desarrolló bajo la dinastía Tudor.

TUER TVER.

TUERCA f. Pieza con un hueco labrado en espiral que ajusta exactamente en el filete de un tornillo.

TUERTO, TA adj. **1** Falto de la vista en un ojo. También s. || m. **2** Agravio que se hace a alguien. || m. pl. Med. **3** ENTUERTOS, dolores después del parto.

TUÉTANO m. **1** Anat. Sustancia blanca contenida dentro de los huesos. **2** Bot. Parte interior de una raíz o tallo de una planta.

TUFARADA f. Olor fuerte que se percibe de pronto.

TUFILLAS com. fam. Persona que se enoja fácilmente.

TUFO m. **1** Quím. Emanación gaseosa que se desprende de las fermentaciones y de las combustiones imperfectas. **2** fam. Olor fuerte y desagradable. **3** fig. Sospecha de algo que está escondido o por suceder.

TUGELA Río de la República Sudafricana, que nace en los montes Drakensberg y desemboca en el océano Índico; 485 km. Forma las cataratas más elevadas de África (948 m).

TUGRIK m. Econ. Unidad monetaria de Mongolia.

TUGURIO m. **1** Choza o casilla de pastores. **2** fig. Habitación pequeña y mezquina.

TUI TUY.

TUIRA Río de Panamá, que nace en el monte Pirri y, tras recibir las aguas del Chucunaque, desemboca en el golfo de San Miguel; 172 km. En su curso inferior se llama Setegantí.

TUL m. Tejido de seda, algodón o hilo que forma malla, generalmente en octágonos.

TULA PÁNUCO.

TULA Hist. y Arqueol. Antigua ciudad de México, también llamada Tollán Xicocotitlán, cerca de la actual Tula de Allende, Estado de Hidalgo. Fue emporio de la cultura tolteca entre los siglos IX y XI. Templo Estrella de la Mañana y de Quetzalcóatl y Palacio Quemado. Colosos monolíticos.

TULA 1 Región de la Federación de Rusia; 25.700 km² y 1.826.800 h. **2** Ciudad capital de la misma, al S de Moscú; 532.000 h.

TULE THULE.

TULIA Dama semilegendaria romana. Hija de Servio Tulio y esposa de Tarquino el Soberbio.

TULIO m. Quím. Elemento químico del grupo de los lantánidos o tierras raras del sistema periódico. Masa atómica 168,934; número atómico 69; punto de fusión 1.550° C; punto de ebullición 1.727° C; símbolo Tm.

TULIO HOSTILIO Tercer rey semilegendario de Roma (s. VII a. C.). Reinó de 670 a 630 a. C. Fue un príncipe belicoso y se le atribuye la organización militar de los romanos.

TULIPA f. **1** Bot. Tulipán pequeño. **2** Pantalla de vidrio con forma algo parecida a la de un tulipán.

TULIPÁN m. **1** Bot. Planta herbácea perenne, de la familia liliáceas, género Tulipa. Posee un bulbo oval y una única flor de hermosos colores e inodora. Procede de Asia. **2** Flor de esta planta.

TULIPERO DE VIRGINIA m. Bot. Árbol perteneciente a la familia magnoliáceas, de nombre científico Liriodendron tulipifera, de hasta 60 m de altura. Crece en el E de EE UU.

TULLERÍAS Arquit. e Hist. Antiguo palacio de los reyes de Francia, en París, situado en la orilla derecha del Sena. Fue edificado por orden de Catalina de Médicis (siglo XVI). Durante la Revolución Francesa fue asaltado por el pueblo tras la deposición de Luis XVI por el parlamento (1792). Sufrió un incendio durante la Comuna (1871), y fue demolido en 1882.

Tula (México). Atlantes toltecas del templo Estrella de la Mañana.

tulipán

TULLIDO, DA adj. y s. Que ha perdido el movimiento del cuerpo o de alguno de sus miembros.
TULLIR intr. 1 *Zool.* Arrojar el excremento las aves de rapiña. || tr. 2 Hacer que uno quede tullido. || prnl. 3 Perder el uso y movimiento de su cuerpo o de un miembro de él. ♦ IRREG. Se conjuga como MULLIR.
TULSA Ciudad de EE UU, Estado de Oklahoma, a orillas del Arkansas; 374.851 h. Petróleo. Universidad.
TULUM *Hist.* y *Arqueol.* Antigua ciudad maya de México, Estado de Quintana Roo. Construida sobre unos acantilados hacia el siglo VI, conserva varias edificaciones, como el castillo o el templo, con pinturas de la época posclásica.
TULUNÍ *Geneal.* Dinastía musulmana que reinó en Siria y Egipto entre 868 y 905, fundada por Ahmad ibn Tulun.
TUMBA f. 1 Lugar excavado en la tierra o construido sobre ella en el que se entierra a una persona. 2 Cubierta arqueada de ciertos coches. || **ser una tumba** fr. fig. y fam. Guardar celosamente un secreto.
TUMBAGA f. 1 Liga metálica compuesta de oro y cobre, que se emplea en joyería. 2 Sortija hecha de esta liga.
TUMBAR tr. 1 Hacer caer o derribar a una persona o cosa. 2 Inclinar una cosa sin que llegue a caer enteramente. 3 fig. y fam. Turbar o quitar a uno el sentido una cosa fuerte, como el vino o un olor. || intr. 4 *Caer.* || prnl. 5 Echarse.
TUMBES 1 Departamento de Perú; 4.657 km² y 183.609 h. Café, tabaco, caña de azúcar, cacao y algodón. Yacimientos de petróleo y carbón. 2 Ciudad capital del mismo; 73.700 h. Primera población indígena en que desembarcó Pizarro.
TUMBO¹ (De *tumbar.*) m. 1 Vaivén violento. 2 Caída violenta.
TUMBO² (Del gr. τύμβος, túmulo.) m. Libro donde las iglesias, monasterios, concejos y comunidades tenían copiados sus privilegios.
TUMBÓN, NA adj. 1 fam. Disimulado, socarrón. 2 fam. Perezoso, holgazán. También s. || f. 3 Silla con respaldo largo y con tijera que permite inclinarlo en ángulos muy abiertos.
TUMEFACCIÓN f. *Med.* Hinchazón de una parte del cuerpo.
TUMEFACTO, TA adj. *Med.* Aplicado a una parte del cuerpo, hinchado, oscurecido por un derrame interno.
TUMOR m. *Med.* Alteración patológica de un órgano o de una parte de él, producida por la proliferación creciente de las células que lo componen. Produce una hinchazón o bulto anormal. || **TUMOR BENIGNO** *Med.* Aquel en que la proliferación celular no se extiende a otras partes del organismo. || **TUMOR MALIGNO** *Med.* Aquel en que la proliferación celular se extiende a otras partes del organismo y puede producir la muerte.
TUMORACIÓN f. *Med.* 1 Tumefacción, bulto. 2 TUMOR.
TÚMULO m. 1 Sepulcro levantado de la tierra. 2 *Arqueol.* Montecillo artificial con que en algunos pueblos antiguos era costumbre cubrir una sepultura. Cobraron gran importancia en el Bronce antiguo y en el Bronce medio, pero se usaron también posteriormente. 3 Armazón de madera, vestida de paños fúnebres, que se erige para la celebración de las honras de un difunto.
TUMULTO m. 1 Motín, alboroto producido por una multitud. 2 Confusión agitada o desorden ruidoso.
TUMULTUARIO, RIA adj. 1 Que causa o levanta tumultos. 2 Que está o se efectúa sin orden ni concierto.
TUNA¹ f. *Bot.* Fruto del candelabro.
TUNA² f. 1 Vida holgazana, libre y vagabunda. 2 Grupo de estudiantes que forman un conjunto musical, y salen por las calles vestidos de época y tocando.

TUNAL m. *Bot.* Sitio donde abunda la higuera tuna.
TUNANTE, TA adj. y s. Pícaro, bribón, taimado.
TUNAS, LAS Provincia de Cuba; 6.589 km² y 523.810 h. Su capital es la ciudad del mismo nombre.
TUNDA f. fam. Paliza, zurra.
TUNDIR¹ (Del lat. *tondēre,* trasquilar, rapar, cortar.) tr. Cortar o igualar con tijera el pelo de los paños o pieles.
TUNDIR² (Del lat. *tundĕre.*) tr. 1 fig. y fam. Castigar con golpes, palos o azotes. 2 fam. Agotarse alguien por esfuerzo.
TUNDRA f. *Bot.* Formación vegetal que aparece en regiones donde el hielo permanente cubre unos pocos centímetros superficiales del suelo, y las precipitaciones son inferiores a 25 cm por año. Son comunes los líquenes, musgos, brezos y otras matas bajas. Se extiende principalmente por el Círculo Polar Ártico, Eurasia y Norteamérica.
TUNECÍ o **TUNECINO, NA** adj. y s. De Túnez o de Tunicia. El pl. de la primera forma es *tunecíes* o *tunecís.*
TÚNEL m. Paso subterráneo abierto artificialmente para establecer una comunicación a través de un monte, por debajo de un río u otro obstáculo. || **TÚNEL AERODINÁMICO** Construcción que contiene una larga cavidad de forma cilíndrica por la que se hace circular el aire a la velocidad conveniente para ensayar modelos de aviación, etc.
TÚNEZ 1 Gobernación de Tunicia; 346 km² y 890.092 h. 2 Ciudad capital de Tunicia y de la gobernación de su nombre; 674.100 h. Centro industrial (siderometalúrgica, fertilizante) y comercial. Puerto y aeropuerto.
TUNGSTENO m. *Quím.* VOLFRAMIO.
TUNGURAHUA Volcán de los Andes Ecuatorianos, en la cordillera Occidental; 5.016 m.
TUNGURAHUA Provincia de Ecuador; 3.335 km² y 441.389 h. Su capital es Ambato. Cereales, caña de azúcar y frutas.
TUNGÚS adj. *Etnol.* 1 Se dice de un pueblo de raza siberiana, del grupo altaico, que habita desde el Yenisei hasta el Pacífico y por el N de China. Más como m. pl. 2 Se dice también de sus individuos. También com. 3 Relativo a este pueblo. || m. *Ling.* 4 Idioma de los tungueses.
TUNGUSKA Nombre de tres ríos de la Federación de Rusia, afluentes del Yenisei; el *Tunguska inferior* (2.700 km); *medio* (1.300) y *superior* (2.848).
TÚNICA f. 1 Vestidura sin mangas, que usaban los antiguos y les servían como de camisa. 2 Vestidura de lana que usan los religiosos debajo de los hábitos. 3 Vestidura exterior amplia y larga. 4 *Anat.* Membrana o capa de tejido que cubre algún órgano o parte del cuerpo. 5 *Bot.* Telilla o película que en algunas frutas o bulbos está pegada a la cáscara y cubre más inmediatamente la carne. 6 *Zool.* Membrana que envuelve por completo el cuerpo de los tunicados. || **TÚNICA DE CRISTO** *Bot.* Planta anual, parecida al estramonio.
TUNICADO, DA adj. 1 *Biol.* Envuelto por una túnica. 2 *Zool.* Se dice del animal procordado con cuerpo blando, de aspecto gelatinoso como la salpa. También m. || m. pl. *Zool.* 3 Subtipo de estos animales.

TUNICIA *(Al-Jumhu-r-ya at-Tu-nus-ya)* República de África septentrional, situada entre el Mediterráneo, Libia y Argelia.
GEOG. La región N del país está atravesada por las estribaciones de la cordillera del Atlas, y el clima y la vegetación son de tipo mediterráneo. El centro es una gran meseta salpicada de lagos, que se va haciendo más seca y estepraria hacia el S, donde la vegetación sólo es posible en los escasos lugares donde surge el agua (oasis). La costa es muy accidentada. Los únicos ríos destacables son el Medjerda y el Zeroud. La economía está basada en la minería (petróleo en el S y fosfatos en el centro), aunque los sectores agrícola y pesquero siguen teniendo un peso importante. Es de destacar la producción de aceite de oliva y los cultivos de cereales, vid, olivo (4º productor mundial), frutales y hortalizas, así como la ganadería lanar. La industria está alcanzando cierto desarrollo en los sectores químico, alimentario, textil, siderometalúrgico y de la construcción. El turismo, por otra parte, se encuentra en continua expansión.
HIST. Antes del siglo IX a. C., navegantes fenicios establecieron en la costa tunecina diferentes colonias, entre ellas, Cartago, que en el siglo VI se convirtió en el principal centro del Mediterráneo Occidental. Bajo dominación romana, el territorio vivió una etapa de gran prosperidad. En el siglo V fue conquistado por los vándalos y, posteriormente, por los bizantinos (534). A mediados del siglo VII, comenzaron las primeras incursiones musulmanas. Tras la caída de la dinastía Omeya, la

Superficie: 164.150 km².
Población: 9.953.000 h. *(tunecinos).*
Densidad: 58,4 h./km².
Tasa de natalidad: 18,1‰.
Tasa de mortalidad: 5‰.
Capital: Túnez.
Ciudades principales: Sfax, Aryanah, Bizerta, Susa, Kairouan.
Grupos étnicos: árabes (98%), beréberes (1,2%) y minorías europeas.
Religión: islamismo (99%).
Idioma: árabe (oficial) y francés.
Moneda: dinar.
Forma de Estado: república presidencialista.
Producto Nacional Bruto: 19.193 millones de dólares.
Renta per cápita: 2.060 dólares.
División administrativa: 23 gobernaciones, según cuadro.

TUNICIA

Gobernaciones	Superficie (km²)	Población (h.)	Capitales
Aryanah	1.558	568.818	Aryanah
Ben Arous	761	371.724	Ben Arous
Béja	3.558	305.457	Béja
Bizerta	3.685	482.250	Bizerta
Gabes	7.175	310.272	Gabes
Gafsa	8.990	307.662	Gafsa
Jendouba	3.102	403.769	Jendouba
Kairouan	6.712	530.725	Kairouan
Kasserina	8.066	387.244	Kasserina
Kebili	22.084	131.564	Kebili
Kef, El	4.965	272.277	El Kef
Mahdia	2.966	334.084	Mahdia
Medenina	8.588	385.596	Medenina
Monastir	1.019	363.436	Monastir
Nabeul	2.788	576.874	Nabeul
Sfax	7.545	732.865	Sfax
Sidi Bouzid	6.994	378.052	Sidi Bouzid
Siliana	4.631	245.727	Siliana
Susa	2.621	435.075	Susa
Tataouine	38.889	135.184	Tataouine
Tozeur	4.719	89.038	Tozeur
Túnez	346	890.092	Túnez
Zaghouan	2.768	142.937	Zaghouan

provincia de Ifriquiya pasó a depender del imperio abasí de Bagdad, aunque desde el 800, la dinastía aglabí estableció en la zona un poder autónomo. En 909 el territorio cayó en poder de los fatimíes, que confiaron el gobierno a los ziríes. Incorporado al imperio almohade desde mediados del siglo XII, en 1236 la familia de los Hafsíes estableció un reino que entró en decadencia en el siglo XV. A lo largo del XVI se disputaron su control España y el imperio otomano, al que quedó finalmente sometido. El territorio quedó adscrito inicialmente a Argelia, aunque posteriormente fue cobrando una autonomía creciente bajo el control de un bey. En el siglo XIX, el país se vio sometido a la presión de las potencias europeas hasta que Francia estableció un protectorado en 1883. La oposición nacionalista cristalizó en la fundación del Destur en 1920. Las disensiones en el seno del partido llevaron a la ruptura y a la aparición del Neo Destur en 1934. Tras la Segunda Guerra Mundial, Tunicia recibió el estatuto de Estado asociado de la Unión Francesa (1946). Finalmente, Francia concedió la autonomía interna (1955) y la independencia (1956). Las primeras elecciones parlamentarias dieron la victoria absoluta al Neo Destur y Habib Burguiba fue nombrado primer ministro, y una vez proclamada la República, presidente (1957). El Gobierno inició una política de nacionalizaciones, que fue abandonada a partir de la década siguiente, como resultado del giro conservador del Neo Destur. Burguiba fue nombrado presidente vitalicio en 1975. En 1981 tuvieron lugar las primeras elecciones multipartidistas, y en 1986 Mohamed Mzali, primer ministro desde 1980, era sustituido por Rashid Sfar. En 1987, el régimen comenzó a experimentar un endurecimiento manifestado en la represión del movimiento integrista y Rashid Sfar fue sustituido por Zine al-Abidine Ibn Ali. Declarado incapaz para seguir en el cargo, Burguiba fue depuesto por Ibn Ali, quien ocupó la jefatura del Estado. Durante 1988 y 1989 se llevaron a cabo una serie de reformas políticas que culminaron con la celebración de elecciones presidenciales y legislativas en abril de 1989, en las que Ibn Ali fue reelegido y su partido, la Agrupación Constitucional Democrática, consiguió la mayoría parlamentaria. No cesaron, sin embargo, las manifestaciones de carácter fundamentalista, especialmente intensas en 1991 y duramente reprimidas. En junio de 1989, con Argelia, Mauritania, Libia y Marruecos, Tunicia creó la Unión del Magreb Árabe. En 1994 y 1999 el general Ibn Ali fue reelegido presidente del país, y en 2002 se aprobó mediante referéndum una reforma constitucional que le permitía presentarse a otros mandatos.

TÚNIDO, DA adj. *Zool.* **1** Se dice del pez sin escamas en la parte posterior del cuerpo y las de la parte anterior fundidas en una cubierta defensiva, como el atún. || m. pl. *Zool.* **2** Familia de estos animales.

TUNO, NA adj. **1** Pícaro, tunante. **2** Estudiante que forma parte de una tuna.

TUNTÚN, AL o **AL BUEN** loc. adv. fam. Sin reflexión, al azar.

TUPA f. *Bot.* Nombre de dos plantas herbáceas de la familia campanuláceas, de nombres científicos *Lobelia tupa* y *L. salicifolia*, con hojas alternas y flores grandes de cinco pétalos y color púrpura. Crecen en zonas tropicales de América del Sur.

TÚPAC AMARU Último rey inca de Perú (? - Cuzco, 1572). Acusado de rebelión por sublevarse contra los españoles en Vilcabamba, fue detenido, conducido al Cuzco y ajusticiado.

TÚPAC AMARU (JOSÉ GABRIEL CONDORCANQUI, llamado) Revolucionario peruano (?, h. 1740 - Cuzco, 1782). Organizó una sublevación contra la dominación española. Fue derrotado por las tropas de Jáuregui y ejecutado.

TÚPAC AMARU (MRTA) *Polít.* Grupo revolucionario peruano de ideología marxista-leninista fundado en 1984. Alcanzó relieve internacional con la ocupación de la embajada de Japón en Lima a finales de 1996.

TÚPAC YUPANQUI Inca peruano (s. XV). Fue hijo de Pachacúpec Yupanqui, del antiguo imperio del Tahuantinsuyo.

TUPAMARO, MOVIMIENTO *Hist.* Nombre con el que se conoce al Movimiento Nacional de Liberación (MNL) de Uruguay, organización revolucionaria clandestina de carácter urbano, fundada por Raúl Sendic en 1962. Tras una tenaz represión por parte del ejército, desapareció en 1972. En 1985 se convirtió en partido político reconocido legalmente.

TUPÉ m. **1** Cabello que cae sobre la frente. **2** fig. y fam. Atrevimiento, desfachatez.

TUPELO m. *Bot.* Árbol perteneciente a la familia nisáceas, de nombre científico *Nyssa aquatica*, de hasta 30 m de altura, que crece en las zonas pantanosas del S y SE de EE UU.

TUPÍ adj. *Etnol.* **1** Se dice de un pueblo amerindio que, a la llegada de los españoles, habitaba en la costa atlántica de América del Sur. Aplicado a personas, también com. || m. *Ling.* **2** Lengua hablada de estos indios, que pertenece a la familia guaraní, llamada también tupí-guaraní. ♦ Su pl. es *tupís*.

TUPÍ-GUARANÍ adj. *Etnol.* **1** Se dice de un pueblo amerindio que habitaba en Paraguay y el N de Argentina. En el siglo XVI, a la llegada de los españoles, se trasladaron a los Andes bolivianos; desde allí huyeron posteriormente al alto Amazonas y a las Guayanas (siglos XVII-XIX), donde se establecieron definitivamente. Aplicado a personas, también com. **2** De este pueblo. || m. *Ling.* **3** Familia lingüística sudamericana, la más importante por su extensión territorial y por el número de hablantes.

TUPIDO, DA adj. **1** Que tiene sus elementos muy juntos o apretados. **2** Dicho del entendimiento y los sentidos, obtuso, torpe.

TUPINAMBÁ adj. *Etnol.* **1** Se dice de un pueblo amerindio del grupo tupí-guaraní, del cual quedan hoy escasos restos en la zona comprendida entre los ríos Paraíba y Pará, Brasil. Más como m. pl. **2** Se dice también de sus individuos. También com. **3** Relativo a este pueblo.

TUPIR tr. Apretar mucho una cosa. También prnl.

TUPOLEV, ANDREI NIKOLAIEVICH Ingeniero ruso (Pustomazobo, 1888 - Moscú, 1972). Realizó algunos de los diseños aeronáuticos más importantes de su época.

TUPUNGATO Volcán apagado de los Andes, situado en la línea fronteriza de Argentina y Chile; 6.635 m.

TUQUERRES Volcán de Colombia, departamento de Nariño, junto a la población de su nombre; 4.000 m.

TURA, COSIMO Pintor italiano (Ferrara, 1430 - íd., h. 1495). Principal representante de la escuela de Ferrara, entre sus lienzos más notables figuran *La Anunciación*, *La Virgen con el Niño* y *Cristo muerto sostenido por dos ángeles*.

TURÁN Extensa llanura del Asia central, que se extiende por Irán, Turkmenistán, Uzbekistán y Kazajstán. Está dividida por los ríos Amu-Daria y Syr-Daria.

TURANIO, NIA adj. **1** De Turán, región de la antigua Asia central. También s. **2** *Ling.* Se aplica a las lenguas como el turco y el húngaro, se creen originarias de Asia central y no corresponden a los grupos arios y semíticos. (Véase URALOALTAICO.)

TURBA[1] (Del germ. *turf.*) f. *Geol.* Carbón pardusco, esponjoso, poco denso y muy ligero, en el que todavía pueden apreciarse algunos restos de los vegetales que lo han originado. Su formación ha tenido lugar por el acúmulo de estos vegetales en zonas pantanosas, desde finales de la era terciaria a la actualidad.

TURBA[2] (Voz lat.) f. Muchedumbre confusa y desordenada.

TURBAMULTA f. fam. Multitud confusa y desordenada.

TURBANTE m. Tocado propio de las naciones orientales, que consiste en una faja larga de tela que se enrolla a la cabeza.

TURBAR tr. y prnl. **1** Alterar el estado o curso natural de una cosa. **2** ENTURBIAR. **3** Sorprender o aturdir a alguien, de modo que no acierte a hablar o a proseguir lo que estaba haciendo. **4** fig. Interrumpir la quietud violenta o molestamente.

TURBAY AYALA, JULIO CÉSAR Político colombiano (Bogotá, 1916). Miembro del Partido Liberal, fue presidente de la República (1978-82).

TURBELARIO, RIA adj. y m. *Zool.* **1** Se dice del gusano platelminto, de cuerpo no laminar ni segmentado, provisto de glándulas mucosas. || m. pl. *Zool.* **2** Clase de estos gusanos.

TURBERA f. *Geol.* Yacimiento de TURBA[1].

TURBIDEZ f. Cualidad de turbio.

TÚRBIDO, DA adj. *Fís.* TURBIO.

TURBINA f. *Fís.* **1** Rueda hidráulica, con paletas curvas colocadas en su periferia, que recibe el agua por el centro y la despide en dirección tangente a la circunferencia, con lo cual aprovecha la mayor parte posible de la fuerza motriz. **2** Máquina destinada a transformar la fuerza viva o la presión de un fluido en movimiento giratorio de una rueda de paletas.

TURBINTO m. *Bot.* Árbol perteneciente a la familia anacardiáceas, de nombre científico *Schinus molle*, de América meridional; con sus bayas se elabora una bebida muy apreciada.

TURBIO, BIA adj. **1** Mezclado o alterado por una cosa que oscurece o quita la claridad natural o transparencia. **2** fig. Revuelto, dudoso, turbulento, azaroso. **3** fig. Confuso, poco claro.

TURBIÓN m. *Meteor.* Aguacero con viento fuerte repentino y de corta duración. **2** fig. Multitud de cosas que vienen juntas y violentamente.

TURBIT m. *Bot.* Planta trepadora de la familia convolvuláceas, nativa de Asia, cuyas raíces se han empleado en medicina como purgante drástico. **2** Raíz de esta planta. || **TURBIT MINERAL** *Quím.* Sulfato mercurial de propiedades purgantes parecidas a las del turbit vegetal.

TURBO m. *Mec.* **1** TURBOCOMPRESOR. || adj. *Mec.* **2** Relativo al motor que tiene turbocompresor y al vehículo que lo lleva. También m.

TURBO- pref. del mismo origen y significado que turbina.

TURBOALTERNADOR m. *Fís.* Conjunto de un alternador eléctrico y de la turbina que lo mueve.

TURBOCOMPRESOR m. *Mec.* Compresor movido por una turbina.

TURBOGENERADOR m. *Fís.* Generador eléctrico movido por una turbina de gas, de vapor o hidráulica.

Tunicia. Ruinas romanas de Douga.

Turín (Italia). Catedral.

TURBOHÉLICE m. *Mec.* Motor de aviación en el que una turbina mueve la hélice.
TURBONADA f. *Meteor.* Fuerte chubasco de viento y agua, acompañado de truenos, relámpagos y rayos.
TURBOPROPULSOR m. *Mec.* TURBOHÉLICE.
TURBORREACTOR m. *Mec.* Motor de reacción en el que la propulsión se produce por una turbina de gas.
TURBULENCIA f. **1** Cualidad de turbio o de turbulento. **2** *Fís.* Corriente en la cual un fluido tiene un movimiento turbulento, generalmente en forma de remolinos. **3** *Meteor.* Estado de la atmósfera en fuerte intercambio vertical de capas. **4** fig. Confusión, alboroto o perturbación.
TURBULENTO, TA adj. **1** TURBIO. **2** *Fís.* Se dice del régimen de una corriente fluida cuya velocidad en cada punto varía rápidamente en dirección y magnitud, formando remolinos. **3** fig. Confuso, alborotado y desordenado. **4** fig. Se dice de la persona agitadora, que promueve disturbios o discusiones. También s.
TURCAS TURKS Y CAICOS.
TURCAS Y CAICOS TURKS Y CAICOS.
TURCIOS, FROILÁN Escritor y político hondureño (Juticalpa, 1878 - San José de Costa Rica, 1943). Fue ministro de Gobernación y Justicia. Seguidor del modernismo, entre sus obras destacan *Mariposas* (1895), *Hojas de otoño* (1905) y *Annabel Lee* (1906).
TURCO, CA adj. *Etnol.* **1** Se aplica al individuo de un pueblo que, procedente del Turquestán, se estableció en Asia Menor y en la parte oriental de Europa, a las que dio nombre. Constituyen un conjunto de poblaciones que comprende diversos grupos (yacutos, kirguises, uzbecos, turcomanos, azerbaijanes, osmanlíes, etc.) y reúne a cerca de 75 millones de individuos. También s. **2** De Turquía. || m. *Ling.* **3** Lengua turca. || **EL GRAN TURCO** El sultán de Turquía.
TURCOMANO, NA adj. y s. *Etnol.* Se dice de un pueblo de raza turania, cuya población, de unos 800.000 individuos, ocupa el Turquestán ruso, entre el Amu-Daria y el Caspio.
TURCOTÁRTARO, RA adj. TURANIO.
TURDETANO, NA adj. y s. *Hist.* Se dice de un pueblo hispánico prerromano, heredero de los tartesios, que habitaba el valle inferior del Guadalquivir.
TÚRDIGA f. Tira o lista de pellejo.
TURENA *Hist.* Región histórica de Francia, cuya capital era Tours, y que formó el departamento de Indre-et-Loire. Habitada en la Antigüedad por los turones, fue conquistada por los romanos y formó parte de los reinos merovingio y franco. En el siglo XII pasó a depender de Inglaterra. Fue anexionada al dominio real en 1263, por Felipe Augusto.
TURENA o **TURENNE, HENRI DE LA TOUR, VIZCONDE DE** Mariscal de Francia (Sedán, 1611 - Sasbach, 1675). Se distinguió en la guerra de los Treinta Años y en las luchas de la Fronda. En 1658 derrotó a los españoles en la batalla de Las Dunas. Posteriormente, dirigió las operaciones en la guerra de Devolución (1667-68).
TURF (Voz i.) m. **1** Hípica; las carreras de caballos. **2** Pista en la que se desarrollan éstas.
TURGENTE adj. **1** Abultado, elevado. **2** *Biol.* Se aplica a cualquier estructura biológica que se distiende a causa de su contenido líquido.
TURGOT, ANNE ROBERT JACQUES, BARÓN DE L'AULNE Economista francés (París, 1727 - íd., 1781). Secretario de Estado para la armada e interventor general de finanzas, aplicó las teorías fisiocráticas.
TURGOVIA (*Thurgau*) Cantón del NE de Suiza, junto al lago de Constanza; 991 km² y 226.479 h. Su capital es Frauenfeld. Vid, frutales.

TURGUENIEV, IVÁN SERGEIEVICH Escritor ruso (Orel, 1818 - Bougival, 1886). Entre su vastísima obra destacan las novelas *Primer amor* (1860), *Padres e hijos* (1862), *Humo* (1867), *Aguas primaverales* (1872), *El canto del amor triunfante* (1811) y *Clara Milic* (1882); la pieza teatral *Un mes en el campo* (1850); los cuentos de *Relatos de un cazador* (1852) y las composiciones de *Poemas sin rima* (1882).
TURÍBULO m. INCENSARIO.
TURIFERARIO m. El que lleva el incensario.
TURÍN (*Torino*) **1** Provincia del NO de Italia, en Piamonte; 6.830 km² y 2.236.325 h. **2** Ciudad capital del Piamonte y de la provincia de su nombre, a orillas del Po; 945.551 h. Gran centro comercial e industrial del país. Universidad (1450). Fue capital del reino de Cerdeña hasta 1860.
TURING, ALAN MATHISON Matemático británico (Londres, 1912 - Wilmslow, 1954). Desarrolló un modelo de computabilidad que sirvió de patrón para las operaciones realizadas por todos los ordenadores digitales o de estado discreto.
TURINGIA (*Thüringen*) Land de Alemania, 16.252 km² y 2.484.900 h. Su capital es Erfurt. De 1485 a 1918 permaneció unida al ducado y reino de Sajonia y de 1919 a 1933 se constituyó en un Estado federado. En 1952 quedó incorporado a la RDA.
TURINGIA, SELVA DE Macizo montañoso del SO de Alemania, de unos 100 km de longitud y 980 m de altura, cubierto de bosques en su mayor parte.
TURIÓN m. *Bot.* Brote escamoso que se desarrolla a partir de una yema subterránea, como el del espárrago.
TURISMO m. **1** Afición a viajar por placer y recorrer un país o región. **2** Organización de los medios conducentes a facilitar estos viajes. **3** Automóvil de uso particular.
TURISMUNDO Rey visigodo (? - ?, 453). Hijo y sucesor de Teodorico I, que reinó entre 451 y 453.
TURISTA com. Persona que recorre un país por distracción y recreo.
TURÍSTICO, CA adj. Perteneciente o relativo al turismo.
TURKANA RODOLFO, lago de África ecuatorial.
TURKMENO, NIA adj. y s. TURKMENO.
TURKMENISTÁN (*Turkmenistan Jumhuriyäti*) Estado de Asia central. Limita al N con Uzbekistán; al E, con Afganistán; al S, con Irán; y al O, con el mar Caspio y Kazajstán.

GEOG. La mayor parte de su superficie está ocupada por el desierto de Kara-Kum y la meseta de Karabil. Al S, los montes Kopet-Dag la separan de Irán. Los ríos principales son el Amu-Daria, el Atrak y el Murgab. El clima es continental, cálido en verano y frío en invierno. La agricultura es un factor importante en su economía, gracias a un perfeccionado sistema de regadíos; destaca la producción de frutas, hortalizas, cereales y algodón. Cuenta, asimismo, con una importante cabaña de ovejas Karakul, camellos y caballos. La pesca es abundante y se practica en el mar Caspio y sus ríos tributarios. Ricos yacimientos de petróleo, gas natural, azufre y carbón. A la tradicional industria textil y alimentaria, hay que añadir las relacionadas con el refino del petróleo, la producción de gas natural, los productos químicos, materiales de construcción y del vidrio.

HIST. Los turcomanos, primitivos habitantes de este territorio, tenían una organización tribal y vivían de forma nómada sin unidad política. En los siglos XVI y XVII se crearon dos núcleos en torno a tribus poderosas en el N y en S, y en el siglo XVIII comenzaron los asentamientos en oasis y en las cercanías de los ríos. Eran frecuentes los enfrentamientos entre tribus rivales cuando comenzaron las invasiones rusas. En 1869 el ejército

Superficie: 488.100 km².
Población: 4.885.000 h. (turkmenos).
Densidad: 10 h./km².
Tasa de natalidad: 27,6‰.
Tasa de mortalidad: 7‰.
Capital: Asjabad.
Ciudades principales: Mary, Carzou, Krasnovodsk.
Grupos étnicos: turkmenos (73,3%), rusos (9,8%), uzbekos (9,2%), kazakos (2%), etc.
Religión: islamismo sunnita (mayoría).
Idioma: turkmeno, ruso.
Moneda: manat.
Forma de Estado: república presidencialista.
Producto Nacional Bruto: 2.987 millones de dólares.
Renta per cápita: 640 dólares.
División administrativa: 5 provincias y 1 ciudad, según cuadro.

TURKMENISTÁN

Provincias Ciudad	Superficie (km²)	Población (h.)	Capitales
Akhal	97.100	677.700	Akhal
Balkan	138.600	389.700	Nebit-Dag
Dashovuz	72.700	956.500	Dashovuz
Leban	93.200	947.700	Leban
Mary	86.400	1.046.100	Mary
Asjabad		548.500	Asjabad

ruso fundó el puerto de Krasnovodsk, y en 1874 el distrito militar del Transcaspio. Pese a la fuerte resistencia turcomana, en 1881 fueron totalmente sometidos, protagonizando, sin éxito, la revuelta de 1916. Tras la revolución de 1917, y durante la guerra civil (1918-20), Turkmenistán fue escenario de los enfrentamientos entre el gobierno de la Provincia Social Revolucionaria del Transcaspio, apoyado por los británicos, y los bolcheviques. El ejército rojo tomó la capital, Asjabad, en 1919, y Krasnovodsk en 1920. Hasta 1924, el Transcaspio (desde 1921 llamado Turkmen) formó parte de la RSS Autónoma de Turkquestán, núcleo de lo que en octubre de ese mismo año pasó a ser la RSS de Turkmenistán. El golpe de Estado en la URSS de agosto de 1991 propició la declaración de independencia (27 de octubre) y su integración en la COMUNIDAD DE ESTADOS INDEPENDIENTES. En las elecciones celebradas en junio de 1992 se presentó como único candidato Separmurad Nyazov, primer secretario del Partido Comunista Turkmeno desde 1985, y la única fuerza política que acudió a las urnas fue el Partido Democrático (PD), formado por los antiguos integrantes del Partido Comunista. A comienzos de 1995, Nyazov logró aprobar en referéndum una ley que le permitía mantenerse en la presidencia hasta el año 2000, y en 1999 el Parlamento le nombró presidente vitalicio.

TURKMENO, NA adj. y s. De Turkmenistán.
TURKS Grupo de islas situadas al SE de las Bahamas, que constituyen junto con las islas Caicos la colonia del Reino Unido de TURKS Y CAICOS.
TURKS Y CAICOS *(Turks and Caicos)* Grupo de islas situado al SE de las Bahamas, que constituyen una colonia del Reino Unido; 430 km² y 7.436 h. Su capital es Cockburn Town, en la isla Gran Turca. Pesca de esponjas. Importantes salinas. Hasta 1962 dependieron de Jamaica.
TURKU Ciudad del SO de Finlandia, capital de la provincia de Turun-Porin, a orillas del Báltico; 164.744 h. Puerto. Importante centro industrial.
TURMA f. *Zool.* Testículo del hombre y de los animales. || **TURMA DE TIERRA** *Biol.* CRIADILLA DE TIERRA.
TURMALINA f. *Miner.* Mineral borosilicato de aluminio, hierro, sodio y magnesio, de fórmula $Na(Mg,Fe)_3Al_6(BO_3)_3(Si_6O_{18})(OH)_4$, de color generalmente negro o pardo, transparente o traslúcido, y tan duro como el cuarzo.
TÚRMIX (Marca registrada) f. Batidora eléctrica.
TURNAR intr. **1** Alternar con una o más personas en el repartimiento de una cosa o en el servicio de algún cargo. También prnl. || tr. **2** *Méx.* En uso jurídico y administrativo, remitir una comunicación, expediente o actuación a otro departamento, juzgado, sala de tribunales, funcionario, etc.
TURNER, JOHN N. Político canadiense (Richmond, 1929). Sucesor de Pierre Trudeau en la jefatura del Partido Liberal y como primer ministro (1984), en las elecciones de septiembre de ese año fue derrotado por Brian Mulroney.
TURNER, JOSEPH MALLORD WILLIAM Pintor inglés (Londres, 1775 - íd., 1851). Está considerado como uno de los más importantes paisajistas del siglo XIX, y precursor del impresionismo. Su pintura evolucionó desde el clasicismo inicial hacia una paulatina desmaterialización del paisaje: *Batalla de Trafalgar* (1808), *El ejército de Aníbal atravesando los Alpes* (1812), *La bahía de Baïes* (1825), etc.
TURNER, LANA (JULIA JEAN TURNER, llamada) Actriz de cine estadounidense (Wallace, 1920 - Los Ángeles, 1995). Se impuso como mujer fatal en *thrillers* y melodramas: *El cartero siempre llama dos veces* (1946), *La viuda alegre* (1952), *Cautivos del mal* (1952).
TURNO m. **1** Orden o alternativa que se observa entre varias personas. **2** Cada una de las intervenciones que, en pro o en contra de una propuesta, permiten los reglamentos de las cámaras legislativas o corporaciones.
TURNO *Mit.* Rey legendario de los rútulos. Su muerte por Eneas se narra en la *Eneida*.
TURNU SEVERIN DROBETA-TURNU SEVERIN.
TUROLENSE adj. y com. De Teruel.
TURÓN m. *Zool.* Mamífero carnívoro perteneciente a la familia mustélidos, de nombre científico *Mustela putorius*, de cuerpo alargado y esbelto, cabeza pequeña con el hocico puntiagudo, patas cortas con dedos terminados en fuertes uñas y cola medianamente desarrollada. Vive en gran parte de Europa.
TURQUESA f. *Miner.* Mineral fosfato de alúmina hidratado con algo de cobre y hierro, de fórmula $CuAl_6(OH)_8(PO_4)_4 \cdot 4H_2O$, que aparece en cristales del sistema triclínico, de color azul celeste o verdoso. Se emplea en joyería.
TURQUESTÁN Extensa región de Asia central, entre el mar Caspio al O, las estepas de Siberia al N, el desierto de Gobi al E y el eje montañoso del Hindu-Kush y la meseta del Tíbet al S. Comprende dos zonas geográficas, divididas por las altas montañas de Pamir y de Tian Shan: Turquestán occidental, que pertenece a las repúblicas de Kazajstán, Kirguizistán, Tayikistán, Turkmenistán y Uzbekistán, y Turquestán oriental, a China (región autónoma de Sinkiang).
TURQUÍA *(Türkiye Cümhuriyeti)* Estado euroasiático, que comprende la península de Anatolia (Asia Menor) y una pequeña parte europea en los Balcanes. Limita al N con Bulgaria y el mar Negro; al E, con Georgia, Armenia e Irán; al S, con Irak, Siria y el mar Mediterráneo, y al O, con el mar Egeo y Grecia.

GEOG. La mayor parte del país corresponde a la Turquía asiática y constituye una meseta (Anatolia) de casi 1.000 m de altura media, bordeada al E por los montes de Armenia, con dos ramificaciones, una septentrional, los montes Pónticos (Kackar, 3.937 m), y otra meridional, la cordillera del Tauro (Ala Dag, 3.734 m). Paralelamente a esta última se extienden una serie de cordilleras llamadas Antitauro (Ararat, 5.165 m). La Turquía europea, separada de la parte asiática por el mar de Mármara, forma parte de una amplia meseta, la Tracia oriental. El litoral de la península de Anatolia cae, abrupto, sobre los mares Negro, Egeo y Mediterráneo. Los ríos principales son el Yesil, el Kizil Irmak y el Sakarya; el Gendiz y el Menderes, que fluyen hacia el O; el Seyhan y el Ceyhan, que vierten en el Mediterráneo, y el Éufrates y el Tigris, que corren hacia el golfo Pérsico. El clima es templado y húmedo en la costa N, mediterráneo en el S y continental en el interior. La economía es predominantemente agraria. Destacan la producción de trigo, cebada, cáñamo, tabaco, algodón, vid, olivo, cítricos, té y frutas. Es muy importante la ganadería ovina, caprina y bovina. Los recursos mineros son abundantes: hierro, cromo, antimonio, mercurio, tungsteno, lignito, fosfatos, cobre, etc. La industria se halla en periodo de desarrollo. Las principales actividades (textil, alimentaria, química, cemento, construcciones navales) se concentran en la zona occidental de Anatolia. En los últimos años, el sector turístico ha experimentado un importante desarrollo.

HIST. Asia Menor ha sido desde antiguo cruce de pueblos y vía de intercambio entre Europa y Asia. La dominación romana siguió el imperio bizantino, hasta el siglo XI, y la conquista de los turcos selyúcidas, que constituyeron un sultanato en Anatolia central, destruido en el siglo XIII por los mongoles. A principios del siglo XIV, durante el gobierno de Osmán se inició la expansión territorial otomana. En 1453 ocuparon Constantinopla y prosiguieron después la conquista de inmensos territorios en el SE de Europa y en el N de África. El poderío otomano marcó su máximo apogeo con Solimán el Magnífico, a mediados del siglo XVI; a la muerte de éste comenzó su decadencia, acentuada con la derrota sufrida por Selim II en Lepanto (1571). En el siglo XVIII, Rusia se convirtió en el enemigo secular de Turquía, a costa de la cual aspiraba a tener una salida propia en el Mediterráneo, dominando los estrechos de los Dardanelos y el Bósforo, pretensión que no pudo llevar a efecto, ni tampoco en el siglo XIX, por la intervención de Inglaterra y Francia al lado de Turquía en la guerra de Crimea (1854-56). Sin embargo, el imperio turco se vio privado gradualmente de gran parte de sus territorios de África y Europa y tuvo que reconocer la independencia de Grecia (1829), Rumania (1856), Serbia y Bulgaria (1878). A partir de 1908 Turquía quedó sometida a un régimen constitucional, debido a la revolución de los Jóvenes Turcos, que depusieron al sultán. En la Primera Guerra Mundial luchó a favor de Alemania pero consi-

---

Superficie: 755.688 km² (23.764 en la parte europea).
Población: 65.667.000 h. (turcos).
Densidad: 84,2 h./km².
Tasa de natalidad: 19,3‰.
Tasa de mortalidad: 6‰.
Capital: Ankara.
Ciudades principales: Estambul, Izmir, Adana, Bursa, Konya, Antalia, Eskisehir.
Grupos étnicos: turcos (86%), kurdos (11%), árabes (1,6%), griegos, armenios.
Religión: islamismo (99%).
Idioma: turco (oficial), kurdo, árabe, griego.
Moneda: lira turca.
Forma de Estado: república.
Producto Nacional Bruto: 200.530 millones de dólares.
Renta per cápita: 3.160 dólares.
División administrativa: 8 regiones geográficas y 76 provincias.

TURQUÍA

Provincias / Regiones	Superficie (km²)	Población (h.)	Capitales	Provincias / Regiones	Superficie (km²)	Población (h.)	Capitales
Adiyaman	7.423	522.400	Adiyaman	Van	21.095	642.100	Van
Aksaray	7.626	329.400	Aksaray	Anatolia Oriental	180.170	6.909.800	
Amasya	5.452	357.900	Amasya				
Ankara	25.614	3.235.700	Ankara	Gaziantep	8.015	1.225.900	Gaziantep
Cankiri	8.659	281.700	Cankiri	Mardin	8.594	558.900	Mardin
Corum	12.729	621.900	Corum	Sanliurfa	19.271	1.009.100	Urfa
Karaman	9.163	220.000	Karaman	Anatolia Sudoriental	35.880	2.793.900	
Kahramanmaras	14.680	893.800	Kahramanmaras				
Kayseri	16.537	934.800	Kayseri	Artvin	7.436	212.200	Artvin
Kirikkale	4.365	368.700	Kirikkale	Bolu	10.575	537.300	Bolu
Kirsehir	6.501	258.300	Kirsehir	Giresun	6.965	520.100	Giresun
Konya	40.451	1.755.000	Konya	Kastamonu	12.982	432.100	Kastamonu
Malatya	11.752	674.900	Malatya	Ordu	6.142	838.500	Ordu
Nevsehir	5.540	288.900	Nevsehir	Rize	3.920	356.700	Rize
Nigde	7.831	303.800	Nigde	Sakarya	4.821	675.100	Adapazari
Sivas	28.568	799.600	Sivas	Samsun	9.739	1.169.400	Samsun
Tokat	9.869	724.800	Tokat	Sinop	5.657	269.900	Sinop
Yozgat	13.597	582.800	Yozgat	Trebisonda	4.498	809.700	Trebisonda
Anatolia Central	236.357	13.154.300		Zonguldak	8.560	1.079.700	Zonguldak
				Costas del Mar Negro	81.295	6.900.700	
Afyonkarahisar	14.295	748.900	Afyonkarahisar				
Bilecik	4.321	174.200	Bilecik	Adana	17.562	1.945.600	Adana
Burdur	7.167	255.200	Burdur	Antalia	20.815	1.146.500	Antalya
Denizli	11.874	764.700	Denizli	Hatay	5.570	1.133.800	Antioquía
Eskisehir	13.477	642.400	Eskisehir	Icel	15.448	1.271.700	Mersin
Isparta	8.847	435.200	Isparta	Costas del Mediterráneo	59.395	5.497.600	
Kütahya	11.661	595.800	Kütahya				
Usak	5.389	290.200	Usak				
Anatolia Occidental	77.031	3.906.600		Aydin	7.870	836.200	Aydin
				Balikesir	14.456	978.900	Balikesir
Agri	11.066	440.400	Agri	Bursa	10.990	1.602.600	Bursa
Batman	4.694	345.100	Batman	Canakkale	8.365	372.800	Canakkale
Bayburt	3.652	108.000	Bayburt	Esmirna	12.263	2.700.100	Esmirna
Bingöl	8.319	249.900	Bingöl	Estambul	2.297	2.657.200	Estambul
Bitlis	8.010	328.700	Bitlis	Kocaeli	3.578	930.700	Izmit
Diyarbakir	14.908	1.086.300	Diyarbakir	Manisa	13.237	1.151.800	Manisa
Elazig	9.455	500.700	Elazig	Mugla	12.504	564.100	Mugla
Erzincan	11.413	306.900	Erzincan	Mármara y Costas del Egeo	85.560	11.794.400	
Erzurum	25.133	848.800	Erzurum				
Gümüshane	6.748	169.600	Gümüshane				
Hakkari	7.121	175.400	Hakkari	Canakkale	1.585	60.300	Canakkale
Kars	18.841	666.200	Kars	Edirne	6.174	403.500	Edirne
Mus	8.413	381.200	Mus	Estambul	3.294	4.776.400	Estambul
Siirt	6.176	244.500	Siirt	Kiklareli	6.378	313.300	Kiklareli
Sirnak	7.172	282.600	Sirnak	Tekirdag	6.333	468.100	Tekirdag
Tunceli	7.954	133.400	Tunceli	Tracia	23.764	6.021.600	

guió un armisticio en 1918, al que siguió el tratado de Sèvres que imponía la desmembración del imperio, con la pérdida de Siria, Palestina, Mesopotamia, etc. No obstante, una reacción nacionalista dirigida por Mustafá Kemal le llevó a éste a formar gobierno en Ankara (1920). Con el triunfo sobre los griegos en 1922, Kemal vio consolidada su posición, siendo elegido presidente de la nueva república, proclamada en 1923. Kemal hizo denodados esfuerzos por convertir a Turquía en un país moderno. En la Segunda Guerra Mundial permaneció neutral hasta agosto de 1944, en que rompió relaciones con Alemania, colocándose al lado de las Naciones Unidas e ingresando después en la ONU. En 1950 fue elegido presidente de la República Celal Bayal, con Adnan Menderes como primer ministro. En 1960 el general Gürsel se hizo con el poder y Menderes fue ejecutado (1961). Hasta 1965, en que las elecciones otorgaron la victoria a Suleyman Demirel, Ismet Inönü dirigió varios gobiernos de coalición. En 1971 dimitió Demirel y fue sustituido por Nihat Erim. En 1974 Bülent Ecevit formó gobierno, agudizándose los conflictos con Grecia por la cuestión de Chipre. El ejército griego entró en la isla, lo que provocó el desembarco de tropas turcas y la dimisión de Ecevit. Tras el acuerdo de alto el fuego, en 1975, Demirel volvió a dirigir el gobierno, alternándose en el cargo con Ecevit, hasta 1980, en que un golpe militar depuso al gobierno civil. El general Kenan Evren tomó el poder como jefe del Estado. Se celebraron elecciones legislativas en 1983, resultando vencedor Turgut Ozal, que fue elegido presidente de la República en 1989. En 1991, se reavivó la lucha contra la guerrilla kurda que operaba en el sudeste del país. Las elecciones de octubre de ese año dieron el triunfo al ex primer ministro Suleyman Demirel, que fue elegido presidente de la República tras la muerte deTurgut Ozal, en abril de 1993; pasó a ocupar el cargo de primer ministro Tansu Ciller. El nuevo ejecutivo no pudo superar la cuestión de confianza presentada en el Parlamento en octubre de 1995 y Tansu Ciller, se vio obligada a dimitir. Celebradas las elecciones en diciembre de ese año, resultó ganador el fundamentalista Partido del Bienestar (RP). No obstante, en marzo de 1996 el Partido de la Madre Patria de Yilmaz y el de la Recta Vía de Ciller llegaron a un acuerdo y formaron un gobierno de coalición encabezado por Yilmaz. En mayo Ciller provocó su caída, abriendo paso a un nuevo gobierno de coalición encabezado por el integrista Nemetkin Erbakan. En junio las presiones del ejército provocaron la dimisión del primer ministro islamista, que fue sustituido por el conservador Mesut Yilmaz. En enero de 1998, el Tribunal Constitucional disolvió el islamista Partido del Bienestar e inhabilitó políticamente a sus dirigentes. Ese mismo año las acusaciones de corrupción provocaron la dimisión de Yilmaz. Le sustituyó en el cargo Bülent Ecevit, del Partido de la Izquierda Democrática, revalidado en el cargo tras los comicios de 1999. En las presidenciales de 2000 venció el reformista Ahmet Necdet Sezer. En las legislativas de 2002 resultó vencedor el Partido de la Justicia y el Desarrollo, de tendencia islamista, cuyo líder, Recep Tayyip Erdogan, no podía ejercer ningún cargo público debido a una antigua condena. En su lugar, Abdullah Gül fue nombrado nuevo primer ministro. En marzo de 2003, tras una reforma de las leyes electorales, Erdogan consiguió el acta de diputado, y tras la dimisión de Gül, fue nombrado primer ministro.

TURQUINO Pico de Cuba, en la Sierra Maestra, punto culminante de la isla; 1.974 m.

TURRIALBA Volcán de Costa Rica, provincia de Cartago, en la cordillera Central; 3.328 m.

TURRÓN m. *Gastrom.* Masa hecha de almendras, piñones, etc., tostada y endulzada con miel o azúcar.

TURRONERO, RA m. y f. Persona que hace o vende turrón.

TURULATO, TA adj. fam. Alelado, sobrecogido, estupefacto.

TURURÚ interj. fam. Se usa para negar o expresar burla.

TUSCARORA, ABISMO DE *Geol.* Depresión marina situada en el océano Pacífico al E de la península de Kamchatka, las Kuriles y Japón, y cuya profundidad llega a alcanzar los 8.500 m.

TÚSCULO o **TÚSCULUM** *Geog. hist.* Ciudad de la antigua Italia, en el Lacio, actual Frascati.

TUSO m. 1 fam. PERRO. 2 Voz para llamar o espantar a los perros.

TUTANKAMÓN Faraón egipcio (s. XIV a. C.). Miembro de la XVIII dinastía, reinó h. 1358 a. C. Restableció la capital en Tebas y restauró el culto a Amón. Su tumba, en el Valle de los Reyes de Tebas, fue descubierta por Howard Carter en 1922.

TUTE m. 1 Juego de naipes, en el que gana la partida el que reúne los cuatro reyes o los cuatro caballos. 2 Reunión en este juego de los cuatro reyes o los cuatro caballos. 3 fig. Esfuerzo o trabajo excesivo. Se usa especialmente en la frase *darse un tute*.

TUTE Cerro de Panamá, provincia de Veraguas; 1.453 metros.

TUTEAR tr. y rec. Hablar a alguien empleando el pronombre de segunda persona.

TUTELA f. **1** Autoridad que, de acuerdo con la ley y en defecto de la paterna o materna, se confiere para que cuide de la persona y bienes del que no tiene completa capacidad civil. **2** Cargo o función de tutor. **3** fig. Dirección, amparo.

TUTELAR[1] tr. Ejercer la tutela. También fig.

TUTELAR[2] adj. **1** Que guía, ampara, protege o defiende. **2** Der. Perteneciente a la tutela legal.

TUTIFRUTI (Voz i.) m. Helado de varias frutas.

TUTIPLÉN, A loc. adv. **1** fam. En abundancia, a porrillo. **2** A plena satisfacción.

TUTMOSIS o **TUTMÉS** Nombre de cuatro faraones egipcios de la XVIII dinastía.

TUTMOSIS I (s. XVI a. C.). Reinó de 1530 a 1515 a. C. Conquistó parte de Nubia.

TUTMOSIS II (s. XVI a. C.). Hijo del anterior. Reinó de 1515 a 1505 a. C.

TUTMOSIS III (?, h. 1504 - ?, h. 1450 a. C.). Hijo del anterior. Reinó de 1483 a 1450 a. C. Efectuó 17 campañas victoriosas en Asia, llegando hasta el Éufrates, y venció a Mitani.

TUTMOSIS IV (?, 1425 - ?, 1411 a. C.). Hijo de Amenhotep II. Reinó de 1420 a 1411 a. C. Tuvo dificultades para mantener las fronteras en el sur de su reino.

TUTOR, RA m. y f. **1** Persona que ejerce la tutela. **2** Defensor, protector. **3** Profesor que orienta y aconseja a los alumnos de un curso o asignatura.

TUTORÍA f. **1** Autoridad del tutor. **2** Ejercicio del consejo o la tutela.

TUTSI adj. Etnol. **1** Se aplica a un pueblo negro africano que habita en la República Democrática del Congo, Uganda, Tanzania, Ruanda y Burundi. Su dominio sobre la población hutu en Ruanda y Burundi ha provocado regularmente sangrientos enfrentamientos. **2** De este pueblo. También s.

TUTÚ[1] (De origen onomatopéyico.) m. Zool. Arg. Ave coraciforme perteneciente a la familia marmótidos, de nombre científico Prionites momota, de pico curvo. Habita en América del Sur.

TUTÚ[2] (Voz fr.) m. Falda vaporosa que utilizan las bailarinas de ballet.

TUTU, DESMOND MPILO Obispo anglicano sudafricano (Klerksdorp, 1931). Su lucha pacífica por la eliminación del racismo en su país le convirtió en un adversario declarado del gobierno de Pretoria. Premio Nobel de la Paz en 1984.

TUTUILA Isla de Samoa Estadounidense, en Oceanía; 135 km² y 30.124 h. Copra y pesca.

TUTUOLA, AMOS Escritor nigeriano en lengua inglesa (Abeokuta, 1920). Autor de cuentos populares que recrean la tradición oral: El bebedor de vino (1952) y La bruja del pueblo (1990).

TUTUPACA Volcán de Perú, departamento de Tacna; 5.780 m. Forma parte de la cordillera Occidental.

TUTURUTO, TA adj. **1** Col., Ecuad. y Venez. Turulato, lelo. || m. y f. **2** Chile fam. Alcahuete.

TUVA República federada de la Federación de Rusia, en el S de Siberia central, junto a la frontera china; 170.500 km² y 308.000 h. Su capital es Kisil-Orda. Bosques. Carbón. Instalaciones nucleares.

TUVALU (Tuvalu) Estado insular de Oceanía, en el SO del océano Pacífico, al NE de Australia.

Superficie:
25,63 km².
Población:
10.800 h.
(tuvaluanos).
Densidad:
421,4 h./km².
Tasa de natalidad: 22,6‰.
Tasa de mortalidad: 8,6‰.
Capital: Fongafale.
Grupos étnicos: polinesios (91%).
Religión: protestantismo (97%).
Idioma: inglés y tuvalu (lengua polinésica).
Moneda: dólar de Tuvalu.
Forma de Estado: monarquía constitucional.
Producto Nacional Bruto: 7 millones de dólares.
Renta per cápita: 650 dólares.
División administrativa: en 9 islas, según cuadro.

TUVALU

Islas	Superficie (km²)	Población (h.)
Funafuti	2,79	3.172
Nanumaga	2,78	717
Nanumea	3,87	901
Niulakita	0,42	74
Niutao	2,53	889
Nui	2,83	661
Nukufetau	2,99	831
Nukulaelae	1,82	359
Vaitupu	5,60	1.280

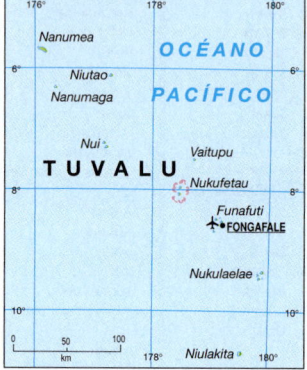

GEOG. El país está constituido por un grupo de nueve atolones de tipo coralino que no se elevan a más de tres metros sobre el nivel del mar. El clima es tropical marítimo con temperaturas cálidas y abundantes precipitaciones. Una de las mayores riquezas económicas del país es la explotación de su dominio en Internet (.tv). Otros recursos son los cultivos de tubérculos, la pesca costera a pequeña escala y algunas exportaciones de copra.

HIST. Descubiertas estas islas por los españoles Grijalba y Mendaña, fue el navegante inglés John Byron en 1764, quien tras su exploración abrió la acción colonizadora británica. El Reino Unido se las anexionó en 1782, y en 1912, junto con las Gilbert, formaron una colonia. En 1974 los isleños votaron por la separación de las Gilbert, adoptando el nombre de Tuvalu, con un gobierno autónomo. En octubre de 1978 obtuvieron su independencia con Toalipi Lauti como primer ministro. En 1981 le sustituyó Tomasi Puapa, que sería reelegido en los comicios de 1985. Al año siguiente se introdujeron una serie de enmiendas a la Constitución dirigidas a reducir las funciones del gobernador general, representante de la corona británica. Desde entonces han ocupado el cargo de primer ministro: Toaripi Lauti (1978-81), Tomasi Puapua (1981-89), Bikenibeu Paeniu (1989-93), Kamuta Latasi (1993-96), Bikenibeu Paeniu (1996-97), Ionatana Ionatana (1999-2001), Faimalaga Luka (2001), Koloa Talake (2001-02), Saufatu Sopoanga (2002-04) y Maatia Toafa (desde 2004).

TUXPANGO Cascada que forma el río Blanco en el Estado de Veracruz (México).

TUXTLA GUTIÉRREZ Ciudad de México, capital del Estado de Chiapas; 289.626 h. Centro agrícola y ganadero. Industria harinera y textil.

TUY o **TUI** Río de Venezuela; 250 km. Nace cerca del lago Tacarigua y desemboca junto a Río Chico, Estado Miranda.

TUYA f. Bot. Árbol de gran tamaño perteneciente a la familia cupresáceas, de nombre científico Thuja plicata. Puede alcanzar hasta 60 m de altura, y procede del O de Norteamérica.

TUYO, TUYA, TUYOS, TUYAS Pronombre posesivo de segunda persona en género masculino y femenino y ambos números singular y plural. Con la terminación del masculino, en singular, también neutro. || **la tuya** loc. fam. con que se indica que ha llegado el momento favorable a la persona de que se trata. Se usa más con el verbo ser.

TV Siglas de televisión.

TVARDOVSKI, ALEXANDR TRIFONOVICH Poeta soviético (Zagorie, 1910 - Moscú, 1971). Fue director de la revista Novy Mir. Alcanzó la celebridad con el poema El país de Moravia (1936). Otras obras: Vasili Tiorkin (1941-45) y La casa al borde del camino (1946). Es autor, además, de la sátira Tiorkin en el otro mundo (1963).

TVER 1 Región de la Federación de Rusia; 84.100 km² y 1.653.000 h. **2** Ciudad capital de la misma, al NO de Moscú; 455.000 h.

TWAIN, MARK (SAMUEL LANGHORNE CLEMENS, llamado) Escritor estadounidense (Florida, 1835 - Redding, 1910). Autor de populares novelas de aventuras, entre las que destacan Vida en el Mississippi (1883), Las aventuras de Tom Sawyer (1876) y Las aventuras de Huckleberry Finn (1884) y Un yanqui en la corte del rey Arturo (1889).

TWEED (Voz i.) m. Paño escocés de lana, rayón o algodón, de tacto áspero, que se utiliza para la confección de chaquetas sport.

TWEED Río del Reino Unido, en Inglaterra y Escocia, que desemboca junto a Berwick-upon-Tweed; 156 km.

TWIST (Voz i.) m. Baile de origen estadounidense (1961) caracterizado por un rítmico balanceo.

TYLER, ANNE Novelista estadounidense (Minnesota, 1941). Autora de El turista accidental (1985) y Saint Maybe (1991).

TYLER, JOHN Político estadounidense (Greenway, 1780 - Richmond, 1862). Presidente de la República (1841-45), hizo votar la anexión de Texas a EE UU.

TYLER, WAT Cabecilla popular inglés (? - Londres, 1381). Dirigente de la revolución campesina de 1381, durante su entrevista con el rey Ricardo II fue herido por el alcalde de Londres. Murió decapitado.

TYLOR, EDWARD BURNETT Antropólogo británico (Camberwell, 1832 - Wellington, 1917). Fundador de la antropología cultural, se dedicó principalmente al estudio del origen de las religiones y realizó estudios etnográficos de México.

TYNDALL, JOHN Físico y matemático británico (Leighlin Bridge, 1820 - Hindhead, 1893). Enunció el siguiente efecto Tyndall: la trayectoria de un haz de rayos de luz que pasa a través de un fluido sólo es visible si el fluido contiene partículas coloidales o de mayor tamaño, que dispersarán la luz.

TYNE Río del Reino Unido, en el NE de Inglaterra, tributario del mar del Norte; 115 km.

TYNE Y WEAR Condado metropolitano del Reino Unido, en el NE de Inglaterra; 1.115.800 h.

TYRRELL, GEORGES Teólogo irlandés (Dublín, 1861 - Storrington, 1909). Ingresó en la Compañía de Jesús (1880), de la que fue expulsado por sus teorías filosóficas en 1907. Se le considera el teólogo más importante del modernismo.

TYUMEN Ciudad de la Federación de Rusia; 494.000 h. Centro de una importante cuenca petrolífera.

TZARA, TRISTAN (SAMY ROSENSTOCK, llamado) Escritor francés de origen rumano (Moinesti, 1896 - París, 1963). Uno de los fundadores del dadaísmo (1916), colaboró con los surrealistas. Publicó varios títulos en los que destaca la continua experimentación verbal: Sobre nuestros pájaros (1929), Dónde beben los lobos (1933). En su obra teórica destaca Siete manifiestos dadá (1924).

TZELTAL o **TZENDAL** adj. Etnol. **1** Se dice de un pueblo amerindio que habita en el Estado mexicano de Chiapas. **2** De este pueblo. También com. || m. Ling. **3** Lengua hablada por el mismo.

U

u[1] f. Vigésima segunda letra del abecedario español y última de sus vocales. Es muda en las sílabas *que, qui, gue* y *gui*, a no ser que estas dos últimas lleven diéresis. ♦ Su pl. es *úes*.

u[2] conj. disyunt. Se emplea en vez de *o* ante palabras que empiezan por *o*, *ho*.

U *Quím.* 1 Símbolo del uranio. 2 Símbolo del uracilo.

UAD-, **UADI-** prefs. GUAD-.

UAD-ED-DAHAD Río de Oro.

UADI o **OUADI** m. *Geol.* En África del Norte, curso de agua intermitente de las regiones secas.

UAGADUGU OUAGADOUGOU.

UAI *Astron.* Abreviatura de UNIDAD ASTRONÓMICA INTERNACIONAL.

UALABÍ m. *Zool.* Nombre que se da a cualquier canguro menor.

UAPITÍ m. *Zool.* Mamífero artiodáctilo perteneciente a la familia cérvidos, de nombre científico *Cervus canadensis*, de gran tamaño que habita en Canadá y EE UU.

uapití

UAXACTÚN *Arqueol.* Yacimiento arqueológico maya, al NE de Guatemala, departamento de El Petén. Se ha localizado una pirámide truncada escalonada, decorada con motivos premayas de influencia olmeca, que se remonta a los siglos VIII-II a. C., y estelas con bajorrelieves del periodo clásico (siglos IV-IX).

UBAJAY m. *Bot.* 1 Árbol perteneciente a la familia mirtáceas, de nombre científico *Hexaclamis edulis*, de frutos comestibles, propio de América del Sur. 2 Fruto de este árbol.

UBANGUI Río de África Central, que se forma por la unión del Bomu y el Uele, en la frontera de la República Centroafricana y la República Democrática del Congo, y desemboca en el río Congo, formando un gran delta; 2.253 km de curso.

UBANGUI-CHARI Denominación de la REPÚBLICA CENTROAFRICANA durante el periodo colonial francés.

UBAYD ALLAH AL-MAHDI Primer califa fatimí (Salamiyya, h. 862 - ?, 934). Enfrentado a los califas de Bagdad, se proclamó imam del ismailismo y soberano de Ifriquiya y del Magreb.

UBE m. *Bot. Filip.* Planta de la familia dioscoreáceas, que produce rizomas comestibles.

UBERABA Ciudad de Brasil, Estado de Minas Gerais; 198.565 h. Centro comercial de una rica comarca agrícola. Industrias alimentarias.

UBERLÂNDIA Ciudad de Brasil, Estado de Minas Gerais; 354.710 h. Centro comercial. Industria alimentaria y cementera.

UBÉRRIMO, MA adj. superl. Muy abundante y fértil.

UBICAR intr. y prnl. 1 Estar en determinado espacio o lugar. || tr. 2 *Amér.* Situar.

UBICO, JORGE Militar y político guatemalteco (Ciudad de Guatemala, 1878 - Nueva Orleans, 1946). Ocupó la presidencia de la República de 1931 a 1944, gobernando con procedimientos dictatoriales. Derrocado por un golpe de Estado.

UBICUIDAD f. Calidad de ubicuo.

UBICUISTA adj. *Ecol.* Se dice de la especie de comportamiento muy amplio, que puede vivir en muchos lugares.

UBICUO, CUA adj. 1 Que está presente a un mismo tiempo en todas partes. 2 fig. Se aplica a la persona de gran actividad que está en continuo movimiento para no perderse nada. 3 *Ecol.* UBICUISTA.

UBINAS Volcán activo de Perú, en la cordillera Occidental de los Andes, departamento de Moquegua; 5.632 m.

UBIO m. Yugo de los bueyes y de las mulas.

UBRE f. *Zool.* 1 Órgano presente en la mayoría de las hembras de los mamíferos, con varias glándulas mamarias englobadas en una sola envoltura. 2 Cada una de estas glándulas.

UBRERA f. *Med.* Excoriación que padecen los niños de pecho.

UCASE m. 1 *Hist.* Decreto del zar ruso. 2 fig. Orden gubernativa injusta y tiránica. 3 Por extensión, mandato arbitrario y tajante.

UCAYALI Río de Perú, que nace de la unión del Tambo y el Urubamba, en la cordillera Oriental de los Andes, discurre en dirección N y se une con el Marañón, para formar el Amazonas; 2.200 km.

UCAYALI Departamento de Perú; 102.411 km² y 394.889 h. Su capital es Pucallpá.

UCCELLO, PAOLO (PAOLO DI DONO, llamado) Pintor italiano (Casentino, 1397 - Florencia, 1475). Representante del *quatrocento*, de su obra, caracterizada por los avances en el uso de la perspectiva, destacan *La batalla de San Romano* (1455) y seis tablas de *La inundación* (h. 1435).

UCD Siglas de UNIÓN DE CENTRO DEMOCRÁTICO.

UCHU m. *Bot.* Perú Guindilla americana.

UCI Siglas de UNIDAD DE CUIDADOS INTENSIVOS.

UCP *Inform.* Siglas de UNIDAD CENTRAL DE PROCESO, más conocida por sus siglas en inglés CPU.

UCRANIA (*Ukajina*) Estado de Europa oriental, que limita al N con Bielorrusia y la Federación de Rusia; al E, con la Federación de Rusia; al S, con el mar Negro, Moldavia y Rumania; y al O, con Hungría, Eslovaquia y Polonia.

GEOG. Casi la totalidad de la superficie del país está ocupada por llanuras y mesetas, las llamadas «tierras negras», muy fértiles, sólo accidentadas en el O por las estribaciones de los Cárpatos. Los mayores ríos son el Dniéper, el Dniéster y el Donets. El clima es continental, más suave a orillas del mar Negro y el mar de Azov. En su vegetación predomina el bosque boreal en el N y la estepa en el resto del territorio. La economía se basa en la intensa actividad agrícola. Ganadería bovina y porcina. Pesca. Minería. Industria siderúrgica, metalúrgica, de construcciones mecánicas, químicas pesadas, de bienes de equipo y alimentarias. El puerto principal es Odessa, en el mar Negro.

HIST. El PRINCIPADO DE KIEV fue el primer Estado eslavo de Rusia (siglos IX-XII). El país se dividió a causa de la irrupción en Europa de cumanos y mongoles en el siglo XIII. En 1385, tras la unión de las coronas polaca y lituana, toda Ucrania quedó en poder de Polonia, que reforzó el régimen señorial en el territorio. Desde el siglo XVI, los cosacos de la región del Dniéper apoyaron a los campesinos en la lucha contra los polacos; dentro de las fronteras de Moscovia, se creó la Ucrania Slobidska

Superficie: 603.700 km².
Población: 49.242.000 h. (ucranianos).
Densidad: 81,6 h./km².
Tasa de natalidad: 9,2‰.
Tasa de mortalidad: 16,4‰.
Capital: Kiev.
Ciudades principales: Kharkov, Dnipropetrovsk, Odessa, Donetz, Lvov.
Grupos étnicos: ucranianos (72,6%), rusos (22,2%).
Religión: cristianismo ortodoxo.
Idioma: ucraniano (oficial), ruso.
Moneda: hryvna.
Forma de Estado: república presidencialista.
Producto Nacional Bruto: 49.207 millones de dólares.
Renta per cápita: 980 dólares.
División administrativa: 24 provincias, 1 República autónoma y 2 ciudades administrativas, según cuadro.

UCRANIA

Provincias República autónoma Ciudades administrativas	Superficie (km²)	Población (h.)	Capitales
Cherkassy	20.900	1.478.700	Cherkassy
Chernigov	31.900	1.318.500	Chernigov
Chernovtsy	8.100	938.500	Chernovtsy
Dnipropetrovsk	31.900	3.775.400	Dnipropetrovsk
Donetz	26.500	5.064.400	Donetz
Ivano-Frankovsk	13.900	1.463.600	Ivano-Frankovsk
Kharkov	31.400	3.024.400	Kharkov
Kherson	28.500	1.246.800	Kherson
Jitomir	29.900	1.457.100	Jitomir
Jmelnitski	20.600	1.485.700	Jmelnitski
Kyyiv (Kiev)	28.900[1]	4.534.500	Kiev
Kirovograd	24.600	1.197.800	Kirovograd
Lugansk	26.700	2.706.400	Lugansk
Lvov	21.800	2.739.600	Lvov
Nikolayev	24.600	1.322.500	Nikolayev
Odessa	33.300	2.547.800	Odessa
Poltava	28.800	1.708.300	Poltava
Rovno	20.100	1.192.200	Rovno
Sumy	23.800	1.369.800	Sumy
Ternopol	13.800	1.168.400	Ternopol
Transcarpacia	12.800	1.288.100	Uzghorod
Vinnitsa	26.500	1.847.100	Vinnitsa
Volhinia	20.200	1.097.900	Lustk
Zaporozhzye	27.200	2.042.500	Zaporozhzye
Crimea	27.000[2]	2.612.500	Simferopol
Kiev	[1]	2.629.300	
Sevastopol	[2]	397.300	

[1] Kyyiv incluye el área de Kiev (ciudad).
[2] Crimea incluye el área de Sevastopol.

El tratado de Andropov (1667) ratificó la partición de Ucrania entre Polonia y Rusia, que recibió el territorio situado en la orilla izquierda del Dniéper y la región de Kiev. A fines del siglo XVIII, como consecuencia de la decadencia del Polonia, Austria recibió Galitzia y Rutenia, mientras Rusia anexionó el resto del territorio. En el siglo XIX surgieron las asociaciones nacionales ucranianas, que provocaron la reacción zarista. En 1914, Rusia ocupó Galitzia e inició una intensa colonización cultural. Tras la Revolución Rusa de 1917, se proclamó en Kiev la República Democrática Ucraniana, presidida por Vinnicenko y Petliura. La ocupación alemana favoreció el golpe de Estado de Skoropadki (1918), pero poco después Petliura consiguió volver al poder. El tratado de Riga (1921), que puso fin a la guerra ruso-polaca, otorgó Galitzia y Volinia a Polonia, mientras el resto de Ucrania quedó en manos de la URSS. Un año después, Ucrania se convirtió en República Socialista Soviética. Durante la Segunda Guerra Mundial fue invadida por los alemanes. En 1944, los soviéticos reconquistaron el territorio y reprimieron con dureza los brotes nacionalistas. Al término de la contienda, las regiones de población ucraniana pasaron a formar parte de la República; su territorio se vio acrecentado con la Ucrania subcarpática y parte de la Polonia oriental (Galitzia, Volinia, parte de Besarabia y Bucovina). En 1954, el Presídium soviético aprobó la incorporación de Crimea a Ucrania. A raíz de la apertura democratizadora propugnada por Gorbachov, se creó en 1988 un frente democrático en favor de la federación de Rusia hicieron que pronto comenzaran a surgir los problemas. En los años siguientes la tensión entre ambos países se vio incrementada por la postura secesionista de la península de Crimea, de población mayoritariamente rusa, y por el reparto de la flota soviética del mar Negro. La inestabilidad política motivada por las continuas huelgas llevó a Kravchuk a destituir a su primer ministro y asumir todos los poderes. Las primeras elecciones parlamentarias desde la independencia, celebradas en 1994, dieron el triunfo a los antiguos comunistas de Kravchuk. En la presidenciales de ese año consiguió la victoria Leonid Kutchma, líder de los comunistas reformados, que propugnaba una política vinculada a Rusia; tras asumir la jefatura de Estado, hubo de hacer frente al problema de Crimea y a la fragmentación política del país, que le obligó a nombrar un nuevo primer ministro, Yevhen Martchuck, en 1995. Éste fue sustituido en 1996 por Pavlo Lazarenko, quien dimitió en 1997 y fue sustituido por Valery Pustovoytenko. En las elecciones presidenciales de 1999 Kutchma resultó reelegido. En diciembre de ese año, Pustovoytenko fue sustituido por Viktor Yuschenko que, en 2001, y tras una moción de censura, fue sustituido por Anatoly Kinakh. Tras las elecciones legislativas del año siguiente el presidente Kuchma nombró a Viktor Yanukovich nuevo primer ministro.

UCRANIANO, NA adj. y s. **1** De Ucrania. || m. *Ling.* **2** Lengua de Ucrania, del grupo oriental de las lenguas eslavas. Emplea el alfabeto cirílico.

UCRONIO, NIA adj. y s. UCRANIANO.

UCRONÍA f. Especulación histórica que trata de establecer el desarrollo que hubiera experimentado una cultura, sociedad, etc., de no haberse producido un hecho histórico determinante.

UDAIPUR Ciudad de la India, Estado de Rajasthan; 308.571 h.

UDINE Provincia de Italia, en Friul-Venecia Julia; 4.893 km² y 520.140 h. Su capital es la ciudad del mismo nombre.

UDINE, GIOVANNI DA (GIOVANNI DI FRANCESCO RICAMATORE, llamado) Pintor italiano (Udine, 1487 - Roma, 1564). Creó los grutescos modernos, inspirados en los adornos de las grutas del palacio de Tito.

UDMURTIA República federada de la Federación de Rusia; 42.100 km² y 1.641.000 h. Su capital es Izhevsk. Cereales y bosques. Carbón y petróleo.

UDÓMETRO m. *Meteor.* PLUVIÓMETRO.

UE Siglas de UNIÓN EUROPEA.

UEDI- pref. GUAD-.

UELE Río de África central, que, al unirse con el Bomu, da origen al Ubangui; 1.200 km.

UELE-NZAS Provincia de Guinea Ecuatorial; 5.478 km² y 54.290 h. Su capital es Mongomo.

UEO Siglas de UNIÓN EUROPEA OCCIDENTAL.

¡UF! interj. **1** Denota cansancio, fastidio. **2** Indica repugnancia.

UFA Ciudad de la Federación de Rusia, capital de la República autónoma de Baskortostan; 1.094.000 h. Centro industrial. Petróleo.

UFA (Siglas de *Universum Film Aktiengesellschaft*) *Cin.* Productora y distribuidora cinematográfica alemana fundada en 1917 bajo el patrocinio del Estado y de distintas sociedades del país. En sus estudios se desarrolló el cine expresionista alemán.

UFANARSE prnl. Engreírse.

UFANO, NA adj. **1** Orgulloso. **2** fig. Satisfecho, alegre. **3** fig. Resuelto, decidido.

UFFIZI, PALACIO DE LOS *Arte.* Edificio florentino construido entre 1560 y 1580 por encargo de Cosme I de Médicis, sobre planos de Giorgio Vasari. Alberga una de las colecciones de arte más importantes del mundo, cedida por los Médicis al Estado en 1737. Están representados pintores como Giotto, Ghirlandaio, Boticelli, Leonardo da Vinci, Rafael, Tiziano, Caravaggio, etc.

UFO (Siglas de *Unidentified Flying Objects.*) OBJETO VOLANTE NO IDENTIFICADO.

UFOLOGÍA f. Disciplina paracientífica que estudia la hipotética existencia de ovnis.

UGANDA (*Republic of Ugan*) República de África ecuatorial, que limita al N con Sudán; al E, con Kenia; al S, con Tanzania y Ruanda; y al O, con la República Democrática del Congo.

GEOG. El relieve está constituido por una gran meseta que se eleva hacia el O; el macizo de Ruwenzori (5.118 m) domina la región SO, mientras en el E se suceden de forma discontinua los conos volcánicos (Elgón, 4.320 m). La red hidrográfica está formada, fundamentalmente, por el Nilo Victoria y el Nilo Alberto; existen varios lagos de grandes dimensiones: Victoria, Mobutu Sese Seko (Alberto), Kyoga y Rutanzige (Eduardo). El clima es ecuatorial húmedo. La vegetación predominante es la sabana, con bosque ecuatorial y tropical en las regiones de montaña. La población es mayoritariamente bantú y se concentra en las áreas rurales. La economía se basa en la agricultura. Para la exportación cultiva café, té, algodón, tabaco, caña de azúcar, sésamo, cacahuete y bananas, y para el consumo maíz, batata, sorgo y mijo. Pesca. Ganadería. Explotación minera (cobre). Industria alimentaria, metalúrgica y textil.

Superficie: 241.038 km².
Población: 23.318.000 h. (*ugandeses*).
Densidad: 96,7 h./km².
Tasa de natalidad: 48,6‰.
Tasa de mortalidad: 18,9‰.
Capital: Kampala.
Ciudades principales: Bugembe, Entebbe, Jinja, Masaka, Mbale, Mbarara.
Grupos étnicos: ganda (17,8%), teso (8,9%), nkole (8,2%), soga (8,2%), gisu (7,2%), chiga (6,8%), lango (6,0%), rwanda (5,8%) y otros (31,1%).
Religión: catolicismo (49,6%), protestantismo (28,7%), islamismo (6,6%) y otras (15,1%).
Idioma: inglés y swahili.
Moneda: chelín ugandés.
Forma de Estado: república presidencialista.
Producto Nacional Bruto: 6.566 millones de dólares.
Renta per cápita: 310 dólares.
División administrativa: 4 regiones, y éstas en 38 distritos, según cuadro.

UGANDA

Distritos / Regiones	Superficie (km²)	Población (h.)	Capitales
Kalangala	5.716	16.400	
Kampala	238	773.500	Kampala
Kiboga	3.774	140.800	
Luwero	9.198	449.200	Luwero
Masaka	10.611	831.300	Kasawa Bukoto
Mpigi	6.222	915.400	Mpigi
Mubende	6.536	497.500	Bageza
Mukono	14.242	816.200	Kawuga Mukono
Rakai	4.973	382.000	Byakabanda
Central		*4.822.300*	
Iganga	13.113	944.000	Bulamogi
Jinja	734	284.900	Jinja
Kamuli	4.348	480.700	Namwendwa
Kapchorwa	1.738	116.300	Kaptanya
Kumi	2.861	237.000	Kumi
Mbale	2.546	706.600	Bunkoko
Pallisa	1.919	355.000	
Soroti	10.060	430.900	Soroti
Tororo	2.634	554.000	Sukulu
Oriental		*4.109.400*	
Apac	6.488	460.700	Apac
Arúa	7.830	624.600	Olaki
Gulu	11.735	338.700	Bungatira
Kitgum	16.136	350.300	Labongo
Kotido	13.208	190.700	Kotido
Lira	7.251	498.300	Lir a
Moroto	14.113	171.500	Katikekile
Moyo	5.006	178.500	Moyo
Nebbi	2.891	315.900	Nebbi
Septentrional		*3.129.200*	
Bundibugyo	2.338	116.216	Busaru
Bushenyi	5.396	734.800	Bumbaire
Hoima	5.492	197.800	Hoima
Kabale	1.827	412.800	Rubale
Kabarole	8.361	741.400	Karambe
Kasese	3.205	343.000	Rukoki
Kibaale	4.718	219.300	
Kisoro	662	184.900	
Masindi	9.326	253.500	Nyangeya
Mbarara	10.839	929.600	Kakika
Rukungiri	2.753	388.000	Kagunga
Occidental		*4.521.100*	

Hist. El territorio, habitado por bantúes, sufrió hacia el siglo XIII, la invasión de pueblos nilóticos, que se mezclaron con la población autóctona. En el siglo XV, se fundó el reino de Kitara, que se dividió en cuatro reinos dominados por la aristocracia hima: Bunyoro, Buganda, Ankole y Karagwe. Bunyoro impuso su hegemonía hasta finales del siglo XVII, en que comenzó la expansión del reino de Buganda. Hacia 1850, mercaderes árabes establecieron una ruta comercial por territorio ugandés, que, desde 1862 fue explorado por los ingleses, quienes lo convirtieron en protectorado en 1894. En 1962 Uganda obtuvo la independencia y Milton Obote se convirtió en su primer ministro. Un año después, el país quedó con condición de miembro de la Commonwealth, se proclamó la República de Uganda, presidida por Mutesa II. En 1966, Milton Obote encabezó un golpe de Estado, se hizo nombrar presidente por el Parlamento e instituyó un régimen militar centralizado. En 1971, fue derrocado por el jefe del ejército, Idi Amín Dadá, que derogó la Constitución y prohibió los partidos políticos. Su dictadura, marcada por una violenta represión interna, hubo de hacer frente a la guerra con Tanzania (1972). En 1978, tras dos fallidos golpes de Estado, las tropas ugandesas invadieron Tanzania, un año después, el contraataque tanzano provocó la huida de Amín Dadá. Para encauzar el periodo de transición fue proclamado presidente Yusuf Lule, reemplazado por Godfrey Binasa ese mismo año. Las elecciones de 1980 dieron el triunfo a Milton Obote, quien asumió de nuevo la presidencia de la nación. Tras la rebelión militar de carácter étnico de 1985, Obote, de la etnia langi, fue depuesto por el general Basilio Olara Okello, de la etnia acholi, se hizo cargo de la presidencia del nuevo Consejo Militar su compañero Tito Okello. El gobierno firmó un acuerdo de paz con el Ejército Nacional de Resistencia (NRA), pero en 1986 la guerrilla ocupó Kampala y Yoweri Museveni se proclamó presidente de la República. Los apoyos que en el N recibía el ex presidente Okello y los conflictos étnicos propiciaron que Museveni asumiera poderes especiales, hecho que provocó la ruptura del consenso entre los distintos partidos. Con todo, las elecciones de 1989 confirmaron en su cargo a Museveni, que obtuvo la victoria frente a una oposición muy desorganizada. Aunque sin participación de la oposición, en 1994 se celebraron elecciones destinadas a formar una Asamblea Constituyente. Sus trabajos permitieron promulgar una Constitución en la que se consagraba la teoría de la democracia sin partidos. En 1995 y 2001 Yoweri Museveni fue reelegido. En 2002 Museveni y el presidente de la República Democrática del Congo, Joseph Kabila, firmaron un acuerdo de paz.

UGANDÉS, SA adj y s. De Uganda.

UGAO-MIRABALLES MIRAVALLES.

UGARIT *Geog. hist.* Antigua ciudad de Siria, en la costa mediterránea, habitada desde el neolítico. Adquirió importancia en el II milenio a. C. Fue destruida por los pueblos del mar en el siglo XII.

UGRE m. *Bot.* C. Rica Árbol de la familia bixáceas, de tronco blanquecino, y frutos esféricos con aguijones.

UGRO, GRA o **UGRIO, GRIA** adj. y s. *Ling.* Se dice de un subgrupo de lenguas perteneciente al grupo ugrofinés, que comprende, entre otras, el húngaro.

UGROFINÉS, SA adj. **1** Perteneciente o relativo a los fineses y a otros pueblos de lengua semejante. **2** *Ling.* Se dice de un grupo de lenguas uraloaltaicas, que comprende principalmente el húngaro, el finlandés, el lapón y el estoniano. También m.

UGT Siglas de UNIÓN GENERAL DE TRABAJADORES.

¡UH! interj. que denota desilusión o desdén.

UHF (Siglas del inglés *Ultra-High-Frequency*.) *Fís.* Frecuencia utilizada en televisión, cuya longitud de onda va de 300 a 3.000 MHz. También m.

UHLAND, LUDWIG Poeta alemán (Tubinga, 1787 - íd., 1862). En sus cantos, de gran patriotismo, expresa su aversión al dominio napoleónico: *Fortunato y sus hijos, Luis de Baviera* y *Ernesto de Suabia*.

UHLENBECK, GEORGE EUGENE Físico estadounidense de origen holandés (Yakarta, 1900 - Boulder, 1988). En 1925, en colaboración con S. A. Goudsmit, formuló la teoría de la gravitación electrónica por lo que se le considera uno de los creadores de la teoría del espín del electrón.

UIGUR adj. y s. *Etnol.* e *Hist.* **1** Pueblo de origen turco que habitó en Kazajstán y que, a mediados del siglo VIII, constituyó un gran imperio en Asia central, con capital en el valle de Orkhon. Fue destruido por los kirguises en el siglo IX. En la actualidad, habitan en la región autónoma china de Xinjiang Uygur. **2** De este pueblo. || m. *Ling.* **3** Lengua turca hablada en Asia.

UINAMARCA o **HUINAMARCA** Nombre que recibe la parte suroriental del lago Titicaca.

UITLANDERN (Voz holandesa.) m. pl. Nombre que recibían en el Transvaal y Orange los inmigrantes atraídos por las minas de oro y diamantes, para distinguirlos de los BÓERS.

UITOTO, TA adj. *Etnol.* **1** Se dice de un pueblo amerindio que vive en Colombia, en las regiones comprendidas entre los ríos Yapurá, Putumayo y Ambiyacú. Más como m. pl. **2** Se dice también de sus individuos. También s. **3** Relativo a este pueblo. || m. *Ling.* **4** Familia lingüística hablada por gran número de tribus de la cuenca alta del Amazonas, como los uitoto, ocaína, caparanátapuyo, hairuya y nonuye.

UJDA OUJDA.

UJIER m. **1** Portero de un palacio o tribunal. **2** Empleado subalterno de algunos tribunales y cuerpos del Estado.

UJJAIN Ciudad de la India, Estado de Madhya Pradesh; 362.266 h.

UJUM DURICA.

UJUNG PANDANG Ciudad de Indonesia, en las Célebes, capital de la provincia de Célebes Meridional; 913.196 h. Puerto.

UKELELE (Voz hawaiana.) m. *Mús.* Instrumento musical de cuatro cuerdas originario de Portugal, cuyo uso se difundió desde Hawai a EE UU y Europa.

UKIYO-E (Voz japonesa.) *Pint.* Estilo de pintura japonesa de carácter costumbrista de los siglos XVIII y XIX, que influyó en el impresionismo francés.

UKOLA *Bot.* MAKORÉ.

ULAGA f. *Bot.* Aliaga, aulaga, olaga.

ULALA f. *Bot.* Especie de cacto.

ULAN BATOR Ciudad capital de Mongolia, que constituye por sí misma una división administrativa; 2.000 km² y 575.000 h. Centro administrativo y cultural del país. Industrias siderúrgicas, textiles, del cuero y alimentarias. Hasta 1924 se denominó *Urga*.

ULAN UDE Ciudad de la Federación de Rusia, capital de la República federada de los Buriatos; 366.000 h. Industrias mecánicas y textiles.

ULANO m. *Mil.* e *Hist.* Soldado de caballería ligera armado de lanza, en los ejércitos austriaco, alemán y ruso.

ULÁNOVA, GALINA SERGUÉIEVN Bailarina soviética (San Petersburgo, 1910 - Moscú, 1998). Solista del Teatro Kirov, en 1944 pasó a ser miembro permanente del Bolshoi de Moscú. En 1962 se dedicó a la enseñanza en la escuela de baile del Bolshoi.

ULATE BLANCO, OTILIO Político costarricense (Alajuela, 1895 - San José, 1973). Director del periódico *Diario de Costa Rica*, fue diputado independiente, presidente de la República (1949-52) y embajador en España (1970-72).

ULBRICHT, WALTER Político alemán (Leipzig, 1893 - Berlín, 1973). Intervino en la fundación del Partido Comunista Alemán Spartacus (1919), fue diputado en el Reichstag (1928-33) y formó parte de las Brigadas internacionales durante la Guerra Civil española (1936). En 1960 fue elegido presidente del Consejo de Estado. En 1971 cesó en el cargo de secretario del Partido Socialista Unificado, en el que le sucedió E. Honecker.

ÚLCERA f. **1** *Med.* Lesión localizada producida por interrupción de la continuidad de un tejido epitelial, con inflamación basal. Puede estar producida por infecciones, deficiencia del riego sanguíneo, cáncer, etc. **2** *Bot.* Daño en la parte leñosa de las plantas. || **ÚLCERA DUODENAL** *Med.* La que se produce en la pared del duodeno. || **ÚLCERA GÁSTRICA** *Med.* La que se produce en la membrana mucosa del estómago.

ULCERAR tr. y prnl. Causar úlcera.

ULEA OULU, ciudad de Finlandia.

ULEMA m. *Rel.* Doctor de la ley islámica.

ULFILAS o **WULFILAS** Obispo arriano de origen godo (Capadocia, h. 311 - Constantinopla, 383). Evangelizó

Ulises y *las sirenas*. Mosaico romano del siglo III. Museo del Bardo (Túnez).

a los ostrogodos, más allá del Danubio, predicando la fe arriana. Tomó parte en el Sínodo de Constantinopla (360). Tradujo la Biblia a su lengua materna, inventó el alfabeto gótico, y su traducción de las Sagradas Escrituras fue el primer documento escrito en este idioma.

ULHASNAGAR Ciudad de la India, Estado de Maharashtra; 369.077 h.

ULIANOVSK SIMBIRSK.

ULIGINOSO, SA adj. *Bot.* y *Geol.* Se aplica al terreno húmedo y a la planta que crece en él.

ULISES u **ODISEO** *Mit.* Rey legendario de Ítaca, hijo de Laertes, padre de Telémaco y esposo de Penélope. Tomó parte en la guerra de Troya, donde se distinguió por su valentía y diplomacia; suya fue la idea de construir el caballo de madera que permitió a los aqueos entrar en la ciudad. El regreso a su patria está recogido en la *Odisea*. Durante éste, recaló en el país de los lotófagos, en el de los cíclopes, donde cegó a Polifemo, en el de los lestrígones, y en la isla de Ea, dominio de la hechicera Circe, que le dio un hijo, Telégono. Tras consultar al adivino Tiresias, reemprendió su viaje. Consiguió escapar de las seductoras sirenas, pero una tempestad, desencadenada por Zeus, provocó el naufragio de su nave; amarrado a un mástil, arribó a la isla de Calipso, donde fue retenido por la ninfa. Una vez liberado, recaló en el reino de Alcínoo, quien le procuró un navío para llegar a Ítaca, donde, disfrazado de mendigo, dio muerte a los pretendientes de su esposa y recuperó el trono.

ULLA Río de España, que nace en la provincia de Lugo y desemboca en la ría de Arosa; 126 km de curso.

ULLMAN, LIV Actriz noruega (Tokio, 1938). Trabajó en el teatro en Londres y en Oslo, y se convirtió luego en una de las actrices preferidas de I. Bergman: *La vergüenza* (1968), *Gritos y susurros* (1972), *Secretos de un matrimonio* (1973), *El huevo de la serpiente* (1977) o *Sonata de otoño* (1978).

Antonio de **Ulloa**. Archivo de Indias (Sevilla).

ULLOA, ANTONIO DE Marino y científico español (Sevilla, 1716 - Cádiz, 1795). Formó parte, con Jorge Juan, de la expedición científica a Quito, dirigida por La Condamine, para medir un grado del meridiano en el Ecuador. Durante este viaje descubrió el platino.

ULLUCO m. *Bot. Bol.*, *Ecuad.* y *Perú* Melloco u olluco, planta.

ULM Ciudad de Alemania, Land de Baden-Württemberg; 115.123 h. Industria automovilística, mecánica, textil y química. Catedral gótica del siglo XIV.

ULMÁCEO, A adj. y f. *Bot.* 1 Se dice del árbol o arbusto angiospermo dicotiledóneo, caracterizado por sus hojas alternas y estipuladas, carencia de tubos latiníferos, y flores con dos estilos y primordio seminal péndulo, como el olmo y el almez. || f. pl. *Bot.* 2 Familia de estas plantas.

ULMANIS, KARLIS Político letón (Curlandia, 1877 - Sverdlovsk, 1952). En 1918 participó en la proclamación de la independencia de Letonia. Tras ocupar el cargo de primer ministro, dio un golpe de Estado en 1934, y en 1936 fue elegido presidente de la República.

ULMARIA f. *Bot.* REINA DE LOS PRADOS, planta.

ULMIFICACIÓN f. *Geol.* Proceso de formación de la turba.

ULNA f. *Anat.* CÚBITO, hueso. Se articula proximalmente con el húmero y el radio, y distalmente con el radio.

ULOTRICÁCEO, A adj. *Bot.* 1 Se dice del alga verde filamentosa, con células que poseen cloroplastos parietales en forma de placa o banda. || f. pl. *Bot.* 2 Familia de estas algas.

ULPIANO, DOMICIO Jurista romano (Tiro, 170 - Roma, 228). Desempeñó importantes cargos con Caracalla, Heliogábalo y Alejandro Severo, del que fue maestro. Fue asesinado por los pretorianos al descubrir una conspiración de éstos. Autor de tratados jurídicos como *Libri ad edictum* y *Libri ad Sabinum*.

ULPO m. *Chile* Especie de mazamorra o gacha hecha con harina tostada desleída en agua, que sirve de alimento a los indios.

ULRICA LEONORA Reina de Suecia (Estocolmo, 1688 - íd., 1741). Hija de Carlos IX, accedió al trono a la muerte de su hermano Carlos XII. En 1720 dejó la corona a su marido, Federico de Hesse, que reinó bajo el nombre de Federico I.

ULRICH VON LIECHTENSTEIN Poeta alemán (Liechtenstein, 1198 - ?, h. 1276). Es autor del relato autobiográfico *Libro del servicio de damas*, donde narra su vida aventurera.

ULRICH VON TÜRHEIM Poeta alemán (Türheim, h. 1195 - ?, h. 1250). Continuó *Tristán*, de Godofredo de Estrasburgo, y escribió *Rennewart*, continuación del *Willehalm*, de Eschenbach.

ULSAN Ciudad de la República de Corea, provincia de Kyongsang Meridional; 967.394 h. Puerto. Industria conservera, automovilística, metalúrgica y petroquímica. Petróleo.

ULSTER Región histórico-geográfica de Irlanda septentrional, comprendida entre las bahías de Donegal, en el Atlántico, y Dundalk, en el mar de Irlanda. Desde 1920 la parte NE forma IRLANDA DEL NORTE, integrada en el Reino Unido. Los condados de Cavan, Donegal y Monaghan, por su parte, constituyen la provincia del Ulster en la República de IRLANDA.

ULTERIOR adj. 1 Que está de la parte de allá de un sitio o territorio. Los romanos llamaron Hispania Ulterior a la más suroccidental de las dos provincias en que estuvo originariamente dividida la Península, que comprendía la Lusitania y la Bética. 2 Que se dice, sucede o se ejecuta después de otra cosa.

ULTIMAR tr. 1 Dar fin a alguna cosa, acabarla, concluirla. 2 *Amér.* Matar.

ULTIMÁTUM m. 1 En el lenguaje diplomático, resolución terminante y definitiva, comunicada por escrito. 2 fam. Resolución definitiva.

ÚLTIMO, MA adj. 1 Se dice de la persona o cosa que no tiene nada detrás. También s. 2 Lo más remoto. 3 Lo más reciente. 4 Definitivo. || **estar en las últimas** fr. fam. Estar para morir. También, estar muy apurado de una cosa. || **por último** loc. adv. Después o detrás de todo, finalmente.

ULTRA prep. 1 Además de. 2 En composición con algunas voces, más allá de, al otro lado de. 3 Antepuesta como partícula inseparable a adjetivos o sustantivos, expresa idea de exceso. || adj. 4 Se aplica a los grupos políticos, a las personas o las ideologías extremistas, generalmente de derechas. También s.

ULTRABÁSICO, CA adj. *Geol.* Se aplica a la roca eruptiva formada exclusivamente por minerales ferromagnéticos con escasa proporción de sílice.

ULTRACENTRIFUGACIÓN f. *Fís.* Centrifugación a muy alta velocidad. Se utiliza para separar mezclas de isótopos naturales, moléculas de proteínas, polímeros y otras de pequeño tamaño.

ULTRACORRECCIÓN f. *Ling.* Deformación de una palabra por equivocado prurito de corrección, según el modelo de otras.

ULTRADERECHA f. Conjunto de personas más radicalmente conservador desde el punto de vista político.

ULTRADERECHISTA adj. y s. De ultraderecha.

ULTRAÍSMO m. *Lit.* Movimiento literario que nació en España en 1919. Tuvo su origen en Madrid en torno a R. Cansinos-Assens y, en Hispanoamérica, fue introducido por J. L. Borges. Rechazaba el Romanticismo y propugnaba una lírica objetiva y depurada, reducida a su elemento primordial: la metáfora. Temáticamente, optó por referencias afines a la sensibilidad del hombre moderno. Entre los poetas de esta tendencia, cuyos precursores fueron V. Huidobro, G. Diego y J. Larrea, están G. de la Torre, E. Montes, J. de Ciria y Escalante, P. Gandía, I. del Vando Villar y A. del Valle.

ULTRAJAR tr. Injuriar gravemente a alguien.

ULTRAJE m. 1 Injuria. 2 Ofensa, insulto.

ULTRALIGERO, RA adj. 1 Muy ligero. || m. *Aeron.* 2 Avión deportivo que vuela a poca altura y su peso es inferior a 200 kg.

ULTRAMAR m. Conjunto de territorios situados al otro lado del océano.

ULTRAMARINO, NA adj. 1 Que está o se considera del otro lado o a la otra parte del mar. 2 Se dice de los comestibles que , traídos en un principio de ultramar, se conservan durante algún tiempo. Más como m. pl. || m. pl. 3 Tienda de comestibles.

ULTRAMICROSCOPÍA f. *Tecnol.* Sistema de observación de partículas cuyas dimensiones no son visibles con un microscopio ordinario.

ULTRAMICROSCOPIO m. *Tecnol.* Sistema óptico más potente que el microscopio.

ULTRAMONTANISMO m. *Hist.* Denominación dada, entre los siglos XVII y XIX, al movimiento que, frente al

ultraligero

galicanismo y el regalismo, defendía la supremacía de la Santa Sede en las relaciones iglesia-Estado.

ULTRAMONTANO, NA adj. **1** Que está más allá o de la otra parte de los montes. **2** Partidario del ultramontanismo. También s. **3** Muy conservador y reaccionario. También s.

ULTRAMUNDANO, NA adj. Que excede a lo mundano o está más allá.

ULTRANZA, A loc. adv. **1** Sin vacilar. **2** Hasta el límite.

ULTRARRADIACIÓN f. *Astron.* Radiación corpuscular penetrante, rica en energía, proveniente del espacio y de la atmósfera terrestre.

ULTRARROJO, JA adj. *Fís.* Que en el espectro luminoso está después del color rojo.

ULTRASÓNICO, CA adj. *Fís.* Perteneciente o relativo al ultrasonido.

ULTRASONIDO m. *Fís.* Sonido cuya frecuencia de vibraciones en un medio elástico es superior al límite perceptible por el oído humano, es decir, superior a 20.000 Hz.

ULTRATUMBA f. Ámbito más allá de la muerte. Más en la loc. *de ultratumba.*

ULTRAVIOLETA adj. *Fís.* Perteneciente o relativo a la radiación electromagnética invisible del espectro luminoso, entre 10 y 400 nanómetros de longitud de onda, que se extiende a continuación del color violado. Es una radiación fuertemente ionizante, excitadora de fluorescencia y de alta influencia biológica.

ULÚA Río de Honduras, que nace en Sierra de Opatoro y desemboca en el Caribe; 257 km de curso.

ÚLULA f. *Zool.* Autillo.

ULULAR intr. **1** Dar gritos. **2** Producir sonido el viento.

ULVÁCEO, A adj. *Bot.* **1** Se dice del alga verde con talo macroscópico, y aspecto de tubo o lámina fija al sustrato, como la lechuga de mar. || f. pl. *Bot.* **2** Gran familia de estas algas.

ULYANOVSK Simbirsk.

Ulysses *Astron.* Vehículo lanzado al espacio en 1990 por la Agencia Europea del Espacio, para estudiar el medio interplanetario y el viento solar.

UMBELA f. *Bot.* Inflorescencia simple en que los pedúnculos de todas las flores nacen en un mismo punto del tallo y se elevan a igual o casi igual altura.

UMBELÍFERO, RA adj. y f. *Bot.* **1** Se dice de la planta angiosperma dicotiledónea, herbácea, aromática, con flores en umbela y fruto seco que al madurar se abre en dos mitades, cada una con una semilla, como el cardo corredor, apio, perejil, hinojo, comino y zanahoria. || f. pl. *Bot.* **2** Familia de estas plantas.

UMBILICAL adj. *Anat.* **1** Perteneciente al ombligo. **2** cordón umbilical.

UMBRA *Astron.* Sombra de una mancha solar, referida principalmente al núcleo central oscuro.

UMBRÁCULO m. *Ecol.* Lugar cubierto de ramaje que permite el paso del aire, pero resguarda las plantas de la fuerza del sol.

UMBRAL m. **1** Parte inferior, contrapuesta al dintel, del vano de una puerta. **2** Entrada, principio de cualquier cosa. **3** Valor a partir del cual empiezan a ser perceptibles los efectos de un agente físico. **4** *Arquit.* Madero que se atraviesa en lo alto de un vano, para sostener el muro que hay encima. **5** *Psicol.* y *Fisiol.* Valor a partir del cual empiezan a ser perceptibles los efectos de un estímulo físico.

UMBRALAR tr. Poner umbral al vano de un muro.

UMBRÁTIL adj. **1** umbroso. **2** Que tiene sombra o apariencia de una cosa.

UMBRELA f. *Zool.* umbela.

UMBRÍA f. Terreno orientado al N, que está casi permanentemente en sombra.

UMBRÍA Región de Italia, en la zona apenina, que corresponde a la cuenca alta del Tíber, cuyo valle corre de N a S. Comprende las provincias de Perugia y Terni; 8.456 km² y 824.123 h. Su capital es Perugia. Industria.

UMBRÍA, ESCUELA DE *Pint.* Escuela pictórica italiana, desarrollada en Perugia en el siglo xv, que alcanzó su apogeo con Perugino y Pinturicchio e influyó en la obra de Rafael.

Umbriel *Astron.* Satélite de Urano de 1.172 km de diámetro, que dista del planeta 266.300 km. Descubierto por W. Lassell en 1851.

UMBRÍO, A adj. Se dice del lugar donde da poco el sol.

UMBRO, BRA adj. y s. **1** De Umbría. **2** *Hist.* Se dice de un antiguo pueblo itálico asentado en Umbría a comienzos del I milenio, que fue sometido por Roma en el siglo iii a. C. También s. || m. *Ling.* **3** Lengua indoeuropea hablada por los antiguos umbros.

UMBRÓFILO, LA adj. *Bot.* Se dice de la especie vegetal capaz de vivir en ambientes umbrosos o sombreados.

UMBROSO, SA adj. Que tiene sombra o la causa.

UMERO m. *Bot.* omero.

Miguel de **Unamuno**. Retrato de Daniel Vázquez Díaz. Museo de Bellas Artes (Bilbao).

Umm al-Qaiwan Emirato de la Unión de Emiratos Árabes; 780 km² y 23.000 h. Su capital es la ciudad del mismo nombre.

UN, UNA 1 Artículo indeterminado que presenta o introduce sustantivos que designan personas o cosas desconocidas o no mencionadas todavía. || adj. **2** Uno cualquiera.

UNALBO, BA adj. Se dice de la caballería que tiene calzado un pie o una mano.

Unamuno, Miguel de Escritor y filósofo español (Bilbao, 1864 - Salamanca, 1936). Perteneciente a la Generación del 98, fue catedrático y rector de la Universidad de Salamanca, y académico desde 1932. Su filosofía, influida por Kierkegaard, se basa en la concepción de la existencia humana como conflicto permanente entre su tendencia religiosa a la inmortalidad y el poder de la razón que la niega. Obra: *En torno al casticismo* (1895), *Vida de don Quijote y Sancho* (1905), *Del sentimiento trágico de la vida* (1912), *La agonía del cristianismo* (1924); novelas: *Amor y pedagogía* (1902), *Niebla* (1914), *Abel Sánchez* (1917), *La tía Tula* (1921) y *San Manuel Bueno, mártir* (1933); teatro: *Fedra* (1910) y *El hermano Juan o el mundo del teatro* (1954); poesía: *El Cristo de Velázquez* (1920) y *Romancero del destierro* (1927).

UNÁNIME adj. **1** Se dice del conjunto de las personas que convienen en un mismo sentimiento u opinión. **2** Se aplica a este mismo sentimiento u opinión.

UNANIMIDAD f. Calidad de unánime. || **por unanimidad** loc. adv. Sin discrepancia, unánimemente.

Unanue Pavón, José Hipólito Médico, naturalista y político peruano (Arica, 1755 - Lima, 1833). Introdujo el uso de las vacunas en su país a principios del siglo xix y, tras la marcha de Bolívar, fue presidente del consejo de ministros (1826-27).

Unare Río de Venezuela, que nace al O de Pariaguán, cruza los Estados de Guárico y Anzoátegui, y desemboca en el Caribe; 250 km de curso.

UNCIA f. **1** *Num.* Moneda romana de cobre, que pesaba y valía la duodécima parte del as. **2** *Der.* Entre romanistas, duodécima parte de la masa hereditaria.

UNCIAL adj. *Paleog.* **1** Se dice de ciertas letras, mayúsculas y del tamaño de una pulgada, que se usaron hasta el siglo vii. También s. **2** Se aplica también a esta escritura. También f.

UNCIFORME adj. y m. *Anat.* Se dice de uno de los huesos del carpo.

UNCIÓN f. **1** Acción de ungir. **2** *Rel.* extremaunción. **3** Fervor, devoción.

UNCIR tr. Atar o sujetar al yugo bueyes, mulas u otras bestias.

UNCTAD Siglas de United Nations Conference on Trade and Development.

UNDECÁGONO, NA adj. y m. *Geom.* endecágono.

UNDÉCIMO, MA adj. **1** Que sigue inmediatamente en orden al décimo. **2** *Mat.* De cada una de las once partes iguales en que se divide un todo. También s.

UNDÉCUPLO, PLA adj. y s. *Mat.* Que contiene un número once veces exactamente.

UNDERGROUND (Voz i.) adj. Se dice de determinadas manifestaciones culturales o artísticas de carácter urbano que se desarrollan al margen de la tradición y de los modelos establecidos.

Underwood, Lucien Marcus Botánico estadounidense (New Woodstock, 1853 - Redding, 1907). Contribuyó al conocimiento de diversos grupos de criptógamas. Autor de *Our Native Ferns, Hepaticae Americanae* y *Mildews and Mushrooms.*

Undset, Sigrid Escritora noruega de origen danés (Kallunborg, 1882 - Lillehammer, 1949). Sus primeras novelas se centraron en los problemas de la mujer trabajadora, pero su popularidad se debió a las novelas históricas: *Kristin Lavransdatter* (1920-22) y *Olaf Audunssön* (1925-27). En 1928 le fue concedido el premio Nobel de Literatura.

UNDULAR intr. Moverse una cosa formando ondas o eses.

Undurraga, Antonio Escritor chileno (Santiago de Chile, 1911). Autor de *Red en el génesis* (1946) y *Hay levadura en las columnas* (1960), poesía; *Teoría del creacionismo* (1957) y *Autopsia de la novela* (1967), ensayos.

UNESCO (Siglas de *United Nations Educational, Scientific and Cultural Organization.*) Organización de las Naciones Unidas para la Educación, la Ciencia y la Cultura.

Ungaretti, Giuseppe Poeta italiano (Alejandría, 1888 - Milán, 1970). Precursor del hermetismo, su poesía, marcada por elementos autobiográficos y existenciales, es una búsqueda de esencialidad, apoyado en la metáfora. Obras: *El puerto sepultado* (1917), *Sentimiento del tiempo* (1933), *La tierra prometida* (1950) y *Un grito y paisajes* (1952).

Ungava Bahía de Canadá, al N de la península del Labrador, en el estrecho de Hudson, provincia de Quebec.

UNGIR tr. **1** Aplicar aceite u otra materia grasa, extendiéndola superficialmente. **2** Signar con óleo sagrado a una persona.

UNGÜENTARIO, RIA adj. **1** Perteneciente a los ungüentos o que los contiene. || m. **2** El que hace los ungüentos. **3** Mueble o lugar en que se tienen colocados con separación los ungüentos.

UNGÜENTO m. **1** Cualquier materia pastosa, medicinal o cosmética, con que se unta el cuerpo. **2** fig. Cualquier cosa que suaviza y ablanda el ánimo o la voluntad.

UNGUICULADO, DA adj. y s. *Zool.* Que tiene los dedos terminados en uñas.

UNGUIS m. *Anat.* Hueso de la parte anterior e interna de cada una de las órbitas, el cual contribuye a formar los conductos lacrimal y nasal.

UNGULADO, DA adj. y s. *Zool.* **1** Se dice del mamífero caracterizado por tener los dedos recubiertos de una funda córnea (casco o pezuña), sobre la que se apoya para desplazarse. Si son dos los dedos desarrollados, se denominan *artiodáctilos* (jirafa, ciervo, etc.), y si es uno, *perisodáctilos* (caballo, etc.). || m. pl. *Zool.* **2** Grupo de estos animales, sin categoría taxonómica.

UNGULAR adj. Que pertenece o se refiere a la uña.

UNI- pref. que significa uno: *unicameral, unicelular.*

UNICAMERAL adj. *Polít.* Se dice del poder legislativo compuesto de una sola cámara o asamblea parlamentaria.

UNICAULE adj. *Bot.* Se dice de la planta que tiene un solo tallo.

UNICEF (Siglas de *United Nations International Children's Emergency Fund.*) Fondo Internacional de las Naciones Unidas para el Socorro a la Infancia.

UNICELULAR adj. *Biol.* Que consta de una sola célula.

UNICIDAD f. Cualidad de único.

ÚNICO, CA adj. **1** Solo en su especie. **2** fig. Extraordinario, excelente.

UNICOLOR adj. De un solo color.

UNICORNIO m. **1** Animal fabuloso, de figura de caballo y con un cuerno recto en mitad de la frente. **2** rinoceronte.

Los **unicornios.** Cuadro de Gustave Moreau.

UNICORNIO *Astron.* Constelación boreal comprendida entre Pegaso y el Águila.

UNIDAD f. **1** Propiedad de lo que es uno e indivisible. **2** Cada uno de los elementos diferenciables de un conjunto. **3** Unanimidad. **4** Cantidad o magnitud que sirven como término de comparación de las demás de su especie. **5** Cada una de las secciones de un organismo que tienen cierta independencia. **6** Cualidad de la producción literaria o artística en la que sólo hay un asunto o pensamiento principal. **7** *Mat.* El primer número natural; el número 1. **8** *Mil.* Fracción, constitutiva o independiente, de una fuerza militar. || **UNIDAD CENTRAL DE PROCESO** *Inform.* CPU. || **UNIDAD DE CUIDADOS INTENSIVOS** (UCI) Sección hospitalaria donde se concentran aparatos y personal especializado para la vigilancia y tratamiento de enfermos muy graves que requieren atención inmediata y mantenida. También se denomina unidad de vigilancia intensiva (UVI). || **UNIDAD MONETARIA** *Econ.* Moneda que sirve legalmente de patrón en cada país y de la cual se derivan las demás.

UNIDAD ASTRONÓMICA INTERNACIONAL *Astron.* Organismo astronómico que se ocupa de la planificación y coordinación del trabajo de investigación astronómico mundial.

UNIDAD POPULAR *Polít.* Coalición política chilena de izquierda de la que formaban parte los partidos Socialista, Socialdemócrata, Comunista y Radical, el Movimiento de Acción Popular Unitaria y Acción Popular. Su victoria en los comicios de 1970 llevó a la presidencia a S. Allende.

UNIDIMENSIONAL adj. Que tiene una sola dimensión.

UNIDIRECCIONAL adj. Que circula o se propaga en una sola dirección.

UNIFAMILIAR adj. Que corresponde a una sola familia.

UNIFICAR tr. y prnl. **1** Hacer de muchas cosas una o un todo. **2** Igualar, equiparar.

UNIFOLIADO adj. *Bot.* Que tiene una sola hoja.

UNIFORMAR tr. **1** Hacer uniformes dos o más cosas. También prnl. **2** Dar traje igual a los individuos de un cuerpo o comunidad.

UNIFORME adj. **1** Con la misma forma. **2** Igual, conforme, semejante, sin alteraciones ni cambios bruscos. **3** *Fís.* MOVIMIENTO UNIFORME. **4** *Mat.* Se dice de la propiedad que establece que las operaciones con números reales no dependen de los representantes elegidos. || m. **5** Traje igual y reglamentario de las personas de un cuerpo o comunidad.

UNIFORMIDAD f. Cualidad de uniforme.

UNIFORMISMO m. *Geol.* Teoría según la cual los fenómenos geológicos actuales y las leyes que los rigen han sido siempre los mismos y han funcionado con la misma intensidad. Fue introducida por Whewell en 1837.

UNIFORMITARISMO m. *Geol.* UNIFORMISMO.

UNIFORMIZAR tr. Hacer uniformes dos o más personas o cosas.

UNIGÉNITO, TA adj. **1** Se aplica al hijo único. || m. **2** Por antonomasia, el Verbo eterno, Hijo de Dios, que es unigénito del Padre. En esta acepción suele escribirse con mayúscula.

UNILATERAL adj. **1** Se dice de lo que se refiere o se circunscribe solamente a una parte o a un aspecto de algo. **2** Se dice de lo que se decide sin contar con los demás. **3** Que está colocado solamente a un lado.

UNILINEAL adj. Que consta de una sola línea o relativo a una sola línea.

UNILOCULAR adj. *Biol.* Que está provisto de una sola cavidad.

UNION ACT *Hist.* Denominación de dos leyes por las cuales se constituyó el Reino Unido, formado primero por Inglaterra y Escocia (1707), que dieron origen al Reino Unido de Gran Bretaña, al cual se adhirió más tarde Irlanda (1800). La unión con Escocia fue preparada por el advenimiento al trono de Inglaterra de los Estuardo. Al pretender la casa de Hannover acceder al trono de Escocia, ésta prefirió unirse a Inglaterra bajo el trono de los Estuardo. Con respecto a Irlanda, las agitaciones sociales de finales del siglo XVIII llevaron a las elites protestantes a votar su adhesión al Reino Unido.

UNION JACK Nombre de la bandera nacional del Reino Unido, creada por Jacobo I en 1606 y formada en su versión actual por la cruz inglesa de San Jorge, la escocesa de San Andrés y la irlandesa de San Patricio.

UNIÓN f. **1** Acción y efecto de unir o unirse. **2** Punto en el que se unen varias cosas. **3** Unanimidad. **4** Matrimonio. **5** Asociación de personas o entidades para un fin común. **6** *Mat.* Conjunto formado por los elementos distintos de dos o más conjuntos. Su símbolo es $\cup$. **7** *Chile* Entredós de bordado o encaje.

UNIÓN Isla de San Vicente y Granadinas, en el archipiélago de las Granadinas.

UNIÓN o **FEDERACIÓN ÁRABE** *Hist.* FEDERACIÓN O UNIÓN ÁRABE.

UNIÓN, ISLAS DE LA TOKELAU.

UNIÓN, LA Departamento de El Salvador; 2.130 km² y 310.362 h. Su capital es la ciudad del mismo nombre.

UNIÓN CÍVICA RADICAL *Polít.* e *Hist.* Partido político argentino fundado, en 1891, por la fracción disidente de la Unión Cívica, encabezada por Leandro Nicéforo Alem. A partir de las elecciones de 1916 se convirtió en el partido más importante de Argentina, pero la aparición del peronismo (1945) originó una escisión en el partido que se consumó en 1957, en que Ricardo Balbín fundó la Unión Cívica Radical del Pueblo, mientras que la fracción mayoritaria, dirigida por Frondizi, se transformó en la Unión Cívica Radical Intransigente que, con el apoyo de los peronistas, triunfó en las elecciones presidenciales de 1958. En las elecciones de 1963 la Unión Cívica Radical del Pueblo llevó al poder a su candidato, Arturo Illía. En 1983, resurgió la Unión Cívica Radical que, con R. Alfonsín como candidato, ganó en las elecciones de ese año. La grave crisis económica fue determinante para que en las elecciones de 1989 fuera derrotado E. Angeloz, candidato radical.

UNIÓN ECONÓMICA Y MONETARIA (UEM) *Econ.* Programa expuesto en el título segundo del tratado de Maastricht (1991), que recoge los objetivos y el calendario para lograr la plena unión económica europea. El proceso finalizó el 1 de enero de 1999, fecha prevista para la introducción del euro y la asunción de plenos poderes del Banco Central Europeo, en todos aquellos países que hubieran alcanzado los niveles de convergencia previstos. Los criterios de acceso a la moneda única son: un déficit público inferior al 3% del PIB, una deuda pública acumulada por debajo del 60% del PIB anual, una inflación que no supere en más del 1,5% la media de los tres países con menor aumento de precios, y unos tipos de interés que no superen en más de dos puntos el promedio de los países con tipos más bajos.

UNIÓN DE EMIRATOS ÁRABES o **EMIRATOS ÁRABES UNIDOS** *(A-Imarat al-Arabiya al-'Muttahida)* Estado de Asia, en la península Arábiga, que limita al N con Qatar y el golfo Pérsico; al E, con Omán y el golfo de Omán; y al S y al O, con Arabia Saudí.

GEOG. La mayor parte del país está formada por una gran llanura, baja y desértica, sin apenas vegetación. Sólo se aprecian pequeñas elevaciones en la costa NO. El clima es desértico y las precipitaciones muy escasas. Su economía está basada en la extracción de petróleo (yacimientos submarinos de Umm Shaif y Zakum, y costeros de Murban y Bu Hasa). Producción de gas natural

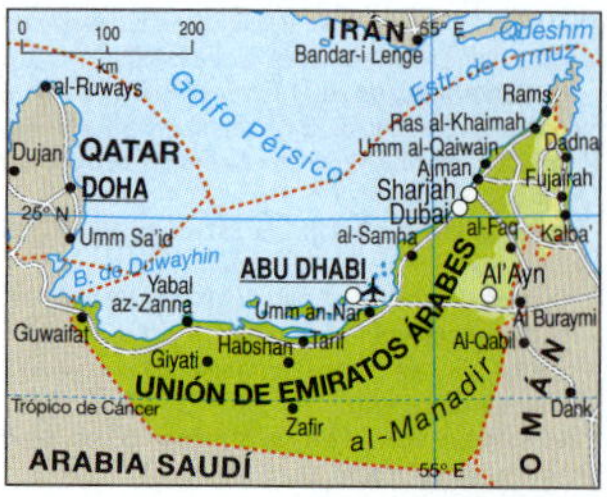

y pesca. Produce dátiles, agrios, tomates y hortalizas de invernadero. Los ingresos generados por la exportación de petróleo, le han convertido en uno de los países con renta per cápita más alta del mundo. Industria petroquímica, mecánica, metalúrgica (aluminio) y del cemento.

HIST. La llamada Costa de los Piratas estaba ocupada por distintas tribus que en 1853 firmaron un tratado de paz con el Reino Unido, país que tenía como objetivo acabar con la piratería y el comercio de esclavos en el golfo Pérsico. El territorio pasó a denominarse Estado de la Tregua y, en 1892, se convirtió en protectorado británico. En 1971, año de su independencia, se formó una federación integrada por seis de los siete emiratos de la antigua Costa de los Piratas, a la que se unió, en 1972, el de Ras al-Khaimah. Desde entonces, forma parte de la ONU y de la Liga Árabe. El país está gobernado por un Consejo Supremo constituido por los siete emires; de entre ellos se elige al presidente de la federación, que desde 1971 es Shaikh Zayed bin Sultan, emir de Abu Dhabi. En 1981 estalló un conflicto de poderes entre el presidente, partidario de la supresión de fronteras interiores y de una planificación económica conjunta, y el primer ministro Rashid al-Maktum, emir de Dubai, que impidió su puesta en práctica. En el exterior, ha mantenido una política moderada respecto al conflicto árabe-israelí y permaneció neutral durante la guerra entre Irán e Irak (1980-88). Su tradicional postura de neutralidad se vio alterada tras la invasión de Kuwait por parte del ejército iraquí (1990-91), conflicto en el que aportó tropas a las fuerzas aliadas, además de financiar los gastos de la operación. Mantiene un contencioso con Irán sobre la soberanía de varias islas del golfo Pérsico. En 1996, el Consejo Supremo declaró permanente la Constitución de 1971. En 1997 el jeque Zayed fue reelegido presidente de la Federación.

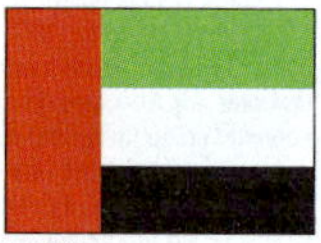

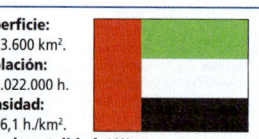

Superficie: 83.600 km².
Población: 3.022.000 h.
Densidad: 36,1 h./km².
Tasa de natalidad: 18‰.
Tasa de mortalidad: 3,6‰.
Capital: Abu Dhabi.
Ciudades principales: Dubai, Sharjah, Ras al-Khaimah.
Grupos étnicos: expatriados de Bangla Desh, India, Pakistán y Sri Lanka (45,0%), árabes (25,0%), iraníes (17,0%), otros asiáticos y africanos (8,0%), europeos y norteamericanos (5,0%).
Religión: islamismo (96,0%), otras (4%).
Idioma: árabe.
Moneda: dirham de UEA.
Forma de Estado: monarquía federal.
Producto Nacional Bruto: 48.673 millones de dólares.
Renta per cápita: 17.870 dólares.
División administrativa: 7 emiratos, según cuadro.

UNIÓN EUROPEA (UE) *Polít.* y *Econ.* Nombre adoptado por la Comunidad Europea en noviembre de 1993, según la decisión adoptada en la CUMBRE DE MAASTRICHT de 1991. Esta institución fue creada por el tratado de Roma de 1957 con el nombre de *Comunidad Europea*, también conocida como *Mercado Común* y *Comunidad Económica Europea*. Su misión es promover el desarrollo armonioso de las economías nacionales, impulsar una expansión continua y equilibrada, y favorecer unas relaciones más estrechas entre sus miembros. Para ello cuenta con una serie de instituciones comunes: el *Consejo*, la *Comisión*, encargada de la custodia de los tratados y con poder ejecutivo; el *Parlamento Europeo*, institución legislativa; el *Tribunal de Justicia*, y el *Tribunal de Cuentas*. Los países signatarios del acuerdo, que entró en vigor en 1958, fueron Bélgica, la República Federal de Alemania, Francia, Países Bajos, Italia y Luxemburgo. La primera ampliación se realizó en 1972 y supuso la adhesión del Reino Unido, Dinamarca y la República de Irlanda. Desde 1981, Grecia se convirtió en miembro de la Comunidad. La tercera ampliación tuvo lugar en 1985, con la adhesión de España y Portugal. La cuarta, se produjo en 1995, con la adhesión de Austria, Suecia y Finlandia. En 1987 se aprobó el ACTA ÚNICA, concebida como medio para lograr un desarrollo armónico de la institución reduciendo las desigualdades regionales, sectoriales y personales, y en 1989 comenzó a plantearse la consecución de la unidad monetaria. Tras la cumbre de Maastricht de

UNIÓN DE EMIRATOS ÁRABES

Emiratos	Superficie (km²)	Población (h.)	Capitales
Abu Dhabi	73.060	1.127.000	Abu Dhabi
Ajman	260	161.000	Ajman
Dubai	3.900	858.000	Dubai
Fujairah	1.300	92.000	Fujairah
Ras al-Khaimah	1.700	165.000	Ras al-Khaimah
Sharjah	2.600	491.000	Sharjah
Umm al-Qaiwain	780	44.000	Umm al-Qaiwain

1991 se llegó a un acuerdo sobre el tratado de la Unión, ratificado por los parlamentos de todos sus miembros a lo largo de 1992. Las disposiciones planteaban la creación de una moneda única en 1999 y la realización de una política exterior y defensa comunes. Tras muchos problemas, en noviembre de 1993, el tratado de Maastricht entró en vigor, previamente ratificado por los doce miembros comunitarios. Se institucionalizó la UNIÓN EUROPEA OCCIDENTAL (UEO) como organismo militar de la UE; se acordó el derecho al sufragio activo y pasivo de los ciudadanos de la Unión en las elecciones municipales de cualquiera de los países, siempre que residan en el lugar; la cooperación intergubernamental en materias de justicia y policía; etc. En 1997 se firmó el *Tratado de Amsterdam* que abre el camino a la ampliación de la UE a los países del Este. En 1999 entró en vigor la moneda única europea, llamada *euro*, en once de los quince países miembros de la Unión. Ese año, ante las acusaciones de fraude, dimitió en pleno la Comisión Europea, presidida por Santer, quien fue sustituido por R. Prodi. En la cumbre de Niza, celebrada en 2000, se abordaron las reformas institucionales necesarias para la ampliación de la UE, que se produjo en mayo de 2004 con la integración de Eslovenia, Estonia, Polonia, la República Checa, Hungría, Letonia, Lituania, Eslovaquia, Malta y Chipre. En junio de 2004 el Consejo de la Unión Europea aprobó el primer Tratado Constitucional de la UE, cuyo texto debe ser ratificado por cada país, y entrará en vigor en 2007.

UNIÓN EUROPEA OCCIDENTAL (UEO) *Polít.* y *Mil.* Organismo para la cooperación europea en materia de defensa y seguridad, creado en 1954. El tratado de Maastricht lo configuró como el brazo armado de la UE. Sus miembros son Alemania, Bélgica, España, Francia, Grecia, Italia, Luxemburgo, Países Bajos, Portugal y Reino Unido. Son miembros asociados Islandia, Noruega y Turquía; y observadores Islandia y Dinamarca.

UNIÓN FRANCESA *Hist.* Organización sindical obrera formada por la Francia metropolitana y las dependencias francesas de ultramar. Fue establecida al término de la Segunda Guerra Mundial y se dio por terminada en 1958, al constituirse la COMUNIDAD FRANCESA.

UNIÓN NACIONAL PARA LA INDEPENDENCIA TOTAL DE ANGOLA (UNITA) *Polít.* Movimiento nacionalista angoleño fundado por Jonas Savimbi en 1966 que se enfrentó al Movimiento Para la Liberación de Angola (MPLA) en el poder desde 1976. Tras varios años de guerra civil, el MPLA y UNITA firmaron la paz en 1991, pero las hostilidades se reanudaron en 1992. La paz definitiva llegó en 1994. UNITA gobernó el país en coalición con el MPLA.

UNIÓN PANAMERICANA *Hist.* y *Polít.* Organismo interamericano creado en la Conferencia Panamericana de Buenos Aires de 1910. A partir de 1929 se convirtió en instrumento de la política de penetración estadounidense en América Latina. En 1948 se acordó su asimilación a la nueva Organización de Estados Americanos.

UNIÓN POSTAL UNIVERSAL (UPU) Organización especializada de las Naciones Unidas. Fundada en Berna en 1875, fue integrada en este organismo en 1948. Su objetivo es garantizar las relaciones postales entre sus miembros y favorecer la cooperación internacional en materia postal.

UNIÓN DE REPÚBLICAS SOCIALISTAS SOVIÉTICAS Véase URSS.

UNIÓN SOVIÉTICA Véase URSS.

UNIÓN SUDAFRICANA SUDAFRICANA, REPÚBLICA.

UNIONISMO m. *Polít.* Doctrina que favorece y defiende la unión de partidos o naciones.

UNIONISTA adj. y s. **1** Se dice de la persona, partido o doctrina, que mantiene cualquier ideal de unión. **2** *Hist.* Se dice del partidario del Norte en la guerra de Secesión americana.

UNÍPARO, RA adj. **1** *Bot.* Se aplica al órgano vegetal que produce un solo miembro, flor, etc. **2** *Zool.* Relativo a las especies de mamíferos que sólo tienen una cría en cada parto.

UNÍPEDE adj. De un solo pie.

UNIPERSONAL adj. **1** Que consta de una sola persona. **2** Que corresponde o pertenece a una sola persona. **3** VERBO UNIPERSONAL.

UNIR tr. y prnl. **1** Juntar dos o más cosas entre sí, haciendo de ellas un todo. **2** Mezclar o trabar algunas cosas entre sí. **3** Poner de acuerdo voluntades, ánimos u opiniones. **4** Casar.

UNISEX adj. Se dice de la moda que es apropiada para ambos sexos.

UNISEXUAL adj. *Biol.* Se dice del individuo vegetal o animal que tiene un solo sexo.

UNISONANCIA f. **1** *Mús.* Concurrencia de dos o más voces o instrumentos en un mismo tono de música. **2** Efecto de persistir viciosamente el orador en un mismo tono de voz.

UNISONAR intr. Sonar al unísono. ♦ IRREG. Se conjuga como CONTAR.

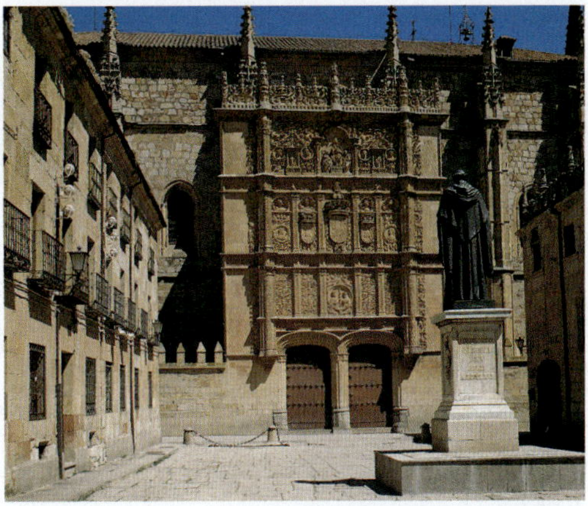

universidad. Fachada y Patio de las Escuelas Menores de la Universidad de Salamanca.

UNÍSONO, NA adj. **1** Con el mismo sonido. || m. *Mús.* **2** Fragmento musical en que varias voces o instrumentos suenan en idénticos sonidos. || **al unísono** loc. adv. fig. Sin discrepancia.

UNITA Siglas de UNIÓN NACIONAL PARA LA INDEPENDENCIA TOTAL DE ANGOLA.

UNITARIO, RIA adj. **1** Que tiene unidad o que tiende a ella. **2** Partidario del unitarismo religioso.

UNITARISMO m. **1** *Rel.* Doctrina protestante, defendida inicialmente por Servet y Fausto y Lelio Socino, que negaba el dogma de la Trinidad, reconociendo una sola Persona en Dios, o negando la igualdad del Hijo y del Espíritu Santo con el Padre. **2** *Polít.* Tendencia o corriente política que defiende la centralización del poder de un Estado o comunidad internacional.

UNITED NATIONS CONFERENCE ON TRADE AND DEVELOPMENT (UNCTAD) *Polít.* y *Econ.* Organismo de las Naciones Unidas creado en 1964 para fomentar el desarrollo de los países del Tercer Mundo.

UNIVALENTE adj. *Biol.* Se dice del cromosoma no apareado durante la primera división meiótica por carecer de homólogo.

UNIVALVO, VA adj. *Zool.* **1** Se dice de la concha de una sola pieza. **2** Se dice del molusco que tiene concha de esta clase. También m.

UNIVERSAL adj. **1** Perteneciente o relativo al universo. **2** Que comprende o es común a todos en su especie. **3** Que pertenece o se extiende a todo el mundo, a todos los países o a todos los tiempos. **4** *Lóg.* Se dice del enunciado que designa todos los individuos de una clase. || m. pl. *Filos.* **5** Conceptos formados por abstracción que representan en nuestra mente, reducidas a unidad común, realidades que existen en diversos seres. El estudio de los universales aparece ya en el concepto socrático y en la idea de Platón, así como en Aristóteles, pero es en la Edad Media cuando se aborda en profundidad. || **UNIVERSALES DEL LENGUAJE** o **LINGÜÍSTICOS** *Ling.* Elementos lingüísticos que se consideran comunes a todas las lenguas.

UNIVERSALIDAD f. **1** Cualidad de universal. **2** *Der.* En una herencia, totalidad de los bienes, derechos, acciones u obligaciones del difunto.

UNIVERSALÍSIMO, MA adj. *Lóg.* Se aplica al género supremo que comprende otros géneros inferiores, también universales.

UNIVERSALIZAR tr. Hacer universal una cosa, generalizarla mucho.

UNIVERSIDAD f. **1** *Pedag.* Institución de enseñanza superior que comprende diversas facultades, y que confiere los grados académicos correspondientes. **[Encic.]** **2** Edificio o conjunto de edificios destinado a las cátedras y oficinas de una universidad.

Hist. El vocablo medieval latino *universitas* se empleó originariamente para designar cualquier comunidad o corporación considerada en su aspecto colectivo. Las universidades, entendidas como centros de enseñanza, surgen en el siglo XIII y su origen se halla en las antiguas escuelas catedralicias y episcopales. Las más destacadas fueron las de París (1150), Bolonia (1088) y Oxford (1170), cuyos estudios fundamentales eran la teología, el derecho y las ciencias, respectivamente. En la corona de Aragón destacaron Montpellier, Lleida, Huesca y Barcelona, mientras que en Castilla lo hicieron Salamanca, Valladolid, Alcalá de Henares y Sevilla. Con la llegada del Renacimiento y la Reforma, las universidades empezaron a aceptar el humanismo y a perder su sentido ecuménico, nacionalizándose y aceptando la religión del país. En el siglo XVI se fundaron las primeras universidades americanas: Santo Domingo (1530), Lima (1551) y México (1553). En los siglos XVII y XVIII se produjo una cierta decadencia de la actividad universitaria, sobre todo en España y Francia. La recuperación llegó en el siglo XIX, con los movimientos de reforma que invadieron Europa. El carácter academicista de la universidad decimonónica ha dado paso, en el siglo XX, a una concepción norteamericana de la universidad de masas, donde se da prioridad a las enseñanzas técnicas y prácticas frente a las humanidades.

UNIVERSITARIO, RIA adj. **1** Relativo a la universidad. || m. y f. **2** Estudiante o titulado de universidad.

UNIVERSO m. **1** *Astron.* Conjunto de la materia y de la energía que existe. El universo tiene una edad estimada de 15.000 millones de años y, a pesar de los conocimientos actuales, no se puede conocer con exactitud su volumen. En un 90% la materia se presenta bajo la forma de hidrógeno y se concentra principalmente en estrellas y galaxias. **2** Conjunto de individuos o elementos cualesquiera en los cuales se consideran una o más características que se someten a estudio estadístico.

UNIVITELINO, NA adj. *Biol.* Se dice de los gemelos que provienen de un solo óvulo.

UNIVOCIDAD f. Cualidad de unívoco.

UNÍVOCO, CA adj. y s. **1** Se dice de lo que tiene igual naturaleza o valor que otra cosa. **2** *Lóg.* Se dice del término que se predica de varios individuos con la misma significación. **3** *Mat.* CORRESPONDENCIA UNÍVOCA.

UNO, NA adj. **1** Que no se puede dividir. **2** Se dice de la persona o cosa identificada o unida, física o moralmente, con otra. **3** Idéntico, lo mismo. **4** Único, solo, sin otro de su especie. **5** Con sentido distributivo se usa contrapuesto a *otro.* || adj. pl. **6** Algunos, unos indeterminados. || pron. indef. **7** Persona o personas cuyo nombre se ignora. || m. **8** *Mat.* Signo o guarismo, el menor de los números cardinales. **9** Unidad, cantidad que se toma como término de comparación. || **a una** loc. adv. A un tiempo, unidamente o juntamente. || **cada uno** Cualquier persona considerada individualmente y con separación del conjunto de que forma parte. || **de uno en uno** loc. adv. UNO A UNO. || **ser todo uno** o **ser uno** fig. Venir a ser o parecer varias cosas una misma, o verificarse una inmediatamente, a continuación o al mismo tiempo que la otra, a modo de su consecuencia forzosa. || **una y no más** expr. con que se denota la resolución o propósito firme de no volver a caer en algo que nos ha dejado escarmentados. || **uno a uno** o **por uno** loc. adv. con que se explica la separación o distinción por orden de personas y cosas. || **unos cuantos** loc. Pocos, en número reducido de personas o cosas.

UNRUH, FRITZ VON Escritor alemán (Coblenza, 1885 - Diez Lahn, 1970). De tendencias internacionalistas y pacifistas, es autor de *Oficiales* (1912), *Una generación* (1916) o *Las alas de Nike* (1925).

UNTAR tr. **1** Extender una materia, generalmente grasa, sobre una superficie. **2** fig. y fam. Sobornar. || prnl. **3** Mancharse.

UNTO m. **1** Materia pingüe a propósito para untar. **2** *Chile* Betún para el calzado.

UNTOSO, SA o **UNTUOSO, SA** adj. **1** Graso, pingüe y pegajoso. **2** Empalagoso, demasiado afectado.

UNVERDORBEN, OTTO Químico alemán (Dahme, 1806 - íd., 1873). Fue el descubridor de la anilina (1826).

UNZAGA, LUIS DE Militar y administrador español (Málaga, 1717 - íd., 1793). Fue gobernador de Luisiana (1770-76) y capitán general de Venezuela (1777-82) y de Cuba (1782-85).

UÑA f. **1** *Anat.* Revestimiento córneo del extremo de los dedos. **2** Casco o pezuña. **3** Punta corva en que acaba la cola del alacrán. **4** Espina corva de algunas plantas. **5** Pedazo de rama que queda unido al tronco al podarla. || **a uña de caballo** loc. adv. fam. A todo el correr del caballo. Se usa con los verbos *huir, escapar, salir,* etc. || **de uñas** loc. adv. fig. y fam. En actitud de enemistad o enfado. Se usa con los verbos *estar* y *ponerse.* || **ser** dos o más personas **uña y carne** fr. fig. y fam. Haber estrecha amistad entre ellas.

UÑERO m. **1** Inflamación en la raíz de la uña. **2** Herida que produce la uña cuando, al crecer viciosamente, se introduce en la carne.

UÑETA f. *Chile* Especie de púa o dedal de carey que usan los tocadores de instrumentos de cuerda.

UOLOF adj. *Etnol.* **1** Se dice de un pueblo negroafricano de raza sudanesa, que habita la región del curso inferior del río Senegal y el estuario del Gambia (Sudán occidental). Su población asciende a unos 3.000.000 de individuos, aproximadamente. También se les conoce con los nombres de *ouolof, wolof* y *yolof.* Aplicado a personas, también s. **2** Perteneciente o relativo a este pueblo. || m. *Ling.* **3** Lengua hablada en Senegal.

¡UPA! interj. ¡AÚPA!

UPANISADS *Rel.* Denominación dada a los antiguos tratados o diálogos escritos en sánscrito sobre temas de filosofía hindú, pertenecientes a la fase más reciente de la literatura de los VEDAS. Son los escritos filosóficos más antiguos de la India. Aunque el número de escritos que llevan este nombre es superior a 100, los principales son los escritos entre los siglos VIII y IV a. C.

UPANO SANTIAGO, río de América del Sur.

UPAR tr. AUPAR.

UPAS m. *Bot.* Árbol perteneciente a la familia moráceas, de nombre científico *Antiaris toxicaria,* de gran porte ya que puede alcanzar los 70 m de altura. Crece en Asia tropical. Produce un jugo muy tóxico, de acción cardiaca más intensa que la digitalina. También denominado *árbol de Upas* y *árbol del veneno.*

UPDIKE, JOHN HOYER Escritor estadounidense (Shillington, 1932). De estilo realista, en sus obras retrata la sociedad burguesa americana con ironía: *Corre, Conejo* (1960), primer libro de una tetralogía que abarca *El regreso de Conejo* (1971), *Conejo es rico* (1981), premio Pulitzer 1982, y *Conejo descansa* (1990), le dio gran fama. Otras obras: *Las brujas de Eastwick* (1984), *S* (1988), *Memorias de la administración Ford* (1993), *Brasil* (1994) y *El centauro* (1997).

UPERIZACIÓN o **UPERISACIÓN** f. *Tecnol.* Procedimiento de esterilización de la leche, consistente en calentar ésta, en tres etapas, hasta 150 °C, a la vez que se la somete a la acción de vapor sobrecargado y purificado.

UPPSALA **1** Condado de Suecia; 6.989 km^2 y 291.413 h. **2** Ciudad capital del mismo; 187.302 h. Centro industrial (metalurgia, química y del papel). Catedral gótica.

UPU Siglas de UNIÓN POSTAL UNIVERSAL.

UPUPA f. *Zool.* ABUBILLA.

UPWELLING (Voz i.) m. *Geol.* Ascenso a la superficie de las aguas marinas profundas, frías y ricas en nutrientes.

UR-, URO-, URON-; -URON-; -URIA, -URESIS, -URÉTICO prefs., in. o sufs. que significan orina o perteneciente a ésta: *diurético.*

UR *Geog. hist.* Antigua ciudad de Caldea, situada a orillas del Éufrates, en el actual Irak. Fue una de las ciudades mesopotámicas que aspiró a la supremacía en la zona, y capital del imperio sumerio del siglo XXIII al XXI a. C. Destruida por los casitas y reconstruida por su importancia religiosa, su última época de esplendor fue bajo Nabucodonosor.

URA f. *Arg.* Gusano que se cría en las heridas.

URABÁ Golfo del mar de las Antillas, formado por el Darién, en la costa N de Colombia.

URACILO f. *Quím.* Base derivada de la pirimidina, de fórmula $C_4H_4O_2N_2$, que forma parte del ácido ribonucleico.

URAJEAR intr. *Zool.* Dar su voz la graja o el cuervo.

URAL Río que nace en los Urales meridionales (Federación de Rusia), pasa por la ciudad de Uralsk (Kazajstán) y desemboca en el mar Caspio; 2.428 km de curso. Sus afluentes principales son el Ilek, el Sakmara y el Utwa. Navegable, salvo los meses invernales en que permanece helado.

URALES Cordillera de la Federación de Rusia, que se extiende de N a S, en una longitud aproximada de 2.400 km, desde las costas del mar de Kara hasta la depresión del Caspio, y constituye el límite entre Europa y Asia. Se divide en *Ural polar,* en el que existen numerosos glaciares. Presenta una vegetación propia de la tundra. Su altura máxima es el Narodnaja (895 m). El *Ural central* está formado por colinas de unos 500 m de altura media. Entre sus ríos principales se encuentran el Kama y sus afluentes Bielaja y Ural. Gran región minera e industrial (siderurgia). Petróleo, carbón, hierro, cobre, níquel, metales preciosos.

URALITA f. Nombre comercial del FIBROCEMENTO.

URALOALTAICO, CA o **URALALTAICO, CA** adj. **1** Relativo a los Urales y al Altai. **2** *Ling.* Se dice de una gran familia de lenguas aglutinantes, llamada también *turania,* formada por las lenguas urálicas y las altaicas. Entre las primeras se cuentan el lapón, finlandés y húngaro, que forman el grupo finougro o ugrofinés, y las samoyedas de Siberia. Entre las segundas, el turco, el mongol y el manchú. También m. **3** *Etnol.* Se dice de los pueblos que hablan estas lenguas. De raza amarilla, tuvieron su origen en los territorios de los Urales y de Altai. Entre ellos se encuentran los tunguses, mongoles, tártaros, fínicos, árticos, japoneses y coreanos. También m.

URANIA *Mit.* Una de las nueve musas que presidía la Astronomía y la Geometría. Concibió de Apolo a Lino y a Himeneo. Se la representa vestida de azul, coronada de estrellas y con un compás en la mano.

URANINITA f. *Miner.* Mineral dióxido de uranio de fórmula UO_2, negro, gris, pardo o verdoso, que tiene propiedades radiactivas. Es la fuente principal de uranio.

URANIO[1] (De *Urano.*) m. *Quím.* Elemento químico del grupo de los actínidos del sistema periódico. Masa atómica, 238,07; número atómico, 92; peso específico, 18,685; punto de fusión, 1.132 °C; punto de ebullición, 3.818 °C; símbolo, *U.* Metal radiactivo y muy tóxico, descubierto en 1789 y aislado puro en 1874. Se emplea como combustible nuclear y fuente del isótopo U^{235} y plutonio. **[Encic.]** || **URANIO ENRIQUECIDO** *Quím.* Aquel cuyo porcentaje del isótopo U^{235} es superior al normal.

QUÍM. El uranio es de aspecto plateado, muy denso, dúctil, maleable y pobre conductor de la electricidad. Se inflama espontáneamente al aire y reacciona con casi todos los no metales. El uranio posee 14 isótopos, todos radiactivos, de los cuales sólo tres son naturales: ^{228}U, el más abundante; ^{235}U, que por encontrarse en proporción muy reducida, tiene máximo valor como fuente de energía nuclear; y ^{234}U. El uranio se utilizó primero en la fabricación de cristales coloreados y en fotografía, pero fue por sus aplicaciones como combustible nuclear cuando adquirió extraordinaria importancia.

URANIO[2], NIA (Del gr. οὐράνιος, celeste.) adj. *Astron.* Perteneciente o relativo a los astros y al espacio celeste.

URANO- pref. que significa cielo, universo.

URANO *Astron.* Planeta del sistema solar, el tercero en tamaño, descubierto por Herschel en 1781. Se encuentra situado a una distancia del Sol que varía entre 3.004 y 2.735 millones de km, describiendo a su alrededor una órbita en 84,01 años; posee un diámetro ecuatorial de 51.800 km; su achatamiento es de 1/17; la densidad, 1,56 g/cm^3; y su masa y volumen representan 14 y 67 veces, respectivamente, las de la Tierra. Es el único planeta cuyo eje de rotación está inclinado 98° respecto del plano de su órbita (casi se sitúa en él) y gira sobre este eje con un periodo de rotación de 10 h y 45 m, en sentido retrógrado. Su núcleo es pétreo; sobre el planeta existe un océano de hielo y le rodea una atmósfera de 5.000 km de altura, que contiene hidrógeno, helio y metano. Apenas se observan estructuras superficiales; en ocasiones se detectaron bandas y manchas. De las perturbaciones de su órbita se dedujo la existencia de Neptuno. Tiene cinco satélites: Ariel, Umbriel, Titania, Oberón y Miranda.

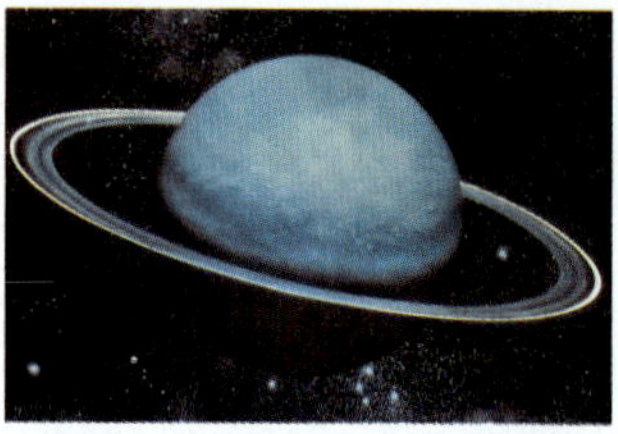

Urano

URANO *Mit.* En la mitología griega, personificación del cielo, hijo de Gea, quien le engendró sin la participación de un principio masculino. Desempeña un papel importante en la teogonía de Hesíodo y en el orfismo.

URANOGRAFÍA f. *Astron.* Astronomía descriptiva, cosmografía.

URANOLITO m. *Astron.* AEROLITO.

URANOMETRÍA f. *Astron.* Parte de la astronomía que trata de la medición de las distancias celestes y de la representación por mapas del cielo de estrellas fijas.

URAPE m. *Bot. Venez.* Arbusto de la familia leguminosas, con flores blancas, que se usa para formar setos vivos.

URARTU *Geog. hist.* Antiguo reino establecido en las márgenes del lago Van y que se extendió por la actual Armenia. Se inició en el siglo IX a. C. y constituyó una poderosa monarquía que disputó con Asiria la hegemonía en Oriente Próximo. Sus pobladores, de origen hurrita, fueron vencidos por Sargón II.

URATO m. *Quím.* Sal del ácido úrico.

URAWA Ciudad de Japón, en la isla de Honshu, capital de la prefectura de Saitama; 442.023 h. Constituye un centro residencial del área suburbana de Tokio.

URBAIN, GEORGES Químico francés (París, 1872 - íd., 1938). Se dedicó preferentemente al estudio de las tierras raras, especialmente a las ítricas, y fue el primero que pudo obtenerlas en estado puro. Descubrió el lutecio y contribuyó al descubrimiento del hafnio; realizó estudios analíticos de la tabla periódica. También estudió las blendas y los complejos minerales.

URBANEJA, DIEGO BAUTISTA Patriota y político venezolano (Barcelona, 1782 - Caracas, 1856). En 1810 se adhirió al movimiento independentista. Partidario de la segregación de Venezuela, en 1819 Bolívar le nombró ministro de Interior y de Justicia y, en 1830, fue elegido vicepresidente de la República.

URBANEJA ACHELPOHL, LUIS MANUEL Escritor venezolano (Caracas, 1874 - íd., 1937). Introdujo el modernismo en la literatura de su país. Obras: *En este país* (1916), *El tuerto Miguel* (1927) y *La casa de las cuatro pencas* (1937), novelas; *El gaucho y el llanero* (1930), estudio, y numerosos cuentos.

URBANIDAD f. Cortesanía, comedimiento, atención y buen modo.

URBANISMO m. *Geog.* Conjunto de conocimientos que se refieren al estudio de la creación, desarrollo, reforma y progreso de las ciudades y poblaciones en orden a las necesidades materiales de la vida humana. Los problemas principales que el urbanismo tiene planteados en la actualidad son: la concentración urbana, la expansión demográfica y el desarrollo del automóvil.

URBANIZACIÓN f. **1** Acción y efecto de urbanizar. **2** Terreno delimitado artificialmente para establecer en él un núcleo residencial urbanizado.

URBANIZAR tr. **1** Hacer urbano y sociable a uno. También prnl. **2** Convertir en poblado una porción de terreno o prepararlo para ello, abriendo calles y dotándolas de luz, pavimento y demás servicios municipales.

URBANO, NA adj. **1** Relativo a la ciudad. **2** fig. Cortés, atento y de buenos modos. || m. **3** Individuo de la policía urbana o municipal.

URBANO Nombre de diversos papas.

URBANO I, SAN Papa romano (? - Roma, 230). Ocupó el solio pontificio de 222 a 230. Sufrió martirio en tiempos de Alejandro Severo.

URBANO II, BEATO Papa francés (Châtillon-sur-Marne, h. 1042 - Roma, 1099). De nombre Odón de Lagery, fue prior de Cluny (h. 1075), obispo de Ostia y cardenal (1078). Elegido Papa en detrimento de Clemente III, rigió la iglesia de 1088 a 1099. Continuó la política reformadora de Gregorio VII y combatió la simonía y las investiduras laicas. Aprobó la proclamación de la primera cruzada en el concilio de Clermont (1095) y murió pocos días después de la toma de Jerusalén por Godofredo de Bouillon.

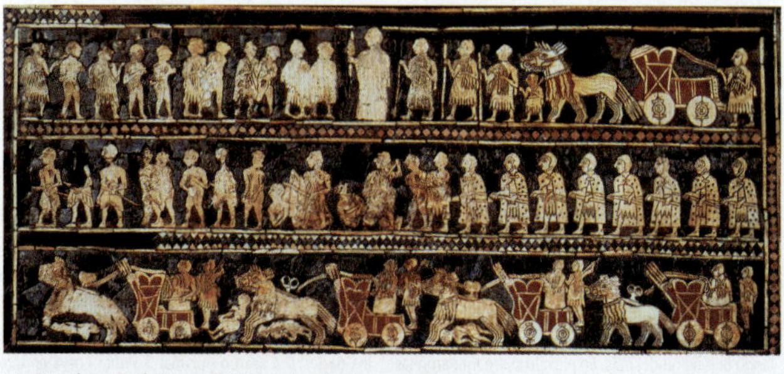

Ur. Estandarte Real. Museo Británico (Londres).

URBANO III Papa italiano (Milán, h. 1120 - Ferrara, 1187). De nombre Uberto Crivelli, gobernó la iglesia de 1185 a 1187. Se enfrentó con el emperador Federico Barbarroja.

URBANO IV Papa francés (Troyes, h. 1200 - Perugia, 1264). De nombre Jacques Pantaléon, fue obispo de Verdún (1253) y patriarca de Jerusalén (1255). Ocupó el solio pontificio de 1261 a 1264. Instituyó la festividad del Corpus Christi. Buscó el apoyo de Carlos de Anjou, a quien ofreció el reino de Sicilia a cambio de ayuda para proteger los Estados Pontificios.

URBANO V, BEATO Papa francés (Grisac, 1309 - Aviñón, 1370). De nombre Guillaume de Grimoard, perteneció a la orden benedictina y fue abad de Saint-Victor (Marsella). Ocupó el solio pontificio de 1362 a 1370. Fue beatificado en 1870.

URBANO VI Papa italiano (Nápoles, 1318 - Roma, 1389). De nombre Bartolomeo Prignano, ocupó el solio pontificio de 1378 a 1389. Una parte del colegio de cardenales escapó a su obediencia y proclamó un nuevo Papa, Clemente VII, lo que dio lugar al CISMA DE OCCIDENTE, no resuelto hasta la celebración del concilio de Constanza.

URBANO VII Papa italiano (Roma, 1521 - íd., 1590). De nombre Giovanni Battista Castagna, ocupó el solio pontificio del 15 al 27 de septiembre de 1590.

URBANO VIII Papa italiano (Florencia, 1568 - Roma, 1644). De nombre Maffeo Barberini, ocupó el solio pontificio de 1623 a 1644. Condenó la doctrina de Jansenio, unió el ducado de Urbino a los Estados Pontificios, realizó una revisión de los libros litúrgicos, hizo construir la residencia de Castelgandolfo y consagró la basílica de San Pedro (1626). Durante su pontificado tuvo lugar el proceso de la Inquisición contra Galileo (1633).

Urbano VIII. Tumba en la basílica de San Pedro, obra de Lorenzo Bernini (Ciudad del Vaticano).

URBE f. Ciudad, especialmente la muy populosa.
URBI ET ORBI expr. lat. fig. A los cuatro vientos, a todas partes.
URBINA, JOSÉ MARÍA Político y militar ecuatoriano (Quito, 1808 - Guayaquil, 1891). Tomó parte en la guerra de Independencia de los virreinatos de Nueva Granada y Perú y en la revolución de 1850. Elegido presidente de la República (1851-56), ejerció el poder dictatorialmente. Instalado en Perú hasta 1876, participó activamente en el movimiento que llevó al poder a Veintimilla.
URBINA, LUIS GONZAGA Escritor mexicano (Ciudad de México, 1864 - Madrid, 1934). Fue director de la Biblioteca Nacional de México. Cultivó una poesía intimista, acorde con la estética modernista: *Ingenuas* (1902), *Lámparas en agonía* (1914), *El corazón juglar* (1920) y *Los últimos pájaros* (1924). En prosa publicó crónicas de viaje y estudios literarios, como *La vida literaria de México* (1917).
URBINO Ciudad del E de Italia, provincia de Pésaro y Urbino, en Las Marcas; 16.600 h. Fue capital del antiguo ducado de su nombre.
URCA[1] f. *Mar.* Embarcación grande, muy ancha por el centro, y que sirve para el transporte de granos y otros géneros.
URCA[2] f. *Zool.* ORCA, cetáceo.
URCE m. *Bot.* BREZO.
URCEOLADO, DA adj. *Biol.* Que tiene forma de urna.
URCHILLA f. *Bot.* 1 Cierto liquen que vive en las rocas bañadas por el agua del mar. 2 Color de violeta que se saca de esta planta.

URCITANO, NA adj. y s. 1 De Urci, hoy Chuche, barrio de Almería. 2 ALMERIENSE.
URDANETA, ANDRÉS DE Navegante y religioso español (Villafranca de Oria, 1508 - México, 1568). Participó en la expedición de Elcano a las islas Molucas. Tomó parte en las expediciones de Alvarado al océano Pacífico y en la de Legazpi a Oceanía. Exploró el litoral de California y descubrió una nueva ruta que unía Filipinas con el continente americano.
URDANETA, RAFAEL Militar y político venezolano (Maracaibo, 1788 - París, 1845). Participó junto a Bolívar en numerosas acciones para conseguir la independencia de su país. Fue senador y presidente del Congreso de Colombia (1823), y tras obligar a dimitir a Mosquera asumió dictatorialmente la presidencia de la república de Colombia (1830-31).
URDANETA ARBELÁEZ, ROBERTO Político colombiano (Bogotá, 1890 - íd., 1972). Fue miembro del Tribunal de Justicia Internacional de La Haya, senador y varias veces ministro. Ocupó interinamente la presidencia de la República (1951-53).
URDIDERA f. Instrumento parecido a la devanadera que se utiliza para preparar los hilos para las urdimbres.
URDIMBRE f. 1 Estambre o pie después de urdido. 2 Conjunto de hilos que se colocan en el telar paralelamente unos a otros para formar una tela. 3 fig. Acción de urdir o maquinar alguna cosa.
URDIR tr. 1 Preparar los hilos en la urdidera para pasarlos al telar. 2 fig. Maquinar y disponer secretamente una cosa contra alguno, o para la consecución de algún designio.
URDU m. *Ling.* Lengua oficial de Pakistán; hasta 1972 compartió la oficialidad con el inglés. Es una variante del *hindi*.
UREA f. *Quím.* Diamida del ácido carbónico, de fórmula $CO(NH_2)_2$, uno de los productos finales del catabolismo de las proteínas y componente principal nitrogenado de la orina. Se utiliza en agricultura como fertilizante.
UREMIA f. *Med.* Estado orgánico resultante de la acumulación en sangre de sustancias, especialmente urea, que normalmente son eliminadas con la orina.
URENTE adj. Que escuece, abrasador.
-URESIS suf. UR-.
URÉTER m. *Anat.* Cada uno de los conductos por donde desciende la orina a la vejiga desde los riñones.
-URÉTICO suf. UR-.
URETRA f. *Anat.* Formación canalicular por la que se expele al exterior la orina desde la vejiga. Presente en la mayoría de los mamíferos.
URETRITIS f. *Med.* 1 Inflamación de la membrana mucosa que tapiza la uretra. 2 Flujo mucoso de la uretra.
URETROSCOPIA f. *Med.* Exploración visual del interior de la uretra.
UREY, HAROLD CLAYTON Químico estadounidense (Walkerton, 1893 - La Jolla, 1981). Descubrió el compuesto conocido como agua pesada, que se utiliza como moderador en la fisión nuclear, y el deuterio por lo que se le concedió el premio Nobel de Química en 1934. Participó durante la Segunda Guerra Mundial en la fabricación de la bomba atómica y es autor de la teoría más aceptada en la actualidad sobre el origen del sistema solar.
URFÉ, HONORÉ D' Escritor francés (Marsella, 1567 - Villefranche-sur-Mer, 1625). Autor de la novela caballeresca y pastoril *La Astrea*.
URGABONENSE adj. y s. De Arjona.
URGENCIA f. 1 Cualidad de urgente. 2 Gran necesidad de algo. 3 Caso que necesita ser tratado o atendido rápidamente. 4 *Der.* Hablando de las leyes y preceptos, actual obligación de cumplirlos. || f. pl. 5 Sección de los hospitales donde se recibe y atiende a los enfermos o accidentados que precisan atención inmediata.
URGENTE adj. Que urge.
-URGIA suf. ERGO-.
URGIR intr. 1 Instar o precisar una cosa a su pronta ejecución o remedio. 2 *Der.* Obligar actualmente la ley o el precepto.
-URGO suf. ERGO-.
URI Cantón de Suiza central, al S del lago de los Cuatro Cantones; 1.077 km² y 35.612 h. Su capital es Altdorf. Junto con los de Unterwalden y Schwyz fue el núcleo de la Confederación Helvética.
-URIA suf. UR-.
URIBANTE Río de Venezuela, Estado de Táchira, afluente del Sarare.
URIBE-HOLGUÍN, GUILLERMO Director de orquesta y compositor colombiano (Bogotá, 1880 - íd., 1971). Discípulo de Vincent d'Indy, su obra, de estilo nacionalista, abarcó todos los géneros. De su producción destacan *Furatena*, ópera, *Misa de réquiem* y *Novena Sinfonía*.
URIBE PIEDRAHÍTA, CÉSAR Escritor colombiano (Medellín, 1897 - íd., 1953). Catedrático de Medicina, escribió las novelas sociales *Toá* (1933) y *Manchas de aceite* (1935).

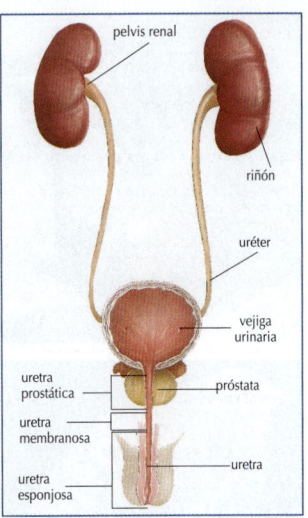

Anatomía del aparato **urinario** masculino.

URIBE VÉLEZ, ÁLVARO Abogado y político colombiano (Medellín, 1952). Fue alcalde de Medellín, senador (1986-1994) y gobernador de Antioquia (1995-1997). Candidato liberal independiente, venció en las elecciones presidenciales de 2002.
URIBURU, JOSÉ EVARISTO Político argentino (Salta, 1831 - Buenos Aires, 1914). Fue ministro, ocupó la vicepresidencia de gobierno y fue nombrado presidente de la República (1895-98).
URIBURU, JOSÉ FÉLIX Militar y político argentino (Salta, 1868 - París, 1932). Encabezó la revolución militar que puso fin al mandato de Yrigoyen en 1930, encargándose de la presidencia de la República desde ese año hasta 1932.
ÚRICO, CA adj. *Fisiol.* 1 Relativo a la orina. 2 Se dice del ácido 2,6,8-trioxipurina producido en el catabolismo nitrogenado de los ácidos nucleicos. En condiciones normales se encuentra presente en la orina de los vertebrados, y en condiciones patológicas, en las articulaciones o en forma de cálculos en la vejiga y riñón.
URINARIO, RIA adj. 1 *Fisiol.* Relativo a la orina. || m. 2 Lugar destinado para orinar. 3 Retrete vertical, adosado a la pared, en los servicios de caballeros, usado para orinar. || **APARATO URINARIO** *Anat.* El encargado de eliminar algunos de los productos resultantes del metabolismo celular, que fundamentalmente está constituido por los nefridios. En los vertebrados, lo integran los riñones y un sistema de conductos (uréteres, vejiga y uretra) que conducen la orina al exterior.
URINÍFERO, RA adj. *Anat.* Se aplica al conducto que sirve para conducir la orina.
URIS, LEÓN Novelista estadounidense (Baltimore, 1924 - Nueva York, 2003). Es autor de novelas de gran popularidad, como *Topaz* y *Éxodo*, que relata la fundación del nuevo Estado de Israel (1958), y que fue llevada a la pantalla cinematográfica.
URMIA ORUMIYAH.
URMIA Lago de Irán, en la provincia de Azerbaiyán Occidental; 5.800 km².
URNA f. 1 Vaso o caja que entre los antiguos servía para guardar dinero, los restos o las cenizas de los cadáveres, etc. 2 Arca pequeña en que se depositan las papeletas en sorteos, votaciones, etc. 3 Caja de cristal para tener dentro visibles y resguardados del polvo imágenes y otros objetos preciosos. 4 *Bot.* TECA² de un musgo.
URNAS, CULTURA DE LOS CAMPOS DE *Prehist.* CAMPOS DE URNAS.
URO[1] (Del lat. *urus*.) m. *Zool.* Toro salvaje, mamífero artiodáctilo fósil perteneciente a la familia bóvidos, de nombre científico *Bos primigenius*, del que desciende el ganado vacuno doméstico. Se extinguió, como consecuencia de una caza excesiva, en 1627.
URO[2]**, RA** *Etnol.* 1 Se dice de un pueblo amerindio, de lengua independiente, que habita en la orilla boliviana del lago Titicaca y en las orillas del lago Poopó. Viven principalmente de la pesca y la caza, y cultivan en poca escala la patata y la quina. Más como m. pl. 2 Se dice también de sus individuos. También s. 3 Relativo a este pueblo.
URO-[1] pref. UR-.
URO-[2]**; -URO** pref. o suf. que significa cola.
-URO *Quím.* suf. usado como terminación propia de los nombres de sales haloideas. También se emplea en

urogallo. 1. Macho. 2. Hembra.

los nombres de otras sales en que no existe oxígeno en su molécula.

URODELO, LA adj. y m. *Zool.* **1** Se dice del anfibio que durante todas las fases de su vida conserva una larga cola, que utiliza para nadar, y el cuerpo adquiere una forma alargada. Representantes característicos del grupo son la salamandra, el tritón y el gallipato. || m. pl. *Zool.* **2** Orden de estos animales.

UROGALLO m. *Zool.* Ave faisaniforme perteneciente a la familia tetraónidas, de nombre científico *Tetrao urogallus*, con un marcado dimorfismo sexual. El macho puede alcanzar 90 cm de longitud y 5 kg de peso, y su plumaje es oscuro con reflejos metálicos verdosos en el pecho y una amplia cola que despliega con frecuencia; la hembra es de menor tamaño, su plumaje adquiere una tonalidad clara con una mancha rojiza en el pecho y la cola es redondeada. Habita en Europa; en España es especie protegida.

UROLOGÍA f. *Med.* Parte de la medicina que se ocupa del aparato urinario y urogenital.

UROMANCIA o **UROMANCÍA** f. Método de adivinación supersticiosa por el examen de la orina.

URON-; -URON- pref. o in. UR-.

URONDO, FRANCISCO Escritor argentino (Santa Fe, 1930 - Mendoza, 1976). Hombre polifacético, cultivó la poesía, el teatro, el periodismo, el cine y la narrativa. Su obra más importante es *La Patria Fusilada*.

URÓPODO m. *Zool.* Cada uno de los dos últimos apéndices abdominales aplanados de los crustáceos que, junto con el telson, forman el abanico caudal.

UROSCOPIA f. *Med.* Inspección metódica de la orina para esclarecer el diagnóstico de las enfermedades.

URPILA f. *Zool. Arg.* Paloma pequeña.

URQUIZA, JUSTO JOSÉ DE Militar y político argentino (Talar del Arroyo Largo, 1801 - San José, 1870). Fue gobernador de Entre Ríos (1841) y presidente de la Confederación Argentina (1854-60) que se estableció en Paraná, ya que Buenos Aires no formaba parte de la misma. No tardaron en surgir desavenencias entre la Confederación y el Estado de Buenos Aires, diferencias que llevaron a una guerra, en la que las tropas bonaerenses, mandadas por Mitre, vencieron a las confederadas de Urquiza en Pavón.

URQUIZO, FRANCISCO LUIS Escritor y militar mexicano (San Pedro de las Colonias, 1891 - Ciudad de México, 1969). Fue ministro de Guerra y Marina y jefe del Estado Mayor del ministerio de Defensa Nacional. Escribió *México-Tlaxcalantongo: mayo de 1920* (1932), *Recuerdo que...* (1934), etc.

URRACA f. *Zool.* **1** Ave paseriforme perteneciente a la familia córvidos, de nombre científico *Pica pica*, de unos 46 cm de longitud, cola larga y escalonada y llamativo plumaje blanco y negro con reflejos metálicos verdes. Vive en Europa, Asia, N de África y O de Norteamérica. **2** *Amér.* Ave semejante al arrendajo.

URRACA Cacique centroamericano de Boruca, Costa Rica (s. XVI). Deseosos los españoles de apoderarse del oro de la región, mantuvo una rebelión contra ellos durante nueve años.

URRACA Reina de Castilla y León (?, 1080 o 1081 - Saldaña, 1126). Hija de Alfonso VI, accedió al trono en 1109. Contrajo matrimonio con Raimundo de Borgoña y, a la muerte de éste, con Alfonso I de Aragón, quien la repudió.

URRIOLAGOITIA, MAMERTO Abogado y político boliviano (Sucre, 1895 - íd., 1974). Fue senador, ministro de Relaciones Exteriores, vicepresidente de la República (1947) y ocupó la presidencia al renunciar Hertzog (1949-51).

URRUTIA, CARLOS LUIS DE Militar y administrador español (La Habana, 1750 - Guanabacoa, 1825). Capitán general de Santo Domingo, donde ejerció el poder dictatorialmente, y, después, capitán general y presidente de la Audiencia de Guatemala (1818-21).

URRUTIA BLONDEL, JORGE Compositor chileno (La Serena, 1905 - ?, 1981). Su obra se inspira en el folclore popular. Obras musicales: *Danzas sinfónicas*, *La guitarra del diablo*, *Pastoral de Alhué*, etc.

URRUTIA LLEÓ, MANUEL Político cubano (Yaguajay, 1901 - Nueva York, 1981). Designado por Fidel Castro, ocupó la presidencia provisional de la República entre el 2 de enero y el 18 de julio de 1959, fecha en que, acusado por Castro, presentó la dimisión. En 1963 se exilió a EE UU, donde se convirtió en líder de la resistencia anticastrista.

ÚRSIDAS *Astron.* Corriente de meteoros que aparece anualmente entre el 17 y el 24 de diciembre.

ÚRSIDO, DA adj. y m. *Zool.* **1** Se dice del mamífero carnívoro plantígrado, conocido vulgarmente por oso. || m. pl. *Zool.* **2** Familia de estos mamíferos.

URSS (*Unión de Repúblicas Socialistas Soviéticas*; en ruso, *SSSR: Soyuz Sovietskij Sotsialisticheskij Respublik*) *Hist.* Federación de Repúblicas euroasiáticas creada en diciembre de 1922, después de que los congresos de los soviets de las Repúblicas socialistas de Rusia, Ucrania, Bielorrusia y Transcaucasia decidieran reagrupar la mayor parte de los territorios del antiguo imperio ruso. También se le llamó *Unión Soviética*. Disuelta en 1991, llegó a estar integrada por 15 Repúblicas: Armenia, Azerbaiyán, Bielorrusia, Estonia, Federación de Rusia, Georgia, Kazajstán, Kirguizistán, Letonia, Lituania, Moldavia, Tayikistán, Turkmenistán, Ucrania y Uzbekistán. Se extendía por más de la mitad oriental de Europa, la septentrional de Asia y una vasta región de Asia central y oriental, con una superficie de 22.228.200 km². Limitaba al N con el océano Glacial Ártico; al E, con el océano Pacífico, mar de Bering y mar de Ojotsk; al S, con la República Democrática Popular de Corea, República Popular China, Mongolia, Afganistán, Irán y Turquía; y al O, con Noruega, Finlandia, Polonia, Checoslovaquia, Hungría y Rumania. Moscú, la capital, era

Urraca, reina de Castilla. Ilustración del tumbo A de la catedral de Santiago de Compostela.

sede del gobierno central, si bien cada una de las Repúblicas contaba con sus propios órganos ejecutivos y legislativos. Para el desarrollo económico se establecieron planes quinquenales basados en la industrialización del país y la colectivización del campo (creación del KOLJOSES y SOVJOSES), que sustituyeron a la NEP (Nueva Política Económica, 1921-28), caracterizada por la conjugación de fórmulas capitalistas y socialistas. Gracias a sus inmensos recursos naturales y a través de las pautas netamente socialistas diseñadas en los planes quinquenales, la URSS consiguió alcanzar un notable desarrollo económico que llegó a situarla a la cabeza de muchas de las ramas de la producción mundial. La última reforma económica aplicada en la URSS antes de su desintegración fue la de 1985, siguiendo las pautas contempladas en la PERESTROIKA. Durante los años cincuenta conoció una fuerte industrialización. No obstante, en la década de los setenta se hizo patente una importante crisis, especialmente aguda en el sector primario. El cultivo de cereales era la pieza fundamental de la producción agrícola, y la URSS llegó a ser la primera productora mundial de trigo, cebada y centeno, y con importantes cosechas de maíz, arroz, mijo y patatas. Importante pesca. Llegó a ser el primer país productor de petróleo (1988) y a obtener significativas explotaciones de mineral de hierro, carbón, lignito, gas natural, además de manganeso, níquel, plata, cobre, bauxita, entre otros. Ocupó el primer lugar del mundo en producción siderúrgica, metalúrgica; uno de los primeros en oro, etc. No obstante, la superpotencia económica que llegó a ser la URSS presentaba una serie de deficiencias en su estructura económica que los sucesivos Gobiernos no fueron capaces de paliar y que incidió significativamente en su desintegración. El desabastecimiento alimenticio fue una de las principales causas de malestar social, y fracasaron las medidas y los proyectos de reforma económica que sucesivamente se propusieron. En 1990, Gorbachov decretó la transición hacia una economía de mercado, que el gobierno intentó poner en práctica a la vez que pretendía estabilizar autoritariamente la situación.

Hist. La historia de la URSS como nación comienza con el triunfo bolchevique en la revolución de Octubre de 1917 (véase REVOLUCIÓN RUSA), que se desarrolló paralelamente a la Primera Guerra Mundial. El derrumbamiento del régimen zarista y la posterior creación del Consejo de Comisarios del Pueblo, presidido por Lenin, dieron paso al establecimiento de un régimen de carácter socialista que, con el objetivo de afianzarse en el interior, firmó la paz con Alemania (tratado de Brest-Litovsk, marzo de 1918), por lo que hubo de ceder Polonia, los países bálticos, Finlandia y parte de Transcaucasia, y reconocer la independencia de Ucrania. En julio de 1918, el Congreso de los Soviets aprobó una Constitución y la formación de la República Federal Socialista Soviética Rusa (RFSSR); se proclamó el principio de la abolición de la propiedad privada de la tierra, el control de los trabajadores sobre las fábricas, minas y ferrocarriles y la negativa a reconocer la deuda exterior contraída por el régimen zarista. Varios países trataron de bloquearla y aplastar el movimiento que acababa de establecerse en Rusia, pero todos los ejércitos enviados con ese objeto y los intentos contrarrevolucionarios al mando de Yudenitch, Denikin, Kotchak, Petliura y otros generales fueron derrotados, y el nuevo régimen consiguió consolidarse. Tras la derrota de Alemania en la Primera Guerra Mundial y la nueva victoria de los bolcheviques en la guerra civil rusa que tuvo lugar entre 1918 y 1920, la RFSSR pudo recuperar parte de los territorios perdidos en el tratado de Brest-Litovsk. La victoria del poder soviético en la guerra civil se debió en parte al Ejército Rojo, organizado por Trotski (enero de 1918) e integrado por obreros y campesinos. No obstante, el resultado de la guerra civil (1918-20) fue dramático: murieron unos cinco millones de personas de forma violenta o por el hambre y las epidemias, y todos los sectores productivos del país se encontraron en un estado de casi completa paralización. En diciembre de 1922 se creó la Unión de Repúblicas Socialistas Soviéticas, con Rusia, Ucrania, Bielorrusia y Transcaucasia, a las que posteriormente se unieron las restantes hasta completar las 15 Repúblicas que hasta 1991 formaron la URSS. A la muerte de Lenin, en 1924, asumió el poder Stalin, no sin antes sostener una encondada lucha con Trotski, quien primero fue apartado de la dirección del partido y más tarde expulsado de la URSS (1929). Paralelamente a la reorganización económica fue definiéndose una estructura administrativa bicéfala, representada por el gobierno y por el Partido Comunista (PCUS). Tras la llegada de Stalin al poder se sucedieron las disensiones en el interior del partido, a las que se puso fin mediante violentas depuraciones políticas acaecidas entre 1934 y 1939. Con estas purgas Stalin se erigió en dueño absoluto del poder, asumiendo desde 1939, además de la secretaría del

PCUS, la presidencia del gobierno. Pocos días antes de estallar la Segunda Guerra Mundial firmó con Hitler un tratado de amistad y no agresión, y, una vez invadida Polonia por el ejército nazi, la URSS ocupó la parte oriental de Polonia y poco después (1940) se anexionó los territorios de Lituania, Letonia, Estonia y la Carelia finesa. A pesar del pacto, las tropas alemanas invadieron la URSS, llegando hasta las puertas de Moscú y al pie del Cáucaso. Tras la batalla de Stalingrado (septiembre de 1942-febrero de 1943) comenzó la contraofensiva soviética, que culminó con la entrada de sus ejércitos en Berlín (mayo 1945). Al final de la contienda entró en guerra contra Japón, ocupando Manchuria, el N de Corea y la isla de Sajalín. La victoria aliada convirtió a la URSS en una de las grandes potencias mundiales; Stalin, junto con Roosevelt y Churchill, discutió en Yalta los planes de la nueva organización política del mundo. Durante la última fase de la Segunda Guerra Mundial, a medida que las tropas soviéticas penetraban en los países que antes habían caído en poder de Alemania, la URSS fue constituyendo en ellos gobiernos filosoviéticos. Así, Bulgaria, Rumanía, Yugoslavia, Albania, Hungría, Checoslovaquia, Polonia y la zona rusa de ocupación de Alemania (República Democrática Alemana) cayeron bajo la influencia, la tutela y la dirección de la URSS, y sus territorios quedaron gobernados por los partidos comunistas locales, que poco a poco fueron apartando del poder a los otros grupos políticos que lo compartían con ellos al término de la guerra. Tras la muerte de Stalin (marzo de 1953) ascendió paulatinamente al poder Nikita Jruschev, quien emprendió el proceso de «desestalinización» al formular, en el histórico XX Congreso (febrero de 1956), la denuncia del culto a la personalidad y de los errores cometidos por Stalin, y acentuó la política de coexistencia con EE UU, lo que provocó polémicas y escisiones en el campo socialista internacional, principalmente en China. Posteriormente tuvieron lugar en la URSS acontecimientos de gran trascendencia política: la dimisión de Molotov como ministro de Asuntos Exteriores (1 de junio de 1956), la firma del tratado de paz con Japón (19 de octubre) y el lanzamiento del primer satélite artificial de la Tierra, el *Sputnik* (4 de octubre de 1957), que significó una superioridad tecnológica patente sobre EE UU. En el XXI Congreso del Partido Comunista (27 de enero-5 de febrero de 1959) fue aprobado el primer plan septenal (1959-65), a cuyo final se proyectaba incrementar la producción industrial en un 80% y la agrícola en un 70% (27 de enero-5 de febrero de 1959). En 1964 Kruschev fue relevado por Leonid Brezhnev, como secretario del partido, y por Alexei Kosigin, como jefe del Gobierno. La URSS intervino en graves crisis políticas de varios de los países de Europa oriental, sometidos a su influencia: Alemania Oriental (1953); Polonia y Hungría (1956), y Checoslovaquia (1968). En 1977, Brezhnev también asumió la jefatura del Estado. En cuanto a sus relaciones con EE UU, si la instalación de cohetes soviéticos en Cuba había marcado un momento crítico entre ambas potencias (octubre 1962), se deterioraron de manera especial a partir de la invasión de Afganistán por parte de la URSS (diciembre de 1979). Estos y otros acontecimientos hicieron que Yuri Andropov, nombrado máximo dirigente de la URSS en noviembre de 1982, tras la muerte de Brezhnev, tuviera que enfrentarse a una nueva crisis con EE UU y los países integrados en la OTAN a causa del armamento nuclear. Muerto Andropov en febrero de 1984, le sucedió Konstantin Chernenko, a cuya muerte (marzo de 1985) fue elegido secretario general del PCUS Mijaíl Gorbachov, ideólogo del partido y el miembro más joven del Politburó, que inició una etapa de renovación en la política soviética con el rejuvenecimiento de los cuadros en el gobierno y en el Politburó, y con la difusión de los nuevos planteamientos del régimen a través de la GLASNOST, transparencia informativa, y la perestroika, reestructuración. Dentro del campo institucional se inició también un proceso de democratización que supuso, entre otras medidas, el diseño de una nueva ley electoral, la redefinición del carácter del SOVIET SUPREMO y la instauración de un régimen presidencialista (marzo de 1990). Como resultado de estos cambios surgió un incipiente pluralismo político, pero las transformaciones impulsadas por Gorbachov no contaron con el apoyo de los sectores conservadores próximos al ejército ni de los sectores radicales que solicitaban mayor rapidez en su implantación. Al debate político había que unir la grave situación en que se encontraba la economía soviética desde los últimos años de la década de 1980. La urgencia de la transición a la economía de mercado era ya patente en 1989, cuando las revoluciones democráticas en los países del Este desmantelaron el sistema autárquico vigente, basado en la especialización productiva. En las distintas Repúblicas de la URSS, los parlamentos comenzaron a desafiar la autoridad central, sucediéndose las declaraciones de soberanía e incluso de independencia, como en el caso de Estonia, Letonia y Lituania. El radical reformista Boris Yeltsin, se convertiría en el principal rival de Gorbachov. En marzo de 1991 fue rechazado el tratado de Unión propuesto por Gorbachov, que redefiniría las relaciones entre las Repúblicas y el poder central, pero se adoptó una fórmula de compromiso para elaborar un texto constitucional que sustituyera al de 1977, y celebrar elecciones parlamentarias y presidenciales. Sin embargo, el proceso se vio interrumpido por el golpe de Estado militar de agosto de 1991 que, aunque fracasó y recibió el rechazo unánime de los dirigentes de las Repúblicas, marcó el inicio del proceso desintegrador de la URSS. Algunas de las Repúblicas, entre ellas las tres bálticas, Estonia, Letonia y Lituania, declararon su independencia en ese mismo mes y fueron reconocidas internacionalmente en septiembre, mientras que el resto optaba por la creación de la Comunidad de Estados Independientes (CEI), ratificada por los acuerdos de Minsk y Alma-Ata de diciembre de 1991. Solamente Georgia, inmersa en una guerra civil de carácter étnico, se abstuvo de la integración hasta 1993, y tampoco se unieron a ella las Repúblicas bálticas. Esta nueva organización y la dimisión de Gorbachov pusieron fin a la Unión Soviética. De esta forma, cada una de las hasta entonces Repúblicas federativas comenzaba una nueva etapa como país independiente, ingresando en enero de 1992 en la Conferencia de Seguridad y Cooperación en Europa, y en marzo en la ONU (excepto Bielorrusia y Ucrania, que ya eran miembros).

URSÚA, PEDRO DE Conquistador español (Tudela, 1526 - Machifaro, 1561). Nombrado gobernador de Nueva Granada en 1545, fundó las ciudades de Pamplona (1549) y Tudela (1553). Dirigió la expedición que se internó en el Amazonas en busca de El Dorado y murió a manos de sus hombres en una sublevación encabezada por Lope de Aguirre.

URSÚA, SANTA Según la leyenda, princesa inglesa, hija de un rey de Bretaña (siglo III).

URSULINA adj. *Rel.* **1** Se dice de la congregación religiosa fundada por santa Ángela de Merici en el siglo XVI para educación de niñas y cuidado de enfermos. Más como f. pl. **2** Se dice también de las religiosas que forman parte de ella. También f.

URTICÁCEO, A adj. y f. *Bot.* **1** Se dice de la planta herbácea dicotiledónea, casi siempre provista de pelos que segregan un jugo urticante, como la ortiga y la parietaria. || f. pl. *Bot.* **2** Familia de estas plantas.

URTICANTE adj. Que produce un picor semejante al roce de las ortigas.

URTICARIA f. *Med.* Proceso eruptivo de la piel, caracterizado por la aparición de ronchas o pápulas que producen un picor.

URÚ m. *Zool. Arg.* Ave galliforme perteneciente a la familia fasiánidos, de nombre científico *Odontophorus capueira*, de plumaje pardo.

URUBAMBA Río de Perú, que nace en el departamento de Cuzco y se une al Tambo para formar el Ucayali; 862 km de curso. En parte de su curso toma el nombre de *Vilcanota*.

URUBÚ m. *Zool.* Zopilote.

URUCÚ m. *Bot. Arg.* BIJA, árbol.

URUGUAY Río de América del Sur, que nace en Brasil, Estado de Santa Catarina, sirve de límite a Argentina con Brasil y Uruguay y forma, con el Paraná, el Río de la Plata; 1.580 km de curso. El río Negro es tributario suyo.

URUGUAY *(República Oriental del Uruguay)* Estado de América del Sur, que limita al N y E con Brasil; al S, con el océano Atlántico y el Río de la Plata, y al O, con Argentina.

GEOG. De relieve uniforme, el paisaje de Uruguay está constituido por una estepa de superficie débilmente ondulada, principalmente en la zona N del país. En la región E las alturas son un poco mayores. Fuera de estos terrenos, relativamente extensos, hay pocas zonas que

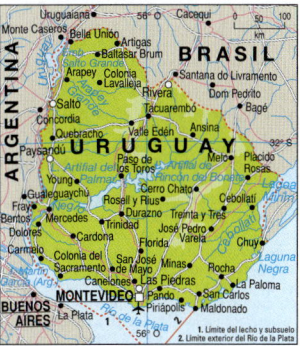

Superficie:
176.215 km²
(1.199 km²
de aguas
interiores).
Población:
3.278.000 h.
(uruguayos).
Densidad: 18,6 h./km².
Tasa de natalidad: 16,8‰.
Tasa de mortalidad: 8,8‰.
Capital: Montevideo.
Ciudades principales: Salto, Paysandú, Las Piedras, Rivera.
Grupos étnicos: blancos (86%), mestizos (8%), mulatos o negros (6%).
Religión: catolicismo (66%), protestantismo (2%).
Idioma: español.
Moneda: peso uruguayo.
Forma de Estado: república parlamentaria.
Producto Nacional Bruto: 19.960 millones de dólares.
Renta per cápita: 6.070 dólares.
División administrativa: 19 departamentos, según cuadro.

URUGUAY			
Departamentos	**Superficie (km²)**	**Población (h.)**	**Capitales**
Artigas	11.928	75.786	Artigas
Canelones	4.536	410.525	Canelones
Cerro Largo	13.648	81.218	Melo
Colonia	6.106	117.380	Colonia del Sacramento
Durazno	11.643	56.986	Durazno
Flores	5.144	25.348	Trinidad
Florida	10.417	68.257	Florida
Lavalleja	10.016	60.618	Minas
Maldonado	4.793	113.884	Maldonado
Montevideo	530	1.378.705	Montevideo
Paysandú	13.922	107.706	Paysandú
Río Negro	9.282	48.730	Fray Bentos
Rivera	9.370	97.959	Rivera
Rocha	10.551	71.492	Rocha
Salto	14.163	115.244	Salto
San José	4.992	91.874	San José de Mayo
Soriano	9.008	83.741	Mercedes
Tacuarembó	15.438	84.078	Tacuarembó

Uruguay. Barrio del puerto en Montevideo.

sean completamente llanas. Las zonas NO y SE presentan, sin embargo, numerosas sierras y cerros de diferentes formas y tamaños: la Cuchilla Grande, que corre de S a NE; al O y E la Cuchilla de Haedo, y en el límite con Brasil, las de Santa Ana y la Negra. Comprimido entre el Atlántico, el Río de la Plata y el río Uruguay, el río Negro, afluente de este último, divide al país en dos. Otras corrientes fluviales son el Yaguarón, Tacuarí, Olimar, Ceballatí, Cuareim, Arapey, Daymán, Queguay, Tacuarembó, etc. El clima es subtropical, templado y con precipitaciones medias, y en la vegetación dominan claramente las praderas herbáceas que ocupan el 76% del país. Las áreas boscosas apenas llegan al 4%, pero con árboles de apreciada madera: quebracho, palo santo, etc. La población, en conjunto escasa, y predominantemente de origen español, italiano y alemán, se concentra en el estuario del Río de la Plata o a lo largo del río Uruguay. La capital, Montevideo, agrupa un tercio de la población total, y la mayor parte de las actividades industriales. El 89% de la población es urbana. Uruguay es el país sudamericano de más baja natalidad y el segundo en mortalidad más elevada, con unas características semejantes a las europeas. Por todo ello su crecimiento es muy lento, el menor de América del Sur, y, a la vez, el segundo en cuanto a la renta per cápita. La economía es fundamentalmente agraria, sobre todo ganadera, que es su principal fuente de riqueza. Destacan los bovinos, ovinos y caballos; carne y cuero se convierten así en sus principales y casi únicos productos de exportación.

Hist. En la provincia de Artigas se descubrió uno de los yacimientos más antiguos de la prehistoria americana, llamado Río Catalán Chico, con una cronología de más de 11.000 años a. C. En el momento de la conquista, el territorio uruguayo se encontraba ocupado por grupos cazadores-recolectores, que desarrollaron el uso de las boleadoras, y entre los que sobresalían los charrúas, los chanás, arachanes, etc. El primer español que visitó las costas uruguayas fue Juan Díaz de Solís, en 1516, que fue muerto por los charrúas. En 1520, Magallanes llegó al Río de la Plata navegando cerca de sus costas. En 1527, Sebastián Caboto construyó un fuerte en la desembocadura del río San Salvador y al año siguiente exploró los ríos Paraná y Paraguay. Aunque, en 1574, el adelantado Juan Ortiz de Zárate fundó la ciudad de San Salvador, hoy Dolores, la verdadera colonización comenzó en 1624, fecha en que los jesuitas fundaron las Misiones Orientales y los franciscanos Santo Domingo de Soriano. Portugueses y españoles se disputaron durante mucho tiempo la Banda Oriental, designación que dieron ambos rivales a este territorio. En 1680 los portugueses fundaron en la margen del Plata, enfrente de Buenos Aires, la Colonia del Sacramento, e intentaron apoderarse de los puertos de Montevideo y Maldonado, pero los españoles se les adelantaron y fundaron, en los mismos lugares, sendas ciudades (Montevideo, 1726; Maldonado, 1757). En 1776 la Banda Oriental se incorporó al virreinato del Río de la Plata, y en 1777 Portugal reconoció la jurisdicción de España. A finales del siglo XVIII Uruguay poseía una importante riqueza ganadera y había iniciado una floreciente industria de salazón de carnes. En 1806 se produjo la primera invasión inglesa en el Río de la Plata, con la conquista de Buenos Aires, pero un año después, vencidos por los patriotas, tuvieron que retirarse definitivamente de la ciudad y de los demás puntos que habían invadido. En 1811 los pueblos del Uruguay se pronunciaron en favor de la independencia, encabezada por José Gervasio Artigas, lo que dio inicio a una serie de luchas, primero hasta conseguir acabar con la dominación española (1814) y después contra los portugueses a quienes no consiguieron vencer. La Banda Oriental siguió bajo dominio portugués hasta 1824, año en que fue ocupada por los brasileños, a los que vencieron en 1827 las tropas del coronel Juan Antonio Lavalleja, apoyadas por Argentina. El 27 de agosto de 1828, Uruguay consiguió su plena independencia y el 18 de julio de 1830 fue aprobada una constitución, dando así principio a la República Oriental del Uruguay, con la elección de José Fructuoso Rivera como primer presidente. Las luchas intestinas entre los dos partidos políticos mayoritarios, el Colorado, encabezado por Rivera, y el Blanco, que dirigía Manuel Oribe, sucesor de aquél, dieron lugar a la llamada Guerra Grande, que duró de 1839 a 1852. En 1865, bajo el mandato del presidente Venancio Flores, Uruguay intervino en la guerra de la Triple Alianza, con Argentina y Brasil, contra Paraguay (1865-70). Tras varios años de tensiones y luchas políticas, en 1903 fue elegido presidente, por segunda vez, José Batlle y Ordóñez, iniciándose entonces una era de progreso social y económico. En 1952, siendo presidente de la nación Andrés Martínez Trueba, se juró una constitución que establecía un régimen colegiado para el poder ejecutivo y creaba un Consejo Nacional de Gobierno de nueve miembros que debían sustituir al presidente por el sistema de rotación. Esta forma de gobierno duró hasta 1967, cuando se volvió al régimen presidencial y fue elegido Óscar Gestido. A finales de 1971 se eligió como presidente a Juan María Bordaberry, quien ejerció su mandato desde marzo de 1972 hasta junio de 1976, fecha en la que los militares le destituyeron de la presidencia, nombrando en sustitución suya al hasta entonces vicepresidente Alberto Demicheli. La constitución fue suspendida y los partidos políticos de izquierda disueltos. Un mes más tarde, Aparicio Méndez se hizo cargo de la presidencia de la República; en 1981 fue relevado por el teniente general retirado Gregorio Álvarez Armelino, quien anunció un programa de transición con vistas a la progresiva apertura del régimen hasta la celebración de elecciones generales en 1984. En ellas venció el Partido Colorado, encabezado por Julio María Sanguinetti, nuevo presidente constitucional a partir del 1 de marzo de 1985. En 1986 se produjo el consenso entre la oposición y el gobierno para consolidar la estabilidad institucional. En noviembre de 1989 se celebraron elecciones presidenciales y parlamentarias, ganadas por el Partido Blanco, y su candidato, Luis Alberto Lacalle, ocupó la presidencia de la República en 1990. El Partido Colorado perdió además el gobierno de Montevideo que pasó a manos del Frente Amplio. En las elecciones generales de 1994 se produjo un nuevo triunfo del Partido Colorado, que llevó otra vez a la presidencia a Julio María Sanguinetti. Éste fue sustituido por Jorge Batlle tras las presidenciales de 1999.

uruguayismo m. Locución, giro o modo de hablar propio y peculiar de los uruguayos.

uruguayo, ya adj. y s. De Uruguay.

Uruk Geog. hist. Antigua ciudad de Mesopotamia, a orillas del Éufrates. Centro de la civilización sumeria, de la que se conservan importantes restos arqueológicos (véase SUMER).

urunday o **urundey** m. Bot. Arg. Árbol perteneciente a la familia anacardiáceas, de nombre científico Astronium balansae, cuya madera, de color rojo oscuro, se emplea en la construcción.

Urundi Burundi.

urutaú (Voz guaraní.) m. Zool. Arg., Par. y Urug. Ave caprimulgiforme perteneciente a la familia nictíbidos, de nombre científico Nyctibius griseus, de gran tamaño y cola larga, pico triangular, y que vive en montes y selvas.

USA Siglas del i. United States of America (ESTADOS UNIDOS DE AMÉRICA).

usado, da adj. 1 Gastado y deslucido por el uso. 2 Habituado, ejercitado en alguna cosa.

usagre m. Med. Erupción pustulosa, eccema infantil, llamada también lactumen.

usanza f. 1 Ejercicio o práctica de una cosa. 2 Uso que está en boga, moda.

usar tr. 1 Hacer servir una cosa para algo. También intr. 2 Disfrutar uno alguna cosa. 3 Ejecutar o practicar alguna cosa habitualmente o por costumbre. 4 Llevar una prenda de vestir, un adorno personal o tener por costumbre ponerse algo. || intr. 5 Tener costumbre. 6 Estar de moda.

usbeco, ca adj. y s. UZBEKO.

Usbekistán UZBEKISTÁN.

Usborne Cerro del archipiélago de las Malvinas, en la Malvina del Este; 624 m de altura.

uscoque adj. Etnol. e Hist. 1 Se dice de un pueblo de origen eslavón que habitaba en la Iliria, Croacia y Dalmacia. También com. 2 Perteneciente a este pueblo.

ushebti m. Arte. Figurilla egipcia perteneciente a los imperios antiguo y medio, que acompañaba a la momia como representación del muerto.

Arturo **Uslar Pietri**

Ushuaia Ciudad del extremo S de Argentina, capital de la provincia de Tierra de Fuego, en la Isla Grande de Tierra de Fuego, que forma parte de la Patagonia; 29.452 h. Es una de las ciudades más meridionales del mundo.

usía com. Síncopa del antiguo usiría, vuestra señoría.

Usigli, Rodolfo Dramaturgo mexicano (Ciudad de México, 1905 - íd., 1979). Fue director del Teatro Popular de México. Entre sus obras, en las que trata problemas sociales y políticos de su época, figuran Noche de estío (1933), La mujer no hace milagros (1939), Corona de sombra (1943), Corona de luz (1964), etc.

usina f. Tecnol. Amér. Instalación industrial importante, en especial la destinada a la producción de gas, electricidad, etc.

Uslar Pietri, Arturo Escritor, político y economista venezolano (Caracas, 1905 - íd., 2001). Ocupó diversos ministerios y fundó el Frente Democrático Nacional. Cultivó el ensayo, el teatro, el cuento y, sobre todo, la novela, con títulos como Las lanzas coloradas (1931), con-

Uruguay. Jorge Batlle, presidente del país desde 1999.

siderada precursora del «realismo mágico»; *El camino de El Dorado* (1947); *Oficio de difuntos* (1974); *La isla de Robinson* (1981), y *La visita en el tiempo* (1991, Premio Internacional de Novela Rómulo Gallegos). En 1990 recibió el premio Príncipe de Asturias de las Letras.

USO m. **1** Acción y efecto de usar. **2** Ejercicio o práctica general de una cosa. **3** Costumbre o práctica que está en boga. **4** Modo determinado de obrar que tiene una persona o una cosa. **5** Empleo continuado y habitual de una persona o una cosa. **6** *Der.* Derecho no transmisible a percibir de los frutos de la cosa ajena los que basten a las necesidades del usuario y de su familia. **7** *Der.* Forma del derecho consuetudinario inicial de la costumbre, menos solemne que ésta y que suele convivir como supletorio con algunas leyes escritas. **8** *Ling.* Empleo de una lengua en un ambiente medio. **9** *Ling.* Según L. Hjelmslev, caracteres no distintivos que se oponen a la norma. ‖ **USO DE RAZÓN** Posesión del natural discernimiento, que se adquiere pasada la primera niñez. ‖ **al uso** loc. adv. Conforme o según él. ‖ **estar en buen uso** fr. fam. No estar estropeado lo que ya se ha usado.

USPALLATA Paso de los Andes, entre Argentina, provincia de Mendoza, y Chile, provincia de Valparaíso, cuyo punto más alto es La Cumbre (3.937 h.

USSURI Río del E de Asia, que sirve de frontera entre China y la Federación de Rusia y desemboca en el Amur; 880 km de curso.

UST-ORDA BURYAT Distrito autónomo de la Federación de Rusia, en la República federada de Rusia; 22.400 km² y 142.200 h. Su capital es Ust-Ordynsky.

USTACHA *Polít.* Organización separatista croata de extrema derecha, que propugnaba la independencia de Croacia, fundada por Ante Pavelich en 1929. Participó en el asesinato de Alejandro I de Yugoslavia (1934) y, posteriormente, colaboró con Hitler. Fue suprimida por Tito.

USTED Pronombre de segunda persona, usado en vez de *tú* como tratamiento de cortesía, respeto o distanciamiento.

Peter **Ustinov** (en el centro). Con Stewart Granger (derecha) en una escena de *Beau Brummel*, película dirigida por Curtis Bernhardt.

USTINOV, PETER Dramaturgo, actor, director y productor de cine británico, de origen ruso (Londres, 1921 - Ginebra, 2004). Como actor ha intervenido en las películas *Quo vadis?* (1951), *Espartaco* (1960), por la que recibió un Oscar. Ha dirigido, entre otras, *Romanof y Julieta* (1961), de la que fue también actor y guionista; y *Topkapi* (1964, Oscar al mejor actor).

USUAL adj. Que común o frecuentemente se usa o se practica.

USUARIO, RIA adj. y s. **1** Que usa ordinariamente una cosa. **2** *Der.* Se dice del que tiene derecho de usar de la cosa ajena con cierta limitación. **3** *Inform.* Cualquier persona que precise o utilice un sistema de proceso de datos.

USUCAPIÓN f. *Der.* Adquisición de un derecho mediante su ejercicio en las condiciones y durante el tiempo previsto por la ley.

USUCAPIR tr. *Der.* Adquirir una cosa por usucapión. ♦ DEF. Sólo tiene las formas no personales: *usucapir*, *usucapiendo*, *usucapido*.

USUFRUCTO m. **1** Derecho a disfrutar bienes ajenos con la obligación de conservarlos. **2** Utilidad o rendimiento que se saca de cualquier cosa.

USUFRUCTUAR tr. Tener o gozar el usufructo de una cosa.

USUFRUCTUARIO, RIA adj. y s. **1** Se dice de la persona que posee y disfruta una cosa. **2** *Der.* Aplícase al que posee derecho real de usufructo sobre alguna cosa en que otro tiene nuda propiedad.

USULUTÁN Departamento de El Salvador; 2.130 km² y 317.079 h. Produce café, algodón, cereales, caña de azúcar y frutas. Su capital es la ciudad del mismo nombre.

USUMACINTA Río de Guatemala y México, el más largo y caudaloso de América Central, que nace en Guatemala, en la sierra de los Chuchumatanes y de-

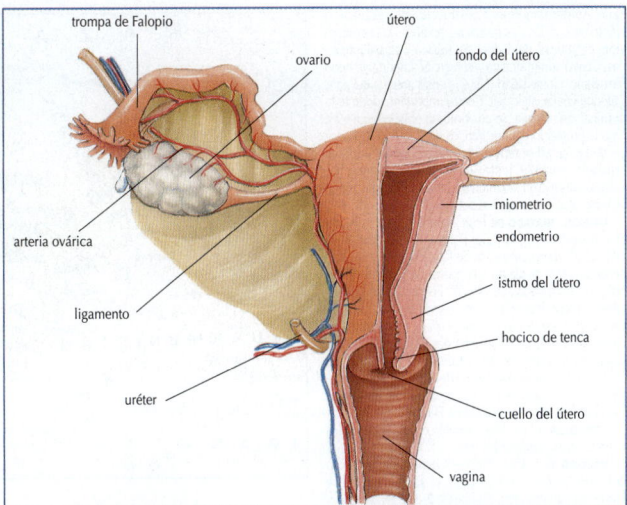

Anatomía del **útero** humano.

semboca en la bahía de Campeche en el golfo de México, siendo en parte de su recorrido frontera entre ambos países.

USUMBURA BUJUMBURA.

USURA f. **1** Interés, ganancia excesiva por un préstamo. **2** Este mismo contrato. **3** Cualquier ganancia excesiva que se obtiene de algo.

USURERO, RA m. y f. Persona que presta con usura.

USURPACIÓN f. **1** Acción y efecto de usurpar. **2** Cosa usurpada; se dice especialmente del terreno usurpado. **3** *Der.* Delito que se comete apoderándose con violencia o intimidación de inmueble o derecho real ajeno.

USURPAR tr. **1** Quitar a uno lo que es suyo, o quedarse con ello, generalmente con violencia. **2** Arrogarse la dignidad, empleo u oficio de otro, y usar de ellos como si fueran propios.

USUTA (Voz quechua.) f. *Arg.* y *Bol.* OJOTA, especie de sandalia.

UT (Véase *fa.*) m. ant. *Mús.* DO.

UT SUPRA loc. adv. lat. Se emplea en ciertos documentos para referirse a una fecha, cláusula o frase escrita más arriba, y evitar su repetición.

UTAH Estado centro-occidental de EE UU, en las Montañas Rocosas; 219.901 km² y 2.233.169 h. Su capital es Salt Lake City. Está dividido en cuatro regiones naturales: al E, la meseta de Colorado; luego la Gran Cuenca, al O; la zona montañosa, en el NE, formada por numerosas cadenas, los montes Wasatch, en la que destaca la altura del Kings Peak (4.123 m), y el Gran Lago Salado, en el NO. Bañado por los ríos Colorado y sus afluentes Green, Dirty Devil, Escalante, San Juan, etc., posee un clima continental con escasas lluvias. Importante ganadería. Grandes reservas mineras. Industria petrolífera, metalúrgica, alimentaria, química, etc. Explorado por los españoles en el siglo XVIII, la colonización del Estado fue llevada a cabo, sin embargo, por los mormones, a partir de 1847. Por el tratado de Guadalupe-Hidalgo (1848), México cedió Utah a EE UU. En 1850 se convirtió en Territorio y, en 1896, en Estado de la Unión.

UTAMARO, KITAGAWA Pintor y grabador japonés (Kawagoe, 1753 ó 1754 - Tokio, 1806). Destacado representante de la estampa japonesa, es autor de miles de xilografías sobre temas eróticos, de recreo y costumbristas.

UTATLÁN QUICHÉ.

UTEBO *Geog.* Municipio y lugar de España, provincia de Zaragoza; 8.640 h.

UTENSILIO m. **1** Lo que sirve para el uso manual y frecuente. Más en pl. **2** Herramienta o instrumento de un oficio o arte. Más en pl.

ÚTERO m. *Anat.* Matriz de la mujer y de las hembras de los mamíferos, órgano del aparato reproductor que recibe y retiene el óvulo fertilizado y en el que se desarrolla el feto, expulsándolo al exterior cuando está completo. Es un órgano musculoso en forma de pera y su interior está recubierto de tres capas denominadas, de dentro hacia fuera, endometrio, miometrio y perimetrio. Comunica con el exterior a través de la vagina.

ÚTICA *Geog. hist.* Antigua ciudad de África, al N de Cartago, fundada por los tirios. Fue una de las colonias más antiguas de la costa africana. Después de la caída de Cartago se convirtió en capital de la provincia romana de África (146 a. C.). En ella se refugiaron los pompeyanos, después de la derrota de Tapso, protegidos por Catón. Fue destruida en el siglo VI de nuestra era.

UTICENSE adj. y s. De Útica.

ÚTIL¹ (Del lat. *utĭlis.*) adj. **1** Que produce provecho, comodidad, fruto o interés. **2** Que puede servir o aprovechar en alguna línea. **3** *Der.* Se dice del tiempo o días hábiles de un término señalado por la ley o la costumbre.

ÚTIL² (Del fr. *outil.*) m. Utensilio o herramienta. Más en pl.

UTILA Isla de Honduras, departamento de Islas de la Bahía; 1.200 h.

UTILERÍA f. Conjunto de útiles o instrumentos que se usan en un oficio o arte, o en un escenario teatral o cinematográfico.

UTILIDAD f. **1** Cualidad de útil. **2** Provecho, conveniencia, interés o fruto que se saca de una cosa.

UTILITARIO, RIA adj. **1** Que sólo propende a conseguir lo útil; que antepone a todo la utilidad. ‖ m. **2** Automóvil modesto y de escaso consumo.

UTILITARISMO m. *Filos.* Doctrina filosófica creada por Jeremy Bentham y más tarde desarrollada por John Stuart Mill, quien la incorporó al liberalismo del siglo XIX. Se basa en el concepto de que lo bueno es lo útil, entendiendo por útil aquello que proporciona la felicidad al mayor número de individuos.

UTILIZAR tr. y prnl. Aprovecharse o servirse de una cosa o persona.

UTILLAJE m. Conjunto de útiles necesarios para una industria.

UTMAN IBN AFFAN Tercer califa musulmán (? - ?, 656). Gobernó del 644 al 656. Durante su reinado se hizo la versión definitiva del Corán. Culminó la conquista de Persia y Armenia.

UTO-AZTECA adj. *Etnol.* **1** Se dice de una familia de pueblos amerindios de México, compuesta, entre otros grupos, por los AZTECAS, COMANCHES, OTOMÍES, TARASCOS, etc., así como por algunas tribus MAYAS. Más como m. pl. **2** Se dice también de sus individuos. También com. **3** Relativo a esta familia. ‖ m. *Ling.* **4** Familia lingüística amerindia que incluye algunos grupos (pima, shoshone) y numerosos idiomas dispersos en México y América Central.

UTOPÍA f. **1** Plan, proyecto, doctrina o sistema halagüeño, pero irrealizable. **2** Descripción de una sociedad que se supone perfecta en todos los sentidos. [**Encic.**]. *Filos.* Se puede definir la utopía como la descripción de una sociedad ideal situada en una abstracción de tiempo o espacio. Platón elaboró el modelo clásico de sociedad ideal en su obra *La República*. Este tipo de construcción especulativa reapareció en el siglo XVI con Tomás Moro en su obra *Utopía*.

UTÓPICO, CA adj. **1** Relativo a la utopía. **2** Partidario de una utopía. También s.

UTRAQUISTA adj. y com. *Rel.* Se dice del individuo perteneciente al ala moderada de los HUSITAS.

UTRECHT 1 Provincia de los Países Bajos; 1.356 km² y 1.098.700 h. **2** Ciudad capital de la misma; 232.718 h. Está situada en el centro geográfico del país, junto al canal Amsterdam-Rhin. Construcciones mecánicas y eléctricas e industrias químicas, textiles, de la confección, cerámicas, del vidrio, del tabaco y agroalimentarias. Centro administrativo y comercial. Importante nudo ferroviario. Universidad (1636), la más antigua del país. Catedral gótica (siglo XIII). Centro importante durante la dominación romana, se convirtió en obispado en 695, bajo la protección de los francos. En 1577 los habitantes de la ciudad se rebelaron contra el poder imperial español y, en 1579, junto con las otras provincias holandesas, formaron la Unión de Utrecht. En esta ciudad se firmó el TRATADO DE UTRECHT (1713).

UTRECHT, TRATADO DE *Hist.* Acuerdo de paz suscrito en esta ciudad, en 1713, por España, Francia, Inglaterra y Holanda, que, junto a los de Rastadt de 1714 y Amberes de 1715, ponía fin a la guerra de Sucesión española. Por los tratados de Utrecht, Felipe V de Anjou recibió el reconocimiento como rey de España de todos los países firmantes. A cambio, España tuvo que ceder Gibraltar y Menorca a Inglaterra; los Países Bajos, el Milanesado, Nápoles, Toscana y Cerdeña a Austria; Sicilia al duque de Saboya; la colonia de Sacramento a Portugal, y el Alto Güeldres a Prusia. Estos convenios marcaron el fin del imperio español en Europa.

UTRERO, RA m. y f. *Veter.* Novillo o novilla desde los dos años hasta cumplir los tres.

UTRÍCULO m. **1** *Anat.* Parte del laberinto membranoso del oído interno, situado sobre el sáculo, donde se abren los canales semicirculares. **2** *Bot.* Fruto seco y dehiscente por una sola línea, a diferencia de la legumbre.

UTRILLO, MAURICE Pintor y litógrafo francés (París, 1883 - Dax, 1955). Hijo de Suzanne Valadon, se le ha considerado el pintor por excelencia del barrio de Montmartre, París.

UTTAR PRADESH Estado septentrional de la India, limítrofe con China y Nepal; 294.411 km² y 139.112.287 h. Su capital es Lucknow.

UUSIKAUPUNKI *Hist.* Ciudad de Finlandia, en la provincia de Turun-Pori. En ella se firmó la paz de Nystad (1721) entre Suecia y Rusia por la que ésta consiguió Livonia, Estonia y otros territorios y ciudades, como Riga y Revel.

UVA (Del lat. *uva*.) f. *Bot.* Fruto de la vid; baya globosa, más o menos redonda, pequeña y jugosa, de color variable entre amarillo verdoso y violáceo oscuro, casi negro, que nace apiñada con otras formando racimos. ‖ **UVA ALBILLA** *Bot.* Variedad de uva, de hollejo tierno y delgado y muy gustosa. ‖ **UVA BODOCAL** *Bot.* Variedad de uva, negra, de granos gordos y racimos largos y ralos. ‖ **UVA JAÉN** *Bot.* Variedad de uva, blanca, algo crecida y de hollejo grueso y duro. ‖ **UVA MOSCATEL** *Bot.* Variedad de uva, blanca o morada, de grano redondo y muy liso y gusto sumamente dulce. ‖ **UVA TINTA** *Bot.* Variedad de uva, que tiene negro el zumo. ‖ **mala uva** expr. Mala intención.

UVALA (Voz serbocroata.) f. *Geol.* Gran depresión característica del relieve cárstico originada por la unión de varias dolinas.

UVAYEMA f. *Bot.* Especie de vid silvestre que, subiendo por los troncos de los árboles, se enreda entre sus ramas, como la hiedra.

UVE f. Nombre de la letra *v*.

ÚVEA adj. y s. *Anat.* Se dice de la membrana interior del ojo, situada entre la esclerótica y la retina.

UVERO, RA adj. Por f. Relativo a las uvas. ‖ m. y f. **2** Persona que vende uvas.

UVI Siglas de *Unidad de Vigilancia Intensiva* o UNIDAD DE CUIDADOS INTENSIVOS.

UVILLO m. *Bot.* Chile Arbusto trepador de la familia fitolacáceas, con flores blancas o rosadas en racimos.

ÚVULA f. *Anat.* Parte media del velo palatino que divide el borde libre del velo en dos mitades a modo de arcos. Se llama vulgarmente *campanilla*.

UVULAR adj. **1** *Anat.* Relativo a la úvula. **2** *Fon.* Se dice del sonido en cuya articulación interviene la úvula.

UXMAL *Geog. hist.* Antigua ciudad MAYA, situada al NO de la península del Yucatán, México. Corresponde a la época del Nuevo Imperio y conserva grandiosos monumentos, como la Casa del Gobernador, la Casa de las Monjas y la pirámide del Adivino.

UXORICIDA adj. y m. Se dice del que mata a su mujer.

UXORICIDIO m. Muerte causada a la mujer por su marido.

¡uy! interj. que expresa dolor o sorpresa.

UYUNI, SALAR DE Salar o salina de Bolivia, entre los departamentos de Potosí y Oruro; 9.000 km². Está situado a 3.600 m de altura.

UZBECO, CA UZBEKO, KA.

UZBEKISTÁN o **UZBEQUISTÁN** (*Ozbekistan Jumhuriyäti*) Estado de Asia central, hasta 1991 República federada de la URSS, que limita al N con el mar de Aral y Kazajstán; al E, con Kirguizistán y Tayikistán; al S, con Afganistán y Turkmenistán, y al O, con Kazajstán.

Superficie: 447.400 km².
Población: 24.756.000 h. (uzbekos).
Densidad: 55,3 h./km².
Tasa de natalidad: 26,3‰.
Tasa de mortalidad: 7,9‰.
Capital: Tashkent.
Ciudades principales: Namangan, Andizhan, Bukhara, Samarkanda, Nukus, Urgench.
Grupos étnicos: uzbekos (73%), rusos (7,7%).
Religión: islamismo, cristianismo.
Idioma: uzbeko (oficial), ruso.
Moneda: sum.
Forma de Estado: república presidencialista.
Producto Nacional Bruto: 22.900 millones de dólares.
Renta per cápita: 950 dólares.
División administrativa: 11 provincias y 1 República autónoma, según cuadro.

GEOG. Su territorio está compuesto en su mayor parte por estepas y desiertos, como el de Kizil Kum. Atraviesan el país los ríos Amu-Daria y Syr-Daria. El clima es continental, cálido y seco. La agricultura está muy mecanizada y se ve favorecida por una extensa red de canalización del agua. Destaca la producción de algodón, arroz y capullos de seda. Yacimientos de petróleo, gas natural, carbón y cobre.

HIST. En el I milenio a. C. se formaron en el territorio del Uzbekistán, poblado desde el paleolítico superior, los reinos de Bactria y Sogdiana. Fue invadido por los ejércitos persas de Darío (siglo VI a. C.), los griegos de Alejandro Magno (siglo IV a. C.) y los árabes (siglo VIII d. C.). En el siglo XIII fue invadida por los mongoles. Un siglo más tarde se convirtieron al Islam y tomaron el nombre de uzbekos, en honor del khan de Kipchak, Uzbek u Ozbeg (1313-40). Entre los siglos XV y XVI los uzbekos realizaron incursiones a los reinos vecinos, ocupando Transoxania, región entre los ríos Syr-Daria y Amu-Daria, y su capital Samarkanda, instaurando la dinastía uzbeka de los shaybanidas. Tras su extinción en 1598, Transoxania vivió una etapa de declive cultural y político. A principios del siglo XIX el territorio estaba dividido en tres kanatos: Bukhara, Jiva y Kokand, sin fronteras delimitadas. La expansión rusa, comenzada en 1855, incorporó los kanatos a Rusia en veinte años, y distribuyó a los uzbekos en los territorios del Turquestán ruso y en los kanatos semiindependientes de Bukhara y Jiva. Tras la Revolución de 1917 se celebró un Congreso Nacional Musulmán en Kokand, que formó un gobierno islámico hasta febrero de 1918. En abril se proclamó la República Socialista Soviética Autónoma del Turquestán, que permaneció hasta 1919 en poder de los rusos blancos. En 1920 el ejército rojo expulsó a los kanes de Bukhara y Jiva, constituyéndose las Repúblicas populares soviéticas de Jiva y Bukhara, transformadas en Repúblicas Socialistas Soviéticas en 1923 y 1924. En 1924, Uzbekistán se convirtió en República autónoma, y federada en 1925. En 1929 se separó de ella Tayikistán, y en 1936 se incorporó la República autónoma de Karakalpakia. Durante las purgas stalinistas (1937-38) fueron ejecutados altos cargos uzbekos. El 31 de agosto de 1991, y tras el fallido golpe de Estado en la URSS, Uzbekistán se declaró independiente y participó en los acuerdos de Minsk y Alma-Ata (diciembre) para la creación de la Comunidad de Estados Independientes. En 1991 fue nombrado presidente de la República Islam Karimov, quien renovó su cargo tras las elecciones de 1995 y 2000.

UZBEKO, KA adj. *Etnol.* **1** Se dice de un pueblo mongol de idioma turco, que se extiende por la región de Asia central comprendida entre el mar Caspio y China. Más como m. pl. **2** De Uzbekistán. Más como s. **3** Relativo a este Estado. ‖ m. *Ling.* **4** Lengua de Uzbekistán.

UZBEQUISTÁN UZBEKISTÁN.

UZBEKISTÁN

República autónoma Provincias	Superficie (km²)	Población (h.)	Capitales
Kara-Kalpak	164.900	1.343.000	Nukus
Andizhan	4.200	1.899.000	Andizhan
Bukhara	39.400	1.262.000	Bukhara
Dzizak	20.500	831.000	Dzizak
Fergana	7.100	2.338.000	Fergana
Jorezm	6.300	1.135.000	Urgench
Kaska-Daria	28.400	1.812.000	Karsi
Namangan	7.900	1.652.000	Namangan
Samarkanda	16.400	2.322.000	Samarkanda
Surkhan-Daria	20.800	1.437.000	Termes
Syr-Daria	5.100	600.000	Gulistán

V

v f. Vigésima tercera letra del abecedario español, y decimoctava de sus consonantes. Su nombre es *ve* o *uve*. Actualmente representa en español el mismo fonema que la *b*. || **V DOBLE** w.

V 1 *Fís.* Abreviatura de voltio. **2** *Fís.* Abreviatura de volumen. **3** Letra numeral que tiene el valor de cinco en la numeración romana. **4** *Quím.* Símbolo del vanadio.

V-1 *Hist.* y *Mil.* Cohete alemán con que fue atacada la región SE de Gran Bretaña durante la Segunda Guerra Mundial (1944). Podía llevar una carga explosiva de hasta 900 kg.

V-2 *Hist.* y *Mil.* Primer misil de la historia, diseñado por el alemán Werner von Braun, que fue lanzado durante la Segunda Guerra Mundial contra la región SE de Gran Bretaña y sobre Bélgica. Podía llevar una carga explosiva de 1.000 kg, con una autonomía de vuelo de 350 km.

VA *Fís.* Abreviatura de voltiamperio.

VAAL Río de la República Sudafricana, afluente del Orange; 1.255 km de curso.

VACA f. **1** *Zool.* Hembra adulta del ganado bovino doméstico. Existe una gran variedad de razas extendidas por todo el mundo. **2** Carne de vaca o de buey, que se emplea como alimento. **3** Cuero de la vaca después de curtido. || **VACA MARINA** *Zool.* MANATÍ y DUGONGO, mamíferos sirenios. || **VACAS LOCAS** *Med.* Nombre con el que se conoce la enfermedad neurodegenerativa del ganado bovino que, mediante el consumo de carne infectada, se transmite al hombre con consecuencias mortales. Su nombre científico es *encefalopatía espongiforme bovina*.

vaca

VACA DE CASTRO, CRISTÓBAL Religioso y político español (Izagre, 1492 - Valladolid, 1566). Designado apaciguador entre los partidarios de Pizarro y Almagro (1540). Muerto Pizarro, se proclamó gobernador de Perú. De regreso a España, presidió el Consejo de Castilla (1557-61).

VACACIÓN f. **1** Suspensión de los negocios o estudios por algún tiempo. Más en pl. **2** Tiempo que dura la cesación del trabajo.

VACADA f. **1** Manada de ganado vacuno. **2** Conjunto de ganado vacuno con que negocia un ganadero.

VACANTE adj. Se dice del cargo, empleo o dignidad que no desempeña o posee nadie. También f.

VACAR intr. **1** Cesar uno por algún tiempo en sus habituales negocios, estudios o trabajo. **2** Quedar un empleo, cargo o dignidad sin persona que lo desempeñe o posea. **3** Dedicarse o entregarse enteramente a un ejercicio determinado.

VACAROIU, NICOLAE Político rumano (Belgrado, 1943). Ministro de Economía y Finanzas (1990), tras las elecciones de 1992 fue designado por el presidente Iliescu para formar gobierno. Ocupó el cargo hasta 1996.

VACAS HELADAS Paso de los Andes, a 3.500 m de altura, entre Argentina (San Juan) y Chile (Coquimbo).

VACCINIEO, A adj. f. *Bot.* **1** Se dice de la mata o arbustillo perteneciente a la familia ericáceas, con hojas simples, flores solitarias o en racimo, y fruto en baya jugosa como el arándano. || f. pl. *Bot.* **2** Subfamilia de estas plantas.

VACIADO m. **1** Acción de vaciar en un molde un objeto de metal, yeso, etc. **2** *Arquit.* Fondo que queda en el neto del pedestal después de la faja o moldura que lo guarnece. **3** *Esc.* Figura o adorno de yeso, estuco, etc., que se ha formado en el molde.

VACIAR tr. **1** Dejar vacía alguna vasija u otra cosa. También prnl. **2** Sacar, verter o arrojar el contenido de una vasija u otra cosa. También prnl. **3** Formar un objeto echando en un molde hueco metal derretido u otra materia blanda. **4** Formar un hueco en alguna cosa. **5** Sacar filo muy agudo en la piedra a los instrumentos cortantes delicados. || intr. **6** Hablando de los ríos o corrientes, desaguar. || prnl. **7** fig. y fam. Decir uno sin reparo lo que debía callar o mantener secreto.

VACILACIÓN f. fig. Indecisión, titubeo.

VACILAR intr. **1** Moverse indeterminadamente una cosa. **2** Estar poco firme una cosa en su estado, o tener riesgo de caer o arruinarse. **3** fig. Titubear, estar uno perplejo e irresoluto. **4** Tomar el pelo. También tr.

VACILE m. fam. Guasa, tomadura de pelo.

VACILÓN, NA adj. **1** fam. Guasón, bromista. **2** fam. En el lenguaje de la droga, fumador asiduo.

VACÍO, A adj. **1** Falto de contenido. **2** Ocioso, o sin la ocupación o ejercicio que pudiera o debiera tener. **3** Se dice de la casa o pueblo sin habitantes, o del sitio que está sin la gente que suele concurrir a ellos. **4** Hueco o sin la solidez correspondiente. **5** fig. Vano y falto de madurez. **6** *Bot.* Vano, sin fruto, malogrado. **7** *Ling.* Se dice de la palabra carente de significado. **8** *Gan.* Se dice de la hembra que no tiene cría. || m. **9** Concavidad o hueco de algunas cosas. **10** fig. Falta o ausencia de alguna cosa o persona que se echa de menos. **11** *Fís.* Espacio que no contiene aire ni otra materia perceptible por medios físicos ni químicos. **12** *Fís.* Espacio en que la presión se encuentra muy por debajo de la presión atmosférica normal. || **caer en el vacío** una cosa loc. fam. No tener acogida. || **de vacío** loc. adv. Sin carga; sin ocupación o ejercicio. También fam. Sin haber conseguido uno lo que pretendía. || **hacer el vacío** a uno fr. fig. Aislarle.

VACUNA f. *Med.* Suspensión de virus, bacterias o fracciones de ambos, muertos o atenuados, que se inocula a una persona o animal para producir su inmunidad ante una enfermedad.

VACUNACIÓN f. *Med.* Acción y efecto de vacunar.

VACUNAR tr. *Med.* Inocular a una persona o animal una vacuna para provocar inmunidad.

VACUNO, NA adj. **1** Relativo al ganado bovino. **2** De cuero de vaca. || m. **3** Animal bovino.

VACUO, CUA adj. Vacío, falto de contenido.

VACUOLA f. *Biol.* Orgánulo celular, a modo de cavidad intracitoplásmica, lleno de jugo celular, en el que se acumulan sustancias de reserva o desecho producidas por la actividad del protoplasma.

VACUÓMETRO m. *Fís.* Aparato para medir la presión en recintos en que se ha efectuado el vacío.

VADE m. Vademécum, cartapacio o bolsa.

VADE RETRO expr. lat. que significa *ve* o *marcha atrás* y se emplea para rechazar a una persona o cosa.

VADEAR tr. **1** Pasar un río u otra corriente de agua profunda por el vado o por cualquier otro sitio donde la pueda hacer pie. **2** fig. Vencer una dificultad grave. || prnl. **3** Manejarse, portarse.

VADEMÉCUM m. Libro de poco volumen y de fácil manejo para consulta inmediata de las nociones básicas de una ciencia.

VADIM, ROGER Director de cine francés (París, 1928 - íd., 2000). Fue uno de los fundadores de la *nouvelle vague*. Casado con Brigitte Bardot, la dirigió en su primera película, *Y Dios creó a la mujer* (1956). Otras películas: *Las relaciones peligrosas 1960* (1959), *Barbarella* (1967) y *Si don Juan fuera mujer* (1973).

VADO m. **1** Tramo de un río o arroyo con fondo firme, llano y poco profundo, por donde se puede pasar con facilidad. **2** fig. Expediente, remedio. **3** En la vía pública, toda modificación de estructura de la acera y bordillo destinada exclusivamente a facilitar el acceso de vehículos a los locales y viviendas.

VADODARA Ciudad de la India, Estado de Gujarat; 1.031.346 h. Es uno de los mayores polos industriales del país.

VÁEZ DE TORRES, LUIS Navegante español (s. XVII). Descubrió el estrecho de Torres, así llamado por su apellido.

VAGA, PIERINO o **PIERIN DEL** (PIETRO BUONACORSI, llamado) Pintor italiano (Florencia, 1501 - Roma, 1547). Trabajó en los grutescos de las *loggia* del Vaticano. Es también autor de los frescos del palacio Doria, en Génova.

VAGABUNDEAR intr. Andar vagabundo.

VAGABUNDO, DA adj. **1** Que anda errante de una parte a otra. **2** Holgazán u ocioso que anda de un lugar a otro, sin tener domicilio determinado, o sin oficio ni beneficio. También s.

VAGAR[1] (Forma sustantiva de *vagar*[2].) m. **1** Tiempo desembarazado y libre para hacer una cosa. **2** Lentitud, pausa o sosiego.

VAGAR[2] (Del lat. *vacāre*.) intr. **1** Tener tiempo y lugar suficiente o necesario para hacer una cosa. **2** Estar ocioso.

VAGAR[3] (Del lat. *vagāri*.) intr. **1** Andar errante. **2** Andar por un sitio sin hallar lo que se busca.

VAGAROSO, SA adj. Que vaga[3], o que fácilmente y de continuo se mueve de una a otra parte. Se usa en lenguaje poético.

VAGIDO m. Gemido o llanto del recién nacido.

VAGINA f. *Anat.* Conducto membranoso y fibroso del aparato genital femenino, que se extiende desde el orificio de la vulva hasta el cuello uterino.

VAGINISMO m. *Med.* Espasmo vaginal doloroso.

VAGINITIS f. *Med.* Inflamación de la vagina.

VAGO[1], **GA** (Del lat. *vacŭus*.) adj. y s. **1** Vacío, desocupado. **2** Holgazán, perezoso, poco trabajador.

VAGO[2], **GA** (Del lat. *vagus*.) adj. **1** Indeciso, indeterminado. **2** *Anat.* NERVIO VAGO. También m.

VAGÓN m. Carruaje de viajeros o de mercancías y equipajes, en los ferrocarriles.

VAGONETA f. Vagón pequeño y descubierto, para transporte.

VAGOTOMÍA f. *Med.* Sección del nervio vago para reducir la secreción gástrica.

VAGOTONÍA f. *Med.* Excitabilidad anormal del nervio vago.

VAGUADA f. **1** Parte más honda de un valle, por donde van las aguas de las corrientes naturales. **2** Superficie pequeña entre dos elevaciones.

VAGUEAR intr. HOLGAZANEAR.

VAHAJE m. Viento suave.

VAHARADA f. Golpe de vaho, olor, calor, etc.

VAHÍDO m. Desvanecimiento, mareo pasajero.

VAHO m. Vapor que despiden los cuerpos en determinadas condiciones.

VAÍDA adj. BÓVEDA VAÍDA.

VAIHINGER, HANS Filósofo alemán (Nehren, 1852 - Halle, 1933). Autor de *Comentario de la «Crítica de la razón pura» de Kant* (1881-92) y *La filosofía del «como sí»* (1911).

VAILLAND, ROGER Escritor francés (París, 1907 - Meillonas, 1965). Autor de las novelas *Drôle de jeu* (1945), *Les mauvais coups* (1948), *Un jeune homme seul* (1951), *La Loi* (1957) y *La truite* (1964).

VAINA f. **1** Funda de cuero u otro material para guardar algunas armas, como espadas, puñales, etc.; o

Juan de **Valdés Leal.** *Jesús disputando con los doctores.* Museo del Prado (Madrid).

instrumentos de metal, como tijeras, punzones, etc. **2** *Biol.* Cápsula protectora. **3** *Bot.* Ensanchamiento del pecíolo o de la hoja que envuelve la ramilla donde se inserta. **4** *Bot.* Envoltura en que están encerradas algunas simientes. **5** *Bot.* Judía verde. **6** *Tecnol.* Envoltura hermética de los elementos combustibles de un reactor nuclear. **7** *Col., C. Rica y Venez.* Contrariedad, molestia.

VAINICA f. Labor de costura, deshilado menudo que por adorno se hace especialmente en el borde interior de los dobladillos.

VAINILLA f. *Bot.* **1** Planta trepadora perenne, perteneciente a la familia orquidáceas, de nombre científico *Vanilla planifolia*, de tallos muy largos, flores grandes y verdosas, y fruto capsular en forma de judía, que contiene muchas simientes menudas. Procede de América tropical. **2** Fruto de esta planta, muy oloroso, que se emplea para aromatizar alimentos. **3** Heliotropo que se cría en América.

VAINILLINA f. *Quím.* Aldehído de la serie aromática, que se encuentra en la vaina de la vainilla en gran proporción, en forma de glucósido.

VAISYA o **VAISIA** com. *Rel.* y *Sociol.* Nombre con el cual se designa la tercera de las cuatro castas hindúes de origen divino. Sus individuos son comerciantes y labradores.

VAIVÉN m. **1** Movimiento alternativo, balanceo. **2** Inconstancia. **3** Cambio imprevisto en el desarrollo o duración de algo.

VAIVODA m. VOIVODA.

VAIVODATO m. VOIVODATO.

VAJILLA f. Conjunto de platos, fuentes, vasos, tazas, jarros, etc., que se destinan al servicio de la mesa.

VAJVODINA VOJVODINA o VOIVODINA.

VAL m. Apócope de VALLE. Se usa mucho en composición.

VAL-DE-MARNE Departamento de Francia, en la región de Isla de Francia; 245 km^2 y 1.227.250 h. Capital, Créteil.

VAL-D'OISE Departamento de Francia, en la región de Isla de Francia; 1.246 km^2 y 1.105.464 h. Capital, Cergy-Pontoise.

VALACO, CA adj. y s. De Valaquia.

VALAIS Cantón de Suiza; 5.224 km^2 y 274.458 h. Capital, Sion. Está atravesado por la cuenca superior del Ródano, encuadrada por los Alpes Berneses, al N, y los Alpes Peninos, al S.

VALADON, SUZANNE (MARIE-CLÉMENTINE VALADON, llamada) Pintora francesa (Bessines-sur-Gartempe, 1867 - París, 1938). Su dibujo es firme y los colores que usa, cálidos y puros.

VALAQUIA *Hist.* Región del S de Rumania, entre los Cárpatos Meridionales y el Danubio, que hace frontera con Bulgaria. Se convirtió en principado independiente en tiempos de Basarab I (1324-52). Rechazó varias incursiones húngaras y tuvo que enfrentarse a los otomanos. En 1859 se unió a Moldavia para formar el reino de Rumania. Está dividida en *Oltenia* o Pequeña Valaquia, al O, y *Muntenia* o Gran Valaquia, al E.

VALAR adj. Perteneciente al vallado, muro o cerca.

VALBUENA, BERNARDO DE BALBUENA, BERNARDO DE.

VALBURGA, SANTA WALPURGIS, SANTA.

VALCÁRCEL, GUSTAVO ADOLFO Escritor peruano (Arequipa, 1921). En su narrativa destaca la novela *La prisión* (1951). Su lírica está recogida en *Obra poética 1947-1987* (1988).

VALCÁRCEL, TEODORO Compositor peruano (Puno, 1900 - Lima, 1942). Creó un tipo de música basada en la melodía de los incas. Entre sus obras destacan *Surray-Surita* (ballet, 1939) y *En las ruinas del templo del Sol* (poema sinfónico, 1940).

VALDAI Meseta de la Federación de Rusia, situada en las regiones de Novgorod y Tver. Es la principal divisoria de aguas de Europa oriental; en ella nacen, el Volga, el Dniéper y el Dvina Occidental.

VALDEMAR Nombre de diversos reyes de Dinamarca.

VALDEMAR I EL GRANDE (Schleswig, 1131 - Vordingborg, 1182). Reinó de 1157 a 1182. Conquistó la isla de Rügen a los vendos. Mandó levantar la gran muralla de Dinamarca.

VALDEMAR II EL VICTORIOSO (?, 1170 - Vordingborg, 1241). Reinó de 1202 a 1241. Derrotado por los alemanes en la batalla de Bornhövden, perdió el control del Báltico.

VALDEMAR III (?, h. 1314 - Copenhague, 1364). Subió al trono en 1326 y fue desposeído en 1330. Le sucedió Cristóbal II.

VALDEMAR IV ATTERDAG (?, 1317 - ?, 1375). Reinó de 1340 a 1375. Cedió Estonia a la orden teutónica y hubo de someterse a la hansa alemana en la paz de Stralsund.

VALDENSE adj. y com. *Rel.* e *Hist.* De una secta cristiana fundada por Pierre Valdo (siglo XII). Basaron sus deseos de pobreza absoluta en una interpretación literal de la Biblia y acabaron por negar la autoridad del Papa. Fueron excomulgados en 1184. En el siglo XVI, se alinearon con la Reforma.

VALDÉS, GABRIEL DE LA CONCEPCIÓN Poeta cubano (Matanzas, 1809 - íd., 1844). También conocido por el seudónimo de *Plácido*. Fue fusilado por los españoles al ser acusado de conspiración. Autor de *Poesías* (1838) y *El Veguero* (1841).

VALDÉS, RAMÓN MAXIMILIANO Político panameño (Colón, 1867 - Ciudad de Panamá, 1918). Durante la presidencia de Manuel Amador ocupó las carteras de Interior e Instrucción Pública. Fue presidente de la República entre 1916 y 1918.

VALDÉS LEAL, JUAN DE Pintor español (Sevilla, 1622 - íd., 1690). Destacado representante del Barroco. Su estilo demuestra inquietud expresiva y un gran dominio de las luces y el color. Sus obras más célebres son *Las postrimerías* (1672), realizadas para el hospital de la Caridad de Sevilla.

VALDIVIA, PEDRO DE Conquistador español (Villanueva de la Serena, 1500 - Tucapel, 1554). Combatió en Perú con Francisco Pizarro, quien le encargó la conquista de Chile (1540). Fundó Santiago (1541), Concepción (1550) y Valdivia (1552).

VALDIVIESO, JOSÉ FÉLIX Político ecuatoriano (Quito, 1780 - ?, 1850). Luchó contra Flores y se declaró jefe supremo (1834-35); pero, derrotado, abandonó el país. Regresó al poco tiempo y fue presidente interino de la República (1845-46).

VALDO, PIERRE Heresiarca francés (?, h. 1140 - ?, h. 1217). Fue el fundador de la secta de los valdenses. Condenada su doctrina en el concilio general de Letrán, fue excomulgado.

VALDOVINOS, ARNALDO Escritor paraguayo (Villeta, 1908 - Buenos Aires, 1991). Autor de *Bajo las botas de una bestia rubia* (1932) y *Cruces de quebracho* (1934).

VALE[1] Voz latina que significa *consérvate sano*, usada en español para despedirse en estilo cortesano y familiar.

VALE[2] m. **1** Papel que se hace a favor de alguien, obligándose a pagarle una cantidad de dinero. **2** Bono o tarjeta que sirve para adquirir algo. **3** Entrada gratuita para un espectáculo público. **4** Voz que expresa asentimiento o conformidad.

VALE OF GLAMORGAN Distrito unitario del Reino Unido, en Gales; 121.300 h.

VALEDERO, RA adj. Que debe ser firme y subsistente.

VALEDOR, RA m. y f. Persona que vale o ampara a otra.

VALENÇAY Población de Francia, departamento de Indre; 2.732 h. Castillo donde estuvo confinado Fernando VII de España durante la guerra de la Independencia.

VALENCE Ciudad del SE de Francia, capital del departamento de Drôme, a orillas del Ródano; 63.437 h. Industria mecánica y textil. Catedral.

VALENCIA f. **1** *Biol.* Poder de un anticuerpo para combinarse con uno o más antígenos. **2** *Quím.* Número de electrones que un átomo puede aceptar, ceder o compartir en su unión con otros. Se toma como referencia el átomo de hidrógeno y se le asigna la valencia 1.

VALENCIA (*València*) **1** Provincia del E de España, en la Comunidad Valenciana; 10.763 km^2 y 2.187.633 h. Montañosa en el interior, presenta una llanura litoral formada por terrenos de aluvión que sirve de asiento a su famosa *huerta*. Los ríos principales, pertenecientes todos a la vertiente mediterránea, son el Palancia, el Guadalaviar o Turia, el Júcar y el Sellent. Entre el Guadalaviar y el Júcar se extiende el estanque litoral que recibe el nombre de Albufera. Con un clima mediterráneo, su economía tradicional es agrícola (naranjas, arroz). La industria, en alza, está representada por los sectores siderúrgico, construcciones navales, textil, papelero, químico y conservero. **2** Ciudad de España, capital de la Comunidad Valenciana y de la provincia de su nombre; 746.683 h. Industria metalúrgica, química, papelera, alimentaria, cerámica, del mueble, juguete y calzado. Exporta sus productos por el puerto de El Grao. Catedral gótica, con portada barroca. Lonja gótica y palacio barroco del marqués de Dos Aguas. Importantes museos. Es sede del famoso Tribunal de las Aguas.

VALENCIA Ciudad de Venezuela, capital del Estado de Carabobo; 1.334.356 h. Agricultura (caña de azúcar, café, algodón, cacao). Ganadería. Industria textil, agroalimentaria y de montaje de automóviles. Nudo de comunicaciones. Arzobispado.

VALENCIA Lago de Venezuela, entre los Estados de Carabobo y Aragua; 440 km^2. Antes llamado *laguna de Tacarigua*.

VALENCIA, GUILLERMO Político y escritor colombiano (Popayán, 1873 - íd., 1943). Fue ministro y presidente del Senado. Autor de *Poesías* (1898) y *Ritos* (1914).

VALENCIA, GUILLERMO LEÓN Político y diplomático colombiano (Popayán, 1909 - Nueva York, 1971). Fue representante de su país en la ONU y presidente de la República (1962-66).

VALENCIA, REINO DE *Hist.* Unidad política autónoma del Reino de Aragón, formada por el territorio de la actual Comunidad Valenciana. Fue constituido por Jaime I tras la conquista del Levante. Inicialmente comprendía el territorio de las actuales provincias de Castellón y Valencia, y parte de la de Alicante, cuya mitad S quedó incorporada al mismo a mediados del siglo siguiente. Dispuso de Cortes propias y desarrolló su propio marco legislativo. En el siglo XV se convirtió en el centro económico, político y cultural de la corona de Aragón. Mantuvo su unidad administrativa y territorial hasta que se promulgaron los DECRETOS DE NUEVA PLANTA (1707).

VALENCIANA, COMUNIDAD (*País Valencià*) Comunidad autónoma de España, a orillas del Mediterráneo, que comprende las provincias de Alicante, Castellón y Valencia; 23.305 km^2 y 4.066.474 h. Su capital es Valencia. Su suelo es montañoso en el interior con las últimas estribaciones y macizos del sistema Ibérico al NO y centro, que en dirección E llegan en algunos puntos hasta el mar, y bajo y arenoso en la zona costera que forma amplias lagunas litorales (albuferas). El clima y la vegetación mediterránea. Lo verdaderamente representativo de esta región es la *huerta*, espléndido oasis en medio de tierras cálidas y áridas, gracias a los riegos organizados desde hace siglos. Cultiva agrios, arroz, hortalizas, olivo, vid y cereales. Ganado lanar y cabrío. Pesca. Industria alimentaria, metalúrgica, textil, papelera, química y de la construcción. Importancia turística.

VALENCIANISMO m. Vocablo o giro propio del valenciano.

VALENCIANO, NA adj. **1** De Valencia. También s. || *Ling.* **2** Variedad del catalán que se habla en la mayor parte del antiguo reino de Valencia.

VALENCIENNES Ciudad de Francia, departamento de Nord, a orillas del Escalda; 349.505 h.

-VALENTE pref. que, pospuesto a otro de valor numeral, señala la valencia de un elemento o radical: *trivalente*.

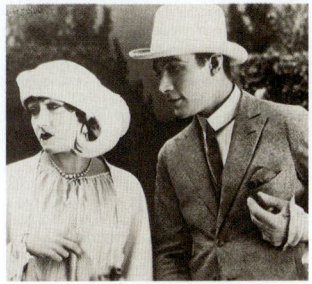

Rodolfo **Valentino**. Con Gloria Swanson en una escena de la película *Más fuerte que su amor*, dirigida por Sam Wood.

VALENTE, FLAVIO Emperador romano (Cibalae, h. 328 - Adrianópolis, 378). Ostentó el imperio entre los años 364 y 378. Fue derrotado y muerto por los godos en Adrianópolis.

VALENTÍA f. 1 Esfuerzo, vigor. 2 Hecho o hazaña heroica ejecutada con valor. 3 Gallardía, arrojo en la manera de concebir o ejecutar una obra literaria o artística, o alguna de sus partes.

VALENTIA Isla de Irlanda, condado de Kerry; 26 km² y 926 h. Estación meteorológica y telegráfica. Desde ella se tendió el primer cable submarino entre Europa y Norteamérica (1866).

VALENTINIANO Nombre de tres emperadores romanos.

VALENTINIANO I (Cibalae, 321 - Brigetio, 375). Hijo del conde Graciano, ostentó el imperio entre los años 364 y 375. Venció a los alamanes en la Galia, y a sajones y escotos en Britania.

VALENTINIANO II (?, h. 371 - Vienne, 392). Hijo de Valentiniano I, ostentó el imperio del 375 al 392, asociado con Graciano. Depuesto por Máximo, Teodosio le devolvió el trono.

VALENTINIANO III (?, 419 - Roma, 455). Ostentó el imperio de 425 a 455. El poder real fue ejercido por el general Aecio, al que Valentiniano hizo asesinar, celoso de sus triunfos.

VALENTINITA f. *Miner.* Mineral trióxido de antimonio, de color blanco amarillento, rojizo o grisáceo y brillo nacarado.

VALENTINO, NA adj. Perteneciente a Valencia.

VALENTINO, RODOLFO (RODOLFO GUGLIELMI, llamado) Actor de cine estadounidense de origen italiano (Castellaneta di Taranto, 1895 - Nueva York, 1926). Mitificó el papel de amante latino. Películas principales: *Los cuatro jinetes del Apocalipsis* (1921), *La dama de las camelias* (1921) y *Sangre y arena* (1922).

VALENTÓN, NA adj. y s. Arrogante.

VALENTONADA f. 1 Jactancia o exageración del propio valor. 2 Actitud propia de un valentón.

VALENZUELA, PEDRO JOSÉ Político guatemalteco (Ciudad de Guatemala, 1797 - íd., 1865). Asumió la jefatura tras la renuncia de Mariano Gálvez (1838-39). Tras restablecer la paz, hubo de entregar el poder a los partidarios del general Carrera.

VALER¹ (Del lat. *valēre.*) tr. 1 Amparar, patrocinar. 2 Fructificar o producir. También en sentido fig. 3 Montar, sumar o importar, hablando de los números y de las cuentas. 4 Tener las cosas un precio determinado para la compra o la venta. 5 Hablando de las monedas, equivaler a otras en número de determinada estimación; y hablando de otras cosas, equivaler, tener una significación o aprecio comparable al de otra cosa determinada. ∥ intr. 6 Equivaler. 7 Ser de naturaleza, o tener alguna calidad, que merezca aprecio y estimación. 8

VALER

INDICATIVO
Pres.: valgo, vales, vale, valemos, valéis, valen.
Pret. imperf.: valía, valías, etc.
Pret. indef.: valí, valiste, etc.
Fut. imperf.: valdré, valdrás, etc.
Condic.: valdría, valdrías, etc.
SUBJUNTIVO
Pres.: valga, valgas, etc.
Pret. imperf.: valiera, valieras, etc., o valiese, valieses, etc.
Fut. imperf.: valiere, valieres, etc.
IMPERATIVO: valga, valed.
PARTICIPIO: valido.
GERUNDIO: valiendo.

Correr o pasar, tratándose de monedas. 9 Ser una cosa de importancia o utilidad para la consecución o el logro de otra. 10 Prevalecer una cosa en oposición de otra. Se usa mucho con el verbo *hacer*. 11 Ser o servir de defensa o amparo una cosa. 12 Tener la fuerza o valor que se requiere para la subsistencia o firmeza de algún efecto. 13 Con la preposición *por*, incluir en sí equivalentemente las calidades de otra cosa. ∥ prnl. 14 Usar de una cosa con tiempo y ocasión, o servirse últimamente de ella. 15 Recurrir al favor o interposición de otro para un intento. ♦ IRREG. Véase cuadro.

VALER² m. Valor, valía.

VALERA, EAMON DE Político irlandés (Nueva York, 1882 - Dublín, 1975). Luchador por la independencia de su país, fue elegido presidente de un gobierno republicano irlandés (1919-21). Ocupó los cargos de primer ministro (1937-48, 1951-54 y 1957-59) y presidente de la República (1959-66 y 1966-73).

VALERA, JUAN Escritor español (Cabra, 1824 - Madrid, 1905). Opuesto al realismo imperante, abogó por una literatura esteticista, que cultivó mediante una técnica pulcra y elegante en novelas como *Pepita Jiménez* (1847), *Las ilusiones del doctor Faustino* (1875), *Juanita la Larga* (1895), *Genio y figura* (1897) y *Morsamor* (1899). También alcanzó una alta calidad en el cuento y en el relato filosófico: *El pájaro verde* (1860) y *La buena fama* (1894).

Juan **Valera**. Grabado del siglo XIX.

VALERIANA f. *Bot.* Planta herbácea vivaz, rizomatosa, perteneciente a la familia valerianáceas, de nombre científico *Valeriana officinalis*, de hojas opuestas y pequeñas flores de color blanco, rosado o malva. Crece en zonas húmedas de las regiones templadas y frías de Europa, Asia y América. De su rizoma se extrae un aceite empleado como antiespasmódico y sedante.

VALERIANÁCEO, A adj. y f. *Bot.* 1 Se dice de la planta dicotiledónea, herbácea o arbustiva, de flores blancas, rojas, amarillas o azules y fruto en aquenio con una sola semilla sin albumen, como la valeriana. ∥ f. pl. *Bot.* 2 Familia de estas plantas.

VALERIANO, PUBLIO LICINIO Emperador romano (? - ?, 260). Gobernó el imperio entre los años 253 y 260. Asoció al trono a su hijo Galieno. Intentó detener el avance de Persia en Siria y Armenia, pero fue derrotado y capturado en 260 por Sapor I.

VALERIO FLACO, CAYO Poeta épico latino (s. I). Fue amigo de Plinio, Juvenal y Quintiliano. Debe su celebridad al poema los *Argonáuticas*.

VALERIO MÁXIMO Historiador romano (s. I). Autor de *Hechos y dichos memorables*, colección de anécdotas y hechos notables sacados de fuentes antiguas.

VALERIO PUBLÍCOLA, PUBLIO Cónsul de Roma (s. VI-V a. C.). Elegido cónsul en el año 509 a. C., fue uno de los fundadores de la República. Colega de Lucio Junio Bruto.

VALEROSO, SA adj. Que tiene valentía.

Valéry, PAUL Poeta y escritor francés (Sète, 1871 - París, 1945). Partiendo del simbolismo cultivó una poesía de gran perfección formal, caracterizada por la plasticidad de sus imágenes y una rica simbología. En su obra poética destacan *La joven parca* (1917), *Álbum de versos antiguos* (1920) y *El cementerio marino* (1920), que sería recogido en *Charmes* (Cánticos, 1922).

VALETTA, LA Ciudad capital de Malta, situada en una estrecha península rocosa al NE de esta isla; 9.129 h. Construcciones navales. Universidad. Fundada en 1566.

VALETUDINARIO, RIA adj. *Med.* Enfermizo, delicado, de mala salud. También s.

VALHALA WALHALLA.

VALÍ m. Gobernador de una provincia en un Estado musulmán.

VALÍA f. Estimación, valor de algo. ∥ **MAYOR VALÍA** Aumento del valor que, por circunstancias externas, recibe una cosa.

VALIA WALIA.

VALIDAR tr. Dar fuerza o firmeza a una cosa; hacerla válida.

VALIDO m. *Hist.* Persona que gozaba del favor y la confianza del rey, hasta el punto de ejercer la dirección del gobierno. Aun con el precedente de Álvaro de Luna (siglo XV), es a partir de los sucesores de Felipe II cuando la figura del valido adquiere importancia. El puesto fue ocupado generalmente por nobles como el duque de Lerma y el conde-duque de Olivares. La llegada al poder de los Borbones y la consiguiente reforma de la administración pública limitaron mucho sus funciones (Alberoni), a excepción de Godoy, en tiempos de Carlos IV.

VÁLIDO, DA adj. 1 Firme, subsistente y que vale o debe valer legalmente. 2 Robusto, fuerte.

VALIENTE adj. 1 Esforzado, animoso. También s. 2 Grande y excesivo. Más en sentido irónico.

VALIJA f. 1 MALETA. 2 Saco de cuero, cerrado con llave, donde llevan la correspondencia los correos. 3 El mismo correo.

VALIJERO m. Funcionario encargado de conducir la correspondencia que se cursa entre un Estado y sus representantes diplomáticos.

VALIMIENTO m. 1 Privanza o aceptación particular que una persona tiene con otra, especialmente si es un superior. 2 Amparo, favor o defensa.

VALIOSO, SA adj. Que vale mucho o tiene mucho poder.

VALIRA Río de Andorra. Pasa por Andorra La Vella, penetra en España y desemboca en el Segre; 45 km.

VALISOLETANO, NA adj. y s. VALLISOLETANO.

VALLA f. 1 Vallado o estacada para defensa. 2 Línea o término formado por estacas hincadas en el suelo o tablas unidas, para cerrar algún sitio o señalarlo. 3 Cartelera situada a los lados o en las cercanías de los caminos. 4 fig. Obstáculo o impedimento material o moral. 5 *Dep.* Obstáculo que debe ser saltado por los participantes en ciertas competiciones hípicas o atléticas.

VALLA, LORENZO Humanista italiano (Roma, 1405 - íd., 1457). Fue secretario del rey de Nápoles Alfonso V de Aragón. Autor de *Del libre albedrío* (1431) y *La donación de Constantino* (1440).

VALLADAR m. 1 Cerco de estacas, bardas, etc. 2 fig. Obstáculo de cualquier clase.

VALLADEAR tr. Cercar con vallado.

VALLADO m. Cerco que se levanta en forma de tierra apisonada, o de bardas, estacas, etc., para defensa de un sitio e impedir la entrada en él.

VALLADOLID MORELIA.

VALLADOLID 1 Provincia de España, en la comunidad autónoma de Castilla y León; 8.202 km² y 494.594 h. Ocupa una llanura regada por el Duero y sus afluentes: el Pisuerga, al que se une el Esgueva en el mismo Valladolid; Duratón; Adaja, con su afluente el Eresma; Zapardiel y Trabancos. El clima es mediterráneo de interior, con mínimas invernales muy bajas y veranos cortos, pero calurosos. Producción de cereales, vid, frutales, remolacha y hortalizas. La industria se halla

Paul **Valéry**. Retrato de Jacques Émile Blanche. Museo de Bellas Artes de Rouen (Francia).

ubicada en la capital. **2** Ciudad de España, capital de la provincia de su nombre; 319.805 h. Constituye un importante centro comercial. Posee industria alimentaria, metalúrgica, automovilista, química, textil, papelera y material ferroviario. Es sede arzobispal. Aeropuerto. Universidad, con fachada barroca, obra de Narciso Tomé. Conjunto monumental: catedral (siglo XVI), iglesias de Santa María la Antigua (siglos XI-XIV), de San Martín y de la Magdalena; conventos de San Pablo (siglo XIII), con fachada del siglo XV y de las Huelgas Reales (siglos XIII-XVI); colegio de San Gregorio (siglo XV), hoy Museo Nacional de Escultura, y la denominada Casa de Cervantes.

VALLAR[1] (Del lat. *vallāris.*) adj. **1** Relativo a la valla. || m. **2** Cerco de estacas, bardas, etc.

VALLAR[2] (Del lat. *vallāre.*) tr. Cercar un sitio con vallado.

VALLE m. **1** *Geol.* Depresión o llanura alargada en el terreno, situada entre montes o alturas, y producida por la acción modeladora de los ríos. **2** Conjunto de lugares, caseríos o aldeas situados en un valle.

VALLE Departamento de Honduras; 1.565 km^2 y 121.000 h. Su capital es Nacaome. Algodón, frutas y caña de azúcar.

VALLE, ANDRÉS Político salvadoreño (s. XIX). Elegido presidente de la República en enero de 1876, fue obligado a entregar el poder a Rafael Zaldívar en mayo del mismo año.

VALLE, ERIC ARTURO DEL Político panameño (Panamá, 1937). Ocupó la presidencia de la República (1985-88) tras la dimisión de Nicolás Ardito Barletta.

VALLE, JOSÉ CECILIO DEL Político y escritor hondureño (Choluteca, 1780 - Ciudad de Guatemala, 1834). Redactó el acta de independencia (1821). Elegido presidente, murió antes de ocupar el cargo: *Obras Completas* (1929-30).

VALLE, JUVENCIO (llamado GILBERTO CONCHA RIFFO) Poeta chileno (Villa Almagro, Cautín, 1900 - Valparaíso, 1999). Autor de *Tratado del bosque* (1932), *Nimbo de piedra* (1941), *El hijo del guardabosque* (1951) y *Del monte en la ladera* (1960).

VALLE, RAFAEL HELIODORO Escritor y diplomático hondureño (Tegucigalpa, 1891 - Ciudad de México, 1959). Fue embajador en EE UU. Poeta posmodernista: *Como la luz del día* (1913) y *Ánfora sedienta* (1922).

VALLE, ROSAMEL DEL Poeta chileno (Santiago de Chile, 1900 - íd., 1966). Autor de *Orfeo* (1944), *El joven olvido* (1949) y *La visión comunicable* (1956).

VALLE DE AOSTA Región septentrional de Italia; 3.264 km^2 y 118.556 h. Comprende la provincia de Aosta y separa los Alpes Grayos de los Apeninos. Su capital es Aosta.

VALLE DEL CAUCA Departamento de Colombia; 22.140 km^2 y 4.532.378 h. Capital, Cali. Gran producción de café y cacao. Minas de oro, plata y platino.

VALLE Y CAVIEDES, JUAN DEL Escritor peruano (Porcuna, h. 1652 - Lima, h. 1698). Autor de poesías, *Diente del Parnaso* (1673), y teatro en verso: *Entremés del amor alcalde, Baile del amor médico.*

VALLE-INCLÁN, RAMÓN MARÍA DEL (RAMÓN DEL VALLE Y PEÑA, llamado) Escritor español (Villanueva de Arosa, 1866 - Santiago de Compostela, 1936). Frecuentó los

Ramón María del **Valle-Inclán.** Retrato de Juan Echevarría. Museo Municipal (Vitoria).

círculos bohemios y se relacionó con la corriente modernista. En 1902 cimentó su fama literaria con la publicación de la primera de las Sonatas, *Sonata de otoño;* le seguirían *Sonata de estío* (1903), *Sonata de primavera* (1904) y *Sonata de invierno* (1905). En 1907 comenzó la trilogía *Comedias bárbaras: Águila de blasón, Romance de lobos* (1908) y *Cara de plata* (1922), que se enlaza en el tiempo a otro ciclo novelístico, el de *Las guerras carlistas,* compuesto por *Los cruzados de la causa* (1908), *El resplandor de la hoguera* (1909) y *Gerifaltes de antaño* (1909). Distante ya del modernismo de *La marquesa Rosalinda* (1913), inicia el camino que le llevará al esperpento, en *Luces de bohemia* (1924). En esta estética brillan las piezas breves *Los cuernos de don Friolera* (1921), *Las galas del difunto* (1926), *La hija del capitán* (1930) —recogidas en *Martes de carnaval* (1930)— y las cinco que se reúnen bajo el título *Retablo de la avaricia, la lujuria y la muerte* (1927). El ciclo *El ruedo ibérico* es una recreación histórica de los últimos tiempos del reinado de Isabel II y la revolución de 1868, compuesta por *La corte de los milagros* (1922), *Viva mi dueño* (1928) y *Baza de espadas* (1958). Escribió además la novela *Tirano Banderas* (1926); las piezas teatrales *Voces de gesta* (1912) y *Divinas palabras* (1920); el texto teórico *La lámpara maravillosa* (1916); y la obra poética *Claves líricas* (1930).

VALLE DE LOS REYES *Hist.* y *Arqueol.* Lugar arqueológico de Egipto, cerca de las ruinas de Tebas. En sus paredes pétreas se labraron los hipogeos de los faraones de las XVIII, XIX y XX dinastías. En 1922 se encontró la tumba de Tutankamon.

VALLEDUPAR Ciudad de Colombia, capital del departamento de Cesar; 248.525 h. Centro comercial, agrícola y ganadero.

VALLEJO, CÉSAR Escritor peruano (Santiago de Chuco, 1892 - París, 1938). En 1918 vio la luz su poemario *Los heraldos negros* (1918), en el que acusa la influencia modernista. En 1922 dio muestra de su original estilo poético con *Trilce* (1922). Póstumamente se publicaron *Poemas humanos* (1939) y *España, aparta de mí este cáliz* (1940). Del resto de su obra destaca la novela *Tungsteno* (1931).

VALLÈS, JULES Escritor francés (Le Pay, 1832 - París, 1885). Desarrolló una intensa actividad periodística de oposición a Napoleón III. Su obra principal es la trilogía *Jacques Vingtras.*

VALLICO m. *Bot.* BALLICO.

VALLISOLETANO, NA adj. y s. De Valladolid.

VALLOTON, FÉLIX Pintor francés de origen suizo (Lausana, 1865 - París, 1925). A diferencia de sus paisajes, marcadamente *naifs,* los desnudos femeninos, son a menudo realistas y de trazo minucioso: *Cabeza de anciano, El huracán,* etc.

VALMIKI Poeta indio (s. III a. C.). Según la leyenda, era una brahmán que llevó una existencia errante que por su piedad se convirtió en vidente. Es considerado el autor del RAMAYANA.

VALMY *Hist.* Localidad de Francia, departamento de Marne. Batalla entre las fuerzas de la revolución y las austroprusianas (1792), ganada por aquéllas.

VALOIS *Geog. hist.* Antigua región de Francia, comprendida actualmente en los departamentos del Aisne y Oise, cuya capital era Crépy.

VALOIS *Geneal.* Familia real francesa, que sucedió a los Capetos y precedió a los Borbones. Su primer rey fue Felipe VI (1328-50), y el último, Enrique III (1574-89).

VALÓN, NA adj. y s. **1** De Valonia. **2** *Polít.* Se dice de la corriente política belga aparecida en el siglo XIX que, frente a los flamencos, reivindicaba las tradiciones culturales características de los valones, así como su lengua. || m. *Ling.* **3** Idioma hablado por los valones, que es un dialecto del antiguo francés.

VALONA f. **1** Cuello grande y vuelto sobre la espalda, hombros y pecho, que se usó en los siglos XVI y XVII. **2** *Col., Ecuad.* y *Venez.* Crines convenientemente recortadas que cubren el cuello de las caballerías.

VALONA **1** Región de Albania que comprende los distritos de Gjirokastër, Përmet, Sarandë, Tepelenë y Valona; 5.589 km^2 y 429.017 h. **2** Distrito de Albania, en la región de su nombre; 1.609 km^2 y 180.725 h. **3** Ciudad capital del mismo; 73.800 h. Puerto. Industria alimentaria.

VALONIA Región de Bélgica, constituida por las provincias de Hainaut, Lieja, Luxemburgo, Namur, y el distrito de Nivelles perteneciente a la provincia de Brabante; 16.845 km^2 y 3.332.454 h. Su capital es Lieja.

VALOR m. **1** Grado de utilidad o aptitud de las cosas para satisfacer las necesidades o proporcionar bienestar o deleite. **2** Cualidad de las cosas, en virtud de la cual se da por poseerlas cierta suma de dinero o equivalente. **3** Alcance de la significación o importancia de una cosa, acción, palabra o frase. **4** Cualidad del ánimo, que conduce a acometer resueltamente grandes empresas y a enfrentarse a los peligros. **5** También, en sentido peyorativo, denotando osadía o desvergüenza. **6** Subsistencia y firmeza de algún acto. **7** Fuerza, eficacia de las cosas para producir sus efectos. **8** Rédito o producto de una cosa. **9** Equivalencia de una cosa a otra, especialmente hablando de las monedas. **10** *Filos.* Cualidad que poseen algunas realidades llamadas bienes, por lo cual son estimables. Constituyen el objeto de estudio de la AXIOLOGÍA o *teoría de los valores.* **11** *Ling.* Según Saussure, sistema de equivalencias entre dos cosas de órdenes diferentes: un significado y un significante. **12** *Mat.* Determinación de una cantidad o expresión. **13** *Mús.* Duración del sonido que corresponde a cada nota, según la figura con que ésta se representa. || m. pl. *Econ.* **14** Títulos representativos de participación en haberes de sociedades, de cantidades prestadas, de mercaderías, de fondos pecuniarios o de servicios que son materias de operaciones mercantiles. || **VALOR AÑADIDO** *Econ.* Incremento experimentado en el valor de un bien en el transcurso de las diferentes fases de un proceso productivo. || **VALORES DECLARADOS** Monedas o billetes que se envían por correo, bajo sobre cerrado, cuyo valor se declara en la administración de salida y de cuya entrega responde el servicio de correos. || **VALORES FIDUCIARIOS** *Econ.* Los emitidos en representación de numerario, bajo promesa de cambiarlos por éste.

VALORAR tr. **1** Poner precio a una cosa. **2** Reconocer, estimar o apreciar el valor o mérito de una persona o cosa. **3** Hacer que aumente el valor de una cosa. **4** *Quím.* Referido a una disolución, determinar su composición exacta para usarla en el análisis volumétrico o en la preparación de medicamentos.

VALORIZAR tr. **1** Valorar, evaluar. **2** Aumentar el valor de una cosa.

VALPARAÍSO **1** Región V de Chile que comprende las provincias de los Andes, Isla de Pascua, Petorca, Quillota, San Antonio, San Felipe de Aconcagua y Valparaíso; 16.396 km^2 y 1.478.281 h. Limita al N con la IV de Coquimbo, al SE con el área Metropolitana de Santiago y al SO con la VI del Libertador General Bernardo O'Higgins. Está regada por los ríos Aconcagua y Casa-Blanca. La agricultura constituye su principal riqueza. Posee grandes yacimientos de cal y yeso. **2** Ciudad capital de la región de su nombre; 282.168 h. Puerto. Universidad. Centro industrial.

VALPURGIS, SANTA WALPURGIS, SANTA.

VALQUIRIA WALKIRIA.

VALS m. *Danza* y *Mús.* **1** Baile, de origen alemán, que ejecutan las parejas con movimiento giratorio y de traslación; se acompaña con una música de ritmo ternario, cuyas frases constan generalmente de 16 compases, en aire vivo. **2** Música de este baile.

VALSAR intr. Bailar el vals.

VALSE m. *Amér.* VALS.

VALTELINA *Geog. hist.* Valle de Italia, en Lombardía, regado por el Adda. Ocupado por los suizos grisones, éstos sufrieron la rebelión de los valtelineses (1620). Españoles, franceses, suizos y alemanes se disputaron después su dominio, hasta que fue devuelto a los grisones (1639), con la sola condición de respetar la religión católica. Conquistado por Napoleón (1797), se unió a Lombardía.

VALUAR tr. Poner precio a una cosa.

VALVA f. **1** *Bot.* Cada una de las partes de la cáscara de un fruto dehiscente. **2** *Bot.* Cada una de las piezas duras que forman la cubierta de un alga diatomea. **3** *Zool.* Cada una de las piezas duras y movibles que constituyen la concha de los moluscos lamelibranquios y de otros invertebrados.

VALVERDE Provincia de la República Dominicana; 823 km^2 y 152.257 h. Su capital es Mao. Café y tabaco. Maderas.

VALVERDE, GARCÍA DE Administrador colonial español (? - ?, 1589). Fue presidente de la audiencia de Quito (1575) y presidente de la audiencia y capitán general de Guatemala y Nicaragua (1578-89).

VALVERDE, JOAQUÍN Compositor español (Badajoz, 1846 - Madrid, 1910). Colaboró con diversos autores en numerosas zarzuelas: *La Gran Vía* (1886), *Agua, azucarillos y aguardiente* (1897), etc.

VALVERDE, VICENTE Eclesiástico y colonizador español (Oropesa, ? - Túmbez, 1541). Acompañó a Pizarro en su expedición contra Atahualpa, a quien intentó convertir al cristianismo. Fue el primer obispo de Perú.

VÁLVULA f. **1** *Tecnol.* Pieza de una u otra forma que, colocada en una abertura de máquinas o instrumentos, sirve para interrumpir alternativa o permanentemente la comunicación entre dos de sus partes, o entre éstas y el medio exterior, moviéndose a impulso de fuerzas contrarias. **2** *Anat.* Pliegue membranoso que impide el retroceso de los fluidos que circulan por los vasos o conductos del cuerpo. **3** *Tecnol.* Aparato electrónico en que la conducción de la electricidad se debe al movimiento

Antoon **Van Dyck.** *Las tres edades del hombre.* Museo Municipal de Vicenza (Italia).

de los electrones, a través del vacío o de un medio gaseoso, dentro de un compartimento estanco. ∥ **VÁLVULA MITRAL** *Anat.* La que existe entre la aurícula y el ventrículo izquierdos del corazón, llamada así porque su forma se asemeja a la de una mitra. ∥ **VÁLVULA TRICÚSPIDE** *Anat.* La que se halla entre la aurícula y el ventrículo derechos del corazón, llamada así por terminar en tres puntas.

VALVULINA f. *Quím.* Lubricante mucho más espeso que los aceites minerales, obtenido de los residuos del refinado del petróleo.

VAMBA WAMBA.

VAMOS (Forma arcaica de subjuntivo de *ir.*) Forma exhortativa de primera persona de plural. Se usa a veces como interjección de diversos matices.

VAMPIRESA f. Término aplicado a la mujer que utiliza sus encantos para conquistar y someter a los hombres a sus caprichos.

VAMPIRISMO m. **1** Creencia en los vampiros. **2** fig. Codicia excesiva.

VAMPIRO m. **1** Espectro o cadáver que, según la creencia popular, chupa la sangre de los vivos hasta matarlos. **2** *Zool.* Nombre de tres especies de mamíferos quirópteros de la subfamilia desmodontinos, endémicos de las zonas tropicales y subtropicales de América y que se alimentan de sangre de diversos mamíferos. **3** fig. Persona codiciosa que se enriquece por medios ilícitos.

VAN Partícula holandesa que significa *de* y va antepuesta a muchos apellidos. Se pronuncia *fan.*

VAN AELST, WILLEM Pintor holandés (Delft, 1626 - Amsterdam, 1683). Se especializó en la pintura de flores y naturalezas muertas.

VAN ALLEN, JAMES ALFRED ALLEN, JAMES ALFRED VAN.

VAN BUREN, MARTIN Político estadounidense (Kinderhook, 1782 - íd., 1862). Tras ocupar varios cargos políticos, fue presidente de la República (1837-41). Defensor de la abolición de la esclavitud, apoyó la candidatura de Lincoln.

VAN CAMPEN, JACOB Arquitecto holandés (Haarlem, 1595 - Amersfoort, 1657). Principal representante de la arquitectura barroca holandesa. Construyó el Mauritshuis de La Haya (1633) y el antiguo ayuntamiento de Amsterdam (1648).

VAN CLEVE (JOOS VAN DEL BEKE, llamado) Pintor flamenco (Amberes, h. 1485 - íd., 1541). Influido por el Renacimiento italiano. Realizó obras de temática religiosa como *El tránsito de la Virgen* (1515) y *Sagrada familia* (1525), y retratos, como el de Francisco I de Francia y el de Enrique VIII de Inglaterra.

VAN DOESBURG, THEO (CHRISTIAN E. M. KÜPPER, llamado) Arquitecto y pintor holandés (Utrecht, 1883 - Davos, 1931). Fue uno de los fundadores del grupo *De Stijl.* Destacó sobre todo como teórico del arte abstracto. Fue profesor de la Bauhaus de Weimar (1921-39). Con su obra intentó llevar a cabo la integración de la arquitectura y la pintura. Trabajó también en el campo de la decoración y construyó viviendas para obreros.

VAN DONGEN, KEES Pintor francés de origen holandés (Delfshaven, 1877 - Montecarlo, 1968). Sobresalió en el retrato y el paisaje: *Vista de Delfshaven* (1904), *Niní la prostituta* (1907) y *Mujer de blanco* (1913).

VAN DYCK, ANTOON Pintor flamenco (Amberes, 1599 - Londres, 1641). Colaborador de Rubens, sobresalió en la pintura histórica y en el retrato. Fue también un gran pintor de temas religiosos, con obras de un barroquismo sobrio y suave. Desde 1632 hasta su muerte fue el pintor oficial de la corte de Carlos I de Inglaterra. Entre sus obras principales figuran *Caza del jabalí* (1617-18), *Frans Snyders con su mujer* (1621), *Éxtasis de san Agustín* (1628), *Cristo entre los ladrones* (1628-32), *Carlos I de cacería* (1635) y *Sir Thomas Wharton* (1635-38).

VAN EYCK, HUBERT Pintor flamenco (¿Maeseyck?, 1366 - Gante, 1426). Se conocen muy pocos datos de su vida. Autor del gran retablo de *La adoración del Cordero,* terminado por su hermano Jan. Ambos son considerados los fundadores de la escuela primitiva flamenca.

VAN EYCK, JAN Pintor flamenco (¿Maeseyck?, 1385 - Brujas, 1441). Hermano del anterior. Autor de numerosas obras religiosas como *La Virgen del canónigo Van der Paele* (1436), *Santa Bárbara* (1437), *La Virgen de la fuente* (1439), etc. También pintó retratos, como *El matrimonio Arnolfini* (1434), *El hombre del turbante* (1433), y *Margarita van Eyck* (1439), esposa del pintor. Destacó en el tratamiento de la luz y fue uno de los primeros en utilizar sistemáticamente la pintura al óleo.

VAN DER GOES, HUGO Pintor flamenco (Gante, h. 1435 - Rotes Kloster, 1485). Pintor de tonos claros, que supo unir la profundidad a la vivacidad. Entre sus obras destaca *La adoración de los pastores, La muerte de la Virgen* y *El Calvario.*

VAN GOGH, VINCENT Pintor holandés (Groot Zundert, 1853 - Auvers-sur-Oise, 1890). Después de una primera etapa en la que reflejó las miserias de la clase humilde, particularmente de los mineros, se trasladó a París (1886), donde entró en contacto con los impresionistas. En 1888 marchó a Arles; allí desarrolló su estilo definitivo de intenso colorido y máxima expresión. En 1890, tras varias tentativas de suicidio, se quitó la vida. Obras principales: *La arlesiana, Comedores de patatas, El padre Tanguy, El puente de Langlois, Autorretrato, Noche estrellada, Alrededores de Auvers, La iglesia de Auvers, Los girasoles, La habitación de Vincent en Arles, Retrato del doctor Gachet* y varios autorretratos.

VAN GOYEN, JAN JOSEPHSZOON Pintor holandés (Leiden, 1596 - La Haya, 1656). Introdujo en la pintura holandesa un acento lírico y verista. Se distinguió como paisajista y marinista.

VAN DE GRAAFF, ROBERT JEMISON Físico estadounidense (Tuscaloosa, 1901 - Boston, 1967). Realizó importantes investigaciones sobre la constitución y desintegración del átomo. Inventó el acelerador de partículas atómicas que lleva su nombre.

VAN HELMONT, JAN BAPTIST HELMONT, JAN BAPTIST VAN.

Vincent **Van Gogh.** *La iglesia de Auvers.* Museo d'Orsay (París).

VAN HONTHORST, GERRIT Pintor holandés (Utrecht, 1590 - íd., 1656). Excelente retratista y autor de diversas obras de temática religiosa: *Decapitación de san Juan Bautista* (1610), *La adoración de los pastores* (1622) y *Concierto* (1622).

VAN LAER, PIETER BAMBOCCIO O BAMBOCHO, IL.

VAN LOO, CHARLES-ANDRÉ Pintor francés de origen holandés (Niza, 1705 - París, 1765). Tío de Louis-Michel y también conocido como Carle van Loo. Primer pintor del rey Luis XV, sobresalió en los cuadros de género.

VAN LOO, LOUIS-MICHEL Pintor francés de origen holandés (Tolón, 1709 - París, 1771). Sobrino de Charles-André, fue pintor de cámara de Felipe V de España y el primer director de la Academia de San Fernando.

VAN DER MEER, JAN VERMEER O VAN DER MEER, JOHANNES O JAN.

VAN DER MEER, SIMON Físico holandés (La Haya, 1925). En 1984 recibió el premio Nobel de Física, compartido con Carlo Rubbia, por su contribución al descubrimiento de las partículas de campo mediadoras de la interacción débil, denominadas *W* y *Z.*

VAN DER MEERSCH, MAXENCE Escritor francés (Roubaix, 1907 - Le Touquet, 1951). En su obra reflejó con técnica realista y perspectiva cristiana la miseria y el dolor humano. Novelas: *La casa de las dunas* (1932), *Cuando callan las sirenas* (1933).

VAN MUSSCHENBROEK, PIETER Físico holandés (Leiden, 1692 - íd., 1761). Fue el primero en fijar las leyes de la refracción de la luz e inventó la denominada *botella de Leiden.*

VAN NOORT, ADAN Pintor flamenco (Amberes, 1562 - íd., 1641). Maestro de Rubens y Jordaens, quien se casó con su hija, luego sufrió la influencia de ambos. Su estilo manierista, académico y frío evolucionó hacia un barroquismo intimista.

VAN ORLEY, BERNAERT Pintor belga (¿Bruselas?, h. 1492 - íd., 1542). Fue pintor oficial de Margarita de Austria. Autor de *La virtud y la paciencia* (1521), *El juicio final* (1525) y *La batalla de Pavía.*

VAN OSTADE, ADRIAEN Pintor holandés (Haarlem, 1610 - íd., 1685). En sus representaciones costumbristas combinó el tono satírico y caricaturesco con la intención moralizante. Cultivó el retrato, el dibujo y el grabado.

VAN RYSSELBERGHE, THEO Pintor belga (Gante, 1862 - Saint-Clair, 1926). Introdujo el neoimpresionismo en Bélgica. Destacó también como retratista. Entre sus obras figuran *Reunión de familia* (1890), *En la playa* (1901) y *La lectura* (1903).

VAN DE VELDE, ADRIAEN Pintor holandés (Amsterdam, 1636 - íd., 1672). Hijo y discípulo de Willem el Viejo. Destacado paisajista y pintor de animales, sus cuadros muestran un cuidadoso tratamiento de la luz y una delicada armonía cromática: *El abrevadero, Paisaje fluvial.*

VAN DE VELDE, ESAIAS Pintor holandés (Amsterdam, h. 1590 - La Haya, 1630). Hermano de Willem el Viejo. Destacó en la pintura de batallas y paisajes, a los que dotó de un sobrio realismo. Entre sus obras cabe mencionar *El lago* y *Las dunas.*

VAN DE VELDE, HENRY CLEMENS Arquitecto, pintor y grabador belga (Amberes, 1863 - Zurich, 1957). Paladín del futurismo, fue pionero del *art nouveau.* Proyectó el teatro Werkbund, en Colonia (1914); la biblioteca de la Universidad de Gante (1936) y Museo Kröller-Müller, en Otterlo (1937-54).

VAN DE VELDE EL JOVEN, WILLEM Pintor holandés (Leiden, 1633 - Londres, 1707). Hijo y discípulo de Willem el Viejo. Viajó con su padre a Inglaterra donde se convirtió en pintor de corte de Carlos II. Sobresalió en la pintura de marinas y batallas navales: *Aguas tranquilas, Tempestad.*

VAN DE VELDE EL VIEJO, WILLEM Pintor holandés (Leiden, 1611 - Londres, 1693). Hermano de Esaias y padre de Adriaen y Willem el Joven. Se hizo célebre por sus dibujos a lápiz de navíos y batallas navales, de gran valor documental.

VAN VLECK, JOHN H. Físico estadounidense (Middletown, 1899 - Cambridge, Massachusetts, 1980). En 1977 recibió el premio Nobel de Física, compartido con Anderson y Mott, por su investigación sobre la estructura electrónica de los sistemas magnéticos y desordenados.

VAN DEN VONDEL, JOOST Escritor holandés de origen alemán (Colonia, 1587 - Amsterdam, 1679). Aunque cultivó la poesía, su fama se debe sobre todo a su obra dramática: *Pedro y Pablo* (1641), *María Estuardo* (1646), *Lucifer* (1654) y *Noé* (1667).

VAN DER WAALS, FUERZAS DE *Fís.* Denominación del tipo de enlace que mantiene unidas las moléculas de las sustancias covalentes por medio de ligeras atracciones electrostáticas.

VAN DER WAALS, JOHANNES DIDERIK Físico holandés (Leiden, 1837 - Amsterdam, 1923). Estudió la continui-

Rogier **Van der Weyden**. Crucifixión.
Detalle de *Los siete sacramentos*.
Museo Real de Bellas Artes (Amberes).

dad de los estados líquido y gaseoso y, por la ecuación que lleva su nombre, relacionó los factores de presión, temperatura y volumen que actúan sobre una masa de gas. Premio Nobel de Física en 1910.

Van der Weyden, Rogier o **Roger** (Rogier o Roger de la Pasture, llamado) Pintor flamenco (Tournai, 1399 ó 1400 - Bruselas, 1464). Sus obras, eminentemente góticas, muestran gran ternura en las representaciones religiosas, con composiciones sobrias y contornos subrayados. Autor del retablo de Miraflores, el *Descendimiento de la cruz* (h. 1435), el tríptico Braque, *La Anunciación*, etc.

Vanadinita f. *Miner*. Mineral clorovanadato de plomo, de fórmula $Pb_5(VO_4)_3Cl$, que cristaliza en el sistema hexagonal, de color rojizo, anaranjado o amarillo, brillo resinoso o adamantino, y transparente o traslúcido. Se utiliza como mena de vanadio.

Vanadio m. *Quím*. Elemento químico del grupo V B del sistema periódico. Masa atómica 50,942; número atómico 23; punto de fusión 1.900 °C; punto de ebullición 3.000 °C; símbolo *V*. Metal que se presenta en ciertos minerales y que se ha obtenido en forma de polvo gris. Se usa como catalizador e ingrediente para aumentar la resistencia del acero.

Vanadita f. *Miner*. vanadinita.
Vanagloria f. Jactancia del propio valer u obrar.
Vanagloriarse prnl. Jactarse de su propio valer u obrar.

Vanbrugh, John Dramaturgo y arquitecto inglés (Londres, 1664 - íd., 1726). Obras dramáticas: *El reincidente* (1697), *La mujer provocada* (1697) y *La alianza* (1705). Como arquitecto proyectó el castillo Howard (1700-12), en Yorkshire, y el palacio de Blenheim (1705-20), en Oxfordshire.

Vancouver Isla de Canadá, provincia de Columbia Británica, en el Pacífico; 42.000 km². Pesca. Explotación forestal.

Vancouver Ciudad de Canadá, frente a la isla de su nombre, en la provincia de Columbia Británica; 514.008 h. Centro comercial e industrial. Puerto exportador.

Vancouver, George Navegante inglés (King's Lynn, 1757 - Richmond, 1798). Acompañó a Cook en su segundo y tercer viaje alrededor del mundo. En 1791, exploró la costa NO de Norteamérica y las islas Sandwich, y a su regreso por el cabo de Hornos, la costa occidental de Sudamérica.

Vandalaje m. *Amér*. Vandalismo, bandidaje.
Vandalismo m. 1 Devastación propia de los antiguos vándalos. 2 fig. Espíritu de destrucción que no respeta ninguna cosa.

Vándalo, la adj. *Etnol*. e *Hist*. 1 Se dice de un pueblo de la Germania antigua establecido en remotos tiempos a orillas del Báltico. Tras convertirse al arrianismo, en el 400 emigraron a las Galias en unión de alanos y suevos, desde donde pasaron a la Hispania romana (409). En el año 439 conquistaron Cartago y la convirtieron en capital de sus dominios. En 455, Genserico saqueó Roma. El reino vándalo fue destruido por Justiniano (533). Más como m. pl. 2 Se dice también de sus individuos. También s. 3 Relativo a este pueblo. || m. 4 fig. Se dice de la persona que comete actos de vandalismo con desconsideración hacia los demás. También s.

Vandervelde, Émile Político belga (Ixelles, 1866 - Bruselas, 1938). Afiliado al Partido Obrero Belga en 1886, que pasó a presidir cuatro años después, fue uno de los dirigentes de la II Internacional. Formó varias veces parte del gobierno. Escribió *Le socialisme contre l'État* (1918) y *Souvenirs d'un militant socialiste* (1939).

Vane, John Robert Bioquímico y farmacólogo británico (Tardebigge, 1927). En 1982 recibió el premio Nobel de Fisiología y Medicina, compartido con Bergström y Samuelsson, por sus descubrimientos relacionados con las prostaglandinas.

Vänern Lago del SO de Suecia, el mayor de Escandinavia; 5.565 km². Se comunica con el Kattegat a través del río Göta.

Vanesa f. *Zool*. Nombre de varias especies de insectos lepidópteros ropalóceros. Son mariposas de colores muy variados dispuestos en mosaico; algunas con espejuelos plateados.

Vanguardia f. 1 Parte de una fuerza armada, que va delante del cuerpo principal. 2 Avanzada de un grupo o movimiento ideológico, político, literario, artístico, etc. || **a, a la, en vanguardia** loc. adv. Con los verbos *ir*, *estar* y otros, ir el primero, estar en el punto más avanzado, etc. || **de vanguardia** loc. Se dice de los movimientos, grupos, personas, etc., partidarios de la renovación, avance y exploración en el campo literario, artístico, político, ideológico, etc.

Vanguardismo m. *Arte*. Nombre genérico con que se designan ciertas escuelas o tendencias artísticas, nacidas en el siglo xx, tales como el cubismo, el ultraísmo, etc., con intención renovadora, de avance y exploración.

Vanidad f. 1 Calidad de vano. 2 Arrogancia, presunción, envanecimiento. 3 Palabra inútil o vana e insustancial. 4 Vana representación, ilusión o ficción de la fantasía.

Vano, na adj. 1 Falto de realidad, sustancia o entidad. 2 Hueco, vacío y falto de solidez. 3 Inútil, infructuoso y sin efecto. 4 Arrogante, presuntuoso, envanecido. 5 Poco durable o estable. 6 Que no tiene fundamento, razón o prueba. 7 *Bot*. Se dice del fruto de cáscara cuando su semilla o sustancia interior está seca o podrida. || m. *Arquit*. 8 Parte del muro o fábrica en que no hay sustentáculo o apoyo para el techo o bóveda, como son los huecos de ventanas o puertas y los intercolumnios. || **en vano** loc. adv. Inútilmente.

Van't Hoff, Jacobus Henricus Químico holandés (Rotterdam, 1852 - Berlín, 1911). Fue uno de los iniciadores de la estereoquímica. En 1884, formuló la ley de su nombre: en un sistema de equilibrio químico, el aumento de la temperatura favorece la formación de los productos que se originan con absorción de calor; en cambio, si la temperatura disminuye, se favorece la formación de productos que se originan con desprendimiento de calor. Premio Nobel de Química (1901).

Vanuatu (*Ripablik blong Vanuatu*) Estado de Oceanía, en Melanesia, entre las islas Salomon y Nueva Caledonia, formado por un archipiélago de unas 80 islas e islotes.

Geog. La mayoría de las islas son de origen volcánico y tienen relieve montañoso. Se agrupan en cuatro conjuntos: islas de Torres, islas de Banks, grupo del Norte y grupo del Sur. El clima es ecuatorial húmedo y la vegetación de selva. La población es en su mayoría de raza melanesia y habita en zonas rurales. Su economía es fundamentalmente agrícola (mandioca, taro, ñame, productos del árbol del pan). Copra. Industria alimentaria. Turismo.

Hist. El archipiélago, conocido hasta su independencia por *Nuevas Hébridas*, fue descubierto en 1606 por Pedro Fernández de Quirós. Fue condominio anglofrancés desde 1906 hasta 1978, en que obtuvo la autonomía, y en 1980 se proclamó Estado independiente dentro de la Commonwealth, con Walter Lini —representante del partido Vanuaaku, de orientación socialista—, como primer ministro y George Ati Sokumanu como presidente. En 1981 ingresó en la ONU y en 1983 en el Movimiento de Países No Alineados. Lini fue reelegido en 1983 y Sokumanu en 1984. En las elecciones de 1989 resultó triunfador Fred Timakata, que sustituyó a Sokumanu como presidente. Tras las elecciones de 1991, la Unión de Partidos Moderados consiguió formar un gobierno de coalición, con Maxime Carlot como

Superficie: 12.190 km².
Población: 199.000 h. (*vanuatuenses*).
Densidad: 16,3 h./km².
Tasa de natalidad: 31,7‰.
Tasa de mortalidad: 5,9‰.
Capital: Port Vila.
Ciudades principales: Isangel, Luganville, Port Orly.
Grupos étnicos: ni-vanuatu (97,9%), europeos (1%).
Religión: cristianismo (77,2%), animismo (4,6%).
Idioma: bislama, inglés y francés (oficiales); diversas lenguas melanesias.
Moneda: vatu.
Forma de Estado: república.
Producto Nacional Bruto: 231 millones de dólares.
Renta per cápita: 1.260 dólares.
División administrativa: 6 provincias, según cuadro.

VANUATU		
Provincias	Superficie (km²)	Población (h.)
Malampo	2.779	28.185
Penama	1.198	22.299
Sanma	4.248	25.581
Shefa	1.455	38.471
Tafea	1.627	22.423
Torba	882	5.985

varano

primer ministro. En 1994 Jean-Marie Leye fue elegido presidente y se formó un gobierno de coalición dirigido por Serge Vohor. Desprestigiado el Ejecutivo por la corrupción, fue disuelto por el presidente en 1997 y tras las elecciones generales del año siguiente Donald Kalpokas fue nombrado primer ministro. Las presidenciales de 1999 dieron la victoria a Jonh Bani y un año después Barak Skope fue nombrado primer ministro. En 2001 fue sustituido por Edward Natapei, revalidado el año siguiente. En mayo de 2004 Alfred Maseng fue elegido presidente por el Parlamento. Depuesto un mes más tarde, fue sustituido en el cargo por Roger Abuit, a su vez sustituido por Josias Moli, y éste por Kalkot Mataskelekele. Serge Vohor fue nombrado primer ministro.

VAPOR m. **1** *Fís.* Fluido aeriforme en que, por la acción del calor, se convierten ciertos cuerpos, generalmente los líquidos. **2** Buque de vapor.

VAPORA f. fam. Lancha con motor a vapor.

VAPORAR tr. y prnl. Convertir en vapor.

VAPORIZACIÓN f. **1** *Fís.* Acción y efecto de vaporizar o vaporizarse. **2** *Fís.* Cambio del estado líquido al gaseoso por aumento de la temperatura. **3** *Med.* Uso medicinal de vapores.

VAPORIZAR tr. y prnl. *Fís.* Convertir un líquido en vapor por la acción del calor.

VAPOROSO, SA adj. **1** Que arroja vapores o los ocasiona. **2** fig. Tenue, ligero, parecido en alguna manera al vapor.

VAPULEAR tr. **1** Zarandear de un lado a otro a una persona o cosa. **2** fig. Golpear o dar repetidamente contra una persona o cosa. También prnl. **3** fig. Reprender, criticar o hacer reproches duramente a una persona.

VAQUERÍA f. **1** Lugar donde hay vacas o se vende su leche. **2** Manada de ganado vacuno.

VAQUERIZA f. Cubierto, corral o estancia donde se recoge el ganado vacuno en el invierno.

VAQUERIZO, ZA adj. Relativo al ganado bovino.

VAQUERO, RA adj. **1** Propio de los pastores de ganado bovino. **2** Se dice de una tela de tejido muy resistente, generalmente de color azul, y de las prendas que se fabrican con ella. || m. y f. **3** Pastor o pastora de reses vacunas. || m. **4** Pantalón de tela vaquera. Más en pl.

VAQUETA f. Cuero de ternera, curtido y adobado.

VAQUILLA f. **1** Diminutivo de VACA. **2** Ternera de año y medio a dos años.

VAR Río de Francia, que nace en el departamento de Alpes Marítimos y desemboca cerca de Niza; 135 km de curso.

VAR Departamento del SE de Francia, en la región de Provenza-Alpes-Costa Azul; 5.973 km^2 y 898.441 h. Capital, Toulon. Bauxita. Turismo.

VARA f. **1** Palo largo y delgado. **2** Bastón de mando. **3** Cada una de las dos piezas de madera del carro, entre las cuales se engancha la caballería. **4** Garrochazo dado al toro por el picador. **5** *Bot.* Rama delgada, limpia y sin hojas. **6** *Bot.* Bohordo con flores de algunas plantas. **7** *Metrol.* Medida de longitud, dividida en tres pies o cuatro palmos. En Castilla equivale a 83,59 cm. **8** Barra de madera o metal, que tiene esa longitud y sirve para medir. **9** *Veter.* Conjunto de 40 a 50 puercos de montanera, que puede cuidar un hombre vareándoles la bellota. **10** *Zool.* Cada una de las cuernas de los ciervos. || **vara de Jesé** *Bot.* Bohordo de nardo. || **poner varas** fr. Dar garrochazos al toro los vaqueros y picadores.

VARADERO m. *Mar.* Lugar donde varan las embarcaciones para resguardarlas o para limpiar sus fondos o repararlas.

VARADO, DA adj. **1** *Mar.* Se dice de la embarcación que ha quedado encallada. **2** *Amér.* Se aplica a la persona que no tiene recursos económicos. También s.

VARAL m. **1** Vara larga y gruesa. **2** Cada uno de los dos palos redondos donde encajan las estacas que forman los costados de la caja en los carros y galeras. **3** Cada una de las varas del carro. Más en pl. **4** Cada uno de los dos largueros de los costados de las andas de las imágenes. **5** Madero colocado verticalmente entre los bastidores de los teatros, en el cual se ponen las luces para alumbrar la escena.

VARANASI BENARÉS.

VARANO m. *Zool.* Nombre de diversos reptiles escamosos de la familia aránidos, género *Varanus,* de entre 2 y 4 m de longitud, cuerpo esbelto, cabeza alargada cubierta de placas dérmicas, cuello y cola largos, lengua bífida, párpados móviles y dientes. Habitan en regiones cálidas. Las especies más importantes son el dragón de Komodo, el varano del desierto y el varano del Nilo.

VARAPALO m. **1** Palo largo a modo de vara. **2** Golpe dado con palo o vara. **3** fig. y fam. Castigo, reprimenda. **4** Pesadumbre o desazón grande.

VARAR intr. **1** Encallar la embarcación. **2** fig. Quedar parado un negocio. || tr. *Mar.* **3** Poner en seco una embarcación.

VARAZZE, IACOPO DA JACOBO DE VORÁGINE, BEATO.

VARBASCO m. *Bot.* VERBASCO.

VARDAR Río de Macedonia, que entra en Grecia y desemboca en el Egeo; 390 km de curso.

VAREAR tr. **1** *Agr.* Derribar con movimientos de la vara los frutos de algunos árboles. **2** Dar golpes con vara o palo. **3** Herir a los toros o fieras con varas. **4** Medir con la vara. **5** Vender por varas.

VAREGO, GA adj. *Hist.* **1** Se dice de los grupos de suecos que, entre los siglos IX y XI, penetraron en Rusia, estableciendo una ruta comercial que llegaba hasta el mar Negro y Bizancio (véase NORMANDO). Más como m. pl. **2** Se dice también de sus individuos. También s. **3** Relativo a los varegos.

VARELA, JUAN CRUZ Político y escritor argentino (Buenos Aires, 1794 - Montevideo, 1839). Fue secretario general del congreso constituyente y colaborador de Rivadavia. Publicó poesías *(La Elvira,* 1817), tragedias *(Dido,* 1823) y ensayos.

VARELA, LUÍS NICOLAU FAGUNDES Poeta brasileño (Santa Rita de Rio Claro, 1841 - Niterói, 1875). Autor romántico: *Voces de América* (1864) y *Cantos y fantasías* (1865).

VARELA, PEDRO JOSÉ Político uruguayo (Florida, 1837 - Montevideo, 1906). Ocupó la presidencia de la República (febrero-marzo de 1868, y enero-marzo de 1876).

VARENGA f. *Mar.* Pieza curva que se coloca atravesada sobre la quilla para formar la cuaderna.

VARENNES-EN-ARGONNE Ciudad de Francia, departamento de Mosa; 700 h. En ella fue detenida la familia real cuando huía de la Revolución (1791).

VARESE Provincia de Italia, en la región de Lombardía; 1.199 km^2 y 805.825 h. Su capital es la ciudad homónima; 85.687 h. Industria.

VARESE, EDGAR Compositor estadounidense de origen francés (París, 1883 - Nueva York, 1965). Considerado uno de los precursores de la vanguardia musical, compuso *Amériques* (1921), *Desiertos* (1954) y *Nocturnal* (1961).

VARETÓN m. Ciervo joven de cornamenta con una sola punta.

VARGAS Estado de Venezuela; 1.496 km^2 y 543.138 h. Su capital es La Guaira.

VARGAS, GETÚLIO DORNELLES Político brasileño (São Borja, 1883 - Rio de Janeiro, 1954). En 1930 subió al poder con ayuda de los militares y fue presidente hasta 1945.

VARGAS, JOSÉ MARÍA Político y médico venezolano (La Guaira, 1786 - Nueva York, 1854). Luchó por la independencia de su país. Fue presidente de la República (1835-36).

VARGAS LLOSA, MARIO Escritor peruano, nacionalizado español (Arequipa, 1936). Inició su obra narrativa en 1959 con *Los jefes.* En 1962 apareció su primera novela, *La ciudad y los perros,* a la que siguieron *La casa verde* (1966), *Conversación en La Catedral* (1968), *Los cachorros* (1968), *Pantaleón y las visitadoras* (1973), *La tía Julia y el escribidor* (1977), *La guerra del fin del mundo* (1981), *¿Quién mató a Palomino Molero?* (1986) y *El elogio de la madrastra* (1988). Entre sus obras más recientes sobresalen *Lituma en los Andes* (1993), *Los cuadernos de don Rigoberto* (1997), *La fiesta del Chivo* (2000) y *El paraíso en la otra esquina* (2003). En 1986 recibió el premio Príncipe de Asturias de las Letras, compartido con Rafael Lapesa, y en 1994 el premio Cervantes. En 1994 ingresó en la Real Academia Española.

Mario **Vargas Llosa** recibiendo el premio Cervantes de manos de don Juan Carlos I.

VARGUEÑO m. BARGUEÑO.

VARÍ m. *Zool.* Mamífero primate lemuroideo, de nombre científico *Lemur variegatus,* con cabeza, pies, manos y cola de color negro, y el resto del cuerpo claro. Vive en Madagascar.

VARIABLE adj. **1** Que varía o puede variar. **2** Inestable, inconstante y mudable. **3** *Astron.* Se dice de la estrella fija cuyas magnitudes de estado varían temporalmente. || f. *Mat.* y *Lóg.* **4** Magnitud que puede tener un valor cualquiera de los comprendidos en un conjunto.

VARIACIÓN f. **1** Acción y efecto de variar. **2** *Astron.* Una de las perturbaciones periódicas que sufre la Luna en su longitud, a causa del Sol. **3** *Biol.* Ocurrencia de diferencias genotípicas en una población o especie. **4** *Mat.* En una ecuación algebraica, o en una sucesión de números algebraicos, cambio de signo entre dos términos sucesivos. **5** *Mús.* Cada una de las imitaciones melódicas de un mismo tema.

VARIADO, DA adj. Que tiene variedad.

VARIANTE adj. **1** Que varía. || f. **2** *Ling.* Cada una de las diversas formas en que se presenta una voz, un fonema, etc. **3** Desviación provisional o definitiva de un trecho de una carretera o camino. **4** Variedad o diferencia entre diversas clases o formas de una misma cosa. **5** Cada uno de los resultados con que en las quinielas de fútbol se refleja que el equipo propietario del campo empata o pierde con el visitante. || m. **6** Fruto o verdura que se encurte en vinagre. Más en pl. || **variante combinatoria** *Fon.* ALÓFONO.

VARIAR tr. **1** Hacer que una cosa sea diferente en algo de lo que antes era. **2** Dar variedad. || intr. **3** Cambiar una cosa de forma, propiedad o estado. **4** Ser una cosa diferente de otra. **5** *Mar.* Hacer ángulo la aguja magnética con la línea meridiana.

VARICE o **VÁRICE** f. *Med.* VARIZ.

VARICELA f. *Pat.* Enfermedad infecciosa aguda, contagiosa y febril, caracterizada por una erupción parecida a la de la viruela benigna, pero cuyas vesículas supuran moderadamente.

VARICOCELE m. *Med.* Dilatación varicosa de las venas del escroto y del cordón espermático.

VARICOSO, SA adj. **1** Relativo a las varices. **2** Que tiene varices. También s.

VARICOTOMÍA f. *Med.* Escisión de una variz para su curación.

VARIEDAD f. **1** Cualidad de vario o variado. **2** Diferencia dentro de la unidad; conjunto de cosas diversas. **3** Inconstancia, mutabilidad de las cosas. **4** Alteración en la sustancia de las cosas o en su uso. **5** *Biol.* Categoría sistemática, inferior en rango a la subespecie.

VARIETÉS (Voz fr.) f. pl. Variedades, espectáculo ligero, con números musicales, coreográficos, etc.

VARIGNON, PIERRE Matemático francés (Caen, 1654 - París, 1722). Sobresalió en el cálculo diferencial e integral y realizó importantes estudios sobre mecánica. Se le debe la llamada *regla del paralelogramo de fuerza.*

VARILARGUERO m. Picador de toros.

VARILLA f. **1** Diminutivo de VARA. **2** Barra larga y delgada. **3** Cada una de las piezas de diversos materiales que forman el armazón del abanico, paraguas, sombrilla, etc. **4** fam. Cada uno de los dos huesos largos que forman la quijada. **5** *Bot. Chile* Arbusto, variedad del palhuén. || f. pl. **6** Bastidor rectangular en que se mueven los cedazos para cerner.

VARILLAJE m. Conjunto de varillas de un utensilio.

VARIO, RIA adj. **1** Diverso, diferente. **2** Inconstante, mudable. **3** Indiferente, indeterminado. **4** Que tiene variedad o está compuesto de diversos adornos o colores. || adj. y pron. indet. pl. **5** Algunos, unos cuantos. || m. pl. **6** Sección o apartado que reúne objetos de diversa índole.

VARIOLA f. *Med.* VIRUELA.

VARIÓLICO, CA adj. *Med.* **1** Se dice del virus de la viruela o que tiene relación con él. **2** Relativo a esta enfermedad.

VARIOLOIDE f. *Pat.* Viruela atenuada y benigna.

VARIÓMETRO m. **1** *Aviac.* Instrumento de aviación que indica el ascenso o descenso de un avión y la velocidad vertical media. **2** *Fís.* Dispositivo que mide las inductancias.

VARIOPINTO, TA adj. **1** Que ofrece diversidad de colores o de aspecto. **2** Multiforme, mezclado, diverso.

VARITA f. Diminutivo de VARA. || **varita mágica** La que se supone con poderes mágicos y que usan los magos y las hadas para sus encantos.

Varsovia (Polonia). Palacio de la Cultura.

VARIZ f. *Med.* Dilatación permanente de una vena, arteria o vaso linfático, acompañada por alteraciones de la túnica vascular, causada por la acumulación de sangre en su cavidad.

VÄRMLAND Condado del SO de Suecia; 17.586 km² y 278.313 h. Capital, Karlstad. Explotación forestal.

VARMUS, HAROLD ELIOT Médico e investigador estadounidense (Oceanside, Nueva York, 1939). En 1989 recibió el premio Nobel de Fisiología y Medicina, compartido con Bishop, por sus trabajos sobre los mecanismos que conducen al desarrollo de los tumores cancerosos.

VARNA Ciudad de Bulgaria, situada a orillas del mar Negro; 301.421 h. Primer puerto del país. Construcciones navales.

VARO, PUBLIO QUINTILIO General romano (?, 58 a. C. - ?, 9 d. C.). Cónsul en el año 13 a. C., fue gobernador en Siria y Germania. Su gobierno despótico provocó un levantamiento de los germanos, que aniquilaron el ejército de Varo (9 d. C.).

VARÓN m. *Biol.* Individuo del sexo masculino. || **SANTO VARÓN** fig. Hombre sencillo, poco avispado. También, en sent. fig., hombre bondadoso.

VARONIL adj. 1 Relativo al varón. 2 Esforzado, valeroso.

VARRACO m. *Zool.* VERRACO.

VARRAQUEAR intr. fig. y fam. VERRAQUEAR.

VARRAQUERA f. fam. VERRAQUERA.

VARRÓN, CAYO TERENCIO Cónsul romano (s. III a. C.). Compartió el consulado con Lucio Emilio Paulo. Fue derrotado por Aníbal en la batalla de Cannas (216 a. C.).

VARRÓN, MARCO TERENCIO Escritor romano (?, 116 - ?, 27 a. C.). Cultivó la poesía y la prosa. De su obra sólo se conservan algunos fragmentos; entre ellos, los tres libros de agricultura *Rerum rusticarum libri III*, y cinco de los veinticinco libros que formaban su *De lingua Latina.*

VARSOVIA *(Warszawa)* Ciudad capital de Polonia y de la provincia de Mazowieckie, a orillas del Vístula; 1.618.468 h. Centro industrial (siderurgia, automóviles, maquinaria agrícola, cerámica, vidrio) y administrativo. Universidad. Unida a Polonia al extinguirse dicha dinastía, se convirtió en sede del reino polaco en 1609. En 1795 fue cedida a Prusia y en 1806, tomada por Napoleón, convirtiéndose en la capital del GRAN DUCADO DE VARSOVIA. Ocupada por los alemanes entre 1939-45.

VARSOVIA, GRAN DUCADO DE *Hist.* Estado polaco independiente fundado por Napoleón (1817), en virtud del tratado de Tilsit. Ocupado por los rusos (1813), el Congreso de Viena lo convirtió en reino, quedando sometido a la soberanía de Rusia (1815).

VARSOVIA, PACTO DE *Hist., Mil.* y *Polít.* Tratado de cooperación mutua, amistad y alianza defensiva, firmado en mayo de 1955 entre la URSS y los países sometidos a su influencia (Albania, República Democrática Alemana, Bulgaria, Checoslovaquia, Hungría, Polonia y Rumania), como respuesta a la ratificación en París de los tratados de la OTAN, especialmente después de la adhesión a este organismo de la República Federal Alemana, en 1954. Albania se retiró del Pacto en 1968. A finales de los años ochenta, los cambios promovidos por la *perestroika* marcaron el final de esta alianza defensiva, que dejó de existir en marzo de 1991.

VARSOVIANO, NA adj. y s. De Varsovia.

VARUNA *Mit.* Uno de los dioses principales de los *Vedas.* Representaba la palabra creadora y se le identificaba con la noche.

VARVA f. *Geol.* Depósito arcilloso que se forma anualmente en los lagos de fusión de los glaciares.

VARVARCO Río de Argentina, que nace en los lagos Varvarco Campos y Varvarco Tapia, y desemboca en el río Neuquén.

VASA, GUSTAVO GUSTAVO I VASA.

VASALLAJE m. 1 *Hist.* Vínculo de dependencia y fidelidad que una persona (vasallo) tenía respecto de otra (señor), en el régimen feudal de la Edad Media europea. 2 *Hist.* Tributo pagado por el vasallo a su señor. 3 Rendimiento, dependencia.

VASALLO, LLA adj. 1 *Hist.* Sujeto a algún señor con vínculo de vasallaje. 2 *Hist.* En el sistema feudal, feudatario, obligado a pagar feudo. || m. y f. 3 *Polít.* Súbdito de un soberano o de cualquier otro gobierno supremo e independiente. 4 fig. Cualquiera que reconoce a otro como superior o que depende de él.

VASAR m. Anaquel, poyete de ladrillo u otros materiales que sobresale de la pared y sirve para poner vasos, platos, etc.

VASARELY, VICTOR Pintor francés de origen húngaro (Pécs, 1908 - París, 1997). Fue uno de los principales creadores del *op-art.* Su obra, encaminada hacia la búsqueda de sensaciones ópticas y cinéticas, tomó como punto de partida la abstracción geométrica.

VASARI, GIORGIO Pintor, escritor y arquitecto italiano (Arezzo, 1511 - Florencia, 1571). Entre sus obras pictóricas destacan la decoración de las salas reales del Vaticano y las estancias del Palacio Viejo de Florencia. Como arquitecto, intervino en la construcción de la villa de Julio III y terminó el palacio de los Uffizi de Florencia. Alcanzó gran celebridad con su obra *Vida de artistas ilustres* (1542-50; ampliada en 1568), considerada la primera historia crítica del arte.

VASCO, CA adj. 1 VASCONGADO. También s. 2 Del País Vasco, región geográfica y comunidad autónoma. También s. 3 Relativo al País Vasco. || m. 4 EUSQUERA.

VASCO, PAÍS Región de Europa que comprende las provincias de Álava, Vizcaya, Guipúzcoa y parte de Navarra, en España, y parte del departamento francés de los Pirineos Atlánticos.

VASCO, PAÍS *(Euskadi* o *Euzkadi)* Comunidad autónoma de España, que comprende las provincias de Vizcaya, Guipúzcoa y Álava; 7.261 km² y 2.100.441 h. Capital, Vitoria-Gasteiz. Situada entre el mar Cantábrico y la depresión del Ebro, está, en su mayoría, accidentada por la cordillera Cantábrica y el extremo O de los Pirineos. Gran parte de la red hidrográfica alavesa desagua en el río Ebro. Otros ríos importantes, que por lo general terminan en grandes rías, son el Bidasoa, Deva, Nervión y Urumea. Cuenta con cultivos de cereales, hortalizas, frutales, olivo y vid. Ganadería vacuna, lanar y porcina. La pesca, actividad tradicional de su economía, ha disminuido desde la crisis de los años setenta. Euskadi es una de las comunidades más industrializadas de España. Sus abundantes yacimientos de hierro, actualmente en vías de agotamiento, permitieron crear unas poderosas industrias siderúrgica y metalúrgica, que facilitaron el desarrollo del sector pesado (astilleros e industria ferroviaria), así como notables industrias químicas, de explosivos y productos farmacéuticos. La crisis económica de mediados de los setenta produjo una desaceleración de la actividad económica que afectó especialmente a los sectores de la siderurgia y naval, que fueron incluidos por el gobierno en sus programas de reconversión industrial. Otras industrias importantes son las de papel, textiles y alimentarias. Destaca la progresiva importancia del sector servicios.

VASCO NÚÑEZ DE BALBOA NÚÑEZ DE BALBOA, VASCO.

VASCOFRANCÉS, PAÍS Región del SO de Francia que comprende las antiguas comarcas de Soule, Labourd y Baja Navarra, pertenecientes actualmente al departamento de Pirineos Atlánticos. Su capital natural es Bayona.

VASCONCELOS, DOROTEO Político salvadoreño (San Vicente, s. XIX). Secretario del presidente de la República, Mariano Prado, ocupó la presidencia del país en el periodo 1848-51.

VASCONCELOS, JOSÉ Filósofo y escritor mexicano (Oaxaca, 1881 - Ciudad de México, 1959). Autor del ensayo filosófico *La raza cósmica* (1925) y de sus memorias en cuatro tomos: *Ulises criollo* (1935), *La tormenta* (1936), *El desastre* (1938) y *El proconsulado* (1939).

VASCONGADAS, PROVINCIAS VASCO, PAÍS.

VASCONGADO, DA adj. 1 De las provincias de Álava, Guipúzcoa y Vizcaya. También s. || m. 2 EUSQUERA.

VASCUENCE adj. y m. EUSQUERA.

VASCULAR adj. 1 *Anat.* Relativo al aparato circulatorio y a los vasos sanguíneos. 2 *Biol.* Relativo a los vasos y conductos de los seres vivos.

VASECTOMÍA f. *Med.* Escisión quirúrgica, total o parcial, del conducto deferente.

VASELINA f. *Quím.* Sustancia crasa, con aspecto de cera, que se obtiene de la parafina y aceites densos del petróleo y se utiliza en farmacia.

VASIJA f. 1 Recipiente que sirve para contener líquidos o alimentos. 2 Conjunto de cubas y tinajas en las bodegas.

VASILIOU, GEORGIOS Político chipriota (Famagusta, 1931). Presidente del país (1988-93), reactivó los contactos con la comunidad turco-chipriota.

VASO m. 1 Pieza cóncava, capaz de contener alguna cosa. 2 Recipiente, generalmente de vidrio y forma cilíndrica, que sirve para beber. 3 Cantidad de líquido que cabe en éste. 4 Embarcación, y especialmente su casco. 5 Bacín. 6 Obra escultórica en forma de jarrón florero o pebetero. 7 *Bot.* Elemento del tejido conductor vegetal formado por células. 8 Casco de las caballerías. 9 *Zool.* Conducto por el que circula en el cuerpo del animal cualquier líquido orgánico, como la sangre o la linfa. || **VASOS COMUNICANTES** *Fís.* Recipientes unidos por conductos que permiten el paso de un líquido de unos a otros.

VASOCONSTRICCIÓN f. *Med.* Estrechamiento de los vasos sanguíneos por contracción de la pared arterial.

VASODILATACIÓN f. *Med.* Ensanchamiento de los vasos sanguíneos, por dilatación de la pared arterial.

VÁSTAGO m. 1 *Bot.* Renuevo o ramo tierno que brota del árbol o planta. 2 *Bot.* Conjunto del tallo y las hojas. 3 fig. Persona descendiente de otra. 4 *Fís.* Varilla, barra que transmite el movimiento a algún mecanismo. 5 *Bot. C. Rica, Col.* y *Venez.* Tallo del plátano.

VÄSTERBOTTEN Condado del N de Suecia; 55.401 km² y 257.803 h. Capital, Umea.

VÄSTERNORRLAND Condado de Suecia; 21.678 km² y 251.884 h. Capital, Härnösand.

VÄSTMANLAND Condado de Suecia; 6.302 km² y 257.661 h. Capital, Västeras.

VASTO, TA adj. Extenso, muy grande.

VÄSTRA GÖTALAND Condado de Suecia; 23.942 km² y 1.486.918 h. Su capital es Göteborg.

VATE m. 1 Poeta. 2 Adivino.

VATER, ABRAHAM Médico y anatomista alemán (Wittemberg, 1684 - íd., 1751). Descubrió las terminaciones dérmicas y epidérmicas de los nervios sensitivos del tacto, que por él se llaman *corpúsculos de Vater,* y descubrió también la *ampolla de Vater,* o dilatación del duodeno.

VATICANO, NA adj. 1 Relativo al monte Vaticano. 2 Relativo a la Ciudad del Vaticano. 3 Perteneciente o relativo al Papa o a la corte pontificia.

VATICANO Una de las colinas sobre las cuales se halla asentada la ciudad de Roma.

VATICANO VATICANO, CIUDAD DEL.

VATICANO, CIUDAD DEL *(Stato della Città del Vaticano)* Estado de Europa, en la península Itálica. Está situado en la ciudad de Roma, en la margen derecha del Tíber.

GEOG. Enclavado en la ciudad de Roma, el Estado Ciudad del Vaticano comprende la basílica y plaza de San Pedro, el palacio y jardines del Vaticano, y fuera de su recinto, cierto número de iglesias y palacios romanos, como Santa María la Mayor, San Juan de Letrán y San Pablo Extramuros, la Universidad Gregoriana, así como la residencia veraniega de Castelgandolfo. Sus recursos económicos proceden fundamentalmente del turismo.

HIST. El Estado de la Ciudad del Vaticano se constituyó en 1929 mediante el tratado de Letrán, suscrito por Pío XI y por Mussolini. Pese a su carácter religioso, el Vaticano actúa como un Estado político, si bien las relaciones diplomáticas han variado a lo largo del tiempo debido a la situación política mundial y a los propios pontífices. En ese sentido, el concilio Vaticano II, convocado por Juan XXIII, contribuyó a la adaptación de la iglesia a los Estados y organizaciones internacionales mediante una política abierta y tolerante. Los papas titulares de la jefatura de Estado del Vaticano han sido por orden cronológico Pío XI, Pío XII, Juan XXIII, Pablo VI, Juan Pablo I y Juan Pablo II quien, desde 1978, ocupa el solio pontificio. (Véase ESTADOS PONTIFICIOS.)

Superficie: 0,44 km².
Población: 800 h.
Densidad: 1.818,1 h./km².
Religión: catolicismo.
Idioma: italiano y latín.
Moneda: euro.

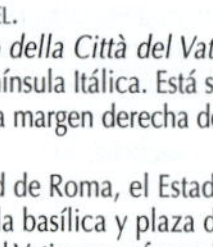

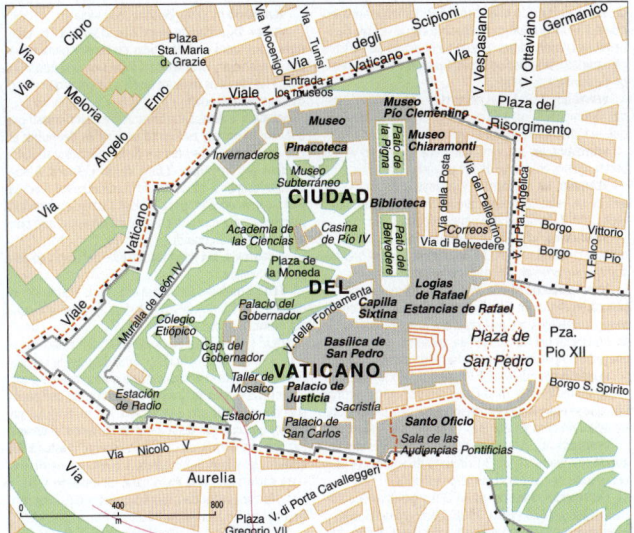

VATICANO I, CONCILIO Hist. y Rel. Vigésimo concilio ecuménico de la iglesia católica (1869-70) convocado por Pío IX mediante la bula *Aeterni patris*. En dicho concilio se proclamó como dogma de fe la infalibilidad papal.

VATICANO II, CONCILIO Hist. y Rel. Vigésimo primer concilio ecuménico de la iglesia católica, celebrado entre octubre de 1962 y diciembre de 1965. Fue convocado por el papa Juan XXIII y se discutieron aspectos como la libertad religiosa, la revitalización de la liturgia y la interpretación de la *Biblia*. Fue clausurado por Pablo VI.

VATICINAR tr. Pronosticar, adivinar, profetizar.

VATICINIO m. Predicción, adivinación.

VATÍMETRO m. Fís. Instrumento para medir la potencia eléctrica de la corriente que atraviesa un circuito.

VATIO m. Metrol. Unidad de potencia en el Sistema Internacional de Unidades, equivalentente a un julio por segundo. Su símbolo es W. Equivale al voltiamperio.

VÄTTERN Lago de Suecia. Es el segundo del país por su extensión (1.899 km²).

VAU, LOUIS LE Arquitecto francés (París, 1612 - íd., 1670). Colaboró en la construcción de Versalles y las Tullerías, pero su obra maestra es el palacio de Vaux-le-Vicomte (1655-61).

VAUBAN, SÉBASTIEN LE PRESTRE DE Ingeniero militar francés (Saint-Léger-Vauban, 1633 - París, 1707). Inventor de un sistema de fortificación militar, adaptada al terreno y a los avances de la artillería.

VAUCLUSE Departamento del SE de Francia, en la región de Provenza-Alpes-Costa Azul; 3.567 km² y 499.685 h. Capital, Aviñón. Rica zona agrícola (vid).

VAUD Cantón occidental de Suiza, fronterizo con Francia, entre los lagos Leman y Neuchâtel; 3.212 km² y 611.613 h. Capital, Lausana. Industria.

VAUDEVILLE (Voz fr.) m. VODEVIL.

VAUGHAN, HENRY Poeta inglés (Llausantffraed, 1621 - íd., 1695). Cantor del despertar espiritual, fue uno de los maestros del llamado misticismo metafísico. Es autor de los poemas místicos recogidos en *Silex Scintillans* (1650).

VAUGHAN, SARAH Cantante de jazz estadounidense (Newark, 1924 - Los Ángeles, 1990). En 1946 inició su carrera como solista, convirtiéndose en la cantante preferida de los músicos del estilo «be-bop».

VAUGHAN WILLIAMS, RALPH Compositor inglés (Down Ampney, 1872 - Londres, 1958). Está considerado el fundador de la escuela nacional británica. Entre sus sinfonías destacan *Sinfonía del mar* (1909) y *Sinfonía de Londres* (1914).

VAUPÉS Río de América del Sur, que nace en el departamento colombiano de su nombre, sirve de límite entre Colombia y Brasil, penetra en este país y desemboca en el río Negro, tributario del Amazonas; 1.126 km de curso.

VAUPÉS Departamento de Colombia; 54.135 km² y 33.142 h. Capital, Mitú. Explotación agrícola y forestal.

VAUQUELIN, NICOLAS LOUIS Químico, mineralogista y biólogo francés (Saint-André-d'Hébertot, 1763 - íd., 1829). Notable analista y mineralogista, descubrió el cromo (1797) y el berilio (1798) y aisló el primer aminoácido, la asparagina.

VAUVENARGUES, LUC DE CLAPIERS, MARQUÉS DE Moralista francés (Aix-en-Provence, 1715 - París, 1747). Postuló una filosofía de la acción, atribuyendo a la intuición la misma validez que a la razón. Escribió *Introduction à la connaissance de l'esprit humain* (1746) y *Discours de la liberté*.

¡VAYA! interj. Véase IR.

VAZ FERREIRA, CARLOS Pensador uruguayo (Montevideo, 1873 - íd., 1958). Rector de la Universidad de Montevideo, con sus ensayos pedagógicos y filosóficos impulsó el pensamiento filosófico de su país.

VAZ FERREIRA, MARÍA EUGENIA Poetisa uruguaya (Montevideo, 1875 - ?, 1924). Forma, junto con Delmira Agustini y Juana de Ibarburu, la gran tríada de las poetisas uruguayas de principios del siglo XX.

VÁZQUEZ, DOMINGO Militar y político hondureño (s. XIX). Ejerció la presidencia de la República en el periodo 1893-94.

VÁZQUEZ, HORACIO Militar y político dominicano (Ciudad Moca, 1860 - Puerto Rico, 1936). Fue presidente provisional de la República (1899 y 1902-03) y presidente constitucional (1924-30).

VÁZQUEZ, SANTIAGO Político uruguayo (Montevideo, 1788 - íd., 1847). Uno de los principales redactores de la Constitución de 1830, a él se debe la ley de abolición de la esclavitud (1842).

VÁZQUEZ DE CORONADO, FRANCISCO Explorador español (Salamanca, 1510 - Nueva Galicia, México, 1554). Fue nombrado gobernador de Nueva Galicia (1538) y llevó a cabo la expedición para la conquista de las «Siete Ciudades de CÍBOLA» (1540-42). En su itinerario descubrió el Gran Cañón del Colorado y los territorios comprendidos entre el Mississippi y las Montañas Rocosas.

VÁZQUEZ DE CORONADO, JUAN Conquistador español (Salamanca, 1523 - en alta mar, 1565). Hermano de Francisco, se distinguió en la conquista de Costa Rica.

VÁZQUEZ DÍAZ, DANIEL Pintor español (Nerva, 1882 - Madrid, 1969). Influido por el cubismo, realizó cuadros de costumbres y, sobre todo, retratos. Su obra maestra son los frescos del monasterio de La Rábida. Fue elegido miembro de la Academia de Bellas Artes de San Fernando en 1949, pero no tomó posesión hasta 1968.

VÁZQUEZ MARTÍNEZ, DAVID Bioquímico español de origen argentino (Tucumán, 1931 - Madrid, 1986). Realizó importantes investigaciones sobre los fundamentos moleculares de la biosíntesis proteica y los mecanismos de acción de los antibióticos. En 1985 recibió el premio Príncipe de Asturias de Investigación Científica y Técnica.

VE f. Antiguo nombre de la letra *v*.

VEBLEN, THORSTEIN BUNDE Economista y sociólogo estadounidense (Walders, 1857 - Menlo Park, 1929). Fundador de la escuela institucionalista americana, elaboró el concepto de *consumo opulento* y influyó en el NEW DEAL.

VECERO, RA adj. Agr. Se dice del vegetal que produce importantes cosechas con intervalo de varios años.

VECINAL adj. Relativo al vecindario o a los vecinos de un pueblo.

VECINDAD f. 1 Calidad de vecino. 2 Vecindario, conjunto de los vecinos. 3 Contorno, cercanías.

VECINDARIO m. Conjunto de los vecinos de un municipio, población, barrio, calle o casa.

VECINO, NA adj. 1 Que habita con otros en un mismo pueblo, barrio o casa. También s. 2 fig. Cercano.

VECTOR m. 1 Fís. Magnitud física (velocidad, aceleración, fuerza, etc.) que, para quedar definida, precisa de orientación espacial. En un vector se distinguen: punto de aplicación, dirección, sentido e intensidad. 2 En lenguaje técnico, agente que transporta algo de un lugar a otro. También adj. || **VECTOR DESLIZANTE** Fís. Cada uno de un conjunto de vectores que tienen una recta dada como soporte común. || **VECTOR LIBRE** Mat. Cada una de las clases de vectores equipolentes. || **VECTOR DE POSICIÓN** Mat. El que caracteriza la posición de un punto material.

VEDA f. Espacio de tiempo en que se prohíbe cazar o pescar.

VEDA Rel. Cada uno de los cuatro libros sagrados que constituyen la base del hinduismo. Su nombre es *Rig-Veda*, *Sama-Veda*, *Yajur-Veda* y *Atharva-Veda*. Según la tradición fueron dictados por Brahma y su origen se remonta al II milenio a. C.

VEDADO m. Campo o sitio acotado o cerrado por ley u ordenanza.

VEDANTA Rel. La más importante escuela de brahmanismo. Representa la ortodoxia del hinduismo, y es la que mejor ha desarrollado los UPANISADS.

VEDAR tr. 1 Prohibir por ley, estatuto o mandato. 2 Impedir.

VEDAS VEDA.

VEDEJA f. 1 Cabellera larga. 2 Zool. Melena de león.

VEDETTE (Voz fr.) f. Artista principal de un espectáculo de variedades, teatro, cine, etc.

VÉDICO, CA adj. Relativo a los Vedas.

VEDIJA f. 1 Mechón de lana. 2 Mata de pelo enredada y ensortijada.

VEDISMO m. Rel. Religión más antigua de la India, contenida en los Vedas. Su aparición debe situarse entre, aproximadamente, los siglos XVI y IX a. C. Supone la síntesis entre antiguas concepciones religiosas indoeuropeas y elementos indígenas y ha orientado la posterior evolución del hinduismo.

VEDOIDE adj. Etnol. Se dice de la raza humana australoide distribuida por Sri Lanka y el S de la India, de piel oscura y baja estatura.

VEEDOR, RA adj. 1 Que ve, mira o registra. También s. || m. 2 Visitador, inspector, observador. 3 *Cuba* Guarda rural. 4 *Chile* El que inspecciona el correcto desarrollo de una carrera de caballos.

VEGA f. 1 Geol. Parte de tierra baja, llana y fértil, que ocupa generalmente el fondo de valles amplios en los cursos medio y bajo de los ríos. 2 Agr. *Cuba* Terreno sembrado de tabaco. 3 Geol. *Chile* Terreno muy húmedo.

VEGA Astron. Estrella de primera magnitud de la constelación de la Lira, a una distancia de 26 años luz.

VEGA, GARCILASO DE LA GARCILASO DE LA VEGA.

VEGA, LA Provincia de la República Dominicana; 2.286 km² y 344.721 h. Capital, Concepción de la Vega. Cereales, cacao, café y tabaco.

VEGA CARPIO, FÉLIX LOPE DE Escritor español (Madrid, 1562 - íd., 1635). Entre su obra poética destacan: *La Dragontea* (1598); *La hermosura de Angélica* (1602) inspirado en un fragmento de *Orlando furioso*; *Rimas* (1602), compuestas por 200 sonetos de temática variada; *Romancero general* (1606); los poemas mitológicos *La Filomena* (1621), *La Andrómeda* (1621) y *La Circe* (1624); *El laurel de Apolo* (1630); *Amarilis* (1633) y *Filis* (1635); *La Gatomaquia* (1634); y la obra misce-

Félix Lope de **Vega Carpio**. Retrato anónimo. Casa Museo Lope de Vega (Madrid).

línea *Rimas humanas y divinas del licenciado Tomé de Burguillos* (1634), en las que parodia las modas literarias de su época. Entre su prosa hay que reseñar la novela pastoril *La Arcadia* (1598), *El peregrino en su patria* (1604), las cuatro *Novelas a Marcia Leonarda* (1621-1624) y *La Dorotea* (1632). Fue un auténtico renovador teatral y fijó los esquemas dramáticos de la llamada «comedia nueva española» en su *Arte nuevo de hacer comedias en este tiempo* (1605), reacción frente a la preceptiva clasicista del momento. De su vasta obra dramática resultan particularmente memorables: *Peribáñez y el comendador de Ocaña* (1605-08), *Los melindres de Belisa* (1606-08), *El villano en su rincón* (1611), *La dama boba* (1613), la comedia de enredo *El perro del hortelano* (1612-15) y *Fuenteovejuna* (1612-14).

Vega Real, La Cibao.

Vegas, Las Las Vegas.

vegetación f. *Bot.* Conjunto de los vegetales y asociaciones propios de un paraje o región, o existentes en un terreno determinado, que ejercen entre sí múltiples influencias. || **vegetación adenoidea** *Med.* Hipertrofia de las amígdalas faríngea y nasal y, sobre todo, de los folículos linfáticos de la parte posterior de las fosas nasales.

vegetal adj. **1** Que vegeta. **2** Relativo a las plantas. || m. *Bot.* **3** Ser vivo constituido por células complejas que se agrupan formando tejidos, aparatos y sistemas, y que realiza la fotosíntesis.

vegetar intr. **1** *Bot.* Germinar, nutrirse y crecer las plantas. También prnl. **2** *Med.* Vivir inconsciente una persona. **3** fig. Disfrutar voluntariamente de vida tranquila, exenta de trabajos o cuidados.

vegetarianismo m. Régimen alimenticio que consiste en alimentarse únicamente de vegetales.

vegetariano, na adj. **1** Se dice de la persona que practica el vegetarianismo. También s. **2** Perteneciente o relativo al vegetarianismo.

vegetativo, va adj. **1** Que vegeta. **2** *Bot.* Se dice de la estructura vegetal que no tiene función reproductora. **3** *Bot.* Relativo al tipo de reproducción en que no intervienen células sexuales.

veguer m. **1** Magistrado que en Aragón, Cataluña y Mallorca ejercía la misma jurisdicción que el corregidor en Castilla. **2** En Andorra, cada uno de los dos delegados de las soberanías protectoras.

veguero, ra adj. **1** Relativo a la vega. || m. y f. **2** Persona que cultiva una vega. **3** Cigarro puro hecho de una sola hoja de tabaco enrollada.

vehemente adj. **1** Que mueve o se mueve con ímpetu y violencia, u obra con mucha fuerza y eficacia. **2** Se dice de lo que se siente o se expresa con viveza e ímpetu. **3** Se dice de la persona que siente o se expresa de ese modo.

vehículo m. **1** Medio de transporte de personas o cosas. **2** fig. Lo que sirve para conducir o transmitir fácilmente una cosa, como el sonido, la electricidad, los contagios, etc. **3** *Quím.* Sustancia, generalmente inerte, que sirve de soporte a otra para facilitar su manejo. || **vehículo espacial** *Astronáut.* nave espacial.

Veil, Simone Abogada y política francesa (Niza, 1927). En los años setenta ocupó varias veces la cartera de Sanidad. Ha sido miembro del Parlamento Europeo desde 1979 y presidenta del mismo con el apoyo de liberales y conservadores. Desde 1993 ocupa las carteras de Sanidad, Asuntos Sociales y Ciudad, con la categoría de ministra de Estado.

veinte adj. *Mat.* **1** Dos veces diez. **2** Vigésimo, ordinal. También s. || m. **3** Conjunto de signos y cifras con que se representa el número veinte.

veinteavo, va adj. y m. *Mat.* Cada una de las veinte partes iguales en que se divide un todo.

veinteno, na adj. *Mat.* **1** Vigésimo, ordinal. **2** Cada una de las veinte partes en que se divide un todo. También f. || f. **3** Conjunto de veinte unidades.

veinticinco adj. *Mat.* **1** Veinte y cinco. **2** Vigésimo quinto. También s. || m. **3** Conjunto de signos o cifras con que se representa el número veinticinco.

Veinticinco de Mayo *Hist.* Fecha memorable en la historia argentina. En este día de 1810 los patriotas impusieron al cabildo porteño la primera junta autónoma de las Provincias del Río de la Plata, presidida por Cornelio Saavedra y de la que también formaba parte Belgrano.

veinticuatro adj. *Mat.* **1** Veinte y cuatro. **2** Vigésimo cuarto. También s. || m. **3** Conjunto de signos o cifras con que se representa el número veinticuatro. **4** Regidor de ayuntamiento en algunas ciudades de Andalucía.

veintidós adj. *Mat.* **1** Veinte y dos. **2** Vigésimo segundo. También s. || m. **3** Conjunto de signos o cifras con que se representa el número veintidós.

Veintimilla, Ignacio de Militar y político ecuatoriano (Quito, 1828 - Perú, 1908). Ministro de Guerra y Marina durante el gobierno de Jerónimo Carrión, fue presidente de la República en el período 1876-83.

veintinueve adj. *Mat.* **1** Veinte y nueve. **2** Vigésimo nono. También s. || m. **3** Conjunto de signos o cifras con que se representa el número veintinueve.

veintiocho adj. *Mat.* **1** Veinte y ocho. **2** Vigésimo octavo. También s. || m. **3** Conjunto de signos o cifras con que se representa el número veintiocho.

veintiséis adj. *Mat.* **1** Veinte y seis. **2** Vigésimo sexto. También s. || m. **3** Conjunto de signos o cifras con que se representa el número veintiséis.

veintisiete adj. *Mat.* **1** Veinte y siete. **2** Vigésimo séptimo. También s. || m. **3** Conjunto de signos o cifras con que se representa el número veintisiete.

veintitantos, tas adj. y pron. indet. Veinte y algunos más, sin llegar a treinta.

veintitrés adj. *Mat.* **1** Veinte y tres. **2** Vigésimo tercio. También s. || m. **3** Conjunto de signos o cifras con que se representa el número veintitrés.

veintiún adj. Apócope de veintiuno. Se antepone siempre al sustantivo.

veintiuno, na adj. *Mat.* **1** Veinte y uno. **2** Vigésimo primero. También s. || m. **3** Conjunto de signos o cifras con que se representa el número veintiuno.

vejamen m. **1** Acción y efecto de vejar; vejación. **2** Discurso o composición poética de índole burlesca que se pronunciaba en las universidades y academias.

vejar tr. Maltratar, humillar, perseguir a alguien, perjudicarle o hacerle padecer.

vejatorio, ria adj. Se dice de lo que veja o puede vejar.

vejestorio m. desp. Persona muy vieja.

vejez f. **1** Calidad de viejo. **2** Edad senil. **3** fig. Achaques o actitudes características de las personas ancianas. || **a la vejez, viruelas** expr. Expresión con que se indica a las personas mayores que hacen cosas que no corresponden a su edad.

vejiga f. **1** *Anat.* Saco muscular y membranoso que contiene la orina y está junto a la sínfisis del pubis; en ella desembocan los uréteres de los riñones y se inicia la uretra por un esfínter. **2** *Biol.* vesícula. **3** *Med.* Ampolla formada por la elevación de la epidermis. **4** *Med.* Viruela, enfermedad eruptiva. **5** *Zool.* Cualquier estructura membranosa o muscular, en forma de saco, que contiene un gas o un líquido.

vejigatorio, ria adj. *Farm.* Se dice del emplasto para levantar vejigas.

Vejle Condado de Dinamarca, en la región de Jutlandia; 2.997 km² y 342.597 h. Su capital es la ciudad del mismo nombre.

vela[1] f. **1** Acción y efecto de velar[1]. **2** Tiempo que se vela. **3** Asistencia por horas o turno delante de la eucaristía. **4** Cilindro o prisma de cera u otra materia grasa, atravesado longitudinalmente por un cordón que puede encenderse y dar luz. **5** velatorio. || f. pl. **6** fig. y fam. Mocos que cuelgan de la nariz de los niños. || **en vela** loc. adv. Sin dormir, o con falta de sueño. || **estar a dos velas** fr. fig. y fam. Sufrir carencia o escasez de dinero. || **no darle a uno vela en, o para, un entierro** fr. fig. y fam. No darle autoridad, motivo o pretexto para que intervenga en un asunto.

vela[2] f. (Del lat. *vela*, plural de *velum*.) f. **1** *Mar.* Conjunto o unión de paños o piezas de lona o lienzo fuerte, que, cortados de diversos modos y cosidos, se amarran a las vergas para recibir el viento que mueve la nave. **2** toldo. **3** fig. Barco de vela. **4** *Dep.* Deporte náutico que consiste en recorrer determinado trayecto en una embarcación de vela. Es un deporte olímpico. || **a toda vela** loc. adv. Navegando con todas las velas desplegadas. También, realizar algo con rapidez. || **recoger velas** fr. fig. Moderarse, contenerse.

Vela *Astron.* Constelación del hemisferio Sur.

Vela, Arqueles Escritor mexicano (Tapachula, 1899 - Ciudad de México, 1977). Su utilización de elementos característicos del futurismo ejerció una gran influencia en la narrativa mexicana. Autor de novelas como *El café de nadie* (1926), *La volanda* (1956) y *El picaflor* (1961).

velación[1] f. Acción o efecto de velar[1].

velación[2] f. Ceremonia que se celebraba en la misa posterior a la boda, que consistía en cubrir con un velo a los cónyuges. Más en pl.

velada f. **1** Reunión nocturna de varias personas para divertirse. **2** Sesión musical, deportiva o literaria que tiene lugar por la noche.

velador m. Mesita de un solo pie, generalmente redonda.

veladura f. *Pint.* Tinta transparente que se da para suavizar el tono de lo pintado.

velamen m. **1** *Mar.* Conjunto de velas[2] de una embarcación. **2** *Bot.* Epidermis suberosa que recubre las raíces aéreas de algunas orquídeas epífitas.

velar[1] (Del lat. *vigilare.*) intr. **1** Estar sin dormir el tiempo destinado para el sueño. **2** Asistir por horas o turnos delante de la eucaristía. También prnl. **3** Asistir de noche a un enfermo o permanecer al lado de un difunto.

velar[2] (Del lat. *velare*, de *velum*, velo.) tr. **1** Cubrir con velo. También prnl. **2** fig. Cubrir, ocultar, atenuar o disimular una cosa. **3** *Fot.* Borrarse una fotografía por exceso de luz. Más como prnl. **4** *Pint.* Dar veladuras.

velar[3] adj. **1** *Anat.* Relativo al velo del paladar. **2** *Fon.* Se dice del sonido cuya articulación se caracteriza por la aproximación o contacto del dorso de la lengua y del velo del paladar. **3** *Fon.* Se dice de la letra que representa este sonido, como la *u* y la *k*. También f.

velarizar tr. y prnl. *Fon.* Dar articulación o resonancia velar a vocales o consonantes no velares; convertir en velar el sonido que no lo es.

Velasco, José María Pintor mexicano (Temascalcingo, 1840 - Guadalupe, 1912). Notable paisajista, describió la naturaleza y las costumbres de su país.

Velasco, José Miguel de Militar y político boliviano (Santa Cruz de la Sierra, 1795 - íd., 1859). Luchó por la independencia. Elegido presidente provisional (1839), fue derrotado por los partidarios de Santa Cruz y desterrado. En 1848 asumió de nuevo el poder, pero fue derrotado por Belzú.

Velasco, Luis de Político español (Carrión de los Condes, 1511 - Ciudad de México, 1564). Segundo virrey de Nueva España, fomentó las obras públicas y fundó la Universidad de México (1552).

Velasco Alvarado, Juan Militar y político peruano (Piura, 1910 - Lima, 1977). En 1968 dirigió el golpe de Estado que derrocó a Belaúnde Terry y asumió la presidencia del país hasta 1975.

Zonas de **vegetación** de la Tierra.

- zona glacial
- tundra
- taiga
- bosque caducifolio
- estepas y praderas
- bosque y matorral mediterráneo
- sabana
- selvas tropicales y húmedas
- desiertos

Diego **Velázquez.** *Las hilanderas.* Museo del Prado (Madrid).

Velasco Ibarra, José María Político ecuatoriano (Quito, 1893 - íd., 1979). Ocupó cinco veces la presidencia de su país (1934-35, 1944-47, 1952-56, 1960-61 y 1968-72), siendo derrocado las cinco por diversos golpes de estado.

Velasco Maidana, José María Compositor, director de orquesta y de cine boliviano (Sucre, 1901 - ?, 1989). Como cineasta dirigió *La profecía del lago* (1925) y *Wara-Wara* (1929, perdida). En 1940 fundó la Orquesta Sinfónica Nacional, de la que fue director. Su obra más significativa es el ballet *Amerindia*.

velatorio m. Acto de velar a un difunto.

velazqueño, ña adj. Propio o característico de Diego Velázquez o que tiene semejanza con su estilo.

Velázquez, Diego (Diego Rodríguez de Silva y Velázquez, llamado) Pintor español (Sevilla, 1599 - Madrid, 1660). Exponente máximo del realismo barroco. En 1610 entró en el taller de Francisco Pacheco, con cuya hija, Juana, se casó en 1618. A los 18 años ya era todo un maestro y en 1623 es llamado a Madrid y nombrado pintor de cámara de Felipe IV. La carrera de Velázquez en el círculo real culmina al ser nombrado caballero de la Orden de Santiago (1658). Es sobre todo a partir de 1626 cuando tiene lugar la transformación más radical de su arte. El estudio de la colección real, una de las más ricas de Europa, le permitirá adquirir un profundo conocimiento del arte del pasado, así como de la obra de Rubens, con quien trabó amistad. De esta amplia experiencia, será la pintura veneciana la que más influya en el pintor. En su primer viaje a Italia (1629-31) visita las ciudades de Génova, Milán, Venecia, Ferrara, Roma y Nápoles, y realiza cuadros como *La túnica de José* (1630), *La fragua de Vulcano* (h. 1630). La actividad de Velázquez en los años treinta y cuarenta se centra cada vez más en el retrato, en el que logra una gran naturalidad, elegancia y simplicidad de composición. Lleva a cabo una descripción humana de los personajes de la corte de Felipe IV en obras como *Felipe IV a caballo* (1636), *El príncipe Baltasar Carlos* (1635 ó 1636) y *Don Gaspar de Guzmán, conde-duque de Olivares* (h.1634). Asimismo, retrató a los bufones de la corte y se encargó de la decoración del salón de reinos, para el que realiza *La rendición de Breda* o *Las lanzas* (1635). Tras su segundo viaje a Italia (1649-51), durante el que pinta una docena de retratos, entre ellos el del papa *Inocencio X* (1650), así como dos vistas de la Villa Médicis: *Entrada de la gruta* y *El pabellón de Ariadna* (1650-51) y *La venus del espejo* (1650), comienza la etapa culminante de su carrera, caracterizada por las innovaciones cromáticas y un perfecto dominio del espacio, como muestran los cuadros *Las hilanderas* o *La fábula de Aracne* (h. 1657) y *Las Meninas* (1656), síntesis del retrato de grupo, de escenas de género y del estudio del interior con complejas fuentes de luz, que marca el cénit de su pintura.

Velázquez de Cuéllar, Diego Militar y colonizador español (Cuéllar, 1465 - Santiago de Cuba, 1524). Adelantado de Cuba, fundó las ciudades de Baracoa, Bayamo, Santiago de Cuba y San Cristóbal de La Habana. Organizó expediciones a México y encargó de su conquista a Hernán Cortés.

Velde, Henry Clemens van de V. Van de Velde, Henry Clemens.

Velde, Van de V. Van de Velde.

veleidad f. 1 Voluntad antojadiza o deseo vano. 2 Inconstancia, ligereza.

veleidoso, sa adj. Inconstante, mudable.

velero, ra adj. 1 Se dice de la embarcación muy ligera o que navega mucho. || m. 2 Buque de vela. 3 Avión sin motor para la práctica del vuelo a vela o sin motor.

veleta f. 1 Pieza metálica giratoria que, colocada en lo alto de un edificio, sirve para señalar la dirección del viento. 2 fig. Persona inconstante y mudable.

Veleyo Patérculo, Cayo Historiador latino (?, 19 a. C. - Roma, 32 d. C.). Autor de una historia de Roma, *Vellei Paterculi ad M. Vicinium libri duo*.

vello m. 1 Pelo corto y suave que sale en algunas partes del cuerpo humano. 2 Pelusilla de que están cubiertas algunas frutas y plantas.

vellocino m. vellón¹, lana y cuero.

vellocino de oro *Mit.* Vellón del carnero alado, sobre el que Hele y Frixo consiguieron salvarse de ser sacrificados por su padre. La expedición de los Argonautas organizada por Jasón para la conquista del vellocino de oro logró su objetivo gracias a la ayuda de Medea.

vellón¹ (Del lat. *vellus*.) m. 1 Toda la lana junta de un carnero u oveja que se esquila, o aún conserva la forma de la piel del animal. 2 Vedija de lana.

vellón² (Del fr. *billon*.) m. *Num.* Antigua moneda española de cobre.

vellorita f. *Bot.* 1 Maya, planta. 2 Primavera, planta.

vellosidad f. Abundancia de vello.

vellosilla f. *Bot.* Planta herbácea, vivaz, de la familia compuestas, de flores amarillas.

velludo, da adj. 1 Que tiene mucho vello. || m. 2 Felpa o terciopelo.

velo m. 1 Cortina o tela que cubre una cosa. 2 Prenda femenina hecha de tul, gasa u otra tela delgada con la que en determinadas ocasiones se cubren las mujeres la cabeza. 3 Manto con que cubren la cabeza y la parte superior del cuerpo las religiosas. 4 Banda de tela blanca con que en la misa de velaciones se cubre a los cónyuges. 5 fig. Cualquier cosa delgada o ligera, que encubre más o menos la vista de otra. 6 fig. Pretexto o excusa con que se intenta ocultar o atenuar la verdad. 7 fig. Cosa que encubre o disimula el conocimiento expreso de otra. 8 Aparejo para pescar. || **velo del paladar** *Anat.* Especie de cortina muscular y membranosa que separa la cavidad de la boca de la de la faringe, y termina en el úvula o campanilla. || **correr el velo** fr. fig. Manifestar, descubrir una cosa que estaba oculta. || **correr,** o **echar, un velo** o **un tupido velo sobre** una cosa fr. fig. Callarla, omitirla. || **tomar el velo** fr. Profesar una monja.

Velo, Carlos Director de cine español (Cartelle, Orense 1905 - Ciudad de México, 1989). Exiliado en México por sus ideas republicanas, entre sus obras destacan *Torero* (1956) y *Pedro Páramo* (1966), basada en la novela de Juan Rulfo.

velocidad f. 1 Ligereza, rapidez en el movimiento. 2 *Fís.* Relación entre el espacio recorrido y el tiempo empleado en recorrerlo. 3 *Mec.* Cualquiera de las posiciones motrices en un dispositivo de cambio de velocidades. || **velocidad específica de reacción** *Quím.* Aquella con que transcurre una reacción química en la que la concentración de todos los reaccionantes es la unidad. Representa el factor de proporcionalidad entre la velocidad de reacción y las concentraciones.

velocímetro m. *Mec.* Aparato que en un vehículo indica la velocidad de marcha de éste.

velocípedo m. 1 Vehículo con dos o tres ruedas, una de gran tamaño, que se mueven por medio de pedales. 2 Por extensión, bicicleta.

velocista com. *Dep.* Deportista que participa en carreras de corta distancia, especialmente en atletismo y ciclismo.

velódromo m. Lugar destinado para carreras en bicicleta.

velomotor m. 1 Bicicleta provista de un motor propulsor. 2 Especie de motocicleta de pequeña cilindrada.

velón m. 1 Aumentativo de vela¹. 2 Lámpara de metal, para aceite, compuesta de un vaso con uno o varios mecheros.

velorio¹ (De *velar¹*.) m. 1 Reunión nocturna que se celebraba en las casas de los pueblos a propósito de alguna faena doméstica, como hilar, matar el puerco, etc. 2 velatorio.

velorio² (De *velar²*.) m. Ceremonia de tomar el velo una religiosa.

veloz adj. 1 Ligero, rápido en el movimiento. 2 Ágil y pronto en lo que ejecuta o discurre.

velvetón m. Tela de algodón parecida al terciopelo.

vena f. 1 *Anat.* Vaso o conducto por donde vuelve al corazón la sangre que ha corrido por las arterias. 2 *Bot.* Nervio de las hojas de la planta. 3 *Bot.* Fibra de la vaina de ciertas legumbres. 4 *Geol.* Faja de tierra o piedra que se distingue del resto de la masa en que se encuentra. 5 *Geol.* Conducto natural por donde circula el agua subterránea. 6 *Mín.* Filón metálico. 7 Lista ondulada o ramificada de ciertas piedras y maderas. 8 fig. Inspiración poética. 9 fig. Humor, disposición variable del ánimo. || **vena basílica** *Anat.* La que pone en comunicación la vena cava superior con la inferior. || **vena ácigos** *Anat.* Una de las superficiales del brazo. || **vena cardíaca** o **coronaria** *Anat.* Cada una de las que coronan la aurícula derecha del corazón. || **vena cava** *Anat.* Cada una de las dos venas mayores del cuerpo, una superior o descendente y otra inferior o ascendente, que desembocan en la aurícula derecha del corazón. || **vena cefálica** *Anat.* La superficial y lateral del brazo. || **vena porta** porta. || **vena safena** safena. || **vena subclavia** subclavia. || **vena yugular** yugular¹. || **darle** a uno **la vena** fr. fig. y fam. Ejecutar una acción súbita e impensada. || **estar** uno **en vena** fr. fig. y fam. Estar inspirado.

venablo m. Dardo o lanza corta.

venada f. Ataque de locura.

venado m. 1 *Zool.* Ciervo. 2 vulg. Loco, chiflado.

Venamo Río de Venezuela, Estado de Bolívar. Sirve, en parte, de frontera con Guyana. Es afluente del Cuyuní.

venático, ca adj. fam. Venado, algo loco.

venatorio, ria adj. Relativo a la montería.

vencedero, ra adj. Sujeto a vencimiento.

vencedor, ra adj. y s. Que vence.

vencejo¹ (Del lat. *vincículum*, de *vincīre*, atar.) m. Lazo o ligadura con que se ata una cosa, especialmente los haces de las mieses.

vencejo² (De *oncejo*, alterado desde antiguo por confusión con *vencejo*, ligadura.) m. *Zool.* Nombre de varias especies de aves apodiformes de la familia apódidos, género *Apus*, caracterizadas por sus alas largas en forma de guadaña de color negro, su cola corta y su resistencia para mantenerse en vuelo.

vencer tr. 1 Derrotar, rendir al enemigo. 2 Rendir a uno aquellas cosas físicas o morales a cuya fuerza resiste difícilmente la naturaleza, como por ejemplo el sueño, la pasión, etc. También prnl. 3 Aventajar o salir preferido en competencia o comparación con otros. 4 Sujetar o rendir las pasiones y afectos, reduciéndolos a la razón. 5 Superar las dificultades. 6 Prevalecer una cosa sobre otra. 7 Atraer o reducir una persona a otra de modo que siga su dictamen o deseo. 8 Cumplir un término o plazo. 9 Terminar o perder su obligatoriedad un contrato.

Venceslao Wenceslao.

vencetósigo m. *Bot.* Planta perenne perteneciente a la familia asclepiadáceas de flores pequeñas y blancas y raíz medicinal, de olor parecido al del alcanfor.

vencida f. Acto de vencer o de ser vencido.

vencimiento m. fig. 1 Inclinación, torcimiento. 2 fig. Cumplimiento del plazo de una deuda, obligación, etc.

venda f. Tira de tela, gasa, etc., que sirve para ligar un miembro o para sujetar los apósitos aplicados sobre una llaga, contusión, etc. || **caérsele** a uno **la venda de los ojos** fr. Desengañarse. || **tener** uno **una venda en los ojos** fr. fig. Desconocer la verdad.

Venda Antiguo bantustán de la República Sudafricana, en la frontera con Zimbabwe. Le fue concedida la independencia en 1979, que no fue reconocida por la ONU. En 1994 se reintegró a Sudáfrica y fue incorporado a la provincia de Transvaal Septentrional.

vendaje m. Ligadura con vendas. || **vendaje enyesado** *Med.* El preparado con yeso, que se emplea en las fracturas para inmovilizar los huesos.

Venecia (Italia). Gran Canal.

VENDAR tr. **1** Atar, ligar o cubrir con una venda. **2** fig. Poner un impedimento o estorbo al conocimiento o a la razón.

VENDAVAL m. *Meteor.* Viento fuerte y sostenido que no llega a ser temporal declarado, especialmente el que sopla del Sur con tendencia al Oeste.

VENDEDOR, RA adj. y s. Que vende.

VENDÉE Departamento del O de Francia, en la región del País del Loira, junto al Atlántico; 6.720 km² y 539.654 h. Capital, La Roche-sur-Yon. Destacada producción agrícola. Criaderos de mejillones y ostras. Yacimientos mineros. Son célebres las guerras que sostuvieron sus habitantes, monárquicos en su mayoría, contra los partidarios de la Revolución Francesa.

VENDER tr. **1** Traspasar a otro por el precio convenido la propiedad de lo que uno posee. **2** fig. Faltar uno a la confianza o amistad que debe a otro. || prnl. **3** Dejarse sobornar **4** fig. Descubrir inadvertidamente algo que se quiere tener oculto. || **estar vendido** uno fr. fig. Estar en peligro. || **vender cara** una cosa a uno fr. fig. Hacer que le cueste mucho trabajo conseguirla. || **venderse** uno **caro** fr. fig. Prestarse con dificultad al trato con los demás.

VENDETTA (Voz it.) f. Enemistad por una muerte o una ofensa, que se transmite a toda la familia de la víctima.

VENDIMIA f. **1** *Agr.* Recolección y cosecha de la uva. **2** *Agr.* Tiempo en que se hace.

VENDIMIAR tr. *Agr.* Recoger el fruto de las viñas.

VENDIMIARIO m. *Hist.* Primer mes del calendario republicano francés, cuyos días primero y último coincidían, respectivamente, con el 22 de septiembre y el 21 de octubre.

VENDÔME Ciudad de Francia, departamento de Loir-et-Cher; 18.218 h. Importante conjunto histórico-artístico.

VENDÔME, LOUIS-JOSEPH DE BOURBON, DUQUE DE Príncipe y general francés (París, 1654 - Vinaroz, 1712). Llamado al mando de las tropas hispanofrancesas por Felipe V en la guerra de Sucesión española, le restableció en el trono de Madrid al obtener la victoria en Villaviciosa de Tajuña (1710).

VENECIA 1 Provincia de Italia, en la región del Véneto; 2.460 km² y 820.052 h. **2** Ciudad capital del Véneto y de la provincia de su nombre, en el Adriático; 309.422 h. Se levanta en la laguna veneciana sobre un grupo de islotes divididos por numerosos canales. Constituye uno de los centros turísticos más importantes de Italia. Entre sus principales monumentos cabe citar la catedral de San Marcos (siglo XI), de estilo bizantino; el palacio Ducal (siglos XIV-XV), el palacio de Ca' d'Oro (siglos XII-XIV), numerosas iglesias y destacados museos. La actividad industrial está localizada en Mestre y Marghera. Refinería de petróleo. Importante puerto. Universidad. Desde la Edad Media fue capital de una República poderosísima. En 1797 fue conquistada por Napoleón y anexionada a Austria. No se integró en el reino de Italia hasta 1866.

VENECIA, CONJURACIÓN DE *Hist.* Falsa conspiración (1618), inventada por la Señoría veneciana para conseguir que el rey de España alejara de sus cargos al duque de Osuna, virrey de Nápoles, al marqués de Villafranca, gobernador del Milanesado, y al embajador en Venecia, marqués de Bedmar, personajes que tenían demasiada influencia en Italia, y que la utilizaban en contra del poderío veneciano.

VENECIA, GOLFO DE Amplio entrante al N del mar Adriático, entre la desembocadura del Po y la península de Istria.

VENECIA EUGANEA *Geog. hist.* Nombre que, tras la Primera Guerra Mundial, llevó el actual Véneto, con la excepción de la provincia de Udine.

VENECIA JULIA *Geog. hist.* Nombre que, tras la Primera Guerra Mundial, recibió la región italiana comprendida por las provincias de Fiume, Gorizia, Pula, Trieste, Udine y Zara. Después de la Segunda Guerra Mundial, Italia entregó a Yugoslavia, actual Serbia y Montenegro, la mayor parte de estos territorios.

VENECIA TRENTINA o **TRIDENTINA** *Geog. hist.* Antiguo nombre de TRENTINO ALTO-ADIGIO.

VENECIANA, ESCUELA *Pint.* Escuela pictórica italiana del siglo XVI. Alcanzó una personalidad propia dentro del manierismo. Sus principales representantes fueron Giorgione, Tiziano, Tintoretto y Veronés.

VENECIANO, NA adj. y s. De Venecia.

VENENCIA f. Utensilio para sacar pequeñas cantidades de vino o mosto de una cuba.

VENENO m. **1** *Med.* Cualquier cosa nociva a la salud. **2** *Quím.* Sustancia que, introducida en un organismo ocasiona la muerte o graves trastornos. **3** fig. Cualquier cosa que puede causar un daño moral. **4** fig. Ira, rencor.

VENENOSO, SA adj. *Quím.* Que incluye veneno.

VENERA f. **1** *Zool.* Concha semicircular de dos valvas, de un molusco muy común en los mares de Galicia, la vieira, que los peregrinos que volvían de Santiago solían llevar cosidas en las esclavinas. **2** Insignia distintiva de cada una de las órdenes militares.

VENERABLE adj. **1** Digno de veneración, de respeto. **2** Se dice de las personas de reconocida virtud o condición. **3** Primer título que concede la iglesia católica a las personas en proceso de canonización. También s.

VENERAR tr. **1** Respetar en sumo grado. **2** Dar culto.

VENÉREO, A adj. **1** *Fisiol.* Relativo al placer sexual. **2** *Med.* Se dice de la enfermedad que se contrae, generalmente, por contacto sexual.

VENEREOLOGÍA f. *Med.* Parte de la medicina que trata de las enfermedades venéreas.

VENEREOLÓGICO, CA adj. *Med.* Perteneciente o relativo a la venereología.

VENÉRIDO, DA adj. y m. *Zool.* **1** Se aplica al molusco lamelibranquio bivalvo, con el pie muy desarrollado como la almeja. || m. pl. *Zool.* **2** Familia de estos moluscos.

VENERO m. **1** *Geol.* Manantial de agua. **2** *Min.* Yacimiento de sustancias inorgánicas útiles. **3** Raya o línea horaria en los relojes de sol.

VÉNETO, TA adj. **1** De Venecia, o del Véneto. Aplicado a personas, también s. **2** *Hist.* Se dice de varios pueblos antiguos, que vivían en el NE de la península de los Balcanes y, sobre todo, de los que vivían en el NE de Italia en los últimos siglos a. C. Más como m. pl. **3** Se dice también de sus individuos. También s. **4** Relativo a este pueblo.

VÉNETO Región del NE de Italia, entre los Alpes Dolomitas y el Adriático; 18.363 km² y 4.426.730 h. Capital, Venecia. Cereales, vid, frutales. Turismo. Comprende las provincias de Belluno, Padua, Rovigo, Treviso, Venecia, Verona y Vicenza. En la Antigüedad estuvo habitada por los vénetos y en el 49 a. C. obtuvieron de Julio César la ciudadanía romana. Durante las invasiones de los bárbaros, sus habitantes se refugiaron en las islas de la laguna, dando así origen a la ciudad de VENECIA.

VENEZOLANO, NA adj. y s. De Venezuela.

VENEZUELA *(República Bolivariana de Venezuela)* Estado de América del Sur que limita al N con el mar Caribe; al E, con el Atlántico y Guyana; al S, con Brasil y Colombia, y al O, con Colombia.

GEOG. Geografía física. Entre el Caribe y la Amazonia, entre el Atlántico y los Andes, Venezuela es uno de los países más ricos de Sudamérica en recursos naturales. La cordillera andina accidenta todo el N del país, desde la península de Paria hasta la sierra de Mérida, donde se encuentran las máximas alturas (Bolívar, 5.002 m), para continuarse posteriormente en Colombia. En el resto del país domina el paisaje horizontal, aun cuando algunas sierras del S superan los 2.000 m (Roraima, 2.810 m). La hidrografía está dominada por el gran eje del Orinoco y sus afluentes. Este río recorre el país de O a E, hasta desembocar en el Atlántico formando un enorme delta. Alguno de sus afluentes vence los desniveles por medio de grandes cataratas, destacando el Salto del Ángel (972 m), la más alta del mundo. El clima varía desde el ecuatorial del S al tropical húmedo, con estación seca, de la mayor parte del país y con las modificaciones que las estribaciones andinas imponen al N y O. La vegetación es de selva ecuatorial en el S y de sabana herbácea en el centro, en la región de Los Llanos.

Geografía humana y económica. La población se concentra en el N, en las sierras próximas al Caribe, y en torno a las capitales regionales. También el curso medio del Orinoco ha visto desarrollar su población en torno a los núcleos de Ciudad Guayana y Ciudad Bolívar. La población es urbana en un 83%. La economía tiene como base la abundancia de materias primas, especialmente las mineras. La agricultura ha ido perdiendo importancia y sólo ocupa un 11% de la población activa. La ganadería sólo tiene importancia en los bovinos, habiéndose formado enormes haciendas en Los Llanos. Es un sector todavía en auge. La explotación maderera tiene un gran desarrollo en el bajo Orinoco, pero la ausencia de comunicaciones ha protegido las principales zonas, en el S. En la minería destaca el petróleo (9° del mundo) y el gas natural (8°), explotado en el lago Maracaibo; la bauxita, diamantes, hierro (10°), oro y las perlas de la isla Margarita. La exportación de estos productos constituye el principal capítulo en la balanza de pagos del país. La industria está poco desarrollada, salvo los sectores relacionados con la minería, como la petroquímica y la siderometalúrgica.

Hist. El periodo precolonial. En las excavaciones realizadas en el N de Venezuela se han hallado los restos más antiguos manufacturados por el hombre en Sudamérica. El territorio venezolano se hallaba dividido por dos tradiciones culturales, la Caribe en las Antillas y N de Venezuela, y la Amazónica en las cuencas del Orinoco y del Amazonas. A lo largo del primer milenio llegó al territorio venezolano el grupo arahuaco, a través del valle del Orinoco, aislando a los grupos más antiguos. Pocos siglos antes del descubrimiento se produjo una nueva llegada de pueblos, esta vez procedentes de las islas antillanas: los caribes. En las orillas del lago Maracaibo los pueblos construían aldeas palafíticas: lo que hizo que los conquistadores, al ver esas construcciones sobre el agua que les recordaban a Venecia, llamaran al territorio Venezuela.

Descubrimiento y colonización. Cristóbal Colón desembarcó en las costas venezolanas el 5 de agosto de 1498. Luego descubrió las islas Margarita y La Blanca.

Superficie: 916.445 km².
Población: 26.467.834 h. (proyección 2005) (venezolanos).

Densidad: 26,4 h./km².
Tasa de natalidad: 22,3‰.
Tasa de mortalidad: 4,9‰.
Capital: Caracas.
Ciudades principales: Maracaibo, Valencia, Barquisimeto, Ciudad Guayana.
Grupos étnicos: mestizos (67%), blancos (21%), negros (10%), indios (2%).
Religión: catolicismo (92,1%), otras (7,1%).
Idioma: español.
Moneda: bolívar.
Forma de Estado: república presidencialista.
Producto Nacional Bruto: 82.096 millones de dólares.
Renta per cápita: 3.530 dólares.
División administrativa: 22 estados, 1 distrito capital y las dependencias federales, según cuadro.

VENEZUELA

Estados *Dependencias federales* *Distrito Federal*	Superficie (km²)	Población (h.)	Capitales
Amazonas	177.617	105.567	Puerto Ayacucho
Anzoátegui	43.300	1.241.768	Barcelona
Apure	76.500	562.947	San Fernando de Apure
Aragua	7.014	1.609.040	Maracay
Barinas	35.200	647.677	Barinas
Bolívar	240.528	1.481.482	Ciudad Bolívar
Carabobo	4.650	2.401.753	Valencia
Cojedes	14.800	298.020	San Carlos
Delta Amacuro	40.200	164.439	Tucupita
Falcón	24.800	789.476	Coro
Guárico	64.986	690.668	San Juan de los Morros
Lara	19.800	1.717.836	Barquisimeto
Mérida	11.300	805.487	Mérida
Miranda	7.950	2.911.718	Los Teques
Monagas	28.900	638.902	Maturín
Nueva Esparta	1.150	425.065	La Asunción
Portuguesa	15.200	943.755	Guanare
Sucre	11.800	860.580	Cumaná
Táchira	11.100	1.104.609	San Cristóbal
Trujillo	7.400	604.120	Trujillo
Vargas	1.496	543.138	La Guaira
Yaracuy	7.100	570.494	San Felipe
Zulia	63.100	3.061.639	Maracaibo
Dependencias Federales	120	2.445	
Distrito Capital	1.930	3.061.699	*Caracas*

Un año más tarde, otra expedición al mando de Alonso de Ojeda, de la que formaban parte Juan de la Cosa y Américo Vespucio, recorrió la costa desde el extremo E hasta el cabo de la Vela. En 1521, Gonzalo de Ocampo fundó Cumaná, y en 1527, Juan de Ampués, Santa Ana de Coro, primera capital de Venezuela. El 27 de marzo de 1528, Carlos V pactó con los Welsers, banqueros alemanes, la conquista y colonización de Venezuela. Ambrosio Alfínger inició la exploración en 1529, y Jorge de Spira, entre 1534 y 1538, llevó a cabo una infructuosa expedición hasta el río Guaviare. Las actividades de los alemanes terminaron en 1546 con la muerte de su último gobernador, Felipe de Hutten. Con Juan de Villegas, nombrado gobernador en 1548, comenzó la verdadera colonización. Tras fundarse las ciudades de El Tocuyo, Nueva Segovia, hoy Barquisimeto; Trujillo, Mérida y San Cristóbal, la conquista quedó consagrada con la fundación, por Diego de Losada y Quiroga, en el poblado de los indios *caracas*, de la ciudad de Santiago de León de Caracas.

El período colonial. En un principio, la colonia dependió de la audiencia de Santo Domingo, pero en 1717 se incorporó al virreinato de Nueva Granada. En 1742, la provincia de Venezuela se separó, por orden del rey, del virreinato de Nueva Granada y se constituyó la Gran Capitanía de las Provincias Unidas de Venezuela. La anexión, efectuada en 1777, de las provincias de Cumaná, Guayana y Maracaibo y las islas Margarita y Trinidad a la Gran Capitanía significó un factor importante de unidad.

La independencia. El primer movimiento independentista, surgido en 1797, estuvo encabezado por Manuel Gual y José María España, y fue abortado por las autoridades españolas. En 1806, Francisco Miranda desembarcó en Coro al frente de una expedición libertadora que fracasó al no encontrar el apoyo necesario de la población. Por fin, un cabildo abierto en Caracas el 19 de abril de 1810, depuso al capitán general Vicente Emparán y nombró una junta. Ésta convocó un congreso nacional que un año más tarde, el 5 de julio de 1811, proclamó la independencia absoluta. Los españoles reaccionaron prontamente, y tras una larga y cruenta guerra por la independencia tomaron prisionero a Miranda, que había sido nombrado generalísimo del ejército realista, y lo enviaron a Cádiz, donde murió en 1816. Entre tanto, Simón Bolívar penetró en Venezuela y, en agosto de 1813, entró triunfante en Caracas, recibiendo el título de Libertador. La contraofensiva de los realistas no se hizo esperar y Bolívar tuvo que abandonar el país. En 1817, Bolívar inició nuevamente la campaña libertadora y estableció su capital en la ciudad de Angostura, hoy Ciudad Bolívar. El 17 de diciembre de 1819, el congreso de Angostura proclamó la constitución de la Gran Colombia, en la que quedaban unidas Venezuela y Nueva Granada. El 24 de junio de 1821, Bolívar ganó la batalla de Carabobo, con la cual se consolidó la libertad de Venezuela, y el 10 de noviembre de 1823 terminaba con el último foco realista al rendírsele la plaza de Puerto Cabello.

La consolidación del país. En noviembre de 1829, Venezuela decidió separarse de la Gran Colombia, hecho que se confirmó en septiembre de 1830, cuando el congreso de Valencia dio al país su nueva constitución como Estado soberano. El 28 de diciembre de ese mismo año era elegido primer presidente de la República de Venezuela el general José Antonio Páez. En 1835 fue elegido el doctor José María Vargas, quien renunció dos años más tarde por causa de una revolución, y le reemplazó el vicepresidente, general Carlos Soublette. Páez acudió en defensa del gobierno y ejerció una función reguladora en los sucesivos gobiernos e incluso volvió a ostentar el poder en los períodos de 1839 a 1843 y de 1861 a 1863. El 28 de marzo de 1864 se promulgó la constitución federal de los Estados Unidos de Venezuela. Tras Juan Antonio Crisóstomo Falcón y José Ruperto Monagas, en 1870 subió al poder Antonio Guzmán Blanco, quien volvió a ocupar la presidencia de 1879 a 1884 y en 1886 y 1887, gobernando el país con energía y habilidad, y reorganizándolo económicamente. En 1892, el general Joaquín Crespo conquistó la presidencia y gobernó hasta 1898, fecha en que hizo elegir presidente al general Ignacio Andrade. El candidato de la oposición, el general José Manuel Hernández, protestó y promovió una revolución. En la lucha fue muerto el ex presidente Crespo. Entonces pasó a primer plano la figura del general Cipriano Castro, quien invadió el país desde Colombia. Ocupó Caracas, junto con su hombre de confianza, Juan Vicente Gómez, y empezó a gobernar como presidente en octubre de 1899. Durante su gobierno, Alemania, Inglaterra e Italia quisieron cobrarse por la fuerza algunas deudas y llegaron a bombardear Puerto Cabello y el fuerte de San Carlos (1903). Se llegó a un arreglo con la intervención de EE UU, que invocó la doctrina Monroe. En 1908, Juan Vicente Gómez se proclamó presidente y gobernó Venezuela con gran dureza y varios intervalos en los que ejercieron el poder presidentes provisionales, hasta su muerte en 1935. Gómez se mantuvo en el poder tanto tiempo, y su dictadura fue hasta cierto punto estable, gracias a la extraordinaria prosperidad económica que proporcionaba la explotación de los grandes yacimientos petrolíferos del país. Tras el gobierno del general Eleazar López Contreras (1935-41), subió al poder el general Isaías Medina Angarita, quien rompió las relaciones diplomáticas con el Eje. El general Medina Angarita fue derrocado el 18 de octubre de 1945 por una sublevación organizada por el partido de Acción Democrática, de tendencia socializante. Se constituyó una junta revolucionaria bajo la presidencia de Rómulo Betancourt. En las elecciones presidenciales de finales de 1947, el candidato de Acción Democrática, Rómulo Gallegos, venció por amplio margen al candidato conservador, aunque no duró mucho su mandato, pues un golpe militar dirigido por el teniente coronel Carlos Delgado Chalbaud le derrocó el 24 de noviembre de 1948. En 1952 alcanzó el poder Marcos Pérez Giménez, quien gobernó el país dictatorialmente hasta que en enero de 1958 un movimiento cívico-militar le derrocó. Le sustituyó una junta de gobierno que dictó una ley electoral y estableció que debían celebrarse elecciones el 7 de diciembre de 1958. En ellas resultó elegido Rómulo Betancourt. En 1964 resultó triunfante Raúl Leoni, a quien sucedió Rafael Caldera en 1969.

La nueva etapa económica. La política de los sucesivos presidentes corría paralela al nuevo encauzamiento de la economía del país. Caldera situó en primer plano la política industrial del país; durante su mandato se descubrieron nuevos yacimientos petrolíferos en los Estados de Anzoátegui, Monagas y Zulia. En las elecciones celebradas en diciembre de 1973 resultó elegido Carlos Andrés Pérez, quien llevó a cabo la nacionalización del petróleo y, junto con la del hierro, marcó un paso trascendental en el futuro económico de la nación. Los resultados electorales de 1978 dieron la victoria a Luis Herrera Campins, candidato de la Democracia Cris-

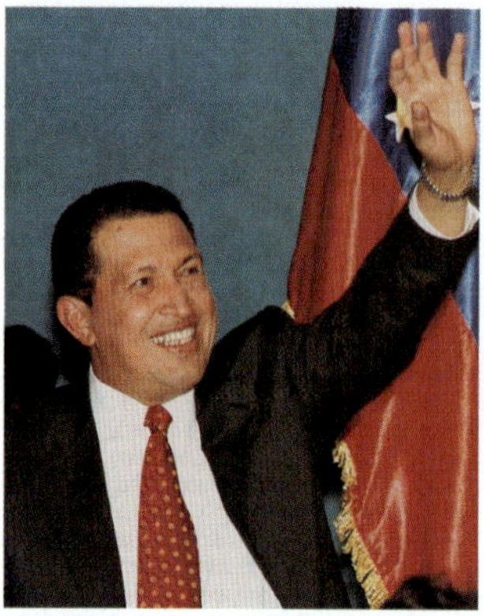

Venezuela. Hugo Chávez, presidente del país desde 1998.

tiana, durante cuyo gobierno se realizaron unas exploraciones en la región sureste, en plena selva amazónica, que concluyeron con el descubrimiento de las mayores reservas de bauxita del mundo, con unos recursos de unos mil millones de toneladas métricas (1980).

La crisis del petróleo. La fuerte bajada de los precios petrolíferos repercutió en la economía del país, que tuvo que cancelar numerosos proyectos industriales y devaluar su moneda en 1983. En las elecciones celebradas en diciembre de este mismo año resultó vencedor, por amplio margen de votos, Jaime Lusinchi, líder del partido Acción Democrática, de carácter socialdemócrata, quien tomó posesión de su cargo el 2 de febrero de 1984, anunciando el programa de austeridad que exigía la crisis económica del país. En 1985 Venezuela tuvo que invocar la cláusula de contingencia para iniciar un nuevo proceso de refinanciamiento de su deuda externa y en diciembre de 1986 el presidente Lusinchi anunciaba de nuevo la necesidad de medidas de ajuste económico para hacer frente a la caída de los ingresos petroleros, a pesar de lo cual, y para frenar la fuerte oposición popular que había visto muy mermado su valor adquisitivo, el presidente decretó, en mayo de 1987, un aumento de salarios entre el 20 y 30% a todos los trabajadores del país. Este mismo año, el partido Acción Democrática eligió como candidato para las siguientes elecciones a Carlos Andrés Pérez, quien, victorioso, asumió la presidencia en febrero de 1989. El gobierno adoptó las medidas recomendadas por el FMI para negociar la deuda: apertura de la economía, que iban acompañadas de un paquete de medidas sociales. El programa significó un aumento de los precios, escasez de los productos y pérdida del poder adquisitivo, lo que provocó graves disturbios. El importante costo social del programa económico que, por otra parte, supuso para el país un crecimiento del 9% en 1991, el mayor de América Latina, fue causa también del fallido golpe militar de febrero de 1992. En 1993, tras la destitución y procesamiento de Carlos Andrés Pérez —condenado en 1996 por malversación de fondos reservados, desviados para financiar la campaña electoral de la presidenta de Nicaragua, Violeta Chamorro en 1991—, triunfó en las elecciones presidenciales Rafael Caldera, de la Democracia Cristiana. El nuevo gobierno tuvo que enfrentarse inmediatamente al problema generado por la crisis del sistema financiero y la corrupción generalizada. Ante el caos social existente, el Ejecutivo tuvo que suspender el 27 de junio de 1994 las garantías constitucionales en todo el país. Pese a que el estado de excepción, admitido de buen grado por la mayoría de la población, fue levantado el 4 de julio de 1995, la situación económica y política aún mostraba evidentes signos de debilidad a finales de ese año. En las elecciones de 1998 venció el Movimiento V República, liderado por Hugo Chávez, quien ocupó la presidencia. En 1999 puso en marcha un ambicioso plan de privatizaciones con el fin de sanear la economía del país, y convocó un referéndum para modificar la Constitución y atribuirse mayores poderes. A finales de ese año el país se vio afectado por un fuerte temporal de lluvias. En agosto de 2000 Chávez resultó revalidado en el cargo tras vencer en las elecciones presidenciales. En diciembre de 2001, empresarios y trabajadores se unieron en un paro nacional para protestar contra la promulgación de 49 decretos-ley que amplían las prerrogativas del Estado sobre la propiedad privada y la economía de mercado. Tras una segunda huelga general en abril de 2002, un golpe militar derrocó a Chávez. Pedro Carmona se colocó al frente de un Gobierno provisional, derogó la legislación vigente y destituyó a los poderes públicos, con lo que perdió el apoyo del Ejército. Se produjeron levantamientos que provocaron la renuncia de Carmona y su sustitución por el vicepresidente de Hugo Chávez, Diosdado Cabello, el cual devolvió el poder al antiguo presidente. Sin embargo, la crisis social y política en el país provocó la convocatoria de una huelga general que mantuvo a Venezuela paralizada desde diciembre de 2002 hasta febrero de 2003. En el referéndum celebrado en 2004, Hugo Chávez resultó confirmado en el cargo.

Venezuela, golfo de Golfo del mar de las Antillas, entre la península de la Guajira (Colombia) y los Estados venezolanos de Falcón y Zulia. Comunica con el lago Maracaibo por la bahía del Tablazo. También es conocido por *Golfo de Maracaibo.*

venganza f. Satisfacción que se toma del agravio o daño recibido.

vengar tr. y prnl. Tomar satisfacción de un agravio o daño.

vengativo, va adj. y s. Inclinado a tomar venganza de cualquier agravio.

venia f. **1** Perdón de la ofensa o culpa. **2** Licencia o permiso pedido para ejecutar una cosa.

venial adj. Se dice de lo que se opone levemente a la ley o precepto y es de fácil remisión.

venida f. **1** Llegada. **2** Regreso.

venidero, ra adj. Futuro, que está por llegar.

venir intr. **1** Caminar una persona o moverse una cosa de allá hacia acá. **2** Llegar una persona o cosa a donde está el que habla. **3** Llegar el tiempo en que algo va a suceder. **4** Deducirse o ser consecuencia una cosa de otra. **5** Empezarse a mover un afecto, pasión o apetito. **6** Figurar en un libro, periódico, etc. **7** Suceder finalmente una cosa. **8** Con la preposición *a* y algunos verbos, equivaler. **9** Con la preposición *a* y ciertos nombres, ejecutar lo que los nombres significan. **10** Seguido de la preposición *en* y un sustantivo, toma la significación del verbo correspondiente a dicho sustantivo. **11** Seguido de la preposición *sobre,* caer. **12** Suceder, sobrevenir. || prnl. **13** Perfeccionarse algunas cosas o constituirse en el estado que deben tener. || **venir rodada** una cosa fr. fig. Suceder casualmente en favor de lo que se intentaba o deseaba. || **venirse abajo una cosa** fr. Caer, destruirse. ♦ IRREG. Véase cuadro.

VENIR

INDICATIVO
Pres.: vengo, vienes, viene, venimos, venís, vienen.
Pret. imperf.: venía, venías, etc.
Pret. indef.: vine, viniste, vino, vinimos, vinisteis, vinieron.
Fut. imperf.: vendré, vendrás, etc.
Condic.: vendría, vendrías, etc.
SUBJUNTIVO
Pres.: venga, vengas, etc.
Pret. imperf.: viniera, vinieras, etc., o viniese, vinieses, etc.
Fut. imperf.: viniere, vinieres, etc.
IMPERATIVO: ven, venid.
PARTICIPIO: venido.
GERUNDIO: viniendo.

Venkataraman, Ramaswamy Político indio (Rajamadan, 1910). Secretario del Partido del Congreso, fue presidente de la República en 1897.

Venn, diagrama de *Mat.* DIAGRAMAS DE VENN-EULER.

venoso, sa adj. *Anat.* **1** Que tiene venas. **2** Relativo a la vena.

venta f. **1** Acción y efecto de vender. **2** Contrato en virtud del cual se transfiere a dominio ajeno una cosa por el precio pactado. **3** Posada en los caminos o despoblados.

Venta, La *Arqueol.* Yacimiento arqueológico olmeca de México, en la zona costera del Estado de Tabasco. En él se conservan restos fechados entre el 800 y el 300 a. C.

Ventadorn, Bernart de Trovador provenzal (?, h. 1145 - Dalon, 1180). Se le considera uno de los principales representantes de la poesía provenzal.

ventaja f. **1** Superioridad de una persona o cosa respecto de otra. **2** Hecho o circunstancia de ir o estar delante de otro en una actividad.

ventajear tr. **1** *Arg., Col., Guat.* y *Urug.* Aventajar, obtener ventaja. **2** Sacar ventaja mediante procedimientos reprobables o abusivos.

ventajero, ra adj. y s. *Arg., Chile, Méx., P. Rico* y *Urug.* VENTAJISTA.

ventajista adj. y s. Se dice de la persona que procura obtener ventaja en los tratos, etc.

ventajoso, sa adj. Se dice de lo que tiene ventaja o la reporta.

ventana f. **1** Abertura que se deja en una pared para dar luz y ventilación. **2** Armazón con que se cierra esa abertura. **3** *Anat.* Cada uno de los orificios de la nariz. **4** *Biol.* Cualquier abertura existente en un órgano, tejido o similar. **5** *Inform.* Espacio rectangular que aparece en la pantalla del monitor. || **ventana oval** *Anat.* Abertura que comunica el oído interno con la cadena de huesecillos. || **ventana redonda** *Anat.* Abertura cubierta por una membrana, entre el oído medio y el interno. || **arrojar,** o **echar,** una cosa **por la ventana** fr. fig. Desperdiciarla o malgastarla.

Ventana, La Sierra de Argentina, provincia de Buenos Aires, al NE de Bahía Blanca.

ventanaje m. Conjunto de ventanas de un edificio.

ventanal m. Ventana grande.

ventanazo m. **1** Golpe fuerte que se da al cerrarse una ventana. **2** Acción de cerrar violentamente las ventanas.

ventanilla f. **1** Diminutivo de VENTANA. **2** Abertura pequeña en despachos y oficinas para comunicar con el público. **3** Abertura provista de cristal que tienen en su costado los coches, vagones del tren y otros vehículos. **4** *Anat.* Orificio de la nariz.

ventanillo m. **1** Postigo pequeño de puerta o ventana. **2** Ventana pequeña o abertura en la puerta exterior de las casas para ver a la persona que llama.

ventar impers. **1** Soplar el viento. || tr. **2** Olfatear algunos animales el viento o un olor. ♦ IRREG. Se conjuga como ACERTAR.

ventarrón m. Viento que sopla con mucha fuerza.

ventear impers. **1** Soplar el viento o hacer aire fuerte. También intr. || tr. **2** Olfatear algunos animales el viento. **3** Poner, sacar o arrojar una cosa al viento para limpiarla.

venteril adj. Propio de la venta, o de ventero o ventera.

ventero, ra m. y f. Persona que tiene a su cargo una venta o posada.

ventilación f. **1** Acción y efecto de ventilar. **2** Abertura que sirve para ventilar un aposento. **3** Corriente de aire que se establece al ventilarlo.

ventilador m. *Tecnol.* Aparato que impulsa o remueve el aire o cualquier otro gas.

ventilar tr. **1** Hacer correr o penetrar el aire en algún sitio. También prnl. **2** Agitar una cosa en el aire. **3** Exponer una cosa al viento. **4** Resolver con rapidez una cuestión. **5** fam. Matar.

ventisca f. **1** *Meteor.* Borrasca de viento o de viento y nieve. **2** Viento fuerte, ventarrón.

ventiscar impers. **1** Nevar con viento fuerte. **2** Levantarse la nieve por la fuerza del viento.

ventisquero m. *Geol.* **1** Zona elevada de las montañas más expuesta a las ventiscas. **2** Masa de nieve o hielo acumulada en ese lugar.

ventolera f. **1** Golpe de viento fuerte y de poca duración. **2** fig. y fam. Vanidad, jactancia. **3** fig. y fam. Pensamiento o determinación inesperada y extravagante.

ventolina f. *Meteor.* Viento leve y variable.

ventorrillo m. **1** Ventorro. **2** Bodegón o casa de comidas en las afueras de una población.

ventorro m. desp. Venta de hospedaje pequeña o miserable.

ventosa f. **1** *Fís.* Pieza cóncava de material elástico que al ser oprimida contra una superficie lisa produce el vacío y queda adherida a ella. **2** *Med.* Vaso o campana que se aplicaba sobre la piel para provocar un efecto de succión con fines curativos. **3** *Zool.* Órgano que tienen ciertos animales en los pies, la boca u otras partes del cuerpo, para adherirse o agarrarse, haciendo el vacío. **4** Abertura para dar paso al aire.

ventosear intr. y prnl. Expeler del cuerpo los gases intestinales.

ventosidad f. **1** Calidad de ventoso o flatulento. **2** Gases intestinales, especialmente cuando se expelen.

ventoso, sa adj.**1** Se dice del día, del tiempo o del lugar en que hace aire fuerte. || m. *Hist.* **2** Sexto mes del calendario republicano francés (del 19 de febrero al 20 de marzo).

ventrecha o **ventresca** f. Vientre de los pescados.

ventrículo m. **1** *Anat.* Cada una de las dos cavidades del corazón, que reciben la sangre de las aurículas y, mediante la contracción de sus paredes musculares, la envían a las arterias. **2** *Anat.* Cada una de las cuatro cavidades del encéfalo de los vertebrados que contienen el líquido cefalorraquídeo y se comunican con el canal de la médula espinal.

ventrílocuo, cua adj. y s. Se dice de la persona que es capaz de hablar sin mover la boca ni los labios, como si la voz saliera del vientre.

ventriloquia f. Arte del ventrílocuo.

ventroso, sa adj. Que tiene abultado el vientre.

ventrudo, da adj. VENTROSO.

Venturari Río de Venezuela, que nace en la sierra de Pacaraima y desemboca en el Orinoco; 563 km de curso.

ventura f. **1** Felicidad. **2** Contingencia, casualidad. **3** Riesgo, peligro. || **buena ventura** BUENAVENTURA. || **a la buena ventura,** o **a la ventura** loc. adv. A lo que depare la suerte.

Venturi, efecto *Fís.* Disminución de la presión de un fluido producida al atravesar éste una zona de sección reducida de un tubo, como consecuencia de un incremento de su energía cinética.

Venturi, Giovanni Battista Físico italiano (Bibiano, 1746 - Reggio, 1822). Sobresalió en el estudio de la mecánica de los fluidos (véase VENTURI, EFECTO y VENTURÍMETRO).

venturímetro m. *Fís.* Tubo provisto de un estrechamiento que se usa para medir el caudal de los líquidos.

venturoso, sa adj. **1** Que tiene buena suerte. **2** Borrascoso, tempestuoso. **3** Que implica o proporciona felicidad.

vénula f. *Anat.* Pequeña vena resultante de la confluencia de varios capilares sanguíneos.

venus f. fig. **1** *Esc.* Representación escultórica de la diosa Venus. **2** fig. Mujer muy hermosa. **3** Deleite sensual o acto carnal.

Venus *Mit.* Diosa latina identificada con AFRODITA.

Venus *Astron.* Planeta interior del Sistema Solar, el segundo en distancia desde el Sol (entre 109 y 107,4 millones de km) y el más brillante del cielo después de la Luna. Es un astro crepuscular, matutino antes del orto del Sol y vespertino tras la puesta de éste. Tiene un diámetro ecuatorial de 12.104 km, una densidad de 5,1 g/cm^3, así como una masa y un volumen 0,815 y 0,88, respectivamente, las de la Tierra. Su periodo de traslación es de 224,7 días y el de rotación de 243 días, en sentido retrógrado. Está rodeado por una densa atmósfera de dióxido de carbono.

Venusia VENOSA.

venusiano, na adj. *Astron.* Relativo al planeta Venus.

venusino, na adj. poét. Relativo a la diosa Venus.

ver[1] (Forma sustantiva de *ver*[2].) m. **1** Sentido de la vista. **2** Apariencia de las cosas materiales o inmateriales. || **a** mi, tu, su, **ver** loc. adv. Según el parecer o dictamen de uno.

ver[2] (Del lat. *vĭdēre.*) tr. **1** Percibir por los ojos los objetos mediante la acción de la luz. **2** Observar, considerar. **3** Visitar a una persona o estar con ella para tratar de algún asunto. **4** Considerar, advertir, reflexionar. **5** Antever, inferir. **6** Conocer, juzgar. **7** Remitir, aludir. **8** Seguido de la preposición *de* y de un infinitivo, intentar, tratar de realizar. **9** Asistir los jueces a la discusión oral de un pleito o causa que han de sentenciar. || prnl. **10** Estar en el sitio a propósito para ser visto. **11** Hallarse en algún estado o situación. **12** Entrevistarse. **13** Darse una cosa a conocer. || **a más ver,** o **hasta más ver** expr. fam. de despedida. || **a ver** expr. Se utiliza para pedir una cosa que se quiere examinar. || **te veo,** o **te veo venir** expr. fam. Se emplea para comunicar a alguien que adivinamos su intención. || **veremos** o **ya veremos** expr. Se usa para diferir la resolución de una cosa, sin concederla ni negarla. || **verse y desearse** uno fr. fam. Costarle mucho conseguir una cosa. ♦ IRREG. Véase cuadro.

VER

INDICATIVO
Pres.: veo, ves, ve, vemos, veis, ven.
Pret. imperf.: veía, veías, etc.
Pret. indef.: vi, viste, etc.
Fut. imperf.: veré, verás, etc.
Condic.: vería, verías, etc.
SUBJUNTIVO
Pres.: vea, veas, vea, veamos, veáis, vean.
Pret. imperf.: viera, vieras, etc., o viese, vieses, etc.
Fut. imperf.: viere, vieres, etc.
IMPERATIVO: ve, ved.
PARTICIPIO: visto.
GERUNDIO: viendo.

vera[1] f. ORILLA[1].

vera[2] f. *Bot.* Árbol perteneciente a la familia zigofiláceas, de nombre científico *Bulnesia arborea* con hojas persistentes y pinnadas, y flores amarillas.

Veracruz Estado de México, en la región del Golfo de México; 71.699 km^2 y 6.856.415 h. Capital, Jalapa Enríquez. Produce cereales, caña de azúcar, tabaco, algodón y cacao. Importantes yacimientos petrolíferos.

Veracruz HEROICA VERACRUZ.

veracruzano, na adj. y s. De Veracruz.

Veragua COSTA RICA, *HIST.*

Veragua, duque de Título otorgado por Carlos I, en 1537, a Luis Colón de Toledo, nieto de Cristóbal Colón.

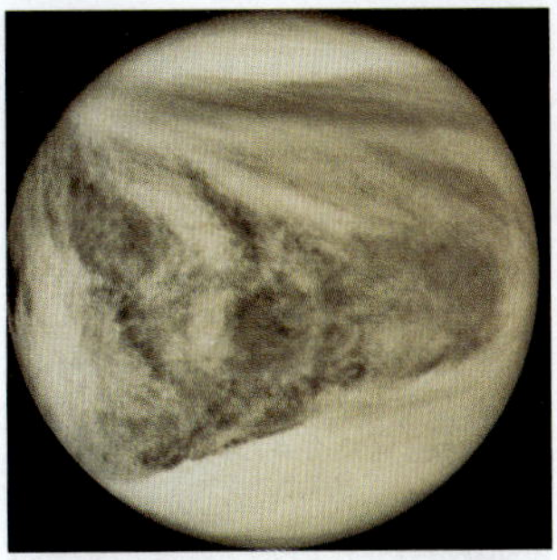

Venus. Fotografía tomada por la sonda Pioneer.

Veraguas Sierra de Panamá, en las provincias de Coclé, Chiriquí y Veraguas. Su punto culminante es el cerro Santiago (2.826 m).

Veraguas Provincia de Panamá; 10.677 km^2 y 209.076 h. Capital, Santiago de Veraguas. Produce café y cacao. Ganadería. Minas de oro, cobre y sal.

Veraguas *Geog. hist.* Antigua región de la costa NO de Panamá, descubierta por Colón en su cuarto viaje.

veraneante adj. y com. Que veranea.

veranear intr. Pasar el verano en alguna parte.

veraneo m. Acción y efecto de veranear.

veraniego, ga adj. Relativo al verano.

veranillo m. **1** Diminutivo de VERANO. **2** Tiempo breve en que suele hacer calor durante el otoño.

verano m. **1** *Astron.* Estación del año que astronómicamente comienza en el solsticio de verano y termina en el equinoccio de otoño. En el hemisferio septentrional comprende los meses de junio, julio y agosto. En el hemisferio austral corresponde a los meses de diciembre, enero y febrero. **2** *Geog.* En las regiones del ecuador, temporada de sequía que dura aproximadamente unos seis meses.

veras f. pl. **1** Realidad, verdad en las cosas que se dicen o hacen. **2** Eficacia, fervor y actividad con que se ejecutan o desean las cosas. || **de veras** loc. adv. Con verdad. También, con formalidad, eficacia o empeño.

veraz adj. Que dice, usa o profesa siempre la verdad.

verba f. Labia, locuacidad.

verbal adj. **1** Se dice de lo que se refiere a la palabra, o se sirve de ella. **2** Que se hace o estipula sólo de palabra, y no por escrito. **3** *Gram.* Relativo al verbo. **4** *Gram.* Se dice de las palabras o partes de la oración que nacen o se derivan de un verbo, como, de *andar: andador* y *andadura.* También m.

verbalismo m. Propensión a fundar el razonamiento más en las palabras que en los conceptos.

Verbano-Cusio-Ossola Provincia de Italia, en la región del Piamonte; 2.255 km^2 y 162.215 h. Su capital es la ciudad del mismo nombre.

verbasco m. *Bot.* GORDOLOBO, planta.

verbena f. **1** *Bot.* Planta herbácea anual perteneciente a la familia verbenáceas, de nombre científico *Verbena officinalis,* con hojas opuestas y flores pequeñas, de varios colores, agrupadas en espigas terminales. **2** Fiesta y feria popular nocturna.

verbenáceo, a adj. y f. *Bot.* **1** Se dice de la planta dicotiledónea leñosa o herbácea, generalmente aromática, como la verbena, la hierba luisa y el sauzgatillo. || f. pl. *Bot.* **2** Familia de estas plantas.

verbenero, ra adj. **1** Perteneciente o relativo a las verbenas populares. **2** Persona aficionada a las verbenas. También s. **3** Por extensión, persona bulliciosa y alegre.

verbi gratia expr. lat. Por ejemplo.

verbigracia Voz con que suele representarse en español la expresión elíptica latina VERBI GRATIA.

Verbitsky, Bernardo Escritor argentino (Buenos Aires, 1907 - íd., 1979). Su obra se inspira en elementos y tipos característicos de Buenos Aires. Entre sus obras merecen destacarse: *La esquina* (1953) y *Un hombre de papel* (1957).

verbo m. *Gram.* **1** Palabra, representación oral de una idea. **2** Clase de palabras que tienen variación de número, persona, tiempo y modo. || **verbo adjetivo** *Gram.* Cualquiera de los verbos, exceptuando *ser,* que es el único sustantivo. || **verbo auxiliar** *Gram.* El que se emplea en la formación de la voz pasiva y de los tiempos compuestos de la activa, como *haber* y *ser.* || **verbo defectivo** *Gram.* Aquel que no se usa en todos los modos, tiempos o personas de que consta esta parte de la oración, como *abolir, soler.* || **verbo deponente** *Gram.* Verbo latino que, con significación de activo, se conjuga por la voz pasiva. || **verbo frecuentativo** *Gram.* Aquel que denota acción frecuentemente reiterada, como *golpear, ojear.* || **verbo impersonal** *Gram.* El que sólo se emplea en la tercera persona, generalmente de singular, de todos los tiempos y modos, en las formas simples y compuestas de infinitivo y gerundio y en la simple de participio, sin referencia ninguna a sujeto elíptico o expreso, como *alborear, llover.* || **verbo intransitivo** *Gram.* El que se construye sin complemento directo, como *nacer, morir, correr.* || **verbo irregular** *Gram.* El que se conjuga alterando la raíz, el tema o las desinencias de la conjugación regular, como *acertar, caber, ir.* || **verbo neutro** *Gram.* VERBO INTRANSITIVO. || **verbo pasivo** *Gram.* Verbo latino que, conjugándose como activo, denota pasión en sentido gramatical. || **verbo pronominal** *Gram.* El que se construye en todas sus formas con pronombres reflexivos. Hay verbos exclusivamente pronominales, como *arrepentirse.* Otros adoptan determinados matices significativos o expresivos en las formas reflexivas: *caerse, morirse,* frente a las no reflexivas: *caer, morir.* || **verbo recíproco** *Gram.* Aquel que denota reciprocidad o cambio mutuo de acción entre dos o más personas, animales o cosas, llevando siempre por complemento un pronombre personal, como por ejemplo *tutearse, repelerse,* etc. || **verbo reflejo** o **reflexivo** *Gram.* VERBO PRONOMINAL. || **verbo regular** *Gram.* El que se conjuga sin alterar la raíz, el tema o las desinencias de la conjugación a que pertenece, como *amar, temer, partir.* || **verbo sustantivo** *Gram.* Verbo *ser,* único que expresa la idea de esencia o sustancia sin denotar, como los demás verbos otros atributos o formas de ser. || **verbo terciopersonal** *Gram.* TERCIOPERSONAL. || **verbo transitivo** *Gram.* El que se construye con complemento directo.

Verbo *Teol.* Hijo de Dios, segunda persona de la Santísima Trinidad.

verborrea f. fam. Palabrería excesiva.

verbosidad f. Tendencia a utilizar más palabras de las necesarias para expresar una idea.

verboso, sa adj. Abundante y copioso de palabras.

Vercelli **1** Provincia de Italia, en la región del Piamonte; 2.088 km^2 y 182.501 h. **2** Ciudad capital de la misma, a orillas del Sesia; 49.458 h. Centro comercial (arroz). Industria textil. Victoria del general romano Mario sobre los cimbrios en el año 101 a. C.

Vercingétorix Caudillo galo (? - ?, 46 a. C.). En el año 52 dirigió un levantamiento general contra la dominación romana. Fue sitiado en Alesia, capturado y conducido a Roma, en donde se le dio muerte tras seis años de prisión.

verdacho m. Arcilla teñida naturalmente de color verde claro por el silicato de hierro, y que se usa para la pintura al temple.

verdad f. **1** Conformidad de las cosas con el concepto que de ellas forma la mente. **2** Conformidad de lo que se dice con lo que se siente o se piensa. **3** Juicio o proposición que no se puede negar racionalmente. **4** Cualidad de veraz. **5** Expresión clara y directa que se utiliza para corregir o reprender a alguien. Se usa principalmente en pl. **6** Realidad, existencia real de una cosa. || **verdad de Perogrullo** fam. PEROGRULLADA. || **verdades como puños** fig. y fam. Verdades evidentes. || **bien es verdad** expr. Se usa contraponiendo una cosa a otra, como que no impide o estorba el asunto, o para exceptuarlo de una regla general. || **de verdad** loc. adv. Se emplea para asegurar la certeza y realidad de una cosa. || **en verdad** loc. adv. De modo verdadero. || **faltar** uno **a la verdad** fr. Decir lo contrario de lo que se sabe. || **la verdad,** o **las verdades, amarga,** o **amargan** expr. fig. Se utiliza para significar el disgusto que causa a uno el que le pongan de manifiesto sus desaciertos o defectos. || **una verdad como un templo** expr. fig. y fam. Aquella que es evidente, o la que se tiene por tal.

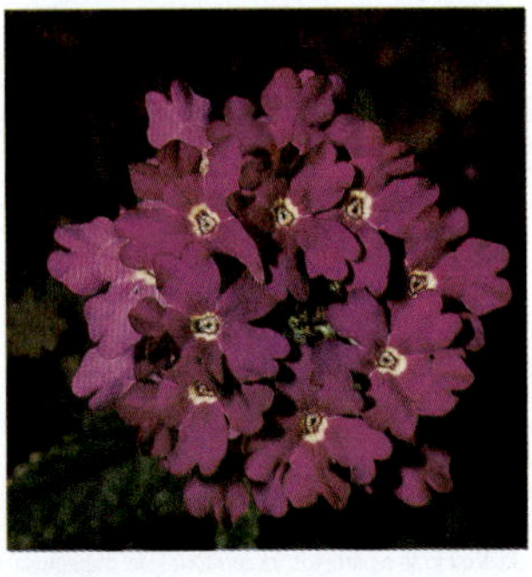

verbena

verdaderamente adv. m. De acuerdo con la verdad.

verdadero, ra adj. **1** Que contiene verdad. **2** Real y efectivo. **3** Ingenuo, sincero. **4** Que dice siempre la verdad, veraz.

Verdaguer, Jacinto Poeta y escritor español en lengua catalana (Folgarolas, 1845 - Vallvidrera, 1902). Figura destacada de la Renaixença. Entre su obra destacan: *La Atlántida, Montserrat* (1880) y *Oda a Barcelona* (1883).

verdal adj. *Bot.* **1** Se dice de cierta fruta que tiene color verde aun después de madura. **2** Se dice también del árbol que la produce.

verde adj. **1** De color semejante al de la hierba fresca, la esmeralda, etc. También m. **2** Se dice de los árboles y plantas que no están secos. **3** Se dice de lo que aún no está maduro. **4** fig. Se dice de las cosas que están en sus comienzos y a las cuales falta mucho para perfeccionarse. **5** fig. Se dice de la persona inexperta y poco preparada. **6** fig. Indecente, obsceno. || m. **7** Se aplica a los partidos ecologistas y a sus miembros. || **poner verde** a una persona fr. fig. y fam. Censurarla o insultarla.

Verde Río de América del Sur, afluente del Guaporé. Sirve de límite entre el Estado de Matto Grosso (Brasil) y los departamentos de Santa Cruz y Beni (Bolivia); 200 km de curso.

Verde Cabo de África, en Senegal, cerca de Dakar. Es el punto más occidental del continente. El portugués Deniz Hernández lo dobló en 1446.

verdear intr. **1** Mostrar color verde o tendencia a ese color. **2** *Bot.* Verdecer.

verdecer intr. Reverdecer, vestirse de verde la tierra o los árboles. ♦ irreg. Se conjuga como agradecer.

verdecillo m. *Zool.* Ave paseriforme perteneciente a la familia fringílidos, de nombre científico *Serinus serinus,* de pequeño tamaño plumaje verde cuerpo rechoncho y pico corto y ancho. Habita en Europa, Asia y N de África.

verdegay adj. y s. De color verde claro.

verdejo, ja adj. **1** Diminutivo de verde. **2** *Bot.* verdal.

verdemar m. y adj. Color semejante al verdoso que suele tomar el mar.

verdemontaña m. **1** *Miner.* Carbonato de cobre terroso de color verde. **2** Color verde claro que se hace de este mineral.

verderón m. *Zool.* Ave paseriforme perteneciente a la familia fringílidos, de nombre científico *Carduelis chloris,* del tamaño y forma del gorrión, con plumaje verde oliva con manchas amarillas. Vive en Europa, Asia y N de África.

Verdi, Giuseppe Músico italiano (Roncole, 1813 - Milán, 1901). Fue uno de los grandes renovadores de la ópera italiana del siglo xix. Sus composiciones alcanzaron una extraordinaria popularidad y se convirtieron en símbolo del creciente nacionalismo italiano. La producción de Verdi puede dividirse en tres periodos: en el primero destacan títulos como *Nabucco* (1842), *Rigoletto* (1851), y *La traviata* (1853); en el segundo, *Don Carlos* (1867), y *Aida* (1871; y en el último, *Otello* (1887), culminación de la ópera trágica italiana, y *Falstaff* (1893), cima de la ópera cómica. Su obra religiosa de mayor envergadura fue el *Réquiem* (1874).

verdial adj. *Agr.* **1** Se dice de una variedad de aceituna alargada que se conserva verde incluso madura. || m. *Folk.* **2** Cierta clase de cante flamenco. Más en pl.

verdín m. *Bot.* Capa verde de plantas criptógamas, que prolifera en las aguas dulces, principalmente en las estancadas, en las paredes y lugares húmedos y en la corteza de algunos frutos.

verdinegro, gra adj. De color verde oscuro.

verdolaga f. *Bot.* Planta herbácea, anual y carnosa, perteneciente a la familia portulacáceas, de nombre científico *Portulaca oleracea,* con hojas carnosas y casi redondas.

verdor m. **1** *Bot.* Color verde vivo de las plantas. **2** Color verde. **3** fig. Vigor, lozanía.

verdoso, sa adj. Que tira a verde.

verdugada f. *Arquit.* verdugo.

verdugo m. **1** Funcionario judicial que ejecuta las penas de muerte. **2** Gorro de lana que cubre cabeza y cuello, dejando descubiertos los ojos, la nariz y la boca. **3** *Bot.* Renuevo o vástago del árbol. **4** Estoque muy delgado. **5** *Arquit.* Hilada horizontal de ladrillos en una construcción.

verdugón m. hematoma.

verduguillo m. **1** Diminutivo de verdugo. **2** *Bot.* Especie de roncha que suele levantarse en las hojas de algunas plantas. **3** Estoque muy delgado.

verdulería f. Tienda o puesto de verduras.

verdulero, ra m. y f. **1** Persona que vende verduras. || f. **2** fig. y fam. Mujer descarada y ordinaria.

Verdún Ciudad de Francia, departamento de Mosa; 23.427 h. Catedral (siglos xi-xii). En 843 se firmó en esta ciudad el *tratado de Verdún,* por el que los hijos de Ludovico Pío se repartieron los territorios del imperio carolingio.

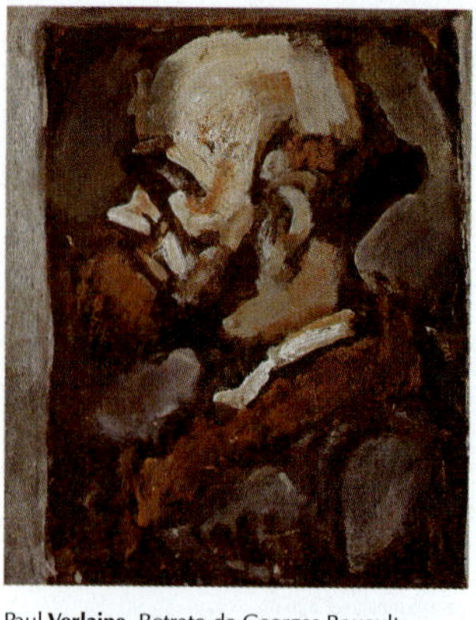

Paul **Verlaine.** Retrato de Georges Rouault. Museo de Arte de Basilea (Suiza).

Verdún, batalla de *Hist.* Ofensiva alemana de las tropas alemanas contra las tropas francesas, que resistieron heroicamente, durante la Primera Guerra Mundial. Tuvo lugar en los márgenes del río Mosa y fue una de las batallas más largas y sangrientas de dicha contienda.

verdura f. **1** Color verde, verdor. **2** *Agr.* Hortalizas en general y especialmente las de hojas verdes.

verdusco, ca adj. Que tira a verde oscuro.

verecundia f. vergüenza.

verecundo, da adj. Que se avergüenza.

vereda f. **1** Camino angosto. **2** Vía pastoril para los ganados trashumantes. **3** *Amér.* Acera de una calle o plaza. || **hacer** a uno **entrar en,** o **por, vereda; meterle en vereda** fr. fig. y fam. Obligarle al cumplimiento de sus deberes.

veredicto m. **1** Fallo pronunciado por un jurado sobre un hecho sometido a juicio. **2** Por extensión, dictamen emitido reflexiva y autorizadamente.

Vereeniging Ciudad de la República Sudafricana, provincia de Gauteng; 540.142 h. En ella se firmó el fin de la guerra de los bóers (1902).

verga f. **1** Palo delgado. **2** *Mar.* Percha labrada convenientemente, a la cual se asegura el grátil de una vela. **3** *Zool.* Miembro genital del macho de los mamíferos.

Verga, Giovanni Escritor italiano (Catania, 1840 - íd., 1922). Su primera etapa artística es romántica y luego evolucionó hacia el naturalismo, creando una nueva escuela denominada verismo.

vergajo m. Verga del toro que, seca y retorcida, se usa como látigo.

vergel m. Huerto con variedad de flores y árboles frutales.

vergencia f. Inclinación del plano axial de un pliegue geológico.

vergeta f. **1** Varita delgada. **2** *Bl.* Palo más estrecho que el ordinario.

verglás (Voz fr.) m. Capa de hielo muy fina y transparente que cubre el suelo o la superficie de los cuerpos sólidos.

vergonzante adj. Que da vergüenza.

vergonzoso, sa adj. **1** Que causa vergüenza. **2** Que se avergüenza con facilidad. También s. || f. *Bot.* **3** sensitiva.

vergüenza f. **1** Sentimiento de apuro ocasionado por alguna falta cometida, o por alguna acción deshonrosa y humillante, una ofensa o el temor al ridículo. **2** Pundonor, amor propio. **3** Timidez. **4** Sonrojo. **5** Acto o suceso escandaloso o indignante. || f. pl. **6** fam. Partes externas de los órganos sexuales humanos. || **vergüenza ajena** La que se siente por lo que hace o dice otra persona. || **perder** uno **la vergüenza** fr. Perder la dignidad. También, superar la timidez.

Verhaeren, Émile Poeta belga en lengua francesa (Saint-Amand, 1849 - Rouen, 1916). En un principio vinculado al simbolismo, su obra presenta una honda preocupación social. De su producción cabe destacar: *Las flamencas* (1883) *Las fuerzas tumultuosas* (1902) y *El múltiple esplendor* (1906).

vericueto m. *Geol.* Sitio áspero, alto y quebrado, por donde no se puede andar sino con dificultad.

verídico, ca adj. **1** Que dice la verdad. **2** Se dice también de lo que la incluye.

verificación f. **1** Acción y efecto de verificar o verificarse. **2** *Filos.* Procedimiento para determinar si una sentencia o proposición es verdadera o falsa.

verificar tr. **1** Comprobar la verdad o autenticidad de algo. **2** Realizar, efectuar. También prnl. **3** Resultar cierto y verdadero lo que se dijo o pronosticó.

verismo m. **1** *Arte.* Realismo llevado al extremo en las obras de arte. **2** Cualidad de lo que representa o relata las cosas con verdad. **3** *Lit.* Corriente literaria de carácter realista, surgida en Italia en la segunda mitad del siglo xix. Sus principales representantes con Giovanni Verga, Luigi Capuana y Giuseppe de Robertis. **4** *Mús.* Designación que se dio a la producción de Leoncavallo, Puccini y Mascagni, autores de óperas, cuya aspiración es reflejar la realidad.

verja f. Enrejado que sirve de puerta, ventana o cerca. Hoy se aplica más al que sirve como cerca.

Verjoiansk Cordillera de la Federación de Rusia, en el NE de Siberia. Constituye uno de los lugares más fríos del globo.

verjurado adj. papel vergé, vergueteado, o verjurado.

Verlaine, Paul Poeta francés (Metz, 1844 - París, 1896). Considerado uno de los «poetas malditos» por su agitada vida, su relación con Rimbaud, sus crisis nerviosas y su alcoholismo, fue una de las figuras más representativas del decadentismo y del presimbolismo. Sus principales obras en verso son *Poemas Saturnianos* (1866), *Fiestas galantes* (1869), *Corduras* (1891), *Arte poética* (1882), su credo estético, y *Liturgias íntimas* (1893); en prosa *Los poetas malditos* (1884) y *Confesiones* (1895).

verme m. *Zool.* Gusano y, en especial, lombriz intestinal.

Vermeer o **Van der Meer, Johannes** o **Jan** (llamado Vermeer de Delft) Pintor holandés (Delft, 1632 - íd., 1675). Se dedicó casi exclusivamente a las escenas de interior, en las que plasmaba con realidad la vida cotidiana. Sus obras principales son *Vista de Delft, El taller, La lechera, La carta, La encajera, Moza con turbante* y *Dama en pie ante la espineta.*

vermi- pref. que significa gusano.

vermicida adj. y m. *Farm.* vermífugo.

vermicular adj. *Biol.* De forma similar a un gusano.

vermiforme adj. *Biol.* De forma de gusano.

vermífugo, ga adj. y m. *Farm.* Que mata o hace expulsar las lombrices intestinales.

vermis m. *Anat.* Relieve medio que separa los dos hemisferios del cerebelo.

Vermont Estado del NE de EE UU; 24.903 km² y 608.827 h. Su capital es Montpelier. Agricultura. Bosques. Industria del papel, textil, mecánica, alimentaria. Turismo. Inicialmente colonizado por los franceses en siglo xvii, posteriormente fue poblado por ingleses (1724). Consiguió la independencia en 1777 y se convirtió en Estado de la Unión en 1791.

vermú o **vermut** m. **1** Licor aperitivo compuesto de vino blanco, ajenjo y otras sustancias amargas y tónicas. **2** Aperitivo que se toma antes de las comidas. **3** *Col.* y *Chile* Función de cine o teatro por la tarde. ♦ Su pl. es *vermús* o *vermuts.*

vernáculo, la adj. Doméstico, nativo, de nuestra casa o país. Se dice especialmente del idioma o lengua.

vernalización f. *Bot.* Inducción de la floración en las plantas por medio del frío.

Verne, Julio Escritor francés (Nantes, 1828 - Amiens, 1905). Se dio a conocer con *Cinco semanas en globo* (1863), en la que ya aparecen los elementos básicos de su literatura: aventura geográfica, voluntad didáctica y preocupación por el progreso tecnológico y científico. Su obra consta de unos 60 títulos, entre los que destacan: *Viaje al centro de la Tierra* (1864), *De la Tierra a la Luna* (1865), *Los hijos del capitán Grant* (1867-68), *Veinte mil leguas de viaje submarino* (1870), *La vuelta al mundo en ochenta días* (1873), *La isla misteriosa* (1874), *Miguel Strogoff* (1876), etc. Ha sido considerado un precursor de la ciencia-ficción por su anticipación de conquistas científicas que se llevaron a cabo posteriormente.

vernier (Del matemático francés Pedro *Vernier.*) m. *Mat.* nonio.

Vernier, Pierre Matemático francés (Ornans, 1580 - íd., 1637). Inventó un calibre que lleva su nombre, y que él denominó *nuevo cuadrant.* El calibre lleva dos divisiones, una fija y otra deslizante *(escala Vernier)* que permite obtener una cifra significativa más en la medida de longitudes.

Verona **1** Provincia de Italia, en la región de Véneto; 3.097 km² y 799.591 h. **2** Ciudad capital de la misma, a orillas del Adigio; 255.824 h. Industrias metalúrgicas, de maquinaria agrícola, del papel, del mueble, textil y de la confección. Importante nudo de comunicaciones. Universidad. Monumentos romanos; iglesia de San Zenón; catedral e iglesia de San Fermo e iglesia de Santa Anastasia. Colonizada por los romanos en el siglo i a. C., cayó en poder de Constantino en 312. En 952 pasó a formar parte del imperio germánico y en 1107 obtuvo la independencia. Fue sometida a Venecia en 1405, de la que dependió hasta finales del siglo xviii. De 1797 a 1801 estuvo bajo el poder de Austria y se integró en Italia en 1866.

veronés, sa adj. y s. De Verona.

El **Veronés.** *Moisés salvado de las aguas.* Museo de Bellas Artes de Dijon (Francia).

VERONÉS, EL (PAOLO CALIARI, llamado) Pintor italiano (Verona, 1528 - Venecia, 1588). Perteneció a la escuela veneciana, ciudad donde alcanzó un gran éxito, gracias a sus extraordinarias dotes de colorista y su original composición. Además de lienzos, ejecutó numerosos frescos, entre ellos los del Palacio Ducal de Venecia. Obras: *Cena de Jesús en casa de Leví, Los discípulos de Emaús, Martirio de san Jorge, Moisés salvado de las aguas,* etc.

VERONESE, GIUSEPPE Matemático italiano (Chiaggia, 1854 - Padua, 1917). Fundador de la geometría proyectiva, introdujo el espacio de cinco dimensiones que forma una superficie que lleva su nombre.

VERÓNICA f. **1** *Bot.* Planta herbácea perteneciente a la familia escrofulariáceas, género *Veronica,* de flores azules en espigas axilares. Crecen en regiones templado-frías. **2** *Taurom.* Lance que consiste en esperar la acometida del toro teniendo la capa extendida o abierta con ambas manos enfrente de la res.

VERÓNICA, SANTA Mujer que, según una tradición, enjugó con un lienzo el rostro de Jesucristo cuando éste subía al Calvario.

VEROSÍMIL adj. **1** Que tiene apariencia de verdadero. **2** Creíble.

VEROSIMILITUD f. Calidad de verosímil.

VERRACO m. *Zool.* Cerdo padre.

VERRAQUEAR intr. **1** fig. y fam. Gruñir o dar señales de enfado. **2** fig. y fam. Llorar con rabia y continuadamente los niños.

VERRAQUERA f. fam. Lloro rabioso y continuado de los niños.

VERRAZANO, GIOVANNI DA Navegante y explorador italiano (Greve, h. 1485 - Brasil, 1528). Exploró la costa atlántica de América del N, recorrió la bahía de Hudson y la costa de Brasil.

VERRES, CAYO LICINIO Pretor romano (?, h. 119 - ?, 43 a. C.). Gobernador de Cilicia (80 a. C.) y pretor en Sicilia (73-71 a. C.). Acusado de corrupción por Cicerón, fue desterrado el año 70 a. C.

VERRIER, URBAIN JEAN JOSEPH LE LE VERRIER, URBAIN JEAN JOSEPH.

VERROCCHIO, IL (ANDREA DI MICHELE DI CIONE, llamado) Escultor y pintor italiano (Florencia, 1435 - Venecia, 1488). Dirigió uno de los talleres escultóricos más importantes de Florencia. Entre sus obras, destacan el *David* (1476) y el retrato ecuestre del condotiero *Bartolomeo Colleoni* (1479-88).

VERRUGA f. **1** *Bot.* Abultamiento de la superficie de los árboles que altera la estructura de la corteza. **2** *Med.*

Il **Verrocchio.** Busto de mujer. Museo del Bargello (Florencia).

Excrecencia cutánea, por lo general redonda y de origen vírico.

VERRUGATO m. *Zool.* Nombre de diversos peces perciformes de la familia esciénidos, género *Umbrina,* entre ellos el verrugato común. Vive en el Atlántico y el Mediterráneo.

VERRUGOSIDAD f. **1** *Biol.* Calidad de verrugoso. **2** *Med.* VERRUGA.

VERRUGOSO, SA adj. Que tiene muchas verrugas.

VERSADO, DA adj. Ejercitado, instruido.

VERSAL adj. y f. *A. gráf.* LETRA VERSAL.

VERSALITA adj. y f. *A. gráf.* LETRA VERSALITA.

VERSALLES Ciudad de Francia, capital del departamento de Yvelines, al SO de París; 91.494 h. Palacio construido por Luis XIV, obra maestra del clasicismo francés a cargo de Le Vau y Hardouin Mansart y magníficos jardines, diseñados por Le Notre.

VERSALLES, TRATADOS DE *Hist.* Nombre de diversos acuerdos firmados en el palacio de Versalles, entre ellos el de 1783, que puso fin a la guerra de independencia de EE UU y obligó a Gran Bretaña a devolver Menorca y Florida a España; y el 1919, suscrito por las potencias aliadas y los países de los imperios centrales que habían intervenido en la Primera Guerra Mundial, que acordó la desmilitarización de la orilla derecha del Rhin, e impuso sanciones económicas a Alemania, así como la devolución de territorios (Alsacia y Lorena a Francia, Eupen y Malmédy a Bélgica, el Sarre en administración provisional a Francia, la independencia de Polonia, la creación del Estado libre de Danzig) y la cesión de sus colonias.

VERSALLESCO, CA adj. **1** Relativo a Versalles, palacio y sitio real cercano a París. **2** fam. Se dice del lenguaje y de los modales afectadamente corteses.

VERSAR intr. **1** Tratar de alguna materia un libro, discurso o conversación. Se construye con la preposición *sobre* o con la locución adverbial *acerca de.* || prnl. **2** Hacerse uno práctico o perito por el ejercicio de una cosa, en su manejo o inteligencia.

VERSÁTIL adj. **1** Que se vuelve o se puede volver fácilmente. **2** fig. De genio o carácter voluble e inconstante. **3** Adaptable a muchas cosas o situaciones.

VERSÍCULO m. **1** Cada una de las breves divisiones de los capítulos de ciertos libros, y singularmente de las Sagradas Escrituras. **2** *Poét.* Cada uno de los versos de un poema escrito sin rima ni metro fijo y determinado.

VERSIFICAR intr. **1** Hacer versos. || tr. **2** Poner en verso.

VERSIÓN f. **1** Traducción de una lengua a otra. **2** Modo que tiene cada uno de referir un mismo suceso. **3** Cada una de las formas que adopta la relación de un suceso, el texto de una obra o la interpretación de un tema.

VERSO m. **1** *Métr.* Palabra o conjunto de palabras sujetas a medida y ritmo, o sólo a ritmo. **2** Se emplea también, por contraposición a prosa, con el sentido de POESÍA. **3** Versículo de las Sagradas Escrituras. **4** fam. Composición en verso. Más en pl. || **VERSO ACATALÉCTICO** *Métr.* Se dice del verso griego o latino que tiene completos todos sus pies. || **VERSO ADÓNICO** *Métr.* Verso de la poesía griega y latina, que consta de un dáctilo y un espondeo. En la poesía española, el que consta de cinco sílabas, la primera y la cuarta largas, y breves las demás. || **VERSO ALCAICO** *Métr.* Verso de la poesía griega y latina, que se compone de un espondeo (o a veces un yambo), de otro yambo, de una cesura y de dos dáctilos. Otro verso del mismo nombre consta de dos dáctilos y dos troqueos. || **VERSO ALEJANDRINO** *Métr.* El de 14 sílabas, dividido en dos hemistiquios. || **VERSO ANAPÉSTICO** *Métr.* En la poesía griega y latina, verso compuesto de anapestos o análogos. || **VERSO DE ARTE MAYOR** *Métr.* El de 12 sílabas, que consta de dos hemistiquios. También, cualquiera de los que tienen más de ocho sílabas. || **VERSO DE ARTE MENOR** *Métr.* El de redondilla mayor o menor. También, cualquiera de los que no pasan de ocho sílabas. || **VERSO ASCLEPIADEO** *Métr.* Verso de la poesía griega y latina, que se compone de un espondeo, dos coriambos y un pirriquio. || **VERSO CATALÉCTICO** *Métr.* Verso de la poesía griega y latina al que le falta una sílaba al final, o en el que es imperfecto alguno de los pies. || **VERSO DACTÍLICO** *Métr.* El que consta de dáctilos. || **VERSO ESPONDAICO** *Métr.* Verso hexámetro que tiene espondeos en determinados lugares. || **VERSO GLICONIO** *Métr.* Verso de la poesía griega y latina que se compone de tres pies: un espondeo y dos dáctilos. || **VERSO HEROICO** *Métr.* El que en cada idioma se tiene por más a propósito para ser empleado en la poesía de esta clase, como en la lengua latina el hexámetro y en la española el endecasílabo. || **VERSO HEXÁMETRO** *Métr.* Verso de la poesía griega y latina que consta de seis pies: cada uno de los cuatro primeros espondeo, o dáctilo, dáctilo el quinto y el sexto espondeo. || **VERSO LIBRE** *Métr.* El que no está sujeto a rima ni a metro fijo y determinado. || **VERSO PENTÁMETRO** *Métr.* Verso de la poesía griega y latina que se compone de un dáctilo o un espondeo, de otro dáctilo u otro espondeo, de una cesura, de dos dáctilos y de otra cesura. || **VERSO DE REDONDILLA MAYOR** *Métr.* El de ocho sílabas u octosílabo. || **VERSO DE REDONDILLA MENOR** *Métr.* El de seis sílabas o hexasílabo. || **VERSO SÁFICO** *Métr.* Verso de la poesía griega y latina que se compone de once sílabas distribuidas en cinco pies. En la poesía española, el que consta de once sílabas y cuyos acentos métricos estriban en la cuarta y la octava. || **VERSO YÁMBICO** *Métr.* Verso de la poesía griega y latina en que entran yambos. || **VERSOS PAREADOS** *Métr.* Los dos versos que van unidos y con rima asonante.

VERSOLARI m. *Ar.* y *P. Vasc.* Coplero, improvisador de versos.

VERSUS (Voz lat.) prep. que significa contra, frente a alguien.

VÉRTEBRA f. *Anat.* Cada uno de los huesos cortos, articulados entre sí, que forman la columna vertebral. La del hombre se compone de 7 vértebras cervicales, 12

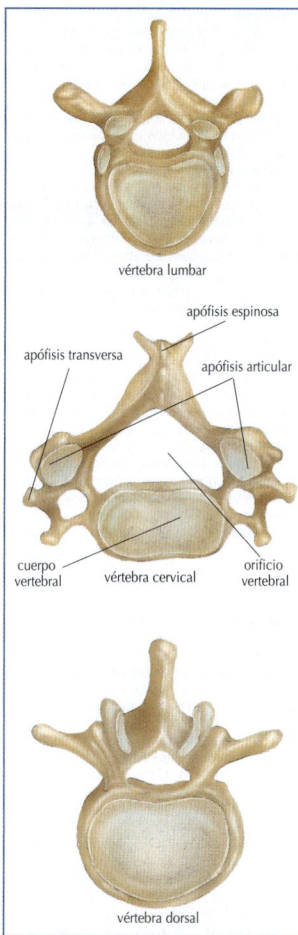

Tipos de **vértebra** del esqueleto humano.

Américo **Vespucio.** Retrato anónimo.

dorsales, 5 lumbares y 5 sacras, que se sueldan para formar el hueso sacro o coxis.

vertebrado, da adj. *Zool.* **1** Que tiene vértebras. **2** Se dice del animal perteneciente al subtipo metazoos, tipo cordados, con coraza craneal que protege el cerebro y esqueleto óseo (a veces cartilaginoso), bisexuado y con reproducción vivípara u ovípara. Incluye a los ciclóstomos, peces, anfibios, reptiles, aves y mamíferos. También m.

vertebrar tr. fig. Dar consistencia o estructura internas; dar organización y cohesión.

vertedera f. *Agr.* Pieza del arado que sirve para voltear y extender la tierra levantada por la reja.

vertedero m. **1** Sitio adonde o por donde se vierte algo. **2** Escape para dar salida a los excesos de agua en presas, alcantarillado, cisternas, etc. **3** Lugar donde se vierten basuras y desechos.

vertedor, ra adj. y s. **1** Que vierte. || m. **2** Canal o conducto que en los puentes y otras fábricas sirve para dar salida al agua y a las inmundicias.

verter tr. **1** Derramar o vaciar líquidos, y también cosas menudas. También prnl. **2** Inclinar una vasija o volverla boca abajo para vaciar su contenido. También prnl. **3** Traducir de una lengua a otra. **4** fig. Tratándose de máximas, conceptos, etc., decirlos con un fin determinado. || intr. **5** Desembocar una corriente de agua. ♦ IRREG. Se conjuga como ENTENDER.

vertical adj. y f. *Geom.* Se dice de la recta o plano perpendicular a otra recta u otro plano; es decir, forma con él un ángulo de 90º.

verticalidad f. Cualidad de vertical.

vértice m. **1** *Astron.* Punto hacia el que se dirigen los movimientos conjuntos de grupos de estrellas sobre la esfera estelar. **2** *Geom.* Punto de intersección entre los lados de un ángulo, de un polígono, o de las aristas de un poliedro.

verticilado, da adj. *Bot.* Se dice de cada una de las hojas que nacen juntas en un mismo nudo del tallo.

verticilo m. *Bot.* Conjunto de órganos de una planta que se insertan en círculo alrededor de un mismo punto.

vertido m. Acción y efecto de verter.

vertiente f. **1** Declive o sitio por donde corre o puede correr el agua. **2** *Geol.* Superficie existente entre las divisorias de agua y la línea que une los puntos más bajos de un valle. **3** Cada plano inclinado de un tejado. **4** fig. Aspecto, punto de vista.

vertiginoso, sa adj. **1** Relativo al vértigo. **2** Que causa vértigo. **3** fig. Muy rápido.

vértigo m. **1** *Med.* Trastorno del sentido del equilibrio caracterizado por una sensación de movimiento rotatorio del cuerpo o de los objetos que lo rodean. **2** fig. Apresuramiento anormal de la actividad de una persona o colectividad. **3** fig. Sensación semejante al mareo, producida por una impresión muy fuerte.

Vértiz y Salcedo, Juan José de Administrador colonial español (Mérida, 1718 - Madrid, 1798). Gobernador de Buenos Aires (1770-76) y virrey del Río de la Plata (1778-84), derrotó a los portugueses y embelleció Buenos Aires.

Vertov, Dziga Director de cine soviético (Bialystok, 1896 - Moscú, 1954). Trabajó como teórico y como realizador de documentales, entre los que destacan *Adelante, soviets* (1926), *El hombre de la cámara* (1929) y *Tres cantos a Lenin* (1934).

Vertumno *Mit.* Dios etrusco cuyo culto se introdujo después en Roma. Presidía la recolección de los frutos.

Verulam, barón de BACON, FRANCIS, BARÓN DE VERULAM.

Vervins Ciudad de Francia, departamento de Aisne; 3.124 h. En ella, Enrique IV y Felipe II firmaron en 1598 un tratado que puso fin a las guerras de religión.

Verwoerd, Hendrik Frensch Político sudafricano (Amsterdam, 1901 - Ciudad del Cabo, 1966). Primer ministro (1958-66), creó los bantustanes y en 1961 desvinculó a Sudáfrica de la Commonwealth.

Vesalio, André o **Andreas Vesalius** (ANDRIES VAN WESEL, llamado) Médico belga (Bruselas, 1514 - isla de Zante, 1564). Médico de Carlos V y de Felipe II, la disección de numerosos cadáveres le permitió corregir errores arrastrados desde los tiempos de Galeno.

vesania f. Demencia, furia.

vesical adj. *Zool.* Relativo a la vejiga.

vesicante adj. y m. *Quím.* Se dice de la sustancia que produce ampollas en la piel.

vesícula f. **1** *Biol.* Cualquier cavidad o saco lleno de un líquido o un gas. **2** *Med.* Ampolla o vejiga pequeña formada en la epidermis. || **vesícula biliar** *Anat.* Órgano muscular hueco, a manera de bolsita, en que se deposita la bilis o hiel del hígado y, a partir de ahí, se vierte al duodeno. || **vesícula seminal** *Anat.* Cada uno de los dos pequeños depósitos de semen situados en la parte posteroinferior de la próstata en el hombre.

vesiculoso, sa adj. *Bot.* Se dice de la flor cuyo cáliz tiene una forma muy abultada.

Vespasiano, Tito Flavio Emperador romano (Phalacrine, 7 - Cutilia, 79). Procónsul en África en el año 63, dirigió la guerra contra los judíos (66). Tras la muerte de Galba (69), fue elegido emperador de Alejandría instaurando la dinastía de los Flavios. Reorganizó el ejército y el Senado, saneó las finanzas y construyó el Coliseo. Le sucedió su hijo Tito.

Véspero m. *Astron.* El planeta Venus como lucero de la tarde, Héspero.

vespertino, na adj. **1** Relativo a la tarde. **2** *Astron.* Dícese de los astros que transponen el horizonte después del ocaso del Sol.

véspido, da adj. y m. *Zool.* **1** Se dice del insecto himenóptero de la superfamilia vespoideos, con abdomen amarillo o negro y amarillo, dos pares de alas, tres pares de patas, mandíbula mordedora y un aguijón con el que inoculan veneno, como las avispas. || m. pl. *Zool.* **2** Familia de estos insectos.

Vespucio, Américo Marino y cosmógrafo italiano (Florencia, 1454 - Sevilla, 1512). Según sus escritos, realizó cuatro viajes a América, al servicio de España y Portugal. Llamó Nuevo Mundo al continente americano, y comprobó que no era Asia, como se había creído. Las nuevas tierras fueron bautizadas con el nombre de América en su honor. En 1505 se le concedió naturalización en los reinos de Castilla y León.

Vesta *Mit.* Nombre latino de HESTIA.

Vesta *Astron.* Uno de los planetoides de mayor tamaño, con unos 538 km de diámetro, descubierto por W. Olbers en 1807.

vestal adj. **1** Relativo a la diosa Vesta. **2** Se dice de las doncellas romanas consagradas a esta diosa, encargadas de mantener encendido el fuego sagrado. Más como s.

Vestfold Condado del SE de Noruega; 2.216 km^2 y 210.707 h. Su capital es Tönsberg.

vestíbulo m. **1** Atrio o portal que está a la entrada de un edificio. **2** En los hoteles, sala de amplias dimensiones próxima a la entrada del edificio. **3** RECIBIMIENTO, pieza que da entrada a los diferentes aposentos de una vivienda. **4** *Anat.* Ensanchamiento del laberinto óseo del oído interno, comprendido entre el caracol y los canales semicirculares.

vestido m. **1** Cualquier prenda de vestir que cubre el cuerpo. **2** Conjunto de las principales piezas que sirven para ello. **3** Prenda de vestir exterior femenina de una sola pieza.

vestidura f. **1** Vestido, prenda que cubre el cuerpo. **2** Vestido que, sobrepuesto al ordinario, usan los sacerdotes para el culto divino. Más en pl. || **rasgarse** uno **las vestiduras** fr. fig. Escandalizarse, mostrar indignación ante algo.

vestigio m. **1** Recuerdo, señal o noticia que queda de algo pasado. **2** Resto que queda de un edificio u otros objetos antiguos. **3** fig. Indicio por donde se infiere la verdad de algo.

vestiglo m. Monstruo fantástico horrible.

vestimenta f. **1** VESTIDO. **2** VESTIDURA del sacerdote. Más en pl.

vestir tr. **1** Cubrir el cuerpo con el vestido. También prnl. **2** Llevar un determinado vestido, color, etc. También intr. **3** Hacer los vestidos para otro. También prnl. **4** Cubrir una cosa con otra para defensa o adorno. || intr. **5** Ser una prenda, materia, color, etc., especialmente elegante o apropiada para lucirse. **6** Llevar vestido con o sin gusto. || prnl. **7** fig. Sobreponerse una cosa a otra, cubriéndola. ♦ IRREG. Se conjuga como PEDIR.

Vestsjælland Condado de Dinamarca, en la región de Seeland; 2.984 km^2 y 290.793 h. Su capital es Sorö.

vestuario m. **1** Conjunto de las piezas que sirven para vestir. **2** Conjunto de trajes necesarios para una representación escénica. **3** Parte del teatro, en que están las habitaciones donde se visten los actores. **4** En los campos de deportes, piscinas, etc., local destinado a cambiarse de ropa. Más en pl.

vesubiana f. *Miner.* Mineral silicato hidratado de calcio, hierro, magnesio y aluminio, algunas variedades se emplean en joyería.

Vesubio Volcán activo de Italia, en Campania, cerca del golfo y de la ciudad de Nápoles; 1.277 m. Se cultiva vid en sus laderas. Su primera erupción conocida ocasionó la destrucción de Pompeya, Herculano y Estrabia (año 79); la última, tuvo lugar en 1944.

veta f. **1** Faja o lista de una materia que se distingue de la masa que la rodea. **2** *Min.* Filón metálico. **3** VENA, lista de piedras y maderas. **4** fig. y fam. Aptitud para una ciencia o arte.

vetar tr. Poner el veto a una proposición, acuerdo o medida.

vetear tr. Señalar o pintar vetas, imitando las de la madera, el mármol, etc.

veteranía f. Cualidad de veterano.

veterano, na adj. **1** Se dice de los militares con muchos años de servicio o que han participado en la guerra. También s. **2** fig. Experimentado en cualquier profesión o ejercicio.

veterinaria f. *Veter.* Ciencia y arte de prevenir y curar las enfermedades de los animales.

veterinario, ria adj. **1** Relativo a la veterinaria. || m. y f. **2** Persona legalmente autorizada para ejercer la veterinaria.

veto m. **1** Derecho que tiene una persona o corporación para vedar una cosa. **2** Por extensión, acción y efecto de vedar.

vetusto, ta adj. Muy antiguo o de mucha edad.

Veyes *Geog. hist.* Antigua ciudad etrusca, a unos 15 km al NO de Roma, junto a la actual ciudad de Isola Farnese. En lucha con Roma durante muchos años, fue conquistada por Marco Furio Camilo (396 a. C.). Se han encontrado magníficas esculturas, como el Apolo (siglo VI a. C.) y el Orador.

vez f. **1** Alternación de las cosas por turno. **2** Tiempo u ocasión determinada en que se ejecuta una acción, aunque no incluya orden sucesivo. **3** Tiempo u ocasión de hacer una cosa por turno u orden. **4** Cada realización de un suceso o de una acción en momento y circunstancias distintos. **5** Lugar que a uno le corresponde cuando varias personas han de actuar por turno. || f. pl. **6** Ministerio, autoridad o jurisdicción que una persona ejerce supliendo a otra o representándola. Más con el verbo *hacer.* || **a la vez** loc. adv. A un tiempo, simultáneamente. || **a mi, tu, su,** etc., **vez** loc. adv. Por orden sucesivo y alternado. También, por su parte, por separado de lo demás. || **a veces** loc. adv. En ocasiones. || **alguna vez** loc. adv. En una que otra ocasión. || **cada vez que** loc. SIEMPRE QUE. || **de una vez** loc. adv. Con una sola acción. También, de una forma definitiva. || **de vez en cuando** loc. adv. DE CUANDO EN CUANDO. También, DE TIEMPO EN TIEMPO. || **en vez de** loc. adv. En sustitución de una persona o cosa. También, al contrario, lejos de. || **tal vez** loc. adv. QUIZÁ. || **toda,** o **una vez que** loc. Supuesto que, siendo así que. || **una que otra vez** loc. adv. En rara o en alguna ocasión. || **una vez** loc. que se usa para suponer que se ha de ejecutar o se ha ejecutado una cosa, o para afirmar su certidumbre o existencia.

veza f. *Bot.* Planta herbácea trepadora perteneciente a la familia leguminosas, género *Vicia,* anual o vivaz, de hojas pinnadas y fruto en legumbre alargada. Se emplea como forrajera.

vezar tr. y prnl. AVEZAR, acostumbrar.

Vézelay Ciudad de Francia, departamento de Yonne; 541 h. Abadía benedictina (siglo IX), que incluye la basílica románica de Santa María Magdalena (siglos XI-XII).

Vézère Río de Francia, que nace en los montes del Limousin y desemboca en el Dordoña; 192 km de curso.

VG o **VGR** abr. de VERBI GRATIA.

VHF (Siglas del i. *very high frecuency.*) *Fís.* Frecuencia cuya longitud de onda va de 10 a 1 m.

VHS (Siglas del i. *video home system.*) *Tecnol.* Sistema de vídeo doméstico que permite la grabación y reproducción de imágenes y sonidos a través del televisor.

vi- VICE-.

vía f. **1** Camino por donde se transita. **2** Raíl del ferrocarril o del tranvía. **3** Parte del suelo explanado de un camino de hierro, en la cual se asientan los carriles. **4** Calzada construida para la circulación rodada. **5** Sistema de transporte o comunicación. **6** Sistema para conseguir algo. **7** *Zool.* Cualquiera de los conductos por donde pasan en el cuerpo del animal los humores, el aire, los alimentos y los residuos de la digestión. **8** *Teol.*

Vézelay (Francia). Pórtico de la basílica de Santa María Magdalena.

Entre los ascéticos, modo y orden de vida espiritual encaminada a la perfección de la virtud, y que se divide en tres estados: vía purgativa, iluminativa y unitiva. **9** Dirección que han de seguir los transportes o medios de comunicación para pasar por lugares determinados. **10** En complementos circunstanciales sin artículo ni preposición, equivale a «por, pasando por». **11** fig. Arbitrio para conseguir algo. **12** CONDUCTO, mediación o intervención de una persona. **13** *Der.* Ordenamiento procesal. || f. pl. **14** En lenguaje de la Escritura Santa, mandatos o leyes de Dios. || **VÍA DE COMUNICACIÓN** Ruta terrestre, marítima o aérea utilizada para diversos fines. || **VÍA CONTENCIOSA** *Der.* Procedimiento judicial ante la jurisdicción para el caso, en oposición al administrativo. || **VÍA EJECUTIVA** *Der.* Procedimiento para hacer un pago judicialmente, procurando antes convertir en dinero los bienes pertenecientes al obligado, con el embargo de los cuales suele comenzarse o prevenirse esta tramitación. || **VÍA FÉRREA** FERROCARRIL. || **VÍA GUBERNATIVA** *Der.* Procedimiento seguido ante la administración activa; sirve de antecedente a la VÍA CONTENCIOSA. || **VÍA MUERTA** En los ferrocarriles, la que no tiene salida, y sirve para apartar de la circulación vagones y máquinas. || **VÍA ORAL** POR VÍA ORAL. || **VÍA ORDINARIA** *Der.* Forma procesal de contención la más amplia, usada en los juicios declarativos. También, fig., modo regular y común de hacer una cosa. || **VÍA PARENTERAL** *Med.* Procedimiento para suministrar al organismo una sustancia por vía distinta de la digestiva. || **VÍA PÚBLICA** Calle, plaza, camino u otro sitio por donde transita o circula el público. || **VÍA SATÉLITE** Medio de comunicación basado en las ondas lanzadas al espacio y reflejadas por un satélite artificial. || **VÍA SUMARIA** *Der.* Forma abreviada de enjuiciar en asuntos de urgencia o de carácter meramente posesorio. || **de vía estrecha** loc. adj. fig. y fam. que se aplica a personas o cosas de poca importancia o valía. || **en vías de** loc. adv. En curso, en trámite o en camino de. Se usa con el verbo *estar.* || **por vía** loc. adv. De forma, a manera y modo. || **por vía oral** loc. adv. Por la boca.

VÍA CRUCIS m. **1** *Rel.* Camino señalado con diversas estaciones de cruces o altares, y que se recorre rezando en cada una de ellas, en memoria de los pasos que dio Jesucristo caminando al Calvario. **2** *Rel.* Conjunto de 14 cruces o de 14 cuadros que representan los pasos del Calvario. **3** *Rel.* Ejercicio piadoso en que se rezan y conmemoran los pasos del Calvario. **4** fig. Trabajo, aflicción continuada que sufre una persona.

VÍA LÁCTEA *Astron.* Galaxia espiral, a la que pertenece el Sistema Solar, que está situado en la región externa de uno de sus brazos. Posee un diámetro ecuatorial de 100.000 años luz y contiene 10^{11} estrellas. Se calcula su edad en 24.000 millones de años aproximadamente. También denominada la *Galaxia* y *Camino de Santiago.*

VIABILIDAD f. Cualidad de viable.

VIABLE[1] (Del fr. *viable,* de *vie,* vida.) adj. **1** *Biol.* Que puede vivir; se dice principalmente de los recién nacidos. **2** fig. Se dice de lo que tiene probabilidades de poder llevarse a cabo.

VIABLE[2] (Del fr. *viable,* y éste del bajo lat. *viabĭlis,* de *vĭa,* vía, camino.) adj. Se dice del camino transitable.

VIADANA, LUDOVICO GROSSI DA Músico italiano (Viadana, h. 1564 - Gualtieri, 1627). Obras: *Concerti ecclesiastici* (1602), *Falsi bordoni* (1612), *Lamentationis* (1610).

VIADUCTO m. Construcción semejante a un puente, para el paso de un camino o vía férrea sobre una hondonada.

VIAGRA f. Medicamento oral contra disfunciones eréctiles. Al aumentar el flujo peneano de forma natural, la estimulación sexual causa erección.

VIAJANTE adj. **1** Que viaja. || com. **2** Representante comercial que hace viajes para negociar ventas o compras.

VIAJAR intr. **1** Trasladarse de un lugar a otro, generalmente distante, por cualquier medio de locomoción. **2** Desplazarse un vehículo siguiendo una ruta o trayectoria. **3** Ser transportada una mercancía. **4** fig. Estar bajo los efectos de un alucinógeno.

VIAJE[1] (Del dialect. y cat. *viatge.*) m. **1** Acción y efecto de viajar. **2** Itinerario, trayecto. **3** Recorrido que se hace de un lugar a otro. **4** Carga que se lleva de un lugar a otro de una vez. **5** Estado producido por un alucinógeno.

VIAJE[2] (Del cat. *biaix,* sesgo.) m. **1** Corte sesgado que se da a alguna cosa. **2** fam. Acometida inesperada con arma blanca y corta. **3** Por extensión, cualquier golpe, empujón o embestida. **4** *Taurom.* Acometida rápida del toro levantando la cabeza.

VIAJERO, RA adj. **1** Que viaja. || m. y f. **2** Persona que hace un viaje, y especialmente la que viaja en un transporte público.

VIAL[1] (Del lat. *viālis.*) adj. **1** Relativo a la vía. || m. **2** Calle formada por dos filas paralelas de árboles u otras plantas.

VIAL[2] (Voz i.) m. *Farm.* Frasquito destinado a contener un medicamento inyectable.

VIAN, BORIS Escritor francés (Ville d'Avray, 1920 - París, 1959). Su vida y su obra reflejan la bohemia de la posguerra parisina. Entre sus novelas destacan *Escupiré sobre vuestras tumbas* (1946), publicada como la traducción de una novela negra estadounidense, y las surrealistas *La espuma de los días* (1947), *La hierba roja* (1950) y *El arrancacorazones* (1953).

VIANA, CARLOS, PRÍNCIPE DE Infante de Navarra y Aragón (Peñafiel, 1421 - Barcelona, 1461). Hijo de Juan II de Aragón y de Blanca de Navarra, a la muerte de ésta heredó Navarra, pero Juan II envió a su nueva esposa, Juana Enríquez, a compartir el gobierno del reino, lo que dio lugar a la formación de dos bandos, los agramonteses (partidarios del monarca) y los beamonteses (a favor del príncipe). Carlos fue vencido y encarcelado.

VIANA, JAVIER DE Escritor uruguayo (Canelones, 1868 - Montevideo, 1926). Cultivó la novela realista, con un fuerte contenido costumbrista: *Gaucha* (1899), *Macachines, cuentos pamperos* (1910), *Leña seca* (1911). Escribió también teatro.

VIANA DO CASTELO **1** Distrito de Portugal; 2.210 km^2 y 248.300 h. **2** Ciudad capital del mismo; 15.138 h. Puerto pesquero en la desembocadura del Limia. Iglesia románica.

VIANDA f. **1** Sustento, comida. **2** Comida que se sirve a la mesa. **3** *Cuba* y *P. Rico* Frutos y tubérculos comestibles que se sirven guisados, como el ñame.

VIANDANTE com. Persona que hace viaje o anda camino.

VIARAZA fig. *Amér.* Acción inconsiderada y repentina.

VIARDOT, LA (MICAELA PAULINA GARCÍA DE VIARDOT, llamada) Mezzosoprano y compositora española (París, 1821 - íd., 1910). Gozó de gran fama y recorrió los principales países de Europa. Compuso tres operetas.

VIARIO, RIA adj. Relativo a los caminos y carreteras.

VIASA VYASA.

VIÁTICO m. **1** Dieta que reciben los diplomáticos para trasladarse a su destino. **2** Sacramento de la eucaristía que se administra al enfermo que está en peligro de muerte.

VIAU, THÉOPHILE DE Poeta francés (Clairac, 1590 - París, 1626). Se dio a conocer con *El gabinete satírico* (1623). Compuso odas, madrigales, elegías y la tragedia *Les amours de Pyrame et Thisbé* (1623).

VIBO VALENTIA Provincia de Italia, región de Calabria; 1.139 km^2 y 179.383 h. Su capital es la ciudad del mismo nombre.

VÍBORA f. **1** *Zool.* Nombre de varias especies de reptiles escamosos ofidios, de la familia vipéridos, pertenecientes a diversos géneros, pero sobre todo a *Vipera.* Son serpientes venenosas de no gran tamaño, cabeza triangular, cuerpo grueso y cola corta que se estrecha bruscamente. **2** fig. Persona con malas intenciones. || **VÍBORA COMÚN** *Zool.* De nombre científico *Vipera aspis,* se distingue por su hocico más o menos curvado hacia arriba en su extremo. Su veneno es potente, aunque normalmente no mortal para hombre. Vive en el S de Europa y N de África. || **VÍBORA CORNUDA** *Zool.* De nombre científico *Cerastes cerastes,* se distingue por un apéndice a modo de cuerno situado en la parte superior de la cabeza. Su veneno es muy poderoso. Vive en el N de África. || **VÍBORA HOCICUDA** *Zool.* De nombre científico *Vipera latastei,* se caracteriza por la presencia de un apéndice cónico en la punta del hocico. Vive en la península Ibérica y N de África.

VIBORERA f. *Bot.* Planta herbácea anual, perteneciente a la familia borragináceas, de nombre científico *Echium vulgare,* cubierta de pelos urticantes, con flores violetas y que crece en la región mediterránea.

VIBORG Condado de Dinamarca, región de Jutlandia; 4.122 km^2 y 232.630 h. Su capital es la ciudad del mismo nombre.

VIBRACIÓN f. **1** *Fís.* Cada movimiento vibratorio, o doble oscilación de las moléculas o del cuerpo vibrante. **2** Movimiento repetido de los órganos de las cavidades productoras del sonido que crea una onda sonora al salir el aire.

VIBRADOR, RA adj. **1** Que vibra. **2** Aparato que transmite las vibraciones eléctricas.

VIBRÁFONO m. *Mús.* Instrumento musical moderno, en que el sonido producido al percutir las teclas de madera es reforzado por resonadores metálicos situados debajo, mientras unas hélices movidas por un pequeño motor proporcionan la corriente de aire que da al instrumento su timbre peculiar.

VIBRANTE **1** Que vibra. || adj. y f. *Fon.* **2** Se dice del sonido o letra cuya pronunciación se caracteriza por un rápido contacto oclusivo, simple o múltiple entre los órganos de la articulación. La *r* de *hora* es vibrante simple, y la de *honra,* múltiple.

VIBRAR tr. **1** Comunicar un movimiento trémulo a cualquier cosa larga, delgada y elástica. **2** Sonar la voz de forma entrecortada. || intr. **3** *Fís.* Experimentar un cuerpo elástico cambios alternativos de forma, de tal modo que sus puntos oscilen de modo sincrónico en torno a sus posiciones de equilibrio, sin que el campo cambie de lugar. Los cuerpos sonoros son cuerpos vibrantes. **4** fig. Conmoverse por algo.

VIBRÁTIL adj. Capaz de vibrar.

VIBRATORIO, RIA adj. Que vibra o es capaz de vibrar.

VIBRIO o **VIBRIÓN** m. *Biol.* Bacteria de muy corta longitud y algo curvada en forma de coma. Es móvil.

VIBRISA f. **1** *Bot.* Pelo sensorial de las plantas insectívoras. **2** *Zool.* Pelo rígido, más o menos largo, que actúa como receptor táctil, propio de gran número de animales.

VIBURNO m. *Bot.* Arbusto de la familia caprifoliáceas, género *Viburnum,* de flores blanquecinas y olorosas.

VIC o **VICH** Municipio y ciudad de España, provincia de Barcelona; 30.037 h. Industria alimentaria, textil y metalúrgica. Catedral del siglo XI reconstruida en el XIX en estilo neoclásico.

VICARÍA f. **1** Oficio o dignidad de vicario. **2** Oficina o tribunal en que despacha el vicario. **3** Territorio de la jurisdicción del vicario. || **VICARÍA PERPETUA** CURATO. || **pasar por la vicaría** Tramitar el expediente eclesiástico de matrimonio; por extensión, familiarmente, casarse.

VICARIATO m. **1** Oficio del vicario. **2** Despacho de éste. **3** Tiempo que dura su oficio.

VICARIO, RIA adj. **1** Que hace las veces de otro. También s. **2** *Ecol.* Se dice de la especie o forma ecológica próxima a otra con la que se excluye en la ocupación de un suelo. || m. y f. *Rel.* **3** Persona que en las órdenes regulares tiene las veces y autoridad de alguno de los superiores mayores, en caso de ausencia, falta o indisposición. || m. **4** Juez eclesiástico nombrado y elegido por los prelados para que ejerza sobre sus súbditos la jurisdicción ordinaria. || **VICARIO APOSTÓLICO** *Rel.* Prelado que rige cierta circunscripción eclesiástica en territorios de misión o en aquellos donde aún no está introducida la jerarquía de la iglesia. || **VICARIO CAPITULAR** *Rel.* Dignidad eclesiástica investida de toda la jurisdicción ordinaria del obispo, para el gobierno de una diócesis vacante. || **VICARIO DE JESUCRISTO** *Rel.* Uno de los títulos del sumo pontífice.

VICE-, VI- o **VIZ-** prefs. que significan que el nombre completo al que afectan designa a una persona que tiene las veces o autoridad de la designada por la segunda parte del compuesto. También se usan para designar los cargos correspondientes.

víbora cornuda

Vicenza (Italia). Palacio de la Ragione o Basílica de Palladio.

VICEALMIRANTE m. *Mil.* y *Mar.* Oficial general de la armada, inmediatamente inferior al almirante.
VICECANCILLER m. **1** *Rel.* Cardenal presidente de la curia romana para el despacho de las bulas y breves apostólicos. **2** Funcionario que hace el oficio de canciller, a falta de éste, en orden al sello de los despachos.
VICECÓNSUL m. Funcionario de la carrera consular, de categoría inmediatamente inferior al cónsul.
VICENTE, GIL Dramaturgo portugués en lenguas portuguesa y española (¿Lisboa?, h. 1465 - Évora, h. 1536). Considerado el poeta más importante del Renacimiento portugués, es el fundador del teatro clásico de su país. Entre sus obras religiosas más sobresalientes figuran *Auto de la sibila Casandra* (1513) y *La trilogía de las barcas* (1517-19); entre sus comedias, *Don Duardos* (1521-25); y entre sus farsas, *Farsa de los médicos* (1512).
VICENTE FERRER, SAN Religioso dominico español (Valencia, 1350 - Vannes, 1419). Realizó un importante papel en la resolución del pleito dinástico de Aragón en el célebre compromiso de Caspe. Sus predicaciones están recogidas en *Sermons* y *Quaresma*.
VICENTE DE PAÚL, SAN Sacerdote francés (Pouy, 1576 - París, 1660). Célebre por su caridad, fundó la Congregación de la Misión y, con santa Luisa de Marillac, la Compañía de Hijas de la Caridad.
VICENZA 1 Provincia de Italia, región de Véneto; 2.722 km^2 y 757.506 h. **2** Ciudad capital de la misma; 108.013 h. Centro industrial y comercial. Restos romanos. Catedral (siglos XIV-XVI).
VICEPRESIDENTE, TA m. y f. Persona que hace las veces del presidente o de la presidenta.
VICERRECTOR, RA m. y f. Persona que hace las veces del rector o de la rectora.
VICESECRETARIO, RIA m. y f. Persona que es o está facultada para hacer las veces del secretario o de la secretaria.
VICÉSIMO, MA adj. Vigésimo, ordinal.
VICETIPLE f. fam. En las operetas y revistas, cada una de las cantantes que intervienen en los números de conjunto.
VICEVERSA adv. m. Al contrario, al revés.
-VICH suf. ruso que significa hijo de.
VICH Vic.
VICHADA Departamento de Colombia; 100.242 km^2 y 96.138 h. Su capital es Puerto Carreño.
VICHADA Río de Colombia, en el departamento de Meta, afluente del Orinoco por su orilla izquierda; 720 km de curso.
VICHY (Voz fr.) m. Tela fuerte de algodón, de rayas o cuadros, con que se confeccionan batas y delantales.
VICHY Ciudad de Francia, departamento de Allier, a orillas del Allier; 30.550 h. Aguas termales.
VICHY, GOBIERNO DE *Hist.* Régimen instaurado en Francia entre junio de 1940 y agosto de 1944, durante la Segunda Guerra Mundial, al recibir del mariscal Pétain plenos poderes de la Cámara de los Diputados francesa. Establecido en la ciudad de Vichy, desarrolló una política autoritaria sometida a los intereses de las fuerzas de ocupación alemanas.
VICIADO, DA adj. Se aplica al aire no renovado en un espacio habitado.
VICIAR tr. **1** Dañar o corromper física o moralmente. También prnl. **2** Alterar un escrito, noticia, etc., cambiando su sentido. **3** *Der.* Anular la validez de un acto. **4** Deformar. También prnl.
VICIO m. **1** Mala calidad, defecto o daño físico en las cosas. **2** Defecto moral en las acciones. **3** Falsedad, yerro o engaño en lo que se escribe o se propone. **4** Hábito de obrar mal. **5** Defecto o exceso que como propiedad o costumbre tienen algunas personas, o que es común a una colectividad. **6** Demasiado apetito de una cosa. **7** Deformación de una superficie. || **de vicio** loc. adv. Sin necesidad o motivo, o como por costumbre. También, fig., muy bueno.

VICISITUD f. **1** Orden sucesivo o alternativo de alguna cosa. **2** Inconstancia o alternativa de sucesos prósperos y adversos.
VICKREY, WILLIAM Economista canadiense (Victoria, 1914 - Harrison, 1996). En colaboración con Mirrlees enunció la teoría de incentivos bajo condiciones de información asimétrica, por la que recibieron el premio Nobel de Economía en 1996.
VICO, GIAMBATTISTA Filósofo italiano (Nápoles, 1668 - íd., 1744). En su obra maestra, *Scienza Nuova* (1725), considera la historia como una evolución de las facultades humanas, ligando a cada uno de los momentos específicos del desarrollo una forma de conocimiento propia regida por las facultades de la sensibilidad, la imaginación y la razón.
VÍCTIMA f. **1** Persona o animal sacrificado o destinado al sacrificio. **2** fig. Persona que se expone u ofrece a un grave riesgo en beneficio de otra. **3** fig. Persona que padece daño por culpa ajena o por causa fortuita.
VICTIMAR tr. Asesinar, matar.
VICTIMARIO, RIA adj. m. y f. HOMICIDA.
VÍCTOR Nombre de tres papas.
VÍCTOR I, SAN Papa africano (? - Roma, h. 199). Ocupó el solio pontificio de 189 a 199. Excomulgó a las comunidades de Asia Menor que no se atuvieron a las normas romanas de la celebración pascual.
VÍCTOR II Papa alemán (? - Arezzo, 1057). Ocupó el solio pontificio de 1055 a 1057. Impulsó la reforma gregoriana, y fue consejero del emperador Enrique III y tutor de su sucesor.
VÍCTOR III, BEATO Papa italiano (Benevento, h. 1027 - Montecassino, 1087). Abad del monasterio benedictino de Montecassino, ocupó el solio pontificio de 1086 a 1087.
VÍCTOR AMADEO Nombre de tres duques de Saboya y reyes de Cerdeña y Sicilia.
VÍCTOR AMADEO I Duque de Saboya (Turín, 1587 - Vercelli, 1637). Sucedió a su padre Carlos Manuel I en 1630. Aliado con Francia, Mantua, Parma y Módena, derrotó a los españoles en Tornavento y Maldonado.
VÍCTOR AMADEO II Duque de Saboya y rey de Cerdeña y Sicilia (Turín, 1665 - Rivoli, 1732). Sucedió a su padre, Carlos Manuel II de Saboya, en 1675. Declarado enemigo de Francia, por el tratado de Utrecht ocupó el reino de Sicilia, que en 1720 cambió a Austria por el de Cerdeña. Abdicó en 1730.
VÍCTOR AMADEO III Duque de Saboya y rey de Cerdeña (Turín, 1726 - Moncalieri, 1796). Sucedió a su padre, Víctor Manuel III, en 1773. Enemigo de la Revolución, entró en guerra con Francia y se vio obligado a firmar la paz de París en 1796.
VÍCTOR CATALÀ Català, Víctor.
VÍCTOR MANUEL Nombre de tres reyes de Cerdeña e Italia.
VÍCTOR MANUEL I Rey de Cerdeña (Turín, 1759 - Moncalieri, 1824). Sucedió a su hermano Carlos Manuel IV en 1802. Recuperó sus territorios a la muerte de Napoleón, pero la revolución provocada por su política reaccionaria (1821) le obligó a abdicar en favor de su hermano Carlos Félix.
VÍCTOR MANUEL II Rey de Cerdeña, duque de Saboya y rey de Italia (Turín, 1820 - Roma, 1878). Ocupó el trono de Cerdeña en 1849. Fue artífice, junto con Camilo Cavour, de la unidad italiana. Tomó parte en la guerra austro-italiana del año 1859 y, por el tratado de Zurich, adquirió la Lombardía; recibió después Toscana, Parma, Módena, Bolonia y Nápoles; se proclamó rey de Italia en Turín (1861) y ocupó luego Venecia (1866) y Roma (1870).
VÍCTOR MANUEL III Rey de Italia (Nápoles, 1869 - Alejandría, 1947). Sucedió a su padre, Humberto I, en 1900. Durante su largo reinado se produjo la intervención de Italia junto a los aliados en la Primera Guerra Mundial, la entrega del poder a Mussolini (1922), las conquistas de Etiopía (1936) y Albania (1939), y la participación en la Segunda Guerra Mundial. En 1946 abdicó en favor de su hijo Humberto.
VICTORIA[1] (Del lat. *victoria.*) f. **1** Superioridad o ventaja que se consigue del contrario, en disputa o competición. **2** fig. Vencimiento de los vicios o pasiones. || **VICTORIA REGIA** *Bot.* Planta acuática perteneciente a la familia ninfeáceas, de nombre científico *Victoria regia*, que crece en la cuenca del Amazonas. || **cantar victoria** fr. fig. Jactarse del triunfo.
VICTORIA[2] (Del nombre de la reina *Victoria* de Inglaterra.) f. Coche de dos asientos, abierto y con capota.
VICTORIA NIKÉ.
VICTORIA Gran lago de África ecuatorial; 68.100 km^2. Pertenece a Kenia, Tanzania y Uganda. En él desembocan varios ríos, entre ellos el Katonga y el Kagera, y da origen al Nilo. También se denomina *Victoria Nyanza*.
VICTORIA Estado meridional de Australia; 227.600 km^2 y 4.660.900 h. Su capital es Melbourne. Cereales, frutas y hortalizas. Ganadería ovina. Industria agrícola, textil, de cemento, etc. Carbón, gas natural y petróleo.
VICTORIA Isla del N de Canadá, en el archipiélago Ártico (Territorios del Noroeste); 212.198 km^2.
VICTORIA Ciudad capital de Seychelles, en la isla de Mahé, situada en su costa NE; 25.000 h. Puerto.
VICTORIA Cataratas formadas en el curso medio del río Zambeze, en el límite entre Zimbabwe y Zambia; 120 m de altura.
VICTORIA, ELADIO Político dominicano (s. XIX-XX). Fue presidente de la República (1911-12).
VICTORIA, GUADALUPE (MIGUEL FERNÁNDEZ FÉLIX, llamado) Militar y político mexicano (Tamazula, 1786 - castillo de Perote, 1843). Formó parte del gobierno provisional (1823-24) y fue el primer presidente constitucional de México (1824-29).
VICTORIA I Reina del Reino Unido y emperatriz de la India (Londres, 1819 - isla de Wight, 1901). Subió al trono en 1837, a la muerte de su tío Guillermo IV. En 1840 se casó con Alberto de Sajonia-Coburgo-Gotha. Su largo reinado fue muy próspero para su país y coincidió con el momento de mayor apogeo del Reino Unido. Le sucedió su hijo Eduardo VII.
VICTORIA NYANZA VICTORIA, lago de África.
VICTORIANO, NA adj. Relativo a la reina Victoria I de Inglaterra o a su época.
VICTORIOSO, SA adj. **1** Que ha conseguido una victoria. También s. **2** Se dice también de las acciones con que se consigue.
VICUÑA f. **1** *Zool.* Mamífero artiodáctilo perteneciente a la familia camélidos, de nombre científico *Vicugna vicugna*. Vive en los altiplanos andinos. **2** Lana de este animal, la más fina del mundo. **3** Tejido que se hace con ella.
VICUÑA, FRANCISCO RAMÓN Político chileno (Santiago de Chile, 1775 - íd., 1849). Presidente del Senado en 1829, asumió la presidencia provisional de la República, de julio a diciembre de dicho año.
VID f. *Bot.* Planta leñosa y trepadora, perteneciente a la familia vitáceas, de nombre científico *Vitis vinifera*, de hojas caducas, con zarcillos y cuyo fruto es la uva.
VIDA f. **1** *Biol.* Forma especial de organización de la materia que se presenta en la naturaleza y se caracteriza por determinados procesos físicos y químicos que dan lugar a un ser que puede autoorganizarse, relacionarse, reproducirse y evolucionar. **2** Existencia de seres vivos. **3** *Biol.* Espacio de tiempo que transcurre desde el nacimiento de un ser vivo hasta su muerte. **4** Duración de las cosas. **5** Conjunto de medios para vivir. **6** Modo de vivir. **7** Persona o ser humano. **8** Relato de la existencia de una persona. **9** fig. Cualquier cosa que produce una gran satisfacción o valor a la existencia de alguien.

Víctor Manuel II. Retrato de Giovanni Induno.

vicuña

10 fig. Animación, diversión. **11** fig. Expresión, viveza. Se dice especialmente hablando de los ojos. || **vida animal** *Biol.* Aquella cuyas tres funciones principales son la nutrición, la relación y la reproducción. || **vida latente** *Biol.* Estado temporal de un ser vivo en que sus actividades vitales se reducen al mínimo, permitiéndole así sobrevivir a condiciones adversas del medio. || **buscar,** o **buscarse** uno **la vida** fr. Usar de los medios necesarios para tener lo preciso para vivir. || **darse** uno **buena vida,** o **la gran vida,** o **la vida padre** fr. Entregarse a los gustos y pasatiempos. También, buscar y disfrutar sus comodidades. || **de mala vida** loc. Se dice de la persona de conducta relajada y viciosa. || **de por vida** loc. adv. Perpetuamente, por todo el tiempo de la vida. || **en la vida,** o **en mi, tu, su vida** loc. adv. Nunca o en ningún tiempo. También se usa para explicar la incapacidad o suma dificultad de una cosa. || **entre la vida y la muerte** fr. En peligro inminente de muerte. Se usa con los verbos *estar, hallarse, quedar,* etc. || **pasar** uno **a mejor vida** fr. Morir. || **perder** uno **la vida** fr. Morir, particularmente de forma violenta. || **tener** uno **la vida en un hilo** fr. fig. y fam. Estar en mucho peligro. || **tener** uno **siete vidas como los gatos** fr. fig. y fam. Salir incólume de graves riesgos y peligros.

Vidal, Francisco de Político y militar peruano (Supe, 1801 - Lima, 1863). Intervino en las luchas por la independencia y en 1842 se hizo con el poder, proclamándose dictador. Fue depuesto por el general Vivanco en 1843.

Vidal, Francisco Antonio Político uruguayo (San Carlos, 1827 - ?, 1889). Miembro del Partido Colorado, ocupó la presidencia de la República en varias ocasiones (1865-66, 1878-79, 1880-82 y 1886).

Vidal, Gore Escritor estadounidense (West Point, 1925). En su obra narrativa lleva a cabo una corrosiva crítica de la sociedad estadounidense: *La ciudad y el pilar* (1948), *El juicio de Paris* (1952), *Mesías* (1954), *Juliano el Apóstata* (1964), *Lincoln* (1984), *Imperio* (1987), *Palimpsest: a Memoir* (1995) y *La institución Smithsoniana* (1998).

Vidal de La Blache, Paul Geógrafo francés (Pézenas, 1845 - Tamaris, 1918). Fundador de la escuela geográfica francesa, contribuyó al desarrollo de la geografía humana: *Cuadro de la geografía de Francia* (1903), *La Francia del Este* (1917), *Principios de geografía humana* (1922).

Vidal Gormaz Isla de Chile, región de Magallanes y Antártica Chilena; 4.098 h.

vidalita f. *Arg.* Canción popular, por lo general amorosa y triste que se acompaña con la guitarra.

Videla, Jorge Rafael Militar argentino (Mercedes, 1925). Comandante en jefe del ejército desde 1975, encabezó la junta militar que derrocó a María Estela Martínez de Perón, convirtiéndose en presidente de la República (1976-81). En diciembre de 1985 fue condenado a cadena perpetua por su actuación represiva y totalitaria.

vidente adj. **1** Que ve. || com. **2** Se dice de la persona capaz de adivinar el futuro y esclarecer lo pasado. También s.

video- pref. que interviene en la composición de numerosas palabras referentes a la televisión.

vídeo m. *Tecnol.* **1** Sistema de registro de imágenes ópticas por un procedimiento magnético. **2** Aparato que graba y reproduce videocintas. Se llama también *magnetoscopio.* **3** CÁMARA DE VÍDEO.

videoarte m. *Arte.* Forma de arte basado en la manipulación, grabación y reproducción, en directo o en diferido, de imágenes y sonidos mediante procedimientos magnéticos.

videocasete f. *Tecnol.* VIDEOCINTA.

videocinta f. *Tecnol.* Cinta magnética en que se registran imágenes y sonidos.

videoclip m. Filmación en vídeo para acompañar o promocionar una canción.

videoclub m. Establecimiento donde se alquilan y venden cintas de vídeo grabadas.

videoconferencia f. *Tecnol.* Conferencia a través de vídeo realizada entre varios usuarios.

videodisco m. *Tecnol.* Disco en que se registran imágenes y sonidos que, mediante un rayo láser, pueden ser reproducidos en un televisor.

videojuego m. *Inform.* Programa informático de carácter lúdico que puede ser ejecutado en un ordenador o en otros dispositivos técnicos, denominados *consolas.*

videoteca f. **1** Colección de videocintas formada con un fin especial. **2** Local o mueble en que se alojan esas videocintas debidamente ordenadas.

videoteléfono m. *Tecnol.* Teléfono combinado con un sistema de televisión que permite que los interlocutores puedan verse y hablar a un tiempo.

videotex m. *Tecnol.* Sistema de intercomunicación que, usando las técnicas de televisión, telefonía, telegrafía e informática, suministra a la pantalla de televisión de un usuario, conectado con un centro de datos, informaciones varias.

Vidor, Charles Director de cine estadounidense, de origen húngaro (Budapest, 1900 - Viena, 1959). Empezó su irregular carrera en Alemania y después pasó a EE UU. Su obra maestra es *Gilda* (1947).

Vidor, King Wallis Director de cine estadounidense (Galveston, 1894 - Paso Robles, 1982). Entre sus películas más destacadas figuran: *El gran desfile* (1925), *Aleluya* (1929), *Su único pecado* (1932), *El pan nuestro de cada día* (1934), *Duelo al sol* (1947) y *Guerra y paz* (1957).

vidorra f. fam. Vida llena de comodidades.

vidriado m. **1** Barro o loza con barniz vítreo. **2** Este barniz. **3** Operación de vidriar.

vidriar tr. **1** Dar a las piezas de barro o loza un barniz que fundido al horno toma la transparencia y lustre del vidrio. || prnl. **2** Ponerse vidriosa alguna cosa.

vidriera f. **1** Bastidor con vidrios con que se cierran puertas y ventanas. **2** ESCAPARATE de una tienda. **3** Bastidor formado por vidrios con dibujos coloreados que cubre los ventanales de iglesias, palacios y casas.

vidrio m. **1** *Quím.* Sustancia dura, frágil y transparente, formada por la combinación de sílice con potasa o sosa y pequeñas cantidades de otras bases, que se fabrica generalmente en hornos y crisoles. **2** Placa de este material que se pone en ventanas, puertas, etc., para cerrar sus huecos dejando pasar la luz. **3** Cualquier pieza fabricada con esta sustancia.

vidrioso, sa adj. **1** Que fácilmente se quiebra, como el vidrio. **2** fig. Se dice de lo que debe tratarse con cuidado. **3** fig. Dícese de los ojos que están cubiertos por una capa líquida y no miran a un lugar determinado.

Viedma Lago de Argentina, en la provincia de Santa Cruz; 1.083 km². Tiene su origen en el glaciar de su mismo nombre, el mayor de la Patagonia.

vieira f. *Zool.* Molusco lamelibranquio perteneciente a la familia pectínidos, de nombre científico *Pecten jacobaeus,* su concha alcanza 15 cm de diámetro. Es una especie comestible, muy común en los mares de Galicia, cuya concha o venera utilizan como insignia los peregrinos de Santiago.

Vieira, António Misionero jesuita portugués (Lisboa, 1608 - Salvador de Bahía, 1697). Ejerció su ministerio en Brasil, donde su defensa de los indígenas le valió la condena de la Inquisición.

Vieira, João Bernardo Militar y político guineano (Bissau, 1939). Miembro del Partido Africano de la Independencia de Guinea y Cabo Verde (PAIGC), luchó contra el colonialismo portugués. Ocupó el cargo de primer ministro (1978) y presidente de la República desde 1980 hasta 1999.

Vieira da Silva, María Elena Pintora francesa de origen portugués (Lisboa, 1908 - París, 1992). Su obra, entre la figuración y la abstracción, demuestra una particular preocupación por el espacio de la composición: *El desastre* (1942), *La biblioteca* (1949) y *Pont transbordeur* (1951).

King **Vidor.** Escena de la película *Aleluya.*

vieja f. *Zool.* Pez perciforme perteneciente a la familia escáridos, de nombre científico *Sparisoma cretense,* de unos 50 cm de longitud. Su carne es muy apreciada. Vive en el Atlántico y Mediterráneo.

viejales com. fam. Persona vieja, especialmente de carácter alegre y dicharachera.

viejo, ja adj. **1** Se dice de la persona o de los animales de mucha edad. También s. **2** Antiguo o del tiempo pasado. **3** Que no es reciente ni nuevo. **4** Deslucido, estropeado por el uso. || **de viejo** loc. adj. Se dice de las tiendas donde se venden artículos de segunda mano y de estos artículos.

Viejo SAN CRISTÓBAL, volcán de Nicaragua.

Viena *(Wien)* Ciudad capital de Austria, que constituye en sí misma un Estado; 415 km² y 1.609.631 h. Está atravesada por el Danubio y es un centro político, económico y cultural de primer orden. Industria. Universidad (1365). Entre sus edificios más importantes se encuentra la Ópera; el antiguo palacio Imperial, de estilo barroco; el palacio de Schönbrunn; la catedral gótica de San Esteban; la iglesia de San Carlos y el palacio de Belvedere, barroco. Fue célebre el sitio de la ciudad por Solimán, en 1529, y el de 1863, en que el rey polaco Sobieski la salvó del asedio de Kara Mustafá. En ella se firmó el tratado de paz que puso fin a la guerra de Sucesión de Polonia (1738) y el establecido entre Francia y Austria (1809). Fue la capital del imperio austrohúngaro. Ciudad alemana desde la realización del Anschluss, fue ocupada por las potencias vencedoras tras la Segunda Guerra Mundial y quedó dividida en siete zonas de ocupación hasta 1955.

Viena, Círculo de *Filos.* Escuela filosófica neopositivista fundada en los años veinte, de la que formaron parte Rudolph Carnap, Philipp Frank, Herbert Feigl, Hans Hahn y Otto Neurath, entre otros. Centró sus investigaciones en la estructura lógica de las teorías científicas y en la verificación de los enunciados según la experiencia y la observación. En 1938, la ocupación alemana de Austria provocó su disolución y muchos de sus miembros se trasladaron a EE UU.

Viena, congreso de *Hist.* Reunión de potencias europeas celebrada en Viena entre septiembre de 1814 y junio de 1815, con objeto de restaurar el equilibrio político europeo y definir las nuevas áreas de influencia territorial tras la caída de Napoleón. El político más destacado fue Metternich, representante austriaco, artífice de la creación de la SANTA ALIANZA. El congreso modificó el mapa de Europa: mientras que Francia retrocedía hasta sus antiguas fronteras, Gran Bretaña incorporó diversas posesiones coloniales; Rusia obtuvo la mayor parte en el reparto de Polonia y conservó Finlandia; Austria renunció a Posnania y recibió la Lombardía y el Véneto; Cracovia se declaró independiente; Prusia se anexionó el norte de Sajonia y parte de Pomerania y Luxemburgo, y Suiza consolidó su autonomía.

vienés, sa adj. y s. De Viena.

Vienne Departamento del O de Francia, en la región de Poitou-Charentes; 6.991 km² y 399.024 h. Su capital es Poitiers.

Vienne Río de Francia, que nace en el departamento de Corrèze, en la meseta de Millevache y desemboca en el Loira por su orilla izquierda; 375 km de curso.

Vienne, Alto Departamento del centro de Francia, en la región de Limousin; 5.520 km² y 353.893 h. Su capital es Limoges.

Vientiane Ciudad capital administrativa de Laos, que constituye en sí misma una municipalidad, a orillas del Mekong; 3.920 km² y 442.000 h.

viento m. **1** *Meteor.* Desplazamiento del aire, en sentido horizontal, originado por diferencias de presión en distintas áreas. **2** *Meteor.* Aire atmosférico. **3** fig. Cualquier cosa que mueve el ánimo con violencia o variedad. **4** fig. Vanidad y jactancia. **5** fig. Cuerda larga o alambre que se ata a una cosa para mantenerla derecha en alto o moverla con seguridad hacia un lado. **6** *Mar.* Rumbo, dirección trazada en el plano del horizonte. || **viento alisio** *Meteor.* ALISIOS. || **viento de bolina** *Mar.* El que viene de proa y obliga a ceñir cuando puede la embarcación. || **viento monzónico** *Meteor.* MONZÓN. || **viento solar** *Astron.* Gas ionizado que continuamente fluye del Sol con velocidades entre 400 y 700 km/s. || **a los cuatro vientos** fr. adv. En todas direcciones. || **beber** uno **los vientos** por algo o alguien expr. fig. y fam. Desearlo con ansia. || **con viento fresco** loc. Con los verbos *irse, marcharse, despedir,* etc., indica con mal modo, con enfado o desprecio. || **contra viento y marea** loc. adv. fig. Arrostrando inconvenientes, dificultades u oposición de otro. || **correr malos vientos** fr. fig. Ser las circunstancias adversas para algo. || **llevarse** una cosa **el viento** fr. fig. No ser estable o duradero. || **viento en popa** loc. adv. fig. Con buena suerte, dicha o prosperidad.

vientre m. **1** *Anat.* Cavidad abdominal del cuerpo o abdomen, que contiene los órganos principales de los aparatos digestivo y genitourinario. **2** *Anat.* Conjunto de las vísceras contenidas en esta cavidad. **3** *Fís.* Cada uno de los puntos de amplitud máxima de una onda estacionaria. **4** *Met.* Zona más ancha de un alto horno, situada entre la cuba y el etalaje. **5** *Zool.* Región exterior del cuerpo, correspondiente al abdomen. **6** PANZA de las vasijas. **7** fig. Cavidad grande e interior de una cosa. || **BAJO VIENTRE** *Anat.* HIPOGASTRIO.

VIEQUES Isla y municipio de Puerto Rico, cerca de su costa oriental; 133,9 km² y 8.602 h. Base naval estadounidense.

VIERA, FELICIANO ALBERTO Político uruguayo (Salto, 1872 - Montevideo, 1927). Presidente de la República (1915-19), auspició una amplia legislación social y convocó a elecciones para la Constituyente (1916).

VIERNES m. Quinto día de la semana civil y sexto de la litúrgica.

VIERTEAGUAS m. Resguardo hecho de piedra, azulejos, cinc, madera, etc., que forma una superficie inclinada para escurrir las aguas de lluvia.

VIETCONG (Abreviatura de *Vietnam Congsan*) *Hist.* y *Polít.* Denominación que se dio en la República de Vietnam (Vietnam del Sur) a la fuerza guerrillera que desde 1960, con el apoyo de la República Democrática de Vietnam (Vietnam del Norte), luchó contra las fuerzas estadounidenses y el gobierno nacionalista de Vietnam del Sur.

VIÈTE, FRANÇOIS (conocido también como FRANCISCUS VIETA) Matemático francés (Fontenay-le-Comte, 1540 - París, 1603). Creador de la notación moderna del álgebra, que utiliza las últimas letras del alfabeto para las incógnitas de las ecuaciones y las primeras para los coeficientes.

VIETMINH (Abreviatura de *Vietnam Doc Lap Dong Minh*; Liga Patriótica para la Independencia de Vietnam) *Hist.* y *Polít.* Movimiento político vietnamita, fundado por Ho Chi Minh en 1941 para luchar contra los imperialistas japoneses y franceses, que fue apoyado por la URSS y por China. Proclamó la independencia del país en 1945 y, tras un conflicto bélico con Francia, por los acuerdos de Ginebra de 1954 fue reconocida su autoridad al N del paralelo 17 (Vietnam del Norte).

VIETNAM (*Viet Nam Cong Hòa Xa Hoi Chu' Nghia*) Estado de Asia oriental, en la península de Indochina, formado por los antiguos territorios de Tonquín, Annan y Cochinchina. Limita al N con China; al E y S, con el mar de la China meridional, y al O, con Camboya y Laos.

GEOG. Su territorio está recorrido por la cordillera Annamita y es bastante montañoso, con dos grandes llanuras en las que se asienta la mayor parte de la población: al N, la de Tonquín, irrigada por el río Song-Koi o Rojo, y al S, la de Cochinchina, irrigada por el Mekong. Tiene un clima tropical monzónico y vegetación de bosque y jungla monzónica. La economía está basada en la agricultura: arroz, yute y caucho. También tiene importancia la ganadería, la extracción de carbón, fosfatos y cinc, y la industria sedera. Pertenece al grupo de países menos desarrollados del mundo.

HIST. Las primeras civilizaciones de la zona fueron la Nam-Viet, en el siglo II a. C., integrada posteriormente en China, y la Shampa. En el siglo X dominó la dinastía Ngo, seguida de la Le y Li, hasta el siglo XIII, en que se impuso la Tran. En 1428 Le Loi restauró la dinastía Le, pero poco después el país se repartió en tres reinos, gobernados por los Mac, Nguyen y Trinn. La penetración occidental comenzó en el siglo XVI, y fue realizada sucesivamente por portugueses, holandeses e ingleses. La presencia francesa comenzó en 1859 y llegó a asentar su dominio sobre todo el territorio, que cayó en poder de Japón durante la Segunda Guerra Mundial. Ho Chi Minh, apoyado por el VIETMINH, que desde 1941 se oponía a la presencia extranjera en la zona, proclamó la independencia en 1945, reconocida por Francia en 1946, dentro del ámbito de la Federación Indochina. Este mismo año, Francia declaró la guerra a Vietnam, y la situación se fue agravando ante el avance comunista. En 1954 el general Giap destruyó al ejército colonial francés en Dien Bien Phu. Ese mismo año, por los acuerdos de Ginebra, el país quedó dividido en Norte y Sur por

Superficie: 331.041 km².
Población: 78.774.000 h (vietnamitas).
Densidad: 238 h./km².
Tasa de natalidad: 22‰.
Tasa de mortalidad: 6,3‰.
Capital: Hanoi.
Ciudades principales: Ho Chi Minh, Haiphong, Da Nang, Hue y Quí Nhon.
Grupos étnicos: vietnamitas (87,1%), tho (1,8%), chinos (1,5%), tai (1,5%), khmer (1,4%), muong (1,4%), nung (1,1%), otros (4,2%).
Religión: budismo (67%), catolicismo (8%).
Idioma: vietnamita.
Moneda: dong.
Forma de Estado: república popular.
Producto Nacional Bruto: 26.535 millones de dólares.
Renta per cápita: 350 dólares.
División administrativa: 53 provincias, englobadas en 7 regiones, según cuadro.

VIETNAM

Provincias / *Regiones*	Superficie (km²)	Población (h.)	Capitales
An Giang	3.424	1.933.800	Long Xuyen
Ben Tre	2.247	1.309.400	Ben Tre
Can Tho	3.054	1.780.600	Can Tho
Dong Thap	3.276	1.462.900	Cao Lamh
Kien Giang	6.243	1.326.600	Rach Gia
Long An	4.338	1.224.800	Tan An
Minh Hai	7.689	1.719.100	Ca Mau
Soc Trang	3.107	1.172.600	Soc Trang
Tien Giang	2.339	1.622.000	My Tho
Tra Vinh	2.369	938.500	Tra Vinh
Vinh Long	1.487	1.041.300	Vinh Long
Dong bang song Cuu Long	*39.575*	*15.531.600*	
Ha Tay	2.153	2.217.800	Ha Dong
Hai Hung	2.552	2.658.000	Hai Duong
Haiphong (municipalidad)	1.503	1.583.900	
Hanoi (capital)	920	2.154.900	
Nam Ha	2.419	2.585.900	Nam Dinh
Ninh Binh	1.387	839.800	Ninh Binh
Thai Binh	1.524	1.768.400	Thai Binh
Dong bang song Hong	*12.457*	*13.808.800*	
Ba Ria-Vung Tau	1.957	657.100	Vung Tau
Dong Nai	5.864	1.762.900	Bien Hoa
Ho Chi Minh (municipalidad)	2.090	4.322.300	
Song Be	9.546	1.081.700	Thu Dau Mot
Tay Ninh	4.024	868.900	Tay Ninh
Dong Nam Bo	*23.481*	*8.692.900*	
Binh Dinh	6.076	1.373.100	Qui Nhon
Binh Thuan	7.992	858.700	Phan Thiet
Khanh Hoa	5.258	923.700	Nha Trang
Ninh Thuan	3.430	449.100	Phan Rang Thap Cham
Phu Yen	5.223	708.900	Tuy Hoa
Quang Nam-Da Nang	11.988	1.911.700	Da Nang
Quang Ngai	5.856	1.149.500	Quang Ngai
Duyen hai mien trung	*45.823*	*7.374.700*	
Ha Tinh	6.054	1.293.600	Ha Tinh
Nghe An	16.381	2.680.600	Vinh
Quang Binh	7.983	736.700	Dong Hoi
Quang Tri	4.592	520.900	Dong Ha
Thanh Hoa	11.168	3.311.900	Thanh Hoa
Thua Thien-Hue	5.009	973.200	Hue
Khu Bon cu	*51.187*	*9.516.900*	
Bac Thai	6.503	1.144.500	Thai Nguyen
Cao Bang	8.445	624.700	Cao Bang
Ha Bac	4.614	2.262.800	Bac Giang
Ha Giang	7.831	520.400	Ha Giang
Hoa Binh	4.612	712.900	Hoa Binh
Lai Chau	17.140	501.200	Lai Chau
Lang Son	8.167	671.900	Lang Son
Lao Cai	8.049	535.400	Lao Cai
Quang Ninh	5.939	889.600	Hong Gai
Son La	14.210	776.000	Son La
Tuyen Quang	5.801	628.500	Tuyen Quang
Vinh Phu	4.836	2.203.200	Viet Tri
Yen Bai	6.802	638.200	Yen Bai
Mien nui va trung du	*102.949*	*12.109.300*	
Dak Lak	19.800	1.173.300	Buon Me Thoat
Gia Lai-Kon Tum	15.662	737.700	Play Ku
Kon Tum	9.934	249.600	Kon Tum
Lam Dong	10.173	742.900	Da Lat
Tay Nguyen	*55.569*	*2.903.500*	

el paralelo 17, con el propósito de celebrar elecciones generales en 1956. Empezó entonces la intervención estadounidense en Vietnam del Sur, que desencadenó una cruenta guerra civil en el país y continuos enfrentamientos con Vietnam del Norte (véase VIETNAM, GUERRA DE). La presencia estadounidense se mantuvo hasta 1973. Reunificado el Norte y el Sur en un solo país, en 1976 se proclamó la República Socialista de Vietnam con Ton Duc Thang como presidente, e ingresó en la ONU. Su integración en el COMECON (junio de 1978) fue causa de la ruptura con China. En 1978 los choques fronterizos con Camboya provocaron su invasión por tropas vietnamitas. En represalia, China, penetró en el interior de la frontera vietnamita (1979). Tras la retirada de las tropas chinas, y sin ceder las tensiones con Camboya y Laos, en 1981 se celebraron elecciones para una nueva Asamblea Nacional. Antes, en marzo de 1980, había fallecido Ton Duc Thang, al que la nueva constitución de diciembre de ese año sustituyó por un consejo de Estado, que tras las elecciones confirmó en el cargo de primer ministro a Pham Van Dong. En política exterior, la década de los ochenta estuvo marcada por la persistencia de los conflictos fronterizos. En julio de 1986 moría Le Duan, máximo líder del país y secretario general del Partido Comunista desde 1976, que fue sustituido por Truong Chin. Las elecciones legislativas de 1987 supusieron un relevo de poder: Pham Hung y Vo Chi Cong fueron designados primer ministro y presidente del consejo de Estado, respectivamente. El nuevo gobierno inició una política aperturista y de reconciliación nacional que implicaba también la normalización de relaciones internacionales: retirada de tropas de Laos, 1988; acuerdo para la retirada de Camboya, efectiva en 1989. En marzo de 1988 falleció Pham Hung, y ocupó el cargo de primer ministro Do Muoi. Sin embargo, la regularización de sus relaciones internacionales y las nuevas tendencias económicas liberalizadoras, no han tenido reflejo en la situación política interna: en abril de 1992 la Asamblea aprobó un nuevo texto constitucional que no renunciaba al monopolio político del Partido Comunista. Los relevos producidos ese mismo año (Le Duc Anh pasó a ocupar la presidencia y Vo Van Kiet el puesto de primer ministro) tampoco supusieron cambios. En el campo internacional, en abril de 1992 se normalizaron las relaciones con China y en julio de 1995 se restablecieron con EE UU. Este último año, Vietnam se integró en la Asociación de Naciones del Sudeste Asiático (ASEAN). En 1997, Tran Duc Luong fue elegido presidente de la República, y Phan Van Khai, primer ministro. Con estos dos nombramientos, el núcleo dirigente adoptó un aire predominantemente reformista, encaminado a reforzar las medidas políticas y económicas aperturistas.

VIETNAM, GUERRA DE Hist. Conflicto armado que enfrentó a la República Democrática de Vietnam (Vietnam del Norte) y a la República de Vietnam (Vietnam del Sur) entre 1954 y 1975, tras la retirada francesa de Indochina y la firma de los tratados de Ginebra (1954), que ratificaban la división del territorio en dos Estados independientes. En 1960 la mayoría de los sectores críticos de Vietnam del Sur fundaron el Frente Nacional de Liberación (FNL) y el VIETCONG comenzó a desarrollar acciones armadas contra el régimen. Preocupado por el avance de los comunistas del VIETMINH, EE UU decidió intervenir en favor de Vietnam del Sur (1964-73). El Vietcong dirigió su estrategia hacia dos puntos: resistir el acoso militar y mover a la opinión pública internacional. Esto generó en EE UU una amplia corriente de oposición a la intervención en el conflicto. A ello se unieron los avances de la guerrilla, que en 1968 lanzó una ofensiva para forzar la negociación con el FNL. Finalmente, el gobierno de Washington aceptó la derrota y firmó la paz en París (enero de 1973). El ejército survietnamita claudicó en abril de 1975, tras lo cual se inició la reunificación del país.

VIETNAM DEL NORTE Parte septentrional de VIETNAM, que durante el periodo 1954-76, se denominó República Democrática de Vietnam. Su capital era Hanoi.

VIETNAM DEL SUR Parte meridional de VIETNAM, que durante el periodo 1954-76 se denominó República de Vietnam del Sur. Su capital era Saigón.

VIETNAMITA adj. y com. De Vietnam.

VIFREDO WIFREDO.

VIGA f. **1** Madero largo y grueso que sirve, por lo general, para formar los techos en los edificios y asegurar las construcciones. **2** Hierro de doble T destinado en la construcción a los mismos usos que la viga de madera. || **VIGA MAESTRA** Arquit. La que sirve para sostener las cabezas de otras vigas, así como para sustentar cuerpos superiores del edificio.

VIGARNY, FELIPE BIGARNY O BIGUERNY, PHILIPPE.

VIGAYAVADA O **BEZWADA** Ciudad de la India, Estado de Andra Pradesh, a orillas del Krishna; 701.827 h.

VIGELAND, GUSTAV Escultor noruego (Mandal, 1869 - Oslo, 1943). Su obra, influida por Thorvaldsen y Rodin, se inscribe dentro del naturalismo expresivo. Es autor de los 150 grupos escultóricos del parque municipal Frogner de Oslo.

VIGENCIA f. Cualidad de vigente.

VIGENTE adj. Se dice de las leyes, ordenanzas, estilos y costumbres que están en vigor y observancia.

VIGESIMAL adj. Mat. Se aplica al sistema de numeración que tiene por base el número veinte.

VIGÉSIMO, MA adj. **1** Que sigue inmediatamente en orden al o a lo decimonono. **2** Se dice de cada una de las veinte partes iguales en que se divide un todo. También s.

VIGÍA f. **1** Torre en alto para registrar el horizonte y dar aviso de lo que se descubre. **2** Persona destinada a vigilar el mar o la campiña. Más como m. **3** Mar. Escollo que sobresale del agua.

VIGIL, DIEGO Político centroamericano (Tegucigalpa, 1799 - Granada, 1845). De ideología liberal, fue vicejefe de Honduras (1829), jefe de Estado de El Salvador (1835-38) y vicepresidente de la Federación Centroamericana.

VIGILANCIA f. **1** Cuidado y atención exacta en las cosas que están al cargo de uno. **2** Servicio ordenado y dispuesto para vigilar.

VIGILANTE adj. **1** Que vigila. || com. **2** Persona encargada de velar por algo, especialmente la que se ocupa de vigilar calles, obras, bancos, etc. **3** AGENTE DE POLICÍA.

VIGILAR intr. y tr. Velar sobre una persona o cosa, o atender exacta y cuidadosamente a ella.

VIGILIA f. **1** Acción de estar despierto o en vela. **2** Rel. Víspera de una festividad de la iglesia católica. **3** Oficio que se reza en la víspera de ciertas festividades religiosas católicas. **4** Falta de sueño o dificultad de dormirse. **5** Comida con abstinencia de carne. **6** DÍA DE VIGILIA.

VIGITANO, NA adj. y s. De Vic o Vich.

VIGNEAUD, VINCENT DU Bioquímico estadounidense (Chicago, 1901 - White Plains, 1978). Determinó la estructura química de la vitamina H, y consiguió aislar y sintetizar la oxitocina y la vasopresina, hormonas producidas por el lóbulo posterior de la hipófisis. Premio Nobel de Química en 1955.

VIGNEMALE Macizo de los Pirineos, entre España, en la provincia de Huesca, y Francia (departamento de Altos Pirineos); 3.303 m de altura.

VIGNOLA, IL (JACOPO BAROZZI, llamado) Arquitecto italiano (Vignola, 1507 - Roma, 1573). Máximo exponente del periodo de transición del Renacimiento al Barroco. Establecido en Roma, participó en el proyecto de Villa Julia (1550) y de la Villa Farnese en Caprarola (1559). Tras la muerte de Miguel Ángel dirigió las obras de la basílica de San Pedro.

VIGNY, ALFRED DE Escritor francés (Loches, 1797 - París, 1863). Considerado uno de los principales líricos

Vigo (Pontevedra). Vista aérea.

del Romanticismo francés, es autor de *Poemas antiguos y modernos* (1826), la novela histórica *Cinco de marzo* (1826). Contribuyó a fijar las características del teatro romántico con *Chatterton* (1835).

Vigo Municipio y ciudad de España, provincia de Pontevedra; 288.573 h. Está situada junto a la ría de su nombre. Importante puerto comercial y pesquero. Industria conservera de pescado, del automóvil y metalúrgica, cuya actividad ha decaído en los últimos años. Astilleros. Fábricas de loza, porcelana, vidrio y cristal. Importante turismo.

vigor m. **1** Fuerza o actividad notable de las cosas animadas o inanimadas. **2** Viveza o eficacia de las acciones en la ejecución de las cosas. **3** Fuerza de obligar en las leyes u ordenanzas, o duración de las costumbres o estilos. **4** fig. Entonación o expresión enérgica en las obras artísticas o literarias.

vigorizar tr. y prnl. **1** Dar vigor. **2** fig. Animar, esforzar.

vigoroso, sa adj. Que tiene vigor.

viguería f. Conjunto de vigas de un edificio.

vigués, sa adj. y s. De Vigo.

vigueta f. Barra de hierro laminado destinada a la edificación.

VIH Siglas de *Virus de Inmunodeficiencia Humana* (véase SIDA).

vihuela f. *Mús.* **1** Instrumento de cuerda parecido al laúd, que alcanzó en España su apogeo durante el siglo XVI. **2** GUITARRA.

Vijosé Río de Europa, que nace en Grecia, en la región de Epiro, con el nombre de *Aoo*, entra en Albania y desemboca en el mar Adriático; 200 km.

vikingo, ga adj. **1** *Hist.* Se dice de un pueblo escandinavo que entre los siglos VIII y XI realizó diversas expediciones marítimas por las costas de Europa occidental (véase NORMANDO). **2** Se dice también de sus individuos. También s. **3** Relativo a este pueblo.

vil adj. **1** Bajo, despreciable. **2** Se dice de la persona que corresponde mal a la confianza que en ella se pone. También s.

Vila Real Distrito de Portugal; 4.305 km² y 233.100 h. Su capital es la ciudad del mismo nombre.

Vilamajó, Julio Arquitecto uruguayo (Montevideo, 1894 - íd., 1948). Seguidor del funcionalismo, su particular interpretación de este estilo renovó la arquitectura uruguaya. Proyectó la facultad de Ingeniería de la Universidad de Montevideo.

vilano m. *Bot.* **1** Sistema de vuelo que emplean para su dispersión las semillas y frutos de muchas plantas, sobre todo de la familia compuestas, que consiste en una serie de apéndices pelosos. **2** Flor del cardo.

Vilar, Pierre Historiador francés (Frontignan, 1906 - Saint-Palais, 2003). Ha desarrollado el concepto de historia total, basada en una metodología marxista: *Historia de España* (1947), *Cataluña en la España moderna* (1962), *Crecimiento y desarrollo* (1965) y *Pensar históricamente*.

Vilariño, Idea Poetisa uruguaya (Montevideo, 1920). La muerte, el dolor y la desolación son los temas básicos de *La suplicante* (1945), *Nocturnos* (1955) y *Poemas de amor* (1972).

Vilas, Guillermo Tenista argentino (Buenos Aires, 1952). Vencedor de los torneos de Forest Hills (1977),

Roland Garros (1977) y el Open de Australia (1978 y 1979).

Vilaya f. *Geog.* División administrativa de Argelia.

Vilcabamba *Geog. hist.* Región de Perú, al N de Cuzco, donde vivían, tras la conquista española, los últimos incas (véase TÚPAC AMARU).

Vilcanota Nudo montañoso del S de Perú, punto de unión de las cordilleras Oriental y Occidental; 5.486 m de altura. También llamado *Urubamba*.

Vilcanota URUBAMBA, río.

Vilches Municipio y lugar de España, provincia de Jaén; 5.162 h.

vileza f. **1** Cualidad de vil. **2** Acción o expresión vil, indigna.

vilipendiar tr. Despreciar a alguien, tratarlo despectivamente.

Viljoen, Marais Político sudafricano (Robertson, 1915). Ministro de Trabajo (1966-76), y presidente del Senado (1976-79) y de la República (1979-84). Le sucedió Pieter W. Botha.

villa f. **1** Casa de recreo situada aisladamente en el campo. **2** Población con algunos privilegios que la distinguen de aldeas y lugares. **3** Corporación municipal. **4** CASA CONSISTORIAL.

Villa, Pancho (DOROTEO ARANGO QUIÑONES, llamado) General mexicano (San Juan del Río, 1878 - Hidalgo del Parral, 1923). Al estallar la revolución de 1910, se adhirió a Madero. Reunió un importante ejército con el que obtuvo grandes triunfos. Enfrentado a la facción constitucionalista de Venustiano Carranza, fue derrotado por el general Obregón, pero vivió en rebeldía hasta 1920, en que se rindió al gobierno provisional de Adolfo de la Huerta. Murió asesinado durante el gobierno de Obregón.

Villa Clara Provincia de Cuba; 8.662 km² y 832.356 h. Su capital es Santa Clara.

Villa de Guadalupe Hidalgo Ciudad de México, en el Distrito Federal; 535.332 h. Santuario de Nuestra Señora de Guadalupe. En ella se firmó el convenio entre EE UU y México (1848), que puso fin a las hostilidades entre ambos países. Antiguamente se llamó *Guadalupe*.

Villa Hermosa de la Asunción AREQUIPA.

Villa-Lobos, Heitor Músico y compositor brasileño (Río de Janeiro, 1884 - íd., 1959). Entre sus obras figuran cinco sinfonías (1916-19); *Amazonas*, poema sinfónico (1929); *Descobrimento do Brasil*, cuatro suites sinfónicas (1936); doce *Choros* (1945) y nueve *Bachianas brasileiras* (1930-57).

Villa Nador NADOR.

Villa del Prado Municipio y lugar de España, provincia de Madrid; 3.758 h.

Villa Rica de Veracruz HEROICA VERACRUZ.

Villa Sanjurjo ALHUCEMAS.

villadiego, coger, o tomar, las de fr. fig. Ausentarse impensadamente por huir de un riesgo o compromiso.

Villagrán o **Villagra, Francisco de** Conquistador español (?, ¿1512? - Concepción, 1563). Acompañó a Valdivia a Chile y a su muerte fue nombrado gobernador general (1558). Derrotó y mandó matar a Lautaro.

Villalobos, Rosendo Político y escritor boliviano (La Paz, 1860 - íd., 1940). Fue presidente de la Cámara de Diputados. Autor de *Aves de paso* y *Hacia el olvido*.

Villalpando, Cristóbal de Pintor mexicano (Ciudad de México, h. 1650 - íd., 1714). Representante del Barroco mexicano, recibió la influencia de Valdés Leal; es autor de obras de gran colorido y suntuosidad entre las que se encuentran *La Iglesia triunfante*, *Virgen del Apocalipsis* y otras muchas realizadas para la catedral de Ciudad de México.

Villalpando Buitrago, Alberto Compositor boliviano (La Paz, 1940). Pionero de la música electroacústica en Bolivia, en 1995 estrenó su ópera *Manchaypuytu*, que rescata una leyenda de la época colonial. Autor de la música de filmes bolivianos, en 1998 recibió el Premio Nacional de Cultura.

villancico, villancejo o **villancete** m. **1** *Folk.* y *Lit.* Cancioncilla popular tradicional de temática diversa, formada por un número indeterminado de versos, generalmente entre dos y cinco. **2** *Folk.* y *Lit.* Composición poética de arte menor constituida por una cancioncilla inicial —el *villancico*—, una o varias estrofas más largas llamadas *mudanzas*, un *verso de enlace* y otro verso de vuelta o *estribillo*, que rima con el villancico inicial. Fue muy cultivado en los siglos XV y XVI. **3** *Folk.* y *Lit.* Canción popular, principalmente de tema religioso, que se canta en Navidad. Probablemente, tiene su origen en las representaciones medievales de los misterios. **4** *Mús.* Forma musical de la polifonía profana española del Renacimiento, en la que se cantaba la canción popular.

villanía f. **1** Condición de villano. **2** fig. Acción ruin.

villano, na adj. **1** Se decía del vecino del estado llano en una villa o aldea, a distinción del noble o hidalgo. También s. **2** fig. Ruin, indigno. **3** Personaje cruel de una obra, película, etc. || m. *Folk.* **4** Baile español de los siglos XVI y XVII.

Villanueva, Carlos Raúl Arquitecto venezolano (Croydon, 1900 - Caracas, 1975). Renovador de la arquitectura en Venezuela, construyó en Caracas viviendas populares y los edificios de la ciudad universitaria, de gran audacia formal.

Villanueva, Juan de Arquitecto español (Madrid, 1739 - íd., 1811). De estilo neoclásico, a él se deben la

Pancho **Villa** al frente de sus tropas en 1914.

Casita de Arriba y la de Abajo en El Escorial (1781) y la del Príncipe en El Pardo (1784), el Museo del Prado (1785), la Academia de la Historia (1788), el Observatorio Astronómico del Retiro (1790) y la reconstrucción de la Plaza Mayor de Madrid (1791).

Villanueva, Laureano Político e historiador venezolano (San Carlos, 1840 - íd., 1912). De ideas liberales, ocupó interinamente la presidencia de la República (1877). Autor de *Vida del gran mariscal de Ayacucho, don Antonio José de Sucre* (1895).

villar m. Pueblo pequeño.

Villard, Paul Enrich Físico francés (Lyon, 1860 - Bayona, 1934). Descubrió, en 1900, las radiaciones gamma.

Villarrica Volcán de Chile, entre las regiones de La Araucanía y la de los Lagos; 2.840 m.

Villarroel, Diego de Conquistador español (s. XVI). Fundó San Miguel de Tucumán en 1565.

Villarroel, Gualberto Militar y político boliviano (Cochabamba, 1908 - La Paz, 1946). Nombrado presidente de la Junta de gobierno a raíz del movimiento que derribó a Enrique Peñaranda (1943), asumió la presidencia de la República (1944-46) y llevó a cabo una política reformista. Fue derrocado y asesinado por un golpe militar.

Villarroel Santandía, Juan de Capitán español (Carmona, s. XVI). En 1546 fundó la ciudad de Potosí.

Villars, Claude Louis Hector, duque de Mariscal de Francia (Moulins, 1653 - Turín, 1734). Intervino en la guerra española de Sucesión. Venció a las tropas imperiales en Friedlingen en 1702. Reprimió las revueltas de Cevennes (1704). Derrotado por el príncipe Eugenio y por Marlborough en Malplaquet (1709). Su victoria en Denain (1712), permitió al rey Luis XIV negociar unas condiciones de paz honrosas.

Villaurrutia, Xavier Escritor mexicano (Ciudad de México, 1903 - íd., 1950). Formó parte del grupo *Contemporáneos*. Cultivó la poesía: *Reflejos* (1926), *Nocturnos* (1933); el teatro vanguardista: *La hiedra* (1941), *Invitación a la muerte* (1940), y la novela: *Dama de corazones* (1928).

Villaverde, Cirilo Escritor cubano (Pinar del Río, 1812 - Nueva York, 1894). Su fama está ligada a la novela *Cecilia Valdés* (1839, refundida en 1882), heredera del sentimentalismo romántico y de fuerte tono costumbrista.

Villavicencio, Antonio de Militar ecuatoriano (Quito, 1775 - Bogotá, 1816). Se incorporó a la causa de la independencia de Nueva Granada, pero fue capturado y fusilado.

Villazón, Heliodoro Político boliviano (Cochabamba, 1849 - íd., 1939). Presidente de la República (1909-13), reorganizó las finanzas e impulsó la construcción de ferrocarriles.

Villeda Morales, José Ramón Médico y político hondureño (Ocotepeque, 1908 - Nueva York, 1971). Fundó la Cruz Roja hondureña. Presidente de la República (1957-63), fue derrocado por un golpe de Estado y se trasladó a Costa Rica.

Villèle, Jean-Baptiste Guillaume Joseph, conde de Hombre de Estado francés (Tolouse, 1773 - íd., 1854). Ministro de Hacienda en el Gabinete de Richelieu, se encargó de la presidencia del gobierno hasta 1824. Después de la revolución de 1830 se retiró de la política activa.

Villeneuve, Pierre Charles de Vicealmirante francés (Valensoles, 1763 - Rennes, 1806). Jefe de las tropas francesas que combatieron aliadas con España frente a Inglaterra en Trafalgar (1805), tras la derrota fue destituido.

Villiers de l'Isle-Adam, Jean-Marie Mathias Philippe Auguste, conde de Escritor francés (Saint-Brieu, 1838 - París, 1889). Su obra se caracteriza por oponer al positivismo una síntesis de la filosofía hegeliana, el romanticismo, el ocultismo y el simbolismo. Autor de poesía —*Primeras poesías 1856-1858* (1859)—, novela —*Isis* (1862) y *Nuevos cuentos crueles* (1888)—, drama —*Ellen* (1865), *La rebelión* (1870)—, y relatos breves —*Cuentos crueles* (1883).

Villon, François (François de Montcorbier, llamado) Poeta francés (París, 1431 - ?, h. 1464). Sus poesías se caracterizan por el refinamiento, la gracia popular, la religiosidad y el personal sentido de la muerte. Su obra está reunida en *El legado* o *Pequeño testamento* (1456) y *El testamento* (1462).

villorrio m. desp. Población pequeña, aldea.

Vilnius o **Vilna** Ciudad capital de Lituania y del condado de su nombre, que constituye en sí misma una división administrativa; 286 km² y 543.000 h. Industria de maquinaria, textil y alimentaria. Catedral del siglo XIV. Centro cultural. Fundada en el siglo X, se convirtió en la capital del Gran Ducado de Lituania en tiempos del príncipe Gedymin. Formó parte de Polonia (1569), fue ocupada por los rusos (1655-60) y los sue-

Juan de **Villanueva**. Observatorio astronómico de Madrid.

cos (1702-06). Anexionada por los rusos en 1795, fue tomada por alemanes (1915) y después por polacos (1920), pasó nuevamente a poder ruso en 1940.

vilo, en loc. adv. **1** Suspendido, sin el fundamento o apoyo necesario. **2** fig. Con indecisión, inquietud y zozobra.

vilorta f. **1** Vara de madera flexible que sirve para hacer aros. **2** Cada una de las abrazaderas de hierro que sujeta al timón la cama del arado. **3** Arandela metálica para evitar el roce entre dos piezas. **4** *Dep.* Deporte que consiste en lanzar con el vilorto una bola que ha de pasar a través de una fila de estacas puestas entre los dos adversarios (véase LACROSSE).

vilorto m. **1** *Bot.* Especie de clemátide de hojas anchas y flores incoloras. **2** Palo terminado en uno de sus extremos en un aro encordelado, para jugar a la vilorta.

Viminal *Hist.* Una de las colinas de Roma, anexa al Quirinal. En ella se hallaban las termas de Diocleciano.

vinagre m. **1** *Quím.* Líquido agrio y astringente, producido por la oxidación incompleta del alcohol etílico a ácido acético mediante fermentación del vino o cualquier materia vegetal. Se emplea como condimento y en la preparación de vegetales encurtidos. **2** fig. y fam. Persona de genio áspero y desapacible.

vinagrera f. **1** Vasija para el vinagre. || f. pl. **2** Pieza de diversos materiales con dos frascos para aceite y vinagre, o para estos y otros condimentos, que se emplea en la mesa.

vinagreta f. *Gastron.* Salsa de aceite, cebolla y vinagre, a la que a veces se le añade otros condimentos, como perejil y pimiento.

vinagrillo m. **1** Vinagre de poca fuerza. **2** Cosmético de vinagre, alcohol y esencias aromáticas. **3** Vinagre aromático para aderezar el tabaco en polvo. **4** *Bot. Arg.* o *Chile* Planta de la familia oxalidáceas, de jugo bastante ácido.

vinajera f. **1** Cada uno de los dos jarrillos con que se sirven en la mesa el vino y el agua. || f. pl. **2** Conjunto de ambos jarrillos y de la bandeja donde se colocan.

vinatería f. **1** Comercio que se hace con vino. **2** Tienda en que se vende.

vinatero, ra adj. **1** Relativo al vino. || m. y f. **2** Persona que comercia con vinos.

vinaza f. Vino que se saca de los posos, de baja calidad.

vinazo m. Vino muy fuerte y espeso.

vinca o **vincapervinca** f. *Bot.* **1** Nombre común de cinco especies de plantas herbáceas de la familia apocináceas, género *Vinca*. Se cultivan como ornamentales. **2** Flor de esta planta.

Vincennes Ciudad de Francia, departamento de Val-de-Marne, región de Isla de Francia; 42.267 h. Castillo, que fue residencia real.

vincha f. *Amér.* Pañuelo que se ciñe la cabeza para sujetar el cabello.

Vinci, Leonardo da LEONARDO DA VINCI.

vincular tr. **1** Unir o relacionar una persona o cosa con otra. También prnl. **2** fig. Perpetuar o continuar una cosa. Más como prnl. **3** fig. Hacer que la suerte o el comportamiento de alguien o algo dependa de los de otra persona o cosa. **4** fig. Sujetar a una obligación.

vínculo m. **1** Lo que ata, une o relaciona a las personas o las cosas. **2** *Der.* Sujeción de los bienes al perpetuo dominio de una familia, sin poder partirlos o enajenarlos.

vindicar tr. **1** VENGAR. También prnl. **2** Defender por escrito al que se halla injuriado o calumniado. También prnl. **3** *Der.* Reivindicar.

vindicativo, va adj. **1** Se dice del escrito en que se defiende la fama u opinión del que se halla injuriado o calumniado. **2** Que sirve para reivindicar. **3** Vengativo.

vinícola adj. Relativo a la fabricación del vino.

vinicultor, ra m. y f. Persona que se dedica a la vinicultura.

vinicultura f. Elaboración de vinos.

vinífero, ra adj. Que produce vino.

vinificación f. *Quím.* Conjunto de procesos llevados a cabo para transformar en vino el mosto de la uva.

vinilo m. *Quím.* Radical no saturado, derivado del eteno, de fórmula $CH_2=CH-$, que posee una gran reactividad y tiene tendencia a formar compuestos polimerizados. Industrialmente son importantes sus derivados, especialmente el cloruro.

Vinnitsa Ciudad de Ucrania, capital de la provincia del mismo nombre; 388.000 h. Importante centro agrícola.

vino m. **1** Bebida que se obtiene del zumo de las uvas exprimidas, elaborado naturalmente por fermentación. **2** Por extensión, zumo de otras plantas o frutos. || **vino abocado** El que, sin llegar a ser dulce, produce dulzor en el paladar. || **vino amontillado** El fino, con color adquirido en el envejecimiento, que es generoso y espirituoso. || **vino blanco** El de color dorado, por oposición al tinto. || **vino clarete** Especie de vino tinto algo claro. || **vino dulce** El de este sabor porque lo tiene así la uva o porque está aderezado con arrope. || **vino fino** El de *bouquet* en su aroma y sabor delicado. || **vino generoso** El más fuerte y añejo que el común. || **vino moscatel** El que se fabrica con la uva moscatel. || **vino de quema** El destinado a la destilación. || **vino rosado** El de este color. || **vino seco** El que no tiene sabor dulce. || **vino tinto** El de color muy oscuro. || **bautizar el vino** fr. fig. y fam. Echarle agua.

vinoso, sa adj. Que tiene la fuerza, apariencia o propiedad del vino.

Vinson Macizo de la Antártida, en los montes Ellsworth, que constituye la cima más alta de este continente; 5.140 m.

viña f. *Agr.* Terreno plantado de vides.

Viña del Mar Ciudad de Chile, provincia de Valparaíso; 322.220 h. Refinería de petróleo. Centro turístico.

viñador, ra m. y f. **1** Persona que cultiva las viñas. **2** Guarda de una viña.

Viñas, David Escritor argentino (Buenos Aires, 1929). Cultiva la novela social, como instrumento de lucha política y social: *Los años despiadados* (1956), *Un Dios cotidiano* (1957) y *Cosas concretas* (1969, y los ensayos *De Sarmiento a Cortázar* (1969) y *Grotesco: inmigración y fracaso* (1974).

viñedo m. *Agr.* Terreno plantado de vides.

viñeta f. **1** Dibujo que se pone como adorno al principio o fin de los libros y capítulos, o en los márgenes de las páginas. **2** Cada uno de los recuadros que componen una historieta gráfica. **3** Dibujo para un fin determinado.

VIOLA f. *Mús.* **1** Instrumento parecido al violín aunque algo mayor y de cuerdas más fuertes. || com. **2** Persona que toca este instrumento.

VIOLA, ROBERTO EDUARDO Militar y político argentino (Buenos Aires, 1924 - íd., 1994). Comandante en jefe del ejército desde 1978, formó parte de la junta militar, y sucedió a Videla en la presidencia de la República (marzo-noviembre de 1981). Tras las elecciones de 1983, fue procesado y condenado a prisión (1985). Se le concedió la amnistía en 1990.

VIOLÁCEO, A adj. **1** VIOLADO. También s. **2** *Bot.* Se dice de la planta angiosperma dicotiledónea, con flores pentámeras, fruto en cápsula, baya o nuez, y semilla con endospermo carnoso, como la violeta. También f. || f. pl. *Bot.* **3** Familia de estas plantas.

VIOLACIÓN f. Acción y efecto de violar.

VIOLADO, DA adj. y s. De color de violeta, morado claro. Es el séptimo color de la luz blanca.

VIOLADOR, RA adj. y s. Que viola.

VIOLAR tr. **1** Infringir una ley. **2** Abusar sexualmente de una persona contra su voluntad, cuando se encuentra sin sentido, es menor de edad o tiene algún trastorno mental. **3** Revelar secretos una persona que los tiene por razón de su cargo. **4** Por extensión, revelar cualquier secreto. **5** Profanar un lugar sagrado o cualquier otra cosa que merezca mucho respeto.

VIOLENCIA f. **1** Cualidad de violento. **2** Acción y efecto de utilizar la fuerza y la intimidación para conseguir algo. **3** Acción y efecto de violentarse. **4** *Der.* Coacción.

VIOLENTAR tr. **1** Aplicar a cosas o personas medios violentos. También prnl. **2** Violar por la fuerza a una persona. **3** fig. Poner a alguien en una situación violenta o comprometida. También prnl. **4** fig. Dar a algo una interpretación falsa o errónea.

VIOLENTO, TA adj. **1** Brusco, muy fuerte o intenso. **2** Que se sirve de la fuerza en lugar de la razón. **3** Se dice del período, época, etc., en que suceden guerras y otros acontecimientos sangrientos. **4** Que se irrita con facilidad y tiende a insultar o atacar a otros. **5** Que está fuera de su estado o postura natural. **6** Comprometido, difícil, apurado.

VIOLETA f. **1** *Bot.* Nombre de unas 500 especies de plantas herbáceas rizomatosas, pertenecientes a la familia violáceas, género *Viola*. Crece en lugares umbrosos de las regiones templadas del hemisferio Norte. **2** *Bot.* Flor de esta planta. || adj. y m. **3** Se dice de lo que es de color morado claro, parecido al de la violeta.

VIOLETERA f. Mujer que vende violetas en sitios públicos.

VIOLETERO m. Florero pequeño para violetas.

VIOLÍN m. *Mús.* **1** Instrumento musical de cuatro cuerdas afinadas por quintas (sol, re, la, mi) que se frotan con un arco. || com. **2** VIOLINISTA.

VIOLINISTA com. Persona que toca el violín.

VIOLLET-LE-DUC, EUGÈNE EMMANUEL Arquitecto y crítico de arte francés (París, 1814 - Lausana, 1879). Intervino en los trabajos de restauración de la Sainte-Chapelle de París, fue arquitecto de la basílica de Saint-Denis (1846), e inspector general de los edificios diocesanos (1853). Es autor de ensayos.

VIOLÓN m. *Mús.* **1** Instrumento musical parecido al violín, pero más grande y de diapasón más bajo. **2** CONTRABAJO, instrumento. || com. **3** Persona que toca estos instrumentos.

VIOLONCHELISTA com. Persona que toca el violonchelo.

VIOLONCHELO m. *Mús.* Instrumento músico de cuerda y arco, más pequeño que el violón y de la misma forma. Equivale al barítono entre los de su clase, y se afina a la octava grave de la viola.

VION o **VIOÑ** m. *Zool.* Mamífero artiodáctilo perteneciente a la familia tragúlidos, de nombre científico *Hyemoschus aquaticus*, de unos 35 cm de altura, patas cortas y pelaje pardo oscuro con manchas blancas en el dorso, de costumbres semiacuáticas. Vive en África tropical.

violín. Museo del Conservatorio Luigi Cherubini (Florencia).

Islas **Vírgenes británicas.** Paisaje de Road Town en la isla de Tórtola.

VIP Siglas de la expresión inglesa *very important person* (persona muy importante).

VIPÉRIDO, DA adj. y s. *Zool.* **1** Se dice del reptil escamoso ofidio, con cabeza triangular bien diferenciada del resto del cuerpo, pupila vertical y cola que se estrecha bruscamente. || m. pl. *Zool.* **2** Familia de estos reptiles.

VIPERINO, NA adj. **1** *Zool.* Relativo a la víbora. **2** fig. Que tiene sus propiedades. **3** fig. Malintencionado. **4** LENGUA VIPERINA.

VIQUEQUE Distrito de Timor Oriental; 1.781 km^2 y 59.600 h. Su capital es la ciudad homónima.

VIRA f. **1** Saeta delgada muy aguda. **2** Tira de tela, badana o vaqueta que se cose entre la suela y la pala del calzado.

VIRACOCHA m. Nombre que los súbditos de los incas dieron a los conquistadores españoles.

VIRACOCHA WIRAKOCHA.

VIRACOCHA o **HUIRACOCHA** (HATUN TÚPAC INCA, llamado) Inca del Perú (? - ?, h. 1430). Hijo de Yahuar Huaca, ocupó el trono tras el asesinato de su padre a finales del siglo XV. Llevó sus conquistas más allá del Callao, Arequipa y Moquegua. Hizo restaurar los santuarios y embelleció el Cuzco.

VIRADOR m. **1** *Fot.* Líquido usado en fotografía para virar. **2** *Mar.* Cabo grueso que se guarnece al cabrestante para meter el cable. **3** *Mar.* Cabo para guindar y echar abajo los masteleros.

VIRAGO f. Mujer varonil.

VIRAL adj. *Biol.* Perteneciente o relativo al virus.

VIRAR tr. **1** Girar cambiando de dirección, especialmente hablando de un buque y, por extensión, de cualquier vehículo. También tr. **2** Evolucionar, cambiar de ideas o de manera de actuar. || tr. *Fot.* **3** Sustituir la sal de plata del papel impresionado por otra más estable que produzca un color determinado.

VIRAVIRA (Voz *quechua*.) f. *Bot. Amér.* Planta herbácea perteneciente a la familia compuestas, de nombre científico *Gnaphalium viravira*, de hojas lanceoladas y flores en cabezuela. Originaria de América del Sur, se utiliza como febrífugo.

VIRAZÓN f. **1** *Meteor.* Viento que en las costas sopla desde el mar durante el día, alternando con el terral, que sopla de noche. **2** *Meteor.* Cambio repentino de viento. **3** fig. Viraje en las ideas, conducta, etc.

VIRCHOW, RUDOLF Biólogo y político alemán (Schivelbein, 1821 - Berlín, 1902). Fundador de la patología celular, realizó una de las primeras descripciones de la leucemia, la embolia cerebral y la neuroglia, y un estudio detallado de los tumores.

VIRGEN adj. **1** Se dice de la persona, especialmente la mujer, que no ha tenido relaciones sexuales. También com. **2** Se aplica a la tierra que no ha sido cultivada, o de la que está aún sin explorar. **3** Que está en su estado original, no ha recibido ningún tratamiento artificial o todavía no ha sido utilizado. || Rel. **4** María, madre del hijo de Dios, e imagen que la representa. En esta acepción suele escribirse con mayúscula. || **viva la virgen** loc. adj. y m. Persona informal.

VIRGEN MARÍA MARÍA, madre de Jesús.

VÍRGENES Archipiélago de las Pequeñas Antillas, grupo de Barlovento, repartido entre el Reino Unido (islas Vírgenes británicas) y los EE UU (islas Vírgenes estadounidenses). Exportan caña de azúcar, tabaco y algodón.

VÍRGENES BRITÁNICAS, ISLAS *(British Virgin Islands)* Nombre que recibe la parte inglesa del archipiélago de las Islas Vírgenes, en las Pequeñas Antillas. Constituye una colonia, formada por cerca de 40 islas, entre las que destacan las de Tórtola, Anegada y Jost Van Dyke; 153 km^2 y 16.644 h. Su capital es Road Town, en Tórtola. Agricultura y pesca. Turismo.

VÍRGENES ESTADOUNIDENSES, ISLAS *(United States Virgin Islands)* Nombre que recibe la parte del archipiélago de las Islas Vírgenes, en las Pequeñas Antillas, perteneciente a los EE UU. Constituyen un territorio no asociado, formado por unas 68 islas, entre las que destacan las de Santa Cruz, Santo Tomás y San Juan; 344 km^2 y 101.809 h. Su capital es Charlotte Amalie, en Santo Tomás. Agricultura (caña de azúcar), pesca. Industria alimentaria, textil, mecánica y petroquímica. Turismo.

VIRGILIANO, NA adj. Propio del poeta Virgilio.

VIRGILIO MARÓN, PUBLIO Poeta latino (Andes, Mantua, 70 - Brindisi, 19 a. C.). Fue amigo de Horacio, y protegido de Mecenas y del emperador Octavio. De una primera etapa influida por el epicureísmo, evolucionó hacia un platonismo místico, por lo que su producción se considera una de las más perfectas síntesis de las corrientes espirituales de Roma. Su primera obra fueron las *Bucólicas* (42-39 a. C.), a las que siguieron las *Geórgicas*, acabado en el 30 a. C. Más tarde trabajó en la composición de su obra maestra, el poema épico titulado *Eneida* (empezada el 29 a. C.), sobre las aventuras de Eneas. Su cuidada métrica, el estilo puro, y los sentimientos y la visión del mundo que reflejan sus obras lo convirtieron en uno de los más importantes poetas latinos.

VIRGINAL adj. **1** Relativo a las personas vírgenes y a la Virgen María. **2** fig. Puro, limpio, inmaculado. || m. *Mús.* **3** Instrumento musical de teclado y cuerda, de la familia del clave, difundido en los siglos XVI y XVII.

VIRGINIA Estado de EE UU; 105.149 km^2 y 7.078.515 h. Su capital es Richmond. Limita al S con los Estados de Carolina del Norte y Tennessee, al O con los de Kentucky y Virginia Occidental, al N con el de Maryland y al E con el Atlántico. Produce tabaco y cacahuetes. Pesca. Bosques. Industrias químicas, alimentarias, textiles y del tabaco. Carbón, plomo. Fue descubierto por Walter Raleigh en 1585, aunque su colonización por los ingleses no tuvo lugar hasta 1607. Junto con Massachusetts, fue uno de los Estados que iniciaron la guerra de la Independencia. Partidario del mantenimiento de la esclavitud, fue uno de los Estados secesionistas durante la guerra de Secesión (1861-65), que concluyó con la caída de Richmond, en 1865, lo que provocó la capitulación sudista. Volvió a formar parte de la Unión en 1870.

VIRGINIA BEACH Ciudad de EE UU, Estado de Virginia; 430.295 h.

VIRGINIA OCCIDENTAL *(West Virginia)* Estado de EE UU; 62.761 km^2 y 1.808.344 h. Su capital es Charleston. De geografía montañosa, produce cereales, patatas y tabaco. Petróleo, carbón bituminoso, sal y gas natural. Industrias metalúrgica, mecánica, química, alimentaria y textil. Hasta 1862 formó parte de Virginia.

VIRGINIDAD f. **1** Estado de la persona virgen. **2** Pureza.

VIRGO adj. y f. **1** VIRGEN. **2** Referido a personas, las nacidas bajo el signo del Zodiaco Virgo. || m. *Anat.* **3** HIMEN.

VIRGO 1 *Astrol.* Sexto signo del Zodiaco, que va de los 150º a los 180º de longitud y que el Sol atraviesa del 23 de agosto al 23 de septiembre. **2** *Astron.* Constelación zodiacal que en otro tiempo debió coincidir con el signo de este nombre, pero que actualmente se halla delante del mismo signo y un poco hacia el E. Su estrella principal es Spica.

VIRGUERÍA f. fam. Cosa delicada, exquisita y bien hecha. || **hacer virguerías** fr. fam. Tener gran habilidad para hacer algo.

VÍRGULA f. **1** Vara pequeña. **2** Rayita.

VIRGULILLA f. **1** Signo ortográfico con figura de coma, rasguillo o trazo, como el apóstrofo, cedilla y la tilde de la ñ. **2** Rayita o línea corta y muy delgada.

VIRIASIS f. *Pat.* Estado enfermizo producido por un virus.

VIRIATO Jefe ibero (s. II a. C.). Nacido probablemente en la lusitana sierra de la Estrella, escapó de la matanza ordenada por Galba, en la primer guerra celtibérica. Se convirtió en guerrillero y fue aclamado caudillo de muchas de las tribus celtibéricas de Lusitania, Carpetania y Bética, que ofrecieron resistencia a los colonizadores romanos (147 a. C.). Puso en jaque al dominio romano en la península Ibérica, adueñándose de la Hispania Ulterior y Citerior. Tras firmar temporalmente la paz con Roma, fue asesinado mientras dormía.

VÍRICO, CA adj. *Biol.* Relativo al virus.

VIRIL[1] (De *vidrio*.) m. **1** Vidrio que se pone delante de algunas cosas para preservarlas. **2** *Rel.* Caja de cristales que encierra la forma consagrada y se coloca en la custodia.

VIRIL[2] (Del lat. *virĭlis*.) adj. VARONIL.

VIRILIZARSE prnl. Adquirir una mujer caracteres sexuales exteriores propios del varón.

VIROIDE m. *Biol.* Agente patógeno constituido por ARN desnudo.

VIROLA f. **1** Abrazadera de metal que se pone por remate o por adorno en algunos instrumentos como navajas, espadas, etc. **2** Contera de bastón, paraguas, etc. **3** *Bot.* Árbol perteneciente a la familia mirísticáceas, género *Virola*, de gran altura, que crece en los bosques tropicales de Colombia, Brasil y Surinam.

VIROLOGÍA f. *Biol.* Parte de la microbiología que estudia los virus.

VIROSIS f. *Pat.* Nombre genérico de las enfermedades originadas por virus patógenos.

VIRREINA f. **1** Mujer del virrey. **2** La que gobierna como tal.

VIRREINAL adj. Relativo al virrey, a la virreina o al virreinato.

VIRREINATO o **VIRREINO** m. **1** *Hist.* Dignidad o cargo de virrey o virreina. Fue una institución creada por la Corona de Aragón hacia finales del siglo XV en Sicilia y Cerdeña, extendida en tiempo de los Reyes Católicos y después a diversos territorios de España (Aragón, Cataluña, Mallorca, Valencia, Navarra, Galicia, Nápoles, Portugal). En Europa, España creó los de Nápoles, Sicilia y Cerdeña. En América se crearon los de Nueva España, Nueva Granada, Perú y Río de la Plata. **2** Tiempo que dura. **3** Distrito gobernado por un virrey.

VIRREY m. El que con este título gobierna en nombre y autoridad del rey.

VIRTANEN, ARTTURI ILMARI Biólogo y bioquímico finlandés (Helsinki, 1895 - íd., 1973). Investigó sobre las bacterias que fijan el nitrógeno en las raíces de las leguminosas. En 1945 recibió el premio Nobel de Química.

VIRTUAL adj. **1** Con propiedad para producir un efecto aunque no lo produzca. **2** Implícito, tácito. **3** *Fís.* Que tiene existencia aparente y no real. ♦ REALIDAD VIRTUAL.

VIRTUD f. **1** Cualidad de una persona que se considera buena y correcta. **2** Buena conducta, comportamiento que se ajusta a las normas o leyes morales. **3** Capacidad para obrar o surtir efecto. **4** *Filos.* La más alta cualidad del hombre, que confiere a su naturaleza humana un sentido completo. || f. pl. *Teol.* **5** Espíritus bienaventurados, cuyo nombre indica fuerza viril e indomable para cumplir las operaciones divinas. Forman el quinto coro. || **en virtud de** o **por virtud de** loc. adv. En fuerza, a consecuencia o por resultado con que se da a entender que uno obra o puede obrar bien, no obstante los indicios o signos que argüían lo contrario.

VIRTUOSISMO m. Gran dominio de la técnica de un arte, particularmente en música.

VIRTUOSO, SA adj. **1** Que tiene virtudes y obra o se desarrolla según la virtud. **2** Se dice del artista que domina la técnica de un arte, particularmente del músico. También s.

VIRÚ *Arqueol.* e *Hist.* Valle del Perú en el que se desarrolló, desde finales del periodo formativo al siglo III de nuestra era, la cultura precolombina también denominada *Gallinazo*. Se han encontrado restos de cerámica y arquitectónicos, como la fortaleza de Tomaval.

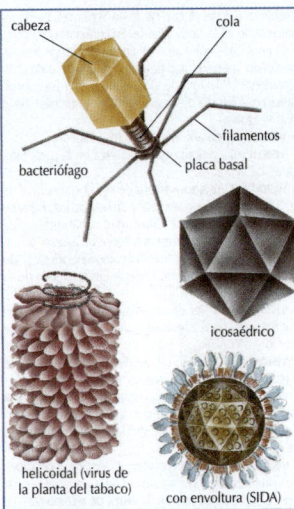

cabeza
cola
bacteriófago
filamentos
placa basal
icosaédrico
helicoidal (virus de la planta del tabaco)
con envoltura (SIDA)

Tipos de **virus**.

VIRUELA f. *Pat.* **1** Enfermedad infecciosa aguda, esporádica o epidémica, contagiosa, caracterizada por la erupción de ampollas con pus en la piel y mucosas, acompañada de fiebre alta. Hasta 1980, en que se consideró erradicada, sus epidemias causaban una elevada mortalidad, pero actualmente es fácil prevenirla mediante la vacunación. Más en pl. **2** Cada una de las ampollas producidas por esta enfermedad. || **VIRUELAS LOCAS** *Med.* VARICELA.

VIRULÉ, A LA loc. adv. Estropeado, torcido o en mal estado.

VIRULENCIA f. **1** Cualidad de virulento. **2** *Med.* Capacidad de un microorganismo patógeno para producir enfermedad, evaluada según la severidad de los síntomas.

VIRULENTO, TA adj. **1** Ocasionado por un virus o que participa de su naturaleza. **2** Muy fuerte o violento. Se dice de las manifestaciones de una enfermedad. **3** fig. Se dice del estilo o lenguaje mordaz, hiriente.

VIRUS m. **1** *Biol.* Parásito intracelular obligatorio, es decir, que precisa de una célula viva para replicarse. Es un agente biológico no celular que aporta información genética en forma de ADN o ARN, capaz de vivir en dos estados distintos, uno intracelular y otro extracelular. **2** *Inform.* Programa ejecutable directamente por un ordenador que tiene como fin su propia duplicación y la contaminación de otros programas para obstaculizar el normal funcionamiento de la máquina. ♦ Su pl. es *virus*.

VIRUTA f. Laminilla delgada de madera o metal que salta con el cepillo, la lija y otros elementos.

VIS f. Fuerza, vigor. Se usa sólo en la expresión *vis cómica*.

VIS-À-VIS (Locución fr.) loc. y m. Cara a cara, frente a frente.

VISA (Voz fr.) amb. *Amér.* Visado.

VISADO m. Acción y efecto de visar la autoridad un documento.

VISAJE m. Mueca, gesto.

VISAR tr. Reconocer, examinar la autoridad competente un documento, certificación, pasaporte, etc., poniéndole el visto bueno, por lo general, para un uso determinado.

VISAYAS BISAYAS.

VÍSCERA f. *Anat.* y *Zool.* Cada uno de los órganos contenidos en las principales cavidades del cuerpo humano y de los animales.

VISCERAL adj. **1** Relativo a las vísceras. **2** fig. Se dice de un sentimiento cuando es muy profundo y arraigado.

VISCONTI *Geneal.* Familia lombarda que gobernó en Milán de 1277 a 1447 y formó parte del Partido Gibelino. Entre sus miembros destacan Ottone (h. 1207-95), arzobispo de Milán, y señor de esta ciudad desde 1277; Mateo I (1250-1322), vicario imperial de Lombardía desde 1294; Galeazzo I (1277-1328), hijo del anterior, señor de Milán entre 1322 y 1328, fue derrocado por Ludovico el Bárbaro; Azzone (1302-39), hijo del anterior, vicario imperial (1329-30) y señor de Milán (1330-39); Marco (?-1329), *podestà* de Alejandría, que sitió Génova en 1318 y obtuvo la victoria de Trezzo; Gian Galeazzo (1347-1402), duque de Milán (1395) y de Lombardía (1397); Valentina (1366-1408), quien logró, mediante su matrimonio con Luis de Orleans, el apoyo de los franceses para vencer a la liga florentina (1387); Giovanni Maria (1389-1412), que se granjeó la hostilidad popular y murió a manos de los gibelinos; y Filippo Maria (1392-1447), que sucedió a Giovanni Maria en 1412. A su muerte el ducado pasó a manos de la familia Sforza.

VISCONTI, LUCHINO Director de cine italiano (Milán, 1906 - Roma, 1976). Su cine aúna el realismo más exigente y un refinado sentido estético, en unas obras concebidas siempre desde una perspectiva marxista. Películas: *Ossessione* (1942), que sienta las bases del neorrealismo; *La tierra tiembla* (1948), *Bellissima* (1951), *Noches blancas* (1957), *Rocco y sus hermanos* (1960), *El Gatopardo* (1963), *La caída de los dioses* (1969), *Muerte en Venecia* (1971), *Confidencias* (1974) y *El inocente* (1976).

VISCOSA f. *Quím.* Xantato de celulosa, sal ácida del ditiocarbonato de celulosa, obtenida por tratamiento de ésta con sosa cáustica concentrada y posterior disolución en disulfuro de carbono.

VISCOSIDAD f. **1** Cualidad de viscoso. **2** Materia viscosa. **3** *Fís.* Propiedad de los fluidos de oponer resistencia al deslizamiento, debida a la cohesión de sus moléculas, que se gradúa por la velocidad de salida de éstos a través de tubos capilares.

VISCOSO, SA adj. **1** Denso y pegajoso. **2** Cierto tipo de tejido textil artificial.

VISERA f. **1** Parte delantera de las gorras y otras prendas semejantes para resguardar la vista. **2** Pieza independiente que se sujeta a la cabeza por una cinta. **3** Pieza movible en el interior de un automóvil, sobre el parabrisas, para proteger del sol al conductor y a la persona que lo acompaña. **4** Parte del yelmo que cubría y defendía el rostro.

VISEO (*Viseu*) **1** Distrito de Portugal; 5.009 km² y 398.800 h. **2** Ciudad capital del mismo; 20.600 h. Industrias alimentarias. Catedral del siglo XII.

VISHAKHAPATNAM Ciudad de la India, Estado de Andhra Pradesh; 752.037 h. Puerto.

VISIBILIDAD f. **1** Cualidad de visible. **2** Cualidad de ver a mayor o menor distancia según las condiciones atmosféricas.

VISIBILIZAR tr. Hacer visible artificialmente algún objeto o estructura.

VISIBLE adj. **1** Que se puede ver. **2** Cierto, evidente. **3** Presentable.

VISIGODO, DA adj. **1** *Hist.* Se dice de la rama occidental del pueblo godo. Más como m. pl. **[Encic.] 2** Se dice también de sus individuos. También s. **3** Relativo a los visigodos.

Hist. Se asentaron en la orilla occidental del Dniéper en el siglo II, de donde fueron expulsados por los

Arte **visigodo**.
Pila bautismal.
Colegiata de San Isidoro (León).

Visnú. Arte khmer. Museo Guimet (París).

hunos, trasladándose a la región del Danubio. Penetraron en el imperio romano y derrotaron a Valente en Adrianópolis (378). Avanzaron a través de Tracia, Grecia e Italia, tomaron Roma (410) y fracasaron en su intento de pasar a África vía Sicilia. Muerto Alarico, su sucesor Ataulfo creó un reino en la Galia, con capital en Tolosa, y fue asentando su dominio en la península Ibérica (413). Wallia pactó un *foedus* con el imperio que legitimó el reino (418), en virtud del cual combatieron como federados de Roma a alanos y vándalos en Hispania.

VISIGODO, REINO *Hist.* Reino que originalmente comprendía la región romana de Aquitania, en el SE de las Galias. Teodorico I combatió a los vándalos en Hispania y derrotó a Atila en los Campos Cataláunicos (451). Teodorico II derrotó a los suevos en Astorga, consolidó su dominio de Hispania y extendió su reino en la Galia hasta el Mediterráneo. Su sucesor Eurico dominó Provenza, Arles y Marsella y extendió su dominio a Lusitania. Alarico promulgó la *Lex Romana Visigothorum;* fue derrotado por los francos en Vouillé (507), lo que supuso el fin del reino visigodo de Tolosa. Amalarico (511), menor de edad, fue protegido por su abuelo Teodorico II el Amalo, rey ostrogodo de Italia, lo que le permitió consolidar su posición en Hispania y crear el reino visigodo de Toledo. Sus sucesores fueron nobles ostrogodos, Teudis (531), que recuperó la Septimania, y Teudiselo (548). En tiempos de Agila (549-555) se produjo la invasión de los bizantinos. Atanagildo (555-557) luchó contra éstos y trasladó la capital a Toledo. Su sucesor, Liuva (567), asoció al trono a su hermano Leovigildo, quien sometió a vascones, destruyó el reino suevo de Galicia y redujo las posesiones de los bizantinos. Creó un Estado sólido y unificado. No logró acabar con las luchas civiles entre católicos y arrianos. Su hijo Hermenegildo se rebeló contra él en la Bética. Las luchas ideológicas fueron resueltas durante el reinado de su hijo Recaredo (586), que abjuró del arrianismo en el III concilio de Toledo (589) y convirtió al catolicismo a su pueblo. Sisebuto (612) desató persecuciones antijudías, redujo aún más los dominios bizantinos y combatió a los vascones. Suintila (621) completó su labor expulsando a los últimos bizantinos y sometiendo a los vascones. Chindasvinto (642) hizo aprobar leyes que protegieran la corona y combatió con dureza a los grupos nobiliarios hostiles. Recesvinto (649) promulgó la *Lex Romana Visigothorum*, código jurídico. Wamba (672) reprimió la sublevación del duque Paulo en Septimania y un levantamiento en la Tarraconense. En el reinado de Witiza (702) las luchas nobiliarias alcanzaron gran virulencia, socavando la estabilidad del reino, y provocando indirectamente la derrota de Don Rodrigo por los musulmanes en la batalla de Guadalete (711), que puso fin al reino visigodo.

VISIGÓTICO, CA adj. Relativo a los visigodos.

VISILLO m. Cortinilla que se coloca en la parte interior de las ventanas.

VISIÓN f. **1** Acción y efecto de ver. **2** Capacidad de ver. **3** Comprensión inmediata y directa de las cosas, de manera sobrenatural. **4** Capacidad o habilidad para algo. **5** Punto de vista particular sobre un asunto. **6** Fantasía o imaginación que se toma como verdadera. || **ver uno visiones** fr. fig. y fam. Dejarse llevar mucho de su imaginación.

VISIONAR tr. **1** Ver en una moviola. **2** Ver imágenes cinematográficas o televisivas, antes de su distribución o exhibición pública.

VISIONARIO, RIA adj. y s. Se dice de la persona que cree o imagina ver cosas que no existen.

VISIR m. Ministro de un soberano musulmán. || **GRAN VISIR** Primer ministro del sultán de Turquía.

VISIRATO m. **1** Cargo o dignidad de visir. **2** Tiempo que dura este cargo.

VISITA f. **1** Acción de visitar. **2** Persona o personas que visitan un lugar o a alguien. **3** fig. Cualquier tipo de inspección, reconocimiento. || **VISITA DE MÉDICO** fam. La de corta duración. || **VISITA PASTORAL** *Rel.* La que hace el obispo para inspeccionar las iglesias de su diócesis.

VISITACIÓN, ORDEN DE LA ORDEN DE LA VISITACIÓN DE NUESTRA SEÑORA.

VISITADOR, RA adj. **1** Que visita frecuentemente. También s. || m. y f. **2** *Rel.* Religioso o religiosa encargado de inspeccionar los establecimientos religiosos de su provincia. **3** Persona que presenta a los médicos los productos de un laboratorio. **4** Persona encargada de realizar inspecciones, reconocimientos, etc.

VISITANTE adj. **1** Que visita. También com. **2** *Dep.* Se dice del equipo que juega fuera de su campo.

VISITAR tr. **1** Ir a ver a uno a su casa, o al lugar donde se encuentra, por cortesía, amistad, etc. **2** Recorrer un lugar para conocerlo. **3** Acudir con frecuencia a un lugar. **4** Ir a un templo o santuario por devoción, o para ganar indulgencias. **5** Ir el médico a casa del enfermo. **6** Acudir a un lugar para examinarlo, reconocerlo, etc.

VISIVO, VA adj. Que sirve para ver.

VISLUMBRAR tr. **1** Ver un objeto confusamente por la distancia o falta de luz. **2** fig. Conjeturar por leves indicios.

VISLUMBRE f. **1** Reflejo de luz, o leve resplandor, por la distancia de ella. **2** fig. Conjetura, indicio. Más en pl. **3** fig. Noticia dudosa. **4** fig. Leve semejanza de una cosa con otra.

VISNÚ o **VISHNÚ** *Rel.* Segunda persona de la Trimurti hindú, en la cual desempeña el papel de conservadora del mundo. Representa las fuerzas evolutivas del Universo. Se presenta de diversas formas, que reciben el nombre de *avatares*.

VISO m. **1** Brillo o tonalidad diferente de color que produce la luz en una superficie. **2** Apariencia de las cosas. **3** Forro que se coloca debajo de una tela clara para que no se transparente. **4** fig. **hacer visos** fr. Se dice de ciertos tejidos que según los ilumina la luz, forman cambiantes o tornasoles.

VISÓN m. **1** *Zool.* Nombre de dos especies de mamíferos carnívoros de la familia mustélidos, género *Mustela*, de cuerpo alargado, pies parcialmente palmeados y pelaje muy fino. Son animales solitarios y nocturnos que se alimentan de ratas, pájaros, ranas y peces. Se crían en granjas especializadas para la obtención de su piel. **2** Piel de estos animales. **3** Prenda hecha de su piel.

VISOR m. **1** Lente o sistema óptico para enfocar una imagen. **2** *Mil.* Dispositivo empleado en ciertas armas de fuego para lograr una mayor precisión en el disparo.

VÍSPERA f. **1** Día anterior. **2** fig. Cualquier cosa que antecede a otra. || f. pl. *Liturg.* **3** Una de las horas del oficio divino que se dice después de nona, y que antiguamente solía cantarse hacia el anochecer.

VÍSPERAS SICILIANAS *Hist.* Levantamiento de los sicilianos en 1288 contra su rey, el francés Carlos de Anjou, impuesto por el Papa, iniciado a la hora de vísperas del 30 de marzo en Palermo. Los sicilianos ofrecieron la corona a Pedro III de Aragón, yerno del antiguo rey Manfredo, de la dinastía Staufen. Dio inicio a la guerra de las Vísperas, que acabó en 1302 con la paz de Caltabellota.

VISTA f. **1** *Fisiol.* Sentido corporal con que se perciben los objetos y sus colores a través de los ojos. **2** Acción y efecto de ver. **3** Mirada. **4** Ojo humano o conjunto de ambos ojos. **5** Aspecto o disposición de los objetos al verlos. **6** Conocimiento claro de las cosas. **7** Extensión de terreno o paisaje que se descubre desde un punto. También en pl. **8** Cuadro, estampa, etc., que representa un lugar tomado del natural. **9** Encuentro en que uno se ve con otro. **10** *Der.* Actuación en que se relaciona ante un tribunal un juicio o incidente para dictar el fallo, oyendo a los defensores o interesados que concurren a ella. || f. pl. **11** Galerías, ventanas, etc., por donde, desde un edificio, se ve el exterior. || **VISTA DE ÁGUILA** fig. La que abarca mucho. || **VISTA CANSADA** *Med.* La del présbita. || **VISTA DE LINCE** fig. La muy aguda y penetrante. || **VISTA PANORÁMICA** *Topog.* La de un horizonte muy dilatado, que se extiende en un ángulo de visión superior a 60°. || **a la vista** loc. adv. Al punto, sin dilación. || **a primera vista, a simple vista** loc. adv. Sin examen. || **a vista de pájaro** loc. adv. Verse los objetos desde un punto muy elevado sobre ellos. || **aguzar la vista** fr. fig. Aplicarla con atención. || **con vistas a** loc. prep. Con la finalidad de, con el propósito de. || **echar la vista encima** a otro fr. fig. Verle cuando se le anda buscando. || **en vista de** loc. adv. En consideración. || **estar a la vista** fr. Ser evidente una cosa. || **hacer una la vista gorda** fr. fam. Fingir que no ha visto una cosa. || **perder algo de vista** fr. Dejarlo de ver. || **volver uno la vista atrás** fr. fig. Recordar sucesos pasados.

VISTAZO m. Mirada superficial y ligera.

VISTILLAS f. pl. Lugar alto desde el que se domina mucho terreno.

VISTO, TA adj. Muy conocido, por lo que resulta poco original. || **visto bueno** Fórmula que se pone al pie de algunas certificaciones y documentos para indicar que se hallan ajustadas a las normas legales y por persona autorizada al efecto. En abreviatura, *v. b.* || **bien** o **mal, visto** loc. que con los verbos *estar* o *ser* significa que se juzga bien, o mal, de una persona o cosa. || **es,** o **está, visto** expr. con que se da una cosa por cierta y segura. || **estar muy visto** fr. Ser algo o alguien excesivamente conocido. También, pasado de moda. || **lo nunca visto** loc. Raro, extraordinario. || **por lo visto** loc. Al parecer. || **visto y no visto** fr. fig. y fam. Con gran rapidez.

VISTOSO, SA adj. Que atrae mucho la atención por su brillantez y viveza de colorido.

VÍSTULA Río principal de Polonia, que nace en los Beskides Occidentales (Cárpatos), cerca de la frontera checa, atraviesa el país de S a N formando una gran S,

El río **Vístula** en Torun (Polonia).

y desemboca en el Báltico por el golfo de Gdansk; 1.047 km de curso. Pasa por Cracovia y Varsovia.

VISU, DE expr. lat. Con sus propios ojos.

VISUAL adj. **1** Relativo a la vista, como medio para ver. || f. **2** Línea recta desde el ojo del espectador hasta el objeto.

VISUALIZAR tr. **1** VISIBILIZAR. **2** Representar mediante imágenes ópticas fenómenos de otro carácter. **3** Formar en la mente una imagen visual de un concepto abstracto. **4** Imaginar con rasgos visibles algo que no está a la vista.

VITÁCEO, A adj. y f. *Bot.* **1** Se dice de la planta angiosperma dicotiledónea, por lo común trepadoras, con tallos nudosos y hojas compuestas o lobuladas, como la vid. || f. pl. *Bot.* **2** Familia de estas plantas.

VITAL adj. **1** *Biol.* Relativo a la vida. **2** De suma importancia.

VITALI, GIOVANNI BATTISTA Compositor italiano (Cremona, h. 1644 - Módena, 1692). Fue uno de los pioneros de la sonata. Autor de *Correnti e balletti da camera* para 2 violines y bajo continuo (1666) y *Salmi concertati*, para voz y orquesta.

VITALI, TOMASSO ANTONIO Violinista y compositor italiano (Bolonia, h. 1663 - Módena, h. 1745). Hijo del anterior, destacó en la composición de sonatas. Compuso *Sonatas para 3 violines y violonchelo con bajo* (1693).

VITALICIO, CIA adj. **1** Que dura desde que se obtiene hasta la muerte. || m. **2** Póliza de seguro de vida. **3** Pensión de por vida.

VITALIDAD f. **1** Calidad de tener vida. **2** Actividad o eficacia de las funciones vitales.

VITALISMO m. *Biol.* Doctrina que explica los fenómenos que se verifican en el organismo por la acción de las fuerzas vitales, propias de los seres vivos, y no exclusivamente por la acción de las propias de la materia.

VITALISTA com. **1** Persona que sigue el vitalismo. || adj. **2** Relativo al vitalismo o a los vitalistas.

VITALIZAR tr. Dar fuerza o vigor.

VITAMINA f. *Quím.* Nombre genérico de ciertas sustancias orgánicas indispensables para la vida, siempre en cantidades muy pequeñas. En el metabolismo actúan como compuestos catalizadores (normalmente coenzimas), pero nunca desempeñan una función energética. || **VITAMINA A** *Quím.* Carotenoide que puede producir el organismo por transformación de una sustancia provitamínica. Contribuye al crecimiento y desarrollo de los tejidos. Se encuentra en la lechuga, zanahoria, tomate, yema de huevo, leche, mantequilla e hígado de pescado. Su carencia ocasiona la xeroftalmia y la ceguera nocturna, así como una mayor sensibilidad a las infecciones. || **VITAMINA B** *Quím.* Complejo formado por una serie de sustancias hidrosolubles entre las que se encuentran las vitaminas B_1, B_2, B_3, B_5, B_6, B_9 y B_{12}. || **VITAMINA B_1** *Quím.* Sustancia que interviene en el metabolismo oxidativo de los hidratos de carbono. Se encuentra en la levadura de cerveza, granos de arroz, maíz, trigo y yema de huevo. Su déficit origina beri-beri y debilidad cardiaca. || **VITAMINA B_2** *Quím.* Interviene en los procesos biológicos de oxidación-reducción, siendo imprescindible para el crecimiento. Está muy difundida en alimentos de origen animal y vegetal, especialmente en la leche, huevos, hígado y espinacas. Su carencia produce una detención del crecimiento. || **VITAMINA B_3** *Quím.* Químicamente es ácido nicotínico, que forma parte de los enzimas que intervienen en procesos de oxidación orgánica de azúcares y proteínas; además, cataliza la eliminación de hidrógeno. Se encuentra en la carne, vísceras, granos de cereales enteros, cacahuetes y setas. Su carencia produce pelagra. || **VITAMINA B_5** *Quím.* Sustancia del complejo B que se encuentra en vegetales frescos, hígado y riñón. Su déficit provoca retraso en el crecimiento, alteraciones en la reproducción y encanecimiento. || **VITAMINA B_6** *Quím.* Compuesto que interviene en el metabolismo de los aminoácidos y se encuentra en el arroz, levadura, cereales, yema de huevo, leche, hígado y sesos. Su déficit origina retrasos en el crecimiento, anemia, trastornos nerviosos y estados epilépticos. || **VITAMINA B_9** *Quím.* Se localiza en las verduras frescas, yema de huevo, hígado y riñón y también puede ser sintetizada por la flora bacteriana del intestino. || **VITAMINA B_{12}** *Quím.* Se localiza, sobre todo, en el hígado y algunos frutos. Su déficit produce anemia perniciosa. || **VITAMINA C** *Quím.* Compuesto que en el organismo interviene en gran variedad de procesos. Son alimentos ricos en ella las fresas, limones, naranjas, tomates, coles y patatas, consumidos en crudo. Su carencia origina el escorbuto, cansancio y dolores en las articulaciones de los huesos. || **VITAMINA D** *Quím.* Se encuentra en forma de provitamina en los organismos inferiores y en las plantas. El hombre también puede producirla en pequeñas cantidades a partir de compuestos situados en las capas superiores de la piel y que se activan con los rayos ultra-

Vitoria-Gasteiz (Álava). Ayuntamiento.

violetas de la luz solar. Actúa favoreciendo la absorción de calcio y fósforo, regulando su depósito en los huesos y dientes y asegurando que la relación entre ambos minerales se mantenga en la proporción de tres a uno. Se encuentra en la yema de huevo, mantequilla, e hígado y aceites de pescado. Su carencia origina raquitismo, osteomalacia, debilidad muscular y anemia. || **VITAMINA E** *Quím.* Compuesto cuya presencia resulta necesaria en distintos animales y en el hombre. Impide la oxidación de los ácidos grasos insaturados y parece que también contribuye como factor antiesterilizante. Abunda en los berros, lechuga, espinacas, granos completos de cereales, algunos aceites vegetales y yema de huevo. En el hombre el principal trastorno es una adsorción defectuosa de las grasas. || **VITAMINA F** *Quím.* Nombre común de una serie de ácidos grasos insaturados que son indispensables para muchos procesos bioquímicos. Abundan en las semillas vegetales. Su carencia ocasiona alteraciones en la piel, sistema circulatorio y otros aspectos metabólicos. || **VITAMINA K** *Quím.* Compuesto muy abundante en la mayoría de los alimentos, que interviene en los procesos de coagulación de la sangre al favorecer la síntesis de protrombina en el hígado. || **VITAMINA P** *Quím.* Conjunto de compuestos flavonoides que actúan junto con la vitamina C. Se encuentran en los frutos cítricos.

VITAMINADO, DA adj. *Quím.* Que contiene ciertas vitaminas.

VITAMÍNICO, CA adj. *Quím.* **1** Relativo a las vitaminas. **2** Que contiene vitaminas.

VITANDO, DA adj. **1** Que se debe evitar. **2** Odioso, execrable.

VITEBSK Ciudad de Bielorrusia, capital de la provincia del mismo nombre; 365.000 h. Industria.

VITELA f. Piel de vaca o ternera, adobada y muy pulida, y especialmente la que sirve para pintar o escribir en ella.

VITELIO, AULO Emperador romano (?, 15 - ?, 69). Proclamado emperador a la muerte de Galba por las legiones de Germania (69), mientras Otón era apoyado por el resto del imperio, derrotó a éste y marchó sobre Roma. Fue destronado por las tropas de Vespasiano.

VITELO m. *Zool.* Conjunto de sustancias nutritivas que se hallan en el citoplasma del huevo de los animales.

VITERBO 1 Provincia de Italia, en Lacio; 3.612 km² y 288.326 h. **2** Ciudad capital de la misma; 60.256 h. Palacio de los Alessandri, residencia de los papas (1257). Catedral gótica.

VITÍCOLA adj. *Agr.* **1** Relativo a la viticultura. || com. **2** Persona que se dedica a la viticultura.

VITICULTURA f. *Agr.* **1** Cultivo de la vid. **2** Arte de cultivar las vides.

VITIER, CINTIO Escritor cubano (La Habana, 1921). Su poesía reflexiva, centrada en la preocupación por la palabra, está recogida en *Vísperas* (1953), *La fecha al pie* (1981) y *Poemas de mayo y junio* (1990). En prosa destacan *De Peña Pobre* (1976) y los estudios *Cincuenta años de poesía cubana* (1952).

VITIGES Rey ostrogodo de Italia (? - Bizancio, 542). Reinó de 536 a 540. Vencido por Belisario, quien conquistó Roma, capituló en Rávena (540) y fue llevado a Constantinopla.

VITIVINÍCOLA adj. **1** *Agr.* Relativo a la vitivinicultura. || com. **2** Persona que se dedica a la vitivinicultura.

VITIVINICULTURA f. *Agr.* Arte de cultivar las vides y elaborar el vino.

VITIZA WITIZA.

VITO m. **1** Baile andaluz muy animado y vivo. **2** Música de este baile. **3** Letra que se canta con él.

VITOLA f. **1** Banda o anilla de los cigarros puros. **2** Cada uno de los diferentes modelos de cigarro puro según su grosor, longitud, etc. **3** fig. Aspecto de una persona y, a veces, de una cosa.

VÍTOR m. Función pública de aclamación o aplauso. Más en pl.

VITOREAR tr. Aplaudir, aclamar con vítores.

VITORIA VITORIA-GASTEIZ.

VITORIA-GASTEIZ Ciudad de España, capital de la comunidad autónoma del País Vasco, de la provincia de Álava y del partido judicial de su nombre; 214.148 h. Ocupa el centro de una cuenca llana, con buenas comunicaciones con el valle del Ebro, la cuenca de Pamplona y la costa vizcaína. Con la industrialización se ha producido un importante crecimiento demográfico. Centro industrial: actualmente predomina el sector secundario (automóvil, neumáticos, metalurgia, maquinaria agrícola, química, naipes, muebles, textil y de la alimentación), y el sector servicios. Catedral vieja de Santa María (siglos XIV-XV). Plaza Nueva, del siglo XVIII; recinto porticado de trazado neoclásico.

VITORIANO, NA adj. y s. De Vitoria, España.

VITRAL m. Vidriera de colores.

VÍTREO, A adj. **1** De vidrio o que tiene sus propiedades. **2** Parecido al vidrio.

VITRIFICAR tr. y prnl. **1** Convertir en vidrio. **2** Hacer que una cosa adquiera la apariencia del vidrio.

VITRINA f. Escaparate, armario o caja con puertas o tapas de cristales para exponer cualquier objeto.

VITRIOLO m. *Quím.* Nombre de los sulfatos de metales pesados hidratados. || **VITRIOLO AZUL** *Quím.* Sulfato de cobre pentahidratado. || **VITRIOLO VERDE** *Quím.* Sulfato de hierro heptahidratado.

VITROCERÁMICA f. **1** Material formado por microcristales sobre base vítrea, buen conductor del calor. Se utiliza para la fabricación de cocinas. **2** Cocina fabricada con este material.

VITRUVIO POLIÓN, MARCO Arquitecto latino (s. I a. C.). Julio César utilizó sus servicios para la construcción de ingenios de guerra. Su tratado *De Arquitectura* es la única obra clásica que trata de esta materia (los siete primeros libros) y de hidráulica, cronometría y maquinaria.

VITRY, PHILIPPE DE Compositor y poeta francés (Vitruen, 1291 - París, 1361). Obispo de Meaux, se le considera el iniciador del humanismo francés. Sus tratados musicales (*Ars contrapunctii*, *Liber musicalium* y *Ars nova musicae*), revelan su importancia como teórico en la elaboración de un «arte nuevo».

VITTE, SERGEI YILIEVICH, CONDE DE Político ruso (Tiflis, 1849 - Moscú, 1915). Ministro de Finanzas y Estado, en 1905 negoció la paz con Japón. Como presidente del Consejo de Ministros (1905-06), reprimió las sublevaciones de Kronstadt y Sebastopol y preparó una reforma de la Constitución.

VITTI, MONICA (MARIA LUISA CECIARELLI, llamada) Actriz de cine italiana (Roma, 1933). Destacó por su temperamento sensible y una gran riqueza de recursos expresivos: *La aventura* (1959), *La noche* (1961), *El eclipse* (1962), *Modesty Blaise* (1966), *El demonio de los celos*

Antonio **Vivaldi**. Liceo Musical de Bolonia (Italia).

(1970), *Teresa, la ladrona* (1973), etc. También dirigió *Scandalo segreto* (1990).

VITTORINI, ELIO Escritor italiano (Siracusa, 1907 - Milán, 1966). En sus novelas lleva a cabo una reelaboración mítica de la realidad mediante la técnica de la analogía o de la repetición obsesiva: *Erica* (1938), *Conversación en Sicilia* (1941), *El Simplón le guiña el ojo al Frejus* (1947), *Las mujeres de Mesina* (1949) y *Las ciudades del mundo* (1969), póstuma.

VITUALLA f. **1** Víveres. Más en pl. **2** fam. Abundancia de comida.

VITUPERAR tr. Censurar, hablar mal de una persona o cosa.

VITUPERIO m. **1** Acción de vituperar a alguien. **2** Deshonra, humillación.

VIUDEDAD f. **1** Pensión que le queda al viudo o a la viuda. **2** VIUDEZ.

VIUDEZ f. Estado de viudo o viuda.

VIUDO, DA adj. **1** Se dice de la persona a quien se le ha muerto su cónyuge. También s. **2** fig. Se aplica a algunas aves que, estando apareadas para criar, se quedan sin la compañera; como la tórtola. || f. *Bot.* **3** Planta herbácea dipsacácea, de flores moradas y fruto seco capsular. **4** Flor de esta planta.

¡VIVA! interj. de aplauso o alegría.

VIVAC m. *Mil.* Acampada al raso para pasar la noche.

VIVACE (Voz it.) adj. *Mús.* Se dice de un movimiento musical más rápido que el alegro y menos que el presto.

VIVACIDAD f. **1** Calidad de vivaz. **2** VIVEZA, esplendor de los colores.

VIVALDI, ANTONIO Compositor y violinista italiano (Venecia, 1678 - Viena, 1741). Representante de la música instrumental barroca, se ordenó sacerdote en 1703. La mayor parte de sus conciertos fueron escritos para los grupos musicales del Ospedale della Pietà (Venecia). Exploró un nuevo estilo en el que los instrumentos dejan de depender de la música vocal. Su innovador uso de escalas rápidas, arpegios, etc., contribuyeron al desarrollo de la técnica del violín. Escribió unos 450 conciertos. Los más conocidos son los de la colección de *Las cuatro estaciones* (1725). Las únicas obras que vio impresas en vida fueron 40 sonatas y un centenar de conciertos. También escribió oratorios (*Juditha triumphans*, 1716), cantatas, música sagrada y óperas (*Orlando furioso*, 1727; *La fida ninfa*, 1732).

VIVALES com. Persona que sabe sacar provecho de todo.

VIVANCO, MANUEL IGNACIO DE Militar y político peruano (Lima, 1806 - Valparaíso, 1873). En 1843 fue proclamado director supremo de la República, cargo del que fue apartado tras la sublevación de los generales Nieto y Castilla en 1844.

VIVAR¹ m. **1** Madriguera donde crían algunos animales. **2** Vivero de peces.

VIVAR² tr. *Amér.* Vitorear.

VIVARACHO, CHA adj. Muy vivo de genio, travieso y alegre.

VIVARIENSE adj. y s. De Vivero, Lugo.

VIVARINI Geneal. Familia de pintores venecianos del siglo xv, en cuyas obras predominan los temas religiosos. Entre sus miembros figura Antonio (1415-80), que realizó la *Coronación de la Virgen* (1444) y el *Tríptico de la caridad* (1446); su hermano Bartolomeo (h. 1432- h. 1491), cuya pintura acusó la influencia de Mantegna y Crivelli: *Virgen y cuatro santos* (1465) y *San Jorge* (1485); y Alvise (1445-1505), hijo de Antonio, muy influido por Antonello da Messina y Giovanni Bellini: *Conversación de Treviso* (1480) y *Retrato de gentilhombre* (1497).

VIVAZ adj. **1** Agudo, de pronta comprensión. **2** *Bot.* Se dice de la planta que vive más de dos años. **3** Que vive mucho tiempo. **4** Eficaz, vigoroso.

VIVEIRO VIVERO.

VIVEKANANDA, SWAMI (NARENDRANATH DATTA, llamado) Místico hindú (Calcuta, 1862 - íd., 1902). Fundador de la Misión Ramakrisna en 1897, difundió en Occidente los principios del Vedanta.

VIVENCIA f. Experiencia que alguien vive y que de alguna manera entra a formar parte de su carácter.

VÍVERES m. pl. Alimentos, especialmente como provisión o despensa.

VIVERO m. **1** Criadero de árboles y plantas. **2** *Zool.* Lugar donde se mantienen o se crían peces, moluscos y otros animales. **3** Origen de algunas cosas.

VIVÉRRIDO, DA adj. y m. *Zool.* **1** Se dice del mamífero carnívoro de pequeño tamaño, cuerpo y cuello largos, patas cortas provistas de garras y glándulas odoríferas, como la civeta y la jineta. Habitan en África, Asia y Europa. || m. pl. *Zool.* **2** Familia de estos mamíferos.

VIVES, JUAN LUIS Humanista español (Valencia, 1492 - Brujas, 1540). Ejerció la docencia en París, Oxford y Lovaina, fue lector de Catalina de Aragón y preceptor de María Tudor. Destacada figura del Renacimiento, sus obras revelan la influencia de Erasmo. Se esforzó por restaurar los valores del mundo clásico, sin renegar del cristianismo, y criticó los abusos de las interpretaciones escolásticas sobre la filosofía de Aristóteles. Escribió en latín sobre educación, moral, cuestiones sociales y psicología: *De institutione feminae christianae* (1524), *De causis corruptarum artium* (1531), *Introductio ad sapientiam* (1532), *De anima et vita* (1538) y *De veritate fidei christianae* (1543, póstumo).

VIVEZA f. **1** Prontitud en las acciones. **2** Energía, pasión en las palabras. **3** Agudeza de ingenio. **4** Dicho agudo, ingenioso. **5** Esplendor de los colores. **6** Gracia y expresión de la mirada.

VIVIANITA *Miner.* Mineral fosfato de hierro hidratado, de fórmula $Fe_3(PO_4)_2 \cdot 8H_2O$, que cristaliza en el sistema monoclínico en prismas estriados verticalmente, incoloro, de brillo vítreo y transparente.

VIVIDO, DA adj. Aplicado a descripciones, relatos, etc., muy fieles, por lo que es fácil imaginarlos.

VIVIDOR, RA m. y f. Persona que sabe sacarle provecho a todo.

VIVIENDA f. Edificio, construcción o habitación adecuada para que habiten las personas.

VIVIFICAR tr. **1** Dar vida a lo que no lo tenía. **2** Confortar, vigorizar al decaído o débil.

VIVIPARISMO m. *Zool.* Forma de reproducción animal caracterizada porque el embrión se desarrolla en el interior del cuerpo de la madre.

VIVÍPARO, RA adj. y s. *Zool.* Se dice del animal que se reproduce por viviparismo, como los mamíferos.

VIVIR¹ (Forma sustantiva de *vivir²*.) m. Conjunto de los recursos o medios de vida.

VIVIR² (Del lat. *vivĕre*.) intr. **1** Tener vida. **2** Durar con vida. **3** Pasar y mantener la vida con lo necesario para

Juan Luis **Vives**. Retrato anónimo. Colección particular.

una persona, familia, grupo, etc. **4** Habitar en un lugar. También tr. **5** Llevar un determinado tipo de vida. **6** fig. Acomodarse uno a las circunstancias o aprovecharlas. **7** Estar en un lugar en cierto estado o en determinadas circunstancias. **8** Mantenerse en la memoria una persona que ya ha muerto o una cosa pasada. **9** Compartir la vida con una persona sin estar casados. **10** Experimentar. **11** Sentir profundamente lo que se hace o disfrutar con ello. || **vivir al día** expr. Vivir con lo que se gana sin preocuparse del porvenir. || **vivir para ver** expr. Extrañeza que causa una cosa que no se esperaba.

VIVISECCIÓN f. *Zool.* Disección de los animales vivos para hacer estudios fisiológicos.

VIVO, VA adj. **1** Que tiene vida. También s. **2** Que dura físicamente o en la memoria. **3** Se dice del fuego, etc., encendidos. **4** Intenso, fuerte. **5** Apasionado, enérgico. **6** Agudo, sutil, ingenioso. **7** Listo, que aprovecha las circunstancias en beneficio propio. **8** Rápido, ágil. **9** Muy expresivo o persuasivo. **10** Se dice de la arista o el ángulo agudos. || m. **11** Borde, canto, orilla. **12** Cinta, cordoncillo o trencilla en los bordes o costuras de los vestidos. || **LO VIVO** Lo más sensible de una persona o el aspecto más doloroso de un asunto. || **en vivo** loc. adj. y adv. Se dice del espectáculo que se desarrolla en presencia del público.

VIZ- VICE-.

VIZCACHA (Voz quechua.) f. *Zool.* Nombre de varias especies de mamíferos roedores de la familia chinchíllidos, géneros *Lagidium* y *Lagostomus*. De tamaño grande y pelaje grisáceo. Viven en América del Sur.

VIZCAÍNO, NA adj. y s. **1** De Vizcaya. || m. *Ling.* **2** Dialecto del eusquera.

VIZCAYA (*Bizkaia*) Provincia de España, perteneciente a la comunidad autónoma del País Vasco; 2.217 km² y 1.137.418 h. Su capital es Bilbao. Limita al N con el mar Cantábrico; al E, con la provincia de Guipúzcoa; al S, con las de Álava y Burgos y al O, con la de Cantabria. Accidentada en su mayor parte por los Montes Vascos, sus principales ríos son el Ibaizábal y Nervión. El clima es oceánico con temperaturas suaves, y gran pluviosidad. Cultivos forrajeros. Ganadería vacuna. Pesca. Minas de hierro. Aguas minerales. Industria siderúrgica, metalúrgica, química, de construcciones navales, papel, mecánica, cemento y alimentaria. Central nuclear en Lemóniz (inactiva).

VIZCONDADO m. Título, dignidad y territorio del vizconde o de la vizcondesa.

VIZCONDE, ESA m. y f. **1** Título de nobleza inmediatamente inferior al de conde. **2** Antiguo sustituto del conde. || f. **3** Mujer del vizconde.

VLADIMIR 1 Región de la Federación de Rusia, en la República federada de Rusia; 29.000 km² y 1.648.000 h. **2** Ciudad capital de la misma; 339.000 h.

VLADIMIR o **VLADIMIRO** Nombre de dos príncipes de Kiev.

VLADIMIR I EL GRANDE, SAN (?, h. 956 - ?, 1015). Gran príncipe de Kiev de 980 a 1015. Logró reunir todas las tierras rusas que se extendían desde el Báltico hasta el mar Negro. Durante su reinado los rusos se convirtieron al cristianismo en su forma oriental (988).

VLADIMIR II MONOMAKH (?, 1053 - ?, 1125). Gran príncipe de Kiev de 1113 a 1125. Dejó una *Instrucción* a sus hijos, una de las obras más notables de la literatura rusa del siglo xii.

VLADISLAO LADISLAO.

VLADIVOSTOK Ciudad de la Federación de Rusia, capital del territorio de Primorye, en Siberia; 632.000 h. Puerto. Centro industrial. Refinería de petróleo.

VLAMINCK, MAURICE DE Pintor francés (París, 1876 - Rueil-la-Gadelière, 1958). Representante del fauvismo, comenzó realizando paisajes, naturalezas muertas y retratos, concebidos con violentas composiciones de colores puros. Autor de *El puente de Chatou* (1905), *Los árboles rojos* (1906), *Autorretrato* (1912) y *La casa del pintor en Valmondois* (1920).

VLECK, JOHN HASBROUCK VAN VAN VLECK, JOHN H.

VLORË VALONA.

VLTAVA MOLDAVA.

VOCABLO m. PALABRA.

VOCABULARIO m. **1** Conjunto de palabras de un idioma. **2** Libro en que se contiene. **3** Conjunto de palabras de un idioma pertenecientes al uso de una región, actividad determinada, campo semántico dado, etc. **4** Libro en que se contienen.

VOCACIÓN f. **1** Inclinación a una profesión o carrera. **2** Inspiración especial para adoptar el estado religioso.

VOCAL adj. **1** Relativo a la voz. **2** Se dice de lo que se expresa con la voz. **3** *Mús.* Se dice de la música compuesta para voces solas o acompañada de instrumentos. || f. **4** *Fon.* Sonido del lenguaje humano, producido por la aspiración del aire, generalmente con vibración laríngea y sin oclusión que impida su paso; el alfabeto español tiene cinco vocales (*a, e, i, o, u*). **5** Cada una de las letras que representan este sonido. || com. **6** Persona

Vojvodina (Serbia y Montenegro). Novi Sad, a orillas del Danubio.

con voz en un consejo, junta, etc. || **VOCAL ABIERTA** *Fon.* La que se pronuncia quedando la lengua a mayor distancia del paladar que en las demás variantes del mismo sonido (*a*). || **VOCAL ANTERIOR** o **PALATAL** *Fon.* La que se articula en la parte anterior de la cavidad bucal (*e, i*). || **VOCAL DE APOYO** *Fon.* La que se intercala entre dos consonantes para facilitar su pronunciación. || **VOCAL BREVE** *Fon.* La que tiene menor duración en las lenguas que se sirven de dos medidas de cantidad vocálica. || **VOCAL CENTRAL** *Fon.* La que se pronuncia con la lengua en posición intermedia (*a*). || **VOCAL CERRADA** *Fon.* La que se articula dejando entre la lengua y el paladar menor distancia que en las demás variantes del mismo sonido (*i, u*). || **VOCAL DÉBIL** *Fon.* La que se pronuncia con menor intensidad (*i, u*), por oposición a las fuertes. || **VOCAL FUERTE** *Fon.* La que se pronuncia con mayor intensidad (*a, o, e*) por oposición a las débiles. || **VOCAL LARGA** *Fon.* La que tiene mayor duración en las lenguas que se sirven de dos medidas de cantidad vocálica. || **VOCAL MEDIA** *Fon.* Aquella en cuya pronunciación se produce un estrechamiento por acercarse la lengua a la zona anterior o posterior (*e, o*). || **VOCAL NASAL** *Fon.* La que se pronuncia dejando escapar por la nariz parte del aire espirado. En español se dan vocales nasales en medio de dos consonantes y en posición inicial absoluta seguida de una consonante nasal. || **VOCAL POSTERIOR** o **VELAR** *Fon.* La que se articula en la zona posterior de la cavidad bucal.

VOCALISMO m. Sistema vocálico, conjunto de vocales.
VOCALISTA com. Cantante de un grupo musical.
VOCALIZACIÓN f. 1 Acción y efecto de vocalizar. 2 *Fon.* Transformación de una consonante en vocal. 3 *Mús.* Ejercicio que consiste en ejecutar, con cualquier vocal, una serie de escalas, arpegios, trinos, etc.
VOCALIZAR intr. 1 Articular claramente las vocales, consonantes y sílabas de las palabras para hacerlas inteligibles. 2 Transformar en vocal una consonante. También tr. y prnl. 3 Añadir vocales en textos escritos en lenguas, como la árabe o la hebrea, en las que suelen escribirse sólo las consonantes. 4 *Mús.* Hacer ejercicios de vocalización.
VOCATIVO m. *Gram.* Caso de la declinación que se usa para invocar, llamar o nombrar a una persona o cosa personificada.
VOCEADOR, RA adj. y s. 1 Que vocea o da muchas voces. || m. y f. 2 PREGONERO.
VOCEAR intr. 1 Dar voces. || tr. 2 Publicar a voces una cosa. 3 Llamar a uno en voz alta o dándole voces. 4 Aplaudir con voces. 5 fig. Manifestar con claridad una cosa.
VOCERAS com. BOCERAS.
VOCERÍO f. Confusión de voces altas y desentonadas.
VOCIFERAR intr. Vocear, hablar a voces.
VOCINGLERO, RA adj. y s. 1 Que da muchas voces. 2 Que habla mucho e inútilmente.
VODEVIL m. *Teat.* Comedia ligera y desenfadada, con situaciones equívocas para provocar la hilaridad del espectador.
VODKA o **VODCA** (Voz rusa.) amb. Aguardiente de cereales, incoloro y de fuerte graduación alcohólica que se consume mucho en Rusia y Europa Oriental.
VOGEL, HERMANN KARL Astrónomo alemán (Leipzig, 1841 - Potsdam, 1907). Introdujo en 1887 el uso de la fotografía en la espectroscopia estelar. Determinó el diámetro de Urano.

VOGELWEIDE, WALTHER VON DER Trovador alemán (Tirol austriaco, h. 1170 - Wurzburgo, h. 1228). Cultivó la poesía amorosa y la política, y se le considera precesor del *dolce stil nuovo*. Su maestría aparece en una obra de combate antigüelfo, en la que destacan los tres poemas titulados *Sentencias para el emperador.*
VOIVODA m. 1 Título que se daba a los soberanos de Moldavia, Valaquia y Transilvania. 2 En la actualidad y en Polonia, jefe de un voivodato.
VOIVODATO m. 1 Gobierno del voivoda. 2 Tiempo de su duración. 3 Territorio del mismo. 4 *Geog.* Antigua división administrativa primaria de Polonia. En 1999 los voivodatos fueron sustituidos por provincias.
VOJVODINA o **VOIVODINA** Provincia autónoma de Serbia y Montenegro que comprende el sector N de Serbia; 21.506 km² y 1.954.432 h. Su capital es Novi Sad. Agricultura (maíz, trigo, remolacha azucarera). Entre 1848 y 1851 fue un voivodato dependiente de Hungría. Se constituyó en provincia tras la Primera Guerra Mundial. La Constitución de 1946 le dio carácter de región autónoma dependiente de Serbia, autonomía muy mermada por el gobierno centralista serbio, al que se alió en el conflicto creado entre las Repúblicas yugoslavas entre 1989 y 1991, como defensora de los presupuestos federales opuestos a la confederación propugnada por Eslovenia y Croacia (véase YUGOSLAVIA, *Hist.*).
VOL-AU-VENT (Voz fr.) m. *Gastron.* Especie de pastel de hojaldre que se rellena de carne o de pescado.
VOLADA f. 1 Vuelo a corta distancia. 2 Cada una de las veces que se ejecuta.
VOLADIZO, ZA adj. y m. *Arquit.* Que vuela o sale de lo macizo en las paredes o edificios.
VOLADO, DA adj. *A. gráf.* Se dice del tipo de menor tamaño que se coloca en la parte superior del renglón. || **estar** uno **volado** fr. fig. y fam. Estar nervioso, inquieto.

VOLADOR, RA adj. 1 Que vuela. 2 *Zool.* PEZ VOLADOR. || m. 3 Cohete. 4 *Zool.* Molusco cefalópodo, decápodo, comestible, parecido al calamar, pero de mayor tamaño.
VOLANDAS, EN loc. adv. Por el aire o levantado del suelo.
VOLANDERO, RA adj. 1 Suspendido en el aire y que se mueve fácilmente a su impulso. 2 Accidental, casual, imprevisto. 3 fig. Que no se detiene o fija en ningún lugar. También s.
VOLANTE adj. 1 Que vuela. 2 Que va de una parte a otra sin quedarse fijo. || m. 3 Tira de tela rizada con que se adornan algunos vestidos femeninos. 4 *Mec.* Pieza en forma de aro con varios radios que forma parte de la dirección de ciertos vehículos automóviles. 5 *Mec.* Rueda grande y pesada de una máquina que sirve para regular su movimiento y transmitirlo al resto del mecanismo. 6 Anillo provisto de dos topes que regula el movimiento de un reloj. 7 Hoja de papel en la que se escribe alguna comunicación. 8 Objeto de madera o corcho con plumas que se lanza al aire con una raqueta.
VOLANTÍN, NA adj. 1 VOLANTE, que vuela. || m. 2 Cordel con varios anzuelos para pescar. 3 *Amér.* Cometa para jugar.
VOLAPIÉ m. *Taurom.* Suerte taurina de entrar a matar, que consiste en herir la espada al toro cuando éste se halla parado, adelantando el cuerpo y dando salida al animal por la derecha.
VOLAR intr. 1 Moverse un animal por el aire sosteniéndose con las alas, o un aparato por medio de otro sistema. 2 Viajar en un medio de transporte aéreo. 3 Elevarse una cosa en el aire y moverse generalmente a causa del viento. También prnl. 4 fig. Ir por el aire una cosa arrojada con violencia. 5 fig. Desaparecer rápida e inesperadamente una persona o cosa. 6 Ir a un lugar con gran prisa. 7 fig. Hacer las cosas con gran rapidez. 8 fig. Propagarse las noticias rápidamente. || tr. 9 fig. Hacer saltar en el aire por medio de una explosión. 10 *A. gráf.* Levantar una letra o signo de modo que resulte volado. 11 Hacer que el ave se levante y vuele para dispararle. 12 fig. Irritar, enfadar. Más como prnl. ♦ IRREG. Se conjuga como CONTAR.
VOLATERÍA f. 1 Caza de aves por halcones amaestrados. 2 Conjunto de aves.
VOLÁTIL adj. 1 *Fís.* Se dice del líquido que se evapora rápidamente al estar destapado. 2 Que vuela o puede volar. También s. 3 Que se mueve ligeramente y se desplaza por el aire. 4 fig. Mudable, inconstante.
VOLATILIDAD f. *Fís.* Facilidad de una sustancia para pasar al estado de vapor debido a su bajo punto de ebullición o sublimación.
VOLATILIZAR tr. 1 *Fís.* Transformar en vapor. También prnl. || prnl. 2 fig. Desaparecer, disiparse.
VOLATINERO, RA m. y f. Persona que con habilidad y arte anda y voltea sobre una cuerda o alambre.
VOLCÁN m. 1 *Geol.* Abertura en una montaña, por donde salen humo, llamas y materias encendidas o derretidas. 2 fig. Sentimiento muy fuerte, pasión ardiente. 3 fig. Persona ardorosa, apasionada. 4 Precipicio. 5 *Amér.* Montón.
VOLCÁNICO, CA adj. 1 *Geol.* Relativo al volcán y a su actividad. 2 fig. Muy ardiente y fogoso. || **ROCA VOLCÁNICA** *Geol.* Aquella cuyo origen está relacionado con los fenómenos volcánicos.

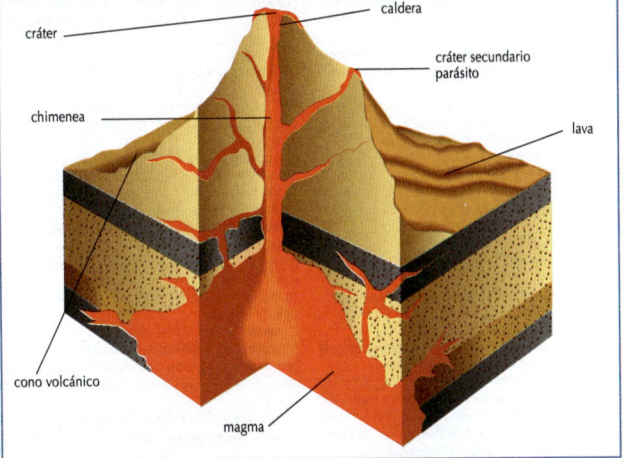
volcán

Voltaire. Grabado del siglo XVIII. Museo Carnavalet (París).

VOLCANISMO m. *Geol.* VULCANISMO.

VOLCANOLOGÍA f. *Geol.* VULCANOLOGÍA.

VOLCAR tr. **1** Volver una cosa hacia un lado o totalmente de modo que caiga lo contenido en ella. También intr. y prnl. || prnl. **2** fig. Favorecer a una persona o propósito, todo cuanto se pueda. ♦ IRREG. Se conjuga como CONTAR.

VOLEA f. **1** Palo colgado de una argolla en la punta de la lanza de los carruajes, para sujetar en él los tirantes de las caballerías. **2** *Dep.* Golpe directo dado a la pelota antes de que toque tierra.

VOLEAR tr. **1** Golpear en el aire una cosa para impulsarla. **2** *Agr.* Sembrar a voleo.

VOLEIBOL m. BALONVOLEA.

VOLEO m. **1** Acción y efecto de volear. **2** *Danza* Movimiento rápido de la danza española, que consiste en levantar un pie de frente y lo más alto que se puede. || **a,** o **al, voleo** loc. adv. Dicho de la siembra cuando se arroja la semilla esparciéndola en el aire. También, en sentido figurado y familiar, se aplica a lo que se hace de una manera arbitraria o sin criterio.

VOLFRAMIO m. *Quím.* Elemento químico del grupo VI B del sistema periódico; masa atómica 183,92; número atómico 74; símbolo *W.*

VOLFRAMITA f. *Miner.* Mineral volframato de hierro y manganeso, de fórmula (Fe, Mn)WO_4. Aparece asociado al cuarzo y se utiliza para fabricar filamentos de lámparas.

VOLGA Río de la Federación de Rusia, el más largo y caudaloso de Europa, que nace en las colinas de Valdai, fluye hacia el E hasta llegar cerca de Kazán donde su rumbo cambia en dirección S, que mantiene hasta alcanzar Volgogrado, donde vuelve a variar su dirección en sentido SE, y desemboca en el mar Caspio, formando un amplio delta; 3.531 km de curso. Su cuenca es de 1.360.000 km^2 y su cauce anual de 8.000 m^3/s. Entre sus principales afluentes destacan el Oka por la orilla derecha, y el Kama por la izquierda. Centrales hidroeléctricas. Es la principal vía navegable del sistema de los Cinco Mares.

VOLGA-DON o **LENIN** Canal navegable de la Federación de Rusia que comunica los ríos Volga y Don; 101 km de longitud.

VOLGOGRADO **1** Región de la Federación de Rusia, en la República federada de Rusia; 113.900 km^2 y 2.695.000 h. **2** Ciudad capital de la misma; 1.003.000 h. Industrias metalúrgicas, químicas, de construcciones mecánicas, de la madera y alimentaria. Centrales hidroeléctrica y térmicas. Refinería de petróleo. Puerto. Antiguamente se llamó *Tsaritsyn,* y de 1925 a 1961 *Stalingrado.*

VOLICIÓN f. Acto de la voluntad.

VOLITIVO, VA adj. Se dice de los actos y fenómenos de la voluntad.

VOLOGDA Región de la Federación de Rusia, República federada de Rusia; 145.700 km^2 y 1.355.000 h. Su capital es la ciudad del mismo nombre.

VOLQUETE m. Carro o vehículo automóvil que puede volcar su carga girando el cajón sobre su eje.

VOLSCO, CA adj. *Hist.* **1** Se dice de un antiguo pueblo itálico del Lacio, que vivía en la cuenca superior y media del Liris. Hacia el siglo IV a. C. se sometió a los romanos. Más como m. pl. **2** Se dice también de sus individuos. También s. **3** Relativo a este pueblo.

VOLT m. *Fís.* Abreviatura de voltio en la nomenclatura internacional.

VOLTA Río de África, formado por el Volta Negro, el Volta Blanco y el Volta Rojo, que nace en la República de Burkina Faso y desemboca, tras recorrer Ghana, en el golfo de Guinea; 1.600 km de curso y 370.000 km^2 de cuenca. En su curso inferior se construyó la presa de Akosombo (Ghana) que ha dado lugar al lago Volta.

VOLTA, ALESSANDRO, CONDE DE Físico italiano (Como, 1745 - íd., 1827). En 1800 construyó la primera batería eléctrica, o *pila de Volta.* En su honor se ha dado el nombre de voltio a la unidad de fuerza electromotriz (o de diferencia de potencial eléctrico).

VOLTA, ALTO BURKINA FASO.

VOLTAICO, CA adj. *Fís.* ARCO VOLTAICO.

VOLTAIRE (FRANÇOIS-MARIE AROUET, llamado) Escritor y filósofo francés (París, 1694 - íd., 1778). Representante de la Ilustración, fue hijo de un notario y comenzó su carrera literaria con unos versos irrespetuosos dirigidos al duque de Orleans que le costaron el encierro en la Bastilla (1717). En 1718 volvió a París. En 1726 se le impuso un exilio en Gran Bretaña, donde tomó contacto con la filosofía inglesa. La publicación, en 1734, de las *Cartas filosóficas* o *Cartas inglesas,* dio lugar a otra orden de arresto que Voltaire eludió refugiándose en Cirey (1734-49). Nombrado historiador real, ingresó en la Academia Francesa (1746), pero un progresivo distanciamiento con el rey le llevó a trasladarse a la corte prusiana (1750). Tras la ruptura con Federico de Prusia se estableció en Suiza. Deísta y partidario de una religión natural, defendió la política del despotismo ilustrado. Utilizó su capacidad satírica y habilidad polémica para oponerse a la intolerancia, la superstición y el fanatismo religioso. Autor de *Edipo* (1718), *Poema de la Liga* (1723), *La Henriada* (1728), *Historia de Carlos XII* (1731), *Elementos de la filosofía de Newton* (1738), *Mahoma o el fanatismo* (1741), *El siglo de Luis XIV* (1751), *Anales del Imperio* (1753), *Ensayo sobre las costumbres* (1756), *Cándido o el optimismo* (1759), *Tratado sobre la tolerancia* (1763), *Diccionario filosófico* (1764) y *Comentario sobre el libro de los delitos y las penas* (1766).

VOLTAJE m. *Fís.* Cantidad de voltios que actúan en un aparato o sistema eléctrico. || **ALTO VOLTAJE** *Fís.* ALTA TENSIÓN.

VOLTÁMETRO m. *Fís.* Aparato que mide la corriente eléctrica que atraviesa una solución electrolítica mientras se aplica un potencial adecuado al electrodo indicador.

VOLTAMPERIO m. *Fís.* VOLTIAMPERIO.

VOLTARIO, RIA adj. De carácter inconstante, versátil.

VOLTEADA f. *Arg.* Operación que consiste en apartar una porción de ganado corriéndolo con el caballo.

VOLTEAR tr. **1** Dar vueltas a una persona o cosa. **2** Mover una cosa de una parte a otra hasta ponerla al revés de como estaba. **3** Trastocar o mudar una cosa a otro estado o lugar. **4** *Arquit.* Abovedar una obra, construir un arco o bóveda. || prnl. **5** *Amér. m.* Darse la vuelta. **6** *Amér.* Cambiar de partido político.

VOLTERETA f. Vuelta que se da en el suelo o en el aire enroscando el cuerpo hacia las rodillas.

VOLTERIANISMO m. **1** Espíritu de incredulidad o impiedad manifestado con burla o cinismo. **2** Filosofía de Voltaire.

VOLTERIANO, NA adj. **1** Perteneciente o relativo a Voltaire o al volterianismo. **2** Partidario de Voltaire o de su doctrina. También s.

VOLTERRA, DANIELE RICCIARELLI DA Pintor italiano (Volterra, 1509 - Roma, 1566). De estilo manierista, sus pinturas acusan la influencia de Miguel Ángel. Realizó parte de los frescos de la sala regia del Vaticano (1547-49).

VOLTERRA, VICO Matemático y físico italiano (Ancona, 1860 - Roma, 1940). Estudió la teoría de funciones lineales y permutables, las ecuaciones integrales y la aplicación de las leyes matemáticas a la biología y a la economía.

VOLTIAMPERIO m. *Fís.* Unidad de potencia aparente en corriente alterna. Símbolo *VA.* Equivale al vatio.

VOLTÍMETRO m. *Fís.* Aparato que se emplea para medir la diferencia de potencial en voltios.

VOLTIO[1] m. *Fís.* Unidad de potencial eléctrico y de fuerza electromotriz en el Sistema Internacional. Es la diferencia de potencial que hay entre dos puntos de un conductor que transporta una corriente de un amperio, cuando la potencia disipada entre los dos puntos es un vatio. Símbolo *V.*

VOLTIO[2] m. pop. Vuelta, paseo.

VOLUBLE adj. **1** De carácter inconstante, que cambia con facilidad de gustos, opiniones, etc. **2** *Bot.* Se dice del tallo trepador que crece formando espiras sobre un soporte.

VOLUMEN m. **1** Corpulencia de una cosa, espacio que ocupa. **2** Cuerpo material de un libro encuadernado, ya contenga la obra completa, o una parte de ella. **3** Cuerpo geométrico de tres dimensiones. **4** Intensidad de la voz o de otros sonidos.

VOLUMETRÍA f. *Quím.* Ciencia que estudia la determinación y medida de los volúmenes.

VOLUMINOSO, SA adj. Que tiene mucho volumen.

VOLUNTAD f. **1** Facultad de hacer o no hacer una cosa. **2** Ejercicio de esa facultad. **3** Libre albedrío o determinación. **4** Intención o deseo de hacer una cosa. **5** Esfuerzo, coraje. **6** Amor, cariño. **7** Consentimiento. || **MALA VOLUNTAD** Mala disposición para hacer algo. || **ÚLTIMA VOLUNTAD** La expresada en el testamento. || **a voluntad** loc. adv. Según el libre albedrío de una persona.

VOLUNTARIADO m. Conjunto de voluntarios para el servicio militar o para cualquier otra cosa.

VOLUNTARIEDAD f. **1** Cualidad de voluntario. **2** Intención de la propia voluntad por mero antojo o capricho.

VOLUNTARIO, RIA adj. **1** Que se hace por espontánea voluntad y no por obligación o deber. || m. y f. **2** Persona que se presta a ejecutar un trabajo por su propia voluntad, sin que exista obligación. **3** *Mil.* Joven que se presenta a cumplir el servicio militar antes de que le corresponda hacerlo por cualquier motivo.

VOLUNTARIOSO, SA adj. Deseoso de hacer alguna cosa o que pone en ella gran esfuerzo y empeño.

VOLUNTARISMO m. *Filos.* Concepción filosófica que afirma la primacía de los valores afectivos y la acción sobre las funciones intelectuales.

VOLUPTUOSIDAD f. Complacencia en los placeres sensuales.

VOLUPTUOSO, SA adj. **1** Que incita o satisface los placeres de los sentidos, especialmente el sexual. **2** Dado a los placeres o deleites sensuales. También s.

VOLUTA f. *Arquit.* Adorno en figura de espiral o caracol que se coloca en los capiteles de los órdenes jónico y compuesto, como para sostener el ábaco.

VOLVER tr. **1** Dar la vuelta a algo. **2** Cambiar de sentido o dirección. También intr. y prnl. **3** Cambiar a una persona o cosa de aspecto, estado, opinión, etc. Más como prnl. **4** Rehacer una prenda de modo que el revés de la tela o paño quede al exterior como derecho. || intr. **5** Regresar al punto de partida. También prnl. **6** Producirse de nuevo una cosa. **7** Hacer de nuevo o repetirse lo que ya se había hecho; se usa siempre seguido de la preposición *a.* **8** Reanudar una conversación, discurso, etc., en el punto en que se había interrumpido. || prnl. **9** Girar la cabeza, el torso o todo el cuerpo, para mirar lo que estaba a la espalda. || **volver** uno **a nacer** fr. fig. y fam. Se emplea cuando le ha ocurrido en ese día un tremendo accidente del que ha salido bien. || **volver en sí** fr. Recobrar el sentido el que lo había perdido. || **volver** a uno **loco** fr. fig. y fam. Confundirle con razones o argumentos, por lo general atropellados o inconexos, con el fin de conseguir de él alguna cosa. || **volverse** uno **atrás** fr. No cumplir la promesa o la palabra; desdecirse. || **volverse** uno **contra otro** fr. Perseguirle, hacerle daño o enemistarse. || **volverse** uno **loco** fr. Perder el juicio. También, en sentido figurado y familiar, manifestar excesiva alegría o estar dominado por un afecto vehemente. ♦ IRREG. Se conjuga como MOVER.

VÓMER m. *Anat.* Huesecillo impar que forma la parte posterior del tabique de las fosas nasales.

VOMITAR tr. **1** Arrojar violentamente por la boca el contenido del estómago. También intr. **2** fig. Manchar algo con el vómito. **3** Arrojar de sí violentamente una cosa algo que tiene dentro. **4** Decir violentamente maldiciones o insultos.

VOMITIVO, VA adj. y m. **1** *Farm.* Se dice de la medicina que mueve o excita el vómito. **2** Muy desagradable.

VÓMITO m. **1** Acción de vomitar. **2** Lo que se vomita. || **VÓMITO DE SANGRE** *Med.* HEMOPTISIS.

VOMITONA f. fam. Vómito grande.

VOMITORIO, RIA adj. y s. **1** *Farm.* VOMITIVO. || m. **2** Puerta o abertura de los circos o teatros antiguos, o en locales análogos modernos, para entrar o salir de las gradas.

VON Partícula alemana que significa *de* y va antepuesta a muchos apellidos. Se pronuncia */fon/.*

VONNEGUT, KURT Escritor estadounidense (Indianápolis, 1922). Crítico feroz de la sociedad contemporánea, es autor de las novelas *Madre noche* (1961), *Domingo de Ramos* (1981), *Galápagos* (1985), *Hocus Pocus* (1990) y *Fates Worse than Death* (1991).

VORACIDAD f. Calidad de voraz.

VORÁGINE f. **1** Remolino impetuoso que hacen en algunos lugares las aguas del mar, de los ríos o de los lagos. **2** fig. Pasión desenfrenada o mezcla de sentimientos muy intensos. **3** fig. Aglomeración confusa de sucesos, de gentes o de cosas en movimiento.

VORÁGINE, JACOBO DE JACOBO DE VORÁGINE, BEATO.

VORARLBERG Estado de Austria, lindante con Alemania y Suiza; 2.601 km^2 y 345.272 h. Su capital es Bregenz.

VORAZ adj. **1** Se dice del que come mucho y con ansia. **2** fig. Que destruye o consume rápidamente.

-VORO suf. que significa devorador: *carnívoro*.

VOROCHILOVSK STAVROPOL.

VORONEZH 1 Región de la Federación de Rusia, en la República federada de Rusia; 52.400 km² y 2.507.000 h. **2** Ciudad capital de la misma, a orillas del Don; 908.000 h. Industria aeronáutica, mecánica y química.

VOROSHILOV, KLIMENTR EFREMOVICH Político y militar soviético (Vierjni, 1881 - Moscú, 1969). Miembro del partido bolchevique desde 1903, dirigió la guardia roja durante la guerra civil y la defensa de Leningrado en la Segunda Guerra Mundial. Encabezó el presídium del Soviet Supremo (1953-60).

VOROSHILOVGRAD LUGANSK.

VORSTER, BALTHAZAR JOANNES Político sudafricano (Jamestown, 1915 - Ciudad del Cabo, 1983). Ministro de Justicia (1961-66) y primer ministro de la República Sudafricana (1966). Partidario del *apartheid*, llevó a cabo una política represiva y segregacionista. Ocupó la presidencia del país (1978-79).

VÓRTICE m. **1** Torbellino, remolino. **2** *Meteor.* Centro de un ciclón.

VORTICELA f. *Zool.* Protozoo ciliado de la familia vorticélidos. Habita en aguas dulces y posee un pedúnculo retráctil con el que se fija a los objetos sumergidos.

VORTICISMO m. *Arte.* Movimiento artístico británico de vanguardia, síntesis del cubismo francés y del futurismo italiano. Entre sus representantes se encuentran Wyndham Lewis, su fundador, E. Pound, W. Roberts, E. Wadsworth, F. Etchells, etc.

VOS Cualquiera de los casos del pronombre personal de segunda persona en género masculino o femenino y número singular y plural, cuando esta voz se emplea como tratamiento. En varias zonas de Hispanoamérica se utiliza mezclado con el tratamiento de *tú* (véase VOSEO.)

VOS, CORNELIS DE Pintor flamenco (Hulst, 1585 - Amberes, 1651). Alcanzó celebridad sobre todo por sus retratos, inspirados en Rubens, Jordaens y Van Dyck. También cultivó la pintura religiosa. Obras: *La adoración de los Magos*, *Las hijas del pintor* y *La familia del artista*.

VOS, MARTEN DE Pintor flamenco (Amberes, 1532 - íd., 1603). Realizó obras de tema religioso y mitológico, como *San Pablo en Éfeso* y *La incredulidad de santo Tomás*.

VOS, PAUL DE Pintor flamenco (Hulst, 1596 - Amberes, 1678). Hermano de Cornelis. En su obra destacan las escenas de caza y los bodegones. Autor de *Cacería de corzos* y *Ciervo perseguido por la jauría*.

VOSEAR tr. Dar a uno el tratamiento de vos.

VOSEO m. *Ling.* Uso lingüístico hispanoamericano que consiste en emplear el pronombre vos en los casos en que el español peninsular emplea el *tú*.

VOSGOS Macizo montañoso del NE de Francia, que culmina en el Ballon de Guebwiller; 1.426 m de altura. Bosques.

VOSGOS (*Vosges*) Departamento de Francia, región de Lorena; 5.874 km² y 380.952 h. Su capital es Epinal.

VOSOTROS, TRAS Nominativos masculino y femenino del pronombre personal de segunda persona en número plural. Con preposición se emplea también en los casos oblicuos.

VOSSLER, KARL Filólogo y crítico literario alemán (Hohenheim, 1872 - Munich, 1949). Fundó la llamada *neofilología idealista*. Dedicado al estudio de las lenguas latinas, ha escrito sobre literatura española e his-

panoamericana y sobre cultura francesa y el pensamiento románico en general.

VOTACIÓN f. **1** Acción y efecto de votar. **2** Conjunto de votos emitidos. || **VOTACIÓN NOMINAL** Aquella en la que se conoce el nombre de cada votante. || **VOTACIÓN SECRETA** La que se realiza mediante papeletas sin firmar, de forma que no se conozca el nombre del votante.

VOTÁN *Mit.* Personaje mítico de México y América Central. Según la leyenda, tenía forma de serpiente y se estableció en Huehuetla con siete familias, a las que enseñó los rudimentos de la civilización.

VOTANTE adj. y com. Que vota o emite su voto.

VOTAR intr. Dar uno su voto o decir su dictamen en una reunión o cuerpo deliberante, o en una elección de personas. También tr.

VOTIVO, VA adj. Ofrecido por voto o relativo a él.

VOTO m. **1** Parecer o dictamen que se da en una junta sobre las opciones presentadas. **2** Derecho que se tiene a emitir dicho parecer o dictamen. **3** Promesa hecha a Dios, a la Virgen o a un santo. **4** Cualquiera de las promesas que constituyen juntas el estado religioso y tiene admitidas la iglesia: pobreza, castidad y obediencia. **5** Ruego con que se pide a Dios una gracia. **6** Juramento, maldición u otra expresión de ira. **7** DESEO. || **VOTO DE CENSURA** *Polít.* El que emiten las cámaras o corporaciones negando su confianza al gobierno o junta directiva. || **VOTO DE CONFIANZA** *Polít.* Aprobación que las cámaras dan a la actuación de un gobierno en determinado asunto. También, aprobación y autorización que se da a alguien para que efectúe indeterminada su gestión. || **VOTO PARTICULAR** Dictamen que uno o varios individuos de una comisión presentan diferente del de la mayoría. || **VOTO RESTRINGIDO** *Polít.* Aquel en que, para facilitar la representación de minorías, el elector ha de votar menos representantes de los que hayan de elegirse.

VOUET, SIMON DE Pintor francés (París, 1590 - íd., 1649). Pintor de cámara de Luis XIII, decoró el Palais Royal que Richelieu, y también el Palacio Rueil. En su etapa caravaggista romana adquirió un estilo que, más tarde, por influencia de genoveses y boloñeses, evolucionó hacia lo decorativo. Destacó en los asuntos religiosos y mitológicos: *Presentación de Jesús en el Templo*, *Caridad romana*, *Amor y Psique*, etc.

VOX POPULI, VOX DEI loc. lat. Se usa para afirmar la veracidad de un juicio, opinión, etc., comúnmente difundido.

VOYAGER *Astron.* Programa estadounidense de sondas espaciales para la exploración de los planetas exteriores. El *Voyager I* y el *Voyager II* fueron lanzados en septiembre y agosto de 1977, respectivamente.

VOYEUR (Voz fr.) com. Persona que busca su excitación sexual mirando a otras personas en situaciones eróticas.

VOZ f. **1** Sonido que el aire expelido de los pulmones produce al salir de la laringe, haciendo que vibren las cuerdas vocales. **2** Cualidad, timbre o intensidad de este sonido. **3** Sonido que forman algunas cosas inanimadas. **4** Grito, voz fuerte y alta. Más en pl. **5** Palabra o vocablo. **6** fig. Cantante. **7** fig. Facultad de hablar, aunque no de votar, en una asamblea. **8** fig. Medio a través del cual se expresan los sentimientos, opiniones, etc. de una colectividad. **9** *Gram.* Accidente gramatical que expresa si

el sujeto del verbo es agente (voz activa) o paciente (voz pasiva). **10** *Mús.* Sonido particular o tono correspondiente a las notas y claves, en la voz del que canta o en los instrumentos. En función de la tesitura, se distinguen varios tipos de voces que, de más grave a más agudo, son *bajo*, *barítono*, *tenor*, *contralto*, *mezzosoprano* y *soprano*. **11** *Mús.* Cada una de las líneas melódicas que forman una composición polifónica. || **VIVA VOZ** Expresión oral, por contraposición a la escrita. || **VOZ ACTIVA** *Gram.* Forma de conjugación que sirve para significar que el sujeto del verbo es agente. || *Der.* Facultad de votar que tiene el individuo de una corporación. || **VOZ AGUDA** *Mús.* Alto y tiple. || **VOZ DE MANDO** *Mil.* La que da a sus subordinados el que los dirige. || **VOZ MEDIA** *Gram.* En la conjugación griega indica que el verbo se usa como reflejo. || **VOZ EN OFF** *Cin.* La de una persona que no aparece como actor en la pantalla. || **VOZ PASIVA** *Gram.* Forma de conjugación que sirve para significar que el sujeto del verbo es paciente. || *Der.* Aptitud de ser votado o elegido por una corporación para un cargo o empleo. || **a media voz** loc. adv. En voz baja. || **a una voz** loc. adv. fr. De común acuerdo. || **estar pidiendo** algo **a voces** fr. Necesitar algo con urgencia.

VOZARRÓN, NA m. y f. Voz muy fuerte y grave.

VOZNAR intr. Dar una voz bronca algunas aves.

VRANITZKY, FRANZ Político austriaco (Viena, 1937). Miembro del Partido Socialista Austriaco. Canciller del Gobierno federal (1986-92), en 1988 fue elegido presidente de su partido; en 1997 dimitió de ambos cargos.

VRIES, ADRIAEN DE Escultor flamenco (La Haya, h. 1560 - Praga, 1626). Discípulo de Juan de Bolonia, sobresalió como constructor de fuentes, entre las que destaca la fuente de Hércules en Augsburgo. Es también autor del grupo escultórico *Mercurio raptando a Psique* (Louvre).

VRIES, HUGO MARIE DE DE VRIES, HUGO MARIE.

VUDÚ m. Culto supersticioso muy difundido en las Antillas y el S de EE UU. Es una mezcla de religiones animistas de África, de politeísmo de pueblos guineanos y de cristianismo. También adj.

VUECENCIA o **VUECELENCIA** com. Contracción de *vuestra excelencia*.

VUELAPLUMA, A loc. adv. A vuela pluma (véase PLUMA.)

VUELCO m. **1** Acción y efecto de volcar o volcarse. **2** Movimiento que altera o cambia una cosa, una actividad, etc. || **darle** a uno **un vuelco el corazón** fr. fig. y fam. Tener el presentimiento de que va a suceder algo. También, en sentido figurado, sentir de pronto sobresalto, alegría, etc.

VUELILLO m. Adorno de encaje u otro tejido ligero, que se pone en la bocamanga de algunos trajes.

VUELO m. **1** Acción y efecto de volar. **2** Trayecto que recorre un avión, no incluidas escalas, entre el punto de origen y el de destino. **3** Amplitud o extensión de una vestidura en la parte que no se ajusta al cuerpo. **4** *Arquit.* Parte de una construcción que sale fuera del paramento de la pared que la sostiene. || **al vuelo** loc. adv. Rápidamente. || **alzar el vuelo** fr. Echar a volar. También, fig. y fam., marcharse de repente. || **cogerlas** uno **al vuelo** fr. fig. y fam. Entender o notar con prontitud las cosas que no se dicen claramente o que se hacen a hurtadillas. ||

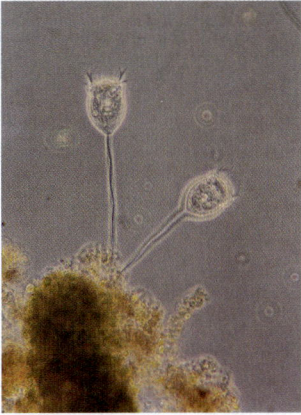

vorticela

Édouard **Vuillard**. *Pajar con tres paseantes*. Museo de Dijon (Francia).

de altos vuelos loc. adv. De mucha importancia. || **tomar vuelo** una cosa fr. fig. Ir adquiriendo importancia.
VUELTA f. **1** Acción de volver. **2** Movimiento de una cosa alrededor de un punto, o girando sobre sí misma, hasta invertir su posición inicial. **3** Curvatura de una línea, camino, etc. **4** Cada uno de los giros que da una cosa alrededor de otra, por ejemplo un cable al enrollarse. **5** Paseo. **6** *Dep*. En ciclismo y otros deportes, carrera en etapas en torno a un país, región, comarca, etc. **7** Cada una de las partes o etapas en las que se divide una actividad. **8** Devolución de una cosa a quien la tenía. **9** Paso o repaso que se da a una materia leyéndola. **10** Dinero que se devuelve a alguien, porque le sobra, después de hacer un pago. **11** Tira de tela que se pone en el borde de las mangas u otras partes de las prendas de vestir, o parte de ellas que queda doblada. || **MEDIA VUELTA** Acción de volverse de modo que el cuerpo quede de frente hacia la parte que estaba antes a la espalda. || **VUELTA DE CAMPANA** La que se da de una forma completa, de tal manera que lo que estaba arriba se pone boca abajo, quedando finalmente en la misma posición que al principio. || **a la vuelta** loc. adv. Al volver. || **a la vuelta** de loc. Dentro o al cabo de. || **a la vuelta de la esquina** fr. fig. que se emplea para indicar que un lugar está muy próximo, o que una cosa se encuentra muy a mano. || **a vuelta de correo** loc. adv. Por el correo inmediato. || **a vueltas con** una cosa loc. adv. Usándola con insistencia. || **andar** uno **a vueltas con, para,** o **sobre,** una cosa fr. fig. Estar dudoso, o poniendo todos los medios para saberla o ejecutarla. || **estar de vuelta** fr. fig. y fam. Estar de antemano enterado de algo de que se le cree o puede creer ignorante.
VUELTO m. *Amér*. Vuelta del dinero entregado de sobra al hacer un pago.
VUELVEPIEDRAS m. *Zool*. Ave caradriforme de la familia escolopácidos, de nombre científico *Arenaria interpres*, de unos 20 cm de longitud, con pico largo y cónico, patas cortas, plumaje pardo en el dorso y una banda negra en el pecho. Se alimenta de lombrices e insectos que busca levantando las piedras con el pico. Habita en el Ártico e inverna en las costas de África y Asia.
VUESTRO, TRA Pronombre posesivo de segunda persona, cuya índole gramatical es idéntica a la de primera persona *nuestro*. También suele referirse en sus cuatro formas a un solo poseedor como fórmula de respeto (*vuestra majestad*). En el tratamiento de *vos*, se refiere indistintamente a uno solo o más poseedores (*vuestra casa*), dirigiéndose a una persona sola o a dos o más.
VUILLARD, ÉDOUARD Pintor francés (Saone-et-Loire, 1868 - La Baule, 1940). Miembro del grupo de los nabis, su primer estilo se caracteriza por una pincelada amplia, de colores brillantes y claros. Su pintura denota cierta influencia del arte oriental, sobre todo de las estampas japonesas. Progresivamente abandonó su primer estilo y se acercó a las formas de Degas y Monet. Es autor de *Autorretrato* (1889), *El sueño* (1891), *La casa de Mallarmé en Valvins* (1895), *Una avenida en el bosque de Bolonia* (1935).
VULCANISMO m. *Geol*. **1** Conjunto de fenómenos relacionados con la emisión de magmas desde el interior de la litosfera a la superficie de la Tierra, donde se solidifican. **2** Sistema que atribuye la formación del globo terrestre a la acción del magma interior.
VULCANITA f. *Quím*. EBONITA.
VULCANIZAR tr. *Quím*. Combinar azufre con la goma elástica para que ésta conserve su elasticidad en frío y en caliente.
VULCANO *Mit*. Nombre latino de HEFESTO.
VULCANO *Astron*. Supuesto planeta intramercurial de cuya existencia no se tiene todavía ninguna certeza.
VULCANOLOGÍA f. *Geol*. Parte de la geología que estudia los fenómenos volcánicos.
VULGAR adj. **1** Común o general, por contraposición a especial o técnico. **2** Falto de originalidad. **3** Grosero, ordinario. **4** Relativo al vulgo. **5** *Ling*. Se dice de las lenguas derivadas del latín por oposición a éste.
VULGARIDAD f. **1** Cualidad de vulgar. **2** Dicho o hecho vulgar que carece de importancia, verdad y fundamento.
VULGARISMO m. *Ling*. Palabra, expresión o frase vulgar.
VULGARIZAR tr. y prnl. **1** Hacer vulgar o común una cosa. **2** Exponer una ciencia, o una materia técnica cualquiera, en forma fácilmente asequible para gente no especializada.
VULGO m. Conjunto de la gente popular, sin una cultura o una posición social elevada.
VULNERABLE adj. Que puede ser dañado física o moralmente.
VULNERAR tr. **1** Transgredir una ley o precepto. **2** fig. Dañar, perjudicar.
VULPEJA f. *Zool*. Zorra, animal.
VULPINO, NA adj. Perteneciente o relativo a la zorra.
VULVA f. *Anat*. Partes que rodean y constituyen la abertura externa de la vagina.
VULVARIA f. *Bot*. Planta herbácea perteneciente a la familia quenopodiáceas, de nombre científico *Chenopodium vulvaria*, frecuente en la península Ibérica.
VYASA o **VIASA** Figura legendaria de la India. Supuesto compilador de los Vedas, a quien también se le atribuye la epopeya *Mahabarata*.
VYATKA KIROV.
VYATKA Río de la Federación de Rusia, que cruza la región de Kirov y desemboca en el lago Kuibischevskoie; 1.141 km.
VYGOTSKI, LEV SEMIONOVICH Psicólogo soviético (Orsha, Bielorrusia, 1896 - Moscú, 1934). Desarrolló sus teorías psicológicas en relación con los problemas de la educación y la pedagogía. Autor de *Pensamiento y lenguaje* (1934).
VYTAUTAS Gran duque de Lituania (?, h. 1350 - Troki, 1430). En 1395 conquistó Smolensko y posteriormente fue derrotado por los tártaros (1399). En 1410, junto a Ladislao II de Polonia, venció a los caballeros teutónicos en Grunwald.

W

w f. Vigésima cuarta letra del abecedario español y decimonovena de sus consonantes. Su nombre es *uve doble*. Sólo se emplea en voces de procedencia extranjera. En las lenguas en que existe como fonema, su articulación es de *u* semiconsonante, como en inglés, y otras veces un fonema de articulación fricativa, labiodental sonora, como en alemán. En español representa un fonema que se pronuncia como el de la *b* en nombres propios de personajes godos *(Walia, Witerico, Wamba)*, en nombres propios o derivados procedente del alemán *(Wagner, Westfalia, wagneriano)* y en algunos casos más. En palabras totalmente incorporadas al idioma es frecuente que la grafía *w* haya sido reemplazada por *v* simple: *vagón, vals, vatio*. En vocablos de procedencia inglesa conserva a veces la pronunciación de *u* semiconsonante *(Washington, washingtoniano)*.

W 1 *Fís.* Abreviatura de VATIO. **2** *Quím.* Símbolo del VOLFRAMIO.

WAAGE, PETER Químico noruego (Flekkefjord, 1833 - Oslo, 1900). Colaboró con el matemático Cato Guldberg en las investigaciones sobre la ley de acción de las masas que lleva el nombre de ambos.

WAAL Río de los Países Bajos, uno de los dos brazos en los que se divide el Rhin, a partir de Nimega, se une con el Mosa y desemboca en el mar del Norte; 85 km de curso.

WAALS, JOHANNES DIDERIK VAN DER VAN DER WAALS, JOHANNES DIDERIK.

WABASH Río de EE UU, que nace en el Estado de Ohio, atraviesa Indiana y después de recibir numerosos afluentes se une al Ohio por su orilla derecha; 885 km de curso.

WAD-, WADI- prefs. GUAD-.

WADDEN, MAR DE Parte del mar del Norte, entre los Países Bajos y las islas Frisias. Un dique de 30 km lo separa del lago Ijssel.

WADDINGTON, WILLIAM HENRY Arqueólogo y político francés (Saint-Rémy-sur-Avre, 1826 - París, 1894). Perteneció a la Academia Francesa y ocupó las carteras ministeriales de Instrucción Pública (1873, 1877) y de Asuntos Exteriores (1877-79). Fue presidente del Gobierno (febrero-diciembre de 1879).

WADIS m. *Geol.* Cauce de evacuación de las aguas en las regiones desérticas, donde se instalan algunos matorrales con pocos requerimientos de agua.

WAGNER, ADOLPH Economista alemán (Erlangen, 1835 - Berlín, 1917). Representante del «socialismo de cátedra», intentó una síntesis de las escuelas marginalista e histórica. Obras: *Tratado de la ciencia de las finanzas* (1877-1901).

WAGNER, OTTO Arquitecto austriaco (Viena, 1841 - íd., 1918). Evolucionó desde los estilos historicistas y modernista hasta el funcionalismo. Sus obras principales se encuentran en su ciudad natal (Majolika Haus, 1898; Caja Postal de Ahorros, 1904-06; iglesia Am Steinhof, 1905-07).

WAGNER, RICHARD Compositor alemán (Leipzig, 1813 - Venecia, 1883). Participó en la insurrección republicana de 1849 y se vio obligado a refugiarse en Zurich. Gracias a la protección de Franz Liszt, padre de su esposa, consiguió estrenar *Lohengrin* en Weimar. Residió en París y Venecia y fue protegido de Luis II de Baviera, hasta que una intriga política les distanció. En sus óperas adquiere singular importancia el *leitmotiv*. Fue un renovador de la ópera y creó el drama musical como síntesis de todas las artes que en él intervienen. Influyó en la música de su época y con su obra el Romanticismo musical germánico alcanzó su cima. Aparte de composiciones diversas (1 sinfonía, 3 sonatas para piano, oberturas, cantatas, el *Idilio de Sigfrido* para pequeña orquesta, 1870; *Cinco poemas de Mathilde Wesendonk*, 1857-58; etc.), es famoso por sus óperas: la *Tetralogía*, llamada por él *El anillo de los Nibelungos*, compuesta por *El oro del Rhin* (1852-54), *La Walkiria* (1852-56), *Sigfrido* (1856-71) y *El ocaso de los dioses* (1869-74); *El buque fantasma* (1842), *Tannhäuser* (1845), *Lohengrin* (1847), *Tristán e Isolda* (1859), *Los maestros cantores de Nuremberg* (1861-67) y *Parsifal* (1877).

WAGNER, ROBERT F. Político norteamericano (Nueva York, 1910 - íd., 1991). Fue alcalde de la ciudad de Nueva York (1953-65) y embajador en España y en el Vaticano.

WAGNER VON JAUREGG, JULIUS Psiquiatra austriaco (Wels, 1857 - Viena, 1940). Fue el primero en utilizar con éxito la piroterapia (tratamiento por medio de la fiebre) y la terapia de choque para curar la sífilis. En 1927 recibió el premio Nobel de Fisiología y Medicina.

WAGON-LIT m. COCHE CAMA.

WAGRAM Villa de Austria, Estado de Austria Inferior. En ella tuvo lugar la victoria de Napoleón sobre los austriacos (1809).

WAHHABISMO m. *Rel.* e *Hist.* Movimiento religioso islámico fundado por Muhammad Abd el-Wahhâb (1703-87). Su doctrina, purista y conservadora, predica el retorno al Islam primitivo de Mahoma y el reconocimiento del Corán y de la primera SUNNA como única fuente de revelación. Es la religión oficial de Arabia Saudí. Se extendió también por la India.

WAJDA, ANDRZEJ Director de cine polaco (Suwalki, 1926). Películas: *Generación* (1954), *Kanal* (1957), *Cenizas y diamantes* (1958), *La boda* (1973), *Danton* (1982) y *Los poseídos* (1988).

WAKAYAMA 1 Prefectura de Japón, en la isla de Honshu; 4.725 km² y 1.080.000 h. **2** Ciudad capital de la misma; 393.951 h. Industria siderúrgica, textil y química. Puerto.

WAKE Atolón de Oceanía, en el océano Pacífico, al N de las Islas Marshall, que constituye una dependencia de EE UU desde 1898; 7,8 km² y 2.000 h. Está formado por 3 islotes: Wake, Wilkes y Peale. Conquistado por Japón durante la Segunda Guerra Mundial, fue recuperado por EE UU en 1945.

WAKEFIELD Ciudad del Reino Unido, en Inglaterra, 317.300 h. Centro textil y hullero. En ella tuvo lugar una batalla, durante la guerra de las Dos Rosas, en la que Ricardo de York fue vencido por las tropas de Enrique VI de Lancaster (1460).

WAKSMAN, SELMAN ABRAHAM Investigador estadounidense de origen ucraniano (Priluka, 1888 - Hyannis, 1973). Estudió los actinomicetales en busca de algún antibiótico, término que él acuñó en 1941. En 1943 aisló la *estreptotricina* y, en colaboración con A. Schatz, la *estreptomicina*. Recibió el premio Nobel de Fisiología y Medicina en 1952.

WALBRZYCH o **WALDENBURG** Ciudad de Polonia, al pie de los Sudetes; 140.600 h. Minería. Fabricación de vidrio. Cerámica.

WALCHEREN Isla de los Países Bajos, provincia de Zelanda, unida artificialmente a Kamperland (isla de Beveland Norte) y a la isla de Beveland Sur; 209 km² y 52.000 h.

WALCOTT, DEREK Escritor antillano en lengua inglesa (Castries, 1930). En su producción literaria aparece como constante su origen afrocaribeño. Autor de obras teatrales, como *El último carnaval*, fue director del Trinidad Theather Workshop. Autor de los poemarios *El golfo y otros poemas* (1969), *Otra vida* (1973), *Racimos marinos* (1976), *Poemas completos 1948-1984* (1986), *El testamento de Arkansas* (1987) y *Omeros* (1990). Premio Nobel de Literatura 1992.

WALD, GEORGE Bioquímico estadounidense (Nueva York, 1906 - Cambridge, 1997). Ha investigado la química de la visión, descubriendo el papel desempeñado por la vitamina A. Investigó también los conos (permiten la visión en color), descubriendo tres pigmentos sensibles a las luces roja, amarilla y azul. En 1967 recibió el premio Nobel de Fisiología y Medicina, compartido con H. Keffer Hartline y R. Granit.

Richard **Wagner** y Franz Liszt en Bayreuth. Museo Wagner (Bayreuth).

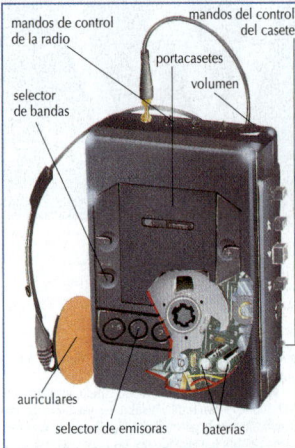

mandos de control de la radio
mandos del control del casete
portacasetes
volumen
selector de bandas
auriculares
selector de emisoras
baterías

walkman

WALDECK *Geog. hist.* Antiguo Land alemán, convertido en República en 1918, anexionado a Prusia en 1929 y perteneciente desde 1945 a Alemania (República Federal de Alemania). Comprende una parte del Land de Hesse.

WALDENBURG WAŁBRZYCH.

WALDHEIM, KURT Político austriaco (Sankt-Andrä-Wörden, 1918). Fue ministro de Asuntos Exteriores (1968-71) y secretario general de la ONU (1971-81). En 1986 fue elegido presidente de la República, a pesar de recaer sobre él la acusación de haber colaborado con los nazis durante la Segunda Guerra Mundial. Terminó su mandato en 1992.

WALDSEEMÜLLER o **WALTZEMÜLLER, MARTIN** Cosmógrafo lorenés (Radolfzell, h. 1470 - Saint-Dié, h. 1518). Publicó en Saint-Dié (1507) el primer mapa en que se llama América al Nuevo Mundo.

WALES Nombre inglés del país de GALES.

WALESA, LECH Político polaco (Popowo, 1943). Participó en la creación de los sindicatos libres y, tras la huelga general de 1980, se reveló como líder del movimiento sindical. En 1981 pasó a dirigir el sindicato Solidaridad, relegado a la clandestinidad un año más tarde. Luchó por el restablecimiento de la democracia en su país, por lo que, en las elecciones de 1990, fue elegido presidente de la República, cargo que ocupó hasta 1995, en que fue derrotado por el candidato del ex Partido Comunista Aleksander Kwasniewski. En 1983 fue galardonado con el premio Nobel de la Paz.

WALEWSKA, MARIA (MARIA LACZYNSKA, llamada) Noble francesa de origen polaco (?, 1789 - París, 1817). Esposa del conde Walewski, en Varsovia conoció a Napoleón, del que fue amante y de quien tuvo un hijo, Alexandre Walewski.

WALHALLA o **VALHALLA** *Mit.* En la mitología germana y escandinava, lugar donde moraban los muertos en las batallas, y principalmente, los guerreros más valientes. Era el reino de Odín.

WALID I ABUL ABBAS Califa omeya de Damasco (? - ?, 715). Sucedió a su padre Abd el-Melek en el 705. Durante su reinado se produjo la máxima expansión del Islam, hasta el valle del Indo en Oriente y hasta España en Occidente. Mandó construir las mezquitas de La Meca y Medina.

WALKER, WILLIAM Aventurero estadounidense (Nashville, 1824 - Trujillo, 1860). Periodista de profesión, al frente de una expedición de mercenarios se apoderó de la Baja California, donde estableció una República presidida por él (1853), que tuvo que abandonar ante la reacción mexicana. Posteriormente se apoderó de Managua y del gobierno de Nicaragua (1855). Fue derrocado (1857) y regresó a EE UU. Más tarde hizo una incursión en Honduras, pero fue apresado y fusilado.

WALKIE-TALKIE o **WALKY-TALKY** (Voz i.) m. *Tecnol.* Aparato portátil que puede emitir y recibir comunicaciones por radio a corta distancia.

WALKIRIA, VALKIRIA o **VALQUIRIA** f. *Mit.* En la mitología escandinava, cada una de las doncellas mensajeras de Odín, las cuales designaban a los héroes que debían sucumbir en el combate. Luego les recibían en el Walhalla (el cielo), donde les escanciaban cerveza y ahidromiel.

WALKMAN (Voz i.) m. Aparato musical de pequeño tamaño, portátil y con auriculares.

WALLACE, ALFRED RUSSEL Naturalista británico (Usk, 1823 - Broadstone, 1913). Exploró con Bates la cuenca del Amazonas (1848) y, desde 1854 hasta 1862, el archipiélago malayo, donde sus observaciones le condujeron, independientemente de Darwin, a conclusiones análogas sobre la evolución de las especies, que expuso en *Sobre la tendencia de las variedades a separarse indefinidamente del tipo original*. Descubrió la línea imaginaria que lleva su nombre, una barrera geográfica que todavía se utiliza para separar las regiones zoogeográficas australiana y oriental. Obras: *Narración de los viajes por el Amazonas y el río Negro* (1853), *Viaje al archipiélago malayo* (1869), *La distribución geográfica de los animales* (1876), *Darwinismo* (1889) y *El mundo de la vida* (1910).

WALLACE, EDGAR Escritor británico (Londres, 1875 - Hollywood, 1932). Destacó en el género policiaco con títulos como *Los cuatro hombres justos* (1905), *El círculo carmesí* (1922) y *La pista del alfiler* (1923), considerada su mejor obra, y el ciclo de novelas basadas en el detective Reeder.

WALLACE, LEWIS Escritor estadounidense (Brookville, 1827 - Crawfordsville, 1905). Participó en la guerra de Secesión, e integró el Consejo de guerra que juzgó a los cómplices del asesinato de Lincoln. Escribió varias novelas, de las cuales *Ben Hur* (1880) es la más famosa.

WALLACH, OTTO Químico alemán (Königsberg, 1847 - Gotinga, 1931). Se le deben gran número de investigaciones sobre los hidrocarburos derivados del isopreno. En 1910 recibió el premio Nobel de Química.

WALLENSTEIN, ALBRECHT EUSEBIUS WENZEL VON, DUQUE DE FRIEDLAND General alemán de origen checo (Hermanic, 1583 - Eger, 1634). Participó en la guerra contra Venecia (1615-17) y, apoyado por una gran fortuna, organizó un ejército propio y lo puso al servicio del imperio. Su capacidad como estratega facilitó el triunfo contra los daneses en el N de Alemania, Moravia y Silesia. En recompensa por los servicios prestados recibió el título de duque de Mecklemburgo. Tras un periodo dedicado al gobierno de su territorio, el emperador Fernando II volvió a reclamarlo ante el avance sueco hacia Munich (1632). Sin embargo, su ambición desmesurada le llevó a intentar pactar con los enemigos del imperio. Fernando II le relevó de sus cargos y, poco después, fue asesinado.

WALLIS Pequeño archipiélago de Oceanía, en el SO del océano Pacífico, que forma parte del territorio francés de ultramar de WALLIS Y FUTUNA; 96 km^2 y 8.973 h.

WALLIS, JOHN Matemático y teólogo británico (Ashford, 1616 - Oxford, 1703). Se le debe la introducción de los límites, del concepto y símbolo del infinito aritmético, y de los exponentes negativos y fraccionarios. Fue precursor del cálculo infinitesimal de Leibniz y Newton, y es célebre la fórmula que lleva su nombre para calcular el valor del número pi (π) como límite de un producto infinito. Entre sus obras destacan *La aritmética del infinito* (1655) y *Mecánica o tratado del movimiento* (1669-71).

WALLIS Y FUTUNA Territorio de ultramar de Francia en Oceanía, entre Fiji y Samoa; 255 km^2 y 13.705 h. Está compuesto por los archipiélagos de Wallis, en el que se encuentran las islas de Uvea y otras menores, y Horn, formado por las de Futuna y Alofi. Su capital es Matâ'utu, en Uvea. Copra. Fueron descubiertas por el navegante inglés S. Wallis en 1767.

WALÓN, NA adj. y s. VALÓN.

WALPOLE, HORACE, CONDE DE OXFORD Escritor inglés (Londres, 1717 - íd., 1797). Hijo de Robert, su obra *El castillo de Otranto* (1764), supone el inicio de la novela gótica. Su correspondencia, publicada a partir de 1798, constituye un interesante fresco de la época.

WALPOLE, SIR HUGH SEYMOUR Novelista inglés (Auckland, 1884 - Keswick, 1941). Sus obras son realistas y en ellas supo plasmar la vida cotidiana de la burguesía de su tiempo. Autor de *El bosque oscuro* (1916) y *La catedral* (1922).

WALPOLE, SIR ROBERT, CONDE DE OXFORD Político inglés (Honghton Hall, 1676 - Londres, 1745). Afiliado al Partido Liberal, fue acusado de malversación en 1712, y encerrado en la Torre de Londres. Tras su absolución, en 1715 fue nombrado primer lord del Tesoro y canciller de la Tesorería, cargos que ocupó hasta 1717 y posteriormente de 1721 a 1742. Defensor de los intereses de la casa de Hannover en Inglaterra, fue primer ministro hasta 1742. Reformó la política del país en un sentido moderno, al liberar al gobierno de su dependencia de las decisiones reales y hacerlo responsable de sus decisiones solamente ante el Parlamento. Basó su gobierno en la conservación de la paz interna y su política exterior, influida por sus ideas pacifistas, se centró en la alianza con Francia, que trajo consigo la enemistad de gran parte de los miembros de su Partido. Esto, unido a la crisis económica y social, fue minando su influencia en los medios políticos, hasta su dimisión en 1742.

WALPURGIS, VALPURGIS o **VALBURGA, SANTA** Religiosa benedictina (Sussex, h. 710 - Heidenheim, 779). Ayudó a san Bonifacio en la evangelización de Alemania y presidió la abadía de Heidenheim. Una leyenda popular, basada en creencias paganas, afirmaba que la noche anterior a la festividad de esta santa, el 1 de mayo, los demonios se aparecían en Blocksberg. Esta leyenda fue recogida por Goethe en su *Fausto*.

WALRAS, LÉON MARIE ESPRIT Economista francés (Évreux, 1834 - Clarens, 1910). Uno de los fundadores del MARGINALISMO, preconizó las cooperativas populares de consumo, producción y crédito, y pretendió fundar la economía política teórica como economía pura, considerando los fenómenos económico-políticos aisladamente del resto de los fenómenos sociales.

WALSER, MARTIN Escritor alemán (Wasserburg, 1927). En sus obras ha sabido reflejar la situación de desmoronamiento moral de Alemania tras la caída del nazismo. Es autor de las novelas *Más allá del amor* (1976), *Trabajo del alma* (1979), *El oleaje* (1985), *Dorle y Wolf* (1987), *El cazador* (1988) y *Una fuente inagotable* (2000).

WALSER, ROBERT Escritor suizo en lengua alemana (Biel, 1878 - Herisau, 1956). Una de las figuras más representativas de la literatura suiza del siglo XX, es autor de tres novelas autobiográficas: *Los hermanos Tanner* (1907), *El ayudante* (1908) y *Jakob von Gunten* (1909).

WALSH, RAOUL Director de cine estadounidense (Nueva York, 1892 - Hollywood, 1980). Se especializó en el cine de aventuras y rodó más de cien películas. Entre sus filmes principales figuran *El ladrón de Bagdad* (1924), *El precio de la gloria* (1926), *A las ocho en punto* (1935), *Murieron con las botas puestas* (1941), *Objetivo Birmania* (1945) y *Esther y el rey* (1960).

WALTARI, MIKA Escritor finlandés (Helsinki, 1908 - íd., 1979). Cultivó, sobre todo, la novela histórica, y es autor de *Sinuhé, el egipcio* (1945), *El sultán renegado* (1951) y *Turms, el etrusco* (1955), entre otras obras.

Raoul **Walsh**. Escena de la película *Esther y el rey*.

Walter, Bruno Schlesinger, Bruno Walter.

Walton, Ernest Thomas Sinton Físico irlandés (Dungarvan, 1903 - Belfast, 1995). En 1929, en colaboración con J. Douglas Cockcroft, construyó el primer acelerador de partículas con el que, en 1931, consiguieron la primera desintegración artificial de átomos no radiactivos. En 1951 recibió el premio Nobel de Física, compartido con Cockcroft.

Waltzemüller, Martin Waldseemüller, Martin.

Wamba o **Vamba** Rey visigodo de Toledo (? - Pampliega, 683). Sucedió a Recesvinto, aplastó las revueltas de los vascones, venció en Nîmes al conde Paulo (673), combatió a los musulmanes (675) y ocupó Ceuta.

Wan-li Emperador chino (?, 1563 - ?, 1620). Perteneciente a la dinastía Ming, durante su reinado (1573-1620) expulsó a los japoneses de Corea (1598) y dio comienzo a la penetración manchú en China (1618).

Wandoo Bot. DURILIGNOSA.

Wang, Wayne Director de cine chino (Hong-Kong, 1949). Instalado en EE UU desde 1969, ha rodado películas en las que retrata la vida de la comunidad china: *El club de la buena estrella* (1993), *Smoke* (1995), *Blue in the Face* (1995) y *La caja china* (1998).

Wankel, Felix Ingeniero alemán (?, 1902 - ?, 1988). Inventó el motor de rotación, en el cual los pistones se reemplazaron por un rotor triangular.

Warangal Ciudad de la India, Estado de Andhra Pradesh; 447.657 h.

Warburg, Otto Heinrich Bioquímico y médico alemán (Friburgo, 1883 - Berlín, 1970). Investigó la respiración celular e inventó la técnica de la manometría, para medir el consumo de oxígeno por los tejidos vivos. En 1931 recibió el premio Nobel de Fisiología y Medicina. En 1944 renunció a un segundo premio Nobel por la oposición del gobierno de Hitler.

Wargandi Comarca indígena de Panamá; 775 km^2.

Warhol, Andy (Andrew Warhola, llamado) Pintor estadounidense (Pittsburgh, 1927 - Nueva York, 1987). Pionero del POP-ART, utilizó para sus obras motivos de la publicidad, productos de gran consumo y objetos de la vida cotidiana —latas de sopas Campbell, botellas de Coca-Cola, billetes, etc.—, fotografías ampliadas o repetidas en serie por procedimientos serigráficos, pintadas con colores vivos —los célebres retratos de *Marilyn Monroe* (1962) y *Elvis Presley* (1965)—, fotos de prensa sobre catástrofes, etc. Como director de cine realizó películas *underground*.

Warmisnko-Mazurskie Provincia de Polonia; 24.202 km^2 y 1.464.400 h. Su capital es Olsztyn.

Warren, Robert Penn Escritor estadounidense (Kentucky, 1905 - Vermont, 1989). Se dio a conocer con *John Brown o la vida de un mártir* (1929), a la que siguieron *El jinete de la noche* (1938), *A las puertas del cielo* (1943), *Todos los hombres del rey* (1946, premio Pulitzer) y *Te espero en la verde espesura* (1971). Ensayista ligado a la «nueva crítica», publicó *Ensayos escogidos* (1958).

Warrington Consejo unitario del Reino Unido, en Inglaterra; 190.200 h.

Warszawa Nombre polaco de Varsovia.

Warta Río de Polonia, el mayor afluente del Oder, que nace en los Cárpatos; 712 km de curso.

Wartburg Eisenach.

Wartburg, Walther von Lingüista suizo (Riedholz, 1888 - Basilea, 1971). Sus estudios se han centrado en la problemática de las lenguas románicas y su historia, en la geografía lingüística y en la dialectología. Dirigió junto con Bloch el *Diccionario etimológico de la lengua francesa* (1932).

Warwick Ciudad del Reino Unido, en Inglaterra; 21.936 h. El sector N del condado constituye una rica cuenca hullera.

Warwick, Richard Neville, conde de Caballero inglés (?, 1428 - Barnet, 1471). Partidario de los York, durante la guerra de las Dos Rosas, impuso en el trono a Eduardo IV. Tras la pérdida del favor real, se pasó al bando de los Lancaster y restauró efímeramente a Enrique VI como rey.

Warwickshire Condado del Reino Unido, en Inglaterra; 506.700 h.

Wasatch Cordillera del O de EE UU, Estado de Utah, en las Montañas Rocosas, con alturas superiores a 3.000 m. Turismo. Deportes de invierno.

Wash Estuario del Reino Unido, en el que desembocan el Ouse y el Walland. En la marea baja, quedan al descubierto grandes extensiones de limo.

Washington Ciudad capital de EE UU y del Distrito Federal de Columbia; 523.124 h. Centro político, administrativo y cultural del país. Residencia del presidente de la Casa Blanca), y sede del Estado Mayor (Pentágono), del gobierno y del congreso (Capitolio). Importante desarrollo económico (electrónica, investigación científica y espacial, sector terciario, etc.). El territorio que actualmente constituye el Distrito Federal, perteneciente a los Estados de Maryland y Virginia, fue elegido por G. Washington como el idóneo para albergar la capital de la Unión porque no pertenecía previamente a ningún Estado, y por estar situado en una zona media del país. Fue fundada en el año 1790 por influencia de George Washington, quien encargó los planos de la ciudad al ingeniero francés L'Enfant.

Washington Estado de EE UU; 176.446 km^2 y 5.894.121 h. Su capital es Olympia. Limita al N con el golfo de Georgia y la Columbia británica, al E con el Estado de Idaho, al S con el de Oregón y al O con el océano Pacífico. De N a S está cruzado por los montes Cascade, en los que abundan los conos volcánicos (monte Rainier, 4.394 m). Al E de los montes se extiende una zona de llanuras. Su río más importante es el Columbia. Agricultura y minería (carbón, plomo, cinc, uranio). Explotación forestal. Pesca. Industria aeronáutica, papelera, mecánica y electrometalúrgica. Explorada por Juan Pérez en el siglo XVIII, formó primero parte del Estado de Oregón. Se convirtió en territorio en 1853 y en 1889 pasó a formar parte de la Unión.

Washington, Dinah (Ruth Lee Jones, llamada) Cantante estadounidense (Alabama, 1924 - Michigan, 1963). Prodigiosa intérprete de *blues*, grabó con figuras destacadas del jazz como H. Land, P. Quinichette, W. Kelly y C. Brown.

Washington, George Militar y político estadounidense (Bridges Creek, 1732 - Mount Vernon, 1799). En 1758 fue elegido diputado por la Asamblea de Virginia y se convirtió en un símbolo de la lucha contra la dominación británica. Surgidas las desavenencias con la metrópoli, fue nombrado por el Congreso de Filadelfia jefe supremo del ejército (1775). La victoria en la guerra revolucionaria y la firma del tratado de Versalles (1783), por el que se reconocía la independencia estadounidense de la metrópoli inglesa, le granjearon definitivamente el favor popular. En 1789 ocupó la presidencia de la convención de Filadelfia, encargada de elaborar la Constitución de los EE UU. Elegido el gobierno regular en 1789, fue elevado a la presidencia de la Unión, cargo que ocupó hasta 1796.

Wasmosy, Juan Carlos Político paraguayo (Asunción, 1938). Fue el primer civil que ocupó la presidencia de la República tras 40 años de poder militar (1993). En 1996 tuvo que enfrentarse al intento golpista del general Oviedo. Abandonó el cargo tras los comicios de 1998.

Wassermann, August von Médico alemán (Bamberg, 1866 - Berlín, 1925). En 1906 descubrió la *reacción o prueba de Wassermann*, elemento básico para el diagnóstico de la sífilis.

Washington (Estados Unidos). Capitolio.

Wassermann, Jacob Escritor alemán de origen judío (Fürth, 1873 - Estiria, 1934). Escribió una obra humanitarista influida por Dostoievski y el expresionismo de Schnitzler. La mayoría de sus novelas son de tema judío; entre ellas destacan *Los judíos de Zirndorf* (1897), *Kaspar Hauser* (1908) y *Faber o años perdidos* (1924).

Wast, Hugo (Gustavo Martínez Zuviría, llamado) Novelista y político argentino (Córdoba, 1883 - Buenos Aires, 1962). Fue ministro de Justicia y Educación y sus novelas adquirieron gran fama por el dramatismo de la narración. Entre ellas se encuentran *Flor de durazno* (1911), *Fuente sellada* (1914), *Valle negro* (1918), *Lo que Dios ha unido* (1945), etc.

Wat Tyler Tyler, Wat.

wáter o **water-closet** (Voz i.) m. **1** Retrete, inodoro, excusado. **2** Habitación con instalaciones sanitarias.

Waterford Condado de Irlanda, provincia de Munster; 1.838 km^2 y 91.624 h. Su capital es la ciudad del mismo nombre.

Watergate, asunto Hist. y Polít. Escándalo político que tuvo lugar en EE UU en 1974, durante el segundo mandato de Richard Nixon. Como demostraron los dos periodistas de *The Washington Post* que lo destaparon, Robert Woodward y Carl Berstein, varios colaboradores del presidente republicano estaban implicados en una operación de espionaje llevada a cabo en las oficinas del Partido Demócrata (edificio Watergate), durante la campaña presidencial de 1972. Como consecuencia del escándalo, Nixon se vio obligado a dimitir y cuatro de sus colaboradores fueron procesados y condenados. Este asunto influyó en la derrota del Partido Republicano en las elecciones presidenciales de 1976.

Waterloo Población de Bélgica, provincia de Brabante valón; 27.860 h. En sus alrededores tuvo lugar la batalla de su nombre.

Waterloo, batalla de Hist. Combate entre los ejércitos anglopruisiano y francés, que tuvo lugar el 18 de junio de 1815 en esta localidad belga. Después de reunirse en Waterloo las tropas británicas, mandadas por Wellington, y las prusianas, dirigidas por Blücher, los franceses atacaron el castillo de Hougoumont. Se trataba de una maniobra de distracción destinada a que el enemigo descuidase su centro, por donde Napoleón pensaba atacar. Los franceses fueron rechazados por las tropas de Wellington y Napoleón se vio obligado a lanzar el grueso de su ejército contra el enemigo, al verse rodeado. La derrota francesa supuso la caída del imperio de los Cien Días y el confinamiento de Napoleón en Santa Elena.

waterpolo (Voz i.) m. Dep. Deporte de pelota que se juega en una piscina de natación entre dos equipos con reglas inspiradas en las del balonmano.

Jean Antoine **Watteau**. *El amor del teatro francés*. Galería Gemalde (Berlín).

WATIO com. *Fís.* VATIO.

WATSON, JAMES DEWEY Biólogo estadounidense (Chicago, 1928). Especializado en bioquímica, trabajó sobre el ADN. Descubrió también la estructura tridimensional de las proteínas que forman la cápsula del virus del mosaico del tabaco, contribuyó al desciframiento del código genético y al hallazgo del ARN mensajero. Recientemente ha dirigido el proyecto del GENOMA humano. En 1962 recibió el premio Nobel de Medicina, compartido con F. Crick y M. Wilkins.

WATSON, JOHN BROADUS Psicólogo estadounidense (Greenville, 1878 - Nueva York, 1958). Fue fundador de la escuela conductista de psicología, que se opone a la introspectiva y recurre exclusivamente a la experimentación de la conducta.

WATT m. *Metrol.* Nombre del VATIO en la nomenclatura internacional.

WATT, JAMES Ingeniero e inventor británico (Greenock, 1736 - Heathfield, 1819). En 1764, al reparar la máquina atmosférica de Newcomen, introdujo mejoras que condujeron a la creación de una máquina de vapor con condensador separado. Se le considera el padre de la revolución industrial, y en su honor se ha dado el nombre de vatio a la unidad de potencia en el Sistema Internacional.

WATTEAU, JEAN ANTOINE Pintor francés de origen flamenco (Valenciennes, 1684 - Nogent-sur-Marne, 1721). Importante representante del siglo XVIII francés e iniciador de la pintura galante francesa. Entre sus obras, de estilo rococó, destacan *Baile campestre*, *El amor del teatro francés* y *Vista de los jardines de Saint-Cloud*.

WAU amb. Nombre de la *u* semiconsonante explosiva agrupada con la consonante anterior, o semivocal implosiva agrupada con la vocal precedente.

WAUGH, EVELYN ARTHUR Escritor británico (Hampstead, 1903 - Combe Florey, 1966). Entre sus novelas, de una ironía corrosiva contra la sociedad británica de posguerra, que juzgaba carente de valores, destacan *Un puñado de polvo* (1934), *Retorno a Brideshead* (1945) y la trilogía compuesta por *Hombres en armas* (1952), *Oficiales y caballeros* (1955) y *Rendición incondicional* (1961).

WAVELL, ARCHIBALD PERCIVAL, PRIMER CONDE DE Mariscal británico (Colchester, 1883 - Londres, 1950). Comandante en jefe en el Oriente Medio (1939). Fue virrey de la India (1943-47).

WAYNE, JOHN (MARION MICHAEL MORRISON, llamado) Actor estadounidense (Winterset, 1907 - Los Ángeles, 1979). Debutó en el cine en 1927 con *La gran jugada*. Fue uno de los actores preferidos de John Ford, y mantuvo una estrecha colaboración con Howard Hawks. Especializado en el *western*, pronto se convirtió en el actor emblemático de EE UU. Sobresalió en *El hombre tranquilo* (1952), *Río Bravo* (1959), *El Álamo* (1960), *Hatari!* (1962), *El fabuloso mundo del circo* (1964), *Valor de ley*, filme por el que recibió el Oscar de 1969; etc.

WAZIRISTÁN Región montañosa de Pakistán, en la frontera del NE con Afganistán.

WB *Fís.* Abreviatura de WEBER.

WC o **W. C.** Abreviatura de WÁTER o WATER-CLOSET.

WEB *Inform.* Nombre abreviado con el que se conoce a la *World Wide Web* (literalmente, «Extensa Telaraña Mundial»), también conocida como *WWW* o *W3*. Es una red de comunicación informática que permite un acceso sencillo a las autopistas de la información y singularmente a INTERNET. Fue creada en 1992 por un grupo de informáticos europeos para unificar y simplificar las formas de acceso a la gran cantidad de datos disponible en las citadas redes.

WEBB, SIDNEY Político y economista inglés (Londres, 1859 - Liphook, 1947). Partidario de un socialismo gradual y reformista, formó parte de la SOCIEDAD FABIANA. En 1924 fue ministro de Agricultura y en 1929 de las Colonias. Es autor de varias obras sobre la historia y el desarrollo del socialismo.

WEBER m. *Metrol.* Unidad de flujo de inducción magnética en el Sistema Internacional de unidades, que constituye el flujo magnético producido cuando un campo magnético de una tesla atraviesa perpendicularmente una superficie de 1 m². Equivale a 10^8 maxwell. Su símbolo es Wb.

WEBER, CARL MARIA VON Compositor alemán (Eutin, 1786 - Londres, 1826). Dirigió la orquesta del teatro de Breslau y se dio a conocer como pianista en Berlín y Viena. Fue el creador de la ópera romántica alemana (*El cazador furtivo*, 1821; *Euryante*, 1823; *Oberon*, 1826), aunque su inagotable inspiración y técnica prodigiosa abarcaron también otros géneros: piano, música sinfónica, religiosa y de cámara.

WEBER, MAX Economista y sociólogo alemán (Erfurt, 1864 - Munich, 1920). Defensor de los principios democráticos, contribuyó al nacimiento de la Constitución de Weimar. Considerado hoy como uno de los padres fundadores de la sociología, a Weber se le conoce sobre todo por su exhaustivo estudio sobre los orígenes del capitalismo (*La ética protestante y el espíritu del capitalismo*; escrita en 1905 y publicada en 1920). Esta obra fue sólo la primera de varias sobre la ética económica de las grandes religiones del mundo, en que intentó poner en claro el carácter distintivo del racionalismo occidental moderno: *La ética protestante y el espíritu del capitalismo* (1901) y *Economía y sociedad* (1921).

WEBER, WILHELM EDUARD Físico alemán (Wittenberg, 1804 - Gotinga, 1891). Hermano de Ernst Heinrich, investigó sobre acústica, elasticidad de los cuerpos y electromagnetismo. Ideó un sistema coherente de unidades para la electricidad (1846). En su honor, lleva su nombre la unidad de flujo magnético en el Sistema Internacional (*weber*).

WEBERIO m. *Metrol.* WEBER.

WEBERN, ANTON VON Compositor austriaco (Viena, 1883 - Mittersill, 1945). Trabajó con Schönberg y fue condiscípulo de Berg, encuentros que motivaron el nacimiento de la escuela de Viena, de carácter atonalista y dodecafonista. En su obra destacan los *Lieder*.

WEBSTER, JOHN Dramaturgo inglés (Londres, h. 1580 - íd., 1625). Sus obras *El diablo blanco* (1612), *La duquesa de Amalfi* (1614), y *La casa del diablo* (1623), le han convertido en una de las figuras principales de teatro jacobino.

WED-, WEDI- pref. GUAD-.

WEDDELL, MAR DE Mar de las regiones polares australes, comprendido entre la Antártida occidental, la Tierra de Graham y las islas Orcadas del Sur, cuya profundidad llega hasta 5.000 m. Fue descubierto en 1823 por el marino inglés J. Weddell.

WEEKEND (Voz i.) m. **1** Fin de semana. **2** Alimento que se lleva para el fin de semana. **3** Maletita o bolso especial para el fin de semana.

WEELKES, THOMAS Compositor británico (?, 1575 - Londres, 1623). Organista en la catedral de Chichester, es uno de los principales representantes de la escuela madrigalista de su país.

WEGENER, ALFRED LOTHAR Geólogo, explorador y meteorólogo alemán (Berlín, 1880 - Groenlandia, 1930). Se le conoce por su hipótesis de la deriva continental (1912), que afirma que todos los continentes estuvieron unidos en uno solo (*Pangea*) durante la era mesozoica. Escribió *Origen de los continentes y de los océanos* (1915).

WEHRMACHT f. Voz alemana que significa fuerza armada. Se empleó para referirse al ejército del III Reich.

WEIL, SIMONE Filósofa y escritora francesa (París, 1909 - Ashford, 1943). Trabajó anónimamente como obrera en la fábrica Renault de París, fruto de lo cual fue su *Diario de la fábrica*, donde estudia la condición obrera a la luz de un humanismo marxista. Ferviente activista política, sus escritos muestran el proceso de su pensamiento místico y revolucionario, que busca la justicia social y la salvación individual. Autora de *Espera de Dios* (1951), *El conocimiento sobrenatural* (1950), *La fuente griega* (1953) y *Opresión y libertad* (1958).

WEILL, KURT Compositor estadounidense de origen alemán (Dessau, 1900 - Nueva York, 1950). Creador de una música expresionista y abstracta cercana al jazz, compuso óperas y colaboró con B. Brecht poniendo música a *La ópera de tres peniques* (1928) y *Grandeza y decadencia de la ciudad de Mahagonny* (1930).

WEIMAR Ciudad de Alemania, Land de Turingia; 63.876 h. Fue capital del ducado de Sajonia y después del gran ducado de Sajonia-Weimar.

WEIMAR, REPÚBLICA DE *Hist.* Periodo de la historia de Alemania que abarca desde el final del imperio alemán (1918) hasta el ascenso de Hitler al poder, en 1933. Tras la fracasada revolución obrera de octubre de 1918 se formó un gobierno provisional, dirigido por Erbert, y se elaboró una constitución, ratificada en la ciudad de Weimar en agosto de 1919, que instituía una República federal y parlamentaria. El poder legislativo se repartió entre dos asambleas: el Reichstag, elegido por sufragio universal cada cuatro años y encargado de presentar y votar las leyes y de pedir responsabilidades al gobierno; y el Reichsrat, cámara de representación territorial que reunía a representantes de los 17 Länder. El régimen parlamentario, democrático y social establecido en la constitución fue derivando hacia un régimen presidencialista que, desde 1925 hasta 1934, desempeñó Hindenburg. La grave crisis económica de 1929 y el descontento por la aceptación de las cláusulas del tratado de Versalles, que puso fin a la Primera Guerra Mundial, propiciaron el ascenso del nacionalsocialismo, que terminaría con la democracia y con esta república.

WEINBERG, STEVEN Físico estadounidense (Nueva York, 1933). Basándose en la teoría unificada de las interacciones electromagnéticas y nucleares débiles de los

John **Wayne**. Escena de la película *El Álamo*, con Frankie Avalon.

bosones, formulada por Glashow, en 1967, elaboró su propia teoría introduciendo el concepto de las simetrías ocultas para dichas partículas en el universo primitivo, cuando las condiciones eran muy diferentes (alta presión y temperatura). En 1979 recibió el premio Nobel de Física, compartido con S. L. Glashow y A. Salam.

WEIR, PETER Director de cine australiano (Sydney, 1944). Principal representante del cine australiano de los setenta, encabezó un movimiento renovador de la cinematografía en lengua inglesa. Realizó inicialmente varios trabajos de gran personalidad, como *Picnic en Hanging Rock* (1975), *Gallipoli* (1981) y *El año que vivimos peligrosamente* (1983). Más tarde, en Hollywood, realizó películas más comerciales, como *Único testigo* (1985), *El club de los poetas muertos* (1989), *Matrimonio de conveniencia* (1990) o *El show de Truman* (1997).

WEISMANN, AUGUST Biólogo alemán (Frankfurt, 1834 - Friburgo de Brisgovia, 1914). Considerado uno de los padres de la genética, le debe la teoría del germen o plasma germinal, una sustancia hipotética que se mantendría inalterable de padres a hijos y en la que residiría la herencia biológica.

WEISS, PETER Escritor sueco (Nowawes, 1919 - Estocolmo, 1982). De origen judío alemán, con el surgimiento del nazismo se instaló en Suecia. Gran renovador de la estética en la novela, introdujo el compromiso político en su teatro. En su producción destacan *La sombra del cuerpo del cochero* (1960), *Adiós a los padres* (1961) y *Punto de fuga* (1962); y la pieza teatral *Marat-Sad* (1964).

WEISSMULLER, JOHNNY (PETER JOHN WEISSMULLER, llamado) Actor de cine estadounidense (Windber, 1904 - Acapulco, 1984). Excelente nadador, triunfó en los Juegos Olímpicos de París (1924) y Amsterdam (1928), sus condiciones físicas le convirtieron en el protagonista ideal de toda una serie de películas sobre el personaje de Tarzán, acompañado, en la mayoría de ellas (de *Tarzán de los monos*, 1932, a *Tarzán en Nueva York*, 1942), por la actriz Maureen O'Sullivan.

WEIZMANN, CHAIM Político y científico israelí, de origen bielorruso (Motyl, 1874 - Rehovot, 1952). Figura representativa del sionismo internacional, consiguió del primer ministro inglés la creación de un Hogar Judío en Palestina, mediante la llamada *declaración Balfour*. Se convirtió en jefe del movimiento sionista en 1921, y ocho años más tarde ocupó también la presidencia de la Agencia Judía. Fue el primer jefe del Estado de Israel (febrero de 1946), cargo que ocupó hasta 1952.

WEIZMANN, EZER Militar y político israelí (Tel Aviv, 1924). Dirigió la ofensiva aérea de la guerra de los SEIS DÍAS (1967). Defensor de las tesis pacifistas y partidario de la retirada de los territorios ocupados, realizó un importante papel en los acuerdos de Camp David (1977). En 1993 y 1998 fue elegido presidente de Israel. En enero de 2000 fue investigado por evasión fiscal, y en julio de ese año presentó su dimisión.

WEIZSÄCKER, CARL FRIEDRICH Físico alemán (Kiel, 1912). Realizó una síntesis de la teoría cuántica y de la relatividad, que tiende a resolver los problemas de la microfísica y del espacio-tiempo. Concibió la teoría cuántica como una lógica modificada que diferia de la que se conocía hasta entonces por el hecho de actuar sobre proposiciones que implicaban especialmente una estructura espacial.

WEIZSÄCKER, RICHARD VON Político alemán (Stuttgart, 1920). Alcalde de Berlín Oeste desde 1981, fue elegido presidente de la República Federal Alemana en 1984, para suceder a Karl Karstens. En 1990 fue elegido presidente de la Alemania unida, cargo en el que fue sustituido por Roman Herzog tras las elecciones de 1994.

WELLER, THOMAS HUCKLE Médico estadounidense (Ann Arbor, 1915). En colaboración con Enders y Robbins, aisló y cultivó el virus de la poliomielitis sobre tejidos ordinarios, primer paso para la obtención de la vacuna. Por ello recibió en 1954 el premio Nobel de Fisiología y Medicina, compartido con Enders y Robbins.

WELLES, GEORGE ORSON Director y actor de cine estadounidense (Kenosha, 1915 - Los Ángeles, 1985). Intérprete de una gran personalidad y realizador que renovó el lenguaje cinematográfico, su primera película, *Ciudadano Kane* (1941), es una de las obras maestras del cine. Posteriormente figuran entre sus mejores películas, como actor: *El tercer hombre* (1949), *Moby Dick* (1957) y *Waterloo* (1969); y como director y actor: *El cuarto mandamiento* (1942), *La dama de Shanghai* (1947), *Otelo* (1952), *Sed de mal* (1958) o *El proceso* (1962).

WELLESLEY, RICHARD COLLEY, MARQUÉS DE Político británico (Dangan, 1760 - Bromton, 1842). Hermano del duque de Wellington, fue diputado *tory* (1784) y ocupó diversos cargos administrativos, entre ellos, gobernador de la India (1797-1805) y lord lugarteniente de Irlanda (1821-28 y 1833-34).

Johnny **Weissmuller**.

WELLINGTON Archipiélago del S de Chile, en el océano Pacífico, formado por la isla de su nombre y otras menores. Reservas forestales.

WELLINGTON, ARTHUR WELLESLEY, DUQUE DE Militar británico (Dublín, 1769 - Walmer, 1852). Fue enviado a la península Ibérica, al mando de la expedición inglesa que acudió a la solicitud de las Juntas provinciales de gobierno, alzadas contra los franceses. Desembarcó en Lisboa y tomó Portugal como base de sus operaciones. Avanzó hacia Madrid por el valle del Tajo. Obtuvo las victorias de Ciudad Rodrigo y Arapiles (1812) y concluyó su campaña con la entrada en Madrid. En 1813, tras su triunfo en Vitoria y la toma de San Sebastián, emprendió la invasión de Francia; venció a Soult en Orthez y obtuvo la victoria de Tolosa (1814), con la que concluyeron las pretensiones francesas sobre el territorio español. Al regreso de Napoleón de la isla de Elba, estuvo al mando de las tropas aliadas y obtuvo la victoria de Waterloo (1815). Más tarde desempeñó en Inglaterra la jefatura de un Gobierno provisional (1828-30).

WELLS, HERBERT GEORGE Escritor británico (Bromley, Kent, 1866 - Londres, 1946). Se dio a conocer literariamente con obras de anticipación como *La máquina del tiempo* (1895), *La isla del doctor Moreau* (1986), *El hombre invisible* (1897) y *La guerra de los mundos* (1898). Logró también éxito con novelas de estilo naturalista: *El amor y Mr. Lewisham* (1900) y *La historia de Mr. Polly* (1910). En 1904 publicó *Guerra aérea*, en la que anticipó los efectos de los bombardeos de la Segunda Guerra Mundial. Miembro de la SOCIEDAD FABIANA, produjo una larguísima obra divulgativa, polémica y profética sobre política, historia, educación, sexualidad, ciencia y reformas.

WELSER o **BELZAR** Geneal. Familia de financieros alemanes que en el siglo XVI colaboraron con Carlos I en diversas empresas. Participaron en la conquista de Venezuela.

WELTER m. *Dep.* En boxeo, categoría de los púgiles de peso comprendido entre 66,678 kg y 69,853 kg.

WEMBLEY Distrito del Reino Unido, en Inglaterra, condado metropolitano del Gran Londres; 123.780 h. Estadio olímpico.

WENCESLAO o **VENCESLAO** Nombre de diversos soberanos de Bohemia.

WENCESLAO I Rey de Bohemia (?, 1205 - Berun, 1253). Subió al trono en 1230. Llevó a cabo una política expansionista mediante las alianzas matrimoniales y la conquista de territorios: devastó el ducado de Austria, se apoderó de Moravia y rechazó a los tártaros.

WENCESLAO II Rey de Bohemia y de Polonia (?, 1271 - Praga, 1305). Ocupó el trono de Bohemia en 1278 y el de Polonia en 1300. Durante su reinado promovió el desarrollo económico y cultural de su reino.

WENCESLAO III Rey de Hungría, Bohemia y Polonia (Olomuc, 1289 - ?, 1306). Ocupó el trono de Hungría en 1301 y el de Bohemia y Polonia en 1305. Perdió gran parte de los territorios heredados y en 1305 renunció al trono de Hungría.

WENCESLAO IV Rey de Bohemia y emperador de Alemania (Nuremberg, 1361 - Praga, 1419). Hijo y sucesor de Carlos IV, fue nombrado rey de los romanos en 1354, y heredó el trono de Alemania (1378-1419). En 1410, durante el cisma de Occidente fue depuesto como rey de los romanos, tras su enfrentamiento con el papa Benedicto XIII.

WENCESLAO o **VENCESLAO, SAN** Príncipe-duque de Bohemia (Stochov, h. 908 - Boleslao, 929). Sucedió a su padre, Wratislao, en 920. Restableció el cristianismo y sostuvo una guerra contra el emperador Enrique I. Fue asesinado en una conjuración organizada por su hermano.

WENDERS, WIM (WILHELM WENDERS, llamado) Director de cine alemán (Düsseldorf, 1945). Dedicado de lleno al largometraje desde 1970, sus películas se caracterizan por su tono personal. Ha dirigido, entre otros, los filmes *Alicia en las ciudades* (1973), *En el curso del tiempo* (1975), *El amigo americano* (1977), *París-Texas* (1984), *Hasta el fin del mundo* (1991), *Más allá de las nubes* (1995) y el documental *Buena Vista Social Club* (1999).

WERFEL, FRANZ Escritor austriaco (Praga, 1890 - Los Ángeles, 1945). Su poesía está ligada al expresionismo: *Sueño y despertar* (1935). Debe su fama principalmente a las novelas que publicó al final de su vida, como *Los 40 días de Musa Dagh* (1933) y *Estafa del cielo* (1939).

WERNER, ALFRED Químico suizo de origen francés (Mulhouse, 1866 - Zurich, 1919). Formuló la teoría de la coordinación de enlaces (1893), forma especial de unión de un átomo metálico central con grupos de átomos no metálicos llamados ligandos, que le rodean. Entre estos compuestos coordinados se encuentran diversos tintes y pigmentos sintéticos o de origen biológico, como la hemoglobina y la hemocianina. En 1913 recibió el premio Nobel de Química.

WERRA Río de Alemania, que nace en Turingia y, al unirse al Fulda, forma el Weser; 293 km.

WESER Río de Alemania, que se forma por la confluencia del Werra y del Fulda y desemboca en el mar del Norte, cerca de Bremerhaven; 520 km de curso.

WESKER, ARNOLD Dramaturgo británico (Londres, 1932). Su estilo es realista, y denuncia la explotación y la servidumbre humanas. Autor de la llamada *Trilogía de Wesker*, compuesta por las piezas *Sopa de pollo con cebada* (1958), *Raíces* (1958) y *Hablo de Jerusalén* (1960), a las que añadiría, en 1972, *Los viejos*.

WESLEY, JOHN y **CHARLES** Predicadores protestantes ingleses (Epworth, 1703 - Londres, 1791; Epworth, 1707 - Londres, 1788). Sus prácticas religiosas, en sus comienzos un movimiento religioso más dentro de la ortodoxia protestante, pronto se convirtieron en una doctrina independiente, denominada METODISMO.

WESSELMANN, TOM Pintor estadounidense (Cincinnati, 1931). Destacado representante del POP-ART. Entre sus obras destacan *Naturaleza muerta* (1972) y la serie *Grandes desnudos norteamericanos*.

WESSEX *Hist.* Antiguo reino de la HEPTARQUÍA ANGLOSAJONA, que se extendía desde la vía romana, hoy llamada Watling Street, hasta el canal de La Mancha, en los actuales condado de Dorset, Hampshire, Somerset y Wiltshire. Su capital era Winchester. Duró desde finales del siglo V hasta el XI, y su etapa de mayor apogeo fue la comprendida entre los reinados de Egberto el Grande (802-839), quien se anexionó los otros reinos de la heptarquía; hasta el de Alfredo el Grande (871-899).

Orson **Welles**. Escena de *Sed de mal*, dirigida y protagonizada por Orson Welles, en la fotografía junto a Charlton Heston.

Benjamin **West**. *La muerte a lomos de un caballo blanco*. Pennsylvania Academy of the Fine Arts (Filadelfia).

West, Benjamin Pintor estadounidense (Springfield, 1738 - Londres, 1820). Inicialmente adscrito al neoclasicismo, sobresalió en los asuntos históricos y en el retrato (*Régulo abandona Roma;* 1769). Posteriormente evolucionó hacia cierto romanticismo (*La muerte a lomos de un caballo blanco*, 1814).

West, Mae Actriz de cine estadounidense (Nueva York, 1892 - Hollywood, 1980). Su desbordante personalidad y su talante inequívocamente erótico, le convirtieron en objeto de ataques por parte de la puritana sociedad estadounidense. Alcanzó gran popularidad en los años treinta creando un personaje de vampiresa corrosiva y desenfadada. Entre sus películas destacan *No soy un ángel* (1933), *No es pecado* (1934), *Klondike Annie* (1936).

West, Morris Escritor australiano (Melbourne, 1916 - Sydney, 1999). Alcanzó gran celebridad con su novela *El abogado del diablo* (1959), a la que siguieron *Las sandalias del pescador* (1963), *Proteo* (1979) y *Los bufones de Dios* (1981).

West, Nathanael (Nathan Weinstein, llamado) Escritor estadounidense (Nueva York, 1904 - El Centro, 1940). Durante su estancia en París recibió la influencia de dadaístas y surrealistas, hecho que se reflejará en su obra, caracterizada por su gran fantasía y su tono pesimista. Destacan sus títulos: *Señorita Corazones Solitarios* (1933) y *El día de la langosta* (1939).

West Point Sede de la Academia Militar de los EE UU, fundada en 1802; está situada en el Estado de Nueva York.

Western (Voz i.) m. *Cin.* Película del Oeste americano, y género cinematográfico de este tipo de filmes. || **Espagueti western** *Cin.* Subgénero cinematográfico de películas del Oeste, rodadas en Europa, generalmente de bajo presupuesto y escasas pretensiones.

Westfalia *Geog. hist.* Antigua región alemana y provincia de Prusia que comprende la mayor parte de la cuenca del Rhur, la cuenca del Münster y una parte de la llanura del N y de la fosa del Rhin inferior. Provincia del ducado de Sajonia, Westfalia fue convertida en reino por Napoleón I (1807) en favor de su hermano Jerónimo Bonaparte. Tras la derrota de Napoleón en Leipzig (1813), Jerónimo abandonó el reino y las potencias vencedoras lo suprimieron oficialmente en el Congreso de Viena. A partir de 1815 fue una provincia prusiana y, desde el final de la Segunda Guerra Mundial, se integró en el Estado alemán de Rhin Septentrional-Westfalia. Actualmente forma con Renania Septentrional el *land* de Renania Septentrional-Westfalia.

Westfalia, paz de *Hist.* Con este nombre se designan los tratados firmados en las ciudades de Münster y Osnabrück por Alemania, Francia y Suecia, que en 1648 pusieron fin a la guerra de los Treinta Años. Con estos acuerdos se dividieron definitivamente las confesiones de católicos y protestantes en Alemania: los primeros se concentraron en el S y los segundos en el N. Además, nacieron como Estados los Países Bajos y Suiza, con lo que el mapa de Europa quedó alterado sustancialmente.

Westinghouse, George Inventor estadounidense (Central Bridge, 1846 - Nueva York, 1914). Desde joven realizó numerosos inventos, como una máquina de vapor rotatoria, un freno de aire que fue adoptado en todo el mundo, un dispositivo para el transporte de gas natural a presión a través de tuberías, etc. En 1886 fundó la Compañía Eléctrica Westinghouse, dedicada a la fabricación de material eléctrico y electrónico.

Westmeath Condado de Irlanda, provincia de Leinster; 1.763 km² y 61.880 h. Su capital es Mullingar.

Westminster Municipio del Reino Unido, en Inglaterra, uno de los que forman el Gran Londres; 173.400 h. En él se encuentra la abadía anglicana de San Pedro de Westminster, gótico, que se comenzó a construir a mediados del siglo XIII. Edificio del Parlamento (siglos XII-XIX), también gótico, y catedral neogótica (1895-1903).

Weston, Edward Ingeniero estadounidense de origen inglés (Oswestry, 1850 - Montclair, 1936). Realizó numerosas investigaciones de electrometría, desarrolló un modelo de dinamo y construyó la pila que lleva su nombre.

Wexford Condado de Irlanda, en Leinster; 2.351 km² y 102.069 h. Su capital es la ciudad del mismo nombre.

Weyden, Rogier o **Roger van der** Van der Weyden, Rogier o Roger.

Weygand, Maxime Militar francés de origen belga (Bruselas, 1867 - París, 1965). Al estallar la Segunda Guerra Mundial, en 1940, fue nombrado generalísimo de todas las fuerzas del imperio francés. Tras la firma del armisticio desempeñó la cartera de Defensa en el gobierno del mariscal Pétain, y al poco tiempo fue, en representación del gobierno de Vichy, a África del Norte, hasta noviembre de 1941.

Weyler y Nicolau, Valeriano, marqués de Tenerife y duque de Rubí General español (Palma de Mallorca, 1838 - Madrid, 1930). En 1896 pasó a Cuba como capitán general, y tuvo que luchar contra los independentistas. Fue destituido de su cargo en 1897. Posteriormente, fue ministro de la Guerra en varias ocasiones durante el período 1901-07.

Whale, James Director de cine estadounidense de origen británico (Dudley Staffs, 1896 - Los Ángeles, 1957). Debutó en el cine en 1929 con *The Love Doctor*, y se consagró con películas como *El puente de Waterloo* (1931), *Frankenstein* (1931), *El hombre invisible* (1933), *La máscara de hierro* (1939), etc.

Wharton, Edith Novelista estadounidense (Nueva York, 1862 - Saint-Brice-sous-Foret, 1937). Fue discípula y amiga de Henry James. Retrató con gran ironía la sociedad americana de aquella época en novelas naturalistas como *La casa de la dicha* (1905), *Etham Frome* (1911), *La edad de la inocencia* (1920), por la que obtuvo el premio Pulitzer; *Un hijo en el frente* (1923) y *Los niños* (1928).

Wheatstone, sir Charles Físico británico (Gloucester, 1802 - París, 1875). Autor de numerosos inventos relacionados con la electricidad y la óptica, como el aparato de medidas de resistencias eléctricas conocido con el nombre de *puente de Wheatstone*.

Whig (Voz i.) adj. *Hist.* y *Polít.* 1 En el Reino Unido, se dice del Partido Liberal. Más como m. pl. el término, de origen escocés, surgió en 1679 para designar a aquellos que, en oposición a los tories, defendían la autoridad del Parlamento frente a la de la monarquía. El partido de los *whigs* fue artífice de la revolución de 1680 y del establecimiento de la dinastía Hannover, dirigiendo el parlamentarismo británico durante el siglo XVIII. La Revolución Francesa produjo su desintegración y, en 1839, sus antiguos miembros, junto a disidentes de los tories y los radicales, crearon el Partido Liberal. 2 Se dice también de sus individuos. También com. 3 Relativo a este partido.

Whipple, George H. Patólogo estadounidense (Ashland, 1878 - Rochester, 1976). Investigó los pigmentos biliares derivados de la hemoglobina, lo que le llevó a estudiar la formación de ésta y las enfermedades asociadas a su carencia (anemias), descubriendo la importancia del hierro. En 1934 recibió el premio Nobel de Fisiología y Medicina, compartido con Minot y Murphy.

whisky (Voz escocesa.) m. Licor alcohólico que se obtiene del grano de cebada o centeno, destilando un compuesto amiláceo en estado de fermentación, posteriormente envejecido en toneles de roble. También se escribe *güisqui*.

Whistler, James Abbot McNeill Pintor estadounidense (Lowell, 1834 - Londres, 1903). Su pintura, próxima al prerrafaelismo: posee una gran delicadeza cromática, que preludia la pintura modernista. Entre sus obras destacan, además de las citadas, *El puente de Battersea, Muchacha de blanco* y *Miss Cicely Alexander en gris y verde* (1872-74).

White, Patrick Escritor australiano (Londres, 1912 - Sydney, 1990). Su obra concilia la búsqueda interior con la sátira de algunos aspectos sociales y políticos y en ella siempre está presente la naturaleza de su país. Entre sus novelas destacan *El valle feliz* (1939), *El carro de los elegidos* (1961), *El vivisector* (1970), *Cacatúas* (1974) y *Memoria de muchos en uno* (1986). Le fue concedido el premio Nobel de Literatura en 1973.

Whitehead, Alfred North Matemático, lógico y filósofo británico (Ramsgate, 1861 - Cambridge, 1947). Publicó en colaboración con B. Russell los *Principia mathematica* (1910-13), que establece las bases de la lógica matemática moderna. Considerado uno de los principales representantes del neorrealismo anglosajón, extendió sus estudios a los ámbitos de la sociología cultural, la educación, la metafísica y la religión.

Whitehead, Robert Industrial e inventor británico (Bolton-le-Moors, 1823 - Beckett, 1905). Ideó el torpedo automóvil marino.

Whitman, Walt Poeta estadounidense (Long Island, 1819 - Camden, 1892). En 1855 apareció su libro de poemas *Hojas de hierba*, su obra total, que fue incrementando con nuevas aportaciones a lo largo de toda su vida. Con esta obra, Whitman se reveló, además de como el renovador formal de la poesía, como un innovador en lo que al lenguaje y al tratamiento audaz y sincero de ciertos temas, como el sexo o el amor.

Whitney, William Dwight Lingüista estadounidense (Northampton, 1827 - New Haven, 1894). Especialista en sánscrito, entre sus principales doctrinas sobresalen la consideración del lenguaje como un hecho social, la lengua como sistema, etc., que fueron desarrolladas más tarde por F. de Saussure.

Whittier, John Greenleaf Poeta estadounidense (Haverhill, 1807 - Hampton Falls, 1892). De formación autodidacta, su obra se caracteriza por su espontaneidad y las constantes referencias a temas religiosos y populares: *Leyendas de Nueva Inglaterra* (1846), *Prisioneros de la nieve* (1866), etc.

wichita adj. *Etnol.* 1 Se dice de un pueblo amerindio, cuyos actuales individuos viven en Oklahoma

James Abbot McNeill **Whistler**. *Muchacha de blanco*. Tate Modern (Londres).

Oscar **Wilde**

(EE UU). Más como m. pl. **2** Se dice también de sus individuos. También com. **3** Relativo a este pueblo.

WICHITA Ciudad de EE UU, Estado de Kansas; 310.236 h. Industria aeronáutica y alimentaria.

WICKHAM, PICOS Cordillera del archipiélago de las Malvinas, en la isla Malvina del Este, cuya mayor elevación es el cerro Usborne.

WICKLOW Condado de Irlanda, en Leinster; 2.025 km² y 97.265 h. Su capital es la ciudad del mismo nombre.

WIDMARK, RICHARD Actor de cine estadounidense (Sunrise, 1914). Ha intervenido en numerosas películas de aventuras y se ha especializado en papeles de gángster cínico. Entre sus filmes destacan *El beso de la muerte* (1947), *Pánico en las calles* (1950), *Estado de alarma* (1965), *Dos cabalgan juntos* (1962) y *Los invencibles* (1982).

WIELAND, CHRISTOPH MARTIN Escritor alemán (Oberholzheim, 1733 - Weimar, 1813). Principal representante del rococó alemán, su producción se caracteriza por un tono irónico, licencioso y mundano. Su obra maestra es el poema caballeresco *Oberón* (1780).

WIELAND, HEINRICH Químico alemán (Pforzheim, 1877 - Munich, 1957). Desarrolló una teoría sobre la oxidación en los seres vivos, según la cual dicha oxidación no tiene lugar porque las moléculas orgánicas absorban oxígeno, sino porque pierden hidrógeno, que se combina con el oxígeno y forma agua, que tuvo importantes consecuencias para la investigación bioquímica. En 1927 recibió el premio Nobel de Química.

WIELKOPOLSKIE Provincia de Polonia; 29.942 km² y 3.353.000 h. Su capital es Poznan.

WIEN, WILHELM Físico alemán (Gaffken, 1864 - Munich, 1928). Realizó importantes trabajos en el campo de la electricidad y la radiación, y en 1911 recibió el premio Nobel de Física por sus investigaciones sobre las leyes de irradiación del calor.

WIENE, ROBERT Director de cine alemán (Sasku, 1881 - París, 1938). Fue considerado uno de los iniciadores del expresionismo alemán con su película *El gabinete del doctor Caligari* (1919), que es un clásico del cine mudo. Otros filmes suyos son *Raskolnikoff* (1923) y *Las manos de Orlac* (1924).

WIENER, NORBERT Matemático estadounidense (Columbia, 1894 - Estocolmo, 1964). Está considerado el padre de la cibernética, que definió como «la ciencia del control y la comunicación en el animal y en la máquina». Del estudio comparativo del ser humano con las máquinas extrajo consecuencias importantes, que influyeron en la creación de los ordenadores electrónicos, entonces en su primera generación.

WIESCHAUS, ERIC F. Biólogo estadounidense (South Bend, 1947). En 1995 obtuvo el premio Nobel de Fisiología y Medicina, junto con C. Nüsslein-Volhard y E. Lewis, por haber identificado los llamados *genes hox*, claves para la conformación de todos los organismos vivos.

WIESEL, ELIE Escritor estadounidense, de origen rumano, en lengua francesa (Sighet, 1928). Judío, fue internado en los campos de concentración de Auschwitz y Buchenwald. En sus obras trata exhaustivamente el tema del holocausto judío y abogó por la tolerancia y la fraternidad entre los hombres. Por todo ello recibió, en 1986, el premio Nobel de la Paz. Autor de la trilogía compuesta por *La noche* (1958), *El alba* (1960) y *El día* (1961).

WIESEL, TORSTEN NILS Médico y neurobiólogo sueco (Uppsala, 1924). Ha realizado, junto a David Hubel, importantes estudios sobre las reacciones ópticas en el cerebro. En 1981 recibió el premio Nobel de Fisiología y Medicina, compartido con D. Hubel y R. Sperry.

WIESER, FRIEDRICH VON Político y economista austriaco (Viena, 1851 - íd., 1926). Fundador de la escuela marginalista de Viena, su teoría económica se basa en la eliminación de toda noción de coste de producción en la determinación del valor de los bienes. Desarrolló sobre todo la noción de productividad marginal. Es autor de *La naturaleza del valor* (1889).

WIGHT, ISLA DE Isla del Reino Unido, en Inglaterra, en el canal de la Mancha, que constituye un condado; 127.000 h. Cereales y ganadería. Turismo.

WIGNER, EUGENE PAUL Físico y matemático estadounidense, de origen húngaro (Budapest, 1902 - Princeton, 1995). En 1936 desarrolló la teoría de la absorción de neutrones que explica el efecto que lleva su nombre: la irradiación con neutrones es causa de que los átomos se desplacen de su posición en un cristal, que aplicó al diseño de los primeros reactores nucleares. En 1963 recibió el premio Nobel de Física, compartido con M. Goeppert-Mayer y H. Jensen.

WIJETUNGE, DINGIRI BANDA Político cingalés (?, 1922). En 1989 fue elegido primer ministro. En 1993, tras el asesinato del presidente Premadasa, fue nombrado por el Parlamento presidente de la República, cargo que ocupó hasta 1995.

WILAYA f. VILAYA.

WILBYE, JOHN Compositor inglés (Diss, 1574 - Colchester, 1638). Compuso casi exclusivamente música vocal profana. Destacó en la composición de madrigales, de los que publicó dos colecciones (1598 y 1609).

WILDE, OSCAR Escritor irlandés (Dublín, 1854 - París, 1900). Intelectualmente brillante, su dandismo estaba en consonancia con sus inclinaciones literarias: «el arte por el arte» y el esteticismo. En 1890 escribió para Sara Bernhardt la tragedia *Salomé* (que, con música de R. Strauss, se estrenaría en 1896), y publicó *El crimen de lord Arthur Saville y otros relatos* y su novela *El retrato de Dorian Gray*. A partir de 1892 se impuso en la escena con una serie de comedias humorísticas, desbordantes de ingenio verbal: *El abanico de lady Windermere* (1892), *Una mujer sin importancia* (1893), *Un marido ideal* (1895) y *La importancia de llamarse Ernesto* (1895). En su momento de gloria, el marqués de Queensberry, indignado por la relación de su hijo, Alfred Douglas, con Wilde, acusó a éste de sodomía, por lo que fue condenado a dos años de trabajos forzados (1895-97). En prisión escribió la *Balada de la cárcel de Reading* (1898) y la carta en forma dirigida a Douglas que se publicó en 1905 con el título de *De profundis*. Tras cumplir la pena, se retiró a París, donde murió.

WILDER, BILLY Director de cine estadounidense de origen austriaco (Viena, 1906 - Los Ángeles, 2002). Autor de películas de tono dramático, y sobre todo de comedias, entre las que se encuentran *Perdición* (1944), *Días sin huella* (1945), *El crepúsculo de los dioses* (1950), *El gran carnaval* (1951), *Sabrina* (1954), *La tentación vive arriba* (1955), *Testigo de cargo* (1958), *Con faldas y a lo loco* (1959), *El apartamento*, que obtuvo el Oscar al mejor director (1960), *Irma la dulce* (1963), *En bandeja de plata* (1966), *¿Qué ocurrió entre mi padre y tu madre?* (1972), *Primera plana* (1974) y *Fedora* (1978). Retirado de la producción cinematográfica, en 1988 recibió un Oscar honorífico y en 1993, el Festival de Berlín le concedió un premio al conjunto de su carrera.

WILDER, THORTON Escritor estadounidense (Madison, 1897 - New Haven, 1975). Tras la publicación de *La cábala* (1926), obtuvo el premio Pulitzer y un éxito internacional con su segunda novela, *El puente de San Luis Rey* (1927). En su amplia producción dramática cabe destacar *Nuestra ciudad* (1938, premio Pulitzer), *La piel de nuestros dientes* (1942, premio Pulitzer) y el musical *Hello Dolly* (1964).

WILKES, JOHN Político británico (Londres, 1727 - 1797). Participó en la política del momento desde el Parlamento, institución de la que formaba parte. Desde el periódico *The North Briton*, criticó con dureza el gobierno de Jorge III y se convirtió en símbolo de la defensa de las libertades frente al autoritarismo real.

WILKINS, MAURICE H. FREDERICK Biofísico británico (Pongaroa, 1916). Aplicó las técnicas de difracción de rayos X al ácido desoxirribonucleico (ADN), la base de la herencia en los seres vivos. En 1962 recibió el premio Nobel de Fisiología y Medicina, compartido con Crick y Watson.

WILKINSON, SIR GEOFFREY Químico británico (Todmorden, 1921 - Londres, 1996). Ha investigado los compuestos organometálicos, muchos de ellos con aplicaciones industriales y farmacéuticas. Además, descubrió el ferroceno y otros catalizadores importantes de reacciones químicas. En 1973 recibió el premio Nobel de Química, compartido con E. O. Fischer.

WILLEMSTAD Ciudad capital de las Antillas Holandesas y de la isla de Curaçao, situada en la costa SO de la isla; 43.547 h. (100.000 con la aglomeración urbana). Activo puerto. Importante refinería de petróleo.

WILLIAMS, BETTY Pacifista irlandesa (Belfast, 1943). Premio Nobel de la Paz 1976, junto con M. Corrigan, con quien fundó la asociación Community of Peace People, con el fin de promover la pacificación entre católicos y protestantes en Irlanda del Norte.

WILLIAMS, ESTHER Actriz de cine estadounidense (Los Ángeles, 1923). Generalmente sus películas se han adaptado para exhibir sus grandes facultades de nadadora. Entre las más importantes están *Escuela de sirenas* (1944) y *La hija de Neptuno* (1949).

WILLIAMS, TENNESSEE (Thomas Lanier Williams, llamado) Dramaturgo estadounidense (Columbus, Mississippi, 1914 - Nueva York, 1983) Fue el dramaturgo más aclamado de su generación a pesar de la dificultad de asimilación de sus dramas, en los que la violencia, el deseo, las pasiones y la crueldad deliberada marcan la relación entre las personas. Logró su primer éxito con *El zoo de cristal* (1945), al que seguirían *Un tranvía llamado deseo* (1947), *La rosa tatuada* (1951), *La gata sobre el tejado de zinc caliente* (1955), *De repente, el último verano* (1950), *Dulce pájaro de la juventud* (1959), *La noche de la iguana* (1962), *En el bar del hotel Tokio* (1972) y *Creve-coeur* (1978).

WILLIAMS, WILLIAM CARLOS Poeta estadounidense (Rutherford, 1883 - íd., 1963). Influido por H. Doolitle y E. Pound, entre sus poemarios figuran *Un mártir temprano* (1935), *Últimos poemas* (1950 y 1963) y los cinco tomos de *Paterson* (1946-58).

WILLIMAN, CLAUDIO Político uruguayo (Montevideo, 1863 - íd., 1934). Profesor y rector de la Universidad de Montevideo, fue elegido presidente de la República para el periodo 1907-11. Durante su mandato se distinguió por el impulso dado al desarrollo de la riqueza del país.

WILLIS, BRUCE Actor estadounidense (Idar-Oberstein, Alemania, 1955). Destacó en la serie de televisión *Luz de luna*, lo que favoreció su paso al cine: *Cita a ciegas* (1987), *La jungla de cristal* (1988), *Pulp fiction* (1994), *Doce monos* (1996), *Falsas apariencias* (1999), *El sexto sentido* (1999), *El protegido* (2000), *Lágrimas del sol* (2003) y *Más falsas apariencias* (2004).

Billy **Wilder**. Escena de *Primera plana*, protagonizada por Jack Lemmon y Walter Matthau.

Windsor (Reino Unido). Castillo y monumento a la reina Victoria.

WILLIS, THOMAS Médico y anatomista inglés (Great Bedwin, 1621 - Londres, 1675). Estudió los nervios cefálicos y descubrió el sistema de arterias relacionadas con la base del cráneo, que lleva su nombre *(círculo de Willis)*.

WILLSTÄTTER, RICHARD Bioquímico alemán (Karlsruhe, 1872 - Muralto, 1942). Sintetizó diversos alcaloides, como la cocaína y la atropina; investigó la estructura de varios pigmentos vegetales, como la clorofila, y la de las enzimas. En 1915 recibió el premio Nobel de Química por sus estudios sobre la estructura de la clorofila.

WILSON, CHARLES THOMSON REES Físico británico (Glencorse, 1869 - Carlops, 1959). Se dedicó a la meteorología, estudió las nubes e intentó reproducir su formación en el laboratorio. Basándose en estos estudios inventó la cámara de niebla, indispensable en los laboratorios de investigación sobre radiactividad, partículas elementales y rayos cósmicos. Posteriormente, investigó la electricidad atmosférica, especialmente los relámpagos, rayos y tormentas eléctricas. En 1927 recibió el premio Nobel de Física, compartido con A. H. Compton, por el invento de la cámara de niebla.

WILSON, COLIN Escritor británico (Leicester, 1931). Autodidacta, es uno de los representantes del movimiento de los Jóvenes airados. La aparición de su colección de ensayos *El marginado* (1956) fue un auténtico acontecimiento literario. Entre sus novelas destacan *Ritual en la oscuridad* (1960), *Los parásitos de la mente* (1967) y *El asesino* (1970). Otros ensayos suyos son *Introducción al nuevo existencialismo* (1966), *Poesía y misticismo* (1970) y *El arte de novelar* (1970).

WILSON, EDMUND Escritor estadounidense (Red Bank, 1895 - Talcottville, 1972). Es autor de importantes ensayos literarios, políticos e históricos, abordados desde una perspectiva marxista. Entre ellos se encuentran *El castillo de Axel* (1931), *Hacia la estación de Finlandia* (1937) y *La herida y el arco* (1941). También es autor de novelas como *Memorias de Hecate County* (1946) y *La lucecita azul* (1950).

WILSON, HAROLD Político inglés (Huddersfield, 1916 - Londres, 1995). Miembro de la Cámara de los Comunes desde 1945 y ministro de Comercio (1947-51), en 1963 fue elegido jefe del Partido Laborista, y en 1964, nombrado primer ministro, cargo que ocupó hasta su derrota electoral en 1970. Nuevamente primer ministro (1974-76), apoyó la integración de su país en la CEE y tuvo que hacer frente a la crisis económica.

WILSON, KENNETH G. Físico estadounidense (Waltham, 1936). Investigó el comportamiento de las transiciones de fase en las que existen muchas escalas de longitud, y desarrolló el método de los grupos de renormalización, que consiste en dividir un problema intratable por los métodos matemáticos ordinarios, en una serie de problemas más sencillos. En 1982 recibió el premio Nobel de Física.

WILSON, MONTE MONTE WILSON.

WILSON, ROBERT WOODROW Radioastrónomo estadounidense (Houston, 1936). Recibió el premio Nobel de Física en 1978, compartido con P. Kapitza y A. Penzias, por el descubrimiento de radiaciones cósmicas de microondas en las antenas de seguimiento del satélite de comunicaciones *Echo*.

WILSON, THOMAS WOODROW Político estadounidense (Staunton, 1856 - Washington, 1924). Miembro del Partido Demócrata, en 1912 resultó elegido presidente de la República. Llevó a cabo una importante reforma económica, política y social, basada en puntos como el control federal bancario, el establecimiento de la jornada de ocho horas y el sufragio femenino, etc. Al estallar la Primera Guerra Mundial decidió intervenir en el conflicto a favor de los aliados (1917). Después del armisticio logró hacer aceptar a sus colegas el proyecto de una Liga de Naciones, la cual halló una seria oposición en EE UU. En 1919 se le otorgó el premio Nobel de la Paz.

WILTSHIRE Condado del Reino Unido, en el S de Inglaterra; 425.800 h.

WIMBLEDON Distrito residencial del Reino Unido, en Inglaterra, que forma parte del condado del Gran Londres. Sede del célebre campeonato tenístico de su nombre.

WINCHESTER m. *Arm.* Fusil de repetición diseñado por el estadounidense Oliver F. Winchester, muy utilizado en la guerra de Secesión de EE UU y en la colonización del Oeste del país.

WINCHESTER Ciudad del Reino Unido, en el S de Inglaterra; 30.642 h. Centro comercial.

WINDAUS, ADOLF Químico alemán (Berlín, 1876 - Gotinga, 1959). Estudió los esteroles, entre ellos el lesterol, cuya estructura descubrió. También descubrió que dos formas de la vitamina D se producen en la piel humana a partir de dos sustancias precursoras. En 1931 sintetizó por primera vez esta vitamina en el laboratorio. En 1928 recibió el premio Nobel de Química.

WINDOWS *Inform.* Programa informático creado por la empresa Microsoft y concebido como un entorno de *software* que se caracteriza por la posibilidad de superponer diferentes *ventanas* o pantallas para mostrar diversos tipos de información.

WINDSOR Ciudad del Reino Unido, en Inglaterra; 27.000 h. Castillo construido por Guillermo el Conquistador (siglo XI), que es residencia real. En 1992, un incendio destruyó parte de los aposentos privados de la reina. El nombre oficial de la ciudad es *New Windsor*.

WINDSOR Geneal. Apellido oficial adoptado en 1917 para sí y sus descendientes por el rey Jorge V de Inglaterra, perteneciente a la dinastía Sajonia-Coburgo-Gotha.

WINDSOR, DUQUE DE EDUARDO VIII, rey de Gran Bretaña e Irlanda del Norte.

WINDSOR, TRATADOS DE *Hist.* Nombre de tres acuerdos firmados en esta ciudad británica. El primero de ellos es el de 1175, por el que Rory O'Connor, rey de Connacht y Aird-Righ de Irlanda, concedió Dublín y los territorios antiguamente daneses a Enrique II de Inglaterra, a quien reconoció como soberano de toda Irlanda. El segundo fue firmado en 1496 entre Enrique VII y los embajadores de la Santa Liga, a instancias de Fernando el Católico. Tras su firma se acordó el matrimonio de la hija de éste, Catalina de Aragón, con Arturo, hijo mayor y sucesor del monarca inglés, que se celebró en 1501. El tercero (1522), por el que Enrique VIII y Carlos V se aliaron contra Francisco I de Francia, incluyó el acuerdo matrimonial del monarca español con María Tudor, hija del monarca inglés.

WINDSOR AND MAIDENHEAD Consejo unitario del Reino Unido, en Inglaterra; 140.500 h.

WINDSURF o **WINDSURFING** (Voz i.) m. *Dep.* Deporte acuático que se practica sobre una tabla, que se desliza sobre las aguas impulsada por la acción del viento contra una vela, que el deportista dirige.

WINDWARD ISLANDS BARLOVENTO, ISLAS DE.

WINNIPEG Lago de Canadá, en Manitoba, comunicado con la bahía de Hudson mediante el río Nelson; 24.650 km². Pesca.

WINNIPEG Ciudad de Canadá, capital de la provincia de Manitoba; 616.790 h. Centro industrial y agrícola.

WINNIPEGOSIS Lago de Canadá, provincia de Manitoba; 5.447 km². Se le considera la prolongación N del lago de Manitoba, del que lo separa una estrecha barrera.

WINTERS, SHELLEY (SHIRLEY SCHRIFT, llamada) Actriz de cine estadounidense (Saint Louis, 1922). Obtuvo su primer éxito con *Oklahoma* en 1948, y posteriormente trabajó en numerosos filmes, entre los cuales destacan *Un lugar en el sol* (1951), *El diario de Ana Frank* (1958), por el que fue galardonada con el Oscar a la mejor interpretación secundaria; *Un retazo de azul*, película que le valió el mismo premio en 1966; y *Lolita* (1962).

WIRAKOCHA, VIRACOCHA o **HUIRACOCHA** *Mit.* Divinidad de la cultura preincaica de Tiahuanaco. Héroe civilizador, se le consideraba el creador de los cielos y la Tierra, del Sol y los demás astros y de los hombres, a los que enseñó sus lenguas y costumbres y les repartió por todo el territorio.

WISCONSIN Río de EE UU, que nace en el lago Vicux Desert, divide en dos el Estado de su nombre y desemboca en la orilla izquierda del Mississippi; 970 km de curso.

WISCONSIN Estado de EE UU; 169.645 km² y 5.363.675 h. Su capital es Madison. Forma una meseta ondulada y presenta un escaso relieve, aparte de las masas rocosas gastadas por la erosión. Está bañada por los ríos Saint Croix, Wisconsin, Chippewa y Black, todos ellos afluentes del Mississippi, y el Fox. De sus numerosos lagos, el mayor es el Winnebago. Es uno de los principales Estados agrícolas del país (maíz, patatas, tabaco y cereales). Elaboración de productos lácteos como mantequilla y quesos. Importante explotación forestal. Minería (hierro, plomo y cinc). Industria pesada. Turismo. Explorado en 1634 por el francés Jean Nicolet, estuvo bajo la autoridad de Francia de 1686 a 1763, año en que fue cedida al Reino Unido. Entró a formar parte de la Unión en 1848.

Robert **Wise.** Escena de la película *West Side Story.*

WISE, ROBERT EARL Director de cine estadounidense (Winchester, 1914). Películas principales: *Trigo y esmeralda* (1953), *La ley de la horca* (1956), *Quiero vivir* (1958), *West Side Story*, por la que obtuvo el Oscar del año 1961 a la mejor dirección; y *Sonrisas y lágrimas*, por la que obtuvo el Oscar a la mejor dirección y a la mejor película en 1965.

WISEMAN, NICHOLAS PATRICK Religioso inglés (Sevilla, 1802 - Londres, 1865). Consagrado obispo en el año 1840 y cardenal en 1850, se convirtió en el principal impulsor del movimiento católico en Inglaterra.

WITHERITA f. *Miner.* Mineral carbonato de bario, de fórmula $BaCO_3$, que se utiliza para la fabricación de vidrios especiales.

WITIZA o **VITIZA** Rey visigodo de Toledo (? - ?, 710). Hijo de Égica, fue asociado por su padre al gobierno en el año 697, y le sucedió, siendo consagrado en 701. Asoció al trono a su hijo Aquila y suavizó el rigor de las leyes antijudías anteriores, lo que produjo algunas sublevaciones que reprimió con dureza. Convocó el XVIII concilio de Toledo (702) y proclamó las últimas leyes del periodo visigodo que fueron incorporadas al *Liber Iudiciorum*.

WITT, JOHAN o **JAN DE** Político holandés (Dordrecht, 1625 - La Haya, 1672). Consejero-pensionario, abolió el cargo de estatúder. Concertó la Triple Alianza (1668), que preparó la paz de Aquisgrán. Fue asesinado por los orangistas.

WITTGENSTEIN, LUDWIG Lógico y filósofo británico de origen austriaco (Viena, 1889 - Cambridge, 1951). Interesado por el problema del fundamento de las matemáticas, abandonó sus estudios de aeronáutica para seguir los cursos de B. Russell en Cambridge. Profesor (1930-36) y catedrático (1939-47) de filosofía en dicha universidad, tomó parte en la Primera Guerra Mundial, y en esa época redactó el *Tractatus logico-philosophicus*, publicado en 1921, en el que se recoge el pensamiento de su primera época, influida por Frege y por Russell, del que toma y modifica la doctrina del ATOMISMO LÓGICO. Wittgenstein concibe el mundo como un conjunto de hechos independientes entre sí, cuyas relaciones mutuas forman la estructura lógica del mismo, que se corresponde con la estructura lógica del lenguaje. Sus teorías influyeron de manera decisiva en la filosofía del CÍRCULO DE VIENA. En sus obras posteriores, *Diarios filosóficos* (1930), *Cuadernos azul y marrón* (1933-35) y, sobre todo en *Investigaciones filosóficas* (1936-49) su pensamiento evoluciona hacia la concepción de la filosofía como la disciplina encargada de describir el uso real del lenguaje.

WITTIG, GEORG Químico alemán (Berlín, 1898 - Heidelberg, 1987). Descubrió un nuevo tipo de compuestos orgánicos que llamó iluros, sustancias que han abierto el camino hacia la síntesis de otros compuestos orgánicos. Las reacciones en que participan se denominan *reacciones de Wittig*. En 1979 recibió el premio Nobel de Química, compartido con H. Brown.

WITZ, KONRAD Pintor alemán (Rotweil, h. 1400 - Basilea o Ginebra, h. 1445). Sus obras, influidas por Van Eyck y pertenecientes al género religioso, destacan por el estatismo, el empleo del claroscuro y la viveza del colorido. Autor de *La pesca milagrosa*, *Anunciación*, etc.

WLOCLAW Ciudad de Polonia, capital de la provincia de Dolnoslaskie, a orillas del Vístula; 122.300 h.

WODEHOUSE, PELHAM GRENVILLE Escritor estadounidense de origen inglés (Guildford, 1881 - Southampton, 1975). Autor de unas 90 novelas, comedias y guiones cinematográficos, se convirtió en uno de los escritores humorísticos más populares del siglo XX. Fue el creador del famoso mayordomo Jeeves, en libros como *El hombre con dos pies izquierdos* (1917), *El inimitable Jeeves* (1923), *¡Adelante, Jeeves!* (1925), *Dinero a espuertas* (1931) o *Muchas gracias, Jeeves* (1971). Su obra constituye una sátira amable de la sociedad inglesa.

WÖHLER, FRIEDRICH Químico alemán (Eschersheim, 1800 - Gotinga, 1882). Fue el primero en obtener aluminio metálico puro por medios químicos, aunque la cantidad producida era tan pequeña que este metal fue tan caro como el oro hasta que Hall y Héroult desarrollaron el método electrolítico. Posteriormente aisló el berilio y el itrio. También sintetizó la urea a partir de sustancias inorgánicas, abriendo así el inmenso campo de la química orgánica. En colaboración con Liebig, propuso la teoría de los radicales orgánicos, que afirma que ciertos grupos de átomos mantienen su estructura en muchas reacciones químicas.

WOJTILA, KAROL JUAN PABLO II.

WOKINGHAM Consejo unitario del Reino Unido, en Inglaterra; 145.300 h.

WOLF, FRIEDRICH AUGUST Filólogo alemán (Hagenrode, 1759 - Marsella, 1824). Es autor de *Prolegomena ad Homerum* (1795), obra en la que apuntó la hipótesis de que la *Ilíada* y la *Odisea* fuesen yuxtaposiciones de varios poemas y no obra de Homero.

Konrad **Witz**. *Anunciación*. Museo Nacional de Nuremberg (Alemania).

WOLF, HUGO Compositor austriaco (Windischgrätz, 1860 - Viena, 1903). Considerado uno de los grandes maestros del *Lied* romántico alemán, es autor de unos 300 *Lieder*, que manifiestan una intensa expresión melódica y una gran perfección de la parte pianística.

WOLFE, THOMAS CLAYTON Novelista estadounidense (Asheville, 1900 - Baltimore, 1938). Su producción es, en su mayoría, de carácter autobiográfico. Es autor de *El ángel que nos mira* (1929), *Del tiempo y río* (1935) y *La tela y la roca* (1939) y *No podéis ya regresar* (1940), publicadas póstumamente. Entre sus obras teatrales destacan *Bienvenido a tu ciudad* (1923), entre otras.

WOLFE, TOM (THOMAS KENNERLY, llamado) Periodista y escritor estadounidense (Richmond, 1931). Ha colaborado con las más importantes publicaciones de los EE UU, y está considerado como el promotor del «nuevo periodismo» de finales de los años sesenta. En su obra literaria, que entronca con el *pop*, destacan *La banda de la casa de la bomba y otras crónicas de la era pop* (1968), *El nuevo periodismo* (1973), *La palabra pintada* (1975), *La hoguera de las vanidades* (1988) y *Todo un hombre* (1999).

WOLFF, CHRISTIAN VON Filósofo alemán (Breslau, 1679 - Halle, 1754). Profesor de filosofía en Marburgo y Halle, a él se debe la formalización del racionalismo de Leibniz.

WOLFF, KASPAR FRIEDRICH Fisiólogo, embriólogo y anatomista alemán (Berlín, 1733 - San Petersburgo, 1794). Catedrático de anatomía y fisiología, sus ideas sobre la epigénesis han servido de base para la embriología. Su obra principal es *Theoria generationis* (1759).

WÖLFFLIN, HEINRICH Historiador del arte suizo (Winterthur, 1864 - Zurich, 1945). Influido por Jacob Burckhardt, fue el revalorizador del arte barroco. Destacan sus obras *Renacimiento y barroco* (1888) y *Conceptos fundamental de para la historia del arte* (1915).

WOLFRAM VON ESCHENBACH Poeta alemán (Eschenbach, h. 1170 - íd., h. 1220). Su poesía lírica ha quedado postergada frente a la fama de su *Parzival* (h. 1200-10), una de las grandes obras de la literatura medieval e inspiración para la ópera del mismo título compuesta por Wagner.

WOLFRAMIO o **WÓLFRAM** m. *Quím.* VOLFRAMIO.

WOLFRAMITA f. *Miner.* VOLFRAMITA.

WOLLASTON, WILLIAM Químico y físico británico (East Dereham, 1766 - Londres, 1828). Descubrió el paladio y el rodio e inventó el goniómetro de reflexión, instrumento que se aplica en mineralogía y cristalografía para medir los ángulos de los cristales.

WOLSEY, THOMAS Prelado y estadista inglés (Ipswich, h. 1473 - Leicester, 1530). Arzobispo de York, cardenal y legado del Papa, fue lord canciller de Inglaterra. Cayó en desgracia ante Enrique VIII al fracasar en la negociación del divorcio del rey, fue acusado de traición y murió en prisión.

WOLVERHAMPTON Ciudad del Reino Unido, en el centro de Inglaterra, al NO de Birmingham; 245.100 h. Importante centro industrial.

WON m. *Econ.* Unidad monetaria de la República de Corea y de la República Democrática Popular de Corea.

WOOD, LEONARD Militar y político estadounidense (Winchester, 1860 - Boston, 1927). Tomó parte en la guerra contra España. Fue gobernador de Cuba (1899-1902) y de Filipinas (1921-27).

WOOD, NATALIE (NATASHA GURDIN, llamada) Actriz de cine estadounidense (San Francisco, 1938 - Isla Catalina, 1981). Se inició en el cine desde su infancia y pronto se reveló como una actriz de gran personalidad. Se consagró a través de heroínas juveniles como las que interpreta en *Rebelde sin causa* (1955), *Centauros del desierto* (1955), *West Side Story* (1962) y *Esplendor en la hierba* (1962).

WOOD, SAM Director de cine estadounidense (Filadelfia, 1883 - Hollywood, 1949). Inició su carrera como director en la época del cine mudo (1916), con el advenimiento del sonoro, dirigió, entre otras, *Una noche en la ópera* (1935), *Un día en las carreras* (1937), ambas con los hermanos Marx; *Adiós Mr. Chips* (1939), *Nuestra ciudad* (1940) y *Por quién doblan las campanas* (1943).

WOODWARD, JOANNE Actriz de cine estadounidense (Thomasville, 1930). Actriz de gran talento dramático, sus películas más destacadas son *Un beso antes de morir* (1956), *Las tres caras de Eva* (1957, por la que recibió un Oscar), *El largo y cálido verano* (1958), *Rachel, Rachel* (1968) y *Esperando a Mr. Bridge* (1990).

WOODWARD, ROBERT BURNS Bioquímico estadounidense (Quincy Boston, 1917 - Cambridge, 1979). Sintetizó diversas sustancias, entre ellas la quinina, el colesterol y la cortisona. Determinó la estructura de la penicilina, la aureomicina y otros antibióticos. Recibió el premio Nobel de Química en 1965.

WOOLF, VIRGINIA (ADELINE VIRGINIA STEPHEN, llamada) Escritora británica (Londres, 1882 - Lewes, 1941). Formó parte del llamado GRUPO DE BLOOMSBURY. En 1912 se casó con Leonard Woolf, con quien fundó en 1917 la célebre editorial Hogarth Press. Considerada una de las figuras más representativas de la novelística inglesa experimental, su estilo, influido por M. Proust, equilibra a la perfección los universos racional e irracional. Se dio a conocer con las novelas *El cuarto de Jacob* (1922), *La señora Dalloway* (1925) y *Al faro* (1927); y la consagraron sus trabajos posteriores *Orlando* (1928) y *Las olas* (1931). En sus ensayos prevalece una temática centrada en la condición de la mujer, como se pone de manifiesto en *Una habitación propia* (1929) y *Tres guineas* (1938). Se suicidó ahogándose en el río Ouse.

WOOLRICH, CORNELL Escritor estadounidense (Nueva York, 1903 - íd., 1968). Es uno de los maestros del suspense (Hitchcock llevaría al cine su cuento *La ventana indiscreta*). Autor de *La novia vestida de negro* (1970), *Coartada negra* (1942) y *El ángel negro* (1942). También utilizó el seudónimo de *William Irish*.

WORCESTERSHIRE Condado del Reino Unido, en Inglaterra; 538.200 h.

WORDSWORTH, WILLIAM Poeta británico (Cockermouth, 1770 - Rydal Mount, 1850). En 1798 publicó, con S. T. Coleridge, *Baladas líricas*, considerado el manifiesto del Romanticismo inglés. Renovó el lenguaje poético y propugnó en su poesía una estrecha relación entre el hombre y la naturaleza. Entre sus obras más importantes figuran *El preludio* (1805-50), *La excursión* (1814) y *La blanca paloma de Rylstone* (1815).

WORLD WIDE WEB WEB.

WORMS Ciudad de Alemania, Land de Renania-Palatinado; 63.000 h. Catedral (siglos XI-XV). En ella se firmó, en 1122, el concordato de su nombre (WORMS, CONCORDATO DE). En 1521 Carlos I convocó en ella una dieta, en la que Lutero pretendió justificar su actitud, pero, al negarse a retractarse de sus tesis reformadoras, fue desterrado por el emperador.

WORMS, CONCORDATO DE *Hist.* Concordato suscrito en 1122 por el papa Calixto II y el emperador Enrique V

Virginia **Woolf**

Frank Lloyd **Wright**. Casa Nathan Grier Moore en Oak Park. Illinois (Estados Unidos).

para acabar con la QUERELLA DE LAS INVESTIDURAS, conflicto que enfrentó a los papas y a los monarcas cristianos medievales, fundamentalmente emperadores germánicos, por la provisión de beneficios y títulos eclesiásticos.

WÖRNER, MANFRED Político alemán (Stuttgart, 1934 - Bruselas, 1994). De 1982 a 1988 ocupó la cartera de Defensa con el canciller Kohl. En 1988 fue elegido secretario general de la OTAN, cargo que ocupó hasta su muerte.

WOSS Y GIL, ALEJANDRO General y político dominicano (? - ?, 1932). Fue presidente de la República (1885-87 y 1903).

WOTAN ODÍN.

WOUNDED KNEE, BATALLA DE Hist. Combate desarrollado en Wounded Knee, lugar de la reserva india de Pine Ridge (Dakota del Sur), el 25 de diciembre de 1890, en el que el séptimo de caballería exterminó a un grupo de indios sioux que habían abandonado sus reservas en protesta por la muerte de su jefe Toro Sentado.

WRANGEL, PIOTR NIKOLAIEVICH General ruso (Novoaleksandrovsk, 1879 - Bruselas, 1928). Opuesto al resultado de la Revolución Rusa de 1917, se puso al mando del ejército de voluntarios antibolcheviques de Crimea. Llevó a cabo con éxito la ofensiva del Dniéper y estableció un gobierno provisional que fue admitido por Francia. En 1920 fue derrotado por las tropas soviéticas en Sebastopol.

WREN, SIR CHRISTOPHER Arquitecto y científico inglés (East Knoyle, 1632 - Hampton Court, 1723). Como arquitecto, se le considera el destacado representante del clasicismo británico. Reconstruyó la catedral de San Pablo de Londres (1675-1710). Otras obras suyas son el Sheldonian Theatre de Oxford (1664-69) y la biblioteca del Trinity College de Cambridge (1676-84).

WREXHAM Distrito unitario del Reino Unido, en Gales; 125.200 h.

WRIGHT, FRANK LLOYD Arquitecto estadounidense (Richland Center, 1869 - Phoenix, 1959). Creador, junto con Gropius y Le Corbusier, de la arquitectura funcional, se interesó especialmente por la arquitectura doméstica de los discípulos de Ruskin y H. H. Richardson y en la plástica de Extremo Oriente, lo que le llevó a concebir y realizar sus *prairie houses* (casas de las praderas), disimétricas y bajas, construidas con materiales naturales, integradas en el paisaje y de distribución sencilla. Obras principales: la casa de la Cascada (*Falling Water*) en Pennsylvania (1936), la sede de la compañía Johnson Wax en Wisconsin (1938-50), la sinagoga de Elkins Park, Pennsylvania (1955), y el museo Guggenheim de Nueva York, concebido en 1943 y realizado en 1956-59.

WRIGHT, ORVILLE WRIGHT, WILBUR Y ORVILLE.

WRIGHT, RICHARD Escritor estadounidense (Natchez, 1908 - París, 1960). Sus obras denuncian las condiciones de vida de los negros en EE UU. Se dio a conocer en 1938 con la novela *Los hijos del tío Tom*, a la que siguieron la autobiografía *Muchacho negro* (1945), *Doce millones de voces negras* (1951) y la póstuma *Hambre americana* (1977). Entre sus ensayos destaca *Poder negro* (1954).

WRIGHT, WILBUR y **ORVILLE** Mecánicos y aviadores estadounidenses (Millville, 1867 - Dayton, 1912 y Dayton, 1871 - íd., 1948, respectivamente). Construyeron en 1903 el primer aeroplano y en 1909 fundaron la American Wright Company para fabricar aeroplanos. También crearon el *túnel de viento*, uno de los instrumentos fundamentales de la aeronáutica moderna.

WROCLAW (*Breslau*) Ciudad de Polonia, a orillas del Oder; 642.900 h. Industria de maquinaria eléctrica, material ferroviario, química y textil.

WUCHANG WUHAN.

WUHAN (*Wu-han*) Ciudad centromeridional de China, capital de la provincia de Hubei y de la región Centromeridional; 3.750.000 h.

WUHU (*Wu-hu*) Ciudad de China, provincia de Anhui, región Oriental; 425.740 h. Industria textil y de cuchillería.

WULFENITA f. *Miner.* Mineral molibdato de plomo, de fórmula $PbMoO_4$, que cristaliza en el sistema tetragonal de color amarillo, anaranjado, gris o blanco y brillo vítreo.

WULFILAS ULFILAS.

WUNDT, WILHELM Psicólogo y filósofo alemán (Neckarau, 1832 - Grossbothen, 1920). En 1879 fundó en Leipzig el primer laboratorio de psicología experimental, y sus investigaciones fueron decisivas para consolidar la psicología como ciencia independiente.

WUPPERTAL Ciudad de Alemania, Land de Renania Septentrional-Westfalia; 383.776 h. Industria textil, química y mecánica. Maquinaria de imprenta. Se formó en 1929 al fusionarse Barmen y Elberfeldt.

WÜRM m. *Geol.* Último periodo glacial del cuaternario, desarrollado entre los años 80.000 y 10.000 a. C. Su fauna se caracteriza por la abundancia de mamuts, y la última de sus cuatro fases corresponde a las culturas musteriense, solutrense y magdaleniense.

WÜRTTEMBERG *Geog. hist.* Antiguo Land alemán. Desde la creación de la antigua República Federal de Alemania forma con Baden el Estado de Baden-Württemberg.

WURTZ, CHARLES ADOLPHE Químico francés (Wolfisheim, 1817 - París, 1884). Defensor de la teoría atómica, se le debe el descubrimiento de los amoniacos derivados del glicol y del aldol.

WURZBURGO (*Würzburg*) Ciudad de Alemania, Land de Baviera; 127.946 h. Catedral (siglos XII-XVIII). Vinos. Maquinaria y herramientas.

WUXI (*Wu-hsi*) Ciudad de China, provincia de Jiangsu, región Oriental; 826.833 h.

WWF (Siglas de *World Wildlife Fund*; en español, Fondo Mundial de la Vida Silvestre.) *Ecol.* Fundación internacional de carácter conservacionista, que se ocupa de la preservación del medio ambiente y los procesos ecológicos esenciales.

WYATT, SIR THOMAS Poeta y diplomático inglés (?, h. 1503 - ?, 1542). Es considerado el introductor en Inglaterra de las formas poéticas petrarquistas y, en especial, del soneto. Sus obras aparecieron a su muerte recogidas bajo el título *Canciones y sonetos*.

WYCLIF o **WICLEF, JOHN** Teólogo y reformador religioso inglés (Hipswell o Wiclef, Yorkshire, h. 1330 - Lutterworth, 1384). Profesor de teología en Oxford, desarrolló una doctrina que concebía a la iglesia liberada del poder papal e independiente del poder de los reyes, y en la que la autoridad suprema la ejercieran las sagradas escrituras. Su doctrina influyó en los reformadores del siglo XVI.

WYLER, WILLIAM Director de cine estadounidense, de origen suizo (Mulhouse, 1902 - Los Ángeles, 1981). Se inició en el cine en la década de los treinta y realizó películas de muy diversos géneros; además, alcanzó cierto prestigio como adaptador de obras literarias (*Jezabel*, 1938; *Cumbres borrascosas*, 1939; *La carta*, 1940, y *La loba*, 1941). Otras obras suyas son *Callejón sin salida* (1937), *Los mejores años de nuestra vida* (1946), *La heredera* (1949), *Vacaciones en Roma* (1953), *La gran prueba*, que obtuvo la palma de oro en el Festival de Cannes de 1957; *Horizontes de grandeza* (1958), *Ben-Hur* (1959), que obtuvo once Oscar; *El coleccionista*, por la que obtuvo un premio especial en Hollywood (1966); *Cómo robar un millón y...* (1966) y *Funny Girl* (1968).

WYOMING Estado del NO de EE UU; 253.351 km² y 493.782 h. Su capital es Cheyenne. La mayor parte de su territorio está ocupado por las Grandes Llanuras, aunque al N existen elevadas cadenas montañosas como las de Absaroka, Wind River y Gannet Peak, en las que se encuentran algunos de los principales parques nacionales del país (Yellowstone, Grand Teton, etc.). Está regado por los afluentes del Missouri, entre ellos por el Yellowstone, Big Horn, Powder, Cheyenne, North Platte, etc. Su economía se basa en la agricultura, la explotación forestal, la minería (carbón, urano), el turismo, la ganadería (bovina y ovina) y la explotación de petróleo y de gas natural. Inicialmente poblada por los indios sioux, cheyennes y pies negros, fue explorada por los occidentales desde 1743 y el primer emplazamiento permanente, Fort Laramie, fue fundado en 1834. En 1890 pasó a formar parte de los Estados de la Unión.

WYSPIANSKI, STANISLAW Pintor y escritor polaco (Cracovia, 1869 - íd., 1907). Uno de los principales representantes del vanguardismo en su país, sobresalen entre sus obras las vidrieras de la iglesia de los franciscanos de Cracovia.

WYSS, JOHANN RUDOLF Escritor suizo en lengua alemana (Zurich, 1781 - íd., 1830). Autor del himno nacional suizo. Publicó *El robinsón suizo* compuesto a partir de la obra de Defoe.

WYSZYNSKI, STEFAN Religioso polaco (Zuzule, 1901 - Varsovia, 1981). Cardenal y primado de Polonia, se opuso abiertamente al régimen comunista, actuó como mediador entre el Gobierno y la iglesia polaca y fue uno de los mejores apoyos del sindicato Solidaridad.

William **Wyler**. Escena de la película *Ben-Hur*.

X

x f. **1** Vigésima quinta letra del abecedario español, y vigésima de sus consonantes. Se llama equis. Representa un sonido doble, compuesto de *k*, o de *g* sonora, y de *s* (*axioma, exento*), que ante consonante suele reducirse a *s* (*extremo, exposición*). Asimismo, cuando aparece al principio de una palabra y va seguida de vocal, se pronuncia *s* (*xifoides*). Se admite la grafía *x* con valor fonético de *j* en determinados nombres propios de personajes o geográficos y sus derivados (*México, Ximena, Oaxaca, oaxaqueño*). **2** *Biol.* Cromosoma sexual, doble en la hembra homogámica y sencillo en el macho heterogámico. **3** *Mat.* Signo con que se representa la incógnita, o la primera de las incógnitas, en una ecuación. **4** *Mat.* Signo que indica la operación de multiplicar. **5** *Mat.* Letra que representa a las abscisas en un sistema de coordenadas cartesianas.

X 1 Signo con que se suple el nombre de una persona que no se sabe o no se quiere expresar. **2** *Fís.* RAYOS X. **3** *Mat.* Símbolo de la numeración romana que tiene el valor 10.

XÀBIA JÁVEA.

XAMMAR, LUIS FABIO Escritor peruano (Lima, 1911 - Antioquía, 1947). Entre sus libros de poemas destacan *Las voces armoniosas* (1932), *Waino* (1937) y *Alta niebla* (1940).

XANA f. *Mit.* Ninfa de las fuentes y de los montes, en la mitología popular asturiana.

XANT-; -XANT-; -XANTA pref., in. o suf. XANTO-.

XANTHI Nomo de Grecia, en la región de Macedonia Oriental y Tracia; 1.793 km² y 90.450 h. Su capital es la ciudad homónima.

XANTINA f. *Quím.* Compuesto heterocíclico derivado de la purina, que se encuentra en la sangre, la orina, en algunas plantas (té, café, cacao) y en la levadura.

XANTO-, XANT-; -XANT-; -XANTA prefs., in. o suf. que significan amarillo.

XANTOFILA f. *Quím.* Cualquiera de los pigmentos vegetales del grupo de los carotenoides, de color amarillo, solubles en alcohol, que se encuentran en las hojas, flores y frutos de algunas plantas.

XANTÓFORO m. *Bot.* Cromatóforo que contiene los pigmentos amarillos.

XANTOPSIA f. *Med.* Trastorno en la visión que consiste en ver los objetos de color amarillo.

XANTUSIDO, DA adj. *Zool.* **1** Se dice del reptil saurio, con cabeza cubierta de placas y dorso con gránulos uniformes. Viven en América Central. También m. || m. pl. *Zool.* **2** Familia de estos reptiles.

XARA f. Ley de los mahometanos derivada del Corán.

XÀTIVA JÁTIVA.

XE *Quím.* Símbolo del xenón.

XENAKIS, IANNIS Compositor y arquitecto francés de origen griego (Braila, 1922 - París, 2001). Fue uno de los principales creadores de la música electrónica. Es autor de *Metastasis* (1953), *Medea* (1966), *Charisma* (1971), *Aïs* (1980), etc.

XENO-, XEN-; -XENO, -XENIA prefs. o sufs. que significan extranjero, extraño.

XENOFOBIA f. Odio, repugnancia u hostilidad hacia los extranjeros.

XENÓFOBO, BA adj. y s. Que siente o practica la xenofobia.

XENÓN m. *Quím.* Elemento químico del grupo VIII A o de los gases nobles del sistema periódico. Masa atómica, 131,30; número atómico, 54; punto de ebullición, -108 ºC (a 1 atmósfera); símbolo, *Xe*. Gas incoloro e inodoro, es el elemento más escaso de la Tierra.

XENOPÉLTIDO, DA adj. *Zool.* **1** Se dice del reptil escamoso del suborden serpientes, con una única especie (*Xenopeltis unicolor*), de más de 1 m de longitud, cabeza muy aplastada, ojos con pupila vertical y cuerpo casi cilíndrico. Habita en el SE asiático. También m. || m. pl. *Zool.* **2** Familia que comprende únicamente esta especie.

xerofilia. Vegetación xerófila en el Parque Nacional de Médanos de Coro (Venezuela).

XENOSÁURIDO, DA adj. *Zool.* **1** Se dice del reptil lacertilio escamoso de los géneros *Shinisaurus* o *Xenosaurus*, de unos 12 cm de longitud y otros tantos de cola, cuello cubierto de escamas, fuertes patas y dedos con uñas curvas. También m. || m. pl. *Zool.* **2** Familia de estos reptiles.

XÉRICO, CA adj. *Geol.* Se dice del terreno caracterizado por condiciones muy acusadas de sequía.

XERO-, XER-; -XER-; -XERA prefs., in. o suf. que significan seco: *filoxera*.

XEROCOPIA f. Copia fotográfica obtenida por medio de la xerografía.

XEROFILIA f. *Bot.* Capacidad adaptativa de ciertos vegetales para vivir en lugares con gran escasez de agua, en los que encuentran las condiciones óptimas de vida.

XERÓFILO, LA adj. *Ecol.* Se dice del organismo que encuentra su ambiente óptimo de vida en los lugares secos.

XEROFÍTICO, CA adj. *Bot.* Se dice del vegetal que es capaz de vivir en lugares con gran escasez de agua.

XEROFTALMÍA f. *Med.* Enfermedad de los ojos caracterizada por sequedad y espesamiento progresivo de la conjuntiva y de las glándulas lacrimales, y opacidad de la córnea.

XEROGRAFÍA f. *A. gráf.* **1** Procedimiento electrostático que, utilizando conjuntamente la fotoconductibilidad y la atracción eléctrica, concentra polvo colorante en las zonas negras o grises de una imagen registrada por la cámara oscura en una placa especial. La imagen con el polvo colorante adherido pasa a un papel donde se fija mediante la acción del calor o de ciertos vapores. **2** Fotocopia obtenida por este procedimiento.

XEROGRAFIAR tr. Reproducir textos o imágenes por medio de la xerografía.

XEROGRÁFICO, CA adj. **1** Relativo a la xerografía. **2** Obtenido mediante la xerografía.

XEROMÓRFICO, CA o **XEROMORFO, FA** adj. *Bot.* Se dice del vegetal provisto de dispositivos estructurales o funcionales destinados a prevenir la pérdida de agua por evaporación. Abundan en las zonas áridas (desiertos, costas, roquedos) y en regiones en que el agua se hiela en invierno.

XEROX (Marca registrada.) f. *Tecnol.* **1** Máquina empleada en la xerografía. **2** XEROCOPIA.

XI f. Decimocuarta letra del alfabeto griego (Ξ, ξ); corresponde a nuestra *x*.

XI'AN (*Sian*) Ciudad de China, capital de la provincia de Shaanxi; 2.760.000 h. Mercado agrícola. Industria textil.

XIANGFAN (*Hsiang-fan*) Ciudad de China, provincia de Hubei; 410.407 h. Centro comercial. Industria textil y alimentaria.

XIANGTAN (*Hsiang-t'an*) Ciudad de China, en la provincia de Hunan; 441.968 h. Centro industrial. Puerto fluvial.

XIANYANG (*Hsien-yang*) Ciudad de China, provincia de Shaanxi; 352.125 h. Industria textil. Yacimientos arqueológicos.

XIFOIDES adj. y m. *Anat.* Se dice del cartílago o apéndice cartilaginoso de figura algo parecida a la punta de una espada, en que termina el esternón.

XIFOSURO, RA adj. *Zool.* **1** Se dice del artrópodo merostoma marino, con el cuerpo dividido en dos regiones y cubierto por un exoesqueleto quitinoso (el escudo cefalotorácico semicircular y el telson en forma de espina). Está provisto de ocelos y láminas respiratorias. Habita en aguas cálidas de la costa atlántica de EE UU y en los mares de Asia. También m. || m. pl. *Zool.* **2** Subclase de estos artrópodos, representados actualmente sólo por el género *Limulus*.

XILEMA m. *Bot.* Tejido leñoso de las plantas, formado por células muy alargadas que engrosan su membrana con lignina y acaban por reabsorber su protoplasma.

XILENO m. *Quím.* Dimetilbenceno, de fórmula $C_6H_4(CH_3)_2$, compuesto orgánico con tres isómeros (ortoxileno, metaxileno y paraxileno), que se obtienen del reformado catalítico del petróleo o de la destilación del alquitrán de hulla.

XILENOL m. *Quím.* Compuesto orgánico de fórmula $(CH_3)_2C_6H_3OH$, mezcla de varios isómeros. Se emplea como sustancia intermedia en la elaboración de colorantes, disolventes, etc.

XILO-, XIL-; -XIL-; -XILO prefs., in. o suf. que significan madera, leño, etc.

XILÓFAGO, GA adj. y s. *Ecol.* Se dice del organismo que se alimenta de madera, como gran número de insectos y algunos animales acuáticos.

XILÓFONO m. *Mús.* Instrumento musical de percusión formado por una serie de listones de madera de dimensiones debidamente graduadas, para que den sonidos correspondientes a las diversas notas de la escala.

XILOGRAFÍA f. *Arte.* **1** Arte de grabar sobre planchas de madera. El grabador talla la matriz, dejando en relieve las líneas de la composición, mientras los blancos quedan en segundo plano. **2** Impresión tipográfica hecha con planchas de madera grabadas.

xilografía. *Caballos y caballeros*. Obra de Marino Marini.

Xochicalco (México). Pirámide.

XILOGRÁFICO, CA adj. Relativo a la xilografía.
XILÓGRAFO, FA m. y f. Persona que graba en madera.
XILOL m. *Quím.* XILENO.
XILÓPALO m. *Miner.* Variedad de ópalo en la que fosiliza la madera conservando su estructura.
XILÓRGANO m. *Mús.* Instrumento musical antiguo, compuesto de unos cilindros o varillas de madera compacta y sonora.
XILOSA f. *Quím.* Azúcar monosacárido, de fórmula $C_5H_{10}O_5$, muy abundante en el tejido leñoso de las plantas, que se obtiene por hidrólisis de la madera.
XILOTILA f. *Miner.* Mineral hidrosilicato de magnesia y hierro.

XIMENES BELO, CARLOS FELIPE Religioso de Timor (Bacau, 1948). Obispo de Dili desde 1983. Contrario a la anexión de la isla de Timor por parte de Indonesia, participó desde posturas no violentas en los movimientos independentistas. En 1996 fue galardonado con el premio Nobel de la Paz junto con José Ramos Horta.
XINANTECATL TOLUCA, NEVADO DE.
XINGÚ Río de Brasil; nace en la meseta de Mato Grosso y desemboca en el Amazonas, junto a su desembocadura; 2.000 km.
XINING *(Hsi-ning)* Ciudad de China, capital de la provincia de Qinghai; 551.776 h.

XINJIANG UYGUR *(Sinkiang Uighur)* Región Autónoma de China; 1.646.900 km² y 16.320.000 h. Capital, Urumqi.
XINTAI *(Hsin-t'ai)* Ciudad de China, en la provincia de Shandong; 281.248 h.
XINXIANG *(Hsing-hsiang)* Ciudad de China, en la provincia de Henan; 473.762 h. Industria textil y alimentaria.
XIPE TOTEC *Mit.* Dios azteca de la juventud y la fecundidad.
XIRIVÍA f. *Bot.* CHIRIVÍA.
XIUHTECUHTLI *Mit.* Señor del Fuego, dios venerado por toltecas y aztecas.
XIZANG TIBET, región autónoma de China.
XOANON m. *Esc.* Escultura griega tallada en madera, característica de la época arcaica, como la Artemisa de Éfeso.
XOCHICALCO *Arqueol.* Ruinas de una antigua ciudad mexicana, a 30 km al S de Cuernavaca (Estado de Morelos), perteneciente a la última etapa del periodo clásico. En el centro de la ciudad se alzan varias pirámides, entre las que destaca una de cinco pisos.
XOCHIMILCO Ciudad de México, en el Estado de México Distrito Federal, a orillas del lago de su nombre; 217.481 h. Llamada la *Venecia de América*, el lago cuenta con numerosas islas. Turismo.
XOCHIPILLI *Mit.* Antigua divinidad mexicana de la primavera y del maíz. Se llama también *Xochipilli-Miacuilxochitl* (cinco flores).
XOIS *Geog. hist.* Ciudad del antiguo Egipto, en el delta del Nilo. Durante el reinado de la XIII dinastía fue la capital de un reino del norte, cuyos reyes fundaron la XIV dinastía.
XOLOLT *Mit.* Dios nauha de los monstruos y las transformaciones.
XÓLOTL Caudillo chichimeca (mediados del s. XII y primer tercio del XIII). Capitaneó una de las más importantes invasiones de Anáhuac. Sus conquistas se extendieron hasta el valle de México. Consiguió derrotar a los toltecas de Tula (1224).
XOQUIQUETZAL *Mit.* En la mitología azteca, diosa del amor conyugal, esposa de Tezcatlipoca.
XOVE JOVE.
XPASAX *Bot.* ACEITUNO.
XUZHOU *(Hsü-chou)* Ciudad de China, en la provincia de Jiangsu; 805.695 h.

y

yak

y¹ f. **1** Vigésima sexta letra del abecedario español, y vigésima primera de sus consonantes. Se llama *i griega* o *ye*. Representa un sonido palatal sonoro y generalmente fricativo, de articulación más o menos abierta o cerrada, según los casos. En algunas áreas como el Río de la Plata se articula con rehilamiento. Precedida de nasal se hace africada. Cuando es final de palabra se pronuncia como semivocal. La conjunción *y* se pronuncia como consonante cuando la palabra anterior termina en vocal y la siguiente empieza también en vocal; representa a la vocal *i* si está entre consonantes; y adquiere valor de semivocal o semiconsonante cuando forma diptongo con la última vocal de la palabra anterior o con la primera vocal de la palabra siguiente; estas variantes fonéticas no modifican la grafía de la conjunción. y **2** *Mat.* Símbolo que representa la variable o incógnita.

y² (Del lat. *et.*) conj. cop. **1** Une palabras o cláusulas en concepto afirmativo. Cuando son varios los vocablos o miembros del periodo que han de ir enlazados, sólo se expresa, por regla general, antes del último. **2** Precedida y seguida por una misma palabra, denota idea de repetición indefinida. **3** Utilizada al principio de una oración sirve para dar énfasis o expresividad.

Y 1 *Biol.* Cromosoma sexual, sólo presente en dotación sencilla en el macho heterogámico. **2** *Mat.* Letra que representa la ordenada en un sistema de coordenadas cartesianas. **3** *Quím.* Símbolo del itrio.

YA adv. t. **1** Denota tiempo pasado. **2** En el presente, haciendo relación al pasado. **3** En tiempo u ocasión futura. **4** Finalmente o últimamente. **5** Luego, inmediatamente. **6** Se usa como conjunción distributiva. **7** Sirve para asentir o apoyar lo que nos dicen, y suele usarse con las frases como *ya entiendo, ya veo*, etc., que equivalen a *es claro* o *es así.* || **ya que** loc. conjunt. condicional. Una vez que, aunque, o dado que. || loc. conjunt. causal o consec. Porque, puesto que.

YABA f. *Bot. Cuba* Árbol de la familia leguminosas, género *Andira*, con flores violáceas.

YABLONOI Cordillera de la Federación de Rusia, al SE de Siberia central.

YAC m. *Zool.* YAK.

YACARÉ m. *Zool.* JACARÉ.

YACENTE adj. **1** Que yace. Se aplica sobre todo a la figura escultórica que se representa recostada. || m. *Min.* **2** Cara inferior de un criadero.

YACER intr. **1** Estar echada o tendida una persona. **2** Estar un cadáver en la fosa o en el sepulcro. **3** p. us. Tener trato carnal con una persona. ◆ IRREG. Véase cuadro.

YACHTING (Voz i.) m. Navegación deportiva en yate.

YACIJA f. Cama, o cosa en que se está acostado.

YACER

INDICATIVO
Pres.: yazco (o yazgo o yago), yaces, yace, yacemos, yacéis, yacen.
Pret. imperf.: yacía, yacías, etc.
Pret. indef.: yací, yaciste, etc.
Fut. imperf.: yaceré, yacerás, etc.
Condic.: yacería, yacerías, etc.
SUBJUNTIVO
Pres.: yazca, yazcas, etc. (o yazga, yazgas, etc., o yaga, yagas, etc.)
Pret. imperf.: yaciera, yacieras, etc., o yaciese, yacieses, etc.
Fut. imperf.: yaciere, yacieres, etc.
IMPERATIVO: yace o yaz, y yaced.
PARTICIPIO: yacido.
GERUNDIO: yaciendo.

YACIMIENTO m. **1** *Geol.* Sitio donde se halla naturalmente una roca, un mineral o un fósil. **2** Lugar donde se descubren restos arqueológicos.

YACINE, KATEB Escritor argelino en lengua francesa (Condé-Smendou, 1929 - La Tronche, 1989). Su obra muestra una preocupación por la identidad nacional y cultural de Argelia. Autor de la novela *Nedjma* (1956), del libro de poemas *Soliloquios* (1946), y de obras teatrales.

YACO m. *Zool.* Mamífero carnívoro perteneciente a la familia mustélidos, de nombre científico *Pteronura brasiliensis*, parecido a la nutria, que habita en los ríos de América del Sur.

YACUMA Río de Bolivia, departamento de Beni, afluente del Mamoré; 450 km de curso.

YAGUA f. *Bot.* **1** *Ant. Col., Méx., Perú y Venez.* Planta perteneciente a la familia palmáceas, de nombre científico *Maximilianea magnifolia*, que se consume como hortaliza; con sus hojas se hacen cestos, sombreros, etc. **2** *Cuba y P. Rico* Tejido fibroso que rodea la parte superior y más tierna del tronco de la palma real.

YAGUACHI NUEVO Población de Ecuador, provincia de Guayas. En ella tuvo lugar la victoria del general Sucre sobre los realistas (1821).

YAGUAL m. RODETE para llevar pesos sobre la cabeza.

YAGUAR m. *Zool.* JAGUAR.

YAGUARETÉ m. *Zool. Arg., Par. y Urug.* JAGUAR.

YAGUARÓN Río de América del S; nace en Brasil, hace frontera con Uruguay y desagua en la laguna Merín; 217 km.

YAGUARONDI m. *Zool.* Mamífero carnívoro, perteneciente a la familia félidos, de nombre científico *Felis yaguarondi*, de unos 60 cm de longitud, más 35 cm de cola. Vive en el centro y S de América.

YAGURÉ m. *Zool. Amér.* MOFETA.

YAHVEH o **YAHVÉ** *Rel.* Nombre de Dios en el Antiguo Testamento. En hebreo significa «el que subsiste por sí mismo».

YAHYA, TAHIR Militar y político iraquí (?, 1913). Desempeñó un importante papel en el derrocamiento de la monarquía en 1958. Siendo primer ministro (1963-67), intentó socializar la economía.

YAHYA AL-MUTAWAKKIL Imán del Yemen (San'a, 1869 - Hazis, 1948). Reconocido como soberano en 1920, intentó modernizar el país. Murió asesinado.

YAJA Monte de Indonesia (Irian Occidental), el más alto del país; 5.029 m.

YAK m. *Zool.* Mamífero artiodáctilo rumiante perteneciente a la familia bóvidos, de nombre científico *Bos grunniens*. Puede alcanzar 1,90 m de altura y 700 kg de peso. Habita en las altiplanicies del Tíbet, entre 4.000 y 6.000 m de altura.

YAKARTA Ciudad capital de Indonesia, en el NO de la isla de Java; 590 km² y 8.259.266 h. Centro administrativo, comercial e industrial del archipiélago. Puerto y aeropuerto. Fundada en 1619 por los holandeses con el nombre de *Batavia*.

YAKUZIA (*Sakha*) República federada de la Federación de Rusia; 3.103.200 km² y 1.035.000 h. Capital, Yakutsk.

YALE Universidad de EE UU fundada en 1701. Debe su nombre a uno de sus fundadores (1648-1721). Se encuentra en la ciudad de New Haven (Connecticut).

YALOW, ROSALYN SUSSMAN Física nuclear estadounidense (Nueva York, 1921). En 1977 recibió el premio Nobel de Fisiología y Medicina por sus progresos en el estudio de las hormonas.

YALTA Ciudad de Ucrania, situada en la costa meridional de la península de Crimea; 62.000 h. En tiempo de los zares fue centro de veraneo de la nobleza y residencia real.

YALTA, CONFERENCIA DE *Hist.* Reunión celebrada en el palacio de Livadia de esta ciudad ucraniana (1945) entre Churchill, Roosevelt y Stalin. En ella se acordaron los detalles de la rendición de Alemania, la creación de la ONU y el reparto de influencias de la Europa liberada entre los aliados. Se establecieron las fronteras de Polonia; Alemania quedó dividida en dos zonas de ocupación y Yugoslavia formó un Gobierno de coalición apoyado por la URSS.

YALU Río de Asia; nace en los montes Changbai y desemboca en el mar Amarillo; 790 km de curso. Separa China de la República Democrática Popular de Corea.

YAMA *Rel.* Rey de los muertos y de las tinieblas según la tradición védica.

YAMAGATA Prefectura de Japón, en la isla de Honshu; 9.327 km² y 1.257.033 h. Su capital es la ciudad del mismo nombre.

YAMAGUCHI Prefectura de Japón, en la isla de Honshu; 6.107 km² y 1.555.538 h. Su capital es la ciudad homónima.

YAMALO-NENETS Distrito autónomo de la Federación de Rusia, que forma parte de la región de Tiumen, en la

República federada de Rusia; 750.300 km² y 479.700 h. Capital, Salejard.

Yamamoto, Isoroku Almirante japonés (Nagaoka, 1876 - islas Salomon, 1943). Dirigió el ataque japonés contra Pearl Harbor en la Segunda Guerra Mundial (1941).

Yamanashi Prefectura de Japón, en Honshu; 4.463 km² y 882.005 h. Capital, Kofu.

Yamasaki, Minoru Arquitecto estadounidense de origen japonés (Seattle, 1912 - Detroit, 1986). Sus construcciones aprovechan todas las posibilidades de la técnica y de los nuevos materiales. Proyectó el pabellón norteamericano de la Feria Agrícola Mundial de Nueva Delhi (1960) y la torre Picasso en Madrid (1988).

Yamashita, Tomoyuki Militar japonés (Kochi, 1885 - Manila, 1946). Estuvo al mando de las tropas japonesas en el N de China (1938) y durante la Segunda Guerra Mundial fue comandante en jefe del ejército japonés en Filipinas (1941-45).

Yámbico, ca adj. *Métr.* **1** Perteneciente o relativo al yambo¹. **2** VERSO YÁMBICO.

Yambo¹ m. *Métr.* Pie de la poesía griega y latina, compuesto de dos sílabas: la primera breve y la otra larga.

Yambo² m. *Bot.* POMARROSA.

Yamoussoukro Ciudad de Costa de Marfil, capital del país; 106.786 h. Centro administrativo. Su capitalidad fue establecida en 1983.

Yamuna Río de la India, que nace en el Himalaya y desemboca en la orilla derecha del Ganges; 1.380 km. La confluencia de ambos ríos se considera un lugar sagrado y de peregrinación.

Yanacón m. *Perú* Indio aparcero en el cultivo de una tierra.

Yanacona adj. **1** Se dice del indio que estaba al servicio personal de los españoles en algunos países de América del Sur. También com. ‖ com. **2** *Bol.* y *Perú* Indio que es aparcero en el cultivo de una tierra.

Yanaurcu de Piñán Cima andina de Ecuador, provincia de Imbabura, en la cordillera Occidental; 4.538 m.

Yang m. *Filos.* En la cosmología china, principio activo o masculino, opuesto y complementario del *yin* (principio femenino).

Yang, Chen Ning Físico estadounidense de origen chino (Hofei, 1922). En 1957 recibió el premio Nobel de Física, compartido con Lee, por sus investigaciones sobre las partículas elementales.

Yang-chou YANGZHOU.

Yangtse o **Azul** Río de China; nace en la meseta del Tíbet y desemboca en el mar de la China Oriental, junto a Shanghai, formando un gran delta (80.000 km²) de vastos arrozales e intensamente poblado; 5.800 km de curso. Recibe más de 100 afluentes. Tiene una cuenca de más de 1.800.000 km², y un caudal de unos 18.500 m³/s. Es navegable en unos 1.000 km. Constituye la vía comercial más importante de China central.

Yangzhou (*Yang-chou*) Ciudad de China, provincia de Jiangsu; 312.892 h.

Yankee (Voz i.) adj. y com. Término con el que los ingleses designaban a los rebeldes afincados en Nueva Inglaterra (EE UU). En la guerra de Secesión estadounidense, los sudistas utilizaron la palabra *yankee* para nombrar a los partidarios del ejército de la Unión. Actualmente, se emplea este término, generalmente de forma despectiva, como sinónimo de ESTADOUNIDENSE.

Yanomami adj. *Etnol.* **1** Se dice de un pueblo amerindio seminómada que habita en la región fronteriza de Brasil y Venezuela. Más como m. pl. **2** Perteneciente o relativo a este pueblo. También com.

Yanqui YANKEE.

Yantai (*Yen-t'ai*) Ciudad de China, en la costa N de la península de Shandong, provincia de Shandong; 452.127 h.

Yantar¹ m. Manjar, comida.

Yantar² tr. COMER.

Yáñez, Agustín Político y escritor mexicano (Guadalajara, 1904 - Ciudad de México, 1980). Inició la literatura mexicana moderna. Autor de libros de relatos, ensayos y biografías, así como de las novelas *Al filo del agua* (1947), *Ojerosa y pintada* (1960) y *Las tierras flacas* (1962).

Yáñez Pinzón, Vicente PINZÓN, VICENTE YÁÑEZ.

Yaoundé Ciudad capital de Camerún, de la provincia de Centro y del departamento de Mfoundi; 800.000 h. Industria tabaquera. Aeropuerto.

Yap Grupo de islas de las Carolinas occidentales, que constituyen un Estado autónomo de los Estados Federados de Micronesia; 118,9 km² y 10.886 h.

Yapa f. *Amér.* m. **1** Añadidura, cantidad de más que se da como obsequio en las transacciones comerciales. **2** *Min.* Azogue que en las minas argentíferas de América se añade al mineral para facilitar el término de su trabajo en el buitrón.

Yapar tr. **1** *Amér.* m. Añadir la yapa. **2** *Arg.* Agregar a un objeto otro de la misma materia o que sirve para el mismo uso.

Yapeto JAPETO.

Yapó o **Yapok** m. *Zool.* Mamífero marsupial perteneciente a la familia didélfidos, de nombre científico *Chironectes minimus*, de unos 60 cm de longitud, orejas redondas y grandes, patas posteriores grandes, dedos unidos por una membrana natatoria y pelo corto grisáceo y blanco. Habita en las riberas de los ríos del centro y S de América.

Yapú m. *Zool. Arg.* Ave paseriforme perteneciente a la familia ictéridos, de nombre científico *Xanthornus decomanus*.

Yaqué m. *Arg.* CHAQUÉ.

Yaque del Norte Río de la República Dominicana; nace en la Cordillera Central y desemboca en la bahía de Manzanillo; 400 km.

Yaque del Sur Río de la República Dominicana; nace en la Cordillera Central y desemboca en la bahía de Neiba; 200 km.

Yaqui adj. *Etnol.* **1** Se dice de un pueblo amerindio del grupo uto-azteca que habita en la cuenca del río Yaqui (México). Se rigen por un gobierno teocrático independiente del gobierno mexicano, que sólo tiene cierta intervención en sus asuntos. Apoyaron a Obregón en la revolución mexicana. Más como m. pl. **2** Perteneciente a este pueblo. También com.

Yaqui Río de México, que nace en el Estado de Chihuahua con el nombre de Papigochic, pasa al Estado de Sonora con el de Aros y a partir de su confluencia con el Bavispe toma el nombre de Yaqui; desemboca en el golfo de California; 680 km.

Yara Población de Cuba, en la provincia de Granma. En ella se inició el llamado GRITO DE YARA, primera guerra de la independencia cubana.

Yara, grito de *Hist.* Insurrección cubana dirigida por Carlos Manuel de Céspedes contra las autoridades coloniales españolas en 1868, que, tras la guerra de los Diez Años, terminó con la paz de Zanjón (1878).

Yaracuy Estado de Venezuela; 7.100 km² y 570.494 h. Capital, San Felipe.

Yaraví m. *Folk.* Cantar que entonan los indios de algunos países de América del Sur.

Yarda f. *Metrol.* Medida de longitud utilizada en los países anglosajones. Equivale a 0,9144 m. Su símbolo es *yd.*

Yare m. Jugo venenoso que se extrae de la yuca amarga.

Yaren Población capital de Nauru, en el SO de la isla; 550 h.

Yari Río de Colombia: nace en la cordillera Oriental a 3.500 km de altura y desemboca en el Caquetá; 610 km de curso.

Yaripá m. *Bot.* TACUARA.

Yarmouth o **Great Yarmouth** Ciudad del Reino Unido, en Inglaterra; 53.000 h. Industria textil. Puerto. Salazón de pescados. Centro turístico.

Yaroslav o **Jaroslav I** Gran príncipe de Kiev (?, h. 978 - Kiev, 1054). Hijo de Vladimir I el Grande, gobernó de 1019 a 1054. Se le conoce como el primer legislador de Rusia. Extendió el poder de Kiev hasta la orilla derecha del Dniéper.

Yaroslavl o **Jaroslav I** Región de la Federación de Rusia, en la República federada de Rusia; 36.400 km² y 1.456.000 h. **2** Ciudad capital de la misma; 629.000 h.

Yatagán m. Especie de sable o alfanje de origen oriental.

Yatai o **Yatay** m. *Bot.* Planta perteneciente a la familia palmáceas, de nombre científico *Butia yatay*. Puede tener hasta 20 m de altura y crece formando extensos palmerales en el NE de Argentina. Produce unos frutos comestibles con los que se elabora aguardiente; el palmito también es comestible.

Yataity Corá Localidad de Paraguay, departamento de Ñeembucú, cerca y al NE de Paso de Patria. Batalla entre paraguayos y argentinos (1 de julio de 1866) ganada por éstos tras heroica lucha de aquéllos.

Yate m. Embarcación de gala o de recreo.

Yatro- o **iatro-; -iatra** o **-iatra, -iatría** prefs. o sufs. que significan médico o medicina.

Yavari, Javari, Yahuari o **Xiqui** Río de Perú y Brasil; nace en los Andes peruanos y sirve de frontera entre los dos países; 1.050 km. Es afluente del Amazonas.

Yaxchilán *Arqueol.* Yacimiento arqueológico maya, situado en el Estado de Chiapas, México. Correspondiente al antiguo imperio maya, consta de varios tem-

Yaxchilán (México). Estela maya. Museo Nacional de Antropología (Ciudad de México).

plos y grandes palacios con notables relieves. Tuvo su apogeo entre los siglos VI y VIII d. C.

YAYO, YA m. y f. fam. Abuelo o abuela.

YAZ m. JAZZ.

Yb *Quím.* Símbolo del iterbio.

yd *Fís.* Abreviatura de yarda.

YDÍGORAS FUENTES, MIGUEL Militar y político guatemalteco (Ciudad de Guatemala, 1895 - íd., 1982). Elegido presidente de la República (1958-63), fue derribado por un golpe de Estado.

YE f. I GRIEGA.

YE-YÉ adj. *Mús.* Relativo a un tipo de música pop de los años sesenta.

YEATS, WILLIAM BUTLER Poeta irlandés (Dublín, 1865 - Roquebrune-Cap-Martin, 1939). Su mejor aportación en esta época a la literatura nacionalista son los dramas *La condesa de Cathleen* (1892), *El país de nuestros anhelos* (1894), *Deirdre* (1907) y la fundación del Teatro nacional irlandés (1901). Entre las obras de madurez destacan los volúmenes de poesía *El yelmo verde* (1910), *Responsabilidades* (1914) y *Michael Roberts y la bailarina* (1921); en ellos se trasluce una profunda evolución de su lenguaje lírico, así como una gran capacidad visionaria. Las principales producciones del último periodo son *La torre* (1928), *La escalera de caracol* (1933) y *Últimos poemas* (1936-39); en ellas alcanza el punto culminante de su poesía. Premio Nobel de Literatura (1923).

YEBEL m. Voz con el significado de monte es de uso frecuente en la toponimia árabe.

YEBEL MUSA CALPE, Gibraltar.

YEDDAH JIDDAH.

YEDO o **YEDDO** TOKIO.

YEDRA f. *Bot.* HIEDRA.

YEGROS, FULGENCIO Militar y político paraguayo (? - Asunción, 1821). Presidió la Junta de Gobierno que se constituyó en 1811. En 1813 compartió el poder con el doctor Francia, con el cargo de cónsul; conspiró contra él y fue fusilado.

YEGUA f. *Zool.* Hembra del caballo.

YEGUADA f. Manada de ganado caballar.

YEGUAR adj. Relativo a las yeguas.

YEGUATO, TA adj. y s. Hijo o hija de asno y yegua.

YEGÜERO, RA m. y f. Persona que guarda o cuida las yeguas.

YEHUDÁ HALEVÍ HALEVÍ, JEHUDÁ.

YEÍSMO m. Pronunciación de la *ll* como *ye*.

YEÍSTA adj. 1 Relativo al yeísmo. 2 Que practica el yeísmo. También com.

YEKATERINBURG o **JEKATERINBURG** (*Sverdlovsk*) Ciudad de la Federación de Rusia, en la región de Sverdlovsk; 1.275.000 h.

YELEV, YELIU Político búlgaro (Vesselinovo, 1935). Creó la Unión de Fuerzas Democráticas. Ocupó la presidencia entre 1990 y 1996.

YELGO m. *Bot.* YEZGO.

YELLOWSTONE Río de EEUU. Nace en las Montañas Rocosas, atraviesa el lago de su nombre y el parque nacional de Yellowstone, para desembocar en el Missouri; 1.600 km de curso.

YELLOWSTONE, PARQUE NACIONAL Parque Nacional de EE UU, que abarca una gran parte de las Montañas Rocosas y el valle del río Yellowstone, con altas montañas que pueden superar los 3.000 m. Tiene una superficie de 8.991 km². Célebre por sus geíseres, en 1979 fue declarado bien natural del Patrimonio mundial por la Unesco.

YELMO m. Parte de la armadura antigua, que resguardaba la cabeza y el rostro.

YELTSIN, BORIS Político ruso (Sverdlovsk, 1931). Fue secretario del partido para la región de Sverdlovsk de 1975 a 1985, miembro del comité central del PCUS desde 1981 y del Politburó de 1986 a 1988. Diputado desde 1978, en 1989 se convirtió en uno de los principales responsables del movimiento democrático ruso y se hizo elegir presidente del soviet supremo de Rusia (1990). Primer presidente de Rusia elegido por sufragio universal (1991), su papel en el golpe de Estado de junio de ese mismo año precipitó la desaparición de la URSS: transfirió los poderes de ésta a Rusia, obligó a Gorbachov a dimitir y fue nombrado presidente de la CEI. En 1993 obtuvo por referéndum la adopción de una nueva Constitución que reforzaba los poderes presidenciales. Ese mismo año dispuso la invasión de Chechenia, dando lugar a una encarnizada guerra que duró hasta 1996. En las elecciones legislativas de 1995 fue derrotado por los comunistas de G. Ziuganov, lo que no impidió que renovara su cargo en las elecciones presidenciales de 1996. Dimitió de la presidencia a comienzos de 2000.

YEMA f. 1 *Bot.* Renuevo que, en forma de botón escamoso, nace en el tallo de los vegetales. 2 *Zool.* Material nutritivo almacenado en un óvulo. 3 Masa esférica amarilla de carácter alimenticio que constituye el centro de un huevo de ave o de reptil. 4 Dulce seco compuesto de azúcar y yema de huevo. || **YEMA DEL DEDO** Lado de la punta de él, opuesto a la uña.

YEMEN, REPÚBLICA ÁRABE DEL Antiguo Estado de Asia, en el SO de la península de Arabia, que en 1990 se unió con la República Popular Democrática del Yemen, formando la República del Yemen. Como entidad política tuvo su origen en el Estado que en 893 creó el imán zaidí Zahya en la parte septentrional del territorio. Pasó después a depender del imperio otomano, hasta su independencia en 1920. Se integró en la Liga Árabe en 1945 y comenzaron sus enfrentamientos fronterizos con el Protectorado de Adén. Entre 1956 y 1961 formó parte de los Estados Unidos Árabes con Siria y Egipto, y en 1962 estalló una violenta rebelión que concluyó con la proclamación de la República, de la que fue nombrado presidente Abdullah Sallal. En 1967, la independencia del Protectorado de Adén, con la denominación de República del Yemen del Sur, provocó el inicio de choques fronterizos entre ambos. En 1974 se produjo un golpe de Estado dirigido por el coronel Ibrahim Muhammad al-Hamidi, que se hizo con la presidencia. Tras ser asesinado al-Hamidi (1977) y muerto su sucesor Ahmed al-Ghasmi, tomó el poder Ali Abdallah Saleh (junio de 1978). La escalada de acciones violentas entre las dos naciones yemeníes culminó con la declaración de guerra (24 de febrero de 1979). La intervención de Arabia Saudí logró un alto el fuego (2 de marzo) y la aprobación de un proyecto de unificación que se llevaría a cabo en 1990. (Véase YEMEN, REPÚBLICA DEL.)

YEMEN, REPÚBLICA DEL (*Al-Jumhu-r-ya al-Arab-ya al-Yaman-ya*) Estado republicano de Asia, en el S de la península de Arabia, frente a las costas del mar Rojo. Limita al N con Arabia Saudí; al E, con Omán y el mar Arábigo; al S, con el golfo de Adén, y al O, con con el mar Rojo.

Geog. En el relieve se distinguen como áreas principales: el Tihamah, que constituye una faja de terreno desde el mar Rojo hacia el E; el alto Tihamah, con valles profundos y mesetas bajas paralelas a la costa; las tierras altas de Yemen, situadas en el centro del país y constituidas por montañas superiores a 3.000 m; al E de esta zona, el terreno desciende hacia el oriente del país, con mesetas que forman la Kawr separadas por valles que forman la transición hacia zonas más áridas y desérticas, entre las que destaca la del desierto de Rub al-Jali. Carece de ríos permanentes. La costa es cálida y húmeda, y el interior fresco y lluvioso. Los vientos del NE

Superficie: 472.099 km².
Población: 17.479.000 h. (yemenís o yemeníes).
Densidad: 31,5 h./km².
Tasa de natalidad: 43,5‰.
Tasa de mortalidad: 10,2‰.
Capital: San'a.
Ciudades principales: Adén, Al-Mukalla, Hodeida, Ta'izz.
Grupos étnicos: árabes en su mayoría.
Religión: islamismo sunnita (53%), islamismo chiíta (46,9%).
Idioma: árabe.
Moneda: rial yemení.
Forma de Estado: república.
Producto Nacional Bruto: 4.630 millones de dólares.
Renta per cápita: 280 dólares.
División administrativa: 17 gobernaciones, según cuadro.

REPÚBLICA DEL YEMEN

Gobernaciones	Superficie (km²)	Población (h.)	Capitales
Bayda, Al-	11.170	509.265	Al- Bayda
Dhamar	8.870	1.050.346	Dhamar
Hajjah	9.590	1.262.590	Hajjah
Hudaydah, Al-	13.580	1.749.944	Hodeida
Ibb	6.430	1.959.313	Ibb
Jawf, Al-	—	157.096	Al-Hazma
Mahwit, Al-	2.160	403.465	Al-Mahwit
Ma'rib	39.890	167.388	Ma'rib
Sa'dah	12.810	486.059	Sa'dah
San'a	20.310	1.910.286	San'a
Ta'izz	10.420	2.205.947	Ta'izz
Yemen del Norte	195.000	11.861.699	
Abyan	21.489	414.543	Zinjibar
Adén	6.980	562.162	Adén
Hadramaut	155.376	870.025	Al-Mukalla
Lahij	12.766	634.652	Lahej
Mahrah, Al-	66.350	112.512	Al-Gaydah
Shabwah	73.908	377.080	Ata
Yemen del Sur	332.968	2.970.974	

causan la aridez del resto del país. La economía se basa principalmente en la agricultura: algodón, café, trigo; en la pesca y en la industria del petróleo. Tras la unificación de Yemen del Norte y Yemen del Sur la precaria situación económica empeoró debido a sus problemas internos, al conflicto del Golfo y a la vuelta de más de un millón de emigrantes yemeníes que trabajaban en los países afectados por la guerra. El gobierno yemení intentó paliar en 1992 estas carencias aumentando su producción de petróleo. Sin embargo, la guerra civil desatada en 1994 impidió cualquier atisbo de recuperación y, en marzo de 1995, las autoridades yemeníes tuvieron que anunciar la puesta en práctica de un estricto plan de austeridad.

Hist. El Yemen preislámico estaba formado por cuatro reinos: Saba, Ma'in, Qataban y Hadramaut, de los que por su situación geográfica destacó el primero. El Estado sabeo colonizó Eritrea y el Tigré abisinio (siglo VI a. C.), el territorio de Raidan (siglo II a. C.) y el reino Qataban (siglo I d. C.), extendiéndose posteriormente hacia el SE. El reino fue conquistado por los etíopes, los persas y los beduinos, que introdujeron el Islam (630-31). A partir del siglo IX el país se fraccionó, y el 893 se fundó un Estado independiente alrededor de San'a, en el Yemen septentrional, dirigido por la dinastía zaidí. Bajo la dominación de Egipto todo el territorio permaneció unido. Se integró en el imperio otomano en 1570, que hubo de hacer frente a la resistencia zaidí hasta 1635, en que consiguieron su independencia. Los británicos, por su parte, habían iniciado su establecimiento en este territorio en 1618, aunque fue en el siglo XIX cuando ocuparon diversas ciudades, entre ellas Adén (1839), para controlar la ruta de las Indias. Restablecida la monarquía otomana en 1872, a comienzos del siglo XX se fijaron las fronteras del Protectorado de Adén (1902-05), a la vez que se hacía frente a las revueltas en favor de la independencia zaidí en San'a. Después del hundimiento del imperio otomano (1920), el iman zaidí controló la zona N de Yemen y aceptó la frontera con el Protectorado. El territorio así dividido evolucionó de forma independiente: en el N, el imanato se mantuvo hasta 1967 en que se constituyó la República Popular Democrática del Yemen. En 1990, los dos países se unificaron en la República del Yemen, con capital en Adén, estableciéndose un Gobierno y un marco institucional provisionales. Fue designado presidente Ali Abdallah Saleh, hasta entonces presidente de la República Árabe del Yemen, y primer ministro Haidar Abubeker al-Attas, ex presidente de la República Popular Democrática. Durante el conflicto del Golfo provocado por la invasión iraquí de Kuwait (1990-91), la República del Yemen se abstuvo sobre las resoluciones adoptadas contra Irak, a la vez que la población yemení se manifestaba favorable a las acciones iraquíes. En 1991 se aprobó por referéndum la nueva constitución del país. Pero, en 1992, se produjeron violentos enfrentamientos en San'a y tuvieron lugar atentados y asesinatos de miembros del antiguo régimen del Yemen del Sur. Al mismo tiempo, se denunciaban movimientos militares sudistas en la antigua frontera. La primera consulta electoral en la que se permitió el voto femenino se celebró en 1993. De ella salió vencedor el Congreso Popular General que dirigía Ali Abdallah Saleh, por lo que éste se mantuvo en la presidencia. Al poco tiempo, sin embargo, el vicepresidente y antiguo presidente del Yemen del Sur, Ali Salem al-Baid, se rebeló contra el presidente, alentado por las rivalidades entre los propios militares y los odios tribales. En 1994 la unificación de ambas Repúblicas se desplomó violentamente cuando el Sur inició un movimiento secesionista encabezado por Ali Salem al-Baid, lo que provocó el estallido de la guerra civil entre los dos antiguos países. La guerra culminó en julio de 1994 con la caída de Adén en manos de las tropas del Norte, y la huida de Ali Salem al sultanato de Omán. En julio de ese mismo año el presidente Ali Abdallah Saleh promovió la formación de un gobierno, encabezado por Abul Karim al Iryani, en el que se incluyeron dirigentes moderados del Sur. En octubre se convocaron elecciones presidenciales, en las que fue ratificado Ali Abdallah Saleh, reelegido en 1999. En 1997 Farad Said ben Ganem formó gobierno. Dimitió un año más tarde y fue sustituido en el cargo por Abdul al-Karim al-Iryani, que dimitió en 2001 y fue sustituido por Abd al-Qadir Ba Jamal. En ese año se inició la descentralización del país.

Yemen, República Popular Democrática del Antiguo Estado republicano de Asia, en el S de la península de Arabia, en las costas del golfo de Adén, que desde 1967 a 1970 se denominó *Yemen del Sur.* En 1990 se unió con la República Árabe del Yemen formando la República del Yemen. Poblado desde la Antigüedad, la historia moderna del país se desarrolla en los alrededores de Adén, donde se instalaron los ingleses en 1839 y crearon el protectorado de su nombre. Aislado del resto de la región, fue protectorado británico hasta 1967 en que obtuvo la independencia con el nombre de República de Yemen del Sur. Poco después entró a formar parte de la Liga Árabe. Comenzaron las tensiones con la República Árabe del Yemen y, posteriormente, tras la instalación de un régimen de tendencia socialista (1969), con Arabia Saudí. En 1970 se promulgó una nueva constitución y cambió la denominación del país por República Popular Democrática del Yemen, a la vez que fomentaba una política de acercamiento a los países del Este. En 1974 comenzaron las tensiones políticas entre el FLN, partidario de medidas de carácter revolucionario, y el presidente Rubaybi, inclinado a moderar las tendencias socialistas, que culminarían con su destitución (1975) y ejecución (1978). Ocupó la presidencia Abdul Faltah Ismail hasta 1980. La radicalización del régimen incidió directamente en la guerra con la República Árabe del Yemen (1979) y en nuevas tensiones con Arabia Saudí. El sucesor de Ismail, Ali Nasser Muhammad, fue sustituido en 1986 por Haidar Abubeker al-Attas. En 1987 comenzó a afianzarse el proyecto de unificación entre las dos naciones yemeníes, que se llevaría a término en 1990. (Véase Yemen, República del.)

Yemen del Sur Nombre adoptado por la Federación de Arabia Meridional al obtener su independencia en 1967. (Véase Yemen, República Popular Democrática del.)

yemení adj. **1** De Yemen. También com. **2** Perteneciente o relativo a Yemen. ♦ Su plural es *yemenís* o *yemeníes.*

yen m. *Econ.* Unidad monetaria de Japón.

Yenisei Río de la Federación de Rusia. Nace en los Montes Sayanes, al N de Mongolia, atraviesa Siberia central, y desagua en el mar de Kara; 4.092 km. Es navegable.

Yentai Yantai.

Yepes y Álvarez, Juan de Juan de la Cruz, san.

yeral m. *Agr.* Terreno sembrado de yeros.

yerba f. **1** hierba. **2** *R. Plata* hierba mate.

yerbajo m. Despectivo de yerba.

yerbal m. *R. Plata* Plantación de yerba mate.

yerbear intr. *R. Plata* matear.

yerbera f. **1** *Arg.* y *Par.* Utensilio de madera u otro material, formado por dos recipientes unidos entre sí. **2** *R. Plata* Vasija en que se pone la yerba que se ha de utilizar para cebar mate.

Yerevan, Erevan o **Erivan** Ciudad capital de Armenia; 1.226.000 h. Centro agrícola e industrial. Universidad.

yermo, ma adj. **1** Inhabitado. **2** Terreno improductivo y solitario. También s. || m. **3** Terreno inhabitado.

yerno m. Respecto de una persona, marido de su hija.

yero m. *Bot.* **1** Planta de la familia leguminosas, de nombre científico *Ervum ervilia,* con fruto en vainas con tres o cuatro semillas. Se cultiva para alimento del ganado. **2** Semilla de esta planta. Más en pl.

Yerovi Indaburu, Clemente Político y economista ecuatoriano (Guayaquil, 1904 - íd., 1981). Fue ministro de Economía y presidente provisional de la República entre marzo y septiembre de 1966.

yerro m. **1** Equivocación por descuido o inadvertencia. **2** Falta contra los preceptos morales o religiosos.

yérsey o **yersi** m. **1** *Amér.* jersey. **2** *Amér.* Tejido fino de punto.

Yersin, Alexandre Médico y bacteriólogo francés de origen suizo (Aubonne, 1863 - Nha Trang, 1943). Descubrió la toxina diftérica y en 1894, independientemente de S. Kitasato, el bacilo de la peste bubónica.

yerto, ta adj. **1** Tieso, rígido. **2** Se dice del viviente, o de alguna de las partes de su cuerpo, que se han quedado rígidos por el frío, y también del cadáver u otra cosa en que se produce el mismo efecto.

Yerupajá Pico volcánico de Perú, en la cordillera Occidental, departamento de Ancash; 6.632 m.

yesar o **yesal** m. **1** Terreno abundante en mineral de yeso que se puede explotar. **2** Cantera de yeso o aljez.

yesca f. **1** Materia muy seca y preparada de suerte que cualquier chispa prenda en ella. || f. pl. **2** Conjunto de yesca, eslabón y pedernal.

yesera f. *Min.* yesar.

yesería f. **1** Fábrica de yeso. **2** Sitio en que se vende. **3** Obra hecha de yeso.

yesero, ra adj. **1** Relativo al yeso. || m. y f. **2** Persona que trabaja, hace o vende yeso.

Yesilköy San Stefano.

yeso m. *Miner.* Mineral sulfato de calcio hidratado, de fórmula $CaSO_4.2H_2O$, generalmente blanquecino, muy blando (índice 2 en la escala de Mohs), y frecuente en la naturaleza. Se forma por precipitación a partir de aguas cargadas con sulfato de calcio, que se evaporan en condiciones de extrema aridez. Es el componente mayoritario de la roca sedimentaria del mismo nombre.

Yeso Hokkaido.

yesón m. Cascote de yeso. Suele utilizarse en la construcción de tabiques anchos.

yesoso, sa adj. **1** De yeso o parecido a él. **2** Se dice del terreno que abunda en yeso.

yesquero m. Encendedor que utiliza la yesca para encender.

yeti m. Supuesto ser antropomorfo de gran tamaño, cuyas huellas se dice que han visto algunos montañeros del Himalaya y al que también se llamó abominable hombre de las nieves.

yetograma m. *Meteor.* Diagrama climático que expresa la cantidad de lluvia caída por unidad de tiempo.

Yevele, Henry Arquitecto inglés (?, h. 1320 - ?, h. 1400). Destacado representante del gótico perpendicular. Participó en la construcción de la abadía de Westminster y de la catedral de Canterbury.

Yevreyskaya Región autónoma de la Federación de Rusia, en la República federada de Rusia; 36.000 km² y 216.000 h. Capital, Birobijan.

yeyuno m. *Anat.* Segunda porción del intestino delgado, situada entre el duodeno y el íleon.

yezgo m. *Bot.* Planta herbácea, vivaz, perteneciente a la familia caprifoliáceas, de nombre científico *Sambucus ebulus.*

Yibuti o **Djibouti** *(République de Djibouti)* República de África oriental, que limita al N con Etiopía y el mar Rojo; al E, con el golfo de Adén; al S, con Somalia y Etiopía, y al O, con Etiopía.

Geog. En su relieve destacan los macizos de Goda y Mabla y la depresión del lago Assal. Su clima es tropical semidesértico y la vegetación de estepa. La población se concentra en la región costera. El país está situado en plena zona desértica, con una producción agrícola localizada en los escasos oasis. Sus principales producciones industriales son las bebidas alcohólicas y

Superficie: 23.200 km².
Población: 451.000 h. *(yibutíes).*
Densidad: 19,4 h./km².

Tasa de natalidad: 41,2‰.
Tasa de mortalidad: 15,1‰.
Capital: Yibuti.
Ciudades principales: Ali Sabieh, Dikhil, Tadjoura.
Grupos étnicos: somalíes (afar, gadabursi, issa, issaq: 61,7%), afar (20%), árabes (6%), europeos (4%), otros (8,3%).
Religión: islamismo sunnita (96%), catolicismo (2%), protestantismo (1%), ortodoxa (1%).
Idioma: árabe y francés.
Moneda: franco de Yibuti.
Forma de Estado: república presidencialista.
Producto Nacional Bruto: 485 millones de dólares.
Renta per cápita: 790 dólares.
División administrativa: 5 distritos, según cuadro.

YIBUTI

Distritos	Superficie (km²)	Población (h.)	Capitales
Ali Sabieh	2.400	15.000	Ali Sabieh
Dikhil	7.200	30.000	Dikhil
Obock	5.700	15.000	Obock
Tadjoura	7.300	30.000	Tadjoura
Yibuti	600	200.000	Yibuti

los electrodomésticos en la incipiente industria ligera existente. La actividad económica más importante se desarrolla en el puerto de Yibuti, con régimen fiscal libre de impuestos. Se exportan principalmente: cueros y pieles, cereales, animales y café. La economía descansa básicamente en la ayuda exterior, procedente de países interesados en mantener su presencia en la zona, como Francia, Japón y Arabia Saudí.

Hist. Francia ocupó este territorio en 1884, aunque, ya en 1862, había adquirido el puerto de Obock. En 1884 se fundó Yibuti y se fijaron las fronteras con Abisinia. En 1896, la colonia adoptó el nombre de Somalia Francesa. Tras la Segunda Guerra Mundial pasó a ser territorio de ultramar de la República francesa. Ya entonces tuvieron lugar los primeros enfrentamientos con la República de Somalia y con Etiopía, cuyas pretensiones sobre estos territorios se fundamentaban en argumentos étnicos, geográficos y económicos. Este hecho provocaría las rivalidades entre las dos etnias: los issas, que querían unirse a Somalia, y los afars, que deseaban seguir integrados en Francia. Durante 1966 comenzaron a registrarse movimientos internos en favor de la independencia, por lo que se celebró un referéndum, cuyo resultado determinó que el territorio siguiera unido a Francia, aunque dotado de mayor autonomía y con un nuevo estatuto de Gobierno. En 1967 pasó a denominarse Territorio de los Afars y de los Issas, y Alí Aref, líder de los afars fue elegido presidente del gobierno. Los issas, entonces, formaron el Frente de Liberación de la Costa de los Somalíes, de signo radical y favorable a la independencia. De esta formación surgirá, en 1972, otra más moderada, la Liga Popular Africana por la Independencia (LPAI), liderada por Hassan Gouled Aptidon. Tras la dimisión de Aref, se inició el proceso hacia la independencia, que se proclamó en 1977, con Hassan Gouled Aptidon como presidente. El país ingresó en la OUA, adoptando el nombre de República Democrática de Yibuti, y fue admitido como miembro de la ONU y de la Liga Árabe. Gouded Aptidon era reelegido para otro mandato tras las elecciones de 1981. La Cámara de Diputados decidió poner fuera de la ley a todos los partidos excepto al gubernamental Liga Popular para el Progreso, con lo que el país se convertía en una democracia de partido único. En estas circunstancias, las elecciones celebradas en 1982 y las siguientes de 1987, propiciaron una nueva victoria del partido, así como la reelección del presidente en su cargo. En 1989 las tensiones latentes entre los afars y los issas provocaron una cierta inestabilidad política interna, sumándose, paralelamente, a la difícil posición que ocupaba Yibuti en la guerra entre Somalia y Etiopía (1982-88), debido al origen somalí de casi un tercio de su población. El frustrado golpe de Estado de enero de 1991 se debió a la concentración de poder en el presidente de la República Hassan Guled Aptidon, quien renovó su cargo en las elecciones de 1993. Desde entonces inició una política de mano dura, con reiteradas violaciones de los derechos humanos por parte del ejército, para recobrar el control del territorio afar. En 1999 fue elegido presidente del país Ismail Omar Guelle.

Yibuti o Djibouti Ciudad de Yibuti, capital del país; 317.000 h. Puerto y aeropuerto.

Yichang (I-ch'ang) Ciudad de China, provincia de Hubei; 371.601 h. Puerto a orillas del Yangtse.

Yichung (I-ch'un) Ciudad de China, en la provincia de Heilongjiang; 795.789 h.

Yidda JIDDAH.

Yiddish m. Ling. Lengua mixta germanohebraica, hablada por los judíos de cultura askenazi. Su tradición literaria se remonta al siglo XVI. En la actualidad lo hablan unos 8.000.000 de personas.

Yídich m. YIDDISH.

Yihad f. GUERRA SANTA.

Yimou, Zhang Director de cine chino (Sian, 1950). Sus películas gozan de un gran reconocimiento internacional. Filmografía: La semilla del crisantemo (1990), La linterna roja (1991), ¡Vivir! (1994), La joya de Shanghai (1995), La campensina china (1999) y El camino a casa (2000).

Yin m. YANG.

Yinchuan (Yin-ch'uan) Ciudad de China, capital de la región autónoma de Ningxia Hui, a orillas del Hoang; 356.652 h.

Yiu-Yitsu o Ju-Jitsu m. JIU-JITSU.

Yo pron. pers. 1 Nominativo del pronombre personal de primera persona en género masculino o femenino y número singular. || m. 2 Filos. Sujeto, afirmación de conciencia de la personalidad humana. 3 Psicol. En la teoría psicoanalítica, instancia o región de la mente en la que se producen los procesos conscientes, por oposición al ELLO y al SUPERYÓ.

Yocasta Mit. Esposa de Layo, rey de Tebas, y madre de EDIPO. Se casó con su hijo sin saberlo y tuvo con él a Eteocles, Polinices, Antígona e Ismene. Cuando la verdad fue revelada, se quitó la vida.

Yod amb. Ling. Nombre dado a la i semiconsonante o semivocal.

Yodado, da adj. Quím. Que contiene yodo.

Yodato m. Quím. 1 Anión IO$_3^-$ resultante de la disociación del ácido yódico y de sus sales. 2 Nombre de cada una de las sales del ácido yódico.

Yodo m. Quím. Elemento químico del grupo VII A o de los halógenos del sistema periódico. Masa atómica, 126,9044; número atómico, 53; punto de fusión, 114 °C; punto de ebullición, 184 °C; símbolo, I. Es un sólido no metálico insoluble en agua. Se utiliza como germicida, antiséptico, en colorantes, productos farmacéuticos, etc.

Yodoformo m. Farm. Compuesto de carbono, hidrógeno y yodo. Se usa como antiséptico.

Yoduro m. Quím. Anión I$^-$, resultante de la disociación del ácido yodhídrico y de sus sales.

Yoga m. 1 Filos. Doctrina y sistema ascético del hinduismo, mediante el que sus adeptos pretenden conseguir la perfección espiritual y la unión con lo absoluto. 2 Por extensión, conjunto de técnicas derivadas de los procedimientos de los yoguis de la India.

Yoghourt m. YOGUR.

Yogui com. 1 Asceta hindú adepto al sistema filosófico del yoga. 2 Persona que practica los ejercicios físicos y mentales del yoga.

Yogur m. Leche fermentada y cuajada por la acción de dos microorganismos, Lactobacillus bulgaricus y Streptococcus thermophilus.

Yogurtera f. Recipiente para hacer yogur.

Yogyakarta o Jogjakarta Ciudad de Indonesia, en Java; 412.392 h. Palacio del sultán.

Yojoa Lago de Honduras, departamento de Cortés; 400 km^2. También llamado Taulabé.

Yokohama Ciudad de Japón, en Honshu, capital de la prefectura de Kanagawa; 3.307.408 h. Pertenece a la conurbación de Tokio. Refinería.

Yokosuka Ciudad de Japón, en Honshu, prefectura de Kanagawa; 432.202 h. Astilleros. Puerto.

Yola f. Embarcación muy ligera movida con remo y con vela.

Yom Kippur Rel. Festividad del judaísmo, que se celebra diez días después del comienzo del año nuevo (entre septiembre y octubre). Está dedicada a la penitencia, al ayuno, la oración y el arrepentimiento de los pecados.

Yom Kippur, guerra del Hist. Denominación de la cuarta guerra árabe-israelí, que estalló el 6 de octubre de 1973, el día de esta fiesta judía. Organizada secretamente por Siria y Egipto, participaron también en la contienda Marruecos, Jordania, Irak y Argelia. El día 25 la interposición de fuerzas de la ONU puso fin a la contienda.

Yonne Departamento de Francia, en Borgoña; 7.427 km^2 y 333.221 h. Capital, Auxerre.

Yonne Río de Francia que nace en los montes Morvan y desemboca en el Sena; 295 km.

Yonqui com. En el lenguaje de la droga, persona que se inyecta heroína u otra droga asiduamente.

Yóquey o Yoqui com. JOCKEY.

York Ciudad del Reino Unido, en el NE de Inglaterra; 177.400 h. Constituye un Consejo unitario. Catedral gótica.

York Geneal. Casa ducal inglesa, rama de la familia real de los Plantagenet, que disputó el trono a la de Lancaster, lo que dio origen a la GUERRA DE LAS DOS ROSAS. La casa de York dio tres reyes a Inglaterra: Eduardo IV, Eduardo V y Ricardo III.

York, Isabel de Princesa inglesa (?, 1465 - ?, 1503). Su matrimonio con Enrique VII Tudor (1486) puso fin a la guerra de las Dos Rosas.

York
(Reino Unido).
Catedral.

York, Ricardo, Duque de Noble inglés (?, 1411 - Wakefield, 1460). Miembro de la familia Plantagenet, heredó el ducado en 1415. Participó en la guerra de los Cien Años. Su enfrentamiento con Enrique VI Lancaster originó la guerra de las Dos Rosas.

Yorkshire Meridional Condado metropolitano del Reino Unido, en Inglaterra; 1.304.100 h.

Yorkshire Occidental Condado metropolitano del Reino Unido, en Inglaterra; 2.113.300 h.

Yorkshire Septentrional Condado del Reino Unido, en Inglaterra; 565.000 h.

Yorktown Población de EE UU, Estado de Virginia. Capitulación de un ejército británico, al mando de Cornwallis, ante las tropas estadounidenses y francesas de Washington y Rochambeau (1781), hecho que puso fin a la guerra de Independencia.

Yoro Departamento de Honduras; 7.939 km² y 355.00 h. Su capital es la ciudad homónima.

yoruba adj. *Etnol.* **1** Se dice de un pueblo negroafricano de raza guineana, que se extiende por el SO de Nigeria, hasta la confluencia de los ríos Níger y Benue, y hasta Dahomey la República de Togo. Más como m. pl. **2** Se dice también de sus individuos. También com. **3** Relativo a este pueblo.

Marguerite **Yourcenar**

Young, Thomas Físico, médico, fisiólogo y egiptólogo británico (Milverton, 1773 - Londres, 1829). Investigó la fisiología del ojo, descubrió el astigmatismo y la acomodación del cristalino a la distancia, estudió la circulación de la sangre y la fiebre amarilla. Además, propuso la teoría ondulatoria de la luz y, como egiptólogo, contribuyó a la interpretación de la piedra Rosetta.

Yourcenar, Marguerite (MARGUERITE CLEENEWERK DE CRAYENCOUR, llamada) Escritora francoestadounidense en lengua francesa, de origen belga (Bruselas, 1903 - Maine, 1987). Su obra se caracteriza por una personal visión de la problemática humana, centrándose en temas como la homosexualidad, la androginia, el poder, la lucha entre racionalidad e irracionalidad, la mística oriental y la búsqueda de la verdad universal. Es autora de las novelas *Memorias de Adriano* (1951) y *Opus Nigrum* (1968); el libro de relatos *Cuentos orientales* (1938); los poemas recogidos en *Fuegos* (1936); textos teatrales como *Electra o la caída de las máscaras* (1954) o *¿Quién no tiene su minotauro?* (1963); el ensayo *Presentación crítica de Kavafis* (1958); y la trilogía autobiográfica *El laberinto del mundo* (1973-1988). Ingresó en la Academia Francesa en 1980.

yoyó m. Juguete de origen chino compuesto de dos pequeños discos, unidos por un cilindro corto y delgado, al que se enrolla un cordón con el que se le hace descender y ascender.

Ypacaraí Lago de Paraguay, cerca de Asunción; 110 km². Turismo.

Ypiranga IPIRANGA.

Ypsilantis, Alexandros Patriota griego fanariota (Kiev, 1792 - Viena, 1828). Impulsó la independencia griega y organizó una revolución contra Turquía en las provincias del Danubio. Vencido por los turcos en 1821.

Ypsilantis, Demetrios Patriota griego (?, 1793 - ?, 1832). Hermano de Alexandros, le auxilió en su lucha por la independencia griega. Fue jefe de los sublevados griegos (1821) y de las tropas de Grecia oriental (1928).

ypsilon f. Vigésima letra del alfabeto griego (Y, υ); corresponde a nuestra *i griega* o *ye*.

Yrigoyen, Hipólito Político argentino (Buenos Aires, 1850 - íd., 1933). Fue uno de los fundadores de la Unión Cívica Radical y dirigió los movimientos de agosto de 1893 y febrero de 1905, que fueron reprimidos. Elegido presidente de la República (1916-22), auspició reformas legislativas y proyectó la nacionalización de los yacimientos petrolíferos. Elegido por segunda vez presidente de la República (1928-34), fue depuesto por un movimiento militar (1930).

Yser Río de Bélgica, provincia de Flandes Occidental; nace en Francia; 78 km. En la Primera Guerra Mundial fue escenario de duros combates.

Yssel IJSSEL.

yuan m. *Econ.* Unidad monetaria de China.

Yuan *Geneal.* Dinastía mongol que reinó en China entre 1279 y 1368. Sus gobernantes situaron la capital en Pekín y reconstruyeron el Gran Canal.

yubarta f. *Zool.* Mamífero cetáceo misticeto perteneciente a la familia balenoptéridos, de nombre científico *Megaptera novaeangliae*, de unos 15 m de longitud, con aletas pectorales muy grandes y el cuerpo cubierto de nudosidades. Vive, en escaso número, en todos los mares y se alimenta de plancton.

yuca f. *Bot.* **1** Planta de la familia liliáceas, género *Yucca*, de tallo leñoso, hojas rígidas y punzantes agrupadas en la base, flores blancas y fruto en baya. Procede de las regiones tropicales del centro y N de América. **2** Nombre vulgar de algunas especies de mandioca.

yucal m. *Agr.* Terreno plantado de yuca.

Yucamani Volcán de Perú, entre los departamentos de Puno y Tacna; 5.570 m de altura.

Yucatán Estado de México, en el Golfo de México; 38.402 km² y 1.617.120 h. Capital, Mérida. Su suelo es calcáreo y carece de ríos de superficie, pero tiene una extensa red fluvial subterránea. Fauna y flora tropicales. Calizas, yeso, arcilla y sal marina. Abundan las indígenas de raza maya. Perteneció al dominio de España hasta su independencia en 1821. En 1824 se unió a México.

Yucatán, Península de Península del SE de México, que separa el golfo de México del mar de las Antillas. Comprende parte de Guatemala, Belice y los Estados mexicanos de Yucatán, Quintana Roo y Campeche. Es una región llana y caliza, con costas bajas. Petróleo. Fue centro de la civilización maya.

yudo m. JUDO.

yudogui m. JUDOGUI.

yudoka o **yudoca** com. JUDOKA.

yugada f. *Agr.* Espacio de tierra de labor que puede arar una yunta en un día.

yuglandáceo, a adj. y f. *Bot.* JUGLANDÁCEO.

Arte **yoruba.** Escultura de un *oni* de Ifé. Colección particular.

Yoshida Shigeru Político japonés (Tokio, 1878 - Oiso, 1967). Presidente del Partido Liberal, fue primer ministro (1945- 47 y 1948-54). Negoció con EE UU la total independencia nipona (1951).

Yoshihito TAISHO TENNO, YOSHIHITO.

Young, Charles Augustus Astrónomo estadounidense (Hannover, 1834 - íd., 1908). Descubrió la cromosfera y estudió las manchas y protuberancias solares. Logró, en 1869, durante un eclipse, el espectro de la corona solar.

Young, Edward Escritor inglés (Upham, 1681 - Welwyn, 1765). Se hizo célebre en Europa por su elegía *Lamentos o pensamientos nocturnos sobre la vida, la muerte y la inmortalidad* (1742-46).

Young, James Químico e industrial británico (Glasgow, 1811 - Edimburgo, 1883). Se le debe la fabricación del petróleo artificial por medio de la hulla y del esquisto.

Young, Pres (LESTER WILLIS YOUNG, llamado) Músico de jazz estadounidense (Woodville, 1909 - Nueva York, 1959). Intérprete de saxo, marcó una evolución en la música de jazz.

Young, Terence Director de cine británico (Shanghai, 1915). Ha realizado películas como *La princesa de Éboli* (1954), *La frontera del terror* (1957), *Agente 007 contra el Dr. No* (1962) y *Desde Rusia con amor* (1963).

yuca

YUGO m. **1** *Agr.* Instrumento de madera al cual, formando yunta, se uncen las mulas o los bueyes, y en el que va sujeta la lanza o pértigo del carro, el timón del arado, etc. **2** Especie de horca por debajo de la cual, en tiempos de la antigua Roma, hacían pasar sin armas a los enemigos vencidos. **3** Armazón de madera unida a la campana que sirve para voltearla. **4** fig. Cualquier carga pesada, prisión o atadura.

YUGOSLAVA O DE YUGOSLAVIA, FEDERACIÓN SERBIA Y MONTENEGRO.

YUGOSLAVIA *(Socijalisticka Federativna Republika Jugoslavija)* Antiguo Estado federal de la Europa balcánica, constituido por las Repúblicas de ESLOVENIA, CROACIA, SERBIA, BOSNIA-HERZEGOVINA, MONTENEGRO y REPÚBLICA DE MACEDONIA, y las regiones autónomas de KOSOVO y VOJVODINA.

HIST. El movimiento de los pueblos germánicos produjo el traslado de los eslavos hasta la zona N de la península de los Balcanes. Su distribución geográfica a través de los siglos daría lugar a las futuras nacionalidades de serbios, croatas y eslovenos. A partir del siglo XV estuvieron sucesivamente bajo el dominio de Austria y del imperio otomano, hasta la formación en 1918 de un Estado unitario. En el siglo XIX tuvieron lugar los primeros movimientos independentistas, que no se hicieron efectivos hasta el final de la Primera Guerra Mundial. Se creó entonces el Reino de los Serbios, Croatas y Eslovenos. En 1921 accedió al trono Alejandro I y entró en vigor una Constitución centralista que fomentó los enfrentamientos entre serbios, favorables a ella, y croatas, defensores de su autonomía. Fueron suprimidos los partidos políticos, disuelto el parlamento e instaurada una dictadura. El rey Alejandro fue asesinado en Marsella en 1934. Con la invasión alemana (1941), Croacia se desligó de la unión, constituyéndose en reino independiente, y en Belgrado se instaló un gobierno presidido por Neditch. Durante la Segunda Guerra Mundial, la resistencia fue dirigida separadamente por el monárquico Draja Mihailovich y sobre todo por el comunista Josip Broz Tito. Abolida la monarquía, al término de la contienda fue proclamada la República Federal de Yugoslavia, que tras la conferencia de Yalta quedó en la órbita de la URSS. En 1946 se promulgó una nueva Constitución y se formó un gobierno presidido por Tito, quien también era ministro de Defensa. Rompió con las directrices marcadas por la URSS (1948) y se acercó a los países occidentales. Las elecciones de 1950 aseguraron la posición de Tito; el Partido Comunista se transformó en Liga de los Comunistas (1952) y se adoptó una nueva Constitución (1953). Tito fue reelegido en 1958, y en 1963, el país pasó a denominarse República Federativa Socialista, incidiendo especialmente en la autonomía de cada una de las Repúblicas. En 1974, Tito fue elegido presidente vitalicio de la República y de la Liga de los Comunistas, cargos que ocuparía hasta su muerte (1980). Las diferencias culturales, étnicas y religiosas entre las Repúblicas provocaron serios enfrentamientos, potenciados por la creciente hegemonía serbia. En 1971 se instauró una presidencia colegiada de 22 miembros (reducidos a 9 posteriormente) presidida por Tito y se otorgó preeminencia a las decisiones de la Asamblea Federal sobre el gobierno, para impedir que alguna República tuviera poder sobre las demás. La Constitución de 1974, imbuida de principios autogestionarios, autorizaba a las Repúblicas y provincias autónomas a organizarse como Estados. La muerte de Tito en 1980 dio paso a la institucionalización de la presidencia colectiva en el gobierno y en la Liga de los Comunistas. En 1989 desapareció el ficticio consenso mantenido hasta entonces entre las Repúblicas cuando Eslovenia, Croacia y la provincia de Kosovo, por motivos económicos, nacionalistas y políticos, iniciaron la defensa de una concepción confederal del Estado. Este punto de vista fue rechazado por Serbia y sus aliados, Montenegro y Vojvodina, a la vez que desarrollaban procesos de democratización en su interior. En abril de 1990 tuvieron lugar las primeras elecciones multipartidistas en Croacia y Eslovenia, cuyos resultados ratificaron los presupuestos defendidos por sus respectivos gobiernos, mientras que en Serbia se registraban manifestaciones en apoyo de comicios libres (junio) y en Kosovo la intervención serbia frustraba la iniciativa de independencia. En junio de 1991, Eslovenia y Croacia anunciaron formalmente la independencia de la Federación, iniciándose el enfrentamiento armado de estas Repúblicas con Serbia (julio). En enero de 1992, Croacia y Eslovenia recibieron el reconocimiento internacional como Estados independientes, y en marzo lo obtuvo Bosnia-Herzegovina, produciéndose un desplazamiento de la guerra hacia esta República. Finalmente, Macedonia era reconocida por la comunidad internacional en abril de 1993. Los enfrentamientos entre serbios, croatas y musulmanes bosnios que ensangrentaron la zona a mediados de los años noventa, y que sólo llegaron a su fin con el tratado de Dayton (1995), pueden considerarse como el fin de la antigua Yugoslavia. (Véase YUGOSLAVA O DE YUGOSLAVIA, FEDERACIÓN.)

Hideki **Yukawa**

YUGOSLAVO, VA o **YUGOESLAVO, VA** adj. y s. De la antigua Yugoslavia o de la actual Serbia y Montenegro.

YUGULAR¹ adj. y f. *Anat.* **1** Cada una de las dos venas que hay a cada lado del cuello. **2** Relativo a la región del cuello por encima de la clavícula.

YUGULAR² tr. **1** Degollar, cortar el cuello. **2** fig. Poner fin bruscamente a determinadas actividades.

YUGURTA Rey de Numidia (?, h. 160 - ?, 104 a. C.). Sobrino de Micipsa, mantuvo una guerra contra Roma (111-105). Fue derrotado por Mario y capturado por Sila.

YUKAWA, HIDEKI Físico japonés (Tokio, 1907 - Kyoto, 1981). En 1935 predijo la existencia de una nueva partícula atómica, el mesón. Recibió el premio Nobel de Física en 1949.

YUKON Río de América del Norte; se forma en la provincia canadiense de Yukon, atraviesa Alaska y desemboca en el mar de Bering, formando un delta; 2.897 km de curso. Es navegable.

YUKON Territorio del NO de Canadá; 483.450 km² y 30.688 h. Capital, Whitehorse. Bosques.

YUNGA adj. **1** Natural de los valles cálidos que hay a uno y otro lado de los Andes. También com. || m. *Ling.* **2** Antigua lengua del N y centro de la costa peruana, llamada también mochica.

YUNGAY Ciudad de Perú, departamento de Ancash; 15.210 h. Cerca de ella se dio la batalla de su nombre, que concluyó con la victoria de M. Bulnes, jefe de los chilenos y peruanos partidarios de la separación de Perú y Bolivia, sobre Santa Cruz, que mandaba las tropas peruanobolivianas de la Confederación (20 de enero de 1839).

YUNNAN Provincia del S de China, en la región Sudoccidental; 436.200 km² y 39.390.000 h. Capital, Kunming.

YUNQUE m. **1** Prisma de hierro acerado encajado en un tajo de madera fuerte, y a propósito para trabajar en él a martillo los metales. **2** *Anat.* Uno de los huesecillos de la cadena situada en la parte media del oído.

YUNQUE, ÁLVARO (ARÍSTIDES GANDOLFI HERRERO, llamado) Escritor argentino (La Plata, 1890 - Buenos Aires, 1982). Cultivó una literatura de tendencia realista e inspiración popular. Autor de poesía, novelas y obras dramáticas, destacan sus cuentos: *Zancadillas* (1926) y *Espantapájaros* (1930).

YUNTA f. *Agr.* Par de bueyes, mulas u otros animales que sirven en la labor del campo o en los acarreos.

YUNTERÍA f. *Agr.* **1** Conjunto de yuntas. **2** Lugar donde se recogen.

YUNTERO m. El que labra la tierra con una pareja de animales o yunta.

YUPANQUI, ATAHUALPA (HÉCTOR ROBERTO CHAVERO, llamado) Cantautor y poeta argentino (Pergamino, 1908 - Nîmes, 1992). Autor de canciones populares con una marcada intención social. Entre sus más de 1.500 composiciones destacan *Nostalgia tucumana* y *Los ejes de mi carreta.*

YUPATÍ m. *Zool.* Mamífero marsupial de nombre científico *Metachirus nudicaudatus,* de pequeño tamaño y pelaje oscuro. Vive en los bosques americanos desde Nicaragua a Argentina.

YUPPIE (Voz i. formada a partir de la expresión *young urban professional.)* com. Joven profesional urbano, de posición social y económica elevada, en cuya personalidad se combina un sistema de valores conservador y basado en el triunfo con una forma de vida formalmente progresista.

YUQUERÍ m. *Bot. Arg.* Arbusto perteneciente a la familia mimosáceas, de nombre científico *Acacia riparia,* con fruto semejante a la zarzamora.

YURRE IGORRE.

YURTA f. Tienda circular con techo en forma de cúpula utilizada por los nómadas del N de Mongolia.

YURUÁ Río de América del Sur, que nace en el E de Perú, cerca de Brasil y desemboca en el Amazonas; 3.283 km.

YUSIVO, VA adj. *Gram.* Se dice del término que se emplea para designar el modo subjuntivo cuando expresa una orden.

YUSOVKA DONETZ, provincia y ciudad de Ucrania.

YUSUF Nombre de dos califas almohades de al-Andalus.

YUSUF I ABU YAQUB (?, 1135 - ?, 1184). Comenzó su reinado en 1163. Invadió la península Ibérica en 1170, se apoderó de Andalucía, y devastó Valencia y Cataluña. Fue derrotado en la batalla de Santarem por Fernando II de Castilla (1184).

YUSUF II AL-MANSUR (? - ?, 1199). Hijo del anterior, comenzó a reinar en 1184. Derrotó a las tropas de Alfonso VIII en la batalla de Alarcos (1195) y frenó la reconquista portuguesa. Mandó construir la Giralda de Sevilla.

YUSUF Nombre de varios reyes nazaríes de Granada.

YUSUF I (Granada, 1318 - íd., 1354). Ocupó el poder durante el periodo 1332-54. Tras finalizar los cuatro años de paz pactados con Alfonso XI de Castilla, se alió con los benimerines y presentó batalla a los cristianos. Fue derrotado por los mismos en la batalla del Salado (1340).

YUSUF III (?, 1376 - ?, 1417). Sucesor de su hermano Mohamed VII, ocupó el trono de 1407 a 1417. La estabilidad de su reinado se vio turbada por la pérdida de Antequera ante el infante Fernando de Castilla (1410). Recuperó Gibraltar.

YUSUF IV (? - ?, 1432). Acordó con Juan II de Castilla declararse vasallo suyo a cambio de que le ayudara a ocupar el trono desplazando a Mohamed IX. Se proclamó rey en 1432.

YUSUF V (? - ?, 1463). Sucesor de su sobrino Mohamed X, ocupó el trono de 1445 a 1463. Su reinado se caracterizó por las luchas internas y por una buena relación con el reino de Castilla hasta que al final del mismo Enrique IV inició las hostilidades y conquistó Gibraltar.

YUSUF, MULEY Sultán de Marruecos (Mequinez, 1882 - Fez, 1927). Tercero de los hijos de Hassán I y padre de Mohamed V. Sucedió a su hermano Muley Hafid; aceptó el tratado francoespañol delimitando las dos zonas de influencia.

YUSUF IBN TASFIN Príncipe almorávide (?, 1009 - ?, 1106). Elevado al trono en 1070, emprendió la conquista del N de Marruecos. Llamado después a la península Ibérica por los príncipes musulmanes, exterminó al ejército castellano en la batalla de Sagrajas (1086). Conquistó la mayor parte de los reinos hispano-musulmanes.

YUTE m. *Bot.* **1** Planta anual subleñosa, perteneciente a la familia tiliáceas, de nombres científicos *Corchorus capsularis* y *C. olitorius,* oriundas de Asia tropical, pero cultivadas hoy en numerosos países cálidos. **2** Tejido de su fibra, empleado, entre otros usos, para hacer sacos.

YUXTAPONER tr. y prnl. Poner una cosa junto a otra o inmediata a ella. ♦ IRREG. Se conjuga como PONER.

YUXTAPOSICIÓN f. **1** Acción y efecto de yuxtaponer. **2** *Miner.* Modo de crecer los minerales. **3** *Gram.* Unión de dos o más frases u oraciones con funciones idénticas, que se realiza mediante signos de puntuación (comas, punto y coma, etc.) y en la que no se establece una relación de subordinación entre ellas.

YUYO m. *Bot.* **1** *Arg.* y *Chile* Yerbajo, hierba inútil. **2** *Chile* JARAMAGO, planta. || m. pl. **3** *Perú* Hierbas tiernas comestibles. **4** *Col.* y *Ecuad.* Hierbas que sirven de condimento. || **YUYO COLORADO** *Arg.* CARURÚ.

YVELINES Departamento de Francia, en la región de Isla de Francia; 2.284 km² y 1.354.304 h. Capital, Versalles. Bosques.

YXART, JOSÉ Escritor y crítico literario español (Tarragona, 1852 - Barcelona, 1893). Compuso poesías en catalán y tradujo al castellano a Schiller y a Guimerà. Autor de *El año pasado* (1886-90, 5 vols.).

Z

z f. **1** Vigésima séptima y última letra del abecedario español, y vigésima segunda de sus consonantes. Se llama zeda o ZETA. En la mayor parte de España representa, ante cualquier vocal, un sonido de articulación interdental, fricativa y sorda. En casi toda Andalucía, así como en Canarias, América Latina, etc., representa un fonema como el de la s en que la lengua adopta posición convexa, generalmente predorsal, con salida dental o dentoalveolar del aire, y con SESEO o indistinción fonológica respecto de la s. **2** *Mat.* Variable o incógnita de una ecuación.

Z *Mat.* Letra utilizada para representar el conjunto de los números enteros.

ZAB Nombre de dos ríos de Irak, afluentes del Tigris. Se llaman Mayor (430 km de curso) y Menor (370 km de curso).

ZABALA, BRUNO MAURICIO DE Militar español (Durango, 1682 - río Paraná, 1736). Gobernador y capitán general de Buenos Aires, expulsó a los portugueses y fundó Montevideo (1726). Sofocó una insurrección de los comuneros paraguayos.

ZABALETA, RAFAEL Pintor español (Quesada, 1907 - íd., 1960). Su obra, centrada en tipos y paisajes de su tierra natal, sintetiza un neocubismo lineal y un fauvismo extremado.

ZABOLOTSKI, NIKOLAI ALEXEIEVICH Poeta ruso (Kazán, 1903 - Moscú, 1958). Su poemario *Columnas* (1929), que pretendía fusionar futurismo y acmeísmo, fue rechazado por la crítica ortodoxa.

ZABORDAR intr. *Mar.* Encallar un barco en tierra.

ZABULÓN Personaje bíblico, sexto hijo de Jacob y de Lía. Dio nombre a una de las tribus de Israel.

ZACA f. *Min.* Zaque grande que se emplea en el desagüe de los pozos de las minas.

ZACAPA Departamento de Guatemala; 2.690 km² y 212.794 h. Café, tabaco y caña de azúcar. Su capital es la ciudad del mismo nombre.

ZACARÍAS Personaje bíblico. Penúltimo de los doce profetas menores (s. XVI a. C.).

ZACARÍAS, SAN Sacerdote judío, esposo de santa Isabel y padre de san Juan Bautista.

ZACARÍAS, SAN Papa de origen griego (? - Roma, 752). Ocupó el solio pontificio en 741. Reconoció a la nueva dinastía carolingia de Pipino el Breve y denunció la política iconoclasta de Constantino V Coprónimo.

ZACATE m. *Amér.* y *Filip.* Hierba, pasto.

ZACATECAS Estado del centro de México; 73.252 km² y 1.332.683 h. Producción agrícola. Su capital es la ciudad del mismo nombre, fundada en 1585.

ZACATULA BALSAS.

ZADAR o **ZARA** Ciudad de Croacia, capital del condado de Zadar-Knin; 80.335 h. Fue italiana desde 1920 hasta el fin de la Segunda Guerra Mundial.

ZAFACÓN m. *P. Rico* y *Dom.* Recipiente hecho comúnmente de hoja de lata, que se usa en las casas para recoger las basuras.

ZAFADURA f. Acción y efecto de zafarse.

ZAFAR tr. **1** Soltar lo que estaba amarrado o sujeto. También prnl. ‖ prnl. **2** Escaparse o esconderse para evitar un encuentro o riesgo. **3** Irse de un lugar. **4** fig. Excusarse de hacer una cosa. **5** fig. Librarse de una molestia. **6** *Amér.* Dislocarse un hueso.

ZAFARRANCHO m. **1** *Mar.* Acción y efecto de desembarazar una parte de la embarcación, cuartel, etc., para dejarla dispuesta a determinada faena. **2** fig. y fam. Destrozo. **3** fig. y fam. Riña.

ZAFIO, FIA adj. Tosco, grosero.

ZAFIRINA f. *Miner.* Calcedonia azul.

ZAFIRO m. *Miner.* Mineral variedad del corindón cristalizado, de color generalmente azul. Es un óxido de aluminio con pequeñas cantidades de otros óxidos, especialmente de cromo. Se utiliza en joyería como piedra preciosa.

ZAFO, FA adj. *Mar.* Libre y desembarazado.

ZAFRA[1] (Del ár. *sufar* o *safr*, latón [vasija de].) f. **1** Vasija de metal, con agujeritos en el fondo, en que los vendedores de aceite colocan las medidas para que escurran. **2** Vasija grande de metal en que se guarda aceite.

ZAFRA[2] (Del ár. *safar*, periodo en que amarillean y maduran las cosechas.) f. *Agr.* **1** Cosecha de caña dulce. **2** Fabricación del azúcar de caña y de la remolacha, y tiempo que dura.

ZAFRA[3] (Del ár. *sajra*, piedra.) f. *Min.* Escombro.

ZAFRE m. *Quím.* Óxido de cobalto mezclado con cuarzo, que se emplea principalmente para dar color azul a la loza y al vidrio.

ZAGA f. **1** Parte posterior, trasera de una cosa. **2** *Dep.* Defensa en un equipo. ‖ **no ir a la zaga** fr. fig. No ser inferior.

ZAGAL, LA m. **1** Muchacho o muchacha adolescente. **2** Pastor o pastora joven.

ZAGAL, EL MUHAMMAD XI, rey de Granada.

ZAGREB Ciudad capital de Croacia; 867.717 h. Centro económico. Industria mecánica. Importante instalación sismográfica. Catedral de estilo gótico (siglo XV).

ZAGROS Cordillera de Asia; va desde el estrecho de Ormuz hasta el límite de Turquía en Irán. Su máxima altura es el Zard Kuh (4.547 m), en la provincia iraní de Khuzistán.

ZAGUA f. *Bot.* Arbusto perteneciente a la familia quenopodiáceas, de nombre científico *Salsola oppositifolia*, de unos 2 m de altura.

ZAGUAL m. Remo corto para embarcaciones pequeñas que se utiliza sin apoyarlo en ellas.

ZAGUÁN m. Espacio cubierto, situado dentro de una casa e inmediato a la puerta de la calle.

ZAGUERO, RA adj. **1** Que va, se queda o está detrás. ‖ m. y f. *Dep.* **2** En los partidos de pelota por parejas, el jugador que ocupa la zaga de la cancha. **3** DEFENSA, jugador de fútbol.

ZAHAREÑO, ÑA adj. **1** Se dice del pájaro difícil de domesticar. **2** Esquivo, intratable.

ZAHEDÁN Ciudad de Irán, capital de la provincia de Sitán-Baluchistán; 361.623 h.

ZAHERIR tr. Reprender, mortificar. ♦ IRREG. Se conjuga como SENTIR.

ZAHÍNA *Bot.* Planta anual, originaria de la India, de la familia gramíneas, con cañas de dos a tres metros de altura, y granos mayores que los cañamones.

ZAHIR SHA, MUHAMMAD Rey de Afganistán (Kabul, 1914). Sucedió a su padre Nadir Sha en 1933. Durante la Segunda Guerra Mundial mantuvo la neutralidad de su país. En 1965 consiguió que fuera aprobada una constitución democrática. Fue derrocado en 1973 por un golpe de Estado.

ZAHÓN m. Especie de calzón con perniles abiertos que llegan a media pierna y se atan a los muslos. Más en pl.

ZAHONADO, DA adj. Se dice de los pies y manos de algunas reses, que tienen distinto color por delante.

ZAHORÍ com. **1** Persona a quien se atribuye la facultad de descubrir lo que está oculto, especialmente manantiales subterráneos. **2** fig. Persona perspicaz y escudriñadora.

ZAHORRA f. *Mar.* Lastre de una embarcación.

ZAHÚRDA f. Establecimiento del cerdo, pocilga.

ZAIDA Princesa musulmana (ss. XI-XII). Hija del rey de Sevilla, al hacerse cristiana tomó el nombre de Isabel y fue amante de Alfonso VI de Castilla. De esta unión nació el príncipe don Sancho.

ZAIMIS, ALEXANDROS Político griego (Atenas, 1855 - Viena, 1936). Miembro del Partido Liberal, fue presidente del Gobierno (1897-99, 1915, 1916, 1917 y 1926-28) y presidente de la República (1929-35). Depuesto por el golpe militar que restauró la monarquía.

ZAINO[1], **NA** adj. Traidor, falso.

ZAINO[2], **NA** adj. **1** Se dice del caballo o yegua castaño oscuro que no tiene otro color. **2** En el ganado vacuno, el de color negro que no tiene ningún pelo blanco.

ZAIRE, NUEVO m. *Econ.* Unidad monetaria de la República Democrática del Congo.

ZAIRE CONGO, río.

ZAIRE CONGO, REPÚBLICA DEMOCRÁTICA DEL.

ZAIREÑO, ÑA adj. y s. De Zaire, antiguo nombre de la República Democrática del Congo.

ZAITSEV, BORIS KONSTANTINOVICH Escritor ruso (Orel, 1881 - París, 1972). Se inició con libros de cuentos influidos por Chéjov. Posteriormente publicó, entre otras obras, la novela *La casa de Passy* (1935).

ZAJÓN m. ZAHÓN.

ZAKYAMUNI BUDA.

ZALAGARDA f. **1** Emboscada. **2** fig. Lazo para cazar animales. **3** fig. y fam. Astucia maliciosa. **4** fig. y fam. Alboroto, bullicio.

ZALAMEA, JORGE Escritor colombiano (Bogotá, 1905 - íd., 1969). Fue ministro de Educación. Cultivó el teatro (*El regreso de Eva*, 1927), el ensayo (*Introducción al arte antiguo*, 1931), la narrativa (*La metamorfosis de su excelencia*, 1949) y la poesía (*El Gran Burundú-Burundá ha muerto*, 1951).

ZALAMERÍA f. Demostración de cariño afectada y empalagosa.

Rafael **Zabaleta**. *Nocturno*. Museo Nacional Centro de Arte Reina Sofía (Madrid).

ZALAMERO, RA adj. y s. Que hace zalamerías.
ZALDÍBAR o **ZALDÍVAR** *(Zaldibar)* Municipio y lugar de España, provincia de Vizcaya; 3.051 h.
ZALDÍVAR, RAFAEL Político salvadoreño (San Alejo, 1834 - París, 1903). Presidente de la República (1876-85), se opuso a la unidad centroamericana. Fue derrocado por F. Menéndez.
ZALDÚA, FRANCISCO JAVIER Jurista y político colombiano (Bogotá, 1811 - íd., 1882). Rector de la universidad, ministro del Gobierno (1849) y presidente de la República (1881-82).
ZALEA f. Piel de oveja o carnero curtida con su lana.
ZALEMA f. **1** fam. Reverencia que demuestra sumisión. **2** ZALAMERÍA.
ZALMEDINA m. *Hist.* Magistrado del antiguo reino de Aragón con jurisdicción civil y militar.
ZAMA *Geog. hist.* Antigua ciudad de Tunicia, al SO de Cartago. Derrota de Aníbal frente a Publio Cornelio Escipión en 202 a. C.
ZAMACUCO, CA m. y f. **1** fam. Persona torpe o tonta. **2** Persona que hace siempre su voluntad.
ZAMACUECA f. CUECA.
ZAMARRA f. **1** Prenda de vestir rústica, hecha de piel con su lana o pelo. **2** PELLIZA, chaqueta de abrigo. **3** Piel de carnero.
ZAMARREAR tr. **1** Sacudir un animal la presa que tiene entre los dientes. **2** fig. y fam. Maltratar a uno moviéndolo con violencia o golpeándolo. **3** fig. y fam. Poner en apuros.
ZAMARRILLA f. *Bot.* Planta perteneciente a la familia labiadas, de nombre científico *Teucrium polium*, con tallos leñosos y flores blancas o encarnadas.
ZAMARRO m. **1** ZAMARRA, prenda de vestir. **2** Piel de cordero. **3** fig. y fam. Hombre tosco. **4** fig. y fam. Hombre astuto.
ZAMBA o **ZAMBACUECA** f. CUECA.
ZAMBAIGO, GA adj. y s. **1** ZAMBO, hijo de negra e indio o viceversa. **2** *Méx.* Descendiente de chino e india o viceversa.
ZAMBEZE Río de África; que nace en Zambia, describe una curva por Angola, constituye durante 900 km la frontera entre Zambia y Zimbabwe, forma el lago artificial de Kariba, atraviesa Mozambique y desemboca en el océano Índico; 2.660 km de curso. Forma las cataratas Victoria.
ZAMBIA *(Republic of Zambia)* República de África centromeridional, miembro de la Commonwealth británica, que limita al N con la República Democrática del Congo y Tanzania; al E, con Malawi y Mozambique; al S, con Zimbabwe, Botswana y Namibia; y al O, con Angola.
GEOG. Con una altitud media elevada (900 m), el país presenta formas de relieve que alternan macizos montañosos (montes Muchinga, Abercorn) y depresiones. El río más importante es el Zambeze, al que confluyen casi todas las aguas del territorio. También es un país de lagos: Mweru, Bangweulu, y parte del Tanganika y el Kariba, en el N. El clima es tropical sudanés. En su vegetación domina la sabana. La economía está basada en la minería: cobre (5º país productor del mundo y cuyo valor representa el 90% del total de las exportaciones nacionales), cinc, cobalto y plomo. Sus principales cultivos son: cacahuete, mandioca, batata, tabaco, mijo, sorgo, algodón, tomates, soja y caña de azúcar. La

ZAMBIA

Provincias	Superficie (km²)	Población (h.)	Capitales
Central	94.395	725.611	Kabwe
Copperbelt	31.328	1.579.542	Ndola
Luapula	50.567	526.705	Mansa
Lusaka	21.896	1.207.908	Lusaka
Meridional	85.283	946.352	Livingstone
Nordoccidental	125.827	383.146	Solwezi
Occidental	126.386	607.497	Mongu
Oriental	69.106	973.818	Chipata
Septentrional	147.826	867.795	Kasama

Superficie: 752.614 km².
Población: 9.582.000 h. (zambianos).
Densidad: 12,7 h./km².
Tasa de natalidad: 42,4‰.
Tasa de mortalidad: 22,1‰.
Capital: Lusaka.
Ciudades principales: Ndola, Kitwe, Chingola, Kabwe y Mufulira.
Grupos étnicos: bantú (97%).
Religión: protestantismo (34,2%), animismo (27%), catolicismo (26,2%), cristianismo africano (8,3%).
Idioma: inglés (oficial) y bantú.
Moneda: kwacha de Zambia.
Forma de Estado: república presidencialista.
Producto Nacional Bruto: 3.234 millones de dólares.
Renta per cápita: 330 dólares.
División administrativa: 9 provincias, según cuadro.

industria está relacionada con el tratamiento electrolítico del cobre y, en menor proporción, con la elaboración de productos agrícolas.
HIST. Habitado originariamente por tribus bantúes, en el siglo X comenzó a desarrollarse el comercio de marfil, del oro y del cobre en la confluencia de los ríos Kafue y Zambeze. Hasta la llegada de los europeos en el siglo XIX, se establecieron distintas tribus y jeferías procedentes de territorios limítrofes, entre las que destacaron, en el siglo XVIII, el reino de Kazembé y, posteriormente, el reino kololo, con el que entró en contacto Livingstone (1851-60). El territorio que comprendía el África central, de influencia británica, experimentó una evolución doble: al S se estableció el protectorado de Nyasalandia (Malawi), y al N el de Rhodesia del Norte (Zambia). Rhodesia del Norte se convirtió en colonia británica en 1924, y en 1953, entró a formar parte de la Federación Centroafricana, integrada también por Rhodesia del Sur y por Nyassalandia. Tras ser aprobada la Constitución de 1962, los líderes de Congreso Nacional Africano (ANC), Harry Nkumbula, y del Partido Unificado de la Independencia Nacional (UNIP), K. Kaunda, formaran parte del Gobierno de la colonia. En 1963 se disolvió la Federación Centroafricana, y, en enero de 1964, se aprobó una nueva Constitución que dotaba de autogobierno a Rhodesia del Norte. Las elecciones generales que dieron el triunfo al UNIP y Kaunda fue nombrado primer ministro. En octubre del mismo año, el país, ya con el nombre de Zambia, accedió a la independencia con Kaunda como presidente de la República, y éste fue reelegido sucesivamente en 1968, 1973, 1978 y 1983. Desde los primeros momentos de la independencia estallarían los conflictos fronterizos con Rhodesia del Sur (luego Zimbabwe), que culminaron en 1974 con enfrentamientos armados. La entrada en vigor de una nueva Constitución que definía a Zambia como una democracia de partido único (1973), coincidió con el inicio de un periodo de nacionalizaciones de las minas de cobre (1974) y con la abolición de la propiedad privada sobre la tierra (1975). En los años noventa, un clima de mayor tolerancia permitió la legalización de los partidos políticos y la celebración de elecciones generales (octubre de 1991), en las que triunfó el Movimiento para la Democracia Multipartidista (MDM) y Frederick Chiluba alcanzaba la presidencia. El nuevo gobierno hubo de hacer frente a las protestas generadas por su programa económico y a un fallido golpe de Estado en marzo de 1993. En 1998 fue detenido el ex presidente Kaunda, acusado de intentar perpetrar un golpe de Estado. Al año siguiente fue liberado por falta de cargos y se retiró de la vida pública. Tras las elecciones celebradas en diciembre de 2001 Levy Patrick Mwanawasa, líder del MDM, fue nombrado nuevo presidente del país.
ZAMBIANO, NA adj. y s. De Zambia.
ZAMBO, BA adj. y s. **1** Se dice de la persona que tiene juntas las rodillas y separadas las piernas hacia afuera. **2** *Zool.* Mono americano, de cola prensil y pelaje de color pardo amarillento, hocico negro y una mancha blanca en la frente. **3** *Amér.* Se dice del hijo de negro e india, y al contrario.
ZAMBOANGA Ciudad de Filipinas, provincia de Zamboanga del Norte, en Mindanao; 464.466 h.
ZAMBOMBA f. *Mús.* Instrumento musical rústico, formado por un cilindro hueco, abierto por un extremo y cerrado por el otro con una piel tirante que tiene en el centro un carrizo que, frotado con la mano humedecida, produce un sonido fuerte y ronco.
ZAMBOMBAZO m. **1** Porrazo, golpazo. **2** Estampido, explosión.
ZAMBRA f. **1** Fiesta gitana con bulla, regocijo y baile. **2** fig. y fam. Algazara, bulla.
ZAMBULLIR tr. y prnl. **1** Meter debajo del agua con ímpetu o de golpe. || prnl. **2** fig. Esconderse o meterse en alguna parte, o cubrirse con algo. ◆ IRREG. Se conjuga como MULLIR.
ZAMBURIÑA f. *Zool.* Molusco lamelibranquio perteneciente a la familia pectínidos, de nombre científico *Chlamys varia*, bivalvo. Vive en el Atlántico y el Mediterráneo.
ZAMENHOF, LEJZER LUDWIK Lingüista polaco (Bialyston, 1859 - Varsovia, 1917). En 1887 propuso un nuevo idioma internacional, que recibió el nombre de *esperanto*.

ZAMIATIN, EVGENI IVÁNOVICH Escritor ruso (Lipeck, 1884 - París, 1937). Fue uno de los fundadores del grupo experimentalista y realista de los hermanos Serapion.

ZAMORA 1 Provincia de España, en la comunidad autónoma de Castilla y León; 10.559 km² y 204.650 h. Limita al N con la provincia de León, al E, con la de Valladolid, al S, con la de Salamanca y al O, con la de Orense y con Portugal. Comprendida en la meseta del Duero, su territorio presenta una parte montañosa al N, acentuada por los montes de León, y una región bastante llana al S. Con un clima mediterráneo de tipo continental, está regada por el Duero y sus afluentes (Valderaduey, Esla, Órbigo, Tera y Aliste, Guareña, Amor y Tormes). Produce cereales, legumbres, hortalizas, frutas, olivo y vid, lino, cáñamo, remolacha. Ganadería lanar. Industria alimentaria, hidroeléctrica y textil. Yacimientos de estaño y antimonio. **2** Ciudad capital de la misma y del partido judicial de su nombre, a orillas del Duero; 63.783 h. Centro agrícola, ganadero y comercial. Industria alimentaria, metalúrgica, textil y del mueble. Catedral románica (1151-74) y numerosas iglesias del mismo estilo. Recinto amurallado. El casco antiguo está declarado monumento histórico-artístico.

ZAMORA-CHINCHIPE Provincia de Ecuador, región de Oriente; 23.111 km² y 76.414 h. Su capital es Zamora.

ZAMORANO, NA adj. y s. De Zamora.

ZAMPA, LUIGI Director de cine italiano (Roma, 1905 - íd., 1991). Adscrito al neorrealismo, realizó *Vivir en paz* (1946), *Años difíciles* (1948) y *Proceso a la ciudad* (1952).

ZAMPABOLLOS com. fam. Comilón, tragón.

ZAMPAR tr. **1** Esconder rápidamente una cosa entre otras. **2** Comer apresurada y excesivamente. **3** Asestar, propinar. || prnl. **4** Meterse de golpe en una parte.

ZAMPATORTAS com. fam. Persona que come con exceso.

ZAMPEADO m. *Arquit.* Obra de cimentación que permite construir sobre terrenos inestables o fangosos.

ZAMPÓN, NA adj. y s. fam. Comilón, tragón.

ZAMPOÑA f. **1** *Mús.* Instrumento musical rústico, a modo de flauta, o compuesto de muchas flautas. **2** fig. y fam. Dicho trivial o sin sustancia.

ZAMPULLÍN m. *Zool.* Nombre de varias especies de aves podicipitiformes, de la familia podicipítidos, género *Podiceps*. El zampullín chico (*Podiceps ruficollis*), de unos 26 cm de longitud y color pardo, vive en aguas dulces del Viejo Mundo.

ZANAHORIA f. *Bot.* **1** Planta herbácea perteneciente a la familia umbelíferas, de nombre científico *Daucus carota*, con raíz fusiforme, de unos dos decímetros de largo, amarilla o rojiza, jugosa y comestible. Procede de Eurasia. **2** Raíz de esta planta.

ZANCA f. **1** *Zool.* Pata larga de las aves, desde el tarso hasta la juntura del muslo. **2** fig. y fam. Pierna larga y delgada. **3** *Arquit.* Madero inclinado que sirve de apoyo a los peldaños de una escalera.

ZANCADA f. Paso largo.

ZANCADILLA f. **1** Acción de cruzar uno la pierna delante de la de otro para derribarlo. **2** fig. y fam. Estratagema con que se derriba o pretende derribar a alguien de un puesto o cargo.

ZANCAJO m. **1** *Anat.* Hueso del pie, que forma el talón. **2** *Anat.* Parte del pie, donde sobresale el talón. **3** fam. Hueso grande de la pierna. **4** fig. Parte del zapato o media, que cubre el talón.

ZANCARRÓN m. fam. Hueso grande y descarnado, especialmente de la extremidades.

ZANCO m. Cada uno de los palos altos, con salientes sobre los que se ponen los pies, para andar sin mojarse por donde hay agua.

ZANCUDO, DA adj. **1** Que tiene las zancas largas. **2** *Zool.* Se dice del ave que tiene los tarsos muy largos y la parte inferior de la pierna desprovista de plumas, como la cigüeña y la grulla. También s. || m. *Zool.* **3** *Amér.* Mosquito.

ZANDÍA f. *Bot.* SANDÍA.

zampullín

Emiliano **Zapata** (sentado en el centro) con sus colaboradores.

ZANGANEAR intr. fam. Hacer el vago.

ZÁNGANO m. *Zool.* Abeja u hormiga macho, de antenas largas, ojos unidos en lo alto de la cabeza y sin aguijón.

ZÁNGANO, NA m. y f. **1** fig. y fam. Se dice de la persona holgazana. **2** Se dice de la persona floja y torpe.

ZANGOLOTEAR tr. y prnl. **1** fam. Mover continuamente una cosa. || intr. **2** fam. Moverse de una parte a otra sin propósito. || prnl. **3** fam. Moverse una cosa por estar suelta o mal encajada.

ZANGOLOTINO, NA adj. y s. fam. Se dice del niño que aparenta menos edad de la que tiene.

ZANGUANGO, GA adj. y s. fam. Indolente, gandul.

ZANGWILL, ISRAEL Escritor británico, de origen judío (Londres, 1864 - Midhurst, 1926). Propagandista de la causa sionista, supo plasmar en sus obras la conciencia y las costumbres de su pueblo: *Los hijos del ghetto* (1892), *Las tragedias del ghetto* (1893).

ZANJA f. **1** Excavación larga y estrecha que se hace en la tierra para echar cimientos, conducir aguas, etc. **2** *Amér.* Surco producido por el agua corriente.

ZANJAR tr. **1** Echar zanjas o abrirlas. **2** fig. Resolver, concluir.

ZANJÓN, PACTO o **CONVENIO DE** *Hist.* Tratado de paz firmado entre España y Cuba en 1878 que puso fin a la guerra de los Diez Años (1868-78).

ZANQUEAR intr. **1** Torcer las piernas al andar. **2** Andar con prisa.

ZANQUILARGO, GA adj. y s. fam. Que tiene largas las zancas o piernas.

ZANTE Isla y nomo de Grecia, frente a las costas occidentales del Peloponeso, en el grupo de las Islas Jónicas; 406 km² y 32.746 h. Su capital es la ciudad del mismo nombre.

ZANUSSI, KRZYSZTOF Director de cine polaco (Varsovia, 1939). Autor, entre otros filmes, de *La estructura de cristal* (1969), *Iluminación* (1972), *Constantes* (1980) o *Contract* (1980).

ZANZÍBAR 1 Isla de Tanzania en el océano Índico; 1.658 km² y 273.365 h. Comprende las regiones de Zanzíbar Meridional y Central, Zanzíbar Occidental y Zanzíbar Septentrional. **2** Ciudad capital de la misma y de la región de Zanzíbar Occidental; 157.634 h. Gran producción de clavo.

Hist. Estuvo habitada desde los siglos IX y X por árabes y bantúes. Los portugueses hicieron de ella el centro de su dominación en África oriental (1503-1730). Alemania e Inglaterra se interesaron por ella a finales del siglo XIX: la primera colonizó la costa continental y la segunda se quedó con la isla. Zanzíbar obtuvo un gobierno autónomo del Reino Unido en 1960, en 1963 se proclamó la independencia dentro de la Commonwealth. En 1964, un golpe de Estado proclamó la república popular. En abril de ese mismo año, Tanganika y Zanzíbar firmaron un acuerdo, por el cual pasaron a formar un solo Estado, que adoptó la denominación oficial de *República Unida de TANZANIA*.

ZANZÍBAR Antiguo Estado de África occidental, formado por las islas de Zanzíbar, Pemba y otros islotes, que en 1964 se federó con Tanganika para constituir la República de TANZANIA.

ZANZOTTO, ANDREA Poeta italiano (Pieve de Soligo, 1921). Ha llevado su neovanguardismo hasta erigir el significante depositario del sentido poético: *Vocativo* (1957), *La belleza* (1968), etc.

ZAODITU, JUDITH Emperatriz etíope (Addis-Abeba, 1876 - íd., 1930). Ocupó el trono en 1917. Le sucedió el ras Taffari, su sobrino, ya regente en 1928, con el nombre de Haile Selassie I.

ZAPA¹ (Del lat. *sappa*, escardillo.) f. **1** Pala con un corte acerado, que usan los zapadores o gastadores. **2** Excavación de galería subterránea o de zanja al descubierto.

ZAPA² (Del lat. *sepia*, lija.) f. **1** *Zool.* Piel áspera de algunos selacios, lija. **2** Piel o metal que al labrarse imita la piel granulosa de la lija.

ZAPADOR m. *Mil.* Soldado que abre trincheras, zanjas, etc.

ZAPALLO m. *Amér.* m. *Bot.* Árbol de la familia bignoniáceas, güira, jícaro. **2** Cierta calabaza comestible.

ZAPÁN m. *Bot.* Árbol perteneciente a la familia eleocarpáceas, de nombre científico *Muntingia calabura*, de hasta 10 m de altura, procedente de la América tropical. Sus frutos son comestibles.

ZAPAPICO m. Herramienta con mango de madera y dos bocas opuestas, una terminada en punta y otra en un corte estrecho.

ZAPAR intr. Trabajar con la zapa o pala.

ZAPATA f. **1** Pedazo de cuero o suela que a veces se pone debajo del quicio de la puerta para que no rechine. **2** *Mec.* Pieza del freno de los coches y otros vehículos que actúa por fricción contra el eje o contra las ruedas.

ZAPATA Península de Cuba, en la costa meridional; 3.000 km². Gran parte de su extensión está cubierta por ciénagas.

ZAPATA, EMILIANO Político y revolucionario mexicano (San Miguel Anenecuilco, 1879 - Chinameca, 1919). De origen campesino, en 1909 comenzó sus actividades revolucionarias, con la fundación de una junta de defensa de las tierras en la región de Ayala. Durante la revolución de 1911 apoyó a Madero contra Porfirio Díaz y, a su muerte, fue el máximo exponente de la lucha contra los conservadores V. Huerta y V. Carranza. En 1912, bajo el lema «Tierra y Libertad», inició la lucha abierta frente al ejército federal. En 1914 se había adueñado de casi todo el S del país y, aliado con Pancho Villa, llegó a dominar la mayor parte de México. Murió acribillado en una encerrona, que contó con el apoyo de Carranza.

ZAPATAZO m. **1** Golpe dado con un zapato. **2** fig. Caída y ruido que resulta de ella. **3** fig. Golpe fuerte que se da contra cualquier cosa que suena.

ZAPATEADO m. **1** *Danza.* Baile español que se ejecuta en compás ternario y con zapateo. **2** *Música* de este baile.

ZAPATEAR tr. **1** Golpear con el zapato. **2** Dar golpes en el suelo con los pies calzados, especialmente al compás de la música. **3** Golpear el conejo rápidamente la tierra con las manos. **4** Toparse la caballería cuando anda o corre. **5** *Dep.* En esgrima, dar o señalar alguien muchos golpes a su contrario con el botón o zapatilla. || intr. *Dep.* **6** En equitación, moverse el caballo aceleradamente sin cambiar de sitio.

ZAPATERÍA f. **1** Taller donde se hacen o reparan zapatos. **2** Tienda donde se venden. **3** Oficio de zapatero.

ZAPATERO, RA adj. **1** Perteneciente o relativo al zapato. **2** Se dice de las legumbres y otros alimentos duros y correosos, especialmente, después de cocidos. || m. y f. **3** Persona que por oficio hace zapatos, los repara o los vende. || m. *Zool.* **4** Insecto heteróptero, de nombre

Zaragoza. La Aljafería.

científico *Gerris lacustris* que se desplaza deslizándose por la superficie del agua. **5** Pez teleósteo acantopterigio, plateado, con cabeza puntiaguda, que vive en los mares de América tropical.
ZAPATETA f. **1** Golpe o palmada que se da con el pie o zapato. **2** Brinco sacudiendo los pies.
ZAPATILLA f. **1** Zapato ligero y de suela muy delgada. **2** Zapato cómodo o de abrigo para estar en casa. **3** Pedacito de ante que se ponía detrás del muelle de la llave de las armas de fuego. **4** Cualquier pieza de cuero, goma, etc., que sirve para mantener adheridas dos partes diferentes que están en comunicación, como cañerías, depósitos, etc. **5** *Zool.* Uña o casco de los animales de pata hendida. || **ZAPATILLA DE LA REINA** *Bot.* PAMPLINA, planta.
ZAPATILLAZO m. Golpe dado con una zapatilla.
ZAPATO m. Calzado que no pasa del tobillo.
ZAPATOSA Laguna de Colombia, departamento de Magdalena; 250 km de largo por 20 de ancho.
ZAPE Voz fam. que se emplea para ahuyentar a los gatos.
ZAPOPÁN Ciudad de México, Estado de Jalisco; 668.323 h. Forma parte de la conurbación de Guadalajara.
ZAPOROZHZYE Ciudad de Ucrania, capital de la provincia homónima, a orillas del Dniéper; 882.000 h. Centro industrial.
ZAPOTAL Punta de Costa Rica, provincia de Guanacaste.
ZAPOTE m. *Bot.* **1** Árbol perteneciente a la familia sapotáceas, de nombre científico *Manilkara zapota*, de hasta 30 m de altura, con hojas persistentes y fruto en drupa, de pulpa amarillenta, dulce y sabor muy agradable. Crece en México y América Central. Del tronco se extrae una goma o látex llamada *chicle*. **2** Fruto de este árbol.
ZAPOTECA adj. *Etnol* e *Hist.* **1** Se dice de uno de los pueblos amerindios, que habitaba en el valle de Oaxaca. Los zapotecas recibieron la influencia de la cultura OLMECA, lo que dio origen a centros ceremoniales, como Etla y MONTE ALBÁN. Los rasgos característicos de su cultura se definieron entre el 200 a. C. y el 100 d. C.: vasijas, urnas funerarias, enterramientos y observatorios astronómicos. Este estilo alcanzó su apogeo entre el 100 y el 800 en Monte Albán, Cuilapan y Yagul. Posteriormente, se establecieron en Mitla y Zaachila, donde convivieron con grupos mixtecas. En 1551 fueron sometidos por los españoles. Más en pl. **2** Se dice también de sus individuos. También com. **3** Relativo a este pueblo. || m. *Ling.* **4** Lengua hablada por este pueblo.
ZAPOTOCKY, ANTONIN Político checoslovaco (Zakolany, 1884 - Praga, 1957). Participó en el golpe de Estado que llevó al poder a los comunistas. Fue jefe de gobierno (1948-53) y presidente de la República (1953-57).
ZAPPING, HACER expr. Cambiar rápida y continuamente de un canal de televisión a otro con el mando a distancia.
ZAQUE[1] m. Odre pequeño.
ZAQUE[2] m. *Hist.* Antes de la llegada de los españoles, nombre que recibía el rey de Tunja en el centro de Colombia.
ZAQUEAR tr. **1** Mover o trasegar líquidos de unos zaques a otros. **2** Transportar líquidos en zaques.
ZAQUIZAMÍ m. **1** Desván. **2** fig. Cuarto pequeño y poco limpio.

ZAR m. Título que se daba al emperador de Rusia y al soberano de Bulgaria.
ZARA ZADAR.
ZARABANDA f. **1** *Danza* Baile popular español de los siglos XVI y XVII. **2** Música alegre y ruidosa de esta danza. **3** Copla que se cantaba con esta música. **4** *Danza* Baile lento, solemne, de ritmo ternario, que desde mediados del siglo XVII forma parte de las sonatas. **5** fig. Alboroto, ruido.
ZARAGALLA f. *Bot.* Carbón vegetal menudo.
ZARAGATA f. fam. Pendencia, alboroto.
ZARAGATONA f. *Bot.* Planta herbácea anual, con semillas que contienen mucílago, empleadas como emolientes. **2** Semilla de esta planta.
ZARAGOZA 1 Provincia de España, en la comunidad autónoma de Aragón; 17.194 km² y 844.571 h. Limita al N con las provincias de Navarra y Huesca; al E, con esta última y las de Lleida y Tarragona; al S, con las de Teruel y Guadalajara y al O, con las de Soria, La Rioja y Navarra. Se extiende desde las estribaciones meridionales de los Pirineos hasta el Sistema Ibérico (Moncayo; 2.349 m), y la parte central de su territorio ocupa la depresión del Ebro. Su clima es continental de tipo mediterráneo. Está regada por el Ebro y sus afluentes el Arga, Aragón, Gállego, Segre, Huerva, Aguasvivas, Martín, Guadalope, Matarraña y Jalón, éste acrecentado con sus tributarios Piedra y Jiloca. Produce cereales (maíz), aceite, vino, legumbres, remolacha azucarera, hortalizas, cáñamo, lino y frutas variadas. Ganadería ovina. Industrias derivadas de la agricultura, metalúrgica, del automóvil, químicas, de la construcción y de sus materiales (cemento); textil, papelera, del calzado y de maquinaria agrícola. **2** Ciudad capital de la comunidad autónoma de Aragón, y de la provincia y del partido judicial de su nombre; situada a orillas del Ebro; 601.674 h. Centro agrícola, ganadero y comercial. Industria. Sede de la Academia General Militar. Base aérea. Entre sus edificios destacan la Aljafería, palacio-fortaleza musulmán (siglo XI), la catedral gótica del Salvador o La Seo (siglo XV), la Lonja (siglo XVI) y la basílica de Nuestra Señora del Pilar, obra barroca del siglo XVII, concluida en 1872. Restos de la muralla romana (siglo II).
ZARAGOZA, IGNACIO Militar mexicano (Bahía del Espíritu Santo, 1829 - Puebla, 1862). Vinculado al Partido Liberal, defendió la causa constitucionalista durante la guerra de la Reforma (1858-61). En 1862 se distinguió en la batalla del Cinco de Mayo contra los franceses.
ZARAGOZA Y DOMÉNECH, AGUSTINA ARAGÓN, AGUSTINA DE.
ZARAGOZANO, NA adj. y s. De Zaragoza.
ZARAGÜELLES m. pl. **1** Especie de calzones anchos y con numerosos pliegues, que se usaban antiguamente. **2** *Bot.* Planta gramínea.
ZARANDA f. **1** Criba, colador. **2** *Venez.* Trompo hueco que zumba al girar.
ZARANDAJA f. fam. Cosa menuda, sin valor. Más en pl.
ZARANDAR tr. **1** Cribar. **2** fig. y fam. ZARANDEAR. También prnl.
ZARANDEAR tr. **1** fig. y fam. Mover una cosa con prisa, ligereza y facilidad. También prnl. **2** fig. Ajetrear, afanarse. || prnl. **3** *Perú, P. Rico* y *Venez.* CONTONEARSE.
ZARANDILLO m. **1** Zaranda pequeña. **2** fig. y fam. El que con viveza y soltura anda de una parte a otra.
ZARANDONA f. *Bot.* ADELFILLA.
ZARAPITO m. *Zool.* Nombre de varias especies de aves caradriformes de la familia escolopácidos, género *Numenius*. Vive en regiones costeras y lugares húmedos.

ZARATÁN m. *Med.* Cáncer de pecho en la mujer.
ZARATUSTRA ZOROASTRO.
ZARAZO, ZA adj. *Bot.* SARAZO.
ZARCEÑO, ÑA adj. *Bot.* Relativo a la zarza.
ZARCERO m. *Zool.* Nombre de varias especies de aves caradriformes de la familia sílvidos, género *Hippolais*, de hasta 15 cm de longitud.
ZARCETA f. *Zool.* CERCETA, ave.
ZARCILLITOS m. pl. *Bot.* TEMBLADERA, planta gramínea.
ZARCILLO[1] (Del lat. *circellus*, circulito.) m. **1** Pendiente, arete. **2** *Bot.* Hoja o foliolo modificado en una estructura larga, delgada y voluble que ayuda a la fijación de la planta a un soporte.
ZARCILLO[2] (Del lat. *sarcellum*, por *sarcŭlum*, azada.) m. *Agr.* Almocafre o azadilla de escardar.
ZARCO, CA adj. poét. De color azul claro, se utiliza para referirse a los ojos.
ZAREVITZ m. **1** Hijo del zar. **2** Príncipe primogénito del zar reinante.
ZARGATONA f. *Bot.* ZARAGATONA.
ZARIA Ciudad de Nigeria, en el N del país; 369.800 h.
ZARIANO, NA adj. Relativo al zar.
ZARIGÜEYA f. *Zool.* Nombre de unas 80 especies de mamíferos marsupiales americanos de la familia didélfidos. Son de tamaño variable, costumbres nocturnas, vida arborícola y cola generalmente prensil. Las crías nacen poco formadas y se desplazan por el abdomen hasta alcanzar los pezones, donde permanecen hasta completar su desarrollo.
ZARINA f. **1** Emperatriz de Rusia. **2** Esposa del zar.
ZARISMO m. Forma de gobierno absoluto, propio de los zares.
ZARJA f. Especie de devanadera.
ZARLINO, GIOSEFFO Compositor y teórico de la música italiano (Chioggia, 1517 - Venecia, 1590). Precursor de los estilos propios de los siglos XVII y XVIII, en su producción pueden mencionarse *Modulationes sex vocum*, tres *Lectiones pro mortuis*, una misa, motetes y madrigales.
ZARPA[1] f. **1** Acción de zarpar. **2** Lodo o barro que se queda en la parte baja de la ropa. **3** *Zool.* Garra de ciertos animales. || **echar** una **zarpa** fr. fig. y fam. Agarrar, apoderarse de algo.
ZARPA[2] f. *Arquit.* Parte de la anchura de un cimiento que excede a la del muro.
ZARPAR tr. *Mar.* **1** Desprender el ancla del fondeadero. También prnl. || intr. *Mar.* **2** Salir un barco del lugar en que estaba fondeado.
ZARPAZO m. **1** Golpe dado con la zarpa. **2** Golpazo, batacazo.
ZARPEAR tr. *C. Rica* y *Hond.* Salpicar de barro.
ZARQA (*az-Zarqa*) Ciudad de Jordania, capital de la gobernación homónima; 344.524 h. Refinerías de petróleo.
ZARRACINA f. Ventisca con lluvia.
ZARRAPASTROSO, SA adj. y s. Desaseado, andrajoso.
ZARRIA f. **1** Barro o lodo pegado en la parte inferior de la ropa. **2** Pingajo, harapo.
ZARRIOSO, SA adj. Lleno de zarrias.
ZARZA f. *Bot.* Nombre de varias especies de arbustos de la familia rosáceas, género *Rubus*, espinoso, con tallos sarmentosos y largos, y flores blancas o rojas en racimos terminales. El fruto, la zarzamora, es comestible. Crece en sotos y ribazos.
ZARZAGÁN m. Viento cierzo muy frío.
ZARZAL m. *Bot.* Sitio poblado de zarzas.
ZARZAMORA f. *Bot.* **1** Fruto de la zarza, formado por pequeñas y numerosas drupas de color rojo, que se vuelven negras al madurar. **2** Zarza.

zarzamora

zarzaparrilla f. **1** *Bot.* Nombre de varias especies de arbustos leñosos sarmentosos, de la familia liliáceas, género *Smilax*, con frutos en bayas globosas, y rizomas casi cilíndricos. El rizoma tiene propiedades depurativas y con él se elabora una bebida refrescante. **2** Esta bebida.

zarzarrosa f. *Bot.* Flor del escaramujo.

zarzo m. Tejido de varas, cañas, mimbres o juncos, que forma una superficie plana.

zarzuela f. **1** *Mús.* Obra dramática y musical en la que se alternan la declamación y el canto. La zarzuela es un género típicamente español; se puede considerar que su primera manifestación fue la comedia mitológica de Calderón de la Barca *El jardín de Falerina*, representada en 1648 en el palacio de La Zarzuela, en el real sitio de El Pardo. El auge de la ópera italiana relegó el género a los teatros de último orden hasta mediados del siglo XIX, época de nacimiento de la zarzuela moderna, que llegó a a su apogeo con Gaztambide, Oudrid, Arrieta, Barbieri, Chapí, Caballero y Bretón. **2** Letra y música de esta obra. **3** *Gastron.* Plato consistente en varias clases de pescado y marisco condimentado con una salsa.

zarzuelista com. **1** Poeta que escribe zarzuelas. **2** Maestro que compone música de zarzuela.

zas Voz expresiva del ruido de un golpe, o del golpe mismo.

zascandil m. fam. Hombre despreciable, ligero y enredador.

zascandilear intr. Andar como un zascandil.

Zatopek, Emil Atleta checo (Koprivnice, 1922 - Praga, 2000). Batió todas las marcas mundiales en carreras de fondo. Medalla de oro en 10.000 m y de plata en 5.000 m en los juegos olímpicos de Londres (1948), venció en 5.000 m, en 10.000 m y en el maratón de los juegos de Helsinki (1952).

Zauditu o **Zawdito** ZAODITU, JUDITH.

Zavaleta, Carlos Eduardo Escritor peruano (Caraz, 1928). En sus novelas trata temas propios de su país: *El cínico* (1948), *Los Ingar* (1955), *Vestido de luto* (cuentos, 1961).

Zavattini, Cesare Guionista de cine italiano (Luzzara, 1902 - íd., 1989). Considerado uno de los principales teóricos del neorrealismo italiano, su colaboración con V. de Sica produjo obras como *Ladrón de bicicletas* (1948) o *Matrimonio a la italiana* (1964). Asimismo, trabajó en *Bellissima*, con L. Visconti (1951) y *Adiós a las armas*, con K. Vidor (1958).

Zayas, Alfredo Político y escritor cubano (La Habana, 1861 - íd., 1934). Fundador del Partido Popular, fue presidente de la República (1921). Cultivó la poesía y publicó *Lexicografía antillana*, su obra más importante.

Zaydun, Abu-l-Walid Ahmad ibn Poeta hispanomusulmán (Córdoba, 1003 - Sevilla, 1071). Visir en las cortes cordobesa y sevillana, algunas de sus composiciones figuran en *Las mil y una noches*.

Zaza Río de Cuba, en la provincia de Las Villas; 148 km.

Zea KEA.

Zea, Francisco Antonio Botánico y político colombiano (Medellín, 1770 - Bath, 1822). Fue director del Jardín Botánico de Madrid y vicepresidente de la Gran Colombia.

Zea, Leopoldo Filósofo mexicano (Ciudad de México, 1912). Representante del existencialismo mexicano, en sus obras pretendió elaborar una filosofía americana: *El positivismo en México* (1943), *América en la historia* (1957) y *La filosofía americana como filosofía sin más* (1969).

Zeami, Motokiyo (KANZE SABURO MOTOKIYO, llamado) Dramaturgo y actor japonés (?, h. 1363 - ?, 1433). Junto con su padre, Kanami Kiyotsugu, estableció las reglas artísticas del teatro *No*. Autor del *Libro de la transmisión de la flor del arte*.

Zebedeo Según los Evangelios, padre de los apóstoles Santiago el Mayor y Juan.

zebra f. *Zool.* CEBRA.

zebrano m. *Bot.* Árbol perteneciente a la familia leguminosas, de nombre científico *Microberlinia bisulcata*, de hasta 60 m de altura y más de 1 m de diámetro en la base del tronco. Crece en los bosques tropicales del O de África.

zeda f. ZETA.

zedilla f. CEDILLA.

Zedillo Ponce, Ernesto Político mexicano (Ciudad de México, 1951). En 1978 ingresó en el Partido Revolucionario Institucional (PRI). En 1994 dirigió la campaña presidencial de Luis Donaldo Colosio, candidato del PRI, pero tras el asesinato de éste, le sustituyó como aspirante a la presidencia. Tras las elecciones de agosto de 1994, en las que resultó vencedor, sucedió a Salinas de Gortari en la presidencia de la República. Tras los comicios celebrados en julio de 2000 fue sustituido en el cargo por Vicente Fox.

Zeebrugge Ciudad de Bélgica, incorporada a la de Brujas, en la desembocadura del canal que une esta población con el mar.

Zeeman, efecto *Fís.* Fenómeno magneto-óptico que consiste en el desdoblamiento de una línea espectral en varias, cuando la muestra que origina el espectro se somete a la acción de un campo magnético exterior.

Zeeman, Pieter Físico holandés (Zonnemaire, 1865 - Amsterdam, 1943). Investigó sobre electricidad, óptica, magnetismo y la propagación de la luz en medios transparentes móviles. En 1896 descubrió el efecto que lleva su nombre (ZEEMAN, EFECTO). En 1902, recibió el premio Nobel de Física, compartido con Lorentz.

Zeffirelli, Franco Director de cine italiano (Florencia, 1923). Ha compaginado su actividad cinematográfica con la escenografía teatral y operística. Entre sus principales filmes figuran *Romeo y Julieta* (1967), *Hamlet* (1990) y *Jane Eyre* (1995).

zegrí adj. y s. CEGRÍ.

Zeiss, Carl Industrial alemán (Weimar, 1816 - Jena, 1888). Fundó en 1846, en Jena, un taller de instrumentos de óptica, que han alcanzado fama mundial.

zéjel m. *Lit.* Composición estrófica de la métrica española derivada de la MOAXAJA. Se compone de una estrofilla inicial temática, o *estribillo*, y de un número variable de estrofas compuestas de tres versos asonantes monorrimos, llamados *mudanza*, seguidos de un *verso de vuelta*, de rima igual a la del estribillo.

Zelanda Provincia del SO de los Países Bajos, en el estuario del Escalda, formada por numerosas islas y un pequeño sector continental; 1.792 km² y 370.600 h. Su capital es Middelburgo. Agricultura y ganadería.

Zelanda, Nueva NUEVA ZELANDA.

zelandés, sa adj. y s. De Zelanda.

Zelaya, José Santos Militar y político nicaragüense (Managua, 1853 - Nueva York, 1919). En 1893 acaudilló el movimiento que destituyó a Sacasa y asumió la presidencia de la República (1893-09). Reformó la Constitución, recuperó La Mosquitia (1906) y fue partidario de la creación de la República Mayor de Centroamérica. Fue derrocado por una revolución apoyada por EE UU.

Zelenchukskaia Localidad de la Federación de Rusia, en el Cáucaso. Importante observatorio astronómico, que posee uno de los mayores telescopios del mundo (6 m de diámetro).

zelote o **zelotas** com. *Hist.* Miembro de una secta judía político-religiosa del siglo I, que sostenía la estricta observancia de las leyes y la independencia de Roma.

Zeman, Karel Director de cine checo (Ostromer, 1910 - Gottwaldow, 1989). Dedicado al cine de animación, trabajó el dibujo y la marioneta creando un mundo fantástico muy personal: *Las aventuras de Simbad* (1947), *El dirigible desaparecido* (1967) y *El aprendiz de brujo* (1977).

Zemin, Jiang Político chino (Jiangsu, 1926). Activo defensor de la modernización económica de China, en 1989 fue nombrado secretario general del partido y en 1993 fue elegido presidente de la República. En 2002 abandonó la secretaría general del partido y en 2003 la presidencia del país, siendo sustituido en ambos cargos por Hu Jintao.

Zemlinsky, Alexander von Compositor austriaco (Viena, 1872 - Nueva York, 1942). Maestro de Schönberg, ejerció cierta influencia sobre la Escuela de Viena. Autor de una *Sinfonía Lírica* (1932), varios *Lieder*, cuartetos para cuerda, óperas (*Una tragedia florentina*, 1917) y música de cámara.

zen m. *Rel.* Doctrina budista que fue introducida en Japón desde China por Eisai (hacia 1191), quien, junto a Shoyo Daishi (siglo XIII), estableció sus principales puntos: las escrituras y los preceptos quedan reducidos al mínimo, y propugnan la instrucción directa entre maestro y alumno.

Zendavesta AVESTA.

Zenea, Juan Clemente Poeta y patriota cubano (Bayamo, 1832 - La Cabaña, 1871). Tomó parte en la lucha por la independencia y fue fusilado por los españoles. Escribió *Cantos de la tarde* (1860), poemario adscrito al Romanticismo.

zenit m. *Astron.* CENIT.

Zenker, Friedrich Albert Médico alemán (Dresde, 1825 - Plau, 1898). Descubridor de la triquinosis y de la degeneración vítrea o cirrosa de la fibra muscular estriada en el tifus.

Zeno Gandía, Manuel Escritor y político puertorriqueño (Arecibo, 1855 - San Juan, 1930). Fundador del Partido Unión de Puerto Rico y del Partido Autonomista. Autor de las novelas *Rosa de mármol* (1906), *Piccola* (1890) y *Garduña* (1906).

Zenobia, Septimia Reina de Palmira (? - Tibur, h. 274). Esposa de Odenat, a su muerte (266), reinó en nombre de su hijo Vaballat. No aceptó la dominación romana y conquistó Siria, Egipto y Asia Menor.

Zenón de Citio. Escultura del siglo I a. C. Museo Capitolino (Roma).

Zenodoro Geómetra griego (s. I a. C.). Se le deben importantes contribuciones a la teoría de los isoperímetros.

Zenón de Citio Filósofo griego (Citio, 335 - Atenas, 264 a. C.). Establecido en Atenas hacia 312 a. C., fundó la escuela filosófica que tomó el nombre de ESTOICISMO; su doctrina consiste, en esencia, en situar la ética en el centro de la filosofía, subordinando a ella tanto la lógica como la física. Sus escritos se conocen a través de Diógenes Laercio.

Zenón de Elea Filósofo griego (Elea, h. 495 - ?, 430 a. C.). Discípulo de Parménides, utilizó la lógica para demostrar que el ser es uno y no múltiple y que el movimiento sólo existe en el mundo ilusorio de los sentidos. Para demostrarlo se valió de ingeniosas paradojas, como la de Aquiles y la tortuga, la de la flecha que no alcanza el blanco, etc.

Zenón el Isáurico Emperador romano de Oriente (?, h. 426 - Constantinopla, 491). Fue regente de León II y asumió la corona imperial a la muerte de éste (474). Promovió la marcha de los ostrogodos al mando de Teodorico (488) de Panonia a Italia para lograr derrotar al usurpador Basilisco. A partir de 446, tras la deposición de Rómulo Augústulo, ostentó nominalmente también la corona de Occidente y procuró poner fin al monofisismo, provocando un cisma con Roma.

Zenta Sierra de Argentina, provincia de Salta. Su altura mayor es de 4.960 m.

Zenta o **Senta** Ciudad de Serbia y Montenegro, en la República autónoma de Vojvodina. Victoria del príncipe Eugenio de Saboya sobre los turcos (1697).

-zeo- in. CIMO-.

zeolita f. *Miner.* **1** Mineral del grupo de las zeolitas. || f. pl. *Miner.* **2** Grupo de minerales, silicatos alumínicos hidratados de calcio, sodio, potasio y magnesio, principalmente, con una estructura porosa. Se conocen unas 50 zeolitas naturales y más de 200 sintetizadas en laboratorio. Presentan la característica de que, una vez eliminada el agua de su molécula, pueden llenarse con otras sustancias gaseosas que quedan retenidas por adsorción.

Zepeda, José Político nicaragüense (? - León, 1837). Jefe del Estado (1835-37), llevó a cabo una acertada política judicial y educativa. A consecuencia de una conjuración tramada por los coroneles Méndez y Fonseca perdió el poder y fue asesinado.

zepelín o **zeppelin** m. Globo dirigible.

Zeppelin, Ferdinand, conde de Inventor y aeronauta alemán (Constanza, 1838 - Berlín, 1917). Se dedicó al diseño y construcción de globos dirigibles rígidos llenos de hidrógeno, que llevan su nombre y que se utilizaron durante la Primera Guerra Mundial para bombardear Londres.

Zermatt Población de Suiza, Cantón de Valais; 3.550 h. Centro alpino de excursiones.

Zernike, Friederik Físico holandés (Amsterdam, 1888 - Amersfoot, 1966). En 1953 recibió el premio Nobel de Física por la invención de un microscopio que permite el estudio de las células vivas.

Zeromski, Stefan Escritor polaco (Strawczyn, 1864 - Varsovia, 1925). Sus obras se centran en el tema de la lucha por la justicia social: *Los cuervos y las cornejas nos devorarán* (1895) y *Los trabajos de Sísifo* (1898) y *Cenizas* (1904).

Zerual, Liamin Político argelino (Batna, 1941). En 1994 fue nombrado presidente del país. Inició un diálogo para la paz tras la liberación de los líderes del

Khaleda **Zia**

Frente Islámico de Salvación (FIS). Fue confirmado en su cargo tras las elecciones presidenciales de 1995. En 1999 fue sustituido por Abdelaziz Buteflika.

zeta f. **1** Nombre de la letra z. **2** Sexta letra del alfabeto griego (Z, ζ); corresponde a nuestra z.

Zeugma, zeuma o **ceugma** m. *Gram.* y *Ret.* Figura de construcción, que consiste en reunir varios miembros de una frase por medio de un elemento que tienen en común, generalmente el verbo, y que sólo está expreso en uno de ellos.

Zeus *Mit.* En la mitología griega, divinidad suprema, dios de la luz, de la naturaleza en todas sus manifestaciones de poder y del cielo. Su función es garantizar el orden del Cosmos y proteger al resto de los dioses.
-**zeuxis** suf. CIGO-.

Zeuxis Pintor griego (?, 464 - ?, 398 a. C.). Fue uno de los más ilustres pintores de la Antigüedad. Trabajó en Macedonia y Agrigento, pero no nos ha llegado ninguna de sus obras.

Zhang Yimou YIMOU, ZHANG.

Zhangjiakou (*Chang-chia-k'ou*) Ciudad de China, provincia de Hebei, región Septentrional; 529.136 h.

Zhangjiang (*Chan-chiang*) Ciudad de China, provincia de Guandong, región Centromeridional; 400.997 h.

Zhao Ziyang Político chino (Huaxian, 1919). Tras el triunfo de la revolución, dirigió el proceso de reforma agraria en el S del país. Miembro del comité central del Politburó desde 1979, en 1980 sustituyó a Hua Guofeng como primer ministro. Aplicó una política de industrialización acelerada. En 1987 pasó a ocupar la secretaría general del partido y, en 1989, fue destituido a raíz de los incidentes de la plaza de Tiananmen.

Zhdanov MARIUPOL.

Zhejiang (*Chekiang*) Provincia de China, región Oriental; 101.800 km² y 42.940.000 h. Su capital es Hangzhou.

Zhelev, Zhelyu YELEV, YELIU.

Zhengzhou (*Chengchou*) Ciudad de China, capital de la provincia de Henan, región Centromeridional; 1.710.000 h.

Zhivkov, Todor Político búlgaro (Pravetz, 1911 - Sofía, 1998). Declarado antiestalinista, fue jefe de gobierno (1962-71), y presidente del Consejo de Estado (1971-89) y secretario general del Partido Comunista Búlgaro desde 1981. En 1989 dimitió de su cargo y fue expulsado del partido.

Zhou Enlai CHOU EN-LAI.

Zhukov, Georgy Konstantinovich Militar soviético (Strelkovka, 1896 - Moscú, 1974). Durante la Segunda Guerra Mundial fue la máxima figura militar de su país. En 1955 fue nombrado ministro de Defensa, y posteriormente miembro del Presídium del Soviet Supremo y del comité central del partido. En 1957 fue destituido de todos sus cargos.

Zhukovski, Vasili Andreievich Poeta ruso (Tula, 1783 - Baden, 1852). Autor de poesías de sensibilidad prerromántica: *Liudmila* (1808), *Svetlana* (1812) y *El arpa eólica* (1814).

Zhuzhou (*Chu-chou*) Ciudad de China, provincia de Hunan; 409.924 h.

Zia KEA.

Zia, Khaleda Política bangladesí (Bangla-Desh, 1945). Líder del Partido Nacionalista de Bangla-Desh, fue elegida primera ministra en 1991. Revalidada en su cargo tras las elecciones de febrero de 1996, dimitió un mes más tarde. Tras los comicios de 2001 volvió a ocupar el cargo de primera ministra.

Zia ul-Haq, Muhammad Militar y político paquistaní (Jullundar, 1924 - Bahawalpur, 1988). En 1977 dirigió un golpe militar que derrocó a Ali Bhutto. Se hizo cargo de la presidencia de la República en 1978. Murió al ser derribado el avión en el que viajaba.

Ziaur Rahman Militar y político bengalí (Calcuta, 1935 - Chittagong, 1981). Participó en la independencia de Bangla-Desh. Fue presidente de gobierno (1977).

Zibo (*Tzu-po*) Ciudad de China, provincia de Shandong, región Oriental; 2.460.000 h.

Ziegler, Karl Químico alemán (Helsa, 1898 - Mühlheim, 1973). En 1963 recibió el premio Nobel de Química, compartido con G. Natta, por sus descubrimientos en el terreno de las macromoléculas.

Zielona Góra Ciudad de Polonia, capital, junto con Gorzów, de la provincia de Lubuskie; 115.100 h.
zigo- pref. CIGO-.

zigodáctilo, la adj. *Zool.* Se dice del ave con dos dedos dirigidos hacia delante y dos hacia atrás.

zigofiláceo, a adj. *Biol.* CIGOFILÁCEO.

zigomicetal adj. *Biol.* **1** Se dice del hongo ficomiceto, terrestre, mayoritariamente saprófito como el moho negro del pan. || s. m. pl. *Biol.* **2** Orden de estos hongos.

zigomiceto, ta adj. y s. *Biol.* Se dice del hongo perteneciente al orden zigomicetales.

zigoto m. *Biol.* CIGOTO.

zigurat m. *Arqueol.* Torre exenta, en forma de pirámide escalonada, que formaba parte de los templos caldeos, asirios y babilónicos, como elemento principal. En su punto más alto estaba el santuario del dios.

zigzag m. Serie de líneas que forman alternativamente ángulos entrantes y salientes. || **en zigzag** loc. que denota movimiento, colocación, etc., en esta forma.
♦ Su pl. es *zigzagues* o *zigzags*.

zigzaguear intr. Serpentear, andar en zigzag.

Zilahy, Lajos Escritor húngaro (Nagyszalonta, 1891 - Novi Sad, 1974). Escribió novelas psicológico-sociales: *Dos prisioneros* (1927), *El desertor* (1930), *El alma se apaga* (1932), etc.

Zilis ASILAH.

-**zima** suf. CIMO-.

Zimbabwe (*Republic of Zimbabwe*) República de África sudoriental, que limita al N con Zambia y Mozambique; al E, con Mozambique; al S, con la República Sudafricana, y al O, con Botswana.

Geog. Su territorio ocupa un elevado altiplano, en cuyo centro se encuentran los macizos de Mashaba y Matopos, que lo atraviesan de NE a SO, creando una divisoria de aguas con dos cuencas: la del Zambeze, al N, y la del Limpopo, al S. Asimismo, destaca en su relieve la depresión del desierto de Kalahari al O, y la llanura costera de Mozambique al E. Clima tropical continental sudanés o senegalés, que favorece el desarrollo de una formación vegetal de sabana arbolada en la que son típicas las acacias y los baobabs. La economía, tradicionalmente basada en la explotación de los recursos mineros, sufrió una importante crisis en las décadas de los setenta y ochenta. Entre sus productos agrícolas se encuentran el tabaco, algodón, café, azúcar, trigo, maíz, mijo, sorgo, patatas, cebada, caña de azúcar, té y cacahuetes. Su riqueza minera (oro, amianto, carbón, hierro, cromita, pirita, cobre, magnesita, bauxita, níquel, estaño, antimonio, tungsteno, plata y cobalto), ha dado lugar en los últimos años a una floreciente industria siderometalúrgica. Destacan, además, los sectores alimentario, textil, de automóviles, de tabaco y papelero.

Hist. Habitado originariamente por bosquimanos, quienes recibieron la primera oleada de grupos bantúes hacia el siglo V. Otra migración bantú se estableció en la meseta en el siglo XI. A su actividad principal, el pastoreo, se sumó la explotación de minas de diversos productos (oro, cobre, hierro y estaño); en su época de apogeo (siglos XIV y XV), construyeron la gran acrópolis conocida como Gran Zimbabwe. En estos momentos se desarrolló un Estado monárquico fuertemente jerarquizado al que dominaron los portugueses en el siglo XVII. Ya en el XIX, la tribu zulú de los matabeles se estableció entre el Limpopo y el Zambeze, organizando una sociedad centrada en Bulawayo, que pasó a pertenecer a la British South Africa Co. (1895) y posteriormente al gobierno británico, y que se denominó Rhodesia del Sur. En 1923 se constituyó en colonia autónoma, y entre 1953 y 1962 formó la Federación Centroafricana con Rhodesia del Norte y Nyassalandia. Tras recuperar su estatuto de autonomía bajo el nombre de Rhodesia, en 1965 la minoría blanca encabezada por Ian Smith proclamó la independencia, que no fue reconocida por el Reino Unido. En 1970 se convirtió en República con Clifford W. Dupont como presidente y Ian Smith como primer ministro. Este gobierno afianzó la política de *apartheid*, lo que provocó la radicalización de los movimientos nacionalistas que, en 1974, quedaron bajo el liderazgo del Congreso Nacional Africano (ANC) y organizaron la guerrilla. Las sucesivas etapas negociadoras culminaron con el alto el fuego de diciembre de 1979. Poco antes, en abril, el país había cambiado su nombre por el de Zimbabwe-Rhodesia. En marzo de 1980 se celebraron elecciones generales, convirtiéndose legalmente en un país independiente, con el nombre de República de Zimbabwe (abril). La capital, Salisbury, adoptó el nombre de Harare en 1982. La destitución de Joshua Nkomo (1982), dirigente de la Unión Popular Africana de Zimbabwe (ZAPU), por sus críticas hacia la política del primer ministro Mugabe, provocó el inicio de acciones guerrilleras. A finales de 1986, el ZANU, partido dirigido por Mugabe, y el ZAPU, llegaron a un preacuerdo de fusión, ratificado en 1988. Mientras, Mugabe anunció una serie de medidas destinadas a la abolición de los escaños de los blancos en la Asamblea, que se llevó a la práctica en 1988. Ese mismo año Mugabe asumió los cargos de primer ministro, jefe de Estado y comandante de las Fuerzas Armadas. En 1989, Tekere,

Superficie: 390.757 km².
Población: 11.343.000 h. (zimbabwenses).
Densidad: 29 h./km².
Tasa de natalidad: 25,4‰.
Tasa de mortalidad: 21,3‰.
Capital: Harare.
Ciudades principales: Bulawayo, Masvingo, Chitungwiza, Gweru y Mutare.
Grupos étnicos: bantúes (97,6%), europeos (2,2%).
Religión: animismo (40,4%), protestantismo (17,5%), cristianismo indígena africano (13,6%) y catolicismo (11,7%).
Idioma: inglés (oficial) y bantú.
Moneda: dólar de Zimbabwe.
Forma de Estado: república multipartidista.
Producto Nacional Bruto: 7.214 millones de dólares.
Renta per capita: 620 dólares.
División administrativa: 10 provincias, según cuadro.

ZIMBABWE

Provincias	Superficie (km²)	Población (h.)	Capitales
Bulawayo	479	620.936	Bulawayo
Harare	872	1.478.810	Harare
Manicaland	36.459	1.537.676	Mutare
Mashonaland Central	28.347	857.318	Bindura
Mashonaland Occidental	57.441	1.116.928	Chinhoyi
Mashonaland Oriental	32.230	1.033.336	Marondera
Masvingo	56.566	1.221.845	Masvingo
Matabeleland Meridional	54.172	591.747	Gwanda
Matabeleland Septentrional	75.025	640.957	
Midlands	49.166	1.302.214	Gweru

antiguo secretario general del ZANU, anunció la formación de un nuevo partido político, el Movimiento de Unidad de Zimbabwe, para participar en las elecciones de 1990 y al que fueron invitados los parlamentarios blancos de la Alianza Conservadora de Zimbabwe. Los resultados electorales dieron la victoria al ZAPU-PF, y Mugabe fue reelegido presidente, triunfo que repitió en 1996. El debilitamiento de su figura ante las elecciones de 2000, debido fundamentalmente a la oposición ejercida por el Movimiento por el Cambio Democrático, provocó un grave conflicto social en el país, motivado por la presión ejercida por el Gobierno sobre los granjeros blancos para asegurarse los votos de la mayoría negra. A pesar de ello, el ZANU-PF volvió a obtener la mayoría absoluta en las legislativas de ese año. En marzo de 2002 Mugabe fue reelegido en unas elecciones igualmente carentes de garantías democráticas.

Zimbabwe-Rhodesia Zimbabwe.

Zimmermann, Bernd Alois Compositor alemán (Bliesheim, 1918 - Königsdorf, 1970). Tras una etapa de música serial, hacia 1960 desarrolló una técnica musical de gran originalidad. Entre sus obras destacan el ballet *Alagoana* (1940-50) y la ópera *Los soldados* (1957).

Zimmermann, Dominikus Arquitecto y pintor alemán (Gaispont, 1685 - Wies, 1766). Uno de los maestros del rococó alemán, construyó las iglesias del Cristo Flagelado de Wies (1746-54), en colaboración con su hermano Johann Baptist, y la de Günzburg (Ulm).

Zimmermann, Johann Baptist Pintor alemán (Gaispont, 1680 - Munich, 1785). Decoró iglesias y palacios en un estilo rococó; entre ellos el palacio de Amalienburg, en Munich. Trabajó en colaboración con su hermano Dominikus, en la realización de las pinturas de las iglesias de Steinhausen (1728-33), y la del Cristo Flagelado de Wies (1746-54).

zinc m. *Quím.* CINC.

Fred **Zinnemann**. Escena de la película *Solo ante el peligro*, interpretada por Gary Cooper.

Zingarelli, Nicola Antonio Compositor italiano (Nápoles, 1752 - Torre del Greco, 1837). Destacado representante de la escuela napolitana, fue maestro de capilla de la catedral de Milán y de la Capilla Sixtina.

zingiberáceo, a adj. *Bot.* CINGIBERÁCEO.

Zinkernagel, Rolf Médico y bioquímico suizo (Basilea, 1944). En 1975, junto a Peter Doherty, descubrió los linfocitos T. Premio Nobel de Medicina y Fisiología en 1996, compartido con P. Doherty.

Zinnemann, Fred Director de cine estadounidense, de origen austriaco (Viena, 1907 - Londres, 1997). Abordó problemáticas sociales. Películas principales: *Solo ante el peligro* (1952), *De aquí a la eternidad* (1953), *Chacal* (1973), etc.

zinnia f. *Bot.* Planta de la familia compuestas, de flores grandes y dobles de diverso color.

Zinoviev (Grigori Yevseie Apfelbaum, llamado) Político soviético (Elisavetgrad, 1883 - Moscú, 1936). Secretario general de la III Internacional (1919-26), tras su enfrentamiento con Stalin fue expulsado del PCUS, juzgado y ejecutado. En 1988 fue rehabilitado.

Ziolkovski, Konstantin Eduardovich Tsiolkovsky, Konstantin Eduardovich.

Zipaquirá Población de Colombia, departamento de Cundinamarca. Montaña de sal en la que se ha excavado la catedral de la sal, consagrada a la Virgen del Rosario.

zipizape m. fam. Riña ruidosa o con golpes.

zircón m. *Miner.* CIRCÓN, piedra preciosa.

zirconio m. *Quím.* CIRCONIO.

zirí adj. *Hist.* 1 Se dice de una dinastía beréber del grupo sanhaya (973-1060), fundada por Yusuf Buluggin I, que reinó sobre el E de África del Norte, con Kairouan como capital. Inicialmente dependientes del califato fatimí, en 1041 se declararon independientes del mismo tras reconocer al califa abasí. En el siglo x se instaló en la Península Ibérica y del 1025 al 1090 gobernó un feudo en Granada. 2 Perteneciente o relativo a esta dinastía. ◆ Su pl. es *ziríes* o *ziris*.

Zita de Borbón-Parma Última emperatriz de Austria (Viareggio, 1892 - Zizers, 1989). En 1911 se casó con el archiduque de Austria Carlos Francisco José, luego emperador con el nombre de Carlos I. En 1950 ingresó en un convento.

zloty m. *Econ.* Unidad monetaria de Polonia.

Zn *Quím.* Símbolo del cinc.

Znojmo Ciudad de la República Checa, en Moravia Meridional; 39.200 h. En ella se firmó el armisticio entre los franceses y las tropas del archiduque Carlos, que condujo a la paz de Viena (14 de octubre de 1809).

zo-, -zo- pref. o in. ZOO-.

zoantropía f. *Pat.* Monomanía en la cual el enfermo se cree convertido en un animal.

-zoario suf. ZOO-.

Zobell, Claude E. Microbiólogo y oceanógrafo estadounidense (Provo, 1904 - ?, 1989). Sus investigaciones han sido básicas para el estudio de la microbiología marina y para el desarrollo de los cultivos marinos a grandes profundidades.

zócalo m. 1 *Arquit.* Cuerpo inferior de un edificio u obra, para elevar los basamentos a un mismo nivel. 2 *Arquit.* Friso o franja que se pinta o coloca en la parte inferior de una pared. 3 *Arquit.* Parte inferior del pedestal. 4 *Arquit.* Especie de pedestal. 5 *Geol.* Parte inferior de una unidad geológica.

zocato, ta adj. 1 fam. ZURDO. También s. 2 *Bot.* Se dice del fruto que se pone amarillo y acorchado sin madurar.

zoco m. En Marruecos, lugar en que se celebra un mercado.

zodiacal adj. *Astron.* Relativo al Zodiaco.

zodiaco o **zodíaco** m. *Astron.* Representación material del Zodiaco.

Zodiaco o **Zodíaco** *Astron.* Zona celeste de unos 16° de ancho que se sitúa a ambos lados de la eclíptica, y dentro de la cual se mueven el Sol, la Luna y los planetas. Se divide en 12 constelaciones y los «signos» o «casas» del mismo nombre; cada uno de estos sectores, que ya no coinciden con las constelaciones debido a la precesión, abarca unos 30°. Son los siguientes: Aries, Tauro, Géminis, Cáncer, Leo, Virgo, Libra, Escorpión, Sagitario, Capricornio, Acuario y Piscis.

-zoe suf. ZOO-.

Zoé Porfirogéneta Emperatriz bizantina (?, h. 978 - ?, 1050). Hija de Constantino VIII, a quien sucedió en 1028. Mandó envenenar a su esposo, Romano III, para que ocupara el trono su amante, Miguel IV. Adoptó como heredero al trono al sobrino de Miguel, reconocido como Miguel V. Éste intentó recluir a Zoé en un convento, pero la revuelta de Constantinopla de 1042 depuso a Miguel y reinstauró a Zoé y a su hermana Teodora conjuntamente. Tras su matrimonio con Constantino IX Monómaco, reinó con él hasta su muerte.

zofra f. Especie de tapete o alfombra morisca.

Zog I (Ahmed Zogú, llamado) Rey de Albania (Burgajet, 1895 - Suresnes, 1961). Fue ministro del Interior y primer ministro, antes de ser apartado del poder en 1924. Tras un golpe de Estado, se hizo elegir presidente de la República (1925) y después rey (1928). Tuvo que exiliarse en 1939 al invadir Italia su país. Asumió la sucesión su hijo Leka I.

Zogú, Ahmed Zog I.

-zoico suf. ZOO-.

-zoide suf. que significa de forma animal, parecido a un animal.

Zoilo Sofista y crítico griego (s. IV a. C.). Gran polemista y detractor de Homero, se conoce muy poco de su vida. Compuso diversas obras, pero la más célebre era un tratado de nueve libros, el que criticaba los poemas de Homero.

Émile **Zola**. Retrato de Édouard Manet. Museo d'Orsay (París).

Zola, Émile Escritor francés (París, 1840 - íd., 1902). Inicialmente adscrito al Romanticismo, evolucionó hacia el NATURALISMO, movimiento que defendió a ultranza, con *Thérèse Raquin* (1867). Sus obras se caracterizan por la fuerza descriptiva, pese a estar escritas con un estilo conscientemente descuidado. Pretendió crear la llamada «novela experimental», en la que la psicología de los personajes queda subordinada a sus rasgos fisiológicos. Alcanzó rápida notoriedad con su serie de novelas *Los Rougon-Macquart* (1871-93), que incluye *El vientre de París* (1873), *Naná* (1880) y *Germinal* (1885). Posteriormente escribió la trilogía *Las tres ciudades: Lourdes* (1894), *Roma* (1896) y *París* (1898). Defendió ardientemente la revisión del caso Dreyfus con

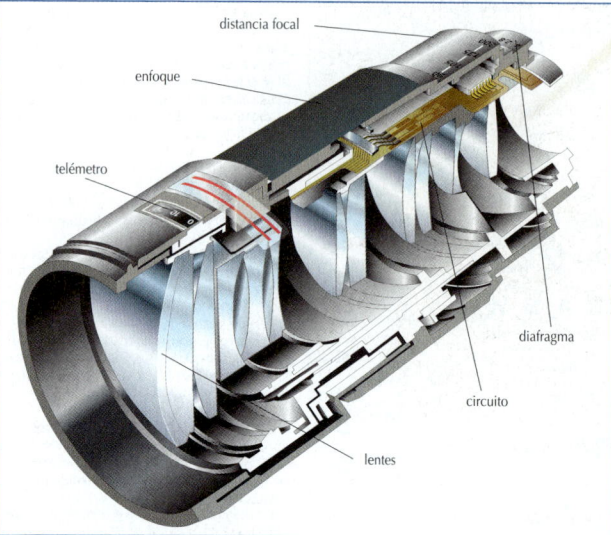

Objetivo **zoom**.

su famoso artículo *Yo acuso* (1898). De su último proyecto, *Los cuatro evangelios*, sólo se publicaron *Fecundidad* (1899), *Trabajo* (1901) y *Verdad* (1903) y el esbozo de *Justicia*.

ZOLLVEREIN *Hist.* Nombre alemán de la antigua unión aduanera que vinculó a varios Estados alemanes en el siglo XIX bajo la dirección de Prusia, y que preparó la unificación alemana.

ZOLTANÍ m. *Econ.* Moneda turca.

ZOMA f. *Biol.* SOMA.

ZOMBIE O **ZOMBI** com. 1 Según la creencia vudú, hombre resucitado que sólo alcanza a ser un autómata, carente de voluntad. 2 Entre los criollos de América, el COCO para asustar a los niños.

ZOMPOPO m. *Zool. Amer. C.* Hormiga de cabeza grande que se alimenta de hojas.

ZONA f. 1 Lista o faja. 2 Extensión considerable de terreno en forma de franja o banda. 3 Extensión considerable de terreno cuyos límites están determinados por razones administrativas, políticas, etc. 4 *Geog.* Cada una de las cinco partes en que se considera dividida la superficie de la Tierra por los trópicos y los círculos polares. 5 *Geol.* Intervalo menor de cualquiera de las clasificaciones estratigráficas. 6 *Geom.* Parte de la superficie de la esfera comprendida entre dos planos paralelos. || **ZONA ÁRIDA** *Ecol.* Aquella que sufre periodos de sequía debido a que el agua perdida por evapotranspiración y transpiración potencial supera a la recibida de las precipitaciones. || **ZONA DE DESCARGA** *Geol.* Aquella por la que se produce la salida de las aguas subterráneas. || **ZONA GLACIAL** *Geog.* Cada uno de los dos casquetes esféricos formados en la superficie de la Tierra por los círculos polares. || **ZONA LITORAL** *Ecol.* La marina poco profunda de una luz penetra hasta el fondo, lo suficiente como para que todos los organismos puedan realizar la fotosíntesis. || **ZONA POLAR** *Geog.* Cada uno de los dos casquetes esféricos de la Tierra, situados más allá de los círculos polares. || **ZONA TEMPLADA** *Geog.* Cada una de las dos comprendidas entre los trópicos y los círculos polares inmediatos. || **ZONA TÓRRIDA** *Geog.* La comprendida entre ambos trópicos y dividida por el ecuador en dos partes iguales.

ZONA NEUTRAL Territorio fronterizo entre Irak y Arabia Saudí. Con una extensión de 3.522 km², a través de él se garantizaba el libre acceso de las tribus nómadas a los pastos y pozos de agua.

ZONACIÓN f. *Ecol.* Distribución de animales y vegetales en zonas o fajas según factores climáticos.

ZONCERA f. *Amér.* Calidad de zonzo.

ZONDA *Meteor.* En Argentina, viento cálido del N.

ZONIFICAR tr. *Col.* Dividir un terreno en zonas.

-ZONIO suf. ZOO-.

ZONTEHUITZ Volcán de México, en Chiapas; 2.705 m.

ZONZO, ZA adj. y s. 1 Soso, insulso, insípido. 2 Tonto, simple, mentecato.

ZOO m. Expresión abreviada, con el significado de parque o jardín zoológico.

ZOO-; **-ZOO, ZO-, -ZO-**; **-ZOARIO, -ZOE, -ZOICO, -ZONIO**, **-ZOO, -ZOON, -ZOOTIA** prefs., in. o sufs. que significan vida, viviente, etc.: *hilozoísmo, protozoo*.

ZOOBIOLOGÍA f. *Biol.* Parte de la biología que estudia los animales.

ZOOCENOLOGÍA f. *Biol.* Rama de la biología que se ocupa del estudio de la formación de comunidades animales.

ZOOCORIA f. *Bot.* Forma de dispersión de las semillas o frutos empleando a los animales como agentes diseminadores.

ZOÓFAGO, GA adj. y s. *Zool.* CARNÍVORO.

ZOOFILIA f. 1 Amor desmesurado hacia los animales. 2 Práctica sexual de personas con animales.

ZOÓFITO, TA adj. y s. *Zool.* Se decía del animal con aspecto de planta.

ZOOFLAGELADO, DA adj. *Biol.* 1 Se dice del protozoo con flagelos en alguna etapa de su vida, sin plastos ni pigmentos fotosintéticos y reproducción asexual por bipartición longitudinal, con formas libres y parásitas. || m. pl. *Biol.* 2 Clase de estos organismos.

ZOOFOBIA f. 1 *Bot.* Sistema de defensa de algunos vegetales contra la voracidad de los animales. 2 *Psicol.* Temor morboso a los animales.

ZOOFTIRIOS m. pl. *Zool.* ANOPLUROS.

ZOOGAMIA f. *Bot.* ZOOCORIA.

ZOOGENÉTICA f. *Zool.* Ciencia que estudia la genética de los animales, especialmente aplicada a su mejora.

ZOÓGENO, NA adj. *Geol.* Se dice del sedimento o roca formado por restos de animales.

ZOOGEOGRAFÍA f. *Zool.* Ciencia que estudia la distribución de los animales en el globo terrestre y las causas que la determinan.

ZOOGRAFÍA f. *Zool.* Parte de la zoología que tiene por objeto la descripción de los animales.

ZOOLATRÍA f. Adoración, culto de los animales.

ZOOLOGÍA f. *Zool.* Parte de la biología que se ocupa del estudio de los animales, sus funciones vitales y formas de vida.

ZOOLÓGICO, CA adj. *Zool.* 1 Relativo a la zoología. 2 PARQUE ZOOLÓGICO.

ZOÓLOGO, GA m. y f. *Zool.* Especialista en zoología.

ZOOM (Voz i.) m. 1 *Fís.* Objetivo de foco variable que permite realizar sin discontinuidad un recorrido óptico de un plano más lejano a otro más cercano, o viceversa. 2 *Cin.* y *Fot.* Secuencia fotográfica o cinematográfica en la que se utiliza este objetivo.

ZOOMORFISMO m. 1 Metamorfosis en un animal. 2 Superstición que atribuye a ciertos hombres la facultad de transformarse en animales. 3 *Rel.* Forma de algunas religiones que admiten la metamorfosis del hombre en animal.

ZOOMORFO, FA adj. Que tiene forma de animal.

-ZOON suf. ZOO-.

ZOONOSIS f. *Med.* y *Veter.* Enfermedad propia de los animales, que puede transmitirse al hombre, como la rabia.

ZOOPLANCTON m. *Biol.* Plancton marino formado por animales.

ZOOSFERA f. *Zool.* Conjunto de la comunidad de todos los animales.

ZOOSPERMO m. *Biol.* ESPERMATOZOIDE.

ZOOSPORA f. *Bot.* Espora dotada de flagelos, más raramente de cilios, para moverse en el agua. Es propia de algas y hongos.

ZOOSPORANGIO m. *Bot.* Esporangio que contiene zoosporas.

ZOOTAXIA f. *Zool.* Taxonomía animal.

ZOOTECNIA f. *Gan.* Arte de la cría, multiplicación y mejora de los animales domésticos.

ZOOTÉCNICO, CA adj. *Veter.* Relativo a la zootecnia.

-ZOOTIA suf. ZOO-.

ZOOTOMÍA f. *Zool.* Parte de la zoología que estudia la anatomía de los animales.

ZOPAS com. fam. Persona que cecea mucho.

ZOPENCO, CA adj. y s. fam. Tonto, necio.

ZOPILOTE m. *Zool.* Ave falconiforme perteneciente a la familia catártidos, de nombre científico *Coragyps atratus*. Suele formar grupos y se alimenta de carroña. Vive en el continente americano.

ZOPO, PA adj. 1 Se dice del pie o mano torcidos o contrahechos. 2 Se dice de la persona que tiene torcidos o contrahechos los pies o las manos.

ZOQUETE m. 1 Pedazo de madera corto y grueso, que queda sobrante al labrar o utilizar un madero. 2 fig. Pedazo de pan grueso e irregular. 3 fig. y fam. Persona ruda y tarda en aprender. También adj.

ZORCICO o **ZORTZIKO** m. *Mús.* Composición musical en compás de cinco por ocho, popular en el País Vasco.

ZOROASTRISMO m. MAZDEÍSMO.

ZOROASTRO o **ZARATUSTRA** Legislador y reformador religioso persa (?, h. 660 - ?, h. 583 a. C.). Natural de la actual Azerbaiyán, fue el fundador del MAZDEÍSMO y difundió entre los pueblos nómadas su doctrina, basada en la existencia de los dos eternos principios: el del bien y el del mal. Sus enseñanzas quedaron consignadas en el *Zendavesta* o *Avesta*.

ZOROBABEL Personaje bíblico (s. VI a. C.). Príncipe de Judá, dirigió el retorno de los judíos a Babilonia tras el edicto de Ciro (539-38 a. C.).

ZORONGO m. 1 Pañuelo doblado en forma de venda, que los aragoneses y algunos navarros del pueblo llevan alrededor de la cabeza. 2 Moño ancho y aplastado que usan algunas mujeres. 3 Baile popular andaluz. 4 Música y canto de este baile.

ZORREAR intr. 1 Hacerse el zorro, obrar con cautela. 2 *Chile* Perseguir o cazar zorros con jaurías. 3 Dedicarse una mujer a la prostitución. 4 Frecuentar un hombre el trato carnal con prostitutas. || tr. 5 Sacudir con los zorros alguna cosa para quitarle el polvo.

ZORRERA f. 1 Cueva de zorros. 2 fig. Habitación en que hay mucho humo.

ZORRERÍA f. 1 Astucia y cautela de la zorra. 2 fig. y fam. Astucia, ardid.

ZORRILLA, JOSÉ Escritor español (Valladolid, 1817 - Madrid, 1893). Está considerado uno de los más representativos autores románticos españoles. El casticismo de su lenguaje, la musicalidad de sus versos y la riqueza métrica de sus composiciones hacen de él una figura destacada de la poesía española. Entre sus composiciones de motivo legendario se encuentran *A buen juez, mejor testigo* y *Para verdades, el tiempo*, y *para justicia, Dios*. De sus piezas dramáticas cabe mencionar *El puñal del godo* (1842), *El zapatero y el rey* (1840 y 1841), *Don Juan Tenorio* (1844) y *Traidor, inconfeso y mártir* (1849). Otras obras: *Los cantos del trovador* (1840-41), poesía; y *La mejor razón, la espada* (1843), *La copa de marfil* (1844) y *Sancho García* (1846), obras teatrales.

ZORRILLA DE SAN MARTÍN, JUAN Escritor uruguayo (Montevideo, 1855 - Punta Carretas, 1931). De ideas liberales, su producción se adscribe al Romanticismo.

José **Zorrilla**. Grabado de la Biblioteca Nacional (Madrid).

Autor de *La leyenda patria* (1879), poema épico; *La epopeya de Artigas* (1910), ensayo; *Tabaré* (1886), drama en verso; etc.

ZORRILLO m. *Zool. Guat.* y *Hond.* MOFETA.

ZORRO, RRA m. y f. **1** *Zool.* Nombre de varias especies de mamíferos carnívoros de la familia cánidos. **2** fig. y fam. Persona taimada y astuta. || m. **3** Piel curtida del zorro. || f. **4** Prostituta. **5** fig. y fam. Embriaguez, borrachera. || m. pl. **6** Utensilio formado con tiras de orillo o piel, puestas en un mango, que sirve para sacudir el polvo de muebles y paredes. || **ZORRO ÁRTICO** o **POLAR** *Zool.* De nombre científico *Alopex lagopus*, se distingue de otros por su pelaje espeso de color blanco puro en invierno. Habita en el Círculo Polar Ártico, siendo el único mamífero, junto con el oso blanco, que vive tan al N. Ha sido muy perseguido por su piel. || **ZORRO COMÚN** o **ROJO** *Zool.* De nombre científico *Vulpes vulpes*, tiene dimensiones medias (alrededor de 1 m de longitud), cabeza no muy grande con dentadura fuerte y provista de afilados caninos; hocico puntiagudo, orejas altas y apuntadas, tronco esbelto, patas cortas y robustas, y cola, larga y poblada. De hábitos nocturnos, se alimenta preferentemente de topos y ratones. Es una especie cosmopolita, con razas locales distribuidas por todo el hemisferio norte. || **ZORRO GRIS** *Zool.* De nombre científico *Urocyon cinereoargenteus*, se distingue por su pelaje gris, jaspeado en el dorso y amarillento en el vientre. Vive en Norteamérica y N de Sudamérica. || **estar hecho unos zorros** loc. fig. y fam. Estar maltrecho, cansado. También, hablando de cosas, estar muy deterioradas o en mal estado.

zorro

ZORRUNO, NA adj. *Zool.* Relativo al zorro o a la zorra.
ZORTZIKO m. ZORCICO.
ZORZAL m. *Zool.* Nombre de varias especies de aves paseriformes de la familia túrdidos, género *Turdus*, que no suelen sobrepasar los 25 cm de longitud. || **ZORZAL MARINO** *Zool.* Pez teleósteo acantopterigio, de cabeza grande y lisa, y hocico puntiagudo.
ZOSER I Faraón egipcio (?, 2800 - ?, 2600 a. C.). Miembro de la III dinastía, llevó la colonización hasta más allá de la primera catarata del Nilo y trasladó la capital a Menfis.
ZÓSIMO, SAN Papa de origen griego (? - ?, Roma, 418). Condenó el pelagianismo tras el concilio de Cartago (418).
ZOSTER, HERPES *Med.* Tipo de herpes que afecta a las raíces de los nervios espinales y es producido por el virus de la varicela.
ZOTE adj. y s. Ignorante, torpe.
ZOZOBRA f. **1** *Mar.* Estado del mar o del viento que constituye una amenaza para la navegación. **2** fig. Inquietud, aflicción.
ZOZOBRAR intr. **1** Peligrar la embarcación por la fuerza y contraste de los vientos. **2** Perderse o irse a pique. También prnl. **3** fig. Fracasar o frustrarse una empresa o un plan.
ZR *Quím.* Símbolo del circonio.
ZSIGMONDY, RICHARD Químico y físico austriaco (Viena, 1865 - Gotinga, 1929). En 1925 recibió el premio Nobel de Química por su exposición de la naturaleza heterogénea de las soluciones coloidales.
ZUAVO m. **1** Soldado argelino de infantería, al servicio de Francia. **2** Soldado francés que usaba el mismo uniforme que el zuavo argelino.
ZUBEROA SOULE.
ZUBIA, LA Municipio y lugar de España, provincia de Granada; 11.887 h.
ZUBIRÍA, ALBERTO FERMÍN Político uruguayo (?, 1901 - ?, 1971). Fue diputado, ministro de Interior (1948-55), miembro del Consejo Nacional (1955-59) y presidente del mismo (1956-1957).
ZUCCARO o **ZUCCARI, FEDERICO** Pintor y arquitecto italiano (Sant'Angelo in Vado, 1540 - Roma, 1609). Hermano de Taddeo, con el que colaboró en la decoración

Zoser I. Museo Egipcio (El Cairo).

del Vaticano y en la villa Farnesio (Caprarola). En Florencia decoró la cúpula de Santa María de las Flores. Participó en la elaboración del retablo mayor del monasterio de El Escorial.
ZUCCARO o **ZUCCARI, TADDEO** Pintor italiano (Sant'Angelo in Vado, 1529 - Ancona, 1566). Hermano de Federico. Trabajó en la fachada del Palacio Mattei y en la catedral de Urbino. Julio III y Paulo IV le emplearon en la decoración de la sala regia del Vaticano.
ZUCKMAYER, CARL Escritor alemán (Nackenheim am Rhein, 1896 - Visp, Suiza, 1977). Se inició en la literatura con poemas expresionistas, para posteriormente dedicarse a la comedia: *La viña alegre* (1925), *El capitán de Köpenick* (1931) y *La luz fría* (1955).
ZUECO m. **1** Zapato de madera de una pieza. **2** Zapato de cuero con suela de corcho o de madera.
ZUELA f. AZUELA.
ZUG Cantón de Suiza; 239 km^2 y 96.517 h. Su capital es la ciudad del mismo nombre.
ZUIDERZEE IJSSEL.
ZÚJAR Municipio y lugar de España, provincia de Granada; 2.933 h.
ZUKOV, GEORGY KONSTANTINOVICH ZHUKOV, GEORGY KONSTANTINOVICH.
ZUKOVSKI, NIKOLAI YEGOROVICH Físico ruso (Oriejovo, 1847 - Moscú, 1921). Investigó las corrientes de los fluidos perfectos y fue uno de los impulsores de la aviación soviética.
ZUKOVSKI, VASILI ANDREIEVICH Poeta ruso (Mishenskoie, 1783 - Baden-Baden, 1852). Preceptor del futuro zar Alejandro II, fue el iniciador del Romanticismo en su país. Autor de *Un bardo en el campo de los guerreros rusos*.

ZULAQUE m. Betún en pasta hecho con estopa, cal, aceite y escorias o vidrios molidos, para tapar las juntas de los arcaduces en las cañerías y para otras obras hidráulicas.
ZULIA Río de Colombia y Venezuela, afluente del Catatumbo; 330 km de curso.
ZULIA Estado de Venezuela; 63.100 km^2 y 3.061.639 h. Su capital es Maracaibo. Petróleo.
ZULO (Voz eusquera.) m. **1** Agujero, hoyo. **2** Escondite, guarida subterránea.
ZULOAGA, FÉLIX Militar y político mexicano (Álamos, 1813 - Ciudad de México, 1898). Apoyado por los clericales accedió a la presidencia de la República (1858), pero sus correligionarios le derribaron al poco tiempo. Volvió a ejercer el cargo en 1859.
ZULOAGA, IGNACIO Pintor español (Éibar, 1870 - Madrid, 1945). Mostró predilección por los temas puramente españoles, de carácter dramático y emocional. Fue gran dibujante y su realismo se encuentra influido por motivos literarios. Se le ha llamado *el pintor del 98*. Entre sus cuadros se encuentran *Toreros de pueblo*, *ídolos futuros* (1906), *La víctima de la fiesta* (1910) y *El Cristo de la Sangre* (1911); y entre sus magníficos retratos figuran *La familia de mi tío Daniel*, *La condesa Mathieu de Noailles* y *Mi prima Cándida*.
ZULÚ adj. *Etnol.* **1** Se dice de un pueblo de raza negra que habita en el África austral. Más como m. pl. **2** Se dice también de sus individuos. También com. **3** Relativo a este pueblo. ♦ Su pl. es *zulúes* o *zulús*.
ZULULANDIA KWAZULU.
ZUM m. ZOOM.
ZUM FELDE, ALBERTO Escritor uruguayo (Bahía Blanca, 1889 - ?, 1976). Comenzó su carrera literaria con un libro de poemas, *Domus Áurea* (1910). Posteriormente derivó hacia la historiografía literaria: *Estética del novecientos* (1928), etc.
ZUMALACÁRREGUI Y DE IMAZ, TOMÁS DE Militar español (Ormáiztegui, 1788 - Zegama, 1835). Participó en la guerra de la independencia española, durante la cual destacó en el sitio de Zaragoza y alcanzó el grado de capitán. Al estallar la primera guerra carlista (1833-40), apoyó al pretendiente y se puso al frente de las tropas de Navarra. Organizó un ejército muy operativo y consiguió importantes victorias que contribuyeron a que, en 1835, los carlistas dominaran casi todo el País Vasco y Navarra.
ZUMAQUE m. **1** *Bot.* Arbusto perteneciente a la familia anacardiáceas, de nombre científico *Rhus coriaria*, que crece en la región mediterránea. Contiene muchos taninos, empleados como curtiente. **2** fam. Vino de uvas.
ZUMÁRRAGA, JUAN DE Religioso español (Durango, 1476 - México, 1548). Perteneciente a la orden franciscana, fue primer obispo y más tarde arzobispo de México. Autor de *Doctrina breve* (1543-44) y *Regla cristiana* (1547).
ZUMAYA f. *Zool.* **1** AUTILLO, ave. **2** CHOTACABRAS. **3** MARTINETE, ave ciconiforme.
ZUMBA f. **1** Cencerro grande que lleva la caballería delantera de una recua. **2** Juguete que produce un zumbido, bramadera. **3** fig. Chanza, chasco. **4** *Amér.* Tunda, zurra.

Ignacio **Zuloaga**. *La condesa Mathieu de Noailles*. Museo de Bellas Artes (Bilbao).

Francisco de **Zurbarán**. *Cristo crucificado*. Instituto de Arte (Chicago).

zumbado, da adj. y s. fig. y fam. loco, de poco juicio.

zumbar intr. 1 Hacer una cosa ruido o sonido continuado, seguido y bronco, como el que se produce a veces dentro de los mismos oídos. **2** fig. y fam. Estar una cosa tan inmediata, que falte poco para llegar a ella. || tr. **3** fam. Dar, atizar golpes. || **¡zumbando!** expr. fam. Con rapidez, decisión, energía, etc.

zumbel m. Cuerda que se enrrolla en el peón para bailarlo.

zumbido m. **1** Acción y efecto de zumbar. **2** Ruido producido por algo que zumba. **3** Ruido o sonido silbante en los oídos que se debe a una alteración o afección en los órganos auditivos.

zumbón, na adj. y s. **1** Se dice del cencerro con un sobrecerco en la boca para que suene más. **2** fig. y fam. Se dice del que frecuentemente se burla, o tiene el genio festivo y poco serio.

zumillo m. *Bot.* Planta herbácea perteneciente a la familia umbelíferas, de nombre científico *Thapsia villosa*, de hasta 2 m de altura, raíces gruesas, hojas pinnadas y flores en umbela, que vive en la península Ibérica.

zumo m. **1** Líquido que se extrae de las hierbas, flores, frutos, etc. **2** Utilidad o provecho que se saca de una cosa.

zuna f. sunna.

zunchar tr. Colocar zunchos para sujetar alguna cosa.

zuncho m. **1** Abrazadera, anillo metálico usado como refuerzo. **2** Refuerzo metálico, generalmente de acero, para juntar y atar elementos constructivos de un edificio en ruinas.

Zungaria o **Dzungaria** Región montañosa de China, en la parte N de la región autónoma de Xinjiang Uygur. Tiene unos 1.800 km de largo y de 550 a 800 de ancho.

Zunil Volcán de Guatemala, separado del volcán de Quezaltenango al O por el río Samala; 3.533 m de altura.

Zúñiga y Acevedo, Gaspar de, conde de Monterrey Político español (Monterrey, h. 1560 - Lima, 1606). Virrey de Nueva España (1595-1603) y de Perú (1603-06), durante su gobierno S. Vizcaíno exploró Nuevo México y California.

zupia f. **1** Poso del vino. **2** Vino turbio por estar revuelto con el poso. **3** Líquido de mal aspecto y sabor. **4** fig. Lo más inútil de cualquier cosa.

Zurbarán y Salazar, Francisco de Pintor español (Fuente de Cantos, 1598 - Madrid, 1664). Se consagró a la pintura devota y ascética, con marcada preferencia por las figuras de religiosos, principalmente mercedarios, jerónimos y cartujos. A su primera etapa, caracterizada por la sencillez de composición y el detenido estudio del natural, pertenecen la serie de cuadros de la vida de san Buenaventura, *Visión de san Pedro Nolasco* (1629), *Apoteosis de santo Tomás de Aquino* (1631), *San Hugo en el refectorio de los cartujos* (1633), etc. Entre sus retratos cabe destacar el de *Santa Casilda* (1641), y entre sus naturalezas muertas, *Bodegón con naranjas y limones* (1633). La segunda etapa (1650-64) se desarrolla bajo la influencia de Murillo; corresponden a ella la *Virgen de los Cartujos*, *San Francisco* y la *Inmaculada*. Fue pintor de cámara de Felipe IV.

Zurbriggen, Pirmin Esquiador suizo (Saas-Almagell, 1963). Obtuvo la Copa del Mundo en cuatro ocasiones (1984, 1987, 1988 y 1990). Fue campeón mundial en 1985 y campeón olímpico en descenso en Calgary, en 1988.

zurcido m. Unión o costura de la rotura de una tela.

zurcidor, ra adj. y s. Que zurce.

zurcir tr. **1** Coser la rotura de una tela. **2** Suplir con puntadas muy juntas y entrecruzadas los hilos que faltan el agujero de un tejido. **3** fig. Unir y juntar sutilmente una cosa con otra. **4** fig. y fam. Combinar varias mentiras para dar apariencia de verdad a lo que se relata. || **que te, le,** etc., **zurzan** expr. fig. y fam. que indica desprecio, desinterés, etc.

zurdo, da adj. **1** Que usa de la mano izquierda del modo y para lo que las demás personas usan de la derecha. También s. **2** Relativo a la mano izquierda.

zurear intr. *Zool.* Hacer arrullos la paloma.

Zurich (*Zürich*) **1** Cantón de Suiza; 1.729 km² e 1.187.609 h. **2** Ciudad capital del mismo, a orillas del lago de Zurich; 336.821 h. Primer centro urbano, cultural, económico y financiero del país.

Zurich, lago de Lago de Suiza, en el Cantón de su nombre; 87,78 km². Lo forma el río Linth y nace de éste el río Limmat.

zurita f. *Zool.* Paloma silvestre, de nombre científico *Columba oenas*. Cría en bosques y parques de Europa.

Zurita, Alonso de Cronista español (Córdoba, h. 1511 - Granada, h. 1585). Oidor en diversas audiencias de las Indias, escribió *Breve y sumaria relación de los señores de la Nueva España* (1864).

Zurlini, Valerio Director de cine italiano (Bolonia, 1926 - Verona, 1982). Adscrito al cine neorrealista, entre sus películas destacan *Las muchachas de San Frediano* (1954) y *Le soldatesse* (1964).

zuro¹ m. *Agr.* Corazón o raspa de la mazorca del maíz después de desgranada.

zuro², ra adj. *Zool.* Se dice de la paloma y palomo silvestre.

zurra f. **1** fam. Castigo, especialmente de azotes o golpes. **2** Acción de zurrar las pieles.

zurrapa f. **1** Brizna, pelillo o sedimento que se halla en los líquidos y que poco a poco se va sentando. Más en pl. **2** fig. y fam. Mancha de excremento en la ropa interior.

zurrar tr. **1** Curtir y adobar las pieles quitándoles el pelo. **2** fig. y fam. Castigar a uno, especialmente con azotes o golpes. **3** fig. y fam. Maltratar o molestar a alguien mucho. **4** fig. y fam. Censurar a uno con dureza y especialmente en público.

zurrarse prnl. **1** Descargar el vientre involuntariamente. **2** fig. y fam. Estar poseído de un gran temor o miedo.

zurrasco m. *Meteor.* Viento frío y penetrante.

zurraspa f. fam. Mancha de excremento en la ropa interior.

zurriagazo m. **1** Golpe dado con el zurriago. **2** Golpe dado con una cosa flexible. **3** fig. Desgracia o mal suceso inesperado. **4** fig. Mal trato o desdén inesperado.

zurriago m. **1** Látigo de cuero o cordel con que se zurra. **2** Correa larga y flexible para hacer bailar la peonza.

zurriburri m. **1** fam. Sujeto vil y despreciable. **2** fam. Chusma, canalla. **3** Barullo, confusión.

zurrón m. **1** Bolsa grande de pellejo que usan los pastores. **2** Cualquier bolsa de cuero. **3** Cáscara primera y más tierna de algunos frutos. **4** Quiste. **5** Bolsa formada por las membranas que envuelven al feto y contienen el líquido que lo rodea.

zurullo m. **1** fam. Pedazo rollizo de materia blanda. **2** fam. Excremento sólido.

zutano, na m. y f. fam. Vocablos usados como complemento, y a veces en contraposición de *fulano* y *mengano*, y con la misma significación cuando se alude a tercera persona.

zutuhil o **zutujil** adj. *Etnol.* **1** Se dice de un pueblo amerindio del grupo maya-quiché, que habita al S del lago Atitlá, en Guatemala. **2** De este pueblo. También com. || m. *Ling.* **3** Lengua hablada por sus individuos.

Zweig, Arnold Novelista alemán (Glogau, 1887 - Berlín, 1968). De origen judío y militante sionista, su obra maestra es la novela *La disputa acerca del sargento Grischa* (1927).

Zweig, Stefan Escritor austriaco (Viena, 1881 - Petrópolis, 1942). Influido por las teorías psicoanalíticas, escribió estudios críticos biográficos y literarios que agrupó en trilogías y están considerados como lo más relevante de su obra: *Tres maestros: Balzac, Dickens, Dostoievski* (1920) y *Tres poetas de su vida: Casanova, Stendhal, Tolstoi* (1928). En su narrativa cabe destacar *Adolescencia* (1911) y *Amok* (1922). Se suicidó junto con su esposa.

Zwijndrecht Dordrecht.

zwinglianismo m. *Rel.* Doctrina de Zwinglio.

Zwinglio, Ulrico o **Zwingli, Ulrich** Reformador religioso suizo (Wildhauss, 1484 - Kappel, 1531). Su doctrina está contenida en *Commentarius de vera et falsa religione* (1525), donde propugnó el recurso a la Biblia como única autoridad religiosa, la abolición del culto a las imágenes, la negación de la autoridad papal y de la transubstanciación, etc. Su Reforma se extendió por los cantones de Zurich agrupó en la Liga Cívica de 1529, que fue derrotado frente a la Unión Cristiana de los 5 cantones que dirigía Lucerna.

Zworykin, Vladimir Kosma Ingeniero electrónico estadounidense de origen ruso (Murom, 1889 - Nueva York, 1982). Se le considera el padre de la televisión, por sus dos inventos: el *iconoscopio* (1923), primera cámara electrónica, y el *kinescopio* (1924), primer receptor electrónico, así como un sistema de televisión en color patentado en 1928.

Zyrianos Komi.

Stefan **Zweig**